KSIĘGA URANTII

KSIĘGA URANTII

URANTIA FOUNDATION

533 WEST DIVERSEY PARKWAY
CHICAGO, ILLINOIS 60614
U.S.A.

KSIĘGA URANTII

Polskie tłumaczenie • 2010 Polish Translation
Wydanie piąte, 2024

Przekład z angielskiego
Małgorzata i Przemysław Jaworscy

ISBN: 978-1883395-070 (Książka w twardej oprawie)
ISBN: 978-1883395-278 (Książka w broszurowej oprawie)
ISBN: 978-1883395-452 (eBook)

URANTIA FOUNDATION
533 W Diversey Parkway • Chicago • Illinois • 60614 • USA
Telefony: + 1 773 525 3319
E-mail: urantia@urantia.org • Strona internetowa: www.urantia.org

Po więcej informacji gdzie kupić *Księgę Urantii* wejdź na: www.urantia.org/pl/ksiega-urantii/kup
Darmowe kursy przez internet: ubis.urantia.org
Znajdź grupy studiujące *Księgę Urantii* na: urantiastudygroup.org

Księga Urantii jest dostępna w następujących językach:

Angielski	*The Urantia Book*	Hebrajski	*הספר של אורנטיה*	Portugalski	*O Livro de Urântia*
Arabski	كتاب يورانشيا	Hiszpański	*El Libro de Urantia*	Rosyjski	*Книга Урантии*
Bułgarski	*Книгата Урантия*	Holenderski	*Het Urantia Boek*	Rumuński	*Cartea Urantia*
Czeski	*Kniha Urantia*	Indonezyjski	*Buku Urantia*	Szwedzki	*Urantiaboken*
Duński	*Urantia Bogen*	Japoński	ウランティア・ブック	Turecki	*Urantia'nın Kitabı*
Estoński	*Urantia raamat*	Koreański	유란시아 서	Węgierski	*Az Urantia könyv*
Fiński	*Urantia-kirja*	Litewski	*Urantijos Knyga*	Włoski	*Il Libro di Urantia*
Francuski	*Le Livre d'Urantia*	Niemiecki	*Das Urantia Buch*		
Grecki	*Το Βιβλίο της Ουράντια*	Polski	*Księga Urantii*		

Przy tworzeniu tego tłumaczenia *Księgi Urantii* dołożono wszelkich starań. Pozostaje ono jednak dziełem ludzkim, które zawsze można poprawić. Fundacja Urantii, właścicielka praw autorskich, zastrzega sobie prawo do wprowadzania zmian i poprawek w celu ulepszenia.

Fundacja Urantii nie oferuje żadnej oficjalnej interpretacji nauk zawartych w Księdze Urantii. Interpretacja tekstu pozostawiona jest indywidualnemu czytelnikowi.

Numer identyfikacyjny tekstu:
UF-POL-001-2010-4

CZĘŚCI KSIĄŻKI

CZĘŚĆ I

WSZECHŚWIAT CENTRALNY I SUPERWSZECHŚWIATY

Przygotowano pod nadzorem korpusu osobowości superwszechświatowych z Uversy, działających z upoważnienia Pradawnych Czasu z Orvontonu.

CZĘŚĆ II

WSZECHŚWIAT LOKALNY

Przygotowano pod nadzorem korpusu osobowości z wszechświata lokalnego Nebadonu, działających z upoważnienia Gabriela z Salvingtonu.

CZĘŚĆ III

HISTORIA URANTII

Przekazy te były przygotowane pod nadzorem korpusu osobowości z wszechświata lokalnego, działających z upoważnienia Gabriela z Salvingtonu.

CZĘŚĆ IV

ŻYCIE I NAUKI JEZUSA

Ta grupa przekazów przygotowana została pod nadzorem komisji, złożonej z dwunastu pośredników z Urantii, działających pod nadzorem Melchizedeka, szefa objawienia.

Podstawy narracji dostarczył pośredni wtórny, który swego czasu był przydzielony do nadludzkiej opieki Apostoła Andrzeja.

Liczby znajdujące się na górze każdej strony księgi są numerami referencyjnymi określającymi lokalizację danego przekazu, rozdziału i akapitu. Na stronach parzystych numer referencyjny wskazuje pierwszy pełny akapit tej strony. Na stronach nieparzystych numer referencyjny wskazuje ostatni akapit zaczynający się na tej stronie.

TYTUŁY PRZEKAZÓW

CZĘŚĆ IV. ŻYCIE I NAUKI JEZUSA

SPIS TREŚCI KSIĄŻKI

PRZEKAZ STRONA

CZĘŚĆ II. WSZECHŚWIAT LOKALNY

CZĘŚĆ III. HISTORIA URANTII

PRZEKAZ STRONA

PRZEKAZ STRONA

CZĘŚĆ IV. ŻYCIE I NAUKI JEZUSA

PRZEKAZ STRONA

PRZEKAZ STRONA

PRZEDMOWA

W UMYSŁACH śmiertelników Urantii – tak bowiem nazywa się wasz świat – panuje wielki zamęt odnośnie znaczenia takich pojęć jak Bóg, boskość i Bóstwo. Istoty ludzkie są jeszcze bardziej zdezorientowane i niepewne, gdy idzie o związki wzajemne Boskich osobowości, określanych tak różnorodnymi nazwami. Z powodu takiego ubóstwa pojęciowego i związanego z nim wielkiego chaosu ideowego, otrzymałem polecenie zredagowania tego oświadczenia wprowadzającego, aby wyjaśnić znaczenia, jakie powinno się przydawać pewnym symbolom słownym, kiedy te mogą być z kolei używane w przekazach, które zespół objawiających prawdę istot z Orvontonu przetłumaczył na język angielski Urantii, zgodnie z otrzymanym upoważnieniem.

W naszych staraniach, zmierzających do poszerzenia świadomości kosmicznej i wzbogacenia percepcji duchowej człowieka, niezmiernie trudno jest przedstawić rozszerzone pojęcia i zaawansowaną prawdę, kiedy ograniczeni jesteśmy do zawężonego języka danego świata. Jednak nasze powiernictwo skłania nas do czynienia wszelkich wysiłków, aby przekazać nasze znaczenia przy użyciu symboli słownych języka angielskiego. Zostaliśmy poinstruowani, że tylko wtedy mamy wprowadzać nowe określenia, kiedy pojęcie, które ma być przedstawione, nie posiada angielskiego odpowiednika, którego można by użyć do wyrażenia tego, nowego pojęcia, częściowo, czy nawet z większym lub mniejszym wypaczeniem znaczenia.

Aby ułatwić zrozumienie i zapobiec dezorientacji u każdego śmiertelnika, który może zgłębiać te przekazy, uważamy, że rozsądnie będzie przedstawić w tym, wstępnym oświadczeniu, zarys znaczeń przypisywanych wielu słowom angielskim, używanym na określenie Bóstwa i pewnych pojęć z nim związanych, dotyczących rzeczy, znaczeń i wartości rzeczywistości wszechświatowej.

Żeby jednak opracować tę przedmowę, dotyczącą definicji oraz ograniczeń terminologii, należy przewidzieć stosowanie danych określeń w następujących dalej prezentacjach. Przedmowa ta nie jest zatem sama w sobie oświadczeniem skończonym; jest ona tylko przewodnikiem po definicjach, mającym pomóc tym, którzy będą czytali następujące dalej przekazy, traktujące o Bóstwie oraz wszechświecie wszechświatów, opracowane przez komisję z Orvontonu, posłaną w tym celu na Urantię.

Wasz świat, Urantia, jest jedną z wielu podobnych jej, zamieszkałych planet, wchodzących w skład wszechświata lokalnego *Nebadonu*. Wszechświat ten, wraz z podobnymi kreacjami, tworzy superwszechświat *Orvonton*, a z jego stolicy, Uversy, przybywa nasza komisja. Orvonton jest jednym z siedmiu ewolucyjnych superwszechświatów czasu i przestrzeni, które krążą wokół kreacji boskiej doskonałości bez początku i końca – centralnego wszechświata *Havona*. W sercu tego wiecznego, centralnego wszechświata, znajduje się stacjonarna Wyspa Raj, geograficzne centrum nieskończoności i miejsce pobytu wiecznego Boga.

Siedem rozwijających się superwszechświatów, w połączeniu z centralnym i boskim wszechświatem, nazywamy zazwyczaj *wielkim wszechświatem*; są to kreacje obecnie zorganizowane i zamieszkałe. Wszystkie one stanowią część *wszechświata nadrzędnego*, obejmującego również nie zamieszkałe, ale będące w stadium organizacji, wszechświaty przestrzeni zewnętrznej.

I. BÓSTWO I BOSKOŚĆ

Wszechświat wszechświatów obrazuje zjawiska działalności Bóstwa na zróżnicowanych poziomach kosmicznych rzeczywistości, znaczeń rozumowych i wartości ducha, jednak wszystkie te działania – osobowe i inne – są bosko koordynowane.

BÓSTWO można uosabiać jako Boga, jest ono również przedosobowe i superosobowe, w sensie niezupełnie zrozumiałym dla człowieka. Bóstwo charakteryzuje cecha jedności – aktualnej lub potencjalnej – na wszystkich nadmaterialnych poziomach rzeczywistości; a ta jednocząca cecha jest najlepiej rozumiana przez istoty stworzone jako boskość.

Bóstwo działa na poziomie osobowym, przedosobowym i superosobowym. Łącznie Bóstwo działa na siedmiu następujących poziomach:

1. *Statyczny* – samowystarczalne i samoistne Bóstwo.
2. *Potencjalny* – samowolne i samo określające cel Bóstwo.
3. *Asocjacyjny* – uosabiające się i bosko zbratane Bóstwo.
4. *Stwórczy* – rozdzielające się i bosko objawione Bóstwo.
5. *Ewolucyjny* – rozprzestrzeniające się i utożsamiające się ze stworzonym Bóstwo.
6. *Najwyższy* – doświadczające i jednoczące stworzonego ze Stwórcą Bóstwo. Bóstwo działające na pierwszym poziomie utożsamiania się ze stworzonym jako czasowo-przestrzenni najwyżsi władcy wielkiego wszechświata, co czasem określa się Najwyższością Bóstwa.
7. *Ostateczny* – rozprzestrzeniające się i czas oraz przestrzeń przekraczające Bóstwo. Bóstwo wszechmocne, wszechwiedzące i wszechobecne. Bóstwo działające na drugim poziomie jednoczącej ekspresji boskości jako efektywni najwyżsi władcy i absoniczni podtrzymywacze wszechświata nadrzędnego. Porównując z działaniem Bóstw na rzecz wielkiego wszechświata, ta absoniczna funkcja we wszechświecie nadrzędnym równoznaczna jest z nadrzędną kontrolą wszechświata i z jego najwyższym podtrzymywaniem, czasami nazywana jest też Ostatecznością Bóstwa.

Poziom skończony rzeczywistości charakteryzuje się życiem istoty stworzonej i ograniczeniami czasowo-przestrzennymi. Rzeczywistości skończone mogą nie mieć końców, ale zawsze mają początki – są stworzone. Poziom Najwyższości Bóstwa można sobie wyobrazić jako funkcję, w odniesieniu do bytów skończonych.

Poziom absoniczny rzeczywistości charakteryzuje się rzeczami i istotami bez początku czy końca oraz przekroczeniem czasu i przestrzeni. Absonici nie są stworzeni; oni wyniknęli – po prostu są. Ostateczny poziom Bóstwa oznacza funkcję, w odniesieniu do rzeczywistości absonicznych. Ilekroć czas i przestrzeń są przekroczone, bez znaczenia w jakiej części wszechświata nadrzędnego, takie absoniczne zjawisko jest działaniem Ostateczności Bóstwa.

Poziom absolutny jest bez początku, bez końca, bez czasu i bez przestrzeni. Przykładowo, w Raju czas i przestrzeń nie istnieją; czasowo-przestrzenny status Raju jest absolutny. Egzystencjalnie, ten poziom jest osiągalny przez Rajskie Bóstwa w Trójcy, ale ten trzeci poziom jednoczącej ekspresji Bóstwa nie jest w pełni zjednoczony empirycznie. Kiedykolwiek, gdziekolwiek i jakkolwiek funkcjonuje absolutny poziom Bóstwa, przejawiają się rajskie, absolutne wartości i znaczenia.

Bóstwo może być egzystencjalne, tak jak w Wiecznym Synu; empiryczne, tak jak w Istocie Najwyższej; asocjacyjne, tak jak w Bogu Siedmiorakim; niepodzielne, tak jak w Rajskiej Trójcy.

Bóstwo jest źródłem wszystkiego tego, co boskie. Bóstwo jest charakterystycznie i nieodmiennie boskie, ale nie wszystko to, co jest boskie, musi koniecznie być Bóstwem, chociaż będzie skoordynowane z Bóstwem i będzie zmierzało do pewnego stadium zjednoczenia z Bóstwem – duchowego, umysłowego czy osobowego.

BOSKOŚĆ jest charakterystyczną, jednoczącą i koordynującą własnością Bóstwa.

Boskość jest rozumiana przez istotę stworzoną jako prawda, piękno i dobroć; w osobowości jest współzależna jako miłość, miłosierdzie i służba; na poziomach bezosobowych objawia się jako sprawiedliwość, moc i władza.

Boskość może być doskonała – kompletna – jak na poziomie egzystencjalnym i na poziomie Stwórcy w rajskiej doskonałości; może być niedoskonała, jak na poziomie empirycznym oraz istoty stworzonej w ewolucji czasowo-przestrzennej; może też być względna, ani doskonała ani też niedoskonała, tak jak na pewnych poziomach związków egzystencjalno-empirycznych w Havonie.

Gdy próbujemy wyobrazić sobie doskonałość, we wszystkich stadiach i formach jej zależności, napotykamy siedem jej rodzajów, możliwych do wyobrażenia:

1. Absolutna doskonałość we wszystkich aspektach.
2. Absolutna doskonałość w niektórych stadiach i względna doskonałość we wszystkich innych aspektach.
3. Absolutne, względne i niedoskonałe aspekty w różnorodnych związkach.
4. Absolutna doskonałość pod pewnymi względami, niedoskonałość we wszystkich innych.
5. Absolutna doskonałość bez żadnego ukierunkowania, względna doskonałość we wszystkich przejawach.
6. Absolutna doskonałość bez żadnego stadium, względna w niektórych stadiach, niedoskonałość w pozostałych.
7. Absolutna doskonałość bez atrybutu, niedoskonałość we wszystkim.

II. BÓG

Rozwijające się istoty śmiertelne mają nieodparte skłonności do symbolizowania swych skończonych idei Boga. Świadomość obowiązku moralnego człowieka i jego duchowy idealizm reprezentują poziom wartości – rzeczywistość empiryczną – która jest trudna do symbolizacji.

Kosmiczna świadomość zakłada uświadomienie sobie Pierwszej Przyczyny, jednej i jedynej rzeczywistości bezprzyczynowej. Bóg, Ojciec Wszechświatowy, działa na trzech osobowych poziomach Bóstwa, o podnieskończonej wartości i względnej ekspresji boskości:

1. *Przedosobowy* – jak w służbie fragmentów Ojca, takich jak Dostrajacze Myśli.
2. *Osobowy* – jak w doświadczeniu ewolucyjnym istot stworzonych i zrodzonych.
3. *Superosobowy* – jak w wynikłej egzystencji pewnych istot absonicznych i z nimi związanych.

BÓG jest symbolem słownym, określającym wszystkie uosobienia Bóstwa. Określenie to wymaga odrębnego zdefiniowania na każdym, osobowym poziomie funkcjonowania Bóstwa i musi być z kolei dalej redefiniowane w obrębie każdego z tych poziomów, jako że określenie to może być używane do oznaczenia zróżnicowanych, partnerskich i podporządkowanych uosobień Bóstwa, na przykład Rajskich Synów Stwórców – ojców wszechświatów lokalnych.

Określenie Bóg, tak jak my się nim posługujemy, można rozumieć następująco:

Według określenia – jako Bóg Ojciec.

Według kontekstu – kiedy używa się go przy omawianiu jakiegokolwiek pojedynczego poziomu czy związku Bóstwa. W wypadku wątpliwości, odnośnie dokładnej interpretacji słowa Bóg, zaleca się odnosić je do osoby Ojca Wszechświatowego.

Określenie Bóg zawsze znamionuje *osobowość*. Bóstwo może, ale nie musi, odnosić się do Boskich osobowości.

Słowo BÓG używane jest w tych przekazach w następujących znaczeniach:

1. *Bóg-Ojciec* – Stwórca, Władca i Podtrzymywacz. Ojciec Wszechświatowy, Pierwsza Osoba Bóstwa.

2. *Bóg-Syn* – Partnerski Stwórca, Zarządzający Duchem i Duchowy Administrator. Wieczny Syn, Druga Osoba Bóstwa.

3. *Bóg-Duch* – Wspólny Aktywizator, Wszechświatowy Integrator i Obdarzający Umysłem. Nieskończony Duch, Trzecia Osoba Bóstwa.

4. *Bóg Najwyższy* – Bóg czasu i przestrzeni, aktualizujący się, albo rozwijający się. Osobowe Bóstwo, we współdziałaniu realizujące czasowo-przestrzenne, empiryczne dokonania, utożsamiające stworzonego ze Stwórcą. Istota Najwyższa osobiście doświadcza jedności Bóstwa jako rozwijający się i empiryczny Bóg ewolucyjnych istot czasu i przestrzeni.

5. *Bóg Siedmioraki* – Osobowość Bóstwa aktualnie działająca gdzieś w czasie i przestrzeni. Osobowe Rajskie Bóstwa oraz ich stwórczy towarzysze, działający we wszechświecie centralnym oraz poza jego granicami, uosabiające moc jako Istota Najwyższa, na pierwszym poziomie istoty stworzonej, w jednoczącym objawianiu Bóstwa w czasie i przestrzeni. Poziom ten, wielki wszechświat, jest domeną czasowo-przestrzennego zstępowania rajskich osobowości, w połączeniu z podobnym, czasowo-przestrzennym wznoszeniem się istot ewolucyjnych.

6. *Bóg Ostateczny* – wynikający Bóg superczasu i przewyższonej przestrzeni. Drugi empiryczny poziom jednoczącego przejawiania się Bóstwa. Bóg Ostateczny implikuje pełne urzeczywistnienie zsyntetyzowanych, absoniczno-superosobowych, czas-przestrzeń przekraczających i wynikniętych-empirycznych wartości, koordynowanych na ostatecznych, stwórczych poziomach rzeczywistości Bóstwa.

7. *Bóg Absolutny* – empirycznie tworzący się Bóg przewyższonych wartości superosobowych i znaczeń boskości, obecnie egzystencjalny jako *Bóstwo-Absolut*. Jest to trzeci poziom jednoczącego przejawiania się i rozprzestrzeniania się Bóstwa. Na tym superstwórczym poziomie, Bóstwo doświadcza wyczerpania potencjału uosabiającego, napotyka pełnię boskości i wyczerpuje możliwości samoobjawiania się dla kolejnych i progresywnych poziomów innego uosobienia. Bóstwo teraz napotyka *Absolut* Nieuwarunkowany, wkracza doń i utożsamia się z nim.

III. PIERWSZE ŹRÓDŁO I CENTRUM

Całościowa, nieskończona rzeczywistość, jest egzystencjalna w siedmiu stadiach i jako siedem partnerskich Absolutów:

1. Pierwsze Źródło i Centrum.
2. Drugie Źródło i Centrum.
3. Trzecie Źródło i Centrum.
4. Wyspa Raj.
5. Bóstwo-Absolut.
6. Absolut Wszechświatowy.
7. Absolut Nieuwarunkowany.

Bóg, jako Pierwsze Źródło i Centrum, jest pierwotny w odniesieniu do całości rzeczywistości – nieuwarunkowanie. Pierwsze Źródło i Centrum jest nieskończony, jak również wieczny i jest zatem ograniczony czy warunkowany tylko własną wolą.

Bóg – Ojciec Wszechświatowy – jest osobowością Pierwszego Źródła i Centrum i jako taki utrzymuje osobiste związki, polegające na nieskończonej kontroli, ze wszystkimi partnerskimi i podporządkowanymi źródłami i centrami. Kontrola taka jest osobista i w *potencjale* nieskończona, choć może nawet nigdy aktualnie nie działać, na skutek doskonałości działania tych partnerskich i podporządkowanych źródeł, centrów i osobowości.

Pierwsze Źródło i Centrum jest zatem pierwotny we wszystkich domenach: deifikowanych czy nie deifikowanych, osobowych czy nieosobowych, aktualnych czy potencjalnych, skończonych czy nieskończonych. Żadna rzecz czy istota, żadna względność czy ostateczność, nie istnieje inaczej niż w bezpośrednim albo pośrednim związku i zależności wobec pierwszeństwa Pierwszego Źródła i Centrum.

Pierwsze Źródło i Centrum jest związany z wszechświatem w następujący sposób:

1. Siły grawitacyjne wszechświatów materialnych zbiegają się w centrum grawitacyjnym Raju dolnego. Wyjaśnia to, dlaczego geograficzna lokalizacja osoby Pierwszego Źródła i Centrum jest wiecznie stała w relacji absolutnej do centrum siły-energii dolnej, albo materialnej płaszczyzny Raju. Absolutna osobowość Bóstwa istnieje jednak na wyższym albo duchowym poziomie Raju.

2. Siły umysłowe zbiegają się w Nieskończonym Duchu; zróżnicowany i rozbieżny umysł kosmiczny w Siedmiu Duchach Nadrzędnych; urzeczywistniający się umysł Najwyższego w Majestonie, jako doświadczanie czasowo-przestrzenne.
3. Wszechświatowe siły duchowe zbiegają się w Wiecznym Synu.
4. Nieograniczone możliwości działania bóstwa tkwią w Bóstwie-Absolucie.
5. Nieograniczone możliwości nieskończonego reagowania istnieją w Absolucie Nieuwarunkowanym.
6. Dwa Absoluty – Uwarunkowany i Nieuwarunkowany – są koordynowane i jednoczone przez Absolut Wszechświatowy oraz w tym Absolucie.
7. Potencjał osobowości ewolucyjnej istoty moralnej czy jakiejkolwiek innej istoty moralnej, skoncentrowany jest w osobowości Ojca Wszechświatowego.

RZECZYWISTOŚĆ, tak jak jest pojmowana przez istoty skończone, jest częściowa, względna i niewyraźna. Maksimum rzeczywistości Bóstwa, jaką mogą pojąć w pełni ewolucyjne istoty skończone, zawarta jest w Istocie Najwyższej. Tym niemniej istnieją poprzedzające ją, wieczne rzeczywistości, rzeczywistości nadskończone, które są ancestralne dla Najwyższego Bóstwa ewolucyjnych istot czasu i przestrzeni. Gdy próbujemy zobrazować pochodzenie i naturę rzeczywistości wszechświatowej, zmuszeni jesteśmy używać czasowo-przestrzennej metody rozumowania, aby dotrzeć do poziomu umysłu skończonego. Dlatego też wiele jednoczesnych zdarzeń wieczności musi być przedstawiane w kolejnych sekwencjach.

Istoty czasowo-przestrzenne mogą sobie wyobrazić pochodzenie i zróżnicowanie Rzeczywistości następująco: wieczny i nieskończony JESTEM osiągnął wyzwolenie swego Bóstwa z pęt nieuwarunkowanej nieskończoności, korzystając z właściwej sobie i wiecznej, wolnej woli i to oddzielenie od nieuwarunkowanej nieskończoności wydało pierwszą *absolutną boskość-napięcie*. To napięcie zróżnicowania nieskończoności rozwiązuje Absolut Wszechświatowy, działający po to, aby jednoczyć i koordynować dynamiczną nieskończoność Bóstwa Całościowego i statyczną nieskończoność Absolutu Nieuwarunkowanego.

W tym pierwotnym działaniu teoretyczny JESTEM osiągał urzeczywistnienie osobowości, stając się Wiecznym Ojcem Pierwszego Syna i jednocześnie Wiecznym Źródłem Wyspy Raj. Współistniejąc ze zróżnicowaniem Syna od Ojca i w obecności Raju, pojawia się osoba Nieskończonego Ducha oraz centralny wszechświat Havona. Wraz z pojawieniem się współistniejącego z Ojcem osobowego Bóstwa Wiecznego Syna i Nieskończonego Ducha, Ojciec uniknął, jako osobowość, nieuniknionego skądinąd rozproszenia się w potencjale Bóstwa Całościowego. Odtąd Ojciec odczuwa cały potencjał Bóstwa wyłącznie w powiązaniu z Trójcą, razem z dwojgiem równych sobie Bóstw, podczas gdy coraz bardziej empirycznie Bóstwo aktualizuje się na boskich poziomach Najwyższości, Ostateczności i Absolutności.

Idea JESTEM jest filozoficznym ustępstwem, jakie czynimy dla związanego czasem i spętanego przestrzenią skończonego umysłu człowieka, ponieważ istota stworzona nie może zrozumieć egzystencji wieczności – rzeczywistości i zależności, które się nie zaczynają i nie kończą. Dla istot czasowo-przestrzennych wszystkie rzeczy muszą mieć początek, za wyjątkiem tylko JEDNEGO BEZPRZYCZYNOWEGO – pierwotnej przyczyny przyczyn. W związku z tym określamy pojęciowo tę filozoficzną wartość-poziom jako JESTEM, informując jednocześnie wszystkie istoty stworzone, że Wieczny Syn i Nieskończony Duch są współwieczni z JESTEM; innymi słowy, nigdy nie było takiego czasu, kiedy JESTEM nie był *Ojcem* Syna a razem z nim Ducha.

Określenia *Nieskończony* używa się dla oznaczenia pełni – ostateczności – implikowanej przez prymat Pierwszego Źródła i Centrum. *Teoretyczny* JESTEM jest dla istoty stworzonej filozoficznym rozszerzeniem „nieskończoności woli", ale Nieskończony jest *aktualną* wartością-poziomem, reprezentującym wieczność-intensywność prawdziwej nieskończoności absolutnej i nieskrępowanej wolnej woli Ojca Wszechświatowego. Ta idea jest czasem określana jako Ojciec Nieskończony.

Sporo dezorientacji wynika z ograniczeń pojmowania wszystkich klas istot, wysokich i niskich, gdy usiłują odkryć Ojca Nieskończonego. Absolutny prymat Ojca Wszechświatowego nie jest oczywisty na poziomach podnieskończonych, w związku z tym prawdopodobnie tylko Wieczny Syn i Nieskończony Duch naprawdę znają Ojca jako nieskończoność; dla wszystkich innych osobowości ta idea stanowi akt wiary.

IV. WSZECHŚWIATOWA RZECZYWISTOŚĆ

Rzeczywistość aktualizuje się w sposób zróżnicowany na różnych poziomach wszechświata; rzeczywistość powstaje z nieskończonej woli Ojca Wszechświatowego, jak i poprzez tę wolę, a można ją sobie uświadomić w trzech podstawowych stadiach, na wielu różnych poziomach jej wszechświatowego aktualizowania się:

1. *Rzeczywistość nie deifikowana* rozciąga się od domen energii tego, co nieosobowe, do dziedzin rzeczywistości zawierających wartości wszechświatowej egzystencji niemożliwe do uosobienia, nawet do obecności Absolutu Nieuwarunkowanego.
2. *Rzeczywistość deifikowana* obejmuje wszystkie nieskończone potencjały Bóstwa, rozciągające się poprzez wszystkie domeny osobowości, od najniższej skończonej do najwyższej nieskończonej, tym samym ogarnia domeny wszystkiego tego, co jest możliwe do uosobienia a nawet więcej – aż do obecności Bóstwa-Absolutu.
3. *Wzajemnie złączona rzeczywistość.* Rzeczywistość wszechświatowa jest hipotetycznie zarówno deifikowana jak i nie deifikowana, ale dla istot poddeifikowanych istnieje rozległa dziedzina rzeczywistości złączonej wzajemnie, potencjalnej i aktualizującej się, która jest trudna do identyfikacji. Większość tej skoordynowanej rzeczywistości zawarta jest w domenach Absolutu Wszechświatowego.

Zasadnicza idea pierwotnej rzeczywistości wygląda tak: Ojciec zapoczątkowuje i utrzymuje Rzeczywistość. Główne *zróżnicowanie* rzeczywistości to podział na deifikowaną i nie deifikowaną – Bóstwo-Absolut i Absolut Nieuwarunkowany. Podstawowa *zależność* jest napięciem między nimi. Inicjowana przez Ojca boskość-napięcie jest doskonale rozwiązywana poprzez Absolut Wszechświatowy oraz uwieczniona jako ten Absolut.

Z punktu widzenia czasu i przestrzeni, rzeczywistość można dalej dzielić na:

1. *Aktualną i potencjalną.* Rzeczywistości istniejące w pełni swego wyrazu, w przeciwieństwie do tych, które noszą nieujawnione możliwości rozwojowe. Wieczny Syn jest absolutną aktualnością duchową, człowiek śmiertelny jest w znacznym stopniu nie urzeczywistnioną potencjalnością duchową.

2. *Absolutną i podabsolutną.* Rzeczywistości absolutne są bytami wieczności. Podabsolutne rzeczywistości są rozrzucone na dwóch poziomach: absoniczne – rzeczywistości, które są relatywne zarówno w stosunku do czasu jak i do wieczności; skończone – rzeczywistości, które są rzutowane w przestrzeń i aktualizują się w czasie.

3. *Egzystencjalną i empiryczną.* Rajskie Bóstwo jest egzystencjalne, ale wyłaniający się Najwyższy i Ostateczny są empiryczni.

4. *Osobową i bezosobową.* Rozprzestrzenianie się Bóstwa, ekspresja osobowości i ewolucja wszechświata, są na zawsze warunkowane aktem wolnej woli Ojca, na zawsze oddzielającym umysłowo-duchowo-osobowe znaczenia i wartości aktualności oraz potencjalności, skoncentrowane w Wiecznym Synu, od tych rzeczy, co się koncentrują i tkwią w wiecznej Wyspie Raj.

RAJ jest określeniem zawierającym osobowe i nieosobowe, zogniskowane Absoluty ze wszystkich stadiów rzeczywistości wszechświatowej. Raj, odpowiednio określony, może oznaczać dowolną albo i wszystkie formy rzeczywistości, Bóstwa, boskości, osobowości i energii – duchowej, umysłowej czy materialnej. Wszystko ma swój udział w Raju, jako miejscu pochodzenia, działania i przeznaczenia a odnosi się to do wartości, znaczeń i faktycznej egzystencji.

Wyspa Raj – Raj, jeśli nie jest inaczej określony, jest Absolutem materialno-grawitacyjnej kontroli Pierwszego Źródła i Centrum. Raj jest nieruchomy, stanowi jedyną stacjonarną rzecz we wszechświecie wszechświatów. Wyspa Raj posiada lokalizację we wszechświecie, ale nie ma położenia w przestrzeni. Ta wieczna Wyspa jest aktualnym źródłem wszechświatów fizycznych – przeszłych, teraźniejszych i przyszłych. Jej jądro, Wyspa Światłości, pochodzi od Bóstwa, ale nie może być uznawana za Bóstwo; tak samo materialne kreacje nie są częścią Bóstwa, są jego konsekwencją.

Raj nie jest stwórcą; jest unikalnym regulatorem wielu funkcji wszechświata, znacznie bardziej reguluje niż reaguje. Przez materialne wszechświaty Raj wpływa na reakcje i postępowanie wszystkich istot, mających do czynienia z siłą, energią i mocą, ale Raj sam w sobie jest unikalny, jedyny oraz wyodrębniony we wszechświatach. Raj niczego nie reprezentuje i nic nie reprezentuje Raju. Nie jest on ani siłą ani obecnością; jest po prostu *Rajem.*

V. RZECZYWISTOŚCI OSOBOWOŚCIOWE

Osobowość jest poziomem rzeczywistości deifikowanej a rozciąga się od poziomu wyższych czynności umysłowych, czczenia i mądrości u śmiertelnika i pośredniego, w górę, przez poziom morontialny i duchowy, aż do osiągnięcia finalizmu w statusie osobowym. Tak wygląda ewolucyjne wznoszenie się osobowości istoty śmiertelnej i do niej zbliżonej, ale jest również we wszechświecie wiele innych klas osobowości.

Rzeczywistość podlega ekspansji we wszechświecie, osobowość nieskończonemu zróżnicowaniu a obie mogą być w nieograniczony prawie sposób koordynowane przez Bóstwo i wiecznie stabilizowane. Podczas gdy zakres przeobrażania się bezosobowej rzeczywistości jest zdecydowanie ograniczony, nie znamy ograniczeń dla rozwojowej ewolucji rzeczywistości osobowościowych.

Wszystkie osobowościowe klasy czy wartości mają możliwość łączenia się a nawet współstwórczości, na osiągniętych przez nie poziomach empirycznych. Nawet Bóg i człowiek mogą współistnieć w zjednoczonej osobowości, co wręcz znakomicie obrazuje obecny status Chrystusa Michała – Syna Człowieczego i Syna Bożego.

Wszystkie podnieskończone klasy i stadia osobowości mają możliwości asocjacyjne i są potencjalnie współstwórcze. To, co przedosobowe, osobowe i superosobowe, jest wzajemnie powiązane przez wspólny potencjał skoordynowanych działań, postępowych osiągnięć i współstwórczych możliwości. Nigdy jednak bezpośrednio nie przekształci się to, co nieosobowe, w to, co osobowe. Osobowość nigdy nie jest samoistna, jest ona darem Rajskiego Ojca. Osobowość nałożona jest na energię a związana jest tylko z systemami energii ożywionej; tożsamość może być związana z formami energii nieożywionej.

Ojciec Wszechświatowy jest tajemnicą rzeczywistości osobowościowej, nadania osobowości i przeznaczenia osobowości. Wieczny Syn jest osobowością absolutną, tajemnicą energii duchowej, duchów morontialnych oraz duchów doprowadzonych do doskonałości. Wspólny Aktywizator jest osobowością duchowo-umysłową, źródłem inteligencji, rozumowania oraz wszechświatowego umysłu. Wyspa Raj jest jednak nieosobowa i nieduchowa, stanowi esencję wszechświatowego ciała, źródło i centrum materii fizycznej oraz absolutną formę wzorcową wszechświatowej rzeczywistości materialnej.

Te cechy rzeczywistości wszechświatowej objawiają się w ludzkim doświadczeniu Urantian na następujących poziomach:

1. *Ciało.* Materialny albo fizyczny organizm człowieka. Żywy mechanizm elektrochemiczny, zwierzęcy w swej naturze i pochodzeniu.
2. *Umysł.* Myślący, spostrzegający i odczuwający mechanizm ludzkiego organizmu. Suma doświadczania świadomego i podświadomego. Inteligencja związana z życiem emocjonalnym, sięgająca wzwyż, poprzez czczenie i wiedzę, do poziomu duchowego.
3. *Duch.* Boski duch zamieszkujący umysł człowieka – Dostrajacz Myśli. Ten nieśmiertelny duch jest przedosobowy – nie jest osobowością, choć jego przeznaczeniem jest stać się częścią osobowości istoty śmiertelnej, która przeżyje śmierć.
4. *Dusza.* Dusza ludzka jest zdobyczą empiryczną. Gdy istota śmiertelna postanowi „czynić wolę Ojca, który jest w niebie", wtedy zamieszkujący człowieka duch staje się ojcem *nowej rzeczywistości* w doświadczeniu ludzkim. Śmiertelny i materialny umysł jest matką tej samej, wyłaniającej się rzeczywistości. Tworzywo nowej rzeczywistości nie jest ani materialne, ani duchowe – jest morontialne. To jest właśnie wyłaniająca się, nieśmiertelna dusza, której przeznaczeniem jest przeżyć śmierć i rozpocząć wznoszenie się do Raju.

Osobowość. Osobowość śmiertelnego człowieka nie jest ani ciałem, ani umysłem, ani też duchem; nie jest również duszą. Osobowość jest jedyną niezmienną rzeczywistością w zawsze skądinąd zmiennym doświadczeniu istoty stworzonej; jednoczy ona wszystkie inne, związane z nią składniki indywidualności. Osobowość jest tym unikalnym darem, który Ojciec Wszechświatowy daje żywym i im podobnym energiom materii, umysłu i ducha a która trwać będzie wraz z trwaniem duszy morontialnej.

Morontia jest pojęciem określającym rozległy poziom, istniejący między tym, co materialne a tym, co duchowe. Może to określać rzeczywistości osobowe czy nieosobowe, energie ożywione czy nieożywione. Osnowa morontii jest duchowa, wątek fizyczny.

VI. ENERGIA I FORMA

Osobowym nazywamy wszystko to, co reaguje na obwód osobowości Ojca. Wszystko to, co reaguje na duchowy obwód Syna, nazywamy duchem. Wszystko to, co reaguje na obwód umysłowy Wspólnego Aktywizatora, nazywamy umysłem, umysłem jako atrybutem Nieskończonego Ducha – umysłem we wszystkich stadiach. Wszystko to, co reaguje na materialno-grawitacyjny obwód skoncentrowany w Raju dolnym, nazywamy materią – energią-materią we wszystkich jej stadiach przeobrażania.

Słowa ENERGIA używamy jako określenia o znaczeniu ogólnym, stosowanego w domenach duchowych, umysłowych oraz materialnych. Słowo *siła* ma również tak samo szerokie zastosowanie. Słowo *moc* ogranicza się zazwyczaj do określania elektronowego poziomu materiału lub materii, reagującej na grawitację liniową w wielkim wszechświecie. Słowa moc używa się również na określenie władzy. Nie możemy używać waszych, powszechnie przyjętych definicji siły, energii i mocy. Ubóstwo języka jest tak wielkie, że musimy przydawać wielorakich znaczeń tym terminom.

Energia fizyczna jest określeniem oznaczającym wszystkie stadia i formy zjawiskowego ruchu, działania i potencjału.

Przy omawianiu sposobów przejawiania się energii fizycznej, używamy na ogół pojęć takich jak siła kosmiczna, energia powstająca i wszechświatowa moc. Są one częstokroć używane następująco:

1. *Siła kosmiczna* obejmuje wszystkie energie wywodzące się z Absolutu Nieuwarunkowanego, ale jeszcze nie reagujące na grawitację Raju.
2. *Energia powstająca* obejmuje te energie, które reagują na grawitację Raju, ale jeszcze nie reagują na grawitację lokalną albo liniową. Jest to przedelektronowy poziom energii-materii.
3. *Wszechświatowa moc* obejmuje wszystkie te formy energii, które, podczas gdy wciąż reagują na grawitację Raju, reagują też bezpośrednio na grawitację liniową. Jest to elektronowy poziom energii-materii oraz całej jej dalszej ewolucji.

Umysł jest zjawiskiem oznaczającym obecność-działanie *żywej służby,* dodanej do różnorodnych systemów energii; odnosi się to do wszystkich poziomów inteligencji. W osobowości umysł zawsze wkracza pomiędzy ducha a materię; zatem wszechświat iluminowany jest trzema rodzajami światła: światło materialne, wnikliwość intelektualna i światłość duchowa.

Światło – światłość duchowa – jest słowem symbolem, metaforą, oznaczającą przejawianie się osobowości, znamienne dla istot duchowych różnorodnych klas. Ta emanacja świetlista nie jest pod żadnym względem pokrewna ani wnikliwości intelektualnej ani przejawom światła fizycznego.

FORMA może się przejawiać jako materialna, duchowa czy umysłowa, albo w jakiejkolwiek kombinacji tych energii. Może ona przenikać osobowości, tożsamości, byty albo materię nieożywioną. Ale forma jest formą i pozostanie formą; powielane są tylko *kopie*.

Forma może nadawać kształt energii, ale jej nie kontroluje. Grawitacja jest jedynym kontrolerem energii-materii. Ani przestrzeń, ani forma nie podlegają grawitacji, nie istnieje też zależność pomiędzy przestrzenią a formą; przestrzeń nie jest ani formą ani też potencjalną formą. Forma jest konfiguracją tej rzeczywistości, która spłaciła już cały dług grawitacyjny; *rzeczywistość* jakiejkolwiek formy składa się z jej energii, jej umysłu, ducha albo składników materialnych.

W przeciwieństwie do aspektu *całościowego*, forma wykazuje *indywidualny* aspekt energii i osobowości. Osobowościowe lub tożsamościowe ukształtowania są formami powstałymi z energii (fizycznej, duchowej lub umysłowej), ale nie są jej nieodłączne. Tę własność energii lub osobowości, która sprawia, że pojawia się forma, można przypisać Bogu – Bóstwu – obdarzeniu siłami Raju lub współistnieniu osobowości i mocy.

Forma jest oryginalnym planem, z którego robione są kopie. Wieczny Raj jest absolutem form; Wieczny Syn jest formą osobowości; Ojciec Wszechświatowy jest bezpośrednim przodkiem-źródłem obu. Jednak Raj nie nadaje formy a Syn nie może nadać osobowości.

VII. ISTOTA NAJWYŻSZA

Mechanizm Bóstwa, jak odnosi się on do związków wieczności we wszechświecie nadrzędnym, jest dwojaki. Bóg-Ojciec, Bóg-Syn i Bóg-Duch są wieczni – są istotami egzystencjalnymi – podczas gdy Bóg Najwyższy, Bóg Ostateczny i Bóg Absolutny *aktualizują* się jako osobowości Bóstwa w epoce posthavonalnej, w czasie-przestrzeni i w czas-przestrzeń przekraczających zakresach ewolucyjnej ekspansji wszechświata nadrzędnego. Te aktualizujące się osobowości Bóstwa są przyszłościowo wieczne, od kiedy uosobią moc w rozwijających się wszechświatach, metodą empirycznego aktualizowania się asocjacyjno-stwórczych potencjałów wiecznych Rajskich Bóstw.

W związku z tym Bóstwo jest w swej bytności dwojakie:

1. *Egzystencjalne* – istoty o wiecznej egzystencji, przeszłej, teraźniejszej i przyszłej.
2. *Empiryczne* – istoty aktualizujące się w posthavonalnej teraźniejszości, ale o egzystencji bez końca w całej przyszłej wieczności.

Ojciec, Syn i Duch są egzystencjalni – egzystencjalni w aktualności (aczkolwiek wszystkie potencjały są przypuszczalnie empiryczne). Najwyższy i Ostateczny są w pełni empiryczni. Bóstwo-Absolut jest empiryczne w aktualizowaniu się, ale egzystencjalne w potencjalności. Esencja Bóstwa jest wieczna, ale tylko trzy pierwotne osoby Bóstwa są bezwzględnie wieczne. Wszystkie inne osobowości Bóstwa mają swój początek, jednak wieczność jest ich przeznaczeniem.

Ojciec, osiągnąwszy egzystencjalną ekspresję Bóstwa w Synu i Duchu – osiąga teraz empiryczną ekspresję na poziomach bóstwa jak dotąd bezosobowych i nie objawionych, takich jak Bóg Najwyższy, Bóg Ostateczny i Bóg Absolutny; jednak te empiryczne Bóstwa nie istnieją obecnie w pełni, są one w trakcie aktualizowania się.

Bóg Najwyższy w Havonie jest osobowym odzwierciedleniem duchowym trójjedynego Rajskiego Bóstwa. Ten asocjacyjny związek Bóstwa rozprzestrzenia się obecnie stwórczo na zewnątrz, w Bogu Siedmiorakim a syntetyzuje się w mocy empirycznej

Wszechmocnego Najwyższego w wielkim wszechświecie. Rajskie Bóstwo, egzystencjalne jako trzy osoby, ewoluuje zatem empirycznie w dwu stadiach Najwyższości, podczas gdy te dwoiste stadia są zjednoczone w mocy-osobowości jako jeden Pan, Istota Najwyższa.

Ojciec Wszechświatowy osiąga, z wolnej woli, oswobodzenie z więzów nieskończoności i pęt wieczności metodą utrójcowienia, trojakiego uosobienia Bóstwa. Istota Najwyższa nawet teraz kształtuje się w czasowo-przestrzennych segmentach wielkiego wszechświata, jako podwieczne zjednoczenie osobowości siedmiorakich przejawów Bóstwa.

Istota Najwyższa nie jest bezpośrednim stwórcą, poza tym, że jest ojcem Majestonu, ale jest koordynatorem syntetyzującym wszelkich wszechświatowych działań na linii stworzony-Stwórca. Istota Najwyższa, aktualizując się teraz we wszechświatach ewolucyjnych, jest Bóstwem korelatorem i syntetykiem czasowo-przestrzennej boskości trójjednego, Rajskiego Bóstwa, w empirycznym związku z Najwyższymi Stwórcami czasu i przestrzeni. Kiedy to ewolucyjne Bóstwo w końcu się zaktualizuje, stanowić będzie wieczne zespolenie skończonego i nieskończonego – wiecznotrwałe i nierozerwalne zjednoczenie mocy empirycznej i osobowości duchowej.

W wyniku dyrektywnego impulsu ewoluującej Istoty Najwyższej, cała skończona rzeczywistość czasowo-przestrzenna jest zaangażowana we wciąż postępujące uaktywnianie i doskonalące jednoczenie (synteza mocy-osobowości) wszystkich stadiów i wartości rzeczywistości skończonej, w połączeniu z rozmaitymi stadiami rzeczywistości rajskiej, w tym celu, aby podjąć dalszą próbę dotarcia do absonicznych poziomów osiągnięć superistoty stworzonej.

VIII. BÓG SIEDMIORAKI

W celu zadośćuczynienia za skończony status oraz redukcji ograniczeń pojęciowych istoty stworzonej, Ojciec Wszechświatowy ustanowił siedmioraki sposób docierania tej istoty ewolucyjnej do Bóstwa:

1. Rajscy Synowie Stwórcy.
2. Pradawni Czasu.
3. Siedem Duchów Nadrzędnych.
4. Istota Najwyższa.
5. Bóg-Duch.
6. Bóg-Syn.
7. Bóg-Ojciec.

To siedmiorakie uosobienie Bóstwa, w czasie i przestrzeni oraz dla siedmiu superwszechświatów, daje śmiertelnemu człowiekowi możliwość dotarcia przed oblicze Boga, który jest duchem. To siedmiorakie Bóstwo, czasami uosabiające swą moc w Istocie Najwyższej dla skończonych istot czasu-przestrzeni, jest Bóstwem funkcjonalnym ewolucyjnych istot śmiertelnych, wznoszących się do Raju. Takie empiryczne odkrywanie-proces uświadamiania sobie Boga zaczyna się wraz z rozpoznaniem boskości Syna Stwórcy z wszechświata lokalnego i postępuje poprzez superwszechświat Pradawnych Czasu oraz dalej, przez osobę jednego z Siedmiu Duchów Nadrzędnych, aby dojść do odkrycia i rozpoznania Boskiej osobowości Ojca Wszechświatowego w Raju.

Wielki wszechświat stanowi trojaką domenę Bóstwa: Trójcy Najwyższości, Boga Siedmiorakiego oraz Istoty Najwyższej. Bóg Najwyższy jest potencjalny w Rajskiej Trójcy, z której wywodzi swą osobowość i duchowe atrybuty; jednak obecnie aktualizuje się on w Synach Stwórcach, Pradawnych Czasu i Duchach Nadrzędnych, z których wywodzi swą moc jako Wszechmocny dla superwszechświatów czasu i przestrzeni. Ten przejaw mocy Boga, najbliższego istotom ewolucyjnym, aktualnie rozwija się teraz w czasie-przestrzeni razem z tymi istotami. Wszechmocny Najwyższy, rozwijający się na poziomie-wartości działań nieosobowych oraz duchowa osoba Boga Najwyższego, stanowią *jedną rzeczywistość* – Istotę Najwyższą.

Synowie Stwórcy, w Boskim związku Boga Siedmiorakiego, dostarczają tego mechanizmu, dzięki któremu śmiertelnik staje się nieśmiertelny a to, co skończone, wchodzi w objęcia nieskończoności. Istota Najwyższa daje metodę aktywizacji mocy-osobowości, boskiej syntezy *wszystkich* tych różnorodnych procesów, umożliwiając tym samym dotarcie do absonitu temu, co skończone a poprzez inne, ewentualne, przyszłościowe aktualizacje, umożliwia próbę dotarcia do Ostatecznego. Synowie Stwórcy, wraz z towarzyszącymi im Boskimi Opiekunkami, biorą udział w tej najwyższej aktywizacji, jednak Pradawni Czasu oraz Siedem Duchów Nadrzędnych są przypuszczalnie wiecznie niezmienni, jako stali administratorzy wielkiego wszechświata.

Funkcjonowanie Boga Siedmiorakiego datuje się od momentu organizacji siedmiu superwszechświatów i prawdopodobnie rozprzestrzeni się, w związku z przyszłą ewolucją kreacji przestrzeni zewnętrznej. Organizacji tych przyszłych wszechświatów, na pierwszym, drugim, trzecim i czwartym poziomie przestrzennym postępowej ewolucji, bez wątpienia będzie towarzyszyć zapoczątkowanie transcendentalnego i absonicznego dostępu do Bóstwa.

IX. BÓG OSTATECZNY

Tak jak Istota Najwyższa wyłania się stopniowo z poprzedzającego ją nadania boskości, zawartej w potencjale energii i osobowości wielkiego wszechświata, tak też Bóg Ostateczny wynika z potencjałów boskości, istniejących w przewyższających czas-przestrzeń domenach wszechświata nadrzędnego. Aktualizowanie się Bóstwa Ostatecznego wskazuje na absoniczne zjednoczenie pierwszej empirycznej Trójcy i oznacza ekspansję Bóstwa na drugim poziomie stwórczej samorealizacji. To stanowi moc-osobowość, równoznaczną z wszechświatowym, empirycznym aktualizowaniem się Bóstwa absonicznych rzeczywistości Raju, na wynikających poziomach wartości przewyższających czas-przestrzeń. Realizacja takiego empirycznego kształtowania się ma swój cel, a jest nim umożliwienie ostatecznej służby-przeznaczenia wszystkim tym istotom czasu-przestrzeni, które osiągnęły absoniczne poziomy, przez pełne urzeczywistnienie się Istoty Najwyższej i dzięki służbie Boga Siedmiorakiego.

Bóg Ostateczny jest określeniem Bóstwa osobowego, funkcjonującego na boskich poziomach absonitu oraz we wszechświatowych domenach superczasu i przewyższonej przestrzeni. Ostateczny jest supernajwyższym wyniknięciem Bóstwa. Najwyższy jest zjednoczeniem Trójcy, zrozumiałym dla istot skończonych; Ostateczny jest zjednoczeniem Rajskiej Trójcy, zrozumiałym dla istot absonicznych.

Ojciec Wszechświatowy, dzięki mechanizmowi Bóstwa ewolucyjnego, zajmuje się aktualnie gigantyczną i zdumiewającą *działalnością* ogniskowania osobowości i aktywizowania mocy, na poszczególnych, wszechświatowych znaczeniach-poziomach Boskich wartości rzeczywistości tego, co skończone, absoniczne a nawet tego, co absolutne.

Trzy pierwsze, przeszłościowo wieczne Bóstwa z Raju – Ojciec Wszechświatowy, Wieczny Syn i Nieskończony Duch – mają w wiecznej przyszłości zostać uzupełnione osobowo przez empiryczne aktualizowanie się związanych z nimi Bóstw ewolucyjnych – Boga Najwyższego, Boga Ostatecznego i ewentualnie Boga Absolutnego.

Bóg Najwyższy i Bóg Ostateczny, wyłaniający się teraz we wszechświatach empirycznych, nie są egzystencjalni – nie są przeszłościowo wieczni a tylko wieczni przyszłościowo, uwarunkowani czasem-przestrzenią oraz uwarunkowani transcendencją. Są Bóstwami posiadającymi to, co najwyższe, ostateczne oraz ewentualnie najwyższo-ostateczne, Bóstwami, które doświadczyły historycznych początków wszechświata. Nigdy nie będą mieć końca, ale mają początki swej osobowości. Są wprawdzie aktualizowaniem się wiecznych i nieskończonych potencjałów Bóstwa, ale sami nie są ani bezwzględnie wieczni ani też nieskończeni.

X. BÓG ABSOLUTNY

Istnieje wiele aspektów wiecznej rzeczywistości *Bóstwa-Absolutu*, które nie mogą być w pełni wyjaśnione czasowo-przestrzennemu, skończonemu umysłowi, jednak aktualizacja *Boga Absolutnego* może nastąpić w wyniku zjednoczenia drugiej empirycznej Trójcy – Trójcy Absolutnej. Może to stanowić empiryczną realizacją boskości absolutnej, zjednoczenie absolutnych znaczeń na absolutnych poziomach, ale nie jesteśmy pewni tego, co dotyczy ogarnięcia wszystkich wartości absolutnych, ponieważ nigdy nie byliśmy poinformowani, że Absolut Uwarunkowany jest odpowiednikiem Nieskończonego. Nadostateczne przeznaczenia zawarte są w absolutnych znaczeniach i nieskończonej duchowości a bez obu tych nieosiągniętych rzeczywistości nie możemy ustalić wartości absolutnych.

Bóg Absolutny jest realizacją-osiągnięciem celu wszystkich istot superabsonicznych, ale moc i potencjał osobowości Bóstwa-Absolutu przekracza nasze pojmowanie, nie możemy się zdecydować, żeby omawiać rzeczywistości, które leżą tak daleko od empirycznej aktualizacji.

XI. TRZY ABSOLUTY

Gdy połączona myśl Ojca Wszechświatowego i Wiecznego Syna, funkcjonując w Bogu Działania, ustanowiła kreację boskiego i centralnego wszechświata, Ojciec podążył za ekspresją swej myśli w słowie swego Syna i w działaniu Wspólnego Wykonawcy, odróżniając swoją obecność w Havonie od potencjałów nieskończoności. I te, nieujawnione potencjały nieskończoności, pozostają ukryte przestrzennie w Absolucie Nieuwarunkowanym i niebiańsko spowite w Bóstwie-Absolucie, podczas gdy te dwa Absoluty stają się jednym w działaniu Absolutu Wszechświatowego – nie objawionej nieskończoności-jedności Rajskiego Ojca.

Zarówno potencja siły kosmicznej jak i potencja siły duchowej są w trakcie stopniowego objawiania-urzeczywistnienia, gdy wzbogacanie całej rzeczywistości dokonywane jest drogą empirycznego rozwoju oraz przez współzależność empirycznego z egzystencjalnym w Absolucie Wszechświatowym. Dzięki równoważącej obecności Absolutu

Wszechświatowego, Pierwsze Źródło i Centrum dokonuje poszerzenia swej mocy empirycznej, ma możność utożsamiania się z ewolucyjnymi istotami przezeń stworzonymi, oraz osiąga ekspansję Bóstwa empirycznego na poziomach Najwyższości, Ostateczności i Absolutu.

Kiedy nie można dokładne odróżnić Bóstwa-Absolutu od Absolutu Nieuwarunkowanego, ich domniemanie połączone funkcjonowanie lub partnerska obecność jest określana działalnością Absolutu Wszechświatowego.

1. *Bóstwo-Absolut* wydaje się być wszechpotężnym aktywizatorem, podczas gdy Absolut Nieuwarunkowany wydaje się być wszechoperatywnym mechanizmem napędowym doskonale zjednoczonego i ostatecznie skoordynowanego wszechświata wszechświatów, nawet wszechświatów nad wszechświatami, stworzonych, stwarzanych i tych, które będą stwarzane.

Bóstwo-Absolut nie może reagować, albo przynajmniej nie reaguje, na żadną sytuację wszechświatową w sposób podabsolutny. Wydaje się, że każde oddziaływanie tego Absolutu, na jakąkolwiek daną sytuację, jest dokonywane dla dobra całego stworzenia rzeczy i istot, nie tylko w obecnym stanie egzystencji, ale także z punktu widzenia nieskończonych możliwości całej przyszłej wieczności.

Bóstwo-Absolut jest tym potencjałem, który został wydzielony z całościowej, nieskończonej rzeczywistości, decyzją wolnej woli Ojca Wszechświatowego, a w obrębie którego zachodzi całe funkcjonowanie boskości – egzystencjalne i empiryczne. Jest to Absolut *Uwarunkowany* w przeciwieństwie do Absolutu *Nieuwarunkowanego*; jednak Absolut Wszechświatowy jest nadwzbogacającym dla obu w tym, że zawiera cały absolutny potencjał.

2. *Absolut Nieuwarunkowany* jest bezosobowy, pozaboski i nie deifikowany. Absolut Nieuwarunkowany jest zatem pozbawiony osobowości, boskości i wszelkich prerogatyw stwórcy. Ani fakt, ani prawda, doświadczenie czy objawienie, filozofia czy absoniczność, nie mogą przeniknąć natury i charakteru tego Absolutu bez uwarunkowania we wszechświecie.

Wyjaśnijmy, że Absolut Nieuwarunkowany jest *prawdziwą rzeczywistością*, przenikającą wielki wszechświat oraz najwidoczniej rozciągającą się, wraz z obecnością przestrzeni, w kierunku zewnętrznym, w aktywność sił i przedmaterialnych ewolucji, na zdumiewającym ogromie obszarów przestrzeni istniejącej poza siedmioma superwszechświatami. Absolut Nieuwarunkowany nie jest zwykłym negatywizmem filozoficznej idei, opartej na przypuszczeniach metafizycznej sofistyki, w sprawie uniwersalizmu, dominacji i prymatu tego, co nie uzależnione i nie uwarunkowane. Absolut Nieuwarunkowany jest autentyczną, wszechświatową kontrolą nadrzędną w nieskończoności; ta kontrola nadrzędna jest nieograniczona przestrzenią-siłą, jednak jest zdecydowanie uwarunkowana obecnością życia, umysłu, ducha i osobowości oraz jest dodatkowo uzależniona od woli-reakcji oraz celowych nakazów Rajskiej Trójcy.

Jesteśmy przekonani, że Absolut Nieuwarunkowany nie jest niezróżnicowanym i wszechprzenikającym wpływem, porównywalnym czy to z panteistycznymi ideami metafizyki, czy to z dawniejszymi, naukowymi hipotezami eteru. Absolut Nieuwarunkowany jest nieograniczony w aspekcie siły, ale uzależniony jest od Bóstwa, jednak nie dostrzegamy wyraźnych związków tego Absolutu z duchowymi rzeczywistościami wszechświatów.

3. *Absolut Wszechświatowy*, jak logicznie wnioskujemy, był nieuniknionym wynikiem działania absolutnej, wolnej woli Ojca Wszechświatowego, rozróżniającej rzeczywistości wszechświata na wartości deifikowane i nie deifikowane – możliwe i niemożliwe do uosobienia. Absolut Wszechświatowy stanowi fenomen Bóstwa, znamionujący rozwiązanie napięcia wytworzonego przez akt wolnej woli i tym samym różnicującego rzeczywistość wszechświatową, a działa on jako asocjacyjny koordynator całkowitej sumy potencjalności egzystencjalnych.

Napięcie-obecność Absolutu Wszechświatowego oznacza dopasowanie zróżnicowania pomiędzy rzeczywistością Bóstwa a rzeczywistością nie deifikowaną, zróżnicowania nieodłącznego oddzieleniu dynamiki boskości, obdarzonej wolną wolą, od statyki nieskończoności nie uwarunkowanej.

Zapamiętajcie: potencjał nieskończoności jest absolutny i nierozdzielny od wieczności. Aktualna nieskończoność w czasie może być zaledwie częściowa a zatem musi być nieabsolutna; tak samo nieskończoność aktualnie istniejącej osobowości nie może być absolutna, chyba, że w nie uwarunkowanym Bóstwie. Istnieje zróżnicowanie potencjału nieskończoności Absolutu Nieuwarunkowanego oraz Bóstwa-Absolutu, które uwiecznia Absolut Wszechświatowy i tym samym kosmicznie umożliwia istnienie w przestrzeni wszechświatów materialnych a duchowo umożliwia istnienie skończonych osobowości w czasie.

Skończone może współistnieć w kosmosie z Nieskończonym tylko dlatego, że asocjacyjna obecność Absolutu Wszechświatowego tak doskonale wyrównuje napięcia pomiędzy czasem i wiecznością, skończonością i nieskończonością, potencjałem rzeczywistości i aktualnością rzeczywistości, Rajem i przestrzenią, człowiekiem i Bogiem. Asocjacyjnie, Absolut Wszechświatowy stanowi tożsamość strefy rozwijającej się rzeczywistości ewolucyjnej, istniejącej w czasie-przestrzeni i w przewyższonym czasie-przestrzeni, we wszechświatach podnieskończonego ujawniania się Bóstwa.

Absolut Wszechświatowy jest potencjałem statyczno-dynamicznego Bóstwa, funkcjonalnie możliwym do realizacji na poziomach czasu-wieczności, jako wartości skończone-absolutne i możliwe do dostąpienia empiryczno-egzystencjalnego. Ten trudny do pojęcia aspekt Bóstwa może być statyczny, potencjalny i asocjacyjny, ale nie jest on stwórczy empirycznie czy też ewolucyjny w tym, co dotyczy inteligentnych osobowości działających teraz we wszechświecie nadrzędnym.

Absolut. Oba Absoluty – uwarunkowany i nieuwarunkowany – podczas gdy z pozoru rozbieżne w działaniu, jak mogą to dostrzegać istoty obdarzone umysłem, są doskonale i bosko zjednoczone w Absolucie Wszechświatowym i poprzez Absolut Wszechświatowy. W końcowym podsumowaniu i w ostatecznym ujęciu, wszystkie trzy są jednym Absolutem. Na poziomach podnieskończonych są one czynnościowo zróżnicowane, ale w nieskończoności są JEDNOŚCIĄ.

Nigdy nie używamy określenia Absolut jako negacji czegokolwiek, lub jako zaprzeczenia czegoś. Nie traktujemy również Absolutu Wszechświatowego jako samostanowiącego, jako czegoś w rodzaju panteistycznego i bezosobowego Bóstwa. We wszystkim, co odnosi się do wszechświatowej osobowości, Absolut jest ściśle ograniczony przez Trójcę i zdominowany przez Bóstwo.

XII. TRÓJCE

Pierwotna i wieczna, Rajska Trójca, jest egzystencjalna i była nieunikniona. Ta bez początku Trójca była nieodłączna zróżnicowaniu tego, co osobowe od tego, co nieosobowe, w rezultacie działania nieskrępowanej woli Ojca a urzeczywistniła się, gdy jego osobista wola koordynowała umysłem te dwojakie rzeczywistości. Trójce posthavonalne są empiryczne – nieodłączne stworzeniu dwu podabsolutnych i ewolucyjnych poziomów przejawiania się mocy-osobowości we wszechświecie nadrzędnym.

Rajska Trójca – wieczne zjednoczenie Bóstwa Ojca Wszechświatowego, Wiecznego Syna i Nieskończonego Ducha – jest egzystencjalna w aktualności, jednak wszystkie jej potencjały są empiryczne. Dlatego Trójca ta stanowi jedyną rzeczywistość Bóstwa, obejmującą nieskończoność, a zatem pojawiają się tutaj wszechświatowe fenomeny aktualizowania się Boga Najwyższego, Boga Ostatecznego i Boga Absolutnego.

Pierwsza i druga Trójca empiryczna, Trójce posthavonalne, nie mogą być nieskończone gdyż obejmują one *Bóstwa wywodzące się*, Bóstwa ewoluujące przez empiryczne aktualizowanie się rzeczywistości stworzonych, lub wynikłych dzięki egzystencjalnej Rajskiej Trójcy. Nieskończoność boskości jest wciąż wzbogacana, jeśli nie poszerzana, przez skończoność i absoniczność doświadczenia istoty stworzonej i Stwórcy.

Trójce są prawdami zależności i faktami partnerskiego przejawiania się Bóstwa. Działania Trójcy obejmują rzeczywistości Bóstwa a rzeczywistości Bóstwa zawsze szukają realizacji i ujawniania się w uosobieniu. Bóg Najwyższy, Bóg Ostateczny a nawet Bóg Absolutny są zatem boskimi nieuchronnościami. Te trzy Bóstwa empiryczne były potencjalne w egzystencjalnej Trójcy, Rajskiej Trójcy, ale ich pojawienie się we wszechświecie jako osobowości obdarzonych mocą jest zależne po części od ich własnego działania empirycznego we wszechświatach mocy i osobowości, a po części od empirycznych osiągnięć posthavonalnych Stwórców i Trójc.

Dwie Trójce posthavonalne, Trójce empiryczne – Ostateczna i Absolutna – nie objawiają się teraz w pełni; są w trakcie wszechświatowego urzeczywistniania się. Te związki Bóstwa można przedstawić następująco:

1. *Trójca Ostateczna*, która się teraz wyłania, będzie się w końcu składała z Istoty Najwyższej, Najwyższych Osobowości Stwórczych oraz z absonicznych Architektów Wszechświata Nadrzędnego, tych unikalnych planistów wszechświata, którzy nie są ani stwórcami ani istotami stworzonymi. Bóg Ostateczny, w końcu i nieuchronnie, zyska władzę i będzie uosobiony jako Boska konsekwencja zjednoczenia empirycznej Trójcy Ostatecznej, na poszerzającej się arenie prawie nieograniczonego wszechświata nadrzędnego.

2. *Trójca Absolutna* – druga Trójca empiryczna – obecnie w trakcie aktualizowania się, składać się będzie z Boga Najwyższego, Boga Ostatecznego oraz z nie objawionego Wypełniacza Przeznaczenia Wszechświata. Trójca ta działa na poziomie zarówno osobowym jak i superosobowym, nawet do granic tego, co nieosobowe, a jej zjednoczenie w domenie wszechświatów byłoby uempirycznieniem Bóstwa Absolutnego.

Trójca Ostateczna jednoczy się empirycznie w trakcie swej realizacji, ale szczerze wątpimy, czy możliwe jest takie pełne zjednoczenie Trójcy Absolutnej. Jednak nasza idea wiecznej, Rajskiej Trójcy, wciąż nam przypomina, że utrójcowienie Bóstwa może dokonać tego, co jest skądinąd nieosiągalne; zatem postulujemy pojawienie się kiedyś *Najwyższego-Ostatecznego* oraz ewentualne utrójcowienie-urzeczywistnienie Boga Absolutnego.

Filozofowie wszechświatów postulują *Trójcę Trójc*, egzystencjalno-empiryczną Trójcę Nieskończoną, ale nie potrafią wyobrazić sobie jej uosobienia; prawdopodobnie byłaby ona równorzędną osobie Ojca Wszechświatowego na poziomie pojęciowym JESTEM. Niezależnie jednak od tego wszystkiego, pierwotna Rajska Trójca jest potencjalnie nieskończona, skoro Ojciec Wszechświatowy jest aktualnie nieskończony.

OBJAŚNIENIE

Podczas redagowania następnych prezentacji, obrazujących charakter Ojca Wszechświatowego oraz naturę jego rajskich towarzyszy, wraz z próbą opisania doskonałego wszechświata centralnego i okrążających go siedmiu superwszechświatów, kierujemy się zaleceniami władców superwszechświata, mówiącymi, że w trakcie wszystkich naszych prób objawienia prawdy i koordynacji istotnej wiedzy, powinniśmy dawać pierwszeństwo najwyższym istniejącym ideom ludzkim, odnoszącym się do omawianych tematów. Do czystego objawienia możemy uciekać się tylko wtedy, gdy przedstawiana idea nie posiada uprzedniego, właściwego wyrażenia, dokonanego przez umysł ludzki.

Kolejne, planetarne objawienia boskiej prawdy, nieodmiennie zawierają najwyższe istniejące idee wartości duchowych jako część nowego i wzbogaconego uporządkowania wiedzy planetarnej. W związku z tym, gdy robiliśmy te prezentacje, dotyczące Boga i jego kosmicznych towarzyszy, wyselekcjonowaliśmy, jako podstawę tych przekazów, ponad tysiąc idei ludzkich, reprezentujących najwyższą i najbardziej zaawansowaną wiedzę planetarną dotyczącą wartości duchowych i znaczeń kosmicznych. Kiedy te, ludzkie idee, zebrane od rozpoznających Boga śmiertelników z przeszłości i teraźniejszości, nieodpowiednie będą do wyrażenia prawdy, tak, jak mieliśmy zalecone ją objawić, bez wahania będziemy je uzupełniać, sięgając po naszą własną, wyższą wiedzę o rzeczywistości i boskości Rajskich Bóstw oraz o transcendentalnym wszechświecie, w którym przebywają.

W pełni sobie uświadamiamy, jak trudne jest nasze zadanie; dostrzegamy, że nie jest możliwe pełne przetłumaczenie języka idei boskości i wieczności na symbole języka idei skończonych śmiertelnego umysłu. Wiemy jednak, że w umyśle ludzkim zamieszkuje fragment Boga, jak również to, że w ludzkiej duszy przebywa Duch Prawdy; i wiemy jeszcze to, że te duchowe siły współpracują ze sobą, aby pomóc materialnemu człowiekowi zrozumieć rzeczywistości wartości duchowych oraz pojąć filozofię znaczeń kosmicznych. Bardziej jeszcze jesteśmy pewni tego, że te duchy Boskiej Obecności potrafią pomóc człowiekowi w duchowym przyswojeniu całej prawdy, przyczyniając się do poszerzenia wciąż rozwijającej się rzeczywistości osobistego doświadczenia religijnego – uświadomienia sobie Boga.

[Zredagowane przez Niebiańskiego Radcę z Orvontonu, szefa korpusu osobowości superwszechświatowych, wyznaczonych do przedstawienia na Urantii prawdy dotyczącej Rajskich Bóstw i wszechświata wszechświatów].

CZĘŚĆ I

WSZECHŚWIAT CENTRALNY I SUPERWSZECHŚWIATY

Przygotowano pod nadzorem korpusu osobowości superwszechświatowych z Uversy, działających z upoważnienia Pradawnych Czasu z Orvontonu.

CZĘŚĆ I

Wszechświat centralny i superwszechświaty

PRZEKAZ 1

OJCIEC WSZECHŚWIATOWY

OJCIEC Wszechświatowy jest Bogiem całego stworzenia, Pierwszym Źródłem i Centrum wszystkich rzeczy i istot. Uważajcie Boga przede wszystkim za stwórcę, potem za władcę a na koniec za nieskończonego podtrzymywacza. Prawda o Ojcu Wszechświatowym zaczęła świtać dla ludzkości, kiedy prorok powiedział: „Ty Boże jesteś jedyny; nie ma nikogo prócz Ciebie. Stworzyłeś niebiosa, niebiosa niebios z ich wszystkimi zastępami; utrzymujesz ich i panujesz im. Przez Synów Bożych wszechświaty stworzone były. Stwórca okrywa się światłem jak płaszczem i rozpościera nieba jak namiot". Dopiero idea Ojca Wszechświatowego – jednego Boga zamiast wielu bogów – pozwoliła człowiekowi śmiertelnemu zrozumieć, że Ojciec jest boskim stwórcą i nieskończonym władcą.

Stworzono miriady układów planetarnych, aby w końcu zostały zamieszkane przez wiele różnorodnych rodzajów istot inteligentnych, istot mogących rozpoznać Boga, odczuwać Boską miłość i odwzajemniać to uczucie. Wszechświat wszechświatów jest dziełem Boga i miejscem zamieszkania jego rozmaitych istot. „Bóg stworzył nieba i ukształtował ziemię; ustanowił wszechświat i nie stworzył tej ziemi bezładną, lecz przysposobił ją na mieszkanie".

Wszystkie oświecone światy uznają i czczą Ojca Wszechświatowego, wiecznego Stwórcę i nieskończonego podtrzymywacza całego stworzenia. Obdarzone wolą istoty, wszechświat za wszechświatem, zaczynają bardzo długą podróż do Raju, fascynujące zmagania wiecznej epopei docierania do Boga Ojca. Najwyższym celem dzieci czasu jest znalezienie wiecznego Boga, zrozumienie Boskiej natury, poznanie Ojca Wszechświatowego. Rozpoznające Boga istoty, kiedy przebywają na swych planetach, mają jedną tylko najwyższą ambicję, jedno trawi je pragnienie – ażeby stać się podobnym jemu, jakim jest on w rajskiej doskonałości swej osobowości i na swojej wszechświatowej sferze prawej wszechwładzy. Od zamieszkującego w wieczności Ojca Wszechświatowego wyszło najwyższe zalecenie: „Bądźcie doskonali, nawet tak, jak ja doskonały jestem". W miłości i miłosierdziu rajscy posłańcy ponieśli to Boskie wezwanie, poprzez epoki i poprzez wszechświaty, nawet do takich skromnych istot, zwierzęcego pochodzenia, jak rodzaj ludzki na Urantii.

To wspaniałe i powszechne przykazanie, ażeby dążyć do osiągnięcia Boskiej doskonałości, jest pierwszym obowiązkiem i powinno być najwyższą ambicją wszystkich trudzących się życiem istot, stworzonych przez Boga doskonałości. Taka możliwość osiągnięcia Boskiej doskonałości jest ostatecznym i pewnym przeznaczeniem całego człowieczego, wiecznego postępu duchowego.

Śmiertelnicy z Urantii raczej nie mogą się spodziewać osiągnięcia doskonałości w sensie nieskończonym, jednak jest zupełnie możliwe, aby istoty ludzkie, począwszy od tej planety, zaczęły docierać do tego boskiego i niebiańskiego celu, jaki nieskończony Bóg ustanowił dla śmiertelnych ludzi; a kiedy osiągną to przeznaczenie, będą we wszystkim, co się odnosi do samorealizacji i osiągnięć umysłowych, tak przepełnieni w swej domenie boską doskonałością, jak sam Bóg jest w domenie nieskończoności i wieczności. Taka doskonałość może nie być uniwersalna w sensie materialnym, nieograniczona w rozumowaniu intelektualnym czy ostateczna w doświadczeniu duchowym, ale jest ostateczna i kompletna we wszystkich skończonych aspektach boskości woli, w doskonałości motywacji osobowych i w uświadamianiu sobie Boga.

Takie jest prawdziwe znaczenie Boskiego przykazania: „Bądźcie doskonali, nawet tak, jak ja doskonały jestem", które zawsze pcha śmiertelnego człowieka naprzód i przyzywa go do wewnątrz, w tych długich i fascynujących zmaganiach osiągania coraz wyższych poziomów wartości duchowych i prawdziwych znaczeń wszechświata. To wzniosłe poszukiwanie Boga wszechświatów jest najwyższą przygodą mieszkańców wszystkich światów czasu i przestrzeni.

1. IMIĘ OJCA

Spośród wszystkich imion, pod którymi Bóg Ojciec znany jest we wszechświatach, najczęściej spotyka się te, które określają go jako Pierwsze Źródło i Centrum Wszechświata. W różnych wszechświatach i w różnych częściach tego samego wszechświata, Pierwszy Ojciec znany jest pod rozmaitymi imionami. Imiona, które stworzony nadaje Stwórcy, zależą w dużym stopniu od tej koncepcji Stwórcy, jaką posiada stworzony. Pierwsze Źródło i Centrum Wszechświata nigdy nie objawił się imieniem, tylko swą naturą. Skoro jednak wierzymy, że jesteśmy dziećmi tego Stwórcy, jest rzeczą zupełnie naturalną, że powinniśmy nazywać go Ojcem. Ale to imię wybraliśmy sami, a wywodzi się ono z uświadomienia sobie naszych, osobistych związków z Pierwszym Źródłem i Centrum.

Ojciec Wszechświatowy nigdy nie narzuca inteligentnym, wolą obdarzonym istotom we wszechświatach, jakiejkolwiek formy arbitralnego uznania, formalnego czczenia czy niewolniczej służby. Ewolucyjni mieszkańcy światów czasu i przestrzeni muszą sami – w swych własnych sercach – zaakceptować go, kochać go i dobrowolnie czcić. Stwórca nie chce zniewalać, ani też zmuszać do podporządkowania sobie duchowej, wolnej woli stworzonych istot materialnych. Przepełnione uczuciem poświęcenie woli człowieka czynieniu woli Ojca, jest najlepszym ludzkim darem dla Ojca; faktycznie, takie uświęcenie woli stworzonego stanowi jedyny możliwy ludzki dar, posiadający istotną wartość dla Rajskiego Ojca. W Bogu człowiek żyje, porusza się i istnieje; nie ma niczego, co człowiek może dać Bogu, za wyjątkiem tego wyboru, by podporządkować się woli Ojca a decyzja taka, czyniona przez inteligentne, wolą obdarzone istoty z wszechświatów, jest rzeczywistością tego, prawdziwego czczenia, które szczególnie przypada do gustu zdominowanej przez miłość naturze Stwórcy Ojca.

Gdy kiedyś naprawdę uświadomicie sobie istnienie Boga, kiedy naprawdę odkryjecie majestatycznego Stwórcę i zaczniecie zdawać sobie sprawę z zamieszkującej was obecności Boskiego kontrolera, wtedy, zgodnie z waszym zrozumieniem oraz ze sposobem i metodą, jaką Boscy Synowie objawiają Boga, znajdziecie imię dla Ojca Wszechświatowego, które będzie odpowiednią ekspresją waszej idei Pierwszego Wielkiego Źródła i Centrum. I tak, na różnych światach i w rozmaitych wszechświatach, Stwórca znany jest pod różnymi określeniami; w duchu wzajemnej zależności wszystkie znaczą to samo, ale w słowach i symbolice każde imię oznacza stopień i głębokość jego intronizacji w sercach istot przezeń stworzonych, z jakiejkolwiek danej domeny.

W pobliżu centrum wszechświata wszechświatów, Ojciec Wszechświatowy w zasadzie znany jest pod tymi imionami, które można uznać za określenie Pierwszego Źródła. Gdy idziemy w przestrzeń, we wszechświaty, nazwy używane na określenie Ojca Wszechświatowego częściej oznaczają Wszechświatowe Centrum. Jeszcze dalej w głąb gwiezdnych kreacji, nazywany jest on tak, jak na świecie zarządu waszego wszechświata lokalnego jako Pierwsze Stwórcze Źródło i Boskie Centrum. W jednej z pobliskich konstelacji Bóg zwany jest Ojcem Wszechświatów. W innej – Nieskończonym Podtrzymywaczem, a w kierunku wschodnim – Boskim Władcą. Jest on także nazywany Ojcem Świateł, Darem Życia oraz Wszechpotężnym.

Na tych światach, gdzie Rajski Syn przeżył swoje obdarzające życie, Bóg znany jest na ogół pod jakimś imieniem, określającym osobisty związek, uczuciowość i ojcowskie oddanie. W zarządzie waszej konstelacji nawiązują do Boga jako do Ojca Wszechświatowego a na różnych planetach waszego lokalnego systemu światów zamieszkałych zwany jest on rozmaicie, jako Ojciec Ojców, Rajski Ojciec, Ojciec z Havony i Duchowy Ojciec. Ci, którzy znają Boga z objawień, udzielonych podczas obdarzeń dokonanych przez Rajskich Synów, poddają się w końcu uczuciowemu urokowi relacji stworzony-Stwórca i nazywają Boga „nasz Ojciec".

Na planecie, gdzie istoty stworzone obdarzone są płcią, na świecie, gdzie uczucia rodzicielskie tkwią w sercach istot inteligentnych, określenie Ojciec staje się bardzo odpowiednim i stosownym imieniem wiecznego Boga. Na waszej planecie, Urantii, jest on najlepiej znany, najpowszechniej honorowany, pod imieniem *Bóg*. Imię, jakie mu nadano, niewielkie ma znaczenie, ważną rzeczą jest to, że powinniście go znać i starać się być jemu podobni. Wasi dawni prorocy właściwie nazywali go „Bogiem wiekuistym" nawiązując do niego jako do tego, który „zamieszkuje wieczność".

2. RZECZYWISTOŚĆ BOGA

W świecie ducha Bóg jest podstawową rzeczywistością; Bóg jest źródłem prawdy w sferach umysłu; Bóg góruje nad wszystkim w domenach materialnych. Dla wszystkich stworzonych istot inteligentnych Bóg jest osobowością, a dla wszechświata wszechświatów jest on Pierwszym Źródłem i Centrum wiecznej rzeczywistości. Bóg nie jest podobny ani do człowieka, ani do maszyny. Pierwszy Ojciec jest wszechświatowym duchem, wieczną prawdą, nieskończoną rzeczywistością i ojcowską osobowością.

Wieczny Bóg jest czymś nieskończenie większym, aniżeli tylko wyidealizowaną rzeczywistością czy uosobieniem wszechświata. Bóg nie jest po prostu najwyższym pragnieniem człowieka, czy uprzedmiotowieniem ludzkich poszukiwań. Nie jest też Bóg zwyczajnie pojęciem czy mocą-potencjałem prawości. Ojciec Wszechświatowy nie jest synonimem natury, nie jest też uosobionym prawem natury. Bóg jest rzeczywistością transcendentalną, a nie tylko ludzką koncepcją najwyższych wartości. Bóg nie jest psychologicznym zogniskowaniem znaczeń duchowych, ani też „najwspanialszym dziełem człowieka". W umyśle ludzkim Bóg może być dowolnym z tych pojęć, ale jest on czymś znacznie większym. Jest on zbawicielem i kochającym Ojcem wszystkich tych, którzy cieszą się pokojem ducha na Ziemi i którzy pragną trwania osobowości po śmierci.

Aktualność istnienia Boga uwidacznia się w ludzkim doświadczeniu jako zamieszkiwanie w człowieku Boskiej obecności, duchowego Monitora, przysłanego z Raju, aby żył w śmiertelnym umyśle człowieka i pomagał w kształtowaniu się nieśmiertelnej, żyjącej wiecznie duszy. Obecność Boskiego Dostrajacza w ludzkim umyśle objawia się przez trzy fenomeny empiryczne:

1. Intelektualna zdolność poznania Boga – uświadomienia sobie Boga.
2. Duchowy impuls do znalezienia Boga – poszukiwanie Boga.
3. Dążenie osobowości do bycia podobną Bogu – szczere pragnienie czynienia woli Ojca.

Istnienia Boga nigdy nie da się udowodnić eksperymentem naukowym lub czysto logiczną dedukcją. Boga uświadomić sobie można jedynie w domenach doświadczenia ludzkiego; tym niemniej prawdziwa koncepcja rzeczywistości Boga jest sensowna dla logiki, wiarygodna dla filozofii, niezbędna dla religii oraz nieodzowna dla jakiejkolwiek nadziei wiecznego życia osobowości.

Ci, którzy rozpoznają Boga, doświadczyli faktu jego obecności; tacy rozpoznający Boga śmiertelnicy posiadają w swym osobistym doświadczeniu jedyny autentyczny dowód istnienia żywego Boga, jaki jedna istota ludzka może oferować drugiej. Nie ma żadnej innej możliwości wykazania istnienia Boga, oprócz kontaktu pomiędzy świadomością Boga w umyśle ludzkim a obecnością Boga w Dostrajaczu Myśli, który zamieszkuje intelekt śmiertelnika i nadawany jest człowiekowi jako bezinteresowny dar Ojca Wszechświatowego.

Teoretycznie możecie uważać Boga za Stwórcę i stworzył on osobiście Raj oraz doskonały wszechświat centralny, jednak wszechświaty czasu i przestrzeni są w całości stwarzane i organizowane przez rajski korpus Synów Stwórców. Ojciec Wszechświatowy nie jest osobistym stwórcą wszechświata lokalnego Nebadonu; wszechświat, w którym żyjecie, jest stworzony przez jego Syna Michała. Chociaż Ojciec nie stwarza osobiście wszechświatów ewolucyjnych, kontroluje je w ich licznych wszechświatowych relacjach oraz w pewnych przejawach ich energii fizycznych, umysłowych i duchowych. Bóg Ojciec jest osobistym stwórcą rajskiego wszechświata, a w połączeniu z Wiecznym Synem, stwórcą wszystkich pozostałych, osobistych Stwórców wszechświatów.

Pierwsze Źródło i Centrum działa jako kontroler fizyczny materialnego wszechświata wszechświatów, w formach wiecznej Wyspy Raj a przez to absolutne centrum grawitacji, wieczny Bóg sprawuje kosmiczną kontrolę nadrzędną na poziomie fizycznym, zarówno we wszechświecie centralnym jak i na obszarze wszechświata wszechświatów. Jako umysł, Bóg działa w Bóstwie Nieskończonego Ducha; jako duch, Bóg objawia się w osobie Wiecznego Syna oraz w osobach Boskich dzieci Wiecznego Syna. Ten związek wzajemny Pierwszego Źródła i Centrum z partnerskimi Osobami i Absolutami Raju w najmniejszym stopniu nie wyklucza *bezpośredniego,* osobistego działania Ojca Wszechświatowego na obszarze całego stworzenia oraz na wszystkich jego poziomach. Ojciec Stwórca, dzięki obecności swego rozdrobnionego ducha, utrzymuje bezpośredni kontakt ze stworzonymi dziećmi i stworzonymi wszechświatami.

3. BÓG JEST WSZECHŚWIATOWYM DUCHEM

„Bóg jest duchem". Jest powszechną obecnością duchową. Ojciec Wszechświatowy jest nieskończoną rzeczywistością duchową; jest on „wszechwładnym, wiecznym, nieśmiertelnym, niewidzialnym i jedynym prawdziwym Bogiem". Chociaż jesteście „z rodu Bożego", nie powinniście sądzić, że Ojciec jest do was podobny w formie, czy też fizycznie, dlatego tylko, że powiedziano wam, iż jesteście stworzeni „na jego obraz" – zamieszkali przez Nieodgadnione Monitory, rozesłane z centralnego miejsca pobytu jego wiecznej obecności. Istoty duchowe są rzeczywiste, pomimo, że są niewidoczne dla oczu ludzkich, nawet nie mają ciała ani krwi.

Powiedział kiedyś prorok: „Nie widzę go, chociaż przechodzi; mija a dostrzec nie mogę". Możemy wciąż oglądać dzieła Boże, dobrze możemy uświadamiać sobie materialne dowody jego wspaniałego działania, ale rzadko możemy dostrzec widzialny przejaw jego boskości, nie widzimy nawet mieszkającego w człowieku ducha, przezeń wysłanego.

Ojciec Wszechświatowy jest niewidzialny nie z tego powodu, że skrywa się z dala od skromnych istot z materialnymi ograniczeniami i zawężonymi zdolnościami duchowymi. Sytuacja jest raczej taka: „Nie będziesz mógł oglądać mojego oblicza, gdyż żaden człowiek nie może oglądać mojego oblicza i pozostać przy życiu". Człowiek materialny nie może zobaczyć duchowego Boga, zachowując swą śmiertelną egzystencję. Wspaniałość i duchowy blask obecności Boskiej osoby jest niemożliwy do dostąpienia przez niższe grupy istot duchowych, ani przez jakąkolwiek klasę osobowości materialnych. Duchowa światłość osobistej obecności Ojca jest „światłością, której żaden śmiertelny człowiek nie może dostąpić; której nikt z ludzi nie widział, ani nie może zobaczyć". Jednak nie trzeba oglądać Boga oczami ciała, ażeby rozpoznać go wzrokiem wiary uduchowionego umysłu.

Ojciec Wszechświatowy w pełni podziela swą duchową naturę ze współistniejącą z nim jaźnią Wiecznym Synem z Raju. Zarówno Ojciec jak i Syn podobnie dzielą, w pełni i nieograniczenie, uniwersalnego i wiecznego ducha z partnerską osobowością, Nieskończonym Duchem. Duch Boży jest, w sobie i od siebie, absolutny; w Synu jest nie uwarunkowany, w Duchu wszechświatowy a w nich i poprzez nich wszystkich – nieskończony.

Bóg jest wszechświatowym duchem; Bóg jest wszechświatową osobą. Najwyższa osobowa rzeczywistość kreacji skończonej jest duchem; ostateczną rzeczywistością kosmosu osobowego jest duch absoniczny. Tylko poziomy nieskończoności są absolutne i tylko na tych poziomach istnieje finalna jedność pomiędzy materią, umysłem i duchem.

Bóg Ojciec, we wszechświatach, jest potencjalnie nadrzędnym kontrolerem materii, umysłu i ducha. Tylko za pomocą swego, rozległego obwodu osobowości, Bóg zajmuje się bezpośrednio osobowościami swej rozległej kreacji istot obdarzonych wolą, a skontaktować się z nim można (poza Rajem) tylko w obecności jego rozdrobnionych bytów, woli Bożej na rozległym obszarze wszechświatów. Ten rajski duch, który zamieszkuje umysły śmiertelników czasu i pomaga w ewolucji nieśmiertelnej duszy przetrwałych istot, pochodzi z natury i boskości Ojca Wszechświatowego. Tym niemniej umysły istot ewolucyjnych wywodzą się z wszechświatów lokalnych i muszą nabywać boskiej doskonałości, doznając w trakcie swych osiągnięć duchowych takich empirycznych przeobrażeń, jakie są nieuniknionym rezultatem decyzji istoty stworzonej, aby czynić wolę Ojca w niebie.

W doświadczeniu wewnętrznym człowieka umysł złączony jest z materią. Takie związane z materią umysły nie mogą przetrwać ziemskiej śmierci. Metoda przetrwania śmierci opiera się na tych przystosowaniach woli ludzkiej i na tych przeobrażeniach człowieczego umysłu, dzięki którym taki świadomy Boga intelekt stopniowo zaczyna być nauczany przez ducha a w końcu jest przez ducha prowadzony. Ta ewolucja ludzkiego umysłu, od związków materialnych do zjednoczenia duchowego, przynosi przeobrażenie potencjalnie duchowych stadiów śmiertelnego umysłu w morontialne rzeczywistości nieśmiertelnej duszy. Przeznaczeniem ludzkiego umysłu, służącego materii, jest stawać się coraz bardziej materialnym i w konsekwencji doznać ewentualnej likwidacji osobowości; przeznaczeniem umysłu podporządkowanego duchowi jest stawać się coraz bardziej duchowym i ostatecznie osiągnąć jedność z trwałym i przewodzącym mu Boskim duchem, i w ten sposób przetrwać śmierć oraz osiągnąć wieczny byt osobowości.

Przybywam od Wiecznego i niejednokrotnie wracałem przed oblicze Ojca Wszechświatowego. Znam aktualność i osobowość Pierwszego Źródła i Centrum, Wiecznego i Wszechświatowego Ojca. Wiem, że chociaż wielki Bóg jest absolutny, wieczny i nieskończony, jest także dobry, duchowy i łaskawy. Znam prawdę wielkich twierdzeń, że „Bóg jest duchem" i „Bóg jest miłością", i te dwa atrybuty najpełniej się objawiają wszechświatu w Wiecznym Synu.

4. TAJEMNICA BOGA

Tak nieskończona jest Boska doskonałość, że czyni go ona na wieczność tajemnicą. A największą ze wszystkich, niezgłębionych tajemnic Boga, jest fenomen Boskiego zamieszkiwania w śmiertelnych umysłach. To, w jaki sposób Ojciec Wszechświatowy przebywa z istotami czasu, jest najgłębszą ze wszystkich tajemnic wszechświata; Boska obecność w umyśle ludzkim jest tajemnicą tajemnic.

Materialne ciała śmiertelników są „świątyniami Boga". Pomimo, że Władcy-Synowie Stwórcy zbliżają się do istot stworzonych na światach zamieszkałych i „przyciągają wszystkich ludzi ku sobie", i chociaż „stoją u drzwi" świadomości „i kołaczą", i radość powstaje u wszystkich, którzy „otworzą drzwi swoich serc", chociaż między Synami Stwórcami a śmiertelnikami przez nich stworzonymi istnieje serdeczna, osobista, duchowa komunia, mimo wszystko śmiertelni ludzie mają w sobie coś z Boga samego, który aktualnie ich zamieszkuje; ich ciała są jego świątyniami.

Kiedy przejdziecie swą drogę, kiedy się skończy szkolenie na Ziemi w tymczasowej formie, kiedy wasz próbny rejs w ciele dobiegnie końca, kiedy proch, z którego się składa śmiertelne tabernakulum, „wróci do ziemi, z której został wzięty", wtedy, jak jest objawione, zamieszkujący człowieka „Duch wróci do Boga, który go dał". Fragment Boga, część i przesyłka boskości, przebywa w każdej etycznej istocie tej planety. Nie jest on jeszcze wasz, na prawach własności, ale ma stać się jednością z wami, jeśli przetrwacie śmiertelną egzystencję.

Wciąż stajemy w obliczu tajemnicy Boga; jesteśmy skonfundowani coraz szerszym roztaczaniem się bezkresnej panoramy prawdy o jego nieskończonej dobroci, miłosierdziu bez końca, niedościgłej wiedzy i wspaniałym charakterze.

Boska tajemnica polega na charakterystycznym zróżnicowaniu, jakie istnieje pomiędzy tym, co skończone a tym, co nieskończone, pomiędzy tym, co doczesne a tym, co wieczne, pomiędzy czasowo-przestrzenną istotą a Wszechświatowym Stwórcą, pomiędzy tym, co materialne a tym, co duchowe, pomiędzy niedoskonałością człowieka a doskonałością Rajskiego Bóstwa. Bóg powszechnej miłości objawia się nieustannie każdej stworzonej istocie, aż do pełnej zdolności duchowego pojmowania przez tę istotę właściwości Boskiej prawdy, piękna i dobroci.

Dla każdej istoty duchowej i dla każdego stworzonego śmiertelnika, w każdej domenie i na każdym świecie wszechświata wszechświatów, Ojciec Wszechświatowy objawia wszystko ze swej łaskawej i Boskiej jaźni, co może być dostrzeżone i zrozumiane przez taką istotę duchową i przez takiego stworzonego śmiertelnika. Bóg nie ma względu na osoby ani duchowe, ani materialne. Boska obecność, którą cieszy się każde dziecko wszechświata w każdym danym momencie, ograniczona jest tylko zdolnością takiej istoty stworzonej do odbierania i spostrzegania duchowych aktualności świata nadmaterialnego.

Bóg nie jest tajemnicą jako rzeczywistość ludzkiego, duchowego doświadczenia. Jednak, gdy próbuje się objaśnić rzeczywistości świata duchowego fizycznym umysłom klasy materialnej, pojawiają się tajemnice; tajemnice tak subtelne i tak głębokie, że u rozpoznającego Boga śmiertelnika jedynie zrozumienie przez wiarę może dokonać filozoficznego cudu, poznania Nieskończonego przez skończonego, dostrzeżenia wiecznego Boga przez rozwijających się śmiertelników z materialnych światów czasu i przestrzeni.

5. OSOBOWOŚĆ OJCA WSZECHŚWIATOWEGO

Nie pozwólcie na to, żeby wielkość Boga, jego nieskończoność, przesłaniała czy też przyćmiewała jego osobowość. „Nie ma usłyszeć ten, który ucho wszczepił? Nie ma widzieć ten, co utworzył oko"? Ojciec Wszechświatowy jest kulminacją Boskiej osobowości; jest on początkiem i przeznaczeniem wszystkich osobowości całego stworzenia. Bóg jest nieskończony jak również osobowy, jest on nieskończoną osobowością. Ojciec jest naprawdę osobowością, pomimo, że nieskończoność jego osoby uniemożliwia na zawsze jego pełne zrozumienie przez istoty materialne i skończone.

Bóg jest czymś znacznie większym niż osobowością, tak jak ludzki umysł ją rozumie; jest nawet czymś znacznie większym od jakiejkolwiek, możliwej koncepcji superosobowości. Jednak zupełnie bezcelowe jest omawianie tak trudnych do zrozumienia idei, dotyczących Boskiej osobowości, z istotami materialnymi, których najwyższe pojęcie rzeczywistości istoty zawarte jest w idei i ideale osobowości. Najwyższa możliwa koncepcja istoty materialnej, odnosząca się do Wszechświatowego Stwórcy, zawiera się w duchowych ideałach podniosłej idei Boskiej osobowości. Dlatego też, chociaż możecie rozumieć, że Bóg musi być czymś więcej niż ludzką koncepcją osobowości, wiecie tak samo dobrze, że Ojciec Wszechświatowy prawdopodobnie nie może być niczym mniej niż wieczną, nieskończoną, dobrą i piękną osobowością.

Bóg nie ukrywa się przed żadną ze stworzonych istot. Jest niedostępny dla tak wielu klas istot tylko dlatego, że „zamieszkuje światłość niedostępną, której nikt z ludzi nie może zobaczyć". Ogrom i wspaniałość Boskiej osobowości niemożliwe są do zrozumienia przez niedoskonałe umysły śmiertelników ewolucyjnych. On „zmierzył wody morskie swą garścią i piędzią wymierzył niebiosa. To jest On, który mieszka nad kręgiem ziemi, który rozciąga niebiosa jak tkaninę i rozszerza jako wszechświat do mieszkania w nim". „Podnieście oczy w górę i patrzcie, kto stworzył te gwiazdy, kto określa światy numerem i wszystkie je woła po imieniu"; i także to jest prawdziwe, że „niewidzialne przymioty Boga stają się częściowo widzialne dla umysłu, przez jego dzieła". Takimi, jakimi dzisiaj jesteście, musicie dostrzegać niewidzialnego Stwórcę przez jego różnorodne i rozmaite dzieła, jak również dzięki objawieniom i dzięki pomocy jego Synów oraz ich licznych podwładnych.

Materialni śmiertelnicy, chociaż nie mogą dostrzec osoby Boga, powinni cieszyć się zapewnieniem, że jest on osobą; mogą zaakceptować przez wiarę tę prawdę, która mówi, że Ojciec Wszechświatowy tak ukochał świat, iż umożliwił jego skromnym mieszkańcom wieczny rozwój duchowy; że „znajduje radość w swych dzieciach". Bogu nie brakuje żadnego z tych nadludzkich i Boskich atrybutów, które się składają na doskonałą, wieczną, kochającą i nieskończoną osobowość Stwórcy.

W kreacjach lokalnych Bóg nie objawia się w formie osobowej (za wyjątkiem personelu superwszechświatów) ani też w nich nie przebywa, wyjąwszy Rajskich Synów Stwórców, którzy są ojcami światów zamieszkałych oraz władcami wszechświatów lokalnych. Gdyby wiara istoty stworzonej była doskonała, wiedziałaby ona z pewnością, że kiedy ujrzała Syna Stwórcę, ujrzała też Ojca Wszechświatowego; poszukując Ojca, nie pytałaby o nic, ani też nie spodziewałaby się ujrzeć nikogo innego, prócz Syna. Śmiertelny człowiek po prostu nie może zobaczyć Ojca, zanim nie przejdzie pełnej transformacji duchowej i naprawdę nie dotrze do Raju.

Natura Rajskich Synów Stwórców nie obejmuje wszystkich, nie uwarunkowanych potencjałów absolutności uniwersalnej, zawartych w nieskończonej naturze Pierwszego Wielkiego Źródła i Centrum, ale Ojciec Wszechświatowy jest w każdej mierze *bosko* obecny w Synach Stwórcach. Ojciec i jego Synowie stanowią jedność. Rajscy Synowie klasy Michała są osobowościami doskonałymi, nawet wzorem wszelkiej osobowości wszechświata lokalnego, od Gwiazdy Jasnej i Porannej w dół, do najniższej istoty ludzkiej, wyłaniającej się ze zwierzęcej ewolucji.

Bez Boga i bez jego wielkiej, centralnej osoby, nie byłoby osobowości w całym rozległym wszechświecie wszechświatów. *Bóg jest osobowością.*

Pomimo tego, że Bóg jest wieczną mocą, majestatyczną obecnością, transcendentalnym ideałem i wspaniałym duchem – choć jest on tym wszystkim i czymś nieskończenie większym – jest on prawdziwie i wiecznie doskonałą osobowością Stwórcy, osobą, która może „poznać i być poznaną", która może „kochać i być kochaną" i kimś, kto może obdarzyć nas przyjaźnią; kiedyś możesz być uznawany(-a), jak i inni ludzie, za przyjaciela Boga. Jest on rzeczywistym duchem i duchową rzeczywistością.

Kiedy widzimy Ojca Wszechświatowego, objawionego w całym wszechświecie; gdy dostrzegamy go, jak zamieszkuje niezliczone mnóstwo istot; gdy spostrzegamy go w osobach jego Synów Władców; jak wciąż odczuwamy jego Boską obecność tu i ówdzie, blisko i daleko, pozwólcie nam nie wątpić, ani też nie kwestionować prymatu jego osobowości. Pomimo wszystkich tak rozległych rozdzieleń siebie, pozostaje on prawdziwą osobą i bezustannie utrzymuje osobistą łączność z niezliczonym mnóstwem istot, rozsianych na obszarze wszechświata wszechświatów.

Idea osobowości Ojca Wszechświatowego jest szerszą i wierniejszą ideą Boga, docierającą do ludzkości głównie dzięki objawieniu. Zarówno rozumowanie jak i mądrość czy doświadczenie religijne, wnioskują i zakładają osobowość Boga, ale nie w pełni ją potwierdzają. Nawet zamieszkujący człowieka Dostrajacz Myśli jest przedosobowy. Prawda i dojrzałość jakiejkolwiek religii są wprost proporcjonalne do zawartości w niej idei nieskończonej osobowości Boga oraz do jej zrozumienia absolutnej jedności Bóstwa. Tak więc idea osobowego Bóstwa staje się miarą dojrzałości religijnej, po tym, jak religia po raz pierwszy sformułowała pojęcie jedności Boga.

Prymitywna religia miała wielu osobowych bogów a byli oni kształtowani na podobieństwo człowieka. Objawienie potwierdza słuszność idei osobowości Boga, co jest zaledwie możliwe w naukowym postulacie Pierwszej Przyczyny i tylko prowizorycznie sugerowane w filozoficznej idei Jedności Wszechświatowej. Tylko przez osobowościowe podejście, jakakolwiek osobowa istota może zacząć rozumieć jedność Boga. Negowanie osobowości Pierwszego Źródła i Centrum zostawia człowiekowi tylko dwie filozoficzne alternatywy: materializm albo panteizm.

Przy rozważaniu Bóstwa, koncepcja osobowości musi być pozbawiona idei cielesności. Ciało materialne nie jest konieczne do istnienia osobowości, zarówno u człowieka jak i u Boga. Błąd cielesności ukazują oba ekstrema filozofii ludzkiej. W materializmie, skoro człowiek traci swoje ciało w momencie śmierci, przestaje on istnieć jako osobowość; w panteizmie, skoro Bóg nie ma ciała, nie jest tym samym osobą. Nadludzki rodzaj rozwijającej się osobowości działa w jedności umysłu i ducha.

Osobowość nie jest po prostu atrybutem Boga, oznacza ona raczej całokształt skoordynowanej, nieskończonej Boskiej natury oraz jednolitej woli, która ukazuje się w wieczności i uniwersalności swej doskonałej ekspresji. Osobowość, w najwyższym sensie, jest objawieniem Boga dla wszechświata wszechświatów.

Bóg jako wieczny, wszechświatowy, absolutny i nieskończony, nie wzrasta w wiedzy, jak również nie zwiększa swej mądrości. Bóg nie gromadzi doświadczenia, jak to skończony człowiek mógłby przypuszczać albo rozumieć, ale w domenach swej własnej, wiecznej osobowości, korzysta on z tych ciągłych poszerzeń samorealizacji, jakie w pewien sposób są porównywalne i analogiczne z nabywaniem nowego doświadczenia przez istoty skończone ze światów ewolucyjnych.

Absolutna doskonałość nieskończonego Boga mogłaby sprawiać jemu cierpienia, z powodu strasznych ograniczeń nie uwarunkowanej ostateczności perfekcji, gdyby nie to, że Ojciec Wszechświatowy bierze bezpośredni udział w trudach każdej niedoskonałej, osobowej duszy w rozległym wszechświecie, tej duszy, która z Boską pomocą pragnie się wznosić ku duchowo doskonałym światom na wysokości. To gromadzące się doświadczenie każdej istoty duchowej i każdego stworzonego śmiertelnika, w całym wszechświecie wszechświatów, jest częścią Ojcowskiej, zawsze poszerzającej się świadomości Bóstwa, w nigdy niekończącym się Boskim kręgu nieustannej samorealizacji.

Dosłowną prawdą jest, że: „we wszystkich twoich zmartwieniach, on też jest zmartwiony". „We wszystkich twoich tryumfach, on tryumfuje i razem z tobą". Jego przedosobowy, Boski duch, jest prawdziwą częścią was samych. Wyspa Raj reaguje na wszystkie fizyczne przeobrażenia wszechświata wszechświatów; Wieczny Syn ogarnia wszystkie impulsy duchowe całego stworzenia; Wspólny Aktywizator zawiera w sobie wszystkie ekspresje umysłowe powiększającego się kosmosu. Ojciec Wszechświatowy uświadamia sobie, w pełni swej Boskiej świadomości, wszelkie indywidualne doświadczenia, ewolucyjne zmagania poszerzających się umysłów oraz wznoszących się duchów każdego bytu, każdej istoty i osobowości z całej ewolucyjnej kreacji czasu i przestrzeni. I wszystko to jest dosłownie prawdziwe, ponieważ „w nim żyjemy, poruszamy się i jesteśmy".

6. OSOBOWOŚĆ WE WSZECHŚWIECIE

Osobowość ludzka jest czasowo-przestrzennym odbiciem-cieniem, rzucanym przez Boską osobowość Stwórcy. Żadna aktualność nigdy nie może być właściwie zrozumiana przez badanie jej cienia. Cienie powinny być objaśniane w terminach ich prawdziwej treści.

Dla nauki Bóg jest przyczyną, dla filozofii ideą, dla religii osobą, nawet kochającą osobą Ojca niebiańskiego. Dla naukowca Bóg jest pierwotną siłą, dla filozofa hipotezą jedności, dla człowieka religijnego żywym doświadczeniem duchowym. Ludzka, nieadekwatna koncepcja osobowości Ojca Wszechświatowego, może być udoskonalona tylko dzięki duchowemu rozwojowi człowieka we wszechświecie i stanie się prawdziwie adekwatną dopiero wtedy, kiedy pielgrzymi czasu i przestrzeni osiągną kiedyś Boskie objęcia żywego Boga w Raju.

Nigdy nie traćcie z oczu diametralnie przeciwstawnych punktów widzenia osobowości, jak dostrzega ją Bóg i człowiek. Człowiek widzi i rozumie osobowość, patrząc od skończonego ku nieskończonemu, Bóg patrzy od nieskończonego ku skończonemu. Człowiek posiada najniższy typ osobowości, Bóg najwyższy, ostateczny i absolutny. Dlatego też doskonalsze koncepcje Boskiej osobowości musiały cierpliwie czekać pojawienia się doskonalszych idei ludzkiej osobowości, zwłaszcza poszerzonego objawienia zarówno ludzkiej jak i Boskiej osobowości na Urantii, w obdarzającym życiu Michała, Syna Stwórcy.

Przedosobowy, Boski duch, który zamieszkuje umysł człowieka, swoją obecnością dostarcza przekonywającego dowodu swego aktualnego istnienia, jednak ideę Boskiej osobowości można zrozumieć tylko przez duchową wnikliwość autentycznego, osobistego doświadczenia religijnego. Każda osoba, ludzka czy Boska, może być znana i rozumiana zupełnie niezależnie od jej zauważalnych oddziaływań czy materialnej obecności tej osoby.

Do nawiązania przyjaźni pomiędzy dwoma osobami konieczny jest pewien stopień pokrewieństwa moralnego i harmonii duchowej; kochająca osobowość praktycznie nie objawia siebie osobie pozbawionej miłości. Ażeby chociaż przybliżyć poznanie Boskiej osobowości, wszystkie talenty osobowości ludzkiej muszą być w całej pełni poświęcone temu zadaniu; niezdecydowane, częściowe poświęcenie, będzie bezskuteczne.

Im dokładniej człowiek rozumie siebie i docenia wartość osobowości swoich bliźnich, tym bardziej będzie pragnął poznać Oryginał Osobowości i tym bardziej taki, rozpoznający Boga człowiek, będzie się starał być podobny Oryginałowi Osobowości. Możecie się spierać na temat przekonań o Bogu, jednak przeżywanie z nim i w nim jest ponad i poza całą ludzką polemiką oraz zwykłą intelektualną logiką. Rozpoznający Boga człowiek określa swoje duchowe przeżycia nie po to, żeby przekonać niewierzących, ale dla podbudowania i obopólnego zadowolenia wierzących.

Zakładając, że można poznać wszechświat, co jest zrozumiałe, zakłada się, że wszechświat jest stworzony przez umysł i kierowany przez osobowość. Ludzki umysł może dostrzegać jedynie zjawiska umysłowe innych umysłów, czy są one ludzkie czy też nadludzkie. Jeżeli osobowość człowieka może doświadczać wszechświata, jest gdzieś w tym wszechświecie skryty Boski umysł i faktyczna osobowość.

Bóg jest duchem – osobowością duchową; człowiek także jest duchem – potencjalną osobowością duchową. Jezus z Nazaretu w pełni ziścił ten potencjał osobowości duchowej w doświadczeniu ludzkim; zatem jego życie, przeżywane w wypełnianiu woli Ojca, stało się ludzkim, najbardziej rzeczywistym i idealnym objawieniem osobowości Boga. Nawet jeśli osobowość Ojca Wszechświatowego może być zrozumiana tylko w rzeczywistym doświadczeniu religijnym, w ziemskim życiu Jezusa inspiruje nas doskonały pokaz takiego właśnie dokonania i objawienie osobowości Boga w prawdziwie ludzkim doświadczeniu.

7. DUCHOWA WARTOŚĆ KONCEPCJI OSOBOWOŚCI

Kiedy Jezus mówił o „żywym Bogu", nawiązywał do osobowego Bóstwa – Ojca w niebie. Koncepcja osobowości Bóstwa ożywia przyjaźń, ułatwia inteligentne czczenie i wspiera ożywczą ufność. Pomiędzy nieosobowymi rzeczami mogą zaistnieć oddziaływania, ale nie przyjaźń. Przyjazne stosunki między ojcem a synem, tak jak między Bogiem a człowiekiem, nie mogą być utrzymywane, jeśli obaj nie są osobami. Tylko osobowości mogą przestawać ze sobą, aczkolwiek tej osobowej wspólnocie znacznie może pomóc obecność takiego nieosobowego bytu, jakim jest Dostrajacz Myśli.

Człowiek nie osiąga jedności z Bogiem tak, jak kropla wody może znaleźć jedność z oceanem. Człowiek osiąga jedność z boskością poprzez rozwijającą się, wzajemną wspólnotę duchową, poprzez obcowanie ludzkiej osobowości z osobowym Bogiem, poprzez coraz większe zbliżanie się do Boskiej natury, w wyniku szczerego i inteligentnego dostosowywania się do Boskiej woli. Tak wzniosły związek zaistnieć może jedynie pomiędzy osobowościami.

Koncepcja prawdy ewentualnie może być rozważana w oderwaniu od osobowości, koncepcja piękna może istnieć bez osobowości, jednak koncepcja Boskiej dobroci zrozumiała jest tylko w odniesieniu do osobowości. Tylko *osoba* może kochać i być kochaną. Nawet piękno i prawda mogą być oderwane od nadziei wiecznego życia, jeśli nie są atrybutami osobowego Boga, kochającego Ojca.

Nie potrafimy w pełni zrozumieć, jak Bóg może być pierwotny, niezmienny, wszechmocny i doskonały a jednocześnie być otoczony przez wciąż zmienny, najwyraźniej prawami ograniczony wszechświat, ewoluujący wszechświat względnych niedoskonałości.

Możemy jednak *poznać* taką prawdę w naszym własnym, osobistym doświadczeniu, skoro my wszyscy zachowujemy tożsamość osobowości i jedność woli, wbrew ciągłym zmianom zarówno nas samych jak i naszego otoczenia.

Ostateczna rzeczywistość wszechświatowa nie może być zrozumiana dzięki matematyce, logice czy filozofii, tylko dzięki osobistemu doświadczeniu stopniowego dostosowywania się do Boskiej woli osobowego Boga. Ani nauka czy filozofia, ani też teologia, nie mogą potwierdzić osobowości Boga. Tylko osobiste doświadczenie wiernych synów Ojca niebiańskiego może dać faktyczne, duchowe uświadomienie sobie osobowości Boga.

Wyższe koncepcje osobowości wszechświatowej zakładają: tożsamość, samoświadomość, osobową wolę i możliwość samoobjawienia. Dodatkowo, te cechy charakterystyczne zakładają braterstwo z innymi, równymi osobowościami, tak jak ono istnieje w związkach osobowych Rajskich Bóstw. Absolutna jedność tych związków jest tak doskonała, że boskość staje się znana dzięki swojej niepodzielności, dzięki jedności. „Pan Bóg jest *jeden*". Niepodzielność osobowości nie koliduje z obdarzaniem przez Boga jego duchem, aby mógł żyć w sercach śmiertelnych ludzi. Niepodzielność osobowości ludzkiego ojca nie przeszkadza w płodzeniu śmiertelnych synów i córek.

Ta koncepcja niepodzielności, w powiązaniu z koncepcją jedności, implikuje przewyższanie zarówno czasu jak i przestrzeni przez Ostateczność Bóstwa; zatem ani przestrzeń, ani czas nie mogą być absolutne czy nieskończone. Pierwsze Źródło i Centrum jest tą nieskończonością, która bezwzględnie przewyższa cały umysł, całą materię i całego ducha.

Fakt istnienia Rajskiej Trójcy w żaden sposób nie narusza prawdy o Boskiej jedności. Trzy osobowości Rajskiego Bóstwa są jak jedno, we wszystkich oddziaływaniach z wszechświatową rzeczywistością i we wszystkich związkach z istotami stworzonymi. Tak samo istnienie trzech wiecznych osób w żaden sposób nie narusza niepodzielności Bóstwa. Uświadamiam sobie w całej pełni, że nie dysponuję odpowiednim językiem, aby wyjaśnić śmiertelnemu umysłowi, jak my widzimy te wszechświatowe problemy. Nie zniechęcajcie się jednak, nie wszystkie te sprawy są zupełnie jasne nawet dla wysokich osobowości, należących do mojej grupy rajskich istot. Pamiętajcie zawsze, że te głębokie prawdy, dotyczące Bóstwa, będą się coraz lepiej klarować, kiedy wasze umysły będą coraz bardziej uduchowione, podczas kolejnych epok długiego wznoszenia się śmiertelnika do Raju.

[Przedstawione przez Niebiańskiego Radcę, członka grupy osobowości niebiańskich, przydzielonych przez Pradawnych Czasu z Uversy, zarządu siódmego wszechświata, do nadzoru tych części nadchodzącego objawienia, które mają do czynienia ze sprawami leżącymi poza granicami wszechświata lokalnego Nebadonu. Upoważniony jestem do przygotowania przekazów, obrazujących naturę i atrybuty Boga, gdyż stanowię najwyższe źródło informacji, dostępne w tym celu na jakimkolwiek z zamieszkałych światów. Służyłem jako Niebiański Radca we wszystkich siedmiu superwszechświatach i długo przebywałem w rajskim centrum wszystkich rzeczy. Wielokrotnie korzystałem z najwyższej przyjemności przebywania bezpośrednio przed obliczem Ojca Wszechświatowego. Przedstawiam rzeczywistość i prawdę, dotyczącą natury i atrybutów Ojca, jako niekwestionowany autorytet; wiem, o czym mówię].

PRZEKAZ 2

NATURA BOGA

PONIEWAŻ najwyższa z możliwych, ludzkich koncepcji Boga, zawarta jest w idei oraz ideale pierwotnej i nieskończonej osobowości, dopuszczalne jest, a może nawet okazać się pomocne, poznanie niektórych cech Boskiej natury, które składają się na charakter Bóstwa. Natura Boga najlepiej może być zrozumiana dzięki temu objawieniu Ojca, które Michał z Nebadonu przedstawił w swoich różnorodnych naukach i poprzez swoje wspaniałe, ludzkie życie w ciele. Boska natura może być również lepiej zrozumiana przez człowieka, jeśli człowiek potraktuje siebie jako dziecko Boga i spojrzy na Rajskiego Stwórcę jak na prawdziwego, duchowego Ojca.

Naturę Boga można badać w objawieniu najwyższych idei, Boski charakter można dostrzegać jako odtworzenie niebiańskich ideałów, ale najbardziej oświecające i duchowo podbudowujące ze wszystkich objawień Boskiej natury można znaleźć w zrozumieniu religijnego życia Jezusa z Nazaretu, zarówno przed jak i po uzyskaniu przez niego pełnej świadomości boskości. Jeśli wcielone życie Michała przyjmiemy za tło objawienia Boga człowiekowi, możemy spróbować wyrazić ludzkimi symbolami słownymi pewne idee i ideały, dotyczące Boskiej natury, które mogą ewentualnie przyczynić się do dalszego naświetlenia i konsolidacji ludzkiej koncepcji natury i charakteru osobowości Ojca Wszechświatowego.

Zawężone możliwości śmiertelnego umysłu bardzo nam komplikują wszelkie nasze wysiłki, zmierzające do poszerzenia i uduchowienia ludzkiego zrozumienia Boga. Wykonywanie przydzielonego nam zadania ogromnie również utrudniają ograniczenia językowe i ubóstwo materiału, który można wykorzystać do celów ilustracji czy porównania, kiedy próbujemy zobrazować Boskie wartości i przedstawić duchowe znaczenia skończonemu, śmiertelnemu umysłowi człowieka. Wszelkie nasze wysiłki, zmierzające do poszerzenia ludzkiego pojmowania Boga, byłyby nieomal daremne, gdyby nie fakt, że ludzki umysł jest zamieszkały przez nadanego mu Dostrajacza, pochodzącego od Ojca Wszechświatowego i przepojony jest Duchem Prawdy, pochodzącym od Syna Stwórcy. Polegając zatem na istnieniu w sercu człowieka tych Boskich duchów, mogących mu pomóc poszerzyć ideę Boga, z radością podejmuję się wykonania powierzonego mi zadania – dalszego zobrazowania umysłowi ludzkiemu natury Boga.

1. NIESKOŃCZONOŚĆ BOGA

„Dosięgając Nieskończonego nie możemy go znaleźć. Nie znać śladów Boskich stóp". „Jego mądrość jest nieskończona a jego wielkość jest niedocieczona". Oślepiające światło obecności Ojca jest tak wielkie dla jego skromnych istot stworzonych, że z pozoru „mieszka on w gęstej ciemności". Nie tylko jego myśli i plany są niezbadane, ale

„on czyni niezmierne dziwy, a cudów jego bez liku". „Wielki jest Bóg, choć nieznany, lat jego nikt nie policzy". „Czy Bóg rzeczywiście mieszka na ziemi? Spójrzcie, niebo (wszechświat) i niebo nieb (wszechświat wszechświatów) nie mogą go objąć". „Jak niezbadane są jego wyroki i nie do wyśledzenia jego drogi"!

„Jest tylko jeden Bóg, Ojciec nieskończony, Stwórca, on wiary dochowuje". „Boski Stwórca jest również Wszechświatowym Władcą, źródłem i przeznaczeniem dusz. Jest Najwyższą Duszą, Pierwotnym Umysłem i Bezgranicznym Duchem całego stworzenia". „Wielki Władca nie popełnia błędów. Jest wspaniały w swym majestacie i chwale". „Stwórca Bóg zupełnie nie ma lęku i wrogości. Jest nieśmiertelny, wieczny, samoistny, boski i łaskawy". „Jak czysty i piękny, jak wnikliwy i niezgłębiony jest niebiański Protoplasta wszystkich rzeczy"! „Nieskończony najdoskonalszy jest w tym, że użycza siebie człowiekowi. On jest początkiem i końcem, Ojcem każdego dobrego i doskonałego celu". „U Boga wszystkie rzeczy są możliwe; wieczny Stwórca jest przyczyną przyczyn".

Pomimo nieskończoności zdumiewających przejawów wiecznej i uniwersalnej osobowości Ojca, uświadamia on sobie w pełni zarówno swą nieskończoność jak i wieczność; zna również dokładnie swą doskonałość i moc. Jest on jedyną istotą we wszechświecie, oprócz partnerskich Boskich istot, która doznaje doskonałej, właściwej i kompletnej oceny samego siebie.

Ojciec ustawicznie i niezawodnie wychodzi naprzeciw rozlicznym wymaganiom, jakie stawiają przed nim zmiany, zachodzące od czasu do czasu w różnych częściach jego wszechświata nadrzędnego. Wielki Bóg zna i rozumie siebie, uświadamia sobie w sposób nieskończony wszystkie swoje podstawowe atrybuty doskonałości. Bóg nie jest kosmicznym przypadkiem, nie jest również wszechświatowym eksperymentatorem. Władcy Wszechświatów mogą ryzykować, Ojcowie Konstelacji mogą eksperymentować, głowy systemu mogą praktykować, ale Ojciec Wszechświatowy widzi koniec od początku, a jego Boski plan i wieczny cel aktualnie zawiera oraz obejmuje wszystkie eksperymenty i wszystkie przygody wszystkich podwładnych, w każdym świecie, systemie i konstelacji, w każdym wszechświecie jego rozległych domen.

Żadna rzecz nie jest nowością dla Boga a żadne kosmiczne zdarzenie nigdy nie jest dlań niespodzianką; on zamieszkuje okrąg wieczności. Dni jego nie mają początku ani końca. Dla Boga nie ma ani przeszłości, ani teraźniejszości czy przyszłości; cały jego czas jest teraźniejszy w każdej danej chwili. On jest wielkim i jedynym JESTEM.

Ojciec Wszechświatowy jest absolutnie i bezwarunkowo nieskończony we wszystkich swych atrybutach i ten fakt, sam w sobie i sam z siebie, automatycznie wyklucza go ze wszystkich bezpośrednich, osobistych kontaktów ze skończonymi, materialnymi istotami, jak i z innymi stworzonymi istotami inteligentnymi niższego poziomu.

I wszystko to wymaga odpowiednich adaptacji, umożliwiających kontakt i komunikację z różnorodnymi jego istotami, ustanowionych, po pierwsze, w osobowościach Rajskich Synów Boga, którzy, choć doskonali w boskości, częstokroć mają również swój udział w jestestwie z krwi i kości gatunków planetarnych, stając się jednym z was i jednym z wami, jak to miało miejsce w obdarzeniu dokonanym przez Michała, gdy Bóg stał się człowiekiem i był zwany na przemian Synem Bożym i Synem Człowieczym. Drugie w kolejności są osobowości Nieskończonego Ducha, różnorodne klasy zastępów serafickich i innych niebiańskich istot inteligentnych, które zbliżają się do istot materialnych niskiego pochodzenia i na różne sposoby pomagają im oraz im służą.

Trzecie są bezosobowe, Nieodgadnione Monitory, Dostrajacze Myśli, prawdziwy dar samego wielkiego Boga, posłany bez zapowiedzi i bez wyjaśnienia, aby zamieszkać takie istoty, jak ludzie na Urantii. W nieskończonych ilościach zstępują one z wysokości chwały i świetności, i zamieszkują skromne umysły tych śmiertelników, którzy mogą uświadomić sobie Boga, albo mają potencjał takiej możliwości.

Tymi metodami oraz wieloma innymi, nieznanymi wam metodami, przekraczającymi zupełnie skończone zrozumienie, robi Rajski Ojciec krok w dół, z miłością i ochoczo modyfikując przy tym, osłabiając i rozrzedzając swą nieskończoność, aby móc zbliżyć się do swoich skończonych, stworzonych dzieci. I tak, przez szereg rozdzieleń swej osobowości, z których każde jest coraz mniej absolutne, nieskończony Ojciec może nawiązać bliski kontakt z różnorodnymi istotami inteligentnymi, z wielu domen jego rozległego wszechświata.

Wszystko to Ojciec robił, robi teraz i nadal będzie robił, bez najmniejszego uszczuplenia faktu i rzeczywistości swojej nieskończoności, wieczności oraz prymatu. I wszystkie te sprawy są niezbitą prawdą, pomimo, że trudno je pojąć, pomimo tajemniczości, która je otacza, czy niemożności ich pełnego zrozumienia przez takie istoty, jakie mieszkają na Urantii.

Ponieważ Pierwszy Ojciec jest nieskończony w swych planach i wieczny w swych zamiarach, jest z natury niemożliwe, aby jakakolwiek skończona istota mogła kiedykolwiek zrozumieć, czy w pełni pojąć Boskie plany i zamiary. Śmiertelny człowiek może tylko przelotnie dostrzec zamiary Ojca, teraz czy później, tu i tam, jak objawiają się one podczas realizacji planu wznoszenia się istot, na ich kolejne poziomy wszechświatowego rozwoju. Chociaż człowiek nie może ogarnąć znaczenia nieskończoności, nieskończony Ojciec z całą pewnością i w pełni pojmuje oraz z miłością akceptuje całą skończoność wszystkich swoich dzieci, we wszystkich wszechświatach.

Boskość i wieczność, podziela Ojciec ze znaczną liczbą wyższych rajskich istot, ale wątpimy, czy nieskończoność i wynikający stąd uniwersalny prymat, podziela on w pełni z kimkolwiek, wyjąwszy partnerskich towarzyszy z Rajskiej Trójcy. Nieskończoność osobowości musi, z konieczności, obejmować całą skończoność osobowości; stąd prawda – dosłowna prawda – nauczania mówiącego, że „w nim żyjemy, poruszamy się i jesteśmy". Ten fragment czystego Bóstwa Ojca Wszechświatowego, który zamieszkuje śmiertelnego człowieka, *jest* częścią nieskończoności Pierwszego Wielkiego Źródła i Centrum, Ojca Ojców.

2. WIECZNA DOSKONAŁOŚĆ OJCA

Nawet wasi dawniejsi prorocy rozumieli wieczną, nigdy nie zaczętą, nigdy nie skończoną, cyrkularną naturę Ojca Wszechświatowego. Bóg jest literalnie i wiecznie obecny w jego wszechświecie wszechświatów. Zamieszkuje chwilę obecną, w całym swym absolutnym majestacie i wiecznej wspaniałości. „Ojciec ma życie w sobie, a to życie jest życiem wiecznym". To właśnie Ojciec, przez epoki wieczności „daje wszystkim życie". W Boskiej integralności jest nieskończona doskonałość. „Ja, Pan nie odmieniam się". Nasza znajomość wszechświata wszechświatów objawia nam nie tylko to, że jest on Ojcem świateł, ale także to, że w prowadzeniu przez niego spraw międzyplanetarnych „nie ma przemiany ani cienia zmienności". On „obwieszcza od początku to, co ma przyjść". Powiada: „Me zlecenie ma się ostać; ja będę czynił wszystkie moje upodobania", „zgodnie z planem wieków, który ja powziąłem w mym Synu". Takie są więc plany i zamysły Pierwszego Źródła i Centrum, jak on sam: wieczne, doskonałe i na zawsze niezmienne.

W poleceniach Ojca jest ostateczność kompletności i doskonałość pełni. „Wszystko, co czyni Bóg, będzie na wieki; do tego nic dodać nie można ani od tego nic odjąć". Ojciec Wszechświatowy nie żałuje swych pierwotnych zamiarów, pełnych wiedzy i doskonałości. Jego plany są niezawodne, jego rada niezmienna, podczas gdy jego czyny są Boskie i nieomylne. „Tysiąc lat w jego oczach jest jak wczorajszy dzień, który minął niby straż nocna". Doskonałość boskości oraz ogrom wieczności na zawsze są poza pełnym pojmowaniem ograniczonego umysłu śmiertelnego człowieka.

Oddziaływania niezmiennego Boga, podczas realizacji jego wiecznych zamiarów, mogą wydawać się zmienne, zgodnie ze zmienną postawą oraz przeobrażającymi się umysłami stworzonych przez niego istot inteligentnych; znaczy to mogą one pozornie i powierzchownie się różnić, ale pod powierzchnią i na dnie wszystkich zewnętrznych objawów, wciąż istnieje niezmienny zamiar, wiecznotrwały plan wiecznego Boga.

Na zewnątrz, we wszechświatach, doskonałość musi być z konieczności określeniem względnym, ale we wszechświecie centralnym a zwłaszcza w Raju, doskonałość jest nie rozrzedzona; w pewnych stadiach jest nawet absolutna. Uzewnętrznienia Trójcy urozmaicają pokaz Boskiej doskonałości, ale jej nie umniejszają.

Zasadnicza doskonałość Boga nie polega na zakładanej prawości, ale raczej na nieodłącznej doskonałości i dobroci jego Boskiej natury. Jest on ostateczny, kompletny i doskonały. Niczego nie brakuje pięknu i doskonałości jego prawego charakteru. I cała organizacja istot, żyjących na światach w przestrzeni, koncentruje się na Boskim zamiarze wyniesienia wszystkich tych istot, obdarzonych wolą, ku wzniosłemu przeznaczeniu, jakim jest udział w rajskiej doskonałości Ojca. Bóg nie jest ani egocentryczny, ani też nie jest zamknięty w sobie; nigdy nie przestaje obdarzać sobą wszystkich samoświadomych istot z rozległego wszechświata wszechświatów.

Bóg jest wiecznie i nieskończenie doskonały, nie może on osobiście poznać niedoskonałości ze swego własnego doświadczenia, jednak ma on udział w świadomości wszelkiego doświadczania niedoskonałości, wszelkich trudzących się istot z wszechświatów ewolucyjnych, należących do wszystkich Rajskich Synów Stwórców. Osobiste i wyzwalające dotknięcie Boga doskonałości ogarnia serca i obejmuje natury wszystkich tych śmiertelnych istot, które dotarły do poziomu wszechświatowej świadomości moralnej. Tym sposobem, jak również przez kontakty Boskiej obecności, Ojciec Wszechświatowy aktualnie bierze udział w doświadczaniu *razem z* niedojrzałością i niedoskonałością, w trakcie ewolucyjnego rozwoju każdej moralnej istoty z całego wszechświata.

Ludzkie ograniczenia, potencjalne zło, nie są częścią Boskiej natury, jednak doświadczenia śmiertelnika *ze* złem i wszystkie człowiecze z nim związki, są na pewno częścią wciąż poszerzającej się samorealizacji Boga w dzieciach czasu – w istotach o moralnej odpowiedzialności, które zostały stworzone czy ukształtowane przez wszystkich, wywodzących się z Raju, Synów Stwórców.

3. SPRAWIEDLIWOŚĆ I PRAWOŚĆ

Bóg jest prawy, zatem jest sprawiedliwy. „Pan jest sprawiedliwy na wszystkich swych drogach". „«Nic nie zrobiłem bez przyczyny ze wszystkiego, co zrobiłem», powiedział

Pan". „Wyroki Pana są prawe i zupełnie słuszne". Na sprawiedliwość Ojca Wszechświatowego nie mogą mieć wpływu czyny i dokonania jego istot, „gdyż nie ma u Pana Boga naszego niesprawiedliwości, stronniczości i przekupstwa".

Jak bezsensowne jest zanosić dziecinne prośby do takiego Boga, ażeby odmienić jego niezmienne zarządzenia, abyśmy mogli uniknąć sprawiedliwych skutków działania jego mądrych, naturalnych praw i sprawiedliwych nakazów duchowych! „Nie łudźcie się, Bóg nie dozwoli z siebie szydzić, a co człowiek sieje to i żąć będzie". Zaprawdę, nawet w sprawiedliwości żniwa wykroczeń, Boska sprawiedliwość zawsze jest łagodzona miłosierdziem. Nieskończona mądrość jest wiecznym sędzią, który określa proporcje sprawiedliwości i miłosierdzia, jakie powinny zostać wymierzone w danych okolicznościach. Największą karą (w rzeczywistości nieuniknioną konsekwencją) za wykroczenia i rozmyślny bunt przeciw rządowi Boga, jest utrata egzystencji jednostki, podlegającej temu rządowi. Ostatecznym rezultatem zatwardziałego grzechu jest unicestwienie. W końcowym podsumowaniu, tacy utożsamieni z grzechem osobnicy niszczą się sami, ponieważ stają się zupełnie nierzeczywiści, niosąc w sobie nikczemność. Praktyczny zanik takiej istoty jest jednak zawsze opóźniony, aż do tego czasu, gdy ustalony porządek biegu sprawiedliwości w danym wszechświecie dopełni się całkowicie.

Zanik egzystencji zarządzony zostaje najczęściej przy osądzie epokowym, czy na koniec systemu sprawiedliwości danej domeny albo domen. Na świecie takim, jak Urantia, następuje to na koniec planetarnego systemu sprawiedliwości. W takich przypadkach zanik egzystencji może być zarządzony na skutek skoordynowanej akcji wszystkich trybunałów, sprawujących jurysdykcję, rozciągających się od rady planetarnej w górę, poprzez sądy Syna Stwórcy, do trybunałów orzekających Pradawnych Czasu. Nakaz dezintegracji wychodzi z wyższych sądów superwszechświata jako rezultat nieprzerwanego potwierdzenia oskarżenia, zapoczątkowanego na sferze zamieszkania złoczyńcy; potem, kiedy orzeczenie zaniku zostanie zatwierdzone na wysokości, egzekucja następuje w wyniku bezpośredniego działania sędziów, przebywających w zarządzie superwszechświata i stamtąd działających.

Gdy wyrok taki zostanie ostatecznie zatwierdzony, utożsamiająca się z grzechem istota natychmiast kończy swój byt, jak gdyby jej nigdy nie było. Nie ma zmartwychwstania z takiego przeznaczenia, jest ono trwałe i wieczne. Czynniki tożsamościowe energii życiowej zostają rozwiązane, przez przekształcenia czasu i przeobrażenia przestrzeni w potencjały kosmiczne, z których kiedyś powstały. Co się tyczy osobowości nikczemnika, zostaje ona pozbawiona dalszego nośnika życia, dlatego, że stworzony nie poczynił takich wyborów i ostatecznych decyzji, które mogłyby mu zapewnić życie wieczne. Kiedy przedłużający się związek umysłu z grzechem osiąga kulminację, w całkowitej identyfikacji jaźni z nikczemnością, wtedy, po zaniku życia, po kosmicznym rozkładzie, taka wyobcowana osobowość wchłaniana jest w nadduszę kreacji, stając się częścią wyłaniającego się doświadczania Istoty Najwyższej. Nigdy już nie pojawi się jako osobowość; jej tożsamość stanie się taka, jak gdyby jej nigdy nie było. W przypadku osobowości zamieszkałej przez Dostrajacza, empiryczne wartości ducha przeżywają w rzeczywistości nadal istniejącego Dostrajacza.

W jakiejkolwiek wszechświatowej rywalizacji pomiędzy aktualnymi poziomami rzeczywistości, osobowość poziomu wyższego będzie ostatecznie tryumfowała nad osobowością poziomu niższego. Ten nieuchronny wynik wszechświatowych kontrowersji zawdzięczamy temu, że boskość wartości równa się stopniowi rzeczywistości czy aktualności, jakiejkolwiek istoty obdarzonej wolą. Nie pomniejszone zło, całkowity błąd, rozmyślny grzech i niczym nie złagodzona nikczemność, są naturalnie i automatycznie samobójcze. Takie postawy kosmicznej nierzeczywistości mogą trwać we wszechświecie tylko z powodu tymczasowego miłosierdzia-tolerancji, do czasu zadziałania ustalających sprawiedliwość i orzekających godziwość mechanizmów wszechświatowych trybunałów prawego orzecznictwa.

Władza Synów Stwórców we wszechświatach lokalnych polega na stwarzaniu i uduchowianiu. Synowie ci zajmują się praktyczną realizacją rajskiego planu, dotyczącego postępowego wznoszenia się śmiertelnika, rehabilitacji buntowników i błądzących myślicieli; ale gdy takie miłości pełne starania zostaną ostatecznie i na zawsze odrzucone, końcowe zarządzenie dezintegracji jest egzekwowane przez siły sprawujące jurysdykcję Pradawnych Czasu.

4. BOSKIE MIŁOSIERDZIE

Miłosierdzie jest po prostu sprawiedliwością, łagodzoną przez tę mądrość, która powstaje z doskonałości wiedzy oraz pełnego zrozumienia naturalnych słabości i środowiskowych trudności istot skończonych. „Pan jest łagodny i miłosierny, nieskory do gniewu i bardzo łaskawy". Dlatego też „każdy, kto wezwie imienia Pańskiego, będzie zbawiony", „gdyż będzie on obficie przebaczał". „Miłosierdzie Pana jest od wieczności do wieczności", tak „miłosierdzie jego trwa na wieki". „Ja jestem Panem, który spełnia miłość i dobroć, sąd i prawość na ziemi, gdyż w tych rzeczach się lubuję". „Ja nie zsyłam nieszczęścia ochoczo, jak również nie zasmucam synów ludzkich", gdyż jestem „Ojcem miłosierdzia i Bogiem wszelkiej pociechy".

Bóg jest nieodmiennie życzliwy, z natury współczujący i zawsze miłosierny. I nigdy nie potrzeba żadnego wpływu, aby wywierać nacisk na Ojca, żeby pobudzić jego miłosierną dobroć. Potrzeba, jaką ma istota, zupełnie wystarcza, aby zagwarantować pełny przypływ wrażliwego miłosierdzia Ojca oraz jego zbawczej łaski. Skoro Bóg wie wszystko o swych dzieciach, łatwo przychodzi mu przebaczać. Im lepiej człowiek rozumie swego bliźniego, tym łatwiej będzie mu przebaczał a nawet będzie go kochał.

Tylko wnikliwość nieskończonej mądrości umożliwia prawemu Bogu dbanie o sprawiedliwość i miłosierdzie równocześnie i w każdej danej sytuacji wszechświatowej. Ojciec niebiański nigdy nie jest rozdarty sprzecznymi uczuciami w stosunku do swoich wszechświatowych dzieci; Bóg nigdy nie pada ofiarą sprzeczności, wynikających z jego postawy. Wszechwiedza Boża niezawodnie kieruje jego wolną wolą, wybierając takie postępowanie we wszechświecie, jakie doskonale, jednocześnie i jednakowo zadowala wymagania wszystkich Boskich atrybutów oraz nieskończonych przymiotów jego wiecznej natury.

Miłosierdzie jest naturalnym oraz nieuniknionym potomstwem dobroci i miłości. Dobra natura kochającego Ojca nie może w żaden sposób powstrzymać mądrego wymierzania miłosierdzia dla każdego członka, każdej grupy jego wszechświatowych dzieci. Wieczna sprawiedliwość i Boskie miłosierdzie stanowią razem to, co w ludzkim doświadczeniu może być zwane *godziwością*.

Boskie miłosierdzie stanowi godziwą metodę dopasowania wszechświatowych poziomów doskonałości i niedoskonałości. Miłosierdzie jest sprawiedliwością Najwyższości, dostosowaną do sytuacji rozwijającego się skończonego; prawością wieczności tak modyfikowaną, aby mogła wyjść naprzeciw najwyższym interesom i wszechświatowemu dobru dzieci czasu. Miłosierdzie nie jest naruszeniem sprawiedliwości, ale jest raczej rozumną interpretacją wymogów najwyższej sprawiedliwości, jaka jest rzetelnie stosowana wobec podwładnych istot duchowych oraz istot materialnych z rozwijających się wszechświatów. Miłosierdzie jest sprawiedliwością Rajskiej Trójcy, która nawiedza roztropnie i z miłością różnorodne istoty inteligentne z kreacji czasu i przestrzeni, a jest ono kształtowane przez Boską mądrość oraz warunkowane przez wszystkowiedzący umysł i niezależną wolną wolę Ojca Wszechświatowego oraz związanych z nim Stwórców.

5. BOŻA MIŁOŚĆ

Bóg jest miłością"; zatem jego jedyną, osobistą postawą wobec spraw wszechświatowych jest nieustanne przejawianie Boskiego uczucia. Ojciec kocha nas wystarczająco mocno, żeby obdarzać nas swym życiem. „On sprawia, że słońce jego wschodzi nad złymi i nad dobrymi, i on zsyła deszcz na sprawiedliwych i niesprawiedliwych".

Błędem jest myśleć, że Bóg jest zmuszany do kochania swoich dzieci na skutek ofiarowania jego Synów czy wstawiennictwa podległych mu istot, „albowiem Ojciec sam was miłuje". Właśnie w wyniku tego, ojcowskiego uczucia, Bóg posyła cudowne Dostrajacze, ażeby zamieszkały w umysłach ludzkich. Miłość Boża jest uniwersalna, „ktokolwiek pragnie, może przyjść". Bóg chciałby, „aby wszyscy ludzie zostali zbawieni i doszli do poznania prawdy". On „nie chce bowiem nikogo zgubić".

Stwórcy jako pierwsi próbują ratować człowieka od nieszczęśliwych skutków niemądrego łamania Boskich praw. Miłość Boża jest z natury uczuciem ojcowskim; zatem czasami „karci on nas dla naszego dobra, abyśmy mogli uczestniczyć w jego świętości". Nawet podczas waszych ogniowych prób pamiętajcie, że „we wszystkich naszych cierpieniach, on cierpi z nami".

Bóg jest niebiańsko życzliwy dla grzeszników. Gdy buntownicy wrócą na drogę prawości, są miłosiernie przyjęci, „bowiem nasz Bóg hojny jest w przebaczaniu". „Ja, właśnie ja, przekreślam twe przestępstwa i nie wspominam twych grzechów". „Popatrzcie, jaką miłością obdarzył nas Ojciec, że zostaliśmy nazwani dziećmi Bożymi".

A jednak, największym dowodem dobroci Boga oraz najwyższym powodem, aby go kochać, jest zamieszkujący człowieka dar Ojca – Dostrajacz, który tak cierpliwie czeka tej godziny, gdy staniecie się jednością na wieki. Choć nie możecie znaleźć Boga drogą dociekań, jeśli wasza wola podda się przewodnictwu zamieszkującego was ducha, będziecie prowadzeni bezbłędnie, krok po kroku, życie po życiu, wszechświat po wszechświecie i epoka po epoce, aż w końcu staniecie przed obliczem rajskiej osobowości Ojca Wszechświatowego.

Jak niedorzeczne jest to, że nie czcicie Boga, ponieważ ograniczenia ludzkiej natury oraz wasze braki materialne nie pozwalają wam go dostrzec. Pomiędzy wami a Bogiem jest ogromny dystans (przestrzeń fizyczna) do przejścia. Istnieje również wielka czeluść zróżnicowania duchowego, którą należy pokonać; ale pomimo tego wszystkiego, co fizycznie i duchowo oddziela was od rajskiej, osobistej obecności Boga, zastanówcie się chwilę nad tym wielkim faktem, że Bóg żyje w was; na swój własny sposób pokonał on już tę czeluść. Posłał część siebie, swego ducha, by żył w was i trudził się z wami, gdy kroczycie waszą wieczną, wszechświatową drogą.

Mnie łatwo jest i przyjemnie czcić tego, który jest tak wielki a jednocześnie tak uczuciowo oddany doskonaleniu swych niższych istot. Naturalnie kocham tego, który jest tak potężny w stwarzaniu i w kontroli tego, co stworzył, a który jest jeszcze tak doskonały w swej dobroci i tak oddany w swej miłosiernej życzliwości, którą ciągle nas otacza. Myślę, że kochałbym Boga tak samo, gdyby nie był tak wielki i potężny, tak długo, jak jest tak dobry i miłosierny. My wszyscy kochamy Ojca bardziej z powodu jego natury niż w uznaniu jego zadziwiających atrybutów.

Gdy widzę Synów Stwórców oraz podległych im administratorów, zmagających się tak dzielnie z rozlicznymi trudnościami czasu, naturalnymi w procesie ewolucji wszechświatów w przestrzeni, odkrywam, że darzę głębokim uczuciem tych pomniejszych władców wszechświatów. Myślę jednak, że my wszyscy, razem ze śmiertelnikami z ich poszczególnych światów, kochamy Ojca Wszechświatowego i wszystkie inne istoty, boskie czy ludzkie, ponieważ zauważamy, że te osobowości prawdziwie nas kochają. Miłość jest w znacznym stopniu bezpośrednią odpowiedzią na doświadczenie bycia kochanym. Wiedząc o tym, że Bóg mnie kocha, mogę zawsze kochać go mocno, nawet, gdyby był pozbawiony wszystkich swych atrybutów najwyższości, ostateczności i absolutności.

Miłość Ojca podąża za nami teraz, przez nieskończony krąg epok wieczności. Kiedy myślicie o przepełnionej miłością naturze Boga, tylko jedna może być sensowna i naturalna reakcja waszej osobowości na niego: będziecie coraz bardziej kochać waszego Stwórcę, będziecie odwzajemniać Bogu uczucie analogiczne temu, jakim dziecko kocha ziemskiego rodzica; ponieważ tak jak ojciec, prawdziwy ojciec, oddany ojciec, kocha swe dzieci, tak Ojciec Wszechświatowy kocha stworzonych przez siebie synów i córki i zawsze pragnie ich dobra.

Jednak miłość Boża jest uczuciem rodzicielskim, inteligentnym i dalekowzrocznym. Boska miłość działa w powiązaniu z Boską mądrością oraz ze wszystkimi innymi, nieskończonymi cechami doskonałej natury Ojca Wszechświatowego. Bóg jest miłością, ale miłość nie jest Bogiem. Najwyższy przejaw Boskiej miłości wobec istot śmiertelnych zauważalny jest w obdarzeniu ich Dostrajaczami Myśli, ale najwyższe dla was objawienie miłości Ojcowskiej widoczne jest w obdarzającym życiu jego Syna, Michała, kiedy żył na Ziemi idealnym życiem duchowym. To właśnie zamieszkujący człowieka Dostrajacz indywidualizuje miłość Boga do każdej duszy ludzkiej.

Czasami nieomal mi przykro, że zmuszony jestem obrazować boskie uczucia niebiańskiego Ojca do jego wszechświatowych dzieci, używając ludzkiego symbolu słownego *miłość*. Określenie to, chociaż wyraża najwyższą człowieczą ideę ludzkich związków, opartych na szacunku i oddaniu, jest zbyt często oznaczeniem tak bardzo ludzkiego związku, że jest zupełnie niewłaściwe i w ogóle nie pasuje jako słowo, którego także używa się do określenia niedościgłego uczucia żywego Boga do jego wszechświatowych istot stworzonych! Jak niefortunnie się składa, że nie mogę użyć jakiegoś niebiańskiego, adekwatnego określenia, które mogłoby pomóc mi przekazać ludzkiemu umysłowi prawdziwą naturę i wyrafinowanie piękną wymowę boskiego uczucia Rajskiego Ojca.

Kiedy człowiek traci z oczu miłość osobowego Boga, królestwo Boże staje się zaledwie królestwem dobra. Pomimo nieskończonej jedności Boskiej natury, miłość jest cechą dominującą wszelkich Boskich, osobistych związków z istotami stworzonymi.

6. BOŻA DOBROĆ

W materialnym wszechświecie możemy dostrzec Boskie piękno, w świecie intelektualnym możemy zauważyć wieczną prawdę, ale dobroć Bożą znaleźć można jedynie w duchowym świecie osobistego doświadczenia religijnego. W swej prawdziwej treści, religia jest wiarą-zaufaniem w dobroć Boga. W filozofii Bóg może być wielki i absolutny, w jakiś sposób nawet inteligentny i osobowy, ale w religii Bóg musi być także etyczny, musi być dobry. Człowiek może bać się wielkiego Boga, ale darzy zaufaniem i kocha jedynie Boga dobrego. Dobroć Boża jest częścią osobowości Bożej, a jej pełne objawienie widać tylko w osobistym doświadczeniu religijnym wierzących synów Bożych.

Religia zakłada, że superświat natury duchowej świadomy jest fundamentalnych potrzeb świata ludzkiego i na nie reaguje. Religia ewolucyjna może stać się etyczną, ale tylko religia objawiona staje się prawdziwie i duchowo moralną. Starsza koncepcja, że Bóg jest Bóstwem zdominowanym przez królewską etykę, została przez Jezusa wyniesiona do tak wzruszająco uczuciowego poziomu intymnej, rodzinnej etyki związku rodzic-dziecko, że w ludzkim doświadczeniu nie ma nic bardziej wzruszającego i pięknego.

„Bogactwo dobroci Bożej wiedzie błądzącego człowieka do skruchy". „Każde dobro, jakie otrzymujemy i wszelki dar doskonały, zstępują z góry, od Ojca świateł". „Bóg jest dobry, jest wiecznym schronieniem dusz ludzkich". „Pan Bóg jest miłosierny i litościwy. Zachowujący dobro i prawdę". „Skosztujcie i zobaczcie, jak dobry jest Pan! Szczęśliwy człowiek, który się do niego ucieka". „Pan jest miłosierny i łaskawy. Jest on Bogiem zbawienia". „On leczy złamanych na duchu i przewiązuje ich rany. Jest on najpotężniejszym dobroczyńcą człowieka".

Koncepcja Boga jako króla-sędziego, choć kształtowała wysokie standardy moralne i tworzyła grupę ludzi przestrzegających prawa, pozostawiała jednak indywidualnego wierzącego w niewygodnej pozycji niepewności, w sprawie jego statusu w czasie i wieczności. Późniejsi prorocy hebrajscy głosili, że Bóg jest Ojcem Izraela; Jezus objawił Boga jako Ojca każdej ludzkiej istoty. Życie Jezusa transcendentalnie naświetla całe ludzkie pojmowanie Boga. Bezinteresowność jest charakterystyczna dla miłości rodzicielskiej. Bóg kocha nie *jak* ojciec, ale *jako* ojciec. On jest Rajskim Ojcem każdej wszechświatowej osobowości.

Prawość implikuje, że Bóg jest źródłem prawa moralnego wszechświata. Prawda ukazuje Boga jako objawiciela, jako nauczyciela. Ale to właśnie miłość daje uczucie i pragnie uczucia, szuka pełnej zrozumienia wspólnoty, takiej, jaka istnieje pomiędzy rodzicem a dzieckiem. Prawość może być Boskim zamierzeniem, ale miłość jest ojcowską postawą. Błędne mniemanie, że prawości Boga nie da się pogodzić z bezinteresowną miłością niebiańskiego Ojca, zakłada na wstępie brak jedności w naturze Bóstwa i prowadzi wprost do wypracowania doktryny odkupienia, która jest filozoficznym atakiem zarówno na jedność Boga, jak i na wolność jego woli.

Kochający Ojciec niebiański, którego duch zamieszkuje jego ziemskie dzieci, nie jest osobowością rozdwojoną – jedną od sprawiedliwości drugą od miłosierdzia – nie trzeba również mediatora, aby pozyskać Ojcowską łaskę czy przebaczenie. Boska prawość nie jest zdominowana przez rygorystyczną, karzącą sprawiedliwość; Bóg jako ojciec przewyższa Boga jako sędziego.

Bóg nigdy się nie gniewa, nie jest mściwy albo zły. Prawdą jest, że mądrość często pohamowuje jego miłość, podczas gdy odrzucenie jego miłosierdzia warunkuje jego sprawiedliwość. Jego miłości do prawości nie może zobrazować inaczej niż takiej samej nienawiści do grzechu. Ojciec nie jest osobowością niekonsekwentną, Boska jedność jest doskonała. W Rajskiej Trójcy jest absolutna jedność, pomimo istnienia wiecznych tożsamości partnerów Boga.

Bóg kocha grzesznika i *nienawidzi* grzechu: takie twierdzenie jest filozoficznie prawdziwe, ale Bóg jest osobowością transcendentalną a tylko osoby mogą kochać i nienawidzić inne osoby. Grzech nie jest osobą. Bóg kocha grzesznika, ponieważ jest on rzeczywistością osobową (potencjalnie wieczną), podczas gdy wobec grzechu Bóg nie przejawia postawy osobistej, ponieważ grzech nie jest rzeczywistością duchową, nie jest osobowy, zatem tylko Boża sprawiedliwość zapoznaje się z jego istnieniem. Boża miłość oszczędza grzesznika, prawo Boże niszczy grzech. Taka postawa Boskiej natury może się pozornie zmienić, kiedy grzesznik ostatecznie utożsami się w pełni z grzechem, podobnie jak ten sam, śmiertelny umysł, może również w pełni utożsamić się z zamieszkującym go duchowym Dostrajaczem. Taki, utożsamiony z grzechem śmiertelnik, może następnie stać się w swej naturze zupełnie nieduchowy (a zatem osobowo nierzeczywisty) i może doznać ewentualnego zakończenia bytu. Nierzeczywistość, a nawet niekompletność natury istoty stworzonej, nie może istnieć na zawsze w coraz bardziej rzeczywistym i coraz bardziej duchowym wszechświecie.

W świecie osobowości Bóg spostrzegany jest jako kochająca osoba; w świecie duchowym jest on osobową miłością; w doświadczeniu religijnym jest jednym i drugim. Miłość rozpoznaje wolicjonalną wolę Boga. Dobroć Boga opiera się na gruncie Boskiej wolnej woli – uniwersalnej tendencji do miłości, okazywania miłosierdzia, przejawiania cierpliwości i służenia przebaczeniem.

7. BOŻA PRAWDA I PIĘKNO

Cała skończona wiedza i zrozumienie istoty stworzonej są *względne*. Informacja i inteligencja, pobierane nawet z wysokich źródeł, są tylko względnie kompletne, lokalnie trafne czy personalnie prawdziwe.

Materialne fakty są dość jednolite, ale prawda jest czynnikiem żywym i elastycznym we wszechświatowej filozofii. Rozwijające się osobowości są tylko częściowo mądre i względnie dokładne w swych kontaktach wzajemnych. Mogą być czegoś pewne tylko tak dalece, jak dalece sięga ich doświadczenie osobiste. To, co pozornie może być zupełnie prawdziwe w jednym miejscu, może być tylko względnie prawdziwe w innym segmencie stworzenia.

Boska prawda, prawda ostateczna, jest jednolita i uniwersalna, ale opowieść o sprawach duchowych, przekazywana przez liczne jednostki, pochodzące z różnorodnych sfer, może czasami się różnić w szczegółach, wskutek tej właśnie względnej kompletności wiedzy i nasycenia doświadczeniem osobistym, jak również w wyniku długości i rozciągłości tego doświadczenia. Podczas gdy prawa i zarządzenia, myśli i postawy Pierwszego Wielkiego Źródła i Centrum są wiecznie, nieskończenie i uniwersalnie prawdziwe, równocześnie ich zastosowanie i adaptacja do każdego wszechświata, systemu, świata oraz stworzonej istoty inteligentnej, jest zgodna z planami i metodami Synów Stwórców, którzy działają w swych poszczególnych wszechświatach, jak również jest w harmonii z lokalnymi planami i metodami Nieskończonego Ducha oraz wszystkich innych pomocniczych, niebiańskich osobowości.

Fałszywa nauka materializmu może skazać śmiertelnego człowieka na los wyrzutka we wszechświecie. Taka częściowa wiedza jest potencjalnym złem; jest to wiedza złożona zarówno z dobra jak i zła. Prawda jest piękna, ponieważ jest zarówno kompletna jak i symetryczna. Gdy człowiek szuka prawdy, idzie śladem Bożej rzeczywistości.

Filozofowie popełniają swój największy błąd, kiedy wprowadzają się w błędy abstrahowania, w praktykę koncentrowania uwagi na jednym aspekcie rzeczywistości a następnie orzekaniu tego, odosobnionego aspektu, za całą prawdę. Mądry filozof zawsze będzie szukał tego stwórczego planu, który stoi poza wszystkimi zjawiskami wszechświata i który istniał przed nimi. Myśl stwórcy nieodmiennie poprzedza stwórcze działanie.

Intelektualna świadomość może odkryć piękno prawdy, jej wartość duchową, nie tylko dzięki filozoficznej logiczności jej idei, ale bardziej oczywiście i pewnie, przez nieomylny odzew nieodstępnego Ducha Prawdy. Szczęście wynika z rozpoznania prawdy, ponieważ może być ona *spełniona*, może być przeżyta. Rozczarowanie i smutek towarzyszą błędowi, ponieważ nie stanowi on rzeczywistości i nie można go zrealizować w doświadczeniu. Boska prawda charakteryzuje się przede wszystkim swoim *posmakiem duchowym.*

Przedmiotem wiecznego poszukiwania jest jedność, boska spójność. Rozległy wszechświat materialny zjednoczony jest w Wyspie Raj; wszechświat intelektualny zjednoczony jest w Bogu umysłu, we Wspólnym Aktywizatorze; wszechświat duchowy zjednoczony jest w osobowości Wiecznego Syna. Jednak odosobniony śmiertelnik czasu i przestrzeni zjednoczony jest w Bogu Ojcu, dzięki bezpośredniej zależności pomiędzy zamieszkującym człowieka Dostrajaczem Myśli a Ojcem Wszechświatowym. Człowieczy Dostrajacz jest fragmentem Boga i nieustannie dąży do unifikacji z Bogiem, będąc zjednoczony z Rajskim Bóstwem Pierwszego Źródła i Centrum oraz w tym Bóstwie.

Dostrzeżenie najwyższego piękna jest odkryciem i integracją rzeczywistości: dostrzeżenie Boskiej dobroci w wiecznej prawdzie jest ostatecznym pięknem. Nawet urok ludzkiej sztuki polega na harmonii jej jedności.

Wielki błąd religii hebrajskiej polegał na braku powiązania dobroci Bożej z opartymi na faktach prawdami nauki, jak i z pociągającym pięknem sztuki. W miarę rozwoju cywilizacji, kiedy religia wciąż szła tym samym, niemądrym kursem zbytniego uwydatniania dobroci Bożej, aż do względnego wykluczenia prawdy i zaniedbania piękna, u pewnego rodzaju ludzi rozwinęła się narastająca tendencja odwracania się od abstrakcyjnej i wyodrębnionej koncepcji odosobnionej dobroci. Przeakcentowana i wyobcowana moralność współczesnej religii, która nie zdołała zachować oddania i lojalności wielu ludzi dwudziestego wieku, może się zrehabilitować, jeśli w dodatku do swych nakazów moralnych, zwróciłaby taką samą uwagę na prawdy nauki, filozofii i duchowego doświadczenia, jak również na piękno materialnego stworzenia, na urok kunsztu intelektualnego i wspaniałość osiągania prawdziwego charakteru.

Dla tych dalekowzrocznych i patrzących w przyszłość mężczyzn i kobiet, obdarzonych wnikliwością duchową, którzy ośmielą się stworzyć nową i pociągającą filozofię życia z rozbudowanych i wyrafinowanie zintegrowanych nowoczesnych koncepcji kosmicznej prawdy, wszechświatowego piękna i Boskiej dobroci, jest to wyzwanie religijne tej epoki. Takie nowe i właściwe wyobrażenie moralności będzie przyciągało wszystko to, co dobre w umyśle ludzkim i pobudzało wszystko to, co najlepsze w duszy ludzkiej. Prawda, piękno i dobroć są rzeczywistościami Bożymi, a gdy człowiek wzniesie się na skali życia duchowego, te najwyższe cechy Wiecznego staną się coraz bardziej skoordynowane i zjednoczone w Bogu, który jest miłością.

Wszelka prawda – materialna, filozoficzna czy duchowa – jest zarówno piękna jak i dobra. Całe prawdziwe piękno – materialna sztuka czy duchowa symetria – jest zarówno prawdą jak i dobrem. Cała autentyczna dobroć – czy to osobista moralność, czy sprawiedliwość społeczna, czy służba Boża – jest zarówno prawdą jak i pięknem. Zdrowie, rozsądek i szczęście, są integracjami prawdy, piękna i dobroci, kiedy są złączone w doświadczeniu ludzkim. Takie poziomy efektywnego życia osiąga się dzięki zjednoczeniu systemów energii, systemów idei oraz systemów ducha.

Prawda jest spójna, piękno atrakcyjne, dobroć stabilizująca. A gdy takie właśnie wartości tego, co rzeczywiste, zostaną skoordynowane w osobistym doświadczeniu, rezultatem jest wysokiej klasy miłość, uwarunkowana wiedzą i określona lojalnością. Prawdziwym celem całej wszechświatowej edukacji jest lepsze skoordynowanie indywidualnych dzieci ze światów z większymi rzeczywistościami ich poszerzających się doświadczeń. Rzeczywistość jest skończona na poziomie ludzkim, nieskończona i wieczna na wyższych, Boskich poziomach.

[Przedstawione przez Niebiańskiego Radcę, działającego z upoważnienia Pradawnych Czasu z Uversy].

PRZEKAZ 3

ATRYBUTY BOGA

BÓG jest wszędzie obecny; Ojciec Wszechświatowy rządzi okręgiem wieczności. Jednak we wszechświatach lokalnych rządzi on przez osoby swych Rajskich Synów Stwórców, tak samo, jak obdarza życiem poprzez tych Synów. „Bóg dał nam życie wieczne, a to życie jest w jego Synach". Stwórcy Synowie Boga są osobistą ekspresją samego Boga, w odcinkach czasu i dla jego dzieci, żyjących na obracających się planetach, w rozwijających się wszechświatach przestrzeni.

Wysoce uosobieni Synowie Boga są dobrze dostrzegalni przez niskie klasy stworzonych istot inteligentnych i w ten sposób istoty te są wynagradzane za niewidzialność nieskończonego, a tym samym trudniej dostrzegalnego, Ojca. Rajscy Synowie Stwórcy – Ojca Wszechświatowego stanowią objawienie niewidzialnej skądinąd istoty, niewidzialnej ze względu na absolutność i nieskończoność, charakterystyczną dla okręgu wieczności i dla osobowości Rajskich Bóstw.

Stwórczości nie można uznawać za atrybut Boga, jest to raczej podsumowanie jego czynnej natury. I ta powszechna działalność stwórcza przejawia się wiecznie, będąc uwarunkowana oraz kontrolowana przez wszystkie skoordynowane własności nieskończonej i Boskiej rzeczywistości Pierwszego Źródła i Centrum. Mamy poważne wątpliwości, czy jakakolwiek właściwość Boskiej natury może być uznana za poprzedzającą inne właściwości, ale jeśli byłaby taka ewentualność, wtedy stwórcza natura Bóstwa weźmie pierwszeństwo nad wszystkimi innymi naturami, działaniami i atrybutami. A stwórczość Bóstwa osiąga swą kulminację we wszechświatowej prawdzie o Ojcostwie Boga.

1. BOSKA WSZECHOBECNOŚĆ

Zdolność Ojca Wszechświatowego do bycia wszędzie i w tym samym czasie, stanowi o jego wszechobecności. Tylko Bóg może być w dwu miejscach, czy w niezliczonej ilości miejsc, jednocześnie. Bóg obecny jest jednocześnie „w niebie na wysokości i w dole na ziemi", tak jak wołał psalmista: „Dokąd ujdę przed duchem twoim? I dokąd przed obliczem twoim ucieknę"?

„«Czy jestem Bogiem tylko z bliska a nie także Bogiem z daleka» mówi Pan. «Czy to nie ja wypełniam niebo i ziemię»"? Ojciec Wszechświatowy jest nieustannie obecny we wszystkich częściach i we wszystkich sercach swojego rozległego stworzenia. Jest on „pełnią tego, który sam wszystko we wszystkim wypełnia", i „który sprawia wszystko we wszystkich", a poza tym idea jego osobowości jest taka, że „niebiosa (wszechświat) i niebiosa niebios (wszechświat wszechświatów) nie mogą go ogarnąć". Jest literalną prawdą, że Bóg jest wszystkim i we wszystkim. Ale nawet to nie stanowi *całości* Boga. Nieskończony może być ostatecznie objawiony tylko w nieskończoności; przyczyny nigdy nie można w pełni zrozumieć dzięki analizie jej skutków; żywy Bóg jest niewspółmiernie większy niż łączna suma stworzenia, powołana do bytu w wyniku aktów stwórczych jego nieograniczonej, wolnej woli. Bóg objawia się poprzez kosmos, ale kosmos nigdy nie może zawierać czy ogarnąć, całości Bożej nieskończoności.

Obecność Ojca nieustannie patroluje wszechświat nadrzędny. „Z jednego krańca niebios wychodzi i biegnie do drugiego krańca. I nic nie ukryje się przed jego światłem".

Nie tylko stworzony istnieje w Bogu, ale Bóg także żyje w stworzonym. „Po tym poznajemy, że w nim mieszkamy a on w nas, że Ducha swojego nam udzielił. Ten dar Rajskiego Ojca jest nieodłącznym towarzyszem człowieka". „Jest on Bogiem zawsze obecnym i wszystko przenikającym". „Duch wiecznotrwałego Ojca ukrywa się w umyśle każdego śmiertelnego dziecka". „Człowiek wychodzi w poszukiwaniu przyjaciela, podczas gdy ten przyjaciel żyje w jego własnym sercu". „Prawdziwy Bóg nie jest daleko; jest częścią nas; duch jego mówi przez was". „Ojciec żyje w dziecku. Bóg jest zawsze z nami. Jest on duchem przewodnim wiecznego przeznaczenia".

Prawdziwie powiedziano o gatunku ludzkim, „z Boga jesteście", gdyż „kto mieszka w miłości, mieszka w Bogu a Bóg w nim". Nawet czyniąc zło, dręczycie zamieszkujący w was dar Boga, gdyż Dostrajacz Myśli musi doznawać konsekwencji złych myśli, powstałych w ludzkim umyśle, w którym jest uwięziony.

Wszechobecność Boga jest w istocie częścią jego nieskończonej natury; przestrzeń nie stanowi przeszkody dla Bóstwa. W doskonałości i bez ograniczeń, Bóg dostrzegalny jest teraz tylko w Raju i we wszechświecie centralnym. Nie jest on zatem zauważalnie obecny w kreacjach okalających Havonę, ponieważ Bóg ograniczył w nich swą bezpośrednią i aktualną obecność, uznając suwerenność i boskie prerogatywy partnerskich stwórców i władców wszechświatów czasu i przestrzeni. Dlatego też koncepcja Boskiej obecności musi uwzględniać szeroki zakres, zarówno sposobu jak i procedury jego przejawiania się, obejmując obwody obecności Wiecznego Syna, Nieskończonego Ducha oraz Wyspy Raj. Ponadto nie zawsze jest możliwe rozróżnienie obecności Ojca Wszechświatowego od działań wiecznych istot, jego partnerów oraz jego przedstawicieli, tak doskonale wypełniają oni nieskończone wymagania, wynikające z jego niezmiennego celu. Nie odnosi się to jednak do obwodu osobowości i Dostrajaczy; tutaj Bóg działa wyjątkowo, bezpośrednio i wyłącznie.

Wszechświatowy Kontroler jest potencjalnie obecny w obwodach grawitacyjnych Wyspy Raj, we wszystkich częściach wszechświata, cały czas i w tym samym stopniu, odpowiednio do masy, odpowiadając na fizyczne wymagania dotyczące jego obecności oraz ze względu na nieodłączną całemu stworzeniu naturę, która sprawia, że wszystkie rzeczy lgną do niego i polegają na nim. Tak samo Pierwsze Źródło i Centrum jest potencjalnie obecne w Absolucie Nieuwarunkowanym, skarbnicy nie stworzonych wszechświatów wiecznej przyszłości. A zatem Bóg, potencjalnie, przenika wszechświaty materialne przeszłości, teraźniejszości i przyszłości. Jest on zasadniczą podstawą spójności tak zwanego materialnego stworzenia. Te nieduchowe potencjały Bóstwa aktualizują się tu i ówdzie, na całym poziomie materialnego bytu, dzięki niewytłumaczalnej interwencji jednego ze specjalnych jego czynników, działającego na odpowiednim etapie funkcjonowania wszechświata.

Obecność Boga w umyśle powiązana jest z absolutnym umysłem Wspólnego Aktywizatora, Nieskończonego Ducha, jednak w kreacjach skończonych jest ona lepiej dostrzegalna we wszechoperatywnym, kosmicznym umyśle Rajskich Duchów Nadrzędnych. Tak jak Pierwsze Źródło i Centrum jest potencjalnie obecny w obwodach umysłowych Wspólnego Aktywizatora, jest on również potencjalnie obecny w napięciach Absolutu Wszechświatowego. Jednak umysł klasy ludzkiej jest obdarzeniem Córek Wspólnego Aktywizatora, Boskich Opiekunek z ewoluujących wszechświatów.

Wszechobecny duch Ojca Wszechświatowego skoordynowany jest z funkcjonowaniem wszechświatowej, duchowej obecności Wiecznego Syna oraz z wiecznotrwałym, boskim potencjałem Bóstwa-Absolutu. Jednak ani działalność duchowa Wiecznego Syna i jego Rajskich Synów, ani też obdarzanie umysłem przez Nieskończonego Ducha, nie wydają się wykluczać bezpośredniego działania Dostrajaczy Myśli, fragmentów Boga, zamieszkujących serca stworzonych przez niego dzieci.

Co się tyczy Bożej obecności na planecie, w systemie, konstelacji, czy we wszechświecie, stopień takiej obecności w każdej jednostce stworzenia jest miarą stopnia ewoluującej obecności Istoty Najwyższej; jest on określony powszechnym uznawaniem Boga i lojalnością wobec niego w danej części niezmierzonej organizacji wszechświata, rozciągającej się w dół, aż do systemów i planet. Dlatego czasem się zdarza, że kiedy niektóre planety (czy nawet systemy) pogrążają się w duchowym mroku, zostają one w pewnym sensie poddane kwarantannie, czy są częściowo izolowane od kontaktów z większymi jednostkami danej kreacji, aby zachować i ochronić te cenne stadia Boskiej obecności. I wszystko to, tak jak funkcjonuje na Urantii, jest duchową reakcją obronną większości światów, aby mogły oszczędzić sobie, jak dalece to możliwe, wyobcowujących je rezultatów odrażającej działalności zawziętych, nikczemnych i buntowniczych mniejszości.

Podczas gdy Ojciec jako rodzic, obejmuje obwodem wszystkich swych synów – wszystkie osobowości – jego wpływ na te osobowości ograniczony jest odległością ich rodowodu od Drugiej i Trzeciej Osoby Bóstwa, i wzrasta, gdy przeznaczenia osobowości dosięgają tych poziomów. O *fakcie* obecności Boga w umysłach istot stworzonych stanowi to, czy są one zamieszkałe, czy też nie, przez fragmenty Ojca, takie jak Nieodgadnione Monitory, ale jego *efektywną* obecność określa poziom współpracy, na jaką tym, zamieszkującym człowieka Dostrajaczom, zezwalają umysły, w których one przebywają.

Fluktuacje obecności Ojca nie są skutkiem zmienności Boga. Ojciec nie oddala się i nie odsuwa, ponieważ poczuł się zlekceważony; jego uczucia nie odwracają się na skutek złych uczynków istoty. To raczej jego dzieci, obdarzone zdolnością wyboru (dotyczącą ich samych), gdy dokonują tego wyboru, decydują bezpośrednio o stopniu i ograniczeniach Boskiego wpływu Ojca na ich własne serca i dusze. Ojciec obficie obdarza nas sobą, bez ograniczeń i bez wyróżnień. Nie ma on względu na osoby, planety, systemy czy wszechświaty. W odcinkach czasu różnicuje on swe uznanie tylko dla rajskich osobowości Boga Siedmiorakiego, partnerskich stwórców skończonych wszechświatów.

2. NIESKOŃCZONA MOC BOŻA

Wszystkie wszechświaty wiedzą, że „Pan Bóg rządzi wszechmocnie". Sprawy tego świata i wszystkich innych światów są niebiańsko nadzorowane. „On czyni zgodnie ze swą wolą w wojsku niebios i wśród mieszkańców ziemi". Wieczną prawdą jest, że „nie ma mocy poza Bogiem".

W granicach tego, co jest zgodne z Boską naturą, jest literalnie prawdziwe, że „u Boga wszystko jest możliwe". Szeroko zakreślone procesy ewolucyjne ludzi, planet i wszechświatów, znajdują się pod doskonałym nadzorem stwórców i administratorów wszechświata i rozwijają się zgodnie z wiecznym celem Ojca Wszechświatowego, postępując w harmonii i porządku oraz trzymając się wszechmądrego Bożego planu. Jest tylko jeden prawodawca. Podtrzymuje on światy w przestrzeni i obraca wszechświaty po nieskończonym okręgu wiecznej orbity.

Spośród wszystkich Boskich atrybutów, najlepiej rozumie się wszechmoc, zwłaszcza, gdy panuje ona we wszechświecie materialnym. Bóg, widziany z punktu widzenia zjawiska nieduchowego, jest energią. Stwierdzenie tego fizycznego faktu opiera się na niemożliwej do zrozumienia prawdzie, że Pierwsze Źródło i Centrum jest pierwotną przyczyną wszechświatowego fenomenu materialnego całej przestrzeni. Z tej Boskiej działalności wywodzi się cała energia fizyczna i inne przejawy materii. Światło, znaczy światło bez ciepła, jest jeszcze jednym, nieduchowym przejawem Bóstw. I jest jeszcze jedna forma energii nieduchowej, która jest właściwie nieznana na Urantii; jak dotąd nierozpoznana.

Bóg kontroluje całą moc, on toruje „drogę błyskawicy"; ustanowił obwody całej energii. Zarządził czas i sposób przejawiania się wszystkich form energii-materii. I wszystkie te rzeczy trzymane są zawsze w jego wiecznotrwałym uchwycie – kontroli grawitacyjnej, skoncentrowanej w Raju dolnym. Światło i energia wiecznego Boga krążą zatem zawsze jego majestatyczną orbitą, nieskończonym, ale uporządkowanym korowodem gwiezdnych bezmiarów, tworzących wszechświat wszechświatów. Całe stworzenie wiecznie krąży wokół Rajskiej Osobowości, centrum wszystkich rzeczy i istot.

Wszechmoc Ojca odnosi się do powszechnej dominacji poziomu absolutnego, na którym trzy rodzaje energii, materialna, umysłowa i duchowa, są nie odróżnialne w bliskiej odległości od niego – Źródła wszystkich rzeczy. Umysł istoty, który nie jest ani rajską monotą, ani rajskim duchem, nie reaguje bezpośrednio na Ojca Wszechświatowego. Bóg *zestraja się* z umysłem niedoskonałości – w wypadku śmiertelników Urantii przez Dostrajacze Myśli.

Ojciec Wszechświatowy nie jest przejściową siłą, zmienną mocą, czy oscylującą energią. Moc i mądrość Ojca wystarczają zupełnie, aby podołać wszystkim wymaganiom wszechświata. Kiedy pojawiają się wypadki w ludzkim doświadczeniu, on przewidział je wszystkie i dlatego nie reaguje na sprawy wszechświata w sposób oderwany, ale raczej zgodnie z zaleceniami wiecznej mądrości i we współbrzmieniu z nakazami nieskończonego osądu. Moc Boża, niezależnie od tego jak się przejawia, nie działa we wszechświecie jako ślepa siła.

Zdarzają się sytuacje, kiedy może się wydawać, że podejmowane są decyzje w sytuacji krytycznej, że naturalne prawa zostały zawieszone, że zostały zauważone niedostosowania i że dokonuje się wysiłków dla skorygowania sytuacji; ale to nie jest tak. Takie idee Boga mają swe źródło w ograniczonym zakresie waszego punktu widzenia, w skończoności waszego pojmowania i ograniczonym zasięgu waszych rozważań; takie niezrozumienie Boga jest wynikiem waszej głębokiej ignorancji, w sprawie istnienia wyższych praw danej dziedziny czy wielkości charakteru Ojca, albo nieskończoności jego atrybutów oraz faktu istnienia jego wolnej woli.

Planetarne istoty, zamieszkałe przez Bożego ducha, rozsiane tu i tam we wszechświatach w przestrzeni, są prawie nieskończone w swej liczbie i rodzaju, ich intelekty są tak zróżnicowane, ich umysły tak ograniczone a czasem tak uproszczone, ich wyobraźnia jest tak zawężona i skoncentrowana na warunkach lokalnych, że jest prawie niemożliwe sformułowanie ogólnych zasad wyrażających odpowiednio nieskończone atrybuty Ojca, aby były jednakowo pojmowalne w jakimś stopniu przez wszystkie te, stworzone istoty inteligentne. Dlatego wiele działań wszechmocnego Stwórcy wyglądać może dla ciebie, istoto stworzona, na bezwzględne, obojętne oraz czasem nieczułe i okrutne. Ale ponownie cię zapewniam, że nie jest to prawdą. Czyny Boże są celowe, inteligentne, mądre, życzliwe i wiecznie mające na względzie najwyższe dobro, nie zawsze pojedynczej istoty, pojedynczej rasy, poszczególnej planety czy nawet poszczególnego wszechświata; ale służą one pomyślności i najwyższemu dobru wszystkich zainteresowanych, od najniższego do najwyższego. W epokach czasu dobro części może czasami się różnić od dobra całości, w okręgu wieczności takie pozorne różnice nie istnieją.

Wszyscy stanowimy część Bożej rodziny i dlatego musimy czasami podlegać rodzinnej dyscyplinie. Wiele działań Boga, które tak bardzo nas niepokoją i kłopoczą, wynika z decyzji i ostatecznych zarządzeń wszechwiedzy, upoważniających Wspólnego Aktywizatora do wykonywania postanowień nieomylnej woli nieskończonego umysłu, do egzekwowania decyzji doskonałej osobowości, której rozeznanie przenikliwość i troska odpowiada najwyższemu i wiecznemu dobru całego, niezmierzonego i rozległego stworzenia.

Tak więc wasz odosobniony, wycinkowy, skończony, uproszczony i wysoce materialistyczny punkt widzenia oraz ograniczenia, nieodłączne naturze waszego bytu, tworzą takie utrudnienia, że nie potraficie zobaczyć, zrozumieć czy rozpoznać mądrości i życzliwości wielu Boskich działań, które dla was wyglądają na pełne przytłaczającego okrucieństwa i które zdają się charakteryzować zupełną obojętnością wobec pożytku i dobra, planetarnego szczęścia i pomyślności osobistej waszych bliźnich istot. To właśnie z powodu limitów ludzkiej wyobraźni, z powodu ograniczonego rozumowania i skończonego pojmowania, niewłaściwie pojmujecie motywy i wypaczacie cele Boga. Jednak na światach ewolucyjnych zdarza się wiele rzeczy, które nie są osobistymi dziełami Ojca Wszechświatowego.

Boska wszechmoc jest doskonale skoordynowana z innymi atrybutami Bożej osobowości. Przejawianie się mocy Bożej we wszechświecie zazwyczaj ograniczone jest tylko przez trzy warunki czy sytuacje:

1. Przez naturę Boga, zwłaszcza przez jego nieskończoną miłość, prawdę, piękno i dobroć.
2. Przez wolę Boga, działanie jego miłosierdzia i ojcowskie związki z osobowościami wszechświata.
3. Przez prawo Boga, przez prawość i sprawiedliwość wiecznej, Rajskiej Trójcy.

Bóg jest nieograniczony w mocy, niebiański w naturze, ostateczny w woli, nieskończony w atrybutach, wieczny w mądrości i absolutny w rzeczywistości. Jednak wszystkie te cechy Ojca Wszechświatowego są zjednoczone w Bóstwie i wyrażane uniwersalnie w Rajskiej Trójcy oraz w Boskich Synach Trójcy. Skądinąd wszystko to, co się odnosi do Boga, na zewnątrz Raju i centralnego wszechświata Havony, ograniczone jest ewoluującą obecnością Najwyższego, uwarunkowane wynikającą obecnością Ostatecznego i skoordynowane przez trzy egzystencjalne Absoluty – Bóstwa, Wszechświatowy i Nieuwarunkowany. Tak więc obecność Boża jest ograniczona, gdyż taka jest wola Boża.

3. WSZECHWIEDZA BOŻA

„Bóg zna wszystkie rzeczy". Boski umysł jest świadomy i obeznany z myślami całego jego stworzenia. Jego wiedza o zdarzeniach jest powszechna i doskonała. Boskie byty, wychodzące od niego, są jego częścią; ten, kto „rozpościera sklepienia niebios" jest także „doskonały w mądrości". „Oczy Pana są na każdym miejscu". Powiedział wasz wielki nauczyciel o nieistotnym wróblu: „a jednak żaden z nich nie spadnie na ziemię bez woli Ojca waszego", i także: „nawet wasze włosy na głowie, wszystkie są policzone". „On wyznacza liczbę gwiazd, wszystkim nadaje imiona".

Ojciec Wszechświatowy jest jedyną osobowością w całym wszechświecie, która aktualnie zna liczbę gwiazd i planet w przestrzeni. Wszystkie światy każdego wszechświata wciąż istnieją w Boskiej świadomości. Powiedział on również: „Napatrzyłem się na niedolę ludu mego, słyszałem ich krzyk i znam cierpienia jego". Gdyż „Pan spogląda z nieba; widzi wszystkich ludzi; z miejsca, gdzie przebywa patrzy na wszystkich mieszkańców ziemi". Każde stworzone dziecko może prawdziwie powiedzieć: „Zna bowiem drogę, którą postępuję; gdyby mnie wypróbował, wyszedłbym czysty jak złoto". „Ty wiesz, kiedy siedzę i kiedy wstaję; rozumiesz myśl moją z daleka, wiesz dobrze o wszystkich ścieżkach moich". „Wszystko jest obnażone i odsłonięte przed oczami tego, przed którym musimy zdać sprawę". I prawdziwą pociechą dla każdej ludzkiej istoty powinno być zrozumienie tego, że „On wie, jakim tworem jesteśmy; pamięta żeśmy prochem". Jezus mówił o żywym Bogu: „Wasz Ojciec wie, czego potrzebujecie, przedtem zanim go poprosicie".

Boska wiedza o wszystkich rzeczach jest nieograniczona; jego świadomość jest uniwersalna. Obwód jego osobowości obejmuje wszystkie osobowości a jego wiedza, nawet o niskich istotach, uzupełniana jest pośrednio przez zstępujące szeregi Boskich Synów a bezpośrednio przez zamieszkujące ludzi Dostrajacze Myśli. Ponadto Nieskończony Duch jest cały czas wszędzie obecny.

Nie jesteśmy zupełnie pewni tego, czy Bóg chce znać przyszłe przypadki grzechu. Jednak, gdyby Bóg znał wcześniej akty wolnej woli swych dzieci, taka znajomość przyszłości w żadnym wypadku nie anuluje wolności tych aktów. Jedno jest pewne: nic nie jest dla Boga niespodzianką.

Wszechmoc nie zakłada mocy czynienia niewykonalnego, działań Bogu niepodobnych. Tak samo wszechwiedza nie zakłada istnienia wiedzy o niepoznawalnym. Jednak oświadczenia takie są prawie nie do zrozumienia skończonym umysłem. Stworzony raczej nie potrafi zrozumieć zakresu i ograniczeń woli Stwórcy.

4. BOŻA NIEOGRANICZONOŚĆ

Obdarzanie sobą kolejnych wszechświatów, kiedy są one powoływane do bytu, w żaden sposób nie umniejsza potencjału mocy czy zapasów wiedzy, które wciąż istnieją i pozostają w centralnej osobowości Bóstwa. W potencjale siły, mądrości i miłości, Ojciec nigdy niczego nie umniejsza z tego, co posiada, jak również nigdy nie zostaje pozbawiony żadnego atrybutu swej wspaniałej osobowości, w wyniku hojnego obdarzania sobą Rajskich Synów czy podległych mu kreacji, albo różnorodnych istot.

Stworzenie każdego nowego wszechświata wymaga nowego dopasowania grawitacji; ale gdyby nawet stwarzanie miało być kontynuowane nieograniczenie, wiecznie, nawet do nieskończoności, tak, że w końcu kreacja materialna miałaby istnieć bez ograniczeń, siła kontroli i koordynacji, spoczywająca w Wyspie Raj wciąż będzie mogła temu sprostać i będzie odpowiednia dla kontroli i koordynacji takiego, nieskończonego wszechświata. A w wyniku obdarzania nieograniczoną siłą i mocą nieograniczonego wszechświata, Nieskończony wciąż będzie miał ten sam stopień mocy i energii; Absolut Nieuwarunkowany wciąż nie będzie uszczuplony; Bóg wciąż będzie posiadał ten sam nieskończony potencjał, jak gdyby siła, energia i moc nigdy nie zostały wylane dla obdarzenia nimi wciąż nowych wszechświatów.

Tak samo jest z mądrością. To, że umysł jest tak szczodrze rozdzielany po różnych domenach, aby można było myśleć, w żaden sposób nie uszczupla centralnego źródła Bożej mądrości. Kiedy wszechświaty się mnożą, a ilość istot na różnych światach wyraża się liczbą trudną do pojęcia, jeśli umysł będzie bez końca nadawany tym istotom, wysokiego bądź niskiego stanu, centralna osobowość Boga zawsze będzie zawierać ten sam wieczny, nieskończony i wszechmądry umysł.

To, że Ojciec wysyła swoich posłańców duchowych, żeby zamieszkali mężczyzn i kobiety waszego świata oraz innych światów, w żaden sposób nie uszczupla jego możliwości działania, jako Boskiej, wszechmocnej osobowości duchowej; i nie ma ograniczeń odnośnie zwiększania ilości takich duchowych Monitorów, które Ojciec może i zdolny jest posłać. Takie dawanie siebie stworzonym istotom powoduje nieograniczone, prawie niepojęte, przyszłe możliwości rozwojowych i sukcesywnych istnień tak bosko wyposażonych śmiertelników. I to rozrzutne rozdzielanie siebie, w formie usługujących bytów duchowych, w żaden sposób nie umniejsza mądrości i doskonałości prawdy i wiedzy, która się mieści w osobie wszechmądrego, wszechwiedzącego i wszechmocnego Ojca.

Dla śmiertelników czasu istnieje przyszłość, ale Bóg zamieszkuje wieczność. Nawet, jeżeli teraz przybywam z pobliża tego miejsca, gdzie mieszka Bóg, nie mogę zakładać, że mówię doskonale zrozumiale o tym, co dotyczy nieskończoności wielu Boskich atrybutów. Tylko nieskończoność umysłu może w pełni zrozumieć nieskończoność bytu i wieczność działania.

Śmiertelny człowiek w żaden sposób nie może poznać bezmiaru niebiańskiego Ojca. Skończony umysł nie może rozważać takiej absolutnej prawdy czy faktu. Jednak ta sama, ograniczona, ludzka istota, może faktycznie *czuć* – literalnie doznawać – pełnego i nie pomniejszonego oddziaływania nieskończonej MIŁOŚCI Ojca. Takiej miłości naprawdę można doznawać i choć jakość doświadczenia jest nieograniczona, ilość takiego doświadczenia jest ściśle ograniczona ludzką chłonnością duchową oraz związaną z nią zdolnością kochania Ojca z wzajemnością.

Skończone wartościowanie nieskończonych własności znacznie przewyższa ograniczone logiką możliwości istoty stworzonej, dlatego, że człowiek śmiertelny jest stworzony na podobieństwo Boga – żyje w nim fragment nieskończoności. Zatem ludzkie, największe zbliżenie do Boga a zarazem najcenniejsze, następuje w miłości i poprzez nią, gdyż Bóg jest miłością. Całość tego unikalnego powinowactwa jest aktualnym doświadczaniem w kosmicznej socjologii związku Stwórca-stworzony, uczucia Ojciec-dziecko.

5. NAJWYŻSZA WŁADZA OJCA

W swym kontakcie z kreacjami posthavonalnymi, Ojciec Wszechświatowy nie używa swej nieskończonej mocy i ostatecznej władzy bezpośrednio, ale raczej sprawuje ją przez swoich Synów oraz podległe im osobowości. Bóg czyni to wszystko ze swej własnej, wolnej woli. Niezależnie od jakichkolwiek mocy oddanych, w konkretnej sytuacji od Boskiego tylko postanowienia zależy, czy moc ma być wdrażana bezpośrednio; jest jednak zasadą, że taka akcja następuje dopiero wtedy, gdy osobowość obdarzona pełnomocnictwem zawiedzie Boskie zaufanie. W takich wypadkach i w obliczu takiego właśnie niepowodzenia, jak i w zakresie limitów ograniczających Boską moc i potencjał, Ojciec działa niezależnie i zgodnie z zasadami przez siebie wybranymi; a wybór taki charakteryzuje się zawsze tą samą niezawodną doskonałością i nieskończoną mądrością.

Ojciec rządzi przez swych Synów; w całej organizacji wszechświata istnieje nieprzerwany łańcuch władców, kończący się na Książętach Planetarnych, którzy kierują losem światów ewolucyjnych w rozległych domenach Ojca. To nie jest tylko zwykła, poetycka przenośnia, że: „Pańska jest ziemia i to, co ją wypełnia". „On usuwa królów i ustanawia królów". „Najwyżsi Ojcowie panują w królestwach ludzi".

Sprawom serc ludzkich Ojciec Wszechświatowy nie zawsze może nadać swój kierunek, ale w prowadzeniu i przeznaczeniu planet dominuje Boski plan; tryumfuje wieczny cel mądrości i miłości.

Jezus powiedział: „Ojciec mój, który mi je dał, jest większy od wszystkich. I nikt nie może ich wyrwać z ręki mojego Ojca". Gdy zauważycie rozliczne dzieła Boże i przyjrzycie się zdumiewającemu bezmiarowi nieomal bezgranicznego, Bożego stworzenia, wasza koncepcja prymatu Ojca może się zachwiać, powinniście jednak zaakceptować jego, jako pewnie i wiecznie osadzonego na tronie w rajskim centrum wszystkich rzeczy i jako Ojca czyniącego dobro dla wszystkich inteligentnych istot. Jest „jeden Bóg i Ojciec wszystkich, który jest ponad wszystkimi i we wszystkich", „on jest przede wszystkim i wszystko w nim ma istnienie".

Niepewności życia i zmienne koleje bytu w żaden sposób nie zaprzeczają idei uniwersalnej wszechwładzy Boga. Całe życie istoty ewolucyjnej jest najeżone określonymi *koniecznościami*. Rozważcie, co następuje:

1. Czy *odwaga* – siła charakteru – jest pożądana? W takim razie człowiek musi wychowywać się w środowisku konieczności, mocując się z trudnościami i reagując na niepowodzenia.
2. Czy *altruizm* – służenie swoim bliźnim – jest pożądany? W takim razie doświadczenia życiowe muszą dać możliwość napotkania sytuacji nierówności społecznych.
3. Czy *nadzieja* – majestatyczne zaufanie – jest pożądana? W takim razie egzystencja ludzka wciąż musi być nękana niebezpieczeństwami i powtarzającymi się niepewnościami.
4. Czy *wiara* – najwyższa pewność myśli ludzkiej – jest pożądana? W takim razie umysł ludzki musi znaleźć się w tak kłopotliwym położeniu, w którym zawsze wie mniej, niż może uwierzyć.
5. Czy *miłość do prawdy* i gotowość pójścia dokądkolwiek ona prowadzi, jest pożądana? W takim razie człowiek musi rozwijać się w świecie, w którym istnieje błąd a fałsz jest zawsze możliwy.
6. Czy *idealizm* – koncepcja zbliżająca do boskości – jest pożądany? W takim razie człowiek musi się trudzić w środowisku względnego dobra i piękna, w otoczeniu pobudzającym niepohamowane dążenie do lepszych rzeczy.
7. Czy *lojalność* – poświęcenie się najwyższym obowiązkom – jest pożądana? W takim razie człowiek musi iść naprzód pośród możliwości zdrady i dezercji. Wartość poświęcenia się obowiązkom polega na zakładanym niebezpieczeństwie odstępstwa.
8. Czy *bezinteresowność* – duch samozaparcia – jest pożądana? W takim razie człowiek śmiertelny musi żyć twarzą w twarz z nieustannym wołaniem o uznanie i zaszczyt ze strony nieuniknionego egocentryzmu. Człowiek nie mógłby żywiołowo wybierać życia na sposób Boży, gdyby nie było samolubstwa do poniechania. Człowiek nigdy nie mógłby stawiać na zbawcze trzymanie się prawości, gdyby nie było potencjalnego zła do wywyższania i dobra do wyróżnienia, na zasadzie przeciwieństwa.
9. Czy *przyjemność* – zadowolenie w szczęściu – jest pożądana? W takim razie człowiek musi żyć w świecie, gdzie zawsze istnieje alternatywa bólu i prawdopodobieństwo cierpień, możliwych do doświadczenia.

Każda jednostka, w całym wszechświecie, uważana jest za część całości. Przetrwanie części zależne jest od jej współpracy z planem i celem całości, od jej szczerego pragnienia i doskonałej gotowości czynienia Bożej woli Ojca. Jedynym ewolucyjnym światem bez błędu (możliwości nieroztropnego osądu) mógłby być świat bez *wolnego* rozumu. We wszechświecie Havony istnieje miliard doskonałych światów, razem z ich doskonałymi mieszkańcami, ale rozwijający się człowiek musi być omylny, jeśli ma być wolny. Wolny i niedoświadczony rozum nie może być od razu jednolicie mądry. Możliwość, że pomyłka w osądzie (zło) stanie się grzechem, istnieje tylko wtedy, kiedy wola ludzka świadomie zaaprobuje i rozmyślnie zezwoli na niemoralny osąd.

Pełne uznanie dla prawdy, piękna i dobroci, jest czynnikiem charakterystycznym dla doskonałości Boskiego wszechświata. Mieszkańcy światów Havony nie potrzebują ewentualnych, względnych poziomów wartości jako bodźca dla dokonywania wyboru; tego typu doskonałe istoty mają możliwość rozpoznania i wyboru dobra w obliczu braku wszelkich przeciwstawnych i zmuszających do myślenia sytuacji moralnych. Tym niemniej, wszystkie te doskonałe istoty są w swej naturze moralnej i statusie duchowym tym, czym są, dzięki samemu faktowi swego istnienia. Dzięki doświadczeniu rozwijają się jedynie w zakresie właściwego im stanu. Człowiek śmiertelny zyskuje nawet swój status kandydata do wznoszenia się tylko dzięki swej własnej wierze i nadziei. Wszystko, co Boże, a co umysł ludzki pojmujc i dusza ludzka przyswaja, jest zdobyczą empiryczną; jest to *rzeczywistość* doświadczenia osobistego i dlatego jest to własność unikalna, w przeciwieństwie do dobroci i prawości nieomylnych osobowości Havony.

Istoty z Havony są z natury dzielne, ale nie są odważne w ludzkim znaczeniu tego słowa. Są z natury życzliwe i troskliwe, ale raczej nie altruistyczne na sposób ludzki. Oczekują radosnej przyszłości, ale nie przepełnionej nadzieją w ten wyrafinowany sposób, jak to odczuwa ufny śmiertelnik na pełnych niepewności sferach ewolucyjnych. Mają wiarę w stabilność wszechświata, ale zupełnie obca jest im ta zbawcza wiara, dzięki której śmiertelny człowiek pnie się w górę, od stanu zwierzęcego do bram Raju. Kochają prawdę, ale nic nie wiedzą o jej zbawczych dla duszy właściwościach. Są idealistyczne, ale takimi się urodziły; są zupełnie nieświadome owej ekstazy stawania się właśnie takimi, poprzez ekscytujący wybór. Są lojalne, ale nigdy nie doświadczyły emocji szczerego i rozumnego poświęcenia się obowiązkowi, w obliczu pokusy zaniedbania. Są bezinteresowne, ale nigdy nie osiągnęły tych poziomów doznawania dzięki wspaniałemu zwycięstwu nad wojującym egocentryzmem. Cieszą się z przyjemności, ale nie pojmują słodyczy radości, jaką daje ucieczka od potencjalnego bólu.

6. PRYMAT OJCA

Ojciec Wszechświatowy z Boską bezinteresownością, doskonałą wielkodusznością, wyzbywa się władzy i oddaje moc, ale wciąż stoi na czele; jego ręka spoczywa na potężnej dźwigni zdarzeń w domenach wszechświata; zarezerwował dla siebie wszystkie ostateczne decyzje i niezawodnie dzierży wszechpotężne, królewskie berło weta w sprawach swego wiecznego celu, sprawując niekwestionowaną władzą nad dobrem i przeznaczeniem jego rozległego, obracającego się i wciąż krążącego stworzenia.

Wszechwładza Boża jest nieograniczona; jest ona fundamentalnym faktem całego stworzenia. Wszechświat nie był nieunikniony. Wszechświat nie jest przypadkiem, nie jest też samoistny. Wszechświat jest dziełem stworzenia i dlatego jest w pełni podległy woli Stwórcy. Wola Boża jest Boską prawdą, żywą miłością; zatem doskonalące się wszechświaty ewolucyjne cechuje dobroć – bliskość boskości lub potencjalne zło – oddalenie od boskości.

Wcześniej czy później, wszelka filozofia religijna odkryje ideę jednolitej władzy wszechświata, jednego Boga. Wszechświatowe przyczyny nie mogą być niższe niż wszechświatowe skutki. Źródło strumieni życia wszechświata oraz kosmiczny umysł muszą stać ponad poziomami ich występowania. Istnienie ludzkiego umysłu nie może być wytłumaczone logicznie w terminach niskich porządków egzystencji. Umysł ludzki może być prawdziwie zrozumiany tylko dzięki rozpoznaniu rzeczywistości wyższych klas myślenia i dążącej do celu woli. Człowiek jako istota moralna, jest niezrozumiały bez przyjęcia do wiadomości rzeczywistości Ojca Wszechświatowego.

Mechanistyczny filozof twierdzi, że odrzuca ideę uniwersalnej i niezależnej woli, tej właśnie niezależnej woli, której działanie w wypracowywaniu praw wszechświata tak głęboko szanuje. Jakiż to niezamierzony hołd składa Stwórcy praw mechanista, gdy wyobraża sobie prawa wszechświata jako automatyczne i same przez się zrozumiałe!

Wielkim błędem jest uczłowieczanie Boga, poza ideą Dostrajacza Myśli zamieszkującego człowieka, ale nawet to nie jest aż tak głupie, jak całkowite *mechanizowanie* idei Pierwszego Wielkiego Źródła i Centrum.

Czy Rajski Ojciec cierpi? Nie wiem. Synowie Stwórcy na pewno mogą cierpieć i czasami cierpią, nawet tak jak śmiertelnicy. Wieczny Syn i Nieskończony Duch cierpią w innym sensie. Myślę, że Ojciec Wszechświatowy również cierpi, ale nie potrafię zrozumieć *jak*; być może przez obwody osobowości czy przez indywidualność Dostrajaczy Myśli i innych darów jego wiecznej natury. Powiedział on rodzajowi ludzkiemu: „We wszystkich waszych cierpieniach ja cierpię z wami". Doznaje on bez wątpienia ojcowskiego i pełnego współczucia zrozumienia, może naprawdę cierpieć, ale ja nie pojmuję natury tego cierpienia.

Nieskończony i wieczny Władca wszechświata wszechświatów jest mocą, formą, energią, procesem, wzorem, zasadą, obecnością oraz uwzniośloną rzeczywistością. Ale jest on również czymś większym, jest osobowy; posiada niezależną wolę, doświadcza samoświadomej boskości, wykonuje zalecenia twórczego umysłu, przeżywa zadowolenie z realizacji wiecznego celu i przejawia Ojcowską miłość oraz uczucia wobec swych wszechświatowych dzieci. A wszystkie te, bardziej osobowe cechy Ojca można lepiej zrozumieć, gdy się je obserwuje, jak przejawiały się w obdarzającym życiu Michała, waszego Syna Stwórcy, kiedy był wcielony na Urantii.

Bóg-Ojciec kocha człowieka; Bóg-Syn służy człowiekowi; Bóg-Duch inspiruje dzieci wszechświata do przygody ciągłego wznoszenia się, do znajdowania Boga-Ojca sposobami zarządzonymi przez Boga-Synów, dzięki łaskawej służbie Boga-Ducha.

[Jako Niebiański Radca, wyznaczony do przedstawienia objawienia o Ojcu Wszechświatowym, dokonałem tego zobrazowania atrybutów Bóstwa].

PRZEKAZ 4

STOSUNEK BOGA DO WSZECHŚWIATA

Ojciec Wszechświatowy ma swój wieczny cel, gdy idzie o zjawiska materialne, intelektualne i duchowe wszechświata wszechświatów, który nieustannie realizuje. Bóg stworzył wszechświaty, gdyż taka była jego własna, niezależna wola a stworzył je zgodnie ze swym wszechmądrym i wiecznym celem. Wątpliwe jest, czy ktokolwiek naprawdę dobrze zna wieczny cel Boga, za wyjątkiem Rajskich Bóstw oraz ich najwyższych towarzyszy. Nawet wzniośli mieszkańcy Raju mają bardzo zróżnicowane opinie na temat wiecznego celu Bóstw.

Łatwo wywnioskować, że wyłącznym celem stworzenia doskonałego, centralnego wszechświata Havony, było zadowolenie Boskiej natury. Havona może służyć za wzór, przy stwarzaniu wszystkich innych wszechświatów, jest także końcową szkołą dla pielgrzymów czasu w ich drodze do Raju; tym niemniej, taka niebiańska kreacja musi istnieć głównie dla przyjemności i zadowolenia nieskończonych Stwórców.

Zadziwiający plan doskonalenia śmiertelników ewolucyjnych, a po ich dotarciu do Raju i Korpusu Finalizmu dalsze ich nauczanie, aby mogli prowadzić pewną nieujawnioną, przyszłą działalność, wydaje się być obecnie jednym z głównych zadań siedmiu superwszechświatów oraz licznych ich części; jednak system wznoszenia się śmiertelników czasu i przestrzeni, aby ich uduchowiać i nauczać, stanowczo nie jest wyłącznym zajęciem wszechświatowych istot inteligentnych. Jest doprawdy wiele innych, fascynujących zajęć, na które niebiańskie zastępy zużywają swój czas i energię.

1. POSTAWA OJCA WOBEC WSZECHŚWIATA

Przez całe epoki mieszkańcy Urantii źle rozumieli opatrzność Bożą. Istnieje opatrzność w Bożych dziełach, dokonywanych na waszym świecie, ale nie jest to ta, dziecinnie pojmowana, arbitralna i materialna działalność, jak ją sobie wyobraża wielu śmiertelników. Opatrzność Boża polega na połączonych wzajemnie działaniach istot niebiańskich i Boskich duchów, które zgodnie z kosmicznym prawem nieustannie pracują, aby czcić Boga i rozwijać duchowo jego wszechświatowe dzieci.

Czyż w waszym rozumieniu Bożego postępowania z człowiekiem nie doszliście do tego poziomu, na którym zauważacie, że hasłem wszechświata jest *postęp?* Długie epoki gatunek ludzki walczył o swoją obecną pozycję. Przez wszystkie te tysiąclecia Opatrzność wypracowuje plan postępowej ewolucji. Te dwa rozumowania nie są sprzeczne w praktyce, a tylko w ludzkich błędnych ideach. Boska opatrzność nigdy nie przeciwstawia się prawdziwemu postępowi człowieka, zarówno doczesnemu jak i duchowemu. Opatrzność jest zawsze zgodna z niezmienną i doskonałą naturą najwyższego Prawodawcy.

„Wierny jest Bóg" i „wszystkie przykazania jego są sprawiedliwe". „Jego wierność sięga samych obłoków". „Słowo twe, Panie, trwa na wieki, niezmienne w niebiosach. Wierność twoja trwa z pokolenia na pokolenie; umocniłeś ziemię i trwa". „Jest on wiernym Stwórcą".

Nie ma ograniczeń, gdy idzie o siły i osobowości, jakich Ojciec może użyć dla wypracowywania swego celu i podtrzymywania swoich istot stworzonych. „Schronem pewnym jest Bóg wiekuisty, a tu na dole ramiona wieczne". „Kto przebywa w pieczy Najwyższego Ojca i w cieniu Wszechmogącego mieszka". „Oto nie zdrzemnie się i nie zaśnie ten, który czuwa nad nami". „A wiemy, iż tym, którzy miłują Boga, wszystkie rzeczy dopomagają ku dobremu", „gdyż oczy Pana zwrócone są ku sprawiedliwym, a jego uszy na ich wołanie".

Bóg podtrzymuje „wszystko słowem swej potęgi". A kiedy rodzą się nowe światy, „posyła swych Synów i są one stwarzane". Bóg nie tylko stwarza, ale też „podtrzymuje je wszystkie". Bóg nieustannie podtrzymuje wszystkie rzeczy materialne i wszystkie istoty duchowe. Wszechświat jest wiecznie stabilny. Pośród pozornej niestabilności istnieje stabilność. Istnieje podłoże porządku i bezpieczeństwa pośród zaburzeń energii i fizycznych kataklizmów gwiezdnych sfer.

Ojciec Wszechświatowy nie odsunął się od zarządzania wszechświatami, nie jest on Bóstwem biernym. Gdyby Bóg zrezygnował ze swej obecnej roli podtrzymywacza całego stworzenia, natychmiast nastąpiłby powszechny rozpad. Poza Bogiem nie istniałaby taka rzecz, jak *rzeczywistość*. W tym właśnie momencie, jak również w odległych, minionych epokach oraz w wiecznej przyszłości, Bóg wciąż podtrzymuje. Boskość rozpościera się na okręgu wieczności. Wszechświat nie jest jak zegar nakręcony, który chodzi tak długo, żeby potem przestać działać; wszystkie rzeczy wciąż są odnawiane. Ojciec nieustannie wylewa energię, światło i życie. Działalność Boga jest tak samo materialna jak i duchowa. „Dach rozciąga nad pustką, ziemi niczym nie umacnia".

Istota mojej klasy potrafi dostrzec ostateczną harmonię oraz odkryć dalekosiężną i dogłębną koordynację w rutynowych sprawach administracji wszechświata. Wiele tego, co dla śmiertelnego umysłu wydaje się chaotyczne i nieplanowe, w moim rozumieniu wygląda na uporządkowane i konstruktywne. Jednak nie w pełni rozumiem wielu z tych rzeczy, które się dzieją we wszechświatach. Długo się uczyłem i jestem mniej więcej obeznany ze znanymi siłami, energiami, umysłami, morontiami, duchami i osobowościami wszechświatów lokalnych jak i superwszechświatów. Posiadam ogólne pojęcie, jak te czynniki i osobowości funkcjonują, jestem również gruntownie obeznany z działalnością duchowych istot inteligentnych, przydzielonych do wielkiego wszechświata. Pomimo, że znam zjawiska wszechświatowe, wciąż staję w obliczu reakcji kosmicznych, których nie mogę w pełni pojąć. Bezustannie napotykam najwyraźniej przypadkowe współdziałanie powiązanych wzajemnie sił, energii, intelektów i duchów, czego nie potrafię zadowalająco wyjaśnić.

Jestem w pełni kompetentny, aby prześledzić i przeanalizować funkcjonowanie wszystkich zjawisk, będących bezpośrednim rezultatem działania Ojca Wszechświatowego, Wiecznego Syna, Nieskończonego Ducha oraz w dużym stopniu, Wyspy Raj. Mój dylemat powoduje napotykanie tego, co wygląda na funkcjonowanie ich tajemniczych partnerów, trzech Absolutów potencjalności. Absoluty te wydają się zastępować materię, przewyższać umysł i dołączać się do ducha. Wciąż jestem zdezorientowany a częstokroć również zakłopotany tym, że nie mogę zrozumieć tych złożonych operacji, które przypisuję obecności i funkcjonowaniu Absolutu Nieuwarunkowanego, Bóstwa-Absolutu oraz Absolutu Wszechświatowego.

Te Absoluty muszą być obecnościami nie w pełni objawionymi w szerokim wszechświecie, które w zjawiskach potencji przestrzeni i w funkcjonowaniu innych nadostateczności uniemożliwiają fizykom, filozofom czy też ludziom religijnym dokładne przewidzenie tego, jakim sposobem początki siły, idei czy ducha będą odpowiadać tym wymaganiom, jakie im stawia złożona sytuacja rzeczywistości, dotycząca najwyższych dostosowań i ostatecznych wartości.

Istnieje również organiczna jedność we wszechświatach czasu i przestrzeni, która wydaje się być podłożem wszelkiej struktury zdarzeń kosmicznych. Ta żywa obecność ewoluującej Istoty Najwyższej, ta Immanencja Planowej Niekompletności, przejawia się co jakiś czas w sposób niewytłumaczalny w tym, co wydaje się być zdumiewająco przypadkową koordynacją pozornie niezwiązanych ze sobą wydarzeń wszechświatowych. To musi być działalność Opatrzności – domena Istoty Najwyższej i Wspólnego Aktywizatora.

Skłonny jestem wierzyć, że jest to właśnie ta rozległa i generalnie nierozpoznawalna kontrola koordynująca i wzajemnie wiążąca wszystkie stadia i formy funkcjonowania wszechświata, która powoduje tę urozmaiconą i pozornie beznadziejnie dezorientującą mieszaninę zjawisk fizycznych, umysłowych, moralnych i duchowych, tak niezawodnie pracujących na chwałę Bożą oraz dla dobra ludzi i aniołów.

W szerszym jednak znaczeniu, pozorne „wypadki" kosmosu są bez wątpienia częścią skończonego spektaklu w czasowo-przestrzennej przygodzie Nieskończonego, podczas jego wiecznego oddziaływania na Absoluty.

2. BÓG I NATURA

Natura jest, w ograniczonym sensie, fizycznym zwyczajem Boga. Postępowanie albo działanie Boga jest warunkowane i tymczasowo modyfikowane przez doświadczalne plany i formy ewolucyjne wszechświata lokalnego, konstelacji, systemu czy planety. Bóg działa w całym szerokim wszechświecie nadrzędnym zgodnie z dobrze nakreślonymi, niezmiennymi i stałymi prawami; przekształca on jednak formy swej działalności tak, aby przyczynić się do koordynacji i zrównoważonego kierowania każdym wszechświatem, konstelacją, systemem, planetą i osobowością, zgodnie z lokalnymi ideami, celami i planami, odnoszącymi się do skończonych projektów rozwoju ewolucyjnego.

Dlatego też natura, tak jak ją śmiertelny człowiek rozumie, stanowi zasadniczą podstawę i fundamentalne tło niezmiennego Bóstwa oraz jego niezmiennych praw, które są modyfikowane, podlegają fluktuacjom i doznają wstrząsów na skutek wprowadzania w życie lokalnych planów, celów, form oraz warunków, zapoczątkowanych i wprowadzanych przez siły i osobowości wszechświata lokalnego, konstelacji, systemu i planety. Na przykład: skoro Boże prawa zostały zarządzone w Nebadonie, są one modyfikowane przez plany Syna Stwórcy i Stwórczego Ducha wszechświata lokalnego; a w dodatku do wszystkich tych procesów, prawa te dodatkowo ulegają wpływom powstałym w wyniku błędów, zaniedbań i buntów pewnych istot, przebywających na waszej planecie i należących do waszego najbliższego systemu planet – Satanii.

Natura jest czasowo-przestrzenną wypadkową dwu kosmicznych czynników. Pierwszy to niezmienność, doskonałość i prawość Rajskiego Bóstwa a drugi to plany eksperymentalne, pomyłki administracyjne, błędy powstałe w wyniku buntów, nieukończone przedsięwzięcia oraz niedoskonała mądrość istot żyjących poza Rajem, od najwyższych do najniższych. Tym samym natura ma jednolitą, niezmienną, majestatyczną i zdumiewającą nić doskonałości, wywodzącą się z kręgu wieczności; jednak w każdym wszechświecie, na każdej planecie i w każdym, jednostkowym życiu, natura ta jest modyfikowana, warunkowana i być może zeszpecona czynami, pomyłkami i nielojalnością istot z systemów oraz wszechświatów ewolucyjnych; dlatego też natura zawsze pozostaje w zmiennym nastroju, a przy tym kapryśnym, choć na stabilnym podłożu, zróżnicowanym zgodnie z zasadami funkcjonowania wszechświata lokalnego.

Natura jest doskonałością Raju, podzieloną przez niekompletność, zło i grzech nieukończonych wszechświatów. Iloraz ten zatem wyraża zarówno to, co doskonałe jak i to, co częściowe, zarówno to, co wieczne jak i to, co czasowe. Ciągła ewolucja przekształca naturę, przysparzając jej zawartości rajskiej doskonałości a zmniejszając zawartość zła, błędu i dysharmonii względnej rzeczywistości.

Bóg nie jest osobiście obecny ani w naturze ani w żadnych siłach natury, gdyż zjawisko natury jest nakładaniem się niedoskonałości stopniowej ewolucji a czasami konsekwencji buntowniczego przewrotu, na rajskie podstawy uniwersalnego prawa Bożego. Jak to widać na świecie, takim jak Urantia, natura nigdy nie może być właściwym wyrazem, prawdziwą reprezentacją, wiernym odtworzeniem wszechmądrego i nieskończonego Boga.

Na waszym świecie natura jest ograniczeniem praw doskonałości przez ewolucyjne plany wszechświata lokalnego. Cóż za parodia czcić naturę tylko dlatego, że jest w limitowanym, ograniczonym sensie, przenikana przez Boga, że jest stadium wszechświatowej a tym samym Bożej mocy! Natura jest także przejawem nieukończonego, niekompletnego i niedoskonałego rozwoju, wzrostu i postępu we wszechświatowym eksperymencie ewolucji kosmicznej.

Dostrzegalne ułomności świata naturalnego nie dowodzą istnienia takich samych, odpowiadających im ułomności, w charakterze Boga. Te dostrzegalne niedoskonałości są raczej tylko nieuchronnymi chwilami przerwy w prezentacji wciąż ruchomego okręgu obrazującego nieskończoność. Właśnie te ułomności-przerwy w doskonałości-ciągłości, umożliwiają ograniczonemu umysłowi materialnego człowieka ujrzeć w przelocie Boską rzeczywistość w czasie i przestrzeni. Materialne przejawy boskości wydają się dla umysłu człowieka ewolucyjnego ułomne tylko dlatego, że człowiek śmiertelny obstaje przy oglądaniu zjawisk przyrody oczami naturalnymi, ludzkim wzrokiem, nie wspomaganym motą morontialną czy objawieniem, które stanowią substytuty boskości w światach czasu.

I natura jest zeszpecona, jej piękna twarz pokryta jest bliznami, jej właściwości zwarzone są przez bunt, przez złe prowadzenie spraw, przez bezmyślność miriadów istot, które są częścią natury, ale które przyłożyły się do jej zniekształcenia w czasie. Nie, natura nie jest Bogiem. Natura nie jest obiektem czci.

3. NIEZMIENNY CHARAKTER BOGA

Zbyt długo człowiek myślał o Bogu jak o podobnym sobie. Bóg nie jest, nigdy nie był i nigdy nie będzie, zazdrosny o człowieka, czy o jakąkolwiek inną istotę we wszechświecie wszechświatów. Bóg wie, że Syn Stwórca pragnął, aby człowiek stał się arcydziełem planetarnego stworzenia, władcą całej Ziemi, zatem widok człowieka zdominowanego przez jego własne, podlejsze namiętności, obraz człowieka kłaniającego się idolom z drzewa, kamienia, złota i samolubnych ambicji, te obskurne obrazy pobudzają Boga i jego Synów by być zazdrosnym *dla* człowieka, ale nigdy nie o niego.

Wieczny Bóg nie potrafi się gniewać czy złościć, w ludzkim znaczeniu tych uczuć, czy tak jak człowiek rozumie te reakcje. Uczucia takie są niskie i podłe; raczej nie warto ich zwać ludzkimi, jeszcze mniej Boskimi i taka postawa jest zupełnie obca doskonałej naturze i miłościwemu charakterowi Ojca Wszechświatowego.

Wiele, bardzo wiele trudności, które śmiertelnicy Urantii mają ze zrozumieniem Boga, wynika z dalekosiężnych skutków buntu Lucyfera i zdrady Caligastii. Na światach nie odseparowanych przez grzech, ewoluujące narody potrafią formułować znacznie lepsze idee Ojca Wszechświatowego; znacznie mniej cierpią z powodu dezorientacji, przekręcania i wypaczania pojęć.

Bóg nigdy nie żałuje niczego, co kiedykolwiek uczynił, czyni teraz, czy kiedykolwiek będzie czynił. Jest on wszechmądry jak również wszechmocny. Ludzka mądrość rodzi się z prób i błędów ludzkiego doświadczenia; mądrość Boża polega na nie uwarunkowanej doskonałości jego nieskończonej, wszechświatowej wnikliwości i ta Boża znajomość przyszłości skutecznie kieruje jego stwórczą, wolną wolą.

Ojciec Wszechświatowy nigdy nie robi niczego, z czego później wynikałby smutek i żal, jednak obdarzone wolą istoty, planowane i stwarzane przez jego Stwórcze osobowości w oddalonych wszechświatach, czasami wywołują uczucia boskiego smutku u swych Stwórców-rodziców, w rezultacie swoich godnych pożałowania decyzji. Chociaż Ojciec ani nie robi błędów, ani nie żywi żalu, ani się nie smuci, jest on istotą przejawiającą ojcowskie uczucie a jego serce jest bez wątpienia zasmucone, gdy jego dzieci nie docierają do poziomów duchowych, będących w ich zasięgu, z uwzględnieniem szerokiej pomocy, którą dostają podczas realizacji planów osiągnięć duchowych, dzięki wszechświatowym zasadom wznoszenia się śmiertelnika.

Nieskończona dobroć Ojca przekracza zdolności pojmowania ograniczonego umysłu czasu; stąd zawsze musi być przytaczane przeciwieństwo relatywnego zła (nie grzechu), dla odpowiedniego ukazania wszystkich stadiów względnego dobra. Doskonałość Boskiego dobra może być zauważona przez niedoskonałą wnikliwość śmiertelnika tylko dlatego, że jest ona przeciwna względnej niedoskonałości zależności czasu i materii w ruchach przestrzeni.

Charakter Boga jest nieskończenie nadludzki, zatem ta Boska natura musi zostać uosobiona, jak to ma miejsce w Boskich Synach, zanim choćby przez wiarę mogła być zrozumiana skończonym umysłem ludzkim.

4. UŚWIADOMIENIE SOBIE BOGA

Bóg jest jedyną stałą, samowystarczalną i niezmienną istotą w całym wszechświecie wszechświatów, która nie ma nic poza sobą, nic ponad sobą, ani w przeszłości, ani w przyszłości. Bóg jest celową energią (stwórczym duchem) i absolutną wolą, które obie są samoistne i uniwersalne.

Skoro Bóg jest samoistny, jest on też absolutnie niezależny. To właśnie tożsamość Boga przeciwna jest zmianie. „Ja Pan, nie odmieniam się". Bóg jest niezmienny; jednak, dopóki nie osiągniecie rajskiego statusu, nie możecie nawet zacząć pojmować, jak Bóg może przechodzić od prostoty do złożoności, od indywidualności do różnorodności, od bezruchu do ruchu, od nieskończoności do skończoności, od tego, co boskie do tego, co ludzkie, od jedności do dwoistości i trójjedności. Tak więc Bóg może odmieniać przejawy swojej absolutności, gdyż Boska niezmienność nie implikuje nieruchomości; Bóg ma wolę – on *jest* wolą.

Bóg jest istotą absolutnego samostanowienia; nie ma ograniczeń dla jego wszechświatowych oddziaływań, za wyjątkiem tych, które sam sobie narzucił a jego akty wolnej woli są warunkowane tylko tymi Boskimi własnościami i doskonałymi atrybutami, które naturalnie charakteryzują jego wieczną naturę. Dlatego też Bóg związany jest z wszechświatem jako istota o ostatecznej dobroci, z dodatkiem wolnej woli, działającej w stwórczej nieskończoności.

Ojciec-Absolut jest stwórcą centralnego, doskonałego wszechświata oraz Ojcem wszystkich innych Stwórców. Osobowość, dobroć oraz mnóstwo innych właściwości, Bóg podziela z człowiekiem oraz innymi istotami, jednak nieskończoność woli jest wyłącznie jego cechą. W swych stwórczych działaniach Bóg ograniczony jest tylko tendencjami jego wiecznej natury oraz nakazami jego nieskończonej mądrości. Bóg osobiście wybiera tylko to, co jest nieskończenie doskonałe, stąd niebiańska doskonałość we wszechświecie centralnym; a podczas gdy Synowie Stwórcy mają pełny udział w jego boskości, nawet w stadiach jego absolutności, nie są całkowicie ograniczeni przez tę ostateczność mądrości, która kieruje nieskończonością woli Ojca. Stąd w klasie synostwa Michała stwórcza wolna wola staje się jeszcze bardziej aktywna, w pełni boska i prawie ostateczna, jeśli nie absolutna. Ojciec jest nieskończony i wieczny, jednak zaprzeczanie możliwości jego wolicjonalnych samoograniczeń równa się właśnie zaprzeczaniu idei absolutności jego woli.

Absolutność Boga przenika wszystkie siedem poziomów wszechświatowej rzeczywistości. Całość tej absolutnej natury podlega relacjom Stwórcy z jego rodziną wszechświatowych istot stworzonych. Trójcowa sprawiedliwość może się odznaczać precyzją we wszechświecie wszechświatów, ale we wszystkich rozległych powinowactwach rodzinnych z istotami czasu, Bóg wszechświatów kieruje się *Boskim uczuciem*. Od początku do końca – wiecznie – nieskończony Bóg jest *Ojcem*. Zostałem poinstruowany, aby ukazać Boga całego stworzenia jako Ojca Wszechświatowego, spośród wszystkich możliwych tytułów, którymi może być poprawnie określany.

U Boga Ojca, funkcjonowanie jego wolnej woli nie jest rządzone mocą, ani też nie jest kierowane samym tylko intelektem; Boska osobowość, według definicji, składa się z ducha i objawia się dla wszechświatów jako miłość. Dlatego też we wszystkich swoich osobistych związkach z wszechświatowymi osobowościami stworzonymi, Pierwsze Źródło i Centrum jest zawsze i konsekwentnie kochającym Ojcem. Bóg jest Ojcem w najwyższym tego słowa znaczeniu. Motywuje się on wiecznie doskonałym idealizmem Boskiej miłości i ta wrażliwa natura znajduje swój najsilniejszy wyraz i najwyższe zadowolenie w kochaniu i byciu kochanym.

W nauce, Bóg jest Pierwszą Przyczyną, w religii, wszechświatowym i kochającym Ojcem, w filozofii jedyną istotą, która istnieje sama w sobie, której egzystencja nie zależy od żadnej innej istoty, ale która zbawiennie nadaje rzeczywistość egzystencji wszystkim rzeczom i wszystkim innym istotom. Jednak trzeba objawienia, aby wykazać, że Pierwsza Przyczyna nauki i samoistna Jedność filozofii są Bogiem religii, pełnym miłosierdzia i dobroci, rękojmią wiecznego trwania jego ziemskich dzieci.

Usiłujemy dotrzeć do koncepcji Nieskończonego, ale czcimy doświadczenie-ideę Boga, stosując naszą gdziekolwiek i kiedykolwiek istniejącą zdolność pojmowania czynników osobowości i boskości naszej najwyższej idei Bóstwa.

Świadomość tryumfującego, ludzkiego życia na Ziemi, rodzi się z tej wiary istoty stworzonej, która ośmiela się rzucić wyzwanie każdemu kolejnemu epizodowi bytu, kiedy stając w obliczu obrazów ogromnych ludzkich ograniczeń, oświadcza niezawodnie: nawet, jeśli nie potrafię tego dokonać, żyje we mnie ten, kto to potrafi i dokona, część Ojca-Absolutu wszechświata wszechświatów. I to jest „to właśnie zwycięstwo, które zwycięża świat, właśnie wasza wiara".

5. BŁĘDNE IDEE BOGA

Religijna tradycja jest niedoskonale zachowanym zapisem doświadczeń rozpoznających Boga ludzi z wieków minionych, jednak takie zapisy nie są godne zaufania jako przewodnik życia religijnego, czy jako źródło rzetelnej wiedzy o Ojcu Wszechświatowym. Te starożytne wierzenia zawsze były zniekształcane z tej przyczyny, że człowiek prymitywny był twórcą mitów.

Jedno z największych na Urantii nieporozumień odnośnie natury Boga, spowodowane jest niemożliwością jasnego rozróżnienia, w waszych świętych księgach, pomiędzy osobowościami Rajskiej Trójcy i Rajskim Bóstwem a stwórcami i administratorami wszechświata lokalnego. W minionych systemach sprawiedliwości, nacechowanych niekompletnym pojmowaniem, wasi kapłani i prorocy nie dostrzegali wyraźnej różnicy między Książętami Planetarnymi, Władcami Systemu, Ojcami Konstelacji, Synami Stwórcami, Władcami Superwszechświata, Istotą Najwyższą i Ojcem Wszechświatowym. Wiele wiadomości, pochodzących od osobowości niższych rangą, takich jak Nosiciele Życia oraz różne klasy aniołów, przedstawiono w waszych zapisach jako pochodzące od Boga samego. Urantiańska myśl religijna nadal myli osobowości współpracujące z Bóstwem z samym Ojcem Wszechświatowym, w takim stopniu, że wszystkie one występują pod jedną nazwą.

Ludzie na Urantii nadal cierpią na skutek wpływów prymitywnych idei Boga. Bogowie, którzy szaleją w burzy, którzy wstrząsają ziemią w gniewie i porażają ludzi w złości, którzy zirytowani wymierzają sprawiedliwość w czasie głodu i powodzi, to są bogowie religii prymitywnej; to nie są Bogowie, którzy żyją i rządzą wszechświatami. Takie pojęcia są reliktami z tych czasów, kiedy ludzie uważali, że wszechświat jest kierowany i zdominowany przez kaprysy takich właśnie, wyimaginowanych bogów. Jednak człowiek śmiertelny zaczyna zdawać sobie sprawę z tego, że żyje w świecie względnego prawa i porządku, tak dalece, jak to dotyczy zarządzania i ukierunkowywania ze strony Najwyższych Stwórców i Najwyższych Kontrolerów.

Barbarzyńska idea przebłagania gniewnego Boga, zjednania obrażonego Pana, zdobycia łaski Bóstwa przez ofiary i pokutę a nawet przez rozlew krwi, wyraża religię całkiem dziecinną i prymitywną, filozofię niegodną oświeconego wieku nauki i prawdy. Takie wierzenia są wyjątkowo odrażające dla istot niebiańskich i Boskich władców, którzy służą wszechświatom i nimi zarządzają. Jest afrontem dla Boga wierzyć, utrzymywać czy nauczać, że należy rozlać niewinną krew, aby zdobyć jego łaskę czy odwrócić wyimaginowany, Boski gniew.

Hebrajczycy wierzyli, że „bez rozlania krwi nie ma odpuszczenia grzechów". Nie zdołali się oni uwolnić od starej, pogańskiej idei, że nie można przebłagać Bogów inaczej, niż widokiem krwi, chociaż Mojżesz dokonał znaczącego postępu, kiedy zabronił składania ofiar ludzkich i zastąpił je obrzędowymi ofiarami ze zwierząt, czyniąc zadość prymitywnemu rozumowaniu tych dziecinnych, beduińskich wyznawców Boga.

Obdarzenie waszego świata Rajskim Synem było naturalne, w obliczu końca epoki planetarnej; było nieuniknione, ale nie było konieczne dla zjednania łaski Bożej. Obdarzenie to było również końcowym, osobistym działaniem Syna Stwórcy, w jego długiej epopei zdobywania empirycznej niezależności wszechświata. Cóż za parodię nieskończonego charakteru Boga! stanowi to nauczanie, że ojcowskie serce, w całym swym surowym chłodzie i zatwardziałości, było tak niewzruszone nieszczęściami i smutkami istot stworzonych, że Bóg nie okazał wrażliwego miłosierdzia, zanim nie zobaczył swego niewinnego Syna, krwawiącego i umierającego na krzyżu Kalwarii!

Mieszkańcy Urantii powinni się jednak wyzwolić od tych starożytnych błędów i pogańskich przesądów, dotyczących natury Ojca Wszechświatowego. Właśnie ukazuje się objawienie prawdy o Bogu a przeznaczeniem gatunku ludzkiego jest poznać Ojca Wszechświatowego w całym pięknie jego charakteru i wdzięku jego przymiotów, tak wspaniale zobrazowanych przez Syna Stwórcy, który przebywał na Urantii jako Syn Człowieczy i Syn Boży.

[Przedstawione przez Niebiańskiego Radcę z Uversy].

PRZEKAZ 5

STOSUNEK BOGA DO JEDNOSTKI

JEŚLI skończony umysł ludzki nie potrafi zrozumieć, jak może tak wielki i tak majestatyczny Bóg, jakim jest Ojciec Wszechświatowy, zstąpić ze swojego wiecznego miejsca zamieszkania w nieskończonej doskonałości, aby się bratać z pojedynczą istotą ludzką, w takim razie musi ten skończony intelekt oprzeć swą pewność wspólnoty z Bogiem na prawdzie, która wynika z faktu, że rzeczywisty fragment żywego Boga mieszka w intelekcie każdego, umysłowo normalnego i moralnie świadomego śmiertelnika Urantii. Zamieszkujące ludzi Dostrajacze Myśli są częścią wiecznego Bóstwa Rajskiego Ojca. Aby znaleźć Boga i próbować wejść z nim w duchową komunię, człowiek nie musi wychodzić poza swoje własne, wewnętrzne doświadczenie duszy, rozważającej taką duchową rzeczywistość.

Bóg rozdzielił nieskończoność swej wiecznej natury pomiędzy egzystencjalne rzeczywistości sześciu absolutnych partnerów, ale może on zawsze skontaktować się bezpośrednio, osobiście, z jakąkolwiek częścią, stadium czy rodzajem stworzenia, za pomocą swych przedosobowych fragmentów. Wieczny Bóg zastrzegł także sobie przywilej nadawania osobowości boskim Stwórcom i żywym istotom z wszechświata wszechświatów i dodatkowo zastrzegł sobie przywilej utrzymywania bezpośredniego, rodzicielskiego kontaktu ze wszystkimi tymi, osobowymi istotami, poprzez obwód osobowości.

1. DOSTĘP DO BOGA

To, że skończona istota nie może dostąpić nieskończonego Ojca, nie jest wynikiem wyniosłości Ojca a tylko skończoności i ograniczeń materialnych istot stworzonych. Trudny jest do pojęcia ogrom zróżnicowania duchowego, jaki występuje pomiędzy najwyższą osobowością istniejącą we wszechświecie a niższą grupą stworzonych istot inteligentnych. Gdyby można było przenieść niższe klasy stworzonych istot inteligentnych wprost przed oblicze samego Ojca, nie wiedziałyby one, że się tam znalazły. Byłyby one po prostu tak samo niepomne obecności Ojca Wszechświatowego, jak są teraz tutaj, gdzie się znajdują. Człowiek śmiertelny musi przebyć bardzo długą drogę, zanim będzie mógł sensownie i w ramach swych możliwości, prosić o bezpieczne przewodnictwo do rajskiej obecności Ojca Wszechświatowego. Człowiek musi być wiele razy transponowany duchowo, zanim będzie mógł dostać się na ten poziom, który da mu przenikliwość duchową umożliwiającą zobaczenie przynajmniej jednego z Siedmiu Duchów Nadrzędnych.

Nasz Ojciec nie ukrywa się, nie przebywa w odosobnieniu, gdyż tak sobie upodobał. Uaktywnił on zasoby niebiańskiej mądrości i nie ustaje nigdy w wysiłkach objawienia siebie dzieciom ze swoich wszechświatowych domen. Z majestatem jego miłości wiąże się nieskończone dostojeństwo i niewyrażalna wielkoduszność, które sprawiają, że pragnie on przebywać z każdą stworzoną istotą, która może go zrozumieć, kochać albo dostąpić; dlatego też właściwe wam ograniczenia nieodłącznie są związane z waszą skończoną osobowością i materialną egzystencją i określają one czas, miejsce i okoliczności, pozwalające wam dotrzeć do celu drogi waszego wznoszenia się, aby stanąć w obliczu Ojca w centrum wszystkich rzeczy.

Chociaż z dotarciem przed rajskie oblicze Ojca musicie poczekać, aż osiągniecie najwyższe, skończone poziomy rozwoju duchowego, możecie cieszyć się świadomością zawsze istniejącej możliwości natychmiastowej komunii z obdarzającym was duchem Ojca, tak blisko związanym z waszą wewnętrzną duszą i waszym uduchowiającym się jestestwem.

Śmiertelnicy z domen czasu i przestrzeni mogą być bardzo różnorodni w swych naturalnych zdolnościach i wyposażeniu intelektualnym, mogą korzystać z otoczenia wyjątkowo korzystnego dla rozwoju społecznego i postępu moralnego, względnie mogą cierpieć z powodu braku nieomal wszystkich ludzkich środków wspomagających kulturę i ewentualny rozwój kunsztów cywilizacji; tym niemniej możliwości rozwoju duchowego, na drodze wznoszenia się, są równe dla wszystkich. Progresywne poziomy wnikliwości duchowej i kosmicznych znaczeń są osiągane zupełnie niezależnie od wszelkich takich, społeczno-moralnych zróżnicowań, występujących w rozmaitych środowiskach materialnych na światach ewolucyjnych.

Chociaż śmiertelnicy z Urantii mogą być zróżnicowani w swych intelektualnych, społecznych, ekonomicznych a nawet moralnych możliwościach i talentach, należy pamiętać, że ich duchowe wyposażenie jest jednolite i niepowtarzalne. Wszyscy oni korzystają z tej samej, Boskiej obecności daru Ojca i wszyscy są jednakowo uprzywilejowani w swych dążeniach do bliskiej, osobistej komunii z tym, zamieszkującym ich duchem, pochodzącym od Boga i wszyscy na równi mogą zechcieć uznać jednorodne, duchowe przewodnictwo owych Nieodgadnionych Monitorów.

Jeśli motywacje człowieka śmiertelnego są całkowicie duchowe, jeśli poświęca się on bez zastrzeżeń czynieniu Ojcowskiej woli, wówczas, skoro jest on tak oczywiście i tak efektywnie wyposażony duchowo przez zamieszkującego go Boskiego Dostrajacza, nie może on nie urzeczywistnić, w swym indywidualnym doświadczeniu, wzniosłej świadomości tak poznania Boga jak i Boskiej rękojmi wiecznego trwania, po to, żeby znaleźć Boga przez stopniowe, coraz większe upodabnianie się do niego.

Człowiek jest zamieszkały duchowo przez Dostrajacza Myśli, który przeżywa ludzką śmierć. Jeśli taki ludzki umysł ma szczere i duchowe motywacje, jeśli dusza takiego człowieka pragnie poznać Boga i stać się jemu podobną, naprawdę pragnie czynić Ojcowską wolę, nie istnieje ani negatywny wpływ, mogący mu to zabrać, ani pozytywna siła ewentualnej ingerencji, która mogłaby przeszkodzić takiej bosko motywowanej duszy bezpiecznie wznieść się do bram Raju.

Ojciec pragnie, żeby wszyscy stworzeni znaleźli z nim osobistą komunię. Ma on w Raju miejsce na przyjęcie wszystkich tych, których status wiecznego życia i duchowa natura pozwalają to osiągnąć. Wyjaśnijcie zatem w waszej filozofii raz i na zawsze: Bóg jest przystępny, Ojciec jest osiągalny, droga jest otwarta dla każdego z was i dla nas wszystkich; wszystkie siły Boskiej miłości, drogi i środki Boskiej administracji, są powiązane w swych staraniach, aby ułatwić pójście naprzód każdemu wartościowemu rozumowi z każdego wszechświata w kierunku rajskiej obecności Ojca Wszechświatowego.

Obecność i osobowość Nieskończonego nie jest mniej rzeczywista z tego powodu, że bardzo dużo czasu potrzeba na dotarcie do Boga. Wasze wznoszenie się jest częścią obiegu siedmiu superwszechświatów i chociaż krążycie dookoła niezliczoną ilość razy, możecie się spodziewać, że w duchu i statusie zawsze krążycie do wewnątrz. Możecie liczyć na to, że będziecie transponowani ze sfery do sfery, z orbit zewnętrznych wciąż bliżej wewnętrznego centrum i bez wątpienia pewnego dnia staniecie w Boskiej i centralnej obecności i ujrzycie jego, metaforycznie mówiąc, twarzą w twarz. Jest to kwestia osiągnięcia aktualnych i literalnie duchowych poziomów; i te duchowe poziomy są osiągalne przez każdą istotę, zamieszkałą przez Nieodgadnionego Monitora, która zespala się potem na wieczność z tym Dostrajaczem Myśli.

Ojciec nie ukrywa się duchowo, ale tak wiele jego istot schowało się daleko, we mgle swych własnych, rozmyślnych decyzji i tymczasowo odgrodziło się od komunii z jego duchem oraz duchem jego Syna, wybierając swe własne, przewrotne drogi i ulegając zbytniej pewności siebie, powstałej w ich własnych, nietolerancyjnych umysłach i nieduchowych naturach.

Śmiertelny człowiek może zbliżać się do Boga i wielokrotnie może nie zechcieć czynić Boskiej woli, tak długo, jak istnieje możliwość wyboru. Ludzki los nie jest ostatecznie przypieczętowany, dopóki człowiek nie straci możliwości wyboru woli Ojca. Ojcowskie serce nigdy się nie zamyka na potrzeby i na prośby jego dzieci. To tylko jego potomstwo zamyka swe serca na zawsze dla przyciągającej mocy Ojca, kiedy ostatecznie i na zawsze traci chęć czynienia jego Boskiej woli – poznania go i bycia jemu podobnym. Tak samo ludzkie, wieczne przeznaczenie jest zapewnione, kiedy zespolenie z Dostrajaczem obwieszcza wszechświatu, że taki wznoszący się człowiek poczynił ostateczną i nieodwołalną decyzję, żeby żyć wolą Ojca.

Wielki Bóg kontaktuje się bezpośrednio ze śmiertelnym człowiekiem i daje mu część swej nieskończonej, wiecznej i niepojętej jaźni, aby żyła i mieszkała w nim. Bóg zaczął swą wieczną przygodę z człowiekiem. Jeśli poddacie się prowadzeniu przez siły duchowe, istniejące w was i wokół was, nie możecie nie osiągnąć wysokiego przeznaczenia, ustanowionego przez kochającego Boga jako wszechświatowy cel dla jego wznoszących się istot, z ewolucyjnych światów przestrzeni.

2. BOSKA OBECNOŚĆ

Fizyczna obecność Nieskończonego jest rzeczywistością wszechświata materialnego. Umysłowa obecność Bóstwa musi być determinowana głębią indywidualnego doświadczenia intelektualnego i ewolucyjnym poziomem osobowości. Duchowa obecność Boskości musi być z konieczności zróżnicowana we wszechświecie. Jest ona określona możliwością chłonności duchowej i stopniem, w jakim wola istoty poświęca się czynieniu woli Bożej.

Bóg żyje w każdym z jego synów, zrodzonych z ducha. Rajscy Synowie zawsze mogą stanąć przed obliczem Boga, po „prawicy Ojca", a wszystkie stworzone osobowości mają dostęp do „łona Ojca". Odnosi się to do obwodu osobowości, kiedykolwiek, gdziekolwiek i jakkolwiek napotkanego, albo skądinąd wymaga to osiągnięcia osobistego, samoświadomego kontaktu i komunii z Ojcem Wszechświatowym, czy to w jego centralnym miejscu pobytu, czy w jakimś innym określonym miejscu, jak na jednej z siedmiu świętych sfer Raju.

Tym niemniej Boskiej obecności nie można odkryć nigdzie w przyrodzie, czy nawet w życiu rozpoznających Boga śmiertelników tak dokładnie i tak oczywiście, jak to widać w waszych wysiłkach wejścia w komunię z zamieszkującym was Nieodgadnionym Monitorem – Rajskim Dostrajaczem Myśli. Cóż to za błąd marzyć o Bogu daleko w niebie, gdy duch Ojca Wszechświatowego żyje w waszym własnym umyśle!

Możecie mieć nadzieję, dzięki temu fragmentowi Boga, który was zamieszkuje, że w miarę postępów w zestrajaniu się z duchowym przewodnictwem Dostrajacza, pełniej zaczniecie dostrzegać obecność i przeobrażającą moc tych pozostałych duchowych wpływów, które was otaczają i oddziałują z wami, ale nie funkcjonują jako nierozdzielna część was samych. To, że nie jesteście intelektualnie świadomi bliskiego i intymnego kontaktu z zamieszkującym was Dostrajaczem, w żaden sposób nie zaprzecza istnieniu tego wzniosłego doświadczenia. Dowód zbratania się z Boskim Dostrajaczem przynosi wyłącznie natura oraz ilość owoców ducha, jakie indywidualny wierzący zbiera w swoim doświadczeniu życiowym. „Po owocach ich poznacie ich".

Bardzo jest trudno słabo uduchowionemu, materialnemu umysłowi śmiertelnego człowieka, uświadomić sobie wyraźnie duchowe działanie takich Boskich bytów, jak Rajskie Dostrajacze. Kiedy dusza – łączny wytwór umysłu i Dostrajacza – zacznie istnieć coraz wyraźniej, wtedy także kształtuje się nowe stadium świadomości duszy, zdolne doświadczać obecności i rozpoznawać duchowe przewodnictwo oraz inne nadmaterialne funkcje Nieodgadnionych Monitorów.

Całkowite doświadczenie komunii z Dostrajaczem zawiera w sobie status moralny, motywację umysłową i doświadczenie duchowe. Uświadomienie sobie tego osiągnięcia ogranicza się głównie, choć niewyłącznie, do sfer świadomości duszy, później jednak przychodzą dowody w postaci licznych owoców ducha, pojawiających się w życiu wszystkich tych, którzy kontaktują się z duchem wewnętrznym.

3. PRAWDZIWE CZCZENIE

Choć z wszechświatowego punktu widzenia Rajskie Bóstwa są jak jedno, w związkach duchowych z takimi istotami, jakie zamieszkują Urantię, są to również trzy odmienne i odrębne osoby. Istnieje różnica pomiędzy Bóstwami, gdy idzie o siłę ich osobistej ekspresji, komunii i innych bliskich związków. W najwyższym sensie czcimy Ojca Wszechświatowego i tylko jego. W rzeczywistości możemy czcić i czcimy Ojca, tak jak objawia się on w jego Synach Stwórcach, ale tylko Ojciec jest tym, którego się czci i adoruje, pośrednio czy bezpośrednio.

Wszelkiego rodzaju prośby należą do domeny Wiecznego Syna oraz duchowej organizacji Syna. Modlitwy, wszelkie formalne kontakty, wszystko za wyjątkiem adoracji i czczenia Ojca Wszechświatowego, należą do tych spraw, którymi zajmuje się wszechświat lokalny; normalnie nie wybiegają one poza jurysdykcję Syna Stwórcy. Jednak czczenie bez wątpienia objęte jest obwodem i przekazywane osobie Stwórcy, poprzez funkcjonowanie osobowego obwodu Ojca. Dodatkowo wierzymy, że odnotowanie hołdu, jaki składa istota zamieszkała przez Dostrajacza, jest łatwiejsze dzięki tej właśnie, duchowej obecności Ojca. Istnieje wielka ilość dowodów uzasadniających takie mniemanie a wiem, że wszystkie rodzaje fragmentów Ojca mają możliwość rejestrowania adoracji, czynionych w dobrej wierze przez osoby im podległe, adoracji mile widzianych przed obliczem Ojca Wszechświatowego. Dostrajacze wykorzystują również bez wątpienia bezpośrednie, przedosobowe kanały komunikacji z Bogiem a potrafią one tak samo korzystać z obwodów grawitacji duchowej Wiecznego Syna.

Czczenie istnieje tylko dla czczenia; modlitwa zawiera element korzyści dla siebie albo dla innej istoty i to jest wielka różnica pomiędzy czczeniem a modlitwą. W prawdziwym czczeniu zupełnie nie ma prośby we własnym imieniu, czy też innego czynnika osobistego zainteresowania; po prostu czcimy Boga za to, że jest takim, jakim go pojmujemy. Czczenie nie pyta o nic i nie chce niczego dla czczącego. Nie czcimy Ojca dlatego, że możemy coś zyskać z takiej weneracji; składamy wyrazy oddania i angażujemy się w takie czczenie, uważając to za naturalną, spontaniczną reakcję, w uznaniu niezrównanej osobowości Ojca i ze względu na jego przemiłą naturę oraz godne podziwu atrybuty.

Kiedy element własnej korzyści wtrąci się w czczenie, natychmiast oddanie przekształca się z czczenia w modlitwę i stosowniej powinna być ona kierowana do osoby Wiecznego Syna czy też Syna Stwórcy. Jednak w praktycznym doświadczeniu religijnym nie istnieje przyczyna, dla której modlitwa nie miałaby być adresowana do Boga Ojca, jako część prawdziwego czczenia.

Kiedy trudzicie się praktycznymi sprawami życia codziennego, znajdujecie się pod opieką osobowości duchowych, pochodzących od Trzeciego Źródła i Centrum; współpracujecie z przedstawicielami Wspólnego Aktywizatora. Działa to tak: czcicie Boga; modlicie się do Syna i jednoczycie się z nim duchowo; wypracowujecie szczegóły waszego ziemskiego bytu w powiązaniu z inteligentnymi istotami Nieskończonego Ducha, działającymi na waszym świecie i na obszarze waszego wszechświata.

Synowie Stwórcy albo Synowie Władcy, którzy kierują losami wszechświatów lokalnych, zastępują zarówno Ojca Wszechświatowego jak i Wiecznego Syna z Raju. Ci Synowie Wszechświata otrzymują czci pełną adorację w imieniu Ojca i przychylają ucha prośbom istot im podległych, w granicach ich poszczególnych kreacji. Dla dzieci wszechświata lokalnego, Syn Michał jest praktycznie biorąc Bogiem. Jest on uosobieniem Ojca Wszechświatowego i Wiecznego Syna dla wszechświata lokalnego. Nieskończony Duch utrzymuje osobisty kontakt z dziećmi tych domen przez Duchy Wszechświatów, administracyjne i stwórcze towarzyszki Rajskich Synów Stwórców.

Szczere czczenie oznacza aktywizację wszystkich mocy ludzkiej osobowości, pod przewodnictwem rozwijającej się duszy, bosko ukierunkowanych przez towarzyszącego duszy Dostrajacza Myśli. Umysł, poddany materialnym ograniczeniom, nigdy sobie właściwie nie uświadomi prawdziwej doniosłości autentycznego czczenia. Ludzkie uświadamianie sobie rzeczywistości doświadczenia czczenia warunkowane jest zasadniczo rozwojowym statusem ewoluującej, nieśmiertelnej duszy. Duchowy rozwój duszy następuje zupełnie niezależne od samoświadomości intelektualnej.

Doświadczenie czczenia polega na wzniosłych wysiłkach zaręczonego z człowiekiem Dostrajacza, zmierzających do zakomunikowania Boskiemu Ojcu niewyrażalnych tęsknot i niewysłowionych dążeń duszy ludzkiej – łącznego wytworu poszukującego Boga umysłu ludzkiego i objawiającego Boga nieśmiertelnego Dostrajacza. Czczenie jest zatem działaniem materialnego umysłu, który akceptuje wysiłki uduchowionej jaźni wiernego syna Ojca Wszechświatowego, zmierzające do komunikowania się z Bogiem, pod przewodnictwem towarzyszącego człowiekowi ducha. Śmiertelny umysł przystaje na czczenie; nieśmiertelna dusza pragnie czczenia i je inicjuje; Boska obecność Dostrajacza kieruje takim czczeniem w imieniu śmiertelnego umysłu i rozwijającej się, nieśmiertelnej duszy. W końcowym podsumowaniu, prawdziwe czczenie staje się doświadczeniem przejawiającym się na czterech kosmicznych poziomach: intelektualnym, morontialnym, duchowym oraz osobowym – jest świadomością umysłu, duszy, ducha oraz ich zjednoczeniem w osobowości.

4. BÓG W RELIGII

Moralność religii ewolucyjnych *popycha* człowieka do szukania Boga motywującą siłą strachu. Religie objawieniowe *zachęcają* ludzi do poszukiwania Boga miłości, gdyż chcą się stać oni Bogu podobni. Religia jest jednak nie tylko biernym poczuciem „absolutnej zależności" i „pewności wiecznego życia"; jest to żywe i dynamiczne doświadczanie dosięgania boskości, oparte na służeniu ludzkości.

Wielka i bezpośrednia użyteczność prawdziwej religii polega na wprowadzaniu trwałej jedności w doświadczenie ludzkie, nieprzemijającego spokoju i głębokiej pewności. Dla człowieka prymitywnego nawet politeizm jest względną unifikacją rozwijającej się koncepcji Bóstwa; politeizm jest monoteizmem w budowie. Wcześniej czy później, Bóg będzie pojmowany jako rzeczywistość wartości, treść znaczeń i życie prawdą.

Bóg jest nie tylko determinantem przeznaczenia; on *jest* wiecznym przeznaczeniem człowieka. Wszystkie niereligijne działania człowieka usiłują nagiąć wszechświat do wypaczonego służenia ludzkiej jaźni; jednostka prawdziwie religijna usiłuje utożsamić swoją jaźń z wszechświatem a potem poświęcić działalność tej zjednoczonej jaźni służbie dla wszechświatowej rodziny bratnich istot, ludzkich i nadludzkich.

Domeny filozofii i sztuki ingerują między religijnymi a niereligijnymi funkcjami ludzkiej jaźni. Dzięki sztuce i filozofii, materialnie zorientowany człowiek jest zachęcany do rozważania rzeczywistości duchowych i wartości wszechświata o wiecznych znaczeniach.

Wszystkie religie uczą czczenia Bóstwa oraz pewnej doktryny ludzkiego zbawienia. Religia buddyjska przyrzeka zbawienie od cierpienia, niekończący się spokój; religia żydowska obiecuje zbawienie od trudności, powodzenie oparte na prawości; religia grecka obiecuje zbawienie od dysharmonii, brzydoty, dzięki przeżywaniu piękna; chrześcijaństwo obiecuje zbawienie od grzechu, świętość; mahometanizm daje wyzwolenie od rygorystycznych standardów moralnych judaizmu i chrześcijaństwa. Religia Jezusa *jest* zbawieniem od własnej jaźni, wyzwoleniem od zła powstałego z odosobnienia istoty stworzonej w czasie i wieczności.

Hebrajczycy oparli swą religię na dobroci, Grecy na pięknie; obie religie szukały prawdy. Jezus objawił Boga miłości a miłość jest bezgraniczną prawdą, pięknem i dobrocią.

Zoroastrianie mieli religię moralności; hinduiści religię metafizyki; konfucjaniści religię etyki. Jezus żył religią *służby*. Wszystkie te religie są wartościowe, dlatego, że stanowią istotne przybliżenia do religii Jezusa. Przeznaczeniem religii jest stać się rzeczywistością duchowego zjednoczenia wszystkiego tego, co dobre, piękne i prawdziwe w ludzkim doświadczeniu.

Hasłem religii greckiej było: „poznaj samego siebie"; hebrajczycy koncentrowali swą naukę na „poznaniu swojego Boga"; chrześcijanie głosili ewangelię ukierunkowaną na „znajomość Pana Jezusa Chrystusa"; Jezus głosił Dobrą Nowinę „poznania Boga i siebie samego, jako syna Bożego". Takie zróżnicowane idee, dotyczące celu religii, determinują postawę jednostki w rozmaitych sytuacjach życiowych i są wyznacznikiem głębi czczenia oraz natury osobistych zwyczajów modlenia się. Duchowy status jakiejkolwiek religii można określić naturą jej modlitw.

Idea Boga na wpół ludzkiego i zazdrosnego jest nieuniknionym stadium przejściowym między politeizmem a wysublimowanym monoteizmem. Podniosły antropomorfizm jest najwyższym poziomem osiąganym przez czysto ewolucyjną religię. Chrześcijaństwo wyniosło ideę antropomorfizmu od ideału ludzkiego do transcendentalnej i boskiej koncepcji osoby gloryfikowanego Chrystusa. I to jest najwyższy antropomorfizm, jaki człowiek mógł sobie kiedykolwiek wyobrazić.

Chrześcijańska idea Boga jest próbą zespolenia trzech oddzielnych nauk:

1. *Koncepcji hebrajskiej* – Bóg jako obrońca wartości moralnych, prawy Bóg.
2. *Koncepcji greckiej* – Bóg jako unifikator, Bóg mądrości.
3. *Koncepcji Jezusa* – Bóg jako żywy przyjaciel, kochający Ojciec, Boska obecność.

Musi być zatem oczywiste, że złożona teologia chrześcijańska napotyka wiele trudności w osiągnięciu spójności. Trudności te dodatkowo pogłębia fakt, że doktryny wczesnego chrześcijaństwa generalnie były oparte na osobistym doświadczeniu religijnym trzech różnych osób: Filona z Aleksandrii, Jezusa z Nazaretu i Pawła z Tarsu.

Kiedy badacie religijne życie Jezusa, dostrzegajcie go konstruktywnie. Nie myślcie tyle o jego bezgrzeszności, ile o jego prawości, o jego miłości pełnej służbie. Jezus podniósł bierną miłość, ukazaną w hebrajskiej idei niebiańskiego Ojca, do wyższego poziomu *aktywnego* i kochającego istotę stworzoną uczucia tego Boga, który jest Ojcem każdej jednostki, nawet grzesznika.

5. POZNANIE BOGA

Moralność ma swe źródło w logice samoświadomości; jest ona nadzwierzęca, ale całkowicie ewolucyjna. Ewolucja ludzka zawiera w swoim toku wszystkie wyposażenia poprzedzające obdarzenie Dostrajaczami i wylanie Ducha Prawdy. Jednak osiągnięcie poziomów moralności nie uwalnia człowieka od rzeczywistych trudów śmiertelnego życia. Materialne otoczenie człowieka pociąga za sobą walkę o byt; otoczenie społeczne wymaga adaptacji etycznych; sytuacje moralne zmuszają do podejmowania decyzji w najwyższych domenach rozumowania; doświadczenie duchowe (po uświadomieniu sobie Boga) wymaga, aby człowiek szukał Boga i szczerze dążył, aby stać się jemu podobnym.

Religia nie znajduje uzasadnienia w faktach nauki, zobowiązaniach społecznych, założeniach filozofii, ani też w zakładanych obowiązkach moralnych. Religia jest niezależną dziedziną reakcji ludzkich na sytuacje życiowe i jest niezawodnie ukazana we wszystkich stadiach ludzkiego rozwoju, które są postmoralne. Religia może przenikać wszystkie cztery poziomy realizacji wartości i uczestnictwa we wspólnocie wszechświatowej: fizyczny czy materialny poziom samozachowania; społeczny czy emocjonalny poziom wspólnoty; moralny czy powinnościowy poziom rozumowania; duchowy poziom świadomości wspólnoty wszechświatowej, zdobywany przez czczenie Boga.

Poszukujący faktów naukowiec wyobraża sobie Boga jako Pierwszą Przyczynę, jako Boga mocy. Uczuciowy artysta uznaje Boga za ideał piękna, za Boga estetyki. Wnioskujący filozof czasami przychyla się do postulatu Boga powszechnej jedności, nawet Bóstwa panteistycznego. Człowiek religijny posiadający wiarę wierzy w Boga, który pomaga osiągnąć życie wieczne, w Ojca w niebie, w Boga miłości.

Postępowanie moralne zawsze poprzedza religię ewolucyjną i jest nawet częścią religii objawionej, ale nigdy nie jest całością doświadczenia religijnego. Służba społeczna jest rezultatem myślenia moralnego i życia religijnego. Moralność nie prowadzi automatycznie na wyższe, duchowe poziomy doświadczenia religijnego. Adoracja abstrakcyjnego piękna nie jest czczeniem Boga, jak nie jest czczeniem Boga egzaltacja przyrody czy poszanowanie jedności.

Religia ewolucyjna jest matką nauki, sztuki i filozofii, które wynoszą człowieka do poziomu podatności na religię objawioną, razem z obdarzeniem Dostrajaczami i z przyjściem Ducha Prawdy. Ewolucyjny obraz egzystencji ludzkości zaczyna się i kończy religią, aczkolwiek bardzo zróżnicowaną w wartościach religijnych, jedną religią ewolucyjną i biologiczną, drugą objawieniową i okresową. I chociaż religia jest dla człowieka normalna i naturalna, jest ona również sprawą wyboru. Człowiek nie musi być religijny wbrew swojej woli.

Doświadczenie religijne, będąc w istocie doświadczeniem duchowym, nigdy nie może być w pełni zrozumiane przez materialny umysł; stąd funkcja teologii – psychologii religii. Zasadnicza doktryna ludzkiego pojmowania Boga tworzy paradoks w skończonym rozumowaniu. Koordynacja idei Boskiej immanencji, Boga wewnątrz każdej jednostki i jako jej części, z ideą transcendencji Boga, Boskiego panowania nad wszechświatem wszechświatów, jest prawie niemożliwa do przeprowadzenia dla logiki ludzkiej i skończonego rozumowania. Te dwie podstawowe koncepcje Bóstwa muszą być zjednoczone w pojmowanej przez wiarę idei transcendencji osobowego Boga oraz w uświadomieniu sobie obecności zamieszkującego człowieka fragmentu tego Boga, ażeby uzasadnić inteligentne czczenie i usankcjonować nadzieję wiecznego trwania osobowości. Trudności i paradoksy religii polegają na tym, że rzeczywistości religijne leżą zupełnie poza możliwością ich intelektualnego zrozumienia przez śmiertelnika.

Człowiek śmiertelny ma trzy wielkie satysfakcje z doznania religijnego, nawet w czasie jego doczesnego pobytu na Ziemi:

1. *Intelektualnie*, zdobywa satysfakcję z bardziej skonsolidowanej, ludzkiej świadomości.
2. *Filozoficznie*, znajduje uzasadnienie swych ideałów wartości moralnych.
3. *Duchowo*, rozwija się w doświadczaniu Bożego towarzystwa, podczas duchowej satysfakcji autentycznego czczenia.

Uświadomienie sobie Boga, tak jak je przeżywa ewoluujący śmiertelnik z danej sfery, musi zawierać trzy różne czynniki, trzy zróżnicowane poziomy uświadomienia sobie rzeczywistości. Pierwszym jest świadomość umysłowa – zrozumienie *idei* Boga. Potem następuje świadomość duszy – uświadomienie sobie *ideału* Boga. Na koniec świta świadomość duchowa – uświadomienie sobie *duchowej rzeczywistości* Boga. Osobowość śmiertelnika, jednocząc te czynniki uświadomienia sobie boskości, nieważne jak dalece niekompletne, cały czas pokrywa wszystkie poziomy świadomości zrozumieniem *osobowości* Boga. U tych śmiertelników, którzy dotarli do Korpusu Finalizmu, wszystko to będzie z czasem prowadzić do uświadomienia sobie *najwyższości* Boga a potem może z tego wyniknąć uświadomienie sobie *ostateczności* Boga, pewne stadium absonicznej nadświadomości Rajskiego Ojca.

Przeżywanie świadomości istnienia Boga pozostaje takie samo z pokolenia na pokolenie, jednak z każdą epoką rozwoju wiedzy ludzkiej *muszą* się zmieniać idee filozoficzne i definicje teologiczne Boga. Wiedza o Bogu, świadomość religijna, jest rzeczywistością wszechświatową, ale nie ma znaczenia jak przekonywające (rzeczywiste) jest doświadczenie religijne, musi być ono gotowe do poddania się inteligentnemu krytycyzmowi i rozsądnej interpretacji filozoficznej; nie powinno dążyć do stania się rzeczą niezależną od całokształtu doświadczenia ludzkiego.

Wieczne trwanie osobowości jest w pełni zależne od wyboru śmiertelnego umysłu, którego decyzje stanowią o potencjale przetrwania nieśmiertelnej duszy. Kiedy umysł wierzy Bogu a dusza zna Boga i kiedy z pomocą Dostrajacza całość *pragnie* Boga, wtedy przetrwanie jest pewne. Ograniczenia intelektu, braki w wykształceniu, niedostatek kultury, ubóstwo w statusie społecznym, nawet podrzędność ludzkich standardów moralności, wynikająca z godnego pożałowania braku warunków edukacyjnych, kulturalnych i społecznych, nie mogą unieważniać obecności Boskiego ducha w takich niefortunnych i po ludzku upośledzonych, ale wierzących jednostkach. Zamieszkanie Nieodgadnionego Monitora stanowi początek nieśmiertelnej duszy i potencjalnie niesie jej możliwość rozwoju i wiecznego życia.

Zdolność prokreacji u ludzkich rodziców nie zależy od ich statusu edukacyjnego, kulturalnego czy ekonomicznego. W normalnych warunkach połączenie czynników rodzicielskich zupełnie wystarcza do zapoczątkowania potomstwa. Ludzki umysł, rozróżniający pomiędzy dobrem a złem oraz zdolny do czczenia Boga, w połączeniu z Boskim Dostrajaczem, jest wszystkim tym, co jest potrzebne u danego człowieka do zapoczątkowania i rozwoju jego nieśmiertelnej duszy, która może żyć wiecznie, jeśli taka, wyposażona w ducha jednostka, szuka Boga i szczerze pragnie stać się jemu podobną, rzetelnie postanawia czynić wolę Ojca w niebie.

6. BÓG OSOBOWOŚCI

Ojciec Wszechświatowy jest Bogiem osobowości. Domena osobowości wszechświata, od najniższej osobowości istoty śmiertelnej i materialnej, do najwyższych osób o randze stwórcy i statusie boskości, posiada swoje centrum i obwód w Ojcu Wszechświatowym. Bóg Ojciec nadaje każdą osobowość i ją podtrzymuje. Rajski Ojciec jest również przeznaczeniem wszystkich tych, skończonych osobowości, które szczerze postanawiają czynić Boską wolę, tych, które kochają Boga i pragną być jemu podobne.

Osobowość jest jedną z niewyjaśnionych tajemnic wszechświatów. Potrafimy sformułować odpowiednie idee dotyczące czynników wchodzących w skład różnych klas i poziomów osobowości, ale nie pojmujemy w pełni prawdziwej natury samej osobowości. Wyraźnie dostrzegamy wiele czynników, które, gdy zebrane razem, stanowią nośnik osobowości ludzkiej, ale nie rozumiemy w pełni natury i znaczenia takiej skończonej osobowości.

Osobowość jest potencjalną we wszystkich istotach stworzonych, które posiadają wyposażenie umysłowe w zakresie od minimum samoświadomości, do maksimum uświadamiania sobie Boga. Jednak samo wyposażenie umysłowe nie jest osobowością, nie jest nią również duch czy energia fizyczna. Osobowość jest tą jakością i wartością rzeczywistości kosmicznej, która jest nadawana wyłącznie przez Boga Ojca żywym systemom powiązanych ze sobą i skoordynowanych energii materialnych, umysłowych i duchowych. Osobowości nie osiąga się stopniowo. Osobowość może być materialna czy duchowa, lecz osobowość albo jest, albo jej nie ma. To, co inne niż osobowe, nigdy nie osiąga osobowego poziomu inaczej, jak przez bezpośrednie działanie Rajskiego Ojca.

Nadawanie osobowości jest wyłącznie czynnością Ojca Wszechświatowego; jest to uosobienie żywych systemów energii, które są wyposażone w atrybuty względnej, twórczej świadomości i kontrolowane są wolną wolą. Nie ma osobowości niezależnej od Boga Ojca i żadna osobowość nie istnieje inaczej jak dla Boga Ojca. Fundamentalne atrybuty ludzkiego jestestwa, jak również absolutne dostrajaczowe jądro ludzkiej osobowości, są darami Ojca Wszechświatowego, działającego w swojej, czysto osobistej domenie służby kosmicznej.

Dostrajacze o statusie przedosobowym zamieszkują różne rodzaje istot śmiertelnych, tym samym gwarantując tym istotom przetrwanie ludzkiej śmierci, aby mogły się uosobić jako istoty morontialne, z potencjałem ostatecznego sukcesu duchowego. Jeśli bowiem umysł istoty, wyposażonej w osobowość, zamieszkały jest przez fragment ducha wiecznego Boga – przedosobowe obdarzenie osobowego Ojca – wówczas taka skończona osobowość posiada potencjał boskości i wieczności i dąży do przeznaczenia pokrewnego Ostatecznemu, sięgając nawet do uświadomienia sobie Absolutnego.

Możliwość zdobycia boskiej osobowości zawarta jest w przedosobowym Dostrajaczu; możliwość nabycia osobowości ludzkiej jest potencjalna w obdarowaniu istoty ludzkiej kosmicznym umysłem. Jednak empirycznej osobowości śmiertelnego człowieka nie można dostrzegać jako czynnej i funkcjonalnej rzeczywistości, zanim materialny nośnik życia istoty śmiertelnej nie zostanie dotknięty wyzwalającą Boskością Ojca Wszechświatowego, a tym samym zwodowany na morza doświadczenia, jako samoświadoma, (względnie) samostanowiąca i samostwórcza osobowość. Materialna jaźń jest rzeczywiście *bezwzględnie osobowa.*

Materialna jaźń ma osobowość i tożsamość, doczesną tożsamość; przedosobowy duch – Dostrajacz – także ma tożsamość, wieczną tożsamość. Ta osobowość materialna i ta przedosobowość duchowa potrafią tak zjednoczyć swe stwórcze atrybuty, że mogą powołać do bytu tożsamość przeżywającą śmierć – nieśmiertelną duszę.

Umożliwiwszy rozwój nieśmiertelnej duszy i uwolniwszy wewnętrzną jaźń człowieka z kajdan całkowitej zależności od pierwotnych związków przyczynowych, Ojciec usuwa się na bok. Teraz, gdy człowiek został wyzwolony z kajdan reakcji przyczynowej, przynajmniej w zakresie wiecznego przeznaczenia i kiedy zostały stworzone warunki rozwoju nieśmiertelnej jaźni, duszy, człowiekowi samemu pozostaje popierać tworzenie lub powstrzymywać tworzenie przeżywającej i wiecznej jaźni; tego wyboru musi sam dokonać. Żadna inna istota, siła, stwórca czy czynnik, w całym szerokim wszechświecie wszechświatów, nie może w żadnej mierze ingerować w absolutną niezależność wolnej woli śmiertelnika, gdy dokonuje on wyboru w sprawie wiecznego przeznaczenia swej osobowości. W tym, co dotyczy wiecznego życia, Bóg zarządził niezależność materialnej i śmiertelnej woli a zarządzenie to jest absolutne.

Obdarzenie istoty osobowością daje jej względne wyzwolenie od niewolniczych reakcji pierwotnych związków przyczynowych, a osobowości wszystkich takich istot moralnych, ewolucyjnych czy innych, ześrodkowane są w osobowości Ojca Wszechświatowego. Są one zawsze przyciągane w kierunku jego rajskiej obecności, dzięki temu pokrewieństwu istot, które tworzą rozległy, wszechświatowy krąg rodzinny i braterski obwód wiecznego Boga. Boska spontaniczność jest wspólną cechą każdej osobowości.

Obwód osobowości wszechświata wszechświatów skoncentrowany jest w osobie Ojca Wszechświatowego a Rajski Ojciec uświadamia sobie osobiście wszystkie osobowości ze wszystkich poziomów istnienia samoświadomości i jest z nimi w osobistym kontakcie. I ta świadomość wszystkich osobowości całego stworzenia istnieje niezależnie od misji Dostrajaczy Myśli.

Tak jak cała grawitacja objęta jest obwodem Wyspy Raj, jak cały umysł objęty jest obwodem Wspólnego Aktywizatora a cały duch Wiecznego Syna, tak cała osobowość objęta jest obwodem osobistej obecności Ojca Wszechświatowego i tym obwodem osobowości niezawodnie przekazywane jest czczenie Pierwszej i Wiecznej Osobowości, dokonywane przez wszystkie inne osobowości.

Co się tyczy tych osobowości, które nie są zamieszkałe przez Dostrajacze: atrybut wolnego wyboru także jest im nadawany przez Ojca Wszechświatowego i takie osoby również objęte są wielkim obwodem Boskiej miłości, obwodem osobowości Ojca Wszechświatowego. Bóg daje wolny wybór wszystkim prawdziwym osobowościom. Żadna istota osobowa nie może być zmuszana do wiecznej przygody; brama wieczności otwiera się tylko w odpowiedzi na decyzję wolnej woli, dokonaną przez wolną wolą obdarzonych synów Boga wolnej woli.

Powyższy opis stanowi moje wysiłki, zmierzające do przedstawienia związku żywego Boga z dziećmi czasu. Kiedy wszystko zostało powiedziane i zrobione, nie mogę uczynić nic bardziej pożytecznego, jak ponownie powtórzyć, że Bóg jest waszym wszechświatowym Ojcem a wy wszyscy jesteście jego planetarnymi dziećmi.

[Jest to piąta i ostatnia opowieść, z cyklu opowieści obrazujących Ojca Wszechświatowego, przekazana przez Niebiańskiego Radcę z Uversy].

PRZEKAZ 6

WIECZNY SYN

WIECZNY Syn jest doskonałym i ostatecznym wyrażeniem „pierwszej", osobistej i absolutnej idei Ojca Wszechświatowego. W związku z tym, kiedykolwiek i jakkolwiek Ojciec wyraża się osobiście i absolutnie, czyni to przez swojego Wiecznego Syna, który zawsze był, jest teraz i zawsze będzie, żywym i Boskim Słowem. I ten Wieczny Syn przebywa w centrum wszystkich rzeczy, razem z Wiecznym i Wszechświatowym Ojcem, którego osobistą obecność bezpośrednio spowija.

Mówimy o „pierwszej" myśli Boga i nawiązujemy do nieprawdopodobnego czasu początków Wiecznego Syna, aby dotrzeć do kanałów myślowych intelektu ludzkiego. Takie wypaczenia językowe stanowią nasze najlepsze wysiłki nawiązania kontaktu-kompromisu z umysłami istot śmiertelnych, związanych czasem. W sensie kolejności wydarzeń, Ojciec Wszechświatowy nigdy nie mógł mieć pierwszej myśli, jak również Wieczny Syn nigdy nie mógł mieć początku. Zostałem jednak poinstruowany, żeby ograniczonym czasem umysłom śmiertelników obrazować rzeczywistości wieczności takimi właśnie symbolami myślowymi i żeby określać zależności wieczności w takich, czasowych koncepcjach kolejności zdarzeń.

Wieczny Syn jest duchowym uosobieniem uniwersalnej i nieskończonej idei Rajskiego Ojca, idei Boskiej rzeczywistości, nie uwarunkowanego ducha i absolutnej osobowości. I tym samym Syn stanowi boskie objawienie stwórczej tożsamości Ojca Wszechświatowego. Doskonała osobowość Syna ukazuje, że Ojciec jest aktualnie wiecznym i uniwersalnym źródłem wszystkich znaczeń i wartości duchowych, wolicjonalnych, celowych i osobowych.

Aby umożliwić ograniczonemu czasem umysłowi stworzenie jakiejś sekwencyjnej idei związków wiecznych i nieskończonych istot Rajskiej Trójcy, używamy zezwolenia na stosowanie takich jak ta koncepcji, odnoszących się do „pierwszej osobistej, uniwersalnej i nieskończonej idei Ojca". Jest dla mnie rzeczą niemożliwą przekazanie ludzkiemu umysłowi jakiejkolwiek adekwatnej idei wiecznych związków Bóstwa; zatem używam takich określeń, które skończonemu umysłowi będą dawać coś w rodzaju idei zależności wiecznych istot, w następujących po sobie epokach czasowych. Wierzymy, że Syn powstał z Ojca, jesteśmy pouczeni, że obaj są bezwzględnie wieczni. Dlatego też jest oczywiste, że żadna istota czasowa nigdy w pełni nie zrozumie tej tajemnicy – Syna, który pochodzi od Ojca i który dodatkowo jest wiecznym partnerem samego Ojca.

1. TOŻSAMOŚĆ WIECZNEGO SYNA

Wieczny Syn jest pierwszym i jedynym zrodzonym Synem Boga. Jest on Bogiem-Synem, Drugą Osobą Bóstwa oraz pomocniczym stwórcą wszystkich rzeczy. Tak jak Ojciec jest Pierwszym Wielkim Źródłem i Centrum, tak Wieczny Syn jest Drugim Wielkim Źródłem i Centrum.

Wieczny Syn jest duchowym centrum i boskim administratorem duchowego rządu wszechświata wszechświatów. Ojciec Wszechświatowy jest najpierw stwórcą a potem kontrolerem; Wieczny Syn jest najpierw współstwórcą a potem *duchowym administratorem.* „Bóg jest duchem" a Syn jest osobowym objawieniem tego ducha. Pierwsze Źródło i Centrum jest Wolicjonalnym Absolutem; Drugie Źródło i Centrum jest Osobowym Absolutem.

Ojciec Wszechświatowy nigdy nie działa osobiście jako stwórca, chyba, że w połączeniu z Synem czy z partnerskim działaniem Syna. Gdy autor Nowego Testamentu nawiązywał do Wiecznego Syna, miał całkowitą rację, gdy pisał: „Na początku było Słowo, a Słowo było u Boga i Bogiem było Słowo. Wszystko przez nie się stało a bez niego nic się nie stało, co się stało".

Kiedy Syn Wiecznego Syna zjawił się na Urantii, ci, co bratali się z tą Boską istotą w ludzkiej formie, nawiązywali do niego jako do „tego, co był od początku, cośmy usłyszeli o Słowie życia, co ujrzeliśmy własnymi oczami, na co patrzyliśmy i czego dotykały nasze ręce". I ten Syn obdarzający przyszedł od Ojca tak prawdziwie, jakby to zrobił Pierwszy Syn, jak sugeruje jedna z jego ziemskich modlitw: „A teraz Ty, Ojcze, otocz mnie u siebie swą chwałą, którą miałem u ciebie pierwej, zanim świat powstał".

Wieczny Syn różnie jest nazywany w rozmaitych wszechświatach. We wszechświecie centralnym znany jest jako Partnerskie Źródło, Współstwórca i Pomocniczy Absolut. Na Uversie, w zarządzie superwszechświata, określamy Syna jako Partnerskie Centrum Duchowe i jako Administratora Wiecznego Ducha. Na Salvingtonie, w stolicy waszego wszechświata lokalnego, Syn ten określany jest jako Drugie Wieczne Źródło i Centrum. Melchizedekowie mówią o nim jako o Synu Synów. Na waszym świecie, ale nie w waszym systemie sfer zamieszkałych, Pierwszy Syn jest mylony ze współdziałającym z nim Synem Stwórcą, Michałem z Nebadonu, który obdarzył sobą gatunek ludzki Urantii.

Chociaż każdy z Rajskich Synów słusznie może być zwany Synem Bożym, mamy zwyczaj rezerwować określenie „Wieczny Syn" dla tego Pierwszego Syna, Drugiego Źródła i Centrum, a wraz z Ojcem Wszechświatowym współstwórcy centralnego wszechświata mocy i doskonałości oraz współstwórcy wszystkich innych, Boskich Synów, którzy powstali z nieskończonych Bóstw.

2. NATURA WIECZNEGO SYNA

Wieczny Syn jest tak samo niezmienny i nieskończenie niezawodny jak Ojciec Wszechświatowy. Jest tak samo duchowy jak Ojciec, jest takim samym, prawdziwie nieograniczonym duchem. Dla was, niskiego pochodzenia, Syn może wydawać się bardziej osobowy, skoro w przystępności jest o jeden stopień bliżej was niż Ojciec Wszechświatowy.

Wieczny Syn jest wiecznym Słowem Boga. Jest on zupełnie podobny Ojcu; faktycznie, Wieczny Syn *jest* Bogiem Ojcem, ukazującym się osobowo wszechświatowi wszechświatów. Tak więc prawda o Wiecznym Synu i wszystkich partnerskich Synach Stwórcach zawsze będzie taka: „Kto zobaczył Syna, zobaczył także Ojca".

W swojej naturze Syn jest zupełnie podobny do duchowego Ojca. Kiedy czcimy Ojca Wszechświatowego, czcimy równocześnie Boga-Syna i Boga-Ducha. Bóg-Syn jest tak samo bosko rzeczywisty i wieczny w swej naturze, jak Bóg Ojciec.

Syn nie tylko posiada całą Ojcowską, nieskończoną i transcendentalną prawość, ale Syn jest także odbiciem całej Ojcowskiej świętości charakteru. Syn podziela doskonałość Ojca i razem z nim dzieli odpowiedzialność za pomaganie wszystkim niedoskonałym istotom, w ich duchowych wysiłkach zmierzających do osiągnięcia boskiej doskonałości.

Wieczny Syn posiada wszelkie Ojcowskie cechy boskości i atrybuty duchowości. W osobowości i w duchu, Syn *jest* pełnią absolutności Boga i te własności Syna przejawiają się w jego osobistym kierowaniu duchowym rządem wszechświata wszechświatów.

Bóg prawdziwie jest wszechświatowym duchem; Bóg jest duchem i ta duchowa natura Ojca jest zogniskowana i uosobiona w Bóstwie Wiecznego Syna. Wszystkie duchowe właściwości są najwyraźniej znacznie uwydatnione w Synu, wskutek ich oddzielenia od uniwersalności Pierwszego Źródła i Centrum. I tak jak Ojciec dzieli swą duchową naturę z Synem, tak obaj razem, w pełni i nieograniczenie, dzielą Boskiego ducha ze Wspólnym Aktywizatorem – Nieskończonym Duchem.

W umiłowaniu prawdy i w tworzeniu piękna, Ojciec i Syn są równi, za wyjątkiem tego, że Syn *wydaje się* bardziej poświęcać urzeczywistnianiu czysto duchowego piękna o uniwersalnych wartościach.

W Boskiej dobroci nie dostrzegam różnicy pomiędzy Ojcem a Synem. Ojciec kocha swe wszechświatowe dzieci tak jak ojciec; Wieczny Syn traktuje wszystkich stworzonych zarówno jak ojciec i jak brat.

3. SŁUŻBA OJCOWSKIEJ MIŁOŚCI

Syn podziela sprawiedliwość i prawość Trójcy, ale góruje nad tymi cechami boskości nieskończonym uosobieniem miłości i miłosierdzia Ojca; Syn jest objawieniem Boskiej miłości dla wszechświatów. Tak jak Bóg jest miłością, tak Syn jest miłosierdziem. Syn nie może kochać bardziej niż Ojciec, ale może okazać istotom stworzonym miłosierdzie w jeden dodatkowy sposób, ponieważ jest on nie tylko pierwszym stwórcą, tak jak Ojciec, ale jest także Wiecznym Synem tego samego Ojca, zatem podziela doświadczenie synostwa ze wszystkimi innymi synami Ojca Wszechświatowego.

Wieczny Syn doskonale niesie miłosierdzie całemu stworzeniu. Miłosierdzie jest esencją duchowego charakteru Syna. Zalecenia Wiecznego Syna, kiedy wychodzą duchowymi obwodami Drugiego Źródła i Centrum, są utrzymane w tonie miłosierdzia.

Ażeby zrozumieć miłość Wiecznego Syna, musicie najpierw dostrzec jej Boskie źródło – Ojca, który *jest* miłością, a potem zobaczyć rozwinięcie tego, nieskończonego uczucia w rozległej służbie Nieskończonego Ducha oraz w jego prawie nieprzejrzanych zastępach osobowości opiekuńczych.

Działalność Wiecznego Syna jest poświęcona objawianiu Boga miłości wszechświatowi wszechświatów. Ten Boski Syn nie zajmuje się tak niegodną rzeczą, jak przekonywanie swego miłosiernego Ojca, ażeby kochał istoty skromnego pochodzenia i okazywał miłosierdzie grzesznikom czasu. Jak wielkim błędem jest wyobrażanie sobie, że Wieczny Syn apeluje do Ojca Wszechświatowego, aby okazał miłosierdzie istotom skromnego pochodzenia, żyjącym na materialnych światach w przestrzeni! Takie idee Boga są niedojrzałe i groteskowe. Powinniście raczej uświadomić sobie, że wszystkie miłosierne posługi Synów Bożych są bezpośrednim objawieniem Ojcowskiego serca, pełnego uniwersalnej miłości i nieskończonego współczucia. Miłość Ojca jest prawdziwym i wiecznym źródłem Synowskiego miłosierdzia.

Bóg jest miłością, Syn jest miłosierdziem. Miłosierdzie jest miłością stosowaną, Ojcowską miłością w działaniu – w osobie jego Wiecznego Syna. Miłość tego Syna wszechświatowego jest tak samo uniwersalna. Tak jak miłość jest rozumiana na tych planetach, gdzie istoty obdarzone są płcią, miłość Boga jest bardziej porównywalna do miłości ojca, podczas gdy miłość Wiecznego Syna jest bardziej podobna uczuciu matki. Nie są to najlepsze ilustracje, jednak stosuję je w nadziei poddania umysłowi ludzkiemu refleksji, że jest różnica pomiędzy miłością Ojca a miłością Syna, nie w Boskiej treści, ale we właściwości i metodzie jej wyrażania.

4. ATRYBUTY WIECZNEGO SYNA

Wieczny Syn jest siłą napędową duchowego poziomu rzeczywistości kosmicznej; duchowa moc Syna jest absolutna w odniesieniu do wszystkich wszechświatowych aktualności. Poprzez swój absolutny uchwyt grawitacji duchowej, sprawuje on doskonałą kontrolę nad związkami wzajemnymi wszystkich niezróżnicowanych energii duchowych i nad całą aktualizującą się rzeczywistością duchową. Cały czysty, nie rozdzielony duch i wszystkie duchowe istoty oraz wartości, reagują na nieskończoną moc przyciągającą pierwszego Syna z Raju. A jeśli z wieczną przyszłością związane będzie pojawianie się nieograniczonego wszechświata, grawitacja duchowa i moc duchowa Pierwszego Syna będzie w zupełności odpowiednia dla sprawowania duchowej kontroli i efektywnej administracji takiego, bezkresnego stworzenia.

Tylko w domenach duchowych Syn jest wszechmocny. W wiecznej organizacji administracyjnej wszechświata nigdy nie napotyka się rozrzutnego i niepotrzebnego powtarzania funkcji; Bóstwa nie zajmują się bezużytecznym powielaniem wszechświatowych służb.

Wszechobecność Pierwszego Syna stanowi duchową jedność wszechświata wszechświatów. Duchowa spoistość całego stworzenia opiera się na wszędzie aktywnej obecności Boskiego ducha Wiecznego Syna. Gdy odczuwamy duchową obecność Ojca, stwierdzamy, że trudno jest ją odróżnić, w naszym pojmowaniu, od duchowej obecności Wiecznego Syna. Duch Ojca przebywa wiecznie w duchu Syna.

Ojciec musi być wszechobecny duchowo, jednak taka wszechobecność wydaje się być nieodłączna powszechnym funkcjom duchowym Wiecznego Syna. Tym niemniej wierzymy, że we wszystkich tych sytuacjach, gdzie pojawia się podwójna natura duchowa Ojca-Syna, duch Syna skoordynowany jest z duchem Ojca.

W swoim kontakcie z osobowością, Ojciec działa w obwodzie osobowości. W swoim osobistym i wykrywalnym kontakcie z wszechświatem duchowym, występuje on we fragmentach całości swego Bóstwa a te fragmenty Ojca posiadają oddzielną, unikalną i niepowtarzalną funkcję, gdziekolwiek i kiedykolwiek pojawiają się we wszechświatach. We wszystkich takich sytuacjach, duch Syna skoordynowany jest z duchowym funkcjonowaniem rozdrobnionej obecności Ojca Wszechświatowego.

Wieczny Syn jest wszechobecny w sensie duchowym. Duch Wiecznego Syna jest na pewno z wami i wokół was, ale nie wewnątrz was i nie jako wasza część, tak jak Nieodgadniony Monitor. Cząstka Ojca, zamieszkująca człowieka, dostraja ludzki umysł do coraz bardziej boskiego postępowania, po czym taki wznoszący się umysł zaczyna coraz intensywniej reagować na duchową moc przyciągającą wszechmocnego obwodu grawitacji duchowej Drugiego Źródła i Centrum.

Pierwszy Syn jest samoświadomy, wszechświatowo i duchowo. W mądrości Syn jest w pełni równy Ojcu. W dziedzinach wiedzy i nieskończonej mądrości nie możemy rozróżnić pomiędzy Pierwszym Źródłem a Drugim; Syn, podobnie jak Ojciec, wie wszystko; żadne zdarzenie wszechświatowe nigdy go nie zaskakuje, zna koniec od początku.

Ojciec i Syn naprawdę znają liczbę i miejsce pobytu wszystkich duchów i istot uduchowionych we wszechświecie wszechświatów. Syn nie tylko zna wszystkie rzeczy, dzięki swemu wszechobecnemu duchowi, ale Syn również, na równi z Ojcem i Wspólnym Aktywizatorem, jest w pełni zaznajomiony z rozległym odzwierciedlaniem informacji Istoty Najwyższej, która jest cały czas poinformowana o wszystkich rzeczach, jakie zachodzą na wszystkich światach siedmiu superwszechświatów. I dzięki jeszcze innym metodom, Rajski Syn jest wszechwiedzący.

Wieczny Syn jest kochającą, miłosierną i opiekuńczą osobowością duchową, jest on w pełni i nieskończenie równy Ojcu Wszechświatowemu, podczas gdy we wszystkich miłosiernych i uczuciowych kontaktach osobistych ze wznoszącymi się istotami z niższych domen, Wieczny Syn jest dokładnie tak samo życzliwy i troskliwy, tak samo cierpliwy i wyrozumiały, jak jego Rajscy Synowie we wszechświatach lokalnych, którzy tak często obdarzają sobą ewolucyjne światy czasu.

Nie ma potrzeby dodatkowo rozwodzić się nad atrybutami Wiecznego Syna. Poza przedstawionymi tu przykładami, wystarczy tylko badać duchowe atrybuty Boga-Ojca, żeby zrozumieć i właściwie ocenić atrybuty Boga-Syna.

5. OGRANICZENIA WIECZNEGO SYNA

Wieczny Syn nie działa osobiście w domenach materialnych, jak również nie działa na poziomach służby umysłu dla istot stworzonych, chyba, że przez Wspólnego Aktywizatora. Jednak te uwarunkowania w żaden sposób nie ograniczają Wiecznego Syna w pełnym i swobodnym używaniu wszelkich boskich atrybutów *duchowej* wszechwiedzy, wszechobecności i wszechmocy.

Wieczny Syn nie przenika osobiście potencjałów duchowych, tkwiących w nieskończoności Bóstwa-Absolutu jednak, gdy potencjały te staną się aktualne, znajdą się one w zasięgu wszechpotężnego ujęcia obwodu grawitacji duchowej Syna.

Osobowość jest wyłącznym darem Ojca Wszechświatowego. Wieczny Syn wywodzi osobowość od Ojca, ale nie nadaje osobowości bez Ojca. Syn daje początek szerokim zastępom duchów, ale takie pochodności nie są osobowościami. Kiedy Syn tworzy osobowość, czyni to razem z Ojcem albo ze Wspólnym Stwórcą, który może działać w takim związku za Ojca. Wieczny Syn jest zatem współstwórcą osobowości, ale sam z siebie nie nadaje osobowości żadnej istocie, sam nigdy nie stwarza istot osobowych. Takie ograniczenie w działaniu nie pozbawia jednak Syna możliwości stwarzania jakichkolwiek rodzajów rzeczywistości innych niż osobowe.

Wieczny Syn ma ograniczenia, gdy idzie o przekazywanie przywilejów stwórcy. Ojciec, uwieczniając Pierwszego Syna, obdarzył go mocą i przywilejem późniejszego łączenia się z Ojcem w boskim akcie tworzenia dalszych Synów, posiadających stwórcze atrybuty; i tworzyli ich i teraz ich tworzą. Jednak po stworzeniu tych partnerskich Synów, prerogatywy stwórcze najwidoczniej nie są dalej przekazywalne. Wieczny Syn przekazuje stwórczą moc tylko pierwszemu czy bezpośredniemu uosobieniu. Dlatego też, kiedy Ojciec i Syn łączą się, żeby uosobić Syna Stwórcę, osiągają swój cel; jednak tak powołany do bytu Syn Stwórca nigdy nie może przekazać przywilejów stwórczości, czy podzielić się nimi z różnymi klasami Synów, których może później stworzyć; mimo to, u najwyższych Synów wszechświata lokalnego pojawiają się bardzo ograniczone odzwierciedlenia stwórczych atrybutów Syna Stwórcy.

Wieczny Syn, jako istota nieskończona i wyłącznie osobowa, nie może rozdrobnić swej natury, nie może rozdzielać i nadawać indywidualizowanych porcji swego jestestwa innym bytom czy osobom, jak to robią Ojciec Wszechświatowy i Nieskończony Duch. Syn może jednak obdarzać i obdarza sobą, jako nieograniczony duch, aby w nim skąpało się całe stworzenie i nieustannie przyciąga ku sobie wszystkie osobowości duchowe i rzeczywistości duchowe.

Pamiętajcie zawsze, że Wieczny Syn jest osobowym zobrazowaniem duchowego Ojca dla całego stworzenia. Syn jest osobowy i tylko osobowy w znaczeniu Bóstwa; taka Boska i absolutna osobowość nie może się rozdrobnić czy ulec fragmentacji. Bóg-Ojciec i Bóg-Duch są prawdziwie osobowi, ale są również wszystkim innym w dodatku do tego, że są takimi osobowościami Bóstwa.

Chociaż Wieczny Syn nie może brać osobiście udziału w obdarzaniu Dostrajaczami Myśli, naradzał się on z Ojcem Wszechświatowym w wiecznej przeszłości, zaaprobował plan i obiecał nieskończoną współpracę, gdy Ojciec, planując obdarzenie Dostrajaczami Myśli zaproponował Synowi: „Uczyńmy człowieka na nasz obraz". I tak jak duchowa cząstka Ojca zamieszkuje was, tak samo duchowa obecność Syna spowija was, podczas gdy obaj, Ojciec i Syn, zawsze pracują jak jeden, abyście się mogli rozwijać duchowo.

6. UMYSŁ DUCHA

Wieczny Syn jest duchem i posiada umysł, ale nie jest to umysł czy duch, jaki rozum ludzki może pojąć. Śmiertelny człowiek dostrzega umysł na poziomie skończonym, kosmicznym, materialnym i osobowym. Człowiek dostrzega również fenomen umysłu w organizmach żywych, działających na poziomie podosobowym (zwierzęcym), jednak trudno mu zrozumieć naturę tego umysłu, który związany jest z istotami nadmaterialnymi i stanowi część osobowości wyłącznie duchowych. Umysł musi być jednak inaczej zdefiniowany, kiedy odnosi się do duchowego poziomu bytu i kiedy używa się tego określenia na oznaczenie duchowych funkcji inteligencji. Rodzaj umysłu, bezpośrednio związanego z duchem, nie jest porównywalny ani do tego umysłu, który koordynuje ducha i materię, ani do tego, który związany jest tylko z materią.

Duch zawsze jest świadomy, obdarzony umysłem i posiada różne stadia tożsamości. Bez umysłu w pewnym stadium nie byłoby świadomości duchowej, występującej podczas bratania się istot duchowych. Odpowiednik umysłu, możliwość poznawania i bycia poznawanym, jest cechą charakterystyczną Bóstwa. Bóstwo może być osobowe, przedosobowe, superosobowe czy bezosobowe, ale Bóstwo nigdy nie jest pozbawione umysłu, znaczy to nigdy nie jest pozbawione możliwości przynajmniej komunikowania się z podobnymi sobie bytami, istotami czy osobowościami.

Umysł Wiecznego Syna podobny jest do tego, jaki ma Ojciec, jednak w odróżnieniu od wszelkich innych umysłów wszechświata, jest on razem z Ojcem protoplastą zróżnicowanych i nieprzejrzanych umysłów, pochodzących od Wspólnego Stwórcy. Umysł Ojca i Syna, ten intelekt, od którego pochodzi absolutny umysł Trzeciego Źródła i Centrum, jest być może najlepiej zobrazowany w przedumyśle Dostrajacza Myśli, i chociaż te fragmenty Ojca istnieją zupełnie niezależnie od obwodów umysłowych Wspólnego Aktywizatora, posiadają one pewną formę przedumysłu, znają i są znane; posiadają odpowiednik ludzkiego myślenia.

Wieczny Syn jest całkowicie duchowy, człowiek jest prawie zupełnie materialny, dlatego też wiele tego, co się odnosi do duchowej osobowości Wiecznego Syna, do jego siedmiu duchowych sfer okalających Raj i do natury bezosobowych kreacji Rajskiego Syna, będzie musiało na was zaczekać do tego momentu, gdy osiągniecie status duchowy, po ukończeniu morontialnego wznoszenia się we wszechświecie lokalnym, Nebadonie. I potem, gdy przejdziecie superwszechświat i pójdziecie dalej do Havony, kiedy zaczniecie nabierać „umysłu ducha", wnikliwości duchowej, wyjaśni się wiele ukrytych w duchu tajemnic.

7. OSOBOWOŚĆ WIECZNEGO SYNA

Wieczny Syn jest tą nieskończoną osobowością, od której więzów nie uwarunkowanej osobowości wyzwolił się Ojciec Wszechświatowy, metodą utrójcowienia i dzięki czemu odtąd obdarza sobą w nieskończonej obfitości wciąż rozszerzający się wszechświat Stwórców i stworzonych. Syn jest *osobowością absolutną,* Bóg jest *ojcowską osobowością* – źródłem osobowości, dawcą osobowości, przyczyną osobowości. Każda istota osobowa wywodzi osobowość od Ojca Wszechświatowego, tak jak Pierwszy Syn wiecznie wywodzi swą osobowość od Rajskiego Ojca.

Osobowość Rajskiego Syna jest absolutna i czysto duchowa i ta absolutna osobowość jest także boską i wieczną formą, najpierw Ojcowskiego nadania osobowości dla Wspólnego Aktywizatora a w kolejności obdarzenia przez niego osobowością niezliczonych jego istot w całym rozległym wszechświecie.

Wieczny Syn jest naprawdę miłosiernym opiekunem, boskim duchem, duchową mocą i prawdziwą osobowością. Syn jest duchową i osobową naturą Boga, ukazaną wszechświatom – podsumowaniem i kwintesencją Pierwszego Źródła i Centrum, pozbawioną wszystkiego tego, co nieosobowe, pozaboskie, nieduchowe i czysto potencjalne. Jednak niemożliwe jest przekazanie ludzkiemu umysłowi, w słownym zobrazowaniu, piękna i wspaniałości Boskiej osobowości Wiecznego Syna. Wszystko, co ma tendencję do przesłaniania Ojca Wszechświatowego, niemal z równą siłą utrudnia pojęciowe rozpoznanie Wiecznego Syna. Musicie zaczekać, aż dotrzecie do Raju, aby potem móc zrozumieć, dlaczego nie mogłem przedstawić charakteru tej absolutnej osobowości tak, aby skończony umysł mógł ją zrozumieć.

8. ROZPOZNANIE WIECZNEGO SYNA

Co się tyczy tożsamości, natury i innych właściwości osobowości, Wieczny Syn jest całkowicie równym, doskonałym dopełnieniem i wiecznym odpowiednikiem Ojca Wszechświatowego. W takim znaczeniu, w jakim Bóg jest Ojcem Wszechświatowym, Syn jest Matką Wszechświatową. A my wszyscy, wysocy i niscy, jesteśmy ich wszechświatową rodziną.

Aby docenić charakter Syna, powinniście zapoznawać się z objawieniem Boskiego charakteru Ojca; są oni obaj na zawsze nierozłączną jednością. Jako Boskie osobowości, są prawie nie do rozróżnienia przez niższe klasy istot inteligentnych. Tym, którzy mają swój początek w stwórczych aktach samych Bóstw, ich oddzielne rozpoznanie nie sprawia większych trudności. Istoty wywodzące się z wszechświata centralnego oraz te, które przebywają w Raju, rozpoznają Ojca i Syna nie tylko jako osobową jedność, sprawującą wszechświatową kontrolę, ale także jak dwie oddzielne osobowości, działające w konkretnych domenach administracji wszechświatowej.

Możecie sobie wyobrażać osoby Ojca Wszechświatowego i Wiecznego Syna jako oddzielne jednostki, faktycznie takimi są; jednak w administracji wszechświatów tak bardzo się przeplatają i wiążą wzajemnie, że nie zawsze jest możliwe ich rozróżnienie. Gdy w funkcjonowaniu wszechświatów napotyka się Ojca i Syna, w trudnych do zrozumienia związkach wzajemnych, próby rozróżnienia ich działań nie zawsze są celowe; przypomnijcie sobie po prostu, że Bóg jest inicjującą myślą a Syn pełnym ekspresji słowem. W każdym wszechświecie lokalnym ich nierozdzielność uosobiona jest w Bóstwie Syna Stwórcy, który reprezentuje zarówno Ojca jak i Syna dla istot z dziesięciu milionów zamieszkałych światów.

Wieczny Syn jest nieskończony, ale można do niego dotrzeć przez osoby jego Rajskich Synów oraz przez cierpliwą służbę Nieskończonego Ducha. Istoty materialnego pochodzenia miałyby zaledwie nikłą nadzieję dotarcia do Wiecznego Syna, bez obdarzającej je służby Rajskich Synów oraz miłości pełnej opieki istot Nieskończonego Ducha. I to również jest prawdą, że dzięki pomocy i przewodnictwu tych niebiańskich pośredników, świadomy Boga śmiertelnik na pewno dotrze do Raju i z czasem stanie w osobistej obecności tego majestatycznego Syna Synów.

Chociaż Wieczny Syn jest wzorem do osiągnięcia dla śmiertelnej osobowości, łatwiej wam będzie zrozumieć rzeczywistość zarówno Ojca jak i Ducha, gdyż Ojciec jest tym, który faktycznie nadaje waszą ludzką osobowość a Nieskończony Duch jest absolutnym źródłem waszego, ludzkiego umysłu. Kiedy wznosicie się rajską drogą duchowego rozwoju, osobowość Wiecznego Syna będzie się stawać dla was coraz bardziej rzeczywista, a rzeczywistość jego nieskończenie duchowego umysłu będzie coraz lepiej dostrzegalna dla waszego, coraz bardziej uduchowionego umysłu.

Idea Wiecznego Syna nigdy nie zaświta jasno w waszym śmiertelnym umyśle ani w późniejszym umyśle morontialnym; dopiero, gdy się uduchowicie i zaczniecie się wznosić duchowo, pojęcie osobowości Wiecznego Syna stanie się dla was równie żywe, jak idea osobowości Syna Stwórcy z Raju, który swego czasu wcielił się i żył w osobie i jako osoba na Urantii, jako człowiek pośród ludzi.

Doświadczanie Syna Stwórcy w waszym wszechświecie lokalnym, którego osobowość jest pojmowalna dla człowieka, musi kompensować wam brak zrozumienia pełnego znaczenia raczej czysto duchowego, ale jednak osobowego, Wiecznego Syna z Raju. Kiedy będziecie iść przez Orvonton i Havonę, kiedy zostawicie za sobą jasny obraz i żywe wspomnienia Syna Stwórcy z waszego wszechświata lokalnego, utratę tego doświadczenia materialnego i morontialnego będzie wam kompensować wciąż poszerzająca się koncepcja i nasilające się zrozumienie Wiecznego Syna z Raju, którego rzeczywistość i bliskość będzie coraz większa, w miarę zbliżania się do Raju.

Wieczny Syn jest wspaniałą i znakomitą osobowością. Chociaż zrozumienie aktualności osobowości takiej, nieskończonej istoty, przekracza zdolności pojmowania śmiertelnego i materialnego umysłu, nie powinniście wątpić, że jest on osobą. Wiem, o czym mówię. Niezliczoną prawie ilość razy stałem przed Boskim obliczem Wiecznego Syna a potem podróżowałem przez wszechświat, żeby wykonać jego miłosierne polecenia.

[Zredagowane przez Niebiańskiego Radcę, wyznaczonego do sformułowania tej relacji, opisującej Wiecznego Syna z Raju].

PRZEKAZ 7

STOSUNEK WIECZNEGO SYNA DO WSZECHŚWIATA

PIERWSZY Syn nieustannie zajmuje się realizacją duchowych aspektów wiecznego planu Ojca, w miarę odsłaniania się tego planu w fenomenie ewoluujących wszechświatów, z ich różnorodnymi grupami istot żywych. Nie rozumiemy w pełni tego wiecznego planu, ale Rajski Syn bez wątpienia go rozumie.

Syn, podobnie jak Ojciec, stara się obdarzyć z siebie wszystkim, co tylko możliwe, swych partnerskich Synów i Synów im podległych. A Syn podziela samorozdzielczą naturę Ojca, kiedy obaj nieograniczenie obdarzają sobą Nieskończonego Ducha, ich wspólnego wykonawcę.

Drugie Źródło i Centrum, jako podtrzymywacz rzeczywistości duchowych, jest wieczną przeciwwagą Wyspy Raj, która tak wspaniale podtrzymuje wszystkie rzeczy materialne. Zatem Pierwsze Źródło i Centrum objawia się zawsze w materialnym pięknie znakomitych form centralnej Wyspy oraz w wartościach duchowych Boskiej osobowości Wiecznego Syna.

Wieczny Syn jest aktualnym podtrzymywaczem rozległego wszechświata rzeczywistości duchowych i istot duchowych. Świat ducha jest obyczajem Syna, jego osobistym postępowaniem i nieosobowe rzeczywistości natury duchowej zawsze reagują na wolę oraz intencje doskonałej osobowości Absolutnego Syna.

Tym niemniej Syn nie jest odpowiedzialny osobiście za postępowanie wszystkich osobowości duchowych. Wola istoty osobowej jest względnie wolna i w związku z tym determinuje ona postępowanie takiej wolicjonalnej istoty. Dlatego też świat wolnego ducha nie zawsze jest wiernym odzwierciedleniem charakteru Wiecznego Syna, tak jak przyroda Urantii nie jest wiernym objawieniem doskonałości i stałości Raju oraz Bóstwa. Ale jest bez znaczenia, czym charakteryzować się może działanie wolnej woli człowieka czy anioła, Synowskie wieczne ujęcie, kontrolujące grawitację wszechświatową wszystkich rzeczywistości duchowych, pozostaje absolutne.

1. OBWÓD GRAWITACJI DUCHOWEJ

Każde nauczanie, dotyczące immanentności Boga, jego wszechobecności, wszechmocy i wszechwiedzy, tak samo odnosi się do Syna w domenach duchowych. Oryginalna i powszechna grawitacja duchowa całego stworzenia, ten czysto duchowy obwód, prowadzi bezpośrednio do osoby Drugiego Źródła i Centrum w Raju. Kieruje on kontrolą i działaniem tego, zawsze istniejącego i niezawodnego ujęcia duchowego wszystkich prawdziwych wartości ducha. Tak więc Wieczny Syn sprawuje absolutną władzę duchową. Utrzymuje on literalnie, niejako swą dłonią, wszystkie rzeczywistości duchowe i wszystkie uduchowione wartości. Kontrola powszechnej grawitacji duchowej *jest* wszechświatową, najwyższą władzą duchową.

Grawitacyjna kontrola spraw duchowych działa niezależnie od czasu i przestrzeni; zatem energia duchowa nie maleje w trakcie jej przekazywania. Grawitacja duchowa nigdy nie opóźnia się w czasie, jak też nie podlega redukcji w przestrzeni. Nie zmniejsza się z kwadratem odległości w trakcie jej przekazywania; obwodów czystej mocy duchowej nie hamuje masa obiektów materialnych. I takie przekraczanie czasu i przestrzeni, przez czyste energie duchowe, jest nieodłączne absolutności Syna; nie jest ono powodowane interwencją sił antygrawitacyjnych Trzeciego Źródła i Centrum.

Rzeczywistości duchowe reagują na przyciągającą moc centrum grawitacji duchowej, zgodnie z ich wartością jakościową, aktualnym stopniem ich duchowej natury. Substancja duchowa (jakość) reaguje tak samo na grawitację duchową, jak zorganizowana energia materii fizycznej (ilość) reaguje na grawitację fizyczną. Wartości duchowe i siły ducha są *rzeczywiste.* Z punktu widzenia osobowości, duch jest duszą stworzenia; materia cieniem – ciałem fizycznym.

Reakcje i fluktuacje grawitacji duchowej zawsze są zgodne z treścią wartości duchowych, z jakościowym statusem duchowym jednostki czy świata. Ta moc przyciągająca reaguje natychmiast na wewnątrzduchowe i międzyduchowe wartości wszelkich sytuacji wszechświatowych, czy warunków planetarnych. Za każdym razem, kiedy rzeczywistość duchowa aktualizuje się we wszechświatach, zmiany takie wymagają bezzwłocznego i natychmiastowego, ponownego dostosowania grawitacji duchowej. Taki nowy duch jest faktycznie częścią Drugiego Źródła i Centrum; i tak oczywiście, jak człowiek śmiertelny staje się istotą uduchowioną, tak też dotrze on do duchowego Syna, centrum i źródła grawitacji duchowej.

Duchowa moc przyciągająca Syna jest nieodłączna wielu klasom rajskiego synostwa, choć mniejsza w stopniu. W obrębie absolutnego obwodu grawitacji duchowej znajdują się te lokalne systemy duchowego przyciągania, które działają w mniejszych jednostkach stworzenia. Takie podabsolutne zogniskowania grawitacji duchowej są częścią boskości Stwórczych osobowości czasu i przestrzeni, i są uzależnione wzajemnie od wyłaniającej się, empirycznej kontroli nadrzędnej Istoty Najwyższej.

Przyciąganie grawitacji duchowej i reakcja na to przyciąganie funkcjonują nie tylko we wszechświecie, jako całości, ale nawet pomiędzy jednostkami oraz grupami jednostek. Istnieje duchowa przyczepność pomiędzy osobami duchowymi i uduchowionymi z jakiegokolwiek świata, rasy, narodu czy grupy wierzących jednostek. Istnieje bezpośrednie przyciąganie duchowej natury pomiędzy duchowo zorientowanymi osobami o podobnych gustach i dążeniach. Określenie – *pokrewne duchy* – nie jest tylko metaforą.

Grawitacja duchowa Wiecznego Syna jest absolutna, tak samo jak grawitacja materialna Raju. Grzech i bunt mogą przeszkadzać w działalności obwodów wszechświata lokalnego, ale nic nie może powstrzymać grawitacji duchowej Wiecznego Syna. Bunt Lucyfera spowodował wiele zmian w waszym systemie zamieszkałych planet oraz na Urantii, ale nie zauważamy, aby wynikła stąd duchowa kwarantanna waszej planety w jakimkolwiek stopniu dotyczyła obecności i działalności zarówno wszechobecnego ducha Wiecznego Syna, jak i związanego z nim obwodu grawitacji duchowej.

Wszelkie oddziaływania obwodu grawitacji duchowej wielkiego wszechświata są przewidywalne. Rozpoznajemy wszystkie działania i reakcje wszechobecnego ducha Wiecznego Syna i stwierdzamy, że są one niezmienne. Zgodnie ze znanymi prawami możemy mierzyć i mierzymy grawitację duchową, tak jak człowiek próbuje obliczać działanie skończonej grawitacji fizycznej. Istnieje niezmienna reakcja Synowskiego ducha na wszystkie duchowe rzeczy, istoty i osoby, a reakcja ta jest zawsze odpowiednia do stopnia aktualności (jakościowego stopnia rzeczywistości) wszystkich takich wartości duchowych.

Jednak obok tego, niezawodnego i przewidywalnego funkcjonowania obecności duchowej Wiecznego Syna, napotyka się zjawiska, których oddziaływania nie są tak łatwe do przewidzenia. Zjawiska te prawdopodobnie znamionują równoległe działanie Bóstwa-Absolutu w domenach wyłaniających się potencjałów duchowych. Wiemy, że duchowa obecność Wiecznego Syna jest wpływem majestatycznej i nieskończonej osobowości, ale oddziaływań związanych z domniemanym funkcjonowaniem Bóstwa-Absolutu raczej nie uważamy za osobowe.

Rozpatrując rzecz jako osoby i z osobowego punktu widzenia, Wieczny Syn i Bóstwo-Absolut wydają się być powiązane w następujący sposób: Wieczny Syn panuje nad domenami aktualnych wartości duchowych, natomiast Bóstwo-Absolut wydaje się przenikać rozległe domeny potencjalnych wartości ducha. Wszystkie aktualne wartości duchowej natury znajdują swe miejsce w ujęciu grawitacyjnym Wiecznego Syna, ale jeśli są potencjalne, wtedy najwidoczniej w obecności Bóstwa-Absolutu.

Duch wydaje się wyłaniać z potencjałów Bóstwa-Absolutu; rozwijający się duch znajduje wzajemną zależność w empirycznych i niekompletnych ujęciach Najwyższego i Ostatecznego; na koniec duch znajduje swe ostateczne przeznaczenie w absolutnym ujęciu grawitacji duchowej Wiecznego Syna. Tak wydaje się przebiegać rozwój ducha empirycznego, jednak duch egzystencjalny właściwy jest nieskończoności Drugiego Źródła i Centrum.

2. ADMINISTRACJA WIECZNEGO SYNA

Obecność i osobista działalność Pierwszego Syna jest wyjątkowo intensywna w Raju, w sensie duchowym absolutna. Gdy oddalamy się od Raju, idąc przez Havonę w kierunku domen siedmiu superwszechświatów, zauważamy coraz mniej osobistej działalności Wiecznego Syna. We wszechświatach posthavonalnych obecność Wiecznego Syna uosobiona jest w Rajskich Synach, warunkowana przez empiryczne rzeczywistości Najwyższego i Ostatecznego, a koordynowana nieograniczonym potencjałem duchowym Bóstwa-Absolutu.

We wszechświecie centralnym osobistą działalność Pierwszego Syna można zauważyć w wyrafinowanej harmonii duchowej wiecznej kreacji. Havona jest tak wyjątkowo doskonała, że status duchowy i stan energii tej formy wszechświata jest w doskonałej i trwałej równowadze.

W superwszechświatach, Syn nie jest osobiście obecny ani w nich nie przebywa; w kreacjach tych utrzymuje on tylko superosobowe przedstawicielstwo. Te duchowe przejawy Syna nie są osobowe, nie ma ich w obwodzie osobowości Ojca Wszechświatowego. Nie znamy lepszego terminu na ich określenie jak *superosobowości*; a są to istoty skończone, nie są ani absoniczne ani też absolutne.

Administracja Wiecznego Syna w superwszechświatach jest niezauważalna dla osobowości stworzonych, ponieważ jest czysto duchowa i superosobowa. Tym niemniej, przenikający wszystko duchowy impuls osobistego wpływu Syna napotykany jest w każdym stadium funkcjonowania, we wszystkich sektorach domen Pradawnych Czasu. Natomiast we wszechświecie lokalnym dostrzegamy osobowość Wiecznego Syna w osobach Rajskich Synów. To tutaj właśnie nieskończony Syn działa duchowo i stwórczo w osobach majestatycznego korpusu partnerskich Synów Stwórców.

3. STOSUNEK WIECZNEGO SYNA DO JEDNOSTKI

Kiedy śmiertelnicy czasu wznoszą się we wszechświecie lokalnym, uważają Syna Stwórcę za osobistego reprezentanta Wiecznego Syna. Kiedy jednak pielgrzymi czasu zaczynają się wznosić w porządku nauczania superwszechświata, coraz lepiej zauważają Boską obecność inspirującego ducha Wiecznego Syna i mogą korzystać z tej służby duchowego zasilania energią. Ci, co się wznoszą w Havonie, jeszcze lepiej uświadamiają sobie pełne miłości objęcia wszystko przenikającego ducha Pierwszego Syna. W żadnym stadium całego wznoszenia się śmiertelnika, duch Wiecznego Syna nie zamieszkuje umysłów czy dusz pielgrzymów czasu, ale jego opieka zawsze ich otacza i wciąż troszczy się on o dobro i duchowe bezpieczeństwo idących naprzód dzieci czasu.

Przyciąganie grawitacji duchowej Wiecznego Syna jest tajemnicą nieodłączną wznoszeniu się do Raju dusz ludzkich, które przetrwały śmierć. Wszystkie autentyczne wartości ducha i wszystkie prawdziwie uduchowione jednostki trzymane są w niezawodnych objęciach grawitacji duchowej Wiecznego Syna. Na przykład, śmiertelny umysł zaczyna swój byt jako mechanizm materialny i w końcu zostaje powołany do Korpusu Finalizmu jako nieomal doskonały byt duchowy, podczas całego tego doświadczenia będąc coraz mniej podatny na grawitację materialną a odpowiednio silniej reagując na skierowany do wewnątrz bodziec grawitacji duchowej. Obwód grawitacji duchowej dosłownie przyciąga duszę człowieka w kierunku Raju.

Obwód grawitacji duchowej jest podstawowym kanałem przekazywania szczerych modlitw wierzącego serca ludzkiego z poziomu świadomości ludzkiej do aktualnej świadomości Bóstwa. To, co w waszych prośbach reprezentuje prawdziwe wartości duchowe, przechwycone będzie przez wszechświatowy obwód grawitacji duchowej i przekazane natychmiast i równocześnie do wszystkich zainteresowanych, boskich osobowości. Każda zajmie się tym, co leży w jej osobistych kompetencjach. Zatem, w waszym praktycznym doświadczeniu religijnym nie ma znaczenia, czy zanosząc wasze prośby wyobrażacie sobie Syna Stwórcę z waszego wszechświata lokalnego, czy Wiecznego Syna w centrum wszystkich rzeczy.

Operacje różnicujące w obwodzie grawitacji duchowej mogą ewentualnie być porównane do funkcji obwodów nerwowych w materialnym ciele ludzkim. Bodźce przenoszą się do wewnątrz drogami nerwowymi; niektóre są przechwytywane i przekazywane do niższych, automatycznych centrów rdzeniowych; inne przechodzą do mniej automatycznych, bazujących na odruchach części pnia mózgowego, podczas gdy najważniejsze i istotne informacje przybywające przelatują przez te podrzędne centra i są natychmiast rejestrowane na najwyższych poziomach ludzkiej świadomości.

O ile jednak doskonalsza jest znakomita technika świata duchowego! Jeśli w waszej świadomości powstaje coś, co obfituje w wyższe wartości duchowe i gdy raz dacie temu wyraz, nie ma we wszechświecie mocy mogącej powstrzymać przesłanie tego bezpośrednio do Absolutnej Osobowości Duchowej całego stworzenia.

Odwrotnie, jeśli wasze prośby są czysto materialne i zupełnie egocentryczne, nie istnieje taki plan, dzięki któremu takie bezwartościowe modlitwy mogą się znaleźć w obwodzie duchowym Wiecznego Syna. Zawartość jakiejkolwiek prośby, która nie jest „zredagowana duchowo", nie może się znaleźć we wszechświatowym obwodzie duchowym; takie czysto egoistyczne i materialne prośby zanikają; nie wznoszą się w obwodach prawdziwych wartości ducha. Takie słowa są jak „miedź brzęcząca albo cymbał brzmiący".

To myśl motywująca, zawartość duchowa, jest tym, co nadaje wartość ludzkiej prośbie. Słowa nie mają znaczenia.

4. BOSKIE PLANY DOSKONALENIA

Wieczny Syn, w nieustannej łączności z Ojcem, realizuje pomyślnie *Boski plan* rozwoju; wszechświatowy plan stwarzania, ewolucji, wznoszenia się i doskonalenia istot obdarzonych wolą. I w Boskiej dokładności Syn jest wiecznie równy Ojcu.

Ojciec i jego Syn są jako jedność przy formułowaniu i wprowadzaniu w życie tego, gigantycznego zadania – planu doprowadzenia do wiecznej doskonałości materialnych istot czasu. Taki zamysł duchowego wywyższenia wznoszących się dusz przestrzeni jest wspólnym dziełem Ojca i Syna, i realizują oni razem swe Boskie cele przy współpracy Nieskończonego Ducha.

Ten Boski plan osiągania doskonałości zawiera trzy unikalne, chociaż zdumiewająco ze sobą powiązane przedsięwzięcia wszechświatowej epopei:

1. *Plan stopniowych osiągnięć.* Jest to plan Ojca Wszechświatowego a dotyczy on ewolucyjnego wznoszenia się – program zaakceptowany bez zastrzeżeń przez Wiecznego Syna, kiedy przystał na propozycję Ojca: „Uczyńmy istoty śmiertelne na nasz własny obraz". Umożliwienie pójścia naprzód istotom czasu pociąga za sobą obdarzenie ich przez Ojca Dostrajaczami Myśli, jak również wyposażenie istot materialnych w prerogatywy osobowości.

2. *Plan obdarzenia.* Następny wszechświatowy plan to objawienie Ojca; jest to wielkie zadanie Wiecznego Syna i partnerskich Synów. Jest to plan Wiecznego Syna, polegający na jego obdarzaniu wszechświatów ewolucyjnych Synami Boga, którzy w nich uosabiają i urzeczywistniają, wcielają i urealniają, miłość Ojca i miłosierdzie Syna w stosunku do istot stworzonych we wszystkich wszechświatach. Zgodnie z planem obdarzenia oraz w aspekcie służby miłości, Rajscy Synowie działają w charakterze rehabilitatorów tego, co wprowadzona w błąd wola istoty wystawiła na duchowe ryzyko. Kiedykolwiek i gdziekolwiek wystąpi opóźnienie w realizacji planu osiągania doskonałości, kiedy bunt ewentualnie zmąci czy skomplikuje to zadanie, wtedy natychmiast uruchamiane są nadzwyczajne klauzule planu obdarzania. Rajscy Synowie są zaprzysiężeni i gotowi iść do akcji, jako ratownicy na zbuntowane światy, aby przywrócić tam duchowy status tych sfer. I takiej heroicznej posługi dokonał partnerski Syn Stwórca na Urantii, w powiązaniu ze swą empiryczną działalnością obdarzającą, w celu zdobycia najwyższej władzy.

3. *Plan służby miłosierdzia.* Gdy plany docierania do doskonałości i plany obdarzenia zostają sformułowane i ogłoszone, Nieskończony Duch, sam z siebie i od siebie, planuje i realizuje ogromne i powszechne przedsięwzięcie służby miłosierdzia. Jest to

służba niezmiernie ważna dla praktycznych i efektywnych działań, zarówno przy osiąganiu doskonałości jak i w przedsięwzięciach obdarzania, i wszystkie duchowe osobowości Trzeciego Źródła i Centrum mają swój udział w tym duchu służby miłosierdzia, która jest tak istotną częścią natury Trzeciej Osoby Bóstwa. Nieskończony Duch działa prawdziwie i dosłownie jako wspólny wykonawca dla Ojca i Syna, nie tylko przy stwarzaniu, ale również w administracji.

Wieczny Syn jest osobowym powiernikiem Ojca, Boskim opiekunem powszechnego planu wznoszenia się istot stworzonych. Szerząc powszechne zalecenie – „bądźcie doskonali, nawet tak, jak ja doskonały jestem" – Ojciec powierzył wykonanie tego ogromnego zadania Wiecznemu Synowi; a Wieczny Syn realizuje to niebiańskie zadanie razem ze swym boskim partnerem, Nieskończonym Duchem. W ten sposób Bóstwa współpracują efektywnie w dziedzinach stwarzania, kontroli, ewolucji, objawienia i opieki – a jeśli zajdzie potrzeba – restytucji i rehabilitacji.

5. DUCH OBDARZENIA

Wieczny Syn przyłącza się w pełni do Ojca Wszechświatowego, gdy głosi ten wielki dla całego stworzenia nakaz: „Bądźcie doskonali, nawet tak, jak wasz Ojciec w Havonie doskonały jest". I odtąd to zaproszenie-nakaz stało się motywacją wszystkich planów wiecznego życia i projektów obdarzeń, tak Wiecznego Syna jak i jego rozległej rodziny partnerskich i pomocniczych Synów. I w czasie tych właśnie obdarzeń, Synowie Boży stają się dla wszystkich istot ewolucyjnych „drogą, prawdą i życiem".

Wieczny Syn nie może bezpośrednio kontaktować się z istotami ludzkimi, tak jak to robi Ojciec, przez dar przedosobowych Dostrajaczy Myśli, ale Wieczny Syn zbliża się do osobowości stworzonych poprzez szereg stopniowego zstępowania w dół Boskiego synostwa aż do tego punktu, kiedy może stanąć przed człowiekiem, czasami jako sam człowiek.

Czysto osobowej natury Wiecznego Syna nie można podzielić. Wieczny Syn służy albo jako duchowy wpływ, albo jako osoba, nigdy inaczej. Syn nie może stać się częścią doświadczenia istoty w takim sensie, w jakim Ojciec-Dostrajacz bierze udział w tym doświadczeniu, jednak Wieczny Syn wynagradza sobie to ograniczenie metodą obdarzania. Tym, czym dla Ojca Wszechświatowego są doświadczenia cząstkowych bytów, tym dla Wiecznego Syna są doświadczenia wcieleń Rajskich Synów.

Wieczny Syn nie przychodzi do śmiertelnego człowieka jako Boska wola – jako Dostrajacz Myśli zamieszkujący ludzki umysł – ale Wieczny Syn przybył do śmiertelnego człowieka na Urantii, kiedy Boska *osobowość* jego Syna, Michała z Nebadonu, wcieliła się w ludzkie jestestwo Jezusa z Nazaretu. Aby brać udział w doświadczeniach stworzonych osobowości, Rajscy Synowie Boga muszą posiąść prawdziwą naturę takich istot i wcielić swe Boskie osobowości w te właśnie istoty. Wcielenie, tajemnica Sonaringtonu, jest metodą wyzwalania się Syna ze skądinąd wszechobejmujących pęt absolutyzmu osobowości.

Bardzo dawno temu, Wieczny Syn obdarzał sobą każdą z orbit kreacji centralnej, dla oświecenia i rozwoju wszystkich jej mieszkańców oraz pielgrzymów Havony, razem ze wznoszącymi się pielgrzymami czasu. W żadnym z tych siedmiu obdarzeń nie działał on ani jako istota wznosząca się, ani jako Havoner. Był sam sobą. Jego doświadczenie było unikalne, nie było to doświadczenie *z* człowiekiem czy *jako* człowieka albo innego pielgrzyma, ale było w pewien sposób asocjacyjne w sensie superosobowym.

Nie przeżywał on również spoczynku, jaki się przechodzi między wewnętrzną orbitą Havony a obrzeżami Raju. Jako istota absolutna nie może zawiesić on świadomości swej osobowości, ponieważ w nim skupiają się wszystkie linie grawitacji duchowej. I podczas tych obdarzeń, centralny, rajski depozyt duchowej światłości nie został przyćmiony a Synowski uchwyt wszechświatowej grawitacji duchowej nie został pomniejszony.

Obdarzenia, dokonane przez Wiecznego Syna w Havonie, przekraczają możliwości ludzkiej wyobraźni; były one transcendentalne. Syn przydawał doświadczenia całej Havonie, zarówno wtedy jak i potem, ale nie wiemy, czy dodawał coś do domniemanie empirycznych właściwości swej egzystencjalnej natury; gdyby tak było, byłaby to tajemnica obdarzenia dokonanego przez Rajskich Synów. Wierzymy jednak, że Wieczny Syn zachował to, co osiągnął w czasie tych misji obdarzających, jednak nie wiemy, co to jest.

Chociaż trudno nam zrozumieć obdarzenia dokonane przez Drugą Osobę Bóstwa, rozumiemy obdarzenie Syna Wiecznego Syna w Havonie, który literalnie przeszedł orbity wszechświata centralnego i prawdziwie podziela te doświadczenia, które przygotowują istotę wznoszącą się na dotarcie do Bóstwa. To był pierwszy Michał, pierworodny Syn Stwórca i to właśnie on przeszedł życiowe doświadczenia wznoszących się pielgrzymów, od orbity do orbity, osobiście przechodząc pewien etap każdej orbity wraz z nimi, w czasach Grandfandy, który pierwszy ze wszystkich śmiertelników dotarł do Havony.

Cokolwiek jeszcze objawił ten pierwszy Michał, sprawiło, że transcendentalne obdarzenie Pierwszej Matki Syna stało się dla istot Havony rzeczywiste. Tak bardzo rzeczywiste, że zawsze każdy pielgrzym czasu, który przeżywa przygodę przemierzania orbit Havony, jest dopingowany i umacniany tą pewnością, że Wieczny Syn Boga siedem razy zrzekał się mocy i chwały Raju, aby brać udział w doświadczeniach pielgrzymów czasu-przestrzeni, na siedmiu orbitach stopniowych osiągnięć Havony.

Wieczny Syn jest podbudowującą inspiracją dla wszystkich Synów Boga, kiedy prowadzą swą obdarzającą służbę we wszechświatach czasu i przestrzeni. Partnerscy Synowie Stwórcy i współdziałający z nim Synowie-Arbitrzy, wraz z innymi nie objawionymi klasami synostwa, mają swój udział w tej cudownej gotowości obdarzenia sobą różnorodnych klas stworzonego życia i jako sami stworzeni. Zatem prawdą jest, że w obdarzeniu światów przestrzeni przez każdego Syna Bożego, we wszystkich obdarzeniach poprzez nie i z nimi, w duchu i z powodu pokrewieństwa natury, jak również na skutek pochodzenia, Wieczny Syn obdarza sobą inteligentne, posiadające wolę istoty z wszechświatów.

W duchu i w naturze, jeśli nie we wszystkich atrybutach, każdy Rajski Syn jest bosko doskonałym zobrazowaniem Pierwszego Syna. Jest literalnie prawdziwe – kto zobaczył Rajskiego Syna, zobaczył również Wiecznego Syna Boga.

6. RAJSCY SYNOWIE BOGA

Nieznajomość różnorodnych Synów Boga jest przyczyną wielkiej dezorientacji, panującej na Urantii. Ignorancja ta nadal trwa, pomimo takich oświadczeń, jak zapis o zgromadzeniu tych Boskich osobowości: „Gdy Gwiazdy Poranne chórem radośnie się odezwały i okrzyk wydali wszyscy Synowie Boży". W każdym tysiącleciu standardowego czasu sektora, różne klasy Boskich Synów zbierają się na okresowe zgromadzenia.

Wieczny Syn jest osobowym źródłem tych, podziwu godnych cech miłosierdzia i służby, którymi tak obficie charakteryzują się wszystkie klasy zstępujących Synów Boga, kiedy działają na obszarze całego stworzenia. Całą swą Boską naturę, jeśli nie całą nieskończoność atrybutów, Wieczny Syn niezawodnie przekazuje Rajskim Synom, wychodzącym z wiecznej Wyspy, aby objawić jego Boski charakter wszechświatowi wszechświatów.

Pierwszy i Wieczny Syn jest potomstwem-osobą „pierwszej" kompletnej i nieskończonej myśli Ojca Wszechświatowego. Za każdym razem, gdy Ojciec Wszechświatowy i Wieczny Syn planują razem nową, oryginalną, identyczną, unikalną i absolutnie osobową myśl, w tym samym momencie ta stwórcza idea zostaje doskonale i ostatecznie uosobiona w istocie i osobowości nowego i oryginalnego *Syna Stwórcy*. W naturze duchowej, Boskiej mądrości i partnerskiej mocy stwórczej, ci Synowie Stwórcy są potencjalnie równi Bogu-Ojcu i Bogu-Synowi.

Synowie Stwórcy wychodzą z Raju, idą we wszechświaty czasu i współpracując z kontrolującymi oraz stwórczymi czynnikami Trzeciego Źródła i Centrum, dopełniają organizowania stopniowo ewoluujących wszechświatów lokalnych. Synowie ci nie są związani z centralną, wszechświatową kontrolą materii, umysłu i ducha, ani też się nią nie zajmują. Dlatego też są oni ograniczeni w swych aktach stwórczych przez preegzystencję, pierwszeństwo i prymat Pierwszego Źródła i Centrum oraz partnerskich Absolutów. Synowie ci mogą zarządzać jedynie tym, co sami stworzyli. Absolutna administracja związana jest nierozłącznie z pierwszeństwem egzystencji, jako że jest ona nierozdzielna od nieskończoności obecności. Ojciec pozostaje praprzyczyną we wszechświatach.

Tak jak Synowie Stwórcy uosobieni są przez Ojca i Syna, tak *Synowie-Arbitrzy* uosobieni są przez Syna i Ducha. Są to ci Synowie, którzy doświadczając wcielenia się w istotę stworzoną, zdobywają prawo służenia w charakterze sędziów przetrwania we wszechświatach czasu i przestrzeni.

Ojciec, Syn i Duch jednoczą się również, aby uosobić wszechstronnych *Nauczycieli-Synów Trójcy*, którzy wędrują przez wielki wszechświat jako Boscy nauczyciele wszystkich osobowości, ludzkich i boskich. Istnieją jeszcze liczne inne klasy rajskiego synostwa, nie przedstawione śmiertelnikom z Urantii.

Pomiędzy Pierwszą Matką Synem a tymi zastępami Rajskich Synów, rozrzuconymi na obszarze całego stworzenia, istnieje bezpośredni i jedyny w swoim rodzaju kanał komunikacyjny, kanał, którego działanie jest właściwe dla jakości duchowego pokrewieństwa, jednoczącego ich więzami prawie absolutnego połączenia duchowego. Ten międzysynowski obwód jest zupełnie odmienny od powszechnego obwodu grawitacji duchowej, która również skoncentrowana jest w osobie Drugiego Źródła i Centrum. Wszyscy Synowie Boga, pochodzący od osób Rajskich Bóstw, posiadają bezpośrednią i stałą łączność z Wieczną Matką Synem. Łączność ta jest natychmiastowa, jest niezależna od czasu, choć czasami uwarunkowana jest przestrzenią.

Wieczny Syn nie tylko zawsze jest doskonale zorientowany w sprawie statusu, myśli i różnorodnych działań wszystkich klas rajskiego synostwa, ale cały czas orientuje się również doskonale w sprawie wszystkiego tego, co posiada wartość duchową, co istnieje w sercach wszystkich istot w pierwotnej, centralnej kreacji wieczności, oraz we wtórnych kreacjach czasu, domenie partnerskich Synów Stwórców.

7. NAJWYŻSZE OBJAWIENIE OJCA

Wieczny Syn jest kompletnym, wyłącznym, powszechnym i ostatecznym objawieniem ducha i osobowości Ojca Wszechświatowego. Cała wiedza i informacja o Ojcu musi pochodzić od Wiecznego Syna i jego Rajskich Synów. Wieczny Syn jest z wieczności i jest całkowicie, bez duchowych ograniczeń, jednością z Ojcem. W Boskiej osobowości są oni partnerami; w naturze duchowej są równi; w boskości są identyczni.

Charakter Boga, z natury rzeczy nie może być ewentualnie udoskonalony w osobie Syna, gdyż Boski Ojciec jest nieskończenie doskonały, jednak ten charakter i osobowość są zintensyfikowane, na skutek wyzbycia się tego, co nieosobowe i nieduchowe, dla objawienia istotom stworzonym. Pierwsze Źródło i Centrum jest czymś więcej niż osobowością, ale wszystkie duchowe własności ojcowskiej osobowości Pierwszego Źródła i Centrum istnieją duchowo w absolutnej osobowości Wiecznego Syna.

Pierwszy Syn i jego Synowie zajmują się powszechnym objawianiem duchowej i osobowej natury Ojca całemu stworzeniu. To właśnie Rajski Syn objawia Ojca Wszechświatowego ludziom i aniołom, we wszechświecie centralnym, w superwszechświatach, we wszechświatach lokalnych czy na zamieszkałych planetach. Wieczny Syn i jego Synowie objawiają tę drogę, którą istota stworzona idzie do Ojca Wszechświatowego. Nawet my, wysokiego pochodzenia, rozumiemy znacznie lepiej Ojca, gdy zapoznajemy się z objawieniem jego charakteru i osobowości w Wiecznym Synu i w Synach Wiecznego Syna.

Jako osobowość, Ojciec schodzi do was jedynie przez Boskich Synów Wiecznego Syna. I wy docieracie do Ojca tą samą, żywą drogą; wznosicie się do Ojca dzięki przewodnictwu tej grupy Boskich Synów. I to pozostaje prawdą, pomimo, że wasza własna osobowość jest bezpośrednim darem Ojca Wszechświatowego.

Rozpatrując całą rozbudowaną działalność rozległej, duchowej administracji Wiecznego Syna, nie zapominajcie o tym, że Syn jest osobą, tak samo prawdziwie i rzeczywiście, jak i Ojciec jest osobą. Co prawda, dla istot należących kiedyś do klasy ludzkiej, Wieczny Syn będzie łatwiej przystępny niż Ojciec Wszechświatowy. Przy przechodzeniu pielgrzymów czasu przez orbity Havony, będziecie mogli dostąpić Syna na długo wcześniej, nim będziecie gotowi rozpoznać Ojca.

Będziecie mogli lepiej zrozumieć charakter i miłosierną naturę Wiecznego Syna miłosierdzia, kiedy rozważycie objawienie tych Boskich atrybutów, jakie zostały ukazane w miłości pełnej służbie waszego własnego Syna Stwórcy, swego czasu Syna Człowieczego na Ziemi, obecnie wysokiego władcy waszego wszechświata lokalnego – Syna Człowieczego i Syna Bożego.

[Zredagowane przez Niebiańskiego Radcę, wyznaczonego do sformułowania tej relacji, opisującej Wiecznego Syna z Raju].

PRZEKAZ 8

NIESKOŃCZONY DUCH

DAWNO temu, w wieczności, kiedy „pierwsza" nieskończona i absolutna myśl Ojca Wszechświatowego znalazła w Wiecznym Synu tak doskonałe i właściwe słowo, dla jej boskiego wyrażenia, pojawiło się najwyższe życzenie, zarówno u Myśli-Boga jak i u Słowa-Boga, posiadania wszechstronnego i nieskończonego pośrednika dla wspólnej ekspresji i łącznego działania.

O świcie wieczności, zarówno Ojciec jak i Syn uświadomili sobie nieskończenie swą obopólną, wzajemną zależność, swą wieczną i absolutną jedność; dlatego zaczęli nieskończone i wiecznotrwałe przymierze Boskiego partnerstwa. To nieskończone porozumienie zawarte zostało w celu realizacji ich wspólnych idei w całym okręgu wieczności; i od tamtego zdarzenia w wieczności, Ojciec i Syn wciąż pozostają w tym boskim związku.

Stajemy teraz w obliczu początku, w wieczności, Nieskończonego Ducha, Trzeciej Osoby Bóstwa. W tym właśnie momencie, gdy Bóg-Ojciec i Bóg-Syn zaczęli razem identycznie i nieskończenie działać – realizować absolutną myśl-plan – w tej właśnie chwili zaistniał w pełni dojrzały Nieskończony Duch.

Przytaczając ten porządek powstawania Bóstw, czynię to tylko dlatego, aby wam umożliwić zrozumienie ich związków. W rzeczywistości wszyscy trzej istnieją od wieczności; są egzystencjalni. Są bez początku i bez końca; są partnerami, najwyżsi, ostateczni, absolutni i nieskończeni. Zawsze są, zawsze byli i zawsze będą. I są to trzy wyraźnie zindywidualizowane, ale wiecznie połączone ze sobą osoby, Bóg-Ojciec, Bóg-Syn i Bóg-Duch.

1. BÓG DZIAŁANIA

W przeszłej wieczności, po uosobieniu Nieskończonego Ducha, Boski cykl osobowości stał się doskonały i kompletny. Istnieje Bóg Działania i gotowa jest rozległa scena przestrzeni do gigantycznego spektaklu stworzenia – do wszechświatowej przygody – Boskiej panoramy wiecznych epok.

Pierwszą czynnością Nieskończonego Ducha jest dostrzeżenie i rozpoznanie swoich Boskich rodziców, Ojca-Ojca i Matki-Syna. On, Duch, zdecydowanie rozpoznaje ich obydwu. Zdaje on sobie w pełni sprawę z ich odrębnych osobowości oraz nieskończonych atrybutów, jak również z ich łącznej natury i wspólnego działania. Następnie, dobrowolnie, z niedoścignioną ochotą i inspirującą spontanicznością, Trzecia Osoba Bóstwa przyrzeka wieczną lojalność Bogu-Ojcu i uznaje wiecznotrwałą zależność od Boga-Syna, pomimo jej równości z Pierwszą i Drugą Osobą.

Zgodnie z naturą tego procesu i przy wzajemnym uznaniu niezależności każdej osobowości oraz jedności działania wszystkich trzech, ustanowiony jest cykl wieczności. Istnieje Rajska Trójca. Scena przestrzeni wszechświata przygotowana zostaje dla różnorodnej i niekończącej się panoramy, na której wprowadzany jest w życie stwórczy cel Ojca Wszechświatowego, przez osobę Wiecznego Syna i realizowany przez Boga Działania, pośrednika funkcjonującego dla dopełnienia rzeczywistości stwórczego partnerstwa Ojciec-Syn.

Bóg Działania funkcjonuje i ożywiają się martwe sklepienia niebieskie. Miliard doskonałych sfer rozbłyskuje w byt. Wcześniej, przed tym hipotetycznym momentem w wieczności, energie przestrzenne tkwiące w Raju istnieją i są potencjalnie operatywne, ale nie mają aktualności bytu; tak samo grawitacja fizyczna nie może być zmierzona inaczej, jak przez reakcję rzeczywistości materialnych na jej nieustanne przyciąganie. W tym (zakładanym), wiecznie odległym momencie, nie ma wszechświata materialnego, ale dokładnie w tej chwili, gdy zmaterializowało się miliard światów, mamy dowód istnienia grawitacji wystarczającej i adekwatnej, by je utrzymać w wiecznotrwałym uchwycie Raju.

Teraz, na całym obszarze Boskiego stworzenia rozbłyskuje druga forma energii i ten rozlewający się duch natychmiast zostaje objęty grawitacją duchową Wiecznego Syna. Tak więc wszechświat, ujęty dwojaką grawitacją, jest poruszany energią wieczności i zanurzony jest w duchu boskości. Tym sposobem przygotowana zostaje gleba życia na pojawienie się świadomości umysłu, w związanych z tym wszystkim obwodach inteligencji Nieskończonego Ducha.

Na bazie tego zasiewu potencjalnego istnienia, rozrzuconego na obszarze centralnego wszechświata Bogów, działa Ojciec i pojawia się osobowość istoty. Następnie całą zorganizowaną przestrzeń wypełnia obecność Rajskich Bóstw i zaczyna efektywnie przyciągać wszystkie rzeczy i istoty w kierunku Raju.

Nieskończony Duch uwiecznia się równocześnie z narodzinami światów Havony, czyli centralnego wszechświata stworzonego przez niego, z nim i w nim, zgodnie ze wspólnymi ideami i zjednoczoną wolą Ojca i Syna. Dzięki temu właśnie aktowi wspólnego stworzenia, Trzecia Osoba staje się Bóstwem i tym samym na zawsze zostaje Wspólnym Stwórcą.

Wielkie i wspaniałe są epoki stwórczej ekspansji Ojca i Syna, realizowane przez działanie i w działaniu ich wspólnego towarzysza i jedynego wykonawcy, Trzeciego Źródła i Centrum. Nie ma żadnych zapisów o tych frapujących czasach. Posiadamy jedynie skąpe wyjaśnienie Nieskończonego Ducha, konkretyzujące te gigantyczne procesy. Potwierdził on tylko, że wszechświat centralny i wszystko, co tego wszechświata dotyczy, uwieczniło się wraz z osiągnięciem przez niego osobowości i świadomej egzystencji.

Krótko mówiąc, Nieskończony Duch oświadczył, że ponieważ on sam jest wieczny, wszechświat centralny tak samo jest wieczny. I to jest uznawany tradycyjnie początkowy punkt historii wszechświata wszechświatów. Nie wie się absolutnie o niczym przedtem i nie istnieją żadne zapisy dotyczące jakiegokolwiek wydarzenia czy działania, przed tą zdumiewającą erupcją energii stwórczej i mądrości wykonawczej, co skrystalizowała rozległy wszechświat, istniejący i tak znakomicie działający w centrum wszystkich rzeczy. Poza tym zdarzeniem leżą niedocieczone działania wieczności i głębie nieskończoności – absolutna tajemnica.

Tak więc obrazujemy początki Trzeciego Źródła i Centrum w kolejności, jako interpretacyjne zniżenie się do ograniczonych czasem i zależnych od przestrzeni umysłów istot śmiertelnych. Aby wyobrazić sobie historię wszechświata, umysł ludzki musi mieć punkt początkowy i otrzymałem polecenie stosowania tego właśnie sposobu rozpatrywania historycznej idei wieczności. W materialnym umyśle, logika wymaga istnienia Pierwszej Przyczyny a zatem postulujemy Ojca Wszechświatowego jako Pierwsze Źródło i Absolutne Centrum całego stworzenia, informując równocześnie wszystkie istoty stworzone, że Syn i Duch są współwieczni z Ojcem, we wszystkich stadiach historii wszechświata i we wszystkich domenach stwórczej działalności. I robimy to nie lekceważąc w żadnej mierze rzeczywistości i wieczności Wyspy Raj, Absolutu Nieuwarunkowanego, Absolutu Wszechświatowego i Bóstwa-Absolutu.

Wyobrażenie sobie Ojca w wieczności jest wystarczającym osiągnięciem materialnego umysłu dzieci czasu. Wiemy, że każde dziecko najlepiej znajduje swój związek z rzeczywistością opanowując z początku zależności sytuacji dziecko-rodzic, a potem poszerza tę ideę tak, aby obejmowała rodzinę jako całość. Potem, rozwijający się umysł dziecka będzie mógł dostosować ideę stosunków rodzinnych do swej zależności od społeczeństwa, rasy i świata, a potem do zależności od wszechświata, superwszechświata a nawet wszechświata wszechświatów.

2. NATURA NIESKOŃCZONEGO DUCHA

Wspólny Stwórca pochodzi z wieczności i jest całkowicie i bez ograniczeń jednością z Ojcem Wszechświatowym i Wiecznym Synem. Nieskończony Duch, w swej doskonałości, odzwierciedla nie tylko naturę Rajskiego Ojca, ale również naturę Pierwszego Syna.

Trzecie Źródło i Centrum znane jest pod licznymi tytułami: Wszechświatowy Duch, Najwyższy Przewodnik, Wspólny Stwórca, Boski Wykonawca, Nieskończony Umysł, Duch Duchów, Rajska Matka Duch, Wspólny Aktywizator, Ostateczny Koordynator, Wszechobecny Duch, Inteligencja Absolutna, Boskie Działanie, a na Urantii jest on czasem mylony z kosmicznym umysłem.

Jest całkiem prawidłowo nazywać Trzecią Osobę Bóstwa Nieskończonym Duchem, ponieważ Bóg jest duchem, jednak istoty materialne, które mają skłonność do błędnego uznawania materii za podstawową rzeczywistość a umysłu, jako razem z duchem zakorzenionego w materii, lepiej rozumiałyby Trzecie Źródło i Centrum, gdyby było ono nazywane Nieskończoną Rzeczywistością, Wszechświatowym Organizatorem czy Koordynatorem Osobowości.

Nieskończony Duch jako wszechświatowe objawienie boskości, jest niezbadany i przekracza zupełnie możliwości ludzkiego pojmowania. Aby odczuć absolutność Ducha, powinniście rozważać jedynie nieskończoność Ojca Wszechświatowego i dostrzegać ogrom wieczności Pierwszego Syna.

Doprawdy w osobie Nieskończonego Ducha istnieje tajemnica, jednak nie tak wielka, jak w Ojcu i Synu. Ze wszystkich aspektów Ojcowskiej natury, Wspólny Stwórca najwyraźniej objawia swoją nieskończoność. Nawet jeśli wszechświat nadrzędny w końcu rozszerzy się do nieskończoności, obecność ducha, kontrola energii i potencjał umysłu Wspólnego Aktywizatora będą odpowiednie, aby sprostać wymaganiom tak bezgranicznego stworzenia.

Aczkolwiek Nieskończony Duch podziela na wiele sposobów doskonałość, prawość i miłość Ojca Wszechświatowego, skłania się on w kierunku atrybutów miłosierdzia Wiecznego Syna, jest zatem tym, który niesie wielkiemu wszechświatu miłosierdzie Rajskich Bóstw. Zawsze i nieprzerwanie – powszechnie i wiecznie – Duch niesie miłosierdzie, gdyż tak jak Boscy Synowie objawiają miłość Bożą, tak Boski Duch obrazuje miłosierdzie Boże.

Jest niemożliwe, aby Duch miał więcej dobroci niż Ojciec, jako że cała dobroć ma swój początek w Ojcu, jednak w działaniach Ducha lepiej możemy zrozumieć tą dobroć. Oddanie Ojca i stałość Syna stają się bardzo rzeczywiste dla istot duchowych i materialnych, mieszkających na różnych światach, dzięki miłości pełnej opiece i nieustającej służbie osobowości pochodzących od Nieskończonego Ducha.

Wspólny Stwórca dziedziczy całe Ojcowskie piękno myśli i prawy charakter. I te wzniosłe przymioty boskości koordynowane są w kosmicznym umyśle na poziomach zbliżonych do najwyższego, podporządkowane nieskończonej i wiecznej mądrości niezależnego i nieograniczonego umysłu Trzeciego Źródła i Centrum.

3. STOSUNEK DUCHA DO OJCA I SYNA

Tak jak Wieczny Syn jest słownym wyrażeniem „pierwszej", absolutnej i nieskończonej myśli Ojca Wszechświatowego, tak Wspólny Aktywizator jest doskonałym wypełnieniem „pierwszej", kompletnej, stwórczej idei czy planu łącznego działania Ojca-Syna, w partnerstwie osobowości i przy absolutnej jedności myśli-słowa. Trzecie Źródło i Centrum uwiecznia się razem z centralną, czy odgórnie zarządzoną kreacją i jedynie ta, centralna kreacja, istnieje wiecznie pośród wszechświatów.

Od czasu uosobienia Trzeciego Źródła, Pierwsze Źródło nie bierze już osobiście udziału w stwarzaniu wszechświata. Ojciec Wszechświatowy przekazuje wszystko, co możliwe swemu Wiecznemu Synowi; tak samo Wieczny Syn nadaje całą możliwą władzę i moc Wspólnemu Stwórcy.

Wieczny Syn i Wspólny Stwórca planowali i kształtowali, jako partnerzy i poprzez współdziałające osobowości, każdy posthavonalny wszechświat, jaki został powołany do bytu. Duch utrzymuje takie same osobiste związki z Synem we wszystkich kolejnych kreacjach, jakie Syn utrzymuje z Ojcem w pierwszej i centralnej kreacji.

Was i wasz wszechświat stworzył Syn Stwórca Wiecznego Syna i Stwórczy Duch Nieskończonego Ducha; i kiedy Ojciec sumiennie podtrzymuje to, co oni zorganizowali, przenosi on na Syna Wszechświata i Ducha Wszechświata obowiązek wspierania i utrzymywania ich dzieła, jak również służenia tym istotom, które sami stworzyli.

Nieskończony Duch jest operatywnym czynnikiem wszechmiłującego Ojca i wszechmiłosiernego Syna przy realizacji ich wspólnego planu, polegającego na przyciąganiu do siebie wszystkich kochających prawdę dusz ze wszystkich światów czasu i przestrzeni. Kiedy Wieczny Syn zaakceptował plan swego Ojca, mówiący o osiąganiu doskonałości przez istoty stworzone z wszechświatów, wtedy ten właśnie projekt wznoszenia się istot stał się planem Ojca-Syna i w tym momencie Nieskończony Duch stał się dla Ojca i Syna wspólnym administratorem, wprowadzającym w życie ich wspólny i wieczny cel. I realizując to, Nieskończony Duch zaoferował Ojcu i Synowi wszystkie środki swej Boskiej obecności oraz środki osobowości duchowych; poświęcił *wszystko* dla gigantycznego planu wywyższenia żyjących wiecznie, obdarzonych wolą istot, do boskich szczytów rajskiej doskonałości.

Nieskończony Duch jest kompletnym, wyłącznym, wszechświatowym objawieniem Ojca Wszechświatowego i jego Wiecznego Syna. Cała wiedza o partnerstwie Ojca-Syna musi być przekazywana przez Nieskończonego Ducha, wspólnego przedstawiciela Boskiej jedności myśli-słowa.

Wieczny Syn jest jedyną drogą dostępu do Ojca Wszechświatowego a Nieskończony Duch jest jedynym środkiem docierania do Wiecznego Syna. Tylko dzięki cierpliwej służbie Ducha, wznoszące się istoty czasu potrafią odkryć Syna.

W centrum wszystkich rzeczy Nieskończony Duch jest pierwszym z Rajskich Bóstw, do którego docierają wznoszący się pielgrzymi. Trzecia Osoba otacza osobę Drugą i Pierwszą, i dlatego też musi zawsze pierwsza być rozpoznana przez wszystkich kandydatów do prezentacji przed Synem i jego Ojcem.

I na wiele innych sposobów Duch na równi reprezentuje Ojca i Syna i podobnie im służy.

4. DUCH BOSKIEJ SŁUŻBY

Podobnie jak we wszechświecie fizycznym, w którym grawitacja Raju trzyma wszystkie rzeczy razem, we wszechświecie duchowym słowo Syna objaśnia myśl Boga, a kiedy „staje się ciałem", wykazuje przepełnione miłością miłosierdzie połączonej natury związanych ze sobą Stwórców. Jednak na wskroś całej tej, materialnej i duchowej kreacji, rozpościera się rozległa scena, na której Nieskończony Duch i jego duchowe potomstwo okazują wspólne miłosierdzie, cierpliwość i nieustające uczucie Boskich rodziców do swych inteligentnych dzieci, przez nich razem wymyślonych i stworzonych. Nieustanna działalność na rzecz umysłu jest istotą Boskiego charakteru Ducha. I wszelkie duchowe potomstwo Wspólnego Aktywizatora podziela to pragnienie opieki, boski impuls służby.

Bóg jest miłością, Syn miłosierdziem, Duch służbą – służbą Boskiej miłości i nieskończonego miłosierdzia dla całego inteligentnego stworzenia. Duch jest uosobieniem Ojcowskiej miłości i Synowskiego miłosierdzia, w nim te cechy są wiecznie zjednoczone dla wszechświatowej służby. Duch jest *miłością stosowaną* do wszystkich istot stworzonych w całej kreacji, zjednoczoną miłością Ojca i Syna.

Nieskończony Duch znany jest na Urantii jako wszechobecny wpływ, uniwersalna obecność, jednak w Havonie będziecie go znać jako osobową obecność aktualnej służby. Tutaj służba Rajskiego Ducha jest przykładowym i inspirującym wzorem dla każdego partnerskiego Ducha i podległych mu osobowości, służących istotom stworzonym na światach czasu i przestrzeni. W tym, Boskim wszechświecie, Nieskończony Duch w całej pełni uczestniczył w siedmiu transcendentalnych odwiedzinach Wiecznego Syna; tak samo brał udział w siedmiu obdarzeniach orbit Havony wraz z pierwszym Synem Michałem, dlatego też stał się współczującym i wyrozumiałym opiekunem duchowym każdego pielgrzyma czasu, przemierzającego te doskonałe orbity na wysokości.

Kiedy Stwórca Syn Boga podejmuje się obowiązków stworzenia planowanego wszechświata lokalnego, osobowości Nieskończonego Ducha zobowiązują się niestrudzenie służyć takiemu Synowi Michałowi, kiedy udaje się na swą misję stwórczej przygody. Zwłaszcza w osobach Stwórczych Córek, Matek Duchów wszechświata lokalnego, znajdujemy Nieskończonego Ducha poświęcającego się zadaniu awansowania istot materialnych do coraz wyższych poziomów osiągnięć duchowych. I cała ta służba dla istot stworzonych prowadzona jest w doskonałym zestrojeniu z tymi celami, do których dążą Synowie Stwórcy z wszechświatów lokalnych, jak również w bliskim związku z osobami tych Synów.

Tak jak Synowie Boga podejmują się gigantycznego zadania, objawienia wszechświatowi przepełnionej miłością Ojcowskiej osobowości, tak Nieskończony Duch poświęca się nieskończonej służbie, objawieniu wspólnej miłości Ojca i Syna indywidualnym umysłom wszystkich dzieci każdego wszechświata. W tych wszechświatach lokalnych Duch nie schodzi do istot materialnych w formie ciała śmiertelnego, jak to robią niektórzy Synowie Boga, jednak Nieskończony Duch i partnerskie Duchy zniżają swój status, radośnie przechodząc zdumiewający szereg redukcji boskości, dopóki nie pojawią się jako aniołowie, aby stać przy was i prowadzić was zwyczajnymi ścieżkami ziemskiego bytu.

Dzięki takiej właśnie serii redukcji statusu, Nieskończony Duch, rzeczywiście i jako osoba, zbliża się bardzo do każdej istoty pochodzącej od zwierząt na jej sferze. I wszystko to robi Duch nie deprecjonując w żadnym stopniu swojej egzystencji, jako Trzeciej Osoby Bóstwa w centrum wszystkich rzeczy.

Wspólny Aktywizator jest, prawdziwie i na zawsze, wielką usługującą osobowością, wszechświatowym dawcą miłosierdzia. Aby zrozumieć służbę Ducha, zastanówcie się nad tą prawdą, że jest on wspólnym zobrazowaniem niekończącej się miłości Ojca i wiecznego miłosierdzia Syna. Służba Ducha nie ogranicza się jednak wyłącznie do reprezentowania Wiecznego Syna i Ojca Wszechświatowego. Nieskończony Duch może także służyć istotom danej domeny w swym własnym imieniu i na własnych warunkach; Trzecia Osoba posiada Boskie dostojeństwo i również od siebie powszechnie obdarza służbami miłosierdzia.

Kiedy człowiek dowie się więcej o pełnej miłości i niestrudzonej służbie niższych klas istot z rodziny Nieskończonego Ducha, będzie bardziej podziwiał i wielbił transcendentalną naturę i niezrównany charakter wspólnego Działania Ojca Wszechświatowego i Wiecznego Syna. Prawdziwie Duch jest „oczami Pana zwróconymi na sprawiedliwych" i „Boskimi uszami otwartymi na ich modlitwy".

5. OBECNOŚĆ BOGA

Wyróżniającą się cechą Nieskończonego Ducha jest jego wszechobecność. Ten wszystko przenikający duch, który tak bardzo jest podobny do obecności wszechświatowego, boskiego umysłu, jest wszechobecny w całym wszechświecie wszechświatów. Zarówno Druga Osoba jak i Trzecia Osoba Bóstwa reprezentowane są na wszystkich światach przez ich wszechobecne duchy.

Ojciec jest *nieskończony* i dlatego ograniczony jest tylko przez własną wolę. Ojciec działa sam w obdarzeniu Dostrajaczami i w ujęciu obwodu osobowości, ale w kontaktach sił duchowych z istotami inteligentnymi używa on duchów i osobowości Wiecznego Syna i Nieskończonego Ducha. Jeśli zechce, może być gdziekolwiek duchowo obecny na równi z Synem czy Wspólnym Aktywizatorem; jest on obecny *z* Synem i *w*

Duchu. Ojciec jest z całkowitą pewnością wszędzie obecny i dostrzegamy jego obecność w każdej z rozmaitych, ale powiązanych ze sobą sił, wpływów i obecności.

W waszych pismach świętych nazwa *Duch Boży* wydaje się być używana na przemian, zarówno na określenie Nieskończonego Ducha w Raju, jak i Stwórczego Ducha z waszego wszechświata lokalnego. Duch Święty jest obwodem duchowym Stwórczej Córki Rajskiego, Nieskończonego Ducha. Duch Święty jest obwodem miejscowym każdego wszechświata lokalnego i ogranicza się do domen duchowych danej kreacji, ale Nieskończony Duch jest wszechobecny.

Istnieje wiele wpływów duchowych a wszystkie są jako *jedność*. Nawet działanie Dostrajaczy Myśli, choć niezależne od wszelkich innych wpływów, nieodmiennie zbieżne jest z duchową służbą połączonych wpływów Nieskończonego Ducha oraz Matki Ducha wszechświata lokalnego. Kiedy te duchowe obecności działają w życiu Urantian, nie można ich odróżnić. W waszych umysłach i na wasze dusze działają one jako jeden duch, pomimo swego zróżnicowanego pochodzenia. I kiedy doświadczacie tej zjednoczonej służby duchowej, staje się ona dla was wpływem Najwyższego, „który może was ustrzec od upadku i stawić nienagannymi wobec waszego Ojca na wysokości".

Pamiętajcie zawsze, że Nieskończony Duch jest *Wspólnym* Aktywizatorem, zarówno Ojciec jak i Syn działają w nim i poprzez niego; jest on obecny nie tylko sam z siebie, ale również jako Ojciec i jako Syn oraz jako Ojciec-Syn. Z tej to przyczyny oraz z wielu innych dodatkowych przyczyn, duchowa obecność Nieskończonego Ducha często określana jest jako „duch Boży".

Traktowanie współdziałania całej służby duchowej jako ducha Bożego byłoby również konsekwentne, gdyż takie połączenie jest naprawdę zjednoczeniem duchów Boga-Ojca, Boga-Syna, Boga-Ducha i Boga Siedmiorakiego – nawet ducha Boga Najwyższego.

6. OSOBOWOŚĆ NIESKOŃCZONEGO DUCHA

Powszechne obdarzenie Trzecim Źródłem i Centrum oraz jego rozległe rozdzielanie nie powinno przesłaniać wam, czy skądinąd umniejszać, faktu jego osobowości. Nieskończony Duch jest wszechświatową obecnością, wiecznym działaniem, kosmiczną mocą, świętym wpływem i wszechświatowym umysłem; jest wszystkim tym i jeszcze czymś nieskończenie większym, ale jest on także prawdziwą i Boską osobowością.

Nieskończony Duch jest osobowością kompletną i doskonałą, jest równy w boskości i jest partnerem Ojca Wszechświatowego i Wiecznego Syna. Wspólny Stwórca jest po prostu tak samo rzeczywisty i widzialny dla wszechświatowych, wyższych istot inteligentnych, jak Ojciec i Syn; faktycznie jeszcze bardziej, gdyż to właśnie do Ducha muszą dotrzeć wszystkie wznoszące się istoty, zanim będą mogły dostąpić Ojca poprzez Syna.

Nieskończony Duch, Trzecia Osoba Bóstwa, posiada wszystkie te cechy, które kojarzycie z osobowością. Duch wyposażony jest w absolutny umysł: „Duch przenika wszystko, nawet głębokości Boga samego". Duch wyposażony jest nie tylko w umysł, ale także w wolę. O obdarzaniu jego darami jest napisane: „Wszystko zaś sprawia jeden i ten sam Duch, udzielając każdemu tak, jak chce".

„Miłość Ducha" jest rzeczywista, tak, jak rzeczywiste są jego smutki; zatem „nie zasmucajcie Ducha Bożego". Czy dostrzegamy Nieskończonego Ducha jako Rajskie Bóstwo, czy jako Stwórczego Ducha wszechświata lokalnego, zauważamy, że Wspólny Stwórca jest nie tylko Trzecim Źródłem i Centrum, ale jest także Boską osobą. Ta

Boska osobowość odnosi się do wszechświata również jako osoba. Duch mówi do was: „Kto ma uszy niechaj posłyszy, co mówi Duch". „Duch sam wstawia się za wami". Duch wywiera bezpośredni i osobisty wpływ na istoty stworzone, „gdyż tak wielu, jak wielu prowadzi Duch Boży, są synami Bożymi".

Choć dostrzegamy zjawisko służby Nieskończonego Ducha dla odległych światów wszechświata wszechświatów, choć stajemy w obliczu tego samego, koordynującego Bóstwa, działającego w niezliczonych legionach różnorodnych istot i poprzez te istoty, biorące początek z Trzeciego Źródła i Centrum, choć zauważamy wszechobecność Ducha, tym niemniej wciąż twierdzimy, że to samo Trzecie Źródło i Centrum jest osobą, Wspólnym Stwórcą wszystkich rzeczy, wszystkich istot i wszystkich wszechświatów.

W administracji wszechświatów Ojciec, Syn i Duch są w doskonałym i wiecznym związku wzajemnym. Chociaż każdy osobiście służy całemu stworzeniu, wszyscy trzej są bosko i absolutnie związani wzajemnie w służbie i kontroli całego stworzenia, co sprawia, że zawsze są *jednością*.

Ojciec i Syn są razem obecni w osobie Nieskończonego Ducha, zawsze i z nieograniczoną doskonałością, gdyż Duch podobny jest Ojcu i podobny Synowi i także jak Ojciec i Syn, skoro tych dwóch zawsze są jednością.

[Przedstawione na Urantii przez Niebiańskiego Radcę z Uversy, upoważnionego przez Pradawnych Czasu do zobrazowania natury i działalności Nieskończonego Ducha].

PRZEKAZ 9

STOSUNEK NIESKOŃCZONEGO DUCHA DO WSZECHŚWIATA

NIEZWYKŁA rzecz się zdarzyła, kiedy w obecności Raju złączyli się Ojciec Wszechświatowy i Wieczny Syn, aby się uosobić. W tej sytuacji, w wieczności, nic nie wskazywało na to, że Wspólny Aktywizator mógłby się uosobić jako nieograniczona duchowość, partner absolutnego umysłu, wyposażony w unikalne prerogatywy oddziaływania na energię. Jego pojawienie się dopełnia oswobodzenia Ojca z więzów scentralizowanej doskonałości i z pęt absolutyzmu osobowości. I to wyzwolenie przejawia się w zadziwiającej mocy Wspólnego Aktywizatora, w możliwości stwarzania istot dobrze przystosowanych do służby w charakterze duchów opiekuńczych, nawet dla istot materialnych w rozwijających się później wszechświatach.

Ojciec jest nieskończony w miłości i woli, w duchowej myśli i celu; jest wszechświatowym podtrzymywaczem. Syn jest nieskończony w mądrości i prawdzie, w duchowej ekspresji i interpretacji; jest wszechświatowym objawicielem. Raj jest nieskończony w potencjale nadawania siły i w możliwościach panowania nad energią; jest wszechświatowym stabilizatorem. Wspólny Aktywizator posiada unikalne właściwości syntezy, nieskończone możliwości koordynacji wszystkich istniejących energii wszechświata, wszystkich aktualnych duchów wszechświata i wszystkich rzeczywistych intelektów wszechświata; Trzecie Źródło i Centrum jest wszechświatowym unifikatorem różnorodnych energii i rozmaitych kreacji, które pojawiły się jako konsekwencja realizacji Boskiego planu i wiecznego celu Ojca Wszechświatowego.

Nieskończony Duch, Wspólny Stwórca, jest wszechświatowym, Boskim opiekunem. Duch nieustannie służy miłosierdziem Syna i Ojcowską miłością, nawet w harmonii ze stabilną, niezmienną i prawą sprawiedliwością Rajskiej Trójcy. Jego wpływ i jego osobowości są zawsze obok was; naprawdę znają one was i prawdziwie was rozumieją.

Na obszarze wszechświatów czynniki Wspólnego Aktywizatora nieustannie kierują siłami i energiami całej przestrzeni. Podobnie jak Pierwsze Źródło i Centrum, Trzecie też reaguje na to, co duchowe jak i na to, co materialne. Wspólny Aktywizator jest objawieniem jedności Boga, w którym wszystko się zawiera – rzeczy, znaczenia i wartości; energie, umysły i duchy.

Nieskończony Duch przenika całą przestrzeń; zamieszkuje okrąg wieczności i Duch, podobnie jak Ojciec i Syn, jest doskonały i niezmienny – absolutny.

1. ATRYBUTY TRZECIEGO ŹRÓDŁA I CENTRUM

Trzecie Źródło i Centrum znane jest pod wieloma imionami – wszystkie z nich określają zależność od niego i uznanie dla jego działalności. Jako Bóg-Duch jest on w osobowości partnerem a w boskości równy Bogu-Synowi i Bogu-Ojcu. Jako Nieskończony Duch jest on wszechobecnym wpływem duchowym. Jako Wszechświatowy Operator jest on protoplastą istot kontrolujących moc i aktywizatorem kosmicznych sił przestrzeni. Jako Wspólny Aktywizator jest on równocześnie reprezentantem i czynnikiem wykonawczym partnerstwa Ojciec-Syn. Jako Absolutny Umysł jest on źródłem i dawcą intelektu we wszechświatach. Jako Bóg Działania jest on najwyraźniej protoplastą ruchu, zmian i zależności.

Niektóre atrybuty Trzeciego Źródła i Centrum wywodzą się od Ojca, niektóre od Syna, kiedy jeszcze innych nie dostrzega się, jako istniejących czynnie i osobowo, czy to u Ojca czy to u Syna – tych atrybutów, które są trudne do wytłumaczenia, chyba, że się założy, że partnerstwo Ojciec-Syn, którego uwiecznieniem jest Trzecie Źródło i Centrum, działa konsekwentnie w harmonii i w świadomości wiecznego faktu absolutności Raju. Wspólny Stwórca uosabia pełnię wspólnych i nieskończonych idei Pierwszej i Drugiej Osoby Bóstwa.

Kiedy wyobrażacie sobie Ojca jako pierwotnego Stwórcę a Syna jako duchowego administratora, powinniście wyobrażać sobie Trzecie Źródło i Centrum jako wszechświatowego koordynatora, wykonawcę, którego zakres współpracy jest nieograniczony. Wspólny Aktywizator jest korelatorem całej aktualnej rzeczywistości; jest on Boskim powiernikiem Ojcowskiej myśli, Synowskiego słowa a w działaniu wiecznie dba o materialną absolutność centralnej Wyspy. Rajska Trójca zarządziła powszechny porządek *rozwoju* a opatrzność Boża jest domeną Wspólnego Stwórcy i ewoluującej Istoty Najwyższej. Żadna aktualna czy aktualizująca się rzeczywistość nie może uniknąć ostatecznego związku z Trzecim Źródłem i Centrum.

Ojciec Wszechświatowy przewodzi domenom przedenergii, przedducha i osobowości; Wieczny Syn panuje nad domenami aktywności duchowych; obecność Wyspy Raj jednoczy domeny energii fizycznej i mocy materializującej; Wspólny Aktywizator działa nie tylko jako nieskończony duch, reprezentujący Syna, ale także jako wszechświatowy operator sił i energii Raju, powołując tym samym do istnienia wszechświatowy i absolutny umysł. Wspólny Aktywizator działa na obszarze wielkiego wszechświata jako autentyczna i wyrazista osobowość, zwłaszcza w wyższych domenach wartości duchowych, w zależnościach fizyczno-energetycznych i w prawdziwych wartościach umysłowych. Działa zwłaszcza tam, gdzie energia i duch wiążą się ze sobą i oddziałują na siebie wzajemnie; panuje nad wszystkimi reakcjami umysłu, dzierży wielką moc świata duchowego i wywiera potężny wpływ na energię i materię. Trzecie Źródło jest zawsze wyrazem natury Pierwszego Źródła i Centrum.

Trzecie Źródło i Centrum uczestniczy, doskonale i bez ograniczeń, we wszechobecności Pierwszego Źródła i Centrum; czasami zwane jest także Wszechobecnym Duchem. Właściwym sobie, bardzo indywidualnym sposobem, Bóg umysłu podziela wszechwiedzę Ojca Wszechświatowego i jego Wiecznego Syna; wiedza Ducha jest dogłębna i kompletna. Wspólny Aktywizator przejawia pewne stadia wszechmocy Ojca Wszechświatowego, jednak aktualnie jest wszechmocny tylko w domenach umysłu. Trzecia Osoba Bóstwa jest intelektualnym centrum i wszechświatowym administratorem domen umysłu; w tej dziedzinie jest absolutny – jego władza jest nie uwarunkowana.

Wspólny Aktywizator wydaje się być motywowany partnerstwem Ojca-Syna, jednak cała jego działalność wydaje się identyfikować z relacją Ojciec-Raj. Czasami i w pewnych funkcjach, wydaje się on kompensować niekompletność rozwoju Bóstw empirycznych – Boga Najwyższego i Boga Ostatecznego.

I tutaj pojawia się nieskończona tajemnica: że Nieskończony równocześnie objawia swą nieskończoność w Synu i jako Raj, a potem zaczyna istnieć istota dorównująca boskością Bogu, odzwierciedlająca duchową naturę Syna, zdolna do aktywizacji rajskiej formy, istota, której władza jest w pewnym sensie uzależniona a jednak, najwyraźniej, jest ona na wiele sposobów najbardziej wszechstronna w *działaniu*. I ta oczywista wyższość w działaniu przejawia się w tym atrybucie Trzeciego Źródła i Centrum, który przewyższa nawet grawitację fizyczną – wszechświatowy wpływ Wyspy Raj.

W dodatku do nadrzędnej kontroli energii i wszystkich rzeczy fizycznych, Nieskończony Duch jest wspaniale wyposażony w te atrybuty cierpliwości, miłosierdzia i miłości, które objawiają się tak doskonale w jego służbie duchowej. Duch jest wyjątkowo operatywny w obdzielaniu miłością i w łagodzeniu sprawiedliwości miłosierdziem. Bóg-Duch posiada całą Boską dobroć i miłosierną życzliwość Pierwszego i Wiecznego Syna. Wszechświat, z którego pochodzicie, wykuwany jest między kowadłem sprawiedliwości a młotem cierpienia; jednak ci, którzy dzierżą młot, są dziećmi miłosierdzia, duchowym potomstwem Nieskończonego Ducha.

2. WSZECHOBECNY DUCH

Bóg jest duchem w potrójnym znaczeniu. On sam jest duchem, w swoim Synu pojawia się jako duch bez uwarunkowań a we Wspólnym Aktywizatorze jako duch pokrewny umysłowi. Uważamy, że w dodatku do tych duchowych rzeczywistości, dostrzegamy również poziomy fenomenu ducha empirycznego – ducha Istoty Najwyższej, Bóstwa Ostatecznego i Bóstwa-Absolutu.

Nieskończony Duch tak samo jest dopełnieniem Wiecznego Syna, jak Syn jest dopełnieniem Ojca Wszechświatowego. Wieczny Syn jest uduchowionym uosobieniem Ojca; Nieskończony Duch jest uosobionym uduchowieniem tak Wiecznego Syna jak i Ojca Wszechświatowego.

Jest wiele nieograniczonych linii sił duchowych i źródeł nadmaterialnej mocy, które łączą ludzi z Urantii bezpośrednio z Bóstwami w Raju. Istnieje bezpośrednie połączenie Dostrajaczy Myśli z Ojcem Wszechświatowym, jest szeroki wpływ grawitacji duchowej – przyciąganie Wiecznego Syna oraz duchowa obecność Wspólnego Stwórcy. Jest różnica w funkcjonowaniu pomiędzy duchem Syna a duchem Ducha. W swojej służbie duchowej, Trzecia Osoba może funkcjonować jako umysł z dodatkiem ducha, albo jako sam duch.

W dodatku do tych rajskich obecności, Urantianie korzystają z duchowych wpływów i funkcji wszechświata lokalnego i superwszechświata, z ich prawie nieskończonym szeregiem kochających osobowości, które zawsze wiodą szczerego w zamiarach i uczciwego w sercu ku górze i do wewnątrz, ku ideałom boskości i celom najwyższej doskonałości.

Znamy obecność wszechświatowego ducha Wiecznego Syna – potrafimy bezbłędnie ją rozróżnić. Obecność Nieskończonego Ducha, Trzeciej Osoby Bóstwa, może rozpoznać nawet człowiek śmiertelny, gdyż istoty materialne mogą rzeczywiście odczuwać dobrodziejstwa tego, Boskiego wpływu, który działa jako obdarzenie Duchem Świętym wszechświata lokalnego dla gatunku ludzkiego. Istota ludzka również może w pewnym stopniu uświadomić sobie istnienie Dostrajacza, nieosobowej obecności Ojca Wszechświatowego. Te Boskie duchy, które działają, aby doskonalić i uduchowiać człowieka, funkcjonują zgodnie wszystkie razem i doskonale ze sobą współpracują. Są jako jedność, gdy realizują duchowe plany wznoszenia się śmiertelnika i osiągania przezeń doskonałości.

3. WSZECHŚWIATOWY OPERATOR

Wyspa Raj jest źródłem i treścią grawitacji fizycznej i to powinno wam odpowiednio uświadomić, że grawitacja jest jedną z najbardziej *rzeczywistych* i wiecznie niezawodnych rzeczy w całym fizycznym wszechświecie wszechświatów. Grawitacji nie można przekształcić czy znieść, za wyjątkiem tych sił i energii, które są utrzymywane wspólnie przez Ojca i Syna, i które zostały powierzone Trzeciemu Źródłu i Centrum, i są funkcjonalnie związane z jego osobą.

Nieskończony Duch posiada unikalną i zdumiewającą moc – *antygrawitację*. Moc ta nie jest funkcjonalnie (dostrzegalnie) obecna ani w Ojcu ani w Synu. Ta możliwość przeciwstawiania się sile grawitacji materialnej, właściwa dla Trzeciego Źródła, objawia się w osobistych reakcjach Wspólnego Aktywizatora na pewne stadia związków wszechświata. I ta unikalna właściwość przekazywalna jest pewnym wyższym osobowościom Nieskończonego Ducha.

Antygrawitacja może znosić grawitację w warunkach lokalnych; dzieje się to dzięki stosowaniu siły równoważącej. Działa ona tylko w odniesieniu do grawitacji materialnej; to nie jest działanie umysłu. Zjawisko żyroskopu, przeciwstawiającego się grawitacji, jest dobrą ilustracją *skutku* antygrawitacji, ale nie posiada wartości jako ilustracja *przyczyny* antygrawitacji.

Oprócz tego wszystkiego, Wspólny Aktywizator wykazuje te moce, które mogą górować nad siłą i neutralizować energię. Moce te działają przez spowalnianie energii do punktu materializacji oraz innymi, nieznanymi wam sposobami.

Wspólny Stwórca nie jest ani energią, ani też źródłem energii, nie jest też przeznaczeniem energii; jest *operatorem* energii. Wspólny Stwórca jest działaniem – ruchem, zmianą, modyfikacją, koordynacją, stabilizacją i równowagą. Energie, podległe bezpośredniej czy pośredniej kontroli Raju, są z natury wrażliwe na działania Trzeciego Źródła i Centrum oraz różnorodnych jego czynników.

Wszechświat wszechświatów przenikają kontrolujące moc istoty Trzeciego Źródła i Centrum: kontrolerzy fizyczni, dyspozytorzy mocy, centra mocy oraz inni reprezentanci Boga Działania, mający do czynienia z regulacją i stabilizacją energii fizycznych. Wszystkie te unikalne istoty, pełniące funkcje fizyczne, posiadają różnorodne właściwości kontroli mocy, takie jak antygrawitacja, których używają w swych działaniach zmierzających do zaprowadzenia fizycznej równowagi materii i energii wielkiego wszechświata.

Wszystkie te materialne funkcje Boga Działania wydają się wiązać jego poczynania z Wyspą Raj i naprawdę wszystkie środki mocy nawiązują, a nawet są zależne, od absolutności wiecznej Wyspy. Jednak Wspólny Aktywizator nie działa na rzecz Raju ani nie reaguje na niego. Osobowo działa on dla Ojca i Syna. Raj nie jest osobą. Działania Trzeciego Źródła i Centrum, nieosobowe, bezosobowe i inne nie dotyczące osobowych, są aktami woli samego Wspólnego Aktywizatora; nie są odzwierciedleniem, pochodną czy reperkusją czegokolwiek lub kogokolwiek.

Raj jest formą nieskończoności, Bóg Działania jest aktywizatorem tej formy. Raj jest materialnym punktem oparcia nieskończoności; przedstawiciele Trzeciego Źródła i Centrum są dźwigniami tej inteligencji, która aktywizuje poziom materialny i wstrzykuje spontaniczność w mechanizm kreacji fizycznej.

4. ABSOLUTNY UMYSŁ

Istnieje intelektualna natura Trzeciego Źródła i Centrum, która jest odmienna od jego własności fizycznych i duchowych. Prawie nie można się skontaktować z tą naturą, jednak można z nią się łączyć – intelektualnie, chociaż nie osobowo. Jest ona odróżnialna od własności fizycznych i charakteru duchowego Trzeciej Osoby, funkcjonującego na poziomie umysłowym, ale tak jak ją dostrzegają osobowości, natura ta nigdy nie działa w oderwaniu od przejawów fizycznych i duchowych.

Absolutny umysł jest umysłem Trzeciej Osoby; jest nierozdzielny od osobowości Boga-Ducha. W funkcjonujących istotach umysł nie jest oderwany od energii czy ducha, czy jednego i drugiego równocześnie. Umysł nie jest nieodłączny energii; energia jest podatna i reaguje na działalność umysłu; umysł może być nałożony na energię, jednak świadomość nie jest własnością poziomu czysto materialnego. Umysł nie musi być dodawany do czystego ducha, gdyż duch z natury jest świadomy i posiada tożsamość. Duch zawsze jest inteligentny, w pewnym sensie *umysłowy*. Może to być taki czy inny umysł, może to być przedumysł czy superumysł a nawet umysł duchowy, ale działa on jako ekwiwalent myślenia i rozumowania. Wnikliwość ducha przewyższa umysł, dołącza się do niego i teoretycznie poprzedza świadomość umysłu.

Wspólny Stwórca jest absolutny tylko w domenie umysłu, w sferze inteligencji wszechświatowej. Umysł Trzeciego Źródła i Centrum jest nieskończony; absolutnie przewyższa aktywne i funkcjonujące obwody umysłowe wszechświata wszechświatów. Wyposażenie umysłowe siedmiu superwszechświatów pochodzi od Siedmiu Duchów Nadrzędnych, głównych osobowości Wspólnego Stwórcy. Te Duchy Nadrzędne rozdzielają umysł dla wielkiego wszechświata jako umysł kosmiczny, a wasz wszechświat lokalny przenikany jest nebadońskim wariantem kosmicznego umysłu typu orvontońskiego.

Nieskończony umysł ignoruje czas, ostateczny umysł przewyższa czas, kosmiczny umysł jest zależny od czasu. Tak samo jest z przestrzenią – Nieskończony Umysł jest niezależny od przestrzeni, jednak, kiedy pojawia się zstępowanie, od poziomu nieskończonego do przybocznych poziomów umysłu, intelekt coraz bardziej musi się liczyć z przestrzenią i jej ograniczeniami.

Siła kosmiczna reaguje na umysł, tak jak kosmiczny umysł reaguje na ducha. Duch jest Boskim celem a duchowy umysł jest Boskim celem w trakcie realizacji. Energia jest rzeczą, umysł jest znaczeniem, duch jest wartością. Nawet w czasie i przestrzeni, umysł zaprowadza te względne związki pomiędzy energią a duchem, które sugerują ich wzajemne pokrewieństwo w wieczności.

Umysł przekształca wartości duchowe w znaczenia intelektualne; wola może doprowadzić do tego, aby znaczenia umysłu wydały owoce, tak w domenach materialnych jak i duchowych. Wznoszenie się do Raju pociąga za sobą względny i zróżnicowany rozwój w duchu, umyśle i energii. Osobowość jest czynnikiem jednoczącym te komponenty empirycznej indywidualności.

5. SŁUŻBA UMYSŁU

Trzecie Źródło i Centrum jest w umyśle nieskończone. Gdyby wszechświat miał się rozwijać do nieskończoności, potencjał jego umysłu wciąż byłby odpowiedni do wyposażenia niezliczonej ilości istot we właściwe umysły i inne przesłanki intelektu.

W domenach *umysłu stworzonego* Trzecia Osoba, razem ze swymi partnerami i podporządkowanymi towarzyszami, rządzi wszechwładnie. Domeny umysłu istoty stworzonej pochodzą wyłącznie od Trzeciego Źródła i Centrum; to ono nadaje umysł. Nawet fragmenty Ojca nie mogą zamieszkać umysłów ludzkich, zanim droga nie zostanie dla nich odpowiednio przygotowana przez akcję umysłu i duchową działalność Nieskończonego Ducha.

Umysł ma unikalne właściwości, polegające na tym, że można go nadawać bardzo szerokiemu zakresowi życia. Trzecie Źródło i Centrum służy wszystkim umysłom, na wszystkich sferach, przez swoje stwórcze i stworzone istoty pomocnicze. Służy intelektowi ludzkiemu i podludzkiemu, poprzez przybocznych z wszechświatów lokalnych, a dzięki środkom kontrolerów fizycznych, służy nawet najniższym bytom nie doświadczającym, należącym do najbardziej prymitywnych gatunków rzeczy żywych. Umysł zawsze tak jest ukierunkowany, aby służył osobowościom umysłowo-duchowym czy umysłowo-energetycznym.

Skoro Trzecia Osoba Bóstwa jest źródłem umysłu, jest zupełnie naturalne, że istotom ewolucyjnym, obdarzonym wolą, łatwiej będzie sformułować zrozumiałe koncepcje Nieskończonego Ducha, niż Wiecznego Syna czy Ojca Wszechświatowego. Rzeczywistość Wspólnego Stwórcy odzwierciedla się niedoskonale właśnie w istnieniu ludzkiego umysłu. Wspólny Stwórca jest rodzicem kosmicznego umysłu a umysł ludzki jest zindywidualizowanym obwodem, bezosobową częścią tego kosmicznego umysłu, który jest nadawany we wszechświecie lokalnym przez Stwórczą Córkę Trzeciego Źródła i Centrum.

Nie zakładajcie, że wszystkie fenomeny umysłu są boskie, z tego powodu, że Trzecia Osoba jest źródłem umysłu. Ludzki intelekt zakorzeniony jest w materialnym podłożu gatunków zwierzęcych. Inteligencja wszechświatowa tak samo nie jest prawdziwym objawieniem Boga, który jest umysłem, jak materialna przyroda nie jest prawdziwym objawieniem piękna i harmonii Raju. Istnieje doskonałość w przyrodzie, ale przyroda nie jest doskonała. Wspólny Stwórca jest źródłem umysłu, ale umysł nie jest Wspólnym Stwórcą.

Na Urantii umysł stanowi kompromis pomiędzy esencją doskonałości myśli a ewoluującą mentalnością waszej, niedojrzałej natury ludzkiej. Plan waszej intelektualnej ewolucji jest co prawda jedną wzniosłą doskonałością, kiedy jednak funkcjonujecie w cielesnym tabernakulum, dalecy jesteście jeszcze od tego Boskiego celu. Umysł ma prawdziwie Boskie pochodzenie i posiada Boskie przeznaczenie, ale wasze śmiertelne umysły nie mają jeszcze Boskiego dostojeństwa.

Często, zbyt często, mącicie wasze umysły nieszczerością i wysuszacie je nieprawością; podporządkowujecie je zwierzęcemu strachowi, wypaczacie niepotrzebnym lękiem. Dlatego też, chociaż źródło umysłu jest Boskie, taki umysł, jaki znacie na waszym świecie, raczej nie może być obiektem wielkiego podziwu, jeszcze mniej uwielbienia czy czczenia. Kontemplacja niedojrzałego i bezczynnego intelektu ludzkiego powinna prowadzić tylko do odruchów pokory.

6. OBWÓD GRAWITACJI UMYSŁU

Trzecie Źródło i Centrum, wszechświatowa inteligencja, jest osobiście świadome każdego *umysłu*, każdego intelektu, na obszarze całego stworzenia i utrzymuje osobistą oraz doskonałą łączność ze wszystkimi tymi, wyposażonymi w umysł istotami fizycznymi, morontialnymi i duchowymi, w całym rozległym wszechświecie. Wszelkie funkcjonowanie umysłu objęte jest absolutnym obwodem grawitacji umysłu, który ogniskuje się w Trzecim Źródle i Centrum i jest częścią osobistej świadomości Nieskończonego Ducha.

Tak samo jak Ojciec pociąga ku sobie wszystkie osobowości i jak Syn przyciąga wszystkie rzeczywistości duchowe, tak też Wspólny Aktywizator używa przyciągającej mocy w stosunku do wszystkich umysłów; bezwzględnie panuje i sprawuje kontrolę nad wszechświatowym obwodem umysłu. Wszystkie prawdziwe i oryginalne wartości intelektualne, wszelkie boskie myśli i doskonałe idee, niezawodnie są wciągane w ten absolutny obwód umysłu.

Grawitacja umysłowa może działać niezależnie od grawitacji materialnej i duchowej, ale gdziekolwiek i kiedykolwiek te dwie ostatnie się zazębiają, zawsze działa grawitacja umysłowa. Kiedy wszystkie trzy są ze sobą związane, grawitacja osobowości obejmować może istotę materialną – fizyczną czy morontialną, skończoną czy absoniczną. Jednak niezależnie od tego, wyposażenie umysłowe, nawet istot nieosobowych, daje im zdolność myślenia i nadaje im świadomość, nawet przy całkowitym braku osobowości.

Indywidualność, posiadająca dostojeństwo osobowości, ludzkiej czy boskiej, nieśmiertelnej czy potencjalnie nieśmiertelnej, nie pochodzi jednak ani od ducha, ani od umysłu czy materii; jest ona darem Ojca Wszechświatowego. Tak samo wzajemne oddziaływanie ducha, umysłu i grawitacji materialnej nie jest warunkiem wstępnym pojawienia się grawitacji osobowości. Obwód Ojca może obejmować istotę umysłowo-materialną, która nie reaguje na grawitację duchową, czy może zawierać w sobie istotę umysłowo-duchową, która nie reaguje na grawitację materialną. Działanie grawitacji osobowej jest zawsze wolicjonalnym aktem Ojca Wszechświatowego.

Podczas gdy umysł towarzyszy energii w istotach czysto materialnych a duchowi w osobowościach czysto duchowych, niezliczone klasy osobowości, z człowiekiem włącznie, posiadają umysł, który związany jest zarówno z energią jak i z duchem. Duchowe aspekty umysłu istoty stworzonej niezawodnie reagują na siłę grawitacji duchowej Wiecznego Syna; własności materialne reagują na impulsy grawitacyjne wszechświata materialnego.

Kosmiczny umysł, kiedy nie jest związany ani z energią, ani z duchem, nie podlega grawitacji ani obwodu materialnego ani też duchowego. Czysty umysł podlega wyłącznie ujęciu grawitacji wszechświatowej Wspólnego Aktywizatora. Czysty umysł jest blisko spokrewniony z nieskończonym umysłem a nieskończony umysł (teoretyczny partner absolutów ducha i energii) jest najwidoczniej prawem samym w sobie.

Im większa rozbieżność występuje między duchem a energią, tym intensywniejsze daje się zauważać działanie umysłu; im mniejsze zróżnicowanie energii i ducha, tym słabsze się zauważa działanie umysłu. Najwyraźniej, największa aktywność umysłu kosmicznego przypada na czasowe wszechświaty przestrzeni. Tutaj umysł wydaje się działać w strefie pośredniej, pomiędzy energią a duchem, jednak inaczej jest na wyższych poziomach umysłu; w Raju energia i duch są w zasadzie jednością.

Obwód grawitacji umysłowej jest niezawodny; emanuje on z Trzeciej Osoby Bóstwa w Raju, jednak nie wszystkie dostrzegalne działania umysłu są przewidywalne. Na obszarze całego znanego stworzenia działa równolegle do obwodu umysłu jakaś obecność, trudna do zrozumienia, której funkcjonowanie jest nieprzewidywalne. Wierzymy, że ta nieprzewidywalność jest po części rezultatem funkcjonowania Absolutu Wszechświatowego. Nie wiemy, czym jest to funkcjonowanie; możemy się tylko domyślać, co nim kieruje; w sprawie jego związków z istotami możemy snuć tylko przypuszczenia.

Pewne stadia nieprzewidywalności skończonego umysłu mogą być spowodowane niekompletnością Istoty Najwyższej i tutaj otwiera się ta rozległa strefa działań, gdzie Wspólny Aktywizator i Absolut Wszechświatowy mogą się ewentualnie stykać ze sobą. Z umysłem wiąże się wiele nieznanych spraw, ale jednego jesteśmy pewni – Nieskończony Duch jest doskonałą ekspresją umysłu Stwórcy dla wszelkich istot stworzonych; Istota Najwyższa jest wyłaniającą się ekspresją umysłów wszystkich stworzonych dla ich Stwórcy.

7. WSZECHŚWIATOWE ODZWIERCIEDLANIE

Wspólny Aktywizator potrafi koordynować wszystkie poziomy aktualności wszechświatowej, tak, aby umożliwić równoczesne poznanie tego, co umysłowe, materialne i duchowe. Jest to fenomen *wszechświatowego odzwierciedlania,* owa unikalna i niewytłumaczalna zdolność widzenia, słyszenia, czucia i poznania wszystkich rzeczy, jak przebiegają na obszarze superwszechświata, oraz dzięki odzwierciedlaniu ogniskowanie całej tej informacji i wiedzy w dowolnym, wymaganym punkcie. Działanie odzwierciedlania widoczne jest doskonale na każdym świecie zarządu siedmiu superwszechświatów. Działa ono również we wszystkich sektorach superwszechświatów i w granicach wszechświatów lokalnych. Ostatecznie odzwierciedlanie ogniskuje się w Raju.

Fenomen odzwierciedlania, jak można go widzieć na światach zarządu superwszechświata, w zadziwiającym funkcjonowaniu przebywających tam osobowości zwierciadlanych, reprezentuje najbardziej kompleksowe związki wzajemne wszelkich stadiów istnienia, jakie można znaleźć w całym stworzeniu. Linie ducha mogą być prześledzone aż do Syna, energia fizyczna do Raju a umysł do Trzeciego Źródła, jednak w nadzwyczajnym fenomenie wszechświatowego odzwierciedlania istnieje unikalne i wyjątkowe zjednoczenie wszystkich trzech, tak połączone, że pozwala władcom wszechświata poznać odległe warunki momentalnie z ich występowaniem.

Rozumiemy bardzo wiele z techniki odzwierciedlania, ale występuje wiele takich jej stadiów, które doprawdy zbijają nas z tropu. Wiemy, że Wspólny Aktywizator jest wszechświatowym centrum obwodu umysłu, że jest on protoplastą kosmicznego umysłu i że ten kosmiczny umysł działa pod wpływem absolutnej grawitacji umysłu Trzeciego Źródła i Centrum. Dalej wiemy, że obwody kosmicznego umysłu wywierają wpływ na poziom intelektualny całego znanego istnienia; zawierają wszechświatowe raporty przestrzenne i oczywiście ogniskują się w Siedmiu Duchach Nadrzędnych oraz zbiegają w Trzecim Źródle i Centrum.

Związki pomiędzy skończonym umysłem kosmicznym a Boskim umysłem absolutnym wydają się rozwijać w empirycznym umyśle Najwyższego. Zostaliśmy pouczeni, że o świcie czasu ten empiryczny umysł został nadany Najwyższemu przez Nieskończonego Ducha i domyślamy się, że pewne cechy fenomenu odzwierciedlania mogą być wytłumaczone jedynie przy postulowaniu aktywności Najwyższego Umysłu. Jeśli Najwyższy nie ma udziału w odzwierciedlaniu, jesteśmy w rozterce, jak wytłumaczyć zawiłe operacje i bezbłędne działania tej świadomości kosmosu.

Odzwierciedlanie wydaje się być wszechwiedzą, w obrębie ograniczeń empirycznej skończoności i może reprezentować wyłanianie się obecności-świadomości Istoty Najwyższej. Jeśli to założenie jest prawdą, wtedy stosowanie odzwierciedlania, w dowolnym jego stadium, jest odpowiednikiem częściowego kontaktu ze świadomością Najwyższego.

8. OSOBOWOŚCI NIESKOŃCZONEGO DUCHA

Nieskończony Duch ma nieograniczoną możliwość przekazywania wielu swoich mocy i prerogatyw swym partnerskim i podporządkowanym osobowościom i przedstawicielstwom.

Pierwszy, stwarzający Bóstwo akt Nieskończonego Ducha, działającego niezależnie od Trójcy, ale w jakimś nie objawionym związku z Ojcem i Synem, uosobił do bytu Siedem Duchów Nadrzędnych w Raju, które rozdzielają Nieskończonego Ducha na wszechświaty.

Nie ma bezpośrednich reprezentantów Trzeciego Źródła i Centrum w zarządzie superwszechświata. Każda z tych siedmiu kreacji jest zależna od jednego z Duchów Nadrzędnych z Raju, który działa przez siedem Duchów Zwierciadlanych, rozmieszczonych w stolicy superwszechświata.

Następny i nigdy nie kończący się akt stwórczy Nieskończonego Ducha ujawnia się w tworzeniu, od czasu do czasu, Stwórczych Duchów. Za każdym razem, gdy Ojciec Wszechświatowy i Wieczny Syn zostają rodzicami Syna Stwórcy, Nieskończony Duch staje się protoplastą Stwórczego Ducha wszechświata lokalnego, który jest blisko związany z tym Synem Stwórcy we wszystkich jego późniejszych, wszechświatowych doświadczeniach.

Tak jak koniecznie dostrzegać trzeba różnicę pomiędzy Wiecznym Synem a Synami Stwórcami, konieczne jest także rozróżnienie pomiędzy Nieskończonym Duchem a Stwórczymi Duchami, partnerkami Synów Stwórcy we wszechświecie lokalnym. Tym, czym jest Nieskończony Duch dla całego stworzenia, tym jest Stwórczy Duch dla wszechświata lokalnego.

W wielkim wszechświecie Trzecie Źródło i Centrum reprezentują ogromne rzesze duchów opiekuńczych, posłańców, nauczycieli, sędziów, pomocników i doradców, wraz z nadzorcami pewnych obwodów natury fizycznej, morontialnej i duchowej. Nie wszystkie te istoty są osobowościami w ścisłym tego słowa znaczeniu. Osobowość rozmaitych istot skończonych charakteryzuje się:

1. Subiektywną samoświadomością.
2. Obiektywną reakcją na Ojcowski obwód osobowości.

Istnieją osobowości stwórców i osobowości istot stworzonych a w dodatku do tych dwu zasadniczych typów istnieją *osobowości Trzeciego Źródła i Centrum*, istoty, które są osobowe dla Nieskończonego Ducha, ale które nie są zupełnie osobowe dla istot stworzonych. Te osobowości Trzeciego Źródła nie są częścią obwodu osobowości Ojca. Osobowości Pierwszego Źródła i osobowości Trzeciego Źródła mogą się kontaktować wzajemnie; wszystkie osobowości mogą się kontaktować ze sobą.

Ojciec nadaje osobowość decyzją swej osobistej, wolnej woli. Dlaczego to robi, możemy tylko przypuszczać; jak to robi, nie wiemy. Nie wiemy również, dlaczego Trzecie Źródło nadaje nie-Ojcowską osobowość, jednak Nieskończony Duch robi to w swym własnym imieniu, w stwórczym związku z Wiecznym Synem, wieloma nieznanymi wam sposobami. Nieskończony Duch może także działać za Ojca, nadając osobowości Pierwszego Źródła.

Jest wiele rodzajów osobowości Trzeciego Źródła. Nieskończony Duch nadaje osobowość Trzeciego Źródła licznym grupom, nie objętym obwodem osobowości Ojca, takim jak niektórzy dyspozytorzy mocy. Nieskończony Duch również traktuje jako osobowości liczne grupy istot, takich jak Stwórcze Duchy, które stanowią kategorię samą w sobie, w ich relacjach z istotami objętymi obwodem Ojca.

Zarówno osobowości Pierwszego Źródła jak i Trzeciego Źródła są wyposażone we wszystko a nawet więcej tego, co człowiek kojarzy z pojęciem osobowości; posiadają umysły zawierające pamięć, logikę, osąd, kreatywną wyobraźnię, skojarzenia idei, decyzje, wybór i liczne dodatkowe zdolności intelektualne, zupełnie nieznane śmiertelnikom. Poza kilkoma wyjątkami, klasy wam objawione posiadają formę i wyraźną indywidualność; są to prawdziwe istoty. Większość z nich jest widzialna dla wszystkich klas duchowego bytu.

Nawet wy będziecie mogli dostrzec waszych duchowych towarzyszy niższych klas, jak tylko zostaniecie uwolnieni od ograniczonego spostrzegania waszych dzisiejszych, materialnych oczu i zostaniecie wyposażeni w formę morontialną, z jej poszerzoną wrażliwością na rzeczywistość rzeczy duchowych.

Funkcjonalna rodzina Trzeciego Źródła i Centrum, tak jak jest objawiona w tych narracjach, dzieli się na trzy zasadnicze grupy:

I. *Duchy Najwyższe.* Grupa o złożonym pochodzeniu, która obejmuje między innymi następujące klasy:

1. Siedem Duchów Nadrzędnych z Raju.
2. Zwierciadlane Duchy superwszechświatów.
3. Stwórcze Duchy wszechświatów lokalnych.

II. *Dyspozytorzy Mocy.* Grupa istot i czynników kontrolujących, która działa w całej zorganizowanej przestrzeni.

III. *Osobowości Nieskończonego Ducha.* Określenie to niekoniecznie musi sugerować, że istoty te są osobowościami Trzeciego Źródła, aczkolwiek niektóre z nich są unikalne, jako istoty obdarzone wolą. Są one zwykle grupowane w trzech głównych kategoriach:

1. Wyższe osobowości Nieskończonego Ducha.
2. Zastępy posłańców przestrzeni.
3. Usługujące duchy czasu.

Grupy te służą w Raju, we wszechświecie centralnym albo zamieszkałym i w superwszechświatach, a obejmują one również klasy działające we wszechświatach lokalnych, aż do konstelacji, systemów i planet.

Duchowe osobowości, z rozległej rodziny Boskiego i Nieskończonego Ducha, zawsze zajmują się służbą niesienia Bożej miłości i Synowskiego miłosierdzia wszystkim inteligentnym istotom z ewolucyjnych światów czasu i przestrzeni. Te duchowe istoty stanowią żywą drabinę, po której śmiertelny człowiek wspina się od chaosu do chwały.

[Objawione na Urantii przez Niebiańskiego Radcę z Uversy, upoważnionego przez Pradawnych Czasu do zobrazowania natury i działalności Nieskończonego Ducha].

PRZEKAZ 10

RAJSKA TRÓJCA

RAJSKA Trójca, złożona z wiecznych Bóstw, umożliwia Ojcu uwolnienie się od absolutyzmu osobowości. Trójca doskonale łączy nieograniczoną ekspresję nieskończonej, osobowej woli Boga, z absolutnością Bóstwa. Wieczny Syn i rozmaici Synowie Boskiego pochodzenia, razem ze Wspólnym Aktywizatorem i jego wszechświatowymi dziećmi, efektywnie pomagają Ojcu uwolnić się od nieodłącznych skądinąd ograniczeń prymatu, doskonałości, niezmienności, wieczności, uniwersalności, absolutności i nieskończoności.

Rajska Trójca daje możliwość pełnej ekspresji i doskonałego objawienia wiecznej natury Bóstwa. Również Niezmienni Synowie Trójcy dają pełne i doskonałe objawienie Boskiej sprawiedliwości. Trójca jest jednością Bóstwa a jedność ta opiera się wiecznie na absolutnych fundamentach boskiej zgodności trzech pierwotnych i partnerskich, współistniejących ze sobą osobowości, Boga-Ojca, Boga-Syna i Boga-Ducha.

Patrząc wstecz, w nieskończoną przeszłość, z punktu widzenia obecnego położenia okręgu wieczności, w funkcjonowaniu wszechświata możemy zauważyć jedną tylko niemożliwą do uniknięcia konieczność a jest nią właśnie Rajska Trójca. Uważam, że Trójca była nieunikniona. Jak obserwuję przeszłość, teraźniejszość i przyszłość czasu, uważam, że we wszechświecie wszechświatów nic, poza tym, nie było nieuniknionego. Istniejący obecnie wszechświat nadrzędny, z punktu widzenia jego przeszłości czy przyszłych możliwości, jest nie do pomyślenia bez Trójcy. Uwzględniwszy Rajską Trójcę, możemy postulować alternatywne czy nawet wielorakie sposoby robienia wszystkich rzeczy, ale bez Trójcy, Ojca, Syna i Ducha, nie potrafimy zrozumieć, jak Nieskończony mógłby osiągnąć potrójne i partnerskie uosobienie w obliczu absolutnej jedności Bóstwa. Żadna inna idea stworzenia nie może się równać poziomem kompletności i absolutności Trójcy, nieodłącznej jedności Bóstwa, połączonej z pełnią wolicjonalnego oswobodzenia, nieodłącznego potrójnemu uosobieniu Bóstwa.

1. SAMOROZDZIELCZOŚĆ PIERWSZEGO ŹRÓDŁA I CENTRUM

Wydaje się, że kiedyś w wieczności, Ojciec wprowadził zasadę działania, polegającą na intensywnym rozdzielaniu siebie. Jest coś w altruistycznej, pełnej miłości i przemiłej naturze Ojca Wszechświatowego, co powoduje, że zachowuje on dla siebie sprawowanie tylko tych władz i tych kompetencji, które najwidoczniej uważa za niemożliwe do oddania, czy do obdarzenia nimi innych.

Ojciec Wszechświatowy zawsze wyzbywał się każdej części siebie, którą można było nadać jakiemukolwiek innemu Stwórcy lub istocie stworzonej. Podzielił się ze swymi

Boskimi Synami i związanymi z nimi istotami inteligentnymi wszelką mocą i całą władzą, jaką można było oddać. W istocie przeniósł na swych Synów Władców, w ich poszczególnych wszechświatach, wszystkie prerogatywy władzy administracyjnej, jakie można było przenieść. W sprawach wszechświata lokalnego zrobił on każdego Władcę Syna Stwórcę tak doskonałym, kompetentnym i autorytatywnym, jakim jest Wieczny Syn w pierwotnym wszechświecie centralnym. Oddał on, faktycznie nadał, z dostojeństwem i świętością zachowania osobowości, wszystko z siebie i ze wszystkich swoich własności, czego mógł się ewentualnie pozbawić, w każdy sposób, w każdej epoce, w każdym miejscu, każdej osobie i w każdym wszechświecie, za wyjątkiem swego centralnego miejsca pobytu.

Boska osobowość nie jest egocentryczna; rozdzielanie siebie i obdzielanie osobowością charakteryzuje Boskie jestestwo o wolnej woli. Stworzeni pragną towarzystwa innych osobowości stworzonych, obdarzonych osobowością; Stwórcy są skłonni do dzielenia się boskością ze swymi wszechświatowymi dziećmi; osobowość Nieskończonego objawia się jako Ojciec Wszechświatowy, który dzieli rzeczywistość bytu i równość jaźni z dwoma partnerskimi osobowościami, Wiecznym Synem i Wspólnym Aktywizatorem.

W tym, co dotyczy wiedzy o osobowości i Boskich cechach Ojca, zawsze będziemy zależni od objawień Wiecznego Syna, ponieważ, kiedy dokonał się wspólny akt stworzenia, kiedy Trzecia Osoba Bóstwa zaczęła istnieć jako osobowość i realizowała połączone idee swych boskich rodziców, Ojciec przestał istnieć jako osobowość nie uwarunkowana. Razem z powołaniem do bytu Wspólnego Aktywizatora i wraz z materializacją centralnego rdzenia kreacji, nastąpiły pewne wieczne zmiany. Bóg dał siebie jako absolutną osobowość swojemu Wiecznemu Synowi. Tym samym Ojciec nadał „osobowość wieczności" swemu jednorodzonemu Synowi, podczas gdy razem nadali „wspólną osobowość" ich wiecznego połączenia Nieskończonemu Duchowi.

Z tego powodu oraz z innych powodów, będących poza pojmowaniem skończonego umysłu, niezmiernie trudno jest istocie ludzkiej pojąć nieskończoną, Ojcowską osobowość Boga, poza tym, że jest on objawiony we wszechświatach w Wiecznym Synu i razem z Synem, aktywny we wszechświatach w Nieskończonym Duchu.

Ponieważ Rajscy Synowie Boga odwiedzają światy ewolucyjne a czasami nawet na nich mieszkają w formie ciała materialnego i ponieważ obdarzenia takie umożliwiają śmiertelnemu człowiekowi poznanie co nieco z natury i charakteru Boskiej osobowości, muszą zatem istoty stworzone, ze sfer planetarnych, traktować obdarzenia, dokonywane przez Rajskich Synów, za niezawodne i pewne źródło informacji o Ojcu, Synu i Duchu.

2. UOSOBIENIE BÓSTWA

Ojciec, metodą utrójcowienia, pozbawił się tej nie uwarunkowanej osobowości duchowej, która jest Synem, jednak kiedy to robił, ustanowił się Ojcem tego właśnie Syna i tym samym posiada nieograniczone możliwości stania się Boskim Ojcem wszystkich istot później stworzonych, wynikłych czy innych uosobionych typów istot inteligentnych, obdarzonych wolą. Jako *absolutna i nie uwarunkowana osobowość* Ojciec może działać tylko jako Syn i z Synem, ale jako *osobowy Ojciec* wciąż nadaje osobowość różnorodnym rzeszom inteligentnych, wolą obdarzonych istot, ze zróżnicowanych poziomów i zawsze utrzymuje osobiste, przepełnione miłością związki, z tak bezmierną rodziną wszechświatowych dzieci.

Po tym, jak Ojciec nadał pełnię samego siebie osobowości swego Syna i kiedy ten akt samoobdarzenia jest spełniony i doskonały, z tej nieskończonej mocy i z tej natury, która tym samym istnieje w jedności Ojca-Syna, wieczni partnerzy wspólnie użyczają tych własności i atrybutów, które tworzą kolejną istotę do nich podobną; i ta wspólna osobowość, Nieskończony Duch, dopełnia egzystencjalnego uosobienia Bóstwa.

Syn jest konieczny dla ojcostwa Boga. Duch jest konieczny dla braterstwa Drugiej i Trzeciej Osoby. Trzy osoby stanowią najmniejszą grupę społeczną, ale to jest ostatnia z wielu przyczyn wierzenia w nieuchronność Wspólnego Aktywizatora.

Pierwsze Źródło i Centrum jest nieskończoną *osobowością-ojcem*, nieograniczonym źródłem osobowości. Wieczny Syn jest nie uwarunkowaną *osobowością-absolutem*, tą Boską istotą, która trwa cały czas i wieczność jako doskonałe objawienie osobistej natury Boga. Nieskończony Duch jest *wspólną osobowością*,unikalną konsekwencją wiecznotrwałej jedności Ojca-Syna.

Osobowość Pierwszego Źródła i Centrum jest osobowością nieskończoności, minus absolutna osobowość Wiecznego Syna. Osobowość Trzeciego Źródła i Centrum jest nadwzbogacającym wynikiem jedności oswobodzonej osobowości-Ojca i absolutnej osobowości-Syna.

Ojciec Wszechświatowy, Wieczny Syn i Nieskończony Duch, są osobami jedynymi w swoim rodzaju, żadna z nich nie jest duplikatem, każda jest oryginalna, wszystkie są zjednoczone.

Tylko Wieczny Syn doznaje pełni boskich związków osobowości, świadomości zarówno synostwa z Ojcem jak i ojcostwa dla Ducha oraz Boskiej równości, zarówno z Ojcem-protoplastą jak i z Duchem-towarzyszem. Ojciec zna doświadczenie posiadania Syna, który jest mu równy, ale Ojciec nie zna poprzedzających go praojców. Wieczny Syn doświadcza synostwa, zdaje sobie sprawę z pochodzenia osobowości i jednocześnie Syn uświadamia sobie fakt wspólnego rodzicielstwa dla Nieskończonego Ducha. Nieskończony Duch świadomy jest dwojakiego pochodzenia swej osobowości, ale nie jest rodzicem partnerskiej osobowości Bóstwa. Wraz z Duchem, egzystencjalny cykl uosobienia Bóstwa się dopełnia; pierwsze osobowości, pochodzące od Trzeciego Źródła i Centrum, są empiryczne i jest ich siedem.

Pochodzę od Rajskiej Trójcy. Znam Trójcę jako zjednoczone Bóstwo, wiem także, że istnieje Ojciec, Syn i Duch i że działają zgodnie ze swymi specyficznymi, osobistymi zdolnościami. Wiem również z całą pewnością, że działają oni nie tylko osobiście i zbiorowo, ale także koordynują swą działalność w różnych zgrupowaniach, że w końcu działają w siedmiu różnorakich, jednostkowych i zbiorowych zakresach swych możliwości. A skoro siedem tych związków wyczerpuje możliwości kombinacji tej właśnie boskości, nieuniknione jest, że rzeczywistości wszechświata będą się pojawiać w siedmiu wariantach wartości, znaczeń i osobowości.

3. TRZY OSOBY BÓSTWA

Pomimo, że jest tylko jedno Bóstwo, istnieją trzy autentyczne i Boskie uosobienia tego Bóstwa. W sprawie wyposażenia człowieka w Boski Dostrajacz, Ojciec powiedział:

„Uczyńmy śmiertelnego człowieka na nasz własny obraz". W pismach Urantian wielokrotnie pojawiają się takie odnośniki do działań i uczynków mnogiego Bóstwa, wyraźnie ukazując świadomość istnienia i działania trzech Źródeł i Centrów.

Powiedziano nam, że Syn i Duch, w związku Trójcy, utrzymują te same i równe stosunki z Ojcem. W wieczności i jako Bóstwa postępują tak bez wątpienia, jednak w czasie i jako osobowości wykazują oczywiście związki wzajemne o bardzo zróżnicowanej naturze. Jak się patrzy z Raju w kierunku wszechświatów, związki te wydają się być bardzo podobne, jednak obserwowane z domen przestrzeni, wydają się być zupełnie odmienne.

Boscy Synowie są istotnie „Słowem Bożym", ale dzieci Ducha są prawdziwie „Działaniem Bożym". Bóg mówi poprzez Syna i z Synem, działa poprzez Nieskończonego Ducha, podczas gdy w całej wszechświatowej działalności Syn i Duch są doskonale zbratani, działają jak dwaj równi bracia, podziwiając i kochając szanowanego i bosko poważanego, wspólnego Ojca.

Ojciec, Syn i Duch są oczywiście równi w naturze, partnerscy w swej istocie, jednak istnieją niewątpliwe różnice w ich wszechświatowych funkcjach, a gdy działają pojedynczo, każda osoba Bóstwa jest najwidoczniej ograniczona w absolutności.

Ojciec Wszechświatowy, zanim z własnej woli wyzbył się osobowości, mocy i atrybutów, które składają się na Syna i Ducha, wydawał się być (rozważając filozoficznie) nie uwarunkowanym, absolutnym i nieskończonym Bóstwem. Jednak takie teoretyczne Pierwsze Źródło i Centrum nie może bez Syna, w żadnym znaczeniu tego słowa, być uważane za *Ojca Wszechświatowego*; ojcostwo jest nierzeczywiste bez synostwa. Ponadto, Ojciec, aby był absolutny w sensie całościowym, musiałby istnieć sam w pewnym odległym momencie. Jednak nigdy nie istniał on samotnie, obaj, Syn i Duch, są współwieczni z Ojcem. Pierwsze Źródło i Centrum zawsze był i na zawsze będzie wiecznym Ojcem Pierwszego Syna, a z Synem, wiecznym rodzicem Nieskończonego Ducha.

Zauważamy, że Ojciec wyzbył się wszystkich przejawów absolutności, za wyjątkiem absolutnego ojcostwa i absolutnej woli. Nie wiemy, czy wola jest niezbywalną cechą Ojca, możemy jedynie zauważyć, że *nie* pozbawił się woli. Ta nieskończoność woli musi być wiecznie charakterystyczna dla Pierwszego Źródła i Centrum.

Ojciec Wszechświatowy, nadając Wiecznemu Synowi absolutność osobowości, uwolnił się z więzów absolutyzmu osobowości, jednak robiąc to poczynił krok, który uniemożliwia mu na zawsze działanie w pojedynkę jako osobowość-absolut. Wraz z ostatecznym uosobieniem współistniejącego z nimi Bóstwa – Wspólnego Aktywizatora – pojawia się przełomowa, trójcowa zależność wzajemna trzech Boskich osobowości, w odniesieniu do całościowego funkcjonowania Bóstwa w absolucie.

Bóg jest Ojcem-Absolutem wszystkich osobowości we wszechświecie wszechświatów. Ojciec jest osobowo absolutny w swej wolności działania, jednak we wszechświatach czasu i przestrzeni, stworzonych, stwarzanych i tych, co będą stwarzane, Ojciec nie jest dostrzegalnie absolutny jako Bóstwo całościowe, chyba, że w Rajskiej Trójcy.

Pierwsze Źródło i Centrum działa we wszechświatach zjawiskowych, na zewnątrz Havony, następująco:

1. Jako stwórca, przez Synów Stwórców, swych wnuków.
2. Jako kontroler, przez centrum grawitacyjne Raju.

3. Jako duch, przez Wiecznego Syna.
4. Jako umysł, przez Wspólnego Stwórcę.
5. Jako Ojciec, utrzymuje rodzicielski kontakt ze wszystkimi stworzonymi przez obwód osobowości.
6. Jako osoba, działa *bezpośrednio* na obszarze stworzenia przez wyłącznie jego fragmenty – w śmiertelnym człowieku przez Dostrajacze Myśli.
7. Jako Bóstwo całościowe, działa tylko w Rajskiej Trójcy.

Wszelkie takie zrzeczenia się i przekazania jurysdykcji, poczynione przez Ojca Wszechświatowego, są całkowicie dobrowolne i dokonywane z jego własnej inicjatywy. Wszechmocny Ojciec celowo wprowadza takie ograniczenia władzy wszechświatowej.

Wieczny Syn wydaje się działać jako jedność z Ojcem we wszystkich aspektach duchowych, za wyjątkiem obdarzania fragmentami Boga i innymi funkcjami przedosobowymi. Syn nie utożsamia się ściśle zarówno z funkcjonowaniem intelektualnym istot materialnych, jak i z działaniem energii wszechświatów materialnych. Jako absolut, Syn działa jako osoba i tylko w domenach wszechświata duchowego.

Nieskończony Duch jest zdumiewająco uniwersalny i niewiarygodnie wszechstronny we wszystkich swych działaniach. Funkcjonuje w domenach umysłu, materii i ducha. Wspólny Aktywizator reprezentuje związek Ojciec-Syn, ale działa także sam z siebie. Nie zajmuje się on bezpośrednio grawitacją fizyczną, grawitacją duchową czy obwodem osobowości, ale bierze większy lub mniejszy udział we wszystkich innych wszechświatowych działaniach. Podczas gdy jest najwyraźniej zależny od trzech egzystencjalnych i absolutnych kontroli grawitacyjnych, Nieskończony Duch wydaje się sprawować trzy kontrole nadrzędne. To potrójne wyposażenie używane jest na różne sposoby, aby przekroczyć i najwidoczniej zneutralizować objawy nawet podstawowych sił oraz energii, aż do nadostatecznych granic absolutności. W pewnych sytuacjach, owe kontrole nadrzędne absolutnie przewyższają nawet podstawowe przejawy rzeczywistości kosmicznej.

4. TRÓJCOWA JEDNOŚĆ BÓSTWA

Rajska Trójca (pierwsza trójjedność) jest unikalna pośród absolutnych związków, jako wyłączny związek osobowego Bóstwa. Bóg działa jako Bóg tylko w relacji do Boga i tych, co mogą poznać Boga, ale jako Bóstwo absolutne działa jedynie w Rajskiej Trójcy i w stosunku do całości wszechświata.

Wieczne Bóstwo jest doskonale zjednoczone, a mimo wszystko są to trzy doskonale zindywidualizowane osoby Bóstwa. Rajska Trójca umożliwia równoczesną ekspresję całej różnorodności charakteru i nieskończonych mocy Pierwszego Źródła i Centrum oraz jego wiecznych partnerów, jak również całej Boskiej jedności wszechświatowych funkcji niepodzielnego Bóstwa.

Trójca jest związkiem nieskończonych osób, działającym w charakterze nieosobowym, ale nie w zaprzeczeniu osobowości. Ilustracja jest uproszczona, jednak ojciec, syn i wnuk, mogą utworzyć zespołowy byt, który będzie nieosobowy, tym niemniej podległy osobowej woli każdego z nich.

Rajska Trójca jest *rzeczywista*. Istnieje jako jedność Bóstwa – Ojca, Syna i Ducha, a jednak Ojciec, Syn czy Duch, czy jakiekolwiek dwie z tych osób, mogą funkcjonować w relacji do tej samej, Rajskiej Trójcy. Ojciec, Syn i Duch mogą współdziałać w sposób nietrójcowy, ale nie jako trzy Bóstwa. Jako osoby mogą współdziałać, jak zechcą, ale to nie jest Trójca.

Pamiętajcie zawsze, że to, co robi Nieskończony Duch, jest funkcjonowaniem Wspólnego Aktywizatora. Zarówno Ojciec jak i Syn działają w nim, przez niego i jako on. Ale daremne byłoby próbować wyjaśnić tajemnicę Trójcy: trzech jako jeden i w jednym, oraz jeden jak dwóch i działający dla dwóch.

Trójca tak jest związana z ogólnymi sprawami wszechświata, że musimy ją uwzględniać w naszych próbach wyjaśnienia całości jakiegokolwiek, odosobnionego zdarzenia kosmicznego, czy związku osobowości. Trójca funkcjonuje na wszystkich poziomach kosmosu a człowiek śmiertelny ograniczony jest do poziomu skończonego; zatem musi się człowiek zadowolić skończonym pojęciem Trójcy jako Trójcy.

Jako śmiertelnik w ciele możesz pojmować Trójcę zgodnie ze swym własnym jej zrozumieniem oraz w harmonii z funkcjonowaniem twego umysłu i duszy. Możesz wiedzieć bardzo mało o absolutności Trójcy, ale kiedy się wzniesiesz do Raju, wiele razy będziesz zdumiony(-a) podczas kolejnych objawień i niespodziewanych odkryć najwyższości i ostateczności Trójcy, może nawet jej absolutności.

5. FUNKCJE TRÓJCY

Osobowe Bóstwa mają atrybuty, ale trudno jest mówić logicznie o Trójcy jako posiadającej atrybuty. Ten związek Boskich istot można lepiej rozważać jako posiadający *funkcje*, takie jak wymierzanie sprawiedliwości, postawy całościowe, skoordynowane działanie i kosmiczna kontrola nadrzędna. Funkcje te są czynnościowo najwyższe, ostateczne i (w zakresie ograniczeń Bóstwa) absolutne, tak dalece, jak to dotyczy wszystkich żywych rzeczywistości o wartości osobowej.

Działania Rajskiej Trójcy nie są zwykłą sumą dostrzegalnego, Ojcowskiego wkładu boskości, z dodatkiem tych wyspecjalizowanych atrybutów, które są unikalne dla osobowej egzystencji Syna i Ducha. Trójcowy związek trzech Rajskich Bóstw powoduje ewolucję, wynikanie i deifikację nowych znaczeń, wartości i mocy, jak również możliwości wszechświatowego objawiania, działania i administracji. Żywe związki, rodziny ludzkie, grupy społeczne czy Rajska Trójca nie poszerzają się przez zwykłe, arytmetyczne sumowanie. Potencjał grupy jest zawsze znacznie wyższy niż zwykła suma własności jej jednostek składowych.

Trójca przejawia jako Trójca, unikalną postawę wobec całego wszechświata przeszłości, teraźniejszości i przyszłości. Działania Trójcy najlepiej można rozpatrywać w odniesieniu do postaw Trójcy wobec wszechświata. Postawy takie są równoczesne i mogą być wielorakie, w tym, co dotyczy jakiejkolwiek odosobnionej sytuacji czy zdarzenia:

1. *Postawa wobec tego, co skończone.* Postawa Trójcy w stosunku do tego, co skończone, stanowi jej maksymalne samoograniczenie. Trójca nie jest osobą, Istota Najwyższa też nie jest wyłącznym uosobieniem Trójcy, ale Najwyższy jest najbliższy tej zogniskowanej mocy-osobowości Trójcy, jaką mogą zrozumieć istoty skończone. Dlatego też Trójca czasem jest omawiana w relacji do tego, co skończone jako Trójca Najwyższości.

2. *Postawa wobec tego, co absoniczne.* Rajska Trójca odnosi się do tych poziomów egzystencji, które są wyższe niż skończone, ale niższe niż absolutne, a zależność ta jest czasami nazywana Trójcą Ostateczności. Ani Ostateczny ani Najwyższy nie są pełnymi reprezentantami Rajskiej Trójcy, jednak w ograniczonym sensie i odpowiednio do swych poszczególnych poziomów, każdy z nich wydaje się reprezentować Trójcę w czasie przedosobowych epok rozwoju mocy empirycznej.

3. *Absolutna postawa* Rajskiej Trójcy wyrażana jest w stosunku do egzystencji absolutnych i osiąga kulminację w działaniu Bóstwa całościowego.

Nieskończona Trójca zawiera skoordynowane funkcjonowanie wszystkich związków trójjedności Pierwszego Źródła i Centrum – nie deifikowanych jak również deifikowanych – dlatego jest ona bardzo trudna do zrozumienia dla istot osobowych. Gdy rozważacie Trójcę jako nieskończoną, nie traćcie z oczu siedmiu trójjedności, tym samym możecie się ustrzec pewnych trudności w jej zrozumieniu i pewne paradoksy mogą być częściowo wyjaśnione.

Nie władam niestety językiem, który mógłby mi pomóc przekazać ograniczonemu, ludzkiemu umysłowi, pełną prawdę i wieczne znaczenie Rajskiej Trójcy, jak również naturę niekończących się związków wzajemnych trzech istot o nieskończonej doskonałości.

6. NIEZMIENNI SYNOWIE TRÓJCY

Wszelkie prawa mają swój początek w Pierwszym Źródle i Centrum; *on jest prawem*. Administracja prawa duchowego jest cechą Drugiego Źródła i Centrum. Objawianie prawa, szerzenie i objaśnianie Boskich ustaw, jest funkcją Trzeciego Źródła i Centrum. Stosowanie prawa, sprawiedliwość, wchodzi w zakres kompetencji Rajskiej Trójcy i jest sprawowana przez pewnych Synów Trójcy.

Sprawiedliwość jest cechą nieodłączną uniwersalnej wszechwładzy Rajskiej Trójcy, ale dobroć, miłosierdzie i prawda są wszechświatowymi funkcjami boskich osobowości tych Bóstw, których związek stanowi Trójcę. Sprawiedliwość nie jest postawą Ojca, Syna czy Ducha. Sprawiedliwość jest trójcową postawą tych osobowości miłości, miłosierdzia i służby. Żadne z Rajskich Bóstw nie zajmuje się wymierzaniem sprawiedliwości. Sprawiedliwość nigdy nie jest właściwością osobistą, zawsze jest to działalność zbiorowa.

Świadectwo, podstawa godziwości (sprawiedliwości w harmonii z miłosierdziem), dostarczane jest przez osobowości Trzeciego Źródła i Centrum, łączną reprezentację Ojca i Syna dla wszystkich domen i umysłów istot inteligentnych całego stworzenia.

Osąd, końcowy wymiar sprawiedliwości, dokonywany zgodnie ze świadectwem dostarczonym przez osobowości Nieskończonego Ducha, jest dziełem Niezmiennych Synów Trójcy, istot mających udział w trójcowej naturze zjednoczonego Ojca, Syna i Ducha.

Ta grupa Synów Trójcy obejmuje następujące osobowości:

1. Utrójcowione Tajemnice Najwyższości.
2. Wieczni Czasu.
3. Pradawni Czasu.

4. Doskonalący Czasu.
5. Niedawni Czasu.
6. Jednoczący Czasu.
7. Wierni Czasu.
8. Perfektorzy Mądrości.
9. Niebiańscy Radcy.
10. Wszechświatowi Cenzorzy.

Jesteśmy dziećmi trzech Rajskich Bóstw, działających jako Trójca, co do mnie należę do dziesiątej klasy tej grupy, do Wszechświatowych Cenzorów. Klasy te nie reprezentują postawy Trójcy w sensie powszechnym; reprezentują one zbiorową postawę Bóstwa jedynie w tym, co dotyczy sądzenia – sprawiedliwości. Zostały one specjalnie wyznaczone do tej właśnie działalności przez Trójcę, do której są przydzielone i reprezentują Trójcę jedynie w tych funkcjach, do których zostały uosobione.

Pradawni Czasu oraz ich towarzysze, pochodzący od Trójcy, wymierzają sprawiedliwe orzeczenia dla siedmiu superwszechświatów, reprezentujące najwyższą bezstronność. We wszechświecie centralnym funkcja taka istnieje jedynie w teorii; bezstronność jest oczywista w stanie doskonałości a doskonałość Havony wyklucza wszystkie możliwości dysonansu.

Sprawiedliwość jest zbiorowym osądem prawości; miłosierdzie jest jej ekspresją osobistą. Miłosierdzie jest postawą wynikającą z miłości; administracja prawa charakteryzuje się precyzją; Boskie orzeczenie stanowi duszę bezstronności, zawsze dostosowane jest do sprawiedliwości Trójcy, zawsze posłuszne Boskiej miłości Boga. Prawa sprawiedliwość Trójcy i zdominowana miłosierdziem miłość Ojca Wszechświatowego są zgodne ze sobą, gdy są w pełni uświadomione i gruntownie zrozumiane. Jednak człowiek nie rozumie w pełni Boskiej sprawiedliwości. Tak więc w Trójcy, jak to człowiek może dostrzegać, osobowości Ojca, Syna i Ducha dostosowują się do skoordynowanej służby miłości i prawa w empirycznych wszechświatach czasu.

7. KONTROLA NADRZĘDNA NAJWYŻSZOŚCI

Osoby Bóstwa – Pierwsza, Druga i Trzecia – są równe sobie i stanowią jedność. „Pan Bóg nasz jest jednym Bogiem". W Boskiej Trójcy wiecznych Bóstw istnieje doskonałość celu i jedność działania. Ojciec, Syn i Wspólny Aktywizator są naprawdę i bosko jednością. Prawdziwie jest napisane: „Ja jestem pierwszy i ja jestem ostatni, a oprócz mnie nie ma Boga".

Tak jak sprawy wyglądają dla śmiertelnika na poziomie skończonym, Rajska Trójca, podobnie jak Istota Najwyższa, interesuje się tylko całością – całą planetą, całym wszechświatem, całym superwszechświatem, całym wielkim wszechświatem. Taka całościowa postawa istnieje dlatego, że Trójca jest całością Bóstwa, oraz z wielu jeszcze innych powodów.

Istota Najwyższa jest czymś mniejszym i czymś innym niż Trójca, działająca we wszechświatach skończonych; jednak w obrębie pewnych ograniczeń i w obecnej epoce niekompletnej mocy-uosobienia, to ewolucyjne Bóstwo wydaje się odzwierciedlać postawę Trójcy Najwyższości. Ojciec, Syn i Duch nie działają osobiście z Istotą Najwyższą, ale w obecnej epoce wszechświata współpracują z nią jako Trójca. Rozumiemy, że utrzymują też podobne związki z Ostatecznym. Często próbujemy snuć przypuszczenia, jaki będzie osobisty związek między Rajskimi Bóstwami a Bogiem Najwyższym, gdy się on w końcu ukształtuje, ale doprawdy nie wiemy.

Nie uważamy kontroli nadrzędnej Najwyższości jako w pełni przewidywalnej. Ponadto, ta nieprzewidywalność wydaje się charakteryzować pewną niekompletnością rozwojową, stanowiącą niewątpliwie piętno niekompletności Najwyższego oraz niekompletności skończonego oddziaływania Rajskiej Trójcy.

Śmiertelny umysł może zaraz pomyśleć o tysiącu i jednej rzeczy – o katastrofalnych zdarzeniach fizycznych, przerażających wypadkach, straszliwych nieszczęściach, bolesnych chorobach i światowych plagach – i pytać, czy takie dopusty są powiązane wzajemnie w nieznanych posunięciach tego, domniemanego działania Istoty Najwyższej. Szczerze mówiąc nie wiemy; doprawdy nie jesteśmy pewni. Zauważamy jednak, jak z upływem czasu wszystkie te trudne i bardziej czy mniej tajemnicze sytuacje *zawsze* wypracowują dobro i postęp dla wszechświatów. Może tak być, że okoliczności istnienia i niewytłumaczalne zmienności życia są splecione w sensowny wzorzec wysokich wartości, dzięki działaniom Najwyższego i kontroli nadrzędnej Trójcy.

Jako syn Boży możesz dostrzec osobistą postawę miłości we wszystkich czynach Boga Ojca. Jednak nie zawsze będziesz mógł(-ogła) zrozumieć, ile działań Rajskiej Trójcy we wszechświecie przyczynia się do pomyślności pojedynczego śmiertelnika, żyjącego na ewolucyjnym świecie w przestrzeni. W rozwoju wieczności, działania Trójcy objawią się jako w pełni znaczące i rozumne, jednak istotom czasu nie zawsze się takimi wydają.

8. TRÓJCA POZA SKOŃCZONYM

Wiele prawd i faktów, dotyczących Rajskiej Trójcy, może być choćby częściowo zrozumiane dzięki zapoznaniu się z tymi jej funkcjami, które przewyższają skończoność.

Niewskazane byłoby omawianie funkcjonowania Trójcy Ostateczności, można jednak ujawnić, że Bóg Ostateczny jest przejawem Trójcy, zrozumiałym przez Transcendentalnych. Jesteśmy skłonni uwierzyć, że zjednoczenie wszechświata nadrzędnego jest wynikowym aktem Ostatecznego i jest prawdopodobnie odzwierciedleniem pewnych, ale nie wszystkich, stadiów absonicznej kontroli nadrzędnej Rajskiej Trójcy. Ostateczny jest uwarunkowanym przejawem Trójcy w odniesieniu do absonitu jedynie w tym znaczeniu, w jakim Najwyższy częściowo reprezentuje Trójcę dla skończonego.

Ojciec Wszechświatowy, Wieczny Syn oraz Nieskończony Duch, są w pewnym sensie osobowościami składowymi Bóstwa całościowego. Ich zjednoczenie w Rajskiej Trójcy oraz absolutne działanie Trójcy jest odpowiednikiem działania Bóstwa całościowego. I ta pełnia Bóstwa przewyższa zarówno to, co skończone jak i to, co absoniczne.

Podczas gdy żadna pojedyncza osoba, spośród Rajskich Bóstw, w istocie nie dopełnia całego potencjału Bóstwa, robią to wszystkie trzy wspólnie. Trzy nieskończone osoby wydają się być najniższą liczbą istot, potrzebnych do uaktywnienia przedosobowego i egzystencjalnego potencjału Bóstwa całościowego – Bóstwa-Absolutu.

Znamy Ojca Wszechświatowego, Wiecznego Syna i Nieskończonego Ducha jako *osoby*, ale ja nie znam osobiście Bóstwa-Absolutu. Kocham i czczę Boga Ojca; szanuję i honoruję Bóstwo-Absolut.

Kiedyś przebywałem w takim wszechświecie, gdzie pewna grupa istot nauczała, że w wieczności finaliści mają się w końcu stać dziećmi Bóstwa-Absolutu. Jednak trudno mi zaakceptować takie rozwiązanie tajemnicy, która spowija przyszłość finalistów.

Korpus Finalizmu składa się między innymi z tych śmiertelników czasu i przestrzeni, którzy osiągnęli doskonałość we wszystkim, co dotyczy woli Boga. Jako stworzeni i w zakresie możliwości istot stworzonych, znają oni prawdziwie i w pełni Boga. Znalazłszy tym samym Boga jako Ojca wszystkich istot, tacy finaliści muszą kiedyś zacząć poszukiwanie nadskończonego Ojca. Jednak takie poszukiwanie pociąga za sobą absoniczne w swej naturze zrozumienie ostatecznych atrybutów oraz charakteru Rajskiego Ojca. Wieczność pokaże, czy takie osiągnięcie jest możliwe, jednak przekonani jesteśmy, że jeśli nawet finaliści zrozumieją tą ostateczność boskości, prawdopodobnie nie będą mogli dotrzeć do nadostatecznych poziomów Bóstwa absolutnego.

Może tak się zdarzyć, że finaliści częściowo dotrą do Bóstwa-Absolutu, ale nawet gdyby im się to udało, zawsze w wieczności wielu wieczności problem Absolutu Wszechświatowego będzie intrygował, mistyfikował, zbijał z tropu i stanowił wyzwanie dla wznoszących się i rozwijających finalistów, gdyż uświadamiamy sobie, że niemożliwe do zgłębienia kosmiczne związki Absolutu Wszechświatowego będą miały tendencje do narastania, proporcjonalnie do nieustannego rozszerzania się wszechświatów materialnych i ich duchowej administracji.

Tylko nieskończoność może objawić Ojca Nieskończonego.

[Nadzorowane przez Wszechświatowego Cenzora, działającego z upoważnienia Pradawnych Czasu, przebywających na Uversie].

PRZEKAZ 11

WIECZNA WYSPA RAJ

RAJ jest wiecznym centrum wszechświata wszechświatów i stałym miejscem pobytu Ojca Wszechświatowego, Wiecznego Syna, Nieskończonego Ducha i Boskich istot partnerskich i pomocniczych. Centralna Wyspa jest najbardziej gigantycznym, zorganizowanym ciałem kosmicznej rzeczywistości w całym wszechświecie nadrzędnym. Raj jest zarówno domeną materialną jak i mieszkaniem duchowym. Wszelkie inteligentne istoty, stworzone przez Ojca Wszechświatowego, zamieszkują w siedzibach materialnych; stąd absolutne centrum kontroli też musi być prawdziwie materialne. I znowu należy powtórzyć, że rzeczy duchowe i istoty duchowe są *rzeczywiste*.

Materialne piękno Raju polega na przepychu jego fizycznej doskonałości; wielkość duchowa Wyspy Boga przejawia się we wspaniałych osiągnięciach intelektualnych i rozwoju umysłowym jej mieszkańców; chwała centralnej Wyspy ukazuje się w nieskończonym wyposażeniu Boskich osobowości duchowych – w światłości życia. Jednak bezmiar duchowego piękna i wspaniałości tej świetnej całości przekracza zupełnie pojmowanie skończonego umysłu istot materialnych. Śmiertelnik nie może zrozumieć chwały i duchowej okazałości Boskiego miejsca zamieszkania. Raj jest z wieczności; nie istnieją żadne zapisy czy podania, dotyczące początków owej centralnej Wyspy Światłości i Życia.

1. REZYDENCJA BOGA

W administracji domen wszechświatowych Raj służy rozlicznym celom, ale dla istot stworzonych istnieje on zasadniczo jako miejsce zamieszkania Bóstwa. Osobista obecność Ojca Wszechświatowego jest umiejscowiona dokładnie w centrum wyższej powierzchni tego, nieomal okrągłego, ale nie kulistego, miejsca pobytu Bóstw. Ta rajska obecność Ojca Wszechświatowego otoczona jest bezpośrednio osobistą obecnością Wiecznego Syna, podczas gdy ich obu otacza niewysłowiona chwała Nieskończonego Ducha.

Bóg mieszka, mieszkał i zawsze będzie mieszkał w tej samej, centralnej i wiecznej siedzibie. Zawsze go tam znajdowaliśmy i zawsze będziemy go tam znajdować. Ojciec

Wszechświatowy jest kosmicznie zogniskowany, duchowo uosobiony i geograficznie zamieszkały w centrum wszechświata wszechświatów.

Wszyscy znamy prostą drogę, jaką należy iść, aby odnaleźć Ojca Wszechświatowego. Nie potraficie zrozumieć wielu tych spraw, które odnoszą się do Boskiej rezydencji, ponieważ jest ona tak bardzo oddalona i ogrom przestrzeni oddziela ją od was, ale ci, którzy potrafią zrozumieć znaczenie tych ogromnych odległości, znają miejsce pobytu Boga tak niezawodnie i pewnie, jak wy znacie położenie Nowego Jorku, Londynu, Rzymu czy Singapuru, miast wyraźnie umiejscowionych geograficznie na Urantii. Gdybyście byli mądrymi nawigatorami, mielibyście do dyspozycji statek, mapy i kompas, łatwo moglibyście dotrzeć do tych miast. Tak samo, gdybyście mieli czas i środki, pozwalające na przebycie drogi, posiadalibyście warunki duchowe i niezbędne przewodnictwo, moglibyście być pilotowani wszechświat za wszechświatem i orbita za orbitą, zawsze podróżując do wewnątrz gwiaździstych sfer, aż w końcu stanęlibyście przed centralną światłością duchowej chwały Ojca Wszechświatowego. Jeśli ktoś ma wszystko, co potrzeba do podróży, tak samo może znaleźć osobistą obecność Boga w centrum wszystkich rzeczy, jak może znaleźć odległe miasta na waszej własnej planecie. To, że nie odwiedzaliście tych miejsc, w żaden sposób nie neguje rzeczywistości ich istnienia. To, że tak mało wszechświatowych istot stworzonych znalazło Boga w Raju, w żaden sposób nie neguje ani rzeczywistości jego istnienia, ani rzeczywistości jego duchowej osoby w centrum wszystkich rzeczy.

Ojca zawsze można zastać w tym, centralnym miejscu. Gdyby się przeniósł, mogłoby nastąpić wszechświatowe pandemonium, ponieważ w nim się zbiegają, w centrum jego pobytu, wszechświatowe linie grawitacji biegnące od krańców stworzenia. Czy to śledzimy obwód osobowości, wstecz poprzez wszechświaty, czy patrzymy za wznoszącymi się osobowościami, jak podróżują do wewnątrz ku Ojcu, czy to śledzimy linie grawitacji materialnej, aż do Raju dolnego, czy oglądamy rodzące się cykle siły kosmicznej, czy to patrzymy szlakiem linii grawitacji duchowej, aż do Wiecznego Syna, czy przyglądamy się korowodowi zdążających do wewnątrz Rajskich Synów Boga, czy śledzimy obwód umysłu, czy patrzymy na wiele bilionów istot niebiańskich, które pochodzą od Nieskończonego Ducha – drogą dowolnej z tych obserwacji lub poprzez nie wszystkie, prowadzeni jesteśmy bezpośrednio do obecności Ojca, do jego centralnego miejsca pobytu. Tutaj Bóg jest osobiście, literalnie i faktycznie obecny. Od jego nieskończonej istoty rozlewają się na wszystkie wszechświaty wezbrane strumienie życia, energii i osobowości.

2. NATURA WIECZNEJ WYSPY

Ponieważ zaczynacie dostrzegać ogrom wszechświata materialnego, widzialny nawet z waszego położenia astronomicznego, z waszej pozycji w gwiezdnych systemach, powinno być dla was jasne, że tak potężny wszechświat materialny musi mieć odpowiednią i godną stolicę, centrum, odpowiadające godności i bezgraniczności wszechświatowego Władcy wszystkich tych ogromnych i rozległych kreacji, domen materialnych i istot żywych.

W swoim kształcie Raj jest odmienny od innych, zamieszkałych ciał kosmicznych – nie jest kulisty. Jest on zdecydowanie elipsoidalny i posiada średnicę na linii północ-południe o jedną szóstą dłuższą od średnicy wschód-zachód. Centralna Wyspa jest zasadniczo płaska a odległość od powierzchni górnej do dolnej wynosi jedną dziesiątą średnicy wschód-zachód.

Te różnice w wymiarach, gdy się je weźmie pod uwagę w związku ze stacjonarnym statusem i większym parciem na zewnątrz siły-energii na północnym końcu Wyspy, umożliwiają ustalenie absolutnych kierunków we wszechświecie nadrzędnym.

Centralna Wyspa podzielona jest geograficznie na trzy funkcjonalne domeny:

1. Raj górny.
2. Raj obwodowy.
3. Raj dolny.

O tej powierzchni Raju, która jest miejscem działalności osobowych, mówimy jako o stronie górnej a o powierzchni przeciwległej, jako o stronie dolnej. Obwód Raju przeznaczony jest na te działania, które ani nie są ściśle osobowe, ani też nieosobowe. Trójca wydaje się panować nad osobową czy wyższą płaszczyzną, Absolut Nieuwarunkowany nad płaszczyzną dolną, czy też nieosobową. Nie uważamy Absolutu Nieuwarunkowanego za osobę, sądzimy jednak, że funkcjonalna obecność przestrzenna tego Absolutu zogniskowana jest w Raju dolnym.

Wieczna Wyspa stanowi jedyną w swoim rodzaju formę materializacji – stacjonarny system rzeczywistości. Rzeczywistym tworzywem Raju jest jednorodna organizacja potencji przestrzeni, niespotykana nigdzie indziej w całym rozległym wszechświecie wszechświatów. W różnych wszechświatach nadano jej wiele nazw, a Melchizedekowie z Nebadonu już od dawna nazywają ją *absolutum*. Podstawa rajskiego tworzywa nie jest ani martwa, ani ożywiona; jest to oryginalna, nieduchowa ekspresja Pierwszego Źródła i Centrum; to jest *Raj* i nie ma on duplikatu.

Wydaje się nam, że Pierwsze Źródło i Centrum skoncentrował cały absolutny potencjał rzeczywistości kosmicznej w Raju, co jest częścią jego metody wyzwalania się od ograniczeń nieskończoności i jest środkiem umożliwiającym stworzenie tego, co podnieskończone a nawet czasu-przestrzeni. Nie wynika stąd jednak, że Raj ograniczony jest czasem-przestrzenią, tylko dlatego, że wszechświat wszechświatów wykazuje takie własności. Raj istnieje bez czasu i nie ma umiejscowienia w przestrzeni.

Mówiąc w uproszczeniu, przestrzeń najwyraźniej bierze swój początek tuż poniżej Raju dolnego; czas tuż powyżej Raju górnego. Czas, tak jak wy go rozumiecie, nie jest cechą rajskiej egzystencji, chociaż obywatele centralnej Wyspy są w pełni świadomi bezczasowego porządku zdarzeń. Ruch nie jest właściwością Raju, jest on zależny od woli. Jednak idea odległości, nawet odległości absolutnej, ma bardzo duże znaczenie, ponieważ może być stosowana do względnych, rajskich lokalizacji. Raj jest bezprzestrzenny, dlatego jego obszary są absolutne a tym samym użyteczne na wiele różnych sposobów, przekraczających pojmowanie śmiertelnego umysłu.

3. RAJ GÓRNY

W Raju górnym istnieją trzy wielkie sfery funkcjonalne, *obecność Bóstwa*, *Najświętsza Sfera* i *Święty Obszar*. Rozległy rejon, bezpośrednio otaczający obecność Bóstw, pozostawiony jest jako Najświętsza Sfera i zarezerwowany jest dla czczenia, utrójcowiania oraz wysokich przedsięwzięć duchowych. W tej sferze nie ma żadnych struktur materialnych, żadnych wytworów czysto intelektualnych; nie mogą one tam istnieć.

Dla mnie, próba zobrazowania ludzkiemu umysłowi boskiej natury i wspaniałej majestatyczności Najświętszej Sfery Raju jest bezcelowa. Jest to domena zupełnie duchowa a wy jesteście prawie zupełnie materialni. Dla czysto materialnej istoty rzeczywistość czysto duchowa najwyraźniej nie istnieje.

Podczas gdy nie ma fizycznych obiektów materialnych na obszarze Najświętszego, w sektorach Świętej Krainy znajduje się wiele pamiątek z waszych materialnych dni a jest ich jeszcze więcej w pełnych wspomnień, historycznych obszarach Raju obwodowego.

Święty Obszar, dalszy albo mieszkalny rejon, jest podzielony na siedem współśrodkowych stref. Raj zwany jest czasem „Domem Ojca", jako że jest jego wiecznym miejscem zamieszkania a siedem stref nazywa się często „rajskimi mieszkaniami Ojca". Wewnętrzna czy pierwsza strefa, zajmowana jest przez Obywateli Raju i rodowitych mieszkańców Havony, którzy mieli sposobność zamieszkać w Raju. Kolejna albo druga strefa, jest miejscem zamieszkania istot, wywodzących się z siedmiu superwszechświatów czasu i przestrzeni. Ta druga strefa jest częściowo podzielona na siedem rozległych sekcji, stanowiących rajską ojczyznę istot duchowych i wznoszących się istot stworzonych, przybyłych z wszechświatów rozwoju ewolucyjnego. Każdy z tych sektorów działa wyłącznie dla dobra i rozwoju osobowości z jednego superwszechświata, jednak wielkość tych obszarów prawie nieskończenie przekracza potrzeby obecnych siedmiu superwszechświatów.

Każdy z siedmiu sektorów Raju podzielony jest na mniejsze części, zespoły mieszkalne, przeznaczone na ośrodki zakwaterowania dla miliarda gloryfikowanych, indywidualnych grup roboczych. Tysiąc takich jednostek stanowi dywizję. Sto tysięcy dywizji równa się kongregacji. Dziesięć milionów kongregacji tworzy zgromadzenie. Miliard zgromadzeń czyni wielki zespół. I te, coraz większe grupy, idą dalej, poprzez drugi wielki zespół, trzeci i jeszcze dalej, aż do siódmego wielkiego zespołu. Siedem wielkich zespołów tworzy zespół nadrzędny a siedem zespołów nadrzędnych składa się na zespół wyższy; w ten sposób ta organizacja rozciąga się w siedmiu coraz większych grupach, poprzez zespół wyższy, nadwyższy, niebiański, nadniebiański aż do zespołów najwyższych. Jednak nawet to nie zużywa całej dostępnej przestrzeni. Oszałamiająca ilość miejsca na mieszkania w Raju, ilość przekraczająca wasze pojmowanie, zajmuje znacznie mniej niż jeden procent przydzielonej na to powierzchni Świętej Krainy. Jest jeszcze sporo miejsca dla tych, co są w drodze do wewnątrz, nawet dla tych, co nie zaczną rajskiej wspinaczki aż do czasów wiecznej przyszłości.

4. RAJ OBWODOWY

Centralna Wyspa kończy się nagle na obwodzie, jednak jej rozmiary są tak ogromne, że jej krańcowa krzywizna jest relatywnie niedostrzegalna w granicach jakiegokolwiek określonego obszaru. Obwodową powierzchnię Raju częściowo zajmują pola lądowania i ekspediowania różnych grup osobowości duchowych. Ponieważ strefy przestrzeni nienasyconej niemalże zazębiają się z obwodem Raju, wszystkie transporty osobowości, zmierzające do Raju, lądują w tych rejonach. Ani Raj górny ani dolny nie jest dostępny dla supernafinów transportujących, ani też dla innych typów istot, przemierzających przestrzeń.

Siedem Duchów Nadrzędnych ma swe osobiste siedziby mocy i władzy na siedmiu sferach Ducha, okrążających Raj, w przestrzeni między jaśniejącymi globami Syna a wewnętrzną orbitą światów Havony, ale utrzymują one swe centrale zogniskowania siły na obwodzie Raju. To tutaj właśnie, powoli krążące obecności Siedmiu Najwyższych Dyspozytorów Mocy określają rozmieszczenie siedmiu jaskrawych punktów odpowiednich rajskich energii, wychodzących do siedmiu superwszechświatów.

Tutaj, na obwodzie Raju, znajdują się ogromne historyczne i prorocze tereny wystawowe, przydzielone Synom Stwórcom, poświęcone wszechświatom lokalnym czasu i przestrzeni. Jest tutaj prawie siedem bilionów takich, zarezerwowanych dla historii obszarów, zajętych już albo jeszcze wolnych, jednak tereny te, razem wzięte, zajmują jedynie około czterech procent tej części strefy obwodowej, która jest im przydzielona. Dochodzimy do wniosku, że te ogromne rezerwy przeznaczone są dla tych wszechświatów, które kiedyś mają być rozmieszczone poza granicami znanych obecnie, zamieszkałych siedmiu superwszechświatów.

Ta część Raju, która została przydzielona na użytek istniejących wszechświatów, używana jest zaledwie w zakresie od jednego do czterech procent, natomiast powierzchnia przeznaczona na tę działalność jest co najmniej milion razy większa od naprawdę potrzebnej do tego celu. Raj jest wystarczająco wielki, aby pomieścić funkcje prawie nieskończonej kreacji.

Dalsze próby uzmysłowienia wam chwały Raju mogą być jednak bezowocne. Musicie czekać i rozwijać się, kiedy oczekujecie na to, czego „oko nie widziało, ani ucho nie słyszało, ani umysł człowieka nie zdołał pojąć, na rzeczy, które Ojciec Wszechświatowy przygotował tym, co przetrwają życie w ciele, na światach czasu i przestrzeni".

5. RAJ DOLNY

Co się tyczy Raju dolnego, wiemy tylko to, co zostało nam objawione; nie przebywają tam żadne osobowości. Nie ma on zgoła nic do czynienia z duchowymi sprawami istot inteligentnych, Bóstwo-Absolut również tam nie działa. Zostaliśmy poinformowani, że wszystkie obwody energii fizycznej i siły kosmicznej wywodzą się z Raju dolnego i zorganizowane są następująco:

1. Bezpośrednio pod miejscem pobytu Trójcy, w centralnej części Raju dolnego, znajduje się nieznana i nie objawiona Strefa Wieczności.
2. Strefę tę otacza bezpośrednio obszar nienazwany.
3. Rejon, zajmujący wierzchnie warstwy podpowierzchniowe, ma zasadniczo do czynienia z potencją przestrzeni i siłą-energią. Funkcjonowania tego, rozległego, eliptycznego centrum siły, nie można utożsamić ze znanym funkcjonowaniem jakiejkolwiek trójjedności, jednak podstawowe obciążenie-siła przestrzeni wydaje się być zogniskowane w tym rejonie. Centrum to składa się z trzech współśrodkowych, eliptycznych stref. Najbardziej wewnątrz znajduje się punkt ogniskujący działania siły-energii samego Raju; najdalsza, zewnętrzna strefa, może być ewentualnie utożsamiana z czynnościami Absolutu Nieuwarunkowanego, ale nie jesteśmy pewni tego, co się tyczy funkcji przestrzeni w strefie pośredniej.

Strefa wewnętrzna tego centrum siły wydaje się działać jak gigantyczne serce, którego pulsowanie kieruje strumienie aż do najdalszych krańców przestrzeni fizycznej. Ukierunkowuje ona i modyfikuje siły-energie, ale prawie ich nie napędza. Rzeczywistość ciśnienia-obecności tych sił pierwotnych jest zdecydowanie większa na północnym krańcu centrum Raju, niż w rejonach południowych; taką różnicę zauważa się stale. Macierzyste siły przestrzeni wydają się dopływać na południu a wypływać na północy, dzięki działaniu jakiegoś nieznanego systemu krążenia, który zajmuje się rozprowadzaniem podstawowej formy siły-energii. Od czasu do czasu odnotowuje się również różnice w ciśnieniach wschodnio-zachodnich. Siły emanujące z tej strefy nie reagują na dostrzegalną grawitację fizyczną, ale zawsze są posłuszne grawitacji Raju.

Strefa pośrednia centrum siły otacza bezpośrednio strefę wewnętrzną. Strefa pośrednia wydaje się być statyczna, oprócz tego, że rozszerza się ona i kurczy w trzech cyklach aktywności. Najsłabsza z tych pulsacji występuje na kierunku wschód-zachód, silniejsza na kierunku północ-południe, podczas gdy najsilniejsza fluktuacja występuje we wszystkich kierunkach, jako ogólne rozszerzanie się i kurczenie. Funkcja tej strefy pośredniej nigdy nie została naprawdę określona, ale musi ona mieć coś do czynienia z obustronnym dopasowaniem pomiędzy wewnętrzną a zewnętrzną strefą centrum siły. Uważa się, że strefa pośrednia jest mechanizmem kontrolnym przestrzeni pośredniej albo spokojnych stref, które oddzielają kolejne poziomy przestrzeni wszechświata nadrzędnego, jednak żaden dowód czy objawienie tego nie potwierdza. Wniosek taki można wysnuć z tego, że strefa pośrednia jest w pewien sposób związana z funkcjonowaniem mechanizmu przestrzeni nienasyconej wszechświata nadrzędnego.

Strefa zewnętrzna jest największa i najbardziej aktywna, spośród trzech współśrodkowych, eliptycznych pasów nie zidentyfikowanego potencjału przestrzeni. Obszar ten jest miejscem trudnych do wyobrażenia operacji, centralnym punktem okręgu emanacji, biegnących w przestrzeń w każdym kierunku, do najbardziej oddalonych krańców siedmiu superwszechświatów i dalej, żeby się rozprzestrzenić na ogromnych i niewyobrażalnych domenach całej przestrzeni zewnętrznej. Ta kosmiczna obecność jest zupełnie bezosobowa a jednak wydaje się reagować pośrednio, w jakiś nieujawniony sposób, na wolę i nakazy nieskończonych Bóstw, kiedy działają jako Trójca. Przypuszcza się, że jest to centralne zogniskowanie, rajskie centrum, przestrzennej obecności Absolutu Nieuwarunkowanego.

Wszystkie formy siły i wszystkie stadia energii wydają się być ujęte obwodem; krążą we wszechświatach i powracają określonymi drogami. Jednak emanacje uaktywnionej strefy Absolutu Nieuwarunkowanego wydają się być albo wychodzące, albo przychodzące, ale nie jedne i drugie równocześnie. Ta zewnętrzna strefa pulsuje w epokowych cyklach o gigantycznych proporcjach. Przez nieco ponad miliard lat czasu Urantii przestrzeń-siła tego centrum wychodzi; potem, przez podobny okres będzie przychodzić. I przejawy przestrzeni-siły tego centrum są powszechne; rozciągają się one na całą nasycalną przestrzeń.

Cała fizyczna siła, energia i materia, stanowią jedność. Cała siła-energia na początku wychodzi z Raju dolnego i w końcu do niego wraca, po ukończeniu swego obiegu w przestrzeni. Jednak nie wszystkie energie i organizacje materii wszechświata wszechświatów, w swych obecnych stadiach zjawiskowych, wychodzą z Raju dolnego; przestrzeń jest łonem kilku form materii i prematerii. Chociaż zewnętrzna strefa rajskiego centrum siły jest źródłem energii kosmicznych, przestrzeń się stamtąd nie wywodzi. Przestrzeń nie jest siłą, energią czy mocą. Tak samo pulsacje tej strefy nie przyczyniają się do oddychania przestrzeni, ale stadium przychodzące i wychodzące tej strefy jest zsynchronizowane z liczącymi dwa miliardy lat cyklami rozszerzania się i kurczenia przestrzeni.

6. ODDYCHANIE PRZESTRZENI

Nie znamy dokładnie jak działa mechanizm oddychania przestrzeni; zauważamy po prostu, że cała przestrzeń kurczy się i rozszerza na przemian. To oddychanie dotyczy zarówno poziomego rozszerzania się przestrzeni nasyconej, jak i pionowych rozszerzeń przestrzeni nienasyconej, która znajduje się w rozległych zbiornikach przestrzeni, położonych powyżej i poniżej Raju. Aby wyobrazić sobie zarysy kubatury tych zbiorników przestrzeni, możecie sobie przypomnieć, jak wygląda klepsydra.

Kiedy wszechświaty się rozszerzają, podczas poziomego szerzenia się przestrzeni nasyconej, zbiorniki rozwinięcia pionowego przestrzeni nienasyconej kurczą się i na odwrót. Przestrzeń nasycona i nienasycona zbiega się tuż poniżej Raju dolnego. Oba rodzaje przestrzeni przepływają tutaj przez kanały przeobrażające-regulujące, gdzie dokonuje się tych zmian, które czynią przestrzeń nasycalną przestrzenią nienasycalną i na odwrót, w cyklach kurczenia się i rozszerzania kosmosu.

Przestrzeń „nienasycona" oznacza: nienasycona przez te siły, energie, moce i obecności, o których wiemy, że istnieją w przestrzeni nasyconej. Nie wiemy, czy przeznaczeniem przestrzeni pionowej (zbiornik) jest zawsze działać jako przeciwwaga przestrzeni poziomej (wszechświat); nie wiemy, czy istnieje twórcza intencja dotycząca przestrzeni nienasyconej; naprawdę bardzo mało wiemy o zbiornikach przestrzeni, zaledwie tyle, że istnieją one i wydają się być przeciwciężarem dla cyklów rozszerzania się i kurczenia przestrzeni we wszechświecie wszechświatów.

Cykle oddychania przestrzeni trwają, w każdym ze swych stadiów, nieco ponad miliard lat czasu Urantii. W jednym stadium wszechświaty się rozszerzają, w drugim kurczą. Przestrzeń nasycona dochodzi teraz do środkowego punktu stadium rozszerzania się, podczas gdy nienasycona zbliża się do punktu środkowego stadium kurczenia się, a jesteśmy poinformowani, że najbardziej odległe rozwinięcia obu rozciągłości przestrzeni są teraz, teoretycznie, w jednakowej odległości od Raju. Zbiorniki przestrzeni nienasyconej rozpościerają się teraz pionowo nad Rajem górnym oraz poniżej Raju dolnego, akurat tak daleko, jak przestrzeń nasycona wszechświata rozciągnięta jest poziomo, na zewnątrz Raju obwodowego, aż do czwartego poziomu przestrzeni zewnętrznej a nawet dalej.

Zbiorniki przestrzeni się kurczą przez miliard lat czasu Urantii, podczas gdy wszechświat nadrzędny i funkcje sił całej przestrzeni poziomej się rozszerzają. Potrzeba zatem nieco ponad dwu miliardów lat czasu Urantii na całkowite ukończenie cyklu rozszerzania-kurczenia.

7. FUNKCJE PRZESTRZENNE RAJU

Na żadnej z powierzchni Raju przestrzeń nie istnieje. Jeśli ktoś „spojrzałby" prosto w górę, z górnej płaszczyzny Raju, nie „zobaczy" nic, oprócz przestrzeni nienasyconej, wychodzącej lub przychodzącej, teraz właśnie przychodzącej. Przestrzeń nie dotyka Raju; tylko spokojne *strefy przestrzeni pośredniej* stykają się z centralną Wyspą.

Raj jest faktycznie nieruchomym jądrem względnie spokojnych stref, leżących pomiędzy przestrzenią nasyconą a nienasyconą. Geograficznie strefy te wydają się być względnym rozszerzeniem Raju, jednak prawdopodobnie istnieje w nich jakiś ruch. Wiemy o nich bardzo mało, ale zauważamy, że te strefy ograniczonego ruchu przestrzeni oddzielają przestrzeń nasyconą od nienasyconej. Podobne strefy istniały kiedyś pomiędzy poziomami przestrzeni nasyconej, ale teraz są one mniej spokojne.

Przekrój pionowy całej przestrzeni przypomina nieco krzyż maltański, z jego poziomymi ramionami obrazującymi przestrzeń nasyconą (wszechświat) i z ramionami pionowymi obrazującymi przestrzeń nienasyconą (zbiornik). Rejony istniejące pomiędzy czterema ramionami rozdzielają je w pewnym sensie jako strefy przestrzeni pośredniej, oddzielające przestrzeń nasyconą i nienasyconą. Te ciche strefy przestrzeni pośredniej rozszerzają się coraz bardziej, w miarę oddalania się od Raju i w końcu opasują obrzeża całej przestrzeni, otaczając zupełnie zarówno zbiorniki przestrzeni jak i całe poziome rozwinięcie przestrzeni nasyconej.

Przestrzeń ani nie jest podabsolutnym stanem w obrębie Absolutu Nieuwarunkowanego, ani też jego obecnością, nie jest też funkcją Ostatecznego. Jest ona darem Raju a przypuszcza się, że przestrzeń wielkiego wszechświata i wszystkich regionów zewnętrznych jest w istocie nasycona ancestralną potencją przestrzeni Absolutu Nieuwarunkowanego. Przestrzeń nasycona rozciąga się poziomo, od pobliża Raju obwodowego na zewnątrz, poprzez czwarty poziom przestrzeni i dalej, poza peryferie wszechświata nadrzędnego, nie wiemy jednak jak daleko.

Jeśli wyobrazicie sobie skończoną, ale niewyobrażalnie wielką płaszczyznę w kształcie litery „V", usytuowaną pod kątem prostym zarówno do górnej jak i dolnej powierzchni Raju, z jej ostrzem prawie stycznym do Raju obwodowego, a potem uzmysłowicie sobie tę płaszczyznę w obrocie eliptycznym wokół Raju, jej obieg będzie w przybliżeniu dawał zarys objętości przestrzeni nasyconej.

Istnieje górne i dolne ograniczenie przestrzeni horyzontalnej, w odniesieniu do jakiejkolwiek danej lokalizacji we wszechświatach. Jeśli ktoś mógłby oddalić się dostatecznie daleko, pod kątem prostym do płaszczyzny Orvontonu, zarówno w górę jak i w dół, mógłby w końcu dotrzeć do wyższej albo niższej granicy przestrzeni nasyconej. W zakresie znanych rozmiarów wszechświata nadrzędnego, granice te oddalają się od siebie coraz bardziej, na coraz większych odległościach od Raju; przestrzeń coraz bardziej się pogrubia, w pewnym sensie bardziej niż płaszczyzna stworzenia – wszechświaty.

Względnie spokojne strefy pomiędzy poziomami przestrzeni, jak te oddzielające siedem superwszechświatów od pierwszego poziomu przestrzeni zewnętrznej, stanowią olbrzymie, eliptyczne rejony spoczynkowych funkcji przestrzeni. Strefy te oddzielają od siebie rozległe galaktyki, biegnące wokół Raju uporządkowanym korowodem. Możecie wyobrazić sobie pierwszy poziom przestrzeni zewnętrznej, gdzie niezliczone wszechświaty są w stadium tworzenia a ogromny korowód galaktyk obraca się wokół Raju, ograniczony powyżej i poniżej spoczynkowymi strefami przestrzeni pośredniej, jak również ograniczony wewnętrznym oraz zewnętrznym marginesem względnie spokojnych stref przestrzennych.

Poziom przestrzeni funkcjonuje zatem jako eliptyczny obszar pełen ruchu, otoczony ze wszystkich stron względną nieruchomością. Takie związki ruchu i spokoju tworzą zakrzywiony tor w przestrzeni, o zmniejszonym oporze dla ruchu, którym generalnie podąża siła kosmiczna i energia powstająca, kiedy bez końca krążą wokół Wyspy Raj.

Takie naprzemianległe strefy we wszechświecie nadrzędnym, wraz ze strumieniem galaktyk krążącym zgodnie z kierunkiem wskazówek zegara oraz na przemian w kierunku przeciwnym, są czynnikiem stabilizacyjnym grawitacji fizycznej, zapobiegającym narastaniu ciśnienia grawitacji aż do punktu rozrywania i rozpraszania. Takie rozmieszczenie wywiera wpływy antygrawitacyjne i wyhamowuje niebezpieczne skądinąd prędkości.

8. GRAWITACJA RAJU

Nieuchronne przyciąganie grawitacyjne skutecznie trzyma w uścisku wszystkie światy ze wszystkich wszechświatów w całej przestrzeni. Grawitacja jest wszechpotężnym uchwytem fizycznej obecności Raju. Grawitacja jest wszechmocną nicią, na którą są nawleczone błyszczące gwiazdy, płonące słońca i kręcące się sfery, stanowiące wszechświatowe, fizyczne ozdoby wiecznego Boga, który jest wszystkimi rzeczami, wypełnia wszystkie rzeczy i w którym wszystkie rzeczy się zawierają.

Wyspa Raj jest centrum i punktem zogniskowania absolutnej grawitacji materialnej, uzupełnianej przez ciemne ciała grawitacyjne okrążające Havonę, równoważonej przez zbiorniki przestrzeni, górny i dolny. Wszystkie znane emanacje, wychodzące z Raju dolnego, niezmiennie i bezbłędnie reagują na centralne przyciąganie grawitacyjne, działające na niekończące się, eliptyczne orbity poziomów przestrzeni we wszechświecie nadrzędnym. Każda znana forma rzeczywistości kosmicznej posiada krzywiznę wieków, kierunek krążenia – obrót tej wielkiej elipsy.

Przestrzeń nie reaguje na grawitację, ale działa jako równoważnik grawitacji. Bez poduszki przestrzennej wybuch mógłby rozerwać krążące ciała kosmiczne. Przestrzeń nasycona wywiera również antygrawitacyjny wpływ na grawitację fizyczną albo liniową; przestrzeń faktycznie może neutralizować takie działanie grawitacji, chociaż nie może go opóźnić. Absolutna grawitacja jest grawitacją Raju. Lokalna albo liniowa grawitacja odnosi się do elektrycznego stadium energii czy materii; działa ona w granicach wszechświata centralnego, superwszechświata i wszechświatów zewnętrznych, gdziekolwiek nastąpiła odpowiednia materializacja.

Liczne formy siły kosmicznej, energii fizycznej, mocy wszechświatowej i różne rodzaje materializacji przejawiają trzy generalne, choć nie doskonale odrębne, stadia reagowania na grawitację Raju:

1. *Stadia przedgrawitacyjne (siła).* Jest to pierwszy stopień indywidualizacji potencji przestrzeni w preenergetyczne formy siły kosmicznej. Stadium to jest porównywalne do koncepcji wstępnego obciążenia-siły przestrzeni, czasami zwanego *czystą energią* lub *segregatą*.

2. *Stadia grawitacyjne (energia).* Ta modyfikacja obciążenia siły przestrzeni wywoływana jest przez działalność rajskich organizatorów siły. Oznacza to pojawienie się systemu energii, reagującego na przyciąganie grawitacyjne Raju. Ta powstająca energia jest początkowo neutralna, ale w konsekwencji dalszych przeobrażeń będzie przejawiać tak zwane ujemne i dodatnie właściwości. To stadium określamy jako *ultimata*.

3. *Stadia pograwitacyjne (wszechświatowa moc).* W tym stadium, energia-materia przejawia reakcją na kontrolę grawitacji liniowej. We wszechświecie centralnym te systemy fizyczne stanowią trojaką organizację, nazywaną *triata*. Są to macierzyste systemy supermocy dla kreacji czasu i przestrzeni. Systemy fizyczne superwszechświatów

mobilizowane są przez Wszechświatowych Dyspozytorów Mocy i ich pomocników. Te materialne struktury są dwojakie w swej formie i nazywają się *grawita.* Ciemne ciała grawitacyjne, okrążające Havonę, nie są ani triatą ani grawitą, a ich moc przyciągająca ma cechy obu form grawitacji fizycznej, liniowej i absolutnej.

Potencja przestrzeni nie podlega oddziaływaniom żadnej formy grawitacji. To pierwotne wyposażenie Raju nie jest aktualnym poziomem rzeczywistości, ale jest protoplastą wszystkich relatywnie funkcjonalnych rzeczywistości nieduchowych – wszystkich przejawów siły-energii oraz organizacji mocy i materii. Potencja przestrzeni jest terminem trudnym do zdefiniowania. Nie oznacza to tego, co poprzedza przestrzeń; jej znaczenie powinno przywodzić na myśl ideę potencji i potencjałów istniejących w obrębie przestrzeni. W przybliżeniu można ją sobie wyobrazić jako coś, co zawiera wszystkie te absolutne wpływy i potencjały, emanujące z Raju i stanowi obecność przestrzenną Absolutu Nieuwarunkowanego.

Raj jest absolutnym źródłem i wiecznym punktem ogniskującym całej energii-materii wszechświata wszechświatów. Absolut Nieuwarunkowany jest objawicielem, regulatorem i składnicą tego, co ma swe źródło w Raju i stamtąd pochodzi. Powszechna obecność Absolutu Nieuwarunkowanego wydaje się odpowiadać idei potencjalnie nieskończonego szerzenia się grawitacji, elastycznego napięcia obecności Raju. Idea ta pomaga nam zrozumieć fakt, że wszystko jest przyciągane do wewnątrz, w kierunku Raju. Ilustracja jest uproszczona, niemniej jednak pomocna. Wyjaśnia ona także to, dlaczego grawitacja zawsze działa preferencyjnie, w płaszczyźnie prostopadłej do masy, jest to zjawisko znamionujące różnice w wymiarach Raju i otaczających kreacji.

9. UNIKALNOŚĆ RAJU

Raj jest unikalny, dlatego, że jest on miejscem pochodzenia i ostatecznym celem przeznaczenia wszystkich osobowości duchowych. Chociaż jest prawdą, że nie wszystkie niższe istoty duchowe z wszechświatów lokalnych muszą dotrzeć wprost do Raju, Raj zawsze pozostaje celem pragnień wszystkich osobowości nadmaterialnych.

Raj jest geograficznym centrum nieskończoności; nie jest on częścią powszechnego stworzenia, nie jest nawet rzeczywistą częścią wiecznego wszechświata Havony. Często nawiązujemy do centralnej Wyspy jako należącej do Boskiego wszechświata, ale naprawdę tak nie jest. Raj jest bytem wiecznym i wyjątkowym.

W przeszłej wieczności, kiedy Ojciec Wszechświatowy okazał nieskończoną ekspresję osobowości swej duchowej jaźni w istocie Wiecznego Syna, objawił równocześnie nieskończony potencjał swej nieosobowej jaźni jako Raj. Nieosobowy i nieduchowy Raj wydaje się być nieuniknionym następstwem Ojcowskiej woli i tego aktu, który uwiecznił Pierwszego Syna. Tym samym Ojciec planuje rzeczywistość w dwu istotnych stadiach – osobowym i nieosobowym, duchowym i nieduchowym. Napięcie pomiędzy nimi, w obliczu woli działania Ojca i Syna, dało byt Wspólnemu Aktywizatorowi i wszechświatowi centralnemu światów materialnych i istot duchowych.

Kiedy rzeczywistość zostaje zróżnicowana na osobową i nieosobową (Wieczny Syn i Raj), trudno jest prawidłowo nazywać to, co nieosobowe „Bóstwem", chyba, że w jakiś sposób się do tego kwalifikuje. Energię i materialne skutki działań Bóstwa trudno byłoby nazywać Bóstwem. Bóstwo może być przyczyną znacznej części tego, co nie jest

Bóstwem a Raj Bóstwem nie jest; tak samo nie jest świadomy w tym sensie, w jakim człowiek śmiertelny mógłby ewentualnie rozumieć to określenie.

Raj nie jest protoplastą żadnej istoty czy żywego bytu, nie jest stwórcą. Osobowość i związki umysłowo-duchowe są *przekazywalne,* ale nie forma. Formy nigdy nie są odzwierciedleniami; są duplikatami – reprodukcjami. Raj jest absolutem form; Havona jest ukazaniem tych potencjałów w aktualności.

Miejsce pobytu Boga jest centralne i wieczne, wspaniałe i idealne. Jego dom jest cudownym wzorem dla wszystkich wszechświatowych światów zarządu a centralny wszechświat, w którym mieszka Bóg, jest wzorcem dla wszystkich wszechświatów, jeśli idzie o ich ideały, organizację i ostateczne przeznaczenie.

Raj jest wszechświatową stolicą wszystkich działań osobowych, jak również źródłem-centrum wszystkich przejawów siły-przestrzeni i energii. Wszystko, co było, co jest teraz albo co będzie, przyszło, przychodzi, albo będzie przychodzić z tego, centralnego, trwałego miejsca pobytu wiecznych Bogów. Raj jest centrum całego stworzenia, źródłem wszystkich energii oraz miejscem pierwotnego pochodzenia wszystkich osobowości.

Na koniec, najbardziej istotną dla śmiertelników rzeczą, dotyczącą wiecznego Raju jest to, że to doskonałe miejsce pobytu Ojca Wszechświatowego jest rzeczywistym i bardzo odległym przeznaczeniem nieśmiertelnych dusz ludzkich – materialnych synów Bożych – wznoszących się istot z ewolucyjnych światów czasu i przestrzeni. Każdy, rozpoznający Boga śmiertelnik, który zaczął iść drogą czynienia woli Ojcowskiej, już jest na bardzo długim, rajskim szlaku dążenia do boskości i osiągania doskonałości. I kiedy taka istota, zwierzęcego pochodzenia, stoi przed Bogami z Raju, jak to teraz czynią niezliczone ich rzesze wzniósłszy się z niskich sfer przestrzeni, osiągnięcie takie stanowi rzeczywistość przeobrażenia duchowego graniczącego z limitami najwyższości.

[Przedstawione przez Perfektora Mądrości, upoważnionego do tego przez Pradawnych Czasu z Uversy].

PRZEKAZ 12

WSZECHŚWIAT WSZECHŚWIATÓW

OGROM rozległego stworzenia, dzieło Ojca Wszechświatowego, przekracza zupełnie pojmowanie skończonej wyobraźni; kolosalność wszechświata nadrzędnego zdumiewa nawet istoty mojej klasy. Jednak umysł śmiertelny może sporo się nauczyć o tym, jak wszechświaty są rozłożone i uporządkowane; możecie dowiedzieć się cokolwiek o ich organizacji fizycznej i zdumiewającej administracji; możecie sporo się nauczyć o różnych grupach istot inteligentnych, zamieszkujących siedem wszechświatów czasu i centralny wszechświat wieczności.

Zasadniczo, to znaczy w wiecznym potencjale, materialną kreację wyobrażamy sobie jako nieskończoną, ponieważ Ojciec Wszechświatowy jest faktycznie nieskończony, gdy jednak badamy i obserwujemy całość materialnej kreacji, wiemy, że w jakimkolwiek danym momencie czasowym jest ona ograniczona, chociaż dla waszych, skończonych umysłów jest ona względnie bez limitów, właściwie nieograniczona.

Jesteśmy przekonani, dzięki badaniu praw fizyki i obserwacji domen gwiezdnych, że nieskończony Stwórca jeszcze się nie ujawnił w skończoności kosmicznej ekspresji, że wiele kosmicznego potencjału Nieskończonego wciąż zawarte jest w nim samym i nie objawione. Dla istot stworzonych wszechświat nadrzędny może wydawać się prawie bezkresny, jednak daleki jest on od ukończenia; wciąż istnieją fizyczne ograniczenia materialnego stworzenia a empiryczne objawianie wiecznego celu nadal trwa.

1. POZIOMY PRZESTRZENI WSZECHŚWIATA NADRZĘDNEGO

Wszechświat wszechświatów nie jest ani nieskończoną płaszczyzną, ani bezgranicznym sześcianem ani też nieogarnionym kręgiem, choć oczywiście posiada wymiary. Prawa organizacji fizycznej i administracji jasno dowodzą, że całe to rozległe skupisko siły-energii i materii-mocy działa zasadniczo jako element przestrzeni, jako zorganizowana i skoordynowana całość. Obserwowalne zachowanie się materialnej kreacji daje dowód na istnienie wszechświata fizycznego w określonych granicach. Ostatecznego dowodu istnienia, zarówno kolistego jak i ograniczonego wszechświata, dostarcza dobrze nam znany fakt, że wszelkie formy energii podstawowej zawsze krążą po zakrzywionym torze poziomów przestrzeni wszechświata nadrzędnego i podporządkowane są stałemu i absolutnemu przyciąganiu grawitacji Raju.

Kolejne poziomy przestrzeni wszechświata nadrzędnego są głównymi sekcjami przestrzeni nasyconej – całego zorganizowanego i częściowo zamieszkałego stworzenia, albo tego, które dopiero będzie zorganizowane i zamieszkałe. Uważamy, że gdyby wszechświat nadrzędny nie był szeregiem eliptycznych poziomów przestrzeni, o obniżonym oporze dla ruchu, położonych naprzemianlegle ze strefami względnego spokoju, wtedy dałoby się zaobserwować, jak niektóre z kosmicznych energii wystrzeliwują na skalę nieskończoną, prostoliniowym torem w przestrzenne bezdroża; nigdy jednak nie napotkaliśmy siły, energii czy materii, zachowującej się w ten sposób, wszystkie one wciąż wirują, zawsze krążą w przestrzeni po wielkich orbitach.

Posuwając się z Raju na zewnątrz, przez horyzontalne rozwinięcie przestrzeni nasyconej, można zauważyć, jak wszechświat nadrzędny istnieje w sześciu współśrodkowych elipsach – poziomach przestrzeni okrążających centralną Wyspę:

1. Wszechświat centralny – Havona.
2. Siedem superwszechświatów.
3. Pierwszy poziom przestrzeni zewnętrznej.
4. Drugi poziom przestrzeni zewnętrznej.
5. Trzeci poziom przestrzeni zewnętrznej.
6. Czwarty i najdalszy poziom przestrzeni.

Wszechświat centralny, *Havona*, nie jest kreacją czasu; to jest byt wieczny. Ten wszechświat, bez początku i końca, składa się z miliarda sfer o wysublimowanej doskonałości a okrążany jest przez ogromne, ciemne ciała grawitacyjne. W centrum Havony znajduje się stacjonarna i absolutnie stabilna Wyspa Raj, okrążana przez jej dwadzieścia jeden satelitów. Dzięki olbrzymim masom ciemnych ciał grawitacyjnych, prawie na obrzeżu wszechświata centralnego, suma masy tej kreacji centralnej przekracza znacznie całkowitą, znaną masę wszystkich siedmiu części wielkiego wszechświata.

System Raj-Havona, wieczny wszechświat okrążający wieczną Wyspę, stanowi doskonałe i wieczne jądro wszechświata nadrzędnego; wszystkie siedem superwszechświatów i wszystkie rejony przestrzeni zewnętrznej obracają się po stałych orbitach wokół gigantycznego, centralnego skupiska satelitów Raju i sfer Havony.

Siedem superwszechświatów nie stanowi zasadniczych struktur fizycznych, chociaż ich granice nigdzie nie rozdzielają rodziny mgławic, nie przecinają także wszechświata lokalnego, podstawowej jednostki stworzenia. Każdy superwszechświat jest po prostu geograficznym zgrupowaniem przestrzennym, obejmującym w przybliżeniu jedną siódmą zorganizowanej i częściowo zamieszkałej kreacji posthavonalnej i każdy zawiera niemalże równą ilość wszechświatów lokalnych, mieszczących się w przestrzeni superwszechświata. Wasz wszechświat lokalny, *Nebadon*, jest jedną z nowszych kreacji w *Orvontonie*, siódmym superwszechświecie.

Wielki wszechświat jest obecnie zorganizowaną i zamieszkałą kreacją. Składa się z siedmiu superwszechświatów, z łącznym potencjałem ewolucyjnym dochodzącym do około siedmiu bilionów zamieszkałych planet, nie mówiąc już o wiecznych sferach kreacji centralnej. Jednak to orientacyjne oszacowanie nie uwzględnia zaprojektowanych sfer administracyjnych, jak również nie obejmuje odosobnionych grup wszechświatów niezorganizowanych. Postrzępione teraz obrzeża wielkiego wszechświata stanowią jego nierówne i niewykończone peryferia, co razem z bardzo niestabilnym stanem całej astronomicznej perspektywy, sugeruje naszym obserwatorom gwiezdnym, że jak dotychczas nawet siedem superwszechświatów nie jest ukończone. Gdy poruszamy się w dowolnym kierunku, w granicach wielkiego wszechświata, z jego Boskiego centrum na zewnątrz, dochodzimy w końcu do zewnętrznych krańców zorganizowanej i zamieszkałej kreacji, do zewnętrznych kresów wielkiego wszechświata. I blisko tej, zewnętrznej granicy, w oddalonym kącie owej wspaniałej kreacji, wasz wszechświat lokalny tętni ożywionym życiem.

Poziomy przestrzeni zewnętrznej. Daleko w przestrzeni, w wielkiej odległości od siedmiu zamieszkałych superwszechświatów, gromadzą się rozległe i niewiarygodnie wielkie obwody sił i energii materializujących. Pomiędzy obwodami energii siedmiu superwszechświatów a tym gigantycznym, zewnętrznym pasem działania sił, istnieje stosunkowo cicha strefa przestrzeni o niejednakowej szerokości, przeciętnie około czterystu tysięcy lat świetlnych. W tych strefach przestrzennych nie ma pyłu gwiezdnego – kosmicznej mgły. Nasi badacze, zajmujący się tymi zjawiskami, mają wątpliwości odnośnie dokładnego statusu sił przestrzennych, istniejących w tej strefie względnej ciszy, jaka okala siedem superwszechświatów. Jednak około pół miliona lat świetlnych poza obrzeżami obecnego, wielkiego wszechświata, dostrzegamy początek strefy gigantycznych operacji energii, których ilość i intensywność narasta na obszarze ponad dwudziestu pięciu milionów lat świetlnych. Te gigantyczne kręgi ożywiających energii usytuowane są na pierwszym poziomie przestrzeni zewnętrznej i tworzą ciągły pas aktywności kosmicznych, okalający całą znaną, zorganizowaną i zamieszkałą kreację.

Jeszcze większe ożywienie występuje poza tymi rejonami, ponieważ fizycy z Uversy wykryli wczesne oznaki siły, świadczące o jej pojawieniu się ponad pięćdziesiąt milionów lat świetlnych poza najdalszym zasięgiem fenomenu pierwszego poziomu przestrzeni zewnętrznej. Aktywność taka oznacza niewątpliwie organizację materialnych kreacji drugiego poziomu przestrzeni zewnętrznej wszechświata nadrzędnego.

Wszechświat centralny jest wieczną kreacją; siedem wszechświatów to kreacje czasowe; przeznaczeniem czterech poziomów przestrzeni zewnętrznej jest bez wątpienia wyniknięcie-rozwinięcie ostateczności kreacji. Są jednak tacy, którzy utrzymują, że Nieskończony nigdy nie znajdzie pełni ekspresji poniżej nieskończoności i tym samym postulują dodatkową i nie objawioną kreację, poza czwartym, najdalszym poziomem przestrzeni, ewentualny wciąż rozszerzający się, nigdy niekończący się wszechświat nieskończoności. W teorii nie wiemy, jak można ograniczyć nieskończoność Stwórcy, czy też potencjalną nieskończoność kreacji, uważamy jednak, że wszechświat nadrzędny ma ograniczenia, tak jak istnieje i jak jest zarządzany, że jest definitywnie określony i ograniczony na swych zewnętrznych krawędziach przez otwartą przestrzeń.

2. DOMENY ABSOLUTU NIEUWARUNKOWANEGO

Gdy astronomowie z Urantii patrzą, przez swoje coraz mocniejsze teleskopy, w tajemnicze obszary przestrzeni zewnętrznej i dostrzegają zdumiewającą ewolucję prawie niezliczonych wszechświatów fizycznych, powinni sobie uświadomić, że przypatrują się wprowadzaniu w życie wspaniałych, niezbadanych planów Architektów Wszechświata Nadrzędnego. Naprawdę mamy dowody, wskazujące na obecność wpływów pewnych rajskich osobowości, tu i ówdzie, na obszarach rozległych przejawów energii, tak charakterystycznych teraz dla regionów zewnętrznych, patrząc jednak z szerszej perspektywy, regiony przestrzeni rozpościerające się poza zewnętrznymi granicami siedmiu superwszechświatów są generalnie uznawane za domeny Absolutu Nieuwarunkowanego.

Chociaż nieuzbrojone oko ludzkie może dostrzec zaledwie dwie lub trzy mgławice poza granicami superwszechświata Orvontonu, wasze teleskopy odkrywają dosłownie miliony wszechświatów fizycznych, będących w trakcie formowania. Większość domen gwiezdnych, wizualnie dostępnych penetracji waszych dzisiejszych teleskopów, znajduje się w Orvontonie, jednak większe teleskopy, przy użyciu techniki fotograficznej, przenikają daleko poza granice wielkiego wszechświata, do domen przestrzeni zewnętrznej, gdzie istnieją niezliczone wszechświaty będące w stadium organizacji. I są jeszcze miliony innych wszechświatów, znajdujących się poza zasięgiem waszych współczesnych instrumentów.

W niezbyt odległej przyszłości, nowe teleskopy odsłonią przed zdziwionym wzrokiem astronomów Urantii nie mniej niż 375 milionów nowych galaktyk, położonych w odległych rejonach przestrzeni zewnętrznej. Jednocześnie te właśnie, mocniejsze teleskopy, wyjawią, że wiele wysp-wszechświatów, o których uprzednio sądzono, że leżą w przestrzeni zewnętrznej, faktycznie stanowi część galaktycznego systemu Orvontonu. Siedem superwszechświatów wciąż rośnie, obrzeża każdego z nich stopniowo się poszerzają, nowe mgławice wciąż się stabilizują i organizują a niektóre z tych mgławic, które astronomowie z Urantii uważają za pozagalaktyczne, leżą w istocie na skraju Orvontonu i podróżują razem z nami.

Obserwatorzy gwiezdni na Uversie dostrzegają, że wielki wszechświat otoczony jest przez zaczątki wielu rozmaitych gromad gwiezdnych i planetarnych, całkowicie otaczających koncentrycznymi pierścieniami obecnie zamieszkałą kreację, na które składają się niezliczone wszechświaty zewnętrzne. Fizycy z Uversy obliczają, że energia i materia tych zewnętrznych i niezbadanych rejonów już teraz wielokrotnie przekracza całkowitą masę materialną i ładunek energetyczny, zawarty we wszystkich siedmiu superwszechświatach. Zostaliśmy poinformowani, że przeobrażenia siły kosmicznej, zachodzące na tych poziomach przestrzeni zewnętrznej, są dziełem rajskich organizatorów siły. Wiemy również, że siły takie pojawiają się przed tymi energiami fizycznymi, które obecnie aktywizują wielki wszechświat. Dyspozytorzy mocy z Orvontonu nie mają jednak nic do czynienia z tymi, bardzo odległymi domenami, tak samo ruchy energii tam dostrzegalne nie są połączone z obwodami mocy zorganizowanych i zamieszkałych kreacji.

Bardzo mało wiemy o tym, co oznaczają te kolosalne fenomeny przestrzeni zewnętrznej. W stadium tworzenia jest większa kreacja przyszłości. Możemy dostrzec jej bezmiar, możemy zauważyć jej rozciągłość i odczuwać jej majestatyczne rozmiary, jednak z drugiej strony niewiele więcej wiemy o tych domenach, niż wiedzą astronomowie z Urantii. Tak dalece jak się orientujemy, nie ma w tym zewnętrznym pierścieniu mgławic, słońc i planet żadnych istot materialnych klasy ludzkiej, żadnych aniołów czy innych istot duchowych. Ta odległa domena leży poza jurysdykcją i administracją rządów superwszechświatów.

W całym Orvontonie przeważa opinia, że w trakcie tworzenia jest nowy typ kreacji, ta klasa wszechświatów, które mają stać się sceną przyszłych działań gromadzącego się teraz Korpusu Finalizmu; i jeśli nasze przypuszczenia są prawdziwe, nieskończona przyszłość może przynieść wam wszystkim te same, przepiękne przeżycia, jakie nieskończona przeszłość dała waszym nestorom i poprzednikom.

3. POWSZECHNA GRAWITACJA

Wszelkie formy siły-energii – materialne, umysłowe czy duchowe – podlegają pewnym ujęciom, tym powszechnym obecnościom, które nazywamy grawitacją. Osobowość także podlega grawitacji – wyłącznemu obwodowi Ojca, a chociaż jest to wyłącznie Ojcowski obwód, nie jest on oddzielony od innych obwodów; Ojciec Wszechświatowy jest nieskończony i działa we *wszystkich* czterech, absolutnych obwodach grawitacyjnych wszechświata nadrzędnego:

1. Grawitacja osobowości Ojca Wszechświatowego.
2. Grawitacja duchowa Wiecznego Syna.
3. Grawitacja umysłowa Wspólnego Aktywizatora.
4. Kosmiczna grawitacja Rajskiej Wyspy.

Te cztery obwody nie są związane z dolnym centrum siły Raju; nie są one ani siłą, ani energią, ani obwodami mocy. Są to absolutne obwody *obecności* i tak jak Bóg, są one niezależne od czasu i przestrzeni.

W związku z tym ciekawe będzie przytoczyć pewne obserwacje, dokonane w ostatnich tysiącleciach na Uversie przez korpus badaczy grawitacji. Ta grupa specjalistów doszła do następujących wniosków, dotyczących różnych systemów grawitacyjnych we wszechświecie nadrzędnym:

1. *Grawitacja fizyczna.* Wyliczywszy szacunkową sumę obciążenia grawitacji fizycznej wielkiego wszechświata, pracowicie porównali te odkrycia z szacowaną całkowitą, obecnie aktywną grawitacją absolutną. Obliczenia te wykazują, że całkowite funkcjonowanie grawitacji wielkiego wszechświata stanowi bardzo małą część szacowanego przyciągania grawitacyjnego Raju, obliczonego na podstawie reakcji grawitacyjnej podstawowych jednostek fizycznych wszechświatowej materii. Badacze ci doszli do zdumiewających wniosków, że wszechświat centralny i otaczające go siedem superwszechświatów obecnie zużywają zaledwie około pięć procent aktywnie działającego uchwytu absolutnej grawitacji Raju. Inaczej mówiąc, w chwili obecnej około dziewięćdziesiąt pięć procent aktywnego działania grawitacji kosmicznej Wyspy Raj, obliczonej w tej ogólnej teorii, zaangażowane jest do kontroli systemów materialnych znajdujących się poza granicami obecnie zorganizowanych wszechświatów. Obliczenia te odnoszą się w całości do grawitacji absolutnej; grawitacja liniowa jest zjawiskiem oddziaływań wzajemnych i może być obliczana tylko dzięki poznaniu rzeczywistej grawitacji Raju.

2. *Grawitacja duchowa.* Tym samym sposobem, porównywalnych oszacowań i obliczeń, badacze ci prześledzili obecną moc oddziaływania grawitacji duchowej i przy współpracy Samotnych Posłańców oraz innych osobowości duchowych, podsumowali aktywną grawitację duchową Drugiego Źródła i Centrum. Najbardziej pouczającym i godnym odnotowania jest to, że znaleźli prawie taką samą wartość rzeczywistej i funkcjonalnej grawitacji duchowej w wielkim wszechświecie, jaką postulowali dla obecnie istniejącej, całkowitej aktywnej grawitacji duchowej. Innymi słowy, w chwili obecnej zauważa się, że praktycznie cała grawitacja duchowa Wiecznego Syna, obliczona w tej całościowej teorii, działa w wielkim wszechświecie. Jeśli odkryciom tym można ufać,

możemy dojść do wniosku, że rozwijające się teraz w przestrzeni zewnętrznej wszechświaty są całkowicie nieduchowe. Jeśli jest to prawdą, wyjaśniałoby to zadowalająco fakt, dlaczego istoty obdarzone duchem mają niewiele albo wcale nie mają informacji o tych rozległych przejawach energii, oprócz zaznajomienia się z faktem ich fizycznego istnienia.

3. *Grawitacja umysłowa.* Stosując te same metody obliczeń porównywalnych, eksperci owi zaatakowali problem obecności i reakcji grawitacji umysłowej. Ustalona została szacunkowa jednostka umysłu, przez wyciągnięcie przeciętnej z trzech materialnych i trzech duchowych typów umysłowości, chociaż rodzaj umysłu, znaleziony u dyspozytorów mocy i ich pomocników, okazał się czynnikiem utrudniającym ustalenie podstawowej jednostki grawitacji umysłowej. Obliczenie obecnych możliwości działania grawitacji umysłowej Trzeciego Źródła i Centrum, zgodnie z teorią całościową, nie było zbyt trudne. Aczkolwiek w tym przypadku wnioski nie są tak miarodajne, jak przy obliczaniu grawitacji fizycznej i duchowej, jednakże są one relatywnie bardzo pouczające, nawet intrygujące. Badacze ci doszli do wniosku, że około osiemdziesiąt pięć procent grawitacji umysłowej, reagującej na intelektualne przyciąganie Wspólnego Aktywizatora, pochodzi z istniejącego wielkiego wszechświata. Mogłoby to sugerować taką ewentualność, że z obserwowanymi obecnie operacjami fizycznymi, odbywającymi się na obszarze domen przestrzeni zewnętrznej, związane są działania umysłowe. Podczas gdy kalkulacja taka prawdopodobnie daleka jest od dokładności, zgadza się ona w zasadzie z naszym przekonaniem, że inteligentni organizatorzy siły kierują teraz ewolucją wszechświata na poziomach przestrzeni, występujących poza obecnymi granicami zewnętrznymi wielkiego wszechświata. Niezależnie od rodzaju tej, zakładanej inteligencji, najwyraźniej nie reaguje ona na grawitację duchową.

Jednak wszystkie takie obliczenia są najlepszymi przybliżeniami, dokonanymi w oparciu o zakładane prawa. Uważamy, że są wystarczająco godne zaufania. Nawet, jeśli kilka istot duchowych znajduje się w przestrzeni zewnętrznej, ich wspólna obecność nie mogłaby wpłynąć znacząco na obliczenia tak ogromnych wielkości.

Grawitacja osobowości jest nieobliczalna. Znamy ten obwód, ale nie potrafimy zmierzyć ani jakościowych, ani ilościowych rzeczywistości reagujących na niego.

4. PRZESTRZEŃ I RUCH

Wszystkie jednostki energii kosmicznej znajdują się w stanie pierwotnego obrotu, wykonują swą misję, kiedy krążą po wszechświatowej orbicie. Wszechświaty w przestrzeni, ich systemy składowe i światy, wszystkie są obracającymi się sferami, krążącymi po orbitach bez końca, na poziomach przestrzeni wszechświata nadrzędnego. Absolutnie nic nie jest stacjonarne w całym wszechświecie nadrzędnym, za wyjątkiem samego centrum Havony, wiecznej Wyspy Raj, stanowiącej centrum grawitacji.

Absolut Nieuwarunkowany czynnościowo ograniczony jest do przestrzeni, ale nie jesteśmy tak pewni relacji tego Absolutu w stosunku do ruchu. Czy ruch jest mu nieodłączny? Nie wiemy. Wiemy, że ruch nie jest nieodłączny przestrzeni; nawet ruchy *samej* przestrzeni nie są jej własnością. Jednak nie jesteśmy pewni powiązań Nieuwarunkowanego z ruchem. Kto lub co naprawdę jest odpowiedzialne za gigantyczne przemiany siły-energii, jakie zachodzą teraz poza granicami siedmiu istniejących superwszechświatów? Co się tyczy ruchu, nasze poglądy są następujące:

1. Uważamy, że Wspólny Aktywizator inicjuje ruch *w* przestrzeni.
2. Czy Wspólny Aktywizator wytwarza ruchy *samej* przestrzeni, nie potrafimy tego udowodnić.
3. Absolut Wszechświatowy nie wywołuje początkowego ruchu, ale wyrównuje i kontroluje wszystkie napięcia spowodowane ruchem.

W przestrzeni zewnętrznej, organizatorzy siły są najwidoczniej odpowiedzialni za tworzenie tych gigantycznych, wszechświatowych ruchów kołowych, które teraz są w stadium gwiezdnej ewolucji, ale żeby mogli tak funkcjonować, muszą nastąpić pewne przeobrażenia przestrzennej obecności Absolutu Nieuwarunkowanego.

Z ludzkiego punktu widzenia przestrzeń jest niczym – jest negatywna; istnieje tylko w odniesieniu do czegoś pozytywnego i bezprzestrzennego. Przestrzeń jest jednak rzeczywista. Mieści ona w sobie i warunkuje ruch. Nawet się porusza. Ruchy przestrzeni można z grubsza sklasyfikować następująco:

1. Ruch podstawowy – oddychanie przestrzeni, ruch samej przestrzeni.
2. Ruch wtórny – ruch kolejnych poziomów przestrzeni o zmiennym na przemian kierunku.
3. Ruchy względne – względne w tym sensie, że nie odnoszą się do Raju jako do punktu odniesienia. Ruch podstawowy i wtórny są absolutne, są to ruchy w stosunku do nieruchomego Raju.
4. Ruch wyrównawczy lub wzajemnie zależny, który ma koordynować wszystkie inne ruchy.

Obecny układ waszego Słońca i związanych z nim planet, podczas gdy wykazuje wiele względnych i absolutnych ruchów w przestrzeni, może wywierać na obserwatorach astronomicznych wrażenie, że jesteście stosunkowo stacjonarni w przestrzeni i że otaczające was gwiazdowe gromady i strumienie uciekają od was z coraz większymi prędkościami, w miarę jak wasze obliczenia posuwają się na zewnątrz, w przestrzeń. Ale sprawa nie tak się przedstawia. Nie zdołaliście dostrzec obecnej, równomiernej ekspansji kreacji fizycznych na zewnątrz, w całej przestrzeni nasyconej. Wasza kreacja lokalna (Nebadon) uczestniczy w tym ruchu powszechnej ekspansji na zewnątrz. Całe siedem superwszechświatów bierze udział w liczących dwa miliardy lat cyklach oddychania przestrzeni, razem z zewnętrznymi rejonami wszechświata nadrzędnego.

Gdy wszechświaty rozszerzają się i kurczą, masy materialne w przestrzeni nasyconej poruszają się na przemian, raz przeciwnie a raz zgodnie z przyciąganiem grawitacji Raju. Przy poruszaniu materialno-energetycznej masy kreacji, pracę wykonuje *przestrzeń* a nie *moc-energia.*

Chociaż wasze spektroskopowe obliczenia prędkości astronomicznych są w miarę rzetelne, kiedy odnoszą się do domen gwiezdnych należących do waszego superwszechświata i superwszechświatów towarzyszących, kalkulacje takie są zupełnie niemiarodajne w odniesieniu do domen przestrzeni zewnętrznej. Linie widmowe przesuwają się od normalnych w kierunku fioletu, kiedy gwiazda się zbliża; podobnie linie te są przesuwane w kierunku czerwieni, gdy gwiazda się oddala. Ingeruje tutaj wiele wpływów, tak, że ma się wrażenie, iż prędkości cofania się wszechświatów zewnętrznych zwiększają się w proporcji ponad sto sześćdziesiąt kilometrów na sekundę, dla każdego miliona lat świetlnych narastającej odległości. Przy tej metodzie obliczeń, gdy się wejdzie w posiadanie doskonalszych i mocniejszych teleskopów, będzie się wydawało, że najdalsze systemy uciekają z tej części wszechświata w niewiarygodnym tempie, około czterdziestu ośmiu tysięcy kilometrów na sekundę. Jednak ta pozorna prędkość oddalania się nie jest prawdziwa; jest rezultatem licznych, wprowadzających w błąd czynników, takich jak kąty obserwacji oraz inne zniekształcenia czasu-przestrzeni.

Jednak największe ze wszystkich zniekształcenie powstaje dlatego, że rozległe wszechświaty przestrzeni zewnętrznej, leżące tuż obok domen siedmiu superwszechświatów, wydają się obracać w kierunku przeciwnym do wielkiego wszechświata. Znaczy to, że owe miriady mgławic i towarzyszących im słońc oraz globów, obracają się w chwili obecnej zgodnie z ruchem wskazówek zegara dookoła kreacji centralnej. Siedem superwszechświatów okrąża Raj w kierunku przeciwnym ruchowi wskazówek zegara. Okazuje się, że drugi, zewnętrzny wszechświat galaktyk, podobnie jak siedem superwszechświatów, okrąża Raj w kierunku przeciwnym ruchowi wskazówek zegara. Obserwatorzy astronomiczni z Uversy uważają, że odkryli oznaki ruchu okrężnego w trzecim, zewnętrznym pasie bardzo odległej przestrzeni, który zaczyna wykazywać tendencje ukierunkowywania się zgodnego z ruchem wskazówek zegara.

Jest prawdopodobne, że te naprzemianległe kierunki następujących po sobie przestrzennych korowodów wszechświatów, mają coś wspólnego z techniką Absolutu Wszechświatowego, dotyczącą grawitacji wewnętrznej wszechświata nadrzędnego, polegającą na koordynacji sił i wyrównywaniu napięć przestrzeni. Ruch, podobnie jak przestrzeń, jest dopełnieniem albo równoważnikiem grawitacji.

5. PRZESTRZEŃ I CZAS

Czas, tak samo jak przestrzeń, jest darem Raju, ale nie w tym samym znaczeniu a tylko pośrednio. Czas pojawia się ze względu na ruch oraz dlatego, że umysł z natury świadomy jest kolejności zdarzeń. Z praktycznego punktu widzenia, ruch jest niezbędny dla czasu, jednak nie istnieje uniwersalna jednostka czasu oparta na ruchu, za wyjątkiem tego, że standardowy dzień Raju-Havony jest arbitralnie za nią uznawany. Całościowy proces oddychania przestrzeni niweczy jej lokalną wartość jako źródła czasu.

Przestrzeń nie jest nieskończona, chociaż zaczyna się w Raju; nie jest absolutna, pomimo tego, że nasycona jest Absolutem Nieuwarunkowanym. Nie znamy absolutnych ograniczeń przestrzeni, ale wiemy, że absolutem czasu jest wieczność.

Czas i przestrzeń są nierozłączne tylko w kreacjach czasu-przestrzeni, w siedmiu superwszechświatach. Bezczasowa przestrzeń (przestrzeń bez czasu) istnieje teoretycznie, ale jedynym prawdziwie bezczasowym miejscem jest *powierzchnia* Raju. Bezprzestrzenny czas (czas bez przestrzeni) istnieje w tym umyśle, który funkcjonuje na poziomie rajskim.

Względnie nieruchome strefy przestrzeni pośredniej, stykające się z Rajem i oddzielające przestrzeń nasyconą od nienasyconej, są strefami przejścia od czasu do wieczności, z tego właśnie powodu rajscy pielgrzymi muszą być pozbawieni świadomości podczas tego przemieszczenia, którego celem jest obywatelstwo Raju. Świadomi czasu *goście* mogą lecieć do Raju bez takiego snu, ale pozostają istotami czasowymi.

Zależności czasowe nie istnieją bez ruchu w przestrzeni, ale bez ruchu istnieje świadomość czasu. Kolejność zdarzeń może dawać świadomość czasu, nawet, kiedy nie ma ruchu. Ludzki umysł mniej związany jest z czasem niż przestrzenią, ze względu na właściwą umysłowi naturę. Nawet w czasach ziemskiego życia w ciele, chociaż umysł ludzki jest mocno związany z przestrzenią, twórcza ludzka wyobraźnia jest względnie wolna od czasu. Jednak sam czas nie jest pierwotną własnością umysłu.

Istnieją trzy różne poziomy uświadamiania sobie czasu:

1. Czas dostrzegany umysłem – odczuwanie kolejności, ruchu i rozumienie trwania.
2. Czas dostrzegany duchem – wnikliwość w ruch zmierzający do Boga i świadomość ruchu, polegającego na wznoszeniu się na poziomy coraz wyższej boskości.
3. Osobowość *tworzy* unikalny zmysł czasu z wnikliwości w Rzeczywistość, z dodatkiem świadomości obecności i zdawania sobie sprawy z trwania.

Nieduchowe zwierzęta znają tylko przeszłość i żyją w teraźniejszości. Zamieszkały przez ducha człowiek ma możność przewidywania (wnikliwość); może uzmysłowić sobie przyszłość. Tylko dalekowzroczne i rozwojowe postawy są osobowo rzeczywiste. Statyczna etyka i tradycjonalna moralność są tylko nieco nadzwierzęce. Stoicyzm też nie jest wyższym porządkiem samorealizacji. Etyka i moralność stają się prawdziwie ludzkie, kiedy są dynamiczne i postępowe, kiedy żyją razem z rzeczywistością wszechświatową.

Osobowość ludzka nie tylko towarzyszy zdarzeniom czasu i przestrzeni; ludzka osobowość może też działać jako kosmiczna przyczyna tych zdarzeń.

6. WSZECHŚWIATOWA KONTROLA NADRZĘDNA

Wszechświat nie jest statyczny. Równowaga nie jest wynikiem bezwładności, ale raczej rezultatem zrównoważonych energii, współpracujących umysłów, skoordynowanych morontii, kontroli nadrzędnej ducha i zjednoczenia osobowości. Równowaga jest zawsze i w pełni proporcjonalna do boskości.

Sprawując fizyczną kontrolę wszechświata nadrzędnego, Ojciec Wszechświatowy wprowadza w życie swój priorytet i prymat dzięki Wyspie Raj; w osobie Wiecznego Syna Bóg jest absolutny w duchowej administracji kosmosu. Co się tyczy dziedzin umysłu, Ojciec i Syn działają jako partnerzy we Wspólnym Aktywizatorze.

Trzecie Źródło i Centrum pomaga utrzymywać równowagę i koordynować połączone energie i struktury, fizyczne i duchowe, dzięki absolutności ujęcia swego kosmicznego umysłu oraz dzięki wprowadzaniu właściwych mu, wszechświatowych uzupełnień grawitacji fizycznej i duchowej. Kiedykolwiek i gdziekolwiek nastąpi łączność pomiędzy tym, co materialne a tym, co duchowe, taki fenomen umysłu jest dziełem Nieskończonego Ducha. Tylko umysł może łączyć ze sobą fizyczne siły i energie poziomu materialnego z mocami duchowymi i istotami poziomu duchowego.

Kiedy rozważacie fenomen wszechświata, upewnijcie się, że bierzecie pod uwagę związki wzajemne energii fizycznych, intelektualnych i duchowych oraz że dajecie pewien margines tolerancji na zjawiska niespodziewane, związane ze zjednoczeniem tych energii przez osobowość, oraz na nieprzewidywalne zjawiska, wynikające z akcji i reakcji Bóstwa empirycznego oraz Absolutów.

Wszechświat jest wysoce przewidywalny tylko w ilościowym, czy grawitacyjno-pomiarowym znaczeniu; nawet pierwotne siły fizyczne nie reagują na grawitację liniową, nie reagują na nią również wyższe znaczenia umysłowe oraz prawdziwe wartości ducha ostatecznych rzeczywistości wszechświata. Jakościowo, wszechświat nie jest wysoce przewidywalny, jak się to odnosi do nowych związków sił, czy to fizycznych, czy umysłowych, czy też duchowych, chociaż wiele takich kombinacji energii lub sił staje się częściowo przewidywalne, gdy poddane zostaną krytycznej obserwacji. Kiedy materia, umysł i duch zostają zjednoczone w osobowości istoty, nie potrafimy w pełni przewidzieć decyzji takiej istoty, obdarzonej wolną wolą.

Wszystkie stadia sił podstawowych, rodzący się duch i inne nieosobowe ostateczności, wydają się reagować zgodnie z pewnymi, względnie stabilnymi, ale nieznanymi prawami i charakteryzują się swobodą działania oraz elastycznością reakcji, która często potrafi zbijać z tropu, gdy napotyka się ją w zjawiskach wyodrębnionej i odosobnionej sytuacji. Jakie może być wyjaśnienie tej nieprzewidywalnej wolności reagowania, jaką przejawiają wyłaniające się wszechświatowe aktualności? Te nieznane, niezgłębione nieprzewidywalności – czy to odnoszące się do behawioru podstawowych jednostek siły, czy reakcji niezidentyfikowanego poziomu umysłu, czy też fenomenu rozległego prewszechświata w trakcie tworzenia, w domenach przestrzeni zewnętrznej – prawdopodobnie ukazują działania Ostatecznego oraz obecność-funkcjonowanie Absolutów, poprzedzających funkcjonowanie wszystkich Stwórców wszechświata.

Dokładnie nie wiemy, ale przypuszczamy, że tak zadziwiająca wszechstronność i tak głęboka koordynacja znamionuje obecność i funkcjonowanie Absolutów i że takie zróżnicowanie reakcji, w obliczu najwyraźniej jednorodnej przyczynowości, ukazuje reakcję Absolutów nie tylko w przyczynowości bezpośredniej i sytuacyjnej, ale także we wszystkich innych, pokrewnych przyczynowościach, na obszarze całego wszechświata nadrzędnego.

Jednostki mają swych opiekunów przeznaczenia; planety, systemy, konstelacje, wszechświaty i superwszechświaty mają swych indywidualnych władców, działających dla dobra swych domen. Havona a nawet wielki wszechświat nadzorowane są przez tych, którym powierzono tak wielką odpowiedzialność. Kto jednak dba o zasadnicze potrzeby wszechświata nadrzędnego jako całości, kto go wspiera, począwszy od Raju aż do czwartego i najdalszego poziomu przestrzeni? Egzystencjalnie, taką zwierzchnią opiekę można prawdopodobnie przypisać Rajskiej Trójcy, jednak z empirycznego punktu widzenia pojawienie się wszechświatów posthavonalnych zależy od:

1. Absolutów w potencjale.
2. Ostatecznego w ukierunkowaniu.
3. Najwyższego w koordynacji ewolucyjnej.
4. Architektów Wszechświata Nadrzędnego w administracji, zanim pojawią się specyficzni władcy.

Absolut Nieuwarunkowany przenika całą przestrzeń. Dla nas, dokładny status Bóstwa-Absolutu i Absolutu Wszechświatowego nie jest zupełnie jasny, wiemy jednak, że ten ostatni działa wszędzie tam, gdzie działa Bóstwo-Absolut i Absolut Nieuwarunkowany. Bóstwo-Absolut może być wszędzie obecne, ale raczej nie jest obecne w przestrzeni. Ostateczny jest albo kiedyś będzie, obecny w przestrzeni, aż do zewnętrznych granic czwartego poziomu przestrzeni. Mamy jednak wątpliwości, czy Ostateczny kiedykolwiek będzie obecny w przestrzeni poza granicami wszechświata nadrzędnego, jednak w obrębie tego ograniczenia Ostateczny coraz lepiej integruje twórczą organizację potencjałów trzech Absolutów.

7. CZĘŚĆ I CAŁOŚĆ

W całym czasie i całej przestrzeni, oraz w odniesieniu do wszelkiej rzeczywistości jakiegokolwiek rodzaju, obowiązuje niewzruszone i nieosobowe prawo, które jest ekwiwalentem działania kosmicznej opatrzności. Miłosierdzie cechuje Bożą, przepełnioną miłością postawę wobec jednostki; bezstronność motywuje Bożą postawę wobec całości. Wola Boga niekoniecznie panuje w części – w sercu każdej osobowości – ale jego wola faktycznie rządzi całością, wszechświatem wszechświatów.

Jest prawdą, że prawa Boga nie są z natury arbitralne, we wszystkich rodzajach jego postępowania ze wszystkimi istotami. Dla was, z waszą ograniczoną wyobraźnią i skończonym punktem widzenia, działania Boga często muszą się wydawać dyktatorskie i bezwzględne. Prawa Boga są po prostu zwyczajami Boga, jego sposobem powtarzalnego postępowania; a wszystkie rzeczy czyni on zawsze dobrze. Dostrzegacie, że Bóg czyni te same rzeczy w ten sam sposób, raz za razem, po prostu dlatego, że jest to najlepsza droga robienia tej właśnie rzeczy w danych okolicznościach a najlepsza droga jest właściwą drogą, zatem nieskończona mądrość zawsze nakazuje czynienie jej w taki właśnie, określony i doskonały sposób. Powinniście również pamiętać, że przyroda nie jest wyłącznie dziełem Bóstwa; inne wpływy również działają w tych zjawiskach, które człowiek nazywa przyrodą.

Sprzeczne jest z Boską naturą poddawanie się jakiemukolwiek rodzajowi deterioracji, czy nawet dopuszczenie do wykonania jakiegokolwiek osobistego czynu w sposób pośledni. Należy jednak wyjaśnić, że *jeśli* w boskości jakiejkolwiek sytuacji, w krańcowości jakichkolwiek okoliczności, w jakiejkolwiek sprawie, gdzie kierunek najwyższej mądrości może nakazywać potrzebę odmiennego postępowania – jeśli wymogi doskonałości mogą z jakiejkolwiek przyczyny narzucać inną, lepszą metodę oddziaływania, wtedy i tam będzie wszechmądry Bóg działał w ten lepszy, bardziej stosowny sposób. Byłaby to ekspresja wyższego prawa a nie porażka prawa niższego.

Bóg nie jest niewolnikiem, związanym zwyczajem chronicznego powtarzania swych własnych, dobrowolnych czynów. Nie ma sprzeczności w prawach Nieskończonego; są one wszystkie doskonałością nieomylnej natury; są one wszystkie niezaprzeczalnymi aktami, wyrażającymi bezbłędne decyzje. Prawo jest niezmiennym oddziaływaniem nieskończonego, doskonałego i boskiego umysłu. Wszystkie dzieła Boże są zgodne z jego wolą, pomimo tej pozornej jednostajności. W Bogu „nie ma niestałości ani też cienia zmiany". Ale wszystko to, co prawdziwie można powiedzieć o Ojcu Wszechświatowym, nie można powiedzieć z równą pewnością o wszystkich jemu podległych istotach inteligentnych i przez niego stworzonych istotach ewolucyjnych.

Ponieważ Bóg jest niezmienny, możecie polegać na tym, że we wszystkich normalnych okolicznościach będzie on wykonywał te same rzeczy w ten sam, identyczny i zwykły sposób. Bóg jest rękojmią stałości dla wszystkich stworzonych rzeczy i istot. Jest on Bogiem, zatem się nie zmienia.

I cała ta niezawodność postępowania i jednolitość działania jest osobowa, świadoma i w wysokim stopniu zależna od woli, ponieważ wielki Bóg nie jest bezradnym niewolnikiem swej własnej doskonałości i nieskończoności. Bóg nie jest samoczynną, automatyczną siłą, nie jest również mocą niewolniczo związaną prawem. Bóg tak samo nie jest równaniem matematycznym jak i wzorem chemicznym. Jest on osobowością o wolnej woli i praprzyczyną osobowości. Jest Ojcem Wszechświatowym, istotą przepełnioną osobowością i powszechnym źródłem osobowości wszystkich istot.

Wola Boża nie panuje równomiernie w sercu materialnego, szukającego Boga śmiertelnika, jednak, gdy rama czasowa rozszerza się poza chwilę, obejmując całość pierwszego życia, wtedy wola Boża staje się coraz bardziej dostrzegalna w owocach ducha, wydanych w życiu dzieci Bożych, prowadzonych przez ducha. Później, jeśli ludzkie życie dalej się rozszerzy, tak żeby obejmowało doświadczenie morontialne, Boską wolę dostrzega się jak błyszczy coraz jaśniej w uduchowiających dziełach tych istot czasu, które posmakowały boskich radości, doznały związania osobowości człowieka z osobowością Ojca Wszechświatowego.

Ojcostwo Boga i braterstwo człowieka stanowi paradoks części i całości na poziomie osobowościowym. Bóg kocha *każdą* jednostkę jako pojedyncze dziecko w niebiańskiej rodzinie. Jednak Bóg kocha *wszystkie* jednostki w ten sam sposób; nie ma on względu na osoby a uniwersalność jego miłości powołuje do istnienia związek całości, powszechne braterstwo.

Miłość Ojca absolutnie indywidualizuje każdą osobowość jako unikalne dziecko Ojca Wszechświatowego, dziecko niepowtarzalne w nieskończoności, istotę obdarzoną wolą, niezastąpioną w całej wieczności. Miłość Ojcowska gloryfikuje każde dziecko Boże, iluminuje każdego członka niebiańskiej rodziny, ostro zakreślając sylwetkę unikalnej natury każdej istoty osobowej, na tle nieosobowych poziomów leżących poza braterskim obwodem Ojca wszystkich. Miłość Boża wyraziście naświetla transcendentalną wartość każdej istoty o wolnej woli, bezbłędnie objawiając wysoką wartość, jaką Ojciec Wszechświatowy przypisał każdemu i wszystkim swym dzieciom, od najwyższej osobowości stwórcy o rajskim statusie, do najniższej, obdarzonej wolą osobowości u dzikich plemion ludzkich, żyjących o świcie gatunku człowieczego na jakimś ewolucyjnym świecie czasu i przestrzeni.

Ta właśnie miłość Boga do jednostki powoduje powstanie boskiej rodziny wszystkich jednostek, powszechnego braterstwa obdarzonych wolną wolą dzieci Rajskiego Ojca. Braterstwo to, będąc powszechne, jest związkiem całości. Braterstwo, gdy jest powszechne, nie ukazuje *każdego* związku, ale *całość* związku. Braterstwo jest rzeczywistością całości a zatem ukazuje wartości całości, w przeciwieństwie do wartości części.

Braterstwo ustanawia fakt pokrewieństwa pomiędzy każdą osobowością w egzystencji wszechświatowej. Nikogo nie mogą ominąć korzyści czy straty, jakie mogą wyniknąć na skutek związku z innymi osobami. Część korzysta lub cierpi proporcjonalnie w stosunku do całości. Dobre wysiłki każdego człowieka przynoszą korzyść wszystkim ludziom; błąd albo zło każdego człowieka przysparza kłopotów wszystkim ludziom. Jak postępuje naprzód część, tak do przodu posuwa się całość. Jaki rozwój całości, taki rozwój części. Względne prędkości części i całości decydują o tym, czy część hamowana jest przez bezwładność całości, czy pociągana jest naprzód przez pęd kosmicznego braterstwa.

Tajemnicą pozostaje to, że Bóg, będąc wysoce osobową, samoświadomą istotą, posiadającą miejsce zamieszkania, jest jednocześnie osobiście obecny w tak rozległym wszechświecie i osobiście kontaktuje się z prawie nieskończoną ilością istot. To, że taki fenomen jest tajemnicą przekraczającą ludzkie pojmowanie, nie powinno w najmniejszym stopniu umniejszać waszej wiary. Nie pozwólcie na to, aby wielkość nieskończoności, ogrom wieczności, majestatyczność i chwała niezrównanego charakteru Boga, onieśmielała was, oszałamiała czy zniechęcała, gdyż Ojciec nie jest zbyt daleko od każdego z was; mieszka w was a w nim my wszyscy dosłownie się posuwamy, rzeczywiście żyjemy i prawdziwie mamy nasz byt.

Chociaż Rajski Ojciec działa przez swych boskich stwórców i swe stworzone dzieci, uczestniczy on również w najbardziej intymnym kontakcie z wami, tak wzniosłym i tak bardzo osobistym, że przekracza to nawet moje pojmowanie – ta zagadkowa komunia fragmentu Ojca z ludzką duszą i z ludzkim umysłem, który aktualnie zamieszkuje. Wiedząc to, co wiecie o darach Bożych, wiecie również, że Ojciec jest w bliskiej styczności nie tylko ze swymi Boskimi towarzyszami, ale również ze swymi ewolucyjnymi, śmiertelnymi dziećmi czasu. Ojciec przebywa wprawdzie w Raju, ale jego Boska obecność mieszka również w umysłach ludzkich.

Chociaż duch Syna został wylany na wszystkie ciała, chociaż Syn kiedyś mieszkał z wami w formie ciała materialnego, chociaż serafini osobiście strzegą i prowadzą was, te boskie istoty Drugiego i Trzeciego Źródła i Centrum nawet nie mogą marzyć o tym, żeby zbliżyć się do was tak bardzo, czy rozumieć was tak dokładnie, jak Ojciec, który dał cząstkę siebie, żeby była w was, aby była waszą prawdziwą i Boską, nawet wieczną jaźnią.

8. MATERIA, UMYSŁ I DUCH

„Bóg jest duchem", ale nie jest nim Raj. Materialny wszechświat jest zawsze tą areną, na której rozgrywają się wszelkie działania duchowe; istoty duchowe i ci, którzy wznoszą się w duchu, żyją i pracują na fizycznych sferach rzeczywistości materialnej.

Obdarzenie kosmiczną siłą, domeną grawitacji kosmicznej, jest funkcją Wyspy Raj. Cała pierwotna siła-energia wychodzi z Raju a materia do wyrobu niezliczonych wszechświatów krąży teraz we wszechświecie nadrzędnym, w formie obecności supergrawitacji, która stanowi obciążenie-siłę przestrzeni nasyconej.

Jakiekolwiek przeobrażenie siły w odległych wszechświatach, po wyjściu z Raju przemieszcza się, podległe nigdy nie skończonemu, wciąż obecnemu, niezawodnemu przyciąganiu wiecznej Wyspy, posłusznie i nieodmiennie krążąc zawsze we wszechświatach, po wiecznych drogach przestrzeni. Energia fizyczna jest tą jedyną rzeczywistością, która jest wierna i niezawodna w swym posłuszeństwie wobec prawa kosmicznego. Tylko w domenach woli istot stworzonych zdarzają się zejścia z Boskich ścieżek i odejścia od pierwotnych planów. Moc i energia są wszechświatowymi dowodami stabilności, stałości i wieczności centralnej Wyspy Raj.

Obdarzenie duchem oraz uduchowienie osobowości, domena grawitacji duchowej, jest sprawą Wiecznego Syna. I ta duchowa grawitacja Syna, zawsze przyciągająca ku sobie wszystkie duchowe rzeczywistości, jest tak samo rzeczywista i absolutna, jak wszechmocny uchwyt materialny Wyspy Raj. Materialnie nastawiony człowiek jest jednak z natury lepiej zorientowany w materialnych przejawach natury fizycznej niż w równie rzeczywistych i potężnych procesach natury duchowej, dostrzeganych tylko przez duchową wnikliwość duszy.

Kiedy umysł jakiejkolwiek osobowości we wszechświecie staje się bardziej duchowy – podobny Bogu – staje się mniej wrażliwy na grawitację materialną. Rzeczywistość, mierzona reakcją na grawitację fizyczną, jest antytezą rzeczywistości określanej walorem zawartości ducha. Akcja grawitacyjno-fizyczna jest ilościowym determinantem energii nieduchowej; akcja grawitacyjno-duchowa jest jakościową miarą żywej energii boskości.

Czym jest Raj dla materialnego stworzenia i czym Wieczny Syn jest dla duchowego wszechświata, tym Wspólny Aktywizator jest dla domen umysłu, inteligentnego wszechświata osobowości i istot – materialnych, morontialnych i duchowych.

Wspólny Aktywizator reaguje zarówno na rzeczywistości materialne jak i duchowe, staje się zatem z natury powszechnym opiekunem wszystkich tych istot inteligentnych, które mogą reprezentować sobą wspólnotę obu stadiów stworzenia – materialnego i duchowego. Wyposażenie inteligencji, służenie temu, co materialne i duchowe w fenomenie umysłu, jest wyłączną domeną Wspólnego Aktywizatora, który tym samym staje się partnerem duchowego umysłu, esencją umysłu morontialnego oraz treścią materialnego umysłu ewolucyjnych istot czasu.

Umysł jest mechanizmem, dzięki któremu rzeczywistości duchowe stają się empiryczne dla osobowości stworzonych. W końcowym podsumowaniu, jednoczące własności nawet ludzkiego umysłu, możliwość koordynowania rzeczy, idei i wartości, są nadmaterialne.

Chociaż jest raczej niemożliwe, aby śmiertelny umysł zrozumiał siedem poziomów względnej rzeczywistości kosmicznej, ludzki intelekt powinien sporo zrozumieć ze znaczenia trzech funkcjonujących poziomów rzeczywistości skończonej:

1. *Materia.* Zorganizowana energia, która podlega grawitacji liniowej, chyba, że jest przekształcana przez ruch czy warunkowana przez umysł.
2. *Umysł.* Zorganizowana świadomość, która niezupełnie podlega grawitacji materialnej, a która staje się prawdziwie wyzwolona, gdy przekształcona jest przez ducha.
3. *Duch.* Najwyższa rzeczywistość osobowa. Prawdziwy duch nie podlega grawitacji fizycznej, a jednak może stać się motywującym wpływem wszystkich ewoluujących systemów energii o randze osobowości.

Celem istnienia wszystkich osobowości jest duch; przejawy materii są względne a umysł kosmiczny ingeruje pomiędzy tymi wszechświatowymi przeciwieństwami. Obdarzanie umysłem i służenie duchem to działalność osób związanych z Bóstwami Nieskończonego Ducha i Wiecznego Syna. Całkowita rzeczywistość Bóstwa nie jest umysłem, ale duchem-umysłem – umysłem-duchem zjednoczonym osobowością. Pomimo to absoluty, zarówno ducha jak i rzeczy, zbiegają się w osobie Ojca Wszechświatowego.

Trzy energie, fizyczna, umysłowa i duchowa, są w Raju skoordynowane. W ewolucyjnym kosmosie dominuje energia-materia, ale nie w osobowości, gdzie duch dąży do panowania dzięki pośrednictwu umysłu. Podstawową rzeczywistością w doświadczeniu osobowym wszystkich istot stworzonych jest duch, gdyż Bóg jest duchem. Duch jest niezmienny, zatem we wszystkich związkach osobowości przewyższa on zarówno umysł jak i materię, które są empirycznymi zmiennymi w progresywnym urzeczywistnianiu.

W ewolucji kosmicznej materia staje się filozoficznym cieniem, rzucanym przez umysł, w obliczu duchowej światłości boskiego oświecenia, jednak to nie unieważnia rzeczywistości materii-energii. Umysł, materia i duch są jednakowo rzeczywiste, ale nie mają one równej wartości dla osobowości, przy jej docieraniu do boskości. Świadomość boskości jest progresywnym doświadczeniem duchowym.

Im jaśniejsza jest światłość uduchowionej osobowości (Ojca we wszechświecie, fragmentu potencjalnej osobowości duchowej w pojedynczej istocie stworzonej), tym większy cień rzuca pośredniczący umysł na swoje materialne otoczenie. W czasie, ludzkie ciało jest tak samo rzeczywiste jak umysł czy duch, jednak śmierć przeżywają zarówno umysł (tożsamość) jak i duch, ale nie ciało. Rzeczywistość kosmiczna może nie istnieć w doświadczaniu osobowości. I wasza grecka metafora – materia jako cień bardziej rzeczywistej substancji duchowej – posiada wartość filozoficzną.

9. RZECZYWISTOŚCI OSOBOWE

Duch jest podstawową rzeczywistością osobową we wszechświatach a osobowość jest zasadnicza dla wszelkich rozwojowych doświadczeń z rzeczywistością duchową. Każde stadium doświadczania osobowości, na każdym kolejnym poziomie wszechświatowego rozwoju, pełne jest wskazań prowadzących do odkrycia interesujących rzeczywistości osobowych. Prawdziwe przeznaczenie człowieka polega na tworzeniu nowych i duchowych celów a potem na reagowaniu na kosmiczne przyciąganie takich niebiańskich celów o niematerialnej wartości.

Miłość jest tajemnicą pożytecznych związków pomiędzy osobowościami. Nie możecie naprawdę poznać osoby w wyniku pojedynczego kontaktu. Nie możecie wartościować muzyki na podstawie matematycznej dedukcji, choć przecież muzyka jest formą matematycznego rytmu. Numer abonenta telefonicznego w żaden sposób nie może określić osobowości abonenta ani ustalić niczego w sprawie jego charakteru.

Matematyka, nauki ścisłe, są niezastąpione podczas inteligentnego omawiania materialnych aspektów wszechświata, ale taka wiedza niekoniecznie musi być częścią wyższego uświadamiania sobie prawdy, czy osobistej oceny rzeczywistości duchowych. Nie tylko w domenach życia, ale nawet w świecie energii fizycznej, suma dwu lub więcej rzeczy jest bardzo często czymś *więcej* albo czymś *różnym* od przewidywalnych, sumacyjnych wyników takich połączeń. Cała nauka czy matematyka, cała domena filozofii, najwyższa fizyka czy chemia, nie mogą przewidzieć czy wiedzieć, że związek dwu gazowych atomów wodoru z jednym gazowym atomem tlenu może dać w rezultacie nową i bardzo bogatą jakościowo substancję – płynną wodę. Inteligentne zrozumienie tylko tego jednego, fizyczno-chemicznego zjawiska, powinno zapobiec rozwojowi materialistycznej filozofii i mechanistycznej kosmologii.

Techniczna analiza nie wyjawi tego, co osoba czy rzecz może zrobić. Na przykład: wody używa się skutecznie do gaszenia ognia. To, że woda gasi ogień, jest faktem znanym z codziennego doświadczenia, ale nigdy nie da się zrobić żadnej analizy wody, żeby odkryć taką właściwość. Analiza mówi, że woda składa się z wodoru i tlenu; dalsze badania tych pierwiastków wykazują, że tlen w rzeczywistości podtrzymuje palenie i to, że wodór sam się pali.

Wasza religia staje się rzeczywista, ponieważ uwalnia się z niewoli strachu i więzów przesądów. Wasza filozofia walczy o uwolnienie się od dogmatów i tradycji. Wasza nauka uwikłana jest w wiekowy spór pomiędzy prawdą a błędem, podczas gdy walczy o wyzwolenie z więzów abstrakcji, niewoli matematyki i względnej ślepoty mechanistycznego materializmu.

Śmiertelny człowiek posiada duchowe jądro. Umysł jest systemem energii osobowej, istniejącej wokół boskiego, duchowego jądra a funkcjonuje w materialnym otoczeniu. Taki żywy związek osobowego umysłu i ducha jest wszechświatowym potencjałem wiecznej osobowości. Prawdziwe kłopoty, trwałe rozczarowanie, poważna porażka czy nieunikniona śmierć, mogą przyjść dopiero po tym, jak własne koncepcje ośmielą się wyrugować zupełnie kierującą moc centralnego jądra duchowego, zakłócając tym samym kosmiczny program indywidualności osobowości.

[Przedstawione przez Perfektora Mądrości, działającego z upoważnienia Pradawnych Czasu].

PRZEKAZ 13

ŚWIĘTE SFERY RAJU

POMIĘDZY centralną Wyspą Raj a najbardziej wewnętrzną, planetarną orbitą Havony, znajdują się w przestrzeni trzy mniejsze orbity sfer specjalnych. Najbardziej wewnętrzna orbita składa się z siedmiu tajemniczych sfer Ojca Wszechświatowego; grupa druga składa się z siedmiu jaśniejących światów Wiecznego Syna; najbardziej zewnętrzną orbitę stanowi siedem ogromnych sfer Nieskończonego Ducha, centralnych światów administracyjnych Siedmiu Duchów Nadrzędnych.

Te trzy, siedmioświatowe orbity Ojca, Syna i Ducha, stanowią sfery o niedoścignionym majestacie i niewyobrażalnej chwale. Nawet ich materialna czy fizyczna konstrukcja należy do klasy wam nie objawionej. Każda orbita jest zróżnicowana w materiale, a każdy świat każdej orbity jest inny, za wyjątkiem siedmiu światów Syna, jednakowych w swej budowie fizycznej. Wszystkie dwadzieścia jeden światów stanowią olbrzymie globy i każda grupa siedmiu światów jest odmiennie uwieczniona. O ile wiemy, one zawsze tam były; są wieczne tak jak Raj. Nie istnieją zapisy ani tradycje o ich początku.

Siedem tajemniczych sfer Ojca Wszechświatowego, krążących wokół Raju w bliskiej odległości wiecznej Wyspy, silnie odbija duchowy blask centralnej światłości wiecznych Bóstw, rozsiewając światło Boskiej chwały na Raj a nawet na siedem orbit Havony.

Wydaje się, że źródło nieosobowych energii duchowej światłości znajduje się na siedmiu świętych światach Wiecznego Syna. Żadna osobowa istota nie może przebywać na którejkolwiek z tych siedmiu jaśniejących sfer. Oświetlają one duchową chwałą cały Raj i Havonę oraz kierują czystą światłość duchową w kierunku siedmiu superwszechświatów. Te olśniewające sfery drugiej orbity emitują również swą światłość (światło bez ciepła) do Raju i do miliarda światów siedmiu orbit wszechświata centralnego.

Siedem Duchów Nadrzędnych zajmuje siedem światów Nieskończonego Ducha; zarządzają one przeznaczeniem siedmiu superwszechświatów, przesyłając duchową iluminację Trzeciej Osoby Bóstwa tym kreacjom czasu i przestrzeni. I cała Havona, ale nie Wyspa Raj, skąpana jest w tych uduchowiających wpływach.

Chociaż dla wszystkich osobowości z Ojcowskim wyposażeniem, światy Ojca są sferami o statusie ostatecznym, nie jest to ich wyłączna funkcja. Na tych światach przebywa wiele istot i bytów innych niż osobowe. Każdy świat orbity Ojca i orbity Ducha posiada odmienny rodzaj stałych obywateli, ale uważamy, że światy Syna są zamieszkałe przez jednorodne typy istot odmiennych niż osobowe. Fragmenty Ojca zaliczają się do rodowitych mieszkańców Diviningtonu; inne klasy stałego obywatelstwa nie zostały wam objawione.

Dwadzieścia jeden satelitów Raju służy wielu celom, nieujawnionym w tych narracjach, zarówno dla wszechświata centralnego jak i dla superwszechświatów. Tak niewiele potraficie zrozumieć o życiu na tych sferach, że nie możecie się spodziewać wyrobienia sobie czegoś w rodzaju sensownej opinii, zarówno o ich naturze jak i funkcjonowaniu; odbywa się tam tysiące rodzajów działalności, wam nie objawionych. Tych dwadzieścia jeden sfer zawiera *potencjały* funkcjonowania wszechświata nadrzędnego. Przekazy te dają jedynie przelotny wgląd w pewne, określone działania, odnoszące się do obecnego wszechświatowego wieku wielkiego wszechświata, a raczej do jednego z jego siedmiu sektorów.

1. SIEDEM ŚWIĘTYCH ŚWIATÓW OJCA

Ojcowska orbita świętych sfer życia zawiera jedyne związane z osobowością tajemnice we wszechświecie wszechświatów. Te satelity Raju, krążące na najbardziej wewnętrznych trzech orbitach, stanowią jedyne, dotyczące osobowości, zabronione domeny we wszechświecie centralnym. Raj dolny oraz światy Syna również są zamknięte dla osobowości, ale żadna z tych domen w żaden sposób nie jest bezpośrednio związana z osobowością.

Rajskie światy Ojca są nadzorowane przez najwyższą klasę Niezmiennych Synów Trójcy – Utrójcowione Tajemnice Najwyższości. Niewiele mogę powiedzieć o tych światach, jeszcze mniej o ich różnorodnych funkcjach. Informacje takie dotyczą tylko tych istot, które tam działają i stamtąd pochodzą. I chociaż jestem w pewnym sensie obeznany z tymi sześcioma specjalnymi światami, nigdy nie lądowałem na Diviningtonie; wstęp na ten świat jest mi absolutnie wzbroniony.

Jedna z przyczyn tajemnicy, spowijającej te światy, jest taka, że każda święta sfera posiada specjalne wyobrażenie czy uzewnętrznienie Bóstw, składających się na Rajską Trójcę; nie osobowość, ale unikalną obecność Boskości, która może być doceniona i zrozumiana tylko przez specyficzne grupy istot inteligentnych tam zamieszkałych lub dopuszczonych do takiej właśnie sfery. Utrójcowione Tajemnice Najwyższości są osobistymi przedstawicielami tych, wyspecjalizowanych i nieosobowych obecności Boskości. Tajemnice Najwyższości są istotami wysoce osobowymi, wspaniale wyposażonymi i zdumiewająco przystosowanymi do swej wzniosłej i trudnej pracy.

1. DIVININGTON. Świat ten jest w pewnym, specyficznym znaczeniu, „łonem Ojca", sferą osobistej styczności z Ojcem Wszechświatowym i na tym świecie znajduje się specjalne uzewnętrznienie jego boskości. Divinington jest rajskim miejscem spotkania Dostrajaczy Myśli, ale jest on również miejscem pobytu licznych innych bytów, osobowości oraz istot pochodzących od Ojca Wszechświatowego. Poza Wiecznym Synem, wiele innych osobowości powstało mocą aktów stwórczych samego tylko Ojca Wszechświatowego. Tylko fragmenty Ojca oraz te osobowości i istoty, które pochodzą bezpośrednio i wyłącznie od Ojca Wszechświatowego, bratają się i działają w tym miejscu.

Tajemnice Diviningtonu obejmują tajemnicę obdarzeń i misji Dostrajaczy Myśli. Tajemnicę tej rajskiej sfery stanowi natura Dostrajaczy, ich pochodzenie i metoda kontaktu z istotami niskiego pochodzenia ze światów ewolucyjnych. Te zdumiewające sprawy osobiście nie dotyczą reszty z nas, dlatego Bóstwa uważają za stosowne nie udostępniać nam pełnych informacji o pewnych cechach tej wspaniałej, boskiej służby. Tak dalece, jak mamy styczność z tym stadium boskiej działalności, udostępnia się nam pełną wiedzę o tych funkcjach, jednak nie jesteśmy dokładnie poinformowani o tym, co dotyczy intymnych szczegółów tego wielkiego obdarzenia.

Sfera ta zawiera także tajemnice natury, przeznaczenia i działalności wszelkich innych rodzajów fragmentów Ojca, Posłańców Grawitacji oraz zastępów różnorodnych istot wam nie objawionych. Jest bardzo prawdopodobne, że te prawdy dotyczące Diviningtonu, których nie dano mi poznać, gdyby zostały mi objawione, mogłyby tylko zdezorientować mnie i przeszkadzać w mojej obecnej pracy a oprócz tego leżą one prawdopodobnie poza zdolnością ich zrozumienia przez moją klasę istot.

2. SONARINGTON. Ta sfera jest „łonem Syna", światem, gdzie osobiście przyjmuje Wieczny Syn. Jest to rajska stolica zstępujących i wznoszących się Synów Boga, po tym, jak zostaną w pełni uznani i ostatecznie zaaprobowani. Świat ten jest rajskim domem wszystkich Synów Wiecznego Syna oraz Synów partnerskich i pomocniczych. Jest wiele klas Boskiego synostwa, związanych z tym niebiańskim miejscem pobytu, które nie zostały objawione śmiertelnikom, jako że nie są one związane z planami systemu wznoszenia się, ludzkiego rozwoju duchowego poprzez wszechświaty i dalej do Raju.

Tajemnice Sonaringtonu obejmują tajemnicę wcielenia boskich Synów. Kiedy Syn Boży staje się Synem Człowieczym, zostaje dosłownie zrodzony z kobiety, jak to miało miejsce na waszym świecie dziewiętnaście stuleci temu, stanowi to wszechświatową tajemnicę. Zdarza się to we wszystkich wszechświatach i stanowi tajemnicę boskiego synostwa Sonaringtonu. Dostrajacze są tajemnicą Boga-Ojca. Wcielenie Boskich Synów jest tajemnicą Boga-Syna, tajemnicą ukrytą w siódmym sektorze Sonaringtonu, domenie niezgłębionej przez nikogo oprócz tych, którzy osobiście przeżyli tak unikalne doświadczenie. Tylko te stadia wcielenia, które są związane z waszą drogą wznoszenia się, zostały podane do waszej wiadomości. Istnieje również wiele innych stadiów tajemnicy wcielenia Rajskich Synów klasy nie objawionej, działających w służbie wszechświatowej na swych misjach, które nie zostały wam ujawnione. A są jeszcze inne tajemnice Sonaringtonu.

3. SPIRITINGTON. Ten świat jest „łonem Ducha", rajskim domem wysokich istot, które reprezentują wyłącznie Nieskończonego Ducha. Tutaj zbiera się Siedem Duchów Nadrzędnych oraz pewne ich potomstwo ze wszystkich wszechświatów. W tym, niebiańskim miejscu pobytu, znaleźć też można liczne nie objawione klasy osobowości duchowych, istoty przydzielone do różnorodnych funkcji we wszechświecie, nie związanych z planami wywyższania śmiertelnych istot czasu do rajskich poziomów wieczności.

Tajemnice Spiritingtonu obejmują nieprzeniknione sekrety odzwierciedlania. Opowiadamy wam o rozległym i powszechnym zjawisku odzwierciedlania, zwłaszcza jak funkcjonuje ono w światach zarządów siedmiu superwszechświatów, ale nigdy dokładnie nie wyjaśniamy tego fenomenu, ponieważ nie w pełni go rozumiemy. Dużo rozumiemy, nawet bardzo dużo, ale sporo zasadniczych szczegółów nadal pozostaje dla nas tajemnicą. Odzwierciedlanie jest tajemnicą Boga-Ducha. Powiedziano wam, jak funkcjonuje odzwierciedlanie w odniesieniu do schematu wznoszenia się żyjącego wiecznie śmiertelnika i działa ono w ten sposób, jednak odzwierciedlanie jest również nieodłączną cechą normalnej pracy licznych innych stadiów zamieszkiwania wszechświata. To wyposażenie Nieskończonego Ducha stosowane jest także w kanałach innych niż te, które dotyczą zbierania informacji i rozpowszechniania informacji. A są jeszcze inne tajemnice Spiritingtonu.

4. VICEGERINGTON. Planeta ta jest „łonem Ojca i Syna" oraz tajną sferą pewnych nie objawionych istot, które powstają w wyniku działania Ojca i Syna. Jest to również rajskie miejsce pobytu wielu gloryfikowanych istot o złożonym pochodzeniu, tych, których pochodzenie jest skomplikowane ze względu na wiele różnorodnych sposobów ich powstawania w siedmiu superwszechświatach. Na tym świecie zbiera się również wiele grup istot, których tożsamość nie została objawiona śmiertelnikom z Urantii.

Tajemnice Vicegeringtonu obejmują tajemnice utrójcowienia a utrójcowienie jest tajemnicą zezwolenia na reprezentowanie Trójcy, na działanie w charakterze namiestników Bogów. Upoważnienie do reprezentowania Trójcy nadawane jest tylko tym istotom, objawionym i nie objawionym, które są utrójcowione, stworzone, wynikłe lub uwiecznione przez jakiekolwiek dwie spośród trzech osób Rajskiej Trójcy. Osobowości powołane do istnienia aktem utrójcowienia, przez określony rodzaj gloryfikowanych istot, nie reprezentują niczego ponad potencjał pojęciowy, zaktywizowany w akcie utrójcowienia, aczkolwiek istoty takie mogą się wznieść do objęć Bóstwa drogą otwartą dla wszystkich, należących do ich gatunku.

Nie utrójcowione istoty nie rozumieją w pełni metody utrójcowienia, dokonanego zarówno przez dwóch jak i trzech Stwórców, albo przez pewne inne istoty. Nigdy nie zrozumiecie w pełni tego zjawiska, chyba, że w bardzo odległej przyszłości waszej gloryfikowanej drogi bytu będziecie mogli spróbować tego przedsięwzięcia i osiągniecie sukces, ponieważ inaczej owe tajemnice Vicegeringtonu pozostaną dla was na zawsze zabronione. Dla mnie jednak, dla istoty, która ma wysokie pochodzenie od Trójcy, wszystkie sektory Vicegeringtonu pozostają otwarte. W pełni rozumiem i równocześnie w pełni i święcie chronię tajemnicę mojego pochodzenia oraz przeznaczenia.

Są jeszcze inne formy i stadia utrójcowienia, nie podane do wiadomości ludziom z Urantii i te właśnie doświadczenia, w ich aspektach osobowych, są odpowiednio zabezpieczone w tajnym sektorze Vicegeringtonu.

5. SOLITARINGTON. Świat ten jest „łonem Ojca i Ducha" oraz miejscem spotkania wspaniałych zastępów nie objawionych istot, zapoczątkowanych wspólnym aktem stwórczym Ojca Wszechświatowego i Nieskończonego Ducha, istot, które mają udział w cechach Ojca w dodatku do ich dziedzictwa Ducha.

Jest to też miejsce pobytu Samotnych Posłańców oraz innych osobowości klasy superanielskiej. Znacie zaledwie kilka rodzajów tych istot a istnieje ogromna liczba ich klas, nie objawionych na Urantii. To, że zamieszkują one na piątym świecie, nie musi koniecznie oznaczać, że Ojciec miał cokolwiek do czynienia ze stwarzaniem Samotnych Posłańców albo ich superanielskich towarzyszy, jednak w tej epoce wszechświata Ojciec związany jest z ich funkcjonowaniem. W obecnej epoce wszechświata jest to także rodzima sfera Wszechświatowych Dyspozytorów Mocy.

Istnieją liczne dodatkowe klasy osobowości duchowych, istot nieznanych śmiertelnemu człowiekowi, które uważają Solitarington za swą rajską sferę rodzimą. Należy przypomnieć, że wszystkie działy i poziomy wszechświatowej działalności są w takim stopniu obdarowane duchowymi opiekunami, w jakim dana domena jest zainteresowana w pomaganiu śmiertelnemu człowiekowi we wznoszeniu się ku jego boskiemu, rajskiemu przeznaczeniu.

Tajemnice Solitaringtonu. Oprócz pewnych tajemnic utrójcowienia, świat ten zawiera tajemnice osobistych związków Nieskończonego Ducha z pewnym, wyższym potomstwem Trzeciego Źródła i Centrum. Na Solitaringtonie zachowywane są tajemnice intymnego związku licznych, nie objawionych klas istot, z duchami Ojca, Syna i Ducha, z trojakim duchem Trójcy oraz z duchami Najwyższego, Ostatecznego i Najwyższego-Ostatecznego.

6. SERAFINGTON. Sfera ta jest „łonem Syna i Ducha" oraz światem ojczystym rozległych zastępów istot nie objawionych, stworzonych przez Syna i Ducha. Jest to także sfera przeznaczenia wszystkich klas posługujących zastępów anielskich, z supernafinami, sekonafinami i serafinami włącznie. We wszechświecie centralnym i we wszechświatach sąsiadujących służy również wiele klas wspaniałych duchów, które nie są „duchami przeznaczonymi do posług tym, co mają posiąść zbawienie". Wszyscy ci pracownicy duchowi ze wszystkich poziomów i wszystkich domen wszechświatowej działalności, traktują Serafington jako swój rajski dom.

Tajemnice Serafingtonu zawierają trojakie sekrety; wspomnieć mogę tylko o jednym z nich – o tajemnicy transportu seraficznego. Zdolność różnych klas serafinów i pokrewnych im istot duchowych do spowicia własnymi formami duchowymi wszelkich klas osobowości niematerialnych i do przenoszenia ich na długie dystanse międzyplanetarnych podróży, jest tajemnicą zamkniętą w świętych sektorach Serafingtonu. Serafini transportujący rozumieją tę tajemnicę, ale nam pozostałym jej nie przekazują albo, być może nie mogą jej przekazać. Inne tajemnice Serafingtonu odnoszą się do osobistych doświadczeń tych służb duchowych, które dotychczas nie zostały objawione śmiertelnikom. I nie chcemy omawiać tajemnic tych, blisko z wami spokrewnionych istot, gdyż możecie nieomal zrozumieć tak bliskie wam klasy bytu a przedstawienie nawet częściowej naszej wiedzy o takim zjawisku byłoby bliskie sprzeniewierzeniu zaufania.

7. ASCENDINGTON. Ten unikalny świat jest „łonem Ojca, Syna i Ducha", miejscem spotkania wzniosłych istot czasu, sferą przyjmującą pielgrzymów czasu, przemierzających wszechświat Havony w drodze do Raju. Ascendington jest faktycznie rajskim domem wznoszących się dusz czasu i przestrzeni, zanim osiągną one rajski status. Wy, śmiertelnicy, większość waszych havońskich „wakacji" spędzać będziecie na Ascendingtonie. Podczas waszego życia w Havonie, Ascendington będzie dla was tym, czym byli organizatorzy powrotu podczas wznoszenia się we wszechświecie lokalnym i superwszechświecie. Tutaj zajmować się będziecie tysiącem rzeczy przekraczających pojmowanie śmiertelnej wyobraźni. I wasza ludzka jaźń znajdzie tutaj nową relację z waszą Boską jaźnią, tak jak w czasie każdego poprzedniego zbliżania się do Boga w procesie wznoszenia się.

Tajemnice Ascendingtonu obejmują arkana stopniowego i niezawodnego tworzenia w materialnym, śmiertelnym umyśle, duchowego i potencjalnie nieśmiertelnego odpowiednika charakteru oraz tożsamości. Zjawisko to stanowi jedną z najbardziej zdumiewających tajemnic wszechświatów – ewolucję nieśmiertelnej duszy w obrębie umysłu istoty śmiertelnej i materialnej.

Nigdy w pełni nie zrozumiecie tych tajemniczych procesów, zanim nie dotrzecie do Ascendingtonu. I właśnie dlatego cały Ascendington otworzy się przed waszymi zdziwionymi oczami. Wstęp do jednej siódmej Ascendingtonu jest dla mnie wzbroniony, do tego właśnie sektora, który dotyczy tajemnicy, jaka jest (lub będzie) wyłącznym doświadczeniem i własnością waszego rodzaju istot. Doświadczenie to jest właściwe waszej, ludzkiej klasie bytu. Moja klasa osobowości bezpośrednio nie interesuje się tymi sprawami. Dlatego dla mnie jest to niedozwolone a wam będzie w końcu objawione. Ale nawet kiedy zostanie wam to objawione, z pewnych przyczyn na zawsze zostanie to waszą tajemnicą. Nie objawicie tego nam ani żadnej innej klasie istot. Wiemy o wiecznym połączeniu Boskiego Dostrajacza i nieśmiertelnej duszy ludzkiego pochodzenia, ale wznoszący się finaliści znają takie właśnie doświadczenie jako absolutną rzeczywistość.

2. ZWIĄZKI WZAJEMNE ŚWIATÓW OJCA

Światy stałego pobytu różnych klas istot duchowych są ogromnymi i zdumiewającymi sferami; są równe Rajowi w swym niezrównanym pięknie oraz wspaniałej chwale. Są to światy spotkania, sfery ponownego połączenia, służące jako stałe, kosmiczne adresy istot. Jako finaliści zamieszkacie w Raju, ale Ascendington będzie cały czas waszym domowym adresem, nawet, kiedy zaczniecie służbę w przestrzeni zewnętrznej. Przez całą wieczność traktować będziecie Ascendington jako dom waszych sentymentalnych reminiscencji i powracających wspomnień. Gdy zostaniecie istotami duchowymi siódmego stadium, być może zrezygnujecie z waszego statusu mieszkańców Raju.

Skoro zewnętrzne wszechświaty są w trakcie tworzenia, skoro mają być zamieszkałe przez istoty czasu z potencjałem wznoszenia się, dochodzimy do wniosku, że te dzieci przyszłości również traktować będą Ascendington jako swe rajskie miejsce zamieszkania.

Ascendington jest jedyną świętą sferą, którą będziecie mogli oglądać w całości, jako przybysze do Raju. Vicegerington jest jedyną świętą sferą, którą ja mogę badać w pełni i bez zastrzeżeń. Nie uważam Vicegeringtonu za swe miejsce zamieszkania w tej epoce wszechświata, chociaż jego tajemnice są związane z moim pochodzeniem. Istoty pochodzące od Trójcy i utrójcowione nie są tymi samymi istotami.

Istoty pochodzące od Trójcy nie podzielają w pełni światów Ojca; mają one swe siedziby wyłącznie na Wyspie Raj, bardzo blisko Najświętszej Sfery. Często pojawiają się na Ascendingtonie, „łonie Ojca-Syna-Ducha", gdzie przebywają ze swymi braćmi, którzy przybyli z niższych światów przestrzeni.

Moglibyście przypuszczać, że Synowie Stwórcy, istoty pochodzące od Ojca-Syna, powinny traktować Vicegerington jako swą ojczyznę, jednak nie tak się rzecz przedstawia w obecnej epoce wszechświata – epoce działalności Boga Siedmiorakiego. I jest wiele podobnych problemów, które będą was zdumiewać, ponieważ z pewnością napotkacie wiele trudności, gdy będziecie próbować zrozumieć te rzeczy, które są tak blisko Raju. Nie możecie również właściwie wydedukować tych kwestii; za mało wiecie. I jeśli wiedzielibyście więcej o światach Ojca, napotkalibyście tylko więcej trudności, zanim dowiedzielibyście się o nich *wszystkiego*. Stałą pozycję, na którymkolwiek z tych tajnych światów, można zdobyć zarówno przez służbę jak i z natury swego pochodzenia, a w kolejnych epokach wszechświata może nastąpić redystrybucja pewnych grup tych osobowości i na pewno nastąpi.

Światy orbity wewnętrznej są raczej światami określonego statusu czy światami zbratania niż rzeczywistymi sferami mieszkalnymi. Śmiertelnicy osiągną pewien status na każdym ze światów Ojca, za wyjątkiem jednego. Na przykład, kiedy wy śmiertelnicy przybywacie do Havony, otrzymujecie zezwolenie na pobyt na Ascendingtonie, gdzie jesteście najmilej widziani, ale nie dostajecie zezwolenia na odwiedziny sześciu innych świętych światów. Po waszym przejściu przez porządek Raju i po przyjęciu do Korpusu Finalizmu, otrzymacie zezwolenie na Sonarington, skoro jesteście synami Boga jak również istotami wznoszącymi się – a nawet czymś więcej. Jednak jedna siódma Sonaringtonu pozostanie zawsze dla was zamknięta, sektor tajemnic wcielenia Boskich Synów, którego nie będziecie mogli oglądać. Te tajemnice nigdy nie będą objawione wznoszącym się synom Boga.

W końcu będziecie mieli pełny dostęp do Ascendingtonu i względny dostęp do innych sfer Ojca, za wyjątkiem Diviningtonu. Ale nawet gdy otrzymacie zezwolenie lądowania na pięciu dodatkowych, tajnych sferach, po tym jak zostaniecie finalistami, nie będziecie mogli odwiedzać wszystkich sektorów tych światów. Nie będzie też wolno wam lądować na Diviningtonie, „łonie Ojca", chociaż na pewno wiele razy będziecie stać „po prawicy Ojca". Nigdy, przez całą wieczność, nie wyniknie żadna potrzeba waszego pobytu na świecie Dostrajaczy Myśli.

Światy spotkań życia duchowego są terenem zastrzeżonym w takim stopniu, że jesteśmy proszeni nie pertraktować w sprawie wejścia do tych miejsc owych sfer, które pozostają zupełnie poza domenami naszego doświadczenia. Możecie zostać istotami doskonałymi, nawet tak, jak Ojciec Wszechświatowy jest bosko doskonały, ale nie możecie poznać wszystkich empirycznych tajemnic wszelkich innych klas osobowości wszechświata. Kiedy Stwórca ma empiryczny, osobisty sekret ze stworzonym, Stwórca zachowuje ten sekret dla siebie na wieczność.

Wszystkie te tajemnice przypuszczalnie znane są zbiorowemu ciału Utrójcowionych Tajemnic Najwyższości. Istoty te znane są w pełni jedynie tym grupom istot, które przebywają na tych światach specjalnych; inne klasy słabo je rozumieją. Po dotarciu do Raju poznacie i będziecie gorąco kochać te dziesięć Tajemnic Najwyższości, które zarządzają Ascendingtonem. Zrozumiecie także częściowo Tajemnice Najwyższości na innych światach Ojca, za wyjątkiem Diviningtonu, choć nie tak doskonale jak na Ascendingtonie.

Utrójcowione Tajemnice Najwyższości, jak może sugerować ich nazwa, są spokrewnione z Najwyższym; są one także spokrewnione z Ostatecznym oraz z przyszłym Najwyższym-Ostatecznym. Tajemnice Najwyższości są tajemnicami Najwyższego, jak również tajemnicami Ostatecznego a nawet tajemnicami Najwyższego-Ostatecznego.

3. ŚWIĘTE ŚWIATY WIECZNEGO SYNA

Siedem jaśniejących sfer Wiecznego Syna to światy siedmiu stadiów czysto duchowego bytu. Te jaśniejące globy są źródłem trojakiego światła Raju i Havony; wpływ jaki wywierają, ograniczony jest w większości, choć nie całkowicie, do wszechświata centralnego.

Nie ma osobowości na tych satelitach Raju, zatem niewiele tylko z tego, co dotyczy owych czysto duchowych miejsc pobytu, można zobrazować śmiertelnej i materialnej osobowości. Powiedziano nam, że światy te roją się życiem istot Wiecznego Syna, innych niż osobowe. Dochodzimy do wniosku, że byty te są istotami zgromadzonymi tutaj dla służby w projektowanych, nowych wszechświatach przestrzeni zewnętrznej. Rajscy filozofowie utrzymują, że każdemu rajskiemu cyklowi, trwającemu około dwu miliardów lat czasu Urantii, towarzyszy stwarzanie dodatkowych rezerw tych klas istot na tajemniczych światach Wiecznego Syna.

Tak dalece, jak zostałem poinformowany, żadna osobowość nigdy nie przebywała na żadnej z tych sfer Wiecznego Syna. W całym moim długim doświadczeniu, w Raju i poza nim, nigdy nie wysłano mnie na żaden z tych światów. Nie odwiedzają tych światów nawet osobowości stworzone przy współudziale Wiecznego Syna. Dochodzimy do wniosku, że wszystkie typy duchów nieosobowych – niezależnie od tego skąd pochodzą – są przyjmowane w tych duchowych mieszkaniach. Ponieważ jestem osobą i posiadam formę duchową, bez wątpienia świat taki wydawałby mi się pusty i opuszczony, nawet gdyby pozwolono mi go odwiedzić. Wysokie osobowości duchowe nie pozwalają sobie na zaspokajanie bezcelowej ciekawości, na przeżycia czysto bezużyteczne. Jest tutaj cały czas, ogółem biorąc, za dużo intrygujących i celowych przygód, żeby przejawiać jakiekolwiek większe zainteresowanie tymi planami, które są czcze lub nierzeczywiste.

4. ŚWIATY NIESKOŃCZONEGO DUCHA

Pomiędzy wewnętrzną orbitą Havony a jaśniejącymi sferami Wiecznego Syna krąży siedem globów Nieskończonego Ducha, światów zajmowanych przez potomstwo Nieskończonego Ducha, przez utrójcowionych synów gloryfikowanych osobowości stworzonych oraz przez pewne rodzaje istot nie objawionych, zajmujących się administracją wielu przedsięwzięć w różnych domenach wszechświatowej działalności.

Siedem Duchów Nadrzędnych to najwyżsi i ostateczni reprezentanci Nieskończonego Ducha. Na obwodzie Raju mają one swe osobowe stanowiska, swe zogniskowania mocy, jednak wszelka ich działalność, dotycząca zarządzania i kierowania wielkim wszechświatem, prowadzona jest na tych i z tych siedmiu specjalnych sfer administracyjnych Nieskończonego Ducha. W rzeczywistości, Siedem Duchów Nadrzędnych stanowi umysłowo-duchowy balansjer wszechświata wszechświatów, bezgraniczną, wszystko zawierającą i wszystko koordynującą, centralnie zlokalizowaną moc.

Duchy Nadrzędne działają z tych siedmiu specjalnych sfer, aby równoważyć i stabilizować obwody kosmicznego umysłu wielkiego wszechświata. Mają one również do czynienia ze zróżnicowaną postawą duchową i obecnością Bóstw w całym wielkim wszechświecie. Reakcje fizyczne są jednolite, niezróżnicowane, zawsze natychmiastowe i automatyczne. Jednak empiryczna obecność duchowa zależy od podstawowych warunków i stanu podatności duchowej, właściwej indywidualnym umysłom danych sfer.

Nadzór fizyczny, jego obecność i funkcjonowanie, jest jednakowy we wszystkich wszechświatach, małych czy wielkich. Czynnikiem różnicującym obecność, czy reakcją duchową, jest ulegające wahaniom zróżnicowanie jej poznawania i przyjmowania przez istoty obdarzone wolą. Podczas gdy duchowa obecność absolutnego i egzystencjalnego Bóstwa w żaden sposób nie ulega wpływom postaw lojalności czy nielojalności istot stworzonych, równocześnie prawdą jest, że funkcjonalna obecność podabsolutnego i empirycznego Bóstwa jest zdecydowanie i bezpośrednio zależna od decyzji, wyboru i nastawienia woli takich, skończonych istot – od lojalności i oddania pojedynczej istoty, planety, systemu, konstelacji czy wszechświata. Jednakże taka duchowa obecność boskości nie jest kapryśna czy arbitralna; jej empiryczna zmienność jest nieodłączna wyposażeniu wolnej woli istot osobowych.

Wyznacznik zróżnicowania duchowej obecności istnieje w waszych własnych sercach i umysłach a polega on na rodzaju waszego własnego wyboru, na waszych decyzjach oraz na determinacji waszej własnej woli. Zróżnicowanie takie jest nieodłączną cechą funkcjonowania wolnej woli inteligentnych istot osobowych, tych istot, którym Ojciec Wszechświatowy nakazał, żeby korzystały z wolności wyboru. I Bóstwa zawsze są lojalne, gdy idzie o przypływ i odpływ ich duchów, wychodząc naprzeciw i zaspokajając warunki oraz wymagania różnorodnych decyzji istoty, obdarzając bardziej swą obecnością w odpowiedzi na szczere jej pragnienie i znowu wycofując się ze sceny, kiedy stworzeni decydują odwrotnie, korzystając ze swego Boskiego obdarzenia – wolności wyboru. I tym sposobem duch boskości staje się pokornie posłuszny decyzjom istot z ich różnych sfer.

Administracyjnymi siedzibami Siedmiu Duchów Nadrzędnych są w rzeczywistości rajskie światy zarządu siedmiu superwszechświatów oraz przynależnych im segmentów przestrzeni zewnętrznej. Każdy Duch Nadrzędny przewodzi jednemu superwszechświatowi i każdy z tych siedmiu światów jest przydzielony wyłącznie jednemu Duchowi Nadrzędnemu. Literalnie, w siedmiu superwszechświatach wszystkie stadia administracji podrajskiej są prowadzone na jednym z tych światów wykonawczych. Nie są one tak zastrzeżone, jak sfery Ojca czy sfery należące do Syna i chociaż ich status mieszkalny ogranicza się do istot miejscowych oraz tych, które na nich pracują, siedem planet administracyjnych zawsze jest otwarte dla wszystkich istot, które pragną je odwiedzić i które mają do dyspozycji odpowiednie środki transportu.

Te światy administracyjne są dla mnie, poza Rajem, najbardziej ciekawymi i intrygującymi miejscami we wszechświecie. W żadnym innym miejscu, w całym szerokim wszechświecie, nie można dostrzec tak różnorodnych aktywności, angażujących tak wiele różnych klas istot żywych, mających do czynienia z pracą na tak wielu różnorodnych poziomach, z zajęciami jednocześnie materialnymi, intelektualnymi i duchowymi. Gdy mam przyznany czas wolny od wykonywanych zadań, gdy mam sposobność przebywać w Raju czy w Havonie, udaję się najczęściej do jednego z tych ożywionych światów Siedmiu Duchów Nadrzędnych, aby tam inspirować mój umysł widokiem inicjatyw, oddania, lojalności, mądrości i wydajności. Nigdzie, poza tym miejscem, nie mogę zauważyć tak zadziwiających powiązań wzajemnych, występujących w funkcjonowaniu osobowości na wszystkich siedmiu poziomach rzeczywistości wszechświatowej. I zawsze jestem podbudowany pracą tych, którzy dobrze wiedzą, jak wykonywać swe zadania i którzy znajdują tak wielką radość w ich wykonywaniu.

[Przedstawione przez Perfektora Mądrości, działającego z upoważnienia Pradawnych Czasu z Uversy].

PRZEKAZ 14

WSZECHŚWIAT CENTRALNY I BOSKI

DOSKONAŁY i Boski wszechświat zajmuje centrum całego stworzenia; jest to wieczne jądro, wokół którego krążą rozległe wszechświaty czasu i przestrzeni. Raj jest gigantyczną, centralną Wyspą, absolutnie stabilną, która spoczywa nieruchomo dokładnie w sercu wspaniałego, wiecznego wszechświata. Ta centralna rodzina planetarna zwana jest Havoną i jest znacznie oddalona od wszechświata lokalnego Nebadonu. Posiada ona olbrzymie rozmiary i wręcz niewiarygodnie wielką masę a składa się z miliarda sfer o niewyobrażalnym pięknie i wspaniałym majestacie, jednak prawdziwa wielkość tej rozległej kreacji przekracza zdolność zrozumienia ludzkiego umysłu.

Jest to jedno i jedyne w swoim rodzaju, niezmienne, doskonałe i stabilne zagęszczenie światów. Wszechświat ten jest w całości stworzony i doskonały; to nie jest przedsięwzięcie ewolucyjne. Jest to wieczny rdzeń doskonałości, wokół którego wszechświaty krążą nieskończonym korowodem i stanowią gigantyczny eksperyment ewolucyjny, śmiałe przedsięwzięcia Stwórców Synów Boga, którzy pragną powielić w czasie i pomnożyć w przestrzeni wzorowy wszechświat, ideał Boskiej pełni, najwyższego finalizmu, ostatecznej rzeczywistości i wiecznej doskonałości.

1. SYSTEM RAJ-HAVONA

Od peryferii Raju do wewnętrznych granic siedmiu superwszechświatów występuje siedem następujących stanów przestrzeni i ruchu:

1. Spokojne strefy przestrzeni pośredniej, stykające się z Rajem.
2. Zgodny z ruchem wskazówek zegara korowód światów, trzech orbit Raju i siedmiu orbit Havony.
3. Częściowo spokojne strefy przestrzeni, oddzielające orbity Havony od ciemnych ciał grawitacyjnych wszechświata centralnego.
4. Wewnętrzny, poruszający się w kierunku przeciwnym do ruchu wskazówek zegara, pas ciemnych ciał grawitacyjnych.
5. Druga unikalna strefa przestrzeni, rozdzielająca dwa kosmiczne tory krążenia ciemnych ciał grawitacyjnych.
6. Zewnętrzny pas ciemnych ciał grawitacyjnych, krążących zgodnie z kierunkiem wskazówek zegara dookoła Raju.
7. Trzecia strefa przestrzeni – strefa względnie spokojna – rozdzielająca zewnętrzny pas ciemnych ciał grawitacyjnych od najbardziej wewnętrznych orbit siedmiu superwszechświatów.

Miliard światów Havony jest rozłożonych na siedmiu koncentrycznych orbitach, bezpośrednio otaczających trzy orbity satelitów Raju. Ponad trzydzieści pięć milionów światów jest na najbardziej wewnętrznej orbicie Havony i ponad dwieście czterdzieści pięć milionów na najbardziej zewnętrznej, z proporcjonalną liczbą światów pośrodku.

Każda orbita jest inna, ale wszystkie one są doskonale zrównoważone i znakomicie zorganizowane a każda z nich przesycona jest wyspecjalizowanym reprezentantem Nieskończonego Ducha, jednym z Siedmiu Duchów Orbit. Ten nieosobowy Duch, w dodatku do innych funkcji, koordynuje bieg spraw niebiańskich na każdej orbicie.

Orbity planet Havony nie układają się warstwowo; ich światy podążają uporządkowanym, linearnym korowodem, jeden za drugim. Wszechświat centralny krąży wokół stacjonarnej Wyspy Raj w jednej, rozległej płaszczyźnie, składającej się z dziesięciu współśrodkowych, stabilnych zespołów – trzech orbit sfer Raju i siedmiu orbit światów Havony. Fizycznie biorąc, orbity Havony i Raju stanowią jeden i ten sam system; podział wynika z ich segregacji funkcjonalnej i administracyjnej.

Czasu nie liczy się w Raju; sekwencja kolejnych zdarzeń jest nieodłączna pojmowaniu tych, którzy są rodowitymi mieszkańcami centralnej Wyspy. Jednak czas związany jest z orbitami Havony i licznymi istotami na nich przebywającymi, zarówno niebiańskiego jak i ziemskiego pochodzenia. Każdy świat Havony ma swój czas lokalny, ustalony przez jego obieg. Wszystkie światy na danej orbicie mają taką samą długość roku, ponieważ krążą równomiernie wokół Raju a długość roku planetarnego zmniejsza się, od orbity najbardziej zewnętrznej do najbardziej wewnętrznej.

Oprócz czasu obiegu po orbicie Havony, istnieje standardowy dzień Raju-Havony oraz inne określania czasowe, ustalane na siedmiu rajskich satelitach Nieskończonego Ducha i stamtąd wysyłane. Standardowy dzień Raju-Havony oparty jest na tym upływie czasu, jaki jest potrzebny do dokonania jednego obiegu dookoła Wyspy Raj przez planetarne mieszkania, znajdujące się na pierwszej albo wewnętrznej orbicie Havony i chociaż ich prędkość jest ogromna, dzięki ich położeniu pomiędzy ciemnymi ciałami grawitacyjnymi a gigantycznym Rajem, potrzeba prawie tysiąca lat, aby te sfery dopełniły swego obiegu. Bezwiednie czytaliście prawdę, gdy oczy wasze spoczęły na wypowiedzi: „Bo tysiąc lat w oczach Boga jest jak dzień, który minął, niby straż nocna". Jeden dzień Raju-Havony jest tylko o siedem minut, trzy i jedna ósma sekundy krótszy, niż tysiąc lat obecnego kalendarza Urantii, opartego na roku przestępnym.

Ten dzień Raju-Havony jest standardową jednostką czasu dla siedmiu superwszechświatów, chociaż każdy z nich zachowuje swoje własne, wewnętrzne standardy czasowe.

Na krańcach rozległego wszechświata centralnego, daleko poza siódmym pasem światów Havony, krąży niewiarygodna ilość olbrzymich, ciemnych ciał grawitacyjnych. Ten bezmiar ciemnych mas w wielu aspektach nie przypomina innych ciał niebieskich; nawet w swej formie są one bardzo odmienne. Ciemne ciała grawitacyjne ani nie odbijają ani nie pochłaniają światła; nie reagują z fizyczno-energetycznym światłem i tak kompletnie okalają i spowijają Havonę, jak gdyby ją skrywały przed wzrokiem nawet najbliższych, zamieszkałych wszechświatów czasu i przestrzeni.

Unikalna szczelina przestrzenna rozdziela wielki pas ciemnych ciał grawitacyjnych na dwie eliptyczne orbity. Wewnętrzny pas obraca się w kierunku przeciwnym ruchowi wskazówek zegara; zewnętrzny obraca się w kierunku zgodnym z ruchem wskazówek zegara. Te odmienne kierunki ruchu, w połączeniu z ogromnymi masami ciemnych ciał, tak dobrze wyrównują linie grawitacji Havony, że czynią wszechświat centralny kreacją zrównoważoną fizycznie i doskonale stabilną.

Wewnętrzny korowód ciemnych ciał grawitacyjnych uporządkowany jest cylindrycznie i składa się z trzech krążących zgrupowań. Przekrój tej orbity mógłby ukazać trzy współśrodkowe okręgi o prawie jednakowej gęstości. Zewnętrzna orbita ciemnych ciał grawitacyjnych zorganizowana jest prostopadle do wewnętrznej, będąc dziesięć tysięcy razy wyższa niż orbita wewnętrzna. Średnica pionowa zewnętrznej orbity jest pięćdziesiąt tysięcy razy większa od jej średnicy poprzecznej.

Przestrzeń, leżąca pomiędzy tymi dwoma orbitami ciał grawitacyjnych, jest *unikalna*, dlatego, że niczego podobnego do niej nie można nigdzie znaleźć w całym szerokim wszechświecie. Strefa ta charakteryzuje się ogromnymi ruchami falowymi, w górę i w dół, oraz jest przenikana gigantyczną aktywnością energii nieznanego rodzaju.

Naszym zdaniem, nic podobnego do ciemnych ciał grawitacyjnych wszechświata centralnego nie będzie cechowało przyszłej ewolucji poziomów przestrzeni zewnętrznej; uważamy te naprzemianległe korowody ogromnych ciał, balansujących grawitację, za unikalne we wszechświecie nadrzędnym.

2. STRUKTURA HAVONY

Istoty duchowe nie mieszkają w mglistej przestrzeni, nie przebywają na światach eterycznych, osiedlone są na prawdziwych sferach o materialnej naturze, światach po prostu tak rzeczywistych jak te, na których żyją śmiertelnicy. Światy Havony są rzeczywiste i autentyczne, aczkolwiek ich tworzywo różni się od materialnej struktury planet w siedmiu superwszechświatach.

Rzeczywistości fizyczne Havony reprezentują tę klasę organizacji energii, która różni się radykalnie od jakiejkolwiek innej, panującej w ewolucyjnych wszechświatach przestrzeni. Energie Havony są trojakie; jednostki energii-materii superwszechświata zawierają dwojaki ładunek energii, choć jedna forma energii istnieje w fazie ujemnej i dodatniej. Kreacja wszechświata centralnego jest trojaka (Trójca); kreacja wszechświata lokalnego (bezpośrednia) jest dwojaka, według Syna Stwórcy i Stwórczego Ducha.

Materia Havony składa się z kombinacji dokładnie tysiąca podstawowych pierwiastków chemicznych oraz ze zrównoważonego funkcjonowania siedmiu form energii Havony. Każda z tych podstawowych energii wykazuje siedem stadiów pobudzenia, tak że mieszkańcy Havony reagują na czterdzieści dziewięć różnych bodźców zmysłowych. Innymi słowy, patrząc z czysto fizycznego punktu widzenia, mieszkańcy wszechświata centralnego posiadają czterdzieści dziewięć wyspecjalizowanych rodzajów doznań zmysłowych. Jest siedemdziesiąt zmysłów morontialnych a reakcje na bodźce u wyższych klas istot duchowych są zróżnicowane, w zależności od rodzaju istot, od siedemdziesięciu do dwustu dziesięciu zmysłów.

Żadna istota materialna z wszechświata centralnego nie byłaby widzialna dla Urantian, ani też żaden z bodźców fizycznych tych odległych światów nie mógłby wywołać reakcji waszych prostych organów zmysłowych. Gdyby śmiertelnik z Urantii został przewieziony do Havony, byłby tam głuchy, ślepy i zupełnie pozbawiony wszystkich pozostałych reakcji zmysłowych; mógłby funkcjonować jedynie jako ograniczona, samoświadoma istota, pozbawiona wszystkich bodźców otoczenia i wszystkich reakcji na nie.

Są liczne zjawiska fizyczne i reakcje duchowe, występujące we wszechświecie centralnym, które są nieznane na takich światach, jak Urantia. Zasadnicza struktura trojakiej kreacji jest zupełnie niepodobna do dwojakiej natury stworzonych wszechświatów czasu i przestrzeni.

Wszelkie prawa przyrody koordynowane są w Havonie według zasad zupełnie odmiennych niż w systemach o podwójnej energii, w ewoluujących wszechświatach. Cały wszechświat centralny zorganizowany jest zgodnie z trojakim systemem doskonałej i symetrycznej kontroli. W całym systemie Raju-Havony zachowywany jest doskonały balans pomiędzy wszystkimi rzeczywistościami kosmicznymi i wszystkimi siłami duchowymi. Raj, wraz ze swym absolutnym ujęciem kreacji materialnej, doskonale reguluje i kontroluje energie fizyczne wszechświata centralnego; Wieczny Syn, w części swego wszechobejmującego ujęcia duchowego, najdoskonalszym sposobem podtrzymuje status duchowy wszystkich tych, co zamieszkują Havonę. W Raju nic nie jest doświadczalne a system Raj-Havona jest zespołem stwórczej doskonałości.

Powszechna grawitacja duchowa Wiecznego Syna jest zdumiewająco aktywna na obszarze wszechświata centralnego. Wszystkie wartości ducha i duchowe osobowości są nieustannie przyciągane do wewnątrz, w kierunku miejsca pobytu Bogów. To przyciąganie do Boga jest intensywne i nieodparte. Ambicja dotarcia do Boga jest we wszechświecie centralnym silniejsza nie z tego powodu, że grawitacja duchowa jest tutaj intensywniejsza niż w oddalonych wszechświatach, ale dlatego, że istoty, które dotarły do Havony są bardziej uduchowione i dlatego też mocniej reagują na wszechobecne działanie wszechświatowego przyciągania duchowego Wiecznego Syna.

Podobnie działa Nieskończony Duch, przyciągając wszystkie intelektualne wartości w kierunku Raju. W całym wszechświecie centralnym grawitacja umysłowa Nieskończonego Ducha działa w połączeniu z grawitacją duchową Wiecznego Syna i dla wznoszących się dusz obie razem stanowią łączne dążenie do znalezienia Boga, dotarcia do Bóstwa, do osiągnięcia Raju i do poznania Ojca.

Havona jest wszechświatem duchowo doskonałym i stabilnym materialnie. Kontrola i zrównoważona stabilność wszechświata centralnego, wydaje się być doskonała. Wszystko to, co fizyczne czy duchowe, jest doskonale przewidywalne, za wyjątkiem fenomenów umysłu i woli osobowości. Dochodzimy do wniosku, że grzech należy uznać tutaj za niemożliwy do zaistnienia, jednak sądzimy tak na tej podstawie, że obdarzone wolną wolą istoty z Havony nigdy nie były winne naruszenia woli Bóstwa. Przez całą wieczność, te niebiańskie istoty były konsekwentnie lojalne Wiecznym Czasu. Nigdy też grzech nie pojawił się w żadnej istocie, która weszła do Havony jako pielgrzym. Nigdy nie było przypadku złego postępowania jakiejkolwiek istoty czy grupy istot, stworzonych we wszechświecie centralnym Havona, czy też przyjętych do niego. Tak doskonałe i tak boskie są metody i środki selekcji we wszechświatach czasu, że według zapisów Havony, nigdy nie zdarzył się błąd; nie zrobiono nigdy żadnych pomyłek; żadna wznosząca się dusza nigdy nie była przedwcześnie przyjęta do wszechświata centralnego.

3. ŚWIATY HAVONY

Co się tyczy rządu wszechświata centralnego – nie ma takiego. Havona jest tak wyjątkowo doskonała, że żaden intelektualny system rządowy nie jest tutaj potrzebny. Nie istnieją regularne sądy, nie ma też zgromadzeń prawodawczych; Havona potrzebuje jedynie kierownictwa administracyjnego. Widzi się tutaj szczyt ideałów prawdziwego *samo*-rządu.

U tak doskonałych i prawie doskonałych istot inteligentnych nie istnieje potrzeba rządu. Uważa się, że żadne przepisy nie są tu potrzebne, gdyż są to istoty o naturalnej doskonałości, przemieszane z istotami ewolucyjnymi, które dawno już przeszły sprawdziany najwyższych trybunałów superwszechświatów.

Administracja Havony nie jest automatyczna, ale jest zadziwiająco doskonała i bosko sprawna. Jest to przeważnie administracja planetarna a powierzona jest przebywającemu na planecie Wiecznemu Czasu; każda sfera Havony kierowana jest przez jedną z tych osobowości, pochodzących od Trójcy. Wieczni Czasu nie są stwórcami, są jednak doskonałymi administratorami. Nauczają oni z najwyższą biegłością i prowadzą swe planetarne dzieci z doskonałą mądrością, graniczącą z absolutnością.

Miliard sfer wszechświata centralnego stanowi światy szkoleniowe dla wysokich osobowości, rodzimych dla Raju i Havony, a dodatkowo służy jako ostateczne miejsce sprawdzania wznoszących się istot stworzonych, pochodzących z ewolucyjnych światów czasu. Realizując wielki plan Ojca Wszechświatowego – wznoszenia się istot stworzonych – pielgrzymi czasu lądują na światach przyjmujących zewnętrznej, siódmej orbity i w wyniku stopniowego nauczania i poszerzanego doświadczenia, stale posuwają się do wewnątrz, planeta po planecie i orbita za orbitą, aż w końcu dostąpią Bóstw i zdobędą miejsce zamieszkania w Raju.

Chociaż sfery krążące po siedmiu orbitach są obecnie utrzymywane w całej ich niebiańskiej chwale, tylko około jednego procentu całej planetarnej pojemności zużytkowane jest na działalność związaną z realizacją wszechświatowego planu Ojca – wznoszenia się śmiertelników. Mniej więcej dziesiąta część procentu obszaru tych ogromnych światów poświęcona jest życiu i działalności Korpusu Finalizmu, istot ustanowionych na wieczność w światłości i życiu, które często przybywają do światów Havony i na nich służą. Dla tych wzniosłych istot Raj jest miejscem ich osobistego zamieszkania.

Planetarna struktura sfer Havony zupełnie jest niepodobna do tej, jaką mają ewolucyjne światy i systemy w przestrzeni. Nigdzie indziej, w całym wielkim wszechświecie, nie używa się tak wielkich sfer na światy zamieszkałe. Fizyczna budowa triaty, w połączeniu z równoważącym działaniem ogromnych, ciemnych ciał grawitacyjnych, umożliwia doskonałe wyrównanie sił fizycznych i znakomite równoważenie różnych form przyciągania tej gigantycznej kreacji. Przy kierowaniu funkcjonowaniem materialnym i w funkcjach duchowych tych gigantycznych światów używa się również antygrawitacji.

Architektura, oświetlenie i ogrzewanie, jak również biologiczna i artystyczna dekoracja sfer Havony, przekraczają znacznie najwyższy możliwy poziom ludzkiej wyobraźni. Nie można opowiedzieć wam zbyt wiele o Havonie; aby zrozumieć jej piękno i majestat, musicie ją sami zobaczyć. Jednak na tych doskonałych światach istnieją prawdziwe rzeki i jeziora.

Pod względem duchowym światy te są idealnie urządzone; są one odpowiednio przystosowane do tego celu, żeby być miejscem pobytu licznych klas różnorodnych istot, działających we wszechświecie centralnym. Na tych pięknych światach mają miejsce różnorodne formy działalności, które dalece przekraczają ludzkie pojmowanie.

4. ISTOTY WSZECHŚWIATA CENTRALNEGO

Na światach Havony istnieje siedem podstawowych form rzeczy i istot żywych, a każda z tych podstawowych form istnieje w trzech odrębnych stadiach. Każde z tych trzech stadiów jest podzielone na siedemdziesiąt głównych sekcji, a każda sekcja składa się z tysiąca mniejszych sekcji, z innymi jeszcze podsekcjami i tak dalej. Podstawowe grupy życia można podzielić na:

1. Materialne.
2. Morontialne.
3. Duchowe.
4. Absoniczne.
5. Ostateczne.
6. Współabsolutne.
7. Absolutne.

Rozkład i śmierć nie są częścią cyklu życiowego na światach Havony. We wszechświecie centralnym niższe rzeczy żywe przechodzą przeobrażenia materializacji. Zmieniają one formę i postać, ale nie ulegają procesowi rozkładu i śmierci komórkowej.

Wszyscy mieszkańcy Havony są potomstwem Rajskiej Trójcy. Nie mają rodziców, którzy by ich płodzili i nie rozmnażają się. Nie potrafimy zobrazować stworzenia obywateli wszechświata centralnego, tych istot, które nigdy nie zostały stworzone. Cała opowieść o stworzeniu Havony jest próbą sprowadzenia do czasu-przestrzeni faktu wieczności, który nie posiada odniesienia w czasie czy przestrzeni, tak jak to pojmuje śmiertelny człowiek. Ale musimy przyznać filozofii ludzkiej punkt początkowy; nawet osobowości będące daleko ponad poziomem ludzkim potrzebują pojęcia „początków". Tym niemniej system Raj-Havona jest wieczny.

Rodowici mieszkańcy Havony żyją na miliardzie sfer wszechświata centralnego w takim samym znaczeniu, w jakim inne klasy stałego obywatelstwa mieszkają na swych poszczególnych sferach, z których pochodzą. Tak jak materialna klasa synostwa prowadzi materialną, intelektualną i duchową organizację miliarda systemów lokalnych w superwszechświecie, tak w szerszym rozumieniu, mieszkańcy Havony żyją i działają na miliardzie światów wszechświata centralnego. Możecie ewentualnie traktować tych Havonerów jako istoty materialne w takim znaczeniu, że słowo „materialny" powinno być tak rozszerzone, aby określało fizyczne rzeczywistości Boskiego wszechświata.

Życie to jest rodzime dla Havony i posiada wartość samo w sobie. Havonerzy służą na wiele sposobów istotom zstępującym z Raju oraz wznoszącym się istotom z superwszechświatów, ale żyją oni także swym życiem, które jest unikalne dla wszechświata centralnego i posiada względne znaczenie, zupełnie niezależne od Raju i superwszechświatów.

Tak jak czczenie wiernych synów ze światów ewolucyjnych robi zadośćuczynienie za miłość Ojca Wszechświatowego, tak wzniosłe wielbienie istot z Havony syci doskonałe ideały Boskiego piękna i prawdy. Tak jak śmiertelny człowiek pragnie czynić wolę Bożą, tak te istoty z wszechświata centralnego żyją, aby zadowolić ideały Rajskiej Trójcy. W swej prawdziwej naturze istoty te *są* wolą Bożą. Człowiek cieszy się dobrocią Bożą, Havonerzy okazują radość z Boskiego piękna, podczas gdy wszyscy razem cieszą się służbą wolności, właściwą żywej prawdzie.

Havonerzy mogą wybierać zarówno teraźniejsze jak i przyszłe, nie objawione przeznaczenia. Istnieje postęp rodzimych istot, specyficzny dla wszechświata centralnego, postęp, który nie pociąga za sobą ani wznoszenia się do Raju ani przenikania do superwszechświatów. Postęp, zmierzający do osiągnięciu wyższego statusu w Havonie, przedstawić można następująco:

1. Empiryczny postęp na zewnątrz, od pierwszej do siódmej orbity.

2. Postęp do wewnątrz, od siódmej do pierwszej orbity.

3. Postęp wewnątrzorbitowy – postęp w obrębie światów danej orbity.

Do mieszkańców wszechświata centralnego, oprócz mieszkańców Havony, zaliczają się liczne klasy wzorcowe dla różnych wszechświatowych grup istot – doradców, kierowników i nauczycieli swego rodzaju i dla swego rodzaju, działających na całym obszarze stworzenia. Wszystkie istoty we wszystkich wszechświatach są modelowane według pewnej istoty wzorcowej jakiejś klasy, żyjącej na jednym z miliarda światów Havony. Nawet śmiertelnicy czasu jako istoty, posiadają swój cel i swe ideały bytu na zewnętrznych orbitach tych wzorowych sfer na wysokości.

Są tutaj jeszcze te istoty, które dotarły do Ojca Wszechświatowego i które są uprawnione do przybywania tutaj i odchodzenia stąd, a które mają przydział we wszechświatach, tu i tam, na misjach służby specjalnej. I na każdym świecie Havony znajdą się kandydaci do dostąpienia, ci, którzy fizycznie dotarli do wszechświata centralnego, ale którzy jeszcze nie osiągnęli tego poziomu duchowego, który da im prawo zamieszkania w Raju.

Nieskończony Duch reprezentowany jest na światach Havony przez całe zastępy osobowości, istoty pełne wdzięku i chwały, kierujące szczegółami zawiłych, intelektualnych i duchowych spraw wszechświata centralnego. Na tych światach boskiej doskonałości wykonują one pracę, konieczną dla normalnego funkcjonowania owej rozległej kreacji a dodatkowo prowadzą różnorodne zadania, polegające na nauczaniu, instruktażu i opiece nad ogromną liczbą wznoszących się istot, które z mrocznych światów przestrzeni wspięły się do chwały.

Istnieją liczne grupy istot rodzimych dla systemu Raj-Havona, które w żaden sposób nie są bezpośrednio związane z systemem wznoszenia się, osiągania doskonałości przez istoty stworzone, zatem są one pominięte w klasyfikacjach osobowości, prezentowanych gatunkowi śmiertelnemu. Są tutaj przedstawione tylko ważniejsze grupy istot nadludzkich oraz te ich klasy, które są bezpośrednio związane z waszym doświadczeniem przetrwania śmierci.

Havona roi się życiem istot inteligentnych wszystkich stadiów, które szukają tutaj awansu od niższych orbit do wyższych, w swych staraniach osiągania wyższych poziomów realizacji boskości oraz poszerzonego zrozumienia najwyższych znaczeń, ostatecznych wartości i absolutnej rzeczywistości.

5. ŻYCIE W HAVONIE

Na Urantii przechodzicie krótki i intensywny sprawdzian, podczas waszego wstępnego życia, materialnego bytu. Na światach-mieszkaniach i wyżej, poprzez wasz system, konstelację i wszechświat lokalny, przemierzacie morontialne stadia wznoszenia się. Na światach szkoleniowych superwszechświata przechodzicie stadia rozwoju czystego ducha a potem jesteście gotowi do ostatecznego przelotu do Havony. Na siedmiu orbitach Havony wasze osiągnięcia są rodzaju intelektualnego, duchowego i empirycznego. I jest określone zadanie do wykonania na każdym świecie, należącym do poszczególnej orbity.

Na Boskich światach wszechświata centralnego życie jest tak bogate i obfite, tak kompletne i wypełnione, że zupełnie przekracza ludzkie pojęcie o czymkolwiek, czego może ewentualnie doświadczyć istota stworzona. Funkcjonowanie społeczne i organizacyjne wiecznej kreacji jest zupełnie niepodobne do zajęć istot materialnych, żyjących na światach ewolucyjnych, takich jak Urantia. Nawet metoda myślenia w Havonie nie przypomina procesu myślenia na Urantii.

Przepisy wszechświata centralnego są odpowiednio i nieodłącznie naturalne; zasady postępowania nie są arbitralne. W Havonie, gdy wyniknie jakakolwiek potrzeba, pojawia się rozumowanie prawości i zasada sprawiedliwości. I te dwa czynniki, złączone razem, równają się temu, co na Urantii może być określone *godziwością*. Kiedy przybędziecie do Havony, będziecie w sposób naturalny cieszyć się robieniem rzeczy tym sposobem, jakim powinny być robione.

Kiedy inteligentne istoty po raz pierwszy dotrą do wszechświata centralnego, są przyjmowane i osiedlane na świecie pilotującym siódmej orbity Havony. Gdy nowo przybyli robią postępy duchowe, potrafią zrozumieć tożsamość Ducha Nadrzędnego z ich wszechświata, są przenoszeni do szóstej orbity. (Według tych właśnie porządków we wszechświecie centralnym, otrzymały swe nazwy okręgi rozwoju umysłu ludzkiego). Po tym, jak wznoszące się istoty uświadomią sobie Najwyższość i tym samym będą gotowe do dostąpienia Bóstwa, zabierane są na piątą orbitę, a po dostąpieniu Nieskończonego Ducha, przenoszone na orbitę czwartą. Po dostąpieniu Wiecznego Syna są przesuwane na trzecią, a kiedy rozpoznają Ojca Wszechświatowego, idą przebywać na drugiej orbicie krążących światów, gdzie lepiej się zaznajamiają z zastępami Raju. Przybycie na pierwszą orbitę Havony oznacza przyjęcie kandydatów czasu do służby w Raju. Przez czas bliżej nieokreślony, zależny od długości wznoszenia się i natury istoty stworzonej, oczekiwać oni będą na orbicie wewnętrznej stopniowych osiągnięć duchowych. Z tej wewnętrznej orbity wznoszący się pielgrzymi przechodzą dalej, do wewnątrz, do zamieszkania w Raju i przyjmowani są do Korpusu Finalizmu.

Kiedy przebywać będziecie w Havonie jako wznoszący się pielgrzymi, będziecie mogli bez przeszkód odwiedzać światy na orbicie waszego przydziału. Będziecie też mogli wrócić do planet na tych orbitach, które przeszliście uprzednio. Ci, którzy przebywają na orbitach Havony, mogą się tak poruszać bez potrzeby objęcia supernafinem. Pielgrzymi czasu mogą wyekwipować się sami, aby przebyć przestrzeń „osiągniętą", muszą jednak polegać na ustanowionej technice, aby pokonać przestrzeń „nieosiągniętą"; pielgrzym nie może opuścić Havony, ani też pójść naprzód poza wyznaczoną mu orbitę, bez pomocy supernafina transportującego.

Istnieje żywa oryginalność w tym rozległym wszechświecie centralnym. Światy Havony nie są do siebie podobne, poza fizyczną organizacją materialną i zasadniczym składem podstawowych klas istot inteligentnych oraz innych rzeczy żywych. Każda z tych planet stanowi kreację oryginalną, unikalną i niepowtarzalną; każda planeta jest tworem niedościgłym, wspaniałym i doskonałym. A to indywidualne zróżnicowanie rozciąga się na wszystkie cechy fizycznych, intelektualnych i duchowych aspektów planetarnego bytu. Każda z miliarda tych sfer doskonałości została ukształtowana i ozdobiona zgodnie z planami zamieszkałego na niej Wiecznego Czasu. I dlatego nie ma dwóch podobnych.

Zew przygody i motywacja ciekawości nie zaniknie na drodze waszego życia, aż do tego czasu, kiedy przejdziecie ostatnią orbitę Havony i odwiedzicie ostatni ze światów Havony. A potem dążenie, pchający do przodu impuls wieczności, zastąpi swego prekursora – urok przygody czasu.

Nuda jest oznaką niedojrzałości wyobraźni twórczej oraz braku koordynacji intelektualnej człowieka z jego wyposażeniem duchowym. W czasie, kiedy wznoszący się śmiertelnik zacznie odkrywać te niebiańskie światy, posiada on już dojrzałość emocjonalną, intelektualną i społeczną, jeśli nie duchową.

Gdy będziecie robić postępy w Havonie, od orbity do orbity, oczekują was nie tylko niewyobrażalne zmiany, ale wasze zdziwienie będzie trudne do wypowiedzenia, kiedy przechodzić będziecie od planety do planety na każdej z tych orbit. Każdy z miliarda tych światów szkoleniowych jest prawdziwym uniwersytetem niespodzianek. Ci, którzy przechodzą te orbity i podróżują po gigantycznych sferach, przeżywają nieustanne zdziwienie, niekończące się zdumienie. Nie ma miejsca na nudę w czasie drogi poprzez Havonę.

Umiłowanie przygody, ciekawość i lęk przed nudą – rysy nieodłączne rozwijającej się naturze ludzkiej – nie zostały dane tej naturze po to, by naprzykrzały się wam i drażniły was podczas waszego krótkiego pobytu na Ziemi, ale raczej po to, żeby podsunąć wam myśl, że śmierć jest tylko początkiem niekończącej się drogi przygód, wiecznotrwałego życia, radosnego oczekiwania, wiecznej, odkrywczej podróży.

Ciekawość – duch dociekliwości, bodziec odkrywczy, dążenie do eksploracji – stanowią część wrodzonego, boskiego wyposażenia ewolucyjnych istot czasu. Te naturalne impulsy nie zostały wam dane tylko po to, żeby wywoływać uczucie frustracji i ograniczenia. Faktycznie, te ambitne impulsy często muszą być ograniczane podczas waszego krótkiego życia na Ziemi, często spotyka was rozczarowanie, jednak będą one w pełni spełnione i wspaniale zaspokojone podczas tych długich epok, które kiedyś nadejdą.

6. CEL ISTNIENIA WSZECHŚWIATA CENTRALNEGO

Zakres działalności siedmioorbitowej Havony jest ogromny. Generalnie, działania te można określić jako:

1. Havonalne.
2. Rajskie.
3. Związane ze wznoszeniem się istot skończonych i z ewolucją Najwyższego-Ostatecznego.

W Havonie, w obecnej epoce wszechświata, prowadzi się wiele działań nadskończonych, obejmujących niewypowiedzianą różnorodność absonicznych oraz innych stadiów funkcjonowania umysłu i ducha. Możliwe jest, że wszechświat centralny służy wielu celom, które nie zostały mi objawione, tak samo jak działa on na wiele sposobów, przekraczających pojmowanie stworzonego umysłu. Mimo wszystko będę próbował opisać, jak ta doskonała kreacja przyczynia się do zadowolenia siedmiu klas wszechświatowych istot inteligentnych i jak służy ich potrzebom.

1. *Ojciec Wszechświatowy* – Pierwsze Źródło i Centrum. Bóg Ojciec czerpie najwyższą, rodzicielską satysfakcję z doskonałości centralnego wszechświata. Cieszy się, doznając miłości w całej pełni, na poziomach zbliżonych do równości. Doskonały Stwórca jest bosko zadowolony, gdy wielbi go doskonała istota stworzona.

Havona daje Ojcu najwyższe zadowolenie z jej urzeczywistnienia. Ziszczenie doskonałości w Havonie wyrównuje czasowo-przestrzenne opóźnienie w wiecznym dążeniu do nieskończonej ekspansji.

Ojciec cieszy się, że Havona odzwierciedla Boskie piękno. Boski umysł znajduje zadowolenie w dostarczeniu wszystkim rozwijającym się wszechświatom doskonałej formy o znakomitej harmonii.

Nasz Ojciec przygląda się wszechświatowi centralnemu z doskonałym upodobaniem, gdyż jest on stosownym objawieniem rzeczywistości duchowych dla wszystkich osobowości z wszechświata wszechświatów.

Bóg wszechświatów traktuje pozytywnie Havonę i Raj, jako jądro wiecznej mocy dla wszystkich kolejnych ekspansji wszechświata w czasie i przestrzeni.

Wieczny Ojciec traktuje wszechświat Havonę z niekończącym się upodobaniem jako godny i nęcący cel wznoszenia się kandydatów czasu, jego śmiertelnych wnuków z przestrzeni, którzy docierają do wiecznego domu swego Stwórcy-Ojca. I Bóg jest zadowolony z wszechświata Raju-Havony, jako wiecznego domu Bóstwa i Boskiej rodziny.

2. *Wieczny Syn* – Drugie Źródło i Centrum. Znakomity wszechświat centralny daje Wiecznemu Synowi wieczny dowód efektywności partnerstwa w Boskiej rodzinie – Ojca, Syna i Ducha. Jest on duchowym i materialnym podłożem absolutnego zaufania dla Ojca Wszechświatowego.

Havona dostarcza Wiecznemu Synowi prawie nieograniczonej podstawy dla coraz szerszego urzeczywistnienia mocy duchowej. Wszechświat centralny dostarczał Wiecznemu Synowi tej areny, na której mógł on bezpiecznie i pewnie demonstrować ducha i metodę funkcjonowania służby obdarzania, aby nauczać swych partnerów – Rajskich Synów.

Havona jest podstawą rzeczywistości przy kierowaniu grawitacją duchową Wiecznego Syna we wszechświecie wszechświatów. Wszechświat ten daje Synowi zaspokojenie rodzicielskich pragnień, rozmnażania duchowego.

Światy Havony i ich doskonali mieszkańcy są pierwszym i na wieczność ostatecznym uwidocznieniem tego, że Syn jest Słowem Ojca. Dzięki temu Syn znajduje doskonałe zadowolenie w tej świadomości, że jest nieskończonym dopełnieniem Ojca.

I wszechświat ten pozwala realizować wzajemne, równe braterstwo, pomiędzy Ojcem Wszechświatowym a Wiecznym Synem i to jest wiecznotrwałym dowodem nieskończonej osobowości każdego z nich.

3. *Nieskończony Duch* – Trzecie Źródło i Centrum. Wszechświat Havony dostarcza Nieskończonemu Duchowi dowodu na to, że jest on Wspólnym Aktywizatorem, nieskończonym reprezentantem zjednoczonego Ojca-Syna. Nieskończony Duch czerpie z Havony dwojakie zadowolenie, gdy działa w charakterze aktywności stwórczej, podczas gdy równocześnie ma satysfakcję z absolutnego współistnienia z tym Boskim dziełem.

Nieskończony Duch znajduje w Havonie tę arenę, na której może demonstrować zdolność i gotowość służenia jako potencjalny dawca miłosierdzia. W tym, doskonałym wszechświecie, Duch prowadzi próby przed przygodą służby we wszechświatach ewolucyjnych.

Ta doskonała kreacja daje Nieskończonemu Duchowi sposobność uczestniczenia w administracji wszechświatowej, razem z obojgiem Boskich rodziców – w zarządzaniu wszechświatem jako towarzyszący im Stwórca oraz ich potomek – tym samym przygotowując zespołową administrację wszechświatów lokalnych, jako Stwórcze Duchy asystujące Synom Stwórcom.

Światy Havony są laboratoriami umysłu dla stwórców kosmicznego umysłu i dla tych, co służą każdemu istniejącemu umysłowi istoty stworzonej. Na każdym świecie Havony umysł jest inny i służy za wzór dla wszystkich duchowych i materialnych intelektów istot stworzonych.

Te doskonałe światy są końcowymi szkołami umysłu wszystkich istot, które mają wejść do społeczności Raju. Dają one Duchowi wiele sposobności wypróbowania metod służenia umysłowi na osobowościach niezawodnych i służących poradą.

Dla Nieskończonego Ducha Havona jest wynagrodzeniem za jego rozległą i bezinteresowną działalność we wszechświatach przestrzeni. Havona jest doskonałym domem i zaciszem dla niestrudzonego Dawcy Umysłu czasu i przestrzeni.

4. *Istota Najwyższa* – ewolucyjne zjednoczenie Bóstwa empirycznego. Wszechświat Havony jest wiecznym i doskonałym dowodem duchowej rzeczywistości Istoty Najwyższej. Ta doskonała kreacja jest objawieniem doskonałej i symetrycznej, duchowej natury Boga Najwyższego, przed rozpoczęciem syntezy mocy-osobowości skończonych odzwierciedleń Rajskich Bóstw, w empirycznych wszechświatach czasu i przestrzeni.

W Havonie potencjały mocy Wszechmocnego są zjednoczone z duchową naturą Najwyższego. Wszechświat centralny jest przykładem przyszłościowo-wiecznej jedności Najwyższego.

Havona jest doskonałym przykładem uniwersalności potencjału Najwyższego. Wszechświat ten jest ukończonym zobrazowaniem przyszłej doskonałości Najwyższego oraz sugeruje potencjał Ostatecznego.

Havona ukazuje ostateczność wartości ducha jako żywe, wolą obdarzone istoty o najwyższej i doskonałej samokontroli; istniejący umysł jako ostateczny odpowiednik ducha; rzeczywistość i jedność inteligencji o nieograniczonym potencjale.

5. *Partnerscy Synowie Stwórcy*. Havona jest tym terenem edukacyjno-szkoleniowym, na którym Rajscy Michałowie przygotowują się do późniejszych przygód – stwarzania wszechświatów. Ta Boska i doskonała kreacja jest wzorem dla każdego Syna Stwórcy, który dąży do tego, aby jego własny wszechświat osiągnął w końcu poziom doskonałości Raju-Havony.

Syn Stwórca używa istot z Havony jako ewentualnych wzorów osobowości dla swoich własnych, śmiertelnych dzieci i istot duchowych. Michał oraz inni Rajscy Synowie traktują Raj i Havonę jako boskie przeznaczenie dzieci czasu.

Synowie Stwórcy wiedzą, że wszechświat centralny jest rzeczywistym źródłem tej niezbędnej, wszechświatowej kontroli nadrzędnej, która stabilizuje i jednoczy ich wszechświaty lokalne. Wiedzą oni również, że w Havonie przebywa osobista obecność wszechobecnego wpływu Najwyższego i Ostatecznego.

Havona i Raj są źródłem stwórczej mocy Syna Michała. Tutaj mieszkają istoty, które współpracują z nim przy stwarzaniu wszechświata. Z Raju wychodzą Matki Duchy Wszechświata, współstwórczynie wszechświatów lokalnych.

Synowie Stwórcy traktują wszechświat centralny jako dom swoich Boskich rodziców – swój dom. Jest to miejsce, dokąd zawsze lubią wracać.

6. *Partnerskie Posługujące Córki*. Matki Duchy Wszechświata, współstwórczynie wszechświatów lokalnych, które odbywają swe przedosobowe szkolenie na światach Havony, w bliskim związku z Duchami Orbit. We wszechświecie centralnym Córki

Duchy wszechświatów lokalnych są odpowiednio nauczane o metodach współpracy z Synami Raju, cały czas będąc podległe woli Ojca.

Duch i Córki Ducha znajdują na światach Havony wzory umysłu dla wszystkich podległych im grup inteligencji duchowej oraz materialnej, a wszechświat centralny jest przyszłym przeznaczeniem tych istot, którym patronuje Matka Duch Wszechświata oraz związany z nią Syn Stwórca.

Matka Stwórczyni Wszechświata pamięta Raj i Havonę jako miejsce swojego pochodzenia oraz jako dom Nieskończonej Matki Ducha, miejsce pobytu osobistej obecności Nieskończonego Umysłu.

Z wszechświata centralnego wywodzi się także dar osobistych prerogatyw kreatywności, które Boska Opiekunka Wszechświata używa jako uzupełnienie prerogatyw Syna Stwórcy, podczas stwarzania istot żywych obdarzonych wolą.

I na koniec, ponieważ Duchowe Córki Nieskończonej Matki Ducha prawdopodobnie nigdy nie wrócą do swego rajskiego domu, czerpią one ogromną radość z wszechświatowego fenomenu odzwierciedlania, związanego z Istotą Najwyższą w Havonie oraz uosobionego w Raju, w Majestonie.

7. *Wznoszący się śmiertelnicy ewolucyjni.* Z Havony pochodzi wzór osobowości śmiertelnika każdego typu oraz wzór wszystkich nadludzkich osobowości związanych ze śmiertelnikami, które nie pochodzą z kreacji czasu.

Światy Havony dostarczają motywacji wszystkim ludzkim pragnieniom osiągania prawdziwych wartości ducha, na najwyższych wyobrażalnych poziomach rzeczywistości. Havona jest poprzedzającym Raj celem szkolenia każdego wznoszącego się śmiertelnika. Śmiertelnicy docierają tutaj do przedrajskiego Bóstwa – Istoty Najwyższej. Havona stoi przed każdą, wolą obdarzoną istotą jako brama do Raju i do Boga.

Raj jest domem a Havona pracownią i placem zabaw finalistów. Każdy, rozpoznający Boga śmiertelnik pragnie zostać finalistą.

Wszechświat centralny jest nie tylko uznanym miejscem przeznaczenia człowieka, ale także początkiem wiecznego bytu finalistów, gdy kiedyś rozpoczną nieujawnioną, wszechświatową przygodę, doświadczenie eksploracji nieskończoności Ojca Wszechświatowego.

Havona będzie bez wątpienia wciąż funkcjonować, w absonicznym znaczeniu, nawet w przyszłych epokach wszechświata, kiedy to będzie można oglądać pielgrzymów z przestrzeni, jak próbują znaleźć Boga na poziomach nadskończonych. Havona może służyć jako wszechświat szkoleniowy dla istot absonicznych. Będzie ona prawdopodobnie szkołą końcową, gdy siedem superwszechświatów będzie działać jako szkoły średnie dla absolwentów szkół podstawowych przestrzeni zewnętrznej. Zgadzamy się z opinią, że potencjały wiecznej Havony naprawdę są nieograniczone, że wszechświat centralny posiada wieczne możliwości pełnienia funkcji wszechświata eksperymentalno-szkoleniowego dla wszystkich rodzajów istot stworzonych, przeszłych, obecnych czy przyszłych.

[Przedstawione przez Perfektora Mądrości, upoważnionego do pełnienia tego zadania przez Pradawnych Czasu na Uversie].

PRZEKAZ 15

SIEDEM SUPERWSZECHŚWIATÓW

TAK DALECE, jak to dotyczy Ojca Wszechświatowego – jako Ojca – wszechświaty właściwie nie istnieją; ma on do czynienia z osobowościami, jest Ojcem osobowości. Tak dalece, jak to dotyczy Wiecznego Syna i Nieskończonego Ducha – jako stwórczych partnerów – wszechświaty są zlokalizowane i wyodrębnione pod wspólnymi rządami Synów Stwórców i Stwórczych Duchów. Tak dalece, jak to dotyczy Rajskiej Trójcy, poza Havoną istnieje po prostu siedem zamieszkałych wszechświatów, siedem superwszechświatów, które sprawują jurysdykcję nad pierwszym okręgiem posthavonalnego poziomu przestrzeni. Siedem Duchów Nadrzędnych promieniuje swym wpływem z centralnej Wyspy na zewnątrz, ustanawiając tym samym rozległą kreację w kształcie gigantycznego koła, którego centrum stanowi wieczna Wyspa Raj, siedem szprych promieniowanie Siedmiu Duchów Nadrzędnych, a obręcz zewnętrzne rejony wielkiego wszechświata.

Dawno temu, podczas materializacji wszechświatowej kreacji, sformułowany został siedmioraki plan organizacji superwszechświata i jego rządu. Pierwsza kreacja posthavonalna została podzielona na siedem ogromnych segmentów; zaplanowane zostały i wybudowane światy stołeczne dla rządów superwszechświatowych. Obecny system administracji istniał niemalże od wieczności a władcy siedmiu superwszechświatów są prawidłowo nazywani Pradawnymi Czasu.

Nie sądzę, że uda mi się przekazać wam znaczną część rozległego gremium wiedzy, która dotyczy superwszechświatów, za wyjątkiem tego, że działa na obszarze tych domen system inteligentnej kontroli, zarówno sił fizycznych jak i duchowych a obecność grawitacji wszechświatowej funkcjonuje tu w majestatycznej mocy i doskonałej harmonii. Ważne jest to, aby z początku przyswoić sobie odpowiednią ideę natury fizycznej i materialnej organizacji domen superwszechświata, gdyż potem będziecie lepiej przygotowani do zrozumienia znaczenia tej wspaniałej organizacji, przewidzianej dla jej rządu duchowego i dla intelektualnego rozwoju istot obdarzonych wolą, które żyją na miriadach zamieszkałych planet, rozrzuconych tu i tam, we wszystkich siedmiu superwszechświatach.

1. POZIOM PRZESTRZENI SUPERWSZECHŚWIATOWEJ

Opierając się na ograniczonych informacjach, obserwacjach i wspomnieniach pokoleń obejmujących milion lub miliard waszych krótkich lat, Urantia i wszechświat, do którego ona należy, praktycznie biorąc zapuszcza się w nową i niezbadaną przestrzeń; jednak według zapisów Uversy, zgodnie ze starszymi obserwacjami, w harmonii z szerszym doświadczeniem i obliczeniami naszej klasy oraz w rezultacie wniosków opartych na tych i innych odkryciach, wiemy, że wszechświat ten stanowi część uporządkowanego, łatwego do zrozumienia i doskonale kontrolowanego korowodu, krążącego w swojej majestatycznej okazałości wokół Pierwszego Wielkiego Źródła i Centrum oraz tego wszechświata, w którym on zamieszkuje.

Dawno już odkryliśmy, że siedem superwszechświatów biegnie trasą wielkiej elipsy, po ogromnym i wydłużonym okręgu. Wasz Układ Słoneczny i inne światy czasu nie zapuszczają się karkołomnie w nieznaną przestrzeń, bez mapy i kompasu. Wszechświat lokalny, do którego wasz system należy, dokonuje określonego i dobrze rozpoznanego obiegu, przeciwnego do ruchu wskazówek zegara, okrążając po wielkim obwodzie wszechświat centralny. Ten kosmiczny tor jest dobrze określony i tak dokładnie znany gwiezdnym obserwatorom z superwszechświata, jak orbity planet, składowych waszego Układu Słonecznego, znane są astronomom z Urantii.

Urantia znajduje się we wszechświecie lokalnym i superwszechświecie nie do końca jeszcze zorganizowanym, a wasz wszechświat lokalny jest w bezpośredniej bliskości licznych, częściowo ukończonych kreacji materialnych. Należycie do jednego ze względnie nowych wszechświatów. Jednak nie zapuszczacie się teraz na dziko w niezbadaną przestrzeń ani nie obracacie się na ślepo w nieznanych rejonach. Podążacie uporządkowanym i z góry ustanowionym torem superwszechświatowego poziomu przestrzeni. Przebywacie teraz dokładnie tę samą przestrzeń, którą wasz system planetarny czy jego protoplaści, przemierzali przed epokami; a pewnego dnia, w odległej przyszłości, wasz system, czy jego następcy, znowu przemierzać będą tą samą przestrzeń, w którą się teraz tak szybko zapuszczacie.

W tej epoce, używając określeń kierunków jak na Urantii, pierwszy superwszechświat zakręca prawie prosto na północ, znajdując się mniej więcej na wschód od rajskiej rezydencji Wielkich Źródeł i Centrów i centralnego wszechświata Havony. Pozycja ta, wraz z odpowiadającą jej na zachodzie, stanowi najbliższe fizyczne zbliżenie sfer czasu do wiecznej Wyspy. Drugi superwszechświat znajduje się na północy i przygotowuje się do skrętu ku zachodowi, podczas gdy trzeci, zajmując najbardziej wysunięty na północ segment wielkiego toru przestrzeni, skręcił już w krzywiznę prowadzącą w dół, na południe. Czwarty leci teraz stosunkowo prosto na południe, jego wysunięte rejony zbliżają się do pozycji najbliższej Wielkich Centrów. Piąty nieomal już opuścił pozycję najbardziej zbliżoną do Centrum Centrów i idzie kursem prosto na południe, tuż przed zakrętem na wschód; szósty zajmuje większość krzywizny południowej, ten segment przestrzeni, z którego wasz superwszechświat prawie już wyszedł.

Wasz wszechświat lokalny, Nebadon, należy do Orvontonu, siódmego superwszechświata, który krąży między pierwszym a szóstym superwszechświatem i niedawno (jak my liczymy czas) przebył południowo-wschodnią krzywiznę superwszechświatowego poziomu przestrzeni. Obecnie wasz Układ Słoneczny, do którego należy Urantia, przeszedł kilka miliardów lat temu zakręt na południowej krzywiźnie, tak że teraz, minąwszy zakręt południowo-wschodni, idziecie szybko długim i względnie prostym torem na północ. Przez niezliczone epoki Orvonton będzie biegł tym nieomal prostym kierunkiem północnym.

Urantia należy do systemu, położonego na skraju waszego wszechświata lokalnego, w pobliżu jego granic, a wasz wszechświat lokalny przemierza obecnie peryferie Orvontonu. Poza wami są jeszcze inni, jednak jesteście znacznie oddaleni w przestrzeni od tych systemów materialnych, które krążą po wielkim okręgu względnie blisko Wielkiego Źródła i Centrum.

2. STRUKTURA SUPERWSZECHŚWIATÓW

Tylko Ojciec Wszechświatowy zna położenie i aktualną liczbę zamieszkałych światów w przestrzeni; nazywa je wszystkie po imieniu i według numeru. Mogę podać tylko przybliżoną liczbę zamieszkałych czy mieszkalnych planet, gdyż niektóre wszechświaty lokalne mają więcej światów, nadających się dla inteligentnego życia niż inne. Ponadto, nie wszystkie projektowane wszechświaty lokalne zostały uformowane. Zatem liczby, które przedstawiam, są tylko po to, aby dać pewną ideę ogromu materialnego stworzenia.

Jest siedem superwszechświatów w wielkim wszechświecie, które są ustanowione w przybliżeniu następująco:

1. *System.* Podstawowa jednostka superrządu, złożona z około tysiąca zamieszkałych lub mieszkalnych światów. Do tej grupy nie zalicza się płonących słońc, zimnych światów, planet zbyt bliskich gorących słońc oraz innych sfer, nie nadających się do zamieszkania przez istoty stworzone. Te tysiąc światów, przystosowanych do podtrzymywania życia, zwanych jest systemem, jednak w młodszych systemach tylko stosunkowo niewielka liczba światów nadaje się do zamieszkania. Każda zamieszkała planeta rządzona jest przez Księcia Planetarnego a każdy system lokalny posiada zaprojektowaną sferę, stanowiącą jego stolicę, a zarządzany jest przez Władcę Systemu.

2. *Konstelacja.* Sto systemów (około 100.000 mieszkalnych planet) tworzy konstelację. Każda konstelacja posiada zaprojektowaną sferę zarządu i jest kierowana przez trzech Synów Vorondadeków – Najwyższych Ojców. Każda konstelacja jest także pod obserwacją Wiernych Czasu, ambasadorów Rajskiej Trójcy.

3. *Wszechświat lokalny.* Sto konstelacji (około 10.000.000 mieszkalnych planet) tworzy wszechświat lokalny. Każdy wszechświat lokalny posiada wspaniały, zaprojektowany świat zarządu i jest rządzony przez jednego z partnerskich Stwórców Synów Boga, porządku Michała. Każdy wszechświat błogosławiony jest obecnością Jednoczącego Czasu, reprezentanta Rajskiej Trójcy.

4. *Mniejszy sektor.* Sto wszechświatów lokalnych (około 1.000.000.000 mieszkalnych planet) tworzy mniejszy sektor rządu superwszechświata, który ma wspaniały świat zarządu, skąd jego władcy, Niedawni Czasu, kierują sprawami sektora. W każdym zarządzie mniejszego sektora jest trzech Niedawnych Czasu, Najwyższych Osobowości Trójcy.

5. *Większy sektor.* Sto mniejszych sektorów (około 100.000.000.000 mieszkalnych planet) tworzy jeden większy sektor. Każdy większy sektor posiada znakomity zarząd i jest kierowany przez trzech Doskonalących Czasu – Najwyższe Osobowości Trójcy.

6. *Superwszechświat.* Dziesięć większych sektorów (około 1.000.000.000.000 mieszkalnych planet) tworzy superwszechświat. Każdy superwszechświat posiada ogromny, przepiękny świat zarządu i rządzony jest przez trzech Pradawnych Czasu.

7. *Wielki wszechświat.* Siedem superwszechświatów tworzy zorganizowany obecnie wielki wszechświat, składający się z około siedmiu bilionów światów mieszkalnych, z dodatkiem sfer zaprojektowanych oraz miliarda zamieszkałych sfer Havony. Superwszechświaty kierowane są i administrowane z Raju, przez Siedem Duchów Nadrzędnych, pośrednio i sposobem odzwierciedlania. Miliard światów Havony zarządzany jest bezpośrednio przez Wiecznych Czasu, każda z owych doskonałych sfer nadzorowana jest przez jedną z tych Najwyższych Osobowości Trójcy.

Za wyjątkiem sfer Raju-Havony, wszechświatowa organizacja składa się z następujących jednostek:

Superwszechświaty	7
Większe sektory	70
Mniejsze sektory	7.000
Wszechświaty lokalne	700.000
Konstelacje	70.000.000
Systemy lokalne	7.000.000.000
Planety mieszkalne	7.000.000.000.000

Każdy z siedmiu superwszechświatów ma w przybliżeniu następujący skład:

Jeden system zawiera około	1.000 światów.
Jedna konstelacja (100 systemów)	100.000 światów.
Jeden wszechświat (100 konstelacji)	10.000.000 światów.
Jeden mniejszy sektor (100 wszechświatów)	1.000.000.000 światów.
Jeden większy sektor (100 mniejszych sektorów)	100.000.000.000 światów.
Jeden superwszechświat (10 większych sektorów)	1.000.000.000.000 światów.

Wszystkie takie oszacowania są w najlepszym wypadku tylko przybliżeniami, ponieważ nowe systemy wciąż się kształtują, podczas gdy inne struktury chwilowo kończą swą materialną egzystencję.

3. SUPERWSZECHŚWIAT ORVONTON

Praktycznie biorąc wszystkie domeny gwiezdne, dostrzegalne gołym okiem z Urantii, należą do siódmej sekcji wielkiego wszechświata, do superwszechświata Orvontonu. Rozległy system gwiezdny Drogi Mlecznej stanowi centralny rdzeń Orvontonu i leży w znacznej części poza granicami waszego wszechświata lokalnego. To wielkie zagęszczenie słońc, ciemnych wysp przestrzeni, gwiazd podwójnych, gromad gwiezdnych, chmur gwiazdowych, mgławic spiralnych i innych, razem z miriadami indywidualnych planet, tworzy podobne do dysku zgrupowanie w kształcie wydłużonego koła, obejmujące około jednej siódmej zamieszkałych wszechświatów ewolucyjnych.

Kiedy patrzycie z astronomicznej pozycji Urantii, poprzez przekrój pobliskich systemów w kierunku wielkiej Drogi Mlecznej, dostrzegacie, że sfery Orvontonu wędrują w rozległej, wydłużonej płaszczyźnie, której szerokość jest znacznie większa niż grubość a długość znacznie większa niż szerokość.

Gdy się obserwuje tak zwaną Drogę Mleczną, można zauważyć względny wzrost gęstości gwiazdowej w Orvontonie, gdy patrzy się na niebo w pewnym kierunku, podczas gdy po obu jej stronach gęstość ta maleje; ilość gwiazd i innych sfer zmniejsza się, począwszy od głównej płaszczyzny naszego materialnego superwszechświata. Kiedy kąt obserwacji jest odpowiedni, patrząc poprzez główną część domeny o maksymalnej gęstości, patrzycie w kierunku zamieszkałego wszechświata i centrum wszystkich rzeczy.

Osiem, spośród dziesięciu głównych sekcji Orvontonu, zostało z grubsza zidentyfikowanych przez astronomów z Urantii. Dwie inne trudno rozpoznać jako oddzielne, ponieważ jesteście zmuszeni oglądać te zjawiska od środka. Gdybyście mogli zobaczyć superwszechświat Orvonton z pozycji bardzo odległej w przestrzeni, natychmiast rozpoznalibyście dziesięć głównych sektorów siódmej galaktyki.

Centrum obrotowe waszego mniejszego sektora znajduje się bardzo daleko, w olbrzymiej i gęstej chmurze gwiezdnej Strzelca, wokół którego krąży wasz wszechświat lokalny i związane z nim kreacje, a po przeciwległych stronach rozległego, subgalaktycznego systemu Strzelca, możecie zauważyć dwa wielkie strumienie chmur gwiezdnych, wyłaniające się w formie ogromnych gwiezdnych spiral.

Jądrem układu materialnego, do którego należy wasze Słońce i związane z nim planety, jest centrum dawnej mgławicy Andronover. Ta była mgławica spiralna została nieco zniekształcona przez zakłócenia grawitacyjne, związane z wypadkami towarzyszącymi narodzinom waszego Układu Słonecznego, spowodowanymi przejściem w pobliżu dużej mgławicy. Ta niedoszła kolizja przekształciła Andronover w niejako kuliste skupisko, jednak niezupełnie zniszczyła dwustronny korowód słońc oraz związanych z nimi zgrupowań materii. Wasz Układ Słoneczny zajmuje teraz prawie centralną pozycję w jednym ramieniu tej zniekształconej spirali, a usytuowany jest prawie w połowie drogi pomiędzy centrum a skrajem gwiezdnego strumienia.

Sektor Strzelca oraz wszystkie inne sektory i sekcje Orvontonu obiegają Uversę a pewna dezorientacja u obserwatorów gwiezdnych z Urantii spowodowana jest na skutek złudzeń i względnych zniekształceń, będących wynikiem następujących, wielorakich ruchów obrotowych:

1. Obieg Urantii wokół jej Słońca.
2. Krążenie waszego Układu Słonecznego wokół jądra byłej mgławicy Andronover.
3. Rotacja rodziny gwiezdnej Andronover i związanych z nią gromad gwiezdnych wokół kompleksowego centrum grawitacyjno-rotacyjnego chmury gwiezdnej Nebadon.
4. Obrót lokalnej chmury gwiezdnej Nebadon i związanych z nią kreacji wokół centrum Strzelca, ich mniejszego sektora.
5. Rotacja stu mniejszych sektorów, ze Strzelcem włącznie, wokół ich większego sektora.
6. Krązenie dziesięciu większych sektorów, tak zwany gwiezdny dryf, wokół Uversy, stolicy Orvontonu.
7. Ruch Orvontonu oraz sześciu towarzyszących mu superwszechświatów wokół Raju i Havony, przeciwny ruchowi wskazówek zegara korowód superwszechświatowego poziomu przestrzeni.

Jest kilka rodzajów tych wielorakich ruchów. Tory przestrzenne waszej planety i waszego Układu Słonecznego są pierwotne, związane z ich początkami. Absolutny ruch Orvontonu, przeciwny ruchowi wskazówek zegara, także jest pierwotny, wynikający z planów budowy wszechświata nadrzędnego. Jednak inne, ingerujące ruchy, mają złożone pochodzenie, wywodzą się po części z rozczłonkowania materii-energii w superwszechświaty, a częściowo wytworzone zostały przez rozumną i celową działalność rajskich organizatorów siły.

Wszechświaty lokalne zbliżają się do siebie, w miarę zbliżania się do Havony, liczba ich orbit jest większa, zwiększa się też ich nakładanie wzajemne, warstwa na warstwę. Jednak im dalej od wiecznego centrum, tym mniej jest systemów, warstw, orbit i wszechświatów.

4. MGŁAWICE – PROTOPLASTKI WSZECHŚWIATÓW

Podczas gdy tworzenie i organizacja wszechświata pozostają zawsze pod kontrolą nieskończonych Stwórców i ich pomocników, cały ten fenomen przebiega zgodnie z zarządzoną procedurą oraz z prawami grawitacji, obowiązującymi dla siły, energii i materii. Istnieje jednak coś tajemniczego, co związane jest z wszechświatowym obciążeniem-siłą przestrzeni; rozumiemy zupełnie dobrze organizację kreacji materialnych, począwszy od stadium ultimatonicznego, jednak nie znamy dokładnie kosmicznego pochodzenia ultimatonów. Jesteśmy pewni, że te pierwotne siły wywodzą się z Raju, gdyż zawsze krążą w przestrzeni nasyconej, dokładnie według gigantycznych konturów Raju. Chociaż to obciążenie-siła przestrzeni, protoplasta całej materializacji, nie reaguje na grawitację Raju, reaguje zawsze na obecność Raju dolnego; najwidoczniej jest objęta obwodem wewnątrz i na zewnątrz dolnego centrum Raju.

Rajscy organizatorzy siły przeobrażają potencję przestrzeni w siły podstawowe i rozwijają ten przedmaterialny potencjał w pierwotne i wtórne, energetyczne przejawy rzeczywistości fizycznej. Kiedy ta energia osiągnie poziom reagowania na grawitację, pojawiają się na scenie dyspozytorzy mocy i ich pomocnicy z superwszechświata i zaczynają niekończące się operacje, aby zaprowadzić różnorodne obwody mocy i kanały energii we wszechświatach czasu i przestrzeni. W ten sposób pojawia się w przestrzeni materia fizyczna i przygotowana zostaje scena dla organizacji wszechświata.

Ta segmentacja energii jest zjawiskiem, które nigdy nie zostało rozpracowane przez fizyków z Nebadonu. Główny ich problem polega na względnej niedostępności rajskich organizatorów siły, gdyż żywi dyspozytorzy mocy, chociaż kompetentnie postępują z przestrzenią-energią, nie mają najmniejszej idei w sprawie pochodzenia tych energii, którymi tak zręcznie i rozumnie kierują.

Rajscy organizatorzy siły są twórcami mgławic; potrafią uruchomić wokół swej obecności w przestrzeni olbrzymie cyklony siły, które raz zapoczątkowane, nigdy nie mogą być zatrzymane czy ograniczone, aż zostaną uaktywnione przenikające wszystko siły, po czym w końcu pojawiają się ultimatoniczne jednostki materii wszechświatowej. W ten sposób powołane zostają do bytu mgławice spiralne i inne macierzyste okręgi, rodzące słońca oraz różne ich układy. W przestrzeni zewnętrznej daje się zauważyć dziesięć różnych form mgławic, wstępnych stadiów wszechświatowej ewolucji a owe rozległe okręgi energii mają takie same początki, jak im podobne w siedmiu superwszechświatach.

Wielkość mgławic jest bardzo zróżnicowana, jak również wynikająca stąd liczba i ogólna masa ich gwiezdnego oraz planetarnego potomstwa. Mgławica tworząca słońca, tuż na północ od granic Orvontonu, ale w obrębie poziomu przestrzeni superwszechświata, dała już początek około czterdziestu tysiącom słońc a jej krąg macierzysty wciąż wyrzuca słońca, w większości wielokrotnie większe niż wasze Słońce. Niektóre większe mgławice w przestrzeni zewnętrznej dają początek aż stu milionom słońc.

Mgławice nie są bezpośrednio związane z żadnymi jednostkami administracyjnymi, takimi jak mniejsze sektory czy wszechświaty lokalne, chociaż niektóre wszechświaty lokalne zostały utworzone z produktów pojedynczej mgławicy. Każdy wszechświat lokalny zawiera równo jedną stutysięczną całkowitego ładunku energii superwszechświata, niezależnie od jego związku z mgławicą, ponieważ mgławice nie organizują energii – energia rozprowadzana jest powszechnie.

Nie wszystkie mgławice spiralne tworzą słońca. Niektóre zachowują kontrolę nad znaczną częścią oddzielonego od nich, słonecznego potomstwa, a ich spiralny wygląd spowodowany jest tym, że słońca uciekły z ramion mgławicy zwartą formacją, ale wracają rozmaitymi drogami. W pewnym momencie ułatwia to ich obserwację, ale później utrudnia ich dostrzeżenie, gdy słońca są szeroko rozrzucone po różnych trasach powrotnych, w znacznej odległości od ramion mgławicy. W Orvontonie nie ma teraz wielu aktywnych, formujących słońca mgławic, chociaż Andromeda, która jest poza zamieszkałym superwszechświatem, jest bardzo aktywna. Tę odległą mgławicę można zobaczyć gołym okiem, a gdy patrzycie na nią, pomyślcie o tym, że światło, które dostrzegacie, opuściło owe odległe słońca prawie milion lat temu.

Galaktyka Drogi Mlecznej składa się z wielkiej ilości byłych mgławic, spiralnych i innych, a wiele z nich nadal zachowuje swą pierwotną konfigurację. Jednak w rezultacie katastrof wewnętrznych oraz przyciągania zewnętrznego, wiele z nich uległo takiemu zniekształceniu i przegrupowaniu, że te olbrzymie skupiska wyglądają jak gigantyczne, świecące masy płonących słońc, tak jak Obłok Magellana. W pobliżu zewnętrznych obrzeży Orvontonu znajdują się zasadniczo kuliste typy gromad gwiezdnych.

Rozległe chmury gwiezdne Orvontonu należy traktować jako indywidualne skupiska materii, porównywalne do oddzielnych mgławic, obserwowanych w tych rejonach przestrzeni, które leżą na zewnątrz galaktyki Drogi Mlecznej. Jednak wiele tak zwanych obłoków gwiezdnych w przestrzeni składa się tylko z materiału gazowego. Potencjał energii tych gwiezdnych obłoków gazowych jest niewiarygodnie wielki a jego część zabierana jest przez pobliskie słońca i rozsyłana w przestrzeń jako słoneczne emanacje.

5. POCHODZENIE CIAŁ NIEBIESKICH

Większość masy, zawartej w słońcach i planetach superwszechświata, pochodzi z mgławicowych dysków; bardzo mało masy superwszechświata formowane jest w wyniku bezpośredniej działalności dyspozytorów mocy (jak to ma miejsce podczas konstrukcji sfer projektowanych), chociaż w otwartej przestrzeni powstaje wciąż zmienna ilość materii.

Pod względem pochodzenia, większość słońc, planet i innych sfer można zaklasyfikować do jednej z następujących dziesięciu grup:

1. *Współśrodkowe pierścienie kontrakcyjne.* Nie wszystkie mgławice są spiralne. Wiele rozległych mgławic, zamiast rozszczepić się w system gwiazdy podwójnej czy rozwinąć spiralnie, ulega zagęszczeniu przez formowanie wielu pierścieni. Przez długi czas taka mgławica wygląda jak ogromne, centralne słońce, okrążone przez liczne, gigantyczne chmury materii, ukształtowanej w pierścienie.

2. *Wirujące gwiazdy* obejmują słońca wyrzucane na zewnątrz wielkich, macierzystych dysków, składających się z mocno nagrzanych gazów. Nie są wyrzucane na zewnątrz jako pierścienie, ale w lewo i prawostronnych korowodach. Wirujące gwiazdy tworzą się także w mgławicach nie spiralnych.

3. *Planety pochodzące z eksplozji grawitacyjnej.* Kiedy narodzi się słońce, z mgławicy spiralnej bądź spiralnej z poprzeczką, nierzadko wyrzucone zostaje na znaczną odległość. Słońce takie jest w wysokim stopniu gazowe i później, gdy się nieco schłodzi i zagęści, może krążyć w pobliżu pewnej ogromnej masy materii, gigantycznego słońca czy ciemnej wyspy przestrzeni. Takie zbliżenie może nie pociągać za sobą zderzenia a mimo to być wystarczająco bliskie, aby pozwolić grawitacji większego ciała wywołać pływowe konwulsje w mniejszym, powodując tym samym serie pływowych wstrząsów, występujących równocześnie po przeciwległych stronach słońca w stanie konwulsji. W ich apogeum, wybuchowe erupcje wytwarzają serie rozmaitych w rozmiarach skupisk materii, które mogą być wyrzucone poza sferę oddziaływania grawitacji wybuchającego słońca i stabilizować się na swych własnych orbitach, wokół jednego z dwóch ciał rozważanych w tym przypadku. Później większe zbiorowiska materii łączą się ze sobą i stopniowo przyciągają do siebie mniejsze ciała. W ten sposób powstaje wiele stałych planet mniejszego systemu. Taki jest również początek waszego Układu Słonecznego.

4. *Odśrodkowe planetarne córki.* Ogromne słońca, kiedy są w pewnym stadium rozwoju i kiedy tempo ich obrotów ulega znacznemu przyspieszeniu, zaczynają wyrzucać na zewnątrz znaczne ilości materii, która następnie może się tak zgromadzić, że tworzą się z niej małe światy, okrążające później macierzyste słońca.

5. *Sfery o niedostatecznej grawitacji.* Istnieje krytyczny limit wielkości pojedynczych gwiazd. Gdy słońce osiągnie ten limit, jeśli nie zwolni tempa obrotów, skazane jest na rozpad; następuje rozerwanie słońca i rodzi się nowa gwiazda podwójna odpowiedniej klasy. Później mogą się formować liczne małe planety jako produkt uboczny tego gigantycznego rozerwania.

6. *Gwiazdy powstałe w wyniku kontrakcji.* W mniejszych systemach, większe planety zewnętrzne przyciągają czasami do siebie sąsiednie światy, podczas gdy planety krążące w pobliżu słońca w końcu zaczynają się w nim pogrążać. W przypadku waszego Układu Słonecznego, taki koniec oznaczałby, że cztery planety wewnętrzne byłyby przejęte przez Słońce, podczas gdy główna planeta, Jowisz, zostałaby znacznie powiększona przez wychwycenie pozostałych światów. Taki koniec Układu Słonecznego mógłby w rezultacie utworzyć dwa sąsiadujące, ale nierówne słońca, jeden z typów gwiazdy podwójnej. Katastrofy takie są rzadkie, za wyjątkiem skrajnych obszarów gwiezdnego zagęszczenia superwszechświata.

7. *Sfery kumulacyjne.* Małe planety mogą się powoli kumulować ze znacznej ilości materii krążącej w przestrzeni. Rosną one przez wychwytywanie materii z meteorytów i w wyniku drobnych kolizji. W pewnych sektorach przestrzeni warunki sprzyjają takim sposobom narodzin planet. Wiele światów zamieszkałych miało takie początki.

Niektóre z gęstych, ciemnych wysp, są bezpośrednim rezultatem wychwytywania energii, przeobrażonej w przestrzeni. Inna grupa tych ciemnych wysp powstała w wyniku nagromadzenia ogromnych ilości zimnej materii, zwykłych jej fragmentów i meteorów, krążących w przestrzeni. Takie skupiska materii nigdy nie są gorące i posiadają skład bardzo podobny do Urantii, za wyjątkiem gęstości.

8. *Wypalone słońca.* Niektóre z ciemnych wysp przestrzeni są wypalonymi, samotnymi słońcami, z których została wyemitowana cała dostępna kosmiczna energia. Te zorganizowane jednostki materii są bliskie pełnego zagęszczenia, praktycznie kompletnej konsolidacji; i trzeba wielu epok, aby tak ogromne masy wysoce skondensowanej materii znowu zostały naładowane w obwodach przestrzeni i tym samym przygotowane do nowych cykli funkcjonowania we wszechświecie, w wyniku zderzenia lub jakiegoś równie regenerującego wydarzenia kosmicznego.

9. *Sfery kolizyjne.* W rejonach znacznego zagęszczenia, zderzenia nie należą do rzadkości. Takiemu astronomicznemu przekształceniu towarzyszą ogromne przemiany energii i przeobrażenia materii. Szczególnie te zderzenia, w których biorą udział martwe słońca, powodują powstawanie rozległych oscylacji energii. Rumowiska, powstałe po takich kolizjach, stanowią często materialne jądra, wokół których formują się później ciała planetarne, dostosowane do zamieszkania przez śmiertelników.

10. *Światy zaprojektowane.* Są to światy utworzone w jakimś określonym celu, zgodnie z planami i specyfikacjami, tak jak Salvington, zarząd waszego wszechświata lokalnego i Uversa, siedziba rządu waszego superwszechświata.

Są liczne inne sposoby tworzenia się słońc i oddzielania się planet, ale powyższe procedury obrazują te metody, dzięki którym powstaje znaczna większość systemów gwiezdnych i rodzin planetarnych. Aby przedstawić wszystkie, rozliczne sposoby przeobrażeń gwiezdnych i ewolucji planetarnych, trzeba by opowiedzieć o prawie stu różnych sposobach formowania się słońc i powstawania planet. Wasi obserwatorzy gwiezdni, przeszukując nieba, zauważą zjawiska świadczące o istnieniu wszystkich tych metod gwiezdnej ewolucji, ale rzadko odkrywać będą oznaki powstawania tych małych, nie świecących komasacji materii, służących za zamieszkałe planety, najważniejsze w bezmiernych kreacjach materialnych.

6. SFERY PRZESTRZENI

Rozmaite sfery przestrzeni, niezależnie od ich pochodzenia, zaklasyfikować można do następujących kategorii:

1. Słońca – gwiazdy przestrzeni.
2. Ciemne wyspy przestrzeni.
3. Drobne ciała przestrzeni – komety, meteory i planetoidy.
4. Planety, ze światami zamieszkałymi włącznie.
5. Sfery zaprojektowane – światy zrobione na zamówienie.

Wszystkie ciała kosmiczne, za wyjątkiem sfer zaprojektowanych, miały pochodzenie ewolucyjne, ewolucyjne w tym sensie, że nie zostały powołane do bytu zarządzeniem Bóstwa, ewolucyjne w tym sensie, że stwórcze dzieła Boże ukształtowały się metodą czasu-przestrzeni, dzięki funkcjonowaniu wielu stworzonych i wyniknietych istot inteligentnych, działających na rzecz Bóstwa.

Słońca. Są to gwiazdy przestrzeni, we wszystkich swych różnorodnych stadiach istnienia. Niektóre są odosobnionymi, rozwijającymi się w przestrzeni układami; inne są gwiazdami podwójnymi, zapadającymi się lub zanikającymi systemami planetarnymi. Gwiazdy istnieją w przestrzeni w nie mniej niż tysiącu różnych stanów i stadiów. Jesteście zaznajomieni ze słońcami, które emitują światło wraz z ciepłem; ale są także słońca, które świecą bez ciepła.

Wiele bilionów lat, czas, kiedy zwykłe słońce stale rozdaje ciepło i światło, dobrze obrazuje ogromny magazyn energii, jaki zawiera każda jednostka materii. Rzeczywista energia, przechowywana w tych niewidocznych cząstkach materii fizycznej, jest prawie niewyobrażalna. I energia ta zostaje prawie zupełnie upłynniona jako światło, kiedy poddana jest gigantycznemu ciśnieniu ciepła i towarzyszących mu działań energii, jakie panują we wnętrzach płonących słońc. Inne jeszcze warunki umożliwiają słońcom przetwarzanie i rozsyłanie wielkich ilości energii kosmicznej, która rozchodzi się swoją drogą, w ustanowionych obwodach przestrzeni. Wiele stadiów energii fizycznej i wszystkie formy materii przyciągane są przez słoneczne dynama a następnie rozdzielane przez nie. Tym sposobem słońca służą za lokalne przyspieszacze obiegu energii i funkcjonują jako automatyczne stacje kontroli mocy.

Superwszechświat Orvonton jest oświetlany i ogrzewany przez ponad dziesięć bilionów płonących słońc. Słońca te są gwiazdami waszego, dostrzegalnego systemu astronomicznego. Ponad dwa biliony tych słońc jest zbyt odległe i zbyt małe, aby je kiedykolwiek dostrzec z Urantii. Jednak we wszechświecie nadrzędnym jest tyle słońc, co szklanek wody w oceanach waszego świata.

Ciemne wyspy przestrzeni. Są to wygasłe słońca oraz inne wielkie skupiska materii, pozbawione światła i ciepła. Ciemne wyspy są czasem gigantyczne w swej masie i wywierają wielki wpływ na równowagę wszechświata i oddziaływanie energii. Gęstość niektórych tych wielkich mas jest niewiarygodnie wielka. I ta wielka koncentracja masy umożliwia ciemnym wyspom funkcjonowanie w charakterze potężnych balansjerów, utrzymujących skutecznie w ryzach wielkie, sąsiadujące z nimi systemy. Zachowują one grawitacyjny balans mocy w wielu konstelacjach; wiele systemów materialnych, które w innych warunkach szybko zanurzyłyby się w pobliskich słońcach ulegając zniszczeniu, utrzymywanych jest bezpiecznie w uchwycie grawitacyjnym opiekuńczych, ciemnych wysp. To właśnie ze względu na takie ich funkcjonowanie możemy je dokładnie umiejscowić. Zmierzywszy przyciąganie grawitacyjne ciał świecących, możemy potem dokładnie obliczyć rozmiar i lokalizację ciemnych wysp przestrzeni, tak skutecznie funkcjonujących, aby utrzymać dany system pewnie na jego kursie.

Drobne ciała przestrzeni. Meteory oraz inne małe części materii, kształtujące się i krążące w przestrzeni, stanowią olbrzymie skupisko energii i tworzywa materialnego.

Wiele komet jest nieustabilizowanym, błądzącym potomstwem macierzystych okręgów słonecznych, które centralne, panujące słońce, stopniowo bierze pod swą kontrolę. Komety mają też rozmaite inne początki. Ogon komety pokazuje kierunek odwrotny od przyciągającego ją ciała czy słońca, w wyniku reakcji elektrycznej jej szeroko rozciągniętych gazów oraz z powodu rzeczywistego ciśnienia światła i innych energii, emanujących ze słońca. Zjawisko to stanowi jeden z najlepszych dowodów na rzeczywistość światła i związanych z nim energii; dowodzi ono tego, że światło ma wagę. Światło jest rzeczywistą substancją a nie po prostu falami hipotetycznego eteru.

Planety. Są to większe skupiska materii, krążące po orbitach wokół słońca czy jakiegoś innego ciała kosmicznego; skala ich wielkości rozciąga się od planetoid aż do ogromnych, gazowych, ciekłych albo stałych sfer. Zimne światy, utworzone przez komasację unoszącego się w przestrzeni materiału, kiedy znajdą się przypadkiem we właściwej relacji do pobliskiego słońca, stanowią planety idealne do życia dla inteligentnych mieszkańców. Wygasłe słońca z zasady nie są odpowiednie dla życia; są one zazwyczaj zbyt oddalone od ożywionych, płonących słońc a ponadto są generalnie zbyt masywne; na ich powierzchni przyciąganie jest ogromne.

W waszym superwszechświecie mniej niż jedna na czterdzieści zimnych planet nadaje się do zamieszkania przez istoty waszej klasy. Oczywiście supergorące słońca i lodowate, odosobnione światy, nie nadają się na siedlisko wyższego życia. W waszym Układzie Słonecznym tylko trzy planety są teraz odpowiednie do życia na nich. Urantia, stosownie do rozmiaru, gęstości i lokalizacji, jest pod wieloma względami idealna dla jej zamieszkiwania przez ludzi.

Prawa funkcjonowania energii fizycznej w zasadzie są powszechne, jednak wpływy lokalne znacznie oddziałują na warunki fizyczne, panujące na poszczególnych planetach i w systemach lokalnych. Niezliczone światy w przestrzeni cechuje prawie nieskończona różnorodność życia stworzonego oraz innych jego przejawów. Jednak pewne cechy podobieństwa występują w grupie światów, skupionych w danym systemie, jak również istnieje wszechświatowy model inteligentnego życia. Istnieją fizyczne pokrewieństwa między systemami planetarnymi, które należą do tej samej orbity fizycznej i krążą blisko siebie w niekończącym się obiegu po okręgu wszechświatów.

7. SFERY ZAPROJEKTOWANE

Podczas gdy rząd każdego superwszechświata urzęduje w pobliżu centrum wszechświatów ewolucyjnych, jego segmentu przestrzeni, posiada on świat wykonany na zamówienie i zaludniony przez upoważnione do tego osobowości. Światy zarządu są sferami zaprojektowanymi, ciałami kosmicznymi specjalnie skonstruowanymi w określonym celu. Podczas gdy korzystają one ze światła pobliskich słońc, sfery te są niezależnie oświetlane i ogrzewane. Każda z nich ma słońce, które daje światło bez ciepła, podobnie jak satelity Raju, podczas gdy zaopatrywana jest w ciepło dzięki krążeniu pewnych prądów energii tuż pod powierzchnią sfery. Światy zarządu zaliczają się do większych systemów a mieszczą się w pobliżu astronomicznego centrum poszczególnych superwszechświatów.

W zarządach superwszechświatów czas jest znormalizowany. Standardowy dzień superwszechświata Orvontonu jest równy prawie trzydziestu dniom czasu Urantii a rok w Orvontonie równa się stu standardowym dniom. Rok Uversy jest normą czasu dla siódmego superwszechświata i jest on o dwadzieścia dwie minuty krótszy od trzech tysięcy dni czasu Urantii – czyli wynosi około osiem i jedna piąta waszego roku.

Światy zarządu siedmiu superwszechświatów podzielają naturę i majestat Raju, centralnego wzoru doskonałości. W rzeczywistości, wszystkie światy zarządu przypominają Raj. Są one prawdziwie niebiańskimi miejscami zamieszkania, coraz większymi w swych rozmiarach materialnych, pięknie morontialnym i duchowej chwale, od Jerusem aż do centralnej Wyspy. I wszystkie satelity światów zarządu również są sferami zaprojektowanymi.

Istnieją różne światy zarządu dla każdego stadium bytu istot stworzonych, materialnych i duchowych. Wszelkie rodzaje istot materialnych, morontialnych i duchowych, czują się jak w domu na tych światach spotkań we wszechświatach. Kiedy istoty śmiertelne wznoszą się we wszechświecie, przechodząc z domen materialnych do duchowych, nigdy nie przestają doceniać swych dawniejszych poziomów bytu i mile je wspominają.

Jerusem, zarząd waszego systemu lokalnego Satania, posiada siedem swoich światów kultury przejściowej, każdy z nich jest okrążany przez siedem satelitów, do których zalicza się siedem światów-mieszkań morontialnego przetrzymania; jest to pierwsze miejsce zamieszkania człowieka po śmierci. Określenie „niebo", jak używane jest na Urantii, czasami nawiązuje do tych siedmiu światów-mieszkań, pierwszy świat-mieszkanie określony jest jako pierwsze niebo i tak dalej, aż do siódmego.

Edentia, zarząd waszej konstelacji Norlatiadek, posiada siedemdziesiąt satelitów kultury życia społecznego i nauczania, gdzie przebywają wznoszące się istoty, po przejściu na Jerusem porządku uaktywniania, zjednoczenia i urzeczywistniania osobowości.

Salvington, stolica Nebadonu, waszego wszechświata lokalnego, otoczona jest przez dziesięć grup uniwersyteckich, z których każda zawiera czterdzieści dziewięć sfer. Od Salvingtonu człowiek zaczyna być uduchowiony, po uspołecznieniu w konstelacji.

Uminor trzeci, zarząd waszego mniejszego sektora, Ensy, otoczony jest przez siedem sfer wyższych studiów fizycznych, prowadzonych dla wznoszącego się życia.

Umajor piąty, zarząd waszego większego sektora, Splandonu, otoczony jest przez siedemdziesiąt sfer zaawansowanego, superwszechświatowego szkolenia intelektualnego.

Uversa, zarząd Orvontonu, waszego superwszechświata, otoczony jest bezpośrednio przez siedem wyższych uniwersytetów zaawansowanego szkolenia duchowego, przeznaczonych dla wznoszących się, wolą obdarzonych istot. Każda z siedmiu grup tych niezwykłych sfer składa się z siedemdziesięciu wyspecjalizowanych światów, na których znajduje się wiele tysięcy doskonałych instytucji i organizacji, poświęconych wszechświatowemu szkoleniu i kulturze duchowej, gdzie pielgrzymi czasu są ponownie szkoleni i sprawdzani, w ramach ich przygotowań do długiego lotu do Havony. Przybywający do tych światów pielgrzymi czasu przyjmowani są zawsze na światach pomocniczych, ale odlatujący absolwenci ekspediowani są do Havony zawsze wprost z powierzchni Uversy.

Uversa jest duchowym i administracyjnym zarządem około biliona zamieszkałych, albo możliwych do zamieszkania światów. Chwała, majestat i doskonałość stolicy Orvontonu przewyższa jakiekolwiek inne wspaniałości w kreacjach czasu-przestrzeni.

Gdyby wszystkie projektowane wszechświaty lokalne i ich części składowe zostały ukończone, w siedmiu superwszechświatach znalazłoby się nieco mniej niż pięćset miliardów zaprojektowanych światów.

8. KONTROLA I REGULACJA ENERGII

Sfery zarządu superwszechświatów są tak skonstruowane, że mogą działać jako efektywne regulatory mocy-energii dla swoich różnych sektorów i służą też jako centralne punkty ukierunkowywania energii dla ich części składowych – wszechświatów lokalnych. Mają one znaczny wpływ na balans i kontrolę energii fizycznych, krążących w zorganizowanej przestrzeni.

Dalsze funkcje regulacyjne sprawowane są przez centra mocy superwszechświata oraz przez kontrolerów fizycznych, żywe i częściowo żywe byty, ukształtowane specjalnie w tym celu. Trudno zrozumieć centra mocy i kontrolerów; niższe klasy bytu nie są wolicjonalne, nie posiadają woli, nie dokonują wyboru, ich działania są bardzo inteligentne, lecz najwyraźniej automatyczne i naturalne dla ich wysoce specjalistycznej struktury. Centra mocy i kontrolerzy fizyczni superwszechświata biorą udział w ukierunkowywaniu i w częściowej kontroli trzydziestu systemów energii, składających się na domenę grawity. Energia fizyczna, w obwodach administrowanych przez centra mocy z Uversy, potrzebuje nieco ponad 968 milionów lat, aby całkowicie okrążyć superwszechświat.

Wyłaniająca się energia posiada masę; ma wagę, chociaż jej waga zawsze jest względna, zależna od prędkości obrotowej, masy i antygrawitacji. W materii masa ma tendencje do wyhamowywania prędkości w energii, a wszechobecna prędkość energii reprezentuje: wstępne wyposażenie prędkości, minus spowolnienie przez masę w procesie przemiany, plus regulacyjne działania żywych kontrolerów energii superwszechświata oraz wpływy fizyczne pobliskich, bardzo gorących lub silnie naładowanych ciał.

Powszechny plan zachowania równowagi między materią a energią wymaga ciągłego tworzenia i niweczenia mniejszych cząstek materii. Dyspozytorzy Mocy Wszechświata posiadają zdolności kondensacji i zatrzymania, albo ekspansji i uwalniania, rozmaitych ilości energii.

Uwzględniając odpowiedni czas na wpływ opóźniający, grawitacja mogłaby w końcu przetworzyć całą energię w materię, gdyby nie dwa czynniki. Pierwszy to antygrawitacyjne wpływy kontrolerów energii a drugi to fakt, że zorganizowana materia ma tendencje do rozpadania się w określonych okolicznościach, występujących w bardzo gorących gwiazdach i pod wpływem pewnych, specyficznych warunków przestrzennych, występujących w pobliżu wysoce naładowanych energią zimnych ciał skondensowanej materii.

Gdy masa jest nazbyt skoncentrowana i zagraża brak równowagi energii, aż do wyczerpania fizycznych mocy krążenia, interweniują kontrolerzy fizyczni, chyba, że dalsza tendencja grawitacji, dążąca do zbytniej materializacji energii zostaje udaremniona w zderzeniu między martwymi gigantami przestrzeni; wtedy, momentalnie, rozpraszają się zupełnie skumulowane nagromadzenia grawitacji. W takich wypadkach kolizyjnych, ogromne masy materii gwałtownie się przekształcają w najrzadszą formę energii a zmagania o wszechświatową równowagę zaczynają się na nowo. W końcu większe systemy fizyczne stabilizują się, stają się fizycznie trwałe i krążą po zrównoważonych, stałych orbitach superwszechświatowych. Potem nie ma już kolizji lub innych niszczących katastrof w takich stabilnych systemach.

W okresach nadwyżki energii występują zakłócenia mocy i oscylacje ciepła, z towarzyszącymi temu zjawiskami elektrycznymi. W czasie niedoboru energii pojawiają się narastające tendencje materii do skupiania się, kondensacji i wychodzenia spod kontroli na słabiej zrównoważonych orbitach, w wyniku czego pojawiają się pływowe lub kolizyjne przystosowania, szybko przywracające balans pomiędzy krążącą energią a dokładniej ustabilizowaną materią. Przewidywanie jak również zrozumienie takiego, prawdopodobnego zachowania się płonących słońc i ciemnych wysp przestrzeni, jest jednym z zadań niebiańskich obserwatorów gwiezdnych.

Potrafimy rozpoznać większość praw rządzących równowagą wszechświata i przewidzieć sporo tego, co się odnosi do stabilizacji wszechświata. W praktyce nasze przewidywania są godne zaufania, zawsze jednak stajemy w obliczu pewnych sił, które nie są zupełnie posłuszne prawom kontroli energii i znanemu nam zachowaniu się materii. Przewidywanie wszystkich zjawisk fizycznych staje się coraz trudniejsze, w miarę jak postępujemy od Raju w kierunku wszechświatów. Kiedy przekraczamy granice osobistej administracji Rajskich Władców, stajemy w obliczu narastających trudności w obliczeniach, dokonywanych zgodnie z ustalonymi normami i doświadczeniem nabytym wyłącznie w trakcie obserwacji zjawisk fizycznych pobliskich systemów astronomicznych. Nawet w domenach siedmiu superwszechświatów, żyjemy pośród działania sił i reakcji energii, które przenikają wszystkie nasze domeny i rozciągają się równomiernie na wszystkie rejony przestrzeni zewnętrznej.

Im dalej idziemy na zewnątrz, z tym większą pewnością napotykamy te zmienne i nieprzewidywalne zjawiska, które nieodmiennie charakteryzują niezgłębioną obecność-działanie Absolutów i Bóstw empirycznych. I te zjawiska muszą znamionować jakąś wszechświatową kontrolę nadrzędną wszystkich rzeczy.

Rozwój superwszechświata Orvonton najwyraźniej ulega spowolnieniu; wszechświaty zewnętrzne wydają się rozwijać w kierunku przyszłych, niebywałych wydarzeń; centralny wszechświat Havona jest wiecznie stabilny. Grawitacja i nieobecność ciepła (zimno) organizują i utrzymują materię; gorąco i antygrawitacja rozrywają materię i rozpraszają energię. Tajemnica specjalnej kontroli i inteligentnego ukierunkowania niekończących się przeobrażeń wszechświata, tworzenia, niweczenia i przetwarzania, polega na istnieniu żywych dyspozytorów mocy i organizatorów siły. Mgławice mogą się rozpraszać, słońca wypalać, systemy znikać a planety ginąć, jednak wszechświat się nie wyczerpuje.

9. OBWODY SUPERWSZECHŚWIATÓW

Wszechświatowe obwody Raju aktualnie przenikają domeny siedmiu superwszechświatów. Do tych obwodów obecności zalicza się: grawitację osobowości Ojca Wszechświatowego, grawitację duchową Wiecznego Syna, grawitację umysłową Wspólnego Aktywizatora oraz grawitację materialną wiecznej Wyspy.

W dodatku do wszechświatowych obwodów Raju oraz w dodatku do obecności-działań Absolutów oraz Bóstw empirycznych, funkcjonują na poziomie przestrzeni superwszechświata tylko dwie sekcje obwodów energii albo rozłożenia mocy: obwody superwszechświata oraz obwody wszechświata lokalnego.

Obwody superwszechświata:

1. Jednoczący obwód inteligencji jednego z Siedmiu Duchów Nadrzędnych Raju. Ten obwód kosmicznego umysłu ogranicza się do pojedynczego superwszechświata.
2. Obwody zwierciadlano-usługowe siedmiu Duchów Zwierciadlanych w każdym superwszechświecie.
3. Tajne obwody Nieodgadnionych Monitorów, w pewien sposób wzajemnie połączone i ukierunkowane przez Divinington do Ojca Wszechświatowego w Raju.
4. Obwód wzajemnego oddziaływania Wiecznego Syna z jego Rajskimi Synami.
5. Błyskawicznie funkcjonująca obecność Nieskończonego Ducha.
6. Transmisje z Raju, raporty przestrzenne z Havony.

7. Obwody energii centrów mocy i kontrolerów fizycznych.

Obwody wszechświata lokalnego:

1. Duch obdarzający, pochodzący od Rajskich Synów, Pocieszyciel światów obdarzonych. Duch Prawdy, na Urantii duch Michała.
2. Obwód Boskich Opiekunek, Matek Duchów wszechświata lokalnego, Ducha Świętego na waszym świecie.
3. Obwód służby inteligencji wszechświata lokalnego, razem z rozmaicie działającymi obecnościami przybocznych umysłów-duchów.

Kiedy we wszechświecie lokalnym wykształci się taka harmonia duchowa, że jego indywidualne i połączone obwody staną się nieodróżnialne od tych z superwszechświata, kiedy naprawdę zapanuje taka identyczność działania i jedność służby, wtedy wszechświat lokalny natychmiast wchodzi w stabilne obwody światłości i życia, od razu staje się gotowy do przyjęcia do duchowej konfederacji, doskonałego zjednoczenia superkreacji. Warunki przyjęcia do kolegium Pradawnych Czasu, do członkostwa w konfederacji superwszechświata, są następujące:

1. *Stabilizacja fizyczna.* Gwiazdy i planety wszechświata lokalnego muszą być w równowadze, musi się skończyć okres nagłych przeobrażeń gwiezdnych. Wszechświat musi posuwać się niezakłóconym torem, jego orbita musi być bezpieczna i ostatecznie ustalona.
2. *Lojalność duchowa.* Musi istnieć powszechne uznanie i lojalność wobec Władcy, Syna Boga, który przewodzi takiemu wszechświatowi lokalnemu. Musi zaistnieć stan harmonijnej współpracy pomiędzy poszczególnymi planetami, systemami i konstelacjami całego wszechświata lokalnego.

Wasz wszechświat lokalny nie zalicza się nawet do stabilnego porządku fizycznego superwszechświata, jeszcze mniej do członkostwa szanowanej, duchowej rodziny superrządu. Chociaż Nebadon jeszcze nie jest reprezentowany na Uversie, my z rządu superwszechświata jesteśmy wysyłani do jego światów, od czasu do czasu w misjach specjalnych, tak jak ja przybyłem na Urantię wprost z Uversy. Niesiemy wszelką możliwą pomoc waszym szefom i zarządcom, w rozwiązywaniu ich trudnych problemów; chcielibyśmy zobaczyć jak wasz wszechświat kwalifikuje się do pełnego przyjęcia do stowarzyszonych kreacji superwszechświatowej rodziny.

10. WŁADCY SUPERWSZECHŚWIATÓW

Zarządy superwszechświatów są siedzibami wysokiego duchowego rządu domen czasu-przestrzeni. Dział wykonawczy superrządu bierze swój początek od Rad Trójcy i kierowany jest bezpośrednio przez jednego z Siedmiu Duchów Nadrzędnych, sprawujących najwyższy nadzór. Są to istoty zasiadające w rajskiej władzy i administrujące superwszechświatami przez Siedmiu Najwyższych Wykonawców, przebywających na siedmiu światach specjalnych Nieskończonego Ducha, na najbardziej zewnętrznych satelitach Raju.

Zarządy superwszechświatów są stałymi miejscami pobytu Duchów Zwierciadlanych oraz Pomocników-Wyobrażeń Zwierciadlanych. Z tego właśnie, pośredniego położenia, te podziwu godne istoty prowadzą gigantyczne operacje odzwierciedlania, służąc tym samym wszechświatowi centralnemu powyżej oraz wszechświatom lokalnym poniżej.

Każdy superwszechświat zarządzany jest przez trzech Pradawnych Czasu, łącznych, głównych administratorów superrządu. Personel działu wykonawczego rządu superwszechświata składa się z siedmiu różnych grup:

1. Pradawni Czasu.
2. Perfektorzy Mądrości.
3. Niebiańscy Radcy.
4. Wszechświatowi Cenzorzy.
5. Możni Posłańcy.
6. Posiadający Wysokie Uprawnienia.
7. Nieposiadający Imienia i Numeru.

Trzem Pradawnym Czasu pomaga bezpośrednio korpus asystentów, w składzie miliarda Perfektorów Mądrości, z którymi związane jest trzy miliardy Niebiańskich Radców. Miliard Wszechświatowych Cenzorów jest przydzielony do administracji każdego superwszechświata. Te trzy grupy Partnerskich Osobowości Trójcy biorą swój początek, bezpośrednio i bosko, od Rajskiej Trójcy.

Pozostałe trzy klasy, Możni Posłańcy, Posiadający Wysokie Uprawnienia oraz Nieposiadający Imienia i Numeru, są gloryfikowanymi, wznoszącymi się śmiertelnikami. Pierwsza z tych klas przeszła porządek wznoszenia się i Havonę w czasach Grandfandy. Po dojściu do Raju zostali oni zgromadzeni w Korpusie Finalizmu, objęci przez Rajską Trójcę a następnie przydzieleni do niebiańskiej służby u Pradawnych Czasu. Jako klasa, te trzy porządki znane są jako Utrójcowieni Synowie Dostąpienia, którzy mają podwójne pochodzenie a teraz służą Trójcy. W ten sposób dział wykonawczy rządu superwszechświata został tak poszerzony, aby obejmował gloryfikowane i doprowadzone do doskonałości dzieci ze światów ewolucyjnych.

Rada koordynacyjna superwszechświata składa się z siedmiu poprzednio wymienionych grup wykonawczych, jak również z władców sektora oraz innych nadzorców rejonowych, wymienionych poniżej:

1. Doskonalący Czasu – władcy większych sektorów superwszechświata.
2. Niedawni Czasu – kierujący mniejszymi sektorami superwszechświata.
3. Jednoczący Czasu – rajscy doradcy dla władców wszechświatów lokalnych.
4. Wierni Czasu – rajscy radcy dla Najwyższych Ojców, szefów rządów konstelacji.
5. Nauczyciele-Synowie Trójcy, którzy czasami mogą pełnić swe obowiązki w zarządzie superwszechświata.
6. Wieczni Czasu, kiedy mogą przebywać w zarządzie superwszechświata.
7. Siedem Pomocników-Wyobrażeń Zwierciadlanych – rzecznicy siedmiu Duchów Zwierciadlanych, a poprzez nich, reprezentanci Siedmiu Duchów Nadrzędnych z Raju.

Pomocnicy-Wyobrażenia Zwierciadlane działają też jako reprezentanci licznych grup istot, mających wpływ na działalność rządu superwszechświata, które jednak obecnie, z różnych przyczyn, nie są w pełni aktywne na swych odpowiednich stanowiskach. Grupa ta obejmuje: rozwijające się superwszechświatowe przejawy osobowości

Istoty Najwyższej, Nieuwarunkowanych Nadzorców Najwyższego, Uwarunkowanych Namiestników Ostatecznego, nienazwanych łączników odzwierciedlających Majeston oraz superosobowych, duchowych reprezentantów Wiecznego Syna.

Na światach zarządu superwszechświatów prawie zawsze można znaleźć reprezentantów wszystkich grup istot stworzonych. Rutynowa działalność wykonawcza superwszechświatów prowadzona jest przez możnych sekonafinów oraz przez innych członków rozległej rodziny Nieskończonego Ducha. Inteligentne istoty, z każdej sfery wszechświatowego życia, łączą się z sobą w efektywnej służbie, mądrej administracji, miłości pełnej opiece i sprawiedliwym sądzie, kiedy działają w tych zdumiewających centrach superwszechświatowej administracji, kontroli, służby i sprawiedliwego osądu.

Superwszechświaty nie utrzymują pomiędzy sobą żadnego rodzaju reprezentacji typu ambasadorskiego; są one od siebie kompletnie odizolowane. Zapoznają się wzajemnie ze swymi sprawami jedynie przez rajskie centrum analityczne, prowadzone przez Siedem Duchów Nadrzędnych. Ich władcy działają w radach boskiej mądrości dla dobra własnych superwszechświatów, bez względu na to, co może się dziać w innych częściach powszechnego stworzenia. Taka izolacja superwszechświatów będzie trwała do tego momentu, kiedy zostanie osiągnięta ich koordynacja, dzięki pełniejszemu urzeczywistnieniu się osobowości-władzy rozwijającej się, empirycznej Istoty Najwyższej.

11. ZGROMADZENIE OPINIODAWCZE

Na światach takich jak Uversa istoty reprezentujące autokrację doskonałości i demokrację ewolucji spotykają się twarzą w twarz. Dział wykonawczy superrządu wywodzi się z domen doskonałości; dział prawodawczy rekrutuje się z kwiatu wszechświatów ewolucyjnych.

Zgromadzenie opiniodawcze superwszechświata ogranicza się do świata zarządu. Ta rada prawodawcza albo doradcza składa się z siedmiu izb, każdy wszechświat lokalny przyjęty do rad superwszechświata wybiera swych rodzimych reprezentantów do każdej izby. Ci reprezentanci są wybierani przez wysokie rady wszechświatów lokalnych ze wznoszących się pielgrzymów, absolwentów Orvontonu, którzy są zaakceptowani do transportu do Havony i oczekują na Uversie. Przeciętny czas ich służby trwa mniej więcej sto lat standardowego czasu superwszechświata.

Nigdy nie słyszałem, aby wystąpiły rozbieżności pomiędzy administratorami Orvontonu a zgromadzeniem z Uversy. Jak dotąd nigdy, w całej historii naszego superwszechświata, ciało opiniodawcze nie uchwaliło zaleceń, takich, aby sekcja wykonawcza superrządu wahała się przed wprowadzeniem ich w życie. Zawsze panowała między nimi najdoskonalsza harmonia i zgodność w działaniu; wszystko to tylko potwierdza fakt, że istoty ewolucyjne naprawdę mogą dotrzeć do wyżyn doskonałej mądrości, dzięki której mogą działać w towarzystwie osobowości o doskonałym pochodzeniu i boskiej naturze. Obecność zgromadzeń opiniodawczych w zarządzie superwszechświata jest przejawem mądrości i zapowiedzią ostatecznego tryumfu całej, rozległej idei ewolucyjnej Ojca Wszechświatowego i jego Wiecznego Syna.

12. NAJWYŻSZE TRYBUNAŁY

Kiedy mówimy o sekcjach wykonawczych i ustawodawczych rządu Uversy, możecie wywnioskować, przez analogię do pewnych form rządu Urantii, że musimy mieć trzecią, czyli sądową sekcję i ją mamy; ale nie ma ona oddzielnego personelu. Nasze sądy zorganizowane są następująco. Przewodniczą, w zależności od natury i wagi sprawy, Pradawny Czasu, Perfektor Mądrości lub Niebiański Radca. Materiał dowodowy, za lub przeciw jednostce, planecie, systemowi, konstelacji lub wszechświatowi, jest przedstawiany i objaśniany przez Cenzorów. Obronę dzieci czasu i planet ewolucyjnych oferują Możni Posłańcy, oficjalni obserwatorzy z ramienia rządu superwszechświata we wszechświatach lokalnych i systemach. Stanowisko wyższego rządu przedstawiane jest przez Posiadających Wysokie Uprawnienia. Werdykt opracowywany jest zazwyczaj przez różnej wielkości komisje, składające się po równo z Nieposiadających Imienia i Numeru oraz z grup osobowości, orientujących się w sprawie, wybranych ze zgromadzenia opiniodawczego.

Sądy Pradawnych Czasu są wysokimi trybunałami odwoławczymi duchowego orzecznictwa dla wszystkich wszechświatów składowych superwszechświata. Synowie Władcy wszechświatów lokalnych są wszechwładni w swych własnych domenach; superrządowi podlegają jedynie wtedy, gdy dobrowolnie przedłożą sprawę radzie czy orzeczeniu Pradawnych Czasu, za wyjątkiem spraw dotyczących likwidacji istot obdarzonych wolą. Pozwy sądowe powstają we wszechświatach lokalnych, ale wyroki, pociągające za sobą likwidację istot obdarzonych wolą, zawsze są ogłaszane w zarządzie superwszechświata i stamtąd egzekwowane. Synowie wszechświata lokalnego mogą zarządzić wieczne trwanie śmiertelnego człowieka, ale tylko Pradawni Czasu mogą zasiadać w sądzie orzekającym o sprawach wiecznego życia i śmierci.

We wszystkich sprawach nie wymagających procesu – przedstawiania materiału dowodowego – Pradawni Czasu lub ich współpracownicy wydają decyzję a orzeczenia takie są zawsze jednomyślne. Mamy tu do czynienia z radami perfekcji. W wyrokowaniu najwyższych i najdoskonalszych trybunałów nie ma ani niezgodności ani też opinii mniejszości.

Poza kilku wyjątkami, superrządy sprawują orzecznictwo nad wszystkimi rzeczami i wszystkimi istotami w podlegających im domenach. Nie ma odwołania od orzeczeń i decyzji władz superwszechświata, ponieważ reprezentują one zgodne opinie Pradawnych Czasu i Ducha Nadrzędnego, który z Raju przewodzi przeznaczeniu danego superwszechświata.

13. RZĄDY SEKTORA

Większy sektor obejmuje około jednej dziesiątej superwszechświata i składa się ze stu mniejszych sektorów, z dziesięciu tysięcy wszechświatów lokalnych, czyli około stu miliardów światów mieszkalnych. Te większe sektory są zarządzane przez trzech Doskonalących Czasu, należących do Najwyższych Osobowości Trójcy.

Sądy Doskonalących Czasu zorganizowane są w znacznej części tak, jak sądy Pradawnych Czasu, za wyjątkiem tego, że nie zasiadają one w sprawach duchowych swoich domen. Działalność rządów większego sektora koncentruje się głównie na statusie intelektualnym rozległej kreacji. Większe sektory przejmują, rozpoznają, rozdzielają i zestawiają do zgłoszenia do sądów Pradawnych Czasu wszystkie sprawy natury proceduralnej i administracyjnej o superwszechświatowym znaczeniu, które nie są bezpośrednio związane z administracją duchową domen, czy też z wprowadzaniem w życie planów Rajskich Władców, dotyczących wznoszenia się śmiertelnika. Personel rządu większego sektora nie różni się od personelu rządu superwszechświata.

Tak jak wspaniałe satelity Uversy zajmują się waszym końcowym, duchowym przygotowaniem do Havony, tak i siedemdziesiąt satelitów Umajor piątego poświęcone jest waszemu nauczaniu intelektualnemu i rozwojowi w superwszechświecie. Zgromadzone są tutaj mądre istoty z całego Orvontonu, pracujące niestrudzenie nad przygotowaniem śmiertelników czasu do ich przyszłego rozwoju na drodze wieczności. Większość szkolenia wznoszących się śmiertelników prowadzona jest na siedemdziesięciu światach nauczania.

Rządom *mniejszego sektora* przewodniczy trzech Niedawnych Czasu. Ich administracja koncentruje się głównie na kontroli fizycznej, konsolidacji, stabilizacji oraz rutynowej koordynacji administracyjnej wszechświatów lokalnych, wchodzących w skład sektora. Każdy mniejszy sektor obejmuje aż sto wszechświatów lokalnych, dziesięć tysięcy konstelacji, milion systemów albo około miliarda światów mieszkalnych.

Światy zarządu mniejszego sektora są głównym miejscem spotkań Nadrzędnych Kontrolerów Fizycznych. Światy zarządu otacza siedem sfer szkoleniowych, stanowiących wstępne szkoły superwszechświata oraz centra nauczające o sprawach fizycznych i administracyjnych wszechświata wszechświatów.

Administratorzy rządów mniejszego sektora podlegają bezpośredniej jurysdykcji władców większego sektora. Niedawni Czasu otrzymują wszystkie raporty z obserwacji i koordynują wszystkie te rekomendacje, które dochodzą do superwszechświata od Jednoczących Czasu, ustanowionych w charakterze obserwatorów i doradców z ramienia Trójcy na sferach zarządów wszechświatów lokalnych oraz od Wiernych Czasu, którzy podobnie są przydzieleni do rad Najwyższych Ojców w zarządach konstelacji. Wszystkie takie raporty przekazywane są Doskonalącym Czasu w większych sektorach a później przesyłane do sądów Pradawnych Czasu. W ten sposób rządy Trójcy rozciągają się od konstelacji wszechświatów lokalnych aż do zarządu superwszechświata. Zarząd systemu lokalnego nie posiada reprezentantów Trójcy.

14. CELE ISTNIENIA SIEDMIU SUPERWSZECHŚWIATÓW

Jest siedem zasadniczych celów, wyłaniających się w trakcie ewolucji siedmiu superwszechświatów. Każdy zasadniczy cel ewolucji superwszechświata znajduje swój najpełniejszy wyraz tylko w jednym z siedmiu superwszechświatów, dlatego każdy superwszechświat ma specjalną funkcję i unikalną naturę.

Orvonton, siódmy superwszechświat, ten, do którego należy wasz wszechświat lokalny, znany jest głównie z wielkiego i hojnego obdarzania służbą miłosierdzia śmiertelników w ich domenach. Słynny jest z tego sposobu funkcjonowania, w którym dominuje sprawiedliwość, gdy łagodzona jest przez miłosierdzie a moc rządzi, gdy warunkowana jest przez cierpliwość, podczas gdy szczodrze szafuje się czasem, aby zabezpieczyć stabilizację wieczności. Orvonton jest wszechświatowym przykładem miłości i miłosierdzia.

Jednak bardzo trudno jest sprecyzować naszą ideę prawdziwej natury tego celu ewolucyjnego, jaki kształtuje się w Orvontonie, można to jednak zasugerować stwierdzeniem, że wyczuwamy, iż w tej superkreacji sześć unikalnych celów ewolucji kosmicznej, objawiających się w sześciu towarzyszących jej superkreacjach, jest wzajemnie powiązanych w znaczeniu całościowym; i z tej właśnie przyczyny czasami przypuszczamy, że rozwinięte i skończone uosobienie Boga Najwyższego będzie w odległej przyszłości rządzić z Uversy doprowadzonymi do doskonałości siedmioma superwszechświatami, w całym empirycznym majestacie swojej, osiągniętej wtedy, wszechpotężnej, niezależnej mocy.

Tak jak Orvonton jest unikalny w swej naturze i indywidualny w przeznaczeniu, tak samo unikalny jest każdy z sześciu towarzyszących mu superwszechświatów. Wielka sprawa, która prowadzona jest w Orvontonie, nie jest wam jednak objawiona a wiele tych, nie objawionych własności życia Orvontonu, znajduje swój najpełniejszy wyraz w jakimś innym superwszechświecie. Siedem celów ewolucji superwszechświatów funkcjonuje we wszystkich siedmiu superwszechświatach, jednak każda superkreacja będzie najpełniej wyrażać tylko jeden z tych celów. Abyście lepiej mogli zrozumieć cele istnienia superwszechświatów, należałoby objawić wiele tego, czego nie rozumiecie, ale nawet wtedy pojęlibyście tylko niewiele. Całe to opowiadanie daje tylko przelotny wgląd w rozległą kreację, której częścią jest wasz system lokalny i wasz świat.

Wasz świat zwany jest Urantią i ma numer 606 w grupie planetarnej albo systemie Satania. System ten zawiera teraz 619 zamieszkałych światów a ponad dwieście innych planet rozwija się pomyślnie w tym kierunku, aby kiedyś, w przyszłości, stać się światami zamieszkałymi.

Satania ma swój świat zarządu, zwany Jerusem i jest dwudziestym czwartym systemem w konstelacji Norlatiadek. Wasza konstelacja, Norlatiadek, składa się ze stu systemów lokalnych i posiada świat zarządu zwany Edentią. Norlatiadek ma numer siedemdziesiąt we wszechświecie Nebadon. Wszechświat lokalny, Nebadon, składa się ze stu konstelacji a jego stolica nazywa się Salvington. Wszechświat Nebadon ma numer osiemdziesiąt cztery w mniejszym sektorze Ensa.

Mniejszy sektor, Ensa, składa się ze stu wszechświatów lokalnych i ma stolicę zwaną Uminor trzeci. Ten mniejszy sektor ma numer trzeci w większym sektorze Splandonie. Splandon składa się ze stu mniejszych sektorów i posiada świat zarządu zwany Umajor piąty. Jest to piąty większy sektor superwszechświata Orvontonu, siódmego segmentu wielkiego wszechświata. W ten sposób możecie zlokalizować waszą planetę w systemie organizacyjnym i administracyjnym wszechświata wszechświatów.

Wasz świat ma numer 5.342.482.337.666 w wielkim wszechświecie. Jest to wasz numer w katalogu światów zamieszkałych, w rejestrze Uversy i Raju. Znam numer w rejestrze sfer materialnych, ale jest tak wielki, że dla śmiertelnego umysłu nie ma on praktycznego znaczenia.

Planeta wasza jest elementem składowym gigantycznego kosmosu; należycie do prawie nieskończonej rodziny światów, ale sfera wasza jest tak precyzyjnie zarządzana i z taką miłością prowadzona, jak gdyby była jedynym zamieszkałym światem całego istnienia.

[Przedstawione przez Wszechświatowego Cenzora, przybywającego z Uversy].

PRZEKAZ 16

SIEDEM DUCHÓW NADRZĘDNYCH

SIEDEM Duchów Nadrzędnych z Raju jest pierwszymi osobowościami Nieskończonego Ducha. W tym siedmiorakim, stwórczym akcie samopowielania się, Nieskończony Duch wyczerpał asocjacyjne możliwości, matematycznie nieodłączne rzeczywistej egzystencji trzech osób Bóstwa. Gdyby można było stworzyć więcej Duchów Nadrzędnych, zostałyby stworzone, ale jest tylko i wyłącznie siedem asocjacyjnych możliwości, nieodłącznych trzem Bóstwom. Wyjaśnia to, dlaczego wszechświat działa w siedmiu wielkich sekcjach i dlaczego numer siedem jest zasadniczo fundamentalny dla jego organizacji i administracji.

Tak powstało Siedem Duchów Nadrzędnych a wywodzą one swe indywidualne właściwości od następujących siedmiu postaci:

1. Ojciec Wszechświatowy.
2. Wieczny Syn.
3. Nieskończony Duch.
4. Ojciec i Syn.
5. Ojciec i Duch.
6. Syn i Duch.
7. Ojciec, Syn i Duch.

Bardzo mało wiemy o udziale Ojca i Syna w stwarzaniu Duchów Nadrzędnych. Najwidoczniej zostały one powołane do bytu osobistymi aktami Nieskończonego Ducha, ale zostaliśmy wyraźnie pouczeni, że obaj, tak Ojciec jak i Syn, mieli swój udział w ich powstaniu.

W duchowej postaci i naturze, Siedem Duchów z Raju są jako jeden, ale we wszystkich innych aspektach tożsamości są one bardzo zróżnicowane a rezultaty ich działania w superwszechświatach są takie, że wyraźnie dostrzegalne jest indywidualne zróżnicowanie każdego superwszechświata. Wszystkie późniejsze projekty siedmiu segmentów wielkiego wszechświata – a nawet odnoszące się do nich segmenty przestrzeni zewnętrznej – zostały uwarunkowane inną niż duchowa niejednorodnością Siedmiu Duchów Nadrzędnych, sprawujących nad nimi najwyższy i ostateczny nadzór.

Duchy Nadrzędne pełnią wiele funkcji, obecnie jednak specyficzną domeną ich działania jest centralny nadzór siedmiu superwszechświatów. Każdy Duch Nadrzędny ma ogromne zogniskowanie swej siły, które powoli krąży po obwodzie Raju i zawsze zajmuje pozycję naprzeciw superwszechświata bezpośrednio przez niego nadzorowanego, w rajskim punkcie zogniskowania swej specjalnej kontroli mocy i wycinkowego podziału energii. Promienie linii granicznych każdego superwszechświata faktycznie zbiegają się w rajskiej centrali nadzorującego go Ducha Nadrzędnego.

1. ZWIĄZEK Z BÓSTWEM TRÓJJEDNYM

Wspólny Stwórca, Nieskończony Duch, konieczny jest dla dopełnienia trójjednego uosobienia niepodzielnego Bóstwa. Gdy idzie o możliwości indywidualnej i łącznej ekspresji, trojakie uosobienie Bóstwa jest w swej naturze siedmiorakie; stąd późniejszy plan stwarzania wszechświatów, zamieszkałych przez istoty inteligentne i potencjalnie duchowe, wyrażający odpowiednio Ojca, Syna i Ducha, sprawił, że uosobienie Siedmiu Duchów Nadrzędnych było nieuniknione. Zazwyczaj mówimy o trojakim uosobieniu Bóstwa jako o *absolutnej konieczności*, podczas gdy pojawienie się Siedmiu Duchów Nadrzędnych rozpatrujemy jako *konieczność podabsolutną*.

Chociaż Siedem Duchów Nadrzędnych raczej nie stanowi ekspresji *trojakiego* Bóstwa, są one wiecznym zobrazowaniem Bóstwa *siedmiorakiego*, aktywnych i powiązanych ze sobą funkcji trzech, zawsze istniejących osób Bóstwa. W Siedmiu Duchach i poprzez te Duchy, Ojciec Wszechświatowy, Wieczny Syn albo Nieskończony Duch lub jakikolwiek dwoisty ich związek, może jako taki działać. Kiedy Ojciec, Syn i Duch działają razem, mogą tak funkcjonować i funkcjonują przez Siódmego Ducha Nadrzędnego, ale nie jako Trójca. Duchy Nadrzędne, pojedynczo i zespołowo, reprezentują dowolną oraz wszystkie możliwe funkcje Bóstwa, pojedyncze i zbiorowe, ale nie zespołowe, nie Trójcę. Siódmy Duch Nadrzędny nie działa osobiście w tym, co dotyczy Rajskiej Trójcy i dlatego może działać *osobiście* dla Istoty Najwyższej.

Kiedy jednak Siedem Duchów Nadrzędnych opuści swe indywidualne siedziby superwszechświatowej, osobistej mocy i władzy i zgromadzi się wokół Wspólnego Aktywizatora, w trójjednej obecności Rajskiego Bóstwa, to wtedy i tam są one zbiorowymi reprezentantami mocy czynnościowej, mądrości i władzy niepodzielnego Bóstwa – Trójcy – dla rozwijających się wszechświatów i w tych wszechświatach. Takie rajskie zjednoczenie pierwotnej, siedmiorakiej ekspresji Bóstwa faktycznie obejmuje, literalnie zawiera, całość wszystkich atrybutów i postaw trzech wiecznych Bóstw w Najwyższości i Ostateczności. Praktycznie biorąc, Siedem Duchów Nadrzędnych zawiera, wtedy i tam, domeny czynnościowe Najwyższego-Ostatecznego we wszechświecie nadrzędnym i dla tego wszechświata.

Tak dalece, jak to możemy dostrzec, Siedem Duchów związanych jest z boskimi funkcjami trzech wiecznych osób Bóstwa; nie możemy odkryć oznak bezpośredniego ich związku z funkcjonującymi obecnościami trzech wiecznych stadiów Absolutu. Duchy Nadrzędne, kiedy są połączone, reprezentują Rajskie Bóstwa w tym, co z grubsza może być rozumiane jako skończone domeny działania. Może to obejmować wiele tego, co jest ostateczne, ale *nie* absolutne.

2. ZWIĄZEK Z NIESKOŃCZONYM DUCHEM

Tak jak Wieczny i Pierwszy Syn objawiany jest w osobach coraz większej liczby Boskich Synów, tak Nieskończony i Boski Duch jest objawiany drogami Siedmiu Duchów Nadrzędnych oraz związanych z nimi grup duchów. W centrum centrów Nieskończony

Duch jest dostępny, ale nie wszyscy, którzy dotrą do Raju, mogą natychmiast dostrzec jego osobowość oraz rozróżnić jego obecność; jednak wszyscy, którzy dotrą do wszechświata centralnego, mogą mieć styczność i mają ją natychmiast z jednym z Siedmiu Duchów Nadrzędnych, z tym, który przewodniczy superwszechświatowi skąd przybywają nowi pielgrzymi.

Do wszechświata wszechświatów Rajski Ojciec zwraca się tylko przez swego Syna, podczas gdy Ojciec, wspólnie z Synem, działają tylko przez Nieskończonego Ducha. Poza Rajem i Havoną Nieskończony Duch *mówi* tylko głosami Siedmiu Duchów Nadrzędnych.

Nieskończony Duch wywiera wpływ *osobistej obecności* w granicach systemu Raj-Havona; gdzie indziej jego osobista obecność duchowa jest okazywana tylko poprzez Siedem Duchów Nadrzędnych. Zatem wszechświatowa obecność duchowa Trzeciego Źródła i Centrum jest uwarunkowana, na dowolnym świecie albo w dowolnej osobie, przez unikalną naturę Ducha Nadrzędnego nadzorującego ten segment stworzenia. W kierunku odwrotnym, zespolone linie sił ducha oraz inteligencji przechodzą do wewnątrz, do Trzeciej Osoby Bóstwa, drogą Siedmiu Duchów Nadrzędnych.

Siedem Duchów Nadrzędnych jest wspólnie wyposażonych w doskonałe-ostateczne atrybuty Trzeciego Źródła i Centrum. Podczas gdy każdy z nich, indywidualnie, ma swój udział w tym wyposażeniu, tylko zbiorowo wykazują one atrybuty wszechmocy, wszechwiedzy i wszechobecności. Żaden z nich nie może działać w ten sposób powszechnie; jako jednostki, każdy z nich jest osobiście ograniczony w sprawowaniu mocy najwyższości i ostateczności do tego superwszechświata, który bezpośrednio nadzoruje.

Wszystko to, co zostało wam powiedziane w sprawie boskości i osobowości Wspólnego Aktywizatora, odnosi się tak samo, w całej pełni, do Siedmiu Duchów Nadrzędnych, które tak skutecznie rozprowadzają Nieskończonego Ducha do siedmiu segmentów wielkiego wszechświata, zgodnie z ich boskim wyposażeniem oraz ze zwyczajami ich zróżnicowanych i jednostkowo unikalnych natur. Byłoby zatem właściwe stosować do całej grupy tych siedmiu Duchów jakiekolwiek i wszystkie imiona Nieskończonego Ducha. Zbiorowo są one jednością ze Wspólnym Stwórcą na wszystkich poziomach podabsolutnych.

3. TOŻSAMOŚĆ I ZRÓŻNICOWANIE DUCHÓW NADRZĘDNYCH

Siedem Duchów Nadrzędnych to istoty trudne do określenia, są one jednak wyraźnie i definitywnie osobowe. Posiadają imiona, ale postanowiliśmy przedstawiać je według numerów. Jako pierwsze uosobienia Nieskończonego Ducha są one do siebie podobne, jednak jako pierwsze wyrażenia siedmiu możliwych związków potrójnego Bóstwa, są zasadniczo odmienne w swej naturze i ta odmienność natury decyduje o zróżnicowaniu ich funkcjonowania w superwszechświatach. Siedem Duchów Nadrzędnych można określić następująco:

Pierwszy Duch Nadrzędny. Duch ten jest w pewien specyficzny sposób bezpośrednim reprezentantem Rajskiego Ojca. Jest on swoistym i efektywnym przejawem mocy, miłości i mądrości Ojca Wszechświatowego. Jest on bliskim towarzyszem i niebiańskim doradcą szefa Nieodgadnionych Monitorów, tej istoty, która przewodniczy

Kolegium Uosobionych Dostrajaczy na Diviningtonie. We wszystkich związkach Siedmiu Duchów Nadrzędnych, Pierwszy Duch Nadrzędny występuje zawsze w imieniu Ojca Wszechświatowego.

Duch ten przewodniczy pierwszemu superwszechświatowi i chociaż niezawodnie wykazuje boską naturę pierwszego uosobienia Nieskończonego Ducha, w charakterze wydaje się szczególnie przypominać Ojca Wszechświatowego. Kontaktuje się on zawsze osobiście z siedmioma Duchami Zwierciadlanymi w zarządzie pierwszego superwszechświata.

Drugi Duch Nadrzędny. Duch ten odpowiednio obrazuje niezrównaną naturę i przemiły charakter Wiecznego Syna, pierworodnego spośród całego stworzenia. Jest on zawsze blisko związany ze wszystkimi klasami Synów Boga, kiedy zdarzy im się przebywać we wszechświecie mieszkalnym jako jednostki, czy jako radosne zgromadzenie. Na wszystkich zgromadzeniach Siedmiu Duchów Nadrzędnych zawsze reprezentuje on Wiecznego Syna i występuje w jego imieniu.

Duch ten kieruje losami drugiego superwszechświata i rządzi tą rozległą domeną tak, jakby to robił Wieczny Syn. Jest on zawsze w kontakcie z siedmioma Duchami Zwierciadlanymi, znajdującymi się w stolicy drugiego superwszechświata.

Trzeci Duch Nadrzędny. Osobowość tego Ducha przypomina szczególnie Nieskończonego Ducha a ukierunkowuje on działalność i pracę wielu wysokich osobowości Nieskończonego Ducha. Przewodzi on ich zgromadzeniom i jest blisko związany ze wszystkimi tymi osobowościami, które biorą swój początek wyłącznie z Trzeciego Źródła i Centrum. Kiedy Siedem Duchów Nadrzędnych ma naradę, Trzeci Duch Nadrzędny zawsze występuje w imieniu Nieskończonego Ducha.

Duchowi temu podlega trzeci wszechświat a zarządza on sprawami tego segmentu kreacji tak, jakby to czynił Nieskończony Duch. Jest on zawsze w kontakcie z Duchami Zwierciadlanymi w zarządzie trzeciego superwszechświata.

Czwarty Duch Nadrzędny. Ten Duch Nadrzędny ma udział w łącznych naturach Ojca i Syna i jest czynnikiem determinującym zasady i procedury postępowania Ojca-Syna w radach Siedmiu Duchów Nadrzędnych. Duch ten jest szefem naczelnym i doradcą tych wznoszących się istot, które dotarły do Nieskończonego Ducha i tym samym kandydują do ujrzenia Syna i Ojca. Pomaga on wielkiej grupie osobowości, które mają swój początek w Ojcu i Synu. Kiedy w związku Siedmiu Duchów Nadrzędnych wystąpi konieczność reprezentowania Ojca i Syna, zawsze w ich imieniu występuje Czwarty Duch Nadrzędny.

Duch ten ożywia czwarty segment wielkiego wszechświata, zgodnie ze specyficznym połączeniem cech Ojca Wszechświatowego i Wiecznego Syna. Zawsze jest on w osobistym związku z Duchami Zwierciadlanymi z zarządu czwartego superwszechświata.

Piąty Duch Nadrzędny. Ta boska osobowość, która tak znakomicie harmonizuje charakter Ojca Wszechświatowego i Nieskończonego Ducha, jest doradcą ogromnej grupy istot zwanych dyspozytorami mocy, centrami mocy i kontrolerami fizycznymi. Duch ten pomaga także wszystkim tym osobowościom, które biorą swój początek od Ojca i Wspólnego Aktywizatora. W radach Siedmiu Duchów Nadrzędnych, gdy wyniknie sprawa postawy Ojca-Ducha, zawsze w ich imieniu występuje Piąty Duch Nadrzędny.

Duch ten sprawuje opiekę nad piątym superwszechświatem, w sposób sugerujący łączne działania Ojca Wszechświatowego i Nieskończonego Ducha. Zawsze kontaktuje się z Duchami Zwierciadlanymi w zarządzie piątego superwszechświata.

Szósty Duch Nadrzędny. Ta boska istota wydaje się obrazować łączny charakter Wiecznego Syna i Nieskończonego Ducha. Ilekroć istoty, wspólnie stworzone przez Syna i Ducha, zbierają się we wszechświecie centralnym, ten właśnie Duch Nadrzędny jest ich doradcą; a kiedykolwiek w radach Siedmiu Duchów Nadrzędnych wypadnie konieczność wspólnego reprezentowania Wiecznego Syna i Nieskończonego Ducha, zgłasza się Szósty Duch Nadrzędny.

Duch ten tak kieruje sprawami szóstego superwszechświata, jakby to robił Wieczny Syn i Nieskończony Duch. Zawsze jest on w kontakcie z Duchami Zwierciadlanymi, przebywającymi w zarządzie szóstego superwszechświata.

Siódmy Duch Nadrzędny. Duch ten przewodniczy siódmemu superwszechświatowi i jest w unikalny sposób równym przedstawicielem Ojca Wszechświatowego, Wiecznego Syna i Nieskończonego Ducha. Siódmy Duch, pomocnik i doradca wszystkich istot potrójnego pochodzenia, jest także doradcą i szefem wszystkich wznoszących się pielgrzymów w Havonie, tych skromnych istot, które dotarły na dziedzińce chwały dzięki wspólnej opiece Ojca, Syna i Ducha.

Siódmy Duch Nadrzędny nie reprezentuje strukturalnie Rajskiej Trójcy, ale jest faktem wiadomym, że jego osobista i duchowa natura *jest* przedstawieniem, przez Wspólnego Aktywizatora, w równych proporcjach trzech nieskończonych osób, których jedność Bóstwa *jest* Rajską Trójcą i których działanie jako takie *jest* źródłem osobowej i duchowej natury Boga Najwyższego. Dlatego Siódmy Duch Nadrzędny wykazuje osobiste i organiczne pokrewieństwo z duchową osobą rozwijającego się Najwyższego. Zatem w radzie Duchów Nadrzędnych na wysokości, kiedy pojawi się konieczność głosowania w imieniu wspólnego, osobistego stanowiska Ojca, Syna i Ducha, albo zobrazowania duchowego stanowiska Istoty Najwyższej, działa Siódmy Duch Nadrzędny. W ten sposób, z natury staje się on przewodniczącym rajskiej rady Siedmiu Duchów Nadrzędnych.

Żaden z Siedmiu Duchów nie reprezentuje naturalnie Rajskiej Trójcy, ale gdy się zjednoczą jako Bóstwo siedmiorakie, jedność ta jest w sensie Bóstwa – nie w sensie osobowym – ekwiwalentem poziomu funkcjonalnego, nawiązującego do funkcji Trójcy. W tym sensie „Siedmioraki Duch" może wiązać się funkcjonalnie z Rajską Trójcą. W tym również znaczeniu Siódmy Duch Nadrzędny czasami występuje i potwierdza stanowisko Trójcy, albo raczej działa jako rzecznik stanowiska Siedmiorakiego zjednoczenia Ducha odnośnie stanowiska Trojakiego zjednoczenia Bóstwa, stanowiska Rajskiej Trójcy.

Wielorakie funkcje Siódmego Ducha Nadrzędnego rozciągają się tym samym od łącznego obrazowania *osobistych natur* Ojca, Syna i Ducha, poprzez reprezentowanie *osobistego stanowiska* Boga Najwyższego, aż do ujawnienia *stanowiska Bóstwa* Rajskiej Trójcy. A pod pewnymi względami ten Duch przewodniczący tak samo wyraża *stanowiska* Ostatecznego i Najwyższego-Ostatecznego.

To właśnie Siódmy Duch Nadrzędny, w ramach swych wielorakich możliwości, osobiście patronuje postępom kandydatów do wznoszenia się, pochodzącym ze światów czasu, w ich wysiłkach zrozumienia niepodzielnego Bóstwa Najwyższości. Zrozumienie takie obejmuje pojmowanie egzystencjalnej władzy Trójcy Najwyższości, tak skoordynowanej z ideą coraz większej, empirycznej władzy Istoty Najwyższej, że daje to istocie stworzonej zrozumienie jedności Najwyższości. Zrozumienie przez istotę stworzoną tych trzech czynników równa się zrozumieniu rzeczywistości Trójcy w Havonie i w końcu daje pielgrzymom czasu możliwość zgłębienia Trójcy, odkrycia trzech nieskończonych osób Bóstwa.

Niemożność pełnego odkrycia Boga Najwyższego przez pielgrzymów w Havonie kompensowana jest przez Siódmego Ducha Nadrzędnego, którego trójjedna natura jest w specyficzny sposób objawieniem duchowej osoby Najwyższego. W obecnej epoce wszechświata, czyli w tej epoce, w której kontakt z osobą Najwyższego jest niemożliwy, Siódmy Duch Nadrzędny działa zamiast Boga wznoszących się istot w sprawach kontaktów osobowych. Jest on tą wysoką istotą duchową, którą wszystkie wznoszące się istoty na pewno rozpoznają i w pewnym sensie zrozumieją, kiedy osiągną centra chwały.

Ten Duch Nadrzędny jest cały czas w kontakcie z Duchami Zwierciadlanymi z Uversy, stolicy siódmego superwszechświata, naszego własnego segmentu kreacji. Jego zarządzanie Orvontonem przejawia się w zdumiewającej proporcji skoordynowanego łączenia Boskich natur Ojca, Syna i Ducha.

4. CECHY I FUNKCJE DUCHÓW NADRZĘDNYCH

Siedem Duchów Nadrzędnych stanowi pełną reprezentację Nieskończonego Ducha dla wszechświatów ewolucyjnych. Reprezentują one Trzecie Źródło i Centrum w związkach energii, umysłu i ducha. Chociaż działają w charakterze szefów-koordynatorów wszechświatowej kontroli administracyjnej Wspólnego Aktywizatora, nie zapomnijcie, że mają swój początek w stwórczych aktach Rajskich Bóstw. Jest literalnie prawdziwe, że Siedem Duchów stanowi uosobioną moc fizyczną, kosmiczny umysł i duchową obecność trójjednego Bóstwa – „Siedem Duchów Bożych wysłanych na cały wszechświat".

Duchy Nadrzędne są unikalne dlatego, że działają na wszystkich poziomach rzeczywistości wszechświatowej, za wyjątkiem poziomu absolutnego. Kierują zatem efektywnie i doskonale wszystkimi stadiami przedsięwzięć administracyjnych, na wszystkich poziomach działalności superwszechświata. Śmiertelnemu umysłowi trudno jest zrozumieć dużo z tego, co dotyczy Duchów Nadrzędnych, gdyż ich praca jest wysoce wyspecjalizowana a dodatkowo jest wszechstronna, tak bardzo materialna a jednocześnie tak wyrafinowanie duchowa. Ci wszechstronni stwórcy kosmicznego umysłu są protoplastami Dyspozytorów Mocy Wszechświata i jednocześnie najwyższymi szefami obszernej i rozległej kreacji duchów-istot.

Siedem Duchów Nadrzędnych jest stwórcami i współpracownikami Dyspozytorów Mocy Wszechświata, tych bytów, które są niezbędne dla organizacji, kontroli i regulacji energii fizycznych wielkiego wszechświata. I te same Duchy Nadrzędne pomagają Synom Stwórcom, bezpośrednio materialnie, w ich pracy nad kształtowaniem i organizacją wszechświatów lokalnych.

Nie potrafimy odkryć żadnego osobowego związku między pracą Duchów Nadrzędnych w dziedzinie energii kosmicznej a funkcjami sił Absolutu Nieuwarunkowanego. Te oznaki energii, które są w zakresie jurysdykcji Duchów Nadrzędnych, są w całości kierowane z obrzeży Raju; wydają się one nie być w żaden bezpośredni sposób związane ze zjawiskami siły, utożsamianymi z dolną powierzchnią Raju.

Gdy się stykamy z funkcjonalną działalnością różnych Nadzorców Mocy Morontialnej, stajemy niewątpliwie twarzą w twarz z pewnym, nie objawionym, działaniem Duchów Nadrzędnych. Kto, oprócz tych protoplastów zarówno kontrolerów fizycznych jak i służby duchowej, mógłby znaleźć sposób takiego połączenia i powiązania energii materialnych i duchowych, aby wytworzyć uprzednio nie istniejące stadium rzeczywistości wszechświatowej – tworzywo morontialne i umysł morontialny?

Znaczna część rzeczywistości świata duchowego należy do klasy morontialnej, do tego stadium rzeczywistości wszechświatowej, które jest zupełnie nieznane na Urantii. Cel istnienia osobowości jest duchowy, ale zawsze ingerują tutaj wytwory morontialne, stanowiąc pomost między tymi domenami materialnymi, skąd pochodzą śmiertelnicy, a sferami superwszechświata o zaawansowanym statusie duchowym. To właśnie w tej dziedzinie Duchy Nadrzędne wnoszą swój wielki wkład w plan wznoszenia się człowieka do Raju.

Siedem Duchów Nadrzędnych ma swoich osobistych reprezentantów, działających w całym wielkim wszechświecie, ponieważ jednak znaczna większość tych podwładnych im istot nie zajmuje się bezpośrednio schematem wznoszenia się, postępem śmiertelnika na drodze do rajskiej doskonałości, niewiele lub wręcz nic nie zostało o nich objawione. Wiele, bardzo wiele funkcji Siedmiu Duchów Nadrzędnych niemożliwe jest do zrozumienia przez człowieka, gdyż w żaden sposób nie odnoszą się one bezpośrednio do kwestii waszego wznoszenia się do Raju.

Jest bardzo prawdopodobne, choć nie potrafimy tego konkretnie udowodnić, że Duch Nadrzędny z Orvontonu wywiera wyraźny wpływ w następujących zakresach działalności:

1. Procedury inicjacji życia, dokonywane przez Nosicieli Życia z wszechświata lokalnego.
2. Aktywizacje życia, dokonywane przez przyboczne umysły-duchy, nadawane światom przez Stwórczego Ducha z wszechświata lokalnego.
3. Fluktuacje w przejawach energii, wykazywane przez jednostki zorganizowanej materii, reagujące na grawitację liniową.
4. Zachowanie się energii powstającej, kiedy zostaje całkowicie uwolniona z uchwytu Absolutu Nieuwarunkowanego, stając się tym samym zdolną do reagowania na bezpośredni wpływ grawitacji liniowej oraz na oddziaływania Dyspozytorów Mocy Wszechświata i ich współpracowników.
5. Obdarzenie duchem opiekuńczym Stwórczego Ducha wszechświata lokalnego, zwanym na Urantii Duchem Świętym.
6. Następujące później nadania ducha, który na Urantii zwany jest Pocieszycielem albo Duchem Prawdy, dokonywane przez Synów obdarzających.
7. Mechanizm odzwierciedlania we wszechświatach lokalnych i superwszechświatach. Wiele cech, związanych z tym nadzwyczajnym fenomenem, raczej nie może być sensownie wyjaśnione czy racjonalnie zrozumiane bez założenia działalności

Duchów Nadrzędnych, w powiązaniu ze Wspólnym Aktywizatorem oraz Istotą Najwyższą.

Pomimo, że nie potrafimy właściwie zrozumieć różnorodnych funkcji Siedmiu Duchów Nadrzędnych, jesteśmy przekonani, że w rozległym zakresie wszechświatowych działań istnieją dwie domeny, z którymi w ogóle nie mają one nic wspólnego: obdarzenie i służba Dostrajaczy Myśli oraz tajemnicze działania Absolutu Nieuwarunkowanego.

5. STOSUNEK DO ISTOT STWORZONYCH

Każdy segment wielkiego wszechświata, każdy poszczególny wszechświat czy świat, korzysta z dobrodziejstw wspólnej rady i mądrości wszystkich Siedmiu Duchów Nadrzędnych, jednak nabiera osobistego akcentu i odcienia tylko jednego z nich. I osobista natura każdego Ducha Nadrzędnego zupełnie przenika i niepowtarzalnie warunkuje jego superwszechświat.

Na skutek tego osobistego wpływu Siedmiu Duchów Nadrzędnych, każda istota, w każdej klasie istot inteligentnych poza Rajem i Havoną, będzie nosić charakterystyczną pieczęć indywidualności, oznakę swej natury, odziedziczonej po jednym z Siedmiu Rajskich Duchów. Co się tyczy siódmego superwszechświata, każda pochodząca z niego istota, człowiek czy anioł, zawsze będzie nosić ten sam znak swego miejsca urodzenia.

Siedem Duchów Nadrzędnych nie wkracza bezpośrednio do materialnych umysłów poszczególnych istot stworzonych z ewolucyjnych światów przestrzeni. Śmiertelnicy z Urantii nie odczuwają osobistej obecności umysłowo-duchowego wpływu Ducha Nadrzędnego z Orvontonu. Jeśli ten Duch Nadrzędny w jakikolwiek sposób kontaktuje się z umysłem pojedynczego śmiertelnika, we wczesnych epokach ewolucyjnych na jakimkolwiek zamieszkałym świecie, musi to robić przez służbę Stwórczego Ducha z wszechświata lokalnego, małżonki i towarzyszki Stwórcy Syna Boga, który kieruje losem każdej kreacji lokalnej. Jednak ta właśnie, Stwórcza Matka Duch, posiada naturę i charakter przypominający zupełnie Ducha Nadrzędnego z Orvontonu.

Fizyczne znamię Ducha Nadrzędnego jest częścią materialnego rodowodu człowieka. Cała ludzka droga przez morontię przeżywana jest pod ciągłym wpływem tego samego Ducha Nadrzędnego. Jest raczej dziwne, że następująca później duchowa egzystencja danego wznoszącego się śmiertelnika nigdy w pełni nie zaciera charakterystycznych cech tego właśnie, nadzorującego Ducha. Piętno Ducha Nadrzędnego jest zasadniczą cechą bytu każdego, prehavonalnego stadium wznoszenia się śmiertelnika.

Charakterystyczne tendencje osobowości, jakie się przejawiają w doświadczeniu życiowym śmiertelników ewolucyjnych, które są znamienne dla każdego superwszechświata i które bezpośrednio wyrażają naturę dominującego w nim Ducha Nadrzędnego, nigdy się zupełnie nie zacierają, nawet po tym, kiedy takie wznoszące się istoty poddane są długiemu szkoleniu oraz jednoczącej dyscyplinie, na miliardzie edukacyjnych sfer Havony. Nawet późniejsze, intensywne kształcenie w Raju, nie może wykorzenić piętna superwszechświata, z którego się pochodzi. Przez całą wieczność, wznoszący się śmiertelnik będzie wykazywał cechy charakterystyczne tego Ducha, który przewodniczy superwszechświatowi, skąd śmiertelnik pochodzi. Nawet w Korpusie Finalizmu, gdy trzeba ustalić czy zobrazować *kompletny* stosunek Trójcy do kreacji ewolucyjnej, zawsze się zbiera grupa siedmiu finalistów, po jednym z każdego superwszechświata.

6. KOSMICZNY UMYSŁ

Duchy Nadrzędne są siedmiorakim źródłem kosmicznego umysłu, intelektualnego potencjału wielkiego wszechświata. Kosmiczny umysł jest podabsolutnym przejawem umysłu Trzeciego Źródła i Centrum a w pewnych względach jest funkcjonalnie związany z umysłem rozwijającej się Istoty Najwyższej.

Na takim świecie, jak Urantia, nie spotykamy się z bezpośrednią ingerencją Siedmiu Duchów Nadrzędnych w sprawy gatunku ludzkiego. Żyjecie pod bezpośrednim wpływem Stwórczego Ducha z Nebadonu. A jednak, te same Duchy Nadrzędne panują nad podstawowymi reakcjami umysłu wszystkich istot stworzonych, gdyż są one w istocie źródłem tych potencjałów intelektualnych i duchowych, które zostały wyspecjalizowane we wszechświatach lokalnych, aby działały w życiu jednostek zamieszkujących ewolucyjne światy czasu i przestrzeni.

Fakt istnienia kosmicznego umysłu wyjaśnia pokrewieństwo różnych rodzajów umysłów, ludzkich i nadludzkich. Nie tylko pokrewne duchy przyciągają się nawzajem, ale również pokrewne umysły dążą do bratania się i skłonne są do wzajemnej współpracy. Czasami można zauważyć, jak ludzkie umysły biegną drogami zadziwiająco podobnymi i niewytłumaczalnie zgodnymi.

We wszystkich związkach osobowościowych kosmicznego umysłu istnieje ta właściwość, którą można by nazwać „reakcją rzeczywistości". Jest to wszechświatowe, kosmiczne wyposażenie istot obdarzonych wolą, które zapobiega temu, aby nie stały się one bezradnymi ofiarami przypuszczeń, z góry zakładanych przez naukę, filozofię i religię. Ta wrażliwość kosmicznego umysłu na rzeczywistość reaguje na pewne stadia rzeczywistości dokładnie tak samo, jak energia-materia reaguje na grawitację. Jeszcze lepiej można by to określić, że te nadmaterialne rzeczywistości reagują w ten sposób na umysł kosmosu.

Umysł kosmiczny niezawodnie reaguje (rozpoznaje reakcję) na trzech poziomach rzeczywistości wszechświatowej. Reakcje te są oczywiste dla jasno rozumujących i dogłębnie myślących umysłów. Te poziomy rzeczywistości są następujące:

1. *Przyczynowość* – domena rzeczywistości zmysłów fizycznych, naukowe domeny logicznej jednolitości, odróżnianie tego, co zgodne z faktami, od tego, co niezgodne, refleksyjne wnioski oparte na reakcji kosmicznej. Jest to matematyczny rodzaj kosmicznego rozróżniania.

2. *Obowiązek* – domena rzeczywistości moralnej w sferze filozofii, arena rozumowania, rozpoznawanie względnego dobra i zła. Jest to ten rodzaj kosmicznego rozróżniania, który opiera się na osądzie.

3. *Czczenie* – duchowa domena rzeczywistości doświadczenia religijnego, osobiste uświadomienie sobie boskiej wspólnoty, rozpoznanie wartości ducha, pewność wiecznego życia, wzniesienie się od stanu sług Boga do radości i wolności synów Boga. Jest to najwyższa wnikliwość kosmicznego umysłu, forma kosmicznego rozróżniania pełna czci i pobożności.

Te naukowe, moralne i duchowe wnikliwości, owe reakcje kosmiczne, są właściwością kosmicznego umysłu, w który wyposażone są wszystkie istoty obdarzone wolą. Doświadczenie życiowe nigdy nie zawodzi w kształtowaniu tych trzech kosmicznych intuicji; są one częścią składową samoświadomości myślenia refleksyjnego. Jednak ze smutkiem należy odnotować, że tak mało osób na Urantii znajduje radość w kultywowaniu tych cech, odważnego i niezależnego kosmicznego myślenia.

We wszechświecie lokalnym, w obdarzeniach umysłem, te trzy rodzaje wnikliwości kosmicznego umysłu stanowią założenia aprioryczne, które umożliwiają człowiekowi działanie w domenach nauki, filozofii i religii w charakterze osobowości racjonalnej i samoświadomej. Inaczej mówiąc, poznawanie *rzeczywistości* tych trzech przejawów Nieskończonego odbywa się dzięki kosmicznej metodzie samoobjawienia. Materia-energia poznawana jest dzięki matematycznej logice zmysłów; umysł-rozumowanie intuicyjnie zna swe moralne powinności; duch-wiara (czczenie) jest religią rzeczywistości doświadczenia duchowego. W myśleniu refleksyjnym, te trzy podstawowe czynniki mogą być jednoczone i koordynowane w procesie rozwoju osobowości, albo mogą stać się nieproporcjonalne i faktycznie niepowiązane w swych poszczególnych funkcjach. Gdy jednak zostaną zjednoczone, wytwarzają silny charakter, złożony ze współzależności faktów naukowych, filozofii moralnej oraz autentycznego doświadczenia religijnego. I te trzy kosmiczne intuicje nadają obiektywną ważność – rzeczywistość – ludzkiemu doświadczeniu w odniesieniu do rzeczy, znaczeń i wartości.

Celem edukacji jest rozwinięcie i wyostrzenie tych wrodzonych wyposażeń ludzkiego umysłu; celem cywilizacji jest ich wyrażenie; celem doświadczenia życiowego – ich realizacja; celem religii – ich nobilitacja; celem osobowości – ich zjednoczenie.

7. MORALNOŚĆ, CNOTA I OSOBOWOŚĆ

Sama tylko inteligencja nie może wyjaśnić istnienia moralnej natury. Moralność, cnota, jest nieodłączna osobowości ludzkiej. Intuicja moralna, świadomość powinności, jest składnikiem wyposażenia umysłu ludzkiego i jest związana z innymi, niezbywalnymi własnościami natury ludzkiej: ciekawością naukową i wnikliwością duchową. Umysłowość ludzka dalece przewyższa umysłowość zwierzęcych kuzynów człowieka, ale to zwłaszcza moralność i natura religijna odróżnia go od świata zwierzęcego.

Wybiórcze reakcje zwierzęcia ograniczają się do motorycznego poziomu behawioru. Domniemana wnikliwość u wyższych zwierząt jest na poziomie motorycznym i pojawia się najczęściej dopiero po doświadczeniu motorycznych prób i błędów. Człowiek potrafi wypracować wnikliwość naukową, moralną i duchową przed wszelkimi badaniami czy eksperymentami.

Tylko osobowość może wiedzieć, co zrobi, zanim to zrobi, tylko osobowości posiadają wnikliwość przed doświadczeniem. Osobowość może popatrzeć, zanim skoczy, może tym samym uczyć się tak z patrzenia jak i ze skakania. Nieosobowe zwierzę uczy się zazwyczaj tylko przez skakanie.

W wyniku doświadczeń zwierzę może rozpatrywać różne drogi docierania do celu i wybrać metodę, opartą na nagromadzonym doświadczeniu. Osobowość może również rozpatrywać cel sam w sobie i dokonywać oceny jego opłacalności, jego wartości. Sama inteligencja może rozpatrywać najlepsze środki osiągania ogólnych celów, ale istota moralna posiada wnikliwość, która jej umożliwia rozróżnianie zarówno celów jak i środków. I moralna istota, wybierając prawość, jest także inteligentna. Wie, co robi, dlaczego to robi, dokąd idzie i jak tam dotrze.

Kiedy człowiek nie zdoła spostrzec celów swych ziemskich dążeń, będzie działał na zwierzęcym poziomie bytu. Nie będzie mógł skorzystać z wyższych cech tej materialnej bystrości, moralnego rozróżniania i wnikliwości duchowej, która jest nieodłączną częścią wyposażenia jego kosmicznego umysłu, jako istoty osobowej.

Cnota jest prawością – zestrojeniem z kosmosem. Nazywanie cnót nie oznacza ich definiowania, ale raczej ich przeżywanie, ich poznawanie. Cnota nie jest samą wiedzą ani też mądrością, ale raczej rzeczywistością rozwojowego doświadczania, w procesie docierania do coraz wyższych poziomów kosmicznych osiągnięć. W życiu śmiertelnego człowieka, dzień po dniu, cnotę realizuje się przez stały wybór raczej dobra niż zła i taka zdolność wyboru jest dowodem posiadania moralnej natury.

Na wybór pomiędzy dobrem a złem nie tylko wpływa gorliwość natury moralnej człowieka, ale również takie wpływy jak ignorancja, niedojrzałość i złudzenia. Zmysł proporcji ma również wpływ na cnotliwe postępowanie, gdyż można czynić zło, kiedy coś mniejszego wybrane jest w miejsce większego, w rezultacie wypaczenia lub fałszerstwa. Praktykowanie cnót człowieka moralnego zawiera sztukę proporcjonalnej oceny czy kalkulacji porównawczej.

Moralna natura ludzka nie mogłaby działać bez sztuki oceny, rozróżniania, nieodłącznego zdolności człowieka do szczegółowego badania znaczeń. Wybór moralny również byłby bezowocny bez tej kosmicznej wnikliwości, z której się rodzi świadomość wartości duchowych. Z rozumowego punktu widzenia, człowiek wznosi się na poziom istoty moralnej, gdyż jest wyposażony w osobowość.

Moralność nigdy nie posunie się naprzód dzięki prawu czy przemocy. Jest ona sprawą osobistą i wolnej woli i musi być szerzona przez zarażanie nią, przez kontakt osób przesyconych moralnością z tymi, którzy słabiej na nią reagują, ale którzy w pewnym stopniu pragną czynić wolę Ojca.

Czyny moralne to te dokonania ludzkie, które charakteryzują się najwyższą inteligencją, ukierunkowaną selektywnym rozróżnianiem podczas wyboru wyższych celów, jak również podczas selekcji środków moralnych do osiągnięcia tych celów. Takie postępowanie jest cnotliwe. Najwyższą cnotą jest zatem szczery wybór czynienia woli Ojca w niebie.

8. URANTIAŃSKA OSOBOWOŚĆ

Ojciec Wszechświatowy nadaje osobowość licznym klasom istot, które działają na różnorodnych poziomach aktualności wszechświata. Istoty ludzkie z Urantii są wyposażone w osobowość typu skończonego-śmiertelnego, funkcjonującą na poziomie wznoszących się synów Boga.

Chociaż trudno jest nam podjąć się zdefiniowania osobowości, możemy próbować opisać, jak my rozumiemy znane czynniki, składające się na całokształt energii materialnych, psychicznych i duchowych, których wzajemne oddziaływanie stanowi ten mechanizm, w którym, na którym i z którym, Ojciec Wszechświatowy sprawia funkcjonowanie nadanej przez niego osobowości.

Osobowość jest unikalnym wyposażeniem o swoistej naturze, której istnienie jest niezależne od obdarzenia Dostrajaczem Myśli i poprzedza to obdarzenie. Tym niemniej obecność Dostrajacza wzmacnia jakościowe przejawy osobowości. Dostrajacze Myśli, kiedy wychodzą od Ojca, są identyczne w swej naturze, osobowość jest jednak zróżnicowana, oryginalna i jedyna w swoim rodzaju; przejawy osobowości dodatkowo są warunkowane oraz określane naturą i właściwościami energii jej towarzyszących, materialnej, umysłowej i duchowej, które to energie tworzą zorganizowany nośnik przejawiania się osobowości.

Osobowości mogą być podobne, jednak nigdy nie są takie same. Osoby danej serii, typu, klasy czy formy, mogą być i są podobne jedna do drugiej, ale nigdy nie są identyczne. Osobowość jest tą własnością jednostki, którą *znamy* i która umożliwia nam identyfikację takiej istoty, kiedyś w przyszłości, niezależnie od rodzaju i stopnia zmian w jej formie, umyśle czy statusie duchowym. Osobowość jest tą częścią jakiejkolwiek jednostki, która umożliwia nam rozpoznanie i prawidłową identyfikację takiej osoby jako tej, którą uprzednio znaliśmy, bez znaczenia jak bardzo mogła się zmienić w wyniku przeobrażenia nośnika ekspresji i uzewnętrznienia jej osobowości.

Osobowość istoty jest rozpoznawalna dzięki dwu uwidaczniającym się, charakterystycznym zjawiskom behawioru reaktywnego śmiertelnika: samoświadomości i związanej z nią względnie wolnej woli.

Samoświadomość polega na rozumnym zdaniu sobie sprawy z aktualności osobowości; obejmuje ona możliwość rozpoznawania rzeczywistości innych osobowości. Oznacza ona zdolność do zindywidualizowanego doświadczania w rzeczywistościach kosmicznych i w odniesieniu do nich, co równa się osiągnięciu statusu tożsamości w związkach osobowościowych we wszechświecie. Samoświadomość oznacza rozpoznanie rzeczywistości funkcjonowania umysłu i zdanie sobie sprawy ze względnej niezależności wolnej woli, kreatywnej i zdolnej do decydowania.

Względnie wolna wola, charakterystyczna dla samoświadomości osobowości ludzkiej, bierze udział w:

1. Decydowaniu moralnym, najwyższej mądrości.
2. Wyborze duchowym, zdolności dostrzegania prawdy.
3. Bezinteresownej miłości, braterskiej służbie.
4. Celowej współpracy, grupowej lojalności.
5. Wnikliwości kosmicznej, pojmowaniu znaczeń wszechświata.
6. Dedykacji osobowości dla szczerego poświęcenia się czynieniu woli Ojca.
7. Czczeniu, w szczerym dążeniu do boskich wartości i w szczerym kochaniu boskiego Dawcy Wartości.

Osobowość ludzka typu urantiańskiego może być rozpatrywana jako funkcjonująca w mechanizmie materialnym, opartym na planetarnej modyfikacji organizmu typu nebadońskiego, należącego do elektrochemicznej klasy aktywacji życia Nebadonu i wyposażonego w nebadońską klasę umysłu kosmicznego serii orvontońskiej, mechanizmie o rodzicielskiej formie rozmnażania. Nadanie Boskiego daru osobowości takiemu, wyposażonemu w umysł śmiertelnemu mechanizmowi, daje śmiertelnej istocie godność kosmicznego obywatelstwa i umożliwia jej natychmiastowe reagowanie na kształtujące ją rozpoznawanie trzech podstawowych rzeczywistości umysłowych kosmosu:

1. Matematyczne albo logiczne rozpoznawanie jednolitości przyczynowości fizycznej.
2. Rozumne rozpoznawanie obowiązku postępowania moralnego.

3. Zrozumienie przez wiarę wspólnoty w czczeniu Bóstwa, wraz z miłości pełną służbą dla ludzkości.

Pełne funkcjonowanie takiego wyposażenia osobowości oznacza początek uświadomienia sobie pokrewieństwa z Bóstwem. Osobowość taka, zamieszkała przez przedosobowy fragment Boga Ojca, jest prawdziwie i rzeczywiście duchowym synem Boga. Istota taka nie tylko jest zdolna przyjąć dar Boskiej obecności, ale przejawia także wrażliwość na obwód grawitacji osobowości, obwód Rajskiego Ojca wszystkich osobowości.

9. RZECZYWISTOŚĆ ŚWIADOMOŚCI LUDZKIEJ

Istota osobowa, wyposażona w kosmiczny umysł, zamieszkała przez Dostrajacza, posiada naturalne rozpoznanie-uświadomienie rzeczywistości energii, rzeczywistości umysłu i rzeczywistości ducha. Obdarzona wolą istota jest tak wyposażona, aby móc dostrzec fakt Boga, prawo Boga i miłość Boga. Niezależnie od tych trzech, niezbywalnych cech świadomości ludzkiej, całe ludzkie doświadczenie jest w rzeczywistości subiektywne, za wyjątkiem intuicyjnego uświadomienia sobie ważności *zjednoczenia* tych trzech oddziaływań rzeczywistości wszechświatowej, związanej z kosmicznym poznawaniem.

Dostrzegający Boga śmiertelnik potrafi odczuć ważność zjednoczenia tych trzech kosmicznych cech w ewolucji przeżywającej śmierć duszy, najwyższym ludzkim przedsięwzięciu w materialnym tabernakulum, gdzie moralny umysł współpracuje z zamieszkującym go boskim duchem w celu dualizacji nieśmiertelnej duszy. Dusza jest *rzeczywista* od najwcześniejszych jej początków; posiada wartości kosmicznej, wiecznej egzystencji.

Jeśli śmiertelnikowi nie uda się przeżyć naturalnej śmierci, przetrwają rzeczywiste wartości duchowe jego ludzkiego doświadczenia jako część nieprzerwanego doświadczenia Dostrajacza Myśli. Nadal istnieją cechy osobowościowe nie przetrwałej istoty jako element osobowości aktualizującej się Istoty Najwyższej. Te przetrwałe cechy osobowości pozbawione są tożsamości, ale nie wartości empirycznych, nagromadzonych podczas śmiertelnego życia w ciele. Trwanie tożsamości zależne jest od trwania nieśmiertelnej duszy o statusie morontialnym i coraz bardziej boskich wartościach. Tożsamość osobowości trwa, dzięki przetrwaniu duszy i w tej właśnie duszy.

Z faktu ludzkiej samoświadomości wynika rozpoznawanie rzeczywistości jaźni innych niż świadoma jaźń i dalej wynika, że zdanie sobie z tego sprawy jest obopólne, że jaźń jest tak samo poznawana jak i poznaje. Widać to zwyczajnie, po ludzku, w społecznym życiu człowieka. Jednak nie możecie się tak absolutnie przekonać o rzeczywistości bratniej istoty, jak o rzeczywistości obecności Boga, który żyje w was. Świadomość społeczna nie jest tak niezbywalna, jak świadomość istnienie Boga; jest ona wytworem kulturowym, zależnym od wiedzy, symboli oraz wyposażeń składowych człowieka – nauki, moralności i religii. I te właśnie kosmiczne dary, gdy są uspołecznione, tworzą cywilizację.

Cywilizacje są nietrwałe, ponieważ nie są kosmiczne; nie są nieodłączne jednostkom, z których składa się ludzki gatunek. Muszą być odżywiane przez wspólne działanie czynników składowych człowieczeństwa – nauki, moralności i religii. Cywilizacje powstają i upadają, ale nauka, moralność i religia zawsze przeżywają katastrofę.

Jezus nie tylko objawił Boga człowiekowi, ale objawił także człowieka na nowo jemu samemu i innym ludziom. W życiu Jezusa dostrzegacie człowieka z jego najlepszej strony. Człowiek stał się zatem tak pięknie rzeczywisty, ponieważ Jezus miał tak wiele z Boga w swym życiu, a uświadomienie sobie (poznanie) Boga jest niezbywalne i nieodłączne wszystkim ludziom.

Poza instynktem rodzicielskim, altruizm nie jest zupełnie naturalny; nie kocha się innych osób ani nie służy się im społecznie z samej tylko natury. Aby stworzyć altruistyczny porządek społeczny trzeba oświecenia rozumu, moralności i bodźca religijnego – znajomości Boga. Uświadomienie sobie przez człowieka osobowości, samoświadomość, jest także bezpośrednio zależna od nieodłącznej temu świadomości innych, nieodłącznej zdolności do rozpoznania i zrozumienia rzeczywistości innych osobowości, w zakresie od ludzkiej do Boskiej.

Altruistyczna świadomość społeczna musi być zasadniczo świadomością religijną, jeśli ma być obiektywna; inaczej jest ona czysto subiektywną abstrakcją filozoficzną, dlatego też pozbawioną miłości. Jedynie rozpoznająca Boga jednostka może kochać inną osobę, tak jak kocha siebie.

Samoświadomość jest w swej istocie świadomością wspólną: Bóg i człowiek, Ojciec i syn, Stwórca i stworzony. W samoświadomości ludzkiej tkwią i są ukryte cztery rodzaje realizacji rzeczywistości wszechświata:

1. Dążenie do wiedzy, logika nauki.
2. Dążenie do wartości moralnych, zmysł obowiązku.
3. Dążenie do wartości duchowych, doświadczenie religijne.
4. Dążenie do wartości osobowości, zdolność rozpoznania rzeczywistości Boga jako osobowości i jednoczesne uświadomienie sobie naszych braterskich związków z bliźnimi osobowościami.

Uświadamiacie sobie człowieka jako bratnią istotę, dlatego, że już wcześniej uświadomiliście sobie Boga jako waszego Stwórcę-Ojca. Ojcostwo jest tym pokrewieństwem, z którego wnioskujemy, że jesteśmy członkami braterstwa. Ojcostwo staje się lub może się stać, rzeczywistością wszechświatową dla wszystkich istot moralnych, gdyż Ojciec sam nadał osobowość wszystkim takim istotom i ogarnął je uchwytem wszechświatowego obwodu osobowości. Czcimy Boga, po pierwsze, dlatego, że *jest*, potem, dlatego, że *jest w nas*, a na koniec, dlatego, że my jesteśmy w nim.

Czy to takie dziwne, że kosmiczny umysł powinien samoświadomie zdawać sobie sprawę ze swego własnego źródła, nieskończonego umysłu Nieskończonego Ducha, będąc jednocześnie świadomy rzeczywistości materialnej rozległych wszechświatów, rzeczywistości duchowej Wiecznego Syna i rzeczywistości osobowości Ojca Wszechświatowego?

[Nadzorowane przez Wszechświatowego Cenzora z Uversy].

PRZEKAZ 17

SIEDEM GRUP DUCHÓW NAJWYŻSZYCH

SIEDEM grup Duchów Najwyższych to wszechświatowi szefowie-koordynatorzy siedmiosegmentowej administracji wielkiego wszechświata. Chociaż wszyscy zaklasyfikowani są do funkcjonalnej rodziny Nieskończonego Ducha, trzy następujące ich grupy zalicza się zazwyczaj do dzieci Rajskiej Trójcy:

1. Siedem Duchów Nadrzędnych.
2. Siedmiu Najwyższych Wykonawców.
3. Duchy Zwierciadlane.

Pozostałe cztery grupy powołane zostały do bytu stwórczymi aktami Nieskończonego Ducha albo jego towarzyszy o stwórczym statusie:

4. Pomocnicy-Wyobrażenia Zwierciadlane.
5. Siedem Duchów Orbit.
6. Stwórcze Duchy Wszechświata Lokalnego.
7. Przyboczne umysły-duchy.

Te siedem klas nazywa się na Uversie siedmioma grupami Duchów Najwyższych. Domena ich działalności rozciąga się od osobistej obecności Siedmiu Duchów Nadrzędnych na obwodzie wiecznej Wyspy, poprzez siedem rajskich satelitów Ducha, orbity Havony, rządy superwszechświatów, administrację i nadzór wszechświatów lokalnych, aż do skromnej służby przybocznych, nadawanych domenom ewolucyjnego umysłu na światach czasu i przestrzeni.

Siedem Duchów Nadrzędnych to szefowie-koordynatorzy tych rozległych domen administracyjnych. W niektórych sprawach, odnoszących się do administracyjnej regulacji zorganizowanej mocy fizycznej, energii umysłowej i nieosobowej służby duchowej, działają oni osobiście i bezpośrednio, w innych funkcjonują przez swych różnorodnych współpracowników. We wszystkich sprawach natury wykonawczej – w orzeczeniach, rozporządzeniach, przystosowaniach i decyzjach zarządzających – Duchy Nadrzędne działają w osobach Siedmiu Najwyższych Wykonawców. W centralnym wszechświecie Duchy Nadrzędne mogą działać przez Siedem Duchów Orbit Havony; w zarządach siedmiu superwszechświatów objawiają się one kanałem Duchów Zwierciadlanych i działają przez osoby Pradawnych Czasu, z którymi utrzymują osobistą łączność przez Pomocników-Wyobrażenia Zwierciadlane.

Siedem Duchów Nadrzędnych nie kontaktuje się bezpośrednio i osobiście z administracją wszechświata, poniżej sądów Pradawnych Czasu. Wasz wszechświat lokalny jest zarządzany jako część naszego superwszechświata, przez Ducha Nadrzędnego Orvontonu, ale jego funkcjonowanie w stosunku do istot pochodzących z Nebadonu jest realizowane bezpośrednio i osobiście ukierunkowane przez Stwórczą Matkę Ducha, osiadłą na Salvingtonie, w stolicy waszego wszechświata lokalnego.

1. SIEDMIU NAJWYŻSZYCH WYKONAWCÓW

Zarządy administracyjne Duchów Nadrzędnych zajmują siedem rajskich satelitów Nieskończonego Ducha, krążących wokół centralnej Wyspy, pomiędzy błyszczącymi sferami Wiecznego Syna a najbardziej wewnętrzną orbitą Havony. Te administracyjne sfery kierowane są przez Najwyższych Wykonawców, grupę siedmiu istot utrójcowionych przez Ojca, Syna i Ducha, zgodnie z wymogami Siedmiu Duchów Nadrzędnych, dla istot tego rodzaju, które mogą działać w charakterze ich reprezentantów we wszechświatach.

Duchy Nadrzędne są w kontakcie z różnymi sekcjami rządów superwszechświatowych, poprzez tych Najwyższych Wykonawców. To właśnie oni w znacznym stopniu decydują o podstawowych ustawodawczych trendach w siedmiu superwszechświatach. Są oni jednolicie i bosko doskonali, ale posiadają także zróżnicowane osobowości. Nie mają przewodniczącego; za każdym razem, gdy się spotykają, wybierają jednego spośród siebie, aby przewodniczył wspólnej naradzie. Okresowo podróżują do Raju, aby zasiadać w radzie z Siedmioma Duchami Nadrzędnymi.

Siedmiu Najwyższych Wykonawców funkcjonuje jako koordynatorzy administracyjni wielkiego wszechświata; można ich nazwać radą dyrektorów, zarządzających posthavonalną kreacją. Nie interesują ich wewnętrzne sprawy Raju, w swych ograniczonych zakresach funkcjonowania w Havonie działają przez Siedem Duchów Orbit. Skądinąd niewiele jest ograniczeń, gdy idzie o zakres ich nadzoru; kierują sprawami materialnymi, intelektualnymi i duchowymi; widzą wszystko, słyszą wszystko, czują wszystko, nawet wiedzą o wszystkim, co się dzieje w siedmiu superwszechświatach i w Havonie.

Najwyżsi Wykonawcy ani nie tworzą zasad działania ani też nie modyfikują procedur postępowania we wszechświecie, interesują się tylko wdrażaniem w życie planów boskości, szerzonych przez Siedem Duchów Nadrzędnych. Nie mieszają się też do rządów Pradawnych Czasu w superwszechświatach ani nie ingerują we władzę Synów Stwórców we wszechświatach lokalnych. Są koordynującymi administratorami, których zadaniem jest wprowadzanie w życie wspólnych metod postępowania dla wszystkich władców, jacy są ustanowieni w wielkim wszechświecie.

Każdy z wykonawców oraz wszystko, co funkcjonuje na jego sferze, służy efektywnej administracji pojedynczego superwszechświata. Pierwszy Najwyższy Wykonawca, działający na pierwszej sferze wykonawczej, zajmuje się wyłącznie sprawami pierwszego superwszechświata i tak dalej, aż do Siódmego Najwyższego Wykonawcy, który działa z siódmego rajskiego satelity Ducha i poświęca swe energie prowadzeniu siódmego superwszechświata. Ta siódma sfera nazywa się Orvonton, ponieważ rajskie satelity Ducha mają takie same nazwy, jak odpowiadające im superwszechświaty; faktycznie superwszechświaty zostały nazwane według nich.

Na sferze wykonawczej siódmego superwszechświata, liczba personelu, który zajmuje się prawidłowym prowadzeniem spraw Orvontonu, przekracza ludzkie pojmowanie i obejmuje praktycznie każdą klasę niebiańskich istot inteligentnych. Wszystkie wszechświatowe służby, związane z przemieszczaniem osobowości (za wyjątkiem Natchnionych Duchów Trójcy i Dostrajaczy Myśli), przechodzą przez jeden z tych siedmiu światów wykonawczych, gdy przemierzają wszechświat do Raju i z Raju; tutaj są również prowadzone centralne rejestry wszystkich osobowości stworzonych przez Trzecie Źródło i Centrum, działających w superwszechświatach. Systemy zapisów materialnych, morontialnych i duchowych, jakie się prowadzi na jednym z takich światów wykonawczych Ducha, zadziwiają nawet istotę mojej klasy.

Bezpośrednimi podwładnymi Najwyższych Wykonawców są w większości utrójcowieni synowie osobowości Raju-Havony oraz utrójcowione potomstwo gloryfikowanych śmiertelników, absolwentów epokowego szkolenia w systemie wznoszenia się w czasie i przestrzeni. Ci utrójcowieni synowie wyznaczani są do służby z Najwyższymi Wykonawcami przez szefa Najwyższej Rady Rajskiego Korpusu Finalizmu.

Każdy Najwyższy Wykonawca ma dwa zespoły doradcze. W zarządzie każdego superwszechświata dzieci Nieskończonego Ducha wybierają ze swoich szeregów przedstawicieli, aby służyli tysiąc lat w pierwszym zespole doradczym swojego Najwyższego Wykonawcy. Wszystkimi sprawami, dotyczącymi wznoszących się śmiertelników czasu, zajmuje się drugi zespół składający się ze śmiertelników, którzy dotarli do Raju, jak również z utrójcowionych synów gloryfikowanych śmiertelników; ciało to jest wybierane przez doskonalące się i wznoszące się istoty, które chwilowo mieszkają w stolicach siedmiu superwszechświatów. Szefowie wszystkich innych zadań mianowani są przez Najwyższych Wykonawców.

Od czasu do czasu, na rajskich satelitach Ducha odbywa się wielkie zgromadzenie. Przydzieleni do tych światów utrójcowieni synowie, razem z tymi, którzy w trakcie wznoszenia się dotarli do Raju, gromadzą się wraz z osobowościami duchowymi Trzeciego Źródła i Centrum na spotkaniu, poświęconym trudnościom i tryumfom na drodze wznoszenia się. Takim braterskim zgromadzeniom zawsze przewodniczą Najwyżsi Wykonawcy.

Raz na tysiąc rajskich lat, Siedmiu Najwyższych Wykonawców opuszcza swe miejsca, z których sprawują władzę i idą do Raju, gdzie prowadzą milenijne zgromadzenie dla inteligentnych zastępów z całego stworzenia, w duchu powszechnej serdeczności i życzliwości. Taka doniosła uroczystość odbywa się bezpośrednio w obecności Majestonu, szefa wszystkich grup duchów zwierciadlanych. Dlatego też Wykonawcy mogą się kontaktować równocześnie ze wszystkimi swoimi współpracownikami w wielkim wszechświecie, dzięki unikalnemu działaniu wszechświatowego odzwierciedlania.

2. MAJESTON – SZEF ODZWIERCIEDLANIA

Zwierciadlane Duchy mają boskie pochodzenie – od Trójcy. Istnieje pięćdziesiąt tych unikalnych i w pewnym sensie tajemniczych istot. Siedem tych niezwykłych osobowości było stwarzane równocześnie a każdy z takich stwórczych aktów był rezultatem połączenia Rajskiej Trójcy i jednego z Siedmiu Duchów Nadrzędnych.

Te doniosłe sprawy, które miały miejsce o świcie czasu, obrazują pierwsze próby działania z Rajską Trójcą Najwyższych Osobowości Stwórczych, w charakterze współstwórców reprezentowanych przez Duchy Nadrzędne. Związek mocy stwórczej Najwyższych Stwórców ze stwórczymi potencjałami Trójcy jest źródłem aktualności bytu

Istoty Najwyższej. Dlatego też, kiedy cykl kreacji zwierciadlanej się dopełnił, kiedy każdy z Siedmiu Duchów Nadrzędnych znalazł doskonałą, stwórczą synchronizację z Rajską Trójcą, kiedy czterdziesty dziewiąty Duch Zwierciadlany został uosobiony, wtedy nastąpiła nowa i rozległa reakcja w Bóstwie-Absolucie, dająca nowe prerogatywy osobowości Istocie Najwyższej i osiągająca swą kulminację w uosobieniu Majestonu, który jest szefem odzwierciedlania i rajskim centrum wszelkiej działalności czterdziestu dziewięciu Duchów Zwierciadlanych oraz ich współpracowników w całym wszechświecie wszechświatów.

Majeston jest prawdziwą osobą, osobowym i niezawodnym centrum fenomenu odzwierciedlania, działającego we wszystkich siedmiu superwszechświatach czasu i przestrzeni. Posiada on swój stały, rajski zarząd w pobliżu centrum wszystkich rzeczy, w miejscu spotkań Siedmiu Duchów Nadrzędnych. Zajmuje się on wyłącznie koordynacją i utrzymywaniem służby odzwierciedlania w rozległej kreacji; skądinąd nie zajmuje się administracją spraw wszechświata.

W naszym katalogu osobowości rajskich nie ma Majestonu, gdyż jest on jedyną istniejącą osobowością boskości, stworzoną przez Istotę Najwyższą, w funkcjonalnym związku z Bóstwem-Absolutem. Jest on osobą, ale interesuje się wyłącznie i najwyraźniej automatycznie jednym tylko stadium organizacji wszechświata; nie działa teraz w żadnym osobowym charakterze w odniesieniu do innych (niezwierciadlanych) klas osobowości wszechświata.

Stworzenie Majestonu oznacza pierwszy, najwyższy akt stwórczy Istoty Najwyższej. Ta chęć działania miała wolicjonalny charakter u Istoty Najwyższej, ale zdumiewająca reakcja Bóstwa-Absolutu nie była przewidywalna. Nigdy, od czasu pojawienia się Havony w wieczności, wszechświat nie widział tak wielkiego aktu stwórczego, tak gigantycznego i rozległego zgrania mocy oraz koordynacji funkcjonalnych działań ducha. Reakcja Bóstwa na stwórczą wolę Istoty Najwyższej i jej pomocników w znacznej mierze przekraczała ich docelowe zamiary i znacznie przewyższała ich konceptualne przewidywania.

Z fascynacją rozważamy możliwości przyszłych epok, kiedy to Najwyższy i Ostateczny mogą osiągnąć nowe poziomy boskości i wznieść się ku nowym domenom działania osobowości, na których może nastąpić deifikacja jeszcze innych, niespodziewanych i przechodzących najśmielsze oczekiwania istot, które będą miały niewyobrażalne możliwości szerokiej koordynacji wszechświata. Wydaje się, że nie istnieją ograniczenia potencjału Bóstwa-Absolutu w reakcji na takie ujednolicenie związków między Bóstwem empirycznym a egzystencjalną Rajską Trójcą.

3. DUCHY ZWIERCIADLANE

Czterdzieści dziewięć Duchów Zwierciadlanych pochodzi od Trójcy, ale każdy z siedmiu stwórczych aktów, związanych z ich pojawieniem się, dawał w rezultacie rodzaj istot przypominających cechami charakterystycznymi jednego z ich rodziców – Ducha Nadrzędnego. W ten sposób odwzorowują one natury i charaktery siedmiu możliwych kombinacji związków cech boskości, charakterystycznych dla Bóstwa Ojca Wszechświatowego, Wiecznego Syna i Nieskończonego Ducha. Z tego również powodu należy mieć siedem takich Duchów Zwierciadlanych w zarządzie każdego superwszechświata. Potrzebny jest każdy z tych siedmiu typów, ażeby móc doskonale odzwierciedlać wszystkie stadia każdego możliwego przejawu trzech Rajskich Bóstw, jako że zjawisko takie może wystąpić w dowolnej części siedmiu superwszechświatów. Dlatego też przydzielono po jednym z każdego typu Duchów Zwierciadlanych do służby w każdym superwszechświecie. Grupy te, złożone z siedmiu różnych Duchów Zwierciadlanych, utrzymują swe zarządy w stolicach superwszechświatów, w zogniskowaniu odzwierciedlania każdej domeny, które nie jest identyczne z punktem biegunowości duchowej.

Duchy Zwierciadlane posiadają imiona, jednak te nazwy nie są objawione na światach w przestrzeni. Odnoszą się one do natury i charakteru tych istot i są częścią jednej z siedmiu wszechświatowych tajemnic, istniejących na tajemniczych sferach Raju.

Właściwość odzwierciedlania, fenomen poziomów umysłu Wspólnego Aktywizatora, Istoty Najwyższej i Duchów Nadrzędnych, mogą odbierać wszystkie istoty zainteresowane w funkcjonowaniu tego, rozległego systemu przekazywania informacji we wszechświecie. I tutaj jest wielka tajemnica: żaden z Duchów Nadrzędnych ani też Rajskie Bóstwa, pojedynczo czy razem, nie wykazują zdolności skoordynowanego, wszechświatowego odzwierciedlania, tak jak się ono przejawia w czterdziestu dziewięciu osobowościach łącznikowych Majestonu, a przecież te Bóstwa i Duchy są stwórcami wszystkich owych, wspaniale wyposażonych istot. Boska dziedziczność pozwala czasem odkryć pewne cechy u istot stworzonych, których nie widzi się u Stwórcy.

Personel służby odzwierciedlania stanowią istoty Nieskończonego Ducha oraz jego bezpośredni towarzysze i podwładni, za wyjątkiem Majestonu i Duchów Zwierciadlanych. Duchy Zwierciadlane z każdego superwszechświata są stwórcami swoich Pomocników-Wyobrażeń Zwierciadlanych, swych osobistych opinii w trybunałach Pradawnych Czasu.

Duchy Zwierciadlane są nie tylko pośrednikami, przekazującymi informację, są one również osobowościami ją przechowującymi. Ich potomstwo, sekonafini, to również osobowości przechowujące lub zapisujące. Wszystko, co ma prawdziwą duchową wartość, rejestrowane jest podwójnie, a jedna kopia przechowywana jest w ekwipunku osobistym jakiegoś członka licznych klas osobowości sekoraficznych, należących do rozległego personelu Duchów Zwierciadlanych.

Oficjalne zapisy wszechświatowe dokonywane są i przekazywane przez rejestratorów anielskich, ale prawdziwe zapisy duchowe gromadzone są przez odzwierciedlanie i przechowywane w umysłach odpowiednich i nadających się do tego osobowości, należących do rodziny Nieskończonego Ducha. Są to *żywe* zapisy, w przeciwieństwie do formalnych i *martwych* zapisów wszechświatowych a są one doskonale przechowywane w żywych umysłach osobowości rejestrujących Nieskończonego Ducha.

Organizacja odzwierciedlania służy również gromadzeniu wiadomości i rozsyłaniu rozporządzeń dla całego stworzenia. Jest to stała działalność, w odróżnieniu od różnych rodzajów transmisji, funkcjonujących okresowo.

Jeśli coś ważnego zdarzy się w zarządzie wszechświata lokalnego, jest odpowiednio odzwierciedlane do stolicy danego superwszechświata. I na odwrót, odbicie wszystkiego tego, co ma znaczenie dla wszechświata lokalnego, jest przekazywane do stolic wszechświatów lokalnych z zarządu superwszechświata. Służba odzwierciedlania, działająca od wszechświatów czasu aż do superwszechświatów, pozornie jest automatyczna czy samoczynna, ale tylko pozornie. Jest ona, ogółem biorąc, absolutnie osobowa i inteligentna; jej precyzja wynika z doskonałości współpracy osobowości i dlatego raczej nie można jej przypisywać nieosobowej obecności-działaniu Absolutów.

Chociaż Dostrajacze Myśli nie uczestniczą w systemie powszechnego odzwierciedlania, mamy wszelkie powody wierzyć, że wszystkie fragmenty Ojca są w pełni świadome tych procesów i potrafią korzystać z ich treści.

W obecnej epoce wszechświata, przestrzenny zasięg służby odzwierciedlania, działającej poza Rajem, wydaje się być ograniczony przez obrzeża siedmiu superwszechświatów. Skądinąd, funkcjonowanie tej służby wydaje się być niezależne od czasu i przestrzeni. Wydaje się, że jest ona niezależna od wszystkich znanych, podabsolutnych obwodów wszechświata.

W zarządzie każdego superwszechświata organizacja odzwierciedlania działa jako niezależna jednostka; jednak w pewnych, szczególnych okolicznościach, wszystkie siedem mogą działać i działają we wszechświatowej harmonii, pod kierownictwem Majestonu, jak to miało miejsce podczas obchodów z okazji ustanowienia w światłości i życiu całego wszechświata lokalnego, oraz w czasach milenijnych pozdrowień Siedmiu Najwyższych Wykonawców.

4. POMOCNICY-WYOBRAŻENIA ZWIERCIADLANE

Duchy Zwierciadlane stworzyły czterdziestu dziewięciu Pomocników-Wyobrażeń Zwierciadlanych a w zarządzie każdego superwszechświata znajduje się dokładnie siedmiu tych Pomocników. Pierwszy akt stwórczy siedmiu Duchów Zwierciadlanych z Uversy polegał na stworzeniu tych siedmiu Pomocników-Wyobrażeń, przy czym każdy Duch Zwierciadlany stworzył swego własnego Pomocnika. Pomocnicy-Wyobrażenia są w pewnych swych właściwościach i cechach charakterystycznych doskonałymi kopiami ich Zwierciadlanych Matek Duchów; są właściwie kopiami, za wyjątkiem własności odzwierciedlania. Są prawdziwymi wyobrażeniami i nieustannie funkcjonują jako kanał komunikacyjny między Duchami Zwierciadlanymi a władzami superwszechświata. Pomocnicy-Wyobrażenia są nie tylko asystentami; są faktycznie reprezentantami swych poszczególnych rodziców-Duchów; są *wyobrażeniami* i naprawdę ta nazwa jest dla nich właściwa.

Duchy Zwierciadlane, same w sobie, są prawdziwie osobowościami, jednak takiej klasy, która nie jest zrozumiała dla istot materialnych. Nawet na sferze zarządu superwszechświata, we wszystkich osobistych kontaktach z Pradawnymi Czasu i ich towarzyszami, potrzebują one pomocy swych Pomocników-Wyobrażeń. Czasem jeden Pomocnik działa zadowalająco w tych kontaktach, pomiędzy Pomocnikami-Wyobrażeniami a Pradawnymi Czasu, podczas gdy w innych okolicznościach potrzeba dwóch, trzech, czterech albo nawet wszystkich siedmiu, aby w pełni i prawidłowo przedstawić wiadomość powierzoną im do przekazania. Tak samo wiadomości Pomocników-Wyobrażeń rozmaicie są odbierane, przez jednego, dwóch, albo wszystkich trzech Pradawnych Czasu, jeśli zawartość wiadomości tego wymaga.

Pomocnicy-Wyobrażenia zawsze służą u boku swych Duchów rodziców i mają do swej dyspozycji niewiarygodnie wielką rzeszę pomagających im sekonafinów. Funkcjonowanie Pomocników-Wyobrażeń nie jest bezpośrednio związane ze światami szkoleniowymi wznoszących się śmiertelników. Współpracują oni blisko ze służbą gromadzenia informacji we wszechświatowym schemacie rozwoju śmiertelnika, ale nie skontaktujecie się z nimi osobiście, gdy będziecie przebywać w szkołach Uversy, gdyż te pozornie osobowe istoty pozbawione są woli, nie mają możliwości wyboru. Są one naprawdę wyobrażeniami, całkowicie odzwierciedlającymi osobowość i umysł poszczególnego Ducha rodzica. Wznoszący się śmiertelnicy jako klasa, nie są blisko związani z odzwierciedlaniem. Zawsze jakaś istota natury zwierciadlanej ingerować będzie pomiędzy wami a rzeczywistą działalnością tej służby.

5. SIEDEM DUCHÓW ORBIT

Siedem Duchów Orbit Havony stanowi łączną, nieosobową reprezentację Nieskończonego Ducha i Siedmiu Duchów Nadrzędnych, dla siedmiu orbit wszechświata centralnego. Są one sługami Duchów Nadrzędnych i są także ich wspólnym potomstwem. Duchy Nadrzędne dają siedmiu superwszechświatom odrębną i zróżnicowaną indywidualność administracyjną. Poprzez te, jednorodne Duchy Orbit Havony, mogą one sprawować zjednoczony, jednolity i skoordynowany, duchowy nadzór nad wszechświatem centralnym.

Każdy z Siedmiu Duchów Orbit ogranicza się do przenikania pojedynczej orbity Havony. Nie interesują się one bezpośrednio rządami Wiecznych Czasu, którzy rządzą poszczególnymi światami Havony, ale związane są z Siedmioma Najwyższymi Wykonawcami oraz synchronizują się z obecnością Istoty Najwyższej we wszechświecie centralnym. Ich działalność ogranicza się wyłącznie do Havony.

Duchy Orbit kontaktują się z tymi istotami, które przebywają w Havonie, poprzez swe własne potomstwo – supernafinów trzeciej klasy. Podczas gdy Duchy Orbit współistnieją z Siedmioma Duchami Nadrzędnymi, ich funkcja w stwarzaniu supernafinów trzeciej klasy nie miała większego znaczenia tak długo, aż pierwsi pielgrzymi czasu nie przybyli do zewnętrznej orbity Havony, w czasach Grandfandy.

Gdy w Havonie przechodzić będziecie od orbity do orbity, będziecie się uczyć o Duchach Orbit, ale nie będziecie mogli skontaktować się z nimi osobiście, nawet, jeśli będziecie ich osobiście rozpoznawać i cieszyć się ich bezosobową obecnością, duchowym wpływem.

Duchy Orbit związane są z rodowitymi mieszkańcami Havony mniej więcej tak, jak Dostrajacze Myśli są związane z istotami śmiertelnymi, zamieszkującymi światy wszechświatów ewolucyjnych. Duchy Orbit są bezosobowe, tak jak Dostrajacze Myśli i harmonizują się z doskonałymi umysłami istot Havony, tak jak bezosobowe duchy Ojca Wszechświatowego zamieszkują skończone umysły śmiertelnych ludzi. Jednak Duchy Orbit nigdy nie stają się trwałą częścią osobowości Havony.

6. STWÓRCZE DUCHY WSZECHŚWIATÓW LOKALNYCH

Większość tego, co dotyczy natury i funkcji Stwórczych Duchów z wszechświata lokalnego, należy właściwie do narracji o ich związkach z Synami Stwórcami, w organizacji i w kierowaniu kreacjami lokalnymi; jest jednak wiele aspektów doświadczeń poprzedzających te z wszechświata lokalnego, które można przedstawić jako część omówienia siedmiu grup Duchów Najwyższych.

Znamy dobrze sześć stadiów działalności Matki Ducha wszechświata lokalnego, ale rozmyślamy sporo na temat możliwości istnienia siódmego stadium tej działalności. Te rozmaite stadia jej istnienia przedstawiają się następująco:

1. *Wstępne zróżnicowanie w Raju.* Kiedy Syn Stwórca uosobiony zostaje łącznym aktem Ojca Wszechświatowego i Wiecznego Syna, pojawia się równocześnie w osobie Nieskończonego Ducha to, co się nazywa „najwyższą reakcją uzupełnienia". Nie pojmujemy natury tej reakcji, ale rozumiemy, że oznacza ona naturalną modyfikację tych uosabiających możliwości, które są zawarte w obrębie potencjału stwórczego Wspólnego Aktywizatora. Narodziny partnerskiego Syna Stwórcy oznaczają, że w obrębie osoby Nieskończonego Ducha rodzi się potencjał przyszłej małżonki tego Rajskiego Syna z wszechświata lokalnego. Nie orientujemy się odnośnie nowej przedosobowej tożsamości tego bytu, ale wiemy, że taki fakt znajduje się w rajskich zapisach, dotyczących misji owego Syna Stwórcy.

2. *Wstępne szkolenie w kreatywności.* W czasie długiego okresu wstępnego szkolenia Syna Michała, w organizacji i administracji wszechświatów, jego przyszła małżonka rozwija się dalej jako byt i osiąga grupową świadomość przeznaczenia. Nie wiemy, ale przypuszczamy, że taki grupowo świadomy byt staje się kompetentny w sprawach przestrzeni i zaczyna wstępne szkolenie, niezbędne do nabycia umiejętności duchowych, potrzebnych podczas jej przyszłej współpracy z uzupełniającym ją Michałem, w procesie stwarzania wszechświata i jego administracji.

3. *Stadium stwarzania materialnego.* W tym czasie, kiedy obowiązki kreatywności powierzane są Synowi Michałowi przez Wiecznego Syna, Duch Nadrzędny kierujący tym superwszechświatem, do którego ma iść nowy Syn Stwórca, wypowiada w obecności Nieskończonego Ducha „modlitwę tożsamości"; i po raz pierwszy pojawia się byt późniejszego Stwórczego Ducha, jako odmienny od osoby Nieskończonego Ducha. I posuwając się wprost ku osobie wnoszącego prośbę Ducha Nadrzędnego, byt ten natychmiast umyka naszym możliwościom jego rozpoznania, stając się najwidoczniej częścią osoby Ducha Nadrzędnego. Świeżo utożsamiony Stwórczy Duch pozostaje z Duchem Nadrzędnym aż do momentu odlotu Syna Stwórcy na kosmiczną przygodę; po czym Duch Nadrzędny powierza opiece Syna Stwórcy nową małżonkę-Ducha i jednocześnie nakazuje małżonce-Duchowi wieczną wierność i nieustającą lojalność wobec Syna Stwórcy. I wtedy następuje jeden z najbardziej wzruszających epizodów, jakie mają miejsce w Raju. Przemawia Ojciec Wszechświatowy i potwierdza wieczny związek Syna Stwórcy i Stwórczego Ducha oraz zatwierdza obdarzenie ich pewnymi, wspólnymi mocami administracyjnymi, nadanymi przez Ducha Nadrzędnego, sprawującego jurysdykcję nad superwszechświatem.

Syn Stwórca i Stwórczy Duch, połączeni przez Ojca, idą potem na swą przygodę stwarzania wszechświata. I razem pracują w takim związku przez długi i mozolny okres materialnej organizacji ich wszechświata.

4. *Epoka stwarzania życia.* Kiedy Syn Stwórca zgłosi intencję stwarzania życia, w Raju następują „uroczystości uosobienia", w których osobiście bierze udział nadzorujący Duch Nadrzędny a partycypuje w nich Siedem Duchów Nadrzędnych. To jest wkład Rajskiego Bóstwa w indywidualność Ducha małżonki Syna Stwórcy i objawia się on wszechświatu w zjawisku „podstawowej erupcji" w osobie Nieskończonego Ducha. Równocześnie z tym zjawiskiem w Raju, bezosobowy dotychczas Duch, małżonka Syna Stwórcy, staje się, praktycznie biorąc, prawdziwą osobą. Odtąd już zawsze ta

Matka Duch wszechświata lokalnego traktowana będzie jako osoba i będzie osobowo związana z całym zastępem osobowości, pojawiającego się później stworzonego życia.

5. *Epoki postobdarzeniowe.* W nigdy niekończącej się misji Stwórczego Ducha następuje kolejna, wielka zmiana, kiedy Syn Stwórca wraca do zarządu wszechświata, po ukończeniu swego siódmego obdarzenia i po zdobyciu pełnej władzy nad wszechświatem. Z tej to okazji, przed zebranymi administratorami wszechświata, tryumfujący Syn Stwórca wynosi Matkę Ducha Wszechświata do wspólnoty władzy i uznaje małżonkę--Ducha za równą sobie.

6. *Epoki światłości i życia.* Po zapoczątkowaniu epoki światłości i życia, współwładczyni wszechświata lokalnego wkracza w szóste stadium misji Stwórczych Duchów. Nie możemy jednak zobrazować natury tego wielkiego wydarzenia. Te rzeczy odnoszą się do przyszłego stadium ewolucji w Nebadonie.

7. *Działalność nie objawiona.* Wiemy o sześciu stadiach działalności Matki Ducha wszechświata lokalnego. Nieuniknione jest zatem pytanie: czy jest jeszcze stadium siódme? Pomni tego, że kiedy finaliści osiągną to, co wygląda na ostateczny cel wznoszenia się śmiertelnika, są rejestrowani jako zaczynające misję duchy stopnia szóstego. Przypuszczamy, że finalistów czeka jeszcze jedno, nie objawione stadium działalności w pełnieniu wszechświatowych zadań. Należy się zatem spodziewać, że podobna działalność dotyczyć będzie Matek Duchów Wszechświata, jako tych, co mają przed sobą jakąś nieujawnioną misję, która będzie siódmym stadium doświadczenia osobistego w służbie dla wszechświata i w lojalnej współpracy z klasą Stwórców Michałów.

7. PRZYBOCZNE UMYSŁY-DUCHY

Przyboczne duchy są siedmiorakim, umysłowym darem Matki Ducha wszechświata lokalnego dla stworzeń żyjących w łącznej kreacji Syna Stwórcy i tego, Stwórczego Ducha. Obdarzenie takie staje się możliwe, kiedy Duch zostanie wyniesiony do statusu prerogatyw osobowości. Opowieść o naturze i funkcjonowaniu siedmiu przybocznych umysłów-duchów należy raczej do tej części, która mówi o historii waszego wszechświata lokalnego – Nebadonu.

8. FUNKCJE DUCHÓW NAJWYŻSZYCH

Siedem grup Duchów Najwyższych stanowi jądro funkcjonalnej rodziny Trzeciego Źródła i Centrum, zarówno jako Nieskończonego Ducha, jak również jako Wspólnego Aktywizatora. Domena Duchów Najwyższych rozciąga się od obecności Trójcy w Raju aż do działania umysłu ewolucyjnego klasy śmiertelnej na planetach w przestrzeni. Dzięki temu, Duchy te jednoczą zstępujące poziomy administracyjne i koordynują różnorodne funkcje personelu zarządzającego na tych poziomach. Czy jest to grupa Duchów Zwierciadlanych funkcjonujących z Pradawnymi Czasu, czy Stwórczy Duch działający w zgodności z Synem Michałem, czy też Siedem Duchów Nadrzędnych na orbicie wokół Rajskiej Trójcy, działalność Duchów Najwyższych napotykamy wszędzie we wszechświecie centralnym, superwszechświecie i wszechświatach lokalnych. Działają one zarówno z osobowościami Trójcy klasy „Czasu" jak i z osobowościami rajskimi klasy „Synów".

Grupy Duchów Najwyższych, razem z ich Nieskończoną Matką Duchem, bezpośrednio są stwórcami całej rozległej rodziny istot Trzeciego Źródła i Centrum. Wszelkie klasy duchów opiekuńczych wywodzą się z tego związku. Supernafini pierwszej klasy pochodzą od Nieskończonego Ducha, te same istoty drugiej klasy są stwarzane przez Duchy Nadrzędne, supernafini trzeciej klasy przez Siedem Duchów Orbit. Duchy Zwierciadlane, zbiorowo, są matkami-stwórcami wspaniałej klasy zastępów anielskich, możnych sekonafinów, działających w służbach superwszechświata. Stwórczy Duch jest matką klas anielskich kreacji lokalnej; tacy seraficzni opiekunowie powstają w każdym wszechświecie lokalnym, chociaż są kształtowani według wzorów z wszechświata centralnego. Wszyscy ci stwórcy duchów opiekuńczych tylko pośrednio otrzymują pomoc z centralnej lokalizacji Nieskończonego Ducha, pierwotnej i wiecznej matki wszystkich służb anielskich.

Siedem grup Duchów Najwyższych to koordynatorzy zamieszkałej kreacji. Związek szefów, którzy nimi kierują, Siedem Duchów Nadrzędnych, wydaje się koordynować rozległą działalność Boga Siedmiorakiego:

1. Zbiorowo, Duchy Nadrzędne prawie dorównują poziomowi boskości Trójcy Rajskich Bóstw.
2. Indywidualnie, wyczerpują one zasadnicze, asocjacyjne możliwości Bóstwa trójjednego.
3. Jako zróżnicowana reprezentacja Wspólnego Aktywizatora, Duchy te stanowią przechowalnię tej władzy ducha-umysłu-mocy Istoty Najwyższej, jakiej ona jeszcze osobiście nie sprawuje.
4. Poprzez Duchy Zwierciadlane synchronizują one superwszechświatowe rządy Pradawnych Czasu z Majestonem, rajskim centrum powszechnego odzwierciedlania.
5. Przez uczestnictwo w indywidualizacji Boskich Opiekunek wszechświata lokalnego, Duchy Nadrzędne wnoszą swój wkład w ostatni poziom Boga Siedmiorakiego, we wspólnotę z wszechświatów lokalnych – Syn Stwórca-Stwórczy Duch.

Funkcjonalna jedność, właściwa dla Wspólnego Aktywizatora, ukazana jest rozwijającym się światom w Siedmiu Duchach Nadrzędnych, jego pierwszych osobowościach. Jednak w doprowadzonych do doskonałości wszechświatach przyszłości, jedność ta będzie bez wątpienia nierozdzielna od empirycznej władzy Najwyższego.

[Przedstawione przez Niebiańskiego Radcę z Uversy].

PRZEKAZ 18

NAJWYŻSZE OSOBOWOŚCI TRÓJCY

WSZYSTKIE Najwyższe Osobowości Trójcy zostały stworzone do określonych zadań. Boska Trójca przeznaczyła je do pełnienia pewnych, określonych obowiązków i są one przygotowane do ich wykonywania z metodyczną dokładnością i najwyższym oddaniem. Istnieje siedem klas Najwyższych Osobowości Trójcy:

1. Utrójcowione Tajemnice Najwyższości.
2. Wieczni Czasu.
3. Pradawni Czasu.
4. Doskonalący Czasu.
5. Niedawni Czasu.
6. Jednoczący Czasu.
7. Wierni Czasu.

Liczba tych istot, doskonałych administratorów, jest określona i skończona. Ich stworzenie to zdarzenie przeszłe; nie uosabia się ich więcej.

Najwyższe Osobowości Trójcy reprezentują administracyjną linię postępowania Rajskiej Trójcy w całym wielkim wszechświecie; reprezentują sprawiedliwość i *są* sądem wykonawczym Rajskiej Trójcy. Tworzą one wzajemnie powiązaną linię doskonałości administracyjnej, rozciągającą się od rajskich sfer Ojca do światów zarządu wszechświatów lokalnych i stolic ich konstelacji składowych.

Wszystkie, pochodzące od Trójcy istoty, są stworzone z rajską doskonałością we wszystkich ich boskich atrybutach. Tylko w domenach doświadczenia upływający czas dodaje im rynsztunku dla ich kosmicznej służby. Nigdy nie ma żadnego niebezpieczeństwa odstępstwa czy ryzyka buntu u istot pochodzących od Trójcy. Są esencją boskości i nigdy nie słyszano, aby zeszły ze swojej boskiej i doskonałej drogi osobistego postępowania.

1. UTRÓJCOWIONE TAJEMNICE NAJWYŻSZOŚCI

Na najbardziej wewnętrznej orbicie rajskich satelitów krąży siedem światów a każdemu z tych podniosłych światów przewodniczy korpus dziesięciu Utrójcowionych Tajemnic Najwyższości. Nie są oni stwórcami, ale najwyższymi i najlepszymi administratorami. Prowadzenie spraw owych siedmiu bratnich sfer powierzone jest całkowicie temu korpusowi, złożonemu z siedemdziesięciu najwyższych dyrektorów. Chociaż potomstwo Trójcy nadzoruje te siedem świętych sfer Raju, owa grupa światów znana jest powszechnie jako osobista orbita Ojca Wszechświatowego.

Utrójcowione Tajemnice Najwyższości działają w grupach po dziesięć, jako partnerzy i łączni szefowie swych indywidualnych sfer, ale w specyficznych zakresach obowiązków funkcjonują też pojedynczo. Działalność każdego z tych światów specjalnych podzielona jest na siedem głównych sekcji, a jeden z owych partnerskich władców przewodniczy każdej sekcji o specjalistycznym zakresie działania. Pozostająca trójka działa jako osobiści reprezentanci Bóstwa trójjednego w stosunku do pozostałych siedmiu, jeden reprezentuje Ojca, jeden Syna a jeden Ducha.

Chociaż Utrójcowione Tajemnice Najwyższości charakteryzują się wyraźnym podobieństwem w swej klasie istot, przejawiają one także siedem odmiennych grup cech charakterystycznych. Dziesięciu najwyższych dyrektorów Diviningtonu odzwierciedla osobisty charakter i naturę Ojca Wszechświatowego i tak samo jest na każdej z tych siedmiu sfer. Każda dziesiątka podobna jest do Bóstwa czy związku Bóstwa, charakterystycznego dla ich domeny. Dziesięciu dyrektorów, rządzących Ascendingtonem, odzwierciedla wspólną naturę Ojca, Syna i Ducha.

Niewiele mogę ujawnić odnośnie pracy tych wysokich osobowości z siedmiu świętych światów Ojca, jako że są oni naprawdę *Tajemnicami* Najwyższości. Nie ma arbitralnych tajemnic, związanych z dostępem do Ojca Wszechświatowego, Wiecznego Syna czy Nieskończonego Ducha. Bóstwa są otwartą księgą dla wszystkich, którzy osiągną boską doskonałość, ale wszystkich Tajemnic Najwyższości nigdy się w pełni nie pozna. Nigdy nie będziemy mogli przeniknąć w pełni domeny, obejmującej tajemnice osobowości Bóstwa, związane z siedmiorakim zgrupowaniem istot stworzonych.

Skoro praca tych najwyższych dyrektorów związana jest z bliskimi i osobistymi kontaktami Bóstw z siedmioma podstawowymi grupami istot wszechświatowych, jak są one osiedlone na siedmiu światach specjalnych, czy jak działają w całym wielkim wszechświecie, właściwe będzie, aby te bardzo osobiste stosunki i niezwykłe kontakty pozostały uświęconą tajemnicą. Rajscy Stwórcy szanują prywatność i świętość nawet niższych istot stworzonych. Odnosi się to zarówno do jednostek jak i do różnych klas osobowości.

Nawet dla tych istot, które daleko zaszły we wszechświecie, te święte światy zawsze pozostają sprawdzianem lojalności. Dane jest nam znać szczegółowo i osobiście wiecznych Bogów, dobrze znamy ich charaktery boskości i doskonałości, ale nie jest nam dane przeniknąć w pełni całości osobistych związków Rajskich Władców ze wszystkimi istotami przez nich stworzonymi.

2. WIECZNI CZASU

Każdy z miliarda światów Havony kierowany jest przez Najwyższą Osobowość Trójcy. Władcy ci zwani są Wiecznymi Czasu a jest ich dokładnie miliard, po jednym dla każdej sfery Havony. Są potomstwem Rajskiej Trójcy, ale podobnie jak u Tajemnic Najwyższości, nie ma zapisu odnośnie ich powstania. Te dwie grupy wszechmądrych ojców zawsze kierowały swymi doskonałymi światami systemu Raj-Havona, funkcjonując bez rotacji czy zmiany przydziału.

Wieczni Czasu są widzialni dla wszystkich istot obdarzonych wolą, zamieszkujących ich domeny. Przewodniczą oni regularnym zgromadzeniom planetarnym. Okresowo i rotacyjnie odwiedzają sfery zarządu siedmiu superwszechświatów. Są blisko spokrewnieni z Pradawnymi Czasu, którzy przewodzą przeznaczeniom siedmiu superrządów i równi są z nimi w boskości. Kiedy Wiecznego Czasu nie ma na jego sferze, świat taki kierowany jest przez Nauczyciela-Syna Trójcy.

Wieczni Czasu, zamieszkujący poszczególne sfery, ukształtowali je całkowicie zgodnie ze swymi własnymi, osobistymi ideami oraz ideałami, za wyjątkiem stałych porządków życia, takich jak mieszkańcy Havony i inne istoty żywe wszechświata centralnego.

Odwiedzają oni nawzajem swoje planety, ale niczego nie kopiują ani nie naśladują, zawsze pozostają całkowicie oryginalni.

Architektura, ozdoby naturalne, struktury morontialne i kreacje duchowe są niepowtarzalne i unikalne na każdej sferze. Każdy z tych światów jest miejscem wiecznotrwałego piękna i zupełnie nie jest podobny do żadnego innego świata we wszechświecie centralnym. I każdy z was pobędzie dłużej czy krócej na każdej z tych unikalnych i pasjonujących sfer, podczas waszej drogi do wewnątrz, przez Havonę do Raju. Na waszym świecie mówi się naturalnie o Raju, jako położonym *w górze,* ale właściwiej byłoby odnosić się do tego, boskiego celu wznoszenia się, jako do leżącego *wewnątrz.*

3. PRADAWNI CZASU

Kiedy śmiertelnicy czasu zostają absolwentami światów szkoleniowych, otaczających zarządy wszechświatów lokalnych i awansują do sfer edukacyjnych swego superwszechświata, ich rozwój duchowy osiąga taki poziom, że potrafią rozpoznać wysokich duchowych władców i szefów tych zaawansowanych domen i porozumiewać się z nimi, z Pradawnymi Czasu włącznie.

Pradawni Czasu są zasadniczo identyczni; przejawiają łączny charakter i jednolitą naturę Trójcy. Posiadają indywidualność i są odmienni osobowo, ale nie różnią się między sobą tak, jak Siedem Duchów Nadrzędnych. Zapewniają jednolite kierownictwo zróżnicowanym skądinąd superwszechświatom, z których każdy jest kreacją odrębną, oddzieloną i unikalną. Siedem Duchów Nadrzędnych jest zróżnicowanych w swej naturze i własnościach, ale Pradawni Czasu, indywidualni władcy superwszechświatów, są całkowicie jednorodnym i superdoskonałym potomstwem Rajskiej Trójcy.

Siedem Duchów Nadrzędnych na wysokości określa *naturę* ich poszczególnych superwszechświatów, ale Pradawni Czasu narzucają tym superwszechświatom *administrację*. Nakładają administracyjną jednolitość na stwórczą różnorodność i zabezpieczają harmonię całości w obliczu podłoża stwórczych różnic siedmiosegmentowej kombinacji wielkiego wszechświata.

Wszyscy Pradawni Czasu utrójcowieni zostali w tym samym czasie. Reprezentują oni początek zapisów dotyczących osobowości we wszechświecie wszechświatów, stąd ich nazwa – *Pradawni* Czasu. Kiedy dotrzecie do Raju i przejrzycie zapisy początków rzeczy, zauważycie, że pierwszy wpis, jaki pojawia się w sekcji osobowej, jest relacją o utrójcowieniu tych dwudziestu jeden Pradawnych Czasu.

Te wysokie istoty zawsze rządzą w grupach, po trzech. Jest wiele stadiów działalności, w których pracują jako jednostki, oraz innych, w których może działać dowolna ich dwójka, ale w wyższych domenach ich administracji muszą działać wszyscy razem. Nigdy nie opuszczają osobiście światów swego zamieszkania, nie muszą jednak tego robić, skoro te światy są wszechświatowymi punktami ogniskującymi rozległego systemu odzwierciedlania.

Osobiste miejsca zamieszkania każdej trójki Pradawnych Czasu zlokalizowane są w punkcie duchowej polaryzacji ich sfery zarządu. Sfera taka jest podzielona na siedemdziesiąt sektorów administracyjnych i posiada siedemdziesiąt stolic oddziałowych, w których Pradawni Czasu okresowo przebywają.

W swej mocy, zakresie władzy i rozciągłości jurysdykcji, Pradawni Czasu są najpotężniejsi i najwyżsi ze wszystkich bezpośrednich władców kreacji czasu-przestrzeni.

W całym rozległym wszechświecie wszechświatów, tylko oni są obdarzeni wysokimi uprawnieniami ostatecznego sądu wykonawczego, gdy idzie o wieczną likwidację istot obdarzonych wolą. I wszyscy trzej Pradawni Czasu muszą brać udział w ostatecznym wyrokowaniu najwyższego trybunału superwszechświata.

Oprócz Bóstw i ich rajskich towarzyszy, Pradawni Czasu są najdoskonalszymi, najbardziej wszechstronnymi i najlepiej bosko wyposażonymi władcami w całej czasowo-przestrzennej egzystencji. Najwyraźniej są oni najwyższymi władcami superwszechświatów, ale nie zdobyli tego prawa do władania empirycznie, dlatego też kiedyś zastąpi ich Istota Najwyższa, władca empiryczny, którego namiestnikami niewątpliwie zostaną.

Istota Najwyższa zdobywa władzę nad siedmioma superwszechświatami dzięki służbie empirycznej, tak jak Syn Stwórca empirycznie zdobywa władzę w swoim wszechświecie lokalnym. Jednak w obecnej epoce nieukończonej ewolucji Najwyższego, Pradawni Czasu sprawują skoordynowaną i doskonałą, administracyjną kontrolę nadrzędną rozwijających się wszechświatów czasu i przestrzeni. I oryginalna mądrość oraz indywidualna inicjatywa charakteryzują wszystkie rozporządzenia i orzeczenia Pradawnych Czasu.

4. DOSKONALĄCY CZASU

Jest tylko dwustu dziesięciu Doskonalących Czasu a kierują oni rządami dziesięciu większych sektorów każdego superwszechświata. Zostali utrójcowieni do tej specjalnej pracy, do pomocy władcom superwszechświatów i rządzą jako bezpośredni, osobiści namiestnicy Pradawnych Czasu.

Do każdej stolicy większego sektora przydzielonych jest trzech Doskonalących Czasu, jednak w odróżnieniu od Pradawnych Czasu, nie ma potrzeby, aby wszyscy trzej przebywali tam cały czas. Od czasu do czasu jeden z tej trójki może być nieobecny, gdy odbywa osobistą naradę z Pradawnymi Czasu w sprawie dobra jego domeny.

Ci potrójni władcy większych sektorów z wyjątkową doskonałością wypracowują szczegóły administracyjne, stąd ich nazwa – *Doskonalący* Czasu. Gdy zapisujemy nazwy tych istot ze świata duchowego, mamy problemy z ich tłumaczeniem na wasz język i bardzo często trudno jest uzyskać zadowalające tłumaczenie. Nie chcemy używać określeń arbitralnych, które dla was mogą nic nie znaczyć, stąd często mamy trudności z wybraniem odpowiedniej nazwy, takiej, która będzie dla was jasna a jednocześnie będzie w pewnym sensie odzwierciedlać oryginał.

Doskonalący Czasu mają przydzielony do swych rządów średnich rozmiarów korpus Niebiańskich Radców, Perfektorów Mądrości i Wszechświatowych Cenzorów. Mają jeszcze większą ilość Możnych Posłańców, Posiadających Wysokie Uprawnienia i Nieposiadających Imienia i Numeru. Jednak większość rutynowej pracy większych sektorów prowadzona jest przez Niebiańskich Opiekunów i Asystentów Wysokiego Syna. Te dwie grupy wybierane są spośród utrójcowionego potomstwa, zarówno osobowości Raju-Havony jak i gloryfikowanych śmiertelników-finalistów. Niektóre z tych dwóch klas istot, utrójcowionych przez stworzonych, są utrójcowiane ponownie przez Rajskie Bóstwa, a potem wysyłane jako pomoc administracyjna dla rządów superwszechświatów.

Większość Niebiańskich Opiekunów i Asystentów Wysokiego Syna przydzielona jest do służby w większych i mniejszych sektorach, ale Utrójcowieni Kuratorzy (Trójcą objęci serafini i pośredni) są urzędnikami sądów wszystkich trzech sekcji i funkcjonują w trybunałach Pradawnych Czasu, Doskonalących Czasu i Niedawnych Czasu. Utrójcowionych Ambasadorów (Trójcą objętych, wznoszących się śmiertelników, z gatunku zespolonego z Synem czy Duchem) spotyka się wszędzie we wszechświecie, ale większość z nich służy w mniejszych sektorach.

Zanim systemy rządowe siedmiu superwszechświatów ukształtowały się w pełni, praktycznie wszyscy administratorzy rozmaitych sekcji tych rządów, za wyjątkiem Pradawnych Czasu, służyli jako praktykanci, ze zróżnicowanym czasem trwania praktyki, na różnych światach doskonałego wszechświata Havony, pod kierownictwem Wiecznych Czasu. Te utrójcowione potem istoty przeszły ponadto okres szkolenia pod kierunkiem Wiecznych Czasu, zanim zostały przydzielone do służby Pradawnych Czasu, Doskonalących Czasu i Niedawnych Czasu. Są one wszystkie wytrawnymi, wypróbowanymi i doświadczonymi administratorami.

Gdy po pobycie na światach waszego mniejszego sektora, awansujecie do zarządu Splandonu, wcześnie ujrzycie Doskonalących Czasu, gdyż ci wysocy władcy są blisko związani z tymi siedemdziesięcioma światami większych sektorów, które zajmują się zaawansowanym szkoleniem wznoszących się istot czasu. Doskonalący Czasu osobiście przyjmują grupowe przysięgi od wznoszących się absolwentów szkół większych sektorów.

Praca pielgrzymów czasu na światach otaczających zarząd większego sektora jest głównie natury intelektualnej, w odróżnieniu od bardziej fizycznego i materialnego charakteru szkolenia na siedmiu sferach edukacyjnych mniejszego sektora i od zadań duchowych, realizowanych na czterystu dziewięćdziesięciu uniwersyteckich światach zarządu superwszechświata.

Choć zapisani jesteście tylko w rejestrze większego sektora, Splandonu, który obejmuje ten wszechświat lokalny, skąd pochodzicie, będziecie musieli przejść każdą z dziesięciu głównych sekcji waszego superwszechświata. Zanim dotrzecie do Uversy, zobaczycie wszystkich trzydziestu Doskonalących Czasu z Orvontonu.

5. NIEDAWNI CZASU

Niedawni Czasu są najmłodsi spośród najwyższych władców superwszechświatów; w grupach po trzech kierują sprawami mniejszych sektorów. W swej naturze są partnerami Doskonalących Czasu, ale we władzy administracyjnej im podlegają. Jest dokładnie dwadzieścia jeden tysięcy tych wspaniałych osobowo, jak i bosko efektywnych osobowości Trójcy. Byli oni stworzeni równocześnie i razem przeszli szkolenie Havony, pod kierunkiem Wiecznych Czasu.

Niedawni Czasu posiadają korpus współpracowników i asystentów, podobny do tego, jaki mają Doskonalący Czasu. Dodatkowo mają oni przydzieloną ogromną liczbę różnych, niższych klas istot niebiańskich. W administracji mniejszych sektorów wykorzystują oni sporą liczbę przebywających w tych sektorach wznoszących się śmiertelników, personel różnych kolonii kurtuazyjnych oraz różne grupy istot pochodzących od Nieskończonego Ducha.

Rządy mniejszych sektorów interesują się w znacznym stopniu, chociaż nie tylko, ważnymi problemami materialnymi superwszechświatów. Sfery mniejszych sektorów są zarządami Nadrzędnych Kontrolerów Fizycznych. Na tych właśnie światach wznoszący się śmiertelnicy prowadzą studia i eksperymenty, mające do czynienia z funkcjonowaniem Najwyższych Centrów Mocy trzeciej klasy i wszystkich siedmiu klas Nadrzędnych Kontrolerów Fizycznych.

Ponieważ rząd mniejszego sektora tak intensywnie koncentruje się na problemach fizycznych, jego trzej Niedawni Czasu rzadko są razem na sferze stołecznej. Przeważnie jednego z nich nie ma, kiedy omawia zagadnienia z Doskonalącymi Czasu z większego, nadzorującego sektora albo jest nieobecny, gdy reprezentuje Pradawnych Czasu na rajskich zgromadzeniach wysokich, od Trójcy pochodzących istot. Zamieniają się oni z Doskonalącymi Czasu w reprezentowaniu Pradawnych Czasu na najwyższych radach w Raju. W międzyczasie inny Niedawny Czasu może być nieobecny, ponieważ jako inspektor objeżdża światy zarządu wszechświatów lokalnych, podległych jego jurysdykcji. Ale co najmniej jeden z tych władców zawsze pozostaje na służbie, w zarządzie mniejszego sektora.

Kiedyś wszyscy poznacie trzech Niedawnych Czasu, odpowiedzialnych za wasz mniejszy sektor, Ensę, skoro musicie przejść przez ich ręce, gdy idziecie do wewnątrz, do światów szkoleniowych większych sektorów. Kiedy wznosicie się do Uversy, przejdziecie tylko jedną grupę sfer szkoleniowych mniejszych sektorów.

6. JEDNOCZĄCY CZASU

Osobowości Trójcy klasy „Czasu" nie działają na stanowiskach administracyjnych poniżej poziomu rządów superwszechświata. W rozwijających się wszechświatach lokalnych działają oni jako doradcy i konsultanci. Jednoczący Czasu są grupą osobowości łącznikowych, przydzielonych przez Rajską Trójcę podwójnym władcom wszechświatów lokalnych. Każdy zorganizowany i zamieszkały wszechświat lokalny ma przydzielonego jednego z tych rajskich doradców, który działa dla kreacji lokalnej jako reprezentant Trójcy, a w pewnych aspektach, Ojca Wszechświatowego.

Istnieje siedemset tysięcy tych istot, choć nie wszystkie mają swój przydział. Korpus rezerwowy Jednoczących Czasu działa w Raju jako Najwyższa Rada Regulacyjna Wszechświata.

Ci obserwatorzy Trójcy w specyficzny sposób koordynują funkcje administracyjne wszystkich gałęzi rządu wszechświatowego, od wszechświatów lokalnych w górę, przez rządy sektorów, do superwszechświata – stąd ich nazwa – *Jednoczący* Czasu. Sporządzają oni trojakie raporty dla swych przełożonych. Informują Niedawnych Czasu, z mniejszego sektora, o sprawach natury fizycznej i częściowo intelektualnej; Doskonalących Czasu, z większego sektora, informują o wydarzeniach intelektualnych i częściowo duchowych; Pradawnych Czasu, w stolicy superwszechświata, informują o zagadnieniach duchowych i częściowo rajskich.

Ponieważ są istotami pochodzącymi od Trójcy, wszystkie obwody Raju są dla nich dostępne, aby się mogli porozumiewać i tym sposobem zawsze są w kontakcie ze sobą, jak i ze wszystkimi innymi osobowościami, w zależności od potrzeb, aż do najwyższych rad Raju.

Jednoczący Czasu nie jest ściśle związany z rządem wszechświata lokalnego, do którego jest przydzielony. Oprócz pełnienia obowiązków obserwatora, działa on jedynie na żądanie władz lokalnych. Jest członkiem z urzędu wszystkich głównych rad i wszystkich ważniejszych zgromadzeń kreacji lokalnej, ale nie bierze udziału w proceduralnych rozważaniach problemów administracyjnych.

Kiedy wszechświat lokalny zostaje ustanowiony w światłości i życiu, jego gloryfikowane istoty współpracują bez ograniczeń z Jednoczącym Czasu, który wtedy posiada szersze możliwości działania w takiej domenie ewolucyjnej doskonałości. Jednak jest on nadal zasadniczo ambasadorem Trójcy i rajskim doradcą.

Wszechświat lokalny zarządzany jest bezpośrednio przez Boskiego Syna, pochodzącego od dwóch Bóstw, ale ten Syn stale ma przy swym boku rajskiego brata, osobowość pochodzącą od Trójcy. W wypadku tymczasowej nieobecności Syna Stwórcy w zarządzie jego wszechświata lokalnego, ci władcy, którzy go zastępują, kierują się zasadniczo radami Jednoczącego Czasu, gdy podejmują ważniejsze decyzje.

7. WIERNI CZASU

Te osobowości wysokiego pochodzenia, od Trójcy, są rajskimi doradcami władców stu konstelacji każdego wszechświata lokalnego. Jest siedemdziesiąt milionów Wiernych Czasu i podobnie jak u Jednoczących Czasu, nie wszyscy są na służbie. Ich rajski korpus rezerwowy stanowi Komisję Doradczą do spraw Międzywszechświatowej Etyki i Samorządu. Wierni Czasu kolejno zmieniają się na służbie, zgodnie z zarządzeniami najwyższej rady ich korpusu rezerwowego.

Wszystkim tym, czym Jednoczący Czasu jest dla Syna Stwórcy z wszechświata lokalnego, Wierni Czasu są dla Synów Vorondadeków, którzy rządzą konstelacjami kreacji lokalnej. Są oni w najwyższym stopniu oddani i bosko wierni, gdy pracują dla dobra przydzielonych im konstelacji, stąd ich nazwa – *Wierni* Czasu. Działają wyłącznie jako doradcy, nigdy nie biorą udziału w funkcjach administracyjnych, chyba, że są o to proszeni przez władze konstelacji. Nie są też bezpośrednio zainteresowani działalnością edukacyjną dla wznoszących się pielgrzymów, prowadzoną na zaprojektowanych sferach szkoleniowych, otaczających zarząd konstelacji. Wszystkie tego typu przedsięwzięcia są pod nadzorem Synów Vorondadeków.

Wszyscy Wierni Czasu, funkcjonujący w konstelacjach wszechświata lokalnego, są odpowiedzialni bezpośrednio przed Jednoczącym Czasu i są pod jego jurysdykcją. Nie posiadają rozległego systemu porozumiewania się między sobą, będąc zazwyczaj ograniczeni do związków wzajemnych w granicach wszechświata lokalnego. Każdy Wierny Czasu, służący w Nebadonie, może się komunikować i się komunikuje ze wszystkimi innymi istotami swojej klasy, służącymi w tym wszechświecie lokalnym.

Podobnie jak Jednoczący Czasu w zarządzie wszechświata, Wierni Czasu mają w stolicach konstelacji swe osobiste rezydencje, niezależne od rezydencji należących do szefów administracyjnych tych domen. Ich mieszkania naprawdę są skromne w porównaniu z domami Vorondadeków, władców konstelacji.

Wierni Czasu są ostatnim ogniwem długiego łańcucha doradczo-administracyjnego, który rozciąga się od świętych sfer Ojca Wszechświatowego, położonych w pobliżu centrum wszystkich rzeczy, do podstawowych sekcji wszechświatów lokalnych. Porządek istot, pochodzących od Trójcy, zatrzymuje się na konstelacjach; żaden rajski doradca nie przebywa na stałe w systemach składowych konstelacji czy na światach zamieszkałych. Te ostatnie jednostki administracyjne w pełni podlegają jurysdykcji istot rodzimych dla wszechświatów lokalnych.

[Przedstawione przez Niebiańskiego Radcę z Uversy].

PRZEKAZ 19

PARTNERZY-POCHODZĄCY OD TRÓJCY

TA rajska grupa, określana jako partnerzy-pochodzący od Trójcy, obejmuje Nauczycieli-Synów Trójcy, zaliczanych także do Rajskich Synów Boga, trzy grupy wysokich administratorów superwszechświatowych i w pewnym sensie nieosobową kategorię Natchnionych Duchów Trójcy. Nawet mieszkańców Havony można właściwie zaklasyfikować do osobowości Trójcy, razem z licznymi grupami istot, które przebywają w Raju. W tych rozważaniach omawiane będą następujące istoty pochodzące od Trójcy:

1. Nauczyciele-Synowie Trójcy.
2. Perfektorzy Mądrości.
3. Niebiańscy Radcy.
4. Wszechświatowi Cenzorzy.
5. Natchnione Duchy Trójcy.
6. Mieszkańcy Havony.
7. Obywatele Raju.

Poza Nauczycielami-Synami Trójcy i być może Natchnionymi Duchami Trójcy, te grupy istot posiadają określoną liczebność; ich stworzenie jest zdarzeniem przeszłym i zakończonym.

1. NAUCZYCIELE-SYNOWIE TRÓJCY

Spośród wszystkich objawionych wam wysokich klas osobowości niebiańskich, tylko Nauczyciele-Synowie Trójcy działają w podwójnym charakterze. Z racji swego pochodzenia mają naturę Trójcy, w działaniu są prawie zupełnie oddani służbie Boskiego synostwa. Są istotami łącznikowymi, które zapełniają wszechświatową lukę między osobowościami pochodzącymi od Trójcy a tymi o podwójnym pochodzeniu.

Podczas gdy ilość Niezmiennych Synów Trójcy zamyka się liczbą skończoną, Nauczycieli-Synów jest coraz więcej. Nie wiem, jaka będzie ostateczna liczba Nauczycieli-Synów. Mogę natomiast oznajmić, że w ostatnim okresowym raporcie dla Uversy, rajski zapis wykazywał, że na służbie jest 21.001.624.821 tych Synów.

Istoty te są jedyną grupą objawionych wam Synów Boga, którzy pochodzą od Rajskiej Trójcy. Ich terenem działania jest wszechświat centralny i superwszechświaty, a ogromny ich korpus jest przydzielony do każdego wszechświata lokalnego. Służą także na poszczególnych planetach, jak to robią inni Rajscy Synowie Boga. Ponieważ struktura wielkiego wszechświata nie jest w pełni ukształtowana, znaczną liczbę

Nauczycieli-Synów trzyma się w rezerwie, w Raju. Zgłaszają się oni do służby w nagłych potrzebach oraz do zadań nadzwyczajnych we wszystkich sekcjach wielkiego wszechświata, na samotnych światach w przestrzeni, we wszechświatach lokalnych i superwszechświatach oraz na światach Havony. Działają także w Raju, jednak najlepiej będzie odłożyć ich szczegółowe rozważanie, aż zaczniemy omawiać Rajskich Synów Boga.

W związku z tym należy odnotować, że Nauczyciele-Synowie są najwyższymi koordynującymi osobowościami, pochodzącymi od Trójcy. W tak rozległym wszechświecie wszechświatów zawsze istnieje wielkie niebezpieczeństwo popełnienia błędu, wskutek zawężonego punktu widzenia, w wyniku poddania się złu, nieodłącznemu wycinkowym koncepcjom rzeczywistości i boskości.

Na przykład: umysł ludzki pragnie zazwyczaj podchodzić do filozofii kosmicznej, zobrazowanej w tych objawieniach, idąc od prostego i skończonego do złożonego i nieskończonego, od ludzkich początków do boskich przeznaczeń. Jednak taka droga nie prowadzi do *mądrości duchowej*. Procedura taka jest najłatwiejszą drogą dotarcia do pewnych form *wiedzy o początkach*, ale w najlepszym wypadku może objawić jedynie pochodzenie człowieka; objawia niewiele albo i nic o jego boskim przeznaczeniu.

Nawet w trakcie badania biologicznej ewolucji człowieka na Urantii, pojawiają się poważne obiekcje odnośnie wyłącznie historycznego podejścia do jego współczesnego statusu i bieżących problemów. Prawdziwa perspektywa jakiegokolwiek problemu rzeczywistości – ludzkiej czy boskiej, ziemskiej czy kosmicznej – odsłania się tylko dzięki pełnemu i bezstronnemu badaniu oraz zestawieniu trzech stadiów rzeczywistości wszechświatowej: pochodzenia, historii i przeznaczenia. Prawidłowe zrozumienie tych trzech rzeczywistości empirycznych daje podstawę mądrej oceny stanu obecnego.

Gdy ludzki umysł próbuje stosować filozoficzną metodę zaczynania od niższego, aby podchodzić do wyższego, czy to w biologii czy w teologii, zawsze istnieje niebezpieczeństwo popełnienia czterech błędów w rozumowaniu:

1. Może on zupełnie chybić i nie dostrzec ostatecznego, kompletnego, ewolucyjnego celu czy to osobistych osiągnięć czy to kosmicznego przeznaczenia.
2. Może popełnić najwyższą pomyłkę filozoficzną, zbytnio upraszczając kosmiczną rzeczywistość ewolucyjną (empiryczną), dochodząc tym samym do zniekształconych faktów, wypaczonej prawdy i braku zrozumienia przeznaczeń.
3. Docickanie przyczynowości jest badaniem historii. Jednak znajomość tego *jak* powstaje istota, niekoniecznie przynosi inteligentne zrozumienie obecnego statusu i prawdziwego charakteru takiej istoty.
4. Sama tylko historia nie potrafi odpowiednio wyjaśnić przyszłego rozwoju – przeznaczenia. Skończone początki są pomocne, ale tylko boskie przyczyny ujawniają końcowe skutki. Wiecznych zakończeń nie widać w czasowych początkach. Teraźniejszość może być właściwie interpretowana tylko w świetle wzajemnie zależnej przeszłości i przyszłości.

Dlatego też, z tych i jeszcze innych przyczyn, używamy metody dotarcia do człowieka i jego planetarnych problemów, zaczynając czasowo-przestrzenną podróż od nieskończonego, wiecznego i boskiego Rajskiego Źródła i Centrum całej osobowej rzeczywistości i całej kosmicznej egzystencji.

2. PERFEKTORZY MĄDROŚCI

Perfektorzy Mądrości są wyspecjalizowanym wytworem Rajskiej Trójcy, przeznaczonym do uosabiania Boskiej mądrości w superwszechświatach. Istnieje dokładnie siedem miliardów tych istot, których miliard jest przydzielony do każdego z siedmiu superwszechświatów.

Perfektorzy Mądrości, tak jak ich partnerzy – Niebiańscy Radcy i Wszechświatowi Cenzorzy – przyswoili mądrość Raju, Havony i rajskich sfer Ojca, za wyjątkiem Diviningtonu. Po takiej praktyce Perfektorzy mądrości zostali na stałe przydzieleni do służb Pradawnych Czasu. Nie służą oni ani w Raju ani na światach orbit Raju-Havony, zajmują się wyłącznie administracją w rządach superwszechświatów.

Gdziekolwiek i kiedykolwiek działa Perfektor Mądrości, tam i wtedy funkcjonuje Boska mądrość. Działania tych wspaniałych i majestatycznych osobowości charakteryzują się aktualną i doskonałą w uzewnętrznianiu wiedzą i mądrością. Nie *odzwierciedlają* oni mądrości Rajskiej Trójcy, oni *są* tą mądrością. Są oni źródłem mądrości dla wszystkich nauczycieli, stosujących wiedzę wszechświatową, są fontanną rozwagi i głęboką studnią roztropności dla instytucji zajmujących się nauczaniem i poznawaniem we wszystkich wszechświatach.

Pochodzenie mądrości jest dwojakie, wywodzi się ona z doskonałości boskiej wnikliwości, naturalnej dla istot doskonałych oraz z osobistego doświadczenia, nabytego przez istoty ewolucyjne. Perfektorzy Mądrości *są* Boską mądrością rajskiej, doskonałej wnikliwości Bóstwa. Ich pomocnicy administracyjni na Uversie, Możni Posłańcy, Nieposiadający Imienia i Numeru oraz Posiadający Wysokie Uprawnienia, gdy działają razem, *są* wszechświatową mądrością doświadczenia. Boska istota może posiadać doskonałość Boskiej wiedzy. Ewolucyjny śmiertelnik może kiedyś osiągnąć doskonałość wiedzy wznoszących się istot, ale żadna z tych istot, oddzielnie, nie wyczerpuje potencjałów całej możliwej wiedzy. W związku z tym, kiedy tylko w kierowaniu superwszechświatem potrzebne jest osiągnięcie maksymalnej mądrości administracyjnej, ci perfektorzy mądrości, posiadający Boską wnikliwość, zawsze współdziałają z tymi wznoszącymi się osobowościami, które doszły do pełnienia wysokich funkcji we władzy superwszechświatowej przez empiryczne trudy postępu ewolucyjnego.

Perfektorzy Mądrości zawsze będą potrzebować uzupełniającej wiedzy empirycznej, dla dopełnienia ich roztropności administracyjnej. Zakłada się jednak, że wysoki i dotychczas nieosiągnięty poziom mądrości może zostać ewentualnie osiągnięty przez rajskich finalistów *po tym,* jak zostaną kiedyś wprowadzeni w siódme stadium egzystencji duchowej. Jeśli konkluzja ta jest prawidłowa, wtedy istoty doprowadzone do doskonałości, w procesie ewolucyjnego wznoszenia się, zostaną bez wątpienia najbardziej efektywnymi administratorami wszechświata, jakich kiedykolwiek znało całe stworzenie. Wierzę, że takie jest wysokie przeznaczenie finalistów.

Wszechstronność Perfektorów Mądrości umożliwia im uczestnictwo we wszystkich praktycznie niebiańskich służbach dla wznoszących się istot. Perfektorzy Mądrości i moja klasa osobowości, Niebiańscy Radcy, razem z Wszechświatowymi Cenzorami, są najwyższymi klasami istot, jakie mogą się podejmować objawiania prawdy poszczególnym planetom i systemom i objawiają tę prawdę niezależnie od tego, czy te planety i systemy są w swych wczesnych epokach, czy też ustanowione w światłości i życiu. Od czasu do czasu my wszyscy kontaktujemy się ze służbami działającymi dla wznoszących się śmiertelników – począwszy od planety we wstępnej fazie życia, poprzez wszechświat lokalny do superwszechświata – zwłaszcza w tym ostatnim.

3. NIEBIAŃSCY RADCY

Te istoty, pochodzące od Trójcy, są radą Bóstwa dla domen siedmiu superwszechświatów. Nie *odzwierciedlają* one Boskiej rady Trójcy, one *są* tą radą. Na służbie jest dwadzieścia jeden miliardów Radców, a trzy ich miliardy przydzielone jest do każdego superwszechświata.

Niebiańscy Radcy są towarzyszami Wszechświatowych Cenzorów i Perfektorów Mądrości i są im równi, ponieważ z każdą z ostatnio wymienionych osobowości związanych jest od jednego do siedmiu Radców. Wszystkie te trzy klasy uczestniczą w rządzie Pradawnych Czasu, razem z większymi i mniejszymi sektorami, we wszechświatach lokalnych i w konstelacjach, jak również w radach władców systemów lokalnych.

Działamy jako jednostki, tak jak ja to robię, gdy redaguję to oświadczenie, ale działamy również w trójkach, kiedy okoliczności tego wymagają. Kiedy pełnimy funkcje wykonawcze, wtedy zawsze współpracują ze sobą: Perfektor Mądrości, Wszechświatowy Cenzor i od jednego do siedmiu Niebiańskich Radców.

Jeden Perfektor Mądrości, siedmiu Niebiańskich Radców i jeden Wszechświatowy Cenzor stanowią trybunał boskości Trójcy, najwyższe objazdowe ciało doradcze we wszechświatach czasu i przestrzeni. Taka grupa, złożona z dziewięciu istot, zwana jest trybunałem, który albo stwierdza fakty albo objawia prawdę, a kiedy zasiada, aby rozsądzić problem i wydać decyzję, jest to dokładnie tak, jak gdyby Pradawni Czasu orzekali o sprawie, jako że w żadnej z kronik superwszechświatowych taki werdykt nigdy nie był podważony przez Pradawnych Czasu.

Kiedy działa trzech Pradawnych Czasu, działa Rajska Trójca. Kiedy trybunał dziewięciu istot decyduje, w wyniku wspólnych obrad, praktycznie biorąc jest to tak, jakby wypowiedzieli się Pradawni Czasu. I tym właśnie sposobem Rajscy Władcy nawiązują osobisty kontakt z poszczególnymi światami, systemami i wszechświatami w sprawach administracji i zasad rządzenia.

Niebiańscy Radcy są doskonałością Boskiej rady Rajskiej Trójcy. Reprezentujemy radę doskonałości, faktycznie *nią jesteśmy*. Kiedy jesteśmy uzupełniani przez empiryczną radę naszych towarzyszy, doskonałych i Trójcą objętych istot z ewolucyjnego wznoszenia się, nasze wspólne wnioski są nie tylko kompletne, ale również doskonałe. Kiedy nasza zespołowa rada zostanie sporządzona, orzeczona, zatwierdzona i ogłoszona przez Wszechświatowego Cenzora, jest bardzo prawdopodobne, że zbliża się ona do poziomu wszechświatowej kompletności. Werdykty takie reprezentują najbliższe możliwe podejścia do absolutnej postawy Bóstwa, tak jak są związane z sytuacją i dotyczą problemu w obrębie ograniczeń czasu-przestrzeni.

Siedmiu Niebiańskich Radców, w połączeniu z utrójcowionym ewolucyjnym trio – Możnym Posłańcem, Posiadającym Wysokie Uprawnienia i Nieposiadającym Imienia i Numeru – reprezentuje najlepsze, superwszechświatowe zbliżenie do zjednoczenia ludzkiego punktu widzenia i Boskiej postawy, na poziomach znaczeń duchowych i wartości rzeczywistości zbliżonych do rajskich. Tak wielkie zbliżenie zjednoczonych, kosmicznych postaw stworzonego i Stwórcy, przewyższają tylko obdarzenia Rajskich

Synów, którzy w każdym stadium doświadczania osobowości są zarówno Bogami jak i ludźmi.

4. WSZECHŚWIATOWI CENZORZY

Istnieje dokładnie osiem miliardów Wszechświatowych Cenzorów. Te unikalne istoty *są* osądem Bóstwa. Nie są one jedynie odzwierciedleniem decyzji doskonałości, one *są* osądem Rajskiej Trójcy. Nawet Pradawni Czasu nie zasiadają w sądzie inaczej niż w towarzystwie Wszechświatowych Cenzorów.

Do każdego z miliarda światów wszechświata centralnego wysłany jest jeden Cenzor i zostaje przydzielony do administracji planetarnej przebywającego tam Wiecznego Czasu. Ani Perfektorzy Mądrości ani Niebiańscy Radcy nie są tak przydzielani na stałe do administracji Havony i zupełnie nie rozumiemy, dlaczego Wszechświatowi Cenzorzy pozostają we wszechświecie centralnym. Ich obecne funkcje raczej nie uzasadniają ich przydziału do Havony, dlatego też przypuszczamy, że są oni tutaj w przewidywaniu potrzeb pewnej przyszłej epoki wszechświata, kiedy populacja Havony może się częściowo zmienić.

Miliard Cenzorów przydzielonych jest do każdego z siedmiu superwszechświatów. Funkcjonują oni we wszystkich sekcjach siedmiu superwszechświatów, zarówno jako jednostki jak i w związkach z Perfektorami Mądrości i Niebiańskimi Radcami. Tak więc Cenzorzy działają na wszystkich poziomach wielkiego wszechświata, od doskonałych światów Havony do rad Władców Systemu, nieodmiennie uczestniczą także we wszystkich osądach na koniec systemu sprawiedliwości na światach ewolucyjnych.

Kiedykolwiek i gdziekolwiek obecny jest Wszechświatowy Cenzor, wtedy i tam jest osąd Bóstwa. A ponieważ Cenzorzy zawsze wydają swoje wyroki razem z Perfektorami Mądrości i Niebiańskimi Radcami, decyzje takie zawierają w sobie jednolitą mądrość, radę i osąd Rajskiej Trójcy. W tym prawniczym trio, Perfektor Mądrości wyrażałby znaczenie „byłem", Niebiański Radca „będę", lecz Wszechświatowy Cenzor zawsze jest „jestem".

Cenzorzy są osobowościami podsumowującymi we wszechświecie. Kiedy tysiąc świadków złożyło oświadczenia – albo i milion – kiedy odezwał się głos mądrości i została zarejestrowana rada boskości, kiedy zostało dodane oświadczenie wznoszącej się doskonałości, wtedy działa Cenzor i natychmiast pojawia się bezbłędne i boskie podsumowanie wszystkiego tego, co się zdarzyło; i takie orzeczenie reprezentuje boskie rozstrzygnięcie, podsumowanie i treść ostatecznej, doskonałej decyzji. Dlatego też, kiedy przemówi Cenzor, nikt już nie może się wypowiadać, ponieważ Cenzor określa prawdziwe i nieomylne podsumowanie wszystkiego tego, co uprzednio zaszło. Gdy on przemawia, nie ma odwołania.

Bardzo dobrze rozumiem, jak działa umysł Perfektora Mądrości, ale na pewno nie pojmuję w pełni działania orzekającego umysłu Wszechświatowego Cenzora. Wydaje mi się, że Cenzorzy formułują nowe znaczenia i dają początek nowym wartościom, powstałym ze związków faktów, prawd i odkryć, przedstawionych im podczas rozpatrywania spraw wszechświatowych. Jest prawdopodobne, że z kombinacji doskonałej wnikliwości Stwórcy i doskonałego doświadczenia stworzonego, Wszechświatowi Cenzorzy potrafią dokonać oryginalnych interpretacji. Bez wątpienia, z tego związku rajskiej perfekcji i wszechświatowego doświadczenia wynikają nowe wartości w ostatecznościach.

Jednak na tym nie kończą się nasze trudności, gdy idzie o zrozumienie działania umysłów Wszechświatowych Cenzorów. Biorąc pod uwagę wszystko, co wiemy, lub co przypuszczamy o funkcjonowaniu Cenzora w każdej danej sytuacji wszechświatowej, zauważamy, że wciąż nie potrafimy przewidzieć decyzji lub przepowiedzieć werdyktów. Bardzo dokładnie określamy prawdopodobną konsekwencję związku postawy Stwórcy i doświadczenia istoty stworzonej, jednak takie wnioski nie zawsze pokrywają się dokładnie z przewidywaniami wyjaśnień Cenzora. Jest całkiem możliwe, że Cenzorzy są w pewien sposób związani z Bóstwem-Absolutem, w przeciwnym razie nie potrafimy wyjaśnić wielu ich decyzji i orzeczeń.

Perfektorzy Mądrości, Niebiańscy Radcy i Wszechświatowi Cenzorzy, razem z siedmioma klasami Najwyższych Osobowości Trójcy, stanowią te dziesięć grup istot, które czasem nazywane są *Niezmiennymi Synami Trójcy*. Razem tworzą oni wielki korpus administratorów, władców, wykonawców, doradców, radców i sędziów Trójcy. Ich liczba nieco przekracza trzydzieści siedem miliardów. Dwa miliardy siedemdziesiąt przebywa we wszechświecie centralnym a nieco ponad pięć miliardów w każdym superwszechświecie.

Bardzo trudno jest zobrazować funkcjonalne ograniczenia Niezmiennych Synów Trójcy. Błędem byłoby twierdzić, że ich czyny są ograniczone w sensie skończonym, ponieważ istnieją sprawozdania w zapisach superwszechświata, które mówią co innego. Działają oni na każdym poziomie wszechświatowej administracji czy orzecznictwa, narzucanym przez warunki czasowo-przestrzenne, a odnosi się to do przeszłości, teraźniejszości i przyszłej ewolucji wszechświata nadrzędnego.

5. NATCHNIONE DUCHY TRÓJCY

Niewiele będę mógł wam opowiedzieć o tym, co dotyczy Natchnionych Duchów Trójcy, gdyż są one jednymi z nielicznych, istniejących, całkowicie tajnych klas istot; bez wątpienia są tajne, gdyż nie mogą się całkowicie objawić nawet tym z nas, którzy pochodzą z pobliża źródła ich stworzenia. Zostali powołani do bytu aktem Rajskiej Trójcy i mogą być wykorzystani przez dowolne, pojedyncze Bóstwo, przez dwa Bóstwa, jak również przez wszystkie trzy. Nie wiemy czy liczba tych Duchów jest stała, czy wciąż ich przybywa, jednak skłonni jesteśmy przypuszczać, że ich liczba nie jest stała.

Nie rozumiemy w pełni ani natury, ani działania Natchnionych Duchów. Mogą one ewentualnie należeć do kategorii duchów superosobowych. Wydają się działać we wszystkich znanych obwodach i wygląda na to, że działają prawie niezależnie od czasu i przestrzeni. Jednak bardzo mało o nich wiemy, za wyjątkiem tego, że możemy wydedukować ich charakter z natury ich działań, których rezultaty dostrzegamy tak wyraźnie tu i ówdzie we wszechświatach.

W pewnych okolicznościach Natchnione Duchy mogą się indywidualizować w takim stopniu, że mogą być rozpoznane przez istoty pochodzące od Trójcy. Widziałem ich. Jednak niższe klasy istot niebiańskich nigdy nie będą mogły rozpoznać któregokolwiek z nich. Przy kierowaniu rozwijającymi się wszechświatami, wynikają od czasu do czasu pewne okoliczności, w których dowolna istota pochodząca od Trójcy może bezpośrednio użyć tych Duchów do pomocy w wykonywaniu jej zadań. Wiemy zatem, że one istnieją i że w pewnych okolicznościach możemy zażądać ich pomocy i ją dostać, rozpoznając czasem ich obecność. Jednak nie stanowią one części wyraźnej i konkretnie objawionej organizacji, kierującej wszechświatami czasowo-przestrzennymi, zanim te materialne kreacje nie zostaną ustanowione w światłości i życiu. Nie mają one wyraźnie dostrzegalnego miejsca w obecnej strukturze czy administracji siedmiu rozwijających się superwszechświatów. Są tajemnicą Rajskiej Trójcy.

Melchizedekowie z Nebadonu nauczają, że przeznaczeniem Natchnionych Duchów Trójcy jest działać kiedyś, w wiecznej przyszłości, na miejscu Samotnych Posłańców, których szeregi powoli, lecz stale się wykruszają, w wyniku ich przydziałów, jako towarzyszy do pewnych typów utrójcowionych synów.

Natchnione Duchy są samotnymi Duchami we wszechświecie wszechświatów. Jako Duchy są one bardzo podobne do Samotnych Posłańców, oprócz tego, że ci ostatni są wyraźnie osobowościami. Większość tego, co wiemy o Natchnionych Duchach, dowiedzieliśmy się od Samotnych Posłańców, którzy wykrywają ich bliskość dzięki swej naturalnej wrażliwości na obecność Natchnionych Duchów, która działa zgoła tak niezawodnie, jak igła magnetyczna, kiedy wskazuje magnetyczny biegun. Kiedy Samotny Posłaniec znajduje się w pobliżu Natchnionego Ducha Trójcy, uświadamia on sobie jakościowy przejaw tej boskiej obecności i ma także bardzo konkretne, ilościowe postrzeganie, które umożliwia mu rozpoznanie klasyfikacji czy liczby obecnych Duchów.

Opowiem może jeszcze jedną ciekawą rzecz. Kiedy Samotny Posłaniec przebywa na planecie, której mieszkańcy są zamieszkali przez Dostrajacze Myśli, tak jak na Urantii, jest on świadomy pobudzenia jakościowego w swoim wykrywaniu-wrażliwości na obecność ducha. W takich przypadkach nie ma pobudzenia ilościowego, jest tylko percepcja jakościowa. Na planecie, do której Dostrajacze nie przybywają, kontakt z tubylcami nie powoduje takiej reakcji. Taki fakt sugeruje, że Dostrajacze Myśli są w jakiś sposób spokrewnione lub związane z Natchnionymi Duchami Rajskiej Trójcy. W pewnych stadiach swej działalności mogą być one ewentualnie związane z nimi w jakiś sposób, ale tak naprawdę nie wiemy jak. Jedni i drudzy pochodzą z pobliża centrum i źródła wszystkich rzeczy, jednak nie są tą samą klasą istot. Dostrajacze myśli pochodzą tylko od Ojca, Natchnione Duchy są potomstwem Rajskiej Trójcy.

Natchnione Duchy najwyraźniej nie należą do schematu ewolucyjnego rozwoju poszczególnych planet czy wszechświatów, a przecież wydają się być prawie wszędzie. Nawet kiedy formułuję tę wypowiedź, osobista wrażliwość towarzyszącego mi Samotnego Posłańca wskazuje na obecność Ducha tej klasy, na to, że Duch klasy Natchnionej posiadający moc trzeciej wielkości jest z nami w tym właśnie momencie, około siedmiu metrów od nas. Trzecia wielkość mocy sugeruje tę możliwość, że trzy Natchnione Duchy działają tutaj razem.

Samotny Posłaniec jest jedyną istotą, spośród ponad dwunastu ich klas towarzyszących mi w tym momencie, świadomą obecności tych tajemniczych bytów Trójcy. I dalej, kiedy w ten sposób dowiadujemy się o bliskości tych boskich Duchów, wszyscy na równi nic nie wiemy o rodzaju ich misji. Naprawdę nie wiemy, czy są one tylko ciekawymi obserwatorami naszych poczynań, czy może w jakiś, nieznany nam sposób, faktycznie przyczyniają się do pomyślnej realizacji naszego zadania.

Wiemy, że Nauczyciele-Synowie Trójcy poświęcają się *świadomemu* oświecaniu wszechświatowych istot. Doszedłem do konkretnego wniosku, że Natchnione Duchy

Trójcy również działają jako nauczyciele określonych domen, metodą *nadświadomości.* Jestem przekonany, że istnieje rozległe gremium istotnej wiedzy duchowej, prawd nieodzownych dla osiągnięcia wyższych sukcesów duchowych, których nie można przyjąć świadomie; samoświadomość mogłaby skutecznie przeszkodzić w dokładności ich odbioru. Jeśli dobrze rozumiemy tę ideę, a cała moja klasa istot ją podziela, być może misją Natchnionych Duchów jest pokonanie tych trudności, likwidacja luki we wszechświatowym schemacie oświecenia moralnego i zaawansowania duchowego. Uważamy, że ci nauczyciele dwóch rodzajów, pochodzący od Trójcy, w swojej działalności są w pewien sposób związani ze sobą, jednak nie mamy w tej sprawie zupełnej pewności.

Bratałem się z doskonalącymi się śmiertelnikami na światach szkoleniowych superwszechświata i na wiecznych orbitach Havony, z uduchowionymi i wznoszącymi się duszami z domen ewolucyjnych, ale nigdy nie mogli oni wykryć istnienia Natchnionych Duchów, które co jakiś czas były bardzo blisko nas, jak to wykazywała zdolność ich wykrywania u Samotnych Posłańców. Rozmawiałem często ze wszystkimi klasami Synów Bożych, wysokich i niskich i oni tak samo nie uświadamiają sobie napomnień otrzymanych od Natchnionych Duchów Trójcy. Mogą wspominać i wspominają swe przeszłe doświadczenia, mogą przywodzić na myśl zdarzenia, które są trudne do wytłumaczenia, gdy się nie bierze pod uwagę działania tych Duchów. Jednak za wyjątkiem Samotnych Posłańców a czasem istot pochodzących od Trójcy, nikt z niebiańskiej rodziny nigdy nie uświadamiał sobie bliskości Natchnionych Duchów.

Nie wierzę, aby Natchnione Duchy Trójcy bawiły się ze mną w chowanego. Prawdopodobnie próbują one tak samo usilnie mi się objawić, jak ja pragnę się z nimi porozumieć; nasze trudności i ograniczenia muszą być obopólne i naturalne. Cieszę się, że nie ma we wszechświecie arbitralnych tajemnic, zatem nigdy nie ustanę w wysiłkach rozwiązania tajemnicy odosobnienia tych Duchów, należących do mojej klasy stworzenia.

I z tego wszystkiego wy, śmiertelnicy, którzy właśnie robicie pierwszy krok na wiecznej drodze, możecie zrozumieć, że musicie iść naprzód długą drogą, zanim wyjdziecie poza „wizualną" i „materialną" pewność. Długo jeszcze będziecie zależni od wiary i korzystać będziecie z objawienia, jeśli chcecie iść szybko i bezpiecznie.

6. MIESZKAŃCY HAVONY

Mieszkańcy Havony stworzeni są bezpośrednio przez Rajską Trójcę a ich liczba przekracza pojmowanie waszych prostych umysłów. Urantianie nie mogą również zrozumieć uzdolnień, nieodłącznych tak bosko doskonałym istotom, jak te właśnie klasy wiecznego wszechświata, pochodzące od Trójcy. Nigdy nie wyobrazicie sobie dokładnie tych gloryfikowanych istot. Musicie z tym poczekać na wasze przybycie do Havony, kiedy ich powitacie jako waszych duchowych towarzyszy.

Zaprzyjaźnicie się na wieczność z tymi wspaniałymi istotami, kiedy długo przebywać będziecie na miliardzie światów kultury Havony. A jak głęboka jest taka przyjaźń, jaka się zawiązuje pomiędzy najniższą osobową istotą ze światów przestrzeni a tymi wysokimi, osobowymi istotami, rodzimymi dla doskonałych sfer wszechświata centralnego! Wznoszący się śmiertelnicy, poprzez długi i pełen miłości związek z mieszkańcami Havony, wynagradzają sobie w znacznym stopniu duchowe ubóstwo wcześniejszych stadiów rozwoju śmiertelnika. Jednocześnie, przez kontakty ze wznoszącymi się pielgrzymami, Havonerzy nabierają doświadczenia, które w niemałym stopniu przezwycięża empiryczne braki ich życia, przeżywanego zawsze w boskiej doskonałości. Wielka i obopólna korzyść wynika z tego, zarówno dla wznoszących się śmiertelników jak i dla mieszkańców Havony.

Mieszkańcy Havony, podobnie jak inne osobowości pochodzące od Trójcy, istnieją z założenia w boskiej doskonałości i tak jak u innych osobowości, pochodzących od Trójcy, upływ czasu może wzbogacić zasoby ich własności empirycznych. Jednak w przeciwieństwie do Niezmiennych Synów Trójcy, Havonerzy mogą się rozwijać w swym statusie, mogą mieć nie objawioną, przyszłą wieczność-przeznaczenie. Przykładem tego są ci Havonerzy, którzy dzięki służbie urzeczywistniają połączenie się z fragmentem Ojca, nie Dostrajaczem, a tym samym kwalifikują się do członkostwa w Korpusie Finalizmu Śmiertelników. A są jeszcze inne korpusy finalistów, dostępne dla mieszkańców wszechświata centralnego.

Ewolucja statusu mieszkańców Havony daje okazję do wielu spekulacji na Uversie. Skoro nieustannie przenikają oni do wielu Rajskich Korpusów Finalizmu i ponieważ nie stwarza się ich więcej, wydaje się, że liczba mieszkańców pozostających w Havonie wciąż się zmniejsza. Ostateczne konsekwencje tych przemieszczeń nigdy nie zostały nam objawione, ale nie wierzymy, że kiedyś Havona zupełnie opróżni się z jej mieszkańców. Rozważaliśmy teorię, że kiedyś Havonerzy być może przestaną wstępować do korpusów finalistów, w epokach kolejnego stwarzania poziomów przestrzeni zewnętrznej. Rozważaliśmy także ideę, że w tych kolejnych epokach wszechświata, wszechświat centralny może być zaludniony przez mieszaną grupę osiadłych w nim istot, takich jego obywateli, z których tylko część będzie pierwotnymi mieszkańcami Havony. Nie wiemy, jaka klasa albo jaki rodzaj istot ma osiągnąć status przyszłych mieszkańców Havony, ale myślimy o:

1. Univitatach, którzy teraz są stałymi obywatelami konstelacji wszechświata lokalnego.
2. Przyszłych typach śmiertelników, którzy mogą być zrodzeni na zamieszkałych sferach superwszechświatów, w rozkwicie epok światłości i życia.
3. Arystokracji duchowej, przybywającej z kolejnych wszechświatów zewnętrznych.

Wiemy, że w poprzedniej epoce wszechświata Havona była w pewnym sensie odmienna od Havony z epoki obecnej. Sądzimy, że jest w zasadzie logiczne przypuszczać, iż teraz jesteśmy świadkami tych powolnych przemian we wszechświecie centralnym, których wyników spodziewamy się w epokach nadchodzących. Jedna rzecz jest pewna: wszechświat nie jest statyczny, tylko Bóg jest niezmienny.

7. OBYWATELE RAJU

W Raju przebywają liczne grupy wspaniałych istot, Obywateli Raju. Porządek doskonalenia wznoszących się, wolą obdarzonych istot, nie dotyczy ich bezpośrednio, dlatego też te istoty nie są w pełni objawiane śmiertelnikom Urantii. Istnieje ponad trzy tysiące klas tych niebiańskich istot inteligentnych; ostatnia ich grupa była uosobiona równocześnie z nakazem Trójcy, realizującym stwórczy plan dla siedmiu superwszechświatów czasu i przestrzeni.

Obywatele Raju i mieszkańcy Havony czasami są określani razem jako *osobowości Raju-Havony.*

Tak się kończy opowieść o tych istotach, które zostały powołane do istnienia przez Rajską Trójcę. Żadna z nich nigdy nie zbłądziła, a przecież posiadają one wolną wolę w najwyższym tego słowa znaczeniu.

Istoty pochodzące od Trójcy mają prerogatywy przemieszczania się, dzięki którym są one niezależne od osobowości transportujących, takich jak serafini. We wszechświecie wszechświatów my wszyscy możemy poruszać się prawie bez ograniczeń i szybko. Za wyjątkiem Natchnionych Duchów Trójcy, nie możemy osiągać prawie niewiarygodnej prędkości Samotnych Posłańców, ale potrafimy tak zużytkować całkowitą sumę udogodnień transportowych przestrzeni, że wyruszając ze stolicy superwszechświata, możemy dotrzeć do dowolnego jego punktu w czasie nieco krótszym niż rok Urantii. Ja potrzebuję 109 dni waszego czasu na podróż z Uversy na Urantię.

Tymi samymi sposobami możemy natychmiastowo komunikować się ze sobą. Cała nasza klasa stworzenia jest w kontakcie z każdym członkiem wszystkich kategorii dzieci Rajskiej Trójcy, za wyjątkiem Natchnionych Duchów.

[Przedstawione przez Niebiańskiego Radcę z Uversy].

PRZEKAZ 20

RAJSCY SYNOWIE BOGA

SYNÓW Boga, działających w superwszechświecie Orvontonie, zalicza się do trzech głównych grup:

1. Zstępujący Synowie Boga.
2. Wznoszący się Synowie Boga.
3. Utrójcowieni Synowie Boga.

Zstępujące klasy synostwa obejmują osobowości powstałe bezpośrednio aktem boskiego stworzenia. Wznoszący się synowie, tacy jak istoty śmiertelne, osiągają ten sam status przez empiryczny udział w stwórczej procedurze, zwanej ewolucją. Utrójcowieni Synowie są grupą istot o złożonym pochodzeniu, obejmującą wszystkie istoty objęte Rajską Trójcą, nawet, jeśli nie pochodzą bezpośrednio od Trójcy.

1. ZSTĘPUJĄCY SYNOWIE BOGA

Wszyscy zstępujący Synowie Boga posiadają wysokie, boskie pochodzenie. Poświęcają się oni służbie zstępowania, działają na światach i w systemach czasu i przestrzeni, ułatwiając tam postęp we wspinaczce do Raju niskim istotom ewolucyjnego pochodzenia, wznoszącym się synom Boga. Spośród licznych klas zstępujących Synów, siedem opisanych będzie w tych narracjach. Synowie, którzy wywodzą się od Bóstw, przebywających na centralnej Wyspie Światłości i Życia, zwani są *Rajskimi Synami Boga* i obejmują trzy następujące klasy:

1. Synowie Stwórcy – Michałowie.
2. Synowie-Arbitrzy – Avonale.
3. Nauczyciele-Synowie Trójcy – Daynale.

Pozostałe cztery klasy zstępującego synostwa znane są jako *Synowie Boga wszechświata lokalnego:*

4. Synowie Melchizedecy.
5. Synowie Vorondadecy.
6. Synowie Lanonandecy.
7. Nosiciele Życia.

Melchizedecy są wspólnym potomstwem Syna Stwórcy z wszechświata lokalnego, Stwórczego Ducha i Ojca Melchizedeka. Zarówno Vorondadecy jak i Lanonandecy zostali powołani do bytu przez Syna Stwórcę i jego towarzyszkę, Stwórczego Ducha. Vorondadecy najlepiej są znani jako Najwyżsi Ojcowie Konstelacji; Lanonandecy jako Władcy Systemu i Książęta Planetarni. Trojaka klasa Nosicieli Życia została powołana do bytu przez Syna Stwórcy i Stwórczego Ducha, w połączeniu z jednym z trzech Pradawnych Czasu, sprawujących jurysdykcję nad superwszechświatem. Natura i działalność Synów Boga z wszechświata lokalnego jest znacznie lepiej zobrazowana w tych przekazach, które zajmują się zagadnieniami kreacji lokalnych.

Pochodzenie Rajskich Synów Boga jest trojakie: Synowie pierwszej klasy albo Synowie Stwórcy, powoływani są do istnienia przez Ojca Wszechświatowego i Wiecznego Syna; Synowie drugiej klasy, albo Synowie-Arbitrzy, są dziećmi Wiecznego Syna i Nieskończonego Ducha; Nauczyciele-Synowie Trójcy są potomstwem Ojca, Syna i Ducha. Z punktu widzenia służby, czczenia i modlitwy, Rajscy Synowie są jak jeden, ich duch jest jeden a ich działalność jest identyczna, gdy idzie o jakość i doskonałość.

Tak jak rajskie klasy Czasu okazały się boskimi administratorami, tak klasy Rajskich Synów objawiły się jako niebiańscy opiekunowie, którzy stwarzają, służą, obdarzają, sądzą, nauczają i objawiają prawdę. We wszechświecie wszechświatów zakres ich działalności rozciąga się od obrzeży wiecznej Wyspy aż do zamieszkałych światów czasu i przestrzeni; we wszechświecie centralnym i superwszechświatach spełniają różnorodne posługi, nieujawnione w tych narracjach. Zorganizowani są rozmaicie, w zależności od natury i miejsca ich służby, ale we wszechświecie lokalnym zarówno Synowie-Nauczyciele jak i Arbitrzy służą pod kierunkiem Syna Stwórcy, zarządzającego tą domeną.

Synowie Stwórcy wydają się posiadać wyposażenie duchowe, skoncentrowane w ich osobach, które kontrolują i którym mogą obdarzać, tak jak to zrobił wasz własny Syn Stwórcą, kiedy wylał swego ducha na wszystkie ciała śmiertelne na Urantii. Każdy Syn Stwórcy jest wyposażony w taką duchową moc przyciągającą we własnej domenie; uświadamia on sobie osobiście każde działanie i każde uczucie każdego zstępującego Syna Boga, służącego w jego domenie. Jest to Boskie odbicie, kopia we wszechświecie lokalnym, tej absolutnej duchowej mocy przyciągającej Wiecznego Syna, która umożliwia mu dotarcie do wszystkich jego Rajskich Synów, ustanowienie i utrzymywanie kontaktu z nimi, bez znaczenia, gdzie mogą się znajdować w całym wszechświecie wszechświatów.

Rajscy Synowie Stwórcy działają nie tylko jako Synowie, podczas swej zstępującej służby opieki i obdarzenia, ale po ukończeniu ich misji obdarzających każdy z nich działa jako Ojciec stworzonego przez siebie wszechświata, podczas gdy inni Synowie Boga kontynuują tę służbę obdarzania i wywyższania duchowego, której celem jest pozyskanie planet, jedna po drugiej, dla dobrowolnego uznania miłości pełnej władzy Ojca Wszechświatowego. Działalność taka osiąga swój punkt kulminacyjny, kiedy istoty stworzone poświęcają się czynieniu woli Rajskiego Ojca oraz gdy planeta jest lojalna wobec panowania we wszechświecie jego Syna Stwórcy.

W siedmiorakim Synu Stwórcy, Stwórca i stworzony są na zawsze połączeni w wyrozumiałym, pełnym sympatii i miłosierdzia związku. Cała klasa Michała – Synowie Stwórcy – jest tak niepowtarzalna, że rozważanie natury i działalności tych Synów będzie treścią następnego przekazu z tej grupy, podczas gdy niniejsza narracja zajmować się będzie głównie dwoma pozostałymi klasami rajskiego synostwa: Synami-Arbitrami i Nauczycielami-Synami Trójcy.

2. SYNOWIE-ARBITRZY

Za każdym razem, kiedy oryginalna i absolutna idea istoty, wyrażona przez Wiecznego Syna, jednoczy się z nowym i boskim ideałem kochającej służby, wyobrażonym przez Nieskończonego Ducha, stwarzany jest nowy i oryginalny Syn Boga, Rajski

Syn-Arbiter. Synowie ci są klasą Avonali, w odróżnieniu od klasy Michałów – Synów Stwórców. Choć nie są oni stwórcami w sensie osobistym, są blisko związani z Michałami w całej ich działalności. Avonale są planetarnymi opiekunami i sędziami, urzędnikami sprawującymi władzę sędziowską nad domenami czasu-przestrzeni, dla wszystkich gatunków, dla wszystkich światów i we wszystkich wszechświatach.

Mamy powody wierzyć, że całkowita liczba Synów-Arbitrów w wielkim wszechświecie wynosi około miliarda. Jest to klasa samorządna, kierowana przez swoją najwyższą radę w Raju, składającą się z doświadczonych Avonali, wybranych spośród ich służb we wszystkich wszechświatach. Jednak, kiedy Avonale są przydzieleni i oddelegowani do wszechświata lokalnego, służą pod kierownictwem Syna Stwórcy tej domeny.

Avonale są Rajskimi Synami, służącymi we wszechświatach lokalnych i obdarzającymi sobą indywidualne planety. I skoro każdy Syn Avonal ma niepowtarzalną osobowość, skoro nie ma dwóch takich samych, ich praca jest indywidualnie unikalna w tych domenach, gdzie przebywają, gdzie często wcielają się w formę ciała śmiertelnego a czasem się rodzą z ziemskich matek na światach ewolucyjnych.

W dodatku do swojej służby na wyższych poziomach administracyjnych, Avonale pełnią trojakie funkcje na światach zamieszkałych:

1. *Czynności sędziowskie.* Avonale działają na zakończenie planetarnych systemów sprawiedliwości. Z biegiem czasu dziesiątki a nawet setki takich misji może być przeprowadzone na każdym, indywidualnym świecie a Avonale mogą iść do tych samych czy jakichś innych światów, niezliczoną ilość razy jako kończący system sprawiedliwości wyzwoliciele śpiących przetrwałych istot.

2. *Misje arbitrażowe.* Odwiedziny planetarne tego typu następują zazwyczaj przed przybyciem Syna obdarzającego. Podczas takiej misji Avonal pojawia się na danym świecie jako dorosła osoba, dzięki technice wcielenia, nie obejmującej ziemskich narodzin. Po tej pierwszej i typowej arbitrażowej wizycie, Avonale mogą służyć wiele razy na stanowisku arbitrażowym na tej samej planecie, zarówno przed, jak i po pojawieniu się Syna obdarzającego. Podczas tych, dodatkowych misji arbitrażowych, Avonal może się zjawić, choć niekoniecznie, w materialnej i widzialnej formie, ale żaden z nich nie będzie zrodzony na danym świecie jako bezradne niemowlę.

3. *Misje obdarzające.* Wszyscy Synowie Avonale obdarzają sobą przynajmniej raz jakiś gatunek śmiertelny, na jakimś świecie ewolucyjnym. Odwiedziny sędziowskie są liczne, misje arbitrażowe mogą być wielokrotne, ale na każdej planecie pojawia się tylko jeden Syn obdarzający. Kobiety rodzą obdarzających Avonali, tak jak Michał z Nebadonu wcielił się na Urantii.

Nie ma żadnych ograniczeń odnośnie tego, ile razy Synowie Avonalni mogą służyć na misjach arbitrażowych czy obdarzających, zazwyczaj jednak, gdy dokonali tego siedem razy, następuje zawieszenie takich czynności na korzyść innych, którzy mieli mniej tego rodzaju posług. Synowie, którzy obdarzali wielokrotnie, są potem przydzielani do wysokiej, osobistej rady Syna Stwórcy i biorą tym samym udział w administrowaniu sprawami wszechświatowymi.

W każdej pracy, wykonywanej na światach zamieszkałych i dla tych światów, Synom-Arbitrom pomagają dwie klasy istot z wszechświata lokalnego – Melchizedekowie i archaniołowie – a kiedy są na misjach obdarzających, towarzyszą im także Gwiazdy Błyszczące Wieczorne, również pochodzące z kreacji lokalnych. Rajskim Synom drugiej klasy, Avonalom, pomagają we wszystkich ich planetarnych wysiłkach, pełną mocą i władzą, Rajscy Synowie pierwszej klasy – Synowie Stwórcy z tych wszechświatów lokalnych, w których Avonale działają. Działalność Avonali na sferach zamieszkałych jest w istocie tak samo efektywna i zadowalająca, jak służba Synów Stwórców na takich, zamieszkałych przez śmiertelników światach.

3. CZYNNOŚCI SĘDZIOWSKIE

Avonale znani są jako Synowie-Arbitrzy, ponieważ są oni wysokimi sędziami sfer, wydającymi orzeczenia w kolejnych systemach sprawiedliwości na światach czasu. Przewodniczą przebudzeniu śpiących przetrwałych, zasiadają w sądzie sfery, doprowadzają do końca system zawieszonej sprawiedliwości, wykonują rozporządzenia epoki próbnego miłosierdzia, ponownie rozpatrują przydział zadań dla istot z przestrzeni, pełniących służbę planetarną podczas nowego systemu sprawiedliwości a po zakończeniu swej misji powracają do zarządu swego wszechświata lokalnego.

Kiedy Avonale osądzają przeznaczenie epoki, wyrokują o losie gatunków ewolucyjnych i chociaż mogą wydać orzeczenia wygaszające tożsamość istot osobowych, nie wykonują takich wyroków. Werdykty tego rodzaju egzekwowane są wyłącznie przez władze superwszechświata.

Przybycie na świat ewolucyjny Rajskiego Avonala, w celu zakończenia systemu sprawiedliwości i zapoczątkowania nowej epoki planetarnego postępu, niekoniecznie musi być misją arbitrażową czy misją obdarzającą. Misje arbitrażowe czasami są wcieleniami a misje obdarzające są nimi zawsze; to znaczy, podczas wykonywania takich zadań Avonale służą na planecie literalnie w formie materialnej. Pozostałe ich wizyty są natury „proceduralnej" i podczas pełnienia takiej funkcji w służbie planetarnej Avonal nie wciela się. Jeśli Syn-Arbiter przybędzie na zakończenie systemu sprawiedliwości wyłącznie jako sędzia, przybywa on na planetę jako istota duchowa, niewidzialna dla istot materialnych danej domeny. Takie wizyty proceduralne zdarzają się wielokrotnie w długiej historii zamieszkałego świata.

Synowie Avonale mogą działać jako sędziowie planetarni zarówno przed doświadczeniami arbitrażowymi jak i obdarzającymi. Jednak podczas każdej takiej misji wcielony Syn będzie osądzał przemijającą, planetarną epokę, podobnie jak to robi Syn Stwórca, wcielony na misji obdarzającej w formie ciała materialnego. Kiedy Rajski Syn odwiedza świat ewolucyjny i staje się jednym z ludzi, jego pobyt kończy system sprawiedliwości i stanowi osąd domeny.

4. MISJE ARBITRAŻOWE

Zanim na planecie pojawi się Syn obdarzający, zamieszkały świat odwiedzany jest zazwyczaj przez Rajskiego Avonala na misji arbitrażowej. Jeśli jest to wstępna wizyta arbitrażowa, Avonal zawsze pojawia się wcielony jako istota materialna. Pojawia się on na przydzielonej mu planecie jako dorosły mężczyzna gatunku ludzkiego, istota w pełni widzialna dla śmiertelnych istot tego czasu i pokolenia, pozostająca z nimi w kontakcie materialnym. Podczas trwania wcielenia arbitrażowego, związek Syna Avonalnego z siłami duchowymi, lokalnymi i wszechświatowymi, jest pełny i nieprzerwany.

Planeta może mieć wiele odwiedzin arbitrażowych, zarówno przed jak i po pojawieniu się Syna obdarzającego. Może być odwiedzana wiele razy przez tego samego albo przez różnych Avonali, działających jako sędziowie na koniec systemu sprawiedliwości, ale takie proceduralne misje osądu nie są ani misjami obdarzającymi ani arbitrażowymi; Avonale również nie wcielają się w takich wypadkach. Nawet jeśli planeta błogosławiona jest wieloma misjami arbitrażowymi, Avonale nie zawsze wcielają się w śmiertelnika; a kiedy służą w formie ciała śmiertelnego, zawsze zjawiają się jako dorosła istota danej domeny; nie rodzą się z kobiety.

Podczas wcielenia, tak na misji obdarzającej jak i arbitrażowej, Rajscy Synowie posiadają Dostrajacze i te Dostrajacze są odmienne dla każdego wcielenia. Dostrajacze, zamieszkujące umysły wcielonych Synów Boga, nigdy nie mogą mieć nadziei zyskania osobowości przez zespolenie się z ludzko-boską istotą, którą zamieszkują, ale są one często uosabiane zarządzeniem Ojca Wszechświatowego. Tacy Dostrajacze tworzą najwyższą radę Diviningtonu, kierującą administracją, identyfikacją i ekspediowaniem Nieodgadnionych Monitorów do domen zamieszkałych. Przyjmują oni także i akredytują Dostrajacze po ich powrocie na „łono Ojca", po śmiertelnym rozkładzie ziemskich tabernakulów Dostrajaczy. W ten sposób wierne Dostrajacze sędziów świata stają się wzniosłymi szefami swej klasy.

Urantia nigdy nie gościła Syna Avonala na misji arbitrażowej. Gdyby Urantia rozwijała się zgodnie z ogólnym planem dla światów zamieszkałych, byłaby błogosławiona misją arbitrażową w jakimś czasie pomiędzy dniami Adama a jej obdarzeniem przez Chrystusa Michała. Jednak zwyczajna kolejność pojawiania się Rajskich Synów na waszej planecie została zupełnie zdezorganizowana przez zjawienie się waszego Syna Stwórcy, dziewiętnaście wieków temu, gdy dokonywał swego końcowego obdarzenia.

Urantia może jeszcze być odwiedzona przez Avonala, upoważnionego do wcielenia się na misji arbitrażowej, ale tego, co dotyczy przyszłego pojawienia się Rajskich Synów, nawet „aniołowie w niebie nie znają czasu ani sposobu takich odwiedzin", gdyż świat obdarzony Michałem pozostaje pod specjalną i osobistą kuratelą Syna-Mistrza i jako taki jest w pełni zależny od jego osobistych planów i rozporządzeń. W przypadku waszego świata, jest to jeszcze bardziej skomplikowane przez obietnicę powrotu Michała. Niezależnie od nieporozumień, dotyczących pobytu Michała z Nebadonu na Urantii, jedna rzecz jest bez wątpienia prawdziwa – jego obietnica powrotu na wasz świat. Gdy patrzy się z tej perspektywy, tylko czas może pokazać przyszły porządek odwiedzin Rajskich Synów Boga na Urantii.

5. OBDARZENIA DOKONYWANE PRZEZ RAJSKICH SYNÓW BOGA

Wieczny Syn jest wiecznym Słowem Boga. Wieczny Syn jest doskonałym wyrażeniem „pierwszej", absolutnej i nieskończonej myśli swego wiecznego Ojca. Kiedy osobowy duplikat albo boskie rozszerzenie tego, Pierwszego Syna, rozpoczyna misję obdarzającą, wciela się w śmiertelnika, staje się literalną prawdą, że Boskie „Słowo stało się ciałem" i tym samym Słowo mieszka wśród niepozornych istot pochodzących od zwierząt.

Na Urantii istnieje szeroko rozpowszechnione wierzenie, że celem Synowskiego obdarzenia jest wywarcie pewnego rodzaju wpływu na Ojca Wszechświatowego. Jednak wasze rozumowanie powinno doprowadzić was do wniosku, że to nie jest prawdą.

Obdarzenia, dokonywane przez Synów Avonalnych i Michałowych, są nieodłączną częścią tego empirycznego procesu, którego celem jest uczynienie z tych Synów niezawodnych i wyrozumiałych sędziów i władców ludzi oraz planet czasu i przestrzeni. Misja siedmiorakiego obdarzenia jest najwyższym celem wszystkich Rajskich Synów Stwórców. I wszystkich Synów-Arbitrów ożywia również ten sam duch służby, który w tak wielkim stopniu charakteryzuje podstawowych Synów Stwórców i Wiecznego Syna z Raju.

Jakaś klasa Rajskich Synów musi obdarzyć sobą każdy, zaludniony śmiertelnikami świat, żeby umożliwić Dostrajaczom Myśli zamieszkanie w umysłach wszystkich normalnych istot ludzkich takiej sfery, gdyż Dostrajacze nie przychodzą do *wszystkich* prawdziwych istot ludzkich, zanim Duch Prawdy nie zostanie wylany na wszystkie ciała; a zesłanie Ducha Prawdy zależy od powrotu do stolicy wszechświata Rajskiego Syna, który pomyślnie przeprowadził misję obdarzenia śmiertelników na rozwijającym się świecie.

W długiej historii zamieszkałej planety występuje wiele osądów systemu sprawiedliwości i może się zdarzyć więcej niż jedna misja arbitrażowa, ale zazwyczaj tylko raz Syn obdarzający będzie służył na takiej sferze. Wymagane jest, aby każdy zamieszkały świat miał jednego Syna obdarzającego, który przybywa przeżyć pełne życie śmiertelnika, od narodzin do śmierci. Wcześniej czy później, niezależnie od statusu duchowego, przeznaczeniem każdego zamieszkałego przez śmiertelników świata jest gościć Syna-Arbitra na misji obdarzającej, za wyjątkiem jednej planety w każdym wszechświecie lokalnym, którą Syn Stwórca wybiera na misję swego obdarzenia w charakterze śmiertelnika.

Gdy dowiecie się trochę więcej o Synach obdarzających, zrozumiecie, dlaczego w biegu historii Nebadonu Urantia jest obiektem tak wielkiego zainteresowania. Wasza mała i niewiele znacząca planeta jest ośrodkiem zainteresowania wszechświata lokalnego po prostu dlatego, że jest światem ojczystym śmiertelnika, Jezusa z Nazaretu. To ona była sceną ostatecznego i tryumfalnego obdarzenia dokonanego przez waszego Syna Stwórcę, tą areną, na której Michał zdobył najwyższą, osobistą władzę nad wszechświatem Nebadon.

W stolicy swojego wszechświata lokalnego Syn Stwórca poświęca sporo swego czasu na doradzanie i instruowanie kolegium współdziałających z nim Synów, Arbitrów i innych, zwłaszcza po ukończeniu swego obdarzenia w formie śmiertelnika. Z miłością i oddaniem, z wrażliwym miłosierdziem i uczucia pełną rozwagą, Synowie-Arbitrzy obdarzają sobą światy w przestrzeni. I w żadnej mierze te planetarne służby nie są gorsze od obdarzeń śmiertelników, dokonywanych przez Michałów. Prawdą jest, że wasz Syn Stwórcy wybrał na swe ostatnie doświadczenia w charakterze istoty stworzonej domenę, która doznała wyjątkowych niepowodzeń. Jednak żadna planeta nigdy nie może znaleźć się w takim stanie, który dla jej duchowego podźwignięcia wymagałby obdarzenia Synem Stwórcy. Wystarczyłby równie dobrze jakikolwiek inny Syn z grupy obdarzającej, gdyż w całej swej pracy na światach wszechświata lokalnego Synowie-Arbitrzy są tak samo bosko efektywni i mądrzy, jak byłby ich rajski brat, Syn Stwórcy.

Aczkolwiek tym Rajskim Synom zawsze grozi niepowodzenie, gdy dokonują wcieleń obdarzających, nie napotkałem jeszcze zapisu o niepowodzeniu czy odstępstwie na misji obdarzenia, czy to Syna-Arbitra czy Syna Stwórcy. Jedni i drudzy wywodzą się zbyt blisko od absolutnej perfekcji, żeby mogli zawieść. Podejmują wprawdzie ryzyko, stają się naprawdę istotami śmiertelnymi z krwi i kości, przez co zyskują unikalne doświadczenie istoty stworzonej, jednak tak dalece jak sięgają moje obserwacje, zawsze odnosili sukces. Nigdy nie zawiedli w realizacji celu misji obdarzającej. W całym Nebadonie, historia ich obdarzeń i służby planetarnej stanowi najszlachetniejszy i najbardziej fascynujący rozdział w historii waszego wszechświata lokalnego.

6. MISJE OBDARZAJĄCE W CHARAKTERZE ŚMIERTELNIKA

Metoda, za pomocą której Rajski Syn przygotowuje się do wcielenia w śmiertelnika jako Syn obdarzenia, rodząc się z matki na obdarzanej planecie, jest wszechświatową tajemnicą; jakakolwiek próba docieczenia sposobu działania tej techniki z Sonaringtonu z góry skazana jest na pewne niepowodzenie. Niech wzniosła wiedza o śmiertelnym życiu Jezusa z Nazaretu przeniknie wasze dusze, jednak nie marnujcie waszych dociekań na bezużyteczne spekulacje, jak zostało przeprowadzone to tajemnicze wcielenie Michała z Nebadonu. Radujmy się wszyscy wiedzą i pewnością, że takie dzieła są możliwe dla Boskiej natury i nie traćmy czasu na czcze przypuszczenia, jaka metoda została użyta przez Boską mądrość dla realizacji tego fenomenu.

Na misji obdarzającej w charakterze śmiertelnika, Rajski Syn zawsze rodzi się z kobiety i dorasta jako dziecko płci męskiej danej domeny, tak jak Jezus na Urantii. Tacy Synowie pełniący najwyższą służbę przeżywają dzieciństwo, potem dochodzą przez młodość do wieku męskiego, jak każda istota ludzka. Pod każdym względem stają się podobni śmiertelnikom tego gatunku, w którym się urodzili. Modlą się do Ojca, tak jak to czynią dzieci tej domeny, w której służą. Z materialnego punktu widzenia, ci ludzko-boscy Synowie żyją zwykłym życiem, oprócz tego, że nie zostawiają potomstwa na światach swego pobytu; jest to ograniczenie powszechnie narzucone wszystkim klasom Rajskich Synów obdarzających.

Tak jak Jezus pracował na waszym świecie jako syn cieśli, tak również inni Rajscy Synowie pracują w różnym charakterze na planetach, które obdarzają. Trudno jest znaleźć zawód, jakim nie parałby się jakiś Rajski Syn podczas obdarzenia pewnej ewolucyjnej planety czasu.

Kiedy Syn obdarzający opanuje doświadczenie życia śmiertelnym życiem, gdy osiągnie doskonałość w zestrojeniu się z zamieszkującym go Dostrajaczem, zaczyna on tę część misji planetarnej, której celem jest oświecenie umysłów i inspiracja dusz jego braci w ciele. Jako nauczyciele, Synowie ci poświęcają się wyłącznie duchowemu oświeceniu gatunku śmiertelnego na świecie, gdzie przebywają.

Misje obdarzające Michałów i Avonali w charakterze śmiertelników, podczas gdy są porównywalne w większości aspektów, wcale nie są identyczne. Syn-Arbiter nigdy nie oświadcza: „Kto ujrzał Syna, ujrzał również Ojca", jak to zrobił wasz Syn Stwórca na Urantii i w ciele. Obdarzający Avonal oznajmia: „Kto ujrzał mnie, ujrzał Wiecznego Syna Boga". Synowie-Arbitrzy nie pochodzą bezpośrednio od Ojca Wszechświatowego, jak również nie wcielają się jako poddani woli Ojcowskiej; zawsze obdarzają sobą jako Rajscy *Synowie*, poddani woli Wiecznego Syna z Raju.

Kiedy obdarzający Synowie, Stwórcy czy Arbitrzy, przechodzą bramę śmierci, pojawiają się ponownie na trzeci dzień. Jednak nie powinniście żywić idei, że zawsze spotyka ich taki tragiczny koniec, jaki spotkał Syna Stwórcę, który przebywał na waszym świecie dziewiętnaście wieków temu. Nadzwyczajne i niezwykle okrutne przeżycia, jakie przeszedł Jezus z Nazaretu, sprawiły, że Urantia stała się lokalnie znana jako „świat krzyża". Nie ma potrzeby, aby tak nieludzko traktowano Syna Boga i znaczna większość planet zgotowała im bardziej troskliwe przyjęcie, pozwalając ukończyć misję śmiertelnika, zakończyć epokę, osądzić śpiących przetrwałych oraz zacząć nową epokę, bez zadawania im gwałtownej śmierci. Syn obdarzający musi umrzeć, musi przejść wszelkie autentyczne przeżycia śmiertelników danej domeny, jednak boski plan nie wymaga, aby ta śmierć była gwałtowna czy niezwykła.

Kiedy obdarzających Synów nie spotyka gwałtowna śmierć, dobrowolnie rezygnują z życia i przechodzą bramę śmierci nie po to, żeby zaspokoić wymagania „surowej sprawiedliwości" czy „Boskiego gniewu", ale raczej po to, aby zakończyć obdarzenie, „aby wypić kielich" misji wcielenia i osobistego doświadczenia we wszystkim, co stanowi życie istoty, tak jak jest ono przeżywane na planetach śmiertelnej egzystencji. Obdarzenie jest planetarną i wszechświatową koniecznością a śmierć materialna nie jest niczym innym, niż konieczną częścią misji obdarzenia.

Kiedy się skończy wcielenie w śmiertelnika, Avonal pełniący tę służbę udaje się do Raju, zaakceptowany zostaje przez Ojca Wszechświatowego, wraca do wszechświata lokalnego swego przydziału i zostaje przyjęty przez Syna Stwórcę. Po czym obdarzający Avonal i Syn Stwórca posyłają ich wspólnego Ducha Prawdy, aby działał w sercach śmiertelnego gatunku, który żyje na świecie obdarzenia. W tych epokach wszechświata lokalnego, które upływają przed zdobyciem najwyższej władzy przez Syna Stwórcę, jest to wspólny duch obu Synów, uzupełniany przez Stwórczego Ducha. Różni się on nieco od Ducha Prawdy, właściwego dla tych epok wszechświata lokalnego, które następują po siódmym obdarzeniu Michała.

Kiedy Syn Stwórca ukończy swe ostatnie obdarzenie, Duch Prawdy, posłany uprzednio do wszystkich światów obdarzenia typu Avonalnego w danym wszechświecie lokalnym, zmienia się w swej naturze, stając się bardziej literalnie duchem władcy Michała. Zjawisko to występuje równocześnie z wyzwoleniem Ducha Prawdy do służby na tej planecie, którą Michał obdarzył w charakterze śmiertelnika. Od tego czasu, każdy świat zaszczycony obdarzeniem Arbitra będzie dostawał takiego samego duchowego Pocieszyciela od siedmiorakiego Syna Stwórcy w powiązaniu z Synem-Arbitrem, jakiego mógłby dostać, gdyby Władca wszechświata osobiście wcielił się w Syna i obdarzył ten świat.

7. NAUCZYCIELE-SYNOWIE TRÓJCY

Ci wysoce osobowi i wysoce duchowi Rajscy Synowie powołani są do istnienia przez Rajską Trójcę. W Havonie znani są jako klasa Daynali. W Orvontonie rejestrowani są jako Nauczyciele-Synowie Trójcy a nazywani są tak ze względu na ich pochodzenie. Na Salvingtonie nazywani są czasem Rajskimi Synami Duchowymi.

Ilość Nauczycieli-Synów stale się zwiększa. Ostatnia transmisja ze spisu wszechświatowego podała liczbę tych Synów Trójcy, działających we wszechświecie centralnym i superwszechświatach, jako przekraczającą nieco dwadzieścia jeden miliardów, a nie uwzględnia ona rajskich rezerw, które obejmują ponad jedną trzecią wszystkich istniejących Nauczycieli-Synów Trójcy.

Synostwo klasy Daynali nie stanowi organicznej części administracji wszechświata lokalnego czy superwszechświata. Członkowie tej klasy nie są ani stwórcami, ani wybawicielami, nie są też sędziami czy władcami. Nie interesują się tak bardzo administracją wszechświata, jak oświecaniem moralnym i rozwojem duchowym. Są wszechświatowymi dydaktykami, istotami poświęcającymi się duchowemu rozbudzeniu i moralnemu przewodnictwu dla wszystkich domen. Ich działalność jest blisko związana ze wznoszeniem się istot stworzonych do Raju, jak również z tą służbą, jaką pełnią osobowości Nieskończonego Ducha.

Tacy synowie Trójcy podzielają wspólną naturę trzech Rajskich Bóstw, ale w Havonie wydają się bardziej odzwierciedlać naturę Ojca Wszechświatowego. W superwszechświatach wydają się wykazywać naturę Wiecznego Syna, podczas gdy w kreacjach lokalnych ukazują charakter Nieskończonego Ducha. We wszystkich wszechświatach są oni ucieleśnieniem służby i arbitrami mądrości.

Nauczyciele-Synowie Trójcy, w przeciwieństwie do swych rajskich braci, Michałów i Avonali, nie przechodzą szkolenia przygotowawczego we wszechświecie centralnym. Są rozsyłani bezpośrednio do zarządów superwszechświatów a stamtąd przydzielani do służby w jakimś wszechświecie lokalnym. W służbie dla tych domen ewolucyjnych używają wspólnego wpływu duchowego Syna Stwórcy oraz związanych z nim Synów-Arbitrów, gdyż Daynale sami z siebie nie posiadają duchowej mocy przyciągającej.

8. SŁUŻBA DAYNALI WE WSZECHŚWIECIE LOKALNYM

Rajscy Synowie Duchowi są unikalnymi istotami; pochodzą od Trójcy i są jedynymi istotami stworzonymi przez Trójcę, tak gruntownie związanymi z prowadzeniem wszechświatów podwójnego pochodzenia. Poświęcają się z zaangażowaniem służbie edukacyjnej dla istot śmiertelnych i niższych klas istot duchowych. Zaczynają swą pracę w systemach lokalnych, a w zależności od swych doświadczeń i wyników, awansują do wewnątrz, przez służbę w konstelacji, do najwyższej pracy w kreacji lokalnej. Po zatwierdzeniu mogą zostać ambasadorami duchowymi, reprezentującymi wszechświat lokalny, w którym służą.

Nie wiem, jaka jest dokładna liczba Nauczycieli-Synów w Nebadonie; jest ich tam tysiące. Wielu szefów wydziałów w szkołach Melchizedeków należy do tej klasy, podczas gdy łączny personel, z którego się składa formalny Uniwersytet Salvingtonu, liczy ponad sto tysięcy istot z tymi Synami włącznie. Spora ich liczba przebywa na różnych morontialnych światach szkoleniowych, ale nie zajmują się wyłącznie rozwojem duchowym i intelektualnym stworzonych śmiertelników; nauczają również istoty seraficzne i inne, żyjące w kreacjach lokalnych. Wielu ich asystentów wybranych jest z szeregów istot utrójcowionych przez stworzonych.

Nauczyciele-Synowie tworzą ciało, które kieruje wszystkimi egzaminami i prowadzi wszystkie testy kwalifikacyjne i zatwierdzające, dla wszystkich im podległych stadiów służb wszechświatowych, od wysuniętych strażników do obserwatorów gwiezdnych. Prowadzą oni epokowy cykl szkoleniowy, rozciągający się od kursów planetarnych aż do wysokiego Kolegium Mądrości na Salvingtonie. Uznanie, będące rezultatem wysiłków i osiągnięć, przyznaje się wszystkim – wznoszącym się śmiertelnikom czy ambitnym cherubinom – tym, którzy ukończyli to przedsięwzięcie mądrości i prawdy.

Wszyscy Synowie Boga we wszystkich wszechświatach wiele zawdzięczają tym, zawsze oddanym, uniwersalnie biegłym, Nauczycielom-Synom Trójcy. Są to wysocy nauczyciele wszystkich osobowości duchowych, zawsze niezawodni i prawdziwi nauczyciele, nawet samych Synów Boga. Mogę przekazać wam zaledwie kilka szczegółów o niekończących się obowiązkach i funkcjach Nauczycieli-Synów. Rozległa domena funkcjonowania synostwa Daynali lepiej będzie rozumiana na Urantii, kiedy będziecie bardziej zaawansowani w inteligencji i kiedy się skończy duchowa izolacja waszej planety.

9. PLANETARNA SŁUŻBA DAYNALI

Kiedy rozwój wydarzeń na świecie ewolucyjnym wskazuje na to, że nadchodzi czas rozpoczęcia epoki duchowej, Nauczyciele-Synowie Trójcy zawsze zgłaszają się do tej służby. Nie znacie tej klasy synostwa, ponieważ Urantia nigdy nie przechodziła epoki duchowej, millennium kosmicznego oświecenia. Jednak Nauczyciele-Synowie nawet teraz odwiedzają wasz świat, aby formułować plany dotyczące swego przyszłego pobytu na waszej sferze. Powinni zjawić się na Urantii wtedy, gdy jej mieszkańcy osiągną względne wyzwolenie z kajdan zwierzęcości i pęt materializmu.

Nauczyciele-Synowie Trójcy nie mają nic wspólnego z zakończeniem planetarnych systemów sprawiedliwości. Ani nie sądzą umarłych ani nie transponują żywych, jednak na każdej planetarnej misji towarzyszy im Syn-Arbiter, który dokonuje tych czynności. Nauczyciele-Synowie interesują się wyłącznie zapoczątkowaniem epoki duchowej, świtem ery rzeczywistości duchowych na planecie ewolucyjnej. Ustanawiają oni prawdziwy, duchowy odpowiednik materialnej wiedzy i doczesnej mądrości.

Nauczyciele-Synowie pozostają zazwyczaj tysiąc lat planetarnego czasu na planetach, które odwiedzają. Jeden Nauczyciel-Syn przewodniczy milenijnemu rządowi planetarnemu, mając asystę siedemdziesięciu towarzyszy swej klasy. Daynale nie wcielają się, albo inaczej, nie materializują się tak, aby mogli być widziani przez istoty śmiertelne, dlatego też kontakt ze światem, który odwiedzają, utrzymywany jest poprzez Gwiazdy Błyszczące Wieczorne, osobowości wszechświata lokalnego związane z Nauczycielami-Synami Trójcy.

Daynale mogą wielokrotnie wracać do zamieszkałego świata a w rezultacie ich końcowej misji planeta zostanie doprowadzona do trwałego statusu sfery światłości i życia, do ewolucyjnego celu wszystkich światów zamieszkałych przez śmiertelników w obecnej epoce wszechświata. Działalność Korpusu Finalizmu Śmiertelników jest ściśle związana ze sferami ustanowionymi w światłości i życiu a funkcje planetarne tego Korpusu są połączone z działalnością Nauczycieli-Synów. Faktycznie, cała klasa synostwa Daynali jest blisko związana ze wszystkimi stadiami działalności finalistów w ewolucyjnych kreacjach czasu i przestrzeni.

Nauczyciele-Synowie Trójcy wydają się tak całkowicie utożsamiać z systemem rozwoju śmiertelników we wstępnych stadiach ich ewolucyjnego wznoszenia się, że często skłania to nas do rozważań na temat ich ewentualnych związków z finalistami, w nieujawnionej dotąd misji w przyszłych wszechświatach. Zauważamy, że administratorzy superwszechświata są po części osobowościami pochodzącymi od Trójcy a po części wznoszącymi się istotami ewolucyjnymi, objętymi Trójcą. Wierzymy, że

Nauczyciele-Synowie i finaliści zdobywają teraz doświadczenie w związkach czasowych, co może być szkoleniem wstępnym, przygotowującym ich do wspólnego działania w bliskich zależnościach, w pewnym, nie objawionym, przyszłym przeznaczeniu. My na Uversie wierzymy, że kiedy superwszechświaty zostaną ostatecznie ustanowione w światłości i życiu, ci Rajscy Nauczyciele-Synowie, którzy tak dokładnie zaznajomili się z problemami światów ewolucyjnych i którzy tak długo byli związani z działalnością śmiertelników ewolucyjnych, będą prawdopodobnie przeniesieni i połączeni na wieczność z Rajskim Korpusem Finalizmu.

10. JEDNOLITA SŁUŻBA RAJSKICH SYNÓW

Wszyscy Rajscy Synowie Boga są boscy z pochodzenia i z natury. Działalność każdego Rajskiego Syna, na rzecz każdego świata, jest taka, jak gdyby ten pełniący służbę Syn był pierwszym i jedynym Synem Boga.

Rajscy Synowie są boskim zobrazowaniem funkcjonalnych natur trzech osób Bóstwa dla domen czasu i przestrzeni. Synowie Stwórcy, Arbitrzy i Nauczyciele, są darem wiecznych Bóstw dla dzieci ludzkich i dla wszystkich innych istot wszechświatowych o potencjale wznoszenia się. Ci Synowie Boga są boskimi opiekunami, zawsze oddanymi swej pracy, polegającej na pomaganiu istotom czasu w osiąganiu przez nie wysokiego, duchowego celu wieczności.

W Synach Stwórcach miłość Ojca Wszechświatowego zmieszana jest z miłosierdziem Wiecznego Syna a dla wszechświatów lokalnych ujawnia się ona w stwórczej mocy, miłości pełnej służbie i rozumnej, najwyższej władzy Michałów. W Synach-Arbitrach miłosierdzie Wiecznego Syna połączone jest ze służbą Nieskończonego Ducha a domenom ewolucyjnym objawia się w misji tych Avonali, polegającej na sądzeniu, służbie i obdarzaniu. W Nauczycielach-Synach Trójcy miłość, miłosierdzie i służba trzech Rajskich Bóstw skoordynowane są na najwyższych, czasowo-przestrzennych poziomach wartości i przedstawiane wszechświatom jako żywa prawda, Boska dobroć i prawdziwe, duchowe piękno.

We wszechświatach lokalnych, te klasy synostwa współpracują ze sobą, aby objawić Bóstwa z Raju istotom z przestrzeni: Syn Stwórca jako Ojciec wszechświata lokalnego, obrazuje nieskończony charakter Ojca Wszechświatowego. Avonale jako obdarzający Synowie miłosierdzia, objawiają niedościgłą naturę Wiecznego Syna, przepełnionego nieskończonym współczuciem. Daynale-Synowie Trójcy, jako prawdziwi nauczyciele wznoszących się osobowości, objawiają nauczającą osobowość Nieskończonego Ducha. W bosko doskonałej współpracy, Michałowie, Avonale i Daynale przyczyniają się do aktualizowania i objawiania osobowości oraz władzy Boga Najwyższego czasowo-przestrzennym wszechświatom i w tych wszechświatach. W harmonii swych trójjednych działań, ci Rajscy Synowie Boga zawsze funkcjonują jako awangarda osobowości Bóstwa, kiedy podążają razem za nigdy niekończącą się ekspansją boskości Pierwszego Wielkiego Źródła i Centrum, od wiecznotrwałej Wyspy Raj ku nieznanym głębiom przestrzeni.

[Przedstawione przez Perfektora Mądrości z Uversy].

PRZEKAZ 21

RAJSCY SYNOWIE STWÓRCY

SYNOWIE Stwórcy tworzą wszechświaty lokalne czasu i przestrzeni i nimi władają. Ci stwórcy i władcy wszechświatów mają podwójne pochodzenie, uosabiają cechy Boga-Ojca i Boga-Syna. Jednak każdy Syn Stwórca różni się od innych, każdy jest unikalny, tak w swej naturze jak i w osobowości, każdy jest „jedynym zrodzonym Synem" doskonałego, Boskiego ideału, od którego pochodzi.

Ojciec Wszechświatowy zawsze aprobuje i umacnia tych wysokich Synów, kiedy prowadzą swe szeroko zakrojone dzieło organizacji, rozwoju i doskonalenia wszechświata lokalnego. Związki wzajemne Synów Stwórców z ich Rajskim Ojcem są bliskie i doskonałe. Bez wątpienia głębokie uczucie Boskich rodziców do Boskiego potomstwa jest źródłem tej pięknej i nieomal boskiej miłości, jaką nawet ziemscy rodzice żywią wobec swych dzieci.

Ci Rajscy Synowie pierwszej klasy uosabiani są jako Michałowie. Kiedy wychodzą z Raju, aby zakładać swe wszechświaty, nazywani są Stwórcami Michałami. Kiedy ustanowieni zostają jako najwyższa władza wszechświatów, zwani są Mistrzami Michałami. Czasami nawiązujemy do władcy waszego wszechświata, Nebadonu jako do Chrystusa Michała. Nieustannie i wiecznie panują ci Synowie, zgodnie z „klasą Michała", tak nazwaną według pierwszego Syna ich klasy i natury.

Pierwszy czy pierworodny Michał nigdy się nie wcielił w istotę materialną, jednak siedem razy przeszedł on doświadczenie wznoszenia się istoty duchowej na siedmiu orbitach Havony, posuwając się od sfer zewnętrznych do najbardziej wewnętrznej orbity kreacji centralnej. Klasa Michała zna wielki wszechświat od krańca do krańca; nie istnieje żadne istotne doświadczenie jakiegokolwiek dziecka czasu i przestrzeni, w którym Michałowie osobiście nie braliby udziału; faktycznie podzielają oni nie tylko Boską naturę, ale także waszą naturę, to znaczy wszystkie natury, od najwyższej do najniższej.

Kiedy Rajscy Synowie zbierają się na naradę, w centrum wszystkich rzeczy, pierwszy Michał jest ich szefem i im przewodniczy. Nie tak dawno zarejestrowaliśmy na Uversie wszechświatową transmisję o niezwykłym konklawe na wiecznej Wyspie stu pięćdziesięciu tysięcy Synów Stwórców, zebranych tam w obecności rodziców i zajmujących się omawianiem postępów w jednoczeniu i stabilizacji wszechświata wszechświatów. Była to wybrana grupa Władców Michałów, Synów siedmiokrotnego obdarzenia.

1. POCHODZENIE I NATURA SYNÓW STWÓRCÓW

Kiedy pełnia absolutnego, duchowego wyobrażenia w Wiecznym Synu, napotka pełnię idei absolutnej osobowości w Ojcu Wszechświatowym, gdy taki stwórczy związek zostanie ostatecznie i w pełni osiągnięty, kiedy pojawia się taka absolutna tożsamość ducha i taka nieskończona jedność idei osobowości, wtedy, dokładnie wtedy i tam, bez utraty czegokolwiek z osobowości czy prerogatyw każdego z nieskończonych Bóstw, rozbłyskuje w pełni rozwiniętą istotę nowy i oryginalny Syn Stwórca, jedyny zrodzony Syn doskonałego ideału i wspaniałej idei, których związek wytwarza tę nową, stwórczą osobowość mocy i doskonałości.

Każdy Syn Stwórca jest jedynym zrodzonym i jedynym możliwym do zrodzenia potomstwem doskonałego związku oryginalnych idei dwu nieskończonych, wiecznych i doskonałych umysłów zawsze istniejących Stwórców wszechświata wszechświatów. Nigdy nie będzie innego, podobnego Syna, gdyż każdy Syn Stwórca jest nie uwarunkowaną, skończoną i ostateczną ekspresją oraz uosobieniem pełni każdego stadium, każdej cechy, każdej możliwości, każdej Boskiej rzeczywistości, jaką kiedykolwiek można by znaleźć w całej wieczności w tych Boskich, stwórczych potencjałach, wyrażoną przez nie czy rozwiniętą z nich, potencjałach połączonych po to, aby powołać do istnienia Syna Michała. Każdy Syn Stwórca jest absolutem tych zjednoczonych idei boskości, które stanowią o jego Boskim pochodzeniu.

Boskie natury tych Synów Stwórców są wyprowadzone, w zasadzie w równym stopniu, z cech obu rajskich rodziców. Wszyscy oni podzielają w pełni Boską naturę Ojca Wszechświatowego i stwórcze prerogatywy Wiecznego Syna, ale jak przyglądamy się praktycznej działalności Michałów we wszechświatach, dostrzegamy oczywiste różnice. Niektórzy Synowie Stwórcy wydają się być bardziej podobni do Boga-Ojca, inni bardziej do Boga-Syna. Na przykład: tendencje administracyjne we wszechświecie Nebadon sugerują, że jego Stwórca i rządzący Syn jest jednym z tych, których natura i charakter przypominają raczej Wieczną Matkę-Syna. Dalej należy zaznaczyć, że pewne wszechświaty są kierowane przez Rajskich Michałów, którzy wydają się być w równym stopniu podobni do Boga-Ojca i Boga-Syna. Takie obserwacje w żadnym sensie nie zakładają krytycyzmu; jest to po prostu stwierdzenie faktu.

Nie wiem, ilu jest dokładnie Synów Stwórców, ale mam pewne powody przypuszczać, że jest ich ponad siedemset tysięcy. Otóż wiemy, że jest dokładnie siedemset tysięcy Jednoczących Czasu i nie stwarza się ich więcej. Zauważamy także, że plany sporządzone dla obecnej epoki wszechświata wydają się wskazywać na to, że jeden Jednoczący Czasu ustanowiony jest w każdym wszechświecie lokalnym jako doradca-ambasador Trójcy. Dalej zauważamy, że wciąż zwiększająca się liczba Synów Stwórców już przekroczyła niezmienną liczbę Jednoczących Czasu. Nigdy jednak nie zostaliśmy poinformowani o przeznaczeniu Michałów, przekraczających liczbę siedmiuset tysięcy.

2. STWÓRCY WSZECHŚWIATÓW LOKALNYCH

Rajscy Synowie pierwszej klasy są projektantami, stwórcami, budowniczymi i administratorami swoich indywidualnych domen, wszechświatów lokalnych czasu i przestrzeni, podstawowych jednostek stwórczych siedmiu ewolucyjnych superwszechświatów. Syn Stwórca może wybrać miejsce w przestrzeni na swoją przyszłą, kosmiczną działalność, ale zanim będzie mógł chociażby rozpocząć fizyczną organizację swego wszechświata, musi spędzić długi czas na obserwacji wysiłków swych starszych braci, prowadzonych w rozmaitych kreacjach, znajdujących się w tym superwszechświecie, gdzie planuje swoją działalność. A przed tym wszystkim, Synowie Michałowie muszą ukończyć swą długotrwałą i unikalną praktykę obserwacyjną w Raju i szkoleniową w Havonie.

Kiedy Syn Stwórca odlatuje z Raju, aby zacząć przygodę tworzenia wszechświata, aby stać się głową – faktycznie Bogiem – wszechświata lokalnego przezeń organizowanego, wtedy, po raz pierwszy, nawiązuje bliski kontakt z Trzecim Źródłem i Centrum i w wielu aspektach uzależnia się od niego. Przeznaczeniem Nieskończonego Ducha, choć mieszka z Ojcem i Synem w centrum wszystkich rzeczy, jest działanie w charakterze ważnego i efektywnego pomocnika każdego Syna Stwórcy. Dlatego też każdemu Synowi Stwórcy towarzyszy Stwórcza Córka Nieskończonego Ducha, ta istota, która ma się stać Boską Opiekunką, Matką Duchem nowego wszechświata lokalnego.

Podczas odlotu Syna Michała, przy tej okazji oddzielane są na zawsze jego prerogatywy stwórcze od Rajskich Źródeł i Centrów; prerogatywy te poddane są tylko pewnym ograniczeniom, właściwym preegzystencji tych Źródeł i Centrów oraz pewnych innych, nadrzędnych mocy i obecności. Ograniczenia wszechmocnych skądinąd prerogatyw stwórcy Ojca wszechświata lokalnego są między innymi następujące:

1. *Energia-materia* zdominowana jest przez Nieskończonego Ducha. Zanim będzie można tworzyć jakiekolwiek nowe formy rzeczy, wielkich czy małych, zanim można będzie próbować nowych przeobrażeń energii-materii, Syn Stwórca musi dostać zgodę i pozyskać roboczą współpracę Nieskończonego Ducha.
2. *Plany istot i ich rodzaje* są pod kontrolą Wiecznego Syna. Zanim Syn Stwórca będzie mógł stworzyć jakikolwiek nowy rodzaj istoty, jakąkolwiek nową formę istoty, musi uzyskać na to zgodę Wiecznej i Pierwszej Matki-Syna.
3. *Osobowość* jest planowana i nadawana przez Ojca Wszechświatowego.

Typy i formy *umysłu* są określane poprzez czynniki egzystencji, poprzedzające stworzenie istoty. Potem czynniki te się łączy, aby uformować istotę (osobową czy inną); umysłem obdarza Trzecie Źródło i Centrum, powszechne źródło służby umysłu dla wszystkich istot poniżej poziomu Rajskich Stwórców.

Kontrola projektów i rodzajów *ducha* zależy od poziomu jego przejawiania się. W końcowym podsumowaniu, projekt duchowy kontrolowany jest przez Trójcę albo przedtrójcowe, duchowe nadania osobowości Trójcy – Ojca, Syna i Ducha.

Kiedy taki doskonały i boski Syn bierze w swe posiadanie miejsce w przestrzeni, dla wybranego przez siebie wszechświata, kiedy wstępne problemy materializacji wszechświata i jego ogólnej równowagi zostają rozwiązane, kiedy nawiązuje on efektywną i roboczą współpracę z dopełniającą go Córką Nieskończonego Ducha – wtedy ów Syn Wszechświata i Duch Wszechświata inicjują ten związek, który ma dać początek niezliczonym zastępom ich dzieci we wszechświecie lokalnym. W związku z tym wydarzeniem, zogniskowanie Stwórczego Ducha, pochodzące od Rajskiego Nieskończonego Ducha, zostaje zmienione w swej naturze, nabierając osobowych własności Matki Ducha wszechświata lokalnego.

Pomimo, że wszyscy Synowie Stwórcy są boscy, podobnie jak ich rajscy rodzice, nie ma ich dwóch identycznych; każdy jest unikalny, odmienny, wyjątkowy i oryginalny, zarówno w swej *naturze* jak i osobowości. Ponieważ planują oni życie w swych poszczególnych domenach i realizują te plany, ta właśnie różnorodność daje gwarancję, że ich domeny także będą zróżnicowane w każdej formie i stadium żywego bytu, wywodzącego się od Michała, który może zostać stworzony czy później ukształtowany w takiej domenie. Dlatego też klasy istot, rodzimych dla wszechświatów lokalnych, są raczej urozmaicone. Nie ma dwóch wszechświatów, zarządzanych czy zamieszkałych przez istoty rodzime podwójnego pochodzenia identyczne we wszystkich aspektach. W jakimkolwiek danym superwszechświecie, połowa cech właściwych jego istotom jest w pełni jednolita, gdyż wywodzi się od jednorodnych Stwórczych Duchów; natomiast druga połowa jest urozmaicona, gdyż wywodzi się od różnorodnych Synów Stwórców. Jednak taką różnorodnością nie odznaczają się istoty, pochodzące wyłącznie od Stwórczego Ducha, ani też istoty przybyłe z wszechświata centralnego czy superwszechświatów.

Kiedy Syna Michała nie ma w jego wszechświecie, rządy sprawuje pierworodna, zrodzona w tym wszechświecie istota, Gwiazda Jasna i Poranna, główny administrator wszechświata lokalnego. W takim czasie wskazówki i porady Jednoczącego Czasu są bezcenne. W czasie takiej nieobecności, Syn Stwórca może powierzyć towarzyszącej mu Matce Duchowi kontrolę jego obecności duchowej na światach zamieszkałych i w sercach jego śmiertelnych dzieci. Matka Duch wszechświata lokalnego zawsze pozostaje w swej siedzibie, rozpościerając swą wspierającą opiekę i służbę duchową na najodleglejsze części takiej ewolucyjnej domeny.

Syn Stwórca niekoniecznie musi przebywać w swoim wszechświecie lokalnym, aby stabilna kreacja materialna była prowadzona bez zakłóceń. Ci Synowie mogą podróżować do Raju a ich wszechświat wciąż się obraca w przestrzeni. Mogą zawiesić linie swej mocy, żeby się wcielić w formę dziecka czasu, a ich domeny nadal wirują wokół odpowiednich centrów. Żadna struktura materialna nie może być niezależna od absolutnego uchwytu grawitacji Raju, czy od kosmicznej kontroli, nieodłącznej obecności w przestrzeni Absolutu Nieuwarunkowanego.

3. WŁADZA WE WSZECHŚWIECIE LOKALNYM

Syn Stwórca otrzymuje dziedzinę wszechświatową za aprobatą Rajskiej Trójcy i z potwierdzeniem Ducha Nadrzędnego, nadzorującego dany superwszechświat. Taki akt jest prawem fizycznego posiadania, kosmicznej dzierżawy. Jednak wyniesienie Syna Michała od tego, wstępnego stadium władania z ograniczeniami przez siebie nałożonymi, do empirycznej supremacji samodzielnie zdobytej władzy, następuje w wyniku jego własnej, osobistej pracy nad stwarzaniem wszechświata oraz jego obdarzenia w formie cielesnej. Przed przejęciem władzy, którą Syn zdobywa w wyniku swego obdarzania, rządzi on jako namiestnik Ojca Wszechświatowego.

Syn Stwórca może przejąć pełną władzę nad swą własną kreacją w dowolnym czasie, ale roztropnie tego nie czyni. Gdyby przejął niezasłużoną, najwyższą władzę, przed dokonaniem obdarzeń w formie istoty stworzonej, przebywające w jego wszechświecie lokalnym osobowości rajskie odeszłyby stamtąd. Jednak nie zdarzyło się to nigdy, w całej kreacji czasu i przestrzeni.

Fakt kreatywności implikuje pełnię władzy, ale Michałowie wolą *zdobywać* ją empirycznie, zapewniając sobie tym samym pełną współpracę wszystkich rajskich osobowości, przydzielonych do administracji wszechświata lokalnego. Nie znamy Michała, który kiedykolwiek zrobiłby inaczej, ale wszyscy oni mogą to uczynić, są naprawdę Synami obdarzonymi wolną wolą.

Władza Syna Stwórcy we wszechświecie lokalnym przechodzi sześć, być może siedem, stadiów empirycznego przejawiania się. Występują one w następującym porządku:

1. Wstępna władza namiestnika – samotna, tymczasowa władza, sprawowana przez Syna Stwórcę, zanim związany z nim Stwórczy Duch nie nabędzie cech osobowości.
2. Wspólna władza namiestnika – wspólna władza rajskiej pary, w następstwie osiągnięcia osobowości przez Matkę Ducha Wszechświata.
3. Poszerzona władza namiestnika – zaawansowana władza Syna Stwórcy, w okresie dokonywania przez niego siedmiu obdarzeń w charakterze istoty stworzonej.
4. Najwyższa władza – stabilna władza po ukończeniu siódmego obdarzenia. W Nebadonie najwyższa władza datuje się od ukończenia obdarzenia Urantii przez Michała. Trwa ona już ponad dziewiętnaście wieków waszego czasu planetarnego.
5. Poszerzona najwyższa władza – zaawansowana współzależność, powstała w wyniku ustanowienia w światłości i życiu większości domen zamieszkałych przez istoty stworzone. Stadium to jest stanem jeszcze nieosiągniętym; to jest przyszłość waszego wszechświata lokalnego.
6. Trójcowa władza – sprawowana w wyniku ustanowienia w światłości i życiu całego wszechświata lokalnego.
7. Nie objawiona władza – nieznane zależności w przyszłej epoce wszechświata.

Przejmując wstępną władzę namiestnika projektowanego wszechświata lokalnego, Stwórca Michał składa Trójcy przysięgę, że nie przejmie najwyższej władzy, zanim nie ukończy siedmiu obdarzeń w formie istoty stworzonej, poświadczonych przez władców superwszechświata. Gdyby jednak Syn Michał nie mógł z własnej woli przejąć takiej, niezasłużonej władzy, składanie przysięgi, że nie będzie tego robić, nie miałoby sensu.

Nawet w epokach przedobdarzeniowych Syn Stwórca rządzi swoją domeną nieomal absolutnie, kiedy w żadnej jej części nie ma sprzeciwu wobec jego władzy. Ograniczone władanie byłoby prawie niezauważalne, gdyby ta władza nie była nigdy kwestionowana. Władza sprawowana przez Syna Stwórcę przed obdarzeniami, we wszechświecie bez buntu, nie jest większa niż w tym wszechświecie, gdzie wybuchł bunt, ale w pierwszym przypadku ograniczenia tej władzy nie są tak dostrzegalne, jak w drugim.

Jeśli władza albo administracja Syna Stwórcy kiedykolwiek jest kwestionowana, atakowana lub narażona na niebezpieczeństwo, jest on wiecznie zobowiązany zachowywać, zabezpieczać, bronić, a gdy zajdzie potrzeba, odzyskać swą osobistą kreację. Synowie ci mogą być nękani lub niepokojeni tylko przez istoty przez nich stworzone, albo przez wyższe istoty przez nich wybrane. Można się domyślać, że byłoby raczej nieprawdopodobne, aby te „wyższe istoty", pochodzące z poziomów ponad wszechświatem lokalnym, przysparzały kłopotów Synowi Stwórcy i jest to prawdą. Jednak mogą one to robić, gdyby zechciały. Cnota u osobowości jest sprawą wolicjonalną; prawość nie jest automatyczna u istot obdarzonych wolną wolą.

Przed ukończeniem misji obdarzającej Syn Stwórca rządzi z pewnymi ograniczeniami swej władzy, które sam sobie narzuca, ale gdy skończy służbę obdarzania, rządzi na mocy swego aktualnego doświadczenia, nabytego w formach i na podobieństwo wielorakich istot przez niego stworzonych. Gdy Stwórca siedem razy przebywał wśród stworzonych przez siebie istot, gdy misja obdarzania jest zakończona, wtedy zostaje on ugruntowany ostatecznie we władzy wszechświata, zostaje Synem-Mistrzem, suwerenem i najwyższym władcą.

Procedura zdobywania najwyższej władzy we wszechświecie lokalnym obejmuje siedem następujących stopni empirycznych:

1. Empiryczne zgłębianie siedmiu poziomów bytu istot stworzonych, metodą obdarzania, poprzez wcielenie się we właściwą formę istoty stworzonej, żyjącej na danym poziomie.
2. Empiryczna konsekracja dla każdego stadium siedmiorakiej woli Rajskiego Bóstwa, tak jak wola ta jest uosobiona w Siedmiu Duchach Nadrzędnych.
3. Przebycie każdego z siedmiu poziomów istoty stworzonej, wraz realizacją jednego z tych siedmiu poświęceń się woli Rajskiego Bóstwa.
4. Na każdym poziomie istoty stworzonej, empiryczne przedstawienie punktu kulminacyjnego życia takiej istoty Rajskiemu Bóstwu oraz wszystkim wszechświatowym istotom inteligentnym.
5. Na każdym poziomie istoty stworzonej, empiryczne objawienie temu, obdarzanemu poziomowi i całemu wszechświatowi, jednego stadium siedmiorakiej woli Bóstwa.
6. Empiryczne zjednoczenie siedmiorakiego doświadczenia istoty stworzonej, z siedmiorakim doświadczeniem poświęcenia się objawieniu natury i woli Bóstwa.
7. Osiągnięcie nowego i wyższego związku z Istotą Najwyższą. Reperkusje tego, całościowego doświadczenia Stwórca-stworzony, poszerzają superwszechświatową rzeczywistość Boga Najwyższego oraz czasowo-przestrzenną władzę Wszechmocnego Najwyższego, jak również urzeczywistniają najwyższą władzę Rajskiego Michała we wszechświecie lokalnym.

Syn Stwórca, ustalając sprawę swej władzy we wszechświecie lokalnym, nie tylko demonstruje własną zdolność rządzenia, ale objawia także naturę i obrazuje siedmiorakie stanowisko Rajskich Bóstw. Skończone zrozumienie Ojca i uznanie jego prymatu przez istotę stworzoną jest przedmiotem troski Syna Stwórcy podczas tego zadania, kiedy zniża się on do form i doświadczeń stworzonych przez siebie istot. Rajscy Synowie pierwszej klasy są prawdziwymi objawicielami przepełnionej miłością natury i wyrozumiałej władzy Ojca, tego samego Ojca, który w powiązaniu z Synem i Duchem jest uniwersalnym zwierzchnikiem całej mocy, osobowości i rządu we wszystkich domenach wszechświata.

4. OBDARZENIA DOKONYWANE PRZEZ MICHAŁÓW

Jest siedem grup obdarzających Synów Stwórców a klasyfikowani są tak zgodnie z tym, ile razy obdarzali sobą istoty ze swych domen. Przedział tych grup rozciąga się od doświadczenia wstępnego i dalej, przez pięć dodatkowych zakresów progresywnych obdarzeń, aż do siódmego i końcowego doświadczenia stworzonego-Stwórcy.

Obdarzenia Avonali zawsze są w formie ciała śmiertelnego, ale siedem obdarzeń Syna Stwórcy obejmuje pojawianie się jego na siedmiu poziomach bytu istoty stworzonej i odnosi się do objawienia siedmiu zasadniczych ekspresji woli i natury Bóstwa. Wszyscy bez wyjątku Synowie Stwórcy przechodzą to siedmiokrotne dawanie siebie swoim stworzonym dzieciom, zanim przejmą trwałą i najwyższą jurysdykcję nad wszechświatem przez siebie stworzonym.

Chociaż w różnych sektorach i różnych wszechświatach to siedem obdarzeń jest zróżnicowane, zawsze obejmują one obdarzenie w formie śmiertelnika. W takim, końcowym obdarzeniu, Syn Stwórca zjawia się w jednej z wyższych ras śmiertelnych, na pewnym zamieszkałym świecie, przeważnie jako członek tej grupy rasowej, która posiada najwięcej dziedzictwa gatunku adamicznego, sprowadzonego uprzednio, aby poprawić status fizyczny ludzi pochodzących od zwierząt. Tylko raz, w swej siedmiorakiej misji Syna obdarzającego, Rajski Michał zrodzony jest z kobiety, jak to podają wasze zapisy o dziecięciu z Betlejem. Tylko raz żyje on i umiera jako członek najniższej klasy istot ewolucyjnych, obdarzonych wolną wolą.

Po każdym swoim obdarzeniu Syn Stwórca przystępuje do „prawicy Ojca", aby tam otrzymać Ojcowską akceptację obdarzenia i dostać instrukcję, przygotowującą go do następnego etapu służby wszechświatowej. W następstwie siódmego i końcowego obdarzenia, Syn Stwórca otrzymuje od Ojca Wszechświatowego najwyższą władzę i jurysdykcję nad swym wszechświatem.

Jest zapisane, że boski Syn, który ostatnio zjawił się na waszej planecie, był Rajskim Synem Stwórcą, który ukończył sześć stadiów swojej misji obdarzającej; kiedy tracił świadomość swego wcielonego życia na Urantii, mógł konsekwentnie, zgodnie z prawdą powiedzieć i powiedział: „Wykonało się" - to się dosłownie wykonało. Jego śmierć na Urantii skończyła misję jego obdarzeń; był to ostatni stopień wypełniania świętej przysięgi Rajskiego Syna Stwórcy. I kiedy Synowie Stwórcy zdobędą takie doświadczenie, są najwyższymi władcami wszechświata; nie rządzą już jako namiestnicy Ojca, ale na swoim własnym prawie i w swoim imieniu, jako „Król Królów i Pan Panów". Za wyjątkiem pewnych, określonych przypadków, tacy Synowie po siedmiorakim obdarzeniu są absolutnie najwyżsi we wszechświatach swego zamieszkania. W przypadku waszego wszechświata lokalnego, „cała moc w niebie i na ziemi" została oddana temu, tryumfującemu i osadzonemu na tronie Synowi-Mistrzowi.

Po ukończeniu swych misji obdarzających, Synowie Stwórcy zaliczają się do oddzielnej klasy, do siedmiorakich Synów-Mistrzów. Synowie-Mistrzowie, jako osoby, są identyczni z Synami Stwórcami, ale przeszli oni tak unikalne doświadczenia obdarzenia, że są zazwyczaj uznawani za odmienną klasę. Kiedy Stwórca planuje obdarzenie, planowana jest prawdziwa i trwała zmiana. Prawdę mówiąc, obdarzający Syn nadal nie jest niczym innym niż Stwórcą, ale dodał on do swej natury doświadczenie istoty stworzonej, które na zawsze wyklucza go z boskiego poziomu Syna Stwórcy i wynosi na empiryczną płaszczyznę Syna-Mistrza, tego, który zdobył pełne prawo rządzenia wszechświatem i administrowania jego światami. Istota taka zawiera w sobie wszystko to, co może wywieść ze swego boskiego pochodzenia i posiada wszystko to, co może zyskać z doskonałego doświadczenia istoty stworzonej. Dlaczego człowiek miałby narzekać na swoje niskie pochodzenie i narzuconą mu drogę ewolucyjną, kiedy to właśnie Bogowie muszą przejść takie samo doświadczenie, zanim zostaną ostatecznie i w pełni uznani za empirycznie odpowiednich i kompetentnych do sprawowania władzy nad swymi wszechświatowymi domenami!

5. STOSUNEK SYNÓW-MISTRZÓW DO WSZECHŚWIATA

Władza Mistrza Michała jest nieograniczona, gdyż pochodzi od empirycznego związku z Rajską Trójcą, jest niezaprzeczalna, gdyż wywodzi się z rzeczywistego doświadczenia takiej właśnie istoty, jaka podlega tej władzy. Natura władzy siedmiorakiego Syna Stwórcy jest najwyższa, gdyż:

1. Obejmuje siedmioraki punkt widzenia Rajskiego Bóstwa.
2. Uosabia siedmioraką postawę istot czasu-przestrzeni.
3. Doskonale syntetyzuje rajskie stanowisko i punkt widzenia istoty stworzonej.

Empiryczna władza jest zatem wszechobejmującą boskością Boga Siedmiorakiego, osiągającą swą kulminację w Istocie Najwyższej. Osobista władza siedmiorakiego Syna podobna jest do przyszłej władzy Istoty Najwyższej, gdy się kiedyś dopełni i zawiera jako taka najszerszą z możliwych moc i władzę Rajskiej Trójcy, jaka może się przejawiać w zakresie danych ograniczeń czasowo-przestrzennych.

Wraz ze zdobyciem najwyższej władzy wszechświata lokalnego, uchodzi z Syna Michała moc i zdolność stwarzania zupełnie nowych rodzajów istot w obecnej epoce wszechświata. Jednak utrata przez Synów-Mistrzów zdolności zapoczątkowywania zupełnie nowych klas istot, w żaden sposób nie koliduje z zadaniem wypracowywania życia wcześniej stworzonego, będącego w trakcie rozwoju. Ten szeroki program ewolucji wszechświata posuwa się naprzód bez zakłóceń czy ograniczeń. Zdobycie przez Syna-Mistrza najwyższej władzy pociąga za sobą obowiązek osobistego zajmowania się, wspierania i zarządzania tym, co zostało uprzednio zaplanowane i stworzone, oraz tym, co zostanie później wytworzone przez tych, którzy zostali zaplanowani i stworzeni. Z czasem może ukształtować się prawie nieskończona ewolucja różnorodnych istot, ale żadna zupełnie nowa forma czy typ istot inteligentnych nie będzie odtąd pochodziła bezpośrednio od Syna-Mistrza. Jest to początek, pierwszy krok, zrobiony w kierunku stabilnej administracji każdego wszechświata lokalnego.

Wyniesienie siedmiorakiego Syna obdarzającego do poziomu niezaprzeczalnej władzy w jego wszechświecie oznacza początek końca epokowej niepewności i względnej dezorientacji. Po tym wydarzeniu, to co nie może być kiedyś uduchowione, będzie w końcu zdezorganizowane; to, co nie może być kiedyś skoordynowane z rzeczywistością kosmiczną, będzie w końcu zniszczone. Kiedy zapasy bezkresnego miłosierdzia i niewysłowionej cierpliwości się wyczerpią, podczas prób zjednywania lojalności i oddania obdarzonych wolą istot z danych domen, zapanuje sprawiedliwość i prawość. To, czego miłosierdzie nie zdoła zrehabilitować, sprawiedliwość w końcu unicestwi.

Mistrzowie Michałowie, gdy raz zostaną niezależnymi władcami, są najwyżsi w swych własnych wszechświatach lokalnych. Do kilku ograniczeń ich władzy zalicza się te, które są właściwe kosmicznej preegzystencji pewnych sił i osobowości. Poza tym, Synowie-Mistrzowie są w swych poszczególnych wszechświatach najwyżsi we władzy, odpowiedzialności i mocy administracyjnej; są jak Stwórcy i Bogowie, prawdziwie najwyżsi we wszystkim. Nie ma możliwości przeniknięcia ich mądrości, gdy idzie o funkcjonowanie danego wszechświata.

Rajski Michał, po wyniesieniu do poziomu niezależnej władzy we wszechświecie lokalnym, ma pełną kontrolę nad wszystkimi innymi Synami Boga, działającymi w jego domenie i może rządzić bez ograniczeń, zgodnie z własnymi ideami, gdy idzie o potrzeby jego domeny. Syn-Mistrz może, kiedy zechce, zmieniać porządek duchowego orzecznictwa i ewolucyjne dopasowanie zamieszkałych planet. Synowie tacy sporządzają i wprowadzają w życie swoje własne plany we wszystkich sprawach, dotyczących specjalnych potrzeb planetarnych, zwłaszcza odnoszące się do tych światów, gdzie przebywali jako istoty stworzone a jeszcze bardziej światów swego końcowego obdarzenia, planet wcielenia w formie ciała śmiertelnego.

Synowie-Mistrzowie wydają się być w doskonałej łączności z tymi światami, które obdarzali, nie tylko z tymi światami, gdzie przebywali osobiście, ale ze wszystkimi światami, które obdarzali sobą Synowie-Arbitrzy. Kontakt ten utrzymywany jest przez ich własną, duchową obecność, przez Ducha Prawdy, którego potrafią „wylać na wszelkie ciało". Synowie-Mistrzowie utrzymują też nieprzerwaną łączność z Wieczną Matką-Synem, w centrum wszystkich rzeczy. Posiadają oni zakres zrozumienia, rozpościerający się od Ojca Wszechświatowego na wysokości, do skromnych gatunków żyjących na planetach w domenach czasu.

6. PRZEZNACZENIE MISTRZÓW MICHAŁÓW

Nikt nie może z pełnym autorytetem omawiać zarówno natury jak i przeznaczenia siedmiorakich Mistrzów-Władców wszechświatów lokalnych, tym niemniej wszyscy intensywnie rozważamy te sprawy. Jesteśmy nauczani i w to wierzymy, że każdy Rajski Michał jest *absolutem* idei podwójnego Bóstwa, od którego pochodzi; tym samym uosabia aktualne stadia nieskończoności Ojca Wszechświatowego i Wiecznego Syna. Michałowie muszą być w częściowym związku z nieskończonością całościową, ale są prawdopodobnie absolutni w odniesieniu do tej części nieskończoności, która dotyczy ich pochodzenia. Kiedy jednak obserwujemy ich funkcjonowanie w obecnej epoce wszechświata, nie dostrzegamy działalności wyższej nad skończoną; jakiekolwiek ich domniemane, nadskończone możliwości, muszą być przez nich samych powściągane i jak dotychczas nie objawione.

Zakończenie misji obdarzania istot stworzonych oraz wyniesienie Michała do najwyższej władzy wszechświatowej musi oznaczać całkowite wyzwolenie u niego możliwości działań skończonych, wraz z pojawieniem się możliwości służby wyższej niż skończona. W związku z tym zauważamy, że Synowie-Mistrzowie są wtedy ograniczeni, gdy idzie o stwarzanie nowych rodzajów istot; jest to ograniczenie bez wątpienia konieczne, w związku z wyzwoleniem ich nadskończonych potencjałów.

Jest bardzo prawdopodobne, że te nieujawnione moce stwórcze pozostaną zamknięte w sobie w obecnej epoce wszechświata. Wierzymy jednak, że kiedyś, w odległej przyszłości, w organizujących się teraz wszechświatach przestrzeni zewnętrznej, łączność pomiędzy siedmiorakim Synem-Mistrzem a Stwórczym Duchem siódmego stopnia może wejść na absoniczne poziomy służby, wraz z pojawieniem się nowych rzeczy, znaczeń i wartości na transcendentalnych poziomach ostatecznego znaczenia wszechświata.

Tak jak Bóstwo Najwyższości aktualizuje się dzięki służbie empirycznej, tak również Synowie Stwórcy osobiście osiągają potencjały rajskiej boskości, związane z ich niezgłębionymi naturami. Chrystus Michał powiedział kiedyś, gdy przebywał na Urantii: „Ja jestem drogą, prawdą i życiem". My wierzymy, że w wieczności, Michałowie literalnie będą „drogą, prawdą i życiem", wciąż będą oświetlać drogę wszystkim osobowościom wszechświata, jak wiedzie ona od boskości najwyższej, poprzez ostateczny absonit, do wiecznego finalizmu Bóstwa.

[Przedstawione przez Perfektora Mądrości z Uversy].

PRZEKAZ 22

UTRÓJCOWIENI SYNOWIE BOGA

ISTNIEJĄ trzy grupy istot, zwanych Synami Boga. W dodatku do zstępujących i wznoszących się klas synostwa, istnieje jeszcze trzecia grupa, zwana Utrójcowionymi Synami Boga. Utrójcowiona klasa synostwa dzieli się dodatkowo na trzy podstawowe kategorie, w zależności od pochodzenia wielu typów osobowości, objawionych i nie objawionych. Te podstawowe kategorie są następujące:

1. Utrójcowieni Synowie Bóstwa.
2. Synowie objęci Trójcą.
3. Synowie utrójcowieni przez stworzonych.

Wszyscy Utrójcowieni Synowie Boga, niezależnie od ich pochodzenia, mają wspólne im doświadczenie utrójcowienia albo jako część swego pochodzenia, albo jako późniejsze doświadczenie objęcia Trójcą. Utrójcowieni Synowie Bóstwa nie są objawieni w tych narracjach, zatem prezentacja ta będzie się ograniczać do zobrazowania pozostałych dwu grup, zwłaszcza Synów objętych Trójcą.

1. SYNOWIE OBJĘCI TRÓJCĄ

Wszyscy Synowie objęci Trójcą mają podwójne albo pojedyncze pochodzenie, jednak w wyniku objęcia przez Trójcę są na zawsze oddani służbie Trójcy i jej zadaniom. Korpus ten, tak jak jest objawiony i zorganizowany dla służby superwszechświatowej, obejmuje siedem klas osobowości:

1. Możni Posłańcy.
2. Posiadający Wysokie Uprawnienia.
3. Nieposiadający Imienia i Numeru.
4. Utrójcowieni Kuratorzy.
5. Utrójcowieni Ambasadorzy.
6. Niebiańscy Opiekunowie.
7. Asystenci Wysokiego Syna.

Te siedem grup osobowości dzieli się dalej, w zależności od pochodzenia, natury i funkcji, na trzy główne kategorie: Utrójcowieni Synowie Dostąpienia, Utrójcowieni Synowie Wyboru i Utrójcowieni Synowie Perfekcji.

Utrójcowieni Synowie Dostąpienia – Możni Posłańcy, Posiadający Wysokie Uprawnienia i Nieposiadający Imienia i Numeru – wszyscy są wznoszącymi się śmiertelnikami, zespolonymi z Dostrajaczami, którzy dotarli do Raju i Korpusu Finalizmu. Nie są jednak finalistami; kiedy zostali objęci Trójcą, ich imiona zostały usunięte z listy finalistów. Nowi synowie tej klasy przechodzą specjalne, stosunkowo krótkie kursy szkoleniowe na planetach zarządu orbit Havony, pod kierunkiem Wiecznych Czasu. Później są oni przydzielani do służb Pradawnych Czasu w siedmiu superwszechświatach.

Utrójcowieni Synowie Wyboru obejmują Utrójcowionych Kuratorów i Utrójcowionych Ambasadorów. Rekrutują się oni z pewnych transponowanych istot pośrednich i ewolucyjnych serafinów, którzy przemierzyli Havonę i dotarli do Raju, jak również z pewnych zespolonych z Duchem i zespolonych z Synem śmiertelników, którzy także się wznieśli do centralnej Wyspy Światłości i Życia. Po ich objęciu przez Rajską Trójcę i po krótkim szkoleniu w Havonie, Utrójcowieni Synowie Wyboru przydzielani są do sądów Pradawnych Czasu.

Utrójcowieni Synowie Perfekcji. Niebiańscy Opiekunowie oraz ich partnerzy, Asystenci Wysokiego Syna, stanowią unikalną grupę osobowości dwukrotnie utrójcowionych. Są to synowie utrójcowieni przez stworzone osobowości Raju-Havony albo przez doskonałych, wznoszących się śmiertelników, którzy długo wyróżniali się w Korpusie Finalizmu. Niektórzy z tych synów, utrójcowionych przez stworzonych, po służbie z Najwyższymi Wykonawcami Siedmiu Duchów Nadrzędnych i po odsłużeniu przy Nauczycielach-Synach Trójcy, zostają utrójcowieni ponownie (objęci) przez Rajską Trójcę a potem oddelegowani do sądów Pradawnych Czasu, jako Niebiańscy Opiekunowie i jako Asystenci Wysokiego Syna. Utrójcowieni Synowie Perfekcji są przydzielani bezpośrednio do służby w superwszechświecie, bez dodatkowego szkolenia.

Liczba naszych towarzyszy, pochodzących od Trójcy – Perfektorów Mądrości, Niebiańskich Radców i Wszechświatowych Cenzorów – jest stała, ale liczba synów objętych Trójcą stale się zwiększa. Wszystkie siedem klas synów objętych Trójcą ma nominacje na członków jednego z siedmiu rządów superwszechświatowych, a ich liczba w służbie każdego superwszechświata jest dokładnie taka sama, nigdy żaden nie został stracony. Istoty objęte Trójcą nigdy nie zeszły na manowce; mogą one chwilowo pobłądzić, ale nigdy żadna z nich nie została uznana winną lekceważenia rządów superwszechświata. Synowie Dostąpienia i Synowie Wyboru nigdy się nie zachwiali na służbie dla Orvontonu, ale Utrójcowieni Synowie Perfekcji czasami pobłądzili w osądzie, wywołując tym samym przejściową dezorientację.

Wszystkie siedem wymienionych klas działa jako grupy w znacznej mierze samorządne, pod kierownictwem Pradawnych Czasu. Zakres ich służby jest szeroki; Utrójcowieni Synowie Perfekcji nie opuszczają superwszechświata, do którego są przydzieleni, ale ich utrójcowieni współpracownicy wędrują poprzez wielki wszechświat, podróżując od ewolucyjnych światów czasu i przestrzeni do wiecznej Wyspy Raj. Mogą pełnić swe funkcje w jakimkolwiek superwszechświecie, ale czynią to zawsze jako członkowie superrządu, do którego pierwotnie zostali przydzieleni.

Jak widać, synowie objęci Trójcą zostali na stałe przydzieleni do służby w siedmiu superwszechświatach; z pewnością taki przydział trwać będzie przez całą obecną epokę wszechświata, jednak nigdy nie informowano nas o tym, że ma on być wieczny.

2. MOŻNI POSŁAŃCY

Możni Posłańcy należą do grupy wznoszących się, Utrójcowionych Synów. Są klasą doskonałych śmiertelników, którzy sprawdzili się w czasie buntu, albo w inny sposób udowodnili swą osobistą lojalność; wszyscy oni przeszli pewien, określony sprawdzian wszechświatowej wierności. Kiedyś, w trakcie swego wznoszenia się do Raju, trwali niezłomnie i lojalnie w obliczu niewierności swych zwierzchników, a niektórzy aktywnie i lojalnie działali na miejscach tych niewiernych przywódców.

Z takimi osobistymi dowodami lojalności i oddania, ci wznoszący się śmiertelnicy przeszli Havonę, razem z potokiem pielgrzymów czasu, dotarli do Raju i stamtąd, jako jego absolwenci, zostali zgromadzeni w Korpusie Finalizmu. Po czym zostali utrójcowieni w tajemniczym objęciu Rajskiej Trójcy a następnie wyznaczeni na współpracowników Pradawnych Czasu w administracji rządów siedmiu superwszechświatów.

Przeznaczeniem każdego, wznoszącego się śmiertelnika, który przeżył bunt i działał lojalnie w jego obliczu, jest zostać w końcu Możnym Posłańcem i służyć w superwszechświecie. Dotyczy to także każdej wznoszącej się istoty, która skutecznie zapobiega takim przewrotom błędu i zła czy grzechu, ponieważ uważa się, że działalność, która zapobiega buntowi czy powoduje powstanie wyższych typów lojalności podczas kryzysu we wszechświecie, posiada nawet wyższą wartość niż lojalność w obliczu rzeczywistego buntu.

Starsi rangą Możni Posłańcy zostali wybrani z tych wznoszących się śmiertelników czasu i przestrzeni, którzy znajdowali się wśród wcześniejszych przybyszów do Raju, wielu z nich przemierzyło Havonę w czasach Grandfandy. Jednak nie przeprowadzono pierwszego utrójcowienia Możnych Posłańców, dopóki korpus kandydatów nie zawierał reprezentantów każdego z siedmiu superwszechświatów. Ostatnia grupa z tej klasy, zakwalifikowana w Raju, obejmuje wznoszących się pielgrzymów z wszechświata lokalnego Nebadonu.

Możni Posłańcy obejmowani są przez Rajską Trójcę grupami, po siedemset tysięcy; sto tysięcy Posłańców przydzielanych zostaje do każdego superwszechświata. Prawie bilion Możnych Posłańców oddelegowanych jest do Uversy a istnieją wszelkie przesłanki, żeby sądzić, że liczba służących w każdym z siedmiu superwszechświatów jest dokładnie taka sama.

Jestem Możnym Posłańcem a Urantian zainteresować może to, że partner i towarzysz moich przeżyć jako śmiertelnika także tryumfował w wielkim sprawdzianie, oraz to, że chociaż wiele razy byliśmy dłuższy czas rozdzieleni, w epokowym wznoszeniu się do wewnątrz, ku Havonie, zostaliśmy objęci w tej samej grupie siedmiuset tysięcy istot i spędziliśmy nasz czas przejścia przez Vicegerington w bliskim, miłości pełnym związku. W końcu zostaliśmy powołani i razem przydzieleni do Uversy w Orvontonie, i często jesteśmy ekspediowani razem do zadań, wymagających służby dwu Posłańców.

Możni Posłańcy, razem ze wszystkimi synami objętymi Trójcą, są przydzielani do wszystkich stadiów funkcjonowania superwszechświata. Utrzymują stałą łączność ze swoim zarządem poprzez służbę odzwierciedlania superwszechświata. Możni

Jeśli dwu śmiertelników-finalistów, występując przed Architektami Wszechświata Nadrzędnego, wykaże, że niezależnie wybrali identyczną ideę utrójcowienia, Architekci mogą, według własnego uznania, obwieścić rozporządzenie zezwalające tym gloryfikowanym, wzniosłym śmiertelnikom, na przedłużenie wakacji i przeprowadzenie się na jakiś czas do sektora utrójcowiania dla Rajskich Obywateli. Jeśli zameldują oni, pod koniec przydzielonych im wakacji, że tak pojedynczo jak i razem podjęli się rajskiej próby uduchowienia, idealizacji i aktualizacji wybranej i oryginalnej idei, która nie była dotąd utrójcowiona, wtedy Siódmy Duch Nadrzędny wydaje zarządzenie, upoważniające do przeprowadzenia tak niezwykłego przedsięwzięcia.

Takie przedsięwzięcia zajmują niekiedy niewiarygodnie dużo czasu; epoka wydaje się upływać, zanim ci wierni i zdecydowani, byli śmiertelnicy a czasami osobowości Raju-Havony, w końcu osiągną swój cel, prawdziwy sukces w sprowadzeniu wybranej przez siebie idei prawdy uniwersalnej do rzeczywistej istoty. Nie zawsze takie gorliwe pary osiągają sukces, wiele razy im się to nie udaje i to bez zauważalnego błędu z ich strony. Amatorzy utrójcowiania, którym się nie udało, przyjmowani są do specjalnej grupy finalistów, określanych jako te istoty, które dokonały najwyższej próby i doznały najwyższego rozczarowania. Gdy Rajskie Bóstwa się jednoczą w celu utrójcowienia, zawsze odnoszą sukces, ale nie zawsze go odnosi jednorodna para istot, tymczasowe połączenie dwóch członków tego samego porządku istot.

Gdy nowa i oryginalna istota zostaje utrójcowiona przez Bogów, potencjał boskości niebiańskich rodziców pozostaje niezmienny; kiedy jednak podniosła istota duchowa podejmie się tego stwórczego zadania, jedna z umawiających się i uczestniczących w nim jednostek doznaje unikalnej przemiany osobowości. Dwoje rodziców syna utrójcowionego przez stworzonych staje się w pewnym sensie duchową jednością. Przypuszczamy, że status dwu-zjednoczenia pewnych, duchowych stadiów tych osobowości, będzie prawdopodobnie trwał do tego czasu, aż Istota Najwyższa osiągnie pełne i kompletne uzewnętrznienie osobowości w wielkim wszechświecie.

Wraz z pojawieniem się nowego syna, utrójcowionego przez stworzonych, pojawia się funkcjonalne, duchowe zjednoczenie dwojga jego przodków; dwoje utrójcowiających rodziców staje się jednością na ostatecznym poziomie funkcjonalnym. Żadna istota stworzona, w całym wszechświecie, nie potrafi w pełni wyjaśnić tego zadziwiającego fenomenu; jest to doświadczenie zbliżone do poziomu boskiego. Gdy zjednoczyli się Ojciec i Syn, aby uwiecznić Nieskończonego Ducha, po osiągnięciu swego celu natychmiast stali się jak jedno i odtąd zawsze są jednością. I podczas gdy utrójcowiająca jedność dwojga istot jest tego rodzaju, co nieskończony zakres działania doskonałego zjednoczenia Bóstwa – Ojca Wszechświatowego i Wiecznego Syna – rezultaty utrójcowienia dokonanego przez istoty stworzone nie są w swej naturze wieczne; przestaną istnieć po całkowitym urzeczywistnieniu się Bóstw empirycznych.

Podczas gdy rodzice synów utrójcowionych przez stworzonych stają się w swych wszechświatowych zadaniach jak jedno, wciąż traktowani są jako dwie osobowości, w spisach i na listach Korpusu Finalizmu, jak również przez Architektów Wszechświata Nadrzędnego. W obecnej epoce wszechświata, wszyscy rodzice zjednoczeni w utrójcowieniu są nierozdzielni w swych zadaniach i funkcjach; gdzie idzie jedno idzie również drugie, co robi jedno robi też drugie. Jeśli rodzicielskie dwu-zjednoczenie angażuje śmiertelnika (czy innego) finalistę oraz osobowość Raju-Havony, zjednoczone istoty rodzicielskie nie współdziałają ani z mieszkańcami Raju, ani Havony, ani też z finalistami. Taki mieszany związek zbiera się w specjalnych korpusach, złożonych z podobnych im istot. We wszystkich związkach utrójcowienia, mieszanych czy innych, istoty rodzicielskie świadome są jedna drugiej, mogą porozumiewać się ze sobą i mogą wykonywać obowiązki, jakich żadne z nich poprzednio nie wykonywało.

Siedem Duchów Nadrzędnych upoważnionych jest do zatwierdzenia utrójcowiającego związku finalistów z osobowościami Raju-Havony i takie mieszane związki zawsze odnoszą sukces. Ich rezultat, wspaniali synowie utrójcowieni przez stworzonych, reprezentują ideę nie odpowiadającą pojmowaniu zarówno wiecznych istot Raju jak i czasowych istot przestrzeni; skutkiem tego tacy synowie stają się podopiecznymi Architektów Wszechświata Nadrzędnego. Utrójcowieni synowie przeznaczenia ucieleśniają idee, ideały i *doświadczenie* odnoszące się najwyraźniej do przyszłej epoki wszechświata, nie mające zatem bezpośredniej, praktycznej wartości, zarówno dla administracji superwszechświata jak i wszechświata centralnego. Wszyscy tacy, unikalni synowie dzieci czasu i obywateli wieczności, są trzymani w rezerwie na Vicegeringtonie, gdzie zajmują się badaniem koncepcji czasu oraz rzeczywistości wieczności, w specjalnym sektorze sfery, zajmowanej przez tajne kolegia korpusu Synów Stwórców.

Istota Najwyższa jest zjednoczeniem trzech stadiów rzeczywistości Bóstwa: Boga Najwyższego – duchowego zjednoczenia pewnych skończonych aspektów Rajskiej Trójcy; Wszechmocnego Najwyższego – zjednoczenia mocy Stwórców wielkiego wszechświata; Najwyższego Umysłu – indywidualnego wkładu Trzeciego Źródła i Centrum oraz jego partnerów w rzeczywistość Istoty Najwyższej. Wspaniałe istoty z wszechświata centralnego i Raju, w swych przedsięwzięciach utrójcowiania, zajmują się trojaką eksploracją Bóstwa Najwyższości, co w rezultacie pozwala wytworzyć trzy klasy synów utrójcowionych przez stworzonych:

1. *Synowie utrójcowieni przez wznoszących się*. Finaliści, w swoich stwórczych wysiłkach, usiłują utrójcowić pewne pojęciowe rzeczywistości Wszechmocnego Najwyższego, które przyswoili empirycznie w czasie swego wznoszenia się przez czas i przestrzeń do Raju.

2. *Synowie utrójcowieni przez istoty Raju-Havony*. Stwórcze wysiłki Obywateli Raju oraz Havonerów przynoszą w rezultacie utrójcowienie pewnych, wysoce duchowych aspektów Istoty Najwyższej, które zdobyli oni empirycznie na supernajwyższym planie, graniczącym z Ostatecznym i Wiecznym.

3. *Utrójcowieni synowie przeznaczenia*. Jednak, kiedy finalista i obywatel Raju-Havony razem utrójcowią nową istotę, ich wspólny wysiłek znajduje oddźwięk w pewnych stadiach Umysłu Najwyższego-Ostatecznego. Powstali w rezultacie tego aktu synowie utrójcowieni przez stworzonych są superstwórczy; reprezentują aktualności bytu Bóstwa Najwyższego-Ostatecznego, które w inny sposób nie zostały empirycznie osiągnięte i które tym samym automatycznie podlegają kompetencjom Architektów Wszechświata Nadrzędnego, opiekujących się tymi sprawami, które przewyższają stwórcze ograniczenia obecnej epoki wszechświata. Utrójcowieni synowie przeznaczenia ucieleśniają pewne aspekty nie objawionych funkcji Najwyższego-Ostatecznego we wszechświecie nadrzędnym. Nie wiemy zbyt wiele o tych, wspólnych dzieciach czasu i wieczności, wiemy jednak znacznie więcej, niż pozwolono nam objawić.

8. SYNOWIE UTRÓJCOWIENI PRZEZ STWORZONYCH

W dodatku do synów utrójcowionych przez stworzonych, rozważanych w tych narracjach, istnieją liczne inne, nie objawione klasy istot utrójcowionych przez stworzonych – różnorodne potomstwo, powstałe w wyniku rozmaitych połączeń siedmiu korpusów finalistów z osobowościami Raju-Havony. Jednak wszystkie te istoty, utrójcowione przez stworzonych, objawione i nie objawione, są wyposażone przez Ojca Wszechświatowego w osobowość.

Kiedy nowi synowie, utrójcowieni przez wznoszących się oraz utrójcowieni przez istoty Raju-Havony, są młodzi i niedoświadczeni, są zwykle wysyłani na długie okresy służby do siedmiu rajskich sfer Nieskończonego Ducha, gdzie służą pod opieką Siedmiu Najwyższych Wykonawców. Potem mogą zostać przyjęci przez Nauczycieli-Synów Trójcy na dalszą naukę we wszechświatach lokalnych.

Ci adoptowani synowie, pochodzący od wysokich i gloryfikowanych istot, zostają praktykantami, uczniami pomagającymi Nauczycielom-Synom, a co się tyczy ich klasyfikacji, są oni często numerowani tymczasowo według numerów tych Synów. Mogą oni wykonywać i wykonują z samozaparciem wiele szlachetnych zadań, na rzecz wybranych przez nich dziedzin służby.

We wszechświatach lokalnych Nauczyciele-Synowie mogą mianować swych podopiecznych, utrójcowionych przez stworzonych, do objęcia przez Rajską Trójcę. Gdy wyłonią się oni z tego objęcia jako Utrójcowieni Synowie Perfekcji, zaczynają służyć u Pradawnych Czasu w siedmiu superwszechświatach; takie jest znane obecnie przeznaczenie tej unikalnej grupy dwukrotnie utrójcowionych istot.

Nie wszyscy synowie utrójcowieni przez stworzonych zostają objęci Trójcą; wielu z nich zostaje współpracownikami i ambasadorami rajskich Siedmiu Duchów Nadrzędnych czy Duchów Zwierciadlanych z superwszechświatów, albo też Matek Duchów z kreacji lokalnych. Inni mogą się podjąć zadań specjalnych na wiecznej Wyspie. Jeszcze inni mogą rozpocząć działalność w służbach specjalnych, na tajnych światach Ojca i na rajskich sferach Ducha. Wielu wreszcie znajduje swą misję w połączonych korpusach Utrójcowionych Synów, na wewnętrznej orbicie Havony.

Za wyjątkiem Utrójcowionych Synów Perfekcji i tych, którzy są zgromadzeni na Vicegeringtonie, najwyższym celem wszystkich synów, utrójcowionych przez stworzonych, wydaje się być wstąpienie do Korpusu Utrójcowionych Finalistów, jednego z siedmiu Rajskich Korpusów Finalizmu.

9. NIEBIAŃSCY OPIEKUNOWIE

Synowie utrójcowieni przez stworzonych obejmowani są przez Rajską Trójcę w grupach po siedem tysięcy. To utrójcowione potomstwo doprowadzonych do doskonałości ludzi i osobowości Raju-Havony jest w całości jednakowo obejmowane przez Bóstwa, jednak przydzielane jest do superwszechświatów zgodnie z radą ich byłych instruktorów – Nauczycieli-Synów Trójcy. Ci, których służba była wyjątkowo zadowalająca, otrzymują misję Asystentów Wysokiego Syna, ci, którzy się mniej wyróżnili, określani są jako Niebiańscy Opiekunowie.

Kiedy te unikalne istoty zostaną objęte Trójcą, stają się cennymi pomocnikami rządów superwszechświatowych. Są one biegłe w sprawach wznoszenia się, nie dzięki osobistemu wznoszeniu się, ale w rezultacie swej służby z Nauczycielami-Synami Trójcy na światach w przestrzeni.

Prawie miliard Niebiańskich Opiekunów przydzielonych jest do Orvontonu. Przeważnie są oni przydzielani do administracji Doskonalących Czasu, w zarządach większych sektorów a pomaga im sprawnie korpus wznoszących się, zespolonych z Synem śmiertelników.

Niebiańscy Opiekunowie są urzędnikami w sądach Pradawnych Czasu; działają tam jako posłańcy sądowi i doręczyciele pozwów oraz decyzji różnych trybunałów rządów superwszechświatowych. Pracują dla Pradawnych Czasu jako agenci zatrzymujący; wychodzą z Uversy, aby doprowadzić te istoty, których stawienie się przed sędziami superwszechświata jest konieczne; wykonują nakazy zatrzymania dowolnej osobowości w superwszechświecie. Towarzyszą także zespolonym z Duchem śmiertelnikom z wszechświatów lokalnych, kiedy konieczna jest ich obecność na Uversie z jakichkolwiek przyczyn.

Niebiańskich Opiekunów oraz ich towarzyszy, Asystentów wysokiego Syna, nigdy nie zamieszkiwały Dostrajacze. Nie są oni także zespoleni z Duchem czy Synem. Objęcie Rajskiej Trójcy jest jednak rekompensatą za nie zespolony status Utrójcowionych Synów Perfekcji. Objęcie Trójcy może działać wyłącznie na ideę, która jest uosobiona w synu utrójcowionym przez stworzonych, poza tym pozostawiając objętego syna bez zmian, jednak ograniczenia takie występują tylko wtedy, kiedy są tak planowane.

Dwukrotnie utrójcowieni synowie są wspaniałymi istotami, jednak nie są ani tak wszechstronni ani tak niezawodni, jak ich wznoszący się towarzysze; brak im tego gigantycznego i gruntownego doświadczenia osobistego, które reszta synów należących do tej grupy zdobyła prawdziwą wspinaczką, z mrocznych domen przestrzeni ku chwale. My, którzy przebyliśmy drogę wznoszenia się, kochamy ich i robimy wszystko, co w naszej mocy, aby im rekompensować ich niedobory, jednak to właśnie dzięki nim jesteśmy wciąż wdzięczni za nasze niskie pochodzenie i naszą możliwość zdobywania doświadczenia. Ich gotowość uznania i przyjęcia do wiadomości ich braków w doświadczalnych rzeczywistościach wszechświatowego wznoszenia się jest transcendentalnie piękna a czasami wzruszająco patetyczna.

Utrójcowieni Synowie Perfekcji są ograniczeni, w przeciwieństwie do innych objętych Trójcą synów, ponieważ ich potencjał empiryczny pozbawiony jest czasu-przestrzeni. Brakuje im doświadczenia, pomimo ich długiej nauki z Najwyższymi Wykonawcami i Synami Nauczycielami i gdyby nie ta nauka, ich poziom empirycznego nasycenia mógłby uniemożliwić pozostawienie ich w rezerwie dla zdobycia doświadczenia w przyszłych epokach wszechświata. Po prostu nic w całej wszechświatowej egzystencji nie może zastąpić aktualnego, osobistego doświadczenia, a ci synowie utrójcowieni przez stworzonych są trzymani jako rezerwa, dla działania empirycznego w pewnych przyszłych epokach wszechświata.

Na światach-mieszkaniach widziałem często tych dostojnych urzędników najwyższych sądów wszechświata, patrzących z tęsknotą i wzruszeniem nawet na tych, którzy niedawno przybyli z ewolucyjnych światów przestrzeni, tak, że nikt nie mógł się oprzeć przekonaniu, iż ci posiadacze nieempirycznego utrójcowienia naprawdę zazdroszczą ich rzekomo mniej fortunnym braciom, którzy się wznoszą przez wszechświat stopniowo, mając autentyczne doświadczenia i prawdziwe życie. Pomimo swych trudności i ograniczeń, stanowią oni korpus pracowników zadziwiająco użyteczny i zawsze chętny do pomocy, kiedy trzeba wprowadzać w życie złożone plany administracyjne rządów superwszechświatowych.

10. ASYSTENCI WYSOKIEGO SYNA

Asystenci Wysokiego Syna są wyższą grupą utrójcowionych oraz ponownie utrójcowionych, gloryfikowanych synów, pochodzących od wznoszących się istot z Korpusu Finalizmu Śmiertelników oraz ich wiecznych towarzyszy, osobowości Raju-Havony. Są oni przydzieleni do służby superwszechświatowej i funkcjonują jako personalni pomocnicy wysokich synów w rządach Pradawnych Czasu. Można ich trafnie nazwać prywatnymi sekretarzami. Od czasu do czasu działają jako urzędnicy komisji specjalnych i innych grupowych związków wysokich synów. Służą z Perfektorami Mądrości, Niebiańskimi Radcami, Wszechświatowymi Cenzorami, Możnymi Posłańcami, Posiadającymi Wysokie Uprawnienia i Nieposiadającymi Imienia i Numeru.

Jeśli podczas omawiania Niebiańskich Opiekunów zwracałem w pewnym sensie uwagę na ograniczenia i braki tych dwukrotnie utrójcowionych synów, pozwólcie teraz, zupełnie bezstronnie, zwrócić uwagę na jedną ich cechę wielkiej wagi, przymiot, który sprawia, że są dla nas nieomal bezcenni. Istoty te zawdzięczają swą egzystencję właśnie temu, że są uosobieniem pojedynczej i najwyższej idei. Są one osobowym wcieleniem pewnej boskiej idei, pewnego wszechświatowego ideału, tak jak nigdy przedtem nie był on wyobrażony, wyrażony czy utrójcowiony. Potem zostali objęci Trójcą, dlatego też wykazują i faktycznie ucieleśniają prawdziwą mądrość Boskiej Trójcy w tym, co dotyczy idei-ideału odnoszącego się do egzystencji ich osobowości. Tak dalece, jak taka właśnie idea jest możliwa do objawienia wszechświatom, osobowości te ucieleśniają całość wszystkiego, co inteligencja stworzonego czy Stwórcy mogłaby ewentualnie pojąć, wyrazić lub zobrazować. *Oni są tą ideą uosobioną.*

Czy nie sądzicie, że taka żywa koncentracja pojedynczej, najwyższej idei rzeczywistości wszechświatowej, może stanowić ogromną pomoc dla tych, którym powierzono administrację superwszechświatów?

Nie tak dawno kazano mi przewodniczyć komisji, złożonej z sześciu istot – po jednym z wysokich synów – która miała zbadać trzy problemy dotyczące grupy nowych wszechświatów w południowych rejonach Orvontonu. Bardzo dobrze uświadomiłem sobie wartość Asystentów Wysokiego Syna, kiedy zażądałem od szefa ich klasy na Uversie, aby tymczasowo przydzielił takich sekretarzy do mojej komisji. Pierwsza nasza idea była reprezentowana przez Asystenta Wysokiego Syna na Uversie, który natychmiast został przydzielony do naszej grupy. Nasz drugi problem ucieleśniony był w Asystencie Wysokiego Syna, który przydzielony był do trzeciego superwszechświata. Otrzymaliśmy znaczną pomoc z tego źródła, przez wszechświatową izbę koordynacji i szerzenia podstawowej wiedzy, ale to jest nic w porównaniu z pomocą, jaką daje faktyczna obecność osobowości, która *jest* ideą utrójcowioną przez stworzonych w najwyższości i utrójcowioną przez Bóstwo w ostateczności. Gdy idzie o nasz trzeci problem, zapisy Raju wykazały, że taka idea nigdy nie była utrójcowiona przez stworzonych.

Asystenci Wysokiego Syna są unikalnymi i oryginalnymi uosobieniami niezliczonej ilość idei i niebywałych ideałów. I jako tacy potrafią od czasu do czasu udzielać doskonałych wyjaśnień dla naszych rozważań. Kiedy mam jakiś odległy przydział, daleko we wszechświatach w przestrzeni, pomyślcie, jak wielką mogę mieć pomoc, kiedy mam tyle szczęścia, że przydzielono do mojej misji Asystenta Wysokiego Syna, który jest pełnią boskiej idei odnośnie tego właśnie problemu, z którym mam się zmagać i go rozwiązać; i wiele razy to mi się właśnie zdarzało. Jedyną trudność w takiej aranżacji stanowi to, że żaden superwszechświat nie może mieć pełnej edycji owych, utrójcowionych idei; mamy tylko jedną siódmą takich istot, tak, że tylko raz na siedem przypadków korzystamy z ich osobistego towarzystwa, nawet gdy zapisy wykazują, że idea została utrójcowiona.

Na Uversie chcielibyśmy korzystać ze znacznie większej liczby tych istot. Ze względu na ich wartość dla administracji superwszechświatowej, w każdy możliwy sposób zachęcamy pielgrzymów przestrzeni, jak również mieszkańców Raju, aby się podejmowali utrójcowienia, po tym, jak przydadzą jeden drugiemu tych rzeczywistości empirycznych, które są konieczne do podjęcia się takiego, stwórczego zadania.

W naszym superwszechświecie mamy obecnie około miliona dwustu pięćdziesięciu tysięcy Asystentów Wysokiego Syna a obsługują oni zarówno większe jak i mniejsze sektory, nawet, jak działają na Uversie. Często towarzyszą nam do odległych wszechświatów, kiedy wykonujemy nasze zadania. Asystenci Wysokiego Syna nie są na stałe przydzielani do jakiegokolwiek Syna czy komisji. Są w ciągłej rotacji, służąc tam, gdzie idea czy ideał, którym *są*, może najlepiej dopomóc wiecznemu celowi Rajskiej Trójcy, której synami zostali.

Synowie ci są bardzo uczuciowi, wyjątkowo lojalni, wysoce inteligentni, pełni mądrości – odnośnie pojedynczej idei – oraz niedoścignieni w pokorze. Podczas gdy mogą udzielić wam wiedzy z całego wszechświata, dotyczącej ich pojedynczej idei czy ideału, jest niemal wzruszające patrzeć, jak szukają wiedzy i informacji o całej rzeszy innych zagadnień, nawet u wznoszących się śmiertelników.

Jest to opowieść o pochodzeniu, naturze i funkcjonowaniu pewnych istot, zwanych Utrójcowionymi Synami Boga, dokładniej o tych, które przeszły Boskie objęcia Rajskiej Trójcy i które potem zostały przydzielone do służby w superwszechświatach, gdzie współpracują inteligentnie i roztropnie z administratorami Pradawnych Czasu i pomagają im w ich nieustannych wysiłkach ułatwiania wznoszącym się śmiertelnikom czasu postępu do wewnątrz, w kierunku ich bezpośredniego przeznaczenia, Havony, oraz ostatecznego celu, Raju.

[Opowiedziane przez Możnego Posłańca, należącego do korpusu objawieniowego z Orvontonu].

PRZEKAZ 23

SAMOTNI POSŁAŃCY

SAMOTNI Posłańcy stanowią osobisty, wszechświatowy korpus Wspólnego Stwórcy; są pierwszą i starszą rangą klasą Wyższych Osobowości Nieskończonego Ducha. Reprezentują pierwszy, stwórczy akt Nieskończonego Ducha, dokonany samotnie, aby powołać do bytu samotne duchy osobowe. Ani Ojciec ani Syn nie brali bezpośrednio udziału w tym gigantycznym uduchowieniu.

Ci duchowi posłańcy zostali uosobieni pojedynczym aktem stwórczym a ich liczba jest stała. Chociaż jedna z tych niezwykłych istot towarzyszy mi w czasie mojej obecnej misji, nie wiem, ile takich osobowości istnieje we wszechświecie wszechświatów. Od czasu do czasu dowiaduję się tylko, ile ich jest w zapisie-rejestrze, działających w danym momencie w granicach jurysdykcji naszego superwszechświata. Z ostatniego raportu Uversy wynika, że było prawie 7.690 bilionów Samotnych Posłańców, działających wtedy w granicach Orvontonu a przypuszczam, że jest to znacznie mniej niż jedna siódma ich całkowitej liczby.

1. NATURA I POCHODZENIE SAMOTNYCH POSŁAŃCÓW

Zaraz po stworzeniu Siedmiu Duchów Orbit Havony, Nieskończony Duch powołał do istnienia rozległy korpus Samotnych Posłańców. Nie ma takiej części wszechświatowej kreacji, która istniałaby przed Samotnymi Posłańcami, za wyjątkiem Raju i orbit Havony; Posłańcy ci działają w wielkim wszechświecie prawie od wieczności. Stanowią podstawę boskiej metody objawiania się Nieskończonego Ducha rozległym kreacjom czasu i przestrzeni, oraz utrzymywania osobistego kontaktu z tymi kreacjami.

Pomimo, że posłańcy istnieją od czasów zbliżonych do wieczności, wszyscy oni są świadomi początków swej osobowości. Są świadomi czasu będąc pierwszym wytworem Nieskończonego Ducha, posiadającym taką świadomość czasu. Są to pierworodne istoty Nieskończonego Ducha, uosobione w czasie i uduchowione w przestrzeni.

Te samotne duchy powstały o świcie czasu jako w pełni rozwinięte i doskonale wyposażone istoty duchowe. Wszystkie są jednakowe, nie ma u nich klas czy podgrup, opartych na osobowym zróżnicowaniu. Ich klasyfikacje opierają się wyłącznie na rodzaju pracy, do której od czasu do czasu są przydzielane.

Śmiertelnicy zaczynają jako prawie materialne istoty, na światach w przestrzeni i wznoszą się do wewnątrz, ku Wielkim Centrom; samotne duchy zaczynają w centrum wszystkich rzeczy i pragną przydziału do odległych kreacji, nawet do poszczególnych światów najbardziej oddalonych wszechświatów lokalnych i jeszcze dalej.

Chociaż nazywani są Samotnymi Posłańcami, nie są to duchy samotne, choć doprawdy lubią pracować samotnie. Są jedynymi istotami z całego stworzenia, które mogą znaleźć i znajdują przyjemność w samotnej egzystencji, aczkolwiek również korzystają z towarzystwa kilku klas wszechświatowych istot inteligentnych, z którymi mogą się bratać.

Samotni Posłańcy nie są w swej służbie odosobnieni, wciąż mają styczność z bogactwem intelektu całego stworzenia, jako że potrafią „wsłuchiwać się" we wszystkie transmisje tych domen, w których przebywają. Mogą też komunikować się nawzajem z członkami swego własnego, najbliższego korpusu, z tymi istotami, które wykonują ten sam rodzaj pracy w tym samym superwszechświecie. Mogą się porozumiewać z innymi istotami ze swej grupy, dostali jednak polecenie od rady Siedmiu Duchów Nadrzędnych, aby tego nie robić a są grupą lojalną, nie są nieposłuszni ani nie robią odstępstw. Nie istnieje zapis mówiący o tym, że Samotny Posłaniec pogrążył się kiedykolwiek w ciemności.

Samotni Posłańcy, tak samo jak Dyspozytorzy Mocy Wszechświata, należą do kilku zaledwie rodzajów istot, działających w różnych domenach, które nie podlegają zatrzymaniu czy przetrzymaniu przez trybunały czasu i przestrzeni. Nie mogą być wezwani do stawienia się przed kimkolwiek, za wyjątkiem Siedmiu Duchów Nadrzędnych, ale w kronikach wszechświata nadrzędnego nie istnieje zapis mówiący o tym, że ta rajska rada kiedykolwiek wezwała Samotnego Posłańca na sprawę sądową.

Posłańcy, pełniący samotne zadania, są niezawodni, samodzielni, wszechstronni, głęboko duchowi i generalnie są sympatyczną grupą istot stworzonych, pochodzących od Trzeciego Źródła i Centrum; działają z upoważnienia Nieskończonego Ducha, przebywającego na centralnej Wyspie Raj i tak jak jest on uosobiony na sferach zarządów wszechświatów lokalnych. Cały czas włączeni są w bezpośredni obwód, emanujący od Nieskończonego Ducha, nawet kiedy działają w kreacjach lokalnych, pod bezpośrednim wpływem Matek Duchów wszechświatów lokalnych.

Istnieje techniczna przyczyna tego, że Samotni Posłańcy muszą podróżować i pracować w pojedynkę. Przez krótki okres i gdy się nie poruszają, mogą pracować razem w grupie, ale gdy tak się zbiorą, odcinają się zupełnie od podtrzymywania i ukierunkowania ze strony swego rajskiego obwodu, zostają zupełnie odosobnieni. Kiedy są w drodze, albo kiedy działają w obwodach przestrzeni i w strumieniu czasu, gdy dwu lub więcej z tej klasy znajduje się blisko siebie, dwaj czy też wszyscy z nich są odcięci od łączności z wyższymi, cyrkulującymi siłami. Doznają „krótkiego zwarcia", jak moglibyście to symbolicznie określić. Dlatego też posiadają oni właściwą sobie cechę automatycznego alarmowania, sygnału ostrzegawczego, który działa bezbłędnie powiadamiając ich o bliskiej kolizji i niezawodnie trzyma ich odpowiednio oddzielonych od siebie, aby uniknąć zakłóceń w ich prawidłowym i skutecznym funkcjonowaniu. Posiadają również właściwą sobie i automatyczną zdolność, dzięki której wykrywają i wykazują bliskość zarówno Natchnionych Duchów Trójcy jak Boskich Dostrajaczy Myśli.

Posłańcy ci nie mają możliwości poszerzania osobowości czy rozmnażania się, ale praktycznie nie ma we wszechświatach pracy, której nie mogliby się podjąć i do której nie mogą wnieść czegoś istotnego i pożytecznego. Oszczędzają w znacznym stopniu czas, zwłaszcza tym, którzy zajmują się administracją spraw wszechświata i pomagają nam wszystkim, od najwyższych do najniższych.

2. ZADANIA SAMOTNYCH POSŁAŃCÓW

Samotni Posłańcy nie są na stałe przydzieleni do żadnej konkretnej jednostki czy grupy osobowości niebiańskich. Swe obowiązki wykonują zawsze jako zadania zlecone, a w czasie takiej służby pracują pod bezpośrednim nadzorem tych, co kierują domeną, w której otrzymali przydział. Nie posiadają ani własnej organizacji ani żadnego rządu, są *Samotnymi* Posłańcami.

Samotni Posłańcy przydzieleni są przez Nieskończonego Ducha do siedmiu następujących grup służby:

1. Posłańcy Rajskiej Trójcy.
2. Posłańcy orbit Havony.
3. Posłańcy superwszechświatów.
4. Posłańcy wszechświatów lokalnych.
5. Badacze bez zleconego przydziału.
6. Ambasadorzy i emisariusze do zadań specjalnych.
7. Objawiciele prawdy.

Ci posłańcy duchowi zawsze mogą się zamieniać, przechodzić z jednego typu służby do innego; przenosiny takie mają miejsce cały czas. Nie ma oddzielnych klas Samotnych Posłańców, są oni duchowo jednakowi i w każdym sensie równi. Podczas, gdy generalnie określani są numerem, Nieskończony Duch zna ich imiona osobiste. Dla reszty z nas znani są pod imieniem i numerem, określającym ich bieżący przydział.

1. *Posłańcy Rajskiej Trójcy.* Nie mogę objawić zbyt wiele na temat pracy tej grupy posłańców, przydzielonych do Trójcy. Są oni zaufanymi i tajnymi sługami Bóstw, a kiedy powierza im się wieści specjalne, zawierające nie objawione zasady działania i przyszłe drogi postępowania Bogów, nigdy nie słyszano, żeby zdradzili tajemnicę czy zawiedli zaufanie pokładane w ich klasie. I wszystko, co się o nich mówi, nie jest w celu wychwalania ich doskonałości, ale raczej podkreślenia tego, że Bóstwa mogą stwarzać i stwarzają *istoty doskonałe.*

Dezorientacja i zamieszanie, panujące na Urantii, wcale nie oznaczają tego, że Rajscy Władcy nie są zainteresowani planetą, czy nie mogą odmiennie pokierować biegiem wydarzeń. Stwórcy posiadają odpowiednią moc, aby zrobić z Urantii istny raj, lecz taki Eden nie przyczyniałby się do kształtowania tych silnych, szlachetnych i doświadczonych charakterów, które Bogowie tak pewnie wykuwają z waszego świata, pomiędzy kowadłem konieczności a młotem trudu. Wasze lęki i żale, wasze próby i rozczarowania, są po prostu tak samo częścią Boskiego planu dla waszej sfery, jak częścią tego planu jest znakomita perfekcja i nieskończone dostrojenie wszystkich rzeczy do ich najwyższego celu, na światach centralnego i doskonałego wszechświata.

2. *Posłańcy orbit Havony.* W trakcie całego waszego wznoszenia się będziecie, z początku niewyraźnie, ale później coraz lepiej, potrafili wykryć obecność Samotnych Posłańców, jednak nie będziecie rozpoznawać ich bezbłędnie, zanim nie dotrzecie do Havony. Pierwszymi posłańcami, których ujrzycie twarzą w twarz, będą ci z orbit Havony.

Samotni Posłańcy mają specjalne kontakty z rodowitymi mieszkańcami światów Havony. Ci Posłańcy, którzy mają takie utrudnienia czynnościowe, kiedy się łączą jeden z drugim, mogą mieć i mają bardzo bliską styczność osobistą z mieszkańcami Havony. Jest jednak zupełnie niemożliwe opisanie ludzkim umysłom najwyższego zadowolenia, jakie się rodzi w wyniku kontaktów umysłów tych bosko doskonałych istot, z duchami o osobowościach zbliżonych do transcendentalnych.

3. *Posłańcy superwszechświatów.* Pradawni Czasu, czyli osobowości pochodzące od Trójcy, kierujące przeznaczeniem siedmiu superwszechświatów – tria boskiej mocy i mądrości administracyjnej – są dobrze zaopatrzeni w Samotnych Posłańców. Tylko poprzez tę klasę posłańców trójjedni władcy jednego superwszechświata mogą bezpośrednio i osobiście komunikować się z władcami innego. Samotni Posłańcy są jedynym dostępnym rodzajem duchowych istot inteligentnych – obok być może Natchnionych Duchów Trójcy – które mogą być przesyłane z zarządu jednego superwszechświata wprost do zarządu drugiego. Wszystkie inne osobowości muszą podróżować drogą przez Havonę i światy administracyjne Duchów Nadrzędnych.

Jest pewien rodzaj informacji, do której nie mają dostępu ani Posłańcy Grawitacji, ani odzwierciedlanie, ani transmisja. I kiedy Pradawni Czasu chcą z całkowitą pewnością poznać te sprawy, muszą wysłać Samotnego Posłańca do źródła tej wiedzy. Posłaniec, współpracujący teraz ze mną, został wysłany z Uversy z misją do wszechświata centralnego, na długo przed pojawieniem się życia na Urantii – nie było go na apelach Orvontonu prawie milion lat – wrócił jednak w oznaczonym czasie z potrzebną informacją.

Nie ma ograniczeń dla służby Samotnych Posłańców w superwszechświatach; mogą działać jako wykonawcy zarządzeń wysokich trybunałów lub zbierać informacje dla danej domeny. Bardziej lubią służyć w Orvontonie niż w innych superkreacjach, gdyż potrzeby są tu znacznie zwielokrotnione i więcej jest okazji do heroicznych wysiłków. W domenach, gdzie występują największe trudności, wszyscy lubimy pełnić bardziej aktywne funkcje.

4. *Posłańcy wszechświatów lokalnych.* Nie ma ograniczeń dla działalności Samotnych Posłańców w służbach wszechświata lokalnego. Są oni sumiennymi objawicielami motywów i intencji Matki Ducha wszechświata lokalnego, choć podlegają w zupełności jurysdykcji rządzącego Syna-Mistrza. Odnosi się to do wszystkich posłańców, działających we wszechświecie lokalnym, czy podróżują oni bezpośrednio z zarządu wszechświata, czy działają tymczasowo związani z Ojcami Konstelacji, Władcami Systemów czy Książętami Planetarnymi. Zanim cała władza zostanie skoncentrowana w rękach Syna Stwórcy, podczas wyniesienia go do pozycji najwyższego władcy jego wszechświata, posłańcy ci funkcjonują we wszechświecie lokalnym pod generalnym nadzorem Pradawnych Czasu i są bezpośrednio odpowiedzialni przed reprezentującym tych władców rezydentem, Jednoczącym Czasu.

5. *Badacze bez zleconego przydziału.* Gdy rezerwowy korpus Samotnych Posłańców ma nadwyżkę tych istot, jeden z Siedmiu Najwyższych Dyspozytorów Mocy wystosowuje wezwanie o ochotników-odkrywców; i nigdy nie brakuje ochotników, gdyż Posłańcy lubią być wysyłani jako wolni, nieskrępowani odkrywcy, przeżywać emocje znajdowania organizujących się zaczątków nowych światów i wszechświatów.

Wylatują, aby weryfikować dane dostarczone przez tych, którzy badają funkcjonowanie domen kosmicznych. Bez wątpienia Rajskie Bóstwa wiedzą o istnieniu takich, nie odkrytych systemów energii w przestrzeni, ale nigdy nie ujawniają tej informacji. Jeśli Samotni Posłańcy nie odkryją i nie naniosą na mapę takich nowych, organizujących się centrów energii, zjawisko takie mogłoby długo pozostawać niezauważone nawet przez inteligentne istoty z przyległych domen. Samotni Posłańcy jako klasa, są bardzo wrażliwi na grawitację; mogą zatem czasami odkryć domniemaną wcześniej obecność bardzo małych, ciemnych planet, takich właśnie światów, które najlepiej nadają się do eksperymentów życia.

Posłańcy-badacze bez zleconego przydziału patrolują wszechświat nadrzędny. Nieustannie są na wyprawach odkrywczych do niezbadanych rejonów całej przestrzeni zewnętrznej. Znaczną część informacji, jaką posiadamy o tym, co się dzieje w domenach przestrzeni zewnętrznej, zawdzięczamy badaniom Samotnych Posłańców, jako że często pracują oni i prowadzą badania wraz z niebiańskimi astronomami.

6. *Ambasadorzy i emisariusze do zadań specjalnych.* Wszechświaty lokalne, znajdujące się w granicach tego samego superwszechświata, wymieniają zazwyczaj ambasadorów, wybieranych z ich rodzimych klas synostwa. Żeby jednak uniknąć opóźnień, prosi się często Samotnych Posłańców, aby się wybrali jako ambasadorzy z jednej kreacji lokalnej do drugiej, aby reprezentowali i przedstawiali jedną domenę drugiej. Na przykład, kiedy świeżo zamieszkała domena zostanie odkryta, może się okazać tak odległą w przestrzeni, że sporo czasu upłynie, zanim objęty serafinem ambasador będzie mógł dotrzeć do tak odległego wszechświata. Istota objęta serafinem nie może w żadnym wypadku przekroczyć prędkości 899.370 kilometrów Urantii, na jedną sekundę waszego czasu. Ogromne gwiazdy, krzyżujące się prądy, objazdy, przyciągania boczne – razem wzięte – mają tendencję do redukowania tej prędkości tak, że podczas długiej podróży przeciętna prędkość wynosić będzie około 885.000 kilometrów na sekundę.

Gdy się okaże, że rodzimy ambasador potrzebuje setek lat na dotarcie do odległego wszechświata lokalnego, prosi się często Samotnego Posłańca, aby udał się tam natychmiast i działał jako tymczasowy ambasador. Samotni Posłańcy osiągają bardzo dużą szybkość lotu, nie lecą niezależnie od czasu i przestrzeni, jak to czynią Posłańcy Grawitacji, ale bardzo blisko takiej prędkości. Służą oni także w innych okolicznościach jako emisariusze specjalnego przeznaczenia.

7. *Objawiciele prawdy.* Samotni Posłańcy uważają objawianie prawdy za najwyższe powiernictwo swej klasy. Działają oni co jakiś czas na takim stanowisku, od superwszechświatów do poszczególnych planet w przestrzeni. Często przydzielani są do komisji, posyłanych dla poszerzenia objawienia prawdy światom i systemom.

3. SŁUŻBA SAMOTNYCH POSŁAŃCÓW W CZASIE I PRZESTRZENI

Samotni Posłańcy są najwyższym rodzajem doskonałej i godnej zaufania osobowości, dostępnej we wszystkich domenach dla szybkiego przekazania ważnych i pilnych wiadomości, gdy niewskazane jest używanie służb transmisji jak również mechanizmu odzwierciedlania. Służą, wykonując nieskończoną różnorodność zadań, pomagają istotom duchowym i materialnym z danych domen, zwłaszcza tam, gdzie w grę wchodzi czynnik czasu. Są to najwyższe i najbardziej wszechstronne, uosobione istoty ze wszystkich ich klas przydzielonych do służby w domenach superwszechświata, które nieomal mogą ignorować czas i przestrzeń.

Wszechświat jest dobrze zaopatrzony w duchy, które używają grawitacji do przemieszczania się; duchy te mogą się udać gdziekolwiek i kiedykolwiek – natychmiast – ale to nie są osoby. Niektórzy inni podróżnicy grawitacyjni są istotami osobowymi, tak jak Posłańcy Grawitacji i Transcendentalni Rejestratorzy, ale są oni nieosiągalni dla administratorów superwszechświatów i wszechświatów lokalnych. Światy roją się od aniołów i ludzi oraz innych, wysoce osobowych istot, są to jednak istoty ograniczone czasem i przestrzenią: ograniczenie prędkości dla większości istot, nie objętych serafinem, wynosi 299.790 kilometrów waszego świata na sekundę; istoty pośrednie oraz niektóre inne mogą osiągać i osiągają prędkość podwójną – 599.580 kilometrów na sekundę – podczas gdy serafini i inni mogą przemierzać przestrzeń z prędkością potrójną, wynoszącą około 899.370 kilometrów na sekundę. Nie ma natomiast osobowości transportujących czy posłańców, poza Samotnymi Posłańcami, którzy działaliby w zakresie pomiędzy błyskawicznymi prędkościami podróżników grawitacyjnych a względnie wolnymi prędkościami serafinów.

Dlatego też Samotnych Posłańców zazwyczaj używa się do ekspediowania i służby w tych sytuacjach, gdzie do wykonania zadania konieczna jest osobowość i gdzie należy unikać straty czasu, która mogłaby powstać przy wysłaniu osobowego posłańca jakiegokolwiek innego typu, będącego pod ręką. Samotni Posłańcy to jedyne w pełni osobowe istoty, które mogą się zsynchronizować z połączonymi prądami wszechświatowymi wielkiego wszechświata. Prędkość, z jaką pokonują przestrzeń, jest zróżnicowana, zależna od wielkiej różnorodności ingerujących wpływów, jednak zapisy wykazują, że przydzielony mi posłaniec, gdy pełnił tę właśnie misję, leciał z prędkością 1.354.421.708.000 waszych kilometrów na sekundę waszego czasu.

Zupełnie nie potrafię wytłumaczyć umysłowi typu materialnego, jak duch może być prawdziwą osobą i jednocześnie lecieć przez przestrzeń z tak ogromnymi prędkościami. Jednak to właśnie Samotni Posłańcy naprawdę przylatują i odlatują z Urantii z tak niewiarygodnie wielkimi prędkościami i gdyby nie to, doprawdy cała struktura administracji wszechświata byłaby w znacznej mierze pozbawiona jej osobowego czynnika.

Samotni Posłańcy mogą działać w nagłych wypadkach, służąc jako linie komunikacyjne w odległych rejonach przestrzeni, w domenach nie objętych ustanowionymi obwodami wielkiego wszechświata. Okazuje się, że posłaniec, kiedy tak działa, może przekazać wiadomość lub przesłać przez przestrzeń impuls do swego kolegi posłańca, oddalonego o około sto lat świetlnych, jak astronomowie Urantii obliczają odległości gwiezdne.

Spośród miriadów istot, które współpracują z nami w kierowaniu superwszechświatem, żadna nie jest ważniejsza pod względem praktycznej przydatności i pomocy, gdy idzie o oszczędność czasu. We wszechświatach przestrzeni musimy się liczyć z ograniczeniami czasowymi, stąd wielka użyteczność Samotnych Posłańców, którzy dzięki swym osobistym prerogatywom łączności są w pewnym sensie niezależni od przestrzeni a dzięki swym ogromnym prędkościom przemieszczania się, są prawie niezależni od czasu.

Nie potrafię wyjaśnić śmiertelnikom z Urantii, dlaczego Samotni Posłańcy mogą nie mieć formy a jednak mogą posiadać rzeczywiste i określone osobowości. Chociaż są bez tej formy, jaka normalnie towarzyszyłaby osobowości, posiadają obecność duchową, która jest dostrzegalna przez wszystkie wyższe typy istot duchowych. Samotni Posłańcy są jedyną klasą istot, która wydaje się posiadać prawie wszystkie zalety ducha pozbawionego formy, połączone ze wszystkimi prerogatywami w pełni rozwiniętej osobowości. Są prawdziwymi osobami, wyposażonymi jednak we wszystkie prawie atrybuty nieosobowych przejawów ducha.

W siedmiu superwszechświatach – zazwyczaj, choć nie zawsze – wszystko, co zmierza do coraz większego wyzwolenia jakiejkolwiek istoty z ograniczeń czasu i przestrzeni, proporcjonalnie umniejsza jej prerogatywy osobowości. Samotni Posłańcy stanowią wyjątek od tego ogólnego prawa. Gdy działają, mogą prawie bez ograniczeń używać wszelkich, niezliczonych metod ekspresji duchowej, boskiej służby, osobowej opieki i kosmicznej łączności. Gdybyście mogli przyjrzeć się tym nadzwyczajnym istotom, w świetle mojego doświadczenia w administracji wszechświata, zrozumielibyście, jak trudno byłoby koordynować sprawy superwszechświatowe bez ich wszechstronnej pomocy.

Bez znaczenia jak wszechświat może się poszerzyć, prawdopodobnie Samotni Posłańcy już nigdy nie będą stwarzani. W miarę powiększania się wszechświata, poszerzona praca administracyjna musi być coraz bardziej przejmowana przez inne rodzaje służb duchowych i przez te istoty, które powstają w nowych kreacjach, stwarzane przez Synów Władców i Matki Duchy wszechświatów lokalnych.

4. SŁUŻBA SPECJALNA SAMOTNYCH POSŁAŃCÓW

Samotni Posłańcy wydają się być koordynatorami osobowości dla wszystkich typów istot duchowych. Ich służba pomaga zbliżyć ku sobie wszystkie osobowości rozległego świata duchowego. Posłańcy przyczyniają się znacznie do kształtowania świadomości tożsamości grupowej u wszystkich istot duchowych. Każdemu rodzajowi istot duchowych służą specjalne grupy Samotnych Posłańców, które pomagają im porozumiewać się i bratać ze wszystkimi innymi, jakkolwiek odmiennymi typami i klasami istot.

Samotni Posłańcy wykazują tak zdumiewające zdolności koordynowania wszystkich typów i klas osobowości skończonych – aż do poziomu nawiązywania łączności z absonicznym porządkiem kontrolerów wszechświata nadrzędnego – że niektórzy z nas zakładają, iż stworzenie przez Nieskończonego Ducha tych posłańców jest w jakiś sposób związane z nadawaniem przez Wspólnego Aktywizatora Umysłu Najwyższego-Ostatecznego.

Kiedy finalista i Obywatel Raju współpracują ze sobą przy utrójcowieniu „dziecka czasu i wieczności" – w procesie związanym z nie objawionymi potencjałami umysłu Najwyższego-Ostatecznego – i kiedy taka, nie zaklasyfikowana osobowość, zostaje przesłana do Vicegeringtonu, Samotny Posłaniec (domniemane osobowe następstwo obdarzenia takim boskim umysłem) przydzielany jest zawsze jako opiekun-towarzysz synowi utrójcowionemu przez stworzonych. Posłaniec odprowadza nowego syna przeznaczenia do przydzielonego mu świata i już nigdy nie opuszcza Vicegeringtonu. Samotny Posłaniec, kiedy w ten sposób zostaje związany z przeznaczeniem dziecka czasu i wieczności, przenoszony jest na zawsze pod wyłączny nadzór Architektów

Wszechświata Nadrzędnego. Nie wiemy, jaka przyszłość czeka taki niezwykły związek. Przez całe epoki na Vicegeringtonie gromadziły się takie partnerstwa unikalnych osobowości, ale nigdy nie wyszła stamtąd nawet jedna ich para.

Liczba Samotnych Posłańców jest stała, ale utrójcowianie synów przeznaczenia jest najwyraźniej procedurą prowadzoną bez ograniczeń. Skoro każdy utrójcowiony syn przeznaczenia ma przydzielonego mu Samotnego Posłańca, wydaje się nam, że w jakimś czasie w odległej przyszłości zapas posłańców się wyczerpie. Kto przejmie ich pracę w wielkim wszechświecie? Czy ich służba zostanie przejęta przez jakieś nowe ukształtowanie pośród Natchnionych Duchów Trójcy? Czy w jakimś odległym czasie wielki wszechświat będzie bardziej bezpośrednio zarządzany przez osobowości pochodzące od Trójcy, podczas gdy istoty o pojedynczym i podwójnym pochodzeniu przeniosą się w domeny przestrzeni zewnętrznej? Czy synowie przeznaczenia będą towarzyszyć posłańcom, jeśli ci wrócą do swej poprzedniej służby? Czy utrójcowianie, pomiędzy finalistami a obywatelami Raju-Havony ustanie, gdy zapas Samotnych Posłańców zostanie zużyty na opiekunów-towarzyszy synów przeznaczenia? Czy wszyscy nasi operatywni, Samotni Posłańcy, zgromadzeni zostaną na Vicegeringtonie? Czy te nadzwyczajne, duchowe osobowości, zostaną na wieczność połączone z utrójcowionymi synami o nie objawionym przeznaczeniu? Jaką wagę mamy przykładać do tego, że pary gromadzące się na Vicegeringtonie są pod wyłącznym nadzorem wspaniałych, tajemniczych istot – Architektów Wszechświata Nadrzędnego? Takie i wiele podobnych pytań zadajemy sobie i zadajemy je licznym innym klasom istot niebiańskich, ale nie znamy odpowiedzi.

Takie sprawy, razem z wieloma podobnymi przypadkami w administracji wszechświata, sugerują niedwuznacznie, że personel wielkiego wszechświata, nawet ten z Havony i Raju, poddawany jest definitywnej i oczywistej reorganizacji oraz koordynacji, w związku z rozległymi przemianami energii, zachodzącymi teraz w rejonach przestrzeni zewnętrznej.

Skłonni jesteśmy przypuszczać, że w wiecznej przyszłości nastąpi zjawisko ewolucji wszechświata, które dalece przewyższy wszystko to, czego doświadczano w wiecznej przeszłości. I oczekujemy tych gigantycznych przedsięwzięć, tak jak wy też powinniście ich oczekiwać, z głęboką radością i z coraz większą nadzieją.

[Przedstawione przez Niebiańskiego Radcę z Uversy].

PRZEKAZ 24

WYŻSZE OSOBOWOŚCI NIESKOŃCZONEGO DUCHA

WSZYSTKIE osobowości i byty Wspólnego Stwórcy dzielimy na Uwersje na trzy zasadnicze grupy: Wyższe Osobowości Nieskończonego Ducha, Zastępy Posłańców Przestrzeni i Usługujące Duchy Czasu, czyli te istoty duchowe, które nauczają obdarzone wolą istoty stworzone i opiekują się nimi, w systemie wznoszenia się i rozwoju śmiertelnika.

Wyższe Osobowości Nieskończonego Ducha, omawiane w tych narracjach, funkcjonują w całym wielkim wszechświecie w siedmiu grupach:

1. Samotni Posłańcy.
2. Nadzorcy Obwodów Wszechświata.
3. Kierownicy Spisu.
4. Personalni Pomocnicy Nieskończonego Ducha.
5. Inspektorzy Pomocniczy.
6. Przydzieleni Strażnicy.
7. Przewodnicy Absolwentów.

Samotni Posłańcy, Nadzorcy Obwodów, Kierownicy Spisu i Personalni Pomocnicy odznaczają się tym, że posiadają gigantyczne właściwości antygrawitacyjne. Samotni Posłańcy nie mają swego głównego zarządu; wędrują oni poprzez wszechświat wszechświatów. Nadzorcy Obwodów Wszechświata i Kierownicy Spisu posiadają swe zarządy w stolicach superwszechświatów Personalni Pomocnicy Nieskończonego Ducha przebywają na centralnej Wyspie Światłości. Inspektorzy Pomocniczy i Przydzieleni Strażnicy stacjonują odpowiednio w stolicach wszechświatów lokalnych i w stolicach systemów składowych tych wszechświatów. Przewodnicy Absolwentów są mieszkańcami wszechświata Havony i działają na każdym z miliarda jej światów. Większość tych wyższych osobowości przebywa we wszechświatach lokalnych, nie są jednak strukturalnie związani z administracjami domen ewolucyjnych.

Spośród siedmiu klas, składających się na tę grupę, tylko Samotni Posłańcy i być może Personalni Pomocnicy przemierzają wszechświat wszechświatów. Samotnych

Posłańców spotyka się począwszy od Raju, poprzez orbity Havony, aż do stolic superwszechświata, a idąc stamtąd poprzez sektory i wszechświaty lokalne z ich podgrupami, nawet na światach zamieszkałych. Aczkolwiek Samotni Posłańcy zaliczają się do Wyższych Osobowości Nieskończonego Ducha, ich pochodzenie, natura i służba, zostały omówione w poprzednim przekazie.

1. NADZORCY OBWODÓW WSZECHŚWIATA

Rozległe strumienie mocy w przestrzeni i obwody energii duchowej wydają się działać automatycznie; wydaje się, że funkcjonują bez przeszkód czy ingerencji, ale tak nie jest. Wszystkie te gigantyczne systemy energii są pod kontrolą, są poddane inteligentnemu nadzorowi. Nadzorcy Obwodów Wszechświata nie koncentrują się na domenach czysto fizycznej czy materialnej energii – dziedzinie działania Wszechświatowych Dyspozytorów Mocy – ale na obwodach względnie duchowej energii i na tych przeobrażonych obwodach, które są niezbędne dla podtrzymywania zarówno wysoce rozwiniętych istot duchowych jak i inteligentnych istot typu przejściowego czy morontialnego. Nadzorcy nie zapoczątkowują obwodów energii i superesencji boskości, ale generalnie mają do czynienia ze wszystkimi wyższymi obwodami duchowymi czasu i wieczności i ze wszystkimi względnymi obwodami duchowymi, które mają związek z administracją części składowych wielkiego wszechświata. Ukierunkowują i oddziałują na wszystkie takie obwody energii-ducha na zewnątrz Wyspy Raj.

Nadzorców Obwodów Wszechświata stwarza wyłącznie Nieskończony Duch a działają oni tylko jako przedstawiciele Wspólnego Aktywizatora. Do celów służby uosobieni są w czterech następujących klasach:

1. Najwyżsi nadzorcy obwodów.
2. Pomocniczy nadzorcy obwodów.
3. Nadzorcy obwodów drugiej klasy.
4. Nadzorcy obwodów trzeciej klasy.

Liczba najwyższych nadzorców Havony oraz pomocniczych nadzorców siedmiu superwszechświatów jest zamknięta; tych klas istot się już nie stwarza. Jest siedmiu najwyższych nadzorców a umiejscowieni są oni na światach pilotujących siedmiu orbit Havony. Obwody siedmiu superwszechświatów są oddane pod opiekę wspaniałej grupy siedmiu pomocniczych nadzorców, którzy mają swe zarządy na siedmiu rajskich sferach Nieskończonego Ducha, na światach należących do Siedmiu Najwyższych Wykonawców. Stąd nadzorują i kierują obwodami superwszechświatów w przestrzeni.

Na tych rajskich sferach Ducha, siedmiu pomocniczych nadzorców obwodów i pierwsza klasa Najwyższych Centrów Mocy tworzą związek, który funkcjonując pod kierunkiem Najwyższych Wykonawców, daje w rezultacie podrajską koordynację wszystkich obwodów materialnych i duchowych, wychodzących do siedmiu superwszechświatów.

Na światach zarządu każdego superwszechświata są wtórni nadzorcy dla wszechświatów lokalnych czasu i przestrzeni. Większe i mniejsze sektory są działami administracyjnymi superrządów i nie uwzględnia się ich w takich sprawach, jak nadzór energii duchowej. Nie wiem ilu jest nadzorców obwodów drugiej klasy w wielkim wszechświecie, lecz na Uversie jest tych istot 84.691. Nadzorcy drugiej klasy są istotami stwarzanymi równocześnie; pojawiają się od czasu do czasu na światach Najwyższych Wykonawców grupami po siedemdziesiąt. Dostajemy ich na żądanie, kiedy ustanawiamy oddzielne obwody energii duchowej i łącznej mocy dla wszechświatów powstających w obrębie naszej jurysdykcji.

Nadzorca obwodów trzeciej klasy działa na świecie zarządu każdego wszechświata lokalnego. Klasę tą, podobnie jak nadzorców drugiej klasy, stwarza się stale w grupach po siedemset. Do wszechświatów lokalnych są oni przydzielani przez Pradawnych Czasu.

Nadzorcy obwodów są stwarzani w celu prowadzenia ich specyficznych zadań i służą wiecznie w tych grupach, do których zostali z początku przydzieleni. W ich służbie nie ma rotacji, dlatego prowadzą oni trwające całe epoki badania problemów, występujących w domenach ich wstępnego przydziału. Na przykład: nadzorca obwodu trzeciej klasy, o numerze 572.842, działał na Salvingtonie od czasów, gdy powstawały pierwsze idee waszego wszechświata lokalnego i jest członkiem osobistego personelu Michała z Nebadonu.

Nadzorcy obwodów, czy to działają we wszechświatach lokalnych czy wyższych, wskazują wszystkim zainteresowanym właściwe obwody do wykorzystania w transmisji wszystkich wiadomości duchowych i do przemieszczenia wszystkich osobowości. W swej pracy nadzorców obwodów, te operatywne istoty używają wszelkich środków, sił i osobowości wszechświata wszechświatów. Zatrudniają nie objawione „wysokie osobowości duchowe kontrolujące obwody" i korzystają z fachowej pomocy licznych grup osobowości Nieskończonego Ducha. To są ci, którzy mogą odizolować świat ewolucyjny, gdyby jego Książę Planetarny zbuntował się przeciwko Ojcu Wszechświatowemu i Synowi, jego namiestnikowi. Mogą wyłączyć dowolny świat z pewnych, wszechświatowych obwodów wyższej, duchowej klasy, ale nie mogą znieść materialnych prądów dyspozytorów mocy.

Nadzorcy Obwodów Wszechświata mają w pewnej mierze taki sam związek z obwodami duchowymi, jaki mają Dyspozytorzy Mocy Wszechświata z obwodami materialnymi. Te dwie klasy dopełniają się wzajemnie i wspólnie mają pełny wgląd we wszystkie obwody duchowe i materialne, możliwe do kontroli i kierowania przez istoty stworzone.

Nadzorcy obwodów mają pewien ogólny wgląd w te obwody umysłu, które są związane z duchem, tak samo jak dyspozytorzy mocy mają pewną jurysdykcję nad tymi stadiami umysłu, które są związane z energią fizyczną – umysłem mechanicznym. Generalnie, funkcjonowanie jednej klasy istot poszerza się przez związek z drugą klasą, jednak obwody czystego umysłu nie podlegają nadzorowi żadnej z nich. Nie ma także koordynacji wzajemnej pomiędzy tymi dwoma klasami; w swych różnorodnych działaniach Nadzorcy Obwodów Wszechświata są podlegli Siedmiu Najwyższym Dyspozytorom Mocy i ich podwładnym.

Podczas gdy nadzorcy obwodów są zupełnie jednakowi w obrębie ich poszczególnych klas, są oni wszyscy odrębnymi jednostkami. Są to istoty prawdziwie osobowe, ale posiadają inny typ osobowości niż ten, który nadawany jest przez Ojca; jest to typ osobowości nie spotykany u żadnego innego rodzaju istoty w całej wszechświatowej egzystencji.

Chociaż będziecie ich rozpoznawać i rozróżniać, podczas waszej podróży do wewnątrz, w kierunku Raju, nie nawiążecie z nimi kontaktów osobistych. Są nadzorcami obwodów, zajmują się wyłącznie i pracowicie swymi sprawami. Mają do czynienia tylko z tymi osobowościami i bytami, które mają generalny wgląd w działalność dotyczącą obwodów podległych ich nadzorowi.

2. KIEROWNICY SPISU

Pomimo tego, że kosmiczny umysł Wszechświatowej Inteligencji świadomy jest obecności i miejsca pobytu wszystkich istot *myślących*, we wszechświecie wszechświatów działa też niezależna metoda liczenia wszystkich *istot obdarzonych wolą*.

Kierownicy Spisu są specjalnym, ukończonym wytworem Nieskończonego Ducha; nie znamy ich liczby ogólnej. Są tak stworzeni, aby mogli się doskonale synchronizować z techniką odzwierciedlania superwszechświatów, kiedy jednocześnie są osobiście wrażliwi i czuli na inteligentną *wolę*. Kierownicy ci, metodą niezupełnie zrozumiałą, zdają sobie natychmiast sprawę z narodzin woli w jakiejkolwiek części wielkiego wszechświata. Są zatem zawsze miarodajni, aby podać nam liczbę, naturę i miejsce pobytu wszystkich istot z wolną wolą, istniejących w dowolnej części kreacji centralnej jak i w siedmiu superwszechświatach. W Raju jednak nie działają, gdyż tam nie ma takiej potrzeby. W Raju wiedza jest cechą naturalną; Bóstwa wiedzą wszystko.

Siedmiu Kierowników Spisu działa w Havonie, po jednym na świecie pilotującym każdej orbity Havony. Za wyjątkiem tych siedmiu oraz rezerw ich klasy, znajdujących się na rajskich światach Ducha, wszyscy Kierownicy Spisu działają pod jurysdykcją Pradawnych Czasu.

Jeden Kierownik Spisu przewodniczy w zarządzie każdego superwszechświata, podczas gdy wiele tysięcy podległych temu głównemu kierownikowi znajduje się, po jednym, w stolicy każdego wszechświata lokalnego. Wszystkie osobowości tej klasy są jednakowe, za wyjątkiem przebywających na światach pilotujących Havony oraz tych, co im przewodniczą w siedmiu superwszechświatach.

W siódmym superwszechświecie jest sto tysięcy Kierowników Spisu. Liczba ta obejmuje tylko tych, których przydzielono do wszechświatów lokalnych. Personel osobisty Usatii, superwszechświatowego przewodniczącego wszystkich kierowników z Orvontonu, nie jest w to wliczany. Usatia, podobnie jak inni superwszechświatowi naczelnicy, nie wsłuchuje się bezpośrednio w rejestrację inteligentnej woli. Przysłuchuje się wyłącznie swym podwładnym, przebywającym we wszechświatach Orvontonu; tym samym działa jako doskonała osobowość sumująca ich raporty, przychodzące ze stolic kreacji lokalnych.

Od czasu do czasu, oficjalni rejestratorzy na Uversie wykazują w swych raportach stan superwszechświata, tak jak się on przedstawia w rejestrach i w osobowości Usatii. Dane z takiego spisu pozostają na miejscu, w superwszechświecie; raporty te nie są przekazywane do Havony ani do Raju.

Kierownicy Spisu interesują się istotami ludzkimi, jak również innymi istotami z wolą, tylko tak dalece, jak trzeba odnotować fakt działania woli. Nie są zainteresowani zapisywaniem waszego życia i jego uczynków; nie są w żadnym sensie osobowościami prowadzącymi kroniki. Kierownik Spisu w Nebadonie, numer Orvontonu 81.412, przebywający obecnie na Salvingtonie, jest w tym właśnie momencie osobiście świadomy i poinformowany o twojej, żywej obecności tutaj na Urantii i umieści w zapisach poświadczenie twojej śmierci w tym momencie, kiedy przestaniesz działać jako istota obdarzona wolą.

Kierownicy Spisu odnotowują istnienie nowej istoty z wolą, kiedy ma miejsce pierwszy akt wolnej woli; zaznaczają śmierć istoty obdarzonej wolą, kiedy ma miejsce ostatni akt woli. Częściowe pojawianie się woli, zauważalne w reakcjach pewnych wyższych zwierząt, nie leży w zakresie funkcjonowania Kierowników Spisu. Nie liczą niczego, oprócz prawdziwych istot z wolą i nie reagują na nic, oprócz *funkcjonowania woli*. Nie wiemy dokładnie, w jaki sposób rejestrują działanie woli.

Istoty te zawsze były i zawsze będą Kierownikami Spisu. Byliby oni względnie bezużyteczni w jakiejkolwiek innej dziedzinie wszechświatowej działalności. Jednak, gdy pełnią swe funkcje, są nieomylni; nigdy nie zawodzą ani też niczego nie fałszują. I pomimo swych zdumiewających zdolności i niewiarygodnych prerogatyw są osobami; posiadają rozpoznawalną, duchową obecność i formę.

3. PERSONALNI POMOCNICY NIESKOŃCZONEGO DUCHA

Nie znamy dokładnie czasu i sposobu stworzenia Personalnych Pomocników. Ich liczba musi być legion, jednak nie ma jej w zapisach Uversy. Z ostrożnych obliczeń, opartych na tym, co wiemy o ich pracy, zaryzykowałbym oszacowanie, że ich liczba idzie wysoko w biliony. Według naszego przekonania, Nieskończony Duch nie jest niczym ograniczony, gdy idzie o ilość stwarzanych Personalnych Pomocników.

Personalni Pomocnicy Nieskończonego Ducha istnieją wyłącznie po to, aby pomagać rajskiej obecności Trzeciej Osoby Bóstwa. Choć przydzieleni są bezpośrednio do Nieskończonego Ducha i żyją w Raju, przebłyskują tam i z powrotem do najdalszych zakątków kreacji. Tak daleko, jak rozciągają się obwody Wspólnego Aktywizatora, mogą się zjawić Personalni Pomocnicy, aby wykonać rozkaz Nieskończonego Ducha. Przemierzają przestrzeń podobnie jak Samotni Posłańcy, ale nie są osobami w takim znaczeniu, w jakim są Posłańcy.

Wszyscy Personalni Pomocnicy są równi i identyczni, nie wykazują zróżnicowania czy indywidualności. Chociaż Wspólny Aktywizator uważa je za prawdziwe osobowości, innym trudno uznawać je za prawdziwe osoby; nie objawiają one swej obecności duchowej innym istotom duchowym. Istoty pochodzące z Raju zawsze zdają sobie sprawę z bliskości tych Pomocników; my jednak nie odczuwamy obecności ich osobowości. Brak takiej formy-obecności sprawia, że wszyscy oni są bez wątpienia bardziej użyteczni dla Trzeciej Osoby Bóstwa.

Spośród wszystkich objawionych klas istot duchowych, pochodzących od Nieskończonego Ducha, Personalni pomocnicy są chyba jedynymi, których nie spotkacie, gdy będziecie się wznosić do wewnątrz, do Raju.

4. INSPEKTORZY POMOCNICZY

Siedmiu Najwyższych Wykonawców, znajdujących się na siedmiu rajskich sferach Nieskończonego Ducha, funkcjonuje zbiorowo jako administracyjna rada superdyrektorów dla siedmiu superwszechświatów. Inspektorzy Pomocniczy są osobowym wcieleniem władzy Najwyższych Wykonawców dla wszechświatów lokalnych czasu i przestrzeni. Ci wysocy obserwatorzy spraw kreacji lokalnych są wspólnym potomstwem

Nieskończonego Ducha i Siedmiu Duchów Nadrzędnych z Raju. W czasach zbliżonych do wieczności zostało ich uosobionych siedemset tysięcy a ich rezerwowy korpus przebywa w Raju.

Inspektorzy Pomocniczy pracują pod bezpośrednim nadzorem Siedmiu Najwyższych Wykonawców, stanowiąc ich osobistą i pełną mocy reprezentację we wszechświatach lokalnych czasu i przestrzeni. Inspektor rezyduje na sferze zarządu każdej kreacji lokalnej i jest bliskim towarzyszem przebywającego tam Jednoczącego Czasu.

Inspektorzy Pomocniczy otrzymują raporty i rekomendacje tylko od swych podwładnych – Przydzielonych Strażników, przebywających w stolicach systemów lokalnych światów zamieszkałych, podczas gdy oni sami sporządzają raporty tylko dla swych bezpośrednich przełożonych, Najwyższych Wykonawców z odpowiedniego superwszechświata.

5. PRZYDZIELENI STRAŻNICY

Przydzieleni Strażnicy są osobowościami koordynującymi i łącznikowymi reprezentantami Siedmiu Najwyższych Wykonawców. Zostali uosobieni w Raju przez Nieskończonego Ducha a stworzeni są do specyficznych zadań im przydzielonych. Ich liczba jest stała, jest ich dokładnie siedem miliardów.

Tak jak Inspektorzy Pomocniczy reprezentują Siedmiu Najwyższych Wykonawców dla całego wszechświata lokalnego, tak w każdym z dziesięciu tysięcy systemów takiej kreacji lokalnej znajduje się Przydzielony Strażnik, który działa jako bezpośredni reprezentant odległej, najwyższej rady kontroli nadrzędnej do spraw wszystkich siedmiu superwszechświatów. Strażnicy, służący w rządach systemów lokalnych Orvontonu, działają pod bezpośrednim zwierzchnictwem Siódmego Najwyższego Wykonawcy, koordynatora siódmego superwszechświata. Jednak w swej organizacji administracyjnej, wszyscy strażnicy przydzieleni do wszechświata lokalnego są podwładnymi Inspektora Pomocniczego, przebywającego we wszechświatowej stolicy.

Przydzieleni Strażnicy służą rotacyjnie w granicach kreacji lokalnej, przenoszeni są od systemu do systemu. Zmieniają się zwykle co tysiąc lat czasu wszechświata lokalnego. Zaliczają się do najwyższych rangą osobowości, przebywających w stolicy systemu, ale nigdy nie biorą udziału w naradach dotyczących spraw systemu. W systemach lokalnych służą jako szefowie, z urzędu, dwudziestu czterech administratorów, pochodzących ze światów ewolucyjnych, ale poza tym wznoszący się śmiertelnicy niewiele mają z nimi styczności. Strażnicy zajmują się prawie wyłącznie dostarczaniem Inspektorom Pomocniczym swego wszechświata pełnej informacji o wszystkim, co dotyczy dobra i stanu systemu im przydzielonego.

Przydzieleni Strażnicy i Inspektorzy Pomocniczy nie meldują się Najwyższym Wykonawcom przez zarząd superwszechświata. Są odpowiedzialni wyłącznie przed Najwyższym Wykonawcą, którego dotyczy dany superwszechświat; ich działalność jest niezależna od administracji Pradawnych Czasu.

Najwyżsi Wykonawcy, Inspektorzy Pomocniczy i Przydzieleni Strażnicy, wraz z omniafinami i zastępem nie objawionych osobowości, stanowią efektywny, bezpośredni, scentralizowany, ale rozległy system doradztwa i koordynacji administracyjnej całego wielkiego wszechświata rzeczy i istot.

6. PRZEWODNICY ABSOLWENTÓW

Przewodnicy Absolwentów jako grupa, utrzymują i prowadzą wyższy uniwersytet nauk specjalistycznych i szkolenia duchowego, tak ważny dla śmiertelnika, kiedy ów osiąga cel epok: Boga, potem odpoczynek a potem wieczność doskonałej służby. Te wysoce osobowe istoty wywodzą swą nazwę od natury i sensu ich pracy. Poświęcają się one wyłącznie prowadzeniu śmiertelników-absolwentów z superwszechświatów czasu, przez proces nauczania i szkolenia w Havonie, aby przygotować wznoszących się pielgrzymów do przyjęcia do Raju i Korpusu Finalizmu.

Nie zabroniono mi opowiadać wam o pracy tych Przewodników Absolwentów, jest ona jednak tak ultraduchowa, że wątpię, czy uda mi się właściwie zobrazować materialnemu umysłowi koncepcję ich wielorakich funkcji. Na światach-mieszkaniach, kiedy zakres waszego wzroku zostanie poszerzony i uwolnieni zostaniecie z więzów porównań materialnych, możecie zacząć rozumieć znaczenie tych rzeczywistości, których „ani oko nie widziało, ani ucho nie słyszało, ani serce człowieka nie zdołało pojąć", nawet takich rzeczy, które „Bóg przygotował tym, którzy miłują te wieczne prawdy". Nie zawsze zakres waszego wzroku i pojmowania duchowego będzie tak ograniczony.

Przewodnicy Absolwentów zajmują się pilotowaniem pielgrzymów czasu przez siedem orbit światów Havony. Przewodnik, który was powita, gdy przybędziecie do świata przyjmującego zewnętrznej orbity Havony, pozostanie z wami przez cały czas waszej działalności na niebiańskich orbitach. Chociaż podczas waszego pobytu na miliardzie światów będziecie związani z niezliczonymi innymi osobowościami, wasz Przewodnik Absolwenta będzie szedł z wami do końca waszego rozwoju w Havonie i będzie przy was, gdy zapadniecie w chwilową drzemkę czasu, sen wiecznego przemieszczenia do rajskiego celu, gdzie po przebudzeniu zostaniecie pozdrowieni przez Rajskiego Towarzysza, przydanego wam do powitania i być może do pozostania z wami do tego czasu, gdy zostaniecie wprowadzeni do Korpusu Finalizmu Śmiertelników, jako jego członkowie.

Liczba Przewodników Absolwentów jest trudna do wyobrażenia dla ludzkiego umysłu, a wciąż pojawiają się nowi. Ich początki są co nieco tajemnicze. Nie istnieli od wieczności, pojawiają się w sposób tajemniczy, gdy są potrzebni. We wszystkich domenach wszechświata centralnego nie ma żadnego zapisu o Przewodniku Absolwenta, przed tym odległym dniem, kiedy pierwszy śmiertelnik-pielgrzym wkroczył do zewnętrznego pasa kreacji centralnej. W tym momencie, gdy przybył do pilotującego świata orbity zewnętrznej, został przyjaźnie powitany przez Malvoriana, pierwszego Przewodnika Absolwentów a obecnie szefa ich najwyższej rady i dyrektora ich rozległej organizacji edukacyjnej.

W rajskich zapisach Havony, w sekcji określonej jako „Przewodnicy Absolwentów", pojawia się taki wstępny zapis:

„I Malvorian, pierwszy z tej klasy, witał i nauczał pielgrzyma, odkrywcę Havony i go prowadził od zewnętrznych orbit doświadczenia wstępnego, krok po kroku i orbita za orbitą, aż pielgrzym stanął w samej obecności Źródła i Przeznaczenia całej osobowości i przekroczył następnie próg wieczności, do Raju".

W tym właśnie, odległym czasie, byłem przydzielony do służb Pradawnych Czasu na Uversie i wszyscy cieszyliśmy się tą pewnością, że kiedyś pielgrzymi z naszego superwszechświata też mogą dotrzeć do Havony. Epoki całe byliśmy nauczani, że ewolucyjne istoty z przestrzeni mogą dotrzeć do Raju i najwyższe poruszenie obiegło niebiańskie domeny, kiedy pierwszy pielgrzym faktycznie tam przybył.

Ten pielgrzym-odkrywca Havony nazywa się *Grandfanda* i przybył z planety 341 systemu 84 konstelacji 62 wszechświata lokalnego 1.131, znajdującego się w pierwszym superwszechświecie. Jego przybycie było sygnałem dla zaprowadzenia służby transmisyjnej we wszechświecie wszechświatów. Do tego czasu działały jedynie transmisje superwszechświatów i wszechświatów lokalnych, jednak ogłoszenie przybycia Grandfandy do bram Havony oznaczało początek „kosmicznych raportów chwały", tak nazywanych według wstępnej transmisji informującej o przybyciu do Havony pierwszej istoty ewolucyjnej, która stanęła u bram celu wznoszenia się.

Przewodnicy Absolwentów nigdy nie opuszczają światów Havony; poświęcają się służbie dla absolwentów-pielgrzymów czasu i przestrzeni. I kiedyś spotkacie te szlachetne istoty twarzą w twarz, jeśli nie odrzucicie niezawodnego i wszechstronnie doskonałego planu, którego celem jest wasze wieczne życie i wasze wznoszenie się.

7. POCHODZENIE PRZEWODNIKÓW ABSOLWENTÓW

Choć ewolucja nie jest porządkiem rzeczy wszechświata centralnego, uważamy, że Przewodnicy Absolwentów są doskonalszymi czy bardziej doświadczonymi członkami innej klasy istot wszechświata centralnego, Servitali Havony. Przewodnicy Absolwentów wykazują taki zakres sympatii i zdolności zrozumienia wznoszących się istot, że jesteśmy przekonani, iż nabyli tej kultury przez rzeczywistą służbę w domenach superwszechświatów, jako Servitale Havony na służbie wszechświatowej. Jeśli opinia ta jest błędna, to jak mamy rozumieć nieustanne znikanie starszych czy bardziej doświadczonych Servitali?

Servital, który miał przydział w superwszechświecie i długo nie było go w Havonie i który uprzednio miał dużo takich misji, otrzymuje przywilej „osobistego kontaktu" z Rajską Światłością Centralną, zostaje objęty przez Świetlane Osoby i znika z pola widzenia swych duchowych towarzyszy; już nigdy więcej nie pojawia się wśród swego rodzaju istot.

Servital Havony, wracając ze służby w superwszechświecie, wielokrotnie może przechodzić Boskie objęcia i wynurzyć się z nich po prostu jako podniosły servital. Doświadczenie świetlanego objęcia nie musi koniecznie oznaczać, że servital taki musi być transponowany na Przewodnika Absolwenta, ale prawie jedna czwarta tych, którzy wchodzą w Boskie objęcia, nigdy nie wraca do służby w swych domenach.

W wysokich zapisach pojawia się szereg pozycji, takich jak ta poniżej:

„I servital numer 842.842.682.846.782 z Havony, imieniem Sudna, przybył ze służby w superwszechświecie, został przyjęty w Raju, poznał Ojca, wszedł w Boskie objęcia i go nie ma".

Kiedy pozycja taka pojawia się w zapisach, misja servitala jest zakończona. Jednak dokładnie w trzy momenty (nieco mniej niż trzy dni waszego czasu), nowo narodzony Przewodnik Absolwentów „samoistnie" pojawia się na zewnętrznej orbicie wszechświata Havony. Liczba Przewodników Absolwentów, z niewielkimi rozbieżnościami, występującymi niewątpliwie z powodu tych, którzy są w stadium przejścia, równa się dokładnie liczbie tych servitali, którzy znikli.

Jest jeszcze jeden powód, pozwalający przypuszczać, że Przewodnicy Absolwentów są przekształconymi Servitalami Havony, a jest nim nieodparta tendencja przewodników i towarzyszących im servitali do nawiązywania niezwykłych więzi. Jest zupełnie niewytłumaczalne, w jaki sposób się rozumieją i sympatyzują ze sobą te domniemanie odrębne klasy istot. Obserwacja ich wzajemnego przywiązania jest czymś pokrzepiającym i inspirującym.

Siedem Duchów Nadrzędnych oraz siedmiu związanych z nimi Najwyższych Dyspozytorów Mocy to osobowe przechowalnie odpowiednio potencjału umysłu i potencjału mocy Istoty Najwyższej, która jak dotąd nie działa osobiście. I kiedy ci rajscy towarzysze współpracują ze sobą przy stwarzaniu Servitali Havony, Servitale z natury zawierają w sobie pewne stadia Najwyższości. Servitale Havony są więc w rzeczywistości odbiciem, w doskonałym wszechświecie centralnym, pewnych ewolucyjnych potencjałów domen czasu-przestrzeni, co uwidacznia się wtedy, kiedy servital doznaje przemiany i ponownego stworzenia. Przypuszczamy, że przemiana taka zachodzi w odpowiedzi na wolę Nieskończonego Ducha, działającego niewątpliwie w imieniu Najwyższego. Przewodnicy Absolwentów nie są stworzeni przez Istotę Najwyższą, ale wszyscy przypuszczamy, że to empiryczne Bóstwo jest w jakiś sposób zainteresowane procesami, które powołują do istnienia te istoty.

Havona, która jest przemierzana teraz przez wznoszących się śmiertelników, różni się pod wieloma względami od wszechświata centralnego, jaki istniał przed czasami Grandfandy. Przybycie wznoszących się śmiertelników na orbity Havony zapoczątkowało rozległe przeobrażenia w organizacji centralnej i boskiej kreacji, przeobrażenia bez wątpienia zainicjowane przez Istotę Najwyższą – Boga istot ewolucyjnych – w odpowiedzi na przybycie pierwszych jego empirycznych dzieci z siedmiu superwszechświatów. Pojawienie się Przewodników Absolwentów, razem ze stworzeniem supernafinów klasy trzeciej, znamionuje takie właśnie czyny Boga Najwyższego.

[Przedstawione przez Niebiańskiego Radcę z Uversy].

PRZEKAZ 25

ZASTĘPY POSŁAŃCÓW PRZESTRZENI

ZASTĘPY Posłańców Przestrzeni zajmują miejsce środkowe w rodzinie Nieskończonego Ducha. Te wszechstronne istoty działają jako ogniwo łącznikowe pomiędzy wyższymi osobowościami a duchami usługującymi. Zastępy posłańców obejmują następujące klasy istot niebiańskich:

1. Servitale Havony.
2. Wszechświatowi Rozjemcy.
3. Doradcy Proceduralni.
4. Opiekunowie Zapisów w Raju.
5. Niebiańscy Kronikarze.
6. Morontiańscy Towarzysze.
7. Rajscy Towarzysze.

Jedynie trzy, spośród siedmiu wymienionych tu grup – servitale, rozjemcy i Morontiańscy Towarzysze – są jako tacy stworzeni; pozostała czwórka reprezentuje poziomy osiągnięć klas anielskich. Zastępy posłańców rozmaicie służą we wszechświecie wszechświatów, zgodnie ze swą wrodzoną naturą i osiągniętym statusem, zawsze jednak podlegają kierownictwu tych, co rządzą domeną, do której są przydzieleni.

1. SERVITALE HAVONY

Te „istoty pośrednie" wszechświata centralnego, choć nazywane servitalami, nie są posługującymi w jakimkolwiek służebnym znaczeniu tego słowa. W świecie duchowym nie istnieje coś takiego jak praca służebna; cała służba jest uświęcona i radosna; tak samo wyższe klasy istot nie patrzą z góry na niższe klasy egzystencji.

Servitale Havony są rezultatem wspólnej działalności stwórczej Siedmiu Duchów Nadrzędnych oraz ich towarzyszy, Siedmiu Najwyższych Dyspozytorów Mocy. Taka stwórcza współpraca zbliża się bardzo do modelu rozmnażania długiej listy klasy podwójnej we wszechświatach ewolucyjnych, rozciągającej się od stworzenia Gwiazdy Jasnej i Porannej, dzięki związkowi Syna Stwórcy-Stwórczego Ducha, w dół, do rozmnażania seksualnego na światach, takich jak Urantia.

Wielka jest liczba servitali i cały czas stwarzani są nowi. Pojawiają się w grupach po tysiąc, w trzecim momencie po zgromadzeniu Duchów Nadrzędnych oraz Najwyższych Dyspozytorów Mocy, w ich wspólnym rejonie położonym w odległym, północnym sektorze Raju. Na każdych czterech servitali, jeden jest typu bardziej materialnego niż pozostali, znaczy to, że z każdego tysiąca, siedemset pięćdziesiąt jest typu prawdziwie duchowego, ale dwieście pięćdziesiąt ma naturę częściowo materialną. Te *czwarte istoty* są niejako istotami klasy materialnej (materialnej w rozumieniu Havony) i bardziej przypominają fizycznych dyspozytorów mocy niż Duchy Nadrzędne.

W związkach osobowych element duchowy góruje nad materialnym, nawet, jeśli teraz na Urantii wydaje się, że jest inaczej; a przy stwarzaniu Servitali Havony panują prawa dominacji ducha; ustalona proporcja daje trzy istoty duchowe na jedną częściowo materialną.

Nowo stwarzani servitale, wraz z nowo pojawiającymi się Przewodnikami Absolwentów, przechodzą szkolenie, które starsi przewodnicy stale prowadzą na każdej z siedmiu orbit Havony. Servitale są potem przydzielani do tych czynności, do których najlepiej się nadają a skoro jest ich dwa typy – duchowy i częściowo materialny – niewiele jest ograniczeń w zakresie pracy, jaką mogą wykonywać te wszechstronne istoty. Grupy wyższe albo duchowe, są przydzielane wybiórczo do służb Ojca, Syna i Ducha oraz do pracy wykonywanej przez Siedem Duchów Nadrzędnych. Od czasu do czasu są oni rozsyłani w znacznej liczbie do służby na światach nauczania, okrążających sfery zarządu siedmiu superwszechświatów. Światy te poświęcone są końcowemu nauczaniu i kulturze duchowej wznoszących się dusz czasu, przygotowujących się do awansu na orbity Havony. Zarówno servitale duchowi, jak ich bardziej materialni bracia, wyznaczani są na asystentów i towarzyszy Przewodników Absolwentów; pomagają im i nauczają różne klasy wznoszących się istot, które dotarły do Havony i które próbują dotrzeć do Raju.

Servitale Havony i Przewodnicy Absolwentów pracują z niedoścignionym poświęceniem i są głęboko ze sobą związani, przywiązanie takie, podczas gdy jest duchowe, możecie zrozumieć jedynie przez porównanie z fenomenem ludzkiej miłości. Separacja servitali od przewodników jest pełna boskiego patosu, co się często zdarza, gdy servitale wysyłani są na misje poza granice wszechświata centralnego; ale idą na te misje z radością, nie ze smutkiem. Pełna satysfakcji radość z pełnienia doniosłego obowiązku jest tym uczuciem istot duchowych, które przesłania wszystko. Nie ma miejsca na smutek, w obliczu świadomości dobrego spełnienia boskiego obowiązku. I kiedy wznosząca się dusza człowiecza stoi przed Najwyższym Sędzią, decyzja o wiecznej doniosłości nie jest wydawana na podstawie sukcesów materialnych, czy osiągnięć ilościowych; werdykt, rozbrzmiewający przez wysokie sądy, oznajmia: „Dobrze, sługo dobry i *wierny*, byłeś wierny w rzeczach niewielu, teraz postawię cię władcą nad rzeczywistościami wszechświata".

Servitale Havony, w służbie superwszechświatowej, zawsze przydzielani są do tej domeny, której przewodniczy Duch Nadrzędny, jakiego najbardziej przypominają w ogólnych i specjalnych prerogatywach duchowych. Służą oni tylko na światach edukacyjnych, otaczających stolice siedmiu superwszechświatów a w ostatnim raporcie Uversy wykazane jest, że prawie 138 miliardów servitali służyło na jej 490 satelitach. Pełnią oni tutaj niezliczoną ilość funkcji, związanych z pracą na światach edukacyjnych, mieszczących superuniwersytety superwszechświata Orvontonu. Są tutaj waszymi towarzyszami; zeszli w dół z następnego stopnia waszej egzystencji, aby uczyć się o was i inspirować was rzeczywistością oraz pewnością waszej ostatecznej promocji z wszechświatów czasu do domen wieczności. W tych kontaktach servitale zdobywają wstępne doświadczenie, przygotowujące ich do służenia wznoszącym się istotom czasu, tak bardzo pomocne w ich dalszej pracy na orbitach Havony w charakterze towarzyszy Przewodników Absolwentów albo - jako transponowani servitale - w charakterze samych Przewodników Absolwentów.

2. WSZECHŚWIATOWI ROZJEMCY

Na każdego stworzonego Servitala Havony powołanych zostaje do bytu siedmiu Wszechświatowych Rozjemców, po jednym w każdym superwszechświecie. To stwórcze urzeczywistnienie odbywa się przy pomocy konkretnej, superwszechświatowej techniki zwierciadlanej reakcji na procesy zachodzące w Raju.

Na światach zarządu siedmiu superwszechświatów funkcjonuje siedem odzwierciedleń Siedmiu Duchów Nadrzędnych. Przedstawienie natur Duchów Zwierciadlanych materialnym umysłom jest trudnym zadaniem. Są to prawdziwe osobowości, jednak każdy członek tej superwszechświatowej grupy doskonale odzwierciedla tylko jednego z Siedmiu Duchów Nadrzędnych. Za każdym razem, gdy Duchy Nadrzędne łączą się z dyspozytorami mocy, aby stworzyć grupę Servitali Havony, zawsze występuje równoczesne zogniskowanie na jednym z Duchów Zwierciadlanych w każdym superwszechświecie i natychmiast pojawia się na światach zarządów superkreacji równa liczba w pełni dojrzałych Wszechświatowych Rozjemców. Jeśli, przy stwarzaniu servitali, Siódmy Duch Nadrzędny przejąłby inicjatywę, tylko Duch Zwierciadlany siódmego porządku byłby brzemienny rozjemcami; i równocześnie ze stworzeniem tysiąca servitali typu orvontonowego, tysiąc rozjemców siódmej klasy pojawiłoby się w stolicy każdego superwszechświata. W takich wypadkach, odzwierciedlających siedmioraką naturę Duchów Nadrzędnych, stworzonych zostaje siedem klas rozjemców, służących w każdym superwszechświecie.

Rozjemcy, o statusie przedrajskim, nie służą na przemian w różnych superwszechświatach, ograniczeni są tylko do swego, rodzimego segmentu kreacji. Zatem każdy superwszechświatowy korpus, obejmujący jedną siódmą każdej stworzonej klasy, spędza długi czas pod wpływem jednego z Duchów Nadrzędnych, przy czym wpływy innych tu nie działają, dlatego, że kiedy wszystkie siedem jest *odzwierciedlane* w stolicach superwszechświatów, tylko jeden z nich *dominuje* w każdej superkreacji.

Każda z siedmiu superkreacji jest aktualnie przenikana przez jednego z Duchów Nadrzędnych, który przewodniczy jej przeznaczeniu. Każdy superwszechświat staje się tym samym gigantycznym lustrem, odzwierciedlającym istotę i charakter nadzorującego go Ducha Nadrzędnego i wszystko to rozciąga się dalej, w każdym podległym wszechświecie lokalnym, dzięki obecności i działaniu Stwórczych Matek Duchów. Wpływ tego otoczenia na rozwój ewolucyjny jest tak przemożny, że rozjemcy, na swych misjach postsuperwszechświatowych, przejawiają zbiorowo czterdzieści dziewięć empirycznych punktów widzenia, albo wnikliwości, każdy pod innym kątem – tym samym niekompletny – ale wszystkie razem uzupełniają się i razem dążą do ogarnięcia okręgu Najwyższości.

W każdym superwszechświecie Wszechświatowi Rozjemcy są z natury osobliwie podzieleni na grupy, po czterech i w takich związkach ciągle służą. W każdej grupie są trzy osobowości duchowe i jedna częściowo materialna, podobnie jak czwarta istota u servitali. Taki kwartet stanowi komisję rozjemczą a zorganizowany jest następująco:

1. *Sędzia-arbiter*. Jest on jednomyślnie wyznaczany przez pozostałych trzech jako najbardziej kompetentny i najlepiej nadający się do działania, jako sędzia-szef grupy.
2. *Duch-adwokat*. Jest on mianowany przez sędziego-arbitra, aby przedstawiać dowody i zabezpieczać prawa wszystkich osobowości, uwikłanych w jakąkolwiek sprawę, przydzieloną komisji rozjemczej do rozstrzygnięcia.
3. *Boski wykonawca*. Rozjemca, który z racji swej natury nadaje się do nawiązywania kontaktu z istotami materialnymi danych domen i do egzekwowania decyzji komisji. Boscy wykonawcy, stanowiący czwartą, niby-materialną istotę, są prawie, choć niezupełnie, widzialni dla ograniczonego wzroku gatunku śmiertelnego.
4. *Protokolant*. Pozostały członek komisji zostaje automatycznie protokolantem, urzędnikiem trybunału. Sprawdza, czy wszystkie zapisy są właściwie przygotowane dla archiwów superwszechświata i rejestrów wszechświata lokalnego. Jeśli komisja służy na świecie ewolucyjnym, przygotowywany jest trzeci raport, z pomocą wykonawcy, dla materialnych zapisów rządu systemu sprawującego jurysdykcję.

W czasie sesji komisja działa w grupie trzyosobowej, ponieważ w czasie rozpatrywania adwokat jest oddzielony od komisji, a tylko przy zakończeniu sprawy bierze udział w formułowaniu werdyktu. Stąd komisje takie zwane są czasami arbitrażowe trio.

Rozjemcy są bardzo cenieni dzięki swym zasługom, wnoszonym w płynne funkcjonowanie wszechświata wszechświatów. Przemierzając przestrzeń w seraficznym tempie potrójnej prędkości, działają dla światów jako sądy objazdowe, komisje, zajmujące się szybkim orzecznictwem w drobnych problemach. Gdyby nie było tych objazdowych i wyjątkowo rzetelnych komisji, trybunały sfer byłyby beznadziejnie przeładowane drobnymi nieporozumieniami danych domen.

Tria arbitrażowe nie orzekają spraw o wiecznym znaczeniu; dusza, wieczne perspektywy istot czasu, nigdy nie są narażone na niebezpieczeństwo w wyniku ich działania. Rozjemcy nie mieszają się do spraw, wykraczających poza doczesny byt i kosmiczne dobro istot czasu. Jednak, kiedy komisja raz zarządzi orzeczenie problemu, jej zarządzenia są ostateczne i zawsze jednomyślne; nie ma odwołania od decyzji sędziego-arbitra.

3. SZEROKI ZAKRES SŁUŻBY ROZJEMCÓW

Rozjemcy mają swój zarząd w stolicy ich superwszechświata, gdzie również utrzymywany jest ich główny korpus rezerwowy. Ich wtórne rezerwy znajdują się w stolicach wszechświatów lokalnych. Młodsi i mniej doświadczeni członkowie komisji zaczynają swą służbę na niższych światach, na światach takich jak Urantia, a po zdobyciu szerszego doświadczenia awansują na ten poziom, gdzie orzekają ważniejsze problemy.

Klasa rozjemców jest w pełni godna zaufania, żaden nigdy nie pobłądził. Choć nie są nieomylni w mądrości i w osądzie, posiadają niekwestionowaną rzetelność i są zawsze wierni. Pochodzą z zarządu superwszechświata i w końcu do niego wracają, awansując przez następujące poziomy wszechświatowej służby:

1. *Rozjemcy dla światów*. Kiedy osobowości kierujące poszczególnymi światami mają trudności w podejmowaniu decyzji, czy są w prawdziwym impasie odnośnie właściwej procedury postępowania w zaistniałych okolicznościach i jeśli sprawa nie ma

odpowiedniej wagi, aby być formalnie przedstawiona ustanowionym trybunałom danej domeny, wtedy, po otrzymaniu petycji od dwóch różniących się w opiniach osobowości, natychmiast zaczyna działać komisja rozjemcza.

Kiedy takie trudności administracyjne i jurysdykcyjne zostaną oddane w ręce rozjemców, dla ich zbadania i rozstrzygnięcia, wtedy rozjemcy mają najwyższe uprawnienia. Jednak nie wydają oni decyzji, zanim nie zbadają całej ewidencji i w ogóle nie ma ograniczeń, gdy idzie o możliwość powoływania przez nich świadków, gdziekolwiek zechcą ich powołać. I chociaż nie ma odwołania od ich decyzji, sprawy czasami tak się ułożą, że komisja w pewnym momencie zamknie swe rejestry, sformułuje swe opinie i prześle całą kwestię do wyższych trybunałów danej domeny.

Decyzje członków komisji umieszcza się w zapisach planetarnych i jeśli zajdzie taka potrzeba, wprowadza je w życie boski wykonawca. Jego uprawnienia są bardzo duże a zakres jego działania na zamieszkałym świecie jest bardzo szeroki. Boscy wykonawcy oddziałują po mistrzowsku na to, czego sprawa dotyczy lub powinna dotyczyć. Ich działalność czasem jest prowadzona wyraźnie dla dobra domeny a czasami ich czyny na światach czasu i przestrzeni są trudne do wytłumaczenia. Choć wykonują rozporządzenia nie sprzeciwiając się ani naturalnym prawom ani uświęconym zwyczajom domeny, częstokroć robią rzeczy osobliwe i narzucają nakazy rozjemców zgodnie z wyższymi prawami administracji systemu.

2. *Rozjemcy dla zarządów systemów.* Komisje te, złożone z czterech osób, awansują ze służby na światach ewolucyjnych, aby pełnić obowiązki w zarządach systemów. Mają tu sporo roboty i okazują się być wyrozumiałymi przyjaciółmi ludzi, aniołów i innych istot duchowych. Tria arbitrażowe nie zajmują się specjalnie rozbieżnościami osobistymi a tylko sporami między grupami i nieporozumieniami, narosłymi pomiędzy różnymi klasami istot; a w stolicach systemów żyją zarówno istoty duchowe jak i materialne, jak również gatunki mieszane, takie jak Synowie Materialni.

Kiedy Stwórcy powołali do bytu rozwijające się jednostki, obdarzone możliwością wyboru, w tym samym momencie zrobione zostało odstępstwo od płynnego funkcjonowania boskiej perfekcji; na pewno zrodzą się nieporozumienia i należy zapewnić warunki godziwego dopasowania szczerych różnic w punktach widzenia. Wszyscy powinniśmy pamiętać, że wszechmądrzy i wszechmocni Stwórcy mogli stworzyć wszechświaty lokalne tak doskonałe, jak Havona. We wszechświecie centralnym nie muszą działać żadne komisje rozjemcze. Ale Stwórcy, w całej swej mądrości, postanowili tego nie robić. I podczas kiedy stworzyli wszechświaty, obfitujące w różnice i rojące się od trudności, przygotowali także mechanizmy i środki dla załagodzenia wszystkich tych różnic i dla zestrojenia całego tego, pozornego zamętu.

3. *Rozjemcy konstelacji.* Ze służby w systemach rozjemcy awansują, aby rozstrzygać problemy w konstelacji; zajmują się tam drobnymi rozbieżnościami, wynikłymi pomiędzy jej stu systemami zamieszkałych światów. Niewiele problemów powstałych w zarządzie konstelacji podlega ich jurysdykcji, ale są oni w ciągłym ruchu i przemieszczają się od systemu do systemu, zbierając ewidencję i przygotowując oświadczenia wstępne. Jeśli w sporze nie ma nieuczciwości, jeśli trudności narastają ze szczerych różnic w opiniach i z czystego zróżnicowania punktów widzenia, bez znaczenia jak mało osób może być zaangażowanych w spór, bez znaczenia jak pozornie błahe jest nieporozumienie, komisja rozjemcza zawsze może zawyrokować o meritum sporu.

4. *Rozjemcy dla wszechświatów lokalnych.* W tej, poważniejszej działalności we wszechświecie, członkowie komisji pomagają w znacznym stopniu zarówno Melchizedekom, Synom-Arbitrom, jak również władcom konstelacji i całej rzeszy osobowości, zainteresowanych koordynacją i administracją stu konstelacji. Różne klasy serafinów i innych, stałych mieszkańców sfer zarządów wszechświatów lokalnych, również korzystają z pomocy i decyzji triów arbitrażowych.

Jest prawie niemożliwe wyjaśnić, jaki charakter mają te rozbieżności, które mogą powstawać przy prowadzeniu szczegółowych spraw systemu, konstelacji czy wszechświata. Występują trudności, ale są one bardzo odmienne od drobnych utrapień i trudów tej egzystencji materialnej, jaką się przeżywa na światach ewolucyjnych.

5. *Rozjemcy dla mniejszych sektorów superwszechświata.* Od problemów wszechświatów lokalnych, członkowie komisji awansują do poziomu badania kwestii, powstałych w mniejszych sektorach ich superwszechświata. Im bardziej się wznoszą od indywidualnych planet do wewnątrz, tym rzadsze są materialne obowiązki boskiego wykonawcy; stopniowo przyjmuje on nową rolę interpretatora miłosierdzia-sprawiedliwości, jednocześnie – będąc niby-materialny – daje komisji jako całości bliski kontakt z materialnymi aspektami jej dociekań.

6. *Rozjemcy dla większych sektorów superwszechświata.* Charakter pracy członków komisji ulega ciągłym zmianom, w miarę jak awansują. Jest coraz mniej nieporozumień do rozstrzygnięcia a coraz więcej tajemniczych fenomenów do wytłumaczenia i interpretacji. Etap za etapem przekształcają się oni z arbitrów rozbieżności w *objaśniaczy tajemnic* – sędziowie przemieniają się w nauczycieli-interpretatorów. Kiedyś byli arbitrami tych, którzy z powodu ignorancji dopuścili do powstania trudności i nieporozumień; teraz stają się instruktorami tych, którzy są odpowiednio inteligentni i tolerancyjni, aby wystrzegać się rozbieżności w rozumowaniu i zwalczających się opinii. Im wyższa jest edukacja istoty, tym więcej szacunku ma ona dla wiedzy, doświadczenia i opinii innych.

7. *Rozjemcy dla superwszechświata.* Tutaj rozjemcy stają się partnerami – czterech wzajemnie się rozumiejących i doskonale funkcjonujących arbitrów-nauczycieli. Boski wykonawca pozbawiony zostaje mocy wykonywania orzeczeń i staje się materialnym głosem tria duchowego. Do tego czasu ci doradcy i nauczyciele stają się ekspertami, obeznanymi z większością istotnych problemów i trudności, napotykanych przy kierowaniu superwszechświatem. Tym samym stają się wspaniałymi doradcami i mądrymi nauczycielami wznoszących się pielgrzymów, przebywających na sferach edukacyjnych, otaczających światy zarządu superwszechświatów.

Wszyscy rozjemcy służą pod generalnym nadzorem Pradawnych Czasu i pod bezpośrednim kierownictwem Pomocników-Wyobrażeń tak długo, aż nie awansują do Raju. Gdy przebywają w Raju, odpowiadają przed Duchem Nadrzędnym kierującym tym wszechświatem, z którego pochodzą.

Rejestry superwszechświata nie obejmują tych rozjemców, którzy wyszli spod jego jurysdykcji, a komisje takie są szeroko rozrzucone po całym wielkim wszechświecie. Ostatni komunikat ze spisu na Uversie podaje, że liczba komisji działających w Orvontonie wynosi prawie osiemnaście bilionów – ponad siedemdziesiąt bilionów jednostek. Jest to zaledwie niewielki ułamek ogromnej liczby rozjemców, jacy zostali stworzeni w

Orvontonie; ich ogólna liczba jest znacznie większa i jest równowartością całkowitej liczby Servitali Havony, odliczając przeobrażonych w Przewodników Absolwentów.

Gdy liczba rozjemców w superwszechświecie wzrasta, są oni od czasu do czasu transponowani do rady perfekcji w Raju, skąd się potem wyłaniają jako korpus koordynujący, ukształtowany przez Nieskończonego Ducha dla wszechświata wszechświatów; jest to wspaniała grupa istot, których liczba i operatywność wciąż się zwiększa. Przez empiryczne wznoszenie się i rajskie nauczanie, przyswoili oni unikalne zrozumienie wyłaniającej się rzeczywistości Istoty Najwyższej i przemierzają wszechświat wszechświatów pełniąc specjalną misję.

Członkowie komisji rozjemczej nigdy się nie rozdzielają. Ich grupa, złożona z czterech istot, służy zawsze razem tak, jak byli pierwotnie złączeni. Nawet w swej gloryfikowanej służbie wciąż działają jako kwartety, z nagromadzonym kosmicznym doświadczeniem i doprowadzoną do perfekcji wiedzą empiryczną. Są wiecznie razem jako ucieleśnienie najwyższej sprawiedliwości czasu i przestrzeni.

4. DORADCY PROCEDURALNI

Te prawne i proceduralne umysły świata duchowego nie zostały stworzone jako takie. Milion takich, najbardziej systematycznych umysłów, zostało wybranych przez Nieskończonego Ducha spośród wczesnych supernafinów i omniafinów, aby stanowili rdzeń tej rozległej i wszechstronnej grupy. I od tamtych, pradawnych czasów, aktualne doświadczenie w dostosowaniu praw perfekcji do planów kreacji ewolucyjnej wymagane jest od wszystkich tych, którzy mają aspiracje zostać Doradcami Proceduralnymi.

Doradcy Proceduralni rekrutują się z szeregów następujących klas osobowości:

1. Supernafinów.
2. Sekonafinów.
3. Tertiafinów.
4. Omniafinów.
5. Serafinów.
6. Pewnych typów wznoszących się śmiertelników.
7. Pewnych typów wznoszących się pośrednich.

W chwili obecnej liczba Doradców Proceduralnych, zarejestrowanych na Uversie i działających w Orvontonie, przekracza nieco sześćdziesiąt jeden bilionów, nie wliczając w to śmiertelników i pośrednich, którzy wszyscy mają przydział tymczasowy.

Doradcy Proceduralni częstokroć działają jako jednostki, ale do celów służby są zorganizowani w grupach po siedmiu i mają wspólny zarząd na tych sferach, do których są przydzieleni. W każdej grupie, co najmniej pięciu jej członków musi być zatrudnionych na stałe, podczas gdy dwóch może być związanych z grupą tymczasowo. W swej drodze do Raju, wznoszący się śmiertelnicy oraz wznoszące się istoty pośrednie służą w tych komisjach doradczych, ale nie uczestniczą w regularnym szkoleniu Doradców Proceduralnych, ani też nie zostają stałymi członkami tej klasy.

Śmiertelnicy i pośredni, którzy przejściowo służą z doradcami, wybierani są do tej pracy ze względu na swą znajomość idei wszechświatowego prawa i najwyższej sprawiedliwości. Gdy podążacie do rajskiego celu, wciąż zdobywając dodatkową wiedzę i poszerzając umiejętności, zawsze macie możliwość dania innym tej wiedzy i tego doświadczenia, które uprzednio zgromadziliście; przez całą drogę do Havony odgrywacie rolę ucznia-nauczyciela. Będziecie iść waszą drogą, wznosząc się z poziomu na poziom w tym rozległym uniwersytecie empirycznym, udzielając nowo odkrytej wiedzy tym, którzy są tuż poniżej was na drodze postępu. We wszechświatowym porządku nie uznaje się, że posiadacie wiedzę i prawdę, dopóki nie okażecie waszych zdolności i chęci dawania tej wiedzy i prawdy innym.

Każdy z posługujących duchów, powyżej statusu cherubinów, po długim nauczaniu i zdobyciu istotnego doświadczenia może otrzymać stałe stanowisko Doradcy Proceduralnego. Wszyscy kandydaci dobrowolnie wstępują do tego rodzaju służby, ale kiedy raz podejmą się tych obowiązków, nie mogą już z nich zrezygnować. Tylko Pradawni Czasu mogą przenieść tych doradców do innych czynności.

Szkolenie Doradców Proceduralnych zaczyna się w kolegiach Melchizedeków, we wszechświatach lokalnych i jest kontynuowane aż do sądów Pradawnych Czasu. Po tym szkoleniu w superwszechświecie idą oni dalej, do „szkół siedmiu orbit", zlokalizowanych na światach pilotujących orbit Havony. Ze światów pilotujących przyjmowani są do „kolegium etyki prawnej i metodyki Najwyższości" – do rajskiej szkoły instruktażowej, doskonalącej Doradców Proceduralnych.

Doradcy są czymś więcej niż ekspertami w prawie, są uczniami i nauczycielami prawa *stosowanego*; praw wszechświatowych stosowanych w życiu i przeznaczeniu wszystkich tych, którzy zamieszkują niezmierzone domeny rozległego stworzenia. Z biegiem czasu stają się oni żywymi bibliotekami prawnymi czasu i przestrzeni i zapobiegają niekończącym się problemom i niepotrzebnym opóźnieniom, dlatego, że nauczają osobowości czasu tych form i trybów proceduralnych, jakie najbardziej zadowalają władców wieczności. Mogą tak doradzać pracującym w przestrzeni, aby umożliwić im harmonijną współpracę z wymaganiami Raju; są nauczycielami wszystkich istot stworzonych w sprawie metod postępowania Stwórców.

Te żywe biblioteki prawa stosowanego nie mogły być stworzone; takie istoty muszą się rozwijać przez konkretne doświadczenie. Nieskończone Bóstwa są egzystencjalne, mają więc kompensatę za brak doświadczenia; wiedzą wszystko nawet zanim wszystkiego doświadczą, jednak nie przekazują tej nieempirycznej wiedzy podległym sobie istotom.

Zadaniem Doradców Proceduralnych jest zapobieżenie opóźnieniu, ułatwianie postępu i doradzanie, jak odnieść sukces. Zawsze istnieje *najlepsza* i *właściwa* droga postępowania; zawsze istnieje procedura perfekcji, Boska metoda, a ci doradcy wiedzą jak pokierować nas wszystkich w kierunku znalezienia lepszej drogi.

Te niezwykle mądre i praktyczne istoty zawsze są blisko związane ze służbą i pracą Wszechświatowych Cenzorów. Melchizedekom przydzielono ich operatywny korpus. Władcy systemów, konstelacji, wszechświatów i sektorów superwszechświatów są szczodrze obdarowani tymi umysłami, dającymi rekomendacje w sprawach proceduralnych i prawnych świata duchowego. Specjalna ich grupa działa jako prawni doradcy Nosicieli Życia, doradzając tym Synom odnośnie zakresu dozwolonego odstępstwa od ustalonego porządku rozprzestrzeniania życia, jak również naucza ich w sprawie ich prerogatyw i swobód działania. Są doradcami wszystkich klas istot, gdy idzie o prawidłowe postępowanie i procedurę we wszelkich sprawach świata duchowego. Nie mają jednak nic do czynienia, osobiście i bezpośrednio, z materialnymi istotami ze światów.

Poza doradzaniem jak stosować prawo, Doradcy Proceduralni zajmują się również biegłą interpretacją wszystkich praw dotyczących istot stworzonych – materialnych, umysłowych i duchowych. Z Doradców mogą korzystać Wszechświatowi Rozjemcy oraz wszyscy inni, którzy chcą poznać prawdę prawną; innymi słowy, chcą poznać, jak można polegać na Najwyższości Bóstwa w danej sytuacji, zawierającej elementy ustalonej klasy materialnej, umysłowej i duchowej. Próbują nawet objaśniać metody działania Ostatecznego.

Doradcy Proceduralni są istotami wybranymi i sprawdzonymi; nie słyszałem, aby którykolwiek z nich pobłądził. Nie mamy na Uversie zapisów o tym, aby kiedykolwiek byli sądzeni za lekceważenie Boskich praw, które tak sprawnie interpretują i tak elokwentnie tłumaczą. Nie istnieją znane ograniczenia, gdy idzie o domeny, w których mogą służyć, ani też, gdy idzie o ich zaawansowanie. Cały czas są doradcami, nawet do bram Raju; cały wszechświat prawa i doświadczenia jest dla nich otwarty.

5. OPIEKUNOWIE ZAPISÓW W RAJU

W Havonie, z supernafinów klasy trzeciej wybierani są niektórzy, starsi rangą główni rejestratorzy, na Opiekunów Zapisów – dozorców tradycyjnych archiwów Wyspy Światłości, które są przeciwieństwem żywych zapisów rejestrowanych w umysłach tych kuratorów wiedzy, których czasami się nazywa „żywą rajską biblioteką".

Aniołowie rejestratorzy z zamieszkałych planet są źródłem wszelkich indywidualnych zapisów. We wszechświatach funkcjonują inni rejestratorzy, tak tradycyjnych zapisów jak i żywych zapisów. Od Urantii do Raju spotyka się oba sposoby rejestracji: we wszechświecie lokalnym więcej jest rejestrów pisanych a mniej żywych; w Raju – więcej żywych mniej tradycyjnych; na Uversie oba rodzaje rejestrów są jednakowo dostępne.

Każde znaczące wydarzenie, jakie ma miejsce w zorganizowanej i zamieszkałej kreacji, jest przedmiotem zapisu. Chociaż zdarzenia, których ważność nie wykracza poza sprawy lokalne, znajdują się tylko w zapisach lokalnych, te o większej doniosłości są traktowane odpowiednio do ich ważności. Z planet, systemów i konstelacji Nebadonu przesyłane jest do Salvingtonu wszystko o wszechświatowym znaczeniu; a z takich stolic wszechświata te wydarzenia przesyłane są dalej, do wyższych zapisów, które leżą w kompetencji sektora i superrządów. Raj także ma odpowiednie wyciągi z danych superwszechświata i Havony; ta historyczna i gromadząca się opowieść o wszechświecie wszechświatów znajduje się pod opieką podniosłych supernafinów klasy trzeciej.

Podczas gdy niektóre z tych istot zostały wysłane do superwszechświatów, aby służyły jako Szefowie Rejestracji i kierowały pracą Niebiańskich Kronikarzy, wszystkie one pozostają na stałej liście ich klasy, żadna nigdy nie została przeniesiona.

6. NIEBIAŃSCY KRONIKARZE

Są to ci rejestratorzy, którzy dokonują wszelkich zapisów podwójnie, robiąc oryginalny zapis duchowy i częściowo materialną kopię, którą można by nazwać kopią przez kalkę. Mogą to robić, ze względu na swe specyficzne możliwości operowania równocześnie tak energią materialną jak i duchową. Niebiańscy Kronikarze nie są stworzeni jako tacy, są to wznoszący się serafini z wszechświatów lokalnych. Są oni przyjmowani, klasyfikowani i przydzielani do odpowiednich zakresów pracy przez rady Szefów Rejestracji, znajdujące się w stolicach siedmiu superwszechświatów. Tam też znajdują się szkoły przygotowawcze dla Niebiańskich Kronikarzy. Szkoły na Uversie prowadzą Perfektorzy Mądrości i Niebiańscy Radcy.

Gdy rejestratorzy awansują we wszechświatowej służbie, dalej prowadzą swój system podwójnych zapisów, robiąc tym samym zapisy zawsze dostępne dla wszystkich klas istot, od istot klasy materialnej do wysokich duchów światłości. Gdy przechodzicie przemiany, podczas wznoszenia się z tego, materialnego świata, zawsze będziecie mogli zajrzeć do zapisów i tym samym zapoznać się z historią i tradycjami sfery waszego aktualnego statusu.

Rejestratorzy są korpusem sprawdzonym i wypróbowanym. Nigdy nie słyszałem o żadnym odstępstwie Niebiańskiego Kronikarza, jak również nigdy fałsz nie zakradł się do ich zapisów. Sprawdzani są podwójnie, ich zapisy są szczegółowo badane przez ich podniosłych kolegów z Uversy i przez Możnych Posłańców, którzy potwierdzają prawidłowość częściowo materialnych duplikatów, zrobionych z oryginalnych, duchowych zapisów.

Podczas gdy liczba zaawansowanych rejestratorów, przebywających na niższych sferach rejestracyjnych wszechświatów Orvontonu, wynosi wiele bilionów, jest niespełna osiem milionów tych, którzy doszli do statusu Uversy. Ci starsi rejestratorzy albo absolwenci, są w superwszechświecie opiekunami i nadawcami treści powierzonych ich pieczy zapisów czasu i przestrzeni. Ich stała siedziba znajduje się w okrągłych pomieszczeniach, otaczających tereny zapisów na Uversie. Nigdy nie przekazują innym opieki nad tymi zapisami; niektórzy z nich mogą być nieobecni jako jednostki, ale nigdy w większej liczbie.

Podobnie jak supernafini, którzy zostali Opiekunami Zapisów, również korpus Niebiańskich Kronikarzy ma swój stały przydział. Jeśli serafini czy supernafini raz zostaną powołani do tej służby, pozostają odpowiednio Niebiańskimi Kronikarzami albo Opiekunami Zapisów, aż do dnia nowej i zmodyfikowanej administracji w pełni uosobionego Boga Najwyższego.

Na Uversie, starsi Niebiańscy Kronikarze mogą pokazać zapisy o wszystkim, co ma kosmiczną wartość w całym Orvontonie, co się zdarzyło od bardzo odległych czasów, kiedy to przybyli Pradawni Czasu; podczas gdy na Wiecznej Wyspie Opiekunowie Zapisów strzegą jej archiwów, które dokumentują wszystko, co się zdarzyło w Raju od czasów uosobienia Nieskończonego Ducha.

7. MORONTIAŃSCY TOWARZYSZE

Te dzieci Matki Ducha wszechświata lokalnego są przyjaciółmi i towarzyszami wszystkich tych, którzy żyją wznoszącym się życiem morontialnym. Nie są oni niezbędni wznoszącej się istocie w jej konkretnej, progresywnej pracy, jak również w żadnej mierze nie zastępują działalności opiekunów serafickich, którzy często asystują swym śmiertelnym towarzyszom w ich drodze do Raju. Morontiańscy Towarzysze po prostu serdecznie opiekują się tymi, którzy właśnie zaczęli długie wznoszenie się do wewnątrz. Umiejętnie inicjują rozrywkę a organizatorzy powrotu sprawnie im w tym pomagają.

Chociaż na morontialnych światach szkoleniowych Nebadonu będziecie mieli do wykonania poważne i stopniowo coraz trudniejsze zadania, zawsze będziecie mieć regularne okresy odpoczynku i rozrywki. W całej podróży do Raju zawsze będzie czas na odpoczynek i duchową zabawę; na drodze światłości i życia zawsze jest czas na cześć i nowe osiągnięcia.

Morontiańscy Towarzysze są tak sympatycznymi druhami, że kiedy w końcu będziecie mieli za sobą ostatnie stadium praktyki morontialnej, gdy przygotowywać się będziecie do przygody duchowej w superwszechświecie, naprawdę będziecie żałować, że te towarzyskie istoty nie mogą iść dalej z wami; jednak służą one tylko we wszechświatach lokalnych. Na każdym etapie drogi waszego wznoszenia się, wszystkie możliwe do skontaktowania osobowości będą przyjazne i towarzyskie, jednak, dopóki nie spotkacie Rajskich Towarzyszy, nie znajdziecie żadnej innej grupy istot tak bardzo poświęcających się przyjaźni i towarzystwu.

Praca Morontiańskich Towarzyszy jest lepiej zobrazowana w narracjach, mających do czynienia ze sprawami waszego wszechświata lokalnego.

8. RAJSCY TOWARZYSZE

Rajscy Towarzysze są kompleksową albo wybraną grupą istot, rekrutującą się z szeregów serafinów, sekonafinów, supernafinów i omniafinów. Choć służą przez czas niezmiernie długi z waszego punktu widzenia, ich status nie jest niezmienny. Kiedy skończy się ich służba, z zasady (chociaż nie zawsze) wracają do tych obowiązków, które wykonywali, kiedy zostali powołani do rajskiej służby.

Członkowie zastępów anielskich są wyznaczani do tej służby przez Matki Duchy z wszechświatów lokalnych, przez Duchy Zwierciadlane z superwszechświata i przez Majeston z Raju. Wzywani są oni na centralną Wyspę i mianowani Rajskimi Towarzyszami przez jednego z Siedmiu Duchów Nadrzędnych. Oprócz stałego, rajskiego statusu, tymczasowa służba Rajskiego towarzystwa jest najwyższym zaszczytem, jaki w ogóle może być nadany duchom posługującym.

Ci wybrani aniołowie pełnią służbę towarzyską a przydzielani są jako towarzysze wszystkim klasom istot, którym zdarzyło się przebywać w Raju samotnie, zwłaszcza wznoszącym się śmiertelnikom, ale również wszystkim pozostałym, którzy są sami na centralnej Wyspie. Rajscy Towarzysze nie mają nic specjalnego do zrobienia dla tych istot, z którymi się bratają; są po prostu do towarzystwa. Prawie każda inna istota, jaką wy, śmiertelnicy napotkacie podczas waszego pobytu w Raju – obok waszych braci pielgrzymów – będzie mieć coś konkretnego do zrobienia z wami lub dla was, ale towarzysze są przydzieleni tylko po to, aby być z wami, aby przestawać z wami, związani z waszą osobowością. W tej służbie pomagają im czasami wspaniali i błyskotliwi Obywatele Raju.

Śmiertelnicy wywodzą się z gatunku bardzo towarzyskiego. Stwórcy dobrze wiedzą, że „niedobrze jest człowiekowi, gdy jest sam" i odpowiednie warunki zostały stworzone, aby zapewnić mu towarzystwo, nawet w Raju.

Jeśli ty jako wznoszący(-a) się śmiertelnik(-czka) przybyłbyś(-abyś) do Raju wraz z towarzyszką(-em) lub kimś bliskim z twojej ziemskiej egzystencji, albo jeśli twój seraficzny opiekun przeznaczenia miałby możność przybyć z tobą, czy oczekiwałby ciebie, wtedy nie przydzielono by ci żadnego stałego towarzysza. Ale jeśli przybędziesz sam(-a), towarzysz na pewno będzie cię witał, kiedy się zbudzisz na Wyspie Światłości z ostatniego snu czasu. Nawet jeśli jest wiadomo, że będzie ci towarzyszył ktoś, kto też się wznosi, wyznaczony będzie tymczasowy towarzysz, aby cię powitać na wiecznych obrzeżach i odprowadzić cię do zarezerwowanego miejsca, przygotowanego na przyjęcie ciebie i twych towarzyszy. Możesz być pewny(-a), że będziesz ciepło powitany(-a), kiedy zmartwychwstaniesz do wieczności na wiecznotrwałych obrzeżach Raju.

Przyjmujący towarzysze przydzielani są na ostatniej orbicie Havony, w ostatnich dniach przebywania tam wznoszącej się istoty i sprawdzają dokładnie zapisy dotyczące pochodzenia śmiertelnika, jego urozmaiconego wznoszenia się przez światy przestrzeni i orbity Havony. Kiedy witają śmiertelników czasu, są już dobrze zaznajomieni z drogami życia przybywających pielgrzymów i natychmiast okazują się wyrozumiałymi i interesującymi towarzyszami.

Jeśli podczas twojego pobytu w Raju w charakterze przedfinalisty(-ki), byłbyś(-abyś) z jakiejkolwiek przyczyny chwilowo oddzielony(-a) od swojego towarzysza z drogi wznoszenia się – śmiertelnika czy serafina – Rajski Towarzysz zaraz będzie ci przydzielony do rady i towarzystwa. Towarzysz raz przydzielony wznoszącemu się śmiertelnikowi, samotnie przebywającemu w Raju, pozostaje z nim aż do tego czasu, gdy zostanie on na nowo połączony z wznoszącymi się partnerami lub odpowiednio przyjęty do Korpusu Finalizmu.

Rajscy Towarzysze przydzielani są według kolejności oczekiwania, z tym wyjątkiem, że wznosząca się istota nigdy nie jest powierzana towarzyszowi, którego natura nie jest zbliżona do jej superwszechświatowego typu. Gdyby śmiertelnik z Urantii przybył dziś do Raju, zostałby mu przydzielony pierwszy z kolei oczekujący towarzysz albo pochodzący z Orvontonu, albo skądinąd posiadający naturę Siódmego Ducha Nadrzędnego. Dlatego też omniafini nie służą z istotami wznoszącymi się z siedmiu superwszechświatów.

Rajscy Towarzysze pełnią wiele dodatkowych usług. Gdyby wznoszący się śmiertelnik doszedł do centralnego wszechświata samotnie i podczas przemierzania Havony nie udałoby mu się w jakimś stadium dostąpić Bóstwa, we właściwym trybie zostałby odesłany do wszechświatów czasu i zaraz wystosowano by wezwanie do rezerw Rajskich Towarzyszy. Jeden z tej klasy zostałby wyznaczony, aby iść z niefortunnym pielgrzymem, aby z nim być i pocieszać go, podnosić na duchu i pozostawać z nim aż do jego powrotu do wszechświata centralnego, gdzie na nowo zacząłby się wznosić do Raju.

Jeśli wznoszącemu się pielgrzymowi nie uda się dostąpić Bóstwa, gdy idzie przez Havonę w towarzystwie wznoszącego się serafina, anioła stróża z jego życiowej egzystencji, anioł postanowi, że będzie towarzyszyć swemu śmiertelnemu partnerowi. Serafini ci zawsze to robią dobrowolnie i dostają zgodę, aby towarzyszyć swym śmiertelnym partnerom, z którymi długo przebywali, z powrotem do służby w czasie i przestrzeni.

Jednak inaczej jest z dwoma blisko związanymi, wznoszącymi się śmiertelnikami. Kiedy jeden dostąpi Boga a drugiemu chwilowo się nie uda, szczęśliwy osobnik nieodmiennie wybiera powrót do ewolucyjnych kreacji wraz z zawiedzioną osobowością, ale na to się nie zezwala. Wystosowuje się natomiast wezwanie do rezerw Rajskich Towarzyszy i wybiera się jednego z ochotników, żeby towarzyszył rozczarowanemu pielgrzymowi. Inny ochotnik, Obywatel Raju, zostaje wtedy towarzyszem tego śmiertelnika, który odniósł sukces i pozostaje na centralnej Wyspie, oczekując powrotu do Havony towarzysza, któremu się nie powiodło; śmiertelnik ten w międzyczasie naucza w pewnych rajskich szkołach, prezentując pełną przygód historię ewolucyjnego wznoszenia się.

[Nadzorowane przez Posiadającego Wysokie Uprawnienia z Uversy].

PRZEKAZ 26

DUCHY USŁUGUJĄCE WSZECHŚWIATA CENTRALNEGO

SUPERNAFINI są duchami służącymi w Raju i we wszechświecie centralnym; są najwyższą klasą najniższej grupy dzieci Nieskończonego Ducha – zastępów anielskich. Takie usługujące duchy spotyka się od Wyspy Raj aż do światów czasu i przestrzeni. Żadna część zorganizowanej i zamieszkałej kreacji nie jest pozbawiona ich służby.

1. DUCHY USŁUGUJĄCE

Aniołowie są duchami usługującymi, towarzyszami ewolucyjnych i wznoszących się, obdarzonych wolą istot z całej przestrzeni; są także kolegami i współpracownikami wyższych zastępów boskich osobowości z różnych sfer. Aniołowie wszystkich klas są odrębnymi osobowościami oraz wysoce zindywidualizowanymi. Wszyscy oni potrafią w znacznym stopniu docenić wartość usług organizatorów powrotu. Usługujące duchy, wraz z Zastępami Posłańców Przestrzeni, korzystają z okresów wytchnienia i odmiany; są to istoty bardzo towarzyskie z natury i potrafią bratać się ze sobą a zdolność taka dalece przewyższa podobną u istot ludzkich.

Usługujące duchy wielkiego wszechświata klasyfikowane są następująco:

1. Supernafini.
2. Sekonafini.
3. Tertiafini.
4. Omniafini.
5. Serafini.
6. Cherubini i sanobini.
7. Istoty pośrednie.

Ogólnie biorąc, status osobowy poszczególnych członków klas anielskich nie jest niezmienny we wszechświecie. Aniołowie pewnych klas mogą zostać na jakiś czas Rajskimi Towarzyszami, niektórzy zostają Niebiańskimi Kronikarzami, inni się wznoszą do rangi Doradców Proceduralnych. Niektórzy z cherubinów mogą dążyć do seraficznego statusu i przeznaczenia, podczas gdy ewolucyjni serafini mogą osiągać duchowe poziomy wznoszących się Synów Bożych.

Siedem objawionych klas usługujących duchów jest przedstawione grupowo, zgodnie z ich funkcjami mającymi największe znaczenie dla wznoszących się istot:

1. *Duchy usługujące wszechświata centralnego.* Te trzy klasy *supernafinów* służą w systemie Raj-Havona. Supernafini pierwszej klasy albo rajscy, są stwarzani przez Nieskończonego Ducha. Służące w Havonie klasy druga i trzecia, są potomstwem odpowiednio Duchów Nadrzędnych i Duchów Orbit.

2. *Duchy usługujące superwszechświatów* – sekonafini, tertiafini i omniafini. *Sekonafini*, dzieci Duchów Zwierciadlanych, służą rozmaicie w siedmiu superwszechświatach. *Tertiafini*, pochodzący od Nieskończonego Ducha, poświęcają się w końcu służbie łącznikowej pomiędzy Synami Stwórcami a Pradawnymi Czasu. *Omniafini* stwarzani są wspólnie przez Nieskończonego Ducha i Siedmiu Najwyższych Wykonawców a służą wyłącznie dla tych ostatnich. Omówienie tych trzech klas jest tematem kolejnej narracji w tej serii.

3. *Duchy usługujące wszechświatów lokalnych* obejmują *serafinów* oraz ich asystentów, *cherubinów*. Wznoszący się śmiertelnicy kontaktują się na początku z tym potomstwem Matki Ducha Wszechświata. *Istoty pośrednie*, rodem ze światów zamieszkałych, naprawdę nie należą do właściwej klasy anielskiej, chociaż często są funkcjonalnie grupowane z duchami usługującymi. Opowieść o nich, wraz z opowieścią o serafinach i cherubinach, przedstawiona jest w przekazach mających do czynienia ze sprawami waszego wszechświata lokalnego.

Wszystkie klasy zastępów anielskich poświęcają się rozmaitym służbom we wszechświecie, służąc w ten czy inny sposób wyższym klasom istot niebiańskich; jednak to właśnie supernafini, sekonafini i serafini zatrudnieni są w znacznej liczbie do pomocy w systemie wznoszenia się, w rozwojowym doskonaleniu dzieci czasu. Ponieważ działają oni we wszechświecie centralnym, superwszechświecie i we wszechświatach lokalnych, tworzą ten nieprzerwany łańcuch posług duchowych, jaki Nieskończony Duch dał do pomocy i przewodnictwa wszystkim tym, którzy pragną dotrzeć do Ojca Wszechświatowego przez Wiecznego Syna.

Supernafini ograniczeni są w „polaryzacji duchowej", gdy idzie o jedno tylko stadium ich działania – z Ojcem Wszechświatowym. Mogą pracować pojedynczo, za wyjątkiem sytuacji, kiedy bezpośrednio używają samych tylko obwodów Ojca. Supernafini, kiedy dostają moc bezpośredniej opieki Ojcowskiej, muszą dobrowolnie łączyć się w pary, aby móc działać. Sekonafini również mają takie ograniczenia, a dodatkowo muszą pracować parami, aby zsynchronizować się z obwodami Wiecznego Syna. Serafini mogą pracować sami jako pojedyncze, odosobnione osobowości, jednak mogą być objęci obwodem tylko wtedy, gdy spolaryzowani są jako połączone pary. Kiedy takie istoty duchowe łączą się w pary, jeden mówi, uzupełniając drugiego. Takie uzupełniające się związki mogą być chwilowe, niekoniecznie muszą być trwałe.

Te wspaniałe istoty światłości utrzymują się przez bezpośrednie pobieranie energii duchowej z podstawowych obwodów wszechświata. Śmiertelnicy Urantii muszą pobierać światło-energię przez roślinną absorpcję, ale zastępy anielskie objęte są obwodem; mają „pokarm, o którym wy nie wiecie". Uczestniczą także w okresowym szkoleniu, prowadzonym przez wspaniałych Nauczycieli-Synów Trójcy; mogą przyjmować wiedzę i spożywać mądrość w sposób przypominający w znacznej mierze metody asymilowania energii życiowych.

2. MOŻNI SUPERNAFINI

Supernafini są utalentowanymi opiekunami wszystkich gatunków istot, które przebywają w Raju i we wszechświecie centralnym. Ci wysocy aniołowie stwarzani są w trzech głównych klasach: pierwszej, drugiej i trzeciej.

Supernafini pierwszej klasy są potomstwem wyłącznie Wspólnego Aktywizatora. Dzielą swą służbę prawie po równo między pewnymi grupami Obywateli Raju a wciąż rosnącym korpusem wznoszących się pielgrzymów. Ci aniołowie z wiecznej Wyspy efektywnie pomagają w zasadniczym szkoleniu obu grup mieszkańców Raju. Przyczyniają się znacznie do wzajemnego zrozumienia tych dwu unikalnych klas istot wszechświatowych, z których jedna jest najwyższym rodzajem boskiej, doskonałej istoty obdarzonej wolą a druga wynikiem pełnej ewolucji najniższego typu istoty obdarzonej wolą w całym wszechświecie wszechświatów.

Praca supernafinów pierwszej klasy jest tak unikalna i specyficzna, że będzie oddzielnie rozważana w kolejnym opowiadaniu.

Supernafini drugiej klasy kierują sprawami wznoszących się istot na siedmiu orbitach Havony. Jednocześnie pomagają w procesie edukacji licznych klas tych Obywateli Raju, którzy długo przebywają na światach okrążających kreację centralną, ale tego stadium ich służby nie możemy omawiać.

Istnieje siedem typów tych wysokich aniołów a każdy typ ma swój początek w jednym z Siedmiu Duchów Nadrzędnych; przejmuje także odpowiedni rodzaj jego natury. Zbiorowo, Siedem Duchów Nadrzędnych stwarza wiele różnych grup unikalnych istot i bytów a indywidualni członkowie każdej takiej klasy mają względnie jednolitą naturę. Kiedy jednak te same Siedem Duchów stwarza indywidualnie, powstałe w ten sposób klasy są zawsze siedmiorakie w swej naturze; dzieci każdego Ducha Nadrzędnego mają swój udział w naturze ich stwórcy i są odmienne od innych. Takie jest pochodzenie supernafinów klasy drugiej a aniołowie wszystkich siedmiu stworzonych typów funkcjonują we wszystkich dziedzinach działań, dostępnych dla całej ich klasy, głównie na siedmiu orbitach centralnego i boskiego wszechświata.

Każda z siedmiu planetarnych orbit Havony znajduje się pod bezpośrednim nadzorem jednego z Siedmiu Duchów Orbit, będących zbiorowym – zatem jednolitym – wytworem Siedmiu Duchów Nadrzędnych. Chociaż uczestniczą w naturze Trzeciego Źródła i Centrum, te siedem pomocniczych Duchów Havony nie były częścią wstępnej formy wszechświata. Funkcjonowały one po pierwotnym (wiecznym) stworzeniu, ale na długo przed czasami Grandfandy. Bez wątpienia powstały jako stwórcza reakcja Duchów Nadrzędnych na wyłaniający się cel Istoty Najwyższej i zauważono, że funkcjonują przy organizacji wielkiego wszechświata. Nieskończony Duch i wszyscy jego stwórczy towarzysze, jako wszechświatowi koordynatorzy, wydają się mieć szerokie możliwości wywoływania odpowiednich, stwórczych reakcji na równoczesny rozwój zdarzeń u empirycznych Bóstw oraz w rozwijających się wszechświatach.

Supernafini trzeciej klasy biorą swój początek od Siedmiu Duchów Orbit. Każdy z nich, na oddzielnej orbicie Havony, jest obdarzony przez Nieskończonego Ducha mocą stwarzania odpowiedniej liczby wysokich, superaficznych opiekunów klasy trzeciej, wychodząc tym samym naprzeciw potrzebom wszechświata centralnego. Chociaż przed przybyciem do Havony pielgrzymów czasu, Duchy Orbit wytwarzały raczej niewiele tych anielskich opiekunów, Siedem Duchów Nadrzędnych nawet nie zaczęło stwarzać supernafinów klasy drugiej przez przybyciem Grandfandy. Supernafini klasy trzeciej jako starsza z tych dwu klas, będą zatem rozważani pierwsi.

3. SUPERNAFINI KLASY TRZECIEJ

Ta służba Siedmiu Duchów Nadrzędnych składa się ze specjalistów anielskich z różnych orbit Havony a ich usługi rozciągają się zarówno na wznoszących się pielgrzymów czasu jak i na zstępujących pielgrzymów wieczności. Na miliardzie światów szkoleniowych doskonałej kreacji centralnej, wasi seraficzni towarzysze wszystkich klas będą dla was w pełni widzialni. Będziecie tam wszyscy istotami w najwyższym znaczeniu bratnimi i wyrozumiałymi, kontaktującymi się ze sobą i rozumiejącymi się nawzajem. Poznacie tam tak samo dobrze zstępujących pielgrzymów, Obywateli Raju i doskonale zbratacie się z nimi. Idą oni przez orbity od środka na zewnątrz, wkraczając do Havony przez świat pilotujący pierwszej orbity i posuwają się na zewnątrz, do siódmej.

Wznoszący się pielgrzymi z siedmiu superwszechświatów przemierzają Havonę w kierunku przeciwnym, wkraczają do niej przez świat pilotujący siódmej orbity i idą do wewnątrz. Czas, potrzebny na posuwanie się naprzód wznoszących się istot, ze świata do świata i z orbity do orbity, nie jest ograniczony, tak jak nie ma arbitralnie ustalonego czasu pobytu istot na światach morontialnych. Ale, podczas gdy odpowiednio rozwinięta jednostka może być zwolniona z pobytu na jednym lub większej ilości światów szkoleniowych wszechświata lokalnego, żaden pielgrzym nie może uniknąć przejścia przez wszystkie siedem orbit stopniowego uduchowiania Havony.

Korpus supernafinów klasy trzeciej, który głównie przydzielony jest do dyspozycji pielgrzymów czasu, dzieli się następująco:

1. *Nadzorcy zestrojenia.* Jest oczywiste, że istnieje potrzeba pewnego rodzaju czynnika koordynującego, nawet w doskonałej Havonie, aby zachować organizację i zapewnić harmonię całej pracy, przygotowującej pielgrzymów czasu do ich dalszych, rajskich osiągnięć. Wszystko ma iść gładko i szybko – taka jest misja nadzorców zestrojenia. Wywodzą się oni z pierwszej orbity i służą w całej Havonie, a ich obecność na orbitach oznacza, że nic ewentualnie nie może iść tam na opak. Ich wyjątkowe zdolności koordynowania zróżnicowanych funkcji osobowości różnych klas – nawet wielorakich poziomów – sprawiają, że ci supernafini mogą pomagać wszędzie, gdzie pomoc taka jest potrzebna. Przyczyniają się oni w znacznym stopniu do wzajemnego zrozumienia pielgrzymów czasu i pielgrzymów wieczności.

2. *Główni rejestratorzy.* Aniołowie ci są stworzeni na drugiej orbicie, ale działają wszędzie we wszechświecie centralnym. Zapisują potrójnie, dokonując zapisów w formalnych rejestrach Havony, w duchowych rejestrach swej klasy i w oficjalnych kronikach Raju. W dodatku do tego, automatycznie przekazują sprawy mające wartość

prawdziwej wiedzy żywym bibliotekom Raju, kuratorom wiedzy, supernafinom klasy pierwszej.

3. *Transmitujący.* Te dzieci trzeciego Ducha Orbit działają w całej Havonie, chociaż ich oficjalne miejsce pobytu jest na planecie siedemdziesiątej, na najbardziej zewnętrznej orbicie. Ci wprawni technicy są odbiorcami i nadawcami transmisji w kreacji centralnej, jak również zarządcami raportów kosmicznych dotyczących wszystkich fenomenów Bóstwa w Raju. Mogą używać wszelkich podstawowych obwodów kosmicznych.

4. *Posłańcy* powstają na czwartej orbicie. Przemierzają system Raj-Havona jako nosiciele wszelkich wiadomości, wymagających transmisji osobistej. Służą swoim kolegom, osobowościom niebiańskim, rajskim pielgrzymom a nawet wznoszącym się duszom czasu.

5. *Koordynatorzy informacji.* Ci supernafini klasy trzeciej, dzieci piątego Ducha Orbit, są zawsze mądrymi i wyrozumiałymi inicjatorami związków wzajemnych pomiędzy pielgrzymami wznoszącymi się a zstępującymi. Działają oni dla wszystkich mieszkańców Havony, zwłaszcza dla wznoszących się istot, służąc im bieżącymi informacjami o wszechświecie wszechświatów. Te „żywe gazety" Havony, dzięki swym osobistym kontaktom z istotami transmitującymi i odzwierciedlającymi, znają na bieżąco wszystkie informacje przechodzące przez rozległe obwody przekazywania wiadomości wszechświata centralnego. Zabezpieczają te informacje dzięki metodom zapisu Havony, umożliwiającym im automatyczne przyswajanie takiej ilości informacji w ciągu godziny czasu Urantii, jaka wymagałaby tysięcy lat zapisywania przy użyciu waszej najszybszej techniki telegraficznej.

6. *Osobowości transportujące.* Istoty te, wywodzące się z szóstej orbity, działają zazwyczaj z planety czterdziestej, na najbardziej zewnętrznej orbicie. Są to ci, którzy zabierają rozczarowanych kandydatów, tych, którym chwilowo nie udało się dotrzeć do Bóstwa. Gotowi są służyć wszystkim, którzy muszą przylatywać i odlatywać, gdy służą w Havonie, a którzy nie mogą sami przemierzać przestrzeni.

7. *Korpus rezerwowy.* Fluktuacje, występujące w pracy ze wznoszącymi się istotami, rajskimi pielgrzymami oraz innymi klasami istot przebywających w Havonie, sprawiają, że trzeba utrzymywać rezerwy supernafinów na świecie pilotującym siódmej orbity, skąd się wywodzą. Są oni stwarzani bez specjalnego przeznaczenia i są kompetentni przejąć służbę w jej stadiach nie wymagających specjalnych umiejętności superaficznych towarzyszy klasy trzeciej.

4. SUPERNAFINI KLASY DRUGIEJ

Supernafini klasy drugiej są opiekunami siedmiu orbit planetarnych wszechświata centralnego. Część ich służy pielgrzymom czasu a połowa całej tej klasy przydzielona jest do nauczania rajskich pielgrzymów wieczności. Tym Rajskim Obywatelom, w ich pielgrzymce przez orbity Havony, towarzyszą również ochotnicy z Korpusu Finalizmu Śmiertelników; układ taki panuje od czasu skompletowania pierwszej grupy finalistów.

Zgodnie z okresowym przydziałem do służby dla wznoszących się pielgrzymów, supernafini klasy drugiej pracują w siedmiu następujących grupach:

1. Pomocnicy pielgrzymów.

2. Przewodnicy do najwyższości.
3. Przewodnicy do Trójcy.
4. Odkrywający Syna.
5. Przewodnicy do Ojca.
6. Doradcy i konsultanci.
7. Asystenci w odpoczynku.

Każda z tych grup roboczych obejmuje aniołów wszystkich siedmiu stworzonych typów, a pielgrzym przestrzeni nauczany jest zawsze przez supernafinów klasy drugiej, pochodzących od Ducha Nadrzędnego, który przewodniczy temu superwszechświatowi, z którego pochodzi pielgrzym. Kiedy wy, śmiertelnicy z Urantii, dotrzecie do Havony, będziecie na pewno pilotowani przez tych supernafinów, których stworzone natury – podobnie jak wasze własne ewoluujące natury – pochodzić będą od Ducha Nadrzędnego z Orvontonu. Skoro ci, którzy was nauczają, pochodzą od Ducha Nadrzędnego z waszego własnego superwszechświata, predysponowani są oni szczególnie do zrozumienia was, pocieszania was i asystowania wam we wszystkich waszych wysiłkach, zmierzających do osiągnięcia rajskiej perfekcji.

Pielgrzymi czasu przewożeni są do zewnętrznej orbity planetarnej Havony, obok ciemnych ciał grawitacyjnych, przez osobowości transportujące, sekonafinów pierwszej klasy, działających ze stolic siedmiu superwszechświatów. Większość serafinów, chociaż nie wszyscy, służących na planetach oraz we wszechświecie lokalnym, zatwierdzonych do wznoszenia się do Raju, zostaje przed długim lotem do Havony oddzielona od swych towarzyszy-śmiertelników i od razu zaczyna długie i intensywne szkolenie, przygotowujące ich do niebiańskiego zadania, aby mogli osiągnąć, jako serafini, doskonałość egzystencji i najwyższość służby. I czynią to w nadziei ponownego połączenia się z pielgrzymami czasu, aby mogli być zaliczeni w poczet tych, co już zawsze idą drogą tych śmiertelników, którzy dotarli do Ojca Wszechświatowego i otrzymali przydział do nieujawnionej służby Korpusu Finalizmu.

Pielgrzym ląduje na planecie przyjmującej Havony, na świecie pilotującym siódmej orbity, z jednym tylko wyposażeniem doskonałości – doskonałością intencji. Ojciec Wszechświatowy zarządził: „Bądźcie doskonali, nawet tak, jak ja jestem doskonały". To jest owo zdumiewające zaproszenie-polecenie, głoszone skończonym dzieciom światów przestrzeni. Obwieszczenie tego nakazu poruszyło całe stworzenie, istoty niebiańskie zaczęły współpracować ze sobą, aby spełnić i zrealizować to wielkie przykazanie Pierwszego Wielkiego Źródła i Centrum.

Kiedy dzięki służbie całych zastępów istot, działających w powszechnym schemacie wiecznego życia, będziecie w końcu osadzeni na świecie przyjmującym Havony, przybędziecie tylko z jednym rodzajem doskonałości – *doskonałością intencji*. Intencja wasza została dobrze dowiedziona; wasza wiara została sprawdzona. Wiadomo, że jesteście odporni na rozczarowania. Nawet nie rozpoznanie Ojca Wszechświatowego nie może zachwiać wiary, czy też poważnie zmącić ufności wznoszącego się śmiertelnika, który przeszedł takie doświadczenie, jakie przejść muszą wszyscy, zanim dotrą do doskonałych sfer Havony. Zanim dotrzecie do Havony, wasza szczerość stanie się idealna. Doskonałość intencji i boskość pragnienia, wraz z niezłomnością wiary, dały wam dostęp do stałych mieszkań wieczności; wasze wyzwolenie od niepewności czasu jest pełne i kompletne a teraz musicie stanąć twarzą w twarz z problemami Havony i bezgranicznością Raju, do czego właśnie byliście tak długo przygotowywani w empirycznych epokach czasu, na światach szkolnych w przestrzeni.

Wiara dała wznoszącemu się pielgrzymowi doskonałość intencji, tej, która przepuszcza dzieci czasu przez bramy wieczności. Teraz pomocnicy pielgrzymów muszą zacząć pracować nad rozwijaniem u nich takiej doskonałości zrozumienia i takich metod pojmowania, jakie są nieodzowne dla rajskiej doskonałości ich osobowości.

Zdolność zrozumienia jest paszportem śmiertelnika do Raju. Gotowość uwierzenia jest kluczem do Havony. Akceptacja synostwa, współpraca z zamieszkującym Dostrajaczem, jest ceną wiecznego życia człowieka ewolucyjnego.

5. POMOCNICY PIELGRZYMÓW

Pomocnicy pielgrzymów będą pierwszą napotkaną przez was grupą supernafinów klasy drugiej a jest siedem grup tych istot obdarzonych głęboką wyrozumiałością, które w lot wszystko pojmują, które witają tych, co wiele podróżują, wznoszących się śmiertelników z przestrzeni, gdy przybywają do stabilnych światów i niezmiennej struktury wszechświata centralnego. Równocześnie ci wysocy opiekunowie zaczynają pracować dla rajskich pielgrzymów wieczności, z których pierwszy przybył do świata pilotującego wewnętrznej orbity Havony wraz z wylądowaniem Grandfandy na świecie pilotującym orbity zewnętrznej. W tych zamierzchłych czasach, pielgrzymi z Raju i pielgrzymi czasu po raz pierwszy spotkali się na świecie przyjmującym czwartej orbity.

Ci pomocnicy pielgrzymów, działający na siódmej orbicie światów Havony, prowadzą swą pracę dla wznoszących się śmiertelników w trzech głównych grupach: pierwsza, najwyższe zrozumienie Rajskiej Trójcy; druga, duchowe pojmowanie partnerstwa Ojciec-Syn; trzecia, intelektualne rozpoznanie Nieskończonego Ducha. Każde z tych stadiów szkoleniowych dzieli się na siedem gałęzi, składających się z dwunastu pomniejszych sekcji i siedemdziesięciu grup pomocniczych, a każde z tych siedemdziesięciu pomocniczych zgrupowań szkoleniowych przedstawione jest w tysiącu kategorii. Dokładniejszych objaśnień udziela się na kolejnych orbitach a zarys każdego rajskiego zadania przedstawiany jest przez pomocników pielgrzymów.

Jest to zatem podstawowe albo elementarne szkolenie, przed którym stają sprawdzeni przez wiarę, wiele podróżujący pielgrzymi z przestrzeni. Na długo jednak przed dotarciem do Havony, wznoszące się dzieci czasu nauczyły się świętować podczas niepewności, ucztować w czasie rozczarowania, entuzjazmować się wobec oczywistej porażki, krzepić się, gdy pojawiają się trudności, wykazywać niezachwianą odwagę w obliczu bezkresu i okazywać niezwyciężoną wiarę, kiedy stają twarzą w twarz z wyzwaniem tego, co niezrozumiałe. Dawno już okrzykiem bojowym tych pielgrzymów stało się: „W przymierzu z Bogiem nie ma nic – absolutnie nic – niemożliwego".

Istnieją określone wymagania, stawiane pielgrzymom czasu na każdej orbicie Havony; i chociaż każdy pielgrzym pozostaje pod opieką supernafina, z natury dostosowanego do pomocy temu właśnie rodzajowi wznoszącej się istoty, nauczanie, które musi być przyswojone, jest dość jednolite dla wszystkich wznoszących się istot, które docierają do wszechświata centralnego. Szkolenie to jest ilościowe, jakościowe i empiryczne – intelektualne, duchowe i najwyższe.

Na orbitach Havony czas ma niewielkie znaczenie. W pewien sposób wpływa na możliwości rozwojowe, jednak osiągnięcia są ostatecznym i najwyższym sprawdzianem. W tym momencie, kiedy wasz serafìczny towarzysz uważa was za kompetentnych do przejścia do wewnątrz, do kolejnej orbity, będziecie postawieni przed dwunastoma przybocznymi siódmego Ducha Orbit. Tutaj wymagać będą od was zdania egzaminów orbity, w zależności od superwszechświata, skąd pochodzicie oraz waszego rodzimego systemu. Dostąpienie Boskości na tej orbicie odbywa się na świecie pilotującym i polega na duchowym rozpoznaniu i uświadomieniu sobie Ducha Nadrzędnego tego superwszechświata, skąd pochodzi wznoszący się pielgrzym.

Kiedy zakończona jest praca na zewnętrznej orbicie Havony a tamtejszy kurs zaliczony, pomocnicy pielgrzymów zabierają swych podopiecznych do świata pilotującego następnej orbity i powierzają ich opiece przewodników do najwyższości. Pomocnicy pielgrzymów zawsze pozostają jeszcze jakiś czas z podopiecznymi, aby dokonać tego przekazania zarówno w sposób przyjemny jak i pożyteczny.

6. PRZEWODNICY DO NAJWYŻSZOŚCI

Wznoszące się istoty z przestrzeni nazywane są „duchowymi absolwentami", kiedy transponowane są z siódmej do szóstej orbity i oddawane pod bezpośredni nadzór przewodników do najwyższości. Przewodników tych nie należy mylić z Przewodnikami Absolwentów, należącymi do Wyższych Osobowości Nieskończonego Ducha, którzy wraz z ich towarzyszami, servitalami, służą na wszystkich orbitach Havony zarówno wznoszącym się jak i zstępującym pielgrzymom. Przewodnicy do najwyższości działają tylko na szóstej orbicie wszechświata centralnego.

Na tej właśnie orbicie wznoszące się istoty nabierają nowej świadomości Boskości Najwyższej. Podczas swej długiej działalności we wszechświatach ewolucyjnych, pielgrzymi czasu coraz lepiej zaczynają zdawać sobie sprawę z rzeczywistości wszechmocnej kontroli nadrzędnej kreacji czasu-przestrzeni. Tutaj, na tej orbicie Havony, zbliżają się do spotkania ze źródłem jedności czasu-przestrzeni, znajdującym się we wszechświecie centralnym – z rzeczywistością duchową Boga Najwyższego.

Mam pewne trudności, jak wytłumaczyć to, co się dzieje na tej orbicie. Dla wznoszących się istot nie ma tu żadnej dostrzegalnej, uosobionej obecności Najwyższości. W pewnych względach, nowe związki z Siódmym Duchem Nadrzędnym kompensują brak kontaktu z Istotą Najwyższą. Ale niezależnie od tego, że nie potrafimy zrozumieć jak to się dzieje, każda wznosząca się istota wydaje się przechodzić przeobrażający ją rozwój, nową integrację świadomości, nowe uduchowienie intencji, nową wrażliwość na boskość, która raczej nie może być zadowalająco wyjaśniona bez zakładania nie objawionego działania Istoty Najwyższej. Tym z nas, którzy obserwowali te tajemnicze procesy, wydaje się, że Bóg Najwyższy z miłością obdarza swoje empiryczne dzieci aż do granic ich empirycznych możliwości, tym wzbogaceniem intelektualnego pojmowania, duchowej wnikliwości i zakresu osobowości, jakiego tak bardzo będą potrzebować w ich wszystkich próbach przeniknięcia poziomu boskości Trójcy Najwyższości, w dostąpieniu wiecznych i egzystencjalnych, Rajskich Bóstw.

Kiedy przewodnicy do najwyższości uznają, że ich uczniowie gotowi są do promocji, przyprowadzają ich przed komisję siedemdziesięciu istot, mieszaną grupę pełniącą funkcję egzaminatorów na świecie pilotującym szóstej orbity. Po zadowoleniu komisji, gdy idzie o zrozumienie Istoty Najwyższej i Trójcy Najwyższości, pielgrzymi są zatwierdzani do transponowania do piątej orbity.

7. PRZEWODNICY DO TRÓJCY

Przewodnicy do Trójcy to niestrudzeni opiekunowie piątej orbity Havony, nauczający posuwających się naprzód pielgrzymów czasu i przestrzeni. Duchowi absolwenci zwani są tutaj „kandydatami do dostąpienia Bóstwa", jako że jest to ta orbita, na której kandydaci, pod kierunkiem przewodników do Trójcy, otrzymują zaawansowane nauki dotyczące Boskiej Trójcy i przygotowują się do poznania osobowości Nieskończonego Ducha. I tutaj właśnie wznoszący się pielgrzymi odkrywają, co znaczą rzeczywiste studia i prawdziwy wysiłek umysłowy, gdy zaczynają dostrzegać naturę jeszcze trudniejszego i bardziej mozolnego wysiłku duchowego, który będzie potrzebny, aby sprostać wymaganiom osiągnięcia wysokiego celu na światach tej orbity.

Przewodnicy do Trójcy są wyjątkowo dokładni i operatywni, a każdy pielgrzym traktowany jest z niepodzielną uwagą i darzony najwyższym uczuciem supernafinów klasy drugiej, należących do tej grupy. Pielgrzym czasu nigdy nie mógłby znaleźć pierwszej dostępnej osoby Rajskiej Trójcy, gdyby nie pomoc i asysta tych przewodników, jak również zastępu innych istot duchowych, zajmujących się nauczaniem wznoszących się, odnośnie natury i metod przyszłego dostąpienia Bóstwa.

Po ukończeniu procesu nauczania na tej orbicie, przewodnicy do Trójcy zabierają swych uczniów do świata pilotującego i przedstawiają ich jednej z wielu trójjednych komisji, działających w charakterze egzaminatorów i zatwierdzających kandydatów do dostąpienia Bóstwa. W skład tych komisji wchodzi jeden z finalistów, jeden koordynator postępowania z pierwszej klasy supernafinów i albo Samotny Posłaniec przestrzeni albo Utrójcowiony Syn Raju.

Kiedy wznosząca się dusza wybiera się do Raju, towarzyszy jej tylko trio tranzytowe: superaficzny towarzysz z orbity, Przewodnik Absolwenta oraz zawsze obecny towarzysz tego ostatniego – servital. Takie wycieczki z orbit Havony do Raju są podróżami próbnymi; wznoszące się istoty nie mają jeszcze rajskiego statusu. Nie osiągną one statusu mieszkańców Raju, zanim nie przejdą ostatniego odpoczynku czasu, po dostąpieniu Ojca Wszechświatowego i końcowym zatwierdzeniu na orbitach Havony. Dopiero po boskim odpoczynku, istoty te uczestniczą w „esencji boskości" i w „duchu najwyższości", zaczynając tym samym rzeczywistą działalność w kręgu wieczności i w obecności Trójcy.

Towarzysze wznoszącej się istoty, z tria tranzytowego, nie mają obowiązku pomagać jej w geograficznej lokalizacji duchowej światłości Trójcy, ale raczej mają udzielać pielgrzymowi wszelkiej możliwej pomocy w jego trudnym zadaniu rozpoznania, dostrzeżenia i zrozumienia Nieskończonego Ducha wystarczająco, ażeby poznać jego osobowość. W Raju, każdy wznoszący się pielgrzym może rozpoznać geograficzną albo lokalizacyjną obecność Trójcy, znaczna ich większość potrafi połączyć się z rzeczywistością intelektualną Bóstw, zwłaszcza Trzeciej Osoby, ale nie wszyscy mogą rozpoznać, czy nawet częściowo zrozumieć, rzeczywistość duchowej obecności Ojca i Syna. Jeszcze trudniejsze jest chociażby minimalne, duchowe zrozumienie Ojca Wszechświatowego.

Rzadko kiedy nie udaje się osiągnąć celu, gdy się szuka Nieskończonego Ducha, a kiedy podopieczni przewodników do Trójcy odniosą sukces w tym stadium docierania do Bóstwa, przewodnicy przygotowują ich do przekazania odkrywającym Syna, na czwartej orbicie Havony.

8. ODKRYWAJĄCY SYNA

Czwarta orbita Havony czasami zwana jest „orbitą Synów". Ze światów tej orbity wznoszący się pielgrzymi idą do Raju, aby nawiązać pełen zrozumienia kontakt z Wiecznym Synem, podczas gdy zstępujący pielgrzymi uzmysławiają sobie na nowo, na światach tej orbity, naturę i misję Synów Stwórców z czasu i przestrzeni. Na tej orbicie znajduje się siedem światów, na których rezerwowy korpus Rajskich Michałów prowadzi specjalne szkoły, służące zarówno pielgrzymom wznoszącym się jak i zstępującym; to właśnie na światach Synów Michałów, pielgrzymi czasu i pielgrzymi wieczności osiągają pierwsze, prawdziwe wzajemne zrozumienie. W wielu aspektach, doświadczenia na tej orbicie należą do najbardziej interesujących z całego pobytu w Havonie.

Odkrywający Syna są superaficznymi opiekunami wznoszących się śmiertelników z czwartej orbity. W dodatku do ich głównego zadania, przygotowania kandydatów do uświadomienia sobie związków Wiecznego Syna z Trójcą, odkrywający Syna muszą dokładnie nauczać swych podopiecznych jak osiągnąć pełny sukces: po pierwsze, w odpowiednim duchowym zrozumieniu Syna; po drugie, w zadowalającym rozpoznaniu osobowości Syna i po trzecie, we właściwym odróżnieniu Syna od osobowości Nieskończonego Ducha.

Po dostąpieniu Nieskończonego Ducha nie przeprowadza się już egzaminów. Sprawdzianem orbit wewnętrznych są osiągnięcia pielgrzymów-kandydatów, dokonywane w trakcie objęcia-spowicia ich przez Bóstwa. Postęp określany jest wyłącznie uduchowieniem jednostki i nikt oprócz Bogów nie ośmiela się decydować w tym przedmiocie. W przypadku niepowodzenia, nie podaje się nigdy żadnego powodu, jak również nigdy nie są zganieni czy krytykowani sami kandydaci, ani też rozmaici nauczyciele i przewodnicy. W Raju rozczarowanie nigdy nie jest uznawane za porażkę, zwłoka nigdy nie jest rozpatrywana jako dyshonor, pozorne upadki czasu nigdy nie są mylone ze znacznymi opóźnieniami wieczności.

Niewielu pielgrzymów doznaje opóźnień na skutek pozornego niepowodzenia w docieraniu do Bóstwa. Prawie wszyscy docierają do Nieskończonego Ducha, chociaż czasem pielgrzymowi z pierwszego superwszechświata nie udaje się przy pierwszej próbie. Pielgrzymom, którzy dostąpili Ducha, rzadko nie udaje się znaleźć Syna; prawie wszyscy, którym się nie udało przy pierwszym podejściu, pochodzą z trzeciego i piątego superwszechświata. Znaczna większość tych, którym się nie udało dostąpić Ojca przy pierwszym podejściu, po znalezieniu zarówno Ducha jak i Syna, przybywa z superwszechświata szóstego, chociaż niektórych z drugiego i trzeciego także spotyka porażka. Wszystko to wydaje się ukazywać wyraźnie, że istnieje pewna ważna i istotna przyczyna tych pozornych niepowodzeń, w rzeczywistości nieuniknionych opóźnień.

Kandydaci, którym nie udało się dostąpić Bóstwa, zostają przekazani pod jurysdykcję szefów od przydziału, grupie supernafinów klasy pierwszej i zostają zatrzymani; pracują w domenach przestrzeni przez czas nie krótszy niż tysiąclecie. Nigdy nie wracają do swego rodzimego superwszechświata a zawsze do tej superkreacji, która nadaje się najlepiej do ich szkolenia, przygotowującego do drugiego dostąpienia Bóstwa. Po tej służbie wracają, poruszając się sami, do zewnętrznej orbity Havony i są natychmiast zaprowadzeni do tej orbity, gdzie przerwali działalność, od razu zaczynając na nowo przygotowania do dostąpienia Bóstwa. Nigdy supernafin klasy drugiej nie zawiedzie, gdy pilotuje swych podopiecznych pomyślnie do drugiej próby, a zawsze ci sami superaficzni opiekunowie i inni przewodnicy zajmują się kandydatami podczas drugiego podejścia.

9. PRZEWODNICY DO OJCA

Gdy dusza pielgrzyma osiągnie trzecią orbitę Havony, dostaje się pod opiekę przewodników do Ojca, starszych, wysoce wykwalifikowanych i najbardziej doświadczonych opiekunów superaficznych. Na światach tej orbity przewodnicy do Ojca prowadzą szkoły mądrości i akademie metodyki, w których wszystkie istoty zamieszkujące wszechświat centralny służą jako nauczyciele. Nie zaniedbuje się niczego, co może być pożyteczne dla istoty czasu w tej transcendentalnej przygodzie docierania do wieczności.

Dostąpienie Ojca Wszechświatowego jest paszportem do wieczności, niezależnie od orbit pozostających do przejścia. Jest to zatem ważna uroczystość na świecie pilotującym trzeciej orbity, kiedy trio tranzytowe ogłasza, że właśnie ma się zacząć ostatnie przedsięwzięcie czasu, że kolejna istota z przestrzeni stara się wejść do Raju przez bramy wieczności.

Sprawdzian czasu jest prawie kompletny; bieg ku wieczności dobiegł końca. Kończą się dni niepewności, zanika pokusa zwątpienia; wypełniony został nakaz bycia *doskonałym*. Z samego dna inteligentnej egzystencji, istota czasu i osobowość materialna wznosiła się przez ewolucyjne sfery przestrzeni, udowadniając tym samym wykonalność planu wznoszenia się, dowodząc na zawsze sprawiedliwości i prawości przykazania Ojca Wszechświatowego, danego niepozornym istotom przebywającym na swych światach: „Bądźcie zatem doskonali, nawet tak, jak ja doskonały jestem".

Krok za krokiem, życie po życiu, świat za światem, byt wznoszącej się istoty stawał się coraz doskonalszy i cel-Bóstwo został osiągnięty. Wieczne życie zwieńczone jest w doskonałości a doskonałość jest kompletna w najwyższości boskości. Czas zniknął w wieczności; przestrzeń pochłonięta została w pełnej czci harmonii i utożsamieniu się z Ojcem Wszechświatowym. Transmisje z Havony biegną przez przestrzeń z meldunkami chwały, z dobrą nowiną tej właśnie prawdy, że uczciwe istoty, zwierzęce w swej naturze i materialnego pochodzenia, mogą przez ewolucyjne wznoszenie się stać się naprawdę i na wieki doskonałymi synami Boga.

10. DORADCY I KONSULTANCI

Superaficzni doradcy i konsultanci drugiej orbity są instruktorami dzieci czasu w tym, co dotyczy misji wieczności. Dotarcie do Raju pociąga za sobą nowe i wyższej klasy obowiązki, a pobyt na drugiej orbicie dostarcza wielu sposobności zdobycia użytecznej rady od tych gorliwych supernafinów.

Ci, którym nie wyszła pierwsza próba dostąpienia Bóstwa, przenoszeni są bezpośrednio z orbity niepowodzenia do drugiej orbity, zanim zostaną odesłani do służby w superwszechświecie. Doradcy i konsultanci służą zatem jako doradcy, jak również pocieszyciele tych rozczarowanych pielgrzymów. Spotkało ich właśnie największe rozczarowanie – w żaden sposób nie różniące się od długiej listy takich doświadczeń, po których się wspinali jak po drabinie, z chaosu ku chwale – za wyjątkiem ważności. To są ci, którzy wysączyli empiryczny kielich aż do dna; byłem też świadkiem, jak chwilowo wracali do służby w superwszechświatach, aby służyć jako najwyższy rodzaj kochających opiekunów dla dzieci czasu i doczesnych rozczarowań.

Po długim pobycie na drugiej orbicie, dotknięci rozczarowaniem są egzaminowani przez rady perfekcji, obradujące na świecie pilotującym tej orbity i otrzymują świadectwo, że zaliczyli test Havony; i to daje im taką samą pozycję we wszechświatach czasu, jak gdyby naprawdę odnieśli sukces w dostąpieniu Bóstwa, w takim stopniu, jak to dotyczy ich nieduchowego statusu. Duch takich kandydatów jest zupełnie zadowalający; przyczyna ich niepowodzenia tkwiła w pewnym stadium procedury dostępowania albo w jakiejś części ich empirycznej przeszłości.

Potem doradcy orbity prowadzą tych rozczarowanych przed szefów od przydziału w Raju i tam zostają oni zatrzymani do służby czasu na światach w przestrzeni; idą radośnie i ochoczo do zadań minionych dni i epok. Któregoś dnia wrócą do orbity ich największego rozczarowania i spróbują na nowo dostąpić Bóstwa.

Dla tych pielgrzymów, którym się powiodło na drugiej orbicie, znika impuls niepewności ewolucyjnej, ale przygoda wiecznego przeznaczenia jeszcze się nie zaczęła; chociaż pobyt na tej orbicie jest całkiem przyjemny i bardzo pożyteczny, brakuje tam pewnego, pełnego oczekiwania entuzjazmu z poprzednich orbit. Wielu pielgrzymów patrzy wtedy wstecz, z radością i zazdrością na bardzo długie zmagania i naprawdę pragną tego, aby kiedyś mogli wrócić do światów czasu i zacząć wszystko jeszcze raz; tak jak wy śmiertelnicy, zbliżając się do zaawansowanego wieku, czasami patrzycie wstecz na zmagania młodego i wcześniejszego życia i szczerze pragniecie, abyście mogli przeżyć wasze życie raz jeszcze.

Ale tuż przed wami rozpościera się droga przez najbardziej wewnętrzną orbitę i zaraz potem skończy się ostatni sen tranzytowy i zacznie się nowa przygoda działalności wiecznej. Doradcy i konsultanci na drugiej orbicie zaczynają przygotowywać swych podopiecznych do tego wielkiego, ostatecznego odpoczynku, do nieuchronnego snu, który zawsze rozdziela epokowe stadia działalności tych, którzy się wznoszą.

Kiedy wznoszący się pielgrzymi, którzy dostąpili Ojca Wszechświatowego, ukończą praktykę drugiej orbity, zawsze obecni Przewodnicy Absolwentów wydadzą polecenie przyjęcia ich do końcowej orbity. Przewodnicy ci osobiście pilotują swych podopiecznych do wewnętrznej orbity i tam oddają ich pod opiekę asystentów w odpoczynku, ostatniej grupy supernafinów klasy drugiej, przydzielonej do pomocy pielgrzymom czasu na światach orbit Havony.

11. ASYSTENCI W ODPOCZYNKU

Na ostatniej orbicie, wznosząca się istota poświęca większość swego czasu kontynuacji studiów nad problemami dotyczącymi zbliżającego się, rajskiego pobytu. Niezliczone i różnorodne zastępy istot, w większości nie objawionych, są stałymi i przejściowymi mieszkańcami wewnętrznego pierścienia światów Havony. I mieszanie się tych różnorodnych typów istot dostarcza superaficznym asystentom w odpoczynku bogatego tła sytuacyjnego, którego używają z powodzeniem jako pomocy edukacyjnej dla wznoszących się pielgrzymów, zwłaszcza w odniesieniu do problemu dopasowania się do wielu grup istot, jakie wkrótce spotkają w Raju.

Wśród mieszkańców wewnętrznej orbity znajdują się synowie utrójcowieni przez stworzonych. Supernafini klasy pierwszej i drugiej są generalnymi opiekunami łącznych korpusów tych synów, obejmujących utrójcowionych potomków śmiertelników-finalistów i takie same potomstwo Obywateli Raju. Niektórzy z tych synów zostali objęci Trójcą i przydzieleni do superrządów, zadania innych są zróżnicowane, ale znaczna ich większość zgromadzona jest na doskonałych światach wewnętrznej orbity Havony, w połączonych korpusach. Tutaj, pod nadzorem supernafinów, przygotowywani są do pewnych przyszłych zadań przez specjalny, nienazwany korpus wysokich Obywateli Raju, którzy przed czasami Grandfandy byli pierwszymi administracyjnymi asystentami Wiecznych Czasu. Istnieje też wiele powodów, aby przypuszczać, że te dwie unikalne grupy utrójcowionych istot będą pracować razem w odległej przyszłości, takie jest przynajmniej ich wspólne przeznaczenie w rezerwach Rajskiego Korpusu Utrójcowionych Finalistów.

Na tej, najbardziej wewnętrznej orbicie, zarówno wznoszący się jak i zstępujący pielgrzymi bratają się ze sobą oraz z synami utrójcowionymi przez stworzonych. Podobnie jak ich rodzice, synowie ci również czerpią znaczne korzyści ze wzajemnych związków i jest specjalną misją supernafinów ułatwiać im to i zapewnić konfraternię utrójcowionych synów śmiertelników-finalistów oraz utrójcowionych synów Obywateli Raju. Superaficzni asystenci w odpoczynku nie tak bardzo zajmują się ich nauczaniem, jak popieraniem pełnych zrozumienia związków między różnorodnymi grupami istot.

Śmiertelnicy dostali rajskie przykazanie: „Bądźcie zatem doskonali, nawet tak, jak wasz Rajski Ojciec doskonały jest". Nadzorujący supernafini nigdy nie zaprzestają głosić utrójcowionym synom z połączonych korpusów: „Odnoście się do waszych wznoszących się braci z takim zrozumieniem, jak Rajscy Synowie Stwórcy rozumieją i kochają ich".

Istota śmiertelna musi znaleźć Boga. Syn Stwórca nigdy nie ustanie, aż nie znajdzie człowieka – najniższej, wolą obdarzonej istoty. Bez wątpienia Synowie Stwórcy i ich śmiertelne dzieci przygotowują się do pewnej, przyszłej i nieznanej służby we wszechświecie. Jedni i drudzy przeszli całą gamę empirycznego wszechświata i dlatego są wykształceni i wyszkoleni do ich wiecznej misji. Wszędzie we wszechświatach występuje unikalna mieszanka tego, co ludzkie i tego, co Boskie, połączenie stworzonego i Stwórcy. Bezmyślni śmiertelnicy traktują przejawy Boskiego miłosierdzia i wrażliwości, szczególnie wobec słabych i potrzebujących, za znamiona Boga antropomorficznego. Cóż to za błąd! Raczej takie przejawy miłosierdzia i wyrozumiałości u istot ludzkich powinny być uznawane za dowód tego, że śmiertelny człowiek zamieszkały jest przez ducha żywego Boga, że stworzony człowiek jest mimo wszystko ożywiany boskością.

Pod koniec pobytu na pierwszej orbicie, wznoszący się pielgrzymi po raz pierwszy spotykają inspiratorów odpoczynku, supernafinów klasy pierwszej. Są to rajscy aniołowie, którzy wychodzą, aby powitać tych, którzy stoją u progu wieczności i aby dopełnić przygotowań do ich tranzytowej drzemki przed ostatnim zmartwychwstaniem. Nie zostaniecie prawdziwymi dziećmi Raju, zanim nie przemierzycie orbity wewnętrznej i nie doznacie zmartwychwstania do wieczności z ostatecznego snu czasu. Doskonali pielgrzymi zaczynają odpoczywać, zapadają w sen na pierwszej orbicie Havony, ale budzą się na obrzeżach Raju. Ze wszystkich tych, którzy się wznieśli do wiecznej Wyspy, jedynie ci, którzy przybywają w ten sposób są dziećmi wieczności; inni przybywają jako goście, bez statusu stałego mieszkańca.

I teraz, w kulminacyjnym punkcie drogi przez Havonę, kiedy wy śmiertelnicy udajecie się na spoczynek na pilotującym świecie orbity wewnętrznej, nie idziecie odpoczywać sami, jak to robiliście na światach skąd pochodzicie, gdy zamykaliście oczy w naturalnym śnie ziemskiej śmierci, ani gdy byliście wprowadzani w długi letarg tranzytowy, w ramach przygotowań do podróży do Havony. Teraz, gdy przygotowujecie się do snu docelowego, idzie przy waszym boku dawno wam znany towarzysz z pierwszej orbity, majestatyczny asystent w odpoczynku, który przygotowuje się do spoczynku razem z wami, jako rękojmia Havony, że wasza przemiana jest zakończona i że czekacie tylko końcowych szlifów perfekcji.

Waszą pierwszą przemianą istotnie była śmierć, drugą idealny sen, a teraz trzecią metamorfozą jest prawdziwy odpoczynek, wytchnienie wieków.

[Przedstawione przez Perfektora Mądrości z Uversy].

PRZEKAZ 27

SŁUŻBA SUPERNAFINÓW KLASY PIERWSZEJ

SUPERNAFINI klasy pierwszej są niebiańskimi sługami Bóstw na wiecznej Wyspie Raj. Nigdy nie słyszano, aby zeszli z drogi światłości i prawości. Ich listy są kompletne; od wieczności nie utracono nikogo z tego wspaniałego zastępu. Ci wysocy supernafini są doskonałymi istotami, najwyższymi w doskonałości, ale nie są to istoty absoniczne, nie są też absolutne. Te dzieci Nieskończonego Ducha, stanowiące esencję doskonałości, działają na przemian, z wolnej woli, we wszystkich stadiach swych różnorodnych obowiązków. Nie działają zbyt wiele poza Rajem, choć uczestniczą w różnych milenijnych zebraniach i grupowych zgromadzeniach wszechświata centralnego. Przenoszą także specjalne wiadomości Bóstw i w znacznej liczbie awansują na Doradców Proceduralnych.

Supernafini klasy pierwszej mianowani są także komendantami zastępów seraficznych, służących na światach odosobnionych z powodu buntu. Kiedy Rajski Syn obdarzy sobą taki świat i kończy swą misję, wstępuje do Ojca Wszechświatowego, zostaje przyjęty i wraca jako pełnomocny wybawiciel tego, odosobnionego świata, wtedy zawsze supernafin klasy pierwszej zostaje wyznaczany przez szefów od przydziału, żeby przejął komendę nad posługującymi duchami, pełniącymi swe obowiązki na świeżo odzyskanej sferze. Supernafini, pełniący tą specjalną służbę, podlegają okresowej rotacji. Obecny „szef serafinów" na Urantii jest drugim z tej klasy na służbie, od czasów obdarzenia dokonanego przez Chrystusa Michała.

Supernafini klasy pierwszej służyli od wieczności na Wyspie Światłości i wychodzili na misje, podczas których kierowali światami w przestrzeni, ale tak, jak są teraz zaklasyfikowani, działają dopiero od czasu przybycia do Raju pielgrzymów czasu z Havony. Ci wysocy aniołowie funkcjonują teraz zasadniczo w następujących siedmiu klasach służby:

1. Przewodnicy czczenia.
2. Mistrzowie filozofii.
3. Kuratorzy wiedzy.
4. Koordynatorzy postępowania.
5. Interpretatorzy etyki.
6. Szefowie od przydziału.
7. Inspiratorzy odpoczynku.

Wznoszący się pielgrzymi nie dostają się bezpośrednio pod wpływ tych supernafinów, dopóki nie zdobędą statusu rajskich rezydentów i wtedy odbywają praktykę szkoleniową pod kierownictwem tych aniołów, w porządku odwrotnym od wyżej wymienionego. Znaczy to, zaczniecie waszą rajską działalność pod kuratelą inspiratorów odpoczynku i po kolejnych okresach, spędzonych z klasami środkowymi, ukończycie ten okres szkoleniowy z przewodnikami czczenia. Po tym będziecie gotowi rozpocząć nieskończoną działalność finalistów.

1. INSPIRATORZY ODPOCZYNKU

Inspiratorzy odpoczynku są rajskimi inspektorami, przybywającymi z centralnej Wyspy do wewnętrznej orbity Havony, żeby tu współpracować ze swymi kolegami, asystentami w odpoczynku, drugą klasą supernafinów. Zasadniczym elementem rajskiej radości jest odpoczynek, boski odpoczynek, a ci inspiratorzy odpoczynku są końcowymi instruktorami, przygotowującymi pielgrzymów czasu do ich wprowadzenia w wieczność. Zaczynają swoją pracę na ostatniej orbicie osiągnięć wszechświata centralnego i prowadzą ją dalej, kiedy pielgrzym obudzi się ze snu przejścia, z tej drzemki, która promuje istotę z przestrzeni do domeny wieczności.

Odpoczynek ma siedmioraką naturę: istnieje odpoczynek snu i zabawy u niższych klas życia, odkrywania u istot wyższych i czczenia u najwyższych typów osobowości duchowych. Istnieje również normalny odpoczynek, polegający na pobieraniu energii, na ponownym naładowaniu istot energią materialną bądź duchową. I jest jeszcze sen przejścia, pozbawiona świadomości drzemka podczas objęcia serafinem, kiedy przechodzi się z jednej sfery do drugiej. Zupełnie odmienny od tego wszystkiego jest głęboki sen metamorfozy, odpoczynek przejścia z jednego stadium bytu do drugiego, z jednego życia do innego, z jednego stanu egzystencji do innego – sen, który zawsze towarzyszy zmianie aktualnego *statusu* we wszechświecie – w odróżnieniu od ewolucji poprzez różne *stadia* tego samego statusu.

Jednak sen ostatniej metamorfozy jest czymś ważniejszym niż poprzednie drzemki przejścia, które znamionowały osiąganie kolejnych statusów na drodze rozwoju; tutaj istoty czasu i przestrzeni przemierzają najbardziej wewnętrzną krawędź tego, co czasowe i przestrzenne, aby osiągnąć status stałego mieszkańca bezczasowych i bezprzestrzennych mieszkań Raju. Inspiratorzy i asystenci w odpoczynku są tak nieodzowni w tej transcendentalnej metamorfozie, jak dla przetrwania śmierci przez istotę śmiertelną niezbędni są serafini i towarzyszące im istoty.

Zaczynacie odpoczynek na ostatniej orbicie Havony a wskrzeszeni zostajecie na wieki w Raju. I kiedy duchowo odtworzycie swą osobowość, natychmiast rozpoznacie inspiratora odpoczynku, który was wita na wiecznych obrzeżach, jako ten właśnie supernafin klasy pierwszej, który zapoczątkował ostateczny sen na najbardziej wewnętrznej orbicie Havony i przypomnicie sobie ostatni wielki akt wiary, gdy jeszcze raz gotowi byliście powierzyć waszą tożsamość w ręce Ojca Wszechświatowego.

Przeżyliście ostatni odpoczynek czasu, doznaliście ostatniego snu przejścia, obudziliście się teraz do wiecznego życia na brzegach waszego wiecznego miejsca pobytu. „I snu już nie będzie. Oblicze Boga i jego Syna przed wami a wy na wieki jego sługami; i ujrzycie w waszym duchu jego oblicze i jego imię. I nocy już nie będzie i nie potrzeba im światła słońca, gdyż Wielkie Źródło i Centrum będzie świecić nad nimi; i będą żyć na wieki wieków. I Bóg otrze z ich oczu wszelką łzę; a śmierci już odtąd nie będzie ani żałoby, ani krzyku, ani trudu nie będzie, bo pierwsze rzeczy przeminęły".

2. SZEFOWIE OD PRZYDZIAŁU

Jest to grupa wyznaczana od czasu do czasu przez szefa supernafinów, „pierwowzór anioła", do przewodniczenia organizacji wszystkich trzech klas tych aniołów – pierwszej, drugiej i trzeciej. Supernafini jako grupa, są w pełni samorządni i sami ustalają swe regulaminy, za wyjątkiem funkcji ich wspólnego szefa, pierwszego anioła Raju, który zawsze przewodniczy wszystkim tym osobowościom duchowym.

Aniołowie od przydziału mają wiele do czynienia z gloryfikowanymi śmiertelnikami, mieszkającymi w Raju, zanim zostaną oni przyjęci do Korpusu Finalizmu. Uczenie się i instruktaż nie są wyłącznym zajęciem istot przybywających do Raju; służba stanowi także istotną część edukacyjnego doświadczenia rajskiego przedfinalisty. Zauważyłem, że kiedy wznoszący się śmiertelnicy mają okresy wolnego czasu, mają skłonności do bratania się z rezerwowym korpusem superaficznych szefów od przydziału.

Kiedy wy, wznoszący się śmiertelnicy, dotrzecie do Raju, wasze społeczne związki rozszerzą się znacznie poza kontakty z zastępami podniosłych, boskich istot oraz znaną wam rzeszą gloryfikowanych braci śmiertelników. Musicie zbratać się także z ponad trzema tysiącami różnych klas Obywateli Raju, z różnymi grupami Transcendentalnych oraz z licznymi innymi typami mieszkańców Raju, stałymi i tymczasowymi, którzy nie zostali objawieni na Urantii. Po dłuższych kontaktach z tymi, wspaniałymi intelektami rajskimi, przebywanie z anielskimi typami umysłu jest bardzo relaksujące; przypominają oni śmiertelnikom czasu serafinów, z którymi tak długo się kontaktowali i mieli tak pokrzepiające związki.

3. INTERPRETATORZY ETYKI

Im wyżej się wznosicie na skali życia, tym więcej uwagi musicie poświęcać etyce wszechświatowej. Etyczna świadomość jest po prostu uznaniem, przez jakąkolwiek jednostkę, praw nieodłącznych egzystencji wszystkich innych jednostek. Etyka duchowa znacznie jednak przewyższa ziemską a nawet morontialną koncepcję związków osobistych i grupowych.

Etyka była odpowiednio nauczana i prawidłowo pojmowana przez pielgrzymów czasu, w ich długim wznoszeniu się do chwały Raju. Kiedy ta droga wznoszenia się do wewnątrz rozciągała się od rodzimych światów w przestrzeni, wznoszące się istoty wciąż dodawały grupę po grupie do swego, ciągle poszerzającego się kręgu wszechświatowych towarzyszy. Każda nowa napotkana grupa kolegów przynosi jeden więcej poziom etyki do poznania i stosowania, zatem nim wznoszący się śmiertelnicy dotrą do Raju, potrzebują doprawdy kogoś, kto mógłby udzielić pomocnej i przyjacielskiej rady w sprawie interpretacji etycznych. Nie potrzebują być nauczani etyki, ale prawidłowej *interpretacji* tego, czego się tak mozolnie nauczyli, kiedy zmuszeni byli stawać twarzą w twarz z niezwykłym zadaniem kontaktowania się z tak wielką ilością tego, co nowe.

Interpretatorzy etyki stanowią nieocenioną pomoc dla tych, którzy przybywają do Raju. Pomagają im dostosować się do licznych grup majestatycznych istot, podczas tego, brzemiennego wydarzeniami okresu, rozciągającego się od osiągnięcia statusu mieszkańca aż do formalnego wprowadzenia do Korpusu Śmiertelników-Finalistów. Wiele różnych rodzajów Obywateli Raju wznoszący się pielgrzymi napotkali już na siedmiu orbitach Havony. Gloryfikowani śmiertelnicy nawiązali także bliskie kontakty z synami utrójcowionymi przez stworzonych, przebywającymi w ich połączonych korpusach, na wewnętrznej orbicie Havony, gdzie istoty te zdobywają znaczną część swojej edukacji. Na innych orbitach, wznoszący się pielgrzymi napotkali licznych, nie objawionych mieszkańców systemu Raj-Havona, którzy przechodzą tam szkolenie grupowe, przygotowujące ich do nie objawionych, przyszłych przeznaczeń.

Wszystkie te niebiańskie przyjaźnie są nieodmiennie wzajemne. Jako wznoszący się śmiertelnicy nie tylko korzystacie z kolejnych wszechświatowych towarzystw oraz licznych klas coraz bardziej boskich towarzyszy, ale wy także dajecie każdej z tych bratnich istot coś z waszej własnej osobowości i doświadczenia, coś, co na zawsze odmienia i ulepsza każdą z tych istot, na skutek związku ze wznoszącym się śmiertelnikiem z ewolucyjnych światów czasu i przestrzeni.

4. KOORDYNATORZY POSTĘPOWANIA

Będąc już w pełni poinstruowani o etyce związków rajskich – nie o etykiecie bez znaczenia czy też nakazach sztucznych kast, ale raczej o naturalnej poprawności związków – wznoszący się śmiertelnicy uważają za celowe skorzystać z rady superaficznych koordynatorów postępowania, którzy nauczają nowych członków społeczeństwa rajskiego o zwyczajach doskonałego postępowania wysokich istot, przebywających na centralnej Wyspie Światłości i Życia.

Harmonijne życie jest myślą przewodnią wszechświata centralnego i dostrzegalny porządek panuje w Raju. Prawidłowe postępowanie jest zasadniczym czynnikiem postępu, na drodze prowadzącej przez wiedzę i filozofię do duchowych wyżyn spontanicznego czczenia. Istnieje boska metoda dostępowania Boskości, a pielgrzym musi poczekać aż przybędzie do Raju, żeby przyswoić tę metodę. Duch tej metody został przekazany na orbitach Havony, jednak końcowe elementy nauczania pielgrzymów czasu mogą być zastosowane tylko wtedy, kiedy naprawdę dotrą oni do Wyspy Światłości.

Każde rajskie postępowanie jest zupełnie spontaniczne, w każdym sensie naturalne i swobodne. Mimo to zawsze istnieje prawidłowy i doskonały sposób robienia rzeczy na wiecznej Wyspie i koordynatorzy postępowania zawsze stoją u boku „przybyszów", aby instruować ich i prowadzić, krok po kroku, ułatwiać co tylko możliwe i pomagać pielgrzymom uniknąć tej dezorientacji i niepewności, która w przeciwnym razie byłaby nieunikniona. Tylko dzięki takiej aranżacji można uniknąć niekończących się nieporozumień a w Raju nieporozumienia nigdy się nie zdarzają.

Koordynatorzy postępowania w rzeczywistości służą jako wspaniali nauczyciele i przewodnicy. Zajmują się głównie nauczaniem nowych, mieszkających w Raju śmiertelników, tego, co dotyczy niemalże niekończących się układów nowych sytuacji i nieznanych zwyczajów. Raj, pomimo całego długiego przygotowania do niego i długiej ku niemu podróży, wciąż jest niewypowiedzianie dziwny i niespodziewanie nowy dla tych, którzy w końcu zdobywają status jego mieszkańców.

5. KURATORZY WIEDZY

Superaficzni kuratorzy wiedzy są wyższymi, „żywymi epistołami", znanymi i czytanymi przez wszystkich mieszkańców Raju. Są oni boskimi zapisami prawdy, żywymi księgami prawdziwej wiedzy. Słyszeliście o zapisach w „księdze życia". Kuratorzy wiedzy są właśnie takimi żywymi księgami, doskonałymi zapisami, wyrytymi na wiecznych tablicach boskiego życia i najwyższej pewności. Są oni naprawdę żywymi, automatycznymi bibliotekami. Wszechświatowe fakty zawarte są w tych supernafinach pierwszej klasy, faktycznie zapisane w tych aniołach i jest również z natury niemożliwe, aby fałsz znalazł dostęp do umysłów tych doskonałych i obfitych skarbnic prawd wieczności i informacji czasu.

Kuratorzy prowadzą nieformalne kursy instruktażowe dla mieszkańców wiecznej Wyspy, ale zasadniczą ich funkcją jest udzielanie informacji oraz jej weryfikacja. Każdy, kto przebywa w Raju, może mieć na życzenie u swego boku żywą składnicę tego właśnie faktu, czy tej prawdy, którą może zechcieć poznać. Na północnym krańcu Wyspy można się skontaktować z żywymi poszukiwaczami wiedzy, którzy wskażą kierownika grupy posiadającej poszukiwaną informację i natychmiast pojawią się błyskotliwe istoty, które *są* tą właśnie rzeczą, którą życzycie sobie poznać. Już nie musicie szukać wiedzy na zapisanych stronach, obcujecie teraz twarzą w twarz z żywą inteligencją. Otrzymujecie w ten sposób najwyższą wiedzę od żywych istot, które są jej ostatecznymi opiekunami.

Kiedy znajdziecie tego supernafina, który jest dokładnie tym, co chcecie zweryfikować, będziecie mieć dostępne *wszystkie* znane fakty ze wszystkich wszechświatów, gdyż ci kuratorzy wiedzy są ostatecznym i żywym podsumowaniem rozległej sieci aniołów rejestrujących, która rozciąga się od serafinów i sekonafinów we wszechświatach lokalnych i superwszechświatach, do głównych rejestratorów, trzeciej klasy supernafinów w Havonie. I ta żywa akumulacja wiedzy jest niezależna od formalnych zapisów Raju, gromadzącego się streszczenia historii wszechświata.

Znajomość prawdy ma swoje źródło w boskości centralnego wszechświata, ale wiedza, empiryczna wiedza, przeważnie ma swoje początki w domenach czasu i przestrzeni – stąd konieczność utrzymywania rozległych organizacji superwszechświatowych serafinów i supernafinów rejestrujących, nadzorowanych przez Niebiańskich Kronikarzy.

Supernafini klasy pierwszej, którzy z natury posiadają wszechświatową wiedzę, są również odpowiedzialni za jej organizację i klasyfikację. Ustanawiając siebie żywą biblioteką informacyjną wszechświata wszechświatów, zaszeregowali wiedzę w siedmiu głównych kategoriach, z których każda ma około miliona podkategorii. Takie udogodnienia, dzięki którym mieszkańcy Raju mogą zaglądać do tej ogromnej składnicy wiedzy, istnieją wyłącznie w wyniku dobrowolnych i mądrych starań kuratorów wiedzy. Kuratorzy są także wzniosłymi nauczycielami wszechświata centralnego i hojnie rozdają swe żywe skarby wszystkim istotom z każdej orbity Havony; korzystają z nich także szeroko, choć pośrednio, sądy Pradawnych Czasu. Jednak ta żywa biblioteka, dostępna dla wszechświata centralnego i superwszechświatów, jest nieosiągalna dla kreacji lokalnych. Jedynie drogami pośrednimi i poprzez odzwierciedlanie, można korzystać z dobrodziejstw rajskiej wiedzy we wszechświatach lokalnych.

6. MISTRZOWIE FILOZOFII

Drugą z kolei radością, po najwyższym zadowoleniu z czczenia, jest radość, jaką daje filozofia. Nigdy nie wzniesiecie się tak wysoko ani nie posuniecie naprzód tak daleko, żeby nie pozostało jeszcze tysiąc zagadek, wymagających zastosowania filozofii do ich rozwiązania.

Rajscy mistrzowie filozofii lubią prowadzić umysły rajskich mieszkańców, zarówno rodzimych jak i wznoszących się, ku radosnym wysiłkom rozwiązywania problemów wszechświatowych. Superaficzni mistrzowie filozofii są „mędrcami nieba", mądrymi istotami, które używają prawd wiedzy i faktów doświadczalnych w swych wysiłkach poznawania tego, co nieznane. U nich wiedza dociera do prawdy a doświadczenie urasta do mądrości. Osobowości wznoszące się z przestrzeni doświadczają w Raju wyżyn bytu; posiadają wiedzę, znają prawdę, mogą filozofować – przemyśleć prawdę, mogą nawet próbować ogarnąć koncepcje Ostatecznego i próbować zrozumieć metody działania Absolutów.

Na południowym krańcu rozległych domen Raju, mistrzowie filozofii prowadzą szczegółowe nauczanie w siedemdziesięciu funkcjonalnych sekcjach mądrości. Omawiają tutaj plany i cele Nieskończoności i próbują koordynować doświadczenie oraz porządkować wiedzę wszystkich tych, którzy mają dostęp do ich mądrości. Wypracowali bardzo wyspecjalizowaną postawę wobec różnych problemów wszechświata, ale ich ostateczne wnioski zawsze są jednolicie zgodne.

Rajscy filozofowie nauczają przy pomocy wszelkich możliwych metod instruktażowych, razem z wyższą techniką graficzną Havony i pewnymi rajskimi metodami przekazywania informacji. Wszystkie te, wyższe techniki przekazywania wiedzy i dzielenia się ideami, przekraczają zupełnie możliwości zrozumienia nawet najlepiej rozwiniętego umysłu ludzkiego. Godzina rajskiego nauczania byłaby ekwiwalentem dziesięciu tysięcy lat pamięciowo-słownych metod nauczania na Urantii. Nie możecie zrozumieć tych metod porozumiewania się, a nie ma po prostu niczego w doświadczeniu ludzkim, do czego można by je porównać, niczego, do czego mogą być podobne.

Najwyższą radość sprawia mistrzom filozofii przekazywanie ich sposobu rozumienia wszechświata wszechświatów tym istotom, które się wzniosły ze światów przestrzeni. I podczas gdy wnioski filozofii nigdy nie mogą być sprawdzone, tak jak fakty wiedzy i prawdy doświadczalne, przecież, gdy wysłuchacie rozpraw tych supernafinów klasy pierwszej o nierozwiązanych problemach wieczności i funkcjonowaniu Absolutów, będziecie odczuwać niezawodną i trwałą satysfakcję, gdy idzie o te nierozwiązane problemy.

Rajskie zajęcia intelektualne nie są transmitowane; filozofia perfekcji dostępna jest tylko tym, którzy zapoznają się z nią osobiście. Otaczające kreacje znają te nauki jedynie od tych, którzy je poznali z pierwszej ręki i którzy następnie wynieśli tę wiedzę na zewnątrz, do wszechświatów przestrzeni.

7. PRZEWODNICY CZCZENIA

Czczenie jest najwyższym przywilejem i pierwszym obowiązkiem wszystkich stworzonych istot inteligentnych. Czczenie jest świadomym, radosnym aktem rozpoznawania i uznawania prawdy oraz faktu bliskiego i osobistego związku Stwórców ze stworzonymi. Jakość czczenia zdeterminowana jest przez głębię percepcji istoty stworzonej, a w miarę postępu w poznawaniu nieskończonego charakteru Bogów, akt czczenia staje się coraz bardziej wszechogarniający, aż w końcu osiąga chwałę najwyższej, empirycznej radości i najbardziej wyszukanej przyjemności, jaką znają istoty stworzone.

Podczas gdy Wyspa Raj ma pewne miejsca wyznaczone do czczenia, jest ona niemalże jednym rozległym sanktuarium boskiego nabożeństwa. Czczenie jest pierwszą i główną pasją wszystkich tych, którzy się wznieśli do szczęśliwych wybrzeży Wyspy – spontanicznym porywem tych istot, które się nauczyły wystarczająco o Bogu, aby dostąpić jego obecności. Orbita za orbitą, podczas podróży przez Havonę do wewnątrz, czczenie staje się coraz większą namiętnością, do tego stopnia, że w Raju koniecznie trzeba je ukierunkować i skądinąd kontrolować jego ekspresję.

Przeżywane w Raju, okresowe, spontaniczne, grupowe i inne porywy najwyższej adoracji i duchowego uwielbienia, odbywają się pod kierunkiem specjalnego korpusu supernafinów klasy pierwszej. Pod nadzorem tych przewodników czczenia, hołd taki osiąga swój cel i niesie najwyższą radość istocie stworzonej oraz wchodzi na wyżyny doskonałej, wysublimowanej ekspresji osobistej i osobistego zadowolenia. Wszyscy supernafini klasy pierwszej pragną zostać przewodnikami czczenia a wszystkie wzniosłe istoty chciałyby stale pozostawać w stanie czczenia, gdyby szefowie od przydziału okresowo nie rozwiązywali tych zgromadzeń. Nie wymaga się jednak nigdy od żadnej wzniosłej istoty, aby zaczynała zadania wiecznej służby, dopóki nie osiągnie pełnego zadowolenia w czczeniu.

Zadaniem przewodników czczenia jest tak nauczyć wznoszące się istoty jak mają czcić, aby potrafiły one osiągnąć zadowolenie w tej ekspresji osobistej i jednocześnie mogły zwrócić uwagę na podstawowe funkcje rajskiego porządku. Bez udoskonalonych metod czczenia trzeba by setek lat, aby przeciętny śmiertelnik, który dotarł do Raju, mógł dać pełny i zadowalający wyraz swoim uczuciom inteligentnego uwielbienia i wdzięczności wznoszącej się istoty. Przewodnicy czczenia odkrywają nowe i dotychczas nieznane drogi ekspresji, tak, że wspaniałe dzieci, które wyszły z łona przestrzeni zrodzone w bólach czasu, mają możliwość dotrzeć w znacznie krótszym czasie do pełni zadowolenia w czczeniu.

Cała sztuka wszystkich istot całego wszechświata, która może zintensyfikować i wywyższyć zdolność ekspresji osobistej i przekazania uwielbienia, zaangażowana jest do pełni swych możliwości w czczenie Rajskich Bóstw. *Czczenie jest najwyższą radością rajskiej egzystencji*, jest odświeżającą zabawą Raju. To, co waszym zmęczonym umysłom na Ziemi daje zabawa, czczenie będzie dawać waszym doskonałym duszom w Raju. Sposób czczenia w Raju przekracza zupełnie możliwości pojmowania śmiertelnika, ale jego ducha możecie zacząć doceniać nawet tutaj, na dole, na Urantii, gdyż duchy Bogów nawet teraz zamieszkują was, unoszą się nad wami i inspirują was do prawdziwego czczenia.

W Raju istnieją ustalone okresy i miejsca dla czczenia, ale nie są one w stanie sprostać wciąż rosnącemu zalewowi uczuć duchowych, wynikających z coraz wyższej inteligencji i rozwijającego się uznania dla boskości u błyskotliwych istot, empirycznie wznoszących się ku wiecznej Wyspie. Nigdy jeszcze, od czasów Grandfandy, supernafini nie mogli zupełnie zaspokoić potrzeb czczenia duchowego w Raju. Zawsze istnieje nadmiar inklinacji do czczenia, w porównaniu z szacowanym przygotowaniem do niego. Dzieje się tak dlatego, że osobowości o wrodzonej doskonałości nigdy nie mogą w pełni oszacować gigantycznych reakcji duchowych u tych istot, które powoli i pracowicie torowały sobie drogę wzwyż, ku rajskiej chwale, z głębin duchowych ciemności niższych światów czasu i przestrzeni. Kiedy tacy aniołowie i śmiertelnicy czasu dotrą przed oblicze Władz Raju, następuje ekspresja gromadzonych przez epoki uczuć, widowisko zdumiewające dla rajskich aniołów a Rajskim Bóstwom niosące najwyższą radość, pełną boskiej satysfakcji.

Czasami cały Raj zostanie porwany przemożnym przypływem ekspresji duchowej, przepełnionej czcią. Często przewodnicy czczenia nie potrafią opanować takiego fenomenu, zanim się nie pojawi trojaka fluktuacja światła w miejscu pobytu Bóstwa, co oznacza, że boskie serce Bogów jest całkowicie i w pełni usatysfakcjonowane szczerym czczeniem mieszkańców Raju, doskonałych obywateli chwały i wznoszących się istot czasu. Cóż za tryumf metody! Jak zaowocował wieczny plan i zamysł Bogów, że inteligentna miłość stworzonego dziecka może dać zadowolenie nieskończonej miłości Stwórcy Ojca!

Po osiągnięciu najwyższego zadowolenia w pełni czczenia, kwalifikujecie się do przyjęcia do Korpusu Finalizmu. Droga wznoszenia się bliska jest kresu i szykuje się świętowanie siódmej uroczystości. Pierwsza uroczystość towarzyszyła porozumieniu się śmiertelnika z Dostrajaczem Myśli, kiedy to dążenie do życia wiecznego zostało przypieczętowane; drugą było przebudzenie się w życiu morontialnym; trzecią zespolenie z Dostrajaczem Myśli; czwartą obudzenie się w Havonie; podczas piątej obchodzono znalezienie Ojca Wszechświatowego a szósta uroczystość odbyła się z okazji obudzenia się w Raju z ostatniej, przejściowej drzemki czasu. Siódma uroczystość znamionuje wejście do korpusu finalizmu śmiertelników i rozpoczęcie służby wieczności. Osiągnięcie przez finalistę siódmego stadium urzeczywistnienia ducha będzie się prawdopodobnie wiązało z celebracją pierwszej uroczystości wieczności.

I tak się kończy opowieść o rajskich supernafinach, najwyższej klasie posługujących duchów, o tych istotach, które jako wszechświatowa klasa zawsze wam towarzyszą, od świata skąd pochodzicie aż do tego momentu, kiedy w końcu jesteście żegnani przez przewodników czczenia podczas składania przysięgi Trójcy, kiedy to zostajecie zgromadzeni w Korpusie Finalizmu Śmiertelników.

Ma się teraz zacząć służba bez końca dla Rajskiej Trójcy i finalista staje twarzą w twarz z wyzwaniem Boga Ostatecznego.

[Przedstawione przez Perfektora Mądrości z Uversy].

PRZEKAZ 28

DUCHY USŁUGUJĄCE SUPERWSZECHŚWIATÓW

TAK JAK supernafini są zastępami anielskimi wszechświata centralnego a serafini wszechświata lokalnego, tak sekonafini są duchami usługującymi superwszechświatów. Jednak w stopniu boskości i potencjale najwyższości, te dzieci Duchów Zwierciadlanych są bardziej zbliżone do supernafinów niż serafinów. Nie służą sami w superkreacjach a te sprawy, które prowadzą ich nie objawieni towarzysze, są zarówno liczne jak też intrygujące.

Duchy usługujące superwszechświatów, jak przedstawione są w tych narracjach, obejmują trzy następujące klasy:

1. Sekonafini.
2. Tertiafini.
3. Omniafini.

Ponieważ dwie ostatnie klasy nie są bezpośrednio związane ze schematem rozwoju śmiertelnika podczas jego wznoszenia się, zostaną one krótko omówione przed obszerniejszym rozpatrywaniem sekonafinów. Formalnie, ani tertiafini ani omniafini nie są duchami usługującymi *z* superwszechświatów, chociaż jedni i drudzy służą jako duchowi opiekunowie *w tych* domenach.

1. TERTIAFINI

Ci wysocy aniołowie figurują w zapisach zarządu superwszechświata i pomimo tego, że służą w kreacjach lokalnych, formalnie są mieszkańcami stolic superwszechświatów, ponieważ nie pochodzą z wszechświatów lokalnych. Tertiafini są dziećmi Nieskończonego Ducha i są uosabiani w Raju, w grupach po tysiąc. Te niebiańskie istoty boskiego pochodzenia, o prawie nieograniczonej wszechstronności, są darem Nieskończonego Ducha dla Stwórców Synów Boga.

Kiedy Syn Michał zostaje oddzielony od rodzicielskiego porządku w Raju i szykuje się iść na wszechświatową przygodę w przestrzeni, Nieskończony Duch daje mu grupę duchów towarzyszących, w liczbie tysiąca. Ci majestatyczni tertiafini idą wraz z Synem Stwórcą, kiedy zaczyna on organizowanie wszechświata.

We wczesnym stadium tworzenia wszechświata, tysiąc tych tertiafinów jest jedynym, osobistym personelem Syna Stwórcy. Jako asystenci Syna zdobywają oni ogromne doświadczenie, podczas tych emocjonujących epok montowania wszechświata oraz innych operacji astronomicznych. Służą u boku Syna Stwórcy aż do dnia uosobienia Gwiazdy Jasnej i Porannej, pierworodnej istoty wszechświata lokalnego. Po czym tertiafini składają formalne rezygnacje, które są akceptowane. I wraz z pojawieniem się pierwszych, rodzimych klas życia anielskiego, tertiafini wycofują się z aktywnej służby we wszechświecie lokalnym i zostają służbą łącznikową pomiędzy Synem Stwórcą, do którego poprzednio byli przydzieleni, a Pradawnymi Czasu z danego superwszechświata.

2. OMNIAFINI

Omniafini są stwarzani przez Nieskończonego Ducha w połączeniu z Siedmioma Najwyższymi Wykonawcami i są wyłącznie sługami i posłańcami tych właśnie, Najwyższych Wykonawców. Omniafini wykonują zadania w wielkim wszechświecie a ich korpus w Orvontonie posiada swój zarząd w północnych rejonach Uversy, gdzie mieszkają jako specjalna kolonia kurtuazyjna. Nie są zarejestrowani na Uversie, ani też nie są przydzieleni do naszej administracji. Nie są też bezpośrednio zainteresowani schematem rozwoju śmiertelnika podczas jego wznoszenia się.

Omniafini zajmują się wyłącznie nadzorem superwszechświatów, tym, co dotyczy koordynacji administracyjnej z punktu widzenia Siedmiu Najwyższych Wykonawców. Nasza kolonia omniafinów na Uversie otrzymuje instrukcje od Najwyższego Wykonawcy Orvontonu i robi raporty tylko dla niego, znajdującego się na wspólnej, siódmej sferze administracyjnej, w zewnętrznym pierścieniu satelitów Raju.

3. SEKONAFINI

Sekoraficzne zastępy stwarzane są przez siedem Duchów Zwierciadlanych, przydzielonych do zarządu każdego superwszechświata. Istnieje określona, rajska technika reakcji, związana ze stwarzaniem tych aniołów, w grupach po siedem. W każdej siódemce jest zawsze jeden klasy pierwszej, trzech drugiej i trzech trzeciej; są oni zawsze uosabiani w takiej właśnie proporcji. Gdy stwarza się siedmiu takich sekonafinów, jeden, klasy pierwszej, zostaje przydzielony do służby Pradawnych Czasu. Trzech aniołów klasy drugiej związanych jest z trzema grupami administratorów rajskiego pochodzenia, działającymi w superrządach: z Niebiańskimi Radcami, Perfektorami Mądrości i Wszechświatowymi Cenzorami. Trzech aniołów klasy trzeciej przydzielonych jest do wznoszących się, utrójcowionych pomocników władców superwszechświata: Możnych Posłańców, Posiadających Wysokie Uprawnienia i Nieposiadających Imienia i Numeru.

Sekonafini z superwszechświatów są potomstwem Duchów Zwierciadlanych a zatem odzwierciedlanie jest nieodłączne ich naturze. Reagują zwierciadlanie na każde stadium, każdej istoty pochodzącej od Trzeciego Źródła i Centrum oraz Rajskich Synów Stwórców, ale nie odzwierciedlają bezpośrednio istot i bytów, osobowych czy innych, pochodzących wyłącznie od Pierwszego Źródła i Centrum. Posiadamy wiele dowodów na istnienie wszechświatowych obwodów inteligencji Nieskończonego Ducha, jednak gdybyśmy nawet nie mieli innego dowodu, zwierciadlane funkcjonowanie sekonafinów wystarczałoby w zupełności dla zademonstrowania rzeczywistości wszechświatowej obecności nieskończonego umysłu Wspólnego Aktywizatora.

4. SEKONAFINI KLASY PIERWSZEJ

Sekonafini klasy pierwszej, przydzieleni do Pradawnych Czasu, są dla tych trójjednych władców żywymi lustrami. Pomyślcie, co to znaczy w organizacji superwszechświata, mieć niejako możność zwrócenia się do żywego lustra i w nim widzieć, po czym słyszeć, określone odpowiedzi innej istoty, oddalonej o tysiąc czy sto tysięcy lat świetlnych, i robić to natychmiastowo i bezbłędnie. Rejestry są niezbędne dla kierowania wszechświatami, transmisje są pożyteczne, praca posłańców, Samotnych i innych, jest bardzo pomocna, ale Pradawni Czasu, ze swej pozycji pośredniej między zamieszkałymi światami a Rajem – pomiędzy człowiekiem a Bogiem – mogą natychmiast patrzeć w obie strony, słyszeć obie strony i *zapoznać się* z obiema stronami.

Z tej zdolności – dostrzegania i słyszenia wszystkich rzeczy takimi, jakimi są – mogą w superwszechświatach korzystać tylko Pradawni Czasu i tylko na swych, poszczególnych światach zarządu. Nawet tutaj napotyka się ograniczenia. Taka komunikacja z Uversy ogranicza się do światów i wszechświatów Orvontonu i podczas kiedy nie działa pomiędzy superwszechświatami, ta właśnie technika zwierciadlana utrzymuje każdy z nich w bliskiej łączności z wszechświatem centralnym i z Rajem. Siedem superrządów, aczkolwiek oddzielonych od siebie, jest dzięki temu doskonałym odzwierciedleniem autorytetu ponad nimi, przy czym rozumieją w pełni potrzeby występujące poniżej oraz są z tymi potrzebami dobrze zaznajomione.

Dzięki swej wrodzonej naturze, sekonafini klasy pierwszej mają tendencje funkcjonowania w siedmiu rodzajach służb i stosownym jest, aby pierwszy porządek tej klasy był w sposób naturalny tak wyposażony, żeby objaśniać umysł Ducha Pradawnym Czasu.

1. *Głos Wspólnego Aktywizatora.* W każdym superwszechświecie, pierwszy sekonafin klasy pierwszej i każdy siódmy z tej klasy później stwarzany, posiada wyjątkowe zdolności adaptacyjne, gdy idzie o zrozumienie i objaśnianie umysłu Nieskończonego Ducha Pradawnym Czasu i ich pomocnikom w superrządach. Jest to bardzo ważne dla rządów superwszechświatów, gdyż w przeciwieństwie do kreacji lokalnych z ich Boskimi Opiekunkami, siedziba superrządu nie ma specjalnego uosobienia Nieskończonego Ducha. Dlatego też te głosy sekoraficzne najbardziej zbliżone są do osobistej reprezentacji Trzeciego Źródła i Centrum na takiej sferze stołecznej. Prawdą jest, że znajduje się tam siedem Duchów Zwierciadlanych, ale te matki sekoraficznych zastępów odzwierciedlają Wspólnego Aktywizatora mniej wiernie i mniej automatycznie niż Siedem Duchów Nadrzędnych.

2. *Głos Siedmiu Duchów Nadrzędnych.* Drugi z sekonafinów klasy pierwszej i każdy siódmy później po nim stworzony, ma tendencje obrazowania wspólnych natur i reakcji Siedmiu Duchów Nadrzędnych. Chociaż każdy Duch Nadrzędny reprezentowany jest już w stolicy superwszechświata przez jednego z przydzielonych tam siedmiu Duchów Zwierciadlanych, reprezentacja taka jest indywidualna, nie zbiorowa. Zbiorowo są one obecne tylko w sposób zwierciadlany; dlatego Duchy Nadrzędne bardzo sobie cenią służbę tych wysoce osobowych aniołów, z drugiej serii sekonafinów klasy pierwszej, kompetentnych do reprezentowania ich przed Pradawnymi Czasu.

3. *Głos Synów Stwórców.* Nieskończony Duch musi mieć coś wspólnego ze stwarzaniem i nauczaniem Rajskich Synów klasy Michała, gdyż trzeci sekonafin klasy pierwszej i każdy siódmy po nim następujący, posiada znakomity dar odzwierciedlania umysłów tych Synów Stwórcy. Gdyby Pradawni Czasu chcieli poznać – poznać naprawdę – stanowisko Michała z Nebadonu odnośnie niektórych rozważanych spraw, nie muszą go wzywać po liniach przestrzeni, potrzebują jedynie wezwać Szefa Głosów z Nebadonu, który, na ich żądanie, przedstawi sekonafina rejestrującego Michała; i właśnie tam i wtedy Pradawni Czasu uświadomią sobie opinię Syna-Mistrza z Nebadonu.

Żadna inna klasa synostwa nie daje się tak „odzwierciedlać" i żadna inna klasa aniołów nie może działać w ten sposób. Nie rozumiemy dokładnie, w jaki sposób to działa i bardzo wątpię, czy sam Syn Stwórca w pełni to rozumie. Wiemy jednak z całą pewnością, że to działa i wiemy również, że działa niezawodnie i zadowalająco, ponieważ w całej historii Uversy sekoraficzne głosy nigdy nie pomyliły się w swych prezentacjach.

Zaczynacie teraz dostrzegać co nieco, w jaki sposób boskość ogarnia przestrzeń czasową i panuje nad czasem przestrzennym. Dostajecie tu jeden z pierwszych, pobieżnych przeglądów techniki cyklu wieczności, rozbieżnej w tym momencie, żeby umożliwić dzieciom czasu pokonanie trudnych ograniczeń przestrzeni. Zjawiska takie istnieją w dodatku do działającej, wszechświatowej techniki Duchów Zwierciadlanych.

Pradawni Czasu, choć pozornie pozbawieni osobistej obecności Duchów Nadrzędnych powyżej i Synów Stwórców poniżej, mają do swej dyspozycji żywe istoty, dostrajające się do kosmicznych mechanizmów zwierciadlanej perfekcji i ostatecznej precyzji, za pomocą których mogą korzystać z odzwierciedlonej obecności wszystkich tych, podniosłych istot, których osobistej obecności są pozbawieni. Dzięki tym środkom oraz innym wam nieznanym, Bóg jest potencjalnie obecny w zarządach superwszechświatów.

Pradawni Czasu mogą doskonale wywnioskować wolę Ojca, porównując przekaz głosu Ducha z góry i przekazy głosów Michała z dołu. Tym sposobem mogą mieć całkowitą pewność, gdy rozważają wolę Ojcowską, dotyczącą spraw administracyjnych wszechświatów lokalnych. Żeby się jednak dowiedzieć o woli jednego z Bogów, wyprowadzić ją ze znajomości dwu innych, trzech Pradawnych Czasu musi działać razem; dwóch z nich nie zdoła znaleźć rozwiązania. I choćby tylko z tego powodu, a są również inne, superwszechświat zawsze rządzony jest przez trzech Pradawnych Czasu a nie jednego czy nawet dwóch.

4. *Głos zastępów anielskich.* Czwarty sekonafin klasy pierwszej i każdy siódmy po nim następujący okazują się być aniołami szczególnie wrażliwymi na nastroje wszystkich klas aniołów, z supernafinami nad nimi i serafinami pod nimi włącznie. Dlatego też, w czasie każdej deliberacji rady Pradawnych Czasu, natychmiast jest znana postawa dowolnego, kierującego czy nadzorującego anioła. Nie było jeszcze dnia na waszym świecie, kiedy szef serafinów Urantii nie uświadamiałby sobie fenomenu zwierciadlanego transferu, branego z Uversy w jakimś celu; gdyby jednak nie był uprzedzony o tym przez Samotnego Posłańca, nie wiedziałby zupełnie czego potrzebują i w jaki sposób to uzyskują. Posługujące duchy czasu wciąż dostarczają tego rodzaju nieświadomego i dlatego na pewno bezstronnego świadectwa, odnośnie niekończącego się szeregu spraw, skupiających uwagę rady Pradawnych Czasu i ich towarzyszy.

5. *Odbiorcy transmisji.* Istnieje specjalny rodzaj transmitowanych wiadomości, które są odbierane tylko przez tych sekonafinów klasy pierwszej. Podczas gdy nie są oni zwykłymi transmitującymi Uversy, pracują w połączeniu z aniołami głosów zwierciadlanych w celu synchronizacji zwierciadlanej wizji Pradawnych Czasu z pewnymi, bieżącymi wiadomościami, przychodzącymi stałymi obwodami komunikacji wszechświatowej. Odbiorcy transmisji są piątymi w serii, piątym stwarzanym sekonafinem klasy pierwszej i każdym siódmym po nim następującym.

6. *Osobowości transportujące.* Są to ci sekonafini, którzy przenoszą pielgrzymów czasu ze światów stołecznych superwszechświatów do zewnętrznej orbity Havony.

Stanowią korpus transportowy superwszechświatów, funkcjonujący do wewnątrz, do Raju i na zewnątrz, do światów znajdujących się w poszczególnych sektorach. Korpus ten składa się z szóstego sekonafina klasy pierwszej i każdego siódmego po nim stwarzanego.

7. *Korpus rezerwowy.* Bardzo duża grupa sekonafinów, siódma z podstawowej serii, trzymana jest w rezerwie dla nie zaklasyfikowanych obowiązków i dla przydziałów w sytuacjach awaryjnych w określonych domenach. Nie są oni wysoce wyspecjalizowani i mogą funkcjonować całkiem dobrze na stanowisku każdego ze swych różnorodnych towarzyszy, ale taką specjalistyczną pracę podejmują tylko w sytuacjach awaryjnych. Ich zwykłym zadaniem jest pełnienie tych ogólnych obowiązków w superwszechświecie, które wykraczają poza zakres działania aniołów, mających określony przydział.

5. SEKONAFINI KLASY DRUGIEJ

Sekonafini klasy drugiej są nie mniej zwierciadlani niż ich koledzy z klasy pierwszej. W przypadku sekonafinów, podział na klasę pierwszą, drugą i trzecią, nie oznacza różnic w statusie czy działaniu; oznacza tylko porządki proceduralne. W trakcie działania wszystkie trzy grupy wykazują identyczne cechy.

Siedem zwierciadlanych typów sekonafinów drugiej klasy jest przydzielonych w następujący sposób do służby partnerów-pochodzących od Trójcy, towarzyszy Pradawnych Czasu:

Do Perfektorów Mądrości – Głosy Mądrości, Dusze Filozofii i Jedności Dusz.
Do Niebiańskich Radców – Serca Porady, Radości Istnienia i Zadowolenia ze Służby.
Do Wszechświatowych Cenzorów – Rozpoznający Duchy.

Grupa ta, podobnie jak klasa pierwsza, stwarzana jest seriami a oznacza to, że pierworodny jest Głosem Mądrości i dalej każdy siódmy jest podobny; i tak się dzieje z sześcioma pozostałymi typami tych zwierciadlanych aniołów.

1. *Głos Mądrości.* Niektórzy z tych sekonafinów są w stanie nieustannej łączności z żywymi bibliotekami Raju, z kuratorami wiedzy, należącymi do pierwszej klasy supernafinów. W specjalistycznej służbie zwierciadlanej, Głosy Mądrości są żywymi, aktualnymi, kompletnymi i całkowicie godnymi zaufania koncentracjami i zogniskowaniami skoordynowanej mądrości wszechświata wszechświatów. Prawie nieskończona ilość informacji obiega główne obwody superwszechświatów a te znakomite istoty są tak zwierciadlane i tak wybiórcze, są tak wyczulone, że potrafią oddzielić i odebrać esencję mądrości oraz bezbłędnie przesłać te klejnoty myśli swym zwierzchnikom – Perfektorom Mądrości. I działają w taki sposób, że Perfektorzy Mądrości nie tylko słyszą odpowiednie i oryginalne wyrażenie mądrości, ale także widzą odzwierciedlenie tej właśnie istoty, wysokiego czy niskiego pochodzenia, która taką mądrość wypowiada.

Jest napisane: „Jeśli zaś komuś z was brakuje mądrości, niech prosi o nią". Na Uversie, gdy zachodzi potrzeba podjęcia mądrych decyzji w skomplikowanych sytuacjach kompleksowych spraw, którymi zajmuje się rząd superwszechświata, gdy zarówno doskonała mądrość jak i wykonalność muszą być wynikiem tych decyzji, Perfektorzy Mądrości wzywają zespół Głosów Mądrości i wytrawną sztuką, właściwą ich klasie, tak dostrajają i ukierunkowują te żywe odbiorniki zapamiętanej oraz cyrkulującej we wszechświecie wszechświatów mądrości, że niebawem tymi sekoraficznymi głosami popłynie potok mądrości boskości z wszechświata położonego powyżej i powódź praktycznej mądrości zebranej z wyższych umysłów wszechświatów położonych poniżej.

Jeśli wynikną niejasności, odnośnie zgrania tych dwu wersji mądrości, natychmiast robi się odwołanie do Niebiańskich Radców, którzy zaraz orzekają w sprawie odpowiednich kombinacji proceduralnych. Jeśli wystąpią jakiekolwiek wątpliwości, co do autentyczności czegoś, co przybywa z domen, gdzie szerzy się bunt, robi się odwołanie do Cenzorów, którzy wraz z przynależnymi do nich, Rozpoznającymi Duchy, potrafią natychmiast orzec, „jaki rodzaj ducha" motywuje opiniodawcę. Dzięki temu mądrość wieków, jak również intelekt chwili, są zawsze z Pradawnymi Czasu i leżą jak otwarta księga przed ich dobroczynnym wzrokiem.

Możecie tylko częściowo zrozumieć, co to wszystko znaczy dla tych, którzy są odpowiedzialni za prowadzenie rządów superwszechświatowych. Ogrom i wszechstronność tych spraw przekracza zupełnie skończone pojmowanie. Gdybyście tak stali, jak mnie się to często zdarzało, w specjalnych izbach odbiorczych świątyni mądrości na Uversie i widzieli wszystkie te operacje na bieżąco, bylibyście poruszeni aż do zachwytu doskonałym działaniem całej tej złożoności i niezawodnością funkcjonowania międzyplanetarnej łączności we wszechświatach. Będziecie składać hołd Boskiej mądrości i dobroci Bogów, którzy planują i urzeczywistniają tak znakomitą technikę. A rzeczy te naprawdę tak przebiegają, jak je zobrazowałem.

2. *Dusza Filozofii.* Ci wspaniali nauczyciele również są przydzieleni do Perfektorów Mądrości i kiedy nie są inaczej ukierunkowani, pozostają w stanie zogniskowanej synchronizacji z mistrzami filozofii w Raju. Pomyślcie, że podchodzicie w pewnym sensie do wielkiego, żywego zwierciadła, jednak zamiast ujrzeć podobieństwo waszej skończonej osoby, spostrzegacie odbicie Boskiej mądrości i filozofii Raju. I kiedy będzie wskazane „ucieleśnienie" tej filozofii perfekcji, takie jej rozrzedzenie, aby się nadawała do spożytkowania przez ludzi skromnego pochodzenia z niższych światów, żyjące zwierciadła muszą jedynie zwrócić swe twarze w dół, aby odzwierciedlić normy i potrzeby innego świata czy wszechświata.

Dzięki tej właśnie technice, Perfektorzy Mądrości dostosowują swe decyzje i rekomendacje do rzeczywistych potrzeb i aktualnego stanu rozważanych ludzi i światów, a zawsze działają w zgodzie z Niebiańskimi Radcami i Wszechświatowymi Cenzorami. Jednak wysublimowana doskonałość tych procesów przekracza nawet moje zdolności pojmowania.

3. *Jedność Dusz.* Ci, którzy odzwierciedlają ideały i status związków etycznych, dopełniają członkostwa trojakiego personelu Perfektorów Mądrości. Spośród wszystkich problemów wszechświatowych, wymagających zastosowania wyrafinowanej, doświadczonej mądrości oraz jej adaptacji, nie ma ważniejszych od tych, które powstają w wyniku związków i relacji istot inteligentnych. Czy to w ludzkich związkach handlowych i przemysłowych, czy to w przyjaźni i małżeństwie, czy w związkach wzajemnych zastępów anielskich, zawsze powstają drobne tarcia, pomniejsze nieporozumienia, zbyt trywialne, by angażować uwagę rozjemców, jednak wystarczająco irytujące i niepokojące, by zmącić gładką pracę wszechświata, jeśli się zezwoli, aby trwały i narastały. Dlatego też Perfektorzy Mądrości udostępniają mądre doświadczenia swej klasy jako „oliwę na wzburzone wody" dla całego superwszechświata. W całej tej działalności, mędrcom

superwszechświatów zręcznie sekundują ich zwierciadlani towarzysze, Jedności Dusz, którzy udostępniają im bieżące informacje na temat statusu wszechświata a jednocześnie przedstawiają rajski ideał najlepszego rozwiązania kłopotliwych problemów. Ci sekonafini, kiedy nie są specyficznie gdzie indziej ukierunkowani, pozostają w zwierciadlanej łączności z interpretatorami etyki z Raju.

Są to ci aniołowie, którzy podsycają i ożywiają zespołową pracę całego Orvontonu. Jedną z najważniejszych lekcji, jakiej musicie się nauczyć na drodze waszego życia, jest *praca w zespole.* Sfery doskonałości zaludnione są tymi, którzy do mistrzostwa doprowadzili sztukę współpracy z innymi istotami. Dla tych, co służą samotnie, niewiele jest służb we wszechświecie. Im wyżej się wzniesiecie, tym bardziej będziecie czuć się samotni bez towarzystwa waszych współbraci.

4. *Serce Porady.* Jest to pierwsza grupa geniuszy zwierciadlanych, działających pod nadzorem Niebiańskich Radców. Sekonafini tego rodzaju posiadają fakty dotyczące przestrzeni a zdobywają te informacje w obwodach czasu. Szczególnie dobrze odzwierciedlają oni koordynatorów informacji superaficznej, ale odzwierciedlają również wybiórczo radę wszystkich istot, czy to wysokiego czy niskiego stanu. Kiedy Niebiańscy Radcy proszeni są o ważną radę czy o podjęcie decyzji, zwołują natychmiast zebranie Serc Porady i wkrótce wydane zostaje orzeczenie, które faktycznie zawiera w sobie skoordynowaną mądrość i radę najbardziej kompetentnych umysłów całego superwszechświata, wszystko to cenzurowane i korygowane w świetle rady wysokich umysłów Havony a nawet Raju.

5. *Radość Istnienia.* Istoty te są z natury zwierciadlanie dopasowane do superaficznych nadzorców zestrojenia powyżej i do pewnych serafinów poniżej, ale trudno jest tak zwyczajnie wytłumaczyć, co naprawdę robią członkowie tej interesującej grupy. Ich zasadnicze działania ukierunkowane są na podsycanie reakcji radości wśród różnych klas zastępów anielskich i niższych istot z wolną wolą. Niebiańscy Radcy, do których są oni przydzieleni, rzadko ich używają specyficznie do znajdowania radości. W szerszym aspekcie i we współpracy z organizatorami powrotu, Radości Istnienia działają jako centra analityczne radości, próbują udoskonalić reakcje radości danych domen, usiłują polepszyć dobry smak humoru, kształtować superhumor wśród śmiertelników i aniołów. Pragną wykazać, że byt istoty z wolną wolą nieodłącznie związany jest z radością, niezależnie od wszelkich obcych wpływów; i mają rację, choć napotykają wielkie trudności przy przekazywaniu tej prawdy umysłom prymitywnych ludzi. Wyższe osobowości duchowe oraz anioły szybciej reagują na takie edukacyjne wysiłki.

6. *Zadowolenie ze Służby.* Aniołowie ci bardzo dobrze odzwierciedlają postawę koordynatorów postępowania w Raju a funkcjonując podobnie jak Radości Istnienia, starają się uwydatnić wartość służby i uwypuklić zadowolenie, jakie ona przynosi. Zrobili wiele, aby wyjaśnić późniejsze korzyści płynące z bezinteresownej służby, służby dla poszerzenia królestwa prawdy.

Niebiańscy Radcy, do których ta klasa jest przydzielona, używają ich do odzwierciedlania z jednego świata do drugiego tych korzyści, jakie daje służba duchowa. Korzystając z osiągnięć tych, co są najlepsi, aby inspirować i zachęcać przeciętnych, sekonafini ci przyczyniają się znacznie do polepszenia jakości oddanej służby we wszechświatach. Efektywnie ożywia się tym samym ducha braterskiego współzawodnictwa, przez rozpowszechnianie na wszystkie światy informacji o tym, co robią inni, zwłaszcza ci najlepsi. Pokrzepiająca i zdrowa rywalizacja jest lansowana nawet wśród zastępów anielskich.

7. *Rozpoznający Duchy.* Istnieje specjalna łączność pomiędzy tymi, zwierciadlanymi aniołami, a doradcami i konsultantami z drugiego kręgu Havony. Są to jedyni sekonafini, przydzieleni do Wszechświatowych Cenzorów, ale prawdopodobnie najbardziej wyspecjalizowani ze wszystkich swoich kolegów. Niezależnie od źródła czy kanału przekazu informacji, niezależnie od tego, jak mało jest danych pod ręką, kiedy zostaną one poddane ich odzwierciedlającemu badaniu, rozpoznający natychmiast poinformują nas o prawdziwych motywach, prawdziwym celu i rzeczywistej naturze źródła informacji. Zdumiony jestem fenomenalnym funkcjonowaniem tych aniołów, którzy tak nieomylnie odzwierciedlają rzeczywisty, moralny i duchowy charakter jakiejkolwiek jednostki, na której skupia się ich zainteresowanie.

Rozpoznający Duchy służą w tak misterny sposób dzięki nieodłącznej im „wnikliwości duchowej", służą intuicyjnie, naturalnie i bezbłędnie, jeśli można użyć tych słów, kiedy się przekazuje ludzkiemu umysłowi tę ideę. Kiedy Wszechświatowi Cenzorzy zapoznają się z prezentacjami tych aniołów, stają twarzą w twarz z nagą duszą odzwierciedlanej jednostki; i ta właśnie pewność i doskonałość zobrazowania wyjaśnia po części, dlaczego Cenzorzy zawsze mogą działać tak sprawiedliwie, jako prawi sędziowie. Rozpoznający zawsze towarzyszą Cenzorom na każdej ich misji poza Uversą i są tak samo efektywni we wszechświatach jak i w stolicy superwszechświata.

Zapewniam was, że wszystkie te sprawy świata duchowego są rzeczywiste, zachodzą zgodnie z ustalonymi zwyczajami oraz w harmonii z niezmiennymi prawami wszechświatowych domen. Istoty każdej nowo stworzonej klasy, zaraz po otrzymaniu tchnienia życia, odzwierciedlane są na wysokości; żywe zobrazowanie natury istoty i jej potencjału przesyłane jest do zarządu superwszechświata. W ten sposób, przy pomocy rozpoznających, Cenzorzy dobrze się orientują „jaki rodzaj ducha" właśnie się zrodził na światach w przestrzeni.

Tak samo jest ze śmiertelnym człowiekiem. Matka Duch z Salvingtonu wie o was wszystko, gdyż Duch Święty „przenika wszystkie rzeczy" na waszym świecie, a cokolwiek Boski Duch o was wie, jest dostępne natychmiast, jak tylko sekoraficzni rozpoznający odzwierciedlą z Duchem to, co dotyczy wiedzy Ducha na wasz temat. Należy jednak nadmienić, że wiedza i plany fragmentów Ojca niemożliwe są do odzwierciedlenia. Rozpoznający mogą odzwierciedlać, i to czynią, obecność Dostrajaczy (a Cenzorzy nazywają je Boskimi), ale nie mogą rozszyfrować tego, co zawiera umysłowość Nieodgadnionych Monitorów.

6. SEKONAFINI KLASY TRZECIEJ

Aniołowie ci stwarzani są seriami, w siedmiu typach zwierciadlanych, tak samo jak ich koledzy, jednak typy te nie są przydzielane indywidualnie do oddzielnych służb administratorów superwszechświatowych. Wszyscy sekonafini klasy trzeciej przydzieleni są wspólnie do Utrójcowionych Synów Dostąpienia a ci, wznoszący się synowie, używają ich na przemian; to znaczy Możni Posłańcy mogą używać i używają któregokolwiek z typów klasy trzeciej i podobnie robią to ich partnerzy, Posiadający Wysoki Autorytet i Nieposiadający Imienia i Numeru. Poniżej siedem typów sekonafinów klasy trzeciej:

1. *Doniosłość Pochodzenia.* Wznoszącym się, Utrójcowionym Synom z rządu superwszechświata powierzono zajmowanie się wszystkimi sprawami wynikającymi z pochodzenia każdej jednostki, gatunku czy też świata; a doniosłość pochodzenia jest fundamentalną kwestią wszystkich naszych planów kosmicznego rozwoju istot żywych z różnych domen. Wszystkie związki wzajemne oraz zastosowania etyki opierają się na podstawowych faktach pochodzenia. Pochodzenie jest podstawą relacyjnego oddziaływania Bogów. Wspólny Aktywizator zawsze „bierze pod uwagę, jaki rodzaj człowieka się narodził".

Sprawa pochodzenia jest rzeczą łatwą do ustalenia u wyższych osobowości zstępujących, ale w przypadku istot wznoszących się, razem z niższymi klasami aniołów, natura i okoliczności ich powstania nie zawsze są jasne, choć ma to istotne znaczenie w każdym prawie punkcie zwrotnym biegu spraw wszechświata – stąd zaleta posiadania do naszej dyspozycji serii zwierciadlanych sekonafinów, którzy mogą natychmiast zobrazować cokolwiek jest potrzebne w sprawie początków jakiejkolwiek istoty, zarówno we wszechświecie centralnym jak i we wszystkich domenach superwszechświata.

Doniosłości Pochodzenia są żywymi, gotowymi do użytku informacjami o genealogiach szerokich zastępów istot – ludzi, aniołów i innych – które zamieszkują siedem superwszechświatów. Zawsze gotowi są dostarczyć swym przełożonym aktualne, pełne i godne zaufania oceny okoliczności dziedzicznych oraz obecny, aktualny status każdej jednostki na każdym świecie w poszczególnych superwszechświatach; a ich ocena posiadanych faktów jest zawsze najświeższa.

2. *Pamięć Miłosierdzia.* Są to aktualne, kompletne i pełne, żywe zapisy miłosierdzia, jakie było rozciągnięte na jednostki i narody, dzięki ofiarnym posługom istot Nieskończonego Ducha, podczas ich misji dostosowywania prawej sprawiedliwości do statusu danych domen, co ukazane jest w zobrazowaniach Doniosłości Pochodzenia. Pamięć Miłosierdzia ukazuje moralny dług dzieci miłosierdzia – ich duchowe zadłużenie – przedkładane w stosunku do ich zasobów zbawczych rezerw, ustanowionych przez Synów Bożych. Objawiając istniejące wcześniej Ojcowskie miłosierdzie, Synowie Boży ustanawiają kredyt, potrzebny do zapewnienia wszystkim wiecznego życia. I potem, zgodnie z wnioskami Doniosłości Pochodzenia, ustanowiony zostaje kredyt miłosierdzia, aby umożliwić przetrwanie każdej rozumnej istocie, kredyt o rozrzutnych proporcjach i odpowiedniej łaskawości, aby zapewnić życie wieczne każdej duszy, która prawdziwie pragnie niebiańskiego obywatelstwa.

Pamięć Miłosierdzia jest żywym bilansem osądu, bieżącym podsumowaniem waszego rachunku z nadprzyrodzonymi siłami domeny. Są to żywe zapisy posług miłosierdzia, odczytywane jako materiał dowodowy w sądach Uversy, kiedy orzekane jest prawo każdej jednostki do niekończącego się życia, gdy „postawiono trony a Pradawni Czasu zajęli miejsce. Transmisje Uversy wypływały i wychodziły sprzed nich; tysiąc tysięcy służą im, a dziesięć tysięcy po dziesięć tysięcy stało przed nimi. Sąd zasiadł i otwarto księgi". Księgi, otwarte podczas tych doniosłych zdarzeń, są żywymi zapisami trzeciej klasy sekonafinów z superwszechświatów. Formalne zapisy znajdują się w aktach, aby potwierdzić świadectwo Pamięci Miłosierdzia, jeśli to będzie potrzebne.

Pamięć Miłosierdzia musi wykazać, że zbawczy kredyt, ustanowiony przez Synów Bożych, został całkowicie i dokładnie spłacony w pełnej miłości służbie cierpliwych osobowości Trzeciego Źródła i Centrum. Jednak, gdy miłosierdzie jest wyczerpane, kiedy „pamięć" poświadcza jego wyczerpanie, wtedy sprawiedliwość panuje a prawość wyrokuje, ponieważ miłosierdzie nie jest po to, żeby je narzucać tym, którzy nim gardzą; miłosierdzie nie jest darem do deptania stopami zatwardziałych buntowników czasu. Tym niemniej, chociaż miłosierdzie jest tak cennym i drogim darem, wasze indywidualne kredyty, upoważniające do czerpania z niego, zawsze dalece przekraczają wasze możliwości wyczerpania rezerw, jeśli jesteście szczerzy w swych zamiarach i uczciwi w sercu.

Odzwierciedlający miłosierdzie, razem ze swymi towarzyszami klasy trzeciej, zajmują się licznymi służbami w superwszechświecie, wraz z nauczaniem istot wznoszących się. Doniosłości Pochodzenia nauczają wznoszące się istoty między innymi, jak stosować etykę duchową a po takim szkoleniu, Pamięci Miłosierdzia nauczają, jak być prawdziwie miłosiernym. Chociaż duchowe metody funkcjonowania służby miłosierdzia przekraczają wasze zrozumienie, powinniście nawet teraz uświadomić sobie, że miłosierdzie jest jakością rozwoju. Powinniście zrozumieć, że istnieje wielka nagroda w postaci osobistego zadowolenia z tego, że się jest, po pierwsze sprawiedliwym, następnie bezstronnym, potem cierpliwym, potem życzliwym. I potem na tym fundamencie, jeśli go wybierzecie i zachowacie w waszym sercu, możecie zrobić następny krok i naprawdę okazać miłosierdzie; ale nie możecie okazać miłosierdzia w sobie i od siebie. Należy przebyć wymienione stopnie, inaczej nie będzie prawdziwego miłosierdzia. Może być opieka, łaskawość czy dobroczynność – nawet litość – ale nie miłosierdzie. Prawdziwe miłosierdzie powstaje tylko jako piękna kulminacja tych, poprzedzających je dopełnień grupowego zrozumienia, poszanowania wartości, wzajemnej, braterskiej wspólnoty, komunii duchowej i boskiej harmonii.

3. *Znaczenie Czasu.* Czas jest powszechnym obdarowaniem wszystkich istot z wolą, jest „jednym talentem" powierzonym wszystkim istotom inteligentnym. Wszyscy macie czas na zapewnienie sobie wiecznego życia a czas jest zgubnie trwoniony tylko wtedy, gdy pogrzebany jest w zaniedbaniu, gdy nie zdołacie go tak spożytkować, aby wieczne trwanie waszej duszy było pewne. Nie wykorzystanie czyjegoś czasu, w jego pełnej możliwej rozciągłości, nie sprowadza zgubnej kary na istotę; po prostu opóźnia pielgrzyma czasu na jego drodze wznoszenia się. Jeśli uzyska się wieczne życie, wszystkie inne straty mogą zostać odrobione.

Rada Znaczeń Czasu jest nieoceniona, gdy idzie o obdarzenie zaufaniem. Czas ma istotne znaczenie we wszystkim po tej stronie Havony i Raju. Na sądzie ostatecznym, przed Pradawnymi Czasu, czas jest materiałem dowodowym. Znaczenia Czasu zawsze muszą dostarczyć dowodu, że każdy pozwany miał wystarczającą ilość czasu na podjęcie decyzji, na dokonanie wyboru.

Istoty, które oceniają czas, stanowią także tajemnicę proroctwa; określają one czynnik czasu, jaki będzie potrzebny do zakończenia każdego przedsięwzięcia, a są one tak niezawodne w określaniu czasu, jak frandalancy i chronoldecy z innych klas żywych. Bogowie widzą naprzód, zatem wiedzą naprzód, ale wznoszące się władze wszechświatów czasu muszą się radzić Znaczeń Czasu, aby móc przewidzieć zdarzenia przyszłości.

Istoty te po raz pierwszy spotkacie na światach-mieszkaniach i tutaj będą one was nauczać, jak pożytecznie spożytkować to, co nazywacie „czasem", zarówno w jego stosowaniu dodatnim, w pracy, jak i w użyciu ujemnym, w odpoczynku. Obie metody spożytkowania czasu są ważne.

4. *Powaga Zaufania.* Zaufanie jest istotnym sprawdzianem dla istot obdarzonych wolą. To, że jest się godnym zaufania, jest prawdziwą miarą panowania nad sobą, miarą charakteru. W organizacji superwszechświatów tacy sekonafini spełniają podwójną rolę: przedstawiają wszystkim, wolą obdarzonym istotom, sens zobowiązania, świętość i powagę zaufania. Jednocześnie odzwierciedlają bezbłędnie rządzącym władcom dokładną wartość tego zaufania, którym można obdarzyć każdego kandydata do zaufania mu, czy zawierzenia.

Na Urantii groteskowo próbujecie odczytać charakter i ocenić specyficzne cechy, ale na Uversie robimy te rzeczy naprawdę doskonale. Sekonafini ci odważają wartość zaufania na żywych wagach bezbłędnej oceny charakteru, a kiedy oni przyglądają się wam, my musimy się tylko przyjrzeć im, aby poznać ograniczenia waszej zdolności wywiązywania się z obowiązków, z pokładanego w was zaufania i ustalić możliwość wypełnienia waszej misji. Kapitał pokładanego w was zaufania jest wyraźnie ustalony, obok zadłużeń możliwego odstępstwa czy zdrady.

Wasi zwierzchnicy planują wasz awans i zwiększają pokładane w was zaufanie tak szybko, jak szybko rozwija się wasz charakter, abyście wdzięcznie mogli dźwigać dodawane wam obowiązki; jednak przeładowanie jednostki oznacza szukanie nieszczęścia i gwarantuje rozczarowanie. I można się ustrzec błędu i nie obciążać przedwcześnie obowiązkami, zarówno człowieka jak i anioła, kiedy korzysta się z pomocy tych, co bezbłędnie oceniają dopuszczalne zaufanie, jakim można obdarzyć jednostki czasu i przestrzeni. Sekonafini ci zawsze towarzyszą Posiadającym Wysokie Uprawnienia i nigdy ci administratorzy nie przydzielają nikomu zadań, dopóki kandydaci nie zostaną zważeni na wagach sekoraficznych i orzeczeni „nie za lekki".

5. *Świętość Służby.* Przywilej służby następuje zaraz po odkryciu możliwości obdarzenia zaufaniem. Nic nie może stanąć między wami a możliwością zwiększenia wam służby, za wyjątkiem waszego własnego braku solidności, waszej niemożności docenienia ważności pokładanego w was zaufania.

Służba – intencjonalna służba a nie zniewolenie – daje najwyższe zadowolenie i jest ekspresją najwyższej, boskiej godności. Służba – więcej służby, narastająca służba, trudna służba, ryzykowna służba a w końcu boska i doskonała służba – jest celem czasu i przeznaczeniem przestrzeni. Jednak okresy zabawy w czasie zawsze będą występowały na przemian z rozwojowymi okresami służby. A po skończeniu służby czasu następuje supersłużba wieczności. Podczas zabawy w czasie powinniście uzmysławiać sobie pracę wieczności, tak samo jak podczas służby w wieczności będziecie wspominać zabawę czasu.

Wszechświatowa organizacja opiera się na braniu i dawaniu; w wiecznej działalności nigdy nie zetkniecie się z monotonią, bezczynnością czy stagnacją waszej osobowości. Postęp jest możliwy dzięki naturalnemu ruchowi, zaawansowanie wynika z boskiej predyspozycji do działania a sukces jest dzieckiem obdarzonej wyobraźnią przygody. Jednak etyczna odpowiedzialność nieodłączna jest takiej możliwości osiągnięcia sukcesu; jest to konieczność zrozumienia, że świat i wszechświat są wypełnione mnóstwem zróżnicowanych typów istot. Całość tego wspaniałego stworzenia, *razem z wami*, stworzona została właśnie dla was. To nie jest egocentryczny wszechświat. Bogowie zarządzili, że „bardziej błogosławioną rzeczą jest dawać aniżeli brać", a wasz Syn-Mistrz powiedział: „Największy z was niech będzie waszym sługą".

Prawdziwa natura każdej służby, czy to pełnionej przez człowieka czy anioła, ukazuje się w pełni na twarzach tych indykatorów sekoraficznej służby – Świętości Służby. Widać na nich wyraźnie pełną analizę prawdziwych i ukrytych motywów. Aniołowie ci naprawdę czytają w umyśle, przeglądają serca i objawiają dusze wszechświatowi. Śmiertelnicy mogą używać słów, aby ukryć swe myśli, ale ci wysocy sekonafini przedkładają obnażone, dogłębne motywy ludzkiego serca i anielskiego umysłu.

6 i 7. *Tajemnica Wielkości i Dusza Dobroci.* Gdy wznoszący się pielgrzymi uświadomili sobie znaczenie czasu, otwiera się droga do uświadomienia sobie powagi zaufania i do uznania świętości służby. Podczas gdy te czynniki są moralnymi elementami wielkości, istnieją też tajemnice wielkości. Kiedy się sprawdza duchowe kryteria wielkości, nie pomija się czynników moralnych, jednak wartość altruizmu, objawiająca się w bezinteresownej pracy na rzecz ziemskich braci, zwłaszcza wartościowych istot w potrzebie i niedoli, jest prawdziwą *miarą* planetarnej wielkości. A *przejawianie* wielkości, na świecie takim jak Urantia, jest pokazem samokontroli. Wielkim człowiekiem nie jest ten, który „zdobywa miasto" czy „obala państwo" ale raczej „ten, kto potrafi okiełznać swój własny język".

Wielkość jest równoznaczna z boskością. Bóg jest w najwyższym stopniu wielki i dobry. *Wielkość i dobroć po prostu nie mogą być rozdzielone.* W Bogu są one zawsze jednością. Prawda ta jest zilustrowana literalnie i jaskrawo w zwierciadlanej, wzajemnej zależność Tajemnicy Wielkości i Duszy Dobroci, jako że jedno nie może działać bez drugiego. Superwszechświatowi sekonafini mogą działać i działają sami, gdy odzwierciedlają inne właściwości boskości, ale zwierciadlane oszacowania wielkości i dobroci wydają się być nierozdzielne. Dlatego też na każdym świecie, w każdym wszechświecie, te odbicia wielkości i dobroci muszą działać razem, zawsze przedstawiając podwójną i wzajemnie zależną informację o każdej istocie, na której się koncentrują. Wielkości nie można szacować bez rozeznania, ile zawiera ona dobroci, podczas gdy dobroci nie może obrazować bez wykazania nieodłącznej jej i boskiej wielkości.

Oszacowanie wielkości jest zróżnicowane, w zależności od sfery. Być wielkim, znaczy być podobnym Bogu. Skoro jednak jakość wielkości jest w pełni zdeterminowana przez zawartość w niej dobroci, to nawet w waszym obecnym, ludzkim stanie, jeśli możecie przez łaskę stać się dobrymi, tym samym stajecie się wielkimi. Im lepiej dostrzegacie ideę Boskiej dobroci, im bardziej wytrwale do niej dążycie, tym pewniej wzrastać będziecie w wielkości, w prawdziwej wartości autentycznego charakteru, dającego życie wieczne.

7. SŁUŻBA SEKONAFINÓW

Sekonafini pochodzą ze stolic superwszechświatów, gdzie mają również swój zarząd, jednak, gdy się złączą ze swymi współbraćmi, zakres ich działania rozciąga się od wybrzeży Raju do ewolucyjnych światów w przestrzeni. Służą jako wartościowi asystenci członków zgromadzeń opiniodawczych przy superrządach i pomagają w znacznym stopniu koloniom kurtuazyjnym na Uversie, to jest: obserwatorom gwiazd, turystom milenijnym, niebiańskim obserwatorom oraz całej rzeszy innych istot, razem ze wznoszącymi się istotami, oczekującymi na transport do Havony. Pradawni Czasu chętnie przydzielają pewnych sekonafinów klasy pierwszej do asysty wznoszącym się istotom, osiedlonym na czterystu dziewięćdziesięciu światach studiów, otaczających Uversę, gdzie również wielu sekonafinów klasy drugiej i trzeciej służy jako nauczyciele. Te satelity Uversy są końcowymi szkołami wszechświatów czasu, nauczaniem przygotowującym do siedmioorbitowego uniwersytetu Havony.

Z trzech klas sekonafinów, grupa trzecia, przydzielona do władz kierujących wznoszącymi się istotami, służy najszerzej dla wznoszących się istot czasu. Niedługo po waszym odejściu z Urantii będziecie ich okazjonalnie spotykać, aczkolwiek nie będziecie szeroko korzystać z ich usług, zanim nie dotrzecie do światów oczekiwania Orvontonu. Będziecie się dobrze czuli w ich towarzystwie, gdy się z nimi lepiej zapoznacie podczas waszego pobytu na światach szkolnych Uversy.

Ci sekonafini klasy trzeciej oszczędzają czas, skracają przestrzeń, znajdują błędy, są oddanymi nauczycielami i wiecznotrwałymi drogowskazami – żywymi znakami boskiej pewności – umieszczonymi miłosiernie na rozdrożach czasu, aby kierować krokami niespokojnych pielgrzymów w momentach ich wielkich rozterek i duchowej niepewności. Długo przedtem nim dojdziecie do bram doskonałości, będziecie mieć dostęp do narzędzi boskości i zetkniecie się z metodami stosowanymi przez Bóstwa. Od czasu waszego przybycia do pierwszego świata-mieszkania, aż do zamknięcia waszych oczu we śnie Havony, przygotowującym do transportu do Raju, coraz częściej będziecie korzystać, w sytuacjach krytycznych, z pomocy tych wspaniałych istot, istot tak całkowicie i bez reszty odzwierciedlających nieomylną wiedzę i oczywistą mądrość tych bezpiecznych i pewnych pielgrzymów, którzy was poprzedzili w długiej podróży do bram perfekcji.

Nie dano nam w pełni tego przywileju, aby skorzystać z tych aniołów klasy zwierciadlanej na Urantii. Często odwiedzają oni wasz świat, towarzysząc przydzielonym tutaj osobowościom, ale nie mogą tutaj działać bez ograniczeń. Sfera ta nadal podlega częściowej, duchowej kwarantannie i nie ma tutaj pewnych obwodów niezbędnych dla ich służby. Kiedy wasz świat znowu zostanie podłączony do odpowiednich, zwierciadlanych obwodów, łączność międzyplanetarna i międzywszechświatowa będzie w znacznej mierze uproszczona i przyspieszona. Niebiańscy pracownicy na Urantii mają sporo trudności z powodu tych funkcjonalnych ograniczeń ich zwierciadlanych towarzyszy. Jednak idziemy naprzód, radośnie wykonujemy nasze zadania takimi środkami, jakie mamy pod ręką, pomimo lokalnego braku wielu usług tych wspaniałych istot, żywych zwierciadeł przestrzeni i czasowych wyobrażeń osobowości.

[Nadzorowane przez Możnego Posłańca z Uversy].

PRZEKAZ 29

DYSPOZYTORZY MOCY WSZECHŚWIATA

SPOŚRÓD wszystkich osobowości wszechświata, które zajmują się regulacją spraw międzyplanetarnych i międzywszechświatowych, na Urantii najsłabiej są rozumiani dyspozytorzy mocy i ich pomocnicy. Chociaż gatunek wasz od dawna już wie o istnieniu aniołów i podobnych klas istot niebiańskich, niewiele was kiedykolwiek informowano o kontrolerach i regulatorach domen fizycznych. Nawet teraz pozwolono mi w pełni objawić tylko ostatnią, z trzech następujących grup istot żywych, mających do czynienia z kontrolą siły i regulacją energii we wszechświecie nadrzędnym:

1. Pierwotni Wynikowi Nadrzędni Organizatorzy Siły.
2. Pomocniczy Transcendentalni Nadrzędni Organizatorzy Siły.
3. Dyspozytorzy Mocy Wszechświata.

Chociaż uważam, że niemożliwe jest przedstawienie indywidualności różnych grup kierowników, centrów i kontrolerów mocy wszechświata, mam jednak nadzieję, że będę mógł wyjaśnić cokolwiek, gdy idzie o zakres ich działalności. Są oni unikalną grupą istot żywych, zajmującą się inteligentną regulacją energii w całym wielkim wszechświecie. Razem z najwyższymi dyspozytorami, obejmują oni następujące główne grupy:

1. Siedmiu Najwyższych Dyspozytorów Mocy.
2. Najwyższe Centra Mocy.
3. Nadrzędni Kontrolerzy Fizyczni.
4. Nadzorcy Mocy Morontialnej.

Najwyżsi Dyspozytorzy Mocy i Centra istnieją od czasów zbliżonych do wieczności i jak się orientujemy, nie stwarzano już więcej istot tych klas. Siedmiu Najwyższych Dyspozytorów zostało uosobionych przez Siedem Duchów Nadrzędnych, a potem współdziałali oni ze swymi rodzicami nad wytworzeniem ponad dziesięciu miliardów pomocników. Przed pojawieniem się dyspozytorów mocy, obwody energetyczne przestrzeni, na zewnątrz wszechświata centralnego, znajdowały się pod inteligentnym nadzorem Nadrzędnych Organizatorów Siły z Raju.

Kiedy macie wiedzę o istotach materialnych, macie przynajmniej ideę przeciwstawną do istot duchowych, ale bardzo trudno jest śmiertelnemu umysłowi wyobrazić sobie dyspozytorów mocy. W schemacie stopniowego wznoszenia się na wyższe poziomy bytu, nie macie bezpośrednio nic do czynienia zarówno z najwyższymi dyspozytorami jak i z centrami mocy. W pewnych, rzadkich przypadkach, będziecie mieć do czynienia z kontrolerami fizycznymi a po dotarciu do światów-mieszkań będziecie bez przeszkód współpracować z istotami nadzorującymi moc morontialną. Nadzorcy Mocy Morontialnej działają wyłącznie w morontialnym porządku kreacji lokalnych, uważa się więc, że najlepiej byłoby opowiedzieć o ich pracy w części odnoszącej się do wszechświata lokalnego.

1. SIEDMIU NAJWYŻSZYCH DYSPOZYTORÓW MOCY

Siedmiu Najwyższych Dyspozytorów Mocy to regulatorzy energii materialnej wielkiego wszechświata. Ich stworzenie, przez Siedem Duchów Nadrzędnych, jest pierwszym odnotowanym przykładem powstania częściowo materialnego potomstwa z czysto duchowych rodziców. Kiedy Siedem Duchów Nadrzędnych stwarza indywidualnie, wydają oni wysoce duchowe osobowości klasy anielskiej; kiedy stwarzają zbiorowo, czasami wytwarzają takie właśnie wysokie typy istot częściowo materialnych. Ale nawet te, niby-fizyczne istoty byłyby niewidzialne dla ograniczonego zakresu wzroku śmiertelników Urantii.

Jest siedmiu Najwyższych Dyspozytorów Mocy i są oni identyczni w swoim wyglądzie i funkcjonowaniu. Nie można odróżnić jednego od drugiego inaczej, jak przez Ducha Nadrzędnego, z którym każdy jest bezpośrednio związany i od którego każdy jest całkowicie uzależniony funkcjonalnie. Każdy z Duchów Nadrzędnych jest zatem w stanie wiecznej wspólnoty z jedną istotą z ich wspólnego potomstwa. Ten sam dyspozytor zawsze jest związany z tym samym Duchem a ich partnerstwo w pracy daje unikalny związek energii fizycznych i duchowych, istoty częściowo materialnej i osobowości duchowej.

Siedmiu Najwyższych Dyspozytorów Mocy znajduje się w Raju obwodowym, gdzie ich powoli krążące obecności ukazują aktualne miejsca centrów zogniskowania-siły Duchów Nadrzędnych. Dyspozytorzy mocy funkcjonują pojedynczo przy regulacji mocy-energii superwszechświatów, ale w administracji kreacji centralnej działają zbiorowo. Działają z Raju, ale funkcjonują jako efektywne centra mocy we wszystkich sekcjach wielkiego wszechświata.

Te wspaniałe istoty są materialnymi rodzicami rozległych zastępów centrów mocy, a poprzez te centra, kontrolerów fizycznych, rozrzuconych po siedmiu superwszechświatach. Te niższe organizmy, sprawujące kontrolę fizyczną, są zasadniczo jednorodne, identyczne, za wyjątkiem zróżnicowanych odcieni ich korpusów w każdym superwszechświecie. Aby zacząć służyć w innym superwszechświecie, musiałyby tylko wrócić do Raju dla zmiany odcienia. Kreacja materialna jest zasadniczo jednolita administracyjnie.

2. NAJWYŻSZE CENTRA MOCY

Siedmiu Najwyższych Dyspozytorów Mocy nie może się rozmnażać indywidualnie, ale mogą to robić zbiorowo; w połączeniu z Siedmioma Duchami Nadrzędnymi mogą reprodukować – stwarzać – inne istoty sobie podobne. Takie jest pochodzenie Najwyższych Centrów Mocy wielkiego wszechświata, które działają w siedmiu następujących grupach:

1. Nadzorcy Najwyższych Centrów.
2. Centra Havony.
3. Centra superwszechświatowe.
4. Centra wszechświata lokalnego.
5. Centra konstelacji.
6. Centra systemu.
7. Centra niesklasyfikowane.

Centra mocy, razem z Najwyższymi Dyspozytorami Mocy, są istotami obdarzonymi znaczną wolnością woli oraz swobodą działania. Wszystkie są wyposażone w osobowość Trzeciego Źródła i wykazują niekwestionowany, wolicjonalny charakter wysokiej klasy. Te centra, kierujące wszechświatowym systemem mocy, mają wysoki stopień inteligencji; są intelektem systemu mocy wielkiego wszechświata oraz tajemnicą techniki kontroli umysłu, w całej rozległej sieci dalekosiężnych funkcji Nadrzędnych Kontrolerów Fizycznych i Nadzorców Mocy Morontialnej.

1. *Nadzorcy Najwyższych Centrów.* Tych siedmiu partnerów i pomocników Najwyższych Dyspozytorów Mocy jest regulatorami głównych obwodów energii wielkiego wszechświata. Każdy nadzorca centrum ma swą siedzibę na jednym ze specjalnych światów Siedmiu Najwyższych Wykonawców i działa w bliskim związku z tymi koordynatorami spraw ogólnych wszechświata.

Najwyżsi Dyspozytorzy Mocy oraz Nadzorcy Najwyższych Centrów działają jako jednostki, jak również zespołowo, w odniesieniu do wszystkich zjawisk kosmicznych poniżej poziomów „energii grawitacyjnej". Kiedy działają wspólnie, czternaście tych istot jest tym dla mocy wszechświatowej, czym jest Siedmiu Najwyższych Wykonawców dla spraw ogólnych wszechświata i czym jest Siedem Duchów Nadrzędnych dla kosmicznego umysłu.

2. *Centra Havony.* Przed stworzeniem wszechświatów czasu i przestrzeni, centra mocy były niepotrzebne w Havonie, ale od tamtych, bardzo odległych czasów, milion centrów działa w kreacji centralnej a każde z nich nadzoruje tysiąc światów Havony. Tutaj, w Boskim wszechświecie, istnieje doskonała kontrola energii, stan, który nie występuje nigdzie indziej. Doskonałość regulacji energii jest ostatecznym celem wszystkich centrów mocy i kontrolerów fizycznych przestrzeni.

3. *Centra superwszechświatowe.* Tysiąc centrów mocy trzeciej klasy zajmuje olbrzymi obszar na sferze stołecznej każdego z siedmiu superwszechświatów. Trzy strumienie pierwotnej energii, każdy po dziesięć kategorii, przychodzą do tych centrów mocy, ale siedem wyspecjalizowanych i dobrze prowadzonych, choć niedoskonale kontrolowanych obwodów mocy wychodzi z miejsc ich wspólnego działania. To jest elektronowa organizacja mocy wszechświatowej.

Cała energia objęta jest obwodem w rajskim cyklu, ale Dyspozytorzy Mocy Wszechświata *kierują* siłami-energiami Raju dolnego, tak jak zastają je przekształcone w działaniach przestrzennych wszechświata centralnego i superwszechświatów; przetwarzają i ukierunkowują te energie w kanały jej użytecznego i twórczego zastosowania. Jest różnica pomiędzy energią Havony a energiami superwszechświatów. Obciążenie mocy superwszechświata składa się z trzech stadiów energii, po dziesięć kategorii każda. To trojakie obciążenie energii rozpościera się w przestrzeni wielkiego wszechświata, podobne rozległemu, ruchomemu oceanowi energii, który ogarnia i zalewa wszystkie siedem superkreacji.

Elektronowa organizacja mocy wszechświata funkcjonuje w siedmiu stadiach i wykazuje zróżnicowane reakcje na grawitację lokalną albo liniową. Ten siedmioraki obwód wychodzi od centrów mocy superwszechświatów i przenika każdą superkreację. Te wyspecjalizowane strumienie czasu i przestrzeni stanowią określone i umiejscowione ruchy energii, pobudzane i ukierunkowane dla specyficznych celów, tak jak Prąd Zatokowy działa jako wyodrębnione zjawisko pośród Oceanu Atlantyckiego.

4. *Centra wszechświata lokalnego.* W zarządzie każdego wszechświata lokalnego znajduje się sto centrów mocy czwartej klasy. Funkcjonują, aby zredukować i skądinąd zmodyfikować siedem obwodów mocy, emanujących z zarządu superwszechświata, tym samym dostosować je do użytku w konstelacjach i systemach. Centra mocy poświęcają jedynie marginalną uwagę lokalnym katastrofom astronomicznym w przestrzeni; zajmują się uporządkowanym ekspediowaniem rzeczywistej energii do podległych im konstelacji i systemów. Pomagają efektywnie Synom Stwórcom w późniejszym stadium organizacji wszechświata i uaktywniania energii. Centra te potrafią dostarczyć zintensyfikowanych torów energii, użytecznych w komunikacji międzyplanetarnej pomiędzy ważnymi punktami zamieszkałymi. Taki *tor* albo *linia* energii, czasami zwana też drogą energii, jest bezpośrednim obwodem energii, prowadzącym od jednego centrum mocy do drugiego, albo od jednego kontrolera fizycznego do innego. Jest to zindywidualizowany strumień energii, w przeciwieństwie do swobodnych ruchów niezróżnicowanej energii w przestrzeni.

5. *Centra konstelacji.* Dziesięć tych żywych centrów mocy przebywa w każdej konstelacji, funkcjonując jako dystrybutorzy energii do stu podległych systemów lokalnych. Od tych istot wychodzą linie mocy, służące do celów łączności i transportu oraz zasilania energią takich istot żywych, które dla podtrzymania życia muszą korzystać z pewnych form energii fizycznej. Jednak ani centra mocy, ani podlegli im kontrolerzy fizyczni, nie są skądinąd zainteresowani życiem jako strukturą funkcjonalną.

6. *Centra systemu.* Do każdego systemu lokalnego przydzielone jest na stałe Jedno Najwyższe Centrum Mocy. Te centra systemów rozprowadzają obwody mocy do zamieszkałych światów czasu i przestrzeni. Koordynują one działania podległych im kontrolerów fizycznych a oprócz tego funkcjonują w celu odpowiedniego rozprowadzania mocy w systemie lokalnym. Retransmisja obwodów na planety zależna jest od doskonałej koordynacji pewnych energii materialnych i skutecznej regulacji mocy fizycznej.

7. *Centra niesklasyfikowane.* Są to te centra, które funkcjonują w specyficznych sytuacjach lokalnych, ale nie na zamieszkałych planetach. Indywidualne światy podlegają kontroli Nadrzędnych Kontrolerów Fizycznych i przyjmują objęte obwodem linie mocy, rozsyłane przez centrum mocy ich systemu. Tylko te sfery, które mają niezwykłe powiązania energii, posiadają centra mocy klasy siódmej, działające jako balansjery albo regulatory energii. Te centra mocy, w każdym stadium ich działalności, są zupełnie równe tym, jakie działają w wyższych jednostkach kontroli, ale nawet jedno na milion ciało niebieskie nie ma takiej żywej organizacji mocy.

3. ZAKRES DZIAŁANIA CENTRÓW MOCY

Liczba Najwyższych Centrów Mocy, rozlokowanych w superwszechświatach, wraz z ich pomocnikami i podwładnymi, przekracza dziesięć miliardów. Są one wszystkie w doskonałej synchronizacji i pełnej łączności z ich rajskimi protoplastami – Siedmioma Najwyższymi Dyspozytorami Mocy. Kontrola mocy wielkiego wszechświata jest tym samym oddana pod opiekę i ukierunkowywana przez Siedem Duchów Nadrzędnych, które są stwórcami Siedmiu Najwyższych Dyspozytorów Mocy.

Najwyżsi Dyspozytorzy Mocy, wszyscy ich pomocnicy, asystenci i podwładni, nigdy nie mogą zostać zatrzymani ani nie podlegają żadnym trybunałom w całej przestrzeni; nie są też podporządkowani administracyjnemu kierownictwu, zarówno rządu superwszechświata – Pradawnym Czasu, jak i administracji wszechświata lokalnego – Synom Stwórcom.

Centra i dyspozytorzy mocy zostali powołani do bytu przez dzieci Nieskończonego Ducha. Istoty te nie są związane z administracją Synów Bożych, chociaż współpracują z Synami Stwórcami w późniejszych epokach materialnej organizacji wszechświata. Centra mocy są jednak w pewien sposób blisko związane z kosmiczną kontrolą nadrzędną Istoty Najwyższej.

Centra mocy i kontrolerzy fizyczni nie przechodzą szkolenia; wszyscy są stworzeni jako doskonali i są nieodmiennie doskonali w działaniu. Nigdy nie przechodzą od jednej funkcji do drugiej, zawsze służą zgodnie ze swym pierwotnym przydziałem. Ich zaszeregowanie nie podlega ewolucji a odnosi się to do wszystkich siedmiu sekcji obu klas.

Nie mając przeszłego rozwoju, do którego mogliby wracać pamięcią, centra mocy i kontrolerzy fizyczni nigdy się nie bawią; są gruntownie praktyczni we wszystkich swych działaniach. Są zawsze na służbie; w systemie wszechświatowym nie dopuszcza się możliwości zakłócenia fizycznych linii energii; te istoty nie mogą nigdy, na ułamek sekundy, wypuścić z rąk bezpośredniego nadzoru obwodów energii czasu i przestrzeni.

W całej kreacji, dyspozytorzy, centra i kontrolerzy mocy, nie mają do czynienia z niczym innym oprócz mocy, energii materialnej i częściowo materialnej; nie tworzą jej, ale ją przekształcają, wpływają na nią i ją ukierunkowują. Nie mają też nic zupełnie do czynienia z grawitacją materialną, za wyjątkiem przeciwstawiania się jej przyciągającej mocy. Ich stosunek do grawitacji jest w pełni negatywny.

Centra mocy stosują rozległą skalę mechanizmów i metod koordynacji klasy materialnej, w połączeniu z żywymi mechanizmami różnorodnych, oddzielnych koncentracji energii. Każde indywidualne centrum mocy składa się dokładnie z miliona jednostek, sprawujących kontrolę funkcjonalną a te, przekształcające energię jednostki, nie są stacjonarne, tak jak organy życiowe ludzkiego ciała materialnego; te „życiowe organy" regulacji mocy są ruchome i prawdziwie kalejdoskopowe, gdy idzie o możliwości jakie posiadają.

Wytłumaczenie tego, w jaki sposób te żywe istoty oddziałują na główne obwody energii wszechświatowej i jak je regulują, całkowicie przekracza moje możliwości. Gdybym dalej próbował informować was o tym, co dotyczy rozmiarów i funkcji tych gigantycznych i prawie doskonale sprawnych centrów mocy, mogłoby to tylko zwiększyć waszą dezorientację i konsternację. Są one zarówno żywe jak i „osobowe", ale ich zrozumienie przekracza wasze możliwości.

Poza Havoną, Najwyższe Centra Mocy działają tylko na specjalnie skonstruowanych (zaprojektowanych) sferach albo skądinąd na odpowiednio uformowanych ciałach w przestrzeni. Światy zaprojektowane są tak skonstruowane, że żywe centra mocy mogą działać jako wybiórcze przełączniki, ukierunkowując, modyfikując i koncentrując energie kosmiczne, jakie spływają na takie sfery. Nie mogą w ten sposób działać na zwyczajnym, ukształtowanym ewolucyjnie słońcu lub na planecie. Pewne ich grupy zajmują się ogrzewaniem oraz innymi materialnymi potrzebami specjalnych światów zarządu. I mogę również stwierdzić, że te klasy żywych osobowości mocy mają wiele wspólnego z rozprowadzaniem światła, które świeci nie dając ciepła, chociaż przekracza to zakres wiedzy Urantii. Nie tworzą one tego zjawiska, ale zajmują się jego rozprowadzaniem i ukierunkowaniem.

Zadaniem centrów mocy i im podwładnych kontrolerów jest przetwarzanie wszystkich energii fizycznych w zorganizowanej przestrzeni. Pracują, używając trzech podstawowych strumieni, po dziesięć energii każdy. Stanowi to ładunek energetyczny zorganizowanej przestrzeni a to właśnie zorganizowana przestrzeń jest terenem ich działania. Dyspozytorzy Mocy Wszechświata nie mają w ogóle nic do czynienia z potężnym działaniem sił, występującym obecnie poza granicami siedmiu superwszechświatów.

Centra mocy i kontrolerzy sprawują doskonałą kontrolę tylko nad siedmioma, z dziesięciu form energii, które zawiera każdy podstawowy strumień wszechświata; te formy, które częściowo lub całkowicie są wyłączone spod ich kontroli, muszą reprezentować nieprzewidywalne domeny przejawów energii, zdominowane przez Absolut Nieuwarunkowany. Czy rozciągają oni swój wpływ na pierwotne siły tego Absolutu? Nie jesteśmy powiadomieni o takich funkcjach, aczkolwiek istnieją pewne nikłe dowody, na podstawie których możemy sądzić, że niektórzy kontrolerzy fizyczni czasem reagują automatycznie na pewne impulsy Absolutu Wszechświatowego.

Te żywe mechanizmy mocy nie są świadomie związane z zasadniczą, wszechświatową kontrolą nadrzędną energii, sprawowaną przez Absolut Nieuwarunkowany, przypuszczamy jednak, że ich cały i prawie doskonały schemat kierowania mocą jest w pewien, nieznany sposób, podporządkowany obecności tej supergrawitacji. W dowolnej, lokalnej sytuacji, związanej z energią, centra i kontrolerzy panują prawie całkowicie, ale zawsze są świadomi superenergetycznej obecności i nierozpoznawalnego funkcjonowania Absolutu Nieuwarunkowanego.

4. NADRZĘDNI KONTROLERZY FIZYCZNI

Istoty te są przemieszczającymi się podwładnymi Najwyższych Centrów Mocy. Kontrolerzy fizyczni obdarzeni są takimi możliwościami przekształcania indywidualności, że mogą przemieszczać się w niezwykły sposób, potrafią przemierzać przestrzeń lokalną z prędkościami zbliżonymi do prędkości lotu Samotnych Posłańców. Ale podobnie jak wszyscy inni podróżnicy przestrzenni potrzebują pomocy, zarówno swych kolegów jak i pewnych innych rodzajów istot, przy przezwyciężaniu działania grawitacji i oporu bezwładności podczas odlotu ze sfery materialnej.

Nadrzędni Kontrolerzy Fizyczni służą w całym wielkim wszechświecie. Zarządzani są bezpośrednio z Raju, przez Siedmiu Najwyższych Dyspozytorów Mocy, aż do zarządów superwszechświatów, skąd są kierowani i rozdzielani przez Radę Równowagi, czyli wysokich komisarzy mocy z personelu Pomocniczych Nadrzędnych Organizatorów Siły, rozesłanych przez Siedem Duchów Nadrzędnych. Ci wysocy komisarze upoważnieni są do interpretacji odczytów i zapisów nadrzędnych frandalanków, żywych instrumentów, które pokazują ciśnienie mocy i ładunek energii całego superwszechświata.

Podczas gdy obecność Rajskich Bóstw spowija wielki wszechświat i rozciąga się na okręg wieczności, wpływ każdego z Siedmiu Duchów Nadrzędnych ogranicza się do pojedynczego superwszechświata. Istnieje wyraźne oddzielenie energii i separacja obwodów mocy pomiędzy każdą z siedmiu superkreacji; zatem muszą w nich panować i panują zindywidualizowane metody kontroli.

Nadrzędni Kontrolerzy Fizyczni są bezpośrednim potomstwem Najwyższych Centrów Mocy a składają się z następujących kategorii:

1. Pomocniczy dyspozytorzy mocy.
2. Kontrolerzy mechaniczni.
3. Przetwarzacze energii.
4. Przekaźnicy energii.
5. Pierwotni gromadzący.
6. Wtórni rozdzielający.
7. Frandalancy i chronoldecy.

Nie wszystkie te klasy są osobami, w sensie posiadania indywidualnej możliwości wyboru. Szczególnie cztery ostatnie grupy wydają się reagować zupełnie automatycznie i mechanicznie na impulsy swych przełożonych oraz na zaistniałe warunki energii. Aczkolwiek reakcje takie wydają się być zupełnie mechaniczne, jednak tak nie jest; może wydawać się, że są automatami, ale wszyscy wykazują zróżnicowane działanie inteligencji.

Osobowość niekoniecznie musi iść w parze z umysłem. Umysł może myśleć nawet wtedy, gdy pozbawiony jest wszelkich możliwości wyboru, jak u licznych niższych typów zwierząt oraz u niektórych, podporządkowanych kontrolerów fizycznych. Wielu spośród bardziej automatycznych regulatorów mocy fizycznej nie jest osobami, w żadnym znaczeniu tego słowa. Nie posiadają woli i niezależności decyzji, będąc całkowicie podporządkowani mechanicznej doskonałości projektu stworzonego dla zadań im przydzielonych. Tym niemniej wszyscy oni są istotami bardzo inteligentnymi.

Kontrolerzy fizyczni zajmują się głównie dopasowywaniem podstawowych energii, nie odkrytych na Urantii. Te nieznane energie są bardzo ważne dla międzyplanetarnego systemu transportu oraz pewnych metod komunikacji. Kiedy kładziemy linie energii, aby przekazywać odpowiedniki dźwięku lub poszerzoną wizję, żywi kontrolerzy fizyczni i ich towarzysze stosują te nie odkryte formy energii. Te same energie używane są również, od czasu do czasu, przez istoty pośrednie w ich rutynowej pracy.

1. *Pomocniczy dyspozytorzy mocy.* Tym zdumiewająco operatywnym istotom powierzono rozdzielanie i rozsyłanie wszystkich poleceń Nadrzędnych Kontrolerów Fizycznych, zgodnie z ciągle zmiennymi potrzebami stale przeobrażającego się statusu energii danych domen. Ogromne rezerwy kontrolerów fizycznych utrzymywane są na światach zarządu mniejszych sektorów a z tych punktów zgrupowania są oni okresowo rozsyłani, przez pomocniczych dyspozytorów mocy, do zarządów wszechświatów, konstelacji, systemów oraz do poszczególnych planet. Przydzieleni w ten sposób kontrolerzy fizyczni tymczasowo podlegają nakazom boskich wykonawców z komisji rozjemczych, ale poza tym odpowiedzialni są tylko przed swymi pomocniczymi dyspozytorami oraz Najwyższymi Centrami Mocy.

Trzy miliony pomocniczych dyspozytorów mocy przydzielone jest do każdego z mniejszych sektorów Orvontonu, co razem daje trzy miliardy tych wyjątkowo operatywnych istot w superwszechświecie. Utrzymują oni swe rezerwy na tych samych światach mniejszych sektorów, gdzie służą również jako instruktorzy dla wszystkich poznających metody techniki inteligentnej kontroli energii i jej przeobrażania.

Dyspozytorzy ci mają okresy służby administracyjnej w mniejszych sektorach, na przemian z równymi im okresami służby inspekcyjnej dla domen przestrzeni. Przynajmniej jeden tymczasowy inspektor zawsze przebywa w każdym systemie lokalnym i ma swą główną siedzibę na jego sferze stołecznej. Utrzymują oni całe to rozległe skupisko energii żywej w harmonijnej synchronizacji.

2. *Kontrolerzy mechaniczni.* Są to wyjątkowo wszechstronni i ruchliwi asystenci pomocniczych dyspozytorów mocy. Wiele bilionów tych istot jest przydzielonych do Ensy, waszego mniejszego sektora. Istoty te zwane są kontrolerami mechanicznymi, gdyż są one zupełnie podporządkowane swym zwierzchnikom, całkowicie podległe woli pomocniczych dyspozytorów mocy. Tym niemniej są to, same w sobie, istoty bardzo inteligentne a ich praca, choć mechaniczna i praktycznie nieodłączna ich naturze, wykonywana jest sprawnie.

Ze wszystkich Nadrzędnych Kontrolerów Fizycznych, przydzielonych do światów zamieszkałych, największą moc mają kontrolerzy mechaniczni. Posiadając żywe wyposażenie antygrawitacyjne, znacznie większe niż u wszystkich innych istot, każdy kontroler posiada przeciwwagę grawitacyjną równą jedynie tej, jaką ma ogromna sfera wirująca z gigantyczną prędkością. Dziesięciu tych kontrolerów przebywa teraz na Urantii a jedną z najważniejszych rzeczy, jakie robią na tej planecie, jest ułatwianie odlotu transportom seraficznym. W czasie takiej akcji cała dziesiątka kontrolerów mechanicznych działa równocześnie, podczas gdy bateria tysiąca przekaźników energii daje wyjściową prędkość lotu seraficznego.

Kontrolerzy mechaniczni są specjalistami w ukierunkowywaniu przepływu energii i koncentrowaniu jej w specjalne strumienie czy obwody. Te wspaniałe istoty mają wiele do czynienia z segregacją, ukierunkowywaniem i wzmacnianiem energii fizycznych oraz z wyrównywaniem ciśnień obwodów międzyplanetarnych. Są mistrzami w operowaniu dwudziestu jeden, z trzydziestu energii fizycznych kosmosu, składających się na ładunek mocy superwszechświata. Potrafią także wiele zrobić, gdy idzie o ukierunkowanie i kontrolę sześciu z dziewięciu bardziej subtelnych form energii fizycznej. Umieszczając tych kontrolerów w technicznie odpowiednim związku wzajemnym i w powiązaniu z pewnymi centrami mocy, pomocniczy dyspozytorzy mocy potrafią dokonać niewiarygodnych zmian w dostosowaniu mocy i kontroli energii.

Nadrzędni Kontrolerzy Fizyczni często działają w zestawach po kilkuset, po kilka tysięcy a nawet po kilka milionów, a poprzez zmianę swych pozycji oraz formacji mogą kontrolować energię zbiorowo, jak również indywidualnie. Mogą, odpowiednio do zmiennych potrzeb, wzmocnić i przyspieszyć ilość energii oraz jej ruch albo zatrzymać, skondensować i opóźnić strumienie energii. Wpływają na przekształcenia energii i mocy w pewnym sensie tak, jak czynnik zwany katalizatorem przyspiesza reakcje chemiczne. Działają dzięki zdolnościom wrodzonym i we współpracy z Najwyższymi Centrami Mocy.

3. *Przetwarzacze energii.* Ilość tych istot w superwszechświecie jest wręcz niewiarygodna. W samej Satanii jest ich prawie milion a na jeden zamieszkały świat przypada zazwyczaj ich setka.

Przetwarzacze energii są wspólnym wytworem Siedmiu Najwyższych Dyspozytorów Mocy i Siedmiu Nadzorców Centrów. Zaliczają się do bardziej osobowych klas kontrolerów fizycznych a za wyjątkiem tego okresu, gdy pomocniczy dyspozytor mocy przebywa na zamieszkałym świecie, przetwarzacze sprawują władzę. Są oni planetarnymi inspektorami wszystkich odlatujących transportów seraficznych. Wszystkie klasy życia niebiańskiego mogą korzystać z mniej osobowych klas kontrolerów fizycznych tylko w powiązaniu z bardziej osobowymi klasami, z pomocniczymi dyspozytorami i przetwarzaczami energii.

Ci przetwarzacze są potężnymi i efektywnymi, żywymi przełącznikami, mogącymi umiejscowić się w zgodzie albo w opozycji do danego rozmieszczenia czy ukierunkowania mocy. Są także bardzo efektywni w swych działaniach, kiedy izolują planetę od potężnych strumieni energii, płynących między gigantycznymi sąsiadami planetarnymi i gwiezdnymi. Dzięki swym właściwościom przeobrażania energii, bardzo dobrze spełniają ważne zadanie utrzymywania wszechświatowego balansu energii czy równowagi mocy. Raz wydają się pochłaniać czy magazynować energię, innym razem wydają się wydzielać energię albo ją wyzwalać. Przetwarzacze potrafią powiększać albo redukować potencjał „magazynu-baterii" energii żywych i martwych w poszczególnych domenach. Mają oni jednak do czynienia tylko z energiami fizycznymi lub częściowo materialnymi; nie działają bezpośrednio w domenach życia, jak również nie przekształcają form istot żywych.

Pod pewnymi względami przetwarzacze energii są najbardziej niezwykłymi i tajemniczymi ze wszystkich, częściowo materialnych istot żywych. W pewien, nieznany sposób, są fizycznie zróżnicowani a przez rozmaitość ich wspólnych związków mogą wywierać przemożny wpływ na energię, która przepływa poprzez ich połączone obecności. Stan domen fizycznych wydaje się ulegać przekształceniu w wyniku ich umiejętnych operacji. *Mogą zmieniać i zmieniają fizyczne formy energii kosmicznych.* Z pomocą swych kolegów, kontrolerów, potrafią rzeczywiście zmienić formę i potencjał dwudziestu siedmiu, z trzydziestu energii fizycznych - ładunku mocy superwszechświata. To, że ich kontrola nie obejmuje trzech z tych energii, dowodzi, że nie są czynnikami Absolutu Nieuwarunkowanego.

Cztery pozostałe grupy Nadrzędnych Kontrolerów Fizycznych raczej nie są osobami, według każdej możliwej do przyjęcia definicji tego słowa. Ci przekaźnicy, gromadzący, rozdzielający oraz frandalancy są całkowicie automatyczni w swych reakcjach, tym niemniej są inteligentni w każdym tego słowa znaczeniu. Nasza wiedza o tych wspaniałych bytach jest bardzo ograniczona, gdyż nie możemy się z nimi porozumiewać. Wydaje się, że rozumieją język danej domeny, ale nie potrafią porozumiewać się z nami. Wygląda na to, że potrafią dobrze odbierać nasze informacje, ale zupełnie nic potrafią odpowiadać.

4. *Przekaźnicy energii.* Istoty te działają głównie, choć niewyłącznie, w warunkach planetarnych. Są wspaniałymi dyspozytorami energii, jak to widać na poszczególnych światach.

Gdy energia ma być skierowana do nowego obwodu, przekaźnicy rozlokowują się liniowo, wzdłuż zakładanej drogi energii i mocą swych unikalnych atrybutów przyciągania energii mogą istotnie wywołać coraz większy przepływ energii w pożądanym kierunku. Robią to dokładnie tak, jak pewne metalowe obwody kierują przepływem określonych form energii elektrycznej; a są żywymi nadprzewodnikami dla więcej niż połowy z trzydziestu form energii fizycznej.

Przekaźnicy tworzą sprawnie działające połączenia, które skutecznie ożywiają słabnące strumienie wyspecjalizowanej energii, przepływającej od planety do planety i od stacji do stacji na poszczególnej planecie. Mogą wykryć takie strumienie, które są zbyt słabe, aby mogły być rozpoznane przez jakikolwiek inny typ istot żywych i mogą tak wzmocnić te energie, że wiadomość im towarzysząca stanie się doskonale zrozumiała. Ich służba jest nieoceniona dla odbiorców transmisji.

Przekaźnicy energii mogą pracować ze wszystkimi formami przekazywalnej percepcji; mogą sprawić, że odległa scena będzie „widzialna" jak również odległy dźwięk „słyszalny". W sytuacjach krytycznych zabezpieczają linie komunikacji w systemach lokalnych i na poszczególnych planetach. Z ich usług muszą korzystać praktycznie wszystkie istoty, aby porozumiewać się poza regularnie ustanowionymi obwodami.

Te istoty, razem z przetwarzaczami energii, są nieodzowne dla podtrzymywania śmiertelnego bytu na światach posiadających ubogą atmosferę i stanowią integralną część procedury życia na planetach bez oddychania.

5. *Pierwotni gromadzący.* Te interesujące i wartościowe byty są mistrzowskimi konserwatorami i opiekunami energii. Tak jak roślina w pewnym sensie gromadzi światło słoneczne, tak te żywe organizmy gromadzą energię w tym czasie, gdy występują jej nadwyżki. Działają na gigantyczną skalę, przekształcając energie kosmiczne w stan fizyczny nieznany na Urantii. Potrafią także prowadzić te przekształcenia aż do punktu wytworzenia pewnych, prymitywnych jednostek egzystencji materialnej. Istoty te działają po prostu przez swą obecność. Nie wyczerpują się w żadnej mierze ani się nie uszczuplają tą funkcją; działają jak żywe czynniki katalityczne.

Podczas okresów niedoboru, są one upoważnione do wyzwalania tych nagromadzonych energii. Jednak wasza wiedza o energii i materii nie jest wystarczająco zaawansowana, aby wam wyjaśnić procedurę tego stadium ich pracy. Zawsze działają w zgodzie z powszechnymi prawami, operując atomami, elektronami i ultimatonami oraz oddziałując na nie, podobnie jak wy manewrujecie czcionkami z takim wynikiem, że te same symbole alfabetyczne opowiadają bardzo różne historie.

Gromadzący są pierwszą grupą życia, jaka pojawia się na kształtującej się sferze materialnej i mogą funkcjonować w temperaturach, które uznalibyście za zupełnie nieodpowiednie dla podtrzymania egzystencji istot żywych. Reprezentują tą klasę życia, której ludzka wyobraźnia nie potrafi zrozumieć. Razem ze swymi współpracownikami, rozdzielającymi, są wśród wszystkich istot inteligentnych najmniej samodzielni.

6. *Wtórni rozdzielający.* Porównując z pierwotnymi gromadzącymi, istoty te działają odwrotnie, będąc wyposażone w gigantyczne właściwości antygrawitacyjne. Nigdy nie ma najmniejszego niebezpieczeństwa, że mogą się wyczerpać specjalne czy zmodyfikowane formy energii fizycznej, na światach lokalnych czy w systemach lokalnych, gdyż te żywe organizmy wyposażone są w unikalną moc uwalniania nieograniczonych zasobów energii. Zajmują się głównie wyprowadzaniem formy energii mało znanej na Urantii, z formy materii jeszcze mniej rozpoznanej. Są prawdziwymi alchemikami

przestrzeni i cudotwórcami czasu. Jednak w czasie dokonywania wszystkich tych cudów, nigdy nie przekraczają rozporządzeń Kosmicznej Najwyższości.

7. *Frandalancy.* Istoty te są wspólnym wytworem wszystkich trzech klas istot kontrolujących energię: pierwotnych i wtórnych organizatorów siły oraz dyspozytorów mocy. Frandalancy są najliczniejsi ze wszystkich Nadrzędnych Kontrolerów Fizycznych; w samej tylko Satanii ich liczba przekracza waszą wyobraźnię numeryczną. Stacjonują na światach zamieszkałych i zawsze są przydzielani do wyższych klas kontrolerów fizycznych. Działają na przemian, tak we wszechświecie centralnym i superwszechświatach, jak i w domenach przestrzeni zewnętrznej.

Frandalancy stwarzani są w trzydziestu grupach, po jednej dla każdej podstawowej formy siły wszechświatowej i działają wyłącznie jako żywe i automatyczne mierniki obecności, ciśnienia i prędkości. Te żywe barometry zajmują się wyłącznie automatyczną i bezbłędną rejestracją stanu wszystkich form siły-energii. Dla wszechświata fizycznego są tym, czym jest rozległy mechanizm odzwierciedlania dla wszechświata umysłowego. Frandalancy, którzy rejestrują czas w dodatku do ilościowej i jakościowej obecności energii, zwani są *chronoldekami.*

Uważam, że frandalancy są inteligentni, jednak nie mogę zaszeregować ich inaczej jak do kategorii żywych maszyn. Jedyny sposób, w jaki mogę mniej więcej przybliżyć wam zrozumienie tych żywych mechanizmów, to porównanie ich do waszych wynalazków mechanicznych, które działają ze zbliżoną nieomal do inteligencji precyzją i dokładnością. Potem, jeśli możecie wyobrazić sobie te istoty, nakreślcie je w waszej wyobraźni w takim rozwinięciu, żebyście mogli zrozumieć, że w wielkim wszechświecie mamy naprawdę inteligentne i *żywe* mechanizmy (byty), które mogą wykonywać najbardziej skomplikowane zadania, z najbardziej zdumiewającymi obliczeniami włącznie, robionymi z jeszcze większą finezją i dokładnością, nawet z ostatecznością precyzji.

5. NADRZĘDNI ORGANIZATORZY SIŁY

Organizatorzy siły mieszkają w Raju, ale działają w całym wszechświecie nadrzędnym, dokładniej w domenach przestrzeni niezorganizowanej. Te nadzwyczajne istoty nie są ani stwórcami ani stworzonymi a służą w dwóch wielkich grupach:

1. Pierwotni Wynikowi Nadrzędni Organizatorzy Siły.
2. Pomocniczy Transcendentalni Nadrzędni Organizatorzy Siły.

Te dwie wspaniałe klasy organizatorów siły podstawowej pracują wyłącznie pod nadzorem Architektów Wszechświata Nadrzędnego a obecnie nie działają zbyt szeroko w granicach wielkiego wszechświata.

Pierwotni Nadrzędni Organizatorzy Siły są organizatorami pierwotnych czy podstawowych przestrzeni-sił Absolutu Nieuwarunkowanego; są stwórcami mgławic. Są żywymi inspiratorami przestrzennych cyklonów energii i ich wczesnymi organizatorami oraz tymi, którzy kierują takimi gigantycznymi zjawiskami. Organizatorzy siły przeobrażają *siłę podstawową* (preenergię nie reagującą na bezpośrednią grawitację Raju) w pierwotną albo *siłową energię*, energię przeobrażoną od punktu wyłącznego uchwytu Absolutu Nieuwarunkowanego do punktu uchwytu grawitacji Wyspy Raj. Po tym zastępują ich pomocniczy organizatorzy siły, którzy kontynuują proces przeobrażania energii od stadium pierwotnego poprzez wtórne, czyli stadium *grawitacji-energii.*

Kiedy plan stworzenia wszechświata lokalnego jest zrealizowany, kiedy przybywa Syn Stwórca, Pomocniczy Nadrzędni Organizatorzy Siły ustępują miejsca klasom dyspozytorów mocy, działającym w superwszechświecie ich astronomicznej jurysdykcji. Jednak pod nieobecność takich planów, pomocniczy organizatorzy pozostają bezterminowo odpowiedzialni za te materialne kreacje dokładnie tak, jak działają teraz w przestrzeni zewnętrznej.

Nadrzędni Organizatorzy Siły wytrzymują temperatury i działają w warunkach fizycznych, które byłyby nie do zniesienia nawet dla wszechstronnych centrów mocy i kontrolerów fizycznych z Orvontonu. Spośród innych rodzajów istot objawionych, tylko Samotni Posłańcy i Natchnione Duchy Trójcy mogą funkcjonować w domenach przestrzeni zewnętrznej.

[Nadzorowane przez Wszechświatowego Cenzora, działającego z upoważnienia Pradawnych Czasu z Uversy].

PRZEKAZ 30

OSOBOWOŚCI WIELKIEGO WSZECHŚWIATA

OSOBOWOŚCI oraz byty inne niż osobowe, działające teraz w Raju i w wielkim wszechświecie, obejmują prawie nieograniczoną liczbę istot żywych. Nawet liczba głównych klas i typów, bez uwzględniania niezliczonych podtypów i odmian, mogłaby oszołomić ludzką wyobraźnię. Wskazane jest jednak przedstawienie co nieco z dwu podstawowych klasyfikacji istot żywych – wyciągu z klasyfikacji Raju oraz skrótu z Rejestru Osobowości Uversy.

Sformułowanie wyczerpującej i konsekwentnej klasyfikacji osobowości wielkiego wszechświata jest niemożliwe, gdyż nie *wszystkie* grupy są objawione. Aby przeprowadzić systematyczną klasyfikację wszystkich grup, potrzeba by licznych dalszych przekazów, zawierających kolejne objawienia. Takie konceptualne rozszerzenie byłoby raczej niewskazane, gdyż pozbawiłoby myślących śmiertelników bodźca dla twórczych domysłów na tysiące kolejnych lat, tego bodźca, którego dostarczają częściowo objawione idee. Jest znacznie lepiej, żeby człowiek nie dostał nadmiernego objawienia – wygasza ono wyobraźnię.

1. RAJSKA KLASYFIKACJA ISTOT ŻYWYCH

Istoty żywe klasyfikowane są w Raju zgodnie z wrodzonymi i nabytymi relacjami do Rajskich Bóstw. Podczas wielkich zgromadzeń wszechświata centralnego i superwszechświatów, ich uczestnicy są często grupowani zgodnie ze swym pochodzeniem: ci, którzy mają trójjedne pochodzenie czy dostąpili Trójcy, ci o podwójnym pochodzeniu i ci o pochodzeniu pojedynczym. Trudno jest wytłumaczyć śmiertelnemu umysłowi rajską klasyfikację istot żywych, upoważnieni jesteśmy jednak przedstawić, co następuje:

I. *ISTOTY O TRÓJJEDNYM POCHODZENIU.* Istoty stworzone przez wszystkie trzy Rajskie Bóstwa, albo działające jako takie, albo jako Trójca, wraz z Utrójcowionym Korpusem, które to określenie odnosi się do wszystkich grup istot utrójcowionych, objawionych i nie objawionych.

A. *Duchy Najwyższe.*
1. Siedem Duchów Nadrzędnych.
2. Siedmiu Najwyższych Wykonawców.
3. Siedem Klas Duchów Zwierciadlanych.

B. *Niezmienni Synowie Trójcy.*
1. Utrójcowione Tajemnice Najwyższości.
2. Wieczni Czasu.
3. Pradawni Czasu.
4. Doskonalący Czasu.
5. Niedawni Czasu.
6. Jednoczący Czasu.
7. Wierni Czasu.
8. Perfektorzy Mądrości.

9. Niebiańscy Radcy.
10. Wszechświatowi Cenzorzy.

C. *Istoty pochodzące od Trójcy oraz utrójcowione.*

1. Nauczyciele-Synowie Trójcy.
2. Natchnione Duchy Trójcy.
3. Mieszkańcy Havony.
4. Obywatele Raju.
5. Nie objawione istoty pochodzące od Trójcy.
6. Nie objawione istoty utrójcowione przez Bóstwo.
7. Utrójcowieni Synowie Dostąpienia.
8. Utrójcowieni Synowie Wyboru.
9. Utrójcowieni Synowie Perfekcji.
10. Synowie utrójcowieni przez stworzonych.

II. *ISTOTY O PODWÓJNYM POCHODZENIU.* Istoty pochodzące od dowolnych dwóch Rajskich Bóstw albo skądinąd stworzone przez jakiekolwiek dwie istoty, pochodzące bezpośrednio czy pośrednio od Rajskich Bóstw.

A. *Klasy zstępujące.*

1. Synowie Stwórcy.
2. Synowie-Arbitrzy.
3. Gwiazdy Jasne i Poranne.
4. Ojcowie Melchizedecy.
5. Melchizedecy.
6. Vorondadecy.
7. Lanonandecy.
8. Gwiazdy Błyszczące Wieczorne.
9. Archaniołowie.
10. Nosiciele Życia.
11. Nie objawieni Wszechświatowi Pomocnicy.
12. Nie objawieni Synowie Boga.

B. *Klasy niezmienne.*

1. Abandonterzy.
2. Susaci.
3. Univitaci.
4. Spirongi.
5. Nie objawione istoty o podwójnym pochodzeniu.

C. *Klasy wznoszące się.*

1. Zespoleni z Dostrajaczem śmiertelnicy.
2. Zespoleni z Synem śmiertelnicy.
3. Zespoleni z Duchem śmiertelnicy.
4. Pośredni transponowani.
5. Nie objawione istoty wznoszące się.

III. *ISTOTY O POJEDYNCZYM POCHODZENIU.* Są to te istoty, które pochodzą od dowolnego, pojedynczego Rajskiego Bóstwa, albo skądinąd stworzone są przez jakąkolwiek istotę, pochodzącą bezpośrednio lub pośrednio od Rajskich Bóstw.

A. *Duchy Najwyższe.*

1. Posłańcy Grawitacji.
2. Siedem Duchów Orbit Havony.
3. Dwunastoracy Przyboczni Orbit Havony.
4. Pomocnicy-Wyobrażenia Zwierciadlane.
5. Matki Duchy wszechświatów.
6. Siedmiorakie przyboczne umysły-duchy.
7. Nie objawione istoty pochodzące od Bóstwa.

B. *Klasy wznoszące się.*

1. Uosobieni Dostrajacze.
2. Wznoszący się Synowie Materialni.
3. Ewolucyjni serafini.
4. Ewolucyjni cherubini.
5. Nie objawione istoty wznoszące się.

C. *Rodzina Nieskończonego Ducha.*

1. Samotni Posłańcy.
2. Nadzorcy Obwodów Wszechświata.
3. Kierownicy Spisu.
4. Personalni Pomocnicy Nieskończonego Ducha.
5. Inspektorzy Pomocniczy.
6. Przydzieleni Strażnicy.
7. Przewodnicy Absolwentów.
8. Servitale Havony.
9. Wszechświatowi Rozjemcy.
10. Morontiańscy Towarzysze.
11. Supernafini.
12. Sekonafini.
13. Tertiafini.
14. Omniafini.
15. Serafini.
16. Cherubini i sanobini.
17. Nie objawione istoty pochodzące od Ducha.
18. Siedmiu Najwyższych Dyspozytorów Mocy.
19. Najwyższe Centra Mocy.
20. Nadrzędni Kontrolerzy Fizyczni.
21. Nadzorcy Mocy Morontialnej.

IV. *WYNIKAJĄCE ISTOTY TRANSCENDENTALNE.* W Raju znaleźć można rozległy zastęp istot transcendentalnych, których pochodzenia nię objawia się zazwyczaj wszechświatom czasu i przestrzeni, zanim wszechświaty te nie zostaną ustanowione w światłości i życiu. Transcendentalni nie są ani stwórcami ani stworzonymi, są to *wynikające* dzieci boskości, ostateczności i wieczności. „Wynikowcy" nie są skończeni ani nieskończeni – są *absoniczni* a absoniczność nie jest ani nieskończonością ani absolutnością.

Ci nie stworzeni i nie-stwórcy są zawsze lojalni wobec Rajskiej Trójcy i posłuszni Ostatecznemu. Istnieją na czterech ostatecznych poziomach działania osobowości i funkcjonują na siedmiu poziomach absonitu, w dwunastu wielkich działach, składających się z tysiąca głównych grup roboczych, po siedem klas każda. Istoty wynikające obejmują następujące klasy:

1. Architekci Wszechświata Nadrzędnego.
2. Transcendentalni Rejestratorzy.
3. Inni Transcendentalni.
4. Pierwotni Wynikowi Nadrzędni Organizatorzy Siły.
5. Pomocniczy Transcendentalni Nadrzędni Organizatorzy Siły.

Bóg, jako superosoba – wynika, Bóg, jako osoba – stwarza, Bóg, jako przedosoba – rozdziela się; i taki jego fragment, Dostrajacz, sam z siebie rozwija duchową duszę na bazie materialnego i śmiertelnego umysłu, zgodnie z wyborem wolnej woli tej osobowości, która została nadana śmiertelnej istocie ojcowskim aktem Boga jako Ojca.

V. *ROZDROBNIONE BYTY BÓSTWA.* Najlepszym, typowym przykładem tej klasy żywego bytu, która ma swój początek w Ojcu Wszechświatowym, są Dostrajacze Myśli; aczkolwiek te byty stanowczo nie są jedyną fragmentacją przedosobowej rzeczywistości Pierwszego Źródła i Centrum. Funkcje fragmentów innych niż Dostrajacze są różnorodne i mało znane. Zespolenie z Dostrajaczem, czy z innym podobnym fragmentem, robi ze stworzonego *istotę zespoloną z Ojcem.*

Należy tutaj wspomnieć o rozdrobnieniach przedumysłowego ducha Trzeciego Źródła i Centrum, chociaż są one raczej nieporównywalne z fragmentami Ojca. Byty takie różnią się znacznie od Dostrajaczy; nie mieszkają jako takie na Spiritingtonie, nie biegną jako takie obwodami grawitacji umysłu, nie zamieszkują również istot śmiertelnych podczas ich życia w ciele. Nie są one przedosobowe w takim sensie jak Dostrajacze, ale fragmenty przedumysłowego ducha nadawane są pewnym, żyjącym wiecznie śmiertelnikom a późniejsze zespolenie z nimi tworzy *śmiertelników zespolonych z Duchem,* w przeciwieństwie do śmiertelników zespolonych z Dostrajaczem.

Jeszcze trudniejszy do opisania jest zindywidualizowany duch Syna Stwórcy, z którym zjednoczenie tworzy *zespolonego z Synem śmiertelnika.* A są jeszcze inne fragmentacje Bóstwa.

VI. *ISTOTY SUPEROSOBOWE.* Istnieje rozległy zastęp istot boskiego pochodzenia, innych niż osobowe, pełniących różnorodne służby we wszechświecie wszechświatów. Niektóre z tych istot są mieszkańcami światów Syna w Raju; innych, tak jak superosobowych reprezentantów Wiecznego Syna, spotyka się gdzie indziej. O większości tych istot nie wspomina się w tych narracjach i byłoby zupełnie daremne próbować je opisać istotom *osobowym.*

VII. *KLASY NIE ZASZEREGOWANE I NIE OBJAWIONE.* W obecnym wieku wszechświata nie da się umieścić wszystkich istot, osobowych i innych, w obrębie klasyfikacji odnoszącej się do obecnego wieku wszechświata; nawet nie wszystkie ich kategorie zostały objawione w tych narracjach, dlatego też liczne klasy istot zostały pominięte w tych listach. Przyjrzyjcie się poniższym:

Wypełniacz Przeznaczenia Wszechświata.

Uwarunkowani Namiestnicy Ostatecznego.

Nieuwarunkowani Nadzorcy Najwyższego.

Nie objawione Stwórcze Środki Pradawnych Czasu.

Rajski Majeston.

Nienazwane Odzwierciedlające Związki Majestonu.

Midsoniczne klasy wszechświatów lokalnych.

Nie należy przywiązywać jakiegoś szczególnego znaczenia do faktu, że klasy te wymienione są tutaj razem, poza tym, że żadna z nich nie występuje w objawionej klasyfikacji Raju. To tylko kilka nie zaklasyfikowanych, będziecie musieli poznać jeszcze wiele nie objawionych.

Omawiamy tutaj duchy: byty duchowe, obecności duchowe, duchy osobowe, duchy przedosobowe, duchy superosobowe, egzystencje duchowe, osobowości duchowe, jednak ani język śmiertelny ani też śmiertelny intelekt nie są do nich adekwatne. Możemy jednak oświadczyć, że nie istnieją osobowości „czysto umysłowe"; żaden byt nie posiada osobowości, jeśli nie jest w nią wyposażony przez Boga, który jest duchem. Żaden byt umysłowy, który nie jest związany albo z energią duchową albo z materialną, nie jest osobowością. Jednak w tym samym sensie, w jakim istnieją osobowości duchowe, które posiadają umysł, są również osobowości umysłowe, które posiadają ducha. Majeston i jego towarzysze są dość dobrą ilustracją istot zdominowanych przez umysł, ale są jeszcze lepsze ilustracje tego typu osobowości, wam nieznane. Są nawet całe nie objawione klasy takich *osobowości umysłowych*, ale zawsze są one związane z duchem. Pewne inne, nie objawione istoty są tym, co można by określić jako *osobowości energii umysłowej i fizycznej*. Ten typ istot nie reaguje na grawitację duchową, tym niemniej są to prawdziwe osobowości – znajdują się w obwodzie Ojcowskim.

Przekazy te nie podają, nie mogą nawet próbować podać, wyczerpującej historii żywych istot stworzonych, stwórców, istot wynikających i jeszcze inaczej istniejących istot, które żyją i czczą Boga oraz służą w bezmiernych wszechświatach czasu i w centralnym wszechświecie wieczności. Wy, śmiertelnicy, jesteście osobami, więc możemy wam opisywać te istoty, które są *uosobione*, ale jak wam opisać istotę *absonifikowaną*?

2. UVERSAŃSKI REJESTR OSOBOWOŚCI

Boska rodzina istot żywych, zarejestrowana jest na Uversie w siedmiu wielkich grupach:

1. Rajskie Bóstwa.
2. Duchy Najwyższe.
3. Istoty pochodzące od Trójcy.
4. Synowie Boga.
5. Osobowości Nieskończonego Ducha.
6. Dyspozytorzy Mocy Wszechświata.
7. Korpus Stałego Obywatelstwa.

Te grupy istot, obdarzonych wolą, dzielą się na liczne klasy i mniejsze podgrupy. Głównym jednak celem przedstawienia tej klasyfikacji osobowości wielkiego wszechświata jest ukazanie takich klas istot inteligentnych, które zostały objawione w tych narracjach a których większość spotykać będą śmiertelnicy podczas swego doświadczenia wznoszenia się w czasie, w swej progresywnej wspinaczce do Raju. Następujące dalej zestawienia nie wspominają o licznych klasach istot wszechświatowych, które prowadzą swą działalność niezależnie od schematu wznoszenia się śmiertelnika.

I. *RAJSKIE BÓSTWA.*
1. Ojciec Wszechświatowy.
2. Wieczny Syn.
3. Nieskończony Duch.

II. *DUCHY NAJWYŻSZE.*
1. Siedem Duchów Nadrzędnych.
2. Siedmiu Najwyższych Wykonawców.
3. Siedem Grup Duchów Zwierciadlanych.
4. Pomocnicy-Wyobrażenia Zwierciadlane.
5. Siedem Duchów Orbit.
6. Stwórcze Duchy wszechświatów lokalnych.
7. Przyboczne umysły-duchy.

III. *ISTOTY POCHODZĄCE OD TRÓJCY.*
1. Utrójcowione Tajemnice Najwyższości.
2. Wieczni Czasu.
3. Pradawni Czasu.
4. Doskonalący Czasu.
5. Niedawni Czasu.
6. Jednoczący Czasu.
7. Wierni Czasu.
8. Nauczyciele-Synowie Trójcy.
9. Perfektorzy Mądrości.
10. Niebiańscy Radcy.
11. Wszechświatowi Cenzorzy.
12. Natchnione Duchy Trójcy.
13. Mieszkańcy Havony.
14. Obywatele Raju.

IV. *SYNOWIE BOGA.*

A. *Synowie zstępujący.*
1. Synowie Stwórcy – Michałowie.
2. Synowie-Arbitrzy – Avonale.
3. Nauczyciele-Synowie Trójcy – Daynale.
4. Synowie Melchizedecy.
5. Synowie Vorondadecy.
6. Synowie Lanonandecy.
7. Synowie Nosiciele Życia.

B. *Wznoszący się Synowie.*
1. Zespoleni z Ojcem śmiertelnicy.
2. Zespoleni z Synem śmiertelnicy.
3. Zespoleni z Duchem śmiertelnicy.
4. Serafini ewolucyjni.
5. Wznoszący się Synowie Materialni.
6. Pośredni transponowani.
7. Uosobieni Dostrajacze.

C. *Utrójcowieni Synowie.*

1. Możni Posłańcy.
2. Posiadający Wysokie Uprawnienia.
3. Nieposiadający Imienia i Numeru.
4. Utrójcowieni Kuratorzy.
5. Utrójcowieni Ambasadorzy.
6. Niebiańscy Opiekunowie.
7. Asystenci Wysokiego Syna.
8. Synowie utrójcowieni przez wznoszących się.
9. Synowie utrójcowieni przez istoty Raju-Havony.
10. Utrójcowieni synowie przeznaczenia.

V. *OSOBOWOŚCI NIESKOŃCZONEGO DUCHA.*

A. *Wyższe osobowości Nieskończonego Ducha.*
1. Samotni Posłańcy.
2. Nadzorcy Obwodów Wszechświata.
3. Kierownicy Spisu.
4. Personalni Pomocnicy Nieskończonego Ducha.
5. Inspektorzy Pomocniczy.
6. Przydzieleni Strażnicy.
7. Przewodnicy Absolwentów.

B. *Zastępy posłańców przestrzeni.*
1. Servitale Havony.
2. Wszechświatowi Rozjemcy.
3. Doradcy Proceduralni.
4. Opiekunowie Zapisów w Raju.
5. Niebiańscy Kronikarze.
6. Morontiańscy Towarzysze.
7. Rajscy Towarzysze.

C. *Duchy usługujące.*
1. Supernafini.
2. Sekonafini.
3. Tertiafini.
4. Omniafini.
5. Serafini.
6. Cherubini i sanobini.
7. Pośredni.

VI. *DYSPOZYTORZY MOCY WSZECHŚWIATA.*

A. *Siedmiu Najwyższych Dyspozytorów Mocy.*

B. *Najwyższe Centra Mocy.*
1. Nadzorcy Najwyższych Centrów.
2. Centra Havony.
3. Centra superwszechświata.
4. Centra wszechświata lokalnego.
5. Centra konstelacji.
6. Centra systemu.
7. Centra niesklasyfikowane.

C. *Nadrzędni Kontrolerzy Fizyczni.*
1. Pomocniczy dyspozytorzy mocy.
2. Kontrolerzy mechaniczni.
3. Przetwarzacze energii.
4. Przekaźnicy energii.
5. Pierwotni gromadzący.
6. Wtórni rozdzielający.
7. Frandalancy i chronoldecy.

D. *Nadzorcy Mocy Morontialnej.*
1. Regulatorzy obwodów.
2. Koordynatorzy systemu.
3. Opiekunowie planetarni.
4. Łączni kontrolerzy.
5. Stabilizatorzy łączności.
6. Selekcyjni segregatorzy.
7. Archiwiści pomocniczy.

VII. *KORPUS STAŁEGO OBYWATELSTWA.*
1. Planetarni pośredni.
2. Adamiczni Synowie systemów.
3. Univitaci konstelacji.
4. Susaci wszechświata lokalnego.
5. Zespoleni z Duchem śmiertelnicy wszechświatów lokalnych.
6. Abandonterzy superwszechświata.
7. Zespoleni z Synem śmiertelnicy superwszechświatów.
8. Mieszkańcy Havony.
9. Mieszkańcy rajskich sfer Ducha.
10. Mieszkańcy Ojcowskich sfer Raju.
11. Stworzeni Obywatele Raju.
12. Zespoleni z Dostrajaczem śmiertelnicy-Obywatele Raju.

Jest to klasyfikacja robocza osobowości superwszechświatowych, tak jak są one zapisane na świecie zarządu, Uversie.

MIESZANE GRUPY OSOBOWOŚCI. W zapisach Uversy znajdują się liczne, dodatkowe grupy istot inteligentnych, które są również blisko związane z organizacją i administracją wielkiego wszechświata. Wśród takich klas znajdują się trzy następujące, mieszane grupy osobowości:

A. *Rajskie Korpusy Finalizmu.*
1. Korpus Śmiertelników-Finalistów.
2. Korpus Rajskich Finalistów.
3. Korpus Utrójcowionych Finalistów.
4. Korpus Połączonych Utrójcowionych Finalistów.
5. Korpus Finalistów Havony.
6. Korpus Finalistów Transcendentalnych.
7. Korpus Nieobjawionych Synów Przeznaczenia.

Korpusem Finalizmu Śmiertelników zajmuje się następny i ostatni przekaz z tej serii.

B. *Wszechświatowi Pomocnicy.*
1. Gwiazdy Jasne i Poranne.
2. Gwiazdy Błyszczące Wieczorne.
3. Archaniołowie.
4. Asystenci Najwyższych Ojców.
5. Wysocy Komisarze.
6. Niebiańscy Nadzorcy.
7. Nauczyciele Światów-Mieszkań.

Na wszystkich światach stołecznych, zarówno wszechświatów lokalnych jak i superwszechświatów, zabezpieczone są miejsca pobytu dla tych istot, które zajmują się specyficznymi misjami pełnionymi dla Synów Stwórców, władców wszechświatów lokalnych. Chętnie gościmy tych *Wszechświatowych Pomocników* na Uversie, ale nie mamy nad nimi jurysdykcji. Emisariusze tacy wykonują swą pracę i prowadzą swe obserwacje z upoważnienia Synów Stwórców. Ich działalność jest dokładniej opisana w opowiadaniach o waszym wszechświecie lokalnym.

C. *Siedem Kolonii Kurtuazyjnych.*
1. Obserwatorzy gwiazd.
2. Twórcy niebiańscy.
3. Organizatorzy powrotu.
4. Wykładowcy szkół przygotowawczych.
5. Różne korpusy rezerwowe.
6. Odwiedzający badacze.
7. Wznoszący się pielgrzymi.

Siedem grup tych istot, tak zorganizowanych i odpowiednio zarządzanych, znaleźć można na wszystkich światach zarządu, od systemów lokalnych w górę, aż do stolic superwszechświatów, zwłaszcza w tych ostatnich. Stolice siedmiu superwszechświatów są miejscami spotkania wszystkich niemalże klas i porządków istot inteligentnych. Widzi się tutaj i poznaje wszystkie grupy istot posiadających wolę, z każdego stadium egzystencji, za wyjątkiem licznych grup istot z Raju-Havony.

3. KOLONIE KURTUAZYJNE

Na sferach zaprojektowanych przebywa, przez dłuższy lub krótszy czas, siedem kolonii kurtuazyjnych; pełnią tam swoje misje i wykonują specjalne zadania. Działalność ich można określić następująco.

1. *Obserwatorzy gwiazd,* niebiańscy astronomowie, jako miejsce swej pracy wybierają sfery takie jak Uversa, ze względu na to, że specjalnie zbudowane światy znajdują się w wyjątkowo korzystnym punkcie dla ich obserwacji i obliczeń. Z punktu widzenia działalności tej kolonii, Uversa usytuowana jest korzystnie, nie tylko ze względu na swą centralną lokalizację, ale również z tego powodu, że nie ma w jej pobliżu aktywnych lub wygasłych słońc, mogących zakłócać strumienie energii. Ci obserwatorzy nie są w żaden sposób organizacyjnie związani z administracją superwszechświata, są po prostu gośćmi.

Kolonia astronomiczna Uversy składa się z jednostek pochodzących z wielu pobliskich domen, z wszechświata centralnego a nawet z Norlatiadeku. Każda istota, z każdego świata, z dowolnego systemu jakiegokolwiek wszechświata, może zostać obserwatorem gwiazd, może ubiegać się o przystąpienie do któregoś z korpusów astronomów niebiańskich. Jedynymi wymaganiami są: nieprzerwane życie i odpowiednia znajomość światów przestrzeni, zwłaszcza ich praw fizycznych dotyczących ewolucji i kontroli. Nie wymaga się od obserwatorów gwiazd, aby służyli wiecznie w danym korpusie, jednak, jeśli ktoś raz zostanie przyjęty do takiej grupy, nie może odejść przed upływem tysiąca lat czasu Uversy.

Kolonia obserwatorów gwiazd na Uversie liczy obecnie ponad milion członków. Ci astronomowie przychodzą i odchodzą, aczkolwiek niektórzy z nich pozostają stosunkowo długo. Prowadzą swą pracę przy pomocy mnóstwa instrumentów mechanicznych i sprzętu materialnego; w znacznym stopniu pomagają im Samotni Posłańcy i inni duchowi odkrywcy. Przy obserwacji gwiazd i przy pomiarach przestrzeni, astronomowie niebiańscy stale używają żywych przetwarzaczy energii oraz przekaźników, jak również osobowości zwierciadlanych. Badają wszystkie formy i stadia materii w przestrzeni oraz przejawy energii, a interesują się tak samo funkcjonowaniem siły jak i zjawiskami gwiezdnymi; nic w całej przestrzeni nie ujdzie ich uwadze.

Podobne kolonie astronomów spotkać można na światach stołecznych sektorów superwszechświata, jak również na zaprojektowanych stolicach wszechświatów lokalnych oraz w ich sekcjach administracyjnych. Za wyjątkiem Raju, wiedza nie jest nieodłączną cechą bytu; zrozumienie wszechświata materialnego zależy w znacznej mierze od obserwacji i badań.

2. *Twórcy niebiańscy* służą we wszystkich siedmiu superwszechświatach. Wznoszący się śmiertelnicy po raz pierwszy stykają się z tymi grupami istot na swej morontialnej drodze, we wszechświecie lokalnym i przy omawianiu tego wszechświata twórcy niebiańscy będą również szczegółowo omawiani.

3. *Organizatorzy powrotu* są inspiratorami odpoczynku i humoru – powrotu do wspomnień z przeszłości. W znacznym stopniu ułatwiają praktyczne funkcjonowanie schematu postępowego wznoszenia się śmiertelnika, zwłaszcza we wczesnych stadiach przemian morontialnych i doświadczenia duchowego. Opowiadanie o nich należy do narracji o egzystencji śmiertelnika we wszechświecie lokalnym.

4. *Wykładowcy szkół przygotowawczych.* Każdy kolejny, wyższy świat, zamieszkiwany na drodze wznoszenia się, utrzymuje zawsze silny korpus nauczycielski w świecie znajdującym się tuż poniżej, rodzaj szkoły przygotowawczej dla posuwających się naprzód mieszkańców takiej sfery; dotyczy to okresu awansowania pielgrzymów czasu w schemacie wznoszenia się. Te szkoły, ich metody nauczania i egzaminowania, są niepodobne do niczego, co próbujecie robić w tych sprawach na Urantii.

Cały plan rozwojowego wznoszenia się śmiertelnika cechuje zasada dawania innym istotom nowej prawdy i doświadczenia tak szybko, jak się je nabywa. Wypracowujecie waszą drogę do Raju przez długotrwałe uczenie się, służąc za nauczycieli tym uczniom, którzy są tuż za wami na skali rozwoju.

5. *Różne korpusy rezerwowe.* Znaczne rezerwy istot, nie będących pod naszym bezpośrednim nadzorem, zgromadzone są na Uversie jako rezerwowa kolonia-korpus. Istnieje siedemdziesiąt podstawowych sekcji tej kolonii na Uversie a otrzymanie zezwolenia na spędzenie pewnego czasu z tymi, nadzwyczajnymi osobowościami, jest bardzo korzystne w procesie nauczania. Podobne, ogólne rezerwy, utrzymywane są na

Salvingtonie oraz na innych stolicach wszechświata; do aktywnej służby istoty te są wysyłane na żądanie szefów ich poszczególnych grup.

6. *Odwiedzający badacze.* Stały strumień niebiańskich gości, z całego wszechświata, przepływa przez różne światy zarządu. Rozmaite typy istot gromadzą się u nas jako jednostki i jako klasy, w charakterze obserwatorów, uczniów uczestniczących w wymianie i studentów pomocników. W tej kolonii kurtuazyjnej na Uversie przebywa obecnie ponad miliard osób. Niektórzy goście pozostają w kolonii jeden dzień, inni mogą pozostawać rok, wszystko zależy od rodzaju ich misji. Kolonia ta zawiera prawie wszystkie klasy istot wszechświatowych, za wyjątkiem osobowości Stwórców i śmiertelników morontialnych.

Śmiertelnicy morontialni funkcjonują jako odwiedzający badacze tylko w granicach tego wszechświata lokalnego, z którego pochodzą. Mogą odwiedzać w kompetencjach superwszechświatowych dopiero po osiągnięciu statusu duchowego. Połowę kolonii naszych gości stanowią istoty będące „przejazdem", gdzieś w drodze, które się zatrzymały, aby odwiedzić stolicę Orvontonu. Osobowości te mogą wykonywać wszechświatowe zadania albo korzystać z wolnego czasu – wolności od przydziału. Przywilej podróży śródwszechświatowej oraz dokonywania obserwacji jest częścią drogi życiowej wszystkich wznoszących się istot. Ludzkie zamiłowanie do podróży, do oglądania nowych ludzi i światów, będzie w pełni zaspokojone podczas długiej i obfitującej w wydarzenia wspinaczki do Raju, przez wszechświat lokalny, superwszechświat i wszechświat centralny.

7. *Wznoszący się pielgrzymi.* Kiedy wznoszący się pielgrzymi przydzielani zostają do różnorodnych służb, w związku ze swym rozwojem na drodze do Raju, rozmieszczani są jako kolonie kurtuazyjne na różnych sferach zarządu. Grupy takie, kiedy działają tu i ówdzie w całym superwszechświecie, przeważnie są samorządne. Kolonie takie wciąż się przenoszą a obejmują one wszystkie klasy śmiertelników ewolucyjnych i ich wznoszących się towarzyszy.

4. WZNOSZĄCY SIĘ ŚMIERTELNICY

Kiedy śmiertelnicy czasu i przestrzeni, którzy przetrwali śmierć, zostaną mianowani *wznoszącymi się pielgrzymami*, kiedy zostaną upoważnieni do progresywnego wznoszenia się do Raju, są istotami ewolucyjnymi zajmującymi tak ważne miejsce w tych narracjach, że chcemy tutaj przedstawić streszczenie siedmiu następujących stadiów ich drogi wznoszenia się we wszechświecie:

1. Śmiertelnicy planetarni.
2. Śpiący przetrwali.
3. Studenci światów-mieszkań.
4. Zaawansowani w morontii.
5. Podopieczni superwszechświata.
6. Pielgrzymi Havony.
7. Przybywający do Raju.

Poniżej przedstawiamy opowieść o drodze przez wszechświat śmiertelnika, zamieszkałego przez Dostrajacza. Zespoleni z Synem i z Duchem śmiertelnicy też uczestniczą w odcinkach tej drogi, postanowiliśmy jednak przedstawić tę historię, gdyż dotyczy ona zespolonych z Dostrajaczem śmiertelników, a takiego przeznaczenia może się spodziewać cały gatunek ludzki z Urantii.

1. *Śmiertelnicy planetarni.* Wszyscy śmiertelnicy są pochodzącymi od zwierząt istotami ewolucyjnymi, z potencjałem wznoszenia się. Jeśli idzie o pochodzenie, naturę i przeznaczenie, rozmaite grupy i typy istot ludzkich nie różnią się zbytnio od ludzi z Urantii. Na każdym ze światów gatunki ludzkie korzystają z takiej samej opieki Synów Boga i z obecności usługujących duchów czasu. Po naturalnej śmierci, wszystkie wznoszące się gatunki bratają się na światach-mieszkaniach, jako jedna morontialna rodzina.

2. *Śpiący przetrwali.* Wszyscy śmiertelnicy ze statusem wiecznego życia, znajdujący się pod opieką osobistych opiekunów przeznaczenia, przechodzą bramy naturalnej śmierci i w trzecim okresie uosabiają się na światach-mieszkaniach. Istoty zatwierdzone do przyjęcia, które z jakiegokolwiek powodu nie mogły osiągnąć tego poziomu władania inteligencją i takiego uduchowienia, które mogłoby upoważniać ich do posiadania osobistych opiekunów, nie mogą natychmiast i bezpośrednio iść do światów mieszkań. Takie przetrwałe dusze muszą spoczywać w nieświadomym śnie aż do dnia sądu na początku nowej epoki, do nowego systemu sprawiedliwości – przyjścia Syna Bożego wzywającego na apel wieków i osądzającego domenę; taki zwyczaj jest ogólnie przyjęty na obszarze całego Nebadonu. To właśnie powiedziano o Chrystusie Michale, kiedy skończył swą pracę na Ziemi i wstąpił na wysokości – „powiódł ze sobą wielu jeńców". A ci jeńcy to przetrwali śmiertelnicy, śpiący od czasów Adama aż do dnia zmartwychwstania Mistrza na Urantii.

Dla śpiących śmiertelników upływ czasu nie ma znaczenia; są oni zupełnie nieświadomi i niepomni długości swego snu. Przy ponownym składaniu osobowości, na koniec epoki, ci co przespali pięć tysięcy lat nie będą się zachowywać inaczej niż ci, którzy odpoczywali pięć dni. Oprócz opóźnienia czasowego, tacy przetrwali śmiertelnicy przechodzą porządek wznoszenia się identyczny z tymi, którzy uniknęli dłuższego czy krótszego snu śmierci.

Te klasy pielgrzymów ze światowych systemów sprawiedliwości, zaangażowane są w morontialne działania grupowe, podczas swej pracy we wszechświatach lokalnych. Z gromadzenia tak wielkich grup wynikają znaczne korzyści; dzięki temu trzymają się one razem przez długi czas efektywnej służby.

3. *Studenci światów-mieszkań.* Wszyscy śmiertelnicy, którzy przetrwali śmierć i obudzili się na nowo na światach-mieszkaniach, należą do tej klasy.

Materialne, śmiertelne ciało, nie bierze udziału w ponownym składaniu śpiącego przetrwałego; materialne ciało wraca do prochu. Przydzielający serafin daje nowe ciało, formę morontialną, stanowiącą nowy nośnik życia dla nieśmiertelnej duszy oraz dla zamieszkania przez powracającego Dostrajacza. Dostrajacz jest opiekunem duchowej kopii umysłu śpiącego przetrwałego. Przydzielony serafin jest opiekunem przetrwałej tożsamości – nieśmiertelnej duszy – tak dalece, jak się ona ukształtowała. A gdy tych dwóch, Dostrajacz i serafin, złączą na nowo powierzoną im osobowość, nowa jednostka jest zmartwychwstałą, dawną osobowością, jest trwaniem rozwijającej się, morontialnej tożsamości duszy. Takie ponowne połączenie duszy i Dostrajacza jest zupełnie poprawnie nazywane zmartwychwstaniem, ponownym połączeniem czynników osobowości; ale nawet to nie wyjaśnia w całej pełni ponownego pojawienia się przeżywającej śmierć *osobowości.* Choć prawdopodobnie nigdy nie zrozumiecie, na czym polegają te niewytłumaczalne procesy, kiedyś sami doświadczycie ich naprawdę, jeśli nie odrzucicie planu wiecznego życia śmiertelników.

Plan wstępnego zatrzymania śmiertelnika, na siedmiu światach stopniowego nauczania, jest nieomal powszechny w Orvontonie. W każdym systemie lokalnym, zawierającym w przybliżeniu tysiąc zamieszkałych planet, znajduje się siedem światów-mieszkań, zazwyczaj satelitów czy podsatelitów stolicy systemu. Są to te światy, które przyjmują większość wznoszących się śmiertelników.

Czasami wszystkie światy szkoleniowe, na których przebywają śmiertelnicy, zwane są wszechświatowymi „mieszkaniami" i to właśnie do tych sfer nawiązywał Jezus, gdy mówił: „W domu Ojca mojego wiele jest mieszkań". Z tego miejsca właśnie, w obrębie danej grupy sfer takich jak światy-mieszkania, wznoszący się będą indywidualnie iść naprzód, z jednej sfery do drugiej, od jednego stadium życia do innego, ale z jednego stadium wszechświatowych studiów do innego zawsze będą promowani klasami.

4. *Zaawansowani w morontii.* Gdy śmiertelnicy posuwają się w górę, ze światów mieszkań przez sfery systemu, konstelacji i wszechświata, klasyfikowani są jako zaawansowani w morontii; przemierzają przejściowe sfery wznoszenia się śmiertelników. Jak wznoszący się śmiertelnicy posuwają się od niższych do wyższych światów moron tialnych, dostają niezliczone zadania do wykonania, pracują ze swymi nauczycielami oraz w towarzystwie bardziej zaawansowanych, starszych braci.

Postęp w morontii odnosi się do ciągłego rozwoju intelektu, ducha i formy osobowości. Ci, którzy przetrwali śmierć, nadal są istotami o potrójnej naturze. Przez całe doświadczenie morontialne są oni podopiecznymi wszechświata lokalnego. Zanim się nie rozpocznie działalność duchowa, porządek superwszechświata nie funkcjonuje.

Prawdziwą tożsamość duchową zdobywają śmiertelnicy tuż przed opuszczeniem zarządu wszechświata lokalnego, gdy idą do światów przyjmujących mniejszych sektorów superwszechświata. Przejście od końcowego stadium morontialnego do pierwszego, niższego stanu duchowego, jest drobną zaledwie przemianą. Umysł, osobowość i charakter nie zmieniają się przez takie zaawansowanie; przeobrażenie przechodzi jedynie forma. Forma duchowa jest po prostu tak samo rzeczywista jak ciało morontialne i tak samo dostrzegalna.

Przed odlotem z rodzimych wszechświatów lokalnych do światów przyjmujących superwszechświata, śmiertelnicy czasu dostają konfirmację duchową od Syna Stwórcy i Matki Ducha wszechświata lokalnego. Od tego momentu status wznoszącego się śmiertelnika jest na zawsze ustalony. Nigdy nie słyszano, aby podopieczni superwszechświata pobłądzili. Podczas odlotu z wszechświatów lokalnych, wznoszący się serafini również awansują w swej pozycji anielskiej.

5. *Podopieczni superwszechświata.* Wszyscy wznoszący się śmiertelnicy, którzy przybywają do światów szkoleniowych superwszechświata, zostają podopiecznymi Pradawnych Czasu; przeżyli oni życie morontialne wszechświatów lokalnych a teraz uznani są za duchy. Jako młode duchy zaczynają się wznosić w systemie szkolenia i kultury superwszechświata, rozciągającym się od sfer przyjmujących mniejszego sektora, przez światy szkoleniowe dziesięciu większych sektorów, aż do wyższych sfer kulturowych w zarządzie superwszechświata.

Istnieją trzy klasy studentów-duchów, w zależności od ich pobytu w sektorze mniejszym, sektorach większych oraz na światach duchowego postępu zarządu superwszechświata. Tak jak istoty wznoszące się w morontii uczą się i pracują na światach wszechświata lokalnego, tak i wznoszący się w duchu wciąż opanowują zagadnienia nowych światów, gdy praktykują dawanie innym tego, co zdobyli u empirycznych źródeł wiedzy. Jednak nauka szkolna, gdy jest się istotą duchową idącą przez superwszechświat, nie ma odpowiednika w niczym, co kiedykolwiek się pojawiło w domenach wyobraźni materialnego umysłu ludzkiego.

Te wznoszące się duchy, zanim odlecą z superwszechświata do Havony, otrzymują tak samo gruntowne przeszkolenie w zarządzaniu superwszechświatem, jak podczas praktyki morontialnej otrzymały w nadzorowaniu wszechświata lokalnego. Zanim duchowi śmiertelnicy dotrą do Havony, głównym przedmiotem ich nauki, choć niewyłącznym zajęciem, jest zdobywanie biegłości w administracji wszechświata lokalnego i superwszechświata. Przyczyna całej tej praktyki nie jest zupełnie jasna, ale szkolenie to niewątpliwie jest mądre i konieczne, gdy się bierze pod uwagę możliwe przyszłe przeznaczenie członków Korpusu Finalizmu.

Droga przez porządek superwszechświata nie jest identyczna dla wszystkich wznoszących się śmiertelników. Otrzymują oni taką samą edukację ogólną, ale specjalne grupy i klasy przechodzą specjalne szkolenia instruktażowe i kierowane są na specyficzne kursy szkoleniowe.

6. *Pielgrzymi Havony.* Gdy kształtowanie się ducha jest zakończone, choć jeszcze nie w całej pełni, żyjący wiecznie śmiertelnik przygotowuje się do długiego lotu do Havony, do nieba duchów ewolucyjnych. Na Ziemi byliście istotami z krwi i kości; po drodze przez wszechświat lokalny byliście istotami morontialnymi; idąc przez superwszechświat byliście rozwijającymi się duchami; wraz z przybyciem do światów przyjmujących Havony wasza edukacja duchowa zaczyna się w rzeczywistości i na serio; gdy w końcu zjawicie się w Raju, będziecie duchami doprowadzonymi do doskonałości.

Drogę z zarządu superwszechświata do przyjmujących sfer Havony odbywa się zawsze w pojedynkę. Odtąd nie będzie już nauki w klasie czy grupie. Znacie na wylot nauczanie formalne i administracyjne światów ewolucyjnych czasu i przestrzeni. Teraz zaczyna się wasza *edukacja osobista*, wasze indywidualne nauczanie duchowe. Od początku do końca, przez całą Havonę, instruktaż jest osobisty i ma trojaką naturę: intelektualną, duchową i empiryczną.

Pierwszą rzeczą, jaką zrobicie w Havonie, będzie rozpoznanie waszego sekonafina transportującego i podziękowanie mu za długą i bezpieczną podróż. Potem zostaniecie przedstawieni tym istotom, które będą patronować waszej wczesnej działalności w Havonie. Następnie pójdziecie zarejestrować wasze przybycie i przygotować posłanie dziękczynne za wysłanie was tutaj, wraz z adoracją dla Syna Stwórcy z waszego wszechświata lokalnego, Ojca wszechświata, który umożliwił waszą działalność na drodze synostwa. To kończy formalności związane z przybyciem do Havony, po czym dostajecie dużo wolnego czasu na swobodną obserwację; i to daje wam możliwość poszukiwania waszych przyjaciół, współpracowników i towarzyszy z długiego doświadczenia wznoszenia się. Możecie także sprawdzić transmisję i dowiedzieć się, kto z waszych współbraci pielgrzymów odleciał do Havony, od czasu, kiedy opuściliście Uversę.

Fakt waszego przybycia do światów przyjmujących Havony będzie przekazany do zarządu waszego wszechświata lokalnego i osobiście doręczony waszemu opiekunowi seraficznemu, gdziekolwiek mógłby ten serafin przebywać.

Wznoszący się śmiertelnicy zostali gruntownie przeszkoleni w sprawach ewolucyjnych światów przestrzeni; teraz zaczynają swój długi i owocny kontakt ze sferami stworzonymi w doskonałości. Jak wspaniałe przygotowanie dla pewnej przyszłej pracy daje takie łączne, unikalne i nadzwyczajne doświadczenie! Jednak nie potrafię wam opowiedzieć o Havonie; musicie zobaczyć te światy, aby ocenić ich chwałę i zrozumieć ich majestat.

7. *Przybywający do Raju.* Przybywając do Raju, ze statusem jego stałego mieszkańca, rozpoczynacie progresywny kurs boskości i absoniczności. Wasze zamieszkanie w Raju oznacza, że znaleźliście Boga i że będziecie zgromadzeni w Korpusie Finalizmu Śmiertelników. Ze wszystkich istot wielkiego wszechświata jedynie ci, którzy są zespoleni z Ojcem, gromadzą się w Korpusie Finalizmu Śmiertelników. Tylko takie jednostki składają przysięgę finalisty. Inne istoty rajskiej perfekcji czy dostąpienia mogą być tymczasowo dołączone do korpusu finalizmu, ale nie są przydzielane na wieczność do nieznanej i nie objawionej misji tych gromadzących się zastępów, ewolucyjnych i doprowadzonych do doskonałości weteranów czasu i przestrzeni.

Przybywającym do Raju przyznaje się czas wolny, po czym nawiązują oni kontakty z siedmioma grupami supernafinów klasy pierwszej. Kiedy ukończą szkolenie z przewodnikami czczenia, są nazywani rajskimi absolwentami, a potem jako finaliści są przydzielani do służby obserwacji i współpracy, aż do krańców rozległej kreacji. Wydaje się, że jak dotąd nie ma specyficznego czy stałego zatrudnienia dla Korpusu Finalistów-Śmiertelników, chociaż służą oni na różnych stanowiskach na światach ustanowionych w światłości i życiu.

Gdyby nie było przyszłego, nie objawionego przeznaczenia dla Korpusu Finalizmu Śmiertelników, obecny przydział tych wzniosłych istot byłby w zupełności odpowiedni i chwalebny. Ich obecne przeznaczenie uzasadnia w całej pełni wszechświatowy plan ewolucyjnego wznoszenia się. Jednak w przyszłych epokach ewolucji sfer przestrzeni zewnętrznej, mądrość i miłosierna łaskawość Bogów będą bez wątpienia dalej wypracowywane oraz obficiej bosko wyjaśniane, podczas wdrażania w życie Boskiego planu wiecznego życia i wznoszenia się śmiertelników.

Narracja ta, razem z tym, co zostało wam objawione oraz z tym, co możecie przyswoić z nauczania dotyczącego waszego świata, przedstawia zarys drogi wznoszenia się śmiertelnika. Proces ten jest dość zróżnicowany w różnych superwszechświatach, ale to opowiadanie daje krótki zarys przeciętnego planu rozwoju śmiertelnika, tak jak jest on wdrażany we wszechświecie lokalnym Nebadon oraz w siódmym segmencie wielkiego wszechświata, w superwszechświecie Orvonton.

[Nadzorowane przez Możnego Posłańca z Uversy].

PRZEKAZ 31

KORPUS FINALIZMU

KORPUS Śmiertelników-Finalistów stanowi znany obecnie cel tych wznoszących się śmiertelników czasu, którzy są zespoleni z Dostrajaczem. Inne grupy istot są także przydzielone do tego korpusu. Pierwszy korpus finalistów składa się z następujących grup:

1. Mieszkańcy Havony.
2. Posłańcy Grawitacji.
3. Gloryfikowani śmiertelnicy.
4. Przybrani serafini.
5. Gloryfikowani Synowie Materialni.
6. Gloryfikowane istoty pośrednie.

Sześć zespołów tych gloryfikowanych istot tworzy unikalną grupę, której przeznaczenie jest wieczne. Uważamy, że wiemy, jaka będzie ich przyszła działalność, ale nie jesteśmy tego zupełnie pewni. Podczas gdy Korpus Finalizmu Śmiertelników zbiera się teraz w Raju i kiedy jego członkowie służą tak szeroko we wszechświatach przestrzeni i kierują światami ustanowionymi w światłości i życiu, ich przyszłym przeznaczeniem muszą być organizujące się teraz wszechświaty przestrzeni zewnętrznej. Tak się przynajmniej przypuszcza na Uversie.

Korpus zorganizowany jest zgodnie z roboczymi powiązaniami ze światów przestrzeni i z doświadczeniem w związkach partnerskich, nabytym podczas długiej i pełnej wydarzeń drogi wznoszenia się. Wszystkie wznoszące się istoty, przyjmowane do tego korpusu, traktowane są jako równe, jednak ta podniosła równość w żaden sposób nie niweluje indywidualności ani nie niszczy tożsamości osobistej. Gdy porozumiewamy się z finalistą, natychmiast możemy zauważyć, czy jest on wzniosłym śmiertelnikiem, mieszkańcem Havony, przybranym serafinem, istotą pośrednią czy też Synem Materialnym.

W obecnej epoce wszechświata finaliści wracają, aby służyć we wszechświatach czasu. Są przydzielani do pracy kolejno w różnych superwszechświatach, ale nigdy w swoim rodzimym superwszechświecie, dopóki nie odsłużą we wszystkich pozostałych sześciu superkreacjach. W ten sposób mogą przyswoić sobie siedmioraką ideę Istoty Najwyższej.

Jedna albo i więcej kompanii śmiertelników-finalistów cały czas służy na Urantii. Nie ma domeny w służbie wszechświatowej, do której finaliści nie byliby przydzieleni; działają wszędzie, mając na przemian równe okresy przydzielonych obowiązków i wolnej służby.

Nie mamy żadnej idei odnośnie rodzaju przyszłej organizacji tej nadzwyczajnej grupy, ale obecnie finaliści stanowią ciało w pełni samorządne. Wybierają swych własnych liderów i szefów, stałych, tymczasowych i dla określonych zadań. Żaden czynnik zewnętrzny nie może wpłynąć na ich zasady postępowania a ich przysięga wierności obowiązuje tylko wobec Rajskiej Trójcy.

Finaliści prowadzą swe własne zarządy w Raju, w superwszechświatach i we wszechświatach lokalnych, jak również we wszystkich stolicach ich sekcji. W kreacji ewolucyjnej stanowią wydzieloną klasę. Nie kierujemy nimi ani ich bezpośrednio nie kontrolujemy a przecież są oni wobec nas absolutnie lojalni i zawsze współpracują przy realizacji wszystkich naszych planów. Są doprawdy duszami czasu i przestrzeni, coraz liczniejszymi, sprawdzonymi i prawdziwymi – ewolucyjną solą wszechświata – i na za wsze są odporni na zło i zabezpieczeni od grzechu.

1. MIESZKAŃCY HAVONY

Wielu mieszkańców Havony, którzy służą jako nauczyciele w szkołach nauczających pielgrzymów we wszechświecie centralnym, przywiązuje się bardzo do wznoszących się śmiertelników a jeszcze bardziej intryguje ich przyszła działalność i przeznaczenie Korpusu Śmiertelników-Finalistów. Jest w Raju, w administracyjnym zarządzie korpusu, rejestr ochotników z Havony, który prowadzi towarzysz Grandfandy. Dziś na tej liście oczekujących znajdziecie wiele milionów mieszkańców Havony. Te doskonałe istoty, powstałe aktem Boskiego i bezpośredniego stworzenia, służą wielką pomocą Korpusowi Finalizmu Śmiertelników a bez wątpienia będą jeszcze bardziej użyteczne w odległej przyszłości. Dają one punkt widzenia kogoś, zrodzonego w perfekcji i boskiej pełni. W ten sposób finaliści obejmują oba stadia egzystencji empirycznej – doskonałą i doprowadzoną do doskonałości.

Mieszkańcy Havony muszą posiąść pewien stopień rozwoju empirycznego, zdobywanego w kontaktach z istotami ewolucyjnymi, który będzie im umożliwiał obdarowanie ich fragmentem ducha Ojca Wszechświatowego. W korpusie Finalistów-Śmiertelników znajdują się na prawach stałych członków tylko te istoty, które zostały zespolone z duchem Pierwszego Źródła i Centrum, albo te, które tak jak Posłańcy Grawitacji, z natury mają w sobie ducha Boga Ojca.

Mieszkańcy wszechświata centralnego przyjmowani są do korpusu w stosunku jeden na tysiąc – na kompanię finalistów. Dla tymczasowej służby korpus zorganizowany jest w kompanie, złożone z tysiąca istot, w których jest 997 istot wznoszących się, na jednego rodowitego mieszkańca Havony i jednego Posłańca Grawitacji. Finaliści zorganizowani są w kompanie, ale przysięga finalisty składana jest indywidualnie. Jest to przysięga mająca ogromne konsekwencje i wieczne znaczenie. Rodowici mieszkańcy Havony składają taką samą przysięgę i zostają na zawsze włączeni do korpusu.

Rekruci z Havony idą razem z kompanią, do której zostali przydzieleni, gdzie idzie grupa, idą też oni. I powinniście zobaczyć ich entuzjazm dla nowej pracy w charakterze finalistów. Możliwość wstąpienia do Korpusu Finalizmu stanowi jedną z największych pasji Havony; zostanie finalistą jest jedną z najwspanialszych przygód tych doskonałych klas istot.

W tej samej proporcji, mieszkańcy Havony przyjmowani są także do Korpusu Połączonych Utrójcowionych Finalistów na Vicegeringtonie oraz do Korpusu Finalistów Transcendentalnych w Raju. Obywatele Havony uważają te trzy przeznaczenia za najwyższe cele ich niebiańskich misji, razem z ewentualnym przyjęciem do Korpusu Finalistów Havony.

2. POSŁAŃCY GRAWITACJI

Gdziekolwiek i kiedykolwiek działają Posłańcy Grawitacji, tam władzę sprawują finaliści. Wszyscy Posłańcy Grawitacji są wyłącznie pod jurysdykcją Grandfandy i przydzielani są tylko do podstawowego Korpusu Finalizmu. Dla finalistów są oni bezcenni, nawet teraz, a będą jeszcze bardziej pożyteczni w wiecznej przyszłości. Żadna inna grupa istot inteligentnych nie posiada takiego, uosobionego korpusu posłańców, zdolnych do przekraczania czasu i przestrzeni. Podobne typy posłańców-rejestratorów, przydzielone do innych korpusów finalistów, nie są uosobione – są absonifikowane.

Posłańcy Grawitacji przybywają z Diviningtonu i są to zmodyfikowani oraz uosobieni Dostrajacze, jednak nikt z naszej uversańskiej grupy nie podejmie się wytłumaczyć natury takiego posłańca. Wiemy, że są to istoty wysoce osobowe, boskie, inteligentne i bardzo wyrozumiałe, jednak nie rozumiemy ich bezczasowej techniki przemierzania przestrzeni. Wydaje się, że są kompetentni w używaniu wszelkich energii, obwodów a nawet grawitacji. Finaliści z korpusu śmiertelników nie mogą ignorować czasu i przestrzeni, mają jednak pod swoją komendą związane z nimi nieomal nieskończenie duchowe osobowości, a te potrafią to robić. Z zasady nazywamy Posłańców Grawitacji osobowościami, ale naprawdę są to istoty superduchowe, osobowości nieograniczone i niezmierzone. Należą do zupełnie innej klasy osobowości niż Samotni Posłańcy.

Posłańcy Grawitacji mogą być przydzielani do kompanii finalistów bez ograniczeń liczebnych, ale tylko jeden posłaniec, szef swych kolegów, jest przyjmowany do Korpusu Finalizmu Śmiertelników na stałe. Szefowi temu przydziela się jednak stały personel, w liczbie 999 kolegów posłańców, a w zależności od sytuacji może on powoływać na pomocników rezerwy tej klasy w liczbie nieograniczonej.

Posłańcy Grawitacji i gloryfikowani finaliści-śmiertelnicy darzą się bliskim i wzajemnym uczuciem; mają ze sobą wiele wspólnego. Jeden jest uosobionym bezpośrednio fragmentem Ojca Wszechświatowego, drugi osobowością stworzoną, istniejącą w żyjącej wiecznie, nieśmiertelnej duszy, zespolonej z duchowym Dostrajaczem Myśli, fragmentem tego samego Ojca Wszechświatowego.

3. GLORYFIKOWANI ŚMIERTELNICY

Wzniośli, zespoleni z Dostrajaczem śmiertelnicy, stanowią znaczną większość pierwszego Korpusu Finalizmu. Razem z przybranymi, gloryfikowanymi serafinami, tworzą zazwyczaj 990 członków każdej kompanii finalistów. W każdej takiej grupie proporcja śmiertelników i aniołów jest zróżnicowana, aczkolwiek śmiertelnicy znacznie przewyższają liczebnie serafinów. Mieszkańcy Havony, gloryfikowani Synowie Materialni, gloryfikowane istoty pośrednie, Posłańcy Grawitacji oraz nieznany i brakujący członek, stanowią zaledwie jeden procent korpusu; każda kompania, złożona z tysiąca finalistów, ma miejsce tylko dla dziesięciu takich osobowości, które nie są śmiertelnikami ani serafinami.

My, z Uversy, nie znamy „finalnego przeznaczenia" wznoszących się śmiertelników czasu. Teraz przebywają w Raju i służą tymczasowo w Korpusie Światłości i Życia, jednak tak gigantyczny kurs, odbywany w trakcie wznoszenia się oraz tak długa dyscyplina wszechświatowa, muszą mieć na celu przygotowanie ich do jeszcze większych prób i zadań, oraz bardziej wyszukanych, odpowiedzialnych służb.

Pomimo tego, że ci wznoszący się śmiertelnicy dotarli do Raju, zostali zgromadzeni w Korpusie Finalizmu a potem posłani w znacznej liczbie z powrotem, żeby brać udział w kierowaniu wszechświatami lokalnymi oraz do pomocy w administracji superwszechświata – w obliczu nawet tego *pozornego* przeznaczenia, pozostaje znaczącym faktem, że są oni rejestrowani zaledwie jako duchy szóstego stadium. Bez wątpienia pozostaje jeszcze jeden stopień działalności Korpusu Finalizmu Śmiertelników. Nie znamy natury tego stopnia, ale bierzemy pod uwagę trzy fakty, na które chcemy tutaj zwrócić uwagę:

1. Wiemy z zapisów, że śmiertelnicy są duchami pierwszej klasy, podczas ich pobytu w mniejszych sektorach i że awansują do drugiej klasy, kiedy są transponowani do sektorów większych, i do trzeciej, kiedy idą do centralnych światów szkoleniowych superwszechświata. Śmiertelnicy stają się czwartoklasistami albo duchami-absolwentami, po dotarciu do szóstej orbity Havony a zostają duchami klasy piątej, gdy odnajdą Ojca Wszechświatowego. Następnie dochodzą do szóstego stadium egzystencji duchowej, po złożeniu przysięgi, która mustruje ich na zawsze do pełnienia zadań wieczności w Korpusie Finalizmu Śmiertelników.

Zauważamy, że klasyfikację czy nominację duchową determinuje faktyczny awans, z jednej domeny służby wszechświatowej do innej domeny tej służby, lub z jednego wszechświata do innego wszechświata i przypuszczamy, że nadanie klasyfikacji siódmego ducha Korpusowi Finalizmu Śmiertelników nastąpi równocześnie z ich awansem do zadań wieczności, do służby w dotychczas nie zarejestrowanych i nie objawionych sferach, razem z dotarciem przez nich do Boga Najwyższego. Niezależnie jednak od tych śmiałych przypuszczeń, naprawdę nie wiemy nic więcej o tym wszystkim niż wiecie wy; nasza znajomość działalności śmiertelników nie wychodzi poza ich obecne, rajskie przeznaczenie.

2. Śmiertelnicy finaliści przestrzegali w całej pełni przykazania epok: „Bądźcie doskonali", wznieśli się wszechświatowym szlakiem dokonań śmiertelników, odnaleźli Boga oraz zostali odpowiednio wprowadzeni do Korpusu Finalizmu. Istoty takie osiągnęły obecny limit postępu duchowego, ale nie *finalizm ostatecznego statusu duchowego*; osiągnęły obecny limit doskonałości istoty stworzonej, ale nie *finalizm służby istoty*; doświadczyły pełni czczenia Bóstwa, ale nie *finalizmu docierania do Bóstwa empirycznego.*

3. Gloryfikowani śmiertelnicy z Rajskiego Korpusu Finalizmu są wzniosłymi istotami, posiadającymi empiryczną wiedzę o każdym stopniu aktualnego bytu oraz

filozofię najpełniejszego możliwego przeżywania inteligentnej egzystencji, kiedy podczas epok wznoszenia się, od najniższych światów materialnych do duchowych wyżyn Raju, te żyjące wiecznie istoty były szkolone do granic swych możliwości w sprawie każdego szczegółu każdej Boskiej zasady, odnoszącej się do sprawiedliwej i skutecznej, jak również miłosiernej i cierpliwej administracji całą wszechświatową kreacją czasu i przestrzeni.

Uważamy, że istoty ludzkie mogą podzielać nasze opinie, ale możecie również swobodnie snuć razem z nami domysły w sprawie tajemnicy ostatecznego przeznaczenia Rajskiego Korpusu Finalizmu. Wydaje się nam oczywiste, że obecne zadania, którymi zajmują się doprowadzone do doskonałości istoty ewolucyjne, mają charakter studiów podyplomowych w pojmowaniu wszechświata i w administracji superwszechświata; i wszyscy zadajemy sobie pytanie: „Dlaczego Bogowie tak wiele uwagi przykładają do tak gruntownego szkolenia żyjących wiecznie śmiertelników w metodach zarządzania wszechświatem?".

4. PRZYBRANI SERAFINI

Wielu wiernym, seraficznym opiekunom śmiertelników, pozwala się iść wznoszącą się drogą wraz z ich ludzkimi podopiecznymi i wielu tych aniołów stróżów, po zespoleniu z Ojcem, przyłącza się do swego podopiecznego, składa przysięgę finalisty na wieczność i akceptuje na zawsze przeznaczenie swego towarzysza śmiertelnika. Aniołowie, przechodzący doświadczenie wznoszenia się istot śmiertelnych, mogą dzielić przeznaczenie istoty ludzkiej; mogą tak samo być zamustrowani na wieczność do Korpusu Finalizmu. Spora liczba przyjętych, gloryfikowanych serafinów, przydzielana jest do różnych korpusów finalistów, innych niż te, do których należą śmiertelnicy.

5. GLORYFIKOWANI SYNOWIE MATERIALNI

We wszechświatach czasu i przestrzeni istnieje klauzula, na mocy której adamiczni obywatele systemów lokalnych mogą wystąpić z prośbą o zwolnienie ich ze statusu stałego obywatelstwa, gdy ich planetarny przydział znacznie się opóźnia. Gdy otrzymają taką zgodę, przyłączają się w stolicy wszechświata do wznoszących się pielgrzymów i stamtąd idą dalej, w kierunku Raju i Korpusu Finalizmu.

Gdy zaawansowany świat ewolucyjny wkracza w późne epoki światłości i życia, Synowie Materialni, Planetarny Adam i Planetarna Ewa, mogą zechcieć się uczłowieczyć, otrzymać Dostrajacze i zacząć podążać ewolucyjną drogą wszechświatowego wznoszenia się, wiodącą do Korpusu Śmiertelników-Finalistów. Niektórzy z tych Synów Materialnych częściowo chybili, albo zrobili proceduralne odstępstwo od swej misji przyspieszaczy biologicznych, jak to uczynił Adam na Urantii; zostali potem zmuszeni do pójścia naturalną drogą życiową ludzi z ich domen, otrzymali Dostrajacze, doznali śmierci i dzięki wierze przeszli porządek wznoszenia się, docierając w końcu do Raju i do Korpusu Finalizmu.

Tacy Synowie Materialni są w niewielu tylko kompaniach finalistów. Ich obecność zwiększa znacznie potencjał grupy, gdy idzie o możliwości pełnienia wzniosłej służby i nieodmiennie są oni wybierani na jej liderów. Jeśli oboje z pary edenicznej są przydzieleni do tej samej grupy, mają zazwyczaj zezwolenie działać wspólnie jako jedna osobowość. Takie wzniosłe pary osiągają znacznie częściej sukces w przygodzie utrójcowienia niż wznoszący się śmiertelnicy.

6. GLORYFIKOWANE ISTOTY POŚREDNIE

Na wielu planetach istoty pośrednie stwarzane są w znacznych ilościach, ale rzadko pozostają na swym rodzimym świecie po ustanowieniu go w światłości i życiu. W tym czasie albo krótko potem, istoty te zwalniane są ze statusu stałego obywatelstwa i zaczynają wznoszenie się do Raju, przechodzą w towarzystwie śmiertelników czasu i przestrzeni światy morontialne, superwszechświat i Havonę.

Istoty pośrednie z różnych wszechświatów są znacznie zróżnicowane w swym pochodzeniu i naturze, ale przeznaczeniem ich wszystkich jest ten czy inny rajski korpus finalizmu. Wszyscy pośredni wtórni zostają w końcu zespoleni z Dostrajaczem i zamustrowani do korpusu śmiertelników. Wiele kompanii finalistów posiada w swej grupie jedną z tych gloryfikowanych istot.

7. EWANGELIŚCI ŚWIATŁOŚCI

W chwili obecnej każda kompania finalistów liczy 999 osobowości ze statusem zaprzysiężonych, stałych członków. Wolne miejsce zajmuje szef przydzielanych do kompanii Ewangelistów Światłości, wyznaczany do każdej specyficznej misji. Jednak istoty te są tylko przejściowymi członkami korpusu.

Jakakolwiek niebiańska osobowość, przydzielona do służby w dowolnym korpusie finalistów, nazywana jest Ewangelistą Światłości. Istoty te nie składają przysięgi finalisty i chociaż podlegają organizacji korpusu, nie są do niego przydzielane na stałe. Grupa taka może obejmować Samotnych Posłańców, supernafinów, sekonafinów, Obywateli Raju albo ich utrójcowione potomstwo – każdą istotę potrzebną do wykonania przejściowego zadania finalisty. Nie wiemy, czy te istoty przydzielane są do wiecznej misji korpusu. Ewangeliści Światłości, po zakończeniu swego zadania, wracają do swego pierwotnego statusu.

Jest sześć klas stałego członkostwa w Korpusie Finalizmu Śmiertelników, tak jak Korpus jest teraz ukonstytuowany. Finaliści, jak się tego można spodziewać, zajmują się wieloma domysłami w sprawie tożsamości ich przyszłych towarzyszy, ale nie ma wśród nich zgodności poglądów na ten temat.

My z Uversy często snujemy przypuszczenia na temat tożsamości siódmej grupy finalistów. Rozważamy wiele idei odnośnie ewentualnego przeznaczenia pewnych, gromadzących się korpusów licznych utrójcowionych grup istot w Raju, na Vicegeringtonie oraz na wewnętrznej orbicie Havony. Przypuszcza się nawet, że Korpus Finalizmu może dostać zezwolenie na utrójcowienie wielu tych istot, które pomagają w administracji wszechświatowej, na wypadek, gdyby ich przeznaczeniem była służba we wszechświatach obecnie tworzonych.

Niektórzy z nas są przekonani, że wolne miejsce w korpusie zapełnione będzie pewnym rodzajem istot, pochodzących z tego, nowego wszechświata, gdzie korpus w przyszłości będzie służył; inni skłaniają się ku przypuszczeniom, że miejsce to będzie zajęte przez pewien typ rajskiej osobowości jeszcze nie stworzonej, wynikniętej lub utrójcowionej. Jednak najprawdopodobniej będziemy musieli poczekać na wejście finalistów w ich siódme stadium dostąpienia duchowego, zanim naprawdę się tego dowiemy.

8. TRANSCENDENTALNI

Część rajskich doświadczeń doprowadzonego do doskonałości śmiertelnika polega na próbie zrozumienia natury i funkcji ponad tysiąca transcendentalnych grup superobywateli Raju, istot wynikowych o atrybutach absonicznych. Te kontakty z superosobowościami znacznie ułatwiają wzniosłym finalistom pożyteczne rady licznych klas transcendentalnych opiekunów, których zadaniem jest zapoznawanie rozwijających się finalistów z ich nowymi, rajskimi braćmi. Cała klasa Transcendentalnych żyje w zachodniej części Raju, na ogromnej powierzchni, którą tylko oni zajmują.

Przy omawianiu Transcendentalnych ograniczeni jesteśmy nie tylko limitowanym rozumowaniem człowieka, ale również ramami powiernictwa rządzącego tymi objawieniami, gdy idzie o osobowości rajskie. Istoty te nie są w żaden sposób związane ze wznoszeniem się śmiertelnika do Havony. Rozległe zastępy Rajskich Transcendentalnych nie mają nic zgoła do czynienia ze sprawami zarówno Havony jak i siedmiu superwszechświatów, zajmują się tylko superadministracją spraw wszechświata nadrzędnego.

Będąc istotami stworzonymi, możecie wyobrazić sobie Stwórcę, jednak raczej trudno wam będzie zrozumieć, że istnieje ogromna i zróżnicowana zbiorowość istot inteligentnych, które nie są ani Stwórcami ani stworzonymi. Transcendentalni nie stwarzają żadnych istot, jak również nigdy nie byli stworzeni. Aby uniknąć stosowania nowych terminów – określeń arbitralnych i bez znaczenia – sądzimy, że omawiając ich pochodzenie najlepiej będzie powiedzieć, iż Transcendentalni po prostu *wyniknęli*. Bóstwo-Absolut również mogło przyczynić się do ich początków i może mieć związek z ich przeznaczeniem, jednak te unikalne istoty nie są obecnie zdominowane przez Bóstwo-Absolut. Podlegają Bogu Ostatecznemu a ich obecny pobyt w Raju jest w każdym aspekcie kierowany i nadzorowany przez Trójcę.

Choć wszyscy śmiertelnicy, którzy dotarli do Raju, bratają się często tak z Transcendentalnymi jak i z Obywatelami Raju, okazuje się, że pierwszy ważniejszy kontakt człowieka z istotą Transcendentalną następuje podczas tej pamiętnej uroczystości, gdy wzniosły śmiertelnik, jako członek nowej grupy finalistów, stoi w kręgu przyjmowania finalistów a jego wieczystą przysięgę wierności dla Trójcy przyjmuje szef Transcendentalnych, przewodniczący Architektów Wszechświata Nadrzędnego.

9. ARCHITEKCI WSZECHŚWIATA NADRZĘDNEGO

Architekci Wszechświata Nadrzędnego stanowią ciało rządzące Rajskimi Transcendentalnymi. Ten korpus rządzący, liczący 28.011 osobowości, składa się z najwyższych umysłów, znakomitych duchów i niebiańskich absonitów. Urzędnik, który przewodniczy tej wspaniałej grupie, starszy Architekt Nadrzędny, jest szefem-koordynatorem wszystkich rajskich istot inteligentnych poniżej poziomu Bóstwa.

Szesnasta klauzula powiernictwa, upoważniającego do sporządzenia tych narracji, mówi: „Jeśli się uzna za wskazane, może zostać ujawnione istnienie Architektów Wszechświata Nadrzędnego oraz ich towarzyszy, ale ich początki, natura i przeznaczenie nie mogą być w pełni objawione". Możemy jednak was poinformować, że ci Nadrzędni Architekci istnieją na siedmiu poziomach absonitu. Siedem tych grup klasyfikuje się następująco:

1. *Poziom Raju.* Jedynie starszy, albo pierwszy wyniknięty Architekt, działa na tym, najwyższym poziomie absonitu. Ta ostateczna osobowość – ani nie Stwórca ani nie stworzony – wyniknął o świcie wieczności i teraz działa jako znakomity koordynator Raju oraz dwudziestu jeden światów związanych z nim działalności.
2. *Poziom Havony.* Wyniknięcie drugiego Architekta wydało trzech wyższych planistów i absonicznych administratorów, którzy zawsze się zajmowali koordynacją miliarda doskonałych sfer wszechświata centralnego. Tradycja Raju zapewnia, że ci trzej Architekci, korzystając z porady przedwynikniętego starszego Architekta, mieli udział w planowaniu Havony, ale tak naprawdę nie wiemy.
3. *Poziom superwszechświata.* Trzeci poziom absoniczny obejmuje siedmiu Nadrzędnych Architektów siedmiu superwszechświatów, którzy teraz, jako grupa, spędzają czas prawie po równo w towarzystwie Siedmiu Duchów Nadrzędnych w Raju oraz Siedmiu Najwyższych Wykonawców na siedmiu światach specjalnych Nieskończonego Ducha. Są oni superkoordynatorami wielkiego wszechświata.
4. *Pierwszy poziom przestrzeni.* W skład tej grupy wchodzi siedemdziesięciu Architektów i przypuszczamy, że zajmują się oni końcowym planowaniem pierwszego wszechświata przestrzeni zewnętrznej, organizującego się teraz poza granicami obecnych siedmiu superwszechświatów.
5. *Drugi poziom przestrzeni.* Ten piąty korpus Architektów liczy 490 członków i znowu przypuszczamy, że muszą się oni zajmować drugim wszechświatem przestrzeni zewnętrznej, gdzie nasi fizycy odkryli już wyraźną aktywizację energii.
6. *Trzeci poziom przestrzeni.* Ta szósta grupa Architektów Nadrzędnych liczy 3.430 członków i tak samo przypuszczamy, że mogą się oni zajmować gigantycznymi planami trzeciego wszechświata przestrzeni zewnętrznej.
7. *Czwarty poziom przestrzeni.* Ten ostatni i największy korpus składa się z 24.010 Architektów Nadrzędnych i jeśli nasze poprzednie przypuszczenia są słuszne, musi on być związany z czwartym i ostatnim z coraz większych wszechświatów przestrzeni zewnętrznej.

Siedem grup Architektów Nadrzędnych zawiera łącznie 28.011 planistów wszechświata. W Raju istnieje tradycja, że dawno temu, w wieczności, nastąpiła próba wyniknięcia 28.012-go Architekta Nadrzędnego, jednak ta istota nie uległa absonifikacji, jej osobowość wychwycił Absolut Wszechświatowy. Jest możliwe, że coraz liczniejsze serie Architektów Nadrzędnych osiągnęły limit absonitu na 28.011-tym Architekcie i że 28.012-ta próba doszła do matematycznego poziomu obecności Absolutu. Innymi słowy, na 28.012-tym poziomie wynikowym właściwość absonitu równa się poziomowi Wszechświatowego i osiąga wartość Absolutu.

W organizacji funkcjonalnej, trzech Architektów nadzorujących Havonę działa w charakterze asystentów pomocniczych samotnego Architekta Raju. Siedmiu Architektów superwszechświatów pełni funkcję partnerów trzech nadzorców Havony. Siedemdziesięciu planistów superwszechświatów pierwszego poziomu przestrzeni zewnętrznej służy obecnie w charakterze asystentów pomocniczych siedmiu Architektów siedmiu superwszechświatów.

Architekci Wszechświata Nadrzędnego mają do swojej dyspozycji liczne grupy asystentów i pomocników, razem z dwoma rozległymi klasami organizatorów siły, pierwotnych wynikowych oraz pomocniczych transcendentalnych. Nie należy mylić tych Nadrzędnych Organizatorów Siły z dyspozytorami mocy, którzy są związani z wielkim wszechświatem.

Wszystkie istoty powstałe w wyniku związków dzieci czasu i wieczności, takie jak utrójcowione potomstwo finalistów i Obywateli Raju, zostają podopiecznymi Architektów Nadrzędnych. Jednak ze wszystkich pozostałych istot lub bytów objawionych, działających w obecnie zorganizowanych wszechświatach, tylko Samotni Posłańcy oraz Natchnione Duchy Trójcy zachowują jakikolwiek organizacyjny związek z Transcendentalnymi i z Architektami Wszechświata Nadrzędnego.

Architekci Nadrzędni formalnie zatwierdzają przydział miejsc w przestrzeni dla misji Synów Stwórców - organizowania wszechświatów lokalnych. Istnieje bardzo bliski związek pomiędzy Architektami Nadrzędnymi a Rajskimi Synami Stwórcami, a chociaż powiązanie to nie jest objawione, zostaliście już poinformowani o zależności Architektów i Najwyższych Stwórców wielkiego wszechświata w związkach pierwszej Trójcy empirycznej. Te dwie grupy istot, razem z rozwijającą się i empiryczną Istotą Najwyższą, tworzą Trójcę Ostateczną transcendentalnych wartości i nadrzędnych znaczeń wszechświata.

10. OSTATECZNA EPOPEJA

Starszy Architekt Nadrzędny sprawuje nadzór nad siedmioma następującymi Korpusami Finalizmu:

1. Korpus Śmiertelników-Finalistów.
2. Korpus Rajskich Finalistów.
3. Korpus Utrójcowionych Finalistów.
4. Korpus Połączonych Utrójcowionych Finalistów.
5. Korpus Finalistów Havony.
6. Korpus Finalistów Transcendentalnych.
7. Korpus Nieobjawionych Synów Przeznaczenia.

Każdy z tych korpusów przeznaczenia ma szefa, który mu przewodniczy a wszystkich siedmiu szefów tworzy Najwyższą Radę Przeznaczenia w Raju; w obecnej epoce wszechświata Grandfanda jest przewodniczącym tego najwyższego ciała wszechświatowych przydziałów dla dzieci ostatecznego przeznaczenia.

Zgromadzenie tych siedmiu korpusów finalistów oznacza rzeczywiste uruchomienie potencjałów, osobowości, umysłów, duchów, absonitów oraz empirycznych aktualności, które prawdopodobnie przewyższą nawet przyszłe funkcje Istoty Najwyższej we wszechświecie nadrzędnym. Te siedem korpusów finalistów prawdopodobnie oznacza obecną działalność Trójcy Ostatecznej, zaangażowanej w gromadzenie tych sił skończoności i absonitu w przygotowaniu do niewyobrażalnych przedsięwzięć we wszechświatach przestrzeni zewnętrznej. Nic podobnego do takiej aktywizacji nie miało miejsca od czasów bliskich wieczności, kiedy to Rajska Trójca podobnie aktywizowała istniejące wtedy osobowości Raju i Havony oraz wyznaczała ich na administratorów i władców projektowanych siedmiu superwszechświatów czasu i przestrzeni. Siedem korpusów finalizmu stanowi odpowiedź boskości wielkiego wszechświata na przyszłe potrzeby nierozwiniętych jeszcze potencjałów wszechświatów zewnętrznych o funkcjonowaniu przyszłym-wiecznym.

Próbujemy przewidzieć przyszłość i jeszcze większe wszechświaty zewnętrzne, złożone z zamieszkałych światów, nowe sfery zaludnione nowymi klasami znakomitych i unikalnych istot, materialny wszechświat majestatyczny w swej ostateczności, rozległą kreację, której brak tylko jednego ważnego detalu – aktualnego, *skończonego doświadczenia* we wszechświatowym życiu wznoszącego się bytu. Powołany do bytu zostanie wszechświat, posiadający ogromne upośledzenie empiryczne: niemożność wzięcia udziału w ewolucji Wszechmocnego Najwyższego. Te wszechświaty zewnętrzne korzystać będą z niezrównanej służby i niebiańskiej kontroli nadrzędnej Istoty Najwyższej, ale właśnie fakt jej aktywnej obecności wyklucza udział tych wszechświatów w aktualizowaniu się Bóstwa Najwyższego.

W obecnej epoce wszechświatowej, rozwijające się osobowości z wielkiego wszechświata cierpią na skutek wielu trudności wynikłych z niekompletnej aktualizacji władzy Boga Najwyższego, ale my wszyscy mamy swój udział w unikalnym doświadczeniu jego ewolucji. My rozwijamy się w nim a on rozwija się w nas. Kiedyś, w wiecznej przyszłości, ewolucja Bóstwa Najwyższego stanie się faktem dokonanym w historii wszechświata i sposobność wzięcia udziału w tym cudownym doświadczeniu zniknie ze sceny akcji kosmicznej.

Jednak ci spośród nas, którzy przyswoili sobie to unikalne doświadczenie w młodości wszechświata, zachowają ten skarb przez całą przyszłą wieczność. A wielu z nas snuje przypuszczenia, że misją stopniowo gromadzących się rezerw wzniosłych i doprowadzonych do doskonałości śmiertelników z Korpusu Finalizmu, w powiązaniu z sześcioma innymi podobnie zwerbowanymi korpusami, jest ewentualne kierowanie wszechświatami zewnętrznymi, żeby wynagrodzić empiryczne braki tych wszechświatów, powstałe w wyniku nie brania przez nie udziału w czasowo-przestrzennej ewolucji Istoty Najwyższej.

Takie braki są nieuniknione na wszystkich poziomach wszechświatowej egzystencji. W obecnej epoce wszechświata, my z wyższych poziomów egzystencji duchowej schodzimy w dół, aby zarządzać wszechświatami ewolucyjnymi i służyć wznoszącym się śmiertelnikom, w ten sposób próbując zadośćuczynić za ich braki w rzeczywistościach wyższego doświadczenia duchowego.

Choć naprawdę nic nie wiemy o planach Architektów Wszechświata Nadrzędnego, odnoszących się do kreacji zewnętrznych, jesteśmy jednak pewni trzech rzeczy:

1. Istnieje naprawdę rozległy i nowy system wszechświatów, organizujący się stopniowo w domenach przestrzeni zewnętrznej. Nowe rodzaje kreacji materialnych, kolosalne i gigantyczne kręgi bezmiernych wszechświatów nad wszechświatami, położone daleko poza obecnymi granicami kreacji zaludnionych i zorganizowanych, dostrzegalne są teraz przez wasze teleskopy. Obecnie, kreacje zewnętrzne są całkowicie materialne; są one najwyraźniej niezamieszkałe i wydają się być pozbawione administracji złożonej z istot.
2. Przez długie epoki trwa niewytłumaczalne i zupełnie tajemnicze gromadzenie w Raju doprowadzonych do doskonałości, wzniosłych istot czasu i przestrzeni, w powiązaniu z sześcioma innymi korpusami finalistów.

3. Razem z tymi procesami, Najwyższa Osoba Bóstwa nabiera mocy jako wszechmocny władca superkreacji.

Czyż można nas krytykować za to, że oczekujemy czegoś nowego i nie objawionego, czegoś, co osiąga kulminację we wszechświecie nadrzędnym, kiedy widzimy taki potrójny rozwój, obejmujący stworzonych, wszechświaty i Bóstwo? Czy to nie jest naturalne, że powinniśmy kojarzyć ze sobą wiekowe uaktywnianie i organizację wszechświatów materialnych, na niespotykaną jak dotąd skalę oraz wyłanianie się osobowości Istoty Najwyższej ze zdumiewającym programem wywyższenia śmiertelników czasu do boskiej perfekcji i z dalszym ich gromadzeniem w Korpusie Finalizmu w Raju, którego przeznaczenie i służbę spowija wszechświatowa tajemnica? Na całej Uversie zaczyna panować przekonanie, że przeznaczeniem gromadzącego się Korpusu Finalizmu jest pewna przyszła służba we wszechświatach przestrzeni zewnętrznej, gdzie jak dotąd mogliśmy zidentyfikować nagromadzenie co najmniej siedemdziesięciu tysięcy skupisk materii, a każde z nich jest większe niż którykolwiek z obecnych superwszechświatów.

Śmiertelnicy ewolucyjni rodzą się na planetach w przestrzeni, przechodzą światy morontialne, wznoszą się przez wszechświaty duchowe, przemierzają sfery Havony, znajdują Boga, docierają do Raju i są gromadzeni w pierwszym Korpusie Finalizmu, gdzie oczekują następnego zadania w służbie wszechświatowej. Jest sześć innych, gromadzących się korpusów finalizmu, jednak Grandfanda, pierwszy wzniosły śmiertelnik, przewodniczy wszystkim innym klasom finalistów jako ich rajski szef. Kiedy obserwujemy to wspaniałe widowisko, wołamy wszyscy: cóż za znakomite przeznaczenie dla pochodzących od zwierząt dzieci czasu, materialnych synów przestrzeni!

[Nadzorowane wspólnie przez Niebiańskiego Radcę oraz przez Nieposiadającego Imienia i Numeru, upoważnionych do tego przez Pradawnych Czasu z Uversy].

* * * * *

Powyższe trzydzieści jeden przekazów, opisujących naturę Bóstwa, rzeczywistość Raju, organizację i funkcjonowanie wszechświata centralnego oraz superwszechświatów, osobowości wielkiego wszechświata i wysokie przeznaczenie ewolucyjnych śmiertelników, nadzorowane było, zredagowane i wyrażone po angielsku przez wysoką komisję, złożoną z dwudziestu czterech administratorów z Orvontonu, działających zgodnie z powiernictwem wydanym przez Pradawnych Czasu z Uversy, nakazującym przeprowadzenie tego na Urantii, 606 z Satanii, w Norlatiadeku z Nebadonu, w roku 1934 n.e.

CZĘŚĆ II

WSZECHŚWIAT LOKALNY

Przygotowano pod nadzorem korpusu osobowości z wszechświata lokalnego Nebadonu, działających z upoważnienia Gabriela z Salvingtonu.

CZĘŚĆ II

Wszechświat lokalny

PRZEKAZ 32

EWOLUCJA WSZECHŚWIATÓW LOKALNYCH

WSZECHŚWIAT lokalny jest dziełem rajskiego Syna Stwórcy klasy Michała. Składa się on ze stu konstelacji, z których każda zawiera sto systemów światów zamieszkałych. Każdy system będzie w końcu zawierał około tysiąca sfer zamieszkałych.

Wszystkie wszechświaty czasu i przestrzeni są ewolucyjne. Stwórczy plan Rajskich Michałów zawsze idzie drogą stopniowego rozwoju i postępowej ewolucji natur materialnych oraz zdolności intelektualnych i duchowych różnorodnych istot, zamieszkujących rozmaite rodzaje sfer, z jakich składa się wszechświat lokalny.

Urantia należy do wszechświata lokalnego, którego władcą jest Bóg-człowiek z Nebadonu, Jezus z Nazaretu, Michał z Salvingtonu. I wszystkie plany Michała, dotyczące wszechświata lokalnego, zyskały pełną aprobatę Rajskiej Trójcy, zanim jeszcze zaczął on swą najwyższą, kosmiczną przygodę.

Synowie Stwórcy mogą wybierać domeny swych stwórczych poczynań, jednak te materialne kreacje zostały wpierw zaprojektowane i obmyślane przez Rajskich Architektów Wszechświata Nadrzędnego.

1. MATERIALNE WYŁANIANIE SIĘ WSZECHŚWIATÓW

Operowanie przestrzenią-siłą i energiami podstawowymi, poprzedzające powstanie wszechświata, jest funkcją Rajskich Nadrzędnych Organizatorów Siły, jednak odchodzą oni z domen superwszechświatowych, kiedy energia powstająca zacznie reagować na grawitację lokalną albo liniową i oddają sprawy w ręce dyspozytorów mocy danego superwszechświata.

Ci dyspozytorzy mocy działają sami w przedmaterialnych a posiłowych stadiach stwarzania wszechświata lokalnego. Syn Stwórca nie może rozpocząć organizowania wszechświata, dopóki dyspozytorzy mocy nie zaktywizują energii kosmicznych w takim stopniu, aby zapewnić materialne podwaliny – dosłownie słońca i sfery materialne – dla powstającego wszechświata.

Wszystkie wszechświaty lokalne posiadają taki sam w przybliżeniu potencjał energii, aczkolwiek różnią się znacznie w swych materialnych rozmiarach i mogą się różnić, od czasu do czasu, w swej zawartości materii widzialnej. Ładunek mocy i potencjalne wyposażenie wszechświata lokalnego w materię zależy od funkcjonowania dyspozytorów mocy oraz ich poprzedników, jak również od działania Syna Stwórcy oraz naturalnych cech kontroli fizycznej, w jaką są wyposażeni jego stwórczy asystenci.

Ładunek energii wszechświata lokalnego stanowi w przybliżeniu jedną stutysięczną wyposażenia siły tego superwszechświata, do którego wszechświat należy. W przypadku waszego wszechświata lokalnego, Nebadonu, jego zmaterializowana masa jest nieco mniejsza. Określając fizycznie, Nebadon posiada całe fizyczne wyposażenie energii i materii, znajdujące się w dowolnej kreacji lokalnej Orvontonu. Jedyne fizyczne ograniczenie rozwojowej ekspansji wszechświata Nebadonu polega na ilościowym ładunku przestrzeni-energii, trzymanej w ujęciu kontroli grawitacyjnej przez współpracujące ze sobą moce i osobowości zespolonego mechanizmu wszechświata.

Kiedy energia-materia osiąga pewne stadium materializacji masy, pojawia się na scenie Rajski Syn Stwórca, w towarzystwie Stwórczej Córki Nieskończonego Ducha. Wraz z przybyciem Syna Stwórcy, zaczynają się prace nad sferą zaprojektowaną, która ma być światem zarządu planowanego wszechświata lokalnego. Taka kreacja lokalna rozwija się przez długie epoki, stabilizują się słońca, formują się planety i krążą po swych orbitach, podczas gdy wciąż trwa praca nad tworzeniem światów zaprojektowanych, które mają służyć jako zarządy konstelacji i stolice systemów.

2. ORGANIZOWANIE WSZECHŚWIATA

W organizacji wszechświata, Synów Stwórców poprzedzają dyspozytorzy mocy i inne istoty, pochodzące od Trzeciego Źródła i Centrum. Z tak wcześniej zorganizowanych energii kosmicznych, wasz Syn Stwórca, Michał, stworzył domeny zamieszkałe wszechświata Nebadonu i troskliwie zajmuje się ich administracją. Z istniejącej uprzednio energii ci Boscy Synowie materializują materią widzialną, planują istoty żywe a we współpracy z wszechświatową obecnością Nieskończonego Ducha, tworzą zróżnicowaną świtę osobowości duchowych.

Dyspozytorzy mocy i kontrolerzy energii, których materialne prace wstępne nad organizacją wszechświata na długo poprzedzają działalność Syna Stwórcy, służą później w doskonałym związku z tym Synem Wszechświatowym, pozostając z nim na zawsze związani w procesie kontroli tych energii, które pierwotnie zorganizowali i objęli obwodem. Na Salvingtonie działa teraz ta sama setka centrów mocy, która współpracowała z waszym Synem Stwórcą w procesie wstępnego formowania wszechświata lokalnego.

Pierwszy w Nebadonie, kompletny akt materialnego stworzenia, polegał na zorganizowaniu świata zarządu, zaprojektowanej sfery Salvington, razem z jego satelitami. Od czasu wstępnych czynności centrów mocy i kontrolerów fizycznych, do przybycia żywego personelu na ukończone sfery Salvingtonu, upłynęło nieco ponad miliard lat waszego obecnego czasu planetarnego. Zaraz po zbudowaniu Salvingtonu, stworzono sto światów zarządu dla projektowanych konstelacji oraz dziesięć tysięcy sfer zarządu

dla planowanych lokalnych systemów kontroli planetarnej i administracji, wraz z ich zaprojektowanymi satelitami. Te zaprojektowane światy przystosowane są do zamieszkania zarówno przez osobowości materialne jak i duchowe, jak również przez pośrednie między nimi, morontialne albo przejściowe stadia bytu.

Salvington, stolica Nebadonu, usytuowany jest dokładnie w centrum energii-masy wszechświata lokalnego. Wasz wszechświat lokalny nie jest jednak odrębną jednostką astronomiczną, choć duży układ istnieje w jego materialnym centrum.

Salvington jest osobistą siedzibą Michała z Nebadonu, jednak nie zawsze można go tam zastać. Podczas niezakłóconego funkcjonowania waszego wszechświata lokalnego, stała obecność Syna Stwórcy na sferze stołecznej nie jest konieczna, ale inaczej bywało we wczesnych epokach organizacji materialnej. Syn Stwórca nie może opuścić swego świata zarządu tak długo, aż nie zostanie zakończona grawitacyjna stabilizacja domeny, w wyniku materializacji odpowiedniej ilości energii, aby umożliwić różnym orbitom i układom wzajemnie równoważenie się, dzięki materialnemu przyciąganiu.

Materialny plan wszechświata zostaje w pewnym czasie zrealizowany a Syn Stwórca, w powiązaniu ze Stwórczym Duchem, zaczyna realizację swego planu stwarzania życia; po czym ta reprezentantka Nieskończonego Ducha rozpoczyna funkcjonować we wszechświecie jako odrębna, stwórcza osobowość. Gdy pierwszy akt stwórczy zostaje wyrażony i spełniony, powołana zostaje do bytu Gwiazda Jasna i Poranna, uosobienie pierwszej idei tożsamości i ideału boskości. Jest to główny administrator wszechświata, osobisty asystent Syna Stwórcy, ktoś podobny do niego we wszystkich aspektach charakteru, chociaż znacznie ograniczony w atrybutach boskości.

I teraz, gdy istnieje już prawa ręka, pomocnik i główny administrator Syna Stwórcy, następuje powoływanie do bytu szerokiego wachlarza wspaniałych i zróżnicowanych istot. Przybywa synów i córek wszechświata lokalnego i niebawem taka kreacja ma swój rząd, rozciągający się od najwyższych rad wszechświata do ojców konstelacji i władców systemów lokalnych – tych skupisk światów, które mają stać się ojczyzną różnych gatunków istot śmiertelnych, obdarzonych wolą; a każdy z takich światów będzie rządzony przez Księcia Planetarnego.

I potem, gdy taki wszechświat jest w pełni zorganizowany i doskonale prowadzony, Syn Stwórca przystępuje do realizacji Ojcowskiej propozycji – stworzenia człowieka śmiertelnego na ich boskie podobieństwo.

Organizacja planet mieszkalnych nadal trwa w Nebadonie, jako że wszechświat ten jest doprawdy młodym skupiskiem gwiezdnych i planetarnych domen Orvontonu. Ostatni rejestr podaje, że w Nebadonie jest 3.840.101 planet zamieszkałych a Satania, lokalny system waszego świata, jest całkiem typowym systemem.

Satania nie jest jednolitym systemem fizycznym, pojedynczą jednostką astronomiczną. Jej 619 zamieszkałych światów znajduje się w ponad pięciuset różnych układach materialnych. Tylko pięć z nich posiada więcej niż dwa zamieszkałe światy a tylko jeden ma cztery zaludnione planety, podczas gdy czterdzieści sześć układów ma dwa zamieszkałe światy.

System światów zamieszkałych Satanii jest znacznie oddalony od Uversy i tej wielkiej grupy słońc, która pełni funkcję materialnego i astronomicznego centrum siódmego superwszechświata. Z Jerusem, stolicy Satanii, jest ponad dwieście tysięcy lat świetlnych

do fizycznego centrum superwszechświata Orvontonu, leżącego bardzo daleko stąd, na zagęszczonej średnicy Drogi Mlecznej. Satania leży na peryferiach wszechświata lokalnego a Nebadon jest teraz daleko na skraju Orvontonu. Z najbardziej oddalonego systemu światów zamieszkałych jest do centrum superwszechświata nieco mniej niż dwieście pięćdziesiąt tysięcy lat świetlnych.

Wszechświat Nebadon znajduje się teraz na południowo-wschodniej części orbity, krążąc wokół superwszechświata Orvontonu. Najbliższe, sąsiednie wszechświaty to: Avalon, Henselon, Sanselon, Portalon, Wolvering, Fanoving i Alvoring.

Ewolucja wszechświata lokalnego to długa historia. Przekazy mające do czynienia z superwszechświatem wprowadziły w ten temat, kontynuują go przekazy w tej części, traktujące o kreacjach lokalnych, podczas gdy dalsze przekazy, dotyczące historii i przeznaczenia Urantii, dokończą opowieści. Jednak, aby właściwie zrozumieć przeznaczenie śmiertelników z tej kreacji lokalnej, musicie zgłębić narracje o życiu i naukach waszego Syna Stwórcy, jak kiedyś żył życiem człowieka, w formie ciała materialnego, na waszym własnym świecie ewolucyjnym.

3. IDEA EWOLUCJI

Jedyną doskonale niezmienną kreacją jest Havona, wszechświat centralny, stworzony bezpośrednio myślą Ojca Wszechświatowego i słowem Wiecznego Syna. Havona jest egzystencjalnym, doskonałym i kompletnym wszechświatem, otaczającym miejsce pobytu wiecznych Bóstw, centrum wszystkich rzeczy. Kreacje siedmiu superwszechświatów są skończone, ewolucyjne i wciąż się rozwijają.

Wszystkie materialne układy czasu i przestrzeni mają ewolucyjne pochodzenie. Nie są nawet materialnie ustabilizowane, zanim nie wejdą na stabilne orbity swego superwszechświata. Tak samo wszechświat lokalny nie wchodzi w erę światłości i życia, dopóki jego materialne możliwości ekspansji i rozwoju nie zostaną wyczerpane a status duchowy wszystkich jego zamieszkałych światów nie zostanie na zawsze ustalony i ustabilizowany.

Doskonałość osiągana jest stopniowo, za wyjątkiem wszechświata centralnego. W kreacji centralnej mamy wzór doskonałości, ale wszystkie inne domeny muszą osiągać doskonałość metodami określonymi dla rozwoju tych właśnie światów czy wszechświatów. A plany Synów Stwórców charakteryzują się nieskończoną wręcz różnorodnością, gdy idzie o organizację, rozwój, porządek i stabilizację poszczególnych wszechświatów lokalnych.

Każdy wszechświat lokalny jest w pewnym sensie duplikatem organizacji administracyjnej kreacji centralnej czy wzorcowej, za wyjątkiem obecności bóstwa Ojca. Chociaż Ojciec Wszechświatowy obecny jest osobiście w zamieszkałym wszechświecie, nie zamieszkuje on umysłów istot pochodzących z tego wszechświata tak literalnie, jak mieszka w duszach śmiertelników czasu i przestrzeni. Wydaje się, że istnieje wszechmądra równowaga w dopasowaniu i regulacji spraw duchowych rozległej kreacji. We wszechświecie centralnym Ojciec jest jako taki osobiście obecny, ale nie ma go w umysłach dzieci tej doskonałej kreacji; we wszechświatach przestrzennych Ojca nie ma jako osoby, ale jest reprezentowany przez swych Synów Władców, podczas gdy jest intymnie obecny w umysłach swoich śmiertelnych dzieci, reprezentowany duchowo przez

przedosobową obecność Nieodgadnionych Monitorów, które mieszkają w umysłach takich obdarzonych wolą istot.

W zarządzie wszechświata lokalnego przebywają wszyscy stwórcy i osobowości stwórcze, reprezentujące niezależną władzę i autonomię zarządzania, za wyjątkiem osobistej obecności Ojca Wszechświatowego. We wszechświecie lokalnym można znaleźć jakąś cechę wszystkich istot oraz kogoś z każdej klasy istot inteligentnych, jakie istnieją we wszechświecie centralnym, za wyjątkiem Ojca Wszechświatowego. Chociaż Ojciec Wszechświatowy nie jest osobiście obecny we wszechświecie lokalnym, jest on osobiście reprezentowany przez Syna Stwórcę – z początku namiestnika Boga a później najwyższego i nieograniczonego władcę na swoich własnych prawach.

Im niżej schodzimy na skali życia, tym trudniejsza staje się lokalizacja niewidzialnego Ojca oczami wiary. Istotom niższym – a czasami nawet wyższym osobowościom – trudno jest wyobrazić sobie Ojca Wszechświatowego w jego Synach Stwórcach. I tak, do czasu ich duchowego wyniesienia, kiedy to doskonałość rozwoju umożliwi im dostrzeżenie Boga w jego osobie, trudzą się podczas postępu, doznają wątpliwości duchowych, popadają w dezorientację i tym samym odsuwają się od progresywnych celów duchowych swego czasu i swego wszechświata. W ten sposób tracą zdolność widzenia Ojca, gdy widzą Syna Stwórcę. Najpewniejszą ostoją istoty, kiedy długo próbuje dotrzeć do Ojca, w tym czasie, kiedy naturalne warunki jej to uniemożliwiają, jest wytrwałe trzymanie się prawdy-faktu o obecności Ojca w jego Synach. Literalnie i symbolicznie, duchowo i osobiście, Ojciec i Synowie są jednością. Jest faktem, że kto ujrzał Syna Stwórcę, ujrzał też Ojca.

Zrównoważenie i niezawodność osobowości z danego wszechświata zależy z początku jedynie od stopnia ich pokrewieństwa z Bóstwem. Kiedy istota swym pochodzeniem odbiega odpowiednio daleko od początkowych i Boskich Źródeł, czy to mamy do czynienia z Synami Boga czy istotami posługującymi, należącymi do Nieskończonego Ducha, zwiększa się możliwość dysharmonii, dezorientacji a czasami buntu – grzechu.

Za wyjątkiem doskonałych istot, pochodzących od Bóstwa, wszystkie obdarzone wolą istoty w superwszechświatach są ewolucyjne w swej naturze i zaczynają od niskiego stanu, posuwając się wciąż ku górze, w rzeczywistości do wewnątrz. Nawet wysokie osobowości duchowe wciąż się wznoszą na skali życia, przez progresywne transponowanie od życia do życia i ze sfery do sfery. W wypadku tych istot, które posiadają Nieodgadnione Monitory, nie istnieją doprawdy ograniczenia w sprawie ewentualnych wyżyn ich duchowego wznoszenia się i wszechświatowych osiągnięć.

Doskonałość istot czasu, kiedy w końcu zostanie osiągnięta, jest w pełni nabyta, jest prawdziwą zdobyczą osobowości. Podczas gdy czynniki łaski stanowią tutaj szczodrą domieszkę, tym niemniej sukcesy istoty są wynikiem jej indywidualnych wysiłków i faktycznego życia, reagowania osobowości na istniejące otoczenie.

Fakt zwierzęcego, ewolucyjnego pochodzenia, z wszechświatowego punktu widzenia nie stanowi piętna dla żadnej osobowości, jako że jest to jedyna metoda wytwarzania jednego z dwu podstawowych gatunków skończonych, inteligentnych, wolą obdarzonych istot. Kiedy osiąga się wyżyny perfekcji i wieczności, stanowi to większy zaszczyt dla tych, którzy zaczynali od dołu, którzy z radością wspinali się po drabinie życia, szczebel po szczeblu i którzy, gdy osiągną wyżyny chwały, będą mieli doświadczenie osobiste będące ucieleśnieniem faktycznej wiedzy o każdym stadium życia, od dołu do samego szczytu.

We wszystkim tym ukazuje się mądrość Stwórców. Dla Ojca Wszechświatowego byłoby równie łatwe zrobić ze wszystkich śmiertelników istoty doskonałe, przydać im doskonałość Boskim słowem. Ale to pozbawiłoby te istoty ich cudownych przeżyć, przygody i uczenia się w trakcie ich długiego, stopniowego wspinania się do wewnątrz, pozbawiłoby je tych doświadczeń, jakie mają tylko ci, którzy są na tyle szczęśliwi, że zaczynają od samego dna żywego bytu.

Wszechświaty okrążające Havonę posiadają akurat odpowiednią ilość doskonałych istot, żeby dostarczyć wzorów nauczycieli-przewodników dla tych, którzy się wznoszą ewolucyjnymi stopniami życia. Empiryczna natura osobowości typu ewolucyjnego jest naturalnym, kosmicznym dopełnieniem zawsze doskonałych natur istot Raju-Havony. W rzeczywistości, zarówno doskonałe jak i doprowadzone do doskonałości istoty są niekompletne pod względem skończonej pełni. Jednak w dopełniającym się związku egzystencjalnie doskonałych istot systemu Raj-Havona, oraz doprowadzonych empirycznie do doskonałości finalistów, wznoszących się z wszechświatów ewolucyjnych, oba rodzaje istot znajdują wyzwolenie z nieodłącznych im ograniczeń, tym samym mogą razem próbować wznieść się na wspaniałe wyżyny ostatecznego statusu istoty.

Te sprawy, tak jak dotyczą istot, są wszechświatowymi następstwami akcji i reakcji w obrębie Bóstwa Siedmiorakiego, w którym wieczna boskość Rajskiej Trójcy połączona jest z rozwijającą się boskością Najwyższych Stwórców wszechświatów czasu-przestrzeni, w aktualizującym swą moc Bóstwie Istoty Najwyższej, z nią i poprzez nią.

Bosko doskonała istota oraz doprowadzona do doskonałości istota ewolucyjna są równe w zakresie potencjału boskości, ale różnią się klasą. Jedna musi polegać na drugiej, aby osiągnąć najwyższość służby. Ewolucyjne superwszechświaty zależą od doskonałej Havony, dającej końcowe nauczanie ich wznoszącym się obywatelom, ale doskonały wszechświat centralny tak samo potrzebuje istnienia doskonalących się superwszechświatów, aby zaspokoić potrzeby pełnego rozwoju jego zstępującym mieszkańcom.

Dwa zasadnicze przejawy rzeczywistości skończonej, doskonałość wrodzona i doskonałość rozwinięta, czy to w osobowościach czy we wszechświatach, są skoordynowane, wzajemnie zależne i zintegrowane. Jedna potrzebuje drugiej, aby osiągnąć pełnię działania, służby i przeznaczenia.

4. STOSUNEK BOGA DO WSZECHŚWIATA LOKALNEGO

Nie należy żywić idei, że skoro Ojciec Wszechświatowy rozdał tak wiele z siebie i ze swych mocy innym, pozostaje on cichym i bezczynnym członkiem partnerstwa Bóstwa. Oprócz domen osobowości i obdarzania Dostrajaczami, jest on faktycznie najmniej aktywny z Rajskich Bóstw, dlatego, że pozwala swym partnerom, swym Synom i licznym stworzonym istotom inteligentnym, robić tak wiele, aby realizować jego wieczny cel. Jest on cichym członkiem stwórczego tria tylko dlatego, że nigdy nie robi tego, co może zrobić ktokolwiek z partnerskich lub podporządkowanych mu towarzyszy.

Bóg dobrze rozumie, że każda istota inteligentna chce działać i doświadczać, dlatego też w każdej sytuacji, czy to mającej do czynienia z przeznaczeniem wszechświata, czy z dobrem najniższej ze stworzonych istot, Bóg zaprzestaje działania, oddając je plejadzie istot i osobowości Stwórczych, które nieodmiennie wkraczają pomiędzy niego a jakąkolwiek daną sytuację wszechświatową czy zdarzenie stwórcze. Jednak pomimo tego odsunięcia się, pomimo tego pokazu nieskończonej koordynacji, Bóg bierze udział w tych zdarzeniach, prawdziwy, literalny i osobisty, dzięki wyznaczonym przez siebie przedstawicielom i osobowościom oraz poprzez nie. W takim właśnie zespole środków i dzięki nim, Ojciec działa dla dobra całego swojego, rozległego stworzenia.

W tym, co dotyczy zasad postępowania, prowadzenia i administracji wszechświata lokalnego, Ojciec Wszechświatowy działa w osobie swego Syna Stwórcy. Ojciec Wszechświatowy nigdy nie ingeruje w takie asocjacje, jak związki wzajemne Synów Bożych, powiązania grupowe osobowości Trzeciego Źródła i Centrum oraz związki pomiędzy dowolnymi innymi istotami stworzonymi, takimi jak ludzie. W takich przypadkach zawsze panuje prawo Syna Stwórcy, władza Ojców Konstelacji, Władców Systemu i Książąt Planetarnych – zarządzone drogi postępowania i procedury takiego wszechświata. Nie istnieje podział władzy; nigdy nie ma sprzecznych działań w boskiej mocy i niebiańskich celach. Bóstwa są w stanie doskonałej i wiecznej jednomyślności.

Syn Stwórca sprawuje najwyższą władzę we wszystkich sprawach dotyczących relacji etycznych, związków jakiejś grupy istot z jakąkolwiek inną klasą istot, czy też związków dwu lub więcej jednostek z obrębie jakiejkolwiek danej grupy; jednak taki plan nie oznacza, że Ojciec Wszechświatowy nie może interweniować po swojemu i robić czegokolwiek, co zadowala Boski umysł, z jakąkolwiek *indywidualną istotą* w całym stworzeniu; odnosi się to do obecnego statusu takiej jednostki, czy jej przyszłych perspektyw, wynikających z Ojcowskiego, wiecznego planu i nieskończonego celu.

W obdarzonych wolą istotach śmiertelnych Ojciec jest rzeczywiście obecny w zamieszkującym je Dostrajaczu, we fragmencie jego przedosobowego ducha; a Ojciec jest także źródłem osobowości takiej śmiertelnej, obdarzonej wolą istoty.

Dostrajacze Myśli, te dary Ojca Wszechświatowego, są względnie wyizolowane; zamieszkują umysły ludzkie, ale nie mają dostrzegalnego związku ze sprawami etycznymi kreacji lokalnej. Nie są bezpośrednio skoordynowane ze służbą seraficzną czy z administracją systemu, konstelacji czy wszechświata lokalnego, ani też z rządami Syna Stwórcy, którego wola jest najwyższym prawem w jego wszechświecie.

Zamieszkujące człowieka Dostrajacze to jeden z odrębnych, aczkolwiek powiązanych ze sobą sposobów kontaktu Boga z istotami całego jego nieskończonego stworzenia. W ten sposób ten, który jest niewidzialny dla śmiertelnego człowieka, objawia swoją obecność i gdyby tylko mógł, ukazałby się nam innymi jeszcze sposobami, jednak takie dalsze objawienie nie jest bosko możliwe.

Możemy dostrzec i zrozumieć ten mechanizm, dzięki któremu Synowie posiadają szczegółową i kompletną wiedzę o wszechświatach podlegających ich jurysdykcji, ale nie możemy w pełni pojąć tych metod, dzięki którym Bóg jest tak dokładnie i osobiście poinformowany o szczegółach wszechświata wszechświatów, choć możemy przynajmniej rozeznać jaką drogą Ojciec Wszechświatowy może dostawać informację dotyczącą różnych istot z jego niezmierzonej kreacji i objawiać im swą obecność. Ojciec dostaje informację przez obwód osobowości, wie osobiście o wszystkich myślach i działaniach wszystkich istot ze wszystkich systemów wszystkich wszechświatów całego stworzenia. Choć nie potrafimy w pełni zrozumieć metody Bożej komunii z jego dziećmi, jesteśmy podbudowani zapewnieniem, że „Pan zna swoje dzieci" i że o każdym z nas „wie, gdzie byliśmy zrodzeni".

Ojciec Wszechświatowy jest obecny w waszym wszechświecie i w waszym sercu, określając duchowo, dzięki jednemu z Siedmiu Duchów Nadrzędnych z jego centralnego miejsca pobytu, a zwłaszcza dzięki Boskiemu Dostrajaczowi, który żyje, działa i oczekuje w głębiach śmiertelnego umysłu.

Bóg nie jest osobowością egocentryczną; Ojciec szczodrze rozdaje siebie swojej kreacji i istotom stworzonym. Żyje i działa nie tylko w Bóstwach, ale także w swych Synach, którym powierzył robienie wszystkiego tego, co mogą zrobić Boskim sposobem. Ojciec Wszechświatowy naprawdę pozbawił się wszelkiej funkcji, którą może sprawować inna istota. Odnosi się to tak samo do śmiertelnego człowieka jak i do Syna Stwórcy, który zamiast Boga rządzi w stolicy wszechświata lokalnego. Widzimy więc tutaj efekt działania idealnej i nieskończonej miłości Ojca Wszechświatowego.

Dzięki temu, powszechnemu obdarzaniu sobą, mamy tutaj wystarczający dowód zarówno wielkości jak i wspaniałomyślności Boskiej, Ojcowskiej natury. Jeśli Bóg nie dał czegokolwiek z siebie wszechświatowej kreacji, to z całej reszty jest rozrzutnie hojny, nadając Dostrajacze Myśli śmiertelnikom danych domen, te Nieodgadnione Monitory czasu, które tak cierpliwie zamieszkują śmiertelnych kandydatów do życia wiecznego.

Ojciec Wszechświatowy wylał niejako samego siebie na całe stworzenie, aby było bogate osobowością i możliwością osiągnięć duchowych. Bóg dał nam siebie, abyśmy mogli być takimi jak on, a sobie zostawił z mocy i chwały jedynie to, co jest niezbędne dla utrzymywania tych rzeczy, które kocha i dla których właśnie wyzbył się wszystkich innych rzeczy.

5. WIECZNY I BOSKI CEL

Istnieje wieczny i wspaniały cel marszu wszechświatów przez przestrzeń. Wszelkie wasze ludzkie trudy nie są daremne. Wszyscy jesteśmy częścią rozległego planu, gigantycznego zamierzenia, i to właśnie wielkość przedsięwzięcia uniemożliwia dostrzeżenie jego większej części kiedykolwiek i podczas jednego życia. Wszyscy jesteśmy częścią wiecznego planu, który Bogowie nadzorują i realizują. Cały cudowny i wszechświatowy mechanizm płynie majestatycznie w przestrzeni, zgodnie z muzyką grającą w takt metronomu nieskończonej myśli i wiecznego celu Pierwszego Wielkiego Źródła i Centrum.

Wieczny cel wiecznego Boga jest wysokim duchowym ideałem. Wydarzenia czasu oraz trudy materialnej egzystencji są zaledwie tymczasowym pomostem, łączącym z drugą stroną, z ziemią obiecaną rzeczywistości duchowych i niebiańskiej egzystencji. Jest oczywiste, że wam śmiertelnikom trudno jest zrozumieć ideę wiecznego celu; praktycznie nie potraficie zrozumieć myślenia wieczności, czegoś, co się nigdy nie zaczyna i nigdy nie kończy. Wszystko, co znacie, ma swój koniec.

Co się tyczy indywidualnego życia, trwania świata czy chronologii jakiejkolwiek serii powiązanych wzajemnie zdarzeń, wydawałoby się, że mamy do czynienia z oddzielnymi odcinkami czasu; wszystko wydaje się mieć początek i koniec. I może się zdawać, że serie takich doświadczeń, żyć, wieków i epok, gdyby je kolejno połączyć, stanowią prosty ciąg, wyodrębnione zdarzenie czasowe, momentalny przebłysk na nieskończonym obliczu wieczności. Gdy jednak popatrzymy na to wszystko spoza sceny, szersze pole widzenia i pełniejsze zrozumienie podpowiada, że takie wyjaśnienie jest nieodpowiednie, jest bez związku i zupełnie nie odnosi się do właściwej oceny sytuacji oraz nie jest skorelowane z tymi operacjami czasu, co mają za podstawę cele i fundamentalne oddziaływania wieczności.

Dla wyjaśnienia tego śmiertelnemu umysłowi, mnie wydaje się bardziej odpowiednie przedstawienie wieczności jako cyklu a wiecznego celu jako nieskończonego okręgu, cyklu wieczności w pewien sposób zsynchronizowanego z przejściowymi, materialnymi cyklami czasu. Co się tyczy odcinków czasu, połączonych z cyklem wieczności i stanowiących jego część, zmuszeni jesteśmy przyznać, że takie tymczasowe epoki rodzą się, żyją i umierają tak zwyczajnie, jak się rodzą, żyją i umierają doczesne istoty. Większość ludzkich istot umiera dlatego, że nie udaje im się osiągnąć duchowego poziomu zespolenia z Dostrajaczem; metamorfoza śmierci stanowi jedyną możliwą procedurę, która może ich wyzwolić z więzów czasu i kajdan kreacji materialnej; mogą w ten sposób wejść na duchowy stopień bytu w progresywnym korowodzie wieczności. Po przeżyciu próbnego życia w czasie i materialnej egzystencji, możecie iść dalej w styczności z wiecznością, nawet jako jej część, krążąc na zawsze wraz ze światami w kosmosie po okręgu wiecznych epok.

Odcinki czasu są jak przebłyski osobowości w doczesnej formie; pojawiają się na chwilę a potem znikają sprzed ludzkich oczu tylko po to, aby się zjawić ponownie w charakterze nowych aktorów i dalej trwających czynników wyższego życia, krążenia bez końca po wiecznym okręgu. Raczej trudno wyobrazić sobie wieczność jako prosty ciąg, w ograniczonym według naszych wierzeń wszechświecie, przemieszczającym się po rozległym, wydłużonym okręgu wokół centralnego miejsca zamieszkania Ojca Wszechświatowego.

Szczerze mówiąc, wieczność jest niemożliwa do zrozumienia dla skończonego, czasowego umysłu. Po prostu nie możecie jej pojąć, nie możecie jej zrozumieć. Ja też nie mogę sobie w pełni jej uzmysłowić, a gdybym nawet mógł, przekazanie mojej idei umysłowi ludzkiemu byłoby niemożliwe. Tym niemniej zrobiłem, co mogłem, ażeby przedstawić co nieco z naszego punktu widzenia, przekazać wam coś z naszego zrozumienia rzeczy wiecznych. Próbuję pomóc wam skrystalizować wasze myśli na tych wartościach, które mają nieskończoną naturę i wieczne znaczenie.

Jest w umyśle Boga plan, który dotyczy każdej istoty ze wszystkich, rozległych Bożych domen a plan ten jest wiecznym celem niezmierzonych możliwości, nieograniczonego postępu i niekończącego się życia. I te nieskończone skarby, leżące na tak niezrównanej drodze bytu, są dla was osiągalne!

Przed wami cel wieczności! Oczekuje was przygoda osiągania boskości! Zaczął się bieg do doskonałości! Kto zechce może go zacząć, a pewne zwycięstwo ukoronuje wysiłki każdej ludzkiej istoty, która idzie z prądem wiary i zaufania, uzależniając każdy stopień tej drogi od prowadzenia przez Dostrajacza zamieszkującego człowieka i od przewodnictwa dobrego ducha Syna Wszechświata, który tak szczodrze został wylany na wszelkie ciało.

[Przedstawione przez Możnego Posłańca, tymczasowo przydzielonego do Najwyższej Rady Nebadonu i wyznaczonego do tej misji przez Gabriela z Salvingtonu].

PRZEKAZ 33

ADMINISTRACJA WSZECHŚWIATA LOKALNEGO

PODCZAS gdy Ojciec Wszechświatowy bez wątpienia rządzi swym rozległym stworzeniem, w administracji wszechświata lokalnego działa on przez osobę Syna Stwórcy. Ojciec nie działa osobiście w administracji wszechświata lokalnego. Te sprawy zostały powierzone Synowi Stwórcy i Matce Duchowi wszechświata lokalnego, jak również licznym ich dzieciom. Plany, zasady postępowania oraz czynności administracyjne wszechświata lokalnego są formułowane i wprowadzane w życie przez tego Syna, który wspólnie ze współpracującym z nim Duchem oddał moc wykonawczą Gabrielowi a prawo sądzenia Ojcom Konstelacji, Władcom Systemu i Książętom Planetarnym.

1. MICHAŁ Z NEBADONU

Nasz Syn Stwórca jest uosobieniem 611.121-szej oryginalnej idei nieskończonej tożsamości, pochodzącej równocześnie od Ojca Wszechświatowego i Wiecznego Syna. Michał z Nebadonu jest „jednorodzonym Synem", uosabiającym 611.121-szą wszechświatową ideę boskości i nieskończoności. Jego główna siedziba znajduje się w trojakiej rezydencji światła na Salvingtonie. Mieszkanie to jest tak zorganizowane, gdyż Michał żył życiem wszystkich trzech stadiów bytu istoty inteligentnej: duchowym, morontialnym i materialnym. Czasem nazywa się go Chrystusem Michałem, z powodu imienia, związanego z siódmym i ostatnim obdarzeniem dokonanym przez niego na Urantii.

Nasz Syn Stwórca nie jest Wiecznym Synem, nie jest egzystencjalnym, rajskim towarzyszem Ojca Wszechświatowego i Nieskończonego Ducha. Michał z Nebadonu nie jest członkiem Rajskiej Trójcy. Tym niemniej nasz Syn-Mistrz w swojej domenie posiada wszystkie te Boskie atrybuty i moce, jakie Wieczny Syn sam mógłby przejawiać, gdyby rzeczywiście przebywał na Salvingtonie i działał w Nebadonie. Michał posiada nawet dodatkową moc i władzę, ponieważ uosabia nie tylko Wiecznego Syna, ale również w pełni reprezentuje i rzeczywiście ucieleśnia obecność osobowości Ojca Wszechświatowego dla tego wszechświata lokalnego oraz w tym wszechświecie. Reprezentuje nawet Ojca-Syna. Takie związki czynią z Syna Stwórcy najpotężniejszego, najbardziej wszechstronnego i wpływowego ze wszystkich boskich istot, zdolnych do bezpośredniego zarządzania ewolucyjnymi wszechświatami i do osobistych kontaktów z niedojrzałymi istotami stworzonymi.

Nasz Syn Stwórca wywiera z zarządu wszechświata lokalnego taką samą moc przyciągania duchowego – grawitacji duchowej – jaką miałby Wieczny Syn z Raju, gdyby osobiście przebywał na Salvingtonie a nawet *więcej;* ten Syn Wszechświatowy jest także uosobieniem Ojca Wszechświatowego dla wszechświata Nebadonu. Synowie Stwórcy są osobowymi centrami sił duchowych Rajskiego Ojca-Syna. Synowie Stwórcy są końcowym zogniskowaniem mocy-osobowości potężnych atrybutów czasowo-przestrzennych Boga Siedmiorakiego.

Syn Stwórca jest namiestnikiem-uosobieniem Ojca Wszechświatowego, partnerem w boskości Wiecznego Syna i stwórczym współpracownikiem Nieskończonego Ducha. Dla naszego wszechświata i dla wszystkich jego zamieszkałych światów Syn Władca jest, praktycznie rzecz biorąc, Bogiem. Uosabia on wszystko to z Rajskich Bóstw, co rozwijający się śmiertelnicy mogą odpowiednio zrozumieć. Ten właśnie Syn i jego towarzyszka, Duch, *są* waszymi stwórczymi rodzicami. Dla was, Michał, Syn Stwórca, jest osobowością najwyższą a Wieczny Syn jest dla was supernajwyższą, nieskończoną osobowością Bóstwa.

W osobie Syna Stwórcy mamy władcę i boskiego rodzica, który jest tak samo potężny, efektywny i dobroczynny, jak byłby Ojciec Wszechświatowy i Wieczny Syn, gdyby obaj przebywali na Salvingtonie i zajmowali się administracją wszechświata Nebadonu.

2. WŁADCA NEBADONU

Gdy obserwuje się Synów Stwórców, można zauważyć, że niektórzy bardziej przypominają Ojca, niektórzy Syna, podczas gdy jeszcze inni mają po równo cech obu nieskończonych rodziców. Nasz Syn Stwórcy bardzo wyraźnie przejawia cechy i atrybuty bardziej przypominające Wiecznego Syna.

Michał postanowił zorganizować ten wszechświat lokalny a teraz rządzi w nim niepodzielnie. Jego osobista władza ograniczona jest tylko przez istniejące uprzednio obwody grawitacji, zogniskowane w Raju oraz przez klauzulę Pradawnych Czasu z rządu superwszechświata, dotyczącą wszystkich ostatecznych sądów wykonawczych związanych z likwidacją osobowości. Osobowość jest darem samego Ojca, ale Synowie Stwórcy, za aprobatą Wiecznego Syna, mogą inicjować nowe modele istot a przy roboczej współpracy swych towarzyszek-Duchów, mogą próbować nowych przekształceń energii-materii.

Michał jest uosobieniem Rajskiego Ojca-Syna dla wszechświata lokalnego Nebadonu i w tym wszechświecie; kiedy zatem Stwórcza Matka Duch, reprezentująca Nieskończonego Ducha we wszechświecie lokalnym, podporządkowała się Chrystusowi Michałowi, gdy wrócił z końcowego obdarzenia Urantii, Syn-Mistrz przejął wtedy „całą władzę w niebie i na ziemi".

Takie podporządkowanie się Boskich Opiekunek Synom Stwórcom z wszechświatów lokalnych ustanawia tych Synów-Mistrzów osobowymi powiernikami skończenie przejawiającej się boskości Ojca, Syna i Ducha, podczas gdy praktyki obdarzenia w charakterze istoty stworzonej kwalifikują Michałów do obrazowania empirycznej boskości Istoty Najwyższej. Żadna inna istota we wszechświatach nie wyczerpuje w ten sposób, osobiście, potencjałów obecnego, skończonego doświadczenia i żadna inna istota we wszechświatach nie posiada takich warunków do sprawowania samodzielnej władzy.

Chociaż zarząd Michała oficjalnie znajduje się na Salvingtonie, stolicy Nebadonu, Michał spędza sporo czasu na odwiedzaniu zarządów konstelacji i systemów a nawet poszczególnych planet. Okresowo podróżuje do Raju a często do Uversy, gdzie odbywa narady z Pradawnymi Czasu. Kiedy jest poza Salvingtonem, jego miejsce zajmuje Gabriel, który działa wtedy jako regent wszechświata Nebadonu.

3. SYN I DUCH WSZECHŚWIATA

Chociaż Nieskończony Duch przenika wszystkie wszechświaty czasu i przestrzeni, działa on z zarządu każdego wszechświata lokalnego, jako specjalne zogniskowanie, zdobywając wszystkie cechy osobowości dzięki stwórczej współpracy z Synem Stwórcą. Tak dalece, jak to dotyczy wszechświata lokalnego, autorytet administracyjny Syna Stwórcy jest najwyższy; Nieskończony Duch jako Boska Opiekunka, współpracuje z nim w całej pełni, będąc jego doskonałą partnerką.

Matka Duch Wszechświata z Salvingtonu, pomagająca Michałowi w nadzorowaniu i zarządzaniu Nebadonem, pochodzi z szóstej grupy Duchów Najwyższych i jest 611.121-szą z tej klasy. Zaofiarowała się towarzyszyć Michałowi w momencie jego zwolnienia od rajskich zobowiązań i odtąd zawsze działa razem z nim, podczas stwarzania i administracji jego wszechświata.

Mistrz-Syn Stwórca osobiście zarządza swoim wszechświatem, ale we wszystkich szczegółach tych rządów Duch Wszechświata rządzi razem z Synem. Chociaż Duch zawsze uznaje Syna za monarchę i władcę, Syn zawsze przyznaje Duchowi partnerską pozycję i jednakową władzę we wszystkich sprawach ich domeny. Syna Stwórcę, w całym jego obdarzaniu miłością i życiem, nieustannie i zawsze doskonale podtrzymuje i mądrze wspomaga wszechmądry i zawsze wierny Duch Wszechświata oraz cały różnorodny orszak jej anielskich osobowości. Ta Boska Opiekunka jest w rzeczywistości matką duchów i osobowości duchowych, zawsze obecną i wszechmądrą doradczynią Syna Stwórcy, wiernym i prawdziwym przejawem Rajskiego, Nieskończonego Ducha.

Syn działa jako ojciec w swoim wszechświecie lokalnym. Duch, jak mogą to rozumieć istoty śmiertelne, odgrywa rolę matki i zawsze pomaga Synowi, a jest ona na wieczność niezastąpiona w administracji wszechświata. W wypadku buntu, tylko Syn i związani z nim Synowie mogą działać jako wybawiciele. Duch nigdy nie może się przeciwstawiać buntowi czy bronić władzy, ale Duch zawsze podtrzymuje Syna we wszystkim, co musi on przeżyć w czasie prób stabilizacji rządu i utrzymania władzy na światach splamionych przez zło lub zdominowanych przez grzech. Tylko Syn może odzyskać dzieło razem z Duchem stworzone, ale żaden Syn nie mógłby mieć nadziei osiągnięcia końcowego sukcesu bez ustawicznej współpracy Boskiej Opiekunki oraz jej rozległego grona duchowych pomocnic, córek Boga, tak wiernie i dzielnie trudzących się dla dobra śmiertelnych ludzi i dla chwały swych boskich rodziców.

Gdy Syn Stwórca zakończy siódme i ostatnie obdarzenie w charakterze istoty stworzonej, dla Boskiej Opiekunki kończą się niepewności, wynikające z okresowego odosobnienia i ta wszechświatowa pomocnica Syna zdobywa na zawsze pewność i kontrolę. To właśnie podczas osadzenia na tronie Syna Stwórcy jako Syna-Mistrza, przy tej uroczystości nad uroczystościami, Duch Wszechświata po raz pierwszy publicznie potwierdza, przed zgromadzonymi zastępami, podporządkowanie się Synowi, zobowiązując się do wierności i posłuszeństwa. Wydarzenie takie miało miejsce w Nebadonie, kiedy Michał wrócił do Salvingtonu, po tym, jak obdarzył sobą Urantię. Nigdy, przed tym doniosłym wydarzeniem, Duch Wszechświata nie potwierdził podporządkowania się Synowi Wszechświata i aż do momentu tego, dobrowolnego zrzeczenia się przez Ducha mocy i władzy, nie mogło być prawdziwe oświadczenie o Synu, że „dana mu jest wszelka moc na niebie i na ziemi".

Michał z Nebadonu, po tym jak Stwórcza Matka Duch przyrzekła podporządkować się jemu, szlachetnie uznał swą wieczną zależność od towarzyszącego mu Ducha, ustanawiając Ducha wspólnym władcą swych wszechświatowych domen, żądając od wszystkich istot razem przez nich stworzonych zobowiązania lojalności wobec Ducha, takiej, jaką mają wobec Syna; i została wydana i rozpowszechniona ostateczna „Proklamacja równości". Syn, chociaż jest władcą wszechświata lokalnego, ogłosił światom fakt równości z nim Ducha we wszystkich własnościach osobowości i atrybutach boskiego charakteru. I to stało się transcendentalnym wzorem organizacji rodziny i zarządzania, nawet dla skromnych istot ze światów w przestrzeni. To właśnie stanowi, w funkcjonowaniu i prawdzie, wzniosły ideał rodziny i ludzkiej instytucji dobrowolnego małżeństwa.

Syn i Duch przewodzą teraz wszechświatowi, tak jak ojciec i matka czuwają nad swą rodziną, złożoną z synów i córek i jej służą. Jest zupełnie poprawne odnosić się do Ducha Wszechświata jako do stwórczej towarzyszki Syna Stwórcy oraz traktować istoty z poszczególnych domen jako ich synów i córki – jako wielką i wspaniałą rodzinę, ale taką, co ma ogromne obowiązki i nigdy nie ustaje w opiece.

Syn zapoczątkowuje stwarzanie określonych rodzajów dzieci wszechświatowych, podczas gdy Duch odpowiedzialny jest wyłącznie za powołanie do bytu licznych klas osobowości duchowych, które sprawują opiekę i służą pod kierownictwem i przewodnictwem tej właśnie Matki-Ducha. Przy stwarzaniu innych rodzajów osobowości wszechświatowych, zarówno Syn jak i Duch działają razem, a w każdym akcie stwórczym jedno nie czyni nic bez porady i aprobaty drugiego.

4. GABRIEL – GŁÓWNY ADMINISTRATOR

Gwiazda Jasna i Poranna jest uosobieniem pierwszej idei tożsamości i ideału osobowości, jaka została poczęta przez Syna Stwórcy oraz przejaw Nieskończonego Ducha we wszechświecie lokalnym. Cofając się wstecz, do wczesnych dni wszechświata lokalnego, przed zespoleniem Syna Stwórcy i Matki Ducha więzią związku stwórczego, do czasów przed rozpoczęciem stwarzania wszechstronnej rodziny synów i córek, pierwszy wspólny akt wczesnych i dobrowolnych związków tych dwu Boskich osób przyniósł w rezultacie stworzenie najwyższej osobowości duchowej Syna i Ducha, Gwiazdy Jasnej i Porannej.

W każdym wszechświecie lokalnym stwarzana jest tylko jedna taka istota, pełna mądrości i majestatu. Ojciec Wszechświatowy i Wieczny Syn mogą stwarzać i stwarzają nieograniczoną ilość Synów, dorównujących im boskością, ale Synowie ci, w związku z Córkami Nieskończonego Ducha, mogą stwarzać w każdym wszechświecie tylko jedną Gwiazdę Jasną i Poranną, istotę podobną do nich samych, mającą pod dostatkiem cech wziętych z ich natur, ale nie z ich stwórczych prerogatyw. Gabriel z Salvingtonu jest w swej boskości i naturze taki jak Syn Wszechświata, chociaż jest znacznie ograniczony w atrybutach Bóstwa.

Pierworodny syn rodziców nowego wszechświata jest osobowością unikalną, posiadającą wiele wspaniałych cech, niezbyt wyraźnie dostrzegalnych u obojga rodziców; jest istotą o niebywałej wszechstronności i bardzo utalentowaną. Ta niebiańska osobowość posiada boską wolę Syna, połączoną z twórczą wyobraźnią Ducha. Myśli i działania Gwiazdy Jasnej i Porannej zawsze będą w pełni reprezentować zarówno Syna Stwórcę jak i Stwórczego Ducha. Istota taka dobrze potrafi zrozumieć zarówno duchowe zastępy serafi czne jak i materialne, ewolucyjne istoty obdarzone wolą i potrafi nawiązać z nimi pełen zrozumienia kontakt.

Gwiazda Jasna i Poranna nie jest stwórcą, ale jest wspaniałym administratorem, osobistym, administracyjnym reprezentantem Syna Stwórcy. Oprócz stwarzania i dawania życia, Syn i Duch nigdy nie omawiają ważnych zagadnień wszechświatowych bez Gabriela.

Gabriel z Salvingtonu jest głównym administratorem wszechświata Nebadonu i arbitrem wszystkich odwołań w sprawach wykonawczych administracji wszechświata. Szef administracyjny wszechświata został stworzony ze wszystkim, co potrzebne do jego pracy, ale zdobywał on również doświadczenie wraz z rozwojem i ewolucją naszej kreacji lokalnej.

Gabriel jest głównym urzędnikiem wdrażającym w życie superwszechświatowe rozporządzenia dotyczące nieosobowych spraw wszechświata lokalnego. Większość spraw związanych z masowym sądzeniem i zmartwychwstaniami na koniec systemu sprawiedliwości, orzekanymi przez Pradawnych Czasu, także zlecana jest do wykonania Gabrielowi i jego personelowi. Tym samym Gabriel jest wspólnym, głównym administratorem, zarówno dla władców superwszechświata jak i wszechświata lokalnego. Ma on pod swoją komendą utalentowany korpus asystentów administracyjnych, nie objawionych ewolucyjnym śmiertelnikom, stworzonych do wykonywania tej właśnie pracy. Oprócz tych asystentów, Gabriel może zatrudnić każdą albo i wszystkie klasy istot niebiańskich, działających w Nebadonie i jest on także naczelnym dowódcą „wojsk, które są w niebie" – niebiańskich zastępów.

Gabriel i jego personel nie są nauczycielami, są administratorami. Nigdy nie słyszano, aby przerwali swą systematyczną pracę, za wyjątkiem tego okresu, kiedy Michał wcielił się w istotę stworzoną. W trakcie takich obdarzeń, Gabriel zawsze spełniał rolę wcielonego Syna a podczas ostatnich obdarzeń faktycznie kierował wszechświatem, współpracując z Jednoczącym Czasu. Od czasu obdarzenia Michała, dokonanego w charakterze śmiertelnika, Gabriel związał się ściśle z historią i rozwojem Urantii.

Śmiertelnicy rzadko stykają się z Gabrielem, kiedy się wznoszą przez wszechświat lokalny, zanim nie zostaną wprowadzeni w pracę administracyjną kreacji lokalnej, za wyjątkiem spotkań na tych światach, gdzie dokonują się obdarzenia oraz w czasie powszechnych i specjalnych apeli zmartwychwstania. Jako administratorzy, dowolnej klasy czy stopnia, będziecie pracować pod kierownictwem Gabriela.

5. AMBASADORZY TRÓJCY

Administracja osobowości pochodzących od Trójcy kończy się na rządach superwszechświatowych. Wszechświaty lokalne charakteryzują się podwójnym kierownictwem, które zapoczątkowuje ideę ojca i matki. Ojcem wszechświata jest Syn Stwórca, matką wszechświata Boska Opiekunka, Stwórczy Duch wszechświata lokalnego. Jednak każdy wszechświat lokalny jest błogosławiony obecnością pewnych osobowości z wszechświata centralnego i Raju. Na czele tej rajskiej grupy w Nebadonie stoi ambasador Rajskiej Trójcy – Emanuel z Salvingtonu – Jednoczący Czasu, przydzielony do wszechświata lokalnego Nebadonu. W pewnym sensie ten wysoki Syn Trójcy jest także osobistym reprezentantem Ojca Wszechświatowego w sądach Syna Stwórcy, stąd jego imię, Emanuel.

Emanuel z Salvingtonu ma numer 611.121 i należy do szóstej klasy Najwyższych Osobowości Trójcy; jest istotą o podniosłym dostojeństwie i takiej wielkoduszności, że odmawia czczenia i adoracji ze strony wszystkich istot żywych. Wyróżnia się tym, że jest jedyną istotą w całym Nebadonie, która nigdy nie ogłosiła podporządkowania się swemu bratu Michałowi. Działa jako doradca Syna Władcy, ale służy swą radą tylko na życzenie. Podczas nieobecności Syna Stwórcy, może przewodniczyć każdej wysokiej radzie wszechświata, ale skądinąd nie bierze udziału w sprawach administracyjnych wszechświata, chyba, że go o to poproszą.

Ambasador Raju w Nebadonie nie podlega jurysdykcji rządu wszechświata lokalnego. Nie ma on również autorytatywnej jurysdykcji w sprawach administracyjnych rozwijającego się wszechświata lokalnego, za wyjątkiem nadzorowania związanych z nim braci, Wiernych Czasu, służących w zarządach konstelacji.

Wierny Czasu, podobnie jak Jednoczący Czasu, nigdy nie proponuje swej rady ani nie oferuje pomocy władcom konstelacji, chyba, że jest o to proszony. Ambasadorzy Raju w konstelacji reprezentują końcową, osobistą obecność Stacjonarnych Synów Trójcy, działających w rolach doradczych we wszechświatach lokalnych. Konstelacje mają bliższy kontakt z administracją superwszechświata niż systemy lokalne, które są zarządzane wyłącznie przez osobowości rodzime dla wszechświata lokalnego.

6. ADMINISTRACJA OGÓLNA

Gabriel jest głównym administratorem i aktualnym zarządcą Nebadonu. Kiedy Michała nie ma na Salvingtonie, nie ma to żadnego wpływu na uporządkowany bieg spraw wszechświata. Podczas nieobecności Michała, co ostatnio się zdarzyło, kiedy w Raju zebrali się Synowie-Mistrzowie z Orvontonu, Gabriel zostaje regentem wszechświata. W takim czasie Gabriel zawsze prosi Emanuela z Salvingtonu o radę we wszystkich zasadniczych problemach.

Ojciec Melchizedek jest pierwszym asystentem Gabriela. Gdy Gwiazdy Jasnej i Porannej nie ma na Salvingtonie, jego obowiązki przejmuje pierwszy Syn Melchizedek.

Rozmaite podadministracje wszechświata mają przydzielone pewne specjalne zakresy obowiązków. Podczas gdy rząd systemu ogólnie dba o dobro swoich planet, szczególnie interesuje się stanem fizycznym istot żywych, ich problemami biologicznymi. Z kolei władcy konstelacji przykładają szczególną wagę do warunków społecznych i rządowych, panujących na różnych planetach i w systemach. Rząd konstelacji zainteresowany jest głównie jednoczeniem i stabilizacją. Jeszcze dalej wzwyż, władcy wszechświata zajmują się bardziej duchowym statusem światów.

Ambasadorów mianuje się rozporządzeniem sądowym a reprezentują oni jedne wszechświaty dla innych wszechświatów. Konsulowie reprezentują konstelacje, jedną dla drugiej i dla zarządu wszechświata; mianowani są dekretem prawodawczym i działają tylko w granicach wszechświata lokalnego. Obserwatorów deleguje Władca Systemu dekretem administracyjnym, aby reprezentowali jeden system w innych systemach oraz w stolicy konstelacji; oni również działają tylko w granicach wszechświata lokalnego.

Transmisje z Salvingtonu kierowane są równocześnie do zarządu konstelacji, zarządu systemu i do poszczególnych planet. Wszystkie wyższe klasy istot niebiańskich mogą korzystać z tych służb, aby komunikować się ze swymi kolegami, rozrzuconymi po wszechświecie. Transmisja wszechświata rozsyłana jest na wszystkie światy zamieszkałe, niezależnie od ich statusu duchowego. Nie zezwala się na planetarną komunikację wzajemną tylko tym światom, które są objęte kwarantanną duchową.

Transmisje konstelacji wysyłane są okresowo z zarządu konstelacji przez szefa Ojców Konstelacji.

Chronologia jest obliczana, kalkulowana i korygowana na Salvingtonie przez specjalną grupę istot. Standardowy dzień Nebadonu równy jest osiemnastu dniom i sześciu godzinom czasu Urantii, plus dwie i pół minuty. Rok Nebadonu opiera się na segmencie czasowym, wziętym z krążenia wszechświata po orbicie wokół Uversy i równa się stu dniom standardowego czasu wszechświata, co daje około pięciu lat czasu Urantii.

Czas Nebadonu, transmitowany z Salvingtonu, jest czasem standardowym dla wszystkich konstelacji i systemów w tym wszechświecie lokalnym. Każda konstelacja działa według czasu Nebadonu, jednak systemy mają swój własny czas, tak samo jak poszczególne planety.

Dzień Satanii, tak jak się go liczy na Jerusem, jest troszkę krótszy (1 godzinę, 4 minuty i 15 sekund) od trzech dni czasu Urantii. Powyższe systemy pomiaru czasu generalnie są znane jako czas Salvingtonu albo czas wszechświata, jak również czas Satanii albo systemu. Czas wszechświata jest czasem standardowym.

7. SĄDY NEBADONU

Syn-Mistrz, Michał, zajmuje się głównie tylko trzema rzeczami: stwarzaniem, podtrzymywaniem i służbą. Nie bierze on osobiście udziału w czynnościach sądowych wszechświata. Stwórcy nigdy nie sądzą istot przez siebie stworzonych; ta funkcja przysługuje wyłącznie istotom stworzonym, posiadającym wysokie szkolenie i rzeczywiste doświadczenie.

Cały aparat sądowniczy Nebadonu jest pod nadzorem Gabriela. Sądy najwyższe, mieszczące się na Salvingtonie, zajmują się problemami mającymi ogólne znaczenie dla wszechświata oraz sprawami apelacyjnymi, przychodzącymi z trybunałów systemu. Jest siedemdziesiąt gałęzi sądów wszechświatowych a funkcjonują one w siedmiu grupach, po dziesięć sekcji każda. Wszystkim sprawom, które mają być rozsądzane, przewodniczy dwóch sędziów, jeden wywodzący się z doskonałości i jeden z doświadczeniem wznoszenia się.

Jurysdykcja sądów wszechświatów lokalnych ograniczona jest w następujących sprawach:

1. Administracja wszechświata lokalnego zajmuje się stwarzaniem, ewolucją, podtrzymywaniem i służbą. Trybunały wszechświatowe nie mają zatem prawa prowadzenia spraw dotyczących wiecznego życia i śmierci. Nie odnosi się to do śmierci naturalnej, jakiej doznaje się na Urantii, ale jeśli sprawa dotyczy prawa kontynuowania bytu, życia wiecznego, musi być odesłana do trybunałów Orvontonu, a gdy decyzja jest niepomyślna dla jednostki, wyroki likwidacji przeprowadzane są na rozkaz superrządu i środkami jego władców.

2. Zaniedbanie lub odstępstwo któregokolwiek z Synów Bożych wszechświata lokalnego, narażające na szwank status i uprawnienia tego Syna, nigdy nie jest sądzone

przez trybunały Syna Stwórcy; takie nieporozumienie natychmiast zostanie przedstawione sądom superwszechświata.

3. Kwestia ponownego przyjęcia, po izolacji duchowej, jakiejkolwiek części składowej wszechświata lokalnego – na przykład systemu lokalnego – do wspólnoty z pełnym statusem duchowym w kreacji lokalnej, musi być zatwierdzona przez wysokie zgromadzenie superwszechświata.

We wszystkich innych sprawach sądy Salvingtonu są ostateczne i najwyższe. Nie ma odwołania ani ucieczki od ich decyzji i rozporządzeń.

Aczkolwiek ludzkie spory na Urantii czasami wydają się być nieuczciwie rozsądzane, we wszechświecie panuje sprawiedliwość i Boskie prawo. Żyjecie w dobrze zorganizowanym wszechświecie i wcześniej czy później będziecie zależni od istot działających sprawiedliwie, nawet miłosiernie.

8. FUNKCJE PRAWODAWCZE I WYKONAWCZE

Na Salvingtonie, stolicy Nebadonu, nie ma prawdziwych ciał prawodawczych. Światy zarządu wszechświata zajmują się głównie orzecznictwem. Zgromadzenia prawodawcze wszechświata lokalnego mieszczą się w zarządach stu konstelacji. Systemy zajmują się głównie działalnością wykonawczą i administracyjną kreacji lokalnych. Władcy Systemu oraz ich pomocnicy egzekwują polecenia prawodawcze władców konstelacji i wykonują rozporządzenia sądowe wysokich sądów wszechświata.

Chociaż istotnie ustawodawstwa nie uchwala się w zarządzie wszechświata, działają na Salvingtonie różne zgromadzenia doradcze i badawcze, różnorodnie ustanowione i prowadzone, zgodnie z ich zakresem i celem działania. Niektóre są stałe, inne są rozwiązywane, gdy spełnią swe zadania.

Najwyższa rada wszechświata lokalnego składa się z trzech członków z każdego systemu i z siedmiu reprezentantów z każdej konstelacji. Systemy w stanie izolacji nie mają reprezentantów w tym zgromadzeniu, ale mogą przysyłać obserwatorów, którzy uczestniczą we wszystkich obradach i zapoznają się z nimi.

Sto rad o najwyższej sankcji znajduje się na Salvingtonie. Przewodniczący tych rad tworzą bezpośredni, roboczy gabinet Gabriela.

Wszystkie wnioski wysokich rad konsultacyjnych wszechświata odsyłane są albo do ciał sądowniczych Salvingtonu albo do zgromadzeń prawodawczych konstelacji. Te wysokie rady nie mają władzy czy mocy egzekwowania swych rekomendacji. Jeśli ich rada oparta jest na fundamentalnych prawach wszechświata, wtedy sądy Nebadonu wydają zarządzenia o wprowadzeniu jej w życie; ale jeśli ich rekomendacje odnoszą się do warunków lokalnych lub sytuacji kryzysowych, muszą być przekazane do zgromadzeń prawodawczych konstelacji, aby mogły nabrać mocy zarządzenia a potem do władz systemu, aby zostały wprowadzone w życie. Te wysokie rady są w rzeczywistości ciałami superustawodawczymi, ale nie mają uprawnień wprowadzania w życie ustaw i funkcjonują bez mocy wykonawczej.

Kiedy mówimy o administracji wszechświata w terminach „sądów" i „zgromadzeń", należy rozumieć, że taka duchowa działalność bardzo się różni od bardziej prymitywnych i materialnych spraw, prowadzonych na Urantii a noszących takie same nazwy.

[Przedstawione przez Szefa Archaniołów z Nebadonu].

PRZEKAZ 34

MATKA DUCH WSZECHŚWIATA LOKALNEGO

KIEDY Syn Stwórca zostaje uosobiony przez Ojca Wszechświatowego i Wiecznego Syna, wtedy Nieskończony Duch indywidualizuje swą nową i unikalną reprezentantkę, aby szła z tym Synem Stwórcą do domen przestrzeni i aby tam była jego towarzyszką, najpierw podczas organizacji materialnej a potem podczas stwarzania istot oraz służenia istotom tego, świeżo zaplanowanego wszechświata.

Stwórczy Duch reaguje zarówno na rzeczywistości duchowe jak i materialne, podobnie jak Syn Stwórca; i w ten sposób są partnerami i współpracownikami w administracji lokalnego wszechświata czasu i przestrzeni.

Te Córki Duchy stanowią esencję Nieskończonego Ducha, ale nie mogą działać równocześnie w procesie stwarzania materialnego oraz w służbie duchowej. W stwarzaniu materialnym Syn Wszechświata dostarcza wzoru, podczas gdy Duch Wszechświata inicjuje materializację rzeczywistości fizycznych. Syn działa w zakresie projektów mocy, ale to Duch przekształca takie kreacje energii w substancję materialną. Choć raczej trudno jest zobrazować obecność Nieskończonego Ducha jako osobę we wszechświecie, w jego wczesnym stadium, tym niemniej dla Syna Stwórcy jego towarzyszka Duch jest osobowa i zawsze działa jako odrębna jednostka.

1. UOSOBIENIE STWÓRCZEGO DUCHA

Po zakończeniu organizacji materialnej skupisk gwiazd i planet oraz po ustanowieniu obwodów energii przez superwszechświatowe centra mocy, po tym wstępnym dziele stwórczym dokonanym przez przedstawicieli Nieskończonego Ducha, działających pod kierunkiem jego stwórczego zogniskowania we wszechświecie lokalnym i poprzez to zogniskowanie, Syn Michał wydaje oświadczenie, że życie jest następnym zadaniem do wykonania w świeżo zorganizowanym wszechświecie. Po uznaniu takiego oświadczenia przez Raj, pojawia się w Rajskiej Trójcy reakcja aprobująca, po czym zanika duchowa światłość Bóstw w tym Duchu Nadrzędnym, w którego superwszechświecie tworzona jest nowa kreacja. W międzyczasie inne Duchy Nadrzędne zbliżają się do centralnego miejsca pobytu Rajskich Bóstw a potem, kiedy objęty Bóstwem Duch Nadrzędny wyłania się, aby mógł być rozpoznany przez kolegów, następuje to, co się nazywa „pierwotną erupcją". Jest to gigantyczny duchowy błysk, fenomen wyraźnie dostrzegalny nawet w odległym zarządzie odnośnego superwszechświata; a równocześnie z tym mało zrozumiałym uzewnętrznieniem Trójcy, następuje wyraźna zmiana w naturze obecności stwórczego ducha i w mocy Nieskończonego Ducha, obecnej w danym wszechświecie lokalnym. W odpowiedzi na te rajskie fenomeny uosabia się natychmiast, dokładnie przed obliczem Syna Stwórcy, nowa, osobowa reprezentacja

Nieskończonego Ducha. Jest to Boska Opiekunka. Zindywidualizowany, Stwórczy Duch, pomocnica Syna Stwórcy, staje się teraz jego osobistą, stwórczą towarzyszką, Matką Duchem wszechświata lokalnego.

Od tego nowego, osobowego wyodrębnienia Wspólnego Stwórcy i poprzez nie, biegną ustanowione prądy i zarządzone obwody mocy ducha i duchowego wpływu, aby przenikały wszystkie światy i istoty wszechświata lokalnego. W rzeczywistości ta nowa, osobowa obecność, jest tylko przekształceniem istniejącej uprzednio i mniej osobowej towarzyszki Syna, współdziałającej z nim w jego wcześniejszej pracy nad materialną organizacją wszechświata.

Jest to relacja z gigantycznego przekształcenia, opowiedziana w kilku słowach, ale obrazuje ona mniej więcej wszystko, co można powiedzieć o tych doniosłych zdarzeniach. Są one natychmiastowe, tajemnicze i niepojmowalne; tajemnica ich techniki i procedury spoczywa w łonie Rajskiej Trójcy. Jednej tylko rzeczy jesteśmy pewni: obecność Ducha we wszechświecie lokalnym, w okresie czysto materialnej kreacji albo organizacji, nie była zupełnie wyodrębniona z ducha Rajskiego Nieskończonego Ducha; natomiast po ponownym wyłonieniu się nadzorującego Ducha Nadrzędnego z tajnych objęć Bogów i w następstwie błysku energii duchowej, przejaw Nieskończonego Ducha we wszechświecie lokalnym nagle całkowicie się zmienia, upodabniając się osobowo do tego Ducha Nadrzędnego, który był w przeobrażającym go związku z Nieskończonym Duchem. Matka Duch wszechświata lokalnego zdobywa w ten sposób osobową naturę, z odcieniem tego Ducha Nadrzędnego, który sprawuje astronomiczną jurysdykcję nad danym superwszechświatem.

Ta uosobiona obecność Nieskończonego Ducha, Stwórcza Matka Duch wszechświata lokalnego, nazywana jest w Satanii Boską Opiekunką. Praktycznie biorąc, duchowo, ten przejaw Bóstwa jest boską indywidualnością, osobą duchową. I tak ją widzi i traktuje Syn Stwórca. To właśnie dzięki takiemu umiejscowieniu i uosobieniu Trzeciego Źródła i Centrum w naszym wszechświecie lokalnym, Duch stać się mógł potem tak całkowicie zależny od Syna Stwórcy, że prawdę zawiera powiedzenie o tym Synu: „Dana mu jest wszelka władza w niebie i na ziemi".

2. NATURA BOSKIEJ OPIEKUNKI

Boska Opiekunka, przeszedłszy znaczną przemianę osobowości w okresie stwarzania życia, funkcjonuje odtąd jako osoba i współpracuje w bardzo osobowy sposób z Synem Stwórcą, podczas planowania i kierowania szerokim zakresem spraw ich kreacji lokalnej. Dla wielu rodzajów istot wszechświatowych nawet taka reprezentantka Nieskończonego Ducha może wydawać się niezupełnie osobowa, w epokach poprzedzających ostatnie obdarzenie Michała; jednak po wyniesieniu Syna Stwórcy do poziomu nieograniczonej władzy Syna-Mistrza, osobowe cechy Stwórczej Matki Ducha zostają tak bardzo wzbogacone, że mogą być osobiście rozpoznawane przez wszystkie kontaktujące się z nią jednostki.

Duch Wszechświata, od czasów najwcześniejszych związków z Synem Stwórcą, posiada wszystkie atrybuty Nieskończonego Ducha odnoszące się do kontroli fizycznej, razem z pełnym wyposażeniem antygrawitacji. Po osiągnięciu statusu osobowego, Duch Wszechświata sprawuje tak samo pełną i kompletną kontrolę grawitacji umysłowej we wszechświecie lokalnym, jakby to robił Nieskończony Duch, gdyby osobiście przebywał w tym wszechświecie.

W każdym wszechświecie lokalnym Boska Opiekunka działa zgodnie z naturą i nieodłącznymi cechami Nieskończonego Ducha, jak są one uosobione w jednym z Siedmiu Duchów Nadrzędnych z Raju. Podczas gdy u wszystkich Duchów Wszechświatowych istnieje zasadnicza jednorodność charakteru, istnieje też zróżnicowanie funkcji, zdeterminowane pochodzeniem poprzez jednego z Siedmiu Duchów Nadrzędnych. Takie zróżnicowanie pochodzenia sprawia, że Matki Duchy wszechświatów lokalnych charakteryzują się różnymi metodami działania w różnych superwszechświatach. Jednak we wszystkich zasadniczych atrybutach duchowych te Duchy są identyczne, równe duchowo i w pełni boskie, niezależnie od ich superwszechświatowego zróżnicowania.

Stwórczy Duch jest odpowiedzialny, wspólnie z Synem Stwórcą, za stwarzanie istot na różnorodnych światach i nigdy nie zawodzi Syna we wszelkich jego wysiłkach, zmierzających do zachowania i podtrzymania tych stworzonych. Życie jest pielęgnowane i podtrzymywane przez przedstawicieli Stwórczego Ducha. „Stwarzasz je, gdy ślesz swego Ducha i odnawiasz oblicze ziemi".

Przy stwarzaniu całego wszechświata istot inteligentnych, Stwórcza Matka Duch funkcjonuje najpierw w dziedzinie wszechświatowej doskonałości, współpracując z Synem przy stwarzaniu Gwiazdy Jasnej i Porannej. Później potomstwo Ducha coraz bardziej zbliża się do tych klas istot, które stwarzane są na planetach, podobnie jak Synowie ulegają stopniowaniu w dół, od Melchizedeków do Synów Materialnych, którzy kontaktują się ze śmiertelnikami z różnych sfer. Dalej, w procesie ewolucji istot śmiertelnych, Nosiciele Życia dostarczają ciała fizycznego, wyrabianego z materiału istniejącego i zorganizowanego na danych sferach, podczas gdy Duch Wszechświata przyczynia się do „tchnienia życia".

Chociaż siódmy segment wielkiego wszechświata może być w wielu aspektach powolny w rozwoju, wnikliwi badacze naszych problemów spodziewają się ukształtowania, w przyszłych epokach, wyjątkowo zrównoważonej kreacji. Przewidujemy powstanie wysokiego stopnia proporcjonalności w Orvontonie, gdyż Duch, który przewodniczy temu superwszechświatowi, jest na wysokości szefem Duchów Nadrzędnych, będąc równocześnie inteligencją duchową, obejmującą zrównoważoną jedność i doskonałą koordynację cech i charakterów wszystkich trzech wiecznych Bóstw. Jesteśmy powolni i opieszali w porównaniu z innymi segmentami wielkiego wszechświata, ale kiedyś, w epokach wiecznej przyszłości, bez wątpienia oczekuje nas niezwykły rozwój i sukcesy bez precedensu.

3. SYN I DUCH W CZASIE I PRZESTRZENI

Ani Wieczny Syn ani Nieskończony Duch nie są ograniczeni czy uwarunkowani czasem i przestrzenią, tak jak większość ich potomstwa.

Nieskończony Duch przenika całą przestrzeń i zamieszkuje okrąg wieczności. Pomimo tego, osobowości Nieskończonego Ducha muszą się często liczyć z czynnikami czasu, podczas osobistych kontaktów z dziećmi czasu, choć nie tak bardzo z przestrzenią. Wiele służb umysłu ignoruje przestrzeń, ale doznają opóźnienia czasowego podczas koordynacji zróżnicowanych poziomów rzeczywistości wszechświatowej.

Samotny Posłaniec jest właściwie niezależny od przestrzeni, oprócz tego, że czas jest w istocie potrzebny do podróżowania z jednego miejsca do innego; a istnieją podobne byty, wam nieznane.

Stwórczy Duch, w swych osobistych prerogatywach, jest kompletnie i całkowicie niezależny od przestrzeni, ale nie od czasu. Ani w zarządzie konstelacji ani systemu nie ma wyspecjalizowanej, duchowej obecności tego Ducha Wszechświata. Jest ona tak samo i równomiernie obecna na obszarze całego swego wszechświata lokalnego, zatem jest literalnie i osobiście obecna tak na jednym świecie jak i na każdym innym.

Stwórczy Duch ograniczony jest w swych posługach wszechświatowych tylko w tym, co dotyczy czynnika czasu. Syn Stwórca działa natychmiastowo na obszarze swego wszechświata, ale Stwórczy Duch musi się liczyć z czasem w służbie wszechświatowego umysłu, za wyjątkiem, kiedy świadomie i celowo korzysta z osobistych prerogatyw Syna Wszechświata. W czysto duchowych funkcjach, Stwórczy Duch działa również niezależnie od czasu, podobnie jak podczas współpracy z tajemniczą funkcją wszechświatowego odzwierciedlania.

Chociaż obwód grawitacji duchowej Wiecznego Syna działa niezależnie zarówno od czasu jak i przestrzeni, wszelkie funkcje Syna Stwórcy nie są niezależne od ograniczeń przestrzennych. Jeśli wykluczy się funkcje dotyczące światów ewolucyjnych, Synowie Michałowie wydają się być zdolni do działania względnie niezależnego od czasu. Syn Stwórca nie jest ograniczony czasem, ale jest uwarunkowany przestrzenią; nie może być osobiście w dwu miejscach na raz. Michał z Nebadonu działa bezczasowo w obrębie swego własnego wszechświata a poprzez odzwierciedlanie, praktycznie również w superwszechświecie. Bezczasowo komunikuje się bezpośrednio z Wiecznym Synem.

Dzięki pomocy Boskiej Opiekunki, Syn Stwórca może obejść i zniwelować właściwe mu ograniczenia dotyczące przestrzeni, dlatego, kiedy ci dwoje działają jako administracyjna jedność, są praktycznie niezależni od czasu *oraz* przestrzeni w granicach ich kreacji lokalnej. Zatem, jak to można praktycznie dostrzec na obszarze wszechświata lokalnego, Syn Stwórca i Stwórczy Duch działają zazwyczaj niezależnie zarówno od czasu jak i przestrzeni, skoro jedno zawsze może uwolnić drugie od czasu albo przestrzeni.

Tylko istoty absolutne niezależne są od czasu i przestrzeni w sensie absolutnym. Większość osób podporządkowanych, czy to Wiecznemu Synowi czy Nieskończonemu Duchowi, uzależniona jest zarówno od czasu jak i przestrzeni.

Gdy Stwórczy Duch staje się „świadomy przestrzeni", przygotowuje się do rozpoznania określonych „domen przestrzennych" jako swoich własnych, tej dziedziny, w której będzie wolny od przestrzeni, w przeciwieństwie do całej reszty przestrzeni, od której będzie zależny. Każdy ma wolność wyboru i działania tylko w domenach swojej własnej świadomości.

4. OBWODY WSZECHŚWIATA LOKALNEGO

We wszechświecie lokalnym Nebadonie istnieją trzy oddzielne obwody duchowe:

1. Obdarzający duch Syna Stwórcy, Pocieszyciel, Duch Prawdy.
2. Obwód duchowy Boskiej Opiekunki, Duch Święty.
3. Obwód służby inteligencji, wraz z bardziej czy mniej ujednoliconymi działaniami, ale zróżnicowanym funkcjonowaniem, siedmiu przybocznych umysłów-duchów.

Synowie Stwórcy wyposażeni są w ducha wszechświatowej obecności, pod wieloma względami analogicznego do Siedmiu Duchów Nadrzędnych z Raju. To jest właśnie Duch Prawdy, wylewany na świat przez Syna obdarzającego, po tym, jak otrzyma on duchowe prawo do takiej sfery. Ten dar, Pocieszyciel, jest siłą duchową, która stale przyciąga wszystkich poszukiwaczy prawdy ku Temu, który jest uosobieniem prawdy we wszechświecie lokalnym. Duch ten jest wyposażeniem nieodłącznym Synowi Stwórcy, wyłaniającym się z jego Boskiej natury, tak jak nadrzędne obwody wielkiego wszechświata wywodzą się od obecności osobowości Rajskich Bóstw.

Syn Stwórca może przyjść i może odejść; może być osobiście obecny we wszechświecie lokalnym lub gdziekolwiek indziej; a jednak Duch Prawdy działa nieprzerwanie, ponieważ ta boska obecność, podczas gdy wywodzi się z osobowości Syna Stwórcy, funkcjonalnie jest skoncentrowana w osobie Boskiej Opiekunki.

Jednak Matka Duch Wszechświata nigdy nie opuszcza świata zarządu wszechświata lokalnego. Duch Syna Stwórcy może funkcjonować i funkcjonuje niezależnie od osobistej obecności Syna, ale inaczej jest z osobistym duchem Matki Ducha. Duch Święty Boskiej Opiekunki przestałby działać, gdyby jej osoby nie było na Salvingtonie. Ta duchowa obecność wydaje się być związana ze światem zarządu wszechświata i to właśnie umożliwia duchowi Syna Stwórcy działanie niezależnie od miejsca pobytu Syna. Matka Duch Wszechświata działa jako wszechświatowe zogniskowanie i centrum Ducha Prawdy, jak również jako jej własny, osobisty wpływ, jako Duch Święty.

Stwórca Ojciec-Syn oraz Stwórcza Matka Duch przyczyniają się wspólnie w różny sposób do umysłowego wyposażenia swych dzieci z wszechświata lokalnego. Jednak Stwórczy Duch nie obdarza umysłem, zanim nie zostanie wyposażony w prerogatywy osobowe.

Superewolucyjne klasy osobowości we wszechświecie lokalnym wyposażone są w superwszechświatową formę umysłu, właściwą dla wszechświata lokalnego. Ludzkie i podludzkie klasy życia ewolucyjnego wyposażone są w typy umysłu dostarczane przez duchy przyboczne.

Siedem przybocznych umysłów-duchów stworzonych jest przez Boską Opiekunkę wszechświata lokalnego. Te umysły-duchy są zbliżone w swym charakterze, ale zróżnicowane w mocy i wszystkie podobnie podzielają naturę Ducha Wszechświata, choć raczej nie można ich uznać za osobowości niezależne od ich Matki Stwórczyni. Siedmiu przybocznym nadano następujące nazwy: duch *mądrości*, duch *czczenia*, duch *rady*, duch *wiedzy*, duch *odwagi*, duch *zrozumienia* i duch *intuicji* – szybkiej percepcji.

To jest właśnie „siedem duchów Bożych", „podobnych do siedmiu lamp ognistych przed tronem", które zobaczył prorok w symbolicznej wizji. Jednak nie widział on tronów dwudziestu czterech strażników, w pobliżu tych siedmiu przybocznych umysłów-duchów. Zapis ten jest pomieszaniem dwu prezentacji, jednej odnoszącej się do zarządu wszechświata a drugiej do stolicy systemu. Trony dwudziestu czterech starców znajdują się na Jerusem, w zarządzie waszego lokalnego systemu światów zamieszkałych.

To właśnie o Salvingtonie pisał Jan: „A z tronu wychodzą błyskawice i głosy i gromy" – transmisje wszechświata dla systemów lokalnych. Ujrzał on także istoty kontroli kierunkowej wszechświata lokalnego, żywe kompasy świata zarządu. Ta kierunkowa kontrola jest w Nebadonie sprawowana przez cztery istoty kontrolne z Salvingtonu, które operują prądami wszechświata i są umiejętnie wspomagane przez pierwszy działający umysł-duch, przyboczny intuicji, duch „szybkiego zrozumienia". Jednak określenie tych czterech istot bestiami jest ich przykrym zeszpeceniem; posiadają one niezrównane piękno i znakomitą formę.

Cztery punkty kompasu są powszechne i nieodłączne życiu Nebadonu. Wszystkie stworzenia żywe posiadają w ciele elementy wrażliwe i reagujące na te prądy kierunkowe. U istot żywych czynniki te są powielane w dół, przez wszechświat aż do poszczególnych planet i w połączeniu z siłami magnetycznymi światów tak aktywizują zastępy mikroskopijnych ciał organizmu zwierzęcego, że te komórki kierunkowe zawsze wskazują północ i południe. To jest zmysł orientacji, na zawsze dany istotom żywym wszechświata. Ludzkość nie jest zupełnie pozbawiona świadomości tego zmysłu. Ciała te po raz pierwszy zostały zauważone na Urantii mniej więcej w czasie tej narracji.

5. SŁUŻBA DUCHA

Boska Opiekunka współpracuje z Synem Stwórcą podczas formułowania życia i przy stwarzaniu nowych klas istot, aż do siódmego obdarzenia Syna, a potem, po jego wyniesieniu do pełni władzy we wszechświecie, dalej współpracuje z Synem oraz z obdarzającym duchem Syna w dalszych działaniach służby światowej i postępu planetarnego.

Na zamieszkałych światach Duch inicjuje dzieło postępu ewolucyjnego, zaczynając od martwego materiału domeny, z początku przydając życie roślinne, potem organizmy zwierzęce, następnie pierwsze porządki egzystencji ludzkiej; a każdy następny dodatek przyczynia się do dalszego rozwoju ewolucyjnego potencjału życia planetarnego, od stadiów początkowych i prymitywnych do pojawienia się istot obdarzonych wolą. To dzieło Ducha w znacznym stopniu wprowadzane jest w życie przez siedem przybocznych, przez duchy obietnicy, jednoczące i koordynujące duch-umysł na rozwijających się planetach, które bezustannie i ręka w rękę prowadzą rasy ludzkie ku wyższym ideom i duchowym ideałom.

Człowiek śmiertelny po raz pierwszy doświadcza służby Ducha w połączeniu z umysłem, kiedy to czysto zwierzęcy umysł stworzenia ewolucyjnego rozwija zdolność przyjęcia przybocznych czczenia i mądrości. Ta służba szóstego i siódmego przybocznego oznacza, że umysł w swej ewolucji wkracza na poziom służby duchowej. I takie umysły, z funkcjami czczenia i służby, natychmiast włączone zostają w duchowe obwody Boskiej Opiekunki.

Gdy umysł zostaje w ten sposób obdarowany przez służby Ducha Świętego, posiada możliwość wyboru (świadomą czy nieświadomą) duchowej obecności Ojca Wszechświatowego – Dostrajacza Myśli. Jednak dopiero wtedy, gdy obdarzający Syn wyzwoli Ducha Prawdy, aby służył wszystkim śmiertelnikom na planecie, wszystkie normalne umysły zostają automatycznie przygotowane na przyjęcie Dostrajaczy Myśli. Duch Prawdy działa w jedności z obecnością ducha Boskiej Opiekunki. To dwojakie zespolenie duchowe unosi się nad światami, usiłuje nauczać prawdy i oświecać duchowo umysły ludzkie, inspirować dusze istot ze wznoszących się gatunków i prowadzić ludzi mieszkających na ewolucyjnych planetach zawsze w kierunku ich rajskiego celu, boskiego przeznaczenia.

Chociaż Duch Prawdy wylany jest na wszelkie ciało, ten duch Syna, w swym funkcjonowaniu i mocy, jest prawie zupełnie ograniczony przez osobiste przyjęcie przez człowieka tego, co stanowi sumę i kwintesencję misji obdarzającego Syna. Duch Święty częściowo jest niezależny od ludzkiego nastawienia a częściowo uwarunkowany decyzjami i współdziałaniem woli człowieka. Tym niemniej służba Ducha Świętego staje się bardziej efektywna w uświęcaniu i uduchowianiu życia wewnętrznego tych śmiertelników, którzy dokładniej *przestrzegają* boskiego przewodnictwa.

Jako jednostki nie macie osobiście przydzielonej porcji czy bytu, ducha Stwórcy Ojca-Syna lub Stwórczej Matki Ducha; te służby nie kontaktują się z ośrodkami myślenia indywidualnego umysłu ani nie zamieszkują tych umysłów, tak jak Nieodgadnione Monitory. Dostrajacze Myśli są konkretnymi indywidualizacjami przedosobowej rzeczywistości Ojca Wszechświatowego i faktycznie zamieszkują ludzki umysł, jako część tego właśnie umysłu a pracują zawsze w doskonałej harmonii z połączonymi duchami Syna Stwórcy i Stwórczego Ducha.

Przebywanie w ewolucyjnym śmiertelniku, czy razem z nim, Ducha Świętego, pochodzącego od Wszechświatowej Córki Nieskończonego Ducha, dalej Ducha Prawdy, pochodzącego od Wszechświatowego Syna Wiecznego Syna oraz Dostrajacza-ducha, pochodzącego od Rajskiego Ojca, świadczy o symetrii duchowego wyposażenia i służby i sprawia, że taki śmiertelnik może świadomie zdać sobie sprawę z wiary-faktu synostwa z Bogiem.

6. DUCH W CZŁOWIEKU

Wraz z postępem ewolucji na zamieszkałej planecie i przyszłym uduchowieniem jej mieszkańców, dojrzałe wtedy osobowości mogą otrzymywać kolejne wpływy duchowe. Jak śmiertelnicy robią postępy w opanowywaniu swego umysłu i w postrzeganiu duchowym, te wielorakie służby duchowe stają się coraz bardziej skoordynowane w swych działaniach; łączą się coraz bardziej z nadrzędną służbą Rajskiej Trójcy.

Chociaż Boskość może być różnorodna w swych przejawach, w doświadczeniu ludzkim Bóstwo jest pojedyncze, jest zawsze *jedno*. W ludzkim doświadczeniu służba duchowa też nie jest różnorodna. Niezależnie od różnorodności pochodzenia, wszystkie wpływy duchowe są w swym funkcjonowaniu jednością. Naprawdę stanowią jedność, będąc duchową służbą Boga Siedmiorakiego dla istot wielkiego wszechświata i w tych istotach; a gdy stworzeni wzrastają w uznaniu i zdolności przyjmowania tej zjednoczonej służby duchowej, staje się ona w ich doświadczeniu służbą Boga Najwyższego.

Z wysokości wiecznej chwały Boski Duch zstępuje długim szeregiem stopni, by spotkać was takimi, jakimi jesteście i tam, gdzie jesteście, aby potem, razem z wiarą, miłosiernie objąć duszę śmiertelnego pochodzenia i zacząć cofanie się do swych początków tymi właśnie stopniami łaski, nigdy nie zaprzestając, dopóki ewolucyjna dusza nie zostanie bezpiecznie wyniesiona do tych właśnie wyżyn szczęścia, z których boski Duch wyruszył na misję miłosierdzia i służby.

Siły duchowe nieomylnie szukają swych własnych poziomów wyjściowych i do nich docierają. Wyszedłszy od Wiecznego, są one pewne powrotu do niego, prowadząc ze sobą wszystkie dzieci czasu i przestrzeni, które zaakceptowały przewodnictwo i nauczanie zamieszkującego ich Dostrajacza, tych, które naprawdę zostały „zrodzone z Ducha" – synów Boga w wierze.

Boski Duch jest źródłem nieustannej służby i wciąż dodaje otuchy dzieciom ludzkim. Wasza wartość i wasze osiągnięcia „zależą od jego miłosierdzia, przez odnowienie w Duchu". Życie duchowe wyczerpuje się tak samo jak energia fizyczna. Duchowe wysiłki dają w rezultacie relatywne zmęczenie duchowe. Całe doświadczenie wznoszenia się jest rzeczywiste jak również duchowe, prawdziwie zatem jest napisane: „To właśnie Duch ożywia". „Duch daje życie".

Martwa teoria najwyższych nawet doktryn religijnych nie potrafi przekształcić ludzkiego charakteru, czy kontrolować postępowania śmiertelnika. To, czego dzisiejszy świat potrzebuje, to ta prawda, którą wasz nauczyciel niegdyś oznajmił: „Nie przez samo tylko słowo, ale przez moc i przez Ducha Świętego". Nasienie teoretycznej prawdy jest martwe, najwyższe idee moralne nie przynoszą efektów, dopóki Boski Duch nie natchnie form prawdy i nie ożywi formuł prawości.

Ci, którzy otrzymali i zaaprobowali zamieszkującego ich Boga, narodzili się z Ducha. „Jesteście świątynią Boga i duch Boży mieszka w was". Nie wystarcza, aby duch był wylany na was; Boski Duch musi dominować i kontrolować każde stadium ludzkiego doświadczenia.

To właśnie obecność Boskiego Ducha, wody życia, zabezpiecza śmiertelnika przed trawiącym go pragnieniem niezadowolenia i nieopisanym głodem nie uduchowionego, ludzkiego umysłu. Duchem motywowane istoty „nie pragną na wieki, gdyż ta duchowa woda będzie w nich niewyczerpanym źródłem radości, tryskającym ku wiecznemu życiu". Tak bosko pojone dusze są zupełnie niezależne od materialnego otoczenia w tym, co dotyczy radości życia i zadowolenia z ziemskiego bytu. Są one duchowo oświecone i pokrzepione, moralnie podbudowane i ugruntowane.

W każdym śmiertelniku istnieje podwójna natura: dziedzictwo skłonności zwierzęcych i wysoki impuls wyposażenia duchowego. Podczas krótkiego życia, jakim żyjecie na Urantii, te dwa zróżnicowane i przeciwstawne sobie impulsy rzadko bywają w pełni pojednane, trudno je zestroić i zjednoczyć; jednak przez całe życie połączone Duchy zawsze wam służą, żeby wam pomóc coraz bardziej podporządkować wasze ciało prowadzeniu przez Ducha. Chociaż musicie przeżyć wasze materialne życie od początku do końca, choć nie możecie uciec ciału i jego potrzebom, tym niemniej w celach i ideałach macie możność coraz bardziej podporządkowywać waszą zwierzęcą naturę prowadzeniu przez Ducha. Naprawdę istnieje w was współdziałanie sił duchowych, konfederacja boskich mocy, których wyłącznym celem jest wyzwolić was ostatecznie z materialnej niewoli i ograniczeń skończoności.

Celem całej tej służby jest, „aby według bogactwa swej chwały sprawił w was przez ducha Swego wzmocnienie siły wewnętrznego człowieka". A wszystko to stanowi tylko wstępne kroki do ostatecznego osiągnięcia doskonałości wiary i służby, tego doświadczenia, w którym powinniście być „wypełnieni całą pełnią Bożą", „albowiem wszyscy ci, których prowadzi duch Boży, są synami Bożymi".

Duch nigdy nie *forsuje*, tylko prowadzi. Jeśli jesteście pilnymi uczniami, jeśli chcecie dostąpić poziomów ducha i osiągnąć boskie wyżyny, jeśli szczerze pragniecie osiągnąć wieczny cel, wtedy Boski Duch będzie delikatnie i z miłością prowadzić was drogą synostwa i rozwoju duchowego. Każdy stopień, na który wstąpicie, musi być wynikiem dobrych chęci, inteligentnej i radosnej współpracy. Dominacja Ducha nigdy nie plami się zniewalaniem ani też nie idzie w parze z przymusem.

A kiedy takie życie, pod duchowym przewodnictwem, zostaje dobrowolnie i rozumnie zaakceptowane przez człowieka, wtedy stopniowo rodzi się w ludzkim umyśle świadomość boskiego kontaktu i pewność wspólnoty duchowej; wcześniej czy później „Duch wspiera świadectwem wraz z twoim duchem (Dostrajacz), że jesteś dzieckiem Bożym". Twój własny Dostrajacz Myśli mówił ci już o twoim pokrewieństwie z Bogiem, zatem zapis poświadcza, że Duch wspiera świadectwem „*wraz* z twoim duchem" a nie *twego* ducha.

Świadomości dominacji ducha w życiu ludzkim towarzyszy niebawem coraz wyraźniejsze przejawianie się cech charakterystycznych dla Ducha, w reakcjach życiowych takiego śmiertelnika, któremu duch przewodzi, „owocem zaś ducha jest miłość, radość, pokój, cierpliwość, uprzejmość, dobroć, wierność, łagodność i opanowanie". Tacy, prowadzeni przez ducha i bosko oświeceni śmiertelnicy, podczas gdy nadal kroczą skromną drogą trudu i z ludzką dokładnością wypełniają swe ziemskie obowiązki, zaczęli już dostrzegać światła wiecznego życia, migoczące na odległych brzegach innego świata; zaczęli już rozumieć rzeczywistość owej inspirującej i pocieszającej prawdy, „bo królestwo Boże to nie sprawa tego, co się je i pije, ale to sprawiedliwość, pokój i radość w Duchu Świętym". I w czasie każdej próby, jak również w obliczu każdego trudu, narodzone z ducha dusze podtrzymuje ta nadzieja, która przewyższa wszystkie lęki, dlatego, że miłość Boża rozsiana jest szeroko we wszystkich sercach dzięki obecności Boskiego Ducha.

7. DUCH A CIAŁO

Ciało, nieodłączne człowiekowi jestestwo, wywodzące się z gatunków zwierzęcych, nie wydaje w sposób naturalny owoców Boskiego Ducha. Kiedy śmiertelna natura zostaje udoskonalona dodaniem do niej natury Bożych Synów Materialnych, tak jak narody Urantii były w pewnej mierze zaawansowane przez dar Adama, wtedy Duch Prawdy ma łatwiejszą drogę do współpracy z zamieszkującym człowieka Dostrajaczem, aby wydać piękne żniwo owoców charakteru, pochodzących od ducha. Jeśli nie odrzucicie tego ducha, nawet w wieczności będzie on wam potrzebny, aby spełnić swe powołanie i „doprowadzić was do całej prawdy".

Ewolucyjni śmiertelnicy, zamieszkujący te światy, gdzie rozwój duchowy przebiega normalnie, nie doznają bolesnych konfliktów pomiędzy duchem a ciałem, tak charakterystycznych dla współczesnych narodów Urantii. Jednak na najbardziej nawet idealnych planetach, człowiek przedadamiczny musi dokonać konkretnych wysiłków, aby się wznieść z czysto zwierzęcej płaszczyzny egzystencji w górę, kolejnymi poziomami coraz bardziej intelektualnych znaczeń i wyższych duchowych wartości.

Na normalnym świecie śmiertelnicy nie przeżywają ciągłej walki pomiędzy swymi materialnymi a duchowymi naturami. Stają przed koniecznością pięcia się w górę, od zwierzęcych poziomów egzystencji na wyższe płaszczyzny życia duchowego, jednak takie wznoszenie przypomina raczej nauczanie w systemie edukacyjnym a nie ostre konflikty, przeżywane przez śmiertelników na Urantii w domenie rozbieżnych natur materialnych i duchowych.

Narody Urantii cierpią, gdyż dwukrotnie pozbawione zostały pomocy w osiąganiu progresywnych planetarnych sukcesów duchowych. Przewrót Caligastii spowodował powszechny chaos na tym świecie i okradł wszystkie kolejne pokolenia z tej pomocy moralnej, jaką mogłoby im dać dobrze zorganizowane społeczeństwo. Odstępstwo adamiczne było jednak jeszcze bardziej katastrofalne, gdyż ograbiło rasy ludzkie z tej fizycznej natury wyższego rodzaju, która mogłaby zostać lepiej dostrojona do ich aspiracji duchowych.

Śmiertelnicy Urantii zmuszeni są przeżywać takie właśnie konflikty pomiędzy duchem a ciałem, gdyż ich dalecy przodkowie nie zostali gruntowniej zadamizowani przez dar z Edenu. Boski plan przewidywał bardziej naturalną reakcję na ducha w materialnych naturach ras śmiertelników żyjących na Urantii.

Niezależnie od tego, podwójnego nieszczęścia, jakie spotkało gatunek ludzki i jego środowisko, dzisiejsi śmiertelnicy doznawaliby mniej dostrzegalnego konfliktu pomiędzy ciałem a duchem, gdyby zechcieli wejść do królestwa ducha, gdzie wiara synów Bożych cieszy się względnym wyzwoleniem z niewoli-więzów ciała, pełniąc oświeconą i wolną służbę szczerego poświęcenia się czynieniu woli Ojca w niebie. Jezus ukazał ludzkości nową drogę życia na Ziemi, na której istota ludzka może w znacznym stopniu uniknąć uciążliwych skutków buntu Caligastii i bardzo skutecznie przeciwdziałać stratom wynikłym z adamicznego odstępstwa. „Duch, który daje życie w Jezusie Chrystusie, wyzwolił nas spod praw życia zwierzęcego i pokus zła i grzechu". „Tym właśnie zwycięstwem, które zwyciężyło ciało, jest nasza wiara".

Ci rozpoznający Boga mężczyźni i kobiety, którzy się zrodzili z doświadczania Ducha, nie są w większej sprzeczności ze swymi śmiertelnymi naturami, niż mieszkańcy najnormalniejszych światów, tych planet, które nigdy nie zostały splamione grzechem czy dotknięte buntem. Synowie wiary działają na poziomach intelektualnych i żyją na płaszczyznach duchowych znacznie przewyższających konflikty, wywoływane przez nieokiełznane lub nienaturalne pragnienia materialne. Normalne bodźce istot zwierzęcych oraz naturalne apetyty i impulsy natury materialnej nie stoją w sprzeczności z najwyższymi nawet osiągnięciami duchowymi, chyba, że w umysłach ignorantów, nieuków czy osób na nieszczęście zbyt skrupulatnych.

Po wejściu na drogę życia wiecznego, po przyjęciu zadania i otrzymaniu polecenia, żeby iść naprzód, nie bójcie się niebezpieczeństw ludzkiego zapomnienia i niestałości, nie dręczcie się wątpliwościami dotyczącymi upadku czy kłopotliwymi konfuzjami, nie załamujcie się i nie pytajcie o wasz status i reputację, gdyż w każdej czarnej godzinie, na każdym rozdrożu rozwojowych zmagań, Duch Prawdy zawsze będzie mówił: „To jest droga".

[Przedstawione przez Możnego Posłańca, tymczasowo przydzielonego do służby na Urantii].

PRZEKAZ 35

SYNOWIE BOŻY WSZECHŚWIATA LOKALNEGO

PRZEDSTAWIENI wam uprzednio Synowie Boży pochodzili z Raju. Byli potomstwem Boskich Władców domen wszechświatowych. W Nebadonie jest tylko jeden Syn Stwórca z pierwszej, rajskiej klasy synostwa – Michał, ojciec wszechświata i jego władca. Z drugiej klasy rajskiego synostwa, Avonali lub Synów-Arbitrów, Nebadon posiada pełny ich kontyngent, 1.062 Synów. Ci „mniejsi Chrystusowie", gdy obdarzają sobą planety, są tak samo efektywni i wszechmocni, jak był na Urantii Stwórca i Syn-Mistrz. Trzecia klasa, pochodząca od Trójcy, nie jest rejestrowana we wszechświecie lokalnym, szacuje się jednak, że w Nebadonie jest od piętnastu do dwudziestu tysięcy Nauczycieli-Synów Trójcy, oprócz 9.642 zarejestrowanych ich asystentów, istot utrójcowionych przez stworzonych. Ci Rajscy Daynale nie są ani sędziami ani administratorami; są to supernauczyciele.

Klasy Synów, które teraz będą omawiane, pochodzą z wszechświata lokalnego; jest to potomstwo Rajskiego Syna Stwórcy, powstałe w różnorodnym związku z uzupełniającą go Matką Duchem Wszechświata. W tych narracjach omawiane będą następujące klasy synostwa wszechświata lokalnego:

1. Synowie Melchizedecy.
2. Synowie Vorondadecy.
3. Synowie Lanonandecy.
4. Synowie Nosiciele Życia.

Trzy klasy synostwa stwarzane są przez Trójjedne, Rajskie Bóstwo: Michałowie, Avonale i Daynale. We wszechświecie lokalnym, Podwójne Bóstwo, Syn i Duch, także funkcjonuje przy stwarzaniu trzech wysokich klas Synów: Melchizedeków, Vorondadeków i Lanonandeków; a osiągnąwszy tę trojaką ekspresję, stwarza wszechstronną klasę Nosicieli Życia, przy współpracy następnego stopnia Boga Siedmiorakiego. Nosiciele Życia zaliczani są do zstępujących Synów Boga, ale są to unikalne i oryginalne formy życia wszechświatowego. Cały następny przekaz jest im poświęcony.

1. OJCIEC MELCHIZEDEK

Po powołaniu do bytu istot przeznaczonych do osobistej pomocy, takich jak Gwiazda Jasna i Poranna oraz innych osobowości administracyjnych, zgodnie z boskimi zamierzeniami i stwórczymi planami dla danego wszechświata, pojawia się nowa forma wspólnoty stwórczej pomiędzy Synem Stwórcą a Stwórczym Duchem, Córką Nieskończonego Ducha we wszechświecie lokalnym. Osobowe potomstwo, powstałe w wyniku tego stwórczego partnerstwa, jest pierwszym Melchizedekiem – Ojcem Melchizedekiem – tą unikalną istotą, która następnie współpracuje z Synem Stwórcą i Stwórczym Duchem, powołując do bytu całą grupę istot, noszącą tę nazwę.

We wszechświecie Nebadon, Ojciec Melchizedek pełni funkcję pierwszego asystenta administracyjnego Gwiazdy Jasnej i Porannej. Gabriel zajmuje się raczej zasadami postępowania we wszechświecie, Melchizedek działalnością praktyczną. Gabriel przewodniczy regularnym trybunałom i radom Nebadonu, Melchizedek komisjom specjalnym, nadzwyczajnym i od nagłych wypadków, jak również ciałom doradczym. Gabriel i Ojciec Melchizedek nigdy nie oddalają się z Salvingtonu równocześnie, ponieważ pod nieobecność Gabriela, Ojciec Melchizedek działa jako główny administrator Nebadonu.

W naszym wszechświecie wszyscy Melchizedecy stworzeni byli podczas jednego, milenijnego okresu standardowego czasu, przez Syna Stwórcę i Stwórczego Ducha, w połączeniu z Ojcem Melchizedekiem. Będąc taką klasą synostwa, w której jeden z ich własnych członków działa jako partnerski stwórca, Melchizedecy częściowo sami siebie stworzyli, są zatem kandydatami do wprowadzenia niebiańskiego typu samorządu. Okresowo wybierają swego własnego szefa administracyjnego, na siedem lat czasu standardowego, a poza tym funkcjonują jako klasa, która sama ustanawia sobie normy, aczkolwiek pierwszy Melchizedek posiada pewne, nieodłączne mu, współrodzicielskie prerogatywy. Od czasu do czasu Ojciec Melchizedek wyznacza pewne jednostki ze swojej klasy, aby działały jako specjalni Nosiciele Życia dla światów midsonicznych, dla klasy zamieszkałych planet jak dotąd nie objawionych na Urantii.

Melchizedecy nie działają zbyt wiele poza wszechświatem lokalnym, chyba, że są powoływani na świadków w sprawach rozstrzyganych przed trybunałami superwszechświata, albo czasami mianowani są ambasadorami specjalnymi, do reprezentowania jednego wszechświata wobec drugiego w tym samym superwszechświecie. Pierwszy albo pierworodny Melchizedek, z każdego wszechświata, zawsze może podróżować do sąsiednich wszechświatów, albo do Raju, pełniąc misję związaną ze sprawami i obowiązkami swojej klasy.

2. SYNOWIE MELCHIZEDECY

Melchizedecy są pierwszą klasą boskich Synów, mogącą tak bardzo zbliżać się do niższych istot żywych, że bezpośrednio pomagają w rozwoju śmiertelników i służą rasom ewolucyjnym, bez potrzeby wcielania się. Synowie ci, z racji swej natury, są w środkowym punkcie wielkiego zstępowania osobowości, mniej więcej w połowie drogi między najwyższą Boskością a najniższymi istotami żywymi, wyposażonymi w wolę. W ten sposób zostają w sposób naturalny pośrednikami, pomiędzy najwyższymi i boskimi poziomami żywej egzystencji a niższymi, nawet materialnymi, formami życia na światach ewolucyjnych. Klasy seraficzne, aniołowie, lubią pracować z Melchizedekami;

faktycznie wszystkie formy inteligentnego życia mają w tych Synach wyrozumiałych przyjaciół, sympatycznych nauczycieli i mądrych doradców.

Melchizedecy są klasą samorządną. U tej unikalnej grupy zauważamy pierwszą próbę samostanowienia istot z wszechświata lokalnego i dostrzegamy w niej najwyższy typ prawdziwego samorządu. Synowie ci organizują własny aparat administracyjny dla swej grupy, dla rodzimej planety oraz sześciu sfer jej towarzyszących, jak również dla światów od nich zależnych. I należy odnotować, że nigdy nie nadużyli swych prerogatyw; ani razu, w całym wszechświecie Orvonton, Synowie Melchizedecy nie zawiedli pokładanego w nich zaufania. Są oni nadzieją dla każdej, pragnącej samorządu grupy istot we wszechświecie; są wzorem samorządu i nauczycielami samorządu dla wszystkich sfer Nebadonu. Wszystkie klasy istot inteligentnych, zwierzchników z góry i podwładnych z dołu, szczerze chwalą rząd Melchizedeków.

Klasa synostwa Melchizedeków zajmuje pozycję najstarszego syna w wielkiej rodzinie i pełni jego obowiązki. Większość ich pracy jest systematyczna i w pewnym sensie rutynowa, ale dużo tej pracy wykonywane jest dobrowolnie i generalnie z własnej inicjatywy. Większość zgromadzeń specjalnych, jakie od czasu do czasu zbierają się na Salvingtonie, zwoływanych jest na wniosek Melchizedeków. Synowie ci z własnej inicjatywy dokonują rekonesansu w ich rodzimym wszechświecie. Utrzymują autonomiczną organizację, zajmującą się gromadzeniem informacji wszechświatowej i robią okresowe raporty dla Syna Stwórcy, niezależne od całej informacji przychodzącej do zarządu wszechświata od stałych czynników, zajmujących się rutynową administracją różnych domen. Melchizedecy są z natury bezstronnymi obserwatorami; wszystkie klasy istot inteligentnych darzą ich pełnym zaufaniem.

Melchizedecy działają w charakterze objazdowych sądów rewizyjnych różnych domen; ci Synowie wszechświata udają się do różnych światów w małych grupach, aby służyć jako komisje doradcze, zbierać zeznania, słuchać sugestii i działać jako rzeczoznawcy, pomagając tym samym usuwać większe trudności i likwidować poważne różnice, narastające od czasu do czasu podczas kierowania sprawami domen ewolucyjnych.

Ci najstarsi Synowie wszechświata są głównymi doradcami Gwiazdy Jasnej i Porannej, gdy wykonuje on zalecenia Syna Stwórcy. Kiedy Melchizedek udaje się do odległego świata w imieniu Gabriela, może na okoliczność tej właśnie misji być namiestnikiem wysyłającego i w takim wypadku pojawia się na docelowej planecie jako pełnomocnik Gwiazdy Jasnej i Porannej. Odnosi się to zwłaszcza do tych sfer, gdzie wyższy Syn nie pojawił się jak dotąd w formie istoty danej domeny.

Kiedy Syn Stwórca zaczyna misję obdarzającą na świecie ewolucyjnym, udaje się tam sam; ale kiedy obdarzenie zaczyna jeden z jego rajskich braci, Syn Avonalny, towarzyszą mu pomocnicy, dwunastu Melchizedeków, którzy bardzo efektywnie przyczyniają się do sukcesu misji obdarzającej. Melchizedecy pomagają także Rajskim Avonalom na ich misjach arbitrażowych dla zamieszkałych światów i w czasie pełnienia tych zadań są oni widzialni dla oczu śmiertelnych, jeśli Syn Avonalny objawia się w ten sam sposób.

Nie ma takiego stadium planetarnych potrzeb duchowych, w którym nie służyliby Melchizedecy. Są oni tymi nauczycielami, którzy tak często pozyskują całe światy zaawansowanego życia do ostatecznego i pełnego zaaprobowania Syna Stwórcy i jego Rajskiego Ojca.

Melchizedecy są nieomal doskonali w swej mądrości, ale nie są nieomylni w osądzie. Gdy są oddzieleni i samotni na misji planetarnej, czasem pobłądzą w drobnych sprawach, znaczy to decydują się robić pewne rzeczy, których potem nie aprobują ich przełożeni. Taki błąd w osądzie tymczasowo dyskwalifikuje Melchizedeka, do czasu, aż uda się on do Salvingtonu i podczas audiencji u Syna Stwórcy otrzyma tę instrukcję, która skutecznie oczyści go z dysharmonii powodującej nieporozumienie z jego współbraćmi; a potem, na trzeci dzień po korekcyjnym odpoczynku, wraca do służby. Jednak takie drobne dysharmonie w działalności Melchizedeków zdarzały się dość rzadko w Nebadonie.

Liczebność tych synów się nie zwiększa, ich ilość jest stała, choć zróżnicowana w każdym wszechświecie lokalnym. Liczba Melchizedeków, zarejestrowanych na ich stołecznej planecie w Nebadonie, wynosi ponad dziesięć milionów.

3. ŚWIATY MELCHIZEDEKÓW

Melchizedecy zamieszkują swój własny świat w pobliżu Salvingtonu, stolicy wszechświata. Sfera ta, o nazwie Melchizedek, jest światem pilotującym na orbicie Salvingtonu, na której krąży siedemdziesiąt podstawowych sfer a każda z nich okrążana jest przez sześć podległych jej sfer, poświęconych specyficznym funkcjom. Te wspaniałe sfery – siedemdziesiąt podstawowych i 420 je okrążających – nazywane są często Uniwersytetem Melchizedeków. Wznoszący się śmiertelnicy ze wszystkich konstelacji Nebadonu, gdy zdobywają swój status mieszkańca Salvingtonu, nauczani są na wszystkich tych 490 światach. Edukacja wznoszących się istot jest tylko jednym stadium rozlicznych przedsięwzięć, prowadzonych w grupie zaprojektowanych sfer Salvingtonu.

Tych 490 sfer na orbicie Salvingtonu podzielonych jest na dziesięć grup, z których każda zawiera siedem podstawowych i czterdzieści dwie podległe jej sfery. Każda z tych grup znajduje się pod generalnym nadzorem jednej z głównych klas życia wszechświatowego. Grupa pierwsza, obejmująca świat pilotujący i sześć kolejnych sfer podstawowych w krążącym, planetarnym korowodzie, znajduje się pod nadzorem Melchizedeków. Światy Melchizedeków są następujące:

1. Świat pilotujący – świat ojczysty Synów Melchizedeków.
2. Świat, na którym się mieszczą szkoły życia materialnego i laboratoria energii żywych.
3. Świat życia morontialnego.
4. Sfera wstępnego życia duchowego.
5. Świat pośredniego życia duchowego.
6. Sfera zaawansowanego życia duchowego.
7. Domena skoordynowanej i najwyższej samorealizacji.

Sześć światów, okrążających każdą sferę Melchizedeków, zajmuje się funkcjami nawiązującymi do prac ich sfery podstawowej.

Świat pilotujący, sfera *Melchizedek*, jest popularnym miejscem spotkań wszystkich istot zajmujących się nauczaniem i uduchowianiem wznoszących się śmiertelników czasu i przestrzeni. Dla wznoszącej się istoty, świat ten prawdopodobnie jest najbardziej interesującym miejscem w całym Nebadonie. Wszyscy śmiertelnicy ewolucyjni, którzy ukończyli naukę w konstelacji, muszą wylądować na Melchizedeku, gdzie są wprowadzani w porządek kształcenia i postępu duchowego w edukacyjnym systemie Salvingtonu. Nigdy nie zapomnicie waszych wrażeń z pierwszego dnia życia na tym unikalnym świecie, nawet później, gdy osiągniecie rajski cel.

Miejscem zamieszkania wznoszących się śmiertelników jest Melchizedek, ale swoje nauki pobierają oni na sześciu okrążających go planetach edukacji specjalistycznej. I taką samą metodę stosuje się przez cały okres ich pobytu na siedemdziesięciu światach kulturowych – na podstawowych sferach orbity Salvingtonu.

Istoty, zamieszkujące sześć światów okrążających sferę Melchizedek, spędzają swój czas na wielu różnorodnych zajęciach, ale co się tyczy wznoszących się śmiertelników, satelity te poświęcone są następującym, specjalnym etapom studiów:

1. Pierwsza sfera zajmuje się przeglądem wstępnego życia planetarnego wznoszących się śmiertelników. Praca tutaj prowadzona jest w klasach, w których uczestniczą ci, którzy przybywają z odpowiedniego świata ich ludzkich początków. Ci, co pochodzą z Urantii, wspólnie odbywają taki empiryczny przegląd.
2. Specyficzna działalność sfery drugiej polega na podobnym przeglądzie doświadczeń, nabytych w trakcie przechodzenia przez światy-mieszkania, okrążające głównego satelitę zarządu systemu lokalnego.
3. Przeglądy na tej sferze nawiązują do pobytu w stolicy systemu lokalnego i obejmują również to, co się robiło na pozostałych światach zaprojektowanych w grupie zarządu systemu.
4. Czwarta sfera zajmuje się przeglądem doświadczeń, zgromadzonych na siedemdziesięciu światach podległych konstelacji i na sferach im towarzyszących.
5. Na piątej sferze dokonuje się przeglądu pobytu wznoszącej się istoty na świecie zarządu konstelacji.
6. Czas na szóstej sferze poświęcony jest korelacji tych pięciu epok, tym samym na skoordynowaniu doświadczenia przygotowującego do rozpoczęcia nauki w szkołach podstawowych Melchizedeków, w systemie nauczania wszechświatowego.

Szkoły administracji wszechświatowej i mądrości duchowej znajdują się na świecie rodzimym Melchizedeków, gdzie są również szkoły poświęcone specyficznym kierunkom badań, takim jak energia, materia, organizacja, komunikacja, zapisy, etyka i typologia istot stworzonych.

W Melchizedekowym Kolegium Wyposażenia Duchowego wszystkie klasy Synów Bożych – nawet klasy rajskie – współpracują z Melchizedekami i nauczycielami seraficznymi w nauczaniu tych zastępów, które stamtąd wychodzą jako ewangeliści przeznaczenia, głosząc wolność duchową i Boskie synostwo nawet odległym światom tego wszechświata. Ta właśnie szkoła Uniwersytetu Melchizedeków jest instytucją działającą wyłącznie dla wszechświata; odwiedzający badacze z innych domen nie są tutaj przyjmowani.

Najwyższy kurs, nauczający administracji wszechświatowej, prowadzony jest przez Melchizedeków na ich świecie rodzimym. Temu Kolegium Wyższej Etyki przewodniczy pierwszy Ojciec Melchizedek. Do tych właśnie szkół różne wszechświaty posyłają studentów uczestniczących w wymianie. Chociaż młody wszechświat Nebadon znajduje się nisko na skali wszechświatowej, gdy idzie o osiągnięcia duchowe i wyższy rozwój etyczny, tym niemniej nasze kłopoty administracyjne tak bardzo przekształciły cały ten wszechświat w rozległą klinikę dla innych, pobliskich kreacji, że kolegia Melchizedeków przepełnione są odwiedzającymi badaczami i obserwatorami z innych domen. Oprócz rozległej grupy praktykantów lokalnych, w szkołach Melchizedeków znajduje się zawsze ponad sto tysięcy obcych badaczy, uczęszczających do tych szkół, jako że klasa Melchizedeków z Nebadonu ma swą renomę w całym Splandonie.

4. DZIAŁALNOŚĆ SPECJALNA MELCHIZEDEKÓW

Wysoce specjalistyczna sekcja działalności Melchizedeków zajmuje się nadzorem rozwojowej drogi życia śmiertelników wznoszących się w morontii. Większość tego nauczania prowadzona jest przez cierpliwych i mądrych opiekunów serafìcznych, którym pomagają ci śmiertelnicy, którzy się wznieśli do relatywnie wysokich poziomów wszechświatowych osiągnięć, jednak cała ta praca szkoleniowa znajduje się pod generalnym nadzorem Melchizedeków, działających w powiązaniu z Nauczycielami-Synami Trójcy.

Podczas gdy klasa Melchizedeków zajmuje się zasadniczo rozległym systemem edukacyjnym i organizacją szkolenia empirycznego we wszechświecie lokalnym, wykonują oni także zadania specjalne i działają w sytuacjach nadzwyczajnych. W rozwijającym się wszechświecie, docelowo zawierającym około dziesięciu milionów zamieszkałych światów, wydarzyć się musi wiele rzeczy odbiegających od normy i właśnie w takich, nagłych wypadkach, działają Melchizedecy. Na Edentii, w zarządzie waszej konstelacji, znani są oni pod nazwą Synów od sytuacji krytycznych. Są zawsze gotowi służyć we wszystkich potrzebach – materialnych, intelektualnych albo duchowych – czy to na planecie, czy w systemie, czy w konstelacji, czy we wszechświecie. Kiedykolwiek i gdziekolwiek potrzeba pomocy specjalnej, tam znajdziecie jednego lub więcej Synów Melchizedeków.

Gdy się wydaje, że jakiś element planu Syna Stwórcy może nie zostać zrealizowany, natychmiast udaje się tam Melchizedek z pomocą. Jednak niezbyt często Synowie ci są wzywani do działania w obliczu grzesznego buntu, takiego, jaki miał miejsce w Satanii.

Melchizedecy pierwsi są gotowi do działania we wszystkich zagrożeniach dowolnej natury, na wszystkich światach, gdzie mieszkają istoty obdarzone wolą. Czasami działają jako tymczasowi opiekunowie nieobliczalnych planet, służąc jako zarządcy komisaryczni, którzy przejmują rolę błądzącego rządu planetarnego. W czasie kryzysu planetarnego, Synowie Melchizedecy pełnią wiele unikalnych funkcji. Syn taki łatwo może stać się widzialny dla istot śmiertelnych a czasem jeden z tej klasy wciela się nawet w formę ciała śmiertelnego. Siedem razy w Nebadonie, Melchizedek służył na świecie ewolucyjnym w formie ciała śmiertelnego, a w wielu wypadkach ci Synowie pojawiali się w formach innych klas istot wszechświatowych. Są oni naprawdę wszechstronni i dobrowolnie służą w nagłych wypadkach wszystkim klasom wszechświatowych istot inteligentnych, dla wszystkich światów i systemów światów.

Melchizedek, który żył na Urantii za czasów Abrahama, znany był lokalnie jako Książę Salemu, ponieważ przewodził małej kolonii poszukiwaczy prawdy w miejscowości o nazwie Salem. Zaofiarował się wcielić w formę ciała materialnego i zrobił to za aprobatą Melchizedeków, zarządzających planetą, którzy się obawiali, że światłość życia może wygasnąć w tamtych czasach coraz większej duchowej ciemności. Udało mu się ożywić prawdę, odpowiednią dla jego czasu i bezpiecznie przekazać ją Abrahamowi i jego towarzyszom.

5. SYNOWIE VORONDADECY

Po stworzeniu osobistych pomocników i pierwszej grupy wszechstronnych Melchizedeków, Syn Stwórca i Stwórczy Duch wszechświata lokalnego planują a następnie powołują do bytu drugą, wielką i zróżnicowaną klasę synostwa wszechświatowego, Vorondadeków. Są oni na ogół znani jako Ojcowie Konstelacji, gdyż Syn tej klasy nieodmiennie zajmuje pozycję szefa rządu każdej konstelacji, w każdym wszechświecie lokalnym.

W każdym wszechświecie lokalnym liczba Vorondadeków jest zróżnicowana, w Nebadonie zarejestrowane jest dokładnie milion tych istot. Synowie ci, podobnie jak ich partnerzy, Melchizedecy, nie mogą się rozmnażać. Nie istnieje znana metoda, dzięki której mogliby zwiększyć swą liczebność.

Pod wieloma względami Synowie ci stanowią ciało samorządne; jako jednostki i jako grupy, nawet jako całość przeważnie sami stanowią o sobie, podobnie jak Melchizedecy, jednak Vorondadecy nie pełnią tak szerokiej gamy różnorodnych funkcji. Nie dorównują swym braciom Melchizedekom w ich zdumiewającej wszechstronności, ale są znacznie bardziej niezawodni i efektywni jako władcy i dalekowzroczni administratorzy. Nie są również podobni do swych podwładnych w administracji, Władców Systemu, Lanonandeków, ale przewyższają wszystkie klasy synostwa wszechświata nieugiętością w dążeniu do celu i boskością osądu.

Chociaż decyzje i orzeczenia Synów tej klasy zawsze są zgodne z duchem Boskiego synostwa oraz w harmonii z zarządzeniami Syna Stwórcy, gdy popełnią pomyłkę, są wzywani do Syna Stwórcy a czasami ich decyzje są unieważniane, w szczegółach i w procedurze, na skutek apelacji złożonych do najwyższych trybunałów wszechświata. Jednak Synowie ci rzadko popełniają błędy i nigdy się nie zbuntowali; nigdy, w całej historii Nebadonu, Vorondadek nie był uznany winnym lekceważenia rządu wszechświatowego.

Służba Vorondadeków we wszechświatach lokalnych jest szeroka i różnorodna. Służą jako ambasadorzy dla innych wszechświatów i jako konsulowie, reprezentujący konstelacje w obrębie ich rodzimego wszechświata. To im, spośród wszystkich klas synostwa wszechświata lokalnego, najczęściej powierza się pełną i nieograniczoną władzę, z której korzystają we wszechświatowych sytuacjach krytycznych.

Na odosobnionych światach, pogrążonych w duchowych ciemnościach, na sferach, które są izolowane na skutek buntu i odstępstwa, przebywa zazwyczaj Vorondadek-obserwator, do czasu przywrócenia normalnego statusu. W pewnych, nadzwyczajnych sytuacjach, Najwyższy Ojciec obserwator może sprawować absolutną i arbitralną władzę nad każdą niebiańską istotą, przydzieloną do takiej planety. Są zapisy na Salvingtonie, że Vorondadecy czasami sprawują taką władzą jako Najwyżsi Ojcowie, regenci takich planet. Odnosi się to nawet do tych światów zamieszkałych, gdzie nie było buntu.

Częstokroć korpus dwunastu lub więcej Synów Vorondadeków zasiada w pełnym składzie, jako najwyższy sąd odwoławczy i apelacyjny do spraw specjalnych odnoszących się do planety albo systemu. Jednak praca Vorondadeków związana jest głównie z funkcjami prawodawczymi, dotyczącymi rządów konstelacji. W rezultacie pełnienia

tych wszystkich służb, Synowie Vorondadecy stają się historykami wszechświatów lokalnych; są osobiście zaznajomieni ze wszystkimi zmaganiami politycznymi i przewrotami społecznymi na światach zamieszkałych.

6. OJCOWIE KONSTELACJI

Co najmniej trzech Vorondadeków jest przydzielonych do rządzenia każdą ze stu konstelacji wszechświata lokalnego. Synowie ci wybierani są przez Syna Stwórcę i zatwierdzani przez Gabriela jako *Najwyżsi Ojcowie* konstelacji, na czas służby wynoszący dekamillennium – 10.000 standardowych lat, około 50.000 lat czasu Urantii. Rządzący, Najwyższy Ojciec Konstelacji, ma dwóch towarzyszy, starszego i młodszego. Przy każdej zmianie administracji, starszy towarzysz zostaje szefem rządu, młodszy przejmuje obowiązki starszego, podczas gdy Vorondadecy bez przydziału, przebywający na światach Salvingtonu, mianują jednego ze swoich szeregów jako kandydata do wyboru, żeby przejął obowiązki młodszego towarzysza. Tym samym, zgodnie z obecnymi zasadami, każdy z rządzących Najwyższych Ojców służy w zarządzie konstelacji trzy dekamillennia, około 150.000 lat czasu Urantii.

Stu Ojców Konstelacji, aktualnych szefów kierujących rządami konstelacji, stanowi najwyższy gabinet doradczy Syna Stwórcy. Rada ta często obraduje w zarządzie wszechświata i nie ma ograniczeń, co do tematu i zakresu jej obrad, choć głównym przedmiotem jej troski jest dobro wszystkich konstelacji i zjednoczenie administracji całego wszechświata lokalnego.

Gdy Ojciec Konstelacji sprawuje funkcje w zarządzie wszechświata, co się często zdarza, starszy towarzysz pełni obowiązki szefa konstelacji. Funkcją starszego towarzysza zazwyczaj jest nadzór nad sprawami duchowymi, podczas gdy młodszy towarzysz zajmuje się osobiście sprawami materialnymi konstelacji. Żadne jednak ważniejsze normy postępowania nie są wprowadzane w konstelacji, dopóki wszyscy trzej Najwyżsi Ojcowie nie zgodzą się w sprawie wszystkich szczegółów ich realizacji.

Cały mechanizm informacji duchowej i kanały komunikacyjne są do dyspozycji Najwyższych Ojców konstelacji. Najwyżsi Ojcowie zawsze są w dobrym kontakcie ze swymi przełożonymi z Salvingtonu, jak również ze swymi bezpośrednimi podwładnymi, władcami systemów lokalnych. Zwołują często tych Władców Systemów na narady, aby omówić stan konstelacji.

Najwyżsi Ojcowie otaczają się korpusem doradców, których liczba i skład personalny są okresowo zróżnicowane, w zależności od obecności różnych grup istot w zarządzie konstelacji i odpowiednio do lokalnych potrzeb. W okresie natężenia obowiązków mogą oni prosić o dodatkowych Synów klasy Vorondadeków, do pomocy w pracach administracyjnych i szybko ich dostają. Wasza konstelacja, Norlatiadek, jest obecnie zarządzana przez dwunastu Synów Vorondadeków.

7. ŚWIATY VORONDADEKÓW

Druga grupa siedmiu światów, znajdujących się na orbicie siedemdziesięciu sfer podstawowych, krążących wokół Salvingtonu, stanowi planety Vorondadeków. Każda z tych sfer, wraz z sześcioma okrążającymi je satelitami, poświęcona jest specjalnemu stadium działalności Vorondadeków. Na tych czterdziestu dziewięciu sferach, wznoszący się śmiertelnicy osiągają punkt kulminacyjny swej edukacji w dziedzinie prawodawstwa wszechświatowego.

Wznoszący się śmiertelnicy obserwowali już zgromadzenia prawodawcze, jak działają na światach zarządów konstelacji, ale tutaj, na światach Vorondadeków, biorą teraz udział we wprowadzaniu w życie aktualnego, powszechnego prawodawstwa wszechświata lokalnego, pod kuratelą starszych Vorondadeków. Taka działalność ma na celu koordynację różnych orzeczeń, powstałych w autonomicznych zgromadzeniach prawodawczych stu konstelacji. Nauka, jaką się przyswaja w szkołach Vorondadeków, jest niedościgniona nawet na Uversie. Nauka ta jest progresywna i zaczyna się na pierwszej sferze, wraz z działalnością uzupełniającą na sześciu jej satelitach i dalej, poprzez pozostałe sześć podstawowych sfer oraz związanych z nimi grup satelitów.

Na tych światach studiów i zadań praktycznych, wznoszący się pielgrzymi będą wprowadzani w liczne, nowe zakresy działalności. Nie zabroniono nam objawiania tych nowych zajęć, trudnych do wyobrażenia, ale wątpimy czy potrafimy zobrazować takie przedsięwzięcia materialnemu umysłowi istot śmiertelnych. Brakuje nam słów, aby przekazać sens tych niebiańskich funkcji a nie istnieją analogiczne, ludzkie działania, których można by użyć jako ilustracji takich nowych rodzajów zajęć wznoszących się śmiertelników, kiedy przechodzą szkolenie na tych czterdziestu dziewięciu światach. I dużo jeszcze innych zajęć, nie będących częścią porządku wznoszenia się, skoncentrowanych jest na światach Vorondadeków, na orbicie Salvingtonu.

8. SYNOWIE LANONANDECY

Po stworzeniu Vorondadeków, Syn Stwórca i Matka Duch Wszechświata jednoczą się, aby powołać do bytu trzecią klasę synostwa wszechświatowego, Lanonandeków. Chociaż Lanonandecy zajmują się różnymi zadaniami, związanymi z administracją systemu, najlepiej są znani jako Władcy Systemu, szefowie systemów lokalnych oraz jako Książęta Planetarni, administracyjni władcy zamieszkałych planet.

Jako późniejsza i niższa – pod względem poziomu boskości – klasa stworzonego synostwa, istoty te muszą przechodzić pewne kursy szkoleniowe na światach Melchizedeków, przygotowujące ich do dalszej służby. Lanonandecy byli pierwszymi studentami Uniwersytetu Melchizedeków, zostali zaklasyfikowani i dostali świadectwa od swych nauczycieli i egzaminatorów, Melchizedeków, zgodnie ze swymi zdolnościami, osobowością i osiągnięciami.

Wszechświat Nebadon rozpoczął swą egzystencję dokładnie z dwunastoma milionami Lanonandeków, a kiedy przeszli oni przez sferę Melchizedeków, podczas końcowego egzaminu zostali podzieleni na trzy klasy:

1. *Lanonandecy klasy pierwszej.* Tych, zaliczanych do najwyższej rangi, było 709.841. Synowie ci są typowani na Władców Systemu i asystentów najwyższych rad konstelacji oraz na doradców, działających w wyższej pracy administracyjnej wszechświata.
2. *Lanonandecy klasy drugiej.* W tej klasie, gdy wychodziła od Melchizedeków, było ich 10.234.601. Są oni typowani na Książąt Planetarnych i na rezerwy tej klasy.
3. *Lanonandecy klasy trzeciej.* Grupa ta zamyka się liczbą 1.055.558 istot. Synowie ci działają jako niżsi asystenci, posłańcy, kuratorzy, delegaci, obserwatorzy, jak również pełnią rozmaite obowiązki w systemie i na jego światach składowych.

Synowie ci nie mogą awansować z jednej grupy do drugiej, jak to się dzieje z istotami ewolucyjnymi. Poddani szkoleniu Melchizedeków, raz sprawdzeni i zaklasyfikowani, zawsze służą w tej kategorii, do której zostali przydzieleni. Synowie ci także nie rozmnażają się, ich liczba we wszechświecie jest stała.

W liczbach zaokrąglonych, klasa Synów Lanonandeków zaklasyfikowana jest na Salvingtonie następująco:

Koordynatorzy wszechświatowi i radcy konstelacji	100.000
Władcy Systemu oraz ich asystenci	600.000
Książęta Planetarni oraz rezerwy	10.000.000
Korpus posłańców	400.000
Kuratorzy i rejestratorzy	100.000
Korpus rezerwowy	800.000

Skoro Lanonandecy są w pewnym sensie niższą klasą synostwa niż Melchizedecy czy Vorondadecy, pełnią oni jeszcze wspanialszą służbę w podległych im jednostkach wszechświata, gdyż mogą bardziej się zbliżyć do niskich istot z ras inteligentnych. Zagraża im także wielkie niebezpieczeństwo pobłądzenia, odejścia od dopuszczalnych metod rządzenia wszechświatem. Ale Lanonandecy, zwłaszcza ich klasa pierwsza, są najbardziej operatywni i wszechstronni ze wszystkich administratorów wszechświata lokalnego. W zdolnościach administracyjnych przewyższa ich tylko Gabriel i jego nie objawieni towarzysze.

9. WŁADCY LANONANDECY

Lanonandecy są stałymi władcami planet i rotacyjnymi władcami systemów. Syn Lanonandek rządzi teraz na Jerusem, w stolicy waszego lokalnego systemu światów zamieszkałych.

Władcy Systemów rządzą jako komisje, w składzie dwóch czy trzech Synów, w stolicy każdego systemu światów zamieszkałych. Na każde dekamillennium Ojcowie Konstelacji mianują jednego z tych Lanonandeków szefem systemu. Czasami nie zmienia się szefa takiego tria; sprawa ta leży wyłącznie w kompetencji władców konstelacji. Nie zmienia się nagle osobowego składu rządu systemu, chyba, że rozegra się jakaś tragedia.

Kiedy Władcy Systemu albo ich asystenci zostają odwołani, ich miejsce zapełniane jest istotami wybranymi przez najwyższą radę, przebywającą w zarządzie konstelacji, z rezerw tej klasy, z grupy istot, która na Edentii jest większa niż to wynikałoby ze średniej.

Najwyższe rady Lanonandeków znajdują się w zarządach różnych konstelacji. Ciału takiemu przewodniczy starszy Najwyższy Ojciec, asystent Ojca Konstelacji, podczas gdy młodszy asystent kieruje rezerwami klasy drugiej.

Nazwa Władcy Systemów dobrze określa ich funkcję; są oni prawie niezależni w prowadzeniu lokalnych spraw światów zamieszkałych. Nieomal po ojcowsku kierują Książętami Planetarnymi, Synami Materialnymi i duchami posługującymi. Osobiste panowanie suwerena jest prawie absolutne. Władcy ci nie są nadzorowani przez obserwatorów Trójcy z wszechświata centralnego. Stanowią grupę wykonawczą wszechświata lokalnego, a będąc odpowiedzialni za egzekwowanie zaleceń prawodawczych oraz będąc egzekutorami wyroków sądowych, reprezentują jedyne stanowisko w całej administracji wszechświata, gdzie osobista nielojalność wobec woli Syna Michała może najłatwiej i szybko się utwierdzić i szukać dla siebie uznania.

Nasz wszechświat lokalny nie miał szczęścia, gdyż ponad siedmiuset Synów klasy Lanonandeków zbuntowało się przeciw rządowi wszechświata, wywołując tym samym chaos w kilku systemach i na wielu planetach. Z tej ogólnej liczby upadłych tylko trzech było Władcami Systemów; praktycznie wszyscy ci synowie należeli do klasy drugiej i trzeciej; byli to Książęta Planetarni i Lanonandecy klasy trzeciej.

To, że znaczna liczba tych Synów utraciła integralność, nie świadczy o jakimś błędzie w akcie ich stworzenia. Mogli być stworzeni bosko doskonali, ale zostali stworzeni w ten sposób, żeby mogli lepiej zrozumieć istoty ewolucyjne zamieszkujące światy czasu i przestrzeni i żeby się bardziej do nich zbliżyli.

Spośród wszystkich wszechświatów lokalnych Orvontonu, za wyjątkiem Henselonu, nasz wszechświat utracił najwięcej Synów tej klasy. Na Uversie uważają, że w Nebadonie mamy tak wiele problemów administracyjnych, dlatego, że nasi Synowie klasy Lanonandeków zostali stworzeni z wielką dozą wolności osobistej, gdy idzie o możliwości wyboru i planowania. Nie czynię tego spostrzeżenia jako krytyki. Stwórca naszego wszechświata ma pełną władzę i prawo tak postąpić. Nasi wysocy władcy uważają, że chociaż obdarzeni wolnością wyboru Synowie sprawiają spore kłopoty we wczesnych epokach wszechświata, kiedy sprawy są w pełni uporządkowane i ostatecznie ustabilizowane, zysk płynący z wyższej lojalności i pełniejszej, dobrowolnej służby tych dokładnie sprawdzonych Synów, będzie bardziej niż wynagradzał dezorientacje i udręki wcześniejszych okresów.

W wypadku buntu w zarządzie systemu, nowy władca jest zazwyczaj wprowadzany na stanowisko w stosunkowo krótkim czasie, ale nie odnosi się to do poszczególnych planet. Są one jednostkami składowymi kreacji materialnej i wolna wola istot jest czynnikiem znaczącym w ostatecznym orzekaniu takich problemów. Odosobnionym światom, tym planetom, których prawowici książęta pobłądzili, wyznacza się następców Książąt Planetarnych, jednak nie przejmują oni czynnego rządzenia takimi światami, zanim skutki buntu nie zostaną częściowo przezwyciężone i usunięte środkami zaradczymi, stosowanymi przez Melchizedeków i inne osobowości opiekuńcze. Bunt Księcia Planetarnego natychmiast izoluje jego planetę; lokalne obwody duchowe zostają niezwłocznie przerwane. Tylko obdarzający planetę Syn może znowu przywrócić międzyplanetarne linie komunikacji na takim, duchowo odosobnionym świecie.

Istnieje plan ratowania takich samowolnych i niemądrych Synów; i wielu już skorzystało z tej klauzuli miłosierdzia, ale nigdy ponownie nie mogą oni zajmować tych pozycji, na których dokonali odstępstwa. Po rehabilitacji, są oni przydzielani do pracy jako kuratorzy i pełnią funkcje w administracji materialnej.

10. ŚWIATY LANONANDEKÓW

Trzecia grupa siedmiu światów, krążących na orbicie siedemdziesięciu planet Salvingtonu, wraz z ich czterdziestu dwu satelitami, stanowi grupę sfer administracyjnych Lanonandeków. Na tych właśnie sferach doświadczeni Lanonandecy, należący do korpusu byłych Władców Systemu, nauczają administracji wznoszących się pielgrzymów i zastępy seraficzne. Śmiertelnicy ewolucyjni obserwują administratorów systemu

pracujących w stolicach systemu, ale tutaj biorą udział w rzeczywistej koordynacji orzeczeń administracyjnych dla dziesięciu tysięcy systemów lokalnych.

Te szkoły administracyjne wszechświata lokalnego nadzorowane są przez korpus Synów Lanonandeków, którzy mają długie doświadczenie w pracy jako Władcy Systemu i radcy konstelacji. Tylko szkoły administracyjne Ensy są lepsze od tych kolegiów zarządzania.

Światy Lanonandeków, podczas gdy służą jako sfery nauczania wznoszących się śmiertelników, są także centrami szeroko zakrojonych przedsięwzięć, mających do czynienia z normalnymi i rutynowymi funkcjami administracyjnymi wszechświata. Na całej swej drodze do Raju, wznoszący się pielgrzymi studiują w praktycznych szkołach wiedzy stosowanej, robiąc dokładnie te rzeczy, których są nauczani. System edukacyjny wszechświata, nadzorowany przez Melchizedeków, jest praktyczny, progresywny, treściwy i empiryczny. Obejmuje on naukę o sprawach materialnych, intelektualnych, morontialnych i duchowych.

Większość odzyskanych Synów tej klasy jest związanych ze sferami zarządzania Lanonandeków i służy tutaj w charakterze kuratorów i kierowników spraw planetarnych. I ci Książęta Planetarni-odstępcy, oraz ich towarzysze, buntownicy, którzy zechcieli przyjąć proponowaną im rehabilitację, wciąż będą służyć na takich stałych stanowiskach przynajmniej do tego czasu, aż wszechświat Nebadon zostanie ustanowiony w światłości i życiu.

W starszych systemach, wielu Synów Lanonandeków zapisało się jednak wspaniale w rejestrach służby, administracji i osiągnięć duchowych. Jest to szlachetna, wierna i lojalna grupa istot, niezależnie od ich tendencji do popełniania błędów, w wyniku ułudy wolności osobistej i fikcji samookreślenia.

[Nadzorowane przez Szefa Archaniołów, działającego z upoważnienia Gabriela z Salvingtonu].

PRZEKAZ 36

NOSICIELE ŻYCIA

ŻYCIE nie powstaje samoistnie. Życie tworzone jest zgodnie z planami formułowanymi przez (nie objawionych) Architektów Istot i pojawia się na zamieszkałych planetach albo przez bezpośrednie jego sprowadzenie, albo w rezultacie działalności Nosicieli Życia z wszechświatów lokalnych. Nosiciele Życia należą do najbardziej interesujących i wszechstronnych Synów z całej ich różnorodnej, wszechświatowej rodziny. Powierzono im planowanie i dostarczanie na sfery planetarne życia, w formie istot stworzonych. Po zasadzeniu życia na nowych światach, pozostają na nich przez dłuższy czas, żeby to życie wspomagać i rozwijać.

1. POCHODZENIE I NATURA NOSICIELI ŻYCIA

Chociaż Nosiciele Życia należą do rodziny Boskiego synostwa, są oni specyficznym i odrębnym typem wszechświatowych Synów, stanowiąc jedyną grupę inteligentnego życia we wszechświecie lokalnym, w którego stwarzaniu biorą udział władcy superwszechświata. Nosiciele Życia są potomstwem trzech istniejących wcześniej osobowości: Syna Stwórcy, Matki Ducha Wszechświata i wyznaczonego do tej funkcji jednego z trzech Pradawnych Czasu, którzy kierują przeznaczeniem danego superwszechświata. Pradawni Czasu, którzy sami mogą zarządzić likwidację inteligentnego życia, biorą udział w stwarzaniu Nosicieli Życia, którym powierza się zaprowadzenie materialnego życia na rozwijających się światach.

Mamy we wszechświecie Nebadon zapis o stworzeniu stu milionów Nosicieli Życia. Ten operatywny korpus istot szerzących życie nie jest grupą w pełni samorządną. Kierowani są przez trio, podejmujące decyzje o życiu, składające się z Gabriela, Ojca Melchizedeka i Nambii, pierwszego i pierworodnego Nosiciela Życia w Nebadonie. Jednak we wszystkich stadiach swej grupowej administracji są oni samorządni.

Nosiciele Życia dzielą się na trzy główne grupy: grupa pierwsza obejmuje starszych Nosicieli Życia, druga asystentów a trzecia opiekunów. Ten podział podstawowy dzieli się dodatkowo na dwanaście podgrup, specjalistów od różnych form, w jakich przejawia się życie. Podziału na te trzy grupy dokonali Melchizedecy, którzy w tym celu przeprowadzali testy na sferze stołecznej Nosicieli Życia. Od tamtego czasu Melchizedecy są blisko związani z Nosicielami Życia i zawsze im towarzyszą, kiedy ci idą stworzyć życie na nowej planecie.

Kiedy ewolucyjna planeta zostaje w końcu ustanowiona w światłości i życiu, Nosiciele Życia są organizowani w wyższe ciała opiniodawcze, mogące doradzać późniejszej administracji i pomagać w rozwoju świata oraz jego gloryfikowanych istot. W późniejszych, stabilnych epokach rozwijającego się wszechświata, Nosicielom Życia powierza się wiele nowych obowiązków.

2. ŚWIATY NOSICIELI ŻYCIA

Melchizedecy sprawują generalny nadzór nad czwartą grupą siedmiu sfer podstawowych, krążących na orbicie Salvingtonu. Te światy Nosicieli Życia określa się następująco:

1. Zarząd Nosicieli Życia.
2. Sfera planowania życia.
3. Sfera podtrzymania życia.
4. Sfera ewolucji życia.
5. Sfera życia związanego z umysłem.
6. Sfera umysłu i ducha w istotach żyjących.
7. Sfera życia nie objawionego.

Każda z tych sfer podstawowych otoczona jest przez sześć satelitów, gdzie koncentrują się stadia specjalne wszelkiej działalności Nosicieli Życia.

Pierwszy świat, sfera zarządu, wraz z sześcioma podległymi jej satelitami, poświęcona jest badaniom wszechświatowego życia – wszystkich znanych przejawów życia. Tutaj mieści się kolegium planowania życia, w którym pracują nauczyciele i doradcy z Uversy i Havony a nawet z Raju. I mogę objawić, że siedem centralnych miejsc pobytu przybocznych umysłów-duchów znajduje się na tym świecie Nosicieli Życia.

Liczba dziesięć – system dziesiętny – jest nieodłączną cechą wszechświata fizycznego, ale nie duchowego. Domeny życia charakteryzują się trójką, siódemką i dwunastką bądź wielokrotnościami i kombinacjami tych podstawowych liczb. Istnieją trzy podstawowe i zasadniczo odmienne plany życia, według porządku trzech Rajskich Źródeł i Centrów, a we wszechświecie Nebadon te trzy podstawowe formy życia rozdzielone są na trzy różne rodzaje planet. Początkowo było dwanaście oddzielnych, boskich idei przekazywalnego życia. Ta liczba dwanaście, razem z jej podziałami i wielokrotnościami, przewija się we wszystkich podstawowych formach życia, we wszystkich siedmiu superwszechświatach. Istnieje także siedem rodzajów kunsztownych projektów życiowych, zasadniczych porządków konfiguracji rozmnażania się w materii ożywionej. W Orvontonie formy życiowe konfigurowane są dwunastoma nośnikami dziedziczności. Zróżnicowane porządki istot z wolą mają konfigurację złożoną z 12, 24, 48, 96, 192, 384 i 768 modułów. Na Urantii istnieje czterdzieści osiem modułów kontroli formy – określających cechy – w płciowych komórkach rozrodczych człowieka.

Drugi świat jest sferą projektów życia; tutaj wypracowuje się wszystkie nowe metody organizacji życia. Podczas gdy pierwowzorów projektów życia dostarcza Syn Stwórca, wdrażanie tych planów powierzono Nosicielom Życia oraz ich towarzyszom. Kiedy zostają sformułowane ogólne plany życia dla nowego świata, są one transmitowane do sfery zarządu, gdzie są drobiazgowo badane przez najwyższą radę starszych Nosicieli Życia, przy współpracy korpusu doradzających Melchizedeków. Jeśli plany odbiegają od uprzednio zatwierdzonych wzorów, muszą być przedstawione Synowi Stwórcy i zatwierdzone przez niego. Szef Melchizedeków częstokroć reprezentuje Syna Stwórcy w takich deliberacjach.

Dlatego życie planetarne, chociaż podobne w wielu aspektach, jest również zróżnicowane na wiele sposobów na każdym ewolucyjnym świecie. Nawet w jednolitej serii życia, w jednej rodzinie światów, nie ma dokładnie takiego samego życia na jakichkolwiek dwu planetach; zawsze istnieje typ planetarny, ponieważ Nosiciele Życia nie ustają w swych wysiłkach doskonalenia podstawowych wzorów, oddanych im pod opiekę.

Istnieje ponad milion fundamentalnych czy kosmicznych wzorów chemicznych, które stanowią formy źródłowe oraz liczne podstawowe, funkcjonalne zróżnicowania przejawów życia. Pierwszy satelita sfery planowania życia jest domeną wszechświatowych fizyków i elektrochemików, którzy służą Nosicielom Życia jako techniczni asystenci w ich pracy wychwytywania, organizowania i ukierunkowywania podstawowych jednostek energii, używanych do tworzenia materialnego nośnika przekazywania życia, tak zwanej plazmy zarodkowej.

Laboratoria planowania życia planetarnego znajdują się na drugim satelicie, okrążającym ten drugi świat. W tych laboratoriach Nosiciele Życia oraz wszyscy ich towarzysze współpracują z Melchizedekami, kiedy próbują zmodyfikować i ewentualnie udoskonalić życie, które ma być zaszczepione na *planetach dziesiętnych* Nebadonu. Życie, które teraz rozwija się na Urantii, było planowane i częściowo wypracowane na tym właśnie świecie, ponieważ Urantia jest planetą dziesiętną, światem życia eksperymentalnego. Na jednym świecie na dziesięć dopuszczalne jest większe odchylenie od standardowego planu życia, niż na innych (nieeksperymentalnych) światach.

Trzeci świat poświęcony jest podtrzymywaniu życia. Tutaj właśnie różne metody ochrony i zachowania życia są badane i wypracowywane przez asystentów i opiekunów z korpusu Nosicieli Życia. Plany życia dla każdego nowego świata przewidują zawsze stworzenie na początku komisji zachowania życia, złożonej z opiekunów specjalizujących się w mistrzowskim operowaniu podstawowymi formami życia. Na Urantii było dwudziestu czterech takich opiekunów w komisji, po dwóch dla każdego zasadniczego albo macierzystego wzoru kunsztownej organizacji materiału życiowego. Na planetach takich jak wasza, najwyższa forma życia rozmnaża się przy pomocy wiązki niosącej życie, która posiada dwadzieścia cztery jednostki formy. (A skoro życie intelektualne wyrasta z tej formy i na jej fizycznym podłożu, pojawiają się też dwadzieścia cztery podstawowe rodzaje organizacji psychicznej).

Sfera czwarta i jej satelity poświęcone są generalnie badaniu ewolucji życia istot stworzonych a w szczególności ewolucyjnym okolicznościom poprzedzającym każdy poziom życia. Na ewolucyjnym świecie pierwotna plazma życia musi zawierać w sobie całkowity potencjał wszystkich przyszłych, rozwijających się odmian oraz wszystkich kolejnych ewolucyjnych zmian i modyfikacji. Zabezpieczenia, dokonane dla tak dalekosiężnych projektów metamorfozy życia, mogą spowodować pojawienie się wielu pozornie bezużytecznych form życia zwierzęcego i roślinnego. Takie produkty uboczne ewolucji planetarnej, spodziewane bądź nieprzewidziane, pojawiają się na scenie akcji jedynie po to, aby z niej zniknąć, jednak w tym długim procesie i poprzez niego przewija się nić mądrych i inteligentnych formuł oryginalnych twórców planetarnego planu życia i struktury gatunków. Różnorodne, uboczne produkty ewolucji biologicznej, są, zawsze odróżnia zwierzę z nim związane od pozbawionych duszy istot z wyposażeniem umysłowym. Czczenie jest atrybutem kandydata do duchowego wznoszenia się.

7. *Duch mądrości* – nieodłączne wszystkim istotom etycznym dążenie do uporządkowanego i stopniowego rozwoju ewolucyjnego. Jest to najwyższy z przybocznych, duchowy koordynator i wyraziciel pracy wszystkich innych duchów. Duch ten jest tajemnicą tego wrodzonego instynktu, u istot posiadających umysł, który inicjuje i podtrzymuje praktyczny i efektywny program wznoszącej się skali bytu; tego daru rzeczy żywych, który przyczynia się do ich niewytłumaczalnych zdolności przeżywania, a w przeżywaniu, do koordynacji całego ich przeszłego doświadczenia i obecnych możliwości, do wyzyskania całości wszystkiego, co każdy z pozostałych sześciu mentalnych opiekunów może zaktywizować w umyśle danego organizmu. Mądrość jest punktem kulminacyjnym funkcjonowania intelektualnego. Mądrość jest celem czysto mentalnej i moralnej egzystencji.

Przyboczne umysły-duchy nabierają doświadczenia, ale nigdy nie stają się osobowe. Rozwijają się w trakcie działania, a działanie pierwszych pięciu z nich w klasach zwierzęcych jest do pewnego stopnia konieczne do działania wszystkich siedmiu w formie intelektu ludzkiego. To właśnie, zwierzęce pokrewieństwo, sprawia, że przyboczni są bardziej życiowo efektywni w formie umysłu ludzkiego; zwierzęta są zatem do pewnego stopnia niezbędne tak dla intelektualnej jak i fizycznej ewolucji człowieka.

Te przyboczne umysły Matki Ducha wszechświata lokalnego związane są z życiem istot o statusie inteligentnym, tak samo jak centra mocy i kontrolerzy fizyczni związani są z nieożywionymi siłami wszechświata. Pełnią one nieocenioną służbę na zamieszkałych światach, w obwodach umysłu i efektywnie współpracują z Nadrzędnymi Kontrolerami Fizycznymi, którzy służą także jako kontrolerzy i ukierunkowujący tych poziomów umysłu, które poprzedzają przybocznych, poziomów umysłu nie uczącego się albo mechanicznego.

Zanim żywy umysł będzie potrafił uczyć się z doświadczenia, pozostaje on domeną służby Nadrzędnych Kontrolerów Fizycznych. Umysł istoty stworzonej, zanim osiągnie zdolność rozpoznawania boskości i czczenia Bóstwa, stanowi wyłączną domenę duchów przybocznych. Wraz z pojawieniem się reakcji duchowych w intelekcie istoty stworzonej, takie stworzone umysły stają się superumysłowe, natychmiast zostają objęte obwodem cykli duchowych Matki Ducha wszechświata lokalnego.

Przyboczne umysły-duchy nie są w żaden sposób bezpośrednio związane ze zróżnicowaną i wysoce duchową działalnością ducha osobistej obecności Boskiej Opiekunki, Ducha Świętego światów zamieszkałych; jednak funkcjonalnie go poprzedzają i przygotowują zjawienie się tego właśnie ducha w ewolucyjnym człowieku. Przyboczni umożliwiają Matce Duchowi Wszechświata różnorodne kontakty z materialnymi, żywymi istotami wszechświata lokalnego i sprawowanie kontroli nad nimi, jednak nie znajdują oni oddźwięku w Istocie Najwyższej, kiedy działają na poziomach przedosobowych.

Nieduchowy umysł jest albo przejawem ducha-energii albo zjawiskiem energii fizycznej. Nawet umysł ludzki, umysł osobowy, nie ma wartości wiecznego życia w oderwaniu od utożsamiania się z duchem. Umysł jest obdarzeniem boskości, ale nie jest nieśmiertelny, kiedy działa bez wnikliwości duchowej i kiedy pozbawiony jest zdolności czczenia i pragnienia przetrwania.

6. SIŁY ŻYWE

Życie jest zarówno mechaniczne jak i witalistyczne – materialne i duchowe. Na Urantii, fizycy i chemicy zawsze będą robić postępy w zrozumieniu protoplazmatycznych form życia roślinnego i zwierzęcego, ale nigdy nie będą mogli wytworzyć żywych organizmów. Życie jest czymś odmiennym od wszelkich przejawów energii; nawet materialne życie istot fizycznych nie jest właściwością materii.

Rzeczy materialne mogą mieć niezależny byt, ale życie powstaje tylko od życia. Umysł może być wyprowadzony tylko z uprzednio istniejącego umysłu. Duch powstaje jedynie z duchowych protoplastów. Istota stworzona może wytwarzać formy życiowe, ale tylko stwórcza osobowość lub siła stwórcza dostarczyć może aktywizującej je iskry życia.

Nosiciele Życia mogą organizować formy materialne albo wzory fizyczne istot żywych, ale to Duch dostarcza początkowej iskry życia i obdarza te formy podstawą umysłu. Nawet formy żywe życia eksperymentalnego, jakie Nosiciele Życia organizują na swych salvingtońskich światach, zawsze pozbawione są możliwości rozmnażania. Kiedy receptury życia i wzory życiowe są poprawnie złożone i prawidłowo zorganizowane, obecność Nosicieli Życia wystarcza do zapoczątkowania życia, jednak wszystkie tak zapoczątkowane organizmy żywe są pozbawione dwu podstawowych atrybutów – wyposażenia umysłowego i możliwości rozmnażania się. Umysł zwierzęcy i umysł ludzki są darami Matki Ducha wszechświata lokalnego, funkcjonującego przez siedem przybocznych umysłów-duchów, podczas gdy zdolności rozrodcze istoty są specyficznym i osobistym dodatkiem Ducha Wszechświata do dziedzicznej plazmy życia, zapoczątkowanej przez Nosicieli Życia.

Gdy Nosiciele Życia zaplanują wzory życia, po tym, jak zorganizują systemy energii, musi pojawić się dodatkowy fenomen – „tchnienie życia", które musi być przekazane tym formom nieożywionym. Synowie Boży mogą tworzyć formy życiowe, ale to Duch Boży prawdziwie daje iskrę życiową. A kiedy życie przekazane w ten sposób się zużyje, pozostające ciało materialne znów stanie się martwą materią. Kiedy nadane życie się wyczerpie, ciało wraca do łona wszechświata materialnego, skąd zostało zapożyczone przez Nosicieli Życia, aby służyło jako przejściowy wehikuł tego wyposażenia życiowego, które oni przekazali owemu widzialnemu połączeniu energii-materii.

Życie nadane przez Nosicieli Życia roślinom i zwierzętom nie wraca do Nosicieli Życia po śmierci rośliny czy zwierzęcia. Ulatujące życie takiej rzeczy żywej nie posiada ani tożsamości, ani osobowości; nie może przetrwać śmierci indywidualnie. Podczas swej egzystencji, w czasie pobytu w ciele materialnym, doznało ono przemiany; doznało ewolucji energii i przetrwa jedynie jako część kosmicznych sił wszechświata; nie przetrwa jako indywidualne życie. Przetrwanie istot śmiertelnych opiera się wyłącznie na rozwoju nieśmiertelnej duszy w obrębie śmiertelnego umysłu.

Mówimy o życiu jako o „energii" i o „sile", ale nie jest ono żadnym z tych pojęć. Siła-energia rozmaicie reaguje na grawitację, ale nie życie. Forma także nie reaguje na grawitację, stanowiąc tę konfigurację różnych energii, które już uprzednio wypełniły wszystkie zobowiązania reagowania na grawitację. Życie jako takie, stanowi animację pewnego, kształtowanego przez formę, albo skądinąd wydzielonego systemu energii – materialnej, umysłowej czy duchowej.

wykonania tego zadania. Otrzymujecie konkretne zadanie do wykonania i jednocześnie dostajecie nauczycieli, którzy mają kwalifikacje, aby was nauczyć najlepszej metody wykonania powierzonego wam zadania. Boski plan edukacyjny zapewnia bliski związek pracy i nauki. Uczymy was, jak najlepiej wykonywać te rzeczy, które polecamy wam zrobić.

Celem całego tego nauczania i nabywania doświadczania jest przygotowanie was do rozpoczęcia wyższego i bardziej duchowego szkolenia w sferach superwszechświata. Postęp w granicach danej domeny jest indywidualny, ale przejście z jednego stadium bytu do drugiego odbywa się zazwyczaj klasami.

Rozwój w wieczności nie polega wyłącznie na kształtowaniu duchowym. Zdobycze intelektualne są również częścią wszechświatowej edukacji. Doświadczenie umysłowe poszerzane jest na równi z ekspansją horyzontu duchowego. Umysł i duch dostają podobne możliwości nauczania i rozwoju. Jednak przy całym tym wspaniałym szkoleniu umysłu i ducha, na zawsze jesteście wolni od ograniczeń śmiertelnego ciała. Nie musicie już stale rozsądzać konfliktowych argumentów waszych zróżnicowanych natur, duchowej i materialnej. W końcu możecie się cieszyć ujednoliconym impulsem gloryfikowanego umysłu, dawno już pozbawionego prymitywnych, zwierzęcych dążeń ku rzeczom materialnym.

Większość śmiertelników z Urantii będzie miała możliwość służyć, dłużej czy krócej, w charakterze członków nebadońskiego korpusu Niebiańskich Nadzorców, przed opuszczeniem wszechświata Nebadonu.

7. NAUCZYCIELE ŚWIATÓW-MIESZKAŃ

Nauczyciele Światów-Mieszkań są gloryfikowanymi cherubinami, zwerbowanymi do tej pracy. Podobnie jak większość innych instruktorów w Nebadonie, są oni mianowani przez Melchizedeków. Działają w większości instytucji edukacyjnych życia morontialnego a ich liczba przekracza nieomal zdolność pojmowania ludzkiego umysłu.

Nauczyciele Światów-Mieszkań, jako stadium osiągnięć cherubinów i sanobinów, będą jeszcze omawiani w następnym przekazie, natomiast jako nauczyciele odgrywają oni ważną rolę w życiu morontialnym i będą szerzej omawiani w przekazie o takim tytule.

8. PRZYDZIAŁY WYŻSZYCH KLAS DUCHOWYCH

Pewne istoty duchowe wyższego pochodzenia, z rodziny Nieskończonego Ducha, są oprócz centrów mocy i kontrolerów fizycznych na stałe przydzielone do wszechświata lokalnego. Przydziały wyższych klas duchowych, z rodziny Nieskończonego Ducha, wyglądają następująco:

Samotni Posłańcy, kiedy są funkcjonalnie przydzieleni do administracji wszechświata lokalnego, oddają nam nieocenione przysługi, gdy próbujemy pokonać ograniczenia czasu i przestrzeni. Kiedy są inaczej przydzieleni, my z wszechświatów lokalnych zupełnie nie mamy nad nimi władzy, ale nawet wtedy te unikalne istoty zawsze są skłonne nam pomagać w rozwiązywaniu naszych problemów i w wykonywaniu naszych zadań.

Nadzorca Obwodów Wszechświata *trzeciej klasy,* stale przebywający w naszym wszechświecie lokalnym, nazywa się Andovontia. Zajmuje się on tylko obwodami duchowymi i morontialnymi, nie tymi, które podlegają jurysdykcji dyspozytorów mocy. To właśnie on odseparował Urantię, kiedy Caligastia zdradził planetę w trudnych chwilach buntu Lucyfera. Śląc pozdrowienia śmiertelnikom Urantii, wyraża swoje zadowolenie, gdyż przewiduje przywrócenie was kiedyś do wszechświatowych obwodów, znajdujących się pod jego nadzorem.

Kierownik Spisu w Nebadonie, Salsatia, ma swą siedzibę główną w obrębie tego sektora Salvingtonu, który zajmuje Gabriel. Uświadamia on sobie automatycznie narodziny i śmierć woli, a obecnie rejestruje dokładną liczbę istot z wolą we wszechświecie lokalnym. Pracuje blisko związany z rejestratorami osobowości, którzy mieszkają na światach rejestracyjnych archaniołów.

Inspektor Pomocniczy mieszka na Salvingtonie. Jest on osobistym reprezentantem Najwyższego Wykonawcy z Orvontonu. Współpracujący z nim, *Przydzieleni Strażnicy,* także reprezentują w systemach lokalnych Najwyższego Wykonawcę z Orvontonu.

Wszechświatowi Rozjemcy to podróżujące sądy wszechświatów czasu i przestrzeni, działające, począwszy od światów ewolucyjnych, w każdej sekcji wszechświata lokalnego i wyżej. Arbitrzy tacy rejestrowani są na Uversie; dokładna liczba tych, co działają w Nebadonie, nie jest rejestrowana, szacuję jednak, że w naszym wszechświecie lokalnym jest w przybliżeniu sto milionów komisji rozjemczych.

Nasza część *Doradców Proceduralnych*, prawniczych umysłów tej domeny, liczy około pół miliarda istot. Istoty te są żywymi, obiegowymi i empirycznymi bibliotekami prawniczymi całego kosmosu.

W Nebadonie mamy siedemdziesięciu pięciu *Niebiańskich Kronikarzy*, wznoszących się serafinów. Są to starsi albo sprawujący nadzór kronikarze. Liczba uczących się, zaawansowanych studentów tej klasy, wynosi prawie cztery miliardy.

Służba siedemdziesięciu miliardów *Morontiańskich Towarzyszy,* przebywających w Nebadonie, opisana jest w tych narracjach, które mówią o przejściowych planetach pielgrzymów czasu.

Każdy wszechświat ma swój własny, rodzimy korpus anielski; tym niemniej zdarzają się okoliczności, kiedy dobrze jest dostać pomoc od wyższych duchów, pochodzących spoza kreacji lokalnej. Supernafini pełnią pewne rzadkie i unikalne służby; obecny szef serafinów Urantii jest supernafinem klasy pierwszej z Raju. Sekonafinów zwierciadlanych spotyka się wszędzie tam, gdzie działa personel superwszechświata a znaczna liczba tertiafinów służy tymczasowo jako Asystenci Najwyższych Ojców.

9. STALI OBYWATELE WSZECHŚWIATA LOKALNEGO

Podobnie jak w superwszechświecie i wszechświecie centralnym, wszechświat lokalny też ma swoje klasy stałego obywatelstwa. Obejmują one następujące klasy stworzone:

1. Susaci.
2. Univitaci.
3. Synowie Materialni.
4. Istoty pośrednie.

Te istoty, rodzime dla kreacji lokalnej, razem z zespolonymi z Duchem istotami wznoszącymi się oraz spirongi (które są inaczej klasyfikowane), stanowią poczet względnie stałego obywatelstwa. Generalnie biorąc, te klasy istot nie są ani wznoszące się ani zstępujące. Wszystkie one są istotami empirycznymi a ich poszerzające się doświadczenie zawsze jest dostępne dla tego poziomu wszechświata, z którego pochodzą. Podczas gdy powyższe nie odnosi się w pełni do Synów Adamicznych i istot pośrednich, jest to w pewnym stopniu prawdziwe również dla tych klas.

Susaci. Te wspaniałe istoty mieszkają i działają na Salvingtonie, jako stali obywatele stolicy wszechświata lokalnego. Są wspaniałym potomstwem Syna Stwórcy i Stwórczego Ducha i są blisko związani ze wznoszącymi się obywatelami z wszechświata lokalnego, zespolonymi z Duchem śmiertelnikami z Nebadońskiego Korpusu Doskonałości.

Univitaci. Każda sfera, należąca do skupiska stu zaprojektowanych sfer zarządu konstelacji, korzysta ze stałej służby istot tam zamieszkałych, z klasy zwanej univitatami. Te dzieci Syna Stwórcy i Stwórczego Ducha stanowią stałą populację światów zarządu konstelacji. Istoty te się nie rozmnażają, istnieją na poziomie życia mniej więcej w połowie pomiędzy częściowo materialnym statusem Synów Materialnych, mieszkających w stolicy systemu, a zdecydowanie bardziej duchowym poziomem zespolonych z Duchem śmiertelników oraz susatów z Salvingtonu; jednak univitaci nie są istotami morontialnymi. Wznoszącym się śmiertelnikom, którzy przechodzą sfery konstelacji, dają to, co mieszkańcy Havony dają pielgrzymom-duchom, przechodzącym kreację centralną.

Materialni Synowie Boga. Kiedy stwórczy związek pomiędzy Synem Stwórcą a wszechświatową reprezentantką Nieskończonego Ducha, Matką Duchem Wszechświata, zakończy swój cykl, kiedy nie przybywa już więcej potomstwa o wspólnej naturze, wtedy Syn Stwórca uosabia, w podwójnej formie, swą ostatnią ideę istoty, potwierdzając tym samym ostatecznie swoje własne, pierwotne, podwójne pochodzenie. W sobie i z siebie stwarza wtedy pięknych i znakomitych Synów oraz Córki, materialną klasę wszechświatowego synostwa. Takie jest pochodzenie pierwotnego Adama i pierwotnej Ewy w każdym lokalnym systemie Nebadonu. Ta klasa synostwa rozmnaża się, ponieważ są stworzeni jako mężczyzna i kobieta. Ich potomstwo funkcjonuje jako względnie stali obywatele stolicy systemu, chociaż niektórzy dostają misję Planetarnych Adamów.

Podczas misji planetarnej, Materialny Syn i Materialna Córka mają zlecone wprowadzenie rasy adamicznej na świat, tej rasy, która ma się w końcu zmieszać ze śmiertelnymi mieszkańcami danej sfery. Planetarni Adamowie są Synami zarówno zstępującymi jak i wznoszącymi się, ale zazwyczaj klasyfikujemy ich jako wznoszących się.

Istoty pośrednie. Na większości zamieszkałych światów, we wczesnych dniach ich rozwoju, pełnią swe zadania pewne nadludzkie, lecz zmaterializowane istoty, które jednak zazwyczaj odchodzą po przybyciu Planetarnych Adamów. Działalność takich istot oraz wysiłki Synów Materialnych, zmierzające do ulepszenia ras ewolucyjnych, dają często w rezultacie ograniczoną ilości istot, trudnych do klasyfikacji. Te unikalne istoty istnieją często pośrodku, pomiędzy Synami Materialnymi a istotami ewolucyjnymi, stąd ich określenie – istoty pośrednie. W pewnym sensie, ci pośredni są stałymi obywatelami światów ewolucyjnych. Od czasów zaraz po przybyciu Księcia Planetarnego, do odległej epoki ustanowienia planety w światłości i życiu, są oni jedyną grupą istot inteligentnych przebywających stale na planecie. Służący na Urantii pośredni są w rzeczywistości opiekunami planety, praktycznie biorąc obywatelami Urantii. Śmiertelnicy są wprawdzie fizycznymi i materialnymi mieszkańcami świata ewolucyjnego; ale ogólnie biorąc żyjecie tak krótko, przebywacie na planecie waszych początków tylko małą chwilę. Rodzicie się, żyjecie, umieracie i przechodzicie do innych światów ewolucyjnego rozwoju. Nawet nadludzkie istoty, służące na planecie jako niebiańscy opiekunowie, mają przydział tymczasowy; tylko kilku z nich przydziela się na dłużej do danej sfery. Istoty pośrednie zapewniają ciągłość administracji planetarnej, w obliczu wciąż zmieniających się służb planetarnych i nieustannie przemieszczających się śmiertelnych mieszkańców planety. Podczas wszystkich tych, niekończących się zmian i przemieszczeń, istoty pośrednie pozostają na planecie, nieprzerwanie wykonując swe obowiązki.

Tak samo wszystkie sekcje administracyjnej organizacji wszechświatów lokalnych i superwszechświatów posiadają swe bardziej czy mniej stałe populacje, mieszkańców o statusie obywateli. Tak jak Urantia ma swoich pośrednich, tak Jerusem, stolica waszego systemu, posiada Materialnych Synów i Materialne Córki; Edentia, zarząd waszej konstelacji, ma univitatów, podczas gdy obywatele Salvingtonu są dwojacy, stworzeni susaci i rozwijający się, zespoleni z Duchem śmiertelnicy. Światy administracyjne mniejszych i większych sektorów superwszechświatów nie mają stałych obywateli. Jednak sferom zarządu Uversy wciąż pomaga w ich funkcjonowaniu wspaniała grupa istot zwanych *abandonterami*, którzy są stworzeni przez nie objawionych przedstawicieli Pradawnych Czasu i siedem Duchów Zwierciadlanych, przebywających w stolicy Orvontonu. Ci stali mieszkańcy, obywatele Uversy, pełnią obecnie rutynowe obowiązki swego świata, pod bezpośrednim kierownictwem korpusu zespolonych z Synem śmiertelników z Uversy. Nawet Havona ma swe istoty rodzime a centralna Wyspa Światłości i Życia jest ojczyzną różnych grup Obywateli Raju.

10. INNE GRUPY ISTOT WSZECHŚWIATA LOKALNEGO

Oprócz klas seraficznych i śmiertelnych, które będą rozważane w dalszych przekazach, istnieją jeszcze liczne inne istoty, zajmujące się utrzymywaniem i doskonaleniem tak gigantycznej organizacji, jaką jest wszechświat Nebadon, który nawet teraz ma ponad trzy miliony zamieszkałych światów a dziesięć milionów w perspektywie. Różnorodne typy życia Nebadonu są zbyt liczne, żeby je można było skatalogować w tym przekazie, można jednak wspomnieć o dwu niezwykłych klasach, funkcjonujących szeroko na 647.591 zaprojektowanych sferach wszechświata lokalnego.

Spirongi są duchowym potomstwem Gwiazdy Jasnej i Porannej oraz Ojca Melchizedeka. Nie podlegają likwidacji osobowości, jednak nie są to istoty wznoszące się czy ewolucyjne. Nie są też funkcjonalnie związane z ewolucyjnym porządkiem wznoszenia się. Są duchowymi pomocnikami we wszechświecie lokalnym, spełniającymi rutynowe, duchowe zadania Nebadonu.

Spornagie. Zaprojektowane światy zarządu wszechświata lokalnego są światami rzeczywistymi – kreacjami materialnymi. Ich materialna konserwacja wymaga sporo pracy i tutaj pomagają nam grupy istot materialnych zwanych spornagiami. Poświęcają się one opiece i pielęgnacji materialnych sfer światów zarządu, od Jerusem do Salvingtonu. Spornagie nie są ani duchami, ani osobami; należą do zwierzęcej klasy bytu, jeśli jednak moglibyście je zobaczyć, zgodzilibyście się, że sprawiają wrażenie zwierząt doskonałych.

Różne *kolonie kurtuazyjne* mieszczą się na Salvingtonie oraz w innych miejscach wszechświata. Szczególny pożytek mamy ze służb niebiańskich twórców w konstelacjach oraz duże korzyści z działalności organizatorów powrotu, którzy funkcjonują głównie w stolicach systemów lokalnych.

Do służb wszechświatowych przydzielony jest zawsze korpus wznoszących się śmiertelników, razem z gloryfikowanymi istotami pośrednimi. Te wznoszące się istoty, kiedy dotrą do Salvingtonu, używane są do nieskończonej prawie różnorodności prac, związanych z prowadzeniem wszechświata. Z każdego osiągniętego poziomu ci awansujący śmiertelnicy sięgają wstecz i w dół, żeby wyciągnąć pomocną dłoń do swych współbraci, którzy za nimi pną się w górę. Śmiertelnicy tacy, przebywający tymczasowo na Salvingtonie, są na żądanie przydzielani do wszystkich praktycznie korpusów osobowości niebiańskich jako pomocnicy, studenci, obserwatorzy i nauczyciele.

Istnieją jeszcze inne typy inteligentnego życia, zaangażowane w administrację wszechświata lokalnego, jednak plan tych narracji nie przewiduje dalszego objawienia owych klas stworzonych. Jest tutaj zobrazowane odpowiednio dużo, gdy idzie o życie i administrację tego wszechświata, żeby dać śmiertelnemu umysłowi pojęcie o rzeczywistości i majestatyczności istnienia po życiu. Dalsze doświadczenie, zdobywane podczas waszej zaawansowanej działalności, będzie coraz lepiej wam objawiać te interesujące i przemiłe istoty. Narracja ta nie może wykraczać poza skrócony zarys natury i działalności różnych osobowości, od których roją się wszechświaty w przestrzeni, które kierują tymi kreacjami jak ogromnymi kształcącymi szkołami, tymi szkołami w których pielgrzymi czasu promowani są z życia do życia i ze świata do świata, aż zostaną z miłością wyekspediowani poza granice wszechświata, z którego pochodzą ku wyższemu porządkowi edukacyjnemu superwszechświata, a stamtąd ku światom Havony dla nauczania duchowego i ostatecznie do Raju oraz wzniosłego przeznaczenia finalistów – wiecznego przydziału do misji nie objawionej jeszcze wszechświatom czasu i przestrzeni.

[Podyktowane przez Gwiazdę Błyszczącą Wieczorną, 1.146 członka Korpusu Stworzonych].

PRZEKAZ 38

DUCHY USŁUGUJĄCE WSZECHŚWIATA LOKALNEGO

ISTNIEJĄ trzy odmienne klasy osobowości Nieskończonego Ducha. Impulsywny apostoł to rozumiał, gdy pisał, nawiązując do Jezusa: „On jest po prawicy Bożej, gdyż poszedł do nieba, gdzie poddani mu zostali aniołowie i władze i moce". Aniołowie są posługującymi duchami czasu; władze – zastępy posłańców przestrzeni; moce – wyższe osobowości Nieskończonego Ducha.

Tak jak supernafini we wszechświecie centralnym i sekonafini w superwszechświecie, tak serafini wraz z towarzyszącymi im cherubinami i sanobinami, tworzą anielski korpus wszechświata lokalnego.

Serafini jako tacy są zaplanowani dość jednolicie. Od wszechświata do wszechświata, przez wszystkie siedem superwszechświatów, wykazują oni minimalne zróżnicowanie; ze wszystkich duchowych typów istot osobowych są najbardziej ujednoliceni. Ich różnorodne klasy tworzą korpus sprawnych, pospolitych opiekunów kreacji lokalnych.

1. POCHODZENIE SERAFINÓW

Serafini stwarzani są przez Matkę Ducha Wszechświata i pojawiają się w jednakowych formacjach – po 41.472 jednocześnie – po tym jak stworzono „wzorcowych aniołów" i pewne anielskie pierwowzory we wczesnych dniach Nebadonu. Syn Stwórca i reprezentantka Nieskończonego Ducha we wszechświecie współpracują ze sobą przy stwarzaniu dużej liczby Synów i innych osobowości wszechświata. Po zakończeniu tych, wspólnych czynności, Syn zajmuje się stwarzaniem Synów Materialnych, pierwszych istot płciowych, podczas gdy Matka Duch Wszechświata zaczyna równocześnie swe pierwsze, samotne wysiłki rozmnażania ducha. W ten sposób zaczyna się stwarzanie seraficznych zastępów wszechświata lokalnego.

Klasy anielskie projektowane są w czasie planowania ewolucji istot śmiertelnych z wolą. Stwarzanie serafinów datuje się od czasu nabycia względnej osobowości przez Matkę Ducha Wszechświata, nie wtedy, gdy jest ona partnerką Syna-Mistrza, ale wcześniej, gdy jest stwórczą pomocnicą Syna Stwórcy. Przed tym zdarzeniem, serafinów służących w Nebadonie pożycza się na jakiś czas od sąsiednich wszechświatów.

Serafini nadal są okresowo stwarzani; wszechświat Nebadon wciąż jest w trakcie tworzenia. Matka Duch Wszechświata nigdy nie zaprzestaje stwórczych działań w rozwijającym się i doskonalącym wszechświecie.

2. NATURA ANIOŁÓW

Aniołowie nie mają ciał materialnych, jednak są to konkretne i niezależnie istniejące istoty; mają duchową naturę i pochodzą od ducha. Choć niewidzialne dla śmiertelników, widzą was takimi, jakimi jesteście w ciele, bez pomocy przetworników czy urządzeń przystosowujących; intelektualnie rozumieją sposób życia ludzkiego i podzielają wszystkie ludzkie, niezmysłowe uczucia i nastroje. Doceniają i bardzo lubią wasze osiągnięcia w muzyce, sztuce oraz prawdziwy humor. Uświadamiają sobie w całej pełni wasze zmagania moralne i trudności duchowe. Kochają istoty ludzkie i tylko dobro może wyniknąć z tego, jeśli będziecie próbować zrozumieć ich i kochać.

Choć serafini są istotami bardzo uczuciowymi i wyrozumiałymi, nie mają doznań płciowych. Są tacy, jakimi wy będziecie na światach-mieszkaniach, gdzie nie będziecie „ani się żenić, ani za mąż wychodzić, lecz będziecie jak aniołowie w niebie". Gdyż wszyscy, „którzy uznani zostaną godni udziału w światach-mieszkaniach, ani się żenić nie będą, ani za mąż wychodzić; już bowiem umrzeć nie mogą, gdyż są równi aniołom". Tym niemniej, kiedy mamy do czynienia z istotami płciowymi, zazwyczaj mówimy o istotach bardziej bezpośrednio pochodzących od Ojca i Syna, jako o synach Boga, a do dzieci Ducha nawiązujemy jako do córek Boga. Aniołowie są zatem określani zazwyczaj zaimkami żeńskimi na tych planetach, gdzie istnieje płeć.

Serafini są tak stworzeni, aby mogli działać zarówno na poziomie duchowym jak i na materialnym. Niewiele jest stadiów działań morontialnych albo duchowych, w których nie mogą służyć. Podczas gdy w statusie osobowym aniołowie nie odbiegają zbytnio od istot ludzkich, serafini znacznie przewyższają ludzi w pewnych możliwościach funkcjonalnych. Posiadają wiele cech znacznie przekraczających ludzkie zrozumienie. Na przykład: powiedziano wam, że „u was zaś nawet włosy na głowie wszystkie są policzone" i prawdą jest, że są, ale serafin nie spędza czasu na ich liczeniu i zapamiętaniu ich aktualnej liczby. Aniołowie posiadają nieodłączne im i automatyczne (znaczy tak bardzo automatyczne jak to możecie sobie uświadomić) zdolności poznania tych rzeczy; naprawdę moglibyście uważać serafinów za geniuszy matematycznych. Zatem rozliczne obowiązki, które stanowiłyby gigantyczne zadania dla śmiertelników, są wykonywane przez serafinów z wielką łatwością.

Aniołowie są wyżsi od was w statusie duchowym, ale nie są waszymi sędziami ani oskarżycielami. Nieważne, jakie są wasze błędy, „aniołowie, których siła i potęga jest większa, nie wnoszą przeciwko wam oskarżenia". Aniołowie nie zasiadają w sądzie ludzkości, nie powinni też indywidualni śmiertelnicy osądzać z góry swych bratnich istot.

Dobrze robicie, gdy ich kochacie, ale nie powinniście ich czcić; aniołowie nie są przedmiotem czczenia. Wielki serafin, Loyalatia, gdy wasz prorok „upadł, aby oddać pokłon przed stopami anioła" powiedział: „Bacz byś tego nie uczynił, bo jestem współsługą twoim i braci twoich, którzy wszyscy lubią czcić Boga".

Na skali bytu istot stworzonych, serafini zaledwie trochę wyprzedzają rasy śmiertelne, w swojej naturze i cechach osobowości. Doprawdy, kiedy zostaniecie wyzwoleni z ciała, staniecie się bardzo do nich podobni. Na światach-mieszkaniach zaczniecie doceniać serafinów, na sferach konstelacji będziecie ich lubić, podczas gdy na Salvingtonie będą dzielić z wami swe miejsca odpoczynku i czczenia. Przez całą morontię i późniejsze wznoszenie się duchowe, wasze braterstwo z serafinami będzie doskonałe a wasze koleżeństwo wyśmienite.

3. ANIOŁOWIE NIE OBJAWIENI

We wszystkich domenach wszechświata lokalnego działają liczne klasy istot duchowych, nie objawionych śmiertelnikom, gdyż nie są one w żaden sposób związane z ewolucyjnym planem wznoszenia się do Raju. W tym przekazie słowo „anioł" celowo jest zawężone w swym znaczeniu do tego seraficznego i związanego z nim potomstwa Matki Ducha Wszechświata, które zajmuje się zasadniczo realizacją planów wiecznego życia śmiertelnika. We wszechświecie lokalnym służy sześć innych klas pokrewnych im istot, aniołów nie objawionych, którzy nie są w żaden szczególny sposób związani z tymi wszechświatowymi funkcjami, które mają do czynienia ze wznoszeniem się do Raju śmiertelników ewolucyjnych. Tych sześciu grup aniołów towarzyszących nigdy nie nazywa się serafinami, ani też nie nawiązuje się do nich jako do duchów posługujących. Osobowości te zajmują się wyłącznie sprawami administracyjnymi Nebadonu oraz innymi obowiązkami, w żaden sposób nie związanymi ze stopniowym, duchowym wznoszeniem się człowieka i osiąganiem doskonałości.

4. ŚWIATY SERAFICZNE

Dziewiątą grupę siedmiu sfer podstawowych, krążących na orbicie Salvingtonu, tworzą światy serafinów. Każdy z tych światów ma sześć okrążających je satelitów, na których mieszczą się specjalne szkoły, zajmujące się wszystkimi stadiami nauczania seraficznego. Podczas gdy serafini mają dostęp do wszystkich czterdziestu dziewięciu światów, składających się na tę grupę sfer Salvingtonu, zajmują oni wyłącznie pierwszą grupę siedmiu światów. Pozostałe sześć grup zajmuje sześć klas anielskich pomocników, nie objawionych na Urantii; każda z tych grup ma swój zarząd na jednym z sześciu światów podstawowych i prowadzi działania specjalistyczne na sześciu okrążających je satelitach. Każda klasa anielska ma swobodny dostęp do wszystkich światów, należących do tych siedmiu zróżnicowanych grup.

Te światy zarządu zaliczają się do okazalszych domen Nebadonu; posiadłości seraficzne charakteryzują się zarówno pięknem jak i ogromem. Każdy serafin ma tutaj prawdziwy dom a „dom" oznacza miejsce zamieszkania dwu serafinów, gdyż żyją oni parami.

Chociaż serafini nie są mężczyznami i kobietami, tak jak Synowie Materialni czy gatunki śmiertelne, są negatywni i pozytywni. Do wykonania większości zadań potrzeba dwóch aniołów. Gdy nie są objęci obwodem mogą pracować w pojedynkę; nie potrzebują też dopełnienia swej istoty, kiedy są stacjonarni. Zazwyczaj zachowują oni swoje początkowe dopełnienie istoty, ale nie zawsze. Takich związków wymaga głównie pełniona funkcja, aniołowie nie przeżywają emocji płciowych, aczkolwiek ich związki są bardzo osobiste i prawdziwie uczuciowe.

Poza wyznaczonymi dla nich domami, serafini mają też swoje grupy, kompanie, bataliony i dowództwo formacji. Spotykają się na zjazdach, raz na tysiąc lat, a uczestniczą w nich wszyscy, odpowiednio do czasu ich stworzenia. Jeśli serafin pełni obowiązki uniemożliwiające opuszczenie służby, udaje się na zjazdy na przemian ze swym uzupełnieniem, zastępowany na służbie przez serafina z inną datą narodzin. Każdy partner seraficzny uczestniczy zatem przynajmniej w co drugim zjeździe.

5. SZKOLENIE SERAFINÓW

Pierwsze tysiąclecie swego istnienia serafini spędzają jako obserwatorzy bez przydziału na Salvingtonie oraz na towarzyszących mu światach-szkołach. Drugie tysiąclecie spędzają na światach seraficznych, na orbicie Salvingtonu. Ich główne szkoły przygotowawcze działają obecnie pod kierownictwem pierwszych stu tysięcy serafinów z

Nebadonu a na ich czele stoi pierwszy lub pierworodny anioł wszechświata lokalnego. Pierwsza grupa serafinów, stworzonych w Nebadonie, była nauczana przez korpus tysiąca serafinów z Avalonu; potem nasi aniołowie byli nauczani przez swych własnych seniorów. Melchizedecy także wnieśli swój znaczny wkład w edukację i przygotowanie wszystkich aniołów z wszechświata lokalnego – serafinów, cherubinów i sanobinów.

Po ukończeniu tego okresu szkolenia na seraficznych światach Salvingtonu, serafini gromadzeni są w standardowych grupach i jednostkach organizacji anielskiej oraz przydzielani do jednej z konstelacji. Nie są jeszcze przydzielani jako posługujące duchy, chociaż są dobrze zaawansowani w tych stadiach szkolenia anielskiego, które poprzedzają przydział.

Serafini są wprowadzani w rolę posługujących duchów, gdy służą jako obserwatorzy na światach ewolucyjnych o najniższym poziomie rozwoju. Po tym doświadczeniu wracają do światów towarzyszących zarządowi przydzielonej im konstelacji, żeby zacząć zaawansowane studia a konkretniej, aby się przygotować do służby w pewnym, określonym systemie lokalnym. Po zakończeniu tej edukacji ogólnej awansują do służby w którymś z lokalnych systemów. Na zaprojektowanych światach, związanych ze stolicą jakiegoś systemu w Nebadonie, serafini nasi kończą naukę i otrzymują przydział jako posługujące duchy czasu.

Serafini, gdy raz otrzymają swój przydział, mogą przemierzać cały Nebadon a nawet Orvonton, wykonując zadanie. Ich praca we wszechświecie nie ma ograniczeń ani limitów; są blisko związani z istotami materialnymi ze światów i zawsze służą niskim klasom osobowości duchowych, umożliwiając tym istotom ze świata duchowego kontakt ze śmiertelnikami z domen materialnych.

6. ORGANIZACJA SERAFICZNA

Serafini, po drugim tysiącleciu ich pobytu w zarządzie seraficznym, zostają zorganizowani w grupy po dwunastu, z szefem na czele grupy (12 par albo 24 serafinów) a dwanaście takich grup tworzy kompanię (144 pary albo 288 serafinów), która jest dowodzona przez lidera. Dwanaście kompanii, pod komendantem, tworzy batalion (1.728 par albo 3.456 serafinów) a dwanaście batalionów pod naczelnikiem równa się jednostce seraficznej (20.736 par albo 41.472 istot), podczas gdy dwanaście jednostek, pod komendą dowódcy, tworzy legion liczący 248.832 pary albo 497.664 istot. Jezus napomknął o takiej grupie aniołów, pamiętnej nocy, w ogrodzie Getsemane: „Nawet teraz mógłbym prosić Ojca mego, a on wystawiłby mi więcej niż dwanaście legionów aniołów."

Dwanaście legionów aniołów tworzy zastęp, liczący 2.985.984 pary lub 5.971.968 jednostek a dwanaście takich zastępów (35.831.808 par lub 71.663.616 jednostek) tworzy największą strukturę operacyjną serafinów, wojsko anielskie. Zastęp seraficzny dowodzony jest przez archanioła lub przez jakąkolwiek inną osobowość o równorzędnym statusie, podczas gdy wojska anielskie są dowodzone przez Gwiazdy Błyszczące Wieczorne albo przez jakiegoś innego, bezpośredniego porucznika Gabriela. Gabriel jest „głównodowodzącym wojsk niebieskich", głównym administratorem Władcy Nebadonu, „Pana Boga zastępów".

Serafini i inne klasy istot wszechświata lokalnego, chociaż służą pod bezpośrednim nadzorem Nieskończonego Ducha, tak jak jest on uosobiony na Salvingtonie, od czasu obdarzenia przez Michała Urantii zostali podporządkowani najwyższej władzy Syna-Mistrza. Nawet wtedy, kiedy Michał narodził się w ciele na Urantii, transmisja superwszechświata dla całego Nebadonu głosiła: „Niechże mu oddają pokłon wszyscy aniołowie". Aniołowie wszystkich stopni podlegają jego najwyższej władzy, są częścią tej grupy, która jest określona jako „jego potężni aniołowie".

7. CHERUBINI I SANOBINI

Cherubini i sanobini podobni są do serafinów we wszystkich swych podstawowych cechach. Mają takie same początki, chociaż nie zawsze to samo przeznaczenie. Są zadziwiająco inteligentni, wyjątkowo efektywni, wzruszająco uczuciowi, są prawie tacy jak ludzie. Są najniższą klasą aniołów, zatem są bardzo blisko spokrewnieni z bardziej postępowymi gatunkami istot ludzkich, żyjących na ewolucyjnych światach.

Cherubini i sanobini są nierozdzielnie ze sobą związani, funkcjonalnie zjednoczeni. Jeden jest osobowością o energii ze znakiem dodatnim, drugi o energii ze znakiem ujemnym. Odchylający w prawą stronę, czy dodatnio naładowany anioł, jest cherubinem – osobowością starszą lub kontrolującą. Odchylający w lewą stronę, czy ujemnie naładowany anioł, jest sanobinem – istotą uzupełniającą. Samotne funkcjonowanie anioła każdego rodzaju jest bardzo ograniczone, zatem służą oni zazwyczaj parami. Kiedy służą niezależnie od swych seraficznych dowódców, są bardziej niż kiedykolwiek zależni od związków wzajemnych i zawsze działają razem.

Cherubini i sanobini są sumiennymi i operatywnymi pomocnikami seraficznych opiekunów i wszystkie siedem klas serafinów posiada tych podwładnych asystentów. Cherubini i sanobini przez całe epoki służą na takich stanowiskach, jednak nie towarzyszą serafinom podczas tych zadań, które serafini wykonują poza granicami wszechświata lokalnego.

Cherubini i sanobini są rutynowymi pracownikami duchowymi na poszczególnych światach w systemie. Podczas zadań nieosobowych i w nagłych wypadkach, mogą służyć zamiast pary seraficznej, ale nigdy nie działają, nawet tymczasowo, jako aniołowie zajmujący się istotami ludzkimi; to jest wyłącznie seraficzny przywilej.

Kiedy cherubin zostaje przydzielony do planety, rozpoczyna lokalne kursy przygotowawcze, obejmujące studia zwyczajów planetarnych oraz języków. Wszystkie posługujące duchy czasu są dwujęzyczne, mówią językiem wszechświata lokalnego z którego pochodzą oraz językiem swego rodzimego superwszechświata. Studiując w szkołach różnych sfer, przyswajają dodatkowe języki. Cherubini i sanobini, podobnie jak serafini i wszystkie inne klasy istot duchowych, nie ustają nigdy w wysiłkach samodoskonalenia. Tylko tak bardzo podporządkowane istoty jak te, które kontrolują moc i ukierunkowują energię, niezdolne są do rozwoju; wszystkie istoty stworzone, posiadające aktualną czy potencjalną osobową wolę, dążą do nowych sukcesów.

Z racji swej natury cherubini i sanobini są bardzo blisko poziomu egzystencji morontialnej i okazują się najbardziej operatywni, gdy działają na pograniczu domen fizycznych, morontialnych i duchowych. Te dzieci Matki Ducha wszechświata lokalnego charakteryzują się „czterema istotami", podobnie jak Servitale Havony i komisje rozjemcze. Co czwarty cherubin i co czwarty sanobin są niby-materialni, bardzo wyraźnie zbliżeni do poziomu egzystencji morontialnej.

Te co czwarte istoty anielskie są bardzo użyteczne dla serafinów, w ich bardziej przyziemnych stadiach działań wszechświatowych i planetarnych. Tacy cherubini morontialni pełnią też wiele ważnych zadań na pograniczu światów szkoleniowych morontii i w znacznych ilościach przydzielani są do służby jako Morontiańscy Towarzysze. Są mniej więcej tym samym dla sfer morontialnych, czym są istoty pośrednie dla planet ewolucyjnych. Na zamieszkałych światach cherubini morontialni często pracują razem z istotami pośrednimi. Cherubini i istoty pośrednie są zupełnie odmiennymi klasami, mają odmienne pochodzenie, ale w swej naturze i funkcjonowaniu wykazują znaczne podobieństwo.

8. ROZWÓJ CHERUBINÓW I SANOBINÓW

Liczne drogi zaawansowanej służby, prowadzące do podwyższenia statusu, otwarte są dla cherubinów i sanobinów; status ten może być jeszcze bardziej podwyższony dzięki objęciu przez Boską Opiekunkę. Z punktu widzenia potencjału ewolucyjnego, istnieją trzy wielkie klasy cherubinów i sanobinów:

1. *Kandydaci do wznoszenia się.* Istoty te są z natury kandydatami do statusu seraficznego. Cherubini i sanobini tej klasy są utalentowani, ale nie dzięki wrodzonemu wyposażeniu, tak jak serafini; jednak dzięki pilności i doświadczeniu mogą osiągnąć pełny status seraficzny.
2. *Cherubini stadium pośredniego.* Nie wszyscy cherubini i sanobini mają jednakowy potencjał wznoszenia się i te ograniczenia są naturalne dla istot anielskich. Większość z nich pozostanie cherubinami i sanobinami, choć bardziej utalentowane jednostki mogą dojść do ograniczonej służby seraficznej.
3. *Cherubini morontialni.* Te „czwarte istoty" klas anielskich zawsze zachowują swe niby-materialne cechy. Będą istnieć jako cherubini i sanobini, razem z większością swych braci stadium pośredniego, do czasu pełnego urzeczywistnienia się Istoty Najwyższej.

Podczas gdy druga i trzecia grupa mają poniekąd ograniczony potencjał rozwoju, kandydaci do wznoszenia się mogą osiągać wyżyny wszechświatowej służby seraficznej. Wielu bardziej doświadczonych spośród tych cherubinów jest przydzielanych do seraficznych opiekunów przeznaczenia i tym sposobem mają prostą drogę awansu do statusu Nauczycieli Światów-Mieszkań, kiedy zostaną opuszczeni przez ich seraficznych seniorów. Opiekunowie przeznaczenia nie mają cherubinów i sanobinów za pomocników, kiedy ich śmiertelni podopieczni przybywają do celu życia morontialnego. Kiedy inne typy ewolucyjnych serafinów otrzymują zezwolenie na pójście do Serafingtonu i Raju, muszą opuścić swych dawnych podwładnych, kiedy wychodzą poza granice Nebadonu. Tacy opuszczeni cherubini i sanobini są zazwyczaj obejmowani przez Matkę Ducha Wszechświata a zdobywając status seraficzny, dochodzą do takiego poziomu, jaki ma Nauczyciel Światów-Mieszkań.

Kiedy raz objęci cherubini i sanobini długo służą na sferach morontialnych, jako Nauczyciele Światów-Mieszkań, od najniższej do najwyższej sfery i kiedy ich korpus na Salvingtonie ma nadmiar rekrutów, Gwiazda Jasna i Poranna wzywa wierne sługi istot czasu, żeby zjawili się przed nim. Podczas przekształcenia osobowości składają oni przysięgę, po czym zaawansowani, starsi cherubini i sanobini obejmowani są ponownie przez Matkę Ducha Wszechświata, w grupach po siedem tysięcy. Z tego powtórnego objęcia wyłaniają się jako w pełni dojrzali serafini. Odtąd pełna i kompletna misja serafinów z jej wszystkimi rajskimi możliwościami otwiera się przed narodzonymi powtórnie cherubinami i sanobinami. Aniołowie tacy mogą być przydzielani jako opiekunowie przeznaczenia do pewnych istot śmiertelnych, a gdy ich śmiertelni podopieczni przetrwają śmierć, mogą awansować do Serafingtonu i do siedmiu kręgów dostąpienia seraficznego, a nawet do Raju i Korpusu Finalizmu.

9. ISTOTY POŚREDNIE

Istoty pośrednie klasyfikuje się trojako: prawidłowo zalicza się je do wznoszących się Synów Boga; merytorycznie grupuje się je w klasach stałego obywatelstwa, podczas gdy funkcjonalnie zaliczane są do posługujących duchów czasu, ze względu na ich bliski, roboczy związek z zastępami anielskimi, jaki mają podczas służby dla śmiertelnego człowieka na poszczególnych światach w przestrzeni.

Te unikalne istoty występują na większości zamieszkałych światów, zawsze jednak znaleźć je można na planetach dziesiętnych albo życia eksperymentalnego, takich jak Urantia. Pośredni są dwóch typów – pierwotni i wtórni – i pojawiają się w następujący sposób:

1. *Pośredni pierwotni*, grupa bardziej duchowa, będąca niejako znormalizowaną klasą tych istot, wywodzi się w całości od wznoszących się śmiertelników ze zmodyfikowanego personelu Książąt Planetarnych. Liczba pierwotnych istot pośrednich wynosi zawsze pięćdziesiąt tysięcy i żadna planeta, korzystająca z ich służby, nie posiada większej grupy.

2. *Pośredni wtórni*, bardziej materialna grupa tych istot, zróżnicowana liczebnie na różnych światach, chociaż średnio liczy około pięćdziesięciu tysięcy istot. Wywodzą się oni rozmaicie, od planetarnych udoskonalaczy biologicznych, Adamów i Ew, albo od ich najbliższego potomstwa. Istnieją aż dwadzieścia cztery zróżnicowane metody wytwarzania tych wtórnych istot pośrednich, na ewolucyjnych światach w przestrzeni. Sposób powstania tej grupy na Urantii był wyjątkowy i niezwykły.

Żadna z tych grup nie jest przypadkiem ewolucyjnym; obie wynikają z zasadniczych właściwości planu architektów wszechświata a ich pojawienie się na rozwijających się światach, w odpowiedniej chwili, zgodne jest z pierwotnymi projektami i planami rozwojowymi nadzorujących Nosicieli Życia.

Pośredni pierwotni zasilani są intelektualnie i duchowo techniką anielską a ich status intelektualny jest jednolity. Siedem przybocznych umysłów-duchów nie kontaktuje się z nimi; tylko szósty i siódmy, duch czci i duch mądrości, mogą służyć grupie wtórnej.

Pośredni wtórni zasilani są energią, fizycznie dzięki technice adamicznej, duchowo objęci są obwodem dzięki technice seraficznej, a intelektualnie wyposażeni są w przejściowy umysł typu morontialnego. Podzieleni są na cztery typy fizyczne, siedem klas duchowych i dwanaście poziomów intelektualnego reagowania na wspólną służbę ostatnich dwu duchów przybocznych oraz na umysł morontialny. Taka różnorodność wpływa na zróżnicowanie ich funkcji oraz zadań planetarnych.

Pośredni pierwotni bardziej przypominają aniołów niż śmiertelników; klasa wtórna jest w znacznym stopniu podobna do istot ludzkich. Każda z nich świadczy nieocenioną pomoc drugiej, przy wykonywaniu ich różnorodnych zadań planetarnych. Pierwotni opiekunowie mogą się kontaktować i współpracować zarówno z kontrolerami energii morontialnej jak i duchowej jak również z tymi od obwodów umysłu. Grupa wtórna może mieć robocze kontakty tylko z kontrolerami fizycznymi i z operatorami obwodów materialnych. Ponieważ każda klasa pośrednich może się doskonale zsynchronizować z drugą, podczas wzajemnych kontaktów, każda z tych grup potrafi używać w takim samym stopniu praktycznie pełnej gamy energii, rozciągającej się od prostych mocy światów materialnych w górę, poprzez przejściowe stadia energii wszechświatowych, do wyższych sił rzeczywistości duchowej domen niebiańskich.

Luka pomiędzy światem materialnym a duchowym jest doskonale zapełniona dzięki serii związków, od śmiertelnego człowieka, poprzez pośredniego wtórnego, pośredniego pierwotnego, cherubina morontialnego, cherubina stadium pośredniego, do serafina. W osobistym doświadczeniu indywidualnego śmiertelnika te zróżnicowane poziomy są bez wątpienia bardziej czy mniej ujednolicone i nabierają osobistego znaczenia w niedostrzegalnych, tajemniczych działaniach Boskiego Dostrajacza Myśli.

Na normalnych światach pośredni pierwotni służą jako korpus gromadzenia informacji i jako niebiańscy gospodarze w imieniu Księcia Planetarnego, podczas gdy opiekunowie wtórni współpracują z porządkiem adamicznym i pomagają w procesie rozwoju cywilizacji planetarnej. W wypadku odstępstwa Księcia Planetarnego i niepowodzenia misji Syna Materialnego, jak to miało miejsce na Urantii, istoty pośrednie zostają podopiecznymi Władcy Systemu i służą pod bezpośrednim kierownictwem tymczasowego opiekuna planety. Ale tylko na trzech innych światach w Satanii istoty te działają jako jedna grupa, pod wspólnym kierownictwem, tak jak zjednoczeni opiekunowie pośredni Urantii.

Działalność planetarna, zarówno pośrednich pierwotnych jak i wtórnych, jest różnorodna i rozmaicie prowadzona na różnych, indywidualnych światach wszechświata, ale na normalnych, przeciętnych planetach ich funkcje są bardzo odmienne od tych obowiązków, jakie zajmują im czas na odosobnionych sferach, takich jak Urantia.

Pośredni pierwotni są historykami planetarnymi, którzy od czasu przybycia Księcia Planetarnego aż do ustabilizowanej epoki światłości i życia, programują widowiska i projektują przedstawienia historii planetarnej na wystawy planet na światach zarządu systemu.

Pośredni pozostają na światach zamieszkałych przez długie epoki, ale jeśli nie zawiodą pokładanego w nich zaufania, zyskają w końcu uznanie za swą wiekową służbę w popieraniu władzy Syna Stwórcy i będą należycie wynagrodzeni za swą cierpliwą pomoc, niesioną materialnym śmiertelnikom na światach czasu i przestrzeni. Wcześniej czy później, wszystkie uprawnione do tego istoty pośrednie będą zamustrowane w szeregi wznoszących się Synów Boga i zaczną długą przygodę wznoszenia się do Raju, w towarzystwie tych właśnie, pochodzących od zwierząt śmiertelników, ich ziemskich braci, których tak zazdrośnie strzegli i którym tak dobrze służyli podczas długiego pobytu na planecie.

[Przedstawione przez Melchizedeka, działającego na prośbę szefa zastępów seraficznych Nebadonu].

PRZEKAZ 39

ZASTĘPY SERAFICZNE

TAK DALECE jak się orientujemy, Nieskończony Duch, uosobiony w zarządzie wszechświata lokalnego, zamierza stwarzać jednolicie doskonałych serafinów, jednak z pewnej nieznanej przyczyny, seraficzne potomstwo jest bardzo zróżnicowane. Różnorodność taka może być rezultatem nieznanej interwencji rozwijającego się Bóstwa empirycznego, ale nawet, jeśli tak jest, nie potrafimy tego udowodnić. Zauważamy jednak, że kiedy serafini zostaną poddani sprawdzianom edukacyjnym i dyscyplinie szkolenia, klasyfikują się niezawodnie i wyraźnie do jednej z następujących siedmiu grup:

1. Najwyżsi serafini.
2. Zwierzchni serafini.
3. Serafini nadzorcy.
4. Serafini administratorzy.
5. Pomocnicy planetarni.
6. Opiekunowie przejścia.
7. Serafini przyszłości.

Nie można powiedzieć, że jakikolwiek serafin jest niższy względem anioła jakiejś innej grupy. Tym niemniej, w swej służbie, każdy anioł jest na początku ograniczony do grupy wstępnej i jemu właściwej klasyfikacji. Mój seraficzny asystent, pomagający w przygotowaniu tego oświadczenia, Manotia, jest najwyższym serafinem i kiedyś działał tylko jako najwyższy serafin. Przez pilność i wierną służbę osiągnął on, stopień po stopniu, wszystkie siedem rodzajów służb seraficznych, działając nieomal w każdej dziedzinie funkcji dostępnych dla serafina i teraz, na Urantii, sprawuje godność zastępcy szefa serafinów.

Istotom ludzkim czasami trudno jest zrozumieć, że stworzona zdolność do służby na wysokiej pozycji nie oznacza koniecznie zdolności funkcjonowania na względnie niskich poziomach służby. Człowiek zaczyna życie jako bezradne niemowlę, zatem każde ludzkie osiągnięcie musi zawierać w sobie wszystkie jego empiryczne warunki wstępne; serafini nie mają takiego życia przed osiągnięciem dojrzałości – nie mają dzieciństwa. Są to jednak istoty empiryczne i poprzez doświadczenie oraz dodatkową edukację mogą pomnożyć swe boskie i wrodzone zdolności, dzięki empirycznemu przyswajaniu funkcjonalnych umiejętności jednej czy wielu służb seraficznych.

Po otrzymaniu nominacji, serafini przydzielani są do rezerw właściwej im grupy. Ci, o statusie planetarnym i administratora, służą często przez długi czas tak, jak pierwotnie zostali zaklasyfikowani, jednak im wyższy właściwy im poziom funkcyjny, tym bardziej wytrwale opiekunowie anielscy starają się o przydział do niższych klas służby wszechświatowej. Szczególnie pragną dostać przydział do rezerw pomocników planetarnych, a gdy im się to uda, idą do szkół niebiańskich przy zarządzie Księcia Planetarnego na jakimś świecie ewolucyjnym. Zaczynają tam naukę języków, historii i lokalnych obyczajów ras ludzkich. Serafini muszą przyswajać wiedzę i zdobywać doświadczenie, podobnie jak to czynią istoty ludzkie. Nie są od was zbyt oddaleni w pewnych atrybutach osobowości. I wszyscy chcą zaczynać od dołu, od najniższego możliwego poziomu służby, dzięki temu mogą mieć nadzieję osiągnięcia najwyższego możliwego poziomu empirycznego przeznaczenia.

1. NAJWYŻSI SERAFINI

Serafini ci są najwyżsi rangą spośród siedmiu objawionych klas aniołów wszechświata lokalnego. Działają w siedmiu grupach, z których każda jest blisko związana z opiekunami anielskimi z Seraficznego Korpusu Kompletności.

1. *Opiekunowie Synów i Duchów.* Pierwsza grupa najwyższych serafinów przydzielona jest do służby wysokim Synom oraz pochodzącym od Ducha istotom, przebywającym i funkcjonującym we wszechświecie lokalnym. Ta grupa anielskich opiekunów służy także Synowi Wszechświata oraz Duchowi Wszechświata i jest blisko związana z korpusem gromadzenia informacji Gwiazdy Jasnej i Porannej, głównego administratora wspólnej woli Syna Stwórcy i Stwórczego Ducha.

Otrzymując przydział do wysokich Synów i Duchów, serafini naturalnie zostają związani z rozległą służbą Rajskich Avonali – boskiego potomstwa Wiecznego Syna i Nieskończonego Ducha. Rajskim Avonalom, na ich wszystkich misjach sędziowskich i obdarzających, zawsze pomagają ci serafini, wysokiej klasy i doświadczeni, którzy w takich wypadkach zajmują się organizacją i kierownictwem zadań specjalnych, związanych z zakończeniem jednego planetarnego systemu sprawiedliwości oraz inauguracją nowej epoki. Nie interesują się jednak osądem, który może być związany z takimi zmianami systemów sprawiedliwości.

Asystenci obdarzenia. Rajscy Avonale, ale nie Synowie Stwórcy, podczas swej misji obdarzającej zawsze mają przydzieloną grupę, złożoną ze 144 asystentów obdarzenia. Ci 144 aniołowie są szefami wszystkich innych opiekunów Synów i Duchów, którzy mogą być związani z misją obdarzającą. Pod komendą Syna Bożego, wcielonego na misji planetarnej, mogą znajdować się legiony aniołów, jednak wszyscy ci serafini byliby wtedy zorganizowani i kierowani przez 144 asystentów obdarzenia. Wyższe klasy aniołów, supernafini i sekonafini, również mogą stanowić część zastępów asystujących i chociaż ich misje są odmienne od misji serafinów, wszystkie ich działania byłyby koordynowane przez asystentów obdarzenia.

Ci asystenci obdarzenia są serafinami kompletności; wszyscy oni przeszli kręgi Serafingtonu i doszli do Seraficznego Korpusu Kompletności. Później byli specjalnie szkoleni, aby sprostać trudnościom i podołać nagłym sytuacjom, związanym z obdarzeniami dokonywanymi przez Synów Boga dla zaawansowania dzieci czasu. Wszyscy tacy serafini dotarli do Raju i osobiście zostali objęci przez Drugie Źródło i Centrum – Wiecznego Syna.

Serafini pragną zarówno przydziału do misji wcielających się Synów, jak i związania się ze śmiertelnikami z różnych domen, jako ich opiekunowie przeznaczenia; to ostatnie jest najpewniejszym seraficznym paszportem do Raju, podczas gdy asystenci obdarzenia osiągają najwyższą służbę we wszechświecie lokalnym – służbę serafinów kompletności rajskiego dostąpienia.

2. *Radcy sądowi.* Są to seraficzni radcy i pomocnicy, przydzielani do wszystkich rodzajów sądownictwa, od rozjemców w górę, aż do najwyższych trybunałów domeny. Celem takich trybunałów nie jest wydawanie karzących wyroków, ale raczej rozsądzanie szczerych różnic w opiniach i zarządzanie wiecznego życia dla wznoszących się śmiertelników. Obowiązkiem tych radców sądowych jest zorientować się, czy wszystkie zarzuty przeciwko śmiertelnym istotom są oparte na sprawiedliwości i orzekane w miłosierdziu. W tej pracy radcy są blisko związani z Wysokimi Komisarzami – wznoszącymi się śmiertelnikami zespolonymi z Duchem, służącymi we wszechświecie lokalnym.

Seraficzni radcy sądowi służą szeroko jako obrońcy śmiertelników. Nie dlatego, żeby kiedykolwiek zaistniała jakakolwiek skłonność bycia niesprawiedliwym wobec niskich istot z różnych domen, jednak, podczas gdy sprawiedliwość wymaga osądu każdego odstępstwa, dokonanego podczas wspinania się ku boskiej perfekcji, miłosierdzie wymaga, aby każde takie wykroczenie było godziwie rozstrzygnięte, zgodnie z naturą istoty i Boskim celem. Aniołowie ci są wyrazicielami i przykładami czynnika miłosierdzia, nieodłącznego boskiej sprawiedliwości – godziwości opartej na znajomości faktów, będących podłożem motywów osobistych i tendencji rasowych.

Służba tej klasy aniołów rozciąga się od rad Książąt Planetarnych do najwyższych trybunałów wszechświata lokalnego, podczas gdy ich towarzysze z Seraficznego Korpusu Kompletności działają w wyższych domenach Orvontonu, aż do sądów Pradawnych Czasu na Uversie.

3. *Wszechświatowi konsultanci.* Są to prawdziwi przyjaciele i podyplomowi doradcy wszystkich tych wznoszących się istot, które zatrzymały się po raz ostatni na Salvingtonie, w swym rodzimym wszechświecie, kiedy stają w obliczu przygody duchowej, rozpościerającej się tuż przed nimi w rozległym superwszechświecie Orvonton. W takim czasie wiele wznoszących się istot ma odczucie, które śmiertelnicy mogą zrozumieć jedynie przez porównanie z ludzkim uczuciem nostalgii. W tyle zostały domeny osiągnięć, domeny rozwoju, poznane podczas długiej służby i sukcesów morontialnych; z przodu rozpościera się pociągająca tajemnica większego i rozleglejszego wszechświata.

Zadaniem wszechświatowych konsultantów jest ułatwienie wznoszącym się pielgrzymom przejścia, od osiągniętych do nieosiągniętych jeszcze poziomów służby wszechświatowej; pomaganie tym pielgrzymom w dokonaniu kalejdoskopowych przystosowań, polegających na zrozumieniu znaczeń i wartości, tkwiących w uświadomieniu sobie tego, że pierwsze stadium ducha nie stoi na końcu i w punkcie kulminacyjnym wznoszenia się w morontii wszechświata lokalnego, ale raczej na zupełnym dole długiej drabiny duchowego wznoszenia się do Ojca Wszechświatowego w Raju.

Wielu absolwentów Serafingtonu, członków Seraficznego Korpusu Kompletności, którzy są związani z tymi serafinami, zajmuje się zakrojonym na szeroką skalę nauczaniem w odpowiednich szkołach Salvingtonu, które przygotowują istoty z Nebadonu do relacji występujących w następnej epoce wszechświata.

4. *Doradcy nauczania.* Aniołowie ci są nieocenionymi asystentami duchowego korpusu nauczającego z wszechświata lokalnego. Doradcy nauczania są sekretarzami wszystkich klas nauczycieli, od Melchizedeków i Nauczycieli-Synów Trójcy w dół, do śmiertelników morontialnych, przydzielonych do pomocy tym z ich klasy, którzy są tuż za nimi na skali wznoszącego się życia. Pierwszy raz *zobaczycie* tych serafinów, pomagających w procesie nauczania, na jednym z siedmiu światów-mieszkań otaczających Jerusem.

Serafini ci zostają asystentami szefów oddziałowych licznych instytucji edukacyjnych i szkoleniowych wszechświatów lokalnych i są przydzielani w znacznych ilościach do wydziałów siedmiu światów szkoleniowych systemów lokalnych oraz do siedemdziesięciu sfer edukacyjnych konstelacji. Takie służby rozciągają się w dół do poszczególnych światów. Nawet oddani i wierni nauczyciele czasu są wspomagani i często odwiedzani przez tych doradców najwyższych serafinów.

Czwarte obdarzenie Syna Stwórcy, w formie istoty stworzonej, odbyło się w charakterze doradcy nauczania, pracującego dla najwyższego serafina z Nebadonu.

5. *Kierownicy przydziału.* Jest to ciało złożone ze 144 najwyższych serafinów, wybierane od czasu do czasu przez aniołów, służących na ewolucyjnych i zaprojektowanych sferach mieszkalnych. Jest to najwyższa rada anielska, jaka istnieje na jakiejkolwiek sferze a koordynuje ona samodzielne stadia służby i przydziału seraficznego. Aniołowie ci przewodniczą wszystkim zgromadzeniom seraficznym, odnoszącym się do zasad postępowania albo potrzeb czczenia.

6. *Rejestratorzy.* Są to oficjalni rejestratorzy, pracujący dla najwyższych serafinów. Wielu takich wysokich aniołów narodziło się ze swym darem w pełni rozwiniętym; inni zakwalifikowali się na to stanowisko, obdarzone zaufaniem i wymagające odpowiedzialności, przez pracowite przykładanie się do nauki i wierne wykonywanie podobnych obowiązków, kiedy byli przydzieleni do niższych albo obarczonych mniejszą odpowiedzialnością klas.

7. *Opiekunowie bez przydziału.* Duża liczba najwyższej klasy serafinów bez przydziału służy ochotniczo na sferach zaprojektowanych i na zamieszkałych planetach. Tacy opiekunowie z własnej woli wychodzą naprzeciw zróżnicowanym potrzebom służby najwyższych serafinów i stanowią tym samym główną rezerwę tej klasy.

2. ZWIERZCHNI SERAFINI

Zwierzchni serafini otrzymali tę nazwę nie dlatego, że są w jakimkolwiek sensie jakościowo wyżsi od innych klas aniołów, ale dlatego, że są odpowiedzialni za wyższe funkcje wszechświata lokalnego. Znaczną większość pierwszych dwu grup tego, seraficznego korpusu, stanowią serafini dostąpienia, ci aniołowie, którzy służyli we wszystkich stadiach szkolenia i wrócili do gloryfikowanego zadania jako kierownicy swego rodzaju na sferach, gdzie działali wcześniej. Wszechświat Nebadon jest młody i nie ma wielu serafinów tej klasy.

Zwierzchni serafini działają w siedmiu następujących grupach:

1. *Korpus informacyjny.* Serafini ci należą do osobistego personelu Gabriela, Gwiazdy Jasnej i Porannej. Przebiegają wszechświat lokalny, zbierając informacje z różnych domen, potrzebne Gabrielowi do kierowania Nebadonem. Stanowią korpus informacyjny potężnych zastępów, którym przewodzi Gabriel jako namiestnik Syna-Mistrza. Serafini ci nie są bezpośrednio związani ani z systemami, ani z konstelacjami, a ich informacja płynie bezpośrednio do Salvingtonu stałym, bezpośrednim i niezależnym obwodem.

Korpusy informacyjne różnych wszechświatów lokalnych mogą komunikować się wzajemnie i to czynią, ale tylko w obrębie danego superwszechświata. Istnieje zróżnicowanie energii, które skutecznie oddziela sprawy i funkcje różnych superrządów. Normalnie, jeden superwszechświat może komunikować się z innym superwszechświatem tylko przez urządzenia i mechanizmy rajskiego centrum analitycznego.

2. *Głos miłosierdzia.* Miłosierdzie jest myślą przewodnią działalności seraficznej i służby anielskiej. Jest zatem właściwe, że powinien istnieć korpus aniołów, którzy w sposób szczególny obrazują miłosierdzie. Serafini ci prawdziwie służą miłosierdziem wszechświatom lokalnym. Są natchnionymi przewodnikami, ożywiającymi wyższe impulsy i świętsze uczucia ludzi i aniołów. Obecnie szefami takich legionów są nieodmiennie serafini kompletności, którzy ukończyli także służbę opiekunów ludzkiego przeznaczenia; oznacza to, że każda para anielska prowadziła co najmniej jedną duszę zwierzęcego pochodzenia przez jej życie w ciele, następnie przeszła okręgi Serafingtonu i została przyjęta do Seraficznego Korpusu Kompletności.

3. *Koordynatorzy duchowi.* Trzecia grupa zwierzchnich serafinów ma swoją bazę na Salvingtonie, ale działa wszędzie tam we wszechświecie lokalnym, gdzie służba tych aniołów może być owocna. Chociaż ich zadania są zasadniczo duchowe, tym samym przekraczają możliwości ich zrozumienia ludzkim umysłem, pojmiecie być może co nieco z ich działalności na rzecz śmiertelników, gdy się wam wyjaśni, że aniołom tym powierzono zadanie przygotowania wznoszących się istot, przebywających na Salvingtonie do ich ostatniej przemiany we wszechświecie lokalnym – od najwyższych poziomów morontialnych do stanu nowo narodzonych istot duchowych. Tak jak planiści umysłu na światach-mieszkaniach pomagają przetrwałym istotom dostosować się do potencjałów umysłu morontialnego i skutecznie go używać, tak ci serafini nauczają absolwentów morontii na Salvingtonie o nowo nabytych zdolnościach umysłu duchowego. I na wiele innych jeszcze sposobów służą wznoszącym się śmiertelnikom.

4. *Asystenci nauczycieli.* Asystenci nauczycieli są pomocnikami i towarzyszami swych braci serafinów, doradców nauczania. Są oni również osobiście związani z rozległymi instytucjami nauczającymi wszechświata lokalnego, szczególnie z siedmiorakim schematem szkolenia, funkcjonującym na światach-mieszkaniach systemów lokalnych. Wspaniały korpus tej klasy serafinów działa na Urantii, aby ożywiać i wypracowywać dzieła prawdy i prawości.

5. *Transportowcy.* Wszystkie grupy posługujących duchów posiadają swój korpus transportu, klasę anielską służącą do przenoszenia z jednej sfery do drugiej tych osobowości, które same nie mogą się przenosić. Piąta grupa zwierzchnich serafinów ma swą

centralę na Salvingtonie i służą przemierzając przestrzeń do i od zarządu wszechświata lokalnego. Podobnie jak w przypadku innych podgrup zwierzchnich serafinów, niektórzy z nich byli stworzeni jako tacy, podczas gdy inni awansowali z niższych albo gorzej uzdolnionych grup.

„Zakres energii" serafina jest zupełnie wystarczający we wszechświecie lokalnym i jest nawet odpowiedni dla potrzeb superwszechświata, jednak serafini nigdy nie mogą sprostać wymaganiom energetycznym, potrzebnym do tak długiej podróży jak z Uversy do Havony. Tak wyczerpująca podróż wymaga mocy specjalnych sekonafinów pierwszej klasy z wyposażeniem transportowym. Transportowcy pobierają energię potrzebną do lotu podczas przemieszczania się a po zakończeniu podróży regenerują swą osobistą moc.

Nawet na Salvingtonie wznoszący się śmiertelnicy nie mają osobowych form umożliwiających przemieszczanie się. Wznoszące się istoty muszą polegać na transporcie seraficznym, gdy awansują ze świata do świata, do tego momentu, gdy po ostatnim spoczynku we śnie na wewnętrznej orbicie Havony obudzą się do wieczności w Raju. Potem nie będziecie już zależni od aniołów, żeby się przenosić z wszechświata do wszechświata.

Proces objęcia serafinem podobny jest do śmierci albo snu, za wyjątkiem tego, że podczas drzemki przemieszczania działa automatyczny czynnik czasu. Podczas seraficznego odpoczynku jesteście świadomie nieświadomi. Dostrajacz Myśli jest jednak całkowicie i w pełni świadomy, faktycznie wyjątkowo aktywny, skoro nie możecie przeciwstawiać się, opierać czy skądinąd przeszkadzać w jego twórczej i przekształcającej pracy.

Gdy zostajecie objęci serafinem, zasypiacie na określony czas i budzicie się w odpowiednim momencie. Podczas snu tranzytowego długość podróży nie ma znaczenia. Bezpośrednio nie zdajecie sobie sprawy z upływu czasu. To tak, jak byście zasnęli w środku lokomocji w jednym mieście i po nocnym odpoczynku w spokojnym śnie, obudzili się w innym, odległym mieście. Podróżowaliście, gdy spaliście. I tak, gdy odpoczywacie, gdy śpicie, lecicie przez przestrzeń objęci serafinem. Tranzytowy sen wywołany jest przez związek między Dostrajaczem a transportowcami seraficznymi.

Aniołowie nie mogą przenosić ciał, które się palą – z krwi i kości – takich, jakie macie teraz, ale mogą przenosić wszystkie inne formy, od najniższych morontialnych do wyższych duchowych. Nie działają podczas naturalnej śmierci. Kiedy skończycie waszą ziemską egzystencję, wasze ciało zostanie na tej planecie. Wasz Dostrajacz Myśli udaje się na łono Ojca, a ci aniołowie nie biorą bezpośrednio udziału w ponownym połączeniu waszej osobowości, na świecie-mieszkaniu waszego utożsamienia. Tutaj wasze nowe ciało jest formą morontialną, taką, która moze zostać objęta serafinem. Do grobu „zasiewacie ciało śmiertelne"; „zbieracie formę morontialną" na światach-mieszkaniach.

6. *Rejestratorzy*. Osobowości te zajmują się zasadniczo przyjmowaniem, segregowaniem i rozsyłaniem zapisów Salvingtonu oraz związanych z nim światów. Służą także jako rejestratorzy specjalni dla mieszkających we wszechświecie grup osobowości superwszechświatowych i wyższych, oraz jako urzędnicy sądów Salvingtonu i sekretarze jego władców.

Transmitujący – odbiorcy i nadawcy – są specjalną podgrupą seraficznych rejestratorów, zajmującą się wysyłaniem zapisów i rozpowszechnianiem niezbędnych informacji. Ich działalność jest tak zaawansowana i tak wieloobwodowa, że 144.000 wiadomości może biec równocześnie tymi samymi liniami energii. Używają oni wyższych, ideograficznych technik superaficznych głównych rejestratorów i przy pomocy tych popularnych symboli utrzymują obustronny kontakt, zarówno z koordynatorami informacji supernafinów klasy trzeciej jak i z gloryfikowanymi koordynatorami informacji Seraficznego Korpusu Kompletności.

Seraficzni rejestratorzy wyższej klasy tym samym mają bliskie kontakty z korpusem informacyjnym swej własnej klasy, jak i ze wszystkimi podwładnymi rejestratorami, podczas gdy transmisje dają im możność utrzymywania stałej łączności z wyższymi rejestratorami superwszechświata, a tym kanałem, z rejestratorami Havony oraz kuratorami wiedzy w Raju. Wielu rejestratorów wyższych klas to ci serafini, którzy się wznieśli, pełniąc uprzednio podobne obowiązki w niższych sekcjach wszechświata.

7. *Rezerwy*. Na Salvingtonie utrzymywane są znaczne rezerwy wszystkich typów serafinów zwierzchnich, gotowych do natychmiastowego wyprawienia do najdalszych światów Nebadonu, zgodnie z decyzją kierowników od przydziału lub na żądanie administratorów wszechświata. Na wniosek szefa Gwiazd Błyszczących Wieczornych, któremu powierzono opiekę nad wszystkimi osobowymi wiadomościami i ich wysyłką, rezerwy zwierzchnich serafinów dostarczają też posłańców pomocniczych. Wszechświat lokalny dobrze jest zaopatrzony w odpowiednie środki komunikacji, ale zawsze pozostają wiadomości, które muszą być wysłane przez posłańców osobowych.

Główne rezerwy serafinów dla całego wszechświata lokalnego utrzymywane są na seraficznych światach Salvingtonu. W korpusie tym znajdują się wszystkie typy, wszystkich grup aniołów.

3. SERAFINI NADZORCY

Ta wszechstronna klasa wszechświatowych aniołów przydzielana jest wyłącznie do służby w konstelacjach. Ci utalentowani opiekunowie mają swoje zarządy w stolicach konstelacji, ale działają w całym Nebadonie, w interesie przydzielonych im domen.

1. *Asystenci nadzorujący*. Pierwsza klasa serafinów nadzorujących przydzielona jest do kolektywnej pracy dla Ojców Konstelacji i zawsze pozostają oni operatywnymi pomocnikami Najwyższych Ojców. Serafini ci zajmują się głównie konsolidacją i stabilizacją całej konstelacji.

2. *Progności prawa*. Intelektualną fundacją sprawiedliwości jest prawo a we wszechświecie lokalnym prawo powstaje na zgromadzeniach prawodawczych konstelacji. Te ciała obradujące kodyfikują i formalnie ogłaszają podstawowe prawa Nebadonu, te prawa, które mają na celu osiąganie najwyższej możliwej koordynacji całej konstelacji, w harmonii ze stałymi zasadami postępowania, dotyczącymi nienaruszalności moralnej, wolnej woli istot osobowych. Obowiązkiem serafinów nadzorców drugiej klasy jest przedłożenie prawodawcom konstelacji prognostyku, mówiącego o tym, jak jakiekolwiek proponowane zarządzenie mogłoby wpłynąć na życie istot z wolną wolą. Nadają się oni dobrze do tej służby, dzięki swemu długiemu doświadczeniu zdobytemu w

systemach lokalnych i na światach zamieszkałych. Serafini ci nie starają się o specjalne względy dla tej czy dla innej grupy istot, ale zjawiają się przed niebiańskimi prawodawcami, aby mówić za tych, którzy sami nie mogą się stawić, aby mówić za siebie. Nawet śmiertelny człowiek może mieć swój wkład w rozwój prawa wszechświatowego, ponieważ ci serafini wiernie i dokładnie oddają, niekoniecznie krótkotrwałe i świadome ludzkie pragnienia, ale raczej prawdziwe tęsknoty ducha ludzkiego, rozwijającej się morontialnej duszy w materialnym śmiertelniku na światach w przestrzeni.

3. *Organizatorzy społeczności.* Od indywidualnych planet w górę, przez światy nauczania morontii, serafini ci pracują nad umocnieniem wszelkich autentycznych kontaktów społecznych i nad popieraniem rozwoju społecznego wszechświatowych istot stworzonych. Są to ci aniołowie, którzy próbują oczyścić związki istot inteligentnych z wszelkiej sztuczności, a jednocześnie starają się ożywiać te związki wzajemne istot z wolą, które opierają się na prawdziwym zrozumieniu samego siebie i na autentycznym wzajemnym uznaniu.

Organizatorzy społeczności czynią wszystko w zakresie swych możliwości i uprawnień, aby zbliżyć do siebie odpowiednie jednostki, tak, żeby mogły one tworzyć operatywne i zgodne grupy robocze na Ziemi; a czasami takie grupy znaleźć można na światach-mieszkaniach, połączone ponownie, aby kontynuowały swą owocną służbę. Jednak ci serafini nie zawsze osiągają swój cel; nie zawsze mogą zbliżyć tych, którzy tworzyliby najbardziej idealną grupę, odpowiednią dla osiągnięcia danego celu czy realizacji określonego przedsięwzięcia; w takich sytuacjach używać muszą najlepszego materiału ludzkiego, jaki jest dostępny.

Aniołowie ci kontynuują swą służbę w mieszkaniach i na wyższych światach morontialnych. Zajmują się wszelkimi przedsięwzięciami, mającymi do czynienia z postępem na światach morontialnych, gdy dotyczy to trzech albo większej ilości osób. Zakłada się, że dwie istoty działają na bazie kojarzenia się, uzupełniania lub partnerstwa jednak, kiedy troje czy więcej istot zbiera się dla służby, stanowią problem społeczny i tym samym podlegają jurysdykcji organizatorów społeczności. Ci operatywni serafini zorganizowani są w siedemdziesiąt sekcji na Edentii, a sekcje te usługują siedemdziesięciu światom rozwoju morontialnego, które okrążają sferę zarządu.

4. *Uwrażliwiający na etykę.* Misją tych serafinów jest ożywianie i rozwijanie u istot stworzonych zdolności doceniania moralności czy związków międzyludzkich, gdyż to jest zalążek i tajemnica stałego i celowego rozwoju społeczeństwa oraz rządu, ludzkiego czy nadludzkiego. Ci, którzy umacniają szacunek dla etyki, działają wszędzie tam, gdzie mogą służyć jako ochotnicy-doradcy władców planetarnych oraz jako nauczyciele wymienni na światach szkoleniowych systemu. Nie będziecie jednak w pełni pod ich kierownictwem, zanim nie dotrzecie do szkół braterstwa na Edentii, gdzie ułatwią wam uznanie tych właśnie prawd o braterstwie, jakie będziecie jeszcze wtedy tak gorliwie odkrywać, dzięki aktualnym doświadczeniom życia z univitatami w laboratoriach społecznych Edentii – na siedemdziesięciu satelitach stolicy Norlatiadek.

5. *Transportowcy.* Piąta grupa serafinów nadzorców działa jako przewoźnicy osobowości, przenoszący istoty do zarządów konstelacji i z powrotem. Tacy serafini transportujący, podczas lotu z jednej sfery do drugiej, są w pełni świadomi swej prędkości, kierunku i swego astronomicznego położenia. Nie przelatują przestrzeni jak nieożywiony

pocisk. Mogą lecieć przez przestrzeń jeden blisko drugiego, bez najmniejszego niebezpieczeństwa zderzenia. Potrafią w pełni regulować prędkość lotu oraz zmieniać jego kierunek a nawet cele lotu, jeśli ich szefowie tak im polecą, na jakimkolwiek węźle wszechświatowych obwodów informacyjnych przestrzeni.

Osobowości przemieszczające są tak zorganizowane, że mogą używać wszystkich trzech, powszechnie rozlokowanych linii energii równocześnie, z których każda posiada pełną prędkość kosmiczną 299.790 kilometrów na sekundę. Transportowcy potrafią nałożyć prędkość energii na prędkość mocy, aż osiągną średnią prędkość swych długich podróży wahającą się gdzieś pomiędzy 893.000 a 900.000 waszych kilometrów na sekundę waszego czasu. Ich prędkość zależna jest od masy i bliskości sąsiadującej materii oraz od siły i kierunku najbliższych, głównych obwodów mocy wszechświata. Istnieją również liczne typy istot podobnych do serafinów, zdolnych do przemierzania przestrzeni, mogących transportować inne istoty odpowiednio do tego przygotowane.

6. *Rejestratorzy.* Szósta klasa serafinów nadzorujących działa jako specjalni rejestratorzy wydarzeń w konstelacji. Duży i operatywny ich korpus działa na Edentii, w zarządzie konstelacji Norlatiadek, do której należy wasz system i wasza planeta.

7. *Rezerwy.* W zarządach konstelacji utrzymywane są generalne rezerwy serafinów nadzorców. Ci anielscy rezerwiści nie są w żadnym sensie bezczynni; wielu z nich służy jako pomocnicy posłańców działających dla władców konstelacji; inni przyłączeni są na Salvingtonie do rezerw Vorondadeków bez przydziału; jeszcze inni mogą być przydzieleni do Synów Vorondadeków do zadań specjalnych, takich jak Vorondadek obserwator a czasami regent Najwyższego Ojca, jaki teraz działa na Urantii.

4. SERAFINI ADMINISTRATORZY

Czwarta klasa serafinów ma przydzielone obowiązki administracyjne w systemach lokalnych. Są oni stałymi mieszkańcami stolic systemów, ale stacjonują w znacznej liczbie na sferach mieszkań i morontialnych oraz na światach zamieszkałych. Serafini czwartej klasy z natury posiadają niezwykłe zdolności administracyjne. Sprawnie służą swą pomocą kierownikom niższych sekcji wszechświatowego rządu Syna Stwórcy a zajmują się głównie sprawami systemów lokalnych oraz ich światów składowych. Do celów służby zorganizowani są następująco:

1. *Asystenci administracyjni.* Ci utalentowani serafini są najbliższymi asystentami Władcy Systemu, Syna Lanonandeka pierwszej klasy. Służą nieocenioną pomocą przy wypracowywaniu zawiłych szczegółów postępowania wykonawczego w zarządzie systemu. Służą też jako osobiści przedstawiciele władców systemu; spora ich liczba jeździ w tę i z powrotem do różnych światów przejściowych oraz na zamieszkałe planety i prowadzi wiele misji dla dobra systemu, jak również dla fizycznego i biologicznego dobra jego zamieszkałych światów.

Ci sami, seraficzni administratorzy, przydzielani są również do rządów władców światów, do Książąt Planetarnych. Większość planet w każdym wszechświecie podlega jurysdykcji Syna Lanonandeka drugiej klasy, jednak na pewnych światach, takich jak Urantia, boski plan rozwoju nie został zrealizowany. W wypadku odstępstwa Księcia Planetarnego, serafini tacy zostają przyłączeni do zarządców komisarycznych,

Melchizedeków oraz do ich następców w rządzie planetarnym. Obecnemu, tymczasowemu władcy Urantii, pomaga korpus złożony z tysiąca serafinów tej wszechstronnej klasy.

2. *Doradcy sprawiedliwości.* To są ci aniołowie, którzy prezentują wyciągi z ewidencji w sprawach dotyczących wiecznego dobra ludzi i aniołów, kiedy sprawy takie rozpatrywane są w trybunałach systemu czy planety. Przygotowują oświadczenia we wszystkich rozprawach wstępnych, dotyczących wiecznego życia śmiertelnika, które następnie dostarcza się wraz z aktami takich spraw do wyższych trybunałów wszechświata i superwszechświata. We wszystkich takich sprawach kwestionowanego przetrwania, obronę przygotowują ci serafini, którzy doskonale rozumieją wszystkie szczegóły każdej cechy wszystkich wykroczeń, zawartych w oskarżeniach wnoszonych przez administratorów sprawiedliwości wszechświata.

Udaremnianie czy opóźnianie sprawiedliwości nie jest misją tych aniołów, raczej zapewnienie tego, żeby nieomylna sprawiedliwość była wymierzana wszystkim istotom, razem z obfitością miłosierdzia i rzetelności. Serafini ci częstokroć działają na światach lokalnych, występując zazwyczaj przed triami arbitrażowymi komisji rozjemczych – sądami zajmującymi się drobnymi nieporozumieniami. Wielu tych, którzy kiedyś służyli jako doradcy sprawiedliwości w niższych domenach, pojawia się potem jako Głosy Miłosierdzia na wyższych sferach i na Salvingtonie.

W czasie buntu Lucyfera w Satanii utracono tylko kilku doradców sprawiedliwości, ale ponad czwarta część innych serafinów administratorów i niższych klas opiekunów seraficznych została zwiedziona i poszła za ułudą sofistyki nieokiełznanej wolności osobistej.

3. *Interpretatorzy obywatelstwa kosmicznego.* Kiedy wznoszący się śmiertelnicy ukończą szkołę światów-mieszkań, pierwszą studencką praktykę we wszechświatowej egzystencji, mogą mieć przejściową satysfakcję względnej dojrzałości – obywatelstwo stolicy systemu. Podczas gdy dotarcie do każdego celu jest istotnym osiągnięciem dla wznoszącej się istoty, w szerszym znaczeniu takie cele są po prostu kamieniami milowymi na długiej drodze wznoszenia się do Raju. Jednak bez względu na to, jak relatywne mogą być takie sukcesy, żadna istota ewolucyjna nigdy nie jest pozbawiona pełnego choć chwilowego zadowolenia z osiągnięcia celu. Co jakiś czas następuje przerwa we wznoszeniu się do Raju, krótki okres wytchnienia, kiedy horyzonty wszechświata są nieruchome, status istoty jest stały a osobowość odczuwa słodycz realizacji celu.

Na drodze wznoszenia się śmiertelnika, pierwszy taki okres ma miejsce w stolicy systemu lokalnego. Podczas tej przerwy, już jako obywatele Jerusem, będziecie próbować wyrazić w życiu istoty stworzonej te rzeczy, które sobie przyswoiliście podczas ośmiu poprzednich doświadczeń życiowych, obejmujących Urantię i siedem światów-mieszkań.

Seraficzni interpretatorzy obywatelstwa kosmicznego są przewodnikami nowych obywateli stolic systemów i pomagają im docenić te obowiązki, jakie pełni rząd wszechświatowy. Kiedy ci serafini obrazują materialnym śmiertelnikom ze światów zamieszkałych odpowiedzialność i moralność obywatelstwa kosmicznego, współpracują blisko z Synami Materialnymi z administracji systemu.

4. *Stymulatorzy moralności.* Na światach-mieszkaniach zaczynacie uczyć się samorządu dla dobra wszystkich, których to dotyczy. Umysły wasze uczą się współpracować, uczą się planować wraz z innymi, mądrzejszymi istotami. W zarządzie systemu seraficzni nauczyciele dalej będą rozwijać wasz szacunek dla moralności kosmicznej – oddziaływań wzajemnych wolności i lojalności.

Czym jest lojalność? Jest to owoc inteligentnej oceny kosmicznego braterstwa; nikt nie może brać za dużo, sam nic nie dając. Kiedy awansujecie na skali osobowości, najpierw uczycie się być lojalni, potem kochać, potem być synami a potem możecie być wolni, ale nie wcześniej, aż zostaniecie finalistami; nie możecie uświadomić sobie finalizmu wolności, dopóki nie osiągniecie perfekcji lojalności.

Serafini ci nauczają o korzyściach płynących z cierpliwości, uczą, że stagnacja oznacza pewną śmierć, ale zbyt szybki rozwój jest równie samobójczy; tak jak kropla wody spada z wysokich poziomów na niskie i płynąc dalej zawsze podąża w dół, szeregiem krótkich spadków, tak i postęp jest zawsze ku górze, w morontii i światach ducha, i tylko powolny, i przez równie stopniowe stadia.

Stymulatorzy moralności ukazują światom zamieszkałym życie moralne jako nieprzerwany łańcuch wielu ogniw. Wasz krótki pobyt na Urantii, na sferze niemowlęctwa moralności, jest tylko pojedynczym ogniwem, dokładnie pierwszym w długim łańcuchu, rozciągającym się przez wszechświaty i przez epoki wieczności. Nie chodzi o to, czego uczysz się w tym pierwszym życiu; to doświadczenie życia tym życiem jest ważne. Nawet *praca* na tym świecie, choćby była najwznioślejsza, nie jest aż tak ważna, jak *sposób*, w jaki tę pracę wykonujecie. Nie ma materialnego wynagrodzenia za prawe życie, ale jest głęboka satysfakcja – świadomość sukcesu – i ona przewyższa każde wyobrażalne, materialne wynagrodzenie.

Kluczami do królestwa nieba są: szczerość, więcej szczerości i jeszcze więcej szczerości. Wszyscy mają te klucze. Ludzie ich używają – posuwają się w swym statusie duchowym – poprzez decyzje, więcej decyzji i jeszcze więcej decyzji. Najwyższym wyborem moralnym jest wybór najwyższych możliwych wartości i zawsze – na każdej sferze i na wszystkich z nich – jest to wybór czynienia woli Boga. Gdy człowiek dokonuje tego wyboru *jest* wielki, choćby był najskromniejszym obywatelem Jerusem albo nawet najmniejszym ze śmiertelników Urantii.

5. *Transportowcy.* Są to serafini transportujący, działający w systemach lokalnych. W waszym systemie, Satanii, przenoszą pasażerów do Jerusem i z powrotem a poza tym służą jako transportowcy międzyplanetarni. Rzadko zdarza się taki dzień, kiedy serafini transportujący nie przywiozą jakiegoś odwiedzającego badacza lub jakiegoś innego podróżnika, duchowego lub częściowo duchowego, na powierzchnię Urantii. Ci właśnie, kosmiczni wędrowcy, będą was kiedyś przenosić z jednych światów do drugich w grupie zarządu systemu, a kiedy skończycie wasze jerusemskie zadania, poniosą was dalej do Edentii. Ale w żadnym wypadku nie poniosą was z powrotem do świata waszych ludzkich początków. Śmiertelnik nigdy nie wraca do swojej rodzimej planety, w czasie trwania systemu sprawiedliwości jego doczesnego bytu, a jeśli wróciłby podczas następnego systemu sprawiedliwości, miałby asystę serafina transportującego z grupy zarządu wszechświata.

6. *Rejestratorzy*. Serafini ci są w systemach lokalnych opiekunami potrójnych zapisów. Świątynia zapisów w stolicy systemu jest unikalną strukturą, w jednej trzeciej materialną, zbudowaną z błyszczących metali i kryształów; w jednej trzeciej morontialną, wytworzoną z połączenia energii duchowej i materialnej, ale niewidzialną dla wzroku śmiertelnika; w jednej trzeciej duchową. Rejestratorzy tej klasy zarządzają i opiekują się trojakim systemem zapisów. Wznoszący się śmiertelnicy z początku zaglądać będą do archiwów materialnych, Synowie Materialni i wyższe istoty przejściowe będą sprawdzać zapisy w halach morontialnych, podczas gdy serafini i wyższe osobowości duchowe takiej domeny czytać będą zapisy w sekcji duchowej.

7. *Rezerwy*. Rezerwowy korpus serafinów-administratorów spędza większość czasu swego oczekiwania na Jerusem na odwiedzaniu, w charakterze duchowych towarzyszy, nowo przybyłych, wznoszących się śmiertelników z różnych światów systemu – akredytowanych absolwentów światów-mieszkań. W czasie waszego pobytu na Jerusem, jedną z wielu radości będzie, w czasie wakacji, rozmowa i przebywanie w towarzystwie tych dużo podróżujących i bardzo doświadczonych serafinów z oczekującego korpusu rezerwowego.

To właśnie takie przyjazne stosunki sprawiają, że wznoszący się śmiertelnicy bardzo się przywiązują do stolicy systemu. Na Jerusem najpierw poznacie się z Synami Materialnymi, aniołami i wznoszącymi się pielgrzymami. Bratają się tutaj istoty w pełni duchowe i częściowo duchowe oraz jednostki dopiero co wyłaniające się z materialnego bytu. Formy istot śmiertelnych są tutaj tak bardzo przekształcone a ludzki zakres reagowania na światłość tak bardzo poszerzony, że wszyscy mogą się tutaj wzajemnie rozpoznać i wzajemnie zrozumieć.

5. POMOCNICY PLANETARNI

Serafini ci mają swoje zarządy w stolicach systemów i choć są blisko związani z osiadłymi tam obywatelami adamicznymi, przydzielani są głównie do służby z Adamami Planetarnymi, biologicznymi czy fizycznymi udoskonalaczami ras materialnych na światach ewolucyjnych. W miarę zbliżania się do światów zamieszkałych, opiekuńcza praca aniołów staje się coraz ciekawsza, kiedy przybliża się do aktualnych problemów napotykanych przez mężczyzn i kobiety czasu, jak przygotowują się do próby dotarcia do celu wieczności.

Po upadku porządku adamicznego, większość pomocników planetarnych została zabrana z Urantii a seraficzny nadzór waszego świata został w znacznej mierze przełożony na barki administratorów, opiekunów przejścia i opiekunów przeznaczenia. Jednak seraficzni pomocnicy Synów Materialnych-odstępców wciąż służą na Urantii w następujących grupach:

1. *Głosy Ogrodu*. Kiedy bieg ewolucji ludzkiej osiąga najwyższy poziom biologiczny, pojawiają się zawsze na planecie Materialni Synowie i Materialne Córki, Adamowie i Ewy, aby doskonalić przyszłą ewolucję gatunku poprzez konkretny wkład swej wyższej plazmy życiowej. Planetarna siedziba główna Adama i Ewy nazywana jest zazwyczaj Ogrodem Eden a ich personalni serafini nazywani są najczęściej „głosami Ogrodu". Serafini ci oddają nieocenione usługi Planetarnym Adamom podczas realizacji wszystkich ich planów, zmierzających do fizycznego oraz intelektualnego zaawansowania

gatunków ewolucyjnych. Na Urantii, po odstępstwie adamicznym, niektórych z tych serafinów pozostawiono na planecie i zostali oni przydzieleni do sukcesorów Adama we władzy.

2. *Duchy braterstwa.* Należy zrozumieć, że kiedy Adam i Ewa przybywają na ewolucyjny świat, ich zadanie, zaprowadzenia harmonii rasowej i współpracy społecznej między rozmaitymi rasami, jest gigantyczne. Rzadko kiedy te rasy, o różnych kolorach skóry i różnorodnych naturach, odnoszą się pozytywnie do planu braterstwa ludzkości. Tacy prymitywni ludzie uświadamiają sobie mądrość pokojowych stosunków tylko w wyniku dojrzewania ludzkiego doświadczenia i dzięki oddanej służbie seraficznych duchów braterstwa. Gdyby nie praca tych serafinów, wysiłki Synów Materialnych, zmierzające do zgrania i zaawansowania ras rozwijającego się świata, byłyby znacznie opóźnione. Gdyby wasz Adam trzymał się pierwotnego planu rozwoju Urantii, do dzisiaj duchy braterstwa wypracowałyby niewiarygodne przemiany gatunku ludzkiego. Jest naprawdę niezwykłe, w świetle adamicznego odstępstwa, że te klasy duchów zdołały ukształtować i wprowadzić w życie nawet tyle braterstwa, ile teraz go macie na Urantii.

3. *Dusze pokoju.* Wczesne tysiąclecia rozwoju ludzi ewolucyjnych cechuje wiele walk. Pokój nie jest naturalnym stanem domen materialnych. Po raz pierwszy światy uświadamiają sobie „pokój na ziemi i dobrą wolę pomiędzy ludźmi" dzięki służbie seraficznych dusz pokoju. Chociaż wczesne wysiłki tych aniołów na Urantii w znacznej mierze poszły na marne, pozostał na Urantii Vevona, szef dusz pokoju z czasów Adama i teraz przydzielony został do personelu przebywającego tutaj gubernatora generalnego. Kiedy Michał się narodził, ten sam Vevona, jako przywódca zastępów anielskich, zwiastował światu: „Chwała Bogu w Havonie a na ziemi pokój i dobra wola między ludźmi".

W bardziej zaawansowanych epokach ewolucji planetarnej, serafini ci pomagają zastąpić ideę odkupienia ideą boskiego dostrojenia się jako filozofią wiecznego życia śmiertelnika.

4. *Duchy ufności.* Podejrzliwość jest normalną reakcją człowieka prymitywnego; we wczesnych epokach walka o byt nie rodzi zaufania w sposób naturalny. Ufność jest nową zdobyczą ludzkości, którą nabywa ona dzięki służbie planetarnych serafinów, działających przy rządach adamicznych. Misja tych serafinów polega na wpajaniu ufności w umysły rozwijających się ludzi. Bogowie są bardzo ufni; Ojciec Wszechświatowy pragnie szczodrze oddać siebie – Dostrajacza – aby związał się z człowiekiem.

Po niepowodzeniu adamicznym, cała ta grupa serafinów została przekazana nowym rządom i od tamtego czasu nadal działa na Urantii. I nie pozostają zupełnie bez wyników, ponieważ cywilizacja, która się teraz rozwija, zawiera wiele ich ideałów zawierzania i ufności.

W bardziej zaawansowanych epokach planetarnych, ci serafini pomagają ludziom docenić prawdę, że niepewność jest tajemnicą szczęśliwego trwania. Pomagają zrozumieć śmiertelnym filozofom, że kiedy ignorancja jest niezbędna dla sukcesu, znajomość przyszłości byłaby kolosalnym mankamentem dla istoty stworzonej. Rozwijają u ludzi smak słodyczy niepewności, romantyzmu i uroku nieokreślonej i nieznanej przyszłości.

5. *Transportowcy.* Transportowcy planetarni służą indywidualnym światom. Większość dowożonych do tej planety istot, objętych serafinem, jest tu przejazdem; po prostu zatrzymują się tutaj, będąc pod opieką swych własnych, specjalnych transportowców seraficznych; jednak spora liczba takich serafinów przebywa stale na Urantii. Są to osobowości transportujące, działające między planetami lokalnymi, jak od Urantii do Jerusem.

Wasza stereotypowa idea aniołów powstała w sposób następujący. Tuż przed śmiercią materialną pojawiają się czasem w ludzkim umyśle fenomeny zwierciadlane a słabnąca świadomość wydaje się uzmysławiać sobie co nieco z kształtu asystującego anioła, co natychmiast zostaje przetłumaczone na zwyczajowe pojmowanie idei aniołów, zachowane w umyśle takiej jednostki.

Za błędne mniemanie, że aniołowie mają skrzydła, nie można winić tylko dawniejszego rozumowania, że muszą mieć skrzydła, żeby latać w powietrzu. Czasami istotom ludzkim pozwalano obserwować serafinów, przygotowujących się do służby transportowej i tradycja narosła w wyniku takich doświadczeń w znacznym stopniu zdeterminowała anielskie koncepcje Urantian. Obserwując serafina transportującego, jak przygotowuje się na przyjęcie pasażera do międzyplanetarnego lotu, można zauważyć coś, co z pozoru przypomina podwójny zestaw skrzydeł, rozciągających się od głowy do stóp anioła. W rzeczywistości skrzydła te są izolatorami energetycznymi – osłonami zabezpieczającymi przed tarciem.

Kiedy istoty niebiańskie mają być objęte serafinem, aby się mogły przenieść z jednego świata do drugiego, są sprowadzane do zarządu sfery i po odpowiedniej rejestracji wprowadzane w sen tranzytowy. W tym czasie transportujący serafin ustawia się w pozycji horyzontalnej, dokładnie nad biegunem wszechświatowej energii planety. Kiedy energetyczne osłony są szeroko otwarte, śpiąca osobowość jest umiejętnie ułożona, bezpośrednio na wierzchu transportującego ją anioła, przez odprawiających asystentów seraficznych. Potem zarówno górne jak i dolne pary osłon zostają ostrożnie zamknięte i dopasowane.

I teraz, na skutek działania przetwarzaczy i przekaźników, zaczynają się dziwne przekształcenia, ponieważ serafin przygotowuje się do wlotu w strumienie energii obwodów wszechświata. Gdy obserwuje się to z zewnątrz, można zauważyć, jak serafin rośnie, ostro zakończony z obu stron i tak bardzo spowija go dziwne światło barwy bursztynowej, że wkrótce nie można rozróżnić objętej serafinem osobowości. Kiedy wszystko jest gotowe do odlotu, szef transportu odpowiednio sprawdza nośnik życia, dokonując rutynowych testów, żeby się upewnić, czy anioł jest prawidłowo objęty obwodem a potem oświadcza, że podróżny jest prawidłowo objęty serafinem, że energie są dopasowane, że anioł jest izolowany i że wszystko jest gotowe do błysku odlotu. Potem dwu kontrolerów mechanicznych zajmuje swe pozycje. Do tego czasu serafin transportujący staje się prawie przezroczysty, wibrujący – zarys połyskującej świetlności w kształcie torpedy. Teraz dyspozytor transportu sfery wzywa pomocnicze baterie żywych przekaźników energii, zazwyczaj w liczbie tysiąca; ogłasza punkt docelowy transportu, sięga i dotyka najbliższego punktu seraficznego nośnika, który wystrzela z prędkością błyskawicy, zostawiając smugę niebiańskiej poświaty tak daleko, jak sięga atmosfera planetarna. W niecałe dziesięć minut zdumiewające widowisko zanika nawet dla silniejszego wzroku seraficznego.

Podczas gdy raporty kosmiczne odbierane są na planecie w południe, na południku określonego, duchowego zarządu, transportowcy ekspediowani są z tego samego miejsca o północy. Jest to najodpowiedniejszy czas odlotu i jego typowa godzina, jeśli nie jest inaczej sprecyzowana.

6. *Rejestratorzy*. Są oni kustoszami ważniejszych wydarzeń planety, funkcjonującej jako część systemu i tak, jak jest ona związana z rządem wszechświata i jak jest przez ten rząd widziana. Rejestrują zdarzenia planetarne, jednak nie interesują się sprawami życiowymi jednostki i jej bytem.

7. *Rezerwy*. Rezerwowy korpus serafinów planetarnych Satanii utrzymywany jest na Jerusem i jest blisko związany z rezerwami Synów Materialnych. Te rozległe rezerwy w pełni zaspokajają potrzeby każdego stadium różnorodnych funkcji klasy seraficznej. Aniołowie ci są także nosicielami wiadomości osobistych w systemach lokalnych. Służą śmiertelnikom w stadium przejściowym, aniołom i Synom Materialnym, jak również innym mieszkańcom zarządu systemu. Chociaż Urantii nie ma teraz w obwodach duchowych Satanii i Norlatiadeku, jesteście skądinąd blisko związani ze sprawami międzyplanetarnymi, ponieważ ci posłańcy z Jerusem często przybywają do tego świata, jak również do wszystkich innych sfer systemu.

6. OPIEKUNOWIE PRZEJŚCIA

Jak może sugerować ich nazwa, serafini opieki przejściowej służą wszędzie tam, gdzie mogą pomóc przejść istocie ze stanu materialnego do duchowego. Aniołowie ci służą od światów zamieszkałych aż do stolic systemów, ale w Satanii przykładają teraz wielką wagę do nauczania przetrwałych śmiertelników na siedmiu światach-mieszkaniach. Służba ta jest zróżnicowana, zgodnie z siedmiu następującymi klasami przydziału:

1. Seraficzni ewangeliści.
2. Interpretatorzy rasowi.
3. Planiści umysłu.
4. Doradcy morontialni.
5. Technicy.
6. Rejestratorzy-nauczyciele.
7. Posługujące rezerwy.

Dowiecie się więcej o tych seraficznych opiekunach wznoszących się istot w stadium przejściowym, w związku z narracjami opisującymi światy-mieszkania i życie morontialne.

7. SERAFINI PRZYSZŁOŚCI

Służba tych aniołów nie jest zbyt szeroka; wyjątek stanowią starsze domeny i bardziej zaawansowane planety Nebadonu. Znaczna ilość tych aniołów trzymana jest w rezerwie na seraficznych światach w pobliżu Salvingtonu, gdzie zajmują się zadaniami związanymi z erą światłości i życia, która kiedyś zaświta w Nebadonie. Funkcja tych serafinów związana jest ze wznoszeniem się śmiertelników, ale służą oni prawie wyłącznie tym śmiertelnikom, którzy przetrwali śmierć dzięki jakiemuś zmodyfikowanemu porządkowi wznoszenia się.

Skoro ci aniołowie nie są obecnie bezpośrednio związani tak z Urantią jak i z Urantianami, najlepiej będzie nie opisywać ich fascynującej działalności.

8. PRZEZNACZENIE SERAFINÓW

Serafini wywodzą się z wszechświatów lokalnych i w tych właśnie domenach swych początków niektórzy z nich docierają do celu swej służby. Niektórzy serafini mogą być wywyższeni do podniosłych obowiązków Gwiazd Błyszczących Wieczornych, z pomocą i za poradą starszych archaniołów, podczas gdy inni dochodzą do statusu i służby nie objawionych partnerów Gwiazd Wieczornych. Istnieją jeszcze inne przedsięwzięcia, dzięki którym serafini osiągają swój cel we wszechświecie lokalnym, ale Serafington zawsze pozostaje wiecznym celem wszystkich aniołów. Serafington jest anielskim progiem do Raju i Bóstwa, sferą przejściową między służbą czasu a wzniosłą służbą wieczności.

Serafini dotrzeć mogą do Raju na dziesiątki a nawet setki różnych sposobów, jednak najważniejsze z nich, wyszczególnione w tych narracjach, są następujące:

1. Można otrzymać wstęp do rajskiego, seraficznego miejsca pobytu jako osoba, osiągając doskonałość w specjalistycznej służbie, jako niebiański twórca, Doradca Proceduralny czy Niebiański Kronikarz. Można zostać Rajskim Towarzyszem a osiągnąwszy w ten sposób centrum wszystkich rzeczy, ewentualnie zostać później wiecznym opiekunem oraz doradcą klas seraficznych i innych istot.

2. Można dostać wezwanie do Serafingtonu. W pewnych warunkach serafini zostają odkomenderowani ku wysokości; w innych okolicznościach aniołowie docierają czasem do Raju w znacznie krótszym czasie niż śmiertelnicy. Ale jest bez znaczenia, jak bardzo może być odpowiednia jakakolwiek seraficzna para, nie może ona sama zainicjować odejścia do Serafingtonu czy innego miejsca. Nikt, oprócz tych opiekunów przeznaczenia, którzy odnieśli sukces, nie może być pewny pójścia do Raju progresywną drogą ewolucyjnego wznoszenia się. Wszyscy inni muszą cierpliwie czekać przybycia rajskich posłańców – supernafinów klasy trzeciej – którzy przybędą z wezwaniem nakazującym stawienie się na wysokościach.

3. Można dotrzeć do Raju ewolucyjną drogą śmiertelników. Najbardziej upragnionym stanowiskiem serafinów, podczas ich misji w czasie, jest stanowisko anioła stróża, dzięki któremu mogą zacząć misję finalizmu i zakwalifikować się do zadania na wiecznych sferach służby seraficznej. Tacy personalni przewodnicy dzieci czasu zwani są opiekunami przeznaczenia, co oznacza, że opiekują się istotami śmiertelnymi na ich drodze do boskiego przeznaczenia i dzięki temu decydują o swym własnym, wysokim przeznaczeniu.

Opiekunowie przeznaczenia wybierani są z szeregów bardziej doświadczonych osobowości anielskich, spośród wszystkich klas serafinów zdatnych do tej służby. Tymczasowi opiekunowie przydzielani są wszystkim tym przeżywającym śmiertelnikom, których celem jest zespolenie się z Dostrajaczem, a tacy partnerzy mogą być przyłączeni do śmiertelnika na stałe, kiedy przetrwali śmiertelnicy osiągną wymagany rozwój intelektualny i duchowy. Zanim wznoszący się śmiertelnicy opuszczą światy-mieszkania, wszyscy posiadają stałych partnerów seraficznych. Ta grupa duchów posługujących omawiana jest w narracjach o Urantii.

Aniołowie nie mogą dotrzeć do Boga z poziomu ludzkich początków, ponieważ stworzeni są „trochę wyżej od was"; jednak tak to mądrze zostało zaaranżowane, że chociaż nie mogą ewentualnie zaczynać od samego dołu, od duchowych nizin śmiertelnej egzystencji, mogą zejść do tych, którzy zaczynają od dołu i pilotować takie istoty, stopień po stopniu, świat po świecie, do bram Havony. Kiedy wznoszący się śmiertelnicy opuszczą Uversę, aby się znaleźć na orbitach Havony, ci opiekunowie, którzy związali się z nimi po życiu w ciele, pożegnają na chwilę swych towarzyszy pielgrzymów i pójdą do Serafingtonu, anielskiego celu wielkiego wszechświata. Tutaj opiekunowie ci będą próbować osiągnąć i niewątpliwie osiągną, siedem okręgów światłości seraficznej.

Wielu tych serafinów, chociaż nie wszyscy, którzy są przydzieleni jako opiekunowie przeznaczenia na czas materialnego życia ich ludzkich towarzyszy, prowadzi swych podopiecznych przez orbity Havony; jednak niektórzy serafini przechodzą orbity wszechświata centralnego sposobem zupełnie odmiennym od wznoszenia się śmiertelnika. Jednak niezależnie od trasy wznoszenia się, wszyscy ewolucyjni serafini przechodzą Serafington, a większość z nich przechodzi to doświadczenie zamiast orbit Havony.

Serafington jest sferą docelową aniołów a ich docieranie do tego świata różni się znacznie od doświadczeń tych pielgrzymów śmiertelników, którzy dochodzą do Ascendingtonu. Aniołowie nie są zupełnie pewni swej wiecznej przyszłości, zanim nie dojdą do Serafingtonu. Żaden z aniołów, przybyłych do Serafingtonu, nigdy nie pobłądził; grzech nigdy nie znajdzie oddźwięku w sercu serafina kompletności.

Absolwenci Serafingtonu różnie są przydzielani. Opiekunowie przeznaczenia, z doświadczeniem na orbitach Havony, wstępują zazwyczaj do Korpusu Finalistów-Śmiertelników. Inni opiekunowie, przeszedłszy sprawdziany separacji w Havonie, łączą się często na nowo ze swymi śmiertelnymi towarzyszami w Raju, a niektórzy zostają na wieczność towarzyszami śmiertelników-finalistów, podczas gdy inni wstępują do różnych korpusów finalistów nie-śmiertelników a wielu z nich gromadzi się w Korpusie Seraficznej Kompletności.

9. KORPUS SERAFICZNEJ KOMPLETNOŚCI

Po dostąpieniu Ojca duchów i przyjęciu do seraficznej służby kompletności, aniołowie są czasami przydzielani do służby na rzecz światów ustanowionych w światłości i życiu. Mogą też dostać przydział do wysokich, utrójcowionych istot wszechświatowych i do podniosłych służb Raju i Havony. Tacy serafini z wszechświatów lokalnych empirycznie wyrównali zróżnicowanie w potencjale boskości, oddzielające ich wcześniej od posługujących duchów wszechświata centralnego i superwszechświatów. Aniołowie z Seraficznego Korpusu Kompletności służą jako towarzysze sekonafinów superwszechświatowych i jako asystenci wysokich supernafinów klasy Raju-Havony. Dla tych aniołów ich misja w czasie jest zakończona; odtąd na zawsze są sługami Boga, przebywają z Boskimi osobowościami, są równi rajskim finalistom.

Znaczna ilość serafinów kompletności wraca do swych rodzimych wszechświatów, aby tutaj dopełniać służbę boskiego nadania służbą empirycznej doskonałości. Nebadon jest jednym z młodszych wszechświatów, w porównaniu z innymi, dlatego też nie ma tylu absolwentów wracających z Serafingtonu, ilu ich można znaleźć w starszych domenach; tym niemniej nasz wszechświat lokalny jest odpowiednio zaopatrzony w serafinów kompletności, gdyż znamienne jest to, że domeny ewolucyjne coraz bardziej potrzebują ich służb dopiero wtedy, kiedy zbliżają się do statusu światłości i życia. Serafini kompletności służą teraz zazwyczaj z wyższymi klasami serafinów, ale niektórzy z nich służą z każdą z pozostałych klas anielskich. Nawet wasz świat korzysta z szerokiej służby dwunastu specjalistycznych grup Seraficznego Korpusu Kompletności; tacy nadrzędni serafini nadzorują planetę i towarzyszą każdemu, nowo przydzielonemu Księciu Planetarnemu do zamieszkałych światów.

Wiele fascynujących dróg służby stoi otworem przed serafinami kompletności, ale tak jak wszyscy w czasach przedrajskich, pragną przydziału w charakterze opiekunów przeznaczenia, tak w porajskim doświadczeniu najbardziej pragną służyć jako personel towarzyszący obdarzeniu, dokonanemu przez wcielonego Rajskiego Syna. Nadal jednak zajmują się wprowadzaniem w życie tego, powszechnego planu, który umożliwia śmiertelnym istotom ze światów ewolucyjnych rozpoczęcie długiej i ciekawej podróży do rajskiego celu boskości i wieczności. Przez całą życiową drogę śmiertelnika, kiedy znajduje on Boga i dociera do boskiej perfekcji, ci duchowi opiekunowie seraficznej kompletności, razem z wiernymi posługującymi duchami czasu, są zawsze i po wszystkie czasy waszymi prawdziwymi przyjaciółmi i niezawodnymi pomocnikami.

[Przedstawione przez Melchizedeka, działającego na życzenie szefa zastępów seraficznych Nebadonu].

PRZEKAZ 40

WZNOSZĄCY SIĘ SYNOWIE BOGA

TAK JAK w wypadku wielu innych, głównych grup istot wszechświatowych, zostało objawione siedem zasadniczych klas wznoszących się Synów Boga:

1. Zespoleni z Ojcem śmiertelnicy.
2. Zespoleni z Synem śmiertelnicy.
3. Zespoleni z Duchem śmiertelnicy.
4. Serafini ewolucyjni.
5. Wznoszący się Synowie Materialni.
6. Pośredni transponowani.
7. Uosobieni Dostrajacze.

Historia tych istot, począwszy od skromnych, pochodzących od zwierząt śmiertelników ze światów ewolucyjnych, aż do Uosobionych Dostrajaczy Ojca Wszechświatowego, stanowi wspaniałą opowieść o nieograniczonym obdarzaniu tych istot Boską miłością i miłosierną łaskawością, przez cały czas i we wszystkich wszechświatach rozległej kreacji Rajskich Bóstw.

Niniejsze prezentacje zaczynają się od opisu Bóstw i te narracje, jedne po drugich, zstępują na wszechświatowej skali istot żywych, aż dochodzą do najniższej klasy życia wyposażonej w potencjał nieśmiertelności; i oto wysłany jestem teraz z Salvingtonu – były śmiertelnik, rodem z ewolucyjnego świata w przestrzeni – aby opracować i kontynuować opowieść o wiecznym celu Bogów w odniesieniu do wznoszących się klas synostwa, zwłaszcza o tym, co dotyczy śmiertelnych istot czasu i przestrzeni.

Ponieważ większa część tych narracji poświęcona będzie omawianiu trzech podstawowych klas wznoszących się śmiertelników, na początku skoncentrujemy naszą uwagę na wznoszących się klasach nieśmiertelnych – seraficznej, adamicznej, pośrednich i Dostrajacza.

1. SERAFINI EWOLUCYJNI

Pochodzący od zwierząt śmiertelnicy nie są jedynymi istotami uprzywilejowanymi synostwem; zastępy anielskie także mają niebiańską możliwość dotarcia do Raju. Serafin opiekun, przez służbę i doświadczenie ze wznoszącymi się śmiertelnikami czasu, również nabiera statusu wznoszącego się synostwa. Tacy aniołowie docierają do Raju przez Serafington a wielu z nich gromadzi się nawet w Korpusie Śmiertelników-Finalistów.

Wspinaczka na niebiańskie wyżyny synostwa finalisty z Bogiem jest mistrzowskim wyczynem dla anioła; osiągnięciem znacznie większym niż zdobycie przez was wiecznego bytu, dzięki planowi Wiecznego Syna oraz nieodstępnej pomocy zamieszkującego was Dostrajacza; jednak serafini opiekunowie, a czasami również inni, naprawdę tak się wznoszą.

2. WZNOSZĄCY SIĘ SYNOWIE MATERIALNI

Materialni Synowie Boga są stwarzani we wszechświecie lokalnym, razem z Melchizedekami i ich towarzyszami i wszystkich ich klasyfikuje się jako zstępujących Synów. I doprawdy Planetarni Adamowie – Materialni Synowie i Materialne Córki ze światów ewolucyjnych – są Synami zstępującymi, schodzącymi do światów zamieszkałych z tych sfer, skąd pochodzą, ze stolic systemów lokalnych.

Kiedy Adam i Ewa, jako udoskonalacze biologiczni, osiągną pełny sukces swej wspólnej misji planetarnej, dzielą przeznaczenie mieszkańców swego świata. Kiedy świat taki zostanie ustanowiony w zaawansowanych stadiach światłości i życia, wierny Syn Materialny i Córka Materialna dostają zezwolenie na wycofanie się ze wszystkich planetarnych obowiązków administracyjnych, a będąc tym samym zwolnieni z przygody zstępowania, mogą się zapisać w rejestrach wszechświata lokalnego jako udoskonaleni Synowie Materialni. Tak samo, gdy ich przydział planetarny znacznie się opóźnia, Synowie Materialni, posiadający stały status – obywatele systemów lokalnych – rezygnują z działalności na rzecz tych sfer, na których przebywają i również rejestrują się jako udoskonaleni Synowie Materialni. Po tych formalnościach, wyzwoleni w ten sposób Adamowie i wyzwolone Ewy, uznawani są za wznoszących się Synów Boga i mogą natychmiast iść w długą drogę do Havony i Raju, zaczynając dokładnie od punktu swego aktualnego statusu i osiągnięć duchowych. I podróżują w towarzystwie śmiertelników i innych wznoszących się Synów, tak długo, aż znajdą Boga i dotrą do Korpusu Finalizmu Śmiertelników, do wiecznej służby dla Rajskich Bóstw.

3. TRANSPONOWANI POŚREDNI

Chociaż istoty pośrednie pozbawione są bezpośrednich korzyści, płynących z obdarzeń planety zstępującymi Synami Boga, chociaż rajskie wznoszenie się jest dla nich znacznie opóźnione, tym niemniej, zaraz po tym, jak ewolucyjna planeta osiągnie średnio zaawansowane epoki światłości i życia (jeśli nie przedtem), obie grupy istot pośrednich zostają zwolnione z obowiązków planetarnych. Czasami większość z nich transponowana jest razem z ich ludzkimi kuzynami, w dniu zstąpienia świątyni światłości i wyniesienia Księcia Planetarnego do godności Władcy Planetarnego. Obie klasy, po ich zwolnieniu ze służby planetarnej, rejestrowane są we wszechświecie lokalnym jako wznoszący się Synowie Boga i natychmiast zaczynają długie wznoszenie się do Raju tą właśnie drogą, jaką idą rasy śmiertelne ze światów materialnych. Przeznaczeniem grupy pierwotnej są różne korpusy finalistów, ale wtórni albo adamiczni pośredni zapisują się gremialnie do Korpusu Finalizmu Śmiertelników.

4. UOSOBIENI DOSTRAJACZE

Gdy śmiertelnikom czasu nie uda się zapewnić wiecznego trwania ich duszom, w planetarnym związku z duchowymi darami Ojca Wszechświatowego, przyczyną takiego niepowodzenia w żadnym wypadku nie jest zaniedbanie obowiązków opieki, służby, czy też brak poświęcenia ze strony Dostrajacza. W czasie śmierci człowieka, takie opuszczone Monitory wracają do Diviningtonu a następnie, po osądzeniu istoty, która nie przetrwała śmierci, mogą otrzymać inny przydział na światach czasu i przestrzeni. Czasami, po wielokrotnych służbach tego rodzaju albo w następstwie jakiegoś niezwykłego doświadczenia, takiego jak działalność w charakterze Dostrajacza zamieszkującego wcielonego Syna obdarzającego, takie operatywne Dostrajacze uosabiane są przez Ojca Wszechświatowego.

Uosobieni Dostrajacze są istotami klasy unikalnej i niedościgłej. Posiadając na wstępie przedosobowy status egzystencjalny, Dostrajacze stają się empiryczne przez udział w życiu i działaniach skromnych śmiertelników ze światów materialnych. A skoro osobowość, nadana takiemu doświadczonemu Dostrajaczowi Myśli, ma swój początek i źródło w osobistej i nieustannej działalności Ojca Wszechświatowego, polegającej na obdarzeniu empiryczną osobowością stworzonych przez siebie istot, Uosobieni Dostrajacze klasyfikują się do wznoszących się Synów Boga, do najwyższej klasy tego synostwa.

5. ŚMIERTELNICY CZASU I PRZESTRZENI

Śmiertelnicy stanowią ostatnie ogniwo w łańcuchu istot, zwanych synami Boga. Osobiste cechy Pierwszego i Wiecznego Syna przenikają w dół, poprzez szeregi coraz mniej boskich a coraz bardziej ludzkich uosobień, aż docierają do istoty takiej jak wy sami, istoty, którą możecie widzieć, słyszeć i dotknąć. Zatem duchowo uświadamiacie sobie tę wielką prawdę, którą możecie pojąć waszą wiarą – synostwo wiecznego Boga!

Podobnie postępuje Pierwszy i Nieskończony Duch, zbliżając się coraz bardziej do trudzących się życiem istot ze światów, poprzez długie szeregi coraz mniej boskich a coraz bardziej ludzkich klas, osiągając szczyt swej ekspresji w aniołach, stworzonych trochę wyżej od was, którzy osobiście was chronią i prowadzą drogą waszego życia, drogą śmiertelnika czasu.

Tak więc Bóg Ojciec nie zstępuje w dół osobiście, nie może tego uczynić, aby się zbliżyć do prawie nieograniczonej liczby wznoszących się istot w całym wszechświecie wszechświatów. Ale Ojciec nie jest pozbawiony osobistego kontaktu ze swymi skromnymi istotami a i wy nie jesteście pozbawieni Boskiej obecności. Chociaż Bóg Ojciec nie może być z wami jako bezpośredni przejaw jego osobowości, on jest w was i jest waszą częścią, jako tożsamość zamieszkujących was Dostrajaczy Myśli, Boskich Monitorów. W ten sposób Ojciec, który jest od was najbardziej oddalony w osobowości i w duchu, zbliża się do was najbardziej w obwodzie osobowości i w duchowej styczności, w wewnętrznej komunii z duszami jego śmiertelnych synów i córek.

Utożsamienie się z duchem stanowi tajemnicę wiecznego życia osobowości i determinuje cel duchowego wznoszenia się. A skoro Dostrajacze Myśli są jedynymi duchami z potencjałem zespolenia, jakie mogą utożsamić się z człowiekiem za jego życia w ciele, śmiertelników czasu i przestrzeni klasyfikuje się przede wszystkim zgodnie z ich związkiem z tymi Boskimi darami, które ich zamieszkują, z Nieodgadnionymi Monitorami. Klasyfikacja ta wygląda następująco:

1. Śmiertelnicy przejściowego albo empirycznego pobytu Dostrajacza.
2. Śmiertelnicy nie zespalający się z Dostrajaczem.
3. Śmiertelnicy z potencjałem zespolenia z Dostrajaczem.

Grupa pierwsza – śmiertelnicy przejściowego albo empirycznego pobytu Dostrajacza. To określenie grupy śmiertelników jest przejściowe dla każdej rozwijającej się planety a odnosi się ono do wczesnych stadiów rozwoju wszystkich zamieszkałych światów, za wyjątkiem tych, które należą do grupy drugiej.

Śmiertelnicy grupy pierwszej zamieszkują światy w przestrzeni, we wczesnych epokach ewolucji ludzkości; grupę tę tworzą najbardziej prymitywne typy umysłów ludzkich. Na wielu światach, takich jak przedadamiczna Urantia, znaczna ilość wyższych i bardziej zaawansowanych typów ludzkich zdobywa możliwość wiecznego życia, ale nie osiąga zespolenia z Dostrajaczem. Przez długie epoki, zanim człowiek wkroczy na poziom wyższych duchowych aktów woli, Dostrajacze zamieszkują w umysłach tych trudzących się życiem istot, podczas ich krótkich żyć w ciele, a w tym momencie, gdy takie obdarzone wolą istoty zostają zamieszkałe przez Dostrajacze, zaczyna działać grupa aniołów stróżów. Podczas gdy śmiertelnicy pierwszej grupy nie posiadają stróżów osobistych, mają opiekunów grupowych.

Empiryczny Dostrajacz pozostaje z prymitywną istotą ludzką przez całe jej życie w ciele. Dostrajacze przyczyniają się w znacznym stopniu do rozwoju człowieka prymitywnego, ale nie mogą wytworzyć wiecznej wspólnoty z takimi śmiertelnikami. Taka przejściowa służba Dostrajaczy daje w rezultacie dwie rzeczy. Po pierwsze, Dostrajacze zdobywają wartościowe i autentyczne doświadczenie odnośnie natury ewolucyjnego intelektu i pracy z nim, to doświadczenie, które będzie nieocenione w późniejszych kontaktach z istotami wyżej rozwiniętymi na innych światach. Po drugie, przejściowy pobyt Dostrajaczy przyczynia się w znacznym stopniu do przygotowania ich śmiertelnych podopiecznych do ewentualnego przyszłego zespolenia z Duchem. Wszystkie poszukujące Boga dusze tego typu zdobywają życie wieczne przez duchowe objęcie Matki Ducha wszechświata lokalnego, a tym samym zostają wznoszącymi się śmiertelnikami porządku wszechświata lokalnego. Wiele osób z przedadamicznej Urantii awansowało w ten sposób do światów-mieszkań Satanii.

Bogowie, którzy zarządzili, że śmiertelny człowiek powinien sięgać wyższych poziomów inteligencji duchowej, przez długie epoki ewolucyjnych prób i cierpień, wiedzą o jego statusie i potrzebach na każdym stopniu wznoszenia się; i zawsze są bosko rzetelni i sprawiedliwi, nawet wdzięcznie miłosierni w ostatecznym osądzie tych trudzących się życiem śmiertelników, we wczesnym okresie rozwijających się gatunków.

Grupa druga – śmiertelnicy nie zespalający się z Dostrajaczem. Są to szczególne typy istot ludzkich, niezdolne do wiecznego zjednoczenia z zamieszkującym ich Dostrajaczem. Klasyfikacja gatunków, na posiadające mózgi jedno, dwu i trójdzielne, nie odgrywa roli przy zespalaniu się z Dostrajaczem; wszyscy tacy śmiertelnicy są sobie pokrewni, ale ci, co nie zespalają się z Dostrajaczem, są zupełnie odmienną i znacznie zmodyfikowaną klasą istot z wolą. Wiele istot nie oddychających należy do tej klasy a istnieją również liczne inne grupy istot, które zwykle nie zespalają się z Dostrajaczami.

Podobnie jak w grupie pierwszej, każdemu członkowi tej grupy, za życia w ciele, służy pojedynczy Dostrajacz. W życiu doczesnym Dostrajacze robią to wszystko dla swych podopiecznych, których tymczasowo zamieszkują, co robią na innych światach, na których śmiertelnicy mają potencjał zespolenia. Śmiertelnicy grupy drugiej są często zamieszkali przez dziewicze Dostrajacze, ale wyższe typy ludzkie związane są najczęściej z wytrawnymi i doświadczonymi Monitorami.

W systemie wznoszenia się, którego celem jest doskonalenie istot stworzonych pochodzących od zwierząt, istoty te korzystają z tej samej, oddanej służby Synów Boga, jaka rozciąga się na śmiertelników typu Urantii. Seraficzna współpraca z Dostrajaczami, na planetach bez zespalania się, prowadzona jest dokładnie tak samo, jak na światach z zespalaniem; na takich sferach opiekunowie przeznaczenia służą tak jak na Urantii i działają tak samo w momencie przeżycia śmierci przez człowieka, kiedy to przetrwała dusza zostaje zespolona z Duchem.

Kiedy na światach-mieszkaniach spotkacie te zmodyfikowane typy śmiertelników, nietrudno wam będzie porozumieć się z nimi. Mówią tym samym językiem systemu, ale odmienną techniką. Istoty te są takie same jak wasza klasa życia, w duchu i w przejawach osobowości, różnią się tylko pewnymi cechami fizycznymi oraz tym, że nie mogą się zespalać z Dostrajaczami Myśli.

Nie potrafię powiedzieć, dlaczego ten właśnie rodzaj istot nigdy nie może się zespolić z Dostrajaczami Ojca Wszechświatowego. Niektórzy z nas skłonni są wierzyć, że Nosiciele Życia, gdy pragną nadać formy istotom zdolnym do egzystencji w nietypowym środowisku planetarnym, stają przed koniecznością dokonania tak radykalnych modyfikacji we wszechświatowym planie stwarzania inteligentnych istot z wolą, że praktycznie staje się niemożliwe doprowadzenie do stałego ich zjednoczenia z Dostrajaczami. Często zadawaliśmy sobie pytanie, czy jest to zamierzona czy niezamierzona część planu wznoszenia się, ale nie znaleźliśmy odpowiedzi.

Grupa trzecia – śmiertelnicy z potencjałem zespolenia z Dostrajaczem. Wszyscy, zespalający się z Ojcem śmiertelnicy, pochodzą od zwierząt, tak jak gatunek ludzki z Urantii. Zaliczają się do nich śmiertelnicy z mózgiem jednodzielnym, dwudzielnym i trójdzielnym; wszyscy oni potencjalnie mogą zespolić się z Dostrajaczem. Urantianie są typem pośrednim albo z mózgiem dwudzielnym, będąc pod wieloma względami wyżsi niż typy z mózgiem jednodzielnym, ale definitywnie ograniczeni w porównaniu z klasą trójdzielną. Takie trzy typy mózgu cielesnego nie odgrywają istotnej roli przy obdarzeniu Dostrajaczem, w służbie seraficznej, czy w jakimkolwiek innym stadium służby duchowej. Zróżnicowanie intelektualne i duchowe, jakie występuje pomiędzy trzema typami mózgowymi, charakteryzuje te jednostki, które skądinąd są prawie jednolite w wyposażeniu umysłowym i potencjale duchowym. Takie zróżnicowanie, największe w życiu doczesnym, ma tendencje do zanikania w miarę tego, jak światy-mieszkania przemierzane są jeden za drugim. Od zarządu systemu wzwyż, rozwój tych trzech typów istot jest taki sam a ich ostateczne, rajskie przeznaczenie, jest identyczne.

Grupy nienumerowane. Narracje te nie mogą jednak objąć wszystkich fascynujących gatunków istot na światach ewolucyjnych. Wiecie, że co dziesiąty świat jest planetą dziesiętną albo eksperymentalną, ale nic nie wiecie o innych zróżnicowaniach, charakterystycznych dla różnych grup sfer ewolucyjnych. Zróżnicowania, nawet pomiędzy objawionymi klasami istot żywych, tak jak i pomiędzy planetami tej samej grupy, są zbyt liczne, aby je opowiedzieć; ten przegląd wyjaśnia podstawowe różnice w odniesieniu do drogi wznoszenia się. Droga wznoszenia się jest najważniejszym czynnikiem, branym pod uwagę przy jakichkolwiek rozważaniach, dotyczących śmiertelników czasu i przestrzeni.

Jeśli idzie o szansę śmiertelnika na wieczne życie, należy wyjaśnić raz na zawsze: żyć wiecznie będą wszystkie dusze, każdego możliwego stadium śmiertelnej egzystencji, pod warunkiem, że przejawiają wolę współpracy z zamieszkującymi ich Dostrajaczami i wykazują chęć znalezienia Boga oraz osiągnięcia boskiej doskonałości, nawet, jeśli takie pragnienia będą tylko pierwszymi, słabymi przebłyskami prymitywnego pojmowania tej „światłości prawdziwej, która oświeca każdego człowieka, gdy na świat przychodzi".

6. WIERNI SYNOWIE BOGA

Rasy śmiertelne reprezentują najniższą klasę inteligentnej i osobowej kreacji. Wy, śmiertelnicy, jesteście bosko kochani i każdy z was może dokonać wyboru, akceptując oczywiste przeznaczenie wspaniałego trwania, jednak z racji waszej natury nie jesteście jeszcze klasą boską; jesteście całkowicie śmiertelni. Zostaniecie zaliczeni do wznoszących się synów w tym momencie, kiedy nastąpi zespolenie, jednak status śmiertelników czasu i przestrzeni, przed ostatecznym połączeniem przetrwałej duszy ludzkiej z pewnym rodzajem wiecznego i nieśmiertelnego ducha, jest statusem wiernych synów.

Jest wielkim i niebiańskim faktem, że tak niskie i materialne istoty, jak ludzie z Urantii, są synami Boga, wiernymi dziećmi Najwyższego. „Popatrzcie, jaką miłością obdarzył nas Ojciec, że możemy być zwani synami Bożymi". „Wszystkim tym jednak, którzy go przyjęli, dał moc, aby rozpoznali, że są synami Bożymi". Podczas gdy „jeszcze się nie ujawniło, czym będziecie", nawet teraz „jesteście dzięki wierze synami Bożymi"; „nie otrzymaliście przecież ducha niewoli, by się znowu pogrążyć w bojaźni, ale otrzymaliście ducha przybrania za synów, w którym możecie wołać «Ojcze nasz»". Mówił niegdyś prorok, w imieniu wiecznego Boga: „Nawet im dam miejsce w moim domu oraz imię lepsze od synów; dam im imię wieczyste i niezniszczalne". „A ponieważ jesteście synami, Bóg wysłał do serc waszych ducha swego Syna".

Wszystkie ewolucyjne światy, zamieszkałe przez śmiertelników, posiadają tych wiernych synów Boga, synów łaski i miłosierdzia, istoty śmiertelne należące do Boskiej rodziny i dlatego nazywane synami Boga. Śmiertelnicy Urantii mają prawo uważać siebie za synów Boga, ponieważ:

1. Jesteście synami obietnicy duchowej, synami wiary; uznaliście status synostwa. Wierzycie w rzeczywistość synostwa i tym sposobem wasze synostwo z Bogiem stanie się wiecznie rzeczywiste.

2. Stwórca Syn Boga stał się jednym z was; faktycznie jest on waszym starszym bratem; a jeśli w duchu staniecie się naprawdę krewnymi, braćmi Chrystusa, zwycięskiego Michała, to w duchu musicie także być synami Ojca, którego macie wspólnego – Wszechświatowego Ojca wszystkich.

3. Jesteście synami, ponieważ duch Syna został na was wylany, był szczodrze i niezawodnie nadany wszystkim rasom Urantii. Duch ten zawsze przyciąga was ku Boskiemu Synowi, który jest jego źródłem i ku Rajskiemu Ojcu, który jest źródłem tego, Boskiego Syna.

4. Mocą swej Boskiej, wolnej woli, Ojciec Wszechświatowy dał osobowość waszemu jestestwu. Zostaliście wyposażeni w część boskiej spontaniczności działania, tej wolnej woli, jaką Bóg dzieli ze wszystkimi, którzy mogą stać się jego synami.

5. Zamieszkuje was fragment Ojca Wszechświatowego i tym samym jesteście bezpośrednio spokrewnieni z Boskim Ojcem wszystkich Synów Boga.

7. ZESPOLENI Z OJCEM ŚMIERTELNICY

Wysłanie Dostrajaczy, ich zamieszkanie w człowieku, jest doprawdy jedną z niezgłębionych tajemnic Boga Ojca. Te fragmenty Boskiej natury Ojca Wszechświatowego niosą ze sobą stworzonej istocie potencjał nieśmiertelności. Dostrajacze są duchami nieśmiertelnymi, a zjednoczenie z nimi daje duszy zespolonego śmiertelnika życie wieczne.

Wasz gatunek, śmiertelników mogących żyć wiecznie, zalicza się do tej grupy wznoszących się Synów Boga. Jesteście teraz synami planetarnymi, istotami ewolucyjnymi, wywodzącymi się z zaszczepień Nosicieli Życia, modyfikowanymi adamiczną infuzją życia; raczej nie jesteście jeszcze wznoszącymi się synami, ale doprawdy jesteście synami z potencjałem wznoszenia się – nawet do najwyższych wyżyn chwały i boskości – a taki status duchowy, wznoszącego się synostwa, możecie osiągnąć przez wiarę i współpracę, z wolnej woli, z uduchowiającymi poczynaniami zamieszkującego was Dostrajacza. A kiedy wy i wasz Dostrajacz będziecie ostatecznie i na zawsze zespoleni, kiedy was dwoje stworzy jedność, nawet tak, jak w Chrystusie Michale Syn Boży i Syn Człowieczy są jednością, wtedy faktycznie zostaniecie wznoszącymi się synami Boga.

Opis szczegółów misji Dostrajacza, który zamieszkuje istotę w okresie próbnym na ewolucyjnej planecie, nie jest częścią mojego zadania; tę wielką prawdę będziecie wypracowywać przez całą waszą egzystencję. Dla wzbogacenia opowieści, traktującej o zespolonych z Dostrajaczem śmiertelnikach, nadmieniam tutaj o pewnych funkcjach Dostrajacza. Te zamieszkujące człowieka fragmenty Boga są z waszą klasą istot od wczesnych dni waszej materialnej egzystencji, przez całą waszą drogę wznoszenia się w Nebadonie i Orvontonie, i dalej, poprzez Havonę aż do samego Raju. Później, podczas przygody wieczności, ten sam Dostrajacz jest waszą częścią i jednością z wami.

To są ci śmiertelnicy, którzy otrzymali polecenie Ojca Wszechświatowego: „Bądźcie doskonali, nawet tak, jak ja doskonały jestem". Ojciec obdarzył was sobą, umieścił w was swego własnego ducha; *dlatego* wymaga od was najwyższej doskonałości. Opowieść o ludzkim wznoszeniu się, od sfer śmiertelników czasu do boskich domen wieczności, jest bardzo interesująca, nie wchodzi jednak ona w zakres mojego zadania, tym niemniej, ta niebiańska przygoda powinna stanowić przedmiot najwyższych dociekań śmiertelnego człowieka.

Zespolenie z fragmentem Ojca Wszechświatowego jest równoznaczne z Boskim potwierdzeniem możliwości dotarcia do Raju i tacy, zespoleni z Dostrajaczem śmiertelnicy, są jedyną klasą istot ludzkich, które przemierzają orbity Havony i znajdują Boga w Raju. Dla zespolonego z Dostrajaczem śmiertelnika misja wszechświatowej służby stoi szeroko otworem. Jakiż to zaszczyt przeznaczenia i chwała sukcesów oczekują każdego z was! Czy doceniacie w pełni to, co zostało dla was zrobione? Czy pojmujecie wspaniałość tych szczytów wiecznych osiągnięć, które rozpościerają się przed wami?

Właśnie przed wami, którzy teraz brniecie zwykłymi ścieżkami życia, waszą tak zwaną „doliną łez".

8. ZESPOLENI Z SYNEM ŚMIERTELNICY

Podczas gdy praktycznie wszyscy żyjący wiecznie śmiertelnicy zespalają się ze swymi Dostrajaczami na jednym ze światów-mieszkań lub zaraz po przybyciu do wyższych sfer morontialnych, istnieją pewne przypadki opóźnionego zespolenia; niektórzy nie zaznają tej ostatecznej pewności przetrwania, zanim nie osiągną ostatnich światów edukacyjnych zarządu wszechświata; a kilku tych śmiertelnych kandydatów do niekończącego się życia wcale nie zespala swej tożsamości ze swymi wiernymi Dostrajaczami. Śmiertelnicy tacy zostają uznani przez władze orzekające za wartych wiecznego życia a nawet ich Dostrajacze, po swym powrocie z Diviningtonu, popierają ich wznoszenie się do światów-mieszkań. Istoty takie wzniosły się przez system, konstelację i przez światy edukacyjne orbity Salvingtonu; miały „siedemdziesiąt razy siedem" okazji do zespolenia i wciąż nie potrafiły osiągnąć jedności ze swymi Dostrajaczami.

Kiedy okaże się oczywiste, że pewne trudności synchronizacyjne nie pozwalają zespolić się z Ojcem, zbierają się arbitrzy wiecznego życia Syna Stwórcy. I kiedy ten dociekliwy sąd, autoryzowany przez osobistego przedstawiciela Pradawnych Czasu, ostatecznie postanowi, że wznoszący się śmiertelnik nie jest odpowiedzialny za niepowodzenie w zespoleniu, w zakresie żadnej zauważalnej przyczyny, arbitrzy potwierdzają to w zapisach wszechświata lokalnego i przekazują odpowiednio ten wniosek Pradawnym Czasu. Skutkiem tego zamieszkujący śmiertelnika Dostrajacz natychmiast wraca do Diviningtonu, gdzie przyjmują go Uosobione Monitory, a w momencie tego odejścia morontialny śmiertelnik natychmiast zostaje zespolony ze zindywidualizowanym darem ducha Syna Stwórcy.

Tak jak sfery morontialne Nebadonu dzielić będziecie z zespolonymi z Duchem śmiertelnikami, tak zespolone z Synem istoty dzielić będą służby Orvontonu ze swymi zespolonymi z Dostrajaczem braćmi, podróżującymi do wewnątrz, do odległej Wyspy Raj. Są oni prawdziwie waszymi braćmi i będziecie się bardzo dobrze czuć w ich towarzystwie, kiedy przechodzić będziecie przez światy szkoleniowe superwszechświata.

Zespoleni z Synem śmiertelnicy są nieliczną grupą istot, w superwszechświecie Orvonton jest ich mniej niż milion. Są oni pod każdym względem równi swym towarzyszom, zespolonym z Dostrajaczem, za wyjątkiem tego, że zamieszkanie w Raju nie jest ich przeznaczeniem. Często podróżują do Raju, wykonując wyznaczone im superwszechświatowe zadania, ale rzadko mieszkają tam na stałe, będąc, jako klasa, ograniczeni do tego superwszechświata, z którego pochodzą.

9. ZESPOLENI Z DUCHEM ŚMIERTELNICY

Wznoszący się, zespoleni z Duchem śmiertelnicy nie są osobowościami Trzeciego Źródła; są oni objęci obwodem osobowości Ojca, ale zespoleni są z indywidualizacjami przedumysłowego ducha Trzeciego Źródła i Centrum. Takie zespolenie z Duchem nie następuje nigdy podczas ziemskiego życia; odbywa się ono dopiero w okresie przebudzenia śmiertelnika do egzystencji morontialnej, na światach-mieszkaniach. Doświadczenia zespalania nie nakładają się na siebie; istota posiadająca wolę albo jest zespolona z Duchem, albo z Synem, albo z Ojcem. Ci, którzy są zespoleni z Dostrajaczem, czyli z Ojcem, nigdy nie są zespoleni z Duchem czy Synem.

Fakt, że tego typu istoty śmiertelne nie są kandydatami do zespolenia z Dostrajaczami, nie przeszkadza Dostrajaczom zamieszkiwać ich podczas życia w ciele. Dostrajacze działają w umysłach takich istot, podczas ich życia materialnego, ale nigdy nie stają się wiecznotrwałą jednością z duszami swych uczniów. Dostrajacze tworzą z powodzeniem, w czasie doczesnego bytu takiej istoty, tę samą duchową kopię śmiertelnej natury – duszę – jaką tworzą u kandydatów do zespolenia z Dostrajaczem. Aż do czasu ziemskiej śmierci, praca Dostrajaczy jest zupełnie podobna do ich funkcjonowania w waszym gatunku, ale po rozkładzie śmierci Dostrajacze opuszczają na zawsze tych kandydatów do zespolenia z Duchem i udają się bezpośrednio do Diviningtonu, do centrali wszystkich Boskich Monitorów, oczekując tam nowego przydziału w zakresie swej klasy.

Kiedy śpiący przetrwali uosobieni zostają na nowo na światach-mieszkaniach, miejsce Dostrajacza, który odleciał, zapełnione zostaje indywidualizacją ducha Boskiej Opiekunki, reprezentującej Nieskończonego Ducha w danym wszechświecie lokalnym. Ta infuzja duchowa sprawia, że przetrwałe istoty stają się zespolonymi z Duchem śmiertelnikami. Istoty takie są wam równe w każdym aspekcie umysłu i ducha; poza tym są waszymi rówieśnikami, dzielącymi sfery mieszkań i morontialne z waszą klasą kandydatów do zespolenia oraz z tymi, którzy mają zostać zespoleni z Synem.

Jest jednak pewien szczegół, którym zespoleni z Duchem śmiertelnicy różnią się od swoich wznoszących się braci: pamięć tego, co człowiek doświadczył na światach materialnych, przeżywa śmierć ciała, gdyż zamieszkujący śmiertelnika Dostrajacz przyswaja jej duchową kopię, transkrypcję tych wydarzeń życia ludzkiego, które mają znaczenie duchowe. Jednak taki mechanizm, umożliwiający zachowanie ludzkiej pamięci, nie istnieje u zespolonych z Duchem śmiertelników. Transkrypcje pamięci pozostają kompletne i nietknięte u Dostrajaczy, jednak takie nabytki są empirycznymi zdobyczami Dostrajaczy, które odleciały i są niedostępne dla istot uprzednio przez nie zamieszkiwanych, które z tego powodu budzą się w halach zmartwychwstania sfer morontialnych Nebadonu tak, jak gdyby były od nowa stworzonymi istotami, bez świadomości poprzedniego istnienia.

Takie dzieci wszechświata lokalnego mają możność odzyskania dla siebie większości doznań swej dawnej, ludzkiej pamięci, dzięki opowiedzeniu ich na nowo przez towarzyszącego im serafina i cherubina i przez sprawdzenie zapisów swego ludzkiego życia, sporządzonych przez aniołów rejestrujących. Mogą to zrobić z niezachwianą pewnością, ponieważ przeżywająca śmierć dusza, rodem ze świata materialnego i z życia śmiertelnego, podczas gdy nie pamięta zdarzeń ludzkich, posiada szczątkową reakcję empirycznego rozpoznawania takich, nie pamiętanych wypadków z przeszłego bytu.

Gdy zespolony z Duchem śmiertelnik słyszy opowieść o nie zapamiętanych wypadkach, w duszy (tożsamości) takiej, żyjącej wiecznie istoty, następuje natychmiastowa reakcja empirycznego rozpoznania przeszłego doświadczenia, która zaraz otacza opowiadany przypadek emocjonalnym zabarwieniem rzeczywistości i intelektualną właściwością faktu; i taka podwójna reakcja stanowi rekonstrukcję, rozpoznanie i potwierdzenie nie pamiętanych aspektów doświadczenia śmiertelnika.

Nawet w wypadku kandydatów do zespolenia z Dostrajaczem, tylko te ludzkie przeżycia, które mają wartości duchowe, stanowią wspólną własność przetrwałego śmiertelnika i powracającego Dostrajacza, dlatego przypominane są natychmiast po przetrwaniu śmierci cielesnej. Co się tyczy wydarzeń nie mających duchowego znaczenia, nawet ci, co się zespalają z Dostrajaczem, muszą polegać na właściwości rozpoznania-reakcji przetrwałej duszy. I ponieważ każde, pojedyncze zdarzenie, może mieć swoje duchowe odnośniki w stosunku do jednego śmiertelnika, ale nie do drugiego, możliwe się staje, że grupa istot wznoszących się równocześnie z tej samej planety łączy swoje historie, z przypominanych przez Dostrajacza zdarzeń i tym samym powstaje rekonstrukcja każdego doświadczenia, które jest wspólne danej grupie, a które w życiu któregokolwiek śmiertelnika miało znaczenie duchowe.

Podczas gdy całkiem dobrze rozumiemy procedury odtwarzania pamięci, nie rozumiemy procedury rozpoznawania osobowości. Osobowości kiedyś związane ze sobą reagują na siebie całkiem niezależnie od działania pamięci, aczkolwiek sama pamięć i metoda jej rekonstrukcji jest konieczna, aby przydać pełnego rozpoznania takim wzajemnym reakcjom osobowościowym.

Żyjąca wiecznie istota, zespolona z Duchem, ma również możność nauczyć się sporo o życiu, jakim żyła w ciele, dzięki ponownym odwiedzinom świata swych początków, po zakończeniu systemu sprawiedliwości na jej planecie. Dzieci zespolenia z Duchem mogą korzystać z takich możliwości badania swych ludzkich żyć, jako że ich służba ogranicza się zasadniczo do wszechświata lokalnego. Nie biorą one udziału w waszym wysokim, wzniosłym życiu w Rajskim Korpusie Finalizmu; tylko śmiertelnicy zespoleni z Dostrajaczem albo inne, specjalnie objęte istoty wznoszące się, gromadzą się w szeregach tych, którzy oczekują wiecznej przygody Bóstwa. Zespoleni z Duchem śmiertelnicy są stałymi obywatelami wszechświatów lokalnych; mogą się starać dotrzeć do rajskiego celu, ale nie mogą być go pewni. Ósma grupa światów, okrążających Salvington w Nebadonie, jest ich wszechświatową ojczyzną, ich przeznaczeniem-niebem, którego natura i położenie przypomina niebo z wyobrażeń planetarnych tradycji Urantii.

10. PRZEZNACZENIA ISTOT WZNOSZĄCYCH SIĘ

Zespoleni z Duchem śmiertelnicy są, ogólnie biorąc, ograniczeni do wszechświata lokalnego; zespolone z Synem, przeżywające śmierć istoty, ograniczone są do superwszechświata; przeznaczeniem zespolonych z Dostrajaczem śmiertelników jest zgłębianie wszechświata wszechświatów. Zespalające się ze śmiertelnikiem duchy zawsze się wznoszą na te poziomy, z których pochodzą; takie duchowe byty niezawodnie wracają do sfery swych początków.

Zespoleni z Duchem śmiertelnicy należą do wszechświata lokalnego; zazwyczaj nie wznoszą się poza granice swej rodzimej domeny, poza rubieże przestrzennego zasięgu ducha, który ich przenika. Wznoszący się, zespoleni z Synem, tak samo się wznoszą do źródła swego wyposażenia duchowego, gdyż większość Ducha Prawdy, pochodzącego od Syna Stwórcy ogniskuje się w związanej z nim Boskiej Opiekunce, tym samym jego „duch zespolenia" urzeczywistnia się w Duchach Zwierciadlanych wyższych wszechświatów. Taka duchowa zależność pomiędzy poziomem wszechświata lokalnego a superwszechświata w Bogu Siedmiorakim może być trudna do wyjaśnienia, ale nie do dostrzeżenia; objawia się ona wyraźnie w takich dzieciach Duchów Zwierciadlanych, jak sekoraficzne Głosy Synów Stwórców. Dostrajacz Myśli, przybywający od Ojca z Raju, nigdy nie ustanie, aż śmiertelny syn nie stanie twarzą w twarz z wiecznym Bogiem.

Tajemnicze niestabilności w technice łączenia się, dzięki którym istota śmiertelna nie zespala się, czy też nie może być wiecznie zespolona z zamieszkującym ją Dostrajaczem Myśli, mogą z pozoru wyglądać na usterkę w schemacie wznoszenia się; zespolenia z Synem i Duchem powierzchownie mogą wydawać się rekompensatą za niewyjaśnione braki w pewnych szczegółach planu docierania do Raju; jednak wszystkie takie wnioski są błędne; powiedziano nam, że wszystkie takie wypadki wynikają z praw zarządzonych przez Najwyższych Władców Wszechświata.

Analizowaliśmy ten problem i doszliśmy do niezaprzeczalnej konkluzji, że wysyłanie wszystkich śmiertelników ku ich ostatecznemu, rajskiemu przeznaczeniu, byłoby niesprawiedliwe dla wszechświatów czasu-przestrzeni, jako że otoczenie Synów Stwórców i Pradawnych Czasu byłoby zupełnie zależne od służby tych, którzy są w drodze do wyższych domen. Wydaje się zupełnie właściwe, że rządy wszechświatów lokalnych i superwszechświatów powinny mieć swoją stałą grupę wznoszącego się obywatelstwa; że działalność tych administracji powinna być wzbogacona przez funkcjonowanie pewnych grup glorfikowanych śmiertelników, którzy posiadają stały status i są ewolucyjnym dopełnieniem abandonterów i susatów. Teraz wydaje się zupełnie jasne, że obecny system wznoszenia się zaopatruje odpowiednio administrację czasu-przestrzeni w takie grupy wznoszących się istot. Wielokrotnie zastanawialiśmy się, czy wszystko to jest zamierzoną częścią planów wszechmądrych Architektów Wszechświata Nadrzędnego, mającą na celu dostarczenie Synom Stwórcom i Pradawnym Czasu stałej, wznoszącej się populacji rozwijających się klas obywatelstwa, które będą coraz bardziej kompetentne w prowadzaniu spraw tych domen, w epokach wszechświata, które kiedyś przyjdą?

Przeznaczenia śmiertelników są zatem rozmaite, co wcale nie jest sensownym dowodem tego, że jeden musi koniecznie być niższy od drugiego a tylko tego, że są zróżnicowani. Wznoszące się istoty, zespolone z Dostrajaczem, mają wprawdzie wielką i wspaniałą misję do spełnienia jako finaliści, rozpościerającą się przed nimi w wiecznej przyszłości, jednak nie oznacza to wcale, że są cenieni wyżej niż inni ich wznoszący się bracia. Nie ma faworyzowania, nie ma niczego arbitralnego w selektywnym funkcjonowaniu boskiego planu wiecznego życia śmiertelnika.

Podczas gdy zespoleni z Dostrajaczem finaliści posiadają niewątpliwie najszerszy ze wszystkich zakres służby, osiągnięcie ich celu automatycznie odbiera im możliwość partycypowania w wieczystych zmaganiach jakiegoś wszechświata czy superwszechświata, w okresie od jego wcześniejszych i mniej stabilnych epok do późniejszych, bezpiecznych er osiągnięcia względnej doskonałości. Finaliści nabywają zdumiewającego i wszechstronnego doświadczenia w rezultacie swej przejściowej służby we wszystkich siedmiu segmentach wielkiego wszechświata, jednak zazwyczaj nie przyswajają gruntownej wiedzy o jakimkolwiek wszechświecie, nawet takiej jak ta, która teraz cechuje zespolonych z Duchem weteranów Nebadońskiego Korpusu Kompletności. Istoty te mogą być świadkami korowodu epok planetarnych, jak wyłaniają się jedna po drugiej na dziesięciu milionach zamieszkałych światów. W czasie wiernej służby takich obywateli wszechświata lokalnego, doświadczenie nakłada się na doświadczenie, aż w pełni czasu dojrzeje u nich ta wysokiej klasy mądrość, która zrodzona jest z koncentracji doświadczenia – mądrość *autorytatywna* – i już to samo przez się jest istotnym czynnikiem stabilizacji jakiegokolwiek wszechświata lokalnego.

To, co się tyczy istot zespolonych z Duchem, odnosi się również do zespalających się z Synem śmiertelników, którzy osiągnęli status mieszkańców Uversy. Niektóre z tych istot pochodzą z wcześniejszych epok Orvontonu i są powoli powiększającą się grupą, której mądrość pogłębia jej wnikliwość, a której służba przyczynia się coraz bardziej do pomyślności i ewentualnej stabilizacji siódmego superwszechświata.

Nie wiemy, jakie będzie ostateczne przeznaczenie stałych klas obywatelstwa wszechświata lokalnego i superwszechświata, ale jest zupełnie możliwe, że kiedy rajscy finaliści będą pionierami poszerzania granic boskości w systemach planetarnych pierwszego poziomu przestrzeni zewnętrznej, ich zespoleni z Synem i Duchem bracia z ewolucyjnych wysiłków wznoszenia się będą przyczyniać się zgodnie do podtrzymywania empirycznej równowagi doprowadzonych do doskonałości superwszechświatów, gotowi powitać napływający strumień rajskich pielgrzymów, który w odległej przyszłości może przelewać się przez Orvonton i jego bliźniacze kreacje, jako rozległy potok poszukiwaczy ducha z niezbadanych obecnie i niezamieszkałych galaktyk przestrzeni zewnętrznej.

Większość zespalających się z Duchem istot stale służy jako obywatele wszechświatów lokalnych, ale nie wszystkie. Jeśli pewne stadium ich wszechświatowej służby wymagałoby ich osobistej obecności w superwszechświecie, wtedy u takich obywateli dokonane zostaną odpowiednie przekształcenia ich jestestwa, umożliwiające im wzniesienie się do wyższego wszechświata; a kiedy przybędą Niebiańscy Opiekunowie z nakazami przedstawienia Pradawnym Czasu takich, zespolonych z Duchem śmiertelników, wzniosą się oni tam, aby już nigdy nie wrócić. Zostaną podopiecznymi superwszechświata i będą stale służyć jako asystenci Niebiańskich Opiekunów, za wyjątkiem kilku tych, którzy z kolei zostaną wezwani do służby w Raju i Havonie.

Podobnie jak ich zespoleni z Duchem bracia, ci, co zespalają się z Synem ani nie przemierzają Havony ani nie docierają do Raju, chyba, że przejdą pewne modyfikujące przeobrażenia. Z dobrze umotywowanych i odpowiednich przyczyn, wprowadza się takie zmiany u niektórych, zespolonych z Synem, żyjących wiecznie istot, które spotyka się co jakiś czas na siedmiu orbitach wszechświata centralnego. Zatem pewna liczba śmiertelników, zarówno zespolonych z Synem jak i z Duchem, faktycznie wznosi się do Raju, aby dotrzeć do celu w wielu aspektach równego temu, który oczekuje zespolonych z Ojcem śmiertelników.

Zespoleni z Ojcem śmiertelnicy są potencjalnymi finalistami; ich celem jest Ojciec Wszechświatowy i do niego docierają, ale w zakresie obecnej epoki wszechświata finaliści, jako tacy, nie osiągają swego przeznaczenia. Pozostają istotami nieukończonymi – duchami szóstego stadium – dlatego też nie są aktywni w domenach ewolucyjnych, które nie osiągnęły statusu światłości i życia.

Kiedy śmiertelnik-finalista zostaje objęty Trójcą – stając się Utrójcowionym Synem, takim jak Możny Posłaniec – wtedy finalista osiąga swe przeznaczenie, przynajmniej w obecnej epoce wszechświata. Możni Posłańcy oraz ich bracia mogą nie być duchami siódmego stadium w dokładnym tego słowa znaczeniu, jednak objęcie Trójcy, oprócz innych rzeczy daje im wszystko to, co finalista osiągnie po jakimś czasie, jako duch siódmego stadium. Po utrójcowieniu, zespoleni z Duchem albo z Synem śmiertelnicy przechodzą rajskie doświadczenia, razem ze wznoszącymi się istotami, zespolonymi z Dostrajaczem, z którymi są wtedy identyczni we wszystkich aspektach odnoszących się do administracji superwszechświata. Ci Utrójcowieni Synowie Wyboru czy Dostąpienia są istotami ukończonymi, przynajmniej w tym momencie, w przeciwieństwie do finalistów, którzy obecnie są istotami nieukończonymi.

Dlatego też, w końcowym podsumowaniu, byłoby raczej niewłaściwe używanie słów „większy" czy „mniejszy", w odniesieniu do różnych przeznaczeń wznoszących się klas synostwa. Każdy syn Boga ma swój udział w ojcostwie Boga a Bóg kocha każdego stworzonego jednakowo; nie wyróżnia on przeznaczeń wznoszących się istot ponad same istoty, które mogą osiągać te przeznaczenia. Ojciec kocha *każdego* swojego syna a uczucie to jest równie prawdziwe, święte, boskie, nieograniczone, wieczne i unikalne – jest to miłość, którą obdarza *tego* i *tamtego* syna, indywidualnie, osobiście i wyłącznie. Ta miłość zaćmiewa zupełnie wszystkie inne fakty. Synostwo jest najwyższym powinowactwem stworzonego ze Stwórcą.

Jako śmiertelnicy możecie teraz dostrzec wasze miejsce w rodzinie boskiego synostwa i możecie zacząć czuć się zobowiązani do skorzystania z tych przywilejów, które tak hojnie są wam dawane w rajskim planie wiecznego życia śmiertelnika, planie tak bardzo uwydatnionym i naświetlonym w doświadczeniu życiowym obdarzającego Syna. Wszelkie udogodnienia i wszelka moc została przygotowana, aby wam zapewnić osiągnięcie ostatecznego, rajskiego celu boskiej doskonałości.

[Przedstawione przez Możnego Posłańca, tymczasowo przydzielonego do personelu Gabriela z Salvingtonu].

PRZEKAZ 41

FIZYCZNE ASPEKTY WSZECHŚWIATA LOKALNEGO

CHARAKTERYSTYCZNYM zjawiskiem przestrzennym, które oddziela każdą kreację lokalną od wszystkich innych, jest obecność Stwórczego Ducha. Cały Nebadon jest dokładnie przenikany kosmiczną obecnością Boskiej Opiekunki z Salvingtonu a obecność ta kończy się tak samo dokładnie na zewnętrznych granicach naszego wszechświata lokalnego. To, co jest przenikane przez naszą Matkę Ducha wszechświata lokalnego, *jest* Nebadonem; to, co wykracza poza jej obecność przestrzenną jest poza Nebadonem i stanowi pozanebadońskie rejony przestrzeni superwszechświata Orvontonu – inne wszechświaty lokalne.

Podczas gdy organizacja administracyjna wielkiego wszechświata wyraźnie jest podzielona na rządy wszechświata centralnego, superwszechświata i wszechświatów lokalnych, i podczas gdy te rozgraniczenia odpowiadają podziałom astronomicznym, oddzielając przestrzennie Havonę i siedem superwszechświatów, nie istnieją tak samo wyraźne linie materialnego rozgraniczenia kreacji lokalnych. Nawet większe i mniejsze sektory Orvontonu są (dla nas) wyraźnie rozróżnialne, ale nie można z taką samą łatwością ustalić fizycznych granic wszechświatów lokalnych. Dzieje się tak dlatego, że kreacje lokalne organizowane są administracyjnie, zgodnie z pewnymi *stwórczymi* zasadami, rządzącymi rozczłonkowaniem całościowego ładunku energii superwszechświata, podczas gdy ich materialne komponenty, sfery przestrzenne – słońca, ciemne wyspy, planety itd. – biorą swój początek głównie z mgławic, a te z kolei pojawiają się jako jednostki astronomiczne zgodnie z pewnymi *przedstwórczymi* (transcendentalnymi) planami Architektów Wszechświata Nadrzędnego.

Domena pojedynczego wszechświata lokalnego może zawierać jedną czy więcej a nawet wiele takich mgławic, tak jak Nebadon został fizycznie złożony z gwiezdnego i planetarnego potomstwa mgławicy Andronover oraz innych mgławic. Sfery Nebadonu wywodzą się z różnych mgławic, ale wszystkie posiadają pewien minimalny, wspólny ruch w przestrzeni, który został tak dopasowany dzięki inteligentnym wysiłkom dyspozytorów mocy, aby wytworzyć nasze, istniejące teraz skupisko ciał w przestrzeni, krążące razem po orbicie superwszechświata jako wzajemnie ze sobą związany zespół.

Tak jest zorganizowana lokalna chmura gwiezdna Nebadon, która dziś krąży po coraz stabilniejszej orbicie, wokół położonego w Strzelcu centrum mniejszego sektora Orvontonu, do którego należy nasza kreacja lokalna.

1. CENTRA MOCY NEBADONU

Mgławice spiralne i inne, macierzyste krążenia sfer kosmicznych, inicjowane są przez rajskich organizatorów siły; a po ewolucji mgławicy w reakcji na grawitację, tych organizatorów zastępują w ich superwszechświatowej funkcji centra mocy i kontrolerzy fizyczni, którzy później przejmują pełną odpowiedzialność za kierowanie materialną ewolucją pojawiających się kolejno generacji gwiezdnego i planetarnego potomstwa. Taki materialny nadzór nad prewszechświatem Nebadon został skoordynowany z planami naszego Syna Stwórcy, odnośnie organizacji wszechświata, zaraz po przybyciu tego Syna do jego domeny. W granicach domen tego Rajskiego Syna Boga, Najwyższe Centra Mocy i Nadrzędni Kontrolerzy Fizyczni współpracują z pojawiającymi się później Nadzorcami Mocy Morontialnej oraz innymi nadzorcami, aby wytworzyć rozległy zespół linii komunikacyjnych, obwodów energii i linii mocy, które mocno wiążą różne ciała kosmiczne Nebadonu w jedną, zwartą jednostkę administracyjną.

Sto Najwyższych Centrów Mocy czwartej klasy przydzielonych jest na stałe do naszego wszechświata lokalnego. Istoty te przejmują linie mocy, wychodzące od centrów trzeciej klasy z Uversy i retransmitują zredukowane i zmodyfikowane obwody do centrów mocy naszych konstelacji i systemów. Te centra mocy współpracują ze sobą, aby wytworzyć żywe systemy kontroli i wyrównywania, funkcjonujące dla zachowania balansu i rozprowadzania zmiennych oraz skądinąd niestałych energii. Centra mocy nie interesują się jednak krótkotrwałymi i lokalnymi zaburzeniami energii, takimi jak plamy słoneczne i elektryczne zakłócenia systemu; światło i elektryczność nie są podstawowymi energiami kosmicznymi; są to wtórne i drugorzędne przejawy energii.

Sto centrów wszechświata lokalnego przebywa na Salvingtonie, gdzie funkcjonują w samym centrum energii tej sfery. Sfery zaprojektowane, takie jak Salvington, Edentia i Jerusem, są oświetlane, ogrzewane i zaopatrywane w energię metodami, które uniezależniają je całkowicie od słońc świecących w przestrzeni. Sfery te zostały tak skonstruowane – wykonane na zamówienie – przez centra mocy i kontrolerów fizycznych, aby wywierały znaczny wpływ na dystrybucję energii. Centra mocy, opierając swą działalność na tych ogniskowych punktach kontroli energii, poprzez swą żywą obecność ukierunkowują i rozprowadzają odpowiednimi kanałami energie fizyczne kosmosu. I te obwody energii są podstawą wszelkich zjawisk fizyczno-materialnych i morontialno-duchowych.

Dziesięć Najwyższych Centrów Mocy klasy piątej przydzielonych jest do każdej podstawowej jednostki składowej Nebadonu, do jego stu konstelacji. W waszej konstelacji, Norlatiadek, nie przebywają one na sferze zarządu, ale znajdują się w centrum ogromnego systemu gwiezdnego, który stanowi materialne jądro konstelacji. Na Edentii znajduje się dziesięć pomocniczych kontrolerów mechanicznych i dziesięć frandalanków, utrzymujących doskonałą i nieprzerwaną łączność z pobliskimi centrami mocy.

Jedno Najwyższe Centrum Mocy klasy szóstej znajduje się dokładnie w zogniskowaniu grawitacyjnym każdego systemu lokalnego. Centrum mocy, przydzielone do systemu Satanii, zajmuje ciemną wyspę przestrzenną, zlokalizowaną w astronomicznym centrum systemu. Wiele takich ciemnych wysp jest ogromnymi dynamami, gromadzącymi i ukierunkowującymi pewne kosmiczne energie i te naturalne warunki są odpowiednio wykorzystywane przez Centrum Mocy Satanii, którego żywa masa funkcjonuje jako łącznik z wyższymi centrami, kierując strumienie bardziej zmaterializowanej mocy do Nadrzędnych Kontrolerów Fizycznych na ewolucyjnych planetach w przestrzeni.

2. KONTROLERZY FIZYCZNI SATANII

Podczas gdy Nadrzędni Kontrolerzy Fizyczni działają razem z centrami mocy w całym wielkim wszechświecie, łatwiej jest zrozumieć ich funkcje w systemie lokalnym, takim, jak Satania. Satania jest jednym ze stu systemów lokalnych, wchodzących w skład administracyjnej organizacji konstelacji Norlatiadek, a najbliższymi jej sąsiadami są systemy Sandmatia, Assuntia, Porogia, Sortoria, Rantulia i Glantonia. Systemy w Norlatiadeku są zróżnicowane pod wieloma względami, ale wszystkie są ewolucyjne i rozwojowe, bardzo podobne do Satanii.

Sama Satania składa się z ponad siedmiu tysięcy grup astronomicznych czy układów fizycznych, z których kilka powstało podobnie jak wasz Układ Słoneczny. Astronomicznym centrum Satanii jest wielka, ciemna wyspa kosmiczna, która wraz z towarzyszącymi jej sferami usytuowana jest w pobliżu głównej siedziby rządu systemu.

Nadzór nad całym systemem energii fizycznej Satanii koncentruje się na Jerusem, za wyjątkiem obecności przydzielonego do systemu centrum mocy. Nadrzędny Kontroler Fizyczny, przebywający na tej sferze zarządu, działa w koordynacji z centrum mocy systemu, służąc za szefa łącznikowego inspektorom mocy, którzy mają swój zarząd na Jerusem i działają w systemie lokalnym.

Objęcie obwodem i kanałowe ukierunkowanie energii nadzorowane jest przez pięćset tysięcy żywych, inteligentnych operatorów energii, rozrzuconych na obszarze Satanii. Dzięki działaniu tych kontrolerów fizycznych, nadzorujące centra mocy posiadają całkowitą i doskonałą kontrolę nad większością podstawowych energii kosmicznych, razem z emanacjami wysoce nagrzanych ciał niebieskich oraz ciemnych sfer naładowanych energią. Ta grupa żywych bytów może aktywizować, przekształcać, przeobrażać, kierować i przenosić prawie wszystkie energie fizyczne, istniejące w zorganizowanej przestrzeni.

Życie ma charakterystyczną cechę aktywizacji i przeobrażania wszechświatowej energii. Znacie funkcjonowanie życia roślinnego, zamieniającego materialną energię światła w różnorodne postacie królestwa roślin. Wiecie także co nieco o metodach, za pomocą których ta energia roślinna może być przetworzona w funkcjonowanie zwierząt, ale praktycznie nic nie wiecie o technice stosowanej przez dyspozytorów mocy i kontrolerów fizycznych, wyposażonych w zdolność aktywizacji, przekształcania, ukierunkowania i koncentracji różnorodnych energii kosmicznych.

Te istoty, zajmujące się domeną energii, nie interesują się bezpośrednio energią, jako elementem składowym istot żywych, ani nawet dziedziną chemii fizjologicznej. Czasami zajmują się fizycznymi preliminariami życia, wypracowywaniem tych systemów energii, które mogą służyć za fizyczne nośniki żywych energii najprostszych organizmów materialnych. Kontrolerzy fizyczni są w pewien sposób związani z przedżyciowymi przejawami energii materialnej, tak jak przyboczne umysły-duchy zajmują się przedduchowymi funkcjami materialnego umysłu.

Te inteligentne istoty, kontrolujące moc i ukierunkowujące energię, muszą na każdym świecie dostosowywać swe metody do składu materialnego i budowy takiej planety. Korzystają bezbłędnie z obliczeń i wniosków własnego zespołu fizyków i innych doradców technicznych, w sprawie lokalnych wpływów bardzo gorących słońc i innych rodzajów gwiazd o wysokim ładunku energetycznym. Muszą być nawet brane pod uwagę ogromne, zimne i ciemne giganty kosmiczne oraz rozległe chmury pyłu gwiezdnego; wszystkie te rzeczy materialne są uwzględniane w praktycznych zagadnieniach operowania energią.

Nadzór nad mocą-energią ewolucyjnych światów zamieszkałych należy do zakresu obowiązków Nadrzędnych Kontrolerów Fizycznych, ale te istoty nie są odpowiedzialne za wszelkie nieprawidłowości funkcjonowania energii na Urantii. Jest wiele przyczyn takich zakłóceń, niektóre z nich przekraczają kompetencje opiekunów fizycznych, którzy nie mogą ich kontrolować. Przez Urantię przechodzą linie ogromnych energii, mała planeta jest w obwodzie wielkich mas a lokalni kontrolerzy czasami używają bardzo wielu członków swej klasy, gdy próbują równoważyć te linie energii. Co się tyczy obwodów fizycznych Satanii, robią to dosyć sprawnie, ale napotykają trudności w odizolowaniu planety od potężnych prądów Norlatiadeku.

3. NASI GWIEZDNI TOWARZYSZE

Istnieje ponad dwa tysiące jaskrawych słońc, rozsiewających światło i energię po Satanii, a wasze Słońce jest przeciętnie jasnym ciałem niebieskim. Z trzydziestu najbliższych wam słońc, tylko trzy są jaśniejsze. Dyspozytorzy Mocy Wszechświata tworzą wyspecjalizowane strumienie energii, funkcjonujące pomiędzy poszczególnymi gwiazdami i podległymi im systemami. Dla centrów mocy i kontrolerów fizycznych te słoneczne paleniska, razem z ciemnymi gigantami kosmicznymi, są stacjami na ich drodze do efektywnej koncentracji i ukierunkowania obwodów energii kreacji materialnych.

Słońca Nebadonu nie różnią się od tych, jakie istnieją w innych wszechświatach. Skład materii wszystkich słońc, ciemnych wysp, planet i satelitów a nawet meteorów, jest raczej identyczny. Przeciętna średnica tych słońc wynosi około miliona sześciuset tysięcy kilometrów; kula waszego Słońca jest nieco mniejsza. Największa gwiazda we wszechświecie, gwiezdna chmura Antares, posiada średnicę czterysta pięćdziesiąt razy większą od waszego Słońca a objętość sześćdziesiąt milionów razy większą. Ale jest dosyć przestrzeni, aby pomieściła wszystkie takie ogromne słońca. Mają one tyle wolnego miejsca w przestrzeni, ile miałby tuzin pomarańczy, gdyby krążyły we wnętrzu Urantii i gdyby planeta była wydrążoną kulą.

Kiedy zbyt wielkie słońca wyrzucane są poza dysk macierzystej mgławicy, szybko ulegają rozerwaniu albo tworzą gwiazdy podwójne. Wszystkie słońca z początku są całkowicie gazowe, chociaż później mogą przejściowo istnieć w stanie półpłynnym. Gdy wasze Słońce osiągnęło taki, częściowo płynny stan supergazowego ciśnienia, nie było wystarczająco duże, aby rozdzielić się równikowo, co jest jedną z metod powstawania gwiazd podwójnych.

Te sfery ogniste, kiedy są mniejsze od jednej dziesiątej waszego Słońca, kurczą się gwałtownie, zagęszczają i ochładzają. Kiedy przekraczają trzydziestokrotnie jego rozmiary – a raczej trzydziestokrotnie całkowitą zawartość rzeczywistego materiału

– słońca dzielą się gwałtownie na dwa odrębne ciała i albo stają się centrami nowych układów, albo pozostają we wzajemnym oddziaływaniu grawitacyjnym, krążąc wokół wspólnego centrum jako jeden z typów gwiazdy podwójnej.

Ostatnio, jednym z większych kosmicznych wybuchów w Orvontonie była nadzwyczajna eksplozja gwiazdy podwójnej, której światło dotarło do Urantii w roku 1572 n.e. Pożoga ta była tak intensywna, że eksplozję widać było wyraźnie w pełnym świetle dnia.

Nie wszystkie gwiazdy istnieją w stanie stałym, ale wiele starszych gwiazd do takich się zalicza. Niektóre czerwonawe, słabo świecące gwiazdy, osiągnęły w swym centrum gęstość, którą można wyrazić w ten sposób, że centymetr sześcienny takiej gwiazdy ważyłby 166 kilogramów, gdyby znalazł się na Urantii. Ogromne ciśnienie, wraz z utratą ciepła i krążącej energii, powoduje zbliżanie się coraz bardziej do siebie orbit podstawowych jednostek materii, aż zbliżają się do stanu kondensacji elektronowej. Ten proces chłodzenia i zagęszczania może prowadzić do granicznego, krytycznego punktu wybuchowego kondensacji ultimatonicznej.

Większość gigantycznych słońc jest względnie młoda, większość gwiezdnych karłów stara, chociaż nie wszystkie. Karły, powstające w wyniku zderzenia, mogą być bardzo młode i mogą świecić intensywnym, białym światłem, nie zaznawszy nigdy czerwonego stadium świecenia w młodości. Zarówno bardzo młode jak i bardzo stare słońca świecą zazwyczaj czerwonawym światłem. Zabarwienie żółte oznacza wiek średni albo początek starości, jednak olśniewająco białe światło oznacza krzepkie i długie, dojrzałe życie.

Chociaż nie wszystkie młode słońca przechodzą stadium pulsacji, przynajmniej nie jest to dostrzegalne, patrząc w przestrzeń możecie dostrzec wiele tych młodszych gwiazd, których gigantyczne, oddechowe falowania potrzebują dwu do siedmiu dni na ukończenie cyklu. Wasze Słońce wciąż niesie w sobie malejące dziedzictwo tych ogromnych pęcznień z czasów młodości, chociaż ich cykl się wydłużył, z uprzednich trzech i pół dnia pulsacji do obecnych jedenastu i pół roku, w cyklu aktywności plam słonecznych.

Są rozmaite przyczyny zmienności gwiazd. U niektórych gwiazd podwójnych pływy wywołane są przez gwałtownie zmieniające się odległości, kiedy dwa ciała krążą po swych orbitach; powodują one także okresowe fluktuacje światła. Takie zmiany grawitacyjne wywołują regularne, okresowe migotania, tak samo jak wychwytywanie meteorów przez akrecję energii-materiału na powierzchni może dać stosunkowo gwałtowny błysk światła, szybko słabnący do normalnej jasności słońca. Czasami słońce może wychwytywać strumień meteorów, na trasie, gdzie najsłabiej przeciwstawiają się przyciąganiu, a sporadyczne zderzenia wywołują migotanie gwiazdy, jednak za większość tych zjawisk odpowiedzialne są wyłącznie fluktuacje wewnętrzne.

W jednej grupie gwiazd zmiennych okres fluktuacji światła jest bezpośrednio związany z ich jaskrawością, a znajomość tego faktu umożliwia astronomom używanie tych słońc jako wszechświatowych latarni morskich, albo dokładnych punktów pomiarowych dla dalszych badań odległych gromad gwiezdnych. Dzięki tej metodzie można mierzyć z wielką dokładnością gwiezdne odległości do nieco ponad miliona lat świetlnych. Lepsze metody pomiaru kosmosu i doskonalsza technika teleskopów odsłonią kiedyś dokładniej dziesięć wielkich segmentów superwszechświata Orvontonu;

rozpoznawać będziecie przynajmniej osiem tych rozległych sektorów, jako gigantyczne i dosyć symetryczne skupiska gwiezdne.

4. GĘSTOŚĆ SŁOŃCA

Masa waszego Słońca jest nieco większa niż obliczają to wasi fizycy, którzy oszacowali ją na około tysiąc osiemset kwadrylionów ($1{,}8x10^{27}$) ton. Znajduje się ono obecnie mniej więcej pośrodku, pomiędzy najbardziej gęstymi a najbardziej rozrzedzonymi gwiazdami, posiadając gęstość przekraczającą półtora raza gęstość wody. Wasze Słońce nie jest jednak ani cieczą ani ciałem stałym – jest gazowe – i jest to prawdą, pomimo, że trudno jest wyjaśnić, w jaki sposób materia gazowa może osiągnąć taką gęstość a nawet jeszcze większą.

Stany gazowe, ciekłe i stałe, są sprawą związków atomowo-molekularnych, ale gęstość jest stosunkiem wzajemnym przestrzeni do masy. Gęstość zmienia się wprost proporcjonalnie do ilości masy w przestrzeni i odwrotnie proporcjonalnie do ilości przestrzeni w masie, przestrzeni pomiędzy centralnymi jądrami materii a cząstkami wirującymi dookoła tych centrów, jak również przestrzeni pomiędzy takimi cząsteczkami materialnymi.

Stygnące gwiazdy mogą być fizycznie gazowe a jednocześnie ogromnie gęste. Nie jesteście zaznajomieni z *supergazami* słonecznymi, ale te oraz inne, niezwykłe formy materii, wyjaśniają, w jaki sposób słońca, nie będąc nawet w stanie stałym, mogą osiągać gęstość równą żelazu – zbliżoną do tej, jaką ma Urantia – i wciąż pozostawać w bardzo gorącym stanie gazowym i wciąż funkcjonować jako słońca. Atomy w gęstych supergazach są wyjątkowo małe; posiadają tylko kilka elektronów. Słońca takie straciły też w znacznej mierze zapasy wolnej energii ultimatonicznej.

Jedno z pobliskich wam słońc, które zaczęło swe życie z masą zbliżoną do waszego Słońca, skurczyło się teraz prawie do rozmiarów Urantii, stając się czterdzieści tysięcy razy gęstsze od waszego Słońca. Waga tego ciała gorąco-zimnego, gazowo-stałego wynosi około pięćdziesięciu pięciu kilogramów na centymetr sześcienny. Słońce to wciąż świeci słabym, czerwonawym światłem, starczą poświatą umierającego monarchy światła.

Większość słońc nie jest jednak tak gęsta. Jeden z waszych bliskich sąsiadów ma gęstość równą dokładnie waszej atmosferze na poziomie morza. Jeśli znaleźlibyście się we wnętrzu tego słońca, nie dostrzeglibyście nic. I gdyby temperatura na to pozwoliła, moglibyście przeniknąć większość słońc, migoczących na nocnym niebie i nie dostrzec więcej materii, niż zauważacie w powietrzu, w waszych pokojach na Ziemi.

Masywne słońce Veluntia, jedno z największych w Orvontonie, posiada gęstość tysiąc razy mniejszą niż atmosfera Urantii. Gdyby miało skład podobny do waszej atmosfery i nie było supergorące, stanowiłoby taką próżnię, że istota ludzka mogłaby się natychmiast udusić, gdyby znalazła się w jego wnętrzu albo na powierzchni.

Inny gigant Orvontonu ma teraz temperaturę na powierzchni około tysiąc sześćset stopni. Jego średnica wynosi ponad czterysta osiemdziesiąt milionów kilometrów – wystarczyłoby miejsca, aby pomieścić wasze Słońce i obecną orbitę Ziemi. A jednak, przy tych ogromnych rozmiarach, ponad czterdzieści milionów razy większych od waszego

Słońca, jego masa jest tylko około trzydzieści razy większa. Tak wielkie słońca posiadają rozległe obrzeża, sięgające nieomal od jednego słońca do drugiego.

5. PROMIENIOWANIE SŁONECZNE

O tym, że słońca w kosmosie nie są zbyt gęste, świadczą silne strumienie uciekających z nich energii świetlnych. Zbyt wielka gęstość może zatrzymać światło, dzięki swej nieprzezroczystości, aż ciśnienie energii świetlnej osiągnie punkt wybuchowy. Wewnątrz słońca panuje gigantyczne ciśnienie światła czy gazu, które powoduje wyrzucanie takiego strumienia energii, jaki może przenikać przestrzeń na odległość wielu milionów kilometrów, zasilając energią, oświecając i ogrzewając odległe planety. Powierzchnia o grubości pięciu metrów i o takiej gęstości, jaką ma Urantia, mogłaby skutecznie zapobiec ucieczce wszystkich promieni rentgenowskich i energii świetlnych ze słońca, tak długo, aż wzrost ciśnienia wewnętrznego nagromadzonych energii, powstałych w wyniku rozpadu atomowego, pokonałby grawitację w gigantycznej, rozrywającej słońce eksplozji.

W obecności napędzających gazów światło jest bardzo wybuchowe, kiedy zamknięte jest w nieprzepuszczalnych ścianach zaporowych, przy wysokich temperaturach. Światło jest rzeczywiste. Jak szacujecie energię i moc na waszym świecie, światło słoneczne miałoby wartość dwu milionów dolarów za kilogram.

Wnętrze waszego Słońca jest ogromnym generatorem promieniowania rentgenowskiego. Słońca są wspierane od wewnątrz przez nieustanne bombardowanie tych potężnych emanacji.

Elektron, pobudzany promieniowaniem rentgenowskim, potrzebuje ponad pół miliona lat na przebycie drogi z samego centrum przeciętnego słońca na powierzchnię słoneczną, gdzie zaczyna swą kosmiczną przygodę; może ogrzewać zamieszkałą planetę, może zostać wychwycony przez meteor, może brać udział w narodzinach atomu, może być przyciągnięty przez wysoce naładowaną, ciemną wyspę przestrzeni albo skończyć swój przestrzenny lot, zanurzając się ostatecznie w powierzchni słońca, podobnego do tego, z którego pochodzi.

Promienie rentgenowskie ze słonecznego wnętrza ładują wysoce nagrzane i pobudzone elektrony energią wystarczającą do wyrzucenia ich w przestrzeń, do przejścia obok czeredy hamujących wpływów ingerującej materii i dotarcia, wbrew wstecznemu przyciąganiu grawitacji, do odległych sfer w oddalonych systemach. Wielka energia prędkości, potrzebnej do ucieczki z grawitacyjnego uchwytu słońca, wystarcza do zapewnienia promieniom słońca podróży z niesłabnącą prędkością, aż napotkają znaczne masy materii, na których szybko przekształcają się w ciepło, wraz z wyzwoleniem innych energii.

Energia, czy to jako światło czy w innych formach, leci przez przestrzeń w linii prostej. Konkretne cząstki materialnego bytu przemierzają przestrzeń jak pociski. Lecą prostą, nieprzerwaną linią czy korowodem, chyba, że działają na nie siły wyższe oraz zawsze są posłuszne przyciąganiu grawitacji liniowej, nieodłącznej masie materialnej, jak również grawitacji cyrkularnej, wynikającej z obecności Wyspy Raj.

Wydaje się, że energia słoneczna wysyłana jest falami, ale ten efekt powstaje w wyniku działania wzajemnie zależnych i zróżnicowanych wpływów. Określona forma energii zorganizowanej nie leci w formie fali, ale po liniach prostych. Obecność drugiej albo trzeciej formy siły-energii może spowodować, że strumień energii, podczas jego obserwacji, będzie *wyglądał,* jak gdyby biegł w formacji falowej, tak jak podczas nawałnicy, której towarzyszy silny wiatr, woda czasami wydaje się padać warstwami lub schodzić falami. Krople deszczu padają w dół prostą linią, ciągłym korowodem, ale działanie wiatru powoduje pojawienie się widocznych warstw wody i fal kropel deszczu.

Działanie pewnych wtórnych oraz innych, jeszcze nie odkrytych energii, znajdujących się w rejonach przestrzeni waszego wszechświata lokalnego, jest takie, że emanacje światła słonecznego wydają się wywoływać pewne zjawiska falowe, jak również wydają się być rozdrobnione na bardzo małe porcje o konkretnej długości i wadze. Praktycznie biorąc, tak właśnie się dzieje. Raczej nie możecie się spodziewać lepszego zrozumienia zachowania się światła do tego czasu, kiedy zdobędziecie jaśniejszą ideę oddziaływania wzajemnego i związków wzajemnych różnych sił kosmicznych i energii słonecznych, działających w rejonach przestrzennych Nebadonu. Waszą obecną dezorientację powoduje wasze niekompletne zrozumienie problemu, ponieważ dotyczy on powiązanej ze sobą osobowej i nieosobowej kontroli wszechświata nadrzędnego – dotyczy obecności, funkcjonowania i koordynacji Wspólnego Aktywizatora i Absolutu Nieuwarunkowanego.

6. WAPŃ – KOSMICZNY WĘDROWIEC

Przy rozpracowywaniu zjawisk spektralnych należy pamiętać, że przestrzeń nie jest pusta, że światło biegnące przez przestrzeń jest czasami nieco modyfikowane przez różne formy energii i materii, krążące w całej zorganizowanej przestrzeni. Za niektóre linie, pojawiające się w widmie waszego Słońca, ukazujące nieznaną materię, odpowiedzialne są dobrze wam znane pierwiastki, płynące przez przestrzeń w formie rozbitej, atomowe ofiary gwałtownych potyczek, występujących podczas słonecznych walk pierwiastków. Przestrzeń jest przesycona tymi wędrującymi wrakami, zwłaszcza sodu i wapnia.

Wapń jest w rzeczywistości głównym pierwiastkiem materii, przenikającej przestrzeń w całym Orvontonie. Cały nasz superwszechświat jest usiany drobniutko rozpylonym kamieniem. Kamień jest literalnie podstawowym tworzywem materialnym planet i sfer przestrzeni. Kosmiczny pył, wielka kosmiczna zasłona, zawiera w znacznej części zmodyfikowane atomy wapnia. Atom kamienia jest jednym z najbardziej rozpowszechnionych i trwałych pierwiastków. Wytrzymuje nie tylko jonizację słoneczną – rozszczepianie – ale zachowuje tożsamość, wraz ze zdolnością do łączenia się, nawet po zbombardowaniu przez niszczące promienie rentgenowskie i po rozbiciu przez wysokie temperatury słoneczne. Wapń posiada indywidualność i długowieczność przewyższającą wszystkie pospolitsze formy materii.

Jak przypuszczali wasi fizycy, te okaleczone resztki wapnia słonecznego dosłownie jadą na promieniach światła na różnorodne odległości, co znacznie ułatwia ich szerokie rozprzestrzenianie się po całym kosmosie. Atom sodu, poddany pewnym przekształceniom, także może się przemieszczać dzięki światłu i energii. Wyczyny wapnia są lepiej zauważalne, ponieważ pierwiastek ten posiada masę prawie dwukrotnie większą od sodu. Lokalne nasycenie przestrzeni przez wapń zawdzięcza się temu, że opuszcza on fotosferę słoneczną, w przekształconej formie, literalnie jadąc na wylatujących promieniach słonecznych. Wapń, pomimo jego relatywnie dużych rozmiarów – jako że zawiera dwadzieścia obiegających elektronów – spośród wszystkich pierwiastków słonecznych osiąga najlepsze wyniki w ucieczce ze słonecznego wnętrza w przestrzeń. Wyjaśnia to, dlaczego na Słońcu istnieje warstwa wapnia, gazowa powierzchnia kamienia, gruba na blisko dziesięć tysięcy kilometrów i to wbrew temu, że dziewiętnaście lżejszych pierwiastków i liczne cięższe znajdują się pod nią.

W temperaturach słonecznych wapń jest pierwiastkiem aktywnym i wszechstronnym. Atom kamienia posiada dwa ruchliwe i luźno z nim związane elektrony, na dwu zewnętrznych orbitach elektronowych, bardzo zbliżonych do siebie. W czasie walk atomowych najpierw traci on swój elektron zewnętrzny, po czym rozpoczyna mistrzowski akt żonglowania dziewiętnastym elektronem w tę i z powrotem, pomiędzy dziewiętnastą a dwudziestą orbitą elektronowych obiegów. Poprzez przerzucanie dziewiętnastego elektronu w tę i z powrotem, pomiędzy własną orbitą a orbitą zaginionego towarzysza, ponad dwadzieścia pięć tysięcy razy na sekundę, okaleczony atom zdolny jest do częściowego przeciwstawienia się grawitacji, tym samym może pomyślnie przemieszczać się z rodzącymi się potokami światła i energii, z promieniami słonecznymi, ku wolności i przygodzie. Atom wapnia wylatuje ze Słońca dzięki przemiennym szarpnięciom napędu do przodu, chwytając i wypuszczając promień słoneczny około dwudziestu pięciu tysięcy razy na sekundę. I z tej właśnie przyczyny kamień jest głównym składnikiem światów w kosmosie. Wapń jest najbardziej doświadczonym uciekinierem ze słonecznego więzienia.

Zwinność tego akrobatycznego elektronu wapnia polega na tym, że kiedy jest on podrzucany przez słoneczne siły temperatury-promieniowania rentgenowskiego na wyższą orbitę, pozostaje na tej orbicie zaledwie jedną milionową sekundy; ale zanim moc elektrycznego przyciągania jądra atomowego ściągnie go z powrotem na jego starą orbitę, zdolny jest wykonać milion obrotów wokół atomowego centrum.

Wasze Słońce rozstało się z ogromną ilością swego wapnia, straciwszy znaczną jego ilość w czasach konwulsyjnych erupcji, związanych z powstawaniem Układu Słonecznego. Większość słonecznego wapnia znajduje się obecnie w zewnętrznej skorupie Słońca.

Należy przypomnieć, że analizy spektralne pokazują jedynie skład powierzchni słonecznej. Na przykład, widmo słoneczne wykazuje wiele linii żelaza, ale żelazo nie jest głównym pierwiastkiem Słońca. Za zjawisko to odpowiedzialna jest obecna temperatura powierzchni słonecznej, wynosząca około 3300 stopni; jest to temperatura wyjątkowo sprzyjająca rejestracji widma żelaza.

7. ŹRÓDŁA ENERGII SŁONECZNEJ

Temperatura wewnętrzna wielu słońc, nawet waszego, jest znacznie wyższa niż się na ogół sądzi. We wnętrzu Słońca nie ma praktycznie całych atomów; wszystkie są bardziej czy mniej porozbijane przez intensywne bombardowanie rentgenowskie, właściwe tak wysokim temperaturom. Niezależnie od tego, jakie pierwiastki materialne mogą się pojawiać w zewnętrznych warstwach słonecznych, wewnętrzne pierwiastki upodobniły się do siebie wskutek dysocjacyjnego działania rozbijających je promieni rentgenowskich. Promieniowanie rentgenowskie jest intensywnym czynnikiem niwelującym atomowej egzystencji.

Temperatura powierzchni waszego Słońca wynosi prawie 3300 stopni, ale w miarę zbliżania się do środka gwałtownie wzrasta, aż osiąga niewiarygodną wysokość, około 19.400.000 stopni w rejonach centralnych. (Wszystkie te temperatury odnoszą się do waszej skali Celsjusza).

Wszystkie takie zjawiska znamionują olbrzymi rozchód energii a źródła energii słonecznej, w porządku ich ważności, są następujące:

1. Unicestwienie atomów i w końcu elektronów.
2. Przeobrażanie pierwiastków, razem z grupą energii radioaktywnych przy tym wyzwolonych.
3. Gromadzenie i przesyłanie pewnych wszechświatowych energii kosmicznych.
4. Materia kosmiczna oraz meteory, które nieustannie zagłębiają się w płonące słońca.
5. Słoneczna kontrakcja; chłodzenie a w jego konsekwencji kurczenie się Słońca, wytwarza energię i ciepło, czasami w ilości większej, niż go dostarcza materia kosmiczna.
6. Działanie grawitacji w wysokich temperaturach przekształca pewne, objęte obwodem moce, w energie radioaktywne.
7. Wychwycone ponownie światło oraz pewna materia, przyciągnięte z powrotem ku Słońcu po jego opuszczeniu, wraz z innymi energiami pozasłonecznego pochodzenia.

Istnieje regulacyjna osłona z gorących gazów (o temperaturze niekiedy milionów stopni), która okrywa słońca i która działa jako stabilizator utraty ciepła a poza tym zapobiega ryzykownym oscylacjom w rozpraszaniu ciepła. Podczas aktywnego życia słońca, jego wewnętrzna temperatura 19.400.000 stopni pozostaje prawie niezmienna, zupełnie niezależnie od coraz większego spadku temperatury zewnętrznej.

Możecie próbować uzmysłowić sobie 19.400.000 stopni ciepła, w powiązaniu z odpowiednim ciśnieniem grawitacyjnym jako elektronowy punkt wrzenia. Wszystkie atomy, poddane takiemu ciśnieniu i w takiej temperaturze, zostają zdegradowane i rozbite na wstępne komponenty składowe, elektronowe oraz inne; nawet elektrony i inne związki ultimatonów mogą zostać rozbite, jednak słońca nie mogą rozłożyć ultimatonów.

Temperatury słoneczne powodują olbrzymie przyspieszenia ultimatonów i elektronów, przynajmniej tych elektronów, które nadal istnieją w takich warunkach. Możecie sobie uświadomić, co znaczy wysoka temperatura, w powiązaniu z przyspieszaniem aktywności ultimatonicznych i elektronowych, gdy zastanowicie się nad tym, że jedna kropla zwykłej wody zawiera ponad miliard bilionów atomów. Daje to energię ponad stu koni mechanicznych, do spożytkowania nieprzerwanie przez dwa lata. Całkowite ciepło, jakie obecnie daje Słońce w waszym Układzie Słonecznym, w każdej sekundzie, wystarcza do zagotowania całej wody we wszystkich oceanach Urantii w czasie jednej sekundy.

Tylko te słońca, które bezpośrednio funkcjonują w głównych kanałach, jakimi płynie energia wszechświatowa, mogą świecić wiecznie. Takie paleniska słoneczne błyszczą bez ograniczeń, mogą uzupełniać swe straty materialne przez pobieranie sił kosmicznych i odpowiedniej, cyrkulującej energii. Jednak gwiazdy znacznie oddalone od tych głównych kanałów podładowywania skazane są na wyczerpanie się energii – stopniowe schłodzenie i w końcu wypalenie się.

Takie martwe albo zamierające słońca mogą być odmłodzone przez wstrząs, powstały na skutek zderzenia lub mogą być podładowane przez pewne, nie świecące, energetyczne wyspy kosmiczne, albo przez grabież grawitacyjną pobliskich, mniejszych słońc lub systemów. Większość martwych słońc ulega regeneracji na skutek działania tych czy innych technik ewolucyjnych. Te, które nie zostaną w końcu w ten sposób podładowane, skazane są na zniszczenie w wyniku eksplozji masy, kiedy grawitacyjna kondensacja osiągnie krytyczny poziom ciśnienia energii, w trakcie kondensacji ultimatonicznej. Takie zanikające słońca stają się tym samym najrzadszą formą energii, wspaniale nadającą się do zasilania innych, pomyślnicj usytuowanych słońc.

8. REAKCJE ENERGII SŁONECZNEJ

W tych słońcach, które są ujęte obwodami kanałów energii kosmicznej, energia słoneczna wyzwala się w wyniku złożonych łańcuchów reakcji nuklearnych, z których najpopularniejszą jest reakcja wodór-węgiel-hel. Węgiel działa w takiej metamorfozie jako katalizator energii, ponieważ faktycznie nie ulega on żadnym zmianom w trakcie przemiany wodoru w hel. W pewnych warunkach, w wysokiej temperaturze, wodór przenika jądra węgla. Ponieważ węgiel nie może zatrzymać więcej niż cztery takie protony, kiedy stadium nasycenia zostanie osiągnięte, zaczyna on oddawać protony tak szybko, jak nowe przybywają. Przybywające cząstki wodoru wychodzą z tej reakcji jako atomy helu.

Zmniejszenie zawartości wodoru zwiększa blask słoneczny. W słońcach, które mają się wypalić, najwyższa jasność następuje w punkcie wyczerpania wodoru. Po przekroczeniu tego punktu, jasność jest zachowywana na skutek następującego po tym skurczu grawitacyjnego. W końcu gwiazda taka staje się tak zwanym białym karłem, sferą wysoce zagęszczoną.

W wielkich słońcach – małych okrągłych mgławicach – kiedy wodór się wyczerpie i następuje skurcz grawitacyjny, jeśli takie ciało nie jest wystarczająco nieprzezroczyste, aby zachować wewnętrzne ciśnienie wspierające rejony gazów zewnętrznych, następuje gwałtowne zapadnięcie się. Zmiany grawitacyjno-elektryczne powodują powstanie ogromnych ilości drobnych cząstek, pozbawionych potencjału elektrycznego i cząstki te łatwo uciekają z wnętrza słonecznego, doprowadzając w ten sposób do zapadnięcia się gigantycznych słońc w przeciągu kilku dni. To właśnie ucieczka tych „cząsteczek zbiegów" spowodowała zapadnięcie się gigantycznej nowej w mgławicy Andromedy, około pięćdziesiąt lat temu. To kolosalne ciało gwiezdne zapadło się w ciągu czterdziestu minut czasu Urantii.

Z reguły, wokół resztek schładzających się słońc pozostają znaczne ilości wyrzuconej materii jako rozległe chmury gazów mgławicowych. Wyjaśnia to pochodzenie wielu typów mgławic nieregularnych, takich jak mgławica Krab, która powstała około dziewięćset lat temu i w której nadal widać macierzystą sferę, jako samotną gwiazdę, w pobliżu centrum owej nieregularnej masy mgławicowej.

9. STABILNOŚĆ SŁOŃCA

Większe słońca zachowują taką kontrolę grawitacyjną nad swymi elektronami, że światło ucieka z nich tylko dzięki silnemu promieniowaniu rentgenowskiemu. Te pomocnicze promienie przenikają całą przestrzeń i są związane z utrzymywaniem podstawowych, ultimatonicznych związków energii. Wielkie ubytki energii we wczesnych dniach świecenia słońca, po osiągnięciu przez nie maksymalnej temperatury – ponad 19.400.000 stopni – spowodowane są nie tak ucieczką światła jak wyciekiem ultimatonicznym. W okresie młodości słońca, energie ultimatoniczne uciekają w przestrzeń w formie prawdziwego wybuchu energii, aby potem brać udział w przygodzie związków elektronowych i materializacji energii.

Atomy i elektrony podlegają działaniu grawitacji. Ultimatony *nie* poddają się grawitacji lokalnej, wzajemnemu przyciąganiu materii, są jednak w pełni posłuszne absolutnej albo rajskiej grawitacji, kierunkowi obiegu wszechświata wszechświatów po wszechświatowej, wiecznej orbicie. Energia ultimatoniczna nie podlega przyciąganiu grawitacji liniowej albo bezpośredniej bliskich czy odległych mas materialnych, ale zawsze krąży wiernie po wielkiej, eliptycznej orbicie rozległej kreacji.

Centrum waszego Słońca wypromieniowuje rocznie prawie sto miliardów ton konkretnej materii a gigantyczne słońca, we wczesnej fazie rozwoju – w pierwszym miliardzie lat – tracą materię w zdumiewającym tempie. Życie słońca stabilizuje się po tym, jak osiąga ono maksymalną temperaturę wewnętrzną i zaczynają się wyzwalać energie podatomowe. W tym właśnie punkcie krytycznym, większe słońca dostają konwulsyjnych pulsacji.

Stabilność słońca jest w pełni zależna od zachowania równowagi w zmaganiach między grawitacją a ciepłem – gigantyczne ciśnienia równoważone przez niewyobrażalne temperatury. Elastyczność wewnętrznego gazu słońc utrzymuje leżące na nim warstwy różnych materiałów, a kiedy grawitacja i ciepło są w równowadze, waga materiałów zewnętrznych równa się dokładnie ciśnieniu temperatury położonych poniżej gazów wewnętrznych. U wielu młodszych gwiazd stopniowa kondensacja grawitacyjna wytwarza wciąż rosnące temperatury wewnętrzne, a gdy ciepło wewnętrzne się zwiększa, ciśnienie promieni rentgenowskich supergazowego wiatru wewnątrz gwiazdy staje się tak wielkie, że w połączeniu z ruchem odśrodkowym, słońce zaczyna wyrzucać warstwy zewnętrzne w przestrzeń, wyrównując w ten sposób brak równowagi pomiędzy grawitacją a ciepłem.

Wasze Słońce dawno już osiągnęło względną równowagę pomiędzy cyklami ekspansji i kontrakcji, tymi zaburzeniami, które powodują gigantyczne pulsacje u wielu młodszych gwiazd. Waszemu Słońcu mija teraz sześć miliardów lat. Obecnie funkcjonuje ono w okresie swej najlepszej ekonomii. Będzie dalej świeciło z obecną wydajnością przez ponad dwadzieścia pięć miliardów lat. Będzie prawdopodobnie przechodziło okres schyłkowej, niepełnej wydajności, tak długi, jak łączny okres młodości i stabilnego funkcjonowania.

10. POCHODZENIE ŚWIATÓW ZAMIESZKAŁYCH

Niektóre z gwiazd zmiennych, które są w stadium maksymalnej pulsacji lub blisko tego stadium, przechodzą proces zapoczątkowywania systemów od nich zależnych, z których wiele będzie w końcu podobne do waszego Słońca i obiegających go planet. Wasze Słońce było właśnie w takim stadium potężnych pulsacji, kiedy masywny system Angona przechodził w jego pobliżu i zewnętrzna powierzchnia Słońca zaczęła wyrzucać istne strumienie – ciągnące się strugi – materii. Trwało to z narastającą gwałtownością aż do punktu największego zbliżenia, kiedy to limity słonecznej spoistości zostały osiągnięte i wyrzucony został ogromny, strzelisty słup materii, protoplasta Układu Słonecznego. W podobnych warunkach, przy największym zbliżeniu, ciało przyciągające wyciąga czasami całe planety, nawet jedną czwartą czy jedną trzecią słońca. Takie większe wyrzuty materii tworzą pewne specyficzne, osłonięte chmurami typy światów, sfery bardzo podobne do Jowisza i Saturna.

Jednak większość układów słonecznych ma pochodzenie zupełnie inne niż wasz, a odnosi się to nawet do tych, które powstały metodą pływowo-grawitacyjną. Nie ma jednak znaczenia, jaka jest metoda tworzenia światów, grawitacja zawsze wytwarza układ słoneczny; oznacza to centralne słońce albo ciemną wyspę z planetami, satelitami, podsatelitami i meteorami.

O fizycznych właściwościach poszczególnych światów decyduje przeważnie sposób ich powstania, położenie astronomiczne i środowisko fizyczne. Wiek, rozmiar, prędkość obrotowa i szybkość obiegu przez przestrzeń są także czynnikami decydującymi. Zarówno światy powstałe wskutek skurczu gazowego jak i wychwytywania materii posiadają góry a w ich wczesnym stadium, gdy nie są zbyt małe – wodę i powietrze. Światy powstałe w wyniku rozdziału płynnego i zderzenia czasami są pozbawione wielkich łańcuchów górskich.

We wczesnych epokach istnienia wszystkich tych, nowych światów, trzęsienia ziemi są częste i charakteryzują się ogromnymi zaburzeniami fizycznymi; odnosi się to zwłaszcza do sfer powstałych w wyniku kurczenia się gazów, gdy światy powstają z rozległych pierścieni mgławicowych, pozostających w przestrzeni po wczesnej kondensacji i kurczeniu się pewnych, indywidualnych słońc. Planety mające podwójne pochodzenie, takie jak Urantia, mają okres swej młodości mniej gwałtowny i burzliwy. Mimo to wasz świat, we wczesnym stadium swego istnienia, przechodził potężne zaburzenia, wybuchy wulkanów, trzęsienia ziemi, powodzie i straszliwe burze.

Urantia jest względnie samotna na peryferiach Satanii, wasz Układ Słoneczny, poza jednym wyjątkiem, jest najbardziej oddalony od Jerusem, podczas gdy sama Satania jest druga w kolejności, po najbardziej na zewnątrz wysuniętym systemie Norlatiadeku, a konstelacja ta przemierza teraz zewnętrzne peryferie Nebadonu. Należeliście naprawdę do najmniejszych z całego stworzenia, do tego czasu, gdy obdarzenie dokonane przez Michała wyniosło waszą planetę do honorowej pozycji i cały wszechświat zaczął się nią interesować. Czasami ostatni jest pierwszym, podczas gdy prawdziwie najmniejszy staje się największym.

[Przedstawione przez archanioła, we współpracy z szefem Centrów Mocy Nebadonu].

PRZEKAZ 42

ENERGIA – UMYSŁ I MATERIA

PODSTAWA wszechświata jest materialna w tym sensie, że energia jest podstawą wszelkiej egzystencji a czysta energia jest pod kontrolą Ojca Wszechświatowego. Siła, energia, jest jedyną rzeczą, która funkcjonuje jako wiecznotrwały pomnik, ukazujący obecność Absolutu Wszechświatowego i stanowiący dowód jego istnienia. Rozległy strumień energii, wychodzący od Rajskich Obecności, nigdy się nie zmniejszył i nigdy nie zatrzymał; nigdy nie było przerwy w nieskończonym podtrzymywaniu.

Kierowanie wszechświatową energią zawsze przebiega zgodnie z osobistą wolą i wszechmądrymi zarządzeniami Ojca Wszechświatowego. Ta osobista kontrola dostrzegalnej mocy i krążącej energii modyfikowana jest przez skoordynowane z tą wolą czyny i decyzje Wiecznego Syna, jak również przez wspólne cele Syna i Ojca, realizowane przez Wspólnego Aktywizatora. Te Boskie istoty działają osobiście oraz indywidualnie; funkcjonują również w osobach i mocach prawie nieograniczonej liczby swoich podwładnych, z których każdy, w różny sposób, daje swój wyraz wiecznemu i Boskiemu celowi we wszechświecie wszechświatów. Jednak takie funkcjonalne i tymczasowe modyfikacje i przekształcania Boskiej mocy w żaden sposób nie umniejszają prawdy tego oświadczenia, że cała siła-energia znajduje się pod ostateczną kontrolą osobowego Boga, przebywającego w centrum wszystkich rzeczy.

1. RAJSKIE SIŁY I ENERGIE

Podstawa wszechświata jest materialna, ale esencją życia jest duch. Ojciec duchów jest także protoplastą wszechświatów; wieczny Ojciec Pierwszego Syna jest również wiecznym źródłem pierwszej formy – Wyspy Raj.

Materia – energia – jako że są to tylko różne przejawy tej samej rzeczywistości kosmicznej, jako fenomen wszechświatowy jest nieodłączna Ojcu Wszechświatowemu. „Wszystko w nim ma istnienie". Wydawać by się mogło, że materia przejawia tkwiącą w niej energię i wykazuje niezależne moce, jednak linie grawitacji, zawarte w energiach odnoszących się do wszystkich tych zjawisk fizycznych, wyprowadzone są z Raju i są od niego zależne. Ultimaton, pierwsza wymierna forma energii, ma jako swoje jądro Raj.

Jest nieodłączna materii oraz istnieje w przestrzeni wszechświatowej pewna forma energii, nieznana na Urantii. Kiedy się ją w końcu odkryje, fizycy będą mieli wrażenie, że rozwiązali, przynajmniej prawie rozwiązali, tajemnicę materii. I w ten sposób podejdą o jeden stopień bliżej Stwórcy i opanują jeszcze jedno stadium Boskiej techniki, jednak w żadnym razie nie odnajdą Boga, ani też nie uzasadnią istnienia materii czy działania praw natury, niezależnie od kosmicznej techniki Raju i od celu motywującego Ojca Wszechświatowego.

W następstwie większego jeszcze postępu oraz przyszłych odkryć, kiedy Urantia posunie się niewspółmiernie do przodu w porównaniu z obecną wiedzą, powinniście bądź co bądź posiąść kontrolę energii obrotów elektrycznych cząstek materii, do stopnia modyfikacji ich przejawów fizycznych, ale nawet po ewentualnym dokonaniu takiego postępu, naukowcy nigdy nie będą mogli stworzyć jednego atomu materii albo zapoczątkować jednego błysku energii, czy nawet dodać do materii tego, co my nazywamy życiem.

Stwarzanie energii i nadawanie życia to prerogatywy Ojca Wszechświatowego oraz towarzyszących mu osobowości Stwórczych. Rzeka energii i życia ciągle wypływa od Bóstw, wszechświatowy, jednolity strumień rajskiej siły wychodzi na całą przestrzeń. Ta Boska energia przenika całość stworzenia. Organizatorzy siły inicjują te zmiany oraz wywołują te modyfikacje przestrzeni-siły, których wynikiem jest energia; dyspozytorzy mocy przeobrażają energię w materię, w ten sposób rodzą się światy materialne. Nosiciele Życia inicjują w martwej materii te procesy, które my nazywamy życiem, materialnym życiem. Nadzorcy Mocy Morontialnej działają podobnie, we wszystkich domenach przejściowych pomiędzy światami materialnymi i duchowymi. Wyżsi, duchowi Stwórcy, inicjują podobne procesy w boskich formach energii, z czego powstają wyższe, duchowe formy inteligentnego życia.

Energia wychodzi z Raju i kształtowana jest zgodnie z Boskimi zarządzeniami. Energia – czysta energia – podziela naturę Boskiej organizacji; kształtowana jest na podobieństwo trzech Bogów w jednym, tak jak funkcjonują oni w stolicy wszechświata wszechświatów. I cała siła objęta jest obwodem Raju; wychodzi od Rajskich Obecności i do nich wraca, w swej istocie jest przejawem bezprzyczynowej Przyczyny – Ojca Wszechświatowego; a bez Ojca nie mogłoby istnieć nic z tego, co istnieje.

Siła, wywodząca się od samoistnego Bóstwa, sama w sobie istnieje zawsze. Siła-energia jest trwała, niezniszczalna; te przejawy Nieskończonego mogą ulegać nieograniczonym przemianom, niekończącym się przeobrażeniom i nieustannym metamorfozom, ale w żadnym znaczeniu ani w żadnym stopniu, nawet w najmniejszej wyobrażalnej wielkości, nie mogą doznać i nigdy nie doznają unicestwienia. Jednak energia, chociaż pochodzi od Nieskończonego, nie występuje nieskończenie; istnieją zewnętrzne ograniczenia stworzonego obecnie wszechświata nadrzędnego.

Energia jest wieczna, ale nie jest nieskończona; zawsze reaguje na wszechobejmujący uchwyt Nieskończoności. Siła i energia zawsze są w ruchu; gdy wychodzą z Raju muszą do niego wrócić, nawet, jeśli wiele epok trwać będzie zarządzony dla nich obieg. To, co pochodzi od Rajskiego Bóstwa, może za cel mieć tylko Raj albo mieć Boskie przeznaczenie.

I wszystko to potwierdza naszą wiarę w cyrkularny, w pewnym sensie ograniczony, ale uporządkowany i rozległy wszechświat wszechświatów. Jeśli nie byłoby to prawdą, wtedy w pewnym momencie, wcześniej czy później, pojawiłby się dowód wyczerpywania się energii. Wszystkie prawa, organizacje, administracja oraz świadectwo badaczy wszechświata – wszystko wskazuje na istnienie nieskończonego Boga, ale skończonego jak dotychczas, wszechświata – krążącej egzystencji bez końca, nieomal nieograniczonej, ale mimo wszystko skończonej, w przeciwieństwie do nieskończoności.

2. WSZECHŚWIATOWE SYSTEMY ENERGII NIEDUCHOWEJ (ENERGIE FIZYCZNE)

Naprawdę trudno jest znaleźć odpowiednie słowa w języku angielskim, którymi można by określić i za pomocą których opisać zróżnicowane poziomy siły i energii – fizycznej, umysłowej i duchowej. W narracjach tych w ogóle nie da się stosować waszych, ogólnie przyjętych, definicji siły, energii i mocy. Ubóstwo języka jest tak wielkie, że musimy używać tych terminów w wielorakich znaczeniach. Na przykład, w tym przekazie słowo *energia* używane jest dla oznaczenia wszystkich stadiów i form ruchu, akcji i potencjału, podczas gdy *siła* jest używana do określenia pregrawitacyjnych stadiów energii a *moc* do stadiów postgrawitacyjnych.

Będę się jednak starał zredukować nieporozumienia pojęciowe, sugerując celowość przyjęcia następującej klasyfikacji dla siły kosmicznej, energii powstającej i wszechświatowej mocy – energii fizycznej:

1. *Potencja przestrzeni.* Jest to niekwestionowana, wolna obecność Absolutu Nieuwarunkowanego w przestrzeni. Poszerzenie tego pojęcia oznacza potencjał wszechświatowej siły-przestrzeni, zawarty w funkcjonalnej całości Absolutu Nieuwarunkowanego, podczas gdy ożywienie tego pojęcia implikuje całość rzeczywistości kosmicznej – wszechświaty – które emanowały dzięki mądrości wieczności z nigdy nie powstałej, nigdy nie kończącej się, nigdy nie przemieszczającej się i nigdy nie zmieniającej się Wyspy Raj.

Zjawiska charakterystyczne dla dolnej części Raju obejmują prawdopodobnie trzy strefy absolutnej obecności i funkcjonowania siły: strefa punktu oparcia Absolutu Nieuwarunkowanego, strefa samej Wyspy Raj oraz znajdująca się między nimi strefa pewnych, niezidentyfikowanych, wyrównujących i kompensujących czynników albo funkcji. Te trzy koncentryczne strefy są centrum rajskiego cyklu rzeczywistości kosmicznej.

Potencja przestrzeni jest przedrzeczywistością; jest to domena Absolutu Nieuwarunkowanego a reaguje ona tylko na osobisty uchwyt Ojca Wszechświatowego, pomimo, że najwyraźniej daje się modyfikować dzięki obecności Pierwotnych Nadrzędnych Organizatorów Siły.

Na Uversie potencja przestrzeni nazywana jest ABSOLUTĄ.

2. *Siła podstawowa.* Reprezentuje ona pierwszą, zasadniczą zmianę w potencji przestrzeni i może być jedną z funkcji Absolutu Nieuwarunkowanego w Raju dolnym. Wiemy, że obecność przestrzeni, która wychodzi z Raju dolnego, jest przekształcona w pewien sposób w porównaniu z tą, która przychodzi. Ale niezależnie od wszelkich takich możliwych powiązań, podstawowa funkcja różnicująca, powstała w wyniku napięcia-obecności żywych, rajskich organizatorów siły, jest oficjalnie uznawana za przemianę potencji przestrzeni w siłę podstawową.

Bierna i potencjalna siła staje się aktywna i podstawowa, gdy reaguje na opór stawiany przez przestrzenną obecność Pierwotnych Wynikowych Nadrzędnych Organizatorów Siły. Siła wychodzi teraz spod wyłącznego panowania Absolutu Nieuwarunkowanego ku domenom wielorakich reakcji – reakcji na pewne podstawowe impulsy inicjowane przez Boga Działania a następnie na pewne kompensujące impulsy emanujące z

Absolutu Wszechświatowego. Siła podstawowa najwyraźniej reaguje na transcendentalną przyczynę proporcjonalnie do absolutności.

O sile podstawowej mówi się czasami jako o *czystej energii*; na Uversie nazywamy ją SEGREGATĄ.

3. *Energie powstające.* Bierna obecność pierwotnych organizatorów siły wystarcza do przekształcenia potencji przestrzeni w siłę podstawową i w takim właśnie, zaktywizowanym polu przestrzeni, ci sami organizatorzy siły zaczynają swe wstępne i aktywne operacje. Siła podstawowa musi przejść dwa odrębne stadia przekształcania w domenach występowania energii, zanim wyłoni się jako wszechświatowa moc. Te dwa poziomy energii powstającej są następujące:

a. *Energia siłowa.* Jest to wyraźnie ukierunkowana, masowo wprawiona w ruch, bardzo prężna i silnie reagująca energia – gigantyczny system energii – uruchomiony przez pierwotnych organizatorów siły. Ta energia pierwotna albo siłowa z początku nie reaguje wyraźnie na przyciąganie grawitacyjne Raju, choć prawdopodobnie podlega całościowo-masowej albo przestrzenno-kierunkowej reakcji na zespołową grupę absolutnych wpływów, działającą z dolnej części Raju. Kiedy energia wyłania się do poziomu wstępnej reakcji na cyrkularny i absolutny uchwyt grawitacyjny Raju, pierwotni organizatorzy siły ustępują miejsca działalności swych wtórnych towarzyszy.

b. *Energia grawitacyjna.* Pojawiająca się teraz energia, reagująca na grawitację, niesie w sobie potencjał mocy wszechświatowej i staje się aktywną protoplastką całej materii wszechświata. Ta energia wtórna albo grawitacyjna jest produktem przeróbki energii, powstałym na skutek ciśnienia-obecności oraz napięć-kształtowań wprowadzonych przez Pomocniczych Transcendentalnych Nadrzędnych Organizatorów Siły. W wyniku reakcji na działanie tych operatorów siły, przestrzeń-energia gwałtownie przechodzi od stadium siłowego do grawitacyjnego, zaczynając tym samym bezpośrednio reagować na cyrkularny uchwyt rajskiej (absolutnej) grawitacji, podczas gdy wykazuje pewien potencjał wrażliwości na przyciąganie grawitacji liniowej, właściwy dla mającej się wkrótce pojawić masy materialnej elektronowych i postelektronowych stadiów energii i materii. Po pojawieniu się reakcji na grawitację, Pomocniczy Nadrzędni Organizatorzy Siły mogą opuścić przestrzenne cyklony energii, pod warunkiem, że Dyspozytorzy Mocy Wszechświata gotowi są do wejścia na ten teren działania.

Nie jesteśmy zupełnie pewni, jakie są właściwe przyczyny wczesnych stadiów ewolucji siły, jednak rozpoznajemy inteligentne działanie Ostatecznego na obu poziomach przejawiania się energii powstającej. Energie, siłowa i grawitacyjna, kiedy są razem brane pod uwagę, nazywane są na Uversie ULTIMATĄ.

4. *Wszechświatowa moc.* Przestrzeń-siła zostaje przemieniana w przestrzeń-energię a później w energię podległą kontroli grawitacyjnej. Tym samym energia fizyczna dojrzewa do tego punktu, kiedy może być skierowana w kanały mocy i być tak kształtowana, żeby służyć różnorodnym celom Stwórców wszechświata. Pracę tę prowadzą wszechstronni dyspozytorzy, centra i kontrolerzy energii fizycznej w wielkim wszechświecie – w kreacjach zorganizowanych i zamieszkałych. Dyspozytorzy Mocy Wszechświata zaczynają kontrolować, lepiej czy gorzej, dwadzieścia jeden z trzydziestu stadiów energii, tworzących obecny system energii siedmiu superwszechświatów. Ta dziedzina

mocy-energii-materii jest domeną inteligentnych działań Siedmiorakiego, funkcjonującego w warunkach czasowo-przestrzennej kontroli nadrzędnej Najwyższego.

Na Uversie domeny mocy wszechświatowej nazywane są GRAWITĄ.

5. *Energia Havony.* W swojej koncepcji narracja ta posuwała się teraz w kierunku Raju, gdy przeobrażającą się przestrzeń-siłę śledzimy, poziom za poziomem, do roboczego poziomu energii-mocy wszechświatów czasu i przestrzeni. Idąc w kierunku Raju, napotykamy kolejno istniejące wcześniej stadium energii, charakterystyczne dla wszechświata centralnego. Tutaj cykle ewolucyjne zdają się zawracać; energia-moc wydaje się teraz iść z powrotem w kierunku siły, ale siły o naturze bardzo niepodobnej do potencji przestrzeni i siły podstawowej. Systemy energii Havony nie są podwójne, są one potrójne. Jest to domena energii egzystencjalnej Wspólnego Aktywizatora, działającego w imieniu Rajskiej Trójcy.

Na Uversie energie Havony nazywane są TRIATĄ.

6. *Energia transcendentalna.* Ten system energii funkcjonuje na wyższym poziomie Raju i z tego poziomu, a związany jest tylko ze społecznościami absonicznymi. Na Uversie energia ta określana jest jako TRANOSTA.

7. *Monota.* Energia jest bardzo zbliżona do boskości, jeśli jest to rajska energia. Jesteśmy skłonni wierzyć, że monota jest żywą, nieduchową energią Raju – wieczną kopią żywej energii duchowej Pierwszego Syna – stąd nieduchowy system energii Ojca Wszechświatowego.

Nie możemy rozróżnić *natury* rajskiego ducha i rajskiej monoty; są najwyraźniej jednakowe. Mają natomiast różne nazwy, ale trudno jest opowiadać wam zbyt wiele o rzeczywistości, której duchowe i nieduchowe przejawy rozróżnialne są tylko *nazwą*.

Wiemy, że istoty skończone mogą czcić Ojca Wszechświatowego, dzięki służbom Boga Siedmiorakiego i Dostrajaczy Myśli, ale wątpimy, czy jakakolwiek osobowość podabsolutna, nawet dyspozytorzy mocy, może zrozumieć nieskończoność energii Pierwszego Wielkiego Źródła i Centrum. Jedna rzecz jest pewna: jeśli dyspozytorzy mocy są biegli w technice przeobrażania przestrzeni-siły, nie zdradzają tej tajemnicy całej reszcie z nas. W moim mniemaniu, nie rozumieją oni w całej pełni funkcjonowania organizatorów siły.

Dyspozytorzy mocy, sami w sobie, są katalizatorami energii; znaczy przez swoją obecność powodują dzielenie, organizację i gromadzenie się energii w formy cząstkowe. Wszystko to implikuje, że musi istnieć jakaś właściwość energii, która sprawia, że zachowuje się ona w ten sposób w obecności bytów mocy. Melchizedecy z Nebadonu od dawna już określają zjawisko przeobrażania siły kosmicznej we wszechświatową moc jako jedną z siedmiu „nieskończoności boskości". I tylko tak daleko posuniecie się naprzód w tej kwestii, w czasie waszego wznoszenia się we wszechświecie lokalnym.

Pomimo, że nie potrafimy w pełni zrozumieć pochodzenia, natury i przekształceń siły kosmicznej, jesteśmy dokładnie zaznajomieni ze wszystkimi stadiami zachowania się energii powstającej, od czasu jej bezpośredniej i wyraźnej reakcji na działanie grawitacji Raju – mniej więcej od tego czasu, kiedy dyspozytorzy mocy superwszechświata rozpoczynają swą działalność.

3. KLASYFIKACJA MATERII

Materia jest identyczna we wszystkich wszechświatach, za wyjątkiem wszechświata centralnego. Właściwości fizyczne materii zależą od tempa obrotów jej elementów składowych, liczby i wielkości obracających się elementów, ich odległości od ciała jądrowego, jak również od zawartości materii w przestrzeni oraz od obecności pewnych sił, jak dotąd nie odkrytych na Urantii.

W rozmaitych słońcach, planetach i ciałach kosmicznych, znajduje się dziesięć głównych grup materii:

1. Materia ultimatoniczna – zasadnicze, fizyczne elementy materialnego bytu, cząstki energii, z których tworzą się elektrony.
2. Materia podelektronowa – wybuchowe i rozprężające się stadium supergazów słonecznych.
3. Materia elektronowa – elektryczne stadium zróżnicowania materii – elektrony, protony i różne inne cząstki, wchodzące w rozmaite układy grup elektronowych.
4. Materia podatomowa – materia istniejąca w znacznej ilości we wnętrzach gorących słońc.
5. Rozbite atomy – znajdujące się w stygnących słońcach i w całej przestrzeni.
6. Materia zjonizowana – indywidualne atomy obnażone z ich zewnętrznych (chemicznie aktywnych) elektronów, przez wpływy elektryczne, termiczne, promieni rentgenowskich albo rozpuszczalników.
7. Materia atomowa – chemiczne stadium organizacji pierwiastków, cząstek składowych materii molekularnej, czyli widzialnej.
8. Molekularne stadium materii – materia taka, jaka istnieje na Urantii, w stadium względnie stabilnej materializacji w normalnych warunkach.
9. Materia radioaktywna – dezorganizująca tendencja oraz aktywność cięższych pierwiastków, występująca w warunkach umiarkowanego ciepła i słabnącego ciśnienia grawitacji.
10. Zapadła materia – względnie stacjonarna materia, znajdująca się we wnętrzu zimnych i wygasłych słońc. Faktycznie ta forma materii nie jest stacjonarna; jest tam nadal trochę ruchu ultimatonicznego a nawet elektronowego, ale cząstki te są bardzo blisko siebie a ich prędkości obrotowe są znacznie zredukowane.

Powyższa klasyfikacja materii odnosi się raczej do jej organizacji niż do jej form, w jakich przejawia się istotom stworzonym. Nie uwzględnia ona również stadiów energii, istniejących przed jej powstaniem, ani też wiecznych materializacji w Raju oraz we wszechświecie centralnym.

4. PRZEOBRAŻENIA ENERGII I MATERII

Światło, ciepło, elektryczność, magnetyzm, chemizm, energia i materia są – w swej genezie, naturze i przeznaczeniu – jedną i tą samą rzeczą, razem z innymi rzeczywistościami materialnymi, jak dotąd nie odkrytymi na Urantii.

Nie rozumiemy w pełni prawie nieskończonej ilości przemian, jakim ulegać może energia fizyczna. W jednym wszechświecie pojawia się jako światło, w innym jako światło z dodatkiem ciepła, w innym jeszcze w formie energii nieznanej na Urantii; po niewysłowionych milionach lat może pojawić się znowu jako pewna forma ruchliwej, falującej energii elektrycznej czy mocy magnetycznej; i jeszcze później może pojawić się w kolejnym wszechświecie jako pewna forma niestałej materii, przechodzącej serie przeobrażeń, po których nastąpi jej pozorny fizyczny zanik w pewnym wielkim kataklizmie danej domeny. A potem, po niezliczonych epokach i prawie niekończącej się wędrówce przez liczne wszechświaty, może raz jeszcze taka sama energia znowu się zjawić i przeobrażać wiele razy swą formę i potencjał; i tak owe przekształcenia mogą trwać przez następne epoki, w niezliczonych domenach. Tak więc materia wędruje, przechodzi przeobrażenia czasu, ale faktycznie zawsze krąży po okręgu wieczności; nawet, jeśli długo nie może wrócić do swego źródła, zawsze na nie reaguje i zawsze podąża torem nakazanym przez Nieskończoną Osobowość, która ją wysłała.

Centra mocy oraz ich pomocnicy zajmują się w znacznej mierze przeobrażaniem ultimatonu w krążenie i obroty elektronu. Te unikalne istoty kontrolują i zestawiają moc, dzięki zręcznemu operowaniu podstawowymi cząstkami zmaterializowanej energii – ultimatonami. Są panami energii krążącej w tym prymitywnym stanie. W połączeniu z kontrolerami fizycznymi potrafią skutecznie kontrolować i ukierunkowywać energię, nawet, kiedy przeobrazi się ona do poziomu elektrycznego, do tak zwanego stadium elektronowego. Zakres ich działania jest jednak ogromnie zawężony, gdy elektronowo zorganizowana energia krąży w wirowaniu systemów atomowych. Po takiej materializacji, energie te wpadają w całości w objęcia przyciągania grawitacji liniowej.

Grawitacja działa dodatnio po liniach mocy i kanałach energii centrów mocy i kontrolerów fizycznych, jednak te istoty mają tylko ujemny wpływ na grawitację – używają swych zdolności antygrawitacyjnych.

W całej przestrzeni zimno i inne wpływy działają twórczo, organizując ultimatony w elektrony. Ciepło jest miarą aktywności elektronowej, podczas gdy zimno oznacza tylko brak ciepła – względny spoczynek energii – stan wszechświatowego obciążenia-siły przestrzeni, pod warunkiem, że nie ma ani energii powstającej ani zorganizowanej materii, które mogłyby reagować na grawitację.

Istnienie i funkcjonowanie grawitacji są tymi czynnikami, które zapobiegają pojawieniu się teoretycznego zera bezwzględnego, albowiem przestrzeń międzygwiezdna nie ma temperatury zera bezwzględnego. W całej zorganizowanej przestrzeni istnieją reagujące na grawitację strumienie energii, obwody mocy oraz aktywność ultimatoniczna, jak również zorganizowane energie elektronowe. Przestrzeń, praktycznie biorąc, nie jest pusta. Nawet atmosfera Urantii rzednie coraz bardziej, aż na wysokości około pięciu tysięcy kilometrów zaczyna przechodzić w przeciętną dla tej sekcji wszechświata materię kosmiczną. Najbardziej zbliżona do pustej przestrzeń, jaką znamy w Nebadonie, posiada około stu ultimatonów – równowartość jednego elektronu – w każdym calu sześciennym [16,4 cm3]. Takie rozrzedzenie materii praktycznie uważane jest za pustą przestrzeń.

Temperatura – ciepło i zimno – zajmuje drugie po grawitacji miejsce, gdy idzie o ewolucję energii i materii. Ultimatony są bardzo posłuszne ekstremom temperatury. Niskie temperatury sprzyjają pewnym formom konstrukcji elektronowej i agregacji atomowej, podczas gdy wysokie temperatury sprzyjają wszelkim rodzajom rozpadu atomowego i rozdrobnieniu materii.

Wszystkie związki materii, za wyjątkiem najbardziej prymitywnych, mogą zostać rozbite, gdy są poddane ciepłu i ciśnieniu w pewnych warunkach, panujących we wnętrzu gwiazdy. Tak więc ciepło przezwycięża zazwyczaj grawitacyjną stabilizację. Jednak żadne znane ciepło słoneczne ani ciśnienie nie może przetworzyć ultimatonów z powrotem w energię siłową.

Płonące słońca mogą przetwarzać materię w różne formy energii, ale ciemne światy i cała przestrzeń zewnętrzna mogą spowalniać aktywność elektronową i ultimatoniczną, do punktu przekształcania tych energii w materię. Pewne elektronowe bliskie związki, jak również wiele podstawowych związków materii jądrowej, formuje się w otwartej przestrzeni w nadzwyczaj niskich temperaturach, powiększając się potem przez połączenie z większymi skupiskami materializującej się energii.

We wszystkich tych, nigdy nie kończących się przeobrażeniach energii i materii, musimy się liczyć z wpływem ciśnienia grawitacyjnego i z antygrawitacyjnym zachowaniem się energii ultimatonicznych, w pewnych warunkach temperatury, prędkości i obrotów. Temperatura, strumienie energii, odległość oraz obecność żywych organizatorów siły i dyspozytorów mocy, także wywierają wpływ na wszelkie zjawiska związane z przeobrażaniem się energii i materii.

Przyrost masy w materii jest równy przyrostowi energii, podzielonej przez kwadrat prędkości światła. W znaczeniu dynamicznym, ta praca, którą może wykonać materia w spoczynku, jest równa energii wydanej na połączenie jej części od Raju, minus opór sił przezwyciężonych przy przemieszczeniu się i przyciąganie wywierane przez części materii na siebie.

Na to, że istnieją przedelektronowe formy materii, wskazują dwie masy atomowe ołowiu. Ołów, formujący się w warunkach naturalnych, waży trochę więcej niż ten, produkowany przez rozpad uranu drogą emanacji radu; a ta różnica w masie atomowej obrazuje rzeczywistą utratę energii w rozpadzie atomowym.

Względną integralność materii gwarantuje fakt, że energia może być pochłaniana lub uwalniana tylko w takich ilościach, które naukowcy Urantii nazywają kwantami. To mądre zabezpieczenie, istniejące w domenach materialnych, pozwala wszechświatom normalnie funkcjonować.

Kiedy zmieniają się miejsca elektronów czy innych cząstek, ilość energii pobierana lub oddawana zawsze jest „kwantem" lub jego wielokrotnością, jednak wibracyjne czy falopodobne zachowanie się takich jednostek energii determinują w zupełności wymiary odnośnych struktur materialnych. Pulsacje tej falopodobnej energii są 860 razy większe od średnicy ultimatonów, elektronów, atomów czy innych cząstek tak się zachowujących. Bezustanna dezorientacja, jaka towarzyszy obserwacjom falowej mechaniki zachowania się kwantów, spowodowana jest nakładaniem się fal energii: dwa wierzchołki fali mogą się nakładać, tworząc wierzchołek o podwójnej wysokości, jednak, gdy wierzchołek i dolina się nakładają, niwelują się tym samym wzajemnie.

5. PRZEJAWY ENERGII FALOWEJ

W superwszechświecie Orvonton istnieje sto oktaw energii falowej. Z tych stu grup przejawiania się energii, sześćdziesiąt cztery jest całkowicie albo częściowo rozpoznane na Urantii. Na promieniowanie słoneczne składają się cztery oktawy na skali superwszechświatowej, promienie widzialne obejmują pojedynczą oktawę, czterdziestą szóstą z kolei. Dalej idzie grupa ultrafioletu, podczas gdy dziesięć oktaw wyżej są promienie rentgenowskie, po których następują promienie gamma radu. Trzydzieści dwie oktawy wyżej od widzialnego światła Słońca znajdują się promienie energii przestrzeni zewnętrznej, bardzo często wymieszane ze związanymi z nimi, wysoce naładowanymi energią, drobnymi cząstkami materii. Następnie w dół od widzialnego światła słonecznego pojawia się promieniowanie podczerwone a trzydzieści oktaw niżej grupa transmisji radiowych.

Falopodobne przejawy energii – z punktu widzenia nauki Urantii w dwudziestym wieku – zaklasyfikować można do dziesięciu następujących grup:

1. *Promienie podultimatoniczne* – wstępne obroty ultimatonów, kiedy zaczynają one przybierać konkretną formę. Jest to pierwsze stadium energii powstającej, w którym falopodobne zjawiska mogą być wykrywane i mierzone.

2. *Promienie ultimatoniczne.* Agregacja energii w drobne sfery ultimatonów wywołuje wibracje w zawartości przestrzeni, które są dostrzegalne i mierzalne. I na długo przedtem, zanim fizycy kiedyś odkryją ultimaton, zauważą bez wątpienia fenomen tych promieni, jak zalewają Urantię. Te krótkie i intensywne promienie są wynikiem wstępnej aktywności ultimatonów, kiedy są one spowalniane do tego punktu, w którym skłaniają się ku elektronowej organizacji materii. Kiedy ultimatony gromadzą się w elektrony, następuje ich kondensacja oraz wynikające stąd magazynowanie energii.

3. *Krótkie promienie kosmiczne.* Są to najkrótsze ze wszystkich czysto elektronowych wibracji i reprezentują one przedatomowe stadium tej formy materii. Do swego powstania promienie te potrzebują nadzwyczaj wysokich lub niskich temperatur. Istnieją dwa rodzaje tych promieni kosmicznych: jedne związane są z narodzinami atomów a drugie znamionują rozpad atomowy. Emanują one w znacznych ilościach z najgęstszej płaszczyzny superwszechświata, Drogi Mlecznej, która jest także najgęstszą płaszczyzną wszechświatów zewnętrznych.

4. *Stadium elektronowe.* To stadium energii jest podstawą wszelkiej materializacji w siedmiu superwszechświatach. Kiedy elektrony, podczas swego krążenia po orbitach, przechodzą z wyższych poziomów energii na niższe, zawsze oddają kwanty. Orbitalny przeskok elektronu daje w rezultacie wyrzucenie lub absorpcję bardzo określonych, jednolitych i mierzalnych cząstek światła-energii, podczas gdy pojedynczy elektron zawsze emituje cząstkę światła-energii, kiedy ulega zderzeniu. Falopodobne przejawy energii towarzyszą także funkcjonowaniu ciał o ładunku dodatnim oraz innym cząstkom stadium elektronowego.

5. *Promieniowanie gamma* – emanacje charakterystyczne dla samorzutnego rozpadu materii atomowej. Najlepszą ilustracją tej formy aktywności elektronowej jest zjawisko związane z rozpadem radu.

6. *Grupa promieni rentgenowskich.* Następny stopień spowalniania elektronu daje w rezultacie różne formy słonecznych promieni rentgenowskich jak również sztucznie wytwarzanych. Ładunek elektronowy wytwarza pole elektryczne; ruch daje początek prądowi elektrycznemu; prąd wytwarza pole magnetyczne. Kiedy elektron zatrzymuje się gwałtownie, wynikające stąd elektromagnetyczne zaburzenie wytwarza promień

rentgenowski; promień rentgenowski jest *tym* zakłóceniem. Rentgenowskie promienie słoneczne są identyczne z tymi, które są sztucznie wytwarzane do badania wnętrza ciała ludzkiego, z wyjątkiem tego, że są nieco dłuższe.

7. *Ultrafiolet* albo chemiczne promienie światła słonecznego i technicznego wytwarzania w różny sposób.

8. *Światło białe* – całe widzialne światło słońc.

9. *Promienie podczerwone* – spowalnianie działalności elektronowej coraz bliżej stadium odczuwalnego ciepła.

10. *Fale Hertza* – energie używane na Urantii dla transmisji radiowych.

Spośród wszystkich tych zakresów falopodobnej energii, oko ludzkie reagować może tylko na jedną oktawę, na całe zwykłe światło słoneczne.

Tak zwany eter jest tylko ogólnym terminem, na określenie kompleksowego działania sił i energii występujących w przestrzeni. Ultimatony, elektrony i inne agregacje energii, są jednorodnymi cząstkami materii, a gdy przemieszczają się w przestrzeni, biegną faktycznie po liniach prostych. Światło i wszystkie inne formy rozpoznawalnych przejawów energii składają się z szeregu konkretnych cząstek energii, biegnących po liniach prostych, chyba, że poddane są działaniu grawitacji i innych ingerujących sił. Korowody cząstek energii wydają się być zjawiskami falowymi, gdy obserwowane są w pewien sposób, a dzieje się tak na skutek oporu niezróżnicowanej tkaniny sił całej przestrzeni, hipotetycznego eteru i wzajemnego napięcia, wynikającego z oddziaływania grawitacyjnego związanych ze sobą skupisk materii. Rozłożenie cząsteczek-interwałów materii, wraz z prędkością początkową promienia energii, jest przyczyną falowej postaci wielu form energii-materii.

Pobudzenie zawartości przestrzeni wytwarza falopodobną reakcję na przelot szybkich cząstek materii, tak jak statek, gdy płynie po wodzie, wywołuje fale o różnej amplitudzie i interwale.

Reakcje siły podstawowej powodują powstawanie zjawisk w wielu aspektach analogicznych do postulowanego eteru. Przestrzeń nie jest pusta; sfery całej przestrzeni wirują i są zanurzone w rozległym oceanie szeroko rozciągającej się siły-energii; przestrzeń zawarta w atomie też nie jest pusta. Tym niemniej eteru nie ma i to właśnie brak tego hipotetycznego eteru sprawia, że zamieszkałe planety nie spadają na słońce a krążący elektron nie spada na jądro.

6. ULTIMATONY, ELEKTRONY I ATOMY

Podczas gdy przestrzenne obciążenie wszechświatowej siły jest jednorodne i niezróżnicowane, organizacja rozwijającej się energii w materię pociąga za sobą koncentrację energii w odosobnione masy, o konkretnych rozmiarach i ustalonej wadze – precyzyjnej reakcji na grawitację.

Grawitacja lokalna czy liniowa zaczyna działać w całej pełni wraz z pojawieniem się atomowej organizacji materii. Przedatomowa materia zaczyna nieco reagować na grawitację, gdy pobudzona zostaje promieniami rentgena czy innymi, podobnymi energiami, ale nie istnieje mierzalne przyciąganie grawitacji liniowej dla wolnych, niezwiązanych i pozbawionych ładunku cząstek energii elektronowej, albo dla wolnych ultimatonów.

Ultimatony działają na zasadzie wzajemnego przyciągania, reagując tylko na cyrkularne przyciąganie grawitacji Raju. Bez reakcji na grawitację liniową dryfują w przestrzeni wszechświata. Ultimatony mogą przyspieszać swą prędkość obrotową aż do punktu funkcjonowania częściowo antygrawitacyjnego, ale nie mogą, niezależnie od organizatorów siły i dyspozytorów mocy, osiągnąć krytycznej prędkości ucieczki i utraty tożsamości, czyli powrotu do stanu energii siłowej. W przyrodzie, ultimatony wypadają ze stanu fizycznej egzystencji tylko wtedy, gdy uczestniczą w ostatecznym rozerwaniu stygnących i zamierających słońc.

Ultimatony, nieznane na Urantii, ulegają spowolnieniu w wielu stadiach aktywności fizycznych, aż osiągną energię obrotową, warunek organizacji elektronowej. Ultimatony mają trzy różne rodzaje ruchu: opór wzajemny w stosunku do siły kosmicznej, obroty indywidualne z potencjałem antygrawitacji i wewnątrzelektronowe pozycje stu związanych ze sobą ultimatonów.

Przyciąganie wzajemne utrzymuje sto ultimatonów w systemie elektronu i nigdy nie ma więcej czy też mniej niż sto ultimatonów w typowym elektronie. Utrata jednego czy większej ilości ultimatonów niszczy tożsamość typową dla elektronu i powołuje do bytu jedną z dziesięciu zmodyfikowanych form elektronu.

Ultimatony nie zakreślają orbit ani też nie krążą wokół siebie w obrębie elektronów, ale rozkładają się, czy grupują, zgodnie ze swymi prędkościami obrotowymi wokół osi, tym samym determinują zróżnicowane wymiary elektronów. Ta sama, ultimatoniczna prędkość obrotu wokół osi, stanowi też o ujemnym albo dodatnim oddziaływaniu kilku rodzajów cząstek elektronowych. Cały podział i kombinacje materii elektronowej, razem z jej elektrycznym zróżnicowaniem na ujemne i dodatnie ciała energii-materii, wynika z tych różnorodnych funkcji jej ultimatonicznych związków składowych.

Każdy atom ma nieco ponad 1/40.000.000 centymetra średnicy, podczas gdy elektron waży nieco więcej niż 1/2.000 najmniejszego atomu wodoru. Dodatni proton charakterystyczny jest dla jądra atomowego i chociaż może nie być większy od ujemnego elektronu, waży prawie dwa tysiące razy więcej.

Gdyby masa materii mogła być tak powiększona, że elektron miałby jedną dziesiątą uncji [2,84 grama], po czym powiększona byłaby proporcjonalnie jego wielkość, rozmiar takiego elektronu byłby równy Ziemi. Gdyby rozmiar protonu – tysiąc osiemset razy cięższego od elektronu – był powiększony do rozmiarów główki od szpilki, wtedy dla porównania, główka od szpilki osiągnęłaby średnicę równą orbicie Ziemi krążącej wokół Słońca.

7. MATERIA ATOMOWA

Budowa całej materii kształtowana jest na wzór Układu Słonecznego. W centrum każdego, miniaturowego wszechświata energii, znajduje się względnie stabilna, stosunkowo stacjonarna, jądrowa część materialnego bytu. Ta centralna cząstka obdarzona jest trojakimi możliwościami przejawiania się. Otaczają to centrum energii i wirują nieustannym strumieniem, ale w oscylujących okręgach, jednostki energii trochę porównywalne do planet okrążających słońce w pewnej grupie gwiazdowej, takiej jak wasz Układ Słoneczny.

Elektrony krążą wewnątrz atomu wokół centralnego protonu, mając mniej więcej tyle samo miejsca, co planety, kiedy krążą wokół Słońca w Układzie Słonecznym. Pomiędzy jądrem atomowym a wewnętrzną orbitą elektronową istnieje relatywnie taka sama odległość, proporcjonalna do rzeczywistej wielkości, jaka jest między wewnętrzną planetą, Merkurym, a waszym Słońcem.

Prędkości obrotowe elektronów wokół osi, jak również ich prędkości orbitalne wokół jądra atomowego, przekraczają ludzką wyobraźnię, nie mówiąc już o prędkościach ich komponentów – ultimatonów. Dodatnie cząstki radu wylatują w przestrzeń z prędkością szesnastu tysięcy kilometrów na sekundę, podczas gdy cząstki ujemne osiągają prędkość zbliżoną do prędkości światła.

Wszechświaty lokalne mają budowę dziesiętną. Istnieje dokładnie sto rozpoznawalnych materializacji atomowych przestrzeni-energii w podwójnym wszechświecie; to jest maksymalna możliwa organizacja materii w Nebadonie. Te sto form materii stanowi regularny szereg, w którym wokół centralnego i względnie gęstego jądra krąży od jednego do stu elektronów. Takie właśnie uporządkowane i niezawodne połączenie różnych energii stanowi materię.

Nie każdy świat będzie wykazywał sto rozpoznawalnych pierwiastków na swej powierzchni, ale one gdzieś istnieją, istniały lub są w stadium kształtowania się. Warunki panujące w czasie powstawania planety i dalsza jej ewolucja stanowią o tym, jak dużo z tych stu typów atomowych będzie można na niej zaobserwować. Cięższych atomów nie ma na powierzchni wielu światów. Nawet na Urantii, poznane cięższe pierwiastki przejawiają tendencje rozpadania się na części, jak to widać na przykładzie radu.

Stabilność atomu zależna jest od liczby elektrycznie obojętnych neutronów w jego części centralnej. Właściwości chemiczne atomu są w pełni zależne od akcji swobodnie krążących elektronów.

W Orvontonie nigdy nie daje się zmontować, w sposób naturalny, więcej niż sto orbitujących elektronów w jednym systemie atomowym. Kiedy sto pierwszy zostaje sztucznie wprowadzony w pole orbitalne, rezultatem zawsze jest natychmiastowy rozpad centralnego protonu, połączony z gwałtownym rozpraszaniem elektronów i innych wyzwolonych energii.

Podczas gdy atomy mogą posiadać od jednego do stu orbitujących elektronów, w większych atomach zaledwie dziesięć zewnętrznych elektronów krąży wokół centralnego jądra jako niezależne i odrębne ciała, poruszając się integralnie i zwarcie po precyzyjnych i konkretnych orbitach. Trzydzieści elektronów, najbliższych centrum, trudno jest zauważyć i wykryć jako oddzielne i zorganizowane ciała. Taka sama, względna proporcja zachowania się elektronów w zależności od bliskości jądra, obowiązuje we wszystkich atomach, niezależnie od liczby elektronów w nich zawartych. Im bliżej jądra tym mniej elektronowej indywidualności. Falopodobne strefy energii elektronu mogą się tak rozprzestrzeniać, że całkowicie zajmą niższe orbity atomowe; odnosi się to zwłaszcza do elektronów najbliższych jądra atomowego.

Trzydzieści najbardziej wewnętrznych, orbitujących elektronów, posiada swą indywidualność, ale ich systemy energii mają tendencje do mieszania się, rozciągając się od elektronu do elektronu i prawie od orbity do orbity. Następne trzydzieści elektronów stanowi drugą rodzinę czy strefę energii i posiada zaawansowaną indywidualność ciał materialnych, rozciągających pełniejszą kontrolę nad towarzyszącymi im systemami energii. Następne trzydzieści elektronów jeszcze bardziej zindywidualizowanych – trzecia strefa energii – krąży po wyraźniejszych i bardziej konkretnych orbitach. Dziesięć ostatnich elektronów, istniejących tylko w najcięższych pierwiastkach, posiada znaczny stopień niezależności i dlatego są one zdolne do ucieczki, bardziej czy mniej swobodnej, spod kontroli macierzystego jądra. Przy minimalnych zmianach temperatury i ciśnienia, członkowie czwartej i najbardziej oddalonej od środka grupy elektronów będą uciekać z objęć centralnego jądra, jak to widać na przykładzie samoistnego rozpadu uranu i podobnych mu pierwiastków.

Pierwsze dwadzieścia siedem atomów, które mają od jednego do dwudziestu siedmiu orbitujących elektronów, łatwiej jest zrozumieć niż całą resztę. Od dwudziestego ósmego wzwyż napotykamy coraz więcej nieprzewidywalności, na skutek zakładanej obecności Absolutu Nieuwarunkowanego. Jednak część tej elektronowej nieprzewidywalności spowodowana jest zróżnicowanymi prędkościami obrotu ultimatonów wokół osi oraz ich niewyjaśnionymi inklinacjami do „skupiania się". Inne wpływy – fizyczne, elektryczne, magnetyczne i grawitacyjne – także powodują zróżnicowane zachowanie się elektronów. W aspekcie przewidywalności atomy przypominają zatem osoby. Statystycy mogą ogłaszać prawa, rządzące dużą liczbą zarówno atomów jak i osób, ale nie pojedynczych, oddzielnych atomów czy też osób.

8. KOHEZJA ATOMOWA

Podczas gdy grawitacja jest jednym z wielu czynników powodujących utrzymywanie w całości drobnego, atomowego systemu energii, działa też między tymi podstawowymi cząsteczkami fizycznymi potężna i nieznana energia, tajemnica ich podstawowego składu i zasadniczego zachowania się, siła jeszcze nie odkryta na Urantii. Ten powszechny wpływ przenika całą przestrzeń, zajmowaną przez ów drobny układ energetyczny.

Przestrzeń pomiędzy elektronami w atomie nie jest pusta. W całym atomie ta międzyelektronowa przestrzeń aktywizowana jest przez falopodobne zjawiska, które są doskonale zsynchronizowane z prędkością elektronową oraz z obrotami ultimatonów. Siła ta niezupełnie podlega rozpoznanym przez was prawom wzajemnego przyciągania dodatnich i ujemnych cząstek; jej działanie jest zatem częstokroć nieprzewidywalne. Ten nienazwany wpływ wydaje się być przestrzenno-siłowym oddziaływaniem Absolutu Nieuwarunkowanego.

W jądrze atomu naładowane protony i pozbawione ładunku neutrony trzymają się razem dzięki obustronnemu działaniu mezotronu, cząstki materii 180 razy cięższej od elektronu. Bez takiej adaptacji ładunek elektryczny protonu mógłby zniszczyć jądro atomowe.

Przy istniejącej budowie atomu ani siły elektryczne ani grawitacyjne nie utrzymałyby spoistości jądra. Integralność jądra jest zachowywana dzięki spajającemu działaniu mezotronu, który może trzymać razem cząstki naładowane i nie naładowane, w wyniku wyższej mocy siły-masy i dzięki dodatkowej funkcji, która powoduje ciągłą zamianę miejsc protonu i neutronu. Mezotron sprawia, że ładunek elektryczny cząstek jądra jest nieustannie przerzucany w tę i z powrotem pomiędzy protonami i neutronami. W jednej, nieskończenie małej części sekundy, dana cząstka jądrowa jest naładowanym protonem a w następnej już neutronem bez ładunku. I takie, kolejne zmiany statusu energii, są tak niewiarygodnie szybkie, że ładunek elektryczny pozbawiony jest wszelkich możliwości działania w charakterze wpływu rozrywającego. Tak więc mezotron działa jako „nosiciel energii", jako cząstka, która w znacznym stopniu przyczynia się do stabilizacji jądrowej atomu.

Obecność i funkcjonowanie mezotronu wyjaśnia również inną atomową zagadkę. Kiedy atomy zachowują się radioaktywnie, emitują znacznie więcej energii niż można się tego spodziewać. Ta nadwyżka promieniowania pochodzi z rozbicia mezotronowego „nosiciela energii", który, skutkiem tego staje się zwykłym elektronem. Rozpadowi mezotronowemu towarzyszy emisja pewnych małych, nie naładowanych cząstek.

Istnienie mezotronu wyjaśnia pewne cechy spoistości jądra atomowego, jednak nie powoduje on przyczepności protonu do protonu ani też przylegania neutronu do neutronu. Paradoksalna i potężna siła atomowej, spoistej integralności, jest nie odkrytą jeszcze na Urantii formą energii.

Mezotrony znaleźć można w dużych ilościach w promieniach kosmicznych, które tak intensywnie bombardują waszą planetę.

9. FILOZOFIA PRZYRODY

Nie tylko religia jest dogmatyczna; filozofia przyrody ma również skłonności do dogmatyzmu. Kiedyś sławny nauczyciel religijny dowodził, że numer siedem ma fundamentalne znaczenie w przyrodzie, ponieważ istnieje siedem otworów w ludzkiej głowie i gdyby lepiej znał chemię, mógłby oprzeć takie wierzenie na autentycznym zjawisku ze świata materialnego. We wszystkich fizycznych wszechświatach czasu i przestrzeni istnieje, niezależnie od powszechnych przejawów dziesiętnej natury energii, wszechobecna pamiątka siedmiorakiej rzeczywistości, elektronowej organizacji prematerii.

Numer siedem jest fundamentalny dla wszechświata centralnego, jak również dla duchowego systemu nieodłącznego przenoszeniu charakteru, ale numer dziesięć, system dziesiętny, właściwy jest energii, materii i kreacji materialnej. Tym niemniej świat atomów wykazuje pewną, okresową charakterystykę, która powtarza się w grupach co siedem atomów – znamię noszone przez świat materialny wskazujące na jego bardzo odległe, duchowe pochodzenie.

Te siedmiorakie pozostałości stwórczej budowy uwidaczniają się w domenach chemii jako powtarzalność podobnych, fizycznych i chemicznych właściwości w indywidualnych okresach co siedem, kiedy pierwiastki podstawowe porządkowane są według mas atomowych. Kiedy pierwiastki chemiczne Urantii są tak zorganizowane w szereg, jakakolwiek dana cecha czy właściwość ma tendencje do powtarzania się, co siedem. Te okresowe zmiany, co siedem, powtarzają się z coraz mniejszym nasileniem i ulegają fluktuacjom poprzez całą tablicę chemiczną, lepiej zauważalne w początkowych albo lżejszych grupach atomów. Zaczynając od dowolnego pierwiastka, po wybraniu jakiejś jego właściwości, właściwość taka będzie się zmieniać przez sześć kolejnych pierwiastków, ale gdy dotrzemy do ósmego, będzie miała tendencję pojawić się znowu, znaczy to, że ósmy aktywny chemicznie pierwiastek przypominać będzie pierwszy, dziewiąty – drugi i tak dalej. Taki fakt, wzięty ze świata fizycznego, nieomylnie ukazuje siedmiorakią budowę pierwotnej energii i znamionuje podstawową rzeczywistość siedmiorakiego zróżnicowania kreacji czasu i przestrzeni. Człowiek powinien również zauważyć, że w widmie naturalnym istnieje siedem kolorów.

Nie wszystkie jednak przypuszczenia filozofii przyrody są uzasadnione; na przykład hipotetyczny eter jest rezultatem pomysłowości człowieka, zmierzającej do ujednolicenia jego niewiedzy o zjawiskach kosmicznych. Filozofia wszechświata nie może się opierać na obserwacjach tak zwanej nauki. Naukowiec byłby skłonny negować możliwość powstania motyla z gąsienicy, gdyby taka metamorfoza nie została zauważona.

Fizyczna stabilność powiązana z elastycznością biologiczną istnieje w przyrodzie tylko dzięki prawie nieskończonej mądrości Nadrzędnych Architektów stworzenia. Nic niższego od wiedzy transcendentalnej nigdy nie może zaprojektować cząstek materii tak stabilnych a jednocześnie tak efektywnie przystosowujących się.

10. WSZECHŚWIATOWE SYSTEMY ENERGII NIEDUCHOWEJ (SYSTEMY UMYSŁU MATERIALNEGO)

Niekończąca się rozciągłość względnej kosmicznej rzeczywistości, od absolutności rajskiej monoty do absolutności potencji przestrzeni, sugeruje istnienie pewnych rozwijających się zależności w nieduchowych rzeczywistościach Pierwszego Źródła i Centrum – w tych rzeczywistościach, które są ukryte w potencji przestrzeni, objawione w monocie i tymczasowo ujawnione na ingerujących pomiędzy nimi poziomach kosmicznych. Ten wieczny obieg energii, ujęty obwodem w Ojcu wszechświatów, jest absolutny, a będąc absolutny, niezdolny jest do rozwinięcia ani w fakcie ani w wartości; tym niemniej Pierwotny Ojciec nawet teraz – tak jak zawsze – urzeczywistnia się na wciąż poszerzającej się arenie czasowo-przestrzennych i czasem-przestrzenią przekształconych znaczeń, na arenie zmieniających się zależności, na której energia-materia poddaje się coraz bardziej zwierzchniej kontroli żywego i Boskiego ducha, dzięki empirycznym wysiłkom żywego i osobowego umysłu.

Wszechświatowe energie nieduchowe są ponownie połączone w żywych systemach umysłowych, różnych od Stwórcy, na różnych poziomach a niektóre z nich można określić następująco:

1. *Umysły przed przybocznym duchem.* Jest to nie doświadczający poziom umysłu a na światach zamieszkałych znajduje się on pod opieką Nadrzędnych Kontrolerów Fizycznych. Jest to umysł mechaniczny, niezdolny do uczenia się intelekt najbardziej prymitywnych form życia materialnego, tym niemniej niezdolny do uczenia się umysł, oprócz prymitywnego życia planetarnego, funkcjonuje na wielu innych poziomach.

2. *Umysły przybocznego ducha.* Jest to służba Matki Ducha wszechświata lokalnego, funkcjonująca przez jej siedem przybocznych umysłów-duchów, na zdolnym do uczenia się (niemechanicznym) poziomie umysłu materialnego. Na tym poziomie materialny umysł doświadcza: jako podludzki (zwierzęcy) intelekt, w pierwszych pięciu przybocznych; jako ludzki (etyczny) intelekt, w siedmiu przybocznych; jako intelekt nadludzki (pośredniego) w ostatnich dwu przybocznych.

3. *Rozwijające się umysły morontialne* – poszerzająca się świadomość rozwijających się osobowości, wznoszących się we wszechświecie lokalnym. Jest to obdarzenie Matki Ducha wszechświata lokalnego, działającej w połączeniu z Synem Stwórcą. Ten poziom umysłu oznacza strukturę wehikułu życia typu morontialnego, syntezę tego,

co materialne i tego, co duchowe, wytworzoną przez Nadzorców Mocy Morontialnej z wszechświata lokalnego. Umysł morontialny funkcjonuje w sposób zróżnicowany, w odpowiedzi na 570 poziomów życia morontialnego, na wyższych poziomach osiągnięć wykazuje coraz większe możliwości łączenia się z umysłem kosmicznym. Taki jest ewolucyjny kierunek istot śmiertelnych, ale umysł klasy niemorontialnej nadawany jest także przez Syna Wszechświata i Ducha Wszechświata niemorontialnym dzieciom kreacji lokalnych.

Umysł kosmiczny. Jest to siedmiorako zróżnicowany umysł czasu i przestrzeni, którego każde stadium obsługiwane jest przez jednego z Siedmiu Duchów Nadrzędnych dla jednego z siedmiu superwszechświatów. Umysł kosmiczny obejmuje wszystkie poziomy umysłu skończonego i koordynuje się empirycznie z ewolucyjnymi, boskimi poziomami Najwyższego Umysłu a transcendentalnie z poziomami egzystencjalnymi absolutnego umysłu – z bezpośrednimi obwodami Wspólnego Aktywizatora.

W Raju umysł jest absolutny, w Havonie absoniczny, w Orvontonie skończony. Umysł zawsze oznacza obecność-funkcjonowanie żywej służby, z dodatkiem zróżnicowanych systemów energii a odnosi się to do wszystkich poziomów i wszystkich rodzajów umysłu. Jednak poza umysłem kosmicznym coraz trudniej jest obrazować związki umysłu z energią nieduchową. Umysł Havony jest podabsolutny, ale superewolucyjny; będąc egzystencjalno-empiryczny najbardziej zbliża się do absonitu spośród wszystkich objawionych wam koncepcji. Umysł rajski jest poza ludzkim pojmowaniem; jest egzystencjalny, bezprzestrzenny i bezczasowy. Tym niemniej, nad wszystkimi tymi poziomami umysłu góruje wszechświatowa obecność Wspólnego Aktywizatora – ujęcie umysłowej grawitacji Boga umysłu w Raju.

11. MECHANIZMY WSZECHŚWIATOWE

Przy ocenie i wartościowaniu umysłu należy przypomnieć, że wszechświat nie jest ani mechaniczny, ani magiczny; jest kreacją umysłu i mechanizmem praw. Podczas kiedy w praktyce prawa natury działają w tym, co wydaje się być podwójną domeną, materialną i duchową, w rzeczywistości są one jednością. Pierwsze Źródło i Centrum jest pierwotną przyczyną całej materializacji i jednocześnie pierwszym i ostatecznym Ojcem wszystkich duchów. We wszechświatach na zewnątrz Havony, Rajski Ojciec pojawia się osobiście tylko jako czysta energia i czysty duch – jako Dostrajacze Myśli i inne podobne rozdrobnienia.

Mechanizmy nie panują absolutnie nad całym stworzeniem; wszechświat wszechświatów, *jako całość*, planowany jest umysłem, umysłem jest stworzony i umysłem zarządzany. Jednak Boski mechanizm wszechświata wszechświatów jest, ogólnie rzecz biorąc, zbyt doskonały dla naukowych metod skończonego umysłu, aby człowiek mógł dostrzec w nim choćby ślad dominacji nieskończonego umysłu. Ten stwarzający, kontrolujący i podtrzymujący umysł, nie jest ani umysłem materialnym ani umysłem istoty stworzonej; to jest umysł duchowy, działający na poziomach Boskiej rzeczywistości Stwórcy i z tych poziomów.

Zdolność dostrzegania i odkrywania umysłu w mechanizmach wszechświata zależy wyłącznie od zdolności, kompetencji i wydajności umysłu badacza, zajmującego się taką obserwacją. Umysły czasu-przestrzeni, powstałe z energii czasu i przestrzeni, podlegają mechanizmom czasu i przestrzeni.

Ruch i wszechświatowa grawitacja stanowią bliźniacze aspekty nieosobowego, czasowo-przestrzennego mechanizmu wszechświata wszechświatów. Poziomy grawitacyjnej reakcji na ducha, umysł i materię, są raczej niezależne od czasu, ale tylko prawdziwie duchowe poziomy rzeczywistości są niezależne od przestrzeni (bezprzestrzenne). Wyższe poziomy umysłu wszechświatowego – poziomy ducha-umysłu – także mogą być bezprzestrzenne, ale poziomy materialnego umysłu, takiego jak umysł ludzki, reagują na relacje wzajemne grawitacji wszechświata i tracą tę reakcję tylko w odpowiedniej proporcji do utożsamienia się z duchem. Poziomy rzeczywistości duchowej są rozpoznawane dzięki ich zawartości duchowej a duchowość w czasie i przestrzeni jest odwrotnie proporcjonalna do reakcji na grawitację liniową.

Reakcja na grawitację liniową jest ilościową miarą energii nieduchowej. Cała masa – zorganizowana energia – podlega temu uchwytowi, chyba, że działa na nią ruch i umysł. Grawitacja liniowa jest dla makrokosmosu siłą spajającą krótkiego zasięgu, w pewnym sensie taką, jak siły spójności wewnątrzatomowej są siłami krótkiego zasięgu mikrokosmosu. Zmaterializowana energia fizyczna, zorganizowana w tak zwaną materię, nie może przemierzać przestrzeni bez wywoływania reakcji grawitacji liniowej. Choć taka reakcja grawitacyjna jest wprost proporcjonalna do masy, jest ona tak modyfikowana przez ingerującą przestrzeń, że ostateczny jej wynik nie jest niczym innym niż grubym przybliżeniem, kiedy wyrażany jest jako odwrotnie proporcjonalny do kwadratu odległości. Przestrzeń ostatecznie przezwycięża grawitację liniową, ponieważ istnieją w niej antygrawitacyjne oddziaływania licznych sił nadmaterialnych, które działają w kierunku neutralizacji akcji grawitacji i wszystkich reakcji na nią.

Mechanizmy kosmiczne, niezwykle skomplikowane i sprawiające wrażenie wysoce zautomatyzowanych, zawsze przejawiają tendencje do maskowania obecności kryjącego się za nimi stwórczego albo kreatywnego umysłu przed wszystkimi istotami inteligentnymi, znajdującymi się znacznie poniżej kosmicznego poziomu, charakterystycznego dla natury i charakteru samego mechanizmu. Dlatego też jest nieuniknione, że wyższe mechanizmy wszechświatowe muszą wydawać się pozbawione umysłu dla niższych klas istot. Jedynym możliwym wyjątkiem od takiej konkluzji byłaby implikacja umysłowości w zdumiewającym fenomenie *pozornie samo podtrzymującego się wszechświata* – ale jest to sprawa raczej filozofii niż czyjegoś rzeczywistego doświadczenia.

Skoro umysł koordynuje wszechświat, stałość mechanizmów nie istnieje. Fenomen postępowej ewolucji, związany z kosmiczną samozachowawczością, jest powszechny. Ewolucyjne możliwości wszechświata są niewyczerpane w swej nieskończoności i spontaniczności. Postęp w kierunku harmonijnej jedności, rozwijającej się empirycznej syntezy nałożonej na wciąż rosnącą złożoność zależności, może być tylko wynikiem działania celowego i dominującego umysłu.

Im wyższy umysł wszechświatowy związany jest z jakimkolwiek zjawiskiem wszechświatowym, tym trudniejsze jest jego odkrycie dla niższych typów umysłu. A skoro umysł mechanizmu wszechświata jest stwórczym umysłem-duchem (nawet umysłowością Nieskończonego), nie może on nigdy być odkryty czy dostrzeżony przez umysły niższego poziomu wszechświata, tym bardziej przez umysł ludzki, *najniższy* ze wszystkich. Rozwijający się umysł zwierzęcy, podczas gdy naturalnie szuka Boga, nie zna Boga sam z siebie i sam w sobie.

12. FORMA I KSZTAŁT – DOMINACJA UMYSŁU

Ewolucja mechanizmów sugeruje i ukazuje ukrytą obecność i dominację stwórczego umysłu. Zdolność intelektu ludzkiego do wymyślenia, zaprojektowania i wytworzenia automatycznych mechanizmów, wykazuje wyższe, twórcze i celowe właściwości ludzkiego umysłu, jako dominującego wpływu na planecie. Umysł zawsze dąży do:

1. Wytwarzania mechanizmów materialnych.
2. Odkrywania ukrytych tajemnic.
3. Badania niezwykłych sytuacji.
4. Formułowania systemów myślowych.
5. Docierania do celów mądrości.
6. Osiągania poziomów ducha.
7. Realizacji Boskich przeznaczeń – najwyższego, ostatecznego i absolutnego.

Umysł zawsze jest twórczy. Wyposażenie umysłowe poszczególnego zwierzęcia, człowieka, morontianina, wznoszącego się w duchu czy finalisty, zawsze jest miarodajne dla sformowania odpowiedniego i pożytecznego ciała dla tożsamości takiej istoty żywej. Jednak fenomen istnienia osobowości albo forma tożsamości jako taka, nie są przejawem energii ani fizycznej, ani umysłowej, ani duchowej. Kształt osobowości jest aspektem *formy* istoty żywej; oznacza *zestawienie* różnych energii i to właśnie, z dodatkiem życia oraz ruchu, jest *mechanizmem* istnienia istoty.

Nawet istoty duchowe mają kształt a te kształty duchowe (formy) są rzeczywiste. Nawet najwyższe typy osobowości duchowych mają kształty – aparycje osobowości, w każdym sensie analogiczne do śmiertelnych ciał Urantii. Prawie wszystkie istoty, napotykane w siedmiu superwszechświatach, posiadają kształty. Jest jednak kilka wyjątków od tej ogólnej zasady. Dostrajacze Myśli wydają się nie posiadać kształtu, aż do momentu zespolenia się z żyjącymi wiecznie duszami ich śmiertelnych towarzyszy. Samotni Posłańcy, Natchnione Duchy Trójcy, Personalni Pomocnicy Nieskończonego Ducha, Posłańcy Grawitacji, Transcendentalni Rejestratorzy i pewne inne typy istot także nie posiadają możliwych do zauważenia kształtów. Jest to jednak kilka typowych wyjątków; znaczna większość istot posiada prawdziwe kształty swej osobowości, kształty indywidualne i dla nich charakterystyczne, które są rozpoznawalne i osobowo rozróżnialne.

Kosmiczny umysł, w powiązaniu ze służbami przybocznych umysłów-duchów, rozwija odpowiednie materialne tabernakulum dla wyłaniającej się istoty ludzkiej. Tak samo umysł morontialny indywidualizuje kształt morontialny wszystkich żyjących wiecznie śmiertelników. Tak jak śmiertelne ciało jest osobiste i charakterystyczne dla każdej istoty ludzkiej, tak i kształt morontialny będzie wysoce indywidualny i znamienny dla twórczego umysłu, który w nim panuje. Żaden z dwu kształtów morontialnych nie będzie bardziej do siebie podobny niż jakiekolwiek dwa ciała ludzkie. Nadzorcy Mocy Morontialnej wytwarzają a opiekujący się serafin dostarcza jednolitego materiału morontialnego, z którym życie morontialne może zacząć funkcjonować. Po życiu morontialnym okaże się, że kształty duchowe są tak samo zróżnicowane, osobowe i charakterystyczne dla ich poszczególnych, duchowo-umysłowych mieszkańców.

W materialnym świecie myślicie, że w ciele jest duch, my jednak uważamy, że to duch posiada ciało. Materialne oczy są naprawdę oknami zrodzonej z ducha duszy. Duch jest architektem, umysł budowniczym, ciało budowlą materialną.

Energie fizyczne, duchowe i umysłowe, jako takie i w stanie czystym, nie oddziałują ze sobą w pełni jako rzeczywistości wszechświatów zjawiskowych. W Raju te trzy energie są równorzędne, w Havonie skoordynowane, podczas gdy na wszechświatowych poziomach działań skończonych nieodmiennie napotykamy cały wachlarz dominacji materialnych, umysłowych i duchowych. Energia fizyczna wydaje się dominować w nieosobowych sytuacjach czasu i przestrzeni, ale widać również, że im bardziej funkcje umysłu-ducha zbliżają się do boskości celu i doskonałości działania, tym bardziej zaczyna dominować stadium duchowe, tak, że na poziomie ostatecznym umysł-duch może dominować prawie całkowicie. Na poziomie absolutnym zdecydowanie dominuje duch. I stąd, poprzez domeny czasu i przestrzeni, gdziekolwiek istnieje boska rzeczywistość duchowa, kiedy tylko działa prawdziwy duch-umysł, tam zawsze występuje tendencja do wytwarzania materialnego lub fizycznego odpowiednika tej duchowej rzeczywistości.

Duch jest rzeczywistością stwórczą; jego materialna kopia jest czasowo-przestrzennym odzwierciedleniem rzeczywistości duchowej, fizyczną reperkusją stwórczego działania ducha-umysłu.

Umysł generalnie panuje nad materią, nawet wtedy, kiedy z kolei reaguje na ostateczną kontrolę nadrzędną ducha. A w wypadku człowieka śmiertelnego, jedynie ten umysł, który bez zastrzeżeń poddaje się kierowaniu przez ducha, może mieć nadzieję na przetrwanie śmiertelnej egzystencji w czasie-przestrzeni, jako nieśmiertelne dziecko wiecznego świata duchowego Najwyższego, Ostatecznego i Absolutnego: Nieskończonego.

[Przedstawione przez Możnego Posłańca służącego w Nebadonie i na życzenie Gabriela].

PRZEKAZ 43

KONSTELACJE

OURANTII mówi się zazwyczaj jako o 606 z Satanii, w Norlatiadeku z Nebadonu, co oznacza sześćset szósty zamieszkały świat w systemie lokalnym Satania, usytuowanym w konstelacji Norlatiadek, która jest jedną ze stu konstelacji wszechświata lokalnego Nebadonu. Konstelacje stanowią podstawowe sekcje wszechświata lokalnego, ich władcy są ogniwem łączącym lokalne systemy światów zamieszkałych z centralną administracją wszechświata lokalnego na Salvingtonie, a poprzez odzwierciedlanie, z superadministracją Pradawnych Czasu na Uversie.

Rząd waszej konstelacji usytuowany jest w grupie 771 zaprojektowanych sfer, z których najbardziej centralnie położoną i największą jest Edentia, siedziba administracji Ojców Konstelacji, Najwyższych Ojców z Norlatiadeku. Sama Edentia jest w przybliżeniu sto razy większa od waszego świata. Każda z siedemdziesięciu głównych sfer, otaczających Edentię, jest prawie dziesięć razy większa od Urantii, podczas gdy dziesięć satelitów, krążących wokół każdego z tych siedemdziesięciu światów, ma rozmiary zbliżone do Urantii. Pod względem wielkości, te 771 zaprojektowanych sfer zbliżone jest do takich samych sfer w innych konstelacjach.

Mierzenie czasu i obliczanie odległości jest na Edentii takie same jak na Salvingtonie a światy zarządu konstelacji, tak jak i sfery stolicy wszechświata, są w pełni wyposażone we wszystkie klasy niebiańskich istot inteligentnych. Generalnie, osobowości te nie różnią się zbytnio od tych, jakie były opisywane w związku z administracją wszechświata.

Do służby w konstelacjach przydzieleni są serafini nadzorcy, trzecia klasa aniołów wszechświata lokalnego. Zakładają oni swój zarząd na sferach stołecznych i służą szeroko dla okrążających te sfery morontialnych światów szkoleniowych. Siedemdziesiąt głównych sfer Norlatiadeku, wraz z siedmiuset pomniejszymi satelitami, zamieszkałe jest przez univitatów, stałych obywateli konstelacji. Wszystkie te, zaprojektowane światy, administrowane są dokładnie przez różne grupy życia rodzimego, w większości nie objawione, razem z operatywnymi spirongami i pięknymi spornagiami. Życie morontialne w konstelacjach jest w środkowym punkcie porządku szkolenia morontialnego i jak możecie się spodziewać, jest zarówno typowe jak i idealne.

1. STOLICA KONSTELACJI

Na Edentii jest dużo przepięknych wzgórz, obszernych wzniesień z materii fizycznej, ukoronowanych życiem morontialnym i rozpościerających się w duchowej chwale, nie ma tam jednak strzelistych grzbietów górskich, takich, jakie występują na Urantii. Jest tam dziesiątki tysięcy połyskujących jezior i tysiące łączących je potoków, jednak nie ma tam ani wielkich oceanów ani rwących rzek. Tylko na wzniesieniach nie ma potoków.

Na Edentii i podobnych jej sferach zaprojektowanych, woda nie różni się od wody istniejącej na planetach ewolucyjnych. Na sferach tych istnieją zarówno powierzchniowe jak i podziemne systemy wodne a para wodna jest w ciągłym obiegu. Można opłynąć Edentię różnorodnymi drogami wodnymi, choć zasadniczo wszelki transport odbywa się drogą powietrzną. Istoty duchowe podróżują nad powierzchnią sfery w sposób naturalny, podczas gdy istoty morontialne i materialne używają materialnych lub częściowo materialnych środków przenoszenia się w korytarzach powietrznych.

Edentia i związane z nią światy posiadają prawdziwą atmosferę; jest to zazwyczaj mieszanina trzech gazów, charakterystyczna dla kreacji zaprojektowanych, która zawiera dwa pierwiastki atmosferyczne Urantii z dodatkiem gazu morontialnego, którym oddychają istoty morontialne. Choć atmosfera taka jest zarówno materialna jak i morontialna, nie ma tam burz czy huraganów; nie ma nawet lata i zimy. Brak zaburzeń atmosferycznych i zróżnicowania pór roku, na tych specjalnie stworzonych światach, umożliwia zdobienie całej ich powierzchni pod gołym niebem.

Wzgórza Edentii cechuje wspaniałe piękno naturalne a ich majestat podkreśla nieskończona różnorodność życia, przelewającą się przez nie wzdłuż i wszerz. Na tych wzgórzach nie ma wytworów rąk istot stworzonych, za wyjątkiem kilku, raczej odosobnionych struktur. Zdobnictwo materialne i morontialne ogranicza się do terenów mieszkalnych. Na niższych wzniesieniach, zdobionych tak sztuką biologiczną jak i morontialną, znajdują się specjalne rezydencje.

Na szczycie siódmego pasma wzgórz znajdują się hale zmartwychwstania Edentii, gdzie się budzą wznoszący się śmiertelnicy z drugiej, zmodyfikowanej klasy wznoszenia. Te pomieszczenia do ponownego składania istot znajdują się pod nadzorem Melchizedeków. Pierwsza przyjmująca sfera Edentii ma także specjalne hale zmartwychwstania (podobnie jak planeta Melchizedek w pobliżu Salvingtonu), w których składani są ponownie śmiertelnicy ze zmodyfikowanych klas wznoszenia się.

Melchizedecy prowadzą także na Edentii dwa specjalne kolegia. Jedno, szkoła zajmująca się sytuacjami nadzwyczajnymi, naucza o problemach powstałych w wyniku buntu w Satanii. Drugie, szkoła obdarzenia, poświęcone jest zgłębianiu nowych zagadnień wynikających z tego, że Michał dokonał swego końcowego obdarzenia na jednym ze światów Norlatiadeku. To ostatnie kolegium zostało założone prawie czterdzieści tysięcy lat temu, zaraz po tym, jak Michał ogłosił, że wybrał Urantię na świat swego końcowego obdarzenia.

Obszar przyjmujący Edentii, szklane morze, znajduje się niedaleko centrum administracyjnego i jest otoczone amfiteatrem zarządu. Obszar ten otaczają centra zarządzania siedemdziesięciu sekcji, zajmujących się sprawami konstelacji. Połowa Edentii podzielona jest na siedemdziesiąt trójkątnych sekcji, których granice zbiegają się w budynkach zarządu ich poszczególnych sektorów. Pozostała część sfery jest rozległym, naturalnym parkiem, ogrodami Boga.

Kiedy okresowo będziecie odwiedzać Edentię, to chociaż będziecie mogli zwiedzać całą planetę, większość swego czasu spędzać będziecie w tym trójkącie administracyjnym, którego numer odpowiada światu waszego aktualnego pobytu. Zawsze będziecie mile widziani jako obserwatorzy zgromadzeń prawodawczych.

Morontialny obszar, przydzielony wznoszącym się śmiertelnikom przebywającym na Edentii, mieści się w strefie środkowej trzydziestego piątego trójkąta, który styka się z zarządem finalistów, usytuowanym w trójkącie trzydziestym szóstym. Zarząd główny univitatów zajmuje ogromny obszar, w środkowym rejonie trzydziestego czwartego trójkąta i przylega bezpośrednio do mieszkalnej rezerwy, przeznaczonej dla obywateli morontialnych. Dzięki takiemu rozlokowaniu można zauważyć, że zostawiono rezerwy terenu na kwatery dla co najmniej siedemdziesięciu głównych kategorii życia niebiańskiego oraz to, że każdy z siedemdziesięciu trójkątnych obszarów związany jest z jedną z siedemdziesięciu głównych sfer nauczania morontialnego.

Szklane morze Edentii jest jednym ogromnym, okrągłym kryształem, o obwodzie około stu sześćdziesięciu kilometrów, głębokim na blisko pięćdziesiąt kilometrów. Ten wspaniały kryształ służy jako pole przyjmujące wszystkich serafinów transportujących oraz innych istot, przybywających z miejsc położonych poza sferą; to szklane morze znacznie ułatwia lądowanie serafinom transportującym.

Kryształowe pole tej klasy znajduje się prawie na wszystkich światach zaprojektowanych a niezależnie od jego walorów dekoracyjnych, służy do wielu celów; używane jest do prezentacji odzwierciedlania superwszechświata zebranym grupom istot i służy jako element techniki przekształcania energii, dla modyfikacji prądów przestrzeni oraz adaptacji innych, przychodzących strumieni energii fizycznych.

2. RZĄD KONSTELACJI

Konstelacje są autonomicznymi jednostkami wszechświata lokalnego; każda konstelacja zarządzana jest zgodnie ze swymi własnymi rozporządzeniami prawnymi. Kiedy zbierają się sądy Nebadonu, żeby rozsądzać sprawy wszechświata, wszelkie sprawy wewnętrzne sądzone są zgodnie z prawami panującymi w danej konstelacji. Sądowe rozporządzenia Salvingtonu, razem z prawodawczymi postanowieniami konstelacji, wprowadzane są w życie przez administracje systemów lokalnych.

Tym samym konstelacje funkcjonują jako jednostki prawodawcze albo prawotwórcze, podczas gdy systemy lokalne służą jako jednostki wykonawcze albo egzekwujące. Rząd Salvingtonu stanowi najwyższą władzę sędziowską i koordynującą.

Podczas gdy najwyższe funkcje sędziowskie leżą w kompetencjach centralnej administracji wszechświata lokalnego, w zarządzie każdej konstelacji istnieją dwa uzupełniające, ale ważne trybunały – rada Melchizedeków i sąd Najwyższych Ojców.

Wszystkie problemy, wymagające rozsądzenia, rozpatrywane są z początku przez radę Melchizedeków. Dwanaście istot tej klasy, posiadających odpowiednie doświadczenie zdobyte na ewolucyjnych planetach i na światach zarządu systemu, upoważnionych jest do rozpatrywania materiałów dowodowych, przejrzenia obrony i sformułowania tymczasowych orzeczeń, które przekazywane są sądowi Najwyższych Ojców, rządzących Ojców Konstelacji. W skład sekcji śmiertelników tych trybunałów wchodzi siedmiu sędziów; wszyscy są wznoszącymi się śmiertelnikami. Im wyżej się wzniesiecie we wszechświecie, tym bardziej niezawodnie będziecie sądzeni przez tych, którzy są z waszego rodzaju.

Ciało prawodawcze konstelacji podzielone jest na trzy grupy. Program prawodawczy konstelacji powstaje w niższej izbie wznoszących się istot, w grupie, której przewodniczy finalista i która składa się z tysiąca reprezentantów-śmiertelników. Każdy system mianuje dziesięciu swych przedstawicieli, aby zasiadali w tym zgromadzeniu prawodawczym. Obecnie, na Edentii, ciało to nie ma pełnej obsady.

Środkowa izba prawodawców składa się z zastępów seraficznych oraz ich towarzyszy – innych dzieci Matki Ducha wszechświata lokalnego. Grupa ta, złożona ze stu istot, mianowana jest przez osobowości nadzorujące, które kierują różnymi funkcjami tych istot, kiedy działają one w obrębie konstelacji.

Doradcze albo najwyższe ciało prawodawców konstelacji jest odpowiednikiem izby lordów – stanowi izbę Boskich Synów. Korpus ten, w liczbie dziesięciu istot, wybierany jest przez Najwyższych Ojców. Tylko szczególnie doświadczeni Synowie mogą zasiadać w tej wyższej izbie. Grupa ta gromadzi fakty, co oszczędza czas i bardzo skutecznie pomaga obu niższym sekcjom zgromadzenia prawodawczego.

W skład połączonej rady prawodawców wchodzi trzech członków z każdej grupy zgromadzenia opiniodawczego konstelacji a za swego przewodniczącego mają oni aktualnie rządzącego, młodszego Najwyższego Ojca. Grupa ta zatwierdza ostateczną formę wszystkich postanowień i aprobuje ich obwieszczenie przez transmitujących. Aprobata tej najwyższej komisji nadaje aktom prawodawczym moc prawną dla danych domen; jej postanowienia są ostateczne. Orzeczenia prawodawcze Edentii stanowią fundamentalne prawo całego Norlatiadeku.

3. NAJWYŻSI OJCOWIE Z NORLATIADEKU

Władcy konstelacji należą do vorondadekowej klasy synostwa wszechświata lokalnego. Synowie ci, kiedy zostają przydzieleni do czynnej służby we wszechświecie, jako władcy konstelacji albo w innej randze, zwani są *Najwyższymi Ojcami*, jako że ucieleśniają najwyższą wiedzę administracyjną, połączoną z najbardziej dalekowzroczną i inteligentną lojalnością, jaką można napotkać u klas Synów Boga z wszechświata lokalnego. Ich osobista uczciwość i lojalność jako grupy nigdy nie były kwestionowane; w Nebadonie Synowie Vorondadecy nigdy nie zawiedli.

Co najmniej trzech Synów Vorondadeków przydzielanych jest przez Gabriela do każdej konstelacji Nebadonu, w charakterze Najwyższych Ojców. Ten członek trójki, który przewodniczy, zwany jest *Ojcem Konstelacji* a dwu jego towarzyszy nazywają *starszym Najwyższym Ojcem* i *młodszym Najwyższym Ojcem*. Ojciec Konstelacji rządzi przez dziesięć tysięcy standardowych lat (około 50.000 lat Urantii), po odsłużeniu uprzednio jako młodszy towarzysz i starszy towarzysz przez takie same okresy czasu.

Psalmista wiedział, że Edentia jest rządzona przez trzech Ojców Konstelacji i dlatego mówił o nich w liczbie mnogiej: „Jest rzeka, której odnogi rozweselają miasto Boże, najświętsze miejsce, tabernakulum Najwyższych".

Przez epoki całe panowała na Urantii wielka dezorientacja, gdy idzie o różnych władców wszechświata. Wielu późniejszych nauczycieli mieszało swe mgliście pojmowane i nieokreślone bóstwa plemienne z Najwyższymi Ojcami. Jeszcze później Hebrajczycy połączyli wszystkich tych niebiańskich władców w kompleksowe Bóstwo. Jeden z tych nauczycieli rozumiał, że Najwyżsi Ojcowie nie są Najwyższymi Władcami, skoro powiedział: „Ten, który mieszka w ochronie Najwyższego i w cieniu Wszechmocnego przebywać będzie". W zapisach Urantii czasem niezmiernie trudno rozpoznać, kogo właściwie określa się słowem „Najwyższy". Jednak Daniel rozumiał dobrze te kwestie. Powiedział: „Najwyższy panuje w królestwie ludzi i kogo chce ustanawia nad nimi".

Ojcowie Konstelacji nie zajmują się specjalnie jednostkami na zamieszkałej planecie, ale raczej są blisko związani z tymi funkcjami prawodawczymi i prawotwórczymi konstelacji, które dotyczą każdej *rasy* śmiertelnej i *grupy* narodowej na światach zamieszkałych.

Chociaż władza konstelacji znajduje się pomiędzy wami a administracją wszechświata jako jednostki nie będziecie zbytnio interesować się rządem konstelacji. Wasza uwaga będzie się z reguły koncentrować na systemie lokalnym, na Satanii; chwilowo jednak Urantia jest blisko związana z władcami konstelacji, ze względu na określone warunki systemu i planety, powstałe w wyniku buntu Lucyfera.

W czasie secesji Lucyfera Najwyżsi Ojcowie z Edentii przejęli pewne stadia władzy planetarnej na zbuntowanych światach. Nadal dzierżą tę władzę a Pradawni Czasu już dawno zatwierdzili przejęcie przez nich tej kontroli nad nieobliczalnymi światami. Bez wątpienie sprawować będą tę, przejętą jurysdykcję, tak długo, jak długo żyje Lucyfer. W lojalnym systemie większość takiej władzy byłaby zazwyczaj powierzona Władcy Systemu.

Są jeszcze inne względy, dla których Urantia została blisko związana z Najwyższymi Ojcami. Kiedy Michał, Syn Stwórca, dokonywał swej ostatniej misji obdarzającej, wszystkie sprawy Urantii, związane z obdarzeniem jej przez Michała, nadzorowane były bezpośrednio przez Najwyższych Ojców z Norlatiadeku, ponieważ następca Lucyfera nie sprawował jeszcze pełni władzy w systemie lokalnym.

4. GÓRA OBRAD – WIERNY CZASU

Najświętsza góra obrad jest miejscem zamieszkania Wiernego Czasu, reprezentanta Rajskiej Trójcy, działającego na Edentii.

Wierny Czasu jest Rajskim Synem Trójcy i przebywa na Edentii jako osobisty reprezentant Emanuela, od czasu stworzenia świata zarządu. Wierny Czasu zawsze stoi po prawej ręce Ojców Konstelacji, aby im doradzać, ale nigdy nie proponuje rady nieproszony. Wysoki Syn z Raju nigdy nie bierze udziału w kierowaniu sprawami wszechświata lokalnego, chyba, że na prośbę pełniących te funkcje władców domeny. Tym niemniej wszystkim tym, czym Jednoczący Czasu jest dla Syna Stwórcy, Wierny Czasu jest dla Najwyższych Ojców konstelacji.

Rezydencja Wiernego Czasu na Edentii jest konstelacyjnym centrum rajskiego systemu komunikacji oraz informacji pozawszechświatowej. Ci Synowie Trójcy, razem ze swym personelem, złożonym z osobowości Havony i Raju, w powiązaniu z nadzorującym Jednoczącym Czasu, utrzymują bezpośrednią i stałą łączność z członkami swej klasy, działającymi na obszarze wszystkich wszechświatów, nawet z Havoną i Rajem.

Najświętsza góra pełna jest wyrafinowanego piękna i jest wspaniale położona, jednak sama rezydencja Rajskiego Syna jest skromna, w porównaniu z centralnym miejscem zamieszkania Najwyższych Ojców i z otaczającymi je siedemdziesięcioma strukturami, stanowiącymi zespół mieszkalny Synów Vorondadeków. Struktury te mają charakter wyłącznie mieszkalny; są całkowicie oddzielone od obszernych budynków centrali administracyjnej, gdzie kieruje się konstelacją.

Rezydencja Wiernego Czasu znajduje się na Edentii na północ od rezydencji Najwyższych Ojców i nazywana jest „górą rajskich obrad". Na tym, poświęconym wzniesieniu, gromadzą się okresowo wznoszący się śmiertelnicy, aby słuchać Rajskiego Syna, jak mówi o długiej i intrygującej podróży zaawansowanych śmiertelników, przez miliard doskonałych światów Havony i przez nieopisane radości Raju. To właśnie na tych, specjalnych zebraniach na Górze Obrad, morontialni śmiertelnicy zostają dokładniej zaznajomieni z różnymi grupami osobowości, pochodzącymi z wszechświata centralnego.

Zdradziecki Lucyfer, niegdyś władca Satanii, zgłaszając swe roszczenia dotyczące poszerzenia jurysdykcji, chciał usunąć wszelkie wyższe klasy synostwa przy planowaniu rządu wszechświata lokalnego. Z rozmysłem w swym sercu powiedział: „Postawię mój tron powyżej Synów Boga; zasiądę na górze obrad na krańcach północy; podobny będę Najwyższemu Ojcu".

Stu Władców Systemu okresowo przybywa na Edentię, na zgromadzenia, w czasie których radzą o sprawach konstelacji. Po buncie w Satanii, najwięksi buntownicy z Jerusem zazwyczaj przybywali na te narady na Edentii, tak jak to robili wcześniej. Nie było sposobu, żeby powstrzymać tę arogancką bezczelność, aż do czasu obdarzenia dokonanego przez Michała na Urantii i późniejszego objęcia przez niego nieograniczonej władzy nad całym Nebadonem. Od tego dnia nie pozwolono nigdy już tym podżegaczom do grzechu zasiadać w radach lojalnych Władców Systemu na Edentii.

To, że nauczyciele z dawnych czasów znali te sprawy, ukazane jest w następującym zapisie: „Otóż zdarzyło się pewnego dnia, że Synowie Boży udawali się by stanąć przed Najwyższymi Ojcami, że i Szatan też poszedł z nimi". I to jest opis faktów, niezależnie od kontekstu, w którym mógł się pojawić.

Po tryumfie Chrystusa cały Norlatiadek został oczyszczony z grzechu i z buntowników. Jakiś czas przed cielesną śmiercią Michała, upadły towarzysz Lucyfera, Szatan, chciał uczestniczyć w takim zgromadzeniu na Edentii, ale nastroje przeciw szefom buntu doszły do tego punktu, że drzwi sympatii dla nich zostały prawie zupełnie zamknięte, tak, że nieprzyjaciele Satanii nie mogli nigdzie znaleźć trwałego gruntu. Gdy nie ma otwartych drzwi na przyjęcie zła, nie można rozważać grzechu. Drzwi serc całej Edentii zamknęły się przed Szatanem; został on jednomyślnie odrzucony przez zebranych Władców Systemów, a było to wtedy, kiedy Syn Człowieczy „widział jak Szatan, niby błyskawica, spadł z nieba".

Po buncie Lucyfera nowa struktura stanęła w pobliżu rezydencji Wiernego Czasu. Ta tymczasowa budowla jest główną siedzibą łącznika Najwyższych Ojców, działającego w bliskim związku z Rajskim Synem jako doradca dla rządu konstelacji we wszystkich sprawach dotyczących linii postępowania i postawy istot klasy Czasu wobec grzechu i buntu.

5. OJCOWIE Z EDENTII PO BUNCIE LUCYFERA

W czasie buntu Lucyfera rotacja Najwyższych Ojców na Edentii została zawieszona. Mamy teraz tych samych władców, którzy wtedy pełnili swe obowiązki. Uważamy, że nie nastąpi zmiana tych władców, aż się nie pozbędziemy Lucyfera i jego towarzyszy.

Tym niemniej obecny rząd konstelacji został poszerzony do dwunastu Synów klasy vorondadekowej. Ta dwunastka to:

1. Ojciec Konstelacji. Obecny Najwyższy Ojciec, władca Norlatiadeku, o numerze 617.318 serii Vorondadeków z Nebadonu. Służył w wielu konstelacjach, w całym naszym wszechświecie lokalnym, zanim się podjął pełnienia obowiązków na Edentii.

2. Starszy asystent Najwyższy Ojciec.

3. Młodszy asystent Najwyższy Ojciec.

4. Najwyższy Ojciec-doradca, osobisty reprezentant Michała, od czasu, gdy Michał osiągnął status Syna-Mistrza.

5. Najwyższy Ojciec-administrator, osobisty reprezentant Gabriela, pozostający na Edentii od czasu buntu Lucyfera.

6. Najwyższy Ojciec, szef planetarnych obserwatorów, kierujący obserwatorami Vorondadekami, przebywającymi na odosobnionych światach Satanii.

7. Najwyższy Ojciec-arbiter, Syn Vorondadek, któremu powierzono obowiązki korygowania wszystkich problemów, wynikłych z buntu w konstelacji.

8. Najwyższy Ojciec-administrator od sytuacji krytycznych, Syn Vorondadek, któremu powierzono dostosowanie zarządzeń do sytuacji krytycznych, prawodawstwa Norlatiadeku do oddzielonych przez bunt światów Satanii.

9. Najwyższy Ojciec-mediator, Syn Vorondadek, który harmonizować ma z rutynową administracją konstelacji te specjalne adaptacje, które są związane z obdarzeniem Urantii. Istnienie na Urantii pewnych funkcji archanielskich i licznych innych, nie rutynowych służb, razem z funkcjonowaniem specjalnym Gwiazd Błyszczących Wieczornych na Jerusem, sprawia, że działalność tego Syna jest potrzebna.

10. Najwyższy Ojciec sędzia-adwokat, szef trybunału działającego w sytuacjach krytycznych, zajmuje się rozważaniem problemów specjalnych Norlatiadeku, powstałych z zamieszania wywołanego buntem w Satanii.

11. Najwyższy Ojciec-łącznik, Syn Vorondadek, przydzielony do władców Edentii, ale powołany jako doradca specjalny współpracujący z Wiernym Czasu odnośnie przyjęcia najlepszej metody rozwiązywania problemów wynikających z buntu i nielojalności istot stworzonych.

12. Najwyższy Ojciec-dyrektor, przewodniczący rady Edentii dla sytuacji krytycznych. Wszystkie osobowości, przydzielone do Norlatiadeku ze względu na przewrót w Satanii, tworzą radę dla sytuacji krytycznych a przewodniczy im urzędnik, Syn Vorondadek, który ma bardzo duże doświadczenie.

Powyższe zestawienie nie obejmuje licznych Vorondadeków, ambasadorów różnych konstelacji Nebadonu i innych, którzy również przebywają na Edentii.

Zaraz po buncie Lucyfera, Ojcowie z Edentii roztoczyli specjalną opiekę nad Urantią i innymi odizolowanymi światami Satanii. Dawno temu prorok widział rękę Ojców Konstelacji, prowadzącą sprawy narodów. „Gdy rozdzielił dziedzictwa Najwyższy narodom, a rozsadził syny Adamowe, położył granice narodom".

Każdy poddany kwarantannie albo odosobniony świat, ma Syna Vorondadeka, działającego w charakterze obserwatora. Nie bierze on udziału w administracji planetarnej, chyba, że ma od Ojca Konstelacji nakaz interwencji w sprawy różnych narodów. W rzeczywistości to właśnie Najwyższy Ojciec-obserwator „panuje nad królestwami ludzkimi". Urantia jest jednym z odosobnionych światów Norlatiadeku a Vorondadek-obserwator pozostaje na tej planecie od czasu zdrady Caligastii. Kiedy Machiventa Melchizedek służył w częściowo materialnej formie na Urantii, składał on pełen szacunku hołd Najwyższemu Ojcu-obserwatorowi, będącemu wtedy na służbie, jak jest napisane: „A Melchizedek, król Salemu, był kapłanem Najwyższego". Melchizedek objawił Abrahamowi swe powiązania z Najwyższym-obserwatorem, kiedy powiedział: „I niech będzie błogosławiony Najwyższy, który wydał nieprzyjaciół twoich w ręce twoje".

6. BOŻE OGRODY

Stolice systemów są zazwyczaj zdobione konstrukcjami materialnymi i mineralnymi, podczas gdy zarząd wszechświata jest raczej odzwierciedleniem duchowej chwały; stolice konstelacji są jednak punktem kulminacyjnym działalności morontialnej i żywego zdobnictwa. Na światach zarządu konstelacji stosuje się najczęściej żywe upiększenia i ta właśnie przewaga życia – botaniczny artyzm – sprawia, że światy te nazywane są „ogrodami Boga".

Blisko połowę Edentii zajmują znakomite ogrody Najwyższych Ojców a ogrody te zaliczane są do najbardziej imponujących dzieł morontialnych we wszechświecie lokalnym. Dlatego właśnie nadzwyczaj piękne miejsca na światach zamieszkałych w Norlatiadeku nazywa się często „ogrodami Eden".

Świątynia Najwyższych Ojców usytuowana jest w środku tego wspaniałego ogrodu. Psalmista musiał coś wiedzieć o tych rzeczach, kiedy pisał: „Kto wstąpi na górę Najwyższego? Kto stanie w tym świętym miejscu? Kto ma ręce nieskalane i czyste serce, który nie skłonił swej duszy ku marnościom i nie przysięgał fałszywie". I w tej właśnie świątyni Najwyższych Ojców cała Edentia czci w dogłębnej kontemplacji Boga Najwyższego, w każdym dziesiątym dniu odpoczynku.

Światy zaprojektowane mają dziesięć form życia klasy materialnej. Na Urantii jest życie roślinne i zwierzęce, ale na światach takich jak Edentia jest dziesięć kategorii materialnej klasy życia. Gdybyście zobaczyli te dziesięć kategorii życia Edentii, szybko zaklasyfikowalibyście trzy pierwsze do roślin a ostatnie trzy do zwierząt, ale zupełnie nie moglibyście zrozumieć natury czterech środkowych grup, płodnych i fascynujących form życia.

Nawet specyficznie życie zwierzęce Edentii różni się bardzo od tego ze światów ewolucyjnych, różnica jest tak wielka, że trudno jest zobrazować śmiertelnym umysłom unikalny charakter i uczuciową naturę tych, nie mówiących stworzeń. Istnieje wiele tysięcy żywych stworzeń, których prawdopodobnie nie potrafilibyście dostrzec oczyma wyobraźni. Cały świat zwierzęcy jest tam zupełnie odmiennej klasy niż ogół gatunków zwierzęcych z planet ewolucyjnych. Jednak całe to życie zwierzęce jest nadzwyczaj inteligentne i bardzo pożyteczne a wszystkie te różnorodne gatunki są zadziwiająco delikatne i wzruszająco towarzyskie. Na światach zaprojektowanych nie ma stworzeń mięsożernych; nie ma niczego na całej Edentii, czego mogłaby się obawiać jakakolwiek żywa istota.

Życie roślinne także bardzo się różni od tego, jakie jest na Urantii, a składa się ono z odmian zarówno materialnych jak i morontialnych. Rośliny materialne posiadają charakterystyczne, zielone zabarwienie, ale morontialne odpowiedniki życia roślinnego mają odcień fiołkowy albo storczykowy, o zróżnicowanych barwach i odcieniach. Taka roślinność rozwija się wyłącznie jako energia; po jej spożyciu nie ma pozostałości.

Zaprojektowane światy, wyposażone w dziesięć kategorii życia materialnego nie wspominając już odmian morontialnych, mają ogromne możliwości biologicznego upiększania terenu oraz struktur materialnych i morontialnych. W czasie tych szeroko zakrojonych prac, polegających na dekoracji botanicznej i upiększaniu biologicznym, niebiańscy twórcy kierują rodzimymi spornagiami. Kiedy wasi artyści muszą się uciekać do bezdusznych farb i pozbawionych życia marmurów, dla zobrazowania swych koncepcji, niebiańscy twórcy oraz univitaci częściej używają żywych materiałów dla wyrażenia swych idei oraz utrwalenia swych ideałów.

Jeśli lubicie kwiaty, krzaki i drzewa Urantii, to botaniczne piękno i okazałość kwiatów niebiańskich ogrodów Edentii będzie ucztą dla waszych oczu. Jednak przekazanie śmiertelnym umysłom odpowiednich pojęć, odzwierciedlających piękno niebiańskich światów, przekracza moje możliwości ich opisu. Zaprawdę oko nie widziało takich wspaniałości, jakie na was czekają, gdy przybędziecie do światów waszej przygody wznoszenia się.

7. UNIVITACI

Univitaci są stałymi obywatelami Edentii i związanych z nią światów; pod ich nadzorem jest siedemset siedemdziesiąt światów, otaczających zarząd konstelacji. Te dzieci Syna Stwórcy i Stwórczego Ducha rzutowane są na płaszczyznę bytu istniejącą między tym, co materialne a tym, co duchowe, ale nie są to istoty morontialne. Univitaci, rodzimi dla każdej z siedemdziesięciu głównych sfer Edentii, posiadają zróżnicowane formy widzialne, a śmiertelnicy morontialni mają swoje formy morontialne tak dopasowane, aby były zgrane z postępującą skalą univitatów, za każdym razem, gdy śmiertelnicy zmieniają miejsce zamieszkania, od jednej sfery Edentii do drugiej, kiedy przechodzą kolejno od świata pierwszego do siedemdziesiątego.

Univitaci duchowo są jednakowi; intelektualnie są tak zróżnicowani, jak śmiertelnicy; w swoich kształtach bardzo przypominają morontialne stadium bytu a stworzeni są tak, aby mogli działać w siedemdziesięciu różnych klasach osobowości. Każda klasa univitatów wykazuje dziesięć głównych form aktywności intelektualnej a każdy z tych, zróżnicowanych intelektualnie typów przewodniczy specjalnym szkołom przygotowania i kultury, które zajmują się uspołecznianiem rozwojowym i praktycznym, odbywającym się na jednym z dziesięciu satelitów krążących wokół każdego głównego świata Edentii.

Te siedemset mniejszych światów to sfery specjalistyczne, prowadzące praktyczne nauczanie na temat funkcjonowania całego wszechświata lokalnego, a dostępne są one dla wszystkich klas istot inteligentnych. Szkoły te nauczają specyficznych kunsztów i wiedzy specjalistycznej a nie są prowadzone tylko dla wznoszących się śmiertelników, chociaż studenci morontialni stanowią największą ze wszystkich grup, jaka uczęszcza na takie kursy instruktażowe. Kiedy zostaniecie przyjęci na którykolwiek z siedemdziesięciu głównych światów kultury społecznej, dostaniecie natychmiast prawo pobytu na każdym z dziesięciu otaczających go satelitów.

Większą cześć organizatorów powrotu, którzy przebywają w różnych koloniach kurtuazyjnych, stanowią wznoszący się śmiertelnicy, ale univitaci reprezentują największą grupę związaną z nebadońskim korpusem niebiańskich twórców. Żadne pozahavonalne istoty w całym Orvontonie, za wyjątkiem abandonterów z Uversy, nie mogą się równać z univitatami w ich kunszcie artystycznym, przystosowalności społecznej i zdolnościach koordynacyjnych.

Ci obywatele konstelacji praktycznie nie są członkami korpusu twórców, jednak współpracują bez ograniczeń ze wszystkimi grupami twórców i przyczyniają się w znacznej mierze do przetworzenia światów konstelacji w główne sfery realizacji wspaniałych możliwości artystycznych kultury przejściowej. Nie działają oni poza światami zarządu konstelacji.

8. ŚWIATY SZKOLENIOWE EDENTII

Materialne piękno Edentii oraz otaczających ją sfer jest prawie doskonałe; nie mogą się one równać z duchowym majestatem sfer Salvingtonu, dalece jednak przewyższają wspaniałość światów szkoleniowych Jerusem. Wszystkie sfery Edentii są zasilane energią bezpośrednio z wszechświatowych prądów kosmicznych a ich ogromne systemy mocy, zarówno materialne jak i morontialne, są fachowo nadzorowane i rozdzielane przez centra konstelacji, którym pomagają kompetentne korpusy Nadrzędnych Kontrolerów Fizycznych i Nadzorców Mocy Morontialnej.

Czas, spędzony na siedemdziesięciu światach szkoleniowych przejściowej kultury morontialnej, w edeńskiej epoce wznoszenia się śmiertelnika, jest najbardziej unormowanym okresem życia wznoszącej się istoty, aż do osiągnięcia przez nią statusu finalisty; jest to naprawdę typowe życie morontialne. Podczas gdy jesteście przestrajani za każdym razem, gdy przechodzicie z jednego głównego świata kultury do drugiego, zachowujecie to samo ciało morontialne i nie występują tutaj okresy nieświadomości osobowości.

Wasz pobyt na Edentii i związanych z nią sferach wypełniony będzie głównie opanowaniem etyki grupowej, która jest tajemnicą serdecznych i wartościowych związków wzajemnych, występujących pomiędzy różnymi klasami inteligentnych osobowości z wszechświata i superwszechświata.

Na światach-mieszkaniach dopełniliście konsolidacji rozwijającej się osobowości śmiertelnika; w stolicy systemu zdobyliście obywatelstwo Jerusem i wolę poddania się dyscyplinie działań grupowych oraz przedsięwzięć skoordynowanych; teraz jednak, na światach szkoleniowych konstelacji, będziecie nabywać prawdziwego uspołecznienia waszej, rozwijającej się osobowości morontialnej. Ta niebiańska zdobycz kulturowa polega na nauczeniu się jak:

1. Żyć szczęśliwie i pracować wydajnie z dziesięcioma różnorodnymi braćmi morontianami, kiedy takie grupy są powiązane w kompanie, po stu, a potem zjednoczone w korpusy, po tysiąc istot.

2. Dostosować się i współpracować serdecznie z dziesięcioma univitatami, którzy choć intelektualnie podobni do istot morontialnych, są bardzo odmienni pod każdym innym względem. Następnie musicie działać z taką grupą dziesięciu istot, skoordynowaną z dziesięcioma innymi rodzinami, które z kolei są zjednoczone w korpusach po tysiąc univitatów.

3. Dostosować się równocześnie zarówno do braci morontian jak i do zastępu univitatów. Nabrać umiejętności spontanicznej i efektywnej współpracy z waszą klasą istot, w bliskim roboczym związku z poniekąd odmienną grupą istot inteligentnych.

4. Podczas tego współdziałania społecznego z istotami do was podobnymi i niepodobnymi, osiągnąć intelektualną harmonię i dostosować się roboczo do obu grup towarzyszy.

5. Gdy osiąga się zadowalające uspołecznienie na poziomie osobowym, intelektualnym i zajęciowym, dalej rozwijać zdolności życia w bliskim kontakcie z istotami do was podobnymi i nieco odmiennymi, z coraz mniejszą drażliwością i wciąż malejącą animozją. Organizatorzy powrotu w znacznej mierze pomagają to osiągnąć, dzięki grupowym zabawom.

6. Dostosować wszystkie te, zróżnicowane metody uspołeczniania, do zdobywania coraz większej koordynacji życia na drodze wznoszenia się do Raju; rozwijać wnikliwość wszechświatową przez poszerzenie zdolności zrozumienia znaczeń wiecznego celu, ukrytego w pozornie nieistotnych działaniach w czasie-przestrzeni.

7. Potem osiągnąć szczyt wszystkich takich metod wielorakiego uspołecznienia, wraz równoległym umocnieniem duchowej wnikliwości, jak się to odnosi do rozwoju wszystkich stadiów wyposażenia osobowego, zdobytego dzięki grupowemu, duchowemu związkowi i koordynacji morontialnej. Dwie istoty śmiertelne, dzięki metodzie partnerstwa, nie podwajają swych osobowych potencjałów wszechświatowych osiągnięć intelektualnie, społecznie i duchowo; ich wyniki i możliwości osiągnięcia sukcesów są prawie czterokrotnie większe.

Przedstawialiśmy uspołecznianie na Edentii jako związek śmiertelników morontialnych z rodziną univitatów, grupą obejmującą dziesięć intelektualnie zróżnicowanych jednostek, współdziałającą z podobnym związkiem dziesięciu braci morontian. Jednak na pierwszych siedmiu głównych światach, tylko jeden wznoszący się śmiertelnik żyje z dziesięcioma univitatami. W drugiej grupie siedmiu głównych światów, dwu śmiertelników mieszka z każdą rodzimą grupą dziesięciu univitatów i tak dalej, aż do ostatniej grupy siedmiu głównych sfer, gdzie dziesięć istot morontialnych zamieszkuje z dziesięcioma univitatami. Tak jak uczycie się coraz lepiej żyć w społeczności z univitatami, tak samo będziecie stosować tę doskonalszą etykę w waszych związkach z współbraćmi zaawansowanymi w morontii.

Jako wznoszący się śmiertelnicy polubicie wasz pobyt na światach rozwojowych Edentii, ale nie będziecie już przeżywać tego osobistego dreszczu ziszczenia, jaki jest charakterystyczny dla waszych wstępnych kontaktów ze sprawami wszechświata w zarządzie systemu, czy dla pożegnalnego szlifu tych rzeczywistości w końcowych światach stolicy wszechświata.

9. OBYWATELSTWO EDENTII

Po ukończeniu nauki na siedemdziesiątym świecie, wznoszący się śmiertelnicy zaczynają swój pobyt na Edentii. Teraz wznoszące się istoty uczestniczą po raz pierwszy w „rajskich zgromadzeniach" i słuchają, jak Wierny Czasu, pierwsza spotkana osobowość z Najwyższych Osobowości pochodzących od Trójcy, opowiada o ich szerokich możliwościach.

Cały pobyt na światach szkoleniowych konstelacji, który osiąga swą kulminację w obywatelstwie Edentii, jest dla zaawansowanych w morontii okresem prawdziwego, niebiańskiego szczęścia. W czasie waszego pobytu na światach systemu przekształciliście się z istoty bliskiej zwierzęciu w istotę morontialną; byliście wtedy bardziej materialni niż duchowi. Na sferach Salvingtonu będziecie rozwijać się od poziomu istot morontialnych do statusu prawdziwego ducha; będziecie bardziej duchowi niż materialni. Ale na Edentii wznoszące się istoty znajdują się pośrodku, pomiędzy ich stanem pierwotnym a przyszłym, pośrodku ich wędrówki od ewolucyjnego zwierzęcia do wznoszącego się ducha. Podczas całego waszego pobytu na Edentii i jej światach jesteście „jak aniołowie"; wciąż się rozwijacie, ale chwilowo posiadacie generalny, typowy status morontialny.

Pobyt wznoszącego się śmiertelnika w konstelacji jest najbardziej jednolitą i stabilną epoką na całej drodze jego rozwoju morontialnego. Doświadczenie to jest przedduchowym nauczaniem uspołeczniającym wznoszących się istot. Jest ono analogiczne do duchowego doświadczenia przedfinalisty w Havonie i do przedabsonicznego szkolenia w Raju.

Na Edentii, wznoszący się śmiertelnicy zajmują się zasadniczo swymi zadaniami, które wykonują na siedemdziesięciu progresywnych światach univitatów. Służą także na różnych stanowiskach na samej Edentii, głównie związanych z programem konstelacji, mającym na celu dobro grup, ras, narodów i planet. Najwyżsi Ojcowie nie zajmują się zbytnio rozwojem jednostki na zamieszkałych światach, raczej rządzą królestwami ludzkimi niż sercami jednostek.

I tego dnia, kiedy będziecie gotowi opuścić Edentię i zacząć waszą działalność na Salvingtonie, zastanowicie się na chwilę i popatrzycie wstecz, na jedną z najpiękniejszych i najbardziej pokrzepiających epok waszej nauki po tej stronie Raju. Jej chwała będzie coraz większa, kiedy będziecie się wznosić do wewnątrz i zaczniecie coraz lepiej doceniać boskie znaczenia i duchowe wartości.

[Nadzorowane przez Malavatię Melchizedeka].

PRZEKAZ 44

NIEBIAŃSCY TWÓRCY

W KOLONIACH kurtuazyjnych, znajdujących się na różnych światach zarządu i w różnych sekcjach wszechświata, można znaleźć unikalną klasę różnorodnych osobowości, zwanych niebiańskimi twórcami. Istoty te są wspaniałymi artystami i twórcami, działającymi w domenach morontialnych i w niższych domenach duchowych. Są to duchy i częściowe duchy, które zajmują się zdobnictwem morontialnym i estetyką duchową. Twórcy ci rozlokowani są w całym wielkim wszechświecie – na światach zarządu superwszechświatów, wszechświatów lokalnych, konstelacji i systemów, jak również na planetach ustanowionych w światłości i życiu; jednak główną domeną ich działalności są konstelacje a zwłaszcza siedemset siedemdziesiąt światów, otaczających każdą sferę zarządu.

Należy pamiętać, że światy morontialne i duchowe nie są pozbawione wspaniałej sztuki i niebiańskiej kultury, chociaż jej dzieła mogą być nieomal niemożliwe do zrozumienia materialnym umysłem.

Niebiańscy twórcy nie są stworzeni jako tacy, są korpusem istot wybieranych i rekrutowanych z pewnych osobowości nauczających, rodzimych dla wszechświata centralnego, oraz z ich uczniów-ochotników, gromadzonych ze wznoszących się śmiertelników i licznych innych grup istot niebiańskich. Pierwotny, nauczycielski korpus tych twórców, był kiedyś mianowany przez Nieskończonego Ducha, przy współpracy Siedmiu Duchów Nadrzędnych i składa się z siedmiu tysięcy instruktorów z Havony, po tysiąc na każdą z siedmiu grup twórców. Rozpoczęto z takim zalążkiem, z którego przez epoki rozwinęła się wspaniała grupa pracowników, biegłych w zadaniach duchowych i morontialnych.

Do korpusu niebiańskich twórców może być przyjęta każda osobowość morontialna czy byt duchowy; znaczy każda istota poniżej rangi naturalnego synostwa Boskiego. Wznoszący się synowie Boga ze sfer ewolucyjnych mogą się starać, po swym przybyciu do światów morontialnych, o przyjęcie do korpusu twórców, a jeśli są odpowiednio utalentowani, mogą zechcieć działać jako tacy przez dłuższy czy krótszy czas. Nikt jednak nie może wstępować w szeregi niebiańskich twórców na czas krótszy niż millennium, na tysiąc lat czasu superwszechświata.

Wszyscy niebiańscy twórcy rejestrowani są w zarządzie superwszechświata, ale kierowani są przez nadzorców morontialnych w stolicach wszechświata lokalnego. Są oni powoływani do następujących siedmiu głównych grup zajęciowych, przez centralny korpus nadzorców morontialnych, działający na światach zarządu każdego wszechświata lokalnego:

1. Niebiańscy muzycy.
2. Niebiańscy odtwórcy.
3. Niebiańscy budowniczowie.
4. Rejestratorzy myśli.
5. Operatorzy energii.
6. Projektanci i dekoratorzy.
7. Harmonizatorzy.

Wszyscy pierwotni nauczyciele tych siedmiu grup przybywają z doskonałych światów Havony a Havona zawiera formy, formy do nauczania, dla wszystkich stadiów i postaci sztuki duchowej. Próba przeniesienia sztuk Havony do światów przestrzeni jest gigantycznym zadaniem, jednak niebiańscy twórcy doskonalili się wiele epok w metodach ich przenoszenia i wdrażania. Tak jak we wszystkich innych stadiach drogi wznoszenia się, od tych, którzy są najbardziej zaawansowani w jakiejkolwiek dyscyplinie, wymaga się stałego udzielania tej wyższej wiedzy i umiejętności mniej wyróżniającym się braciom.

Od tego momentu, gdy na światach-mieszkaniach po raz pierwszy rzucicie okiem na sztuki przeniesione z Havony, ich piękno i wasze uznanie tego piękna będzie coraz większe i intensywniejsze, aż staniecie w halach ducha Salvingtonu i ujrzycie inspirujące arcydzieła niebiańskich artystów domen duchowych.

Wszelkie takie działania na światach morontialnych i duchowych są rzeczywiste. Dla istoty duchowej świat duchowy jest rzeczywistością. Dla nas, świat materialny jest bardziej nierzeczywisty. Wyższe formy ducha przenikają swobodnie zwykłą materię. Wyższe duchy nie reagują na nic materialnego, za wyjątkiem niektórych podstawowych energii. Dla istot materialnych świat ducha jest bardziej czy mniej nierzeczywisty; dla istot duchowych świat materialny jest prawie zupełnie nierzeczywisty, stanowiąc jedynie cień tworzywa rzeczywistości duchowych.

Posiadając wyłącznie duchowy wzrok, nie potrafię dostrzec budynku, w którym narracja ta jest tłumaczona i zapisywana. Niebiański Radca z Uversy, który przypadkiem stoi obok mnie, dostrzega jeszcze mniej tych czysto materialnych wytworów. Widzimy jak dla was wyglądają takie struktury materialne, gdy oglądamy ich duchową kopię, przedstawianą naszym umysłom przez jednego z przetwarzaczy energii, który nam towarzyszy. Ten materialny budynek nie jest dla mnie jako istoty duchowej, zupełnie rzeczywisty, ale jest oczywiście bardzo rzeczywisty i użyteczny dla śmiertelników materialnych.

Istnieją pewne rodzaje istot, które potrafią dostrzegać rzeczywistość zarówno istot ze światów duchowych jak i materialnych. Do tej klasy zaliczają się tak zwane czwarte istoty Servitali Havony i czwarte istoty rozjemców. Aniołowie czasu i przestrzeni wyposażeni są w zdolność dostrzegania istot zarówno duchowych jak i materialnych, tak samo jak wznoszący się śmiertelnicy, po uwolnieniu się od życia w ciele. Po osiągnięciu wyższych poziomów duchowych, wznoszące się istoty potrafią rozpoznawać rzeczywistości materialne, morontialne i duchowe.

Jest tutaj też ze mną Możny Posłaniec z Uversy, wznoszący się były śmiertelnik, zespolony z Dostrajaczem i on dostrzega was takimi, jakimi jesteście a jednocześnie widzi Samotnego Posłańca, supernafina i inne przebywające tutaj istoty niebiańskie. Nigdy, podczas długiego wznoszenia się, nie stracicie zdolności rozpoznawania waszych towarzyszy z poprzednich bytów. Kiedy wznosicie się na skali życia, do wewnątrz, zawsze zachowacie zdolność rozpoznawania istot z waszych poprzednich, niższych poziomów doświadczeń i bratania się z nimi. Każde nowe transponowanie czy zmartwychwstanie doda do zasięgu waszego wzroku jeszcze jedną grupę istot duchowych, bez pozbawiania was w najmniejszym stopniu zdolności rozpoznawania przyjaciół i braci z wcześniejszych domen.

W doświadczeniu wznoszących się śmiertelników, wszystko to jest możliwe dzięki funkcjonowaniu zamieszkujących ich Dostrajaczy Myśli. Dzięki zachowaniu, przez Dostrajacze, duplikatów wszelkich waszych doświadczeń życiowych, macie gwarancję, że nigdy nie stracicie żadnego istotnego przymiotu, jaki kiedykolwiek posiadaliście; a Dostrajacze te idą z wami dalej, jako część was, w rzeczywistości, jako *wy* sami.

Wątpię jednak, czy będę potrafił przekazać materialnemu umysłowi istotę pracy niebiańskich twórców. Zmuszany jestem nieustannie wypaczać myśl i zniekształcać język, żeby przedstawić śmiertelnemu umysłowi rzeczywistości spraw morontialnych i zjawisk bliskich duchowym. Nie potraficie sprecyzować waszymi myślami znaczeń, wartości i związków tych częściowo duchowych funkcji, a również wasz język nie jest odpowiedni do ich przekazania. I dalej próbuję oświecić umysł ludzki odnośnie tych rzeczywistości, zdając sobie dobrze sprawę z tego, że nie mogę osiągnąć pełnego sukcesu w takim zadaniu.

Nie mogę zrobić nic więcej, prócz naszkicowania uproszczonej analogii pomiędzy materialnymi działaniami śmiertelników a różnorodnymi czynnościami niebiańskich twórców. Gdyby narody Urantii były bardziej zaawansowane w sztuce i innych osiągnięciach kulturalnych, wtedy mógłbym iść znacznie dalej w mych wysiłkach przeniesienia ludzkiego umysłu od spraw materialnych do morontialnych. Wszystko, co mogę osiągnąć, to zaakcentowanie faktu rzeczywistości spraw świata morontialnego i duchowego.

1. NIEBIAŃSCY MUZYCY

Przy ograniczonym zakresie ludzkiego słuchu, trudno wam będzie wyobrazić sobie melodie morontialne. Istnieje nawet materialny zakres pięknych dźwięków, niesłyszalnych dla ludzkiego zmysłu słuchu, nie mówiąc już o niepojętej skali harmonii morontialnej i duchowej. Melodie duchowe nie są falami materialnego dźwięku, ale pulsacjami ducha, odbieranymi przez duchy niebiańskich osobowości. Ogromna szerokość zakresu i dusza ekspresji, jak również majestatyczność wykonania, związana jest z melodią sfer, która przekracza zakres ludzkiego pojmowania. Widziałem miliony zachwyconych istot, w stanie podniosłej ekstazy, kiedy melodia sfer falowała na duchowej energii niebiańskich obwodów. Te cudowne melodie mogą być transmitowane do najodleglejszych części wszechświata.

Niebiańscy muzycy tworzą niebiańską harmonię, operując następującymi siłami duchowymi:

1. *Dźwięk duchowy* – zaburzenia strumienia duchowego.
2. *Światłość duchowa* – kontrola i wzmacnianie światłości domen morontialnych i duchowych.

3. *Oddziaływania energii* – melodia wytwarzana przez zręczne kierowanie energiami morontialnymi i duchowymi.
4. *Kolorystyczne symfonie* – melodia tworzona z odcieni kolorów morontialnych; zalicza się ona do najwyższych osiągnięć niebiańskich muzyków.
5. *Harmonia złączonych duchów* – swoiste rozmieszczenie i połączenie różnych klas istot morontialnych i duchowych, wytwarzające majestatyczne melodie.
6. *Melodia myśli* – myślenie myślą duchową może być tak udoskonalone, że wybuchnie melodiami Havony.
7. *Muzyka przestrzeni* – dzięki prawidłowemu dostrojeniu się, melodie innych sfer mogą być wychwycone w obwodach transmisji wszechświatowej.

Istnieje ponad sto tysięcy różnych metod operowania dźwiękiem, kolorem i energią, technik analogicznych do ludzkich w odniesieniu do instrumentów muzycznych. Wasze zespoły taneczne reprezentują bez wątpienia niedojrzałe i groteskowe próby zbliżania się istot materialnych do niebiańskiej harmonii rozmieszczania istot i zestawiania osobowości. Pozostałe pięć form melodii morontialnych nie jest rozpoznawalne przez mechanizm zmysłowy ciał materialnych.

Harmonia, muzyka siedmiu poziomów związków melodycznych, jest jednolitym, uniwersalnym kodem duchowego porozumiewania się. Muzyka, tak jak ją rozumieją śmiertelnicy Urantii, osiąga swą najwyższą ekspresję w szkołach Jerusem, w zarządzie systemu, gdzie częściowo materialne istoty nauczane są harmonii dźwięku. Śmiertelnicy nie reagują na inne formy melodii morontialnych i niebiańskiej harmonii.

Wartościowanie muzyki na Urantii jest zarówno materialne jak i duchowe; i wasi muzycy zrobili wiele, aby poprawić smak muzyczny, od barbarzyńskiej monotonii waszych wczesnych przodków do wyższych poziomów wartościowania dźwięku. Większość śmiertelników Urantii reaguje na muzykę przeważnie materialnymi mięśniami a bardzo słabo umysłem i duchem; jednak od ponad trzydziestu pięciu tysięcy lat wartościowanie muzyki wciąż jest doskonalone.

Melodyjne synkopowanie reprezentuje przejście od muzycznej monotonii człowieka prymitywnego do pełnej ekspresji harmonii i wyrazistych melodii muzyków współczesnych. Te wcześniejsze typy rytmu stymulują reakcje zmysłu muzycznego, nie wywołują jednak oddźwięku w wyższych władzach intelektualnych, zdolnych do oceny harmonii i tym samym przemawiają w zasadzie do jednostek niedojrzałych lub duchowo ociężałych.

Najlepsza muzyka Urantii jest tylko dalekim echem świetnych melodii, słyszanych przez niebiańskich towarzyszy waszych muzyków, którzy zostawili w swych zapisach zaledwie fragmenty harmonii morontialnej, jako muzyczne melodie harmonii dźwiękowych. Muzyka duchowo-morontialna nierzadko stosuje wszystkie siedem metod wyrazu i odtwarzania, tak więc ludzki umysł jest niezmiernie ograniczony w jakichkolwiek próbach zredukowania melodii wyższych sfer do zwykłych nut – do dźwięków *muzycznych. Takie próby* są czymś w rodzaju usiłowania odtworzenia melodii wielkiej orkiestry za pomocą pojedynczego instrumentu muzycznego.

Chociaż skomponowaliście na Urantii nieco pięknych melodii, muzycznie nie posunęliście się nawet tak daleko, jak wiele sąsiednich planet w Satanii. Gdyby Adam i Ewa nadal żyli, wtedy mielibyście prawdziwą muzykę; jednak dar harmonii, tak wielki w ich naturach, został tak mocno rozrzedzony przez rasy bez zamiłowania muzycznego, że tylko raz na tysiąc żyć ludzkich zdarza się wielkie zrozumienie harmonii. Ale nie upadajcie na duchu; kiedyś prawdziwy muzyk może się pojawić na Urantii i wszystkie narody zostaną oczarowane wspaniałymi tonami jego melodii. Jedna taka istota ludzka może na zawsze zmienić nastawienie całego narodu, nawet całego cywilizowanego świata. Jest literalną prawdą, że „melodia ma moc przekształcenia całego świata". Muzyka zawsze pozostanie uniwersalnym językiem ludzi, aniołów i duchów. Harmonia jest mową Havony.

2. NIEBIAŃSCY ODTWÓRCY

Człowiek śmiertelny nie może spodziewać się zrozumienia niczego więcej, prócz zawężonej i wypaczonej idei niebiańskich odtwórców, której zobrazowania muszę się podjąć, używając uproszczonego i ograniczonego symbolizmu waszego, materialnego języka. Świat duchowo-morontialny ma tysiąc i jedną rzecz o najwyższej wartości, rzecz wartą odtworzenia a jednak nieznaną na Urantii, doświadczenia należące do tej kategorii działań, których „nie zdołał pojąć umysł ludzki", te rzeczywistości, które oczekują u Boga na tych, którzy przetrwają życie w ciele.

Jest siedem grup niebiańskich odtwórców i spróbuję zobrazować ich działalność przez następującą klasyfikację:

1. *Śpiewacy* – harmonizujący, którzy powtarzają określone harmonie z przeszłości i interpretują bieżące melodie. Wszystko to jednak robi się na poziomie morontialnym.
2. *Twórcy kolorów* – tych artystów światła i cienia nazwalibyście rysownikami i malarzami, artystami utrwalającymi przemijające widowiska i krótkotrwałe epizody, aby można z nich było korzystać w morontii w przyszłości.
3. *Świetlni ilustratorzy* – twórcy utrwalający prawdziwe, częściowo duchowe fenomeny, dla których obraz filmowy byłby bardzo uproszczoną ilustracją.
4. *Żywe obrazy historii* – ci, którzy w sposób dramatyczny odtwarzają przełomowe wydarzenia z rejestrów i historii wszechświata.
5. *Proroczy artyści* – ci, którzy rzutują znaczenia historii w przyszłość.
6. *Narratorzy historii życiowych* – są to ci, którzy utrwalają treść i znaczenie życiowego doświadczenia; jest to rzutowanie obecnych doświadczeń życiowych na wartości osiągane w przyszłości.
7. *Inscenizatorzy administracyjni* – są to ci, którzy opisują znaczenie filozofii rządzenia i metod administracyjnych, niebiańscy dramaturgowie władzy.

Niebiańscy odtwórcy bardzo często i efektywnie współpracują z organizatorami powrotu, łącząc odtworzenia pamięciowe z pewnymi formami wypoczynku umysłowego i osobistej rozrywki. Przed zebraniami morontialnymi i zgromadzeniami duchowymi, odtwórcy ci czasami łączą się w wielkich widowiskowych spektaklach, przedstawiających cel takich zebrań. Niedawno byłem świadkiem takiego zdumiewającego przedstawienia, kiedy ponad milion aktorów przedstawiało tysiąc scen po kolei.

Wyżsi nauczyciele intelektu i opiekunowie przejścia używają często i z dobrym skutkiem, w swych edukacyjnych pracach morontialnych, takie grupy rozmaitych odtwórców. Jednak nie wszystkie ich wysiłki koncentrują się na tymczasowej ilustracji; wiele, bardzo wiele ich pracy ma charakter trwały i pozostaje utrwalone na zawsze dla całej przyszłości. Twórcy ci są tak wszechstronni, że kiedy działają w większej liczbie, potrafią odtworzyć epokę a we współpracy z opiekunami seraficznymi, mogą prawdziwie zobrazować wieczne wartości świata ducha śmiertelnym prorokom czasu.

3. NIEBIAŃSCY BUDOWNICZOWIE

Są miasta, „których architektem i budowniczym jest sam Bóg". W duchowych odpowiednikach mamy wszystko to, co znane jest wam śmiertelnikom oraz nieopisanie więcej. Mamy domy, zaspokojenie potrzeb duchowych i warunków morontialnych. Na każde materialne zaspokojenie potrzeb, które może zadowalać ludzi, przypada u nas tysiące rzeczywistości duchowych, służących wzbogaceniu i poszerzeniu naszej egzystencji. Niebiańscy budowniczowie działają w siedmiu grupach:

1. *Projektanci i budowniczowie mieszkań* – to są ci, którzy budują i przerabiają miejsca zamieszkania, przydzielone jednostkom i grupom roboczym. Te morontialne i duchowe osiedla są rzeczywiste. Dla waszego, wąskiego zakresu wzroku, byłyby niewidzialne, ale dla nas są one bardzo realne i piękne. W pewnym stopniu wszystkie istoty duchowe mogą uczestniczyć, razem z budowniczymi, w planowaniu i tworzeniu pewnych szczegółów swych morontialnych i duchowych miejsc pobytu. Domy te wyposażone są i ozdobione zgodnie z potrzebami tych istot morontialnych i duchowych, które je zamieszkują. Istnieje znaczna różnorodność tych konstrukcji i są duże możliwości nadawania im indywidualnego charakteru.

2. *Budowniczowie budowli roboczych* – to są ci, którzy pracują przy projektowaniu i montażu miejsc pobytu dla stałych i rutynowych pracowników domen duchowych i morontialnych. Budowniczych tych można porównać do tych, którzy na Urantii konstruują fabryki i inne obiekty przemysłowe. Światy przejściowe posiadają odpowiednią organizację wzajemnej służby i wyspecjalizowany podział pracy. Nie wszyscy robimy wszystko; wśród istot morontialnych i rozwijających się duchów istnieje zróżnicowanie funkcjonalne a budowniczowie budowli roboczych nie tylko budują lepsze pracownie, ale przyczyniają się także do fachowego kształcenia pracownika.

3. *Budowniczowie budowli rozrywkowych.* Ogromne budowle używane są w czasie odpoczynku, do tego, co śmiertelnicy nazywają rekreacją i w pewnym sensie zabawą. Odpowiednie warunki pracy zapewnione są organizatorom powrotu, humorystom światów morontialnych, czyli tych sfer przejściowych, gdzie odbywa się nauczanie wznoszących się istot, które niedawno odeszły z planet ewolucyjnych. Nawet wyższe duchy zajmują się pewną formą humorystycznych reminiscencji podczas duchowej odnowy.

4. *Budowniczowie obiektów czczenia* – to doświadczeni twórcy świątyń duchowych i morontialnych. Wszystkie światy, gdzie wznoszą się śmiertelnicy, posiadają świątynie przeznaczone do czczenia i są to najznakomitsze dzieła domen morontialnych i sfer duchowych.

5. *Budowniczowie budowli edukacyjnych* – są to ci, którzy budują główne obiekty szkolenia morontialnego i zaawansowanego nauczania duchowego. Zawsze otwarta jest droga dla zdobywania większej ilości wiedzy, dla przyswajania dodatkowych informacji o czyjejś obecnej i przyszłej pracy, jak również powszechnej wiedzy i kultury, w celu kształtowania inteligencji wznoszących się śmiertelników i zrobienia z nich bardziej wartościowych obywateli światów morontialnych i duchowych.

6. *Planiści morontialni* – to są ci, którzy budują dla partnerskich stowarzyszeń wszystkich osobowości ze wszystkich domen, dla tych zrzeszeń, jakie kiedykolwiek istnieją na jakiejkolwiek sferze. Planiści ci współpracują z Nadzorcami Mocy Morontialnej, aby usprawnić koordynację progresywnego życia morontialnego.

7. *Budowniczowie budowli publicznych* – to są ci twórcy, którzy planują i budują miejsca przeznaczone na zgromadzenia nie związane z czczeniem. Wielkie i wspaniałe są te miejsca wspólnych zgromadzeń.

Chociaż ani te struktury ani ich zdobnictwo nie byłyby zupełnie rzeczywiste dla zmysłowego pojmowania materialnych śmiertelników, dla nas są one bardzo rzeczywiste. Nie moglibyście dostrzec tych świątyń, gdybyście znaleźli się przed nimi w ciele; tym niemniej wszystkie te nadmaterialne budowle istnieją naprawdę, dostrzegamy je wyraźnie i w pełni z nich korzystamy.

4. REJESTRATORZY MYŚLI

Twórcy ci zajmują się przechowywaniem i odtwarzaniem wyższych myśli danych domen a funkcjonują w siedmiu grupach:

1. *Przechowujący myśl.* Twórcy ci zajmują się utrwalaniem wyższych myśli danych domen. Na światach morontialnych naprawdę przechowują klejnoty myśli. Zanim po raz pierwszy przybyłem na Urantię, widziałem zapisy i słyszałem transmisję z wyboru myśli niektórych wielkich umysłów tej planety. Rejestratorzy myśli przechowują takie szlachetne idee w języku Uversy.

Każdy superwszechświat posiada swą własną mowę, język, którego używają jego osobowości i który obowiązuje w jego sektorach. W naszym superwszechświecie nazywany jest on językiem Uversy. Każdy wszechświat lokalny ma również swój własny język. Wszystkie wyższe klasy Nebadonu posługują się dwoma językami, zarówno językiem Nebadonu jak i mową Uversy. Kiedy spotkają się dwie osoby z różnych wszechświatów lokalnych, porozumiewają się mową Uversy; jednak, jeśli ktoś przybywa z innego superwszechświata, trzeba się uciekać do pomocy tłumacza. We wszechświecie centralnym język nie jest specjalnie potrzebny; istnieje tam doskonałe i prawie całkowite zrozumienie; tam tylko Bogowie nie są w pełni rozumiani. Zostaliśmy pouczeni, że okazjonalne spotkanie dwóch istot w Raju daje więcej wzajemnego zrozumienia, niż można by przekazać w języku śmiertelników przez tysiąc lat. Nawet na Salvingtonie „poznajemy tak, jak i zostaliśmy poznani".

Na sferach morontialnych i duchowych możliwość przekładania myśli na język przekracza ludzkie pojmowanie. Nasze tempo redukcji myśli do formy stałego zapisu może zostać tak przyspieszone przez zdolnych rejestratorów, że ekwiwalent ponad pół miliona słów czy symboli myślowych można zarejestrować w minucie czasu Urantii. Języki wszechświata są znacznie doskonalsze niż mowa rozwijających się światów. Pojęciowe symbole Uversy zawierają ponad miliard znaków, chociaż zasadniczy alfabet posiada jedynie siedemdziesiąt symboli. Język Nebadonu nie jest aż tak skomplikowany, jest czterdzieści osiem podstawowych symboli, jednostek alfabetu.

2. *Rejestratorzy idei.* Druga grupa rejestratorów zajmuje się utrwalaniem obrazów pojęciowych, wzorów idei. Jest to forma trwałego zapisu, nieznana w domenach materialnych i dzięki tej metodzie mogę zdobyć więcej wiedzy w ciągu godziny waszego czasu, niż wy możecie nabyć zgłębiając zwykły język pisany przez sto lat.

3. *Rejestratorzy ideograficzni.* Posiadamy nasze odpowiedniki zarówno waszych słów pisanych jak i mówionych, jednak przy utrwalaniu myśli używamy zazwyczaj obrazowania pojęć oraz techniki ideograficznej. Ci, którzy utrwalają ideogramy, potrafią tysiąckrotnie usprawnić pracę rejestratorów idei.

4. *Inicjatorzy oratorstwa.* Ta grupa rejestratorów zajmuje się przechowywaniem myśli dla jej oratorskiego odtwarzania. W języku Nebadonu potrafimy, w półgodzinnym przemówieniu, zawrzeć treść całego życia śmiertelnika z Urantii. Jedyną waszą nadzieją zrozumienia tych spraw jest rozważanie waszych rozwianych i zniekształconych marzeń sennych, tego, jak w kilka sekund możecie przemierzyć lata doświadczeń w tych nocnych fantazjach.

Oratorstwo świata ducha jest jedną z bardziej wyszukanych przyjemności, jakie czekają na was, którzy słyszeliście tylko uproszczone i pełne potknięć oracje na Urantii. Istnieje muzyczna harmonia i eufonia ekspresji w oracjach Salvingtonu i Edentii, tak niesłychanie inspirujących. Owe płonące idee są jak klejnoty piękna w diademach chwały. Ale ja nie potrafię! Nie potrafię przekazać ludzkiemu umysłowi rozmiaru i głębi tych rzeczywistości z innego świata!

5. *Kierownicy transmisji.* Transmisja z Raju, z superwszechświatów i wszechświatów lokalnych, znajduje się pod generalnym nadzorem tej grupy istot utrwalających myśli. Służą oni jako cenzorzy i edytorzy, jak również koordynatorzy materiału do transmisji, adaptując do potrzeb superwszechświata wszystkie transmisje z Raju oraz adaptując i tłumacząc na poszczególne języki wszechświatów lokalnych transmisje Pradawnych Czasu.

Transmisje wszechświatów lokalnych także muszą być modyfikowane, dla ich odbioru przez systemy i poszczególne planety. Transmisja takich doniesień kosmicznych jest dokładnie nadzorowana, przy czym zawsze następuje potwierdzenie zwrotne, aby się upewnić, że każde doniesienie zostało prawidłowo odebrane na każdym świecie danego obwodu. Kierownicy transmisji są technicznymi ekspertami w wykorzystaniu prądów przestrzeni dla wszelkiego rodzaju łączności pomiędzy istotami inteligentnymi.

6. *Rejestratorzy rytmu.* Bez wątpienia Urantianie określiliby tych twórców poetami, choć ich działalność jest bardzo odmienna i prawie nieskończenie przewyższa waszą twórczość poetycką. Zarówno istoty morontialne jak i duchowe mniej się męczą, gdy uciekają się do rytmu, dlatego czyni się często próby zwiększenia ich wydajności jak i przydania im przyjemności przez wprowadzanie licznych funkcji w formach rytmicznych. Chciałbym, abyście mieli ten zaszczyt i mogli słyszeć niektóre poetyczne transmisje ze zgromadzeń Edentii, abyście mogli się cieszyć bogactwem koloru i dźwięku

geniuszy konstelacji, którzy są mistrzami w takich znakomitych formach ekspresji i społecznego zestrojenia.

7. *Rejestratorzy morontialni.* Jestem w rozterce, ponieważ nie wiem, jak określić materialnemu umysłowi działalność tej ważnej grupy rejestratorów myśli, którym powierzono przechowywanie całokształtu obrazów z różnych zebrań, dotyczących spraw morontialnych i procesów duchowych; mogę zobrazować ich z grubsza jako grupowych fotografów światów przejściowych. Zachowują dla przyszłości ważniejsze sceny i zgromadzenia z kolejnych epok, przechowując je w archiwach hal zapisów morontialnych.

5. OPERATORZY ENERGII

Ci ciekawi i wydajni twórcy zajmują się każdym rodzajem energii: energią fizyczną, umysłową i duchową.

1. *Operatorzy energii fizycznej.* Operatorzy energii fizycznej służą przez długi czas z dyspozytorami mocy i są ekspertami od ukierunkowania i kontroli wielu stadiów energii fizycznej. Zaznajomieni są z trzema podstawowymi strumieniami i trzydziestoma dodatkowymi podziałami energii superwszechświatów. Istoty te niosą nieocenioną pomoc Nadzorcom Mocy Morontialnej ze światów przejściowych. Są wytrwałymi badaczami kosmicznych odwzorowań Raju.

2. *Operatorzy energii umysłowej.* Są oni ekspertami od komunikacji wzajemnej pomiędzy istotami morontialnymi a innymi rodzajami istot inteligentnych. Taka forma porozumiewania się pomiędzy śmiertelnikami praktycznie nie istnieje na Urantii. Są to ci specjaliści, którzy wspomagają zdolności porozumiewania się między sobą u wznoszących się istot morontialnych, a ich praca obejmuje liczne unikalne przedsięwzięcia w łączności intelektu, które dalece przekraczają moje możliwości zobrazowania ich materialnemu umysłowi. Twórcy ci pilnie badają obwody umysłu Nieskończonego Ducha.

3. *Operatorzy energii duchowej.* Operatorzy energii duchowej stanowią ciekawą grupę istot. Energia duchowa funkcjonuje zgodnie z ustalonymi prawami, tak jak i energia fizyczna. Oznacza to, że siła duchowa, gdy się ją bada, podlega pewnym zależnościom i można ją zgodnie z nimi precyzyjnie traktować, nawet tak, jak energie fizyczne. W świecie duchowym istnieją tak samo dobrze ustalone i niezawodne prawa, jakie obowiązują w domenach materialnych. W ciągu ostatnich kilku milionów lat ci badacze fundamentalnych praw Wiecznego Syna, rządzących energią duchową, wprowadzili w życie wiele udoskonalonych metod pobierania energii duchowej, jak stosują się one do morontialnych i innych klas istot niebiańskich we wszechświatach.

4. *Kompleksowi operatorzy.* Jest to grupa śmiałych, dobrze przeszkolonych istot, zajmujących się czynnościowymi związkami trzech pierwotnych stadiów boskiej energii, objawiającej się we wszechświatach jako energie fizyczne, umysłowe i duchowe. Są to wnikliwe osobowości, które w rzeczywistości próbują wykryć obecność Boga Najwyższego we wszechświecie, ponieważ w tym uosobieniu Bóstwa musi nastąpić empiryczne zjednoczenie całej boskości wielkiego wszechświata. W ostatnich czasach twórcy ci osiągnęli w pewnym stopniu sukces.

5. *Doradcy transportujących.* Ten korpus technicznych doradców serafinów transportujących bardzo efektywnie współpracuje z obserwatorami gwiazd przy

wypracowywaniu tras przelotu, a oprócz tego pracują oni jako asystenci naczelników transportu na światach w przestrzeni. Nadzorują ruch między sferami i przebywają na wszystkich zamieszkałych planetach. Urantia jest obsługiwana przez korpus siedemdziesięciu doradców transportujących.

6. *Eksperci łączności.* Urantia jest także obsługiwana przez dwunastu techników łączności międzyplanetarnej i międzywszechświatowej. Są to bardzo doświadczone istoty, eksperci od praw transmisji i interferencji, jak odnoszą się one do łączności danych domen. Korpus ten zajmuje się wszystkimi formami wiadomości kosmicznych, za wyjątkiem tych, które dotyczą Posłańców – Samotnych i Grawitacji. Na Urantii większość ich działalności musi być prowadzana obwodami archanielskimi.

7. *Nauczyciele odpoczynku.* Boski odpoczynek związany jest z procedurą pobierania energii duchowej. Energia morontialna i duchowa musi być uzupełniana, tak samo jak energia fizyczna, ale nie z tych samych przyczyn. Aby wam to wyjaśnić, muszę z konieczności używać przybliżonej ilustracji; tym niemniej my, ze świata duchowego, musimy okresowo przerywać nasze stałe czynności i iść do odpowiednich miejsc spotkań, gdzie udajemy się na boski odpoczynek, tym samym odzyskujemy nasze wyczerpujące się energie.

Pierwsze wasze informacje o tych sprawach dostaniecie wtedy, kiedy dotrzecie do światów-mieszkań, kiedy staniecie się istotami morontialnymi i zaczniecie się zapoznawać z procedurami spraw duchowych. Wiecie o najbardziej wewnętrznej orbicie Havony i o tym, że pielgrzymi z przestrzeni, po przemierzeniu poprzednich orbit, muszą być wprowadzeni w długi i regenerujący, rajski odpoczynek. To nie jest tylko techniczny wymóg przy przemieszczaniu się od misji czasu do służby wieczności, ale jest to także konieczność, forma odpoczynku wymagana dla uzupełnienia strat energii, związanych z końcowymi etapami doświadczenia istoty wznoszącej się i dla zgromadzenia rezerw mocy duchowej do następnego stadium egzystencji bez końca.

Ci operatorzy energii działają także na setki innych sposobów, zbyt licznych do skatalogowania, takich, jak na przykład narady z serafinami, cherubinami i sanobinami, odnośnie najwłaściwszych sposobów pobierania energii i utrzymania najbardziej użytecznej równowagi rozbieżnych sił pomiędzy aktywnymi cherubinami a biernymi sanobinami. Ci eksperci, na wiele innych jeszcze sposobów, pomagają istotom morontialnym i duchowym zrozumieć boski odpoczynek, tak ważny dla właściwego spożytkowania podstawowych energii kosmicznych.

6. PROJEKTANCI I DEKORATORZY

Jak bardzo chciałbym umieć przedstawić znakomite dzieło tych unikalnych twórców! Każda podjęta z mojej strony próba wytłumaczenia pracy dekoratorów duchowych, może odwoływać się w materialnych umysłach tylko do waszych własnych, skromnych, choć zasługujących na szacunek, prób robienia tych rzeczy na waszym świecie umysłu i materii.

Korpus ten, chociaż obejmuje ponad tysiąc podsekcji zajęciowych, zgrupowany jest w następujących siedmiu głównych działach:

1. *Mistrzowie koloru.* Są to ci, którzy robią dziesięć tysięcy odcieni koloru, odzwierciedlających ducha, rozbrzmiewających swym wybornym orędziem harmonicznego

piękna. W ludzkim doświadczeniu nie istnieje nic, oprócz spostrzegania koloru, do czego można by porównać tę działalność.

2. *Projektanci dźwięku.* Fale duchowe, o zróżnicowanej tożsamości i morontialnej wartości, przedstawiane są przez tych projektantów tym, co wy nazwalibyście dźwiękiem. Impulsy te są w rzeczywistości wspaniałymi odzwierciedleniami nagich i wzniosłych, duchowych dusz niebiańskich zastępów.

3. *Projektanci uczuć.* Ci wzmacniacze i konserwatorzy uczuć są istotami, które przechowują morontialne sentymenty i uczucia boskości, dla badań i dla podbudowania dzieci czasu, jak również dla inspiracji i uświetnienia zaawansowanych w morontii oraz posuwających się naprzód duchów.

4. *Artyści aromatu.* To porównanie funkcjonowania niebiańskich duchów do materialnego rozpoznawania zapachów chemicznych jest doprawdy niefortunne, ale śmiertelnikom z Urantii trudno byłoby zrozumieć ich służbę, gdyby użyło się innej nazwy. Twórcy ci tworzą swe różnorodne symfonie dla podbudowania i dla przyjemności postępujących naprzód dzieci światłości. Nie macie na Ziemi niczego, do czego można by nawet częściowo przyrównać ten rodzaj duchowej wspaniałości.

5. *Dekoratorzy aparycji.* Twórcy ci nie zajmują się sztuką zdobienia siebie czy techniką upiększania istot. Zajmują się wywoływaniem niezliczonych, radosnych reakcji u poszczególnych istot morontialnych i duchowych, dzięki dramatyzacji znaczenia wzajemnych zależności, określonych wartościami pozycyjnymi przynależnymi różnym klasom morontialnym i duchowym, w złożonych zespołach tych różnorodnych istot. Artyści ci organizują istoty nadmaterialne tak, jak wy byście układali żywe nuty muzyczne, aromaty i wizje, a potem zestawiali je razem w hymny chwały.

6. *Projektanci smaku.* Jak opowiedzieć wam o tych artystach! Mogę wam nieśmiało zasugerować, że udoskonalają oni poczucie morontialnego gustu i usiłują także poszerzyć docenianie piękna, przez zaostrzenie zmysłów rozwijających się duchów.

7. *Syntetycy morontialni.* Są mistrzami w swej sztuce i kiedy wszyscy inni dają swój indywidualny wkład, oni dodają do tej morontialnej całości rysów kulminacyjnych i wykończeniowych, osiągając tym samym inspirujące odtworzenie boskiego piękna, niosąc trwałą inspirację dla istot duchowych i ich morontialnych towarzyszy. Zanim jednak zaczniecie pojmować artystyczne wspaniałości i estetyczne piękno świata morontialnego i duchowego, musicie poczekać na wasze wyzwolenie ze zwierzęcego ciała.

7. HARMONIZATORZY

Ci artyści nie interesują się muzyką, malarstwem czy czymkolwiek podobnym, jak to moglibyście przypuszczać. Zajmują się oddziaływaniem wzajemnym i organizacją wyspecjalizowanych sił i energii, istniejących w świecie ducha, ale nie rozpoznawanych przez śmiertelników. Gdybym miał choć najmniejszą możliwą bazę porównawczą, próbowałbym zobrazować tę unikalną dziedzinę osiągnięć duchowych, ale jestem zdesperowany – nie mam żadnej nadziei na przekazanie umysłom śmiertelnym tej sfery niebiańskiej sztuki. Tym niemniej to, co nie może być określone, wciąż może dać się wywnioskować.

Piękno, rytm i harmonia są intelektualnie związane ze sobą i duchowo pokrewne. Prawda, fakt i wzajemna zależność są nierozdzielne intelektualnie i powiązane z filozoficznymi ideami piękna. Dobroć, prawość i sprawiedliwość są sobie filozoficznie pokrewne i duchowo związane są z żywą prawdą i boskim pięknem.

Kosmiczne koncepcje prawdziwej filozofii, zobrazowania niebiańskiej sztuki albo próby opisania ludzkiego uznania dla boskiego piękna, nigdy nie będą w pełni zadowalające, jeśli rozwój istoty, która to robi, nie jest skonsolidowany. Takie ekspresje boskiego impulsu u rozwijającej się istoty mogą być intelektualnie autentyczne, uczuciowo piękne i duchowo dobre, ale nie ma w tym prawdziwej duszy ekspresji, zanim takie rzeczywistości prawdy, znaczenia piękna i wartości dobroci, nie zostaną zjednoczone w doświadczeniu życiowym twórcy, naukowca albo filozofa.

Te boskie cechy są doskonale i absolutnie zjednoczone w Bogu. I każdy, rozpoznający Boga człowiek czy anioł, posiada potencjał nieograniczonej samoekspresji na wciąż progresywnych poziomach ujednoliconej samorealizacji, dzięki metodzie nigdy nie kończącego się osiągania podobieństwa do Boga – empirycznego wymieszania ewolucyjnego doświadczania wiecznej prawdy, uniwersalnego piękna i Boskiej dobroci.

8. DĄŻENIA ŚMIERTELNIKÓW I SUKCESY MORONTIALNE

Chociaż niebiańscy twórcy osobiście nie pracują na planetach materialnych, takich jak Urantia, przybywają oni tam od czasu do czasu z zarządów systemu, aby oferować swą pomoc naturalnie utalentowanym jednostkom z gatunków śmiertelnych. Twórcy ci, gdy tymczasowo zostaną w ten sposób przydzieleni, pracują pod nadzorem planetarnych aniołów postępu. Zastępy seraficzne współpracują z tymi artystami, próbując pomagać śmiertelnym artystom, tym, którzy mają naturalne talenty i którzy mają Dostrajacze ze specjalnym, uprzednim doświadczeniem.

Są trzy możliwe źródła niezwykłych, ludzkich zdolności. Podstawą ich jest *zawsze* naturalne czy odziedziczone uzdolnienie. Specjalne uzdolnienia nie są arbitralnym darem Bogów; zawsze istnieje dziedziczna fundacja każdego wybitnego talentu. W dodatku do takiej, naturalnej zdolności a raczej uzupełniając ją, może działać przewodnictwo Dostrajacza Myśli u tych jednostek, u których zamieszkujące ich Dostrajacze mogą mieć istotne i autentyczne doświadczenia w tej materii, zdobyte na innych światach oraz u innych istot śmiertelnych. W takich przypadkach, kiedy zarówno umysł ludzki jak i zamieszkujący człowieka Dostrajacz odznaczają się wyjątkową biegłością, mogą zostać wysłani twórcy duchowi, aby działać jako harmonizatorzy tych talentów i skądinąd asystować i inspirować śmiertelników, aby poszukiwali wciąż doskonalszych ideałów i próbowali rozszerzać daną dziedzinę działalności swymi wzbogaconymi wyobrażeniami.

Nie istnieją kasty w szeregach twórców duchowych. Nie ma znaczenia, jak niskie jest wasze pochodzenie, jeśli macie zdolności i dar ekspresji, zdobędziecie odpowiednie uznanie i otrzymacie należytą ocenę, kiedy wznosicie się ku górze na skali doświadczenia morontialnego i sukcesów duchowych. Nie ma również takich upośledzeń w *ludzkiej dziedziczności* albo takich ograniczeń, wynikłych z otoczenia śmiertelnika, których bieg spraw morontialnych nie wyrówna w pełni i nie usunie całkowicie. A wszystkie radości z osiągnięć artystycznych i pełna ekspresja samorealizacji zostaną osiągnięte dzięki waszym własnym, osobistym wysiłkom w trakcie ciągłego rozwoju.

W końcu aspiracje ewolucyjnej przeciętności też mogą być zaspokojone. Podczas kiedy Bogowie nie obdarzają arbitralnie dzieci czasu talentami i zdolnościami, dają im możliwość osiągnięcia satysfakcji we wszystkich ich szlachetnych tęsknotach i zaspokojenia całego głodu niebiańskiej ekspresji człowieka.

Jednak każda istota ludzka powinna pamiętać, że wiele ambicji wyróżniania się, które tak dręczą śmiertelników za życia w ciele, nie pozostanie u tych samych śmiertelników na ich morontialnej i duchowej drodze. Wznoszący się morontianie uczą się uspołeczniać swoje, pierwotnie czysto samolubne dążenia i egoistyczne ambicje. Tym niemniej te rzeczy, które tak bardzo pragniecie robić na Ziemi a których robienia warunki tak uporczywie wam odmawiają, jeśli po zdobyciu prawdziwej wnikliwości moty w misję morontialną nadal będziecie chcieli robić, wtedy na pewno dostaniecie wszelkie możliwości pełnego zaspokojenia waszych długo żywionych pragnień.

Zanim wznoszący się śmiertelnicy opuszczą wszechświat lokalny, aby rozpocząć byt duchowy, znajdą zaspokojenie wszystkich swych intelektualnych, artystycznych i społecznych pragnień albo prawdziwych ambicji, jakie kiedykolwiek cechowały ich śmiertelne lub morontialne plany egzystencji. Jest to osiągnięcie równości w samoekspresji i samorealizacji, a nie realizacja identyczności w statusie empirycznym, nie jest to również zupełne wymazanie charakterystycznej indywidualności w zdolnościach, technice i metodach ekspresji. Jednak to nowe, duchowe zróżnicowanie osobistych, empirycznych osiągnięć, nie zostanie wyrównane ani ujednolicone, dopóki nie przejdziecie ostatniej orbity po drodze przez Havonę. A potem, mieszkańcy Raju staną w obliczu konieczności dostosowania się do tego absonicznego zróżnicowania osobistego doświadczenia, które może być wyrównane tylko przez grupowe osiągnięcie ostatecznego statusu istoty – przeznaczenia siódmego stadium duchowego śmiertelników-finalistów.

I to jest opowieść o niebiańskich twórcach, kosmopolitycznym gronie znakomitych pracowników, którzy swymi artystycznymi wyobrażeniami boskiego piękna Rajskich Stwórców przyczyniają się w znacznym stopniu do chwały sfer zaprojektowanych.

[Zredagowane przez archanioła z Nebadonu].

PRZEKAZ 45

ADMINISTRACJA SYSTEMU LOKALNEGO

ADMINISTRACYJNE centrum Satanii składa się z grupy sfer zaprojektowanych a jest ich pięćdziesiąt siedem – Jerusem i siedem głównych satelitów oraz czterdzieści dziewięć podsatelitów. Rozmiary Jerusem, stolicy systemu, przekraczają prawie stukrotnie rozmiary Urantii, aczkolwiek przyciąganie jest tam nieco mniejsze. Główne satelity Jerusem to siedem światów przejściowych, z których każdy jest około dziesięciokrotnie większy od Urantii, podczas gdy siedem podsatelitów tych sfer przejściowych jest wymiarami zbliżone do Urantii.

Siedem światów-mieszkań to siedem podsatelitów pierwszego świata przejściowego.

Cały ten system, pięćdziesięciu siedmiu światów zaprojektowanych, jest niezależnie oświetlany, ogrzewany, nawadniany i zasilany energią, dzięki skoordynowanemu funkcjonowaniu Centrum Mocy Satanii i Nadrzędnych Kontrolerów Fizycznych, zgodnie z ustaloną techniką fizycznej organizacji i urządzenia tych specjalnie utworzonych sfer. Rodzime spornagie sprawują również opiekę materialną nad tymi sferami i utrzymują je w dobrym stanie.

1. ŚWIATY KULTURY PRZEJŚCIOWEJ

Siedem głównych światów, krążących wokół Jerusem, generalnie nazywa się sferami kultury przejściowej. Ich władcy wyznaczani są od czasu do czasu przez najwyższą radę wykonawczą Jerusem. Sfery te są ponumerowane i nazywają się następująco:

Pierwsza. Świat finalistów. Jest to zarząd korpusu finalistów systemu lokalnego, otoczony przez światy przyjmujące siedmiu światów-mieszkań, czyli sfery całkowicie poświęcone schematowi wznoszenia się śmiertelnika. Świat finalistów dostępny jest dla mieszkańców wszystkich siedmiu światów-mieszkań. Serafini transportujący przenoszą wznoszące się osobowości w tę i z powrotem, podczas pielgrzymek, mających na celu umocnienie wiary w ostateczne przeznaczenie śmiertelników w stadium przejściowym. Choć finaliści oraz ich budowle normalnie nie są dostrzegalne dla wzroku morontialnego, od czasu do czasu będziecie głęboko poruszeni, gdy przetwarzacze energii i Nadzorcy Mocy Morontialnej umożliwią wam przelotne dostrzeżenie tych, wysokich osobowości duchowych, które naprawdę ukończyły wznoszenie się do Raju i wróciły do takich właśnie światów, na których wy rozpoczynacie tę długą drogę. Będzie to dla was rękojmia pewności, że możecie i że potraficie ukończyć to gigantyczne przedsięwzięcie. Przynajmniej raz w roku wszyscy przebywający na światach-mieszkaniach udają się do sfery finalistów, na zgromadzenie wizualizacji finalistów.

Druga. Świat morontialny. Ta planeta jest główną siedzibą nadzorców życia morontialnego a otoczona jest przez siedem sfer, na których szefowie morontialni szkolą swych towarzyszy i pomocników, rekrutujących się zarówno z istot morontialnych jak i ze wznoszących się śmiertelników.

Podczas przemierzania siedmiu światów-mieszkań, przechodzić będziecie także przez te społeczne i kulturalne sfery coraz szerszych kontaktów morontialnych. Kiedy awansujecie z pierwszego świata-mieszkania do drugiego, będziecie mogli złożyć wizytę w zarządzie drugiego, przejściowego świata morontialnego i tak dalej. Podczas pobytu na każdej z sześciu sfer kulturowych, możecie, na zaproszenie, zostać gośćmi i obserwatorami na którymkolwiek z siedmiu otaczających ją światów pomocniczych działań grupowych.

Trzecia. Świat aniołów. Jest to stolica wszystkich zastępów anielskich, pracujących w systemie a otoczona jest przez siedem światów nauczania i instruktażu aniołów. Są to seraficzne sfery towarzyskie.

Czwarta. Świat superaniołów. Ta sfera w Satanii jest miejscem pobytu Gwiazd Błyszczących Wieczornych i szerokiego zastępu partnerskich oraz prawie partnerskich im istot. Siedem satelitów tego świata przydzielone jest siedmiu głównym grupom tych, nienazwanych istot niebiańskich.

Piąta. Świat Synów. Ta planeta jest stolicą Boskich Synów wszystkich klas, razem z synami utrójcowionymi przez stworzonych. Siedem otaczających ją światów jest poświęconych pewnym, indywidualnym grupom tych bosko spokrewnionych synów.

Szósta. Świat Ducha. Sfera ta jest tym miejscem w systemie, gdzie spotykają się osobowości Nieskończonego Ducha. Siedem otaczających ją satelitów jest przeznaczonych dla poszczególnych grup tych zróżnicowanych klas. Jednak na szóstym świecie przejściowym nie ma reprezentacji Ducha, ani też nie zauważa się tej obecności w stolicach systemów; Boska Opiekunka z Salvingtonu jest w Nebadonie *wszędzie*.

Siódma. Świat Ojca. Jest to cicha sfera systemu. Nie zamieszkuje jej żadna grupa istot. Centralne jej miejsce zajmuje wielka świątynia światłości, ale nikogo nie można w niej dostrzec. Wszystkie istoty ze wszystkich światów systemu są tutaj mile widziane jako czciciele.

Siedem satelitów, otaczających świat Ojca, ma w różnych systemach różne zastosowanie. W Satanii są one teraz zajęte na sfery przetrzymania internowanych grup buntowników Lucyfera. Stolica konstelacji, Edentia, nie posiada podobnych światów więziennych; tych kilku serafinów i cherubinów, którzy przyłączyli się do buntowników podczas buntu w Satanii, dawno już zostało zamkniętych na tych jerusemskich światach odosobnienia.

Gdy przebywasz na siódmym świecie-mieszkaniu, masz dostęp do siódmego świata przejściowego, do sfery Ojca Wszechświatowego, a także masz prawo odwiedzać światy-więzienia Satanii, otaczające tę planetę, na których teraz jest uwięziony Lucyfer i większość osobowości, które przyłączyły się do niego w czasie buntu przeciw Michałowi. I to smutne widowisko można było oglądać w ostatnich epokach i będzie ono nadal służyło za poważne ostrzeżenie dla całego Nebadonu, aż Pradawni Czasu orzekną o grzechu Lucyfera i jego upadłych towarzyszy, którzy odrzucili zbawienie proponowane im przez Michała, ich wszechświatowego Ojca.

2. WŁADCA SYSTEMU

Głównym administratorem lokalnego systemu światów zamieszkałych jest Syn Lanonandek klasy pierwszej, Władca Systemu. W naszym wszechświecie lokalnym władcom tym powierzono szerokie obowiązki wykonawcze, niezwykłe prerogatywy osobiste. Nie wszystkie wszechświaty, nawet w Orvontonie, są tak zorganizowane, aby Władcy Systemu mogli korzystać z tak niezwykle szerokich przywilejów swobody osobistej w kierowaniu sprawami systemu. Jednak w całej historii Nebadonu, tacy nieskrępowani w funkcjonowaniu administratorzy okazali się nielojalni zaledwie trzy razy. Bunt Lucyfera, w systemie Satanii, był ostatni i najbardziej rozległy ze wszystkich.

W Satanii, nawet po tak katastrofalnym przewrocie, absolutnie żadne zmiany nie zostały wprowadzone w metodach zarządzania systemem. Obecny Władca Systemu posiada całą moc i sprawuje całą władzę, taką, jaką był obdarzony jego niegodny poprzednik, za wyjątkiem pewnych spraw pozostających pod nadzorem Ojców Konstelacji, których Pradawni Czasu nie restytuowali jeszcze w pełni dla Lanaforge, następcy Lucyfera.

Obecny szef Satanii jest miłosiernym i utalentowanym władcą, suwerenem wypróbowanym w czasie buntu. Lanaforge, gdy służył jako asystent Władcy Systemu, był wierny Michałowi w czasie dawniejszego przewrotu we wszechświecie Nebadon. Ten wspaniały i utalentowany Pan Satanii jest wypróbowanym i sprawdzonym administratorem. W czasie drugiego buntu w Nebadonie, kiedy Władca Systemu pobłądził i poddał się władzy ciemności, Lanaforge, pierwszy asystent błądzącego szefa, przejął kierownictwo rządu i tak prowadził sprawy systemu, że stosunkowo niewiele osobowości zostało utraconych, zarówno na światach zarządu jak i na zamieszkałych planetach nieszczęśliwego systemu. Lanaforge wyróżnił się w całym Nebadonie jako jedyny Syn Lanonandek klasy pierwszej, który tak lojalnie służył Michałowi, szczególnie w obliczu odstępstwa swego brata, zwierzchnika i starszego rangą. Lanaforge pozostanie prawdopodobnie na Jerusem tak długo, aż nie zapanuje się nad wszystkimi konsekwencjami wcześniejszej głupoty a skutki buntu nie zostaną wyeliminowane z Satanii.

Chociaż nie wszystkie sprawy odosobnionych światów Satanii zostały przywrócone jurysdykcji Lanaforge, interesuje się on bardzo ich prawidłowym przebiegiem i często odwiedza Urantię. Tak jak w innych, normalnych systemach, Władca ten przewodniczy systemowej radzie władców światowych, Książąt Planetarnych i gubernatorów generalnych rezydentów ze światów odizolowanych. Taka rada planetarna gromadzi się od czasu do czasu w zarządzie systemu – „gdy przybywają Synowie Boży".

Raz w tygodniu, co dziesięć dni na Jerusem, Władca organizuje zebranie z jakąś grupą z różnych klas osobowości, zamieszkujących świat zarządu. Są to przemiłe, nieoficjalne godziny na Jerusem i nigdy nie zapomniane uroczystości. Na Jerusem panuje najwyższy stopień braterstwa pomiędzy różnymi klasami istot oraz pomiędzy każdą z tych grup a Władcą Systemu.

Te unikalne zgromadzenia odbywają się na szklanym morzu, na wielkim polu zgromadzeń w stolicy systemu. Są to spotkania wyłącznie towarzyskie i duchowe; nigdy się na nich nie omawia niczego, co dotyczy administracji planetarnej czy nawet planu wznoszenia się. Wznoszący się śmiertelnicy zbierają się wtedy tylko po to, żeby być razem i spotkać współbraci Jerusemitów. Grupy istot, które nie są zabawiane przez Władcę podczas tych cotygodniowych momentów relaksu, spotykają się w swych własnych kwaterach.

3. RZĄD SYSTEMU

Główny administrator sytemu lokalnego, Władca Systemu, zawsze ma do pomocy dwóch albo trzech Synów Lanonandeków, którzy działają jako jego asystenci – pierwszy i drugi. Teraz jednak system Satania jest kierowany przez personel, złożony z siedmiu Lanonandeków:

1. *Władca Systemu* – Lanaforge, numer 2.709 klasy pierwszej, sukcesor odstępcy Lucyfera.

2. *Pierwszy asystent Władcy* – Mansurotia, numer 17.841 z Lanonandeków klasy trzeciej. Wysłany do Satanii razem z Lanaforge.

3. *Drugi asystent Władcy* – Sadib, numer 271.402 z klasy trzeciej. Sadib również przybył do Satanii z Lanaforge.

4. *Opiekun systemu* – Holdant, numer 19 z korpusu klasy trzeciej, przetrzymujący i kontrolujący wszystkie internowane duchy, wyższe od klasy śmiertelnego bytu. Holdant tak samo przybył do Satanii z Lanaforge.

5. *Rejestrator systemu* – Vilton, sekretarz służby Lanonandeków w Satanii, numer 374 trzeciej klasy. Vilton był członkiem pierwotnej grupy Lanaforge.

6. *Kierownik obdarzenia* – Fortant, numer 319.847 z rezerw Lanonandeków drugiej klasy, tymczasowy szef wszystkich operacji wszechświatowych, przeniesionych do Jerusem od czasu obdarzenia Urantii przez Michała. Fortant przydzielony został do personelu Lanaforge tysiąc dziewięćset lat temu, według czasu Urantii.

7. *Wysoki radca* – Hanavard, numer 67 z Synów Lanonandeków klasy pierwszej, członek wysokiego korpusu radców i koordynatorów wszechświata. Działa on jako tymczasowy przewodniczący rady wykonawczej Satanii. Hanavard jest dwunastym członkiem tej klasy, służącym na takim stanowisku na Jerusem od czasu buntu Lucyfera.

Ta grupa kierownicza, złożona z siedmiu Lanonandeków, stanowi poszerzoną administrację nadzwyczajną, której istnienie jest konieczne ze względu na bunt Lucyfera. Na Jerusem istnieją tylko sądy niższej instancji, ponieważ system jest jednostką administracyjną a nie orzekającą, tym niemniej administracji Lanonandeka pomaga rada wykonawcza, najwyższe ciało doradcze Satanii. Rada ta składa się z dwunastu członków:

1. Hanavard, Lanonandek przewodniczący.
2. Lanaforge, Władca Systemu.
3. Mansurotia, pierwszy asystent Władcy.
4. Szef Melchizedeków Satanii.
5. Tymczasowy dyrektor Nosicieli Życia w Satanii.
6. Szef finalistów w Satanii.

7. Pierwszy Adam w Satanii, szef nadzorujący Synów Materialnych.
8. Kierownik zastępów seraficznych Satanii.
9. Szef kontrolerów fizycznych Satanii.
10. Kierownik Nadzorców Mocy Morontialnej systemu.
11. Tymczasowy szef istot pośrednich systemu.
12. Tymczasowy szef korpusu wznoszących się śmiertelników.

Rada ta okresowo wybiera trzech członków, aby reprezentowali system lokalny w najwyższej radzie zarządu wszechświata, ale reprezentacja taka została zawieszona ze względu na bunt. Satania posiada teraz obserwatora w zarządzie wszechświata lokalnego, jednak od czasu obdarzenia, dokonanego przez Michała, system zaczął na nowo wybierać dziesięciu członków do ciała prawodawczego Edentii.

4. DWUDZIESTU CZTERECH RADCÓW

Na Jerusem, w centrum siedmiu mieszkalnych kręgów anielskich, znajduje się siedziba główna rady konsultacyjnej z Urantii, złożonej z dwudziestu czterech radców. Jan Ewangelista nazywał ich dwudziestu czterema starcami: „A wokoło tronu dwadzieścia cztery trony a na tych tronach siedzących dwudziestu czterech starców, odzianych w białe szaty". Tron w centrum tej grupy jest krzesłem sędziowskim przewodniczącego grupie archanioła, tronem apelu zmartwychwstania, niosącego miłosierdzie i sprawiedliwość całej Satanii. Krzesło sędziowskie zawsze było na Jerusem, ale dwadzieścia cztery otaczające je krzesła zostały tam umieszczone dopiero tysiąc dziewięćset lat temu, zaraz po tym, jak Chrystus Michał został wyniesiony do pełni swej władzy w Nebadonie. Dwudziestu czterech radców to jego personalni pełnomocnicy na Jerusem, którzy mają prawo reprezentować Syna-Mistrza we wszystkich sprawach dotyczących apeli zmartwychwstania w Satanii, jak również w wielu innych aspektach wznoszenia się śmiertelnika na odosobnionych światach systemu. Są oni pełnomocnikami, wykonującymi polecenia specjalne Gabriela i nadzwyczajne zlecenia Michała.

Tych dwudziestu czterech radców zwerbowanych zostało z ośmiu ras Urantii a ostatni z nich przyłączony został do tej grupy w czasie apelu zmartwychwstania Michała, tysiąc dziewięćset lat temu. Rada konsultacyjna z Urantii składa się z następujących członków:

1. *Onagar*, wielki umysł z epoki przed Księciem Planetarnym, który nakazał swym braciom czcić „Dawcę Oddechu".

2. *Mansant*, wielki nauczyciel z epoki po Księciu Planetarnym na Urantii, który kazał swym braciom wielbić „Wielkie Światło".

3. *Onamonalonton*, pradawny wódz człowieka czerwonego, który nie kazał swej rasie czcić wielu bogów, tylko wielbić „Wielkiego Ducha".

4. *Orlandof*, książę ludzi niebieskich oraz ich wódz, prowadzący ich do poznania boskości „Najwyższego Szefa".

5. *Porshunta*, wyrocznia wymarłej rasy pomarańczowej, który prowadził ten lud ku czczeniu „Wielkiego Nauczyciela".

6. *Singlangton*, pierwszy z ludzi żółtych, który nauczał i prowadził swój lud ku czczeniu „Jednej Prawdy" zamiast wielu. Tysiące lat temu człowiek żółty wiedział o jednym Bogu.

7. *Fantad*, który wybawił ludzi zielonych z ciemności oraz wiódł ich ku czczeniu „Jednego Źródła Życia".

8. *Orvonon*, niosący światłość rasom indygo, ich dawny wódz służący „Bogu Bogów".

9. *Adam*, zdyskredytowany, ale zrehabilitowany planetarny ojciec Urantii, Materialny Syn Boga, sprowadzony do formy ciała materialnego, przetrwał śmierć i został następnie wyniesiony do tej pozycji rozporządzeniem Michała.

10. *Ewa*, matka rasy fioletowej Urantii, która wycierpiała karę za odstępstwo wraz z małżonkiem i razem z nim została zrehabilitowana oraz przydzielona do służby z tą grupą przetrwałych śmiertelników.

11. *Henoch*, pierwszy śmiertelnik z Urantii zespolony z Dostrajaczem Myśli za życia w ciele.

12. *Mojżesz*, wyzwoliciel resztek zanikającej rasy fioletowej, inspirator czczenia na nowo Ojca Wszechświatowego pod imieniem „Boga Izraela".

13. *Eliasz*, dusza transponowana po swych świetnych sukcesach duchowych, odniesionych w epoce po Synu Materialnym.

14. *Machiventa Melchizedek*, jedyny Syn tej klasy, który obdarzył sobą narody Urantii. Podczas gdy wciąż zaliczany jest do Melchizedeków, został „na zawsze kapłanem Najwyższych", na wieki podjął się służenia w charakterze wznoszącego się śmiertelnika, ponieważ przebywał na Urantii w formie ciała śmiertelnego w Salemie, za dni Abrahama. Melchizedek ten został potem ogłoszony namiestnikiem Księcia Planetarnego Urantii i ma swą główną siedzibę na Jerusem. Został upoważniony do działania w imieniu Michała, który jest aktualnie Księciem Planetarnym tego właśnie świata, na którym przeszedł swoje końcowe obdarzenie w ludzkiej formie. Pomimo tego, Urantia nadal jest nadzorowana przez kolejnych gubernatorów generalnych rezydentów, członków rady dwudziestu czterech.

15. *Jan Chrzciciel*, zwiastun misji Michała na Urantii a w ciele daleki kuzyn Syna Człowieczego.

16. *1-2-3 Pierwszy*, przywódca lojalnych istot pośrednich, służących Gabrielowi w okresie zdrady Caligastii, wyniesiony na tę pozycję przez Michała, po tym jak Michał zdobył nieograniczoną władzę.

Te wybrane osobowości są na prośbę Gabriela tymczasowo wyłączone z porządku wznoszenia się i nie mamy pojęcia, jak długo mogą służyć na tych stanowiskach.

Miejsca 17, 18, 19 i 20 nie są zajęte na stałe. Są one tymczasowo zapełniane na podstawie jednomyślnej zgody szesnastu stałych członków, trzymane teraz jako otwarte na późniejsze ich obsadzenie wznoszącymi się śmiertelnikami z obecnej epoki Urantii, po jej obdarzeniu Synem.

Miejsca 21, 22, 23 i 24 także są tymczasowo zapełniane, trzymane w rezerwie dla wielkich nauczycieli innych, kolejnych epok, które na pewno przyjdą po obecnej epoce. Epoki Synów-Arbitrów i Nauczycieli-Synów oraz epoki światłości i życia antycypowane są na Urantii, niezależnie od niespodziewanych odwiedzin Boskich Synów, które ewentualnie mogą się zdarzyć.

5. SYNOWIE MATERIALNI

Na Jerusem wszystkie ważniejsze grupy życia niebiańskiego posiadają swoje centrale oraz ogromne domeny, razem z różnymi klasami Boskich Synów, wysokich duchów, superaniołów, aniołów i istot pośrednich. Centralne miejsce tego wspaniałego sektora zajmuje główna świątynia Synów Materialnych.

Domena Adamów jest ośrodkiem przykuwającym uwagę wszystkich, którzy pierwszy raz przybywają na Jerusem. Jest to ogromny obszar zawierający tysiąc centrów, chociaż każda rodzina Materialnych Synów i Córek żyje na swej własnej posesji, do czasu odlotu jej członków na służbę do ewolucyjnych światów przestrzeni, albo do wkroczenia na rajską drogę wznoszenia się.

Synowie Materialni są najwyższym rodzajem istot rozmnażających się seksualnie, jakie można napotkać na sferach szkoleniowych rozwijających się wszechświatów. Są oni naprawdę materialni; nawet Planetarni Adamowie i Planetarne Ewy są wyraźnie widzialni dla ludzi śmiertelnych na zamieszkałych światach. Synowie Materialni są ostatnim, fizycznym ogniwem w łańcuchu osobowości, rozciągającym się od boskości i doskonałości u góry, aż do ludzkości i egzystencji materialnej na dole. Na światach zamieszkałych Synowie ci są pośrednikami, utrzymującymi kontakt pomiędzy niewidzialnym Księciem Planetarnym a istotami materialnymi takiej domeny.

Podczas ostatniej, milenijnej rejestracji na Salvingtonie odnotowano w Nebadonie 161.432.840 Materialnych Synów i Córek, przebywających w stolicach systemów lokalnych ze statusem obywatelstwa. Liczba Synów Materialnych jest różna w różnych systemach, wciąż jednak się zwiększa dzięki naturalnej rozrodczości. W swych funkcjach rozrodczych nie kierują się oni tylko osobistymi pożądaniami kontaktujących się osobowości, ale są ukierunkowywani także przez wyższe ciała zarządzające i rady konsultacyjne.

Materialni Synowie i Córki mieszkają stale na Jerusem oraz na światach z nim związanych. Zajmują na Jerusem rozległe posiadłości i mają znaczny udział w lokalnym zarządzaniu sferą stołeczną, prowadząc praktycznie wszystkie jej rutynowe sprawy, z pomocą pośrednich i istot wznoszących się.

Na Jerusem, ci rozradzający się Synowie mogą prowadzić eksperymenty odnośnie ideałów samorządu, na wzór Melchizedeków i dzięki temu osiągają bardzo zaawansowany typ społeczności. Wyższe klasy synostwa zastrzegają sobie prawo weta w swoich domenach, ale Adamici z Jerusem prawie w każdym aspekcie rządzą się sami; mają powszechne prawo głosu i rząd przedstawicielski. Mają nadzieję zyskać kiedyś praktycznie pełną autonomię.

O *charakterze służby* Synów Materialnych stanowi w dużej mierze ich wiek. Chociaż nie mogą się ubiegać o przyjęcie do Uniwersytetu Melchizedeków na Salvingtonie – będąc materialni i zazwyczaj ograniczeni do określonych planet – to jednak Melchizedekowie utrzymują duże grupy nauczycieli w zarządzie każdego systemu, którzy nauczają młodsze pokolenia Synów Materialnych. Systemy oświatowe i nauki duchowej, służące kształceniu młodszych Materialnych Synów i Córek, osiągają szczyt swej doskonałości w zakresie nauczania, metodyki i praktyki.

6. ADAMICZNE SZKOLENIE WZNOSZĄCYCH SIĘ ISTOT

Materialni Synowie i Córki, razem ze swymi dziećmi, stanowią tak ujmujący widok, że zawsze wywołują ciekawość i zwracają uwagę wszystkich wznoszących się śmiertelników. Są oni tak bardzo podobni do waszych, obdarzonych płcią ras materialnych, że zarówno wy jak i oni będziecie mieli dużo wspólnych tematów, zaprzątających wasze myśli i zajmujących czas waszych braterskich spotkań.

Przetrwali śmiertelnicy, większość swego wolnego czasu w stolicach systemów spędzają na obserwacji, poznawaniu zwyczajów i działalności takich wyższych, częściowo materialnych, obdarzonych płcią istot, jako że ci obywatele Jerusem są najbliższymi opiekunami i mentorami żyjących wiecznie śmiertelników, od kiedy śmiertelnicy zdobędą obywatelstwo światów zarządu aż do tego czasu, gdy odlecą na Edentię.

Na siedmiu światach-mieszkaniach wznoszący się śmiertelnicy mają szerokie możliwości wynagrodzenia sobie wszystkich braków empirycznych jakich doznali na światach, z których pochodzą, czy to ze względów dziedzicznych, czy środowiskowych, czy też z powodu nieszczęśliwego, przedwczesnego zakończenia życia w ciele. Jest to prawdą w każdym sensie, za wyjątkiem życia seksualnego śmiertelnika i okoliczności temu towarzyszących. Tysiące śmiertelników przybywa do światów-mieszkań bez skorzystania z pewnych dobrodziejstw, w tych zwłaszcza dziedzinach, jakie wywodzą się z całkiem normalnych kontaktów seksualnych na ich rodzimych planetach. Doświadczenia światów-mieszkań w niewielkim tylko stopniu mogą wyrównać takie, bardzo osobiste braki. Dla wznoszących się istot doznanie seksualne, w znaczeniu fizycznym, jest sprawą przeszłości, jednak w bliskich kontaktach z Materialnymi Synami i Córkami, zarówno oddzielnie jak również w charakterze członków ich rodzin, pozbawieni życia seksualnego śmiertelnicy mają możliwość rekompensaty społecznych, intelektualnych, emocjonalnych i duchowych aspektów swej niekompletności. Tak więc wszyscy ci ludzie, których okoliczności lub błędne opinie pozbawiły dobrodziejstw, wynikających z pożytecznych związków seksualnych na światach ewolucyjnych, mają tutaj pełne możliwości przyswojenia sobie tych, istotnych doświadczeń śmiertelnika, w bliskim i miłości pełnym związku z niebiańskimi, obdarzonymi płcią istotami adamicznymi, które stale zamieszkują stolice systemów.

Żaden przetrwały śmiertelnik, pośredni czy serafin, nie może wznieść się do Raju, nie może dostąpić Ojca i zostać zamustrowany do Korpusu Finalizmu, nie przeszedłszy wzniosłych doświadczeń w związkach rodzicielskich z rozwijającym się dzieckiem ze światów, albo doświadczeń analogicznych lub im odpowiadających. Pokrewieństwo dziecka i rodzica jest fundamentem zasadniczej koncepcji Ojca Wszechświatowego i jego wszechświatowych dzieci. Dlatego takie doświadczenie staje się niezbędne w empirycznym szkoleniu wszystkich wznoszących się istot.

Wznoszące się istoty pośrednie i ewolucyjni serafini muszą przejść takie doświadczenie rodzicielskie razem z Materialnymi Synami i Córkami z zarządu systemu. W ten sposób ci, co się wznoszą a nie rozmnażają, zdobywają doświadczenie rodzicielskie, pomagając jerusemskim Adamom i Ewom w wychowywaniu i nauczaniu ich potomstwa.

Wszyscy przetrwali śmiertelnicy, którzy nie mieli doświadczenia rodzicielskiego na światach ewolucyjnych, również muszą przyswoić sobie tę zasadniczą naukę, pomagając rodzicom, gdy przebywają w domach Materialnych Synów na Jerusem, u tych wspaniałych ojców i matek. Wyjątek zrobiony być może dla tych śmiertelników, którzy mieli możliwość zrekompensować swe braki w ochronce systemu, mieszczącej się na pierwszym świecie kultury przejściowej Jerusem.

Ochronka próbna Satanii prowadzona jest przez pewne osobowości morontialne na świecie finalistów; pół planety poświęcone jest tej pracy nad wychowywaniem dzieci. Tutaj są przyjmowane i składane ponownie niektóre dzieci przetrwałych śmiertelników, takie jak to potomstwo, które zginęło na światach ewolucyjnych, zanim osiągnęło status duchowy jako jednostki. Wznoszenie się któregokolwiek z naturalnych rodziców daje gwarancję, że takie śmiertelne dziecko otrzyma zgodę na ponowne uosobienie na planecie finalistów w systemie i później otrzyma prawo wyboru, według wolnej woli, czy zechce czy też nie podążać rodzicielską drogą wznoszenia się śmiertelników. Dzieci wyglądają tutaj tak, jak na świecie rodzimym, z tym wyjątkiem, że nie ma zróżnicowania płciowego. Po przeżyciu życia na światach zamieszkałych nie ma już rozmnażania typu ludzkiego.

Studenci światów-mieszkań, posiadający jedno lub więcej dzieci w ochronce próbnej świata finalistów i mający braki w zasadniczym doświadczeniu rodzicielskim, mogą się starać u Melchizedeka o pozwolenie, które da im możliwość tymczasowego przeniesienia się od obowiązków wznoszenia się na światach-mieszkaniach do świata finalistów, gdzie będą mogli funkcjonować jako wspólni rodzice swoich własnych oraz innych dzieci. Takie świadczenie opieki rodzicielskiej może być później uznane na Jerusem za wywiązanie się z połowy szkolenia, które wznoszące się istoty muszą przejść w rodzinach Materialnych Synów i Córek.

Sama ochronka próbna nadzorowana jest przez tysiąc par Materialnych Synów i Córek, ochotników z jerusemskiej kolonii ich klasy. Pomaga im bezpośrednio prawie taka sama liczba ochotników z midsonicznych grup rodzicielskich, którzy zatrzymują się tutaj, aby służyć w ten sposób, po drodze z midsonicznego świata Satanii ku nie objawionemu przeznaczeniu, osiąganemu na ich specjalnych, zastrzeżonych światach, pośród sfer finalistów Salvingtonu.

7. SZKOŁY MELCHIZEDEKÓW

Melchizedecy są szefami dużego korpusu instruktorów – częściowo uduchowionych, obdarzonych wolą istot oraz innych – którzy działają efektywnie na Jerusem i na związanych z nim światach, a zwłaszcza na siedmiu światach-mieszkaniach. Są to planety przetrzymania, na których ci śmiertelnicy, którym nie udało się osiągnąć zespolenia z zamieszkującymi ich Dostrajaczami za życia w ciele, są rewalidowani w formie przejściowej, aby mogli otrzymać dalszą pomoc i korzystać z szerszych możliwości przy kolejnych próbach osiągania sukcesów duchowych, aby mogli kontynuować te wysiłki, które zostały przedwcześnie przerwane przez śmierć. Albo, jeśli z jakichkolwiek innych przyczyn, przeszkód dziedzicznych, niesprzyjającego otoczenia czy zbiegu okoliczności, ich dusze nie osiągnęły sukcesu – bez względu na przyczynę – wszyscy, których zamiary były szczere i są w duchu wartościowi, odnajdą siebie i jako samych siebie na tych planetach, gdzie kontynuować będą swój byt, gdzie muszą się uczyć nabywać biegłości w zasadniczych elementach wiecznej egzystencji, posiąść te przymioty, których nie mogli zdobyć, albo skądinąd nie zdobyli, za życia w ciele.

Gwiazdy Błyszczące Wieczorne (oraz ich nienazwani partnerzy) często służą jako nauczyciele w różnych instytucjach edukacyjnych wszechświata, razem z tymi, które znajdują się pod opieką Melchizedeków. Nauczyciele-Synowie Trójcy także z nimi współpracują, przydając odrobiny rajskiej doskonałości tym szkołom progresywnego instruktażu. Jednak niecałe to nauczanie poświęcone jest rozwojowi wznoszących się śmiertelników; znaczna jego część służy, w takim samym stopniu, coraz szerszemu nauczaniu osobowości duchowych, rodzimych dla Nebadonu.

Synowie Melchizedecy prowadzą na Jerusem ponad trzydzieści różnych centrów edukacyjnych. Te szkoły przygotowawcze zaczynają się od kolegium samocceny a kończą się szkołami obywatelstwa Jerusem, w których Materialni Synowie i Materialne Córki dołączają się do Melchizedeków i innych, w swych intensywnych wysiłkach przygotowania żyjących wiecznie śmiertelników do podjęcia wysokich odpowiedzialności rządu przedstawicielskiego. Cały wszechświat zorganizowany jest i zarządzany według planu *przedstawicielskiego*. Rząd przedstawicielski jest boskim ideałem samorządu, funkcjonującego wśród istot niedoskonałych.

Co sto lat czasu wszechświatowego, każdy system wybiera dziesięciu swoich przedstawicieli, aby zasiadali w ciele prawodawczym konstelacji. Są oni wybierani przez jerusemską radę tysiąca, przez ciało wyborcze, któremu powierzono obowiązki reprezentowania grup systemu we wszystkich tych sprawach, które dotyczą oddelegowania czy nominowania kogokolwiek. Wszyscy przedstawiciele albo inni delegaci wybierani są przez radę tysiąca wyborców i muszą być absolwentami najwyższych szkół Kolegium Administracyjnego Melchizedeków, jak również muszą to być ci, którzy stanowią grupę tysiąca wyborców. Kolegium to prowadzone jest przez Melchizedeków a ostatnie pomagają w nim finaliści.

Na Jerusem istnieje wiele ciał obieralnych i są one od czasu do czasu powoływane do rządzenia, w wyniku głosowania trzech klas obywatelstwa – Materialnych Synów i Córek, serafinów i ich towarzyszy wraz z istotami pośrednimi oraz wznoszących się śmiertelników. Aby otrzymać nominację na ten zaszczyt, żeby być kandydatem do wybrania, należy uzyskać odpowiednią aprobatę ze szkół administracyjnych Melchizedeków.

Głosowanie jest powszechne u tych trzech grup obywatelstwa na Jerusem, ale głos sumowany jest w sposób zróżnicowany, odpowiednio do należycie odnotowanego, osobistego władania motą – mądrością morontialną. Głos oddany w wyborach jerusemskich przez dowolną osobowość posiada wartość, rozciągającą się od jednego aż do tysiąca. Obywatele Jerusem są zatem klasyfikowani zgodnie z przyswojeniem sobie moty.

Od czasu do czasu obywatele Jerusem stają przed egzaminatorami, Melchizedekami, którzy poświadczają nabycie przez nich wiedzy morontialnej. Potem udają się przed ciało egzaminacyjne Gwiazd Błyszczących Wieczornych albo istot przez nich wyznaczonych, ustalających stopień wnikliwości duchowej. Potem stają przed dwudziestoma czterema radcami i ich towarzyszami, którzy potwierdzają status empirycznych osiągnięć w uspołecznieniu. Te trzy czynniki są potem wnoszone do rejestrów obywatelskiego rządu przedstawicielskiego, który szybko oblicza status moty i zgodnie z nim określa prawo głosowania.

Wznoszący się śmiertelnicy, zwłaszcza ci, którzy są opieszali w konsolidacji swej osobowości na nowych poziomach morontialnych, są pod nadzorem Melchizedeków przekazywani w ręce Synów Materialnych i poddawani intensywnemu szkoleniu, żeby skorygować takie niedobory. Żaden wznoszący się śmiertelnik nie opuści zarządu systemu, żeby iść dalej ku szerszemu i bardziej zróżnicowanemu uspołecznieniu w konstelacji, zanim Synowie Materialni nie poświadczą przyswojenia moty osobowości – to znaczy indywidualności, zawierającej pełnię bytu śmiertelnego, w empirycznym związku z rozwijającą się misją morontialną, przy czym obie te cechy powinny być odpowiednio złączone po duchową kontrolą Dostrajacza Myśli.

[Przedstawione przez Melchizedeka, tymczasowo przydzielonego do Urantii].

PRZEKAZ 46

ZARZĄD SYSTEMU LOKALNEGO

JERUSEM, zarząd Satanii, jest przeciętną stolicą systemu lokalnego i niezależnie od licznych aberracji, spowodowanych buntem Lucyfera i obdarzeniem Urantii przez Michała, jest to sfera typowa wśród podobnych jej sfer. Wasz system lokalny miał pewne burzliwe przejścia, ale teraz jest zarządzany bardzo sprawnie, a w miarę upływu epok rezultaty dysonansu będą powoli, ale pewnie usuwane. Wraca porządek i dobra wola a warunki na Jerusem coraz bardziej zbliżają się do stanu niebiańskiego według waszych tradycji, jako że zarząd systemu naprawdę jest niebem, takim, jakie sobie wyobraża większość ludzi religijnych wieku dwudziestego.

1. FIZYCZNE ASPEKTY JERUSEM

Jerusem podzielone jest na tysiąc sektorów po szerokości geograficznej i dziesięć tysięcy stref po długości geograficznej. Glob ten ma siedem głównych stolic i siedemdziesiąt mniejszych centrów administracyjnych. Siedem stolic sekcyjnych spełnia różnorodne funkcje a Władca Systemu przebywa w każdej z nich przynajmniej raz w roku.

Standardowa mila Jerusem odpowiada mniej więcej siedmiu milom Urantii (11,3 kilometra). Standardową wagą jest „gradant", wyprowadzony w systemie dziesiętnym z pełnego ultimatonu i stanowi on prawie równo dziesięć uncji waszej wagi (280 gramów). Dzień Satanii jest równy trzem dniom Urantii, bez godziny czterech minut i piętnastu sekund – jest to czas obrotu Jerusem wokół osi. Rok systemu stanowi sto dni Jerusem. Czas systemu transmitowany jest przez nadrzędnych chronoldeków.

Energia Jerusem jest doskonale kontrolowana, obiega sferę kanałami strefowymi, zasilanymi bezpośrednio ładunkami energii kosmicznej i jest umiejętnie ukierunkowana przez Nadrzędnych Kontrolerów Fizycznych. Naturalny opór, na jaki natrafia strumień energii w materialnych kanałach przewodzących, daje ciepło potrzebne do wytworzenia równomiernej temperatury na Jerusem. W pełnym świetle temperatura utrzymywana jest na poziomie 21 stopni Celsjusza, kiedy w okresie przygaszenia światła spada do nieco poniżej 10 stopni.

System oświetleniowy Jerusem nie powinien być dla was zbyt trudny do zrozumienia. Nie ma tam dni ani nocy, ani pór ciepłych ani zimnych. Przekształcający moc utrzymują sto tysięcy centrów, z których rozrzedzone energie wyrzucane są w górę przez planetarną atmosferę, doznając pewnych przemian, aż osiągną elektryczny pułap powietrzny sfery, potem energie te odbijane są z powrotem w dół, jako delikatne, sączące się, jednolite światło, zbliżone swą intensywnością do światła słonecznego na Urantii o dziesiątej przed południem.

W takich warunkach oświetleniowych promienie światła wydają się nie wydobywać z jednego miejsca; one po prostu sączą się z nieba, emanując jednakowo ze wszystkich kierunków przestrzeni. Światło to bardzo jest zbliżone do naturalnego światła słonecznego, za wyjątkiem tego, że zawiera bardzo mało ciepła. Zatem należy zdać sobie sprawę z tego, że takie światy zarządu nie będą świeciły w przestrzeni; gdyby Jerusem było bardzo blisko Urantii, nie byłoby widoczne.

Gazy, które odbijają światło-energię od wyższych warstw jonosfery Jerusem ku powierzchni sfery, są bardzo podobne do takich samych gazów, występujących w wyższych warstwach powietrza Urantii, tych, które biorą udział w zjawiskach zorzy – waszej tak zwanej zorzy polarnej – chociaż wytwarzane są w inny sposób. Na Urantii istnieje taki sam ekran gazowy, który zapobiega ucieczce ziemskich fal radiowych, odbijając je ku Ziemi, kiedy trafiają na tę strefę gazową podczas swego lotu prosto w przestrzeń. Tym sposobem fala radiowa trzyma się blisko powierzchni Ziemi, gdy biegnie przez atmosferę wokół waszego świata.

Oświetlenie sfery utrzymywane jest na takim samym poziomie przez siedemdziesiąt pięć procent dnia Jerusem a potem stopniowo słabnie, aż podczas najsłabszej iluminacji posiada mniej więcej jasność waszego księżyca w pełni w bezchmurną noc. Dla całego Jerusem jest to czas ciszy. W czasie tego odpoczynku i regeneracji czynne są tylko stacje odbiorcze transmisji.

Jerusem dostaje słabe światło od kilku pobliskich słońc – rodzaj światła jasnych gwiazd – ale nie jest od nich zależne; światy takie jak Jerusem nie podlegają zmianom powstałym w wyniku zaburzeń słonecznych, nie mają też problemów ze stygnącymi czy gasnącymi słońcami.

Siedem przejściowych światów nauczania oraz czterdzieści dziewięć ich satelitów jest ogrzewane, oświetlane, zasilane energią oraz nawadniane techniką jerusemską.

2. CECHY FIZYCZNE JERUSEM

Na Jerusem będzie wam brakować surowych szczytów górskich, takich, jakie istnieją na Urantii i innych rozwijających się światach, jako że nie ma tam ani trzęsień ziemi ani deszczu, podziwiać jednak będziecie piękne wzgórza oraz inne unikalne cechy terenu i krajobrazu. Ogromne obszary Jerusem utrzymywane są w „stanie naturalnym" a piękno tych rejonów przekracza nieomal ludzką wyobraźnię.

Na Jerusem jest wiele tysięcy małych jezior, ale nie ma tam ani rwących rzek ani rozległych oceanów. Na żadnym świecie zaprojektowanym nie ma również deszczów ani burz czy zamieci, ale codziennie osadza się tam skroplona wilgoć w okresie najniższej temperatury, związanej z zanikiem światła. (Na światach o trzech gazach punkt rosy jest wyższy niż na planetach o dwu gazach, takich jak Urantia). Zarówno materialne życie roślinne jak i morontialny świat rzeczy żywych potrzebują wilgoci, która dostarczana jest w znacznej części przez podziemny system jej krążenia, rozciągający się na całą sferę, nawet na szczyty wzgórz. Ten system wodny jest nie tylko podziemny, ponieważ istnieje wiele kanałów, łączących połyskujące jeziora Jerusem.

Atmosfera Jerusem jest mieszaniną trzech gazów. Powietrze to jest bardzo podobne do tego, jakie ma Urantia, ale zawiera również dodatkowy gaz, dostosowany do oddychania morontialnej klasy życia. Ten trzeci gaz w żadnym stopniu nie czyni powietrza niezdatnym do oddychania dla zwierząt i roślin klas materialnych.

System transportu związany jest z krążeniem strumieni energii; te główne prądy energii układają się w odstępach co szesnaście kilometrów. Dzięki zastosowaniu mechanizmów fizycznych, materialne istoty planety mogą poruszać się z prędkością wahającą się od trzystu do ośmiuset kilometrów na godzinę. Ptaki transportowe lecą z prędkością około stu sześćdziesięciu kilometrów na godzinę. Aparaty powietrzne Synów Materialnych lecą z prędkością około ośmiuset kilometrów na godzinę. Istoty materialne i wczesne istoty morontialne muszą używać tych mechanicznych środków transportu, ale osobowości duchowe poruszają się dzięki łączności z wyższymi siłami i duchowymi źródłami energii.

Jerusem i związane z nim światy wyposażone są w dziesięć standardowych grup życia materialnego, charakterystycznych dla sfer zaprojektowanych Nebadonu. Skoro jednak na Jerusem nie ma ewolucji organicznej, nie ma tam również antagonistycznych form życia, nie istnieje walka o byt i nie ma przetrwania najlepiej dostosowanych. Istnieje tutaj raczej twórcze dostosowanie, będące przedsmakiem piękna, harmonii i doskonałości wiecznych światów centralnego i boskiego wszechświata. Całą tę twórczą doskonałość cechuje bardzo ciekawe połączenie życia materialnego i morontialnego, które artystycznie kontrastują ze sobą dzięki pracy niebiańskich twórców oraz ich kolegów.

Jerusem doprawdy jest przedsmakiem rajskiej chwały i wspaniałości. Jednak nie możecie oczekiwać, że zdobędziecie adekwatne pojęcie o tych, wspaniałych światach zaprojektowanych, dzięki jakiejkolwiek próbie ich opisania. Jest tu tak mało tego, co można porównać z czymkolwiek na waszym świecie a nawet te rzeczy na Jerusem tak dalece przewyższają rzeczy na Urantii, że porównywanie ich jest prawie groteskowe. Nie możecie raczej mieć niczego zbliżonego do prawdziwych idei niebiańskich światów, zanim naprawdę nie przybędziecie do Jerusem, ale w nie tak odległej przyszłości będziecie porównywać wasze doświadczenia w stolicy systemu z waszym późniejszym przybyciem do bardziej odległych sfer szkoleniowych wszechświata, superwszechświata i Havony.

Sektor produkcyjny albo laboratoryjny Jerusem jest rozległą domeną, którą Urantianom trudno byłoby rozpoznać jako taką, ponieważ nie ma tam dymiących kominów; tym niemniej z tymi, specjalnymi światami związana jest skomplikowana organizacja materialna, doskonałość techniki mechanicznej i osiągnięć materialnych, które mogłyby zdziwić, nawet przerazić, waszych najbardziej doświadczonych chemików i wynalazców. Zastanówcie się nad tym, że pierwszy świat przetrzymania na waszej drodze do Raju jest znacznie bardziej materialny niż duchowy. W czasie waszego pobytu na Jerusem i na jego światach przejściowych, jesteście znacznie bliżej waszego ziemskiego życia, złożonego z rzeczy materialnych, niż późniejszego życia zaawansowanego bytu duchowego.

Góra Serafin, najwyższe wzniesienie na Jerusem, ma prawie cztery i pół tysiąca metrów wysokości i jest punktem odlotu wszystkich serafinów transportujących. Różne urządzenia mechaniczne stosowane są w tym celu, żeby dać energię wstępną, potrzebną do wyrwania się z objęć planetarnej grawitacji i do pokonania oporu powietrza. Transport seraficzny odlatuje co trzy sekundy czasu Urantii w okresie światła, a czasami długo jeszcze po zmroku. Transportowcy startują z prędkością około dwudziestu pięciu mil standardowych na sekundę czasu Urantii i nie osiągają standardowej prędkości, zanim nie znajdą się ponad trzy tysiące kilometrów od Jerusem.

Transporty lądują na kryształowym polu, na tak zwanym szklanym morzu. Obszar ten otaczają stacje przyjmujące dla różnych klas istot, lecących przez przestrzeń transportem seraficznym. W pobliżu stacji polarnego kryształu, przyjmującej odwiedzających badaczy, będziecie mogli wejść na perłowe obserwatorium i oglądać rozległą mapę plastyczną całej planety zarządu.

3. TRANSMISJE JERUSEM

Transmisje z superwszechświata i z Raju-Havony odbierane są na Jerusem, w łączności z Salvingtonem, przy zastosowaniu techniki polarnego kryształu, szklanego morza. W dodatku do urządzeń odbiorczych komunikacji pozanebadońskiej, są tam trzy niezależne grupy stacji odbiorczych. Te oddzielone od siebie, trójcyrkularne w swej formie grupy stacji, dostosowane są do odbioru transmisji ze światów lokalnych, z zarządu konstelacji i ze stolicy wszechświata lokalnego. Wszystkie te transmisje ukazują się automatycznie w taki sposób, aby były dostrzegalne dla wszelkich typów istot obecnych w centralnym amfiteatrze transmisyjnym; ze wszystkich zajęć wznoszącego się śmiertelnika, przebywającego na Jerusem, żadne nie jest bardziej zajmujące i absorbujące, niż wsłuchiwanie się w ten nigdy nie kończący się strumień kosmicznych informacji z wszechświata.

Stacja odbioru transmisji na Jerusem otoczona jest przez olbrzymi amfiteatr, zbudowany z iskrzących się materiałów, przeważnie nieznanych na Urantii, z miejscami dla ponad pięciu miliardów istot – materialnych i morontialnych – poza tym mieszczą się tam niezliczone osobowości duchowe. Ulubioną rozrywką wszystkich istot, przebywających na Jerusem, jest spędzanie wolnego czasu w stacji transmisyjnej, dowiadywanie się tutaj o stanie i sytuacji wszechświata. I jest to jedyna aktywność na planecie, która trwa ożywiona w okresie przygaszenia światła.

Wieści z Salvingtonu płyną nieustannie do tego amfiteatru odbioru transmisji. Z bliższej odległości, przynajmniej raz na dzień odbierane są słowa Najwyższych Ojców Konstelacji z Edentii. Okresowo, regularne i specjalne przekazy z Uversy retransmitowane są przez Salvington, a kiedy odbierane są wiadomości z Raju, cała populacja zbiera się wokół szklanego morza a przyjaciele z Uversy dodają fenomenów odzwierciedlania do techniki transmisji rajskiej, tak, że wszystko, co jest słyszane staje się również dostrzegalne. I w ten sposób zaawansowani śmiertelnicy, kiedy podróżują do wewnątrz, ku wiecznej przygodzie, wciąż otrzymują przedsmak zaawansowanego piękna i świetności.

Stacja nadawcza Jerusem znajduje się na przeciwległym biegunie sfery. Wszystkie transmisje są retransmitowane ze stolic systemów do poszczególnych światów, za wyjątkiem wiadomości od Michała, które czasem idą bezpośrednio do odbiorców obwodem archaniołów.

4. *OBSZARY* MIESZKALNE I ADMINISTRACYJNE

Znaczna część Jerusem przeznaczona jest na tereny mieszkalne, podczas gdy w innych rejonach stolicy systemu prowadzone są niezbędne funkcje administracyjne, obejmujące zarządzanie 619 zamieszkałymi sferami, 56 światami kultury przejściowej i samą stolicą systemu. Na Jerusem i w Nebadonie taki podział określa się następująco:

1. *Okręgi* – rejony mieszkalne dla istot nie rodzimych.
2. *Kwadraty* – wykonawczo-administracyjne obszary systemu.
3. *Prostokąty* – miejsca spotkań niższego życia rodzimego.
4. *Trójkąty* – lokalne albo jerusemskie obszary administracyjne.

Organizacja funkcjonowania systemu w okręgi, kwadraty, prostokąty i trójkąty jest wspólna dla wszystkich stolic systemu w Nebadonie. W innym wszechświecie może panować zupełnie inna organizacja. Sprawy te regulują różnorodne plany Synów Stwórców.

Nasza opowieść o terenach mieszkalnych i administracyjnych nie uwzględnia rozległych i pięknych posiadłości Materialnych Synów Boga, stałych obywateli Jerusem, ani też nie wspominamy tutaj o licznych innych, fascynujących klasach istot duchowych i prawie duchowych. Na przykład: Jerusem korzysta z efektywnej służby spirongów, zaplanowanych do działania w systemie. Istoty te zajmują się służbą duchową dla nadmaterialnych mieszkańców i gości. Są wspaniałą grupą inteligentnych i pięknych istot, które okresowo pomagają wyższym istotom morontialnym i pomocnikom morontialnym, zajmującym się konserwacją i zdobnictwem wszystkich wytworów morontialnych. Są na Jerusem tym, czym są istoty pośrednie na Urantii – pośredni pomocnicy, działający pomiędzy tym, co materialne a tym, co duchowe.

Stolice systemów są unikalne pod tym względem, że są to jedyne światy, na których przejawiają się prawie doskonale wszystkie trzy stadia bytu wszechświata: materialne, morontialne i duchowe. Czy jesteście osobowościami materialnymi, morontialnymi czy duchowymi, będziecie się czuć na Jerusem tak jak w domu; dotyczy to także istot złożonych, takich jak pośredni i Synowie Materialni.

Jerusem ma wielkie budynki, zarówno typu materialnego jak i morontialnego, podczas gdy zdobnictwo stref czysto duchowych jest nie mniej znakomite i bogate. Gdybym tylko mógł znaleźć właściwe słowa, aby wam opowiedzieć o morontialnych odpowiednikach zdumiewającego, materialnego wyposażenia Jerusem! Gdybym tylko mógł zaprezentować podniosłą okazałość i wyrafinowaną doskonałość duchowych cech tego świata zarządu! Wasze, zrodzone z najlepszej wyobraźni koncepcje doskonałego piękna i pełni wyposażenia, mogłyby zaledwie się zbliżyć do tych wspaniałości. A Jerusem jest tylko pierwszym krokiem na drodze do niebiańskiej doskonałości, rajskiego piękna.

5. OKRĘGI JERUSEM

Miejsca zamieszkania, przydzielone głównym grupom życia wszechświatowego, zwane są *okręgami Jerusem*. W tych narracjach wspomina się o następujących zespołach okręgów:

1. Okręgi Synów Boga.
2. Okręgi aniołów i wyższych duchów.
3. Okręgi Wszechświatowych Pomocników, wraz z okręgami synów utrójcowionych przez stworzonych, tych, którzy nie są przydzieleni Nauczycielom-Synom Trójcy.

4. Okręgi Nadrzędnych Kontrolerów Fizycznych.
5. Okręgi posiadających przydział, wznoszących się śmiertelników, razem z istotami pośrednimi.
6. Okręgi kolonii kurtuazyjnych.
7. Okręgi Korpusu Finalizmu.

Każda z tych grup mieszkalnych składa się z siedmiu koncentrycznych i kolejno coraz bardziej wyniesionych okręgów. Wszystkie one są zbudowane według tych samych zasad, ale mają różne rozmiary i zrobione są z innych materiałów. Wszystkie otoczone są przez obszerne ogrodzenia, pnące się wzwyż i tworzące szerokie promenady, całkowicie otaczające każdą grupę siedmiu koncentrycznych okręgów.

1. *Okręgi Synów Boga.* Chociaż Synowie Boga mają planetę dla swej własnej społeczności – jeden ze światów kultury przejściowej – na Jerusem zajmują oni również te obszerne domeny. Na świecie ich kultury przejściowej wznoszący się śmiertelnicy obracają się swobodnie pośród wszystkich klas Boskiego synostwa. Będziecie tam osobiście poznawać i kochać tych Synów, jednak ich życie społeczne ograniczone jest w znacznej mierze do tego świata specjalnego i jego satelitów. Z kolei w okręgach Jerusem można obserwować różne grupy synostwa przy pracy. A skoro wzrok morontialny ma bardzo szeroki zakres, możecie spacerować po promenadach Synów i przypatrywać się ciekawym zajęciom ich różnorodnych klas.

Siedem okręgów Synów to okręgi współśrodkowe i kolejno wypiętrzone, tak, że każdy z zewnętrznych, większych okręgów, góruje nad wewnętrznymi, mniejszymi, każdy otoczony jest przez ścianę – promenadę publiczną. Ściany te zbudowane są z kryształowych klejnotów, jaskrawo błyszczących i tak są wyniesione, aby górowały nad poszczególnymi okręgami mieszkalnymi. Jest wiele bram – od pięćdziesięciu do stu pięćdziesięciu tysięcy – przenikających każdą ze ścian a stanowią je pojedyncze, perłowe kryształy.

Pierwszy okrąg domeny Synów zajmowany jest przez Synów-Arbitrów oraz ich osobisty personel. Koncentrują się tutaj wszelkie plany i bezpośrednie poczynania, dotyczące obdarzeń i służb orzecznictwa tych Synów jurydycznych. Również poprzez to centrum Avonale systemu utrzymują kontakt z wszechświatem.

Drugi okrąg jest zajmowany przez Nauczycieli-Synów Trójcy. W tej świętej domenie Daynale oraz ich pomocnicy prowadzą nauczanie nowoprzybyłych, Nauczycieli-Synów klasy pierwszej. W całej tej pracy pomaga im efektywnie grupa pewnych partnerów Gwiazd Błyszczących Wieczornych. Synowie utrójcowieni przez stworzonych zajmują sektor w okręgu Daynali. Nauczyciele-Synowie Trójcy są najbliżsi pozycji osobistych reprezentantów Ojca Wszechświatowego w systemie lokalnym; przynajmniej są istotami pochodzącymi od Trójcy. Ten drugi okrąg jest domeną niezwykle interesującą dla całej społeczności Jerusem.

Trzeci okrąg poświęcony jest Melchizedekom. Przebywają tutaj szefowie systemu i nadzorują prawie nieskończoną gamę prac tych wszechstronnych Synów. Od pierwszego świata-mieszkania, przez całą jerusemską drogę wznoszenia się, Melchizedecy są dla śmiertelników zastępczymi ojcami i doradcami, zawsze są pod ręką. Nie od rzeczy będzie stwierdzić, że ich wpływ jest dominujący na Jerusem, obok działalności przebywających tam zawsze Materialnych Synów i Córek.

Czwarty okrąg jest tym miejscem, gdzie przebywają Vorondadecy oraz wszelkie inne klasy Synów odwiedzających i obserwatorów, którzy nie mają innego miejsca pobytu. W tym okręgu zamieszkują Najwyżsi Ojcowie Konstelacji, podczas wizyt inspekcyjnych systemu lokalnego. Wszyscy Perfektorzy Mądrości, Niebiańscy Radcy i Wszechświatowi Cenzorzy przebywają w tym okręgu, kiedy pełnią swe obowiązki w systemie.

Piąty okrąg jest mieszkaniem Lanonandeków, tej klasy synostwa, do której należą Władcy Systemu i Książęta Planetarni. Trzy grupy Lanonandeków mieszają się ze sobą, kiedy są w tej domenie, u siebie w domu. W tym okręgu znajdują się ich rezerwy systemu, podczas gdy Władca Systemu posiada świątynię, usytuowaną w centrum grupy struktur zarządzania, na wzgórzu administracyjnym.

Szósty okrąg jest miejscem, gdzie oczekują Nosiciele Życia systemu. Są tutaj zgromadzone wszystkie klasy tych Synów i stąd wychodzą na swe światowe misje.

Siódmy okrąg jest miejscem spotkania wznoszących się synów, tych śmiertelników z wyznaczonymi funkcjami, którzy mogą tymczasowo działać w zarządzie systemu, wraz ze swymi seraficznymi partnerami. Wszyscy eks-śmiertelnicy, powyżej statusu obywateli Jerusem a poniżej finalistów, zaliczani są do tej grupy, która ma swą główną siedzibę w tym właśnie okręgu.

Cyrkularne posiadłości Synów zajmują ogromny obszar i aż do tysiąca dziewięciuset lat temu w ich centrum była wielka pusta przestrzeń. Ten centralny rejon zajmowany jest teraz przez ogromy monument, poświęcony Michałowi, ukończony jakieś pięćset lat temu. Czterysta dziewięćdziesiąt pięć lat temu, podczas poświęcenia tej świątyni, Michał przybył we własnej osobie i całe Jerusem słyszało wzruszającą historię o tym, jak Syna-Mistrz obdarzył Urantię, najskromniejszą w Satanii. Monument Michała jest teraz ośrodkiem wszelkiej działalności, związanej z zarządzaniem systemu, zmodyfikowanej obdarzeniem dokonanym przez Michała, razem z większością funkcji przeniesionych zupełnie niedawno z Salvingtonu. Personel monumentu liczy ponad milion osobowości.

2. *Okręgi aniołów*. Okręgi aniołów, podobnie jak obszar mieszkalny Synów, składają się z siedmiu współśrodkowych, stopniowo wznoszących się okręgów, z których każdy kolejny góruje nad obszarami wewnętrznymi.

Pierwszy okrąg aniołów zajmowany jest przez Wyższe Osobowości Nieskończonego Ducha, które mogą przebywać na świecie zarządu – przez Samotnych Posłańców i ich towarzyszy. Drugi okrąg poświęcony jest zastępom posłańców, Doradcom Proceduralnym, ich towarzyszom, inspektorom i rejestratorom, kiedy pracują od czasu do czasu na Jerusem. Trzeci okrąg zajmują duchy usługujące, ich wyższe klasy i grupy.

Czwarty okrąg zajmują serafini administratorzy a serafini służący w systemie lokalnym, takim jak Satania, stanowią „niezliczone rzesze aniołów". Okrąg piąty zajmowany jest przez serafinów planetarnych, podczas gdy szósty jest miejscem pobytu opiekunów przejścia. Okrąg siódmy jest miejscem pobytu pewnych, nie objawionych klas serafinów. Rejestratorzy wszystkich tych grup aniołów nie mieszkają ze swymi współbraćmi, zamieszkują oni w jerusemskiej świątyni rejestrów. Wszystkie rejestry prowadzone są w potrójnej formie, w trojakiej hali archiwów. W zarządzie systemu rejestry utrwalane są zawsze w formie materialnej, morontialnej i duchowej.

Tych siedem okręgów otoczonych jest panoramiczną wystawą jerusemską, której obwód wynosi pięć tysięcy mil standardowych, przedstawiającą zaawansowanie światów zaludnionych Satanii, a jest ona ciągle uaktualniana, tak, aby rzeczywiście obrazowała aktualne warunki poszczególnych planet. Nie mam wątpliwości, że ta rozległa promenada, górująca nad okręgami aniołów, pierwsza przykuje waszą uwagę na Jerusem, gdy w czasie waszych wcześniejszych odwiedzin dostaniecie pozwolenie na dłuższy wypoczynek.

Wystawa ta jest pod opieką istot rodzimych dla Jerusem, którym pomagają wznoszące się istoty z różnych światów Satanii, zatrzymujące się na Jerusem po drodze na Edentię. Dla przedstawienia warunków planetarnych i światowego postępu używa się wielu metod, niektóre są wam znane, ale w większości techniki te nie są znane na Urantii. Wystawa ta zajmuje wierzchnią krawędź rozległej ściany. Pozostała część promenady jest prawie zupełnie odkryta i wyjątkowo pięknie zdobiona.

3. *Okręgi Wszechświatowych Pomocników* posiadają na ogromnej, centralnej przestrzeni, zarząd Gwiazd Wieczornych. Mieści się tutaj systemowy zarząd Galantii, stowarzyszonego szefa tej potężnej grupy superaniołów, który pierwszy ze wszystkich wzniosłych Gwiazd Wieczornych otrzymał przydział. Jest to jeden z okazalszych sektorów administracyjnych Jerusem, choć zalicza się on raczej do nowszych konstrukcji. Centrum to ma pięćdziesiąt mil średnicy. Główną siedzibą Galantii jest monolityczny, lany kryształ, zupełnie przezroczysty. Takie materialno-morontialne kryształy są bardzo doceniane, zarówno przez istoty morontialne jak i materialne. Stworzone Gwiazdy Wieczorne wywierają wpływ na całe Jerusem, dzięki posiadaniu cech nadosobowych. Cały ten świat nabrał posmaku duchowego, od kiedy tak wiele różnych funkcji przeniesiono tutaj z Salvingtonu.

4. *Okręgi Nadrzędnych Kontrolerów* Fizycznych. Różne klasy Nadrzędnych Kontrolerów Fizycznych rozmieszczone są współśrodkowo wokół ogromnej świątyni mocy, w której przewodniczy szef mocy systemu, w powiązaniu z szefem Nadzorców Mocy Morontialnej. Świątynia mocy jest jednym z dwu sektorów na Jerusem, gdzie nie są wpuszczani wznoszący się śmiertelnicy oraz istoty pośrednie. Drugi to sektor dematerializacji w strefie Synów Materialnych, grupa laboratoriów, w których serafini transportujący przekształcają istoty materialne w stan bardzo zbliżony do klasy bytu morontialnego.

5. *Okręgi wznoszących się śmiertelników.* Centralny obszar okręgów wznoszących się śmiertelników zajmowany jest przez grupę 619 planetarnych monumentów, reprezentujących światy zamieszkałe systemu i te struktury okresowo poddawane są znacznym przemianom. Do przywilejów śmiertelników z każdego świata należy aprobowanie, od czasu do czasu, pewnych przekształceń czy uzupełnień w ich planetarnych monumentach. Wielu zmian dokonuje się nawet teraz w strukturach Urantii. Centrum tych 619 świątyń zajmowane jest przez funkcjonujący model Edentii i wielu jej światów kultury wznoszenia się. Model ten ma czterdzieści mil średnicy i jest w istocie kopią układu Edentii, wierną w każdym szczególe.

Wznoszące się istoty lubią swe jerusemskie służby i z przyjemnością obserwują metody działania innych grup. Wszystko, co się robi w różnych okręgach, mogą obserwować bez żadnych przeszkód wszystkie istoty z całego Jerusem.

Wszelka działalność na takim świecie podzielona jest na trzy różne grupy: praca, rozwój i zabawa. Inaczej mówiąc jest to: służba, nauka i relaks. Te kompleksowe działania polegają na utrzymywaniu stosunków społecznych, grupowej rozrywce i czczeniu Boga. Współdziałanie z różnorodnymi grupami osobowości, z ich klasami bardzo odległymi od własnych współbraci, ma wielkie wartości edukacyjne.

6. *Okręgi kolonii kurtuazyjnych.* Siedem okręgów kolonii kurtuazyjnych uświetniają trzy ogromne struktury: olbrzymie obserwatorium astronomiczne Jerusem, gigantyczna galeria sztuki Satanii i rozległa hala zgromadzeń organizatorów powrotu – teatr przedstawień morontialnych, poświęconych odpoczynkowi i rozrywce.

Niebiańscy twórcy, kierując spornagiami, tworzą mnóstwo kreatywnych dekoracji oraz monumentalnych pomników, których pełno jest na każdym placu zgromadzeń publicznych. Pracownie tych twórców zaliczają się do największych i najpiękniejszych ze wszystkich, niezrównanych budowli tego wspaniałego świata. Inne kolonie kurtuazyjne mają również swe obszerne i piękne centrale. Wiele tych budynków skonstruowanych jest wyłącznie z krystalicznych klejnotów. Wszystkie światy zaprojektowane są bogate w kryształy i tak zwane metale szlachetne.

7. *Okręgi finalistów* mają unikalną strukturę w swym centrum. I taka sama, pusta świątynia, znajduje się w zarządzie każdego systemu na obszarze całego Nebadonu. Na Jerusem budowla ta opieczętowana jest insygniami Michała i nosi napis: „Nie poświęcona siódmemu stadium ducha – wiecznemu przeznaczeniu". Gabriel umieścił tę pieczęć w świątyni tajemnicy i nikt prócz Michała nie potrafi albo nie może złamać pieczęci władzy, nałożonej przez Gwiazdę Jasną i Poranną. Kiedyś ujrzycie tę cichą świątynię, nawet, jeśli nie uda się wam zgłębić jej tajemnicy.

Inne okręgi Jerusem. W dodatku do mieszkalnych okręgów, są na Jerusem liczne inne miejsca, przeznaczone do zamieszkania.

6. KWADRATY WYKONAWCZO-ADMINISTRACYJNE

Sektory wykonawczo-administracyjne systemu rozmieszczone są w tysiącu ogromnych kwadratów resortowych. Każda jednostka administracyjna podzielona jest na tysiąc podjednostek, z których każda zawiera dziesięć podgrup. Te tysiąc kwadratów podzielone jest na dziesięć części, tworzących następujące dziesięć resortów administracyjnych:

1. Podtrzymywanie fizyczne i materialne doskonalenie, domeny mocy i energii fizycznej.
2. Arbitraż, etyka i orzecznictwo administracyjne.
3. Sprawy planetarne i lokalne.
4. Sprawy konstelacji i wszechświata.
5. Edukacja i inne funkcje Melchizedeków.
6. Planetarny i systemowy rozwój materialny, naukowa domena działalności Satanii.
7. Sprawy morontialne.
8. Działalność czystego ducha i etyka.

9. Służba wznoszenia się.

10. Filozofia wielkiego wszechświata.

Struktury te są przezroczyste, dlatego też cała działalność systemu może być obserwowana nawet przez odwiedzających badaczy.

7. PROSTOKĄTY – SPORNAGIE

Tysiąc *prostokątów* zajmowanych jest na Jerusem przez niższe życie rodzime planety stołecznej a w ich centrum usytuowany jest rozległy, okrągły zarząd spornagii.

Na Jerusem będziecie zdumieni osiągnięciami rolniczymi cudownych spornagii. Ziemię uprawia się tutaj zasadniczo dla efektów estetycznych i dekoracyjnych. Spornagie są ogrodnikami powierzchni światów zarządu i są zarówno oryginalne jak i artystyczne w swym traktowaniu otwartych przestrzeni Jerusem. Do uprawy ziemi używają zarówno zwierząt jak i licznych wynalazków mechanicznych. Są inteligentnymi specjalistami w stosowaniu środków mocy tych domen, jak również w używaniu licznych klas swych pomniejszych braci, niższych stworzeń zwierzęcych, jakich wiele zostało im danych na tych specjalnych światach. Obecnie ta klasa życia zwierzęcego nadzorowana jest głównie przez wznoszące się istoty pośrednie ze światów ewolucyjnych.

Dostrajacze nie zamieszkują spornagii. Spornagie nie posiadają również trwałych dusz, mają jednak długie życie, czasami aż do czterdziestu czy pięćdziesięciu tysięcy standardowych lat. Jest ich bardzo dużo a służą fizycznie wszystkim tym klasom osobowości wszechświata, które potrzebują materialnej pomocy.

Chociaż spornagie nie mają ani nie kształtują przeżywających dusz, choć nie posiadają osobowości, tym niemniej rozwijają indywidualność, która może doznawać reinkarnacji. Kiedy z upływem czasu ciała fizyczne tych unikalnych stworzeń niszczeją, na skutek wieku i zużycia, ich stwórcy, z pomocą Nosicieli Życia, wytwarzają nowe ciała, w których stare spornagie kontynuują na nowo swój byt.

Spornagie są jedynymi istotami w całym wszechświecie Nebadon, które doznają pewnego rodzaju reinkarnacji. Reagują one tylko na pierwsze pięć przybocznych umysłów-duchów; nie reagują na duchy czci i mądrości. Jednak pięć przybocznych umysłów równa się pełni szóstego poziomu rzeczywistości i to jest ten czynnik, który trwa jako empiryczna tożsamość.

Gdy próbuję opisać te pożyteczne i niezwykłe stworzenia, brakuje mi środków porównawczych, gdyż nie ma na światach ewolucyjnych zwierząt mogących się z nimi równać. Zostały zaprojektowane przez Nosicieli Życia, w ich obecnej formie oraz statusie i nie są istotami ewolucyjnymi. Są dwupłciowe i się rozmnażają, gdy trzeba zwiększyć ich populację.

Może najlepiej będę mógł zasugerować cokolwiek umysłom Urantii, w sprawie natury tych pięknych i pożytecznych stworzeń, gdy powiem, że posiadają one cechy wiernego konia i przywiązanego psa oraz przejawiają inteligencję wyższą niż u najwyższych typów szympansów. Oceniając według materialnych standardów Urantii, są wyjątkowo piękne. Szczególnie sobie cenią uwagę, jaką im okazują materialni i częściowo materialni goście, przebywający na tych zaprojektowanych światach. Posiadają wzrok, który w dodatku do istot materialnych pozwala im rozpoznawać istoty morontialne, niższe klasy anielskie, istoty pośrednie i niektóre z niższych klas osobowości duchowych. Nie rozumieją czczenia Nieskończonego ani nie pojmują doniosłości Wiecznego, jednak przez przywiązanie do swych zwierzchników przyłączają się do widzialnego, duchowego czczenia ich domen.

Są tacy, którzy wierzą, że w przyszłej epoce wszechświata wierne spornagie wyzwolą się ze swego zwierzęcego poziomu bytu i osiągną wartościowe, ewolucyjne przeznaczenie, polegające na stopniowym rozwoju intelektualnym a nawet na osiągnięciach duchowych.

8. TRÓJKĄTY JERUSEM

Czysto lokalne i rutynowe sprawy Jerusem kierowane są ze stu *trójkątów*. Te jednostki administracyjne zgrupowane są wokół dziesięciu wspaniałych struktur w których mieści się lokalna administracja Jerusem. Trójkąty otoczone są panoramiczną wystawą historii zarządu systemu. Obecnie z tej okrągłej historii wymazane jest miejsce na odcinku ponad dwóch mil standardowych. Sektor ten zostanie odnowiony po ponownym przyjęciu Satanii do konstelacyjnej rodziny. Wszystkie warunki ku temu zostały przygotowane rozporządzeniami Michała, ale trybunał Pradawnych Czasu nie skończył jeszcze sądzenia buntu Lucyfera. Satania może tak długo nie wrócić do pełnej wspólnoty w Norlatiadeku, jak długo przechowuje szefów buntu, wysokie istoty stworzone, które ze światłości upadły w ciemność.

Kiedy Satania powróci do konstelacyjnej owczarni, zacznie się ponownie rozważać przyjęcie odosobnionych światów do systemowej rodziny planet zamieszkałych, wraz z przywróceniem ich do duchowej komunii domen. Ale jeśli nawet Urantia znów byłaby podłączona do obwodów systemu, wciąż bylibyście zażenowani tym, że cały wasz system pozostaje pod kwarantanną Norlatiadeku, częściowo oddzielającą go od wszystkich innych systemów.

Niebawem jednak wyrok na Lucyfera i jego towarzyszy przywróci system Satania do konstelacji Norlatiadek, a potem Urantia oraz inne odosobnione sfery zostaną włączone do obwodów Satanii i znowu te światy będą korzystać z przywilejów łączności międzyplanetarnej i wspólnoty międzysystemowej.

Przyjdzie koniec dla buntowników i buntu. Najwyżsi Władcy są miłosierni i cierpliwi, jednak prawo wobec rozmyślnie żywionego zła jest powszechnie i bezbłędnie egzekwowane. „Zapłatą za grzech jest śmierć” – unicestwienie wieczne.

[Przedstawione przez archanioła z Nebadonu].

PRZEKAZ 47

SIEDEM ŚWIATÓW-MIESZKAŃ

KIEDY Syn Stwórca przebywał na Urantii, mówił o „wielu mieszkaniach we wszechświecie Ojca". W pewnym sensie wszystkie pięćdziesiąt sześć światów, okrążających Jerusem, poświęcone są kulturze przejściowej wznoszących się śmiertelników, ale siedem satelitów pierwszego świata specyficznie nazywane jest światami-mieszkaniami.

Pierwszy świat przejściowy zajmuje się raczej wyłącznie sprawami wznoszenia się istot, stanowiąc zarząd korpusu finalistów, przydzielonych do Satanii. Świat ten służy teraz za główną siedzibę ponad stu tysiącom kompanii finalistów, a w każdej takiej grupie jest tysiąc tych gloryfikowanych istot.

Kiedy system zostaje ustanowiony w światłości i życiu i kiedy światy-mieszkania, jeden po drugim, przestają służyć za miejsca nauczania śmiertelników, przejmowane są one przez zwiększającą się populację finalistów, gromadzącą się w starszych i bardziej zaawansowanych systemach.

Siedem światów-mieszkań funkcjonuje pod kierownictwem nadzorców morontialnych i Melchizedeków. Na każdym takim świecie znajduje się tymczasowy gubernator, bezpośrednio odpowiedzialny przed władcami Jerusem. Na każdym ze światów-mieszkań rozjemcy z Uversy mają swój zarząd, z którym sąsiaduje lokalne miejsce spotkań Doradców Proceduralnych. Organizatorzy powrotu i niebiańscy twórcy także mają na każdym z tych światów swój zarząd grupowy. Spirongi działają począwszy od drugiego świata, podczas gdy wszystkie siedem światów, łącznie z innymi planetami kultury przejściowej i światem zarządu, jest dobrze zaopatrzone w standardowo stworzone spornagie.

1. ŚWIAT FINALISTÓW

Chociaż tylko finaliści i pewne grupy przetrwałych dzieci oraz ich opiekunów przebywają na pierwszym świecie przejściowym, stworzono tam warunki przyjmowania wszystkich klas istot duchowych, śmiertelników przejściowych i odwiedzających badaczy. Spornagie, działające na wszystkich takich światach, są gościnnymi gospodarzami wszystkich tych istot, które mogą rozpoznać. Mają mgliste przeczucia odnośnie finalistów, ale nie mogą ich zobaczyć. Muszą odnosić się do nich tak, jak wy odnosicie się do aniołów w waszym obecnym stanie materialnym.

Aczkolwiek świat finalistów jest sferą wyrafinowanego piękna materialnego i niezwykłego zdobnictwa morontialnego, wielkie duchowe pomieszczenie, znajdujące się w centrum wszystkich jego funkcji, świątynia finalistów, nie jest widoczne dla zwykłych oczu materialnych czy wczesnego wzroku morontialnego. Przetwarzacze energii potrafią jednak uwidocznić wiele takich rzeczywistości wznoszącym się śmiertelnikom i robią to od czasu do czasu, na przykład podczas zebrań klas studentów światów-mieszkań na tej sferze kulturowej.

Podczas wszystkich waszych doświadczeń na światach-mieszkaniach zdajecie sobie w pewien sposób, duchowo, sprawę z obecności waszych gloryfikowanych braci, którzy dotarli do Raju, lecz bardzo pokrzepiające jest ujrzeć ich naprawdę, kiedy działają w pomieszczeniach swej siedziby głównej. Nie będziecie dostrzegać finalistów samoistnie, zanim nie zdobędziecie prawdziwego wzroku duchowego.

Na pierwszym świecie-mieszkaniu wszyscy, którzy przetrwali śmierć, muszą zadośćuczynić wymaganiom komisji rodzicielskich ze swych rodzimych planet. Obecna urantiańska komisja składa się z dwunastu par rodzicielskich, niedawno przybyłych, które zdobyły doświadczenie jako śmiertelnicy, wychowując troje lub więcej dzieci do wieku dojrzewania. Służba w tej komisji jest rotacyjna i trwa z reguły dziesięć lat. Wszyscy, którzy nie zadowolą członków komisji odnośnie swego doświadczenia rodzicielskiego, muszą dalej zdobywać te kwalifikacje, służąc w domach Synów Materialnych na Jerusem, albo częściowo w ochronce próbnej na świecie finalistów.

Jednak niezależnie od rodzicielskiego doświadczenia, ci rodzice ze światów-mieszkań, którzy mają dzieci w ochronce próbnej, mają wszelkie możliwości współpracy z morontiańskimi opiekunami tych dzieci, odnośnie ich nauczania i kształcenia. Tacy rodzice mogą lecieć i odwiedzić te dzieci aż cztery razy w roku. I to jest jedna z najbardziej wzruszających i pięknych scen na całej drodze wznoszenia się, gdy się widzi rodziców światów-mieszkań obejmujących swe materialne potomstwo, podczas okresowych pielgrzymek do świata finalistów. Nawet, jeśli jedno lub oboje rodziców mają możliwość opuścić świat-mieszkanie przed dzieckiem, często pozostają z nim jeszcze jakiś czas.

Żaden wznoszący się śmiertelnik nie może się uchylić od doświadczenia wychowywania dzieci – własnych czy cudzych – czy to na światach materialnych, czy później na światach finalistów, czy też na Jerusem. Ojcowie także muszą przejść to niezbędne doświadczenie, tak samo jak i matki. Niefortunne i błędne jest mniemanie współczesnych ludzi z Urantii, że wychowywanie dzieci jest zasadniczo sprawą matek. Dzieci potrzebują tak samo ojców jak i matek a ojcowie potrzebują rodzicielskiego doświadczenia tak samo jak matki.

2. OCHRONKA PRÓBNA

Szkoły przyjmujące niemowlęta znajdują się w Satanii na świecie finalistów, na pierwszej jerusemskiej sferze kultury przejściowej. Te szkoły przyjmujące niemowlęta są instytucjami zajmującymi się wychowaniem i nauczaniem dzieci czasu, razem z tymi, które umarły na ewolucyjnych światach przestrzeni przed uzyskaniem statusu jednostki w rejestrach wszechświata. W wypadku przetrwania któregokolwiek albo obojga rodziców takiego dziecka, opiekun przeznaczenia deleguje związanego z nim cherubina w charakterze nadzorcy potencjalnej tożsamości dziecka, powierzając cherubinowi obowiązki dostarczenia tej, nieukształtowanej duszy w ręce Nauczycieli Światów-Mieszkań, do próbnych ochronek światów morontialnych.

To ci właśnie, opuszczeni cherubini, prowadzą jako Nauczyciele Światów-Mieszkań, pod nadzorem Melchizedeków, rozległe organizacje edukacyjne, zajmujące się nauczaniem próbnych podopiecznych finalistów. Podopieczni finalistów, niemowlęta wznoszących się śmiertelników, zawsze są uosabiani dokładnie w takiej formie materialnej, w jakiej byli w momencie śmierci, za wyjątkiem potencjału rozmnażania się. Ich przebudzenie następuje dokładnie w momencie przybycia rodzica do pierwszego świata-mieszkania. I wtedy, tym właśnie dzieciom, w ich nowej formie, daje się wszelkie możliwości wyboru niebiańskiej drogi, tak, jak gdyby dokonały takiego samego wyboru na światach, gdzie śmierć tak przedwcześnie przerwała bieg ich życia.

Na świecie-ochronce, próbne istoty grupowane są zgodnie z tym, czy mają czy też nie mają Dostrajacza, ponieważ Dostrajacze przybywają zamieszkać te materialne dzieci tak samo jak na światach czasu. Dzieci w wieku przeddostrajaczowym wychowywane są w rodzinach pięcioosobowych, począwszy od mniej niż jednego roku do około pięciu lat, albo do tego wieku, kiedy przybywa Dostrajacz.

Wszystkie dzieci z rozwijających się światów, które mają Dostrajacze Myśli, ale które przed śmiercią nie dokonały wyboru, aby wyruszyć w drogę do Raju, także zostają uosobione ponownie na świecie finalistów w systemie, gdzie dorastają w rodzinach Synów Materialnych i ich towarzyszy, tak samo jak te maluchy, które przybyły bez Dostrajaczy, ale później otrzymały Nieodgadnione Monitory po osiągnięciu wieku odpowiedniego dla etycznego wyboru.

Zamieszkałe przez Dostrajacze dzieci i młodzież, gdy przebywają na świecie finalistów, także wychowują się w rodzinach pięcioosobowych, w przedziale wieku od sześciu do czternastu lat; rodziny te składają się w przybliżeniu z dzieci w wieku sześciu, ośmiu, dziesięciu, dwunastu i czternastu lat. W jakimś czasie, po ukończeniu szesnastu lat, jeśli ostateczny wybór został dokonany, dzieci te transponowane są do pierwszego ze światów-mieszkań i zaczynają swoje rajskie wznoszenie się. Niektóre dokonują wyboru przed tym wiekiem i idą do sfer wznoszenia się, jednak na światach-mieszkaniach spotyka się bardzo mało dzieci poniżej lat szesnastu, liczonych według standardów Urantii.

W ochronce próbnej na świecie finalistów towarzyszą młodzieży serafini opiekunowie, tak samo jak służą duchowo śmiertelnikom na planetach ewolucyjnych, podczas gdy wierne spornagie służą ich potrzebom materialnym. I tak dorastają te dzieci na świecie przejściowym, aż dokonają ostatecznego wyboru.

Gdy życie materialne dobiega końca, jeśli nie został dokonany wybór wznoszącego się życia lub jeśli te dzieci czasu zdecydowanie opowiedziały się przeciw przygodzie Havony, śmierć automatycznie kończy ich próbne misje. Nie ma orzeczeń takich spraw; nie ma zmartwychwstania z takiej drugiej śmierci. Stają się one po prostu takie, jak gdyby ich nie było.

Jednak, jeśli wybiorą drogę rajskiej perfekcji, natychmiast są gotowe do transponowania do pierwszego świata-mieszkania, gdzie wiele z nich przybywa w odpowiednim czasie, aby mogły dołączyć do swych rodziców we wznoszeniu się do Havony. Po przejściu Havony i dostąpieniu Bóstw, te ocalałe dusze śmiertelnego pochodzenia zostają stałymi, wzniosłymi obywatelami Raju. Te dzieci, które nie przeszły wartościowego i istotnego doświadczenia ewolucyjnego na światach swych początków, nie są gromadzone w Korpusie Finalizmu.

3. PIERWSZY ŚWIAT-MIESZKANIE

Na światach-mieszkaniach zmartwychwstali śmiertelnicy podejmują na nowo swe życie dokładnie tam, gdzie je przerwali, gdy zabrała ich śmierć. Gdy przybędziecie z

Urantii do pierwszego świata-mieszkania, zauważycie dużą zmianę, ale jeśli przyszlibyście z bardziej normalnej i rozwiniętej sfery czasu, trudno byłoby wam zauważyć różnicę, za wyjątkiem faktu posiadania innego ciała; tabernakulum z krwi i kości zostało za wami, na rodzimym świecie.

Na pierwszym świecie-mieszkaniu zasadniczym centrum wszelkiej działalności jest hala zmartwychwstania, olbrzymia świątynia składania osobowości. Ta gigantyczna struktura składa się z centralnego miejsca spotkania seraficznych opiekunów przeznaczenia, Dostrajaczy Myśli i archaniołów zmartwychwstania. Podczas zmartwychwstania śmiertelnika, Nosiciele Życia funkcjonują tutaj także, razem z tymi niebiańskimi istotami.

Kopie umysłu śmiertelnika i czynne formy pamięciowe istoty stworzonej, przeniesione z poziomów materialnych do duchowych, są w indywidualnym posiadaniu oddzielonych Dostrajaczy Myśli; uduchowione czynniki umysłu, pamięci i osobowości istoty, pozostają na zawsze częścią tych Dostrajaczy. Matryca umysłu istoty i bierne potencjały tożsamości pozostają w duszy morontialnej, powierzonej do przechowania seraficznym opiekunom przeznaczenia. To właśnie ponowne połączenie morontialnej duszy, powierzonej serafinowi i duchowego umysłu, powierzonego Dostrajaczowi, składa ponownie osobowość istoty i stanowi zmartwychwstanie śpiącego przetrwałego.

Jeśli osobowość śmiertelnego pochodzenia, będąca w stanie przejściowym, nie może być nigdy ponownie złożona, duchowe czynniki nie przetrwałej istoty śmiertelnej mogą trwać zawsze jako nieodłączna część indywidualnego, empirycznego wyposażenia zamieszkałego w niej kiedyś Dostrajacza.

Ze Świątyni Nowego Życia rozchodzi się promieniście siedem skrzydeł – hal zmartwychwstania ras śmiertelnych. Każda z tych struktur poświęcona jest składaniu jednej z siedmiu ras czasu. W każdym z tych siedmiu skrzydeł jest sto tysięcy indywidualnych izb zmartwychwstania, zakończonych okrągłymi halami składania grupowego, służącymi za izby przebudzenia aż miliona jednostek. Hale te otoczone są izbami, gdzie składa się osoby pochodzące z ras mieszanych, z normalnych światów poadamicznych. Niezależnie od procedury, jaka może być stosowana na poszczególnych światach czasu, w związku ze zmartwychwstaniami specjalnymi czy według systemu sprawiedliwości, prawdziwe ponowne składanie konkretnej i kompletnej osobowości, wraz z odzyskaniem przez nią świadomości, następuje w halach zmartwychwstania pierwszego mieszkania. Przez całą wieczność zachowacie głębokie wrażenie tego, co pierwszy raz ujrzycie owego ranka, po zmartwychwstaniu.

Z hal zmartwychwstania idziecie do sektora melchizedekowego, gdzie wam przydzielą stałe lokum. Potem dostajecie dziesięć dni osobistej swobody. Możecie zapoznawać się do woli z najbliższym otoczeniem waszego nowego domu i zaznajamiać z programem, który wkrótce się dla was zacznie. Znajdziecie też czas, aby zaspokoić wasze tęsknoty i sprawdzić rejestry oraz skontaktować się z waszymi najbliższymi i innymi ziemskimi przyjaciółmi, którzy was wyprzedzili w drodze do tych światów. Po dziesięciu dniach wolnego czasu rozpoczniecie drugi etap waszej drogi do Raju, gdyż światy-mieszkania są w istocie sferami szkoleniowymi a nie tylko planetami przetrzymania.

Na pierwszym świecie-mieszkaniu (lub innym w wypadku zaawansowanego statusu) podejmiecie na nowo wasze szkolenie intelektualne i rozwój duchowy, dokładnie na takim poziomie, na którym przerwała je śmierć. W tym czasie, jaki upływa od planetarnej śmierci czy transponowania do zmartwychwstania na świecie-mieszkaniu, śmiertelny człowiek nie zyskuje zupełnie nic, oprócz samego doświadczenia przeżycia śmierci. Tu, na górze, rozpoczniecie na nowo dokładnie w tym miejscu, gdzie skończyliście na dole.

Prawie całe wasze doświadczenie na pierwszym świecie-mieszkaniu polega na wyrównywaniu niedoborów. Ci, co przeżyli śmierć, przybywający na tę pierwszą sferę przetrzymania, mają tak wiele i tak różnorodnych braków w ludzkim charakterze oraz niedoborów w doświadczeniu śmiertelnika, że główną funkcją tej domeny jest korekta i leczenie tej zróżnicowanej spuścizny życia, przeżytego w ciele na materialnych, ewolucyjnych światach czasu i przestrzeni.

Pobyt na pierwszym świecie-mieszkaniu ma rozwinąć przetrwałych śmiertelników przynajmniej do poziomu poadamicznego systemu sprawiedliwości na normalnych światach ewolucyjnych. Oczywiście studenci światów-mieszkań są znacznie bardziej zaawansowani duchowo w stosunku do czysto ludzkiego poziomu rozwoju.

Jeśli nie zostaniecie zatrzymani na pierwszym świecie-mieszkaniu, po dziesięciu dniach uśniecie snem transponowania i pójdziecie do drugiego świata a później, co dziesięć dni, będziecie tak samo awansować, aż przybędziecie na świat wam przydzielony.

Centrum siedmiu głównych okręgów administracyjnych pierwszego świata-mieszkania zajmowane jest przez świątynię Morontiańskich Towarzyszy, osobistych przewodników przydzielanych wznoszącym się śmiertelnikom. Przewodnicy ci są potomstwem Matki Ducha wszechświata lokalnego a na światach morontialnych, w Satanii, jest ich kilka milionów. Oprócz takich, przydzielonych wam grupowych towarzyszy, będziecie mieli wiele do czynienia z interpretatorami i tłumaczami, dozorcami budynków i kierownikami wycieczek. Wszyscy ci towarzysze nadzwyczaj chętnie współpracują z tymi, którzy zajmują się rozwojem osobowych czynników umysłu i ducha w ciele morontialnym.

Jak zaczynacie na pierwszym świecie-mieszkaniu, jeden Morontiański Towarzysz przydzielony jest do każdej kompanii, złożonej z tysiąca wznoszących się śmiertelników, ale spotkacie ich więcej w miarę postępowania przez siedem sfer-mieszkań. Te wspaniałe i wszechstronne istoty są towarzyskimi partnerami i przemiłymi przewodnikami. Mogą towarzyszyć jednostkom albo wybranym grupom do jakiejkolwiek sfery kultury przejściowej, wraz z ich światami-satelitami. Są przewodnikami wycieczek i towarzyszą wszystkim wznoszącym się śmiertelnikom w ich czasie wolnym. Często towarzyszą grupom przetrwałych istot, podczas ich okresowych odwiedzin Jerusem i kiedykolwiek tam się znajdziecie, możecie iść do sektora rejestracji w stolicy systemu i spotkać tam wznoszących się śmiertelników ze wszystkich siedmiu światów-mieszkań, ponieważ podróżują oni swobodnie w tę i z powrotem pomiędzy miejscami swego pobytu a zarządem systemu.

4. DRUGI ŚWIAT-MIESZKANIE

Na tej sferze jesteście nieco dokładniej wprowadzani w życie światów-mieszkań. Zgrupowania życia morontialnego zaczynają nabierać form; zaczynają funkcjonować grupy robocze i organizacje społeczne a zbiorowości nabierają właściwych proporcji, posuwający się naprzód śmiertelnicy inicjują nowe porządki społeczne i systemy zarządzania.

Przetrwali śmiertelnicy, zespoleni z Duchem, zajmują światy-mieszkania razem ze wznoszącymi się śmiertelnikami, zespolonymi z Dostrajaczem. Podczas gdy wszystkie klasy życia niebiańskiego są zróżnicowane, są one przyjazne i wzajemnie zbratane. Na wszystkich światach, gdzie będziecie się wznosić, nie znajdziecie nic podobnego do ludzkiej nietolerancji czy dyskryminacji bezmyślnych systemów kastowych.

Gdy się wznosicie przez światy-mieszkania, jeden po drugim, są one coraz bardziej przepełnione działalnością morontialną zaawansowanych, przetrwałych istot. Kiedy pójdziecie naprzód, będziecie dostrzegać coraz więcej cech Jerusem, jak są dodawane do światów mieszkań. Na drugim mieszkaniu pojawia się szklane morze.

Podczas każdego kroku naprzód, z jednego świata-mieszkania do kolejnego, dostaje się ukształtowane na nowo i odpowiednio przystosowane ciało morontialne. Zasypiacie z transportem seraficznym a budzicie się w halach zmartwychwstania z nowym, ale nie ukształtowanym jeszcze ciałem, tak, jak po raz pierwszy przybyliście do pierwszego świata-mieszkania, oprócz tego, że Dostrajacz Myśli nie opuszcza was podczas tych przejściowych snów pomiędzy światami-mieszkaniami. Osobowość wasza pozostaje nietknięta, po tym, jak po raz pierwszy przeszliście ze światów ewolucyjnych do wstępnego świata-mieszkania.

Wasza dostrajaczowa pamięć pozostaje zupełnie nienaruszona, kiedy się wznosicie w życiu morontialnym. Te skojarzenia umysłowe, które były czysto zwierzęce i zupełnie materialne, zginęły naturalnie wraz z materialnym umysłem, ale to wszystko w waszym życiu umysłowym, co było wartościowe i co miało walory życia wiecznego, zostało skopiowane przez Dostrajacza i pozostaje jako część waszej osobistej pamięci, przez całą drogę wznoszenia się. Będziecie pamiętać wszystkie wasze wartościowe doświadczenia, gdy się posuwacie z jednego świata-mieszkania do drugiego i z jednej części wszechświata do następnej – nawet do Raju.

Chociaż posiadacie ciała morontialne, nadal jecie, pijecie i odpoczywacie, gdy idziecie przez wszystkie siedem tych światów. Przyjmujecie pożywienie klasy morontialnej, królestwo żywej energii, nieznanej na światach materialnych. Zarówno pożywienie jak i woda są całkowicie absorbowane w ciele morontialnym; nie ma pozostałości. Zastanówcie się przez chwilę: pierwsze mieszkanie jest sferą praktycznie materialną, reprezentuje wczesne początki porządku morontialnego. Wciąż jesteście prawie ludźmi i niezbyt oddaleni od ograniczonych punktów widzenia życia śmiertelnego, jednak każdy kolejny świat stanowi wyraźny postęp. Rozwijacie się od sfery do sfery, coraz mniej materialni, coraz bardziej intelektualni i trochę bardziej duchowi. Największy postęp duchowy dokonuje się na ostatnich trzech z siedmiu rozwojowych światów.

Braki biologiczne zostały w większości skorygowane na pierwszym świecie-mieszkaniu. Defekty planetarnego doświadczenia, dotyczące życia płciowego, związków rodzinnych i funkcji rodzicielskich, zostały albo skorygowane albo mają być sprostowane w przyszłości, pośród rodzin Synów Materialnych na Jerusem.

Drugie mieszkanie znacznie skuteczniej likwiduje wszystkie stadia konfliktu intelektualnego i leczy wszystkie rodzaje dysonansu umysłowego. Są tutaj gorliwiej kontynuowane wysiłki, zmierzające do zrozumienia ważności moty morontialnej, zaczęte na pierwszym świecie-mieszkaniu. Postęp na drugim mieszkaniu porównywalny jest do statusu intelektualnego kultury po Synu-Arbitrze na idealnych światach ewolucyjnych.

5. TRZECI ŚWIAT-MIESZKANIE

Trzecie mieszkanie jest główną siedzibą Nauczycieli Światów-Mieszkań. Choć funkcjonują oni na wszystkich siedmiu sferach-mieszkaniach, zarząd swej grupy utrzymują w centrum okręgów szkolnych trzeciego świata. Miliony tych instruktorów znajdują się w mieszkaniach i na wyższych światach morontialnych. Ci światli i gloryfikowani cherubini służą jako nauczyciele morontialni przez całą drogę wzwyż, od światów mieszkań do ostatniej sfery nauczania wznoszących się istot we wszechświecie lokalnym. Będą pośród ostatnich, którzy was pożegnają ze wzruszeniem, gdy zbliży się czas rozstania, czas, w którym powiecie do widzenia – przynajmniej na kilka epok – wszechświatowi skąd pochodzicie, kiedy zostaniecie objęci serafinem, aby się przenieść do światów przyjmujących mniejszego sektora superwszechświata.

Przebywając na pierwszym świecie-mieszkaniu, macie prawo odwiedzać pierwszy ze światów przejściowych, zarząd finalistów i próbną ochronkę systemu, wychowującą nie rozwinięte jeszcze dzieci ewolucyjne. Gdy przybędziecie do drugiego mieszkania, zyskacie prawo okresowych odwiedzin drugiego świata przejściowego, gdzie znajduje się zarząd nadzorców morontialnych dla całej Satanii oraz szkoły, nauczające różne klasy morontialne. Gdy przybędziecie do trzeciego świata-mieszkania, zaraz możecie odwiedzać trzecią sferę przejściową, zarząd klas anielskich, mieszczący ich rozmaite systemy szkół przygotowawczych. Gdy z tego świata odwiedzacie Jerusem, takie odwiedziny są coraz bardziej korzystne i interesujące dla posuwających się naprzód śmiertelników.

Trzecie mieszkanie jest światem wielkich, osobistych i społecznych osiągnięć dla wszystkich tych, którzy nie zdobyli ekwiwalentu takich horyzontów kulturalnych na swym świecie rodzimym, przed uwolnieniem z ciała. Na tej sferze rozpoczyna się bardziej konkretna edukacja. Na pierwszych dwu światach-mieszkaniach nauczanie odnosi się przeważnie do niekompletności – ma naturę dopełniającą – dlatego, że ma do czynienia z uzupełnianiem doświadczeń życia w ciele. Na trzecim świecie-mieszkaniu, ci, co przetrwali, naprawdę wkraczają w okres rozwojowej kultury morontialnej. Głównym celem tego szkolenia jest poszerzenie zrozumienia zależności wzajemnych pomiędzy motą morontialną a logiką śmiertelnika, koordynacja moty morontialnej i ludzkiej filozofii. Przetrwali śmiertelnicy zdobywają teraz praktyczny wgląd w prawdziwą metafizykę. Jest to prawdziwy początek inteligentnego pojmowania kosmicznych znaczeń i wszechświatowych związków wzajemnych. Kultura trzeciego świata-mieszkania ma cechy epoki po obdarzeniu Synem na normalnej, zamieszkałej planecie.

6. CZWARTY ŚWIAT-MIESZKANIE

Gdy przybywacie do czwartego świata-mieszkania, jesteście już na dobre na drodze morontialnej; oddaliliście się już znacznie od wstępnej egzystencji materialnej. Teraz możecie odwiedzać czwarty świat przejściowy i zapoznawać się tam z zarządem superaniołów, z Gwiazdami Błyszczącymi Wieczornymi włącznie, oraz z ich szkołami przygotowawczymi. Dzięki grzeczności tych superaniołów, z czwartego świata przejściowego, podczas okresowych odwiedzin Jerusem morontialni goście mają możność zbliżyć się bardziej do różnych klas Synów Boga, ponieważ w stolicy systemu stopniowo otwierają się nowe sektory dla posuwających się naprzód śmiertelników, kiedy znowu odwiedzają oni świat zarządu. Stopniowo otwierają się nowe wspaniałości dla poszerzających się umysłów wznoszących się istot.

Na czwartym mieszkaniu każda wznosząca się istota lepiej dopasowuje się do swego miejsca w grupach roboczych i do działalności w klasach, w życiu morontialnym. Tutaj, wznoszący się śmiertelnicy coraz bardziej zaczynają doceniać transmisję oraz inne elementy kultury i postępu wszechświata lokalnego.

To właśnie w trakcie szkolenia na czwartym świecie, wznoszący się śmiertelnicy są naprawdę po raz pierwszy wprowadzeni w obowiązki i radości prawdziwego życia społecznego istot morontialnych. Uczestnictwo w działalności społecznej, która nie polega ani na osobistym wynoszeniu się, ani na samolubnym zawojowaniu innych, jest naprawdę nowym doświadczeniem dla istot ewolucyjnych. Zostaje tutaj zaprowadzony nowy porządek społeczny, oparty na wyrozumiałej sympatii i wzajemnym szacunku, na altruistycznej miłości w obopólnym służeniu sobie i na przemożnej motywacji do realizacji wspólnego, najwyższego przeznaczenia – rajskiego celu, pełnego czczenia i boskiej doskonałości. Wszyscy wznoszący się śmiertelnicy zdają sobie tutaj sprawę z rozpoznawania Boga, objawienia Boga, poszukiwania Boga i znajdowania Boga.

Kultura intelektualna i społeczna czwartego świata-mieszkania porównywalna jest do życia umysłowego i społecznego z epoki po Synach-Nauczycielach, na tych planetach, gdzie ewolucja przebiega normalnie. Status duchowy jest tutaj znacznie bardziej zaawansowany, w porównaniu z odnośnym systemem sprawiedliwości u śmiertelników.

7. PIĄTY ŚWIAT-MIESZKANIE

Przenosiny do piątego świata-mieszkania oznaczają gigantyczny krok naprzód w życiu zaawansowanego w morontii. Doświadczenia na tym świecie są prawdziwym przedsmakiem życia na Jerusem. Zaczynacie tutaj uświadamiać sobie wysokie przeznaczenie lojalnych światów ewolucyjnych, kiedy dochodzą do tego stadium w trakcie swego naturalnego, planetarnego rozwoju. Kultura tego świata-mieszkania porównywalna jest generalnie do jej odpowiednika z wczesnej epoki światłości i życia, na planetach o normalnym rozwoju ewolucyjnym. Dzięki temu możecie zrozumieć, dlaczego tak się dzieje, że istoty rozwinięte o wysokiej kulturze, które czasami zamieszkują tak zaawansowane światy ewolucyjne, zwolnione są z przechodzenia przez jedną czy więcej, lub nawet przez wszystkie sfery-mieszkania.

Po opanowaniu języka wszechświata lokalnego, przed opuszczeniem czwartego świata-mieszkania, poświęcacie więcej czasu na doskonalenie mowy Uversy, do tego stopnia, że możecie biegle władać obu językami, zanim przybędziecie na Jerusem ze statusem stałego mieszkańca. Wszyscy wznoszący się śmiertelnicy władają dwoma językami, od stolicy systemu aż do Havony. Potem potrzebne będzie tylko poszerzenie słownictwa superwszechświatowego; chociaż do zamieszkania w Raju wymagane będzie dodatkowe jego poszerzenie.

Po przybyciu do piątego mieszkania, pielgrzym może odwiedzać przejściowy świat o odpowiadającym mu numerze – zarząd Synów. Tutaj wznoszący się śmiertelnik zapoznaje się osobiście z różnymi grupami Boskiego synostwa. Słyszał już o tych wspaniałych istotach i spotkał je na Jerusem, ale teraz przybywa tutaj, aby je poznać naprawdę.

Na piątym mieszkaniu zaczynacie się uczyć o światach edukacyjnych konstelacji. Spotykacie tu pierwszych instruktorów, którzy zaczynają przygotowywać was do późniejszego pobytu w konstelacji. Więcej takich kursów przygotowawczych prowadzone jest na świecie szóstym i siódmym, podczas gdy końcowe partie tej nauki wykładane są na Jerusem, w sektorze wznoszących się śmiertelników.

Prawdziwa, kosmiczna świadomość rodzi się w mieszkaniu piątym. Zaczynacie ukierunkowywać się na wszechświat. Rzeczywiście jest to czas poszerzania horyzontów. W rozwiniętych umysłach wznoszących się śmiertelników zaczyna kiełkować myśl, że pewne zdumiewające i świetne, pewne niebiańskie i boskie przeznaczenie oczekuje wszystkich tych, co ukończą progresywne wznoszenie się do Raju, które się właśnie zaczęło, tak mozolnie, ale radośnie i pomyślnie. Mniej więcej w tym czasie przeciętny, wznoszący się śmiertelnik, zaczyna przejawiać autentyczny, oparty na doświadczeniu entuzjazm dla wznoszenia się do Havony. Nauka staje się dobrowolna, bezinteresowna służba naturalna a czczenie spontaniczne. Budzi się prawdziwy, morontialny charakter; rozwija się prawdziwa, morontialna istota.

8. SZÓSTY ŚWIAT-MIESZKANIE

Przebywający na tej sferze mają prawo odwiedzania szóstego świata przejściowego, gdzie uczą się nieco więcej o wysokich duchach z superwszechświata, chociaż wielu tych niebiańskich istot nie mogą zobaczyć. Otrzymują tutaj również wstępne informacje o przyszłej egzystencji duchowej, która zaczyna się zaraz po ukończeniu szkolenia morontialnego we wszechświecie lokalnym.

Asystent Władcy Systemu często odwiedza ten świat i tutaj zaczyna się wstępna nauka o administracji wszechświatowej. Udziela się teraz pierwszych lekcji dotyczących spraw całego wszechświata.

Dla wznoszących się śmiertelników jest to wspaniały czas i towarzyszy mu zazwyczaj doskonałe zespolenie ludzkiego umysłu z Boskim Dostrajaczem. Potencjalnie, zespolenie to mogło nastąpić już wcześniej, ale faktyczna, robocza tożsamość wielokrotnie nie jest osiągana przed pobytem na piątym świecie-mieszkaniu, czy nawet na szóstym.

Zjednoczenie rozwijającej się, nieśmiertelnej duszy z wiecznym, Boskim Dostrajaczem, uświetnione jest seraficznym obwieszczeniem superanioła, nadzorującego zmartwychwstałych przetrwałych śmiertelników oraz archanioła rejestratora dla tych, którzy idą na sąd trzeciego dnia; i wtedy, w obecności towarzyszących przetrwałemu morontian, ogłaszający mówią: „Ten jest mój Syn umiłowany, w którym mam upodobanie". Ta prosta ceremonia oznacza wejście wznoszącego się śmiertelnika na wieczną drogę rajskiej służby.

Natychmiast po potwierdzeniu zespolenia z Dostrajaczem, nowa istota morontialna zostaje przedstawiona jej współbraciom, po raz pierwszy pod nowym imieniem, ma przyznane czterdzieści dni duchowego urlopu od wszelkich rutynowych obowiązków, kiedy to rozważa w sobie i wybiera jedną z możliwych dróg dotarcia do Havony, oraz dokonuje selekcji zróżnicowanych metod docierania do Raju.

Jednak te wspaniałe istoty wciąż są bardziej czy mniej materialne, daleko im do prawdziwych duchów; duchowo określając, są raczej nadśmiertelne, wciąż nieco niższe od aniołów. Jednak naprawdę stają się wspaniałymi istotami.

W czasie pobytu na szóstym świecie, studenci światów-mieszkań osiągają ten status, który porównany być może z podniosłym rozwojem, charakterystycznym dla tych światów ewolucyjnych, jakie normalnie rozwijają się powyżej wstępnego stadium *światłości i życia*. W tym mieszkaniu organizacja społeczna jest wysokiej klasy. W trakcie wznoszenia się poprzez te światy, jeden za drugim, coraz bardziej zanika cień śmiertelnej natury. Stajecie się coraz bardziej godni podziwu, zostawiając za sobą szorstkie pozostałości planetarnego, zwierzęcego pochodzenia. „Przychodzenie z wielkiego ucisku" sprawia, że glorifikowani śmiertelnicy są bardzo życzliwi, wyrozumiali, bardzo współczujący i tolerancyjni.

9. SIÓDMY ŚWIAT-MIESZKANIE

Doświadczenia na tej sferze koronują całą egzystencję człowieka po śmierci. Kiedy jesteście tutaj, naucza was wielu nauczycieli; wszyscy oni będą współpracować ze sobą, aby przygotować was do życia na Jerusem. W czasie pobytu na siódmym świecie-mieszkaniu faktycznie zacierają się jakiekolwiek dostrzegalne różnice pomiędzy śmiertelnikami, przybywającymi z odosobnionych i opóźnionych światów a przetrwałymi istotami, pochodzącymi z bardziej zaawansowanych i oświeconych sfer. Tutaj zostaniecie oczyszczeni ze wszystkich pozostałości niefortunnego dziedzictwa, wpływu szkodliwego otoczenia i nieduchowych tendencji planetarnych. Tutaj usuwa się ostatnie pozostałości „znamienia bestii".

Podczas pobytu na siódmym mieszkaniu macie prawo odwiedzać siódmy świat przejściowy, świat Ojca Wszechświatowego. Zaczniecie tutaj czcić na nowo i bardziej duchowo niewidzialnego Ojca, a zwyczaj ten będziecie kultywować coraz intensywniej na całej waszej drodze wznoszenia się. Na tym świecie kultury przejściowej znajdziecie świątynię Ojca, ale nie zobaczycie Ojca.

Teraz zaczyna się formowanie klas dla promocji do Jerusem. Przechodziliście ze świata do świata, jako jednostki, ale do odlotu na Jerusem przygotowujecie się w grupach, chociaż, w zakresie pewnych limitów, wznosząca się istota może zechcieć czekać na siódmym świecie-mieszkaniu, na dołączenie do niej opieszałego członka jej grupy roboczej, czy to ziemskiej czy z mieszkań.

Personel siódmego mieszkania zbiera się na szklanym morzu, aby patrzeć, jak odlatujecie do Jerusem ze statusem stałych mieszkańców. Setki albo tysiące razy mogliście odwiedzać Jerusem, ale zawsze jako goście; nigdy dotąd nie lecieliście do stolicy systemu w towarzystwie grupy waszych braci, którzy jako wznoszący się śmiertelnicy pożegnali na zawsze całe przebyte już życie mieszkań. Wkrótce będziecie witani na polu przyjmującym świata zarządu jako obywatele Jerusem.

Postęp, jakiego dokonacie na siedmiu światach dematerializujących, sprawi wam wielką przyjemność; są to prawdziwie sfery eliminujące śmiertelność. Na pierwszym świecie mieszkaniu jesteście zasadniczo ludźmi, po prostu śmiertelnymi istotami pozbawionymi ciała materialnego, ludzkim umysłem zamieszkałym w formie morontialnej – w materialnym ciele świata morontialnego a nie w śmiertelnym mieszkaniu z krwi i kości. Ze stanu śmiertelnego do statusu nieśmiertelności naprawdę przechodzicie w czasie zespolenia z Dostrajaczem, a kiedy ukończycie misję jerusemską, będziecie w pełni opierzonymi morontianami.

10. OBYWATELSTWO JERUSEM

Podczas przyjmowania nowej klasy absolwentów światów-mieszkań, całe Jerusem gromadzi się w charakterze komitetu powitalnego. Nawet spornagie cieszą się z przyjazdu tych tryumfujących, wznoszących się istot ewolucyjnego pochodzenia, tych, którzy zakończyli życie planetarne i postęp światów-mieszkań. Na takich radosnych uroczystościach brakuje tylko kontrolerów fizycznych i Nadzorców Mocy Morontialnej.

Jan Ewangelista miał wizję przybycia klasy zaawansowanych śmiertelników z siedmiu światów-mieszkań do pierwszego nieba, do chwały Jerusem. Zanotował: „I ujrzałem jakby szklane morze, pomieszane z ogniem; i tych, co zwyciężają bestię, która była pierwej w nich i obraz jej, który trwał poprzez światy-mieszkania i na końcu ostatnie jej piętna i ślady, stojących nad morzem szklanym, mających harfy Boże i śpiewających pieśń wyzwolenia od śmiertelnego strachu i śmierci". (Doskonałą łączność kosmiczną można mieć na wszystkich tych światach a wiadomości będziecie mogli odbierać dzięki noszeniu „harf Bożych", morontialnego aparatu kompensującego niezdolność bezpośredniego dostrojenia się niedojrzałego, morontialnego mechanizmu zmysłowego, do odbioru wiadomości kosmicznych).

Paweł też miał wizję wznoszących się obywateli, korpusu doskonalących się śmiertelników na Jerusem, gdy pisał: „Wy natomiast przystąpiliście do góry Syjon, do miasta Boga żywego, Jeruzalem niebieskiego, do niezliczonej liczby aniołów na uroczyste zebranie Michała i duchów ludzi sprawiedliwych, którzy osiągnęli doskonałość".

Po tym, jak śmiertelnicy zostaną rezydentami stolicy systemu, nie będą już przechodzić zmartwychwstań w dosłownym tego słowa znaczeniu. Forma morontialna, dana wam przy odlocie z waszej misji na światach-mieszkaniach, jest tą formą, w której będą was widzieć do końca waszych doświadczeń we wszechświecie lokalnym. Od czasu do czasu dokonywane będą w niej zmiany, ale zachowacie tę samą formę, aż się z nią pożegnacie, gdy się wyłonicie jako duchy pierwszego stadium, gotowe do tranzytu do światów superwszechświata, do kultury wznoszenia się i do nauki duchowej.

Na całej swej drodze poprzez mieszkania, siedem razy śmiertelnicy przeżywają sen dopasowujący i przebudzenie zmartwychwstania. Ale ostatnia hala zmartwychwstania, ostatnia izba przebudzenia pozostała w tyle, na siódmym świecie-mieszkaniu. Aby zmienić formę nigdy już nie trzeba będzie tracić świadomości, czy przerywać ciągłości pamięci jednostki.

Osobowość śmiertelnika, zapoczątkowana na światach ewolucyjnych, przechowywana w tabernakulum ciała – zamieszkała przez Nieodgadnione Monitory i obdarzona Duchem Prawdy – nie jest w pełni uaktywniona, urzeczywistniona i zjednoczona, aż do tego dnia, gdy taki obywatel Jerusem dostaje zezwolenie na podróż na Edentię i ogłoszony zostaje prawdziwym członkiem morontialnego korpusu Nebadonu – żyjący wiecznie śmiertelnik, związany z Dostrajaczem, osobowość o statusie morontialnym, wznosząca się do Raju i prawdziwe dziecko Najwyższych Ojców.

Ziemska śmierć jest metodą ucieczki z materialnego życia w ciele a przejście rozwojowego życia mieszkań, poprzez siedem światów korygującego nauczania i kulturowej edukacji, stanowi wprowadzenie przetrwałych śmiertelników w sprawy morontialne, w sprawy życia przejściowego pomiędzy ewolucyjnym bytem materialnym a wyższymi, duchowymi osiągnięciami wznoszących się w czasie istot, których przeznaczeniem jest dotrzeć do bram wieczności.

[Nadzorowane przez Gwiazdę Błyszczącą Wieczorną].

PRZEKAZ 48

ŻYCIE MORONTIALNE

BOGOWIE nie mogą – a przynajmniej tego nie czynią – przekształcić istoty o prymitywnej, zwierzęcej naturze, w doskonałego ducha jakimś tajemniczym aktem stwórczej magii. Kiedy Stwórcy chcą stworzyć istoty doskonałe, czynią to bezpośrednim i oryginalnym aktem stwórczym, nigdy jednak nie podejmują się przekształcić istot stworzonych, pochodzących od zwierząt i materialnych, w istoty doskonałe za jednym zamachem.

Życie morontialne, rozciągające się jako takie na różne stadia egzystencji we wszechświecie lokalnym, jest jedynym możliwym dla materialnych śmiertelników podejściem do progu świata duchowego. Jaka magia może być w śmierci, w naturalnym rozkładzie ciała materialnego, że pojedynczym aktem miałaby natychmiast przekształcić śmiertelny i materialny umysł w nieśmiertelnego i doskonałego ducha? Wierzenia takie są tylko ciemnymi przesądami i sympatycznymi bajkami.

Pomiędzy stanem śmiertelnym a późniejszym, duchowym statusem przetrwałej istoty ludzkiej, zawsze występuje przejście morontialne. Te pośrednie stany wszechświatowego rozwoju są dość zróżnicowane w różnych kreacjach lokalnych, ale praktycznie biorąc wszystkie one są raczej podobne. Organizacja mieszkań i wyższych światów morontialnych w Nebadonie jest zupełnie typowa dla porządku przejścia morontialnego w tej części Orvontonu.

1. MATERIAŁY MORONTIALNE

Domeny morontialne są sferami łącznikowymi pomiędzy materialnymi a duchowymi poziomami bytu istoty. Życie morontialne znane było na Urantii od wczesnych dni Księcia Planetarnego. Od czasu do czasu nauczano śmiertelników o tym stanie przejściowym i ta idea, w wypaczonej formie, znalazła swe miejsce we współczesnych religiach.

Sfery morontialne są przejściowymi stadiami wznoszenia się śmiertelnika, gdy idzie on przez światy postępu wszechświata lokalnego. Tylko siedem światów, otaczających sferę finalistów systemu lokalnego, nazywane jest światami-mieszkaniami, ale wszystkie pięćdziesiąt sześć przejściowych miejsc pobytu w systemie, razem z wyższymi sferami krążącymi wokół zarządu konstelacji i wszechświata, zwane jest światami morontialnymi. Te kreacje podzielają materialne piękno i morontialną wspaniałość sfer zarządu wszechświata lokalnego.

Wszystkie te światy są sferami zaprojektowanymi i mają prawie dwa razy tyle pierwiastków, co ewoluujące planety. Takie, stworzone na zamówienie światy, posiadają sto materialnych pierwiastków i nie tylko obfitują w ciężkie metale i kryształy, ale mają również dokładnie sto form unikalnej organizacji energii, zwanej *materiałem morontialnym*. Nadrzędni Kontrolerzy Fizyczni i Nadzorcy Mocy Morontialnej potrafią tak zmodyfikować obroty podstawowych jednostek materii i jednocześnie tak przekształcać te związki energii, że tworzą nowy materiał.

Wczesne życie morontialne, w systemie lokalnym, jest bardzo podobne do tego, jakim żyjecie na waszym obecnym świecie materialnym, stając się mniej fizyczne a bardziej morontialne na światach studiów w konstelacji. Kiedy zbliżacie się do sfer Salvingtonu, jesteście coraz bliżej poziomów duchowych.

Nadzorcy Mocy Morontialnej potrafią dokonać połączenia energii materialnej i duchowej, organizując tym samym formę materializacji morontialnej, wrażliwą na nakładanie się na nią ducha, który ją kontroluje. Gdy przemierzacie życie morontialne Nebadonu, ci sami cierpliwi i operatywni Nadzorcy Mocy Morontialnej dostarczać wam będą kolejno 570 ciał morontialnych, każde jako stadium rozwojowego przekształcania. Od czasu opuszczenia światów materialnych, zanim wyłonicie się w pierwszym stadium duchowym na Salvingtonie, doznacie 570 oddzielnych, stopniowych przemian morontialnych. Osiem z nich nastąpi w systemie, siedemdziesiąt jeden w konstelacji a 491 podczas pobytu na sferach Salvingtonu.

Podczas życia w ciele materialnym, Boski duch zamieszkuje was prawie jako odrębna rzecz – w rzeczywistości jako wtargnięcie do człowieka obdarzającego ducha Ojca Wszechświatowego. W życiu morontialnym duch staje się jednak istotną częścią waszej osobowości i kiedy szczęśliwie przejdziecie 570 rozwojowych przekształceń, wzniesiecie się od materialnego stadium życia do duchowego.

Paweł wiedział o istnieniu światów morontialnych i o rzeczywistości materiałów morontialnych, ponieważ pisał: „Mają w niebie substancję lepszą i trwalszą". Takie materiały morontialne są rzeczywiste, autentyczne, jak w „mieście zbudowanym na silnych fundamentach, którego architektem i budowniczym jest sam Bóg". I każda z takich wspaniałych sfer jest „lepszą ojczyzną, to jest niebiańską".

2. NADZORCY MOCY MORONTIALNEJ

Te unikalne istoty nadzorują wyłącznie te aktywności, które stanowią roboczą kombinację energii duchowych i materialnych, względnie częściowo materialnych. Nadzorcy służą wyłącznie rozwojowi morontialnemu. Nie służą specyficznie śmiertelnikom podczas ich doświadczenia przejściowego, ale raczej stwarzają otoczenie przejściowe, które umożliwia rozwój istotom morontialnym. Są tymi kanałami mocy morontialnej, które podtrzymują i zasilają energią morontialne stadia światów przejściowych.

Nadzorcy Mocy Morontialnej są potomstwem Matki Ducha wszechświata lokalnego. Z założenia są dość znormalizowani, choć w swej naturze są nieco zróżnicowani w rozmaitych kreacjach lokalnych. Są stworzeni dla swych specyficznych funkcji i nie potrzebują szkolenia przed rozpoczęciem swych obowiązków.

Stworzenie pierwszych Nadzorców Mocy Morontialnej następuje równocześnie z przybyciem pierwszego przetrwałego śmiertelnika do dowolnego, wstępnego świata-mieszkania we wszechświecie lokalnym. Nadzorcy Mocy Morontialnej stwarzani są w grupach po tysiąc i zaszeregowani następująco:

1.	Regulatorzy obwodów	400
2.	Koordynatorzy systemu	200
3.	Opiekunowie planetarni	100
4.	Łączni kontrolerzy	100
5.	Stabilizatorzy łączności	100
6.	Selekcyjni segregatorzy	50
7.	Archiwiści pomocniczy	50

Nadzorcy Mocy zawsze służą w swym rodzimym wszechświecie. Ukierunkowywani są wyłącznie wspólną działalnością duchową Syna Wszechświata i Ducha Wszechświata, poza tym jednak są grupą zupełnie samorządną. Mają swój zarząd na każdym pierwszym świecie-mieszkaniu, w systemach lokalnych, gdzie pracują blisko związani zarówno z kontrolerami fizycznymi jak i z serafinami, ale w tym, co dotyczy przejawów energii i stosowania ducha, działają na swoim własnym świecie.

Ich działalność jest również czasami związana ze zjawiskami nadmaterialnymi na światach ewolucyjnych; pełnią wtedy tymczasowe funkcje. Rzadko jednak służą na planetach zamieszkałych; nie pracują też na wyższych światach szkoleniowych superwszechświata; zajmują się zasadniczo porządkiem przejściowym postępu morontialnego we wszechświecie lokalnym.

1. *Regulatorzy obwodów.* Są to unikalne istoty, koordynujące energię fizyczną i duchową oraz kierujące jej strumień w odrębne kanały sfer morontialnych, a te obwody są tylko planetarne, ograniczone do pojedynczego świata. Obwody morontialne są oddzielone zarówno od obwodów fizycznych jak i duchowych, ale na światach przejściowych uzupełniają jedne i drugie a potrzeba miliona regulatorów dla zasilania energią światów-mieszkań systemu takiego jak Satania.

Regulatorzy obwodów zapoczątkowują te przemiany w energiach materialnych, które czynią je podatnymi na kontrolę i regulację prowadzoną przez ich towarzyszy. Istoty te są tak samo generatorami mocy morontialnej jak i regulatorami obwodów. Tak jak się wydaje, że dynamo wytwarza elektryczność z atmosfery, tak te żywe dynama morontialne wydają się przekształcać wszędzie istniejące energie kosmiczne w materiały, z których nadzorcy morontialni tworzą ciała i funkcje życiowe wznoszących się śmiertelników.

2. *Koordynatorzy systemu.* Skoro każdy świat morontialny ma swój oddzielny porządek energii morontialnej, ludziom wyjątkowo trudno jest wyobrazić sobie te sfery. Jednak na każdej kolejnej sferze przejściowej śmiertelnicy znajdą życie roślinne i wszystko inne, co się odnosi do egzystencji morontialnej, progresywnie zmodyfikowane, aby było zgodne z coraz większym uduchowieniem wznoszącej się, przetrwałej istoty. A skoro system energii każdego świata jest tak zindywidualizowany, koordynatorzy ci działają po to, aby harmonizować i mieszać tak różnorodne systemy mocy w zestaw, działający dla związanych ze sobą sfer jakiejkolwiek danej grupy.

Wznoszący się śmiertelnicy posuwają się stopniowo od tego, co fizyczne do tego, co duchowe, gdy awansują z jednego świata morontialnego do drugiego; stąd konieczność zapewnienia postępowego skalowania sfer morontialnych i postępowej skali form morontialnych.

Kiedy wznoszące się istoty ze światów-mieszkań przechodzą z jednej sfery do drugiej, dostarczane są przez serafinów transportujących do odbiorców, pracujących dla koordynatorów systemu na zaawansowanym świecie. Tutaj, w unikalnych świątyniach, w centrum siedemdziesięciu promieniście rozchodzących się skrzydeł, gdzie znajdują się izby przejścia podobne do hal zmartwychwstania na wstępnym świecie przyjmującym śmiertelników ziemskiego pochodzenia, koordynatorzy systemu sprawnie dokonują niezbędnych zmian w formie istoty stworzonej. We wczesnych stadiach morontialnych, takie zmiany form morontialnych trwają około siedmiu dni standardowego czasu, zanim zostaną ukończone.

3. *Opiekunowie planetarni*. Każdy świat morontialny, od sfer-mieszkań do zarządu wszechświata, znajduje się pod kuratelą siedemdziesięciu opiekunów w tym, co dotyczy spraw morontii. Stanowią oni lokalną radę planetarną, posiadającą najwyższe uprawnienia morontialne. Rada ta przydziela materiał na formy morontialne dla wszystkich wznoszących się istot, które lądują na tych sferach i zatwierdza te zmiany w formie, jakie wznoszącej się istocie umożliwiają dalszy postęp, do kolejnej sfery. Po tym, jak przejdziecie światy-mieszkania, transponowani będziecie z jednego stadium życia morontialnego do innego bez utraty przytomności. Utrata przytomności towarzyszy jedynie wczesnym przekształceniom i późniejszym przejściom, z jednego wszechświata do drugiego i z Havony do Raju.

4. *Łączni kontrolerzy*. Jedna z tych wysoce mechanicznych istot przebywa stale w centrum każdej jednostki administracyjnej świata morontialnego. Łączny kontroler jest wyczulony na energie fizyczne, duchowe i morontialne oraz oddziałuje z nimi; a z tą istotą zawsze współpracuje dwóch koordynatorów systemu, czterech regulatorów obwodów, jeden opiekun planetarny, jeden stabilizator łączności i albo archiwista pomocniczy albo selekcyjny segregator.

5. *Stabilizatorzy łączności*. Są to regulatorzy energii morontialnej, działający w połączeniu z materialnymi i duchowymi siłami danej domeny. Umożliwiają przemianę energii morontialnej w materiał morontialny. Cała morontialna organizacja bytu zależna jest od stabilizatorów. Spowalniają obroty energii do tego punktu, gdzie może się pojawić forma fizyczna. Nie posiadam jednak określeń, za pomocą których mógłbym porównać do czegoś lub zobrazować służbę tych istot. Przekracza to zupełnie ludzką wyobraźnię.

6. *Selekcyjni segregatorzy*. Jak posuwacie się naprzód, z jednej klasy czy stadium świata morontialnego do następnego, musicie być przestrojeni albo wstępnie zharmonizowani i zadaniem selekcyjnych segregatorów jest utrzymywać was w progresywnej synchronizacji z życiem morontialnym.

Podczas gdy podstawowe, morontialne formy życia i materii są identyczne, od pierwszego świata-mieszkania do ostatniej sfery przejściowej wszechświata, istnieje funkcjonalny progres tych form, rozciągający się stopniowo od tego, co materialne do tego, co duchowe. Wasza adaptacja do tej zasadniczo jednolitej, ale coraz bardziej zaawansowanej i uduchowionej kreacji, dokonywana jest przez selektywne przestrojenie. Takie dostosowanie w mechanizmie osobowości równoznaczne jest z ponownym stworzeniem a jednak zachowujecie tę samą formę morontialną.

Wielokrotnie możecie stawać do sprawdzianu przed tymi egzaminatorami i gdy tylko wykażecie się odpowiednimi osiągnięciami duchowymi, skwapliwie zatwierdzą was na wyższą pozycję. Te rozwojowe przekształcenia przynoszą w rezultacie odmienne reakcje na otoczenie morontialne, takie jak zmiany w potrzebach odżywiania się i w licznych innych zwyczajach osobistych.

Selekcyjni segregatorzy są również nieocenieni przy grupowaniu osobowości morontialnych do celów studiów, nauczania i innych zadań. Naturalnie wskazują tych, którzy będą najlepiej działać w takich tymczasowych związkach.

7. *Archiwiści pomocniczy.* Świat morontialny ma swoich rejestratorów, służących razem z rejestratorami ducha, przy nadzorze i prowadzeniu rejestrów i innych danych, właściwych dla kreacji morontialnych. Z rejestrów morontialnych mogą korzystać wszystkie klasy osobowości.

Wszystkie morontialne domeny przejściowe dostępne są zarówno dla istot materialnych jak i duchowych. Jako zaawansowani w morontii będziecie mieć pełny kontakt ze światem materialnym i z osobowościami materialnymi, podczas gdy coraz lepiej będziecie rozróżniać istoty duchowe i bratać się z nimi; a do czasu odlotu z porządku morontialnego, będziecie dostrzegać wszystkie klasy duchów, za wyjątkiem kilku ich wyższych typów, takich jak Samotni Posłańcy.

3. MORONTIAŃSCY TOWARZYSZE

Te zastępy istot ze światów-mieszkań i światów morontialnych są potomstwem Matki Ducha wszechświata lokalnego. Stwarzani są z epoki na epokę, w grupach po sto tysięcy a w Nebadonie jest teraz ponad siedemdziesiąt miliardów tych unikalnych istot.

Przed podjęciem służby Morontiańscy Towarzysze nauczani są przez Melchizedeków na specjalnej planecie w pobliżu Salvingtonu; nie przechodzą przez centralne szkoły Melchizedeków. Służba ich rozciąga się od najniższych światów-mieszkań systemu do najwyższych sfer nauczania Salvingtonu, rzadko jednak spotyka się ich na światach zamieszkałych. Służą pod generalnym nadzorem Synów Boga i pod bezpośrednim kierownictwem Melchizedeków.

Morontiańscy Towarzysze utrzymują dziesięć tysięcy swoich central we wszechświecie lokalnym – w systemach lokalnych na każdym pierwszym świecie-mieszkaniu. Są klasą prawie zupełnie samorządną i są na ogół inteligentną oraz lojalną grupą istot, ale zdarza się, że co jakiś czas i oni pobłądzą podczas nieszczęśliwych przewrotów niebiańskich. Tysiące tych pożytecznych istot utracono podczas buntu Lucyfera w Satanii. Wasz system posiada teraz pełny kontyngent tych istot, straty powstałe w wyniku buntu Lucyfera dopiero niedawno zostały uzupełnione.

Istnieją dwa odmienne typy Morontiańskich Towarzyszy; jeden ofensywny drugi ustępliwy, ale poza tym ich status jest jednakowy. Istoty te nie są obdarzone płcią, ale przejawiają głębokie uczucia jedno w stosunku do drugiego. Chociaż raczej nie są towarzyskie w materialnym (ludzkim) sensie, jako klasa bytu są blisko spokrewnione z gatunkiem ludzkim. Najbliżej spokrewnione są z wami istoty pośrednie ze światów zamieszkałych; potem idą cherubini morontialni a po nich Morontiańscy Towarzysze.

Towarzysze są to istoty wyjątkowo uczuciowe i ujmująco społeczne. Posiadają różnorodne osobowości, a kiedy spotkacie ich na światach-mieszkaniach, gdy nauczycie się rozpoznawać ich jako klasę, szybko zauważycie ich indywidualność. Wszyscy śmiertelnicy przypominają jeden drugiego a jednocześnie każdy z was posiada odrębną, rozpoznawalną osobowość.

Pewne pojęcie o pracy Morontiańskich Towarzyszy można sobie wyrobić na podstawie następującej klasyfikacji ich działalności w systemie lokalnym:

1. *Opiekunowie pielgrzymów* nie mają określonych obowiązków, związanych z zaawansowanymi w morontii. Ci towarzysze pielgrzymów są odpowiedzialni za ogólny bieg spraw morontialnych i są tym samym koordynatorami prac wszystkich innych opiekunów morontialnych oraz opiekunów przejścia.

2. *Przyjmujący pielgrzymów i wolni towarzysze.* Są to kompani do towarzystwa dla nowoprzybyłych do światów-mieszkań. Jeden z nich na pewno będzie pod ręką, aby was powitać, kiedy zbudzicie się na pierwszym świecie-mieszkaniu, z pierwszego przejściowego snu czasu, gdy doznacie zmartwychwstania ze śmierci cielesnej do życia morontialnego. I odtąd będziecie tak samo formalnie witani po przebudzeniu; aż do dnia opuszczenia wszechświata lokalnego, w charakterze duchów pierwszego stopnia, ci Morontiańscy Towarzysze zawsze będą z wami.

Towarzysze nie są przydzielani na stałe poszczególnym osobom. Wznoszący się śmiertelnik może mieć na którymś z mieszkań, czy na wyższym świecie, innego towarzysza przy każdej kolejnej sposobności i może także iść naprzód przez długi czas bez żadnego. Wszystko zależeć będzie od potrzeb jak również od ilości dostępnych towarzyszy.

3. *Gospodarze niebiańskich gości.* Te wdzięczne istoty zajmują się zabawianiem nadludzkich grup odwiedzających badaczy i innych istot niebiańskich, które mogą przebywać na światach przejściowych. Będziecie mieli duże możliwości odwiedzania wszystkich tych domen, które osiągniecie empirycznie. Odwiedzający badacze są dopuszczani do wszystkich planet zamieszkałych, nawet do tych, które są w izolacji.

4. *Koordynatorzy i kierownicy związków* wzajemnych. Towarzysze ci pomagają w nawiązywaniu morontialnych związków między istotami i zapobiegają dezorientacji. Są instruktorami porządku społecznego i postępu morontialnego, są odpowiedzialni za zajęcia i inne działania grupowe wznoszących się śmiertelników. Posiadają duże tereny, gdzie gromadzą swych uczniów a od czasu do czasu występują o niebiańskich twórców i organizatorów powrotu, aby urozmaicić swe programy. Gdy będziecie się rozwijać, nawiążecie bliskie kontakty z tymi towarzyszami i będziecie coraz bardziej kochać obie ich grupy. Jest wyłącznie sprawą przypadku, czy związani będziecie z ofensywnym czy ustępliwym typem towarzysza.

5. *Interpretatorzy i tłumacze.* Na początku waszego pobytu w mieszkaniach, często będziecie uciekać się do interpretatorów i tłumaczy. Znają oni wszystkie języki wszechświata lokalnego i mówią nimi; są poliglotami tych domen.

Nowych języków nie przyswoicie sobie automatycznie, będziecie się tam uczyć języka tak samo jak i tutaj, a te błyskotliwe istoty będą waszymi nauczycielami języków. Na początku, na światach-mieszkaniach nauczana będzie mowa Satanii a potem język Nebadonu. A kiedy będziecie opanowywać nowe języki, Morontiańscy Towarzysze będą waszymi biegłymi interpretatorami i cierpliwymi tłumaczami. Nigdy się nie spotkacie z żadnym gościem na żadnym z tych światów, jeśli któryś z Morontiańskich Towarzyszy nie będzie mógł działać jako tłumacz.

6. *Organizatorzy wycieczek i powrotu.* Ci towarzysze ci będą wam asystować podczas waszych dłuższych wypadów do sfery zarządu i do otaczających światów kultury przejściowej. Planują, prowadzą i nadzorują wszystkie jednostkowe i grupowe wycieczki po światach kulturowych i szkoleniowych systemu.

7. *Opiekunowie terenu i budynków.* Kiedy posuwacie się naprzód przez mieszkania, zwiększa się świetność i doskonałość nawet ich struktur materialnych i morontialnych. Jako jednostki i jako grupy, możecie dokonywać pewnych zmian w miejscach waszego pobytu, przydzielonych wam do zamieszkania na czas pobytu na różnych światach-mieszkaniach. Wiele zajęć jest prowadzonych na tych sferach, w otwartych ogrodzeniach różnie nazywanych okręgów, kwadratów i trójkątów. Większość struktur światów mieszkań pozbawiona jest dachu i stanowi ogrodzenia o wspaniałej konstrukcji i wyrafinowanym zdobnictwie. Warunki klimatyczne i inne warunki fizyczne, panujące na światach zaprojektowanych, są takie, że dachy są całkiem zbyteczne.

Ci opiekunowie przejściowych stadiów wznoszącego się życia doskonale prowadzą sprawy morontialne. Do tej pracy zostali stworzeni i do czasu urzeczywistnienia się Istoty Najwyższej pozostaną Morontiańskimi Towarzyszami, nigdy nie będą pełnić innych obowiązków.

Kiedy systemy i wszechświaty zostają ustanowione w światłości i życiu, światy-mieszkania stopniowo przestają funkcjonować jako przejściowe sfery nauczania morontialnego. Finaliści zaczynają wtedy coraz intensywniej wprowadzać nowy porządek nauczania, którego celem wydaje się być przekształcanie świadomości kosmicznej, od obecnego poziomu wielkiego wszechświata do przyszłego – wszechświatów zewnętrznych. Przeznaczeniem Morontiańskich Towarzyszy jest działać intensywniej w związku z finalistami oraz w licznych innych domenach, teraz nie objawionych na Urantii.

Możecie oczekiwać, że istoty te będą w znacznej mierze uprzyjemniać wasz pobyt na światach-mieszkaniach, czy będzie to pobyt długi czy krótki. I nadal będziecie mieć ich przy sobie, przez całą drogę wzwyż, aż do Salvingtonu. Formalnie, istoty te nie są niezbędne w jakiejkolwiek części waszego doświadczenia, związanego z przeżyciem śmierci. Możecie i bez nich dotrzeć do Salvingtonu, jednak będziecie bardzo za nimi tęsknić. Stanowią one wasz osobisty komfort na drodze wznoszenia się we wszechświecie lokalnym.

4. ORGANIZATORZY POWROTU

Radosny nastrój i ekwiwalent uśmiechu są tak samo uniwersalne jak muzyka. Istnieje morontialny i duchowy ekwiwalent radości i śmiechu. Życie w czasie wznoszenia się jest prawie równo podzielone pomiędzy pracę a zabawę – czas wolny od zadań.

Niebiański odpoczynek i nadludzki humor bardzo się różnią od ich ludzkich odpowiedników, jednak my wszyscy aktualnie korzystamy z pewnej postaci obu – tak z odpoczynku jak i z humoru; i naprawdę dają nam one w naszym stanie mniej więcej tyle, co idealny humor może wam dać na Urantii. Morontiańscy Towarzysze umiejętnie inicjują zabawę a organizatorzy powrotu bardzo efektywnie im w tym pomagają.

Być może najlepiej zrozumiecie działalność organizatorów powrotu, jeśli porównacie ich do najlepszych humorystów z Urantii, choć jest to bardzo uproszczony i w pewnym sensie niefortunny sposób przekazania idei funkcjonowania tych organizatorów odmiany i odpoczynku, dbających o podniosły humor domen morontialnych i duchowych.

Przy omawianiu humoru duchowego, pozwólcie mi powiedzieć, po pierwsze, czym on *nie* jest. Duch nigdy nie plami się uwydatnianiem nieszczęść słabych i błądzących. Nigdy też nie bluźni przeciw prawości i chwale boskości. Nasz humor mieści się w trzech głównych poziomach jego oceny:

1. *Żarty reminiscencyjne.* Dowcipy powstające ze wspominania przeszłych epizodów czyichś doświadczeń walki, zmagań, czasem bojaźni a częstokroć niemądrego oraz dziecinnego lęku. Dla nas to stadium humoru wywodzi się z głęboko zakorzenionej, trwałej zdolności sięgania do przeszłości po materiał pamięciowy, dzięki któremu można nadać miły posmak trudnemu brzemieniu teraźniejszości i skądinąd je złagodzić.

2. *Humor teraźniejszy.* Bezsensowność większości tego, co tak często przynosi poważne troski, radość odkrywania błahości znacznej części naszych poważnych, osobistych niepokojów. Wyjątkowo doceniamy to stadium humoru, kiedy mamy doskonałą sposobność pomniejszenia teraźniejszych niepokojów na rzecz przyszłych pewności.

3. *Radość prorocza.* Być może trudno będzie wyobrazić sobie śmiertelnikom to stadium humoru, ale my znajdujemy szczególne zadowolenie w tej pewności, że „wszystkie rzeczy pracują razem dla dobra" – dla duchów i dla morontian, jak również dla śmiertelników. Ten aspekt niebiańskiego humoru rodzi się z naszej wiary w miłosierną opiekę nadrzędną naszych zwierzchników i w boską stabilność naszych Najwyższych Dyrektorów.

Jednak organizatorzy powrotu, z poszczególnych domen, nie zajmują się wyłącznie prezentacją wysokiej klasy humoru różnych klas istot inteligentnych; zajmują się także prowadzeniem rozrywek, rekreacji duchowej i zabaw morontialnych. Pomagają im w tym ochoczo niebiańscy twórcy.

Organizatorzy powrotu sami w sobie nie są grupą stworzoną; są korpusem zwerbowanym, obejmującym różne istoty, począwszy od mieszkańców Havony w dół, poprzez zastępy posłańców przestrzeni i usługujące duchy czasu, do zaawansowanych w morontii śmiertelników ze światów ewolucyjnych. Wszyscy są ochotnikami, oddanymi sprawie niesienia pomocy swym współbraciom, tak, aby zmienić kierunek ich myślenia i dać odpoczynek umysłowi, jako że takie nastawienie jest wyjątkowo korzystne dla regeneracji wyczerpanych energii.

Po nieco wyczerpujących wysiłkach osiągania sukcesów, gdy oczekuje się przyjścia nowych zasobów energii, przeżywanie na nowo inscenizacji minionych dni i epok jest powszechnie uznawaną rozrywką. *Dawniejsze doświadczenia gatunku albo klasy są kojącymi wspomnieniami.* To właśnie dlatego ci artyści zwani są organizatorami powrotu – pomagają wracać pamięcią do poprzedniego stanu rozwoju albo do stanu bytu charakteryzującego się mniejszym doświadczeniem.

Wszystkie istoty lubią taki rodzaj powrotu, za wyjątkiem samych Stwórców, którzy regenerują się automatycznie oraz pewnych, wysoce wyspecjalizowanych gatunków istot, takich jak centra mocy i kontrolerzy fizyczni, którzy są zawsze i wiecznie gruntownie metodyczni we wszystkich swych reakcjach. Takie okresowe redukcje napięcia, powstającego w trakcie realizacji obowiązków funkcyjnych, są normalną częścią życia na wszystkich światach w całym wszechświecie wszechświatów, ale nie na Wyspie Raj. Istoty rodzime dla tego, centralnego miejsca pobytu, nie wyczerpują się a tym samym nie potrzebują regeneracji energii. Poza tym u istot obdarzonych wieczną doskonałością Raju nie może być powrotu do doświadczeń ewolucyjnych.

Większość z nas przechodziła niższe stadia egzystencji albo poziomy rozwojowe, właściwe dla naszych klas i jest pokrzepiające oraz w pewnym stopniu zabawne patrzeć wstecz, na pewne epizody naszych wczesnych doświadczeń. Ukojenie niesie rozważanie przez pewną klasę bytu tego, co było dawno i co trwa jako własność pamięciowa umysłu. Przyszłość oznacza wysiłek i rozwój, kojarzy się z pracą, staraniami i sukcesami, ale przeszłość przydaje uroku wszelkim rzeczom już opanowanym i osiągniętym; kontemplacja przeszłości przynosi odpoczynek i tak samo jest jej beztroskim przeglądem, który daje zadowolenie duchowe i stan umysłu morontialnego skłaniający do radości.

Nawet humor śmiertelnika najlepszy jest wtedy, gdy opisuje epizody przydarzające się tym, którzy są nieco poniżej czyjegoś obecnego statusu rozwojowego, albo, kiedy obrazuje kogoś, domniemanie wyższego rangą, jako ofiarę przygód zdarzających się zazwyczaj tym, którzy są domniemanie niżsi rangą. Wy, na Urantii, pozwalacie sobie, aby wiele tego, co jest zarazem wulgarne i nieuprzejme, mieszało się z waszym humorem, ale generalnie można wam pogratulować względnie dobrego poczucia humoru. Niektóre wasze narody mają wyraźne inklinacje do niego, co tym samym bardzo im pomaga w ich ziemskiej egzystencji. Najwidoczniej czerpaliście wiele waszego poczucia humoru z dziedzictwa adamicznego, znacznie więcej niż zostało z niego wzięte zarówno w muzyce jak i w sztuce.

Cała Satania, podczas zabawy, w tym czasie, kiedy jej mieszkańcy pokrzepiająco ożywiają swe wspomnienia z niższego stadium bytu, podbudowana jest wybornym humorem korpusu organizatorów powrotu z Urantii. Zawsze mamy poczucie niebiańskiego humoru, nawet, kiedy zajmujemy się najtrudniejszymi zadaniami. Pozwala to zapobiec rozwojowi nadmiernego mniemania o swojej własnej ważności. Jednak nie dajemy swobodnego upustu humorowi, jak to moglibyście określić słowem „mają ubaw". poza tym, kiedy mamy przerwę w poważnych zadaniach poszczególnych naszych klas.

Kiedy nas kusi wyolbrzymianie naszej własnej ważności, jeśli przestajemy kontemplować nieskończoność wielkości i majestatu naszych Stwórców, nasza własna gloryfikacja staje się tak wysublimowanie absurdalna, że jest na granicy humoru. Jedną z funkcji humoru jest pomóc nam traktować siebie mniej poważnie. *Humor jest boskim antidotum na egoistyczną egzaltację.*

Potrzeba relaksu i rozrywki, jakiej dostarcza humor, największa jest u tych klas wznoszących się istot, które są narażone na ciągły stres, kiedy próbują piąć się ku górze. Dwie krańcowości życia nie wykazują szczególnej potrzeby humorystycznej rozrywki. Człowiek prymitywny jest do niej niezdolny a istoty na poziomie rajskiej doskonałości jej nie potrzebują. Zastępy Havony są z natury radosnym i ożywionym zgromadzeniem doskonale szczęśliwych osobowości. W Raju, jakość czczenia sprawia, że nie potrzeba funkcji powrotu. Jednak duże pole do działania dla organizatorów powrotu jest pośród tych, którzy zaczynają swój byt znacznie poniżej celu rajskiej perfekcji.

Im wyżej się wznosi gatunek ludzki, tym większy ma stres i tym większy posiada dar humoru, tym bardziej potrzebuje humoru. W świecie ducha prawda wygląda odwrotnie: im wyżej się wznosimy tym mniejsza jest potrzeba rozrywek, jakie dają przeszłe doświadczenia. Jednak schodząc w dół na skali życia duchowego, z Raju do zastępów seraficznych, spotyka się coraz większe zapotrzebowanie na misję wesołości i służbę radości. Do tych istot, które najbardziej potrzebują pokrzepienia, jakie niosą okresowe powroty do stanu intelektualnego z doświadczeń minionych, zaliczają się najwyższe typy ludzkie, morontianie, aniołowie i Synowie Materialni, razem ze wszystkimi innymi, podobnymi rodzajami osobowości.

Humor powinien działać jak automatyczny zawór bezpieczeństwa, zapobiegający kumulacji nadmiernych ciśnień, powstałych z monotonii długiej i poważnej medytacji nad sobą, połączonej z intensywnymi zmaganiami o postęp i szlachetne osiągnięcia. Humor działa również jako amortyzator szoku, niespodziewanego wstrząsu przy poznaniu faktu czy prawdy, twardego nieubłaganego faktu i elastycznej, wciąż żywej prawdy. Śmiertelna osobowość, nigdy niepewna tego, co ją jutro spotka, szybko pojmuje dzięki humorowi – widzi punkt i osiąga wgląd w niespodziewaną naturę sytuacji, czy dotyczy ona faktu czy też prawdy.

Podczas gdy humor na Urantii jest nadzwyczaj niedojrzały i wyjątkowo niekunsztowny, pełni on wartościową funkcję, gdyż stanowi zarówno zabezpieczenie zdrowia jak i uwalnia od nacisku emocjonalnego, tym samym zapobiega szkodliwym napięciom nerwowym oraz zbyt poważnemu traktowaniu siebie. Humor i zabawa – relaks – nigdy nie są reakcjami rozwojowego wysiłku; zawsze są echem spojrzenia wstecz, reminiscencją przeszłości. Nawet na Urantii i takimi, jakimi teraz jesteście, zawsze znajdziecie pokrzepienie, kiedy na krótki czas zawiesicie wasze nowe i zaawansowane wysiłki intelektualne i wrócicie do prostszych zajęć waszych przodków.

Pryncypia zabaw na Urantii są filozoficznie rozsądne i nadal będą stosowane przez całe wasze wznoszące się życie, aż do orbit Havony i wiecznych obrzeży Raju. Jako wznoszące się istoty macie osobiste wspomnienia wszystkich waszych poprzednich i niższych istnień, a bez takich tożsamościowych wspomnień z przeszłości nie byłoby podstaw do teraźniejszego humoru, zarówno śmiechu śmiertelnika jak i wesołości morontialnej. To właśnie nawiązywanie do doświadczeń z przeszłości jest podstawą rozrywki i zabawy. I tak będziecie korzystać z niebiańskich ekwiwalentów waszego ziemskiego humoru przez całą drogę wzwyż, przez waszą długą drogę morontialną a potem coraz bardziej duchową. I ta część Boga (Dostrajacz), która staje się wieczną częścią osobowości wznoszącego się śmiertelnika, dodaje harmonicznych tonów boskości do ekspresji radości, nawet do duchowego śmiechu wznoszących się istot czasu i przestrzeni.

5. NAUCZYCIELE ŚWIATÓW-MIESZKAŃ

Nauczyciele Światów-Mieszkań są korpusem opuszczonych, ale gloryfikowanych cherubinów i sanobinów. Kiedy pielgrzym czasu awansuje z próbnego świata w przestrzeni do mieszkań i związanych z nimi światów nauczania morontialnego, towarzyszy mu osobisty albo grupowy serafin, opiekun przeznaczenia. Na światach, na których żyją śmiertelnicy, serafin ma odpowiednią asystę cherubina i sanobina, jednak, kiedy śmiertelny podopieczny wyzwolony zostaje z więzów ciała i rozpoczyna drogę wznoszenia się, kiedy zaczyna się życie postmaterialne albo morontialne, asystujący człowiekowi serafin nie potrzebuje już pomocy swoich dawnych asystentów, cherubina i sanobina.

Opuszczeni pomocnicy posługującego serafina wzywani są często do zarządu wszechświata, gdzie wchodzą w bliskie objęcia Matki Ducha Wszechświata, a potem udają się do sfer szkoleniowych systemu jako Nauczyciele Światów-Mieszkań. Nauczyciele ci często odwiedzają światy materialne a działają od najniższego ze światów-mieszkań do najwyższych sfer edukacyjnych, związanych z zarządem wszechświata. Na własną prośbę mogą wrócić do swej poprzedniej pracy i pomagać posługującemu serafinowi.

W Satanii jest wiele miliardów takich nauczycieli a ich liczba wciąż się zwiększa, gdyż w większości przypadków, kiedy serafin idzie do wewnątrz razem z zespolonym z Dostrajaczem śmiertelnikiem, zarówno cherubin jak i sanobin pozostają w tyle.

Nauczyciele Światów-Mieszkań, podobnie jak większość innych instruktorów, mianowani są przez Melchizedeków. Generalnie nadzorowani są przez Morontiańskich Towarzyszy, ale jako jednostki i jako nauczyciele, są pod nadzorem aktualnego szefa szkół albo sfer, na których przyszło im działać jako instruktorzy.

Zaawansowani cherubini pracują zazwyczaj parami, tak jak to robili, kiedy byli przydzieleni do serafina. W swojej naturze są bardzo podobni do morontialnego typu egzystencji i są nieodmiennie wyrozumiałymi nauczycielami wznoszących się śmiertelników; wyjątkowo efektywnie kierują programem światów-mieszkań oraz systemem edukacyjnym morontii.

W szkołach życia morontialnego, ci nauczyciele nauczają jednostki, grupy, klasy i zgromadzenia. Na światach-mieszkaniach szkoły takie zorganizowane są w trzech generalnych grupach, po sto sekcji każda: szkoły myślenia, szkoły odczuwania i szkoły działania. Kiedy dojdziecie do konstelacji, dodane do tego zostaną szkoły etyki, szkoły administracji oraz szkoły przystosowania społecznego. Na światach zarządu wszechświata wstąpicie do szkół filozofii, boskości i czystej duchowości.

Te rzeczy, których mogliście nauczyć się na Ziemi, a których nauczyć się nie zdołaliście, muszą być przyswojone pod kuratelą tych wiernych i cierpliwych nauczycieli. Nie ma królewskich dróg, skrótów czy łatwych ścieżek do Raju. Niezależnie od indywidualnych wariantów trasy, musicie opanować lekcje jednej sfery, zanim przejdziecie do następnej; odnosi się to przynajmniej do tej sytuacji, kiedy raz opuścicie świat waszych początków.

Jednym z wielu celów egzystencji morontialnej jest trwałe wykorzenienie z żyjących wiecznie śmiertelników takich, szczątkowych, zwierzęcych cech, jak odkładanie spraw na później, wykręty, nieszczerości, unikanie problemów, nieuczciwość i pójście na łatwiznę. Życie mieszkań wcześnie uczy młodych uczniów morontialnych, że odwlekanie nie jest w żadnym wypadku unikaniem. Po zakończeniu życia w ciele, czas nie jest czynnikiem pozwalającym uchylać się od stawiania czoła sytuacjom czy też unikać przykrych zobowiązań.

Po rozpoczęciu służby na najniższej ze sfer zatrzymania, Nauczyciele Światów-Mieszkań awansują, w miarę zdobywania doświadczenia, poprzez sfery edukacyjne systemu i konstelacji do światów szkoleniowych Salvingtonu. Nie są poddawani żadnemu specjalnemu kształceniu, ani przed, ani też po ich objęciu przez Matkę Ducha Wszechświata. Byli już przeszkoleni do swej pracy, kiedy służyli jako asystenci seraficzni na światach rodzimych swych uczniów, przebywających teraz na światach-mieszkaniach. Mieli istotne doświadczenie na światach zamieszkałych z rozwijającymi się śmiertelnikami. Są praktycznymi i sympatycznymi nauczycielami, mądrymi i wyrozumiałymi instruktorami, zdolnymi i operatywnymi przewodnikami. Są dobrze zorientowani w planach wznoszenia się istot i gruntownie doświadczeni we wstępnych stadiach ich rozwoju.

Wielu starszych z tych nauczycieli, którzy długo służyli na światach krążących wokół Salvingtonu, obejmowanych jest ponownie przez Matkę Ducha Wszechświata i z tego objęcia cherubini i sanobini wyłaniają się ze statusem serafinów.

6. SERAFINI ŚWIATA MORONTIALNEGO – OPIEKUNOWIE PRZEJŚCIA

Podczas gdy na światach morontialnych służą wszystkie klasy aniołów, od pomocników planetarnych do najwyższych serafinów, do pełnienia takich zadań są wyłącznie wyznaczani opiekunowie przejścia. Aniołowie ci należą do szóstej klasy sług seraficznych a ich służba polega na ułatwianiu przejścia istotom materialnym i śmiertelnym, od doczesnego życia w ciele do wczesnych stadiów bytu morontialnego na siedmiu światach-mieszkaniach.

Powinniście zrozumieć, że życie morontialne wznoszących się śmiertelników naprawdę zaczyna się na światach zamieszkałych, przy poczęciu duszy, w tym momencie, kiedy umysł istoty o statusie etycznym zamieszkały zostaje przez duchowego Dostrajacza. I od tego momentu dusza śmiertelnika ma potencjalne możliwości funkcjonowania nadśmiertelnego, nawet akceptacji na wyższych poziomach sfer morontialnych wszechświata lokalnego.

Nie będziecie jednak uświadamiać sobie służby serafinów przejściowych, dopóki nie dotrzecie do światów-mieszkań, gdzie pracują oni niestrudzenie nad rozwojem ich uczniów-śmiertelników, przydzieleni do służby w następujących siedmiu sekcjach:

1. *Seraficzni ewangeliści.* W tym momencie, gdy odzyskacie świadomość na światach-mieszkaniach, zaklasyfikowani zostajecie w rejestrach systemu jako rozwijające się duchy. Prawda, że w istocie nie jesteście jeszcze duchami, ale nie jesteście już istotami śmiertelnymi czy materialnymi; wkroczyliście w przedduchowe stadium bytu i zostaliście odpowiednio wprowadzeni w życie morontialne.

Na światach-mieszkaniach, seraficzni ewangeliści pomagać wam będą mądrze wybierać pośród różnych dróg, prowadzących do Edentii, Salvingtonu, Uversy i Havony. Jeśli istnieje pewna ilość tak samo sensownych tras, zostaną wam one przedstawione i będziecie mogli wybrać tę jedną, która wam się najbardziej spodoba. Serafini ci zgłaszają wtedy swe rekomendacje do dwudziestu czterech radców na Jerusem, w sprawie tego kierunku, który mógłby być najkorzystniejszy dla każdej wznoszącej się duszy.

Nie będziecie mieć nieograniczonej swobody wyboru przyszłej drogi waszego rozwoju; możecie jednak wybierać w zakresie tego, co opiekunowie przejścia i ich zwierzchnicy mądrze uznają za najlepsze dla waszych przyszłych, duchowych sukcesów. Świat ducha rządzi się zasadą poszanowania wyboru waszej wolnej woli, pod tym warunkiem, że kierunek, który ewentualnie wybierzecie, nie będzie szkodliwy dla was czy krzywdzący dla waszych współbraci.

Seraficzni ewangeliści zajmują się głoszeniem ewangelii wiecznego postępu, tryumfu w docieraniu do doskonałości. Na światach-mieszkaniach głoszą ważne prawo zachowania i dominacji dobroci: żaden dobry czyn nigdy nie jest zupełnie stracony, może być długo niweczony, ale nigdy nie zostanie zupełnie anulowany i wiecznie posiada swą moc, w proporcji do boskości jego motywacji.

Nawet na Urantii doradzają oni nauczycielom prawdy i prawości, żeby obstawali przy głoszeniu, „że dobroć Boża prowadzi do opamiętania się", żeby głosili „miłość Bożą, która niweczy wszelki lęk". I mimo wszystko prawdy te były głoszone na waszym świecie:

Bogowie mymi opiekunami; nie pobłądzę;
Ramię w ramię wiodą mnie świetnymi drogami chwalebnego i wspaniałego, wiecznego życia.
W tej Boskiej Obecności nie będę spragniony, ni głodu nie zaznam.
Choć wejdę w dolinę niepewności, czy wstąpię w światy zwątpienia,
Czy to sam idę, czy to z braćmi mymi,
Czy tryumfuję w chórach światłości, czy chwieję się w samotnych miejscach światów,
Wesprze mnie twój dobry duch a twój wspaniały anioł będzie mnie pocieszał.
Choć zstąpię w głębie ciemności i śmierci samej,
Nie będę wątpił w ciebie ani się ciebie bał,
Gdyż wiem, że w czasie spełnienia i w chwale imienia twego
Wskrzesisz mnie, bym siedział z tobą w bastionie na wysokości.

Jest to narracja szeptana nocą chłopcu pasterzowi. Nie zapamiętał jej słowo w słowo, ale przekazał ją najlepiej, jak zapamiętał i tak jest dziś zapisana.

Serafini ci są również ewangelistami tej ewangelii, która dąży tak do doskonałości całego systemu, jak i poszczególnej, wznoszącej się istoty. Nawet teraz, w młodym systemie Satania, ich nauki i plany zawierają klauzule dla przyszłych epok, kiedy to światy-mieszkania nie będą już służyć wznoszącym się śmiertelnikom jako odskocznia do sfer na wysokości.

2. *Interpretatorzy rasowi*. Nie wszystkie rasy istot śmiertelnych są takie same. Prawda, że istnieje planetarny wzór, przewijający się przez fizyczne, umysłowe i duchowe natury i tendencje różnych ras danego świata; ale istnieją również odmienne typy rasowe i wyraźnie określone społeczne tendencje, charakterystyczne dla potomstwa tych różnorodnych, podstawowych typów istot ludzkich. Na światach czasu seraficzni interpretatorzy rasowi pomagają komisarzom do spraw rasy, w ich wysiłkach skoordynowania różnorodnych punktów widzenia ras i kontynuują oni tę działalność na światach-mieszkaniach, gdzie w pewnym stopniu utrzymują się te same zróżnicowania. Na planecie w stanie chaosu, takiej jak Urantia, te istoty inteligentne raczej nie mają odpowiednich warunków do działania, lecz są one biegłymi socjologami i mądrymi doradcami etnicznymi w pierwszym niebie.

Powinniście zwrócić uwagę na wypowiedzi o „niebie" i „niebie nieb". Niebo, według wyobrażeń większości waszych proroków, jest pierwszym światem-mieszkaniem systemu lokalnego. Kiedy apostoł mówił o istocie „porwanej aż do trzeciego nieba", nawiązywał do tego zdarzenia, kiedy jego Dostrajacz został odłączony podczas snu i w tym niezwykłym stanie przeniósł się do trzeciego z siedmiu światów-mieszkań. Niektórzy z waszych mędrców mieli wizję większego nieba, „nieba nieb", w którym siedmiorakie doświadczenie światów-mieszkań było zaledwie pierwszym niebem; drugim było Jerusem; trzecim Edentia z jej satelitami; czwartym Salvington z otaczającymi sferami edukacyjnymi; piątym Uversa; szóstym Havona a siódmym Raj.

3. *Planiści umysłu.* Serafini ci zajmują się odpowiednim grupowaniem istot morontialnych i organizacją pracy zespołowej na światach-mieszkaniach. Są psychologami pierwszego nieba. Większość tej, specyficznej grupy serafinów posługujących, posiada uprzednią praktykę jako anioły stróże dzieci czasu, ale ich podopieczni z jakiś przyczyn nie uosobili się na światach-mieszkaniach, albo też nie przetrwali przez zespolenie z Duchem.

Zadanie planistów umysłu polega na badaniu natury, doświadczenia i statusu dusz z Dostrajaczami, jak przemieszczają się one przez światy-mieszkania i na lepszym ich pogrupowaniu, dla pełnienia odpowiednich zadań i dla ich rozwoju. Ale planiści umysłu nie intrygują, nie manipulują ani skądinąd nie korzystają ze swej przewagi nad ignorancją i innymi ograniczeniami studentów światów-mieszkań. Są zupełnie rzetelni i doskonale sprawiedliwi. Szanują waszą nowo narodzoną wolę morontialną; traktują was jako niezależne, obdarzone wolą istoty i usiłują wam pomagać w szybkim kształtowaniu się i postępie. Stajecie tutaj twarzą w twarz z prawdziwymi przyjaciółmi i wyrozumiałymi doradcami, z aniołami, którzy naprawdę pomagają „widzieć siebie samych, jak inni was widzą" i „poznać siebie samych, jak was aniołowie znają".

Nawet na Urantii ci serafini nauczają wiecznotrwałej prawdy: jeśli twój umysł nie służy ci dobrze, możesz go zamienić na umysł Jezusa z Nazaretu, który zawsze służy dobrze.

4. *Doradcy morontialni.* Opiekunowie ci otrzymali taką nazwę, gdyż ich zadaniem jest nauczanie, ukierunkowanie i udzielanie porad śmiertelnikom, przybywającym ze światów swego ludzkiego pochodzenia, duszom będących w stadium przejścia do wyższych szkół zarządu systemu. Nauczają tych, którzy szukają wnikliwości w empiryczną jedność rozbieżnych poziomów życia, tych, którzy usiłują integrować znaczenia i ujednolicać wartości. I taka jest funkcja filozofii w śmiertelnym życiu a moty na sferach morontialnych.

Mota jest czymś więcej niż wyższą filozofią; tak się ma do filozofii, jak dwoje oczu do jednego; daje stereoskopowy efekt znaczeń i wartości. Człowiek materialny widzi wszechświat niejako jednym okiem – płaski. Studenci światów-mieszkań nabywają kosmicznej perspektywy – głębi – przez nakładanie spostrzeżeń życia morontialnego na spostrzeżenia życia materialnego. I naprawdę potrafią zogniskować te materialne i morontialne punkty widzenia, w znacznej mierze dzięki niestrudzonej służbie seraficznych doradców, którzy tak cierpliwie nauczają studentów światów-mieszkań i zaawansowanych w morontii. Wielu nauczających doradców, najwyższej klasy serafinów, zaczęło swą pracę jako przewodnicy świeżo wyzwolonych dusz śmiertelników czasu.

5. *Technicy.* Są to ci serafini, którzy pomagają początkującym, wznoszącym się istotom, przystosować się do nowego i względnie obcego otoczenia sfer morontialnych. Życie na światach przejściowych pociąga za sobą realny kontakt z energiami i materiałami poziomów tak fizycznych jak i morontialnych oraz do pewnego stopnia z rzeczywistościami duchowymi. Wznoszące się istoty muszą się dostosować do każdego nowego, morontialnego poziomu życia i w tym im pomagają w dużym stopniu seraficzni technicy. Serafini ci działają w powiązaniu z Nadzorcami Mocy Morontialnej i z Nadrzędnymi Kontrolerami Fizycznymi, i funkcjonują powszechnie jako instruktorzy wznoszących się pielgrzymów, nauczając ich o naturze tych energii, jakie są używane na sferach przejściowych. Przemierzają przestrzeń w sytuacjach awaryjnych i wykonują rozmaite inne, stałe i specjalne obowiązki.

6. *Rejestratorzy-nauczyciele.* Serafini ci są rejestratorami procesów zachodzących na pograniczu tego, co duchowe i tego, co fizyczne, związków ludzi i aniołów, procesów morontialnych niższych domen wszechświata. Służą także jako instruktorzy w sprawie wydajnych i skutecznych metod rejestracji faktów. Inteligentne gromadzenie i koordynacja powiązanych ze sobą danych jest sztuką a sztuka ta jest uwznioślana we współpracy z niebiańskimi twórcami; nawet wznoszący się śmiertelnicy wiążą się w ten sposób z serafinami-rejestratorami.

Rejestratorzy wszystkich klas seraficznych pewien czas poświęcają edukacji i szkoleniu zaawansowanych w morontii. Ci anielscy opiekunowie faktów czasu są idealnymi instruktorami wszystkich poszukiwaczy faktów. Zanim opuścicie Jerusem, zaznajomicie się dobrze z historią Satanii i jej 619 światów zamieszkałych a większa część tej historii przekazana będzie przez seraficznych rejestratorów.

Wszyscy ci aniołowie stanowią ogniwo w łańcuchu rejestratorów, rozciągającym się od najniższych do najwyższych opiekunów faktów czasu i prawd wieczności. Pewnego dnia będą was nauczać poszukiwania prawdy, tak samo jak i faktu, poszerzania waszej duszy jak również umysłu. Nawet dzisiaj powinniście się uczyć, jak podlewać ogród waszego serca i równocześnie szukać suchych piasków wiedzy. Formy nie mają wartości, po tym jak lekcje są opanowane. Nie można mieć pisklęcia bez skorupy, a żadna skorupa nie ma wartości po tym, jak pisklę się wykluło. Czasami jednak błąd jest tak wielki, że jego sprostowanie przez objawienie byłoby zgubne dla powoli wyłaniających się prawd, potrzebnych do jego empirycznego obalenia. Gdy dzieci mają swe ideały, nie zabierajcie im tych ideałów; pozwólcie dzieciom dorosnąć. A kiedy uczycie się myśleć, jak dorośli, powinniście również uczyć się modlić jak dzieci.

Prawo jest samym życiem a nie regułami jego prowadzenia. Zło jest naruszeniem prawa a nie pogwałceniem reguł postępowania, odnoszących się do życia, które *jest* prawem. Fałsz nie jest sprawą metody narracji, ale czymś z góry obmyślanym jako wypaczanie prawdy. Tworzenie nowych obrazów ze starych faktów, odtworzenie życia rodziców w życiu potomstwa – to są artystyczne tryumfy prawdy. Cień włosa, przekręconego z premedytacją w imię fałszywego celu, najdrobniejsze skręcenie czy wypaczenie tego, co jest zasadą – tworzą obłudę. Jednak fetysz prawdy sprowadzonej do faktów, prawdy skamieniałej, żelazna obręcz tak zwanej prawdy niezmiennej, trzyma ślepo w zamkniętym kręgu zimnego faktu. Można mieć formalnie słuszność w sprawie faktu i być w wiecznym błędzie odnośnie prawdy.

7. Posługujące rezerwy. Duży korpus wszystkich klas serafinów przejściowych utrzymywany jest na pierwszym świecie-mieszkaniu. Spośród wszystkich klas serafinów ci opiekunowie przejścia, obok opiekunów przeznaczenia, najbardziej zbliżają się do ludzi a spędzicie z nimi wiele waszych wolnych chwil. Służba sprawia przyjemność aniołom, a kiedy nie mają przydziału, często służą jako ochotnicy. Dusze wielu wznoszących się śmiertelników będą po raz pierwszy rozpalone boskim ogniem woli służby, dzięki osobistej przyjaźni służących ochotników z seraficznych rezerw.

Będziecie się od nich uczyć, jak pozwolić stresowi kształtować stałość i pewność, jak być oddanym i gorliwym a przy tym radosnym; jak akceptować wyzwanie bez narzekania i stawać w obliczu trudności i niepewności bez strachu. Będą się pytać: jeśli chybisz czy podźwigniesz się nieugięcie i spróbujesz znowu? Jeśli odniesiesz sukces, czy zdołasz zachować zrównoważoną postawę – ustabilizowane i uduchowione nastawienie – w każdym wysiłku długich zmagań, zmierzających do rozerwania kajdan materialnego bezwładu, do osiągnięcia wolności bytu duchowego?

Tak samo jak i śmiertelnicy, ci aniołowie byli autorami wielu rozczarowań i będą to podkreślać, że czasami najbardziej rozczarowujące rozczarowania stają się waszymi największymi błogosławieństwami. Czasami nasienie obumiera po zasianiu, obumierają wasze słodkie nadzieje, zanim się odrodzą, aby wydać owoce nowego życia i nowych możliwości. I od tych aniołów będziecie się uczyć, jak cierpieć mniej smutku i rozczarowań, najpierw, robiąc mniej osobistych planów w stosunku do innych osobowości a potem przyjmując, co los przyniesie, gdy wiernie wykonaliście wasze obowiązki.

Nauczycie się, że zwiększacie wasze brzemię a zmniejszacie prawdopodobieństwo sukcesu, gdy traktujecie siebie zbyt serio. Nic nie może być ważniejsze od pracy na sferze waszego statusu – na tym świecie albo następnym. Przygotowanie was do następnej, wyższej sfery, jest sprawą bardzo ważną, ale nic nie dorównuje ważności pracy dla tego świata, na którym aktualnie żyjecie. Chociaż *praca* jest ważna, *jaźń* nie jest ważna. Kiedy czujecie się ważni, tracicie energię na potwierdzenie zniszczonej i potarganej godności ego, tak, że niewiele energii zostaje na pracę. Poczucie własnej ważności a nie ważności pracy, wyczerpuje niedojrzałe istoty; to czynnik jaźni wyczerpuje, nie wysiłek włożony w osiągnięcie celu. Możecie robić ważną pracę, jeśli sami nie staniecie się ważni; możecie robić kilka rzeczy tak łatwo jak jedną, jeśli siebie zostawicie na uboczu. Różnorodność jest spokojna; monotonia jest tym, co niszczy i wyczerpuje. Dzień po dniu taki sam – czy to po prostu życie czy też alternatywa śmierci.

7. MOTA MORONTIALNA

Niższe poziomy moty morontialnej wiążą się bezpośrednio z wyższymi poziomami ludzkiej filozofii. Na pierwszym świecie-mieszkaniu zasadą jest nauczanie mniej zaawansowanych studentów metodą analogii, to znaczy, w jednej kolumnie przedstawia się prostsze koncepcje znaczeń morontialnych, w kolumnie naprzeciw ukazane są analogiczne oświadczenia filozofii śmiertelników.

Niedawno, kiedy wykonywałem zadania na pierwszym świecie-mieszkaniu w Satanii, miałem możliwość przyjrzeć się tej metodzie nauczania i chociaż nie podejmuję się przedstawienia w tej lekcji zawartości moty, mam zezwolenie zrelacjonowania dwudziestu ośmiu oświadczeń ludzkiej filozofii, których morontialny instruktor używał jako materiału ilustracyjnego, jako pomocy dla nowoprzybyłych do świata-mieszkania, aby im umożliwić zrozumienie znaczeń i treści moty. Te ilustracje z ludzkiej filozofii były następujące:

1. Pokaz wyspecjalizowanych umiejętności nie oznacza posiadania zdolności duchowych. Inteligencja nie jest substytutem prawdziwego charakteru.
2. Niewiele osób żyje zgodnie z tą wiarą, którą naprawdę posiada. Irracjonalny strach jest wielkim intelektualnym oszustwem, praktykowanym w rozwijającej się duszy śmiertelnika.
3. Nie da się wyjść poza wrodzone zdolności; półlitrowe naczynie nie może pomieścić litra. Duchowa idea nie może być mechanicznie wepchnięta w matrycę pamięci materialnej.
4. Niewielu śmiertelników ośmiela się kiedykolwiek dokonać zarysu czegoś, w rodzaju sumy wartości osobowości, tworzonej przez wspólny wkład natury i łaski. Większość zubożałych dusz jest w rzeczywistości zasobna, ale nie chcą w to uwierzyć.
5. Trudności mogą stanowić wyzwanie dla miernoty i pokonać trwożnego, ale tylko stymulują prawdziwe dzieci Najwyższych Ojców.
6. Cieszyć się przywilejami bez ich nadużywania, posiadać wolność bez wyłączności, posiadać władzę i nieugięcie odmawiać jej użycia dla wyniesienia siebie – to są cechy wysokiej cywilizacji.
7. Ślepe i nieprzewidziane wypadki nie zdarzają się w kosmosie. Tak samo istoty niebiańskie nie pomagają istocie niższej, która nie chce działać według światła swojej prawdy.
8. Wysiłki nie zawsze przynoszą w efekcie radość, ale nie ma szczęścia bez inteligentnych wysiłków.
9. Działanie przydaje siły; umiar – wdzięku.
10. Prawość uderza w akordy harmonii prawdy a melodia płynie przez kosmos, słyszalna nawet u Nieskończonego.
11. Słaby zaspokaja się rozwiązaniami, ale silny działa. Życie jest tylko codzienną pracą – wykonujcie ją dobrze. Działanie jest nasze; rezultaty Boże.
12. Największym nieszczęściem kosmosu jest nigdy nie doznać nieszczęścia. Śmiertelnicy tylko wtedy nabywają mądrości, kiedy cierpią.
13. Gwiazdy najlepiej widać z samotnej izolacji empirycznych głębi, nie z iluminowanych i ekstatycznych szczytów.
14. Pobudzajcie apetyty prawdy u swych współbraci; dawajcie radę tylko wtedy, gdy o nią pytają.
15. Pretensjonalność jest śmiesznym wysiłkiem ignoranta, żeby wyglądać mądrze, staraniem jałowej duszy, żeby wyglądać bogato.
16. Nie możecie dostrzec duchowej prawdy zanim nie doświadczycie jej emocjonalnie, a wielu prawd istotnie nie odczuwa się inaczej, jak tylko w niedoli.
17. Ambicja jest niebezpieczna, póki nie zostanie w pełni uspołeczniona. Nie osiągnęliście naprawdę żadnej zalety, zanim wasze działania nie uczynią was jej godnymi.

18. Niecierpliwość jest trucizną ducha; gniew jest jak kamień rzucony w gniazdo szerszeni.
19. Trzeba porzucić niepokój. Najtrudniejsze do zniesienia rozczarowania to te, które się nigdy nie zdarzyły.
20. Tylko poeta może dostrzec poezję w banalnej prozie zwykłej egzystencji.
21. Najwyższą misją jakiejkolwiek sztuki jest, przez jej iluzje, zwiastować wyższą rzeczywistość wszechświatową, skrystalizować uczucia czasu w myśl wieczności.
22. Rozwijająca się dusza nie robi się boska przez to, co czyni, ale przez to, co pragnie czynić.
23. Śmierć nic nie przydała do zasobów intelektu ani do wyposażenia duchowego, ale dodała do statusu empirycznego świadomość *przetrwania*.
24. Przeznaczenie wieczności określane jest, chwila za chwilą, przez osiągnięcia codziennego życia. Dzisiejsze czyny kształtują jutrzejsze przeznaczenie.
25. Wielkość nie polega tak bardzo na posiadaniu siły, jak na mądrym i boskim używaniu tej siły.
26. Wiedzę posiada się tylko poprzez dzielenie się nią; chroniona jest ona przez mądrość i uspołeczniana przez miłość.
27. Postęp wymaga rozwoju indywidualności; przeciętność szuka zachowania w standaryzacji.
28. Obrona jakiejkolwiek propozycji, wymagająca argumentów, jest odwrotnie proporcjonalna do prawdy w niej zawartej.

Tak wygląda praca początkujących na pierwszym świecie-mieszkaniu, podczas gdy bardziej zaawansowani uczniowie, na kolejnych światach, dochodzą do wyższych poziomów wnikliwości kosmicznej i moty morontialnej.

8. ZAAWANSOWANI W MORONTII

Od czasu promocji ze światów-mieszkań, do dnia osiągnięcia statusu duchowego w działalności superwszechświatowej, wznoszący się śmiertelnicy określani są jako zaawansowani w morontii. Wasze przejście przez to cudowne życie na pograniczu będzie niezapomnianym doświadczeniem, uroczym wspomnieniem. Jest ono ewolucyjną bramą do życia duchowego i do ostatecznego osiągnięcia doskonałości przez istotę stworzoną, dzięki czemu wznoszące się istoty docierają do celu czasu – do znalezienia Boga w Raju.

Istnieje konkretny, Boski cel, w całym tym morontialnym i późniejszym duchowym systemie rozwoju śmiertelnika, w tej rozbudowanej wszechświatowej szkole, nauczającej wznoszące się istoty. Jest zamierzeniem Stwórców dać istotom stworzonym w czasie możliwość stopniowego opanowania szczegółów działania i administracji wielkiego wszechświata, a to długie nauczanie przebiega najlepiej wtedy, kiedy żyjący wiecznie śmiertelnik wspina się stopniowo, uczestnicząc aktywnie w każdym stopniu swego wznoszenia.

Plan wiecznego życia śmiertelników ma swój praktyczny i pożyteczny cel; nie jesteście obdarowani całą tą boską pracą i starannym nauczaniem tylko dlatego, abyście mogli przetrwać śmierć i cieszyć się nieskończoną rozkoszą i wieczną wygodą. Istnieje cel transcendentalnej służby, ukryty za horyzontem obecnej epoki wszechświata. Gdyby

Bogowie chcieli was tylko zabrać na długą i wieczną, radosną wycieczkę, na pewno nie przekształciliby nieomal całego wszechświata w rozległą i skomplikowaną szkołę praktycznej nauki, zatrudniając znaczną część niebiańskich istot w charakterze nauczycieli i instruktorów, żeby potem, epoka za epoką, pilotować was, każdego oddzielnie, poprzez tę gigantyczną wszechświatową szkołę empirycznej nauki. Rozwijanie systemu kształcenia śmiertelnika wydaje się być jednym z głównych przedsięwzięć obecnego, zorganizowanego wszechświata, a większość niezliczonych klas stworzonych istot inteligentnych, bezpośrednio czy pośrednio, uczestniczy w realizacji jakiegoś stadium tego, stopniowego planu osiągania doskonałości.

Przemierzając stopniowo skalę żywej egzystencji, od śmiertelnego człowieka aż do objęć Bóstwa, żyjecie faktycznie życiem każdej możliwej fazy i każdego stadium bytu doprowadzonej do doskonałości istoty, w ramach ograniczeń obecnej epoki wszechświata. Przemiana, od śmiertelnego człowieka do rajskiego finalisty, obejmuje wszystko to, co może obecnie istnieć – zawiera wszystko, co jest możliwe obecnie do przeżycia dla żywych klas inteligentnych, doskonałych, skończonych istot stworzonych. Jeśli przyszłym przeznaczeniem rajskich finalistów jest służba w nowych wszechświatach, teraz tworzonych, to jest pewne, że w tej nowej i przyszłej kreacji nie będzie stworzonych klas istot empirycznych, których życie zupełnie by się różniło od tego, jakie przeżyli śmiertelnicy-finaliści na jakimś świecie, w charakterze części swego rozwojowego szkolenia, jako jedno ze stadiów wiekowego postępu od zwierzęcia do anioła, od anioła do ducha i od ducha do Boga.

[Przedstawione przez archanioła z Nebadonu].

PRZEKAZ 49

ŚWIATY ZAMIESZKAŁE

WSZYSTKIE światy zamieszkałe przez śmiertelników są ewolucyjne w swej naturze i pochodzeniu. Sfery te są miejscem, gdzie rozmnażają się śmiertelne gatunki czasu i przestrzeni, ich ewolucyjną kołyską. Każda sekcja wznoszącego się życia jest prawdziwą szkołą, przygotowującą do następnego stadium istnienia, a odnosi się to do każdego stadium rozwojowego człowieka wznoszącego się do Raju; odnosi się to tak samo do wstępnego doświadczenia śmiertelnika na planecie ewolucyjnej jak i do końcowej szkoły Melchizedeków w zarządzie wszechświata, szkoły, do której śmiertelnicy uczęszczają nie wcześniej, jak tuż przed ich transponowaniem do porządku superwszechświata, tuż przed osiągnięciem przez nich pierwszego stadium egzystencji duchowej.

Wszystkie światy zamieszkałe zasadniczo pogrupowane są przez niebiańską administrację w systemy lokalne a każdy system lokalny ograniczony jest do około tysiąca rozwijających się światów. Ograniczenie takie nakłada rozporządzenie Pradawnych Czasu, a odnosi się ono w istocie tylko do planet ewolucyjnych, na których żyją śmiertelnicy ze statusem wiecznego życia. Do grupy tej nie zaliczają się ani światy ostatecznie ustanowione w światłości i życiu, ani też planety w przedludzkim stadium rozwoju życia.

Sama Satania jest systemem nieukończonym, zawierającym tylko 619 zamieszkałych światów. Planety te numerowane są kolejno, zgodnie z ich rejestracją jako światy zamieszkałe, czyli światy zamieszkiwane przez istoty obdarzone wolą. W ten sposób Urantii nadano numer *606 w Satanii*, co oznacza 606 świat w tym systemie lokalnym, na którym długi ewolucyjny proces życia osiągnął kulminację w pojawieniu się istot ludzkich. Istnieje trzydzieści sześć niezamieszkałych planet, zbliżających się do stadium obdarowania ich życiem a kilka już teraz jest gotowych do działalności Nosicieli Życia. Prawie dwieście sfer ewoluuje w tym kierunku, aby były gotowe do zaszczepienia życia w ciągu następnych kilku milionów lat.

Nie wszystkie planety mogą być siedliskiem śmiertelnego życia. Planety małe, szybko obracające się wokół osi, zupełnie nie nadają się na środowisko dla życia. W kilkunastu układach materialnych Satanii, planety krążące wokół centralnego słońca są zbyt wielkie, aby mogły być zamieszkałe; ich wielka masa powoduje przytłaczające ciążenie. Wiele tych ogromnych sfer posiada satelity, czasami pół tuzina albo i więcej, a księżyce te mają częstokroć rozmiary bardzo zbliżone do Urantii, więc są prawie idealne do zamieszkania.

Najstarszy z zamieszkałych światów Satanii, świat numer jeden, to Anova, który jest jednym z czterdziestu czterech satelitów krążących wokół ogromnej, ciemnej planety, lecz wystawionej na zróżnicowane światło trzech sąsiadujących słońc. Anova posiada rozwijającą się cywilizację w zaawansowanym stadium.

1. ŻYCIE PLANETARNE

Wszechświaty czasu i przestrzeni rozwijają się stopniowo; rozwój życia, ziemskiego czy niebiańskiego, nie jest ani arbitralny, ani magiczny. Kosmiczna ewolucja nie zawsze może być zrozumiała (być do przewidzenia), jednak absolutnie nie jest przypadkowa.

Biologiczną jednostką życia materialnego jest protoplazmatyczna komórka, łączna organizacja energii chemicznych, elektrycznych oraz innych energii podstawowych. Chemiczne wzory życia są zróżnicowane w każdym systemie, a sposób rozmnażania się żywej komórki jest nieco odmienny w każdym wszechświecie lokalnym, jednak Nosiciele Życia są zawsze żywymi katalizatorami, zapoczątkowującymi podstawowe reakcje życia materialnego; są inicjatorami funkcjonowania obwodów energii w materii ożywionej.

Wszystkie światy danego wszechświata lokalnego wykazują wyraźne, materialne pokrewieństwo; tym niemniej każda planeta posiada swoją własną gamę życia, nie ma dwu światów dokładnie takich samych, gdy idzie o wyposażenie roślinne i zwierzęce. Te planetarne warianty systemowych gatunków życia wynikają z postanowień Nosicieli Życia. Istoty te nie są jednak ani kapryśne, ani ekscentryczne; wszechświaty są prowadzone według prawa i porządku. Prawa Nebadonu są boskimi nakazami Salvingtonu a ewolucyjna klasa życia w Satanii jest zharmonizowana z jej ewolucyjnym, nebadońskim wzorem.

Ewolucja jest zasadą rozwoju człowieka, ale sam jej proces jest znacznie zróżnicowany na różnych światach. Czasami życie inicjowane jest w jednym skupisku, czasami w trzech, jak to miało miejsce na Urantii. Na światach atmosferycznych wywodzi się ono zazwyczaj z morza, chociaż nie zawsze; dużo zależy od fizycznych warunków planety. Nosiciele Życia mają pozostawioną znaczną swobodę działania, kiedy inicjują życie.

W kształtowaniu się życia planetarnego, formy roślinne zawsze poprzedzają formy zwierzęce i rozwijają się one prawie kompletnie, zanim formy zwierzęce się zróżnicują. Wszystkie gatunki zwierząt rozwijają się z podstawowych, poprzedzających je wzorów z roślinnego królestwa rzeczy żywych; nie są organizowane oddzielnie.

Wczesne stadia ewolucji życia niezupełnie są zgodne z waszymi obecnymi poglądami na te sprawy. *Śmiertelny człowiek nie* jest ewolucyjnym przypadkiem. Istnieje precyzyjny system, wszechświatowe prawo, które stanowi o realizacji planu życia planetarnego na sferach w przestrzeni. Czas i tworzenie dużej ilości gatunków nie są czynnikami kontrolującymi. Myszy rozmnażają się znacznie szybciej niż słonie, jednak słonie ewoluują szybciej niż myszy.

Bieg ewolucji planetarnej jest uporządkowany i kontrolowany. Rozwój wyższych organizmów z niższych kombinacji życia nie jest przypadkowy. Czasami rozwój ewolucyjny zostaje chwilowo opóźniony, przez zniszczenie pewnych korzystnych linii plazmy życiowej, przenoszonej w wyselekcjonowanych gatunkach. Czasem potrzeba wielu epok, aby zrekompensować szkody spowodowane utratą pojedynczej linii w dziedziczności ludzkiej. Takie wyselekcjonowane i wyższe linie żywej protoplazmy, kiedy raz się pojawią, powinny być zazdrośnie i inteligentnie strzeżone. I na większości zamieszkałych światów takie wyższe potencjały życia ceni się znacznie bardziej niż na Urantii.

2. PLANETARNE TYPY FIZYCZNE

W każdym systemie istnieje standardowy, podstawowy wzór życia roślinnego i zwierzęcego. Jednak Nosiciele Życia stają często w obliczu konieczności modyfikacji tych podstawowych wzorów, żeby sprostać zróżnicowanym warunkom fizycznym, napotykanym na licznych światach w przestrzeni. Wypracowują typ istoty śmiertelnej generalny dla całego systemu, ale jest siedem odmiennych typów fizycznych, jak również wiele tysięcy pomniejszych wariantów tych siedmiu głównych zróżnicowań:

1. Typy atmosferyczne.
2. Typy środowiskowe.
3. Typy grawitacyjne.
4. Typy temperaturowe.
5. Typy elektryczne.
6. Typy energetyczne.
7. Typy nienazwane.

System Satania zawiera wszystkie te typy oraz liczne grupy pośrednie, chociaż niektóre z nich reprezentowane są tylko w niewielkich ilościach.

1. *Typy atmosferyczne.* Na zróżnicowanie fizyczne światów zamieszkałych przez śmiertelników wpływa zasadniczo rodzaj atmosfery; inne wpływy, przyczyniające się do planetarnego zróżnicowania życia, są relatywnie drugorzędne.

Obecny stan atmosfery Urantii jest niemal idealny dla podtrzymywania człowieka typu oddychającego, jednak gatunek ludzki może być tak dalece zmodyfikowany, że może żyć zarówno na planetach superatmosferycznych jak i na subatmosferycznych. Modyfikacje takie rozciągają się również na życie zwierzęce, które jest bardzo urozmaicone na różnych sferach zamieszkałych. Zarówno na światach subatmosferycznych jak i na superatmosferycznych istnieje wielka różnorodność gatunków zwierzęcych.

Około dwa i pół procentu, pośród typów atmosferycznych w Satanii, stanowią suboddychający, około pięciu procent superoddychający a ponad dziewięćdziesiąt jeden procent średniooddychający; razem wszystkie te typy zajmują dziewięćdziesiąt osiem i pół procentu światów Satanii.

Istoty takie, jak gatunek ludzki Urantii, zalicza się do średniooddychających; reprezentujecie średnią albo typową klasę bytu śmiertelników. Jeśli istoty inteligentne istniałyby na planecie z atmosferą podobną do tej, jaką ma sąsiadująca z wami Wenus, zaliczałyby się one do grupy superoddychających, podczas gdy te, które zamieszkiwałyby planetę z atmosferą tak rozrzedzoną, jaką ma wasz zewnętrzny sąsiad Mars, określane byłyby jako suboddychający.

Jeśli śmiertelnicy zamieszkiwaliby planetę pozbawioną powietrza, tak jak wasz Księżyc, należeliby do oddzielnej klasy nie oddychających. Typ ten reprezentuje radykalne albo ekstremalne dostosowanie do otoczenia planetarnego i rozważany jest oddzielnie. Nie oddychający zajmują pozostałe półtora procentu światów Satanii.

2. *Typy środowiskowe.* Tego rodzaju zróżnicowania związane są z relacją śmiertelników do wody, powietrza i lądu, a istnieją cztery różne gatunki życia inteligentnego, uwzględniwszy stosunek do tych środowisk. Gatunek Urantii jest klasy lądowej.

Trudno wam wyobrazić sobie warunki środowiskowe, jakie panują na niektórych światach w ich wczesnych epokach. Te niezwykłe warunki zmuszają rozwijające się życie zwierzęce do pozostawania w swej morskiej ochronce przez czas dłuższy niż na tych planetach, które bardzo wcześnie dostarczyły gościnnego środowiska lądowego i atmosferycznego. I na odwrót, na niektórych światach, gdzie żyją istoty superoddychające, kiedy planeta nie jest zbyt wielka, czasami celowe jest stworzenie typu śmiertelnika gotowego do podróżowania w atmosferze. Ci podróżnicy powietrzni czasami wkraczają pomiędzy grupę wodną a lądową i zawsze żyją w pewnym stopniu na lądzie, przekształcając się ostatecznie w mieszkańców lądu. Jednak na niektórych światach wciąż latają całe epoki, nawet po tym, jak zostaną gatunkiem istot lądowych.

Jest to zarówno fascynujące jak i zadziwiające, kiedy się obserwuje, jak wczesna cywilizacja istot ludzkich nabiera kształtu, o świcie powstawania gatunków na takich niezwykłych sferach, w jednym przypadku w powietrzu i na wierzchołkach drzew, w innym w płytkich wodach osłoniętych, tropikalnych basenów jak również na ich dnie, na brzegach i na obrzeżach morskich ogrodów. Nawet na Urantii długo trwała ta epoka, kiedy to człowiek prymitywny chronił się i rozwijał swą prymitywną cywilizację żyjąc najczęściej na wierzchołkach drzew, jak to czynili jego wcześniejsi, nadrzewni przodkowie. Na Urantii wciąż macie grupę drobnych ssaków (rodzina nietoperzy), które latają w powietrzu a wasze foki i wieloryby ze środowiska morskiego także należą do gatunku ssaków.

Wśród typów środowiskowych Satanii, siedem procent stanowią typy wodne, dziesięć procent powietrzne, siedemdziesiąt procent lądowe a trzynaście procent mieszane typy powietrzno-lądowe. Jednak te modyfikacje wczesnego życia istot inteligentnych nie są ani ludzkimi rybami ani ludzkimi ptakami. Są to typy ludzkie i przedludzkie, nie superryby czy gloryfikowane ptaki, ale wyraźnie ludzie.

3. *Typy grawitacyjne.* Dzięki modyfikacji stwórczego planu istoty inteligentne są tak skonstruowane, że mogą funkcjonować bez przeszkód zarówno na sferach mniejszych jak i na większych niż Urantia, będąc tym samym w pewnym stopniu przystosowane do ciążenia na tych planetach, które nie mają idealnych rozmiarów i gęstości.

Poszczególne, planetarne typy śmiertelników, różnią się między sobą wzrostem, średnia wzrostu w Nebadonie wynosi około dwóch metrów. Niektóre, większe światy, zaludnione są istotami o wysokości około trzech czwartych metra. Wzrost śmiertelników rozciąga się od tej wysokości, poprzez średnią na średniej wielkości planetach, do około trzech metrów na mniejszych sferach zamieszkałych. W Satanii jest tylko jeden gatunek o wysokości około jednego metra. Dwadzieścia procent światów zamieszkałych w Satanii zaludnione jest śmiertelnikami zmodyfikowanych typów grawitacyjnych, którzy zajmują większe i mniejsze planety.

4. *Typy temperaturowe.* Można stwarzać istoty żywe, wytrzymujące temperatury zarówno znacznie wyższe jak i znacznie niższe niż życiowa skala temperaturowa gatunku ludzkiego z Urantii. Istnieje pięć odrębnych rodzajów istot, jak są klasyfikowane w odniesieniu do mechanizmów regulacji ciepła. Na tej skali gatunek Urantii zajmuje trzecią pozycję. Trzydzieści procent światów Satanii zaludnione jest gatunkami zmodyfikowanych typów temperaturowych. Dwanaście procent należy do zakresu temperatur wyższych, osiemnaście do niższych, porównując z Urantianami, funkcjonującymi w grupie temperatur średnich.

5. *Typy elektryczne.* Środowiska elektryczne, magnetyczne i elektroniczne światów są bardzo zróżnicowane. Istnieje dziesięć modeli życia śmiertelnego, różnie

kształtowanych, żeby mogły znosić zróżnicowanie energii różnych sfer. Te dziesięć odmian reaguje także w nieco odmienny sposób na chemiczne działanie promieni zwykłego światła słonecznego. Jednak to nieznaczne zróżnicowanie fizyczne w żaden sposób nie wpływa na życie intelektualne czy duchowe.

W elektrycznym pogrupowaniu życia śmiertelnego prawie dwadzieścia trzy procent należy do klasy czwartej – do egzystencji typu Urantii. Występowanie tych typów jest następujące: 1 – jeden procent; 2 – dwa procent; 3 – pięć procent; 4 – dwadzieścia trzy procent; 5 – dwadzieścia siedem procent; 6 – dwadzieścia cztery procent; 7 – osiem procent; 8 – pięć procent; 9 – trzy procent; 10 – dwa procent ogółu.

6. *Typy zasilania energią.* Nie wszystkie światy są takie same, gdy idzie o sposoby pobierania energii. Nie wszystkie światy zamieszkałe posiadają ocean atmosferyczny, nadający się do oddechowej wymiany gazów, jaki teraz ma Urantia. We wcześniejszych oraz końcowych stadiach istnienia wielu planet, istoty waszej obecnej klasy nie mogą istnieć; i kiedy warunki do oddychania na planecie osiągają bardzo wysokie lub bardzo niskie parametry, a wszystkie inne warunki dla istnienia inteligentnego życia są odpowiednie, Nosiciele Życia często wprowadzają na takich światach zmodyfikowaną formę ludzkiej egzystencji, istoty zdolne do bezpośredniego metabolizmu życiowego przy pomocy światła-energii oraz do przeobrażeń mocy z pierwszej ręki, od Nadrzędnych Kontrolerów Fizycznych.

Jest sześć różnych metod odżywiania się zwierząt i śmiertelników: suboddychający używają pierwszego sposobu odżywiania, mieszkańcy morza drugiego, średniooddychający trzeciego, tak jak na Urantii. Superoddychający posługują się czwartą metodą pobierania energii, podczas gdy nie oddychający należą do piątej kategorii odżywiania się i stosowania energii. Szósta metoda zasilania energią stosowana jest tylko wobec istot pośrednich.

7. *Typy nienazwane.* Są liczne dodatkowe warianty fizyczne życia planetarnego, jednak wszystkie takie odmiany są wyłącznie sprawą modyfikacji anatomicznej, fizjologicznego zróżnicowania i elektrochemicznego dostosowania. Różnice takie nie mają wpływu na życie intelektualne czy duchowe.

3. ŚWIATY ZAMIESZKAŁE PRZEZ ISTOTY NIE ODDYCHAJĄCE

Większość planet zamieszkałych zaludniona jest oddychającym typem istot inteligentnych. Są jednak klasy śmiertelników, zdolne do życia na światach z małą ilością powietrza lub zupełnie powietrza pozbawionych. Ten gatunek zajmuje mniej niż siedem procent światów zamieszkałych Orvontonu. W Nebadonie procent ten schodzi poniżej trzech. W całej Satanii jest tylko dziewięć takich światów.

W Satanii tak mało jest światów zamieszkałych przez gatunki nie oddychające, ponieważ ta niedawno zorganizowana sekcja Norlatiadeku wciąż zawiera sporo meteorycznych ciał kosmicznych; a światy bez ochronnego tarcia atmosfery narażone są na nieustanne bombardowanie przez takich wędrowców. Nawet niektóre komety złożone są z rojów meteorów, z reguły jednak meteory są rozproszonymi, mniejszymi skupiskami materii.

Wiele milionów meteorów wchodzi codziennie w atmosferę Urantii, z prędkością przekraczającą trzysta kilometrów na sekundę. Na światach bez oddychania zaawansowane gatunki muszą robić wiele, żeby zabezpieczyć się przed szkodami meteorytowymi, budując instalacje elektryczne działające na zasadzie niszczenia meteorów lub zmiany ich tras. Kiedy istoty te zapuszczają się poza strefy chronione, narażają się na wielkie niebezpieczeństwo. Na światach tych szaleją również niszczycielskie burze elektryczne, nieznane na Urantii; w okresach takich gigantycznych fluktuacji energii ich mieszkańcy muszą szukać schronienia w specjalnych strukturach o izolacji ochronnej.

Życie na światach bez oddychania różni się radykalnie od życia na Urantii. Nie oddychający nie jedzą ani też nie piją wody, tak jak gatunek ludzki Urantii. Reakcje systemu nerwowego, mechanizmy regulacji ciepła i metabolizm tych wyspecjalizowanych ludzi, różnią się radykalnie od takich samych funkcji u śmiertelników Urantii. Prawie każda ich czynność życiowa jest odmienna, prócz rozmnażania, a nawet sposoby ich rozmnażania są w pewnym sensie inne.

Na światach bez oddychania gatunki zwierzęce są zupełnie odmienne od tych, jakie istnieją na planetach z atmosferą. Sposób życia bez oddychania różni się znacznie od metod egzystencji na świecie atmosferycznym; tamtejsi ludzie, będąc kandydatami do zespolenia z Duchem, mają nawet odmienną metodę przeżywania śmierci. Tym niemniej istoty te cieszą się życiem i prowadzą je w swojej domenie ze względnie takimi samymi troskami i radościami, jakich doznają śmiertelnicy, żyjący na światach atmosferycznych. Umysłem i charakterem nie oddychający nie różnią się od innych typów istot śmiertelnych.

Życie planetarne tego rodzaju śmiertelników mogłoby was bardzo zainteresować, ponieważ istoty tego gatunku zamieszkują sferę znajdującą się bardzo blisko Urantii.

4. EWOLUCYJNE ISTOTY OBDARZONE WOLĄ

Istnieją znaczne różnice pomiędzy śmiertelnikami pochodzącymi z różnych światów, nawet między tymi, co należą do takich samych typów intelektualnych i fizycznych, jednak wszyscy, posiadający wolę śmiertelnicy, są wyprostowanymi zwierzętami dwunożnymi.

Jest sześć zasadniczych ras ewolucyjnych: trzy podstawowe – czerwona, żółta i niebieska oraz trzy wtórne – pomarańczowa, zielona i indygo. Większość zamieszkałych światów posiada wszystkie te rasy, ale wiele planet, gdzie żyją istoty o mózgu trójdzielnym, zawiera tylko trzy podstawowe rodzaje istot. Tak samo niektóre systemy lokalne mają zaledwie trzy takie rasy.

Istoty ludzkie mają zazwyczaj dwanaście oddzielnych zmysłów fizycznych, chociaż zmysły specjalne u śmiertelników z mózgiem trójdzielnym wykraczają nieco poza te, jakie mają gatunki z mózgiem jedno- i dwudzielnym; mogą oni widzieć i słyszeć znacznie więcej, niż gatunek ludzki Urantii.

Na wszystkich typach planet potomstwo rodzi się zazwyczaj pojedynczo, porody wielorakie są wyjątkiem a życie rodzinne jest dość ujednolicone. Równość płci panuje na wszystkich zaawansowanych światach; mężczyźni i kobiety są jednakowi w wyposażeniu umysłowym i statusie duchowym. Tak długo nie uważamy, że planeta wyszła ze stadium barbarzyństwa, jak długo jedna płeć usiłuje tyranizować drugą. Ten aspekt życia istot stworzonych zostaje zawsze znacznie zaawansowany po przybyciu Materialnego Syna i Materialnej Córki.

Pory roku i zmiany temperatury występują na wszystkich oświetlanych i ogrzewanych słońcem planetach. Rolnictwo występuje powszechnie na wszystkich światach atmosferycznych; uprawa roli jest wspólnym zajęciem zaawansowanych gatunków na wszystkich planetach.

We wczesnych dniach swej egzystencji, wszyscy śmiertelnicy mają generalnie takie same problemy z mikroskopijnymi wrogami, jakie teraz przeżywacie na Urantii, choć być może nie na taką skalę. Długość życia zróżnicowana jest na rozmaitych planetach, od dwudziestu pięciu lat na światach prymitywnych, do blisko pięciuset lat na bardziej zaawansowanych, starszych sferach.

Wszystkie istoty ludzkie grupują się, zarówno plemiennie jak i rasowo. Takie grupowe podziały są nieodłączne ich pochodzeniu i naturze. Tendencje te mogą być przekształcone jedynie przez zaawansowanie cywilizacyjne i przez stopniowe uduchowianie. Problemy społeczne, ekonomiczne i rządowe światów zamieszkałych są zróżnicowane, w zależności od wieku planety i od stopnia, w jakim planety ulegały wpływowi kolejno przybywających Boskich Synów.

Umysł jest darem Nieskończonego Ducha i funkcjonuje praktycznie tak samo w rozmaitych środowiskach. Umysły śmiertelników są jednorodne, niezależnie od pewnych strukturalnych i chemicznych różnic, charakteryzujących natury fizyczne obdarzonych wolą istot w systemach lokalnych. Niezależnie od osobowych czy fizycznych zróżnicowań planetarnych, życie psychiczne wszelkich takich, rozmaitych klas śmiertelników jest bardzo do siebie podobne a ich egzystencja zaraz po śmierci jest prawie identyczna.

Śmiertelny umysł nie może jednak przetrwać śmierci bez nieśmiertelnego ducha. Umysł człowieka jest śmiertelny, tylko obdarzający go duch jest nieśmiertelny. Przetrwanie zależy od uduchowienia, prowadzonego przez Dostrajacza, co się wiąże z narodzinami i ewolucją nieśmiertelnej duszy; przynajmniej nie powinien się wykształcić antagonizm wobec misji Dostrajacza, powodującej duchowe przekształcenie materialnego umysłu.

5. PLANETARNE GRUPY ŚMIERTELNIKÓW

Raczej trudno będzie dokonać odpowiedniego przedstawienia planetarnych grup śmiertelników, ponieważ zbyt mało o nich wiecie, oraz dlatego, że tak wiele jest ich odmian. Istoty śmiertelne można jednak rozpatrywać z rozmaitych punktów widzenia a mianowicie:

1. Według dostosowania do środowiska planetarnego.
2. Według rodzajów mózgu.
3. Według wrażliwości duchowej.
4. Według planetarnych epok śmiertelników.
5. Według pokrewieństwa istot stworzonych.
6. Według zespolenia z Dostrajaczem.
7. Według metod opuszczania planety.

Sfery zamieszkałe siedmiu superwszechświatów zaludnione są śmiertelnikami, którzy klasyfikują się do jednej albo równocześnie do większej ilości kategorii tych siedmiu, ogólnych klas ewolucyjnego życia. Jednak te ogólne klasyfikacje nie obejmują takich istot jak midsonici, ani też pewnych innych form inteligentnego życia. Światy zamieszkałe, przedstawione w tych narracjach, zaludnione są śmiertelnymi istotami ewolucyjnymi, ale istnieją również inne formy życia.

1. *Dostosowanie do środowiska planetarnego.* Z punktu widzenia dostosowania życia istot stworzonych do środowiska planetarnego, zamieszkałe światy dzielą się na trzy zasadnicze grupy: grupa normalnego dostosowania, grupa radykalnego dostosowania i grupa eksperymentalna.

Normalne dostosowanie do warunków planetarnych zgodne jest z generalnymi, fizycznymi wzorcami uprzednio rozważanymi. Światy istot nie oddychających stanowią rodzaj dostosowania radykalnego albo ekstremalnego, jednakże do tej grupy zaliczają się również inne typy istot. Światy eksperymentalne są zazwyczaj idealnie dostosowane do typowych form życia i na takich planetach dziesiętnych Nosiciele Życia próbują wytworzyć wartościowe odmiany standardowego planu życia. Wasz świat jest planetą eksperymentalną i dlatego różni się on znacznie od siostrzanych sfer Satanii; na Urantii pojawiło się wiele form życia nie istniejących gdzie indziej; tak samo wiele pospolitych gatunków nie występuje na waszej planecie.

We wszechświecie Nebadon wszystkie światy o życiu zmodyfikowanym zgrupowane są w jedną serię i stanowią specjalną domenę spraw wszechświatowych, której poświęcają uwagę wyznaczeni administratorzy; a wszystkie takie eksperymentalne światy są okresowo kontrolowane przez korpus wszechświatowych szefów, którym przewodzi finalista-weteran, znany w Satanii jako Tabamantia.

2. *Rodzaje mózgu.* Jedyną fizyczną cechą wspólną wszystkich śmiertelników jest mózg i system nerwowy; tym niemniej istnieją trzy podstawowe systemy mechanizmów mózgowych: mózgi jedno-, dwu- i trójdzielne. Urantianie należą do typu dwudzielnego, niejako bardziej obdarzonego wyobraźnią, bardziej ryzykanckiego i filozoficznego, niż śmiertelnicy z mózgiem jednodzielnym, jednak w pewnym sensie mniej duchowego, etycznego i czczącego, niż typy trójdzielne. Takie zróżnicowanie mózgowe charakteryzuje nawet przedludzkie byty zwierzęce.

Dzięki dwupółkulowemu typowi kory mózgowej Urantian możecie nieco zrozumieć, przez analogię, mózg typu jednodzielnego. Trzeci mózg klas trójdzielnych najlepiej można zrozumieć jako rozwinięcie waszej niższej, albo rudymentarnej formy mózgu, który kształtuje się do tego punktu, kiedy działa głównie jako kontroler funkcji fizycznych, pozostawiając dwa wyższe mózgi wyższym funkcjom: jeden dla działań intelektualnych a drugi dla funkcji duchowego kopiowania, dokonywanych przez Dostrajacza Myśli.

Podczas gdy ziemskie osiągnięcia gatunków z mózgiem jednodzielnym są nieco zawężone w porównaniu z klasą mózgu dwudzielnego, starsze planety grupy trójdzielnej charakteryzują się cywilizacją, która zdumiałaby Urantian i która mogłaby w pewnym sensie was zawstydzić przy porównaniu. W wynalazkach mechanicznych i cywilizacji materialnej, nawet w postępie intelektualnym, światy śmiertelników z mózgiem dwudzielnym potrafią się zrównać ze sferami o mózgu trójdzielnym. Jednak jesteście nieco opóźnieni w wyższej kontroli umysłowej oraz w rozwoju wymiany intelektualnej i duchowej.

Przy dokonywaniu wszystkich takich ocen porównawczych, dotyczących postępu intelektualnego czy osiągnięć duchowych jakiegokolwiek świata, czy grupy światów, należy rzetelnie wziąć pod uwagę wiek planetarny; wiele, bardzo wiele zależy od wieku, pomocy niesionej przez udoskonalaczy biologicznych i od kolejnych misji różnych klas Boskich Synów.

Podczas gdy gatunki z mózgiem trójdzielnym są zdolne do nieco bardziej zaawansowanego rozwoju planetarnego niż klasy jednodzielne czy dwudzielne, wszystkie mają ten sam typ plazmy życiowej i prowadzą działalność planetarną w sposób bardzo zbliżony do tego, jakim żyją istoty ludzkie na Urantii. Na światach systemów lokalnych występują wszystkie trzy rodzaje śmiertelników. W większości wypadków warunki planetarne niewiele mają wspólnego z decyzjami, podejmowanymi przez Nosicieli Życia w trakcie planowania tych różnych klas śmiertelników na różnych światach; te plany, oraz ich wprowadzanie w życie, to prerogatywy Nosicieli Życia.

Gdy idzie o drogę wznoszenia się, te trzy klasy są na równych prawach. Każda z nich musi przebyć tę samą, intelektualną drogę rozwoju i każda musi przejść te same sprawdziany postępu. Dla tych, zróżnicowanych światów, zarówno administracja systemu jak i kontrola nadrzędna konstelacji są na równi wolne od dyskryminacji; nawet rządy Książąt Planetarnych są identyczne.

3. *Wrażliwość duchowa.* Gdy idzie o kontakty ze sprawami duchowymi, istnieją trzy grupy planów umysłu. Klasyfikacja ta nie odnosi się do grup śmiertelników z mózgiem jedno-, dwu- lub trójdzielnym; odnosi się ona zasadniczo do chemii gruczołów, dokładniej, do organizacji pewnych gruczołów, porównywalnych z przysadką mózgową. Gatunki zamieszkujące niektóre światy mają jeden taki gruczoł, inne dwa, tak jak Urantianie, podczas gdy na innych jeszcze sferach ich mieszkańcy mają trzy takie unikalne ciała. Wrodzone zdolności wyobraźni i wrażliwości duchowej wyraźnie podlegają wpływom tak różnorodnych wyposażeń chemicznych.

Gdy idzie o grupy wrażliwości duchowej, sześćdziesiąt pięć procent śmiertelników jest w drugiej grupie, tak jak gatunek Urantii. Dwanaście procent należy do typu pierwszego, z natury mniej wrażliwego, podczas gdy dwadzieścia trzy procent ma większe inklinacje duchowe w trakcie swego ziemskiego życia. Jednak takie zróżnicowania nie pozostają po naturalnej śmierci; wszystkie te różnice gatunkowe odnoszą się tylko do życia w ciele.

4. *Planetarne epoki śmiertelników.* Klasyfikacja ta uwzględnia kolejność systemów sprawiedliwości, jak oddziałują one na ziemski status człowieka i jego reagowanie na niebiańską opiekę.

Życie na planetach inicjowane jest przez Nosicieli Życia, którzy nadzorują jego rozwój do pewnego momentu po ewolucyjnym pojawieniu się śmiertelnego człowieka. Zanim Nosiciele Życia opuszczą planetę, wprowadzają na nią odpowiednio Księcia Planetarnego jako władcę danej domeny. Razem z tym władcą przybywa pełen kontyngent podwładnych, przybocznych i usługujących pomocników a pierwsze sądzenie żywych i umarłych następuje równocześnie z jego przybyciem.

Wraz z pojawieniem się różnych grup ludzkich, przybywa Książę Planetarny, żeby zapoczątkować cywilizację i scentralizować społeczność ludzką. Wasz zdezorientowany świat nie może stanowić kryterium oceny wczesnych dni rządów Książąt Planetarnych, gdyż to właśnie w początkach takiej administracji na Urantii wasz Książę Planetarny, Caligastia, związał swój los z buntem Władcy Systemu, Lucyfera. Od tego czasu wasza planeta podąża burzliwą drogą.

Na normalnym, ewolucyjnym świecie, rozwój gatunku osiąga swój naturalny szczyt biologiczny za rządów Księcia Planetarnego i krótko po tym Władca Systemu ekspediuje na taką planetę Materialnego Syna i Materialną Córkę. Te pozaplanetarne istoty służą jako udoskonalacze biologiczni; ich odstępstwo na Urantii dodatkowo skomplikowało waszą planetarną historię.

Gdy intelektualny i etyczny rozwój gatunku ludzkiego osiąga swe ewolucyjne granice, przybywa na misję arbitrażową Rajski Syn Avonalny; a potem, kiedy status duchowy takiego świata zbliża się do swych naturalnie osiągalnych limitów, planetę odwiedza Rajski Syn obdarzający. Zasadniczą misją obdarzającego Syna jest ugruntowanie planetarnego statusu i wypuszczenie Ducha Prawdy, ażeby działał na planecie i przygotował podłoże dla powszechnego przybycia Dostrajaczy Myśli.

Tutaj znowu Urantia odeszła od normy: na waszym świecie nigdy nie było misji arbitrażowej, ani też wasz Syn obdarzający nie należał do klasy Avonalnej; planeta wasza miała niezwykły zaszczyt zostać planetą ojczystą śmiertelnika, Syna Władcy, Michała z Nebadonu.

W wyniku działalności wszystkich kolejnych klas Boskiego synostwa, światy zamieszkałe i ich zaawansowane narody zaczynają osiągać szczyt ewolucji planetarnej. Światy takie są teraz dojrzałe do kulminacyjnej misji, do przybycia Nauczycieli-Synów Trójcy. Ta epoka Nauczycieli-Synów jest wstępem do końcowej epoki planetarnej – ewolucyjnej utopii – epoki światłości i życia.

Powyższa klasyfikacja istot ludzkich będzie szczegółowo rozważana w kolejnym przekazie.

5. *Pokrewieństwo istot stworzonych.* Planety nie są organizowane jedynie pionowo, w systemy, konstelacje i tak dalej, ale administracja wszechświatowa umożliwia także ich grupowanie poziome, odpowiednio do typów, serii i innych związków. Ta pozioma administracja wszechświata zajmuje się zwłaszcza koordynacją działań pokrewnej natury, jakie są niezależnie podsycane na różnych sferach. Te spokrewnione klasy istot wszechświatowych są okresowo kontrolowane przez pewien mieszany korpus wysokich osobowości, działających pod przewodnictwem finalistów o długiej praktyce.

Takie czynniki pokrewieństwa przejawiają się na wszystkich poziomach, ponieważ pokrewne grupy występują tak samo pomiędzy osobowościami nie będącymi ludźmi, jak i pomiędzy istotami śmiertelnymi – nawet pomiędzy ludźmi a klasami nadludzkimi. Inteligentne istoty są spokrewnione pionowo, w dwunastu wielkich grupach, po siedem głównych sekcji każda. Koordynacja pomiędzy tymi, unikalnie spokrewnionymi grupami, utrzymywana jest prawdopodobnie pewnymi, nie w pełni zrozumiałymi metodami Istoty Najwyższej.

6. *Zespolenie z Dostrajaczem.* Duchowa klasyfikacja albo grupowanie wszystkich śmiertelników, podczas ich doświadczeń poprzedzających zespolenie, całkowicie jest zdeterminowana odniesieniem ich statusu osobowego do zamieszkującego ich Nieodgadnionego Monitora. Prawie dziewięćdziesiąt procent światów zamieszkałych Nebadonu zaludnione jest śmiertelnikami zespalającymi się z Dostrajaczem, w przeciwieństwie do pobliskiego wszechświata, gdzie tylko ponad połowa światów posiada te istoty, które są zamieszkałymi przez Dostrajacza kandydatami do wiecznego zespolenia.

7. *Metody opuszczania planety.* Zasadniczo jest tylko jeden sposób, jakim życie indywidualnego człowieka może być zapoczątkowane na światach zamieszkałych a jest to

jego spłodzenie i naturalne narodziny; jest jednak wiele metod, dzięki którym człowiek opuszcza swój ziemski stan i zyskuje dostęp do płynącego do wewnątrz strumienia istot wznoszących się do Raju.

6. OPUSZCZANIE ZIEMI

Wszystkie, zróżnicowane fizycznie typy i grupy planetarnych śmiertelników, tak samo korzystają ze służby Dostrajaczy Myśli, aniołów stróżów i różnorodnych klas zastępów posłańców Nieskończonego Ducha. Wszyscy tak samo wyzwalają się z więzów ciała przez równouprawnienie naturalnej śmierci i wszyscy tak samo idą do światów morontialnych duchowej ewolucji i rozwoju umysłowego.

Od czasu do czasu, na wniosek władz planetarnych lub władców systemu, przeprowadzane są specjalne zmartwychwstania śpiących przetrwałych. Takie zmartwychwstania zdarzają się przynajmniej raz na millennium czasu planetarnego, kiedy to nie wszyscy, ale „wielu spośród tych, którzy śpią w prochu, się zbudzi". Te zmartwychwstania specjalne są okazją dla uaktywnienia się określonej grupy wznoszących się istot, działających w służbach specjalnych planu wznoszenia się śmiertelnika we wszechświecie lokalnym. Z tymi, specjalnymi zmartwychwstaniami, wiążą się zarówno względy praktyczne jak i czynniki uczuciowe.

We wcześniejszych epokach zamieszkałego świata, wielu jest powoływanych do sfer mieszkań podczas specjalnych i milenijnych zmartwychwstań, jednak większość przetrwałych istot zostaje uosobiona ponownie podczas inauguracji nowego systemu sprawiedliwości, związanego z nadejściem Boskiego Syna, odbywającego służbę na planecie.

1. *Śmiertelnicy przetrwania grupowego albo według systemu sprawiedliwości.* Wraz z przybyciem na zamieszkały świat pierwszego Dostrajacza, pojawiają się też na tym świecie serafini opiekunowie, nieodzowni przy opuszczaniu planety. W okresie zawieszenia życia u śpiących przetrwałych, wartości duchowe i wieczne rzeczywistości nowo ukształtowanych, nieśmiertelnych dusz, przechowywane są jako święte powiernictwo przez osobistego albo grupowego serafina opiekuna.

Grupa opiekunów, przydzielonych do śpiących przetrwałych, zawsze działa z Synami sądzącymi, kiedy przychodzą do danego świata. „I pośle anioły swoje, i zgromadzą wybrane jego od czterech wiatrów". Razem z każdym serafinem, przydzielonym do ponownego uosobienia śpiącego śmiertelnika, działa powracający Dostrajacz, ten sam nieśmiertelny fragment Ojca, który żył w śmiertelniku za jego dni w ciele, i tym sposobem tożsamość jest odtworzona a osobowość zmartwychwstała. Podczas snu ich podopiecznych, oczekujące ich Dostrajacze służą na Diviningtonie; w tym okresie przejściowym nigdy nie zamieszkują umysłu innego śmiertelnika.

Podczas gdy starsze światy zamieszkałe posiadają wysoce rozwinięte i znakomicie uduchowione typy istot ludzkich, które są praktycznie zwolnione z życia morontialnego, wczesne epoki gatunków pochodzących od zwierząt charakteryzują się śmiertelnikami prymitywnymi i tak niedojrzałymi, że ich zespolenie z Dostrajaczami jest niemożliwe. Przebudzenia tych śmiertelników dokonuje serafin opiekun, w połączeniu ze zindywidualizowaną częścią nieśmiertelnego ducha Trzeciego Źródła i Centrum.

Tym właśnie sposobem, śpiący przetrwali z danej epoki planetarnej zostają ponownie uosobieni podczas apeli systemów sprawiedliwości. Jednak, co się tyczy niemożliwych do zbawienia osobowości z danej domeny, nie ma żadnego nieśmiertelnego ducha, aby działał z grupowymi opiekunami przeznaczenia, a to stanowi o zakończeniu bytu istoty. Chociaż niektóre wasze zapisy przedstawiają te wydarzenia jako zachodzące na planetach śmierci, w rzeczywistości wszystkie one mają miejsce na światach-mieszkaniach.

2. *Śmiertelnicy indywidualnych porządków wznoszenia się.* Indywidualny postęp istot ludzkich mierzony jest ich kolejnymi osiągnięciami oraz przejściem (opanowaniem) siedmiu kręgów kosmicznych. Te kręgi postępu śmiertelnika są poziomami łącznych wartości intelektualnych, społecznych, duchowych i wnikliwości kosmicznej. Śmiertelnicy zaczynają od kręgu siódmego i dążą do pierwszego a wszystkim tym, którzy dotarli do trzeciego, natychmiast przydziela się osobistych opiekunów przeznaczenia. Ci śmiertelnicy mogą zostać ponownie uosobieni w życiu morontialnym, niezależnie od orzeczeń systemu sprawiedliwości czy jakichkolwiek innych.

We wczesnych epokach świata ewolucyjnego, niewielu śmiertelników idzie na sąd trzeciego dnia. Jednak w miarę upływu epok, coraz więcej osobistych opiekunów przeznaczenia przydziela się zaawansowanym śmiertelnikom, a zatem coraz większa liczba tych rozwijających się istot uosabiana jest ponownie, na pierwszym świecie-mieszkaniu, na trzeci dzień po swej naturalnej śmierci. W takich wypadkach powrót Dostrajacza oznacza przebudzenie duszy ludzkiej i jest to ponowne uosobienie zmarłego, tak dosłowne, jak wtedy, kiedy masowy apel jest zwoływany na koniec systemu sprawiedliwości na światach ewolucyjnych.

Są trzy grupy indywidualnych, wznoszących się istot. Mniej zaawansowani lądują na wstępnym albo pierwszym świecie-mieszkaniu. Grupa bardziej zaawansowana może zacząć swą egzystencję morontialną na którymkolwiek ze światów pośrednich, zgodnie ze swoim uprzednim rozwojem planetarnym. Najbardziej zaawansowani z tych klas zaczynają swe doświadczenie morontialne na siódmym świecie-mieszkaniu.

3. *Śmiertelnicy próbno-zależnej klasy wznoszenia się.* Przybycie Dostrajacza ustanawia tożsamość w oczach wszechświata i wszystkie istoty przezeń zamieszkałe stają na apelu sprawiedliwości. Jednak życie doczesne na światach ewolucyjnych jest niepewne i wielu ludzi umiera młodo zanim wybierze rajską egzystencję. Wtedy takie, zamieszkałe przez Dostrajacza dzieci i młodzież, podążają śladami rodzica najbardziej zaawansowanego w statusie duchowym, a zatem idą do świata finalistów systemu (ochronki próbnej) na trzeci dzień, lub podczas zmartwychwstań specjalnych czy regularnych apeli milenijnych i systemu sprawiedliwości.

Dzieci, które umarły zbyt młodo, żeby mieć Dostrajacza Myśli, uosabiane są ponownie na światach finalistów systemów lokalnych, równocześnie z przybyciem któregokolwiek z rodziców do światów-mieszkań. Dziecko zdobywa tożsamość fizyczną w czasie ziemskich narodzin, jednak w tym, co dotyczy wiecznego życia, uznaje się, że wszystkie pozbawione Dostrajacza dzieci są nadal związane ze swoimi rodzicami.

W odpowiednim czasie przybywają Dostrajacze Myśli, żeby zamieszkać tych malców, podczas gdy służba seraficzna dla obu próbno-zależnych klas przetrwania jest generalnie taka sama jak u rodzica bardziej zaawansowanego, albo jak u jednego z rodziców, gdy tylko jedno przeżyje śmierć. Te dzieci, które docierają do trzeciego kręgu, mają przyznawanych opiekunów osobistych, niezależnie od statusu ich rodziców.

Podobne ochronki próbne prowadzone są na sferach finalistów w zarządzie konstelacji i wszechświata, dla pozbawionych Dostrajacza dzieci pierwszej i drugiej, zmodyfikowanej klasy wznoszenia się istot.

4. *Śmiertelnicy drugich, zmodyfikowanych klas wznoszenia się.* Są to zaawansowane istoty ludzkie z pośrednich światów ewolucyjnych. Z reguły nie są odporne na naturalną śmierć, ale są zwolnione z przechodzenia przez siedem światów mieszkań.

Ich mniej doskonała grupa budzi się ponownie w stolicach swych systemów lokalnych, pomijając tylko światy-mieszkania. Grupa pośrednia idzie do światów szkoleniowych konstelacji i pomija cały porządek morontialny systemu lokalnego. Jeszcze później, w planetarnych epokach dążeń duchowych, wielu przetrwałych śmiertelników budzi się w zarządzie konstelacji i stamtąd zaczynają się wznosić do Raju.

Zanim jednak jakakolwiek z tych grup może pójść naprzód, musi najpierw iść wstecz jako instruktorzy do tych światów, których nie przeszli i jako nauczyciele zdobywać wiele doświadczeń w tych domenach, które minęli jako uczniowie. Potem wszyscy idą do Raju trasami wyznaczonymi dla rozwoju śmiertelników.

5. *Śmiertelnicy pierwszej, zmodyfikowanej klasy wznoszenia się.* Śmiertelnicy ci należą do tego ewolucyjnego typu życia, które zespala się z Dostrajaczem, jednak najczęściej reprezentują oni końcowe stadia rozwoju ludzkiego na ewoluującym świecie. Te gloryfikowane istoty zwolnione są z przechodzenia przez bramy śmierci; przejmuje je Syn; są transponowane spośród żywych i pojawiają się wprost przed Synem Władcą, w zarządzie wszechświata lokalnego.

Są to ci śmiertelnicy, którzy zespalają się ze swymi Dostrajaczami podczas ziemskiego życia i takie zespolone z Dostrajaczem osobowości przemierzają bez przeszkód przestrzeń, zanim zostaną ubrane w formy morontialne. Te zespolone dusze udają się do hal zmartwychwstania wyższych sfer morontialnych dzięki bezpośredniemu przelotowi Dostrajacza, gdzie otrzymują wstępną inwestyturę morontialną, tak samo jak wszyscy inni śmiertelnicy, przybywający ze światów ewolucyjnych.

Pierwsza, zmodyfikowana klasa wznoszenia się śmiertelników, może się odnosić do jednostek z jakiejkolwiek grupy planetarnej, od najniższych do najwyższych stadiów tych światów, gdzie zespalają się z Dostrajaczem, jednak znacznie częściej funkcjonuje ona na starszych sferach, po tym, jak skorzystały one z pobytu licznych Boskich Synów.

Wraz z zaprowadzeniem planetarnej epoki światłości i życia, wielu ludzi idzie do światów morontialnych wszechświata według pierwszej, zmodyfikowanej klasy transponowania. Później, w zaawansowanych stadiach stabilnej egzystencji, kiedy większość śmiertelników opuszczających domenę zalicza się do tej klasy, uważa się, że planeta również należy do tej grupy. Na sferach długo ustanowionych w światłości i życiu naturalna śmierć staje się coraz rzadsza.

[Przedstawione przez Melchizedeka z Jerusemskiej Szkoły Administracji Planetarnej].

PRZEKAZ 50

KSIĄŻĘTA PLANETARNI

KSIĄŻĘTA Planetarni, chociaż należą do klasy Synów Lanonandeków, są tak wyspecjalizowani w swej służbie, że zazwyczaj traktuje się ich jako oddzielną grupę istot. Ci Synowie wszechświata lokalnego, po uzyskaniu od Melchizedeków zatwierdzenia na Lanonandeków klasy drugiej, przydzielani są do rezerw swej klasy w zarządzie konstelacji. Odtąd Władca Systemu przydziela im różne obowiązki i w końcu powoływani zostają na Książąt Planetarnych i wysyłani do rządzenia rozwijającymi się, zamieszkałymi światami.

Dla Władcy Systemu, sygnałem do działania i do przydzielenia zwierzchnika danej planecie jest prośba Nosicieli Życia o wysłanie szefa administracyjnego, aby działał na tej planecie, na której oni zaprowadzili życie i ukształtowali inteligentne istoty ewolucyjne. Wszystkie planety, zamieszkałe przez śmiertelne istoty ewolucyjne, mają przydzielonego władcę planetarnego z tej klasy synostwa.

1. MISJA KSIĄŻĄT

Książę Planetarny i asystujący mu bracia reprezentują najbliższe, uosobione zbliżenie do skromnych istot czasu i przestrzeni (obok wcielenia), jakie Wieczny Syn z Raju może zrobić. Prawdą jest, że Syn Stwórca ma styczność z istotami stworzonymi z danych domen przez swego ducha, jednak Książę Planetarny jest ostatnim z klasy osobowych Synów, rozciągającej się od Raju aż do dzieci ludzkich. Nieskończony Duch zbliża się do ludzi w osobach opiekunów przeznaczenia i innych istot anielskich; Ojciec Wszechświatowy żyje w człowieku dzięki przedosobowej obecności Nieodgadnionych Monitorów; Książę Planetarny reprezentuje jednak końcowy wysiłek Wiecznego Syna i jego Synów, aby się zbliżyć do was. Na świeżo zaludnionym świecie Książę Planetarny stanowi wyłączną reprezentację pełni boskości, pochodzącej od Syna Stwórcy (potomka Ojca Wszechświatowego i Wiecznego Syna) i od Boskiej Opiekunki (wszechświatowej Córki Nieskończonego Ducha).

Książę świeżo zaludnionego świata otoczony jest lojalną grupą pomocników i asystentów oraz znaczną liczbą usługujących duchów. Korpus kierowniczy takich nowych światów musi się jednak wywodzić z niższych klas administratorów systemu, aby z racji swej natury mogli oni podchodzić z sympatią i wyrozumiałością do planetarnych problemów i trudności. I wszelkie takie wysiłki, mające na celu danie wyrozumiałego władcy światom ewolucyjnym, zwiększają możliwość pobłądzenia takich, bliskich człowiekowi osobowości, kiedy wyniosą swój własny sposób myślenia ponad i powyżej woli Najwyższych Władców.

Pozostając zupełnie sami, jako reprezentanci boskości na poszczególnych planetach, Synowie ci poddawani są surowej próbie i Nebadon miał to nieszczęście, że doświadczył kilku buntów. W momencie stwarzania Władców Systemów i Książąt Planetarnych, następuje uosobienie idei, która coraz bardziej oddala się od Ojca Wszechświatowego i Wiecznego Syna i pojawia się coraz większe niebezpieczeństwo zagubienia poczucia proporcji odnośnie własnej ważności, jak również większe prawdopodobieństwo zatracenia prawidłowego pojmowania wartości i związków wzajemnych licznych klas boskich istot oraz stopniowania ich kompetencji. To, że Ojciec nie jest osobiście obecny we wszechświecie lokalnym, wystawia na próbę wiarę i lojalność wszystkich tych Synów.

Jednak niezbyt często się zdarza, że książęta zaniedbają swą misję organizacji i administracji sfer zamieszkałych, a ich sukces znacznie ułatwia późniejsze misje Synów Materialnych, którzy przybywają, aby zaszczepić prymitywnym ludziom, żyjącym na planetach, wyższe formy życia stworzonego. Rządy książąt przyczyniają się również znacznie do przygotowania planet na przybycie Rajskich Synów Boga, którzy później przychodzą osądzać światy i zaprowadzać kolejne systemy sprawiedliwości.

2. ADMINISTRACJA PLANETARNA

Wszyscy Książęta Planetarni podlegają wszechświatowej jurysdykcji administracyjnej Gabriela, głównego administratora Michała, podczas gdy w swych bezpośrednich rządach podlegają rozporządzeniom wykonawczym Władców Systemu.

Książęta Planetarni mogą zawsze zasięgać porady Melchizedeków, swych byłych nauczycieli i sponsorów, ale nie wymaga się od nich arbitralnie, żeby prosili o taką pomoc i jeśli nie zażyczą sobie jej dobrowolnie, Melchizedecy nie ingerują w administrację planetarną. Światowi władcy mogą także korzystać z rady dwudziestu czterech radców, zebranych z obdarzonych światów systemu. W Satanii obecnie wszyscy ci radcy pochodzą z Urantii. Analogiczna rada istnieje również w zarządzie konstelacji i składa się z siedemdziesięciu istot tak samo wybranych ze światów ewolucyjnych.

Na planetach ewolucyjnych, w ich wczesnych i niepewnych początkach, rządy są zazwyczaj autokratyczne. Książęta Planetarni organizują swe specjalistyczne grupy asystentów z korpusu planetarnych pomocników. Otaczają się zazwyczaj najwyższą radą, złożoną z dwunastu istot, ale jest to różnie ustanawiane i rozmaicie egzekwowane na różnych światach. Książę Planetarny może mieć również asystentów, jednego albo i więcej, z trzeciej klasy swojej własnej grupy synostwa a czasami, na pewnych światach, asystenta własnej klasy, Lanonandeka klasy drugiej.

Cały personel władcy świata składa się z osobowości Nieskończonego Ducha oraz z pewnych typów wyższych, rozwiniętych istot, jak również ze wznoszących się śmiertelników z innych światów. Personel taki liczy około tysiąca istot a w miarę rozwoju planety korpus pomocników może być powiększony do stu tysięcy albo i więcej. Kiedy tylko odczuwa się potrzebę zwiększenia ilości pomocników, Książęta Planetarni mogą poprosić o nich swoich braci, Władców Systemu, a prośba ich zostanie natychmiast spełniona.

Planety są znacznie zróżnicowane, gdy idzie o ich naturę, organizację i administrację, ale wszystkie posiadają trybunały sprawiedliwości. System sądowniczy wszechświata lokalnego zaczyna się od trybunałów Księcia Planetarnego, którym przewodniczy członek jego osobistego personelu; rozporządzenia takich sądów odzwierciedlają wyjątkowo ojcowskie i roztropne stanowisko. Wszystkie problemy, wykraczające poza rozporządzenia dla mieszkańców planety, podlegają apelacji do wyższych trybunałów, jednak sprawy domen światowych są zasadniczo osądzane zgodnie z osobistym uznaniem księcia.

Objazdowe komisje rozjemcze służą jako uzupełnienie trybunałów planetarnych i zarówno kontrolerzy duchowi jak i fizyczni podlegają wnioskom tych rozjemców. Jednak nie wdraża się żadnego postanowienia arbitralnie, bez zgody Ojca Konstelacji, gdyż „Najwyżsi panują nad królestwami ludzi".

Kontrolerzy i przekształcający, przydzieleni do planety, mogą także współpracować z aniołami i innymi klasami istot niebiańskich, sprawiając, że ci ostatni mogą stać się widzialni dla istot śmiertelnych. W specyficznych okolicznościach, seraficzni pomocnicy a nawet Melchizedecy, mogą stać się widzialni dla mieszkańców światów ewolucyjnych. Główną przyczyną sprowadzania wznoszących się śmiertelników ze stolicy systemu jako części personelu Księcia Planetarnego, jest ułatwienie porozumiewania się z mieszkańcami danej domeny.

3. CIELESNY PERSONEL KSIĘCIA

Gdy Książę Planetarny udaje się do młodego świata, bierze ze sobą zazwyczaj z zarządu systemu lokalnego grupę wznoszących się istot, ochotników. Takie wznoszące się istoty towarzyszą księciu jako doradcy i pomocnicy w jego pracy nad wczesnym doskonaleniem gatunku ludzkiego. Korpus pomocników materialnych stanowi ogniwo łączące Księcia z narodami świata. Książę Urantii, Caligastia, miał grupę stu takich pomocników.

Tacy asystujący księciu ochotnicy są obywatelami stolicy systemu a żaden z nich nie zespolił się jeszcze z zamieszkującym go Dostrajaczem. Dostrajacze tych pomocników-ochotników pozostają w zarządzie systemu ze statusem rezydenta, podczas gdy zaawansowani w morontii ochotnicy wracają chwilowo do swego poprzedniego stanu materialnego.

Nosiciele Życia, architekci form cielesnych, dostarczają ochotnikom nowych ciał materialnych, które ci zamieszkują w czasie pobytu na planecie. Takie formy osobowości, podczas gdy nie chorują na zwykłe choroby, mogą ulegać pewnym wypadkom natury mechanicznej, podobnie jak wczesne ciała morontialne.

Cielesny personel księcia zabierany jest zazwyczaj z planety wraz z następnym jej osądem, podczas przybycia na sferę drugiego Syna. Zanim odejdą, przekazują zazwyczaj swe różnorodne obowiązki swemu potomstwu i niektórym, zaawansowanym, rodzimym ochotnikom. Na tych światach, gdzie pomocnicy księcia mają pozwolenie kojarzyć się z wyższymi grupami gatunków rodzimych, ich obowiązki przejmuje zazwyczaj tak spłodzone potomstwo.

Asystenci Księcia Planetarnego rzadko kojarzą się z rasami danego świata, ale zawsze kojarzą się między sobą. Z takich związków powstają dwie klasy istot: pierwotny typ istot pośrednich i pewne wyższe gatunki istot materialnych, które pozostają na planecie, przydzielone do personelu księcia po tym, jak ich rodzice zostaną zabrani z planety w momencie przybycia Adama i Ewy. Te dzieci personelu księcia nie kojarzą się z rasami śmiertelnymi, chyba, że w pewnych wyjątkowych wypadkach i tylko na polecenie Księcia Planetarnego. W takim przypadku ich dzieci – wnuki personelu cielesnego – posiadają status wyższego gatunku jak dla ich czasu i pokolenia. Całe potomstwo takich, częściowo materialnych asystentów Księcia Planetarnego, zamieszkałe jest przez Dostrajacze.

Na koniec systemu sprawiedliwości księcia, kiedy dla „zwrotnego personelu" przychodzi czas powrotu do zarządu systemu, aby mogli iść dalej drogą do Raju, wznoszący się personel staje przed Nosicielami Życia, aby zdać swe materialne ciała. Zapadają w przejściowy sen i budzą się wyzwoleni ze śmiertelnego obleczenia, ubrani w formy morontialne, gotowi do seraficznego transportu z powrotem do stolicy systemu, gdzie oczekują ich odłączone Dostrajacze. Przez cały system sprawiedliwości pozostawali w tyle za swą jerusemską klasą, ale zdobyli unikalne i nadzwyczajne doświadczenie, co jest rzadkim rozdziałem na drodze wznoszenia się śmiertelnika.

4. ZARZĄD PLANETARNY I SZKOŁY

Cielesny personel księcia wcześnie organizuje planetarne szkoły instruktażu i kultury, w których naucza się śmietankę gatunku ewolucyjnego a potem rozsyła tych ludzi, aby nauczali lepszych sposobów życia swoje narody. Szkoły księcia mieszczą się w materialnej stolicy planety.

Większość pracy fizycznej, związanej z założeniem miasta stołecznego, prowadzi cielesny personel. We wczesnych dniach Księcia Planetarnego, takie miasta stołeczne, czy osiedla, różnią się bardzo od tego, co śmiertelnicy Urantii mogą sobie wyobrażać w tym temacie. Są one proste, w porównaniu z budowlami wieków późniejszych i charakteryzują się ozdobami z minerałów oraz względnie zaawansowaną konstrukcją materialną. Wszystko to kontrastuje z rządem adamicznym, koncentrującym się wokół ogrodowego centrum, skąd prowadzona jest działalność dla dobra gatunku ludzkiego podczas drugiego systemu sprawiedliwości Synów wszechświatowych.

W osiedlu stołecznym, na waszym świecie, każdej ludzkiej sadybie przydzielono obfitość ziemi. Chociaż pierwotne plemiona nadal są myśliwymi i zbieraczami, uczniowie i nauczyciele szkół Księcia są rolnikami i ogrodnikami. Dzielą swój czas prawie po równo pomiędzy następujące zajęcia:

1. *Praca fizyczna.* Uprawa roli, w połączeniu z budową domów i ich zdobnictwem.
2. *Zajęcia społeczne.* Imprezy zabawowe i społeczne grupy kulturowe.
3. *Działalność edukacyjna.* Nauczanie indywidualne, połączone z nauczaniem rodzinno-grupowym, uzupełniane przez specjalistyczne nauczanie w klasach.
4. *Szkolenie zawodowe.* Szkoły małżeństwa i prowadzenia domu, szkoły sztuki i rzemiosła oraz zajęcia, na których naucza się nauczycieli – świeckich, kulturowych i religijnych.
5. *Kultura duchowa.* Bractwo nauczycielskie, nauczanie grup dziecięcych i młodzieżowych, jak również adoptowanych dzieci autochtonów na misjonarzy dla ich narodów.

Książę Planetarny jest niewidzialny dla istot śmiertelnych; jest sprawdzianem wiary – aby *wierzyć jego reprezentantom*, częściowo materialnym istotom z jego personelu. Szkoły kulturowe i praktyczne są dobrze dostosowane do potrzeb każdej planety i szybko się rozwija gorliwa i godna pochwały rywalizacja między plemionami ludzkimi, aby zyskać dostęp do tych różnorodnych instytucji nauczających.

Z takiego, światowego centrum kultury i osiągnięć, stopniowo promieniuje na całą ludzkość podbudowujące, cywilizujące oddziaływanie, które powoli i pewnie przekształca gatunek ewolucyjny. W międzyczasie, wykształcone i uduchowione dzieci otaczających plemion, które były adoptowane i nauczane w szkołach księcia, wracają do swych rodzimych grup ludzkich i zakładają, najlepiej jak potrafią, nowe i dynamiczne centra nauczania i kultury, które prowadzą zgodnie z zasadami szkół księcia.

Na Urantii realizacja tych planów planetarnego postępu i kulturowego rozwoju była dobrze zaawansowana i przebiegała bardzo sprawnie, gdy całe przedsięwzięcie zostało doprowadzone do raczej nagłego i wyjątkowo haniebnego końca, na skutek przystąpienia Caligastii do buntu Lucyfera.

Jeden epizod buntu głęboko mnie zaszokował, gdy się dowiedziałem o okrutnej perfidii członka mojej własnej klasy synostwa, Caligastii, który rozmyślnie i ze złośliwą premedytacją, systematycznie wypaczał instruktaż i zatruwał nauczanie we wszystkich planetarnych szkołach Urantii, jakie działały w tym czasie. Kompletny upadek tych szkół nastąpił szybko.

Wielu potomków wznoszących się istot, ze zmaterializowanego personelu Księcia, zachowało lojalność i opuściło szeregi Caligastii. Ci lojaliści podbudowywani byli przez Melchizedeków, zarządzających komisarycznie Urantią, a później ich potomkowie zrobili wiele dla zachowania planetarnych idei prawdy i prawości. Działalność tych lojalnych ewangelistów zapobiegła całkowitemu zanikowi prawdy duchowej na Urantii. Te odważne dusze oraz ich potomkowie uchronili, jako żywą prawdę, nieco wiedzy o władzy Ojca i zachowali też dla narodów świata ideę kolejnych, planetarnych systemów sprawiedliwości różnych klas Boskich Synów.

5. ROZWIJAJĄCA SIĘ CYWILIZACJA

Lojalni książęta światów zamieszkałych zostają na stałe związani z planetami, gdzie otrzymali swój pierwszy przydział. Rajscy Synowie oraz ich systemy sprawiedliwości mogą przychodzić i odchodzić, ale odnoszący sukcesy Książę Planetarny pozostaje władcą domeny. Jego działalność, której zadaniem jest ożywianie rozwoju cywilizacji planetarnej, jest zupełnie niezależna od misji wyższych Synów.

Nie ma dwóch planet, na których cywilizacja rozwijałaby się tak samo. Szczegóły ewolucyjnego rozwoju śmiertelników są bardzo różnorodne na wielu odmiennych światach. Pomimo znacznego zróżnicowania planetarnego rozwoju po linii fizycznej, intelektualnej i społecznej, wszystkie sfery ewolucyjne podążają w pewnych, dobrze zdefiniowanych kierunkach.

Na przeciętnym świecie czasu i przestrzeni, pod łaskawymi rządami Księcia Planetarnego, poszerzonymi przez Synów Materialnych i uwypuklonymi przez okresowe misje Rajskich Synów, gatunek śmiertelny kolejno będzie przechodzić siedem następujących epok rozwojowych:

1. *Epoka pożywienia.* Przedludzkie istoty i wyłaniający się wczesny gatunek prymitywnego człowieka interesują się głównie problemem pożywienia. Te rozwijające się istoty spędzają całe godziny swej dziennej aktywności albo na poszukiwaniu żywności, albo na walce, ofensywnej czy defensywnej. Pogoń za pożywieniem jest najważniejszym czynnikiem zajmującym umysły wczesnych protoplastów późniejszej cywilizacji.

2. *Epoka bezpieczeństwa.* Jak tylko prymitywny myśliwy może zaoszczędzić nieco czasu z poszukiwania pożywienia, spożytkowuje ten wolny czas na zwiększenie swego bezpieczeństwa. Coraz więcej uwagi poświęca się metodom prowadzenia wojny. Fortyfikuje się domy a klany łączą się pod wpływem wspólnego strachu i wpajania nienawiści dla obcych grup ludzkich. Dążenie do samoobrony pojawia się zawsze po zapewnieniu środków egzystencji.

3. *Epoka komfortu materialnego.* Kiedy problemy żywnościowe zostają częściowo rozwiązane i osiąga się pewien stopień bezpieczeństwa, dodatkowy czas wolny zużywa się na podniesienie poziomu wygód osobistych. Luksus rywalizuje z potrzebą zajmowania centralnej pozycji na scenie ludzkiej działalności. Jest to ta epoka, którą tak często cechuje tyrania, nietolerancja, żarłoczność i pijaństwo. Słabsze elementy gatunku skłaniają się ku nadmiarowi i brutalności. Stopniowo, tacy szukający przyjemności słabeusze podporządkowywani są przez silniejsze i kochające prawdę czynniki zaawansowanej cywilizacji.

4. *Dążenie do wiedzy i mądrości.* Pożywienie, bezpieczeństwo, przyjemność i czas wolny są fundamentami rozwoju kultury i rozprzestrzeniania się wiedzy. Spożytkowanie rezultatów wiedzy prowadzi do mądrości, a kiedy kultura nauczy się jak korzystać i doskonalić się, dzięki doświadczeniu, powstaje prawdziwa cywilizacja. Pożywienie, bezpieczeństwo i komfort materialny wciąż zasadniczo zajmują społeczeństwo, jednak wiele patrzących w przyszłość jednostek odczuwa głód wiedzy i pragnienie mądrości. Każde dziecko ma możliwość uczenia się poprzez działanie; hasłem tych epok jest edukacja.

5. *Epoka filozofii i braterstwa.* Kiedy śmiertelnicy uczą się myśleć i zaczynają korzystać z doświadczenia, zaczynają również przejawiać tendencje filozoficzne – zaczynają argumentować między sobą i wydawać roztropne osądy. Społeczeństwo w tym czasie staje się etyczne a śmiertelnicy takiej epoki zostają naprawdę istotami moralnymi. Mądre, moralne istoty, potrafią ustanowić braterstwo ludzkości na takim postępowym świecie. Istoty etyczne i moralne mogą się nauczyć, jak żyć zgodnie ze złotą zasadą.

6. *Epoka dążeń duchowych.* Kiedy rozwijający się śmiertelnicy przeszli stadia rozwoju fizycznego, intelektualnego i społecznego, prędzej czy później osiągają te poziomy osobistej wnikliwości, które ich skłonią do szukania zaspokojenia duchowego i zrozumienia kosmicznego. Religia kończy swoją wspinaczkę od emocjonalnych domen strachu i przesądu, do wysokich poziomów mądrości kosmicznej i osobistego doświadczenia duchowego. Edukacja dąży do realizacji znaczeń a kultura pojmuje kosmiczne związki prawdziwych wartości. Tacy ewolucyjni śmiertelnicy są autentycznie kulturalni, prawdziwie wykształceni i doskonale znają Boga.

7. *Epoka światłości i życia.* Epoka ta jest ukoronowaniem kolejnych epok materialnego bezpieczeństwa, ekspansji intelektualnej, kultury społecznej i osiągnięć duchowych. Te ludzkie osiągnięcia są teraz wymieszane, powiązane i skoordynowane w kosmicznej jedności i w bezinteresownej służbie. W ramach ograniczeń natury fizycznej i fundacji materialnej, nie istnieją limity dla ewolucyjnych osiągnięć zaawansowanych pokoleń, które kolejno żyją na takich niebiańskich i niezmiennych światach czasu i przestrzeni.

Po służbie dla dobra swoich sfer, przez kolejne systemy sprawiedliwości światowej historii i postępujące epoki planetarnego rozwoju, w następstwie zapoczątkowania epoki światłości i życia, Książęta Planetarni zostają wyniesieni na pozycję Władców Planetarnych.

6. KULTURA PLANETARNA

Izolacja Urantii nie pozwala przedstawić wam wielu szczegółów, dotyczących życia i warunków środowiskowych waszych sąsiadów w Satanii. Kwarantanna planetarna i izolacja systemu narzucają nam znaczne ograniczenia, gdy idzie o te prezentacje. We wszystkich naszych wysiłkach oświecenia śmiertelników Urantii, musimy kierować się tymi restrykcjami, lecz tak dalece jak to możliwe, zostaliście poinstruowani o rozwoju przeciętnego świata ewolucyjnego i potraficie porównać bieg spraw takiego świata ze stanem obecnym Urantii.

Rozwój cywilizacji na Urantii nie różni się zbytnio od rozwoju cywilizacji na innych światach, które miały to nieszczęście i były odosobnione duchowo. Jednak planeta wasza wydaje się być bardzo zdezorientowana i wyjątkowo opóźniona we wszystkich stadiach postępu intelektualnego i osiągnięć duchowych, gdy się ją porównuje z lojalnymi światami wszechświata.

Wy, Urantianie, nie możecie zrozumieć zbyt wiele z tego, co się odnosi do kultury na normalnych światach, z powodu waszych planetarnych nieszczęść. Nie powinniście jednak wyobrażać sobie światów ewolucyjnych, nawet najbardziej idealnych jako tych sfer, na których życie jest kwiecistym łożem spokoju. Początkom życia gatunków materialnych zawsze towarzyszą zmagania. Wysiłek i decyzje są zasadniczym czynnikiem nabywania wartości wiecznego życia.

Kultura z góry zakłada jakość umysłu; kultura nie może zostać wzbogacona, zanim umysł nie osiągnie wyższych poziomów. Wyższy intelekt dąży do szlachetnej kultury i znajdzie jakąś drogę, żeby osiągnąć ten cel. Podrzędne umysły gardzą wyższą kulturą, nawet, gdy otrzymają ją gotową. Wiele zależy tutaj także od kolejnych misji Boskich Synów i od stopnia, w jakim oświecenie jest przyjmowane w epokach ich poszczególnych systemów sprawiedliwości.

Nie zapominajcie też o tym, że od dwustu tysięcy lat wszystkie światy Satanii są w stanie banicji duchowej w Norlatiadeku, co jest konsekwencją buntu Lucyfera. I trzeba będzie wielu epok, żeby naprawić wynikłe stąd wypaczenia – skutki grzechu i odstępstwa. W rezultacie podwójnej tragedii, zbuntowanego Księcia Planetarnego i Syna Materialnego odstępcy, wasz świat nadal podąża nieregularną i pełną przeszkód drogą. Nawet obdarzenie Urantii przez Chrystusa Michała nie usunęło natychmiast doczesnych konsekwencji tych poważnych błędów dawniejszej administracji świata.

7. ZALETY ODOSOBNIENIA

Na pierwszy rzut oka wydawać by się mogło, że Urantia i inne odosobnione światy są wyjątkowo nieszczęśliwe, ponieważ są pozbawione korzyści płynących z obecności i oddziaływania takich nadludzkich osobowości, jak Książę Planetarny oraz Materialny Syn i Materialna Córka. Jednak odosobnienie tych sfer dało ich narodom unikalną sposobność wykazania wiary i ukształtowania swoistej cechy zaufania w kosmiczną rzetelność, niezależnego od ujrzenia czegokolwiek na własne oczy, czy dostania jakiegoś innego materialnego poświadczenia. Może się w końcu okazać, że istoty śmiertelne, przybywające ze światów objętych kwarantanną w rezultacie buntu, są niezwykle szczęśliwe. Zauważamy, że tego typu wznoszące się istoty mają bardzo wcześnie powierzane liczne, specjalne misje w tych kosmicznych przedsięwzięciach, gdzie niekwestionowana wiara i wysublimowane zaufanie są konieczne do wykonania zadania.

Wznoszące się istoty z takich, odosobnionych światów, zajmują swój własny sektor mieszkalny na Jerusem i nazywane są *agondonterami*, co oznacza ewolucyjne istoty obdarzone wolą, które mogą wierzyć nie widząc, wytrwać, gdy są odosobnione i tryumfować nad trudnościami nie do pokonania nawet wtedy, kiedy są same. Takie funkcjonalne zgrupowanie agondonterów trwa poprzez całe wznoszenie się we wszechświecie lokalnym i superwszechświecie; zanika dopiero podczas pobytu w Havonie, ale pojawia się znowu zaraz po dotarciu do Raju i wyraźnie się utrzymuje w Korpusie Finalizmu Śmiertelników. Tabamantia jest *agondonterem* ze statusem finalisty; przetrwał śmierć na jednej ze sfer objętych kwarantanną, która uwikłana była w pierwszy bunt, jaki kiedykolwiek miał miejsce we wszechświatach czasu i przestrzeni.

Na całej drodze do Raju nagroda jest rezultatem wysiłku, tak jak skutek idzie za przyczyną. Takie nagrody wyróżniają jednostkę od przeciętności, przyczyniają się do zróżnicowania doświadczenia istoty stworzonej i przydają wszechstronności ostatecznym działaniom zbiorowego ciała finalistów.

[Przedstawione przez Syna Lanonandeka klasy drugiej z korpusu rezerwowego].

PRZEKAZ 51

ADAMOWIE PLANETARNI

W CZASIE trwania systemu sprawiedliwości Księcia Planetarnego, człowiek prymitywny dociera do granic naturalnego, ewolucyjnego rozwoju i to osiągnięcie biologiczne jest znakiem dla Władcy Systemu, żeby wysłał na taki świat drugą klasę synostwa – udoskonalaczy biologicznych. Ta klasa synostwa, a jest ich dwoje – Materialny Syn i Materialna Córka – znana jest na planecie przeważnie jako Adam i Ewa. Adam jest pierwszym Synem Materialnym w Satanii a ci, którzy idą do światów systemu, jako udoskonalacze biologiczni, zawsze noszą imię pierwszego i oryginalnego Syna ich unikalnej klasy.

Synowie ci są materialnym darem Syna Stwórcy dla zamieszkałych światów. Pozostają na planecie, do której są przydzieleni, razem z Księciem Planetarnym przez cały ewolucyjny cykl takiej sfery. Przedsięwzięcie takie, na świecie posiadającym Księcia Planetarnego, nie jest wielkim ryzykiem, jednak na renegackiej planecie, domenie bez duchowego władcy i pozbawionej łączności międzyplanetarnej, misja taka obfituje w poważne niebezpieczeństwa.

Choć nie możecie oczekiwać informacji o wszystkim, co dotyczy pracy tych Synów na wszystkich światach w Satanii i w innych systemach, inne przekazy opiszą dokładniej życie i doświadczenia ciekawej pary, Adama i Ewy, którzy przybyli z korpusu udoskonalaczy biologicznych z Jerusem, aby usprawnić rasy Urantii. Choć idealny plan doskonalenia waszych rodzimych ras zakończył się niepowodzeniem, mimo to misja Adama nie była daremna; Urantia w znacznym stopniu skorzystała z daru Adama i Ewy a wśród ich towarzyszy i w radach na wysokości ich dzieło nie jest uznawane za zupełnie stracone.

1. POCHODZENIE I NATURA MATERIALNYCH SYNÓW BOGA

Materialni albo płcią obdarzeni Synowie i Materialne Córki, są potomstwem Syna Stwórcy; Matka Duch Wszechświata nie bierze udziału w tworzeniu tych istot, które mają działać jako udoskonalacze materialni na światach ewolucyjnych.

Materialna klasa synostwa nie jest jednorodna we wszechświecie lokalnym. W każdym systemie lokalnym Syn Stwórca stwarza tylko jedną parę tych istot; te pierwsze pary są zróżnicowane w swej naturze, dostrojone do form życia poszczególnych systemów. Jest to warunek konieczny, ponieważ inaczej potencjał rozrodczy Adamów nie działałby razem z tym, który jest charakterystyczny dla rozwijających się istot śmiertelnych danego systemu. Adam i Ewa, którzy przybyli na Urantię, byli potomkami pierwszej pary Materialnych Synów Satanii.

Synowie Materialni są różnego wzrostu, od około dwu i pół do trzech metrów, a ich ciała promieniują poświatą barwy fioletowej. Podczas gdy materialna krew krąży w ich materialnych ciałach, są oni dodatkowo uzupełniani boską energią i nasyceni niebiańską światłością. Materialni Synowie (Adamowie) i Materialne Córki (Ewy) są równi jedno drugiemu, różnią się tylko organami rozrodczymi i pewnym wyposażeniem chemicznym. Są równi, ale zróżnicowani, są mężczyzną i kobietą – tym samym dopełniają się – przeznaczeni są do służby parami we wszystkich prawie zadaniach.

Sposób odżywiania się Synów Materialnych jest podwójny; naprawdę są podwójni w swej naturze i budowie, pobierają zmaterializowaną energię tak jak to czynią istoty fizyczne danych domen, podczas gdy swą nieśmiertelną egzystencję zawdzięczają wyłącznie automatycznemu pobieraniu pewnych, podtrzymujących ich energii kosmicznych. Jeśli zawiodą na pewnej, przydzielonej im misji albo, kiedy świadomie i rozmyślnie się zbuntują, zostają odizolowani jako klasa synostwa, odcięci od wszechświatowego źródła światłości i życia. Stają się wtedy praktycznie istotami materialnymi; muszą iść drogą materialnego życia na tym świecie, gdzie prowadzą swą misję i zmuszeni są do zwrócenia się do sądów wszechświata o osądzenie. Wreszcie materialna śmierć kończy planetarną drogę tak niefortunnego i niemądrego, Materialnego Syna i Materialnej Córki.

Pierwsi, bezpośrednio stworzeni Adam i Ewa, są nieśmiertelni i jest to ich naturalny dar, tak jak wszystkich innych klas synostwa wszechświata lokalnego, ale ich synowie i córki charakteryzują się redukcją nieśmiertelności. Pierwsza para nie może przenieść cech nie uwarunkowanej nieśmiertelności na swoich zrodzonych synów i córki. Ich potomstwo uzależnione jest od nieprzerwanej, intelektualnej synchronizacji z obwodem grawitacji umysłowej Ducha, aby mogło kontynuować życie. Od powstania systemu Satania utracono trzynastu Planetarnych Adamów, podczas buntu i na skutek odstępstwa, jak również 681.204 pełniących niższe funkcje. Większość tych odstępstw nastąpiła w czasie buntu Lucyfera.

Synowie Materialni nie mają Dostrajaczy Myśli, kiedy żyją jako stali obywatele stolic systemów, jak również podczas swej działalności na misjach zstępowania do planet ewolucyjnych, ale właśnie dzięki takiej służbie mogą uzyskać empiryczne warunki do zamieszkania przez Dostrajacza i wznoszenia się do Raju. Te unikalne i wyjątkowo pożyteczne istoty są ogniwem łączącym świat duchowy i materialny. Skoncentrowani są w zarządzie systemu, gdzie się rozmnażają i żyją jako materialni obywatele tej domeny i stąd są wysyłani do światów ewolucyjnych.

W odróżnieniu od innych, stworzonych Synów, pełniących służbę planetarną, materialna klasa synostwa nie jest z natury niewidzialna dla istot materialnych, takich jak mieszkańcy Urantii. Ci Synowie Boga mogą być widziani i rozumiani przez istoty czasu, naprawdę mogą żyć pośród nich, mogą nawet rozmnażać się z nimi, chociaż taka rola doskonalenia biologicznego przypada zazwyczaj potomstwu Planetarnych Adamów.

Na Jerusem, lojalne dzieci każdego Adama i Ewy są nieśmiertelne, ale potomstwo *Materialnego Syna* i *Materialnej Córki*, spłodzone po ich przybyciu na planetę ewolucyjną, nie jest w takim samym stopniu zabezpieczone przed naturalną śmiercią. Następuje pewna zmiana w mechanizmach przekazywania życia, kiedy ci Synowie zostają ponownie zmaterializowani, aby się mogli rozmnażać na świecie ewolucyjnym. Nosiciele

Życia celowo pozbawiają Planetarnych Adamów i Planetarne Ewy zdolności rodzenia nie umierających synów i córek. Jeśli Adam i Ewa nie popełnią odstępstwa od misji planetarnej, mogą żyć przez czas nieograniczony, jednak w zakresie pewnych limitów, ich dzieci charakteryzują się malejącą długowiecznością z każdym kolejnym pokoleniem.

2. PRZEMIESZCZANIE SIĘ PLANETARNYCH ADAMÓW

Po otrzymaniu wiadomości, że kolejny zamieszkały świat osiągnął szczyt swej ewolucji materialnej, Władca Systemu zwołuje w stolicy systemu korpus Materialnych Synów i Córek i po omówieniu potrzeb takiego świata ewolucyjnego, dwoje z grupy ochotników – Adam i Ewa ze starszego korpusu Synów Materialnych – zostają wybrani do wykonania zadania; zapadają w głęboki sen, przygotowujący ich do objęcia serafinem i do przelotu z ich domu wspólnej służby do nowej domeny, do nowych możliwości i nowych niebezpieczeństw.

Adamowie i Ewy są istotami częściowo materialnymi i jako tacy nie mogą być przenoszeni przez serafina. Muszą się poddać dematerializacji w stolicy systemu, zanim zostaną objęci serafinem i przeniesieni do świata im przydzielonego. Serafini transportujący potrafią wprowadzić takie zmiany w Synach Materialnych, jak również w innych częściowo materialnych istotach, aby umożliwić objęcie ich serafinem a tym samym transport przez przestrzeń z jednego świata czy systemu do drugiego. Przygotowania do tego transportu zajmują mniej więcej trzy dni standardowego czasu, a Nosiciele Życia muszą pomóc odtworzyć taką zdematerializowaną istotę do normalnej egzystencji, kiedy przybędzie do celu podróży seraficznym transportem.

Podczas gdy istnieje technika dematerializacji, przygotowująca Adamów do ich przeniesienia z Jerusem do światów ewolucyjnych, nie ma odpowiedniej metody, która umożliwiałaby ich zabranie z tych światów, chyba, że cała planeta musi zostać opróżniona, kiedy to robi się specjalne, awaryjne instalacje techniki dematerializacyjnej dla całej, zdatnej do ocalenia populacji. Gdyby jakaś katastrofa materialna zagrażała planetarnej siedzibie rozwijającego się gatunku, Melchizedecy i Nosiciele Życia zainstalowaliby urządzenia dematerializacyjne dla wszystkich istot o właściwościach wiecznego życia, i seraficznym transportem istoty te byłyby zabrane do nowego świata, przygotowanego do kontynuacji ich egzystencji. Ewolucja gatunku ludzkiego, raz rozpoczęta na świecie w przestrzeni kosmicznej, musi postępować zupełnie niezależnie od materialnego istnienia planety, choć skądinąd nie jest zamierzone, żeby podczas trwania epok ewolucyjnych, Planetarny Adam czy Planetarna Ewa opuszczali wybrany przez nich świat.

Po przybyciu do planety docelowej, Materialny Syn i Materialna Córka zostają ponownie zmaterializowani pod kierownictwem Nosicieli Życia. Cały ten proces zajmuje od dziesięciu do dwudziestu ośmiu dni czasu Urantii. Stan nieświadomości, serafícznej drzemki, trwa przez cały ten okres odtwarzania. Kiedy ponowne składanie materialnego organizmu jest zakończone, Materialny Syn i Materialna Córka zamieszkują w swych nowych domach i na swoich nowych światach, praktycznie tacy sami, jacy byli, zanim poddali się procesowi dematerializacji na Jerusem.

3. MISJE ADAMICZNE

Na zamieszkałych światach Materialni Synowie i Materialne Córki budują swe własne domy w ogrodach, wkrótce z pomocą własnych dzieci. Miejsce na ogród zostaje zazwyczaj wybrane przez Księcia Planetarnego a jego cielesny personel wykonuje wiele wstępnych prac przygotowawczych, z pomocą wielu ludzi z zaawansowanych plemion rodzimych.

Ogrody Eden są tak nazywane na cześć Edentii, stolicy konstelacji, ponieważ są one odzwierciedleniem botanicznego piękna świata stołecznego Najwyższych Ojców. Takie domy ogrodowe są zazwyczaj lokalizowane w odosobnionym rejonie strefy podzwrotnikowej. Na przeciętnym świecie są to wspaniałe dzieła sztuki. Na podstawie fragmentarycznego sprawozdania o takim przedsięwzięciu, niedokończonym na Urantii, nie możecie wyrobić sobie opinii o tych pięknych ośrodkach kultury.

Potencjalnie, Planetarny Adam i Planetarna Ewa są szczytowym darem materialnej świetności dla śmiertelnego gatunku. Głównym zadaniem tej pary przybyszów jest rozmnażanie się oraz doskonalenie dzieci czasu. Nie następuje jednak natychmiastowe krzyżowanie się pomiędzy ludźmi z ogrodu a tymi ze świata; przez wiele pokoleń Adam i Ewa pozostają biologicznie oddzieleni od ewolucyjnych śmiertelników, kiedy to tworzą silną rasę swej własnej klasy. Takie są początki rasy fioletowej na zamieszkałych światach.

Plany doskonalenia gatunku przygotowywane są przez Księcia Planetarnego i jego personel a realizowane przez Adama i Ewę. Dlatego właśnie wasz Syn Materialny i jego towarzyszka znaleźli się w bardzo niekorzystnej sytuacji, kiedy przybyli na Urantię. Caligastia przeciwstawiał się misji adamicznej przebiegle i skutecznie; i pomimo tego, że zarządzający komisarycznie Urantią Melchizedecy należycie ostrzegali, zarówno Adama jak i Ewę, w sprawie planetarnych niebezpieczeństw związanych z obecnością zbuntowanego Księcia Planetarnego, ten wielki buntownik chytrze podszedł Edeńską parę i usidlił ją, co doprowadziło Adama i Ewę do sprzeniewierzenia się wyznaczonej im misji widzialnych władców waszego świata. Zdradziecki Książę Planetarny skompromitował waszego Adama oraz Ewę, ale nie udało mu się dołączyć ich do buntu Lucyfera.

Pomocnicy planetarni, piąta klasa aniołów, przydzieleni są do misji adamicznej i towarzyszą zawsze Planetarnym Adamom podczas ich światowej przygody. Przydzielony wstępnie ich korpus liczy zazwyczaj około stu tysięcy aniołów. Kiedy urantiańskie dzieło Adama i Ewy zostało zaczęte przedwcześnie, gdy odstąpili oni od ustalonego wcześniej planu, to właśnie jeden z seraficznych Głosów Ogrodu robił im wymówki na temat ich karygodnego postępowania. Wasz opis tego zdarzenia jest dobrą ilustracją zwyczaju przypisywania, w waszych tradycjach planetarnych, Panu Bogu wszystkiego, co nadprzyrodzone. Z tego właśnie powodu Urantianie są często zdezorientowani w sprawie natury Ojca Wszechświatowego, skoro słowa i działania wszystkich współdziałających z nim i jemu podwładnych istot zostają generalnie przypisywane jemu. W wypadku Adama i Ewy anioł ogrodu nie był nikim innym, jak szefem pomocników planetarnych, pełniącym wtedy swe obowiązki. Serafin ten, Solonia, ogłosił niepowodzenie boskiego planu i zażądał powrotu na Urantię zarządców komisarycznych, Melchizedeków.

Z misją adamiczną są nieodmiennie związane wtórne istoty pośrednie. Tak jak w przypadku cielesnego personelu Księcia Planetarnego, potomkowie Synów i Córek Materialnych są dwu klas: ich dzieci materialne i wtórna klasa istot pośrednich. Ci materialni, ale zazwyczaj niewidzialni opiekunowie planetarni, przyczyniają się znacznie do rozwoju cywilizacji a nawet do przywoływania do porządku nieposłusznych mniejszości, które mogą zechcieć powstrzymać rozwój społeczny i postęp duchowy.

Nie należy mylić pośrednich wtórnych z ich klasą pierwotną, pochodzącą z czasów bliższych przybyciu Księcia Planetarnego. Na Urantii, większość tych wcześniejszych istot pośrednich przyłączyła się do buntu, razem z Caligastią i została internowana od czasu Zesłania Ducha. Internowano również wielu pośrednich z grupy adamicznej, którzy tak samo nie byli lojalni administracji planetarnej.

W dniu Zesłania Ducha, lojalni pośredni pierwotni i wtórni dobrowolnie się zjednoczyli i odtąd działają na tym świecie jako jeden zespół. Służą pod kierownictwem lojalnych pośrednich, wybieranych na przemian z obu grup.

Świat wasz odwiedzany był przez cztery klasy synostwa: Caligastia, Książę Planetarny; Adam i Ewa, Materialni Synowie Boga; Machiventa Melchizedek, „mędrzec z Salemu" za czasów Abrahama; i Chrystus Michał, który przybył jako Rajski Syn obdarzający. O ile bardziej wartościowe i piękne byłoby to, gdyby Michał, najwyższy władca wszechświata Nebadonu, mógł być witany na waszym świecie przez lojalnego i efektywnie działającego Księcia Planetarnego oraz oddanego i operatywnego Syna Materialnego, podczas gdy obaj mogliby zrobić wiele, aby uwydatnić życiową pracę i misję obdarzającego Syna! Jednak nie wszystkie światy miały tak mało szczęścia jak Urantia, tak samo misja Planetarnych Adamów nie zawsze jest tak trudna i ryzykowna. Kiedy odnoszą sukces, przyczyniają się do rozwoju wspaniałego społeczeństwa i prowadzą swe dzieło jako widzialni szefowie spraw planetarnych, nawet daleko w tę epokę, kiedy świat taki zostaje ustanowiony w światłości i życiu.

4. SZEŚĆ RAS EWOLUCYJNYCH

W początkowych epokach światów zamieszkałych, dominującą rasą ludzką jest człowiek czerwony, który zazwyczaj pierwszy osiąga ludzkie poziomy rozwoju. Ale chociaż człowiek czerwony jest starszą rasą na wielu planetach, kolejni ludzie kolorowi pojawiają się bardzo wcześnie, w epoce wyłaniania się człowieka.

Wcześniejsze rasy ludzkie są w pewnym sensie bardziej zaawansowane niż późniejsze; człowiek czerwony stoi znacznie wyżej niż rasa indygo – czarna. Nosiciele Życia obdarzają w pełni energiami żywymi rasę pierwszą albo czerwoną a każde kolejne, ewolucyjne pojawienie się odrębnej grupy śmiertelników, reprezentuje odmianę kosztem pierwotnego wyposażenia. Nawet wzrost śmiertelnika ma tendencje spadkowe, od człowieka czerwonego do rasy indygo, chociaż na Urantii pojawiły się niespodziewane mutacje gigantyzmu u ludów zielonych i pomarańczowych.

Na tych światach, które mają wszystkie sześć ras ewolucyjnych, zaawansowane narody należą do rasy pierwszej, trzeciej i piątej – czerwonej, żółtej i niebieskiej. Rasy ewolucyjne są tym samym zróżnicowane w możliwościach rozwoju intelektualnego i dojrzewania duchowego, druga, czwarta i szósta są nieco słabiej obdarzone. Tych wtórnych ras brakuje na niektórych światach; na wielu innych zostały wytępione. Jest niefortunne dla Urantii, że straciliście tak dużo zaawansowanych ludzi niebieskich, za wyjątkiem tych, którzy przetrwali w waszej wymieszanej „rasie białej". Utrata waszej rasy pomarańczowej i zielonej nie stanowi tak wielkiego problemu.

Ewolucja sześciu albo trzech ras kolorowych, podczas gdy pozornie pogarsza pierwotne wyposażenie człowieka czerwonego, przydaje pewnych bardzo pożądanych cech różnym typom śmiertelników i pozwala osiągnąć, nieosiągalne w innym wypadku, zróżnicowanie potencjałów ludzkich. Modyfikacje takie są korzystne dla rozwoju ludzkości jako całości, pod tym warunkiem, że zostaje ona później udoskonalana przez importowaną rasę adamiczną albo fioletową. Na Urantii, taki normalny plan amalgamacji nie był przeprowadzany na większą skalę a niepowodzenie realizacji planu ewolucji gatunku uniemożliwia wam zrozumienie statusu podobnych ludów na przeciętnej, zamieszkałej planecie, tylko na podstawie obserwacji resztek tych wczesnych ras na waszym świecie.

W początkowym okresie rozwoju ras, u ludzi czerwonych, żółtych i niebieskich występuje pewna tendencja do krzyżowania się; podobna tendencja do mieszania się istnieje u ras pomarańczowych, zielonych oraz indygo.

Ludzie bardziej opóźnieni są zazwyczaj zatrudniani jako robotnicy przez rasy bardziej rozwinięte. Powoduje to, że na planetach, we wczesnych epokach ich rozwoju, pojawia się niewolnictwo. Ludzie pomarańczowi są zazwyczaj podbijani przez czerwonych i sprowadzeni do statusu służby – czasami zostają wytępieni. Ludzie żółci i czerwoni czasem się fraternizują, ale nie zawsze. Żółta rasa zazwyczaj zniewala zieloną, podczas gdy ludzie niebiescy podbijają rasę indygo. Te rasy człowieka prymitywnego nie rozumują inaczej, gdy używają swych zacofanych współbraci do pracy przy robotach przymusowych niż Urantianie, kiedy kupują i sprzedają konie i bydło.

Na większości normalnych światów przymusowa niewola zanika w czasie systemu sprawiedliwości Księcia Planetarnego, chociaż upośledzeni umysłowo i przestępcy często są nadal zmuszani do wykonywania robót przymusowych. Jednak na wszystkich normalnych sferach, ten rodzaj prymitywnego niewolnictwa zostaje zniesiony zaraz po przybyciu importowanej rasy fioletowej czy adamicznej.

Przeznaczeniem sześciu ras ewolucyjnych jest zmieszanie się i zaawansowanie, dzięki połączeniu z potomstwem udoskonalaczy adamicznych. Jednak zanim ludy się wymieszają, opóźnieni i nieprzystosowani zostają w znacznej mierze wyeliminowani. Książę Planetarny i Syn Materialny, razem z innymi odpowiednimi władzami planetarnymi, osądzają przydatność rozmnażających się odmian ludzkich. Na Urantii trudno jest przeprowadzić tak radykalny plan, ponieważ brakuje sędziów, kompetentnych do osądzania biologicznej przydatności albo nieprzydatności jednostek należących do narodów waszego świata. Pomimo tych trudności wydaje się, że powinniście się zgodzić na separację biologiczną wyraźnie nieprzystosowanych, ułomnych, zdegenerowanych i antyspołecznych grup ludzkich.

5. MIESZANIE RAS – OBDARZENIE KRWIĄ ADAMICZNĄ

Kiedy Planetarny Adam i Planetarna Ewa przybywają na świat zamieszkały, zostają oni dokładnie poinstruowani przez swoich zwierzchników w sprawie najlepszego sposobu doskonalenia rasowego istot inteligentnych. Taki plan działania nie jest jednolity; wiele pozostawia się ocenie działającej pary i nierzadko popełniane są błędy, szczególnie na zdezorganizowanych, rebelianckich światach, takich jak Urantia.

Ludzie fioletowi zazwyczaj nie zaczynają się łączyć z rodzimymi mieszkańcami planety, dopóki liczebność ich własnej grupy nie przekroczy miliona. Jednak w międzyczasie personel Księcia Planetarnego ogłasza, że dzieci Boże zstąpiły na Ziemię, aby stać się jednością z gatunkiem ludzkim; i ludzie niecierpliwie wyglądają tego dnia, kiedy będzie ogłoszone, że ci, co się kwalifikują, jako należący do wyższych odgałęzień rasowych, mogą iść do Ogrodu Eden i tam być wybrani przez synów i córki Adama na ewolucyjnych ojców i matki nowej, zmieszanej klasy ludzkiej.

Na normalnych światach Planetarny Adam i Planetarna Ewa nigdy nie kojarzą się z rasami ewolucyjnymi. To dzieło biologicznego doskonalenia jest sprawą adamicznego potomstwa. Jednak Adamici nie wychodzą do ras ludzkich; personel księcia przyprowadza do ogrodu Eden nadrzędnych mężczyzn i kobiety, aby dobrowolnie kojarzyli się z potomstwem adamicznym. Na większości światów za najwyższy zaszczyt uważane jest zostać kandydatem(-ką), wytypowanym(-ą) do małżeństwa z synami i córkami z ogrodu.

Po raz pierwszy zanikają wojny rasowe i inne walki plemienne, kiedy rasy danego świata coraz usilniej pragną zakwalifikować się do uznania i przyjęcia do ogrodu. W najlepszym wypadku możecie mieć nikłe pojęcie o tym, jak na takich konkurencyjnych zmaganiach koncentruje się całe życie na normalnej planecie. Na Urantii, cały program doskonalenia gatunku został zniweczony w samych jego początkach.

Rasa fioletowa jest ludem monogamicznym i każdy ewolucyjny mężczyzna czy kobieta, złączeni z adamicznymi synami i córkami, ślubują nie brać innego partnera i uczyć jego, czy jej dzieci, o wiązaniu się tylko z jednym partnerem. Dzieci z każdego takiego związku otrzymują edukację i są nauczane w szkołach Księcia Planetarnego a potem mogą iść do rasy swego ewolucyjnego rodzica, aby zawrzeć związek małżeński w wybranej grupie wyższych śmiertelników.

Kiedy krew Synów Materialnych zostaje dodana do ewolucyjnych ras świata, zapoczątkowuje to nową i wspaniałą epokę postępu ewolucyjnego. Po takim prokreacyjnym wylewie sprowadzonych z zewnątrz zdolności i superewolucyjnych cech, następują kolejno gwałtowne kroki naprzód w rozwoju cywilizacyjnym i rasowym; w sto tysięcy lat dokonany zostaje większy postęp niż w ciągu miliona lat uprzednich zmagań. Na waszym świecie, nawet w obliczu nie wykonania zarządzonych dlań planów, dokonał się wielki postęp od czasu dodania Adamowej plazmy życia do waszych narodów.

Podczas gdy dzieci czystej krwi, z planetarnego Ogrodu Eden, mogą obdarzać sobą wyższych ludzi z ras ewolucyjnych, a tym samym podnosić ludzkość na wyższy poziom biologiczny, kojarzenie się wyższych gałęzi śmiertelników Urantii z niższymi ich grupami okazuje się niekorzystne; takie niemądre postępowanie może być niebezpieczne dla całej cywilizacji waszego świata. Skoro nie udało się osiągnąć zharmonizowania gatunku ludzkiego metodą adamiczną, musicie teraz rozpracować wasz planetarny problem doskonalenia gatunku innymi, zasadniczo ludzkimi metodami adaptacji i kontroli.

6. RZĄDY EDENICZNE

Na większości zamieszkałych światów, Ogrody Edeńskie stają się znakomitymi centrami kultury i wciąż funkcjonują przez wiele epok, stanowiąc wzór dla obyczajów i zarządzania sprawami planety. Nawet we wczesnym ich stadium, gdy lud fioletowy jest względnie odosobniony, do szkół w ogrodzie przyjmowani są odpowiedni kandydaci z różnych ras świata, podczas gdy rozwój wytwórczości ogrodu otwiera nowe drogi dla kontaktów handlowych. W ten sposób Adamowie i Ewy oraz ich potomstwo, przyczyniają się do gwałtownej ekspansji kultury i szybkiego doskonalenia ewolucyjnych ras świata. I wszystkie takie związki umacniają się i zacieśniają, poprzez łączenie się ras ewolucyjnych i synów Adama, co przynosi w rezultacie natychmiastowy krok naprzód w statusie biologicznym, w rozwoju potencjału intelektualnego i we wzbogaceniu podatności duchowej ludzkości.

Na normalnych światach, ogrodowa siedziba rasy fioletowej staje się drugim centrum światowej kultury i razem z miastem stołecznym Księcia Planetarnego determinuje tempo rozwoju cywilizacji. Przez całe wieki, szkoły miejskie zarządu Księcia Planetarnego i ogrodowe szkoły Adama i Ewy działają równocześnie. Zazwyczaj nie są zbyt oddalone od siebie i funkcjonują razem w harmonijnej współpracy.

Pomyślcie, jak wiele mógłby zyskać wasz świat, gdyby gdzieś na Bliskim Wschodzie znajdowało się światowe centrum cywilizacji, wielki planetarny uniwersytet kulturowy, który funkcjonowałby nieprzerwanie przez 37.000 lat. I dalej rozważcie, jak dalece autorytet moralny nawet tak starego centrum mógłby być podbudowany, gdyby w niewielkiej odległości usytuowane było jeszcze jedno, starsze centrum niebiańskiej opieki, którego tradycje wywierałyby wpływ na świat z coraz większą siłą przez 500.000 lat zintegrowanej, ewolucyjnej działalności. Dzięki takiej tradycji ideały Edenu rozprzestrzeniają się w końcu na cały świat.

Szkoły Księcia Planetarnego zajmują się zasadniczo filozofią, religią, moralnością oraz wyższymi zdobyczami intelektualnymi i artystycznymi. Ogrodowe szkoły Adama i Ewy poświęcają się zazwyczaj kunsztom praktycznym, podstawowemu nauczaniu intelektualnemu, kulturze społecznej, rozwojowi ekonomicznemu, związkom handlowym, sprawności fizycznej i zarządzaniu państwem. W końcu te światowe centra się łączą, ale prawdziwe ich zjednoczenie następuje czasami dopiero po przyjściu pierwszego Syna-Arbitra.

Stały pobyt Adama i Ewy na planecie, razem z jądrem rasy fioletowej czystej krwi, nadaje tej stabilności rozwoju kulturze Edeńskiej, z racji czego zaczyna ona wpływać na cywilizację świata z nieodpartą siłą swej tradycji. W nieśmiertelnych, Materialnych Synach i Córkach, napotykamy ostatni i nieodzowny element mostu, łączącego Boga z człowiekiem, przerzuconego nad prawie nieskończoną otchłanią oddzielającą wiecznego Stwórcę od najniższych, skończonych osobowości czasu. Oto mamy istotę wysokiego pochodzenia, która jest fizyczna, materialna, nawet obdarzona płcią tak jak śmiertelnicy Urantii, taką, która może widzieć i rozumieć niewidzialnego Księcia Planetarnego i być tłumaczem pomiędzy nim a śmiertelnymi istotami danej domeny, ponieważ Materialni Synowie i Materialne Córki mogą dostrzegać wszystkie niższe klasy istot duchowych; widzą Księcia Planetarnego i cały jego personel, widzialny i niewidzialny.

Z upływem wieków, w wyniku połączenia adamicznego potomstwa z gatunkiem ludzkim, Materialny Syn i Materialna Córka zostają zaakceptowani jako wspólni przodkowie ludzkości, wspólni rodzice nowych, wymieszanych potomków ras ewolucyjnych. Zakłada się, że śmiertelnicy wywodzący się ze światów zamieszkałych, powinni rozpoznawać siedmiu ojców:

1. Ojciec biologiczny – ojciec cielesny.
2. Ojciec danej domeny – Planetarny Adam.
3. Ojciec sfer – Władca Systemu.
4. Najwyższy Ojciec – Ojciec Konstelacji.

5. Ojciec wszechświata – Syn Stwórca i najwyższy władca kreacji lokalnych.
6. Super-Ojcowie – Pradawni Czasu, którzy zarządzają superwszechświatem.
7. Duch albo Ojciec Havony – Ojciec Wszechświatowy, który mieszka w Raju i użycza swego ducha, aby żył i działał w umysłach tych istot niskiego pochodzenia, które zamieszkują wszechświat wszechświatów.

7. ZJEDNOCZONA ADMINISTRACJA

Od czasu do czasu przybywają do światów zamieszkałych Synowie Avonalni z Raju, dla dokonania czynności sędziowskich, jednak pierwszy Avonal przybywający na misję arbitrażową, rozpoczyna czwarty system sprawiedliwości ewolucyjnego świata czasu i przestrzeni. Na niektórych planetach taki Syn-Arbiter pozostaje całą epokę, kiedy jest powszechnie akceptowany; i w ten oto sposób planeta prosperuje pod łączną władzą trzech Synów: Księcia Planetarnego, Syna Materialnego i Syna-Arbitra, z których ostatni dwaj są widzialni dla mieszkańców domeny.

Zanim pierwszy Syn-Arbiter zakończy swą misję na normalnym świecie ewolucyjnym, dokonuje się połączenie działalności administracyjnej i edukacyjnej Księcia Planetarnego i Syna Materialnego. To połączenie dwojakiego kierownictwa planety powołuje do życia nową i operatywną klasę administracyjną świata. Po odejściu Syna-Arbitra, Planetarny Adam obejmuje widzialne kierownictwo sfery. Materialny Syn i Materialna Córka działają razem jako administratorzy planetarni, aż do wprowadzenia świata w epokę światłości i życia; po czym Książę Planetarny wyniesiony zostaje do pozycji Władcy Planetarnego. W tej epoce zaawansowanego rozwoju, Adam i Ewa stają się tym, co można by nazwać łącznymi premierami gloryfikowanej sfery.

Jak tylko nowa, zjednoczona stolica rozwijającego się świata dobrze się umocni i jak tylko kompetentni, niżsi administratorzy zostaną odpowiednio przeszkoleni, podległe jej stolice zakładane są na odległych połaciach lądu i pośród różnych narodów. Zanim przybędzie kolejny Syn, według systemu sprawiedliwości, zorganizowane zostaje od pięćdziesięciu do stu takich pomniejszych centrów.

Książę Planetarny i jego personel nadal ożywia duchowe i filozoficzne sfery działalności. Adam i Ewa przykładają szczególną wagę do materialnego, naukowego i ekonomicznego stanu danej domeny. Obie grupy poświęcają tak samo swoją energię rozwijaniu sztuki, stosunków społecznych oraz osiągnięć intelektualnych.

Do czasu zapoczątkowania piątego systemu sprawiedliwości, na świecie zostaje zaprowadzona wspaniała administracja wszelkich funkcji planetarnych. Byt śmiertelników, na takiej dobrze prowadzonej sferze, jest doprawdy inspirujący i pożyteczny. I gdyby Urantianie mogli tylko zobaczyć życie na takiej planecie, natychmiast by docenili wartość tych rzeczy, które ich świat utracił w wyniku akceptacji zła i uczestnictwa w buncie.

[Przedstawione przez Syna Lanonandeka klasy drugiej z korpusu rezerwowego].

PRZEKAZ 52

PLANETARNE EPOKI ŚMIERTELNIKÓW

OD powstania życia na planecie ewolucyjnej, do czasu jego ostatecznego rozkwitu w epoce światłości i życia, na światowej scenie akcji pojawia się co najmniej siedem epok ludzkiego życia. Te kolejne epoki determinowane są przez planetarne misje Boskich Synów, a na przeciętnym, zamieszkałym świecie, pojawiają się one w następującej kolejności:

1. Człowiek przed Księciem Planetarnym.
2. Człowiek po Księciu Planetarnym.
3. Człowiek poadamiczny.
4. Człowiek po Synu-Arbitrze.
5. Człowiek po Synu obdarzającym.
6. Człowiek po Nauczycielu-Synu.
7. Era światłości i życia.

Istniejące w przestrzeni światy, gdy tylko pod względem materialnym nadają się do życia, umieszczane są w rejestrze Nosicieli Życia i w odpowiednim czasie Synowie ci ekspediowani są do takich planet dla inicjacji życia. Cały ten okres, jaki upływa od inicjacji życia do pojawienia się człowieka, określany jest jako epoka przedludzka i poprzedza ona kolejne epoki ludzkie, rozważane w tych narracjach.

1. CZŁOWIEK PRYMITYWNY

Od czasu wyłonienia się człowieka z poziomu zwierzęcego – kiedy może on zechcieć czcić swego Stwórcę – do przybycia Księcia Planetarnego, śmiertelne istoty z wolą zwane są *człowiekiem prymitywnym*. Istnieje sześć podstawowych typów albo ras człowieka prymitywnego i tacy wcześni ludzie pojawiają się kolejno, według porządku kolorów widma, zaczynając od czerwonego. Okres trwania tej wczesnej ewolucji życia jest zróżnicowany na różnych światach i rozciąga się od stu pięćdziesięciu tysięcy lat do ponad miliona lat czasu Urantii.

Kolorowe rasy ewolucyjne – czerwona, pomarańczowa, żółta, zielona, niebieska oraz indygo – zaczynają się pojawiać mniej więcej w tym czasie, kiedy człowiek prymitywny wypracowuje prosty język i zaczyna używać twórczej wyobraźni. W tym czasie człowiek jest już dobrze przystosowany do pozycji wyprostowanej.

Ludzie prymitywni są wspaniałymi myśliwymi i zaciekłymi wojownikami. Prawem tej epoki jest fizyczne przetrwanie najlepiej przystosowanych; rząd w tym okresie jest wyłącznie plemienny. Na wielu światach, podczas wczesnych zmagań rasowych, niektóre rasy ewolucyjne zostają wyniszczone, jak to miało miejsce na Urantii. Te, które zostają, mieszają się zazwyczaj później z importowaną rasą fioletową, ludem adamicznym.

Z punktu widzenia późniejszej cywilizacji, epoka człowieka prymitywnego jest długim, ciemnym i krwawym rozdziałem. Etyka dżungli i moralność pierwotnych lasów nie dotrzymują kroku standardom późniejszych systemów sprawiedliwości – religii objawionej i wyższego rozwoju duchowego. Na normalnych, nie eksperymentalnych światach, epoka ta jest bardzo odmienna od długotrwałych i niezwykle brutalnych walk, charakteryzujących podobną epokę na Urantii. Kiedy wyłonicie się z doświadczeń waszego pierwszego świata, zaczniecie rozumieć, dlaczego na światach ewolucyjnych występują tak długie i bolesne zmagania, a kiedy ruszycie naprzód do Raju, coraz lepiej będziecie pojmować mądrość takich z pozoru osobliwych działań. Niezależnie jednak od wszystkich trudności, przeżywanych we wczesnych epokach wyłaniania się człowieka, dokonania człowieka prymitywnego stanowią znakomity, nawet heroiczny rozdział w kronikach ewolucyjnego świata czasu i przestrzeni.

Wczesny człowiek ewolucyjny jest nieciekawą istotą. Tacy prymitywni śmiertelnicy generalnie są mieszkańcami jaskini albo urwiska. Budują także proste szałasy na dużych drzewach. Zanim zdołają osiągnąć wyższy stopień inteligencji, ich planety zostają czasami opanowane przez gatunki większych zwierząt. Jednak dość wcześnie w tej epoce, śmiertelnicy uczą się rozniecać i podtrzymywać ogień a wraz z rozwojem wyobraźni wynalazczej i ulepszeniem narzędzi, rozwijający się człowiek zaczyna panować nad większymi i bardziej nieporęcznymi od niego zwierzętami. Wczesne plemiona używają również często większych zwierząt latających. Takie olbrzymie ptaki mogą przenieść jednego albo dwu, średnich rozmiarów ludzi, nieprzerwanym lotem na ponad osiemset kilometrów. Na niektórych planetach ptaki te są bardzo pożyteczne, ponieważ posiadają wyższą klasę inteligencji, czasem potrafią wymawiać wiele słów z języka danego świata. Ptaki te są nadzwyczaj inteligentne, wyjątkowo posłuszne i bardzo się przywiązują do człowieka. Takie ptaki pasażerskie dawno już wymarły na Urantii, ale wasi wcześni przodkowie ich używali.

Kiedy człowiek nabędzie etycznego osądu, moralnej woli, zbiega się to zazwyczaj z pojawieniem się początków języka. Po osiągnięciu poziomu człowieczeństwa, po pojawieniu się woli u śmiertelnika, istoty ludzkie gotowe są do tymczasowego zamieszkania ich przez Boskie Dostrajacze, a po śmierci wielu z nich jest wybieranych do wiecznego życia i wyznaczanych przez archaniołów do późniejszego zmartwychwstania i zespolenia z Duchem. Archaniołowie zawsze towarzyszą Książętom Planetarnym, a osąd domeny na koniec systemu sprawiedliwości następuje równocześnie z przybyciem księcia.

Wszyscy śmiertelnicy, zamieszkali przez Dostrajacze Myśli, są potencjalnymi czcicielami Boga; zostali „oświeceni prawdziwym światłem" i mają możność poszukiwania kontaktu wzajemnego z boskością. Tym niemniej wczesna albo biologiczna religia człowieka prymitywnego, jest w znacznej mierze pozostałością zwierzęcego strachu, połączonego ze ignorancką trwogą i przesądami plemiennymi. Przetrwanie przesądów u wielu narodów Urantii jest raczej niepochlebne dla waszego ewolucyjnego rozwoju, przy wspaniałych skądinąd osiągnięciach w rozwoju materialnym. Wczesna religia strachu spełnia jednak bardzo wartościową rolę – łagodzi ognistą naturę istot prymitywnych. Jest ona zwiastunem cywilizacji i glebą dla późniejszego zasadzenia ziaren religii objawionej przez Księcia Planetarnego i jego duszpasterzy.

Mniej więcej sto tysięcy lat po osiągnięciu przez człowieka pozycji wyprostowanej, przybywa zazwyczaj Książę Planetarny, wysłany przez Władcę Systemu na podstawie meldunku Nosicieli Życia, że wola funkcjonuje, nawet, jeśli stosunkowo niewiele jednostek rozwinęło się do tego poziomu. Prymitywni śmiertelnicy zazwyczaj dobrze przyjmują Księcia Planetarnego i jego widzialny personel; faktycznie bardzo często przypatrują się im z trwogą i szacunkiem, prawie ich czczą, jeśli im się tego nie zabrania.

2. CZŁOWIEK PO KSIĘCIU PLANETARNYM

Wraz z przybyciem Księcia Planetarnego zaczyna się nowy system sprawiedliwości. Na Ziemi pojawia się rząd i następuje zaawansowana epoka plemienna. Znaczny postęp społeczny dokonuje się w ciągu kilku tysięcy lat takiego porządku. W normalnych warunkach, śmiertelnicy osiągają wysoki poziom cywilizacji w tej epoce. Nie szamocą się tak długo w barbarzyństwie, jak ludzie Urantii. Jednak bunt tak bardzo zmienia życie świata zamieszkałego, że możecie mieć bardzo słabe albo i żadne pojęcie o podobnym porządku na normalnej planecie.

Średnia długość tego systemu sprawiedliwości wynosi około pięćset tysięcy lat, czasem dłużej, czasem krócej. W tej epoce planeta zostaje wprowadzona w obwody systemu a pełen kontyngent pomocników, seraficznych i innych, zostaje przydzielony do jej administracji. Dostrajacze Myśli przybywają w zwiększonej liczbie a seraficzni opiekunowie rozwijają swój system nadzorowania śmiertelników.

Gdy Książę Planetarny przybywa na prymitywny świat, panuje tam ukształtowana już religia strachu i ignorancji. Książę i jego personel dokonują pierwszego objawienia wyższej prawdy i organizacji wszechświata. Takie wstępne przedstawienia religii objawionej są bardzo proste i odnoszą się zazwyczaj do spraw systemu lokalnego. Do momentu przybycia Księcia Planetarnego, rozwój religii jest procesem całkowicie ewolucyjnym. Później religia rozwija się przez stopniowane objawianie, jak również przez rozwój ewolucyjny. Każdy system sprawiedliwości, każda epoka ludzkości, otrzymuje poszerzone zobrazowanie prawdy duchowej i etyki religijnej. Ewolucję religijnego pojmowania mieszkańców świata determinuje w znacznej mierze tempo ich rozwoju duchowego oraz zakres objawienia religijnego.

Temu systemowi sprawiedliwości towarzyszy świt duchowy, a różne rasy oraz ich rozmaite plemiona zaczynają kształtować wyspecjalizowane systemy myślenia religijnego i filozoficznego. Przez wszystkie religie tych ras przewijają się równocześnie dwie właściwości: wczesny strach człowieka prymitywnego i późniejsze objawienia Księcia Planetarnego. Pod pewnymi względami Urantianie sprawiają wrażenie, jak gdyby nie wynurzyli się w pełni z tego stadium ewolucji planetarnej. W miarę zgłębiania tych nauk, dostrzeżecie jaśniej, jak dalece wasz świat odbiega od przeciętnego, ewolucyjnego postępu i rozwoju.

Książę Planetarny nie jest jednak „Księciem Pokoju". W czasie tego systemu sprawiedliwości trwają zmagania rasowe i wojny plemienne, jednak ze zmniejszającą się częstotliwością i gwałtownością. Jest to wielka epoka rozpraszania ras, osiągająca swój punkt kulminacyjny w okresie intensywnego nacjonalizmu. Kolor jest podłożem podziałów plemiennych i narodowych a odmienne rasy wykształcają często odrębne języki. Każda grupa rozprzestrzeniających się śmiertelników ma skłonność do szukania odosobnienia. Segregacji takiej sprzyja istnienie wielu języków. Zanim kilka ras się zjednoczy, ich bezwzględne wojny prowadzą czasami do eksterminacji całych ludów; ludzie pomarańczowi i zieleni są szczególnie podatni na takie wyniszczenie.

Na przeciętnych światach, w późniejszym okresie rządów księcia, życie narodowe zaczyna zastępować organizację plemienną, czy raczej narzucane jest istniejącym grupom plemiennym. Jednak wielkim osiągnięciem społecznym epoki księcia jest pojawienie się życia rodzinnego. Dotychczas związki ludzkie były przeważnie plemienne; teraz zaczęło powstawać ognisko domowe.

Jest to ten system sprawiedliwości, w którym pojawia się równość płci. Na niektórych planetach mężczyźni mogą rządzić kobietami, na innych panuje układ odwrotny. W tej epoce, normalne światy wprowadzają pełną równość płci, co jest wstępem do pełniejszej realizacji ideałów życia rodzinnego. Jest to świt złotego wieku rodzinnego. Idea rządów plemiennych stopniowo ustępuje dwojakiej koncepcji – życia narodowego i życia rodzinnego.

W tej epoce pojawia się rolnictwo. Rozwój idei rodziny nie daje się pogodzić z wędrownym i nieustabilizowanym życiem myśliwego. Stopniowo wprowadzone zostają zwyczaje posiadania stałego miejsca zamieszkania oraz uprawy roli. Szybko postępuje oswajanie zwierząt i rozwój kunsztów domowych. W momencie docierania do szczytu ewolucji biologicznej, osiągnięty zostaje wysoki poziom cywilizacji, ale tylko niewielki postęp w dziedzinach mechanicznych; wynalazczość jest cechą charakterystyczną kolejnej epoki.

Przed końcem tej epoki, rasy są oczyszczone i doprowadzone do wysokiego poziomu doskonałości fizycznej oraz rozwoju intelektualnego. Wczesny rozwój normalnego świata przyspiesza w znacznym stopniu plan, który lansuje zwiększanie ilości wyższych typów śmiertelników, wraz z proporcjonalnym ograniczaniem typów niższych. To właśnie brak rozróżniania pomiędzy tymi typami, u waszych wczesnych ludów, przyczynia się teraz do istnienia tak wielkiej liczby ułomnych i zdegenerowanych jednostek wśród współczesnych narodów Urantii.

Jednym z wielkich osiągnięć epoki księcia jest takie właśnie ograniczenie rozmnażania się umysłowo chorych i społecznie nieprzystosowanych jednostek. Na długo przed przybyciem drugich Synów, Adamów, większość światów przykłada się poważnie do oczyszczenia gatunku, do czego narody Urantii nawet teraz nie zabrały się poważnie.

Problem doskonalenia gatunku nie jest zbyt trudnym przedsięwzięciem, kiedy rozwiązywany jest we wczesnym stadium ewolucji człowieka. Wcześniejszy okres walk plemiennych i surowego współzawodnictwa w przetrwaniu gatunku wyplewił większość anormalnych i ułomnych odgałęzień ludzkich. Idiota nie ma wielkich szans przetrwania w prymitywnych i wojowniczych, plemiennych organizacjach społecznych. Jest fałszywym sentymentem waszych, w pewnym stopniu doskonałych cywilizacji, że popierają, chronią i utrwalają beznadziejnie ułomne mutacje ewolucyjnych ras ludzkich.

Darzenie czczą sympatią zdegenerowanych istot ludzkich, niezbawialnych, anormalnych i podrzędnych śmiertelników, nie jest ani wrażliwością, ani altruizmem. Nawet na najbardziej normalnych światach ewolucyjnych istnieją wystarczająco duże zróżnicowania, pomiędzy jednostkami i pomiędzy licznymi grupami społecznymi, aby mieć możliwość pełnej realizacji szlachetnych cech altruistycznych sentymentów i bezinteresownej służby dla śmiertelników, bez uwieczniania nieprzystosowanych społecznie i moralnie zdegenerowanych odgałęzień rozwijającej się ludzkości. Jest wiele sposobności okazania tolerancji i wyrażania altruizmu na rzecz tych nieszczęśliwych i potrzebujących jednostek, które nie utraciły bezpowrotnie swego moralnego dziedzictwa i nie zniszczyły na zawsze swego wrodzonego wyposażenia duchowego.

3. CZŁOWIEK POADAMICZNY

Kiedy się skończy biologiczny pęd pierwotnego rozmachu życia ewolucyjnego, kiedy człowiek dotrze do szczytu zwierzęcego rozwoju, przybywa druga klasa synostwa i zaczyna się drugi system sprawiedliwości, łaski i służby. Odnosi się to do wszystkich światów ewolucyjnych. Kiedy osiągnięty zostaje najwyższy możliwy poziom życia ewolucyjnego, kiedy człowiek prymitywny wzniesie się na skali biologicznej tak dalece, jak to możliwe, zawsze pojawiają się na planecie Materialny Syn i Materialna Córka, wysłani przez Władcę Systemu.

Dostrajacze Myśli coraz częściej przybywają do człowieka poadamicznego i coraz większa liczba tych śmiertelników ma możliwość późniejszego zespolenia z Dostrajaczem. Adamowie nie posiadają Dostrajaczy, dopóki funkcjonują jako zstępujący Synowie, ale ich planetarne potomstwo – bezpośrednie i mieszane – staje się prawowitymi kandydatami do otrzymania, we właściwym czasie, Nieodgadnionych Monitorów. Zanim się skończy epoka poadamiczna, planeta posiada pełny kontyngent niebiańskich służb; tylko zespalające się Dostrajacze nie są jeszcze nadawane powszechnie.

Głównym celem porządku adamicznego jest takie oddziaływanie na rozwijającego się człowieka, aby zakończyć przechodzenie cywilizacji od stadium myśliwego i pasterza do stadium rolnika i ogrodnika, później uzupełnianego pojawieniem się miejskich i przemysłowych dodatków cywilizacji. Wystarcza dziesięć tysięcy lat systemu sprawiedliwości udoskonalaczy biologicznych, aby wprowadzić zdumiewające przeobrażenia. Dwadzieścia pięć tysięcy lat administracji wspólnej mądrości Księcia Planetarnego i Synów Materialnych przygotowuje zazwyczaj sferę na przyjście Syna-Arbitra.

W epoce tej kończy się zazwyczaj proces eliminacji nieprzystosowanych a towarzyszy jej dodatkowe oczyszczanie ras; na normalnych światach wadliwe, zwierzęce tendencje zostają prawie zupełnie usunięte z rozmnażających się ras takiej sfery.

Adamiczne potomstwo nigdy nie łączy się z podrzędnymi odgałęzieniami ras ewolucyjnych. Boski plan nie przewiduje również osobistego kojarzenia się Planetarnego Adama czy Planetarnej Ewy z ludźmi ewolucyjnymi. Taki program usprawnienia ras jest zadaniem ich potomstwa. Jednak potomstwo Materialnych Synów i Córek gromadzi się przez pokolenia, zanim się zacznie mieszanie rasowe.

W rezultacie dodania adamicznej plazmy życiowej do gatunku śmiertelnego, następuje natychmiastowe udoskonalenie jego zdolności intelektualnych i przyspieszenie rozwoju duchowego. Zazwyczaj następuje również zaawansowanie w rozwoju fizycznym. Poadamiczny system sprawiedliwości, na przeciętnym świecie, jest epoką wielkich wynalazków, opanowania energii i rozwoju mechanicznego. Jest to ta epoka, w której pojawiają się różnorodne manufaktury i opanowane zostają siły przyrody; jest to złoty wiek eksploracji i ostatecznego opanowania planety. Większa część materialnego rozwoju świata następuje w tym właśnie czasie, w początkach rozwoju nauk materialnych, dokładnie w tej epoce, którą teraz przechodzi Urantia. Wasz świat jest w tyle o cały system sprawiedliwości a nawet więcej, w porównaniu z przeciętnym planetarnym harmonogramem.

Na normalnej planecie, pod koniec adamicznego systemu sprawiedliwości, rasy są praktycznie wymieszane, tak, że można prawdziwie obwieścić, że „Bóg uczynił z jednej krwi wszystkie narody", i że Syn jego „uczynił wszystkie ludy jednego koloru". Kolor takiej zmieszanej rasy jest w pewnym stopniu oliwkowym odcieniem barwy fioletowej – „białą" rasą planety.

Człowiek prymitywny jest przeważnie mięsożerny; Materialni Synowie i Materialne Córki nie jedzą mięsa, ale w ciągu kilku pokoleń ich potomstwo schodzi zazwyczaj do poziomu ludzi wszystkożernych, aczkolwiek czasami całe grupy ich potomków pozostają wegetarianami. Podwójne pochodzenie ludów poadamicznych wyjaśnia, dlaczego takie zmieszane rasy ludzkie wykazują pozostałości anatomiczne zarówno właściwe roślinożernym jak i mięsożernym grupom zwierzęcym.

W rezultacie dziesięciu tysięcy lat mieszania ras, powstały gatunek wykazuje zróżnicowane stopnie mieszanki anatomicznej, niektóre odgałęzienia mają więcej cech wegetariańskich przodków, inne przejawiają bardziej cechy charakterystyczne i fizyczne właściwości swych mięsożernych, ewolucyjnych protoplastów. Większość ludów takiego świata staje się niebawem wszystkożerna, żywiąc się szerokim zestawem potraw, zarówno z królestwa zwierzęcego jak i roślinnego.

Epoka poadamiczna jest systemem internacjonalizmu. Nacjonalizm zanika, razem z prawie zakończonym mieszaniem ras i zaczyna się naprawdę realizować braterstwo ludzkości. Rząd przedstawicielski zaczyna zajmować miejsce monarchicznej albo paternalistycznej formy rządów. System edukacyjny staje się światowy a języki różnych ras stopniowo ustępują mowie ludu fioletowego. Rzadko daje się osiągnąć powszechny pokój i współpracę, zanim rasy nie wymieszają się dobrze i zanim nie zaczną mówić wspólnym językiem.

W końcowych wiekach epoki poadamicznej pojawia się nowe zainteresowanie sztuką, muzyką i literaturą i to światowe przebudzenie jest sygnałem dla pojawienia się Syna-Arbitra. Osiągnięciem wieńczącym tę epokę jest powszechne zainteresowanie rzeczywistościami intelektualnymi, prawdziwą filozofią. Religia jest coraz mniej nacjonalistyczna a coraz bardziej staje się sprawą planetarną. Epokę tę charakteryzują nowe objawienia prawdy a Najwyżsi Ojcowie konstelacji zaczynają rządzić sprawami ludzkimi. Prawda zostaje objawiona aż do poziomu administracji konstelacji.

Epokę tę cechuje wielki postęp w dziedzinie etyki; braterstwo człowieka jest celem społeczeństwa. Światowy pokój – ustanie konfliktów rasowych i narodowych animozji – wskazuje na to, że planeta dojrzała do przyjścia trzeciej klasy synostwa, Syna-Arbitra.

4. CZŁOWIEK PO SYNU-ARBITRZE

Na normalnych i lojalnych planetach epoka ta zaczyna się wtedy, gdy rasy śmiertelników są wymieszane i w dobrej formie biologicznej. Nie ma problemu rasy czy koloru; wszystkie narody i rasy są dosłownie jednej krwi. Kwitnie braterstwo ludzkości a narody uczą się żyć na Ziemi w pokoju i spokoju. Świat taki stoi w przededniu wielkiego, kulminacyjnego rozwoju intelektualnego.

Kiedy świat ewolucyjny staje się w ten sposób dojrzały do epoki arbitrażowej, pojawia się na misji arbitrażowej jeden z wysokiej klasy Synów Avonalnych. Książę Planetarny i Synowie Materialni pochodzą z wszechświata lokalnego; Syn-Arbiter przybywa z Raju.

Kiedy Rajscy Avonale przybywają do sfer zamieszkałych przez śmiertelników dla dokonania czynności sędziowskich, tylko jako sędziowie systemu sprawiedliwości, nigdy się nie wcielają. Kiedy jednak przybywają na misje arbitrażowe, przynajmniej na pierwszą, zawsze się wcielają, chociaż nie przeżywają narodzin ani też nie umierają śmiercią właściwą dla takiej domeny. W takich wypadkach, gdy na niektórych planetach zostają władcami, mogą żyć na nich przez całe pokolenia. Kiedy ich misje się kończą, oddają swe planetarne życie i wracają do swego uprzedniego stanu Boskiego synostwa.

Każdy nowy system sprawiedliwości poszerza horyzont religii objawionej a Synowie-Arbitrzy poszerzają prawdę objawienia tak dalece, że obrazuje ona sprawy wszechświata lokalnego i wszystkiego tego, co jemu podlega.

Wkrótce po wstępnych odwiedzinach Syna-Arbitra, narody osiągają wyzwolenie ekonomiczne. Ilość dziennej pracy, dającej jednostce niezależny byt, może być odpowiednikiem dwu i pół godziny waszego czasu. Jest zupełnie bezpiecznie wyzwolić takich etycznych i inteligentnych śmiertelników. Takie subtelne narody dobrze wiedzą, jak spożytkować czas wolny na samodoskonalenie i postęp planetarny. Epoce tej towarzyszy dalsze oczyszczanie rasowe, przez ograniczenie rozmnażania się jednostek mniej przystosowanych i gorzej uzdolnionych.

Władze polityczne i społeczna administracja narodów wciąż się doskonalą, przed końcem tej epoki samorząd jest całkiem nieźle ugruntowany. Słowa samorząd używamy tutaj na określenie najwyższego typu rządu przedstawicielskiego. Światy takie popierają i honorują tylko tych przywódców i władców, którzy najbardziej się nadają do dźwigania społecznych i politycznych obowiązków.

W tej epoce Dostrajacze zamieszkują większość śmiertelników danego świata. Ale nawet teraz obdarzenie Boskimi Monitorami nie zawsze jest powszechne. Zespalającymi się Dostrajaczami nie są jeszcze obdarzani wszyscy śmiertelnicy planety; wciąż wymaga się od istot obdarzonych wolą, aby chciały być zamieszkane przez Nieodgadnione Monitory.

W wiekach kończących ten system sprawiedliwości, społeczeństwo zaczyna wracać do prostszych form życia. Złożona natura zaawansowanej cywilizacji biegnie swoim torem a śmiertelnicy uczą się żyć bardziej naturalnie i efektywnie. Trend taki narasta z każdym kolejnym wiekiem. Jest to epoka rozkwitu sztuki, muzyki i wyższego nauczania. Nauki fizyczne osiągnęły już szczyt swego rozwoju. Na idealnym świecie, koniec tej epoki wiąże się z pełnią wielkiego przebudzenia religijnego, światowego oświecenia duchowego. I tak gremialne ożywienie duchowej natury narodów jest sygnałem dla przybycia obdarzającego Syna i rozpoczęcia piątej epoki człowieka.

W przypadku wielu światów może się okazać, że planeta nie jest jeszcze gotowa na obdarzającego Syna, przybywającego z misją arbitrażową; w takim wypadku pojawi się drugi a nawet cały szereg Synów-Arbitrów, z których każdy będzie posuwał naprzód gatunek ludzki, od jednego systemu sprawiedliwości do następnego, aż planeta gotowa będzie na Syna obdarzającego. Na drugiej misji i na kolejnych misjach, Syn-Arbiter może być, albo też nie być wcielony. Jednak nie ma znaczenia, ilu Synów-Arbitrów się pojawi – a mogą także przyjść jako tacy po Synu obdarzającym – nadejście każdego z nich oznacza koniec jednego systemu sprawiedliwości i początek następnego.

Systemy sprawiedliwości Synów-Arbitrów obejmują okres mniej więcej od dwudziestu pięciu do pięćdziesięciu tysięcy lat czasu Urantii. Czasami epoka taka jest znacznie krótsza a w rzadkich wypadkach nawet dłuższa. Jednak, gdy się dopełni czas, jeden z tych Synów-Arbitrów narodzi się jako Rajski Syn obdarzający.

5. CZŁOWIEK PO SYNU OBDARZAJĄCYM

Kiedy na zamieszkałym świecie zostanie osiągnięty pewien standard rozwoju intelektualnego i duchowego, zawsze przybywa Rajski Syn obdarzający. Na normalnych światach nie pojawia się on w ciele, zanim gatunek ludzki nie dotrze na najwyższe poziomy rozwoju intelektualnego i osiągnięć etycznych. Jednak na Urantii Syn obdarzający, właściwie wasz Syn Stwórca, pojawił się blisko adamicznego systemu sprawiedliwości; nie jest to jednak zwykły porządek rzeczy na światach w przestrzeni.

Gdy światy dojrzeją do uduchowienia, przybywa Syn obdarzający. Synowie ci zawsze należą do klasy Arbitrów czy Avonalnej, za wyjątkiem jednego przypadku, występującego tylko raz w każdym wszechświecie lokalnym, kiedy Syn Stwórca szykuje się do swojego końcowego obdarzenia na jakimś świecie ewolucyjnym, jak to miało miejsce wtedy, kiedy Michał z Nebadonu zjawił się na Urantii, aby obdarzyć sobą wasz gatunek śmiertelny. Tylko jeden świat na blisko dziesięć milionów może się cieszyć takim darem; wszystkie inne światy są podbudowywane duchowo poprzez ich obdarzenie Rajskim Synem klasy Avonalnej.

Syn obdarzający przybywa do świata o wysokiej kulturze edukacyjnej i napotyka narody wykształcone w sprawach duchowych oraz gotowe do przyjęcia zaawansowanego nauczania, zdolne do docenienia misji obdarzającej. Ta epoka charakteryzuje się ogólnoświatowym dążeniem do zdobywania kultury moralnej i prawd duchowych. Pasją śmiertelników, żyjących w tym systemie sprawiedliwości, jest przeniknięcie rzeczywistości kosmicznej i zespolenie się z rzeczywistością duchową. Objawienia prawdy zostają poszerzone aż do superwszechświata. Kształtuje się zupełnie nowy system edukacji i zarządzania i zajmuje miejsce niedojrzałych rządów z czasów minionych. Radość życia nabiera nowych kolorów a samo życie wyniesione zostaje do niebiańskich wyżyn odcieni i barw.

Obdarzający Syn żyje i umiera dla duchowego wyniesienia śmiertelnych narodów. Ustanawia „nową i żywą drogę"; jego życie jest wcieleniem w ciało śmiertelne rajskiej prawdy, tej właśnie prawdy – nawet Ducha Prawdy – dzięki poznaniu której ludzie stają się wolni.

Na Urantii ustanowienie tej „nowej i żywej drogi" było sprawą zarówno faktu jak i prawdy. Odosobnienie Urantii w czasie buntu Lucyfera spowodowało zawieszenie tej procedury, dzięki której śmiertelnicy mogli przechodzić bezpośrednio po śmierci do światów-mieszkań. Przed Chrystusem Michałem na Urantii, wszystkie dusze spały do czasu zmartwychwstań kończących system sprawiedliwości albo specjalnych zmartwychwstań milenijnych. Nawet Mojżeszowi nie dano przejść na drugą stronę, aż dopiero w czasie specjalnego zmartwychwstania; upadły Książę Planetarny, Caligastia, kwestionował takie wyzwolenie. Ale już od dnia Zesłania Ducha śmiertelnicy z Urantii mogą znowu iść bezpośrednio do sfer morontialnych.

Gdy Syn obdarzający zmartwychwstanie, na trzeci dzień po tym, jak odda swoje wcielone życie, wznosi się do prawej ręki Ojca Wszechświatowego, otrzymuje zapewnienie akceptacji misji obdarzającej i wraca do Syna Stwórcy w zarządzie wszechświata lokalnego. Po czym obdarzający Avonal i Stwórca Michał posyłają na świat obdarzenia swego wspólnego ducha, Ducha Prawdy. To jest ta okoliczność, kiedy „duch tryumfującego Syna zostaje wylany na wszystkie ciała". Matka Duch Wszechświata również bierze udział w obdarzaniu Duchem Prawdy, a równocześnie wydaje się edykt o obdarzeniu Dostrajaczami Myśli. Po czym wszystkie, posiadające wolę istoty z takiego świata, o normalnym umyśle, będą otrzymywać Dostrajacze jak tylko osiągną wiek moralnej odpowiedzialności i duchowego wyboru.

Gdyby obdarzający Avonal miał wrócić na świat po misji obdarzenia, nie będzie się wcielał, ale przybędzie „w chwale z zastępami anielskimi".

Epoka po Synu obdarzającym może trwać od dziesięciu do stu tysięcy lat. Nie ma arbitralnie określonego czasu, przyznawanego jakiejkolwiek epoce systemu sprawiedliwości. Jest to czas wielkiego rozwoju etycznego i duchowego. Pod duchowym wpływem tych epok, charakter człowieka przechodzi gigantyczne przekształcenia i doznaje niezwykłego rozwoju. Możliwe staje się stosowanie w praktyce złotej zasady. Nauki Jezusa są w istocie stosowalne dla świata zamieszkałego przez tych śmiertelników, którzy otrzymali szkolenie przygotowawcze od Synów przybyłych przed obdarzeniem, razem z ich systemami sprawiedliwości, uszlachetniającymi charakter i poszerzającymi kulturę.

W tej epoce zostają praktycznie rozwiązane problemy chorób i przestępczości. Degeneracja została w znacznym stopniu wyeliminowana przez rozmnażanie selektywne. Choroby zostały praktycznie zlikwidowane dzięki wysokim walorom odpornościowym ras adamicznych oraz dzięki inteligentnemu, ogólnoświatowemu zastosowaniu odkryć nauki z epok poprzedzających. W tym okresie średnia długość życia przekracza znacznie ekwiwalent trzystu lat czasu Urantii.

W epoce tej następuje stopniowa redukcja nadzoru rządowego. Zaczyna funkcjonować prawdziwy samorząd; potrzeba coraz mniej praw ograniczających. Zanikają wojskowe sekcje obrony narodowej; naprawdę nadchodzi epoka międzynarodowej harmonii. Istnieje wiele narodów, rozgraniczanych w większości podziałem lądu, ale tylko jedna rasa, jeden język i jedna religia. Stosunki międzyludzkie prawie, choć niezupełnie, zakrawają na utopię. Jest to naprawdę wielka i wspaniała epoka!

6. EPOKA PO OBDARZENIU NA URANTII

Syn obdarzający jest Księciem Pokoju. Przybywa z orędziem: „Pokój na ziemi i dobra wola pomiędzy ludźmi". Na normalnych światach jest to system sprawiedliwości, charakteryzujący się światowym pokojem; narody nie znają już wojny. Jednak taki zbawienny wpływ nie był związany z przyjściem waszego Syna obdarzającego, Chrystusa Michała. Urantia nie rozwija się normalną koleją rzeczy. Wasz świat nie dotrzymuje kroku pochodowi planet. Wasz Mistrz, kiedy był na Ziemi, ostrzegał swoich uczniów, że jego przybycie nie przyniesie rządów pokoju na Urantii, tak, jak zazwyczaj. Wyraźnie im mówił, że będą „wojny i wieści o wojnach" i że naród powstanie przeciw narodowi. Kiedy indziej powiedział: „Nie mniemajcie, że przyszedłem przynieść pokój na ziemię".

Nawet na normalnych światach ewolucyjnych zaprowadzenie światowego braterstwa ludzkości nie jest zadaniem łatwym. Na zdezorientowanej i bezładnej planecie, takiej jak Urantia, osiągnięcie tego wymaga znacznie większej ilości czasu i zmusza do większego wysiłku. Nie wspomagana ewolucja społeczna raczej nie może wydać tak pomyślnych wyników na duchowo odosobnionej sferze. Objawienie religijne konieczne jest do urzeczywistnienia braterstwa na Urantii. Podczas gdy Jezus ukazał drogę do natychmiastowego osiągnięcia duchowego braterstwa, realizacja społecznego braterstwa na waszym świecie zależy w dużej mierze od wprowadzenia następujących, personalnych przemian i planetarnych adaptacji:

1. *Braterstwo społeczne.* Zwielokrotnienie międzynarodowych i międzyrasowych kontaktów społecznych oraz braterskich związków, poprzez podróże, handel i

współzawodnictwo sportowe. Zaprowadzenie wspólnego języka i zwiększenie ilości poliglotów. Międzyrasowa i międzynarodowa wymiana studentów, wykładowców, przemysłowców i filozofów religijnych.

2. *Twórcza wymiana intelektualna.* Braterstwo niemożliwe jest na tym świecie, na którym mieszkańcy są tak prymitywni, że nie mogą dostrzec głupoty bezgranicznego samolubstwa. Pojawić się musi wymiana literatury narodowej i rasowej. Każda rasa musi być zaznajomiona z myślą innych ras; każdy naród musi znać odczucia wszystkich innych narodów. Ignorancja rodzi podejrzliwość a podejrzliwość jest niezgodna z elementarną postawą sympatii i miłości.

3. *Przebudzenie etyczne.* Tylko etyczna świadomość może zdemaskować niemoralność nietolerancji ludzkiej i zbrodniczość bratobójczej walki. Tylko moralne sumienie może potępić zło narodowej zawiści i rasowej zazdrości. Tylko moralne istoty zawsze będą szukać duchowej wnikliwości, która konieczna jest do życia zgodnego ze złotą zasadą.

4. *Mądrość polityczna.* Dojrzałość emocjonalna konieczna jest do wykazania samokontroli. Tylko dojrzałość emocjonalna może zagwarantować zastąpienie barbarzyńskiej bezwzględności wojny międzynarodowymi metodami cywilizowanego rozsądzania. Mądrzy mężowie stanu będą kiedyś pracować dla dobra ludzkości, nawet wtedy, kiedy popierać będą interesy swoich grup narodowych czy rasowych. Samolubna inteligencja polityczna jest w ostatecznym rozrachunku samobójcza – niszczy wszystkie te trwałe wartości, które gwarantują planetarne, grupowe przetrwanie.

5. *Wnikliwość duchowa.* Braterstwo człowieka opiera się przede wszystkim na uznaniu ojcostwa Boga. Najszybszą drogą do zaprowadzenia braterstwa człowieka na Urantii jest przeprowadzenie transformacji duchowej dzisiejszej ludzkości. Jedyną metodą przyspieszenia naturalnego trendu ewolucji społecznej jest zastosowanie duchowej presji odgórnej, co wzbogaca wnikliwość moralną i pomnaża w duszy każdego śmiertelnika zdolność do zrozumienia i kochania każdego innego śmiertelnika. Wzajemne zrozumienie i braterska miłość są niedościgłymi czynnikami cywilizującymi oraz potężnymi motywami, wiodącymi do realizacji światowego braterstwa człowieka.

Gdybyście zostali przeniesieni z waszego, opóźnionego i zdezorientowanego świata, na jakąś normalną planetę, w epoce po Synu obdarzającym, moglibyście uznać, że zostaliście transponowani do nieba z waszych tradycji. Trudno byłoby wam uwierzyć, że widzicie normalne, ewolucyjnie osiągnięte funkcjonowanie sfery zamieszkałej przez śmiertelnych ludzi. Światy te znajdują się w duchowych obwodach swoich domen i korzystają ze wszystkich dobrodziejstw transmisji wszechświata oraz służb odzwierciedlania superwszechświata.

7. CZŁOWIEK PO NAUCZYCIELU-SYNU

Następną klasą Synów, przybywającą na przeciętny świat ewolucyjny, są Nauczyciele-Synowie Trójcy, Boscy Synowie Rajskiej Trójcy. I znowu widzimy, jak Urantia różni się od swoich siostrzanych sfer, dlatego, że wasz Jezus obiecał wrócić. Na pewno spełni swą obietnicę, ale nikt nie wie, czy drugie jego przyjście nastąpi przed, czy po pojawieniu się na Urantii Arbitrów albo Nauczycieli-Synów.

Nauczyciele-Synowie przychodzą do uduchowionych światów grupami. Planetarnemu Nauczycielowi-Synowi pomaga i go wspiera siedemdziesięciu Synów klasy pierwszej, dwunastu Synów klasy drugiej i trzech należących do najwyższej i najbardziej doświadczonej klasy Daynali. Korpus ten pozostaje na świecie jakiś czas, wystarczająco długo, aby spowodować przejście ludzkości z epok ewolucyjnych do epoki światłości i życia – nie mniej niż tysiąc lat czasu planetarnego a często znacznie dłużej. Misja ta jest wsparciem Trójcy dla poprzednich wysiłków wszystkich boskich osobowości, które służyły światom ewolucyjnym.

Objawienie prawdy sięga teraz wszechświata centralnego i Raju. Narody stają się wysoce uduchowione. Pojawiają się wielcy ludzie i nadchodzi wielka epoka. Edukacyjne, ekonomiczne i administracyjne organizacje planety przechodzą radykalne przekształcenia. Ustanawiane są nowe wartości i związki. Królestwo nieba pojawia się na Ziemi a chwała Boża rozprzestrzenia się po świecie.

Jest to ten system sprawiedliwości, w którym wielu śmiertelników transponowanych zostaje spośród żywych. W miarę trwania epoki Nauczycieli-Synów Trójcy, duchowa lojalność śmiertelników czasu staje się coraz powszechniejsza. Naturalna śmierć staje się coraz rzadsza, ponieważ Dostrajacze coraz częściej zespalają się ze swymi podopiecznymi za ich życia w ciele. W końcu planeta zostaje zaklasyfikowana do pierwszej, zmodyfikowanej klasy wznoszenia się.

Życie w tej epoce jest przyjemne i interesujące. Degeneracja i ostatnie antyspołeczne wytwory długich zmagań ewolucyjnych zostały praktycznie usunięte. Długość życia dochodzi do pięciuset lat czasu Urantii a reprodukcyjne tempo przyrostu gatunku jest inteligentnie kontrolowane. Pojawia się zupełnie nowy rodzaj społeczeństwa. Wciąż istnieją spore różnice pomiędzy śmiertelnikami, jednak stan społeczeństwa zbliża się znacznie do ideałów społecznego braterstwa i duchowej równości. Zanika rząd przedstawicielski a świat przechodzi pod rządy samokontroli jednostki. Funkcjonowanie rządu ukierunkowane jest głównie na zbiorowe przedsięwzięcia administracji społecznej i koordynacji ekonomicznej. Szybko nadchodzi złoty wiek; już widać doczesny cel długich i intensywnych zmagań planetarnych. Ziści się niebawem nagroda epok; objawi się wkrótce mądrość Bogów.

W tej epoce kierowanie sprawami materialnymi świata zajmuje każdej dorosłej jednostce około godziny dziennie; znaczy to odpowiednik godziny Urantii. Planeta jest w bliskim kontakcie z wszechświatem a jej mieszkańcy przeglądają ostatnie transmisje z takim samym gorliwym zainteresowaniem, jakie wy teraz przejawiacie przy świeżych wydaniach waszych codziennych gazet. Narody takie zajmują się tysiącem ciekawych rzeczy, nieznanych na waszym świecie.

Coraz lepiej wykształca się prawdziwa, planetarna lojalność wobec Istoty Najwyższej. Pokolenie za pokoleniem, coraz większa część ludzkości staje w rzędzie tych, którzy praktykują sprawiedliwość i żyją miłosierdziem. Powoli, ale pewnie, świat taki skłania się ku radosnej służbie Synów Bożych. Trudności fizyczne i problemy materialne zostały w większości rozwiązane; planeta dojrzewa do zaawansowanego życia i bardziej *stabilnej egzystencji*.

Od czasu do czasu, poprzez cały ich system sprawiedliwości Nauczyciele-Synowie przybywają do takich spokojnych światów. Nie opuszczą świata tak długo, aż nie dostrzegą, że ewolucyjny plan dla danej planety przebiega gładko. Sądzący Syn-Arbiter towarzyszy zazwyczaj Nauczycielom-Synom na ich kolejnych misjach, podczas gdy inny z tych Synów działa, kiedy odlecą i takie czynności sędziowskie są prowadzone epoka za epoką, przez cały czas trwania ludzkiego porządku czasu i przestrzeni.

Każda kolejna misja Nauczycieli-Synów Trójcy sukcesywnie wynosi taki nadziemski świat na kolejne wyżyny mądrości, duchowości i kosmicznego oświecenia. Jednak szlachetni mieszkańcy takiej sfery wciąż są skończeni i śmiertelni. Nic nie jest doskonałe, tym niemniej w funkcjonowaniu niedoskonałego świata i w życiu jego ludzkich mieszkańców rozwijają się przymioty zbliżone do doskonałości.

Nauczyciele-Synowie Trójcy wielokrotnie mogą wracać do tego samego świata. Jednak wcześniej czy później, w związku z zakończeniem jednej z ich misji, Książę Planetarny zostaje wyniesiony do pozycji Władcy Planetarnego i zjawia się Władca Systemu, żeby ogłosić wejście takiego świata w epokę światłości i życia.

Było to na zakończenie ostatniej misji Nauczycieli-Synów (przynajmniej taka byłaby tego chronologia na normalnym świecie), kiedy Jan pisał: „I widziałem nowe niebo i nową ziemię i nowe Jeruzalem, zstępujące z nieba od Boga, przygotowane jak księżniczka przyozdobiona dla księcia".

Wizję tej samej, odnowionej Ziemi, zaawansowanego stadium planetarnego, miał dawny prorok, kiedy pisał: „«Bo jak nowe niebo i nowa ziemia, które ja stworzę, ostaną się przede mną, tak ostoi się wasze potomstwo i wasze imię; i będzie tak, że w każdy nów i w każdy szabat przychodzić będzie każdy człowiek, aby mi oddać pokłon» mówi Pan".

To właśnie śmiertelnicy z takiej epoki nazywani są „wybranym plemieniem, królewskim kapłaństwem, narodem świętym, ludem podniosłym; i abyście ogłaszali dzieła potęgi Tego, który was wezwał z ciemności do przedziwnego swojego światła".

Nie ma znaczenia jak osobliwa może być historia danej planety, nie ma różnicy, czy domena była w pełni lojalna, splamiona złem czy przeklęta grzechem – nie ma znaczenia, jakie mogły być okoliczności poprzedzające – wcześniej czy później łaska Boża i służba aniołów doprowadzi do dnia nadejścia Nauczycieli-Synów Trójcy; a ich odlot, po ich końcowej misji, zapoczątkuje wspaniałą erę światłości i życia.

Wszystkie światy Satanii mogą się przyłączyć do nadziei tego, który pisał: „Oczekujemy jednak, według Jego obietnicy, nowego nieba i nowej ziemi, w których będzie mieszkała sprawiedliwość. Dlatego, umiłowani, oczekując tego, starajcie się, aby On was zastał bez plamy i skazy – w pokoju".

Odlot korpusu Nauczycieli-Synów, na koniec ich pierwszego czy jakiegokolwiek kolejnego panowania, zapoczątkowuje świt epoki światłości i życia – ten próg, przez który przechodzi się z czasu do przedsionka wieczności. Planetarne urzeczywistnienie epoki światłości i życia równa się czemuś znacznie większemu od wyszukanych przewidywań śmiertelników Urantii, którzy nie mają dalekowzrocznych idei swego przyszłego życia ponad to, co zawierają ich wierzenia religijne, opisujące niebo jako bezpośrednie przeznaczenie i ostateczne miejsce zamieszkania żyjących wiecznie śmiertelników.

[Nadzorowane przez Możnego Posłańca, tymczasowo przydzielonego do personelu Gabriela].

PRZEKAZ 53

BUNT LUCYFERA

LUCYFER był utalentowanym Synem Lanonandekiem klasy pierwszej z Nebadonu. Służył w wielu systemach, był wysokim radcą swej grupy, wyróżnianym za mądrość, bystrość i operatywność. Lucyfer otrzymał numer 37 swojej klasy, a kiedy został nominowany przez Melchizedeków, określony był jako jeden ze stu najzdolniejszych i najbardziej utalentowanych osobowości, spośród ponad siedmiuset tysięcy istot jego rodzaju. Od tak wspaniałych początków, poprzez zło i błąd, Lucyfer zaakceptował grzech i teraz jest jednym z trzech Władców Systemu w Nebadonie, którzy ulegli wezwaniu swej jaźni i poddali się sofistyce fałszywej wolności osobistej – nie chcieli być wierni wszechświatowi i zlekceważyli braterskie zobowiązania, oślepli na kosmiczne zależności.

We wszechświecie Nebadon, domenie Chrystusa Michała, jest dziesięć tysięcy systemów światów zamieszkałych. W całej historii Synów Lanonandeków, w okresie całej ich pracy we wszystkich tych tysiącach systemów i w zarządzie wszechświata, tylko trzech Władców Systemu kiedykolwiek zostało uznanych winnymi lekceważenia rządu Syna Stwórcy.

1. PRZYWÓDCY BUNTU

Lucyfer nie był wznoszącą się istotą; był stworzonym Synem wszechświata lokalnego i to o nim powiedziano: „Byłeś doskonały w postępowaniu swoim od dni twego stworzenia, aż znalazła się w tobie nieprawość". Wiele razy naradzał się on z Najwyższymi Ojcami z Edentii. I Lucyfer panował „na świętej górze Bożej", administracyjnej górze Jerusem, jako że był on głównym administratorem wielkiego systemu, złożonego z 607 światów zamieszkałych.

Lucyfer był wspaniałą istotą, utalentowaną osobowością; w bezpośredniej linii władzy wszechświatowej drugim po Najwyższych Ojcach konstelacji. Pomimo wykroczenia Lucyfera, podporządkowane mu istoty inteligentne nie okazywały mu braku szacunku i pogardy, przed obdarzeniem Urantii przez Michała. Nawet archanioł Michała, w czasach zmartwychwstania Mojżesza, „nie podniósł przeciw niemu oskarżającego sądu, ale po prostu rzekł, «Sędzia cię skarcił»". Sąd w takich sprawach należy do Pradawnych Czasu, władców superwszechświata.

Teraz Lucyfer jest upadłym i odsuniętym od rządów Władcą Satanii. Rozmyślania o sobie są wyjątkowo zgubne, nawet dla podniosłych osobowości niebiańskiego świata. Powiedziano o Lucyferze: „Twoje serce było wyniosłe z powodu twojej piękności; zniweczyłeś swą mądrość z powodu swojej świetności". Wasz dawny prorok oglądał jego smutny stan, kiedy pisał: „Jakże ty spadłeś z niebios, o Lucyferze, synu jutrzenki! Jakże runąłeś w dół, ty, który peszyłeś światy"!

Na Urantii niewiele słyszano o Lucyferze z tego powodu, że wyznaczył on swego pierwszego namiestnika, Szatana, do głoszenia jego idei na waszej planecie. Szatan był członkiem tej samej, pierwszej klasy Lanonandeków, ale nigdy nie działał jako Władca Systemu; związał się całkowicie z powstaniem Lucyfera. „Diabeł" to nikt inny jak Caligastia, zdetronizowany Książę Planetarny Urantii, Syn z drugiej klasy Lanonandeków. Kiedy Michał przebywał w ciele na Urantii, Lucyfer, Szatan i Caligastia sprzymierzyli się, aby doprowadzić jego misję obdarzającą do upadku. Jednak mocno się zawiedli.

Abaddon był szefem personelu Caligastii. Przyłączył się do buntu wraz ze swym zwierzchnikiem i od tego czasu działał jako główny administrator buntowników na Urantii. Belzebub był przywódcą nielojalnych istot pośrednich, które sprzymierzyły się z siłami zdradzieckiego Caligastii.

W końcu smok stał się symbolicznym reprezentantem wszystkich tych złych postaci. Po tryumfie Michała „Gabriel zstąpił z Salvingtonu i związał smoka (wszystkich przywódców buntu) na epokę". Napisane jest o seraficznych buntownikach z Jerusem: „I aniołów, którzy nie zachowali swojej godności, ale opuścili własne mieszkania, spętanych wiekuistymi więzami zatrzymał w ciemnościach na sąd wielkiego dnia".

2. PRZYCZYNY BUNTU

Lucyfer i jego pierwszy asystent, Szatan, panowali na Jerusem przez ponad pięćset tysięcy lat, kiedy to zaczęli w swych sercach sprzeciwiać się Ojcu Wszechświatowemu i Synowi Michałowi, który wtedy był namiestnikiem Ojca.

Nie istniały szczególne czy specjalne warunki w systemie Satania, które mogły sugerować czy faworyzować bunt. Uważamy, że idea ta powstała i ukształtowała się w umyśle Lucyfera i że mógł on wywołać taki bunt bez względu na to, gdzie przebywał. Lucyfer po raz pierwszy obwieścił swe plany Szatanowi, ale trzeba było wielu miesięcy, aby zdeprawować umysł tego zdolnego i utalentowanego asystenta. Tym niemniej, gdy Szatan raz się przekonał do buntowniczych teorii, stał się odważnym i gorliwym poplecznikiem „samostanowienia i wolności".

Nikt nigdy nie proponował buntu Lucyferowi. Idea samostanowienia, w opozycji do woli Michała i do planów Ojca Wszechświatowego, tak jak je Michał reprezentował, powstała w umyśle Lucyfera. Jego związki z Synem Stwórcą były bliskie i zawsze serdeczne. Przed egzaltacją swego własnego umysłu, Lucyfer nigdy otwarcie nie wyrażał swego niezadowolenia z administracji wszechświata. Pomimo jego milczenia, Jednoczący Czasu z Salvingtonu, przez ponad sto lat standardowego czasu odzwierciedlał do Uversy, że jest pewien niepokój w umyśle Lucyfera. Informacja ta przekazana została również Synowi Stwórcy i Ojcom Konstelacji Norlatiadeku.

Przez cały ten czas Lucyfer przejawiał coraz większy krytycyzm wobec całego systemu administracji wszechświatowej, jednak zawsze szczerze wyznawał swą lojalność wobec Najwyższych Władców. Jego pierwsza otwarta nielojalność miała miejsce podczas odwiedzin Gabriela na Jerusem, kilka dni przed otwartą proklamacją Lucyferowej Deklaracji Wolności. Oczywistość wybuchu buntu wywarła na Gabrielu tak wielkie wrażenie, że udał się wprost do Edentii, żeby się naradzić z Ojcami Konstelacji w sprawie środków, jakie należy zastosować w wypadku otwartego buntu.

Jest bardzo trudno wykazać dokładnie przyczynę albo przyczyny, które się w końcu złożyły na bunt Lucyfera. Jesteśmy pewni tylko jednej rzeczy a mianowicie tego, że jakiekolwiek te początki były, zrodziły się one w umyśle Lucyfera. Musiała w tym być pycha jaźni, która żywiła się sama sobą do punktu samozłudy, tak, że Lucyfer jakiś czas sam naprawdę był o tym przekonany, że jego planowany bunt był rzeczywiście dla dobra systemu, jeśli nie dla wszechświata. Z czasem jego plany doszły do punktu rozczarowania i już nie miał wątpliwości, że w swej pierwotnej i szkodliwej pysze poszedł za daleko, aby mógł się zatrzymać. W pewnym punkcie tych doświadczeń stał się nieszczery i zło przekształciło się w celowy i rozmyślny grzech. Dalsze postępowanie tego utalentowanego administratora potwierdza, że tak właśnie się stało. Długo dawano mu możliwość okazania skruchy, ale tylko niektórzy z jego podwładnych przyjęli proponowane miłosierdzie. Na żądanie Ojców Konstelacji, Wierny Czasu z Edentii osobiście przedstawił plan Michała, mający na celu ratowanie tych jawnych buntowników, jednak miłosierdzie Syna Stwórcy zawsze było odrzucane i to odrzucane z coraz większym lekceważeniem i pogardą.

3. MANIFEST LUCYFERA

Jakie by nie były wczesne początki buntu w sercach Lucyfera i Szatana, ostateczny jego wybuch przybrał formę Lucyferowej Deklaracji Wolności. Idea buntowników wyrażona została w trzech punktach:

1. *Rzeczywistość Ojca Wszechświatowego.* Lucyfer zarzucał, że Ojciec Wszechświatowy naprawdę nie istnieje, że grawitacja fizyczna i przestrzeń-energia są naturalne dla wszechświata, i że Ojciec jest mitem, wymyślonym przez Rajskich Synów, aby im umożliwić sprawowanie władzy nad wszechświatami w imieniu Ojca. Zaprzeczał temu, że osobowość jest darem Ojca Wszechświatowego. Dawał nawet do zrozumienia, że finaliści są w zmowie z Rajskimi Synami, aby narzucić oszustwo całemu istnieniu, jako, że nigdy nie przynieśli z powrotem wyraźniejszej idei prawdziwej osobowości Ojca, jak się ją dostrzega w Raju. Frymarczył czczeniem jako ignorancją. Zarzuty były szerokie, straszliwe i bluźniercze. To właśnie ów zawoalowany atak na finalistów bez wątpienia wpłynął na wznoszących się obywateli Jerusem, że trwali niewzruszeni i pozostawali niezłomni, przeciwstawiając się wszystkim propozycjom buntowników.

2. *Wszechświatowy rząd Syna Stwórcy – Michała.* Lucyfer twierdził, że systemy lokalne powinny być autonomiczne. Protestował przeciw prawu Michała, Syna Stwórcy, do przejęcia władzy nad Nebadonem w imieniu hipotetycznego, Rajskiego Ojca i przeciw żądaniu wyrażania wierności temu, niewidzialnemu Ojcu, przez wszystkie osobowości. Zapewniał, że cały plan czczenia jest sprytną metodą dodawania splendoru Rajskim Synom. Był skłonny uznać Michała za swego Stwórcę-ojca, ale nie za swego Boga i prawowitego władcę.

Najostrzej zaatakował prawo Pradawnych Czasu – „obcych potentatów” – do mieszania się w sprawy systemów lokalnych i wszechświatów. Potępiał tych władców jako tyranów i uzurpatorów. Nakłaniał swych zwolenników, aby uwierzyli, że żaden z tych władców nie może w najmniejszym stopniu ingerować w działalność kompletnych, miejscowych rządów, gdyby tylko ludzie i aniołowie mieli odwagę nie dać innym kierować sobą i domagali się śmiało swoich praw.

Twierdził, że egzekutorzy Pradawnych Czasu mogą być nie dopuszczeni do działania w systemach lokalnych, gdyby tylko rodzime istoty zapewniły o swojej niezależności. Utrzymywał, że nieśmiertelność jest nieodłączną cechą osobowości systemu, że zmartwychwstanie jest naturalne i automatyczne, i że wszystkie istoty żyłyby wiecznie, gdyby nie arbitralna i niesprawiedliwa działalność egzekutorów Pradawnych Czasu.

3. *Atak na powszechny plan nauczania wznoszących się śmiertelników.* Lucyfer utrzymywał, że zbyt wiele czasu i energii poświęca się programowi tak dokładnego szkolenia wznoszących się śmiertelników w zasadach administracji wszechświata, w tych zasadach, które jak utrzymywał, były nieetyczne i wadliwe. Protestował przeciwko trwającemu epoki całe planowi przygotowania śmiertelników przestrzeni do jakiegoś nieznanego przeznaczenia i wskazywał na obecność korpusu finalistów na Jerusem, jako na dowód tego, że śmiertelnicy ci spędzili epoki, przygotowując się do jakiegoś czysto fikcyjnego przeznaczenia. Drwił z tego, że finalistów spotkał los nie lepszy niż powrót do skromnych sfer, podobnych do tych, z których pochodzą. Dawał do zrozumienia, że są oni wypaczeni na skutek zbytniej dyscypliny i przeciągającego się szkolenia, i że faktycznie są zdrajcami swych braci-śmiertelników, ponieważ teraz współdziałają z systemem zniewolenia całego stworzenia dla fikcji mitycznego, wiecznego przeznaczenia wznoszących się śmiertelników. Głosił, że wznoszące się istoty powinny korzystać z wolności indywidualnego samookreślenia. Kwestionował i potępiał cały plan wznoszenia się śmiertelników, jako zarządzony przez Rajskich Synów Boga i popierany przez Nieskończonego Ducha.

Z taką właśnie Deklaracją Wolności Lucyfer zaczął swą orgię ciemności i śmierci.

4. WYBUCH BUNTU

Manifest Lucyfera ogłoszony został ostatniego dnia roku, około dwieście tysięcy lat temu, według czasu Urantii, podczas dorocznego zgromadzenia w Satanii na szklanym morzu, w obecności zebranych zastępów Jerusem. Szatan głosił, że należy czcić wszechświatowe siły – materialną, intelektualną i duchową – jednak hołd taki powinien być odbierany jedynie przez właściwego i aktualnego władcę, Lucyfera, „przyjaciela ludzi i aniołów" oraz „Boga wolności".

Samostanowienie było okrzykiem bitewnym buntu Lucyfera. Jednym z głównych jego argumentów było to, że jeśli samorząd jest dobry i odpowiedni dla Melchizedeków i innych grup, jest on tak samo dobry dla wszystkich klas istot inteligentnych. Lucyfer był zuchwały i wytrwały w popieraniu „równości umysłu" i „braterstwa inteligencji". Utrzymywał, że cały rząd powinien się ograniczać do lokalnych planet i ich dobrowolnej konfederacji w systemach lokalnych. Nie uznawał żadnego innego nadzoru. Obiecywał Książętom Planetarnym, że będą rządzić światami jako najwyżsi administratorzy. Sprzeciwiał się lokalizacji funkcji prawodawczych w zarządzie konstelacji i prowadzeniu spraw sądowych w stolicy wszechświata. Twierdził, że wszystkie takie funkcje rządowe powinny być skoncentrowane w stolicach systemu i przystąpił do założenia swego własnego zgromadzenia prawodawczego oraz zorganizował swe własne trybunały, pod jurysdykcją Szatana. I nakazywał, aby książęta odstępczych światów robili to samo.

Cały gabinet administracyjny Lucyfera przyłączył się do buntu i został publicznie zaprzysiężony, jako urzędnicy administracji nowego szefa „światów i systemów wyzwolonych".

Chociaż już uprzednio zdarzyły się dwa bunty w Nebadonie, miały one miejsce w odległych konstelacjach. Lucyfer utrzymywał, że powstania te się nie udały, ponieważ większość istot inteligentnych nie opowiedziała się za swymi przywódcami. Twierdził, że „większość rządzi", że „umysł jest nieomylny". Wolność, jaką mu dali władcy wszechświata, pozornie umacniała wiele jego nikczemnych argumentów. Przeciwstawił się wszystkim swoim zwierzchnikom; przecież najwidoczniej nie dostrzegali jego czynów. Dano mu wolną rękę w realizacji jego planu kuszenia, bez przyzwolenia, ale i bez przeszkód.

Całe miłosierne odroczenie sprawiedliwości Lucyfer tłumaczył jako dowód tego, że rząd Rajskich Synów nie potrafi powstrzymać buntu. Otwarcie przeciwstawił się Michałowi, Emanuelowi i Pradawnym Czasu, i rzucił im aroganckie wyzwanie, a potem podkreślał, że nie nastąpiło po tym żadne działanie i że jest to stanowczy dowód bezsiły rządów wszechświata i superwszechświata.

Gabriel był osobiście obecny podczas tych wszystkich wystąpień nielojalności i ogłosił tylko, że w odpowiednim czasie będzie mówił w imieniu Michała i że wszystkie istoty pozostawia się wolne i nie przeszkadza się im w dokonaniu wyboru; że „rząd Synów na rzecz Ojca pragnie tylko takiej lojalności i oddania, które jest dobrowolne, szczere i odporne na sofistykę".

Lucyferowi pozwolono bez żadnych przeszkód zaprowadzić i dokładnie zorganizować swój buntowniczy rząd, zanim Gabriel zaczął kwestionować prawo secesji czy też przeciwstawiać się propagandzie buntu. Jednak Ojcowie Konstelacji natychmiast ograniczyli działalność nielojalnych osobowości do systemu Satanii. Tym niemniej, ten czas opóźnienia był czasem wielkiej próby i sprawdzianem dla lojalnych istot z całej Satanii. Przez kilka lat wszystko było chaotyczne i wielka dezorientacja panowała na światach-mieszkaniach.

5. NATURA KONFLIKTU

Po wybuchu buntu w Satanii, Michał zasięgnął rady swego Rajskiego brata Emanuela. W wyniku tej ważnej narady, Michał ogłosił, że obierze taką samą linię postępowania, jaka go cechowała podczas podobnych przewrotów w przeszłości – postawę nieingerencji.

Podczas tego buntu oraz dwóch poprzednich, we wszechświecie Nebadon nie istniała absolutna i osobista, nieograniczona władza. Michał rządził na podstawie Boskiego prawa jako namiestnik Ojca Wszechświatowego, ale jeszcze nie według swego własnego, osobistego prawa. Nie ukończył jeszcze swej misji obdarzającej; nie została mu jeszcze dana „cała władza na niebie i na ziemi".

Michał nigdy się nie wtrącał do zbuntowanych zastępów Lucyfera, od czasu wybuchu buntu aż do dnia swej intronizacji, jako nieograniczonego władcy Nebadonu; pozwolono kroczyć tym zastępom ich własnym kierunkiem przez prawie dwieście tysięcy lat czasu Urantii. Chrystus Michał ma teraz wystarczającą moc i władzę, aby postępować bezzwłocznie, nawet doraźnie, z takimi wybuchami nielojalności, mamy jednak wątpliwości, czy jego nieograniczona władza spowodowałaby odmienne postępowanie, gdyby nastąpił kolejny taki przewrót.

Ponieważ Michał postanowił trzymać się z dala od właściwej walki z buntem Lucyfera, Gabriel zebrał swój osobisty personel na Edentii i w porozumieniu z Najwyższymi Ojcami postanowił przejąć komendę nad lojalnymi zastępami Satanii. Michał pozostawał na Salvingtonie, podczas gdy Gabriel poleciał na Jerusem i osiadł na sferze poświęconej Ojcu – temu samemu Ojcu Wszechświatowemu, którego osobowość kwestionował Lucyfer i Szatan – i w obecności zebranych zastępów oraz lojalnych osobowości rozwinął sztandar Michała, materialny symbol rządu Trójcy nad całym stworzeniem, trzy błękitne, koncentryczne okręgi na białym tle.

Godłem Lucyfera stał się biały sztandar z jednym czerwonym okręgiem, w centrum którego znajduje się czarny, pełny krąg.

„I nastąpiła walka w niebie; dowódca Michała i jego aniołowie stoczyli bój ze smokiem (Lucyfer, Szatan i książęta-odstępcy); i wystąpił do walki smok i jego zbuntowani aniołowie, ale nie przemógł". Ta „walka w niebie" nie była fizycznymi zmaganiami, jak taki konflikt może być rozumiany na Urantii. We wczesnych dniach zmagań Lucyfer stale rozprawiał w amfiteatrze planetarnym. Gabriel nieprzerwanie demaskował sofistykę buntowników, ze swojej głównej siedziby, którą miał tuż obok. Różne osobowości, przebywające na sferze, mające wątpliwości, jaką zająć postawę, mogły podróżować w tę i z powrotem pomiędzy tymi dyskusjami, zanim powzięły ostateczną decyzję.

Ta walka w niebie była wyjątkowo tragiczna i bardzo realna. Chociaż nie było w niej nic z barbarzyństwa, tak charakterystycznego dla wojny fizycznej na niedojrzałych światach, konflikt ten był znacznie bardziej zabójczy; w walce materialnej życie materialne jest w niebezpieczeństwie, ale wojna w niebie była prowadzona o życie wieczne.

6. LOJALNY PRZYWÓDCA SERAFICZNY

W okresie przejściowym, pomiędzy wybuchem wrogości a przybyciem nowego władcy systemu oraz jego personelu, miało miejsce, pośród licznych osobowości, wiele szlachetnych i inspirujących aktów oddania i lojalności. Ze wszystkich tych śmiałych aktów poświęcenia, najbardziej przejmująca jest odważna postawa Manotii, zastępcy dowódcy serafinów w zarządzie Satanii.

W momencie wybuchu buntu na Jerusem, szef zastępów seraficznych przyłączył się do sprawy Lucyfera. Wyjaśnia to bez wątpienia ten fakt, dlaczego pobłądziła tak wielka liczba serafinów czwartej klasy, administratorów systemu. Seraficzny szef został oślepiony duchowo błyskotliwą osobowością Lucyfera, którego ujmujące maniery fascynowały niższe klasy istot niebiańskich. Nie potrafili po prostu zrozumieć jak to możliwe, żeby tak imponująca osobowość błądziła.

Nie tak dawno, określając swe przeżycia związane z rozpoczęciem buntu przez Lucyfera, Manotia powiedział: „Jednak najbardziej emocjonujący moment, związany z buntem Lucyfera, przeżyłem wtedy, kiedy jako drugi dowódca seraficzny odmówiłem wzięcia udziału w planowanej obrazie Michała; a potężni buntownicy próbowali mnie zniszczyć środkami wspólnych sił, jakie wtedy zorganizowali. Gigantyczny wstrząs targnął Jerusem, ale nawet jeden lojalny serafin nie doznał uszczerbku.

Na skutek odstępstwa mojego bezpośredniego zwierzchnika, przyszło mi przejąć komendę zastępów anielskich na Jerusem jako tytularny dyrektor pogmatwanych spraw seraficznych systemu. Byłem podbudowany moralnie przez Melchizedeków, dużo pomogli mi Synowie Materialni, zostałem opuszczony przez wielką grupę istot mojej własnej klasy, ale zyskałem wspaniałe poparcie od śmiertelników, wznoszących się na Jerusem.

Na skutek secesji Lucyfera zostaliśmy automatycznie odłączeni od obwodów konstelacji, ale polegaliśmy na lojalności naszego korpusu gromadzenia informacji, który przesłał wołanie o pomoc do Edentii z pobliskiego systemu Rantulia; i odkryliśmy, że królestwo porządku, rozsądek lojalności i duch prawdy nieodłącznie tryumfowały nad buntem, samostanowieniem i tak zwaną wolnością osobistą; potrafiliśmy wytrwać do przybycia nowego Władcy Systemu, godnego następcy Lucyfera. I natychmiast po tym zostałem przydzielony do korpusu zarządców komisarycznych, Melchizedeków, na Urantii, przejmując jurysdykcję nad lojalnymi klasami seraficznymi na świecie zdradzieckiego Caligastii, który ogłosił, że jego sfera należy do nowo planowanego systemu «wyzwolonych światów i niezależnych osobowości», proponowanego w niesławnej Deklaracji Wolności, wydanej przez Lucyfera podczas jego wezwania do «kochających wolność, wolnomyślnych i patrzących w przyszłość istot inteligentnych, ze źle zarządzanych i źle administrowanych światów Satanii»".

Anioł ten nadal służy na Urantii, działając jako zastępca szefa serafinów.

7. HISTORIA BUNTU

Bunt Lucyfera rozprzestrzenił się na cały system. Trzydziestu siedmiu Książąt Planetarnych przeszło, razem z większością swej światowej administracji, na stronę szefów buntu. Tylko na Panoptii Książę Planetarny nie zdołał pociągnąć za sobą swych ludzi. Na tym świecie ludność zebrała się pod kierownictwem Melchizedeków, aby poprzeć Michała. Ellanora, młoda kobieta z tej domeny, przejęła dowództwo gatunku ludzkiego i nawet jedna dusza z tego rozdartego walką świata nie zaciągnęła się pod sztandar Lucyfera. I odtąd lojalni Panoptianie służą na siódmym, przejściowym świecie Jerusem, jako dozorcy i budowniczowie sfery Ojca oraz otaczających ją siedmiu światów przetrzymania. Panoptianie działają na tych sferach nie tylko jako dozorcy, w dosłownym tego słowa znaczeniu, ale wykonują także osobiste polecenia Michała dotyczące zdobnictwa, związanego z pewnym przyszłym i nieznanym zastosowaniem tych sfer. Prowadzą tę działalność podczas swego postoju, kiedy są w drodze do Edentii.

W tamtym czasie orędownikiem sprawy Lucyfera na Urantii był Caligastia. Melchizedecy mądrze oponowali Planetarnemu Księciu odstępcy, ale sofistyka rozpasanej wolności i ułuda samostanowienia miały wszelkie możliwości zwodzenia prymitywnych ludów z młodego i nierozwiniętego świata.

Cała propaganda secesyjna musiała być prowadzona osobiście, ponieważ służby transmisyjne oraz wszelkie inne środki komunikacji międzyplanetarnej zostały wyłączone przez nadzorców obwodów systemu. Po właściwym wybuchu buntu, cały system Satania został odizolowany, zarówno od obwodów konstelacji jak i wszechświata. W tym czasie wszelkie przychodzące i wychodzące wiadomości były przesyłane przez seraficznych pośredników oraz Samotnych Posłańców. Obwody upadłych światów także zostały wyłączone, tak więc Lucyfer nie mógł używać tych środków dla wspomagania swego niegodziwego projektu. I obwody te nie zaczną funkcjonować tak długo, jak długo szef buntu żyje w obrębie Satanii.

Był to bunt Lanonandeka. Wyższe klasy synostwa wszechświata lokalnego nie przyłączyły się do secesji Lucyfera, chociaż kilku Nosicieli Życia, stacjonujących na zbuntowanych planetach, pozostawało w pewnym stopniu pod wpływem buntu nielojalnych książąt. Nie pobłądził żaden z Utrójcowionych Synów. Melchizedecy, archaniołowie i Gwiazdy Błyszczące Wieczorne, pozostali lojalni Michałowi i razem z Gabrielem dzielnie obstawali za wolą Ojca i władzą Syna.

Żadna pochodząca z Raju istota nie splamiła się nielojalnością. Wraz z Samotnymi Posłańcami zaprowadziły one swój zarząd na świecie Ducha i tam trwały pod przewodnictwem Wiernych Czasu z Ecentii. Nie odstąpił żaden z rozjemców ani też nie pobłądził nikt z Niebiańskich Kronikarzy. Sporo jednak było ofiar wśród Morontiańskich Towarzyszy i Nauczycieli Światów-Mieszkań.

Nie utracono żadnego anioła z najwyższej klasy serafinów, jednak została zwiedziona i usidlona znaczna ich grupa z kolejnej klasy, wyższej. Tak samo dało się zwieść kilku aniołów z klasy nadzorującej. Straszny upadek nastąpił jednak w czwartej grupie, aniołów administratorów, czyli tych serafinów, którzy normalnie sprawują swe obowiązki w stolicach systemów. Manotia uratował prawie dwie trzecie z nich, ale ponad jedna trzecia przyłączyła się ze swym szefem do szeregów buntu. Jedna trzecia wszystkich cherubinów na Jerusem, przydzielona do aniołów administratorów, została utracona razem z nielojalnymi serafinami.

Spośród anielskich pomocników planetarnych, przydzielonych do Synów Materialnych, zwiedziona została mniej więcej jedna trzecia oraz usidlonych zostało prawie dziesięć procent opiekunów przejścia. Jan widział to symbolicznie, kiedy pisał o wielkim czerwonym smoku: „A ogon jego zmiótł trzecią część gwiazd niebieskich i strącił je w ciemność".

Największe straty nastąpiły w szeregach anielskich, jako że większość niższych klas istot inteligentnych wybrała nielojalność. Spośród 681.217 Synów Materialnych Satanii, dziewięćdziesiąt pięć procent padło ofiarami buntu Lucyfera. Na tych planetach których Książęta Planetarni związali się ze sprawą Lucyfera, stracona została znaczna ilość istot pośrednich.

Pod wieloma względami bunt ten był najbardziej rozległy i najbardziej katastrofalny ze wszystkich takich wypadków w Nebadonie. W powstaniu tym wzięło udział więcej osobowości niż w obu poprzednich razem wziętych. Niech będzie wieczną dla nich hańbą, że emisariusze Lucyfera i Szatana nie oszczędzili szkół nauczających dzieci na planecie kultury finalistów i próbowali zdeprawować te rozwijające się właśnie umysły, które w miłosierdziu odzyskane zostały ze światów ewolucyjnych.

Wznoszący się śmiertelnicy byli podatni na sofistykę buntu, ale oparli się jej lepiej niż niższe duchy. Podczas gdy na niższych światach-mieszkaniach upadło wielu tych, którzy nie zespolili się ostatecznie ze swymi Dostrajaczami, należy odnotować ku chwale mądrości programu wznoszenia się we wszechświecie, że nikt ze wznoszących się obywateli Satanii, przebywających na Jerusem, nie wziął udziału w buncie Lucyfera.

Dzień za dniem, godzina za godziną, stacje transmisyjne całego Nebadonu zatłoczone były niespokojnymi obserwatorami z każdej praktycznie klasy niebiańskich istot inteligentnych, które uważnie czytały biuletyny o buncie w Satanii i cieszyły się, gdy raporty te ciągle donosiły o niezachwianej lojalności wznoszących się śmiertelników, którzy pod przewodnictwem Melchizedeków pomyślnie stawiali opór połączonym i długotrwałym wysiłkom wszystkich wyrafinowanych sił zła, które tak szybko zgromadziły się pod sztandarami secesji i grzechu.

Upłynęły ponad dwa lata, według czasu systemu, od rozpoczęcia „walki w niebie" do wprowadzenia na urząd następcy Lucyfera. W końcu przybył nowy Władca i wylądował ze swoim personelem na szklanym morzu. Znajdowałem się wówczas pośród rezerw, zgromadzonych przez Gabriela na Edentii i dobrze pamiętam pierwszą wiadomość Lanaforge do Ojca Konstelacji Norlatiadek. Mówiła ona: „Żaden obywatel Jerusem nie został stracony. Każdy wznoszący się śmiertelnik przeżył ogniową próbę i wyłonił się z krytycznego sprawdzianu tryumfujący i w pełni zwycięski". Do Salvingtonu, Uversy i Raju poszła wiadomość zapewniająca, że doświadczenie wiecznego życia i wznoszenia się śmiertelnika jest najlepszym zabezpieczeniem przed buntem i najpewniejszą ochroną przed grzechem. Ten szlachetny, jerusemski zespół wiernych śmiertelników liczył dokładnie 187.432.811 osób.

Wraz z przybyciem Lanaforge szefowie buntu zostali zdetronizowani i pozbawieni wszystkich praw rządzenia, chociaż mogli poruszać się swobodnie po Jerusem, sferach morontialnych a nawet po poszczególnych światach zamieszkałych. Wciąż prowadzili swoją zwodniczą i kusicielską działalność, aby dezorientować i bałamucić umysły ludzi i aniołów. Lecz co się tyczy ich pracy na administracyjnej górze Jerusem, „nie było już dla nich miejsca".

Chociaż Lucyfer pozbawiony został całej władzy administracyjnej w Satanii, nie było wtedy mocy we wszechświecie lokalnym ani trybunału, które mogłyby powstrzymać lub zlikwidować tego nikczemnego buntownika; w tamtym czasie Michał nie był jeszcze suwerennym władcą. Pradawni Czasu popierali Ojców Konstelacji w przejęciu przez nich rządów systemu, ale nigdy nie przedłożyli żadnej decyzji w sprawie wielu wciąż nierozstrzygniętych apelacji, dotyczących obecnego statusu i przyszłych dyspozycji w sprawie Lucyfera, Szatana i ich towarzyszy.

Tak więc szefowie buntu mieli możność włóczyć się po całym systemie i szukać dalszych możliwości szerzenia swych doktryn niezadowolenia i samostanowienia. Jednak przez prawie dwieście tysięcy lat czasu Urantii nie potrafili zwieść żadnego innego świata. Od czasu upadku tamtych trzydziestu siedmiu, żaden ze światów Satanii nie został stracony, nawet spośród młodych światów, zaludnionych już po buncie.

8. SYN CZŁOWIECZY NA URANTII

Lucyfer i Szatan włóczyli się bez ograniczeń po systemie Satania, aż do czasu ukończenia obdarzającej misji Michała na Urantii. Ostatni raz obaj przebywali na waszym świecie podczas ich gremialnego ataku na Syna Człowieczego.

Wcześniej, kiedy Książęta Planetarni, „Synowie Boży", gromadzili się okresowo, „przybył też Szatan", pretendując, że reprezentuje wszystkie odosobnione światy upadłych Książąt Planetarnych. Jednak nie pozwolono mu na to na Jerusem po końcowym obdarzeniu, dokonanym przez Michała. Po próbie deprawacji Michała, kiedy był on w ciele swego obdarzenia, wszelka sympatia dla Lucyfera i Szatana wygasła na obszarze całej Satanii, poza odosobnionymi światami grzechu.

Obdarzenie dokonane przez Michała zakończyło bunt Lucyfera w całej Satanii, za wyjątkiem planet Książąt Planetarnych odstępców. I takie było znaczenie osobistego przeżycia Jezusa, tuż przed śmiercią cielesną, kiedy jednego dnia zawołał do swych uczniów: „Widziałem Szatana spadającego z nieba jak błyskawica". Szatan przybył wraz z Lucyferem na Urantię, na ostatnią, decydującą walkę.

Syn Człowieczy był pewny sukcesu i wiedział, że jego tryumf na waszym świecie na zawsze unormuje status jego odwiecznych wrogów, nie tylko w Satanii, ale także w dwu innych systemach, gdzie wkradł się grzech. Kiedy wasz Mistrz, w odpowiedzi na propozycje Lucyfera, spokojnie i z Boską pewnością odpowiedział: „Idź ode mnie Szatanie", przyniosło to ocalenie śmiertelnikom i bezpieczeństwo aniołom. Był to w zasadzie prawdziwy koniec buntu Lucyfera. Prawda, że trybunały Uversy nie wydały jeszcze decyzji wykonawczej w sprawie apelacji Gabriela, wnoszącej o zagładę buntowników, lecz rozporządzenie takie przyjdzie bez wątpienie w odpowiednim czasie, jako że pierwsze kroki postępowania w tej sprawie zostały już poczynione.

Syn Człowieczy uznawał Caligastię za formalnego Księcia Urantii niemalże do czasu swojej śmierci. Powiedział Jezus: „Teraz odbywa się sąd nad tym światem. Teraz książę tego świata zostanie precz wyrzucony". A dochodząc nieomal do kresu dzieła swego życia, ogłosił: „Książę tego świata został osądzony". I jest to ten sam zdetronizowany i zdyskredytowany książę, który kiedyś był nazywany „Bogiem Urantii".

Tuż przed opuszczeniem Urantii, Michał zaproponował miłosierdzie Caligastii i Daligastii, ale ci odrzucili proponowaną ofertę. Caligastia, wasz Planetarny Książę-odstępca, nadal jest wolny na Urantii i może przeprowadzać swoje nikczemne plany, ale nie ma absolutnie mocy wkraczania w ludzkie umysły, czy też zbliżania się do dusz ludzkich, żeby je kusić czy demoralizować, chyba, że naprawdę zapragną być przeklęte jego niegodziwą obecnością.

Przed obdarzeniem, dokonanym przez Michała, ci władcy ciemności usiłowali zachować swą władzę na Urantii i uporczywie przeciwstawiali się pomniejszym i niższym osobowościom niebiańskim. Jednak od dnia Zesłania Ducha, zdradziecki Caligastia i jego równie podły towarzysz, Daligastia, zostali zniewoleni Boskim majestatem Rajskich Dostrajaczy Myśli i opiekuńczego Ducha Prawdy, ducha Michała, który został wylany na wszystkie ciała.

Poza tym, żaden upadły duch nigdy nie miał prawa wkraczać w umysły czy niepokoić dusz dzieci Bożych. Ani Szatan ani Caligastia nie mógł nigdy dotknąć czy nawet się zbliżyć do wiernych synów Boga; wiara jest skutecznym pancerzem przeciw grzechowi i nikczemności. Prawdę powiedziano: „Każdy, kto narodził się z Boga, zachowuje siebie a zły go nie dotyka".

Ogólnie biorąc, kiedy słabi i rozwiąźli śmiertelnicy pozornie ulegają wpływowi diabłów i demonów, są tylko zdominowani swymi własnymi, podłymi dążeniami, zwodzeni swymi naturalnymi skłonnościami. Diabłu przypisuje się bardzo dużo zła, które do niego nie należy. Caligastia stał się praktycznie bezsilny od czasu krzyża Chrystusa.

9. OBECNY STATUS BUNTU

We wczesnych dniach buntu Lucyfera, Michał proponował zbawienie wszystkim buntownikom. Proponował wszystkim, którzy okazaliby dowody szczerej skruchy, przebaczenie i przywrócenie do pewnej formy służby we wszechświecie, po osiągnięciu przez niego kompletnej, wszechświatowej władzy. Żaden przywódca nie przyjął tej miłosiernej propozycji. Tym niemniej tysiące aniołów i niższych klas istot niebiańskich, razem z setkami Materialnych Synów i Córek, zaakceptowało miłosierdzie głoszone przez Panoptian i zostało zrehabilitowanych w czasie zmartwychwstania Jezusa, tysiąc dziewięćset lat temu. W międzyczasie istoty te zostały przeniesione do jerusemskiego świata Ojca, gdzie muszą być formalnie zatrzymane do tego czasu, gdy sądy Uversy wydadzą decyzję w sprawie Gabriel *przeciw* Lucyferowi. Nikt jednak nie wątpi, że kiedy werdykt unicestwienia zostanie wydany, takie skruszone i ocalone osobowości będą wykluczone z nakazu likwidacji. Dusze te, będąc w okresie próbnym, pracują razem z Panoptianami opiekującymi się światem Ojca.

Główny zwodziciel nigdy nie był na Urantii, po tym, jak usiłował odwieść Michała od zamiaru skończenia obdarzenia i doprowadzić do tego, żeby ustanowił on siebie ostatecznie i pewnie niekwestionowanym władcą Nebadonu. Po tym, jak Michał został w końcu szefem wszechświata Nebadonu, Lucyfer został aresztowany przez agentów Pradawnych Czasu i odtąd jest więźniem na pierwszym satelicie sfer przejściowych, w jerusemskiej grupie Ojca. To tutaj właśnie władcy innych światów i systemów patrzą na koniec niewiernego Władcy Satanii. Paweł wiedział o sytuacji liderów buntu, po obdarzeniu dokonanym przez Michała, gdyż pisał o zwierzchnikach Caligastii jako o „duchowych zastępach zła na wyżynach niebieskich".

Po objęciu najwyższej władzy w Nebadonie, Michał wniósł petycję do Pradawnych Czasu o zezwolenie na internowanie wszystkich osobowości biorących udział w buncie Lucyfera, do czasu rozporządzenia trybunałów superwszechświata w sprawie Gabriel *przeciw* Lucyferowi, założonej w rejestrach najwyższego sądu Uversy prawie dwieście tysięcy lat temu, według waszej rachuby czasu. Odnośnie grupy stolicy systemu, Pradawni Czasu przychylili się do petycji Michała, z jednym tylko wyjątkiem: Szatan dostał zezwolenie na okresowe odwiedziny odstępców, książąt upadłych światów, zanim inny Syn Boga nie zostanie zaakceptowany przez takie odstępcze światy, bądź do tego czasu, kiedy sądy Uversy zaczną wyrokowanie w sprawie Gabriel *przeciw* Lucyferowi.

Szatan mógł odwiedzać Urantię, ponieważ nie mieliście Syna-rezydenta – ani Księcia Planetarnego ani Syna Materialnego. W międzyczasie Machiventa Melchizedek został ogłoszony namiestnikiem Planetarnego Księcia Urantii a otwarcie sprawy Gabriel *przeciw* Lucyferowi oznacza zapoczątkowanie tymczasowych rządów planetarnych na odosobnionych światach. Prawda, że Szatan okresowo odwiedzał Caligastię i innych upadłych książąt, aż do czasu przedstawienia tych objawień, kiedy to miało miejsce pierwsze wysłuchanie uzasadnienia prośby, przedłożonej przez Gabriela, o unicestwienie szefów buntu. Szatan jest teraz bezwarunkowo przetrzymywany na światach więziennych Jerusem.

Po końcowym obdarzeniu, dokonanym przez Michała, nikt w całej Satanii nie chciał iść do światów-więzień, aby służyć internowanym buntownikom. I żadna już istota nie weszła na drogę złudnej sprawy. Sytuacja ta nie uległa zmianie przez tysiąc dziewięćset lat.

Uważamy, że obecne ograniczenia dotyczące Satanii nie zostaną zniesione tak długo, aż Pradawni Czasu nie wydadzą ostatecznego rozporządzenia w sprawie przywódców buntu. Obwody systemu nie zostaną uruchomione tak długo, jak długo żyje Lucyfer. W międzyczasie jest on zupełnie bierny.

Na Jerusem bunt się skończył. Kończy się na upadłych światach tak szybko, jak przybywają do nich Boscy Synowie. Wierzymy, że wszyscy buntownicy, którzy kiedykolwiek chcieli zaakceptować miłosierdzie, już to zrobili. Oczekujemy nadania tej transmisji, która pozbawi zdrajców osobowego bytu. Spodziewamy się, że werdykt Uversy ogłoszony będzie transmisją wykonawczą, która spowoduje unicestwienie internowanych buntowników. Potem szukać ich będziecie, ale nie znajdziecie. „Wszystkie spośród światów, które cię znały, zdumiały się nad tobą. Stałeś się dla nich postrachem. Przestałeś istnieć na zawsze". Tak więc wszyscy ci niegodziwi zdrajcy „staną się, jak gdyby ich nie było". Wszyscy czekają na rozporządzenie Uversy.

Jednak przez całe epoki, siedem światów-więzień duchowej ciemności w Satanii stanowi poważne ostrzeżenie dla całego Nebadonu, wymownie i skutecznie głosząc tę wielką prawdę, „że droga przewrotnych jest przykra", „że w każdym grzechu ukryte jest nasienie jego własnego zniszczenia", że „zapłatą za grzech jest śmierć".

[Przedstawione przez Manovandet Melchizedeka, kiedyś przydzielonego do komisarycznego zarządu Urantii].

PRZEKAZ 54

PROBLEMY WYNIKAJĄCE Z BUNTU LUCYFERA

EWOLUCYJNEMU człowiekowi trudno jest w pełni zrozumieć ważność zła, błędu, grzechu i nikczemności i pojąć ich znaczenia. Człowiekowi trudno jest dostrzec, że przeciwstawiona sobie doskonałość i niedoskonałość tworzy potencjalne zło; że prawda i fałsz, pozostające ze sobą w sprzeczności, stwarzają dezorientujący błąd; że boski dar wyboru, według wolnej woli, prowadzi do rozbieżnych domen grzechu i prawości; że wytrwałe dążenie do boskości wiedzie do królestwa Bożego, w przeciwieństwie do jej ciągłego odrzucania, co prowadzi do domen nikczemności.

Bogowie ani nie stworzyli zła ani nie przyzwolili na grzech i bunt. Potencjalne zło istnieje w czasie, we wszechświecie, obejmującym zróżnicowane poziomy doskonałości znaczeń i wartości. Grzech istnieje potencjalnie we wszystkich tych domenach, gdzie niedoskonałe istoty wyposażone są w możliwość wyboru pomiędzy dobrem a złem. To właśnie kolidujące ze sobą prawda i nieprawda, fakt i kłamstwo, stwarzają potencjał błędu. Rozmyślny wybór zła jest grzechem; umyślne odrzucenie prawdy jest błędem; wytrwałe dążenie do grzechu i błędu jest nikczemnością.

1. PRAWDZIWA I FAŁSZYWA WOLNOŚĆ

Spośród wszystkich, trudnych do zrozumienia problemów, narosłych w wyniku buntu Lucyfera, żaden nie spowodował więcej kłopotów niż niemożność dostrzeżenia, przez niedojrzałych śmiertelników ewolucyjnych, różnicy pomiędzy prawdziwą a fałszywą wolnością.

Prawdziwa wolność jest dążeniem epok i wynagrodzeniem rozwoju ewolucyjnego. Fałszywa wolność jest subtelną złudą błędu czasu i zła przestrzeni. Trwała wolność opiera się na rzeczywistości sprawiedliwości – na inteligencji, dojrzałości, braterstwie i równości.

Wolność jest metodą kosmicznej egzystencji, która prowadzi do zniszczenia siebie, kiedy jej motywacja jest nieinteligentna, nie uwarunkowana i nie kontrolowana. Prawdziwa wolność jest progresywnie związana z rzeczywistością i zawsze dba o sprawiedliwość społeczną, kosmiczną rzetelność, wszechświatowe braterstwo i boskie zobowiązania.

Wolność jest samobójcza, gdy jest oderwana od materialnej sprawiedliwości, intelektualnej rzetelności, wyrozumiałości społecznej, moralnego obowiązku i wartości duchowych. Wolność nie istnieje w oderwaniu od rzeczywistości kosmicznej a całość rzeczywistości osobowości jest proporcjonalna do jej związków z boskością.

Nieokiełznana samowola i nie regulowane wyrażanie własnego „ja" równa się absolutnemu samolubstwu, kulminacji bezbożności. Wolność, bez związanego z nią, coraz intensywniejszego pokonywania jaźni, jest fikcyjnym i egoistycznym wyobrażeniem śmiertelnika. Wolność, motywowana przez własne „ja", jest iluzją pojęciową, okrutnym oszustwem. Zezwolenie, strojące się w szaty wolności, jest prekursorem skrajnego zniewolenia.

Prawdziwa wolność idzie w parze z autentycznym odczuwaniem własnej godności; fałszywa wolność jest partnerem samouwielbienia. Prawdziwa wolność jest owocem samokontroli; fałszywa wolność, założeniem samostanowienia. Samokontrola prowadzi do altruistycznej służby; samouwielbienie zmierza do eksploatacji innych dla samolubnego wyniesienia takiej błądzącej jednostki, ponieważ jest ona skłonna poświęcić prawe osiągnięcia w imię posiadania niesprawiedliwej władzy nad bratnimi istotami.

Nawet mądrość jest boska i bezpieczna tylko wtedy, kiedy jest kosmiczna w swej skali działania i duchowa w swej motywacji.

Nie ma większego błędu ponad ten rodzaj oszukiwania samego siebie, który wiedzie inteligentne istoty do prób wykorzystania władzy nad innymi istotami, dla pozbawienia tych osób ich naturalnych wolności. Złota zasada ludzkiej uczciwości sprzeciwia się głośno wszelkim takim oszustwom, nieuczciwościom, samolubstwom i nieprawościom. Jedyna prawdziwa i autentyczna wolność porównywalna jest z rządami miłości i ze służbą miłosierdzia.

Jak śmie samowolna istota naruszać prawa swych braci w imię wolności osobistej, kiedy Najwyżsi Władcy wszechświata tego nie robią, zachowując miłosierny szacunek dla prerogatyw woli i potencjałów osobowości! Żadna istota, wykorzystując swą domniemaną wolność osobistą, nie ma prawa pozbawiać jakiejkolwiek innej istoty przywilejów bytu, nadanych jej przez Stwórców i należycie szanowanych przez wszystkich ich lojalnych towarzyszy, podwładnych i im podległych.

Ewolucyjny człowiek czasem musi walczyć o swą materialną wolność z tyranami i ciemiężcami, na świecie grzechu i nikczemności, czy we wczesnym okresie prymitywnej, rozwijającej się sfery, ale nie na światach morontialnych czy na sferach duchowych. Wojna odziedziczona jest w spadku po wczesnym człowieku ewolucyjnym, ale na światach o normalnej, zaawansowanej cywilizacji, walka fizyczna jako metoda regulacji nieporozumień narodowych dawno już została zdyskredytowana.

2. KRADZIEŻ WOLNOŚCI

Bóg zaplanował wieczną Havonę razem z Synem i w Duchu i od tego czasu istnieje wieczny wzorzec partnerstwa w stwarzaniu – dzielenie się stwarzaniem. Taki wzorzec – dzielenie się – jest głównym celem wszystkich Synów i Córek Boga, którzy wychodzą w przestrzeń i próbują powielić w czasie centralny wszechświat wiecznej perfekcji.

Przeznaczeniem każdej istoty, z każdego rozwijającego się wszechświata, dążącej do czynienia woli Ojca, jest zostać czasowo-przestrzennym partnerem Stwórców we wspaniałej przygodzie osiągania empirycznej doskonałości. Gdyby to nie było prawdą, Ojciec raczej nie wyposażyłby takich istot w stwórczą, wolną wolę ani nie zamieszkałby ich, faktycznie wchodząc z nimi w partnerstwo dzięki swemu własnemu duchowi.

Szaleństwo Lucyfera polegało na próbie zrobienia tego, co niewykonalne, na dokonaniu krótkiego spięcia czasu w empirycznym wszechświecie. Zbrodnią Lucyfera była próba pozbawienia każdej osobowości w Satanii stwórczego przywileju, próba niezauważalnego ograniczenia osobistego udziału istoty – udziału z wolnej woli – w długich ewolucyjnych zmaganiach dla osiągnięcia statusu światłości i życia, zarówno indywidualnie jak i zbiorowo. Dawny Władca waszego systemu, kiedy to robił, ustanowił doczesny cel według swojej własnej woli, akurat przeciwny wiecznemu celowi woli Boga, objawionemu w obdarzeniu wolną wolą wszystkich istot osobowych. Bunt Lucyfera groził tym samym najwyższym z możliwych pogwałceniem wyboru wolnej woli, u wznoszących się i służących systemowi Satanii istot – zagrażał każdej z tych istot, że pozbawi ją na zawsze porywającego doświadczenia, polegającego na wnoszeniu czegoś osobistego i unikalnego do powoli wznoszonego monumentu wiedzy empirycznej, jakim kiedyś będzie doskonały system Satania. Tym samym manifest Lucyfera, strojąc się w szaty wolności, w sposób oczywisty groził kradzieżą wolności osobistej i to na tak wielką skalę, do jakiej doszło tylko dwa razy w całej historii Nebadonu.

Krótko mówiąc, co Bóg dał ludziom i aniołom, Lucyfer chciał im zabrać, znaczy to boski przywilej udziału w tworzeniu swego własnego przeznaczenia i przeznaczenia lokalnego systemu światów zamieszkałych.

Żadna istota, w całym wszechświecie, nie ma prawa pozbawiać jakiejkolwiek innej istoty prawdziwej wolności, prawa do kochania i bycia kochanym, przywileju czczenia Boga i służenia swoim braciom.

3. OPÓŹNIENIE SPRAWIEDLIWOŚCI

Moralne, wolą obdarzone istoty ze światów ewolucyjnych, wciąż zadręczają się niemądrą kwestią, jak to jest, że wszechmądrzy Stwórcy dopuszczają istnienie zła i grzechu. Nie mogą zrozumieć tego, że jedno i drugie jest nieuniknione, jeśli istota ma być prawdziwie wolna. Wolna wola rozwijającego się człowieka, czy wspaniałego anioła, nie jest jedynie filozoficzną ideą, symbolicznym ideałem. Możliwość wybierania przez człowieka dobra czy zła jest rzeczywistością wszechświatową. Ta wolność wyboru jest darem Najwyższych Władców i nie pozwolą oni jakiejkolwiek istocie czy grupie istot, pozbawić choć jednej osobowości w szerokim wszechświecie tej bosko nadanej wolności – nie dadzą nawet takiej zwiedzionej i nieświadomej istocie satysfakcji z posiadania tej, błędnie nazwanej, osobistej wolności.

Chociaż świadome i szczere utożsamianie się ze złem (grzechem) równa się nieistnieniu (unicestwieniu), zawsze musi ingerować pomiędzy okresem osobistej identyfikacji z grzechem a wykonaniem zapłaty – automatycznego rezultatu takiej rozmyślnej akceptacji zła – czas odpowiednio długi, aby umożliwić osąd wszechświatowego statusu takiej jednostki, osąd, który okaże się całkowicie zadowalający dla wszystkich zainteresowanych osobowości wszechświata i który będzie tak godziwy i sprawiedliwy, aby zyskać aprobatę samego grzesznika.

Jeśli jednak taki wszechświatowy buntownik przeciwko rzeczywistości prawdy i dobroci odmawia aprobaty wyroku i jeśli winny rozumie w swym sercu sprawiedliwość swego potępienia, ale odmawia wyznania tego, wtedy wykonanie wyroku musi być odłożone, pozostawione decyzji Pradawnych Czasu. A Pradawni Czasu nie chcą unicestwić żadnej istoty, zanim nie wygasną wszystkie wartości moralne i wszystkie rzeczywistości duchowe, zarówno u złoczyńcy, jak i u wszelkich związanych z nim popleczników oraz możliwych sympatyków.

4. MIŁOSIERNE OPÓŹNIENIE

Inny problem, nieco trudny do wytłumaczenia w konstelacji Norlatiadek, dotyczy tego, dlaczego zezwolono Lucyferowi, Szatanowi i upadłym książętom szkodzić tak długo, zanim ich aresztowano, internowano i sądzono.

Rodzicom, którzy zrodzili i wychowali dzieci, łatwiej zrozumieć, dlaczego Michał, Stwórca-ojciec, może być opieszały w potępieniu i likwidacji swych własnych Synów. Opowiedziana przez Jezusa historia o synu marnotrawnym dobrze ilustruje tę sytuację, kiedy kochający ojciec długo może czekać na skruchę błądzącego dziecka.

To, że czyniąca zło istota może faktycznie chcieć czynić zło – może chcieć popełnić grzech – dowodzi faktu istnienia wolnej woli i w pełni uzasadnia jakąkolwiek długość odroczenia wykonania sprawiedliwości, przy założeniu, że prolongata miłosierdzia może przyczynić się do skruchy i rehabilitacji.

Lucyfer miał już większość tych swobód, których się domagał; inne miał dostać w przyszłości. Wszystkie te cenne nadania zostały stracone, na skutek poddania się niecierpliwości i ulegania chęci natychmiastowego posiadania tego, czego się chce, posiadania tego wbrew wszelkim obowiązkom poszanowania praw i wolności wszystkich innych istot, z których się składa wszechświat wszechświatów. Obowiązki etyczne są naturalne, boskie i powszechne.

Znamy wiele przyczyn, dlaczego Najwyżsi Władcy natychmiast nie zlikwidowali, czy też nie internowali przywódców buntu Lucyfera. Bez wątpienia istnieją jeszcze inne i być może ważniejsze przyczyny, nam nieznane. Aspekty miłosierdzia, mające wpływ na odroczenie wykonania sprawiedliwości, zostały rozszerzone osobiście przez Michała z Nebadonu. Gdyby nie uczucie tego Stwórcy-ojca do jego błądzących Synów, najwyższa sprawiedliwość superwszechświata mogłaby zadziałać. Gdyby takie zdarzenie, jak bunt Lucyfera, nastąpiło w Nebadonie, kiedy Michał był wcielony na Urantii, przywódcy takiego zła mogliby zostać natychmiastowo i bezwarunkowo unicestwieni.

Najwyższa sprawiedliwość może zadziałać natychmiastowo, kiedy nie jest powściągana przez boskie miłosierdzie. Jednak służba miłosierdzia dla dzieci czasu i przestrzeni zawsze przynosi opóźnienie, zbawczy interwał czasu pomiędzy sianiem a żniwem. Jeśli zasiane ziarno jest dobre, interwał ten daje sposobność sprawdzenia i rozwoju charakteru, jeśli zasiane ziarno jest złe, miłosierne opóźnienie daje czas na skruchę i poprawę. To opóźnienie czasowe, przy osądzie i egzekucji złoczyńców, jest nieodłącznie związane ze służbą miłosierdzia w siedmiu superwszechświatach. Powściąganie sprawiedliwości miłosierdziem dowodzi tego, że Bóg jest miłością, jak również tego, że taki Bóg miłości panuje nad wszechświatami i miłosiernie nadzoruje los i osądzanie wszystkich istot.

Miłosierne opóźnienia czasowe powstają z rozporządzenia, wynikającego z wolnej woli Stwórców. Istnieje we wszechświecie dobro, wywodzące się z tej metody cierpliwości w postępowaniu z grzesznymi buntownikami. Podczas gdy jest całkowitą prawdą, że dobro nie może wyniknąć ze zła, dla tego, kto planuje i popełnia zło, jest także prawdą, że wszystkie rzeczy (włączając w to zło, potencjalne i przejawione) funkcjonują razem dla dobra wszystkich istot, tych, które znają Boga, kochają czynić jego wolę i wznoszą się w kierunku Raju, zgodnie z wiecznym planem i Boskim celem.

Jednak takie opóźnienia, wynikające z miłosierdzia, nie trwają bez końca. Pomimo długiego opóźnienia (według kalkulacji czasu Urantii) w osądzaniu buntu Lucyfera, możemy odnotować, że podczas dokonywania tego objawienia pierwsza rozprawa nierozstrzygniętej sprawy Gabriel *przeciw* Lucyferowi odbyła się na Uversie i zaraz potem wydano zarządzenie Pradawnych Czasu, nakazujące, aby Szatan był odtąd zamknięty na świecie-więzieniu razem z Lucyferem. Tak skończyło się prawo Szatana do dalszego odwiedzania wszystkich upadłych światów Satanii. Sprawiedliwość we wszechświecie, który zdominowany jest miłosierdziem, może być powolna, ale jest niezawodna.

5. MĄDROŚĆ OPÓŹNIENIA

Spośród wielu znanych mi przyczyn, dla których Lucyfer i jego konfederaci nie zostali wcześniej internowani czy osądzeni, mogę wymienić następujące:

1. Miłosierdzie wymaga, aby każdy złoczyńca miał odpowiedni czas na sformułowanie przemyślanej i odpowiednio obranej postawy, odnośnie swych złych myśli i grzesznych czynów.

2. Najwyższa sprawiedliwość zdominowana jest Ojcowską miłością; zatem sprawiedliwość nigdy nie niszczy tego, co miłosierdzie może odzyskać. Czas na akceptację zbawienia gwarantowany jest każdemu złoczyńcy.

3. Żaden uczuciowy ojciec nigdy nie przyspiesza wymierzania kary błądzącemu członkowi swojej rodziny. Cierpliwość nie może funkcjonować w oderwaniu od czasu.

4. Podczas gdy zły uczynek jest zawsze szkodliwy dla rodziny, mądrość i miłość skłaniają rzetelne dzieci do znoszenia błądzącego brata, w czasie danym przez uczuciowego ojca, kiedy to grzesznik może dostrzec błąd na swej drodze i zaakceptować zbawienie.

5. Niezależnie od postawy Michała wobec Lucyfera, pomimo tego, że jest on Stwórcą-ojcem Lucyfera, w kompetencji Syna Stwórcy nie leży wymierzanie doraźnej sprawiedliwości odstępcy, Władcy Systemu, ponieważ Michał nie dopełnił swojej misji obdarzenia, tym samym nie zdobył nieograniczonej władzy w Nebadonie.

6. Pradawni Czasu mogli natychmiast unicestwić tych buntowników, jednak rzadko dokonują egzekucji złoczyńców bez kompletnego procesu sądowego. W tym wypadku nie uchylili decyzji Michała.

7. Jest oczywiste, że Emanuel doradzał Michałowi, aby trzymał się z dala od buntowników i żeby pozwolił buntowi podążać naturalnym kursem samozniszczenia. A mądrość Jednoczącego Czasu jest czasowym odzwierciedleniem łącznej mądrości Rajskiej Trójcy.

8. Wierny Czasu na Edentii doradzał Ojcom konstelacji, żeby pozwolili buntownikom bez skrępowania dojść do tego punktu, w którym cała sympatia dla złoczyńców zostanie szybko wykorzeniona z serca każdego obecnego i przyszłego obywatela Norlatiadeku – każdej istoty śmiertelnej, morontialnej i duchowej.

9. Na Jerusem, osobisty reprezentant Najwyższego Wykonawcy z Orvontonu doradzał Gabrielowi, aby dał każdej żywej istocie wszelkie możliwości dokonania gruntownie przemyślanego wyboru, odnośnie spraw zawartych w Deklaracji Wolności

Lucyfera. Po tym, jak poruszono sprawę buntu, rajski, nadzwyczajny doradca Gabriela, przedstawiał taką możliwość, że jeśli pełna i wolna możliwość wyboru nie będzie dana wszystkim istotom z Norlatiadeku, wtedy rajska kwarantanna przeciwko wszystkim takim, ewentualnie niezdecydowanym i wątpiącym istotom, może być w akcie samoobrony rozszerzona na całą konstelację. Żeby zostawić istotom z Norlatiadeku otwarte drzwi dla wznoszenia się do Raju, trzeba było pozwolić na pełny rozwój buntu oraz zagwarantować całkowite określenie osobistej postawy wszystkim tym istotom, których to w jakikolwiek sposób bezpośrednio dotyczyło.

10. Boska Opiekunka z Salvingtonu wydała jako swą trzecią niezależną proklamację, zarządzenie nakazujące, aby nic nie robić dla połowicznego uzdrowienia, aby nic nie było bojaźliwie tłumione, czy skądinąd ukrywane ohydne oblicze buntowników i buntu. Zastępy anielskie zostały tak ukierunkowane, aby umożliwiły pełne ujawnienie grzechu i dały nieograniczone możliwości jego ekspresji, co jest najszybszą metodą doskonałego i ostatecznego wyleczenia z utrapienia zła i grzechu.

11. Na Jerusem zorganizowana została nadzwyczajna rada, złożona z byłych śmiertelników, Możnych Posłańców, gloryfikowanych śmiertelników, którzy osobiście doświadczyli podobnych sytuacji, jak również z ich kolegów. Poinformowali oni Gabriela, że przynajmniej trzy razy większa liczba istot zeszłaby na manowce, gdyby zastosowano arbitralne lub doraźne metody tłumienia buntu. Cały korpus doradców z Uversy zgodnie doradzał Gabrielowi, żeby pozwolił biec buntowi otwartym i naturalnym kursem, nawet gdyby trzeba było miliona lat na likwidację jego skutków.

12. Nawet we wszechświecie czasu, czas jest względny. Gdyby śmiertelnik z Urantii, o przeciętnym czasie trwania życia, popełnił zbrodnię wywołującą światowe pandemonium i jeśli zostałby aresztowany, sądzony i stracony w przeciągu dwu albo trzech dni od popełnienia zbrodni, czy wydawałoby się wam to długo? A jednak, to byłoby najlepsze porównanie, gdy się bierze pod uwagę długość życia Lucyfera, nawet, jeśli jego sąd, teraz zaczęty, nie zakończyłby się za sto tysięcy lat czasu Urantii. Względny upływ czasu, z punktu widzenia Uversy, gdzie trwa proces, można określić stwierdzeniem, że zbrodnia Lucyfera została postawiona przed sądem po dwu i pół sekundach od jej popełnienia. Z rajskiego punktu widzenia sądzenie jest równoczesne z uczynkiem.

Istnieje taka sama liczba przyczyn nie powstrzymania buntu Lucyfera w sposób arbitralny, które mogą być dla was częściowo zrozumiałe, jednak nie mam pozwolenia ich podawać. Mogę was poinformować, że na Uversie nauczamy o czterdziestu ośmiu przyczynach pozwolenia złu na pójście kompletnym cyklem swego własnego bankructwa moralnego i duchowego unicestwienia. Nie wątpię, że jest zgoła tyle samo dodatkowych przyczyn, mnie nieznanych.

6. TRYUMF MIŁOŚCI

Niezależnie od trudności, jakie mogą napotkać ewolucyjni śmiertelnicy, kiedy próbują zrozumieć bunt Lucyfera, dla wszystkich myślących refleksyjnie powinno być jasne, że metoda postępowania z buntownikami jest potwierdzeniem Boskiej miłości. Miłości pełne miłosierdzie, rozciągnięte na buntowników, wydaje się pogrążać wiele niewinnych istot w próbach i udrękach, ale wszystkie takie strapione osobowości spokojnie mogą liczyć na wszechmądrych Sędziów, gdy będzie osądzane ich przeznaczenie, zarówno w miłosierdziu jak i w sprawiedliwości.

W całym swym postępowaniu z istotami inteligentnymi, zarówno Syn Stwórca jak i jego Rajski Ojciec zdominowani są miłością. Niemożliwe jest zrozumienie wielu stadiów postawy władców wszechświata wobec buntowników i buntu – grzechu i grzeszników – bez przypomnienia sobie, że Bóg, jako Ojciec, bierze pierwszeństwo nad wszystkimi innymi stadiami przejawiania się Bóstwa w jego postępowaniu z tym, co boskie i z tym, co ludzkie. Należy także przypomnieć, że wszyscy Rajscy Synowie Stwórcy motywują się miłosierdziem.

Jeśli uczuciowy ojciec dużej rodziny zechce okazać miłosierdzie jednemu ze swych dzieci, winnemu poważnego wykroczenia, może tak być, że rozciągnięcie miłosierdzia na takie źle postępujące dziecko sprowadzi chwilową biedę na wszystkie inne i dobrze sprawujące się dzieci. Takie sytuacje są nieuniknione; takie ryzyko jest nieodłączne tej sytuacji, kiedy się ma kochającego rodzica i jest się członkiem grupy rodzinnej. Każdy członek rodziny czerpie korzyści z prawego postępowania każdego innego członka rodziny; tak samo każdy członek rodziny musi cierpieć bezpośrednie, czasowe konsekwencje złego postępowania każdego innego jej członka. Rodziny, grupy, narody, rasy, światy, systemy, konstelacje i wszechświaty są powiązane w zrzeszenia, które posiadają indywidualność; dlatego też każdy członek każdej takiej grupy, dużej czy małej, zbiera korzyści i cierpi konsekwencje dobrych i złych uczynków wszystkich innych członków danej grupy.

Należy jednak wyjaśnić jedną rzecz: jeżeli zmuszeni jesteście cierpieć złe konsekwencje grzechu jakiegoś członka waszej rodziny, jakiegoś brata-obywatela czy brata-śmiertelnika, nawet bunt w systemie czy gdziekolwiek indziej – bez znaczenia, co musicie znieść ze względu na złe postępowanie waszych towarzyszy, braci czy zwierzchników – możecie znaleźć pewne oparcie w wiecznej rękojmi, że takie udręki są nieszczęściami chwilowymi. Nic z takich wspólnych, grupowych konsekwencji złego zachowania nie może nigdy narazić na szwank waszych wiecznych perspektyw, czy w najmniejszym stopniu was pozbawić waszego boskiego prawa wznoszenia się do Raju i docierania do Boga.

Istnieje rekompensata za te próby, opóźnienia i rozczarowania, które nieodmiennie towarzyszą grzechowi i buntowi. Spośród wielu wartościowych reperkusji buntu Lucyfera, o których można wspomnieć, zwrócę uwagę na wzbogacenie doświadczenia tych wznoszących się śmiertelników, obywateli Jerusem, którzy przez opór stawiany sofistyce grzechu ustawili się w szeregu, wiodącym w przyszłości do tego, aby zostać Możnymi Posłańcami, braćmi z mojej własnej klasy. Każda istota, która przetrwała próbę zła, natychmiast awansuje w swym statusie administracyjnym i umacnia swą duchową wartość.

Z początku przewrót Lucyfera zdawał się być prawdziwą klęską dla systemu i dla wszechświata. Stopniowo zaczęły płynąć z niego korzyści. Gdy upłynęło dwadzieścia pięć tysięcy lat czasu systemu (dwadzieścia tysięcy lat czasu Urantii), Melchizedecy zaczęli nauczać, że dobro wynikające z ekstrawagancji Lucyfera wyrównało wyrządzone zło. Jak dotąd suma zła jest prawie stała, wzrasta tylko na pewnych odosobnionych światach, podczas gdy korzystne reperkusje wciąż się mnożą i szerzą po całym wszechświecie i superwszechświecie, aż do Havony. Teraz Melchizedecy nauczają, że dobro wynikłe z buntu w Satanii przekracza ponad tysiąckrotnie sumę całego zła.

Jednak tak nadzwyczajne i korzystne żniwo złych uczynków mogło być spowodowane tylko mądrą, boską i miłosierną postawą wszystkich zwierzchników Lucyfera, od Ojców Konstelacji na Edentii do Ojca Wszechświatowego w Raju. Upływ czasu umocnił dobro, wynikłe z ekstrawagancji Lucyfera; a ponieważ zło, które ma zostać ukarane, wykształciło się raczej całkowicie w relatywnie krótkim czasie, wygląda na to, że wszechmądrzy i dalekowzroczni władcy wszechświata z pewnością przedłużą czas zbioru coraz korzystniejszych wyników. Niezależnie od wielu dodatkowych przyczyn opóźnienia aresztowania i osądzenia buntowników z Satanii, ten jeden zysk powinien wystarczać, aby wyjaśnić, dlaczego ci grzesznicy nie zostali wcześniej internowani i dlaczego nie byli osądzeni i zlikwidowani.

Krótkowzroczne i ograniczone czasem umysły śmiertelników powinny się powstrzymać przed krytykowaniem opóźnień czasowych dalekowzrocznych i wszechmądrych administratorów wszechświata.

Jednym z błędów ludzkiego myślenia w tej materii jest mniemanie, że na rozwijającej się planecie wszyscy ewolucyjni śmiertelnicy postanowiliby wyruszyć w drogę do Raju, gdyby ich świat nie był przeklęty grzechem. Możliwość rezygnacji z wiecznego życia nie datuje się od czasów buntu Lucyfera. Śmiertelny człowiek zawsze posiadał możliwość wyboru wyruszenia do Raju, kierując się wolną wolą.

Gdy po przeżyciu śmierci będziecie się wznosić, będziecie poszerzać wasze idee wszechświata i rozwijać wasz horyzont znaczeń i wartości; tak więc będziecie mogli lepiej zrozumieć, dlaczego istotom takim jak Lucyfer i Szatan pozwala się kontynuować bunt. Zrozumiecie także lepiej, w jaki sposób ostateczne (jeśli nie bezpośrednie) dobro może zostać wyprowadzone z ograniczonego czasem zła. Po dotarciu do Raju, będziecie prawdziwie oświeceni i pocieszeni, słuchając superaficznych filozofów omawiających i wyjaśniających te głębokie problemy wszechświatowych adaptacji. Wątpię jednak, czy nawet wtedy będziecie w pełni usatysfakcjonowani we własnych umysłach. Przynajmniej ja nie byłem, nawet, gdy osiągnąłem wtedy punkt kulminacyjny filozofii wszechświatowej. Nie zdołałem zrozumieć w pełni tych zawiłości, zanim nie zostałem przydzielony do administracyjnych obowiązków superwszechświata, gdzie poprzez faktyczne doświadczenie nabyłem konceptualnej zdolności pojmowania tak wielostronnych problemów kosmicznej sprawiedliwości i duchowej filozofii. W miarę wznoszenia się do Raju, będziecie coraz lepiej rozumieć, że wiele problematycznych aspektów administracji wszechświatowej można pojąć dopiero po wzbogaceniu zasobów empirycznych i po nabyciu poszerzonej wnikliwości duchowej. Kosmiczna mądrość potrzebna jest do zrozumienia kosmicznych sytuacji.

[Przedstawione przez Możnego Posłańca, który osobiście przeżył pierwszy bunt systemu we wszechświatach czasu, przydzielonego teraz do rządu superwszechświata Orvontonu i działającego na żądanie Gabriela z Salvingtonu].

PRZEKAZ 55

SFERY ŚWIATŁOŚCI I ŻYCIA

EPOKA światłości i życia jest końcowym, ewolucyjnym osiągnięciem świata czasu i przestrzeni. Od wczesnych dni człowieka prymitywnego, zamieszkały świat przechodzi kolejne epoki planetarne – epoki przed i po Księciu Planetarnym, epokę poadamiczną, epokę po Synu-Arbitrze i epokę po Synu obdarzającym. I wtedy taki świat jest gotowy do szczytu sukcesów ewolucyjnych, do stabilnego stanu światłości i życia, osiągniętego dzięki kolejnym misjom planetarnych Nauczycieli-Synów Trójcy, razem z ich coraz bardziej zaawansowanymi objawieniami boskiej prawdy i kosmicznej mądrości. Kiedy Nauczyciele-Synowie zapoczątkowują końcową epokę planetarną, zawsze korzystają z pomocy Gwiazd Błyszczących Wieczornych a czasem Melchizedeków.

Epoka światłości i życia, zaprowadzona przez Nauczycieli-Synów na koniec ich ostatniej misji planetarnej, trwa na światach zamieszkałych przez czas nieokreślony. Każde kolejne, zaawansowane stadium stabilnego statusu, może być podzielone przez czynności sędziowskie Synów-Arbitrów na kolejne systemy sprawiedliwości; jednak wszystkie takie czynności sędziowskie są czysto formalne; nie modyfikują one w żaden sposób biegu wydarzeń planetarnych.

Ciągły byt zapewniony mają tylko te planety, które istnieją w głównych obwodach superwszechświata, lecz tak dalece jak się orientujemy, przeznaczeniem światów ustanowionych w światłości i życiu jest posuwanie się naprzód przez wieczne epoki całego czasu przyszłego.

Epoka światłości i życia ma siedem stadiów rozwoju na świecie ewolucyjnym i w związku z tym należy odnotować, że światy śmiertelników zespalających się z Duchem rozwijają się po linii identycznej z tymi światami, na których się zespalają z Dostrajaczem. Siedem stadiów światłości i życia to:

1. Stadium pierwsze albo planetarne.
2. Stadium drugie albo systemu.
3. Stadium trzecie albo konstelacji.
4. Stadium czwarte albo wszechświata lokalnego.
5. Stadium piąte albo sektora mniejszego.

6. Stadium szóste albo sektora większego.
7. Stadium siódme albo superwszechświata.

Podsumowując tę charakterystykę, stadia zaawansowanego rozwoju określane są tak, jak odnoszą się do organizacji wszechświata, ale planetarne wartości każdego stadium mogą być osiągnięte przez jakikolwiek świat zupełnie niezależnie od rozwoju innych światów, czy też nadplanetarnych poziomów administracji wszechświata.

1. ŚWIĄTYNIA MORONTIALNA

Istnienie świątyni morontialnej, w stolicy zamieszkałego świata, jest poświadczeniem przyjęcia takiej sfery do stabilnej epoki światłości i życia. Zanim Nauczyciele-Synowie opuszczą świat, na koniec swej ostatniej misji, zapoczątkowują końcową epokę osiągnięć ewolucyjnych; sprawują nadzór tego dnia, kiedy „święta świątynia schodzi na ziemię". Wydarzenie to, uświetniające świt epoki światłości i życia, zawsze zaszczycone jest osobistą obecnością Rajskiego Syna obdarzającego taką planetę, który przybywa, żeby być świadkiem tego wielkiego dnia. Oto jest świątynia, niezrównanego piękna, obdarzający Syn z Raju ogłasza dawnego Księcia Planetarnego nowym Władcą Planetarnym i daje takiemu wiernemu Synowi Lanonandekowi nową moc i poszerzoną władzę nad sprawami planetarnymi. Przybywa wtedy również Władca Systemu i przemawia, potwierdzając te obwieszczenia.

Świątynia morontialna składa się z trzech części. W samym centrum jest sanktuarium Rajskiego Syna obdarzającego. Po prawej jest miejsce byłego Księcia Planetarnego a teraz Władcy Planetarnego; Syn Lanonandek, kiedy przebywa w świątyni, widzialny jest dla bardziej duchowych jednostek domeny. Po lewej jest miejsce dla pełniącego obowiązki szefa finalistów, przydzielonych do planety.

Chociaż mówi się o świątyni planetarnej jako „schodzącej z nieba", w rzeczywistości żaden materiał nie jest sprowadzany z zarządu systemu. Architektura każdej świątyni wypracowywana jest w miniaturze, w stolicy systemu, a Nadzorcy Mocy Morontialnej dostarczają potem na planetę te zatwierdzone plany. Tutaj, we współpracy z Nadrzędnymi Kontrolerami Fizycznymi, prowadzą budowę świątyni morontialnej zgodnie z dokumentacją.

Przeciętna świątynia morontialna może pomieścić około trzystu tysięcy widzów. Budowli tych nie używa się do czczenia, zabawy czy odbioru transmisji; poświęcone są one specjalnym uroczystościom planetarnym, takim jak: porozumiewanie się z Władcą Systemu czy z Najwyższymi Ojcami, specjalne ceremonie wizualizacji, których celem jest ukazanie postaci istot duchowych, jak również cichym kontemplacjom kosmicznym. Szkoły filozofii kosmicznej prowadzą tutaj swe praktyki dyplomowe i tutaj śmiertelnicy z danej domeny otrzymują planetarne dowody uznania za najwyższe osiągnięcia w służbie społecznej i za inne wybitne sukcesy.

Świątynia morontialna służy także za miejsce zgromadzeń obserwujących transponowanie żywych śmiertelników do egzystencji morontialnej. Dzieje się tak dlatego, że świątynia transponowania zrobiona jest z materiału morontialnego, którego nie niszczy płonąca chwała trawiącego ognia, tak całkowicie unicestwiającego fizyczne ciała tych śmiertelników, którzy doświadczają wtedy ostatecznego zespolenia ze swymi Boskimi Dostrajaczami. Na dużych światach takie płomienie odlotu płoną prawie nieustannie, a gdy liczba transponowań się zwiększa, dostarcza się do różnych rejonów planety pomocniczych świątyń życia morontialnego. Niedawno przebywałem na świecie, na dalekiej północy, gdzie funkcjonowało dwadzieścia pięć świątyń morontialnych.

Na nie ustabilizowanych jeszcze światach, na planetach bez świątyń morontialnych, takie płomienie zespolenia pojawiają się wielokrotnie w atmosferze planetarnej, gdzie materialne ciało kandydata do zespolenia wynoszone jest przez istoty pośrednie i kontrolerów fizycznych.

2. ŚMIERĆ A TRANSPONOWANIE

Naturalna, cielesna śmierć, nie jest nieunikniona dla człowieka. Większość zaawansowanych istot ewolucyjnych, obywateli światów w końcowej epoce światłości i życia, nie umiera; są transponowani bezpośrednio z życia w ciele do bytu morontialnego.

Doświadczenie transponowania z życia materialnego do stadium morontialnego – zespolenie nieśmiertelnej duszy z zamieszkującym ją Dostrajaczem – zdarza się coraz częściej, proporcjonalnie do ewolucyjnego rozwoju planety. Z początku, w każdej epoce tylko kilku śmiertelników osiąga poziomy duchowego rozwoju odpowiednie do transponowania, jednak z nadejściem kolejnych epok Nauczycieli-Synów, pojawia się coraz więcej zespoleń z Dostrajaczem, przed zakończeniem coraz dłuższego życia takich, rozwijających się śmiertelników; a przed końcową misją Nauczycieli-Synów w przybliżeniu jedna czwarta doskonałych śmiertelników uwolniona jest od naturalnej śmierci.

W późniejszej epoce światłości i życia, istoty pośrednie oraz ich towarzysze wyczuwają zbliżające się, prawdopodobne zjednoczenie duszy z Dostrajaczem i informują o tym opiekunów przeznaczenia, którzy z kolei powiadamiają o tych sprawach grupę finalistów, pod których jurysdykcją śmiertelnik ten działa; potem Władca Planetarny wystosowuje wezwanie do takiego śmiertelnika, ażeby zakończył wszelkie obowiązki planetarne, pożegnał się ze światem swego pochodzenia i udał się do wewnętrznej świątyni Władcy Planetarnego, i tam oczekiwał morontialnego przejścia, błysku transponowania z materialnej domeny ewolucyjnej do morontialnego poziomu rozwoju przedduchowego.

Kiedy rodzina, przyjaciele i grupa współpracowników takiego kandydata do zespolenia zbierają się w świątyni morontialnej, rozmieszczają się wokół centralnej sceny, na której spoczywają kandydaci do zespolenia i rozmawiają w międzyczasie swobodnie ze zgromadzonymi przyjaciółmi. Niebiańskie osobowości ustawione są w okręgu, żeby zabezpieczyć materialnych śmiertelników przed działaniem energii, przejawiających się w nagłym „błysku życia", który wyzwala kandydata do wznoszenia się z więzów ciała materialnego, czyniąc tym samym dla ewolucyjnego śmiertelnika wszystko to, co naturalna śmierć czyni dla tych, którzy zostają jej sposobem wyzwoleni z ciała.

W obszernej świątyni może gromadzić się równocześnie wielu kandydatów do zespolenia. I cóż to za wspaniała uroczystość, kiedy zbierają się śmiertelnicy, aby oglądać wznoszenie się swych bliskich w duchowych płomieniach i jaki to kontrast w porównaniu z wcześniejszymi epokami, kiedy to śmiertelnicy muszą oddawać swych zmarłych w objęcia ziemskich żywiołów! Sceny płaczu i zawodzenia, tak charakterystyczne dla *wcześniejszych epok ludzkiej* ewolucji, zastępuje teraz ekstatyczna radość i najwznioślejszy entuzjazm, kiedy rozpoznający Boga śmiertelnicy żegnają na krótko swych ukochanych i wyzwalają się ze związków z materią dzięki konsumującym ogniom duchowej wspaniałości i chwały wznoszenia się. Na światach ustanowionych w światłości i życiu, „pogrzeby" są okazją do najwyższej radości, głębokiego zadowolenia i niewypowiedzianej nadziei.

Dusze tych zaawansowanych śmiertelników są coraz głębiej przepełnione wiarą, nadzieją i pewnością. Nastrój, przepełniający zgromadzonych wokół przybytku transponowania, przypomina tę okoliczność, kiedy radośni przyjaciele i krewni zbiorą się na czyjejś uroczystości ukończenia studiów, albo kiedy się zgromadzą, aby być świadkami nadania komuś jakiegoś wielkiego odznaczenia. Byłoby niezmiernie użyteczne, gdyby mniej zaawansowani śmiertelnicy nauczyli się traktować naturalną śmierć z czymś w rodzaju tej samej radości i wesołości.

Po błysku zespolenia, przyglądający się temu śmiertelnicy nie zobaczą nawet śladu po swych transponowanych towarzyszach. Taka transponowana dusza podąża, niesiona przez Dostrajacza, bezpośrednio do hali zmartwychwstania odpowiedniego świata szkolenia morontialnego. Transponowania żywych istot ludzkich do świata morontialnego nadzorowane są przez archanioła, przydzielonego światu w tym dniu, w którym został on ustanowiony w światłości i życiu.

W tym czasie, kiedy świat wchodzi w czwarte stadium światłości i życia, ponad połowa śmiertelników opuszcza planetę przez transponowanie spośród żywych. To zanikanie śmierci trwa nieustannie, ale nie znam takiego systemu, gdzie światy zamieszkałe, nawet dawno ustanowione w światłości i życiu, byłyby zupełnie wolne od naturalnej śmierci, jako metody ucieczki z więzów ciała. I zanim taki wysoki status ewolucji planetarnej zostanie powszechnie osiągnięty, morontialne światy szkoleniowe wszechświata lokalnego wciąż muszą służyć za sfery edukacyjne i kulturowe dla rozwijających się, zaawansowanych w morontii istot. Eliminacja śmierci teoretycznie jest możliwa, ale według moich spostrzeżeń nie zdarzyło się to jeszcze. Być może taki status może zostać osiągnięty podczas odległych, kolejnych epok siódmego stadium stabilnego życia planetarnego.

Transponowane dusze, z kwitnących epok stabilnych sfer, nie przechodzą przez światy-mieszkania. Nie pozostają też jako studenci, na światach morontialnych systemu czy konstelacji. Nie przechodzą żadnych wczesnych stadiów życia morontialnego. Są jedynymi wznoszącymi się śmiertelnikami, którzy nieomal nie doznają przemiany morontialnej, na drodze od bytu materialnego do stanu częściowo duchowego. Wstępna praktyka takich, *przejętych przez Syna* śmiertelników, na ich drodze wznoszenia się, odbywa się w służbach światów rozwojowych w zarządzie wszechświata. I ze światów nauczających Salvingtonu udają się oni z powrotem, jako nauczyciele, do tych właśnie światów, które ominęli; później idą do wewnątrz, do Raju, ustaloną drogą wznoszenia się śmiertelnika.

Gdybyście tylko mogli odwiedzić planetę w zaawansowanym stadium rozwoju, zaraz zrozumielibyście przyczyny zróżnicowanego przyjmowania wznoszących się śmiertelników, w mieszkaniach i na wyższych światach morontialnych. Zrozumielibyście z łatwością, że istoty przybywające z tak bardzo zaawansowanych sfer, przygotowane są do rozpoczęcia swego wznoszenia się do Raju daleko lepiej, niż przeciętny śmiertelnik, przybywający ze zdezorganizowanego i opóźnionego świata, takiego jak Urantia.

Nie ma znaczenia, z jakiego poziomu planetarnych osiągnięć mogą się wznosić istoty ludzkie do światów morontialnych; siedem sfer mieszkań daje im wystarczające możliwości zdobycia wszystkiego tego, przez doświadczenie w charakterze nauczycieli-studentów, przez co nie przeszli ze względu na zaawansowany status swych rodzimych planet.

Wszechświat nieodmiennie stosuje takie metody wyrównawcze, ażeby mieć pewność, że żadna wznosząca się istota nie będzie pozbawiona czegokolwiek niezbędnego w doświadczeniu wznoszenia się.

3. ZŁOTY WIEK

W tej epoce światłości i życia świat prosperuje coraz lepiej pod ojcowskimi rządami Władcy Planetarnego. W tym czasie światy posuwają się naprzód pod wpływem tego rozmachu, jaki im daje jeden język, jedna religia a na normalnych sferach, jedna rasa. Jednak epoka ta nie jest doskonała. Światy te nadal mają dobrze urządzone szpitale, domy opieki nad chorymi. Wciąż istnieją problemy opieki nad ludźmi z uszkodzeniami powypadkowymi oraz nieuniknionymi słabościami, towarzyszącymi nieudolności starszego wieku oraz dolegliwościom starczym. Choroby nie zostały całkowicie zwalczone, ani też zwierzęta ziemskie doskonale poskromione; jednak w porównaniu z wczesnym okresem człowieka prymitywnego, z epoki przed Księciem Planetarnym, światy takie przypominają Raj. Odruchowo określilibyście taką domenę – gdybyście nagle zostali przeniesieni na planetę w tym stadium rozwoju – jako niebo na Ziemi.

Rząd ludzki nadal funkcjonuje, kierując sprawami materialnymi w takiej epoce względnego postępu i doskonałości. Działalność publiczna na świecie, znajdującym się w pierwszym stadium światłości i życia, który niedawno odwiedziałem, finansowana była metodą podatku dziesiętnego. Każdy dorosły pracownik – i wszyscy zdrowi obywatele zajmujący się działalnością zarobkową – płacili dziesięć procent dochodu lub zysku do kasy publicznej, co wydawano następująco:

1. Trzy procent wydawano na popieranie prawdy – nauki, edukacji i filozofii.
2. Trzy procent poświęcano pięknu – zabawie, zbiorowej rozrywce i sztuce.
3. Trzy procent ofiarowano dobroci – służbie społecznej, altruizmowi i religii.
4. Jeden procent przeznaczano na rezerwy ubezpieczeniowe, na wypadek niezdolności do pracy wskutek wypadku, choroby, wieku czy niemożliwego do uniknięcia nieszczęścia.

Zasoby naturalne planety zarządzane były jako mienie społeczne, wspólna własność.

Najwyższym odznaczeniem, nadawanym obywatelowi na tym świecie, jest order „najwyższej służby", będący jedynym rodzajem uznania przyznawanym w świątyni morontialnej. Taki dowód uznania nadawany jest tym, którzy długo wyróżniali się w jakimś stadium odkryć nadmaterialnych, czy też w planetarnej służbie społecznej.

Większość pozycji społecznych i administracyjnych zajmowana jest wspólnie, przez mężczyzn i kobiety. Większość nauczania też prowadzona jest wspólnie; jak również wszystkie odpowiedzialne stanowiska sądowe prowadzone są podobnie, przez współpracujące pary.

Na tych wspaniałych światach okresu rodzenia dzieci nie odwleka się zbytnio. Nie jest zbyt dobrze, kiedy jest duża różnica wieku u dzieci w rodzinie. Dzieci, gdy są zbliżone do siebie wiekowo, potrafią lepiej pomagać sobie we wzajemnym nauczaniu. I na tych światach są one doskonale nauczane, dzięki konkurencyjnemu systemowi gorliwych wysiłków w zaawansowanych dziedzinach i kategoriach rozmaitych osiągnięć, w dążeniu do opanowywania prawdy, piękna i dobroci. Niech was nie trwoży, że nawet na takich, gloryfikowanych sferach, występuje sporo zła, prawdziwego i potencjalnego, które stymuluje wybór pomiędzy prawdą i błędem, dobrem i złem, grzechem i prawością.

Tym niemniej zawsze istnieje pewna, nieunikniona cena, którą trzeba zapłacić za śmiertelny byt na tak zaawansowanych planetach ewolucyjnych. Kiedy stabilny świat rozwija się poza trzecie stadium światłości i życia, wszystkie istoty wznoszące się z tego świata muszą dostać jakiś rodzaj krótkotrwałego przydziału na planecie, przechodzącej wczesne stadia ewolucji, zanim dotrą do mniejszego sektora.

Każda z upływających epok charakteryzuje się zaawansowanymi zdobyczami we wszystkich stadiach planetarnych osiągnięć. We wstępnej epoce światłości, objawienie prawdy zostaje poszerzone do stopnia obejmującego działalność wszechświata wszechświatów, podczas gdy w drugiej epoce badanie Bóstwa jest próbą zrozumienia różnorodnych koncepcji natury, misji, służby, związków, pochodzenia i przeznaczenia Synów Stwórców – pierwszego poziomu Boga Siedmiorakiego.

Planeta wielkości Urantii, gdy odpowiednio ustabilizowana, może posiadać około stu mniejszych centrów administracyjnych. Takie niższe centra mogą być kierowane przez jedną z następujących grup wykwalifikowanych administratorów:

1. Młodzi Materialni Synowie i Materialne Córki, sprowadzeni z zarządu systemu, aby działali jako asystenci rządzącego Adama i Ewy.
2. Potomstwo częściowo śmiertelnego personelu Księcia Planetarnego, które spłodzone zostaje na pewnych światach, dla pełnienia takich i im podobnych funkcji.
3. Bezpośrednie, planetarne potomstwo Adama i Ewy.
4. Zmaterializowane i uczłowieczone istoty pośrednie.
5. Śmiertelnicy zespoleni z Dostrajaczem, którzy na swą własną prośbę zostali tymczasowo zwolnieni od transponowania, zarządzeniem Uosobionego Dostrajacza, wszechświatowego szefa tej klasy, aby mogli pozostać na planecie na pewnych ważnych stanowiskach administracyjnych.
6. Specjalnie szkoleni śmiertelnicy, absolwenci planetarnych szkół administracji, którzy także otrzymali ze świątyni morontialnej polecenie pełnienia najwyższej służby.
7. Pewne obieralne komisje, złożone z trzech odpowiednio wykwalifikowanych obywateli, którzy czasami są wybrani przez społeczeństwo, zgodnie z ich specjalnymi zdolnościami, według wskazówek Władcy Planetarnego, aby pełnili pewne specyficzne zadania, niezbędne w danym sektorze planetarnym.

Wielka przeszkoda, która uniemożliwia Urantii osiągnięcie wysokiego, planetarnego przeznaczenia światłości i życia, polega na problemach chorób, degeneracji, wojen, wielokolorowych ras i istnieniu wielu języków.

Żaden świat ewolucyjny nie może się spodziewać, że przekroczy próg pierwszego stadium stabilizacji w światłości i życiu, zanim nie posiądzie jednego języka, jednej religii i jednej filozofii. Istnienie jednej tylko rasy znacznie ułatwia takie osiągnięcia, tym niemniej istnienie wielu narodów na Urantii nie wyklucza ich wkroczenia na wyższe stadia bytu.

4. PRZEMIANY ADMINISTRACYJNE

Światy zamieszkałe robią znaczne postępy w kolejnych stadiach stabilnej egzystencji, pod mądrym i wyrozumiałym kierownictwem ochotniczego Korpusu Finalizmu, czyli tych wznoszących się istot, które dotarły do Raju i wróciły, aby służyć swym braciom w ciele. Finaliści tacy współpracują z Nauczycielami-Synami Trójcy, jednak nie zaczynają rzeczywiście uczestniczyć w sprawach światowych, zanim na planecie nie pojawi się świątynia morontialna.

Gdy Korpus Finalizmu formalnie zaczyna swą służbę planetarną, odchodzi z planety większość zastępów niebiańskich. Jednak seraficzni opiekunowie przeznaczenia wciąż służą śmiertelnikom postępującym w światłości; w rzeczywistości, w czasie ustabilizowanych epok, aniołowie ci przybywają w coraz większych ilościach, ponieważ coraz większe grupy istot ludzkich osiągają trzeci kosmiczny krąg koordynujących osiągnięć śmiertelnika w okresie życia na planecie.

Jest to zaledwie pierwsza z wielu kolejnych modyfikacji administracyjnych, związanych z rozwijającymi się, kolejnymi epokami coraz świetniejszych osiągnięć na światach zamieszkałych, kiedy posuwają się one od pierwszego do siódmego stadium stabilnego bytu.

1. *Pierwsze stadium światłości i życia.* W tym wstępnym, stabilnym stadium, świat rządzony jest przez trzech władców:
   a. Władca Planetarny, korzystający teraz z rady doradcy, Nauczyciela-Syna Trójcy, najprawdopodobniej szefa ostatniego korpusu tych Synów, działających na planecie.
   b. Szef planetarnego korpusu finalistów.
   c. Adam i Ewa, którzy wspólnie działają jako unifikatorzy podwójnego kierownictwa, Księcia-Władcy i szefa finalistów.

Wzniosłe i wyzwolone istoty pośrednie działają jako tłumacze dla opiekunów seraficznych i finalistów. Jedną z ostatnich funkcji Nauczycieli-Synów Trójcy, którą pełnią podczas swej końcowej misji, jest wyzwolenie pośrednich danej domeny i awansowanie ich (lub przywrócenie) do zaawansowanego statusu planetarnego, wraz z przydzieleniem im odpowiedzialnych funkcji w nowej administracji stabilnej sfery. Wzrok ludzki zmienia się teraz tak bardzo, że śmiertelnicy mogą rozpoznać tych, swoich jak dotąd niewidzialnych kuzynów z wczesnych rządów adamicznych. Jest to możliwe dzięki końcowym odkryciom nauk fizycznych, w powiązaniu z szerszym, planetarnym funkcjonowaniem Nadrzędnych Kontrolerów Fizycznych.

Władca Systemu jest kompetentny zwolnić istoty pośrednie, w dowolnym czasie po osiągnięciu pierwszego stabilnego stadium, tak, że mogą się one uczłowieczyć w morontii, z pomocą Nosicieli Życia i kontrolerów fizycznych i po otrzymaniu Dostrajaczy Myśli, zacząć się wznosić do Raju.

W stadium trzecim i stadiach następnych nadal działa trochę pośrednich, głównie jako osobowości łącznikowe dla finalistów, jednak wraz z rozpoczęciem każdego kolejnego stadium światłości i życia, nowe klasy służb łącznikowych w znacznej mierze zastępują pośrednich; generalnie, bardzo niewielu z nich pozostaje po czwartym stadium światłości. Ze stadium siódmym związane jest przybycie z Raju pierwszych służb absonicznych, aby służyły zamiast pewnych istot wszechświatowych.

2. *Drugie stadium światłości i życia.* Znamienną cechą tej epoki jest przybycie Nosiciela Życia, który zostaje doradcą-ochotnikiem władców planetarnych, pomagając im w ich dalszych próbach oczyszczenia i stabilizacji gatunku ludzkiego. Tym samym Nosiciele Życia biorą teraz aktywny udział w dalszej ewolucji gatunku ludzkiego – fizycznie, społecznie i ekonomicznie. Potem rozciągają swój nadzór nad dalszym oczyszczaniem gatunku ludzkiego, poprzez drastyczną eliminację jednostek opóźnionych oraz wciąż istniejących resztek gorszego potencjału natury intelektualnej, filozoficznej, kosmicznej i duchowej. Ci, co zaplanowali i zaszczepili życie na zamieszkałym świecie, są w pełni kompetentni, aby doradzać w tych sprawach Materialnym Synom i Córkom, mającym pełne i niekwestionowane prawo oczyszczenia rozwijającego się gatunku ludzkiego ze wszelkich szkodliwych wpływów.

Począwszy od drugiego stadium istnienia stabilnych planet, Nauczyciele Synowie służą jako doradcy finalistów. Na takiej misji służą jako ochotnicy a nie na zasadzie przydziału; a służą wyłącznie z korpusem finalistów, za wyjątkiem tego, że za zgodą Władcy Systemu, mogą zostać doradcami Planetarnego Adama i Planetarnej Ewy.

3. *Trzecie stadium światłości i życia.* W tej epoce światy zamieszkałe na nowo doceniają wartość Pradawnych Czasu, drugiego stadium Boga Siedmiorakiego, a reprezentanci tych władców superwszechświata nawiązują nowe stosunki z administracją planetarną.

W każdej kolejnej epoce stabilnego bytu funkcje finalistów ulegają dalszemu rozszerzeniu. Istnieje bliski, roboczy związek pomiędzy finalistami, Gwiazdami Wieczornymi (superaniołami) i Nauczycielami-Synami Trójcy.

W tej czy następnej epoce, Nauczyciel-Syn, w asyście czwórki usługujących duchów, zostaje przydzielony do obieralnego, śmiertelnego, głównego administratora, który teraz nawiązuje kontakty z Władcą Planetarnym, jako wspólny administrator świata. Tacy główni administratorzy, śmiertelnicy, służą przez dwadzieścia pięć lat czasu planetarnego i właśnie ten nowy układ daje Planetarnemu Adamowi i Planetarnej Ewie możliwość zwolnienia ich w następnych epokach ze świata ich długiej misji.

W skład czwórki duchów usługujących wchodzi: serafficzny szef sfery, sekorafficzny doradca z superwszechświata, archanioł od transponowań i omniafin, który działa jako osobisty reprezentant Przydzielonego Strażnika, przebywającego w zarządzie systemu. Jednak ci doradcy nigdy nie proponują rady, jeśli nie są o nią proszeni.

4. *Czwarte stadium światłości i życia.* Nauczyciele-Synowie Trójcy pojawiają się teraz na tych światach w nowej roli. Przybywają jako ochotnicy, doradcy i konsultanci Władców Planetarnych i ich towarzyszy a pomagają im synowie utrójcowieni przez stworzonych, tak długo związani z ich klasą. Pary takie – synowie utrójcowieni przez istoty z Raju-Havony i synowie utrójcowieni przez istoty wznoszące się – reprezentują odmienne wszechświatowe punkty widzenia i różnorodne, osobiste doświadczenia, które są bardzo przydatne planetarnym władcom.

W dowolnym czasie po tej epoce, Planetarny Adam i Planetarna Ewa mogą wnieść petycję do Władcy-Syna Stwórcy o zwolnienie z obowiązków planetarnych, aby się mogli zacząć wznosić do Raju; ewentualnie mogą pozostać na planecie, jako szefowie powstającego porządku coraz bardziej duchowego społeczeństwa, złożonego z zaawansowanych śmiertelników, usiłujących zrozumieć filozoficzne nauki finalistów, jak są one przedstawiane przez Gwiazdy Błyszczące Wieczorne, przydzielone teraz do takich światów w parach z sekonafinami z zarządu superwszechświata.

Finaliści zajmują się teraz głównie inicjowaniem nowych, nadmaterialnych funkcji społeczeństwa – społecznych, kulturalnych, filozoficznych, kosmicznych i duchowych. Tak dalece, jak się orientujemy, będą oni nadal sprawować tę służbę daleko w siódmą epokę ewolucyjnej stabilizacji, kiedy to ewentualnie mogą iść służyć w przestrzeni zewnętrznej; po czym, jak przypuszczamy, ich miejsce może zostać przejęte przez absoniczne istoty z Raju.

5. *Piąte stadium światłości i życia.* Adaptacje tego stadium stabilnego bytu odnoszą się prawie zupełnie do domen materialnych a zajmują się nimi zasadniczo Nadrzędni Kontrolerzy Fizyczni.

6. *Szóste stadium światłości i życia* wiąże się z rozwojem nowych funkcji w obwodach umysłowych danej domeny. Wygląda na to, że mądrość kosmiczna staje się czynnikiem składowym wszechświatowej służby umysłu.

7. *Siódme stadium światłości i życia.* We wczesnym stadium siódmej epoki działalności Nauczycieli-Synów Trójcy, do doradcy Władcy Planetarnego przyłącza się ochotnik, konsultant, przysłany przez Pradawnych Czasu, a później pomaga im trzeci doradca, przybywający od Najwyższego Wykonawcy superwszechświata.

W tej epoce, jeśli nie wcześniej, Adam i Ewa są zawsze zwalniani z obowiązków planetarnych. Jeśli w korpusie finalistów jest Syn Materialny, może on współpracować z głównym administratorem, śmiertelnikiem, a czasami zgłasza się Melchizedek, aby ochotniczo działać na tym stanowisku. Jeśli wśród finalistów jest pośredni, wszystkie istoty tej klasy pozostające na planecie są natychmiast zwalniane.

Planetarny Adam i Ewa mogą wybrać następujące misje, po uzyskaniu zwolnienia z ich epokowego zadania:

1. Mogą zyskać zwolnienie z planety i z zarządu wszechświata zacząć kroczyć rajską drogą, otrzymując Dostrajacze Myśli na koniec doświadczenia morontialnego.
2. Bardzo często Planetarny Adam i Planetarna Ewa mogą dostać Dostrajacze jeszcze wtedy, kiedy służą na świecie ustanowionym w światłości, razem z otrzymaniem Dostrajaczy przez niektóre z ich dzieci w linii prostej, które przybyły, aby służyć na planecie określony czas. Następnie mogą się udać do zarządu wszechświata i stamtąd iść do Raju.
3. Planetarny Adam i Planetarna Ewa mogą zechcieć – jak to czynią Materialni Synowie i Materialne Córki ze stolicy systemu – udać się na krótki pobyt bezpośrednio do świata midsonicznego i otrzymać tam Dostrajacze.
4. Mogą zechcieć wrócić do zarządu systemu i zająć tam chwilowo miejsca w najwyższym sądzie, po której to służbie otrzymają Dostrajacze i zaczynają się wznosić do Raju.
5. Mogą zechcieć wrócić od swych obowiązków administracyjnych z powrotem do rodzimego świata jako tymczasowi nauczyciele, aby zamieszkał ich Dostrajacz podczas przenosin do zarządu wszechświata.

We wszystkich tych epokach, Materialni Synowie i Materialne Córki, przybywając na planetę z pomocą, wywierają ogromny wpływ na rozwijający się porządek społeczny i ekonomiczny. Są oni potencjalnie nieśmiertelni, przynajmniej do tego czasu, gdy zechcą się uczłowieczyć, otrzymać Dostrajacze i wyruszyć do Raju.

Aby otrzymać Dostrajacza Myśli na światach ewolucyjnych, istota musi się uczłowieczyć. Wszyscy wzniośli członkowie Korpusu Finalistów-Śmiertelników byli zamieszkani przez Dostrajacze i z nimi zespoleni, za wyjątkiem serafinów, których zamieszkuje Ojciec podczas zamustrowania do korpusu, dzięki innemu rodzajowi ducha.

5. PUNKT KULMINACYJNY ROZWOJU MATERIALNEGO

Istoty śmiertelne, żyjące na dotkniętym grzechem, zdominowanym przez zło, samolubnym, odizolowanym świecie – takim jak Urantia – raczej nie mogą pojąć doskonałości materialnej, osiągnięć intelektualnych i rozwoju duchowego, jaki charakteryzuje zaawansowane epoki ewolucyjne na bezgrzesznej sferze.

Zaawansowane stadia świata, ustanowionego w światłości i życiu, reprezentują punkt kulminacyjny ewolucyjnego rozwoju materialnego. Na tak ukształtowanych światach zanika próżniactwo i utarczki wcześniejszych, prymitywnych epok. Przestało istnieć ubóstwo i nierówność społeczna, znikła degeneracja a przewinienia zdarzają się rzadko. Choroby umysłowe praktycznie przestały istnieć a ociężałość umysłowa jest rzadkością.

Status ekonomiczny, społeczny i administracyjny takich światów jest wysokiej i zaawansowanej klasy. Kwitnie nauka, sztuka i przemysł a społeczeństwo jest sprawnie funkcjonującym mechanizmem, o wysokich osiągnięciach materialnych, intelektualnych i kulturalnych. Wytwórczość została w znacznym stopniu ukierunkowana na zaspokajanie wyższych celów tak znakomitej cywilizacji. Życie ekonomiczne takiego świata stało się etyczne.

Wojna stała się sprawą historii i nie ma już wojska ani policji. Rząd powoli zanika. Samokontrola prowadzi powoli do tego, że prawa regulujące ludzkie postępowanie stają się przestarzałe. W przejściowym stanie zaawansowanej cywilizacji, wielkość rządu państwowego i ilość ustawowych przepisów jest odwrotnie proporcjonalna do moralności i duchowości obywateli.

Szkoły są bardzo zaawansowane i poświęcone kształceniu umysłu oraz rozwojowi duszy. Centra sztuki są wspaniałe a organizacje muzyczne znakomite. Świątynie – miejsca czczenia – wraz z towarzyszącymi im szkołami filozofii i religii empirycznej, są budowlami majestatycznymi i pięknymi. Amfiteatry na wolnym powietrzu, poświęcone zgromadzeniom religijnym, są również wysublimowane w swej artystycznej prostocie.

Miejsca przeznaczone na gry konkurencyjne, humor oraz inne dziedziny osiągnięć osobistych i grupowych, są obszerne i adekwatne. Szczególną cechą działalności konkurencyjnej, na takich światach o wysokiej kulturze, są indywidualne i grupowe wysiłki, zmierzające do przodowania w naukach, filozofii i kosmologii. Kwitnie literatura i oratorstwo a język jest w takim stopniu udoskonalony, że obrazuje zarówno pojęcia jak i wyraża idee. Życie jest pokrzepiająco proste; człowiek ma wreszcie wysokie stadium rozwoju mechanicznego, skoordynowane z inspirującymi osiągnięciami intelektualnymi, a obie te dziedziny istnieją w cieniu znakomitych sukcesów duchowych. Pogoń za szczęściem jest doświadczaniem radości i zadowolenia.

6. INDYWIDUALNY ŚMIERTELNIK

Gdy światy awansują do stabilnego statusu światłości i życia, społeczeństwo nastraja się coraz bardziej pokojowo. Jednostka, choć nie mniej niezależna i oddana rodzinie, staje się bardziej altruistyczna i braterska.

W waszej obecnej sytuacji, na Urantii, w niewielkim tylko stopniu możecie docenić tak zaawansowany status i postępową naturę oświeconych narodów z tych doskonałych światów. Ludzie tacy są kwiatem gatunków ewolucyjnych. Ale wciąż są to istoty śmiertelne; oddychają, jedzą, śpią i piją. Tak znakomity rozwój nie jest niebem, ale podniosłą zapowiedzią boskich światów, leżących na drodze wznoszenia się do Raju.

Na normalnych światach, w epokach poadamicznych, kondycja biologiczna gatunku ludzkiego zostaje doprowadzona do wysokiego poziomu; a teraz, z epoki na epokę, poprzez stabilne wieki, nadal trwa fizyczna ewolucja człowieka. Zarówno wzrok jak i słuch zostają wyostrzone. Liczba ludności nie ulega teraz zmianie. Rozmnażanie regulowane jest zgodnie z planetarnymi potrzebami i wrodzonym wyposażeniem dziedzicznym. W tej epoce, na planecie, śmiertelnicy podzieleni są na pięć do dziesięciu grup a niższe grupy mają zezwolenie płodzenia jedynie połowy tej liczby dzieci, co wyższe. Stałe doskonalenie tak wspaniałego gatunku, w epoce światłości i życia, jest w znacznym stopniu sprawą selektywnego rozmnażania tych odgałęzień rasowych, które wykazują wyższe przymioty natury społecznej, filozoficznej, kosmicznej i duchowej.

Dostrajacze nadal przybywają, tak jak w poprzednich epokach ewolucyjnych, a z upływem epok śmiertelnicy coraz bardziej potrafią łączyć się z zamieszkującym ich fragmentem Ojca. Podczas embrionalnych i przedduchowych stadiów rozwoju, wciąż funkcjonują przyboczne umysły-duchy. W miarę upływu kolejnych epok stabilnego życia, Duch Święty i służby anielskie są coraz bardziej wydajne. W czwartym stadium światłości i życia, zaawansowani śmiertelnicy wydają się doznawać dość wyraźnego, świadomego kontaktu z duchową obecnością tego Ducha Nadrzędnego, któremu podlega superwszechświat, podczas gdy filozofia takiego świata ogniskuje się na próbie zrozumienia nowego objawienia Boga Najwyższego. Ponad połowa ludzkich mieszkańców planet, o tak zaawansowanym statusie, doznaje transponowania spośród żywych do stanu morontialnego. Właśnie „pierwsze rzeczy przeminęły; widziałem, wszystkie rzeczy stały się nowe".

Uważamy, że ewolucja fizyczna osiąga pełnię swojego rozwoju do końca piątej epoki światłości i życia. Zauważamy, że górne granice rozwoju duchowego, związane z rozwijającym się umysłem ludzkim, determinowane są zarówno wartościami morontialnymi jak i znaczeniami kosmicznymi na poziomie zespolenia z Dostrajaczem. Jednak z mądrością jest inaczej. Podczas gdy dokładnie tego nie wiemy, przypuszczamy jednak, że nigdy nie może być ograniczeń w ewolucji intelektualnej i w zdobywaniu mądrości. Na świecie, w siódmym stadium, mądrość może wyczerpać potencjały materialne, wejść na poziom wnikliwości moty i w końcu spróbować nawet świetności absonicznej.

Zauważamy, że na tych światach wysoce rozwiniętych, długo pozostających w siódmym stadium, istoty ludzkie, zanim zostaną transponowane, dokładnie poznają język *wszechświata lokalnego*; a odwiedzałem też kilka bardzo starych planet, gdzie abandonterzy nauczali starszych śmiertelników języka superwszechświata. I na tych światach oglądałem technikę, za pomocą której osobowości absoniczne ukazywały postacie finalistów w świątyni morontialnej.

Jest to opowieść o wspaniałym celu, do którego dąży człowiek na światach ewolucyjnych; a dzieje się to wszystko zanim jeszcze istota ludzka wkroczy na swą drogę morontialną; cały ten znakomity rozwój osiągalny jest przez materialnych śmiertelników, żyjących na światach zamieszkałych; to jest właśnie pierwsze stadium niekończącego się i niedocieczonego bytu, wznoszenia się do Raju i osiągania boskości.

Czy możecie sobie ewentualnie wyobrazić, jaki rodzaj śmiertelników ewolucyjnych wychodzi teraz ze światów, długo trwających w siódmej epoce stabilnej światłości i życia? To są ci, którzy idą do światów morontialnych w stolicy wszechświata lokalnego, aby tam zacząć swą drogę wznoszenia się.

Gdyby śmiertelnicy ze zdezorientowanej Urantii mogli tylko ujrzeć jeden z tych bardziej zaawansowanych światów, długo ustanowionych w światłości i życiu, nigdy więcej nie podawaliby w wątpliwość mądrości ewolucyjnego planu stworzenia. Gdyby nie było przyszłości w wiecznym rozwoju istot stworzonych, to te wspaniałe, ewolucyjne osiągnięcia narodów śmiertelnych, na ustabilizowanych światach zaawansowanych osiągnięć, mogłyby w pełni usprawiedliwiać stworzenie człowieka na światach czasu i przestrzeni.

Zastanawiamy się często: gdyby wielki wszechświat został ustanowiony w światłości i życiu, czy przeznaczeniem wznoszących się, doskonałych śmiertelników, nadal byłby Korpus Finalizmu? Jednak tego nie wiemy.

7. STADIUM PIERWSZE ALBO PLANETARNE

Ta epoka rozciąga się od pojawienia się świątyni morontialnej w nowym, światowym centrum, do czasu ustanowienia całego systemu w światłości i życiu. Epokę tę zapoczątkowują Nauczyciele-Synowie Trójcy, na koniec ich kolejnych misji światowych, kiedy to Książę Planetarny zostaje wyniesiony do statusu Władcy Planetarnego, zarządzeniem Rajskiego Syna, obdarzającego osobiście tę sferę. Równocześnie z tym finaliści zaczynają brać aktywny udział w sprawach planetarnych.

Materialny Syn i Materialna Córka, Planetarny Adam i Planetarna Ewa, są widzialną reprezentacją rzeczywistych władców czy naczelników takiego świata, ustanowionego w światłości i życiu. Finaliści są niewidzialni, tak samo jak Książę-Władca, chyba, że jest w świątyni morontialnej. Zatem rzeczywistymi i formalnymi szefami rządu planetarnego są Materialny Syn i Materialna Córka. To właśnie znajomość tego typu organizacji przydała prestiżu idei królów i królowych we wszystkich domenach wszechświata. Królowie oraz królowe osiągają dobre wyniki w tych idealnych warunkach, kiedy świat dysponuje takimi wysokimi osobistościami, działającymi w imieniu jeszcze wyższych, ale niewidzialnych władców.

Gdy dla waszego świata nadejdzie taka właśnie epoka, Machiventa Melchizedek, obecnie namiestnik Księcia Planetarnego Urantii, bez wątpienia będzie zajmować miejsce Władcy Planetarnego; a na Jerusem domniemywa się od dawna, że towarzyszyć mu będą syn i córka Adama i Ewy z Urantii, którzy obecnie trzymani są na Edentii jako podopieczni Najwyższych Ojców z Norlatiadeku. Te dzieci Adama mogą służyć w ten sposób na Urantii, współpracując z Melchizedekiem-Władcą, jako że zostały pozbawione własności rozrodczych prawie 37.000 lat temu, w czasie, gdy pozbyły się swoich ciał materialnych na Urantii, szykując się do przemieszczenia na Edentię.

Ta stabilna epoka trwa tak długo, aż wszystkie zamieszkałe planety systemu wejdą w okres stabilizacji; i wtedy, kiedy najmłodszy świat – ostatni, który wszedł w światłość i życie – doświadczy owej niezmienności przez jedno millennium czasu systemu, cały system zaczyna status ustabilizowany a indywidualne światy zostają wprowadzone w systemową epokę światłości i życia.

8. STADIUM DRUGIE ALBO SYSTEMU

Kiedy cały system zostanie ustanowiony w światłości i życiu, powstaje nowy rodzaj rządu. Władcy Planetarni stają się członkami zgromadzenia systemu, a to nowe ciało administracyjne, podlegające wetu Ojców Konstelacji, stanowi najwyższą władzę. Taki system światów zamieszkałych staje się praktycznie samorządny. Na świecie zarządu ustanawia się zgromadzenie prawodawcze systemu a każda planeta przysyła do niego dziesięciu reprezentantów. Sądy zaprowadzone są teraz w stolicach systemu, a tylko apelacje przyjmowane są w zarządzie wszechświata.

Wraz ze stabilizacją systemu, Przydzielony Strażnik, reprezentant Najwyższego Wykonawcy superwszechświata, zostaje ochotniczo doradcą najwyższego sądu systemu i faktycznym przewodniczącym nowego zgromadzenia prawodawczego.

Po ustanowieniu całego systemu w światłości i życiu, Władcy Systemu przestają się zmieniać. Określony Władca pozostaje na stałe szefem swego systemu. Asystenci władców nadal się zmieniają, tak jak w poprzednich epokach.

W tej stabilnej epoce, midsonici przybywają po raz pierwszy ze światów zarządu wszechświata, gdzie dotąd przebywali, żeby działać jako doradcy dla zgromadzeń prawodawczych i konsultanci dla trybunałów orzekających. W przedsięwzięciach edukacyjnych, które prowadzą razem z finalistami, midsonici dokonują też pewnych wysiłków, aby wpajać nowe znaczenia moty o najwyższych wartościach. To, co Synowie Materialni zrobili biologicznie dla ras śmiertelnych, istoty midsoniczne robią teraz dla zjednoczonych i gloryfikowanych ludzi, we wciąż rozwijających się domenach filozofii i uduchowionego myślenia.

Na światach zamieszkałych, Nauczyciele-Synowie dobrowolnie zostają współpracownikami finalistów i ci sami Nauczyciele-Synowie towarzyszą także finalistom do światów mieszkań, kiedy te sfery nie są już użytkowane na zróżnicowane światy przyjmujące, po tym, jak cały system został ustanowiony w światłości i życiu; odnosi się to przynajmniej do tego czasu, kiedy cała konstelacja ukształtuje się w podobny sposób. Jednak w Nebadonie nie ma tak bardzo zaawansowanych grup światów.

Nie możemy wam objawić natury pracy finalistów, którzy będą kierować takimi światami-mieszkaniami o odmiennym przeznaczeniu. Byliście jednak poinformowani, że we wszechświatach istnieją różne rodzaje istot inteligentnych, które nie są zobrazowane w tych narracjach.

I teraz, kiedy systemy, jeden po drugim zostają ustanowione w światłości, dzięki rozwojowi ich światów składowych, przychodzi taki czas, kiedy ostatni system w danej konstelacji osiąga stabilizację a administratorzy wszechświata – Syn-Mistrz, Jednoczący Czasu i Gwiazda Jasna i Poranna – przybywają do stolicy konstelacji, aby ogłosić Najwyższych Ojców absolutnymi władcami świeżo doprowadzonej do doskonałości rodziny, złożonej ze stu stabilnych systemów światów zamieszkałych.

9. STADIUM TRZECIE ALBO KONSTELACJI

Zjednoczeniu całej konstelacji stabilnych systemów towarzyszą nowe podziały władzy wykonawczej i dodatkowe adaptacje administracji wszechświata. Z epoką tą związane są zaawansowane osiągnięcia na każdym zamieszkałym świecie, szczególnie jednak charakteryzują ją nowe adaptacje w zarządzie konstelacji, razem ze znacznym przeobrażeniem stosunków wzajemnych, zarówno z zarządem systemu jak i rządem wszechświata lokalnego. W tej epoce, wiele funkcji konstelacji i wszechświata przeniesionych zostaje do stolic systemów, a reprezentanci superwszechświata nawiązują nowe, bliższe kontakty z władcami planet, systemów i wszechświata. Razem z tymi, nowymi związkami, pewni administratorzy superwszechświata osiedlają się w stolicach konstelacji jako doradcy-ochotnicy Najwyższych Ojców.

Gdy konstelacja zostaje tak ustanowiona w światłości, kończą się jej funkcje prawodawcze a zamiast tego funkcjonuje izba Władców Systemów, pod przewodnictwem Najwyższych Ojców. Teraz, takie grupy administracyjne mają po raz pierwszy bezpośrednio do czynienia z rządem superwszechświata, odnośnie związków z Havoną i Rajem. Poza tym konstelacja pozostaje związana z wszechświatem lokalnym, tak jak dawniej. W każdym kolejnym stadium stabilnego życia, univitaci nadal zarządzają światami morontialnymi konstelacji.

Z upływem epok, Ojcowie Konstelacji przejmują coraz więcej szczegółowych funkcji administracyjnych lub nadzorczych, które uprzednio skoncentrowane były w zarządzie wszechświata. W momencie dochodzenia do szóstego stadium stabilizacji, zjednoczone konstelacje zdobywają prawie zupełną autonomię. Rozpoczęciu siódmego stadium stabilizacji będzie bez wątpienia towarzyszyć wyniesienie władców konstelacji do godności odpowiednio wyrażonej ich nazwą – Najwyżsi Ojcowie. Praktycznie biorąc, konstelacje będą wtedy bezpośrednio współpracować z władcami superwszechświata, podczas gdy rząd wszechświata lokalnego będzie się rozwijał, aby przejąć obowiązki wynikające z nowych powinności wielkiego wszechświata.

10. STADIUM CZWARTE ALBO WSZECHŚWIATA LOKALNEGO

Kiedy wszechświat zostanie ustanowiony w światłości i życiu, wchodzi on wkrótce w ustalone obwody superwszechświata a Pradawni Czasu ogłaszają ustanowienie *najwyższej rady o nieograniczonej władzy*. To nowe ciało rządzące składa się ze stu Wiernych Czasu, którym przewodzi Jednoczący Czasu, a pierwszym aktem takiej najwyższej rady jest uznanie ciągłości władzy Mistrza-Syna Stwórcy.

Administracja wszechświata, jak to dotyczy Gabriela i Ojca Melchizedeka, pozostaje raczej niezmieniona. Rada o nieograniczonej władzy interesuje się głównie nowymi problemami i nowymi warunkami, powstałymi w wyniku zaawansowanego statusu światłości i życia.

Inspektor Pomocniczy gromadzi teraz wszystkich Przydzielonych Strażników, aby utworzyć z nich *korpus stabilizacji wszechświata lokalnego* i prosi Ojca Melchizedeka, aby wraz z nim wspólnie kierował tym korpusem. I teraz, po raz pierwszy, korpus Natchnionych Duchów Trójcy zostaje przydzielony, aby służył Jednoczącemu Czasu.

Ustanowienie całego wszechświata lokalnego w światłości i życiu zapoczątkowuje głębokie przemiany w całym systemie administracyjnym, od poszczególnych światów zamieszkałych aż do zarządu wszechświata. Nowe związki wzajemne rozciągają się w dół, do konstelacji i systemów. Matka Duch wszechświata lokalnego ustanawia nowe kontakty-związki z Duchem Nadrzędnym superwszechświata a Gabriel nawiązuje bezpośredni kontakt z Pradawnymi Czasu, aby móc działać operatywnie, kiedy Syna-Mistrza nie ma na świecie zarządu.

W tej epoce i epokach następnych, Synowie-Arbitrzy wciąż funkcjonują jako sędziowie systemów sprawiedliwości, podczas gdy stu tych Synów Avonali z Raju tworzy nową, wysoką radę Gwiazdy Jasnej i Porannej w stolicy wszechświata. Później oraz na żądanie Władców Systemu, jeden z tych Synów-Arbitrów zostanie najwyższym radcą, przebywającym na świecie zarządu każdego systemu lokalnego, aż do osiągnięcia siódmego stadium zjednoczenia.

W tej epoce, Nauczyciele-Synowie Trójcy zgłaszają się na ochotnika, jako doradcy nie tylko Władców Planetarnych, ale w grupach po trzech pomagają podobnie Ojcom Konstelacji. I w końcu Synowie ci znajdują swe miejsce we wszechświecie lokalnym, ponieważ w tym czasie wyjęci zostają spod jurysdykcji kreacji lokalnej a przydzieleni do służby w najwyższej radzie nieograniczonej władzy.

Teraz, po raz pierwszy, korpus finalistów uznaje jurysdykcję władzy pozarajskiej – najwyższej rady. Dotychczas, finaliści nie uznawali nad sobą żadnego nadzoru po tej stronie Raju.

Synowie Stwórcy takich stabilnych wszechświatów spędzają większość swego czasu w Raju i na związanych z nim światach, jak również na naradach z licznymi grupami finalistów, służącymi na terenie kreacji lokalnej. W ten sposób Michał-człowiek nawiązuje bliższe, braterskie związki z gloryfikowanymi śmiertelnikami-finalistami.

Zupełnie daremne są spekulacje, dotyczące funkcjonowania Synów Stwórców w ich związku z wszechświatami zewnętrznymi, będącymi teraz w stadium wstępnego formowania. Ale my wszyscy, od czasu do czasu, zajmujemy się takimi przypuszczeniami. W momencie osiągnięcia tego, czwartego stadium rozwoju, Syn Stwórca staje się administracyjnie wolny; Boska Opiekunka coraz intensywniej harmonizuje swą służbę ze służbą superwszechświatowego Ducha Nadrzędnego oraz Nieskończonego Ducha. Wydaje się pojawiać nowy i wzniosły związek pomiędzy Synem Stwórcą, Stwórczym Duchem, Gwiazdami Wieczornymi, Nauczycielami-Synami i coraz większym korpusem finalizmu.

Gdyby Michał miał kiedykolwiek opuścić Nebadon, Gabriel zostałby bez wątpienia szefem administracyjnym, z Ojcem Melchizedekiem jako swym asystentem. W tym samym czasie nowy status zostałby nadany wszystkim klasom stałego obywatelstwa, takim jak Synowie Materialni, univitaci, midsonici, susaci i zespoleni z Duchem śmiertelnicy. Jednak tak długo jak trwa ewolucja, serafini i archaniołowie potrzebni będą w administracji wszechświata.

Tym niemniej dwa punkty naszych przypuszczeń wydają się prawdziwe. Jeśli przeznaczeniem Synów Stwórców są wszechświaty zewnętrzne, Boskie Opiekunki będą im tam bez wątpienia towarzyszyć. Jesteśmy tak samo pewni, że Melchizedecy pozostaną w tym wszechświecie, z którego pochodzą. Uważamy, że przeznaczeniem Melchizedeków jest odgrywanie coraz bardziej odpowiedzialnej roli w rządzie i administracji wszechświata lokalnego.

11. STADIA MNIEJSZEGO I WIĘKSZEGO SEKTORA

Mniejsze i większe sektory superwszechświata nie figurują bezpośrednio w planie ustanawiania w światłości i życiu. Taki postęp ewolucyjny odnosi się głównie do wszechświata lokalnego jako jednostki i dotyczy tylko składników wszechświata lokalnego. Superwszechświat zostaje ustanowiony w światłości i życiu, kiedy wszystkie jego składowe – wszechświaty lokalne – doprowadzone zostają do doskonałości. Jednak jak dotąd, żaden z siedmiu superwszechświatów nie zbliżył się nawet do tego poziomu rozwoju.

Epoka sektora mniejszego. Tak dalece, jak sięgają nasze spostrzeżenia, piąte stadium albo stadium stabilizacji sektora mniejszego, ma do czynienia wyłącznie ze statusem fizycznym i z koordynującym wprowadzeniem stu związanych z nim wszechświatów lokalnych w ustalone obwody superwszechświata. Najwyraźniej nikt, oprócz centrów mocy i ich towarzyszy, nie jest zainteresowany w takich adaptacjach materialnego stworzenia.

Epoka sektora większego. Możemy snuć tylko przypuszczenia w sprawie stabilizacji sektora większego, skoro nikt z nas nie był świadkiem takiego zdarzenia. Dużo jednak możemy postulować odnośnie przemian administracyjnych czy innych, które prawdopodobnie będą związane z tak zaawansowanym statusem światów zamieszkałych i zgrupowaniem ich wszechświatów.

Skoro status sektora mniejszego ma do czynienia z towarzyszącą mu równowagą fizyczną, uważamy, że zjednoczenie sektora większego będzie się wiązać z pewnymi nowymi poziomami sukcesów intelektualnych, być może pewnych zaawansowanych osiągnięć w najwyższym urzeczywistnieniu kosmicznej mądrości.

Obserwując rezultaty podobnych osiągnięć na indywidualnych światach i w doświadczeniu poszczególnych śmiertelników, żyjących na starszych i dobrze rozwiniętych sferach, możemy wysnuwać wnioski w sprawie adaptacji, które prawdopodobnie będą towarzyszyć urzeczywistnianiu jak dotąd nie osiągniętych poziomów rozwoju ewolucyjnego.

Wyjaśnijmy, że mechanizmy administracyjne i metody rządzenia wszechświatem czy też superwszechświatem nie mogą w żaden sposób ograniczać czy opóźniać rozwoju ewolucyjnego, czy postępu duchowego indywidualnej, zamieszkałej planety, czy też jakiegokolwiek poszczególnego śmiertelnika z takiej sfery.

W niektórych starszych wszechświatach znajdujemy światy ustanowione w piątym i szóstym stadium światłości i życia – nawet dalece zaawansowane w siódmej epoce – których systemy lokalne nie są jednak jeszcze ustanowione w światłości. Młodsze planety mogą opóźniać zjednoczenie systemu, ale to nie przeszkadza w żadnym stopniu w rozwoju starszego i zaawansowanego świata. Tak samo ograniczenia środowiskowe, nawet na odosobnionym świecie, nie mogą zahamować osobistych osiągnięć indywidualnego śmiertelnika; Jezus z Nazaretu, jako człowiek pośród ludzi, osobiście osiągnął status światłości i życia na Urantii, ponad tysiąc dziewięćset lat temu.

Gdy przyglądamy się temu, co się dzieje na stabilnych już od dawna światach, dochodzimy do dosyć sensownych wniosków, co stanie się wtedy, kiedy cały superwszechświat będzie ustanowiony w światłości, nawet, jeśli nie możemy z pewnością postulować sytuacji stabilizacji siedmiu superwszechświatów.

12. STADIUM SIÓDME ALBO SUPERWSZECHŚWIATA

Nie możemy stanowczo przewidzieć, co może się zdarzyć, kiedy superwszechświat zostanie ustanowiony w światłości, gdyż przypadek taki w rzeczywistości nigdy nie zaistniał. Wnioskujemy z nauk Melchizedeków, którym nigdy nie zaprzeczano, że radykalne zmiany byłyby poczynione w całej organizacji i administracji każdej jednostki kreacji czasu i przestrzeni, rozciągającej się od zamieszkałych światów aż do zarządu superwszechświata.

Generalnie uważa się, że duża liczba synów utrójcowionych przez stworzonych, nie mających skądinąd przydziału, będzie zgromadzona w zarządach i stolicach stabilnych sekcji superwszechświatów. Może to nastąpić w ramach oczekiwania na przybycie kiedyś istot z przestrzeni zewnętrznej, gdy będą w drodze do Havony i Raju; jednak dokładnie tego nie wiemy.

Wierzymy, że wraz z ustanowieniem superwszechświata w światłości i życiu, Nieuwarunkowani Nadzorcy Najwyższego, działający teraz jako doradcy, zostaliby wysokim ciałem administracyjnym na świecie zarządu superwszechświata. Są to osobowości zdolne do bezpośredniego kontaktu z absonicznymi administratorami, którzy natychmiast się zaktywizują w stabilnym superwszechświecie. Chociaż Nieuwarunkowani Nadzorcy długo działali jako doradcy i konsultanci w zaawansowanych, ewolucyjnych jednostkach kreacji, nie przejmą oni obowiązków administracyjnych zanim władza Istoty Najwyższej nie stanie się niezawisła.

Nieuwarunkowani Nadzorcy Najwyższego, którzy szerzej działają w omawianej epoce, nie są skończeni, absoniczni, ostateczni czy nieskończeni; *są* oni najwyższością i reprezentują tylko Boga Najwyższego. Są uosobieniem czasowo-przestrzennej najwyższości i dlatego też nie działają w Havonie. Działają tylko jako najwyżsi unifikatorzy. Być może uczestniczą w technice odzwierciedlania wszechświata, ale tego nie jesteśmy pewni.

Żaden z nas nie ma zadowalającej idei odnośnie tego, co się stanie, kiedy wielki wszechświat (siedem superwszechświatów zależnych od Havony) zostanie w całości ustanowiony w światłości i życiu. Zdarzenie to będzie bez wątpienia najważniejszym wypadkiem w kronikach wieczności, od czasu pojawienia się wszechświata centralnego. Są tacy, którzy utrzymują, że sama Istota Najwyższa wyłoni się z havonalnej tajemnicy, spowijającej jej duchową osobę i stanie się mieszkańcem stolicy siódmego superwszechświata, jako wszechmocny i empiryczny władca doprowadzonych do doskonałości kreacji czasu i przestrzeni. Czy rzeczywiście tak się stanie, doprawdy nie wiemy.

[Przedstawione przez Możnego Posłańca, tymczasowo przydzielonego do Rady Archaniołów na Urantii].

PRZEKAZ 56

JEDNOŚĆ WSZECHŚWIATOWA

BÓG jest jednością. Bóstwo jest wszechstronnie skoordynowane. Wszechświat wszechświatów jest jednym, wielkim, scalonym mechanizmem, który kontrolowany jest absolutnie przez jeden nieskończony umysł. Domeny fizyczne, intelektualne i duchowe wszechświatowego stworzenia są ze sobą bosko związane. To, co doskonałe i to, co niedoskonałe jest ściśle współzależne i dlatego też może skończona, ewolucyjna istota, wznieść się do Raju, posłuszna poleceniu Ojca Wszechświatowego: „Bądźcie więc doskonali, nawet tak, jak ja doskonały jestem".

Wszystkie zróżnicowane poziomy stworzenia są zjednoczone w planach i administracji Architektów Wszechświata Nadrzędnego. Dla ograniczonych umysłów czasowo-przestrzennych śmiertelników wszechświat może przedstawiać wiele problemów i sytuacji, które pozornie są wyrazem dysharmonii i ukazują brak efektywnej koordynacji; jednak ci z nas, którzy potrafią dostrzec rozległe obszary fenomenu wszechświata i którzy są bardziej doświadczeni w sztuce znajdowania podstawowej jedności, stanowiącej fundament twórczej różnorodności, oraz w odkrywaniu boskiej jednolitości, rozciągającej się na całe to funkcjonowanie wielorakości, lepiej dostrzegają jeden Boski cel, jak uwidacznia się on we wszystkich, różnorodnych przejawach wszechświatowej energii stwórczej.

1. KOORDYNACJA FIZYCZNA

Kreacja fizyczna albo materialna nie jest nieskończona, ale jest doskonale skoordynowana. Istnieje siła, energia i moc, ale wszystkie one mają jedno pochodzenie. Siedem superwszechświatów wydaje się wykazywać dwoistość; wszechświat centralny, troistość, ale Raj ma pojedynczą budowę. I Raj jest aktualnym źródłem wszystkich wszechświatów materialnych – przeszłych, teraźniejszych i przyszłych. Jednak takie kosmiczne wywodzenie się jest zdarzeniem *wieczności*; w żadnym *czasie* – przeszłym, teraźniejszym czy przyszłym – ani przestrzeń ani kosmos materialny nie wywodzą się z centralnej Wyspy Światłości. Raj funkcjonuje jako źródło kosmosu wcześniej niż przestrzeń i przed czasem; dlatego jego pochodne wydawałyby się osierocone w czasie i przestrzeni, gdyby nie wyłoniły się poprzez Absolut Nieuwarunkowany, ich ostateczną skarbnicę w przestrzeni oraz objawiciela i regulatora w czasie.

Absolut Nieuwarunkowany podtrzymuje wszechświat fizyczny, podczas gdy Bóstwo-Absolut sprawuje znakomitą kontrolę nadrzędną całej rzeczywistości materialnej; a oba absoluty są funkcjonalnie zjednoczone przez Absolut Wszechświatowy. Taka spoista współzależność wszechświata materialnego najlepiej rozumiana jest przez wszystkie osobowości – materialne, morontialne, absoniczne czy duchowe – dzięki obserwowaniu reagowania grawitacyjnego całej, prawdziwie materialnej rzeczywistości, na ześrodkowanie grawitacji w Raju dolnym.

Unifikacja grawitacyjna jest powszechna i niezmienna; oddziaływanie czystej energii tak samo jest powszechne i nieuchronne. Czysta energia (siła podstawowa) i czysty duch są zupełnie nie wrażliwe na grawitację. Te siły pierwotne, tkwiące w Absolutach, są osobiście kontrolowane przez Ojca Wszechświatowego; stąd cała grawitacja koncentruje się w osobistej obecności Rajskiego Ojca czystej energii i czystego ducha oraz w jego nadmaterialnym miejscu pobytu.

Czysta energia jest protoplastką wszystkich relatywnych, nieduchowych, funkcjonalnych rzeczywistości, podczas gdy czysty duch jest potencjałem Boskiej i bezpośredniej kontroli nadrzędnej wszystkich podstawowych systemów energii. I obie te rzeczywistości, tak różnorodne jak przejawiają się w przestrzeni i jak są dostrzegalne w biegu czasu, skoncentrowane są w osobie Rajskiego Ojca. W nim są jednością – muszą być zjednoczone – ponieważ Bóg jest jeden. Osobowość Ojca jest absolutnie zjednoczona.

W nieskończonej naturze Boga Ojca nigdy nie może zaistnieć dwoistość rzeczywistości, takich jak fizyczna i duchowa; ale jak tylko patrzymy na to oddaleni od poziomów nieskończonych i absolutnej rzeczywistości cech osobistych Rajskiego Ojca, zauważamy istnienie dwu rzeczywistości i widzimy, że całkowicie reagują one na jego osobistą obecność; w nim wszystkie rzeczy się zawierają.

Jak tylko odejdziecie od niewyrażalnej idei nieskończonej osobowości Rajskiego Ojca, musicie postulować UMYSŁ jako konieczny sposób jednoczenia wciąż poszerzających się rozbieżności dwoistego przejawiania się we wszechświecie pierwotnej, monolitycznej osobowości Stwórcy, Pierwszego Źródła i Centrum – JESTEM.

2. JEDNOŚĆ INTELEKTUALNA

Myśl-Ojciec realizuje ekspresję ducha w Słowie-Synu a poprzez Raj osiąga poszerzenie rzeczywistości w rozległych wszechświatach materialnych. Duchowe ekspresje Wiecznego Syna są skorelowane z materialnymi poziomami stworzenia, dzięki funkcjonowaniu Nieskończonego Ducha, w którym reagująca na ducha służba umysłu i ukierunkowujące fizycznie działania umysłu – duchowe rzeczywistości Bóstwa i materialne następstwa Bóstwa – są skorelowane jedne z drugimi.

Umysł jest funkcjonalnym darem Nieskończonego Ducha, jest zatem nieskończony w potencjale i jest powszechnie nadawany. Pierwotna myśl Ojca Wszechświatowego uwiecznia się w podwójnej ekspresji, w Wyspie Raj oraz w Bóstwie jemu równym, w duchowym Wiecznym Synu. Taka dwoistość wiecznej rzeczywistości sprawia, że Bóg umysłu, Nieskończony Duch, staje się nieunikniony. Umysł jest niezbędnym kanałem komunikacji pomiędzy rzeczywistościami duchowymi a materialnymi. Materialna istota ewolucyjna może wyobrazić sobie i zrozumieć zamieszkującego ją ducha tylko dzięki służbie umysłu.

Ten nieskończony i powszechny umysł nadawany jest we wszechświatach czasu i przestrzeni w formie umysłu kosmicznego; i chociaż rozciąga się on od prymitywnej służby przybocznych duchów, do wspaniałego umysłu głównego administratora wszechświata, nawet ten, kosmiczny umysł, jest odpowiednio zjednoczony w nadzorze Siedmiu Duchów Nadrzędnych, które z kolei są skoordynowane z Najwyższym

Umysłem czasu i przestrzeni i doskonale skorelowane z wszechstronnym umysłem Nieskończonego Ducha.

3. ZJEDNOCZENIE DUCHOWE

Tak jak wszechświatowa grawitacja umysłu koncentruje się w rajskiej, osobistej obecności Nieskończonego Ducha, tak i wszechświatowa grawitacja duchowa koncentruje się w rajskiej, osobistej obecności Wiecznego Syna. Ojciec Wszechświatowy jest jeden, ale dla czasu-przestrzeni objawia się w podwójnym fenomenie czystej energii i czystego ducha.

Rajskie rzeczywistości duchowe tak samo są jednością, jednak we wszystkich czasowo-przestrzennych sytuacjach i związkach, ten jeden duch objawiony jest w podwójnym fenomenie osobowości duchowych i emanacji Wiecznego Syna oraz osobowości duchowych i wpływów Nieskończonego Ducha i związanych z nim kreacji; i jest jeszcze trzeci przejaw duchowy – fragmentacje czystego ducha – Ojcowskie obdarzenie Dostrajaczami Myśli i innymi bytami duchowymi, które są przedosobowe.

Nie ma jednak znaczenia, na jakim poziomie funkcjonowania wszechświata możecie napotkać fenomeny duchowe, czy skontaktować się z istotami duchowymi; możecie być pewni, że wszystkie one wywodzą się od Boga, który jest duchem, poprzez służby Ducha-Syna i Nieskończonego Umysłu-Ducha. I ten rozległy duch działa jako fenomen w ewolucyjnych światach czasu, kierowany z zarządów wszechświatów lokalnych. Z tych stolic Synów Stwórców przybywają na niskie, rozwijające się poziomy materialnych umysłów, Duch Święty i Duch Prawdy, razem ze służbami przybocznych umysłów-duchów.

Podczas gdy umysł jest bardziej skonsolidowany na poziomie Duchów Nadrzędnych w powiązaniu z Istotą Najwyższą, a jako umysł kosmiczny w podporządkowaniu się Umysłowi Absolutnemu, służby duchowe rozwijających się światów są raczej bezpośrednio skonsolidowane w osobowościach przebywających w zarządach wszechświatów lokalnych, oraz w osobach przewodzących im Boskich Opiekunek, które z kolei są nieomal doskonale skorelowane z rajskim obwodem grawitacji Wiecznego Syna, w którym następuje ostateczne zjednoczenie wszystkich czasowo-przestrzennych przejawów ducha.

Doskonała egzystencja istoty może być osiągnięta, utrwalona i uwieczniona przez zespolenie samoświadomego umysłu istoty z przedtrójcowym fragmentem nadanego jej ducha, pochodzącego od jednej z osób Rajskiej Trójcy. Umysł śmiertelnika jest dziełem Synów i Córek Wiecznego Syna i Nieskończonego Ducha, a kiedy zespolony jest z Dostrajaczem Myśli, pochodzącym od Ojca, bierze udział w trojakim wyposażeniu duchowym domen ewolucyjnych. Te trzy ekspresje ducha stają się jednak doskonale zjednoczone w finalistach, nawet tak, jak w wieczności były zjednoczone we Wszechświatowym JESTEM, zanim kiedyś stał się Ojcem Wszechświatowym Wiecznego Syna i Nieskończonego Ducha.

Duch zawsze i ostatecznie musi stać się trojaki w swej ekspresji, a w końcowym urzeczywistnieniu zjednoczony Trójcą. Duch pochodzi z jednego źródła, chociaż ma trojaką ekspresję; ostatecznie musi osiągnąć i osiąga swe pełne urzeczywistnienie w tym Boskim zjednoczeniu, którego się doznaje w odkrywaniu Boga – w zjednoczeniu z boskością – w wieczności i środkami służb kosmicznego umysłu, pochodzącego od nieskończonej ekspresji wiecznego słowa, wyrażającego uniwersalną myśl Ojca.

4. ZJEDNOCZENIE OSOBOWOŚCI

Ojciec Wszechświatowy jest bosko zjednoczoną osobowością, zatem wszystkie jego wznoszące się dzieci – niesione do Raju impetem odbicia Dostrajaczy Myśli, wychodzących z Raju, posłusznych nakazowi Ojca, aby zamieszkać materialnych śmiertelników – tak samo będą w pełni zjednoczonymi osobowościami, zanim dotrą do Havony.

Osobowość z natury dąży do zjednoczenia wszystkich jej rzeczywistości składowych. Nieskończona osobowość Pierwszego Źródła i Centrum, Ojciec Wszechświatowy, jednoczy wszystkie siedem składowych Absolutów Nieskończoności; i osobowość śmiertelnego człowieka, stanowiąc wyłączne i bezpośrednie nadanie Ojca Wszechświatowego, posiada również potencjał jednoczenia czynników składowych istoty śmiertelnej. Taka twórczość, jednocząca całą osobowość istoty, jest znamieniem jej wysokiego i wyłącznego źródła oraz dodatkowym dowodem jej nieprzerwanego kontaktu z tym właśnie źródłem, przez obwód osobowości, czyli metodą, którą osobowość stworzonego utrzymuje bezpośredni i podtrzymujący ją kontakt z Ojcem wszystkich osobowości w Raju.

Pomimo tego, że Bóg objawia się od domen Siedmiorakiego w górę, poprzez najwyższość i ostateczność aż do Boga Absolutnego, obwód osobowości, skoncentrowany w Raju i w osobie Boga Ojca, zapewnia kompletne i doskonałe zjednoczenie wszelkich, różnorodnych ekspresji boskiej osobowości, tak dalece, jak to dotyczy wszystkich osobowości stworzonych na wszystkich poziomach inteligentnego bytu i we wszystkich domenach doskonałych, udoskonalonych i doskonalących się wszechświatów.

Podczas gdy Bóg jest dla wszechświatów i we wszechświatach wszystkim tym, co przedstawialiśmy, tym niemniej dla was i dla wszystkich innych, rozpoznających Boga istot, jest on jeden, jako wasz Ojciec i ich Ojciec. Dla osobowości Bóg nie może być mnogi. Bóg jest Ojcem każdego przezeń stworzonego a jest literalnie niemożliwe, aby jakiekolwiek dziecko posiadało więcej niż jednego ojca.

Filozoficznie, kosmicznie oraz w odniesieniu do zróżnicowanych poziomów i lokalizacji przejawów, możecie, a z konieczności musicie, wyobrażać sobie funkcjonowanie mnogich Bóstw i postulować istnienie mnogich Trójc; ale w czci pełnym, osobistym kontakcie, przeżywanym przez każdą czczącą osobowość w całym nadrzędnym wszechświecie, Bóg jest jeden; i to zjednoczone i osobowe Bóstwo jest waszym rajskim rodzicem, Bogiem Ojcem, obdarzającym, ochraniającym Ojcem wszystkich osobowości, od śmiertelnego człowieka na zamieszkałych światach do Wiecznego Syna na centralnej Wyspie Światłości.

5. JEDNOŚĆ BÓSTWA

Jedność, niepodzielność, Rajskiego Bóstwa jest egzystencjalna i absolutna. Istnieją trzy wieczne uosobienia Bóstwa – Ojciec Wszechświatowy, Wieczny Syn i Nieskończony Duch – ale w Rajskiej Trójcy są oni *faktycznie* jednym Bóstwem, nie rozdzielonym i niepodzielnym.

Od pierwotnego poziomu egzystencjalnej rzeczywistości Raju-Havony rozdzielają się dwa podabsolutne poziomy, a na nich Ojciec, Syn i Duch zajmują się stwarzaniem licznych, osobowych asystentów i podwładnych. I chociaż nie jest właściwe w związku z tym zajmowanie się rozważaniem zjednoczenia absonicznego bóstwa na transcendentalnych poziomach ostateczności, można się przyjrzeć niektórym cechom jednoczącego funkcjonowania różnych uosobień Bóstwa, w których boskość objawia się czynnościowo dla zróżnicowanych sektorów stworzenia i dla różnorodnych klas istot inteligentnych.

W chwili obecnej funkcjonowanie boskości w superwszechświatach przejawia się aktywnie w czynnościach Najwyższych Stwórców – Synów Stwórców i Duchów wszechświata lokalnego, Pradawnych Czasu z superwszechświata i Siedmiu Duchów Nadrzędnych z Raju. Istoty te stanowią pierwsze trzy poziomy Boga Siedmiorakiego, prowadzące do wewnątrz, do Ojca Wszechświatowego, a cała domena Boga Siedmiorakiego koordynowana jest na pierwszym poziomie bóstwa empirycznego w rozwijającej się Istocie Najwyższej.

W Raju i we wszechświecie centralnym, jedność Bóstwa jest faktem egzystencji. We wszystkich rozwijających się wszechświatach czasu i przestrzeni, jedność Bóstwa jest osiągnięciem.

6. ZJEDNOCZENIE BÓSTWA EWOLUCYJNEGO

Kiedy trzy wieczne osoby Bóstwa działają jako niepodzielne Bóstwo w Rajskiej Trójcy, osiągają doskonałą jedność; podobnie, kiedy stwarzają, zarówno wspólnie jak i oddzielnie, ich rajskie potomstwo przejawia charakterystyczną jedność boskości. I z tej boskości celu, przejawianej przez Najwyższych Stwórców i Władców domen czasu-przestrzeni, wynika jednoczący moc potencjał władzy u empirycznej najwyższości, który w obliczu jedności nieosobowej energii wszechświata, stanowi napięcie rzeczywistości, które może być rozwiązane tylko przez odpowiednie zjednoczenie z empirycznymi rzeczywistościami osobowości empirycznego Bóstwa.

Rzeczywistości osobowości Istoty Najwyższej wychodzą od Rajskich Bóstw i na świecie pilotującym zewnętrznej orbity Havony jednoczą się z prerogatywami mocy Wszechmocnego Najwyższego, przybywającymi od boskości Stwórców wielkiego wszechświata. Bóg Najwyższy jako osoba, istniał w Havonie przed stworzeniem siedmiu superwszechświatów, jednak funkcjonował tylko na poziomach duchowych. Ewolucja Wszechmocnej władzy Najwyższości, poprzez rozmaite syntezy boskości w rozwijających się wszechświatach, doprowadziła do nowej obecności mocy Bóstwa, która skoordynowała się z duchową osobą Najwyższego w Havonie, środkami Najwyższego Umysłu, który równocześnie przeniósł się z potencjału istniejącego w nieskończonym umyśle Nieskończonego Ducha do aktywnego, funkcjonalnego umysłu Istoty Najwyższej.

Materialnie zorientowane istoty z ewolucyjnych światów siedmiu superwszechświatów mogą pojmować jedność Bóstwa tylko tak, jak rozwija się ona w syntezie mocy-osobowości Istoty Najwyższej. Na żadnym poziomie bytu Bóg nie może przekraczać zdolności pojęciowej istot, żyjących na tym poziomie. Człowiek śmiertelny musi, poprzez poznanie prawdy, uznanie piękna i czczenie dobroci, wykształcić rozpoznawanie Boga miłości, a potem iść przez coraz to wyższe poziomy bóstwa, do zrozumienia

Najwyższego. Bóstwo w ten sposób pojęte jako zjednoczone w mocy, może potem być uosobione w duchu, aby istota stworzona mogła je zrozumieć i do niego dotrzeć.

Chociaż wznoszący się śmiertelnicy zaczynają rozumieć moc Wszechmocnego w stolicach superwszechświatów i pojmować osobowość Najwyższego na zewnętrznych orbitach Havony, faktycznie nie znajdują Istoty Najwyższej tak, jak powinni znaleźć Rajskie Bóstwa. Nawet finaliści, duchy szóstego stadium, nie znajdują Istoty Najwyższej ani prawdopodobnie jej nie znajdą, zanim nie osiągną statusu ducha siódmego stadium i zanim Najwyższy nie zacznie rzeczywiście funkcjonować w działaniach przyszłych wszechświatów zewnętrznych.

Kiedy jednak wznoszące się istoty znajdują Ojca Wszechświatowego, jako siódmy stopień Boga Siedmiorakiego, docierają do osobowości Pierwszej Osoby *wszystkich* boskich poziomów, odnoszących się do osobowych związków z istotami wszechświata.

7. WSZECHŚWIATOWE NASTĘPSTWA EWOLUCJI

Z miarowym postępem ewolucji we wszechświatach czasu-przestrzeni związane są wciąż poszerzające się objawienia Bóstwa dla wszystkich istot inteligentnych. Osiągnięcie szczytu rozwoju ewolucyjnego na świecie, w systemie, konstelacji, wszechświecie, superwszechświecie czy wielkim wszechświecie, oznacza odpowiednie poszerzenie funkcjonowania Bóstwa dla takich rozwiniętych części stworzenia. A każdemu takiemu, lokalnemu wzbogaceniu uświadamiania sobie Bóstwa, towarzyszą pewne, ściśle określone następstwa poszerzonego ujawniania się Bóstwa dla wszystkich innych części stworzenia. Każda nowa domena urzeczywistnionego i osiągniętego rozwoju, rozpościerająca się na zewnątrz od Raju, stanowi nowe i poszerzone objawienie empirycznego Bóstwa dla wszechświata wszechświatów.

Kiedy elementy składowe wszechświata lokalnego ustanawiane są kolejno w światłości i życiu, Bóg Siedmioraki objawia się coraz intensywniej. Na planecie, ewolucja czasowo-przestrzenna zaczyna się wraz z pierwszą ekspresją Boga Siedmiorakiego – władającego związku Syna Stwórcy i Stwórczego Ducha. Wraz z ustanowieniem systemu w światłości, połączenie Syn-Duch osiąga pełnię swego funkcjonowania; a kiedy cała konstelacja zostaje tak ustanowiona, drugie stadium Boga Siedmiorakiego intensywniej uaktywnia się w takiej domenie. Z ukończeniem ewolucji administracyjnej wszechświata lokalnego związane są nowe i bardziej bezpośrednie posługi Duchów Nadrzędnych superwszechświata; i w tym punkcie zaczyna się również wciąż poszerzające się objawienie oraz uświadamianie sobie Boga Najwyższego, które osiąga punkt kulminacyjny w zrozumieniu Istoty Najwyższej przez wznoszącą się istotę, kiedy przechodzi ona światy szóstej orbity Havony.

Ojciec Wszechświatowy, Wieczny Syn i Nieskończony Duch są przejawami Bóstwa egzystencjalnego dla istot inteligentnych i dlatego też ich osobowe związki z umysłami i duchami istot całego stworzenia nie są w taki sam sposób poszerzane.

Należy zwrócić uwagę na to, że wznoszący się śmiertelnicy mogą doświadczać nieosobowej obecności kolejnych poziomów Bóstwa na długo przedtem, zanim zostaną odpowiednio uduchowieni i wykształceni, aby empirycznie, osobiście rozpoznać te Bóstwa oraz kontaktować się z nimi, jako z istotami osobowymi.

Każdemu nowemu, ewolucyjnemu osiągnięciu w obrębie wycinka kreacji, jak również każdemu nowemu wtargnięciu w przestrzeń przejawów boskości, towarzyszy równoczesna ekspansja czynnościowego objawiania się Bóstwa w obrębie istniejących w danym momencie i wcześniej zorganizowanych jednostek całego stworzenia. Może się wydawać, że takie nowe wtargnięcie pracy administracyjnej we wszechświaty i ich elementy składowe nie zawsze jest przeprowadzane dokładnie z naszkicowaną tutaj metodą, gdyż istnieje zwyczaj posyłania najpierw wstępnych grup administratorów, przygotowujących drogę dalszym i kolejnym epokom nowej administracyjnej kontroli nadrzędnej. Nawet Bóg Ostateczny zwiastuje swą transcendentalną kontrolę nadrzędną w późnych stadiach wszechświatów lokalnych, ustanowionych w światłości i życiu.

Faktem jest, że kiedy kreacje czasu i przestrzeni są stopniowo stabilizowane w ich ewolucyjnym statusie, obserwuje się nowe i pełniejsze funkcjonowanie Boga Najwyższego, razem z towarzyszącym temu usunięciem się pierwszych trzech przejawów Boga Siedmiorakiego. Jeżeli, i kiedy, wielki wszechświat zostanie ustanowiony w światłości i życiu, jaka wtedy będzie przyszła rola Stwórcy-Stwórczych przejawów Boga Siedmiorakiego, jeśli Bóg Najwyższy przejmie bezpośrednią kontrolę nad tymi kreacjami czasu i przestrzeni? Czy ci organizatorzy i pionierzy wszechświatów czasu i przestrzeni zostaną zwolnieni, aby sprawować podobne funkcje w przestrzeni zewnętrznej? Nie wiemy, ale myślimy wiele o tych i podobnych sprawach.

Jak granice empirycznego Bóstwa rozszerzają się w domeny Absolutu Nieuwarunkowanego, wyobrażamy sobie działalność Boga Siedmiorakiego we wczesnych, ewolucyjnych epokach kreacji przyszłości. Nie wszyscy się zgadzamy w sprawie przyszłego statusu Pradawnych Czasu i Duchów Nadrzędnych superwszechświatów. Nie wiemy także, czy Istota Najwyższa będzie, czy też nie będzie, działać w tych kreacjach tak jak w siedmiu superwszechświatach. Jednak wszyscy przypuszczamy, że przeznaczeniem Michałów, Synów Stwórców, jest działanie w tych wszechświatach zewnętrznych. Niektórzy utrzymują, że w przyszłych epokach nastąpi pewna forma bliskiego zjednoczenia pomiędzy związanymi ze sobą Synami Stwórcami i Boskimi Opiekunkami; możliwe jest nawet, że z takiego zjednoczenia stwórców może wyniknąć pewna nowa ekspresja łącznej, stwórczej tożsamości ostatecznej natury. Ale naprawdę nic nie wiemy o takich możliwościach z nie objawionej przyszłości.

Wiemy natomiast to, że we wszechświatach czasu i przestrzeni Bóg Siedmioraki umożliwia stopniowy dostęp do Ojca Wszechświatowego i że ten ewolucyjny dostęp jest empirycznie zjednoczony w Bogu Najwyższym. Możemy przypuszczać, że taki plan musi zapanować we wszechświatach zewnętrznych; z drugiej strony nowe klasy istot, które kiedyś mogą zamieszkiwać te wszechświaty, mogą potrafić docierać do Bóstwa na poziomach ostatecznych i metodami absonicznymi. Reasumując, nie mamy najmniejszej idei, jaka metoda dostępowania Bóstwa może funkcjonować w przyszłych wszechświatach przestrzeni zewnętrznej.

Tym niemniej uważamy, że doprowadzone do doskonałości superwszechświaty staną się w jakiś sposób częścią drogi wznoszenia się do Raju tych istot, które mogą zamieszkiwać kreacje zewnętrzne. Jest zupełnie możliwe, że w przyszłej epoce możemy obserwować istoty z przestrzeni zewnętrznej, docierające do Havony przez siedem superwszechświatów, które są zarządzane przez Boga Najwyższego, przy współpracy albo i bez, Siedmiu Duchów Nadrzędnych.

8. NAJWYŻSZY UNIFIKATOR

W doświadczeniu człowieka śmiertelnego Istota Najwyższa sprawuje trojaką funkcję: po pierwsze, jest unifikatorem czasowo-przestrzennej boskości Boga Siedmiorakiego; po drugie, jest tym maksimum Bóstwa, jakie skończone istoty faktycznie mogą zrozumieć; po trzecie, jest jedyną drogą dochodzenia śmiertelnego człowieka do transcendentalnego doświadczenia - połączenia się z absonicznym umysłem, wiecznym duchem i rajską osobowością.

Wzniośli finaliści, zrodzeni we wszechświatach lokalnych, wychowani w superwszechświatach i nauczani we wszechświecie centralnym, obejmują swym osobistym doświadczeniem pełen potencjał zrozumienia czasowo-przestrzennej boskości Boga Siedmiorakiego, zjednoczonego w Najwyższym. Finaliści kolejno służą we wszechświatach innych niż te, z których pochodzą, tym samym nakładają doświadczenie na doświadczenie, aż zostanie opanowana pełnia siedmiorakiej różnorodności tego doświadczenia istoty stworzonej, które jest możliwe do przyswojenia. Finaliści, dzięki służbie zamieszkujących ich Dostrajaczy, mogą *znaleźć* Ojca Wszechświatowego, ale dzięki metodom doświadczalnym tacy finaliści dochodzą do prawdziwego *poznania* Istoty Najwyższej, a jest ich przeznaczeniem służyć temu Bóstwu Najwyższemu i *objawiać* je w przyszłych wszechświatach przestrzeni zewnętrznej i dla tych wszechświatów.

Rozważcie, że wszystko to, co Bóg Ojciec i jego Rajscy Synowie dla nas robią, my z kolei mamy możność robić w duchu dla wyłaniającej się Istoty Najwyższej i w tej Istocie. Doświadczanie miłości, radości i służby jest we wszechświecie wzajemne. Bóg Ojciec nie chce, aby jego synowie oddawali mu wszystko to, czym on ich obdarza, ale oni z kolei obdarzają (lub mogą obdarzać) wszystkim tym swoich braci i ewoluującą Istotę Najwyższą.

Wszystkie zjawiska stwórcze są odbiciem poprzedzających je działań stwórcy-ducha. Jezus powiedział i jest to literalną prawdą: „nie może Syn sam od siebie nic czynić, tylko to, co widzi, że Ojciec czyni". Z czasem wy, śmiertelnicy, być może zaczniecie objawiać Najwyższego waszym braciom i coraz bardziej wzbogacać to objawienie w miarę wznoszenia się do Raju. W wieczności, być może będziecie mogli coraz szerzej objawiać tego Boga istot ewolucyjnych na poziomach najwyższości – nawet ostateczności – jako finaliści siódmego stadium.

9. WSZECHŚWIATOWA JEDNOŚĆ ABSOLUTNA

Absolut Nieuwarunkowany i Bóstwo-Absolut są zjednoczone w Absolucie Wszechświatowym. Absoluty skoordynowane są w Ostatecznym, uwarunkowane w Najwyższym a dostosowane do czasu-przestrzeni w Bogu Siedmiorakim. Na poziomach podnieskończonych istnieją *trzy* Absoluty, jednak w nieskończoności wydają się one być *jednym*. W Raju istnieją trzy uosobienia Bóstwa, ale w Trójcy *są* one jednością.

Głównym filozoficznym problemem, odnoszącym się do wszechświata nadrzędnego, jest to, czy Absolut (trzy absoluty jako jeden w nieskończoności) istniał przed Trójcą i czy Absolut jest przodkiem Trójcy albo czy Trójca poprzedza Absolut?

Czy Absolut Nieuwarunkowany jest obecnością siły niezależną od Trójcy? Czy obecność Bóstwa-Absolutu oznacza nieograniczone funkcjonowanie Trójcy i czy Absolut Wszechświatowy jest finalną funkcją Trójcy, a nawet Trójcy Trójc?

Na pierwszy rzut oka idea Absolutu, jako protoplasty wszystkich rzeczy – nawet Trójcy – wydaje się przynosić chwilowe zaspokojenie wymagań logiczności i filozoficzną unifikację, ale każdy podobny wniosek unieważnia fakt wieczności Rajskiej Trójcy. Byliśmy nauczani i w to wierzymy, że Ojciec Wszechświatowy i jego trójcowi partnerzy są wieczni w swej naturze i egzystencji. Pozostaje zatem tylko jeden logiczny, filozoficzny wniosek, a mianowicie: Absolut jest, dla wszystkich istot inteligentnych wszechświata, bezosobową i koordynującą reakcją Trójcy (Trójc) na wszystkie zasadnicze i podstawowe sytuacje w przestrzeni, śródwszechświatowe i pozawszechświatowe. Dla wszystkich osobowych istot inteligentnych z wielkiego wszechświata Rajska Trójca znajduje się na zawsze w finalizmie, wieczności, najwyższości i ostateczności i praktycznie, dla osobistego zrozumienia i uświadomienia jej sobie przez istotę stworzoną, jest ona absolutna.

Kiedy istoty stworzone mogą rozważać ten problem, prowadzi to je do ostatecznego postulatu Wszechświatowego JESTEM jako pierwszej przyczyny i absolutnego źródła zarówno Trójcy jak i Absolutu. Kiedy zatem chcemy rozważać osobowe pojęcie Absolutu, kierujemy się ku naszym ideałom Rajskiego Ojca. Kiedy chcemy ułatwiać sobie zrozumienie czy wzbogacić uświadomienie tego, skądinąd bezosobowego Absolutu, zwracamy uwagę na to, że Ojciec Wszechświatowy jest egzystencjalnym Ojcem absolutnej osobowości; Wieczny Syn jest Absolutną Osobą, chociaż nie jest uosobieniem Absolutu w sensie empirycznym. Potem usiłujemy sobie wyobrazić Trójce empiryczne, jak osiągają punkt kulminacyjny w empirycznym uosobieniu Bóstwa-Absolutu, podczas gdy Absolut Wszechświatowy pojmujemy jako obejmujący fenomeny wszechświatowe i pozawszechświatowe, przejawiające się w obecności nieosobowych działań zjednoczonych i skoordynowanych związków Bóstwa najwyższości, ostateczności i nieskończoności – Trójcy Trójc.

Bóg Ojciec dostrzegalny jest na wszystkich poziomach, rozciągających się od tego, co skończone do tego, co nieskończone i chociaż istoty przez niego stworzone, od Raju do ewolucyjnych światów, rozmaicie go sobie wyobrażają, tylko Wieczny Syn i Nieskończony Duch znają go jako nieskończoność.

Osobowość duchowa jest absolutna tylko w Raju a idea Absolutu jest nie uwarunkowana jedynie w nieskończoności. Obecność Bóstwa jest absolutna tylko w Raju a objawienie Boga zawsze musi być częściowe, względne i stopniowe, zanim jego moc nie stanie się empirycznie nieskończona w potencji przestrzennej Absolutu Nieuwarunkowanego, a przejaw jego osobowości nie stanie się empirycznie nieskończony w objawiającej się obecności Bóstwa-Absolutu i kiedy te dwa potencjały nieskończoności staną się rzeczywistością zjednoczoną w Absolucie Wszechświatowym.

Tym niemniej te trzy Absoluty *są* jednym, poza poziomami podnieskończonymi i tym samym nieskończoność jest urzeczywistnieniem Bóstwa, niezależnie od tego, czy jakakolwiek inna klasa bytu kiedykolwiek sama osiągnie świadomość nieskończoności.

Egzystencjalny status w wieczności zakłada egzystencjalną samoświadomość nieskończoności, choćby nawet inna wieczność była potrzebna dla doświadczalnego, osobistego zrozumienia empirycznych potencjałów, nieodłącznych nieskończonej wieczności – wiecznej nieskończoności.

Bóg Ojciec jest osobowym źródłem wszystkich przejawów Bóstwa oraz rzeczywistości dla wszystkich istot inteligentnych i duchowych w całym wszechświecie wszechświatów. Jako osobowości, teraz albo w kolejnych doświadczeniach wszechświatowych wiecznej przyszłości, będziecie zauważać ku waszemu wiecznemu zadowoleniu, że dokonując każdego przedsięwzięcia na nowych poziomach empirycznych, odkrywacie na nowo wiecznego Boga – Rajskiego Ojca wszystkich osobowości wszechświata, bez względu na to, czy uda się wam dotrzeć do Boga Siedmiorakiego, zrozumieć Boga Najwyższego, znaleźć Boga Ostatecznego, czy próbować pojąć ideę Boga Absolutnego.

Ojciec Wszechświatowy jest wyjaśnieniem wszechświatowej jedności, jak musi się ona urzeczywistniać najwyżej, nawet ostatecznie, w postostatecznej jedności absolutnych wartości i znaczeń – w Rzeczywistości nie uwarunkowanej.

Nadrzędni Organizatorzy Siły wychodzą w przestrzeń i uaktywniają jej energie, aby reagowały na rajskie przyciąganie Ojca Wszechświatowego; potem przychodzą Synowie Stwórcy, którzy organizują te reagujące na grawitację siły w zamieszkałe wszechświaty, gdzie rozwijają się istoty inteligentne, które dostają ducha Rajskiego Ojca a następnie wznoszą się do Rajskiego Ojca, żeby stać się jemu podobne we wszystkich możliwych atrybutach boskości.

Nieustanny i coraz szerszy marsz stwórczych sił Raju poprzez domeny przestrzeni wydaje się zapowiadać ciągłe rozprzestrzenianie się ujęcia grawitacyjnego Ojca Wszechświatowego i nigdy nie kończące się pomnażanie różnych rodzajów istot inteligentnych, które mogą kochać Boga i być kochane przez niego, które z kolei w ten sposób poznając Boga, mogą zechcieć stać się jemu podobne, mogą zechcieć dotrzeć do Raju i znaleźć Boga.

Wszechświat wszechświatów jest w pełni zjednoczony. Bóg jest jeden w swej mocy i osobowości. Istnieje koordynacja wszystkich poziomów energii i wszystkich stadiów osobowości. Filozoficznie i empirycznie, w idei i w rzeczywistości, wszystkie rzeczy i istoty ogniskują się w Rajskim Ojcu. Bóg jest wszystkim i we wszystkim i żadna rzecz czy istota nie istnieje bez niego.

10. PRAWDA, PIĘKNO I DOBROĆ

Gdy światy ustanowione w światłości i życiu posuwają się naprzód, od stadium wstępnego do siódmej epoki, stopniowo uświadamiają sobie rzeczywistość Boga Siedmiorakiego, rozciągającą się od adoracji Syna Stwórcy do czczenia jego Rajskiego Ojca. W czasie trwania siódmego stadium historii takiego świata, wciąż rozwijającym się śmiertelnikom przybywa wiedzy o Bogu Najwyższym, podczas gdy niewyraźnie dostrzegają rzeczywistość wszechobejmującej działalności Boga Ostatecznego.

W całej takiej, wspaniałej epoce, wciąż rozwijający się śmiertelnicy dążą zasadniczo do lepszego zrozumienia i pełniejszego uświadomienia sobie pojmowalnych czynników Bóstwa – prawdy, piękna i dobroci. Obrazuje to wysiłki człowieka, zmierzające do dostrzeżenia Boga w umyśle, w materii i w duchu. Kiedy śmiertelnik szuka rozwiązań tych kwestii, jest coraz bardziej zaabsorbowany empirycznym poznawaniem filozofii, kosmologii i boskości.

Znacie się trochę na filozofii a boskość rozumiecie w czczeniu, służbie społecznej i w osobistym, duchowym doświadczeniu, jednak dążenie do piękna – kosmologię – zbyt często ograniczacie do rozważania ludzkich, niewprawnych wysiłków artystycznych. Piękno, sztuka, to przeważnie sprawa jednoczenia kontrastów. Różnorodność jest konieczna dla pojmowania piękna. Najwyższym pięknem, szczytem wyrafinowanej sztuki, jest spektakularne jednoczenie ogromu kosmicznych skrajności, Stwórcy i stworzonego. Człowiek znajdujący Boga i Bóg znajdujący człowieka – stworzony stający się tak doskonały jak Stwórca – to jest niebiańskie osiągnięcie najwyższego piękna i dotarcie do szczytu kosmicznej sztuki.

Tym samym materializm, ateizm, jest maksymalną brzydotą, kulminacją skończonego zaprzeczenia piękna. Najwyższe piękno zawiera się w panoramie jednoczenia zróżnicowań, zrodzonych z istniejącej uprzednio, harmonijnej rzeczywistości.

Do osiągnięcia kosmologicznych poziomów myślenia potrzeba następujących czynników:

1. *Ciekawość.* Głód harmonii i pragnienie piękna. Wytrwałe próby odkrywania nowych poziomów harmonijnych, kosmicznych związków.
2. *Docenienie estetyki.* Miłość do piękna i wciąż rozwijające się uznanie dla artystycznego podejścia we wszystkich przejawach stwórczych, na wszystkich poziomach rzeczywistości.
3. *Wrażliwość etyczna.* Dzięki uświadomieniu sobie prawdy, uznanie dla piękna prowadzi do wyczucia wiecznego dopasowania tych rzeczy, które zazębiają się z rozpoznawaniem Boskiej dobroci w związkach Bóstwa ze wszystkimi istotami; tym samym nawet kosmologia powoduje dążenie do Boskich wartości rzeczywistości – do uświadomienia sobie Boga.

Światy ustanowione w światłości i życiu pochłonięte są bez reszty zrozumieniem prawdy, piękna i dobroci, ponieważ te walory jakościowe obejmują objawienie Bóstwa dla domen czasu i przestrzeni. Znaczenia wiecznej prawdy rzucają wyzwanie łącznej naturze intelektualnej i duchowej śmiertelnego człowieka. Uniwersalne piękno obejmuje harmonijne związki i rytmy kosmicznego stworzenia; jest to wyraźnie intelektualne wyzwanie, prowadzące do zjednoczonego i zsynchronizowanego zrozumienia wszechświata materialnego. Boska dobroć stanowi objawianie nieskończonych wartości skończonemu umysłowi, w którym będą one dostrzeżone i wyniesione do samych progów poziomu pojmowania duchowego.

Prawda jest podstawą nauki i filozofii a jednocześnie stanowi intelektualny fundament religii. Piękno kształtuje sztukę, muzykę i pełne treści rytmy całego ludzkiego doświadczenia. Dobroć zawiera sens etyki, moralności, a religia – empiryczny głód doskonałości.

Istnienie piękna implikuje obecność wartościującego je umysłu istoty tak oczywiście, jak fakt progresywnej ewolucji wykazuje dominację Najwyższego Umysłu. Piękno jest intelektualnym uznaniem harmonijnej, czasowo-przestrzennej syntezy rozległego zróżnicowania rzeczywistości zjawiskowej, która w całości wywodzi się od istniejącej uprzednio, wiecznej jedności.

Dobroć jest umysłowym rozpoznaniem względnych wartości zróżnicowanych poziomów boskiej doskonałości. Rozpoznanie dobroci implikuje umysł o statusie moralnym, osobowy umysł, który potrafi rozróżniać pomiędzy dobrem a złem. Oprócz tego posiadanie dobroci, wielkości, jest miarą prawdziwego docierania do boskości.

Rozpoznanie *prawdziwych związków* implikuje umysł kompetentny do rozróżnienia pomiędzy prawdą a błędem. Zesłany Duch Prawdy, który obdarza ludzkie umysły Urantii, reaguje bezbłędnie na prawdę – na żywe związki duchowe wszystkich rzeczy i wszystkich istot, jak są one skoordynowane w wiecznym wznoszeniu się do Boga.

Każdy impuls każdego elektronu, myśli czy ducha, jest funkcjonalną jednostką całego wszechświata. Tylko grzech jest osamotniony a grawitacja zła napotyka opór na poziomach umysłowych i duchowych. Wszechświat jest całością; żadna rzecz ani istota nie istnieje ani nie żyje w izolacji. Samorealizacja jest potencjalnym złem, jeśli jest antyspołeczna. Jest literalną prawdą, że „nikt nie żyje dla siebie". Kosmiczne uspołecznienie stanowi najwyższą formę zjednoczenia osobowości. Jezus powiedział: „Kto by między wami chciał stać się wielkim, niech będzie waszym sługą".

Nawet prawda, piękno i dobroć – intelektualne zbliżanie się człowieka do wszechświata umysłu, materii i ducha – muszą być połączone w jedną, skonsolidowaną ideę boskiego, najwyższego *ideału*. Gdy osobowość śmiertelnika jednoczy ludzkie doświadczenie z materią, umysłem i duchem, wtedy ten boski i najwyższy ideał staje się mocą zjednoczoną w Najwyższości a potem uosobioną jako Bóg ojcowskiej miłości.

Wszelkie punkty widzenia na powiązanie pewnych części z jakąkolwiek daną całością wymagają zrozumienia związku wszystkich części z tą całością, a we wszechświecie oznacza to związek stworzonych części ze Stwórczą Całością. Bóstwo staje się wtedy transcendentalnym, nawet nieskończonym, celem powszechnego i wiecznego osiągania.

Wszechświatowe piękno jest uświadamianiem sobie odbicia Wyspy Raj w kreacji materialnej, podczas gdy wieczna prawda jest służbą specjalną Rajskich Synów, którzy nie tylko obdarzają sobą gatunki śmiertelne, ale nawet wylewają swojego Ducha Prawdy na wszystkich ludzi. Boska dobroć uwidacznia się dokładniej w miłości pełnej służbie różnorodnych osobowości Nieskończonego Ducha. Tym niemniej miłość, całkowita suma tych trzech wartości, jest ludzkim pojmowaniem Boga jako duchowego Ojca człowieka.

Materia fizyczna jest czasowo-przestrzennym cieniem rajskiej energii-światłości absolutnych Bóstw. Znaczenia prawdy są intelektualnymi, ludzkimi reperkusjami wiecznego słowa Bóstwa – czasowo-przestrzennym pojmowaniem najwyższych idei. Boskie wartości dobroci są miłosiernymi posługami osobowości duchowych Wszechświatowego, Wiecznego i Nieskończonego dla ograniczonych czasem-przestrzenią istot ze sfer ewolucyjnych.

Te znaczące wartości Boskiej rzeczywistości łączą się w związku Ojca z każdą osobową istotą jako Boska miłość. Skoordynowane są one w Synu i w jego Synach, jako Boskie miłosierdzie. Przejawiają swe właściwości przez Ducha i jego duchowe dzieci jako boska służba, w zobrazowaniu dzieciom czasu pełnego miłości miłosierdzia. Te trzy boskości objawiają się głównie w Istocie Najwyższej jako synteza mocy-osobowości. Ukazywane są rozmaicie przez Boga Siedmiorakiego, w siedmiu różnych związkach Boskich znaczeń i wartości, na siedmiu coraz wyższych poziomach.

Prawda, piękno i dobroć, zawierają dla skończonego człowieka pełne objawienie Boskiej rzeczywistości. Kiedy ta miłość-pojmowanie Bóstwa znajdzie swą duchową ekspresję w życiu rozpoznających Boga śmiertelników, zbiera się wtedy owoce boskości: spokój intelektualny, postęp społeczny, zadowolenie moralne, radość duchową i mądrość kosmiczną. Zaawansowani śmiertelnicy, na świecie w siódmym stadium światłości i życia, rozumieją, że miłość jest największą rzeczą we wszechświecie i wiedzą o tym, że Bóg jest miłością.

Miłość jest pragnieniem czynienia dobra dla innych.

[Przedstawione przez Możnego Posłańca, odwiedzającego Urantię na żądanie Korpusu Objawieniowego z Nebadonu, we współpracy z Melchizedekiem, namiestnikiem Planetarnego Księcia Urantii].

* * * * *

Ten przekaz, „Jedność wszechświatowa", jest dwudziestym piątym z grupy prezentacji przedstawionych przez różnych autorów, nadzorowanych grupowo przez komisję dwunastu osobowości z Nebadonu, działających pod kierownictwem Mantutii Melchizedeka. Zredagowaliśmy te narracje i przedstawiliśmy je w języku angielskim, metodą zatwierdzoną przez naszych przełożonych, w roku 1934 czasu Urantii.

CZĘŚĆ III

HISTORIA URANTII

Przekazy te były przygotowane pod nadzorem korpusu
osobowości z wszechświata lokalnego,
działających z upoważnienia
Gabriela z Salvingtonu.

CZĘŚĆ III

Historia Urantii

PRZEKAZ 57

POCHODZENIE URANTII

GDY PREZENTUJEMY fragmenty z archiwów jerusemskich dotyczące zapisów o Urantii, nawiązujące do okoliczności poprzedzających jej powstanie oraz do jej wczesnej historii, liczymy czas zgodnie z naszymi instrukcjami, w jednostkach używanych współcześnie – według obecnego kalendarza z rokiem przestępnym, gdzie na rok przypada średnio 365¼ dnia. Chociaż zapisane są dokładne daty, z reguły nie będziemy ich podawać. Będziemy zaokrąglać do najbliższej, pełnej liczby, co jest lepszym sposobem prezentowania tych historycznych faktów.

Kiedy nawiązujemy do jakiegoś wydarzenia, określając, że zaszło milion czy dwa miliony lat temu, chcemy umiejscowić to zdarzenie taką właśnie ilość lat wstecz, od wczesnych dekad dwudziestego wieku ery chrześcijańskiej. Dlatego będziemy obrazować te odległe w czasie wydarzenia jako występujące w równych odstępach tysięcy, milionów i miliardów lat.

1. MGŁAWICA ANDRONOVER

Urantia pochodzi od waszego Słońca a wasze Słońce jest jednym z różnorodnych potomków mgławicy Andronover, zorganizowanej kiedyś jako część składowa mocy fizycznej i substancji materialnej wszechświata lokalnego Nebadonu. Ta wspaniała mgławica powstała dawno temu, w superwszechświecie Orvonton, z wszechświatowego obciążenia-siły przestrzeni.

W tym czasie, kiedy zaczyna się ta opowieść, Pierwotni Nadrzędni Organizatorzy Siły z Raju dawno już sprawowali pełną kontrolę nad tymi energiami kosmicznymi, które później utworzyły mgławicę Andronover.

987.000.000.000 lat temu, pomocniczy organizator siły, pełniący wtedy obowiązki inspektora numer 811.307 w grupie Orvontonu, po wylocie z Uversy zameldował Pradawnym Czasu, że warunki przestrzenne są korzystne dla zapoczątkowania fenomenu materializacji w pewnym sektorze, wschodniego wówczas segmentu Orvontonu.

900.000.000.000 lat temu archiwa Uversy potwierdzają, że odnotowano zezwolenie, wydane dla rządu superwszechświata przez Radę Równowagi z Uversy, upoważniające do wysłania organizatora siły, wraz z personelem, w rejon wcześniej wyznaczony przez inspektora o numerze 811.307. Władze Orvontonu upoważniły pierwszego odkrywcę tego, potencjalnego wszechświata, do wykonania zarządzenia Pradawnych Czasu, nakazującego sformowanie nowej kreacji materialnej.

Zapis mówiący o tym zezwoleniu nadmienia, że organizator mocy już wcześniej wyleciał z Uversy wraz personelem w długą podróż do wschodniego sektora przestrzeni, gdzie wkrótce rozpoczęto żmudne działania, w wyniku których pojawiła się nowa kreacja materialna w Orvontonie.

875.000.000.000 lat temu olbrzymia mgławica Andronover, numer 876.926, została odpowiednio zapoczątkowana. Do zapoczątkowania tego zawirowania energii, które się w końcu rozwinęło w rozległy cyklon przestrzenny, potrzeba było tylko obecności organizatora siły i związanego z nim personelu. Po zapoczątkowaniu takich obrotów mgławicowych, żywi organizatorzy siły po prostu odlecieli, prostopadle do płaszczyzny obrotowej dysku, a później właściwości nieodłączne energii zapewniły stopniową i uporządkowaną ewolucję tego, nowego układu materialnego.

Mniej więcej w tym czasie zaczyna się opowieść o funkcjonowaniu osobowości superwszechświatowych. W rzeczywistości historia ta rozpoczyna się właściwie w tym właśnie momencie – mniej więcej wtedy, gdy rajscy organizatorzy siły przygotowują się do powrotu, dostosowawszy warunki energii-przestrzeni do działalności dyspozytorów mocy i kontrolerów fizycznych superwszechświata Orvontonu.

2. PIERWSZE STADIUM MGŁAWICOWE

Wszystkie ewolucyjne kreacje materialne powstają z okrągłych, gazowych mgławic i we wczesnym okresie swego gazowego istnienia wszystkie takie powstające mgławice są okrągłe. W miarę starzenia, stają się one zazwyczaj spiralne, a kiedy kończy się formowanie słońc, przekształcają się w gromady gwiazd albo w ogromne słońca, otoczone zróżnicowaną liczbą planet, satelitów i mniejszych grup materii, pod wieloma względami przypominającymi wasz własny, mały Układ Słoneczny.

800.000.000.000 lat temu kreacja Andronover była dobrze ustabilizowana jako jedna ze wspaniałych podstawowych mgławic Orvontonu. Astronomowie z pobliskich wszechświatów, którzy obserwowali to kosmiczne zjawisko, nie widzieli niczego specjalnego, co mogłoby przykuć ich uwagę. Obliczenia grawitacji, prowadzone w sąsiednich kreacjach, wykazywały, że materializacje przestrzenne miały miejsce w rejonach Andronover. Ale nic ponadto nie wiedziano.

700.000.000.000 lat temu system Andronover nabrał gigantycznych rozmiarów i dodatkowi kontrolerzy fizyczni zostali wysłani do dziewięciu otaczających go kreacji materialnych, aby je wesprzeć i zapewnić ich współdziałanie z centrami mocy tego, nowego *układu materialnego, który* tak gwałtownie się rozwijał. W tych odległych czasach, cały materiał przekazany do kolejnych aktów stworzenia utrzymywał się w granicach ogromnego koła w przestrzeni, które nie przestawało wirować a po osiągnięciu maksymalnej średnicy, wirowało coraz szybciej, zagęszczając się jednocześnie i kurcząc.

600.000.000.000 lat temu Andronover weszła w okres najwyższej aktywizacji energii; mgławica nabrała swej maksymalnej masy. Była ona wtedy gigantyczną, okrągłą chmurą gazową, zbliżoną w kształcie do spłaszczonej sferoidy. Był to wczesny okres formowania się różnorodnych mas i zmiennej prędkości obrotowej. Grawitacja i inne wpływy miały wkrótce zacząć pracować nad przemianą gazów kosmicznych w zorganizowaną materię.

3. DRUGIE STADIUM MGŁAWICOWE

Ta ogromna mgławica zaczęła teraz stopniowo nabierać formy spiralnej i stawała się dobrze widoczna dla astronomów, nawet w odległych wszechświatach. Taka jest zazwyczaj historia większości mgławic; zanim zaczną one wyrzucać słońca i tworzyć wszechświat, kosmiczne mgławice w stadium drugim są zwykle zauważalne jako *zjawisko spiralne.*

W tamtej, odległej epoce, pobliscy obserwatorzy gwiezdni, spostrzegając przeobrażenie mgławicy Andronover, widzieli dokładnie to, co widzą astronomowie dwudziestego wieku, kiedy penetrują swymi teleskopami przestrzeń, w poszukiwaniu współczesnych mgławic spiralnych w sąsiadującej przestrzeni zewnętrznej.

Mniej więcej w czasie osiągnięcia maksymalnej masy, grawitacyjna kontrola zawartości gazowych zaczęła słabnąć i nastąpiło stadium ucieczki gazu, który wybiegał w formie dwóch oddzielnych, gigantycznych ramion, zaczynających się po przeciwległych stronach macierzystej masy. Szybki ruch obrotowy ogromnego, centralnego jądra, wkrótce nadał tym dwóm uciekającym strumieniom gazu wygląd spiralny. Proces stygnięcia a potem zagęszczania części tych wystających ramion, nadał im w końcu kształt węzłowaty. Gęstsze ich części stanowiły rozległe systemy i podsystemy materii fizycznej, wirujące w przestrzeni pośród gazowych obłoków mgławicy, utrzymywane jednak bezpiecznie w granicach grawitacyjnego uchwytu macierzystego okręgu.

Mgławica zaczęła się jednak kurczyć, a zwiększenie tempa jej obrotów spowodowało dalsze osłabienie kontroli grawitacyjnej; wkrótce najdalsze, zewnętrzne strefy gazowe zaczęły się po prostu wymykać spod bezpośredniego wpływu jądra mgławicy, wybiegając w przestrzeń po orbitach o nieregularnym kształcie a potem wracając w rejon jądra, aby dopełnić orbity w powtarzającym się cyklu. Był to jednak tylko przejściowy etap rozwoju mgławicy. Coraz większe tempo obrotów wyrzuciło wkrótce w przestrzeń ogromne słońca na niezależne orbity.

To się właśnie działo w mgławicy Andronover wiele epok temu. Krąg energii powiększał się coraz bardziej, aż osiągnął apogeum swej ekspansji, po czym, gdy zaczęło się kurczenie, wirował coraz szybciej, osiągając w końcu poziom krytyczny sił odśrodkowych, co zapoczątkowało proces wielkiego rozpadu.

500.000.000.000 lat temu w mgławicy Andronover narodziło się pierwsze słońce. Płonąca smuga wyrwała się z uchwytu macierzystej grawitacji i wybiegła w przestrzeń, na samodzielną przygodę w tworzącym się kosmosie. Jej orbitę określał tor ucieczki. Takie młode słońca szybko nabierają kształtu kulistego i zaczynają swój długi, pełen wydarzeń byt w kosmosie, jako gwiazdy. Za wyjątkiem ostatnich jąder mgławicowych, znaczna większość słońc Orvontonu miała analogiczne pochodzenie. Takie uciekające słońca przechodzą różne stadia ewolucji a potem funkcjonowania we wszechświecie.

400.000.000.000 lat temu, w mgławicy Andronover zaczął się okres wychwytywania. W rezultacie stopniowego powiększania się i dalszego zagęszczania macierzystego jądra, zostało przechwycone wiele pobliskich, mniejszych słońc. Wkrótce zaczęło się końcowe stadium kondensacji mgławicowej, ten okres, który zawsze poprzedza ostateczny podział takich ogromnych, kosmicznych skupisk energii i materii.

Zaledwie milion lat upłynęło od tej epoki, kiedy Michał z Nebadonu, Syn Stwórca z Raju, wybrał tę właśnie, rozpadającą się mgławicę, na miejsce swej przygody – na tworzenie wszechświata. Prawie natychmiast zabrano się do tworzenia światów zaprojektowanych, Salvingtonu i stu grup planet, zarządów konstelacji. Na ukończenie tych grup specjalnie stworzonych światów potrzeba było prawie miliona lat. Planety zarządów systemów lokalnych powstały w czasie rozciągającym się od tamtego momentu do około pięciu miliardów lat temu.

300.000.000.000 lat temu orbity słońc Andronover były już dobrze ustabilizowane a system mgławicowy znajdował się w przejściowym okresie względnej stabilizacji fizycznej. Mniej więcej w tym czasie personel Michała przybył do Salvingtonu a rząd Orvontonu, mieszczący się na Uversie, rozciągnął swą akceptację materialną na wszechświat lokalny Nebadon.

200.000.000.000 lat temu dało się zauważyć coraz większe kurczenie się i zagęszczanie centralnego skupiska, albo masy jądrowej Andronover, wraz z wydzielaniem się ogromnych ilości ciepła. Względna przestrzeń pojawiła się nawet w rejonach zbliżonych do centralnego dysku macierzystego słońca. Rejony zewnętrzne stawały się coraz bardziej stabilne i coraz lepiej zorganizowane; niektóre planety, obracające się wokół nowo powstałych słońc, ostudziły się wystarczająco, żeby można było na nich zaszczepić życie. Najstarsze zamieszkałe planety Nebadonu datują się z tych właśnie czasów.

Teraz po raz pierwszy zaczął funkcjonować kompletny mechanizm wszechświata Nebadonu i kreacja Michała została zarejestrowana na Uversie, jako wszechświat, który zamieszkują śmiertelnicy i z którego stopniowo się wznoszą.

100.000.000.000 lat temu mgławica doszła do szczytu procesu zagęszczania; osiągnięty został maksymalny punkt ciśnienia energii cieplnej. Ten krytyczny etap zapasów pomiędzy grawitacją a ciepłem czasami trwa całe epoki, ale wcześniej czy później ciepło pokonuje siły grawitacyjne i rozpoczyna się spektakularna faza rozpraszania słońc. To właśnie cechuje koniec drugiego stadium mgławicy kosmicznej.

4. TRZECIE I CZWARTE STADIUM

W pierwszym stadium rozwoju mgławice mają kształt okrągły, w drugim spiralny; trzecie stadium charakteryzuje się ucieczką pierwszych słońc, podczas gdy czwarte stadium obejmuje drugi i ostatni cykl ucieczki słońc, przy czym macierzyste jądro przeobraża się w gromadę gwiazd, bądź też w odosobnione słońce, funkcjonujące w końcu jako centrum układu słonecznego.

75.000.000.000 lat temu mgławica osiągnęła apogeum swego stadium rodziny słonecznej. Było to największe nasilenie pierwszego etapu utraty słońc. Większość tych słońc w międzyczasie weszła w posiadanie rozległych układów planetarnych, satelitów, ciemnych wysp, komet, meteorów i chmur pyłu kosmicznego.

50.000.000.000 lat temu zakończyło się pierwsze stadium rozpraszania słońc; mgławica szybko kończyła trzeci cykl istnienia, podczas którego zapoczątkowała 876.926 układów słonecznych.

25.000.000.000 lat temu zakończył się trzeci cykl istnienia mgławicy, który przyniósł tworzenie się oraz względną stabilizację rozległych układów gwiezdnych, wywodzących się z tej rodzimej mgławicy. Jednak w centralnej masie, pozostałej z mgławicy nadal trwał proces fizycznego kurczenia się i zwiększonego wydzielania ciepła.

10.000.000.000 lat temu zaczął się czwarty cykl istnienia Andronover. Masa jej jądra osiągnęła maksymalną temperaturę; zbliżał się punkt krytyczny kondensacji. Pierwotne, rodzime jądro doznawało konwulsji pod jednoczesnym naciskiem swej własnej kondensacji cieplnej i coraz większego grawitacyjno-pływowego przyciągania mnóstwa okalających je, uwolnionych układów słonecznych. Zbliżały się erupcje jądrowe, które miały zapoczątkować drugi cykl słoneczny mgławicy. Wkrótce miał się rozpocząć czwarty cykl istnienia mgławicy.

8.000.000.000 lat temu rozpoczęły się potężne, końcowe erupcje. Tylko najbardziej na zewnątrz położone układy są bezpieczne podczas takiego kosmicznego wrzenia. I to był początek końca mgławicy. Ten końcowy proces wyrzucania słońc trwał prawie dwa miliardy lat.

7.000.000.000 lat temu Andronover weszła w szczytowy okres swego ostatecznego rozpadu. Był to czas narodzin ostatnich, większych słońc, jak również apogeum lokalnych zaburzeń fizycznych.

6.000.000.000 lat temu zakończył się ostateczny rozpad mgławicy i narodziło się wasze Słońce, pięćdziesiąte szóste, licząc od końca drugiej rodziny słońc Andronover. Ta końcowa erupcja jądra mgławicy dała początek grupie 136.702 słońc, w większości samotnych ciał niebieskich. Całkowita liczba słońc i układów słonecznych, zapoczątkowanych w mgławicy Andronover, wynosi 1.013.628. Słońc z układami planetarnymi jest 1.013.572.

Nie ma już wielkiej mgławicy Andronover, chociaż żyje ona nadal w wielu słońcach i ich rodzinach planetarnych, wywodzących się z tej macierzystej chmury kosmicznej. Ostatnia, rdzenna pozostałość tej wspaniałej mgławicy, wciąż płonie czerwonawym blaskiem i dostarcza nieco światła i ciepła resztkom swej planetarnej rodziny, liczącej sto sześćdziesiąt pięć światów, które teraz krążą wokół tej sędziwej matki dwóch wspaniałych pokoleń monarchów światła.

5. POCHODZENIE MONMATII – UKŁADU SŁONECZNEGO URANTII

5.000.000.000 lat temu wasze Słońce było stosunkowo odosobnionym, jaskrawym ciałem niebieskim, które przygarnęło większość krążącej w jego zasięgu materii kosmicznej, pozostałej po niedawnych zaburzeniach, związanych z jego własnymi narodzinami.

Dzisiaj wasze Słońce osiągnęło względną stabilizację, ale jego trwające jedenaście i pół roku cykle plam słonecznych zdradzają, że w swej młodości było ono gwiazdą zmienną. We wczesnych dniach waszego Słońca, jego ciągłe kurczenie się i w rezultacie stopniowy wzrost temperatury, wywoływały potężne wstrząsy na jego powierzchni. Te tytaniczne falowania potrzebowały trzech i pół dnia na dopełnienie cyklu przemiany w natężeniu blasku. Taki zmienny stan, okresowe pulsacje, spowodowały, że wasze Słońce stało się bardzo wyczulone na pewne zewnętrzne oddziaływania, które wkrótce miały nastąpić.

Tak wyglądała lokalna przestrzeń tuż przed niezwykłym początkiem *Monmatii*, taka jest bowiem nazwa rodziny planetarnej waszego Słońca, Układu Słonecznego, do którego należy wasz świat. Podobne początki ma mniej niż jeden procent układów planetarnych Orvontonu.

4.500.000.000 lat temu, zaczął się zbliżać do tego, odosobnionego Słońca, ogromny układ Angona. W centrum tego, wielkiego układu, znajdował się czarny olbrzym kosmiczny, lity, wysoce naładowany energią i posiadający ogromną siłę przyciągania.

Kiedy Angona zbliżyła się do Słońca, w momentach maksymalnego natężenia słonecznych pulsacji, strumienie materii gazowej wystrzelały w przestrzeń, jak gigantyczne języki słoneczne. Z początku, te płonące języki gazowe zawsze wpadały z powrotem w Słońce, kiedy jednak Angona podchodziła coraz bliżej, siła przyciągania tego gigantycznego przybysza stała się tak wielka, że języki płonącego gazu zaczęły się w niektórych miejscach rozrywać, ich podstawa wpadała w Słońce, podczas gdy sekcje zewnętrzne oddzielały się, formując niezależne ciała materialne, meteoryty słoneczne, które natychmiast zaczynały biec wokół Słońca po swych własnych, eliptycznych orbitach.

W miarę zbliżania się układu Angona, wyrzuty materii słonecznej stawały się coraz większe; coraz więcej materii wyrywane było ze Słońca, aby stać się ciałami krążącymi niezależnie w otaczającej przestrzeni. Sytuacja taka trwała około pięćset tysięcy lat, do tego momentu, kiedy Angona podeszła najbliżej Słońca, a wtedy Słońce, w związku z jedną ze swoich okresowych wewnętrznych konwulsji, uległo częściowemu rozerwaniu; po przeciwległych jego stronach zostały wyrzucone równocześnie ogromne masy materii. Od strony Angony wyciągnięta została rozległa kolumna gazów słonecznych, nieco spiczasta po obu końcach i znacznie wybrzuszona pośrodku, która na trwałe wyrwała się spod bezpośredniego wpływu przyciągania Słońca.

Ta wielka kolumna gazów słonecznych, oderwana od Słońca, przekształciła się później w dwanaście planet Układu Słonecznego. W reakcji na to gaz wyrzucony po przeciwległej stronie Słońca, w pływowej harmonii z oderwaniem się gigantycznego protoplasty Układu Słonecznego, zagęścił się w międzyczasie, przybierając postać meteorów i pyłu kosmicznego Układu Słonecznego, chociaż bardzo dużo tej materii zostało wychwycone przez grawitację Słońca, po tym, jak układ Angona odszedł daleko w przestrzeń.

Chociaż Angonie udało się wyrwać pierwotne tworzywo planet Układu Słonecznego, jak również ogromne ilości materii krążącej teraz wokół Słońca jako asteroidy i meteory, nie udało się jej jednak pozyskać dla siebie żadnej materii słonecznej. Przybyły układ nie podszedł odpowiednio blisko, aby przywłaszczyć sobie jakąkolwiek substancję pochodzenia słonecznego, podszedł jednak na wystarczającą odległość, żeby wyciągnąć w przestrzeń, dzielącą dwa ciała kosmiczne, cały materiał tworzący dzisiejszy Układ Słoneczny.

Niedługo potem, w mniej masywnych, stożkowatych końcach tego gigantycznego wybrzuszenia, jakie Angona siłą swej grawitacji zdołała wyrwać ze Słońca, ze stygnących i zagęszczających się jąder uformowało się w miniaturze pięć wewnętrznych i pięć zewnętrznych planet, podczas gdy Saturn i Jowisz utworzyły się z bardziej masywnych, wybrzuszonych części centralnych. Potężna siła przyciągania Jowisza i Saturna wcześnie wychwyciła większą część materiału, przywłaszczonego od Angony, o czym świadczy wsteczny ruch niektórych ich satelitów.

Jowisz i Saturn, pochodzące z samego środka tej gigantycznej kolumny przegrzanych gazów słonecznych, zawierały tak wiele silnie rozgrzanego materiału słonecznego, że świeciły jasnym światłem i emitowały ogromne ilości energii cieplnej; były to w rzeczywistości wtórne słońca, przez krótki czas po ich powstaniu w charakterze odrębnych ciał niebieskich. Te dwie, największe planety Układu Słonecznego, po dziś dzień pozostają w dużej mierze gazowe, nie schłodziwszy się jeszcze na tyle, aby osiągnąć stopień zupełnego zagęszczenia czy zestalenia.

Kurczące się, gazowe jądra pozostałych dziesięciu planet osiągnęły wkrótce stan zestalenia, skutkiem czego zaczęły przyciągać do siebie coraz więcej materii meteorytowej, krążącej w pobliskiej przestrzeni. Światy Układu Słonecznego miały więc podwójne pochodzenie, były to jądra skondensowanego gazu, później powiększone, dzięki wychwyceniu ogromnych ilości meteorów. Faktycznie wciąż wychwytują one meteory, jednak w znacznie mniejszych ilościach.

Planety nie krążą wokół Słońca w równikowej płaszczyźnie ich słonecznej matki, co miałoby miejsce wtedy, gdyby zostały wyrzucone na skutek wirowania Słońca. Krążą raczej w płaszczyźnie słonecznego wyrzutu materii w kierunku Angony, który nastąpił pod znacznym kątem do płaszczyzny słonecznego równika.

Podczas kiedy Angona nie zdołała przechwycić nawet małej ilości masy słonecznej, wasze Słońce dodało do swojej, przeobrażającej się rodziny planetarnej, nieco materii kosmicznej od układu przybysza. Ze względu na silne pole grawitacyjne Angony, zależne od niej planety biegły po orbitach znacznie oddalonych od ciemnego olbrzyma i wkrótce po wyrzuceniu pierwotnej masy Układu Słonecznego, kiedy Angona pozostawała jeszcze blisko Słońca, trzy główne planety układu Angony podeszły tak blisko protoplasty Układu Słonecznego, że siła jego przyciągania, powiększona przez przyciąganie Słońca, wystarczyła do przewyższenia uchwytu grawitacyjnego Angony i do trwałego odłączenia trzech planet, krążących dotychczas wokół niebiańskiego wędrowcy.

Całość materiału Układu Słonecznego, pochodzącego od Słońca, miała z początku jednolity kierunek krążenia orbitalnego i gdyby nie wtargnięcie tych trzech obcych ciał niebieskich, cały materiał Układu Słonecznego wciąż zachowałby ten sam kierunek ruchu orbitalnego. Zdarzyło się jednak, że wpływ trzech planet, zależnych wcześniej od Angony, wprowadził nowe i obce siły kierunkowe do kształtującego się Układu Słonecznego, w wyniku czego pojawił się *ruch wsteczny*. W każdym układzie astronomicznym ruch wsteczny zawsze jest przypadkowy i pojawia się na skutek kolizyjnego wpływu obcych ciał kosmicznych. Kolizje takie nie zawsze wywołują ruch wsteczny, jednakże ruch wsteczny nie występuje nigdzie poza tymi układami, które zawierają masy o różnorodnym pochodzeniu.

6. STADIUM UKŁADU SŁONECZNEGO – ERA FORMOWANIA SIĘ PLANET

Po narodzinach Układu Słonecznego nastąpił okres osłabienia erupcji słonecznych. Przez kolejne pięćset tysięcy lat Słońce coraz rzadziej wyrzucało coraz mniejsze ilości materii w otaczającą je przestrzeń. Jednak w tym wczesnym okresie niestabilnych orbit, kiedy ciała otaczające Słońce podchodziły najbliżej do niego, słoneczny rodzic był w stanie odzyskać znaczną ilość materiału meteorytowego.

Najbliższe Słońcu planety jako pierwsze spowalniały swe obroty, na skutek oporu pływowego. Tego rodzaju wpływy grawitacyjne przyczyniają się również do stabilizacji orbit planetarnych, chociaż działają jako hamulec na ich obroty wokół własnej osi, powodując, że planeta obraca się coraz wolniej, aż do ustania ruchu obrotowego, pozostawiając jedną swą półkulę zawsze zwróconą ku Słońcu albo większemu ciału, jak to widać na przykładzie planety Merkury oraz Księżyca, który zawsze jest zwrócony tą samą stroną do Urantii.

Kiedy tarcia pływowe Księżyca i Ziemi się wyrównają, Ziemia zawsze będzie zwracać się tą samą półkulą w kierunku Księżyca a dzień i miesiąc będą miały taką samą długość, około czterdziestu siedmiu dni. Po osiągnięciu takiej stabilizacji orbit, tarcia pływowe zaczną działać odwrotnie, nie odpychając już Księżyca od Ziemi, ale stopniowo zaczną przyciągać satelitę do planety. A potem, w odległej przyszłości, kiedy Księżyc zbliży się na około osiemnaście tysięcy kilometrów do Ziemi, działalność grawitacji ziemskiej spowoduje rozerwanie Księżyca i ta pływowo-grawitacyjna eksplozja rozdrobni Księżyc na małe części, które mogą gromadzić się wokół świata jako pierścienie materii, na podobieństwo pierścieni Saturna, albo też mogą stopniowo spadać na Ziemię jako meteory.

Jeśli ciała kosmiczne mają podobne rozmiary i gęstość, może nastąpić zderzenie. Ale kiedy dwa ciała, o podobnej gęstości, mają relatywnie nierówne rozmiary, wówczas, jeśli mniejsze stopniowo zbliża się do większego, następuje rozerwanie mniejszego, kiedy promień jego orbity będzie mniejszy od dwu i półkrotnego promienia większego ciała. Kolizje między kosmicznymi olbrzymami są dosyć rzadkie, ale takie grawitacyjno-pływowe rozerwania mniejszych ciał zdarzają się dość często.

Spadające gwiazdy występują w rojach, ponieważ są fragmentami większych ciał materialnych, rozerwanych na skutek grawitacji pływowej, wywieranej przez pobliskie, ale większe od nich ciała kosmiczne. Pierścienie Saturna są pozostałościami rozerwanego satelity. Jeden z księżyców Jowisza zbliża się teraz niebezpiecznie do krytycznej strefy rozerwania pływowego i w ciągu kilku milionów lat albo spadnie na planetę, albo też ulegnie grawitacyjno-pływowemu rozerwaniu. Dawno temu, piąta planeta Układu Słonecznego przemierzała nieregularną orbitę, okresowo zbliżając się coraz bardziej do Jowisza, aż weszła w krytyczną strefę rozerwania grawitacyjno-pływowego i została szybko rozerwana, stając się dzisiaj skupiskiem asteroidów.

4.000.000.000 lat temu zorganizowały się systemy Jowisza i Saturna, w znacznej mierze do tego stanu, jaki obserwujemy dzisiaj, za wyjątkiem ich księżyców, które nadal powiększały się przez kilka kolejnych miliardów lat. Faktem jest, że wszystkie planety i satelity Układu Słonecznego nadal rosną, na skutek ciągłego wyłapywania meteorów.

3.500.000.000 lat temu zagęszczające się jądra dziesięciu pozostałych planet były już dobrze ukształtowane a zaczątki większości księżyców pozostawały nienaruszone, chociaż niektóre z mniejszych satelitów połączyły się później, tworząc większe, współczesne księżyce. Wiek ten można uznać za epokę agregacji planetarnej.

3.000.000.000 lat temu Układ Słoneczny funkcjonował w znacznym stopniu tak, jak w dniu dzisiejszym. Jego elementy składowe wciąż zwiększały swe rozmiary, w miarę jak meteoryty nieustannie spadały na planety i ich satelity z wielką częstotliwością.

Mniej więcej w tym czasie wasz Układ Słoneczny został umieszczony w fizycznym rejestrze Nebadonu i otrzymał swą nazwę Monmatia.

2.500.000.000 lat temu planety znacznie się powiększyły. Urantia była dobrze ukształtowaną kulą, mającą około jednej dziesiątej swej obecnej masy i wciąż szybko rosła na skutek wychwytu materii z meteorytów.

Wszystkie takie, gigantyczne w swej skali zdarzenia, są naturalną częścią powstawania ewolucyjnego świata klasy Urantii i stanowią astronomiczne preliminaria, przygotowujące scenę do rozpoczęcia fizycznej ewolucji takich światów kosmicznych aby były gotowe do epopei życia w czasie.

7. ERA METEORYTÓW – EPOKA WULKANICZNA PRYMITYWNA ATMOSFERA PLANETARNA

W tych dawnych czasach, rejony przestrzenne Układu Słonecznego roiły się od małych, rozrywających się i skupiających ciał, a przy braku ochronnej, atmosferycznej warstwy spalania, te ciała kosmiczne rozbijały się wprost o powierzchnię Urantii. Te nieustanne kolizje utrzymywały powierzchnię planety w stanie bardziej czy mniej rozgrzanym i to, w połączeniu z coraz intensywniejszym działaniem grawitacji, w miarę jak kula rosła, zaczęło uruchamiać mechanizmy, które stopniowo powodowały przesuwanie się cięższych pierwiastków, takich jak żelazo, coraz bardziej w kierunku środka planety.

2.000.000.000 lat temu Ziemia zaczęła być wyraźnie większa od Księżyca. Planeta zawsze była większa od jej satelity, jednak ta różnica w wymiarach była nieznaczna, aż do tego mniej więcej czasu, kiedy Ziemia przechwyciła wielkie ciała kosmiczne. Urantia miała wtedy około jednej piątej swych obecnych rozmiarów i stawała się odpowiednio duża, aby utrzymać prymitywną atmosferę, która zaczęła się pojawiać w rezultacie wewnętrznej rywalizacji żywiołów pomiędzy rozgrzanym wnętrzem a schładzającą się skorupą.

Od tego okresu datuje się wyraźna działalność wulkaniczna. Ciepło wewnętrzne Ziemi wciąż rosło, dzięki pogrążaniu się coraz głębiej radioaktywnych i cięższych pierwiastków, przynoszonych z kosmosu w meteorytach. Badanie tych radioaktywnych pierwiastków kiedyś ujawni, że wiek Urantii na jej powierzchni przekracza miliard lat. Zegar radowy jest waszym najbardziej niezawodnym sposobem naukowych obliczeń wieku planety, jednak wszystkie tego typu oceny są zaniżone, ponieważ radioaktywne materiały, dostępne waszym badaniom, pochodzą w całości z powierzchni Ziemi, w związku z czym stanowią stosunkowo niedawny nabytek Urantii.

1.500.000.000 lat temu Ziemia osiągnęła dwie trzecie swych obecnych rozmiarów, podczas gdy Księżyc dochodził do swojej obecnej masy. Ziemia szybko zdobywała przewagę nad Księżycem w rozmiarach, co umożliwiło jej rozpoczęcie powolnego rabunku tej niewielkiej ilości atmosfery, jaką pierwotnie posiadał jej satelita.

Aktywność wulkaniczna jest teraz w swym apogeum. Cała Ziemia jest prawdziwym ognistym piekłem, jej powierzchnia przypomina wcześniejsze, płynne stadium, zanim cięższe metale spłynęły do centrum. *Jest to epoka wulkaniczna.* Tym niemniej skorupa ziemska, składająca się głównie ze stosunkowo lekkiego granitu, zaczyna się stopniowo formować. Planeta wchodzi w to stadium, które pewnego dnia będzie mogło podtrzymywać życie.

Powoli kształtuje się prymitywna atmosfera ziemska, zawierająca teraz nieco pary wodnej, tlenku węgla, dwutlenku węgla i chlorowodoru, jednak mało jest w niej albo nie ma wcale wolnego azotu czy wolnego tlenu. W erze wulkanicznej atmosfera świata jest bardzo ciekawa. W dodatku do wymienionych gazów, jest ona silnie przesycona licznymi gazami wulkanicznymi oraz w miarę rozwoju pasa powietrza, produktami spalania obfitych deszczy meteorów, które nieustannie padają na powierzchnię planety. To spalanie meteorów utrzymuje tlen atmosferyczny na poziomie niemal zupełnego wyczerpania, a tempo meteorycznego bombardowania jest wciąż ogromne.

Niebawem atmosfera zaczyna się nieco stabilizować i odpowiednio ochładza, aby deszcze zaczęły padać na gorącą, skalistą powierzchnię planety. Tysiące lat Urantia była spowita jedną, wielką, nieprzemijającą zasłoną z pary. W tych epokach słońce nigdy nie docierało do powierzchni Ziemi.

Dużo węgla zostało wyciągnięte z atmosfery, formując węglany różnych metali, które teraz w znacznych ilościach zalegają wierzchnie warstwy planety. Później, znacznie większe ilości tych gazów węglowych zostały spożytkowane przez wczesne, płodne życie roślinne.

Nawet w późniejszych czasach, ciągłe wypływy lawy i spadające meteory zużywały prawie cały tlen znajdujący się w powietrzu. Nawet wczesne osady pojawiających się niebawem prymitywnych oceanów nie zawierają barwnych kamieni czy łupków ilastych. I długo jeszcze po powstaniu tego oceanu, w atmosferze nie było praktycznie wolnego tlenu; i nie pojawił się on w znacznych ilościach aż do tego czasu, kiedy później został wytworzony przez wodorosty i inne formy życia roślinnego.

Prymitywna atmosfera ziemska ery wulkanicznej jest słabym zabezpieczeniem przed kolizyjnymi udarami rojów meteorów. Miliony meteorów mogą się przebić przez taki pas powietrza i uderzać w skorupę ziemską jako lite ciała. Jednak z upływem czasu coraz mniej z nich okazuje się być odpowiednio duże, aby oprzeć się rosnącej sile tarcia tej osłony, w późniejszych epokach coraz bogatszej w tlen atmosferyczny.

8. STABILIZACJA SKORUPY
EPOKA TRZĘSIEŃ ZIEMI
OCEAN ŚWIATOWY I PIERWSZY KONTYNENT

1.000.000.000 lat temu to data faktycznego początku historii Urantii. Planeta osiągnęła w przybliżeniu swoją obecną wielkość. Mniej więcej w tym czasie została umieszczona w materialnym rejestrze Nebadonu i otrzymała nazwę *Urantia*.

Istnienie atmosfery, wraz z nieustannym skraplaniem się pary, powodowało schładzanie skorupy ziemskiej. Aktywność wulkaniczna dawno już wyrównała ciśnienie wewnętrznego gorąca i kurczenia się skorupy; i kiedy ilość wulkanów gwałtownie malała, w epoce ochładzania się i dopasowywania powierzchni, pojawiły się trzęsienia ziemi.

Prawdziwa historia geologiczna Urantii zaczyna się wraz z ochłodzeniem skorupy ziemskiej na tyle, aby mógł powstać pierwszy ocean. Kondensacja pary wodnej na stygnącej powierzchni Ziemi, raz rozpoczęta, trwała aż do całkowitego zakończenia. Pod koniec tego okresu, światowy ocean pokrywał całą planetę, średnio głęboki na blisko dwa kilometry. Działalność pływowa podobna była do tej, jaką znamy dzisiaj, jednak ten prymitywny ocean nie był słony; praktycznie cały świat pokrywała słodka woda. W tamtych czasach większość chloru pozostawała w związkach z różnymi metalami, lecz było go odpowiednio dużo połączonego z wodorem, żeby woda w oceanie nabrała nieco kwaśnego smaku.

Na początku tej, odległej epoki, Urantię można sobie wyobrazić jako planetę zalaną wodą. Później, głębiej położona a przez to bardziej zagęszczona lawa, wypłynęła na dno dzisiejszego Oceanu Spokojnego, powodując znaczne obniżenie tej części pokrytej wodą powierzchni. Pierwsza kontynentalna masa lądu wynurzyła się ze światowego oceanu jako korekta równowagi skorupy ziemskiej, stopniowo nabierającej grubości.

950.000.000 lat temu Urantia stanowiła jeden wielki kontynent lądowy i jedną ogromną masę wodną – Ocean Spokojny. Wulkany wciąż występują powszechnie a trzęsienia ziemi są zarówno częste jak i bardzo silne. Meteoryty nadal bombardują Ziemię, ale zarówno częstotliwość ich spadania jak i rozmiary się zmniejszają. Atmosfera się przejaśnia, choć zawartość dwutlenku węgla jest wciąż duża. Skorupa ziemska stopniowo się stabilizuje.

Mniej więcej w tym czasie Urantia została przydzielona do systemu Satania, dla administracji planetarnej, jak również została umieszczona w rejestrze życia Norlatiadeku. I tak zaaprobowano administracyjnie tę niewielką i mało znaczącą sferę, która miała stać się planetą, na której Michał przeprowadził później gigantyczne zadanie, obdarzenie planety w charakterze śmiertelnika i uczestniczył w tych wydarzeniach, które sprawiły, że od tamtego czasu Urantia jest znana lokalnie jako „świat krzyża".

900.000.000 lat temu przybyła na Urantię pierwsza grupa rekonesansowa z Satanii, wysłana z Jerusem w celu zbadania planety i sporządzenia raportu na temat jej przydatności dla życia eksperymentalnego. Komisja ta liczyła dwudziestu czterech członków i składała się z Nosicieli Życia, Synów Lanonandeków, Melchizedeków, serafinów i innych klas życia niebiańskiego, zajmujących się organizacją i administracją planet w ich wczesnym stadium rozwoju.

Po przeprowadzeniu dokładnych badań planety, komisja wróciła na Jerusem i złożyła pozytywny meldunek Władcy Systemu, rekomendując umieszczenie Urantii w rejestrze życia eksperymentalnego. Zgodnie z tym, wasz świat został zarejestrowany na Jerusem jako planeta dziesiętna i powiadomiono Nosicieli Życia, że udziela im się zezwolenia na wprowadzenie nowych form aktywizacji mechanicznej, chemicznej i elektrycznej, kiedy później przybędą z upoważnieniem przeniesienia i zaszczepienia życia.

Przygotowania, zmierzające do przekształcenia planety w zamieszkałą, zostały dokonane w odpowiednim czasie na Jerusem, przez mieszaną komisję złożoną z dwunastu istot i zatwierdzone na Edentii, przez planetarną komisję złożoną z siedemdziesięciu istot. Plany te, przedstawione przez pomocniczych doradców Nosicieli Życia, zostały ostatecznie zatwierdzone na Salvingtonie. Niedługo potem transmisje z Nebadonu przyniosły komunikat, że Urantia ma zostać tym miejscem, gdzie Nosiciele Życia przeprowadzą sześćdziesiąty w Satanii eksperyment, mający na celu rozwinięcie i udoskonalenie satanijskiego typu nebadońskich wzorców życia.

Wkrótce po tym, jak Urantia została po raz pierwszy wymieniona w transmisjach wszechświatowych całego Nebadonu, nadano jej też pełny status wszechświatowy. Niebawem została wpisana do rejestrów planet superwszechświata, w zarządach mniejszego i większego sektora, a przed końcem tej epoki Urantia znalazła się w rejestrze planetarnego życia Uversy.

Przez całą tę epokę na planecie szalały częste i gwałtowne burze. Wczesna skorupa ziemska nieustannie się zmieniała. Ochładzanie się powierzchni następowało na przemian z rozległymi wypływami lawy. Dziś na powierzchni świata nie można nigdzie znaleźć nawet skrawka tej pierwotnej skorupy planetarnej. Wszystko mieszało się zbyt wiele razy z lawą, wyrzucaną z głębi i z domieszkami późniejszych osadów wczesnego oceanu światowego.

Nigdzie na powierzchni świata nie można znaleźć więcej zmodyfikowanych pozostałości tych dawnych skał praoceanicznych niż w północno-wschodniej Kanadzie, w okolicach Zatoki Hudsona. To rozległe, granitowe wzniesienie, składa się z kamienia należącego do epok przedoceanicznych. Te skalne pokłady były nagrzewane, wyginane, skręcane, odgniatane i na nowo wielokrotnie przechodziły te zniekształcające je i przeobrażające doświadczenia.

W epokach oceanicznych, wielkie pokłady pozbawionych skamielin skał osadowych odkładały się na dnie praoceanu. (Wapień może powstawać wskutek wytrącania chemicznego; niecały starszy wapień powstał w wyniku osadzania się pozostałości życia morskiego). W żadnej z tych pradawnych formacji skalnych nie ma śladów życia; nie zawierają one skamielin, chyba, że późniejsze osady z epok wodnych zostały przez przypadek zmieszane z tymi, starszymi pokładami z czasów przed powstaniem życia.

Wczesna skorupa ziemska była bardzo niestabilna, ale góry się jeszcze nie tworzyły. Podczas formowania planeta kurczyła się pod ciśnieniem grawitacji. Góry nie są rezultatem zapadania się stygnącej skorupy kurczącej się kuli; pojawiają się one później, w wyniku działania deszczu, grawitacji i erozji.

W tej epoce zwiększała się kontynentalna masa lądowa, aż pokryła prawie dziesięć procent powierzchni Ziemi. Potężne trzęsienia ziemi zaczęły się nie wcześniej, aż masa kontynentalna wynurzyła się wysoko ponad wodę. Kiedy już się zaczęły, ich częstotliwość i siła narastały przez całe epoki. Potem, przez wiele milionów lat, trzęsienia ziemi zanikały, ale Urantia wciąż jeszcze ma ich średnio piętnaście dziennie.

850.000.000 lat temu zaczęła się pierwsza, prawdziwa epoka stabilizacji skorupy ziemskiej. Większość cięższych metali przesunęła się w kierunku centrum globu; ochładzająca się skorupa przestała się deformować tak bardzo, jak w epokach poprzednich. Pojawiła się większa równowaga pomiędzy wypychanym do góry lądem a cięższym dnem oceanu. Podpowierzchniowa lawa płynęła prawie na całym świecie i to wyrównywało oraz stabilizowało wahania, spowodowane ochładzaniem, kurczeniem i przesunięciami powierzchni.

Wybuchy wulkanów i trzęsienia ziemi stawały się coraz rzadsze i coraz słabsze. Atmosfera oczyszczała się z gazów wulkanicznych i pary wodnej, ale stężenie dwutlenku węgla wciąż było wysokie.

Zaburzenia elektryczne w powietrzu i w ziemi również się zmniejszały. Wypływy lawy wyniosły na powierzchnię mieszaninę pierwiastków, co miało wpływ na urozmaicenie skorupy ziemskiej i lepiej izolowało planetę od pewnych energii kosmicznych. A wszystko to w znacznym stopniu ułatwiało kontrolę energii ziemskiej i uporządkowanie jej przepływu, co ukazane jest w funkcjonowaniu biegunów magnetycznych.

800.000.000 lat temu daje się zauważyć początek pierwszej, wielkiej epoki lądowej, wieku wzmożonego wynurzania się kontynentów.

Od czasu skroplenia się hydrosfery ziemskiej, najpierw w oceanie światowym potem w Oceanie Spokojnym, ten ostatni obszar wodny pokrywa wtedy dziewięć dziesiątych powierzchni ziemskiej. Meteoryty, spadające do morza, gromadziły się na jego dnie a meteoryty, ogólnie mówiąc, składają się z ciężkich materiałów. Te, które spadły na ląd, w znacznej mierze się utleniały, później zostały rozkruszone przez erozję i zmyte do basenów oceanicznych. Dlatego też dno oceanu stawało się coraz cięższe, a do tego dochodził ciężar wody, w niektórych miejscach głębokiej na szesnaście kilometrów.

Wzrastający, odgórny nacisk Oceanu Spokojnego, wywołał z kolei oddolny nacisk kontynentalnej masy lądowej. Europa i Afryka zaczęły wynurzać się z głębi Pacyfiku, razem z masami zwanymi teraz Australią, Północną i Południową Ameryką, oraz kontynentem Antarktydy, podczas gdy dno Oceanu Spokojnego w dalszym ciągu obniżało się wyrównawczo. Pod koniec tego okresu prawie jedną trzecią powierzchni Ziemi stanowił ląd, cały w jednej masie kontynentalnej.

Wraz z coraz większym wyniesieniem terenu, pojawiły się na planecie pierwsze różnice klimatyczne. Wyniesienie terenu, chmury kosmiczne i wpływy oceaniczne, są głównymi czynnikami wywołującymi zmiany klimatyczne. Trzon azjatyckiej masy lądowej, podczas jej maksymalnego wynurzenia, osiągnął wysokość prawie czternastu i pół kilometra. Gdyby powietrze, unoszące się nad tymi wysoko wyniesionymi regionami, zawierało dużo wilgoci, uformowałyby się ogromne pokrywy lodowe; okres lodowcowy nastąpiłby znacznie wcześniej. Upłynęło jednak kilkaset milionów lat, zanim tak wiele powierzchni lądowej znowu się pojawiło nad wodą.

750.000.000 lat temu, po raz pierwszy zaczęła się rozstępować masa lądu kontynentalnego, nastąpiło wielkie pęknięcie na linii północ-południe, które później dopuściło wody oceanu i umożliwiło zachodni dryf kontynentów Północnej i Południowej Ameryki, razem z Grenlandią. Długie rozszczepienie na linii wschód-zachód oddzieliło Afrykę od Europy i odłączyło od kontynentu azjatyckiego masy lądowe Australii, wyspy Pacyfiku i Antarktydę.

700.000.000 lat temu Urantia dojrzewała do warunków odpowiednich dla podtrzymania życia. Trwał dryf lądów kontynentalnych; coraz bardziej ocean przenikał na obszary lądowe pod postacią długich, palczastych mórz, dostarczających tych płytkich wód i osłoniętych zatok, które tak bardzo nadają się na środowisko życia morskiego.

650.000.000 lat temu miało miejsce dalsze rozdzielanie się mas lądowych a w konsekwencji dalszy rozwój mórz kontynentalnych. Wody te szybko osiągnęły taki stopień zasolenia, jaki był potrzebny dla podtrzymania życia na Urantii.

Te właśnie morza i te, które się po nich pojawiły, zapisały się w księgach życia Urantii, jak to później odkrywano w dobrze zachowanych kamiennych kartach historii, tom po tomie, era po erze, epoka rozwijająca się po epoce. Te śródlądowe morza z dawnych czasów doprawdy były kolebką ewolucji.

[Przedstawione przez Nosiciela Życia, członka pierwotnego Korpusu Urantii, obecnie przebywającego na niej jako obserwator].

PRZEKAZ 58

USTANOWIENIE ŻYCIA NA URANTII

W CAŁEJ Satanii jest tylko sześćdziesiąt jeden światów podobnych Urantii, planet życia zmodyfikowanego. Większość światów zamieszkałych jest zaludniana zgodnie z ustalonymi metodami; na takich sferach Nosiciele Życia muszą dość ściśle trzymać się planu zaszczepienia życia. Jednak mniej więcej jeden na dziesięć światów wytypowany zostaje na *planetę dziesiętną* i wpisany do specjalnego rejestru Nosicieli Życia; i na takich planetach wolno nam przeprowadzać pewne eksperymenty życiowe, aby zmodyfikować czy ewentualnie udoskonalić standardowe, wszechświatowe gatunki istot żywych.

1. WARUNKI NIEZBĘDNE DLA ZAISTNIENIA ŻYCIA MATERIALNEGO

600.000.000 lat temu przybyła na Urantię komisja Nosicieli Życia, wysłana z Jerusem i rozpoczęła badanie warunków materialnych, przygotowując się do zapoczątkowania życia na świecie 606 w systemie Satania. Miało to być nasze sześćset szóste doświadczenie z wprowadzeniem nebadońskich wzorców życia w Satanii i nasza sześćdziesiąta sposobność dokonania zmian w podstawowych i standardowych modelach życiowych wszechświata lokalnego.

Należy wyjaśnić, że Nosiciele Życia nie mogą zapoczątkować życia zanim sfera nie jest gotowa do rozpoczęcia procesu ewolucyjnego. Nie możemy również przyspieszyć rozwoju życia ponad to, co może być wspomagane przez materialny rozwój planety i do niego przystosowane.

Nosiciele Życia z Satanii zaplanowali formę życia opartą na chlorku sodu; dlatego też nie można było podjąć kroków zmierzających do zaszczepienia życia, zanim wody oceanów nie stały się dostatecznie zasolone. Protoplazma typu Urantii może funkcjonować tylko w roztworze odpowiednio zasolonym. Całe ancestralne życie – roślinne i zwierzęce – rozwinęło się w środowisku roztworu soli. Nawet wyżej zorganizowane zwierzęta lądowe nie mogłyby żyć, gdyby nie ten sam, nieodzowny roztwór soli, krążący w systemach krwionośnych ich ciał, hojnie obmywający, dosłownie zanurzający każdą najmniejszą żywą komórkę w tej „słonej kąpieli".

Wasi prymitywni przodkowie swobodnie pływali w tym słonym oceanie; dzisiaj, ten sam, jakby oceaniczny roztwór swobodnie krąży w waszych ciałach, kąpiąc każdą poszczególną komórkę w płynie chemicznym, zasadniczo porównywalnym do tej słonej wody, która ożywiała pierwsze protoplazmatyczne reakcje pierwszych żywych komórek funkcjonujących na planecie.

Tak więc z nastaniem opisywanej teraz ery, Urantia pod każdym względem ewoluuje w kierunku stanu odpowiedniego dla podtrzymywania wstępnych form życia morskiego. Powoli, lecz konsekwentnie, środowisko materialne na Ziemi i w sąsiadujących rejonach kosmosu przygotowuje scenę dla późniejszych prób ustanowienia takich form życia, jakie według nas najlepiej zaadaptowałyby się do rozwijającego się środowiska fizycznego – zarówno ziemskiego jak i kosmicznego.

Potem, satanijska komisja Nosicieli Życia wróciła na Jerusem i postanowiła czekać na dalszy rozdział kontynentalnej masy lądowej, co utworzyłoby jeszcze więcej mórz śródlądowych i osłoniętych zatok, przed właściwym rozpoczęciem zaszczepiania życia.

Na planecie, na której życie wywodzi się z morza, idealne warunki dla zaszczepienia życia daje duża ilość mórz śródlądowych, dzięki ich rozległej linii brzegowej płytkich wód i osłoniętych zatok; i szybko kształtował się taki właśnie podział ziemskich wód. Te pradawne, śródlądowe morza, rzadko dochodziły głębokości stu pięćdziesięciu czy stu osiemdziesięciu metrów a światło słoneczne może przenikać wody oceanu na ponad sto osiemdziesiąt metrów.

Z takich to właśnie wybrzeży morskich, w łagodnych i stabilnych strefach klimatycznych późniejszych epok, prymitywne życie roślinne znalazło swą drogę na suchy ląd. Wysokie stężenie węgla w atmosferze dało tym nowym, lądowym odmianom życia, możliwość szybkiego i bujnego rozwoju. Chociaż atmosfera była wówczas idealna dla rozwoju roślin, zawierała jednak dwutlenek węgla w tak dużym stężeniu, że ani zwierzęta, ani tym bardziej ludzie, nie mogliby żyć na powierzchni Ziemi.

2. ATMOSFERA URANTII

Atmosfera planetarna przepuszcza do Ziemi około jednej dwumiliardowej całkowitego promieniowania świetlnego Słońca. Gdyby zapłacić za światło, padające na Amerykę Północną, po dwa centy za kilowatogodzinę, roczny rachunek za światło przekroczyłby kwotę 800 kwadrylionów dolarów. Rachunek za światło słoneczne dla Chicago przekroczyłby znacznie 100 milionów dolarów dziennie. I należy pamiętać, że dostajecie od Słońca również inne formy energii – światło nie jest jedynym słonecznym darem, docierającym do waszej atmosfery. Ogromne ilości energii słonecznej zalewają Urantię, obejmując długości fal tak wyższe jak i niższe od pasma dostrzegalnego dla człowieka.

Dla znacznej części promieniowania słonecznego, na skrajnym, ultrafioletowym końcu widma, atmosfera ziemska jest prawie nieprzezroczysta. Większość tych fal, o małych długościach, pochłaniana jest przez warstwę ozonu, znajdującą się na wysokości około szesnastu kilometrów nad powierzchnią Ziemi, która rozciąga się w kierunku przestrzeni kosmicznej na dalsze szesnaście kilometrów. W warunkach panujących przy powierzchni Ziemi, ozon przepełniający tę strefę tworzyłby warstwę o grubości zaledwie dwu i pół milimetra; jednak ta stosunkowo mała i pozornie mało znacząca ilość ozonu chroni mieszkańców Urantii przed nadmiarem niebezpiecznego i niszczącego promieniowania ultrafioletowego, znajdującego się w świetle słonecznym. Gdyby jednak warstwa ozonowa była tylko odrobinę grubsza, zostalibyście pozbawieni bardzo ważnych i zdrowych promieni ultrafioletowych, które teraz docierają do powierzchni

Ziemi i które przyczyniają się do powstawania jednej z waszych najniezbędniejszych witamin.

A jednak niektórzy, pozbawieni wyobraźni śmiertelnicy, mechaniści, chcą uważać akt materialnego stworzenia oraz ewolucję człowieka za przypadek. Pośredni z Urantii zebrali ponad pięćdziesiąt tysięcy faktów, z dziedziny fizyki i chemii, które uznali za niezgodne z prawami prawdopodobieństwa przypadkowego ich zaistnienia i utrzymują, że fakty te wykazują nieomylnie istnienie zamierzonego celu w materialnej kreacji. A wszystko to nie uwzględnia ich katalogu, złożonego z ponad stu tysięcy wniosków spoza fizyki i chemii, które jak utrzymują, dowodzą istnienia rozumu w planowaniu, stworzeniu i podtrzymywaniu materialnego kosmosu.

Wasze Słońce wysyła istną powódź śmiercionośnych promieni a wasze wygodne życie na Urantii zawdzięczacie „szczęśliwemu" wpływowi ponad czterdziestu pozornie przypadkowych działań ochronnych, podobnych w funkcjonowaniu do tej unikalnej warstwy ozonowej.

Gdyby nie było „okrywającego" efektu atmosfery w nocy, utrata ciepła na skutek wypromieniowania byłaby tak gwałtowna, że utrzymanie życia byłoby niemożliwe, chyba, że sztucznymi środkami.

Najniższe osiem do dziesięciu kilometrów ziemskiej atmosfery to troposfera; jest to strefa wiatrów i prądów powietrznych, które stanowią o zjawiskach pogody. Ponad tą strefą jest jonosfera wewnętrzna a wyżej, ponad nią – stratosfera. Przy wznoszeniu się ponad Ziemią, temperatura stale spada przez pierwsze osiem do trzynastu kilometrów, kiedy to osiąga około 57oC poniżej zera. Ten zakres temperatury, od 54 do 57oC poniżej zera, utrzymuje się przez dalsze sześćdziesiąt pięć kilometrów; tą domeną stałej temperatury jest stratosfera. Temperatura zaczyna rosnąć na wysokości około siedemdziesięciu dwóch do osiemdziesięciu kilometrów i wzrost ten trwa nadal, aż na poziomie świecenia zorzy osiąga 650oC i takie właśnie, intensywne ciepło, jonizuje tlen. Jednak w tak rozrzedzonej atmosferze temperaturę trudno porównać z odczuwaniem ciepła przy powierzchni Ziemi. Pamiętajcie, że połowa waszej atmosfery znajduje się na pierwszych pięciu kilometrach od powierzchni Ziemi. Wysokość atmosfery ziemskiej określana jest przez najwyższe zorze polarne i wynosi około sześćset pięćdziesiąt kilometrów.

Zjawiska zorzy związane są bezpośrednio z plamami na Słońcu, z tymi cyklonami słonecznymi, które wirują w przeciwnych kierunkach powyżej i poniżej słonecznego równika, tak jak ziemskie huragany tropikalne. Te zakłócenia atmosferyczne wirują w przeciwnych kierunkach, w zależności od ich występowania, powyżej czy poniżej równika.

Zdolność plam słonecznych do zmiany częstotliwości światła ukazuje, że te centra burz słonecznych działają jak ogromne magnesy. Te pola magnetyczne mogą wyrzucać z kraterów plam słonecznych w przestrzeń naładowane cząsteczki, docierające do zewnętrznej atmosfery ziemskiej, gdzie ich jonizujący wpływ wywołuje spektakularne widowiska zorzy. Dlatego też macie najwspanialsze zjawiska zorzy, kiedy plamy słoneczne przejawiają najwyższą aktywność – albo wkrótce potem – kiedy plamy umiejscowione są zasadniczo równikowo.

Nawet igła kompasu reaguje na Słońce, ponieważ kieruje się lekko na wschód, kiedy słońce wschodzi, a przed zachodem słońca lekko ku zachodowi. Dzieje się tak codziennie, ale podczas najwyższej aktywności cykli plam słonecznych odchylenia kompasu są dwukrotnie większe. Te codzienne wędrówki kompasu są reakcją na zwiększoną jonizację górnej atmosfery, spowodowaną światłem słonecznym.

Istnienie dwóch różnych poziomów przewodnictwa elektrycznego w górnej warstwie stratosfery umożliwia przekazywanie waszych transmisji radiowych dalekiego zasięgu, długo- i krótkofalowych. Transmisje wasze czasem są zakłócane przez potężne burze, które sporadycznie szaleją w rejonach jonosfery zewnętrznej.

3. ŚRODOWISKO KOSMICZNE

We wczesnym okresie materializacji wszechświata, obszary przestrzeni przeplatały się z ogromnymi chmurami wodorowymi, z takimi astronomicznymi skupiskami pyłu, jakie obecnie charakteryzują wiele obszarów odległej przestrzeni. Większość zorganizowanej materii, którą płonące słońca rozbijają i rozpraszają w formie energii promienistej, tworzyła się początkowo w tych wcześnie pojawiających się kosmicznych chmurach wodoru. W pewnych, specyficznych warunkach, następuje również rozbicie atomów w centrach większych mas wodorowych. I całemu temu zjawisku, powstawania i rozpadu atomów w silnie nagrzanych mgławicach, towarzyszy pojawianie się powodzi krótkich fal kosmicznych energii promienistej. Tym różnorodnym promieniowaniom towarzyszy pewna forma energii kosmicznej, nieznana na Urantii.

Ten krótkofalowy ładunek energetyczny przestrzeni wszechświatowej jest czterysta razy większy od wszelkich innych form energii promienistej, jakie istnieją w domenach zorganizowanej przestrzeni. Intensywność krótkich promieni kosmicznych, czy to pochodzących z płonących mgławic, czy z napięć pól elektrycznych, czy też z przestrzeni zewnętrznej albo rozległych chmur pyłu wodorowego, podlega jakościowym i ilościowym modyfikacjom, na skutek fluktuacji oraz gwałtownych zmian intensywności temperatury, grawitacji i zagęszczenia elektronowego.

Te okoliczności powstawania promieni kosmicznych zależne są od wielu zjawisk kosmicznych, jak również od orbit krążącej materii, zróżnicowanych od odkształconych kół do ekstremalnych elips. Warunki fizyczne mogą również ulegać znacznym modyfikacjom, ponieważ spin elektronu ma czasem kierunek przeciwny w stosunku do tego, jaki występuje w większości materii, nawet w tej samej strefie fizycznej.

Ogromne chmury wodoru stanowią prawdziwe, kosmiczne laboratoria chemiczne, zawierające wszystkie stadia rozwijającej się energii i przeobrażającej się materii. Gigantyczne zmagania energii zachodzą również w zewnętrznych gazach wielkich gwiazd podwójnych, które częstokroć zachodzą na siebie, tym samym mieszają się ze sobą w znacznym stopniu. Jednak żadna z tych gigantycznych i rozległych akcji energii kosmicznych nie ma najmniejszego wpływu na zjawisko zorganizowanego życia – plazmę zarodkową żywych rzeczy i istot. Takie warunki przestrzenne mają związek z zasadniczym środowiskiem ustanowienia życia, nie są one jednak istotne w późniejszym przekształcaniu czynników dziedzicznych plazmy zarodkowej, tak jak niektóre dłuższe promienie rozchodzącej się energii. Życie, zaszczepione przez Nosicieli Życia, jest zupełnie odporne na całą tą zdumiewającą powódź krótkich promieni kosmicznych wszechświatowej energii.

Wszystkie takie, zasadnicze warunki kosmiczne, musiały się ukształtować i osiągnąć korzystny stan, zanim Nosiciele Życia mogli rozpocząć ustanawianie życia na Urantii.

4. ERA POCZĄTKÓW ŻYCIA

To, że nazywamy się Nosicielami Życia, nie powinno wprowadzać w błąd. Potrafimy nieść życie na planety i to robimy, ale nie przynieśliśmy życia na Urantię. Życie Urantii jest unikalne i swoiste dla tej planety. Ta sfera jest światem modyfikacji życia; całe życie, jakie się tutaj pojawiło, zostało ukształtowane przez nas na tej planecie; i nie ma innego świata w całej Satanii a nawet w całym Nebadonie, który posiadałby taką formę życia, jaką ma Urantia.

550.000.000 lat temu korpus Nosicieli Życia wrócił na Urantię. We współpracy z mocami duchowymi i siłami nadfizycznymi zorganizowaliśmy i zapoczątkowaliśmy wzorce życia, swoiste dla tego świata i zaszczepiliśmy je w gościnnych wodach tej sfery. Całe życie planetarne (oprócz osobowości pozaplanetarnych) aż do czasów Caligastii, Księcia Planetarnego, pochodziło z trzech naszych, pierwotnych, identycznych i równoczesnych zaszczepień życia wodnego. Te trzy zaszczepienia życia zostały określone jako: *centralne* lub eurazjatycko-afrykańskie, *wschodnie* lub australazjatyckie i *zachodnie*, obejmujące Grenlandię i obie Ameryki.

500.000.000 lat temu prymitywne, wodne życie roślinne, było dobrze ugruntowane na Urantii. Grenlandia i masa lądu arktycznego, razem z Ameryką Północną i Południową, rozpoczynały swój długi, powolny dryf na zachód. Afryka przesunęła się nieco na południe, tworząc idącą ze wschodu na zachód nieckę – basen śródziemnomorski – pomiędzy sobą a lądem macierzystym. Na południu i na wschodzie oderwały się i w międzyczasie odsunęły się na znaczną odległość Antarktyda, Australia i ląd, o istnieniu którego świadczą wyspy Oceanu Spokojnego.

Zaszczepiliśmy prymitywne formy życia morskiego w osłoniętych zatokach tropikalnych mórz centralnych, w szczelinie rozłamującej się kontynentalnej masy lądowej, biegnącej po linii wschód-zachód. Zrobiliśmy trzy zaszczepienia życia morskiego, aby mieć pewność, że każda z wielkich mas lądowych będzie mieć to życie w wodach swych ciepłych mórz, kiedy nastąpi ich rozłączenie. Przewidywaliśmy, że w późniejszej epoce wyłaniania się życia lądowego, wielkie oceany rozdzielą te dryfujące, kontynentalne masy lądowe.

5. DRYF KONTYNENTALNY

Trwał dryf lądów kontynentalnych. Jądro Ziemi stało się tak gęste i twarde jak stal, poddane ciśnieniu prawie 3.500 ton na centymetr kwadratowy, a na skutek ogromnego ciśnienia grawitacyjnego było i nadal jest bardzo gorące, głęboko w swym wnętrzu. Temperatura Ziemi wzrasta od powierzchni w głąb, aż w centrum jest nieco wyższa od powierzchniowej temperatury Słońca.

Zewnętrzna warstwa, tysiąc sześćset kilometrów grubości masy ziemskiej, składa się głównie z różnych rodzajów skał. Pod nimi znajdują się gęstsze i cięższe pierwiastki metaliczne. We wczesnych epokach, przed powstaniem atmosfery, cały świat zbliżony był do stanu ciekłego, pozostając stopiony i silnie nagrzany, tak, że cięższe metale zatopiły się głęboko w jego wnętrzu. Te, które znajduje się dzisiaj bliżej powierzchni, reprezentują wycieki z pradawnych wulkanów, późniejsze rozległe wypływy lawy oraz niedawne złoża meteorytowe.

Skorupa zewnętrzna miała grubość około sześćdziesięciu pięciu kilometrów. Ta zewnętrzna pokrywa podtrzymywana była przez morze roztopionego bazaltu o zróżnicowanej grubości, na którym bezpośrednio leżała, przez ruchomą warstwę roztopionej lawy, poddanej bardzo wysokiemu ciśnieniu, ale zawsze mającą tendencje do wypływania tu i ówdzie w procesie wyrównywania ciśnień planetarnych, co przyczyniało się do stabilizacji skorupy ziemskiej.

Nawet dzisiaj kontynenty nadal pływają na tym nie skrystalizowanym, amortyzującym morzu roztopionego bazaltu. Gdyby nie ta ochrona, silniejsze trzęsienia ziemi dosłownie rozerwałyby świat na części. Trzęsienia ziemi wywoływane są przez ślizganie się i przesuwanie zewnętrznej skorupy a nie przez wulkany.

Warstwy lawy skorupy ziemskiej, po schłodzeniu, tworzą granit. Średnia gęstość Urantii jest nieco ponad pięć i pół razy większa od gęstości wody; gęstość granitu jest prawie trzy razy większa od wody. Jądro Ziemi jest dwanaście razy gęstsze od wody.

Dna mórz mają gęstość większą niż masy lądowe i to trzyma kontynenty ponad wodą. Kiedy dna mórz wynoszą się ponad poziom morza, można się przekonać, że składają się głównie z bazaltu, formy lawy znacznie cięższej od granitu mas lądowych. Poza tym, jeśli kontynenty nie byłyby lżejsze od podłoża oceanicznego, ciążenie wycisnęłoby brzegi oceanów na ląd, jednak nie dostrzega się takiego zjawiska.

Ciężar oceanów jest dodatkowym czynnikiem, zwiększającym ciśnienie na ich podłoże. Niższe, ale względnie cięższe dna oceaniczne, wraz z masą pokrywającej je wody, są zbliżone swym ciężarem do wyższych, ale znacznie lżejszych kontynentów. Jednak wszystkie kontynenty mają tendencję do pełzania w kierunku oceanów. Ciśnienie kontynentalne na poziomie dna oceanów wynosi około 1400 kilogramów na centymetr kwadratowy. Znaczy to, takie byłoby ciśnienie masy kontynentalnej, znajdującej się 5.000 metrów ponad dnem oceanicznym. Ciśnienie wody na poziomie dna oceanów wynosi zaledwie 350 kilogramów na centymetr kwadratowy. Ta różnorodność ciśnień powoduje ześlizgiwanie się kontynentów w kierunku dna oceanów.

W epokach poprzedzających życie, zaniżenie dna oceanicznego wypiętrzyło pojedynczą, kontynentalną masę lądową do takiej wysokości, że jej ukośne ciśnienie powodowało ześlizgiwanie się w dół jej krańców wschodnich, zachodnich i południowych, po leżących poniżej, częściowo lepkich pokładach lawy, w wody otaczającego Oceanu Spokojnego. Wyrównywało to ciśnienie kontynentalne na tyle, że na wschodnim wybrzeżu pradawnego kontynentu azjatyckiego nie nastąpiło szerokie pęknięcie, ale od tamtego czasu wschodnia linia brzegowa zawisła nad przepaścią przyległych głębin oceanicznych, grożąc ześlizgnięciem się do wodnego grobowca.

6. OKRES PRZEJŚCIOWY

450.000.000 lat temu nastąpiło *przejście od życia roślinnego do zwierzęcego.* To przeobrażenie nastąpiło w płytkich wodach tropikalnych osłoniętych zatok i lagun, na rozległych liniach brzegowych rozdzielających się kontynentów. Rozwój taki, który w całości zawarty był w pierwotnych wzorcach życia, dokonywał się stopniowo. Wiele było etapów przejściowych pomiędzy wczesnymi, prymitywnymi formami życia roślinnego a późniejszymi, dobrze rozwiniętymi organizmami zwierzęcymi. Do dziś przetrwały przejściowe formy śluzowatej pleśni, które trudno zaklasyfikować jako rośliny czy jako zwierzęta.

Pomimo tego, że ślady ewolucji życia roślinnego znaleźć można w życiu zwierzęcym i chociaż znaleziono określone rodzaje roślin i zwierząt, które stopniowo przeszły od najprostszych po najbardziej złożone i zaawansowane organizmy, nie znajdziecie ogniw łączących wielkie grupy królestwa zwierząt, ani też pomiędzy najbardziej zaawansowanymi zwierzętami, poprzedzającymi ludzi, a pierwszymi przedstawicielami gatunku ludzkiego. Tych tak zwanych „brakujących ogniw" zawsze będzie brakować, z tego prostego powodu, że nigdy nie istniały.

Z epoki na epokę pojawiały się zupełnie nowe gatunki życia zwierzęcego. Nie rozwijały się one na skutek stopniowej akumulacji drobnych zmian; pojawiały się jako w pełni ukształtowane, nowe gatunki życia i pojawiały się *nagle*.

Nagłe pojawianie się nowych gatunków i zróżnicowanych klas organizmów żywych jest całkowicie biologiczne, zdecydowanie naturalne. Z tymi mutacjami genetycznymi nie wiąże się nic nadnaturalnego.

Przy odpowiednim stopniu zasolenia rozwinęło się w oceanach życie zwierzęce i miało stosunkowo proste formy, pozwalające na przepływ słonej wody przez ciała morskich zwierząt. Kiedy jednak oceany się zmniejszyły i znacznie wzrósł w nich procent soli, te same zwierzęta wykształciły właściwości umożliwiające im redukcję zasolenia płynów w ich ciałach, podobnie jak te organizmy, które nauczyły się żyć w słodkiej wodzie, nabrały umiejętności zachowywania odpowiedniej ilości chlorku sodu w płynach swych ciał, dzięki pomysłowym metodom zatrzymywania soli.

Badania zawartych w skałach skamielin życia morskiego ukazują wczesne zmagania dostosowawcze tych prymitywnych organizmów. Rośliny i zwierzęta nigdy nie zaprzestają takich eksperymentów przystosowawczych. Środowisko stale się zmienia a organizmy żywe wciąż usiłują adaptować się do takich, niekończących się fluktuacji.

Wyposażenie fizjologiczne i struktura anatomiczna wszystkich nowych gatunków życia jest odpowiedzią na działanie praw fizyki, jednak późniejsze nadanie rozumu jest obdarzeniem przybocznymi umysłami-duchami, odpowiednio do wrodzonej pojemności mózgu. Umysł, chociaż nie jest wynikiem ewolucji fizycznej, jest całkowicie zależny od pojemności mózgu, osiągniętej w trakcie rozwoju fizycznego i ewolucyjnego.

Przez prawie niekończące się cykle osiągnięć i strat, przystosowań i ponownych przystosowań, wszystkie organizmy żywe przeżywają wzloty i upadki z epoki na epokę. Przetrwają te, które osiągną kosmiczną harmonię, podczas gdy te, którym się to nie uda, przestają istnieć.

7. KSIĘGA HISTORII GEOLOGICZNEJ

Rozległa grupa tych formacji skalnych, które tworzyły zewnętrzną skorupę świata w okresie zarania życia, lub proterozoiku, rzadko występuje teraz na powierzchni Ziemi. I kiedy te skały wynurzają się spod wszystkich pokładów późniejszych epok, znaleźć tam można tylko skamieniałe pozostałości roślin i wczesnego, prymitywnego życia zwierzęcego. Niektóre z tych starszych, wodnych osadów skalnych, zmieszane są z warstwami późniejszymi i czasem zawierają skamieniałe szczątki pewnych wcześniejszych form życia roślinnego, podczas gdy w najwyższych pokładach można czasami znaleźć pewne prymitywne formy organizmów wczesnego, morskiego życia zwierzęcego. W wielu miejscach te najstarsze, uwarstwione pokłady skalne, zawierające skamieliny wczesnego życia morskiego, zarówno zwierzęcego jak i roślinnego, znajdują się bezpośrednio na wierzchu starszych, jednolitych skał.

Skamieliny z tej ery zawierają algi, rośliny podobne do korali, prymitywne pierwotniaki i gąbkowate organizmy przejściowe. Jednakże brak tego typu skamielin we wczesnych warstwach skalnych niekoniecznie dowodzi nieistnienia stworzeń żywych w innych rejonach, w czasie osadzania tych skał. W tych odległych czasach życie było dość rzadko rozsiane i powoli rozwijało się na powierzchni Ziemi.

Skały z tej dawnej epoki znajdują się teraz na powierzchni Ziemi albo tuż pod jej powierzchnią, na około jednej ósmej obecnego obszaru lądów. Średnia grubość tych skał przejściowych, najstarszych warstw skał osadowych, wynosi około dwa i pół kilometra. W niektórych miejscach te pradawne formacje skalne osiągają grubość ponad sześciu kilometrów, jednak wiele warstw przypisanych tej erze należy do czasów późniejszych.

W Ameryce Północnej ta pradawna warstwa skalna, zawierająca prymitywne skamieliny, wychodzi na powierzchnię we wschodnich, centralnych i północnych regionach Kanady. Istnieje również przerywane pasmo tej skały, idące ze wschodu na zachód, które rozciąga się od Pensylwanii i pradawnych Gór Adirondack na zachodzie, poprzez stany Michigan, Wisconsin i Minnesota. Inne takie pasma biegną od Nowej Fundlandii do Alabamy i od Alaski do Meksyku.

Skały z tej epoki ukazują się w wielu miejscach na całym świecie, ale żadne z nich nie są tak łatwe do odczytania jak te, w okolicach Jeziora Górnego oraz w Wielkim Kanionie rzeki Kolorado, gdzie skały, zawierające skamieliny prymitywnych organizmów w kilku warstwach, świadczą o wstrząsach i niestałości powierzchni w tych dawnych czasach.

Ta warstwa skalna, najstarsza warstwa skorupy ziemskiej zawierająca skamieliny, została pognieciona, pofałdowana i groteskowo poskręcana na skutek trzęsień ziemi i wybuchów dawnych wulkanów. Wylewy lawy w tej epoce wyniosły w górę, blisko powierzchni planety, duże ilości żelaza, miedzi i ołowiu.

Niewiele jest miejsc na Ziemi, gdzie tego typu aktywność jest lepiej zobrazowana niż w dolinie St. Croix, w stanie Wisconsin. W tym rejonie nastąpiło sto dwadzieścia siedem kolejnych wypływów lawy na powierzchnię, po czym ląd zanurzał się pod wodę, co powodowało powstawanie skał osadowych. Jakkolwiek dziś już nie istnieje wiele wierzchnich, skalnych sedymentacji przerywanych wypływami lawy i chociaż dolne partie tej formacji skalnej zagrzebane są głęboko w ziemi, to jednak około sześćdziesiąt pięć czy siedemdziesiąt tych warstwowych zapisów przeszłości nadal jest widoczne.

W tych dawnych epokach, kiedy większość lądów znajdowała się blisko poziomu morza, następowało wiele ich kolejnych zanurzeń i wynurzeń. Skorupa ziemska właśnie wkraczała w swój późniejszy okres względnej stabilizacji. Pofałdowania, wzniesienia i zagłębienia, pozostałości wcześniejszego dryfu kontynentalnego, przyczyniły się do częstotliwości tych okresowych zanurzeń wielkich mas lądowych.

W tych czasach prymitywnego życia morskiego, rozległe obszary wybrzeży kontynentalnych zatapiały się w morzach na głębokość od metra do ośmiuset metrów. Wiele starszych piaskowców i zlepieńców reprezentuje osadowe nawarstwienia tych pradawnych wybrzeży. Skały osadowe, należące do tych wczesnych nawarstwień, spoczywają bezpośrednio na tych warstwach, które pochodzą daleko sprzed czasów powstania życia, z okresu, kiedy zaczął pojawiać się ocean światowy.

Niektóre, górne warstwy tych przejściowych osadów skalnych, zawierają niewielkie ilości iłów lub łupków ilastych o ciemnym zabarwieniu, co wskazuje na obecność węgla organicznego i świadczy o istnieniu przodków tych form życia roślinnego, które zalało Ziemię podczas późniejszego karbonu czy okresu węglowego. Większość miedzi, znajdującej się w tych pokładach skalnych, pochodzi z osadów wodnych. Trochę miedzi znaleźć można w pęknięciach starszych skał, gdzie stanowi ona koncentrat nieruchomych wód bagiennych, istniejących na niektórych prastarych, osłoniętych wybrzeżach. Kopalnie żelaza Ameryki Północnej i Europy znajdują się w miejscach osadów i wylewów, występujących częściowo w starszych, nie uwarstwionych skałach a częściowo w późniejszych, warstwowych skałach z przejściowych okresów formowania życia.

Z tą erą związane jest rozprzestrzenianie się życia w wodach świata; życie morskie na Urantii umocniło się dobrze. Dna płytkich i rozległych mórz śródlądowych opanowywane są stopniowo przez obfitą i bujną roślinność, podczas gdy wody przybrzeżne roją się od prostych form życia zwierzęcego.

Cała ta historia opowiedziana jest graficznie na kartach skamielin, w rozległej „kamiennej księdze" historii świata. A karty tego gigantycznego, biogeologicznego zapisu niezawodnie powiedzą prawdę, jeśli tylko nauczycie się umiejętnie je interpretować. Wiele tych, prastarych den morskich, wyniesionych jest teraz wysoko ponad lądem a ich osady, epoka po epoce, opowiadają o zmaganiach życia z tych dawnych dni. Dosłowną prawdę powiedział wasz poeta: „Pył, który depczemy, ongiś żywy był".

[Przekazane przez członka korpusu Nosicieli Życia z Urantii, obecnie przebywającego na planecie].

PRZEKAZ 59

ERA ŻYCIA MORSKIEGO NA URANTII

UWAŻAMY, że historia Urantii zaczyna się około miliarda lat temu i trwa przez pięć głównych er:

1. *Era przed powstaniem życia* trwa pierwsze czterysta pięćdziesiąt milionów lat, mniej więcej od tego czasu, kiedy planeta osiągnęła swą obecną wielkość, aż do czasu zaprowadzenia na niej życia. Wasi uczeni nazwali ten okres *archeozoik*.
2. *Era zarania życia* trwa następne sto pięćdziesiąt milionów lat. Epoka ta rozciąga się pomiędzy czasem poprzedzającym powstanie życia albo epoką kataklizmów a następującym później okresem wyżej rozwiniętego życia morskiego. Era ta znana jest waszym badaczom jako *proterozoik*.
3. *Era życia morskiego* obejmuje następne dwieście pięćdziesiąt milionów lat i jest wam lepiej znana jako *paleozoik*.
4. *Era wczesnego życia lądowego* rozciąga się na następne sto milionów lat i jest znana jako *mezozoik*.
5. *Era ssaków* zajmuje ostatnie pięćdziesiąt milionów lat. Ta ostatnia era znana jest jako *kenozoik*.

Tak więc era życia morskiego obejmuje około jednej czwartej waszej planetarnej historii. Można ją podzielić na sześć długich okresów, charakteryzujących się pewnymi, wyraźnie określonymi etapami rozwojowymi, zarówno w sferze geologicznej jak i w domenach biologicznych.

Na początku tej ery dna morskie, rozległe szelfy kontynentalne i liczne płytkie baseny przybrzeżne, pokryte są płodną roślinnością. Rozwinęły się już bardzo proste, prymitywne formy życia zwierzęcego, z poprzedzających je organizmów roślinnych i te pierwotne organizmy zwierzęce stopniowo rozprzestrzeniły się wzdłuż rozległych linii wybrzeża różnych mas lądowych aż wiele mórz śródlądowych zaroiło się od prymitywnego życia morskiego. Ponieważ niewiele tych wczesnych organizmów posiadało muszle, tylko nieliczne z nich zachowały się w postaci skamielin. Tym niemniej scena jest gotowa do otwarcia pierwszych rozdziałów tej wspaniałej „kamiennej księgi", utrwalającej zapis życia, która została tak metodycznie wypracowana podczas kolejnych epok.

Kontynent Ameryki Północnej jest wyjątkowo bogaty w osady, zawierające skamieliny z całej epoki życia morskiego. Najwcześniejsze i najstarsze złoża oddzielone są od ostatnich warstw okresu poprzedzającego rozległymi osadami erozyjnymi, które wyraźnie rozdzielają te dwa etapy planetarnego rozwoju.

1. WCZESNE ŻYCIE MORSKIE W PŁYTKICH MORZACH EPOKA TRYLOBITÓW

W początkach tego okresu, względnego spokoju na powierzchni Ziemi, życie ogranicza się do różnorodnych mórz śródlądowych i do linii brzegowej oceanów; nie wykształciła się jeszcze żadna forma organizmów lądowych. Prymitywne zwierzęta morskie są dobrze zadomowione, gotowe do kolejnego etapu ewolucyjnego rozwoju. Ameby są typowymi pozostałościami po tym wstępnym etapie życia zwierzęcego, pojawiają się one pod koniec okresu przejściowego, poprzedzającego okres omawiany.

400.000.000 lat temu życie morskie, zarówno roślinne jak i zwierzęce, rozprzestrzenione jest równomiernie na całym świecie. Światowy klimat ociepla się lekko i staje się bardziej równomierny. Następuje generalne zalanie wybrzeży różnych kontynentów, w szczególności Ameryki Północnej i Południowej. Pojawiają się nowe oceany a starsze akweny wodne znacznie się powiększają.

Roślinność po raz pierwszy wpełza na ląd i wkrótce osiąga znaczny postęp w dostosowaniu się do niemorskiego środowiska.

Nagle, a nie stopniowo, pojawiają się przodkowie pierwszych zwierząt wielokomórkowych. Wykształciły się trylobity i przez całe epoki panowały w morzach. Z punktu widzenia życia morskiego jest to epoka trylobitów.

W późniejszej części tego odcinka czasowego wynurzyła się z morza duża część Ameryki Północnej i Europy. Skorupa ziemska chwilowo się ustabilizowała, góry, albo raczej wysokie wzniesienia lądu, wyrosły wzdłuż wybrzeży Atlantyku i Oceanu Spokojnego, w Indiach Zachodnich i w południowej Europie. Cały rejon Karaibów został znacznie wyniesiony.

390.000.000 lat temu ląd nadal był wyniesiony. W niektórych częściach wschodniej i zachodniej Ameryki oraz zachodniej Europy można znaleźć warstwy skalne osadzone w tych czasach i są to najstarsze skały zawierające skamieniałe trylobity. Było wtedy wiele palczastych zatok, wrzynających się w masy lądowe, w których się osadziły te, zawierające skamieliny skały.

W ciągu kilku milionów lat Ocean Spokojny zaczął zalewać kontynenty amerykańskie. Zatapianie lądu spowodowane było głównie wyrównywaniem skorupy ziemskiej, chociaż boczny ruch lądów, czy pełzanie kontynentów, również przyczyniały się do tego zjawiska.

380.000.000 lat temu Azja się zapadała a wszystkie inne kontynenty przeżywały okres krótkotrwałego wynurzenia. Jednak podczas trwania tej epoki, nowo wtedy powstały Ocean Atlantycki dokonywał rozległych najazdów na wszystkie, przylegające do niego linie brzegowe. Północny Atlantyk czy Morze Arktyczne były wówczas połączone z południowymi wodami Zatoki Meksykańskiej. Kiedy to południowe morze wtargnęło w łęk Appalachów, jego fale rozbijały się od wschodu o góry tak wysokie jak Alpy, jednak generalnie kontynenty były wtedy niezbyt interesującymi nizinami, całkowicie pozbawionymi malowniczości.

Złoża osadowe z tamtych epok są czterech rodzajów:

1. Zlepieńce – materiał odkładający się w pobliżu linii brzegowych.
2. Piaskowce – osady wytworzone w płytkich wodach tam gdzie fale były odpowiednio duże, żeby zapobiec osadzaniu się mułu.

3. Łupki ilaste – osady odkładające się w głębszych i spokojniejszych wodach.
4. Wapień – wraz z osadami muszli trylobitów w głębokiej wodzie.

Skamieniałości trylobitów z tamtych czasów wykazują pewne zasadnicze cechy wspólne, w połączeniu z pewnymi, wyraźnie wyróżniającymi się odmianami. Wczesne organizmy zwierzęce, rozwijające się z trzech pierwotnych zaszczepień życia, były specyficzne; te, które pojawiły się na półkuli zachodniej różniły się nieco od tych z grupy eurazjatyckiej oraz od typu australijsko-azjatyckiego, czy australijsko-antarktycznego.

370.000.000 lat temu nastąpiło ogromne i prawie całkowite zanurzenie Ameryki Północnej i Południowej, a po nim przyszło zatopienie Afryki i Australii. Tylko niektóre części Ameryki Północnej wystawały ponad poziom płytkich mórz kambryjskich. Pięć milionów lat później morza się wycofały, pod naporem wznoszącego się lądu. I wszystkie te zjawiska zatapiania i wynoszenia lądu nie były gwałtowne, przebiegały powoli, na przestrzeni milionów lat.

Warstwy z tej epoki, zawierające skamieliny trylobitów, odsłaniają się tu i ówdzie na wszystkich kontynentach, za wyjątkiem Azji centralnej. W wielu rejonach skały te leżą poziomo, ale w górach są nachylone i zdeformowane, na skutek nacisku i fałdowania. Ciśnienie to w wielu miejscach zmieniło pierwotny charakter tych złóż. Piaskowiec zmienił się w kwarc, łupki ilaste zamieniły się w łupki krystaliczne, podczas gdy wapień został przekształcony w marmur.

360.000.000 lat temu lądy wciąż się podnosiły. Ameryka Północna i Południowa były dobrze wyniesione. Wynurzała się Europa Zachodnia i Wyspy Brytyjskie, za wyjątkiem części Walii, głęboko zanurzonej. W tych epokach nie było wielkich połaci lodowych. Domniemane nawarstwienia polodowcowe, związane z tymi warstwami w Europie, Afryce, Chinach i Australii, pochodzą z odosobnionych lodowców górskich, albo z przemieszczania zwietrzelin polodowcowych późniejszego pochodzenia. Klimat światowy miał charakter oceaniczny a nie kontynentalny. Morza południowe były wtedy cieplejsze niż są teraz i rozciągały się przez Amerykę Północną aż do obszarów polarnych. Prąd Zatokowy opływał centralną część Ameryki Północnej, skąd odchylał się na wschód, obmywając i ogrzewając wybrzeża Grenlandii, tworząc z tego, pokrytego teraz lodem kontynentu istny tropikalny raj.

Życie morskie było zasadniczo jednolite na całym świecie i składało się z wodorostów, jednokomórkowców, prostych gąbek, trylobitów i innych skorupiaków – krewetek, krabów i homarów. Pod koniec tego okresu pojawiło się trzy tysiące gatunków ramienionogów; tylko dwieście z nich przetrwało. Zwierzęta te reprezentują ten gatunek wczesnego życia, który istnieje do dzisiaj praktycznie w nie zmienionej postaci.

Pośród stworzeń żywych dominowały jednak trylobity. Były to zwierzęta płciowe i miały wiele odmian; będąc marnymi pływakami, unosiły się leniwie w wodzie lub pełzały po dnach morskich; atakowane przez pojawiających się później wrogów, zwijały się w odruchu samoobrony. Osiągały długość od pięciu do trzydziestu centymetrów i rozwinęły się w cztery oddzielne grupy: mięsożernych, roślinożernych, wszystkożernych i „zjadaczy mułu". Zdolność tej ostatniej grupy do żywienia się materią nieorganiczną – grupy stanowiącej ostatnie zwierzę wielokomórkowe o takich właściwościach – wyjaśnia jej olbrzymi rozrost i długi okres trwania.

Taki był biogeologiczny obraz Urantii pod koniec tego, długiego okresu w historii świata, obejmującego pięćdziesiąt milionów lat, który wasi geolodzy nazywają *kambryjskim.*

2. PIERWSZY OKRES ZALEWU KONTYNENTÓW EPOKA ZWIERZĄT BEZKRĘGOWYCH

Zjawisko okresowego wynoszenia i zatapiania lądów, charakterystyczne dla tych czasów, było stopniowe i mało spektakularne, towarzyszyło mu tylko trochę aktywności wulkanicznej albo nie było jej wcale. Poprzez wszystkie te, kolejne wynoszenia i obniżania lądów, macierzysty kontynent azjatycki niezupełnie podzielał historię innych mas lądowych. Wielokrotnie był zalewany, zanurzając się to z jednego to z drugiego końca, szczególnie podczas swej wcześniejszej historii, jednak nie ma on tak jednolitych osadów skalnych, jakie mogą być odkryte na innych kontynentach. W ostatnich epokach Azja pozostaje najbardziej stabilnym kontynentem spośród wszystkich mas lądowych.

350.000.000 lat temu to początek wielkiego zalewania wszystkich kontynentów, za wyjątkiem Azji centralnej. Masy lądowe były wielokrotnie zalewane wodą, tylko przybrzeżne wzniesienia wystawały ponad płytkimi, ale szeroko rozlanymi, zmiennymi morzami śródlądowymi. Okres ten charakteryzowały trzy ważniejsze zanurzenia, ale przed jego zakończeniem kontynenty wydźwignęły się ponownie, tworząc wynurzenie lądów generalnie o piętnaście procent większe niż obecnie istniejące. Obszar Karaibów był wysoko wyniesiony. W tym czasie Europa nie odznaczała się niczym szczególnym, ze względu na mniejsze fluktuacje lądu, przy wciąż trwającej aktywności wulkanicznej.

340.000.000 lat temu nastąpiło kolejne, rozległe zatopienie lądów, za wyjątkiem Azji i Australii. Generalnie, wody oceanów światowych były zmieszane. Był to wielki wiek wapienia, większość tego kamienia osadziła się dzięki wydzielającym wapno algom.

Kilka milionów lat później znaczne części kontynentów amerykańskich i Europa zaczęły wynurzać się z wody. Na półkuli zachodniej tylko odnoga Oceanu Spokojnego pozostawała ponad Meksykiem i rejonami obecnych Gór Skalistych, ale pod koniec tej epoki wybrzeża Atlantyku i Oceanu Spokojnego znowu zaczęły tonąć.

330.000.000 lat temu to początek względnie spokojnego okresu na całym świecie, z większością lądu znowu nad wodą. Jedynym wyjątkiem w tym królestwie ziemskiego spokoju była erupcja ogromnego wulkanu w Ameryce Północnej, we wschodnim Kentucky; była to jedna z największych, odosobnionych aktywności wulkanicznych, jakie wydarzyły się na świecie. Popioły tego wulkanu pokryły powierzchnię tysiąca trzystu kilometrów kwadratowych warstwą o grubości od czterech i pół do sześciu metrów.

320.000.000 lat temu nastąpiło trzecie, większe zalanie tego okresu. Wody tego zatopienia pokryły cały ląd, zanurzony podczas poprzedniego potopu i rozciągały się szerzej w wielu kierunkach, nad obiema Amerykami i Europą. Wschodnia część Ameryki Północnej i zachodnia Europa znalazły się od 3.000 do 4.500 metrów pod wodą.

310.000.000 lat temu masy lądowe świata znowu były dobrze wyniesione, za wyjątkiem południowych części Ameryki Północnej. Pojawił się Meksyk, tworząc tym samym Zatokę Meksykańską, która od tamtego czasu zachowuje swą tożsamość.

Życie nadal rozwija się tym okresie. Świat raz jeszcze jest cichy i względnie spokojny; klimat pozostaje łagodny i jednolity; rośliny lądowe migrują coraz dalej od wybrzeży morskich. Formy życiowe są dobrze rozwinięte, chociaż niewiele można znaleźć skamielin roślinnych pochodzących z tamtych czasów.

Była to wspaniała epoka ewolucji organizmów poszczególnych zwierząt, aczkolwiek już wcześniej nastąpiło wiele podstawowych przemian, takich jak przekształcenie się roślin w zwierzęta. Fauna morska rozwinęła się do tego punktu, że każdy rodzaj życia, niżej stopnia kręgowców, reprezentowany jest w skamielinach tych skał, jakie osadziły się w tamtych czasach. Jednak wszystkie te zwierzęta były organizmami morskimi. Nie pojawiły się jeszcze żadne zwierzęta lądowe, za wyjątkiem kilku typów robaków, które zagrzebywały się w piaskach nadmorskich plaż; rośliny lądowe również nie pokrywały jeszcze kontynentów, wciąż za dużo było dwutlenku węgla w powietrzu, aby zapewnić byt organizmom oddychającym powietrzem. Zasadniczo, egzystencja wszystkich zwierząt, za wyjątkiem niektórych bardziej prymitywnych, zależy bezpośrednio lub pośrednio od życia roślinnego.

Trylobity wciąż dominowały. Te małe zwierzątka istniały w dziesiątkach tysięcy form i były przodkami dzisiejszych skorupiaków. Niektóre z trylobitów miały po dwadzieścia pięć a inne aż do czterech tysięcy drobnych oczek, inne z kolei pozbawione były oczu. Pod koniec tego okresu, trylobity dzieliły panowanie nad morzami z kilkoma innymi formami bezkręgowców. Jednak na początku kolejnego okresu zanikły one zupełnie.

Wydzielające wapno algi były bardzo rozpowszechnione. Istniały też tysiące gatunków wczesnych przodków korali. W znacznych ilościach występowały robaki morskie i wiele odmian meduz, które dawno wymarły. Wykształciły się koralowce i późniejsze typy gąbek. Głowonogi były dobrze rozwinięte i przetrwały jako współczesny łodzik, ośmiornica, mątwa i kałamarnica.

Istniało wiele rodzajów zwierząt muszelkowych, ale muszle nie były im wtedy potrzebne do celów obronnych, tak jak w epokach późniejszych. W wodach prastarych mórz żyły brzuchonogi a obejmowały one jednomuszlowe świdraki, pobrzeżki i ślimaki. Dwuskorupowe brzuchonogi przetrwały następne miliony lat w stanie mało zmienionym a obejmują one małże, mięczaki, ostrygi i przegrzebki. Rozwinęły się również organizmy w kształcie muszli-konchy i te ramienionogi żyły w pradawnych wodach podobnie jak dzisiaj; miały one nawet przeguby, karby oraz inne rodzaje zabezpieczeń ich muszli.

Tak się kończy ewolucyjna historia drugiego wielkiego okresu życia morskiego który znany jest waszym geologom jako *ordowik*.

3. DRUGIE STADIUM WIELKIEGO POTOPU OKRES KORALOWY – EPOKA RAMIENIONOGÓW

300.000.000 lat temu zaczął się następny, wielki okres zatapiania lądów. Rozprzestrzeniające się w kierunku południowym i północnym prastare morza sylurskie gotowe były do pochłonięcia większej części Europy i Ameryki Północnej. Ląd nie wynosił się wysoko ponad morzem a zatem osady, odkładające się wokół linii brzegowych, były znikome. Morza tętniły życiem wapienno-muszelkowym a opadanie tych muszli na dno morskie wytwarzało stopniowo bardzo grube pokłady wapienia. Jest to pierwsze tak szerokie osadzanie się skał wapiennych a pokrywa ono praktycznie całą Europę i

Amerykę Północną, jednak tylko w niewielu miejscach występuje na powierzchni Ziemi. Średnia grubość tych prastarych pokładów skalnych wynosi około 300 metrów, ale wiele tych osadów uległo od tego czasu znacznemu zdeformowaniu przez wykrzywienia, wypiętrzenia i uskoki; znaczna ich ilość uległa przemianie w kwarc, łupki i marmur.

W pokładach kamiennych z tego okresu nie spotyka się skał piroklastycznych bądź lawy, za wyjątkiem tych, które pochodzą z wielkich wulkanów południowej Europy, wschodniego Maine oraz wypływów lawy w Quebeku. Aktywność wulkaniczna w znacznym stopniu przeminęła. Dominowały osady wodne, nie było ruchów górotwórczych albo ich było bardzo mało.

290.000.000 lat temu morza w znacznym stopniu wycofały się z kontynentów a dna oceanów, otaczających kontynenty, się zapadały. Masy lądowe niewiele się zmieniły, aż do czasu ich ponownego zanurzenia. Wczesne ruchy górotwórcze zaczynały się na wszystkich kontynentach a największe z tych wyniesień skorupy ziemskiej to Himalaje w Azji oraz wielkie Góry Kaledońskie, rozciągające się od Irlandii, poprzez Szkocję, aż po Spitsbergen.

W osadach z tego właśnie okresu można znaleźć najwięcej gazu ziemnego, ropy naftowej, cynku i ołowiu, przy czym gaz i ropa powstały z ogromnej ilości materii roślinnej i zwierzęcej, przeniesionej w dół podczas poprzedniego zatopienia lądów, podczas gdy pokłady minerałów są wynikiem ich osadzania się w nieruchomych masach wodnych. W tym okresie powstało wiele złóż soli kamiennej.

Trylobity gwałtownie zanikały a centrum sceny życia zajęły teraz większe mięczaki albo głowonogi. Zwierzęta te dochodziły do czterech i pół metra długości oraz do trzydziestu centymetrów średnicy i zapanowały nad morzami. Ten gatunek zwierząt pojawił się *nagle* i zaczął dominować w życiu morskim.

W tej epoce, w rejonie europejskim występowała wzmożona aktywność wulkaniczna. Przez wiele milionów lat nie było tak gwałtownych i rozległych wybuchów wulkanicznych jak te, które miały miejsce wokół basenu śródziemnomorskiego, zwłaszcza w pobliżu Wysp Brytyjskich. Wylewy lawy w rejonie Wysp Brytyjskich ukazują się dziś jako naprzemianległe pokłady lawy i skał, grube na ponad 7.500 metrów. Skały te odkładały się dzięki sporadycznym wylewom lawy, które rozprzestrzeniały się po dnie płytkiego morza, tym samym przeplatały się ze skałami osadowymi i wszystko to zostało potem wyniesione wysoko ponad poziom morza. Gwałtowne trzęsienia ziemi występowały w północnej Europie, zwłaszcza w Szkocji.

Klimat oceaniczny był nadal łagodny i równomierny a ciepłe morza obmywały brzegi lądów polarnych. W pokładach, sięgających aż do bieguna północnego, znaleźć można ramienionogi i inne skamieliny życia morskiego. Wciąż rozprzestrzeniały się brzuchonogi, ramienionogi, gąbki i koralowce rafotwórcze.

Z końcem tej epoki związane jest drugie rozprzestrzenianie się mórz sylurskich, wraz z kolejnym wymieszaniem się wód oceanu południowego i północnego. Głowonogi panowały w morzach, podczas gdy towarzyszące im formy życia stopniowo się rozwijały i różnicowały.

280.000.000 lat temu kontynenty wynurzyły się w znacznym stopniu z drugiego zalewu sylurskiego. Pokłady skalne, pochodzące z tego zanurzenia, znane są w Ameryce Północnej jako wapienie Niagary, ponieważ jest to ta warstwa skalna, z której dziś spływa wodospad Niagara. Te pokłady skalne rozciągają się od gór wschodnich po rejon doliny Missisipi, ale nie dalej na zachód, za wyjątkiem części południowej. Kilka takich warstw przechodzi poprzez Kanadę, części Ameryki Południowej, Australię i większą część Europy, średnia grubość tych serii typu Niagary wynosi ponad sto osiemdziesiąt metrów. Zaraz nad pokładami Niagary znaleźć można w wielu rejonach nagromadzenie zlepieńców, łupków ilastych i soli kamiennej. Jest to nagromadzenie osadów wtórnych. Sól osadzała się tutaj w wielkich lagunach, które na przemian otwierały się i zamykały dla morza, co wskutek parowania powodowało osadzanie się soli, razem z innymi materiałami zawartymi w roztworze. W niektórych regionach takie pokłady soli kamiennej osiągają grubość ponad dwudziestu metrów.

Klimat jest równomierny i łagodny a skamieliny morskie odkładają się na obszarach arktycznych. Jednak pod koniec tej epoki morza są tak silnie zasolone, że życie w nich prawie zamiera.

Pod koniec ostatniego zatopienia sylurskiego następuje bujny rozwój szkarłupni – lilii kamiennych – co widać po pokładach wapienia krynoidowego. Trylobity prawie zanikły a mięczaki dalej panują w morzach; coraz intensywniej formują się rafy koralowe. W tej epoce, w bardziej sprzyjających ku temu miejscach, po raz pierwszy rozwijają się prymitywne skorpiony wodne. Niedługo potem i *nagle*, pojawiają się prawdziwe skorpiony – oddychające powietrzem.

Wydarzenia te zamykają trzeci okres życia morskiego, obejmujący dwadzieścia pięć milionów lat, znany waszym badaczom jako *sylur*.

4. STADIUM WIELKIEGO WYNURZENIA LĄDU OKRES ŻYCIA ROŚLINNEGO NA LĄDZIE EPOKA RYB

W trwających całe epoki zmaganiach pomiędzy lądem a wodą, przez długi czas morze względnie zwyciężało, ale nadchodzą teraz czasy zwycięstw lądu. Dryfujące kontynenty zbytnio się jeszcze nie rozsunęły, czasami wszystkie praktycznie lądy świata połączone są smukłymi przesmykami i wąskimi pomostami lądowymi.

Wraz z wynurzeniem się lądu, z ostatniego potopu sylurskiego, zakończył się ważny okres w rozwoju świata i ewolucji życia. Jest to zaranie nowej epoki na Ziemi. Nagi i nieciekawy krajobraz przeszłości ubiera się teraz w bujną zieleń i wkrótce pojawią się pierwsze, wspaniałe lasy.

Życie morskie w tym czasie było bardzo urozmaicone, na skutek wcześniejszej segregacji gatunków, ale później nastąpiło swobodne mieszanie się i koegzystencja wszystkich tych różnorodnych typów zwierząt. Ramienionogi wcześnie dotarły do kulminacyjnego punktu swego rozwoju i zostały zastąpione przez stawonogi i po raz pierwszy pojawiły się pąkle. Największym jednak ze wszystkich wydarzeniem było nagłe pojawienie się rodziny ryb. W historii świata nastała epoka ryb, okres charakteryzujący się gatunkiem zwierząt *kręgowych*.

270.000.000 lat temu kontynenty były w całości ponad wodą. Przez wiele milionów lat nie było tak wiele lądu ponad wodą równocześnie; w historii świata okres ten był jedną z największych epok wynurzenia lądów.

Pięć milionów lat później, obszary lądowe Ameryki Północnej i Południowej, Europy, Afryki, Azji północnej i Australii, zostały na krótko zalane; w takim czy innym czasie nastąpiło prawie całkowite zatopienie Ameryki Północnej, czego wynikiem są pokłady wapienia o grubości od 150 do 1.500 metrów. Te rozmaite morza dewońskie rozciągały się najpierw w jednym a potem w drugim kierunku, tak, że rozległe, północnoamerykańskie, arktyczne morze śródlądowe znalazło drogę do Oceanu Spokojnego przez północną Kalifornię.

260.000.000 lat temu, pod koniec tej epoki obniżania się lądu, Ameryka Północna była częściowo pokryta morzami, połączonymi równocześnie z wodami Pacyfiku, Atlantyku, Morza Arktycznego i Zatoki Meksykańskiej. Osady powstałe w późniejszych okresach pierwszego potopu dewońskiego mają średnią grubość około trzystu metrów. Charakterystyczne dla tych czasów są rafy koralowe, co oznacza, że morza śródlądowe były przejrzyste i płytkie. Te złoża koralowe pozostają odsłonięte na brzegach rzeki Ohio, niedaleko Louisville, w stanie Kentucky i mają około 30 metrów grubości a obejmują ponad dwieście odmian. Takie formacje koralowe rozciągają się poprzez Kanadę i Europę północną, aż do obszarów arktycznych.

Po tych zatopieniach, wiele linii brzegowych zostało znacznie wyniesionych, tak, że wcześniejsze pokłady pokrył muł i iły. Istnieje również warstwa czerwonego piaskowca, charakterystyczna dla jednego z osadów dewońskich i ten czerwony pokład rozciąga się na znacznych obszarach powierzchni Ziemi, znajdowany w Ameryce Północnej i Południowej, Europie, Rosji, Chinach, Afryce i Australii. Takie czerwone osady oznaczają istnienie warunków pustynnych lub prawie pustynnych, chociaż klimat tej epoki był nadal łagodny i równomierny.

Przez cały ten okres ląd położony na południowy wschód od wyspy Cincinnati pozostawał wysoko ponad wodą. Jednak zanurzona była spora część Europy zachodniej, razem z Wyspami Brytyjskimi. W Walii, Niemczech i innych częściach Europy, skały dewońskie mają 6.000 metrów grubości.

250.000.000 lat temu pojawiła się rodzina ryb, kręgowce, co jest jednym z najważniejszych stopni całej przedludzkiej ewolucji.

Przodkami pierwszych kręgowców były stawonogi albo skorupiaki. Dwóch zmodyfikowanych przodków stawonogów zwiastowało pojawienie się rodziny rybiej, jeden miał długie ciało, łączące głowę i ogon, podczas gdy drugi był pozbawioną kręgosłupa i szczęk prarybą. Jednak te pierwsze gatunki zostały prędko wyniszczone, kiedy ryby, pierwsze kręgowce świata zwierzęcego, pojawiły się *nagle* od strony północnej.

Wiele największych, prawdziwych ryb, należy do tej epoki; niektóre uzębione odmiany sięgały od siedmiu i pół do dziewięciu metrów długości; dzisiejsze rekiny są pozostałościami tych pradawnych ryb. Wyposażone w płuca i pancerze ryby osiągnęły szczyt swego ewolucyjnego rozwoju a przed końcem tej epoki ryby dostosowały się zarówno do słodkich jak i słonych wód.

Prawdziwe pokłady rybich kości, zębów i szkieletów, znaleźć można w osadach, które odłożyły się przy końcu tego okresu, a bogate złoża skamielin znajdują się wzdłuż wybrzeża Kalifornii, ponieważ wiele osłoniętych zatok Oceanu Spokojnego wcinało się w ląd tego obszaru.

Ziemia szybko pokrywała się nowymi rodzajami roślinności lądowej. Dotychczas na lądzie rosło niewiele roślin, za wyjątkiem linii brzegowej. Teraz, *nagle,* pojawiła się płodna *rodzina paproci* i szybko rozprzestrzeniła się na wszystkie części świata, na powierzchni gwałtownie wynurzającego się lądu. Wkrótce powstały gatunki drzew, grube na sześćdziesiąt centymetrów a wysokie na ponad dwanaście metrów; później ukształtowały się liście, ale te wczesne odmiany miały jedynie prymitywne listowie. Istniało też wiele mniejszych roślin, ale nie można znaleźć ich skamielin, gdyż zostały zniszczone przez bakterie, które pojawiły się jeszcze wcześniej.

W miarę wznoszenia się lądu, Ameryka Północna połączyła się z Europą, poprzez mosty lądowe rozciągające się do Grenlandii. I współczesna Grenlandia nosi pod swym lodowym płaszczem pozostałości wczesnych roślin lądowych.

240.000.000 lat temu ląd zaczął się zatapiać, na części zarówno Europy jak i obu Ameryk. Zanurzenie to było ostatnim i najmniej rozległym potopem dewońskim. Morza arktyczne znowu posunęły się na południe, ponad znaczną częścią Ameryki Północnej, Atlantyk zalał dużą część Europy i Azji zachodniej, podczas gdy południowy Ocean Spokojny pokrył większą część Indii. Ten zalew następował powoli i równie powoli się cofnął. Góry Catskill, położone wzdłuż zachodniego brzegu rzeki Hudson, są jednym z największych pomników geologicznych tej epoki, jaki znaleźć można na powierzchni Ameryki Północnej.

230.000.000 lat temu morza wciąż się cofały. Większa część Ameryki Północnej znajdowała się ponad wodą a intensywna aktywność wulkaniczna miała miejsce w rejonie St. Lawrence. Góra Royal, w Montrealu, jest zerodowaną szyją jednego z tych wulkanów. Osady z całej tej epoki są wyraźnie widoczne w Appalachach, w Ameryce Północnej, gdzie rzeka Susquehanna wyrżnęła dolinę, odsłaniając kolejne warstwy, które osiągają grubość ponad 4.000 metrów.

Trwało wynoszenie kontynentów a atmosfera wzbogacała się w tlen. Ziemia pokryta była rozległymi lasami paproci, wysokich na trzydzieści metrów i osobliwymi drzewami z tamtych dni, milczącymi lasami; nie dał się słyszeć żaden dźwięk, nawet najmniejszy szelest liści, ponieważ te drzewa nie miały liści.

I tak dobiegł końca jeden z najdłuższych okresów w ewolucji życia morskiego, *epoka ryb.* Ten okres w historii świata trwał prawie pięćdziesiąt milionów lat; znany jest on waszym badaczom jako *dewon.*

5. STADIUM PRZEMIESZCZANIA SIĘ SKORUPY ZIEMSKIEJ LAS PAPROTNY OKRESU KARBOŃSKIEGO EPOKA ŻAB

Pojawienie się ryb, w okresach poprzednich, stanowi apogeum ewolucji życia morskiego. Od tego czasu coraz większego znaczenia nabiera ewolucja życia lądowego. I okres ten zaczyna się scenerią niemal idealnie przygotowaną na pojawienie się pierwszych zwierząt lądowych.

220.000.000 lat temu ponad wodą znajdowało się wiele obszarów lądu kontynentalnego, razem z większą częścią Ameryki Północnej. Na Ziemi panowała ozdobna roślinność; był to prawdziwy *wiek paproci.* Dwutlenek węgla wciąż był w atmosferze, jednak w coraz mniejszym stężeniu.

Wkrótce potem zalana została centralna część Ameryki Północnej, co utworzyło dwa wielkie morza śródlądowe. Nadbrzeżne wyżyny, zarówno nad Atlantykiem jak i Oceanem Spokojnym, usytuowane były tuż poza dzisiejszymi liniami brzegowymi. Wkrótce te dwa oceany się połączyły, mieszając swe różnorodne formy życia i to połączenie fauny morskiej oznaczało początek gwałtownej regresji życia morskiego o światowym zasięgu oraz rozpoczęcie następnego okresu – życia lądowego.

210.000.000 lat temu ciepłowodne morza arktyczne pokrywały większą część Ameryki Północnej i Europy. Południowe wody polarne zalały Amerykę Południową i Australię, podczas gdy zarówno Afryka jak i Azja wyniesione były wysoko.

W momencie największego rozprzestrzenienia się mórz nastąpiło nowe, *nagłe* zdarzenie ewolucyjne. Raptownie pojawiły się pierwsze zwierzęta lądowe. Wiele było gatunków tych zwierząt, przystosowanych do życia zarówno na lądzie jak i w wodzie. Te oddychające powietrzem płazy rozwinęły się ze stawonogów, których pęcherze pławne przekształciły się w płuca.

Ze słonych wód morskich wyczołgały się na ląd ślimaki, skorpiony i żaby. Dzisiaj żaby nadal składają swe jaja w wodzie a ich młode żyją najpierw jako małe ryby – kijanki. Okres ten może być zwany także *epoką żab*.

Potem szybko pojawiły się pierwsze owady i razem z pająkami, skorpionami, karaluchami, świerszczami i szarańczą, prędko opanowały kontynenty świata. Ważki osiągały siedemdziesiąt pięć centymetrów rozpiętości. Rozwinęło się tysiąc gatunków karaluchów, a niektóre z nich dochodziły do dziesięciu centymetrów długości.

Bardzo dobrze rozwinęły się dwie grupy szkarłupni i faktycznie są one wiodącymi skamielinami tej epoki. Duże rekiny, żywiące się muszelkami, były również dobrze ukształtowane i panowały w oceanach przez ponad pięć milionów lat. Klimat był nadal łagodny i jednolity; życie morskie niewielkim ulegało zmianom. Rozwijały się ryby słodkowodne a trylobity były na wymarciu. Koralowce stanowiły rzadkość a większość wapienia wytwarzana była przez liliowce. W czasie tej epoki odłożyły się ozdobne wapienie budowlane.

Wody wielu mórz śródlądowych były tak silnie nasycone wapnem i innymi minerałami, że zakłócało to rozwój i kształtowanie się wielu gatunków morskich. W końcu morza się wyklarowały, dzięki intensywnemu osadzaniu się kamienia, w niektórych miejscach zawierającego cynk i ołów.

Osady tego, wczesnego okresu karbońskiego, mają od 150 do 600 metrów grubości i zawierają piaskowiec, łupki ilaste i wapień. Najstarsze ich warstwy zawierają skamieliny zwierząt i roślin, zarówno morskich jak i lądowych, razem z dużą ilością żwiru i osadów nieckowatych. Niewiele użytecznego węgla znaleźć można w tych starszych warstwach. Te złoża, znajdujące się w całej Europie, są bardzo podobne do odłożonych w Ameryce Północnej.

Pod koniec tej epoki ląd Ameryki Północnej zaczął się wznosić. Trwało to krótko i morze wróciło, aby pokryć blisko połowę swych poprzednich den. To zalanie było krótkotrwałe i wkrótce większość lądu znalazła się wysoko nad wodą. Ameryka Południowa wciąż połączona była z Europą poprzez Afrykę.

W tej epoce zaczęły powstawać góry Wogezy, Schwarzwald i Ural. Pozostałości wierzchołków innych, starszych gór, znaleźć można na całym obszarze Wielkiej Brytanii i Europy.

200.000.000 lat temu zaczęły się bardzo aktywne stadia okresu karbońskiego. Wcześniejsze pokłady węgla odkładały się przez dwadzieścia milionów lat, poprzedzających ten okres, teraz jednak trwał intensywny proces formowania się węgla. Czas trwania właściwej epoki odkładania się węgla przekracza nieco dwadzieścia pięć milionów lat.

Ląd okresowo się wznosił i opadał na skutek zmiennego poziomu morza, co było wynikiem geologicznej aktywności den oceanów. Niestabilności skorupy ziemskiej – osiadanie i wznoszenie się lądu – w połączeniu z bujną roślinnością nadbrzeżnych bagien, przyczyniły się do wytworzenia rozległych pokładów węgla, dlatego też okres ten nazywa się *karbońskim*. A klimat wciąż był łagodny na całym świecie.

Złoża węgla układają się naprzemianlegle z łupkami ilastymi, kamieniem i zlepieńcami. Takie pokłady węgla, znajdujące się w centralnych i wschodnich Stanach Zjednoczonych, mają od dwunastu do piętnastu metrów grubości. Jednak wiele tych osadów zostało wymytych podczas kolejnych wyniesień lądowych. W niektórych częściach Ameryki Północnej i Europy warstwy węglonośne mają 5.400 metrów grubości.

Obecność korzeni drzew, tak jak rosły one w glinie leżącej pod obecnymi pokładami węgla, dowodzi tego, że węgiel formował się dokładnie tam, gdzie się go dzisiaj znajduje. Węgiel to zabezpieczone wodą i przekształcone pod wysokim ciśnieniem pozostałości bujnej roślinności, która rosła na moczarach i brzegach bagien w tej odległej epoce. Warstwy węgla często zawierają również gaz ziemny i ropę naftową. Pokłady torfu, pozostałość obumarłej roślinności, przekształciłyby się w pewien gatunek węgla, gdyby je poddać odpowiedniemu ciśnieniu i temperaturze. Antracyt poddany był wyższemu ciśnieniu i wyższej temperaturze niż inny węgiel.

Pokłady węgla w Ameryce Północnej, w różnych złożach, wykazujących znaczną ilość wyniesień i obniżeń lądu, są zróżnicowane w swej liczbie, od dziesięciu w Illinois, poprzez dwadzieścia w Pensylwanii, trzydzieści pięć w Alabamie, do siedemdziesięciu pięciu w Kanadzie. W złożach węgla znaleźć można skamieliny pochodzenia zarówno słodko- jak i słonowodnego.

W tej epoce aktywność przejawiały góry Ameryki Północnej i Południowej, wynosiły się zarówno Andy jak i pierwociny południowych Gór Skalistych. Zaczęły się zanurzać rozległe wyżyny, leżące na przybrzeżnych obszarach Atlantyku i Oceanu Spokojnego, z czasem uległy one erozji i zatopieniu do tego stopnia, że linie brzegowe obu oceanów cofnęły się mniej więcej do ich dzisiejszego położenia. Złoża, nawarstwione w wyniku tego potopu, mają średnio około trzystu metrów grubości.

190.000.000 lat temu nastąpiło poszerzenie w kierunku zachodnim północnoamerykańskiego morza Karbońskiego, ponad obecnym rejonem Gór Skalistych, z dostępem do Oceanu Spokojnego przez północną Kalifornię. Węgiel wciąż się odkładał, pokład za pokładem, na terenie obu Ameryk i Europy, w miarę jak wybrzeża wznosiły się i opadały w tych epokach brzegowych oscylacji.

180.000.000 lat temu zakończył się okres karboński, podczas którego węgiel wytworzył się na całym świecie – w Europie, Indiach, Chinach, Północnej Afryce i obu Amerykach. Pod koniec okresu formowania się węgla podniosła się Ameryka Północna, na wschód od doliny Missisipi i większość tego rejonu pozostaje odtąd ponad poziomem morza. Okres wynoszenia się lądu znamionuje początek dzisiejszych gór Ameryki Północnej, zarówno w rejonie Appalachów jak i na zachodzie. Wulkany były aktywne na Alasce i w Kalifornii, jak również w rejonach tworzenia się gór w Europie i Azji. Wschodnia Ameryka i zachodnia Europa połączone były kontynentem Grenlandii.

Podnoszenie się lądu zaczęło przeobrażać morski klimat, panujący w epokach poprzedzających i zamiast niego zaczynał się mniej łagodny i bardziej zmienny klimat kontynentalny.

Rośliny tego okresu były typu zarodnikowego a wiatr potrafił rozsiewać te zarodniki daleko i szeroko. Pnie drzew okresu karbońskiego przekraczały zazwyczaj dwa metry średnicy i często dochodziły do czterdziestu metrów wysokości. Dzisiejsze paprocie są prawdziwymi reliktami tych minionych epok.

Generalnie, były to epoki rozwoju organizmów słodkowodnych; w istniejącym dotychczas życiu morskim niewielkie nastąpiły zmiany. Ważną cechą tego okresu było *nagłe* pojawienie się żab oraz wielu ich krewniaków. Charakterystycznymi cechami życia w epoce węgla były *paprocie* i *żaby*.

6. STADIUM ZMIAN KLIMATYCZNYCH OKRES ROŚLIN NASIENNYCH EPOKA PERTURBACJI BIOLOGICZNYCH

Okres ten znamionuje koniec wiodącego jak dotąd, ewolucyjnego rozwoju życia morskiego i początek okresu przejściowego, prowadzącego do kolejnych epok zwierząt lądowych.

W tej epoce nastąpiło wielkie zubożenie życia. Wymarło tysiące gatunków morskich a życie na lądzie praktycznie się jeszcze nie zadomowiło. Był to okres klęsk biologicznych, czas, kiedy życie prawie zanikło na powierzchni Ziemi i w głębiach oceanów. Pod koniec długiej epoki życia morskiego istniało na Ziemi ponad sto tysięcy gatunków żywych. Do końca tego, przejściowego okresu, przetrwało zaledwie pięćset.

Właściwości tego, nowego okresu, wynikały nie tyle z ochładzania się skorupy ziemskiej, czy też z długiego braku aktywności wulkanicznej, jak z niezwykłej kombinacji najzwyklejszych i wcześniej istniejących wpływów – z ograniczenia obszaru mórz i coraz większego wynoszenia się ogromnych mas lądowych. Zanikał łagodny klimat morski czasów minionych, szybko ustępując ostrzejszemu, kontynentalnemu typowi pogody.

170.000.000 lat temu nastąpiły wielkie, ewolucyjne zmiany i przekształcenia na powierzchni całej Ziemi. Na całym świecie ląd się wznosił, podczas gdy dna oceanów się obniżały. Pojawiły się odosobnione grzbiety górskie. Wschodnia część Ameryki Północnej znajdowała się wysoko nad poziomem morza, zachód się z wolna podnosił. Kontynenty pokryte były wielkimi i małymi, słonymi jeziorami oraz licznymi morzami śródlądowymi, które łączyły się z oceanami przez wąskie przesmyki. Warstwy z tego okresu przejściowego mają grubość od 300 do 2.100 metrów.

Podczas tych wyniesień lądu skorupa ziemska mocno się fałdowała. Był to czas wyłaniania się kontynentów, za wyjątkiem zaniku pewnych mostów lądowych, razem z tymi kontynentami, które tak długo łączyły Amerykę Południową z Afryką i Amerykę Północną z Europą.

Stopniowo, na całym świecie wysychały śródlądowe jeziora i morza. Pojawiły się odosobnione góry i regionalne lodowce, zwłaszcza na półkuli południowej, a w wielu rejonach osady lodowcowe tych lokalnych formacji lodowych znaleźć można nawet w pewnych późniejszych, górnych pokładach węgla. Pojawiły się dwa nowe czynniki klimatyczne – zlodowacenie i susza. Wiele wyżej położonych obszarów pozbawione zostało wody i wyjaławiało.

W okresie tych zmian klimatycznych, wielkie przemiany nastąpiły również w roślinach lądowych. Po raz pierwszy pojawiły się *rośliny nasienne* i dostarczały więcej żywności pomnażającym się później zwierzętom lądowym. Zasadniczą przemianę przeszły owady. Wykształciły się *stany spoczynkowe*, aby sprostać wymaganiom przerwy w aktywności podczas zimy i suszy.

W okresie poprzednim, pośród zwierząt lądowych, żaby osiągnęły kulminacyjny punkt swego rozwoju a teraz ich ilość gwałtownie spadła, ale przetrwały, ponieważ mogły żyć długo nawet w wysychających jeziorkach i stawach, w tych odległych i nadzwyczaj trudnych czasach. W okresie wymierania żab, w Afryce, nastąpił pierwszy krok ku przekształceniu się żaby w gada. A ponieważ masy lądowe były wciąż połączone, to oddychające powietrzem przedgadzie stworzenie rozprzestrzeniło się po całym świecie. Do tego czasu atmosfera zmieniła się na tyle, że z powodzeniem umożliwiała oddychanie zwierzętom. Wkrótce po przybyciu tych przedgadzich żab do Ameryki Północnej, kontynent ten został na jakiś czas odizolowany, odcięty od Europy, Azji i Ameryki Południowej.

Stopniowe ochładzanie się wód oceanów przyczyniło się w dużym stopniu do wyniszczenia życia oceanicznego. W tych epokach, zwierzęta morskie szukały tymczasowego schronienia w trzech sprzyjających im miejscach: w rejonie dzisiejszej Zatoki Meksykańskiej, w zatoce Gangesu w Indiach oraz w sycylijskiej zatoce basenu śródziemnomorskiego. I z tych to właśnie trzech regionów, nowe gatunki morskie, zrodzone wbrew przeciwnościom, rozpłynęły się później i zapełniły morza.

160.000.000 lat temu ląd był w znacznej części pokryty roślinnością, dostosowaną do podtrzymywania życia zwierząt lądowych a atmosfera stała się idealna do oddychania dla zwierząt. Tak kończy się czas regresji życia morskiego i okres prób - niekorzystnych warunków biologicznych - które wyeliminowały wszystkie formy życia za wyjątkiem tych, które potrafiły przetrwać i które dlatego mogły funkcjonować jako przodkowie coraz gwałtowniej rozwijającego się, wysoce zróżnicowanego życia, w następnych epokach ewolucji planetarnej.

Koniec tego okresu perturbacji biologicznych, nazywanego przez waszych badaczy *permem,* znamionuje również zakończenie długiej ery *paleozoicznej*, która obejmuje jedną czwartą planetarnej historii, dwieście pięćdziesiąt milionów lat.

Ogromna, oceaniczna kolebka życia spełniła na Urantii swoje zadanie. Przez długie epoki, kiedy ląd nie był przystosowany do podtrzymywania życia, zanim atmosfera osiągnęła odpowiednią ilość tlenu do utrzymania przy życiu wyższych zwierząt lądowych, morze matkowało i pielęgnowało wczesne życie tej domeny. Teraz biologiczne znaczenie morza stopniowo się zmniejsza, ponieważ drugi etap ewolucji zaczyna się rozwijać na lądzie.

[Przedstawione przez Nosiciela Życia z Nebadonu, należącego do pierwotnego korpusu przydzielonego Urantii].

PRZEKAZ 60

URANTIA WE WCZESNEJ ERZE ŻYCIA LĄDOWEGO

ZAKOŃCZYŁA się era życia wyłącznie morskiego. Wyniesienie lądu, stygnięcie skorupy ziemskiej i ochłodzenie oceanów, zmniejszenie obszaru mórz a w konsekwencji ich pogłębienie, wraz ze znacznym powiększeniem masy lądu na szerokościach północnych, przyczyniło się znacznie do zmiany światowego klimatu na wszystkich obszarach oddalonych od strefy równikowej.

Epoki zamykające erę poprzednią stanowiły naprawdę okres żab, jednak ci przodkowie kręgowców lądowych nie panowali już tak powszechnie na Ziemi, przetrwawszy w znacznie ograniczonej liczbie. Niewiele gatunków przeżyło surowe próby z poprzedniego okresu zmagań biologicznych. Nawet rośliny zarodnikowe prawie wymarły.

1. WCZESNA EPOKA GADÓW

Złoża erozyjne z tego okresu składały się zasadniczo ze zlepieńców, łupków ilastych i piaskowca. Gips i warstwy czerwone, znajdowane w tych osadach zarówno w Ameryce jak i w Europie, oznaczają, że klimat tych kontynentów był suchy. Takie suche obszary ulegały silnej erozji na skutek gwałtownych i okresowych oberwań chmur na otaczających je wzniesieniach.

Niewiele skamieniałości można znaleźć w tych warstwach, ale w piaskowcu daje się zauważyć sporo odcisków kończyn gadów lądowych. W wielu rejonach grube na trzysta metrów złoża czerwonego piaskowca z tego okresu nie zawierają skamieniałości. Życie zwierząt lądowych trwało nieprzerwanie tylko w pewnych częściach Afryki.

Grubość tych złóż waha się od 900 do ponad 3.000 metrów, a nawet do 5.500 na wybrzeżu Oceanu Spokojnego. Później lawa wciskała się między wiele tych warstw. Palisady, nad rzeką Hudson, formowały się wskutek wylewów lawy bazaltowej pomiędzy warstwami triasowymi. W różnych częściach świata trwała intensywna aktywność wulkaniczna.

Na obszarze Europy, zwłaszcza w Niemczech i w Rosji, znaleźć można złoża z tego okresu. W Anglii do tej epoki należy nowy czerwony piaskowiec. Wapień odkładał się w Alpach południowych, na skutek wtargnięcia tam morza, a teraz widoczny jest w tych regionach jako osobliwe, dolomitowo-wapienne ściany, szpice i kolumny. Tę warstwę można znaleźć w całej Afryce i Australii. Marmury z Carrary pochodzą z tego właśnie, przekształconego wapienia. W południowych rejonach Ameryki Południowej nie można znaleźć nic z tego okresu, jako że część tego kontynentu pozostawała zanurzona, posiada zatem tylko złoża wodne albo morskie, ciągnące się od epok poprzednich po następne.

150.000.000 lat temu zaczął się w historii Ziemi okres wczesnego życia lądowego. Generalnie, życiu nie wiodło się zbyt dobrze, ale miało się lepiej niż w czasie trudnego i wrogiego mu okresu z końca ery morskiej.

Na początku tej ery, wysoko powyżej poziomu morza znalazły się wschodnia i centralna część Ameryki Północnej, północna połowa Ameryki Południowej, większa część Europy i cała Azja. Ameryka Północna zostaje po raz pierwszy geograficznie odizolowana, ale nie na długo, jako że pomost lądowy Cieśniny Beringa wkrótce wynurzył się znowu, łącząc ten kontynent z Azją.

Wielkie łęki ukształtowały się w Ameryce Północnej, równolegle do wybrzeży Atlantyku i Oceanu Spokojnego. We wschodnim Connecticut pojawił się wielki uskok, w końcu jedna jego strona obniżyła się ponad trzy kilometry. Wiele tych północnoamerykańskich niecek zostało później wypełnionych pokładami, pochodzącymi z materiałów erozyjnych, podobnie jak wiele basenów jezior słono i słodkowodnych w rejonach górskich. Później, takie wypełnione wklęsłości lądu zostały znacznie wyniesione przez podziemne wypływy lawy. Skamieniałe lasy w wielu rejonach należą do tej epoki.

Wybrzeże Oceanu Spokojnego, pozostające zazwyczaj ponad poziomem wody podczas zanurzeń kontynentów, obniżyło się, za wyjątkiem południowej części Kalifornii i dużej wyspy, która znajdowała się wtedy tam, gdzie teraz jest Ocean Spokojny. To pradawne morze kalifornijskie tętniło życiem morskim i rozpościerało się na wschód, łącząc się z basenem starego morza, położonego w rejonie środkowego zachodu.

140.000.000 lat temu *nagle* pojawiły się gady, w formie całkowicie ukształtowanej i tylko przy udziale dwu przedgadzich przodków, którzy wyłonili się w Afryce w poprzedzających epokach. Rozwinęły się one gwałtownie, wydając niebawem krokodyle, gady łuskowe a na koniec zarówno węże morskie jak i gady latające. Ich przejściowi przodkowie niebawem wyginęli.

Te szybko rozwijające się gadzie dinozaury zaczęły niebawem królować w tej epoce. Składały one jaja i odróżniały się od innych zwierząt małymi mózgami, posiadając mózg ważący mniej niż pół kilograma, służący do kontroli ciał dochodzących później aż do czterdziestu ton. Wcześniejsze gady były jednak mniejsze, mięsożerne i chodziły na swych tylnych nogach, podobnie jak kangury. Miały puste, ptasie kości a później rozwinęły zaledwie trzy palce u tylnych nóg; wiele odcisków ich stóp mylone jest z podobnymi śladami wielkich ptaków. Później, rozwinęły się dinozaury roślinożerne. Chodziły na wszystkich czterech nogach a jedno odgałęzienie tej grupy wykształciło pancerz ochronny.

Kilka milionów lat później pojawiają się pierwsze ssaki. Były one niełożyskowe i szybko okazały się niepowodzeniem; żaden z nich nie przetrwał. Była to eksperymentalna próba doskonalenia gatunków ssaków, ale nie powiodła się na Urantii.

Życie morskie było ubogie w tym okresie, jednak rozwinęło się znacznie wraz z nową inwazją morza, które znów wytworzyło rozległe linie brzegowe z ich płytkimi wodami. Ponieważ najwięcej płytkich wód było dookoła Europy i Azji, najbogatsze złoża skamielin znaleźć można wokół tych kontynentów. Gdybyście dzisiaj badali życie tej epoki, sprawdzajcie rejony Himalajów, Syberii i Morza Śródziemnego, jak również Indii oraz wyspy południowego basenu Oceanu Spokojnego. Poczesną cechą życia morskiego tego okresu jest obecność mnóstwa pięknych amonitów, których skamieniałości znaleźć można wszędzie na świecie.

130.000.000 lat temu morza uległy tylko nieznacznym przemianom. Syberia i Ameryka Północna połączone były pomostem lądowym w Cieśninie Beringa. Bogate i unikalne życie morskie pojawiło się na kalifornijskim wybrzeżu Oceanu Spokojnego, gdzie ponad tysiąc gatunków amonitów rozwinęło się z wyższych typów głowonogów. Przemiany życia w tym okresie były doprawdy rewolucyjne, pomimo, że przebiegały stopniowo i powoli.

Ten okres rozciąga się na ponad dwadzieścia pięć milionów lat i znany jest jako *triasowy*.

2. PÓŹNIEJSZA EPOKA GADÓW

120.000.000 lat temu zaczęło się nowe stadium epoki gadów. Wielkim wydarzeniem tego okresu był rozwój i wymieranie dinozaurów. Życie zwierząt lądowych, gdy idzie o rozmiary, osiągnęło szczyt swego rozwoju i praktycznie znikło z powierzchni Ziemi przed końcem tej epoki. Dinozaury ukształtowały się we wszystkich możliwych rozmiarach, od gatunków o długości około pół metra aż do ogromnych, roślinożernych dinozaurów o długości dwudziestu trzech metrów, którym jak dotąd nie dorównało masą żadne żywe stworzenie.

Największe dinozaury pochodziły z zachodniej części Ameryki Północnej. Te monstrualne gady są pogrzebane w całym rejonie Gór Skalistych, wzdłuż całego atlantyckiego wybrzeża Ameryki Północnej, w całej Europie zachodniej, Afryce Południowej i Indiach, ale nie ma ich w Australii.

Te masywne stworzenia, w miarę jak rosły coraz większe, stawały się coraz mniej aktywne i coraz słabsze; poza tym potrzebowały one wielkiej ilości pożywienia a Ziemia była tak nimi zatłoczona, że dosłownie zagłodziły się na śmierć i wymarły – brakowało im inteligencji, nie umiały sobie poradzić w tej sytuacji.

W tym czasie większa część wschodniej Ameryki Północnej, która była długo wyniesiona, została zrównana i zmyta do Oceanu Atlantyckiego, tak, że brzeg rozciągał się kilkaset kilometrów dalej niż jest teraz. Zachodnia część kontynentu wciąż była wyniesiona, ale nawet te obszary zostały później zalane, zarówno przez morze północne jak i Ocean Spokojny, który rozciągnął się ku wschodowi, do rejonu Black Hills w stanie Dakota.

Była to epoka słodkiej wody, charakteryzująca się wieloma jeziorami śródlądowymi, na co wskazuje znaczna ilość skamielin słodkowodnych w tak zwanych formacjach Morrison, w Kolorado, Montanie i Wyoming. Grubość tych, łącznych osadów słono- i słodkowodnych, waha się od 600 do 1500 metrów, ale w tych warstwach jest bardzo mało wapienia.

Takie samo morze polarne, które rozprzestrzeniło się tak daleko w głąb Ameryki Północnej, pokrywało całą Amerykę Południową, za wyjątkiem niedługo potem powstałych Andów. Zalana została większa część Chin i Rosji, jednak najszerzej woda wtargnęła do Europy. To właśnie podczas tego zanurzenia odłożył się w Niemczech południowych piękny kamień litograficzny, te warstwy, w których skamieliny, takie jak bardzo delikatne skrzydełka starszych owadów, są zachowane tak dobrze, jakby pochodziły z dnia wczorajszego.

Flora tej epoki podobna była do tej z epoki poprzedniej. Wciąż rosły paprocie, podczas gdy drzewa iglaste, sosny, coraz bardziej upodabniały się do odmian współczesnych. Wzdłuż północnych wybrzeży śródziemnomorskich nadal formowało się trochę węgla.

Powrót mórz przyniósł poprawę klimatu. Korale rozprzestrzeniły się na wody europejskie, co świadczy o tym, że klimat wciąż był łagodny i równomierny, jednak już nigdy nie pojawiły się one w powoli stygnących morzach polarnych. Życie morskie w tych czasach znacznie się udoskonaliło i rozwinęło, zwłaszcza w wodach europejskich. Zarówno korale jak i liliowce pojawiły się chwilowo w większych niż dotychczas ilościach, jednak w bezkręgowym życiu oceanów panowały amonity; miały one średnio od siedmiu do dziesięciu centymetrów średnicy, choć jeden gatunek dochodził do dwu i pół metra. Gąbki były wszędzie a zarówno mątwy jak i ostrygi nadal ewoluowały.

110.000.000 lat temu wciąż rozwijały się potencjały życia morskiego. Jeżowce morskie były jedną z ciekawszych mutacji tej epoki. W pełni rozwinęły się kraby, homary i współczesne gatunki skorupiaków. Znaczne zmiany zaszły w rodzinie ryb, po raz pierwszy pojawił się gatunek jesiotra, jednak mordercze węże morskie, potomstwo gadów lądowych, nadal roiły się w morzach i zagrażały wyniszczeniem całej rodziny ryb.

W tej epoce prym wiodły dinozaury. Tak bardzo opanowały ląd, że podczas poprzedniego okresu wtargnięcia mórz dwa ich gatunki schroniły się w wodzie, aby się mogły wyżywić. Te węże morskie są ewolucyjnym krokiem wstecz. Podczas gdy rozwijały się niektóre nowe gatunki, pewne odgałęzienia pozostawały bez zmian a inne się cofały, wracając do stadium poprzedzającego. To się właśnie zdarzyło, kiedy dwa gatunki gadów opuściły ląd.

Z czasem węże morskie doszły do takich rozmiarów, że stały się bardzo opieszałe i w końcu wyginęły, ponieważ nie posiadały mózgów dostatecznie dużych, aby mogły chronić swe ogromne ciała. Ich mózgi ważyły mniej niż sześćdziesiąt gramów, pomimo, że długość tych ogromnych ichtiozaurów sięgała czasem piętnastu metrów; znaczna ich większość przekraczała dziesięć metrów. Krokodyle morskie także stanowiły rewersję gadów typu lądowego, jednak w przeciwieństwie do węży morskich, zwierzęta te zawsze wracały na ląd, żeby znosić jaja.

Niedługo potem, jak dwa gatunki dinozaurów wyemigrowały do wody w bezowocnej próbie zachowania gatunku, dwa inne ich typy przeniosła w powietrze ostra rywalizacja życia na lądzie. Jednak te latające pterozaury nie były przodkami prawdziwych ptaków z epok późniejszych. Ukształtowały się one ze skaczących dinozaurów o wydrążonych kościach a ich skrzydła miały konstrukcję podobną do skrzydeł nietoperzy o rozpiętości od sześciu do siedmiu i pół metra. Te pradawne, latające gady, dochodziły do trzech metrów długości i miały rozdzielające się szczęki, podobnie jak współczesne węże. Przez jakiś czas wydawało się, że te latające gady się zachowają, jednak nie udało im się rozwinąć w tym kierunku, który umożliwiłyby im przetrwanie, jako żeglarzom przestworzy. Reprezentują one wymarłe odgałęzienia przodków ptaków.

W tym okresie przybywało żółwi, pierwsze pojawiały się w Ameryce Północnej. Ich przodkowie przybyli z Azji przez północny pomost lądowy.

Sto milionów lat temu epoka gadów zbliżała się ku końcowi. Dinozaury, przy całej ich ogromnej masie, były zwierzętami prawie bezmózgowymi, nie miały odpowiedniej inteligencji, aby zdobyć pokarm dla wyżywienia tak ogromnych ciał. I te powolne gady lądowe ginęły w coraz większych ilościach. Od tego czasu ewolucja szła drogą rozwoju mózgu a nie masy fizycznej a kształtowanie mózgów jest charakterystyczne dla każdej kolejnej epoki ewolucji zwierzęcej i rozwoju planetarnego.

Okres ten, obejmujący szczyt rozwoju i początek wymierania gadów, rozpościera się na blisko dwadzieścia pięć milionów lat i znany jest jako *jurajski.*

3. STADIUM KREDOWE OKRES ROŚLIN KWIATOWYCH EPOKA PTAKÓW

Wielki okres kredowy bierze swą nazwę od panujących wtedy w morzach płodnych otwornic, wytwarzających kredę. Ten okres na Urantii przybliża koniec długiego panowania gadów i jest świadkiem pojawienia się roślin kwiatowych i ptasiego życia na lądzie. Jest to też czas zakończenia dryfu kontynentów na zachód i na południe, czemu towarzyszyły gigantyczne deformacje skorupy ziemskiej i równoczesne, rozległe wylewy lawy oraz silna aktywność wulkaniczna.

Pod koniec poprzedniego okresu geologicznego większość lądu kontynentalnego znajdowała się nad wodą, choć jak dotąd nie było szczytów górskich. Trwający wciąż kontynentalny dryf lądów napotkał pierwszą, wielką przeszkodę na głębokim dnie Oceanu Spokojnego. Ścieranie się sił geologicznych spowodowało uformowanie się całego, rozległego łańcucha gór północnych i południowych, ciągnącego się od Alaski, poprzez Meksyk, do Przylądka Horn.

Ten właśnie okres w historii geologicznej stał się *stadium tworzenia współczesnych gór.* Jak dotąd niewiele było szczytów górskich, zaledwie wyniesione grzbiety o znacznej szerokości. Teraz zaczęło się wynosić pasmo górskie na wybrzeżu Oceanu Spokojnego, jednak znajdowało się ono o tysiąc kilometrów na zachód od obecnego wybrzeża. Zaczęły się formować Góry Sierra, ich złotonośne, kwarcowe pokłady, wytworzone zostały przez wypływy lawy w tej epoce. We wschodniej części Ameryki Północnej, ciśnienie Atlantyku także powodowało wyniesienie lądu.

100.000.000 lat temu kontynent Ameryki Północnej oraz część Europy znajdowały się wysoko ponad wodą. Wciąż trwało wykrzywianie się kontynentów Amerykańskich, przynosząc w rezultacie przekształcenia Andów południowoamerykańskich i stopniowe wynoszenie zachodnich płaskowyżów Ameryki Północnej. Pod powierzchnię morza zanurzyła się większa cześć Meksyku a południowy Atlantyk wdarł się na wschodnie wybrzeże Ameryki Południowej, docierając w końcu do obecnej linii wybrzeża. Atlantyk i Ocean Indyjski były wtedy mniej więcej tam, gdzie znajdują się dziś.

95.000.000 lat temu masy lądowe Ameryki i Europy znowu zaczęły tonąć. Południowe morza zaczęły zalewać Amerykę Północną i stopniowo poszerzały się ku północy, żeby się złączyć z Oceanem Arktycznym, powodując drugie wielkie zalanie kontynentu. Kiedy w końcu morza się cofnęły, pozostawiły kontynent prawie takim, jakim jest dziś. Zanim zaczęło się to wielkie zanurzenie, wschodnie wzgórza Appalachów zwietrzały prawie kompletnie, aż do poziomu wody. W tej epoce, w rejonach wybrzeża Atlantyku odłożyło się wiele kolorowych warstw czystej gliny, używanej teraz do produkcji wyrobów ceramicznych; średnia ich grubość wynosi około 600 metrów.

Intensywna aktywność wulkaniczna wystąpiła na południe od Alp i wzdłuż linii obecnego, nadbrzeżnego pasma gór Kalifornii. W Meksyku miały miejsce największe od wielu milionów lat odkształcenia skorupy ziemskiej. Wielkie zmiany nastąpiły również w Europie, Rosji, Japonii i południowej części Ameryki Południowej. Klimat stawał się coraz bardziej zróżnicowany.

90.000.000 lat temu okrytozalążkowe wyłoniły się z mórz wczesnego okresu kredowego i wkrótce zawładnęły kontynentami. Te rośliny lądowe pojawiły się *nagle,* razem z drzewami figowymi, magnoliami i tulipanowcami. Niedługo potem drzewa figowe, drzewa chlebowe i palmy pokryły Europę oraz zachodnie równiny Ameryki Północnej. Nie pojawiły się żadne nowe zwierzęta lądowe.

85.000.000 lat temu zamknęła się Cieśnina Beringa, odcinając chłodzące wody mórz północnych. Jak dotąd życie morskie wód Atlantyku-Zatoki Meksykańskiej oraz Oceanu Spokojnego było bardzo zróżnicowane, na skutek różnic temperatur w tych dwu obszarach wodnych, co teraz zostało wyrównane.

Nazwa tego okresu pochodzi od pokładów kredy i zielonego, piaszczystego margłu. Osady z tego okresu są urozmaicone i zawierają kredę, łupek ilasty, piaskowiec oraz małe ilości wapienia, razem z gorszym węglem albo brunatnym, a w wielu rejonach zawierają również ropę. Warstwy te mają zróżnicowaną grubość, od 60 metrów w niektórych miejscach do 3.000 metrów na zachodzie Ameryki Północnej oraz w licznych rejonach Europy. Wzdłuż wschodnich krawędzi Gór Skalistych osady te można zauważyć na wyniesionych pogórzach.

Na całym świecie warstwy te nasycone są kredą i takie pokłady porowatej niby-skały pobierają wodę odwróconymi odkrywkami a przenosząc ją w dół, zaopatrują w wodę większość obecnych, suchych obszarów Ziemi.

80.000.000 lat temu nastąpiły wielkie zaburzenia skorupy ziemskiej. Zatrzymał się idący na zachód dryf kontynentalny, a ogromna energia powolnej bezwładności tylnej części masy kontynentalnej pokruszyła linię brzegową Oceanu Spokojnego, zarówno w Północnej jak i w Południowej Ameryce, w następstwie czego nastąpiły ogromne zmiany wzdłuż azjatyckich wybrzeży Oceanu Spokojnego. To wyniesienie lądu wokół Oceanu Spokojnego, które osiągnęło swą kulminację w dzisiejszych pasmach górskich, ma długość ponad czterdziestu tysięcy kilometrów. Zaburzenia, jakie towarzyszyły jego narodzinom, były największymi odkształceniami powierzchni Ziemi od tego czasu, gdy na Urantii pojawiło się życie. Wypływy lawy, zarówno na powierzchnię Ziemi jak i pod powierzchnię, były obfite i rozległe.

75.000.000 lat temu zakończył się dryf kontynentalny. Ukończone były długie góry na wybrzeżu Oceanu Spokojnego, ciągnące się od Alaski do Przylądka Horn, jednak jak dotąd było tam zaledwie kilka szczytów.

Parcie wsteczne zatrzymanego dryfu kontynentalnego spowodowało stałe wynoszenie się zachodnich płaskowyżów Ameryki Północnej, podczas gdy na wschodzie, zwietrzałe Appalachy z rejonu wybrzeża Atlantyku zostały wyniesione prosto w górę, z małym tylko nachyleniem lub zgoła bez niego.

70.000.000 lat temu miały miejsce te odkształcenia skorupy ziemskiej, które są związane z maksymalnym wyniesieniem rejonu Gór Skalistych. W Kolumbii Brytyjskiej, wysoki segment skalny nasunięty został dwadzieścia cztery kilometry na powierzchnię Ziemi; tutaj skały kambryjskie zostały wypchane skośnie ponad warstwy z okresu kredowego. Na wschodniej pochyłości Gór Skalistych, w pobliżu granicy kanadyjskiej, nastąpiło inne efektowne nasunięcie; można tutaj znaleźć warstwy kamienne sprzed powstania życia, występujące ponad świeżymi wtedy złożami z okresu kredowego.

Na całym świecie była to epoka aktywności wulkanicznej; pojawiły się wtedy liczne małe, odosobnione stożki wulkaniczne. W zanurzonym rejonie Himalajów przebiły się wulkany podwodne. Większa część reszty Azji, z Syberią włącznie, nadal znajdowała się pod wodą.

65.000.000 lat temu nastąpił jeden z największych wypływów lawy, jakie kiedykolwiek miały miejsce. Nałożone na siebie warstwy tego i poprzednich wypływów lawy znaleźć można wszędzie w Amerykach, tak w Północnej jak i Południowej, w Afryce, Australii i w częściach Europy.

Zwierzęta lądowe niewiele się zmieniły, ale na skutek znacznego wynurzenia kontynentów, zwłaszcza w Ameryce Północnej, rozmnażały się gwałtownie. Ameryka Północna była w tych czasach głównym terenem ewolucji zwierząt lądowych; większa część Europy znajdowała się pod wodą.

Klimat wciąż był ciepły i równomierny. Obszary arktyczne miały pogodę zbliżoną do klimatu, jaki dzisiaj panuje w centralnych i południowych rejonach Ameryki Północnej.

W życiu roślinnym był to czas intensywnej ewolucji. Wśród roślin lądowych panowały okrytozalążkowe i pojawiło się po raz pierwszy wiele współczesnych drzew, razem z bukiem, brzozą, dębem, orzechem, jaworem, klonem i współczesnymi palmami. Było pod dostatkiem owoców, traw i roślin zbożowych a te trawy nasienne i drzewa były dla świata roślinnego tym, czym przodkowie człowieka byli dla świata zwierzęcego – w ważności ewolucyjnej byli drugorzędni tylko w stosunku do pojawienia się samego człowieka. *Nagle* i bez uprzedniego stopniowania, mutacji uległa wielka rodzina roślin kwiatowych. I ta nowa flora rozprzestrzeniła się wkrótce po całym świecie.

60.000.000 lat temu dinozaury wciąż panowały na lądzie, chociaż był to już okres schyłku gadów lądowych; na czoło wysuwają się teraz bardziej zwinne i ruchliwe gatunki mniejszych, skaczących, kangurowatych odmian mięsożernych dinozaurów. Jednak jakiś czas przed nimi pojawiły się nowe gatunki dinozaurów roślinożernych, których liczba szybko się zwiększała, w związku z pojawieniem się wśród roślin lądowych rodziny traw. Jeden z tych nowych, trawożernych dinozaurów, był typowym czworonogiem, posiadał dwa rogi i podobny do peleryny kołnierz na łopatkach. Pojawił się gatunek żółwi lądowych, o średnicy sześciu metrów, jak również współczesne krokodyle i prawdziwe węże dzisiejszych gatunków. Wielkie zmiany nastąpiły także wśród ryb i innych form życia morskiego.

Brodzące i pływające praptaki z wcześniejszych epok nie były udane, gdy idzie o życie w powietrzu, podobnie jak latające dinozaury. Gatunki te istniały krótko i szybko wymarły. One również podzieliły los dinozaurów i uległy zagładzie, gdyż posiadały zbyt mało substancji mózgowej w proporcji do rozmiarów ciała. Nie powiodła się druga próba stworzenia zwierząt, mogących latać w atmosferze, podobnie jak nieudane były próby stworzenia ssaków, w tej epoce i poprzedzającej.

55.000.000 lat temu ewolucyjny marsz cechowało *nagłe* pojawienie się pierwszych, *prawdziwych ptaków*, małych, podobnych do gołębi stworzeń, które były przodkami całego ptasiego życia. Był to trzeci typ istot latających, jaki pojawił się na Ziemi; ptaki te pochodziły bezpośrednio od grupy gadów a nie od współczesnych im, latających dinozaurów, ani też od wcześniejszych typów uzębionych ptaków lądowych. I dlatego okres ten został nazwany *epoką ptaków*, jak również epoką schyłku gadów.

4. KONIEC OKRESU KREDOWEGO

Wielki okres kredowy zbliżał się ku końcowi a jego zakończenie oznacza również kres wielkich zalewów kontynentów przez morza. Odnosi się to zwłaszcza do Ameryki Północnej, gdzie nastąpiły kolejno dwadzieścia cztery wielkie zalania. I chociaż później miały tam miejsce mniejsze potopy, żaden z nich nie może być przyrównany do obszernych i długich wtargnięć morza z tej epoki i z epok poprzednich. Występujące na przemian okresy dominacji morza i lądu następowały w cyklach trwających milion lat. Istnieje epokowy cykl, związany ze wznoszeniem się i opadaniem dna oceanicznego oraz poziomów lądu kontynentalnego. I te same, rytmiczne ruchy skorupy ziemskiej nadal będą trwały, począwszy od tamtego czasu poprzez historię Ziemi, jednak z coraz mniejszą częstotliwością i natężeniem.

W tym okresie zakończył się również dryf kontynentalny i zaczęło się tworzenie współczesnych gór Urantii. Jednak ciśnienie mas kontynentalnych oraz impet bezwładności zatrzymanego, odwiecznego dryfu, nie są jedynymi czynnikami górotwórczymi. Głównym i podstawowym czynnikiem, określającym lokalizację pasma górskiego, jest istniejąca uprzednio nizina lub łęk, który został wypełniony względnie lekkimi pokładami, powstałymi wskutek erozji lądu i morskimi osadami z epok poprzednich. Te lżejsze obszary lądu mają czasami od 4.500 do 6.000 metrów grubości, kiedy zatem z jakichkolwiek przyczyn skorupa ziemska poddana zostaje naciskowi, lżejsze obszary fałdują się pierwsze, wyginają się i wznoszą ku górze, aby zapewnić wyrównawcze dostosowanie do ścierających się i kolizyjnych sił oraz ciśnień, działających w skorupie ziemskiej lub pod skorupą. Czasami takie wypychanie lądu następuje bez fałdowania. Jednak w związku z wyniesieniem Gór Skalistych, nastąpiło wielkie fałdowanie i uskoki, połączone z ogromnym wydźwignięciem różnych warstw, zarówno pod ziemią jak i na jej powierzchni.

Najstarsze góry świata znajdują się w Azji, na Grenlandii oraz w Europie północnej, pomiędzy starszymi formacjami, rozpostartymi na kierunku wschód-zachód. Góry w średnim wieku znajdują się w grupie górskiej położonej wokół Oceanu Spokojnego i w drugiej, europejskiej formacji na kierunku wschód-zachód, która powstała mniej więcej w tym samym czasie. To gigantyczne wyniesienie ma prawie szesnaście tysięcy kilometrów długości i rozciąga się od Europy aż do wyniesień lądu Indii Zachodnich. Najmłodsze góry znajdują się w formacji Gór Skalistych, gdzie całe epoki następowały wyniesienia lądu a potem były pokrywane przez morze, choć niektóre, wyższe części lądu wystawały jako wyspy. Później, po sformowaniu się gór w średnim wieku, wyniesione zostały prawdziwe łańcuchy górskie, które następnie zostały wyrzeźbione w kształt obecnych Gór Skalistych, przez połączoną sztukę żywiołów natury.

Obecny rejon Gór Skalistych w Ameryce Północnej nie jest pierwotnym wyniesieniem lądu; to wyniesienie dawno zostało zrównane przez erozję a potem znowu wyniesione. Obecne, przednie pasmo gór jest tym, co zostało z pierwotnego pasma, ponownie wyniesionego. Pikes Peak i Longs Peak są doskonałymi przykładami tej aktywności górskiej, rozpościerającej się na dwa lub więcej pokolenia w życiu gór. Te dwa szczyty utrzymywały swe głowy nad wodą w czasie kilku poprzednich zalewów.

Biologicznie, jak również geologicznie, była to aktywna epoka i obfitująca w wydarzenia, zarówno na lądzie jak i pod wodą. Mnożyły się jeżowce morskie, podczas gdy wymierały korale i liliowce. Amonity, odgrywające wielką rolę w poprzedniej epoce, także gwałtownie wymierały. Na lądzie, lasy paprociowe zostały w znacznej części zastąpione sosną i innymi współczesnymi drzewami, z gigantycznymi sekwojami włącznie. Pod koniec tego okresu, chociaż jeszcze nie ukształtowały się ssaki łożyskowe, przygotowana została w pełni scena biologiczna na pojawienie się wczesnych przodków przyszłych gatunków ssaków, co nastąpiło w następnej epoce.

Tak się kończy długa era w ewolucji światowej, rozciągająca się od wczesnego pojawienia się życia lądowego, do całkiem niedawnych czasów, do powstania bezpośrednich przodków gatunku ludzkiego i jego bocznych gałęzi. Ta *epoka kredowa* obejmuje pięćdziesiąt milionów lat a w życiu lądowym zamyka erę poprzedzającą ssaki, która rozpościera się w czasie na sto milionów lat i znana jest jako *mezozoik*.

[Przedstawione przez Nosiciela Życia z Nebadonu, przydzielonego do Satanii a obecnie działającego na Urantii].

PRZEKAZ 61

ERA SSAKÓW NA URANTII

ERA ssaków rozpościera się od czasów pojawienia się ssaków łożyskowych aż do końca epoki lodowcowej i obejmuje prawie pięćdziesiąt milionów lat.

W tej erze kenozoicznej świat wyglądał pięknie – faliste wzgórza, rozległe doliny, szerokie rzeki i wspaniałe lasy. W tym wycinku czasowym, Przesmyk Panamski dwukrotnie się wznosił i opadał; to samo trzykrotnie robił pomost lądowy Cieśniny Beringa. Gatunki zwierzęce były zarówno liczne jak i zróżnicowane. Drzewa roiły się od ptaków a cały świat był rajem zwierzęcym, pomimo nieustannych zmagań o dominację wśród rozwijających się gatunków zwierząt.

Pokłady nagromadzone podczas pięciu okresów tej, trwającej pięćdziesiąt milionów lat ery, zawierają skamieniałe zapisy kolejnych dynastii ssaków i prowadzą wprost do tych czasów, kiedy pojawił się sam człowiek.

1. NOWE STADIUM LĄDU KONTYNENTALNEGO EPOKA WCZESNYCH SSAKÓW

50.000.000 lat temu obszary lądowe świata znajdowały się generalnie ponad wodą lub były tylko nieznacznie zanurzone. Formacje skalne i złoża z tego okresu są zarówno lądowe jak i morskie, jednak przeważają lądowe. Przez długi czas ląd stopniowo się wznosił, lecz równocześnie był wymywany na niższe poziomy oraz w kierunku mórz.

Na początku tego okresu pojawiły się *nagle,* w Ameryce Północnej, łożyskowe gatunki ssaków i stanowiły one, jak dotąd, najważniejszy wytwór ewolucji. Istniały już gatunki ssaków niełożyskowych, jednak ten nowy gatunek powstał bezpośrednio i *nagle* z istniejących uprzednio gadzich przodków, których potomkowie przetrwali czasy schyłku dinozaurów. Ojcem ssaków łożyskowych był mały, bardzo aktywny, mięsożerny, skaczący typ dinozaura.

U tych prymitywnych gatunków zaczęły się przejawiać podstawowe instynkty ssaków. Ssaki posiadają ogromne zalety, gdy idzie o przetrwanie, przewyższając wszystkie inne formy życia zwierzęcego, dlatego, że mogą one:

1. Rodzić względnie dojrzałe i dobrze rozwinięte potomstwo.
2. Karmić, wychowywać i chronić swoje potomstwo z pełną uczucia troskliwością.
3. W procesie zachowania gatunku, posługiwać się zdolnościami swego zaawansowanego mózgu.
4. Stosować coraz większą zręczność podczas ucieczki przed wrogami.
5. Używać swej wyższej inteligencji do aklimatyzacji i adaptacji środowiskowej.

45.000.000 lat temu podstawy kontynentów były wyniesione, czemu towarzyszyło bardzo rozległe zatopienie ich linii brzegowych. Życie ssaków rozwijało się szybko.

Panował mały, gadzi, składający jaja typ ssaka, natomiast Australię przemierzali przodkowie późniejszych kangurów. Wkrótce pojawiły się małe konie, szybkie, kopytne nosorożce, tapiry z trąbami, prymitywne świnie, wiewiórki, lemury, oposy i kilka gatunków zwierząt podobnych do małp. Wszystkie one były małe, prymitywne i dobrze dostosowane do życia w lasach rejonów górskich. Duży, podobny do strusia ptak lądowy, rozwinął się do wysokości trzech metrów i składał jaja o rozmiarach ponad dwadzieścia na trzydzieści centymetrów. To byli przodkowie późniejszych, gigantycznych ptaków pasażerskich, które odznaczały się wielką inteligencją i które kiedyś przenosiły w przestworzach istoty ludzkie.

We wczesnym kenozoiku ssaki żyły na lądzie, pod wodą, w powietrzu i na wierzchołkach drzew. Miały od jednej do jedenastu par gruczołów piersiowych i wszystkie były pokryte sporą ilością owłosienia. Jako cechy wspólne z występującymi później gatunkami, wykształciły one dwa kolejne zestawy zębów i posiadały proporcjonalnie duże mózgi, w porównaniu z wielkością ciała. Jednak nie było wśród nich żadnych współczesnych gatunków.

40.000.000 lat temu obszary lądowe półkuli północnej zaczęły się podnosić, po czym zaczęły się odkładać nowe, obszerne nawarstwienia na lądzie i miały miejsce inne rodzaje aktywności Ziemi, takie jak wypływy lawy, fałdowania, formowanie się jezior i erozja.

Pod koniec tej epoki zanurzona została większa część Europy. W następstwie lekkiego wyniesienia lądu, kontynent ten pokryły jeziora i zatoki. Ocean Arktyczny biegł na południe, przez depresję uralską łącząc się z Morzem Śródziemnym, które rozciągało się wtedy na północ; wzniesienia Alp, Karpat, Apeninów i Pirenejów znajdowały się ponad wodą, jako wyspy morskie. Przesmyk Panamski był wyniesiony; Atlantyk i Ocean Spokojny były rozdzielone. Ameryka Północna połączona była z Azją pomostem lądowym w Cieśninie Beringa a z Europą przez Grenlandię i Islandię. Na północnych szerokościach geograficznych ziemski pas lądu przerwany był tylko przez cieśninę uralską, łączącą morza arktyczne z powiększonym wtedy Morzem Śródziemnym.

W wodach europejskich odłożyły się znaczne ilości wapienia z otwornic. Dziś ten sam kamień wyniesiony jest do wysokości 3.000 metrów w Alpach, do 4.800 metrów w Himalajach oraz do 6.000 metrów w Tybecie. Osady kredowe z tego okresu znaleźć można wzdłuż wybrzeży Afryki i Australii, na zachodnim wybrzeżu Ameryki Południowej i w rejonie Indii Zachodnich.

W tym, tak zwanym okresie *eoceńskim,* ewolucja ssaków i innych pokrewnych form życia trwała bez przeszkód, albo z niewielkimi tylko zakłóceniami. Ameryka Północna miała wtedy połączenie lądowe z każdym kontynentem, za wyjątkiem Australii, a świat opanowywała stopniowo fauna prymitywnych ssaków różnych gatunków.

2. OSTATNIE STADIUM ZATOPIENIA EPOKA ZAAWANSOWANYCH SSAKÓW

Okres ten charakteryzował się dalszą, szybką ewolucją ssaków łożyskowych, w tym *czasie wykształciły się bardziej* zaawansowane formy ssaków.

Aczkolwiek wczesne ssaki łożyskowe pochodziły od mięsożernych przodków, bardzo szybko wykształciły się ich roślinożerne gatunki a wkrótce także powstały rodziny ssaków wszystkożernych. Okrytozalążkowe stanowiły zasadnicze pożywienie gwałtownie rozmnażających się ssaków; współczesna flora lądowa, razem z większością rosnących obecnie roślin i drzew, pojawiła się już w okresach wcześniejszych.

35.000.000 lat temu to czas znamionujący początki tej epoki, w której na świecie panowały ssaki łożyskowe. Południowy most lądowy był szeroki i ponownie łączył ogromny wtedy kontynent Antarktyczny z Ameryką Południową, Afryką Południową i Australią. Pomimo zmasowania lądu na wyższych szerokościach geograficznych, klimat światowy pozostawał względnie łagodny, ze względu na znaczny wzrost obszaru mórz tropikalnych, a ląd nie był wystarczająco wyniesiony, żeby wytworzyć lodowce. Obszerne wypływy lawy nastąpiły na Grenlandii i na Islandii; pomiędzy tymi warstwami odłożyło się trochę węgla.

Znaczne zmiany nastąpiły w faunie planety. Życie morskie przechodziło wielkie przemiany; istniała już większość współczesnych gatunków morskich a otwornice wciąż odgrywały ważną rolę. Życie owadzie było podobne do tego, jakie istniało w poprzedniej erze. Formacje skamielin Florissant, w Kolorado, pochodzą z późniejszych lat tych bardzo odległych czasów. Większość żyjących rodzin owadzich powstała w tym okresie, jednak wiele istniejących wtedy owadów dziś wymarło, choć pozostały ich skamieliny.

Na lądzie była to zasadniczo epoka odnowy ssaków oraz ich ekspansji. Zanim okres ten się skończył, wyginęło ponad sto gatunków wcześniejszych, prymitywniejszych ssaków. Wkrótce wyginęły nawet ssaki o dużych rozmiarach a małym mózgu. W procesie rozwoju metod przetrwania zwierząt, mózg i zwinność zastąpiły pancerz i rozmiary. Gdy zanikała rodzina dinozaurów, ssaki zaczęły powoli panować na Ziemi, szybko i kompletnie usuwając z niej resztę swych gadzich przodków.

Wraz z wyginięciem dinozaurów nastąpiły pewne, znaczne przemiany w różnych odgałęzieniach rodziny jaszczurek. Przetrwali członkowie wczesnych rodzin gadzich to żółwie, węże i krokodyle, wraz z czcigodną żabą, jedyną ocalałą grupą reprezentującą wcześniejszych przodków człowieka.

Różne grupy ssaków pochodzą od unikalnego zwierzęcia, teraz wymarłego. To mięsożerne stworzenie było czymś w rodzaju krzyżówki kota i foki; mogło żyć zarówno na lądzie jak i w wodzie, było bardzo inteligentne i niezwykle ruchliwe. W Europie ukształtował się przodek psiej rodziny, co szybko spowodowało powstanie wielu gatunków małych psów. Mniej więcej w tym samym czasie pojawiły się gryzonie, między innymi bobry, wiewiórki, susły, myszy i króliki, i wkrótce stały się ważną formą życia; od tamtej pory w tej rodzinie zaszło bardzo niewiele zmian. Późniejsze złoża z tego okresu zawierają skamieniałe szczątki psów, kotów, szopów i łasic w ich formach ancestralnych.

30.000.000 lat temu zaczął się pojawiać współczesny gatunek ssaków. Poprzednio ssaki żyły przeważnie na wzgórzach i były typami górskimi; *nagle* zaczęła się ewolucja typów równinnych albo kopytnych gatunków pastwiskowych, odmiennych od pazurzastych zjadaczy mięsa. Zwierzęta pastwiskowe pochodzą od wspólnego przodka, posiadającego pięć palców u nóg i czterdzieści cztery zęby, który wyginął przed końcem epoki. Ewolucja palców u nóg, w całym opisywanym dotąd okresie, nie wyszła poza stadium trzypalcowe.

Koń, wspaniały przykład ewolucji, żył w tamtych czasach zarówno w Ameryce Północnej jak i w Europie, chociaż nadal się rozwijał, aż do ostatniej epoki lodowcowej. Chociaż rodzina nosorożców pojawiła się pod koniec tego okresu, szczyt swego rozwoju osiągnęła dopiero później. Rozwinęło się także małe, świniopodobne stworzenie, które stało się protoplastą wielu gatunków świń, dzików i hipopotamów. Wielbłądy i lamy pojawiły się w Ameryce Północnej mniej więcej w środku tego okresu i opanowały niziny zachodnie. Później lamy wyemigrowały do Ameryki Południowej, wielbłądy do Europy i oba gatunki szybko wyginęły w Ameryce Północnej, choć trochę wielbłądów przetrwało aż do epoki lodowcowej.

Mniej więcej w tym czasie, na zachodzie Ameryki Północnej zdarzyła się rzecz godna uwagi: pierwszy raz pojawili się wcześni przodkowie pradawnych lemurów. Chociaż tego odgałęzienia nie można uważać za prawdziwe lemury, jego pojawienie się znamionuje ustanowienie tej linii, z której potem powstały prawdziwe lemury.

Tak jak węże lądowe poszły do mórz w epoce poprzedniej, tak teraz całe plemię ssaków łożyskowych opuściło ląd i zaczęło mieszkać w oceanach. I od tamtego czasu pozostają one w morzu, jako współczesne wieloryby, delfiny, morświny, foki i lwy morskie.

Życie ptasie planety wciąż się rozwijało, jednak niewiele pojawiło się w nim istotnych zmian ewolucyjnych. Istniała już większość współczesnych ptaków, łącznie z mewami, czaplami, flamingami, myszołowami, sokołami, orłami, sowami, przepiórkami i strusiami.

Pod koniec tego okresu *oligoceńskiego*, obejmującego dziesięć milionów lat, życie roślinne, wraz z życiem morskim i zwierzętami lądowymi, rozwinęło się w dużym stopniu i występowało na Ziemi nieomal takie, jakie jest dziś. Później się wykształciła pewna specjalizacja, ale już wówczas żyły pradawne formy większości stworzeń żywych.

3. STADIUM WSPÓŁCZESNYCH GÓR EPOKA SŁONIA I KONIA

Wyniesienia lądu i podziały mórz powoli zmieniały światową pogodę, stopniowo ją schładzając, ale klimat wciąż był łagodny. Sekwoje i magnolie rosły na Grenlandii, ale rośliny podzwrotnikowe zaczynały wędrować na południe. Do końca tego okresu w znacznym stopniu zanikły na północnych szerokościach geograficznych rośliny i drzewa z klimatu ciepłego, ich miejsce zajęły bardziej odporne rośliny i drzewa liściaste.

Nastąpiło znaczne zwiększenie ilości gatunków traw a zęby wielu gatunków ssaków stopniowo się przekształcały, zbliżając się do zębów współczesnych gatunków zwierząt pastwiskowych.

25.000.000 lat temu nastąpiło nieznaczne zanurzenie lądu, po długotrwałej epoce jego wyniesienia. Rejon Gór Skalistych pozostawał znacznie wyniesiony, więc odkładanie się materiału erozyjnego wciąż trwało na nizinach po stronie wschodniej. Pasma gór Sierra znowu były dobrze wyniesione; faktycznie wznoszą się one od tamtego czasu. Z tego okresu pochodzi wielki, ponad sześciokilometrowy, pionowy uskok w rejonie Kalifornii.

20.000.000 lat temu to doprawdy złoty wiek ssaków. Podniósł się most lądowy Cieśniny Beringa a wiele grup zwierząt migrowało z Azji do Ameryki Północnej, razem z czterokłowymi mastodontami, krótkonogimi nosorożcami i wieloma odmianami rodziny kotów.

Pojawiły się pierwsze jelenie i Ameryka Północna została wkrótce zalana przez przeżuwaczy – jelenie, bawoły, wielbłądy, bizony i kilkanaście gatunków nosorożców – wymarły jednak gigantyczne świnie, dochodzące do dwóch metrów wysokości.

Wielkie słonie, z tego i kolejnych po nim okresów, posiadały duże mózgi jak również duże ciała i szybko zalały cały świat, za wyjątkiem Australii. Przynajmniej raz opanowało świat wielkie zwierzę, z mózgiem odpowiednio dużym, żeby mogło przetrwać. Żadne zwierzę wielkości słonia nie mogło wtedy przetrwać, w obliczu bardzo inteligentnego życia tamtych czasów, chyba, że miało mózg dużych rozmiarów i wysokiej jakości. W inteligencji i w zdolnościach adaptacyjnych, do słonia zbliżony jest tylko koń a przewyższa go jedynie sam człowiek. Jednak spośród istniejących na początku tego okresu pięćdziesięciu gatunków słoni, przetrwały zaledwie dwa.

15.000.000 lat temu podnosiły się górskie regiony Eurazji i występowało na tych obszarach nieco aktywności wulkanicznej, nieporównywalnej jednak z wypływem lawy na półkuli zachodniej. Takie niespokojne warunki panowały na całym świecie.

Cieśnina Gibraltarska została zamknięta a Hiszpania połączona z Afryką starym mostem lądowym, jednak Morze Śródziemne łączyło się z Atlantykiem wąskim kanałem, który biegł w poprzek Francji; szczyty górskie i wzniesienia wynurzają się jako wyspy na tym pradawnym morzu. Później, morza europejskie zaczęły się cofać. Jeszcze później, Morze Śródziemne połączyło się z Oceanem Indyjskim, podczas gdy na koniec tego okresu rejon Suezu został tak wyniesiony, że Morze Śródziemne stało się na jakiś czas wewnętrznym, słonym morzem.

Zanurzył się pomost lądowy Islandii, a wody arktyczne wymieszały się z wodami Oceanu Atlantyckiego. Atlantyckie wybrzeże Ameryki Północnej gwałtownie się oziębiło, ale wybrzeże Oceanu Spokojnego pozostawało cieplejsze niż jest obecnie. Wielkie prądy oceaniczne działały podobnie jak dziś i wywierały wpływ na klimat.

Życie ssaków wciąż się rozwijało. Ogromne stada koni dołączyły do wielbłądów na zachodnich równinach Ameryki Północnej; faktycznie był to czas koni jak również słoni. Mózg konia, w swych zwierzęcych cechach, jest drugi po mózgu słonia, jednak w jednym aspekcie jest on zdecydowanie niższy, ponieważ koń nigdy całkowicie nie opanował głęboko zakorzenionej tendencji do ucieczki, kiedy się wystraszy. Koń nie posiada emocjonalnej kontroli słonia, podczas gdy ujemną cechą słonia jest wielkość i brak zwinności. W tym okresie rozwinęło się zwierzę, które było czymś w rodzaju zarówno słonia jak i konia, ale szybko zostało wyniszczone przez gwałtownie rozwijającą się rodzinę kotów.

Ponieważ Urantia wchodzi w tak zwaną „erę bezkonną", powinniście się zastanowić, jak ważne było to zwierzę dla waszych przodków. Człowiek najpierw używał koni do jedzenia, potem do podróży a ostatnio w rolnictwie i na wojnie. Koń długo służył ludzkości i odgrywał ważną rolę w rozwoju cywilizacji człowieka.

Rozwój biologiczny w tym okresie przyczynił się znacznie do przygotowania sceny na późniejsze pojawienie się człowieka. W Azji centralnej rozwinęły się prawdziwe gatunki zarówno prymitywnej małpy jak i goryla, które miały wspólnego przodka, obecnie wymarłego. Jednak żaden z tych gatunków nie zajmuje miejsca w szeregu tych istot żywych, które stały się później przodkami gatunku ludzkiego.

Rodzinę psów reprezentowało kilkanaście grup, przeważnie wilki i lisy; plemię kotów - pantery i wielkie, szablastozębne tygrysy; te ostatnie po raz pierwszy pojawiły się w Ameryce Północnej. Rodzina kotów i psów współczesnych zwiększała się liczebnie na całym świecie. Dobrze się miały łasice, kuny, wydry i szopy, i rozwijały się na północnych szerokościach geograficznych.

Ptaki wciąż się rozwijały, choć niewiele było u nich istotnych zmian. Gady podobne były do typów współczesnych – węży, krokodyli i żółwi.

I tak się zbliżał bardzo doniosły i interesujący okres w historii świata. Okres słonia i konia nazywany jest *miocenem*.

4. NOWE STADIUM WYNIESIENIA KONTYNENTALNEGO OSTATNIA WIELKA MIGRACJA SSAKÓW

Jest to okres przedlodowcowego podnoszenia się lądu w Ameryce Północnej, Europie i Azji. Rzeźba lądu znacznie się zmieniła. Powstawały pasma górskie, potoki zmieniały swe łożyska a samotne wulkany przebijały się wszędzie na świecie.

10.000.000 lat temu zaczęła się epoka odkładania rozległych, lokalnych warstw lądu na nizinach kontynentów, jednak większość tych osadów została później usunięta. W tym czasie znaczna część Europy nadal była pod wodą, razem z częściami Anglii, Belgii i Francji a Morze Śródziemne pokrywało większą część Afryki północnej. W Ameryce Północnej odłożyły się znaczne nawarstwienia u podnóży gór, w jeziorach i w wielkich nieckach lądowych. Przeciętnie złoża te mają tylko około sześćdziesięciu metrów grubości, są bardziej czy mniej kolorowe a skamieliny występują w nich rzadko. Dwa wielkie jeziora słodkowodne istniały na zachodzie Ameryki Północnej. Wynosiły się góry Sierra; Shasta, Hood i Rainier zaczynały stawać się górami. Jednak dopiero po kolejnej epoce lodowcowej Ameryka Północna zaczęła ześlizgiwać się w zagłębienie Atlantyku.

Na krótko cały ląd światowy był znowu połączony, oprócz Australii i nastąpiła ostatnia, wielka światowa migracja zwierząt. Ameryka Północna połączona była zarówno z Ameryką Południową jak i z Azją i odbywała się swobodna migracja życia zwierzęcego. Leniwce azjatyckie, pancerniki, antylopy i niedźwiedzie, wkroczyły do Ameryki Północnej, podczas gdy północnoamerykańskie wielbłądy poszły do Chin. Nosorożce migrowały po całym świecie, za wyjątkiem Australii i Ameryki Południowej, ale pod koniec tego okresu wyginęły na półkuli zachodniej.

Generalnie, życie w poprzedzającym okresie wciąż się rozwijało i rozprzestrzeniało. Rodzina kotów panowała w życiu zwierzęcym, a życie morskie stanęło nieomal w martwym punkcie. Wiele koni wciąż miało trzy palce u nóg, ale pojawiały się już gatunki współczesne; lamy i podobne do żyraf wielbłądy żyły obok koni na równinnych pastwiskach. W Afryce pojawiła się żyrafa i miała długą szyję, tak wtedy jak i teraz. W Ameryce Południowej rozwinęły się leniwce, pancerniki, mrówkojady i prymitywne małpy typu południowoamerykańskiego. Zanim kontynenty zostały w końcu rozdzielone, masywne zwierzęta – mastodonty – migrowały wszędzie oprócz Australii.

5.000.000 lat temu ukształtował się koń, taki jak dzisiaj i z Ameryki Północnej migrował na cały świat. Jednak koń wyginął na tym kontynencie, z którego pochodził, długo przed przybyciem człowieka czerwonego.

Stopniowo klimat stawał się chłodniejszy, rośliny lądowe powoli przemieszczały się na południe. Najpierw coraz większy chłód na północy zatrzymał migracje zwierzęce przez północne przesmyki; potem te lądowe mosty Ameryki Północnej się zapadły. *Zaraz po tym połączenie* lądowe pomiędzy Afryką i Ameryką Południową zanurzyło się ostatecznie a półkula zachodnia została odizolowana, mniej więcej tak samo jak dziś. Od tego czasu odmienne gatunki życia zaczęły się rozwijać na półkuli wschodniej i zachodniej.

I tak zbliża się ku końcowi okres trwający prawie dziesięć milionów lat, a przodek człowieka jak dotąd się nie pojawił. Czas ten zazwyczaj jest określany jako *pliocen.*

5. PIERWSZA EPOKA LODOWCOWA

Pod koniec poprzedniego okresu lądy północno-wschodniej części Ameryki Północnej oraz północnej Europy były w znacznym stopniu wyniesione; w Ameryce Północnej rozległe tereny podniosły się na wysokość do 9.000 metrów i wyżej. W tych regionach północnych panował dawniej łagodny klimat a wody arktyczne były w całości otwarte dla parowania i wciąż wolne od lodu prawie do końca okresu lodowcowego.

Równocześnie z takimi wyniesieniami lądu przesunęły się prądy oceaniczne a sezonowe wiatry zmieniły kierunki. W końcu warunki takie wywołały prawie nieustanne skraplanie się pary, na skutek ruchu mocno nasyconego wilgocią powietrza nad północnymi wyżynami. Na wyniesionych i dlatego też chłodnych terenach zaczął padać śnieg i padał ciągle, aż osiągnął grubość 6.000 metrów. Obszary najgrubszej warstwy śniegu, razem z wysokością, określały punkty centralne późniejszych, wywołanych ciśnieniem, wypływów lodowca. I epoka lodowcowa trwała dokładnie tak długo, jak długo obszar intensywnego skraplania pokrywał wyżyny północne tym wielkim płaszczem śniegu, który szybko przekształcił się w lity, lecz pełzający lód.

Wielkie pokrywy lodowcowe tego okresu znajdowały się w całości na wyniesionych wzgórzach a nie w rejonach górskich, gdzie są dzisiaj. Połowa lodowca była w Ameryce Północnej, jedna czwarta w Eurazji a jedna czwarta w innych miejscach, głównie na Antarktydzie. Afryka dotknięta była lodem w niewielkim tylko stopniu, ale prawie całą Australię pokryła antarktyczna powłoka lodowa.

Północne rejony tego świata doznały sześciu oddzielnych, masywnych inwazji lodu, choć występowały również dziesiątki ruchów naprzód i cofnięć, związanych z aktywnością każdej poszczególnej pokrywy lodowej. W Ameryce Północnej lód zebrał się w dwóch a później w trzech centrach. Grenlandia była pokryta a Islandia kompletnie pogrzebana pod płynącym lodowcem. W Europie, w różnych okresach, lód pokrywał Wyspy Brytyjskie, za wyjątkiem wybrzeża Anglii południowej i zakrywał zachód Europy aż po Francję.

2.000.000 lat temu pierwszy lodowiec północnoamerykański zaczął parcie na południe. Zaczynała się teraz epoka lodowcowa a lodowiec ten zużył prawie milion lat na posuwanie się od północnych centrów ciśnieniowych i cofanie się ku nim z powrotem. Centralna pokrywa lodowa rozciągała się na południe aż po Kansas; wschodnie i zachodnie centra lodowe nie były tak rozległe.

1.500.000 lat temu pierwszy wielki lodowiec wycofywał się na północ. W międzyczasie, wielkie ilości śniegu padały na Grenlandii i w północno-wschodnich częściach Ameryki Północnej, i wkrótce ta wschodnia masa lodu zaczęła płynąć ku południowi. Była to druga inwazja lodu.

W Eurazji te dwie pierwsze inwazje lodu nie były zbyt rozległe. W tych wczesnych epokach okresu lodowcowego Amerykę Północną opanowały mastodonty, owłosione mamuty, konie, wielbłądy, jelenie, woły piżmowe, bizony, leniwce naziemne, gigantyczne bobry, tygrysy szablastozębne, leniwce tak wielkie jak słonie i wiele grup zwierząt z rodziny kotów i psów. Jednak począwszy od tego czasu ich liczba zmniejszała się gwałtownie, na skutek coraz większego zimna okresu lodowcowego. Pod koniec epoki lodowcowej większość gatunków tych zwierząt wymarła w Ameryce Północnej.

Z dala od lodu, lądowe i morskie życie świata prawie nie uległo zmianie. Pomiędzy inwazjami lodu klimat był prawie tak łagodny jak teraz, może nawet trochę cieplejszy. Mimo wszystko lodowce były zjawiskami lokalnymi, chociaż się rozprzestrzeniały, pokrywając ogromne obszary. Klimat nadbrzeżny był bardzo zróżnicowany, pomiędzy okresami braku aktywności lodowcowej a tym czasem, kiedy ogromne góry lodowe zsuwały się z wybrzeży Maine do Atlantyku, ześlizgiwały się poprzez Puget Sound do Oceanu Spokojnego i z grzmotem spadały w dół fiordów norweskich do Morza Północnego.

6. CZŁOWIEK PRYMITYWNY W EPOCE LODOWCOWEJ

Wielkim wydarzeniem tego okresu lodowcowego był rozwój człowieka prymitywnego. Trochę na zachód od Indii, na lądzie znajdującym się teraz pod wodą, pośród potomków przybyłych do Azji starszych, północnoamerykańskich typów lemurów, pojawiły się *nagle* wczesne ssaki. Te małe zwierzęta chodziły zazwyczaj na tylnych nogach i miały duże mózgi, proporcjonalnie do rozmiarów ciała i w porównaniu z mózgami innych zwierząt. W siedemdziesiątej generacji tej nowej klasy życia wyodrębniła się *nagle* nowa i wyższa grupa zwierząt. Te nowe ssaki pośrednie – prawie dwa razy większe i wyższe od swych przodków, posiadające proporcjonalnie większy mózg – zaledwie zdążyły się dobrze osiedlić, gdy pojawiły się *nagle* naczelne, trzecia istotna mutacja. (W tym czasie degeneracyjna przemiana w rasie ssaków pośrednich dała początek małpim przodkom; i od tamtych dni do dzisiaj ludzkie odgałęzienie idzie naprzód, ewoluując stopniowo, podczas gdy małpie plemiona pozostają niezmienione, albo faktycznie się cofają).

1.000.000 lat temu Urantia została zarejestrowana jako *świat zamieszkały*. W wyniku mutacji, w gatunku rozwijających się naczelnych pojawiły się *nagle* dwie prymitywne istoty ludzkie, prawdziwi przodkowie ludzkości.

Zdarzenie to miało miejsce mniej więcej na początku trzeciego naporu lodowca; tym samym, jak widać, wasi wcześni przodkowie zrodzili się i rozmnażali w stymulującym, pobudzającym i trudnym otoczeniu. Jedyni pozostali przy życiu autochtoni Urantii, Eskimosi, nawet teraz wolą mieszkać w zimnych strefach północnych.

Na półkuli zachodniej istoty ludzkie pojawiły się nie wcześniej jak dopiero pod koniec epoki lodowcowej. Jednak w czasie epok interglacjalnych ludzie szli na zachód, wokół Morza Śródziemnego i prędko zawładnęli kontynentem europejskim. W jaskiniach Europy Zachodniej można znaleźć kości ludzkie, zmieszane ze szczątkami zwierząt, zarówno tropikalnych jak i arktycznych, co świadczy o tym, że człowiek żył w tych rejonach w ostatnich epokach zarówno napierających, jak i cofających się lodowców.

7. DALSZY CIĄG EPOKI LODOWCOWEJ

W całym okresie lodowcowym występowały inne aktywności, jednak działalność lodowca usuwa w cień wszystkie pozostałe zjawiska, występujące na północnych szerokościach geograficznych. Żadna inna ziemska aktywność nie pozostawiła tak znamiennych śladów w topografii. Charakterystycznych otoczaków i takich rzeźb powierzchni jak kocioł erozyjny, jeziora, głazy narzutowe i mąka kamienna, nie znajdzie się w powiązaniu z żadnym innym fenomenem natury. Lód jest również odpowiedzialny za delikatne wyniosłości czy falowania powierzchni, zwane drumlinami. A lodowiec, kiedy idzie naprzód, przemieszcza rzeki i zmienia całą powierzchnię Ziemi. Tylko lodowce pozostawiają za sobą takie bajeczne osady jak moreny denne, boczne i czołowe. Osady te, zwłaszcza moreny denne, rozpościerają się od wschodnich brzegów morskich na północ i zachód Ameryki Północnej, a znaleźć je można również w Europie i na Syberii.

750.000 lat temu czwarta pokrywa lodowa, połączenie centralnych i wschodnich pól lodowych Ameryki Północnej, była dobrze wysunięta na południe; w punkcie największego swego zasięgu dotarła do południa stanu Illinois, przesuwając rzekę Missisipi o osiemdziesiąt kilometrów na zachód, a po stronie wschodniej rozciągnęła się na południe, aż do rzeki Ohio i centralnej Pensylwanii.

W Azji, syberyjska pokrywa lodowa wtargnęła najdalej jak dotąd na południe, podczas gdy w Europie posuwający się lód zatrzymał się tuż przed górską barierą Alp.

500.000 lat temu, gdy lód po raz piąty szedł naprzód, nowy bieg wypadków przyspieszył ewolucję ludzką. *Nagle* i w jednym pokoleniu, dzięki mutacji, powstało z autochtonów gatunku ludzkiego sześć ras kolorowych. Jest to data o podwójnym znaczeniu, ponieważ znamionuje ona również przybycie Księcia Planetarnego.

W Ameryce Północnej, posuwający się, piąty lodowiec, stanowił wspólną inwazję wszystkich trzech centrów lodowcowych. Jednakże jego masyw wschodni rozbudował się zaledwie trochę poza dolinę St. Lawrence a zachodnia pokrywa lodowa posunęła się tylko nieco na południe. Masyw centralny dotarł jednak dalej na południe, pokrywając większość stanu Iowa. W Europie, ta inwazja lodu nie była tak rozległa jak poprzednia.

250.000 lat temu zaczęło się szóste i ostatnie zlodowacenie. I pomimo tego, że góry północne zaczęły nieco opadać, był to okres największych nawarstwień śniegowych na północnych polach lodowych.

W czasie tej inwazji trzy wielkie pokrywy lodu złączyły się w jedną, rozległą masę lodową a wszystkie góry zachodnie miały swój udział w tej lodowcowej aktywności. W Ameryce Północnej była to największa ze wszystkich inwazja lodu; lód poszedł na południe, na ponad dwa tysiące czterysta kilometrów od swych centrów ciśnienia a Ameryka Północna miała najniższe temperatury.

200.000 lat temu, gdy ostatni lodowiec szedł do przodu, nastąpiło zdarzenie, które miało wielki wpływ na rozwój wypadków na Urantii – bunt Lucyfera.

150.000 lat temu szósty i ostatni lodowiec dotarł do punktów swego najdalszego południowego zasięgu; zachodnia pokrywa lodowa zaledwie przekraczała granicę kanadyjską, centralna doszła do Kansas, Missouri oraz Illinois, wschodnia pokrywa posuwała się na południe i zakryła większą część Pensylwanii i Ohio.

To ten właśnie lodowiec wypuścił wiele języków czy płatów lodu, które wyryły współczesne jeziora, duże i małe. Kiedy się cofał, w Ameryce Północnej powstała formacja Wielkich Jezior. I geolodzy Urantii bardzo dokładnie wydedukowali różne stadia rozwoju tych jezior i prawidłowo się domyślili, że te zbiorniki wodne, w różnych okresach, wylewały się najpierw do doliny Missisipi, potem na wschód, do doliny Hudson i w końcu trasą północną do St. Lawrence. Mija trzydzieści siedem tysięcy lat, odkąd połączony system Wielkich Jezior zaczął się wylewać obecną drogą, przez Niagarę.

100.000 lat temu, w trakcie cofania się ostatniego lodowca, zaczęły się formować rozległe, polarne pokrywy lodowe a centrum akumulacji lodu przesunęło się daleko na północ. I tak długo, jak obszary polarne pokryte są lodem, jest raczej niemożliwa kolejna epoka lodowa, niezależnie od przyszłego podnoszenia się lądu czy modyfikacji prądów oceanicznych.

To ostatnie zlodowacenie posuwało się naprzód przez sto tysięcy lat i potrzebowało podobnego czasu, aby całkowicie wrócić na północ. Rejony umiarkowane były wolne od lodu przez ponad pięćdziesiąt tysięcy lat.

Surowy czas lodowcowy zniszczył wiele gatunków i radykalnie przekształcił liczne inne. Wiele z nich zostało okrutnie przesianych przez migrację, w tę i z powrotem, nieuniknioną ze względu na napierający i cofający się lód. Do tych zwierząt, które w tę i z powrotem wędrowały po Ziemi wraz z lodem, należą niedźwiedź, bizon, renifer, wół piżmowy, mamut i mastodont.

Mamut szukał otwartych prerii, ale mastodont wolał osłonięte obrzeża rejonów leśnych. Do ostatnich swych dni mamut występował na obszarze od Meksyku do Kanady; jego syberyjska odmiana pokryła się sierścią. Mastodonty przetrwały w Ameryce Północnej do tego czasu, kiedy zostały wytępione przez człowieka czerwonego, podobnie jak człowiek biały wybił później bizony.

Podczas ostatniego zlodowacenia wyginęły w Ameryce Północnej konie, tapiry, lamy i tygrysy szablastozębne. Na ich miejsce przybyły z Ameryki Południowej leniwce, pancerniki i kapibary.

Przymusowa migracja życia, przed napierającym lodem, prowadziła do niezwykłego wymieszania się roślin i zwierząt, a gdy się cofała końcowa inwazja lodu, wiele arktycznych gatunków, zarówno roślin jak i zwierząt, pozostało wysoko na pewnych szczytach górskich, gdzie się schroniły przed wyniszczeniem przez lodowiec. I dzisiaj, takie przemieszczone rośliny i zwierzęta znaleźć można wysoko w Alpach europejskich, a nawet w Appalachach w Ameryce Północnej.

Epoka lodowcowa jest ostatnim, zakończonym okresem geologicznym, tak zwanym *plejstocenem*, który trwał ponad dwa miliony lat.

35.000 lat temu zakończyła się wielka epoka lodowcowa, za wyjątkiem polarnych obszarów planety. Data ta jest doniosła również dlatego, że w przybliżeniu określa czas przybycia Materialnego Syna i Materialnej Córki i rozpoczęcie adamicznego systemu sprawiedliwości; z grubsza odpowiada ona początkowi *holocenu*, albo okresu polodowcowego.

Narracja ta, rozciągająca się w czasie od powstania życia w formie ssaków do cofania się lodowca i dalej, do czasów historycznych, obejmuje prawie pięćdziesiąt milionów lat. Jest to ostatni – obecny – okres geologiczny, określany przez waszych badaczy jako *kenozoik,* albo era współczesna.

[Nadzorowane przez Nosiciela Życia, przebywającego na planecie].

PRZEKAZ 62

ZARANIE GATUNKU CZŁOWIEKA PIERWOTNEGO

MNIEJ więcej milion lat temu, w wyniku trzech kolejnych i nagłych mutacji, pojawili się bezpośredni przodkowie rodzaju ludzkiego, wywodzący się od wczesnych gatunków ssaków łożyskowych typu lemura. Dominujące cechy tych wczesnych lemurów wywodziły się z zachodniej albo późniejszej, amerykańskiej grupy rozwijającej się plazmy życia. Jednak przed zapoczątkowaniem bezpośredniej linii ludzkich przodków, gałąź ta została wzmocniona uzupełnieniem z centralnego zaszczepienia życia, które ukształtowało się w Afryce. Wschodnia grupa życia nie wniosła nic lub bardzo niewiele, do rzeczywistego wytworzenia gatunku ludzkiego.

1. WCZESNE GATUNKI LEMURÓW

Wczesne lemury, związane z przodkami gatunków ludzkich, nie były bezpośrednio spokrewnione z istniejącymi wcześniej plemionami gibbonów i małp człekokształtnych, które żyły w Eurazji i północnej Afryce, a których potomstwo przetrwało do czasów dzisiejszych. Nie było to też potomstwo lemura typu współczesnego, który wywodzi się od wspólnego przodka obu gatunków, dawno jednak wymarłego.

Chociaż te wczesne lemury rozwinęły się na półkuli zachodniej, ukształtowanie bezpośrednich przodków ludzkości nastąpiło w Azji południowo-zachodniej, w pierwotnej strefie centralnego zaszczepienia życia, ale na obrzeżach jej obszarów wschodnich. Kilka milionów lat temu, północnoamerykański gatunek lemurów powędrował na zachód, przez pomost lądowy Beringa i powoli torował sobie drogę na południowy zachód, po linii wybrzeża azjatyckiego. Te wędrujące plemiona dotarły w końcu do zdrowego regionu, położonego między Morzem Śródziemnym, wtedy poszerzonym a wyższymi, górskimi rejonami Półwyspu Indyjskiego. Na tych ziemiach, na zachód od Indii, połączyły się one z innymi, wartościowymi odgałęzieniami, tworząc tym samym przodków gatunku ludzkiego.

Z upływem czasu morskie wybrzeże Indii, na południowy zachód od gór, stopniowo się zatapiało, odcinając zupełnie od świata życie tego obszaru. Nie było dostępu, ani też drogi ucieczki z tego, mezopotamskiego, albo perskiego półwyspu, za wyjątkiem północy a i ta droga wiele razy była odcinana przez wtargnięcia lodowca na południe. I na tym, nieomal rajskim wtedy obszarze, z zaawansowanych potomków lemurskiego typu ssaka powstały dwie wielkie grupy, współczesne plemię małp i obecny gatunek ludzki.

2. SSAKI WCZESNE

Nieco ponad milion lat temu wczesne ssaki mezopotamskie, bezpośredni potomkowie północnoamerykańskiego, lemurowatego typu ssaków łożyskowych, pojawiły się *nagle*. Były to bardzo ruchliwe, małe stworzenia, dochodzące do metra wysokości; a chociaż zazwyczaj nie chodziły na tylnych nogach, łatwo mogły stawać wyprostowane. Były owłosione i zwinne i szczebiotały na sposób małpi, jednak w odróżnieniu od małpich plemion były mięsożerne. Miały prymitywny, przeciwstawny kciuk, jak również bardzo użyteczny, chwytny wielki palec u nogi. Od tego punktu, przedludzkie gatunki stopniowo rozwijały przeciwstawny kciuk, podczas gdy coraz bardziej traciły zdolność chwytną wielkiego palca u nogi. Późniejsze, małpie plemiona, zachowały chwytny wielki palec u nogi, ale nigdy nie wykształciły ludzkiego typu kciuka.

Wczesne ssaki osiągały pełnię swego rozwoju w wieku lat trzech albo czterech, a ich średni, potencjalny czas życia, wynosił około dwudziestu lat. Młode z zasady rodziły się pojedynczo, chociaż czasami zdarzały się bliźnięta.

Spośród wszystkich istniejących dotychczas na Ziemi zwierząt, członkowie tego, nowego gatunku, mieli największe mózgi proporcjonalnie do swej wielkości. Doznawali oni wielu emocji i mieli liczne instynkty, tak charakterystyczne później dla prymitywnego człowieka, byli bardzo ciekawi i wykazywali znaczne podniecenie, gdy osiągali sukces w jakimkolwiek przedsięwzięciu. Głód pożywienia i żądze seksualne mieli dobrze rozwinięte a przejawiał się u nich także wyraźny dobór seksualny, w niewprawnej formie zalotów i w wyborze partnerów. Mogli walczyć zawzięcie w obronie swych krewnych i byli raczej uczuciowi w związkach rodzinnych, posiadając zmysł samoponiżenia graniczący ze wstydem i żalem. Byli bardzo uczuciowi i wzruszająco lojalni wobec swych partnerów, ale gdy okoliczności ich rozdzieliły, wybierali nowych partnerów.

Byli niewielkiego wzrostu i posiadali jasne umysły, pozwalające uświadomić sobie niebezpieczeństwa środowiska leśnego, dlatego też wykształcili u siebie niezwykły strach, skłaniający ich do podejmowania tych mądrych środków ostrożności, które tak bardzo pomogły im przetrwać, jak na przykład budowa prostych schronień na wierzchołkach wysokich drzew, co eliminowało wiele niebezpieczeństw życia na ziemi. Początki tendencji lękowych u człowieka wywodzą się najwyraźniej z tego okresu.

Te wczesne ssaki wykształciły więcej ducha plemiennego niż kiedykolwiek dotąd okazywano. Były doprawdy bardzo towarzyskie, ale jednocześnie nadzwyczaj wojownicze, kiedy cokolwiek ich zaniepokoiło w trakcie zwyczajnego, rutynowego życia i wykazywały swą ognistą naturę, kiedy ich gniew został w pełni rozbudzony. Tym niemniej ich wojownicze natury służyły dobremu celowi; ich zaawansowane grupy nie wahały się wojować ze swymi podrzędnymi sąsiadami i tak, poprzez przeżywanie selektywne, gatunek stopniowo się doskonalił. Wkrótce zapanowali nad życiem mniejszych stworzeń tego rejonu i dlatego przetrwało na tym obszarze zaledwie trochę starszych, niemięsożernych, małpowatych plemion.

Te agresywne, małe zwierzęta, rozmnażały się i rozprzestrzeniały na półwyspie mezopotamskim ponad tysiąc lat, wciąż doskonaląc swą budowę fizyczną i ogólną inteligencję. I upłynęło tylko siedemdziesiąt pokoleń, od powstania tego, nowego plemienia z najwyższego gatunku przodków lemura, kiedy nastąpił kolejny, epokowy rozwój – *nagłe* zróżnicowanie wśród przodków następnego, ważnego stopnia w ewolucji ludzkich istot na Urantii.

3. SSAKI POŚREDNIE

We wstępnym okresie rozwoju wczesnych ssaków, w schronieniu na szczycie drzewa narodziła się zaawansowana para tych zwinnych stworzeń, bliźnięta, samiec i samica. W porównaniu z ich przodkami, były to naprawdę dorodne, małe stworzenia. Miały niewiele włosów na ciele, ale im to nie przeszkadzało, ponieważ żyły w ciepłym i łagodnym klimacie.

Dzieci te dorosły do wysokości nieco ponad metr dwadzieścia. Pod każdym względem były większe od rodziców, miały dłuższe nogi i krótsze ramiona. Miały prawie doskonale przeciwstawne kciuki, nieomal tak dobrze przystosowane do różnorodnej pracy, jak współczesne kciuki ludzkie. Chodziły wyprostowane i miały stopy prawie tak dobrze dostosowane do chodzenia, jak u późniejszego gatunku ludzkiego.

Ich mózgi były gorszej jakości i mniejsze niż u istot ludzkich, ale znacznie lepsze i proporcjonalnie dużo większe niż u ich przodków. Bliźnięta prędko zaczęły wykazywać zaawansowaną inteligencję i zostały wkrótce uznane za naczelników całego plemiona wczesnych ssaków, faktycznie ustanowiły prymitywną formę organizacji społecznej i prosty, ekonomiczny podział pracy. Brat i siostra zostali małżonkami i wkrótce mieli społeczność złożoną z dwudziestu jeden dzieci, podobnych sobie, wszystkie miały ponad metr dwadzieścia wzrostu i w każdym względzie były zaawansowane w stosunku do swych przodków. Ta nowa grupa stanowiła zalążek ssaków pośrednich.

Kiedy się znacznie zwiększyła liczba członków tej nowej, zaawansowanej grupy, wybuchła wojna, bezwzględna wojna; a kiedy skończyła się ta straszliwa walka, nie został przy życiu ani jeden członek wcześniejszej rasy ich przodków, wczesnych ssaków. Mniejsze liczebnie, ale silniejsze i inteligentniejsze odgałęzienie gatunku, przetrwało kosztem swych przodków.

I teraz, przez prawie piętnaście tysięcy lat (sześćset pokoleń), stworzenie to terroryzowało tę część świata. Wyginęły wszystkie wielkie i niebezpieczne zwierzęta z czasów minionych. Wielkie zwierzęta, rodzime dla tych obszarów, nie były mięsożerne a większe gatunki z rodziny kotów, lwy i tygrysy, nie wtargnęły jeszcze do tego, szczególnie zacisznego zakątka Ziemi. Dlatego też ssaki pośrednie wściekle napastowały inne zwierzęta i podporządkowały sobie cały obszar swojego świata.

W porównaniu z gatunkiem ich przodków, ssaki pośrednie były zaawansowane w każdej dziedzinie. Nawet potencjalny czas ich życia był dłuższy – około dwudziestu pięciu lat. W tym gatunku występowało dużo prymitywnych cech ludzkich. W dodatku do wrodzonych tendencji, wykazywanych przez ich przodków, ssaki pośrednie potrafiły okazywać obrzydzenie w pewnych, odrażających sytuacjach. Dodatkowo posiadały one dobrze wykształcony instynkt gromadzenia; chowały pożywienie na później i bardzo lubiły zbierać gładkie, okrągłe otoczaki i niektóre rodzaje okrągłych kamieni, przydatne jako amunicja obronna i zaczepna.

Te ssaki pośrednie jako pierwsze wykazywały wyraźne inklinacje do budowy, co jest widoczne w ich rywalizacji przy budowie, zarówno domów na wierzchołkach drzew, jak i wielotunelowych, podziemnych schronień; były to pierwsze gatunki ssaków, które chroniły się zarówno na drzewach jak i w podziemnych schronieniach. W znacznym stopniu zrezygnowały z drzew jako miejsc do mieszkania, żyjąc za dnia na ziemi a tylko śpiąc na wierzchołkach drzew nocą.

Z biegiem czasu naturalny wzrost ich liczby spowodował intensywną konkurencję przy zdobywaniu pożywienia oraz rywalizację seksualną; wszystko to osiągnęło swój *punkt kulminacyjny* w serii morderczych walk, które nieomal wyniszczyły cały gatunek. Walki te trwały tak długo, że przy życiu została tylko jedna grupa, licząca mniej niż stu osobników. Jednak pokój raz jeszcze zapanował a to samotne, ocalałe plemię, zbudowało od nowa swoje sypialnie na wierzchołkach drzew i zaczęło raz jeszcze żyć normalnie, po części w pokoju.

Trudno wam sobie wyobrazić, jak blisko byli od wymarcia, od czasu do czasu, wasi przedludzcy przodkowie. Gdyby żaba, ancestralna dla całej ludzkości, skoczyła w pewnych okolicznościach pięć centymetrów krócej, zmieniłby się znacznie cały kierunek ewolucji. Lemuropodobna matka, bezpośredni przodek wczesnych ssaków, o włos uniknęła śmierci nie mniej niż pięć razy, zanim urodziła ojca nowego, zaawansowanego gatunku ssaków. Jednak największe niebezpieczeństwo nastąpiło wtedy, gdy piorun uderzył w drzewo, na którym spała przyszła matka bliźniaków naczelnych. Oboje rodzice, ssaki pośrednie, zostali mocno porażeni i dotkliwie poparzeni; troje z siedmiorga ich dzieci zostało zabitych przez ten grom z nieba. Te rozwijające się zwierzęta były nieomal zabobonne. Para, której dom na drzewie został trafiony, była w istocie przywódcami bardziej postępowej grupy z gatunku ssaków pośrednich; i za ich przykładem ponad połowa plemienia, obejmująca inteligentniejsze rodziny, przeprowadziła się ponad trzy kilometry od tego miejsca i zaczęła budowę nowych mieszkań na wierzchołkach drzew i nowych schronień gruntowych, dla chwilowej ucieczki w momentach nagłego niebezpieczeństwa.

Ta para, weterani tak wielu walk, zaraz po skończeniu swego domu została dumnymi rodzicami bliźniaków, najbardziej interesujących i ważnych zwierząt, jakie dotychczas zrodziły się na świecie, jako że były to pierwsze istoty z nowego gatunku *naczelnych*, co stanowiło następny, istotny szczebel w przedludzkiej ewolucji.

Równocześnie z narodzinami tych bliźniąt naczelnych, inna para, szczególnie opóźnieni samiec i samica z plemienia ssaków pośrednich, para podrzędna tak umysłowo jak i fizycznie – też zrodziła bliźniaki. Bliźniaki te, samiec i samica, nie interesowały się podbojem, ciekawiło je tylko zdobywanie pożywienia a ponieważ nie jadły mięsa, prędko straciły zainteresowanie pogonią za zdobyczą. Te opóźnione bliźniaki zostały założycielami współczesnych plemion małpich. Ich potomkowie szukali cieplejszych rejonów południowych, z ich łagodnym klimatem i obfitością owoców tropikalnych, gdzie przetrwali do dziś tacy jak wtedy, za wyjątkiem tych odgałęzień, które skojarzyły się z wczesnymi gatunkami gibbonów i małp człekokształtnych, i w konsekwencji znacznie się zdegenerowały.

Widać stąd jasno, że człowiek i małpa są spokrewnieni tylko w tym, że pochodzą od ssaków pośrednich, z plemienia, w którym nastąpiły jednoczesne narodziny i następnie rozdzielenie dwu par bliźniaków: pary podrzędnej, która miała wytworzyć współczesne gatunki małp – pawiana, szympansa i goryla – i pary nadrzędnej, której przeznaczeniem była kontynuacja tej rozwojowej linii, która wydała samego człowieka.

Człowiek współczesny i gatunki małpie wywodzą się z tego samego plemienia i gatunku, ale nie od tych samych rodziców. Przodkowie człowieka pochodzą od wyższych odgałęzień, zebranych z resztek plemienia ssaków pośrednich, podczas gdy współczesny gatunek małp (z wyjątkiem pewnych, istniejących uprzednio typów lemurów, gibbonów, małp człekokształtnych i innych małpopodobnych stworzeń) pochodzi od potomków najbardziej opóźnionej pary z grupy ssaków pośrednich, tej pary, która przetrwała tylko dlatego, że podczas ostatniej, zażartej bitwy ich plemienia, ukrywała się ponad dwa tygodnie w podziemnym składowisku pożywienia i wyszła wtedy, kiedy się wojna skończyła.

4. NACZELNE

Cofnijmy się wstecz do narodzin zaawansowanych bliźniaków, samca i samicy, dwu przodujących członków plemienia ssaków pośrednich. Te zwierzęce dzieci należały do niezwykłej klasy; miały jeszcze mniej włosów na ciele niż ich rodzice i od wczesnej młodości upierały się chodzić wyprostowane. Ich przodkowie zawsze uczyli się chodzić na tylnych nogach, ale te bliźniaki naczelne stały wyprostowane od samego początku. Osiągnęły półtora metra wzrostu a ich głowy urosły większe, w porównaniu z głowami innych członków plemienia. Chociaż wcześnie nauczyły się porozumiewać ze sobą przy pomocy znaków i dźwięków, nigdy nie mogły nauczyć swojego ludu zrozumienia tych nowych symboli.

Kiedy mieli około czternastu lat, uciekli z plemienia, poszli na zachód, aby założyć rodzinę i ustanowić nowy gatunek naczelnych. I te nowe stworzenia zupełnie prawidłowo nazywane są *naczelne*, skoro były bezpośrednimi, w prostej linii, zwierzęcymi przodkami rodziny ludzkiej.

Tak się więc stało, że naczelne zaczęły zajmować obszar położony na zachodnim wybrzeżu półwyspu mezopotamskiego, który wtedy wysuwał się w morze południowe, podczas gdy mniej inteligentne a blisko z nimi związane plemiona, żyły w rejonie końca półwyspu i wzdłuż wschodniej linii wybrzeża.

W porównaniu ze swymi poprzednikami, ssakami pośrednimi, naczelne były bardziej ludzkie niż zwierzęce. Proporcje szkieletu tego nowego gatunku bardzo były zbliżone do proporcji prymitywnych ras ludzkich. Ukształtował się zupełnie ludzki typ dłoni i stopy, i stworzenia te mogły chodzić, a nawet biegać, tak jak ich współcześni, ludzcy potomkowie. W zasadzie porzuciły one życie na drzewach, choć w nocy wciąż uciekały się do wierzchołków drzew jako środka bezpieczeństwa, gdyż podobnie jak ich przodkowie, były zdominowane strachem. Coraz częstsze używanie rąk przyczyniało się w znacznym stopniu do rozwoju wrodzonych władz umysłu, ale nie posiadały jeszcze umysłów, które można by nazwać prawdziwie ludzkimi.

Chociaż w swej emocjonalnej naturze naczelne niewiele się różniły od swych przodków, wykazywały jednak więcej ludzkich tendencji we wszystkich swoich skłonnościach. Były to doprawdy wspaniałe, wyższe zwierzęta, osiągające dojrzałość w wieku około dziesięciu lat a naturalny czas trwania ich życia wynosił około czterdzieści lat. Znaczy to, mogły żyć tak długo, gdyby umierały śmiercią naturalną, jednak w tych dawnych czasach bardzo mało zwierząt umierało śmiercią naturalną; walka o byt była ogólnie biorąc zbyt intensywna.

I teraz, po prawie dziewięciuset pokoleniach rozwoju, rozciągających się na około dwadzieścia jeden tysięcy lat od powstania wczesnych ssaków, naczelne *nagle* zrodziły dwa nadzwyczajne stworzenia, pierwsze prawdziwe istoty ludzkie.

Tak więc wczesne ssaki, wywodzące się od północnoamerykańskiego gatunku lemura, dały początek ssakom pośrednim a te z kolei ssaki pośrednie wydały wspaniałe ssaki naczelne, które stały się bezpośrednimi przodkami prymitywnego gatunku ludzkiego. Plemiona naczelnych były ostatnim, istotnym ogniwem w ewolucji człowieka, ale nie upłynęło pięć tysięcy lat a nie pozostał ani jeden osobnik z tych nadzwyczajnych plemion.

5. PIERWSZE ISTOTY LUDZKIE

W roku 1934 n.e. upłynęło 993.419 lat od narodzin pierwszych dwóch istot ludzkich.

Te dwie wyjątkowe istoty były prawdziwymi ludźmi. Posiadały zupełnie ludzkie kciuki, tak jak wiele ich przodków a jednocześnie miały dokładnie takie same stopy, jak współczesny gatunek ludzki. Byli piechurami i biegaczami, nie wspinaczami; chwytna funkcja wielkiego palca u nogi zanikła i to zanikła zupełnie. Kiedy niebezpieczeństwo zmuszało ich do ucieczki na wierzchołki drzew, wspinali się tak, jak się wspinają ludzie współcześni. Wspinali się po pniu drzewa podobnie jak niedźwiedź, a nie jak szympans czy goryl, huśtając się na gałęziach.

Pierwsze istoty ludzkie (i ich potomkowie) osiągały pełną dojrzałość w wieku lat dwunastu, a potencjalny czas trwania ich życia wynosił około siedemdziesiąt pięć lat.

Wiele nowych uczuć wcześnie pojawiło się u tych ludzkich bliźniaków. Potrafili zachwycać się zarówno przedmiotami jak i innymi istotami oraz wykazywali znaczną próżność. Największy jednak postęp w ich rozwoju emocjonalnym stanowiło nagłe pojawienie się nowej grupy uczuć, prawdziwie ludzkich – grupy czci – obejmującej grozę, szacunek, pokorę a nawet prymitywną formę wdzięczności. Strach, w połączeniu z nieznajomością zjawisk natury, zrodził wkrótce prymitywną religię.

Nie tylko takie ludzkie uczucia przejawiali ci prymitywni ludzie, ale posiadali również wiele wyższych uczuć, w prostej formie. Znali częściowo litość, wstyd i wyrzuty sumienia i byli wyjątkowo dobrze obeznani z miłością, nienawiścią i zemstą, a ulegali również silnym uczuciom zazdrości.

Dwoje pierwszych ludzi – bliźniaki – stanowiło wielkie utrapienie dla ich rodziców, naczelnych. Byli tak ciekawscy i ryzykanccy, że wielokrotnie śmierć zaglądała im w oczy w różnych okolicznościach, zanim skończyli osiem lat. Zanim skończyli dwanaście lat, byli raczej dość mocno pokryci bliznami.

Bardzo wcześnie nauczyli się porozumiewać przy pomocy słów a przed dziesiątym rokiem życia wypracowali udoskonalony język znaków i słów, obejmujący prawie pół setki pojęć i znacznie usprawnili oraz poszerzyli proste metody porozumiewania się swych przodków. Próbując jednak tak usilnie jak tylko mogli, zdołali nauczyć swoich rodziców zaledwie kilku swoich nowych znaków i symboli.

Kiedy mieli prawie dziewięć lat, jednego pogodnego dnia poszli w dół rzeki i tam odbyli ważną naradę. Wszystkie niebiańskie istoty inteligentne, przebywające na Urantii ze mną włącznie, przysłuchiwały się rozważaniom tej południowej schadzki. Tego, pamiętnego dnia, bliźniaki dogadały się, żeby żyć razem i dla siebie a było to pierwsze z serii takich porozumień, które w końcu osiągnęły kulminację w decyzji ucieczki od swoich niższych, zwierzęcych towarzyszy i pójścia na północ, niewiele przypuszczając, że tym samym zakładają gatunek ludzki.

Podczas gdy wszystkich nas bardzo interesowało, co planuje tych dwoje małych dzikusów, nie mieliśmy możliwości kontrolowania pracy ich umysłów; nie wpływaliśmy – nie mogliśmy arbitralnie wpływać – na ich decyzje. Jednak w ramach dopuszczalnych limitów naszej planetarnej działalności, my, Nosiciele Życia, współpracowaliśmy z naszymi towarzyszami, aby wyprowadzić ludzkie bliźniaki na północ, z dala od ich ludu, owłosionego i żyjącego po części na drzewach. I tak w wyniku własnego, inteligentnego wyboru, bliźnięta *migrowały,* a dzięki naszemu nadzorowi migrowały *na północ,* do odosobnionego rejonu, gdzie uniknęły możliwości degradacji biologicznej poprzez zmieszanie się ze swymi podrzędnymi krewnymi z plemienia naczelnych.

Na krótko przed odejściem z rodzinnych lasów, bliźniaki straciły matkę podczas ataku gibbonów. Podczas gdy nie posiadała ona inteligencji bliźniaków, miała wartościowe, wyższego rodzaju uczucie ssaków dla swego potomstwa i nieustraszenie poświęciła swe życie, próbując ratować wspaniałą parę. Jej ofiara nie poszła na marne, gdyż powstrzymywała wroga, aż przybył ojciec z posiłkami i rozgromił napastników.

Po tym, jak młoda para opuściła swych towarzyszy, żeby założyć gatunek ludzki, ich ojciec, z gatunku naczelnych, pozostawał niepocieszony – miał złamane serce. Nie chciał jeść, nawet, kiedy pozostałe jego dzieci przynosiły mu pożywienie. Utracił swe wspaniałe potomstwo, życie wśród jego zwykłych współbraci wydawało mu się bezwartościowe; poszedł więc w las, został otoczony przez wrogie gibony i pobity na śmierć.

6. EWOLUCJA UMYSŁU LUDZKIEGO

My, Nosiciele Życia, przebywający na Urantii, przeszliśmy okres długiego czuwania, pełen bacznego oczekiwania, od tego dnia, gdy po raz pierwszy zaszczepiliśmy plazmę życia w planetarnych wodach, więc oczywiście pojawianie się pierwszych, prawdziwie inteligentnych oraz obdarzonych wolą istot, przyniosło nam wielką radość i najwyższą satysfakcję.

Przyglądaliśmy się umysłowemu rozwojowi bliźniaków, dzięki obserwacji funkcjonowania siedmiu przybocznych umysłów-duchów, przydzielonych Urantii w czasie naszego przybycia na planetę. Poprzez cały, długi, ewolucyjny rozwój życia planetarnego, ci niestrudzeni opiekunowie umysłu wciąż rejestrowali coraz większą możliwość kontaktowania się z kolejno poszerzającymi się zdolnościami mózgu, stopniowo coraz bardziej zaawansowanych stworzeń zwierzęcych.

Z początku tylko *duch intuicji* mógł funkcjonować w instynktownym i odruchowym behawiorze prymitywnego życia zwierzęcego. Wraz z wyodrębnieniem się wyższych gatunków, *duch zrozumienia* mógł wyposażyć takie stworzenia w dar spontanicznych skojarzeń idei. Później widzieliśmy w akcji *ducha odwagi*; rozwijające się zwierzęta naprawdę wykształciły surową formę samoświadomości obronnej. W rezultacie pojawienia się grupy ssaków, zauważyliśmy przejawiającego się w coraz większym stopniu *ducha wiedzy*. Ewolucja wyższych ssaków sprawiła, że zaczął działać *duch rady*, w rezultacie czego rozwinął się instynkt stadny i zaczął się rozwój prymitywnego społeczeństwa.

Obserwując ssaki wczesne, ssaki pośrednie i naczelne, coraz lepiej dostrzegaliśmy poszerzającą się służbę pierwszych pięciu przybocznych. Jednak pozostałe dwa, najwyższe z opiekunów umysłu, nigdy nie mogły funkcjonować w ewolucyjnym umyśle typu urantiańskiego.

Wyobraźcie sobie naszą radość, kiedy pewnego dnia – bliźniaki miały wtedy około dziesięciu lat – *duch czci* nawiązał pierwszy kontakt z umysłem dziewczyny, bliźniaczki, a wkrótce potem z umysłem chłopca. Wiedzieliśmy, że powstawało coś bardzo podobnego do umysłu ludzkiego; a kiedy prawie rok później, bliźniaki postanowiły ostatecznie, w rezultacie refleksyjnych rozważań i celowej decyzji, uciec z domu i udać się na północ, wtedy *duch mądrości* zaczął działać na Urantii w tych dwu umysłach, uznanych teraz za ludzkie.

Nastąpiła wtedy natychmiastowa, nowego rodzaju aktywizacja siedmiu przybocznych umysłów-duchów. Żywiliśmy wielkie nadzieje; uświadomiliśmy sobie, że nadchodzi długo wyczekiwana godzina; wiedzieliśmy, że stoimy u progu ukoronowania naszych długich wysiłków, zmierzających do ukształtowania istot z wolą na Urantii.

7. UZNANIE ŚWIATA ZA ZAMIESZKAŁY

Nie czekaliśmy długo. W południe, w dzień po ucieczce bliźniaków, w planetarnym zogniskowaniu odbiorczym Urantii nastąpiła wstępna, próbna transmisja sygnałów z obwodu wszechświata. Byliśmy oczywiście podnieceni świadomością, że nadchodzi wielki moment, ale ponieważ świat ten był miejscem eksperymentu życia, nie mieliśmy najmniejszego pojęcia, w jaki sposób moglibyśmy zostać powiadomieni o akceptacji inteligentnego życia na planecie. Jednak nasza niepewność nie trwała długo. Na trzeci dzień po ucieczce bliźniaków i zanim odleciał korpus Nosicieli Życia, przybył z Nebadonu archanioł, żeby ustanowić wstępny obwód planetarny.

Był to pamiętny dzień na Urantii, kiedy nasza mała grupa zgromadziła się wokół planetarnego bieguna łączności kosmicznej i otrzymała pierwszą wiadomość z Salvingtonu, poprzez nowo ustanowiony planetarny obwód umysłu. I ta pierwsza wiadomość, dyktowana przez szefa korpusu archaniołów, brzmiała następująco:

„Do Nosicieli Życia na Urantii – Pozdrowienia! Przekazujemy wyrazy wielkiej radości z Salvingtonu, Edentii i Jerusem z okazji rejestracji w zarządzie Nebadonu sygnału zaistnienia umysłu i godności woli na Urantii. Odnotowana została celowa decyzja bliźniaków o ucieczce na północ i oddzieleniu swego potomstwa od podrzędnych przodków. Jest to pierwsza decyzja umysłu – ludzkiego typu umysłu – na Urantii i automatycznie ustanawia ona obwód łączności, którym ta wstępna wiadomość, o przyjęciu tego faktu do wiadomości, jest transmitowana".

Potem, tym nowym obwodem przyszły pozdrowienia od Najwyższych Ojców z Edentii, zawierające instrukcje dla stale przebywających na Urantii Nosicieli Życia, zabraniające nam mieszać się do tej formy życia, którą ustanowiliśmy. Otrzymaliśmy polecenie nie ingerowania w sprawy ludzkiego rozwoju. Nie należy sądzić, że Nosiciele Życia kiedykolwiek arbitralnie i mechanicznie ingerują w naturalne wypracowywanie planetarnych planów ewolucyjnych, gdyż tego nie robimy. Jednak jak dotąd mieliśmy zezwolenie na sterowanie środowiskiem i na ochronę plazmy życia specjalnym sposobem i właśnie mieliśmy zaprzestać tego, nadzwyczajnego, lecz całkiem naturalnego nadzoru.

I zaraz jak tylko Najwyżsi Ojcowie skończyli mówić, zaczęła docierać do planety piękna wiadomość od Lucyfera, wtedy władcy systemu Satania. Teraz Nosiciele Życia słyszeli słowa powitania od swego własnego szefa i otrzymali od niego zezwolenie na powrót do Jerusem. Otrzymana od Lucyfera wiadomość zawierała oficjalną aprobatę pracy Nosicieli Życia na Urantii i uwalniała nas od jakiejkolwiek przyszłej krytyki wszelkich naszych wysiłków, zmierzających do usprawnienia nebadońskich form życia, zaprowadzonych w systemie Satanii.

Te wiadomości, otrzymane z Salvingtonu, Edentii i Jerusem, oznaczały formalne zakończenie wieloepokowego nadzoru Nosicieli Życia nad planetą. Przez całe epoki pełniliśmy tutaj swe obowiązki, tylko z pomocą siedmiu przybocznych umysłów-duchów oraz Nadrzędnych Kontrolerów Fizycznych. I teraz, gdy wola, możliwość wyboru czczenia i wznoszenia się, pojawiła się w ewolucyjnych istotach tej planety, zrozumieliśmy, że nasza praca jest skończona i grupa nasza szykowała się do odlotu. Urantia jest światem modyfikacji życia i pozwolono nam zostawić na niej dwu starszych Nosicieli Życia, wraz z dwunastoma asystentami; zostałem wyznaczony do tej grupy i odtąd przebywam na Urantii.

Upływa dokładnie 993.408 lat (w roku 1934 n.e.) odkąd Urantia została formalnie uznana za planetę zamieszkałą przez ludzi we wszechświecie Nebadon. Ewolucja biologiczna raz jeszcze osiągnęła ludzki poziom godności woli; na planecie 606 w Satanii pojawił się człowiek.

[Nadzorowane przez Nosiciela Życia z Nebadonu, stale przebywającego na Urantii].

PRZEKAZ 63

PIERWSZA RODZINA LUDZKA

URANTIA zarejestrowana została jako świat zamieszkały, kiedy dwie pierwsze istoty ludzkie – bliźniaki – miały lat jedenaście i zanim jeszcze zostały rodzicami pierwszego dziecka, drugiego pokolenia prawdziwych istot ludzkich. Wiadomość archanioła z Salvingtonu, przesłana z okazji formalnej rejestracji planety, kończyła się tymi słowami:

„Umysł ludzki pojawił się na 606 w Satanii a rodzice nowego gatunku mają się nazywać *Andon* i *Fonta*. Wszyscy archaniołowie się modlą, aby te istoty prędko zamieszkał osobiście duchowy dar Ojca Wszechświatowego".

Andon jest imieniem nebadońskim, oznaczającym „pierwsza, podobna Ojcu istota, przejawiająca ludzki głód doskonałości". Fonta oznacza, „pierwsza, podobna Synowi istota, przejawiająca ludzki głód doskonałości". Andon i Fonta nie znali tych imion, zanim im ich nie nadano podczas zespolenia z Dostrajaczami Myśli. Gdy przebywali na Urantii jako śmiertelnicy, nazywali się nawzajem Sonta-an i Sonta-en; Sonta-an znaczy „kochany przez matkę", Sonta-en oznacza „kochana przez ojca". Nadali sobie sami te imiona, których znaczenie jest znamienne dla ich wzajemnego szacunku i uczucia.

1. ANDON I FONTA

Pod wieloma względami Andon i Fonta byli najznakomitszą parą istot ludzkich, jaka kiedykolwiek żyła na powierzchni Ziemi. Ta wspaniała para, prawdziwi rodzice całej ludzkości, byli pod każdym względem lepsi od wielu ich potomków w linii prostej i byli też zupełnie odmienni od wszystkich ich przodków, zarówno tych bezpośrednich jak i odległych.

Rodzice pierwszej pary ludzkiej pozornie nie różnili się od przeciętnych istot ze swego plemienia, choć należeli do jego inteligentniejszych członków, do tej grupy, która pierwsza nauczyła się rzucać kamieniami i używać pałek w walce. Używali też ostrych szpikulców z kamienia, krzemienia i kości.

Andon, gdy mieszkał jeszcze z rodzicami, przymocował ostry kawałek krzemienia do końca pałki, przy pomocy ścięgien zwierzęcych i zrobił dobry użytek z tej broni, co najmniej w dwunastu przypadkach, ratując życie zarówno swoje jak i swojej równie ryzykanckiej i dociekliwej siostry, która nieodmiennie towarzyszyła mu we wszystkich odkrywczych wycieczkach.

Decyzja ucieczki z plemion naczelnych, powzięta przez Andona i Fontę, implikuje jakość umysłu znacznie wyższą od bardziej prymitywnej inteligencji, charakteryzującej tak wielu ich późniejszych potomków, którzy się zniżali do kojarzenia się ze swymi opóźnionymi kuzynami z plemion małpich. Nieokreślone uczucie bliźniaków, że są czymś wyższym niż zwykłymi zwierzętami, było wynikiem posiadania osobowości i było utwierdzane przez zamieszkujących ich Dostrajaczy Myśli.

2. UCIECZKA BLIŹNIAKÓW

Po tym, jak Andon i Fonta postanowili uciec na północ, na jakiś czas opanował ich strach, zwłaszcza strach przed niezadowoleniem ojca i najbliższej rodziny. Przewidywali napad wrogo nastawionych krewnych, tym samym dostrzegli tę możliwość, że zginą z rąk już uprzednio zazdrosnych członków plemienia. Jako młodzież, bliźniaki większość czasu przebywały ze sobą i z tego powodu nigdy nie były zbyt popularne wśród swoich zwierzęcych kuzynów z plemienia naczelnych. Andon i Fonta także nie poprawili swojej opinii w plemieniu tym, że zbudowali oddzielny i bardzo pomysłowy dom na drzewie.

To właśnie w tym nowym domu, wśród wierzchołków drzew, gdy pewnej nocy obudziła ich gwałtowna burza i gdy trzymali się w czułych objęciach, zdjęci strachem, postanowili porzucić środowisko plemienne i domy na wierzchołkach drzew, ostatecznie i na zawsze.

Wcześniej przygotowali proste schronienie na wierzchołku drzewa, odległe o pół dnia drogi na północ. To była ich tajemnica i bezpieczna kryjówka na pierwszy dzień spędzony poza lasami rodzinnymi. Pomimo, że bliźniaki podzielały śmiertelny strach naczelnych przed przebywaniem nocą na ziemi, krótko przed zapadnięciem zmroku wypuściły się na wyprawę, na północ. Chociaż była pełnia księżyca, taka nocna podróż wymagała niezwykłej odwagi a bliźniaki prawidłowo wnioskowały, że łatwiej im będzie w ten sposób ujść niepostrzeżenie oraz uniknąć pościgu członków plemienia i krewnych. I krótko po północy dotarły do wcześniej przygotowanego miejsca.

Idąc na północ, bliźniaki znalazły odkryte złoże krzemienia i nazbierawszy wiele kamieni, odpowiednio ukształtowanych do różnego użytku, sporządziły ich zapasy na przyszłość. Podczas próby ciosania krzemieni, aby je lepiej dostosować do określonych celów, Andon odkrył, że dają one iskry i powziął zamiar rozpalenia ognia. Co prawda tym razem nie traktował tego zamiaru zbyt serio, gdyż klimat wciąż był łagodny a potrzeba ognia niewielka.

Jednak jesienne słońce obniżało się na niebie, a jak szli na północ, noce stawały się coraz chłodniejsze. Już wcześniej zmuszeni byli używać skór zwierzęcych dla ochrony przed chłodem. Zanim upłynął jeden księżyc ich pobytu poza domem, Andon oświadczył swej towarzyszce, że myśli, iż mógłby rozpalić ogień krzemieniem. Dwa miesiące usiłowali krzesać iskry z krzemienia, aby rozniecić ogień, ale im się nie udało. Każdego dnia para próbowała uderzać krzemieniami, żeby rozpalić ogień. W końcu, pewnego wieczora, mniej więcej o zachodzie słońca, tajemnica techniki została odkryta, kiedy Fonta wspięła się na pobliskie drzewo po opuszczone ptasie gniazdo. Gniazdo było suche i łatwopalne i gdy spadła nań iskra zapłonęło żywym ogniem. Byli tak zdumieni i zaskoczeni sukcesem, że niemal zgasł im ten ogień, ale go ocalili, dodając właściwej podpałki i pierwsi rodzice całej ludzkości po raz pierwszy zaczęli szukać drewna na opał.

Była to jedna z najradośniejszych chwil w ich krótkim, ale ciekawym życiu. Całą noc siedzieli i patrzyli, jak pali się ich ogień, mgliście sobie uświadamiając, że dokonali odkrycia, które da im możliwość przeciwstawienia się warunkom klimatycznym i że w ten sposób uniezależnią się na zawsze od swych zwierzęcych krewnych, mieszkających na ziemiach południowych. Po trzech dniach odpoczywania i cieszenia się ogniem, poszli dalej.

Ssaki naczelne, przodkowie Andona, często podtrzymywały ogień zapalony od pioruna, ale nigdy dotąd istoty ziemskie nie znały metody rozpalania ognia, kiedy zechcą. Upłynęło jednak sporo czasu, zanim bliźnięta się nauczyły, że suchy mech i inne materiały są tak samo dobre do rozpalania ognia jak ptasie gniazda.

3. RODZINA ANDONA

Prawie dwa lata upłynęły od tej nocy, kiedy bliźnięta wyszły z domu, gdy urodziło im się pierwsze dziecko. Nazwali go Sontad a Sontad był pierwszą istotą urodzoną na Urantii, która owinięta została w okrycie ochronne podczas narodzin. Zaczął się gatunek ludzki a razem z tym, nowym stadium ewolucji, pojawił się instynkt właściwej opieki nad coraz bardziej niezaradnymi niemowlętami, charakterystyczny dla stopniowego rozwoju umysłu klasy intelektualnej, w przeciwieństwie do prawie czysto zwierzęcego umysłu.

Andon i Fonta mieli razem dziewiętnaścioro dzieci i cieszyli się towarzystwem prawie pół setki wnuków i pół tuzina prawnuków. Rodzina ta osiedliła się w czterech sąsiadujących ze sobą schronieniach kamiennych czy częściowych jaskiniach, z których trzy połączone były korytarzami, wykutymi w miękkim wapieniu narzędziami krzemiennymi, wymyślonymi przez dzieci Andona.

Wcześni Andonici bardzo wyraźnie przejawiali ducha klanowego; polowali grupami i nigdy nie zapuszczali się zbyt daleko od miejsca zamieszkania. Zdawało się, że mają świadomość tego, iż są odrębną i unikalną grupą istot żywych i dlatego nie powinni się rozdzielać. Takie poczucie bliskiego pokrewieństwa spowodowane było bez wątpienia intensywną służbą umysłową duchów przybocznych.

Andon i Fonta pracowali nieustannie nad rozwojem i doskonaleniem klanu. Dożyli czterdziestu dwu lat, kiedy to oboje zostali zabici w czasie trzęsienia ziemi, przez spadający nawis skalny. Wraz z nimi zginęło pięcioro ich dzieci i jedenaścioro wnucząt, a prawie dwudziestu ich potomków doznało poważnych obrażeń.

Natychmiast po śmierci rodziców, Sontad, pomimo poważnie uszkodzonej stopy, objął przywództwo klanu i dzielnie był wspomagany przez swą żonę, swoją najstarszą siostrę. Pierwsze ich zadanie polegało na natoczeniu kamieni, aby odpowiednio pochować zabitych rodziców, braci, siostry i dzieci. Nie przywiązywano nadmiernej wagi do tego aktu pochówku. Idee przetrwania po śmierci były bardzo mgliste i niewyraźne, w dużym stopniu wywodziły się z fantastycznych i urozmaiconych marzeń sennych.

Rodzina Andona i Fonty trzymała się razem aż do dwudziestego pokolenia, kiedy to walka o żywność jak również tarcia społeczne zapoczątkowały jej rozproszenie.

4. KLANY ANDONOWE

Ludzie prymitywni – Andonici – mieli czarne oczy i śniadą cerę, coś w rodzaju krzyżówki człowieka żółtego i czerwonego. Melanina jest substancją nadającą zabarwienie i znajduje się w skórze wszystkich istot ludzkich. Jest to pierwotny, Andonowy pigment skórny. Generalnie, kolor skóry tych wczesnych Andonitów bardziej przypominał kolor współczesnych Eskimosów niż jakiejkolwiek innej grupy obecnie żyjących istot ludzkich. Były to pierwsze istoty używające skór zwierzęcych dla ochrony przed chłodem i miały nieco więcej włosów na ciele niż ludzie współcześni.

Życie plemienne zwierzęcych przodków tych wczesnych ludzi zwiastowało początki licznych, społecznych konwenansów a wraz z rozwojem emocji i zwiększoną zdolnością umysłową tych istot, nastąpił natychmiastowy rozwój organizacji społecznej oraz nowy podział pracy w klanie. Ludzie ci byli bardzo zdolnymi naśladowcami, jednak ich instynkt zabawy był słabo rozwinięty a poczucie humoru prawie nie istniało. Człowiek prymitywny uśmiechał się czasami, ale nigdy nie pozwalał sobie na serdeczny śmiech. Humor odziedziczony jest po późniejszej rasie adamicznej. Pierwotne istoty ludzkie nie były zbyt wrażliwe na ból ani nie reagowały tak ostro na nieprzyjemne sytuacje, jak wielu później ukształtowanych śmiertelników. Poród nie był przeżyciem bolesnym ani dolegliwym dla Fonty, jak również dla jej najbliższego potomstwa.

To było wspaniałe plemię. Mężczyźni potrafili walczyć heroicznie w obronie swych małżonek i potomstwa; kobiety były czule oddane swoim dzieciom. Jednak patriotyzm tych ludzi ograniczał się wyłącznie do najbliższego klanu. Byli bardzo lojalni wobec swych rodzin; mogli bez zastanowienia umrzeć w obronie swych dzieci, ale nie potrafili zrozumieć idei, że można próbować zrobić ze świata lepsze miejsce do życia dla swoich wnuków. Altruizm nie narodził się jeszcze w ludzkim sercu, pomimo, że ci autochtoni Urantii posiadali już wszystkie uczucia niezbędne do narodzin religii.

Ci wcześni ludzie żywili głębokie uczucia wobec swych towarzyszy i oczywiście mieli prawdziwą, choć prostą ideę przyjaźni. W późniejszych czasach, często można było zobaczyć, jak podczas wciąż ponawiających się walk z opóźnionymi plemionami, jeden z tych prymitywnych ludzi walczy mężnie jedną ręką i podczas walki próbuje chronić i ratować rannego towarzysza wojownika. Wiele najbardziej szlachetnych i wysoce ludzkich cech, występujących w późniejszym rozwoju ewolucyjnym, zaczynało się wzruszająco objawiać u tych prymitywnych ludzi.

Pierwotny klan Andonowy zachował nieprzerwaną linię przywództwa aż do dwudziestego siódmego pokolenia, kiedy to już nie było męskiej latorośli wśród bezpośrednich potomków Sontada a dwu konkurujących kandydatów do władzy w klanie zaczęło walczyć o panowanie.

Zanim nastąpiło wielkie rozproszenie klanu Andonowego, z wczesnych prób porozumiewania się między ludźmi powstał dobrze ukształtowany język. Język ten wciąż się rozwijał i prawie codziennie coś do niego dodawano, ze względu na nowe wynalazki i dostosowania do środowiska, dokonywane przez tych aktywnych, niestrudzonych i ciekawskich ludzi. I ten język był mową Urantii, narzeczem wczesnej rodziny ludzkiej, aż do późniejszego pojawienia się ras kolorowych.

Z czasem, klan Andonowy rozrastał się liczebnie a kontakty wzajemne coraz większych rodzin powodowały tarcia i nieporozumienia. Dwie tylko rzeczy zajmowały umysły tych ludzi: polowanie dla zdobycia żywności i walka w odwecie za jakąś prawdziwą lub domniemaną niesprawiedliwość czy zniewagę, doznaną z rąk sąsiednich plemion.

Coraz więcej było waśni rodzinnych, wybuchały wojny plemienne i ponoszono znaczne straty wśród najlepszych członków zdolniejszych i bardziej zaawansowanych grup. Niektóre z tych strat były nieodwracalne; niektóre rody o najwyższych zdolnościach i inteligencji zostały na zawsze stracone dla świata. Wczesnemu gatunkowi ludzkiemu i jego prymitywnej cywilizacji groziła zagłada, na skutek nieustannych wojen pomiędzy klanami.

Nie można nakłonić takich prymitywnych istot, aby dłużej żyły ze sobą w pokoju. Człowiek jest potomkiem walczących zwierząt i kiedy ma bliskie kontakty z innymi, pozbawieni kultury ludzie irytują się i obrażają wzajemnie. Nosiciele Życia znają tę tendencję u istot ewolucyjnych i robią odpowiednie zabezpieczenia, aby w końcu rozdzielić rozwijające się istoty ludzkie na co najmniej trzy, a znacznie częściej na sześć odmiennych i oddzielonych ras.

5. ROZPROSZENIE ANDONITÓW

Wczesne plemiona Andonitów nie przeniknęły zbyt głęboko do Azji i nie od razu weszły do Afryki. Ukształtowanie geograficzne tamtych czasów pchało ich na północ i szli coraz dalej na północ, aż ich zatrzymał powoli napierający lód trzeciego zlodowacenia.

Nim ta rozległa pokrywa lodowa dosięgła Francji i Wysp Brytyjskich, potomkowie Andona i Fonty parli na zachód Europy i założyli tam ponad tysiąc oddzielnych osiedli, nad wielkimi rzekami płynącymi do ciepłych wtedy wód Morza Północnego.

Te właśnie plemiona Andonowe były dawnymi mieszkańcami osiedli nad rzekami Francji; przez dziesiątki tysięcy lat żyli oni wzdłuż Sommy. Somma jest rzeką nie przekształconą przez lodowce, płynęła do morza w tamtych czasach podobnie jak dzisiaj. I to wyjaśnia, dlaczego tak wiele danych, dotyczących potomków Andonowych, znaleźć można w całej dolinie tej rzeki.

Ci autochtoni Urantii nie mieszkali na drzewach, chociaż w niebezpieczeństwie zawsze uciekali na drzewa. Mieszkali zazwyczaj pod osłoną nawisów skalnych, nad rzekami i w grotach na zboczach wzgórz, co dawało dobrą widoczność osób nadchodzących i zabezpieczało od żywiołów. Mogli więc korzystać z ognia, bez zbytnich kłopotów z powodu dymu. Nie byli również prawdziwymi jaskiniowcami, aczkolwiek w późniejszych czasach kolejne pokrywy lodowe poszły dalej na południe i zmusiły ich potomków do schronienia się w jaskiniach. Woleli obozować na skraju lasu i przy strumieniu.

Ludzie ci bardzo wcześnie okazali się wyjątkowo sprytni w maskowaniu swych, częściowo osłoniętych pomieszczeń i wykazywali znaczne zdolności przy konstruowaniu kamiennych izb do spania, kamiennych chat w kształcie kopuły, do których wpełzali w nocy. Wejście do takiej chaty zamykano, zataczając duży kamień na jej przód, który umieszczano w tym celu wewnątrz, przed ostatecznym zamontowaniem kamieni dachowych.

Andonici byli nieustraszonymi, dobrymi myśliwymi i jedli tylko mięso; wyjątek stanowiły dzikie jagody i owoce niektórych drzew. Tak jak Andon wymyślił topór kamienny, tak jego potomkowie wcześnie odkryli rzucany kij i harpun, i robili z nich właściwy użytek. Wreszcie funkcjonował umysł tworzący narzędzia, w połączeniu z ręką używającą narzędzi a ci pierwotni ludzie doszli do wielkiej wprawy w kształtowaniu narzędzi krzemiennych. Podróżowali daleko, na rozległych obszarach w poszukiwaniu krzemienia, tak jak współcześni ludzie jadą na krańce świata w pogoni za złotem, platyną i diamentami.

I na wiele innych sposobów plemiona Andona wykazywały znaczny stopień inteligencji, jakiego ich cofający się w rozwoju potomkowie nie osiągnęli w przeciągu pół miliona lat, choć wciąż na nowo odkrywali różne metody rozniecania ognia.

6. ONAGAR – PIERWSZY NAUCZYCIEL PRAWDY

Kiedy Andonici rozpraszali się coraz bardziej, przez blisko dziesięć tysięcy lat stan duchowy i kulturalny ich klanów ulegał retrogresji, aż do czasów Onagara, który objął przywództwo tych plemion, przyniósł im pokój i po raz pierwszy powiódł ich wszystkich ku czczeniu „Dawcy Oddechu dla ludzi i zwierząt".

Filozofia Andona była ogromnie zagmatwana; nieomal został czcicielem ognia, na skutek wielkiego pożytku, jaki przyniosło mu przypadkowe odkrycie ognia. Rozumowanie jednak poprowadziło go od jego własnego odkrycia ku słońcu, wyższym i bardziej budzącym grozę źródle ciepła i światła, jednak było ono zbyt odległe i dlatego nie został czcicielem słońca.

Andonici wcześnie zaczęli bać się żywiołów – pioruna, błyskawicy, deszczu, śniegu, gradu i lodu. Jednak w tych wczesnych dniach głód był tym bodźcem, który wciąż do nich wracał, a skoro żywili się zasadniczo zwierzętami, rozwinęli w końcu formę kultu zwierząt. Dla Andona, większe, zdatne do jedzenia zwierzęta, były symbolami stwórczej potęgi i podtrzymującej mocy. Stało się zwyczajem wyznaczać od czasu do czasu różne wielkie zwierzęta na przedmioty kultu. W czasach popularności określonego zwierzęcia, jego proste szkice mogły być rysowane na ścianach jaskiń a później, w miarę dalszego rozwoju sztuki, taki zwierzęcy bóg był rytowany w rozmaitych ornamentach.

U ludu Andonowego bardzo wcześnie utarł się zwyczaj nie jedzenia mięsa zwierząt czczonych przez plemię. Wkrótce, w celu wywarcia właściwego wpływu na młodzież, wypracowano pobożną ceremonię sprawowaną wokół ciała jednego z czczonych zwierząt; a jeszcze później, u ich potomków, to prymitywne nabożeństwo rozwinęło się w bardziej wyszukane obrzędy ofiarne. Takie jest pochodzenie ofiar jako części nabożeństwa. Idea ta została skompilowana przez Mojżesza w rytuał hebrajski i na tej zasadzie została utrwalona przez Apostoła Pawła, w doktrynie odkupienia za grzechy przez „rozlanie krwi".

To, że w życiu prymitywnych istot ludzkich pożywienie było rzeczą najważniejszą, ukazuje modlitwa, której nauczał owych prostych ludzi Onagar, ich wielki nauczyciel. Modlitwa ta brzmiała:

„O Oddechu Życia, daj nam dziś nasze codzienne pożywienie, wyzwól nas od przekleństwa lodu, zbaw nas od wrogów leśnych i z miłosierdziem przyjmij nas do Wielkich Zaświatów".

Onagar miał swą główną siedzibę na północnym wybrzeżu starożytnego Morza Śródziemnego, w rejonie obecnego Morza Kaspijskiego, w osadzie zwanej Oban, w miejscu postoju na szlaku prowadzącym na północ z południowych ziem mezopotamskich, który tutaj skręcał na zachód. Z Obanu Onagar posyłał nauczycieli do odległych osad, aby szerzyli jego nową doktrynę jednego Bóstwa i jego ideę przyszłego życia, które zwał Wielkimi Zaświatami. Emisariusze Onagara byli pierwszymi misjonarzami tego świata; byli też pierwszymi istotami ludzkimi piekącymi mięso, pierwszymi, którzy regularnie używali ognia do przygotowania żywności. Smażyli mięso na końcach *patyków a także na* gorących kamieniach; później piekli duże kawałki w ogniu, jednak prawie wszyscy ich potomkowie wrócili do spożywania surowego mięsa.

Onagar urodził przed 983.323 laty (licząc od roku 1934 n.e.) i dożył sześćdziesięciu dziewięciu lat. Zapis osiągnięć tego wielkiego umysłu i duchowego przewodnika, z czasów przed Księciem Planetarnym, jest pasjonującą opowieścią o organizacji prymitywnych ludzi w prawdziwe społeczeństwo. Zaprowadził on sprawnie funkcjonujący rząd plemienny; niczego podobnego nie osiągnięto w kolejnych pokoleniach przez wiele tysiącleci. Nigdy już, aż do przybycia Księcia Planetarnego, nie było takiej duchowej cywilizacji na Ziemi. Ci prości ludzie mieli prawdziwą, choć prymitywną religię, później jednak zanikła ona u ich degenerujących się potomków.

Choć zarówno Andon jak i Fonta otrzymali Dostrajacze Myśli, tak samo jak wielu ich potomków, dopiero w czasach Onagara Dostrajacze i serafini opiekunowie zaczęli przybywać w większej liczbie na Urantię. Był to doprawdy złoty wiek człowieka prymitywnego.

7. PRZETRWANIE ANDONA I FONTY

Andon i Fonta, wspaniali założyciele gatunku ludzkiego, zyskali aprobatę podczas orzecznictwa Urantii w czasie przybycia Księcia Planetarnego i w odpowiednim czasie wyłonili się z porządku światów mieszkań, ze statusem obywatelstwa Jerusem. Choć nigdy nie dostali zezwolenia powrotu na Urantię, znają historię gatunku, który założyli. Smucili się podczas zdrady Caligastii, martwili się z powodu upadku adamicznego, ale cieszyli się bardzo, gdy przyszło obwieszczenie, że Michał wybrał ich świat na scenę swego końcowego obdarzenia.

Na Jerusem, Andon i Fonta zespolili się ze swymi Dostrajaczami Myśli, jak również kilkoro ich dzieci z Sontadem włącznie, jednak większość nawet ich bezpośredniego potomstwa osiągnęła tylko zespolenie z Duchem.

Andon i Fonta, wkrótce po swym przybyciu na Jerusem, otrzymali od Władcy Systemu zezwolenie na powrót do pierwszego świata-mieszkania, żeby służyć z tymi osobowościami morontialnymi, które witają w niebiańskich sferach pielgrzymów czasu z Urantii. Zostali przydzieleni do tej służby bezterminowo. W związku z tymi objawieniami, chcieli posłać pozdrowienia dla Urantii, ale mądrze odmówiono ich prośbie.

Jest to opowieść o najbardziej heroicznym i fascynującym rozdziale w całej historii Urantii, historia rozwoju, trudów życiowych, śmierci i wiecznego życia unikalnych rodziców całego gatunku ludzkiego.

[Przedstawione przez Nosiciela Życia, przebywającego stale na Urantii].

PRZEKAZ 64

EWOLUCYJNE RASY KOLOROWE

JEST to historia ewolucyjnych ras Urantii, zaczynająca się prawie milion lat temu, za dni Andona i Fonty, idąca dalej przez czasy Księcia Planetarnego, aż do końca epoki lodowcowej.

Gatunek ludzki ma prawie milion lat a pierwsza połowa jego historii odnosi się mniej więcej do czasów Urantii przed Księciem Planetarnym. Druga połowa historii ludzkości zaczyna się w momencie przybycia Księcia Planetarnego oraz pojawienia się sześciu ras kolorowych i w przybliżeniu obejmuje okres nazywany paleolitem.

1. ANDONICZNI AUTOCHTONI

Człowiek prymitywny pojawił się na Ziemi sposobem ewolucyjnym nieomal milion lat temu i miał intensywne doświadczenia. Instynktownie pragnął unikać niebezpieczeństwa mieszania się z niższymi w rozwoju plemionami małpimi. Nie mógł jednak migrować na wschód, z powodu jałowego, tybetańskiego wyniesienia lądu, dochodzącego do ponad 9.000 metrów nad poziom morza; nie mógł również iść ani na południe, ani na zachód, ze względu na poszerzone Morze Śródziemne, które rozpościerało się wtedy ku wschodowi do Oceanu Indyjskiego; z kolei idąc na północ, napotykał napierający lód. Ale nawet kiedy dalsza migracja została zatrzymana przez lód i chociaż rozpraszające się plemiona stawały się coraz bardziej wrogo do siebie usposobione, bardziej inteligentne grupy nigdy nie żywiły idei pójścia na południe, ażeby żyć pośród swych owłosionych kuzynów, mieszkańców drzew o podrzędnym intelekcie.

Wiele najwcześniejszych, ludzkich uczuć religijnych, powstało z poczucia bezradności w tym zamkniętym środowisku geograficznym – góry z prawa, woda z lewa a lód od przodu. Jednak ci zaawansowani Andonici nie chcieli wracać do swoich podrzędnych krewnych, mieszkających na drzewach na południu.

Andonici unikali lasów, w przeciwieństwie do zwyczajów swych krewnych-nieludzi. W lasach człowiek zawsze się degenerował; ewolucja ludzkości robiła postępy tylko na otwartych przestrzeniach i tylko na wyższych szerokościach geograficznych. Zimno i głód otwartych przestrzeni stymuluje działanie, wynalazczość i zaradność. Podczas gdy plemiona Andonowe wydały pionierów współczesnego gatunku ludzkiego, wśród trudów i niedostatków surowych stref północnych, ich opóźnieni kuzyni rozkoszowali się w południowych lasach tropikalnych na ziemi wspólnych, wczesnych początków.

Wypadki te miały miejsce podczas trzeciego zlodowacenia, pierwszego według kalkulacji geologów. Pierwsze dwa zlodowacenia nie były zbyt rozległe w Europie północnej.

Przez większą część ery lodowcowej Anglia połączona była lądem z Francją, podczas gdy później Afryka została związana z Europą sycylijskim pomostem lądowym. W czasie migracji Andonitów istniał nieprzerwany ciąg lądu od Anglii na zachodzie, poprzez Europę i Azję, do Jawy na wschodzie; Australia jednak znów była oddzielona, co dodatkowo wpłynęło na rozwój jej własnej, specyficznej fauny.

950.000 lat temu potomkowie Andona i Fonty migrowali daleko na wschód i na zachód. Na zachodzie przeszli przez Europę do Francji i Anglii. Później przeniknęli na wschód, aż do Jawy, gdzie ich kości tak niedawno zostały znalezione – tak zwany pitekantrop – a potem podróżowali dalej, aż do Tasmanii.

Grupy ludzkie, idące na zachód, były w mniejszym stopniu zanieczyszczone opóźnionymi w rozwoju gatunkami wspólnych przodków niż te, które szły na wschód i mieszały się swobodnie ze swymi opóźnionymi, zwierzęcymi kuzynami. Te niepostępowe jednostki podążały na południe i tam się niebawem kojarzyły z podrzędnymi plemionami. Później, coraz większa liczba ich mieszanych potomków wracała na północ, kojarząc się z rozprzestrzeniającymi się szybko ludźmi andonicznymi i takie niefortunne związki nieuchronnie degenerowały wyższy gatunek. Coraz mniej prymitywnych osad czciło Dawcę Oddechu. Cywilizacji groziła zagłada w jej wczesnych początkach.

I tak zawsze było na Urantii. Bardzo obiecujące cywilizacje kolejno się degenerowały i ostatecznie gasły na skutek tej głupoty, która pozwalała na nieograniczone kojarzenie się zaawansowanych z opóźnionymi.

2. LUDY FOXHALSKIE

900.000 lat temu kunszty Andona i Fonty oraz kultura Onagara wygasały na Ziemi; ku upadkowi chyliły się kultura, religia a nawet obróbka krzemienia.

Były to czasy, w których duże ilości opóźnionych, mieszanych grup ludzkich przybywały do Anglii z południowej Francji. Plemiona te były tak bardzo wymieszane z leśnymi stworzeniami, podobnymi do małp, że trudno uznawać je za ludzi. Nie miały religii, wytwarzały proste wyroby krzemienne i posiadały inteligencję wystarczającą zaledwie do rozniecania ognia.

Po nich nastały w Europie nieco bardziej zaawansowane i płodne ludy, których potomkowie wkrótce rozprzestrzenili się na cały kontynent, od lodowca na północy, do Alp i Morza Śródziemnego na południu. Plemiona te to tak zwana *rasa* heidelberska.

Podczas długiego okresu kulturowej dekadencji, nieco tradycji Andona i pewne pozostałości kultury Onagara zachowały ludy foxhalskie z Anglii oraz plemiona badonańskie z północno-zachodnich Indii.

Ludy foxhalskie były najbardziej oddalone na zachód i udało im się zachować sporo kultury andonicznej; zachowały one też znajomość obróbki krzemienia, którą przekazały swym potomkom, pradawnym protoplastom Eskimosów.

Chociaż szczątki ludów foxhalskich zostały odkryte w Anglii jako ostatnie, w rzeczywistości ci Andonici byli pierwszymi istotami ludzkimi żyjącymi w tych rejonach. W tamtym czasie pomost lądowy wciąż łączył Francję z Anglią, a ponieważ większość wczesnych osad potomków Andona zlokalizowana była wzdłuż rzek i wybrzeży morskich z tamtych, odległych czasów, znajdują się one teraz pod wodami Kanału La Manche i Morza Północnego, tym niemniej trzy czy cztery wciąż są ponad wodą, na wybrzeżu Anglii.

Wiele inteligentniejszych i bardziej uduchowionych plemion foxhalskich utrzymało swą wyższość rasową i zachowało swe prymitywne obyczaje religijne. I te plemiona, potem z domieszką kolejnych gatunków, szły po ostatniej wizycie lodowca z Anglii na zachód i przetrwały, jako współcześni Eskimosi.

3. PLEMIONA BADONAŃSKIE

Oprócz ludów foxhalskich na zachodzie, na wschodzie przetrwało inne, zmagające się z przeciwnościami centrum kultury. Grupa ta zlokalizowana była na podgórzach wzniesień północno-zachodnich Indii a były to plemiona Badonana, praprawnuka Andona. Plemiona te to jedyni potomkowie Andona, którzy nigdy nie składali ofiar ludzkich.

Ci górscy Badonici zajmowali rozległy, otoczony lasami płaskowyż, poprzecinany potokami i obfitujący w zwierzynę. Tak jak niektórzy ich kuzyni w Tybecie, żyli oni w prostych chatach kamiennych, w grotach na zboczach i w częściowo podziemnych korytarzach.

Podczas gdy plemiona północne coraz bardziej obawiały się lodu, te, które żyły w pobliżu ziemi swoich początków, coraz bardziej bały się wody. Dostrzegały, że półwysep mezopotamski stopniowo zanurza się w oceanie, a chociaż kilka razy się wynurzył, tradycje tych prymitywnych ras były tworzone wokół niebezpieczeństw morza i lęku przed tymi, okresowymi zatopieniami. Ten lęk, a także przeżycia związane z wylewem rzek, wyjaśniają, dlaczego szukali gór jako bezpiecznego miejsca do życia.

Na wschód od ludów badonańskich, w Górach Śiwalik, w Indiach północnych, znaleźć można skamieniałości, które bardziej niż jakiekolwiek inne na Ziemi najbliższe są gatunkom pośrednim, pomiędzy człowiekiem a różnymi grupami przedludzkimi.

850.000 lat temu zaawansowane plemiona badonańskie zaczęły wyniszczającą wojnę ze swoimi podrzędnymi, zwierzęcymi sąsiadami. W czasie krótszym niż tysiąc lat, większość graniczących z nimi grup zwierzęcych tych rejonów została albo wyniszczona, albo wyparta z powrotem do lasów południowych. Ta akcja wyniszczenia podrzędnych gatunków przyniosła pewne udoskonalenie plemionom górskim z tej epoki. I zmieszani potomkowie tego, udoskonalonego gatunku Badonitów, pojawiają się na scenie jako pozornie nowy lud – *rasa neandertalska.*

4. RASY NEANDERTALSKIE

Neandertalczycy byli wspaniałymi wojownikami i dużo podróżowali. Stopniowo rozprzestrzeniali się z górskich centrów Indii północno-zachodnich do Francji na zachodzie, Chin na wschodzie a nawet do Afryki północnej. Opanowali świat na prawie pół miliona lat, aż do czasu migracji ewolucyjnych ras kolorowych.

800.000 lat temu zwierzyny było w bród; Europę przemierzało wiele gatunków jeleni, jak również słoni i hipopotamów. Bydła było pod dostatkiem; konie i wilki były wszędzie. Neandertalczycy byli wspaniałymi myśliwymi a ich plemiona we Francji pierwsze wprowadziły zwyczaj przyznawania najlepszym myśliwym prawa wyboru kobiet na żony.

Ludy neandertalskie miały znaczny pożytek z reniferów; służyły im one za pożywienie, ubranie i materiał na narzędzia, jako że rogów i kości używano na wiele różnych sposobów. Neandertalczycy niewiele mieli kultury, ale znacznie udoskonalili obróbkę krzemienia, aż doszła ona niemal do poziomu z czasów Andona. Znowu zaczęto używać krzemieni przymocowanych do drewnianych uchwytów, służyły one jako siekiery i kilofy.

750.000 lat temu czwarta pokrywa lodowa posuwała się daleko na południe. Używając ulepszonych narzędzi neandertalczycy robili dziury w lodzie, pokrywającym rzeki północne i łowili harpunem ryby, przychodzące do tych otworów wentylacyjnych. Plemiona te zawsze cofały się przed napierającym lodem, który w tamtym czasie najszerzej ogarnął Europę.

W tych czasach lodowiec syberyjski poszedł najdalej na południe, zmuszając wczesnego człowieka do posuwania się w kierunku południowym, z powrotem do tych ziem, z których pochodził. Jednak plemiona ludzkie były teraz tak bardzo odmienione, że niebezpieczeństwo dalszego mieszania się z nierozwojowymi, małpimi krewnymi, znacznie się zmniejszyło.

700.000 lat temu wycofywał się czwarty lodowiec, największy ze wszystkich w Europie; wracali na północ ludzie i zwierzęta. Klimat był chłodny i wilgotny a człowiek prymitywny znów prosperował w Europie i Azji zachodniej. Lasy stopniowo rozprzestrzeniły się na północ, na ziemię niedawno pokrytą lodowcem.

Na skutek tego, wielkiego zlodowacenia, życie ssaków nie uległo zbyt dużym zmianom. Zwierzęta te zachowały się na wąskim pasie lądu, leżącym między lodem a Alpami, a po ustąpieniu lodowca znowu rozprzestrzeniły się gwałtownie na całą Europę. Przez sycylijski pomost lądowy przybyły z Afryki słonie o prostych kłach, szerokonose nosorożce, hieny i lwy afrykańskie; i te nowe zwierzęta praktycznie wytępiły tygrysy szablastozębne oraz hipopotamy.

650.000 lat temu wciąż utrzymuje się łagodny klimat. Około środka okresu interglacjalnego zrobiło się tak ciepło, że Alpy zostały prawie zupełnie pozbawione lodu i śniegu.

600.000 lat temu lód osiągnął swój najbardziej na północ oddalony punkt zwrotny i po przerwie kilku tysięcy lat zaczął swą piątą wycieczkę na południe. Jednak przez pięćdziesiąt tysięcy lat nie było wielkich zmian klimatycznych. W Europie ludzie i zwierzęta niewiele się zmienili. Ustąpiła drobna susza z poprzedniego okresu a lodowce alpejskie zeszły daleko w doliny rzek.

550.000 lat temu napierający lód znowu zepchnął ludzi i zwierzęta na południe. Jednak tym razem człowiek miał dużo miejsca w szerokim pasie lądu, rozciągającym się na północny-wschód w Azję i leżącym pomiędzy pokrywą lodu a znacznie wtedy poszerzonym, czarnomorskim przedłużeniem Morza Śródziemnego.

Z okresami czwartego i piątego zlodowacenia związane jest dalsze szerzenie się prostej kultury ras neandertalskich. Postęp był jednak tak znikomy, iż wydawało się, że zamiar wytworzenia nowej i zmodyfikowanej formy inteligentnego życia na Urantii może skończyć się niepowodzeniem. Prawie ćwierć miliona lat ci prymitywni ludzie wędrowali, polując i walcząc, chwilowo doskonalili się w pewnym kierunku, ale jako całość stopniowo się cofali, w porównaniu z ich wyższymi, andonicznymi protoplastami.

W czasie tych epok duchowych ciemności, kultura zabobonnej ludzkości osiągnęła swe najniższe poziomy. Neandertalczycy doprawdy nie mieli religii, oprócz żenujących przesądów. Śmiertelnie bali się chmur, zwłaszcza oparów i mgieł. Rozwijała się powoli prymitywna religia strachu przed siłami natury, podczas gdy zanikał kult zwierząt, kiedy to doskonalsze narzędzia, wraz z obfitością zwierzyny, pozwalały tym ludziom żyć i mniej troszczyć się o pożywienie; seksualne nagrody za polowanie przyczyniły się znacznie do poprawy umiejętności łowieckich. Nowa religia strachu prowadziła do prób przebłagania niewidzialnych sił, stojących za żywiołami przyrody i osiągnęła później swą kulminację w ofiarach ludzkich, składanych dla zaspokojenia tych niewidzialnych i nieznanych sił fizycznych. I ten straszliwy zwyczaj składania ofiar ludzkich przetrwał u bardziej zacofanych ludzi Urantii aż do dwudziestego wieku.

Trudno nazwać tych wczesnych neandertalczyków czcicielami słońca. Raczej żyli w strachu przed ciemnością; śmiertelnie bali się zmierzchu. Tak długo, jak księżyc trochę świecił, dawali sobie radę, jednak w ciemnościach nowiu wpadali w panikę i zaczynali składać ofiary ze swoich najlepszych jednostek, mężczyzn i kobiet, żeby nakłonić księżyc do ponownego świecenia. Słońce, jak wcześnie zauważyli, wracało regularnie, lecz księżyc, jak przypuszczali, wraca jedynie ze względu na ofiary z ich współbraci plemiennych. W miarę rozwoju gatunku, przedmiot i cel ofiar stopniowo się zmieniał, jednak ofiary ludzkie, jako część obrzędów religijnych, przetrwały długo.

5. POCZĄTEK RAS KOLOROWYCH

500.000 lat temu plemiona badonańskie, z gór północno-zachodnich Indii, uwikłały się w nowe, poważne konflikty rasowe. Przez ponad sto lat szalała ta bezwzględna wojna, a kiedy długa walka się skończyła, zostało zaledwie około stu rodzin. Jednak ci, co zostali, to byli najbardziej inteligentni i wartościowi spośród wszystkich żyjących wtedy potomków Andona i Fonty.

I oto, wśród tych górskich Badonitów, zdarzyło się coś nowego i dziwnego. Mężczyzna i kobieta, żyjący w północno-wschodniej części tego, zamieszkałego rejonu górskiego, spłodzili *nagle* rodzinę złożoną z niezwykle inteligentnych dzieci. Była to *rodzina sangikowa*, przodkowie wszystkich sześciu kolorowych ras Urantii.

Sangikowe dzieci, w liczbie dziewiętnaściorga, nie tylko przewyższały inteligencją swych współbraci, ale ich skóra wystawiona na światło słoneczne wykazywała ciekawą tendencję przybierania różnych kolorów. Pośród tych dziewiętnaściorga dzieci, pięcioro było czerwonych, dwoje pomarańczowych, czworo żółtych, dwoje zielonych, czworo niebieskich i dwoje indygo. Jak dzieci dorastały, kolory te stawały się wyrazistsze, a kiedy później ta młodzież kojarzyła się ze swymi plemiennymi współbraćmi, całe ich potomstwo miało tendencję do zmiany koloru skóry na kolor swych sangikowych rodziców.

Teraz zwrócę waszą uwagę na przybycie Księcia Planetarnego, mniej więcej w tym czasie i przerywając chronologiczny porządek narracji, rozważę osobno sześć sangikowych ras Urantii.

6. SZEŚĆ SANGIKOWYCH RAS URANTII

Na przeciętnej planecie ewolucyjnej, sześć kolorowych ras ewolucyjnych pojawia się jedna po drugiej; pierwszy wyłania się człowiek czerwony i przez epoki wędruje po świecie, potem zjawiają się kolejne rasy kolorowe. Równoczesne pojawienie się sześciu ras na Urantii *i to w jednej rodzinie*, było bardzo niezwykłe.

Pojawienie się na Urantii wczesnych Andonitów było czymś nowym w Satanii. Na żadnym innym świecie systemu lokalnego nie pojawiła się taka rasa istot, obdarzonych wolą, przed ewolucyjnymi rasami kolorowymi.

1. *Człowiek czerwony*. Ci ludzie byli wybitnymi okazami gatunku ludzkiego, pod wieloma względami przewyższali Andona i Fontę. Była to najbardziej inteligentna grupa ludzi i pierwsza z dzieci sangikowych, która wykształciła cywilizację plemienną i rząd. Zawsze byli monogamiczni; nawet ich mieszane potomstwo rzadko praktykowało małżeństwa zbiorowe.

W późniejszych czasach mieli oni poważne, długotrwałe problemy ze swymi żółtymi braćmi w Azji. Pomogło im wczesne wynalezienie łuku i strzały, ale na swoje nieszczęście odziedziczyli wiele tendencji swych przodków do walki między sobą, co ich tak osłabiło, że żółte plemiona zdołały ich wypędzić z kontynentu azjatyckiego.

Około osiemdziesiąt pięć tysięcy lat temu względnie czyste resztki rasy czerwonej przeszły w całości do Ameryki Północnej i krótko potem zatonął przesmyk lądowy Beringa, odcinając ich tym samym od reszty świata. Nikt z ludzi czerwonych nigdy nie wrócił do Azji. Jednak na całej Syberii, w Chinach, Azji centralnej, Indiach i Europie, pozostawili sporo swej rasy, zmieszanej z innymi rasami kolorowymi.

Gdy człowiek czerwony odszedł do Ameryki, zabrał ze sobą większość nauczania i tradycji z jego wczesnych początków. Jego bezpośredni przodkowie stykali się z późniejszą działalnością światowej stolicy Księcia Planetarnego. Jednak wkrótce po dotarciu do Ameryk, człowiek czerwony zaczął tracić z pola widzenia te nauki i nastąpił znaczny upadek jego kultury intelektualnej i duchowej. Bardzo szybko te ludy znowu zaczęły walczyć między sobą, tak zawzięcie, że wydawało się, iż te wojny plemienne spowodują szybkie wyginięcie resztek względnie czystej rasy czerwonej.

Z powodu tego, wielkiego regresu, los człowieka czerwonego wydawał się przesądzony, kiedy około sześćdziesiąt pięć tysięcy lat temu pojawił się Onamonalonton, przywódca i wybawiciel duchowy. Zaprowadził on tymczasowy pokój pośród amerykańskich ludzi czerwonych i wznowił czczenie „Wielkiego Ducha". Onamonalonton dożył dziewięćdziesięciu sześciu lat i miał swą główną siedzibę pośród wielkich sekwoi w Kalifornii. Wielu jego późnych potomków dotrwało do dzisiejszych czasów pośród Indian Czarnych Stóp.

Z biegiem czasu nauki Onamonalontona stawały się mglistą tradycją. Znowu zaczęto mordercze wojny i nigdy już, od czasów tego wielkiego nauczyciela, żadnemu innemu przywódcy nie udało się przywrócić powszechnego pokoju wśród ludzi czerwonych. W walkach plemiennych ginęło coraz więcej ludzi z inteligentniejszych rodów; gdyby nie to, wielka cywilizacja powstałaby na kontynencie północnoamerykańskim, stworzona przez zdolnego i inteligentnego człowieka czerwonego.

Po przejściu z Chin do Ameryki, północny człowiek czerwony nigdy już nie stykał się z innymi światowymi wpływami (za wyjątkiem Eskimosów), zanim nie został zupełnie niedawno odkryty przez człowieka białego. Wyjątkowo niefortunne było to, że człowiek czerwony prawie zupełnie nie mógł się udoskonalić poprzez domieszkę późniejszej rasy adamicznej. Tak jak się stało, człowiek czerwony nie mógł rządzić człowiekiem białym, a nie chciał mu dobrowolnie służyć. W takich okolicznościach, jeśli dwie rasy się nie mieszają, ginie jedna albo druga.

2. *Człowiek pomarańczowy.* Cechą charakterystyczną tej rasy był szczególny pociąg do budowania, budowania wszystkiego, co możliwe, nawet wznoszenia wielkich kopców z kamienia, tylko po to, żeby się przekonać, które plemię potrafi zbudować największy kopiec. Chociaż nie był to lud postępowy, skorzystał wiele ze szkół Księcia i wysyłał do nich swych przedstawicieli na naukę.

Rasa pomarańczowa pierwsza poszła linią brzegową na południe, w kierunku Afryki, kiedy Morze Śródziemne cofnęło się na zachód. Jednak ci ludzie nigdy nie znaleźli odpowiedniego punktu oparcia w Afryce i zostali starci z powierzchni Ziemi przez przybyłą później rasę zieloną.

Lud ten, zanim przyszedł jego koniec, stracił wiele swoich fundamentów kulturalnych i duchowych. Nastąpiło jednak wielkie ożywienie wyższych standardów życia, w wyniku mądrego przywództwa Porshunty, wspaniałego umysłu, który służył temu ludowi jakieś trzysta tysięcy lat temu, gdy stolicą człowieka pomarańczowego był Armagedon.

Ostatnie wielkie walki pomiędzy człowiekiem pomarańczowym a zielonym prowadzone były w rejonie doliny Nilu dolnego, w Egipcie. Ta długotrwała wojna trwała prawie sto lat a w momencie jej zakończenia bardzo mało ludzi rasy pomarańczowej pozostało przy życiu. Rozproszone resztki tego ludu zostały wchłonięte przez człowieka zielonego i przez przybyłego później człowieka indygo. Człowiek pomarańczowy jako rasa, przestał istnieć około sto tysięcy lat temu.

3. *Człowiek żółty.* Prymitywne plemiona żółte pierwsze zaprzestały polowań; tworzyły osiadłe społeczności i rozwijały życie rodzinne, oparte na rolnictwie. Intelektualnie, ludzie ci stali nieco niżej niż człowiek czerwony, ale społecznie i grupowo okazali się najbardziej zaawansowani ze wszystkich ludów sangikowych, gdy idzie o kształtowanie cywilizacji swej rasy. Ponieważ wykształcili ducha braterskiego – różne plemiona uczyły się współżyć ze sobą we względnym pokoju – kiedy stopniowo rozprzestrzeniali się w Azji, potrafili wyprzeć rasę czerwoną.

Oddalili się jednak znacznie od wpływów duchowej stolicy świata i pogrążyli się w wielkiej ciemności, na skutek odstępstwa Caligastii; nadeszła jednak wspaniała epoka dla tego ludu, kiedy około sto tysięcy lat temu Singlangton objął przywództwo tych plemion i głosił czczenie „Jednej Prawdy".

Utrzymywanie pokojowych stosunków międzyplemiennych spowodowało przetrwanie względnie dużej liczby ludzi rasy żółtej. Od dni Singlangtona do czasów Chin współczesnych, rasa żółta zalicza się do bardziej pokojowych narodów Urantii. Rasa ta otrzymała niewielką ilość, ale silnego dziedzictwa przybyłego później gatunku adamicznego.

4. *Człowiek zielony.* Rasa zielona była jedną z gorzej utalentowanych grup człowieka prymitywnego i bardzo ją osłabiła intensywna migracja w różnych kierunkach. Zanim te plemiona się rozproszyły, doznały wielkiego kulturalnego odrodzenia pod przywództwem Fantada, jakieś trzysta pięćdziesiąt tysięcy lat temu.

Rasa zielona podzieliła się na trzy główne grupy. Plemiona północne zostały podbite, zniewolone i wchłonięte przez rasę żółtą i niebieską. Grupa wschodnia wymieszała się z ludami Indii z tamtych czasów, a jej resztki nadal tam pozostają. Naród południowy wkroczył do Afryki, gdzie wyniszczył swych prawie równie opóźnionych kuzynów pomarańczowych.

W walce, pod wieloma względami obie grupy były sobie równe, skoro każda posiadała mutację gigantów; wielu ich wodzów sięgało od dwu metrów czterdziestu centymetrów do dwu metrów siedemdziesięciu centymetrów wzrostu. Takie mutacje gigantyzmu u człowieka zielonego ograniczały się zasadniczo do narodów południowych albo egipskich.

Resztki zwycięskiego człowieka zielonego zostały później wchłonięte przez rasę indygo, ostatnią z ras kolorowych, jaka powstała w pierwotnym, sangikowym centrum rozpraszania ras i stamtąd migrowała.

5. *Człowiek niebieski.* Plemiona niebieskie były wspaniałym narodem. Wcześnie wynaleźli włócznię a później wypracowali początki wielu kunsztów współczesnej cywilizacji. Człowiek niebieski miał zdolności umysłowe człowieka czerwonego, połączone z duszą i uczuciowością człowieka żółtego. Spośród wszystkich innych ras kolorowych, ludzie niebiescy najbardziej przypadli do gustu adamicznym potomkom.

Wcześni ludzie niebiescy słuchali uważnie wskazówek nauczycieli z personelu Księcia Caligastii i popadli w wielką dezorientację na skutek późniejszych, wypaczonych nauk tych zdradzieckich przywódców. Podobnie jak inne rasy prymitywne, nigdy zupełnie nie podźwignęli się z chaosu, jaki spowodowała zdrada Caligastii, ani też nie przezwyciężyli zupełnie skłonności do walk między sobą.

Mniej więcej pięćset lat po upadku Caligastii nastąpiło generalne odrodzenie nauczania i religii, prymitywnej, ale autentycznej i pożytecznej. Orlandof został wielkim nauczycielem rasy niebieskiej i znowu doprowadził wiele plemion do czczenia prawdziwego Boga, pod imieniem „Najwyższego Szefa". Był to wielki krok naprzód człowieka niebieskiego, czego rezultaty przetrwały aż do późniejszych czasów, kiedy ta rasa została znacznie udoskonalona przez domieszkę gatunku adamicznego.

Europejskie badania i wykopaliska z okresu paleolitu opierają się w znacznej części na narzędziach, kościach i wytworach sztuki tych pradawnych ludzi niebieskich, gdyż żyli oni w Europie aż do niedawnych czasów. Tak zwane *białe rasy* Urantii są potomkami tych ludzi niebieskich, z początku przeobrażonych przez pewną domieszkę rasy żółtej i czerwonej, a później znacznie udoskonalonych przez asymilację większej części rasy fioletowej.

6. *Rasa indygo.* Tak jak ludzie czerwoni byli najbardziej zaawansowanymi spośród ludów sangikowych, tak ludzie czarni byli najmniej progresywni. Oni ostatni migrowali ze swych górskich pieleszy. Poszli do Afryki, wzięli kontynent w posiadanie i odtąd tam pozostają, chyba, że są zabierani od czasu do czasu siłą, jako niewolnicy.

Odosobnione w Afryce ludy indygo, tak samo jak człowiek czerwony, otrzymały niewiele albo wręcz nic z tego podźwignięcia rasowego, jakie mogła im dać domieszka gatunku adamicznego. Rasa indygo, pozostając sama w Afryce, niewiele się rozwinęła aż do dni Orvonona, kiedy to doznała wielkiego przebudzenia duchowego. Choć później ludzie ci prawie zupełnie zapomnieli „Boga Bogów", głoszonego przez Orvonona, nie całkiem wyzbyli się pragnienia czczenia Nieznanego; przynajmniej zachowywali pewną formę tego kultu, aż do kilku tysięcy lat temu.

Pomimo swego opóźnienia, ludy indygo zajmują dokładnie taką samą pozycję przed władzami niebiańskimi, jak każda inna ziemska rasa.

Trwały epoki intensywnych walk pomiędzy różnymi rasami, ale w pobliżu stolicy Księcia Planetarnego bardziej oświecone i świeżo nauczane grupy żyły razem we względnej harmonii, chociaż nie dokonał się żaden wielki, kulturalny podbój ras świata, aż do czasu poważnych zaburzeń tego porządku, wywołanych wybuchem buntu Lucyfera.

Od czasu do czasu wszystkie te, różnorodne ludy, przeżywały odrodzenie kulturowe i duchowe. Mansant był wielkim nauczycielem z czasów po Księciu Planetarnym. Czyni się wzmianki tylko o tych wybitnych przywódcach i nauczycielach, którzy inspirowali i wywierali znaczny wpływ na całą rasę. W miarę upływu czasu pojawiało się w różnych rejonach wielu pomniejszych nauczycieli i wspólnie przyczynili się oni znacznie do całkowitej sumy tych zbawczych wpływów, które zapobiegły zupełnemu upadkowi cywilizacji kulturowej, zwłaszcza podczas długich epok ciemności, jakie upływały pomiędzy buntem Caligastii a przybyciem Adama.

Istnieje wiele ważnych i istotnych przyczyn, aby realizować plan tworzenia trzech albo sześciu ras kolorowych na światach w przestrzeni. Choć śmiertelnicy z Urantii mogą nie w pełni docenić wszystkie te przyczyny, chcielibyśmy zwrócić uwagę na poniższe:

1. Zróżnicowanie jest konieczne, ażeby umożliwić szerokie funkcjonowanie naturalnej selekcji, różnicującej przetrwanie odmian zaawansowanych.
2. Można mieć silniejsze i lepsze rasy z krzyżowania różnorodnych ludów, kiedy te różnorodne rasy są nośnikami wyższych czynników dziedzicznych. I rasy Urantii mogły skorzystać z tak wczesnego mieszania się, pod warunkiem, że zmieszane ludy mogły być potem skutecznie udoskonalone przez znaczny dodatek wyższego gatunku adamicznego. Próba przeprowadzenia takiego eksperymentu na Urantii, w obecnych warunkach rasowych, miałaby katastrofalne skutki.
3. Zdrowe współzawodnictwo ożywiane jest przez zróżnicowanie ras.
4. Różnice w statusie ras oraz grup w obrębie każdej rasy niezbędne są dla rozwijania tolerancji i altruizmu u ludzi.
5. Osiągnięcie jednolitości gatunku ludzkiego jest niewskazane tak długo, jak długo ludzie z rozwijającego się świata nie osiągną względnie wysokich poziomów rozwoju duchowego.

7. ROZPROSZENIE RAS KOLOROWYCH

Kiedy kolorowi potomkowie rodziny sangikowej zaczęli się rozmnażać i kiedy szukali możliwości rozprzestrzenienia się na terytoria przyległe, piąty lodowiec, trzeci według obliczeń geologicznych, był dobrze zaawansowany w swej wędrówce na południe, na Europę i Azję. Trudności i niewygody epoki lodowcowej poddawały wyjątkowym próbom wczesne rasy kolorowe, w okresie ich początków. Lodowiec ten był w Azji tak rozległy, że na tysiące lat została odcięta migracja do Azji wschodniej. Ludy te nie mogły dotrzeć do Afryki, aż do czasu późniejszego cofnięcia się Morza Śródziemnego w wyniku wyniesienia Arabii.

Tak więc, przez prawie sto tysięcy lat ludy sangikowe rozprzestrzeniały się po pogórzach i bardziej czy mniej mieszały ze sobą, pomimo swoistej, lecz naturalnej antypatii, która się przejawiała od początku w stosunku do odmiennych ras.

Od czasu Księcia Planetarnego do Adama, Indie stały się ojczyzną najbardziej kosmopolitycznej populacji, jaka kiedykolwiek istniała na powierzchni Ziemi. Jednak niezbyt szczęśliwie się stało, że ta mieszanka zaczęła zawierać zbyt dużo ras zielonych, pomarańczowych i indygo. Te drugorzędne ludy sangikowe znalazły łatwiejsze i wygodniejsze życie na ziemiach południowych i znaczna ich ilość migrowała później do Afryki. Pierwszorzędne ludy sangikowe, rasy zaawansowane, wystrzegały się tropików, człowiek czerwony szedł do Azji północno-wschodniej, tuż za nim podążał człowiek żółty, rasa niebieska poszła natomiast na północny-zachód, do Europy.

Ludzie czerwoni wcześnie zaczęli migrować na północny wschód, depcząc po piętach ustępującemu lodowi, przechodząc wokół gór Indii i zajmując całą Azję północno-wschodnią. Tuż za nimi szły plemiona żółte, które potem wypędziły człowieka czerwonego z Azji do Ameryki Północnej.

Kiedy opuściły Azję resztki rasy czerwonej, względnie czystej, było ich jedenaście plemion, liczących nieco ponad siedem tysięcy mężczyzn, kobiet i dzieci. Plemionom tym towarzyszyły trzy małe grupy, mieszanego pochodzenia, z których największa stanowiła kombinację rasy pomarańczowej i niebieskiej. Te trzy grupy nigdy nie zbratały się w pełni z człowiekiem czerwonym i dość wcześnie poszły na południe, do Meksyku i Ameryki Centralnej, gdzie później dołączyła do nich niewielka grupa ludzi mieszanych, żółtych i czerwonych. Ludy te zawierały małżeństwa między sobą i utworzyły nową, mieszaną rasę, która była mniej wojownicza niż człowiek czerwony czystej krwi. W ciągu pięciu tysięcy lat ta zmieszana rasa rozdzieliła się na trzy grupy, zakładając cywilizacje w Meksyku, Ameryce Centralnej i Ameryce Południowej. Grupa południowoamerykańska otrzymała niewielką domieszkę krwi Adama.

Wcześni ludzie czerwoni i żółci mieszali się do pewnego stopnia w Azji, a potomstwo powstałe z tego zjednoczenia szło na wschód i wzdłuż południowego wybrzeża morskiego, w końcu zostało wypędzone na półwyspy i pobliskie wyspy morskie przez gwałtownie rozwijającą się rasę żółtą. Jest to współczesny człowiek brązowy.

Rasa żółta wciąż zajmowała centralne rejony Azji wschodniej. Przetrwała ona w największej liczbie spośród wszystkich sześciu ras kolorowych. Podczas gdy człowiek żółty, tak dziś jak i wtedy, angażował się w wojny rasowe, nie prowadził tak nieustannych i bezwzględnych wojen, aż do eksterminacji, jakie prowadzili ludzie czerwoni, zieloni i pomarańczowi. Te trzy rasy praktycznie się wyniszczyły, zanim w końcu zostały starte z powierzchni Ziemi przez wrogów z innych ras.

Ponieważ piąte zlodowacenie nie poszło w Europie zbyt daleko na południe, droga dla migracji ludów sangikowych na północny-zachód stała częściowo otworem; a po ustąpieniu lodu ludzie niebiescy, wraz z kilkoma innymi, małymi grupami rasowymi, migrowali na zachód starymi szlakami plemion Andona. Wchodzili do Europy kolejnymi falami, zajmując większą część kontynentu.

Niebawem napotkali w Europie neandertalskich potomków swego wczesnego, wspólnego przodka – Andona. Ci starsi, europejscy neandertalczycy, zostali zepchnięci na południe i wschód przez lodowiec, tym samym mogli spotkać i wchłonąć najeżdżających kuzynów z plemion sangikowych.

Generalnie, z początku plemiona sangikowe były znacznie inteligentniejsze i na wiele sposobów przewyższały zdegenerowanych potomków wczesnych, Andonowych mieszkańców nizin; mieszanie plemion sangikowych z neandertalczykami prowadziło do natychmiastowego ulepszenia starszej rasy. To właśnie zastrzyk krwi sangikowej, dokładniej człowieka niebieskiego, spowodował wyraźne udoskonalenie ludów neandertalskich, jak to widać po kolejnych falach coraz inteligentniejszych plemion, napływających do Europy ze wschodu.

W kolejnym okresie interglacjalnym ta nowa rasa neandertalska rozciągała się od Anglii do Indii. Resztki rasy niebieskiej, pozostałe na starym półwyspie Perskim, zlały się potem z pewnymi innymi rasami, głównie z żółtą, a wynikła stąd mieszanka, później nieco udoskonalona przez fioletową rasę Adama, przetrwała jako śniade, koczownicze plemiona współczesnych Arabów.

Przy wszystkich próbach identyfikacji sangikowych przodków ludzi współczesnych, należy brać pod uwagę ostatnie udoskonalenie odmian rasowych, dokonane dzięki domieszce krwi adamicznej.

Zaawansowane rasy szukały stref północnych albo umiarkowanych, podczas gdy ludy pomarańczowe, zielone i indygo kolejno szły do Afryki przez świeżo wydźwignięty pomost lądowy, który oddzielał zachodnią część cofającego się Morza Śródziemnego od Oceanu Indyjskiego.

Ostatnim ludem sangikowym, który migrował z centrum powstania swej rasy, był człowiek indygo. Mniej więcej w tym czasie, gdy człowiek zielony wybijał rasę pomarańczową w Egipcie, czym sam się znacznie osłabił, zaczął się wielki czarny exodus na południe, wzdłuż wybrzeża przez Palestynę; a później, kiedy silni fizycznie ludzie indygo zajęli Egipt, zwykłą przewagą liczebną starli z powierzchni Ziemi człowieka zielonego. Plemiona indygo wchłonęły resztki człowieka pomarańczowego i dużą część rasy człowieka zielonego i pewne plemiona indygo zostały znacznie udoskonalone przez takie związki rasowe.

Jak z tego widać, Egipt na początku zajmował człowiek pomarańczowy, potem zielony, następnie człowiek indygo (czarny) a jeszcze później rasa mieszańców – indygo, niebieskiego i zmodyfikowanego człowieka zielonego. Jednak na długo przed przybyciem Adama, człowiek niebieski z Europy i rasy mieszane z Arabii wyrzuciły rasę indygo z Egiptu daleko na południe kontynentu afrykańskiego.

Kiedy migracje sangikowe zbliżały się ku końcowi, wyginęła rasa zielona i pomarańczowa, człowiek czerwony zajął Amerykę Północną, człowiek żółty wschodnią Azję, człowiek niebieski Europę a rasa indygo ciążyła ku Afryce. Indie stały się siedliskiem mieszanki drugorzędnych ras sangikowych a człowiek brązowy, mieszanka rasy czerwonej i żółtej, zajmuje wyspy wzdłuż wybrzeża azjatyckiego. Mieszana rasa, o raczej wysokim potencjale, zajmuje góry Ameryki Południowej. Czystszej krwi Andonici żyją w najdalej na północ wysuniętych rejonach Europy i Islandii, Grenlandii oraz północno-wschodniej Ameryki Północnej.

W okresach największego zasięgu lodowca, najbardziej na zachód wysunięte plemiona Andonowe zostały niemal zepchnięte do morza. Przez wiele lat żyły one na wąskim, południowym pasie obecnej wyspy Anglii. I stało się już tradycją, że ponawiające się napory lodowca spychały tych ludzi do morza, kiedy to pojawiło się w końcu szóste i ostatnie zlodowacenie. Ludzie ci stali się wtedy pierwszymi podróżnikami morskimi. Budowali łodzie i zaczęli szukać nowych lądów, które, jak mieli nadzieję, mogły być wolne od straszliwych inwazji lodu. Niektórzy z nich dotarli do Islandii, inni do Grenlandii, jednak znaczna ich większość zginęła na otwartym morzu z głodu i pragnienia.

Nieco ponad osiemdziesiąt tysięcy lat temu, zaraz po tym, jak człowiek czerwony wkroczył do północno-zachodniej części Ameryki Północnej, zamarzanie mórz północnych i posuwanie się lokalnych pól lodowych na Grenlandii wypchnęło eskimoskich potomków autochtonów Urantii na poszukiwanie lepszego lądu, nowego domu. Mieli szczęście, bezpiecznie przekraczając wąskie cieśniny, które wtedy oddzielały Grenlandię od północno-wschodnich mas lądowych Ameryki Północnej. Dotarli na ten kontynent mniej więcej w dwa tysiące sto lat po tym, jak człowiek czerwony przybył na Alaskę. Później podróżowało na zachód nieco mieszanego gatunku ludzi niebieskich i łączyli się oni ze współczesnymi Eskimosami, i taki związek był w pewnym stopniu korzystny dla plemion eskimoskich.

Mniej więcej pięć tysięcy lat temu nastąpiło przypadkowe spotkanie plemienia Indian z samotną grupą Eskimosów, na południowo-wschodnich wybrzeżach Zatoki Hudsona. Tym dwu plemionom trudno było porozumieć się ze sobą, ale szybko zawarto małżeństwa mieszane, w wyniku czego Eskimosi zostali w końcu wchłonięci przez liczniejszych ludzi czerwonych. Był to jedyny kontakt północnoamerykańskiego człowieka czerwonego z jakąkolwiek inną rasą ludzką, aż do około tysiąca lat temu, kiedy to człowiek biały pierwszy raz miał możliwość wylądować na atlantyckim wybrzeżu.

Życie tych wczesnych epok charakteryzowało się odwagą, śmiałością a nawet heroizmem. I wszyscy żałujemy, że tak wiele wartościowych i surowych cech waszych wczesnych przodków zostało straconych dla ras współczesnych. Podczas gdy doceniamy wartość wielu subtelności zaawansowanej cywilizacji, odczuwamy brak tej imponującej wytrwałości i wspaniałego poświęcenia, graniczących często z dostojeństwem i wzniosłością, jakie cechowały waszych wczesnych przodków.

[Przedstawione przez Nosiciela Życia, przebywającego stale na Urantii].

PRZEKAZ 65

KONTROLA EWOLUCJI

PODSTAWOWY, ewolucyjny materiał życiowy – życie przedumysłowe – formułowany jest przez Nadrzędnych Kontrolerów Fizycznych oraz przez funkcje przekazywania życia Siedmiu Duchów Nadrzędnych, w połączeniu z czynną służbą wyznaczonych do tego Nosicieli Życia. W wyniku koordynującego funkcjonowania tej trojakiej stwórczości kształtuje się fizyczna podstawa działania umysłu, w formie organizmów – materialnych mechanizmów inteligentnie reagujących na zewnętrzne bodźce środowiskowe a później na bodźce wewnętrzne - wpływy pochodzące z umysłu tego właśnie organizmu.

Istnieją, zatem, trzy odrębne poziomy stwarzania i ewolucji życia:

1. Domena fizyczno-energetyczna – wytwarzanie zdolności umysłowych.
2. Służba umysłowa duchów przybocznych – wkraczająca na teren możliwości duchowych.
3. Duchowe wyposażenie śmiertelnego umysłu – osiągające swój punkt kulminacyjny w obdarzeniu Dostrajaczem Myśli.

Mechaniczne, nie uczące się poziomy reagowania organizmu na otoczenie, stanowią domenę kontrolerów fizycznych. Przyboczne umysły-duchy uruchamiają i regulują adaptacyjne, albo niemechaniczne, uczące się typy umysłu – te reagujące mechanizmy organizmu, które potrafią uczyć się z doświadczenia. I kiedy duchy przyboczne kierują w ten sposób potencjałami umysłu, Nosiciele Życia również prowadzą swą własną arbitralną kontrolę nad aspektami środowiskowymi procesu ewolucyjnego, aż do pojawienia się woli ludzkiej – zdolności poznania Boga i możliwości wyboru jego czczenia.

To właśnie zintegrowana działalność Nosicieli Życia, kontrolerów fizycznych i duchów przybocznych warunkuje kurs ewolucji organicznej na światach zamieszkałych. Dlatego właśnie ewolucja – na Urantii czy gdziekolwiek indziej – zawsze jest celowa, nigdy nie przypadkowa.

1. FUNKCJE NOSICIELI ŻYCIA

Nosiciele Życia potrafią tak przeobrażać swoją osobowość, jak niewiele tylko klas istot potrafi to robić. Ci Synowie wszechświata lokalnego potrafią funkcjonować w trzech zróżnicowanych stadiach swego bytu. Swoje obowiązki pełnią zazwyczaj jako Synowie stadium pośredniego, znaczy tego stadium, w którym powstali. Jednak w takim *stadium egzystencji* Nosiciel Życia nie może ewentualnie funkcjonować w domenach elektrochemicznych jako organizator energii fizycznych i cząstek materialnych w jednostki żywej egzystencji.

Nosiciele Życia mogą funkcjonować i funkcjonują na trzech następujących poziomach:

1. Fizyczny poziom elektrochemiczny.
2. Zwyczajne, pośrednie stadium niby-morontialnego bytu.
3. Zaawansowany poziom, częściowo duchowy.

Gdy Nosiciele Życia przygotowują się do zaszczepienia życia i po tym, jak wybiorą miejsce dla tego przedsięwzięcia, zwołują archanielską komisję dla przeobrażenia Nosicieli Życia. Grupa ta składa się z dziesięciu klas różnych osobowości, razem z kontrolerami fizycznymi i ich towarzyszami, a przewodniczy jej szef archaniołów, pełniący tę funkcję z upoważnienia Gabriela i na mocy zezwolenia Pradawnych Czasu. Kiedy te istoty zostaną prawidłowo objęte obwodem, mogą spowodować takie przekształcenia u Nosicieli Życia, które natychmiast umożliwią im funkcjonowanie na fizycznych poziomach elektrochemicznych.

Po sformułowaniu wzorów życia i po tym, jak jego materialna struktura została należycie ukończona, natychmiast aktywizują się nadmaterialne siły, zajmujące się propagacją życia i staje się życie. Po czym Nosiciele Życia natychmiast wracają do swego normalnego, pośredniego stadium istnienia osobowości, w którym to stanie mogą manipulować żywymi elementami i manewrować rozwijającymi się organizmami, nawet, jeśli są pozbawieni wszelkich możliwości organizowania – tworzenia – nowych wzorów materii ożywionej.

Gdy ewolucja organiczna zakończy pewien cykl i wolna wola typu ludzkiego pojawia się w najwyżej rozwiniętych organizmach, Nosiciele Życia muszą albo opuścić planetę albo zrobić ślubowanie nieingerencji; znaczy to, muszą zobowiązać się do zaniechania wszelkich prób dalszego wpływu na bieg ewolucji organicznej. I kiedy takie śluby złożą dobrowolnie Nosiciele Życia, którzy chcą zostać na planecie, jako przyszli doradcy tych istot, którym zostanie powierzona opieka nad świeżo ukształtowanymi śmiertelnikami z wolą, zwołuje się komisję, w składzie dwunastu istot, pod przewodnictwem szefa Gwiazd Wieczornych, działającą z upoważnienia Władcy Systemu i na podstawie zezwolenia Gabriela; i tacy Nosiciele Życia natychmiast zostają przeobrażeni do trzeciego stadium istnienia osobowości, częściowo duchowego poziomu bytu. I ja działam na Urantii w tym, trzecim stadium istnienia, od czasów Andona i Fonty.

Patrzymy w przyszłość, ku tym czasom, kiedy wszechświat może zostać ustanowiony w światłości i życiu, ku czwartemu stadium bytu, w którym powinniśmy być zupełnie duchowi, ale nigdy nam nie objawiono, jaką metodą możemy osiągnąć ten pożądany i zaawansowany stan.

2. PANORAMA EWOLUCYJNA

Historia rozwoju człowieka, od wodorostów do pana ziemskiego stworzenia, jest prawdziwą romantyką zmagań biologicznych i przetrwania umysłu. Pierwszymi przodkami człowieka były dosłownie szlamy i muły dna oceanicznego, znajdujące się w nieruchomych, ciepłych wodach zatok i lagun oraz rozległych linii brzegowych prastarych mórz śródlądowych, tych właśnie wód, w których Nosiciele Życia zrobili trzy niezależne zaszczepienia życia na Urantii.

Dzisiaj niewiele jest już gatunków wczesnych typów roślinności morskiej, które brały udział w takich epokowych przemianach i które wydały podobne zwierzęcym organizmy z roślinno-zwierzęcego pogranicza. Gąbki należą do tych ocalałych, wczesnych gatunków pośrednich, są organizmami, dzięki którym następowała *stopniowa* przemiana roślin w zwierzęta. Te dawne formy przejściowe, chociaż nie takie same jak współczesne gąbki, były do nich bardzo podobne; były to prawdziwe organizmy z pogranicza – ani rośliny, ani zwierzęta – ale w końcu doprowadziły do rozwoju prawdziwych, zwierzęcych form życia.

Bakterie, proste organizmy zwierzęce bardzo prymitywnego gatunku, niewiele się zmieniły od wczesnych początków życia; ich pasożytniczy behawior obrazuje nawet pewien stopień uwstecznienia. Także wiele grzybów wykazuje wsteczny kierunek ewolucji, stanowiąc te rośliny, które straciły swoje własności wytwarzania chlorofilu i stały się bardziej czy mniej pasożytnicze. Większość bakterii chorobotwórczych oraz im pokrewnych wirusów zasadniczo należy do tej grupy renegatów, grzybów pasożytniczych. W kolejnych epokach całe, rozległe królestwo życia roślinnego wykształciło się z tych przodków, od których pochodzą także bakterie.

Wkrótce pojawiło się wyższe życie zwierzęce typu pierwotniaków i pojawiło się *nagle.* Ameba, typowy zwierzęcy organizm jednokomórkowy, pochodzi z tamtych, bardzo odległych czasów i niewielkim tylko uległa przemianom. Zachowuje się ona dzisiaj prawie tak samo jak wtedy, kiedy była ostatnim, najwyższym osiągnięciem ewolucji życia. To drobne stworzenie i jego kuzyni, pierwotniaki, są dla kreacji zwierzęcej tym, czym bakteria jest dla świata roślin; w procesie różnicowania się życia reprezentują pozostałości pierwszych, wczesnych stopni ewolucyjnych, razem z *zatrzymaniem dalszego rozwoju.*

Znacznie wcześniej pierwotne, jednokomórkowe gatunki zwierzęce połączyły się w zbiorowości, z początku według planu toczka a niebawem według porządku stułbi i meduzy. Jeszcze później ukształtowała się rozgwiazda, lilie kamienne, jeżowce morskie, strzykwy, gąsienice, owady, pająki, skorupiaki oraz blisko związane z sobą grupy glist i pijawek, za którymi wkrótce przyszły mięczaki – ostrygi, ośmiornice i ślimaki. Pojawiło się i znikło setki gatunków; wspomina się tutaj tylko o tych, które przetrwały bardzo długie zmagania. Takie nierozwojowe gatunki, razem z powstałą później rodziną ryb, reprezentują dzisiaj stacjonarne typy wczesnych, niższych zwierząt, te gałęzie drzewa życia, które się nie rozwinęły.

W ten sposób przygotowana została scena na pojawienie się pierwszych zwierząt kręgowych, ryb. Z rodziny ryb wyłoniły się dwa unikalne przekształcenia, żaba i salamandra. To właśnie żaba zapoczątkowała serie progresywnych zróżnicowań w życiu zwierzęcym, które na koniec osiągnęły swą kulminację w samym człowieku.

Żaba jest jednym z najwcześniejszych, zachowanych przodków gatunku ludzkiego, ale nie rozwinęła się; pozostaje dzisiaj podobna do tej z odległych czasów. Żaba jest jedynym gatunkiem z przodków wczesnego człowieka, jaki obecnie żyje na powierzchni Ziemi. Gatunek ludzki nie ma innych, ocalałych przodków, pomiędzy żabą a Eskimosem.

Żaba dała początek gadom, tej wielkiej rodzinie zwierzęcej, która prawie wymarła, ale zanim przestała istnieć, zapoczątkowała całą rodzinę ptaków i liczne gatunki ssaków.

Prawdopodobnie największy, pojedynczy skok w całej przedludzkiej ewolucji dokonał się wtedy, kiedy gad stał się ptakiem. Współczesne gatunki ptaków – orły, kaczki, gołębie i strusie – wszystkie pochodzą od wielkich gadów z bardzo dawnych czasów.

Królestwo gadów, wywodzących się z rodziny żab, reprezentują dzisiaj cztery przetrwałe grupy: dwie nierozwojowe, węże i jaszczurki, wraz z ich kuzynami aligatorami i żółwiami; jedna częściowo rozwojowa, rodzina ptaków, oraz czwarta, przodkowie ssaków i prosta linia rodowodowa gatunku ludzkiego. Masywność tej grupy gadów, która dawno wymarła, znajduje swe odbicie w słoniu i mastodoncie, podczas gdy jej formy specyficzne zachowały się w skaczących kangurach.

Zaledwie czternaście gromad zwierzęcych pojawiło się na Urantii, ryby stanowią ostatnią a od czasu ptaków i ssaków nie ukształtowały się nowe.

To właśnie ze zwinnego, małego, gadziego dinozaura o mięsożernych upodobaniach, ale ze stosunkowo dużym mózgiem, wykształciły się *nagle* ssaki łożyskowe. Ssaki te rozwinęły się gwałtownie oraz w wielu różnych kierunkach, nie tylko dając początek pospolitym odmianom współczesnym, lecz rozwijając się także w gatunki morskie, takie jak wieloryby i foki oraz w podróżników powietrznych, takich jak rodzina nietoperzy.

A zatem człowiek wykształcił się z wyższych ssaków, głównie z *zachodniego zaszczepienia* życia, dokonanego w pradawnych, osłoniętych morzach, rozciągających się na linii wschód-zachód. Wcześnie rozwinęła się pomyślnie *wschodnia* oraz *centralna grupa* żywych organizmów, w kierunku przedludzkich poziomów zwierzęcego bytu. Jednak upływały epoki a wschodnie ognisko lokalizacji życia nie zdołało osiągnąć odpowiedniego poziomu inteligentnego statusu przedludzkiego, cierpiąc na skutek wciąż powtarzających się, niepowetowanych strat wyższych gatunków plazmy zarodkowej, które na zawsze zostały pozbawione zdolności odbudowy potencjałów ludzkich.

Skoro we wschodniej grupie możliwość ukształtowania zdolności umysłowych była tak bardzo niska w porównaniu z dwoma innymi grupami, Nosiciele Życia, za zgodą swoich zwierzchników, tak kierowali środowiskiem, aby dodatkowo jeszcze ograniczyć te niższe, przedludzkie odgałęzienia rozwijającego się życia. Dla obserwatora z zewnątrz, eliminacja tych niższych grup stworzeń wydaje się przypadkowa, jednak w rzeczywistości była ona w pełni celowa.

Później, w trakcie ewolucyjnego rozwoju inteligencji, przodkowie gatunku ludzkiego, lemury, były znacznie bardziej zaawansowane w Ameryce Północnej niż w innych rejonach; dlatego były tak ukierunkowane, aby migrowały z zachodniego obszaru zaszczepienia życia, poprzez pomost lądowy Beringa i w dół wybrzeża Azji południowo-zachodniej, gdzie wciąż się rozwijały i korzystały z dodatku pewnych mutacji centralnej grupy życia. Zatem człowiek rozwinął się z pewnych zachodnich i centralnych odmian życia, ale w centralnych rejonach, rozciągających się aż po Bliski Wschód.

W ten sposób życie zaszczepione na Urantii rozwijało się do epoki lodowcowej, kiedy to we własnej osobie pojawił się człowiek i zaczął swą burzliwą, planetarną egzystencję. I to pojawienie się prymitywnego człowieka na Ziemi, podczas epoki lodowcowej, nie było przypadkowe, było zaplanowane. Zastosowana została surowość i ostrość klimatu ery lodowcowej do wytworzenia odpornego typu istoty ludzkiej, z dużymi możliwościami przetrwania.

3. WSPOMAGANIE EWOLUCJI

Bardzo trudno będzie wyjaśnić współczesnemu człowiekowi wiele dziwnych i pozornie groteskowych wypadków we wczesnym rozwoju ewolucyjnym. We wszystkich tych, pozornie dziwnych przeobrażeniach istot żywych, funkcjonował celowy plan, jednak nie mieliśmy zezwolenia arbitralnego mieszania się w rozwój form życiowych, po tym, jak raz zaczęły funkcjonować.

Nosiciele Życia mogą używać wszelkich możliwych środków naturalnych i mogą korzystać ze wszystkich przypadkowych okoliczności, jakie będą sprzyjać rozwojowi w trakcie eksperymentu życia, ale nie wolno nam interweniować mechanicznie, zarówno w życie roślin jak i w ewolucję zwierząt, czy też arbitralnie manipulować jej przebiegiem i kierunkiem.

Zostaliście poinformowani, że śmiertelnicy na Urantii ukształtowali się dzięki rozwojowi prymitywnej żaby i że ta, rozwojowa mutacja, przenoszona w potencjale pojedynczej żaby, o włos uniknęła zagłady w pewnej sytuacji. Nie należy jednak wyciągać stąd wniosku, że ewolucja ludzkości mogła zakończyć się przez przypadek w tym punkcie. Dokładnie w tamtym momencie obserwowaliśmy już i rozwijaliśmy nie mniej niż tysiąc zróżnicowanych i oddalonych od siebie, mutujących się odmian życia, które mogły zostać ukierunkowane na rozmaite, zróżnicowane formy rozwoju przedludzkiego. Ten konkretny żabi przodek reprezentuje nasz trzeci wybór; dwie pierwsze odmiany życia przepadły, wbrew wszelkim naszym próbom ich zachowania.

Nawet utrata Andona i Fonty, zanim zdołaliby mieć potomstwo, nie mogła przeszkodzić w ewolucji ludzkiej, choć opóźniłaby ją. Po pojawieniu się Andona i Fonty i zanim się wyczerpały ulegające mutacji ludzkie potencjały życia zwierzęcego, ukształtowało się przynajmniej siedem tysięcy wartościowych gatunków, które mogły osiągnąć pewien typ ludzkiego rozwoju. I wiele tych, lepszych gatunków, zostało później przyswojone przez różne odgałęzienia rozwijającego się rodzaju ludzkiego.

Na długo przedtem, nim udoskonalacze biologiczni, Materialny Syn i Materialna Córka przybyli na planetę, ludzkie potencjały rozwijających się gatunków zwierzęcych zostały wyczerpane. Nosiciele Życia obserwują biologiczny status życia zwierzęcego dzięki zjawisku trzeciego stadium aktywizacji duchów przybocznych, co następuje automatycznie wraz z wyczerpaniem się u całego życia zwierzęcego możliwości zapoczątkowania potencjałów mutacji jednostek przedludzkich.

Ludzkość na Urantii musi rozwiązać problemy rozwojowe swego gatunku za pomocą takiego surowca ludzkiego, jaki ma teraz – przez całą przyszłość nie rozwinie się więcej odmian ze źródeł przedludzkich. Jednak to nie wyklucza możliwości osiągnięcia bardzo wysokich poziomów rozwoju człowieka, dzięki inteligentnemu popieraniu tych potencjałów ewolucyjnych, jakie wciąż istnieją w gatunku ludzkim. Dokładnie to, co my, Nosiciele Życia, robimy w kierunku wspomagania i zachowania gatunków żyjących przed pojawieniem się woli ludzkiej, człowiek musi zrobić dla siebie po pojawieniu się woli i po naszym wycofania się z czynnego udziału w ewolucji. Generalnie, ewolucyjne przeznaczenie człowieka jest w jego własnych rękach a naukowa mądrość wcześniej czy później musi zastąpić przypadkowe działanie niekontrolowanego doboru naturalnego i przypadkowe przeżywanie.

Przy omawianiu wspomagania ewolucji, nie od rzeczy będzie podkreślić, że w tej długiej przyszłości, jaka jest przed wami, gdy być może zostaniecie kiedyś przydzieleni do korpusu Nosicieli Życia, będziecie mieć wystarczające i liczne możliwości przedłożenia propozycji oraz poczynienia jakichkolwiek możliwych udoskonaleń w planach i metodach ukierunkowania życia i jego zaszczepiania. Bądźcie cierpliwi! Jeśli macie dobre pomysły, jeśli wasze głowy obfitują lepszymi metodami administrowania jakąkolwiek częścią domen wszechświatowych, na pewno będziecie mogli je przedstawić waszym towarzyszom i braciom administratorom w przyszłych epokach.

4. URANTIAŃSKA EPOPEJA

Nie zapomnijcie o tym, że Urantia została nam przydzielona jako świat eksperymentu życia. Na tej planecie dokonaliśmy naszej sześćdziesiątej próby modyfikacji, a w miarę możliwości udoskonalenia, satanijskiej adaptacji nebadońskich planów życia i należy podkreślić, że dokonaliśmy licznych, korzystnych udoskonaleń standardowych wzorów życia. Ściślej mówiąc, wypracowaliśmy na Urantii i odpowiednio zademonstrowaliśmy co najmniej dwadzieścia osiem cech zmodyfikowanego życia, które w przyszłości mogą być użyteczne w całym Nebadonie.

Stworzenie życia na jakimkolwiek świecie nigdy nie jest eksperymentalne w tym sensie, że próbuje się dokonać czegoś nie wypróbowanego i nieznanego. Ewolucja życia jest zawsze progresywną procedurą, zróżnicowaną i zmienną, ale nigdy nie jest przypadkowa, niekontrolowana ani też zupełnie eksperymentalna w sensie przypadkowości.

Wiele cech życia ludzkiego niesie obfite świadectwo temu, że fenomen śmiertelnej egzystencji był inteligentnie planowany, że ewolucja organiczna nie jest zwykłym kosmicznym przypadkiem. Kiedy żywa komórka jest uszkodzona, potrafi wypracować pewne substancje chemiczne, które mogą stymulować i aktywizować sąsiednie, normalne komórki, tak, że te natychmiast zaczynają wydzielać pewne substancje, które przyspieszają proces gojenia się rany; a równocześnie te normalne i nieuszkodzone komórki zaczynają się rozmnażać – faktycznie zaczynają wytwarzać nowe komórki, tak, aby zastąpić jakiekolwiek sąsiednie komórki, które mogły zostać zniszczone przez wypadek.

Ta akcja i reakcja chemiczna, występująca podczas gojenia się ran i rozmnażania komórek, obrazuje fakt wybrania przez Nosicieli Życia formuły, obejmującej ponad sto tysięcy stadiów i właściwości możliwych reakcji chemicznych oraz ich biologicznych reperkusji. Nosiciele Życia przeprowadzili w swych laboratoriach ponad pół miliona szczegółowych eksperymentów, zanim ostatecznie dopracowali tę recepturę dla eksperymentu życia na Urantii.

Kiedy naukowcy Urantii dowiedzą się więcej o tych gojących substancjach chemicznych, będą lepiej leczyć rany a pośrednio zdobędą wiedzę dotyczącą leczenia pewnych poważnych chorób.

Od tego czasu, gdy na Urantii zostało stworzone życie, Nosiciele Życia ulepszyli tę metodę gojenia i została ona wprowadzona na innym świecie w Satanii, gdyż znacznie łagodzi ból i lepiej kontroluje zdolności rozmnażania się normalnych komórek, otaczających komórkę uszkodzoną.

Eksperyment z życiem na Urantii ma wiele unikalnych cech, jednak dwa jego nadzwyczaj ciekawe zdarzenia to pojawienie się rasy Andonowej przed ewolucją sześciu ludów kolorowych i późniejsze, jednoczesne pojawienie się mutantów sangikowych w jednej rodzinie. Urantia jest pierwszym światem w Satanii, na którym sześć ras kolorowych powstało w jednej rodzinie ludzkiej. Normalnie powstają one w różnorodnych grupach ludzkich, z niezależnych mutacji w obrębie przedludzkiego gatunku zwierzęcego i pojawiają się zazwyczaj na świecie pojedynczo i kolejno, w długich odcinkach czasowych, zaczynając od człowieka czerwonego i dalej, aż do koloru indygo.

Innym nadzwyczajnym odejściem od procedury było późne przybycie Księcia Planetarnego. Z reguły, książę pojawia się na planecie mniej więcej w czasie ukształtowania się woli i zgodnie z takim planem Caligastia mógł przybyć na Urantię nawet za życia Andona i Fonty, zamiast prawie pięćset tysięcy lat później, równocześnie z pojawieniem się sześciu ras sangikowych.

Zwykłemu, zamieszkałemu światu, Książę Planetarny byłby przydzielony na prośbę Nosicieli Życia w czasie pojawienia się Andona i Fonty, lub jakiś czas później. Jednak Urantia była planetą wyznaczoną do modyfikacji życia i zgodnie ze wstępnym porozumieniem Melchizedecy-obserwatorzy, w liczbie dwunastu, byli wysłani jako doradcy Nosicieli Życia i jako nadzorcy planety, aż do momentu późniejszego przybycia Księcia Planetarnego. Melchizedecy przybyli wtedy, kiedy Andon i Fonta poczynili te decyzje, które umożliwiły Dostrajaczom Myśli zamieszkanie ich ludzkich umysłów.

Działalność Nosicieli Życia na Urantii, która miała na celu udoskonalenie wzorów życia w Satanii, siłą rzeczy zaowocowała wytworzeniem wielu pozornie bezużytecznych form życia przejściowego. Jednak wynikające stąd zyski są dostateczne, żeby uzasadnić urantiańską modyfikację standardowych planów życia.

Naszym zamiarem było wytworzenie wczesnych przejawów woli w ewolucyjnym życiu Urantii i to się nam udało. Zazwyczaj wola się nie pojawia, dopóki rasy kolorowe nie istnieją odpowiednio długo i z reguły występuje najpierw u wyższych typów człowieka czerwonego. Wasz świat jest jedyną planetą w Satanii, gdzie ludzki rodzaj woli pojawił się w rasie poprzedzającej rasy kolorowe.

Jednak w naszych wysiłkach, zmierzających do wytworzenia tych kombinacji i związków czynników dziedzicznych, które w końcu dały początek ssakom, przodkom gatunku ludzkiego, stanęliśmy twarzą w twarz z koniecznością dopuszczenia do powstania setek i tysięcy innych, względnie nieprzydatnych kombinacji i związków czynników dziedzicznych. Z pewnością zwrócicie uwagę na wiele tych, pozornie dziwnych produktów ubocznych naszych wysiłków, kiedy będziecie się wkopywać w waszą planetarną przeszłość i dobrze zdaję sobie sprawę z tego, jak intrygujące muszą być niektóre z tych rzeczy dla ograniczonego, ludzkiego punktu widzenia.

5. ZMIENNE KOLEJE ŻYCIA EWOLUCYJNEGO

My, Nosiciele Życia, bardzo ubolewamy z tego powodu, że nasze specjalne wysiłki modyfikacji inteligentnego życia na Urantii zostały tak bardzo zniekształcone przez tragiczne wynaturzenia, pozostające poza naszą kontrolą: przez zdradę Caligastii i odstępstwo adamiczne.

Jednak w całej naszej biologicznej epopei największego zawodu doznaliśmy wtedy, gdy pewne prymitywne formy życia roślinnego wróciły do przedchlorofilowych poziomów bakterii pasożytniczych, na tak szeroką i niespodziewaną skalę. Taki wypadek, w ewolucji życia roślinnego, spowodował powstanie wielu dokuczliwych chorób u wyższych ssaków, zwłaszcza u bardziej na nie podatnego gatunku ludzkiego. Kiedy zetknęliśmy się z tą kłopotliwą sytuacją, w pewnym sensie nie uwzględnialiśmy trudności z tym związanych, ponieważ wiedzieliśmy, że późniejsza domieszka adamicznej plazmy życia może tak wzmocnić siły odpornościowe powstałej w jej rezultacie mieszanej rasy, że praktycznie uodporni ją na wszelkie choroby, wytwarzane przez organizmy typu roślinnego. Jednak nasze oczekiwania się nie spełniły, z uwagi na nieszczęście adamicznego odstępstwa.

Wszechświat wszechświatów, wraz z małym światem zwanym Urantią, nie jest rządzony ani po to, aby zyskać naszą aprobatę, ani też po to, aby służyć naszej wygodzie a jeszcze mniej, aby zaspokajać nasze kaprysy i zadośćuczynić naszej ciekawości. Mądre i wszechmocne istoty, odpowiedzialne za kierowanie wszechświatem, bez wątpienia dokładnie wiedzą, o co im chodzi; zatem przystoi Nosicielom Życia i wypada ludzkim intelektom cierpliwie czekać i serdecznie współpracować z władaniem mądrości, z rządami mocy i z marszem postępu.

Istnieją oczywiście pewne rekompensaty za cierpienia, a jedną z nich jest obdarzenie, dokonane przez Michała na Urantii. Niezależnie jednak od wszystkich takich rozważań, nowi niebiańscy władcy tej planety są całkowicie pewni ostatecznego ewolucyjnego tryumfu gatunku ludzkiego oraz ostatecznej windykacji naszych pierwotnych planów i wzorów życia.

6. EWOLUCYJNE TECHNOLOGIE ŻYCIA

Nie można ściśle określić, równocześnie, dokładnej lokalizacji oraz prędkości poruszającego się obiektu; jakakolwiek próba pomiaru jednego z tych parametrów nieuchronnie prowadzi do zmiany drugiego. Taki sam rodzaj paradoksu staje przed śmiertelnym człowiekiem, kiedy zabiera się do analizy chemicznej protoplazmy. Chemik może wyjaśnić chemię *martwej* protoplazmy, ale nie może dostrzec ani organizacji fizycznej ani dynamicznego funkcjonowania *żywej* protoplazmy. Naukowiec wciąż będzie się zbliżać do poznania tajemnic życia, ale nigdy ich nie odkryje, z tej prostej przyczyny, że najpierw musi zabić protoplazmę, aby potem poddać ją analizie. Martwa protoplazma waży tyle samo, co żywa protoplazma, ale to nie jest ta sama protoplazma.

Żywe rzeczy i istoty są wstępnie wyposażone w zdolności adaptacyjne. W każdej *żywej* roślinie czy komórce zwierzęcej, w każdym *żywym* organizmie – materialnym czy duchowym – istnieje nienasycone pragnienie osiągnięcia coraz większej doskonałości w dostosowaniu się do środowiska, w adaptacji organizmu i we wzmożonym urzeczywistnieniu życia. Takie właśnie, nieustające wysiłki wszystkich rzeczy żywych, dowodzą, że istnieje w nich wrodzone dążenie do doskonałości.

Najważniejszym krokiem w ewolucji roślin było wykształcenie zdolności wytwarzania chlorofilu a drugim po nim postępem było przekształcenie zarodnika w złożone nasienie. Zarodnik jest najbardziej skutecznym środkiem reprodukcyjnym, ale brakuje mu potencjałów różnorodności i wszechstronności, właściwych nasieniu.

Jednym z najbardziej pożytecznych i kompleksowych ewenementów w ewolucji wyższych gatunków zwierząt jest wykształcenie takich możliwości, aby żelazo pełniło podwójną rolę w krążących komórkach krwi, aby przenosiło tlen i usuwało dwutlenek węgla. Takie działanie czerwonych ciałek krwi ukazuje, jak rozwijające się organizmy potrafią dostosować swe funkcjonowanie do zróżnicowanego lub zmiennego środowiska. Wyższe zwierzęta, z człowiekiem włącznie, dotleniają swe tkanki dzięki funkcjonowaniu żelaza w czerwonych ciałkach krwi, które dostarcza tlenu żywym komórkom i tak samo skutecznie usuwa dwutlenek węgla. Jednak inne metale mogą również służyć do tego celu. Mątwa używa do tych funkcji miedzi a żachwa wanadu.

Dalszy ciąg takich biologicznych adaptacji obrazuje ewolucja zębów u wyższych ssaków Urantii; ich liczba dochodziła do trzydziestu sześciu u odległych przodków człowieka, potem zaczęło się adaptacyjne dostosowanie do trzydziestu dwóch u wczesnego człowieka i jego bliskich krewnych. Obecnie gatunek ludzki powoli dochodzi do dwudziestu ośmiu. W rozwoju tej planety proces ewolucyjny wciąż jest czynnikiem aktywnym i adaptacyjnym.

Jednak wiele pozornie tajemniczych adaptacji organizmów żywych jest czysto chemicznej natury, są one zupełnie materialne. W dowolnym punkcie czasowym, w strumieniu krwi jakiejkolwiek istoty ludzkiej istnieje możliwość przeprowadzenia ponad 15.000.000 reakcji chemicznych pomiędzy wytworami hormonalnymi tuzina gruczołów wydzielania wewnętrznego.

Niższe formy życia roślinnego reagują wyłącznie na otoczenie fizyczne, chemiczne i elektryczne. Jednak w miarę wznoszenia się na skali życia, zaczynają działać służby umysłowe siedmiu duchów przybocznych, jeden po drugim i umysł staje się coraz bardziej przystosowawczy, twórczy, koordynujący i panujący. Możliwości przystosowania się zwierząt do powietrza, wody i lądu nie są wyposażeniem nadprzyrodzonym, ale dostosowaniem nadmaterialnym.

Sama fizyka i chemia nie potrafią wytłumaczyć, w jaki sposób ukształtował się człowiek z pierwotnej protoplazmy dawnych mórz. Zdolność uczenia się, pamięć i zróżnicowane reakcje na otoczenie, są wyposażeniem umysłu. Prawa fizyki nie reagują na nauczanie; są one stałe i niezmienne. Edukacja nie zmienia reakcji chemicznych; są one nieodmienne i trwałe. Oddziaływania elektryczne i chemiczne są przewidywalne, poza obecnością Absolutu Nieuwarunkowanego. Jednak umysł może korzystać z doświadczenia, może się uczyć z behawioralnych nawyków reagowania w odpowiedzi na powtarzalność bodźca.

Organizmy, zanim zdobędą inteligencję, reagują na bodźce środowiskowe, ale te organizmy, które reagują na służby umysłowe, mogą dostosowywać środowisko do siebie oraz nim kierować.

Materialny mózg, wraz ze związanym z nim systemem nerwowym, posiada wrodzone zdolności reagowania na służby umysłu, tak jak rozwijający się umysł osoby posiada pewne, wrodzone własności wyczuwania ducha i dlatego też zawiera potencjały rozwoju duchowego i osiągnięć duchowych. Ewolucja intelektualna, społeczna, moralna i duchowa zależna jest od służby umysłowej siedmiu duchów przybocznych oraz ich nadmaterialnych towarzyszy.

7. EWOLUCYJNE POZIOMY UMYSŁU

Siedem przybocznych umysłów-duchów jest wszechstronnymi opiekunami umysłu niższych bytów inteligentnych wszechświata lokalnego. Ta klasa umysłu dostarczana jest z zarządu wszechświata lokalnego albo z jakiegoś świata z nim związanego, istnieje jednak znaczne ukierunkowanie funkcjonowania niższego umysłu, działające ze stolic systemu.

Na świecie ewolucyjnym bardzo wiele zależy od pracy tych siedmiu przybocznych. Są oni jednak służbą umysłową; nie interesują się ewolucją materialną, która jest domeną Nosicieli Życia. Tym niemniej to właśnie doskonała integracja duchowych wyposażeń z zarządzoną i naturalną procedurą porządku, właściwego dla Nosicieli Życia i kształtowanego przez nich, odpowiedzialna jest za niemożność dostrzeżenia przez śmiertelnika niczego więcej w fenomenie umysłu, niż ręki natury i wyniku naturalnego procesu, chociaż czasami jesteście skonfundowani, gdy wyjaśniacie całość tego wszystkiego, co dotyczy naturalnych reakcji umysłu, jak jest związany z materią. I gdyby Urantia funkcjonowała lepiej skoordynowana z pierwotnymi planami, zauważylibyście jeszcze mniej tego, co przykuwa waszą uwagę w fenomenie umysłu.

Siedem przybocznych duchów bardziej przypomina obwody niż byty a na normalnych światach są one objęte obwodem, razem z innymi przybocznymi, działającymi na obszarze wszechświata lokalnego. Jakkolwiek na planetach życia eksperymentalnego, są one stosunkowo odosobnione. Na Urantii, ze względu na unikalną naturę jej wzorów życia, niżsi przyboczni mają znacznie większe trudności w kontaktowaniu się z ewolucyjnymi organizmami, niż miałoby to miejsce w przypadku bardziej standaryzowanego typu wyposażenia życia.

Oprócz tego, na przeciętnym świecie ewolucyjnym, siedem duchów przybocznych jest znacznie lepiej zsynchronizowane z zaawansowanymi stadiami rozwoju zwierzęcego, niż miało to miejsce na Urantii. Poza jednym tylko wyjątkiem, w swych kontaktach z umysłami rozwijających się organizmów Urantii przyboczni doznają największych trudności, jakie kiedykolwiek mieli podczas działania w całym wszechświecie Nebadon. Jeśli idzie o reakcje organizmu, ukształtowało się na tym świecie wiele rodzajów fenomenów z pogranicza – dezorientujących kombinacji mechanicznych, nie uczących się gatunków oraz gatunków niemechanicznych, uczących się.

Siedem duchów przybocznych nie kontaktuje się z tymi gatunkami organizmów, które reagują na otoczenie czysto mechanicznie. Takie przedinteligentne reakcje organizmów żywych należą wyłącznie do domen energii centrów mocy, kontrolerów fizycznych i ich pomocników.

Nabycie potencjału zdolności *uczenia się* z doświadczenia znamionuje początek funkcjonowania duchów przybocznych, a działają one od najniższych umysłów prymitywnych i niewidzialnych bytów, aż do gatunków najwyższych w ewolucyjnej skali istot ludzkich. Są źródłem i wzorem bardziej czy mniej tajemniczego zachowania się i niezupełnie zrozumiałych, szybkich reakcji umysłu na otoczenie materialne. Te oddane i zawsze niezawodne wpływy długo muszą pełnić swą wstępną służbę, zanim zwierzęcy umysł osiągnie ludzki poziom podatności duchowej.

Przyboczni funkcjonują wyłącznie w trakcie ewolucji umysłu doświadczającego, aż do poziomu szóstego stadium, do ducha czci. Na tym poziomie następuje nieuniknione nakładanie się służb – zjawisko sięgania w dół tego, co wyższe, aby koordynować to, co niższe, w przewidywaniu dalszego osiągania zaawansowanych poziomów rozwoju. Dodatkowa jeszcze służba duchowa towarzyszy działalności siódmego i ostatniego przybocznego, ducha mądrości. W trakcie funkcjonowania służb świata duchowego, jednostka nigdy nie doznaje nagłych przemian we współpracy duchowej; zmiany te są zawsze stopniowe i obustronne.

Zawsze należy rozróżniać domeny fizycznej (elektrochemicznej) i umysłowej reakcji na stymulację środowiskową a one z kolei muszą być traktowane jako zjawiska odrębne od funkcji duchowych. Domeny grawitacji, fizycznej, umysłowej i duchowej, są oddzielnymi domenami rzeczywistości kosmicznej, niezależnie od swych bliskich, wzajemnych związków.

8. EWOLUCJA W CZASIE I PRZESTRZENI

Czas i przestrzeń są nierozerwalnie ze sobą związane; istnieje pomiędzy nimi naturalny związek. Opóźnienia czasowe są nieuniknione przy zaistnieniu pewnych warunków przestrzennych.

Jeśli zużywanie tak wielkiej ilości czasu na wprowadzenie ewolucyjnych zmian w rozwoju życia powoduje konsternację, pragnę oświadczyć, że nie możemy przyspieszyć procesu rozwoju życia bardziej, niż na to pozwalają fizyczne przemiany planety. Musimy czekać na naturalny, fizyczny rozwój planety; zupełnie nie mamy wpływu na ewolucję geologiczną. Gdyby fizyczne warunki na to pozwoliły, moglibyśmy zaaranżować kompletną ewolucję życia w czasie znacznie krótszym niż milion lat. Podlegamy jednak jurysdykcji Najwyższych Władców z Raju a w Raju czas nie istnieje.

Dla jednostki miarą czasu jest długość jej życia. Zatem wszyscy stworzeni uwarunkowani są czasem i dlatego też traktują ewolucję jako bardzo przewlekły proces. Dla tych z nas, dla których rozpiętość życia nie jest ograniczona doczesną egzystencją, ewolucja nie wydaje się sprawą aż tak długotrwałą. W Raju, gdzie czas nie istnieje, wszystkie te rzeczy *są obecne* w umyśle Nieskończonego i w działaniach Wieczności.

Tak jak ewolucja umysłu zależna jest od powolnego kształtowania się warunków materialnych i jest przez nie opóźniana, tak i postęp duchowy zależy od rozwoju umysłowego i nieodmiennie jest odwlekany przez opóźnienia intelektualne. Nie oznacza to jednak, że ewolucja duchowa zależy od edukacji, kultury czy mądrości. Dusza może się rozwinąć niezależnie od kultury umysłowej, ale nie przy braku umysłowych zdolności i dążeń – wyboru wiecznego życia i decyzji osiągania coraz większej doskonałości – czynienia woli Ojca w niebie. Chociaż zdobycie wiecznego życia może być niezależne od posiadania wiedzy i mądrości, postęp zależy od nich z całą pewnością.

W kosmicznych laboratoriach ewolucyjnych umysł zawsze panuje nad materią a duch zawsze jest wzajemnie związany z umysłem. Brak synchronizacji i koordynacji tych zróżnicowanych wyposażeń może wywołać opóźnienia w czasie, ale jeśli jednostka naprawdę zna Boga i pragnie go znaleźć i stać się jemu podobna, wtedy wieczne życie jest pewne, niezależnie od czasowych opóźnień. Status materialny może wypaczyć umysł a wynaturzenie psychiczne może opóźnić sukces duchowy, ale żadna z tych przeszkód nie może unieważnić wyboru woli, poczynionego w głębi duszy.

Kiedy dojrzeją warunki materialne, mogą nastąpić *nagłe* przeobrażenia w psychice; kiedy stan umysłu temu sprzyja, mogą się zdarzyć *nagłe* przemiany duchowe; kiedy wartości duchowe zostaną odpowiednio zaakceptowane, wtedy znaczenia kosmiczne staną się dostrzegalne a osobowość coraz bardziej uwalnia się od limitów czasu i wyzwala się z ograniczeń przestrzeni.

[Nadzorowane przez Nosiciela Życia z Nebadonu, przebywającego stale na Urantii].

PRZEKAZ 66

PLANETARNY KSIĄŻĘ URANTII

KIEDY Syn Lanonandek przybywa na przeciętny świat, oznacza to, że wola, możliwość wyboru drogi wiecznego bytu, ukształtowała się w umyśle prymitywnego człowieka. Jednak na Urantię Książę Planetarny przybył prawie pół miliona lat po pojawieniu się woli ludzkiej.

Około pięćset tysięcy lat temu, razem z pojawieniem się sześciu kolorowych czy sangikowych ras, przybył na Urantię Caligastia, Książę Planetarny. W czasie przybycia Księcia żyło na Ziemi prawie pół miliarda prymitywnych istot ludzkich, rozrzuconych po Europie, Azji i Afryce. Stolica Księcia, założona w Mezopotamii, znajdowała się prawie w centrum tej światowej populacji.

1. KSIĄŻĘ CALIGASTIA

Caligastia był Synem Lanonandekiem klasy drugiej, o numerze 9.344. Miał on ogólne doświadczenie w administracji wszechświata lokalnego a w ostatnich epokach zwłaszcza w kierowaniu systemem lokalnym Satania.

Zanim Lucyfer zaczął władać w Satanii, Caligastia był przydzielony do rady konsultacyjnej Nosicieli Życia na Jerusem. Lucyfer awansował Caligastię na stanowisko w swoim personelu osobistym a ten wykonał bezbłędnie pięć kolejnych, zaszczytnych, powierzonych mu zadań.

Caligastia bardzo wcześnie starał się o nominację na Księcia Planetarnego, kiedy jednak składał odpowiednią prośbę w radach konstelacji, wiele razy Ojcowie Konstelacji nie wyrażali zgody. Jak się wydaje Caligastia szczególnie pragnął, żeby go wysłano w charakterze władcy planetarnego do świata dziesiętnego czy też modyfikacji życia. Kilka razy jego petycja była odrzucana, zanim w końcu przydzielono mu Urantię.

Caligastia wyleciał z Jerusem do powierzonego mu, światowego dominium, z pozazdroszczenia godnym świadectwem lojalności i oddania dla wszechświata, z którego pochodził, pomimo pewnej, charakterystycznej dla niego niecierpliwości, wraz z tendencją do nie zgadzania się z ustanowionym porządkiem w pewnych drobnych sprawach.

Byłem wtedy na Jerusem, kiedy utalentowany Caligastia odlatywał ze stolicy systemu. Żaden książę planetarny nigdy nie rozpoczynał swej kariery władcy światowego z bogatszym przygotowaniem czy z lepszymi perspektywami niż Caligastia, tego pamiętnego dnia, pół miliona lat temu. Jedna rzecz jest pewna: gdy pełniłem swe obowiązki, umieszczając informację o tym zdarzeniu w transmisji wszechświata lokalnego, nigdy, nawet przez chwilę nie żywiłem najmniejszego podejrzenia, że ten szlachetny Lanonandek może tak szybko zdradzić święte powiernictwo opieki nad planetą i tak strasznie splamić dobre imię swej chwalebnej klasy wszechświatowego synostwa. Naprawdę sądziłem, że Urantia zalicza się do pięciu czy sześciu najszczęśliwszych planet w całej

Satanii, dlatego właśnie, że miała dostać tak doświadczony, błyskotliwy i oryginalny umysł na sternika swych spraw światowych. Nie pojmowałem wtedy, że w skrytości ducha Caligastia stał się samolubny; nie rozumiałem wtedy tak dogłębnie subtelności dumy osobistej.

2. PERSONEL KSIĘCIA

Planetarny Książę Urantii nie został wysłany na swą misję sam, ale w towarzystwie zwykłego w takich wypadkach korpusu asystentów i pomocników administracyjnych.

Na czele tej grupy stał Daligastia, towarzysz i asystent Księcia Planetarnego. Daligastia również był Synem Lanonandekiem klasy drugiej i miał numer 319.407. Kiedy został przydzielony Caligastii za towarzysza, miał stopień asystenta.

Planetarny personel obejmował znaczną liczbę pomocników anielskich oraz zastęp innych istot niebiańskich, wysłanych, aby pracowały dla dobra i pomyślności gatunku ludzkiego. Jednak z waszego punktu widzenia najbardziej interesującą ze wszystkich grupą byli cieleśni członkowie personelu Księcia – nazywani czasem *setką Caligastii.*

Ta setka zmaterializowanych na nowo członków personelu Księcia została wybrana przez Caligastię spośród 785.000 wznoszących się obywateli Jerusem, którzy się zgłosili na urantiańską epopeję. Każdy z tej setki wybranych istot był z innej planety i żaden nie pochodził z Urantii.

Jerusemici ochotnicy przewiezieni zostali na Urantię transportem seraficznym bezpośrednio ze stolicy systemu, a po przybyciu pozostawali objęci serafinem tak długo, aż mogli otrzymać formy dla ich osobowości podwójnej natury, przeznaczone do specjalnej służby planetarnej, dokładnie ziemskie ciała z krwi i kości, ale dostrojone także do życiowych obwodów systemu.

Jakiś czas przed przybyciem tych stu obywateli jerusemskich, dwu przebywających na Urantii nadzorujących Nosicieli Życia, po uprzednim ukończeniu swych zadań, zwróciło się do Jerusem i Edentii o zezwolenie na transplantację plazmy życia z setki wybranych osobników, pozostałych z resztek rasy Andona i Fonty, w materialne ciała przeznaczone dla cielesnych członków personelu Księcia. Zezwolenie zostało wydane na Jerusem i potwierdzone na Edentii.

W związku z tym Nosiciele Życia wybrali pięćdziesięciu mężczyzn i pięćdziesiąt kobiet z potomstwa Andona i Fonty, reprezentujących najlepsze przetrwałe cechy tej unikalnej rasy. Za wyjątkiem jednego czy dwu przypadków, ci andoniczni kontrybuenci w rozwój gatunku ludzkiego nie znali się nawzajem. Zostali zebrani na granicy planetarnej stolicy Księcia z wielu oddalonych od siebie miejsc, dzięki skoordynowanemu kierownictwu Dostrajaczy Myśli i przewodnictwu seraficznemu. Tutaj, stu ludzkich osobników zostało oddanych w ręce wysoce wyspecjalizowanej, ochotniczej komisji z Avalonu, która kierowała pobieraniem próbek plazmy życia od tych potomków Andona. Ten żywy materiał został potem przeniesiony do materialnych ciał, wytworzonych na użytek stu Jerusemitów, członków personelu Księcia. W międzyczasie, nowoprzybyli obywatele stolicy systemu trzymani byli w stanie uśpienia, właściwym dla transportu seraficznego.

Takie poczynania, razem z dosłownym wytworzeniem specjalnych ciał dla setki Caligastii, dały początek licznym legendom, z których wiele zostało potem pomieszanych z późniejszymi podaniami o sprowadzeniu na planetę Adama i Ewy.

Cały proces ponownego uosobienia, od czasu przybycia transportu serafcznego, niosącego setkę ochotników z Jerusem, aż do odzyskania przez nich świadomości jako trojakich istot tej domeny, trwał dokładnie dziesięć dni.

3. DALAMATIA – MIASTO KSIĘCIA

Nad Zatoką Perską, w jej kształcie z tamtych czasów, na obszarze odpowiadającym późniejszej Mezopotamii, usytuowana została stolica Księcia Planetarnego.

Klimat i ukształtowanie terenu Mezopotamii były w tamtych czasach wyjątkowo sprzyjające dla prowadzenia zadań personelu Księcia i jego asystentów i bardzo się różniły od tych warunków, jakie później w pewnych okresach tam panowały. Posiadanie tak sprzyjającego klimatu było koniecznością, gdyż stanowił on część tego naturalnego środowiska, które miało skłonić prymitywnych Urantian do poczynienia pewnych, wstępnych kroków w kulturze i cywilizacji. Naczelnym zadaniem tych epok było przekształcenie człowieka z myśliwego w pasterza, w nadziei, że później zmieni się on w miłującego pokój rolnika, mieszkającego we własnym domu.

Siedziba Księcia Planetarnego na Urantii była typowa, jak dla tego rodzaju osad, zakładanych na młodej i rozwijającej się sferze. Centralną częścią osadnictwa Księcia było bardzo proste, ale piękne miasto, otoczone murem, którego wysokość przekraczała dwanaście metrów. To światowe centrum kultury zostało nazwane Dalamatią, na cześć Daligastii.

Miasto podzielone zostało na dziesięć części, w centrum każdej z nich znajdowały się pomieszczenia zarządu dziesięciu rad cielesnego personelu. W samym centrum miasta znajdowała się świątynia niewidzialnego Ojca. Centrale administracyjne Księcia i jego towarzyszy zostały rozmieszczone w dwunastu pomieszczeniach, zgrupowanych wokół świątyni.

Wszystkie budynki Dalamatii były parterowe, za wyjątkiem zarządów rad, które miały piętro i centralnej świątyni Ojca wszystkich, która była mała, ale wysoka na dwa piętra.

Miasto było przykładem doskonałego zastosowania materiału budowlanego z tamtych, dawnych czasów – cegły. Używano bardzo mało kamienia czy drewna. Konstrukcje domów oraz architektonika wsi otaczających plemion zostały znacznie udoskonalone, dzięki przykładowi, jaki dawała Dalamatia.

W pobliżu stolicy Księcia mieszkały istoty ludzkie wszystkich kolorów i warstw społecznych. To właśnie z tych, otaczających stolicę plemion, zwerbowani zostali pierwsi uczniowie szkół Księcia. Chociaż pierwsze szkoły Dalamatii nie były zbytnio zaawansowane, robiły one wszystko, co można było zrobić dla mężczyzn i kobiet z tamtej, prymitywnej epoki.

Cielesny personel Księcia stale gromadził wokół siebie zaawansowane jednostki z otaczających plemion a po przeszkoleniu i zainspirowaniu tych uczniów, posyłał ich z powrotem, jako nauczycieli i przywódców do ich poszczególnych ludów.

4. WCZESNE DNI SETKI

Przybycie personelu Księcia wywarło wielkie wrażenie. Podczas gdy trzeba było prawie tysiąca lat, aby wiadomości o tym rozniosły się szeroko, plemiona żyjące w pobliżu mezopotamskiej stolicy były pod wielkim wpływem nauk i postępowania tej setki obcych istot, przebywających na Urantii. I wiele waszej późniejszej mitologii powstało ze zniekształconych legend, nawiązujących do tych dawnych czasów, kiedy to członkowie personelu Księcia zostali uosobieni na Urantii, jako nadludzie.

Pozaplanetarni nauczyciele napotkali poważne trudności, gdy chcieli wywierać pozytywny wpływ na śmiertelników, z powodu ludzkiej skłonności do uznawania ich za bogów, jednak Caligastia i setka – pięćdziesięciu mężczyzn i pięćdziesiąt kobiet – oprócz sposobu ich pojawienia się na Ziemi, nie uciekali się do nadnaturalnych metod ani nadludzkich oddziaływań.

Tym niemniej cielesny personel był nadludzki. Zaczęli oni swą misję na Urantii jako nadzwyczajne, trojakie istoty:

1. Byli cieleśni i zasadniczo byli ludźmi, jako że mieli w sobie prawdziwą plazmę życia jednej z ras ludzkich – Andonową plazmę życia Urantii.

Pod względem płci setka członków personelu Księcia podzielona była na dwie równe części, zgodnie ze swym pierwotnym stanem śmiertelników. Każda osoba z tej grupy mogła zostać rodzicem pewnej nowej klasy istot materialnych, jednak zostali oni dokładnie poinstruowani, żeby uciekać się do rodzicielstwa tylko w pewnych okolicznościach. Cielesny personel Księcia Planetarnego płodzi zazwyczaj swoich następców przed zakończeniem swej specjalnej służby planetarnej. Dzieje się to najczęściej w czasie przybycia Planetarnego Adama i Planetarnej Ewy, albo wkrótce po tym.

Te specjalne istoty miały zatem niewielkie pojęcie lub zgoła żadne, o tym, jaki rodzaj istot materialnych mógłby być wynikiem ich związku płciowego. I nigdy się tego nie dowiedziały; zanim przyszedł czas na to stadium ich pracy dla świata, cała ich organizacja uległa zniszczeniu w wyniku buntu a ci, którzy później pełnili rolę rodziców, zostali odizolowani od życiowych prądów systemu.

Kolor skóry i język zmaterializowanych członków personelu Caligastii był taki sam jak rasy Andonowej. Odżywiali się tak jak śmiertelnicy tej domeny, z tą jednak różnicą, że ich stworzone na nowo ciała zadowalały się w zupełności pożywieniem bezmięsnym. Był to jeden z tych czynników, który zadecydował o ich pobycie w ciepłych rejonach, obfitujących w owoce i orzechy. Praktyka życia na diecie bezmięsnej datuje się od czasów setki Caligastii, jako że zwyczaj ten rozprzestrzenił się tu i ówdzie, oddziałując na obyczaje odżywiania się wielu otaczających plemion, pochodzących od ludów ewolucyjnych, odżywiających się dawniej wyłącznie mięsem.

2. Setka składała się z istot materialnych a jednak nadludzkich, odtworzonych na Urantii, jako unikalni mężczyźni i kobiety wyższej i specjalnej klasy.

Członkowie tej grupy, pomimo, że posiadali tymczasowe obywatelstwo Jerusem, jak dotychczas nie zespolili się ze swoimi Dostrajaczami Myśli; a kiedy ci śmiertelnicy zgłosili się i zostali przyjęci na służbę planetarną, związaną ze zstępującymi klasami synostwa, ich Dostrajacze zostały odłączone. Tym niemniej ci Jerusemici byli istotami nadludzkimi – posiadali rozwinięte, wzniosłe dusze. Podczas życia śmiertelnika w ciele, dusza jest w stadium embrionalnym; rodzi się (zmartwychwstaje) w życiu morontialnym i rozwija na kolejnych światach morontialnych. I dusze setki Caligastii były w ten sposób rozwinięte, przez progresywne doświadczenia siedmiu światów-mieszkań, aż do statusu obywatelstwa Jerusem.

Personel Księcia, przestrzegając swych instrukcji, nie rozmnażał się płciowo, jednak starannie badał swe formy osobowościowe i dokładnie rozważał każde wyobrażalne stadium związku intelektualnego (umysłu) i morontialnego (duszy). Druga i siódma istota z grupy Danitów, w trzydziestym trzecim roku ich pobytu w Dalamatii, na długo przed ukończeniem muru, przypadkowo odkryły fenomen towarzyszący związkowi ich morontialnych jaźni (z założenia niepłciowych i niematerialnych); a rezultatem tego przeżycia były pierwsze, pierwotne istoty pośrednie. Nowe istoty były w pełni widzialne dla planetarnego personelu i ich boskich towarzyszy, jednak niewidzialne dla mężczyzn i kobiet z różnych plemion ludzkich. Z upoważnienia Księcia Planetarnego, cały jego cielesny personel zaczął tworzyć podobne istoty i wszystkim się powiodło, gdyż korzystali z instrukcji pionierskiej pary Danitów. W ten sposób personel Księcia powołał w końcu do bytu oryginalny korpus, złożony z 50.000 pośrednich pierwotnych.

Ten typ istot pośrednich był bardzo przydatny przy prowadzeniu spraw światowej stolicy; były one niewidzialne dla istot ludzkich, ale prymitywnych gości Dalamatii nauczano o tych niewidzialnych, częściowych duchach i cały świat duchowy tych rozwijających się śmiertelników przez epoki ograniczał się do istot pośrednich.

3. Setka Caligastii składała się z istot osobowo nieśmiertelnych albo nie umierających. W ich materialnych ciałach krążyły dopełniające antidota systemowych prądów życia; gdyby na skutek buntu nie utracili kontaktów z obwodami życia, żyliby bez końca, aż do przybycia kolejnych Synów Bożych albo do ich późniejszego zwolnienia w określonym czasie, aby mogli na nowo podjąć przerwaną podróż do Havony i Raju.

Te antidota-dopełnienia satanijskich prądów życia pochodziły z owocu drzewa życia, krzewu z Edentii, wysłanego na Urantię przez Najwyższych Ojców z Norlatiadeku w czasie przybycia Caligastii. W czasach Dalamatii drzewo to rosło na centralnym dziedzińcu świątyni niewidzialnego Ojca i to właśnie owoc drzewa życia umożliwiał materialnym i skądinąd śmiertelnym istotom z personelu Księcia żyć przez czas nieograniczony, jak długo miały do niego dostęp.

To superpożywienie, choć bezwartościowe dla ludzi ewolucyjnych, wystarczało w zupełności, aby zapewnić nieprzerwane życie setce Caligastii, a także setce zmodyfikowanych Andonitów, którzy z nimi współpracowali.

W związku z tym należy wyjaśnić, że kiedy stu Andonitów oddawało swą ludzką plazmę zarodkową dla członków personelu Księcia, Nosiciele Życia wprowadzili w ich śmiertelne ciała dopełniacz obwodów systemu i tym samym dali im możność życia równolegle z personelem, wiek za wiekiem, rzucając wyzwanie śmierci materialnej.

W końcu ta setka Andonitów została poinformowana o wkładzie, jaki wniosła w nowe postacie swych przełożonych i ta sama setka dzieci z plemion Andona trzymana była w stolicy, w charakterze osobistych asystentów cielesnego personelu Księcia.

5. ORGANIZACJA SETKI

Setka personelu Księcia została zorganizowana do celów służby w dziesięć autonomicznych rad, każda rada składała się z dziesięciu członków. Kiedy dwie lub więcej z tych dziesięciu rad spotykały się na wspólnym posiedzeniu, takiemu wspólnemu zgromadzeniu przewodniczył Daligastia. Dziesięć tych grup zorganizowane było następująco:

1. *Rada do spraw wyżywienia i dóbr* materialnych. Grupie tej przewodniczył Ang. Żywność, woda, odzież i materialny postęp gatunku ludzkiego były pod opieką tego sprawnego korpusu. Nauczali kopania studni, regulacji źródeł oraz irygacji. Tych, co mieszkali na dużych wysokościach i na północy, nauczali lepszych metod wyprawiania

skór, używanych na ubrania; później zostało wprowadzone tkactwo przez nauczycieli sztuki i nauki.

Wielkie postępy zrobiono w zakresie metod przechowywania żywności. Żywność zabezpieczano przez gotowanie, suszenie i wędzenie; w ten sposób stało się ono najwcześniejszą majętnością. Uczono ludzi jak się zabezpieczać przed głodem, który okresowo dziesiątkował świat.

2. *Komisja do spraw oswajania i używania zwierząt.* Rada ta zajmowała się selekcją i rozmnażaniem zwierząt najlepiej przystosowanych do pomocy istotom ludzkim w noszeniu ciężarów i transporcie, zwierząt będących źródłem żywności a później również tych, które służyły do uprawy roli. Bon kierował tą operatywną grupą.

Oswojonych zostało wiele gatunków użytecznych zwierząt, obecnie wymarłych, razem z niektórymi przetrwałymi do dzisiaj zwierzętami domowymi. Człowiek od dawna żył razem z psem a ludziom niebieskim udało się oswoić słonia. Krowa została tak krzyżowana przez staranną hodowlę, że stała się wartościowym źródłem żywności; masło i ser stały się pospolitymi składnikami ludzkiego pożywienia. Uczono ludzi jak używać wołu do przewożenia ciężarów, jednak koń został udomowiony dopiero w późniejszych czasach. Członkowie tej grupy po raz pierwszy uczyli ludzi używania koła do usprawnienia transportu.

W tamtych czasach zaczęto używać gołębi pocztowych, zabieranych w długą drogę w celu wysłania wiadomości lub wezwania pomocy. Grupie Bona udało się wyszkolić wielkie fandory na ptaki pasażerskie, ale wymarły one ponad trzydzieści tysięcy lat temu.

3. *Doradcy do spraw walki ze zwierzętami drapieżnymi.* Wczesny człowiek nie tylko musiał oswoić pewne zwierzęta, ale musiał się także nauczyć, jak zabezpieczyć się przed eksterminacją przez pozostałą, wrogą mu część świata zwierzęcego. Kapitanem tej grupy był Dan.

Pradawne mury miejskie miały chronić przed dzikimi zwierzętami, jak również zapobiegać niespodziewanym atakom ze strony wrogich ludzi. Ci, którzy żyli bez murów i w lasach, musieli mieszkać na drzewach, w chatach kamiennych, albo podtrzymywać ogień w nocy. Było zatem całkiem normalne, że ci nauczyciele spędzali wiele czasu na nauczaniu swych uczniów budowy lepszych pomieszczeń dla ludzi. Dzięki wprowadzeniu ulepszonych metod i zastosowaniu pułapek, zapanowano w znacznym stopniu nad zwierzętami.

4. *Wydział szerzenia i zachowywania wiedzy.* Ta grupa organizowała i ukierunkowywała czysto edukacyjne przedsięwzięcia w tych dawnych epokach. Przewodniczył jej Fad. Edukacyjne metody Fada polegały na nadzorowaniu pracy, w połączeniu z nauczaniem ulepszonych metod pracy. Fad sformułował pierwszy alfabet i zapoczątkował pismo. Alfabet zawierał dwadzieścia pięć liter. Ci wcześni ludzie jako materiału piśmiennego używali kory, glinianych tabliczek, płytek kamiennych, pewnej formy pergaminu, robionego z bitych młotem skór i prostej formy papieropodobnego materiału, robionego z gniazd os. Biblioteka Dalamatii, zniszczona wkrótce po malkontenctwie Caligastii, składała się z ponad dwu milionów oddzielnych zapisów i zwana była „domem Fada".

Człowiek niebieski lubił pismo alfabetyczne i dokonał wielkich postępów w tej dziedzinie. Człowiek czerwony wolał pismo obrazkowe, podczas gdy rasy żółte używały symboli dla słów i idei, podobnie jak to robią dzisiaj. Jednak ten alfabet i nie tylko on, został później stracony dla świata, w trakcie zamieszania jakie towarzyszyło buntowi. Odstępstwo Caligastii zniweczyło nadzieję świata na uniwersalny język, przynajmniej na wiele epok.

5. *Komisja do spraw wytwórczości i handlu.* Rada ta zajmowała się rozwojem wytwórczości w obrębie plemion i lansowaniem handlu pomiędzy różnymi, pokojowo usposobionymi grupami ludzkimi. Jej przywódcą był Nod. Grupa ta zachęcała do wszelkich form prymitywnej produkcji. Przyczyniła się ona bezpośrednio do podniesienia standardów życia, dostarczając wielu nowych dóbr, działających na wyobraźnię prymitywnego człowieka. Rozwinięto znacznie handel lepszą solą, produkowaną przez radę do spraw nauki i sztuki.

To właśnie pośród tych, oświeconych grup ludzkich, wykształconych w szkołach Dalamatii, stosowano pierwszy kredyt ekonomiczny. Z centralnej wymiany kredytowej ludzie dostawali żetony, akceptowane w zamian za rzeczywisty obiekt wymiany. Przez setki tysięcy lat świat nie udoskonalił tych metod biznesu.

6. *Kolegium religii objawionej.* Grupa ta działała powoli. Cywilizacja Urantii była dosłownie wykuwana pomiędzy młotami strachu a kowadłem konieczności. Jednak grupa ta dokonała znacznego postępu w swoich wysiłkach zastąpienia strachu przed stworzonym (kult duchów), strachem przed Stwórcą, zanim jej działania zostały przerwane przez późniejszą dezorientację, jaka nastąpiła w wyniku secesyjnego przewrotu. Szefem tej rady był Hap.

Nikt z personelu Księcia nie chciał dawać ludziom objawienia, aby nie komplikować ewolucji; przedstawiali objawienie tylko wtedy, gdy wyczerpano metody działań ewolucyjnych. Hap uległ jednak naciskom mieszkańców miasta, aby wprowadzić formę obrzędu religijnego. Jego grupa dała Dalamatianom siedem pieśni obrzędowych oraz codzienny zwrot pochwalny a na koniec uczyła ich „modlitwy Ojca", która brzmiała następująco:

„Ojcze wszystkich, którego Syna poważamy, spójrz na nas łaskawie. Zbaw nas od strachu przed wszystkim, z wyjątkiem strachu przed tobą. Niech nasi niebiańscy nauczyciele będą z nas dumni i zawsze kładź prawdę w nasze usta. Zbaw nas od przemocy i gniewu, daj nam poszanowanie dla naszych starszych i tego, co należy do naszych bliźnich. Daj nam w tym roku zielonych pastwisk i płodnych stad, ku radości serc naszych. Modlimy się o szybsze przyjście obiecanego doskonalącego i czynić będziemy twą wolę na tym świecie, tak jak inni czynią ją w zaświatach".

Chociaż personel Księcia ograniczony był do stosowania środków naturalnych i zwykłych metod doskonalenia gatunku ludzkiego, obiecywano ludziom dar adamiczny w postaci nowej rasy, aby pójść dalej w rozwoju ewolucyjnym, po osiągnięciu najwyższego poziomu rozwoju biologicznego.

7. *Opiekunowie zdrowia i życia.* Rada ta zajmowała się wprowadzaniem sanitariów i lansowaniem prymitywnej higieny, a prowadzona była przez Luta.

Jej członkowie nauczali wielu tych rzeczy, które zostały zapomniane w chaosie kolejnych epok i których nie odkryto ponownie aż do wieku dwudziestego. Uczyli ludzkość, że przyrządzanie – gotowanie i pieczenie – jest metodą zabezpieczania się przed chorobą, jak również tego, że gotowanie posiłków znacznie zmniejsza śmiertelność niemowląt i umożliwia wcześniejsze odstawienie dzieci od piersi.

Wiele wczesnych nauk Lutowych opiekunów zdrowia przetrwało wśród plemion tej Ziemi aż do czasów Mojżesza, pomimo, że zostały znacznie wypaczone i bardzo zmienione.

Przy zaprowadzaniu zasad higieny u tych ignorantów wielką przeszkodę stanowiło to, że prawdziwe przyczyny wielu chorób były zbyt małe, aby mogły być dostrzeżone gołym okiem, jak również to, że ludzie darzyli ogień zabobonnym poważaniem. Tysiące lat upłynęło, zanim nakłoniono ich do palenia śmieci. W międzyczasie zachęcano ich do zakopywania rozkładających się odpadków. W tej epoce nastąpił wielki postęp sanitarny, dzięki propagacji wiedzy o zdrowotnych i leczniczych właściwościach światła słonecznego.

Do przybycia Księcia, kąpiel była wyłącznie obrzędem religijnym. Naprawdę trudno było wytłumaczyć ludziom prymitywnym, żeby myli swe ciało w ramach praktyki zdrowotnej. Lut w końcu namówił nauczycieli religijnych, aby dołączyli mycie w wodzie do obrzędów oczyszczających, praktykowanych raz w tygodniu, w związku z południowym nabożeństwem ku czci Ojca wszystkich.

Opiekunowie zdrowia chcieli także zaprowadzić uścisk ręki, zamiast wymiany śliny lub picia krwi, dla przypieczętowania przyjaźni osobistej i na znak lojalności grupowej. Jednak ci, prymitywni ludzie, kiedy znaleźli się poza zasięgiem nauk swych zaawansowanych przywódców, szybko wracali do ignoranckich praktyk i przesądów, rujnujących zdrowie i wywołujących choroby.

8. *Planetarna rada do spraw sztuki i nauki.* Grupa ta zrobiła sporo, żeby udoskonalić metody wytwórcze wczesnego człowieka i rozwinąć jego idee piękna. Przywódcą tej grupy był Mek.

Chociaż na całym świecie sztuka i nauka stały na bardzo niskim poziomie, Dalamatian uczono podstaw fizyki i chemii. Dokonano postępów w garncarstwie, udoskonalona została sztuka dekoracyjna i wzbogaciły się ludzkie ideały piękna. Muzyka poczyniła jednak niewielkie postępy przed przybyciem rasy fioletowej.

Ci, prymitywni ludzie, nie chcieli przeprowadzać eksperymentów z użyciem siły pary, pomimo namów ich nauczycieli; nigdy nie przezwyciężyli wielkiego strachu przed wybuchową siłą sprężonej pary. Przekonali się jednak w końcu do pracy z metalami i ogniem, choć kawałek rozgrzanego do czerwoności metalu przerażał pierwotnego człowieka.

Mek zrobił sporo dla zaawansowania kultury Andonitów i rozwoju sztuki człowieka niebieskiego. Mieszanka człowieka niebieskiego z rasą Andona wydała typ ludzki utalentowany artystycznie i wielu z tych ludzi zostało doskonałymi rzeźbiarzami. Nie pracowali w kamieniu czy marmurze, ale ich dzieła w glinie, utwardzane przez wypalanie, upiększały ogrody Dalamatii.

Wielkiego postępu dokonano w sztuce rękodzieła domowego, z czego większość zaginęła w długich i ciemnych epokach buntu i nigdy ponownie nie została odkryta, aż do czasów współczesnych.

9. *Zarząd do spraw zaawansowanych stosunków plemiennych.* Grupie tej powierzono zadanie doprowadzenia społeczeństwa ludzkiego do poziomu państwowości. Jej szefem był Tut.

Przywódcy ci przyczynili się znacznie do zaprowadzenia małżeństw międzyplemiennych. Popierali zaloty i małżeństwo po odpowiednich deliberacjach i po pełnej możliwości wzajemnego zapoznania. Czysto wojskowy taniec wojenny został uszlachetniony i dostosowany do pełnienia wartościowych, społecznych funkcji. Wprowadzono wiele konkurencyjnych gier, jednak ci pradawni ludzie byli bardzo poważni; wczesne plemiona nie miały zbyt wiele poczucia humoru. Zaledwie kilka tych zwyczajów przetrwało późniejszą dezintegrację, jaka powstała w trakcie planetarnego buntu.

Tut i jego asystenci pracowali nad lansowaniem ludzkich związków grupowych o pokojowej naturze, nad regulacją i humanizacją sposobów prowadzenia wojny, nad koordynacją związków międzyplemiennych i nad udoskonaleniem rządów plemiennych. W pobliżu Dalamatii powstawała dość zaawansowana kultura i te właśnie, doskonalsze stosunki społeczne, pomagały wywierać wpływ na dalsze plemiona. Jednak ta forma cywilizacji, jaka panowała w stolicy Księcia, była tak bardzo odmienna od barbarzyńskiego społeczeństwa rozwijającego się w innych miejscach, jak dwudziestowieczne społeczeństwo Kapsztadu, w Południowej Afryce, jest zupełnie niepodobne do surowej kultury drobnych Buszmenów na północy.

10. *Sąd najwyższy koordynacji plemiennej i współpracy rasowej.* Ta najwyższa rada kierowana była przez Vana i była sądem apelacyjnym dla pozostałych dziewięciu komisji specjalnych, którym powierzono kierownictwo spraw ludzkich. Rada ta miała szerokie uprawnienia, powierzono jej wszystkie te ziemskie sprawy, które nie były specyficznie przydzielone innym grupom. Ta, wybrana grupa, zatwierdzona była przez Ojców Konstelacji z Edentii, zanim ją upoważniono do przejęcia funkcji sądu najwyższego Urantii.

6. RZĄDY KSIĘCIA

Stopień kultury światowej mierzy się społecznym dziedzictwem istot do niej należących a tempo rozwoju kultury determinuje wyłącznie zdolność pojmowania, przez jej członków, nowych i zaawansowanych idei.

Niewolnicze trzymanie się tradycji daje stabilizację i współpracę, łącząc uczuciowo przeszłość z teraźniejszością, ale jednocześnie tłumi inicjatywę i zniewala twórcze moce osobowości. Cały świat trwał w zastoju swych obyczajów, spętanych tradycją, kiedy przybyła setka Caligastii i zaczęła głosić nową ewangelię indywidualnej inicjatywy w obrębie grup społecznych tego okresu. Jednak te wartościowe zasady bardzo szybko zarzucono, dlatego też narody nigdy nie wyzwoliły się zupełnie z niewoli obyczaju; moda taka nadal niepotrzebnie panuje na Urantii.

Setka Caligastii – absolwenci światów-mieszkań Satanii – dobrze była zaznajomiona ze sztuką i kulturą Jerusem, jednak wiedza taka jest prawie bezużyteczna na barbarzyńskiej planecie, zamieszkałej przez ludy prymitywne. Te mądre istoty dobrze wiedziały, że nie należy wprowadzać *nagłych* zmian, czy też całościowego doskonalenia prymitywnych plemion z tamtego okresu. Rozumieli oni dobrze powolną ewolucję gatunków ludzkich i mądrze wystrzegali się jakichkolwiek radykalnych prób przekształcania ludzkiego sposobu życia na Ziemi.

Każda z dziesięciu komisji planetarnych zabrała się *powoli* i naturalnie do prowadzenia spraw im powierzonych. Ich plany zakładały przyciągnięcie najlepszych umysłów z okolicznych plemion, a po przeszkoleniu, wysyłanie ich z powrotem do własnych ludów jako emisariuszy postępu społecznego.

Nigdy nie posyłano do ludu cudzoziemskich emisariuszy, chyba, że na specjalne żądanie takiego ludu. Ci, którzy pracowali na rzecz doskonalenia i rozwoju danego plemienia czy rasy, zawsze pochodzili z danego plemienia czy rasy. Setka nie chciała narzucać zwyczajów i obyczajów nawet zaawansowanego plemienia jakiemuś innemu plemieniu. Zawsze działali cierpliwie w celu doskonalenia i zaawansowania dawno sprawdzonych obyczajów każdego ludu. Prości ludzie z Urantii przynieśli swe społeczne zwyczaje do Dalamatii nie po to, żeby je zamienić na nowe i lepsze praktyki, ale żeby je udoskonalić przez kontakt z wyższą kulturą i przez związek z wyższymi umysłami. Proces ten był powolny, ale przynosił dobre wyniki.

Nauczyciele Dalamatii próbowali dołączyć świadomy wybór społeczny do czysto naturalnej selekcji ewolucji biologicznej. Nie dezorganizowali społeczności ludzkiej, ale znacznie przyspieszali jej normalną i naturalną ewolucję. Ich celem był postęp przez ewolucję, a nie rewolucja przez objawienie. Gatunek ludzki spędził całe epoki, przyswajając sobie te odrobiny religii i moralności, jakie posiadał a ci nadludzie byli zbyt inteligentni, aby ograbić ludzkość z tych nielicznych zdobyczy cywilizacji, przez dezorientację i przerażenie, jakie zawsze powstają, kiedy oświecone i wyższe istoty biorą się do doskonalenia opóźnionych ludów, stosując nadmierne nauczanie i nadmierne oświecenie.

Gdy misjonarze chrześcijańscy poszli do serca Afryki, gdzie synowie i córki mieli pozostawać pod kontrolą i nadzorem rodziców tak długo, jak żyją rodzice, spowodowali jedynie chaos i załamanie całego systemu władzy, kiedy usiłowali w jednym pokoleniu wyrugować te praktyki, nauczając, że dzieci powinny być wolne od wszelkich ograniczeń ze strony rodziców, jak tylko osiągną dwudziesty pierwszy rok życia.

7. ŻYCIE W DALAMATII

Stolica Księcia, choć wyrafinowanie piękna i tak zaplanowana, aby wzbudzała respekt u prymitywnego człowieka z tamtej epoki, była ogólnie biorąc skromna. Budynki nie były zbyt duże, ponieważ ideą tych pozaziemskich nauczycieli było zachęcanie do ostatecznego rozwoju rolnictwa poprzez wprowadzenie hodowli zwierząt. Zapas ziemi w obrębie murów miasta wystarczał na pastwiska i ogrody, mogące utrzymać populację około dwudziestu tysięcy ludzi.

Wnętrze centralnej świątyni, jak również wnętrza rezydencji dziesięciu rad nadzorczych, złożonych z grup nadludzi, były doprawdy pięknymi dziełami sztuki. Podczas kiedy budynki mieszkalne były wzorem schludności i czystości, wszystko to było bardzo proste i ogółem biorąc prymitywne, w porównaniu ze współczesnymi osiągnięciami. W tej centrali kulturalnej nie stosowano niczego, co nie należałyby z natury do Urantii.

Cielesny personel Księcia zajmował proste, wzorowe mieszkania, o które dbał, aby te domy inspirowały i wywierały pozytywny wpływ na oglądających je uczniów, przebywających w tym światowym centrum społecznym i stolicy edukacyjnej.

Określony porządek życia rodzinnego i przebywanie razem, jako jedna rodzina, w *jednym miejscu zamieszkania* o względnie stałej lokalizacji, datuje się z czasów Dalamatii i powstał głównie dzięki przykładowi i naukom setki personelu oraz ich uczniów. Rodzina jako jednostka społeczna, nigdy się w pełni nie ugruntowała, dopóki supermężczyźni i superkobiety z Dalamatii nie nakłonili ludzkości do kochania wnuków i dzieci wnuków, oraz robienia dla nich planów na przyszłość. Dziki człowiek kocha swoje dziecko, ale człowiek cywilizowany kocha również swego wnuka.

Personel Księcia żył ze sobą tak jak ojcowie i matki. Co prawda nie mieli własnych dzieci, ale ich pięćdziesiąt wzorowych domów w Dalamatii dawało schronienie nie mniej niż pięciuset adoptowanym maleństwom, wybranym z zaawansowanych rodzin ras andonicznych i sangikowych; wiele tych dzieci było sierotami. Żyły one w karności i mogły korzystać z nauk superrodziców a potem, po trzech latach spędzonych w szkołach Księcia (zaczynały między trzynastym a piętnastym rokiem życia), mogły zawierać małżeństwa i otrzymać pełnomocnictwo emisariuszy Księcia dla potrzebujących ich plemion z ich rasy.

Fad nadzorował dalamatyński plan nauczania, prowadzonego jako szkoły wytwórczości, w których uczniowie uczyli się przez pracę, pobierali naukę przez codzienne spełnianie użytecznych zadań. Taki plan edukacyjny nie lekceważył myślenia i uczuć w trakcie kształtowania charakteru, dawał jednak pierwszeństwo nauczaniu przez pracę fizyczną. Nauczano indywidualnie i zbiorowo. Uczniowie byli nauczani zarówno przez mężczyzn jak i przez kobiety, oraz przez jednych i drugich wspólnie. Połowa tych grupowych nauk była przeznaczona tylko dla jednej płci, druga połowa była koedukacyjna. Pojedynczo uczono zręczności manualnych a kontakty towarzyskie nawiązywano w grupach i klasach. Uczono się bratać z młodszymi grupami ze starszymi grupami oraz z dorosłymi, jak również uczono pracy zespołowej we własnej grupie wiekowej. Uczniów zapoznawano także z takimi związkami jak grupy rodzinne, drużyny sportowe i klasy szkolne.

Pośród późniejszych uczniów, szkolonych w Mezopotamii do pracy ze swymi poszczególnymi rasami, znajdowali się Andonici z gór Indii zachodnich, razem z przedstawicielami człowieka czerwonego i niebieskiego; jeszcze później przyjęto niewielką liczbę ludzi rasy żółtej.

Hap zapoznawał te pradawne ludy z prawem moralnym. Kodeks taki znany był jako „Droga Ojca" i składał się z siedmiu następujących przykazań:

1. Nie będziesz bał się innego Boga ani służył innemu Bogu, tylko Ojcu wszystkich.
2. Nie będziesz nieposłuszny Synowi Ojca, władcy świata ani nie będziesz okazywał braku szacunku jego nadludzkim towarzyszom.
3. Nie będziesz kłamał, wezwany przed sędziów ludzi.
4. Nie będziesz zabijał mężczyzn, kobiet ani dzieci.
5. Nie będziesz kradł dóbr bliźniego swego ani jego bydła.
6. Nie będziesz dotykał żony przyjaciela swego.
7. Nie będziesz okazywał braku szacunku swoim rodzicom, czy starszym plemienia.

Takie prawo obowiązywało w Dalamatii przez prawie trzysta tysięcy lat. I wiele kamieni, na których prawo to zostało zapisane, leży teraz pod wodą niedaleko wybrzeży Mezopotamii i Persji. Weszło w zwyczaj zachowywanie w pamięci jednego z tych przykazań na każdy dzień tygodnia i używanie go jako pozdrowienia i dziękczynienia w czasie posiłku.

Miarą czasu był wtedy miesiąc księżycowy, okres liczony jako dwadzieścia osiem dni. Za wyjątkiem dnia i nocy, był to jedyny rachunek czasu tych pradawnych ludzi. Siedmiodniowy tydzień został wprowadzony przez nauczycieli z Dalamatii dlatego, że siedem jest jedną czwartą z dwudziestu ośmiu. Znaczenie numeru siedem w superwszechświecie dało im bez wątpienia sposobność wprowadzenia tej duchowej pamiątki w pospolite obliczanie czasu. Okres czasu, obejmujący tydzień, nie ma jednak swego naturalnego pochodzenia.

Wokół miasta okolica była dość gęsto zaludniona, w promieniu około stu sześćdziesięciu kilometrów. W najbliższym otoczeniu miasta, setki absolwentów szkół Księcia zajmowało się hodowlą i skądinąd kierowało się instrukcjami otrzymanymi od personelu Księcia oraz jego licznych, ludzkich pomocników. Kilku z nich było rolnikami i ogrodnikami.

Rolniczy trud nie został narzucony ludzkości jako kara za domniemany grzech. „W pocie oblicza twego będziesz pożywał zbiory z pól" nie jest wyrokiem skazującym, ogłoszonym z powodu udziału człowieka w szaleństwach buntu Lucyfera, pod przewodnictwem zdradzieckiego Caligastii. Uprawa roli jest związana z zaprowadzeniem zaawansowanej cywilizacji na światach ewolucyjnych i takie właśnie ukierunkowanie było punktem centralnym całej nauki Księcia Planetarnego i jego personelu, przez trzysta tysięcy lat, licząc od ich przybycia na Urantię do tych tragicznych dni, kiedy Caligastia związał swój los z buntowniczym Lucyferem. Praca na roli nie jest przekleństwem; jest raczej najwyższym błogosławieństwem dla wszystkich tych, którzy mają sposobność mieć najbardziej ludzkie ze wszystkich ludzkich zajęć.

W momencie wybuchu buntu Dalamatia posiadała stałą populację, liczącą prawie sześć tysięcy. Liczba ta obejmuje stałych uczniów, ale nie gości i obserwatorów, których zawsze było tam ponad tysiąc. Jednak niewielkie możecie mieć pojęcie albo i żadne o zdumiewającym postępie, dokonanym w tych bardzo odległych czasach; praktycznie biorąc wszystkie wspaniałe, ludzkie osiągnięcia z tamtych dni znikły z powierzchni Ziemi, w wyniku straszliwej dezorientacji i skrajnych ciemności duchowych, które nastały po katastrofalnym oszustwie i buncie Caligastii.

8. NIESZCZĘŚCIA SPOWODOWANE PRZEZ CALIGASTIĘ

Patrząc wstecz, na długą karierę Caligastii, w jego postępowaniu znajdujemy jedną ciekawą cechę, przykuwającą uwagę – był skrajnym indywidualistą. Lubił stawać po stronie każdej prawie protestującej grupy i sympatyzował zazwyczaj z tymi, którzy z lekkim sercem traktowali implikowany krytycyzm. Wykryliśmy wczesne przejawy jego tendencji do niepokoju, kiedy był pod nadzorem, dochodzącej aż do jakiegoś stopnia swoistej odrazy wobec wszelkich form nadzoru. Podczas gdy bywał nieco dotknięty radą starszego rangą i w pewnym stopniu nerwowy, gdy był pod nadzorem zwierzchnika, tym niemniej w czasie próby zawsze okazywał się lojalny wobec władców wszechświata i był posłuszny zaleceniom Ojców Konstelacji. Nie znaleziono u niego żadnego istotnego mankamentu, aż do czasu jego haniebnej zdrady Urantii.

Odnotować należy, że zarówno Lucyfer jak i Caligastia byli cierpliwie pouczani i z miłością ostrzegani o ich krytycznych tendencjach, jak również o ich subtelnym rozwoju pychy oraz związanym z tym wyolbrzymionym poczuciu własnej wartości. Jednak wszelkie takie próby pomocy były błędnie przez nich interpretowane jako bezpodstawny krytycyzm i nieuzasadniona ingerencja w swobody osobiste. Zarówno Caligastia jak i Lucyfer uważali, że motywem życzliwych doradców było wyłącznie strofowanie i to właśnie zaczęło dominować w ich własnym, wypaczonym myśleniu i błędnym planowaniu. Swych nieegoistycznych doradców oceniali przez swój własny, rozwijający się egoizm.

Po przybyciu Księcia Caligastii, cywilizacja planetarna biegła całkiem normalnym torem przez prawie trzysta tysięcy lat. Urantia dobrze szła drogą swego planetarnego rozwoju, aż do buntu Lucyfera i zdrady Caligastii, niezależnie od tego, że była to sfera modyfikacji życia i w związku z tym ulegała licznym nieprawidłowościom i niezwykłym przypadkom ewolucyjnych fluktuacji. Cała dalsza historia planety została znacznie zmieniona przez ten katastrofalny błąd, jak również przez późniejsze nie wypełnienie przez Adama i Ewę ich planetarnej misji.

Książę Urantii stoczył się w mrok podczas buntu Lucyfera, powodując tym samym długotrwały chaos na planecie. Został on później pozbawiony swej niezależnej władzy, w wyniku skoordynowanej akcji władców konstelacji oraz innych zarządców wszechświata. Dzielił nieodmiennie zmienne koleje losu Urantii, aż do tego czasu, kiedy Adam zjawił się na planecie. Potem przyczynił się nieco do niepowodzenia planu doskonalenia ras śmiertelnych, który polegał na przydaniu ludzkości krwi nowej rasy fioletowej – krwi potomków Adama i Ewy.

Możliwości zakłócania biegu spraw ludzkich przez upadłego Księcia zostały znacznie ograniczone po wcieleniu się w formę ludzką Machiventy Melchizedeka, za czasów Abrahama; a potem, za życia Michała w ciele, zdradziecki Książę ostatecznie został pozbawiony całej swej władzy na Urantii.

Doktryna osobowego diabła, przebywającego na Urantii, choć nie jest pozbawiona podstaw z powodu obecności na planecie zdradzieckiego i nikczemnego Caligastii, jest jednak całkowitą fikcją w swych twierdzeniach, że taki „diabeł" może wpływać na normalny, ludzki umysł, wbrew wolnemu i naturalnemu wyborowi takiego umysłu. Nawet przed obdarzeniem Urantii przez Michała, ani Caligastia ani Daligastia nie mogli gnębić śmiertelników, ani też zmusić jakąkolwiek normalną jednostkę do czynienia czegokolwiek wbrew jej ludzkiej woli. Wolna wola człowieka jest w sprawach ludzkich ostateczną; nawet zamieszkujący człowieka Dostrajacz Myśli nie zmusza człowieka do jednej choćby myśli czy dokonania jednego czynu, wbrew postanowieniu własnej woli człowieka.

I oto buntownik tej domeny, pozbawiony wszelkiej mocy szkodzenia swym byłym poddanym, oczekuje ostatecznego wyroku Pradawnych Czasu z Uversy, dla wszystkich, którzy uczestniczyli w buncie Lucyfera.

[Przedstawione przez Melchizedeka z Nebadonu].

PRZEKAZ 67

BUNT PLANETARNY

NIE można zrozumieć problemów, związanych z istnieniem człowieka na Urantii, bez zapoznania się z pewnymi istotnymi epokami z przeszłości, zwłaszcza z wybuchem buntu na planecie i jego konsekwencjami. Chociaż przewrót ten nie miał większego wpływu na bieg ewolucji organicznej, zmienił on znacznie kierunek ewolucji społecznej i rozwoju duchowego. Ta katastrofalna klęska wywarła wielki wpływ na całą nadmaterialną historię planety.

1. ZDRADA CALIGASTII

Trzysta tysięcy lat zarządzał Caligastia Urantią, kiedy to Szatan, asystent Lucyfera, przybył na jedną ze swoich okresowych wizyt inspekcyjnych. Kiedy Szatan przybył na planetę, jego wygląd w żadnej mierze nie przypominał waszych karykatur jego nikczemnego majestatu. Był on i nadal jest wyjątkowo utalentowanym Synem Lanonandekiem. „I nic dziwnego, wszak i Szatan przybiera postać anioła światłości".

W czasie tej inspekcji Szatan poinformował Caligastię o proponowanej wtedy przez Lucyfera „Deklaracji wolności" i jak teraz wiemy, Książę zgodził się zdradzić planetę w momencie ogłoszenia buntu. Lojalne osobowości wszechświatowe traktują Księcia Caligastię ze szczególną wzgardą, dlatego, że zdrady pokładanego w nim zaufania dokonał z premedytacją. Wasz Syn Stwórca określił tę wzgardę słowami: „Jesteś jak twój wódz Lucyfer i grzesznie zachowałeś jego nikczemność. Był on kłamcą od początku swego samolubstwa, bo prawdy w nim nie ma".

We wszechświecie lokalnym, w całej pracy administracyjnej, żadnego wysokiego powiernictwa nie uważa się za świętsze niż to, które spoczywa w rękach Księcia Planetarnego, który bierze na siebie odpowiedzialność za pomyślność i przewodnictwo rozwijających się śmiertelników na nowo zaludnionym świecie. Ze wszystkich rodzajów zła, żadne nie jest bardziej destrukcyjne dla statusu osobowości niż zdrada zaufania i nielojalność wobec ufnych przyjaciół. Caligastia, popełniając ten grzech rozmyślnie, tak doszczętnie wypaczył swą osobowość, że od tamtego czasu jego umysł nie mógł odzyskać pełnej równowagi.

Grzech można rozpatrywać na wiele różnych sposobów, jednak z filozoficznego, wszechświatowego punktu widzenia, grzech jest postawą tej osobowości, która świadomie przeciwstawia się rzeczywistości kosmicznej. Błąd można traktować jako niezrozumienie, albo jako wypaczenie rzeczywistości. Zło jest niepełnym uświadomieniem sobie rzeczywistości wszechświatowych, albo niedopasowaniem do nich. Jednak grzech jest rozmyślnym przeciwstawieniem się Boskiej rzeczywistości – świadomym postanowieniem oponowania postępowi duchowemu – podczas gdy nikczemność polega na otwartym i trwałym wyzwaniu, rzuconym rozpoznanej rzeczywistości i oznacza taki poziom dezintegracji osobowości, który graniczy z kosmicznym obłędem.

Istnienie błędu wskazuje na niedostateczną przenikliwość intelektualną, zło na brak mądrości, grzech na skrajne ubóstwo duchowe; jednak nikczemność oznacza zanikanie kontroli nad osobowością.

I kiedy grzech wybiera się wiele razy i często się go powtarza, może wejść w nawyk. Notoryczni grzesznicy łatwo mogą się stać nikczemnikami – konsekwentnymi buntownikami przeciwko wszechświatowi i wszystkim jego boskim rzeczywistościom. Podczas gdy wszystkie rodzaje grzechu mogą być wybaczone, wątpimy, czy zatwardziały nikczemnik może kiedykolwiek żałować za swoje nieprawości, czy też zaakceptować przebaczenie za swoje grzechy.

2. WYBUCH BUNTU

Krótko po inspekcji, dokonanej przez Szatana, kiedy administracja planetarna miała właśnie realizować ważne zadania na Urantii, pewnego dnia, w środku zimy na kontynentach północnych, Caligastia przeprowadził długą rozmowę ze swym asystentem, Daligastią, po czym ten ostatni zwołał dziesięć rad Urantii na posiedzenie nadzwyczajne. Zebranie to zostało otwarte oświadczeniem, że Książę Caligastia ogłasza się właśnie absolutnym władcą Urantii i żąda, aby wszystkie grupy administracyjne złożyły rezygnację, przekazując wszelkie funkcje i uprawnienia w ręce Daligastii, jako powiernika, do czasu reorganizacji rządu planetarnego i ponownego rozdziału tych urzędów administracyjnych.

Po przedłożeniu tych zdumiewających żądań, z genialnym apelem wystąpił Van, przewodniczący najwyższej rady koordynacji. Ten doskonały administrator i zdolny prawnik określił proponowane posunięcie Caligastii jako akt graniczący z planetarnym buntem i zaapelował do uczestników posiedzenia o powstrzymanie się od jakiegokolwiek udziału w tych posunięciach, zanim się nie zrobi odwołania do Lucyfera, Władcy Systemu Satanii; i zyskał poparcie całego personelu. W związku z tym wystosowano odwołanie do Jerusem i natychmiast przyszły zarządzenia, mianujące Caligastię najwyższym władcą Urantii, oraz nakazujące absolutne i bezwzględne posłuszeństwo jego rozkazom. To właśnie w odpowiedzi na tę zdumiewającą wiadomość, szlachetny Van wygłosił swe pamiętne, siedmiogodzinne przemówienie, w którym formalnie oskarżył Daligastię, Caligastię i Lucyfera o lekceważenie władz wszechświata Nebadonu i prosił Najwyższych Ojców z Edentii o poparcie i potwierdzenie.

W międzyczasie obwody systemu zostały przerwane; Urantia znalazła się w izolacji. Każda grupa życia niebiańskiego na planecie została nagle i bez ostrzeżenia odosobniona, kompletnie odcięta od całej rady i informacji z zewnątrz.

Daligastia oficjalnie ogłosił Caligastię „Bogiem Urantii i najwyższym nad wszystkimi". Proklamacja taka postawiła sprawy jasno i każda grupa istot zebrała się oddzielnie, zaczynając deliberacje i dyskusje, które miały ostatecznie zadecydować o losie każdej nadludzkiej osobowości planety.

Serafini i cherubini, wraz z innymi istotami niebiańskimi, uczestniczyli w podejmowaniu takich decyzji, w zajadłych zmaganiach tego długiego i grzesznego konfliktu. Zostało tutaj zatrzymane wiele grup nadludzkich istot, którym zdarzyło się przebywać na Urantii w czasie jej odosobnienia i tak jak serafini i ich towarzysze, członkowie tych grup zmuszeni byli wybierać pomiędzy grzechem a prawością – pomiędzy metodami Lucyfera a wolą niewidzialnego Ojca.

Takie kontrowersje trwały ponad siedem lat. Władze Edentii nie mieszały się do nich, ani też nie interweniowały, dopóki każda osobowość, której to dotyczyło, nie podjęła ostatecznej decyzji. Dopiero wtedy potwierdzona została słuszność postawy Vana i jego lojalnych towarzyszy i zostali oni uwolnieni od przeciągającego się niepokoju i nieznośnej niepewności.

3. SIEDEM KRYTYCZNYCH LAT

Wybuch buntu na Jerusem, w stolicy Satanii, transmitowany był przez radę Melchizedeków. Natychmiast ekspediowano do Jerusem Melchizedeków od sytuacji nadzwyczajnych, a Gabriel zaofiarował się działać jako reprezentant Syna Stwórcy, którego władzy rzucono wyzwanie. W momencie transmisji informacji o buncie w Satanii, system ten został odizolowany od swych siostrzanych systemów, poddany kwarantannie. Była to „wojna w niebie", w stolicy systemu Satania i rozszerzyła się ona na każdą planetę systemu lokalnego.

Na Urantii, czterdziestu ze stu członków cielesnego personelu (z Vanem włącznie), odmówiło przystąpienia do buntu. Wielu ludzkich asystentów personelu (zmodyfikowanych i innych) zostało także odważnymi i szlachetnymi obrońcami Michała, oraz jego rządu wszechświatowego. Wielkie straty poniesiono w osobowościach serafinów i cherubinów. Prawie połowa przydzielonych do planety serafinów, administratorów i przejściowych, przyłączyła się do swego przywódcy i Daligastii, popierając sprawę Lucyfera. Czterdzieści tysięcy sto dziewiętnaście pierwotnych istot pośrednich poszło ręka w rękę z Caligastią, jednak reszta tych istot nie zawiodła pokładanego w nich zaufania.

Zdradziecki Książę uporządkował nielojalne istoty pośrednie i pozostałe grupy zbuntowanych osobowości i zorganizował je dla wykonywania swych rozporządzeń, podczas gdy Van zebrał lojalnych pośrednich oraz inne wierne grupy i rozpoczął wielką batalię o ocalenie planetarnego personelu, jak również innych, odosobnionych osobowości niebiańskich.

W czasie tych zmagań lojaliści mieszkali w pozbawionym murów obronnych i słabo chronionym osiedlu, kilka kilometrów na wschód od Dalamatii, ale ich domy były strzeżone dniem i nocą przez czujne i zawsze baczne, lojalne istoty pośrednie, a posiadali oni bezcenne drzewo życia.

W momencie wybuchu buntu, lojalni cherubini i serafini, z pomocą trzech wiernych pośrednich, zaopiekowali się drzewem życia i pozwalali przyjmować owoce oraz liście tej rośliny życia jedynie czterdziestu lojalistom z personelu oraz związanym z nimi, zmodyfikowanym śmiertelnikom. Tych zmodyfikowanych asystentów, Andonitów, było pięćdziesięciu sześciu; szesnastu Andonitów, towarzyszących nielojalnemu personelowi, nie chciało uczestniczyć w buncie razem ze swymi zwierzchnikami.

Przez siedem krytycznych lat buntu Caligastii, Van poświęcił się całkowicie służbie dla swej lojalnej armii ludzi, pośrednich i aniołów. Wnikliwość duchowa i niezłomność moralna, które pozwoliły Vanowi zachować tak niewzruszoną, lojalną postawę wobec rządu wszechświata, były wynikiem jasnego myślenia, mądrego rozumowania, logicznej oceny, szczerych motywacji, bezinteresownych zamierzeń, inteligentnej lojalności, pamięci opartej na doświadczeniu, ukształtowanego charakteru i niekwestionowanego oddania całej jego osoby czynieniu woli Ojca w Raju.

Te siedem lat oczekiwania to był czas dociekań serca i dyscypliny duszy. W sytuacjach wszechświatowych, takie kryzysy ukazują ogromną rolę umysłu jako czynnika istotnego w wyborze duchowym. Edukacja, praktyka i doświadczenie, są czynnikami odgrywającymi rolę w większości ważnych decyzji, podejmowanych przez wszystkie ewolucyjne istoty etyczne. Tym niemniej, zamieszkujący człowieka duch może nawiązać bezpośredni kontakt z podejmującymi decyzje elementami ludzkiej osobowości, tak, aby przydać mocy w pełni uświęconej woli istoty, która potrzebna jest do dokonywania zdumiewających czynów na drodze lojalnego podporządkowania się woli i metodom Ojca w Raju. I to właśnie zdarzyło się w przypadku Amadona, zmodyfikowanego, ludzkiego asystenta Vana.

Amadon jest wspaniałym, ludzkim bohaterem buntu Lucyferowego. Ten mężczyzna z rodu Andona i Fonty był jednym ze stu ludzi, którzy oddali swą plazmę życia personelowi Księcia i od tamtego czasu został przydzielony do Vana, jako jego towarzysz i ludzki asystent. Amadon postanowił zostać ze swoim szefem, przez okres długich i trudnych zmagań. Był to inspirujący widok, kiedy patrzyło się na to dziecko ras ewolucyjnych, jak pozostawało niewzruszone sofistyką Daligastii, kiedy przez siedem lat zmagań on i jego lojalni towarzysze opierali się z niewzruszonym hartem ducha wszystkim zwodniczym naukom błyskotliwego Caligastii.

Caligastia, z bardzo wysoką inteligencją i rozległym doświadczeniem w sprawach wszechświatowych, pobłądził – zaakceptował grzech. Amadon, z bardzo niską inteligencją i zupełnie pozbawiony wszechświatowego doświadczenia, pozostawał niewzruszony w służbie wszechświatowej i w lojalności dla swego towarzysza. Van używał zarówno umysłu jak i ducha, we wspaniałej i efektywnej kombinacji intelektualnej determinacji i wnikliwości duchowej, osiągając tym samym empiryczny poziom urzeczywistnienia osobowości najwyższej osiągalnej klasy. Umysł i duch, gdy są zupełnie zjednoczone, mają potencjał wytwarzania nadludzkich wartości a nawet rzeczywistości morontialnych.

Można by opowiadać bez końca o wstrząsających wypadkach tych tragicznych dni. Jednak, kiedy ostatnia osobowość podjęła decyzję, wtedy, ale dopiero wtedy, przybyli Najwyżsi Ojcowie z Edentii wraz z Melchizedekami od sytuacji nadzwyczajnych aby przejąć władzę na Urantii. Panoramiczne zapisy władzy Caligastii zostały wymazane na Jerusem i zapoczątkowana została próbna era rehabilitacji planetarnej.

4. SETKA CALIGASTII PO BUNCIE

Po ogłoszeniu końcowego zestawienia, cieleśni członkowie personelu Księcia uszeregowali się następująco: lojalny pozostawał Van i cały jego sąd koordynacyjny; tak samo Ang i troje członków rady żywności. Bunt zawładnął całą komisją gospodarki zwierzęcej, jak również wszystkimi doradcami do spraw walki ze zwierzętami. Ocalał Fad i pięciu członków wydziału edukacyjnego. Nod oraz cała komisja do spraw wytwórczości i handlu przyłączyła się do Caligastii. Hap i całe kolegium religii objawionej pozostawało lojalne Vanowi i jego szlachetnemu zespołowi. Utracono Luta i całą komisję zdrowia. Rada sztuki i nauki pozostała w całości lojalna, ale pobłądził Tut i cała komisja do spraw rządów plemiennych. W ten sposób ze stu ocalało czterdziestu. Zostali oni później przeniesieni na Jerusem, gdzie od nowa wyruszyli w drogę do Raju.

Sześćdziesięciu członków personelu planetarnego, którzy przyłączyli się do buntu, na swego przywódcę wybrało Noda. Pracowali z oddaniem dla Księcia-buntownika, ale wkrótce zauważyli, że zostali pozbawieni odżywczych wartości systemowych obwodów życia. Otwarły im się oczy na fakt, że zostali zdegradowani do statusu istot śmiertelnych. Byli wprawdzie nadludźmi, ale jednocześnie byli materialni i śmiertelni. Dla zwiększenia ich liczby, Daligastia nakazał natychmiastowe rozmnażanie seksualne, dobrze się orientując, że pierwotna sześćdziesiątka oraz czterdziestu czterech ich zmodyfikowanych Andonitów-asystentów, wcześniej czy później wymrze śmiercią naturalną. Po upadku Dalamatii nielojalny personel przeniósł się na północ i na wschód. Ich potomków długo nazywano Nodytami a miejsce ich zamieszkania – „ziemią Nod".

Istnienie na Urantii tych niezwykłych supermężczyzn i superkobiet, pozostawionych własnemu losowi z powodu buntu a potem kojarzących się z ziemskimi synami i córkami, dało wkrótce początek tradycyjnym podaniom o bogach schodzących na ziemię, żeby się kojarzyć ze śmiertelnikami. W ten sposób powstało tysiąc i jeden legend mitycznej natury, ale opartych na faktach z czasów po buncie, co znalazło później odbicie w ludowych opowiadaniach i tradycjach różnych narodów, których przodkowie kontaktowali się z Nodytami i ich potomkami.

Zbuntowany personel, pozbawiony pożywienia duchowego, wymarł w końcu śmiercią naturalną. I większość bałwochwalstwa, pojawiającego się później pośród plemion ludzkich, powstała z pragnienia zachowania w pamięci tych, tak bardzo czczonych istot z czasów Caligastii.

Kiedy setka personelu przybyła na Urantię, wszyscy z nich byli na jakiś czas odłączeni od swoich Dostrajaczy Myśli. Zaraz po przybyciu Melchizedeków, zarządców komisarycznych, osobowości lojalne (za wyjątkiem Vana) wróciły na Jerusem i zostały ponownie połączone z oczekującymi ich Dostrajaczami. Nie znamy losu sześćdziesięciu istot ze zbuntowanego personelu; ich Dostrajacze nadal pozostają na Jerusem. Sprawy te bez wątpienia pozostaną tak jak teraz w zawieszeniu, dopóki cały bunt Lucyfera nie zostanie ostatecznie osądzony a los wszystkich jego uczestników rozstrzygnięty.

Takim istotom, jak anioły i pośredni, bardzo trudno jest wyobrazić sobie znakomitych i obdarzonych zaufaniem władców, takich jak Caligastia i Daligastia, błądzących – popełniających zdradziecki grzech. Te istoty, które pogrążyły się w grzechu, nie przyłączyły się do buntu rozmyślnie i z premedytacją – były zwiedzione przez swych zwierzchników, oszukane przez obdarzonych zaufaniem przywódców. Tak samo łatwo było zdobyć poparcie prymitywnych umysłowo, ewolucyjnych śmiertelników.

Znaczna większość istot ludzkich i nadludzkich, które padły ofiarami buntu Lucyfera na Jerusem i na różnych zwiedzionych planetach, dawno już szczerze żałowała swojej głupoty; i w pełni wierzymy, że wszyscy tacy prawdziwie skruszeni zostaną w pewien sposób zrehabilitowani i przywróceni do jakiegoś stadium służby wszechświatowej, kiedy Pradawni Czasu ostatecznie osądzą sprawę buntu w Satanii, co tak niedawno zaczęli.

5. BEZPOŚREDNIE SKUTKI BUNTU

Przez prawie pięćdziesiąt lat po wybuchu buntu wielki zamęt panował w Dalamatii i jej okolicach. Próbowano dokonać całkowitej i radykalnej reorganizacji całego świata; rewolucja zastąpiła ewolucję w sposobach rozwoju kulturowego i doskonalenia rasowego. Nastąpił gwałtowny rozwój w statusie kulturowym pośród zaawansowanych i częściowo przeszkolonych mieszkańców Dalamatii i jej okolic, jednak, kiedy takie nowe i radykalne metody zostały wypróbowane na odległych ludach, natychmiast powstał nieopisany zamęt i pandemonium rasowe. Wolność szybko została przetłumaczona na samowolę, przez częściowo rozwinięte, prymitywne ludy z tamtych czasów.

Zaraz po wybuchu buntu, cały zbuntowany personel zajął się energicznie obroną miasta przed półdzikimi hordami, które atakowały jego mury w wyniku doktryn wolności, których nauczano ich przedwcześnie. I przez całe lata nadciągały błądzące i źle nauczane plemiona z głębi dalamatyńskiego lądu, czyniąc półdzikie napaści na wspaniałe miasto, spychając secesyjny personel i jego asystentów ku północy, zanim ta piękna stolica nie zginęła pod falami morskimi z południa.

Plan Caligastii, aby natychmiast przebudować społeczeństwo ludzkie, według jego idei indywidualnej wolności oraz swobód grupowych, okazał się szybko, mniej czy więcej, kompletnym fiaskiem. Społeczeństwo szybko wróciło do dawnego poziomu biologicznego a postępowe wysiłki zaczęły się znowu od tego punktu, w którym się znajdowały w początkach rządów Caligastii; po jego przewrocie świat pozostawał w wyjątkowo wielkim chaosie.

Sto sześćdziesiąt dwa lata po buncie ogromna fala zalała Dalamatię i planetarna stolica zatonęła pod wodami morskimi, a ląd ten wyniósł się dopiero wtedy, gdy prawie wszystkie pozostałości szlachetnej kultury z tych świetnych epok zostały zatarte.

Kiedy pierwsza stolica światowa zatonęła, zamieszkiwały ją tylko najniższe typy ras sangikowych Urantii, renegaci, którzy wcześniej przeobrazili świątynię Ojca w święty przybytek poświęcony Nogowi, fałszywemu bogu światła i ognia.

6. NIEZŁOMNY VAN

Stronnicy Vana wcześnie odeszli w górskie rejony na zachód od Indii, gdzie byli wolni od ataków skonfundowanych ras nizinnych i z tego, oddalonego miejsca, planowali zacząć odnowę świata, tak, jak ich dawni poprzednicy Badonici, kiedyś zupełnie nieświadomie działali dla dobra ludzkości, tuż przed narodzinami plemion sangikowych.

Zanim przybyli zarządcy komisaryczni, Melchizedecy, Van oddał administrację spraw światowych w ręce dziesięciu komisji, każda złożona z czterech osób; były to grupy identyczne jak te za czasów rządów Księcia. Przebywający na planecie starsi Nosiciele Życia przejęli tymczasowe kierownictwo tej rady, złożonej z czterdziestu istot, która funkcjonowała przez siedem lat oczekiwania. Kiedy trzydziestu dziewięciu członków lojalnego personelu wróciło na Jerusem, obowiązki te przejęły podobne grupy Amadonitów.

Amadonici wywodzili się z grupy 144 lojalnych Andonitów, do których należał Amadon i która wzięła swą nazwę od jego imienia. Grupa ta składała się z trzydziestu dziewięciu mężczyzn i stu pięciu kobiet. Pięćdziesięcioro sześcioro z tej liczby posiadało status nieśmiertelny i wszyscy oni (za wyjątkiem Amadona) zostali transponowani razem z lojalnymi członkami personelu. Reszta tego szlachetnego zespołu pozostała na

Ziemi, aż do końca swych śmiertelnych dni pod kierownictwem Vana i Amadona. Byli oni tym biologicznym zaczynem, który wciąż się rozmnażał i dostarczał światu przywódców przez długie epoki ciemności, jakie nastały po buncie.

Van pozostawiony był na Urantii aż do czasów Adama jako tytularny szef wszystkich nadludzkich osobowości, które działały na planecie. Zarówno on jak i Amadon utrzymywali się przy życiu przez ponad sto pięćdziesiąt tysięcy lat dzięki drzewu życia, w powiązaniu ze specjalistyczną służbą życia Melchizedeków.

Sprawy Urantii przez długi czas były prowadzone przez radę planetarnych zarządców komisarycznych, dwunastu Melchizedeków, zatwierdzonych zarządzeniem starszego władcy konstelacji, Najwyższego Ojca z Norlatiadeku. Z Melchizedekami, zarządcami komisarycznymi, współpracowała rada konsultacyjna, złożona z jednego lojalnego doradcy upadłego Księcia, dwu przebywających na planecie Nosicieli Życia, Utrójcowionego Syna na praktyce szkoleniowej, Nauczyciela-Syna ochotnika, Gwiazdy Błyszczącej Wieczornej z Avalonu (okresowo), szefów serafinów i cherubinów, doradców z dwu sąsiednich planet, dyrektora generalnego niższego życia anielskiego i Vana, głównodowodzącego istot pośrednich. W taki sposób Urantia była rządzona i administrowana, aż do przybycia Adama. Nie powinno zatem nikogo dziwić, że odważny i lojalny Van miał przydzielone miejsce w radzie planetarnych zarządców komisarycznych, która tak długo kierowała Urantią.

Dwunastu Melchizedeków – zarządców komisarycznych Urantii – dokonało heroicznej pracy. Zachowali resztki cywilizacji a ich metody kierowania planetą były wiernie realizowane przez Vana. W tysiąc lat po buncie, Van miał ponad trzysta pięćdziesiąt zaawansowanych grup ludzkich, rozrzuconych szeroko po świecie. Te forpoczty cywilizacji składały się przeważnie z potomków lojalnych Andonitów, lekko zmieszanych z rasami sangikowymi, zwłaszcza z człowiekiem niebieskim oraz z Nodytami.

Pomimo ogromnego regresu wywołanego buntem, istniało na Ziemi wiele dobrze się zapowiadających gatunków biologicznych. Pod nadzorem zarządców komisarycznych, Melchizedeków, Van i Amadon kontynuowali dzieło ożywiania naturalnej ewolucji gatunku ludzkiego, doprowadzając fizyczną ewolucję człowieka do punktu kulminacyjnego, gwarantującego wysłanie Materialnego Syna i Materialnej Córki na Urantię.

Po przybyciu Adama i Ewy, Van i Amadon pozostali na Ziemi jeszcze jakiś czas. Po kilku latach zostali transponowani na Jerusem, gdzie Van połączył się znowu z oczekującym go Dostrajaczem. Van służy teraz na rzecz Urantii, oczekując polecenia pójścia dalej, w bardzo długą drogę prowadzącą do rajskiej perfekcji i nie objawionego przeznaczenia zbierającego się Korpusu Finalizmu Śmiertelników.

Odnotować należy, że kiedy Van apelował do Najwyższych Ojców na Edentii, po tym, jak Lucyfer poparł Caligastię na Urantii, Ojcowie Konstelacji wysłali natychmiast decyzję popierającą Vana w każdym szczególe jego sprzeciwu. Werdykt ten jednak nie dotarł do niego, gdyż planetarne obwody komunikacji zostały przerwane w trakcie jego przekazywania. Dopiero niedawno ta istotna decyzja została odkryta, zachowana przez transmitujący ją przekaźnik energii, pozostająca tam od czasu izolacji Urantii. Bez tego odkrycia, dokonanego w wyniku dociekań pośrednich z Urantii, decyzja ta mogła oczekiwać swego wypuszczenia do czasu przywrócenia Urantii do obwodów konstelacji. Taka, pozorna awaria w komunikacji międzyplanetarnej mogła zaistnieć, ponieważ przekaźnicy energii mogą otrzymywać i przekazywać informacje, ale nie mogą inicjować łączności.

W prawnych zapisach Satanii formalny status Vana nie został faktycznie i ostatecznie ustalony, zanim ta decyzja Ojców z Edentii nie została odnotowana na Jerusem.

7. PÓŹNIEJSZE NASTĘPSTWA GRZECHU

Osobiste (dośrodkowe) konsekwencje rozmyślnego i trwałego odrzucenia światła przez istotę są zarówno nieuchronne jak też indywidualne i dotyczą jedynie Bóstwa oraz tej osobowej istoty. Takie, niszczące duszę żniwo nikczemności, jest plonem wewnętrznym nikczemnej, wolą obdarzonej istoty.

Inaczej jest jednak z zewnętrznymi następstwami grzechu: nieosobiste (odśrodkowe) konsekwencje akceptacji grzechu są zarówno nieuniknione jak i zbiorowe, dotyczą one każdej istoty funkcjonującej na terenie oddziaływania takich wypadków.

W ciągu pięćdziesięciu tysięcy lat po upadku administracji planetarnej, ziemskie sprawy zostały tak zdezorganizowane i opóźnione, że gatunek ludzki przekroczył w minimalnym tylko stopniu ten ogólny status ewolucyjny, jaki istniał w momencie przybycia Caligastii, trzysta pięćdziesiąt tysięcy lat wcześniej. W pewnych aspektach poczyniono postęp, w innych kierunkach wiele zostało stracone.

Skutki grzechu nigdy nie są tylko lokalne. Administracyjne sekcje wszechświata są jak organizmy; sytuacja jednej osobowości musi być do pewnego stopnia dzielona przez wszystkich. Grzech jako postawa osoby w stosunku do rzeczywistości, musi przynosić swe nieodmiennie negatywne żniwo wszystkim związanym z nim poziomom wszechświatowych wartości. Jednak pełne konsekwencje błędnego myślenia, złych czynów, czy grzesznego planowania, doświadczane są jedynie na poziomie ich faktycznego funkcjonowania. Naruszenie praw wszechświata może być zgubne w domenie fizycznej, bez poważnego zaangażowania umysłu czy podważenia doświadczenia duchowego. Grzech jest brzemienny konsekwencjami, zgubnymi dla wiecznego życia osobowości jedynie wtedy, kiedy stanowi postawę całej istoty, gdy oznacza wybór umysłu i wolę duszy.

Konsekwencje zła i grzechu występują w domenach materialnych i społecznych, a czasami mogą nawet opóźniać postęp duchowy na pewnych poziomach rzeczywistości wszechświatowej, ale nigdy grzech jednej istoty nie okrada innej istoty z urzeczywistniania boskiego prawa do wiecznego trwania osobowości. Wieczne trwanie może być zagrożone jedynie w rezultacie decyzji umysłu i wyboru duszy samej jednostki.

Grzech na Urantii niewielki miał wpływ na opóźnienie ewolucji biologicznej, spowodował jednak to, że rasy śmiertelne są pozbawione pełnych dobrodziejstw dziedzictwa adamicznego. Grzech bardzo opóźnia rozwój intelektualny, rozkwit moralny, postęp społeczny i powszechne osiągnięcia duchowe. Nie przeszkadza jednak w najwyższych osiągnięciach duchowych jakiejkolwiek jednostki, która postanowiła poznać Boga i szczerze czynić jego Boską wolę.

Caligastia się zbuntował, Adam i Ewa popełnili odstępstwo, jednak żaden śmiertelnik zrodzony później na Urantii nie ucierpiał z powodu tych błędów w swoim osobistym doświadczeniu duchowym. Każdy śmiertelnik, urodzony na Urantii po buncie Caligastii, został w jakimś sensie pokarany, gdy idzie o czas, ale przyszłe dobro takich dusz w wieczności nigdy nie było w najmniejszym stopniu zagrożone. Nikt nigdy nie jest skazany na doznawanie duchowej deprywacji z powodu cudzego grzechu. Grzech jest w pełni osobisty w odniesieniu do winy moralnej czy konsekwencji duchowych, pomimo jego rozległych reperkusji w domenach administracyjnych, intelektualnych i społecznych.

Podczas gdy nie możemy pojąć mądrości, która dopuszcza do takich katastrof, zawsze zauważamy dobroczynny skutek takich lokalnych zaburzeń, kiedy rzutowane są na wszechświat jako całość.

8. LUDZKI BOHATER BUNTU

Wiele odważnych istot stawiło opór buntowi Lucyfera, na różnych światach w Satanii; ale zapisy Salvingtonu określają Amadona jako wybitny charakter całego systemu, dzięki jego chwalebnemu oparciu się powodziowym falom podżegania i niezachwianemu oddaniu Vanowi. Van i Amadon trwali razem, niewzruszeni w swej lojalności dla najwyższej władzy niewidzialnego Ojca i jego Syna Michała.

Przebywałem na Edentii w czasie tamtych, pamiętnych wydarzeń i ciągle pamiętam to ożywienie, jakiego doznawałem czytając transmisje z Salvingtonu, mówiące dzień po dniu o niewiarygodnej niezłomności, niedoścignionym oddaniu i znakomitej lojalności tego, swego czasu półdzikiego człowieka, pochodzącego z eksperymentalnego i pierwotnego pnia rasy Andonowej.

Od Edentii w górę, poprzez Salvington a nawet do Uversy, przez siedem długich lat pierwsze pytanie całego lojalnego życia niebiańskiego, dotyczące buntu w Satanii, zawsze i wciąż brzmiało: „Co z Amadonem z Urantii, nadal niewzruszony?".

Jeśli bunt Lucyfera upośledził system lokalny i jego upadłe światy, jeśli utrata tego Syna i jego zwiedzionych towarzyszy chwilowo przyhamowała rozwój konstelacji Norlatiadek, wtedy rozważcie skutek szerokiej prezentacji inspirujących dokonań tego dziecka natury, oraz jego zdeterminowanego zespołu 143 towarzyszy, obstających niezłomnie przy wyższych koncepcjach zarządzania i administracji wszechświata, w obliczu tak straszliwego i wrogiego nacisku, wywieranego przez nielojalnych zwierzchników. I pozwólcie, że was zapewnię, iż zrobiło to już więcej dobra we wszechświecie Nebadon i superwszechświecie Orvonton, niż jakakolwiek całkowita suma zła i smutku, wynikającego z buntu Lucyfera.

I wszystko to jest pięknym, wzruszającym i najwspanialszym naświetleniem mądrości wszechświatowego planu Ojca, polegającego na gromadzeniu Korpusu Finalizmu Śmiertelników w Raju i werbowaniu tej rozległej grupy tajemniczych pracowników przyszłości, w większości z pospolitych śmiertelników stopniowo się wznoszących – takich właśnie śmiertelników, jak niezachwiany Amadon.

[Przedstawione przez Melchizedeka z Nebadonu].

PRZEKAZ 68

ZARANIE CYWILIZACJI

JEST to początek opowieści o bardzo długich, rozwojowych trudach gatunku ludzkiego, poczynając od stanu niewiele wyższego niż byt zwierzęcy, poprzez kolejne epoki i dalej, do ostatnich czasów, kiedy to prawdziwa, choć niedoskonała cywilizacja rozwinęła się pośród zaawansowanych ras ludzkości.

Cywilizacja jest zdobyczą ludzkości, nie jest jej cechą biologiczną, zatem wszystkie dzieci muszą być wychowywane w środowisku kultury a każde kolejne pokolenie młodzieży musi na nowo pobierać swą edukację. Wyższe wartości cywilizacji – naukowe, filozoficzne i religijne – nie są przekazywane z pokolenia na pokolenie przez zwykłe dziedziczenie. Te osiągnięcia kulturowe są zachowywane tylko dzięki światłej ochronie społecznego dziedzictwa.

Ewolucja społeczna, oparta na współpracy, zapoczątkowana została przez nauczycieli z Dalamatii i przez trzysta tysięcy lat ludzkość wychowywana była w idei działań grupowych. Spośród wszystkich ras ludzkich, najwięcej z tych nauk skorzystał człowiek niebieski, człowiek czerwony do pewnego stopnia a najmniej człowiek czarny. W ostatnich czasach rasa żółta i rasa biała wykazują na Urantii najbardziej zaawansowany rozwój społeczny.

1. USPOŁECZNIENIE OBRONNE

Ludzie zazwyczaj uczyli się lubić jeden drugiego, kiedy zbliżyli się do siebie, jednak człowiek prymitywny z natury nie był przepełniony duchem uczuć braterskich i pragnieniem kontaktów towarzyskich ze swymi współbraćmi. Tego, że „w jedności siła", wczesne ludy uczyły się raczej z przykrego doświadczenia; i to właśnie brak tego, naturalnego, braterskiego przyciągania, przeszkadza teraz w natychmiastowym urzeczywistnieniu braterstwa ludzkości na Urantii.

Łączenie się w grupy wcześnie stało się ceną przetrwania. Samotny człowiek był bezbronny, chyba, że nosił znak plemienny, świadczący o przynależności do grupy, która z pewnością pomści każdą napaść na niego. Nawet w czasach Kaina, oddalanie się z miejsca zamieszkania samotnie, bez znaku przynależności grupowej, groziło śmiercią. Cywilizacja stała się ubezpieczeniem człowieka od nagłej śmierci, kiedy składką ubezpieczeniową było poddanie się licznym prawom i wymaganiom społeczeństwa.

Prymitywne społeczeństwo zostało tym samym ufundowane na wspólnych potrzebach i bezpieczeństwie, jakie dawało łączenie się w grupy. Społeczeństwo ludzkie rozwijało się w epokowych cyklach, w rezultacie strachu przed izolacją i metodami niezbyt ochoczej współpracy.

Prymitywne istoty ludzkie szybko się nauczyły, że grupy są znacznie ważniejsze i silniejsze, niż zwykła suma ich jednostek składowych. Setka ludzi, zjednoczona i zgodnie pracująca, może ruszyć wielki kamień; dwudziestu dobrze wyszkolonych obrońców pokoju może powstrzymać gniewny tłum. I tak zrodziło się społeczeństwo, nie jako zwyczajne połączenie liczby jednostek, ale raczej jako rezultat *organizacji* inteligentnych i współdziałających jednostek. Współpraca nie jest jednak naturalną cechą ludzką; człowiek uczy się współpracować, na początku w wyniku strachu a później dlatego, ponieważ odkrywa, że jest to najbardziej korzystne podczas stawiania czoła trudnościom czasu i jest ochroną przed przypuszczalnymi niebezpieczeństwami wieczności.

Ci ludzie, którzy się wcześnie tak zorganizowali w prymitywne społeczeństwo, osiągnęli znaczne sukcesy w podboju natury, jak również w obronie przed swymi bliźnimi; posiadali większe możliwości przetrwania, zatem cywilizacja rozwijała się pewnie na Urantii, pomimo wielu niepowodzeń. To właśnie zwiększenie możliwości przetrwania w grupie sprawiło, że wiele ludzkich błędów nie miało większych szans zatrzymania czy zniszczenia ludzkiej cywilizacji.

Współczesne, kulturalne społeczeństwo, jest raczej nowym zjawiskiem, co widać na przykładzie dotrwania do dzisiaj tak prymitywnych warunków społecznych, jakie panują u australijskich aborygenów czy Buszmenów i Pigmejów w Afryce. U tych, opóźnionych ludów, daje się zauważyć nieco wczesnej wrogości grupowej, osobistej podejrzliwości oraz innych, wysoce antyspołecznych cech, tak charakterystycznych dla wszystkich plemion prymitywnych. Te żałosne pozostałości nieuspołecznionych ludów z pradawnych czasów świadczą wymownie o tym, że naturalna, indywidualistyczna tendencja człowieka nie może skutecznie konkurować z bardziej dynamicznymi i potężnymi organizacjami oraz związkami postępu społecznego. Te zacofane i podejrzliwe, antyspołeczne plemiona, które mówią odmiennym dialektem co sześćdziesiąt czy osiemdziesiąt kilometrów, są przykładem tego, w jakim świecie moglibyście dzisiaj żyć, gdyby nie wspólne nauczanie cielesnego personelu Księcia Planetarnego i późniejsza działalność adamicznej grupy udoskonalaczy gatunku.

Współczesne określenie „powrót do natury" jest złudą, wynikającą z ignorancji, wiarą w rzeczywiste istnienie kiedyś fikcyjnego, „złotego wieku". Jedyną podstawą legend o złotym wieku jest historyczny fakt istnienia Dalamatii i Edenu. Jednak te, doskonalsze społeczeństwa, dalekie były od realizacji utopijnych marzeń.

2. CZYNNIKI POSTĘPU SPOŁECZNEGO

Cywilizowane społeczeństwo pojawiło się w wyniku dawnych wysiłków człowieka, pragnącego zapanować nad awersją do *osamotnienia*. Nie musi to koniecznie oznaczać wzajemnych uczuć międzyludzkich a obecny, niestabilny stan pewnych prymitywnych grup ludzkich dobrze ukazuje, przez co przeszły wczesne plemiona człowieka. Chociaż cywilizowane jednostki mogą się kłócić ze sobą i walczyć jedna z drugą i chociaż sama cywilizacja może wydawać się niekonsekwentną masą walczących i trudzących się istot, jest to oznaką wytrwałych wysiłków a nie śmiertelnej monotonii stagnacji.

Chociaż poziom inteligencji przyczyniał się znacznie do wzrostu tempa rozwoju kulturowego, zasadniczym celem społeczeństwa jest zmniejszenie czynnika ryzyka w życiu jednostki i społeczeństwo rozwijało się tak szybko, jak szybko odnosiło sukcesy w zmniejszeniu cierpień i w zwiększaniu czynnika przyjemności w życiu. Tym samym cała grupa społeczna prze powoli naprzód, do celu swego przeznaczenia – zagłady lub przetrwania – w zależności od tego, czy celem tym jest samozachowawczość czy samozadowolenie. Samozachowawczość zapoczątkowuje społeczeństwo, podczas gdy nadmierne samozadowolenie niszczy cywilizację.

Społeczeństwo zainteresowane jest w zachowaniu gatunku, w samozachowawczości i samozadowoleniu, jednak samorealizacja człowieka jest warta tego, żeby się stała bezpośrednim celem wielu grup kulturowych.

Sam instynkt stadny, występujący u człowieka pierwotnego, nie wystarcza do wytłumaczenia rozwoju takiej organizacji społecznej, jaka obecnie istnieje na Urantii. Chociaż nieodłączna człowiekowi tendencja do łączenia się w grupy leży u podstaw istnienia społeczeństwa ludzkiego, większa część ludzkiego uspołecznienia jest rzeczą nabytą. Dwa wielkie czynniki, które przyczyniły się do powstania wczesnych związków istot ludzkich, to głód i pociąg seksualny; te instynktowne popędy człowiek podziela ze światem zwierzęcym. Dwa inne uczucia, które popychały ludzkie istoty ku sobie i *trzymały* je razem, to próżność i strach, zwłaszcza strach przed duchami.

Historia nie jest niczym innym jak zapisem ludzkiej, trwającej epoki walki o żywność. *Człowiek prymitywny myślał tylko wtedy, kiedy był głodny;* oszczędzanie żywności było pierwszym samozaparciem, samodyscypliną. W miarę rozwoju społeczeństwa, głód przestawał być jedynym stymulatorem związków wzajemnych. Liczne inne dążenia, zaspokajanie różnych potrzeb, wszystko to razem prowadziło do bliższych związków międzyludzkich. Jednak dzisiejsze społeczeństwo jest przeciążone nadmiernym rozrostem domniemanych ludzkich potrzeb. Dwudziestowieczna cywilizacja Zachodu ugina się, zmęczona, pod ogromnym ciężarem zbytku i przesadnym rozmnożeniem ludzkich pragnień i potrzeb. Współczesne społeczeństwo wciąż trwa w napięciu, na skutek jednego z najbardziej niebezpiecznych stadiów jego rozległych związków wzajemnych i wysoce skomplikowanej zależności wzajemnej.

Głód, próżność i strach przed duchami wywierały ciągły nacisk na społeczeństwo, podczas gdy zaspokojenie seksualne było krótkotrwałe i nieregularne. Sam pociąg seksualny nie zmuszał prymitywnych mężczyzn i kobiet do podejmowania ciężkiego brzemienia utrzymania rodziny. Wczesna rodzina oparta była na niepokoju seksualnym mężczyzny, który pozbawiony był częstego zadowolenia i na pełnej oddania, macierzyńskiej miłości kobiety, jaką w pewnym stopniu podziela ona z samicami wszystkich wyższych zwierząt. Obecność bezbronnego dziecka decyduje o wczesnym zróżnicowaniu zajęć męskich i kobiecych; kobieta musi utrzymywać stałe miejsce zamieszkania, gdzie może uprawiać ziemię. I od najdawniejszych czasów miejsce pobytu kobiety zawsze uważano za dom.

Kobieta zatem wcześnie stała się nieodzowna dla rozwijającego się systemu społecznego, nie tak bardzo z powodu przelotnej pasji seksualnej, jak w konsekwencji *potrzeby żywności*; była ona niezbędnym partnerem w samozachowawczości. Była dostarczycielką żywności, zwierzęciem pociągowym i towarzyszką, która mogła znieść wielkie zniewagi bez gwałtownej reakcji a w dodatku do wszystkich tych, pożądanych cech, była nieodstępnym środkiem zaspokojenia seksualnego.

Prawie wszystko w cywilizacji, co posiada trwałe wartości, ma swe korzenie w rodzinie. Rodzina była pierwszą prawidłowo działającą, pokojową grupą, gdzie mężczyzna i kobieta uczą się jak korygować wzajemne antagonizmy, gdy jednocześnie uczą swe dzieci dążyć do pokojowych celów.

W ewolucji, funkcją małżeństwa jest zabezpieczenie przetrwania gatunku, nie tylko realizacja szczęścia osobistego; samozachowawczość i zachowanie gatunku są prawdziwymi celami rodziny. Zadowolenie jest tutaj dodatkowe, nie jest ono konieczne, za wyjątkiem funkcjonowania w charakterze bodźca, gwarantującego związek seksualny. Natura zmusza do przetrwania, ale kunszty cywilizacji wciąż pomnażają przyjemności wynikające z małżeństwa i zadowolenie z życia rodzinnego.

Jeśli próżność można tak rozszerzyć, aby obejmowała dumę, ambicję i honor, zauważamy nie tylko, jak te cechy przyczyniają się do kształtowania związków międzyludzkich, ale także jak trzymają ludzi razem, ponieważ uczucia te nie mają prawa bytu, gdy nie ma widowni do popisu. Próżność łączy się wkrótce z innymi uczuciami i impulsami, które potrzebują tej areny społecznej, na której mogą się pokazać i zaznać satysfakcji. Ta grupa emocji jest źródłem wczesnych początków całej sztuki, obrzędów, wszelkich form gier oraz sportu.

Próżność przyczynia się w znacznym stopniu do narodzin społeczeństwa; jednak w czasach tego objawienia, błędne dążenia zarozumiałego pokolenia grożą zalaniem i zatopieniem całej skomplikowanej struktury wysoce wyspecjalizowanej cywilizacji. Potrzeba przyjemności dawno już zastąpiła potrzebę pożywienia; uzasadnione cele społecznej samozachowawczości gwałtownie się zmieniają w niskie i groźne formy samozadowolenia. Samozachowawczość rozwija społeczeństwo; nieokiełznane samozadowolenie nieodmiennie niszczy cywilizację.

3. USPOŁECZNIAJĄCY WPŁYW STRACHU PRZED DUCHAMI

Prymitywne pragnienia wytworzyły społeczeństwo pierwotne, jednak to właśnie strach przed duchami trzymał je razem i przydawał jego egzystencji pozaludzkiego aspektu. Zwykły strach ma podłoże fizjologiczne – strach przed bólem fizycznym, nienasycony głód czy jakaś inna ziemska niedola – ale strach przed duchami był nowym, wysublimowanym gatunkiem przerażenia.

Sen o duchach był prawdopodobnie największym, pojedynczym czynnikiem napędowym ewolucji społeczeństwa ludzkiego. Choć większość snów mocno bulwersowała prymitywny umysł, sen o duchach naprawdę przerażał wczesnego człowieka, popychając śniących, przesądnych ludzi sobie nawzajem w ramiona, w skwapliwym i gorliwym związku dla wspólnej protekcji przed nieuchwytnymi i niewidzialnymi, wyimaginowanymi niebezpieczeństwami świata duchów. Sen o duchach jest jednym z najwcześniej pojawiających się zróżnicowań pomiędzy zwierzęcym a ludzkim typem umysłu. Zwierzęta nie wyobrażają sobie życia po śmierci.

Za wyjątkiem tego właśnie czynnika duchów, całe społeczeństwo opierało się na zasadniczych potrzebach i podstawowych popędach biologicznych. Stach przed duchami wprowadził jednak do cywilizacji nowy czynnik, ten strach, który dalece przewyższał podstawowe potrzeby jednostki i daleko od nich odbiegał, który znacznie przerastał nawet wysiłki zmierzające do utrzymania grupy. Lęk przed duchami zmarłych wywiódł na światło dzienne nową i zadziwiającą formę strachu, straszliwą i zniewalającą trwogę, która się przyczyniła do skupienia luźnych porządków społecznych z tych wczesnych epok w lepiej zdyscyplinowane i lepiej kontrolowane, pradawne, prymitywne grupy.

Ten bezsensowny przesąd, który po części wciąż jeszcze trwa, przygotowywał umysły ludzkie, poprzez zabobonny strach przed nierzeczywistym i nadnaturalnym, do późniejszego odkrycia „bojaźni Pańskiej, początku mądrości". Te pozbawione podstaw lęki ewolucyjne miały zostać wyrugowanie przez grozę Bóstwa, inspirowaną objawieniem. Wczesny kult strachu przed duchami stał się potężną więzią społeczną i od tamtego czasu ludzkość dąży, bardziej czy mniej, do osiągnięcia uduchowienia.

Głód i miłość zbliżały ludzi ku sobie; próżność i strach przed duchami wiązały ich ze sobą. Jednak same te uczucia, bez wpływu niosących pokój objawień, nie mogą wytrzymać napięcia występującego w ludzkich związkach wzajemnych, wyniku podejrzeń i irytacji. Bez pomocy z nadludzkich źródeł powiązania społeczne rozpadają się po osiągnięciu pewnych limitów i wtedy te właśnie, łączące społeczeństwo wpływy – głód, miłość, próżność i strach – współdziałają ze sobą i pogrążają ludzkość w wojnie i w rozlewie krwi.

Pokojowe tendencje gatunku ludzkiego nie są jego naturalnym wyposażeniem; są wywiedzione z nauk religii objawionej, z nagromadzonego doświadczenia postępowych narodów a zwłaszcza z nauk Jezusa, Księcia Pokoju.

4. EWOLUCJA OBYCZAJÓW

Wszystkie nowoczesne instytucje społeczne pojawiły się w wyniku ewolucji prymitywnych zwyczajów waszych dzikich przodków; dzisiejsze zasady są zmodyfikowanymi i poszerzonymi, dawnymi zwyczajami. Tym, czym jest nawyk dla jednostki, zwyczaj jest dla grupy; a grupowe zwyczaje rozwijają się w tradycje ludowe albo plemienne – powszechne zasady. Wszystkie instytucje dzisiejszego społeczeństwa ludzkiego mają swoje skromne źródło w tych, wczesnych początkach.

Należy wyjaśnić, że obyczaje powstają podczas prób dostosowania życia grup ludzkich do warunków powszechnego bytu; obyczaje były pierwszą ludzką instytucją społeczną. I wszystkie takie odruchy plemienne powstały z prób uniknięcia cierpienia i upokorzenia, przy jednoczesnym dążeniu do korzystania z przyjemności i władzy. Początki tradycji ludowych, podobnie jak początki języków, zawsze są nieświadome i niezamierzone a tym samym zawsze spowite tajemnicą.

Strach przed duchami skłaniał człowieka prymitywnego do wyobrażenia sobie tego, co nadprzyrodzone, a to bezpiecznie kładło fundamenty pod potężne wpływy społeczne etyki i religii, które z kolei zachowywały, z pokolenia na pokolenie, nienaruszone obyczaje i zwyczaje społeczeństwa. Tą właśnie rzeczą, która wcześnie zaprowadziła i skrystalizowała obyczaje, była wiara, że umarli są zazdrośni o sposoby swego życia i śmierci; mogli zatem ciężko pokarać tych żyjących śmiertelników, którzy ośmieliliby się traktować z beztroską pogardą reguły życia, które oni szanowali, kiedy żyli w ciele. Wszystko to najlepiej ilustruje dzisiejszy szacunek dla przodków u rasy żółtej. Rozwijająca się później religia prymitywna w znacznym stopniu ugruntowała lęk przed duchami, stabilizując tym samym obyczaje, jednak zaawansowana cywilizacja coraz bardziej wyzwalała ludzkość z więzów strachu i zniewalających przesądów.

Zanim nauki nauczycieli z Dalamatii przyniosły wyzwolenie i liberalizację, pradawny człowiek był bezbronną ofiarą rytuałów i obyczajów; prymitywny dziki był otoczony niekończącym się ceremoniałem. Wszystko, co robił, od przebudzenia rano do czasu, kiedy nocą zasypiał w swej jaskini, musiało być robione we właściwy sposób – zgodnie z tradycjami ludzi z jego plemienia. Był więźniem tyranizującego obyczaju; w jego życiu nie było nic swobodnego, spontanicznego czy oryginalnego. Nie istniał naturalny postęp ku wyższej egzystencji, umysłowej, moralnej czy społecznej.

Wczesny człowiek żył pod ogromnym naciskiem zwyczajów; dziki był prawdziwym niewolnikiem obyczaju, ale co jakiś czas pojawiali się ludzie odmiennego pokroju, którzy odważali się inicjować nowe sposoby myślenia i ulepszone metody życia. Tym niemniej bezwładność człowieka prymitywnego stanowiła biologiczny hamulec bezpieczeństwa, zapobiegający zbyt gwałtownemu zepchnięciu w niszczące niedostosowanie zbyt szybko rozwijającej się cywilizacji.

Jednak zwyczaje nie są zupełnie złe; ich ewolucja powinna trwać nadal. Dokonanie masowego przeobrażenia cywilizacji, metodą radykalnej rewolucji, jest prawie zgubne dla jej dalszego istnienia. Zwyczaj był tą nicią ciągłości, która utrzymywała cywilizację. Droga historii ludzkości usłana jest pozostałościami zarzuconych obyczajów i przestarzałych zasad społecznych, ale żadna cywilizacja nie może przetrwać, kiedy odstąpi od swych obyczajów, chyba, że przyswaja obyczaje lepsze i bardziej jej odpowiadające.

Trwanie społeczeństwa zależy głównie od progresywnej ewolucji jego obyczajów. Proces ewolucji zwyczaju rodzi się z ciągot do eksperymentowania; przedstawia się nowe idee, po czym następuje współzawodnictwo. Progresywna cywilizacja zawiera i zachowuje progresywne idee; w końcu czas i okoliczności wybierają do przetrwania ich lepiej przystosowaną grupę. Nie oznacza to jednak, że każda odrębna i odosobniona zmiana w strukturze społeczeństwa ludzkiego jest na lepsze. Nie! doprawdy nie! W długich, rozwojowych wysiłkach cywilizacji Urantii było wiele, nawet bardzo wiele, regresu.

5. METODY UPRAWY ZIEMI – SZTUKA ZDOBYWANIA ŚRODKÓW DO ŻYCIA

Sceną społeczeństwa jest ziemia; ludzie są aktorami. Człowiek zawsze musi korygować swoją działalność, aby dostosować się do warunków ziemskich. Ewolucja obyczajów zawsze zależna jest od właściwej proporcji obszaru ziemi do ilości ludzi. Jest to prawdą, pomimo, że trudno to dostrzec. Ludzkie metody uprawy ziemi albo sztuka utrzymania się, z dodatkiem standardów życia, równają się całkowitej sumie tradycji ludzkich – obyczajów. Suma dostosowania się człowieka do wymagań życia jest równa jego kulturowej cywilizacji.

Najstarsze kultury ludzkie powstawały na półkuli wschodniej, wzdłuż rzek. W cywilizacyjnym pochodzie pojawiły się cztery wielkie jego stadia:

1. *Stadium zbieractwa.* Konieczność zdobywania pożywienia, głód, prowadziły do pierwotnej formy organizacji pracy, prymitywnych szeregów zbieraczy żywności. Czasami taki marsz głodnych szedł linią szeroką na ponad piętnaście kilometrów, gdy zbierał pożywienie. Było to prymitywne, koczownicze stadium kultury a obecnie taki tryb życia prowadzą afrykańscy Buszmeni.

2. *Stadium myślistwa.* Wynalezienie narzędzi obronnych sprawiło, że człowiek stał się myśliwym, tym samym w znacznym stopniu wyzwolił się z żywnościowego zniewolenia. Pomysłowy Andonita, który mocno potłukł sobie pięść w zaciekłej walce, wpadł na nowo na pomysł używania długiego kija zamiast ręki i kawałka twardego

krzemienia, przywiązanego do jego końca ścięgnami, zamiast pięści. Wiele plemion dokonało odkryć tego rodzaju, niezależnie od siebie i te różnorodne formy młotów obrazują jeden wielki krok naprzód cywilizacji ludzkiej. Niektórzy australijscy aborygeni do dzisiaj niewiele wyszli poza to stadium.

Ludzie niebiescy stali się doskonałymi myśliwymi i traperami; przegradzali rzeki i łapali ryby w wielkich ilościach, susząc ich nadwyżkę do jedzenia zimą. Do łapania zwierzyny używano wielu rodzajów pomysłowych sideł i pułapek, ale prymitywniejsze ludy nie polowały na większe zwierzęta.

3. *Stadium pasterskie.* Udomowienie zwierząt umożliwiło wkroczenie w to stadium cywilizacji. Arabowie i rodowici Afrykanie zaliczają się do bardziej współczesnych narodów pasterskich.

Życie pasterskie przyniosło dalsze uniezależnienie się od niewolnictwa żywnościowego; człowiek nauczył się żyć z odsetek swego kapitału, z przyrostu stada, a to mu dało więcej wolnego czasu na kulturę i postęp.

W społeczeństwie przedpasterskim obie płcie współpracowały ze sobą, ale rozpowszechnienie hodowli zwierząt sprowadziło kobietę do nizin społecznej niewolnicy. Dawniej zapewnienie mięsa zwierząt było obowiązkiem mężczyzny, sprawą kobiety było dostarczyć żywności roślinnej. Kiedy zatem mężczyzna wkroczył w pasterską epokę swej egzystencji, godność kobiety znacznie podupadła. Wciąż musiała się ona trudzić i hodować rośliny potrzebne do życia, podczas gdy mężczyzna musiał tylko iść do swych stad, aby dostarczyć mięsa zwierzęcego w obfitości. Mężczyzna stał się w ten sposób względnie niezależny od kobiety; przez całą epokę pasterską status kobiety stopniowo się zaniżał. Pod koniec tej epoki stała się ona czymś tylko trochę wyższym niż ludzkie zwierzę, przeznaczone do pracy i dostarczania ludzkiego potomstwa; tak jak zwierzęta domowe miała pracować i dostarczać młodych. W epokach pasterskich mężczyźni bardzo kochali swoje bydło, politowania godnym było to, że nie mogli rozwinąć głębszego uczucia dla swych żon.

4. *Stadium rolnicze.* Epoka ta nadeszła razem z hodowlą roślin i stanowi najwyższy typ cywilizacji materialnej. Zarówno Caligastia jak i Adam starali się nauczać ogrodnictwa i rolnictwa. Adam i Ewa byli ogrodnikami a nie pasterzami, a ogrodnictwo w tamtych czasach stało na wysokim poziomie. Hodowla roślin wywiera uszlachetniający wpływ na wszystkie rasy ludzkie.

Rolnictwo zwiększyło ponad czterokrotnie proporcję odpowiedniego obszaru ziemi do ilości ludzi na świecie. Mogło być łączone z zajęciami pasterskimi z poprzedniego stadium kulturowego. Kiedy trzy stadia nakładały się na siebie, mężczyźni polowali a kobiety uprawiały ziemię.

Zawsze występowały konflikty pomiędzy pasterzami a tymi, co uprawiali ziemię. Myśliwi i pasterze byli agresywni, wojowniczy; rolnik jest typem bardziej pokojowym. Związanie się ze zwierzętami kojarzy się z walką i siłą, związek z roślinami wpaja cierpliwość, łagodność i pokój. Rolnictwo i przemysł należą do działalności pokojowych. Jednak osłabienie ich obu, jako światowych zajęć społeczeństwa, świadczy o tym, że brak im czynnika emocji i przygody.

Ludzkość rozwinęła się od stadium myślistwa, poprzez hodowlane, do terytorialnego stadium rolniczego. Każdemu stadium tej rozwijającej się cywilizacji towarzyszyło zmniejszanie się koczownictwa; coraz częściej człowiek zaczynał mieszkać w domu.

Obecnie przemysł uzupełnia rolnictwo ze swoją konsekwentnie rozwijającą się urbanizacją i przyrostem nierolniczych grup obywateli. Jednak era industrialna nie ma szans przetrwania, jeśli przywódcy nie uznają, że nawet najwyższy rozwój społeczny nadal musi opierać się na solidnych, rolniczych podstawach.

6. EWOLUCJA KULTURY

Człowiek jest ziemianinem, dzieckiem natury; nie ma znaczenia, jak bardzo będzie chciał uciec od roli, w ostatecznym rozrachunku na pewno poniesie porażkę. „Prochem jesteś i w proch się obrócisz" odnosi się literalnie do całej ludzkości. Najczęstsze walki, jakie prowadził człowiek, były, są i zawsze będą, o ziemię. Pierwsze społeczne związki prymitywnych istot ludzkich zawiązywały się w celu wygrania walki o ziemię. Proporcja obszaru ziemi do ilości ludzi stanowi fundament cywilizacji społecznej.

Poprzez technikę i naukę, ludzka inteligencja powoduje zwiększenie wydajności ziemi; w tym samym czasie naturalny przyrost potomstwa zostaje w pewnej mierze wzięty pod kontrolę i w ten sposób zostaje dostarczone pożywienie oraz czas wolny na tworzenie cywilizacji kulturowej.

Społeczeństwem ludzkim rządzi prawo, które mówi, że populacja musi ulegać zmianom, wprost proporcjonalnie do rozwoju kunsztu uprawy roli i odwrotnie proporcjonalnie do odpowiedniego standardu życia. W tamtych, wczesnych epokach, jeszcze bardziej niż teraz, prawo zaopatrzenia i potrzeb, odnoszące się do człowieka i ziemi, określało szacunkową wartość obojga. W czasach obfitości ziemi – terytorium niezamieszkałego – potrzeba człowieka była ogromna, przeto wartość życia ludzkiego była znacznie zawyżona a utrata życia bardziej przerażała. W okresach niedoboru ziemi i towarzyszącego temu przeludnienia, życie ludzkie względnie taniało, tak, że mniej niepokoiły wojny, głód i epidemie.

Kiedy wydajność ziemi się zmniejsza albo gdy populacja się zwiększa, wraca nieuchronna walka; na wierzch wychodzą najgorsze cechy ludzkiej natury. Zarówno poprawa wydajności roli, jak i rozpowszechnienie środków mechanicznych, jak również redukcja populacji, mają tendencje ożywiania rozwoju lepszej strony ludzkiej natury.

Społeczeństwa kresowe rozwijają niewykwalifikowaną część ludzkości; wyrafinowane kunszty i prawdziwy postęp naukowy, razem z kulturą duchową, prosperują najlepiej w wielkich centrach życia, kiedy wspierane są przez populację rolniczą i przemysłową, stojącą nieco poniżej właściwej proporcji obszaru ziemi do ilości ludzi. Miasta zawsze pomnażają u ich mieszkańców możliwości czynienia zarówno dobra jak i zła.

Na wielkość rodziny zawsze wywierały wpływ standardy życiowe. Im wyższy był standard tym mniejsza rodzina, aż do poziomu ustalenia stanu stabilnego lub stopniowego wymierania.

Poprzez epoki, standardy życia decydowały o jakości przetrwałej populacji, w przeciwieństwie tylko do jej ilości. Lokalne, klasowe standardy życia, dają początek nowym kastom społecznym, nowym obyczajom. Kiedy standardy życia stają się zbyt skomplikowane albo zbyt luksusowe, prędko stają się samobójcze. Kasta jest bezpośrednim wynikiem dużego nacisku społeczeństwa, o ostrej konkurencji, wytworzonego przez zagęszczoną populację.

Wczesne społeczności uciekały się często do praktyk ograniczających populację; wszystkie prymitywne plemiona zabijały zniekształcone lub chorowite dzieci. Dziewczynki też często zabijano, zanim nadeszły czasy kupowania żon. Dzieci były czasem duszone przy porodzie, ale ulubioną metodą było ich porzucenie. Ojciec bliźniaków zazwyczaj upierał się przy tym, że jedno z dzieci powinno być zabite, ponieważ wierzono, że wielorakie narodziny spowodowane były albo przez magię, albo przez niewierność. Z zasady jednak oszczędzano bliźnięta tej samej płci. Podczas gdy takie tabu w stosunku do bliźniąt było prawie powszechne, nigdy nie stanowiło one części obyczajów Andonitów; ludy te zawsze uważały bliźnięta za dobry omen.

Wiele ludów nauczyło się metod aborcji i praktyki te stały się bardzo rozpowszechnione, po zaprowadzeniu tabu dotyczącego narodzin dzieci wśród osób stanu wolnego. Długo utrzymywał się zwyczaj, że panna zabijała swe potomstwo, jednak u bardziej cywilizowanych grup ludzkich takie nieślubne dzieci stawały się podopiecznymi matki dziewczyny. Wiele prymitywnych klanów praktycznie wyginęło, zarówno na skutek praktykowania aborcji jak i dzieciobójstwa. Jednak niezależnie od nakazów obyczajowych, bardzo mało dzieci kiedykolwiek zgładzono po jednorazowym choćby nakarmieniu piersią – macierzyńskie uczucie jest zbyt silne.

Nawet w dwudziestym wieku nadal pokutują pozostałości tej prymitywnej kontroli populacji. Jest w Australii plemię, którego matki nie chcą wychowywać więcej niż dwoje lub troje dzieci. Nie tak dawno jedno kanibalistyczne plemię zjadało co piąte narodzone dziecko. Na Madagaskarze niektóre plemiona wciąż zabijają wszystkie dzieci zrodzone w pewne feralne dni, co w rezultacie daje śmierć około dwudziestu pięciu procent dzieci.

W przeszłości, z punktu widzenia ogólnoświatowego, przeludnienie nigdy nie było poważnym problemem, jeśli jednak wojny będą zanikać a nauka zapanuje lepiej nad ludzkimi chorobami, w niedalekiej przyszłości może się ono stać poważnym problemem. Wtedy wielka próba mądrości stanie przed władzami świata. Czy władcy Urantii będą mieć tę wnikliwość i odwagę, aby popierać rozmnażanie przeciętnych albo stabilnych istot ludzkich, zamiast nadnormalnych ekstremów i kolosalnie powiększającej się grupy podnormalnych? Należy popierać rozwój normalnych ludzi; oni są ostoją cywilizacji i źródłem mutantów – geniuszów ludzkości. Człowiek podnormalny powinien być pod kontrolą społeczną; nie należy płodzić ich więcej, niż ich potrzeba do prowadzenia niższych gałęzi przemysłu, zadań wymagających inteligencji wyższej od poziomu zwierzęcego, jednak stawiających wymagania tak niskiego rodzaju, że okazują się być one istnym zniewoleniem i skrępowaniem dla wyższych typów ludzkich.

[*Przedstawione przez Melchizedeka, przebywającego kiedyś na Urantii*].

PRZEKAZ 69

PRYMITYWNE INSTYTUCJE LUDZKIE

POD WZGLĘDEM emocjonalnym, człowiek przewyższa swoich zwierzęcych przodków zdolnością doceniania humoru, sztuki i religii. Społecznie, człowiek wykazuje swoją wyższość w tym, że jest wytwórcą narzędzi, porozumiewa się i tworzy instytucje.

Kiedy społeczne grupy istot ludzkich istnieją dłuższy czas, takie skupiska zawsze wykazują w swej działalności pewne tendencje, które osiągają kulminację w instytucjonalizacji. Jak się okazuje, większość instytucji ludzkich przyczynia się do oszczędności pracy, kiedy jednocześnie nieco umacnia bezpieczeństwo grupowe.

Człowiek cywilizowany szczyci się bardzo właściwościami, stabilnością i ciągłością ustanowionych przez siebie instytucji, ale wszystkie instytucje ludzkie są tylko obyczajami gromadzonymi od dawnych czasów, zakonserwowanymi przez tabu i uszlachetnionymi przez religię. Takie dziedzictwa stają się tradycjami a tradycje przekształcają się w końcu w zasady.

1. PODSTAWOWE INSTYTUCJE LUDZKIE

Wszystkie ludzkie instytucje służą pewnym społecznym potrzebom, przeszłym lub teraźniejszym, pomimo, że ich nadmierny rozrost nieodmiennie ujmuje wartości jednostce, dlatego, że usuwa w cień osobowość i umniejsza jej inicjatywę. Człowiek powinien raczej kontrolować swe instytucje niż pozwalać na to, aby te wytwory zaawansowanej cywilizacji nad nim zapanowały.

Instytucje ludzkie dzielą się na trzy zasadnicze klasy:

1. *Instytucje samozachowawczości.* Instytucje takie obejmują te zwyczaje, które powstały w wyniku głodu i związanych z nim instynktów samozachowawczych. W ich skład wchodzi przemysł, własność, wojna dla zysku i cała maszyneria regulująca społeczeństwo. Wcześniej czy później instynkt strachu sprzyja zakładaniu tych, pomagających przetrwać instytucji, środkami tabu, konwenansów i aprobaty religijnej. Jednak strach, ignorancja i przesądy odgrywają zasadniczą rolę we wczesnych początkach i późniejszym rozwoju wszystkich instytucji ludzkich.

2. *Instytucje zachowania gatunku.* Są to te organizacje społeczne, które powstają w wyniku popędu seksualnego, instynktu macierzyńskiego i wyższych, delikatnych uczuć ludzkich. Obejmują one społeczne zabezpieczenia ogniska domowego i szkoły, życia rodzinnego, edukacji, etyki i religii. Zalicza się do nich obyczaje małżeńskie, wojnę obronną i budownictwo domów.

3. *Instytucje samozadowolenia.* Są to te zwyczaje, które powstają ze skłonności do próżności oraz z uczuć dumy a obejmują one zasady ubierania się i ozdób osobistych, obyczaje społeczne, wojnę dla sławy, taniec, rozrywki, gry i inne stadia zaspokojenia zmysłowego. Jednak cywilizacja nigdy nie ukształtowała wyspecjalizowanych instytucji służących samozadowoleniu.

Te trzy grupy zwyczajów społecznych są blisko ze sobą związane i uzależnione w szczegółach jedna od drugiej. Na Urantii stanowią one tę złożoną organizację, która funkcjonuje jako pojedynczy mechanizm społeczny.

2. POCZĄTKI WYTWÓRCZOŚCI

Prymitywna wytwórczość rozwijała się powoli jako zabezpieczenie od strachu przed głodem. W początkach swej egzystencji, człowiek zaczął się uczyć od niektórych zwierząt, że w czasie obfitych zbiorów należy gromadzić żywność na okres niedostatku.

Zanim zaczęła się dawna oszczędność i prymitywna wytwórczość, warunki bytowe przeciętnego plemienia były jednym wielkim ubóstwem i prawdziwym cierpieniem. Wczesny człowiek musiał rywalizować o pożywienie z całym światem zwierzęcym. Ciążenie współzawodnictwa zawsze spycha człowieka w dół, do poziomu zwierzęcia; ubóstwo jest dręczącym go, ale naturalnym stanem. Bogactwo nie jest darem naturalnym; jest rezultatem pracy, wiedzy i organizacji.

Człowiek prymitywny szybko docenił zalety przebywania w grupie. Zrzeszanie się prowadziło do organizacji a pierwszym wynikiem organizacji był podział pracy, razem z towarzyszącą temu natychmiastową oszczędnością czasu i materiałów. Te specjalizacje w pracy powstały wskutek dostosowania się do przymusu, aby iść drogą mniejszego oporu. Prymitywni dzicy nigdy nie wykonywali żadnej prawdziwej pracy radośnie czy chętnie. Przymus, wynikający z konieczności, sprawiał, że się dostosowywali.

Człowiek prymitywny nie lubił ciężko pracować i się nie spieszył, chyba, że stanął w obliczu śmiertelnego niebezpieczeństwa. Czynnik czasu w pracy, idea zrobienia określonego zadania w obrębie pewnych limitów czasowych, jest pojęciem całkiem nowym. Pradawni nigdy się nie spieszyli. To właśnie dwojakie wymagania, intensywnej walki o byt i wciąż wyższych standardów życia prowadziły bezczynne z natury plemiona wczesnego człowieka na drogę wytwórczości.

Praca, robienie planów, odróżniają człowieka od zwierzęcia, którego wysiłki są zasadniczo instynktowne. Konieczność wykonywania pracy jest najwyższym błogosławieństwem człowieka. Cały personel Księcia pracował; zrobili oni wiele w tym celu, aby nobilitować pracę fizyczną na Urantii. Adam był ogrodnikiem; Bóg Hebrajczyków pracował – był stwórcą i podtrzymywaczem wszystkich rzeczy. Hebrajczycy byli pierwszym plemieniem, które ponad wszystko ceniło pracowitość; był to pierwszy naród, który zarządził, że „kto nie pracuje nie powinien jeść". Jednak wiele światowych religii wróciło do wczesnego ideału bezczynności. Jowisz był biesiadnikiem a Budda stał się refleksyjnym zwolennikiem wolnego czasu.

Sangikowe plemiona były dosyć pracowite, kiedy zamieszkiwały z dala od tropików. Jednak bardzo długo trwała walka pomiędzy leniwymi entuzjastami magii a apostołami pracy – tymi, którzy przejawiali dalekowzroczność.

Pierwsze przejawy dalekowzroczności człowieka ukierunkowane były na zachowania ognia, wody i żywności. Człowiek prymitywny był jednak z natury graczem; zawsze chciał mieć coś za nic, a w tych dawnych czasach zbyt często się zdarzało, że sukces powstały w wyniku cierpliwych wysiłków przypisywany był urokom. Magia nie chciała ustąpić przed dalekowzrocznością, samozaparciem i wytwórczością.

3. PODZIAŁ PRACY

O podziale pracy w społeczeństwie prymitywnym z początku decydowały warunki naturalne a potem społeczne. Wczesna organizacja pracy wyglądała następująco:

1. *Podział według płci*. Praca kobiety wywodzi się zasadniczo z nieodłącznej obecności dziecka; kobieta z natury bardziej kocha dzieci niż mężczyzna. Tym samym kobieta stała się rutynowym pracownikiem, podczas kiedy mężczyzna został myśliwym i wojownikiem, mając tym samym wyraźnie oddzielone od siebie okresy pracy i wypoczynku.

Całe epoki funkcjonowało tabu, trzymające kobietę ściśle w obrębie jej pracy. Mężczyzna bardzo samolubnie wybrał pracę przyjemniejszą, zostawiając bardziej rutynową harówkę kobiecie. Mężczyzna zawsze się wstydził robić pracę kobiecą, ale kobieta nigdy nie wykazywała żadnego wstrętu przed robieniem pracy męskiej. Ciekawostką do odnotowania jest to, że zarówno mężczyzna jak i kobieta zawsze pracowali razem przy budowie i urządzaniu domu.

2. *Dostosowania na skutek wieku i choroby*. Te zróżnicowania są przyczyną następnego podziału pracy. Starym ludziom i kalekom dawno już wyznaczono pracę przy wyrobie narzędzi i broni. Później zostali przydzieleni do prac irygacyjnych.

3. *Zróżnicowania oparte na religii*. Uzdrawiacze byli pierwszymi istotami ludzkimi zwolnionymi od pracy fizycznej; byli pionierami klasy profesjonalistów. Kowale byli tą nieliczną grupą, która konkurowała z uzdrawiaczami i magikami. Ich sztuka pracy w metalach sprawiła, że ludzie się ich bali. „Biali kowale" i „czarni kowale" dali początek dawnym wierzeniom w białą i czarną magię. A wierzenie to zostało później dołączone do przesądów o dobrych i złych widmach, dobrych i złych duchach.

Kowale byli pierwszą, niereligijną grupą, cieszącą się specjalnymi przywilejami. Podczas wojny uznawani byli za neutralnych a ten dodatkowy czas wolny sprawiał, że stawali się, jako klasa, politykami prymitywnego społeczeństwa. Jednak na skutek ordynarnych nadużyć tych przywilejów kowale zostali powszechnie znienawidzeni a uzdrawiacze nie tracili czasu i podsycali nienawiść do swych konkurentów. Pierwsze walki pomiędzy nauką a religią wygrała religia (przesąd). Po wyrzuceniu z wiosek, kowale prowadzili pierwsze zajazdy, domy zakwaterowania na obrzeżach osiedli.

4. *Pan i niewolnik*. Następne zróżnicowanie pracy powstało w wyniku stosunku zwycięzcy do zwyciężonego, a to oznacza początek zniewolenia człowieka.

5. *Zróżnicowanie oparte na* niejednakowych uzdolnieniach fizycznych i umysłowych. Dalszym podziałom pracy sprzyjały naturalne różnice pomiędzy ludźmi; nie wszyscy ludzie rodzą się równi.

Wczesnymi specjalistami w wytwórczości byli ociosywacze krzemienia i kamieniarze; później pojawili się kowale. Następnie rozwinęła się specjalizacja grupowa; całe rodziny i klany poświęcały się pewnym rodzajom pracy. Jedna z dawniejszych kast kapłańskich, niezależna od plemiennych uzdrawiaczy, wywodzi się z zabobonnego kultu, jakim otaczano rodzinę mistrzowskich płatnerzy.

W wytwórczości, pierwszą grupą specjalistów byli dystrybutorzy soli kamiennej i garncarze. Kobiety wyrabiały zwykłe wyroby garncarskie, mężczyźni ozdobne. W niektórych plemionach szyciem i tkaniem zajmowały się kobiety, w innych mężczyźni.

Pierwszymi kupcami były kobiety; zatrudniane w charakterze szpiegów, handel prowadziły jako zajęcie uboczne. Niebawem rozwinęło się kupiectwo, kobiety działały jako pośredniczki – akwizytorki. Potem przyszła klasa handlowców, pobierających prowizje, profit od swych usług. W miarę nasilania się wymiany grupowej, przekształciła się ona w handel, a po wymianie towarów przyszła wymiana pracy fachowej.

4. POCZĄTKI HANDLU

Tak jak małżeństwo w wyniku umowy pojawiło się po małżeństwie przez porwanie, tak i handel wymienny nastał po zagarnięciu przez napaść. Jednak pomiędzy wczesnymi obyczajami spokojnej wymiany a późniejszym handlem, według współczesnych metod, występował długi okres piractwa.

Pierwsza wymiana dokonywana była przez uzbrojonych kupców, zostawiających swe dobra w neutralnym punkcie. Kobiety prowadziły pierwsze targi; były one najwcześniejszymi kupcami a nastąpiło to dlatego, że to one były odpowiedzialne za utrzymanie; mężczyźni byli wojownikami. Bardzo wcześnie wynaleziono ladę kupiecką, ścianę o odpowiedniej grubości, aby kupcy nie mogli się nawzajem dosięgnąć bronią.

Do strzeżenia towarów, przeznaczonych do tej cichej wymiany, używano fetysza. Targowiska takie były zabezpieczone przed kradzieżą; nic nie mogło być stamtąd zabrane inaczej niż przez wymianę lub zakup; z fetyszem na straży towary zawsze były bezpieczne. Wcześni kupcy byli skrupulatnie uczciwi w obrębie własnych plemion, ale uważali, że jest w porządku oszukiwać obcych, przybywających z daleka. Nawet dawni Hebrajczycy mieli osobne normy etyczne dla transakcji prowadzonych z nie-Żydami.

Całe epoki trwała ta cicha wymiana, zanim ludzie mogli się wreszcie spotkać nieuzbrojeni, na poświęconym targowisku. Takie same, czworokątne targowiska, stały się pierwszymi sanktuariami a w niektórych krajach znane były potem jako „miasta schronienia". Jakikolwiek uciekinier, kiedy dotarł do targowiska, był bezpieczny i chroniony przed atakiem.

Pierwszymi odważnikami były ziarna pszenicy oraz innych zbóż. Pierwszym środkiem płatniczym była ryba albo koza. Później krowa stała się jednostką handlu wymiennego.

Nowoczesne piśmiennictwo powstało z dawnych zapisów handlowych; pierwszą ludzką literaturą było pismo lansujące produkt, reklama soli. Wiele dawnych wojen prowadzono o surowce naturalne, takie jak krzemień, sól i metale. Pierwszy formalny traktat między plemionami dotyczył uznania złóż soli za międzyplemienne. Takie miejsca, gwarantowane konwencją, dawały okazję do pokojowej wymiany idei oraz mieszania się różnych plemion.

Piśmiennictwo rozwijało się kolejnymi etapami, od „patyka wiadomości", sznurów węzełkowych, pisma obrazkowego, hieroglifów i pasów muszelkowych, aż do wczesnych alfabetów symbolicznych. Przesyłanie wiadomości rozwinęło się od prymitywnych sygnałów dymnych, poprzez gońców, jeźdźców na zwierzętach, koleje i samoloty, jak również telegraf i telefon, aż do łączności bezprzewodowej.

Nowe idee i lepsze metody życia szerzone były na cały zamieszkały świat przez starożytnych kupców. Handel, razem z przygodą, prowadził do eksploracji i odkryć. Wszystko to zrodziło transport. Handel był wielkim czynnikiem cywilizacyjnym, ponieważ sprzyjał krzyżowaniu się kultur.

5. POCZĄTKI KAPITAŁU

Kapitał jest pracą, traktowaną jako zrzeczenie się tego, co teraźniejsze, na rzecz tego, co przyszłe. Oszczędności stanowią formę utrzymania się oraz zabezpieczenia przeżycia. Gromadzenie żywności rozwija samokontrolę i stwarza pierwsze problemy kapitału i pracy. Człowiek, który miał żywność, jeśli mógł ją zabezpieczyć przed złodziejami, miał wyraźną przewagę nad człowiekiem nie posiadającym żywności.

Wczesny bankier był dzielnym człowiekiem plemienia. Przechowywał on wspólne dobra w depozycie, a cały klan musiał bronić jego chaty w wypadku ataku. W ten sposób akumulacja indywidualnego kapitału i grupowego bogactwa prowadziła wprost do organizacji wojskowej. Z początku takie środki ostrożności podejmowane były w celu obrony własności przed obcymi najeźdźcami, ale później weszło w zwyczaj posiadanie organizacji wojskowej dla wszczynania najazdów na własność i majątek plemion sąsiednich.

Podstawowymi czynnikami, które skłaniały do gromadzenia kapitału, były:

1. *Głód, razem z przezornością*. Zaoszczędzenie i przechowanie pożywienia oznaczało siłę i dobrobyt dla tych, którzy mieli odpowiednią *przezorność*, aby pomyśleć o przyszłych potrzebach. Zapasy pożywienia były odpowiednim zabezpieczeniem przed głodem i nieszczęściem. Całość prymitywnych obyczajów miała w rzeczywistości pomóc człowiekowi podporządkować teraźniejszość przyszłości.

2. *Miłość do rodziny* – chęć zabezpieczenia potrzeb rodziny. Kapitał stanowi oszczędzanie mienia, wbrew naciskowi dzisiejszych potrzeb, w celu zabezpieczenia wymogów przyszłości. Część tych przyszłych potrzeb może być związana z potomstwem człowieka.

3. *Próżność* – pragnienie pokazania nagromadzonej własności. Dodatkowe ubranie było jedną z pierwszych oznak wyróżnienia. Próżność gromadzenia wcześnie odwoływała się do ludzkiej dumy.

4. *Pozycja* – chęć zdobycia prestiżu społecznego i politycznego. Dość wcześnie powstała skomercjalizowana szlachta; aby do niej należeć należało się specjalnie zasłużyć dla rodziny królewskiej albo można było zdobyć taką pozycję za pieniądze.

5. *Władza* – dążenie do bycia zwierzchnikiem. Pożyczanie bogactw było metodą zniewolenia, odsetki od pożyczki w tamtych, pradawnych czasach, wynosiły sto procent rocznie. Lichwiarze stawali się królami, tworząc stałą armię dłużników. Zniewoleni słudzy stanowili jedną z pierwszych form gromadzonej własności a w dawnych czasach niewolnictwo dłużnika rozciągało się nawet na dysponowanie jego ciałem po śmierci.

6. *Lęk przed duchami zmarłych* – opłaty dla duchownych za ochronę. Ludzie wcześnie zaczęli dawać duchownym podarunki na poczet swej śmierci, z tą nadzieją, że ich

dobra materialne pomogą im kroczyć przez następne życie. Dlatego kapłani bardzo się bogacili; to oni wiedli prym wśród pradawnych kapitalistów.

7. *Pociąg seksualny* – chęć kupienia jednej albo większej ilości żon. Pierwszą formą handlu była wymiana kobiet; na długo poprzedzała ona handel końmi. Jednak nigdy wymiana niewolników seksualnych nie posuwała naprzód społeczeństwa; taki handel był i jest hańbą dla ludzkości, gdyż powstrzymuje rozwój życia rodzinnego a jednocześnie zanieczyszcza dobrą kondycję biologiczną wyższych grup społecznych.

8. *Liczne formy samozadowolenia*. Niektórzy szukają bogactwa, gdyż daje ono władzę; inni pracują dla zdobycia własności, gdyż to oznacza wygodę. Człowiek pierwotny (i niektórzy współcześni) mają tendencje do trwonienia swych zasobów na zbytki. Trunki i używki intrygowały ludy prymitywne.

W miarę rozwoju cywilizacji ludziom przybywało nowych motywów do oszczędzania; do pierwotnego głodu gwałtownie dodawano nowych potrzeb. Ubóstwo budziło taką odrazę, że tylko bogaci, jak domniemano, szli prosto do nieba po śmierci. Majątek ceniony był tak wysoko, że wydanie pretensjonalnej uczty mogło zmazać hańbę z czyjegoś imienia.

Gromadzenie dóbr wcześnie stało się symbolem wartości społecznej. W pewnych plemionach jednostki potrafiły gromadzić dobra przez lata, tylko po to, żeby wywrzeć wrażenie przez ich spalenie w jakieś święto albo przez hojne rozdzielenie pomiędzy plemiennych współbraci. Przez to stawali się wielkimi ludźmi. Nawet ludzie współcześni zabawiają się hojnym rozdawaniem prezentów na Boże Narodzenie, podczas gdy bogaci fundują wielkie instytucje filantropijne i edukacyjne. Zmieniają się metody, ale skłonności ludzkie pozostają raczej niezmienne.

Należy rzetelnie odnotować, że wielu pradawnych bogaczy rozdzieliło sporo swej fortuny ze strachu przed zabiciem przez tych, którzy pragnęli ich dóbr. Bogacze częstokroć składali w ofierze dziesiątki niewolników, żeby pokazać pogardę dla bogactwa.

Chociaż kapitał prowadził do wyzwolenia człowieka, komplikował znacznie jego organizację społeczną i przemysłową. Nadużywanie kapitału przez nieuczciwych kapitalistów nie zmienia faktu, że stanowi on podstawę współczesnego społeczeństwa przemysłowego. Dzięki kapitałowi i wynalazkom obecne pokolenie cieszy się wyższym stopniem wolności niż jakiekolwiek inne, żyjące przed nim na Ziemi. Należy to odnotować jako fakt, a nie jako osąd wielu nadużyć kapitału, dokonanych przez jego bezmyślnych i samolubnych opiekunów.

6. ZNACZENIE OGNIA DLA CYWILIZACJI

Prymitywne społeczeństwo, wraz z jego czterema sekcjami – wytwórczą, prawodawczą, religijną i wojskową – rozkwitało dzięki używaniu ognia, zwierząt, niewolników oraz dóbr doczesnych.

Rozniecanie ognia raz i na zawsze oddzieliło człowieka od zwierzęcia; jest to podstawowy wynalazek albo odkrycie człowieka. Ogień pozwolił człowiekowi przebywać w nocy na ziemi, ponieważ wszystkie zwierzęta boją się ognia. Ogień sprzyjał wieczornym stosunkom towarzyskim; nie tylko zabezpieczał przed zimnem i dzikimi zwierzętami, ale używano go także do ochrony przed duchami. Z początku używany był bardziej do oświetlania niż ogrzewania; wiele opóźnionych plemion nie chce iść spać, jeśli płomień nie pali się całą noc.

Ogień był wspaniałym czynnikiem cywilizującym, dawał człowiekowi pierwszą sposobność, aby stać się altruistą; bez pozbawiania siebie czegokolwiek mógł on dawać żarzące się węgle bliźniemu, nie tracąc ich dla siebie. Ognisko domowe, doglądane przez matkę albo najstarszą córkę, było pierwszym wychowawcą, wymagającym czujności i zaufania. Wczesny dom nie tyle był budynkiem, jak rodziną zgromadzoną wokół ognia – paleniska rodzinnego. Kiedy syn zakładał nową rodzinę, zabierał głownię z rodzinnego paleniska.

Chociaż Andon, odkrywca ognia, unikał traktowania go jako przedmiotu kultu, wielu jego potomków uznawało płomień za fetysz albo za ducha. Nie umieli wykorzystywać sanitarnych dobrodziejstw ognia, ponieważ nie chcieli palić odpadków. Człowiek prymitywny bał się ognia i zawsze chciał utrzymywać go w dobrym nastroju, stąd posypywanie kadzidłem. Nigdy, w żadnych okolicznościach, pierwotni ludzie nie pluli na ogień ani też nie przechodzili pomiędzy człowiekiem a płonącym ogniem. Nawet piryty żelazne i krzemień, używane do krzesania ognia, dawna ludzkość uważała za święte.

Gaszenie ognia było grzechem; jeśli chata się zapaliła, zostawiano ją płonącą. Ognie świątyń i świętych przybytków były święte i nigdy nie mogły zgasnąć, za wyjątkiem tego, kiedy obyczaj kazał rozpalać nowe ognie, corocznie czy po jakimś nieszczęściu. Na kapłanki wybierano kobiety, gdyż one były opiekunkami ogniska domowego.

Wczesne mity o ogniu jako pochodzącym od bogów, powstały dzięki obserwacji ognia powstałego od pioruna. Takie idee o nadnaturalnym pochodzeniu ognia prowadziły wprost do jego czczenia a czczenie ognia zaprowadziło zwyczaj „przechodzenia przez ogień", praktyki stosowanej aż do czasów Mojżesza. I nadal pokutuje idea o przejściu przez ogień po śmierci. Mit ognia był czynnikiem silnie wiążącym ludzi w dawnych czasach i wciąż jeszcze trwa w symbolizmie Parsów.

Ogień umożliwiał gotowanie a określenie „zjadacze surowizny" stało się drwiną. Gotowanie zmniejszało wydatek energii życiowej, potrzebnej do trawienia pożywienia i zostawiło wczesnemu człowiekowi trochę sił na kulturę społeczną, podczas gdy hodowla, redukując wysiłek konieczny do zdobycia pożywienia, dodała czasu na spotkania towarzyskie.

Należy pamiętać, że ogień otwarł drzwi metalurgii i w kolejności prowadził do odkrycia siły pary oraz współczesnego zastosowania elektryczności.

7. ZASTOSOWANIE ZWIERZĄT

Z początku cały świat zwierzęcy był wrogiem człowieka; istota ludzka musiała uczyć się bronić przed zwierzętami. Najpierw człowiek zjadał zwierzęta, ale później nauczył się je oswajać i zmuszać, żeby mu służyły.

Udomowienie zwierząt nastąpiło przypadkiem. Dzicy polowali na stada, podobnie jak Indianie w Ameryce na bizony. Gdy otoczyli stado, mogli mieć zwierzęta pod kontrolą, tym samym zabijać je wtedy, kiedy były potrzebne do jedzenia. Później budowano zagrody i można było chwytać całe stada.

Niektóre zwierzęta łatwo dawały się oswoić, ale wiele z nich nie mogło rozmnażać się w niewoli, jak na przykład słoń. Jeszcze później odkryto, że pewne gatunki zwierząt tolerują obecność człowieka i mogą rozmnażać się w niewoli. Przy udomowieniu zwierząt pomocne było również selektywne rozmnażanie, sztuka, która rozwinęła się znacznie od czasów Dalamatii.

Pierwszym zwierzęciem udomowionym był pies a trudna praktyka jego udomowienia zaczęła się wtedy, gdy pewien pies, po tym jak cały dzień chodził za myśliwym, wszedł z nim do domu. Przez całe epoki psów używano do jedzenia, polowania, transportu i do towarzystwa. Z początku psy tylko wyły, ale później nauczyły się szczekać. Dobry zmysł węchu u psa sprawiał wrażenie, że może on widzieć duchy i tak powstał kult psa-fetysza. Po raz pierwszy cały klan spał w nocy, gdy użyto psów do pilnowania. Potem weszło w zwyczaj używanie psa do strzeżenia domu przed duchami, jak również przed wrogami materialnymi. Kiedy pies szczekał, znaczyło to, że zbliża się człowiek lub zwierzę, ale kiedy pies wył, w pobliżu były duchy. Nawet teraz wielu ludzi wciąż wierzy, że wycie psa w nocy jest zapowiedzią śmierci.

Kiedy mężczyzna był myśliwym, był dosyć miły dla kobiety, jednak po udomowieniu zwierząt i razem z zamętem wywołanym przez Caligastię, wiele plemion zaczęło skandalicznie traktować swoje kobiety. Generalnie, mężczyźni traktowali je tak jak swoje zwierzęta. Brutalne traktowanie kobiet przez mężczyzn stanowi jeden z najciemniejszych rozdziałów w historii ludzkiej.

8. NIEWOLNICTWO JAKO CZYNNIK CYWILIZACYJNY

Człowiek prymitywny nigdy nie wahał się niewolić swych współbraci. Kobieta była pierwszym niewolnikiem, rodzinnym niewolnikiem. W czasach pasterskich człowiek niewolił kobietę jako podrzędnego partnera seksualnego. Taki rodzaj niewolnictwa powstał bezpośrednio na skutek zmniejszającej się zależności mężczyzny od kobiety.

Jeszcze do niedawna zniewolenie było losem tych jeńców wojennych, którzy nie chcieli przyjąć religii zwycięzcy. Wcześniej jeńcy byli jedzeni, torturowani na śmierć, zmuszani do walki jeden z drugim, poświęcani duchom albo niewoleni. Niewolnictwo było wielkim postępem po rzezi i kanibalizmie.

Zniewolenie było krokiem naprzód, gdy idzie o miłosierne traktowanie jeńców wojennych. Zasadzka pod Aj, z masowym wyrzynaniem mężczyzn, kobiet i dzieci, gdzie tylko król został oszczędzony, aby zaspokoić próżność zwycięzcy, jest wiernym zobrazowaniem barbarzyńskiego mordu, dokonanego nawet przez domniemanie cywilizowany naród. Najazd na Oga, króla Baszanu, był równie brutalny jak i skuteczny. Hebrajczycy „pobili tak, że nikt nie ocalał", swoich wrogów, zabierając całą ich własność jako zdobycz. Nałożyli wszystkim miastom trybut cierpienia „pozabijali wszystkich mężczyzn". Jednak wiele współczesnych im plemion, charakteryzujących się mniejszym plemiennym egotyzmem, dawno już zaczęło adoptować bardziej zaawansowanych jeńców.

Myśliwi, podobnie jak amerykański człowiek czerwony, nie zniewalali. Adoptowali albo zabijali swych jeńców. U ludów pasterskich niewolnictwo nie było rozpowszechnione, ponieważ nie potrzebowali wielu robotników. Na wojnie pasterze zwyczajowo zabijali wszystkich męskich jeńców a jako niewolników brali tylko kobiety i dzieci. Prawo mojżeszowe dawało specjalne wskazówki, dotyczące brania za żony jeńców-kobiety. W wypadku niezadowolenia mogły być odesłane, ale Hebrajczycy nie mogli sprzedawać takich odrzuconych małżonek jako niewolnic – był to przynajmniej jakiś postęp cywilizacyjny. Chociaż zasady społeczne Hebrajczyków były surowe, przewyższały one znacznie podobne zasady u plemion otaczających.

Pasterze byli pierwszymi kapitalistami; ich stada stanowiły kapitał a żyli z odsetek – z przyrostu naturalnego. Pasterze nie chcieli powierzać swego majątku ani niewolnikom, ani kobietom. Później jednak brali męskich jeńców i zmuszali ich do uprawy roli. Są to wczesne początki poddaństwa – przywiązania człowieka do ziemi. Afrykanów łatwo było nauczyć uprawy ziemi, zatem stali się oni znakomitą rasą niewolników.

Niewolnictwo było nieuniknionym ogniwem w łańcuchu ludzkiej cywilizacji. Było tym mostem, po którym społeczeństwo przeszło od chaosu i lenistwa do porządku i cywilizowanych zajęć; zacofanych i leniwych ludzi zmuszano do pracy, w związku z tym ich zwierzchnicy mieli dobrobyt i wolny czas na postęp społeczny.

Zaprowadzenie niewolnictwa zmuszało człowieka do wynalezienia mechanizmu regulacyjnego społeczeństwa prymitywnego; dawało podstawy pierwocin rządu. Niewolnictwo wymaga intensywnego nadzoru i w czasie europejskiego średniowiecza praktycznie zanikło, ponieważ panowie feudalni nie mogli kontrolować niewolników. Zacofane plemiona, wywodzące się z pradawnych czasów, takie jak współcześni, rodzimi Australijczycy, nigdy nie miały niewolników.

Prawda, że niewolnictwo było despotyczne, ale to właśnie w szkole ucisku człowiek uczył się pracowitości. W końcu niewolnicy mieli swój udział w błogosławieństwach wyższego społeczeństwa, które tak niechętnie pomagali tworzyć. Niewolnictwo przynosi organizację kulturową i zdobycze społeczne, ale szybko atakuje zdradziecko społeczeństwo od wewnątrz, jako najgroźniejsza ze wszystkich destrukcyjnych dolegliwości społecznych.

Współczesne wynalazki mechaniczne czynią niewolnika przeżytkiem. Niewolnictwo przemija, podobnie jak poligamia, gdyż się nie opłaca. Jednak gwałtowne wyzwolenie znacznej liczby niewolników zawsze okazywało się katastrofalne; mniej kłopotów powstaje wtedy, gdy są uniezależnieni stopniowo.

Dziś ludzie nie są niewolnikami społecznymi, jednak wiele ich tysięcy, na skutek swych ambicji, pozwala się niewolić długami. Mimowolne zniewolenie utorowało drogę nowej i udoskonalonej formie zmodyfikowanego poddaństwa gospodarczego.

Podczas gdy ideałem społeczeństwa jest powszechna wolność, nigdy nie powinno się tolerować próżniactwa. Wszyscy ludzie, o zdrowym ciele, powinni być zmuszani do pracy, w ilości przynajmniej koniecznej do utrzymania się.

Współczesne społeczeństwo się zawróciło. Niewolnictwo prawie zanikło; kończy się używanie udomowionych zwierząt. Cywilizacja sięga z powrotem po ogień – do świata nieorganicznego – po siłę. Człowiek wydobył się z dzikości dzięki ogniowi, zwierzętom i niewolnictwu; dziś sięga wstecz, odrzuciwszy pomoc niewolników i asystę zwierząt, kiedy usiłuje wyrwać nowe tajemnice i źródła bogactwa oraz potęgi z podstawowego magazynu natury.

9. WŁASNOŚĆ PRYWATNA

Podczas gdy prymitywne społeczeństwo praktycznie było wspólnotą, człowiek prymitywny nie stosował współczesnych doktryn komunizmu. W tych dawnych czasach komunizm nie był zwykłą teorią czy doktryną społeczną; była to prosta i praktyczna, automatyczna adaptacja. Komunizm zapobiegał pauperyzmowi i niedostatkowi; wśród pradawnych plemion żebractwo i prostytucja były prawie nieznane.

Prymitywny komunizm zasadniczo nie równał ludzi do najniższego poziomu, ani też nie wywyższał przeciętności, nagradzał jednak bezczynność i lenistwo oraz dławił wytwórczość i niszczył ambicję. Komunizm był rusztowaniem, koniecznym do rozwoju społeczeństwa prymitywnego, jednak ustąpił przed kształtującym się, wyższym społecznym porządkiem, ponieważ przeciwstawiał się czterem silnym ludzkim tendencjom:

1. *Rodzina.* Człowiek nie tylko chciał gromadzić dobra; chciał również przekazać swój kapitał potomstwu. Jednak we wczesnym społeczeństwie wspólnoty, kapitał człowieka bywał albo natychmiast spożytkowany, albo rozdzielony wśród grupy w momencie jego śmierci. Nie było własności spadkowej – podatek od spadku wynosił sto procent. Późniejsze obyczaje, odnoszące się do gromadzenia kapitału i dziedziczenia własności, stanowiły wyraźny postęp społeczny. Jest to prawdą, pomimo późniejszych, wielkich nadużyć związanych z niewłaściwym używaniem kapitału.

2. *Tendencje religijne.* Człowiek prymitywny również dlatego chciał oszczędzać majątek, aby posiadać jego zaczątki na życie w następnej egzystencji. Ten motyw wyjaśnia, dlaczego tak długo panował zwyczaj grzebania osobistego mienia człowieka razem z nim. Pradawni wierzyli, że tylko bogaty przeżywa śmierć, doznając po niej natychmiastowej radości i zaszczytów. Nauczyciele religii objawionej, zwłaszcza nauczyciele chrześcijańscy, byli pierwszymi, którzy głosili, że biedny również może zostać zbawiony na równych prawach z bogatym.

3. *Pragnienie wolności i przyjemności.* W początkach ewolucji społecznej rozdzielanie indywidualnych zarobków pomiędzy członków grupy było praktycznie formą niewolnictwa; pracujący stawał się niewolnikiem próżniaka. To była samobójcza słabość komunizmu: niezapobiegliwy żył zazwyczaj z gospodarnego. Nawet w dzisiejszych czasach niezapobiegliwi są zależni od państwa (oszczędni podatnicy), które się o nich troszczy. Ci, którzy nie mają kapitału, wciąż domagają się wyżywienia od tych, którzy go mają.

4. *Dążenie do bezpieczeństwa i władzy.* Komunizm został w końcu zlikwidowany przez zwodnicze praktyki postępowych i odnoszących sukcesy jednostek, które uciekały się do różnorodnych wybiegów, aby uniknąć zniewolenia przez niezaradnych próżniaków ze swoich plemion. Jednak z początku całe gromadzenie odbywało się w tajemnicy; prymitywna niepewność przeszkadzała w otwartym gromadzeniu kapitału. Ale nawet w późniejszych czasach nagromadzenie zbyt wielkiego bogactwa było nadzwyczaj niebezpieczne; król z pewnością wymyśliłby jakiś zarzut, aby skonfiskować własność bogacza, a gdy bogaty umarł, pogrzeb bywał odkładany tak długo, aż rodzina nie darowała znacznej sumy na dobro publiczne, czy dla króla jako podatku spadkowego.

W dawnych czasach kobiety były własnością wspólnoty a matka rządziła rodziną. Dawni wodzowie posiadali całą ziemię i byli właścicielami wszystkich kobiet; małżeństwo wymagało zgody władcy plemienia. Kiedy komunizm zanikał, kobiety stawały się własnością jednostki a ojciec stopniowo przejmował kontrolę nad rodziną. W ten sposób powstało ognisko domowe a panujące, poligamiczne obyczaje, stopniowo były zastępowane monogamią. (Poligamia jest pozostałością czynnika zniewolenia kobiet w małżeństwie. Monogamia jest wolnym od zniewolenia ideałem niezrównanego związku, jednego mężczyzny i jednej kobiety, związku pełniącego znakomite zadanie tworzenia ogniska domowego, wychowywania potomstwa, wzajemnego kulturalnego traktowania i samodoskonalenia).

Z początku całe mienie, razem z narzędziami i bronią, było wspólną własnością plemienia. Prywatna własność najpierw składała się z wszystkich rzeczy osobiście dotykanych. Jeśli obcy pił z kubka, kubek odtąd był jego. Potem, jakiekolwiek miejsce, gdzie została rozlana krew, stawało się własnością zranionej osoby lub grupy.

Własność prywatna dlatego była początkowo szanowana, gdyż domniemano, że była naładowana jakąś częścią osobowości właściciela. Uczciwość w sprawach własności opierała się bezpiecznie na takim rodzaju przesądu; żadna policja nie była potrzebna do pilnowania własności osobistej. W obrębie grupy nie było kradzieży, choć ludzie nie wahali się przywłaszczać sobie dóbr innych plemion. Związki własności nie kończyły się razem ze śmiercią; z początku dobra osobiste były palone, potem grzebane ze zmarłym, a jeszcze później dziedziczone przez resztę rodziny lub plemię.

Ozdobne dobra osobiste wywodzą się z noszenia amuletów. Próżność, z dodatkiem strachu przed duchami, sprawiała, że wczesny człowiek opierał się wszelkim próbom pozbawiania go jego ulubionych amuletów, własność ta była ceniona wyżej niż podstawowe potrzeby.

Miejsce do spania stanowiło jedną z pierwszych własności człowieka. Później miejsca na dom były przydzielane przez wodzów plemiennych, którzy trzymali wszelką nieruchomość jako depozyt grupy. Potem miejsce ogniska dawało prawo własności, a jeszcze później studnia dawała tytuł do przyległej do niej ziemi.

Sadzawki i studnie to jedne z pierwszych prywatnych własności. Wszelkie obyczaje związane z fetyszami stosowane były w celu ochrony sadzawek, studni, drzew, zbiorów i miodu. W wyniku utraty wiary w fetysz powstało prawo, aby chroniło własność prywatną. Jednak zasady dotyczące zwierzyny, prawa do polowania, na długo poprzedzały prawa do ziemi. Amerykański człowiek czerwony nigdy nie rozumiał prywatnej własności ziemi; nie mógł pojąć punktu widzenia białego człowieka.

Z początku własność prywatna oznaczana była insygniami rodziny i takie są wczesne początki herbu rodzinnego. Nieruchomość mogła być także powierzona opiece duchów. Kapłani „poświęcali" kawałek ziemi, który potem mógł pozostawać pod opieką magicznych tabu, wzniesionych na nim; jego właściciele mogli powiedzieć, że mają „prawo kapłańskie". Hebrajczycy mieli wielki szacunek dla takich rodzinnych znaków granicznych: „Przeklęty, kto przesuwa granicę swego bliźniego". Takie kamienne znaki nosiły inicjały kapłana. Nawet drzewa, gdy były oznaczone, stawały się własnością prywatną.

W dawnych czasach tylko zbiory były prywatne, jednak kolejne zbiory nadawały tytuł własności; rolnictwo jest zatem podstawą prywatnej własności ziemi. Jednostkom z początku dawano tylko dożywotnią dzierżawę, po śmierci ziemia wracała do plemienia. Pierwsze ziemskie prawa własności, nadawane jednostkom przez plemiona, były grobami – rodzinnym gruntem grzebalnym. W późniejszych czasach ziemia należała do tych, którzy ją ogrodzili. Jednak miasta zawsze pozostawiały jakąś ziemię na pastwiska publiczne i na uprawę w wypadku oblężenia; te „wspólnoty" stanowiły wczesną formę wspólnej własności.

W końcu państwo zaczęło przydzielać własność jednostkom, zastrzegając sobie prawa podatkowe. Zabezpieczywszy sobie prawo własności, posiadacze ziemscy mogli pobierać czynsze a ziemia stała się źródłem dochodu – kapitałem. Ostatecznie ziemia stała się w pełni zbywalna, razem ze sprzedażami, przekazami, hipotekami i obciążeniami.

Własność prywatna dawała coraz większą wolność i coraz większą stabilizację, ale prywatna własność ziemi przynosiła aprobatę społeczną dopiero wtedy, kiedy przestała działać wspólna kontrola i kierownictwo, i prędko zaczęły powstawać kolejno klasy niewolników, pańszczyźnianych i bez ziemi. Tym niemniej udoskonalone maszyny stopniowo uwalniają człowieka od niewolniczego trudu.

Prawo do własności nie jest absolutne, jest tylko społeczne. Jednak cały rząd, prawo, porządek, prawa obywatelskie, wolności społeczne, konwenanse, pokój i szczęście, jakimi cieszą się ludzie współcześni, powstały w związku z prywatną własnością mienia.

Obecny porządek społeczny niekoniecznie musi być właściwy – nie jest ani boski, ani święty – jednak ludzkość dobrze zrobi, jeśli zmiany wprowadzać będzie powoli. To, co teraz macie, jest znacznie lepsze niż jakikolwiek inny system, znany waszym przodkom. Musicie mieć pewność, że kiedy zmieniacie porządek społeczny, zmieniacie go na lepszy. Nie dajcie się namówić na eksperymentowanie z zarzuconymi formułami waszych praojców. Idźcie naprzód, nie wstecz! Dajcie działać ewolucji! Nie cofajcie się.

[Przedstawione przez Melchizedeka z Nebadonu].

PRZEKAZ 70

EWOLUCJA RZĄDU U LUDZI

CZŁOWIEK nie zdążył nawet częściowo rozwiązać problemów zdobywania środków do życia, kiedy się natknął na problem regulacji stosunków międzyludzkich. Rozwój wytwórczości wymagał prawa, porządku i społecznych adaptacji; własność prywatna zmuszała do stworzenia rządu.

Antagonizmy są naturalne na świecie ewolucyjnym; pokój zagwarantować można jedynie pewnym rodzajem społecznego systemu prawnego. Społeczne zasady postępowania idą w parze z organizacją społeczną; stowarzyszanie się zakłada istnienie pewnej władzy kontrolującej. Rząd zmusza do koordynacji antagonizmów plemion, klanów, rodzin i jednostek.

Rząd kształtuje się nieświadomie, rozwija się metodą prób i błędów. Potrafi przetrwać, zatem zostaje uświęcony tradycją. Anarchia zwiększa cierpienia, zatem rząd, względne prawo i porządek, formuje się powoli, czy też podlega formowaniu. Nieuniknione wymogi walki o byt dosłownie wpychają gatunek ludzki na postępową drogę do cywilizacji.

1. GENEZA WOJNY

Wojna jest stanem naturalnym, dziedzictwem rozwijającego się człowieka; pokój jest społecznym miernikiem zaawansowania cywilizacji. Zanim zaawansowane narody stały się częściowo uspołecznione, człowiek był wyjątkowo indywidualistyczny, krańcowo podejrzliwy i niesłychanie awanturniczy. Przemoc jest prawem natury, wrogość automatyczną reakcją dzieci natury, podczas gdy wojna to tylko te same działania prowadzone zbiorowo. Gdziekolwiek i kiedykolwiek struktura cywilizacji ulega naciskowi, wskutek komplikacji wynikłych z rozwoju społeczeństwa, zawsze następuje natychmiastowa i rujnująca rewersja do dawnych metod dopasowywania przemocą takich zadrażnień w ludzkich związkach wzajemnych.

Wojna jest zwierzęcą reakcją na nieporozumienia i zadrażnienia; pokój towarzyszy cywilizowanym rozwiązaniom wszelkich takich problemów i trudności. Rasy sangikowe, razem z podupadłymi później Adamitami i Nodytami, były wojownicze. Andonitów bardzo wcześnie nauczano złotej zasady i nawet ich dzisiejsi, eskimoscy potomkowie, żyją zasadniczo zgodnie z tymi normami; panują wśród nich niezmienne obyczaje i raczej nie ma gwałtownych antagonizmów.

Andon nauczał swe dzieci tak rozstrzygać spory, aby każdy z nich bił drzewo kijem, przeklinając jednocześnie drzewo; czyj kij złamał się pierwszy, ten był zwycięzcą. Późniejsi Andonici rozstrzygali spory robiąc widowisko publiczne, na którym spierający się robili żarty i ośmieszali się nawzajem, podczas gdy publiczność określała swym aplauzem zwycięzcę.

Jednak takie zjawisko, jak wojna, nie mogło zaistnieć, dopóki społeczeństwo nie rozwinęło się odpowiednio, aby mieć zarówno czas pokoju jak i aprobować zwyczaje wojenne. Sama idea wojny zakłada istnienie jakiegoś stopnia organizacji.

Wraz z pojawieniem się grup społecznych, zadrażnienia indywidualne zaczęły się rozpływać w odczuciach grupowych, co sprzyjało spokojowi wewnątrz plemienia kosztem pokoju międzyplemiennego. Zatem z początku pokojem cieszyła się zamknięta grupa bądź plemię, które żywiło nienawiść do obcej grupy, cudzoziemców. Człowiek pierwotny uważał rozlanie krwi obcych za cnotę.

Jednak z początku nawet to nie działało. Kiedy dawni wodzowie próbowali redukować nieporozumienia, uznawali często za konieczne zezwolić na plemienne walki na kamienie, przynajmniej raz na rok. Klan mógł podzielić się na dwie grupy i cały dzień walczyć. I to bez przyczyny, tylko dla zabawy; ci ludzie naprawdę lubili walkę.

Wojny nadal trwają, ponieważ człowiek ma swoją naturę, ukształtował się ze zwierzęcia a wszystkie zwierzęta są wojownicze. Do wczesnych przyczyn wojny można zaliczyć:

1. *Głód*, który powodował najazdy dla zdobycia żywności. Niedobór ziemi zawsze wywoływał wojnę i podczas takich walk, pierwotne, pokojowe plemiona, zostały praktycznie wyniszczone.
2. *Brak kobiet* – próba redukcji niedoborów pomocy domowej. Kradzież kobiet zawsze wywoływała wojnę.
3. *Próżność* – chęć pokazania plemieniu swojej dzielności. Zaawansowane grupy mogły walczyć po to, żeby narzucić swój sposób życia ludom opóźnionym.
4. *Niewolnicy* – potrzeba większej liczby pracowników.
5. *Rewanż* był przyczyną wojny, kiedy jakieś plemię wierzyło, że sąsiednie plemię przyczyniło się do śmierci członka ich plemienia. Żałoba trwała tak długo, dopóki głowa nie została przyniesiona do domu. Wojna dla zemsty wciąż wybuchała, aż do względnie współczesnych czasów.
6. *Rozrywka* – wojna w tamtych, dawnych czasach, uważana była przez młodych mężczyzn za rozrywkę. Jeśli nie było dobrego i odpowiedniego pretekstu do wojny, kiedy pokój stawał się nieznośny, sąsiadujące plemiona miały w zwyczaju zaczynać półprzyjacielską walkę, zaczynając najazd dla zabicia wolnego czasu, aby mieć pozorną wojnę.
7. *Religia* – chęć zdobycia nawróconych na wiarę. Wszystkie religie prymitywne aprobowały wojnę. Dopiero niedawno religia zaczęła dezaprobować wojnę. Wczesne kapłaństwo było, niestety, zazwyczaj związane z siłą wojskową. Jedno z największych, epokowych posunięć pokojowych polegało na próbie separacji Kościoła i państwa.

Dawne plemiona zawsze składały wojnę w ofierze swym bogom, na rozkaz swych wodzów lub uzdrawiaczy. Hebrajczycy wierzyli w takiego „Boga walki" a opowieść o ich najeździe na Madianitów jest typowym opisem bestialskiego okrucieństwa antycznych walk plemiennych; napaść ta, połączona z rzezią wszystkich mężczyzn i późniejszym zabiciem wszystkich dzieci płci męskiej oraz wszystkich kobiet, które nie były dziewicami, mogłaby przypaść do gustu wodzom plemiennym sprzed dwustu tysięcy lat. I wszystko to zrobiono w „imię Pana Boga Izraela".

Jest to opowieść o ewolucji społeczeństwa – o naturalnym rozwiązywaniu problemów narodów – o człowieku wypracowującym swe własne przeznaczenie na Ziemi. Okrucieństwa takie nie są inspirowane przez Bóstwo, pomimo, że człowiek ma tendencje obciążać bogów odpowiedzialnością za nie.

Wojenne miłosierdzie powoli docierało do ludzkości. Nawet kiedy Debora, kobieta, rządziła Hebrajczykami, wciąż trwało to samo, masowe okrucieństwo. Jej generał, odnosząc zwycięstwo nad nie-Żydami, sprawił, że „padło całe wojsko od miecza, ani jeden się nie ostał".

W historii gatunku ludzkiego, bardzo wcześnie zaczęto używać zatrutej broni. Praktykowano wszystkie formy okaleczenia. Saul nie wahał się zażądać stu filistyńskich napletków jako wiana, którym Dawid miał zapłacić za jego córkę Mikal.

Wczesne wojny staczano pomiędzy całymi plemionami, jednak w czasach późniejszych, gdy spierały się dwie osoby z różnych plemion, zamiast walki obu plemion pojedynek staczało dwu spierających się. Weszło także w zwyczaj, że dwa wojska stawiały wszystko na wynik walki pomiędzy dwoma reprezentantami, wybranymi z każdej strony, jak w przypadku Dawida i Goliata.

Pierwszą subtelnością wojny było branie jeńców. Potem wykluczono kobiety z działań wojennych, jeszcze później przyszła identyfikacja osób nie walczących. Wkrótce powstały kasty wojskowe i stałe wojsko, żeby dotrzymać kroku narastającej złożoności walki. Takim wojownikom wcześnie zakazano się wiązać z kobietami a kobiety dawno już przestały walczyć, choć zawsze karmiły i pielęgnowały żołnierzy i dodawały im otuchy do walki.

Wielki postęp przyniósł zwyczaj wypowiadania wojny. Takie deklaracje zamiaru podjęcia walki wskazywały na początki poczucia uczciwości, po czym stopniowo rozwijały się zasady „cywilizowanego" prowadzenia wojny. Bardzo wcześnie stało się zwyczajem, żeby nie walczyć w pobliżu miejsc religijnych a jeszcze później, żeby nie walczyć w pewne święte dni. Potem przyszła generalna akceptacja prawa azylu; zbiegowie polityczni otrzymywali schronienie.

W ten sposób stopniowo formowały się zasady prowadzenia wojny, od prymitywnego polowania na człowieka aż do bardziej uporządkowanych, w pewnym sensie, zasad współczesnych, „cywilizowanych" narodów. Tym niemniej bardzo powoli społeczna tendencja do utrzymywania dobrych stosunków wypiera wrogość.

2. SPOŁECZNE WARTOŚCI WOJNY

W epokach minionych zażarta wojna mogła wprowadzać zmiany społeczne i ułatwiać przyswajanie nowych idei, takich, jakie nigdy nie powstałyby naturalnie przez dziesięć tysięcy lat. Straszliwa cena, płacona za takie oczywiste korzyści z wojny, polegała na tym, że społeczeństwo chwilowo cofało się wstecz, do stadium dzikości; cywilizowane racje zmuszone były ustępować. Wojna jest silnym lekarstwem, bardzo drogim i wyjątkowo niebezpiecznym; i kiedy często leczy pewne społeczne dolegliwości, czasami zabija pacjenta, niszczy społeczeństwo.

Stała konieczność obrony narodowej stwarza wiele nowych i zaawansowanych, społecznych adaptacji. Dziś społeczeństwo korzysta z długiej listy dobrodziejstw, użytecznych innowacji, które z początku były wyłącznie wojskowe; zawdzięcza wojnie nawet taniec, który był jedną z wczesnych form musztry wojskowej.

Wojna posiadała wartości społeczne dla dawnych cywilizacji, ponieważ:

1. Narzucała dyscyplinę, przymusową współpracę.
2. Nagradzała hart ducha i odwagę.
3. Podsycała i pokrzepiała nacjonalizm.
4. Wyniszczała ludzi słabych i nieprzystosowanych.
5. Rozwiewała iluzję prymitywnej równości i selektywnie rozwarstwiała społeczeństwo.

Wojna miała pewne ewolucyjne i wybiórcze wartości, ale kiedyś musi być zarzucona, tak samo jak niewolnictwo, w miarę powolnego posuwania się cywilizacji naprzód. Dawne wojny sprzyjały podróżowaniu i wymianie kulturalnej; tym celom służą teraz lepiej współczesne metody transportu i łączności. Dawne wojny umacniały narody, ale współczesne walki niszczą cywilizowaną kulturę. Antyczne wojny przynosiły zdziesiątkowanie opóźnionych narodów; czystym wynikiem współczesnych konfliktów jest selektywna destrukcja najlepszych grup ludzkości. Dawne wojny stymulowały organizację i wydajność, ale cechy te są teraz celem współczesnego przemysłu. W epokach minionych wojna była tym fermentem społecznym, który pchał cywilizację do przodu; takie rezultaty osiąga się teraz lepiej poprzez ambicję i wynalazki. Starożytne wojny podtrzymywały ideę boga wojen, jednak człowiek współczesny miał powiedziane, że Bóg jest miłością. W przeszłości wojna służyła wielu wartościowym celom, była rusztowaniem koniecznym do budowy cywilizacji, ale szybko stała się kulturalnym bankrutem – niezdolna do tworzenia dywidend społecznego zysku, w jakikolwiek sposób proporcjonalnych do straszliwych strat towarzyszących jej wywołaniu.

Kiedyś lekarze wierzyli w puszczanie krwi jako metodę leczenia wielu chorób, lecz od tamtego czasu odkryli lepsze środki na większość dolegliwości. I tak samo międzynarodowe puszczanie krwi na wojnie na pewno kiedyś ustąpi miejsca odkryciu lepszych metod leczenia chorób narodów.

Narody Urantii zaczęły już gigantyczne zmagania pomiędzy nacjonalistycznym militaryzmem a industrializmem, a konflikt ten jest pod wieloma względami analogiczny do epokowych zmagań pomiędzy pasterzem-myśliwym a rolnikiem. Jeśli jednak industrializm ma zatryumfować nad militaryzmem, musi uniknąć tych zagrożeń, które go otaczają. Zagrożenia, jakie niesie rozwijający się na Urantii przemysł, są następujące:

1. Silne ukierunkowanie w kierunku materializmu, duchowej ślepoty.
2. Kultywowanie władzy bogactwa, wypaczenie wartości.
3. Nałóg luksusu, niedojrzałości kulturowej.
4. Narastające niebezpieczeństwo zgnuśnienia, niewrażliwość na służbę.
5. Narastanie niepożądanej słabości gatunku, degeneracja biologiczna.
6. Zagrożenie znormalizowanym niewolnictwem industrialnym, stagnacja osobowości. Praca uszlachetnia, ale harówka powoduje odrętwienie.

Militaryzm jest autokratyczny i okrutny – dziki. Sprzyja tworzeniu organizacji społecznej u zdobywców, jednak dezintegruje zwyciężonych. Industrializm jest bardziej cywilizowany i powinien być tak pokierowany, aby ożywiał inicjatywę i popierał indywidualizm. Społeczeństwo powinno pomagać oryginalności wszelkimi możliwymi sposobami.

Gloryfikacja wojny byłaby błędem; raczej spróbujcie przyjrzeć się temu, co ona zrobiła dla społeczeństwa, tak, abyście mogli dokładniej uzmysłowić sobie, co powinno ją zastąpić, aby można było kontynuować postęp cywilizacji. A jeśli nie dostarczy się odpowiednich substytutów, możecie być pewni, że wojny trwać będą jeszcze długo.

Człowiek nigdy nie zaakceptuje pokoju jako normalnego sposobu życia, zanim nie zostanie dogłębnie i wielokrotnie przekonany o tym, że pokój jest najlepszy dla jego materialnego dobra i zanim społeczeństwo, w mądry sposób, nie dostarczy pokojowych substytutów dla zaspokojenia wrodzonych tendencji okresowego luzowania zbiorowego pędu, który dąży do uwolnienia wciąż gromadzących się emocji i energii, jakie należą do samozachowawczych odruchów gatunku ludzkiego.

Jednak wojnę, nawet kiedy zanika, należy szanować jako szkołę tego doświadczenia, które zmuszało grupę aroganckich jednostek do podporządkowania się wysoce scentralizowanej władzy – naczelnego wodza. Starodawne wojny wybierały na dowódców ludzi wielkich od urodzenia, ale współczesne wojny już tego nie robią. Żeby znaleźć przywódców, społeczeństwo musi się teraz zwrócić do pokojowych zdobyczy: przemysłu, nauki i osiągnięć społecznych.

3. WCZESNE ZWIĄZKI MIĘDZYLUDZKIE

W najbardziej prymitywnym społeczeństwie *horda* jest wszystkim; nawet dzieci są wspólną własnością. Rozwijająca się rodzina zastępuje hordę w wychowaniu dzieci, podczas gdy wyłaniające się klany i plemiona przejmują rolę jednostek społecznych.

Pociąg seksualny i miłość macierzyńska umacniają rodzinę. Jednak, dopóki nie zaczną się kształtować grupy ponadrodzinne, nie pojawi się prawdziwy rząd. W przedrodzinnych czasach hordy, przywódców stanowiły nieformalnie wybierane jednostki. Afrykańscy Buszmeni nigdy nie wyszli poza to prymitywne stadium; nie mają wodzów w hordzie.

Dzięki związkom krwi rodziny łączyły się w klany, w grupy krewnych; z klanów kształtowały się potem plemiona, wspólnoty terytorialne. Wojny i nacisk zewnętrzny zmuszały do tworzenia organizacji plemiennej z pokrewnych klanów, jednak handel i wymiana były tymi czynnikami, które trzymały w pewnym stopniu wewnętrznego pokoju te wczesne, prymitywne grupy ludzkie.

Pokój na Urantii znacznie lepiej będzie propagowany przez międzynarodowe organizacje handlowe niż przez wszystkie sentymentalne sofistyki marzycielskich planów pokojowych. Powiązaniom handlowym pomaga rozwój języka i ulepszone metody komunikowania się, jak również lepszy transport.

Brak wspólnego języka zawsze utrudniał rozwój pokojowych grup ludzkich, ale pieniądze stały się uniwersalnym językiem współczesnego handlu. Współczesne społeczeństwo trzyma się w całości zasadniczo dzięki rynkowi przemysłowemu. Motyw zysku jest potężnym cywilizatorem, kiedy wspomagany jest chęcią służenia.

W dawnych czasach każde plemię otaczało się koncentrycznymi kręgami coraz większego strachu i podejrzliwości, zatem zwyczajowo zabijano kiedyś wszystkich obcych, później brano ich w niewolę. Stara idea przyjaźni oznaczała adopcję do klanu a członkostwo klanu, jak wierzono, trwa nawet po śmierci – jest to jedna z wcześniejszych koncepcji życia wiecznego.

Obrzęd adopcji polegał na wzajemnym piciu krwi. W niektórych grupach zamiast picia krwi wymieniano ślinę, co jest pradawnym początkiem zwyczajowego, przyjacielskiego pocałunku. A wszystkie uroczystości nawiązywania związków międzyludzkich, czy to małżeństwa, czy poprzez adopcję, zawsze kończyły się ucztowaniem.

W późniejszych czasach używano krwi rozcieńczonej czerwonym winem a w końcu pito samo wino, aby przypieczętować ceremonię adopcji, którą wyrażano poprzez zetknięcie się pucharów z winem a dopełniano wypiciem trunku. Hebrajczycy stosowali zmodyfikowaną formę tego obrzędu adopcji. Ich arabscy przodkowie składali przysięgę, podczas której ręka kandydata spoczywała na organie rozrodczym rodowitego członka plemienia. Hebrajczycy traktowali adoptowanych obcych przyjaźnie i braterskо. „Przybysza, który się osiedlił wśród was, będziecie uważać za obywatela. Będziesz go miłował jak siebie samego".

„Gościnna przyjaźń" była relacją tymczasowej gościnności. Kiedy odwiedzający gość odjeżdżał, łamano talerz na połowę i jedną część dawano odjeżdżającemu przyjacielowi; służyło to jako odpowiednia rekomendacja gospodarza dla nowych gości, mogących później przybyć. Było obyczajem gości ze swojej strony odpłacić się gospodarzowi opowiadaniem historii o swych podróżach i przygodach. W dawnych latach gawędziarze stali się tak popularni, że w końcu pojawił się zwyczaj zabraniający im opowiadać zarówno podczas polowań jak i w czasie żniw.

Pierwszymi traktatami pokojowymi były „więzy krwi". Spotykali się ambasadorzy pokoju dwu wojujących plemion, składali sobie wyrazy uszanowania, później nakłuwali skórę do krwi, po czym ssali sobie nawzajem krew i ogłaszali pokój.

Najwcześniejsze misje pokojowe składały się z delegacji mężczyzn, wiodących wybrane przez siebie dziewczyny dla gratyfikacji seksualnej byłych wrogów; apetytów seksualnych używano do zwalczania żądzy walki. Tak zaszczycone plemię mogło również udać się z rewizytą i w ramach rewanżu zaoferować swoje dziewczęta; po czym pokój był solidnie ugruntowany. Niedługo potem zaczęto uznawać małżeństwa wzajemne pomiędzy rodzinami wodzów.

4. KLANY I PLEMIONA

Pierwszą pokojową grupą była rodzina, potem klan, plemię, a jeszcze później naród, który w końcu stał się współczesnym państwem terytorialnym. To, że współczesne, pokojowe grupy ludzkie dawno się poszerzyły poza związki krwi, obejmując narody, jest bardzo podbudowujące, niezależnie od tego, że narody Urantii wciąż wydają ogromne sumy na przygotowania do wojen.

Klany były grupami krewnych w obrębie plemienia i zawdzięczały swoje istnienie pewnym wspólnym interesom, takim jak:

1. Możliwość prześledzenia swego pochodzenia wstecz, do wspólnego przodka.
2. Wierność wspólnemu totemowi religijnemu.
3. Mówienie tym samym dialektem.
4. Dzielenie wspólnego miejsca zamieszkania.
5. Obawa przed tymi samymi wrogami.

6. Posiadanie wspólnego doświadczenia wojskowego.

Naczelnicy klanów zawsze byli podporządkowani szefom plemiennym, wczesne rządy plemienne były luźną konfederacją klanów. Rodzimi Australijczycy nigdy nie wykształcili plemiennej formy rządu.

W czasie pokoju rządzili szefowie klanów po linii matki; plemienni szefowie wojenni ustanowili linię ojca. Dwór szefów plemion i wczesnych królów składał się z naczelników klanów, którzy byli zazwyczaj zapraszani przed oblicze króla kilka razy w roku. Królowi dawało to sposobność ich nadzorowania i gwarantowało ich lepszą współpracę. Klany spełniały ważną rolę w samorządzie lokalnym, ale znacznie opóźniały kształtowanie się dużych i silnych narodów.

5. POCZĄTKI RZĄDU

Każda ludzka instytucja ma swój początek a rząd jest produktem stopniowej ewolucji, podobnie jak małżeństwo, wytwórczość i religia. Od wczesnych klanów i prymitywnych plemion rozwijały się stopniowo kolejne rodzaje rządów ludzkich, które powstawały i znikały, dochodząc w końcu do tych form organizacji społecznych i państwowych, które charakteryzują drugą trzecią część dwudziestego wieku.

Wraz ze stopniowym wyłanianiem się jednostek rodzinnych utworzone zostały podstawy rządu w ramach organizacji klanu, grupy pokrewnych rodzin. Pierwszym, prawdziwym ciałem rządowym była *rada* starszych. Ta nadzorująca grupa składała się ze starszych ludzi, którzy wyróżnili się w jakiś szczególny sposób. Mądrość i doświadczenie szanowane były od dawna, nawet u barbarzyńców i tak przyszła długa epoka dominacji starszych. Takie panowanie oligarchii wiekowej przekształcało się stopniowo w ideę patriarchalną.

W pierwotnej radzie starszych spoczywał potencjał wszelkich funkcji rządowych: wykonawczych, prawodawczych i sądowniczych. Gdy rada interpretowała aktualne obyczaje, to był sąd; kiedy ustalała nowe, społeczne warunki życia, to było prawodawstwo; zakres, w jakim te zarządzenia i postanowienia były egzekwowane, stanowił wykonawstwo. Przewodniczący rady był prekursorem późniejszych wodzów plemiennych.

Niektóre plemiona miały rady kobiece a w wielu plemionach, od czasu do czasu, rządziły kobiety. Pewne plemiona człowieka czerwonego zachowały nauki Onamonalontona, trzymając się jednomyślnych rządów „rady siedmiu".

Trudno było ludzkości zrozumieć, że spierające się społeczeństwo ani nie może zachować pokoju ani też prowadzić wojny. Prymitywna „czcza gadanina" rzadko bywała pożyteczna. Plemiona rychło zrozumiały, że wojsko dowodzone przez grupę, złożoną z szefów klanów, nie ma szans przeciw silnemu wojsku, dowodzonemu przez jednego człowieka. Wojna zawsze tworzyła królów.

Z początku wojenni wodzowie wybierani byli tylko na okres pełnienia służby wojskowej i powinni zrezygnować częściowo z władzy w czasie pokoju, kiedy to ich obowiązki były bardziej społecznej natury. Jednak stopniowo zaczęli oni rozciągać swą władzę na pokojowe interwały, dążąc do jej zachowania od jednej wojny aż do drugiej. Częstokroć próbowali tak postępować, aby jedna wojna następowała zaraz po drugiej. Ci dawni wodzowie wojskowi nie lubili pokoju.

W późniejszych czasach niektórzy wodzowie wybierani byli do służby niewojskowej, tak typowani ze względu na niezwykłą budowę ciała albo wyjątkowe zdolności osobiste. Człowiek czerwony miał często dwa zestawy wodzów – sachemów albo wodzów pokojowych oraz dziedzicznych wodzów wojennych. Władcy pokojowi byli również sędziami i nauczycielami.

Niektóre wczesne wspólnoty rządzone były przez uzdrawiaczy, którzy również częstokroć pełnili funkcje wodzów. Ten sam człowiek mógł funkcjonować jako kapłan, lekarz i wódz naczelny. Dawne insygnia królewskie wywodziły się dosyć często od symboli i emblematów ubioru kapłańskiego.

I takimi właśnie etapami tworzyła się stopniowo gałąź wykonawcza rządu. Klan i rady plemienne nadal pełniły funkcje doradcze, stanowiąc poprzedników powstających potem gałęzi prawodawczych i sądowniczych rządu. Dzisiaj, w Afryce, wszystkie te formy prymitywnego rządu nadal istnieją u różnych plemion.

6. RZĄD MONARSZY

Rzeczywista władza państwowa powstała dopiero, gdy pojawił się wódz, sprawującego pełną władzę wykonawczą. Człowiek zrozumiał, że skuteczny rząd można mieć tylko wtedy, kiedy nada się władzę osobie, a nie przez nadanie idei.

Władanie zrodziło się z idei władzy rodzinnej albo z bogactwa. Kiedy patriarchalny królik stał się prawdziwym królem, nazywany był czasem „ojcem swego narodu". Później nauczano, że królowie pochodzą od herosów. Jeszcze później władanie stało się dziedziczne, dzięki wierze w boskie pochodzenie królów.

Panowanie dziedziczne pozwalało zapobiec anarchii, która dawniej czyniła wielkie spustoszenie w okresie pomiędzy śmiercią króla a wyborem następcy. Rodzina miała przywódcę biologicznego; klan wybranego, rodzimego lidera; plemię a później państwo nie miało naturalnego lidera i to była dodatkowa przyczyna, aby uczynić władzę wodzów-królów dziedziczną. Idea rodzin królewskich i arystokracji opierała się także na obyczaju „posiadania imienia" w klanach.

Dziedziczność królów została w końcu uznana za nadprzyrodzoną, uważano, że rody królewskie sięgają wstecz do czasów zmaterializowanego personelu Księcia Caligastii. Tym samym królowie stali się osobami-fetyszami i przesadnie się ich bano, przyjęto specjalne formy językowe do stosowania na dworze. Nawet do niedawna wierzono, że dotknięcie króla może wyleczyć chorobę a niektórzy ludzie na Urantii nadal uważają, że ich władcy pochodzą od bogów.

Dawnego króla-fetysza często trzymano w odosobnieniu; był uważany za zbyt świętego, aby można go było oglądać, za wyjątkiem uroczystości i dni świętych. Wybierano zazwyczaj reprezentanta, który miał go uosabiać i taki jest początek urzędu premiera. Pierwszym funkcjonariuszem gabinetu był dysponent żywności; inni przyszli zaraz po nim. Wkrótce władcy wyznaczyli swych reprezentantów do zarządzania handlem i religią a powstanie rady ministrów prowadziło bezpośrednio do rozczłonkowania władzy wykonawczej. Ci pomocnicy dawnych królów stawali się uznawaną szlachtą a żona króla stopniowo dorastała do godności królowej, była kobietą traktowaną z wielkim szacunkiem.

Niegodziwi władcy zdobywali wielką władzę dzięki odkryciu trucizny. Magia dawnego dworu była diaboliczna, wrogowie króla umierali prędko. Jednak nawet najbardziej despotyczny tyran podlegał pewnym restrykcjom; ograniczał go przynajmniej nieustanny strach przed zamachem. Uzdrawiacze, doktorzy-czarownicy i kapłani, zawsze byli potężnym hamulcem dla królów. Potem ograniczali wpływy króla właściciele ziemscy, arystokracja. Co jakiś czas klany i plemiona po prostu się buntowały i obalały swych despotów i tyranów. Usunięci władcy, kiedy zostali skazani na śmierć, często dostawali alternatywę popełnienia samobójstwa, co w dawnym społeczeństwie dało początek modzie popełniania samobójstw w pewnych okolicznościach.

7. PRYMITYWNE KLUBY I TAJNE STOWARZYSZENIA

Powinowactwo krwi stanowiło o powstawaniu pierwszych grup społecznych; stowarzyszanie się powiększało spowinowacony klan. Małżeństwa mieszane były kolejnym krokiem zmierzającym do powiększania grupy, a powstałe w wyniku tego kompleksowe plemię było pierwszym ciałem prawdziwie politycznym. Następny krok w rozwoju społecznym przyniosła ewolucja kultów religijnych i klubów politycznych. Pojawiły się one najpierw jako tajne stowarzyszenia i z początku były wyłącznie religijne; potem zaczęły pełnić funkcje regulacyjne. Na początku były to kluby męskie, potem pojawiły się grupy kobiece. Wkrótce podzieliły się na dwie klasy: socjopolityczną i religijno-mistyczną.

Wiele było powodów, aby dochować tajemnicy w tych stowarzyszeniach, takich jak:

1. Lęk przed narażeniem się na niezadowolenie władców, ze względu na pogwałcenie jakiegoś tabu.
2. Praktykowanie religijnych rytuałów plemiennej mniejszości.
3. Zachowanie wartościowego „ducha" albo tajemnic zawodowych.
4. Korzystanie z jakichś specjalnych amuletów czy magii.

To właśnie tajemnica otaczająca takie społeczności nadawała wszystkim ich członkom mistyczną moc w oczach reszty plemienia. Tajemniczość przemawiała także do próżności; wtajemniczeni byli arystokracją społeczną tamtych czasów. Po inicjacji chłopcy polowali z mężczyznami, podczas gdy wcześniej zbierali warzywa z kobietami. Najwyższym upokorzeniem, hańbą plemienną, było nie przejście prób dojrzałości, tym samym musieć pozostawać poza miejscem pobytu mężczyzn, z kobietami i dziećmi i być uznanym za zniewieściałego. Nie inicjowanym nie pozwalano się również żenić.

Ludy prymitywne bardzo wcześnie nauczały swe dorastające dzieci wstrzemięźliwości seksualnej. Stało się zwyczajem zabieranie chłopców od rodziców, od wieku dojrzałości do czasu małżeństwa; ich edukację i szkolenie powierzano tajnym, męskim stowarzyszeniom. Jednym z głównych zadań tych klubów było sprawowanie kontroli nad dorastającymi, młodymi ludźmi, co zapobiegało narodzinom nieślubnych dzieci.

Skomercjalizowana prostytucja zaczęła się wtedy, gdy takie męskie kluby płaciły pieniądze za korzystanie z kobiet innych plemion. Jednak wcześniejsze grupy ludzkie były w znacznej mierze wolne od rozwiązłości seksualnej.

Obrzędy inicjacji do dojrzałości rozciągały się zazwyczaj na okres pięciu lat. Obrzędy te obejmowały wiele umartwień i bolesnych nacięć. Obrzezanie praktykowano z początku *jako rytuał inicjacji* do jednego z tych tajnych stowarzyszeń. Znaki plemienne karbowano na ciele jako część inicjacji do dojrzałości, tatuaż zapoczątkowany został również, jako oznaka członkostwa. Takie tortury, w połączeniu ze znacznymi niedostatkami, miały na celu zahartowanie młodzieży, danie jej wrażeń rzeczywistości życia oraz jego nieuniknionych trudów. Cel ten znacznie lepiej osiągają pojawiające się później gry atletyczne i zawody gimnastyczne.

Oprócz tego tajne stowarzyszenia miały na celu doskonalenie etyki młodocianych; jednym z głównych celów obrzędów dojrzałości było wpojenie chłopcu, że musi on poniechać żon innych mężczyzn.

Po tych latach rygorystycznej dyscypliny i szkolenia pozwalano zazwyczaj młodym ludziom, tuż przed małżeństwem, na krótki okres odpoczynku i wolności, po czym wracali, żeby się żenić i podporządkować na całe życie plemiennym tabu. I ten pradawny obyczaj przetrwał aż do czasów dzisiejszych, jako niemądra zasada pozwalania na „wyszumienie się".

Wiele późniejszych plemion zezwalało na tworzenie tajnych klubów kobiecych, których celem było przygotowanie dorastających dziewcząt do obowiązków żon i matek. Po inicjacji dziewczęta gotowe były do małżeństwa i pozwalano im uczęszczać na „pokazy panien młodych", zabawę towarzyską tamtych czasów. Wcześnie pojawiły się zgromadzenia kobiece, składające ślubowanie nie wstępowania w związki małżeńskie.

Wkrótce powstały kluby, które nie były tajne, kiedy to grupy nieżonatych mężczyzn i kobiet w stanie wolnym formowały swe odrębne organizacje. W rzeczywistości takie organizacje były pierwszymi szkołami. A chociaż kluby męskie i kobiece często prześladowały się wzajemnie, niektóre zaawansowane plemiona, po zetknięciu się z nauczycielami z Dalamatii, prowadziły eksperymenty z koedukacją, posiadając szkoły z zakwaterowaniem dla obojga płci.

Tajne stowarzyszenia przyczyniały się do powstawania kast społecznych, głównie dzięki tajemniczemu charakterowi ich inicjacji. Członkowie tych stowarzyszeń z początku nosili maski, aby odstraszać ciekawskich podczas żałobnych obrzędów – kultu przodków. Później rytuał ten przekształcił się w pseudo seanse, na których, jak uważano, pojawiały się duchy. Pradawne stowarzyszenia „nowych narodzin" używały znaków i stosowały specjalny, tajny język; wyrzekały się również pewnych pokarmów i napojów. Pełniły rolę policji nocnej a oprócz tego działały w szerokim zakresie funkcji społecznych.

Wszelkie tajne stowarzyszenia narzucały swym członkom przysięgę, zalecały ufność i nauczały dochowywania tajemnic. Organizacje takie wywoływały strach wśród pospólstwa i panowały nad nim; działały również jako stowarzyszenia straży porządkowej, stosując też prawo linczu. To oni byli pierwszymi szpiegami podczas wojen plemiennych i pierwszą tajną policją w czasach pokoju. Dla nie przebierającego w środkach króla byli zagrożeniem. Żeby zrównoważyć ich wpływy, królowie organizowali swą własną, tajną policję.

Stowarzyszenia takie przyczyniały się do powstawania pierwszych partii politycznych. Pierwszy rząd partyjny był rządem „silni" *przeciw* „słabym". W dawnych czasach zmiana administracji następowała tylko po wojnie domowej, co było wystarczającym dowodem na to, że słabi stali się silni.

Klubów takich używali kupcy do inkasowania długów i władcy do zbierania podatków. Długotrwałe zmagania toczyły się o podatki, jedną z wcześniejszych form podatku była dziesięcina, jedna dziesiąta od polowania lub zdobyczy. Pierwotnie nakładano podatki na utrzymanie domu królewskiego, jednak uznano, że łatwiej będzie je zbierać pod pokrywką ofiar na obrzędy w świątyni.

Niebawem te tajne stowarzyszenia rozwinęły się w pierwsze organizacje charytatywne a później się przekształciły we wczesne stowarzyszenia religijne, prekursorów Kościołów. Na koniec niektóre z tych stowarzyszeń stały się międzyplemienne jako pierwsze organizacje międzynarodowe.

8. KLASY SPOŁECZNE

Nierówność psychiczna i fizyczna istot ludzkich gwarantuje pojawienie się klas społecznych. Jedyne światy bez warstw społecznych to te najbardziej prymitywne i te najbardziej zaawansowane. W początkach cywilizacji nie ma jeszcze zróżnicowania poziomów społecznych, podczas gdy świat ustanowiony w światłości i życiu w znacznej mierze zaciera te podziały ludzkości, tak charakterystyczne dla wszystkich pośrednich stadiów ewolucyjnych.

Kiedy społeczeństwo wyłoniło się z dzikości do poziomu barbarzyństwa, jego ludzkie komponenty miały tendencje do grupowania się w klasach z następujących powodów:

1. *Naturalnych* – kontakt, pokrewieństwo i małżeństwo; pierwsze podziały społeczne były oparte na płci, wieku i krwi – na pokrewieństwie z wodzem.

2. *Osobistych* – uznanie z powodu zdolności, wytrzymałości, umiejętności i hartu; po czym szybko przyszło uznanie w wyniku opanowania języka, wiedzy oraz ogólnej inteligencji.

3. *Zbiegu okoliczności* – wojna i emigracja powodowały rozdzielanie się grup ludzkich. Na kształtowanie się klas silny wpływ miały podboje, stosunek zwycięzcy do zwyciężonego, podczas gdy niewolnictwo przyniosło pierwszy, generalny podział społeczeństwa na wolnych i zniewolonych.

4. *Ekonomicznych* – bogaty i biedny. Bogactwo i posiadanie niewolników było zasadniczą przyczyną powstania jednej z klas społecznych.

5. *Geograficznych* – klasy powstałe w rezultacie osadnictwa miejskiego lub wiejskiego. Miasto i wieś przyczyniły się odpowiednio do zróżnicowania ludzi na pasterza-rolnika i kupca-przemysłowca, wraz z ich różnorodnymi punktami widzenia i metodami działania.

6. *Społecznych* – klasy formowały się stopniowo, odpowiednio do powszechnej oceny wartości społecznej różnych grup. Najwcześniejsze podziały tego rodzaju to rozgraniczenia pomiędzy kapłanami-nauczycielami, władcami-wojownikami, kapitalistami-kupcami, zwykłymi robotnikami i niewolnikami. Niewolnik nigdy nie mógł zostać kapitalistą, chociaż czasami pracownik mógł zechcieć wstąpić w szeregi kapitalistów.

7. *Zawodowych* – w miarę przybywania zawodów pojawiła się tendencja do ustanawiania kast i cechów. Pracownicy dzielili się na trzy grupy: klasy profesjonalne, razem z uzdrawiaczami, potem pracownicy wykwalifikowani a następnie robotnicy niewykwalifikowani.

8. *Religijnych* – dawne kluby kultowe wytworzyły swe własne klasy w obrębie klanów i plemion, a pobożność i mistycyzm kapłanów zachowały ich na długo, jako oddzielną grupę społeczną.

9. *Rasowych* – obecność dwu albo większej ilości ras w obrębie danego narodu czy jednostki terytorialnej, tworzyła zazwyczaj kasty kolorowe. Pierwotny system kastowy Indii oparty był na kolorze skóry, tak samo jak wczesnego Egiptu.

10. *Wiekowych* – młodzież i dorośli. W różnych plemionach chłopiec pozostawał pod nadzorem swego ojca tak długo, jak żył ojciec, podczas gdy dziewczyna pozostawała pod opieką matki aż do małżeństwa.

Elastyczne i zmienne klasy społeczne są nieodzowne dla rozwijającej się cywilizacji, kiedy jednak *klasa* staje się *kastą*, kiedy poziomy społeczne ulegają petryfikacji, umocnienie stabilności społeczeństwa odbywa się kosztem zmniejszenia inicjatywy osobistej. Kasta społeczna rozwiązuje problem znalezienia czyjegoś miejsca w wytwórczości, ale też ostro ogranicza rozwój indywidualny i praktycznie uniemożliwia współpracę społeczną.

Klasy w społeczeństwie, uformowawszy się naturalnie, będą istniały tak długo, aż rodzaj ludzki nie zlikwiduje ich stopniowo na drodze ewolucyjnej, poprzez inteligentną manipulację biologicznymi, intelektualnymi i duchowymi zasobami rozwijającej się cywilizacji, czyli przez:

1. Renowację biologiczną zasobów gatunku – selektywną eliminację gorszych mutacji ludzkich. Będzie to prowadzić do likwidacji wielu nierówności pośród śmiertelników.
2. Edukacyjne ćwiczenia coraz większej wydolności mózgu, powstałej w wyniku takiego, biologicznego udoskonalenia.
3. Religijne ożywianie uczuć pokrewieństwa i braterstwa u śmiertelników.

Jednak takie posunięcia mogą wydać swoje prawdziwe owoce dopiero w odległych, przyszłych tysiącleciach, chociaż sporo udoskonaleń społecznych pojawi się natychmiast w wyniku inteligentnego, mądrego i *cierpliwego* operowania tymi czynnikami, które przyspieszają postęp kulturowy. Religia jest tą potężną dźwignią, która podnosi cywilizację z poziomu chaosu, ale jest bezsilna w oderwaniu od punktu podparcia, od zdrowego i normalnego umysłu, ugruntowanego pewnie w zdrowym i normalnym dziedzictwie.

9. PRAWA CZŁOWIEKA

Natura nie daje człowiekowi praw, daje tylko życie i świat, w którym człowiek żyje. Natura nie daje nawet prawa do życia, co można wydedukować, rozważając, co się ewentualnie stanie, kiedy nieuzbrojony człowiek spotka głodnego tygrysa twarzą w twarz w pierwotnych lasach. Podstawowym darem społeczeństwa dla człowieka jest bezpieczeństwo.

Społeczeństwo stopniowo zapewnia sobie prawa, a w chwili obecnej są to:

1. Gwarancja dostarczenia żywności.
2. Obrona wojskowa – bezpieczeństwo oparte na gotowości bojowej.

3. Zabezpieczenie pokoju wewnętrznego – zapobieganie używaniu przemocy wobec jednostki oraz niepokojom społecznym.
4. Kontrola seksualna – małżeństwo, instytucja rodziny.
5. Własność – prawo do posiadania.
6. Popieranie współzawodnictwa indywidualnego i grupowego.
7. Zapewnienie edukacji i kształcenia młodzieży.
8. Popieranie przemysłu i handlu – rozwój industrialny.
9. Poprawa warunków pracy i wynagrodzenia.
10. Zagwarantowanie swobody praktyk religijnych do tego stopnia, że wszystkie inne funkcje społeczne mogą stać się podniosłe, dzięki motywacji duchowej.

Kiedy prawa są stare i nie wiadomo skąd się wzięły, zwane są często *prawami naturalnymi*. Jednak naprawdę prawa człowieka nie są naturalne, one są wyłącznie społeczne. Są względne i zawsze zmienne, nie będąc niczym innym niż zasadami gry – uznanymi adaptacjami tych zależności, które rządzą zawsze zmiennymi zjawiskami ludzkiego współzawodnictwa.

To, co może być uznawane za prawo w jednej epoce, nie musi być traktowane jako takie w innej. Wielka liczba ułomnych i degeneratów przetrwała nie dlatego, że mają oni naturalne prawo w ten sposób obarczać cywilizację dwudziestego wieku, ale po prostu dlatego, że społeczeństwo tej epoki, jego obyczaje, tak stanowią.

W europejskim średniowieczu niewiele praw przyznawano człowiekowi; wtedy każdy do kogoś należał i prawa były tylko przywilejami albo łaskami, przyznawanymi przez państwo czy Kościół. I bunt przeciwko temu błędowi tak samo był błędem, z tego powodu, ponieważ prowadził do przekonania, że wszyscy ludzie rodzą się równi.

Słabi i opóźnieni zawsze walczyli o równe prawa; obstawali zawsze przy tym, żeby państwo zmusiło silnych i zaawansowanych do zabezpieczania ich potrzeb i skądinąd wyrównało te niedoskonałości, które często były naturalnym rezultatem ich własnej bierności i lenistwa.

Tym niemniej ideał równości jest dzieckiem cywilizacji; nie można go znaleźć w naturze. Nawet sama kultura definitywnie ukazuje naturalną nierówność ludzi, poprzez ich bardzo zróżnicowane możliwości kulturalnego postępowania. Gwałtowne i nieewolucyjne uświadomienie sobie domniemanej, naturalnej równości, szybko mogłoby pchnąć wstecz cywilizowanego człowieka do surowych obyczajów epok prymitywnych. Społeczeństwo nie może oferować równych praw wszystkim, ale może obiecać zarządzanie różnymi prawami każdego człowieka uczciwie i sprawiedliwie. Leży w interesie społeczeństwa i jest jego obowiązkiem dostarczenie dziecku natury godziwych i spokojnych warunków egzystencji, możliwości brania udziału w zachowaniu gatunku i jednocześnie korzystania z pewnego stopnia zadowolenia; suma wszystkich trzech składa się na ludzkie szczęście.

10. EWOLUCJA SYSTEMU SPRAWIEDLIWOŚCI

Naturalna sprawiedliwość jest teorią stworzoną przez człowieka; jest nierzeczywista. W naturze, sprawiedliwość jest czysto teoretyczna, jest zupełną fikcją. Natura daje tylko jeden rodzaj sprawiedliwości – nieuniknioną zależność skutków od przyczyn.

Sprawiedliwość, jak ją sobie człowiek wyobraża, oznacza otrzymanie tego, co mu prawnie przysługuje i dlatego też jest ona sprawą progresywnej ewolucji. Koncepcja sprawiedliwości może być równie dobrze składnikiem przepełnionego duchem umysłu, ale nie pojawia się ona w pełni ukształtowana na światach w przestrzeni.

Człowiek prymitywny wiązał wszystkie zjawiska z osobami. W wypadku śmierci, dziki pytał nie *co* zabiło, ale *kto?* Nie uznawano zatem morderstwa przypadkowego i w karze za zbrodnię zupełnie lekceważono motyw kryminalisty; wyrok wykonywano odpowiednio do poczynionej krzywdy.

W najwcześniejszych społeczeństwach prymitywnych opinia publiczna działała bezpośrednio, urzędnicy prawa byli zbyteczni. W prymitywnym życiu nie było prywatności. Bliźni człowieka byli odpowiedzialni za jego postępowanie, stąd prawo wtrącania się w jego sprawy osobiste. Społeczeństwo opierało się na tej teorii, że grupa powinna interesować się i do pewnego stopnia kontrolować zachowanie każdego jej członka.

Od dawna wierzono, że duchy wymierzają sprawiedliwość przez uzdrawiaczy i kapłanów, co sprawiło, że te klasy były pierwszymi śledczymi i urzędnikami prawa. Pierwsze metody wykrywania zbrodni polegały na próbach trucizny, ognia i bólu. Te barbarzyńskie próby nie były niczym innym niż surowymi metodami arbitrażu; niekoniecznie musiały rozstrzygać sprawę sprawiedliwie. Na przykład: gdy podawano truciznę a oskarżony wymiotował, był niewinny.

W Starym Testamencie zapisana jest jedna z takich prób, test na zdradę małżeńską. Jeśli mężczyzna podejrzewał żonę, że go zdradza, brał ją do kapłana i informował go o swych podejrzeniach, po czym kapłan przygotowywał miksturę, złożoną z wody święconej i śmieci z podłogi świątyni. Po odpowiednich obrzędach, zawierających groźne przekleństwa, oskarżona żona musiała wypić ten obrzydliwy napój. Jeśli była winna „woda niosąca przekleństwa niech wniknie do jej wnętrza, stanie się gorzka i niech sprawi, że spuchnie twe łono a biodra zwiotczeją a kobieta będzie przedmiotem przekleństwa pośród swego narodu". Jeśli z jakiegokolwiek powodu kobieta wypiła łapczywie ten brudny napój i nie wykazała fizycznych objawów choroby, była niewinna oskarżeń swego zazdrosnego męża.

Takie okrutne metody wykrywania przestępstw stosowane były, w takim czy innym czasie, prawie przez wszystkie rozwijające się plemiona. Pojedynkowanie się jest przetrwałym do dziś sądem poprzez próbę.

Nie można się dziwić, że Hebrajczycy i inne półcywilizowane plemiona praktykowały tak prymitywne metody wymiaru sprawiedliwości trzy tysiące lat temu, ale najbardziej dziwi to, że myślący ludzie mogli później zachować taki relikt barbarzyństwa, umieściwszy go w zbiorze swoich pism świętych. Chwila refleksji doprowadzić powinna do wniosku, że żadna boska istota nigdy nie mogła dać śmiertelnemu człowiekowi tak niesprawiedliwych pouczeń, dotyczących wykrywania i osądzania domniemanej niewierności małżeńskiej.

Społeczeństwo wcześnie zaczęło stosować zasadę odpłacania, odwetu: oko za oko, życie za życie. Wszystkie rozwijające się plemiona uznawały to prawo krwawej zemsty. Zemsta stała się celem prymitywnego życia, jednak od tamtych czasów religia znacznie zmodyfikowała te wczesne zwyczaje plemienne. Nauczyciele religii objawionej zawsze głosili: „«Pomsta do mnie należy», mówi Pan". Zabójstwa z zemsty w dawnych czasach nie różniły się zbytnio od współczesnych morderstw, dokonywanych pod pretekstem niepisanego prawa.

Samobójstwo było popularną metodą zemsty. Jeśli ktoś nie miał możliwości pomszczenia się za życia, umierał, wierząc w to, że jako duch może wrócić i pomścić się gniewnie na swym wrogu. Ponieważ wierzenie to było bardzo rozpowszechnione, groźba samobójstwa na progu wroga zazwyczaj wystarczała, żeby narzucić jemu warunki. Człowiek prymitywny nie cenił życia zbyt wysoko; samobójstwa z powodu drobiazgów były nagminne, jednak nauki Dalamatian sprawiły, że w znacznym stopniu zaprzestano tego zwyczaju, podczas gdy w ostatnich czasach zjednoczyły się przyjemności, wygody, religia i filozofia, czyniąc życie słodszym i bardziej atrakcyjnym. Jednak strajki głodowe są współczesnym odpowiednikiem tej pradawnej formy odwetu.

Jedno z najwcześniejszych sformułowań zaawansowanego prawa plemiennego dotyczyło zapłaty za krew jako sprawy plemiennej. Trudno jednak zrozumieć, że nawet wtedy mąż mógł bezkarnie zabić swą żonę, pod warunkiem, że w pełni za nią zapłacił. Tym niemniej, dzisiejsi Eskimosi nadal zostawiają karę za przestępstwo, nawet za zbrodnię, do zawyrokowania i do wykonania pokrzywdzonej rodzinie.

Innym krokiem naprzód było wprowadzenie opłat za naruszenie tabu, ustanowienie grzywny. Opłaty takie przynosiły pierwszy publiczny dochód. Obyczaj płacenia „pieniędzy za krew" również stał się popularny jako substytut krwawej zemsty. Odszkodowania takie zazwyczaj płacono w kobietach albo w bydle; było to na długo przedtem, zanim właściwe grzywny, rekompensaty pieniężne, nakładano jako kary za przestępstwo. Od tamtego czasu idea kary stała się w istocie odszkodowaniem, wszystko, z życiem ludzkim włącznie, zaczęło w końcu mieć swą cenę, którą można było zapłacić w charakterze odszkodowania. Hebrajczycy pierwsi zaprzestali praktyki płacenia odszkodowania za krew. Mojżesz nauczał, że „nie możecie przyjmować żadnego okupu za życie zabójcy, który winien jest śmierci. Musi zostać zabity".

Zatem z początku sprawiedliwość była wymierzana przez rodzinę, potem przez klan a jeszcze później przez plemię. Wymierzanie prawdziwej sprawiedliwości datuje się od czasu zabrania prawa rewanżu z rąk prywatnych i grup rodzinnych i złożenia go w ręce grupy społecznej, państwa.

Spalenie żywcem jako kara, było kiedyś powszechnie stosowane. Było to uznawane przez wielu starożytnych władców, z Hammurabim i Mojżeszem włącznie, z których ostatni nakazywał, że wiele przestępstw, szczególnie ciężkie przewinienia natury seksualnej, powinny być karane przez spalenie na stosie. Jeśli „córka kapłana" lub innego wyróżniającego się obywatela została publiczną prostytutką, zgodnie z hebrajskim obyczajem należało „spalić ją w ogniu".

Zaprzedanie – „sprzedanie" lub zdrada towarzyszy plemiennych – była pierwszą śmiertelną zbrodnią. Kradzież bydła powszechnie była karana natychmiastową śmiercią, a do niedawna jeszcze kradzież koni podobnie była karana. Jednak z biegiem czasu zrozumiano, że surowość kary nie ma wpływu na zapobieganie przestępstwu, tak samo jak jej oczywistość i szybkość wykonania.

Jeśli społeczeństwo nie ukarze za przestępstwo, zbiorowe oburzenie zazwyczaj odwołuje się do prawa linczu; korzystanie z azylu było sposobem uniknięcia gwałtownego gniewu grupy. Lincz i pojedynki świadczą o tym, że jednostka nie chce oddać prywatnego zadośćuczynienia w ręce państwa.

11. PRAWA I SĄDY

Tak samo trudno jest nakreślić wyraźne zróżnicowanie pomiędzy obyczajami a prawami, jak o świcie wskazać dokładnie, kiedy dzień następuje po nocy. Obyczaje są prawami i przepisami porządkowymi w trakcie tworzenia. Niezdefiniowane obyczaje gdy się dobrze ugruntują, mają tendencje do krystalizowania się w precyzyjne prawa, konkretne przepisy i dobrze określone zasady postępowania społecznego.

Z początku prawo zawsze jest neutralizujące i zakazujące, w zaawansowanej cywilizacji staje się ono coraz bardziej przekonywające i ukierunkowujące. Dawne społeczeństwo działało przez zakazy, obdarzając jednostkę prawem do życia przez narzucenie wszystkim innym przykazania „nie zabijaj". Każde przyznanie praw lub swobód jednostce pociąga za sobą ograniczanie swobód wszystkich innych jednostek i tak działa tabu, prawo prymitywne. Cała idea tabu jest z racji swej natury stosowaniem zakazów, jako że prymitywne społeczeństwo jest generalnie zakazujące w swojej organizacji i we wczesnym wymierzaniu sprawiedliwości, polegającej na narzucaniu tabu. Jednak z początku prawa te stosowano tylko wobec współbraci plemiennych, jak to widać na przykładzie późniejszych Hebrajczyków, którzy mieli odmienny kodeks etyczny dla postępowania z nie-Żydami.

Przysięga ma swój początek w czasach Dalamatii, stosowana była, aby zwiększyć wiarygodność zeznań. Takie przysięgi polegały na rzucaniu klątwy na siebie. Dawniej nikt nie mógł zeznawać przeciwko swej rodzimej grupie.

Przestępstwo było naruszeniem obyczajów plemiennych, grzech był przekroczeniem tych tabu, które miały aprobatę duchów i długo panowała dezorientacja z powodu niemożności odróżnienia przestępstwa od grzechu.

Tabu dotyczące zabijania ustanowiono we własnym interesie, społeczeństwo uświęciło je jako tradycyjny obyczaj, podczas gdy religia konsekrowała ten obyczaj na prawo moralne i tym samym wszystkie trzy współdziałały, aby uczynić życie ludzkie bezpieczniejszym i świętym. W dawnych czasach społeczeństwo nie mogłoby zachować spójności, gdyby prawa nie miały aprobaty religii; w długich epokach ewolucyjnych przesądy były moralnymi i społecznymi siłami policyjnymi. Wszyscy starożytni twierdzili, że ich starsze prawa, tabu, dane były ich przodkom przez bogów.

Prawo jest skodyfikowanym zapisem długiego doświadczenia ludzkiego, skrystalizowanej i zalegalizowanej opinii publicznej. Obyczaje były tym surowym materiałem, powstałym z nagromadzonego doświadczenia, z którego późniejsze umysły rządzące sformułowały prawa pisane. Pradawny sędzia nie miał praw. Kiedy ogłaszał decyzję, mówił po prostu: „Taki jest zwyczaj".

Nawiązywanie do precedensu w decyzjach sądowych obrazuje wysiłki sędziów, mające na celu adaptację praw pisanych do zmiennych sytuacji w społeczeństwie. Umożliwia to progresywne dostosowanie się do zmieniających się warunków społecznych, wraz z zachowaniem wrażenia kontynuacji tradycji.

Spory o mienie załatwiane były wieloma sposobami, takimi jak:

1. Przez zniszczenie spornej własności.

2. Przez siłę – rywale bili się o nią.
3. Przez arbitraż – decydowała trzecia strona.
4. Przez odwoływanie się do starszych – później do sądów.

Pierwsze sądy były regulaminowymi spotkaniami pięściarskimi; sędziowie byli tylko rozstrzygającymi albo arbitrami. Pilnowali, żeby walka była prowadzona zgodnie z ustalonymi przepisami. Zaczynając walkę sądową, każda strona składała sędziemu depozyt na zapłacenie kosztów i grzywny, po tym, jak jedna zostanie pokonana przez drugą. Panowało „prawo silniejszego". Później argumenty słowne zastąpiły ciosy.

Cała idea prymitywnej sprawiedliwości nie była aż tak zadowalająca, żeby rozwiązywać spory i tym samym zapobiegać nieporządkom publicznym oraz przemocy prywatnej. Jednak człowiek prymitywny niezbyt był wrażliwy na to, co teraz można by uznać za niesprawiedliwość; zakładano, że ci, co mają władzę, będą jej używać we własnym interesie. Tym niemniej status jakiejkolwiek cywilizacji można bardzo dobrze określić przez dokładność i sprawiedliwość jej sądów oraz przez integralność jej sędziów.

12. PODZIAŁ WŁADZY PAŃSTWOWEJ

Wielkie zmagania w ewolucji rządu dotyczyły koncentracji władzy. Administratorzy wszechświata nauczyli się z doświadczenia, że rozwijające się narody na światach zamieszkałych najlepiej są kierowane przez przedstawicielski typ rządu, kiedy jest zachowany właściwy balans władzy pomiędzy dobrze skoordynowanymi ze sobą ciałami wykonawczymi, prawodawczymi i sądowniczymi.

Podczas gdy prymitywna władza opierała się na sile, przemocy fizycznej, idealnym rządem jest system przedstawicielski, w którym rządzenie opiera się na zdolnościach jednostek. Jednak w okresie barbarzyństwa było na ogół zbyt wiele wojen, żeby rząd przedstawicielski skutecznie mógł funkcjonować. W długich zmaganiach pomiędzy podziałem władzy a jednością dowodzenia wygrał dyktator. Dawniejsze i rozdzielone uprawnienia prymitywnej rady starszych koncentrowały się stopniowo w osobie absolutnego monarchy. Po nastaniu prawdziwych królów, grupy starszych przetrwały jako ciała doradcze, częściowo prawodawczo-sądownicze; później pojawiły się ciała ustawodawcze o koordynującym statusie a w końcu zostały stworzone najwyższe sądy orzekające, niezależne od ustawodawstwa.

Król wprowadzał w życie obyczaje, pierwotne i niepisane prawo. Później egzekwował postanowienia prawodawcze, stanowiące krystalizację opinii publicznej. Zgromadzenie ludowe jako wyraziciel opinii publicznej, stanowiło wielki postęp społeczny, choć kształtowało się powoli.

Dawni królowie byli bardzo ograniczani przez obyczaje – przez tradycje lub opinię publiczną. W ostatnich czasach niektóre narody Urantii skodyfikowały swe obyczaje w dokumentarne podstawy rządzenia.

Śmiertelnicy Urantii mają prawo do wolności; powinni tworzyć swoje systemy rządowe, powinni uchwalać swe konstytucje i inne statuty dla rządów i postępowania administracyjnego. A zrobiwszy to, powinni wybrać swych najbardziej kompetentnych i najwartościowszych współbraci na głównych administratorów. Na swych przedstawicieli w ciele prawodawczym powinni wybierać jedynie tych, którzy posiadają odpowiednie wartości intelektualne i moralne do pełnienia tak uświęconych obowiązków.

Na sędziów wysokich i najwyższych sądów powinni być wybierani tylko ci, którzy posiadają do tego naturalne zdolności, i którzy nabrali mądrości poprzez szerokie doświadczenie.

Jeśli ludzie mają zachować swą wolność, muszą, po wprowadzeniu swej karty wolności, zabezpieczyć jej mądrą, inteligentną i nieustraszoną interpretację do tego stopnia, aby się ustrzec przed:

1. Uzurpacją bezpodstawnych uprawnień, zarówno przez ciało wykonawcze jak i prawodawcze.
2. Machinacjami ignorantów i przesądnych agitatorów.
3. Opóźnianiem postępu nauki.
4. Dojściem do martwego punktu zdominowania przez miernotę.
5. Zdominowaniem przez zdeprawowane mniejszości.
6. Kontrolą ambitnych i mądrych kandydatów na dyktatorów.
7. Katastrofalnym wybuchem paniki.
8. Eksploatacją przez ludzi pozbawionych skrupułów.
9. Zniewoleniem podatkami obywateli państwa.
10. Upadkiem rzetelności społecznej i ekonomicznej.
11. Zjednoczeniem Kościoła i państwa.
12. Utratą wolności osobistej.

Takie jest przeznaczenie i cel istnienia trybunałów konstytucyjnych, sprawujących nadzór nad maszynerią rządu przedstawicielskiego na świecie ewolucyjnym.

Wysiłki ludzkości, dążące do udoskonalenia rządów na Urantii, mają do czynienia z doskonaleniem metod administracyjnych, z ich adaptacją do wciąż zmiennych, bieżących potrzeb, razem z poprawą dystrybucji władzy w obrębie rządu a potem z wybieraniem takich przywódców administracyjnych, którzy naprawdę są mądrzy. Chociaż istnieje boska i idealna forma rządu, nie można jej objawić, ale musi być ona powoli i pracowicie odkrywana przez mężczyzn i kobiety z każdej planety, we wszechświatach czasu i przestrzeni.

[Przedstawione przez Melchizedeka z Nebadonu].

PRZEKAZ 71

KSZTAŁTOWANIE SIĘ PAŃSTWA

PAŃSTWO jest pożytecznym produktem ewolucji cywilizacji; w obliczu spustoszeń i cierpień wojny stanowi ono czysty zysk społeczeństwa. Nawet sztuka rządzenia państwem jest jedynie skumulowaną metodą dostosowania do siebie konkurencyjnych, spornych sił walczących plemion i narodów.

Współczesne państwo jest tą instytucją, która przetrwała w długiej walce o władzę grupową. W końcu zwyciężyła doskonalsza władza i wytworzyła produkt faktów – państwo – razem z moralnym mitem absolutnego obowiązku obywatela, aby żyć i umierać dla państwa. Jednak państwo nie ma boskiego pochodzenia; nie było nawet stworzone przez wolicjonalne, inteligentne działanie ludzkie; jest ono instytucją czysto ewolucyjną i powstało zupełnie automatycznie.

1. ZALĄŻEK PAŃSTWA

Państwo jest organizacją terytorialną, społeczną i regulacyjną a najsilniejsze, najbardziej sprawnie działające i trwałe państwo, składa się z pojedynczego narodu, którego ludzie mają wspólny język, obyczaje i instytucje.

Wczesne państwa były małe i powstawały wyłącznie w wyniku podboju. Nie były to dobrowolne związki. Wiele z nich założyli koczownicy zdobywcy, którzy napadali na pokojowych pasterzy i osiadłych rolników, pokonywali ich i zniewalali. Takie państwa, powstałe w rezultacie podboju, były z konieczności rozwarstwione; istnienie w nich klas było nieuniknione a walki klasowe zawsze miały charakter selektywny.

Północne plemiona amerykańskiego człowieka czerwonego nigdy nie osiągnęły prawdziwej państwowości. Nigdy nie rozwinęły się ponad luźną konfederację plemion, bardzo prymitywną formę państwa. Najbardziej zbliżona do państwowości była federacja Irokezów, jednak ta grupa ludzka, złożona z sześciu narodów, nigdy zupełnie nie działała jako państwo i nie przetrwała ze względu na brak pewnych, istotnych czynników nowoczesnego życia narodowego, takich jak:

1. Nabywanie i dziedziczenie prywatnej własności.
2. Miasta z dodatkiem rolnictwa i przemysłu.
3. Użyteczne zwierzęta domowe.
4. Praktyczna organizacja rodziny. Ludzie czerwoni przywiązani byli do rodziny matczynej i do dziedziczenia przez siostrzeńca.
5. Określone terytorium.
6. Silny szef zarządzający.
7. Zniewolenie jeńców – albo ich adoptowali albo masakrowali.
8. Definitywne podboje.

Ludzie czerwoni byli zbyt demokratyczni, mieli dobry rząd, który jednak się nie sprawdził. Wykształciliby w końcu państwo, gdyby nie spotkali przedwcześnie bardziej zaawansowanej cywilizacji białego człowieka, który stosował metody rządzenia Greków i Rzymian.

Prosperujące państwo rzymskie oparte było na:

1. Rodzinie ojcowskiej.
2. Rolnictwie i udomowieniu zwierząt.
3. Zagęszczeniu populacji – miastach.
4. Prywatnej własności ziemi.
5. Niewolnictwie – klasach obywatelstwa.
6. Podboju i reorganizacji słabych i zacofanych narodów.
7. Określonym terytorium posiadającym drogi.
8. Indywidualnych i silnych władcach.

Wielką słabością cywilizacji rzymskiej oraz czynnikiem prowadzącym do ostatecznego upadku imperium było domniemanie tolerancyjne i zaawansowane zapewnienie emancypacji chłopca, w dwudziestym pierwszym roku życia, oraz bezwarunkowa wolność dziewczyny, która mogła wyjść za mąż za człowieka, jakiego sama wybrała albo wyjechać za granicę, w szeroki świat i zostać niemoralną. Szkoda dla społeczeństwa wynikała nie z samych tych reform, ale raczej z nagłej oraz powszechnej metody ich zaprowadzenia. Upadek Rzymu ukazuje, czego się można spodziewać, kiedy państwo zbyt szybko się rozszerza, w połączeniu z degeneracją wewnętrzną.

Zalążek państwa mógł zaistnieć dzięki zanikaniu więzów krwi na rzecz więzów terytorialnych a takie federacje plemienne były zazwyczaj mocno scementowane przez podboje. Podczas gdy suwerenność, która góruje nad wszystkimi drobnymi sprzecznościami i różnicami grupowymi, charakterystyczna jest dla prawdziwego państwa, w późniejszych organizacjach państwowych nadal istnieje wiele klas i kast, pozostałości klanów i plemion z dawnych dni. Późniejsze i większe państwa terytorialne, długo i zajadle zmagały się z takimi mniejszymi, spokrewnionymi ze sobą grupami klanowymi; rząd plemienny okazuje się wartościową formą przejściową od rodziny do władzy państwowej. W ostatnich czasach wiele klanów powstało z różnych zawodów i innych związków industrialnych.

Niepowodzenie procesu integracji państwa powoduje cofanie się do warunków przedpaństwowych, gdy idzie o metody rządzenia, takie, jak feudalizm europejskich wieków średnich. W tych mrocznych czasach państwo terytorialne upadło i nastąpił powrót do małych grup feudalnych, znowu powstały klany i plemienne stadia rozwoju. Podobne, częściowe państwa, nawet teraz istnieją w Azji i Afryce, ale nie wszystkie one są ewolucyjnymi rewersjami; wiele z nich to embrionalne zalążki przyszłych państw

2. EWOLUCJA RZĄDU PRZEDSTAWICIELSKIEGO

Podczas gdy demokracja jest ideałem, jest ona wytworem cywilizacji a nie ewolucji. Uważajcie! Bądźcie ostrożni w czasie wyborów! ponieważ niebezpieczeństwa demokracji są następujące:

1. Gloryfikacja miernoty.
2. Wybór przywódców niegodziwych i ignorantów.

3. Brak rozpoznania podstawowych faktów ewolucji społecznej.
4. Niebezpieczeństwo, wynikające z powszechnego prawa do głosowania, znajdującego się w rękach niewykształconych i leniwych większości.
5. Zniewolenie opinią publiczną; większość nie zawsze ma rację.

Opinia publiczna, powszechna opinia, zawsze opóźniała społeczeństwo; tym niemniej jest ona wartościowa, bo chociaż hamuje ewolucję społeczną, utrwala cywilizację. Edukacja opinii publicznej jest jedyną bezpieczną i właściwą metodą przyspieszenia cywilizacji; siła jest tylko tymczasowym sposobem a rozwój kulturowy będzie coraz szybszy, kiedy kule ustępują miejsca wyborom. Opinia publiczna, obyczaje, jest podstawową i zasadniczą siłą napędową ewolucji społecznej i rozwoju państwa, jednak, żeby stanowiła wartość dla państwa, nie może używać przemocy podczas swojej ekspresji.

Miarę zaawansowania społeczeństwa określa się zazwyczaj stopniem, w jakim opinia publiczna może kontrolować zachowanie się jednostki oraz przepisy państwowe, wyrażając swoje zdanie bez przemocy. Prawdziwie cywilizowany rząd powstaje wtedy, kiedy opinia publiczna zostaje odziana w moce osobistych praw obywatelskich. Wybory powszechne nie zawsze decydują właściwie, jednak obrazują one właściwy sposób czynienia nawet złej rzeczy. Ewolucja nie tworzy od razu najwyższej doskonałości, ale raczej relatywne i rozwojowe, praktyczne dostosowanie.

Istnieje dziesięć stopni albo stadiów do ukształtowania praktycznej i skutecznie działającej formy rządu przedstawicielskiego, a są one następujące:

1. *Wolność osoby.* Niewolnictwo, poddaństwo i wszelkie formy ludzkiego zniewolenia muszą zaniknąć.

2. *Wolność umysłu.* Jeśli ludzie wolni nie są wykształceni – nauczeni myśleć inteligentnie i planować mądrze – wolność robi zazwyczaj więcej szkód niż pożytku.

3. *Panowanie prawa.* Wolnością cieszyć się można dopiero wtedy, kiedy wola i kaprysy władców zastąpione zostają aktami prawodawczymi, zgodnymi z akceptowanym, fundamentalnym prawem.

4. *Wolność słowa.* Rząd przedstawicielski jest nie do pomyślenia bez wolności wyrażania wszelkich rodzajów ludzkich dążeń i opinii.

5. *Zabezpieczenie własności.* Żaden rząd nie przetrwa zbyt długo, jeśli nie będzie potrafił zabezpieczyć prawa do posiadania osobistej własności w pewnej formie. Człowiek chce mieć prawo używania, kontroli, dawania, sprzedawania, wynajmowania i przekazywania potomności swej własności osobistej.

6. *Prawo wnoszenia petycji.* Rząd przedstawicielski daje to prawo, że obywatele mogą być słyszani. Przywilej petycji jest nieodłączny wolnemu obywatelstwu.

7. *Prawo rządzenia.* Nie wystarczy być słyszanym; prawo składania petycji musi się rozwijać, aż do poziomu faktycznego prowadzenia rządu.

8. *Powszechne prawo głosowania.* Rząd przedstawicielski zakłada istnienie inteligentnej, skutecznie funkcjonującej i powszechnej grupy wyborców. Charakter takiego rządu zawsze będzie określał charakter i kaliber tych, którzy wchodzą w jego skład. W miarę

rozwoju cywilizacji prawo głosu, pozostając powszechne dla obu płci, będzie efektywnie modyfikowane, przegrupowane i skądinąd zróżnicowane.

9. *Kontrola urzędników państwowych.* Żaden rząd nie będzie pożyteczny i efektywny, dopóki obywatele nie będą posiadali i stosowali mądrych metod doradztwa i kontroli osób sprawujących władzę oraz urzędników państwowych.

10. *Inteligentne i wyszkolone przedstawicielstwo.* Przetrwanie demokracji jest zależne od dobrego rządu przedstawicielskiego, co jest uwarunkowane zasadą wybierania na urzędy państwowe jedynie tych jednostek, które są formalnie przeszkolone, intelektualnie kompetentne, społecznie lojalne oraz zdrowe moralnie. Tylko w takich warunkach może być zachowany rząd ludu, przez lud i dla ludu.

3. IDEAŁY PAŃSTWOWOŚCI

Polityczna czy administracyjna forma rządu nie ma większego znaczenia, pod warunkiem, że rząd zabezpiecza podstawy rozwoju społeczeństwa – wolność, bezpieczeństwo, edukację i koordynację społeczną. Nie to, jakie jest państwo, ale to, co ono robi, stanowi o kierunku ewolucji społecznej. W końcu żadne państwo nie może przewyższyć moralnych wartości jego obywateli, egzemplifikowanych w wybranych przez nich przywódcach. Ignorancja i egoizm przypieczętują upadek nawet najwyższej formy rządu.

Egotyzm narodowy, tak jak jest godny pożałowania, jest również konieczny dla przetrwania społeczeństwa. Doktryna ludu wybranego była głównym czynnikiem zespolenia plemiennego i tworzenia narodu, aż do czasów współczesnych. Jednak żadne państwo nie może osiągnąć idealnych poziomów funkcjonowania, zanim nie zostaną przezwyciężone wszelkie formy nietolerancji, która jest nieodmiennie wroga ludzkiemu postępowi. A nietolerancję najlepiej zwalcza skoordynowanie nauki, handlu, rozrywki i religii.

Idealne państwo funkcjonuje pod wpływem trzech potężnych i skoordynowanych bodźców:

1. Lojalność dla miłości, wyprowadzona ze świadomości istnienia ludzkiego braterstwa.
2. Inteligentny patriotyzm, oparty na mądrych ideałach.
3. Wnikliwość kosmiczna, interpretowana w kategoriach planetarnych faktów, potrzeb i celów.

Idealne państwo ma niewiele praw, ponieważ wyszły one z epoki zakazujących tabu i wchodzą w erę konstruktywnego rozwoju indywidualnej wolności, w rezultacie coraz większej samokontroli. Doskonałe państwo nie tylko zmusza swych obywateli do pracy, ale także zachęca ich do korzystnego i podbudowującego spożytkowania coraz większej ilości wolnego czasu, powstałego na skutek uwolnienia od trudu przez zaawansowaną epokę maszyn. Czas wolny musi być wytworzony, jak również spożytkowany.

Żadne społeczeństwo nie zajdzie zbyt daleko, jeśli dopuści do próżniactwa czy toleruje ubóstwo. Jednak ubóstwo i niesamodzielność nigdy nie zostaną wyeliminowane, jeśli ułomne i zdegenerowane typy ludzkie będą wspierane bez ograniczeń i dopuszczane do rozmnażania się bez ograniczeń.

Etyczne społeczeństwo powinno dążyć do zachowania poczucia własnej godności u jego obywateli i dać każdej, normalnej jednostce, odpowiednie warunki samorealizacji.

Taki plan osiągania społecznych sukcesów może wydać kulturalne społeczeństwo najwyższej klasy. Ewolucja społeczna powinna być wspomagana przez nadzór rządowy, sprawujący minimalną kontrolę regulacyjną. To państwo jest najlepsze, które najwięcej koordynuje, podczas kiedy najmniej rządzi.

Ideały państwowości muszą być osiągane ewolucyjnie, poprzez powolny rozwój świadomości obywatelskiej, poprzez akceptację obowiązków i przywilejów służby społecznej przez obywateli. Kiedy się skończy administracja polityków czerpiących korzyści ze swego stanowiska, z początku ludzie podejmują brzemię rządowe jako obowiązek, ale później pragną takiej służby jako przywileju, jako najwyższego zaszczytu. Status jakiegokolwiek poziomu cywilizacji wiernie odzwierciedla kaliber jej obywateli, którzy się ofiarują podjąć obowiązków kierowania państwem.

W prawdziwej wspólnocie państwowej rządy miast i prowincji sprawowane są przez ekspertów i prowadzone dokładnie tak, jak we wszystkich innych ekonomicznych i handlowych związkach ludzkich.

W zaawansowanych państwach służba polityczna uważana jest za najwyższe poświęcenie się obywateli. Najwyższą ambicją najmądrzejszych i najszlachetniejszych obywateli jest zdobycie uznania innych obywateli, żeby być wybranym czy mianowanym na jakąś odpowiedzialną pozycję rządową a rządy takie nadają najwyższe zaszczyty swoim państwowym i społecznym urzędnikom, w uznaniu za ich służbę. Zaszczyty nadawane są w kolejności, według następującego porządku: najpierw filozofom, potem pedagogom, naukowcom, przemysłowcom i wojskowym. Rodzice są odpowiednio nagradzani przez osiągnięcia ich dzieci a czysto religijni przywódcy, będąc ambasadorami królestwa duchowego, otrzymują swe prawdziwe wynagrodzenie na innym świecie.

4. ROZWIJAJĄCA SIĘ CYWILIZACJA

Ekonomia, społeczeństwo i rząd muszą się rozwijać, jeśli mają trwać. Na świecie ewolucyjnym warunki statyczne są oznaką rozkładu; przetrwają tylko te instytucje, które posuwają się naprzód wraz z ewolucyjnym nurtem.

Postępowy program rozwijającej się cywilizacji obejmuje:

1. Zachowanie swobód indywidualnych.
2. Ochronę ogniska domowego.
3. Popieranie bezpieczeństwa ekonomicznego.
4. Zapobieganie chorobom.
5. Obowiązkową edukację.
6. Obowiązkowe zatrudnienie.
7. Pożyteczne spożytkowanie wolnego czasu.
8. Opiekę nad nieszczęśliwymi.
9. Doskonalenie rasowe.
10. Popieranie nauki i sztuki.
11. Popieranie filozofii – mądrości.
12. Poszerzanie kosmicznej wnikliwości – uduchowienie.

I taki rozwój w sztukach cywilizacji prowadzi bezpośrednio do realizacji najwyższych ludzkich i boskich celów człowieka – do osiągnięcia społecznego braterstwa i osobistego stanu uświadomienia sobie Boga, co objawia się w najwyższym dążeniu każdej jednostki, aby czynić wolę Ojca w niebie.

Pojawienie się prawdziwego braterstwa oznacza, że nadszedł taki porządek społeczny, w którym wszyscy ludzie znajdują radość w niesieniu nawzajem swoich ciężarów, naprawdę pragną stosować złotą zasadę. Jednak tak idealnego społeczeństwa nie można urzeczywistnić, kiedy zarówno słaby jak i niegodziwy oszukuje i czeka, by czerpać niesprawiedliwe i nieuczciwe korzyści z tych, których ożywia nade wszystko oddanie służbie prawdy, piękna i dobroci. W takiej sytuacji praktyczna jest tylko jedna droga: „żyjący złotą zasadą" mogą ustanowić postępowe społeczeństwo, w którym żyją zgodnie ze swymi ideałami, stosując jednocześnie odpowiednią ochronę przed swymi nieoświeconymi współbraćmi, którzy mogą albo próbować wykorzystać ich pokojowe predylekcje albo zniszczyć ich zaawansowaną cywilizację.

Na rozwijającej się planecie idealizm nigdy nie przetrwa, jeżeli w każdej generacji idealiści pozwolą się niszczyć podlejszym klasom ludzkości. Wielka próba idealizmu polega na tym: czy zaawansowane społeczeństwo potrafi utrzymywać swą gotowość bojową, która daje mu zabezpieczenie przed wszystkimi atakami ze strony wojowniczych sąsiadów, bez ulegania pokusie użycia swej siły wojskowej dla operacji ofensywnych przeciwko innym narodom, w celu samolubnego zysku albo narodowego wywyższenia? Przetrwanie narodu wymaga gotowości bojowej a religijny idealizm, sam w sobie, zdolny jest zapobiec prostytuowaniu tej gotowości w agresję. Jedynie miłość, braterstwo, może zapobiec uciskaniu słabego przez silnego.

5. EWOLUCJA WSPÓŁZAWODNICTWA

Współzawodnictwo jest konieczne dla rozwoju społecznego, jednak nienormowane współzawodnictwo rodzi przemoc. W dzisiejszym społeczeństwie współzawodnictwo powoli wypiera wojny, dlatego, że określa miejsce jednostki w wytwórczości, jak również decyduje o przetrwaniu wytwórczości jako takiej. (Morderstwo i wojna są zróżnicowane w swym statusie obyczajowym, morderstwo jest zakazane od wczesnych dni istnienia społeczeństwa, podczas gdy wojna nigdy nie była zakazana przez ludzkość jako całość).

Idealne państwo reguluje postępowanie społeczne tylko tak dalece, żeby uniknąć przemocy we współzawodnictwie indywidualnym i zapobiec nieuczciwości w inicjatywie osobistej. Wielkim problemem państwowości jest zagwarantowanie porządku i pokoju w gospodarce, zapewnienie płacenia podatków dla zachowania siły państwa i jednoczesne zapobieżenie temu, aby opodatkowanie nie szkodziło gospodarce oraz zabezpieczenie się przed tym, żeby państwo nie stało się pasożytnicze czy tyranizujące.

We wczesnych epokach każdego świata, współzawodnictwo konieczne jest dla progresywnej cywilizacji. W toku ewolucji ludzkości, coraz bardziej efektywna staje się współpraca. W zaawansowanych cywilizacjach współpraca jest bardziej efektywna niż współzawodnictwo. Współzawodnictwo stymuluje człowieka pierwotnego. Wczesna ewolucja charakteryzuje się przetrwaniem zdrowych biologicznie, jednak późniejsze cywilizacje lepiej są ożywiane przez inteligentną współpracę, rozumne stowarzyszanie się i braterstwo duchowe.

Prawda, że współzawodnictwo w wytwórczości jest nadzwyczaj rozrzutne i wysoce niewydajne, jednak żaden wysiłek zmierzający do eliminacji tego szeregu strat nie powinien być sankcjonowany, jeśli takie dostosowania powodują choćby drobne uchylenie jakiejkolwiek z podstawowych swobód jednostki.

6. MOTYW ZYSKU

Współczesna, zorientowana na zysk ekonomia skazana jest na zagładę, jeśli motywy zysku nie będą wspierane motywami służby. Bezpardonowe współzawodnictwo, oparte na zawężonej interesowności, jest krańcowo niszczycielskie nawet dla tych rzeczy, które usiłuje zachować. Wyłączna, samolubna motywacja zysku niezgodna jest z chrześcijańskimi ideałami – jeszcze bardziej niezgodna z naukami Jezusa.

W ekonomii, motywacja zysku tak się ma do motywacji służby, jak w religii strach do miłości. Motywacja zysku nie może być jednak nagle zniweczona czy usunięta; powoduje ona, że wielu skądinąd leniwych śmiertelników mocno trzyma się pracy. Jednak nie jest konieczne, żeby ten aktywizator energii społecznej pozostawał zawsze samolubny w swych celach.

W działalności ekonomicznej motyw zysku jest, ogółem biorąc, niski i zupełnie niegodny społeczeństwa zaawansowanego porządku, tym niemniej stanowi on czynnik niezastąpiony we wcześniejszych stadiach istnienia cywilizacji. Nie można zabrać ludziom motywu zysku, zanim trwale nie przyswoją wyższych rodzajów niezyskowych motywacji, w wysiłkach ekonomicznych i w służbie społecznej – zaawansowanych dążeń do osiągnięcia najwyższej mądrości, intrygującego braterstwa i doskonałości w osiągnięciach duchowych.

7. EDUKACJA

Trwałe państwo opiera się na kulturze, zdominowanej przez ideały i motywowanej służbą. Celem edukacji powinno być nabywanie umiejętności, pogoń za mądrością, realizacja osobowości i przyswajanie wartości duchowych.

W idealnym państwie zdobywanie wykształcenia trwa całe życie a filozofia czasami staje się głównym zajęciem jego obywateli. W takiej wspólnocie obywatele dążą do mądrości jako do polepszenia swej wnikliwości w doniosłość związków międzyludzkich, znaczeń rzeczywistości, szlachetności wartości, w cel życia i chwałę kosmicznego przeznaczenia.

Urantianie powinni mieć wizję nowego i wyższego, kulturalnego społeczeństwa. Edukacja wskoczy na nowe poziomy wartości, wraz z ustąpieniem systemu ekonomicznego opartego wyłącznie na zysku. Zbyt długo edukacja była regionalna, militarystyczna, wywyższająca ego i nastawiona na sukces; wreszcie musi stać się światowa, idealistyczna, realizująca osobowość i rozumowanie kosmicznie.

Ostatnio edukacja przeszła spod kontroli kleru pod kontrolę prawników i biznesmenów. W końcu musi zostać przekazana filozofom i naukowcom. Nauczyciele muszą być istotami wolnymi, prawdziwymi przywódcami w takim stopniu, że filozofia, poszukiwanie mądrości, może stać się głównym celem kształcenia.

Edukacja jest sprawą życiową, należy ją kontynuować całe życie, tak, aby ludzkość mogła stopniowo przeżywać coraz wyższe poziomy mądrości śmiertelnika, do których należą:

1. Wiedza o rzeczach.
2. Uświadamianie sobie znaczeń.
3. Docenianie wartości.
4. Szlachetność pracy – obowiązek.
5. Motywacja celów – moralność.

6. Miłość dla służby – charakter.
7. Kosmiczna wnikliwość – orientacja duchowa.

A potem, dzięki tym osiągnięciom, wielu dostąpi ostatecznego sukcesu umysłowego śmiertelnika – uświadomienia sobie Boga.

8. CHARAKTER PAŃSTWOWOŚCI

Jedyną świętą cechą jakiegokolwiek rządu ludzkiego jest podział państwowości na trzy funkcjonalne domeny – wykonawczą, prawodawczą i sądowniczą. Wszechświat zarządzany jest zgodnie z takim planem podziału funkcji i władzy. Oprócz tej, boskiej koncepcji efektywnej regulacji społecznej czy rządu państwowego, nie ma większego znaczenia, jaką formę państwa ludzie obiorą, pod warunkiem, że obywatele wciąż idą naprzód w kierunku coraz większej samokontroli i coraz intensywniejszej służby społecznej. W państwowości wiernie odbija się ludzka gorliwość intelektualna, mądrość ekonomiczna, zdolności społeczne i siła moralna.

Ewolucja państwowości pociąga za sobą rozwój, od poziomu do poziomu, jak przedstawiono poniżej:

1. Utworzenie trojakiego rządu, z ciałem wykonawczym, prawodawczym i sądowniczym.
2. Wolność działań społecznych, politycznych i religijnych.
3. Zniesienie wszelkich form niewolnictwa i zniewolenia człowieka.
4. Możliwość kontrolowania przez obywateli poziomu podatków.
5. Wprowadzenie powszechnej edukacji – nauczania rozciągającego się od kołyski do grobu.
6. Prawidłowe dopasowanie pomiędzy lokalnymi sekcjami rządu a rządem krajowym.
7. Popieranie nauki i zwalczanie chorób.
8. Odpowiednie uznanie równości płci i partnerskiego funkcjonowania kobiet i mężczyzn w domu, szkole oraz w Kościele, wraz z wyspecjalizowaną służbą kobiet w gospodarce i rządzie.
9. Eliminacja zniewolenia przez pracę, dzięki wynalezieniu maszyn i dalszy rozwój epoki maszyn.
10. Przezwyciężenie barier językowych – tryumf powszechnego języka.
11. Zakończenie wojen – międzynarodowe rozsądzanie sporów narodowych i rasowych przez kontynentalne sądy narodów, pod przewodnictwem najwyższego trybunału planetarnego, rekrutowanego automatycznie z emerytowanych przewodniczących sądów kontynentalnych. Sądy kontynentalne są bezapelacyjne; światowy sąd pełni funkcje doradcze – moralne.
12. Powstanie światowej mody na poszukiwanie mądrości – egzaltacja filozofii. Stopniowy rozwój światowej religii, która zwiastować będzie wejście planety we wczesne stadia światłości i życia.

Takie są zasadnicze warunki wstępne powstania zaawansowanego rządu oraz cechy idealnej państwowości. Urantii daleko jeszcze do realizacji tych wzniosłych ideałów, jednak cywilizowane narody już zrobiły początek – ludzkość maszeruje ku wyższym celom ewolucyjnym.

[Nadzorowane przez Melchizedeka z Nebadonu].

PRZEKAZ 72

RZĄD NA POBLISKIEJ PLANECIE

ZA ZGODĄ Lanaforge i za aprobatą Najwyższych Ojców z Edentii, upoważniony zostałem do przekazania nieco informacji o życiu społecznym, moralnym i politycznym najbardziej zaawansowanej rasy ludzkiej, żyjącej na niezbyt odległej planecie należącej do systemu Satanii.

Spośród wszystkich światów Satanii, które zostały odosobnione ze względu na udział w buncie Lucyfera, ta planeta przeszła historię najbardziej zbliżoną do historii Urantii. Takie właśnie podobieństwo dwu sfer wyjaśnia bez wątpienia, dlaczego udzielono zgody na tak nadzwyczajną prezentację, ponieważ bardzo rzadko władcy systemu wyrażają zgodę na opowiadanie jednej planecie o sprawach drugiej.

Ta planeta, podobnie jak Urantia, pobłądziła podczas buntu Lucyfera, na skutek nielojalności jej Księcia Planetarnego. Dostała Syna Materialnego, niedługo po tym jak Adam przybył na Urantię i ten Syn też zrobił odstępstwo, zostawiając sferę odosobnioną, jako że Syn-Arbiter nigdy nie obdarzył sobą jej ras śmiertelnych.

1. NARÓD KONTYNENTALNY

Pomimo tych wszystkich, planetarnych wypaczeń, bardzo wysoka cywilizacja rozwija się na odosobnionym kontynencie, mniej więcej wielkości Australii. Naród ten liczy około 140 milionów obywateli. Jego ludność należy do rasy mieszanej, przeważnie niebieskiej i żółtej, i zawiera nieco więcej rasy fioletowej niż tak zwana rasa biała Urantii. Te różne rasy nie wymieszały się jeszcze w pełni, ale bardzo dobrze bratają się i kontaktują ze sobą. Średnia długość życia na tym kontynencie wynosi obecnie dziewięćdziesiąt lat i jest o piętnaście procent wyższa niż u wielu innych narodów planety.

Organizacja industrialna tego narodu korzysta z pewnych, istotnych cech unikalnej topografii kontynentu. Wysokie góry, gdzie obfite deszcze padają przez osiem miesięcy w roku, znajdują się dokładnie w centrum kraju. Takie naturalne ukształtowanie terenu sprzyja spożytkowaniu energii wodnej i znacznie ułatwia irygację nieco suchszej, zachodniej części kontynentu.

Naród ten jest samowystarczalny, to znaczy, jego obywatele mogą egzystować przez czas nieograniczony bez importowania czegokolwiek od otaczających narodów. Ich zasoby naturalne są obfite a dzięki naukowym metodom nauczyli się, jak kompensować braki w środkach niezbędnych do życia. Prowadzą ożywiony handel wewnętrzny, ale niewiele wymiany zagranicznej, na skutek powszechnej wrogości mniej zaawansowanych sąsiadów.

Generalnie, naród kontynentalny rozwijał się zgodnie z kierunkiem ewolucyjnego rozwoju planety. Jego rozwój, od stadium plemiennego do pojawienia się silnych władców i królów, zajął tysiące lat. Po monarchach absolutnych pojawiło się wiele różnych rodzajów rządu – nieudane republiki, państwa wspólnoty, a dyktatorzy przychodzili i odchodzili niekończącym się szeregiem. Przeobrażenia takie trwały, aż mniej więcej pięćset lat temu, w czasie politycznego fermentu, jeden z dyktatorów-triumwirów odmienił swą postawę. Zaoferował swą abdykację, pod tym warunkiem, że jeden z władców, mniej szlachetny z dwu pozostałych, także zrezygnuje z dyktatury. W ten sposób najwyższa władza kontynentu została złożona w ręce jednego władcy. Przez ponad sto lat zjednoczone państwo rozwijało się pod silną władzą monarchistyczną, kiedy to stworzono dobrze dopracowaną kartę wolności.

Kolejne przejście, od monarchii do przedstawicielskiej formy rządu, odbywało się stopniowo, królowie pozostali tylko społecznymi czy sentymentalnymi marionetkami; zanikli w końcu, kiedy wygasła męska linia potomstwa. Obecna republika istnieje dokładnie dwieście lat, w którym to czasie bezustannie się rozwijała, kiedy osiągnięto te metody rządzenia, o których zaraz opowiemy; ostatnich osiągnięć w domenach industrialnych i politycznych dokonano w ciągu minionej dekady.

2. ORGANIZACJA POLITYCZNA

Naród kontynentalny ma teraz swój rząd przedstawicielski, mieszczący się w centralnie położonej stolicy kraju. Centralny rząd jest silną federacją stu względnie wolnych stanów. Stany te wybierają swych gubernatorów i ustawodawców na dziesięć lat a nikt nie może być wybierany ponownie. Sędziowie stanowi mianowani są przez gubernatorów na całe życie a zatwierdzani przez stanowe ciała ustawodawcze, składające się z jednego przedstawiciela na każde sto tysięcy obywateli.

Jest pięć różnych rodzajów rządów miejskich, w zależności od wielkości miasta, jednak żadne miasto nie może mieć więcej niż milion mieszkańców. Ogółem biorąc, miejski system zarządzania jest bardzo prosty, bezpośredni i ekonomiczny. O kilka pozycji w administracji miejskiej starają się gorliwie najlepsi obywatele.

Rząd federalny składa się z trzech skoordynowanych ciał: wykonawczego, prawodawczego i sądowniczego. Federalny, główny administrator, wybierany jest co sześć lat przez krajowe głosowanie powszechne. Nie może być wybierany powtórnie, chyba, że na skutek petycji co najmniej siedemdziesięciu pięciu ustawodawczych ciał stanowych, popartej przez gubernatorów tych stanów i wtedy też tylko na jedną kadencję. Doradza mu najwyższa rada, złożona ze wszystkich żyjących, byłych głównych administratorów.

Ciało prawodawcze obejmuje trzy izby:

1. *Izba wyższa* wybierana jest przez grupy industrialne, profesjonalistów, rolników i inne grupy pracowników, głosujących według swej funkcji ekonomicznej.

2. *Izba niższa* wybierana jest przez pewne organizacje obywatelskie, obejmujące grupy społeczne, polityczne i filozoficzne, nie mieszczące się w kategorii industrialnej czy profesjonalnej. Wszyscy prawi obywatele biorą udział w wyborach do obu izb przedstawicielskich, jednak są odmiennie przegrupowani, w zależności od tego, czy wybory dotyczą izby wyższej czy niższej.

3. *Trzecia izba* – starsi mężowie stanu – obejmuje weteranów urzędów państwowych, razem z wieloma wyróżniającymi się osobami, których kandydaturę wysuwa główny administrator, naczelnicy regionalni (podfederalni), przewodniczący najwyższego trybunału i urzędnicy, którzy przewodniczą obu pozostałym izbom prawodawczym. Ta grupa ograniczona jest do stu osób a jej członkowie są wybierani większością samych starszych mężów stanu. Członkostwo tej grupy trwa całe życie, a kiedy pojawiają się wolne miejsca, z listy nominowanych wybierana jest osoba otrzymująca odpowiednio najwięcej głosów. Zakres działalności tego ciała jest czysto doradczy, jednak jest ono czynnikiem

regulującym opinię publiczną oraz wywierającym znaczny wpływ na wszystkie gałęzie rządu.

Bardzo dużo federalnej działalności administracyjnej prowadzi dziesięć władz rejonowych (podfederalnych), z których każda stanowi związek dziesięciu stanów. Te rejonowe grupy są wyłącznie wykonawcze i administracyjne, nie mają ani funkcji prawodawczych ani sądowniczych. Dziesięć osób, zarządzających rejonami, mianuje osobiście federalny, główny administrator a kadencja ich stanowisk pokrywa się z jego kadencją – wynosi sześć lat. Federalne sądy najwyższe aprobują mianowanie tych dziesięciu zarządców rejonowych, a chociaż nie mogą być oni mianowani powtórnie, zarządzający, który odchodzi, automatycznie zostaje asystentem i doradcą swego następcy. Poza tym szefowie rejonowi wybierają swe własne gabinety urzędników administracyjnych.

Naród ten sądzony jest przez dwa główne systemy sądów – sądy prawne i sądy społeczno-ekonomiczne. Sądy prawne działają na trzech następujących poziomach:

1. *Sądy niższe* albo sądownictwa miejskiego i lokalnego, od decyzji których można się odwoływać do wyższych trybunałów stanowych.
2. *Najwyższe sądy stanowe,* których decyzje są ostateczne we wszystkich sprawach nie dotyczących rządu federalnego, czy zagrożenia praw i swobód obywatelskich. Zarządzający rejonami upoważnieni są do przekazania jakiejkolwiek sprawy bezzwłocznie pod jurysdykcję najwyższego sądu federalnego.
3. *Najwyższy sąd federalny* – wysoki trybunał orzekający w sporach ogólnonarodowych i sprawach apelacyjnych, przychodzących od sądów stanowych. Ten najwyższy trybunał składa się z dwunastu ludzi, w wieku powyżej czterdziestu lat a poniżej siedemdziesięciu pięciu, którzy zasiadali dwa lata lub więcej w jakichś trybunałach stanowych i którzy zostali mianowani na tę wysoką pozycję przez głównego administratora, za aprobatą większości najwyższej rady i trzeciej izby zgromadzenia prawodawczego. Wszystkie decyzje tego, najwyższego ciała sądowniczego, podejmowane są przynajmniej dwoma trzecimi głosów.

Sądy społeczno-ekonomiczne funkcjonują w trzech następujących grupach:

1. *Sądy rodzicielskie,* związane są z grupami prawodawczymi i wykonawczymi systemu rodzinnego i społecznego.
2. *Sądy edukacyjne* – ciała sądownicze połączone z systemem szkół stanowych i regionalnych oraz związane z gałęziami wykonawczymi i prawodawczymi administracyjnego mechanizmu edukacyjnego.
3. *Sądy industrialne* – trybunały sądzące, którym nadano pełne prawo rozstrzygania wszelkich sporów ekonomicznych.

Federalne sądy najwyższe nie decydują o sprawach społeczno-ekonomicznych, chyba, że po uchwale trzech czwartych głosów trzeciej branży prawodawczej rządu narodowego, izby starszych mężów stanu. Poza tym wszystkie decyzje wysokich sądów rodzicielskich, edukacyjnych i industrialnych są ostateczne.

3. ŻYCIE RODZINNE

Na omawianym kontynencie jest sprzeczne z prawem życie dwu rodzin pod jednym dachem. A skoro grupowe zamieszkiwanie zostało zakazane, większość budynków typu czynszowego została zburzona. Ludzie stanu wolnego nadal jednak żyją w klubach, hotelach i innych zbiorowych miejscach zamieszkania. Najmniejsza działka pod dom musi mieć ponad cztery i pół tysiąca metrów kwadratowych. Cała ziemia i inna własność, używana do celów mieszkalnych, jest wolna od opodatkowania, chyba, że działka dziesięciokrotnie przekracza minimalną wielkość.

W ubiegłym wieku życie rodzinne tego narodu uległo znacznej poprawie. Uczęszczanie rodziców, zarówno ojców jak i matek, do rodzicielskich szkół wychowania, jest obowiązkowe. Nawet rolnicy, mieszkający w małych osiedlach wiejskich, uczą się korespondencyjnie, chodząc do pobliskich centrów po ustne instrukcje raz na dziesięć dni – co dwa tygodnie, gdyż tydzień składa się z pięciu dni.

Średnio jest pięcioro dzieci w każdej rodzinie i są one całkowicie pod kontrolą swych rodziców, albo w wypadku śmierci jednego czy obojga rodziców, pod kontrolą opiekunów wyznaczonych przez sądy rodzicielskie. Przyznanie opieki nad pełnym sierotą uchodzi za wielki zaszczyt dla jakiejkolwiek rodziny. Pomiędzy rodzicami odbywają się egzaminy konkursowe a sierocie przyznaje się tych rodziców, którzy potrafią się wykazać najlepszymi kwalifikacjami rodzicielskimi.

Naród ten traktuje rodzinę jako podstawową instytucję swojej cywilizacji. Oczekuje się, że najbardziej wartościową część edukacji dziecka oraz kształtowanie jego charakteru zapewnią rodzice w domu a ojcowie poświęcają prawie taką samą uwagę wychowaniu dziecka jak matki.

Cała nauka o sprawach płciowych przekazywana jest w domu, przez rodziców lub opiekunów prawnych. Nauki moralne prowadzone są przez nauczycieli, w okresach odpoczynku od zajęć szkolnych, jednak inaczej jest z nauczaniem religijnym, które traktuje się jako wyłączny przywilej rodziców; religia uznawana jest za integralną część życia rodzinnego. Czysto religijne nauczanie prowadzone jest publicznie tylko w świątyniach filozofii; żadne wyłącznie religijne instytucje, takie jak Kościoły na Urantii, nie rozwinęły się w tym narodzie. W ich filozofii religią jest dążenie do poznania Boga i przejawianie miłości dla swoich współbraci, poprzez służenie im, ale to nie jest typowe dla statusu religijnego innych narodów tej planety. Religia w tym narodzie tak bardzo jest sprawą rodzinną, że nie ma miejsc publicznych poświęconych wyłącznie zgromadzeniom religijnym. Politycznie, Kościół i państwo, jak to nazwaliby Urantianie, są zupełnie oddzielone, jednak istnieje dziwne zazębianie się religii i filozofii.

Nauczyciele duchowi (porównywalni do pastorów na Urantii), którzy odwiedzali okresowo każdą rodzinę i egzaminowali dzieci, żeby sprawdzić, czy są prawidłowo nauczane przez rodziców, dwadzieścia lat temu byli pod nadzorem rządowym. Ci duchowi doradcy i egzaminatorzy działają teraz pod kierownictwem nowo powstałej Fundacji Rozwoju Duchowego, instytucji wspieranej przez dobrowolne datki. Być może instytucja ta nie rozwinie się bardziej, aż do przybycia Rajskiego Syna-Arbitra.

Legalnie, dzieci pozostają pod opieką rodziców do lat piętnastu, kiedy to odbywa się ich pierwsze wprowadzenie w obowiązki obywatelskie. Po tym, co pięć lat, przez pięć kolejnych okresów, podobne publiczne promocje prowadzone są dla odpowiednich grup wiekowych, podczas których zobowiązania dzieci wobec rodziców są zmniejszane a podejmują one nowe, obywatelskie i społeczne obowiązki wobec państwa. Prawo do głosowania dostaje się w wieku lat dwudziestu, aż do dwudziestego piątego roku życia nie wolno zawierać małżeństwa bez zgody rodziców, a dzieci muszą opuścić dom, gdy mają lat trzydzieści.

Prawo małżeńskie i rozwodowe jest jednolite w całym narodzie. Nie można zawierać małżeństwa przed wiekiem uprawniającym do głosowania, przed dwudziestym rokiem życia. Zezwolenie na małżeństwo udzielane jest dopiero po roku od zgłoszenia jego zamiaru i po tym, jak młodzi ludzie przedstawią zaświadczenia, że przeszli odpowiednie nauczanie w szkołach rodzicielskich, gdy idzie o obowiązki życia małżeńskiego.

Przepisy rozwodowe są w pewnym sensie luźne, jednak ogłoszenia separacji, wydawanego przez sądy rodzicielskie, nie można uzyskać wcześniej niż po roku od zarejestrowania wniosku, a rok na tej planecie jest znacznie dłuższy niż na Urantii. Pomimo łagodnych praw rozwodowych, ilość rozwodów jest obecnie dziesięciokrotnie mniejsza niż u cywilizowanych narodów Urantii.

4. SYSTEM EDUKACYJNY

System edukacyjny tego narodu jest obowiązkowy i koedukacyjny, nauczanie prowadzone jest w szkołach przeduczelnianych, do których uczęszczają uczniowie w wieku od pięciu do osiemnastu lat. Szkoły te są bardzo odmienne od szkół na Urantii. Nie ma w nich klas, nauczany jest tylko jeden przedmiot na raz a po pierwszych trzech latach wszyscy uczniowie zostają asystentami nauczycieli, nauczając tych, którzy są na niższym poziomie. Książek używa się tylko po to, żeby zdobyć wiedzę, która będzie potrzebna w rozwiązywaniu problemów powstających w warsztatach i gospodarstwach szkolnych. Większość mebli używanych na kontynencie i wiele urządzeń mechanicznych – a jest to wielka epoka inwencji i mechanizacji – wytwarza się w tych warsztatach. Do każdego warsztatu przylega robocza biblioteka, gdzie uczniowie mogą zajrzeć do odpowiednich książek fachowych. Rolnictwa i ogrodnictwa naucza się również przez cały okres edukacji, w obszernych gospodarstwach sąsiadujących z każdą szkołą lokalną.

Ograniczonych umysłowo naucza się tylko rolnictwa i hodowli; zostają oni na całe życie przydzielani do specjalnych kolonii opiekuńczych, w których są rozdzieleni według płci, żeby zapobiec rodzicielstwu, które nie przysługuje podnormalnym. Takie restrykcje są wprowadzone od siedemdziesięciu pięciu lat; odpowiednie zarządzenia wydawane są przez sądy rodzicielskie.

Raz w roku każdy ma miesiąc wakacji. Szkoły przeduczelniane prowadzone są przez dziewięć, z dziesięciu miesięcy w roku, wakacje spędza się z rodzicami czy przyjaciółmi na podróżach. Podróże te są częścią programu edukacyjnego dla dorosłych i trwają całe życie; fundusze na te potrzeby gromadzone są tymi samymi metodami, jak zabezpieczanie środków do życia na starość.

Jedną czwartą czasu szkolnego poświęca się sportom – współzawodnictwu w atletyce – uczniowie awansują w mistrzostwach poprzez stanowe, regionalne i dalej ogólnokrajowe sprawdziany umiejętności i zręczności. Tak samo konkursy oratorskie i muzyczne, jak również naukowe i filozoficzne, przykuwają uwagę uczniów od podstawowych grup społecznych w górę, aż do rywalizacji o godności narodowe.

Władze szkolne są repliką rządu narodowego, z jego trzema, wzajemnie od siebie zależnymi ciałami; personel nauczający działa jako trzecia, albo doradczo-prawodawcza grupa. Głównym celem edukacji na tym kontynencie jest zrobienie z każdego ucznia samowystarczalnego obywatela.

Każde dziecko, kończące w wieku lat osiemnastu przeduczelniany system szkół, jest wykwalifikowanym rzemieślnikiem. Potem zaczynają się studia książkowe i zdobywanie wiedzy specjalistycznej, w szkołach dla dorosłych lub na uczelniach. Kiedy utalentowany student ukończy swą pracę przed wyznaczonym terminem, otrzymuje w nagrodę przydział czasu i środków, dzięki którym może prowadzić jakieś ulubione przedsięwzięcie własnego pomysłu. Cały system edukacyjny ma na celu prawidłowe nauczanie jednostki.

5. ORGANIZACJA INDUSTRIALNA

Układy industrialne w tym narodzie dalekie są od ideałów; wciąż wynikają problemy pomiędzy kapitałem a pracą, ale tak jedni jak i drudzy zaczynają się dopasowywać do planu rzetelnej współpracy. Na tym, unikalnym kontynencie, pracownicy coraz bardziej stają się akcjonariuszami wszystkich koncernów przemysłowych; każdy inteligentny pracownik powoli staje się drobnym kapitalistą.

Zmniejszają się antagonizmy społeczne i zaczyna panować dobra wola. W wyniku zniesienia niewolnictwa (ponad sto lat temu) nie wynikły żadne poważne problemy ekonomiczne, ponieważ zmiany te były wprowadzane stopniowo, przez wyzwolenie dwu procent niewolników każdego roku. Obywatelstwo otrzymali ci niewolnicy, którzy zadowalająco przeszli testy umysłowe, moralne i fizyczne; wielu tych zaawansowanych niewolników było jeńcami wojennymi lub dziećmi takich jeńców. Jakieś pięćdziesiąt lat temu deportowano ostatnich, podrzędnych niewolników a zupełnie niedawno zaczęto redukować ilościowo grupy zdegenerowane i przestępcze.

Niedawno naród ten wypracował nowe metody zażegnywania nieporozumień industrialnych oraz korygowania nadużyć ekonomicznych, które są znacznie lepsze w porównaniu z dawnymi metodami rozwiązywania takich problemów. Zakazano stosowania przemocy jako metody regulacji nieporozumień, zarówno osobistych jak i industrialnych. Zarobki, zyski i inne problemy ekonomiczne nie są sztywno regulowane, ale są pod generalną kontrolą industrialnych ciał ustawodawczych, podczas gdy wszelkie sprawy sporne w gospodarce rozsądzają sądy pracownicze.

Sądy pracownicze funkcjonują dopiero od trzydziestu lat, ale działają bardzo dobrze. Ostatni rozwój wydarzeń wskazuje na to, że wkrótce sądy pracownicze będą rozpatrywać ustawowe wynagrodzenia, podzielone na trzy grupy:

1. Ustawowe stawki oprocentowania od zainwestowanego kapitału.
2. Godziwe wynagrodzenia dla specjalistów, działających w gospodarce.
3. Sprawiedliwe i słuszne wynagrodzenia za pracę.

Powyższe wynagrodzenia powinny być realizowane, po pierwsze, zgodnie z umową albo w przypadku zmniejszających się dochodów, powinny być dzielone proporcjonalnie w okresie chwilowej redukcji zysków. A później, wszystkie dochody przekraczające te ustalone należności powinny być traktowane jako dywidendy i rozdzielane proporcjonalnie wśród wszystkich trzech grup: kapitału, siły wykwalifikowanej i robotników.

Co dziesięć lat rejonowe organy wykonawcze korygują i ogłaszają ustawowe godziny dziennej pracy zarobkowej. Obecnie gospodarka funkcjonuje na bazie pięciodniowego tygodnia, czterech dni roboczych i jednego dnia dla rozrywki. Ludzie pracują sześć godzin dziennie, dziewięć z dziesięciu miesięcy w roku, tak samo jak uczniowie. Wakacje spędza się zwykle na podróżach; niedawno wynaleziono nowe metody transportu a cały ten naród ma słabość do podróżowania. Przez blisko osiem miesięcy w roku warunki klimatyczne sprzyjają podróżowaniu i takie możliwości wykorzystywane są do maksimum.

Dwieście lat temu motyw zysku całkowicie panował w gospodarce, ale dziś gwałtownie jest wypierany przez inne, wyższe czynniki motywacyjne. Współzawodnictwo na tym kontynencie jest ostre, jednak przesunęło się ono w znacznej mierze z przemysłu w kierunku rozrywki, różnych umiejętności, osiągnięć naukowych i sukcesów intelektualnych. Najbardziej aktywne współzawodnictwo istnieje w służbie społecznej i w lojalności wobec rządu. Praca urzędnika państwowego gwałtownie staje się główną ambicją tych ludzi. Najbogatsi ludzie kontynentu pracują sześć godzin dziennie w biurze swojej fabryki a potem spieszą do lokalnej filii szkoły mężów stanu, gdzie próbują się zakwalifikować na urząd państwowy.

Na tym kontynencie praca staje się coraz większym zaszczytem i wszyscy zdolni do niej obywatele, powyżej lat osiemnastu, pracują w domu i na gospodarstwie, w jakiejś uznanej wytwórczości czy przy pracach publicznych, które chwilowo wchłaniają bezrobotnych albo w innym wypadku, w grupie robót przymusowych w kopalniach.

Naród ten zaczyna wykształcać nową formę społecznej odrazy – odrazy zarówno wobec bezczynności jak i wobec nie zapracowanego bogactwa. Powoli, ale pewnie, ludzie ci podporządkowują sobie swoje maszyny. Oni także kiedyś walczyli o wolność polityczną a potem o swobodę ekonomiczną. Teraz wchodzą w posiadanie jednej i drugiej, podczas gdy dodatkowo zaczynają doceniać dobrze zapracowany czas wolny, który można poświęcić coraz głębszej samorealizacji.

6. ZABEZPIECZENIE NA STAROŚĆ

Naród ten czyni konkretne próby zastąpienia dobroczynności, niszczącej poczucie własnej wartości, przez godności pełne rządowe zabezpieczenie, gwarantujące bezpieczne życie ludziom starym. Naród ten daje każdemu dziecku edukację a każdemu człowiekowi pracę, zatem może pomyślnie wprowadzać taki system ubezpieczeń, chroniący niedołężnych i starych.

W narodzie tym wszyscy muszą zaprzestać pogoni za zyskiem w wieku lat sześćdziesięciu pięciu, chyba, że dostaną zezwolenie od stanowego komisarza pracy, który upoważni ich do pozostania aktywnymi do lat siedemdziesięciu. Ten limit wiekowy nie odnosi się do urzędników państwowych i filozofów. Niepełnosprawni fizycznie lub inwalidzi mogą być umieszczeni na liście emerytów w dowolnym wieku, na mocy postanowienia sądowego, kontrasygnowanego przez komisarza rent rządu rejonowego.

Fundusze na renty starcze pochodzą z czterech źródeł:

1. W każdym miesiącu pobierany jest przez rząd federalny jednodniowy zarobek na ten cel, a w tym kraju każdy pracuje.
2. Spadki – wielu bogatych obywateli przeznacza fundusze na ten cel.
3. Zarobki z przymusowych robót w kopalniach państwowych. Wszyscy pracownicy przymusowi utrzymują się sami i odkładają swe własne udziały emerytalne, cała nadwyżka zysków z ich pracy jest przekazywana na rzecz funduszu emerytalnego.
4. Dochód z zasobów naturalnych. Wszelkie zasoby naturalne są na tym kontynencie traktowane jako powiernictwo społeczne, w rękach rządu federalnego a dochód z nich spożytkowany jest na cele społeczne, takie, jak zapobieganie

chorobom, edukacja geniuszów i wydatki na dobrze zapowiadające się jednostki w szkołach mężów stanu. Połowa dochodów z zasobów naturalnych idzie na fundusz rent starczych.

Chociaż państwo i rejonowe fundacje ubezpieczeniowe oferują wiele form ubezpieczenia asekuracyjnego, renty starcze administrowane są wyłącznie przez rząd federalny, poprzez jego dziesięć rejonowych oddziałów.

Te fundusze rządowe zawsze były uczciwie administrowane. Najwyższe kary wymierzane przez sądy, następne po zdradzie i morderstwie, są za sprzeniewierzenie mienia publicznego. Nielojalność społeczna i polityczna traktowana jest teraz jako najbardziej ohydne ze wszystkich przestępstw.

7. OPODATKOWANIE

Rząd federalny jest paternalistyczny jedynie w administrowaniu rentą starczą i w popieraniu geniuszy oraz twórczej oryginalności; pojedynczym obywatelem interesują się bardziej rządy stanowe, podczas gdy rządy lokalne mają znacznie bardziej paternalistyczny czy socjalistyczny charakter. Miasta (albo niektóre ich sekcje administracyjne) zajmują się takimi sprawami jak zdrowie, higiena, przepisy budowlane, estetyka, wodociągi, oświetlenie, ogrzewanie, rekreacja, muzyka i komunikacja.

W całej gospodarce zdrowie stawia się na pierwszym miejscu; pewne aspekty dobrego samopoczucia fizycznego stawiają człowieka na pozycji uprzywilejowanej w przemyśle i społeczeństwie, tym niemniej problemy zdrowotne jednostki i rodziny są sprawami indywidualnymi. Rząd pragnie coraz mniej się mieszać do spraw zdrowia jak i do wszelkich innych spraw czysto osobistych.

Miasta nie mają prawa nakładać podatków, ani też nie mogą popaść w długi. Dostają one z kasy stanowej przydział pieniędzy na osobę i muszą uzupełniać te wpływy ze swoich przedsięwzięć społecznych oraz z udzielania licencji na różnorodną działalność komercyjną.

Środki szybkiego transportu, bardzo praktyczne dla poszerzenia granic miasta, znajdują się pod kontrolą miejską. Miejska straż pożarna utrzymywana jest przez fundacje zapobiegające pożarom i ubezpieczeniowe, a od ponad siedemdziesięciu pięciu lat wszystkie budynki w mieście czy na wsi są ogniotrwałe.

Miasto nie ma funkcjonariuszy porządkowych; siły policyjne utrzymywane są przez rządy stanowe. Resort ten rekrutuje ludzi prawie wyłącznie z nieżonatych mężczyzn, w przedziale wieku od lat dwudziestu pięciu do pięćdziesięciu. Większość stanów nakłada raczej wysoki podatek kawalerski, z którego zwolnieni są wszyscy mężczyźni zatrudnieni w policji stanowej. Średnio, stanowe siły policyjne mają teraz jedną dziesiątą tej liczebności, jaką miały pięćdziesiąt lat temu.

Systemy podatkowe stu względnie wolnych i niezależnych stanów nie są jednolite, albo są ujednolicone tylko w niewielkim stopniu, jako że warunki ekonomiczne w różnych częściach kontynentu są bardzo różnorodne. Każdy stan ma dziesięć podstawowych klauzul konstytucyjnych, których nie można modyfikować, chyba, że uzyska się na to zgodę federalnego sądu najwyższego, a jeden z artykułów tych klauzul zapobiega nakładaniu podatku wyższego niż jeden procent od wartości jakiejkolwiek mienia w jakimkolwiek roku; domy mieszkalne, czy to w mieście czy na wsi, są z tego wyłączone.

Rząd federalny nie może się zadłużyć a wymagane jest uzyskanie trzech czwartych głosów w referendum, zanim jakikolwiek stan będzie mógł zaciągnąć pożyczkę, za wyjątkiem wojny. Ponieważ rząd federalny nie może się zadłużyć, w wypadku wojny Rada Obrony Narodowej upoważniona jest do brania pieniędzy od stanów, jak również ludzi i materiałów, jakie tylko mogą być potrzebne. Żaden dług nie może jednak istnieć dłużej niż dwadzieścia pięć lat.

Pieniądze na utrzymanie rządu federalnego pobierane są z następujących pięciu źródeł:

1. *Opłat importowych.* Wszelki import obłożony jest taryfami celnymi, dla ochrony standardu życia na kontynencie, który znacznie przewyższa standardy życiowe jakiegokolwiek innego narodu tej planety. Taryfy te ustalane są przez najwyższe sądy industrialne, po tym, jak obie izby kongresu industrialnego ratyfikują rekomendacje głównego administratora do spraw ekonomicznych, który mianowany jest wspólnie przez te dwa ciała prawodawcze. Wyższa izba industrialna wybierana jest przez pracę, niższa przez kapitał.
2. *Honorariów autorskich.* Rząd federalny popiera wynalazczość i oryginalną twórczość, prowadzoną w dziesięciu regionalnych laboratoriach, pomagając wszelkim rodzajom geniuszów – artystom, autorom i naukowcom – oraz chroni ich patenty. W zamian za to rząd pobiera połowę zysków z takich inwencji i twórczości, czy to dotyczą one maszyn, czy książek, czy sztuki, czy też roślin i zwierząt.
3. *Podatków spadkowych.* Rząd federalny pobiera stopniowane opodatkowanie spadkowe, rozciągające się od jednego do pięćdziesięciu procent, w zależności od wielkości majątku jak również innych warunków.
4. *Sprzętu wojskowego.* Rząd zarabia znaczne sumy, wypożyczając na użytek handlowy i rekreacyjny sprzęt należący do wojska i marynarki.
5. *Zasobów naturalnych.* Zysk z zasobów naturalnych, gdy nie jest w całości wymagany na specyficzne cele, nabiera statusu własności federalnej i przekształcany jest w skarb narodowy.

Należności federalne, za wyjątkiem funduszy wojennych nakładanych przez Radę Obrony Narodowej, ustalane są z początku w wyższej izbie prawodawczej, zatwierdzane w izbie niższej, aprobowane przez głównego administratora i ostatecznie uprawomocnione przez stuosobową komisję do spraw budżetu federalnego. Członkowie tej komisji mianowani są przez gubernatorów stanowych a wybierani są na dwadzieścia cztery lata przez stanowe ciała ustawodawcze; czwarta ich część wybierana jest co sześć lat. Co sześć lat to ciało, większością trzech czwartych głosów, wybiera jednego ze swych członków na stanowisko dyrektora-kontrolera skarbu federalnego.

8. WYŻSZE SZKOŁY SPECJALISTYCZNE

W dodatku do programu obowiązkowego nauczania podstawowego, trwającego od piątego do osiemnastego roku życia, prowadzone są następujące szkoły specjalistyczne:

1. *Szkoły mężów stanu.* Szkoły te dzielą się na trzy kategorie: narodowe, rejonowe i stanowe. Urzędy państwowe tego narodu zgrupowane są w czterech działach. Pierwszy dział, mienia publicznego, odnosi się głównie do administracji narodowej i wszyscy, którzy sprawują władzę w tej grupie muszą być absolwentami zarówno rejonowych jak

i narodowych szkół mężów stanu. W drugim dziale można zajmować stanowisko polityczne, wybieralne lub z nominacji, po ukończeniu którejkolwiek z dziesięciu rejonowych szkół mężów stanu; obowiązki powierzane tym ludziom dotyczą administracji rejonowej i rządów stanowych. Trzeci dział obejmuje obowiązki stanowe a zatrudnieni w nim urzędnicy muszą mieć ukończone tylko stanowe szkoły mężów stanu. Czwarty i ostatni dział osób sprawujących władzę nie potrzebuje mieć stopni mężów stanu; stanowiska takie otrzymuje się wyłącznie z nominacji a obejmują one pomniejsze pozycje asystentów, sekretarzy i referentów technicznych, zajmowane przez różnych wyszkolonych profesjonalistów, działających na rządowych stanowiskach administracyjnych.

Sędziowie sądów niższych i stanowych mają ukończone stanowe szkoły mężów stanu. Sędziowie trybunałów jurysdykcyjnych, rozstrzygających sprawy społeczne, edukacyjne i industrialne, mają ukończone szkoły rejonowe. Sędziowie federalnego sądu najwyższego muszą mieć ukończone wszystkie szkoły mężów stanu.

2. *Szkoły filozofii.* Szkoły te połączone są ze świątyniami filozofii i mniej lub więcej związane z religią, jako działalnością społeczną.

3. *Instytucje naukowe.* Te szkoły techniczne skoordynowane są raczej z przemysłem niż z systemem edukacyjnym i administrowane są w piętnastu sekcjach.

4. *Szkoły kształcące profesjonalistów.* Te instytucje specjalistyczne prowadzą nauczanie w zakresie technicznym dla różnych wykwalifikowanych profesjonalistów, a jest ich dwanaście.

5. *Szkoły dla wojska i marynarki.* W pobliżu dowództwa krajowego i w dwudziestu pięciu nabrzeżnych centrach wojskowych znajdują się instytucje poświęcone wojskowemu szkoleniu obywateli-ochotników, w wieku od lat osiemnastu do trzydziestu. Ci, którzy nie mają dwudziestu pięciu lat, muszą mieć zgodę rodziców na naukę w takiej szkole.

9. PLAN POWSZECHNEGO GŁOSOWANIA

Chociaż kandydatami na wszystkie stanowiska państwowe mogą być wyłącznie absolwenci szkół mężów stanu – stanowych, rejonowych czy federalnych – postępowi przywódcy narodu odkryli wielką słabość ich planu powszechnego głosowania i około pięćdziesiąt lat temu zrobili klauzulę konstytucyjną, modyfikującą system głosowania, który teraz ma następujące właściwości:

1. Każdy mężczyzna i każda kobieta, powyżej lat dwudziestu, ma jeden głos. Po osiągnięciu tego wieku wszyscy obywatele muszą zaakceptować członkostwo dwu grup głosowania: do pierwszej wchodzą zgodnie ze swą funkcją ekonomiczną – industrialną, profesjonalną, rolniczą czy handlową; do drugiej grupy wchodzą zgodnie ze swoimi przekonaniami politycznymi, filozoficznymi i społecznymi. Tym samym wszyscy pracujący należą do jakiejś ekonomicznej grupy wyborczej a takie grupy zawodowe, podobnie jak stowarzyszenia nieekonomiczne, zarządzane są tak samo jak rząd państwowy, wraz z jego trojakim podziałem uprawnień. Rejestracji do takich grup nie można zmienić przez dwanaście lat.

2. Po nominacji przez gubernatorów stanowych albo przez rejonowych członków rządu i na zlecenie rejonowych rad najwyższych, te jednostki, które się szczególnie wyróżniły w służbie dla społeczeństwa, albo, które wykazały się wyjątkową mądrością w

służbie rządowej, mogą mieć dodatkowe głosy, nadawane im nie częściej niż co pięć lat i nie przekraczające dziewięciu takich, wyższych praw obywatelskich. Maksymalne prawo głosu jakiegokolwiek, wielokrotnego wyborcy, wynosi dziesięć. Naukowcy, wynalazcy, nauczyciele, filozofowie i przywódcy duchowi również są w ten sposób wyróżniani rozszerzoną władzą polityczną. Takie, zaawansowane przywileje obywatelskie, nadawane są przez stany i rejonowe rady najwyższe, podobnie jak stopnie naukowe nadawane są przez specjalistyczne kolegia a ci, którzy je otrzymują, są dumni, że mogą dołączyć takie symbole obywatelskiego uznania, wraz z innymi stopniami, do swej listy osobistych osiągnięć.

3. Wszystkie osoby skazane na przymusowe roboty w kopalniach i wszyscy pracownicy rządowi, utrzymywani z funduszy podatkowych, są na okres takich służb pozbawieni prawa głosu. Nie odnosi się to do osób starszych, które mogą przechodzić na emeryturę w wieku lat sześćdziesięciu pięciu.

4. Istnieje pięć przedziałów prawa do głosowania, odzwierciedlających przeciętne, roczne płatności podatkowe, zliczane z połowy dekady. Ci, którzy płacą wysokie podatki, mogą mieć aż pięć dodatkowych głosów. Taki przydział jest niezależny od wszelkich innych dowodów uznania, jednak w żadnym wypadku nikt nie może mieć więcej niż dziesięć głosów.

5. W tym czasie, gdy uchwalony został taki plan głosowania, zarzucona została metoda głosowania terytorialnego na rzecz systemu ekonomicznego lub funkcjonalnego. Wszyscy obywatele głosują teraz jako członkowie grup industrialnych, społecznych czy profesjonalnych, niezależnie od ich miejsca pobytu. W ten sposób wyborcy tworzą solidne, zjednoczone i inteligentne grupy, które do pełnienia obowiązków rządowych wybierają tylko swych najlepszych członków. Jest jeden wyjątek od tego systemu głosowania w grupach funkcjonalnych: co sześć lat wybory federalnego, głównego administratora, są głosowaniem ogólnonarodowym i każdy obywatel ma w nich tylko jeden głos.

Tak więc, za wyjątkiem wybierania głównego administratora, wybory przeprowadzane są w grupach obywatelskich, ekonomicznych, profesjonalnych, intelektualnych i społecznych. Idealne państwo jest zintegrowane i każda wolna, inteligentna grupa obywateli, reprezentuje ważny i funkcjonujący organ w obrębie szerszego organizmu rządowego.

Szkoły mężów stanu mają uprawnienia, pozwalające im wszcząć postępowanie w sądach stanowych, w celu pozbawienia prawa głosu jakiejkolwiek ograniczonej, leniwej, obojętnej lub przestępczej jednostki. Ludzie tworzący to społeczeństwo rozumieją, że jeśli pięćdziesiąt procent narodu jest zacofane lub niedorozwinięte i posiada prawo głosowania, naród taki jest skazany na zagładę. Wierzą, że dominacja przeciętności oznacza upadek każdego narodu. Głosowanie jest obowiązkowe; wysokie kary nakłada się na wszystkich tych, którzy uchylają się od głosowania.

10. WALKA Z PRZESTĘPCZOŚCIĄ

Metody walki z przestępczością, niepoczytalnością i degeneracją w tym narodzie, podczas gdy w pewnych aspektach korzystne, w innych bez wątpienia okażą się szokujące dla większości Urantian. Zwykłych przestępców i upośledzonych umysłowo umieszcza się, każdą płeć oddzielnie, w różnych koloniach rolniczych i są tam bardziej niż samowystarczalni. Poważni, notoryczni przestępcy i nieuleczalnie chorzy psychicznie skazywani są przez sądy na śmierć w komorach gazowych. Oprócz morderstw liczne inne przestępstwa, ze zdradą stanu włącznie, także karze się śmiercią a wykonanie wyroku jest pewne i szybkie.

Ci ludzie przechodzą od negatywnej do pozytywnej epoki prawa. Niedawno, posunęli się tak daleko, że próbują zapobiegać przestępczości przez skazywanie tych, którzy mogą być domniemanie potencjalnymi mordercami i poważnymi przestępcami, na dożywocie w koloniach odosobnienia. Jeśli więźniowie tacy wykażą później, że stali się bardziej normalni, mogą być albo warunkowo zwolnieni albo ułaskawieni. Ilość zabójstw na tym kontynencie wynosi tylko jeden procent w stosunku do ilości zabójstw u innych narodów.

Wysiłki zmierzające do zapobieżenia rozmnażaniu się przestępców i ułomnych zapoczątkowane zostały ponad sto lat temu i już przyniosły zadowalające rezultaty. Nie ma więzień czy szpitali dla umysłowo chorych. Z tej tylko przyczyny jest tam około dziesięć procent takich ludzi, w porównaniu z Urantią.

11. GOTOWOŚĆ BOJOWA

Absolwenci federalnych szkół wojskowych mogą być mianowani przez prezydenta Rady Obrony Narodowej „obrońcami cywilizacji", w siedmiu stopniach, odpowiednio do swych umiejętności i doświadczenia. Rada Obrony Narodowej składa się z dwudziestu pięciu członków, mianowanych przez najwyższe trybunały rodzicielskie, edukacyjne oraz industrialne i zatwierdzonych przez federalne sądy najwyższe a przewodniczy jej z urzędu szef sztabu skoordynowanych spraw wojskowych. Tacy członkowie służą aż do siedemdziesiątego roku życia.

Szkolenie, w którym biorą udział tak mianowani oficerowie, trwa cztery lata i zawsze jest połączone z opanowaniem jakiegoś zawodu. Nigdy nie prowadzi się szkolenia wojskowego bez związanego z nim nauczania technicznego, naukowego czy wolnych zawodów. Osoba, która kończy szkolenie wojskowe, ma w czasie czteroletniej nauki zaliczone połowę nauczania, dostępnego w jakiejkolwiek szkole specjalistycznej, gdzie nauka również trwa cztery lata. W ten sposób zapobiega się tworzeniu zawodowej klasy wojskowych, dając jednocześnie dużej liczbie ludzi możliwość utrzymania się oraz umożliwiając im zdobycie pierwszej połowy wykształcenia technicznego lub fachowego.

W czasie pokoju służba wojskowa jest zupełnie dobrowolna a zaciąg do wszystkich rodzajów wojsk jest na cztery lata, podczas których każdy zgłębia jakąś specjalistyczną gałąź studiów, w dodatku do nauki taktyki wojskowej. Nauka muzyki jest jednym z głównych przedmiotów w centralnych szkołach wojskowych i w dwudziestu pięciu obozach szkoleniowych, rozmieszczonych na peryferiach kontynentu. W okresach spowolnienia gospodarki, tysiące bezrobotnych zatrudnia się automatycznie przy umocnieniu obronności kontynentu na lądzie, na morzu i w powietrzu.

Chociaż naród ten utrzymuje potężną maszynerię wojenną, dla obrony przed napaścią otaczających, nieprzyjaznych narodów, można zapisać na jego konto, że przez ponad sto lat nie użył tego potencjału wojskowego w wojnie ofensywnej. Ludzie ci osiągnęli ten punkt ucywilizowania, że potrafią energicznie bronić cywilizacji, nie ulegając pokusie użycia swej siły wojskowej do agresji. Od czasu stworzenia zjednoczonego państwa kontynentalnego nie było wojen domowych, ale podczas ostatnich dwu wieków naród ten był zmuszony prowadzić dziewięć zaciekłych wojen obronnych, z których trzy były przeciwko potężnej konfederacji światowych mocarstw. Chociaż naród ten posiada odpowiednie środki obrony przeciw atakom nieprzyjaznych sąsiadów, znacznie więcej uwagi poświęca nauczaniu mężów stanu, naukowców i filozofów.

W okresie pokoju ze światem, wszelki transportowy sprzęt obronny jest nieomal całkowicie używany w przemyśle, handlu i rekreacji. Kiedy wypowiada się wojnę, mobilizacji podlega cały naród. W okresie działań wojennych płace dla wojska bierze się ze wszystkich dziedzin gospodarki, a szef wszystkich resortów wojskowych zostaje członkiem gabinetu rządzącego.

12. POZOSTAŁE NARODY

Chociaż społeczeństwo i rząd tego, unikalnego narodu, w wielu aspektach przewyższa narody Urantii, należy odnotować, że na innych kontynentach (jest ich na planecie jedenaście) rządy są zdecydowanie niższej rangi, w porównaniu z bardziej zaawansowanymi narodami Urantii.

Właśnie teraz rząd zaawansowanego narodu planuje nawiązanie stosunków, w randze ambasadorów, z podrzędnymi narodami i po raz pierwszy pojawił się wielki przywódca religijny, który zaleca wysyłanie misjonarzy do otaczających narodów. Obawiamy się jednak, że ci ludzie bliscy są popełniania tego błędu, jaki zrobiło tak wielu innych, kiedy próbowali narzucić wyższą kulturę i religię innym narodom. Jaką wspaniałą rzecz można by zrobić na tym świecie, gdyby naród kontynentalny, o zaawansowanej kulturze, mógł tylko sprowadzić z sąsiednich narodów do siebie najlepszych tamtejszych ludzi, a potem po ich wykształceniu, wysłać ich z powrotem jako emisariuszy kultury do ich nieoświeconych braci! Oczywiście, jeśli Syn-Arbiter przyjdzie do tego zaawansowanego narodu, wielkie rzeczy mogą się wkrótce zdarzyć na tym świecie.

Opowiadanie o życiu na sąsiedniej planecie sporządzono na mocy specjalnego zezwolenia, w intencji zaawansowania cywilizacji i przyspieszenia ewolucji rządu na Urantii. Można by opowiedzieć znacznie więcej tego, co bez wątpienia zainteresowałoby i zaintrygowało Urantian, lecz to objawienie mieści się w granicach zakresu powierzonego nam zadania.

Urantianie powinni jednak zwrócić uwagę na to, że ich siostrzana sfera w Satanii nie odczuła dobroczynnych skutków ani misji sędziowskiej, ani obdarzającej Rajskich Synów. Tak samo różne narody Urantii nie są oddzielone od siebie taką różnicą kulturową, jaka oddziela naród kontynentalny od jego planetarnych współbraci.

Wylanie Ducha Prawdy daje duchowe podstawy realizacji wielkich przedsięwzięć dla dobra gatunku ludzkiego na obdarzonym świecie. Zatem Urantia jest znacznie lepiej przygotowana do szybszego zaprowadzenia rządu planetarnego, z jego prawami, aparatem rządzenia, symbolami, zasadami i językiem – wszystko to może przyczynić się w znacznym stopniu do wprowadzenia światowego pokoju, pod ochroną prawną i może kiedyś doprowadzić do świtu prawdziwej epoki dążeń duchowych, a epoka taka jest planetarnym progiem utopijnych epok światłości i życia.

[*Przedstawione przez Melchizedeka z Nebadonu*].

PRZEKAZ 73

OGRÓD EDEN

KULTURALNA dekadencja i duchowe ubóstwo, powstałe w wyniku upadku Caligastii i wynikający stąd społeczny zamęt, niewielki miały wpływ na fizyczny czy biologiczny stan ludów Urantii. Ewolucja organiczna szła szybko naprzód, zupełnie niezależnie od kulturalnego i moralnego zacofania, które pojawiło się tak szybko po nielojalności Caligastii i Daligastii. I nadszedł taki czas w historii planety, prawie czterdzieści tysięcy lat temu, kiedy to nadzorujący planetę Nosiciele Życia zauważyli, że z czysto biologicznego punktu widzenia progres ras Urantii jest bliski punktu szczytowego. Komisaryczni zarządcy, Melchizedecy, podzielali tę opinię i chętnie zgodzili się przyłączyć do petycji Nosicieli Życia, skierowanej do Najwyższych Ojców z Edentii, wnoszącej, żeby zbadać Urantię pod kątem zezwolenia na wysłanie udoskonalaczy biologicznych, Materialnego Syna i Materialnej Córki.

Prośbę tę skierowano do Najwyższych Ojców na Edentii, ponieważ od czasu upadku Caligastii i tymczasowego wakatu władzy na Jerusem to oni sprawowali bezpośrednią jurysdykcję nad wieloma sprawami Urantii.

Tabamantia, niezależny kontroler światów dziesiętnych i eksperymentalnych, przybył na inspekcję planety i po przeglądzie rozwoju ras ludzkich odpowiednio zalecił, aby Urantii przyznano Synów Materialnych. W niecałe sto lat po tej inspekcji, na Urantię przybyli Adam i Ewa, Materialny Syn i Materialna Córka systemu lokalnego i rozpoczęli żmudną pracę, próbując rozwikłać pogmatwane sprawy planety, opóźnionej przez bunt i pozostającej w stanie banicji – izolacji duchowej.

1. NODYCI I AMADONICI

Na normalnej planecie przybycie Syna Materialnego jest z reguły zwiastunem wspaniałej epoki wynalazków, postępu materialnego i oświecenia intelektualnego. Era poadamiczna to na większości światów wspaniała epoka nauki, ale nie na Urantii. Chociaż planeta zaludniona była przez gatunek ludzki w dobrej formie fizycznej, plemiona pozostawały w stanie głębokiej dzikości i moralnej stagnacji.

W ciągu dziesięciu tysięcy lat po buncie praktycznie wszystkie osiągnięcia administracji Księcia zostały zniweczone; sytuacja plemion ludzkich tego świata była tylko nieco lepsza od tej, jaka miałaby miejsce, gdyby ów zwiedziony Syn nigdy nie przybył na Urantię. Tylko pośród Nodytów i Amadonitów przetrwały tradycje Dalamatii i kultura Księcia Planetarnego.

Nodyci byli potomkami zbuntowanych członków personelu Księcia, ich nazwa wywodzi się od ich pierwszego przywódcy, Noda, swego czasu przewodniczącego komisji do spraw wytwórczości i handlu Dalamatii. *Amadonici* byli potomkami tych

Andonitów, którzy postanowili pozostać lojalni razem z Vanem i Amadonem. „Amadonita" jest określeniem bardziej kulturowym i religijnym, niż rasowym; pod względem rasowym Amadonici byli zasadniczo *Andonitami*. „Nodyta" jest określeniem zarówno kulturowym jak i rasowym, ponieważ Nodyci, sami w sobie, stanowią ósmą rasę Urantii.

Istnieje tradycyjna wrogość między Nodytami i Amadonitami. Waśń ta odnawia się ciągle, jak tylko potomstwo obu tych grup ludzkich podejmuje się wspólnych zadań. Nawet w późniejszych czasach, przy pracach prowadzonych w Edenie, wyjątkową trudność sprawiało im pracowanie razem w pokoju.

Krótko po zniszczeniu Dalamatii, zwolennicy Noda podzielili się na trzy zasadnicze grupy. Grupa centralna pozostawała w bezpośredniej bliskości ich pierwotnych pieleszy, tam, gdzie Zatoka Perska wcinała się w ląd. Grupa wschodnia emigrowała w górski rejon Elamu, nieco na wschód od doliny Eufratu. Grupa zachodnia osiedliła się na północno-wschodnich, syryjskich wybrzeżach Morza Śródziemnego i na terytoriach sąsiednich.

Nodyci chętnie kojarzyli się z rasami sangikowymi i pozostawili po sobie całkiem udane potomstwo. Niektórzy potomkowie zbuntowanych Dalamatian dołączyli później do Vana i jego lojalnych stronników, mieszkających na ziemiach na północ od Mezopotamii. Tutaj, w pobliżu jeziora Wan i w rejonie południowych wybrzeży Morza Kaspijskiego, Nodyci łączyli się i mieszali z Amadonitami, i byli zaliczani do „mocarzy z dawnych czasów".

Przed przybyciem Adama i Ewy te grupy ludzkie – Nodyci i Amadonici – były najbardziej zaawansowanymi i kulturalnymi plemionami Ziemi.

2. PLANOWANIE OGRODU

Prawie sto lat przed inspekcją Tabamantii, Van i jego towarzysze rozgłaszali, z ich górskiego centrum światowej etyki i kultury, przyjście obiecanego Syna Boga, udoskonalacza rasowego, nauczyciela prawdy i godnego następcy zdradzieckiego Caligastii. Chociaż w tamtych czasach większość mieszkańców świata wykazywała niewielkie albo wręcz żadne zainteresowanie tymi przepowiedniami, ci, którzy byli w bezpośrednim kontakcie z Vanem i Amadonem, traktowali te nauki serio i zaczęli planować przygotowania do przyjęcia obiecanego Syna.

Van opowiedział swoim najbliższym towarzyszom o Synach Materialnych na Jerusem; to, co o nich wiedział, zanim kiedyś przybył na Urantię. Wiedział on dobrze, że Synowie Adamiczni zawsze żyją w prostych, ale przepięknych domach w ogrodzie i proponował, osiemdziesiąt trzy lata przed przybyciem Adama i Ewy, aby poświęcić się głoszeniu ich nadejścia oraz przygotowaniom do ich przyjęcia w ogrodowym otoczeniu.

Ze swej górskiej centrali oraz z sześćdziesięciu jeden szeroko rozrzuconych osad, Van i Amadon zwerbowali grupę, liczącą ponad trzy tysiące chętnych i entuzjastycznie nastawionych pracowników, którzy podczas uroczystego zgromadzenia ofiarowali się zacząć przygotowania do przyjścia obiecanego – przynajmniej spodziewanego – Syna.

Van podzielił swoich ochotników na sto kompanii z kapitanem nad każdą i współpracownikiem, który służył w jego osobistym sztabie jako oficer łącznikowy, utrzymując Amadona jako swojego współpracownika. Wszystkie te grupy wzięły się ochoczo do prac przygotowawczych a komisja do spraw lokalizacji wyruszyła na poszukiwanie najlepszego miejsca na Ogród.

Aczkolwiek Caligastia i Daligastia byli w znacznym stopniu pozbawieni możliwości czynienia zła, robili wszystko, co tylko możliwe, aby uniemożliwić albo utrudnić przygotowanie Ogrodu. Straty, powstałe w wyniku ich niecnych machinacji, były w znacznym stopniu kompensowane przez oddaną pracę prawie dziesięciu tysięcy lojalnych istot pośrednich, które tak niestrudzenie posuwały naprzód całe przedsięwzięcie.

3. LOKALIZACJA OGRODU

Komisji do spraw lokalizacji nie było prawie trzy lata. Jej raport proponował trzy ewentualne lokalizacje: pierwszą była wyspa na Zatoce Perskiej; druga to lokalizacja nadrzeczna, później zajęta na drugi ogród; trzecia to długi, wąski półwysep – prawie wyspa – wybiegający na zachód ze wschodnich wybrzeży Morza Śródziemnego.

Komitet zgodził się prawie jednomyślnie na trzecią lokalizację. Miejsce zostało wybrane i dwa lata zajęło przenoszenie światowego centrum kultury, łącznie z drzewem życia, na ten śródziemnomorski półwysep. Gdy przybył Van ze swoją kompanią, wszyscy mieszkańcy półwyspu, oprócz jednej grupy, spokojnie się wynieśli.

Śródziemnomorski półwysep miał zdrowy klimat i stabilną temperaturę; tę stabilizację warunków pogodowych zawdzięczał otaczającym go górom oraz temu, że obszar ten był prawie wyspą na śródlądowym morzu. Podczas gdy na otaczających wzgórzach padało obficie, ulewny deszcz był w Eden rzadkością. Każdej jednak nocy, z rozległej sieci sztucznych kanałów irygacyjnych „wydobywała się mgła", aby ożywić roślinność ogrodu.

Linia brzegowa tej masy lądowej była znacznie wyniesiona a przesmyk, łączący półwysep z lądem stałym, miał szerokość czterdziestu trzech kilometrów w najwęższym miejscu. Duża rzeka, nawadniająca Ogród, wypływała z wyżyn półwyspu i płynęła na wschód, poprzez jego przesmyk do lądu stałego i stamtąd dalej do morza, przez niziny Mezopotamii. Zasilały ją cztery dopływy, wypływające z nadbrzeżnych wzgórz półwyspu edeńskiego i to właśnie są „cztery rzeki", dopływy tej rzeki, która „wypływała z Edenu" a którą później pomylono z odnogami rzek, otaczających drugi ogród.

Góry otaczające Ogród pełne były drogocennych kamieni i metali, jednak niewielkie wzbudzało to zainteresowanie. Naczelną ideą Ogrodu miała być glorYfikacja ogrodnictwa i wysławianie rolnictwa.

Teren wybrany na Ogród był prawdopodobnie najpiękniejszym tego rodzaju miejscem na całym świecie a klimat miał wtedy idealny. Poza tym miejscem nigdzie nie było niczego tak bardzo pasującego dla owej rajskiej ekspresji botanicznej. To tutaj zgromadziła się śmietanka cywilizacji Urantii. Na zewnątrz, poza Ogrodem, świat pozostawał w ciemnościach, ignorancji i dzikości. Eden był jedynym jasnym punktem na Urantii; było to wymarzone piękno natury, które wkrótce przekształciło się w poemat znakomitej i doskonałej chwały krajobrazowej.

4. ZAŁOŻENIE OGRODU

Kiedy Synowie Materialni, udoskonalacze biologiczni, zaczną przebywać na świecie ewolucyjnym, miejsce ich pobytu zwane jest zazwyczaj Ogrodem Eden, gdyż odznacza się ono charakterystycznym pięknem roślinności i botanicznym majestatem Edentii, stolicy konstelacji. Van dobrze się orientował w tych sprawach i dlatego cały półwysep przeznaczył na Ogród. Pastwiska i hodowla planowane były na przyległym kontynencie.

Ze zwierząt, w parku znalazły się tylko ptaki i różne oswojone gatunki. Według instrukcji Vana, Eden miał być ogrodem i tylko ogrodem. W jego granicach nigdy nie zabijano zwierząt. Całe mięso, zjadane przez pracujących w Ogrodzie, przez wszystkie lata jego tworzenia, było dostarczane ze stad pasących się pod strażą na kontynencie.

Pierwszym przedsięwzięciem była budowa muru z cegły, w poprzek przesmyku półwyspu. Po jego ukończeniu właściwe prace, polegające na upiększaniu terenu i budowie domów, mogły przebiegać bez przeszkód.

Stworzono ogród zoologiczny, budując mniejszy mur zaraz za główną ścianą; przestrzeń pomiędzy dwoma murami zajmowały wszelkiego rodzaju dzikie zwierzęta, służące jako dodatkowa ochrona przed wrogimi atakami. Menażeria ta była zorganizowana w dwanaście zasadniczych grup a obwarowane murami drogi, biegnące pomiędzy tymi poszczególnymi grupami, prowadziły do dwunastu bram; rzeka i przyległe do niej pastwiska zajmowały rejon środkowy.

Przy urządzaniu Ogrodu zatrudniano tylko ochotników, nigdy nie używano robotników najemnych. Ci ludzie uprawiali Ogród a utrzymywali się ze swoich stad; żywności dostarczali również mieszkający w pobliżu zwolennicy przedsięwzięcia. To wielkie zadanie zostało doprowadzone do końca, niezależnie od trudności, związanych z niejasnym statusem świata w tamtych, niespokojnych czasach.

Wielkie rozczarowanie nastąpiło wtedy, kiedy Van, nie wiedząc jak szybko może przybyć spodziewany Syn i Córka, sugerował, że również młodsze pokolenie należy przyuczać do pracy przy tym przedsięwzięciu, na wypadek, gdyby ich przybycie się opóźniło. Wyglądało to na przyznanie się do braku wiary u Vana, co spowodowało znaczne kłopoty oraz sporo dezercji; jednak Van nie ustawał w realizacji swych planów przygotowawczych, zapełniając w międzyczasie miejsca po dezerterach młodszymi ochotnikami.

5. ZABUDOWANIA OGRODOWE

W centrum półwyspu edeńskiego znajdowała się przepiękna świątynia Ojca Wszechświatowego, święty przybytek Ogrodu. Centrala administracyjna mieściła się po stronie północnej; na południu wybudowano domy dla pracowników i ich rodzin; część ziemi na zachodzie pozostawiono pod przyszłe szkoły systemu edukacyjnego spodziewanego Syna, podczas gdy „na wschodzie Edenu" budowano osiedla dla obiecanego Syna i jego najbliższego potomstwa. Architektoniczne plany Edenu zakładały domy i obfitość ziemi dla miliona istot ludzkich.

Chociaż w momencie przybycia Adama ukończono tylko jedną czwartą Ogrodu, było w nim tysiące kilometrów rowów irygacyjnych i prawie dwadzieścia tysięcy kilometrów brukowanych dróg i ścieżek. W różnych częściach Ogrodu było ponad pięć tysięcy budynków z cegły i niezliczona wręcz ilość drzew i roślin. W tym parku jakakolwiek pojedyncza grupa mieszkalna nie przekraczała siedmiu domów. I chociaż budowle Ogrodu były proste, były one wyrazem najwyższego kunsztu artystycznego. Drogi i ścieżki były solidne a cały krajobraz naprawdę przepiękny.

Rozwiązania sanitarne Ogrodu były znacznie bardziej zaawansowane niż cokolwiek, co próbowano w tych sprawach później robić na Urantii. Woda pitna Edenu była zdrowa, dzięki dokładnemu przestrzeganiu przepisów sanitarnych dla zachowania jej czystości. Na samym początku sporo problemów wynikało z powodu nie przestrzegania tych przepisów, jednak Van stopniowo wpajał swoim współpracownikom, jak ważne jest to, aby nic nie wpadło do wody dopływającej do Ogrodu.

Zanim zorganizowano system odprowadzania ścieków, Edenici skrupulatnie zakopywali wszystkie śmieci lub materiały rozkładające się. Inspektorzy Amadona robili swój codzienny obchód, w poszukiwaniu ewentualnych przyczyn chorób. Urantianie ponownie uświadomili sobie znaczenie zapobiegania chorobom ludzkim dopiero w późniejszych czasach dziewiętnastego i dwudziestego wieku. Zanim upadły rządy adamiczne zdołano wybudować zakryty, ceglany kanał systemu odprowadzania ścieków, który biegł pod murami i wylewał się do rzeki Edenu ponad kilometr poza zewnętrznym, niższym murem Ogrodu.

Do czasu przybycia Adama, w Edenie rosła większość gatunków roślin z tamtej części świata. Wiele gatunków owoców, roślin zbożowych i orzechów, było już uprzednio znacznie udoskonalone. Uprawiano tutaj po raz pierwszy dużo współczesnych warzyw i zbóż, jednak później wyginęły dziesiątki gatunków roślin jadalnych.

Około pięć procent Ogrodu uprawiano intensywnie, piętnaście procent było uprawiane częściowo, resztę pozostawiono w stanie mniej czy bardziej naturalnym, aż do przybycia Adama, gdyż uważano, że najlepiej będzie skończyć park zgodnie z jego pomysłami.

I w ten sposób Ogród Eden przygotowany został na przyjęcie obiecanego Adama i jego małżonki. Pod doskonałą administracją i prawidłowym kierownictwem, Ogród ten mógł być dumą tego świata. Adamowi i Ewie bardzo podobał się ogólny plan Edenu, aczkolwiek sporo zmienili w urządzeniu ich własnego, prywatnego miejsca zamieszkania.

Chociaż w momencie przybycia Adama prace dekoracyjne dalekie były od ukończenia, już wtedy miejsce to było klejnotem botanicznego piękna; a w początkach jego pobytu w Edenie, cały Ogród nabrał nowych form i wykształcił nowe proporcje piękna i świetności. Nigdy przedtem, jak również nigdy potem, Urantia nie miała tak pięknej i bogatej ekspozycji ogrodnictwa i rolnictwa.

6. DRZEWO ŻYCIA

W centrum świątyni ogrodowej Van posadził tak długo strzeżone drzewo życia, którego liście służyły do „leczenia narodów", a którego owoc tak długo podtrzymywał go na Ziemi. Van dobrze wiedział, że Adam i Ewa również potrzebować będą tego daru z Edentii, aby utrzymać się przy życiu, gdy kiedyś pojawią się na Urantii w formie materialnej.

W stolicach systemów Synowie Materialni nie potrzebują pożywienia z drzewa życia. Tylko po ponownym uosobieniu na planecie zależni są od tego uzupełnienia, aby zachować materialną nieśmiertelność.

„Drzewo poznania dobra i zła" może być metaforą, symbolicznym określeniem bezmiaru ludzkich doświadczeń, ale „drzewo życia" nie było mitem; istniało naprawdę i przez długi czas znajdowało się na Urantii. Kiedy Najwyżsi Ojcowie z Edentii wyrazili zgodę na mianowanie Caligastii Księciem Planetarnym, a stu obywateli Jerusem jego personelem administracyjnym, posłali na planetę, przez Melchizedeków, krzak z Edentii i z tej rośliny wyrosło na Urantii drzewo życia. Ta forma życia nieinteligentnego pochodzi ze sfer zarządu konstelacji, można ją również znaleźć na światach zarządu wszechświatów lokalnych i superwszechświatów, jak również na sferach Havony, ale nie w stolicach systemów.

Ta superroślina magazynuje pewne energie kosmiczne, które stanowią antidotum przeciw wywołującym starzenie czynnikom zwierzęcej egzystencji. Owoc drzewa życia podobny jest superchemicznej baterii magazynującej; zjedzony, w tajemniczy sposób wyzwala siły wszechświatowe, przedłużające życie. Taka metoda odżywiania się jest zupełnie bezużyteczna dla normalnych istot ewolucyjnych Urantii, jednak była wyjątkowo pożyteczna dla stu zmaterializowanych członków personelu Caligastii, jak również dla tych stu zmodyfikowanych Andonitów, którzy dostarczyli swej plazmy życia dla personelu Księcia i którzy w zamian za to weszli w posiadanie tego dopełnienia życia, które umożliwiało im korzystanie z owocu drzewa życia dla nieograniczonego przedłużenia ich skądinąd śmiertelnej egzystencji.

Za czasów rządów Księcia drzewo to rosło w ziemi, na centralnym, okrągłym dziedzińcu świątyni Ojca. Po wybuchu buntu zostało wyhodowane ponownie z centralnego pnia przez Vana i jego towarzyszy w ich tymczasowym obozie. Potem ten krzak z Edentii został zabrany do ich górskiej kryjówki, gdzie służył zarówno Vanowi jak i Amadonowi przez ponad sto pięćdziesiąt tysięcy lat.

Kiedy Van ze swymi towarzyszami przygotowywał Ogród dla Adama i Ewy, przesadził to drzewo z Edentii do Ogrodu Eden, gdzie jeszcze raz rosło na centralnym, okrągłym dziedzińcu innej świątyni, poświęconej Ojcu. Adam i Ewa spożywali okresowo jego owoce, dla podtrzymania swej podwójnej formy życia materialnego.

Gdy plany Syna Materialnego spełzły na niczym, Adamowi i jego rodzinie nie pozwolono wywieźć pnia drzewa poza teren Ogrodu. Kiedy Nodyci najechali Eden, mówiono im, że staną się jak „bogowie, gdy spróbują owocu drzewa". Ku swemu wielkiemu zdziwieniu znaleźli je niestrzeżone. Przez lata jedli bez przeszkód ten owoc, ale nic im to nie dało; byli tylko materialnymi śmiertelnikami tej sfery, brakowało im tego daru, który działał jako dopełnienie owocu drzewa. Niemożność korzystania z drzewa życia doprowadzała ich do wściekłości a podczas jednej z ich wojen domowych, zarówno świątynia jak i drzewo spłonęły; tylko kamienne ściany zostały do tego czasu, kiedy później Ogród zatonął. Była to druga świątynia Ojca, która została zniszczona.

I odtąd wszystko na Urantii, co jest ciałem, musi iść naturalnym cyklem życia i śmierci. Adam, Ewa, ich dzieci oraz dzieci ich dzieci, wraz z tymi, co im towarzyszyli, wszyscy z czasem poumierali, wkraczając tym samym w system wznoszenia się we wszechświecie lokalnym, w którym zmartwychwstanie na światach-mieszkaniach następuje po materialnej śmierci.

7. LOSY EDENU

Kiedy Adam odszedł z pierwszego ogrodu, miejsce to było zamieszkałe w różnych okresach przez Nodytów, Kutitów i Suntitów. Później w ogrodzie mieszkali Nodyci północni, którzy nie chcieli współpracować z Adamitami. Te niższe klasy Nodytów zajmowały półwysep prawie cztery tysiące lat po opuszczeniu Ogrodu przez Adama, kiedy to w powiązaniu z gwałtowną aktywnością otaczających wulkanów oraz zatopieniem sycylijskiego połączenia lądowego z Afryką, zanurzyło się wschodnie dno Morza Śródziemnego, pociągając za sobą pod wodę cały półwysep edeński. Równocześnie z tym, rozległym zanurzeniem, wyniosła się znacznie wschodnia linia brzegowa Morza

Śródziemnego. I taki był koniec najpiękniejszego, naturalnego ukształtowania terenu, jaki Urantia kiedykolwiek posiadała. Zatopienie nie było gwałtowne, kilkaset lat upłynęło, zanim cały półwysep zupełnie się zanurzył.

Nie możemy traktować tego zanurzenia Ogrodu jako zdarzenia związanego w jakikolwiek sposób z niepowodzeniem boskich planów, czy też jako rezultatu błędów Adama i Ewy. Nie uważamy zanurzenia Edenu za cokolwiek innego niż naturalne zjawisko, ale wydaje się nam, że zatopienie Ogrodu było tak planowane, aby nastąpiło mniej więcej w okresie nagromadzenia ludzkich rezerw rasy fioletowej, gotowych do podjęcia dzieła odrodzenia narodów tego świata.

Melchizedekowie radzili Adamowi, aby nie zaczynał programu doskonalenia rasowego i mieszania się, dopóki jego własna rodzina nie będzie liczyć pół miliona ludzi. Nigdy nie uważano Ogrodu za stałą siedzibę Adamitów. Mieli oni zostać emisariuszami nowego życia dla całego świata; zostali zgromadzeni po to, aby bezinteresownie obdarzać sobą potrzebujące ich narody Ziemi.

Instrukcje, jakie otrzymał Adam od Melchizedeków, sugerowały, że miał on zakładać rasowe, kontynentalne i terenowe stolice kierowane przez jego synów i córki czystej krwi, podczas gdy on i Ewa mieli dzielić swój czas pomiędzy różnymi światowymi stolicami, jako doradcy i koordynatorzy ogólnoświatowej działalności biologicznego doskonalenia, intelektualnego postępu i odnowy moralnej.

[Przedstawione przez Solonię, seraficzny „głos w Ogrodzie"].

PRZEKAZ 74

ADAM I EWA

ADAM I EWA przybyli na Urantię 37.848 lat temu, licząc od roku 1934 n.e. Przybyli w środku lata, gdy Ogród był w pełni rozkwitu. Bez zapowiedzi, w samo południe, na powierzchni obracającej się planety, w pobliżu świątyni Ojca Wszechświatowego osiadły powoli dwa transporty serafi통ne, w asyście personelu z Jerusem, odpowiedzialnego za dostarczenie udoskonalaczy biologicznych na Urantię. Cała praca nad ponownym zmaterializowaniem ciał Adama i Ewy prowadzona była obok tej, świeżo zbudowanej świątyni. Dziesięć dni upłynęło od czasu ich przybycia, zanim zostali odtworzeni w podwójnej formie ludzkiej, aby mogli być przedstawieni ludziom jako nowi władcy świata. Świadomość odzyskali równocześnie. Materialni Synowie i Materialne Córki zawsze służą razem. Jest zasadą ich służby, żeby się nigdzie i nigdy nie rozdzielać. Są przeznaczeni do pracy parami; rzadko działają samotnie.

1. ADAM I EWA NA JERUSEM

Planetarny Adam i Planetarna Ewa Urantii byli na Jerusem członkami starszego korpusu Synów Materialnych i mieli wspólny numer 14.311. Należeli do trzeciej serii fizycznej i mieli około dwu i pół metra wzrostu.

Kiedy Adam został wytypowany do wysłania na Urantię, pracował wraz ze swą małżonką w doświadczalnych laboratoriach fizycznych Jerusem. Ponad piętnaście tysięcy lat byli oni dyrektorami działu energii eksperymentalnej, używanej do modyfikacji form ożywionych. Znacznie wcześniej byli nauczycielami w szkołach obywatelstwa, dla nowoprzybyłych na Jerusem. I wszystko to należy wziąć pod uwagę, w związku z opisem ich dalszego postępowania na Urantii.

Gdy ogłoszono, że potrzeba ochotników na wyprawę adamiczną na Urantię, zgłosił się cały starszy korpus Materialnych Synów i Materialnych Córek. Egzaminujący ich Melchizedecy, za aprobatą Lanaforge i Najwyższych Ojców z Edentii, wybrali w końcu Adama i Ewę, którzy następnie zaczęli pracować na Urantii jako udoskonalacze biologiczni.

W czasie buntu Lucyfera Adam i Ewa pozostali lojalni Michałowi, tym niemniej para ta została wezwana na egzamin i szkolenie przed Władcą Systemu i całym jego gabinetem. Wyczerpująco przedstawione zostały szczegóły sytuacji Urantii. Adam i Ewa zostali dokładnie poinstruowani w sprawie planów, które należy realizować, w związku z przyjęciem na siebie odpowiedzialności zarządzania tego rodzaju światem, rozdartym walką. Równocześnie złożyli przysięgę wierności Najwyższym Ojcom z Edentii oraz Michałowi z Salvingtonu. Byli także należycie poinformowani, że podlegają władzy korpusu Melchizedekowych zarządców komisarycznych Urantii, do czasu, kiedy to rządzące kolegium uzna, że może zrzec się rządzenia przydzielonym mu światem.

Para jerusemska pozostawiła w stolicy Satanii i w innych miejscach setkę potomstwa – pięćdziesięciu synów i pięćdziesiąt córek – wspaniałych istot, które uniknęły pułapek rozwoju i które, w czasie odlotu rodziców na Urantię, pełniły misje oddanych, obdarzonych zaufaniem administratorów wszechświata. I wszystkie te dzieci były w przepięknej świątyni Synów Materialnych, gdy brały udział w czynnościach pożegnalnych, połączonych z ostatnimi uroczystościami przejmowania obowiązków obdarzenia. Dzieci towarzyszyły rodzicom do centrali dematerializacji ich porządku i były ostatnimi, które ich żegnały i życzyły im boskich sukcesów; gdy tymczasem rodzice zasnęli, tracąc świadomość osobowości, która poprzedza przygotowania do seraficznego transportu. Dzieci spędziły jakiś czas razem, w rodzinnym gronie, ciesząc się, że ich rodzice zostaną wkrótce widzialnymi szefami, w rzeczywistości jedynymi władcami planety 606 w systemie Satanii.

I tak Adam i Ewa odlecieli z Jerusem, pośród aplauzu i życzeń pomyślności od jego obywateli. Wyruszyli ku nowym obowiązkom, dobrze przygotowani i w pełni poinstruowani w sprawie wszystkich powinności i niebezpieczeństw, jakie mogą napotkać na Urantii.

2. PRZYBYCIE ADAMA I EWY

Adam i Ewa zasnęli na Jerusem, a gdy się ocknęli w świątyni Ojca, na Urantii, pośród wielkiego tłumu zgromadzonego na ich powitanie, stanęli twarzą w twarz z dwoma istotami, o których wiele słyszeli – Vanem i jego wiernym towarzyszem Amadonem. Ci dwaj bohaterzy secesji Caligastii byli pierwszymi, którzy ich powitali w nowej, ogrodowej ojczyźnie.

Językiem Edenu był dialekt Andonowy, którym mówił Amadon. Van z Amadonem udoskonalili znacznie ten język, tworząc nowy alfabet, złożony z dwudziestu czterech liter i mieli nadzieję zobaczyć kiedyś, jak staje się on językiem Urantii, kiedy kultura Edenu będzie się szerzyć na świecie. Przed odlotem z Jerusem, Adam i Ewa dobrze opanowali ten język ludzki, więc syn Andona usłyszał podniosłego władcę jego świata, przemawiającego do niego w jego własnym języku.

Tego dnia wielkie podniecenie i radość zapanowały w całym Edenie, gdy gońcy pobiegli w wielkim pośpiechu do miejsca, gdzie gromadzono gołębie pocztowe, zebrane z bliska i z daleka, krzycząc: „Wypuśćcie te ptaki, niech niosą wieść, że przybył Syn obiecany”. Setki osad wiernych uzupełniało sumiennie, rok za rokiem, zapasy gołębi z domowej hodowli na tę właśnie okoliczność.

Gdy wieści o przybyciu Adama zaczęły się szerzyć poza Ogrodem, tysiące ludzi z pobliskich plemion zaakceptowało nauki Vana i Amadona a pielgrzymi przez wiele miesięcy wciąż zalewali ogród, aby powitać Adama i Ewę i oddać hołd ich niewidzialnemu Ojcu.

Krótko po przebudzeniu, zaprowadzono Adama i Ewę na formalne przyjęcie na wielkim kopcu, położonym na północ od świątyni. To naturalne wzgórze zostało powiększone i przygotowane do wprowadzenia nowych władców świata na ich urząd. To tutaj, w południe, komitet powitalny Urantii witał Syna i Córkę systemu Satanii. Amadon był przewodniczącym tego komitetu, liczącego dwunastu członków, obejmującego reprezentantów każdej z sześciu ras sangikowych; aktualnego szefa pośrednich; Annan, lojalną córkę i rzeczniczkę Nodytów; Noego, syna architekta i budowniczego

Ogrodu oraz realizatora planów swego nieżyjącego ojca; jak również dwu Nosicieli Życia, stale przebywających na Urantii.

Następną czynnością było przekazanie Adamowi i Ewie obowiązków nadzoru planety przez starszego Melchizedeka, szefa rady zarządzającej Urantią. Materialny Syn i Materialna Córka złożyli przysięgę wierności Najwyższym Ojcom z Norlatiadeku oraz Michałowi z Nebadonu i zostali ogłoszeni władcami Urantii przez Vana, który tym samym zrezygnował z tej tytularnej władzy, jaką posiadał ponad sto pięćdziesiąt tysięcy lat, na mocy postanowienia zarządzających Melchizedeków.

Adam i Ewa odziani byli w królewskie szaty, w czasie tej uroczystości, formalnego zapoczątkowania ich władzy nad światem. Nie wszystkie sztuki Dalamatii zapomniano na tym świecie; tkactwo wciąż istniało w czasach Edenu.

Potem słyszano obwieszczenie archanioła i transmisję głosu Gabriela, zarządzającego apel drugiego osądu Urantii oraz zmartwychwstanie śpiących przetrwałych, na koniec drugiego systemu sprawiedliwości, łaski i miłosierdzia na 606 w Satanii. Przeminął system sprawiedliwości Księcia; w scenerii skromnego majestatu rozpoczęła się epoka Adama, trzecia epoka planetarna, a nowi władcy Urantii zaczęli swe rządy w warunkach pozornie przychylnych, pomimo światowego chaosu spowodowanego brakiem współpracy ich poprzedników, rządzących planetą.

3. ADAM I EWA ZAZNAJAMIAJĄ SIĘ Z PLANETĄ

I teraz, po formalnym wprowadzeniu na urząd, Adam i Ewa boleśnie zdali sobie sprawę ze swego osamotnienia na planecie. Milczały znane transmisje, nie istniały żadne obwody komunikacji pozaplanetarnej. Ich przyjaciele z Jerusem odeszli do światów prowadzonych bez zakłóceń, przez dobrze zagospodarowanego Księcia Planetarnego, z doświadczonym personelem przygotowanym na ich przyjęcie i kompetentnym do współpracy w początkach ich działalności na takim świecie. Jednak na Urantii bunt odmienił wszystko. Tutaj Książę Planetarny był wyraźnie obecny i chociaż pozbawiony znacznej części swej mocy czynienia zła, wciąż mógł utrudniać Adamowi i Ewie pracę i uczynić ją w pewnym stopniu niebezpieczną. Syn i Córka z Jerusem, idąc tej nocy przez Ogród w blasku księżyca w pełni, omawiali plany następnego dnia; byli poważni i pozbawieni złudzeń.

Tak się zakończył pierwszy dzień Adama i Ewy na odosobnionej Urantii, planecie w stanie chaosu, zdradzonej przez Caligastię; i szli tak i rozmawiali długo w noc, ich pierwszą noc na Ziemi – i byli bardzo osamotnieni.

Swój drugi dzień na Ziemi spędził Adam na naradzie z zarządcami planety i kolegium doradczym. Od Melchizedeków i ich towarzyszy, Adam i Ewa dowiedzieli się więcej o szczegółach buntu Caligastii i o skutkach tego przewrotu dla światowego rozwoju. Generalnie, była to przygnębiająca historia – długa opowieść o błędach popełnionych przy kierowaniu światem. Adam i Ewa poznali wszystkie szczegóły kompletnego załamania się metod Caligastii, przyspieszających proces ewolucji społecznej. Uświadomili sobie także w pełni szaleństwo wszystkich prób zaawansowania planety w oderwaniu od boskiego planu rozwoju. I tak się skończył smutny, ale pouczający dzień – ich drugi dzień na Urantii.

Trzeci dzień poświęcony był przeglądowi Ogrodu. Z wielkich ptaków pasażerskich – fandorów – Adam i Ewa oglądali rozległe tereny Ogrodu, niesieni w powietrzu nad tym najpiękniejszym miejscem na Ziemi. Ten dzień inspekcji skończył się wielką ucztą na cześć wszystkich tych, którzy pracowali nad stworzeniem pięknego i majestatycznego, edeńskiego ogrodu. I znowu, trzeciego dnia, Syn i jego małżonka spacerowali długo w noc po Ogrodzie i rozmawiali o bezmiarze ich problemów.

Czwartego dnia Adam i Ewa wygłosili mowę do zgromadzenia ogrodowego. Z góry inauguracyjnej mówili ludziom o swych planach odbudowy świata, nakreślając metody, za pomocą których będą próbować podźwignąć kulturę społeczną Urantii z jej niskiego poziomu, na jakim się znalazła na skutek grzechu i buntu. To był wielki dzień, zakończony ucztą dla rady tych mężczyzn i kobiet, którzy zostali wybrani, aby pełnić obowiązki w nowej administracji świata. Zauważcie, że kobiety były w tej grupie tak samo jak i mężczyźni, i że pierwszy raz zdarzyło się to na Ziemi od czasów Dalamatii! Było zdumiewającą nowością zobaczyć Ewę, kobietę, dzielącą z mężczyzną zaszczyty i obowiązki spraw światowych. I tak skończył się czwarty dzień na Ziemi.

Piąty dzień wypełniony był organizacją rządu tymczasowego, administracji mającej funkcjonować do tego czasu, gdy zarządcy komisaryczni, Melchizedecy, opuszczą Urantię.

Szósty dzień poświęcony był przeglądowi licznych gatunków ludzi i zwierząt. Przez cały dzień Adam i Ewa oprowadzani byli wzdłuż ścian wschodniej części Edenu, oglądając zwierzęce życie planety i rozumiejąc coraz lepiej, co trzeba zrobić, aby zaprowadzić porządek w bezładzie tego świata, zamieszkałego przez tak wielką różnorodność istot żywych.

Bardzo zaskoczyło tych, którzy towarzyszyli Adamowi w tej wyprawie, jak dobrze rozumie on naturę i obyczaje wielu tysięcy pokazywanych mu zwierząt. Jak tylko Adam popatrzył na zwierzę, zaraz mógł określić jego naturę i zwyczaje. Adam potrafił opisać pochodzenie, naturę oraz zachowanie się wszystkich stworzeń materialnych, które zobaczył. Ci, którzy oprowadzali go podczas tego inspekcyjnego obchodu, nie wiedzieli, że nowy władca świata jest jednym z najlepszych ekspertów od anatomii w całej Satanii; Ewa była ekspertem w równym stopniu. Adam zadziwił swych towarzyszy, opisując czeredę żyjątek zbyt małych, aby mogły być widoczne dla oczu ludzkich.

Adam i Ewa po raz pierwszy odpoczęli w swym nowym domu „na wschodzie Edenu", kiedy dobiegł końca ich szósty dzień pobytu na Ziemi. Pierwsze sześć dni ich pobytu na Urantii były wyjątkowo pracowite i z wielką radością oczekiwali całego dnia wolnego od wszelkich zajęć.

Jednak okoliczności na to nie pozwoliły. Wydarzenia tego dnia, który dopiero się skończył, w którym Adam tak inteligentnie i wyczerpująco omawiał życie zwierzęce Urantii, jego mistrzowska mowa inauguracyjna, jak również jego ujmujący sposób bycia, tak bardzo podbiły serca i zawładnęły umysłami mieszkańców Ogrodu, że nie tylko byli gotowi serdecznie zaakceptować nowoprzybyłego Syna i Córkę z Jerusem, ale większość była nieomal gotowa paść na ziemię i czcić ich jako bogów.

4. PIERWSZE PROBLEMY

Tej nocy, która zapadła po szóstym dniu, kiedy to Adam i Ewa zasnęli, dziwne rzeczy się działy w pobliżu świątyni Ojca w centralnym sektorze Edenu. Tam, w łagodnym świetle księżyca, setki rozentuzjazmowanych i podekscytowanych mężczyzn i kobiet godzinami słuchało egzaltowanych mów swych przywódców. Mieli dobre zamiary, ale po prostu nie rozumieli braterskiej prostoty i demokratycznej postawy swych nowych władców. I na długo przed świtem, nowi i tymczasowi administratorzy świata doszli do jednomyślnych prawie wniosków, że Adam i jego małżonka są generalnie zbyt skromni i bezpretensjonalni. Uchwalili, że Bóstwo zstąpiło na Ziemię w cielesnej formie, że Adam i Ewa są w rzeczywistości bogami lub kimś tak bliskim tego stanu, że zasługują na pełne czci nabożeństwo.

Zadziwiające zdarzenia, jakie miały miejsce podczas pierwszych sześciu dni pobytu Adama i Ewy na Ziemi, przekroczyły zdolność pojmowania nieprzygotowanych do tego umysłów najlepszych nawet ludzi tego świata; w głowach im się mąciło; owładnął nimi plan przyprowadzenia dostojnej pary do świątyni Ojca w pełni księżyca, aby następnie każdy mógł pochylić się w pełnym szacunku nabożeństwie i upaść na ziemię w pokornym oddaniu. I robiąc to wszystko, mieszkańcy Ogrodu naprawdę mieli szczere zamiary.

Van protestował. Amadona nie było, gdyż pełnił nadzór nad gwardią honorową, która pozostawała z Adamem i Ewą przez noc. Protest Vana zignorowano. Powiedziano mu, że on również jest zbyt skromny, zbyt bezpretensjonalny; że jemu samemu nie tak daleko do boga, bo właściwie, dlaczego żyje na Ziemi tak długo i jak mógł sprawić zdarzenie tak wielkie, jak przybycie Adama? I kiedy podekscytowani Edenici chcieli go pojmać i zanieść na górę dla adoracji, Van utorował sobie drogę przez tłum a ponieważ mógł się komunikować z pośrednimi, posłał ich szefa w wielkim pośpiechu do Adama.

Było to tuż przed świtem, siódmego dnia pobytu Adama i Ewy na Ziemi, kiedy usłyszeli oni alarmujące wieści o tej propozycji śmiertelników, kierujących się jak najlepszymi intencjami, ale błądzących; a potem, nawet gdy ptaki pasażerskie leciały szybko, aby ich zanieść do świątyni, pośredni, którzy mogą robić takie rzeczy, przenieśli Adama i Ewę do świątyni Ojca. Było to siódmego dnia wczesnym rankiem, kiedy Adam przemawiał z tej samej góry, gdzie tak niedawno ich przyjmowano, wyjaśniając porządki Boskiego synostwa i objaśniając tym ziemskim umysłom, że tylko Ojciec może być czczony i ci, których on wyznaczy. Adam wyraźnie powiedział, że zaakceptuje jakikolwiek zaszczyt i przyjmie cały szacunek, ale nigdy czci boskiej!

Był to pamiętny dzień a działo się to tuż przed południem, mniej więcej w czasie przybycia seraficznego kuriera, niosącego z Jerusem zatwierdzenie wprowadzenia na urząd nowych światowych władców, kiedy to Adam i Ewa oddzielili się od tłumu i wskazując świątynię Ojca, powiedzieli: „Idźcie teraz do materialnego symbolu niewidzialnej obecności Ojca i pochylcie się w nabożnej czci przed tym, który stworzył nas wszystkich i który podtrzymuje nas przy życiu. I niech akt taki będzie szczerą rękojmią tego, że już nigdy więcej nie pokusicie się czcić nikogo, prócz Boga". Wszyscy zrobili tak, jak im Adam kazał. Materialny Syn i Materialna Córka stali sami na szczycie, z pochylonymi głowami, podczas gdy lud upadł na ziemię wokół świątyni.

I taki jest początek tradycji szabatu. W Edenie, siódmy dzień zawsze był poświęcony południowemu zgromadzeniu w świątyni; długo panował zwyczaj poświęcania tego dnia kulturze osobistej. Przedpołudnie poświęcano doskonaleniu fizycznemu, czas południowy nabożeństwu duchowemu, popołudnie kulturze umysłowej, podczas gdy wieczór spędzano na spotkaniach towarzyskich. W Edenie nigdy nie było to prawem, ale taki był zwyczaj, jak długo rządy adamiczne trwały na Ziemi.

5. RZĄDY ADAMA

Zarządcy komisaryczni, Melchizedecy, pełnili swe obowiązki prawie siedem lat po przybyciu Adama, ale w końcu przyszedł taki czas, że przekazali rządy świata Adamowi i wrócili na Jerusem.

Pożegnanie zarządców trwało cały dzień a wieczorem każdy z Melchizedeków oddzielnie dawał Adamowi i Ewie swą ostatnią radę, razem z najlepszymi życzeniami. Adam wielokrotnie prosił swych doradców, aby zostali na Ziemi razem z nim, ale oni zawsze odmawiali takim prośbom. Nadszedł wreszcie czas, kiedy Synowie Materialni musieli przejąć pełną odpowiedzialność za kierowanie światem. I tak, o północy, seraficzne transporty Satanii opuściły planetę z czternastoma istotami, kierując się na Jerusem; transponowanie Vana i Amadona nastąpiło równocześnie z odlotem dwunastu Melchizedeków.

Jakiś czas wszystko szło dosyć dobrze na Urantii i wydawało się, że Adam mógłby w końcu wypracować jakiś plan działania, aby stopniowo szerzyć cywilizację Edeńską. Idąc za radą Melchizedeków zaczął rozwijać rzemiosło, mając na myśli nawiązanie stosunków handlowych ze światem zewnętrznym. W momencie upadku Edenu, znajdowała się w nim ponad setka czynnych, prymitywnych manufaktur i nawiązano szerokie stosunki handlowe z najbliższymi plemionami.

Całe epoki Adam i Ewa byli nauczani o metodach doskonalenia świata, stosowanych w okresie przygotowań do ich specjalnego wkładu w zaawansowanie cywilizacji ewolucyjnej; teraz jednak stali twarzą w twarz z naglącymi problemami, takimi jak zaprowadzenie prawa i porządku w świecie dzikich, barbarzyńskich i na wpół cywilizowanych istot ludzkich. Z dala od śmietanki populacji ziemskiej, zgromadzonej w Ogrodzie, zaledwie kilka grup ludzkich, tu i ówdzie, było naprawdę gotowych na przyjęcie kultury adamicznej.

Adam robił heroiczne i determinacji pełne wysiłki, zmierzające do stworzenia rządu światowego, ale na każdym kroku napotykał nieustępliwy opór. Wcześniej Adam zaprowadził system grupowej kontroli na terenie Edenu i zjednoczył wszystkie przebywające w nim grupy ludzkie w Ligę Edeńską. Pojawiały się jednak trudności, poważne trudności, gdy wychodził poza Ogród i usiłował wpajać te idee plemionom żyjącym na zewnątrz. Kiedy tylko asystenci Adama zaczynali pracować poza Ogrodem, napotykali bezpośredni i dobrze zorganizowany opór Caligastii i Daligastii. Upadły Książę został usunięty ze swej pozycji władcy świata, ale nie z planety. Wciąż przebywał na Ziemi i potrafił, przynajmniej w pewnym stopniu, przeciwstawiać się wszelkim planom Adama, zmierzającym do modernizacji społeczności ludzkiej. Adam próbował ostrzegać ludzi przed Caligastią, ale zadanie to było niezwykle trudne, ponieważ jego największy wróg był niewidzialny dla oczu śmiertelnych.

Nawet wśród Edenitów znalazły się takie zwiedzione umysły, które skłonne były przyjąć nauczanie Caligastii o rozpasanej wolności osobistej i sprawiały Adamowi niekończące się kłopoty, krzyżując mu najlepiej ułożone plany uporządkowanego postępu i konkretnego rozwoju. Był on w końcu zmuszony zrezygnować ze swego programu bezpośredniego uspołeczniania; wrócił z powrotem do metod organizacji Vana, dzieląc Edenitów na kompanie po setce, z kapitanem nad każdą i z porucznikami nad dziesięcioosobowymi grupami.

Adam i Ewa przybyli tutaj, żeby zaprowadzić rząd przedstawicielski zamiast monarchii, jednak na całej Ziemi nie zastali niczego, co w ogóle można by nazwać rządem. Chwilowo Adam zaniechał wszelkich prób stworzenia rządu przedstawicielskiego a przed upadkiem ustroju edeńskiego udało mu się założyć prawie sto osobnych centrów handlowych i społecznych, gdzie silne jednostki rządziły w jego imieniu. Większość tych centrów była wcześniej zorganizowana przez Vana i Amadona.

Wysyłanie ambasadorów z jednego plemienia do drugiego sięga czasów Adama. Był to wielki krok naprzód w ewolucji rządu.

6. ŻYCIE RODZINNE ADAMA I EWY

Obszar zajmowany przez rodzinę adamiczną obejmował nieco ponad trzynaście kilometrów kwadratowych. W najbliższym otoczeniu tych terenów mieszkalnych stworzono rezerwę dla ponad trzystu tysięcy potomstwa adamicznego czystej krwi. Zbudowano jednak tylko pierwszy zespół projektowanych budynków. Zanim wielkość rodziny Adama przekroczyła to pierwsze, przygotowane dla niej zaplecze, upadł cały plan edeński a Ogród został opuszczony.

Adamson był pierworodnym z fioletowej rasy Urantii, następną była jego siostra i Ewason, drugi syn Adama i Ewy. Zanim Melchizedecy odlecieli, Ewa została matką pięciorga dzieci – trzech synów i dwu córek. Następna dwójka to bliźnięta. Do czasu odstępstwa urodziła ona sześćdziesięcioro troje dzieci, trzydzieści dwie córki i trzydziestu jeden synów. Kiedy Adam i Ewa opuścili Ogród, ich rodzina składała się z czterech pokoleń, liczących 1.647 potomków czystej krwi. Po opuszczeniu Ogrodu mieli oni jeszcze czterdzieścioro dwoje dzieci, oprócz dwójki potomstwa ze wspólnego rodzicielstwa ze śmiertelną rasą ziemską. A nie obejmuje to adamicznego rodzicielstwa dla Nodytów i ras ewolucyjnych.

Adamiczne dzieci nie piły mleka zwierzęcego, gdy przestawały ssać pierś matki, kiedy kończyły rok życia. Ewa miała dostęp do mleka z wielkiej różnorodności orzechów i do soków z wielu owoców, a znając doskonale skład chemiczny i energię tego pożywienia, stosownie je dobierała, żywiąc nimi dzieci do czasu ząbkowania.

Podczas gdy na zewnątrz bezpośredniego sektora adamicznego zawsze gotowano posiłki, w gospodarstwie domowym Adama nie gotowano. Zaopatrywano się w pożywienie – owoce, orzechy i zboża – gotowe do spożycia, kiedy dojrzały. Jadano raz dziennie, zaraz po południu. Adam i Ewa absorbowali też „światło i energię" bezpośrednio z pewnych emanacji kosmicznych, w powiązaniu z działaniem drzewa życia.

Ciała Adama i Ewy wydzielały poświatę, jednak zawsze nosili oni ubrania, stosownie do obyczajów towarzyszących im ludzi. Chociaż w czasie dnia niewiele na siebie wkładali, wieczorem wdziewali nocne okrycia. Pochodzenie tradycjonalnej aureoli, otaczającej głowy domniemanych pobożnych i świętych, sięga wstecz czasów Adama i Ewy. Ponieważ emanacje świetlne ich ciał były w znacznym stopniu przesłonięte ubraniem, dostrzegalna była tylko promienista poświata ich głów. W ten sposób potomkowie Adamsona zawsze obrazowali idee jednostek, które jak uważali, osiągnęły niezwykły rozwój duchowy.

Adam i Ewa mogli porozumiewać się ze sobą i ze swymi dziećmi czystej krwi na odległość około osiemdziesięciu kilometrów. Taką wymianę myśli umożliwiały dwie delikatne komory gazowe, umieszczone bardzo blisko ich struktur mózgowych. Dzięki temu mechanizmowi mogli oni nadawać i odbierać wibracje myśli. Jednak cecha ta natychmiast zanikała, kiedy umysł ulegał dysonansowi i niszczącej sile zła.

Adamiczne dzieci uczęszczały do swych własnych szkół, aż do szesnastego roku życia, młodsze nauczane były przez starsze. Malcy zmieniali przedmioty zajęć co trzydzieści minut, starsi co godzinę. I na pewno było to nowością na Urantii, oglądać dzieci Adama i Ewy w czasie zabawy, radosnej i ożywionej zabawy, tylko dla zwykłej uciechy. Zabawa i humor współczesnych narodów wywodzą się w znacznej mierze z rodu adamicznego. Wszyscy Adamici bardzo cenili muzykę i mieli też zdrowe poczucie humoru.

Zaręczano się średnio w wieku lat osiemnastu i młodzi zaczynali dwuletni kurs, przygotowujący ich do podjęcia obowiązków małżeńskich. W dwudziestym roku życia mogli zawierać małżeństwa a po ślubie rozpoczynali pracę swego życia albo zaczynali się do niej przygotowywać.

Zwyczaje niektórych, późniejszych narodów, zezwalające rodzinom królewskim, domniemanie pochodzącym od bogów, na małżeństwo brata z siostrą, sięgają tradycji adamicznego potomstwa, kojarzącego się, jak zmuszała potrzeba, jedno z drugim. Obrzędy zaślubin, w pierwszym i drugim pokoleniu Ogrodu, zawsze były celebrowane przez Adama i Ewę.

7. ŻYCIE W OGRODZIE

Dzieci Adama żyły i pracowały „na wschodzie Edenu", za wyjątkiem czterech lat, kiedy to uczęszczały do szkół zachodnich. Rozwijały swój intelekt do lat szesnastu, nauczane zgodnie z metodami szkół jerusemskich. Od szesnastego do dwudziestego roku życia nauczane były w szkołach Urantii, na drugim końcu Ogrodu i pełniły tam również obowiązki nauczycieli klas niższych.

Wyłącznym celem funkcjonowania zachodniego systemu szkół Ogrodu było *uspołecznienie*. Czas przerwy przedpołudniowej poświęcony był praktycznemu ogrodnictwu i rolnictwu, okres popołudniowy zabawom konkurencyjnym. Wieczory spędzano na stosunkach towarzyskich i kultywowaniu przyjaźni osobistych. Uważano, że nauczanie religijne i seksualne należy do domeny rodziny – jest obowiązkiem rodziców.

Nauka w tych szkołach obejmowała następujące przedmioty:

1. Zdrowie i higiena osobista.
2. Złota zasada, norma stosunków społecznych.
3. Relacja praw jednostki do praw zbiorowości i obowiązki wobec społeczeństwa.
4. Historia i kultura różnych ras ziemskich.
5. Metody rozwijania i usprawniania handlu światowego.
6. Koordynacja sprzecznych obowiązków i uczuć.
7. Kultywowanie zabawy, humoru i konkurencyjnych substytutów walki fizycznej.

Szkoły, a faktycznie wszelka działalność prowadzona w Ogrodzie, zawsze były dostępne dla gości. Do Edenu wpuszczani byli bez przeszkód nieuzbrojeni obserwatorzy, na krótkie odwiedziny. Aby zostać w Ogrodzie, Urantianin musiał być „adoptowany". Nauczano go o planie i celu obdarzenia adamicznego, potem wyrażał swą intencję przystąpienia do tej misji a następnie deklarował swą lojalność wobec społecznych rządów Adama i duchowej wszechwładzy Ojca Wszechświatowego.

Prawa Ogrodu opierały się na starszych kodeksach Dalamatii i rozpowszechniane były w siedmiu grupach:

1. Prawa zdrowia i higieny.
2. Przepisy społeczne Ogrodu.
3. Kodeks handlu i wytwórczości.
4. Prawa uczciwego postępowania i współzawodnictwa.
5. Prawa życia rodzinnego.
6. Społeczne prawo złotej zasady.
7. Siedem przykazań najwyższych norm moralnych.

Prawo moralne Edenu nieznacznie się tylko różniło od siedmiu przykazań Dalamatii. Adamici nauczali jednak wielu dodatkowych przyczyn przestrzegania tych przykazań, na przykład, odnośnie zakazu zabijania, zamieszkującego człowieka Dostrajacza Myśli przedstawiano jako dodatkowe uzasadnienie nie odbierania człowiekowi życia. Nauczali, że „jeśli kto przeleje krew ludzką, przez ludzi ma być przelana krew jego, bo człowiek został stworzony na obraz Boga".

W Edenie nabożeństwo publiczne odbywało się w południe; zachód słońca był porą nabożeństwa rodzinnego. Adam robił, co mógł, aby oduczyć ludzi stosowania ustalonych modlitw, nauczając, że skuteczna modlitwa musi być całkowicie indywidualna, że musi być „pragnieniem duszy"; Edenici wciąż jednak używali modlitwy i formuły przekazane im w czasach Dalamatii. Adam próbował również zastąpić krwawe ofiary w obrzędach religijnych darami z owoców ziemi, jednak niewiele udało mu się zrobić w tej sprawie przed likwidacją Ogrodu.

Adam próbował nauczać plemiona ludzkie o równości płci. Zwyczaj, że Ewa pracowała u boku swego męża, robił wielkie wrażenie na wszystkich mieszkańcach Ogrodu. Adam nauczał wyraźnie, że kobieta na równi z mężczyzną wnosi do nowego życia te czynniki, które się jednoczą przy kształtowaniu nowej istoty. Jak dotąd ludzkość zakładała, że cała prokreacja tkwi w „lędźwiach ojca". Ludzie uważali, że matka istnieje tylko po to, żeby wyżywić nienarodzonego i pielęgnować nowo narodzonego.

Adam nauczał współczesnych mu ludzi wszystkiego tego, co potrafili pojąć, jednak oględnie mówiąc, nie było tego zbyt wiele. A jednak inteligentniejsze plemiona Ziemi patrzyły z nadzieją w przyszłość, oczekując tego czasu, kiedy będzie im wolno zawierać małżeństwa mieszane z nadrzędnymi dziećmi rasy fioletowej. Jak innym światem mogłaby być Urantia, gdyby ten wielki plan doskonalenia ras został zrealizowany! Nawet tak, jak się stało, ogromna korzyść wynikła z tej niewielkiej ilości krwi importowanej rasy, którą ludzie ewolucyjni przypadkiem zachowali.

I tak Adam działał dla pomyślności i doskonalenia świata, na którym przebywał. Jednak trudno było wprowadzić tych mieszanych i nierasowych ludzi na lepszą drogę życia.

8. LEGENDA O STWORZENIU ŚWIATA

Opowieść o stworzeniu Urantii w sześć dni opiera się na tej tradycji, że Adam i Ewa spędzili dokładnie sześć dni na wstępnych oględzinach Ogrodu. Okoliczności te nadały uświęconą niemalże rangę okresowi tygodnia, który pierwotnie został wprowadzony przez Dalamatyńczyków. To, że Adam spędził sześć dni na oględzinach Ogrodu i formułowaniu wstępnych planów, nie było z góry aranżowane; to było realizowane dzień po dniu. Wybór siódmego dnia na praktyki religijne był zupełnie przypadkowy, spowodowany zdarzeniami uprzednio opowiedzianymi.

Legenda o stworzeniu świata w sześć dni wymyślona została później, faktycznie ponad trzydzieści tysięcy lat później. Jeden aspekt tej opowieści, nagłe pojawienie się słońca i księżyca na niebie, może mieć źródło w tradycjach swego czasu nagłego wynurzenia się świata z gęstego, kosmicznego obłoku drobnej materii, który długo przesłaniał zarówno słońce jak i księżyc.

Historia o stworzeniu Ewy z żebra Adama jest pogmatwanym streszczeniem adamicznego przybycia na planetę oraz nieziemskich operacji, związanych z wymianą substancji żywej, jakie towarzyszyły przybyciu cielesnego personelu Księcia Planetarnego, co miało miejsce ponad czterysta pięćdziesiąt tysięcy lat wcześniej.

Większość ludności świata pozostawała pod wpływem tradycji, że Adam i Ewa mieli postacie materialne specjalnie dla nich stworzone, w związku z ich przybyciem na Urantię. Wierzenie, że człowiek został stworzony z gliny, było nieomal powszechne na półkuli wschodniej; tradycję tę można prześledzić od Wysp Filipińskich i dalej wokół świata, aż do Afryki. I wiele grup ludzkich przyjęło tę historię, stworzenia człowieka z gliny, jako pewną formę stworzenia specjalnego, w miejsce wcześniejszych wierzeń w stwarzanie progresywne – ewolucję.

Z dala od wpływów Dalamatii i Edenu, ludzkość skłonna była wierzyć w stopniowy rozwój gatunku ludzkiego. Ewolucja nie jest odkryciem współczesnym; pradawni rozumieli powolny i ewolucyjny charakter rozwoju człowieka. Pomimo bliskości Mezopotamii, starożytni Grecy mieli wyraźnie sprecyzowane poglądy na te sprawy. Choć rozmaitym ludom tej Ziemi pomieszały się niestety ich wyobrażenia o ewolucji, tym niemniej wiele prymitywnych plemion wierzyło i nauczało, że są potomkami różnych zwierząt. Ludzie prymitywni mieli zwyczaj wybierania na swoje „totemy" zwierzęta, będące przypuszczalnie ich przodkami. Niektóre plemiona Indian, w Ameryce Północnej, wierzyły, że pochodzą od bobrów i kojotów. Pewne afrykańskie plemiona nauczają, że są potomkami hieny, plemię malajskie – lemura, grupa z Nowej Gwinei – papugi.

Babilończycy, dzięki bezpośrednim kontaktom z resztkami cywilizacji Adamitów, rozszerzyli i upiększyli swą historię stworzenia człowieka; nauczali, że pochodzą bezpośrednio od bogów. Przyznawali się do arystokratycznego pochodzenia swej rasy, co było niewspółmierne nawet z doktryną stworzenia z gliny.

Opowieść Starego Testamentu o stworzeniu świata datuje się z czasów daleko po Mojżeszu, który nigdy nie nauczał Hebrajczyków tak wypaczonej historii. Przedstawiał on jednak Izraelitom prostą i zwięzłą opowieść o stworzeniu, w nadziei umocnienia przez to swego posłania o czczeniu Stwórcy, Ojca Wszechświatowego, którego nazywał Panem Bogiem Izraela.

W swym wcześniejszym nauczaniu, Mojżesz bardzo rozsądnie nie nawiązywał do czasów Adama, ale ponieważ Mojżesz był najwyższym nauczycielem Hebrajczyków, historie o Adamie zostały blisko związane z tymi o stworzeniu. To, że wcześniejsze tradycje uwzględniały cywilizację przedadamiczną, ukazuje wyraźnie fakt, że późniejsi ich redaktorzy, chcąc usunąć wszelkie odnośniki do historii ludzkiej przed czasami Adama, zapomnieli usunąć opowieść, nawiązującą do emigracji Kaina do „kraju Nod", gdzie wziął sobie żonę.

Hebrajczycy nie mieli języka pisanego w powszechnym użyciu, długo po swym przybyciu do Palestyny. Alfabetu nauczyli się używać od swych sąsiadów, Filistynów, którzy byli uchodźcami politycznymi z wyższej cywilizacji Krety. Hebrajczycy pisali niewiele, aż do niespełna 900 lat przed Chrystusem, a nie posiadając języka pisanego przed tą późną datą, mieli w obiegu kilkanaście odmiennych historii stworzenia, chociaż po niewoli babilońskiej bardziej skłaniali się do przyjęcia zmodyfikowanej wersji mezopotamskiej.

Tradycja żydowska skrystalizowała się wokół Mojżesza a ponieważ próbował on dotrzeć z rodowodem Abrahama aż do Adama, Żydzi zakładali, że Adam był pierwszym człowiekiem. Jahwe był stwórcą a skoro Adam był domniemanie pierwszym człowiekiem, Jahwe musiał stworzyć świat tuż przed stworzeniem Adama. Potem tradycja sześciu dni Adama wpleciona została w tę historię z takim skutkiem, że prawie tysiąc lat po przebywaniu Mojżesza na Ziemi napisana została legenda o stworzeniu świata w sześć dni, a potem przypisana Mojżeszowi.

Kiedy kapłani żydowscy wrócili do Jerozolimy, mieli gotowe pismo ze swą opowieścią o początku rzeczy. Niebawem zaczęli twierdzić, że ta historia była niedawno odkrytą historią stworzenia, napisaną przez Mojżesza. Jednak współcześni im Hebrajczycy, prawie 500 lat przed Chrystusem, nie uważali tych pism za Boskie objawienie; traktowali je raczej tak, jak ludzie późniejsi traktowali podania mitologiczne.

Na ten, podrobiony dokument, uważany za nauczanie Mojżesza, zwrócił uwagę Ptolemeusz, grecki król Egiptu, który przetłumaczył go na język grecki przez komisję, złożoną z siedemdziesięciu uczonych, do swojej nowej biblioteki w Aleksandrii. I tak opowieść ta znalazła się pośród pism, które później stały się częścią kolejnej kolekcji „świętych pism" religii hebrajskiej i chrześcijańskiej. I te idee długo wywierały głęboki wpływ na filozofię wielu ludzi Zachodu, którzy utożsamiali się z tymi systemami teologicznymi.

Nauczyciele chrześcijańscy utrwalili wierzenie o stworzeniu gatunku ludzkiego jednorazowym zarządzeniem i wszystko to prowadziło wprost do tworzenia hipotez o dawnym, złotym wieku utopijnego szczęścia, oraz do teorii upadku człowieka czy nadczłowieka, co miało być powodem nieutopijnych warunków społecznych. Takie poglądy na życie i miejsce człowieka we wszechświecie były w najlepszym wypadku zniechęcające, skoro głoszone były w oparciu o wiarę raczej w cofanie się niż w postęp, jak również implikowały mściwe Bóstwo, które wyładowywało swój gniew na gatunku ludzkim, mszcząc się za błędy pewnych planetarnych władców z dawnych czasów.

„Złoty wiek" jest mitem, ale Eden istniał naprawdę a cywilizacja Ogrodu istotnie upadła. Adam i Ewa mieszkali w Ogrodzie przez sto siedemnaście lat, kiedy to przez niecierpliwość Ewy i błędy w osądzie Adama, ośmielili się zejść z nakazanej im drogi, bezzwłocznie sprowadzając nieszczęście na siebie samych, jak również powodując niszczycielskie opóźnienie procesu rozwojowego całej Urantii.

[Opowiedziane przez Solonię, seraficzny „głos w Ogrodzie"].

PRZEKAZ 75

ODSTĘPSTWO ADAMA I EWY

PO ponad stu latach wytężonej pracy na Urantii, Adam mógł dostrzec zaledwie nikłe postępy na zewnątrz Ogrodu; wydawało się, że świat poza Ogrodem nie posunął się zbytnio naprzód. Doskonalenie gatunku ludzkiego wydawało się czymś bardzo odległym a cała sytuacja wyglądała tak beznadziejnie, jak gdyby wymagała czegoś nie objętego planami pierwotnymi. Tak to przynajmniej przychodziło często na myśl Adamowi i wielokrotnie zwierzał się ze swych myśli Ewie. Adam i jego małżonka pozostawali lojalni, byli jednak oderwani od swej klasy i bardzo zasmuceni kiepską sytuacją ich świata.

1. PROBLEM URANTII

Adamiczna misja na eksperymentalnej, buntem zwarzonej i odosobnionej Urantii, była bardzo trudnym zadaniem. Materialny Syn i Materialna Córka dość wcześnie uświadomili sobie trudności i komplikacje, związane z ich planetarnym przydziałem. Jednak odważnie wzięli się do pracy, aby rozwiązywać te różnorodne problemy. Jednak, kiedy chcieli przystąpić do najważniejszego zadania, do eliminacji ułomnych i zdegenerowanych jednostek z ras ludzkich, doznali pełnej konsternacji. Nie potrafili rozwiązać dylematu, nie mogli też szukać porady u swych przełożonych, zarówno na Jerusem jak i na Edentii. Przebywali tutaj odosobnieni i dzień za dniem stawali w obliczu jakichś nowych i skomplikowanych problemów; niektóre z nich zdawały się niemożliwe do rozwiązania.

W normalnych warunkach, pierwszym posunięciem Planetarnego Adama i Planetarnej Ewy byłoby zapewnienie współpracy ras ludzkich oraz ich mieszanie. Na Urantii zadanie takie wyglądało prawie beznadziejnie, gdyż rasy ludzkie, podczas gdy zdrowe biologicznie, nigdy nie były oczyszczane z niedorozwiniętych i ułomnych mutacji.

Adam i Ewa znaleźli się na globie zupełnie nieprzygotowanym do głoszenia braterstwa ludzkości, na świecie błądzącym po omacku w skrajnej duchowej ciemności, dotkniętym chaosem, wyjątkowo pogmatwanym przez niepowodzenie misji poprzedniej administracji. Umysłowość i etyka stały na tak niskim poziomie, że Adam i Ewa, zamiast zacząć pracować nad ujednolicaniem życia religijnego, musieli zacząć na nowo nawracać mieszkańców planety na najprostsze formy wierzeń religijnych. Zamiast zastać jeden język, gotowy do porozumiewania się, stanęli w obliczu światowego chaosu setek dialektów lokalnych. Żaden Adam, na służbie planetarnej, nie znalazł się nigdy na trudniejszym świecie; przeszkody zdawały się nie do przezwyciężenia a problemy niemożliwe do rozwiązania przez istotę stworzoną.

Adam i Ewa byli odosobnieni a przygniatające poczucie samotności, które im doskwierało, znacznie się pogłębiło na skutek wczesnego odlotu zarządców komisarycznych, Melchizedeków. Tylko pośrednio, drogami klasy anielskiej, mogli się kontaktować z jakąkolwiek istotą spoza planety. Powoli ich odwaga słabła, duch upadał a czasem i wiara nieomal się chwiała.

I taki jest prawdziwy obraz konsternacji tych dwu szlachetnych dusz, kiedy rozważały zadania, w obliczu których stanęły. Obydwoje w pełni zdawali sobie sprawę z gigantycznych wysiłków, jakich wymagało wypełnienie ich planetarnego przydziału.

Prawdopodobnie żaden Syn Materialny z Nebadonu nigdy nie stanął w obliczu tak trudnego i pozornie beznadziejnego zadania, jakie było udziałem Adama i Ewy w żałosnej sytuacji Urantii. Kiedyś jednak osiągnęliby sukces, gdyby tylko byli bardziej dalekowzroczni i *cierpliwi*. Oboje, zwłaszcza Ewa, byli ogólnie mówiąc zbyt niecierpliwi; nie byli przygotowani na tak niezmiernie długi sprawdzian wytrzymałości. Chcieli zobaczyć jakieś natychmiastowe wyniki i je ujrzeli, ale uzyskane w ten sposób rezultaty okazały się w najwyższym stopniu zgubne, zarówno dla nich, jak i dla ich świata.

2. INTRYGA CALIGASTII

Caligastia często odwiedzał Ogród i wiele rozmawiał z Adamem i Ewą, ale oni pozostawali nieprzejednani wobec wszystkich jego sugestii kompromisu i przedsięwzięć skrótowych. Zbyt wiele skutków buntu mieli przed oczyma i nabrali odpowiedniej odporności na wszelkie takie insynuacje. Nawet młodsze potomstwo Adama pozostawało niewzruszone wobec zabiegów Daligastii. Oczywiście, zarówno Caligastia jak i jego towarzysz nie mogli wpływać na kogokolwiek wbrew jego woli, tym bardziej nie mogli namówić dzieci Adama do czynienia zła.

Należy przypomnieć, że Caligastia nadal był tytularnym, Planetarnym Księciem Urantii, chociaż błądzącym, ale mimo wszystko wysokim Synem wszechświata lokalnego. Ostatecznie zdetronizowany został dopiero wtedy, kiedy Chrystus Michał przebywał na Urantii.

Upadły Książę był jednak natarczywy i zdeterminowany. Prędko przestał pracować nad Adamem i postanowił zaatakować podstępnie, z flanki, Ewę. Zły rozumował, że sukces osiągnąć może tylko wtedy, gdy umiejętnie użyje pewne osoby, należące do wyższych klas plemienia Nodytów, czyli potomków towarzyszącego mu kiedyś cielesnego personelu. I ukartowano odpowiednie plany, aby usidlić matkę rasy fioletowej.

Ewa nigdy nie miała najmniejszych intencji robienia czegokolwiek, co mogłoby sprzeciwiać się planom Adama, czy też narażać na niebezpieczeństwo ich planetarne powiernictwo. Melchizedecy, znając tendencję kobiety do wypatrywania raczej natychmiastowych wyników zamiast dalekowzrocznego planowania dla osiągnięcia odległych efektów, przed swym odlotem tłumaczyli, zwłaszcza Ewie, specyficzne niebezpieczeństwa związane z odosobnieniem na planecie i szczególnie ją ostrzegali, żeby nigdy nie odstawała od swego małżonka, to znaczy, nie próbowała osobistych czy potajemnych metod ułatwiania ich obopólnych przedsięwzięć. Przez ponad sto lat Ewa wyjątkowo sumiennie kierowała się tymi instrukcjami i nie przychodziło jej na myśl, że jakiekolwiek niebezpieczeństwo może się wiązać z coraz bardziej prywatnymi i poufnymi wizytami, składanymi jej przez pewnego wodza Nodytów, zwanego Serapatatią. Cała sprawa rozwijała się tak powoli i tak naturalnie, że Ewa poddała się jej nieświadomie.

Od wczesnych dni Edenu mieszkańcy Ogrodu kontaktowali się z Nodytami. Otrzymali od nich bardzo cenną pomoc i współpracowali z tymi, mieszanymi potomkami upadłych członków personelu Caligastii i dzięki nim właśnie rządy edeniczne miały być teraz doprowadzone do kompletnej ruiny i ostatecznego upadku.

3. KUSZENIE EWY

Adam skończył właśnie swoje pierwsze sto lat na Ziemi, kiedy Serapatatia, po śmierci swego ojca, został przywódcą zachodniej albo syryjskiej konfederacji plemion nodyckich. Serapatatia był mężczyzną o brunatnym kolorze skóry, utalentowanym, odległym potomkiem szefa komisji zdrowia Dalamatii, ożenionym z jednym z najlepszych kobiecych umysłów rasy niebieskiej z tamtych, odległych czasów. Potem, przez całe wieki, ród ten władał zachodnimi plemionami Nodytów i wywierał na nie wielki wpływ.

Serapatatia wielokrotnie odwiedzał Ogród i słuszność sprawy Adama wywarła na nim ogromne wrażenie. I krótko po objęciu przywództwa Nodytów syryjskich, ogłosił swą intencję związania się z dziełem Adama i Ewy w Ogrodzie. Większość jego narodu przyłączyła się do niego, popierając ten plan i Adam był uradowany wiadomością, że najpotężniejsze i najbardziej inteligentne ze wszystkich plemion sąsiadujących zmieniło swe nastawienie i prawie gremialnie poparło program doskonalenia świata; to było zdecydowanie podbudowujące. I wkrótce po tym wielkim wydarzeniu, Serapatatia i jego nowy personel byli przyjmowani przez Adama i Ewę w ich własnym domu.

Serapatatia stał się jednym z najzdolniejszych i najbardziej operatywnych namiestników Adama. Był zupełnie uczciwy i całkowicie szczery we wszystkim, co robił; nigdy nie uświadomił sobie, nawet później, że był używany za okolicznościowe narzędzie przez podstępnego Caligastię.

Serapatatia został wkrótce zastępcą przewodniczącego edeńskiej komisji do spraw stosunków międzyplemiennych i przygotowywano wiele planów, aby przyspieszyć zjednanie odległych plemion dla sprawy Ogrodu.

Serapatatia sporo naradzał się z Adamem i Ewą – zwłaszcza z Ewą – a omawiali wiele planów zmierzających do usprawnienia metod działania. Pewnego dnia, podczas rozmowy z Ewą, przyszło Serapatatii na myśl, że byłoby bardzo dobrze, gdyby podczas oczekiwania na zebranie się znacznej liczby ludzi rasy fioletowej, można było coś zrobić w międzyczasie, dla bezzwłocznego zaawansowania oczekujących tego plemion. Serapatatia twierdził, że gdyby Nodyci, jako rasa najbardziej zaawansowana i kooperatywna, mieli wodza zrodzonego dla nich częściowo z rasy fioletowej, byłoby to potężne ogniwo wiążące bliżej plemiona Nodytów z Ogrodem. I wszystko to było szczerze i rzeczowo rozpatrywane, dla dobra świata, ponieważ takie dziecko, będąc wychowywane i nauczane w Ogrodzie, mogłoby wywierać wielki, pozytywny wpływ na lud jego ojca.

Ponownie należy podkreślić, że Serapatatia był zupełnie uczciwy i całkowicie szczery we wszystkim, co proponował. Nawet raz nie przyszło mu na myśl, że jest tylko pionkiem w grze Caligastii i Daligastii. Serapatatia w pełni popierał plan stworzenia silnych rezerw rasy fioletowej, przed rozpoczęciem światowej regeneracji zdezorientowanych ludów Urantii. Potrzeba było jednak setek lat na realizację tego zadania a on był niecierpliwy; chciał widzieć jakieś natychmiastowe rezultaty – coś podczas swego życia. Tłumaczył Ewie, że Adam był częstokroć zniechęcony znikomością tego, co dokonano dla doskonalenia świata.

Ponad pięć lat plany te dojrzewały w tajemnicy. W końcu doszły do tego punktu, kiedy to Ewa przystała na potajemne spotkanie z Cano, najznakomitszym umysłem i operatywnym wodzem pobliskiej kolonii zaprzyjaźnionych Nodytów. Cano był bardzo pozytywnie nastawiony do rządów adamicznych; w rzeczywistości był oddanym, duchowym przywódcą tych pobliskich Nodytów, którzy pragnęli utrzymywać przyjazne stosunki z Ogrodem.

Brzemienne w skutki spotkanie miało miejsce o zmierzchu, jesiennego wieczora, niedaleko domu Adama. Nigdy przedtem Ewa nie spotkała pięknego i przepełnionego entuzjazmem Cano – a stanowił on okazały przykład doskonałej budowy ciała i niepospolitego intelektu, który odziedziczył po swych odległych przodkach z personelu Księcia. I Cano również w pełni wierzył w słuszność planu Serapatatii. (Poza Ogrodem, wielożeństwo było powszechne).

Pod wpływem schlebiania, entuzjazmu i intensywnej perswazji osobistej, Ewa zgodziła się, wtedy i tam, zacząć wielokrotnie omawiane przedsięwzięcie, żeby dodać swoją własną, drobną metodę ratowania świata do większego i bardziej rozległego, Boskiego planu. Zanim się w pełni zorientowała, co się zdarzyło, fatalny krok został zrobiony. Stało się.

4. ZROZUMIENIE ODSTĘPSTWA

Ożywiło się niebiańskie życie planety. Adam się zorientował, że stało się coś złego i prosił Ewę, żeby porozmawiała z nim sam na sam w Ogrodzie. I teraz, po raz pierwszy, Adam słyszał całą historię o długo planowanym przyspieszeniu doskonalenia świata, poprzez działanie w dwu kierunkach równocześnie, wykonując Boski plan razem realizacją planu Serapatatii.

I kiedy Materialny Syn i Materialna Córka rozmawiali ze sobą w Ogrodzie, w poświacie księżyca, „głos w Ogrodzie" zganił ich za nieposłuszeństwo. Głos ten nie był niczym innym, jak moim własnym obwieszczeniem dla edeńskiej pary, że przekroczyli umowę w sprawie Ogrodu, że byli nieposłuszni instrukcjom Melchizedeków, że zawiedli i nie dochowali przysięgi wierności władcy wszechświata.

Ewa przystała na udział w praktykowaniu dobra i zła. Dobrem jest realizacja Boskich planów; grzechem jest rozmyślne sprzeciwianie się Boskiej woli; złem jest niewłaściwa realizacja planów i niedopasowanie metod działania, co w rezultacie przynosi dysharmonię wszechświata i planetarny chaos.

Za każdym razem, gdy ogrodowa para spożywała owoc drzewa życia, Adam i Ewa byli ostrzegani przez archanioła opiekuna, aby wystrzegali się kompromisowych sugestii Caligastii, kombinacji dobra i zła. Tak byli napominani: „W dniu, w którym połączycie dobro i zło, niezawodnie staniecie się takimi, jak śmiertelnicy tej sfery; na pewno umrzecie".

Podczas pamiętnych wypadków ich tajnego spotkania, Ewa mówiła Cano o tym, wciąż powtarzanym ostrzeżeniu, ale Cano, nie znając doniosłości czy też znaczenia takich napomnień, zapewnił ją, że mężczyzna i kobieta, kierujący się dobrymi motywami i czystymi intencjami nie mogą robić zła; że ona na pewno nie umrze, ale raczej żyć będzie od nowa w osobie ich potomstwa, które będzie dorastać jako błogosławieństwo i stabilizacja dla świata.

Chociaż ten zamiar modyfikacji Boskiego planu wymyślony był i przeprowadzony z całkowitą szczerością, motywowany tylko najwyższym dobrem świata, zawierał zło, ponieważ był złą drogą osiągania słusznych celów, ponieważ zszedł z prawej drogi Boskiego planu.

Prawda, że Cano podobał się Ewie i zdała ona sobie sprawę ze wszystkiego, co obiecywał jej uwodziciel, drogą „nowej i poszerzonej wiedzy spraw ludzkich i przyspieszonego rozumowania natury ludzkiej, jako uzupełnienia rozumowania natury adamicznej".

Tamtego wieczora rozmawiałem z ojcem i matką rasy fioletowej w Ogrodzie, jako że było to moim obowiązkiem w obliczu owych smutnych wypadków. Słuchałem całej opowieści o wszystkim, co doprowadziło do odstępstwa Matki Ewy i dałem obojgu wskazówki i rady, odnoszące się do aktualnej sytuacji. Niektóre z tych rad stosowali, niektóre zignorowali. W waszych zapisach rozmowy te pojawiają się jako: „Pan Bóg wołał Adama i Ewę w Ogrodzie i zapytał, «Gdzie jesteście?»". Zwyczajem późniejszych pokoleń było przypisywanie wszystkiego niezwykłego i nadzwyczajnego, zarówno naturalnego jak i duchowego, bezpośrednio osobistej interwencji Bogów.

5. KONSEKWENCJE ODSTĘPSTWA

Rozczarowanie Ewy było naprawdę godne współczucia. Adam rozeznał się w całym kłopotliwym położeniu, a będąc przygnębiony i ze złamanym sercem, przejawiał jedynie współczucie i sympatię dla swej błądzącej małżonki.

Adam był zdesperowany, kiedy uświadomił sobie klęskę i w dzień po wykroczeniu Ewy odszukał Laottę, wspaniałą kobietę, Nodytkę, która była kierowniczką szkół w zachodniej części Ogrodu i rozmyślnie popełnił nierozsądny czyn Ewy. Ale nie zrozumcie tego źle; Adam nie był zwiedziony, dokładnie wiedział, czego chciał; celowo pragnął dzielić swój los z Ewą. Kochał swą małżonkę nadludzką miłością i myśl o ewentualnym, samotnym czuwaniu na Urantii bez niej, była dla niego nie do zniesienia.

Rozwścieczeni mieszkańcy Ogrodu stali się nieposłuszni, gdy się dowiedzieli, co przydarzyło się Ewie; wypowiedzieli wojnę pobliskiej kolonii Nodytów. Wylali się z bram Edenu na tych, nieprzygotowanych ludzi, wybijając ich doszczętnie – nie oszczędzając ani mężczyzny, ani kobiety, ani dziecka. Zginął również Cano, ojciec nienarodzonego jeszcze Kaina.

Serapatatię ogarnęła konsternacja, a gdy sobie uświadomił, co się stało, owładnął nim strach i wyrzuty sumienia. Następnego dnia utopił się w wielkiej rzece.

Dzieci Adama próbowały pocieszać swą oszalałą matkę, podczas gdy ich ojciec błąkał się samotnie przez trzydzieści dni. Pod koniec tego czasu rozsądek wziął górę, Adam wrócił do domu i zaczął planować przyszły kierunek działania.

Konsekwencje braku rozsądku u błądzących rodziców częstokroć dzielą ich niewinne dzieci. Zacni i szlachetni synowie i córki Adama i Ewy przytłoczeni byli niewypowiedzianym żalem tej strasznej tragedii, która tak nagle i bezlitośnie na nich spadła. Nawet w pięćdziesiąt lat później, starsze dzieci nie podźwignęły się z żalu i smutku tych tragicznych dni, zwłaszcza z grozy tego, trzydziestodniowego okresu, gdy ich ojca nie było w domu, podczas gdy strapiona matka nic nie wiedziała o jego losie i miejscu pobytu.

Te same trzydzieści dni były dla Ewy tak długie, jak lata żalu i cierpienia. Nigdy już ta szlachetna dusza nie doszła w pełni do siebie po tamtym, dręczącym okresie umysłowego cierpienia i duchowego żalu. Żaden aspekt późniejszych niedostatków i ziemskich trudów nie mógł się nawet równać w pamięci Ewy z tymi strasznymi dniami i okropnymi nocami samotności oraz nieznośnej niepewności. Ewa zrozumiała nierozważny postępek Serapatatii i nie wiedziała, czy jej małżonek zabił się z żalu, czy też został usunięty ze świata za karę, za jej nierozważny krok. I kiedy Adam wrócił, Ewa przeżywała rekompensatę radości i wdzięczności, nigdy nie zapomnianą w czasie ich długiego i trudnego partnerstwa w znojnej służbie.

Czas upływał, ale Adam nie był pewny, jaki jest rodzaj ich przewinienia, tak długo, aż w siedemdziesiąt dni po odstępstwie Ewy wrócili na Urantię komisaryczni zarządcy, Melchizedecy i przejęli jurysdykcję spraw światowych. Wtedy Adam i Ewa wiedzieli, że ponieśli porażkę.

Jednak wciąż nowe kłopoty wisiały w powietrzu. Wieść o wybiciu kolonii Nodytów, w pobliżu Edenu, dość szybko dotarła do rodzinnych plemion Serapatatii, na północy i teraz wielka rzesza ludzi zbierała się do marszu na Ogród. Był to początek długich i zajadłych wojen pomiędzy Adamitami a Nodytami, gdyż antagonizmy te trwały długo po tym, jak Adam i jego stronnicy emigrowali do drugiego ogrodu, w dolinie Eufratu. Była to głęboka i długotrwała „wrogość pomiędzy tamtym mężczyzną a kobietą, pomiędzy jego potomstwem a jej potomstwem".

6. ADAM I EWA OPUSZCZAJĄ OGRÓD

Kiedy Adam dowiedział się, że nadciągają Nodyci, prosił Melchizedeków o radę, ci jednak odmówili porady, mówiąc mu tylko, żeby robił to, co uważa za stosowne oraz obiecali swą przyjazną współpracę tak dalece, jak to będzie możliwe, w jakimkolwiek kierunku zdecyduje się działać. Melchizedekom zabroniono się mieszać do osobistych planów Adama i Ewy.

Adam wiedział, że zarówno on jak i Ewa ponieśli porażkę. Mówiła mu o tym obecność zarządców komisarycznych, Melchizedeków, aczkolwiek nadal nic nie wiedział o swoim i Ewy osobistym statusie, czy przyszłym losie. Odbył całonocną naradę, w której wzięło udział około tysiąc dwieście jego lojalnych stronników, zobowiązujących się iść ze swym przywódcą i następnego dnia, w południe, pielgrzymi ci wyszli z Edenu w poszukiwaniu nowej ojczyzny. Adam nie miał zamiłowania do wojny i dlatego też postanowił zostawić bez oporu pierwszy ogród Nodytom.

Na trzeci dzień po wyjściu z Ogrodu, edeńska karawana została zatrzymana przez przylot transportów seraficznych z Jerusem. Po raz pierwszy Adam i Ewa dowiedzieli się o losie swych dzieci. Kiedy transporty stały w pobliżu, te dzieci, które doszły do wieku odpowiedniego do wyboru (dwadzieścia lat), dostały opcję pozostania na Urantii z rodzicami, lub udania się pod kuratelę Najwyższych Ojców z Norlatiadeku. Dwie trzecie wybrały odlot na Edentię, blisko jedna trzecia postanowiła zostać z rodzicami. Wszystkie te dzieci, które nie doszły do wieku wyboru, zostały zabrane na Edentię. Nikt nie powinien rozważać tak bolesnego rozstania się Materialnego Syna i Materialnej Córki z ich dziećmi, bez uświadomienia sobie, że droga naruszającego prawo jest trudna. To potomstwo Adama i Ewy znajduje się teraz na Edentii; nie wiemy, jakie będą rozporządzenia w ich sprawie.

Karawana, gotowa teraz do dalszej drogi, była wyjątkowo smutna. Czy może być coś *bardziej tragicznego!* Przybyć do świata z tak wielkimi nadziejami, być tak radośnie przyjętym a potem wyjść w hańbie z Edenu, tylko po to, żeby stracić ponad trzy czwarte dzieci jeszcze przed znalezieniem nowego, stałego miejsca pobytu!

7. DEGRADACJA ADAMA I EWY

Było to podczas postoju karawany edeńskiej, kiedy Adam i Ewa zostali poinformowani o naturze ich wykroczenia oraz powiadomieni o tym, co się tyczy ich losu. Zjawił się Gabriel, aby ogłosić wyrok. Takie było orzeczenie: Planetarny Adam i Planetarna Ewa z Urantii są winni odstępstwa; pogwałcili konwencję powierzonej im administracji, jako władcy tego, zamieszkałego świata.

Podczas gdy Adam i Ewa przygnębieni byli poczuciem winy, bardzo podbudowało ich obwieszczenie, że sędziowie na Salvingtonie zwolnili ich od wszelkich oskarżeń „lekceważenia rządu wszechświatowego". Nie byli winni buntu.

Para edeńska została powiadomiona, że zdegradowali się sami do statusu śmiertelników tej domeny, że odtąd muszą żyć tak, jak mężczyzna i kobieta z Urantii, dbając o przyszłość ludów tego świata, o swoją przyszłość.

Na długo przedtem, zanim Adam i Ewa opuścili Jerusem, ich instruktorzy objaśniali im dokładnie konsekwencje jakiegokolwiek istotnego odejścia od Boskich planów. Ostrzegałem ich osobiście i to wielokrotnie, zarówno przed jak i po ich przybyciu na Urantię, że redukcja do statusu ciała śmiertelnego będzie niechybnym rezultatem, pewną karą, która niezawodnie ich spotka w wyniku odstępstwa przy realizacji ich misji planetarnej. Jednak, żeby dokładnie zrozumieć konsekwencje, jakie wynikły dla Adama i Ewy na skutek odstępstwa, należy rozumieć status nieśmiertelności materialnej klasy synostwa.

1. Adam i Ewa, podobnie jak ich towarzysze na Jerusem, zachowywali status nieśmiertelności przez intelektualny związek z obwodem grawitacji umysłu Ducha. Kiedy to żywotne podtrzymywanie zostaje przerwane, przez umysłowe odłączenie, wtedy bez względu na duchowy poziom bytu istoty, traci ona status nieśmiertelności. Status śmiertelny, co pociąga za sobą fizyczny rozkład, był nieuniknioną konsekwencją intelektualnego odstępstwa Adama i Ewy.

2. Materialny Syn i Materialna Córka z Urantii, będąc uosobieni na podobieństwo śmiertelnego ciała tego świata, dodatkowo byli zależni od zachowania podwójnego systemu krążenia, jednego wywodzącego się z ich natury fizycznej i drugiego pochodzącego z superenergii składowanej w owocu drzewa życia. Archanioł opiekun napominał zawsze Adama i Ewę, że nadużycie pokładanego w nich zaufania może się skończyć degradacją ich statusu; tak więc w konsekwencji upadku zabroniono im dostępu do tego źródła energii.

Caligastia odniósł sukces, usidlając Adama i Ewę, ale nie zrealizował swego celu, nie doprowadził ich do otwartego buntu przeciwko rządowi wszechświata. To, co zrobili, było w swej istocie złem, ale nigdy nie byli winni lekceważenia prawdy, jak również nie przyłączyli się świadomie do buntu przeciwko prawym rządom Ojca Wszechświatowego i jego Syna Stwórcy.

8. TAK ZWANY UPADEK CZŁOWIEKA

Adam i Ewa upadli z ich wysokiego statusu synostwa materialnego do niskiego stanu człowieka śmiertelnego. Ale to nie był upadek człowieka. Rasa ludzka została udoskonalona, pomimo bezpośrednich konsekwencji adamicznego odstępstwa. Aczkolwiek nie powiódł się Boski plan dania rasy fioletowej ludom Urantii, narody śmiertelne odniosły ogromną korzyść z niewielkiego dodatku tej rasy, jaki Adam i jego potomkowie przydali ludziom Urantii.

„Upadku człowieka" nie było. Historia gatunku ludzkiego to historia progresywnej ewolucji a obdarzenie adamiczne zostawiło ludy świata znacznie wzbogacone, w porównaniu z ich uprzednim stanem biologicznym. Bardziej zaawansowane grupy ludzkie na Urantii zawierają czynniki dziedziczne wywodzące się aż z czterech odrębnych źródeł: Andonowego, sangikowego, Nodowego i Adamowego.

Adama nie można traktować jako przyczyny wyklęcia gatunku ludzkiego. Podczas gdy realizacja Boskiego planu mu nie wyszła, podczas gdy złamał przymierze z Bóstwem, podczas gdy on i jego małżonka zostali w sposób oczywisty zdegradowani do statusu człowieka, mimo to, wszystko co wnieśli do gatunku ludzkiego, przyczyniło się znacznie do rozwoju cywilizacji na Urantii.

Gdy się ocenia wyniki misji adamicznej na waszym świecie, sprawiedliwość nakazuje uwzględnić warunki planetarne. Adam stanął twarzą w twarz z zadaniem prawie niewykonalnym, kiedy wraz ze swą piękną małżonką został przeniesiony z Jerusem na tę posępną, pozostającą w stanie chaosu planetę. Gdyby jednak Adam i Ewa kierowali się radami Melchizedeków i ich pomocników i *gdyby byli bardziej cierpliwi*, w końcu osiągnęliby sukces. Ewa dała jednak posłuch podstępnej propagandzie o wolności osobistej i planetarnej swobodzie działania. Pokusiła się na eksperyment z plazmą życia materialnej klasy synostwa, przy czym dopuściła ów depozyt życia do przedwczesnego połączenia z tym, który wtedy należał do klasy mieszanej, pochodzącej z pierwotnego projektu Nosicieli Życia, uprzednio już połączonego z tym, który pochodził od rozmnażających się istot, kiedyś przydzielonych do personelu Księcia Planetarnego.

Podczas całego waszego wznoszenia się do Raju, nigdy nic nie zyskacie przez niecierpliwą próbę przechytrzenia ustalonego, Boskiego planu, przez skróty, osobiste wynalazki, czy inne środki zmierzające do ulepszania drogi doskonałości, prowadzącej do doskonałości i dla wiecznej doskonałości.

Ogółem biorąc, prawdopodobnie nigdy w całym Nebadonie, na żadnej planecie, mądrość nie spotkała się z bardziej przygnębiającym niepowodzeniem. Ale nic w tym dziwnego, że takie błędne posunięcia zdarzają się w przedsięwzięciach wszechświatów ewolucyjnych. Jesteśmy częścią gigantycznego stworzenia i nic w tym osobliwego, że nie wszystko w nim działa doskonale; nasz wszechświat nie został stworzony w doskonałości. Doskonałość jest naszym wiecznym celem, ale nie początkiem.

Gdyby ten wszechświat był mechaniczny, gdyby Pierwsze Źródło i Centrum był tylko siłą a nie osobowością, jeśliby całe stworzenie było ogromnym skupiskiem materii fizycznej, kierowanej precyzyjnymi prawami, odznaczającymi się niezmiennymi oddziaływaniami energii, wtedy można by mieć doskonałość, nawet pomimo niekompletności statusu wszechświata. Nie byłoby niezgodności, nie byłoby tarć. Jednak w naszym, ewoluującym wszechświecie względnej doskonałości i niedoskonałości, cieszymy się, że są możliwe niezgodności i nieporozumienia, gdyż to dowodzi istnienia i działania osobowości we wszechświecie. I jeśli nasza kreacja jest bytem zdominowanym przez osobowość, możecie być pewni, że istnieje możliwość wiecznego trwania osobowości, możliwość jej postępu i osiągnięć; możemy być przeświadczeni o rozwoju osobowości, o jej przeżyciach i przygodach. Cóż za piękny wszechświat, osobowy i rozwojowy, a nie tylko mechaniczny, czy nawet bezwolnie doskonały!

[Przedstawione przez Solonię, seraficzny „głos w Ogrodzie"].

PRZEKAZ 76

DRUGI OGRÓD

GDY Adam postanowił bez oporu zostawić pierwszy ogród Nodytom, nie mógł się udać ze swymi zwolennikami na zachód, gdyż Edeńczycy nie mieli łodzi potrzebnych do takiej morskiej wyprawy. Nie można było iść na północ; północni Nodyci maszerowali już na Eden. Obawiano się iść na południe; wzgórza tego rejonu roiły się od wrogich plemion. Jedyna, stojąca otworem droga, prowadziła na wschód, tak więc poszli ku wschodowi, w kierunku przepięknych wówczas rejonów położonych między Tygrysem i Eufratem. A wielu z tych, co zostali w tyle, szło później na wschód, żeby dołączyć do Adamitów w ich nowej ojczyźnie, w dolinie.

Zanim karawana adamiczna dotarła do celu, między rzekami w Mezopotamii, urodził się Kain oraz Sansa. Laotta, matka Sansy, zmarła w czasie porodu córki; Ewa cierpiała bardzo, ale przeżyła, zawdzięczając to swej nadludzkiej sile. Ewa karmiła piersią Sansę, dziecko Laotty i wychowywała ją razem z Kainem. Gdy Sansa dorosła, była kobietą o nieprzeciętnych zdolnościach. Została żoną Sargana, wodza północnych plemion niebieskich i przyczyniła się do rozwoju człowieka niebieskiego z tamtych czasów.

1. EDEŃCZYCY WKRACZAJĄ DO MEZOPOTAMII

Prawie cały rok upłynął, zanim karawana Adama dotarła do Eufratu. Zastali rzekę w czasie powodzi i rozłożyli się obozem na prawie sześć tygodni na równinach, na zachód od jej nurtu, zanim zdołali się przeprawić do krainy pomiędzy rzekami, która miała się stać drugim ogrodem.

Kiedy do ludzi, zajmujących teren drugiego ogrodu, doszła wieść, że król i najwyższy kapłan Ogrodu Eden maszeruje na nich, uciekli w pośpiechu w góry na wschodzie. Gdy przybył Adam, zastał całe upragnione terytorium opuszczone. I tutaj, na nowym miejscu, Adam i jego pomocnicy zabrali się do pracy, aby budować nowe domy i założyć nowe centrum kultury i religii.

Adam znał to miejsce, gdyż była to jedna z trzech pierwotnych propozycji komitetu do spraw lokalizacji Ogrodu, planowanego przez Vana i Amadona. W tamtych czasach same tylko rzeki stanowiły dobrą, naturalną obronę a niedaleko na północ od drugiego ogrodu Eufrat i Tygrys zbliżały się do siebie tak bardzo, że można było zbudować mur obronny o długości dziewięćdziesięciu kilometrów, dla ochrony terytorium południowego pomiędzy rzekami.

Po osiedleniu się w nowym Edenie, trzeba było prowadzić surowe życie; wydawało się szczerą prawdą, że ta ziemia jest przeklęta. Przyroda znowu dyktowała swoje prawa.

Adamici zmuszeni byli teraz zdobywać środki do życia z nie uprawianej wcześniej ziemi i radzić sobie z realiami życiowymi, w obliczu naturalnych przeszkód i sprzeczności śmiertelnego bytu. Pierwszy ogród zastali częściowo dla nich przygotowany, ale drugi musieli tworzyć pracą swych własnych rąk „w pocie ich oblicza".

2. KAIN I ABEL

Abel urodził się w niecałe dwa lata po narodzinach Kaina, było to pierwsze dziecko Adama i Ewy narodzone w drugim ogrodzie. Gdy Abel skończył dwanaście lat, postanowił zostać pasterzem; Kain wybrał rolnictwo.

Był w tamtych czasach obyczaj składania darów kapłaństwu, z tego, czym się zajmowano. Pasterze mogli dawać swe trzody, rolnicy plony swych pól i zgodnie z tym zwyczajem Kain i Abel również okresowo składali dary kapłanom. Wielokrotnie, ci dwaj chłopcy spierali się w sprawie względnych zalet swych zawodów a Abel wkrótce zauważył, że preferowano jego ofiary zwierzęce. Na próżno Kain odwoływał się do tradycji pierwszego Edenu, do dawnego pierwszeństwa dawanego plonom pól. Abel nie brał tego pod uwagę i wyśmiewał się z porażki starszego brata, zbijając go z tropu.

W czasach pierwszego Edenu Adam rzeczywiście próbował odzwyczajać ludzi od składania ofiar zwierzęcych, tak, że Kain miał uzasadniony precedens dla swych argumentów. Organizacja życia religijnego w drugim Edenie była jednak trudna. Adam miał na głowie tysiąc i jeden drobiazgów związanych z pracami budowlanymi, obroną i rolnictwem. Będąc duchowo przygnębiony, powierzył organizację praktyk religijnych i edukację tym rodom Nodytów, które służyły w takim charakterze w pierwszym ogrodzie; i w krótkim czasie pełniący swe obowiązki kapłani nodyccy wrócili do wzorów i zasad z czasów przedadamicznych.

Kain i Abel nigdy się zbytnio nie lubili a sprawa ofiar była dodatkową przyczyną animozji, jaką czuli do siebie. Abel wiedział, że jest synem zarówno Adama jak i Ewy i nigdy nie zaniedbał przypominać Kainowi, że Adam nie jest jego ojcem. Kain nie był czysto fioletowy, gdyż jego ojciec pochodził z rasy Nodytów, później zmieszanej z człowiekiem niebieskim i czerwonym oraz z pierwotną rasą Andonową. I wszystko to, wraz z naturalną, wrodzoną wojowniczością Kaina, przyczyniło się do rozbudzania coraz większej jego nienawiści do młodszego brata.

Chłopcy byli w wieku osiemnastu i dwudziestu lat, kiedy spór między nimi ostatecznie się rozstrzygnął; jednego dnia przymówki Abla tak rozwścieczyły jego wojowniczego brata, że Kain rzucił się na niego i w gniewie go zabił.

Obserwacja postępowania Abla dowodzi wartości środowiska i edukacji, jako czynników kształtowania charakteru. Abel miał idealne pochodzenie a dziedziczność jest podstawą wszystkich charakterów, jednak wpływ gorszego otoczenia praktycznie zneutralizował to wspaniałe dziedzictwo. Abel, zwłaszcza w latach swej młodości, ulegał silnym wpływom nieodpowiedniego otoczenia. Mógłby stać się zupełnie innym człowiekiem, gdyby dożył dwudziestu pięciu czy trzydziestu lat; ujawniłoby się wtedy jego doskonalsze dziedzictwo. Podczas gdy dobre otoczenie nie może zrobić zbyt wiele, aby zniwelować wady charakteru powstałe na bazie dziedziczności, złe otoczenie może skutecznie zepsuć doskonałe dziedzictwo, przynajmniej w młodszych latach życia. Właściwe środowisko społeczne i odpowiednia edukacja są niezastąpionym gruntem i otoczeniem dla wydobycia z dobrego dziedzictwa tego, co najlepsze.

Rodzice dowiedzieli się o śmierci Abla, kiedy psy przyprowadziły do domu stada bez gospodarza. Dla Adama i Ewy Kain stał się wkrótce trwałą, ponurą pamiątką ich lekkomyślności i umacniali go w jego decyzji opuszczenia ogrodu.

Życie Kaina w Mezopotamii nie było zbyt szczęśliwe, jako że był on w specyficzny sposób symbolem odstępstwa. Nie oznaczało to wcale, że ludzie byli mu nieżyczliwi, jednak odczuwał ich podświadomą niechęć, kiedy przebywał z nimi. Kain wiedział jednak, że skoro nie nosi żadnych znaków plemiennych, może zostać zabity przez pierwszego członka sąsiedniego plemienia, jakiego napotka. Strach i trochę wyrzutów sumienia doprowadziły go do skruchy. Kaina nigdy nie zamieszkiwał Dostrajacz zawsze buntował się on przeciw karności rodzinnej i miał w pogardzie religię ojca. Teraz jednak poszedł do Ewy, swej matki i prosił o pomoc duchową i przewodnictwo, a kiedy szczerze szukał Boskiej pomocy, zamieszkał w nim Dostrajacz. I ten Dostrajacz, żyjący w nim i chroniący go, dał Kainowi wyraźne cechy wyższości, pozwalające zaliczyć go do plemienia Adama, którego bardzo się bano.

I tak Kain poszedł do ziemi Nod, na wschód od drugiego Edenu. Został wielkim wodzem pewnej grupy ludzkiej w narodzie swego ojca i do pewnego stopnia wypełnił przewidywania Serapatatii, gdyż przez całe swe życie działał na rzecz pokoju pomiędzy tą grupą Nodytów i Adamitami. Ożenił się z Remoną, swą odległą kuzynką, a ich pierwszy syn, Henoch, został przywódcą Nodytów elamickich. I przez setki lat Elamici i Adamici żyli w pokoju.

3. ŻYCIE W MEZOPOTAMII

Z upływem czasu, w drugim ogrodzie, konsekwencje odstępstwa stawały się coraz bardziej widoczne. Adam i Ewa bardzo tęsknili za swą dawną ojczyzną, piękną i spokojną, jak również za swymi dziećmi, deportowanymi na Edentię. Niezwykłym wzruszeniem napawał widok tej wspaniałej pary, zredukowanej do statusu zwykłych śmiertelników tej sfery; jednak znosili swój zaniżony stan z wdziękiem i godnością.

Adam przezornie spędzał większość swego czasu na nauczaniu swych dzieci oraz ich współpracowników administracji państwowej, metod edukacyjnych i praktyk religijnych. Gdyby nie ta dalekowzroczność, po jego śmierci rozpętałoby się pandemonium. W rzeczywistości śmierć Adama nie wywołała większych zmian w kierowaniu jego narodem. Adam i Ewa zauważyli, na długo przed swą śmiercią, że ich dzieci jak również zwolennicy stopniowo uczą się zapominać dni chwały Edenu. I dobrze się stało dla większości ich zwolenników, że zapomnieli majestatyczności Edenu; nie ulegali zbytnio nastrojom niezadowolenia z powodu swego mniej doskonałego otoczenia.

Państwowi władcy Adamitów wywodzili się dziedzicznie od synów z pierwszego ogrodu. Pierwszy syn Adama, Adamson (Adam ben Adam) założył drugie centrum rasy fioletowej, na północ od drugiego Edenu. Drugi syn Adama, Ewason, został genialnym przywódcą i administratorem; był wspaniałym pomocnikiem swego ojca. Ewason nie żył tak długo jak Adam i jego najstarszy syn, Jansad, został spadkobiercą Adama, szefem plemion Adamitów.

Władcy religijni albo kapłaństwo, zaczęli się wraz z Setem, najstarszym żyjącym synem Adama i Ewy urodzonym w drugim ogrodzie. Urodził się on sto dwadzieścia dziewięć lat po przybyciu Adama na Urantię. Seta pociągała praca nad zaawansowaniem duchowym narodu jego ojca, w drugim ogrodzie został szefem nowego kapłaństwa.

Jego syn, Enos, zaprowadził nowy porządek nabożeństwa a jego wnuk, Kenan, założył zagraniczną służbę misyjną dla otaczających plemion, bliskich i dalekich.

Kapłaństwo setyckie pełniło trojakie zadania, zajmowało się religią, zdrowiem i edukacją. Kapłani tego porządku byli tak nauczani, żeby mogli prowadzić uroczystości religijne, służyć jako lekarze i inspektorzy sanitarni, oraz pracować jako nauczyciele w szkołach ogrodowych.

Do ziemi między rzekami karawana Adama przywiozła nasiona i cebulki setek roślin i zbóż z pierwszego ogrodu; przyprowadzono także liczne stada i niektóre udomowione zwierzęta. W związku z tym Adamici mieli znaczną przewagę nad otaczającymi plemionami. Korzystali z wielu dobrodziejstw poprzedniej kultury pierwszego Ogrodu.

Aż do czasu opuszczenia pierwszego ogrodu, Adam i jego rodzina żywili się tylko owocami, zbożami i orzechami. W drodze do Mezopotamii po raz pierwszy spróbowali ziół i warzyw. Jedzenie mięsa wcześnie wprowadzono w drugim ogrodzie, jednak Adam i Ewa nigdy nie spożywali mięsa, jako składnika swych regularnych posiłków. Tak samo Adamson, Ewason i inne dzieci pierwszego pokolenia z pierwszego ogrodu nie zaczęły jeść mięsa.

W osiągnięciach kulturalnych i rozwoju intelektualnym Adamici znacznie przewyższali otaczające ich plemiona. Stworzyli trzeci alfabet, oprócz tego położyli fundamenty pod znaczną ilość tego, co stanowiło zaczątki nowoczesnej sztuki, nauki i literatury. Tutaj, na ziemi między Tygrysem i Eufratem, zachowali sztukę pisania, metalurgii, garncarstwa i tkactwa oraz stworzyli architekturę niedoścignioną przez tysiąclecia.

Życie rodzinne ludzi fioletowych było idealne, jak dla tamtego czasu i epoki. Dzieci przechodziły kursy nauczające uprawy roli, rzemiosła i hodowli, lub uczono je pełnienia potrójnych obowiązków Setyty: jak być kapłanem, lekarzem i nauczycielem.

Gdy myślicie o kapłaństwie setyckim, nie mylcie tych bardzo inteligentnych i szlachetnych nauczycieli zdrowia i religii, tych prawdziwych pedagogów ze zdeprecjonowanym i kupczącym kapłaństwem późniejszych plemion i narodów otaczających. Ich religijne idee Bóstwa i wszechświata były zaawansowane i bardziej czy mniej dokładne, ich usługi zdrowotne były doskonałe, jak dla ich czasu, a ich metody edukacyjne pozostały niedościgłe od tamtych czasów.

4. RASA FIOLETOWA

Adam i Ewa zapoczątkowali fioletową rasę człowieka, dziewiątą rasę ludzką, jaka się pojawiła na Urantii. Adam i jego potomstwo mieli oczy niebieskie a ludzi fioletowych charakteryzowała jasna karnacja skóry i jasny kolor włosów – jasnoblond, ciemnoblond i rudy.

Ewa nie cierpiała bólów porodowych, podobnie jak i wczesne rasy ewolucyjne. Tylko rasy mieszane, powstałe ze związków człowieka ewolucyjnego z Nodytami, a później z Adamitami, cierpiały dotkliwe, ostre bóle porodowe.

Adam i Ewa, podobnie jak ich bracia na Jerusem, odżywiali się w dwojaki sposób; żywili się zarówno jedzeniem jak i światłem, uzupełnianym przez pewne nadfizyczne *energie, nie objawione na Urantii.* Ich urantiańskie potomstwo nie odziedziczyło rodzicielskiego daru pobierania energii i obiegu światła; miało ono pojedyncze krążenie, ludzki rodzaj odżywiania przez krew. Z założenia byli śmiertelnikami, choć żyli długo, aczkolwiek ich długowieczność zbliżała się coraz bardziej do norm ludzkich z każdym kolejnym pokoleniem.

Adam i Ewa, oraz ich dzieci z pierwszego pokolenia, nie jedli mięsa zwierzęcego. Utrzymywały ich przy życiu wyłącznie „owoce drzew". W kolejnych pokoleniach wszyscy potomkowie Adama zaczęli spożywać produkty nabiałowe, ale wielu z nich nadal nie jadło mięsa. Wiele plemion południowych, z którymi się później zjednoczyli, także nie jadło mięsa. Większość tych wegetariańskich plemion migrowała później na wschód i przetrwała, jako współczesna domieszka ludności Indii.

Zarówno fizyczne jak i duchowe postrzeganie Adama i Ewy znacznie przewyższało to postrzeganie, jakie mają ludzie współcześni. Ich zmysły specjalne były bardziej wyostrzone i mogli widzieć pośrednich oraz zastępy anielskie, Melchizedeków, jak również upadłego księcia Caligastię, który odwiedzał ich wielokrotnie i prowadził rozmowy ze swym szlachetnym następcą. Taką zdolność dostrzegania istot niebiańskich zachowali przez ponad sto lat po odstępstwie. Zmysły specjalne nie przejawiały się tak wyraźnie u ich dzieci i miały tendencje do słabnięcia z każdym kolejnym pokoleniem.

Dzieci adamiczne były zazwyczaj zamieszkałe przez Dostrajacza, ponieważ wszystkie one posiadały niekwestionowane możliwości wiecznego życia. To wspaniałe potomstwo nie znało strachu, tak jak dzieci ewolucji. Dzisiejsze narody Urantii nadal przejawiają tak wiele strachu, dlatego, że wasi przodkowie otrzymali zbyt mało plazmy życiowej Adama, ponieważ plany doskonalenia rasowo-fizycznego zakończyły się niepowodzeniem na samym początku.

Komórki ciał Synów Materialnych oraz ich potomstwa są znacznie bardziej odporne na choroby niż te, które należą do istot ewolucyjnych, rodzimych dla planety. Komórki ciał ras rodzimych pokrewne są wywołującym choroby mikroskopijnym i ultramikroskopijnym organizmom żywym tej sfery. Wyjaśnia to, dlaczego ludzie na Urantii muszą dokonywać tak wielu wysiłków naukowych, aby przeciwdziałać znacznej ilości dolegliwości fizycznych. Bylibyście znacznie bardziej odporni na choroby, gdyby wasze narody posiadały więcej życia adamicznego.

Po zadomowieniu się w drugim ogrodzie, nad Eufratem, Adam postanowił zostawić po sobie tak dużo swej plazmy życiowej, jak tylko to było możliwe, na pożytek świata po jego śmierci. W związku z tym Ewa została szefem dwunastoosobowej komisji do spraw doskonalenia ras i zanim Adam umarł, komisja ta wyselekcjonowała 1.682 kobiet wyższych typów z Urantii, i kobiety te zostały zapłodnione adamiczną plazmą życia. Za wyjątkiem 112, wszystkie ich dzieci osiągnęły dojrzałość, tak, że świat dużo zyskał dzięki dodatkowi 1570 nadrzędnych mężczyzn i kobiet. Chociaż kandydujące matki wybierane były ze wszystkich otaczających plemion i reprezentowały większość żyjących na Ziemi ras ludzkich, największa ich część została wybrana z najwyższych warstw Nodytów i takie były wczesne początki potężnej rasy Anditów. Dzieci te urodziły się i wychowywały w plemionach ich matek.

5. ŚMIERĆ ADAMA I EWY

Wkrótce po założeniu drugiego Edenu, Adam i Ewa zostali odpowiednio poinformowani, że ich skrucha jest zadowalająca i choć muszą cierpieć los śmiertelników tego świata, na którym żyją, na pewno zostaną zakwalifikowani do klasy śpiących przetrwałych Urantii. Zawierzyli w pełni tej ewangelii zmartwychwstania i rehabilitacji, którą

Melchizedekowie z wielkim wzruszeniem im obwieścili. Ich wykroczenie było pomyłką w osądzie a nie grzechem świadomego i rozmyślnego buntu.

Adam i Ewa, gdy byli obywatelami Jerusem, nie mieli Dostrajaczy Myśli, ani też Dostrajacze ich nie zamieszkiwały, kiedy działali na Urantii w pierwszym ogrodzie. Jednak krótko po sprowadzeniu do statusu śmiertelnego, Adam i Ewa stali się świadomi nowej obecności w sobie i otworzyły im się oczy, i zrozumieli, że ludzki status, w połączeniu ze szczerym żalem, umożliwił zamieszkanie ich przez Dostrajacze. Zrozumienie tego faktu, że są zamieszkani przez Dostrajacze, dodało Adamowi i Ewie otuchy na resztę ich życia; wiedzieli, że chybili jako Synowie Materialni z Satanii, ale wiedzieli również, że droga do Raju nadal stoi przed nimi otworem, jako przed wznoszącymi się synami wszechświata.

Adam wiedział o zmartwychwstaniu, kończącym system sprawiedliwości, które nastąpiło wraz z jego przybyciem na planetę i wierzył, że zarówno on jak i jego towarzyszka będą prawdopodobnie uosobieni na nowo w związku z nadejściem kolejnej klasy synostwa. Nie wiedział o tym, że Michał, władca tego wszechświata, ma się wkrótce pojawić na Urantii; przypuszczał, że następny mający przybyć Syn będzie klasy Avonalnej. Tak więc rozważanie jedynej osobistej wiadomości, jaką kiedykolwiek dostali od Michała, zawsze było pociechą dla Adama i Ewy, jak również czymś trudnym do zrozumienia. Wiadomość ta, pośród wyrazów przyjaźni i pocieszenia, mówiła: „Wziąłem pod uwagę okoliczności waszego odstępstwa, pamiętałem pragnienie serc waszych, aby zawsze być lojalni woli mojego Ojca i zostaniecie wezwani z objęć śmiertelnej drzemki, kiedy przybędę na Urantię, jeśli Synowie, podwładni z mojego królestwa, nie poślą po was wcześniej".

Stanowiło to wielką zagadkę dla Adama i Ewy. Potrafili zrozumieć ukrytą w tej wiadomości obietnicę ewentualnego zmartwychwstania specjalnego i bardzo się cieszyli z takiej możliwości, ale nie mogli zrozumieć znaczenia tego napomknienia, które mówiło, że mogą spoczywać do czasu zmartwychwstania, związanego z osobistym pojawieniem się Michała na Urantii. I dlatego też para Edeńska zawsze głosiła, że kiedyś przyjdzie Syn Boży i to wierzenie przekazali swoim najbliższym, przynajmniej tęskną nadzieję, że świat ich pomyłek i smutków może zostać ewentualnie tą sferą, którą wybierze władca wszechświata, żeby na niej działać w charakterze obdarzającego, Rajskiego Syna. Wydawało się to zbyt piękne, żeby mogło być prawdziwe, jednak Adam rozważał taką ideę, że rozdarta walką Urantia może w końcu okazać się najszczęśliwszym światem w systemie Satania, planetą, która budzić będzie zazdrość w całym Nebadonie.

Adam żył 530 lat; umarł z powodu, który można by nazwać wiekiem starczym. Fizyczny mechanizm jego ciała po prostu się wypracował; proces rozpadu stopniowo przewyższył proces regeneracji i nadszedł nieuchronny koniec. Ewa zmarła dziewiętnaście lat wcześniej, na skutek osłabienia serca. Oboje zostali pochowani w centrum świątyni służby Bożej, zbudowanej zgodnie z ich planami, wkrótce po tym, jak mury kolonii zostały skończone. I taki był początek zwyczaju chowania wybitnych i pobożnych mężczyzn i kobiet pod posadzkami miejsc nabożeństwa.

Nadmaterialny rząd Urantii działał dalej, pod kierownictwem Melchizedeków, ale skończył się bezpośredni, fizyczny kontakt z narodami ewolucyjnymi. Od zamierzchłych czasów, kiedy to przybył cielesny personel Księcia Planetarnego, poprzez czasy

Vana i Amadona i dalej, aż do przybycia Adama i Ewy, materialni reprezentanci rządu wszechświata przebywali na planecie. Jednak te rządy, trwające ponad czterysta pięćdziesiąt tysięcy lat, skończyły się razem z adamicznym odstępstwem. W sferach duchowych anielscy pomocnicy nadal się trudzą, pracują heroicznie razem z Dostrajaczami Myśli, aby ocalić jednostkę; ale żaden ogólny plan szeroko zakrojonej pomocy dla świata nie był głoszony śmiertelnikom ziemskim, aż do przybycia Machiventy Melchizedeka, w czasach Abrahama, który to Melchizedek z mocą, cierpliwością i autorytetem Syna Bożego kładł fundamenty pod dalsze doskonalenie i duchową rehabilitację niefortunnej Urantii.

Tym niemniej, nie same tylko nieszczęścia stanowią o losie Urantii; planeta jest także najszczęśliwszą w lokalnym wszechświecie Nebadon. Urantianie mogą zliczyć całość na swoją korzyść, jeśli pomyłki ich przodków i błędy dawnych władców świata tak mocno pogrążyły planetę w beznadziejnym stanie chaosu, bardziej jeszcze pogmatwanym przez zło i grzech, że to właśnie tło ciemności tak głęboko przemówiło do Michała z Nebadonu, iż wybrał ów świat na arenę objawienia miłości pełnej osobowości Ojca w niebie. Nie oznacza to wcale, że Urantia potrzebowała Syna Stwórcy, żeby zrobić porządek w jej pogmatwanych sprawach; raczej zło i grzech na Urantii dostarczyły Synowi Stwórcy bardziej frapującego tła do objawienia niedościgłej miłości, miłosierdzia i cierpliwości Rajskiego Ojca.

6. PRZETRWANIE ADAMA I EWY

Adam i Ewa odeszli na śmiertelny spoczynek z mocną wiarą w przyrzeczenie Melchizedeków, że kiedyś się zbudzą ze snu śmierci, żeby kontynuować życie na światach-mieszkaniach, światach tak dobrze im znanych z czasów poprzedzających ich misję na Urantii, w materialnym ciele rasy fioletowej.

Nie spoczywali długo w nicości nieświadomego snu śmiertelników z ich sfery. Na trzeci dzień po śmierci Adama, a drugi po jego czci pełnym pogrzebie, zarządzenia Lanaforge – podtrzymane przez pełniącego obowiązki Najwyższego Ojca z Edentii oraz zatwierdzone przez Jednoczącego Czasu z Salvingtonu, działającego w imieniu Michała – złożone zostały w ręce Gabriela, zalecając apel specjalny wyróżniających się, przetrwałych istot z odstępstwa adamicznego na Urantii. Zgodnie z zaleceniem przeprowadzenia dwudziestego szóstego zmartwychwstania specjalnego na Urantii, Adam i Ewa zostali uosobieni na nowo i złożeni na nowo w halach zmartwychwstania, w światach-mieszkaniach Satanii, razem z ich 1316 towarzyszami z czasów pierwszego ogrodu. Wiele innych, lojalnych dusz, zostało transponowanych w czasie przybycia Adama, w czasie osądu systemu sprawiedliwości zarówno dla śpiących przetrwałych jak i dla żywych, kwalifikujących się do wznoszenia.

Adam i Ewa szybko przeszli światy stopniowego wznoszenia się, aż doszli do obywatelstwa Jerusem, aby raz jeszcze zostać mieszkańcami swej rodzimej planety, ale tym razem jako członkowie innej klasy osobowości wszechświatowych. Opuścili Jerusem jako jego stali obywatele – Synowie Boży; wrócili jako wznoszący się obywatele – synowie człowieczy. Natychmiast zostali dołączeni do służb pracujących na rzecz Urantii w stolicy systemu, a później otrzymali członkostwo pośród dwudziestu czterech radców, którzy obecnie tworzą ciało doradczo-kontrolne Urantii.

Tak się kończy historia Planetarnego Adama i Planetarnej Ewy z Urantii, historia prób, tragedii i tryumfu, przynajmniej osobistego tryumfu waszej pełnej dobrych zamiarów, lecz zwiedzionej pary, Materialnego Syna i Materialnej Córki i niewątpliwie na koniec historia ostatecznego tryumfu ich świata oraz jego buntem miotanych i złem gnębionych mieszkańców. Podsumowując wszystko, Adam i Ewa przyczynili się znacznie do szybszego powstania cywilizacji i do przyspieszenia biologicznego rozwoju gatunku ludzkiego. Zostawili na Ziemi wspaniałą kulturę, jednak przetrwanie tak zaawansowanej cywilizacji było niemożliwe, w obliczu wczesnego rozrzedzenia i ewentualnego rozpłynięcia się w populacji krwi adamicznej. To ludzie tworzą cywilizację, cywilizacja nie tworzy ludzi.

[Przedstawione przez Solonię, seraficzny „głos w Ogrodzie"].

PRZEKAZ 77

ISTOTY POŚREDNIE

WIĘKSZOŚĆ zamieszkałych światów Nebadonu posiada jedną albo i więcej grup unikalnych istot, istniejących na tym poziomie funkcjonowania życia, który jest pośredni między domenami śmiertelników a klasami anielskimi; zatem zwane są one istotami *pośrednimi*. Wydają się być przypadkiem czasu, ale występują tak powszechnie i tak cenna jest ich pomoc, że już dawno temu zaakceptowaliśmy ich jako jedną z zasadniczych klas naszej, wspólnej służby planetarnej.

Na Urantii funkcjonują dwie oddzielne klasy pośrednich: korpus pierwotny albo starszy, który powstał dawno temu, za czasów Dalamatii, oraz wtórna albo młodsza grupa, której początki datują się od czasów Adama.

1. POŚREDNI PIERWOTNI

Pośredni pierwotni powstali na Urantii z unikalnego związku między tym, co materialne a tym, co duchowe. Wiemy o istnieniu podobnych istot na innych światach i w innych systemach, ale tam powstały one w odmienny sposób.

Dobrze jest zawsze pamiętać, że kolejne obdarzenia rozwijającej się planety Synami Bożymi powodują wyraźne zmiany w strukturze duchowej domeny a czasami tak przekształcają funkcjonowanie związków wzajemnych środków duchowych i materialnych na planecie, że stwarzają sytuacje naprawdę trudne do zrozumienia. Status stu cielesnych członków personelu Księcia Caligastii jest ilustracją takiego, unikalnego związku: jako wznoszący się obywatele morontialni byli na Jerusem istotami nadmaterialnymi, bez prerogatyw rozmnażania się. Jako zstępujący opiekunowie planetarni byli na Urantii istotami materialnymi, płciowymi, zdolnymi do płodzenia materialnego potomstwa (co też niektórzy później czynili). Nie potrafimy wyjaśnić zadowalająco, w jaki sposób sto tych istot mogło działać jako rodzice na poziomie nadmaterialnym, jednak to się właśnie zdarzyło. Nadmaterialny (nieseksualny) związek mężczyzny i kobiety, członków cielesnego personelu, dał w rezultacie pierworodnego z pośrednich pierwotnych.

Natychmiast zauważono, że istota tej klasy, pośrednia między poziomem śmiertelnika i anielskim, może być bardzo użyteczna w prowadzeniu spraw zarządu Księcia, dlatego też każdej parze z cielesnego personelu pozwolono wytworzyć taką istotę. I tak stworzono pierwszą grupę, pięćdziesięciu istot pośrednich.

Po roku obserwacji pracy tej unikalnej grupy, Książę Planetarny zatwierdził reprodukcję pośrednich bez ograniczeń. Plan ten realizowano tak długo, jak długo istniała możliwość ich tworzenia i dzięki temu powołany został do bytu pierwotny korpus, w liczbie 50.000 istot.

Co pół roku można było wytworzyć jednego pośredniego, a kiedy tysiąc takich istot zostało zrodzonych przez każdą parę, nie pojawiały się już więcej. Nie mamy sensownego wytłumaczenia, dlaczego ta możliwość ulegała zanikowi po pojawieniu się tysiąca potomstwa. Wszystkie późniejsze, podobne eksperymenty, kończyły się niepowodzeniem.

Istoty te stanowiły korpus gromadzenia informacji dla administracji Księcia. Przemierzały świat wzdłuż i wszerz, badając i obserwując jego ludy oraz świadcząc inne nieocenione usługi Księciu oraz jego personelowi, poprzez wywieranie wpływu na społeczności ludzkie odległe od planetarnej stolicy.

Taki system rządów utrzymywał się aż do tragicznych dni buntu planetarnego, który usidlił nieco ponad cztery piąte pośrednich pierwotnych. Lojalny korpus poszedł służyć zarządcom komisarycznym, Melchizedekom i działał aż do czasów Adama pod tytularnym przywództwem Vana.

2. RASA NODYTÓW

Chociaż jest to opowieść o pochodzeniu, naturze i funkcjonowaniu istot pośrednich na Urantii, pokrewieństwo pomiędzy dwoma ich klasami – pierwotną i wtórną – zmusza nas do przerwania w tym miejscu opowieści o pośrednich pierwotnych, aby prześledzić linię potomków zbuntowanych członków cielesnego personelu Księcia Caligastii, od dni buntu planetarnego do czasów Adama. Ta właśnie linia pokrewieństwa dostarczyła połowy czynników dziedzicznych wtórnej klasie istot pośrednich, we wczesnych dniach drugiego ogrodu.

Materialni członkowie personelu Księcia byli istotami obdarzonymi płcią, żeby mogli realizować plan płodzenia potomstwa, ucieleśniającego wspólne cechy ich specjalnej klasy w połączeniu z rasą wyselekcjonowaną z plemion Andonowych, a wszystko to w oczekiwaniu pojawienia się później Adama. Nosiciele Życia planowali stworzenie śmiertelnika nowego rodzaju, zawierającego wspólne cechy potomstwa personelu Księcia oraz potomstwa Adama i Ewy z pierwszego pokolenia. Mieli plan, przewidujący powstanie nowej klasy istot planetarnych, które, jak się spodziewali, mogłyby zostać nauczycielami-przywódcami społeczeństwa ludzkiego. Istoty takie miały kierować społeczeństwem, ale nie państwem. Ponieważ praktycznie planu tego prawie nie zrealizowano, nigdy się nie dowiemy, jakiej to arystokracji, dobrotliwie rządzącej i posiadającej niezrównaną kulturę, pozbawiona została Urantia, ponieważ kiedy cielesny personel później się rozmnażał, było to już po buncie i po tym, jak został on pozbawiony swych powiązań z prądami życia systemu.

Tej epoce, która nastała po buncie na Urantii, towarzyszyło wiele niezwykłych zdarzeń. Rozpadła się wielka cywilizacja – kultura Dalamatii. „Nefilim (Nodyci) byli na Ziemi w tych czasach, a kiedy ci synowie bogów zbliżali się do córek ludzkich, te im rodziły dzieci, które były «dawnymi mocarzami», «mężami sławnymi»". Chociaż trudno ich nazwać „synami bogów", personel i jego wcześni potomkowie tak byli traktowani przez śmiertelników ewolucyjnych w tamtych, odległych czasach; nawet ich wzrost *został wyolbrzymiony przez* tradycję. Takie jest zatem źródło niemal powszechnych podań ludowych o bogach, którzy zeszli na ziemię i z córkami ludzkimi spłodzili starożytną rasę bohaterów. Cała ta legenda dodatkowo została splątana z rasowymi mieszankami Adamitów, które pojawiły się później w drugim ogrodzie.

Skoro stu cielesnych członków personelu Księcia posiadało plazmę zarodkową andonicznych odmian ludzkich, można się było oczywiście spodziewać, że kiedy zaczęli rozmnażać się seksualnie, ich potomstwo powinno zasadniczo przypominać potomstwo innych andonicznych rodziców. Kiedy jednak sześćdziesięciu buntowników z personelu Księcia, zwolenników Noda, zaczęło się rozmnażać płciowo, dzieci ich okazały się znacznie bardziej zaawansowane prawie w każdej dziedzinie, w porównaniu z ludami tak andonicznymi jak i sangikowymi. Ta niespodziewana wyższość dotyczyła nie tylko cech fizycznych czy intelektualnych, ale również wartości duchowych.

Te mutacje, które pojawiły się w pierwszym pokoleniu Nodytów, były rezultatem pewnych zmian, dokonanych w konfiguracji i w składzie chemicznym dziedzicznych czynników andonicznej plazmy zarodkowej. Zmiany te wywołały potężne obwody podtrzymywania życia systemu Satanii, istniejące w ciałach członków personelu. Te obwody życiowe spowodowały reorganizację chromosomów, tworzonych według wzoru specjalistycznego dla Urantii, w kierunku modeli występujących w standaryzowanej wersji Satanii, według przejawów życia zarządzonych dla Nebadonu. Metoda przekształcania plazmy zarodkowej, w wyniku działania prądów życiowych systemu, trochę jest podobna do tej procedury, za pomocą której naukowcy z Urantii przekształcają plazmę zarodkową roślin i zwierząt, używając do tego promieni rentgenowskich.

Tak więc naród Nodytów powstał w wyniku pewnych, specyficznych i nieoczekiwanych modyfikacji, które nastąpiły w plazmie życia, przeniesionej z ciał andonicznych kontrybuentów do cielesnego personelu przez chirurgów z Avalonu.

Należy przypomnieć, że z kolei stu kontrybuentom andonicznej plazmy zarodkowej udostępniono organiczne dopełnienie drzewa życia, tak, że prądy życia Satanii równie aktywnie przenikały ich ciała. Czterdziestu czterech zmodyfikowanych Andonitów, którzy wraz z personelem przyłączyli się do buntu, także kojarzyło się ze sobą i przyczynili się oni w znacznym stopniu do powstania lepszych odgałęzień ludu Nodytów.

Te dwie grupy, obejmujące razem 104 jednostki, posiadające zmodyfikowaną, andoniczną plazmę zarodkową, są przodkami Nodytów, ósmej rasy, jaka się pojawiła na Urantii. I ta, nowa cecha ludzkiego życia na Urantii, reprezentuje jeszcze jedno stadium realizacji pierwotnego planu, polegającego na użyciu tej planety jako świata modyfikacji życia, jednak był to jeden z nieprzewidzianych przypadków.

Czystej krwi Nodyci byli wspaniałą rasą, ale mieszali się stopniowo z ewolucyjnymi ludami Ziemi i wkrótce bardzo się zdegenerowali. W dziesięć tysięcy lat po buncie stracili swoje cechy do tego stopnia, że średnia długość ich życia była tylko nieznacznie wyższa niż ras ewolucyjnych.

Gdy archeologowie odkopują gliniane tabliczki, z kronikami ostatnich sumeryjskich potomków Nodytów, odkrywają listę królów sumeryjskich, ciągnącą się kilkanaście tysięcy lat wstecz; a jak zapisy cofają się jeszcze dalej, rządy poszczególnych królów wydłużają się, od około dwudziestu pięciu albo trzydziestu lat do stu pięćdziesięciu i więcej. To wydłużanie się rządów starszych królów oznacza, że niektórzy dawni władcy Nodytów (bezpośredni potomkowie personelu Księcia) żyli znacznie dłużej niż ich późniejsi następcy; jest to również próba rozciągnięcia tych dynastii wstecz, aż do Dalamatii.

Informacje o ludziach żyjących tak długo pojawiły się również na skutek pomieszania miesięcy i lat, jako odcinków czasu. Daje się to zauważyć tak samo w biblijnym rodowodzie Abrahama, jak i we wczesnych zapisach Chińczyków. Pomieszanie dwudziestoośmiodniowego miesiąca lub pory roku z wprowadzonym później rokiem liczącym ponad trzysta pięćdziesiąt dni jest odpowiedzialne za tradycje tak długiego ludzkiego życia. Istnieją zapisy o człowieku, który żył ponad dziewięćset „lat". Czas ten jest odpowiednikiem niecałych siedemdziesięciu lat i takie życia uważane były przez wieki za bardzo długie, „trzy dwudziestki i dziesięć", jak później określano taki czas życia.

Liczenie czasu według dwudziestoośmiodniowego miesiąca trwało długo po czasach Adama. Jednak, gdy Egipcjanie zajęli się reformą kalendarza, około siedem tysięcy lat temu, zrobili to bardzo dokładnie, wprowadzając rok 365 dniowy.

3. WIEŻA BABEL

Po zatopieniu Dalamatii, Nodyci poszli na północ i na wschód i wkrótce założyli nowe miasto Dilmun, jako stolicę swej rasy i kultury. I mniej więcej pięćdziesiąt tysięcy lat po śmierci Noda, kiedy potomstwo personelu Księcia stało się zbyt liczne, by się mogło wyżywić na ziemiach bezpośrednio otaczających ich nowe miasto, Dilmun i po tym, jak się zaczęli przez małżeństwa mieszać z plemionami andonicznymi i sangikowymi, mieszkającymi wokół ich granic, przyszło na myśl ich przywódcom, że coś należy zrobić, żeby zachować jedność rasową. Została zatem zwołana rada plemion i po wielu deliberacjach zatwierdzony został plan Bablota, potomka Noda.

Bablot proponował, żeby w centrum zajmowanego przez nich terytorium wznieść pretensjonalną świątynię, dla gloryfikacji ich rasy. Świątynia miała mieć wieżę taką, jakiej świat jeszcze nie widział. Miał to być monumentalny pomnik ich przemijającej wielkości. Wielu chciało mieć taki monument w Dilmun, ale inni twierdzili, że tak wielka budowla powinna znajdować się w odpowiedniej odległości od niebezpieczeństw morza, pamiętając podania o zalaniu przez morze ich pierwszej stolicy, Dalamatii.

Bablot planował, żeby te nowe budowle stały się jądrem przyszłego centrum kultury i cywilizacji Nodytów. Jego rada w końcu zaważyła i zaczęto budowę zgodnie z jego planami. Nowe miasto miało być nazwane *Bablot,* według imienia architekta i budowniczego wieży. Miejsce to stało się znane później jako Bablod a w końcu jako Babel.

Nodyci nadal jednak byli w pewnym sensie podzieleni w swych poglądach na temat planów i celów przedsięwzięcia. Ich przywódcy również nie w pełni zgadzali się ze sobą, zarówno w sprawie planów konstrukcyjnych, jak również odnośnie przeznaczenia budynków po ich ukończeniu. Po czterech i pół roku pracy wyniknął wielki spór w sprawie celu i przyczyn wznoszenia wieży. Spory stały się tak zaciekłe, że wszelkie prace zostały zatrzymane. Roznosiciele żywności szerzyli wieści o niezgodzie i wiele plemion zaczęło zbierać się na budowie. Przedstawiano trzy różnorodne punkty widzenia na cel budowy wieży.

1. Największa grupa, prawie połowa, chciała traktować budowaną wieżę jako pomnik historii Nodytów i ich rasowej wyższości. Uważali, że powinna to być wielka i imponująca struktura, która wprawiać będzie w podziw przyszłe pokolenia.

2. Druga pod względem wielkości frakcja, chciała mieć wieżę dla uczczenia kultury Dilmun. Przewidywali, że Bablot stanie się wielkim centrum handlu, sztuki i wytwórczości.

3. Najmniejsza i mniejszościowa grupa utrzymywała, że wzniesienie wieży daje możliwość odpokutowania za głupotę przodków, uczestniczących w buncie Caligastii. Twierdzili, że wieża powinna być poświęcona kultowi Ojca wszystkich, że głównym celem nowego miasta powinno być przejęcie roli Dalamatii – żeby funkcjonowało jako centrum religijne i kulturalne dla otaczających barbarzyńców.

Grupa religijna została szybko przegłosowana. Większość odrzuciła to nauczanie, że ich przodkowie byli winni buntu; takie piętno rasowe ich obrażało. Pozbywszy się jednego z trzech punktów widzenia w tym sporze i nie rozstrzygnąwszy dwu pozostałych poprzez dyskusję, zaczęto walczyć ze sobą. Grupa religijna, które nie walczyła, uciekła do swych domów na południu, podczas gdy ich współbracia walczyli ze sobą prawie do wyniszczenia.

Około dwanaście tysięcy lat temu po raz drugi próbowano wznieść wieżę Babel. Mieszane rasy Anditów (Nodytów i Adamitów) zaczęły budować nową świątynię na ruinach pierwszej budowli, ale nie miała ona odpowiednich fundamentów i zawaliła się pod własnym, pretensjonalnym ciężarem. Rejon ten długo nazywano ziemią Babel.

4. NODYCKIE CENTRA CYWILIZACJI

Bezpośrednim skutkiem morderczego konfliktu o wieżę Babel było rozproszenie Nodytów. Ta wojna domowa znacznie zredukowała liczbę rasowych Nodytów, a w wyniku różnorodnych jej następstw nie udało się stworzyć wielkiej cywilizacji przedadamicznej. Od tego czasu, przez ponad sto dwadzieścia tysięcy lat, kultura Nodytów podupadała, aż została podźwignięta przez infuzję adamiczną. Tym niemniej, nawet w czasach Adama, Nodyci wciąż jeszcze byli wspaniałym narodem. Wśród twórców Ogrodu znajdowało się wielu ich mieszanych potomków a kilku kapitanów grup Vana było Nodytami. Niektóre z najlepszych umysłów, służących w personelu Adama, należały do tej rasy.

Z czterech wielkich centrów Nodytów, trzy zostały założone zaraz po Bablotowym konflikcie:

1. *Nodyci zachodni albo syryjscy.* Resztki zwolenników nacjonalistycznego, czy też rasowego upamiętnienia, poszły na północ, łącząc się z Andonitami, aby stworzyć późniejsze centra nodyckie położone na północny zachód od Mezopotamii. Była to największa grupa rozpraszających się Nodytów, która przyczyniła się znacznie do późniejszego powstania narodu Asyryjczyków.

2. *Nodyci wschodni albo elamiccy.* Zwolennicy kultury i handlu migrowali w znacznej liczbie na wschód, do Elamu i tam łączyli się z mieszanymi plemionami sangikowymi. Trzydzieści do czterdziestu tysięcy lat temu, Elamici stali się przeważnie sangikowi w swej naturze, chociaż nadal zachowywali cywilizację wyższą od otaczających ich barbarzyńców.

Po założeniu drugiego ogrodu, zwyczajowo mówiono o pobliskim osadnictwie Nodytów jako o „ziemi Nod"; a podczas długiego okresu względnego pokoju pomiędzy tą grupą Nodytów a Adamitami, obie rasy znacznie się wymieszały, jako że coraz bardziej stawało się zwyczajem, że Synowie Boga (Adamici) żenili się z córkami ludzkimi (Nodytów).

3. *Nodyci centralni albo przedsumeryjscy*. Mała grupa ludzka, pozostająca u ujścia Tygrysu i Eufratu, zachowała sporo swej integralności rasowej. Przetrwali tysiące lat i w końcu wydali tych nodyckich przodków, którzy się zmieszali z Adamitami, tworząc naród sumeryjski z czasów historycznych.

I wszystko to wyjaśnia, dlaczego Sumerowie tak nagle i tajemniczo pojawili się na mezopotamskiej scenie. Badacze nigdy nie zdołają pójść ich tropem i prześledzić historii tych plemion wstecz, aż do początków Sumerów, które sięgają czasów sprzed dwustu tysięcy lat, zaraz po zanurzeniu Dalamatii. Bez śladu swoich początków gdziekolwiek na świecie, te pradawne plemiona pojawiły się nagle na horyzoncie cywilizacji, z rozwiniętą w pełni i zaawansowaną kulturą, obejmującą świątynie, metalurgię, rolnictwo, zwierzęta, ceramikę, tkactwo, prawo handlowe, kodeks cywilny, obrzędy religijne i stary system piśmiennictwa. Na początku ery historycznej Sumerowie zatracili już alfabet Dalamatii, przyswajając specyficzny system piśmiennictwa, który wykształcił się w Dilmun. Język sumeryjski, chociaż właściwie stracony dla świata, nie był semicki, miał wiele wspólnego z tak zwanymi językami aryjskimi.

Szczegółowe zapisy pozostawione przez Sumerów, określają wspaniałą osadę, zlokalizowaną nad Zatoką Perską w pobliżu tego miejsca, gdzie dawniej było miasto Dilmun. Egipcjanie zwali to miasto pradawnej chwały Dilmat, podczas gdy później, zadamizowani Sumerowie pomieszali zarówno pierwsze jak i drugie miasto Nodytów z Dalamatią i wszystkie trzy nazywali Dilmun. Archeolodzy znaleźli już te starożytne, sumeryjskie tabliczki gliniane, które mówią o ziemskim raju „gdzie Bogowie po raz pierwszy błogosławili ludzkość przykładem cywilizowanego i kulturalnego życia". I te tabliczki, opisujące Dilmun, raj ludzi i Boga, leżą teraz w ciszy na zakurzonych półkach wielu muzeów.

Sumerowie dobrze wiedzieli o pierwszym i drugim Edenie, ale pomimo powszechnych małżeństw z Adamitami, wciąż uważali mieszkańców ogrodu na północy za rasę obcą. Sumeryjska duma z posiadania bardziej antycznej kultury Nodytów skłaniała ich do ignorowania tych późniejszych wspomnień chwały na rzecz świetności i rajskich tradycji miasta Dilmun.

4. *Nodyci północni i Amadonici – Vanici*. Grupa ta powstała przed Bablotowym konfliktem. Najbardziej na północ wysunięci Nodyci byli potomkami tych, którzy odrzucili kierownictwo Noda i jego następców na rzecz Vana i Amadona.

Niektórzy z dawnych towarzyszy Vana osiedlili się później wokół brzegów jeziora, które wciąż nosi jego imię a ich tradycja narosła wokół tego miejsca. Ararat stał się ich świętą górą i miał dla późniejszych Vanitów takie samo znaczenie, jak Synaj dla Hebrajczyków. Dziesięć tysięcy lat temu, vaniccy przodkowie Asyryjczyków nauczali, że ich moralne prawa, zawarte w siedmiu przykazaniach, dane zostały Vanowi przez Bogów na górze Ararat. Wierzyli oni głęboko, że Van i jego towarzysz Amadon zostali żywcem zabrani z planety, kiedy zajmowali się praktykami religijnymi na górze.

Góra Ararat była świętą górą północnej Mezopotamii i skoro wiele waszych tradycji o tych, pradawnych czasach, otrzymaliście w powiązaniu z babilońską opowieścią o potopie, nic w tym dziwnego, że góra Ararat i jej okolice zostały wplecione do późniejszej, żydowskiej historii o Noem i potopie powszechnym.

Około 35.000 p.n.e. Adamson odwiedził starą, najbardziej na wschód wysuniętą osadę Vanitów, żeby tam założyć swoje centrum cywilizacji.

5. ADAMSON I RATTA

Nakreśliwszy nodyckie źródła, z których wywodzą się pośredni wtórni, opowieść ta powinna się teraz zająć adamiczną połową ich pochodzenia, gdyż pośredni wtórni są także wnukami Adamsona, pierworodnego z rasy fioletowej Urantii.

Adamson należał do tej grupy dzieci Adama i Ewy, które chciały zostać na Ziemi z ojcem i matką. Ten najstarszy syn Adama słuchał często opowiadania Vana i Amadona o ich górskiej ojczyźnie na północy i jakiś czas po założeniu drugiego ogrodu postanowił wyruszyć na poszukiwanie ziemi swoich młodzieńczych marzeń.

Adamson miał wtedy 120 lat i był ojcem trzydziestu dwu dzieci czystej krwi z pierwszego ogrodu. Chciał zostać z rodzicami i pomagać im przy zakładaniu drugiego ogrodu, ale bardzo się załamał z powodu utraty swej małżonki i dzieci, po tym, jak postanowili wszyscy odlecieć na Edentię wraz z resztą dzieci adamicznych, które chciały iść pod opiekę Najwyższych Ojców.

Adamson postanowił zostać z rodzicami na Urantii, nie chciał unikać trudów czy niebezpieczeństw, ale uważał stosunki drugiego ogrodu za dalekie od ideału. Zrobił sporo dla zaawansowania wczesnych prac obronnych i budowlanych, ale przy najbliższej okazji postanowił iść na północ. I chociaż jego odejście nastąpiło w przyjaznej atmosferze, Adam i Ewa smucili się bardzo z powodu straty najstarszego syna, wychodzącego w obcy i wrogi świat, aby nigdy nie wrócić, jak się tego obawiali.

Grupa złożona z dwudziestu siedmiu osób poszła na północ z Adamsonem, w poszukiwaniu ludu z jego dziecięcych marzeń. Upłynęło nieco ponad trzy lata i grupa Adamsona faktycznie znalazła cel swej przygody a pośród tych ludzi Adamson zauważył wspaniałą i piękną, dwudziestoletnią kobietę, która twierdziła, że jest ostatnim potomkiem personelu Księcia w linii prostej. Ta kobieta, Ratta, mówiła, że wszyscy jej przodkowie byli potomkami dwojga ludzi z upadłego personelu Księcia. Była ostatnią ze swojej rasy, nie miała żyjących braci czy sióstr. Nieomal już postanowiła nie wychodzić za mąż, prawie zdecydowała się umrzeć bezpotomnie, ale oddała swe serce majestatycznemu Adamsonowi. A kiedy usłyszała historię o Edenie, o tym, jak się sprawdziły przewidywania Vana i Amadona, kiedy słuchała opowieści o upadku Ogrodu, opanowała ją tylko jedna myśl – wyjść za mąż za tego syna i spadkobiercę Adama. Ta sama myśl zawładnęła również Adamsonem. Nieco ponad trzy miesiące trwała ich znajomość, gdy wzięli ślub.

Rodzina Adamsona i Ratty liczyła sześćdziesięcioro siedmioro dzieci. Zapoczątkowano wspaniały ród władców tego świata, ale to nie wszystko. Należy przypomnieć, że obie te istoty były w rzeczywistości nadludzkie. Co czwarte dziecko, jakie im się rodziło, było unikalnej klasy; często było niewidzialne. Taka rzecz nie zdarzyła się nigdy w historii świata. Ratta bardzo się niepokoiła – była nawet przesądna – ale Adamson dobrze wiedział o istnieniu pośrednich pierwotnych i doszedł do wniosku, że coś podobnego dzieje się na jego oczach. Kiedy urodziło się drugie, dziwnie zachowujące się potomstwo, postanowił skojarzyć je z pierwszym, jako że jedno było mężczyzną drugie kobietą; i taki był początek wtórnej klasy pośrednich. W przeciągu stu lat, zanim zjawisko ustało, pojawiło się ich prawie dwa tysiące.

Adamson żył 396 lat. Wiele razy wracał i odwiedzał swego ojca i matkę. Co siedem lat on i Ratta wybierali się na południe, do drugiego ogrodu, a w tym czasie pośredni informowali ich o sytuacji ich narodu. Za życia Adamsona pośredni przyczynili się w znacznym stopniu do powstania nowego, niezależnego, światowego centrum prawdy i prawości.

Tak więc Adamson i Ratta mieli do swojej dyspozycji korpus wspaniałych pomocników, który działał wraz z nimi za ich długiego życia, pomagając im w szerzeniu zaawansowanej prawdy oraz wyższych standardów życia duchowego, intelektualnego i fizycznego. Rezultaty tych wysiłków, zmierzających do udoskonalenia świata, nigdy nie zostały zupełnie zaćmione przez późniejszy regres.

Adamsonici zachowywali wysoką kulturę przez prawie siedem tysięcy lat od czasów Adamsona i Ratty. Później wymieszali się z sąsiadującymi Nodytami i Andonitami i również byli zaliczani do „dawnych mocarzy". I niektóre osiągnięcia z tamtej epoki przetrwały, aby stać się utajoną częścią tego potencjału kulturowego, który później zakwitnął w cywilizacji europejskiej.

To centrum cywilizacji mieściło się we wschodnim rejonie południowego krańca Morza Kaspijskiego, w pobliżu Kopet-dag. Nieco dalej w górę, na podgórzach gór Turkiestanu, znajdują się pozostałości tego, co kiedyś było Adamsonową stolicą rasy fioletowej. Na tych górzystych obszarach, usytuowanych w wąskim i starożytnym, żyznym pasie leżącym na niższych pogórzach pasma Kopet, powstawały kolejno, w różnych okresach, cztery różnorodne kultury, ukształtowane odpowiednio przez cztery różne grupy potomków Adamsona. To właśnie druga z tych grup ludzkich migrowała na zachód, do Grecji i na wyspy Morza Śródziemnego. Reszta potomków Adamsona migrowała na północ i na zachód, wkraczając do Europy razem ze zmieszaną rasą ostatniej fali Anditów, która szła z Mezopotamii; a znajdowali się oni także wśród Anditów-Aryjczyków, najeźdźców Indii.

6. POŚREDNI WTÓRNI

Podczas gdy pośredni pierwotni mieli prawie nadludzkie pochodzenie, wtórna ich klasa jest potomstwem czystej rasy adamicznej, złączonej ze zhumanizowanym potomkiem przodków, którzy byli rodzicami starszego korpusu pośrednich.

Wśród dzieci Adamsona było tylko szesnaścioro swoistych protoplastów pośrednich wtórnych. Te unikalne dzieci były podzielone po równo pod względem płci i każda para mogła, co siedemdziesiąt dni, wytworzyć pośredniego wtórnego, łączną metodą związku płciowego i niepłciowego. I fenomen taki nigdy przedtem nie dał się zrealizować na Ziemi, ani też nie wystąpił nigdy potem.

Tych szesnaścioro dzieci żyło i umarło jako śmiertelnicy tej domeny (pominąwszy *ich specyficzne cechy*), jednak ich elektrycznie ożywiane potomstwo żyje nadal, nie podlegając ograniczeniom ciała śmiertelnego.

Każda z ośmiu par wytworzyła w końcu 248 pośrednich i w ten sposób powołany został do bytu oryginalny korpus wtórny, w liczbie 1.984 istot. Jest osiem podgrup pośrednich wtórnych. Określani są jako a-b-c pierwsze, drugie, trzecie i tak dalej. A potem są d-e-f pierwsze, drugie i tak dalej.

Po odstępstwie Adama, pośredni pierwotni wrócili na służbę do zarządców komisarycznych, Melchizedeków, podczas gdy grupa wtórna została przydzielona do centrum Adamsona, aż do jego śmierci. Trzydziestu trzech pośrednich wtórnych, szefów ich organizacji w momencie śmierci Adamsona, usiłowało pokierować całą klasę na służbę dla Melchizedeków i tym samym związać się z korpusem pierwotnym. Gdy im się to jednak nie udało, opuścili swych towarzyszy i poszli w całości służyć planetarnym zarządcom komisarycznym.

Po śmierci Adamsona, reszta pośrednich wtórnych stała się na Urantii elementem obcym, niezorganizowanym i bez przydziału. Od tamtego czasu do dni Machiventy Melchizedeka wiedli oni byt nieformalny i niezorganizowany. Częściowo zostali wzięci pod kontrolę przez tego właśnie Melchizedeka, nadal jednak robili wiele szkód, aż do czasów Chrystusa Michała; w czasie jego pobytu na Ziemi wszyscy poczynili ostateczne decyzje odnośnie swego przyszłego przeznaczenia. Ich lojalna większość poszła pod komendę pośrednich pierwotnych.

7. ZBUNTOWANI POŚREDNI

Podczas buntu Lucyfera, większość pośrednich pierwotnych pogrążyła się w grzechu. Kiedy straty wynikłe z planetarnego buntu zostały podsumowane, odkryto między innymi, że z początkowych 50.000 pośrednich, 40.119 przyłączyło się do secesji Caligastii.

Z początku liczba pośrednich wtórnych wynosiła 1.984, z tych 873 nie opowiedziało się po stronie władzy Michała i w związku z tym zostali internowani podczas planetarnego osądu Urantii, w dniu Zesłania Ducha. Nikt nie jest w stanie przewidzieć przyszłości tych upadłych istot.

Obie grupy zbuntowanych pośrednich przetrzymywane są teraz w areszcie, oczekując ostatecznego osądu spraw związanych z buntem w systemie. Jednak zanim się zaczął obecny, planetarny porządek sprawiedliwości, robili oni na Ziemi wiele dziwnych rzeczy.

Nielojalni pośredni potrafili ukazać się oczom śmiertelników w pewnych okolicznościach a odnosi się to zwłaszcza do towarzyszy Belzebuba, szefa pośrednich wtórnych-odstępców. Nie należy jednak mylić tych unikalnych istot z pewnymi zbuntowanymi cherubinami i serafinami, którzy także przebywali na Ziemi do czasu śmierci i zmartwychwstania Chrystusa. Niektórzy ze starszych autorów określają te zbuntowane istoty pośrednie jako złe duchy i demony, a serafinów-odstępców jako złe anioły.

Na żadnym świecie złe duchy nie mogą opętać śmiertelnego umysłu, po tym jak żył na takim świecie Rajski Syn obdarzający. Jednak przed dniami Chrystusa Michała na Urantii – przed powszechnym przybyciem Dostrajaczy Myśli i przed wylaniem ducha Mistrza na wszystkie ciała – zbuntowani pośredni mogli wpływać na umysły pewnych, podrzędnych śmiertelników i do pewnego stopnia kontrolować ich działania. Osiągano to w bardzo podobny sposób, jak działają lojalne istoty pośrednie, kiedy służą jako operatywni opiekunowie, porozumiewający się z ludzkimi umysłami rezerwowego korpusu przeznaczenia Urantii, kiedy Dostrajacz jest praktycznie odłączony od osobowości i kontaktuje się z nadludzkimi istotami inteligentnymi.

To nie jest tylko metafora, gdy zapis mówi: „I przynosili do niego wszystkich, którzy się źle mieli i byli nawiedzeni różnymi chorobami i cierpieniami, opętanych i obłąkanych". Jezus rozumiał i rozpoznawał różnicę pomiędzy chorobą umysłową a owładnięciem przez demona, choć oba te stany były w dużym stopniu mylone przez ludzi, którzy żyli w jego czasach i pokoleniu.

Nawet przed Zesłaniem Ducha, żaden zbuntowany duch nie mógł zawładnąć normalnym ludzkim umysłem, a po tym dniu nawet słabym umysłom podrzędnych śmiertelników nie grozi taka ewentualność. Po przyjściu Ducha Prawdy, domniemane wyrzucanie diabłów jest sprawą pomieszania wierzeń w demoniczne owładnięcie, z histerią, chorobą umysłową i ociężałością umysłową. Faktem jest, że obdarzenie dokonane przez Michała na zawsze uwolniło wszystkie umysły ludzkie Urantii od ewentualności demonicznego owładnięcia, nie myślcie jednak, że w poprzednich epokach to się nie zdarzało.

Zarządzeniem Najwyższych Ojców z Edentii, cała grupa zbuntowanych pośrednich jest obecnie przetrzymywana w więzieniu. Nie błąkają się już po tym świecie i nie dają upustu swym skłonnościom do psot. Niezależnie od obecności Dostrajaczy Myśli, wylanie Ducha Prawdy na wszelkie ciało na zawsze uniemożliwia nielojalnym duchom, jakiejkolwiek klasy czy gatunku, wtargnięcie do najbardziej nawet kiepskich umysłów ludzkich. Od dnia Zesłania Ducha, nigdy już nie może się zdarzyć taka rzecz, jak demoniczne owładnięcie.

8. ZJEDNOCZENI POŚREDNI

W czasie ostatniego orzecznictwa tego świata, kiedy Michał uwolnił śpiących przetrwałych czasu, istoty pośrednie pozostały; zostały, aby pomagać w duchowej i częściowo duchowej pracy na planecie. Działają one teraz jako jeden korpus, liczący 10.992 istoty, obejmujący obie klasy. *Zjednoczeni pośredni Urantii* są teraz rządzeni na przemian przez starszych członków obu klas. Takie rządy utrzymują się od czasu ich połączenia w jedną grupę, wkrótce po Zesłaniu Ducha.

Członkowie starszej albo pierwotnej klasy, są generalnie znani według ich numeracji; często mają nadane imiona takie jak 1-2-3 pierwszy, 4-5-6 pierwszy i tak dalej. Pośredni adamiczni, przebywający na Urantii, określani są alfabetycznie, aby się odróżniali od numerycznego określenia pośrednich pierwotnych.

Z punktu widzenia odżywiania i pobierania energii, obie klasy są istotami niematerialnymi, podzielają jednak wiele cech ludzkich i potrafią zrozumieć zarówno wasz humor jak i wasze praktyki religijne. Przydzieleni do śmiertelników, dzielą z nimi ducha pracy ludzkiej, odpoczynku i zabawy. Jednak pośredni nie śpią, jak również nie mają możliwości rozmnażania się. Grupa wtórna jest w pewnym sensie zróżnicowana według męskości i kobiecości, często mówi się o nich „on" lub „ona". Często też działają razem w takich parach.

Pośredni nie są ludźmi, nie są też aniołami, ale pośredni wtórni są w swej naturze bliżsi człowiekowi niż aniołowi; są w pewnym sensie z waszego gatunku i dlatego też są tak bardzo wyrozumiali i współczujący w swych kontaktach z istotami ludzkimi; są bezcenni dla serafinów, gdy pracują z różnymi rasami ludzkości i dla tych ras, a obie ich klasy są niezastąpione dla tych serafinów, którzy służą jako personalni opiekunowie śmiertelników.

Zjednoczeni pośredni Urantii są zorganizowani dla służby z serafinami planetarnymi zgodnie ze swymi wrodzonymi uzdolnieniami i nabytymi umiejętnościami, w następujące grupy:

1. *Pośredni posłańcy.* Grupa ta nosi imiona; ich korpus jest nieliczny a są oni bardzo użyteczni na świecie ewolucyjnym, umożliwiają prędkie i niezawodne przenoszenie informacji osobistych.
2. *Strażnicy planetarni.* Pośredni są opiekunami – strażnikami – światów w przestrzeni. Pełnią ważne obowiązki jako obserwatorzy wszelkich zróżnicowanych fenomenów i rodzajów łączności, które są ważne dla istot nadprzyrodzonych danej domeny. Patrolują niewidzialną, duchową domenę planety.
3. *Osobowości kontaktu.* W kontaktach z istotami śmiertelnymi ze światów materialnych, takimi jak z tą osobą, przez którą te wiadomości są transmitowane, zawsze używa się istot pośrednich. Są one ważnym czynnikiem w takiej łączności poziomów duchowych i materialnych.
4. *Pomocnicy w rozwoju.* Są to bardziej duchowe istoty pośrednie i rozlokowane są jako asystenci różnych grup serafinów, działających w grupach specjalnych na planecie.

Pośredni są bardzo zróżnicowani, gdy idzie o ich możliwości porozumiewania się z serafinami ponad nimi i ze swymi ludzkimi kuzynami poniżej. Na przykład, niezwykle trudno jest pośrednim pierwotnym wejść w kontakt z czynnikami materialnymi. Są oni znacznie bliżej anielskich typów bytu i są zazwyczaj przydzielani do duchowych sił, przebywających na planecie, do pracy i posług. Pełnią rolę towarzyszy i przewodników gości niebiańskich oraz przebywających tutaj badaczy, natomiast istoty wtórne przydzielane są prawie wyłącznie do służby istotom materialnym domeny.

1.111 lojalnych pośrednich wtórnych pełni ważne misje na Ziemi. W porównaniu ze swymi pierwotnymi towarzyszami, są oni zdecydowanie materialni. Istnieją też poza zasięgiem ludzkiego wzroku i mają odpowiednią swobodę adaptacji, aby gdy zechcą, wejść w fizyczny kontakt z tym, co ludzie nazywają „rzeczami materialnymi". Te unikalne istoty mają pewną, określoną władzę nad rzeczami czasu i przestrzeni, nie wykluczając zwierząt danej domeny.

Wiele bardziej przyziemnych zjawisk, przypisywanych aniołom, dokonują wtórne istoty pośrednie. Kiedy wcześni nauczyciele ewangelii Jezusa zostali wtrąceni do więzienia, przez ignoranckich przywódców religijnych z tamtego okresu, to faktycznie „anioł Pański" „otworzył w nocy bramy więzienia i ich wyprowadził". Jednak w przypadku uwolnienia Piotra, gdy Jakub został zabity na rozkaz Heroda, to właśnie pośredni wtórny dokonał tego, co się przypisuje aniołowi.

Główna działalność pośrednich, w dzisiejszych czasach, polega na niedostrzegalnym powiązaniu osobistą więzią tych mężczyzn i kobiet, którzy tworzą planetarny, rezerwowy korpus przeznaczenia. To właśnie działalność grupy wtórnej, mądrze popieranej przez niektórych pośrednich z korpusu pierwotnego, przyniosła w rezultacie taką koordynację osobowości i okoliczności na Urantii, że ostatecznie skłoniło to niebiańskich nadzorców planety do zainicjowania petycji, których wynikiem były zalecenia umożliwiające dokonanie serii objawień a ta prezentacja jest ich częścią. Należy jednak wyjaśnić, że istoty pośrednie nie biorą udziału w obskurnych seansach, odbywających się pod generalną nazwą „spirytyzmu". Wszyscy pośredni, przebywający teraz na Urantii, mają dobrą reputację i nie są związani ze zjawiskami tak zwanego „mediumizmu"; zazwyczaj nie dają ludziom obserwować swoich, czasami niezbędnych działań materialnych czy innych kontaktów ze światem fizycznym, postrzegalnych ludzkimi zmysłami.

9. STALI OBYWATELE URANTII

Pośrednich można uważać za pierwszą grupę stałych mieszkańców świata, spośród wszystkich istot, jakie istnieją na różnych rodzajach światów w całym wszechświecie, w przeciwieństwie do wznoszących się istot ewolucyjnych, takich jak ludzie czy zastępy anielskie. Takich stałych obywateli spotyka się w różnych miejscach na drodze wznoszenia się do Raju.

W przeciwieństwie do różnych klas istot niebiańskich, które są przydzielane do *służby* na planecie, pośredni *żyją* na zamieszkałym świecie. Serafini przychodzą i odchodzą, ale istoty pośrednie pozostają i pozostaną; służą one rodzimym istotom tej planety oraz tworzą jeden, stały rząd, który harmonizuje i łączy zmienną administrację zastępów serafickich.

Jako faktyczni obywatele Urantii, pośredni są wyjątkowo zainteresowani losem tej sfery. Są zrzeszeniem zdeterminowanym i wytrwale pracującym na rzecz rozwoju swej rodzimej planety. Ich determinację określa motto ich klasy: „Czego się Zjednoczeni Pośredni podejmą, tego Zjednoczeni Pośredni dokonają".

Chociaż pośredni mogą przemierzać obwody energii, co umożliwia każdemu z nich odlot z planety, przysięgli oni, każdy oddzielnie, nie opuszczać planety do czasu zwolnienia ich kiedyś przez władze wszechświata. Pośredni zakotwiczeni są na tej planecie, aż do czasu stabilnych epok światłości i życia. Za wyjątkiem 1-2-3 pierwszego, żaden lojalny pośredni nigdy nie opuścił Urantii.

1-2-3 pierwszy, najstarszy z klasy pierwotnej, krótko po Zesłaniu Ducha został zwolniony z bieżących obowiązków planetarnych. Ten szlachetny pośredni był wierny Vanowi i Amadonowi podczas tragicznych dni buntu planetarnego, a jego nieustraszone przywództwo pomogło zredukować liczbę upadków w jego klasie. Służy on teraz na Jerusem jako członek rady dwudziestu czterech, a po Zesłaniu Ducha raz działał jako gubernator generalny Urantii.

Pośredni związani są z planetą, ale tak jak śmiertelnicy rozmawiają z podróżnymi z daleka i dowiadują się w ten sposób o odległych miejscach planety, tak i pośredni prowadzą konwersacje z podróżnikami niebiańskimi, aby się dowiedzieć o odległych miejscach wszechświata. W ten sposób zaznajamiają się z tym systemem i wszechświatem, nawet z Orvontonem i jego siostrzanymi kreacjami, i tak przygotowują się do obywatelstwa na wysokich poziomach bytu istoty.

Chociaż pośredni zostali powołani do bytu w pełni ukształtowani – nie przechodzą okresu dorastania czy rozwoju od stadium niedojrzałości – nigdy nie zaprzestają się rozwijać w mądrości i doświadczeniu. Są istotami ewolucyjnymi, tak samo jak śmiertelnicy i posiadają kulturę, która jest prawdziwym osiągnięciem ewolucyjnym. W korpusie pośrednich na Urantii jest dużo wielkich umysłów i wspaniałych duchów.

Z szerszego punktu widzenia, cywilizacja Urantii jest wspólnym wytworem śmiertelników Urantii i pośrednich Urantii, i to jest prawdą, pomimo obecnego zróżnicowania pomiędzy tymi dwoma poziomami kultury, zróżnicowania, które zostanie zniwelowane dopiero w epokach światłości i życia.

Kultura pośrednich, będąc wytworem nieśmiertelnych obywateli planety, jest relatywnie odporna na te doczesne, zmienne koleje losu, które gnębią cywilizację ludzką. Pokolenia ludzkie zapominają, korpus pośrednich pamięta i ta pamięć jest skarbnicą tradycji waszego, zamieszkałego świata. W ten sposób kultura planety zawsze trwa na planecie i w stosownych okolicznościach udostępniane są cenne wspomnienia o wypadkach z przeszłości, tak jak historia życia i nauk Jezusa została udostępniona przez pośrednich Urantii ich cielesnym kuzynom.

Pośredni są dobrymi pracownikami, którzy wyrównują tę lukę pomiędzy sprawami materialnymi i duchowymi Urantii, jaka powstała po śmierci Adama i Ewy. Są podobni do waszych starszych braci, towarzyszy długich zmagań, związanych z doprowadzeniem Urantii do stabilnego statusu światłości i życia. Zjednoczeni Pośredni są korpusem wypróbowanym w czasie buntu i będą wiernie odgrywać swą rolę w planetarnej ewolucji, aż do tego odległego dnia, gdy świat ten osiągnie cel epok, kiedy to pokój istotnie rządzić będzie na Ziemi a dobra wola naprawdę zapanuje w sercach ludzkich.

Ze względu na wartościową pracę, jaką pośredni wykonują, uważamy, że są oni doprawdy ważną częścią duchowej organizacji domen. A tam, gdzie bunt nie zmącił biegu spraw planety, jeszcze skuteczniej pomagają serafinom.

Cała organizacja wysokich duchów, zastępów anielskich i waszych braci pośrednich poświęca się z entuzjazmem wdrażaniu w życie rajskiego planu stopniowego wznoszenia się i osiągania doskonałości przez śmiertelników ewolucyjnych, czyli jednemu z niebiańskich zadań wszechświata – znakomitemu planowi wiecznego życia, polegającemu na sprowadzaniu Boga w dół, do człowieka a potem, przez wysublimowany rodzaj partnerstwa, wyniesieniu człowieka w górę ku Bogu i dalej, do wieczności służby i boskości dokonań – zarówno śmiertelnika jak i pośredniego.

[Przedstawione przez archanioła z Nebadonu].

PRZEKAZ 78

RASA FIOLETOWA PO DNIACH ADAMA

PRAWIE trzydzieści tysięcy lat drugi Eden był kolebką cywilizacji. Tutaj, w Mezopotamii, umocnił się lud adamiczny i stąd wysyłał swe potomstwo do krańców Ziemi a później, zmieszany z plemionami nodyckimi i sangikowymi, znany był pod nazwą Anditów. Z tego regionu wyszli ci mężczyźni i kobiety, którzy zapoczątkowali wydarzenia czasów historycznych i którzy tak bardzo przyspieszyli kulturowy rozwój Urantii.

Przekaz ten opisuje planetarną historię rasy fioletowej, zaczynającą się zaraz po odstępstwie Adama, około 35.000 p.n.e. Dalej opisuje zmieszanie tej rasy z rasami nodyckimi i sangikowymi, około 15.000 p.n.e., co spowodowało powstanie ludu Anditów i kolejno mówi o jej ostatecznym zaniku w mezopotamskiej ojczyźnie, około roku 2000 p.n.e.

1. ROZMIESZCZENIE KULTUROWE I RASOWE

Chociaż w momencie przybycia Adama poziom umysłowy i moralność ras ludzkich stały na niskim poziomie, materialna ewolucja biegła praktycznie niezakłócona wypadkami buntu Caligastii. Adamiczny wkład w status biologiczny ras ludzkich, niezależnie od częściowego niepowodzenia zadania, ogromnie przyspieszył rozwój narodów Urantii.

Adam i Ewa przyczynili się również do wszystkiego tego, co było wartościowe dla społecznego, moralnego i intelektualnego postępu ludzkości; dzięki temu, że na Ziemi było ich potomstwo, cywilizacja została znacznie przyspieszona. Jednak trzydzieści pięć tysięcy lat temu świat jako całość niewielką posiadał kulturę. Tu i ówdzie istniały pewne centra cywilizacji, ale znaczna większość ludności Urantii żyła w dzikości. Rozmieszczenie rasowe i kulturowe wyglądało wtedy następująco:

1. *Rasa fioletowa – Adamici i Adamsonici.* Głównym centrum kultury Adamitów był drugi ogród, zlokalizowany w trójkącie utworzonym przez Eufrat i Tygrys; była to również kolebka cywilizacji Zachodu i cywilizacji Indyjskiej. Dodatkowym albo północnym centrum rasy fioletowej była stolica Adamsonitów, umiejscowiona na wschód od południowych wybrzeży Morza Kaspijskiego, w pobliżu gór Kopet. Z tych dwu centrów wyszła na otaczające je ziemie kultura i plazma życia, co natychmiast przyspieszyło rozwój wszystkich ras ludzkich.

2. *Presumerowie i inni Nodyci.* W Mezopotamii, przy ujściu rzek, pozostawały resztki prastarej kultury z czasów Dalamatii. Jak upływały tysiąclecia, grupa ta coraz dokładniej mieszała się z Adamitami z północy, ale nigdy całkiem nie utraciła swojej nodyckiej

tradycji. Różne inne grupy Nodytów, które osiedliły się na Bliskim Wschodzie, zostały generalnie wchłonięte przez rozprzestrzeniającą się później rasę fioletową.

3. *Andonici* mieli pięć czy sześć całkiem okazałych centrów osadnictwa, położonych na północ i na wschód od stolicy Adamsona. Byli też rozrzuceni po całym Turkiestanie a odosobnione ich grupy istniały na całym obszarze Eurazji, zwłaszcza w rejonach górskich. Ci autochtoni zajmowali nadal tereny północne kontynentu Eurazji, wraz z Islandią i Grenlandią, ale z nizin Europy dawno zostali wyparci przez człowieka niebieskiego, a z dolin rzecznych dalekiej Azji przez rozprzestrzeniającą się rasę żółtą.

4. *Człowiek czerwony* zajmował obie Ameryki, wyparty z Azji ponad pięćdziesiąt tysięcy lat przed przybyciem Adama.

5. *Rasa żółta.* Naród chiński umocnił się dobrze, kontrolując Azję wschodnią. Jego najbardziej zaawansowane osadnictwo zlokalizowane było w północno-zachodniej części współczesnych Chin, w rejonie graniczącym z Tybetem.

6. *Rasa niebieska.* Ludzie niebiescy rozrzuceni byli po całej Europie, jednak bardziej zaawansowane centra ich kultury znajdowały się w żyznych wtedy dolinach basenu Morza Śródziemnego i w Europie północno-zachodniej. Asymilacja neandertalczyków znacznie opóźniła kulturę człowieka niebieskiego, jednak był on skądinąd najbardziej agresywny, awanturniczy i odkrywczy ze wszystkich ewolucyjnych ludów Eurazji.

7. *Indie predrawidyjskie.* Kompleksowa mieszanka rasowa w Indiach – zawierająca każdą rasę ziemską, zwłaszcza zieloną, pomarańczową i czarną – zachowywała kulturę nieco wyższą od rejonów przyległych.

8. *Cywilizacja Sahary.* Wyższe grupy ludzkie rasy indygo posiadały swe najbardziej zaawansowane osadnictwo tam, gdzie teraz jest wielka pustynia Sahara. Grupa ludzka indygo-czarna zawierała znaczne domieszki rozproszonej w niej rasy pomarańczowej i zielonej.

9. *Basen Morza Śródziemnego.* Najbardziej wymieszana rasa, poza Indiami, zajmowała ten obszar, który teraz jest basenem Morza Śródziemnego. Tutaj ludzie niebiescy z północy i Saharyjczycy z południa spotykali się i mieszali z Nodytami i Adamitami ze wschodu.

Tak oto wyglądał świat, zanim się zaczęły wielkie ekspansje rasy fioletowej, około dwadzieścia pięć tysięcy lat temu. Nadzieja przyszłej cywilizacji leżała w drugim ogrodzie, pomiędzy rzekami Mezopotamii. Tutaj, w Azji południowo-zachodniej, istniał potencjał wielkiej cywilizacji, możliwość rozprzestrzenienia się po świecie idei i ideałów, które zostały ocalone z dni Dalamatii i z czasów Edenu.

Adam i Ewa pozostawili po sobie nieliczne, ale silne potomstwo a przebywający na Urantii obserwatorzy niebiańscy czekali w napięciu, aby zobaczyć, jak będą się sprawować potomkowie błądzącego Materialnego Syna i Materialnej Córki.

2. ADAMICI W DRUGIM OGRODZIE

Tysiące lat synowie Adama pracowali nad rzekami Mezopotamii, rozwiązując na południu problemy irygacyjne i ochrony przeciwpowodziowej, doskonaląc obronę na północy i usiłując zachować tradycje chwały pierwszego Edenu.

Heroizm, jaki wykazywano w trakcie kierowania drugim ogrodem, stanowi jedną z bardziej zadziwiających i inspirujących opowieści w historii Urantii. Te wspaniałe dusze nigdy nie straciły zupełnie z oczu celu misji adamicznej i dlatego też dzielnie zwalczały wpływy otaczających ich, podrzędnych plemion, podczas gdy celowo wysyłały do narodów Ziemi swych najlepszych synów i najlepsze córki, ciągłym strumieniem, jako emisariuszy. Czasami ekspansja taka zubażała kulturę życia w ojczyźnie, ale ten nadrzędny naród zawsze się regenerował.

Cywilizacja, społeczeństwo i status kulturowy Adamitów były znacznie wyższe od generalnego poziomu ras ewolucyjnych Urantii. Jedynie tam, gdzie było stare osadnictwo Vana i Amadona oraz Adamsonitów, istniały cywilizacje w jakiejkolwiek mierze porównywalne. Jednak cywilizacja drugiego ogrodu była strukturą sztuczną – *nie powstała w wyniku ewolucji* – dlatego z góry skazana była na degenerację, aż osiągnęła naturalny poziom ewolucyjny.

Adam pozostawił po sobie wspaniałą kulturę intelektualną i duchową, jednak nie była ona zaawansowana pod względem urządzeń mechanicznych, ponieważ każda cywilizacja ograniczona jest dostępnymi jej zasobami naturalnymi, wrodzonym geniuszem ludzkim i odpowiednią ilością wolnego czasu dla zapewnienia wynalazkom realizacji. Cywilizacja rasy fioletowej opierała się na obecności Adama i na tradycjach pierwszego Edenu. Po śmierci Adama i kiedy z upływem millenniów tradycje te blakły, poziom kulturowy Adamitów systematycznie się obniżał, aż osiągnął stadium równowagi wzajemnej ze statusem otaczających ludów i z naturalnie rozwijającymi się zdolnościami kulturowymi rasy fioletowej.

Jednak około roku 19.000 p.n.e. Adamici byli prawdziwym narodem, posiadającym cztery i pół miliona ludzi, który już uprzednio wylał miliony swojego potomstwa w otaczające go ludy.

3. WCZESNE ROZPRZESTRZENIANIE SIĘ ADAMITÓW

Przez wiele tysiącleci rasa fioletowa zachowywała pokojowe, edeńskie tradycje, co wyjaśnia znaczne opóźnienie ich podbojów terytorialnych. Kiedy mieli problemy z powodu przeludnienia, wysyłali nadwyżkę ludności w charakterze nauczycieli do innych ras, zamiast wywoływać wojny dla powiększenia terytorium. Kulturowy skutek tych wczesnych migracji nie był trwały, jednak wchłonięcie Adamitów – nauczycieli, kupców i odkrywców – biologicznie ożywiło otaczające ludy.

Część Adamitów szła z początku na zachód, do doliny Nilu; inni przeniknęli na wschód, do Azji, ale to była mniejszość. Później masowo przemieszczali się w kierunku północnym a stamtąd na zachód. Było to ich główne, stopniowe, ale nieprzerwane parcie w kierunku północnym; największa ich liczba szła na północ, potem zakręcała na zachód wokół Morza Kaspijskiego do Europy.

Mniej więcej dwadzieścia pięć tysięcy lat temu wiele czystszych grup Adamitów znajdowało się daleko na swym północnym szlaku. W miarę przenikania na północ stawali się coraz mniej adamiczni, aż się dokładnie wymieszali z innymi rasami, zwłaszcza z Nodytami, mniej więcej w czasie zajęcia Turkiestanu. Bardzo mało ludzi fioletowych czystej krwi kiedykolwiek przeniknęło daleko do Europy czy Azji.

Mniej więcej od roku 30.000 do 10.000 p.n.e., na obszarze Azji południowo-zachodniej następowało mieszanie ras, które otwierało całą epokę. Mieszkańcy wzgórz Turkiestanu byli mężnym i żywotnym ludem. Na północny-zachód od Indii utrzymywało się sporo kultury z czasów Vana. Jeszcze dalej na północ od tych osad przetrwała najlepsza część wczesnych Andonitów. I obie te rasy, wyższe kulturą i charakterem, zostały wchłonięte przez idących na północ Adamitów. Połączenie takie prowadziło do przejmowania wielu nowych idei, ułatwiało postęp cywilizacji i posuwało znacznie do przodu wszystkie stadia sztuki, nauki i kultury społecznej.

Kiedy skończył się okres wczesnej migracji adamicznej, około roku 15.000 p.n.e., w Europie i centralnej Azji więcej było potomków Adama niż gdziekolwiek indziej na świecie, więcej nawet niż w Mezopotamii. Przeniknęli oni w znacznym stopniu do europejskich ras niebieskich. Ziemie zwane teraz Rosją i Turkiestanem zajmowane były na ich południowych obszarach przez wielki rezerwuar Adamitów, zmieszanych z Nodytami, Andonitami oraz czerwonymi i żółtymi Sangikami. Europa południowa i wybrzeża Morza Śródziemnego zajmowane były przez rasę mieszaną, złożoną z ludów andonicznych i sangikowych – pomarańczowych, zielonych i indygo – z niewielkimi domieszkami rasy Adamitów. Azja Mniejsza i ziemie centralno-wschodniej Europy zajmowane były przez plemiona złożone przeważnie z Andonitów.

Mieszana, kolorowa rasa, znacznie wzbogacona mniej więcej w tym czasie przybyszami z Mezopotamii, utrzymywała się w Egipcie i przygotowywała się do przejęcia zanikającej kultury doliny Eufratu. Ludy czarne szły dalej na południe Afryki i podobnie jak rasa czerwona były raczej odosobnione.

Cywilizacja Sahary została zniszczona przez suszę a basenu śródziemnomorskiego przez powódź. Plemiona niebieskie nie potrafiły, jak dotąd, ukształtować zaawansowanej kultury. Andonici nadal byli rozrzuceni wokół Arktyki i w rejonach Azji centralnej. Rasa zielona i pomarańczowa zostały jako takie wyniszczone. Rasa indygo przesunęła się w Afryce na południe, zaczynając swą powolną, lecz długotrwałą degenerację.

Ludy Indii trwały w stagnacji, ich cywilizacja nie posuwała się naprzód; człowiek żółty jednoczył swe posiadłości w Azji centralnej; człowiek brązowy jeszcze nie zaczął tworzyć swojej cywilizacji na pobliskich wyspach Oceanu Spokojnego.

Taki podział ras, razem z rozległymi zmianami klimatycznymi, stanowił światową scenę, na której zaczynała się era Anditów w cywilizacji Urantii. Te wczesne migracje rozciągały się na okres dziesięciu tysięcy lat, od roku 25.000 do 15.000 p.n.e. Migracje późniejsze albo andickie, trwały mniej więcej od roku 15.000 do 6000 p.n.e.

Przejście przez Eurazję zajmowało tak wiele czasu wcześniejszym falom Adamitów, że po drodze tracili w znacznej mierze swą kulturę. Dopiero późniejsi Andici posuwali się odpowiednio szybko, aby mogli zachować kulturę Edeńską na każdej odległości od Mezopotamii.

4. ANDICI

Rasa Anditów była zasadniczo mieszanką rasy fioletowej czystej krwi i Nodytów, z dodatkiem ludów ewolucyjnych. Generalnie należy uważać, że Andici mieli znacznie większy procent krwi adamicznej niż mają jej rasy współczesne. Określenie Andita rozciąga się zasadniczo na te ludy, których dziedzictwo rasowe było fioletowe od jednej ósmej do jednej szóstej. Współcześni Urantianie, nawet północne rasy białe, posiadają znacznie mniejszy procent krwi Adama.

Wczesne ludy andickie powstały ponad dwadzieścia pięć tysięcy lat temu, w rejonach przylegających do Mezopotamii i składały się z mieszanki Adamitów i Nodytów.

Drugi ogród otoczony był koncentrycznymi kręgami zanikającej krwi fioletowej i właśnie na obwodzie tego, rasowego tygla, narodziła się rasa Anditów. Później, kiedy migrujący Adamici i Nodyci wkroczyli na żyzne wtedy obszary Turkiestanu, zmieszali się szybko z ich nadrzędnymi mieszkańcami a rezultat tej rasowej mieszanki rozprzestrzenił gatunek Anditów na północ.

Andici byli najlepszym, wszechstronnie utalentowanym gatunkiem człowieka, jaki pojawił się na Urantii od czasów ludzi fioletowych czystej krwi. Zawierali w sobie znaczną część najwyższych typów przetrwałych ras Adamitów i Nodytów, a później trochę najlepszych mutacji człowieka żółtego, niebieskiego i zielonego.

Ci wcześni Andici nie byli Aryjczykami; byli pre-Aryjczykami. Nie byli biali, byli pre-biali. Nie byli to ludzie ani Zachodu ani Wschodu. Jednak właśnie dziedzictwo Anditów dało wielojęzycznej mieszance tak zwanej rasy białej tę generalną jednorodność, która jest zwana europeidalną.

Czystsze odgałęzienia rasy fioletowej trzymały się adamicznej tradycji zachowywania pokoju, dlatego właśnie wcześniejsze przesuwanie się ras miało raczej charakter pokojowej migracji. Jednak, kiedy Adamici połączyli się z gatunkiem Nodytów, którzy wtedy byli rasą wojowniczą, ich potomkowie, Andici, stali się w tamtym czasie i epoce najzdolniejszymi i najbystrzejszymi militarystami, jacy kiedykolwiek żyli na Urantii. Odtąd przemieszczanie się Mezopotamczyków zaczynało mieć coraz bardziej wojskowy charakter i nabierało cech prawdziwych podbojów.

Andici byli ryzykantami, pociągały ich wędrówki. Dodatek zarówno ras sangikowych jak i andonicznych wpływał na nich stabilizująco. Jednak pomimo tego, ich późniejsi potomkowie dotąd nie spoczęli, zanim nie opłynęli globu dookoła i nie odkryli ostatniego odległego kontynentu.

5. MIGRACJE ANDITÓW

Kultura drugiego ogrodu utrzymywała się dwadzieścia tysięcy lat i ciągle podupadała, aż do roku mniej więcej 15.000 p.n.e., kiedy to odnowa kapłaństwa setyckiego i przywództwo Amosada zapoczątkowało wspaniałą epokę. Ogromne fale cywilizacji, które później rozlały się po Eurazji, zaczęły wypływać z Ogrodu zaraz po jego wielkim renesansie, w wyniku szeroko zakrojonego łączenia się Adamitów z otaczającymi ich zmieszanymi Nodytami, z czego powstali Andici.

Ci właśnie Andici zaczęli rozprzestrzeniać się w Eurazji i Afryce Północnej. Kultura Anditów panowała od Mezopotamii do Xinjiangu a ich stała migracja do Europy wciąż była kompensowana nowoprzybyłymi z Mezopotamii. Właściwie trudno jest mówić o Anditach jako o rasie w Mezopotamii, aż do czasu mniej więcej początków ostatnich migracji mieszanych potomków Adama. W tym czasie nawet rasy ludzkie drugiego ogrodu tak się wymieszały, że nie można już ich uważać za Adamitów.

Cywilizacja Turkiestanu wciąż była ożywiana i odświeżana przez przybyszów z Mezopotamii, zwłaszcza przez późniejszych Anditów-jeźdźców. Tak zwana mowa ojczysta Aryjczyków kształtowała się na wzgórzach Turkiestanu; była to mieszanka dialektu andonicznego z tamtych regionów oraz języka Adamsonitów a później Anditów. Wiele współczesnych języków wywodzi się z tej dawnej mowy plemion Azji centralnej, które opanowały Europę, Indie i północne obszary nizin mezopotamskich. Ten pradawny język przydał wszystkim językom Zachodu całą tę jednorodność, która jest zwana aryjską.

Do roku 12.000 p.n.e., trzy czwarte rasy Anditów tego świata mieszkało w Europie północnej i wschodniej, a kiedy nastąpił późniejszy, końcowy exodus z Mezopotamii, sześćdziesiąt pięć procent tych ostatnich fal emigracyjnych weszło do Europy.

Andici migrowali nie tylko do Europy, ale również do Chin północnych i Indii, a wiele ich grup poszło na krańce Ziemi jako misjonarze, nauczyciele i kupcy. Przyczynili się znacznie do rozwoju północnej grupy saharyjskich ludów sangikowych. Ale tylko niewielu nauczycieli i kupców poszło w Afryce dalej na południe, niż do górnego biegu Nilu. Później, mieszani Andici i Egipcjanie szli w dół, dobrze poniżej równika, zarówno wzdłuż wschodnich jak i zachodnich wybrzeży Afryki, ale nie dotarli do Madagaskaru.

Andici byli tak zwanymi drawidyjskimi a później aryjskimi zdobywcami Indii, a ich obecność w Azji centralnej znacznie przyspieszyła rozwój przodków ludów turańskich. Wielu ludzi tej rasy poszło do Chin, zarówno drogą przez Xinjiang jak i przez Tybet, i dodało wartościowych cech do późniejszej rasy chińskiej. Od czasu do czasu małe grupy tych ludzi torowały sobie drogę do Japonii, na Tajwan, na Malaje i do Chin południowych, chociaż niewielu z nich dotarło do Chin południowych trasą nabrzeżną.

Stu trzydziestu dwu ludzi tej rasy wsiadło w Japonii na flotyllę małych łodzi i dotarło w końcu do Ameryki Południowej, a poprzez małżeństwa z tubylcami z Andów zapoczątkowało linię przodków późniejszych władców Inków. Ocean Spokojny przepłynęli małymi etapami, zatrzymując się na wielu napotykanych po drodze wyspach. Wyspy grupy polinezyjskiej były wtedy zarówno liczniejsze jak i większe niż są teraz a ci Andici-żeglarze, razem z tymi, co podążali z nimi, biologicznie modyfikowali grupy tubylców w czasie swego przejazdu. W wyniku infiltracji Anditów wiele kwitnących centrów cywilizacji powstało na tych, obecnie zatopionych ziemiach. Wyspa Wielkanocna długo była centrum religijnym i administracyjnym jednej z tych zaginionych grup ludzkich. Jednak oprócz tych stu trzydziestu dwóch ludzi, nikt z Anditów, którzy dawno temu żeglowali po Oceanie Spokojnym, nigdy nie dotarł do kontynentu Ameryk.

Migracyjne podboje Anditów trwały aż do ich ostatecznego rozproszenia, co nastąpiło pomiędzy rokiem 8000 a 6000 p.n.e. Wychodząc z Mezopotamii, wciąż uszczuplali biologiczne rezerwy swojej ojczyzny, podczas kiedy wyraźnie umacniali narody otaczające. I każdemu narodowi, do którego doszli, dali humor, sztukę, zamiłowanie do przygód, muzykę i wytwórczość. Umieli oswajać zwierzęta, byli też bardzo dobrzy w rolnictwie. Jak dotąd, ich obecność wpływała zazwyczaj na doskonalenie wierzeń religijnych i poprawę postępowania moralnego starszych narodów. I w ten oto sposób kultura Mezopotamii pokojowo rozprzestrzeniała się na Europę, Indie, Chiny, Afrykę północną oraz wyspy Oceanu Spokojnego.

6. OSTATNIE ROZPROSZENIE ANDITÓW

Trzy ostatnie fale Anditów wylały się z Mezopotamii pomiędzy rokiem 8000 a 6000 p.n.e. Te trzy wielkie fale kultury wypchnął z Mezopotamii nacisk plemion górskich ze wschodu i dokuczliwość ludów z nizin zachodnich. Mieszkańcy doliny Eufratu i terytoriów przyległych wyszli na swój ostatni exodus w kilku kierunkach.

Sześćdziesiąt pięć procent poszło do Europy, drogą wzdłuż Morza Kaspijskiego i zawładnęło oraz zmieszało się z nowo powstałą rasą białą – mieszanką człowieka niebieskiego i wcześniejszych Anditów.

Dziesięć procent, wraz dużą grupą kapłanów setyckich, poszło na wschód, poprzez wzniesienia zajmowane przez Elamitów, na płaskowyż irański i do Turkiestanu. Wielu ich potomków zostało później zepchniętych do Indii, razem z ich aryjskimi braćmi z rejonów północnych.

Dziesięć procent ludności Mezopotamii skręciło ze swego północnego szlaku ku wschodowi, wkraczając do Xinjiangu, gdzie zmieszało się z tubylcami, żółtymi Anditami. Większość wspaniałego potomstwa, powstałego w wyniku tego połączenia ras, wkroczyła później do Chin i przyczyniła się znacznie do natychmiastowego ulepszenia północnej części rasy żółtej.

Dziesięć procent wychodzących Anditów szło drogą przez Arabię i weszło do Egiptu.

Pięć procent Anditów, o bardzo wysokiej kulturze, mieszkających w rejonie nadbrzeżnym, przy ujściu Tygrysu i Eufratu, którzy nie zawierali małżeństw z podrzędnymi członkami sąsiednich plemion, nie chciało opuścić swych domów. Grupa ta reprezentuje wiele przetrwałych, wyższych odgałęzień Nodytów i Adamitów.

Do roku 6000 p.n.e. Andici prawie zupełnie wyszli z Mezopotamii, chociaż pozostali tam ich potomkowie, silnie wymieszani z otaczającymi rasami sangikowymi i Andonitami z Azji Mniejszej, i w czasach znacznie późniejszych stoczyli walkę z najeźdźcami z północy i wschodu.

Skończyła się kulturowa epoka drugiego ogrodu, na skutek narastającej infiltracji otaczających, podrzędnych ras ludzkich. Cywilizacja przesunęła się na zachód, nad Nil i na wyspy Morza Śródziemnego, gdzie prosperowała i rozwijała się długo po tym, jak podupadło jej mezopotamskie źródło. Niekontrolowany napływ podrzędnych ludów torował drogę późniejszemu zajęciu całej Mezopotamii przez północnych barbarzyńców, którzy wypędzili pozostające tam jeszcze inteligentniejsze grupy ludzkie. Nawet w późniejszych latach, kulturalne resztki ludności wciąż raziła obecność tych ignoranckich i nieokrzesanych najeźdźców.

7. POWODZIE W MEZOPOTAMII

Ludzie mieszkający nad rzekami przyzwyczajeni byli do występowania rzek z brzegów o pewnych porach roku; takie okresowe, coroczne powodzie, były dla nich normalne. Jednak na skutek stopniowych zmian geologicznych na północy, nowe niebezpieczeństwa zaczęły zagrażać dolinie Mezopotamii.

Tysiące lat po zanurzeniu pierwszego Edenu wciąż się wznosiły góry, otaczające wschodnie wybrzeże Morza Śródziemnego oraz te, położone na północny-zachód i północny-wschód od Mezopotamii. Około roku 5000 p.n.e., wynoszenie tych rejonów górskich uległo znacznemu przyspieszeniu i to właśnie, razem z coraz większymi opadami śniegu w górach na północy, wywoływało każdej wiosny ogromne powodzie w dolinie Eufratu. Gwałtowność tych wiosennych powodzi wciąż narastała, tak, że w końcu mieszkańcy rejonów nadrzecznych zostali wypchnięci na wschodnie wzniesienia. Przez prawie tysiąc lat dziesiątki miast były praktycznie wyludnione, na skutek tych, rozległych powodzi.

Prawie pięć tysięcy lat później, kiedy kapłani hebrajscy, przebywający w niewoli babilońskiej, usiłowali wywieść rodowód narodu żydowskiego od Adama, napotkali duże trudności podczas składania całej historii; i jednemu z nich przyszło na myśl, aby zaniechać tych wysiłków i pozwolić całemu światu zatonąć w swojej nikczemności, podczas potopu Noego, tym samym mieć lepszą sytuację, pozwalającą wyprowadzić ród Abrahama od jednego z trzech przetrwałych synów Noego.

Istnieją powszechne tradycje o tych czasach, kiedy woda pokrywała całą powierzchnię Ziemi. Wiele narodów ma swą własną historię o potopie światowym, w jakimś okresie epok minionych. Biblijna historia Noego, arki i potopu, jest wymysłem kapłaństwa hebrajskiego, powstałym w niewoli babilońskiej. Od czasu, gdy stworzone zostało życie, nigdy nie było powszechnej powodzi na Urantii. Jedynym okresem, kiedy powierzchnia Ziemi była zupełnie pokryta wodą, była era archeozoiczna, kiedy ląd nie zaczął się jeszcze pojawiać.

Jednak Noe żył naprawdę; był producentem wina w Aram, osiedlu nadrzecznym w pobliżu Erek. Zapisywał on rok po roku te dni, kiedy poziom rzeki się podnosił. Ośmieszył się bardzo, kiedy chodził w górę i w dół doliny rzecznej i doradzał, aby wszystkie domy budować z drewna na kształt łodzi, aby zwierzęta należące do rodziny mogły być zabierane na pokład każdego wieczora, gdy zbliżał się czas powodzi. Każdego roku chodził do okolicznych osad nadrzecznych i ostrzegał, za ile dni nadejdzie powódź. W końcu przyszedł taki rok, kiedy coroczna powódź była wyjątkowo wielka, na skutek niezwykle obfitych deszczów, tak, że gwałtowny przybór wód zniszczył całą wioskę; jedynie Noe i jego najbliższa rodzina uratowali się na swej łodzi mieszkalnej.

Powodzie dokończyły dzieła zniszczenia cywilizacji Anditów. Gdy minął okres tego potopu, drugi ogród przestał istnieć. Tylko na południu i pośród Sumerów pozostały jeszcze jakieś ślady dawnej chwały.

Pozostałości tej, jednej z najstarszych cywilizacji, znaleźć można w rejonie Mezopotamii i na północny-wschód oraz północny-zachód od niej. Jeszcze starsze szczątki, z czasów Dalamatii, znajdują się pod wodami Zatoki Perskiej a pierwszy Eden zanurzony jest na wschodnim krańcu Morza Śródziemnego.

8. SUMEROWIE – OSTATNI Z ANDITÓW

Kiedy ostatnie rozproszenie Anditów złamało biologiczny kręgosłup cywilizacji mezopotamskiej, tylko nieliczne resztki tej nadrzędnej rasy pozostały w swej ojczyźnie, u ujścia rzek. Byli to Sumerowie i do roku 6000 p.n.e. mieli oni zasadniczo andickie pochodzenie, choć ich kultura miała charakter prawie czysto nodycki i nadal trzymali się pradawnych tradycji Dalamatii. Tym niemniej, ci Sumerowie z rejonów nadmorskich byli ostatnimi Anditami w Mezopotamii. Poza tym, w tym okresie ludy mezopotamskie były już dobrze wymieszane, co widać po typach czaszek znalezionych w grobach z tej epoki.

To właśnie w czasie powodzi Suza tak dobrze prosperowała. Pierwsze, niższe miasto zostało zalane, tak, że drugie, wyższe miasto zastąpiło to niższe, jako centrum rzemiosł specyficznych dla tamtych czasów. Gdy później powodzie osłabły, Ur stało się centrum produkcji garncarskiej. Mniej więcej siedem tysięcy lat temu Ur leżało nad Zatoką Perską, rzeczne osady nadbudowały od tamtych czasów ląd do jego granic współczesnych.

Osiedla ludzkie w tych miejscach mniej ucierpiały na skutek powodzi, ze względu na lepsze zabezpieczenia przeciwpowodziowe i poszerzające się ujścia rzek.

Pokojowo usposobieni hodowcy zbóż, z dolin Eufratu i Tygrysu, długo byli nękani najazdami barbarzyńców z Turkiestanu i płaskowyżu irańskiego. Teraz jednak ich równoczesna inwazja na dolinę Eufratu spowodowana była narastającą suszą na górskich pastwiskach. I najazd ten był znacznie groźniejszy, ponieważ otaczający dolinę pasterze i myśliwi posiadali dużą ilość oswojonych koni. To, że posiadali konie, dało im ogromną przewagę wojskową nad bogatymi sąsiadami z południa. W krótkim czasie zajęli całą Mezopotamię, wypychając z niej ostatnie fale jej kultury, które rozprzestrzeniły się po całej Europie, Azji zachodniej i Afryce północnej.

Zdobywcy Mezopotamii mieli w swoich szeregach lepsze odmiany Anditów, pochodzące z mieszanych ras północnych Turkiestanu, z częścią rodu Adamsona włącznie. Te mniej zaawansowane, ale bardzo żywotne plemiona z północy, szybko i skwapliwie przyswajały pozostałości cywilizacji mezopotamskiej i niebawem przekształciły się w ten mieszany naród, który znajdował się w dolinie Eufratu na początku zapisów historycznych. Przywrócili oni wkrótce wiele elementów przemijającej cywilizacji Mezopotamii, przyswajając sobie kunszty plemion doliny i znaczną część kultury Sumerów. Próbowali nawet zbudować trzecią wieżę Babel a później używali tego określenia jako nazwy swojego narodu.

Kiedy barbarzyńscy jeźdźcy z północnego wschodu zajęli całą dolinę Eufratu, nie podbili tych resztek Anditów, którzy mieszkali przy ujściu rzek do Zatoki Perskiej. Ci Sumerowie potrafili się obronić, gdyż mieli wyższą inteligencję, lepsze uzbrojenie i rozległy system kanałów wojskowych, stanowiący dodatek do irygacyjnego systemu wzajemnie połączonych basenów wodnych. Był to naród zjednoczony, gdyż posiadał jednolitą, wspólną religię. Byli zatem zdolni zachować swą rasową i narodową integralność, długo po tym, jak ich sąsiedzi z północnego zachodu zostali rozbici na odrębne państwa-miasta. Żadna grupa tych miast nie potrafiła pokonać zjednoczonych Sumerów.

Najeźdźcy z północy szybko nauczyli się darzyć zaufaniem miłujących pokój Sumerów i cenić ich, jako zdolnych nauczycieli i administratorów. Sumerowie byli bardzo szanowani i poszukiwani przez wszystkie ludy północne i od Egiptu na zachodzie do Indii na wschodzie, jako nauczyciele sztuki i rzemiosła, jako organizatorzy handlu i jako władcy państwowi.

Po upadku dawnej konfederacji sumeryjskiej, późniejsze państwa-miasta rządzone były przez potomków odstępców kapłanów setyckich. Dopiero kiedy ci kapłani podbili sąsiednie miasta, zwali siebie królami. Z powodu zazdrości o bóstwo, późniejszym królom miast nie udało się stworzyć silnej konfederacji, aż do czasów Sargona. Każde miasto wierzyło, że jego miejski bóg jest wyższy od wszystkich innych bogów i dlatego nie chciało się podporządkować wspólnemu przywódcy.

Sargon, kapłan Kisz, który mianował się królem i zaczął podbój całej Mezopotamii oraz ziem przyległych, zakończył ten długi okres słabych rządów kapłanów miejskich. Na jakiś czas przestały istnieć rządzone przez kapłanów i tyranizowane przez kapłanów państwa-miasta, z których każde miało swego miejskiego boga i swe własne praktyki obrzędowe.

Po rozpadzie tej konfederacji Kisz, nastąpił długi okres nieustających walk pomiędzy miastami doliny o władzę. I w różnych okresach władzę sprawował Sumer, Akad, Kisz, Erek, Ur i Suza.

Około 2500 lat p.n.e. Sumerowie ponieśli serię dotkliwych porażek z rąk północnych Suitów i Gutejów. Upadła sumeryjska stolica Lagasz, zbudowana na osadach powodziowych. Erek trzymał się jeszcze trzydzieści lat po upadku Akadu. Do czasu ustanowienia kodeksu Hammurabiego, Sumerowie zostali wchłonięci przez północnych Semitów i mezopotamscy Andici znikli z kart historii.

Od roku 2500 do 2000 p.n.e. koczownicy panoszyli się od Atlantyku do Oceanu Spokojnego. Nerici stanowili ostatni rozkwit kaspijskiej grupy mezopotamskich potomków mieszanych ras Andonitów i Anditów. Tego, czego nie zniszczyli barbarzyńcy w Mezopotamii, dokonały kolejne zmiany klimatyczne.

Taka jest historia rasy fioletowej, począwszy od czasów Adama i taki jest los ich ojczyzny, między Tygrysem i Eufratem. Ich pradawna cywilizacja ostatecznie upadła, na skutek emigracji zaawansowanych ludzi oraz napływu podrzędnych sąsiadów. Ale na długo przedtem, nim barbarzyńscy jeźdźcy opanowali dolinę, większość kultury Ogrodu rozprzestrzeniła się na Azję, Afrykę i Europę, tworząc tam ten zaczyn, który w końcu zaowocował na Urantii cywilizacją dwudziestego wieku.

[Przedstawione przez archanioła z Nebadonu].

PRZEKAZ 79

ROZPRZESTRZENIANIE SIĘ ANDITÓW NA WSCHODZIE

AZJA jest kolebką gatunku ludzkiego. To właśnie na południowym półwyspie tego kontynentu urodzili się Andon i Fonta; w górach tego regionu, gdzie teraz jest Afganistan, Badonan, ich potomek, założył prymitywne centrum kultury, które przetrwało ponad pół miliona lat. Tutaj, we wschodnim skupisku gatunku ludzkiego, ludy sangikowe oddzieliły się od rasy Andonowej; Azja była ich pierwszą ojczyzną, pierwszymi terenami myśliwskimi, pierwszym polem bitewnym. W południowo-zachodniej Azji powstawały kolejno cywilizacje Dalamatów, Nodytów, Adamitów i Anditów, i z tych obszarów rozprzestrzeniały się po świecie potencjały współczesnej cywilizacji.

1. ANDICI Z TURKIESTANU

Przez ponad dwadzieścia pięć tysięcy lat, nieomal do roku 2000 p.n.e., centrum Eurazji było zasadniczo Andickie, choć w coraz mniejszym stopniu. Na nizinach Turkiestanu Andici skręcali na zachód, trasą wokół jezior śródlądowych do Europy, podczas gdy z wyżyn tego regionu przenikali na wschód. Turkiestan wschodni (Xinjiang) i w mniejszym stopniu Tybet były pradawnymi bramami, którymi ludy Mezopotamii przechodziły góry, idąc na ziemie północne człowieka żółtego. Andici przesączali się do Indii, idąc z wyżyn Turkiestanu do Pendżabu a z irańskich pastwisk szli przez Beludżystan. Te wczesne migracje w żadnym sensie nie były podbojami; było to raczej ciągłe przesuwanie się plemion Anditów do zachodnich Indii oraz Chin.

Prawie piętnaście tysięcy lat istniały centra mieszanej kultury Anditów w dorzeczu rzeki Tarym, w Xinjiangu i na południu w górskich rejonach Tybetu, gdzie Andici i Andonici mieszali się w znacznym stopniu. Dolina rzeki Tarym była najbardziej na wschód wysuniętą placówką czystej kultury Anditów. Budowali oni tutaj swoje osiedla i utrzymywali stosunki handlowe z postępowymi Chińczykami na wschodzie i z Andonitami na północy. W tamtych czasach rejon tarymski miał żyzną ziemię, deszcze padały tam obficie. Na wschodzie Gobi była rozległą łąką, gdzie pasterze stopniowo zamieniali się w rolników. Cywilizacja ta upadła, kiedy niosące deszcz wiatry zmieniły kierunek na południowo-wschodni, ale w swoim czasie rywalizowała ona z samą Mezopotamią.

Po roku 8000 p.n.e., powolne wyjaławianie górzystych regionów Azji centralnej zaczęło spychać Anditów w koryta rzek i na wybrzeża morskie. Narastająca susza nie tylko zepchnęła ich w doliny Nilu, Eufratu, Indusu i Żółtej Rzeki, ale spowodowała nowego rodzaju przemiany w cywilizacji Anditów. Zaczęła się pojawiać coraz liczniejsza, nowa klasa ludzi – kupcy.

Kiedy warunki klimatyczne sprawiły, że myślistwo przestało wystarczać migrującym Anditom, nie poszli oni ewolucyjną drogą starszych ras i nie zostali pasterzami. Pojawił się handel i życie miejskie. Od Egiptu, poprzez Mezopotamię i Turkiestan, do rzek Chin i Indii, bardziej cywilizowane plemiona zaczęły się gromadzić w miastach i zajmować rzemiosłem i handlem. Adonia stała się centralną, handlową metropolią azjatycką, zlokalizowaną w pobliżu dzisiejszego miasta Aszchabad. Handel wyrobami kamiennymi, metalowymi, drewnianymi i garncarskimi nabrał rozmachu i prowadzony był zarówno lądem jak i wodą.

Coraz większa susza stopniowo zaczęła zmuszać Anditów do wielkiego exodusu z ziem położonych na południe i wschód od Morza Kaspijskiego. Fala migracji zmieniła kierunek z północnego na południowy a babilońscy jeźdźcy zaczęli napierać na Mezopotamię.

Narastająca jałowość w Azji centralnej spowodowała dalszą redukcję populacji i zmniejszyła wojowniczość mieszkających tam ludów; a kiedy zanikające na północy deszcze zmusiły koczowniczych Andonitów do pójścia na południe, nastąpił gigantyczny exodus Anditów z Turkiestanu. Jest to końcowe przesunięcie tak zwanych Aryjczyków na Bliski Wschód i do Indii. Było ono punktem kulminacyjnym długiego rozpraszania się mieszanych potomków Adama, podczas którego wszystkie ludy azjatyckie i większość ludów wyspiarskich Oceanu Spokojnego została do pewnego stopnia udoskonalona przez te, wyższe rasy.

W ten sposób Andici, kiedy się rozpraszali po półkuli wschodniej, zostali wywłaszczeni ze swej ojczyzny w Mezopotamii i Turkiestanie, ponieważ intensywne parcie Andonitów na południe rozrzedziło Anditów w Azji centralnej, powodując niemal ich zanik.

Ale nawet w dwudziestym wieku po Chrystusie nadal istnieją ślady krwi Anditów pośród ludów Turańskich i Tybetańskich a świadczą o tym blondyni sporadycznie występujący w tych regionach. Wczesne kroniki chińskie piszą o istnieniu koczowników, o rudych włosach, na północ od spokojnych osad nad Żółtą Rzeką i wciąż istnieją malowidła, które wiernie obrazują zarówno blondynów, Anditów, jak i brunetów, typy mongolskie, dawno temu w dorzeczu rzeki Tarym.

Ostatni wielki geniusz wojskowy centralnych Anditów azjatyckich pojawił się w roku 1200 n.e., kiedy to Mongołowie, pod wodzą Dżyngis-chana, zaczęli podbój znacznej części kontynentu azjatyckiego. I tak jak pradawni Andici, wojownicy ci głosili istnienie „jednego Boga w niebie". Przedwczesny rozpad ich imperium na długo opóźnił związki kulturalne pomiędzy Zachodem a Wschodem i znacznie zahamował rozwój idei monoteistycznej w Azji.

2. PODBÓJ INDII PRZEZ ANDITÓW

Indie są jedynym miejscem, gdzie wymieszane są wszystkie rasy Urantii; inwazja *Anditów* dodała ostatnią rasę. Na wzniesieniach, leżących na północny-zachód od Indii, powstały rasy sangikowe i członkowie wszystkich tych ras przeniknęli subkontynent indyjski w tych dawnych czasach, pozostawiając po sobie najbardziej zróżnicowaną mieszankę rasową, jaka kiedykolwiek istniała na Urantii. Starożytne Indie działały jako zlewisko migrujących ras. Podstawa półwyspu była dawniej nieco węższa niż obecnie, znaczna większość obszaru delt Gangesu i Indusu to dzieło ostatnich pięćdziesięciu tysięcy lat.

Najwcześniejsze mieszanki rasowe w Indiach były połączeniem migrującej rasy czerwonej i żółtej z rodzimymi Andonitami. Ta grupa ludzka została później osłabiona przez wchłonięcie znacznej porcji wschodnich ludzi zielonych, obecnie już wymarłych oraz znacznej liczby ludzi rasy pomarańczowej, jak również została lekko udoskonalona przez ograniczoną domieszkę człowieka niebieskiego, ale z kolei znacznie ucierpiała przez asymilację znacznej liczby ludzi rasy indygo. Jednak tak zwani autochtoni indyjscy nie są reprezentantami tych wczesnych ludów; stanowią oni raczej ich najbardziej pośledniejsze, południowe i wschodnie obrzeża, które nigdy nie zostały zupełnie wchłonięte ani przez wczesnych Anditów, ani przez pojawiających się później ich aryjskich kuzynów.

Do roku 20.000 p.n.e. populacja Indii zachodnich miała już domieszkę krwi adamicznej i nigdy, w całej historii Urantii, żaden lud nie miał w sobie tak wielu odmiennych ras. Jednak niefortunnie się stało, że przeważały w nim drugorzędne rasy sangikowe a prawdziwe nieszczęście polegało na tym, że w owym pradawnym rasowym tyglu nie było zbyt wiele zarówno człowieka niebieskiego jak i czerwonego; większa domieszka pierwszorzędnych ras sangikowych mogłaby przyczynić się znacznie do wzbogacenia tej cywilizacji tak, że mogłaby ona być jeszcze wspanialszą. Jednak tak się stało, że człowiek czerwony wyniszczył się w Amerykach, człowiek niebieski zabawiał się w Europie a wcześni potomkowie Adama (i większość późniejszych) niewielką mieli ochotę mieszać się z ludźmi o ciemniejszym kolorze skóry, czy to w Indiach, czy to w Afryce, czy gdziekolwiek indziej.

Około roku 15.000 p.n.e., coraz większe zagęszczenie populacji na obszarze Turkiestanu oraz Iranu spowodowało pierwsze, zakrojone na szeroką skalę, przesunięcie Anditów w kierunku Indii. Ponad piętnaście wieków te nadrzędne ludy przelewały się przez wyżyny Beludżystanu, rozprzestrzeniając się w dolinach Indusu i Gangesu i posuwając się powoli na południe Dekanu. To parcie Anditów z północnego-zachodu wypchnęło wielu podrzędnych południowców do Burmy i Chin południowych, ale to było za mało, aby uchronić najeźdźców od rasowej zagłady.

To, że Indie nie osiągnęły hegemonii w Eurazji, spowodowane było głównie ukształtowaniem terenu; napór populacji z północy powodował jedynie stłoczenie większości ludności na południe, na zwężające się terytorium Dekanu, otoczone ze wszystkich stron morzem. Gdyby istniał przyległy ląd, na który można by emigrować, wtedy podrzędni ludzie mogliby wylać się na zewnątrz, we wszystkich kierunkach a gatunek nadrzędny mógłby osiągnąć wyższą cywilizację.

Wcześniejsi Andici zdobywcy dokonywali rozpaczliwych wysiłków, aby zachować swoją tożsamość i powstrzymać falę ras, które ich zalewały, przez wprowadzenie sztywnych ograniczeń w sprawie małżeństw mieszanych. Tym niemniej, do roku 10.000 p.n.e. Andici wtopili się w społeczeństwo, ale cała ta masa ludzka, która ich wchłonęła, została przez to znacznie udoskonalona.

Mieszanie ras zawsze jest korzystne, dlatego, że sprzyja kulturowej wszechstronności i tworzy zaawansowaną cywilizację, kiedy jednak w typach rasowych przeważają *elementy podrzędne*, osiągnięcia takie będą krótkotrwałe. Poliglotyczna kultura może zostać zachowana tylko wtedy, kiedy nadrzędna rasa się rozmnaża, zachowując tym samym bezpieczny margines nad podrzędną. Nieograniczone mnożenie się ludzi podrzędnych, wraz z malejącym rozmnażaniem się nadrzędnych, jest zawsze samobójcze dla cywilizacji kulturowej.

Gdyby Andici zdobywcy byli trzykrotnie liczniejsi albo gdyby wypchnęli lub wyniszczyli najmniej pożądaną, jedną trzecią zmieszanych mieszkańców pomarańczowych-zielonych-indygo, wtedy Indie stałyby się jednym z wiodących, światowych centrów cywilizacji kulturowej i bez wątpienia przyciągnęłyby więcej późniejszych fal Mezopotamczyków, tych, którzy wlewali się do Turkiestanu a stamtąd na północ, do Europy.

3. INDIE DRAWIDYJSKIE

Mieszanie się Anditów, zdobywców Indii, z rasą rodzimą, dało w rezultacie ten zmieszany naród, który zwany był drawidyjskim. Dawniejsi i czystsi Drawidowie posiadali znaczny potencjał w dziedzinie kultury, który wciąż słabł w miarę tego, jak rozrzedzało się stopniowo ich andickie dziedzictwo. I to właśnie przesądziło o losie dobrze się zapowiadającej cywilizacji Indii prawie dwanaście tysięcy lat temu. Jednak zastrzyk nawet tak drobnej ilości krwi Adama spowodował wyraźne przyspieszenie tempa rozwoju społecznego. Ta kompleksowa rasa natychmiast wytworzyła najbardziej wszechstronną cywilizację na Ziemi.

Wkrótce po zdobyciu Indii, drawidyjscy Andici utracili swój rasowy i kulturowy kontakt z Mezopotamią, jednak późniejsze otwarcie połączeń morskich i szlaków karawanowych odnowiło te związki i w przeciągu ostatnich dziesięciu tysięcy lat nie było takiego okresu, w którym Indie straciłyby zupełnie kontakt z Mezopotamią na zachodzie i z Chinami na wschodzie, chociaż bariery górskie sprzyjały bardziej związkom z zachodem.

Wyższa kultura i większe inklinacje religijne ludów Indii datują się z dawnych czasów dominacji drawidyjskiej i zawdzięczają swe istnienie po części temu, że tak wielu kapłanów setyckich przybyło do Indii, zarówno podczas wcześniejszej inwazji andickiej, jak i późniejszej aryjskiej. Tak więc wątek monoteizmu, przewijający się przez religijną historię Indii, wywodzi się z nauk Adamitów prowadzonych w drugim ogrodzie.

Wcześnie, bo w roku 16.000 p.n.e., weszła do Indii grupa stu kapłanów setyckich i praktycznie dokonała religijnego podboju zachodniej połowy tych wielojęzycznych ludów. Jednak ich religia nie przetrwała. W przeciągu pięciu tysięcy lat ich doktryna Rajskiej Trójcy zdegenerowała się do potrójnego symbolu boga ognia.

Jednak przez ponad siedem tysięcy lat, aż do zakończenia migracji Anditów, status religijny mieszkańców Indii był znacznie bardziej zaawansowany niż całej reszty świata. W tamtych czasach Indie były na dobrej drodze do wytworzenia wiodącej kulturowej, religijnej, filozoficznej i gospodarczej cywilizacji świata. I gdyby nie nastąpiło kompletne zalanie Anditów przez ludy z południa, prawdopodobnie by się tak stało.

Drawidyjskie centra kultury zlokalizowane były w dolinach rzecznych, głównie Indusu i Gangesu a na Dekanie wzdłuż trzech wielkich rzek, płynących do morza przez Ghaty Wschodnie. Osadnictwo, położone na wybrzeżu Ghatów Zachodnich, zawdzięcza swą znaczącą pozycję morskim związkom z Sumerem.

Drawidowie zaliczali się do tych najdawniejszych ludów, które budowały miasta i które zajmowały się w dużym stopniu eksportem oraz importem, zarówno lądem jak i morzem. W roku 7000 p.n.e., karawany wielbłądów regularnie szły swymi szlakami do odległej Mezopotamii; ładunki drawidyjskie szły blisko brzegu, Morzem Arabskim do sumeryjskich miast Zatoki Perskiej i zapuszczały się po wodach Zatoki Bengalskiej, aż na Półwysep Malajski. Alfabet, razem ze sztuką pisania, sprowadzony został z Sumeru przez tych żeglarzy i kupców.

Takie powiązania handlowe przyczyniły się w znacznej mierze do dalszego urozmaicenia kosmopolitycznej kultury, w wyniku czego wcześnie pojawiły się różne subtelności a nawet luksusy życia miejskiego. Kiedy później zjawili się Aryjczycy i wkroczyli do Indii, nie rozpoznali w Drawidach swoich Andickich kuzynów rozproszonych w rasach sangikowych, zastali jednak dobrze rozwiniętą cywilizację. Pomimo biologicznych ograniczeń, Drawidowie zapoczątkowali wysoką cywilizację. Rozprzestrzeniła się ona na terenie całych Indii i przetrwała do czasów współczesnych na Dekanie.

4. ARYJSKI NAJAZD NA INDIE

Drugi raz Andici przeniknęli do Indii w połowie trzeciego tysiąclecia przed Chrystusem jako inwazja aryjska, która trwała prawie pięćset lat. Migracja ta była równoznaczna z ostatecznym opuszczeniem przez Anditów ich ojczyzny w Turkiestanie.

Wczesne skupiska Aryjczyków rozrzucone były w północnej połowie Indii, szczególnie na północnym zachodzie. Ci najeźdźcy nigdy nie dokończyli podboju kraju i ten błąd przyczynił się do ich zguby, ponieważ będąc słabsi liczebnie, podatni byli na wchłonięcie przez Drawidów z południa, którzy potem zajęli cały półwysep za wyjątkiem rejonów Himalajów.

Rasowo Aryjczycy wywarli niezbyt wielki wpływ na Indie, za wyjątkiem rejonów północnych. Na Dekanie ich wpływy były bardziej kulturalne i religijne niż rasowe. Tak zwana krew aryjska przetrwała w większym stopniu w Indiach północnych nie tylko z powodu większej liczby Aryjczyków w tych regionach, ale także dlatego, że byli oni uzupełniani przez późniejszych zdobywców, kupców i misjonarzy. Trwała ciągła infiltracja krwi aryjskiej do Pendżabu, aż do pierwszego wieku po Chrystusie, ostatni jej dopływ miał miejsce podczas wypraw narodów hellenistycznych.

W końcu Aryjczycy i Drawidowie wymieszali się na nizinach Gangesu, tworząc zaawansowaną kulturę, ożywianą później przez ludzi przybywających z północnego wschodu, z Chin.

W Indiach od czasu do czasu rozkwitało wiele rodzajów organizacji społeczeństwa, od częściowo demokratycznego systemu Aryjczyków do despotycznych i monarchicznych form rządu. Jednak najbardziej charakterystyczną cechą tego społeczeństwa było utrzymywanie się silnych kast społecznych, wprowadzonych przez Aryjczyków, aby zachować rasową tożsamość. Ten skomplikowany system kastowy przetrwał do dziś.

Z czterech wielkich kast, wszystkie za wyjątkiem pierwszej zostały wprowadzone podczas bezowocnych prób zapobieżenia łączeniu się aryjskich zdobywców z ich podrzędnymi poddanymi. Jednak pierwsza kasta, nauczycieli-kapłanów, wywodzi się od Setytów; w dwudziestym wieku po Chrystusie, Bramini są po linii kulturowej potomkami kapłanów drugiego ogrodu, aczkolwiek ich nauczanie różni się znacznie od nauczania ich wybitnych poprzedników.

Kiedy Aryjczycy wkroczyli do Indii, przynieśli ze sobą tę ideę Bóstwa, jaką zachowali w utrzymujących się tradycjach religijnych drugiego ogrodu. Jednak kapłani bramińscy nigdy nie potrafili się oprzeć naciskowi idei pogańskich, kiedy nagle zetknęli się z podrzędnymi religiami Dekanu, po rasowej obliteracji Aryjczyków. Tak, więc znaczna większość ludności poddała się zniewalającym ją przesądom podrzędnych religii i właśnie dlatego Indiom nie udało się stworzyć wysokiej cywilizacji, na jaką miały widoki w dawniejszych czasach.

Przebudzenie duchowe, jakie miało miejsce w szóstym wieku przed Chrystusem, nie trwało w Indiach długo, obumarło jeszcze przed inwazją mahometańską. Ale kiedyś zjawić się może jeszcze większy Gautama i może prowadzić całe Indie na poszukiwanie żywego Boga, i wtedy świat zobaczy, jakie owoce wydają kulturalne potencjały tego, wszechstronnego narodu, tak długo uśpionego paraliżującym go wpływem nierozwojowych wizji duchowych.

Kultura nie opiera się na fundamencie biologicznym i kasta sama w sobie nie może utrwalić kultury aryjskiej, gdyż to właśnie religia, prawdziwa religia, jest niezastąpionym źródłem tej wyższej energii, która stymuluje ludzi do tworzenia zaawansowanej cywilizacji, opartej na ludzkim braterstwie.

5. CZŁOWIEK CZERWONY I ŻÓŁTY

Jeśli historia Indii jest historią podboju Anditów i ostatecznego ich rozproszenia w starszych ludach ewolucyjnych, opowieść o Azji wschodniej jest właściwie opowieścią o pierwszorzędnych Sangikach, zwłaszcza o człowieku czerwonym i żółtym. Te dwie rasy w znacznym stopniu uniknęły zmieszania się ze zubożoną rasą neandertalską, która tak bardzo opóźniła rozwój człowieka niebieskiego w Europie i tym samym zachowały wyższy potencjał pierwszorzędnego typu sangikowego.

Podczas gdy neandertalczycy byli rozproszeni na całym obszarze Eurazji, ich wschodnie flanki były bardziej zanieczyszczone niższymi domieszkami, pochodzącymi od zwierząt. Te podludzkie gatunki zostały zepchnięte na południe przez piąte zlodowacenie, przez tę samą pokrywę lodową, która tak długo powstrzymywała sangikową migrację do Azji wschodniej. I kiedy człowiek czerwony posuwał się na północny-wschód, wokół gór Indii, zastał Azję północno-wschodnią wolną od tych podludzkich gatunków. Organizacja plemienna rasy czerwonej uformowała się wcześniej niż u jakichkolwiek innych ludów a ludzie tej rasy pierwsi migrowali ze zogniskowania sangikowego, położonego w Azji centralnej. Zacofane odmiany neandertalskie zostały wybite albo zepchnięte z kontynentu przez migrujące później plemiona żółte. I człowiek czerwony panował niepodzielnie w Azji wschodniej, przez prawie sto tysięcy lat, przed przybyciem plemion żółtych.

Ponad trzysta tysięcy lat temu główna grupa rasy żółtej weszła do Chin z południa, migrując wzdłuż wybrzeża. W każdym kolejnym tysiącleciu przenikali coraz dalej w głąb lądu, ale nie zetknęli się ze swymi migrującymi, tybetańskimi braćmi, aż do względnie niedawnych czasów.

Coraz większe zagęszczenie populacji sprawiło, że posuwająca się na północ rasa żółta zaczęła napierać na tereny łowieckie człowieka czerwonego. Takie wtargnięcie, razem z naturalnym antagonizmem rasowym, prowadziło do coraz większej wrogości i tak się właśnie zaczęła decydująca walka o żyzne ziemie dalekiej Azji.

Relacja o trwającym epoki konflikcie pomiędzy rasą żółtą a czerwoną jest opowieścią o historii Urantii. Ponad dwieście tysięcy lat te dwie zaawansowane rasy prowadziły zajadłą i nieustanną wojnę. We wcześniejszych zmaganiach zwyciężał przeważnie człowiek czerwony, oddziały jego najeźdźców siały spustoszenie wśród żółtych osadników. Jednak człowiek żółty był zdolnym adeptem sztuki wojennej i dość wcześnie wykazywał wyraźne tendencje do życia w pokoju ze swymi rodakami; Chińczycy pierwsi zrozumieli, że w jedności siła. Plemiona czerwone wciąż prowadziły wyniszczające je walki wewnętrzne i wkrótce doznały serii porażek z agresywnych rąk nieustępliwych Chińczyków, którzy niepowstrzymanie parli na północ.

Sto tysięcy lat temu zdziesiątkowane plemiona rasy czerwonej prowadziły wojnę, mając za plecami cofający się lód minionego zlodowacenia i kiedy można było przejść lądem na półkulę zachodnią, przez przesmyk Beringa, plemiona te szybko opuściły niegościnne wybrzeża kontynentu azjatyckiego. Upływa osiemdziesiąt pięć tysięcy lat od tego czasu, kiedy ostatni ludzie czerwoni czystej krwi opuścili Azję, ale te długie walki pozostawiły swe genetyczne piętno na zwycięskiej rasie żółtej. Północne ludy chińskie, wraz z syberyjskimi Andonitami przyswoiły sporo krwi rasy czerwonej ze znacznym dla siebie zyskiem.

Północnoamerykańscy Indianie nigdy się nie zetknęli nawet z andickim potomstwem Adama i Ewy, gdyż wyrugowani zostali ze swej azjatyckiej ojczyzny jakieś pięćdziesiąt tysięcy lat przed przybyciem Adama. W epoce migracji Andytów, czerwone szczepy czystej krwi rozprzestrzeniały się po Ameryce Północnej jako koczownicze plemiona myśliwych, które tylko w niewielkim stopniu zajmowały się rolnictwem. Te ludy i grupy kulturowe pozostawały prawie zupełnie odizolowane od reszty świata, od czasu ich przybycia do Ameryk aż do końca pierwszego tysiąclecia ery chrześcijańskiej, kiedy to zostały odkryte przez europejską rasę białą. Aż do tamtego czasu, spośród wszystkich, których czerwoni ludzie kiedykolwiek widzieli, najbardziej podobni do białego człowieka byli Eskimosi.

Rasa czerwona i żółta to jedyne gatunki ludzkie, które kiedyś osiągnęły wysoki stopień cywilizacji niezależnie od wpływów Andytów. Najstarszym ośrodkiem kultury Indian amerykańskich było centrum Onamonalontona w Kalifornii, ale przestało ono istnieć przed rokiem 35.000 p.n.e. W Meksyku, w Ameryce Centralnej i w górach Ameryki Południowej, założone zostały późniejsze i trwalsze cywilizacje przez rasę przeważnie czerwoną, ale zawierającą znaczne domieszki rasy żółtej, pomarańczowej i niebieskiej.

Cywilizacje te były ewolucyjnym wytworem Sangików, pomimo tego, że niewielkie domieszki krwi Andytów dotarły do Peru. Za wyjątkiem Eskimosów w Ameryce Północnej oraz niewielkiej liczby polinezyjskich Andytów w Ameryce Południowej, ludy półkuli zachodniej nie miały kontaktów z resztą świata, aż do końca pierwszego tysiąclecia po Chrystusie. Pierwotny plan doskonalenia ras Urantii, opracowany przez Melchizedeków, zakładał, że milion potomków Adama czystej krwi miało się udać do Ameryk, dla doskonalenia człowieka czerwonego.

6. ZARANIE CYWILIZACJI CHIŃSKIEJ

Jakiś czas po wypchnięciu człowieka czerwonego do Ameryki Północnej, rozprzestrzeniający się Chińczycy oczyścili z Andonitów doliny rzeczne Azji wschodniej, spychając ich na północ, na Syberię i na zachód do Turkiestanu, gdzie wkrótce weszli w kontakt z wyższą kulturą Andytów.

W Burmie i na Półwyspie Indochińskim mieszały się oraz łączyły kultury Indii i Chin, tworząc kolejne cywilizacje tych regionów. To tutaj przetrwała zanikająca rasa zielona w proporcji większej niż gdziekolwiek indziej na świecie.

Na wyspach Oceanu Spokojnego mieszkało wiele różnych ras ludzkich. Generalnie, południowe i większe w tamtych czasach wyspy zajmowane były przez ludy posiadające duży procent krwi zielonej oraz indygo. Północne wyspy pozostawały w posiadaniu

Andonitów a później ras, zawierających proporcjonalnie dużo krwi gatunku żółtego i czerwonego. Przodkowie Japończyków zostali wypchnięci z kontynentu dopiero w roku 12.000 p.n.e., kiedy to wyparły ich północne plemiona chińskie, napierające wzdłuż wybrzeży na południe. Ich ostateczny exodus spowodowało nie tyle parcie populacji, co inicjatywa wodza, którego zaczęli uznawać za osobę boską.

Tak samo jak ludy Indii i Bliskiego Wschodu, zwycięskie plemiona człowieka żółtego zakładały swe najstarsze osiedla na wybrzeżach i wzdłuż rzek. W latach późniejszych osadom nad rzekami źle się wiodło, kiedy to coraz większe powodzie i rzeki zmieniające kierunek sprawiły, że miasta na nizinach przestały się nadawać do zamieszkania.

Dwadzieścia tysięcy lat temu przodkowie Chińczyków stworzyli tuzin silnych ośrodków prymitywnej kultury i nauczania, przeważnie wzdłuż Żółtej Rzeki i Jangcy. Teraz te ośrodki zaczęły być zasilane przez napływ stałego strumienia zaawansowanych, mieszanych ludów z Xinjiangu i Tybetu. Migracja z Tybetu do doliny Jangcy nie była tak intensywna jak na północy, nie były również owe tybetańskie ośrodki tak zaawansowane jak te w dorzeczu Tarym. Jednak oba te przemieszczenia ludzkie niosły w sobie na wschód, do osad nadrzecznych, pewną ilość krwi andickiej.

Na wyższość pradawnej rasy żółtej składały się cztery zasadnicze czynniki:

1. *Genetyczny*. W odróżnieniu od swych niebieskich kuzynów w Europie, rasa czerwona i żółta w znacznym stopniu uniknęły zmieszania się z podrzędnymi gatunkami ludzkimi. Północni Chińczycy, już wcześniej wzbogaceni wyższymi domieszkami czerwonymi i andonicznymi, mieli wkrótce skorzystać ze znacznego dopływu krwi Anditów. Chińczycy południowi byli w tym względzie trochę gorsi i długo jeszcze odczuwali skutki wchłonięcia rasy zielonej, podczas gdy później zostali dodatkowo osłabieni przez infiltrację mnóstwa podrzędnych ludów, wypchniętych z zatłoczonych Indii przez inwazję drawidyjsko-andicką. I dziś nadal istnieje wyraźna różnica pomiędzy północnymi i południowymi grupami ludności w Chinach.

2. *Społeczny*. Rasa żółta wcześnie doceniła wartość pokoju wewnętrznego. Pokojowość wewnętrzna tak bardzo się przyczyniła do wzrostu jej populacji, że ta cywilizacja rozrosła się do wielu milionów. Pomiędzy rokiem 25.000 a 5000 p.n.e., największe skupisko cywilizacyjne na Urantii znajdowało się w centralnych i północnych Chinach. Człowiek żółty jako pierwszy osiągnął solidarność rasową i jako pierwszy zaprowadził na szeroką skalę cywilizację kulturową, społeczną i polityczną.

W roku 15.000 p.n.e. Chińczycy byli agresywnymi militarystami, nie osłabionymi nadmiernym szacunkiem dla przeszłości a liczyli niecałe dwanaście milionów ludzi i stanowili zwartą grupę, mówiącą wspólnym językiem. W tamtej epoce stworzyli prawdziwy naród, znacznie bardziej zjednoczony i jednolity niż ich polityczne związki z czasów historycznych.

3. *Duchowy*. W epoce migracji Anditów, Chińczycy należeli do najbardziej uduchowionych narodów Ziemi. Długo czcili Jedną Prawdę, głoszoną przez Singlangtona, co pozwalało im się wysunąć przed inne rasy. Stymulacja, jaką daje postępowa i zaawansowana religia, jest często czynnikiem decydującym w rozwoju kulturowym; kiedy Indie traciły swą żywotność, Chiny szły naprzód pod wpływem ożywiającej stymulacji religii, w której prawda uświęcona była jako najwyższe Bóstwo.

Takie uwielbienie prawdy stymulowało badania i nieustraszoną eksplorację praw natury oraz potencjałów ludzkich. Chińczycy, nawet ci sprzed sześciu tysięcy lat, zawsze byli pilnymi badaczami i aktywnymi poszukiwaczami prawdy.

4. *Geograficzny*. Od zachodu Chin bronią góry a od wschodu Ocean Spokojny. Tylko północ narażona jest na atak a od czasów człowieka czerwonego aż do przybycia późnych potomków Anditów, północy nie zajmował żaden agresywny lud.

Gdyby nie bariery górskie oraz późniejszy schyłek kultury duchowej, rasa żółta bez wątpienia przyciągnęłaby do siebie większą część andickich migracji z Turkiestanu i niewątpliwie szybko zdominowałaby cywilizację światową.

7. ANDICI WKRACZAJĄ DO CHIN

Mniej więcej piętnaście tysięcy lat temu Andici przechodzili w znacznej liczbie przełęcz Ti Tao i rozprzestrzeniali się w górnym biegu Żółtej Rzeki, pośród chińskich osad Gansu. Wkrótce zaczęli przenikać na wschód, do Henan, gdzie znajdowało się najbardziej zaawansowane osadnictwo. Ta infiltracja z zachodu była mniej więcej w połowie andoniczna a w połowie andicka.

Północne centra kultury, położone wzdłuż Żółtej Rzeki, zawsze były bardziej zaawansowane niż południowe osadnictwo nad Jangcy. W kilka tysięcy lat po przybyciu do nich nawet tej niewielkiej liczby nadrzędnych śmiertelników, osady wzdłuż Żółtej Rzeki wysunęły się naprzód przed wioski nad Jangcy i osiągnęły pozycję dominacji nad ich braćmi na południu, która się nadal utrzymuje.

Rzecz nie polegała na tym, że Anditów było tak wielu, ani też na tym, że ich kultura była tak zaawansowana, ale to właśnie mieszanie się z nimi tworzyło bardziej wszechstronny gatunek ludzki. Północni Chińczycy otrzymali wystarczającą ilość krwi andickiej, aby łagodnie pobudzić ich zdolne z natury umysły, jednak nie aż tyle, żeby zapalić je niespokojną, badawczą ciekawością, tak charakterystyczną dla północnych ras białych. Ta bardziej ograniczona domieszka dziedzictwa andickiego ożywiła w niewielkim tylko stopniu naturalną stabilność gatunku sangikowego.

Późniejsze fale Anditów przyniosły ze sobą pewne zdobycze kulturowe z Mezopotamii; odnosi się to zwłaszcza do ostatnich fal migracji z zachodu. Znacznie usprawniły one północnym Chińczykom ich praktyki ekonomiczne i edukacyjne; i chociaż ich wpływ na kulturę religijną rasy żółtej był krótkotrwały, ich późniejsi potomkowie przyczynili się znacznie do dalszego ożywienia duchowego. Poza tym, tradycje Anditów o pięknie Edenu i Dalamatii wywarły wpływ na tradycje chińskie; dawne chińskie legendy lokalizowały „ziemię bogów" na zachodzie.

Chińczycy zaczęli budować miasta i zajmować się wytwórczością dopiero po roku 10.000 p.n.e., w następstwie zmian klimatycznych w Turkiestanie i po przybyciu ostatnich Anditów-imigrantów. Domieszka tej nowej krwi nie wniosła zbyt wiele do cywilizacji człowieka żółtego, pobudziła jednak dalszy i gwałtowny rozwój zdolności, utajonych u wyższych warstw chińskich. Od Henan do Shanxi zaczęły owocować potencjały zaawansowanej cywilizacji. Metalurgia i wszystkie kunszty wytwórcze datują się od tamtych czasów.

Podobieństwa pomiędzy pewnymi, wczesnymi, chińskimi i mezopotamskimi metodami liczenia czasu, astronomii i administracji państwowej wynikały z powiązań handlowych pomiędzy tymi dwoma, znacznie oddalonymi od siebie centrami. Kupcy chińscy, nawet w czasach Sumerów, podróżowali lądem przez Turkiestan do Mezopotamii. Nie była to wymiana jednostronna – przynosiła ona znaczne korzyści dolinie Eufratu, podobnie jak ludom niziny Gangesu. Jednak zmiany klimatyczne oraz najazdy koczowników, które miały miejsce w trzecim tysiącleciu przed Chrystusem, znacznie zredukowały wielkość wymiany handlowej, idącej szlakami karawan w Azji centralnej.

8. PÓŹNIEJSZA CYWILIZACJA CHIŃSKA

Podczas gdy człowiek czerwony ucierpiał z powodu zbyt wielu wojen, nie całkiem na opak byłoby stwierdzić, że rozwój państwowości u Chińczyków został opóźniony przez dokładność ich podboju Azji. Chińczycy mieli wielki potencjał solidarności rasowej, ale nie rozwinął się on odpowiednio z powodu braku ciągłej, pobudzającej go stymulacji, wynikającej z wciąż grożącego niebezpieczeństwa najazdu z zewnątrz.

Kiedy zakończył się podbój Azji wschodniej, pradawne, militarne państwo stopniowo się rozpadało – dawne wojny zostały zapomniane. Z epicznych zmagań z rasą czerwoną przetrwały jedynie mgliste tradycje o dawnych walkach z łucznikami. Chińczycy wcześnie zajęli się rolnictwem, które dodatkowo przyczyniało się do utrwalenia ich pokojowych tendencji, podczas gdy populacja, wciąż poniżej właściwej proporcji obszaru ziemi do ilości ludzi w rolnictwie, dodatkowo jeszcze przyczyniała się do pokojowości kraju.

Świadomość wspaniałej przeszłości (obecnie nieco zanikająca), konserwatyzm rolniczego w większości narodu i dobrze rozwinięte życie rodzinne, dały początek kultowi przodków, który osiągnął swą kulminację w obyczaju darzenia takim szacunkiem ludzi z przeszłości, że graniczyło to z czczeniem. Bardzo podobne poglądy panowały w Europie pośród ras białych przez jakieś pięćset lat po upadku cywilizacji grecko-rzymskiej.

Wiara i kult „Jednej Prawdy", jak tego nauczał Singlangton, nigdy zupełnie nie wygasły; jednak z biegiem czasu poszukiwanie nowej i wyższej prawdy zostało przyhamowane narastającą tendencją szacunku dla tego, co już ugruntowane. Powoli geniusz rasy żółtej zmieniał swój kierunek, od dążenia ku nieznanemu do zachowania tego, co już znane. I to jest przyczyna stagnacji najszybciej rozwijającej się kiedyś cywilizacji świata.

Pomiędzy rokiem 4000 a 500 p.n.e. dokonało się ponowne zjednoczenie polityczne rasy żółtej, jednak unia centrów kultury znad rzek Jangcy i Żółtej była przeprowadzona już wcześniej. To ponowne zjednoczenie polityczne ostatnich grup plemiennych nie odbyło się bez konfliktu, jednak poglądy społeczeństwa przeciwne były wojnie; kult przodków, rozpowszechnienie dialektów i brak wezwania do akcji zbrojnej przez wiele tysięcy lat zrobiły z tych ludzi skrajnych pacyfistów.

Wbrew temu, że spełzły na niczym nadzieje wczesnego rozwoju zaawansowanej państwowości, rasa żółta stopniowo posuwała się naprzód w sztukach cywilizacji, zwłaszcza w rolnictwie i ogrodnictwie. Problemy z nawadnianiem, przed którymi stanęli rolnicy z Shanxi i Henan, wymagały współpracy społecznej dla ich rozwiązania. Irygacje takie i trudności związane z zachowaniem ziemi w dobrym stanie przyczyniły się w niemałym stopniu do rozwoju zależności wzajemnej ludzi, z konsekwentnym popieraniem pokoju wśród rolniczych grup społeczeństwa.

Rozwój piśmiennictwa i powstawanie szkół przyczyniło się wkrótce do rozpowszechnienia wiedzy na skalę nieporównywalną z niczym, co dotąd istniało. Jednak niewygodne piśmiennictwo ideograficzne ograniczało wielkość klasy ludzi oświeconych, pomimo wczesnego pojawienia się druku. A ponad tym wszystkim postępował szybko proces standaryzacji społecznej i dogmatyzacji religijno-filozoficznej. Religijny rozwój kultu przodków dodatkowo komplikował zalew zabobonów, obejmujących kult natury, jednak pozostałości prawdziwej idei Boga zostały zachowane w imperialnym kulcie Shangdi.

Wielka słabość kultu przodków polegała na tym, że ożywiał on filozofię patrzącą wstecz. Chociaż mądre mogło być gromadzenie wiedzy z przeszłości, szaleństwem jest uznawanie przeszłości za wyłączne źródło prawdy. Prawda jest względna i się rozwija, *żyje* zawsze w teraźniejszości, osiąga nowy wyraz w każdym pokoleniu – nawet w każdym ludzkim życiu.

Wielką siłą weneracji przodków jest wartość, jaką ten światopogląd nadaje rodzinie. Zadziwiająca stabilność i trwałość kultury chińskiej są rezultatem fundamentalnej pozycji, jaką daje ona rodzinie, ponieważ cywilizacja jest bezpośrednio zależna od odpowiedniego funkcjonowania rodziny; a w Chinach rodzina zyskała znaczenie społeczne a nawet wymowę religijną, do czego kilka innych narodów tylko się zbliżyło.

Synowskie oddanie i lojalność rodzinna, wymagane przez rozwijający się kult przodków, gwarantowały wytworzenie wyższych związków rodzinnych i trwalszych grup rodzinnych, co w sumie przyczyniło się do umocnienia następujących czynników, podtrzymujących cywilizację:

1. Zachowanie własności i majątku.
2. Sumowanie się doświadczeń więcej niż jednego pokolenia.
3. Odpowiednie kształcenie dzieci w kunsztach i naukach przeszłości.
4. Kształtowania silnego poczucia obowiązku, umocnienie moralności i poszerzenie wrażliwości etycznej.

Okres kształtowania się cywilizacji chińskiej, zapoczątkowany przybyciem Anditów, trwa aż do wielkiego, etycznego, moralnego i częściowo religijnego ożywienia, jakie nastąpiło w szóstym wieku przed Chrystusem. Chińskie tradycje przechowują mgliste zapisy z ewolucyjnej przeszłości – przejście od rodziny rządzonej przez matkę do rządzonej przez ojca, wprowadzenie rolnictwa, rozwój architektury, początki wytwórczości – wszystko to jest po kolei opowiedziane. I ta historia prezentuje, z większą niż jakakolwiek inna narracja dokładnością, wspaniały rozwój zaawansowanego społeczeństwa od poziomu barbarzyństwa. W tym to okresie przeszli oni od prymitywnego, rolniczego społeczeństwa, do wyższej organizacji społecznej, z miastami, wytwórczością, metalurgią, wymianą handlową, rządem, pismem, matematyką, sztuką, nauką i drukiem.

I tak przez wieki trwała pradawna cywilizacja rasy żółtej. Prawie czterdzieści tysięcy lat upływa od tego czasu, kiedy pierwsze istotne postępy zostały zrobione w kulturze chińskiej i chociaż było wiele regresji, cywilizacja synów Hana najlepiej ze wszystkich prezentuje nieprzerwany obraz trwałego rozwoju, aż do wieku dwudziestego. Białe narody rozwijają się bardzo dobrze w dziedzinach mechanicznych i religijnych, ale nigdy nie przewyższyły Chińczyków w lojalności rodzinnej, etyce grupowej czy moralności osobistej.

Ta pradawna kultura dała ludziom wiele szczęścia, miliony istot ludzkich żyły i umierały w błogosławieństwie jej osiągnięć. Przez wieki ta wielka cywilizacja spoczywała na laurach przeszłości, ale teraz znowu się budzi, ażeby znowu dostrzec transcendentalne cele śmiertelnej egzystencji, aby raz jeszcze podjąć nieustające wysiłki na drodze niekończącego się rozwoju.

[Przedstawione przez archanioła z Nebadonu].

PRZEKAZ 80

ROZPRZESTRZENIANIE SIĘ ANDITÓW NA ZACHODZIE

CHOĆ europejski człowiek niebieski sam z siebie nie doszedł do wspaniałej cywilizacji kulturowej, dostarczył on tego biologicznego fundamentu, na którym, po tym jak jego zadamizowane odgałęzienia zmieszały się z późniejszymi Anditami-najeźdźcami, wytworzył się jeden z najbardziej obiecujących gatunków ludzkich, zdolny do osiągnięcia tak dynamicznej cywilizacji, jakiej jeszcze nie było od czasów rasy fioletowej i jej następców Anditów.

Współcześni ludzie biali zawierają przetrwałe resztki rasy adamicznej, wymieszanej z rasami sangikowymi, trochę rasy czerwonej i żółtej, ale najwięcej niebieskiej. We wszystkich rasach białych znajduje się znaczny procent pierwotnego gatunku Andonitów i jeszcze więcej wczesnych domieszek Nodytów.

1. ADAMICI WKRACZAJĄ DO EUROPY

Zanim ostatni Andici zostali wypchnięci z doliny Eufratu, wielu ich braci poszło do Europy jako poszukiwacze przygód, nauczyciele, kupcy i wojownicy. We wczesnym okresie rasy fioletowej, niecka Morza Śródziemnego była zamknięta przesmykiem gibraltarskim i sycylijskim pomostem lądowym. Nieco bardzo wczesnego handlu morskiego prowadzono na tych jeziorach śródlądowych, gdzie ludzie niebiescy z północy i Saharyjczycy z południa spotykali Nodytów i Adamitów ze wschodu.

Na obszarze wschodniej niecki Morza Śródziemnego Nodyci założyli jedną ze swoich najbardziej żywotnych kultur i z jej centrów przenikali nieco do Europy południowej, ale zwłaszcza do Afryki północnej. Szerokogłowi, syryjscy Nodyci-Andonici, od dawna zajmowali się garncarstwem i rolnictwem w ich osadnictwie, w powoli wznoszącej się delcie Nilu. Sprowadzali także owce, kozy, bydło i inne zwierzęta domowe i znacznie udoskonalili metalurgię; Syria była wtedy centrum tego rzemiosła.

Przez ponad trzydzieści tysięcy lat Mezopotamczycy wciąż napływali do Egiptu, ciągłym strumieniem, niosąc ze sobą swoją sztukę i kulturę, wzbogacając nimi dolinę Nilu. Jednak napływ dużej ilości ludów saharyjskich znacznie zdegenerował tę wczesną cywilizację położoną wzdłuż Nilu, tak, że jakieś piętnaście tysięcy lat temu Egipt osiągnął najniższy poziom swej kultury.

Jednak w okresie wcześniejszym Adamici nie napotykali zbyt wielu przeszkód w swojej migracji na zachód. Sahara była rozległym pastwiskiem, z rozrzuconymi szeroko po niej pasterzami i rolnikami. Saharyjczycy nigdy nie zajmowali się wytwórczością, ani też nie budowali miast. Stanowili grupę indygo-czarną, która zawierała znaczne domieszki wymarłej rasy zielonej i pomarańczowej. Jednak dostali bardzo małą ilość dziedzictwa fioletowego, zanim wypiętrzenie lądu i zmiana kierunku niosących deszcz wiatrów rozproszyły resztki tej, rozwijającej się pomyślnie, pokojowej cywilizacji.

Większość ras ludzkich posiada domieszkę krwi Adama, jednak niektóre rasy otrzymały jej więcej niż inne. Mieszane rasy Indii i ciemniejsze ludy Afryki nie pociągały Adamitów. Mieszaliby się chętnie z człowiekiem czerwonym, gdyby nie był znacznie oddalony w Amerykach i byli przychylnie nastawieni do człowieka żółtego, ale podobnie trudno im było dotrzeć do niego w odległej Azji. Kiedy zatem kierowała nimi chęć przygody czy też altruizm albo gdy byli wypychani z doliny Eufratu, zupełnie naturalnie pragnęli łączyć się z niebieskimi rasami Europy.

Dominujący w Europie człowiek niebieski nie miał praktyk religijnych, które mogłyby odstręczać migrujących wcześniej Adamitów a istniał również silny pociąg seksualny między rasą fioletową a niebieską. Najlepsi ludzie niebiescy uważali za wielki zaszczyt kojarzenie się z Adamitami. Każdy niebieski mężczyzna żywił ambicje, aby być tak zręcznym i utalentowanym, żeby mógł zdobyć serce jakiejś kobiety Adamitki, z kolei najwyższym pragnieniem nadrzędnych kobiet niebieskich było zwrócenie na siebie uwagi Adamity.

Migrujący synowie Edenu powoli łączyli się z zaawansowanymi grupami ludzi z rasy niebieskiej, ożywiając ich zwyczaje kulturowe, w międzyczasie tępiąc bezlitośnie resztki rasy neandertalskiej. Taka metoda mieszania rasowego, połączona z eliminacją odmian podrzędnych, wydała tuzin czy więcej grup mężnych i rozwojowych, zaawansowanych ludzi niebieskich, jedną z tych grup nazwaliście kromaniońską.

Wiele było różnych powodów, z których ważniejszym były lepsze szlaki migracyjne, że wczesne fale kultury mezopotamskiej torowały sobie drogę prawie wyłącznie do Europy. Takie właśnie okoliczności tworzyły warunki wstępne powstania współczesnej cywilizacji europejskiej.

2. ZMIANY KLIMATYCZNE I GEOLOGICZNE

Wczesne rozprzestrzenianie się rasy fioletowej po Europie zostało przerwane przez pewne, raczej gwałtowne zmiany klimatyczne i geologiczne. Wraz z cofaniem się północnych tarcz lodowych, nasycone deszczem wiatry zachodnie zmieniły kierunek na północny, zamieniając stopniowo rozległe, pasterskie rejony Sahary w jałową pustynię. Susza ta rozproszyła niskich brunetów o ciemnych oczach, ale podłużnych głowach, mieszkających na wielkim płaskowyżu Sahary.

Czystsze elementy rasy indygo poszły na południe, do lasów Afryki centralnej, gdzie pozostają od tamtego czasu. Bardziej wymieszane grupy rozprzestrzeniły się w trzech kierunkach. Zaawansowane plemiona poszły na zachód, migrując do Hiszpanii a stamtąd do przyległych do niej części Europy, tworząc zaczątek późniejszej rasy śródziemnomorskiej, długogłowych brunetów. Najmniej progresywna grupa migrowała ze wschodniej części płaskowyżu Sahary do Arabii, a stamtąd poprzez północną Mezopotamię i Indie do odległego Cejlonu. Grupa centralna przesunęła się na północ i wschód, do doliny Nilu i Palestyny.

Takie właśnie drugorzędne podłoże sangikowe określa pewien stopień pokrewieństwa pomiędzy współczesnymi narodami, rozrzuconymi od Dekanu, przez Iran, Mezopotamię, aż do obu wybrzeży Morza Śródziemnego.

Mniej więcej w czasie tych zmian klimatycznych w Afryce, Anglia odłączyła się od kontynentu a Dania wyłoniła się z morza, podczas gdy przesmyk gibraltarski, chroniący zachodni basen Morza Śródziemnego otworzył się wskutek trzęsienia ziemi i to śródlądowe jezioro szybko podniosło się do poziomu Oceanu Atlantyckiego. Wkrótce zanurzył się sycylijski pomost lądowy, tworząc jedno Morze Śródziemne, połączone z Oceanem Atlantyckim. Ten naturalny kataklizm zatopił dziesiątki osad ludzkich i przyniósł największe straty w ludziach, na skutek potopu, w całej światowej historii.

To zalanie basenu Morza Śródziemnego natychmiast zahamowało parcie Adamitów na zachód, podczas gdy wielki napływ Saharyjczyków zmusił Adamitów do szukania ujścia dla swej, narastającej populacji na północ i na wschód od Edenu. Gdy potomkowie Adama szli na północ, z dolin Tygrysu i Eufratu, napotkali przeszkody górskie i poszerzone wtedy Morze Kaspijskie. I przez wiele pokoleń Adamici polowali, paśli stada i uprawiali ziemię wokół swoich osad rozrzuconych po Turkiestanie. Powoli, ci wspaniali ludzie rozszerzali swoje terytorium na Europę. Teraz jednak Adamici wkraczają do Europy od wschodu i znajdują kulturę człowieka niebieskiego o tysiące lat opóźnioną w porównaniu z azjatycką, jako że region ten był prawie zupełnie pozbawiony kontaktu z Mezopotamią.

3. KROMANIOŃSKI CZŁOWIEK NIEBIESKI

Pradawne centra kultury człowieka niebieskiego zlokalizowane były wzdłuż rzek Europy, jednak tylko Somma płynie wciąż tym samym korytem, jakim płynęła w czasach przed zlodowaceniem.

Mówimy o człowieku niebieskim jako dominującym na kontynencie europejskim, ale istniały wtedy dziesiątki odmian rasowych. Nawet trzydzieści pięć tysięcy lat temu europejskie rasy niebieskie były ludami bardzo zmieszanymi, noszącymi cechy zarówno ras czerwonych jak i żółtych, podczas gdy na wybrzeżach Atlantyku oraz w regionach obecnej Rosji wchłonęły one znaczną ilość krwi Andonitów; na południu z kolei miały styczność z ludami Sahary. Nie ma jednak sensu wyliczać tych wielu grup rasowych.

Cywilizacja europejska tego, wczesnego okresu poadamicznego, była unikalną mieszanką wigoru i sztuki człowieka niebieskiego, w połączeniu z twórczą wyobraźnią Adamitów. Ludzie niebiescy byli rasą o znacznym wigorze, jednak znacznie zaniżyli kulturowy i duchowy status Adamitów. Tym ostatnim bardzo trudno było narzucić swą religię Kromaniończykom, ze względu na powszechną u wielu Adamitów tendencję do oszukiwania i deprawowania panien. Przez dziesięć tysięcy lat religia w Europie pozostawała wyjątkowo opóźniona w porównaniu z jej rozwojem w Indiach i Egipcie.

Ludzie niebiescy byli zupełnie uczciwi we wszystkich swych poczynaniach i całkiem obce im były seksualne występki mieszanych Adamitów. Szanowali panieństwo a poligamię praktykowali tylko wtedy, kiedy w wyniku wojny brakowało mężczyzn.

Kromaniończycy byli dzielną i dalekowzroczną rasą. Posiadali dobre metody wychowywania dzieci. Oboje rodzice zajmowali się tym a korzystano także w pełni z pomocy starszych dzieci. Każde dziecko było starannie nauczane dbałości o jaskinie, rzemiosła i obróbki krzemienia. W młodym wieku kobiety były już bardzo biegłe w sztukach domowych i w prymitywnym rolnictwie, podczas gdy mężczyźni byli zręcznymi myśliwymi i odważnymi wojownikami.

Ludzie niebiescy byli myśliwymi, rybakami i zbieraczami pożywienia, byli też wspaniałymi szkutnikami. Robili siekiery kamienne, ścinali drzewa, wznosili długie chaty częściowo wpuszczone w grunt, pokryte dachem ze skór. Na Syberii żyją plemiona, które nadal budują podobne chaty. Południowi Kromaniończycy żyli zazwyczaj w jaskiniach i grotach.

Podczas surowej zimy nierzadko zdarzało się zamarznąć na śmierć ich wartownikom, stojącym nocą na straży u wejścia do jaskini. Mieli odwagę, ale nade wszystko byli artystami; domieszka adamiczna szybko ożywiła ich twórczą wyobraźnię. Około piętnaście tysięcy lat temu sztuka człowieka niebieskiego osiągnęła swój najwyższy poziom, tuż przed tym okresem, kiedy rasy o ciemniejszej skórze szły z Afryki na północ, poprzez Hiszpanię.

Około piętnaście tysięcy lat temu lasy alpejskie rozpościerały się szeroko. Myśliwi europejscy zmuszeni byli iść w doliny rzeczne i na wybrzeża morskie, na skutek tych samych nacisków klimatycznych, które zmieniły światowe obszary pomyślnych łowów w suche i jałowe pustynie. Kiedy deszczowe wiatry skręciły na północ, rozległe pastwiska Europy pokryły się lasami. Te wielkie i stosunkowo nagłe zmiany klimatyczne zmusiły ludy Europy do przekształcenia się z myśliwych otwartych przestrzeni w pasterzy i w pewnym stopniu rybaków oraz rolników.

Takie zmiany, podczas gdy ożywiły kulturę, przyczyniły się do pewnej regresji biologicznej. We wcześniejszej epoce polowań, zaawansowane plemiona zawierały małżeństwa z wyższymi typami jeńców wojennych i zawsze zabijały tych, których uważano za podrzędnych. Kiedy jednak zaczęto zakładać osady, zajmować się rolnictwem i handlem, zaczęto oszczędzać wielu podrzędnych jeńców na niewolników. Właśnie potomstwo owych niewolników tak bardzo później pogorszyło cały gatunek kromanioński. Ten upadek kultury trwał, aż przyszedł świeży impuls ze wschodu, kiedy ostatnia i masowa inwazja Mezopotamczyków rozlała się po Europie, szybko wchłaniając kromanioński typ i kulturę oraz zapoczątkowując cywilizację ras białych.

4. NAJAZD ANDITÓW NA EUROPĘ

Chociaż Andici wlewali się do Europy ciągłym strumieniem, ich głównych najazdów było siedem; ostatnie z nich przyszły na koniach w trzech wielkich falach. Niektórzy Andici weszli do Europy przez wyspy egejskie i szli w górę doliny Dunaju, jednak większość wcześniejszych i czystszych rodów migrowała do północno-zachodniej Europy szlakiem północnym, przez pastwiska Wołgi i Donu.

Pomiędzy trzecią a czwartą inwazją Anditów, horda Andonitów weszła do Europy z północy, idąc z Syberii szlakiem rzek rosyjskich i nad Bałtykiem. Zostali oni natychmiast wchłonięci przez północne plemiona Anditów.

Wcześniejsze ekspansje czystszej rasy fioletowej były znacznie bardziej pokojowe niż ich późniejszych, andickich potomków, na wpół wojskowych miłośników podbojów. Adamici byli pokojowi, Nodyci wojowniczy. Połączenie tych ras, zmieszanych później z rasami sangikowymi, wytworzyło zdolnych, wojowniczych Anditów, którzy dokonywali podbojów wojskowych.

Koń był tym czynnikiem ewolucyjnym, który zadecydował o opanowaniu Zachodu przez Anditów. Koń dał rozprzestrzeniającym się Anditom niespotykaną jak dotąd przewagę, polegającą na ruchliwości, dzięki czemu ostatnie grupy Anditów-kawalerzystów posuwały się szybko wokół Morza Kaspijskiego i opanowały całą Europę. Wszystkie poprzednie fale Anditów posuwały się naprzód tak wolno, że miały tendencje do dezintegracji na większych odległościach od Mezopotamii. Jednak ostatnie ich fale szły tak szybko, że dotarły do Europy jako zwarte grupy, wciąż zachowując pewien stopień zaawansowanej kultury.

Cały zamieszkały świat, oprócz Chin i rejonu Eufratu, dokonał znikomego tylko postępu kulturowego przez dziesięć tysięcy lat, aż do tego czasu, gdy pojawiła się szybka jazda Anditów-kawalerzystów, w szóstym i siódmym tysiącleciu przed Chrystusem. Jak szli na zachód przez niziny rosyjskie, wchłaniając najlepszych ludzi niebieskich i tępiąc najgorszych, złączyli się w jeden naród. To oni byli przodkami tak zwanych ras nordyckich, protoplastami narodów skandynawskich, niemieckich i anglosaskich.

Niewiele trzeba było czasu na wchłonięcie przez Anditów wyższych odgałęzień niebieskich na obszarze całej Europy północnej. Tylko w Laponii (i do pewnego stopnia w Bretanii) starsi Andonici zdołali zachować nieco pozorów tożsamości.

5. PODBÓJ EUROPY PÓŁNOCNEJ PRZEZ ANDITÓW

Plemiona Europy północnej wciąż były wzmacniane i doskonalone przez ciągły napływ wędrowców z Mezopotamii, ciągnących przez Turkiestan i południowe regiony Rosji, a kiedy ostatnie fale kawalerii Anditów ogarnęły Europę, było w niej więcej ludzi z dziedzictwem andickim niż można ich było znaleźć w całej reszcie świata.

Przez trzy tysiące lat wojskowe dowództwo Anditów północnych mieściło się w Danii. Z tego, centralnego punktu wychodziły kolejne fale podbojów, które stawały się coraz mniej andickie a coraz bardziej białe, kiedy z upływem wieków mezopotamscy zdobywcy ostatecznie wymieszali się z ludami podbijanymi.

Chociaż człowiek niebieski został wchłonięty na północy i ostatecznie uległ białym kawalerzystom-najeźdźcom, którzy przenikali południe, zaawansowane plemiona mieszanej rasy białej napotkały zaciekły i długotrwały opór Kromaniończyków; jednak wyższa inteligencja i coraz większe rezerwy biologiczne pomogły tym plemionom zetrzeć z powierzchni ziemi starszą rasę.

Decydujące zmagania pomiędzy człowiekiem białym a człowiekiem niebieskim miały miejsce w dolinie Sommy. Tutaj kwiat rasy niebieskiej walczył zawzięcie z posuwającymi się na południe Anditami i przez ponad pięćset lat ci Kromaniończycy skutecznie bronili swych terytoriów, zanim ulegli wyższej strategii militarnej białych najeźdźców. Thor, zwycięski dowódca wojsk północy w rozstrzygającej bitwie nad Sommą, został bohaterem białych plemion północnych a później przez niektóre z nich czczony był jako bóg.

Te punkty oporu człowieka niebieskiego, które trzymały się najdłużej, znajdowały się w południowej Francji, jednak ostatni poważniejszy opór wojskowy został przełamany w dolinie Sommy. Dalszy podbój następował przez przenikanie handlowe, nacisk populacji wzdłuż rzek oraz przez nieustanne małżeństwa wzajemne z wyższymi jednostkami, połączone z bezlitosną eksterminacją podrzędnych.

Kiedy rada starszych plemienia Anditów orzekła o nieprzydatności podrzędnego jeńca, był on w trakcie skomplikowanej ceremonii oddawany kapłanowi-szamanowi, który odprowadzał go do rzeki i dokonywał obrzędów inicjacji do „szczęśliwych terenów myśliwskich" – śmiertelnego zanurzenia. W ten sposób biali najeźdźcy Europy tępili wszystkich, którzy się nie asymilowali odpowiednio szybko do ich własnych szeregów i w taki sposób przyszedł koniec człowieka niebieskiego, i przyszedł szybko.

Kromanioński człowiek niebieski stanowi biologiczne podłoże współczesnych ras europejskich, jednak przetrwał on tylko jako wchłonięty przez masę późniejszych, mężnych zdobywców jego ojczyzny. Rasa niebieska dała wiele silnych cech i sporo fizycznego wigoru białym rasom Europy, ale humor i wyobraźnia mieszanych ludów europejskich pochodzą od Anditów. To andicko-niebieskie połączenie wydało północne rasy białe i spowodowało natychmiastowe osłabienie cywilizacji Anditów – zahamowanie typu przejściowego. W końcu utajona wyższość tych północnych barbarzyńców objawiła się sama i osiągnęła kulminację w dzisiejszej cywilizacji europejskiej.

Do roku 5000 p.n.e. rozwijające się rasy białe panowały na całym obszarze Europy północnej, razem z północnymi Niemcami, północną Francją i Wyspami Brytyjskimi. Europa centralna znajdowała się jakiś czas pod kontrolą człowieka niebieskiego i okrągłogłowych Andonitów. Ci ostatni mieszkali głównie w dolinie Dunaju i nigdy nie zostali zupełnie wyrugowani przez Anditów.

6. ANDICI W DOLINIE NILU

Po ostatnich migracjach Anditów, kultura w dolinie Eufratu podupadła a główne centrum cywilizacji przesunęło się do doliny Nilu. Egipt został spadkobiercą Mezopotamii, stając się główną siedzibą najbardziej na Ziemi zaawansowanej grupy ludzkiej.

Dolina Nilu zaczęła cierpieć wskutek powodzi na krótko przed dolinami Mezopotamii, ale jej mieszkańcom wiodło się znacznie lepiej. Wcześniejsze zahamowanie wyrównane zostało z nadwyżką ciągłym napływem emigrantów andickich, tak, że kultura Egiptu, choć naprawdę wywiedziona z rejonu Eufratu, wydawała się wyprzedzać swe źródło. Tym niemniej w roku 5000 p.n.e., w okresie powodzi w Mezopotamii, było w Egipcie siedem oddzielnych grup ludzkich; wszystkie z nich, oprócz jednej, przybyły z Mezopotamii.

Kiedy nastąpił ostatni exodus z doliny Eufratu, Egipt miał szczęście pozyskać bardzo wielu, wyjątkowo utalentowanych artystów i rzemieślników. Ci andiccy rzemieślnicy czuli się w Egipcie jak u siebie w domu, dlatego, że byli gruntownie obeznani z życiem rzeki, z jej powodziami, irygacjami i sezonami suchymi. Korzystali z zacisznej lokalizacji doliny Nilu; byli tam znacznie mniej narażeni na wrogie najazdy i ataki, niż w dolinie Eufratu. Przyczynili się również znacznie do rozwoju metalurgicznych kunsztów Egipcjan. Przerabiali tutaj rudę żelazną pochodzącą z Góry Synaj, zamiast z rejonów Morza Czarnego.

Bardzo wcześnie Egipcjanie pogrupowali swoje miejskie bóstwa w skomplikowany, narodowy system bogów. Rozwinęli zaawansowaną teologię i mieli równie rozbudowane a jednak uciążliwe kapłaństwo. Kilku różnych przywódców próbowało ożywić resztki wczesnego nauczania religijnego Setytów, ale ich wysiłki miały krótki żywot. Andici budowali pierwsze struktury kamienne w Egipcie. Pierwsza i najwspanialsza piramida kamienna została wzniesiona przez Imhotepa, andickiego geniusza architektonicznego, kiedy był także premierem. Przedtem budowano budynki z cegły i chociaż wiele budowli kamiennych było wznoszone w różnych częściach świata, ta była pierwszą w Egipcie. Jednak po czasach tego, wielkiego architekta sztuka budowlana stopniowo podupadała.

Ta epoka wspaniałej kultury została przerwana przez walki wewnętrzne w dolinie Nilu a niebawem kraj został ogarnięty, podobnie jak i Mezopotamia, przez podrzędne plemiona z nieprzyjaznej Arabii i przez czarnych z południa. W rezultacie tego, przez ponad pięćset lat postęp społeczny ulegał stopniowemu spowolnieniu.

7. ANDICI Z WYSP MORZA ŚRÓDZIEMNEGO

W okresie schyłku kultury w Mezopotamii, na wyspach wschodniej części Morza Śródziemnego istniała przez pewien czas zaawansowana cywilizacja.

Około 12.000 lat p.n.e., wspaniałe plemię Anditów migrowało na Kretę. Była to jedyna wyspa zamieszkała tak wcześnie przez podobnie zaawansowaną grupę ludzką, a upłynęło prawie dwa tysiące lat, zanim potomkowie tych marynarzy rozprzestrzenili się na sąsiednie wyspy. W skład tej grupy wchodzili Andici o wąskich głowach i drobnej posturze, którzy zawierali związki małżeńskie z vaniczną grupą północnych Nodytów. Nikt z nich nie przekraczał metra osiemdziesiąt wzrostu i zostali dosłownie zepchnięci z kontynentu przez swych wyższych wzrostem a podrzędnych współbraci. Ci kreteńscy imigranci byli bardzo biegli we włókiennictwie, metalurgii, garncarstwie, instalacjach wodno-kanalizacyjnych i używaniu kamienia jako materiału budowlanego. Używali pisma a utrzymywali się z pasterstwa i rolnictwa.

Prawie dwa tysiące lat po zasiedleniu Krety, grupa potomków Adamsona, ludzi wysokiego wzrostu, utorowała sobie drogę do Grecji przez wyspy północne, przybywając do niej prawie bezpośrednio ze swej górzystej ojczyzny, położonej na północ od Mezopotamii. Tych przodków Greków prowadził na zachód Sato, potomek Adamsona i Ratty w linii prostej.

Ta grupa, która w końcu osiedliła się w Grecji, składała się z trzystu siedemdziesięciu pięciu wybranych i zaawansowanych ludzi i stanowiła końcówkę drugiej cywilizacji Adamsonitów. Ci dalecy potomkowie Adamsona posiadali najbardziej wartościowe cechy wyłaniających się ras białych. Zaliczali się do klasy wysoce intelektualnej a z fizycznego punktu widzenia byli najpiękniejszymi ludźmi od czasów pierwszego Edenu.

Niebawem Grecja i rejon Wysp Egejskich przejęły spuściznę Mezopotamii i Egiptu, jako centrum handlu, sztuki i kultury Zachodu. Jednak tak samo jak w Egipcie, znowu praktycznie cała sztuka i nauka świata egejskiego wywodziła się z Mezopotamii, za wyjątkiem kultury adamsonicznych prekursorów Greków. Cała sztuka i geniusz tych późniejszych narodów są bezpośrednim dziedzictwem potomków Adamsona, pierwszego syna Adama i Ewy oraz jego nadzwyczajnej drugiej żony, wywodzącej się w linii prostej od czysto nodyckiego personelu Księcia Caligastii. Nic w tym dziwnego, że Grecy mają tradycje mitologiczne, mówiące o ich bezpośrednim pochodzeniu od bogów i istot nadludzkich.

Cały region egejski przeszedł pięć odrębnych stadiów kulturowych, każde kolejne mniej duchowe niż stadium poprzedzające i wkrótce przeminęła chwalebna epoka sztuki; załamała się pod wagą gwałtownie rozmnażających się, miernych potomków niewolników naddunajskich, sprowadzonych przez późniejsze pokolenia Greków.

To właśnie w tej epoce doszedł na Krecie do szczytu popularności *kult matki,* wyznawany przez potomków Kaina. Kult ten gloryfikował Ewę w religijnych praktykach

„wielkiej matki". Wizerunki Ewy były wszędzie. Tysiące publicznych świątyń wzniesiono na terenie Krety i Azji Mniejszej. I ten kult matki przetrwał aż do czasów Chrystusa i został później włączony do wczesnej religii chrześcijańskiej, pod pozorem gloryfikacji i czczenia Marii, ziemskiej matki Jezusa.

Około roku 6500 p.n.e., nastąpił wielki schyłek duchowego dziedzictwa Anditów. Potomkowie Adama byli szeroko rozproszeni i zostali praktycznie wchłonięci przez starsze, liczniejsze rasy ludzkie. I ta dekadencja cywilizacji Anditów, razem z zanikiem ich standardów religijnych, pozostawiła zubożałe duchowo ludy świata w żałosnym stanie.

Do roku 5000 p.n.e. trzy najczystsze grupy potomków Adama znajdowały się w Sumerze, Europie północnej i Grecji. Cała Mezopotamia zaczęła się powoli degenerować na skutek napływającego do niej strumienia mieszanych, ciemniejszych ras, przenikających z Arabii. I przybycie tych podrzędnych ludów przyczyniło się dodatkowo do wyrzucenia za granicę biologicznych i kulturalnych pozostałości Anditów. Z całego tego Żyznego Półksiężyca, co więksi ryzykanci wylewali się na zachód, ku wyspom. Ci emigranci uprawiali zarówno zboża jak i warzywa i prowadzili ze sobą udomowione zwierzęta.

Około roku 5000 p.n.e., potężny zastęp zaawansowanych Mezopotamczyków wyruszył z doliny Eufratu i osiedlił się na Cyprze; cywilizacja ta została zniszczona mniej więcej dwa tysiące lat później przez hordy barbarzyńców z północy.

Inna wielka kolonia osiedliła się nad Morzem Śródziemnym, tam, gdzie później powstała Kartagina. Z Afryki północnej wkroczyła do Hiszpanii znaczna liczba Anditów i później, w Szwajcarii, zmieszała się ze swymi braćmi, którzy wcześniej przybyli do Italii z Wysp Egejskich.

Kiedy podczas schyłku kulturowego Egipt podzielił los Mezopotamii, sporo zdolniejszych, zaawansowanych rodzin uciekło na Kretę, wzmacniając tym samym już uprzednio zaawansowaną cywilizację. Kiedy przybycie podrzędnych grup ludzkich z Egiptu zagrażało później cywilizacji Krety, bardziej oświecone rodziny przeniosły się na zachód, do Grecji.

Grecy nie tylko byli wielkimi nauczycielami i artystami, byli też wielkimi handlowcami i kolonizatorami świata. Zanim ulegli zalewowi miernoty, która w końcu wchłonęła ich sztukę i handel, udało im się założyć tak wiele placówek kultury na zachodzie, że znaczna większość osiągnięć wczesnej cywilizacji greckiej przetrwała w późniejszych narodach Europy południowej, a wielu mieszanych potomków Adamsonitów przyłączyło się do plemion mieszkających na tym kontynencie.

8. ANDONICI NADDUNAJSCY

Z doliny Eufratu ludy andickie migrowały na północ, do Europy i tam się mieszały z człowiekiem niebieskim, jak również na zachód do regionów Morza Śródziemnego, żeby się zmieszać z pozostałościami Saharyjczyków, połączonych z południowym człowiekiem niebieskim. I te dwie gałęzie rasy białej były i nadal są przedzielone pasem szerokogłowych, przetrwałych w górach wcześniejszych plemion Andonitów, które od dawna zamieszkiwały te centralne regiony.

Ci potomkowie Andona rozproszeni byli na znacznej części górskich regionów Europy centralnej i południowo-wschodniej. Często byli zasilani przez przybyszów z Azji Mniejszej, z tego rejonu, który zamieszkiwali w znacznej liczbie. Starożytni Hetyci wywodzą się bezpośrednio z gatunku andonicznego, ich jasne skóry i szerokie głowy były charakterystyczne dla tej rasy. Domieszki te nosili w sobie przodkowie Abrahama, co miało znaczny wpływ na charakterystyczny wygląd twarzy jego późniejszych, żydowskich potomków, którzy choć mieli kulturę i religię wywodzącą się od Anditów, mówili bardzo odmiennym językiem. Ich narzecze było wyraźnie andoniczne.

Plemiona, które mieszkały w domach wzniesionych na słupach lub długich palach na jeziorach Włoch, Szwajcarii i południowej Europy, były dalekimi obrzeżami migracji afrykańskiej, egejskiej a zwłaszcza naddunajskiej.

Plemiona naddunajskie składały się z Andonitów, rolników i pasterzy, którzy weszli do Europy przez półwysep bałkański i posuwali się powoli na północ doliną Dunaju. Zajmowali się garncarstwem i uprawiali ziemię, lubili mieszkać w dolinach. Najbardziej na północ wysuniętą osadą plemion naddunajskich było Liege w Belgii. Plemiona te degenerowały się gwałtownie, kiedy się oddalały od centrum i źródeł swej kultury. Najlepsze wyroby garncarskie są wytworem ich wczesnego osadnictwa.

W rezultacie działalności misjonarzy z Krety, plemiona naddunajskie zostały czcicielami matki. Plemiona te połączyły się później z grupami Andonitów żeglarzy, którzy przypłynęli na łodziach z wybrzeży Azji Mniejszej i którzy także byli czcicielami matki. Większość centralnej Europy była w ten sposób od dawna zasiedlona przez mieszane typy szerokogłowych ras białych, które praktykowały kult matki i religijny obrzęd kremacji zmarłych, gdyż było zwyczajem czcicieli matki palić swoich zmarłych w chatach kamiennych.

9. TRZY RASY BIAŁE

Mieszanki rasowe, które znajdowały się w Europie pod koniec migracji Anditów, generalnie dzielą się na trzy następujące rasy białe:

1. *Północna rasa biała.* Ta, tak zwana rasa nordycka, składała się pierwotnie z człowieka niebieskiego z dodatkiem Andity, ale zawierała także znaczną ilość krwi andonicznej, razem z mniejszymi dodatkami czerwonych i żółtych Sangików. Północne rasy białe zawierają tym samym cztery najbardziej wartościowe gatunki ludzkie. Jednak najwięcej w nich było dziedzictwa człowieka niebieskiego. Typowy, wczesny nordyk był długogłowy, wysoki i blondyn. Ale już dawno temu rasa ta została dokładnie wymieszana ze wszystkimi odgałęzieniami ludów białych.

Prymitywną kulturę Europy, jaką napotkali nordyccy najeźdźcy, tworzyły degenerujące się plemiona naddunajskie, zmieszane z człowiekiem niebieskim. Kultura nordycko-duńska i dunajsko-andoniczna spotkały się i mieszały nad Renem, o czym świadczy istnienie dwu grup rasowych w dzisiejszych Niemczech.

Nordycy sprzedawali bursztyn z wybrzeży Bałtyku i rozbudowali szeroką wymianę handlową z ludźmi szerokogłowymi znad doliny Dunaju, idącą przez przełęcz Brenner. Tak długi kontakt z plemionami naddunajskimi doprowadził ludy północy do kultu matki i przez kilka tysięcy lat kremacja zmarłych była prawie powszechną praktyką na obszarze Skandynawii. Wyjaśnia to, dlaczego nie znajduje się szczątków wcześniejszych ras białych – choć ludzi tych grzebano w całej Europie – tylko ich popioły w urnach kamiennych lub glinianych. Ci biali ludzie budowali domy, nigdy nie żyli w jaskiniach. I to znów wyjaśnia, dlaczego tak mało jest śladów wczesnej kultury białego człowieka, chociaż poprzedzający go typ kromanioński jest dobrze i bezpiecznie zachowany w jaskiniach i grotach. W Europie północnej niejako istnieje jednego dnia prymitywna kultura upadających plemion naddunajskich i człowieka niebieskiego, a następnego dnia z nagła pojawia się bardzo zaawansowany człowiek biały.

2. *Centralna rasa biała.* Chociaż ta grupa ludzka zawierała domieszki niebieskie, żółte i andickie, jest ona zasadniczo andoniczna. Są to ludzie szerokogłowi, śniadzi i krępi. Wbijają się klinem między rasę nordycką a śródziemnomorską, z rozległą bazą klina w Azji i wierzchołkiem przenikającym wschodnią Francję.

Przez ponad dwadzieścia tysięcy lat Andonici spychani byli przez Anditów coraz dalej na północ Azji centralnej. Około 3000 lat p.n.e., coraz większa susza zmusiła Andonitów do powrotu do Turkiestanu. To andonickie parcie na południe trwało ponad tysiąc lat a będąc rozdzielane przez morze Kaspijskie i Czarne, wnikało do Europy drogą zarówno przez Bałkany jak i przez Ukrainę. Inwazja ta niosła w sobie resztę grup potomków Adamsona a w swej drugiej połowie znaczną liczbę irańskich Anditów, jak również wielu potomków kapłanów setyckich.

Do roku 2500 p.n.e., zachodnie parcie Andonitów dotarło do Europy. I to zalanie, przez barbarzyńców ze wzgórz Turkiestanu, całej Mezopotamii, Azji Mniejszej i dorzecza Dunaju stanowiło jak dotąd najpoważniejszy i najtrwalszy kulturalny regres. Najeźdźcy ci wyraźnie zandonizowali naturę europejskich ras centralnych, które od tego czasu pozostają tak charakterystycznie alpejskie.

3. *Południowa rasa biała.* Ta śródziemnomorska rasa brunetów składa się z mieszanki Andity i człowieka niebieskiego, z mniejszą niż na północy domieszką andoniczną. Grupa ta wchłonęła również, poprzez Saharyjczyków, znaczną część drugorzędnej krwi sangikowej. W późniejszym okresie ta południowa grupa rasy białej dostała zastrzyk silnych elementów andickich, pochodzących ze wschodniej części basenu śródziemnomorskiego.

Andici nie przeniknęli jednak na wybrzeża śródziemnomorskie, aż do czasów wielkiej inwazji koczowników 2500 p.n.e. Komunikacja lądowa i handel przestały prawie funkcjonować w tych wiekach, gdy koczownicy najechali wschodnie rejony śródziemnomorskie. To zakłócenie ruchu lądowego spowodowało znaczny rozwój komunikacji i handlu morskiego; śródziemnomorski handel morski osiągnął szczyt swego rozwoju około cztery i pół tysiąca lat temu. I ten rozwój ruchu morskiego przyniósł gwałtowne rozprzestrzenianie się potomków Anditów na wszystkie terytoria nabrzeżne basenu śródziemnomorskiego.

Takie rasowe mieszanki kładły fundamenty pod południową rasę europejską, najbardziej ze wszystkich zmieszaną. I od tamtych czasów rasa ta otrzymywała jeszcze dodatkowe domieszki, zwłaszcza niebiesko-żółto-andickich ludów Arabii. Ta śródziemnomorska rasa jest faktycznie tak bardzo zmieszana z otaczającymi ludami, że jest z pozoru nieodróżnialna jako oddzielny gatunek, ale generalnie jej członkowie są niscy, długogłowi i bruneci.

Andici usunęli ludzi niebieskich z północy, poprzez wojny i małżeństwa, ale na południu ludzie niebiescy przetrwali w znacznej liczbie. Baskowie i Berberowie reprezentują dwie przetrwałe gałęzie tej rasy, ale nawet te narody zostały dokładnie wymieszane z Saharyjczykami.

Taki jest obraz mieszanki rasowej, istniejącej w Europie centralnej około roku 3000 p.n.e. Pomimo częściowego odstępstwa adamicznego, wyższe gatunki się wymieszały.

Były to czasy neolitu, zazębiające się z nadchodzącą epoką brązu. To właśnie epoka brązu w Skandynawii wiązała się z kultem matki. We Francji południowej i w Hiszpanii, epoka neolitu związana była z kultem słońca. Był to czas budowy okrągłych, pozbawionych dachu świątyń słońca. Europejskie rasy białe były aktywnymi budowniczymi, lubiącymi stawiać wielkie kamienie jako dary dla słońca, tak samo jak to robili ich późni potomkowie w Stonehenge. Popularność kultu słońca oznacza, że w Europie południowej był to wspaniały okres rolnictwa.

Przesądy, wywodzące się z tej, względnie niedawnej epoki kultu słońca, dziś jeszcze trwają w tradycjach ludowych Bretanii. Bretończycy, choć schrystianizowani od ponad tysiąca pięciuset lat, wciąż zachowują tradycję neolitycznych amuletów dla ochrony przez urokiem. Nadal trzymają piorun kamienny w kominie jako zabezpieczenie przed piorunem. Bretończycy nigdy nie mieszali się ze skandynawskimi nordykami. Są oni pozostałością po pierwotnych Andonitach, mieszkańcach Europy zachodniej, zmieszanych z gatunkiem śródziemnomorskim.

Klasyfikacja ludzi białych na nordyckich, alpejskich i śródziemnomorskich byłaby jednak fałszywym rozumowaniem. Ogólnie biorąc, za dużo było tego mieszania, żeby pozwolić sobie na takie pogrupowanie. Kiedyś istniał w miarę dobrze zakreślony podział rasy białej na takie klasy, ale od tamtego czasu nastąpiło powszechne mieszanie wzajemne i już nie można nakreślić tych różnic z jakąkolwiek klarownością. Nawet 3000 lat p.n.e. starożytne grupy społeczne nie były bardziej jednolita rasą niż współcześni mieszkańcy Ameryki Północnej.

Przez pięć tysięcy lat kultura europejska wciąż się rozwijała i do pewnego stopnia mieszała. Jednak bariery językowe zapobiegały pełnemu wymieszaniu się różnych narodów zachodnich. W minionym stuleciu kultura ta miała swą najlepszą jak dotąd możliwość zmieszania się, w kosmopolitycznej populacji Ameryki Północnej, a przyszłość tego kontynentu determinować będzie jakość czynników rasowych dopuszczonych do wejścia w skład obecnej i przyszłych populacji, jak również zachowanie poziomu kultury społecznej.

[Przedstawione przez archanioła z Nebadonu].

PRZEKAZ 81

KSZTAŁTOWANIE SIĘ CYWILIZACJI WSPÓŁCZESNEJ

NIEZALEŻNIE od wzlotów i upadków – niepowodzeń podczas realizacji planów doskonalenia świata, które miały być wprowadzone w trakcie misji Caligastii i Adama, podstawowa, organiczna ewolucja gatunku ludzkiego wciąż pcha narody naprzód na skali ludzkiego postępu i rozwoju gatunku. Ewolucja może się opóźnić, ale nie może się zatrzymać.

Wpływ rasy fioletowej, choć mniejszej liczebnie niż zakładały plany, spowodował zaawansowanie cywilizacji, której rozwój po dniach Adama znacznie przewyższył ten, jaki dokonał się w czasie nieomal miliona lat całej poprzedniej egzystencji ludzkości.

1. KOLEBKA CYWILIZACJI

Przez blisko trzydzieści pięć tysięcy lat od dni Adama, kolebka cywilizacji znajdowała się w południowo-zachodniej Azji, rozpościerając się na wschód i nieco na północ od doliny Nilu poprzez Arabię północną, Mezopotamię i dalej do Turkiestanu. *Klimat* był tym czynnikiem, który zadecydował o umocnieniu się cywilizacji na tym właśnie obszarze.

Wielkie zmiany klimatyczne i geologiczne w Afryce północnej i zachodniej Azji zakończyły wczesne migracje Adamitów, odgradzając ich od Europy powiększonym Morzem Śródziemnym, zmieniając kierunek strumienia ich migracji na północ i wschód, do Turkiestanu. Do momentu zakończenia tych wyniesień lądu i związanych z nimi zmian klimatycznych, co nastąpiło około roku 15.000 p.n.e., w cywilizacji światowej zapanowała stagnacja, za wyjątkiem fermentów kulturowych i rezerw biologicznych Anditów, nadal ograniczonych od wschodu górami w Azji a na zachodzie rozprzestrzeniającymi się w Europie lasami.

Ewolucja klimatyczna dokonuje teraz tego, czego nie potrafiły dokonać wszelkie inne naciski, ma zmusić euroazjatyckiego człowieka do porzucenia polowań na rzecz bardziej zaawansowanych zawodów – hodowcy i rolnika. Ewolucja może być powolna, ale jest wyjątkowo skuteczna.

Ponieważ głównie niewolnicy zatrudniani byli przez wczesnych właścicieli ziemskich, z początku na rolnika spoglądał z góry zarówno myśliwy jak i pasterz. Przez całe epoki traktowano pracę na roli jako służebną, stąd powstała idea, że praca na ziemi jest przekleństwem, kiedy faktycznie jest ona największym błogosławieństwem. Nawet w czasach Kaina i Abla, ofiary pasterzy były bardziej ceniono niż dary rolników.

Człowiek zazwyczaj przekształcał się z myśliwego w rolnika dzięki pasterskiej epoce przejściowej, a dotyczyło to także Anditów, częściej jednak ewolucyjny przymus, wynikający z konieczności klimatycznych, sprawiał, że całe plemiona przekształcały się z myśliwych od razu w wydajnych rolników. Jednak zjawisko takie, bezpośrednie przejście od polowań do rolnictwa, występowało tylko w tych regionach, gdzie stopień zmieszania rasowego z gatunkiem fioletowym był wysoki.

Ludy ewolucyjne (zwłaszcza Chińczycy) wcześnie nauczyły się siać nasiona i zbierać plony, dzięki obserwacji kiełkowania nasion przypadkowo zamoczonych albo tych, co zostały złożone do grobów jako pożywienie dla zmarłych. Jednak na terenie południowo-zachodniej Azji, na żyznych obszarach nadrzecznych i na przyległych równinach, Andici wprowadzili udoskonalone metody rolnicze, odziedziczone po przodkach, którzy w granicach drugiego ogrodu traktowali rolnictwo i ogrodnictwo jako główne zajęcie.

Tysiące lat potomkowie Adama uprawiali pszenicę i jęczmień, tak jak zostały one ulepszone w Ogrodzie, na obszarze wzgórz położonych na północnych kresach Mezopotamii. To tutaj spotykali się potomkowie Adama i Adamsona, handlowali a ich społeczności się mieszały.

Takie zmiany narzucone warunkom życia sprawiły, że znaczna część gatunku ludzkiego stała się wszystkożerna. Kombinacja pszenicy, ryżu i diety warzywnej z mięsem ze stad była wielkim krokiem naprzód, gdy idzie o zdrowie i tężyznę fizyczną tych pradawnych ludów.

2. ELEMENTY ROZWOJU CYWILIZACJI

Rozwój kultury oparty jest na kształtowaniu się elementów cywilizacji. A te jej elementy, których używa człowiek w swojej wspinaczce wzwyż od poziomu dzikości, były efektywne do tego stopnia, że wyzwalały ludzką energię do jeszcze bardziej zaawansowanych przedsięwzięć.

Wy, którzy teraz żyjecie w scenerii współczesnej, rozwijającej się kultury i na początku postępu w sprawach społecznych, którzy istotnie macie niewiele wolnego czasu żeby *myśleć* o społeczeństwie i cywilizacji, nie możecie przeoczyć tego, że wasi dawni przodkowie mieli niewiele albo i wcale nie mieli czasu na głęboką refleksję i myśl społeczną.

Do czterech pierwszych, wielkich postępów cywilizacji ludzkiej zalicza się:

1. Opanowanie ognia.
2. Oswojenie zwierząt.
3. Zniewolenie jeńców.
4. Własność prywatną.

Podczas gdy ogień, pierwsze wielkie odkrycie, otworzył w końcu drzwi świata nauki, niewielką miał pod tym względem wartość dla człowieka prymitywnego, gdyż podczas wyjaśniania zjawisk życia codziennego nie uwzględniał on przyczyn naturalnych.

Odpowiadając sobie na pytanie, skąd wziął się ogień, prostą historię Andona i krzemienia człowiek przemienił wkrótce w legendę o tym, jak pewien Prometeusz ukradł go z nieba. Pradawni szukali nadprzyrodzonych wyjaśnień dla wszystkich zjawisk naturalnych, przekraczających zakres ich osobistego pojmowania; wielu współczesnych ludzi nadal to robi. Potrzeba epok na depersonalizację tak zwanych zjawisk przyrody i proces ten jeszcze się nie skończył. Jednak szczere, uczciwe i nieustraszone poszukiwanie prawdziwych przyczyn zrodziło współczesną naukę: zmieniło astrologię w astronomię, alchemię w chemię i magię w medycynę.

Przed epoką mechaniczną, jedynym sposobem, w jaki człowiek mógł wykonać pracę bez robienia jej samemu, było użycie zwierzęcia. Udomowienie zwierząt dało człowiekowi w ręce żywe narzędzia, których inteligentne używanie otwierało drogę zarówno rolnictwu jak i transportowi. Bez używania zwierząt człowiek nie mógłby się rozwinąć, od prymitywnego stanu do poziomów późniejszej cywilizacji.

Większość zwierząt najlepiej nadających się do udomowienia znajdowała się w Azji, zwłaszcza w jej centralnych i południowo-zachodnich regionach. To była jedna z przyczyn, dlaczego cywilizacja rozwijała się szybciej w tym miejscu niż w innych częściach świata. Wiele z tych zwierząt było udomowionych przedtem dwukrotnie, a w epoce Anditów oswojono je na nowo. Tylko pies od dawna już przebywał z myśliwymi, oswojony przez człowieka niebieskiego w odległych czasach.

Andici z Turkiestanu byli pierwszymi ludźmi, którzy na wielką skalę oswoili konia i to jest dodatkowa przyczyna, dlaczego ich kultura panowała tak długo. Rolnicy mezopotamscy, turkiestańscy i chińscy zaczęli około roku 5000 p.n.e. hodować owce, kozy, krowy, wielbłądy, konie, drób i słonie. Wołu, wielbłąda, konia i jaka używali jako zwierząt pociągowych. W pewnym okresie człowiek również był zwierzęciem pociągowym. Pewien władca rasy niebieskiej miał kiedyś sto tysięcy ludzi w swej kolonii nosicieli ładunków.

Niewolnictwo i prywatna własność ziemi przyszły wraz z rolnictwem. Niewolnictwo podniosło poziom życia pana i dało mu więcej wolnego czasu na życie społeczne.

Dziki jest niewolnikiem natury, ale cywilizacja naukowa powoli niesie coraz większą wolność ludzkości. Dzięki zwierzętom, ogniowi, wiatrowi, elektryczności i innym nie odkrytym źródłom energii, człowiek wyzwala się i nadal będzie się wyzwalał od konieczności nieprzerwanej pracy. Niezależnie od przejściowych trudności, powstałych w wyniku obfitej wynalazczości, ostateczne korzyści, jakie przyniosą te mechaniczne inwencje, będą nieocenione. Cywilizacja nigdy nie rozkwitnie i w ogóle nie może powstać, dopóki człowiek nie będzie miał *wolnego czasu* na myślenie, planowanie, wymyślanie nowych i lepszych sposobów robienia różnych rzeczy.

Z początku człowiek po prostu przywłaszczał sobie schronienie, żył pod występami skalnymi lub mieszkał w jaskiniach. Potem, do zbudowania chaty rodzinnej używał takich naturalnych materiałów jak drewno i kamień. W końcu zaczął twórcze stadium budowy domu, uczył się wyrabiać cegłę i inne materiały budowlane.

Ludy ze wzgórz Turkiestanu były pierwszymi, bardziej współczesnymi narodami, które budowały swe domy z drewna, domy całkiem podobne do wczesnych chat z bali amerykańskich pionierów-osadników. Na terenach nizinnych pomieszczenia dla ludzi budowano z cegły, później z cegły wypalanej.

Dawne ludy nadrzeczne budowały swe chaty umieszczając wysokie żerdzie w gruncie, w okręgu, ich wierzchołki były potem łączone i tworzyły szkieletową konstrukcję chaty, która była przeplatana poprzecznie trzcinami; cała budowla przypominała wielki, odwrócony kosz. Strukturę taką można było potem całkowicie powlec gliną i po wyschnięciu na słońcu mogła stanowić bardzo użyteczne mieszkanie, zabezpieczające przed warunkami atmosferycznymi.

To właśnie z tych wczesnych chat zrodziła się później oddzielnie idea plecenia wszelkich rodzajów koszy. Z obserwacji mazania wilgotną gliną takiego palowego szkieletu, w jednej grupie ludzkiej powstał pomysł produkcji wyrobów garncarskich.

Praktyka hartowania wyrobów garncarskich przez wypalanie została odkryta wtedy, gdy przypadkiem się spaliła jedna z tych, pokrytych gliną, prymitywnych chat. Kunszty dawnych czasów wielokrotnie powstawały na skutek przypadkowych zdarzeń, towarzyszących życiu codziennemu prymitywnych ludów. Tak przynajmniej wyglądał, z niewielkimi wyjątkami, proces ewolucyjnego rozwoju zanim przyszedł Adam.

Chociaż garncarstwo zostało wprowadzone po raz pierwszy przez personel Księcia, około pół miliona lat temu, produkcja naczyń glinianych została praktycznie przerwana na ponad sto pięćdziesiąt tysięcy lat. Tylko presumeryjscy Nodyci, mieszkający nad zatoką, nadal wytwarzali naczynia gliniane. Sztuka garncarstwa została wskrzeszona w czasach Adama. Rozpowszechnianie tego rzemiosła następowało równocześnie z powiększaniem się obszarów pustynnych Afryki, Arabii i Azji centralnej, a rozszerzało się ono kolejnymi falami ulepszonych metod z Mezopotamii na całą półkulę wschodnią.

Cywilizacje z epoki Andytów nie zawsze dają się prześledzić dzięki różnym stadiom ich garncarstwa czy innych rzemiosł. Gładki przebieg ewolucji ludzkiej wyjątkowo skomplikowały rządy zarówno Dalamatii jak i Edenu. Czasami się zdarza, że późniejsze wazy i inne sprzęty są gorszej jakości w porównaniu z wcześniejszymi produktami czystszych ludów andickich.

3. MIASTA, WYTWÓRCZOŚĆ I HANDEL

Niszczenie przez klimat bogatych, rozległych, pokrytych trawą terenów myśliwskich i pasterskich Turkiestanu, zapoczątkowane około roku 12.000 p.n.e., zmusiło ludy tych regionów do zajęcia się nowymi formami wytwórczości i prymitywnej produkcji. Niektórzy zaczęli hodować udomowione stada, inni zostali rolnikami albo zdobywali żywność z wody, jednak wyższe typy intelektów andickich postanowiły zająć się handlem i wytwórczością. Weszło nawet w zwyczaj, że całe plemiona zajmowały się jednym rodzajem wytwórczości. Od doliny Nilu do Hindukuszu i od Gangesu do Żółtej Rzeki, głównym zajęciem zaawansowanych plemion stała się uprawa roli, z handlem jako zajęciem ubocznym.

Zwiększenie wymiany towarowej i przetwarzanie surowych materiałów na różne przedmioty w celach handlowych było bezpośrednią przyczyną powstawania wczesnych, częściowo pokojowych społeczności, mających tak wielki wpływ na szerzenie się kultury oraz rzemiosł cywilizacji. Zanim przyszła epoka światowego handlu na wielką skalę, wspólnoty społeczne były grupami rodzinnymi, rozwijającymi się w plemiona. Handel wiązał ze sobą różne rodzaje istot ludzkich, przyczyniając się tym samym do wzajemnego wzbogacania kultur.

Około dwanaście tysięcy lat temu zaczęła świtać era niezależnych miast. I te prymitywne miasta, zajmujące się handlem i wytwórczością, zawsze były otoczone przez strefy rolnictwa i hodowli bydła. Podczas gdy prawdą jest, że podnoszenie standardów życia stymulowało wytwórczość, nie należy źle rozumieć subtelności wczesnego życia miejskiego. Dawne narody nie były zbyt schludne i czyste a przeciętna, prymitywna wspólnota podnosiła się co dwadzieścia pięć lat od trzydziestu do sześćdziesięciu centymetrów w górę, w rezultacie zwykłego gromadzenia brudu i śmieci. Pewne, starsze miasta podnosiły się nad otaczający je poziom wyjątkowo szybko, ponieważ ich nie wypalane chaty gliniane były nietrwałe a nowe domy budowano zwyczajowo bezpośrednio na ruinach starych.

Charakterystyczną cechą tej epoki wczesnych miast, zajmujących się wytwórczością i handlem, było powszechne używanie metali. Znaleźliście już kulturę brązu w Turkiestanie sprzed 9000 lat p.n.e., a Andici wcześnie nauczyli się pracować tak samo w żelazie, złocie jak i w miedzi. Jednak z dala od bardziej zaawansowanych centrów cywilizacji warunki życia były bardzo różnorodne. Nie było oddzielnych okresów, takich jak epoka kamienia, brązu i żelaza; wszystkie trzy istniały równocześnie w różnych miejscach.

Złoto było pierwszym metalem poszukiwanym przez człowieka, było łatwe w obróbce a z początku używano go tylko do ozdób. Potem używano miedzi, ale niezbyt powszechnie, zanim nie została zmieszana z cyną, tworząc twardszy brąz. Odkrycie połączenia miedzi i cyny do produkcji brązu zostało dokonane przez jednego z Adamsonitów z Turkiestanu, którego górska kopalnia miedzi znajdowała się przypadkiem obok pokładu cyny.

Wraz z pojawieniem się prymitywnej wytwórczości i początkami produkcji, handel szybko stał się najsilniejszym czynnikiem szerzącym cywilizację kulturową. Otwarcie dróg handlowych, tak lądem jak i morzem, znacznie ułatwiało podróże i mieszanie się kultur, jak również konsolidację cywilizacji. Około 5000 lat p.n.e., koń był w powszechnym użytku na ziemiach cywilizowanych i częściowo cywilizowanych. Późniejsze narody miały nie tylko oswojonego konia, ale także różne rodzaje wozów i rydwanów. Koła używano całe epoki wcześniej, ale teraz pojazdy kołowe zaczęły być stosowane powszechnie, zarówno w handlu jak i na wojnie.

Podróżujący kupiec i wędrujący odkrywca zrobili więcej dla rozwoju cywilizacji w czasach historycznych niż wszystkie inne czynniki razem wzięte. Podboje wojskowe, kolonizacje i inicjatywy misjonarskie, prowadzone przez późniejsze religie, także były czynnikami szerzącymi kulturę, ale wszystkie one były wtórne wobec związków handlowych, które wciąż były ożywiane przez gwałtownie rozwijające się rzemiosło i techniki wytwórcze.

Domieszka krwi adamicznej do gatunku ludzkiego nie tylko przyspieszyła tempo rozwoju cywilizacji, ale również ogromnie pobudziła ludzkie inklinacje do przygody i eksploracji, w takim stopniu, że większość Eurazji i Afryki północnej została wkrótce zajęta przez gwałtownie rozmnażających się, mieszanych potomków Anditów.

4. RASY MIESZANE

Gdy wracamy do początków czasów historycznych, widzimy, jak cała Eurazja, Afryka północna i wyspy Oceanu Spokojnego usiane są mieszanymi rasami ludzkimi. Te współczesne rasy powstały w wyniku wielokrotnego mieszania się pięciu podstawowych ras ludzkich Urantii.

Każda rasa Urantii odznaczała się określonymi, charakterystycznymi cechami fizycznymi. Adamici i Nodyci byli długogłowi; Andonici szerokogłowi. Rasy sangikowe miały głowy średnie, przy czym człowiek żółty i niebieski miał tendencje do szerokogłowia. Rasy niebieskie, kiedy zmieszały się z gatunkiem andonicznym, były wyraźnie szerokogłowe. Drugorzędni Sangicy zaliczali się do typów od średniogłowych do długogłowych.

Chociaż przy odcyfrowaniu pochodzenia rasowego te wymiary czaszki są użyteczne, znacznie lepszy do tych celów jest szkielet jako całość. We wczesnym okresie rozwojowym ras Urantii istniało z początku pięć różnych rodzajów struktury szkieletowej:

1. Andoniczna, autochtonów Urantii.
2. Pierwszorzędna sangikowa, czerwona, żółta i niebieska.
3. Drugorzędna sangikowa, pomarańczowa, zielona i indygo.
4. Nodyci, potomkowie Dalamatów.
5. Adamici, rasa fioletowa.

Kiedy pięć tych wielkich grup rasowych mieszało się intensywnie, ciągłe mieszanie doprowadziło do przyćmienia typu andonicznego przez sangikową dominację dziedziczną. Lapończycy i Eskimosi są mieszańcami Andonitów z niebieską rasą sangikową. Budowa ich szkieletów najbardziej zbliżona jest do autochtonicznego typu andonicznego. Natomiast Adamici i Nodyci tak bardzo zostali wymieszani z innymi rasami, że mogą być zauważani tylko jako generalny gatunek europeidów.

Tak więc, kiedy odkopuje się ludzkie szczątki z ostatnich dwudziestu tysięcy lat, niemożliwe będzie wyraźne odróżnienie tych pięciu pierwotnych typów. Badania odkrytych struktur szkieletowych wykażą, że ludzkość jest obecnie podzielona w przybliżeniu na trzy klasy:

1. *Europeidzi* – andicka mieszanka gatunku nodycznego i adamicznego, kolejno zmodyfikowana przez pierwszorzędną i drugorzędną (trochę) domieszkę sangikową i przez intensywne krzyżowanie się z Andonitami. Zachodnie rasy białe, razem z niektórymi ludami indyjskimi i turańskimi, zaliczają się do tej grupy. Czynnikiem jednoczącym tej grupy jest większa czy mniejsza proporcja dziedzictwa Anditów.
2. *Mongoloidzi* – pierwszorzędny typ sangikowy, zawierający pierwotną czerwoną, żółtą i niebieską rasę. Chińczycy oraz Indianie amerykańscy należą do tej grupy. W Europie typ mongoloidalny został zmodyfikowany przez drugorzędną domieszkę sangikową i andoniczną; jeszcze bardziej przez dodatek andicki. Malajczycy i inne ludy indonezyjskie mieszczą się w tej klasyfikacji, choć mają wysoki procent drugorzędnej krwi sangikowej.
3. *Negroidzi* – drugorzędny typ sangikowy, który z początku obejmował rasę pomarańczową, zieloną i indygo; najlepszą jego ilustracją jest Murzyn, a typ taki znajduje się w całej Afryce, Indiach i Indonezji, gdziekolwiek istnieją drugorzędne rasy sangikowe.

W Chinach Północnych istnieje pewna mieszanka europeidów i gatunku mongoloidalnego; na Bliskim Wschodzie zmieszali się europeidzi i negroidzi; w Indiach, tak samo jak w Ameryce Południowej, reprezentowane są wszystkie trzy typy ludzkie. Charakterystyczne cechy szkieletowe trzech przetrwałych gatunków ludzkich wciąż istnieją i pomagają zidentyfikować dalszy rodowód współczesnych ras ludzkich.

5. SPOŁECZEŃSTWO KULTUROWE

Ewolucja biologiczna i cywilizacja kulturowa niekoniecznie muszą być wzajemnie związane; w dowolnej epoce ewolucja organiczna może postępować bez przeszkód właśnie w obliczu dekadencji kulturowej. Gdy jednak bada się dłuższe okresy historii ludzkiej, można zauważyć, że w końcu ewolucja i kultura zostają związane ze sobą, jako przyczyna i skutek. Ewolucja może posuwać się naprzód pod nieobecność kultury, ale cywilizacja nie rozkwitnie bez odpowiedniego zaplecza poprzedzającego ją rozwoju ras. Adam i Ewa nie wprowadzali kunsztów cywilizacji, które nie byłyby znane społeczeństwu ludzkiemu, jednak krew adamiczna pomnożyła zdolności tkwiące w ludach i przyspieszyła tempo rozwoju ekonomicznego oraz postępu wytwórczości. Obdarzenie Adamowe rozwinęło potencjał umysłowy narodów, przyspieszając jednocześnie w znacznym stopniu proces naturalnej ewolucji.

Dzięki rolnictwu, udomowieniu zwierząt i lepszemu budownictwu, ludzkość stopniowo zaczęła unikać tego, co najgorsze w nieustannych trudach życiowych i zaczynała szukać, czym osłodzić sobie życie; i taki był początek dążenia do wyższych i wciąż wyższych standardów komfortu materialnego. Dzięki wytwórczości i przemysłowi, człowiek stopniowo zwiększa ilość przyjemności w śmiertelnym życiu.

Kulturalne społeczeństwo nie jest jednak wielkim, dobroczynnym klubem z dziedzicznymi przywilejami, w którym wszyscy ludzie rodzą się automatycznie z jego członkostwem i całkowitą równością. Jest raczej podniosłym i wciąż rozwijającym się cechem ziemskich robotników, przyjmującym do swych szeregów tylko arystokrację tych ciężko pracujących, którzy chcą zrobić ze świata lepsze miejsce, w którym ich dzieci i dzieci ich dzieci mogłyby żyć i rozwijać się w nadchodzących epokach. I ten cywilizacyjny cech narzuca wysokie opłaty wstępu, nakłada ścisłą i rygorystyczną dyscyplinę, dotyka ciężkimi karami wszystkich odszczepieńców i nonkonformistów, podczas gdy nadaje nieliczne, osobiste koncesje i przywileje, oprócz tych, które odnoszą się do lepszego zabezpieczenia przed wspólnymi zagrożeniami i niebezpieczeństwami grożącymi gatunkowi.

Organizacja społeczna jest tą formą zabezpieczenia przetrwania, którą istoty ludzkie uznały za korzystną; zatem większość jednostek gotowa jest płacić te stawki poświęcania się i ograniczania wolności osobistej, których społeczeństwo wymaga od swych członków w zamian za lepszą ochronę grupową. Krótko mówiąc, współczesny mechanizm społeczny jest planem ubezpieczeniowym, działającym metodą prób i błędów, który ma dać pewien stopień pewności i ochrony, zabezpieczającej przed powrotem do okropnych i antyspołecznych warunków, tak charakterystycznych dla wczesnych doświadczeń gatunku ludzkiego.

Społeczeństwo zatem staje się systemem współpracy, działającym dla zabezpieczenia wolności obywatelskiej przez instytucje, wolności ekonomicznej przez kapitał i wynalazczość, wolności społecznej przez kulturę a wolności od przemocy przez przepisy porządkowe.

Siła nie rodzi prawości, ale narzuca powszechnie uznawane prawa każdemu kolejnemu pokoleniu. Główną misją rządu jest zdefiniowanie prawej, sprawiedliwej i słusznej regulacji różnic klasowych i egzekwowanie równości szans zgodnie z przepisami prawa. Każde ludzkie prawo związane jest ze społecznym obowiązkiem; przywileje grupowe są mechanizmem ubezpieczeniowym, który zawsze wymaga pełnej płatności wymaganych stawek, w postaci służenia grupie. I prawa grupowe muszą być chronione, tak jak i jednostkowe, łącznie z regulacją pociągu seksualnego.

Wolność, poddana kontroli grupy, jest słusznym celem ewolucji społecznej. Wolność bez ograniczeń jest czczym i dziwacznym marzeniem ludzi niestabilnych i lekkomyślnych.

6. ZACHOWANIE CYWILIZACJI

Podczas gdy ewolucja biologiczna zawsze szła naprzód, większa część ewolucji kulturowej wyszła z doliny Eufratu falami, które z upływem czasu kolejno słabły, aż w końcu wyszło stamtąd całe adamiczne potomstwo czystej krwi, aby wzbogacić cywilizacje Azji i Europy. Rasy nie zmieszały się całkowicie, ale w znacznym stopniu zmieszały się ich cywilizacje. Powoli kultura rozprzestrzeniała się po świecie. I cywilizacja ta musi być utrzymywana i podsycana, ponieważ dziś nie ma już nowych źródeł kultury, nie ma Anditów, aby mogli ożywić i stymulować powolny, ewolucyjny progres cywilizacji.

Cywilizacja, rozwijająca się teraz na Urantii, powstała z następujących elementów i obecnie się na nich opiera:

1. *Warunki naturalne.* Natura i stopień rozwoju cywilizacji materialnej są w znacznej mierze zdeterminowane dostępnymi zasobami naturalnymi. Klimat, pogoda i liczne inne warunki materialne są czynnikami określającymi ewolucję kultury.

Kiedy zaczynała się epoka Anditów, na całym świecie istniały tylko dwa rozległe i żyzne obszary, nadające się do polowań. Jeden z nich był w Ameryce Północnej i panowali na nim Indianie amerykańscy, drugi położony był na północ od Turkiestanu i częściowo zajmowany przez rasę andoniczno-żółtą. Czynnikami decydującymi o ewolucji wyższej kultury w Azji południowo-zachodniej były rasa i klimat. Andici byli wspaniałym ludem, jednak głównym czynnikiem decydującym o kierunku rozwoju ich cywilizacji była coraz większa jałowość Iranu, Turkiestanu i Xinjiangu, która *zmusiła* ich do wymyślenia i zastosowania nowych, zaawansowanych metod zdobywania środków do życia z coraz mniej żyznych ziem.

Układ kontynentów i inne ukształtowania lądu decydują w znacznym stopniu o wojnie i pokoju. Bardzo niewielu Urantian miało kiedykolwiek tak dogodne warunki ciągłego i niezakłóconego rozwoju, jakimi cieszyły się narody Ameryki Północnej – chronione praktycznie ze wszystkich stron przez rozległe oceany.

2. *Nagromadzone dobra.* Kultura nigdy się nie rozwija w warunkach ubóstwa; wolny czas jest konieczny dla rozwoju cywilizacji. Charakter jednostki, posiadający wartości moralne i duchowe, może być zdobyty pod nieobecność materialnego bogactwa, ale cywilizacja kulturowa wywodzi się tylko z tych warunków materialnego dobrobytu, które dają czas wolny w połączeniu z ambicją.

W czasach prymitywnych życie na Urantii było sprawą poważną i rzeczową. To właśnie ucieczka przez nieustannymi trudami i niekończącą się pracą powodowała stałą tendencję ludzkości podążania ku przyjemnemu klimatowi tropików. Chociaż przebywanie w cieplejszych regionach dawało pewne złagodzenie intensywnej walki o byt, ludy i plemiona, które w ten sposób szukały ułatwień, rzadko używały swego nie zapracowanego, wolnego czasu, na zaawansowanie cywilizacji. Postęp społeczny nieodmiennie tworzy się z myśli i planów tych narodów, które się nauczyły, przez swą inteligentną pracę, jak się utrzymać z ziemi przy zmniejszonym wysiłku i skróconych dniach pracy, aby w ten sposób korzystać z godziwie zapracowanego i wartościowego marginesu wolnego czasu.

3. *Wiedza naukowa.* Materialne aspekty cywilizacji zawsze muszą oczekiwać nagromadzenia danych naukowych. Dużo czasu upłynęło od wynalezienia łuku i strzały i używania zwierząt do pracy, zanim człowiek nauczył się używać wiatru i wody, po czym przyszło zastosowanie pary i elektryczności. Metody rozwoju cywilizacji powoli

się doskonalą. Po tkactwie, garncarstwie, udomowieniu zwierząt i metalurgii, nastąpiła epoka pisma i druku.

Wiedza to potęga. Wynalazczość zawsze poprzedza przyspieszenie rozwoju kultury na światową skalę. Nauka i inwencje odniosły najwięcej korzyści z prasy drukarskiej a oddziaływanie wzajemne wszystkich tych czynników kulturowych i wynalazczych ogromnie przyspieszyło tempo rozwoju kulturowego.

Nauka uczy człowieka mówić nowym językiem matematyki i kształcić jego myślenie w kierunku wymagającym precyzji. Nauka stabilizuje także filozofię, dzięki eliminacji błędu, gdy jednocześnie oczyszcza religię przez likwidację przesądów.

4. *Zasoby ludzkie.* Cywilizacja potrzebuje ludzi, aby się rozprzestrzeniać. W normalnych warunkach, liczebniejszy naród będzie panował nad cywilizacją mniej licznej nacji. Dlatego też, gdy się nie uda zwiększyć liczby ludności do określonego punktu, nie można w pełni zrealizować predestynacji narodowej, jednak przy powiększaniu populacji przychodzi taki punkt, po którym dalszy wzrost jest samobójczy. Rozmnażanie się poza optimum właściwej proporcji obszaru ziemi do ilości ludzi oznacza albo redukcję standardów życia albo natychmiastowe poszerzenie granic terytorialnych, przez pokojową penetrację lub wojskowy podbój – narzuconą okupację.

Częstokroć szokują was spustoszenia wojny, jednak powinniście zdawać sobie sprawę z konieczności płodzenia dużej ilości śmiertelników, tak, aby mieć odpowiednią możliwość rozwoju społecznego i moralnego; z kolei, przy takiej płodności planetarnej szybko pojawiają się poważne problemy przeludnienia. Większość światów zamieszkałych jest mała. Urantia jest przeciętna, być może nieco poniżej średniej. Optymalna stabilizacja populacji narodowej zwiększa kulturę i zapobiega wojnie. Mądrym narodem jest ten, który wie, kiedy ma zaprzestać wzrostu liczebnego.

Tym niemniej kontynent najbogatszy w zasoby naturalne i najbardziej zaawansowany w sprzęcie mechanicznym zrobi niewielki tylko postęp, jeśli inteligencja jego narodu jest w stadium schyłkowym. Wiedzę można zdobyć przez edukację, ale mądrość, która jest nieodzowna dla prawdziwej kultury, można zyskać jedynie poprzez doświadczenie i dzięki tym mężczyznom i kobietom, którzy są z natury inteligentni. Tacy ludzie potrafią uczyć się z doświadczenia; mogą stać się naprawdę mądrzy.

5. *Wydajność zasobów materialnych.* Wiele zależy od mądrości, wykazywanej przy wykorzystywaniu zasobów naturalnych, wiedzy naukowej, środków materialnych i potencjałów ludzkich. Głównym czynnikiem kształtującym wczesną cywilizację był *przymus,* stosowany przez mądrych władców społeczeństwa; cywilizacja dosłownie została narzucona człowiekowi prymitywnemu przez współczesnych mu władców. Światem tym rządziły przeważnie dobrze zorganizowane i zaawansowane mniejszości.

Siła nie równa się prawości, ale siła czyni to, co jest i co było historią. Dopiero niedawno Urantia osiągnęła ten punkt, w którym społeczeństwo chce debatować nad etyką siły i prawa.

6. *Efektywność języka.* Cywilizacja musi czekać na pojawienie się języka, zanim się zacznie rozprzestrzeniać. Żywe i rozwijające się języki gwarantują szerzenie się cywilizowanego myślenia i planowania. We wczesnych epokach istnienia człowieka

poczyniono znaczne postępy w języku. Dziś pojawia się wielka potrzeba przyszłego rozwoju lingwistycznego, aby rozwijająca się myśl mogła się szerzyć.

Język rozwinął się z organizacji grupowych, każda lokalna grupa ludzka kształtuje swój własny system wymiany słów. Język zrodził się z gestów, znaków, krzyków, dźwięków naśladowczych, intonacji i akcentów, aż do poziomu wymowy późniejszych alfabetów. Język jest najważniejszym i najbardziej użytecznym narzędziem ludzkiego myślenia, ale nie rozwinął się w pełni, dopóki grupy społeczne nie zyskały nieco wolnego czasu. Tendencje do bawienia się językiem kształtują nowe słowa – slang. Jeśli większość ludności przyswaja slang, późniejsze jego używanie stanowi język. Okazjonalne używanie języka dziecinnego w grupie rodzinnej jest ilustracją tego, jak tworzą się dialekty.

Różnice językowe zawsze uniemożliwiały zaprowadzenie pokoju na szerszą skalę. Zanim kultura zacznie się szerzyć na obszarze zajętym przez daną rasę, na kontynencie czy na całym świecie, muszą zaniknąć języki. Uniwersalny język przyczynia się do zachowania pokoju, zabezpiecza kulturę i przysparza szczęścia. Nawet, kiedy języki świata zredukowane są do kilku, opanowanie ich przez ludzi przewodzących kulturze ma znaczny wpływ na osiągnięcie światowego pokoju i dobrobytu.

Chociaż na Urantii niewielkiego postępu dokonano w kierunku ukształtowania międzynarodowego języka, wiele osiągnięto dzięki wprowadzeniu międzynarodowej wymiany handlowej. I wszystkie te stosunki międzynarodowe powinny być rozwijane, czy dotyczą one języka, handlu, sztuki, nauki, współzawodnictwa sportowego czy też religii.

7. *Efektywność urządzeń mechanicznych.* Postęp cywilizacji związany jest bezpośrednio z wynalezieniem i posiadaniem narzędzi, maszyn i środków ich dystrybucji. Ulepszone narzędzia, pomysłowe i wydajne maszyny, decydują o przetrwaniu konkurujących ze sobą grup ludzkich na arenie zaawansowanej cywilizacji.

W dawnych czasach jedyną energią stosowaną przy uprawie ziemi była siła ludzka. Długo trwały zmagania, aby zastąpić człowieka wołem, skoro ten odbierał pracę człowiekowi. Później maszyny zaczęły zastępować ludzi i każdy taki krok naprzód przyczynia się bezpośrednio do rozwoju społeczeństwa, gdyż wyzwala ludzką energię do osiągania bardziej wartościowych celów.

Nauka, kierowana mądrością, może stać się największym wyzwolicielem społeczeństwa. Epoka mechaniczna może okazać się katastrofalna tylko dla tego narodu, którego poziom intelektualny jest za niski, aby odkryć mądre metody i rozsądne sposoby pomyślnego dostosowania się do przejściowych trudności, narosłych w wyniku nagłej utraty pracy przez wielką liczbę ludzi, w konsekwencji zbyt szybkiego wynalezienia nowych rodzajów maszyn oszczędzających pracę.

8. *Charakter krzewicieli oświaty.* Społeczne dziedzictwo umożliwia człowiekowi opieranie się na barkach wszystkich jego poprzedników, tych, którzy cokolwiek wnieśli do sumy kultury i wiedzy. W tym zadaniu, przekazywania kagańca kultury następnemu pokoleniu, rodzina zawsze będzie instytucją podstawową. Zabawa i życie społeczne idą za nią w kolejności, ze szkołą na końcu, ale równie nieodzowną w kompleksowym i wysoce zorganizowanym społeczeństwie.

Owady rodzą się w pełni wyszkolone i wyposażone do życia – faktycznie do bardzo zawężonej i czysto instynktownej egzystencji. Dziecko ludzkie rodzi się bez edukacji, dlatego też człowiek posiada tę możliwość, aby poprzez kontrolę metod nauczania młodszej generacji znacznie przekształcić ewolucyjny kierunek cywilizacji.

Najważniejszymi czynnikami, które w dwudziestym wieku przyczyniają się do ożywiania cywilizacji i zaawansowania kultury są: znaczna intensyfikacja podróżowania po świecie i bezprzykładne udogodnienia w metodach komunikowania się. Jednak postęp w edukacji nie dotrzymuje kroku poszerzającej się strukturze społecznej; tak samo współczesne uznanie dla etyki odbiega od rozwoju czysto intelektualnego i naukowego. I cywilizacja współczesna stanęła w martwym punkcie rozwoju duchowego oraz ochrony instytucji rodziny.

9. *Ideały ludzkie.* Ideały jednego pokolenia kształtują drogi przeznaczenia jego bezpośredniego potomstwa. *Jakość* przywódców społeczeństwa będzie stanowić o tym, czy cywilizacja idzie naprzód czy wstecz. Rodziny, Kościoły i szkoły jednego pokolenia stanowią o cechach charakteru następnego pokolenia. Moralny i duchowy rozmach rasy czy narodu stanowi przeważnie o kulturalnym tempie rozwoju takiej cywilizacji.

Ideały wywyższają źródło strumienia społecznego. I żaden strumień nie wzniesie się ani na jotę ponad swoje źródło, bez znaczenia, jaka może być zastosowana metoda nacisku czy kontroli ukierunkowującej. Moc napędowa nawet najbardziej materialnych aspektów cywilizacji kulturowej tkwi w najmniej materialnych osiągnięciach społeczeństwa. Inteligencja może kontrolować mechanizm cywilizacji, mądrość może nim kierować, ale duchowy idealizm jest tą energią, która faktycznie doskonali i posuwa naprzód ludzką kulturę z jednego poziomu osiągnięć na drugi.

Z początku życie było walką o byt, teraz jest o standard życia, potem będzie o jakość myślenia i to jest nadchodzący, ziemski cel ludzkiej egzystencji.

10. *Koordynacja specjalistów.* Cywilizacja została znacznie przyspieszona przez wczesny podział pracy i jego późniejsze następstwo – specjalizację. Teraz cywilizacja jest zależna od skutecznej koordynacji specjalistów. W miarę rozwoju społeczeństwa trzeba będzie znaleźć jakąś metodę zbliżania do siebie różnych specjalistów.

Liczba specjalistów społecznych, artystycznych, technicznych i przemysłowych wciąż będzie wzrastać i rozwijać się będą ich zdolności i biegłość. I to zróżnicowanie zdolności oraz różnorodność zajęć osłabi w końcu i rozdrobni społeczeństwo ludzkie, jeśli się nie wytworzy skutecznych metod koordynacji i współpracy. Tym niemniej inteligencja, która jest zdolna do takiej pomysłowości i takiej specjalizacji, powinna być w pełni miarodajna do wymyślenia odpowiednich metod kontroli i korygowania wszelkich problemów, wynikających z gwałtownego wzrostu inwencji i przyspieszonego tempa ekspansji kulturowej.

11. *Metody znajdowania posady.* Następna epoka rozwoju społecznego będzie uosobieniem lepszej i bardziej efektywnej współpracy międzyludzkiej, jak również koordynacji wciąż narastającej i poszerzającej się specjalizacji. A kiedy praca różnicuje się coraz bardziej, należy wymyślić jakieś metody kierowania jednostek do odpowiedniej pracy. Maszyny nie są jedyną przyczyną bezrobocia u cywilizowanych narodów Urantii. Ekonomiczna złożoność, ciągłe zwiększanie się specjalizacji przemysłowej i profesjonalnej, przysparza problemów przy poszukiwaniu odpowiedniego miejsca zatrudnienia.

Nie wystarczy przeszkolić człowieka do pracy; w złożonym społeczeństwie muszą także istnieć skuteczne metody znalezienia jemu posady. Zanim przeszkoli się obywateli w wysoce wyspecjalizowanych sposobach zarabiania na życie, powinni być oni przeszkoleni w jednej lub większej ilości prac pospolitych, zawodów lub powołań, które można wykonywać wtedy, kiedy są oni chwilowo niezatrudnieni w swojej, wyspecjalizowanej pracy. Żadna cywilizacja nie przetrwa długo, kiedy ma liczną klasę bezrobotnych. Z czasem, nawet najlepsi obywatele zostaną wypaczeni i zdemoralizowani, kiedy przyjmują pomoc z kasy państwowej. Nawet dobroczynność prywatna staje się szkodliwa, gdy długo jest stosowana wobec zdrowych obywateli.

Takie wysoce wyspecjalizowane społeczeństwo nie przyjmie życzliwie starożytnych praktyk komunalnych i doświadczeń feudalnych dawnych ludów. Prawda, że wiele służb działających dla wspólnego dobra może być zadowalająco i z korzyścią uspołecznione, jednak wysoce wyszkolone i ultraspecjalistyczne jednostki ludzkie najlepiej są kierowane dzięki pewnej metodzie inteligentnej współpracy. Zmodernizowana koordynacja i braterskie prawa stworzą dłużej trwającą współpracę, niż starsze i bardziej prymitywne metody komunizmu, czy dyktatorskich instytucji rządowych, opartych na sile.

12. *Gotowość do współpracy.* Jedną z wielkich przeszkód na drodze rozwoju społeczeństwa ludzkiego jest konflikt pomiędzy interesami i dobrem większych, bardziej uspołecznionych grup ludzkich i mniejszych, odmiennie zorientowanych, aspołecznych związków ludzkości, nie mówiąc już o antyspołecznie nastawionych pojedynczych jednostkach.

Żadna cywilizacja narodowa nie przetrwa długo, jeśli jej metody edukacyjne, jak również ideały religijne nie inspirują wysokiego typu inteligentnego patriotyzmu oraz oddania narodowi. Bez tego rodzaju inteligentnego patriotyzmu i solidarności kulturowej, wszystkie narody zmierzają do rozpadu, na skutek zaściankowej zazdrości i wyrachowania.

Utrzymanie światowej cywilizacji zależne jest od tego, czy istoty ludzkie nauczą się żyć razem w pokoju i braterstwie. Bez odpowiedniej koordynacji, cywilizacji industrialnej zagrażają niebezpieczeństwa ultraspecjalizacji: monotonia, zawężenie horyzontów i tendencje do powstawania braku zaufania i zazdrości.

13. *Efektywne i mądre przywództwo.* Cywilizacja jest bardzo mocno uzależniona od entuzjastycznego i efektywnego ducha, który ją napędza. Przy podnoszeniu wielkiego ciężaru, dziesięciu ludzi nie zrobi więcej niż jeden, chyba, że podnoszą razem – wszyscy równocześnie. Taka zespołowa praca – współpraca społeczna – zależna jest od przywództwa. Cywilizacje kulturowe, przeszłe i współczesne, opierają się na inteligentnej współpracy ich obywateli z mądrymi i postępowymi przywódcami; a dopóki człowiek nie rozwinie się do wyższych poziomów, cywilizacja wciąż będzie zależeć od mądrego i energicznego przywództwa.

Silne cywilizacje powstają z rozsądnych współzależności pomiędzy bogactwem materialnym, wielkością intelektualną, wartością moralną, mądrością społeczną i wnikliwością kosmiczną.

14. *Przemiany społeczne.* Społeczeństwo nie jest boską instytucją, jest zjawiskiem powstałym w wyniku stopniowej ewolucji a postęp cywilizacji zawsze jest opóźniony,

kiedy jej przywódcy ociągają się z dokonaniem takich zmian w organizacji społecznej, które są niezbędne dla dotrzymania kroku naukowym osiągnięciom epoki. Mimo wszystko nie należy pogardzać czymś tylko dlatego, że jest stare, tak samo idea nie musi być akceptowana bezwarunkowo tylko dlatego, że jest czymś nowym.

Człowiek nie powinien się bać eksperymentów z mechanizmami społecznymi. Jednak takie przygody z dostosowaniem kulturowym powinny być zawsze nadzorowane przez tych, którzy są dobrze obeznani z historią ewolucji społecznej a innowacje takie zawsze powinny być konsultowane z mądrością tych, którzy mają praktyczne doświadczenie w dziedzinie rozważanego eksperymentu społecznego czy ekonomicznego. *Żadna wielka przemiana społeczna czy ekonomiczna nie powinna być przeprowadzana gwałtownie.* Wszelkiego rodzaje dostosowania ludzkie – fizyczne, społeczne czy ekonomiczne, wymagają czasu. Tylko dostosowania moralne i duchowe mogą być dokonywane pod wpływem chwili, ale nawet one potrzebują czasu dla pełnego wypracowania ich reperkusji materialnych i społecznych. Ideały ludzkie są głównym oparciem i zabezpieczeniem w czasie tego krytycznego okresu, kiedy cywilizacja jest w stadium przejściowym z jednego stopnia na drugi.

15. *Zapobieganie załamaniu się w stadium przejściowym.* Społeczeństwo jest potomstwem wielu epok prób i błędów; jest ono tym, co przetrwało selektywne dostosowania i ponowne dopasowania w kolejnych stadiach wiekowego wspinania się ludzkości od poziomu zwierzęcego do ludzkich poziomów statusu planetarnego. Największym niebezpieczeństwem dla jakiejkolwiek cywilizacji – w jakimkolwiek danym momencie – jest możliwość załamania się w czasie przechodzenia od ustalonych metod przeszłości do nowych i lepszych, ale niesprawdzonych, przyszłościowych zasad postępowania.

Kierownictwo konieczne jest dla osiągania postępu. Mądrość, wnikliwość i przewidywanie niezbędne są dla przetrwania narodów. Cywilizacja nigdy naprawdę nie jest zagrożona, dopóki nie zanika sprawne kierownictwo. A wielkość tak mądrego kierownictwa nigdy nie przekracza ilościowo jednego procentu populacji.

Cywilizacja wspięła się po szczeblach drabiny ewolucyjnej do tego właśnie miejsca, w którym mogły zacząć działać te potężne czynniki, jakie osiągają swą kulminację w gwałtownie rozwijającej się kulturze wieku dwudziestego. I tylko dzięki trzymaniu się omawianych, podstawowych zasad, człowiek może mieć nadzieję na zachowanie swojej dzisiejszej cywilizacji i zapewnienie jej ciągłego rozwoju i trwania.

Taki jest sens bardzo długich trudów, jakie przechodzili ludzie tej Ziemi od czasów Adama, dążąc do stworzenia cywilizacji. Współczesna kultura jest prostym wynikiem tej żmudnej ewolucji. Postęp był względnie powolny przed odkryciem druku, ponieważ jedno pokolenie nie mogło zbyt szybko skorzystać z osiągnięć swych poprzedników. Teraz jednak społeczność ludzka idzie naprzód, siłą skumulowanego rozmachu wszystkich tych epok, przez które przeszła cywilizacja.

[Nadzorowane przez archanioła z Nebadonu].

PRZEKAZ 82

EWOLUCJA MAŁŻEŃSTWA

MAŁŻEŃSTWO – kojarzenie się – jest rezultatem dwupłciowości. Małżeństwo jest reakcją człowieka, jego dostosowaniem się do dwupłciowości, podczas gdy życie rodzinne jest całkowitą sumą wszystkich takich ewolucyjnych i adaptacyjnych dostosowań. Małżeństwo jest nieprzemijające, nie jest właściwe ewolucji biologicznej, ale jest podstawą wszelkiej ewolucji społecznej i dlatego ma zagwarantowane trwanie w jakiejś formie. Małżeństwo dało ludzkości rodzinę a rodzina jest wspaniałym ukoronowaniem długich i żmudnych zmagań ewolucyjnych.

Podczas gdy wszelkie instytucje religijne, społeczne i edukacyjne niezbędne są dla przetrwania cywilizacji kulturowej, *głównym cywilizatorem jest rodzina*. Najwięcej podstawowych zasad życiowych dziecko się uczy od swej rodziny i sąsiadów.

W dawnych czasach ludzie nie mieli zbyt bogatej cywilizacji społecznej, ale taką, jaką mieli, dokładnie i efektywnie przekazywali następnemu pokoleniu. I powinniście zauważyć, że większość tych dawnych cywilizacji ciągle się rozwijała przy minimalnym praktycznie wpływie ze strony instytucji, ponieważ rodzina funkcjonowała prawidłowo. Dziś gatunek ludzki posiada bogate, społeczne i kulturalne dziedzictwo i powinno być ono rozsądnie i odpowiednio przekazywane następnym pokoleniom. Rodzina musi być zachowana jako instytucja edukacyjna.

1. INSTYNKT KOJARZENIA SIĘ

Pomimo znacznej różnicy w osobowości pomiędzy mężczyzną i kobietą, popęd seksualny wystarcza, żeby zbliżyć ich do siebie w celu zachowania gatunku. Instynkt ten skutecznie funkcjonował na długo przedtem, zanim ludzie zaczęli przeżywać więcej tego, co później zwane było miłością, oddaniem i lojalnością małżeńską. Kojarzenie się jest skłonnością wrodzoną a małżeństwo jego ewolucyjnym następstwem społecznym.

Zainteresowania i pragnienia seksualne nie były dominującą pasją ludów prymitywnych, ci ludzie po prostu je mieli. Całe rozmnażanie się było zupełnie pozbawione imaginacyjnych upiększeń. Pochłaniająca zupełnie namiętność seksualna wyżej cywilizowanych narodów jest wynikiem mieszania rasowego, zwłaszcza, gdy ewolucyjna natura była ożywiana skojarzeniową wyobraźnią i docenianiem piękna, co cechowało Nodytów i Adamitów. Jednak dziedzictwo Anditów zostało zaabsorbowane przez rasy ewolucyjne w tak niewielkich ilościach, że nie dało im odpowiedniej samokontroli zwierzęcych namiętności, ożywianych i pobudzonych ostrzejszą świadomością seksualną i silniejszym popędem kojarzenia się. Spośród ras ewolucyjnych, człowiek czerwony miał najbardziej zaawansowane zasady w sprawach seksualnych.

Normy seksualne, odnoszące się do małżeństwa, oznaczają:

1. Względny postęp cywilizacji. Cywilizacja kładzie coraz większy nacisk na to, żeby seks zaspokajany był właściwymi metodami, zgodnie z obyczajami.
2. Zawartość krwi Anditów w jakimkolwiek narodzie. Dla tych grup ludzkich seks wyrażał zarówno to, co najwyższe jak i to, co najniższe, zarówno w ich naturze fizycznej jak i uczuciowej.

Rasy sangikowe posiadały normalną, zwierzęcą namiętność, ale wykazywały niewiele wyobraźni czy też uznania dla piękna i atrakcyjności fizycznej płci odmiennej. Praktycznie nie istnieje u nich to, co się nazywa seksapilem, a odnosi się to nawet do współczesnych ras prymitywnych; te nie zmieszane ludy miały wyraźny instynkt kojarzenia się, ale niedostateczny pociąg seksualny, aby mógł kreować poważniejsze problemy, wymagające kontroli społecznej.

Instynkt kojarzenia się jest jedną z dominujących, fizycznych sił napędowych gatunku ludzkiego; jest jednym z tych uczuć, które pod pozorem indywidualnego zaspokojenia, sprytnie ukierunkowują samolubnego człowieka na stawianie dobra i przetrwania gatunku dalece ponad indywidualną wygodę i osobistą wolność od odpowiedzialności.

Małżeństwo jako instytucja, od swych początków aż do czasów współczesnych, jest obrazem społecznej ewolucji biologicznego instynktu zachowania gatunku. Przetrwanie ewoluującego gatunku ludzkiego jest zapewnione dzięki istnieniu gatunkowego impulsu kojarzenia się, tego popędu, który ogólnie nazywany jest pociągiem seksualnym. Ten wielki popęd biologiczny staje się impulsem ześrodkowującym wszelkie związane z nim instynkty, emocje i zwyczaje – fizyczne, intelektualne, moralne i społeczne.

Dla dzikiego, motywem skłaniającym do działania była konieczność zdobycia pożywienia, ale kiedy cywilizacja zapewniła obfitość żywności, popęd seksualny staje się częstokroć impulsem dominującym i w związku z tym zawsze potrzebuje społecznej regulacji. U zwierząt, tendencje do kojarzenia się kontroluje okresowość występowania instynktów, ale skoro człowiek jest w znacznej mierze istotą obdarzoną samokontrolą, pragnienia seksualne wcale nie są okresowe; zatem narzucenie jednostce samokontroli staje się społeczną koniecznością.

Żadne ludzkie uczucie czy popęd, gdy jest nieokiełznany i zbytnio mu się pobłaża, nie jest w stanie spowodować tak wielu szkód i przykrości, jak potężny popęd seksualny. Inteligentne podporządkowanie tego impulsu społecznej regulacji jest najlepszym testem realności jakiejkolwiek cywilizacji. Posuwająca się naprzód ludzkość potrzebuje samokontroli, coraz więcej samokontroli. Tajemniczość, nieszczerość i hipokryzja mogą przesłonić problemy seksualne, ale nie dają rozwiązań, ani też nie przyspieszają rozwoju etyki.

2. TABU OGRANICZAJĄCE

Historia ewolucji małżeństwa jest po prostu historią kontroli seksualnej, wywołanej naciskami ograniczeń społecznych, religijnych i państwowych. Natura raczej nie bierze pod uwagę *jednostek, nie bierze* pod uwagę tak zwanej moralności, zainteresowana jest tylko i wyłącznie rozmnażaniem gatunku. Natura nieugięcie obstaje przy rozmnażaniu, ale wynikające stąd problemy traktuje obojętnie, zostawiając je do rozwiązania społeczeństwu, tworząc tym samym zasadniczy i nieodstępny ewoluującej ludzkości problem. Ten konflikt społeczny polega na nieustannej wojnie między podstawowymi instynktami a rozwijającą się etyką.

U wczesnych ludów nie było regulacji związków pomiędzy płciami lub była ona znikoma. Ze względu na swobodę seksualną, prostytucja nie istniała. Dzisiaj Pigmeje i inne opóźnione grupy ludzkie nie mają instytucji małżeństwa; badania tych ludów ukazują proste obyczaje kojarzenia się, stosowane przez rasy prymitywne. Jednak wszystkie pradawne ludy zawsze powinny być badane i oceniane w świetle standardów moralnych i obyczajów ich czasów.

Z kolei wolna miłość nigdy nie miała dobrej reputacji powyżej poziomu zupełnej dzikości. W tym momencie, kiedy zaczynają się formować grupy społeczne, zaczynają się kształtować zasady małżeńskie i ograniczenia matrymonialne. Tak więc kojarzenie się przeszło mnóstwo przemian, od stadium prawie zupełnej swobody seksualnej, do dwudziestowiecznych standardów relatywnie całkowitych ograniczeń seksualnych.

We wczesnych stadiach rozwoju plemiennego obyczaje i tabu ograniczające były bardzo proste, ale trzymały obie płcie rozdzielone – sprzyjało to spokojowi, porządkowi i wytwórczości – i taki był początek długiej ewolucji małżeństwa i rodziny. Obyczaje poszczególnych płci, dotyczące stroju, ozdób i praktyk religijnych, wywodzą się z tych wczesnych tabu, które określały zakres wolności seksualnych i w ten sposób w końcu tworzyły idee występku, zbrodni i grzechu. Długo jednak praktykowano zawieszanie wszystkich regulacji seksualnych w wielkie dni świąteczne, zwłaszcza w święto wiosny.

Kobiety zawsze bardziej podlegały ograniczającym je tabu niż mężczyźni. Niezamężnym kobietom dawne obyczaje przyznawały ten sam stopień wolności seksualnej co i mężczyznom, ale od żon zawsze się wymagało, aby były wierne swym mężom. Prymitywne małżeństwo nie uszczuplało specjalnie wolności seksualnych mężczyzny, ale poprzez tabu ograniczało wolność seksualną jego żony. Zamężne kobiety albo przebywały w odosobnieniu, albo zawsze nosiły jakiś znak, który je wyróżniał jako klasę samą w sobie, taki jak uczesanie, ubranie, welon, ozdoby i pierścienie.

3. WCZESNE OBYCZAJE MAŁŻEŃSKIE

Małżeństwo jest instytucjonalną reakcją organizmu społecznego na wciąż istniejące napięcie biologiczne, wynikające z ludzkiego, niesłabnącego popędu do reprodukcji – rozmnażania się. Kojarzenie się jest uniwersalnie naturalne, a kiedy społeczeństwo się rozwija, od prostego do złożonego, towarzyszy mu ewolucja obyczajów kojarzenia się, co jest genezą instytucji małżeństwa. Gdziekolwiek ewolucja społeczna doszła do tego stadium, w którym się rodzą obyczaje, tam również znajdujemy małżeństwo, jako rozwijającą się instytucję.

Zawsze istniały i zawsze będą istnieć dwie oddzielne domeny w obrębie małżeństwa: obyczaje, prawa regulujące zewnętrzne aspekty kojarzenia się i poufne skądinąd oraz osobiste związki mężczyzny i kobiety. Jednostka zawsze się buntowała przeciw zasadom seksualnym narzucanym przez społeczeństwo i to jest przyczyna odwiecznego problemu seksualnego: instynkt samozachowawczy jest sprawą jednostki, ale prowadzoną przez grupę, zachowanie gatunku jest społeczne, ale oparte na popędzie jednostki.

Obyczaje, kiedy są przestrzegane, mają wystarczającą siłę, aby ograniczyć i kontrolować popęd seksualny, jak to widać na przykładzie wszystkich ludów. Standardy małżeńskie zawsze były prawdziwym wskaźnikiem aktualnej siły obyczajów i funkcjonalnej integralności rządu. Jednak wczesne obyczaje seksualne i te dotyczące kojarzenia się były nagromadzeniem niekonsekwentnych i niedojrzałych przepisów. Rodzice, dzieci, krewni i społeczeństwo wszyscy mieli sprzeczne interesy w przepisach małżeńskich. Ale niezależnie od tego, te narody, które praktykowały i szanowały małżeństwo, rozwijały się naturalnie do wyższych poziomów i trwały, zwiększając swą liczebność.

W czasach prymitywnych małżeństwo było ceną osiągnięcia pozycji społecznej; posiadanie żony było czymś wyróżniającym. Dzień swego ślubu dziki traktował jako wkroczenie w obowiązki wieku męskiego. W jednej epoce małżeństwo traktowano jako obowiązek społeczny, w innej jako zobowiązanie religijne, jeszcze w innej jako potrzebę polityczną – żeby dać państwu obywateli.

Wiele wczesnych plemion wymagało sukcesów w złodziejstwie jako warunku przydatności do małżeństwa; późniejsze narody zastąpiły takie agresywne najazdy zawodami atletycznymi i grami konkurencyjnymi. Zwycięzcy takich rywalizacji byli nagradzani pierwszą nagrodą – prawem wyboru panien danego sezonu. U łowców głów młodzieniec nie mógł się żenić, zanim nie zdobył chociaż jednej głowy, chociaż takie czaszki czasem można było kupić. Gdy zanikał zwyczaj kupowania żon, były one wygrywane na konkursach zagadek; zwyczaj ten nadal się utrzymuje u wielu grup człowieka czarnego.

W miarę rozwoju cywilizacji, pewne plemiona dały w kobiece ręce surowe testy małżeńskie męskiej wytrzymałości; kobiety mogły wtedy wyróżnić tych mężczyzn, których same wybrały. Takie testy małżeńskie obejmowały umiejętności myślistwa, walki i zdolności utrzymania rodziny. Długo wymagano od pana młodego, aby wszedł do rodziny panny młodej przynajmniej na rok, żeby w niej żył i pracował oraz udowodnił, że wart jest żony, o którą się ubiega.

Od żony wymagano umiejętności wykonywania ciężkiej pracy i utrzymywania dzieci. Wymagano od niej, by wykonała określoną część pracy rolnej w ustalonym czasie. A jeśli urodziła dziecko przed małżeństwem, była więcej warta; jej płodność była zagwarantowana.

Pozostawanie w stanie wolnym pradawne ludy uważały za hańbę a nawet grzech i to wyjaśnia, skąd się wzięły małżeństwa pomiędzy dziećmi; skoro ktoś i tak musi wstąpić w związek małżeński, to im wcześniej tym lepiej. Rozpowszechnione było także wierzenie, że osoby samotne nie mogą wejść do świata duchów i to było kolejnym bodźcem do zawierania małżeństw między dziećmi, nawet w momencie urodzenia a czasami jeszcze przed urodzeniem, w zależności od spodziewanej płci dziecka. Pradawni wierzyli, że nawet zmarły musi być w stanie małżeńskim. Pierwsi swaci zatrudniani byli do negocjacji małżeńskich dla zmarłych. Jedno z rodziców mogło zaangażować pośredników, aby połączyć węzłem małżeńskim zmarłego syna ze zmarłą córką z innej rodziny.

U późniejszych ludów dojrzałość płciowa była zazwyczaj okresem zawierania małżeństwa, ale wiek ten zwiększał się proporcjonalnie do rozwoju cywilizacji. W początkach ewolucji społecznej ukształtowały się specyficzne klasy, zarówno mężczyzn jak i kobiet, zachowujące celibat; zapoczątkowane one były i podtrzymywane przez jednostki bardziej czy mniej pozbawione normalnego popędu seksualnego.

Wiele plemion pozwalało członkom grupy rządzącej na stosunki seksualne z panną młodą, zanim oddano ją mężowi. Każdy z tych mężczyzn mógł dać dziewczynie prezent i stąd bierze się zwyczaj dawania prezentów ślubnych. Niektóre grupy ludzkie wymagały, aby panny młode zarabiały na posag, co polegało na tym, że dostawały one prezenty jako wynagrodzenie za usługi seksualne, prowadzone w tym domu, gdzie pokazywano panny młode.

Niektóre plemiona żeniły młodych mężczyzn z wdowami i starszymi kobietami, a potem, kiedy oni sami zostawali wdowcami, pozwalano im żenić się z młodymi dziewczętami, aby mieć tę pewność, że nie oboje rodzice będą głupcami, jak to sobie wyobrażano, że miałoby miejsce w przypadku, gdyby pozwolono się połączyć dwojgu młodym. Inne plemiona ograniczały kojarzenie się do grup ludzi w podobnym wieku. Idea kazirodztwa powstała z ograniczenia małżeństwa do pewnej grupy wiekowej. (W Indiach nawet teraz nie ma ograniczeń wiekowych dla małżeństwa).

Pod panowaniem pewnych obyczajów bardzo się obawiano wdowieństwa; wdowy albo zabijano, albo pozwalano im popełniać samobójstwo na grobie męża, jako że domniemanie powinny iść do świata duchów razem z mężami. Wdowa, która żyła, niemal zawsze obwiniana była o śmierć męża. Niektóre plemiona paliły je żywcem. Jeśli wdowa żyła, jej życie stanowiła nieustanna żałoba i nieznośne ograniczenia społeczne, jako że generalnie nie pozwalano jej na ponowne małżeństwo.

W dawnych czasach aprobowano wiele zwyczajów, które teraz uznane byłyby za niemoralne. Nierzadko dla prymitywnych żon powodem wielkiej dumy były miłosne przygody ich mężów z innymi kobietami. Dziewictwo u dziewcząt stanowiło znaczną przeszkodę w zawarciu małżeństwa; urodzenie dziecka przed ślubem znacznie podnosiło wartość dziewczyny jako żony, ponieważ mężczyzna był pewny posiadania płodnej towarzyszki życia.

Wiele plemion prymitywnych sankcjonowało próbne małżeństwa, dopóki kobieta nie zaszła w ciążę, kiedy to przeprowadzano właściwą ceremonię małżeńską; u innych grup ludzkich nie obchodzono uroczystości ślubnych, zanim nie urodziło się pierwsze dziecko. Jeśli żona była bezpłodna, musiała być odkupiona przez rodziców a małżeństwo było unieważnione. Obyczaje nakazywały, aby każda para miała dzieci.

Takie prymitywne, próbne małżeństwa, były zupełnie wolne od wszelkich pozorów rozpusty; to były proste, uczciwe testy płodności. Umawiające się jednostki zawierały trwały związek małżeński tak szybko, jak tylko płodność została dowiedziona. Kiedy współczesne pary się pobierają, myśląc w głębi duszy o wygodnym rozwodzie, jeśli nie znajdą pełni zadowolenia w życiu małżeńskim, w rzeczywistości zaczynają formę małżeństwa próbnego, takiego, które stoi znacznie niżej statusu szczerych przedsięwzięć ich mniej cywilizowanych przodków.

4. MAŁŻEŃSTWO WOBEC OBYCZAJÓW WŁASNOŚCI

Małżeństwo zawsze było blisko związane zarówno z majątkiem jak i religią. Mienie było stabilizatorem małżeństwa, religia – moralizatorem.

Prymitywne małżeństwo było inwestycją, transakcją ekonomiczną; bardziej sprawą biznesu niż zalotów. Pradawni pobierali się dla korzyści i dobra grupy; dlatego też ich małżeństwa były planowane i aranżowane przez grupę – rodziców bądź starszych. I to, że obyczaje związane z majątkiem były skuteczne w stabilizacji instytucji małżeństwa ukazuje fakt, że u pradawnych plemion małżeństwo było trwalsze niż u wielu narodów współczesnych.

W miarę rozwoju cywilizacji, kiedy obyczaje nakazywały coraz bardziej szanować własność prywatną, kradzież stała się wielkim przestępstwem. Cudzołóstwo było uważane za formę kradzieży, naruszenie praw własności męża; nie jest ono zatem wyraźnie wzmiankowane we wczesnych prawach i obyczajach. Kobieta zaczynała życie jako własność ojca, który przekazywał swoje prawo do posiadania mężowi i w pełni zalegalizowane związki seksualne powstawały z takich, istniejących uprzednio praw własności. Stary Testament traktuje kobietę jako formę własności; Koran naucza o jej niższości. Mąż miał prawo pożyczać żonę przyjacielowi czy gościowi a obyczaj ten nadal się utrzymuje u pewnych ludów.

Współczesna zazdrość seksualna nie jest naturalna, jest ona wytworem rozwijających się obyczajów. Prymitywny mężczyzna nie był zazdrosny o swoją żonę, on po prostu strzegł swojej własności. To, że dokładniej rozliczano żonę z jej życia seksualnego niż męża brało się stąd, że jej niewierność małżeńska związana była ze spadkiem i dziedziczeniem. Bardzo wcześnie w procesie rozwoju cywilizacji nieślubne dziecko stało się hańbą. Z początku tylko kobietę karano za cudzołóstwo, później obyczaje wprowadziły również karę dla jej partnera, a przez długie epoki obrażony mąż czy ojciec-protektor mieli pełne prawo zabić mężczyznę winnego wykroczenia. Ludzie współcześni zachowują te obyczaje, które uwzględniają tak zwane naruszenia kodeksu honorowego, niepisanego prawa.

Ponieważ tabu czystości ma swój początek w pewnym stadium obyczajów własności, odnosiło się z początku do zamężnych kobiet, ale nie do niezamężnych dziewcząt. W latach późniejszych czystości bardziej domagał się ojciec niż starający się; dziewica była komercyjną wartością ojca – miała wyższą cenę. Kiedy czystość stawała się bardziej cenna, zwyczajem było płacić ojcu należność za pannę młodą, w uznaniu jego pracy włożonej we właściwe wychowanie cnotliwej panny młodej dla przyszłego męża. Idea czystości niewieściej, kiedy raz się zrodziła, tak zawładnęła ludźmi, że weszło w zwyczaj zamykanie dziewcząt do klatek, faktycznie więziono je przez lata, aby zachować ich dziewictwo. I w ten sposób bardziej współczesne standardy i sprawdziany dziewictwa automatycznie dały początek klasie zawodowych prostytutek; były to odrzucone panny młode, kobiety uznane przez matkę pana młodego za pozbawione dziewictwa.

5. ENDOGAMIA I EGZOGAMIA

Dziki bardzo wcześnie zauważył, że mieszanie ras poprawia jakość potomstwa. Nie oznacza to wcale, że endogamia zawsze była zła, jednak egzogamia zawsze była relatywnie lepsza; zatem zaczęły się krystalizować pewne obyczaje, dotyczące zakazu związków seksualnych pomiędzy bliskimi krewnymi. Zdawano sobie sprawę, że egzogamia znacznie zwiększała wybiórcze możliwości powstawania odmian ewolucyjnych i ich rozwoju. Jednostki tak zrodzone ze związku egzogamicznego były bardziej wszechstronne i miały większe możliwości przetrwania we wrogim im świecie; kojarzący się *endogamicznie stopniowo zanikali,* wraz ze swymi obyczajami. Był to proces powolny; dziki nie rozważał świadomie takich problemów. Jednak robiły to późniejsze i bardziej zaawansowane narody i poczyniły też obserwację, że generalna słabość wynika czasami z intensywnego kojarzenia endogamicznego.

Podczas gdy endogamia w obrębie dobrego gatunku przynosiła czasami poprawę żywotności silnych plemion, wyraźne przypadki złych rezultatów endogamii, dziedzicznie ułomne, bardziej przekonywająco wpływały na rozumowanie ludzkie i sprawiały, że kształtujące się obyczaje coraz usilniej formułowały tabu zakazujące wszelkich małżeństw pomiędzy krewnymi.

Religia długo była skuteczną zaporą przeciw małżeństwom z obcymi; wiele nauk religijnych zakazywało małżeństw poza obrębem wiary. Kobieta zazwyczaj wolała małżeństwo wśród swoich, mężczyzna małżeństwo z obcymi. Majątek zawsze miał wpływ na małżeństwo i czasami, dla zachowania własności w obrębie klanu, powstawały obyczaje zmuszające kobietę do wybierania męża z plemienia jej ojca. Zarządzenia tego typu prowadziły do zwiększenia ilości małżeństw zawieranych między kuzynami. Pobieranie się w obrębie plemienia praktykowano także w celu zachowania tajemnic zawodowych; utalentowani rzemieślnicy usiłowali zachować znajomość zawodu rodzinie.

Zaawansowane grupy ludzkie zawsze wracają do kojarzenia się pomiędzy krewnymi, gdy są w odosobnieniu. Przez ponad sto pięćdziesiąt tysięcy lat Nodyci byli jedną wielką grupą małżeństw zawieranych w obrębie plemienia. Całkiem niedawne obyczaje małżeństw z bliskimi krewnymi powstały pod silnym wpływem tradycji rasy fioletowej, w której na początku kojarzenie się następowało z konieczności pomiędzy bratem a siostrą. I te bratersko siostrzane małżeństwa zdarzały się często w dawnym Egipcie, Syrii, Mezopotamii i na ziemiach zajmowanych niegdyś przez Andytów. Egipcjanie długo praktykowali małżeństwa brata z siostrą dla zachowania czystej krwi królewskiej, obyczaj ten jeszcze dłużej utrzymywał się w Persji. U Mezopotamczyków, przed czasami Abrahama, małżeństwa kuzynów były obowiązkowe; w prawach małżeńskich kuzyni mieli pierwszeństwo do kuzynek. Sam Abraham pojął za żonę swą połowiczną siostrę, ale na takie związki nie pozwalały późniejsze obyczaje żydowskie.

Małżeństwo brata z siostrą zaczęło zanikać pod wpływem obyczajów wielożeństwa, ponieważ siostra-żona mogła arogancko dominować na inną żoną lub żonami. Niektóre obyczaje plemienne zabraniały małżeństwa z wdową po zmarłym bracie, ale od żyjącego brata wymagały, aby spłodził dzieci zmarłemu bratu. Nie istnieje instynkt biologiczny, sprzeciwiający się zawieraniu jakiegokolwiek rodzaju małżeństwa pomiędzy bliskimi krewnymi; ograniczenia takie są wyłącznie sprawą tabu.

Ostatecznie zapanowało małżeństwo z obcymi, ponieważ popierał je mężczyzna; wzięcie obcej żony dawało większą niezależność od teściów. Poufałość rodzi lekceważenie; kiedy więc czynnik indywidualnego wyboru zaczął dominować w procesie kojarzenia się, zwyczajem stało się wybieranie partnerów spoza plemienia.

W końcu wiele plemion zabroniło małżeństw w obrębie klanu; inne ograniczyły kojarzenie się do pewnych kast. Tabu, zakazujące małżeństwa z kobietą z własnego totemu, zapoczątkowało zwyczaj kradzieży kobiet z sąsiednich plemion. Później małżeństwa kojarzono raczej odpowiednio do miejsca zamieszkania niż do pokrewieństwa. W ewolucji małżeństwa było wiele stopni, od tego, zawieranego pośród swoich, do współczesnych obyczajów małżeństwa z obcymi. Nawet po tym, gdy tabu zakazywało małżeństw wśród krewnych dla zwykłych ludzi, wodzowie i królowie mogli zawierać małżeństwa z krewnymi, aby zachować krew królewską skoncentrowaną i czystą. Obyczaje dawały zazwyczaj suwerennym władcom pewne przywileje w sprawach seksualnych.

Istnienie późnych ludów andickich wywoływało u ras sangikowych coraz większe pragnienie kojarzenia się poza swoimi plemionami. Ale kojarzenie się pozaplemienne nie mogło zapanować powszechnie, dopóki sąsiadujące ze sobą grupy ludzkie nie nauczyły się żyć we względnym pokoju.

Małżeństwo z obcymi, samo w sobie, było promotorem pokoju; małżeństwa między plemionami zmniejszały ich wzajemną wrogość. Małżeństwa z obcymi prowadziły do współpracy międzyplemiennej i sojuszów wojskowych; w końcu zapanowały one, ponieważ dawały coraz większą siłę, dzięki nim powstawały narody. Małżeństwa z obcymi były przeważnie preferowane w wyniku rozwijających się kontaktów handlowych; przygoda i eksploracja miały znaczny wpływ na poszerzanie granic obszaru zawierania małżeństw i znacznie ułatwiały krzyżowanie wzajemne kultur narodowych.

Niewytłumaczalne skądinąd niekonsekwencje w plemiennych obyczajach małżeńskich pojawiają się głównie z powodu małżeństw z obcymi, wraz z towarzyszącą temu kradzieżą albo kupowaniem żon od plemion obcych – wszystko to w rezultacie dawało nakładanie się na siebie obyczajów odmiennych plemion. Tabu dotyczące małżeństw wśród bliskich krewnych były socjologiczne a nie biologiczne, co dobrze ilustruje tabu na małżeństwa, obejmujące wiele stopni pokrewieństwa ze strony żony czy męża, czyli te przypadki, gdzie nie było żadnych związków krwi.

6. RASY MIESZANE

W dzisiejszym świecie nie istnieją żadne czyste rasy. Wczesne i pierwotne, kolorowe ludy ewolucyjne mają dziś tylko dwie reprezentujące je rasy pozostałe na świecie, człowieka żółtego i czarnego; ale nawet te dwie rasy posiadają znaczne domieszki wymarłych ludów kolorowych. Chociaż tak zwana rasa biała jest w znacznym stopniu potomstwem pradawnego człowieka niebieskiego, jest ona bardziej czy mniej zmieszana ze wszystkimi innymi rasami, tak samo jak człowiek czerwony w Amerykach.

Spośród sześciu kolorowych ras sangikowych, trzy były pierwszorzędne a trzy drugorzędne. Chociaż rasy pierwszorzędne – niebieska, czerwona i żółta – były pod wieloma względami wyższe w stosunku do ludów drugorzędnych, należy pamiętać, że te drugorzędne rasy miały wiele pożądanych cech, które mogłyby znacznie wzbogacić ludy pierwszorzędne, gdyby wchłonęły one lepsze odgałęzienia ras drugorzędnych.

Obecne, nieprzychylne nastawienie w stosunku do „Metysów", „krzyżówek" i „mieszańców", spowodowane jest tym, że współczesne krzyżowanie rasowe następuje w znacznej mierze pomiędzy bardzo podrzędnymi odgałęzieniami różnych ras. Wadliwe potomstwo macie również wtedy, gdy pobierają się zdegenerowane odmiany tej samej rasy.

Gdyby współczesne rasy Urantii wolne były od przekleństwa swych najniższych warstw, jednostek zdegenerowanych, antyspołecznych, ograniczonych i wyrzutków, niewiele byłoby obiekcji w sprawie limitowanego mieszania ras. A gdyby takie rasowe mieszanki występowały między wyższymi typami kilku ras, obiekcji byłoby jeszcze mniej.

Tajemnica tworzenia nowych i silniejszych mutacji polega na krzyżowaniu *wyższych i odmiennych gatunków*. Odnosi się to tak samo do roślin i zwierząt, jak i do gatunku ludzkiego. Krzyżowanie przysparza tężyzny i przydaje płodności. Mieszanki rasowe zwykłych, albo nadrzędnych warstw różnych ludów znacznie zwiększają potencjał *twórczy*, jak to widać na przykładzie współczesnej populacji Stanów Zjednoczonych

Ameryki Północnej. Kiedy kojarzą się niższe czy podrzędne warstwy ludności, kreatywność zanika, jak to widać na przykładzie współczesnych ludów Indii południowych.

Mieszanie ras przyczynia się w znacznym stopniu do gwałtownego powstawania *nowych* cech, a jeśli taka hybrydyzacja jest połączeniem wyższych mutacji, wtedy te nowe cechy będą także cechami *wyższymi.*

Tak długo, jak rasy współczesne przeładowane są mutacjami podrzędnymi i zdegenerowanymi, rasowe mieszanie na wielką skalę byłoby wyjątkowo szkodliwe, jednak większość obiekcji wobec takiego eksperymentu leży raczej w uprzedzeniach społecznych i kulturowych, niż względach biologicznych. Nawet u gatunków podrzędnych, mieszańcy często są doskonalsi w porównaniu ze swymi przodkami. Hybrydyzacja doskonali gatunki ze względu na rolę, jaką odgrywają *geny dominujące.* Mieszanka rasowa zwiększa prawdopodobieństwo, że większa liczba pożądanych *czynników dominujących* zawarta będzie w krzyżówce.

W ostatnich stu latach nastąpiło na Urantii więcej mieszania rasowego niż w ciągu poprzednich tysięcy lat. Niebezpieczeństwo powstania znacznych dysonansów w rezultacie krzyżowania ras ludzkich jest znacznie przesadzone. Zasadnicze problemy „Metysów" wynikają tylko z uprzedzeń społecznych.

Eksperyment, przeprowadzony na wyspie Pitcairn, polegający na mieszaniu rasy białej i polinezyjskiej, powiódł się całkiem dobrze, gdyż biali mężczyźni i kobiety polinezyjskie należeli do dość dobrych grup rasowych. Mieszanie wzajemne wyższych odmian rasy białej, czerwonej i żółtej może natychmiast powołać do życia wiele nowych i biologicznie wartościowych cech. Te trzy grupy ludzkie należą do pierwszorzędnych ras sangikowych. Mieszanie rasy białej i czarnej nie jest zbytnio pożądane, gdy się bierze pod uwagę bezpośrednie rezultaty, jednak wynik tego mieszania, mulat, nie jest aż tak bardzo niepożądany, jak go traktują uprzedzenia społeczne i rasowe. Fizycznie, takie biało-czarne mieszanki są wspaniałym gatunkiem, pomimo ich nieznacznej niższości w pewnych innych aspektach.

Kiedy pierwszorzędne rasy sangikowe łączą się z drugorzędnymi rasami sangikowymi, te drugie zostają znacznie udoskonalone kosztem pierwszych. Jeśli występuje to na małą skalę i rozkłada się na długi okres czasu, nie należy mieć zbyt wiele poważnych obiekcji w stosunku do takiego, pełnego poświęcenia wkładu ras pierwszorzędnych w doskonalenie drugorzędnych grup ludzkich. Z biologicznego punktu widzenia, drugorzędni Sangicy byli w pewnych aspektach lepsi niż rasy pierwszorzędne.

W końcu, prawdziwe zagrożenie gatunku ludzkiego polega raczej na nieograniczonym rozmnażaniu się niższych i zdegenerowanych mutacji różnych cywilizowanych narodów, niż na jakimkolwiek domniemanym niebezpieczeństwie krzyżowania międzyrasowego.

[Przedstawione przez szefa serafinów, przebywającego na Urantii].

PRZEKAZ 83

INSTYTUCJA MAŁŻEŃSTWA

JEST to opowieść o wczesnych początkach instytucji małżeństwa. Rozwijało się ono nieprzerwanie, od luźnego i przypadkowego kojarzenia się w stadzie, poprzez wiele wariantów i adaptacji, aż do pojawienia się tych standardów małżeńskich, które w końcu doprowadziły do kojarzenia się parami, do związku jednego mężczyzny i jednej kobiety tworzącego rodzinę najwyższego porządku społecznego.

Małżeństwo wielokrotnie bywało zagrożone a obyczaje małżeńskie opierały się mocno na tym wsparciu, jakie im dawał zarówno majątek jak i religia; jednak tym istotnym czynnikiem, który zawsze ochraniał małżeństwo i jego rezultat, rodzinę, jest prosty i naturalny fakt biologiczny, że mężczyzna i kobieta nigdy nie będą żyć bez siebie, czy są najprymitywniejszymi dzikimi, czy najbardziej kulturalnymi śmiertelnikami.

To właśnie na skutek popędu płciowego samolubny człowiek pragnie, sam z siebie, zrobić coś więcej niż może zrobić zwierzę. Związki seksualne, zaspokajające samolubstwo i przynoszące zadowolenie, wymagają samozaparcia i gwarantują, że człowiek będzie się podejmował altruistycznych powinności i licznych, korzystnych dla ludzkości obowiązków rodzinnych. Tutaj seksualizm staje się nierozpoznanym i niespodziewanym czynnikiem cywilizującym człowieka dzikiego, ponieważ popęd seksualny automatycznie i niezawodnie *zmusza człowieka do myślenia* i w końcu *prowadzi go do miłości.*

1. MAŁŻEŃSTWO JAKO INSTYTUCJA SPOŁECZNA

Małżeństwo jest mechanizmem społecznym, mającym regulować i kontrolować te rozliczne związki ludzkie, które wynikają z fizycznego faktu istnienia dwupłciowości. Instytucja małżeństwa jako taka, funkcjonuje w dwu kierunkach:

1. Reguluje osobiste związki seksualne.
2. Reguluje sprawę pochodzenia, dziedziczenia, spadku i porządku społecznego, co jest jego najstarszą i pierwotną funkcją.

Rodzina, która powstaje w wyniku małżeństwa, jest sama w sobie stabilizatorem instytucji małżeństwa, pospołu z obyczajami odnoszącymi się do własności. Innymi, ważnymi czynnikami stabilizującymi małżeństwo są duma, próżność, rycerskość, obowiązkowość i przekonania religijne. Jednakże, chociaż małżeństwa mogą być aprobowane czy dezaprobowane na wysokościach, nie są one raczej produktem niebiańskim. Rodzina ludzka jest instytucją specyficznie ludzką, wytworem ewolucyjnym. Małżeństwo jest instytucją społeczną a nie agendą Kościoła. Prawda, że religia powinna wywierać na nie silny wpływ, ale nie powinna próbować kontrolować i regulować go niepodzielnie.

Prymitywne małżeństwo miało zasadniczo komercyjny charakter; nawet dzisiaj jest ono częstokroć sprawą społeczną lub handlową. Pod wpływem domieszki gatunku an*dickiego i w wyniku obyczajów* zaawansowanej cywilizacji, małżeństwo staje się z wolna pełne wzajemności, romantyczne, rodzicielskie, poetyczne, uczuciowe, etyczne a nawet idealistyczne. Tym niemniej dobór i tak zwana romantyczna miłość miały znikome znaczenie w czasach prymitywnego kojarzenia się. W dawnych czasach mąż i żona nie przebywali razem zbyt wiele; nawet nie jedli razem zbyt często. Osobiste przywiązanie między pradawnymi ludźmi nie było zbytnio związane z pociągiem seksualnym; ludzie stawali się mili jedno dla drugiego głównie dlatego, że żyli i pracowali razem.

2. ZALOTY I ZARĘCZYNY

Prymitywne małżeństwa zawsze były planowane przez rodziców chłopca i dziewczyny. W okresie przejściowym, między tymi zwyczajami a czasami wolnego wyboru, panował pośrednik małżeński lub zawodowy swat. Z początku swatami byli cyrulicy, później kapłani. Początkowo małżeństwo było sprawą grupy, później rodziny, dopiero niedawno stało się przedsięwzięciem jednostki.

Przymus, a nie atrakcyjność, prowadził do prymitywnego małżeństwa. W dawnych czasach kobieta nie miała powściągliwości seksualnej, tylko niższość seksualną wpojoną jej przez obyczaje. Tak jak najazdy poprzedzały handel, tak małżeństwo przez porwanie poprzedzało małżeństwo w wyniku umowy. Niektóre kobiety nie były przeciwne porwaniu, chcąc uciec od dominacji starszych swego plemienia; wolały wpaść w ręce mężczyzny w ich wieku z innego plemienia. Taka pseudo ucieczka była stadium przejściowym pomiędzy pojmaniem siłą a późniejszymi zalotami, gdzie urok osobisty odgrywał główną rolę.

Dawne obrzędy ślubne były udawaną ucieczką, czymś w rodzaju próby ucieczki, która kiedyś była pospolicie praktykowana. Później fikcyjne pojmanie stało się częścią normalnej ceremonii ślubnej. Pozorowanie opierania się „pojmaniu" – powściągliwość wobec małżeństwa u współczesnych dziewcząt – jest w całości reliktem starszych obyczajów. Przenoszenie panny młodej przez próg jest pamiątką licznych dawnych zwyczajów, między innymi pochodzących z czasów kradzieży żon.

Kobiecie długo odmawiano pełnej wolności decydowania o sobie, gdy idzie o małżeństwo, ale inteligentniejsze kobiety zawsze potrafiły obejść takie restrykcje, dzięki sprytnemu używaniu rozumu. Zazwyczaj mężczyzna wiódł prym w zalotach, chociaż nie zawsze. Kobieta czasami formalnie, ale i też potajemnie, inicjowała małżeństwo. W miarę rozwoju cywilizacji zwiększał się udział kobiety we wszystkich stadiach zalotów i małżeństwa.

Więcej miłości, romantyzmu i osobisty wybór w zalotach przedmałżeńskich to wkład Anditów w dziedzictwo gatunku ludzkiego. Relacje między płciami rozwijały się pomyślnie; wiele zaawansowanych ludów stopniowo zastępowało starsze motywy użyteczności i posiadania wyidealizowanymi w pewnym sensie wyobrażeniami atrakcyjności seksualnej. Pociąg seksualny i uczuciowość zaczynają zastępować zimne kalkulacje przy doborze partnerów życiowych.

Początkowo zaręczyny były równoważne małżeństwu, a u dawnych ludów związki seksualne były popularne w czasie narzeczeństwa. W ostatnich czasach religia zaprowadziła tabu seksualne na okres między zaręczynami a małżeństwem.

3. KUPNO A WIANO

Pradawni nie ufali miłości i obietnicom; uważali, że trwały związek małżeński musi być gwarantowany przez jakieś materialne zabezpieczenie – majątek. Dlatego cena zakupu żony traktowana była jako zastaw czy depozyt, który mąż mógł stracić w wypadku rozwodu lub porzucenia. Kiedy cena zakupu panny młodej została zapłacona, wiele plemion pozwalało na wypalenie żonie piętna jej męża. Afrykanie nadal kupują swe żony. Żonę wziętą z miłości, czy też żonę białego człowieka, porównują do kota, ponieważ nic nie kosztuje.

Pokazy panien młodych stanowiły okazję do ubierania i przystrajania córek, żeby je pokazać publicznie i otrzymać za nie wyższą cenę jako za żony. Jednak nie sprzedawano ich tak jak zwierząt – u późniejszych plemion żona była nieprzekazywalna. Tak samo jej zakup nie zawsze był zimno wyrachowaną transakcją finansową; odsłużenie stanowiło równowartość pieniędzy przy zakupie żony. Jeśli pożądany skądinąd mąż nie miał czym zapłacić za żonę, mógł być adoptowany jako syn przez ojca żony i potem mógł się żenić. Jeśli ubogi mężczyzna, ubiegając się o żonę, nie mógł zapłacić ceny żądanej przez chciwego ojca, starsi częstokroć wywierali nacisk na ojca, co mogło spowodować zmianę jego żądań albo w grę jeszcze wchodziła ucieczka.

W miarę rozwoju cywilizacji ojcowie nie chcieli wyglądać na sprzedawców swych córek i dlatego, podczas gdy wciąż przyjmowali zapłatę za pannę młodą, wprowadzili zwyczaj dawania parze cennych prezentów, które prawie dorównywały pieniądzom za kupno. A później, kiedy już nie płacono za pannę młodą, prezenty te stały się jej posagiem.

Idea posagu miała wywołać wrażenie niezależności panny młodej, sugerować znaczne odejście od czasów żon-niewolnic i żon, jako nieodłącznej części majątku. Mąż nie mógł się rozwieść z żoną obdarzoną posagiem, bez zwrotu posagu w pełnej wysokości. W niektórych plemionach składano wspólny depozyt, zarówno przez rodziców panny młodej jak i rodziców pana młodego, przeznaczony na straty w tym wypadku, gdy jedno opuszczało drugie, w rzeczywistości był to zastaw małżeński. W okresie przejściowym pomiędzy kupnem a posagiem, jeśli żona była kupiona, dzieci należały do ojca, jeśli nie, należały do rodziny żony.

4. CEREMONIA ŚLUBNA

Ceremonia ślubna zrodziła się z tego, że z początku małżeństwo było sprawą społeczną a nie uwieńczeniem decyzji dwojga jednostek. Łączenie się w pary było tak samo sprawą grupy, jak i aktem osobistym.

Magia, rytuał i ceremoniał otaczały całe życie dawnych ludzi a małżeństwo nie stanowiło tutaj wyjątku. W miarę rozwoju cywilizacji, kiedy małżeństwo zaczęto traktować poważniej, ceremonia ślubna stawała się coraz bardziej pretensjonalna. Wczesne małżeństwo było składnikiem interesów majątkowych, podobnie jak dzisiaj i dlatego wymagało prawnej ceremonii, podczas gdy status społeczny przyszłych dzieci wymagał możliwie najszerszej reklamy. Człowiek prymitywny nie miał zapisów, zatem ceremonię ślubną musiało oglądać wiele osób.

Z początku ceremonia ślubna była czymś w rodzaju zaręczyn i polegała jedynie na publicznym ogłoszeniu intencji życia razem; później polegała na formalnym, wspólnym posiłku. W pewnych plemionach rodzice po prostu odprowadzali swą córkę do męża, w innych przypadkach jedyną ceremonią była formalna wymiana prezentów, po czym ojciec panny młodej przedstawiał ją panu młodemu. Wiele ludów Bliskiego Wschodu zwyczajowo unikało wszelkich formalności – małżeństwo było dopełniane przez związki seksualne. Człowiek czerwony pierwszy wprowadził bardziej wyszukane obrzędy ślubne.

Bardzo się obawiano bezdzietności a skoro bezpłodność przypisywana była machinacjom duchowym, wysiłki zmierzające do zapewnienia płodności prowadziły także do powiązania ślubu z pewnym rytuałem magicznym czy religijnym. Stosowano wiele czarów, aby mieć szczęśliwe i płodne małżeństwo; radzono się nawet astrologów, aby ustalić gwiazdy, pod którymi się rodziły umawiające się strony. W pewnym okresie ofiary ludzkie były normalnym elementem wszystkich ślubów wśród osób zamożnych.

Usiłowano znaleźć szczęśliwe dni; czwartek uznawany był za najpomyślniejszy a śluby celebrowane podczas pełni księżyca uznawano za wyjątkowo udane. Wiele ludów Bliskiego Wschodu miało zwyczaj rzucania zboża na nowożeńców; był to magiczny rytuał, który jak domniemano, zapewniał płodność. Niektóre ludy wschodnie używały w tym celu ryżu.

Ogień i woda zawsze były uznawane za najlepsze środki przeciw upiorom i złym duchom; stąd ogień na ołtarzu i płonące świece, również polewanie święconą wodą, tak jak podczas chrztu, było zazwyczaj stosowane przy ślubie. Bardzo długo panował zwyczaj ustalania fałszywego dnia ślubu a potem nagła zmiana tej daty, ażeby zmylić upiory i duchy.

Dokuczanie nowożeńcom i figle płatane podczas miodowego miesiąca są reliktami z tych bardzo odległych czasów, kiedy uważano, że lepiej wyglądać marnie i niezdrowo, bezpiecznie w oczach duchów, aby uniknąć wzbudzania u nich zawiści. Noszenie welonu ślubnego jest reliktem z tych czasów, kiedy uważano za konieczne maskowanie panny młodej, aby upiory nie mogły jej rozpoznać, jak również, aby ukryć jej piękno przed wzrokiem skądinąd zazdrosnych i zawistnych duchów. Stopy panny młodej nigdy nie mogły dotykać ziemi przed ceremonią. Nawet w dwudziestym wieku chrześcijańskie obyczaje wciąż nakazują rozciągać dywany od stopni powozu do kościelnego ołtarza.

Jedną z najstarszych form ceremonii ślubnej było błogosławienie łoża małżeńskiego przez kapłana, aby zapewnić płodność związkowi; robiono to na długo przedtem, zanim został wprowadzony jakikolwiek formalny rytuał ślubny. W tym stadium ewolucji obyczajów ślubnych goście weselni powinni w nocy przechodzić przez izbę-sypialnię, aby stać się tym samym prawowitymi świadkami dopełnienia małżeństwa.

Czynnik losowy, to, że pomimo wszelkich prób przedmałżeńskich pewne małżeństwa się nie udawały, skłaniał człowieka pierwotnego do szukania zabezpieczenia przed niepowodzeniem małżeńskim; pomocy szukał on u kapłanów i w magii. Tendencja ta osiąga swą kulminację właśnie we współczesnych ślubach kościelnych. Jednak przez długi czas uznawano, że małżeństwo opiera się na decyzjach umawiających się rodziców – później pary małżeńskiej – podczas gdy przez ostatnie pięćset lat Kościół i państwo przejęły nad nim jurysdykcję i one teraz orzekają o ważności małżeństwa.

5. MAŁŻEŃSTWA WIELOOSOBOWE

We wczesnej historii małżeństwa kobieta niezamężna należała do mężczyzn z plemienia. Później, kobieta miała tylko jednego męża na raz. Posiadanie *jednego mężczyzny na raz* było pierwszym odejściem od stadnego promiskuityzmu. Kiedy kobiecie pozwolono na jednego tylko mężczyznę, jej mąż mógł zerwać taki tymczasowy związek, gdy tylko chciał. Jednak te luźno normowane związki były pierwszym krokiem w kierunku życia w parach, w odróżnieniu od życia w stadzie. W tym stadium rozwoju małżeństwa dzieci należały zazwyczaj do matki.

Następnym krokiem w ewolucji kojarzenia się było *małżeństwo grupowe.* Takie wspólnotowe stadium małżeństwa musiało występować w rozwoju życia rodzinnego, ponieważ obyczaje małżeńskie nie były jeszcze wystarczająco silne, aby umocnić związki w parach. Do tej grupy zaliczają się bratersko siostrzane małżeństwa; pięciu braci z jednej rodziny mogło poślubić pięcioro sióstr z innej. Na całym świecie luźniejsze formy małżeństwa we wspólnocie rozwijały się stopniowo w różnorodne typy małżeństwa grupowego. Obyczaje totemowe zasadniczo regulowały takie grupowe związki. Życie rodzinne rozwijało się powoli i pewnie, gdyż zasady seksualne i małżeńskie dbały o przetrwanie plemienia jako takiego, przez zapewnienie przetrwania większej liczby dzieci.

Małżeństwa grupowe powoli ustępowały miejsca wyłaniającym się obyczajom poligamii – poliginii i poliandrii – wśród bardziej zaawansowanych plemion. Poliandria nigdy się jednak nie rozpowszechniła, ograniczała się zazwyczaj do królowych i kobiet bogatych; w dodatku była to sprawa zwyczajowa i rodzinna, jedna żona dla kilku braci. Ograniczenia ekonomiczne i kastowe powodowały czasem taką konieczność, że kilku mężczyzn musiało się zadowolić jedną żoną. Nawet wtedy kobieta mogła poślubić tylko jednego, inni byli luźno tolerowani jako „wujowie" wspólnego potomstwa.

Żydowski obyczaj, nakazujący żenić się z wdową po zmarłym bracie, aby „wzbudzić potomstwo swojemu bratu", był zwyczajem ponad połowy starożytnego świata. Był to relikt z tych czasów, kiedy małżeństwo było raczej sprawą rodzinną niż indywidualnym związkiem.

Związek poliginii uznawał, w różnych okresach, cztery rodzaje żon:

1. Żony ceremonialne albo legalne.
2. Żony związane uczuciem i dopuszczalne.
3. Konkubiny, żony umowne.
4. Żony niewolnice.

Prawdziwa poliginia, kiedy wszystkie żony miały równy status i wszystkie dzieci były traktowane na równi, występowała bardzo rzadko. Zazwyczaj, nawet w małżeństwach wieloosobowych, rodzina była zdominowana przez główną żonę, prawowitą współmałżonkę. Tylko ona miała rytualną ceremonię ślubną i tylko dzieci tej, kupionej czy obdarzonej posagiem małżonki, mogły dziedziczyć, chyba, że specjalne porozumienie z prawowitą żoną stanowiło inaczej.

Prawowita żona niekoniecznie musiała być żoną wziętą z miłości; zazwyczaj w dawniejszych czasach taką nie była. Kochana żona albo ukochana, nie pojawiła się, dopóki plemiona nie zrobiły znacznego kroku naprzód, dokładniej po zmieszaniu plemion ewolucyjnych z Nodytami i Adamitami.

Żona-tabu – jedna żona ze statusem prawnym – stworzyła obyczaj posiadania konkubin. Obyczaj ten stanowił, że mężczyzna mógł mieć tylko jedną żonę, ale mógł utrzymywać związki seksualne z dowolną liczbą konkubin. Konkubinat stanowił odskocznię do monogamii i pierwszy krok w odchodzeniu od otwartej poliginii. Konkubiny Żydów, Rzymian i Chińczyków bardzo często były służącymi żony. Później, tak jak u Żydów, legalna żona uważana była za matkę wszystkich dzieci urodzonych mężowi.

Starsze tabu, zakazujące stosunków seksualnych z brzemienną lub karmiącą żoną, w dużym stopniu przyczyniły się do rozwoju poliginii. Prymitywne kobiety starzały się bardzo wcześnie, ze względu na częste porody i ciężką pracę. (Takie przepracowane żony utrzymywały się przy życiu tylko dlatego, że były odosobnione na tydzień w każdym miesiącu, kiedy nie były w ciąży). Żona taka częstokroć bywała zmęczona rodzeniem dzieci i mogła prosić męża, żeby wziął drugą, młodszą żonę, aby mogła pomóc zarówno rodzić dzieci jak i w pracach domowych. Dlatego nowe żony były zazwyczaj radośnie witane przez starsze małżonki; nie istniało nic takiego jak zazdrość seksualna.

Liczba żon ograniczona była tylko możliwościami ich utrzymania przez mężczyznę. Bogaty i sprawny mężczyzna potrzebował dużej liczby dzieci a ponieważ śmiertelność niemowląt była bardzo wysoka, potrzeba było grupy żon, aby stworzyć dużą rodzinę. Wiele tych licznych żon było tylko robotnicami, żonami-niewolnicami.

Obyczaje ludzkie rozwijały się, ale bardzo powoli. Harem miał na celu stworzenie silnej i licznej grupy krewnych dla wspierania tronu. Pewien wódz kiedyś uważał, że nie potrzeba mu haremu, że może zadowolić się jedną żoną i zaraz odprawił swój harem. Niezadowolone żony poszły do swych domów a ich obrażeni krewni z wściekłością napadli wodza i usunęli go natychmiast.

6. PRAWDZIWA MONOGAMIA – PARA MAŁŻEŃSKA

Monogamia jest monopolem, jest dobra dla tych, którzy osiągnęli ten pożądany stan, ale ma tendencje do działania jako biologiczna przeszkoda dla tych, którzy nie mieli na tyle szczęścia. Jednak zupełnie niezależnie od jej skutków dla jednostki, monogamia jest zdecydowanie najlepsza dla dzieci.

Najwcześniejsza monogamia spowodowana była naciskiem okoliczności – ubóstwem. Monogamia jest kulturowa i społeczna, sztuczna i nienaturalna, znaczy nienaturalna dla człowieka ewolucyjnego. Była zupełnie naturalna dla czystszej krwi Nodytów i Adamitów i stanowiła wielką wartość kulturową dla wszystkich zaawansowanych ras ludzkich.

Plemiona chaldejskie uznawały prawo żony do narzucenia małżonkowi ślubowania przedmałżeńskiego, że nie będzie brał drugiej żony czy konkubiny; zarówno Grecy jak i Rzymianie popierali małżeństwo monogamiczne. Kult przodków zawsze sprzyjał monogamii, podobnie jak chrześcijański błąd uznawania małżeństwa za sakrament. Nawet podniesienie standardów życia zdecydowanie przeciwdziałało posiadaniu większej ilości żon. Mniej więcej w czasie przybycia Michała na Urantię, cały praktycznie świat cywilizowany osiągnął poziom teoretycznej monogamii. Jednak taka pasywna monogamia wcale nie oznacza, że prawdziwe małżeństwo w parach stało się zwyczajem ludzkości.

Dążąc do monogamicznego celu idealnej pary małżeńskiej, co jest mimo wszystko czymś w rodzaju monopolu na związek płciowy, społeczeństwo nie może przeoczyć sytuacji nie do pozazdroszczenia tych mniej szczęśliwych mężczyzn i kobiet, którym się nie udało znaleźć swojego miejsca w nowym i lepszym porządku społecznym, nawet, kiedy robili wszystko, co było w ich mocy, aby się włączyć do niego i sprostać jego wymaganiom. Niemożność znalezienia partnera na arenie współzawodnictwa społecznego może nastąpić wskutek nieprzezwyciężalnych trudności czy różnorodnych ograniczeń, jakie narzucają aktualne obyczaje. Monogamia jest doprawdy ideałem dla tych, którzy w niej żyją, jednak musi być nieuchronnie ciężką próbą dla tych, którzy trwają obok niej w chłodzie samotnej egzystencji.

Zawsze kilku mniej szczęśliwych musi cierpieć, aby większość mogła iść naprzód, zgodnie z rozwijającymi się obyczajami ewoluującej cywilizacji; jednak uprzywilejowana większość zawsze powinna traktować życzliwie i z szacunkiem swych mniej szczęśliwych współbraci, którzy muszą płacić cenę za to, że nie udało im się nawiązać idealnych, partnerskich związków seksualnych, które przynoszą zaspokojenie wszystkich popędów biologicznych, przy aprobacie najlepszych obyczajów zaawansowanej ewolucji społecznej.

Monogamia zawsze była, jest i zawsze będzie, idealistycznym celem ludzkiej ewolucji seksualnej. Taki ideał prawdziwej pary małżeńskiej wymaga samozaparcia i dlatego również tak często zawodzi, ponieważ jednej czy dwu z umawiających się stron brakuje najważniejszej ze wszystkich ludzkich zalet, surowej samokontroli.

Monogamia jest miernikiem zaawansowania cywilizacji społecznej jako odmiennej od czysto biologicznej ewolucji. Monogamia niekoniecznie jest biologiczna czy naturalna, ale jest konieczna dla aktualnego zachowania i dalszego rozwoju cywilizacji społecznej. Przyczynia się ona do rozwoju wrażliwości uczuciowej, wysubtelnienia charakter moralny i wpływa na rozwój duchowy, co jest zupełnie niemożliwe w poligamii. Kobieta nigdy nie zostanie idealną matką, gdy cały czas jest zmuszana do rywalizacji o uczucia męża.

Małżeństwo w parach ożywia i rozwija intymne porozumienie i efektywną współpracę, która jest najlepsza dla szczęścia rodzicielskiego, dla dobra dziecka i społecznej operatywności człowieka. Małżeństwo, które zaczęło się od surowego przymusu, stopniowo się rozwija we wspaniałą instytucję kultury osobistej, samokontroli, samoekspresji i zachowania gatunku.

7. ROZWIĄZANIE WĘZŁA MAŁŻEŃSKIEGO

We wczesnym stadium ewolucji obyczajów małżeńskich, małżeństwo było luźną wspólnotą, którą można było zakończyć, kiedy się chciało a dzieci zawsze pozostawały z matką; związek matki z dzieckiem jest instynktowny i funkcjonował niezależnie od stopnia rozwoju obyczajów.

U ludów prymitywnych tylko około połowa małżeństw była udana. Najczęstszą przyczyną separacji była bezpłodność, o którą zawsze obwiniano żonę; wierzono, że bezdzietne żony stają się wężami w świecie duchowym. Zgodnie z prymitywniejszymi obyczajami, rozwód następował wyłącznie w wyniku decyzji męża i takie standardy przetrwały u niektórych narodów do dwudziestego wieku.

W miarę rozwoju obyczajów pewne plemiona zaprowadziły dwie formy małżeństwa: zwykłe, które dopuszczało rozwód i małżeństwo kapłańskie, które nie zezwalało na separację. Zapoczątkowanie kupna żony i posagu żony w znacznym stopniu zmniejszyło ilość separacji, dzięki zastosowaniu kar majątkowych. I doprawdy, wiele współczesnych związków jest stabilizowanych starożytnym czynnikiem majątkowym.

Społeczny nacisk opinii zbiorowości i przywileje majątkowe zawsze były siłą utrwalającą małżeńskie tabu i obyczaje. Z upływem wieków, małżeństwo stopniowe się rozwijało i w świecie dzisiejszym stoi na zaawansowanym gruncie, pomimo, że jest groźnie atakowane przez szerzące się powszechnie niezadowolenie u tych narodów, gdzie indywidualny wybór – nowa swoboda – odgrywa znaczną rolę. Podczas gdy takie zaburzenia przystosowawcze pojawiają się u bardziej postępowych narodów jako rezultat gwałtownie przyspieszonej ewolucji społecznej, wśród ludów mniej zaawansowanych małżeństwo wciąż prosperuje i powoli się doskonali, kierowane przez starsze obyczaje.

Nowe i nagłe zastąpienie starszych i dobrze ugruntowanych motywów własności w małżeństwie przez bardziej idealną, ale wysoce indywidualistyczną miłość, nieuchronnie przyczyniło się do tego, że instytucja małżeństwa stała się chwilowo niestabilna. Ludzkie motywy małżeńskie zawsze znacznie wyprzedzały aktualne morale małżeńskie, a w wieku dziewiętnastym i dwudziestym zachodni ideał małżeństwa gwałtownie zdystansował egocentryczne i tylko częściowo kontrolowane impulsy seksualne gatunku.

Istnienie dużej liczby osób w stanie wolnym, w jakimkolwiek społeczeństwie, wskazuje na chwilowe załamanie się czy też przekształcanie obyczajów.

Przez wszystkie wieki prawdziwym sprawdzianem małżeństwa pozostaje ta trwała zażyłość, która jest nieodłączna całości życia rodzinnego. Dwoje rozpieszczonych i rozpuszczonych młodych ludzi, tak wychowanych, aby oczekiwać wszelkiego pobłażania i pełnego zaspokojenia próżności oraz egocentryzmu, raczej nie może oczekiwać wielkiego sukcesu w małżeństwie i w tworzeniu rodziny – w trwającym całe życie partnerstwie, pełnym skromności, oddania i bezinteresownego poświęcenia się wychowaniu dzieci.

Wysokie wyobrażenia i fantastyczne romanse podczas zalotów są w dużej mierze odpowiedzialne za tendencję zwiększania się ilości rozwodów u współczesnych ludzi Zachodu, co jeszcze bardziej komplikuje znaczna wolność osobista kobiety i jej coraz większa niezależność ekonomiczna. Łatwy rozwód, kiedy jest wynikiem braku samokontroli i normalnego niedopasowania osobowości, prowadzi wprost do tych niedojrzałych stadiów społecznych, z których człowiek wynurzył się tak niedawno w rezultacie wielu osobistych udręk i ludzkich cierpień.

Tak długo, jak społeczeństwo nie dba o właściwą edukację dzieci i młodzieży, tak długo, jak porządek społeczny nie zabezpiecza odpowiedniego nauczania przedmałżeńskiego i tak długo, jak niemądry i niedojrzały idealizm młodzieńczy pozostaje arbitrem przy zawieraniu małżeństwa, tak długo rozwody będą powszechne. I w takim stopniu, w jakim grupa społeczna nie zapewnia odpowiedniego przygotowania małżeńskiego, rozwód musi działać jako społeczny zawór bezpieczeństwa, który zapobiega jeszcze gorszym sytuacjom, występującym w epokach gwałtownego rozwoju i ewoluujących obyczajów.

Jak się wydaje, pradawni ludzie traktowali małżeństwo prawie tak samo poważnie, jak to czynią niektórzy ludzie współcześni. I nie wygląda na to, że wiele pośpiesznych i nieudanych, dzisiejszych małżeństw, jest czymś doskonalszym od pradawnych praktyk uprawniania młodych mężczyzn i kobiet do kojarzenia się. Wielką niekonsekwencją dzisiejszego społeczeństwa jest egzaltacja miłości i idealizacja małżeństwa, kiedy nie ma się ochoty dokładniej przyjrzeć tak jednemu jak i drugiemu.

8. IDEALIZACJA MAŁŻEŃSTWA

Małżeństwo, z którego powstaje rodzina, jest w istocie najbardziej podniosłą instytucją ludzką, jest ono jednak zasadniczo ludzkie, nigdy nie powinno być zwane sakramentem. Kapłani setyccy zrobili z małżeństwa rytuał religijny, ale przez tysiące lat, jakie upływają od Edenu, kojarzenie się było sprawą czysto społeczną i państwową.

Porównywanie związków ludzkich do związków boskich jest wyjątkowo niefortunne. Połączenie męża i żony, w małżeńsko-rodzinnym związku, jest materialnym funkcjonowaniem śmiertelników na światach ewolucyjnych. Wprawdzie wiele postępu duchowego może wyniknąć ze szczerych, ludzkich wysiłków męża i żony, kiedy dążą do rozwoju, nie oznacza to jednak, że małżeństwo musi być świętością. Postęp duchowy towarzyszy również szczerym wysiłkom prowadzonym w innych dziedzinach ludzkich poczynań.

Małżeństwa tak samo nie można dokładnie porównać do związku Dostrajacza z człowiekiem, jak też do fraternizacji Chrystusa Michała z jego ludzkimi braćmi. W żadnym nieomal punkcie związki te nie mogą być porównywalne do połączenia męża i żony. I najbardziej godne pożałowania jest to, że ludzkie niezrozumienie tych zależności spowodowało tak wiele zamieszania, gdy idzie o status małżeństwa.

Godnym pożałowania jest również to, kiedy pewne grupy śmiertelników wyobrażają sobie, że małżeństwo jest dopełniane działaniem boskim. Wierzenia takie prowadzą wprost do idei nierozerwalności związku małżeńskiego, niezależnie od okoliczności czy chęci umawiających się stron. Ale właśnie sam fakt rozpadu małżeństwa wskazuje na to, że Bóstwo nie jest stroną uczestniczącą w takich związkach. Gdyby Bóg raz złączył jakiekolwiek dwie rzeczy czy osoby, pozostaną złączone do tego czasu, kiedy Boska wola zarządzi ich rozdzielenie. Jednak odnośnie małżeństwa, które jest instytucją ludzką, któż może sobie pozwolić osądzić i powiedzieć, które małżeństwa są związkami mającymi ewentualnie aprobatę władców wszechświata, w przeciwieństwie do tych, czysto ludzkich w swej naturze i pochodzeniu?

Tym niemniej istnieje ideał małżeństwa w sferach na wysokości. W stolicy każdego systemu lokalnego, Materialni Synowie i Materialne Córki Boże stanowią szczyt ideałów związania się mężczyzny i kobiety więzami małżeńskimi, dla prokreacji i wychowania potomstwa. Mimo wszystko idealne małżeństwo śmiertelników jest *po ludzku* święte.

Małżeństwo zawsze było i zawsze jest najwyższym dążeniem doczesnego idealizmu. Chociaż to piękne marzenie rzadko realizuje się w całej pełni, trwa ono jako wspaniały ideał, zawsze pociągający rozwijającą się ludzkość do zwiększenia starań, aby osiągnąć ludzkie szczęście. Młodych mężczyzn i kobiety należałoby jednak nauczać nieco o realnościach małżeństwa, zanim wkroczą w sferę ścisłych wymagań wzajemnych związków życia rodzinnego; młodzieńczy idealizm powinien być hamowany pewną dozą przedmałżeńskiego otrzeźwienia.

Nie powinno się jednak poskramiać młodzieńczej idealizacji małżeństwa; takie marzenia pozwalają uzmysłowić sobie przyszły cel życia rodzinnego. Postawa taka zarówno stymuluje jak i pomaga, pod tym warunkiem, że nie zobojętnia na realizację praktycznych i pospolitych wymagań małżeństwa oraz późniejszego życia rodzinnego.

W ostatnich latach ideały małżeńskie zrobiły duży krok naprzód; w pewnych narodach kobieta korzysta praktycznie z takich samych praw, jak jej małżonek. Przynajmniej z założenia, rodzina staje się lojalnym partnerstwem mającym na celu wychowanie potomstwa, wraz z towarzyszącą temu wiernością seksualną. Ale nawet ten nowszy wariant małżeństwa nie powinien posuwać się zbyt daleko, aż do skrajności wzajemnego monopolu na całą osobowość i cały indywidualizm. Małżeństwo jest nie tylko indywidualistycznym ideałem; jest ono rozwijającym się, społecznym partnerstwem mężczyzny i kobiety, istniejącym i działającym pod wpływem aktualnych obyczajów, ograniczonym przez tabu i egzekwowanym przez prawa i przepisy społeczne.

Dwudziestowieczne małżeństwo jest na wysokim poziomie, w porównaniu z tym z epok poprzednich, pomimo, że instytucja rodziny doświadczana jest teraz gruntownie; wynika to z problemów narzuconych tak nagle organizacji społeczeństwa przez przyspieszone rozszerzenie wolności kobiety, prawa tak długo jej odmawianego w czasie powolnej ewolucji obyczajów w przeszłych pokoleniach.

[Przedstawione przez szefa serafinów, przebywającego na Urantii].

PRZEKAZ 84

MAŁŻEŃSTWO A ŻYCIE RODZINNE

PRZYCZYNĄ powstania małżeństwa były potrzeby materialne, popęd seksualny je uatrakcyjnił, religia je usankcjonowała i wywyższyła, państwo go potrzebowało i regulowało, podczas gdy rozwijająca się w czasach późniejszych miłość zaczyna uzasadniać i gloryfikować małżeństwo, jako protoplastę i twórcę najbardziej użytecznej i wzniosłej instytucji cywilizacji – rodziny. Zakładanie ogniska domowego powinno być punktem centralnym i esencją wszelkich wysiłków edukacyjnych.

Kojarzenie się jest w zupełności sprawą zachowania gatunku, połączoną z różnymi stopniami samozadowolenia; małżeństwo, tworzenie ogniska domowego, jest głównie sprawą instynktu samozachowawczego oraz implikuje ewolucję społeczeństwa. Samo społeczeństwo jest strukturą złożoną z połączonych zespołów rodzinnych. Jako czynniki planetarne, jednostki są bardzo nietrwałe – tylko rodziny są w ewolucji społecznej czynnikami ciągłymi. Rodzina jest tym kanałem, którym rzeka kultury i wiedzy przepływa z jednego pokolenia na drugie.

Rodzina zasadniczo jest instytucją socjologiczną. Małżeństwo powstaje ze współpracy w samozachowawczości oraz z partnerstwa w zachowaniu gatunku, czynnik zadowolenia jest tutaj w dużej mierze przypadkowy. Tym niemniej rodzina obejmuje wszystkie trzy zasadnicze funkcje egzystencji ludzkiej, podczas gdy propagacja życia czyni ją fundamentalną ludzką instytucją a seks oddziela ją od wszystkich innych aktywności społecznych.

1. PRYMITYWNY ZWIĄZEK PARY

Małżeństwo nie powstało na bazie związków seksualnych, są one tutaj marginalne. Człowiek prymitywny nie potrzebował małżeństwa; swoje apetyty seksualne zaspokajał do woli, bez obciążania się odpowiedzialnością za żonę, dzieci i rodzinę.

Kobieta, ze względu na fizyczny i uczuciowy związek z potomstwem, zależna jest od współpracy z mężczyzną a to popycha ją ku temu, bezpiecznemu schronieniu, jakie daje małżeństwo. Jednak żaden bodziec biologiczny nie zmusza mężczyzny do małżeństwa – tym bardziej nie trzyma go w małżeństwie. To nie miłość pociągała mężczyznę do małżeństwa, na początku głód zbliżał dzikiego mężczyznę do kobiety, jak również prymitywne schronienie, które dzieliła z dziećmi.

Małżeństwo nie powstało nawet jako świadome dopełnienie zobowiązań, wynikających ze związków seksualnych. Człowiek prymitywny nie widział zależności pomięczy zaspokajaniem seksualnym a późniejszymi narodzinami dziecka. Wierzono kiedyś powszechnie, że dziewica może zajść w ciążę. Dziki wcześnie wykoncypował ideę, że dzieci powstają w świecie duchowym; ciąża, jak wierzono, była rezultatem wejścia ducha do kobiety, rozwijającego się ducha. Wierzono także, że zarówno dieta jak i urok mogły spowodować zajście w ciążę dziewicy lub kobiety niezamężnej, podczas gdy późniejsze wierzenia wiązały powstanie życia z oddechem i światłem słonecznym.

Wiele dawnych ludów kojarzyło duchy z morzem; zatem dziewicom ograniczano kąpiele; młode kobiety bardziej bały się kąpać w morzu podczas przypływu niż stosunków seksualnych. Uważano, że zdeformowane czy przedwcześnie urodzone dzieci to młode zwierzęta, które wniknęły do ciała kobiety w trakcie beztroskiej kąpieli lub na skutek wrogiej działalności duchów. Oczywiście, dzicy nie mieli nic przeciwko duszeniu takiego potomstwa po narodzeniu.

Pierwszy stopień oświecenia przyszedł razem z wierzeniem, że stosunki seksualne otwierają drogę zapładniającemu duchowi, aby wszedł w kobietę. Potem człowiek odkrył, że ojciec i matka składają się w równym stopniu na żywe czynniki dziedziczne, które dają początek potomstwu. Ale nawet w dwudziestym wieku wielu rodziców nadal usiłuje trzymać swe dzieci w większym czy mniejszym stopniu nieświadomości odnośnie początków życia ludzkiego.

Pewien prosty rodzaj rodziny opierał się na tym, że funkcje reprodukcyjne pociągają za sobą związek matki z dzieckiem. Macierzyńska miłość jest instynktowna; nie wywodzi się z obyczajów, tak jak małżeństwo. Cała macierzyńska miłość ssaków jest nieodłącznym wyposażeniem przybocznych umysłów-duchów z wszechświata lokalnego i jest w swej sile i poświęceniu wprost proporcjonalna do czasu trwania bezradnego niemowlęctwa danego gatunku.

Związek matki z dzieckiem jest naturalny, silny i instynktowny, zatem zmuszał prymitywną kobietę do poddania się wielu trudnym warunkom i do znoszenia niezliczonych niewygód. Ta zniewalająca miłość macierzyńska jest uczuciem upośledzającym, które zawsze stawiało kobietę w bardzo niekorzystnej sytuacji podczas wszystkich jej zmagań z mężczyzną. Tym niemniej instynkt macierzyński gatunku ludzkiego nie jest nie do pokonania, może zostać zdławiony przez ambicje, samolubstwo czy przekonania religijne.

Podczas gdy związek matki i dziecka nie jest ani małżeństwem, ani rodziną, jest tym zalążkiem, z którego powstaje jedno i drugie. W ewolucji kojarzenia się nastąpił wielki krok naprzód, kiedy tymczasowe związki trwały odpowiednio długo, aby można było wychować ich rezultat – potomstwo – ponieważ ono właśnie tworzyło rodzinę.

Niezależnie od antagonizmów występujących u wczesnych par ludzkich, pomimo ich luźnych związków, dzięki takiemu właśnie męsko-żeńskiemu partnerstwu szansa przeżycia znacznie się zwiększyła. Mężczyzna i kobieta, gdy współpracują ze sobą, nawet w oderwaniu od rodziny i potomstwa, mają w większości dziedzin ogromną przewagę zarówno nad dwoma mężczyznami jak i nad dwiema kobietami. Taki związek dwu płci zwiększał szansę przeżycia i stanowił wczesne początki społeczeństwa ludzkiego. Podział pracy według płci przyczynił się także do zwiększenia komfortu życia i szczęścia.

2. WCZESNY MATRIARCHAT

Okresowe krwotoki u kobiety a później utrata krwi podczas porodu dawno już podsunęły człowiekowi myśl, że krew jest stwórcą dziecka (nawet miejscem pobytu duszy) oraz dały początek idei związków ludzkich opartych na więzach krwi. W dawnych czasach całe potomstwo uznawane było tylko po linii kobiecej, co było jedyną zupełnie pewną częścią dziedzictwa.

Prymitywna rodzina, powstająca z instynktowych, biologicznych więzów krwi matki i dziecka, była nieodmiennie rodziną matriarchalną i wiele plemion długo zachowało taką jej organizację. Rodzina matriarchalna była jedynym możliwym stadium przejściowym, od małżeństwa grupowego w hordzie, do późniejszego, doskonalszego życia rodzinnego poligamicznych i monogamicznych rodzin patriarchalnych. Rodzina matriarchalna była naturalna i biologiczna; rodzina patriarchalna jest społeczna, ekonomiczna i polityczna. Człowiek czerwony w Ameryce Północnej uporczywie trzymał się rodziny matriarchalnej i jest to jedna z głównych przyczyn tego, że postępowi skądinąd Irokezi nigdy nie stworzyli prawdziwego państwa.

Zgodnie ze zwyczajami rodziny matriarchalnej, matka żony praktycznie sprawowała najwyższą władzę w domu; nawet bracia żony i ich synowie bardziej aktywnie kierowali rodziną, niż mąż. Ojcom zmieniano często imiona, według imion ich dzieci.

Najdawniejsze ludy niezbyt poważały ojca, uważając, że dziecko pochodzi wyłącznie od matki. Wierzono wtedy, że dzieci podobne są do ojca na skutek przebywania z nim, albo dlatego, że były „naznaczone" w ten sposób, ponieważ matka chciała, aby wyglądały jak ojciec. Później, kiedy rodzinę matriarchalną zastąpiła rodzina patriarchalna, ojciec zbierał wszelkie zaszczyty z powodu posiadania dziecka a wiele tabu, które dotyczyły kobiety w ciąży, zostało później rozciągniętych na jej męża. Gdy zbliżał się czas narodzin, przyszły ojciec przerywał pracę a podczas porodu szedł do łóżka wraz z żoną i pozostawał tam i odpoczywał przez trzy do ośmiu dni. Żona mogła wstać następnego dnia i wziąć się do ciężkiej pracy, ale mąż pozostawał w łóżku i zbierał gratulacje; wszystko to było częścią wczesnych obyczajów, mających ugruntować ojcowskie prawa do dziecka.

Z początku panował zwyczaj, że mąż musiał iść do plemienia żony, ale w czasach późniejszych, po tym jak mąż zapłacił cenę za żonę lub ją odpracował, mógł zabrać żonę i dzieci z powrotem do swego plemienia. Przejście od rodziny matriarchalnej do patriarchalnej wyjaśnia pewne zakazy, skądinąd bez znaczenia, dotyczące niektórych typów małżeństw pomiędzy kuzynami, podczas gdy inne na takim samym poziomie pokrewieństwa były dopuszczalne.

Gdy się skończyła obyczajowość myśliwska, kiedy pasterstwo dało mężczyźnie kontrolę nad głównym źródłem zaopatrzenia w żywność, rodzina matriarchalna szybko zanikła. Skończyła się, ponieważ po prostu nie mogła skutecznie konkurować z nową rodziną patriarchalną. Władza, jaką nadawano męskim krewnym matki, nie mogła konkurować z władzą skoncentrowaną w mężu-ojcu. Kobieta nie mogła sprostać równocześnie rodzeniu dzieci, ciągłemu zarządzaniu i coraz większym obowiązkom domowym. Nastanie kradzieży żon i późniejsze kupowanie żon przyspieszyło zanik rodziny rządzonej przez matkę.

Gigantyczna przemiana, od rodziny matriarchalnej do patriarchalnej, jest jedną z najbardziej radykalnych i głębokich zwrotnych przemian, jakich kiedykolwiek dokonał gatunek ludzki. Zmiana ta doprowadziła od razu do wielkiego rozkwitu społeczeństwa i przyspieszyła rozwój rodziny.

3. RODZINA W EPOCE PATRIARCHATU

Być może instynkt macierzyński skłaniał kobietę do małżeństwa, ale większa siła mężczyzny, razem z naciskiem obyczajów, faktycznie zmuszała ją do pozostania w małżeństwie. Życie pasterskie szło w kierunku stworzenia nowego systemu obyczajów, patriarchalnego życia rodzinnego a podstawą jedności rodziny, według obyczajów pasterskich i wczesnych rolniczych, była niekwestionowana i arbitralna władza ojca. Wszelkie społeczności, czy to narodowe czy rodzinne, przechodziły to stadium autokratycznej władzy typu patriarchalnego.

Kobiety niezbyt szanowano w epoce Starego Testamentu, co jest właściwym odzwierciedleniem obyczajów pasterzy. Wszyscy hebrajscy patriarchowie byli pasterzami, o czym świadczy powiedzenie, „Pan mym Pasterzem".

Jednak mężczyzna nie powinien być obwiniany za zaniżoną ocenę kobiety w wiekach minionych, bardziej niż sama kobieta. W czasach prymitywnych nie zdobyła ona uznania w społeczeństwie, ponieważ nie działała w sytuacjach nadzwyczajnych, nie była efektownym czy dramatycznym bohaterem. Macierzyństwo było wyraźną przeszkodą w walce o byt; miłość macierzyńska przeszkadzała kobiecie w obronie plemienia.

Kobiety prymitywne także nieumyślnie uzależniły się od mężczyzny, ponieważ podziwiały i aprobowały jego awanturniczość i męskość. Taka egzaltacja wojownika wywyższała ego mężczyzny, kiedy równocześnie zaniżała ego kobiety i bardziej ją uzależniała od niego; mundur wojskowy nadal znacznie wpływa na kobiece uczucia.

U bardziej zaawansowanych ras ludzkich kobiety nie są ani tak wysokie ani tak silne jak mężczyźni. Kobieta, będąc słabszą, stała się bardziej taktowną; wcześnie nauczyła się używać swych wdzięków seksualnych. Stała się bardziej czujna i konserwatywna niż mężczyzna, choć nieco bardziej powierzchowna. Na polu walki i na polowaniu mężczyzna był lepszy niż kobieta, ale w domu kobieta potrafiła zazwyczaj wymanewrować nawet najbardziej prymitywnego mężczyznę.

Pasterze pilnowali swych stad, aby mieć żywność, lecz w tych pasterskich epokach kobieta nadal musiała dostarczać pożywienia roślinnego. Prymitywny mężczyzna unikał pracy na ziemi, była ona ogólnie biorąc zbyt pokojowa zbyt mało awanturnicza. Istniał także stary przesąd, że kobiety potrafią hodować lepsze rośliny; były przecież matkami. U wielu współczesnych, opóźnionych plemion, mężczyźni przyrządzają mięso, kobiety warzywa, a podczas wędrówki prymitywnych plemion australijskich kobiety nigdy nie atakują zwierzyny, podczas kiedy mężczyźni nigdy się nie zatrzymują, aby wykopać korzeń.

Kobieta zawsze musiała pracować; przynajmniej do czasów współczesnych kobieta była prawdziwym producentem. Mężczyzna zazwyczaj wybierał łatwiejszą drogę życia i taka nierówność utrzymywała się przez całą historię gatunku ludzkiego. Kobieta zawsze była czymś obarczona, dbała o własność rodzinną i opiekowała się dziećmi, zostawiała tym samym mężczyźnie wolne ręce do walki i polowania.

Pierwsze wyzwolenie kobiety przyszło wtedy, kiedy mężczyzna zgodził się uprawiać ziemię, zgodził się robić to, co dotąd było uznawane za pracę kobiecą. Był to wielki krok naprzód, kiedy przestano zabijać mężczyzn-jeńców a niewolono ich jako rolników. Spowodowało to wyzwolenie kobiety, tak, że mogła więcej czasu poświęcić zajęciom domowym i wychowaniu dzieci.

Zaopatrzenie w mleko dla dzieci doprowadziło do wcześniejszego odstawiania ich od piersi, co uwalniało matki od okresowych niepłodności, skutkiem tego rodziły więcej dzieci, podczas gdy stosowanie mleka krowiego i koziego znacznie zmniejszyło *śmiertelność niemowląt*. Zanim społeczeństwo weszło w okres pasterski, matki karmiły swe dzieci piersią aż do czwartego i piątego roku życia.

Zanikanie prymitywnych wojen znacznie zmniejszyło różnice w podziale pracy według płci. Kobiety wciąż jednak miały konkretną pracę do zrobienia, kiedy mężczyźni pełnili służbę wartowniczą. Żaden obóz czy wioska nie mogły pozostawać niestrzeżone, w dzień czy też w nocy, ale nawet to zostało ułatwione dzięki udomowieniu psa. Generalnie, nadejście rolnictwa poprawiło prestiż kobiety i jej pozycję społeczną przynajmniej do tego czasu, kiedy mężczyzna sam został rolnikiem. Jak tylko mężczyzna sam zaczął uprawiać ziemię, natychmiast nastąpiło znaczne ulepszenie metod uprawy roli, przez wszystkie kolejne pokolenia. W okresie polowań i wojen, mężczyzna nauczył się cenić organizację i wprowadził te metody do wytwórczości, a później, kiedy przejął większość pracy kobiecej, znacznie ulepszył jej niedokładne metody pracy.

4. STATUS KOBIETY W SPOŁECZEŃSTWIE PIERWOTNYM

Ogólnie biorąc, status kobiety w jakiejkolwiek epoce jest dobrym kryterium oceny ewolucyjnych postępów małżeństwa jako instytucji społecznej, podczas gdy rozwój małżeństwa, jako takiego, jest względnie dokładną miarą zaawansowania cywilizacji ludzkiej.

Status kobiety zawsze stanowił paradoks społeczny; zawsze przebiegle kierowała ona mężczyznami, zawsze wykorzystywała silniejszy popęd seksualny mężczyzny do swych własnych interesów i podniesienia swej pozycji. Frymarcząc subtelnie swoimi wdziękami seksualnymi, potrafiła często wywierać dominujący wpływ na mężczyznę, nawet, kiedy trzymana była przez niego w nikczemnym zniewoleniu.

Z początku kobieta nie była dla mężczyzny przyjacielem, ukochaną, kochanką i partnerem, ale raczej częścią własności, służącą lub niewolnicą, później partnerem ekonomicznym, zabawką i rodzicielką dzieci. Tym niemniej prawidłowe i zadowalające stosunki seksualne zawsze wiązały się z czynnikiem wyboru i współpracy ze strony kobiety a to dawało inteligentnej kobiecie wpływ na jej bezpośrednią i osobistą pozycję, niezależnie od jej pozycji społecznej, jako płci. Jednak braku zaufania i podejrzliwości u mężczyzny nie zmniejszało to, że kobiety od początku zmuszane były uciekać się do przebiegłości, kiedy chciały złagodzić swoją niewolę.

Obie płcie miały znaczne trudności w zrozumieniu siebie nawzajem. Mężczyźnie trudno było zrozumieć kobietę; traktował ją z dziwną mieszanką ignoranckiego braku zaufania i bojaźliwej fascynacji, jeśli nie z podejrzliwością i pogardą. Wiele legend plemiennych i rasowych przypisywało różne kłopoty Ewie, Pandorze czy innym reprezentantkom kobiet. Opowieści te zawsze były tak wypaczone, ażeby wyglądało, że to kobieta przyniosła zło mężczyźnie; wszystko to obrazuje dawny, powszechny brak zaufania do kobiet. Głównym powodem, przytaczanym na poparcie celibatu u kapłaństwa, była niegodziwość kobiet. Fakt, że większość domniemanych czarownic była kobietami, też nie poprawił dawnej reputacji tej płci.

Mężczyźni długo uważali kobietę za osobliwą, wręcz nienormalną. Wierzyli nawet, że kobiety nie mają duszy; zatem nie nadawano im imion. W dawnych czasach bardzo się obawiano pierwszego stosunku seksualnego z kobietą; dlatego stało się zwyczajem, że kapłan odbywał pierwszy stosunek seksualny z dziewicą. Nawet cień kobiety uważano za niebezpieczny.

Sądzono kiedyś generalnie, że poród czyni kobietę niebezpieczną i nieczystą. I wiele obyczajów plemiennych stanowiło, że po narodzeniu dziecka matka musi przejść intensywne obrzędy oczyszczające. Za wyjątkiem tych grup ludzkich, w których mąż uczestniczył w połogu, unikano matki oczekującej dziecka, zostawiano ją samą. Pradawni unikali nawet narodzin dziecka w domu. W końcu pozwolono starym kobietom służyć matce podczas porodu i ten zwyczaj dał początek zawodowi akuszerki. Podczas porodu mówiono i robiono dziesiątki niemądrych rzeczy, usiłując tym samym ułatwić narodziny. Obyczajem było kropienie nowo narodzonego święconą wodą, aby zapobiec ingerencji duchów.

U nie zmieszanych plemion poród był względnie łatwy, trwał zaledwie dwie czy trzy godziny; jednak rzadko przebiega on tak łatwo u ras mieszanych. Jeśli kobieta zmarła w czasie porodu, zwłaszcza podczas narodzin bliźniąt, wierzono, że winna jest cudzołóstwa z duchami. Później, zaawansowane plemiona traktowały śmierć podczas narodzin jako wolę niebios; kobiety takie, jak uważano, umierały w szlachetnej sprawie.

Tak zwana skromność kobiet, dotycząca ich ubioru i zakrywania ciała, powstała ze śmiertelnego strachu, aby nie być dostrzeżoną w czasie menstruacji. Zostać zauważoną w takich okolicznościach było ciężkim grzechem, naruszeniem tabu. Według zwyczajów z dawniejszych czasów, każda kobieta, od wieku dojrzewania do końca okresu płodności, poddawana była całkowitej kwarantannie od rodziny i społeczeństwa na tydzień w każdym miesiącu. Wszystko, czego ewentualnie dotknęła, na czym usiadła czy się położyła, było „skalane". Długo było w zwyczaju brutalne bicie dziewczyny po każdej miesiączce, aby wypędzić z jej ciała złego ducha. Jednak, kiedy się skończył okres rodzenia dzieci, kobieta traktowana była zazwyczaj delikatniej; przyznawano jej więcej praw i przywilejów. W świetle tego wszystkiego nikogo nie powinno dziwić, że kobiety traktowano pogardliwie. Nawet Grecy uznawali kobietę w czasie menstruacji za jedną z trzech wielkich przyczyn skalania, dwie pozostałe to wieprzowina i czosnek.

Jakkolwiek niemądre były te stare wyobrażenia, dawały one pewne korzyści, ponieważ przepracowane kobiety miały przynajmniej w młodości, raz na miesiąc, tydzień potrzebnego im wypoczynku i wartościowej medytacji. Mogły zatem uzbroić się w inteligencję, potrzebną im do postępowania przez resztę czasu ze swymi męskimi partnerami. Ta kwarantanna kobiet zapobiegała też nadmiernemu zaspokajaniu seksualnemu u mężczyzn, tym samym pośrednio przyczyniała się do ograniczenia populacji i rozwijania samokontroli.

Wielkiego postępu dokonano wtedy, kiedy odebrano mężczyźnie prawo zabicia żony według własnej woli. Krok naprzód stanowiło również to, że kobieta mogła zachować swe prezenty ślubne. Później zdobyła prawo posiadania, nadzoru a nawet zbywania swej własności, ale długo pozbawiona była prawa zajmowania pozycji zarówno w Kościele jak i w państwie. Kobieta zawsze była bardziej czy mniej traktowana jako własność, aż do dwudziestego wieku po Chrystusie. Nie wyzwoliła się ona jeszcze, na całym świecie, od odosobnienia pod kontrolą mężczyzny. Nawet u zaawansowanych narodów, wysiłki zmierzające do ochrony kobiety zawsze były cichym potwierdzeniem męskiej wyższości.

Jednak prymitywne kobiety nie litowały się nad sobą, tak, jak to zwykły robić ich niedawno wyzwolone siostry. Były one mimo wszystko w miarę szczęśliwe i zadowolone; nie potrafiły wyobrazić sobie egzystencji lepszego czy innego rodzaju.

5. KOBIETA NA TLE KSZTAŁTUJĄCYCH SIĘ OBYCZAJÓW

W sprawach zachowania gatunku kobieta jest równa mężczyźnie, ale w partnerstwie samozachowawczości działa w sytuacji zdecydowanie niekorzystnej i takie upośledzenie, wynikające z przymusowego macierzyństwa, może być wynagrodzone jedynie przez oświecone obyczaje zaawansowanej cywilizacji i przez narastające poczucie sprawiedliwości u mężczyzny.

W miarę rozwoju społeczeństwa standardy seksualne kobiet stawały się coraz wyższe, ponieważ to one bardziej cierpiały na skutek naruszania obyczajów seksualnych. Standardy seksualne mężczyzny z wolna ulegają poprawie tylko w wyniku zwykłego poczucia takiej uczciwości, jaką narzuca cywilizacja. Natura nie zna uczciwości – tylko kobieta cierpi bóle porodowe.

Współczesna idea równości płci jest piękna i godna rozwijającej się cywilizacji, ale nie można jej znaleźć w naturze. Kiedy siła jest prawem, mężczyzna rządzi kobietą; kiedy panuje więcej sprawiedliwości, pokoju i rzetelności, stopniowo kobieta wyłania się z okresu niewolnictwa i zaniedbania. Generalnie, społeczna pozycja kobiety zmienia się odwrotnie proporcjonalnie do stopnia militaryzmu w jakimkolwiek narodzie czy epoce.

Jednak mężczyzna nie zabrał praw kobiecie ani świadomie, ani celowo, aby je później stopniowo i z żalem oddawać; wszystko to było nieświadomym i niezaplanowanym epizodem ewolucji społecznej. Kiedy naprawdę przyszedł czas, aby kobieta zaczęła korzystać z rozszerzonych praw, otrzymała je i to raczej zupełnie niezależnie od świadomego nastawienia mężczyzny. Obyczaje zmieniają się powoli, ale niezawodnie, tak, aby przynieść te społeczne adaptacje, które są częścią ciągłej ewolucji cywilizacji. Rozwijające się obyczaje przyczyniały się powoli do coraz lepszego traktowania kobiet; nie przetrwały te plemiona, które wciąż traktowały je okrutnie.

Adamici i Nodyci traktowali kobietę z większym szacunkiem a te grupy ludzkie, które były pod wpływem migrujących Anditów, ulegały wpływom nauk edenicznych, gdy idzie o miejsce kobiety w społeczeństwie.

Dawni Chińczycy i Grecy traktowali kobiety lepiej niż większość narodów ich otaczających. Jednak Hebrajczycy byli wyjątkowo nieufni wobec kobiet. Na Zachodzie, kobieta miała utrudniony awans społeczny wskutek doktryn Pawła, które zostały włączone do chrześcijaństwa, chociaż chrześcijaństwo posunęło naprzód obyczaje, narzucając mężczyźnie bardziej surowe zasady seksualne. Pozycja kobiety jest prawie beznadziejna w warunkach wyjątkowego poniżenia, jakie jej niesie mahometanizm a wiedzie się jej jeszcze gorzej pod wpływem nauk kilku innych religii orientalnych.

To nauka a nie religia, naprawdę wyemancypowała kobietę; to współczesna fabryka w znacznej mierze uwolniła ją od przykucia do domu. W nowym systemie zarabiania na życie, fizyczne możliwości mężczyzny już nie są tak ważne; nauka tak przekształciła warunki życiowe, że siła mężczyzny już nie góruje na siłą kobiety.

Wszystkie te przeobrażenia szły w kierunku wyzwolenia kobiety z niewoli domowej i spowodowały zmianę jej statusu w tym stopniu, że korzysta ona teraz z takiej wolności osobistej i samookreślenia seksualnego, iż praktycznie dorównuje mężczyźnie. Kiedyś wartość kobiety polegała na tym, że mogła ona produkować żywność, ale wynalazki i dobrobyt umożliwiły jej stworzenie nowego świata, w którym może działać – domenę wdzięku i uroku. W ten sposób przemysł wygrał nieświadomą i niezamierzoną wojnę o społeczną i ekonomiczną emancypację kobiet. I znowu ewolucja odniosła sukces, dokonując tego, czego nawet objawieniu się nie udało.

Reakcja oświeconych narodów na niesprawiedliwe obyczaje rządzące miejscem kobiet w społeczeństwie była rzeczywiście w swych skrajnościach wahadłowa. U narodów uprzemysłowionych kobieta zdobyła prawie wszystkie prawa i zwolniona jest z wielu obowiązków, takich jak służba wojskowa. Każde udogodnienie w walce o byt przyczyniało się do wyzwolenia kobiety i odnosiła ona natychmiastowe korzyści z każdego kroku w kierunku monogamii. Słabszy zawsze zyskuje niepomiernie przy każdej adaptacji obyczajów, w procesie stopniowej ewolucji społeczeństwa.

W ideałach pary małżeńskiej kobieta zdobyła w końcu uznanie, godność, niezależność, równość i edukację, ale czy okaże się warta wszelkich tych nowych zdobyczy bez precedensu? Czy współczesna kobieta odpowie na te wielkie osiągnięcia, na wyzwolenie społeczne, bezczynnością, obojętnością, bezdzietnością i niewiernością? Dziś, w dwudziestym wieku, kobieta przechodzi największą próbę w całej swej długiej, światowej egzystencji!

W procesie zachowania gatunku kobieta jest równym partnerem mężczyzny, jest więc tak samo ważna w kształtowaniu ewolucji gatunkowej; dlatego też ewolucja działała coraz usilniej w kierunku zapewnienia praw kobiecie. Jednak prawa kobiet nie są w żadnym wypadku prawami mężczyzn. Kobieta nie może rozwijać się lepiej w oparciu o prawa mężczyzny niż mężczyzna w oparciu o prawa kobiety.

Każda płeć ma swą własną, charakterystyczną dla niej sferę egzystencji, razem z własnymi prawami w obrębie tej sfery. Jeśli kobieta dążyć będzie do korzystania literalnie ze wszystkich praw mężczyzny, wtedy wcześniej czy później bezlitosna i bezuczuciowa konkurencja z pewnością zastąpi tę rycerskość i specjalny szacunek, jakim cieszy się teraz wiele kobiet i który tak niedawno zaskarbiły sobie od mężczyzn.

Cywilizacja nigdy nie zlikwiduje behawioralnej przepaści pomiędzy płciami. Obyczaje zmieniają się z epoki na epokę, ale nie instynkty. Naturalne, macierzyńskie uczucie nigdy nie pozwoli wyemancypowanej kobiecie być poważnym rywalem mężczyzny w działalności gospodarczej. Każda płeć na zawsze pozostanie doskonała w swej własnej dziedzinie, dziedzinie określonej przez zróżnicowanie biologiczne i mentalną odmienność.

Zawsze, każda płeć będzie posiadać swą własną, specyficzną sferę działania, aczkolwiek zawsze te sfery będą się zazębiać ze sobą. Tylko na arenie społecznej mężczyźni i kobiety będą konkurować na równych warunkach.

6. PARTNERSTWO MĘŻCZYZNY I KOBIETY

Popęd rozrodczy niezawodnie zbliża do siebie mężczyzn i kobiety dla zachowania gatunku, ale sam popęd nie gwarantuje tego, że mężczyzna i kobieta pozostaną ze sobą, współpracując przy zakładaniu rodziny.

Każda, odnosząca sukcesy instytucja ludzka, zawiera w sobie sprzeczności interesów osobistych, które zostały dopasowane do siebie w praktycznej, roboczej harmonii a tworzenie rodziny nie stanowi tutaj wyjątku. Małżeństwo, podstawa tworzenia rodziny, jest najwyższym przejawem współpracy nacechowanej antagonizmami, która tak często charakteryzuje styczność natury i społeczeństwa. Ten konflikt jest nieunikniony. Kojarzenie się jest wrodzone, jest naturalne. Jednak małżeństwo nie jest biologiczne, jest socjologiczne. Namiętność daje tę gwarancję, że mężczyzna i kobieta zbliżą się do siebie, jednak trzyma ich przy sobie słabszy instynkt rodzicielski i obyczaje społeczne.

Praktycznie biorąc, mężczyzna i kobieta są dwoma oddzielnymi odmianami tego samego gatunku, żyjącymi w bliskim i intymnym związku. Ich punkty widzenia i całość reakcji życiowych są zasadniczo odmienne; są zupełnie niezdolni do pełnego i prawdziwego, wzajemnego zrozumienia. Całkowite zrozumienie pomiędzy płciami jest nieosiągalne.

Wydaje się, że kobiety mają więcej intuicji niż mężczyźni, jednak czasami sprawiają wrażenie niejako mniej logicznych. Tym niemniej kobieta zawsze była podporą standardów moralnych i duchową przywódczynią ludzkości. Dłoń kołysząca kołyskę wciąż brata się z przeznaczeniem.

Różnice pomiędzy mężczyznami i kobietami w usposobieniu, reakcjach, punktach widzenia i myśleniu, niezależnie od tego, że czasami powodują niepokoje, należy traktować jako bardzo pożyteczne dla ludzkości, zarówno dla jednostki jak i dla zbiorowości. Wiele klas istot wszechświatowych stwarzanych jest w dwu stadiach przejawiania się osobowości. U śmiertelników, Synów Materialnych i midsonitów, różnice te określane są jako mężczyzna i kobieta; u serafinów, cherubinów i Morontiańskich Towarzyszy, różnice te określa się jako pozytywne albo ofensywne i negatywne albo ustępliwe. Takie podwójne związki znacznie zwiększają wszechstronność istot i pokonują nieodłączne skądinąd ograniczenia; występuje to nawet w pewnych trójjednych związkach w systemie Raj-Havona.

Mężczyźni i kobiety potrzebują siebie nawzajem w swej egzystencji morontialnej i duchowej tak samo jak w ziemskiej. Zróżnicowania w punktach widzenia mężczyzn i kobiet trwają nawet po pierwszym życiu, podczas wznoszenia się we wszechświecie lokalnym oraz superwszechświecie. I nawet w Havonie, ci pielgrzymi, którzy kiedyś byli mężczyznami i kobietami, nadal pomagają sobie wzajemnie, kiedy się wznoszą do Raju. Nigdy, nawet w Korpusie Finalizmu, przeobrażenie istoty stworzonej nie będzie tak wielkie, żeby zatarły się te tendencje osobowościowe, które ludzie nazywają męskimi i kobiecymi; zawsze te dwie podstawowe odmiany ludzkie będą się wzajemnie interesowały, stymulowały, zachęcały się i pomagały jedna drugiej; zawsze będą wzajemnie zależne, gdy współpracować będą w rozwiązywaniu skomplikowanych problemów wszechświata i w pokonywaniu różnorodnych, kosmicznych trudności.

Podczas gdy obie płcie nigdy nie mogą oczekiwać pełnego, wzajemnego zrozumienia, uzupełniają się one z dobrym skutkiem i choć współpraca ta jest częstokroć bardziej czy mniej personalnie antagonistyczna, nie przeszkadza to w zachowaniu i reprodukcji społeczeństwa. Małżeństwo jest tą instytucją, która ma łagodzić różnice między płciami, gdy jednocześnie przyczynia się do kontynuacji cywilizacji i gwarantuje rozmnażanie gatunku.

Małżeństwo jest matką wszelkiego rodzaju ludzkich instytucji, jako że prowadzi wprost do założenia rodziny i utrzymania rodziny, która jest strukturalną podstawą społeczeństwa. Rodzina jest zasadniczo związana z mechanizmem samozachowawczości, jest jedyną nadzieją zachowania gatunku w obrębie panujących w cywilizacji obyczajów, gdy jednocześnie wyjątkowo dobrze dostarcza pewnych, wysoce satysfakcjonujących form samozadowolenia. Rodzina jest najwyższym, czysto ludzkim osiągnięciem, łączącym ewolucję biologicznych związków mężczyzny i kobiety ze społecznymi powiązaniami męża i żony.

7. IDEAŁY ŻYCIA RODZINNEGO

Stosunki seksualne są instynktowne, ich naturalnym wynikiem są dzieci i tym samym rodzina powstaje automatycznie. Jakie są rodziny danej rasy czy narodu, takie też jest społeczeństwo. Jeśli rodziny są dobre, równie dobre jest społeczeństwo. Wielka stabilność kulturowa narodu żydowskiego i chińskiego polega na sile ich grup rodzinnych.

Kobiecy instynkt miłości i opieki nad dziećmi przyczynił się do zrobienia z niej strony zainteresowanej popieraniem małżeństwa i prymitywnego życia rodzinnego. Mężczyzna zmuszony był do tworzenia ogniska domowego dopiero pod naciskiem późniejszych obyczajów i konwencji społecznych; niezbyt interesował się małżeństwem i zakładaniem rodziny, gdyż akt seksualny nie narzucał mu biologicznych konsekwencji.

Związek seksualny jest naturalny, ale małżeństwo jest społeczne i zawsze było regulowane przez obyczaje. Obyczaje (religijne, moralne i etyczne), razem z majątkiem, dumą i rycerskością, stabilizują instytucję małżeństwa i rodziny. Ilekroć obyczaje ulegają fluktuacjom, pojawiają się fluktuacje w stabilności instytucji rodziny-małżeństwa. Małżeństwo wychodzi teraz ze stadium własnościowego i wkracza w erę osobistą. Dawniej mężczyzna chronił kobietę, gdyż była jego własnością a ona z tego samego powodu była mu posłuszna. Niezależnie od swych właściwości, system ten przynosił stabilizację. Teraz kobiety nie uważa się już za własność i pojawiają się nowe obyczaje, mające na celu stabilizację instytucji małżeństwa i rodziny:

1. Nowa rola religii – nauka, że doświadczenie rodzicielskie jest konieczne, idea płodzenia kosmicznych obywateli, szersze zrozumienie przywileju płodzenia – dawanie synów Ojcu.
2. Nowa rola nauki – płodzenie staje się coraz bardziej dobrowolne, podległe kontroli człowieka. W dawnych czasach brak wiedzy powodował zjawianie się dzieci, kiedy ich nie chciano.
3. Nowa funkcja pogoni za przyjemnością, co wprowadza nowy czynnik do przetrwania gatunku; pradawny człowiek porzucał niechciane dzieci, aby umarły, współczesny nie chce ich płodzić.
4. Umocnienie instynktu rodzicielskiego. Każde kolejne pokolenie ma teraz tendencję eliminacji z reprodukcyjnego strumienia gatunku tych jednostek, których instynkt rodzicielski nie jest dostatecznie silny, aby zapewnić prokreację dzieci, przyszłych rodziców następnego pokolenia.

Tym niemniej rodzina jako instytucja, partnerstwo jednego mężczyzny i jednej kobiety, datuje się specyficznie od czasów Dalamatii, mniej więcej pół miliona lat temu; monogamiczne obyczaje Andona i jego bezpośrednich potomków zarzucone zostały długo przedtem. Jednak przed czasami Nodytów a później Adamitów, życie rodzinne nie było zbyt chwalebne. Adam i Ewa wywarli niezatarte wrażenie na całej ludzkości; po raz pierwszy w historii świata widziano mężczyznę i kobietę pracujących obok siebie w Ogrodzie. Edeniczny ideał, całej rodziny jako ogrodników, był na Urantii ideą nową.

Dawna rodzina obejmowała związane ze sobą grupy robocze, z niewolnikami włącznie, żyjące w jednym miejscu zamieszkania. Małżeństwo i życie rodzinne nie zawsze były tym samym, ale z konieczności były blisko ze sobą związane. Kobieta zawsze pragnęła swojej rodziny i w końcu znajdowała do niej drogę.

Miłość do potomstwa jest prawie uniwersalna i ma wielką wartość dla zachowania gatunku. Pradawni zawsze poświęcali interesy matki dla dobra dziecka; eskimoska matka nawet dziś liże swe dziecko, zamiast je myć. Prymitywne matki karmiły swe dzieci i dbały o nie tylko wtedy, gdy dzieci były bardzo młode i tak jak zwierzęta odrzucały je, kiedy tylko podrosły. Stabilne i trwałe związki ludzkie nigdy nie opierały się wyłącznie na uczuciach biologicznych. Zwierzęta kochają swe dzieci; człowiek – cywilizowany człowiek – kocha dzieci swych dzieci. Im wyższa cywilizacja tym większa radość rodziców z rozwoju i sukcesów dzieci; w ten sposób pojawiła się nowa i wyższa duma z *nazwiska*.

U dawnych ludów wielodzietne rodziny niekoniecznie musiały opierać się na uczuciu. Chciano mieć wiele dzieci, ponieważ:

1. Były one cennymi robotnikami.
2. Były zabezpieczeniem na starość.
3. Córki nadawały się do sprzedaży.
4. Duma rodzinna wymagała szerzenia swego imienia.
5. Synowie dawali ochronę i obronę.
6. Strach przed duchami powodował lęk przed samotnością.
7. Pewne religie wymagały posiadania potomstwa.

Czciciele przodków za największą klęskę w czasie i wieczności uważali brak synów. Chcieli nade wszystko mieć synów, aby celebrowali uczty pośmiertne, aby składali ofiary potrzebne do rozwoju duchów w świecie duchowym.

U dawnych dzikich karność u dzieci wprowadzano bardzo wcześnie i dziecko wcześnie uświadamiało sobie, że nieposłuszeństwo oznacza niepowodzenie a nawet śmierć, jak to miało miejsce u zwierząt. To właśnie cywilizacyjna ochrona dziecka przed naturalnymi konsekwencjami jego, niemądrego postępowania, przyczynia się tak bardzo do współczesnego braku posłuszeństwa u dzieci.

Dzieci Eskimosów rozwijają się przy niewielkiej stosunkowo dozie kształcenia i korygowania, dlatego, że są po prostu naturalnie pojętnymi małymi zwierzątkami; dzieci ludzi zarówno czerwonych jak i żółtych są prawie tak samo uległe. Jednak u narodów zawierających krew Anditów dzieci nie są tak uległe; taka młodzież, obdarzona większą wyobraźnią i awanturnicza, wymaga więcej nauki i dyscypliny. Współczesne problemy kultury młodzieżowej przynoszą coraz więcej trudności na skutek:

1. Znacznego stopnia zmieszania rasowego.
2. Fikcyjnej i powierzchownej edukacji.
3. Niemożności zdobycia wychowania przez dziecko dzięki naśladowaniu rodziców – rodziców częstokroć nie ma na rodzinnej scenie.

Starsze idee kształcenia w rodzinie były biologiczne, wyrastały z tej świadomości, że rodzice są stwórcami dziecięcej istoty. Zaawansowane ideały życia rodzinnego prowadzą do tej idei, że powołanie na świat dziecka, zamiast przyznania określonych praw rodzicielskich, pociąga za sobą najwyższą w ludzkiej egzystencji odpowiedzialność.

Cywilizacja uważa, że rodzice przyjmują na siebie wszelkie obowiązki a dziecko ma wszelkie prawa. Szacunek dziecka dla rodziców powstaje nie dzięki wiedzy o obowiązkach, wynikających z faktu rodzicielskiej prokreacji, ale kształtuje się naturalnie, w wyniku opieki, nauczania i uczuć miłości, które się okazuje, kiedy pomaga się dziecku w wygraniu życiowej batalii. Prawdziwy rodzic zajmuje się nieustannie pomocą-służbą, którą mądre dziecko zaczyna rozpoznawać i doceniać.

W obecnej epoce industrializacji i urbanizacji instytucja małżeństwa rozwija się według nowych zasad ekonomicznych. Życie rodzinne kosztuje coraz więcej, podczas gdy dzieci, które były kapitałem, stały się zadłużeniem ekonomicznym. Jednak bezpieczeństwo cywilizacji, samo w sobie, nadal się opiera na coraz większej gotowości jednego pokolenia do inwestowania w dobro następnego oraz przyszłych pokoleń. I jakakolwiek próba przeniesienia odpowiedzialności rodzicielskiej na państwo czy Kościół okaże się samobójcza dla dobra i rozwoju cywilizacji.

Małżeństwo, razem z dziećmi i późniejszym życiem rodzinnym, stymuluje najwyższe potencjały natury ludzkiej a równocześnie dostarcza idealnej drogi ekspresji tych, ożywionych atrybutów osobowości śmiertelnika. Rodzina przyczynia się do biologicznego zachowania gatunku ludzkiego. Dom jest tą naturalną areną społeczną, na której dorastające dzieci mogą zrozumieć etykę braterstwa krwi. Rodzina jest fundamentalną jednostką braterstwa, w której rodzice i dzieci pobierają te lekcje cierpliwości, altruizmu, tolerancji i wyrozumiałości, które są tak ważne dla realizacji braterstwa pośród wszystkich ludzi.

Społeczeństwo ludzkie mogłoby stać się znacznie lepsze, gdyby cywilizowane narody w większym stopniu wróciły do zwyczaju rady rodzinnej, jaki panował u Anditów, którzy nie mieli patriarchalnej czy autokratycznej formy rządu rodzinnego. Byli bardzo braterscy i partnerscy, omawiali otwarcie każdą propozycję i zasady funkcjonowania rodziny. W całym zarządzaniu rodziną panowało u nich idealne równouprawnienie. W idealnej rodzinie zarówno uczucia dzieci jak i rodzicielskie są umacniane przez wzajemne poświęcenie.

Życie rodzinne jest prekursorem prawdziwej moralności, protoplastą świadomej lojalności wobec obowiązków. Związki, jakie narzuca życie rodzinne, stabilizują osobowość i stymulują jej rozwój, dzięki przymusowi dostosowania się do innych, zróżnicowanych osobowości. Ponadto, prawdziwa rodzina – dobra rodzina – objawia rodzicom płodzącym potomstwo postawę Stwórcy wobec jego dzieci, podczas gdy jednocześnie tacy prawdziwi rodzice obrazują swym dzieciom pierwsze z długiej serii stopniowych objawień miłości rajskiego rodzica do wszystkich jego wszechświatowych dzieci.

8. NIEBEZPIECZEŃSTWA SAMOZADOWOLENIA

Wielkim niebezpieczeństwem dla życia rodzinnego jest niepokojąca i narastająca fala szukania samozadowolenia, współczesna mania poszukiwania przyjemności. Zasadniczy asumpt powstania małżeństwa był ekonomiczny; pociąg seksualny był wtórny. Małżeństwo, oparte na samozachowawczości, prowadziło do zachowania gatunku a jednocześnie dawało formę zadowolenia jedną z najbardziej atrakcyjnych. Małżeństwo jest jedyną instytucją społeczeństwa ludzkiego, która obejmuje wszystkie trzy wielkie bodźce napędowe życia.

Początkowo podstawą samozachowawczości była własność, podczas gdy małżeństwo funkcjonowało jako unikalna instytucja zachowania gatunku. Chociaż zaspokojenie głodu, zabawa i humor, wraz z okresowym zaspokojeniem seksualnym, były środkami zdobywania samozadowolenia, faktem pozostaje, że rozwijające się obyczaje nie wytworzyły żadnej specyficznej instytucji przynoszącej samozadowolenie. Właśnie dlatego, że nie ukształtowały się specyficzne metody korzystania z przyjemności, wszystkie instytucje ludzkie są tak dogłębnie przeniknięte poszukiwaniem przyjemności.

Gromadzenie własności staje się instrumentem pomnażającym wszelkie formy samozadowolenia, podczas gdy małżeństwo często jest traktowane tylko jako metoda korzystania z przyjemności. I takie zbytnie pobłażanie sobie, szeroko rozpowszechniona mania szukania przyjemności, stanowi teraz największą ze wszystkich groźbę, spośród tych, jakie kiedykolwiek zagrażały społecznej, ewolucyjnej instytucji życia rodzinnego – ognisku domowemu.

Rasa fioletowa wniosła do doświadczenia ludzkości nową cechę, niewystarczająco tylko urzeczywistnioną – instynkt zabawy połączony z poczuciem humoru. Instynkt ten istniał już w pewnym stopniu u Sangików i Andonitów, ale ród adamiczny wywyższył tę prymitywną tendencję do *potencjalnego czynnika* przyjemności, do poziomu nowej i wzniosłej formy samozadowolenia. Podstawową formą samozadowolenia, obok zaspokojenia głodu, jest zadowolenie seksualne i ta forma przyjemności zmysłowej została wyjątkowo wywyższona przez mieszankę Sangików i Anditów.

Istnieje prawdziwe niebezpieczeństwo w kombinacji niepokoju, ciekawości, żądzy przygody i zapamiętałej pogoni za przyjemnością, charakteryzującej ludy post-Andickie. Głodu duszy nie da się zaspokoić przyjemnościami materialnymi; miłości do rodziny i dzieci nie można zwiększyć przez niemądrą pogoń za przyjemnością. Choć wykorzystujecie zasoby sztuki, koloru, dźwięku, rytmu, muzyki i ozdób osobistych, nie możecie oczekiwać, że tym sposobem wysublimujecie duszę i odżywicie ducha. Próżność i moda nie pomogą w założeniu rodziny i wychowywaniu dzieci; pycha i rywalizacja nie mogą umocnić wartości przetrwania kolejnych pokoleń.

Wszystkie rozwijające się istoty niebiańskie korzystają z odpoczynku i ze służb organizatorów powrotu. Rozsądne są wszystkie te wysiłki, które zmierzają w kierunku zdrowej rozrywki i podbudowującej zabawy; wartościowy jest pokrzepiający sen, odpoczynek, rekreacja i wszelkie inne rozrywki, które zapobiegają nudzie i monotonii. Współzawodnictwo w zabawie, opowiadanie różnych historii a nawet smak dobrego jedzenia mogą służyć jako formy samozadowolenia. (Gdy używacie soli, aby poprawić smak potraw, pomyślcie o tym, że przez nieomal milion lat człowiek mógł mieć sól tylko przez zanurzenie żywności w popiele).

Niech człowiek korzysta z życia; niech gatunek ludzki szuka przyjemności na tysiąc i jeden sposobów; niech ewolucyjna ludzkość odkrywa wszelkie formy słusznego samozadowolenia, owoc długich, rozwojowych zmagań biologicznych. Człowiek dobrze zapracował na niektóre ze swoich obecnych radości i przyjemności. Jednak przypatrzcie się dobrze celowi waszego przeznaczenia! Przyjemności doprawdy są samobójcze, jeśli udaje im się zniszczyć te właściwości, które stały się podstawą samozachowawczości; a za samozadowolenie można doprawdy zapłacić najwyższą cenę, gdy doprowadzi ono do upadku małżeństwa, rozkładu życia rodzinnego i zniszczenia ogniska domowego – najwyższej ewolucyjnej zdobyczy człowieka i jedynej nadziei przetrwania cywilizacji.

[Przedstawione przez szefa serafinów, przebywającego stale na Urantii].

PRZEKAZ 85

POCZĄTKI CZCZENIA

RELIGIA prymitywna ma biologiczne początki i swój naturalny rozwój ewolucyjny, niezależny od związków moralnych i wszelkich wpływów duchowych. Wyższe zwierzęta przeżywają strach, ale nie mają iluzji, więc nie mają religii. Człowiek tworzy swą prymitywną religię ze swych strachów i przy pomocy swoich iluzji.

W ewolucji gatunku ludzkiego, czczenie pojawia się w swych prymitywnych przejawach długo wcześniej, nim umysł człowieczy potrafi sformułować bardziej złożone idee życia doczesnego i życia po tym życiu, które mogą zasługiwać na miano religii. Wczesna religia miała całkowicie intelektualną naturę i w pełni bazowała na powiązanych ze sobą przypadkach. Obiekty kultu były wyłącznie symboliczne a stanowiły je rzeczy natury, które były pod ręką albo te, które wzbudzały niepokój w życiu codziennym prostych, prymitywnych Urantian.

Kiedy religia raz się rozwinęła powyżej kultu natury, nabrała korzeni duchowego pochodzenia, zawsze jednak była uwarunkowana środowiskiem społecznym. Gdy się rozwinął kult natury, ludzkie idee wyobrażały podział pracy w świecie nadludzkim; istniały tam duchy natury – jezior, drzew, wodospadów, deszczu i setek innych zwykłych, ziemskich zjawisk.

W takim czy innym czasie śmiertelnik czcił wszystko, co istniało na powierzchni Ziemi, z sobą włącznie. Czcił prawie wszystko, co można było sobie wyobrazić na niebie i pod ziemią. Człowiek prymitywny bał się wszelkich przejawów mocy, czcił każde zjawisko naturalne, którego nie mógł zrozumieć. Obserwacje potężnych sił przyrody, takich jak burze, powodzie, trzęsienia ziemi, osuwiska, wulkany, ogień, gorąco i zimno, wywierały wielkie wrażenie na rozwijającym się umyśle ludzkim. Zdarzające się w życiu niewytłumaczalne rzeczy nadal są nazywane „dopustem Boskim" albo „niedocieczonymi drogami Opatrzności".

1. CZCZENIE KAMIENI I WZGÓRZ

Pierwszym obiektem, czczonym przez rozwijającego się człowieka, był kamień. Lud Kateri, w Indiach południowych, do dziś jeszcze czci kamień, podobnie jak liczne plemiona w Indiach północnych. Jakub spał na kamieniu, ponieważ go czcił, nawet go namaszczał. Rachela ukrywała w swym namiocie sporo świętych kamieni.

Kamienie pierwsze dziwiły wczesnego człowieka, jako niezwykłe zjawisko, że mogły tak nagle pojawiać się na powierzchni uprawianego pola lub pastwiska. Człowiek nie brał pod uwagę ani erozji, ani skutków przemieszczania gleby. Kamienie robiły wielkie wrażenie na ludziach również z tego względu, że często były podobne do zwierząt. Uwagę cywilizowanego człowieka przykuwają liczne formacje skalne w górach, które są bardzo podobne do fizjonomii zwierząt czy nawet ludzi. Jednak największe wrażenie na człowieku pierwotnym wywierały kamienie meteorytowe, obserwowane jak lecą przez atmosferę w płomienistym majestacie. Spadające gwiazdy wzbudzały grozę u wczesnego człowieka i łatwo mu było uwierzyć, że takie świecące smugi oznaczają przelot ducha w drodze na Ziemię. Nic więc dziwnego, że ludzie skłonni byli czcić takie zjawiska, zwłaszcza, jeśli potem odkrywali meteoryty. Zwiększało to szacunek dla wszelkich innych kamieni. W Bengalu wielu czci meteoryt, który spadł na Ziemię w roku 1880 n.e.

Wszystkie pradawne klany i plemiona miały swe święte kamienie a większość współczesnych ludzi przejawia pewien rodzaj czci dla niektórych rodzajów kamieni – swoich klejnotów. Grupa pięciu kamieni czczona była w Indiach, w Grecji było ich trzydzieści, u ludzi czerwonych był to zazwyczaj krąg kamienny. Rzymianie zawsze rzucali kamień w powietrze, kiedy wzywali Jowisza. W Indiach kamienia można używać za świadka, nawet po dzień dzisiejszy. W niektórych regionach używają kamienia jako talizmanu prawnego i dzięki jego powadze przestępca może być pozwany przed sąd. Jednak prości śmiertelnicy nie zawsze utożsamiają Bóstwo z obiektem czczenia obrzędowego. Takie fetysze są najczęściej tylko symbolami prawdziwych, czczonych obiektów.

Starożytni żywili szczególny szacunek dla otworów w kamieniu. Takie porowate kamienie, jak domniemano, niezwykle skutecznie leczyły choroby. Nie przebijano uszu po to, aby nosić kamienie, ale wkładano w nie kamienie, aby zachować otwory w uszach otwarte. Nawet we współczesnych czasach zabobonni ludzie robią otwory w monetach. W Afryce tubylcy robili sporo zamieszania wokół swych kamiennych fetyszów. Faktycznie, u wszystkich opóźnionych plemion i ludów kamienie nadal są otaczane zabobonnym szacunkiem. Nawet dziś kult kamienia rozpowszechniony jest w świecie. Nagrobek jest do dziś przetrwałym symbolem wyobrażeń i idoli, rzeźbionych w kamieniu, związanych z wierzeniami w upiory i duchy zmarłych bliźnich.

Po kulcie kamieni pojawił się kult wzgórz a pierwsze czczone wzgórza były dużymi skupiskami kamieni. Wkrótce weszło w zwyczaj wierzenie, że bogowie zamieszkują góry, dlatego też znaczne wyniesienia lądu były dodatkowo czczone. Z upływem czasu pewne góry wiązano z pewnymi bogami i tym samym stawały się one święte. Ciemni i zabobonni tubylcy wierzyli, że jaskinie prowadzą do świata podziemi, z jego złymi duchami i demonami, w przeciwieństwie do gór, które utożsamiano z ukształtowanymi później ideami dobrych duchów i bóstw.

2. CZCZENIE ROŚLIN I DRZEW

Roślin z początku się bano a potem je czczono, ze względu na odurzające płyny z nich uzyskiwane. Człowiek prymitywny wierzył, że odurzenie czyni go boskim. Uważano, że jest coś niezwykłego i świętego w takim przeżyciu. Nawet w dzisiejszych czasach alkohole nazywane są „spirytualiami".

Dawny człowiek obserwował kiełkujące ziarno z lękiem i zabobonną trwogą. Apostoł Paweł nie był pierwszym, który opisywał głębokie duchowe nauki, porównując wierzenia religijne do kiełkującego ziarna.

Kult drzew zalicza się do najstarszych wierzeń religijnych. Wszystkie dawne małżeństwa zawierane były pod drzewami, a kiedy kobieta chciała mieć dziecko, znajdowano ją czasami w lesie, z czułością obejmującą silny dąb. Czczono wiele roślin i drzew, ze względu na ich prawdziwe czy wyimaginowane właściwości lecznicze. Dziki wierzył, że wszelkie reakcje chemiczne spowodowane są bezpośrednim działaniem sił nadprzyrodzonych.

Idee dotyczące duchów drzew są bardzo zróżnicowane u różnych plemion i ras. Niektóre drzewa zamieszkiwały duchy przyjazne; inne były miejscem pobytu duchów zwodniczych i okrutnych. Finowie wierzyli, że większość drzew zamieszkują duchy przyjazne. Szwajcarzy długo nie ufali drzewom, wierząc, że opanowane są one przez duchy podstępne. Mieszkańcy Indii i wschodniej Rosji uważali, że duchy drzew są okrutne. Patagończycy nadal czczą drzewa, tak, jak to robili wcześni Semici. Długo po tym, jak Hebrajczycy przestali czcić drzewa, wciąż czcili swoje różne bóstwa w gaikach. Istniał kiedyś kult *drzewa życia,* rozpowszechniony wszędzie, za wyjątkiem Chin.

Wierzenie, że woda czy szlachetne metale pod powierzchnią ziemi mogą być wykryte drewnianą różdżką, jest reliktem dawnych kultów drzew. Maik, choinka i zabobonne praktyki odpukiwania w drzewo, to niektóre z zachowanych, pradawnych obyczajów czczenia drzew oraz późniejszych kultów drzew.

Wiele tych wcześniejszych sposobów czczenia natury zostało zmieszane z ukształtowanymi później metodami czczenia, jednak wcześniejsze rodzaje czczenia, wywołane przez przyboczny umysł, funkcjonowały na długo przedtem, nim świeżo rozbudzona religijna natura ludzkości zaczęła w pełni reagować na bodźce duchowe.

3. CZCZENIE ZWIERZĄT

Człowiek prymitywny żywił specyficzne, braterskie uczucia w stosunku do wyższych zwierząt. Jego przodkowie żyli ze zwierzętami a nawet kojarzyli się z nimi. W południowej Azji kiedyś wierzono, że dusze ludzi wracają na ziemię w zwierzęcej formie. Wiara ta była reliktem jeszcze wcześniejszych praktyk czczenia zwierząt.

Dawni ludzie szanowali zwierzęta za ich siłę i zręczność. Uważali, że dobry węch i dalekowzroczność pewnych stworzeń świadczą o przewodnictwie duchowym. Wszystkie zwierzęta były czczone, przez ten czy inny lud, w takim czy innym czasie. Do podobnych obiektów kultu zaliczały się stworzenia, uznawane za na wpół ludzkie na wpół zwierzęce, jak centaury i syreny.

Hebrajczycy czcili węże, aż do czasów króla Ezechiasza a Hindusi nadal się przyjaźnią ze swymi wężami domowymi. Chińskie czczenie smoka jest pozostałością kultu węża. Mądrość węża była symbolem medycyny greckiej i tego symbolu nadal używają współcześni lekarze. Sztuka zaklinania węży utrzymuje się od czasów kobiet szamanek, wyznających *kult miłości węża.* Kobiety te, w rezultacie codziennych ukąszeń węży, uodporniły się na ich jad, faktycznie były prawdziwymi narkomankami jadu i nie mogły wytrzymać bez tej trucizny.

Rozwijał się kult owadów i innych zwierząt, na skutek późniejszej, mylnej interpretacji złotej zasady – czynienia innym (każdej formie życia) tak, jakby się chciało, aby inni czynili tobie. Pradawni ludzie wierzyli kiedyś, że wszystkie wiatry wywoływane są skrzydłami ptaków, dlatego też czcili wszelkie skrzydlate stworzenia i się ich bali. Dawni nordycy uważali, że zaćmienia powoduje wilk, który pożera część słońca lub księżyca. Hindusi często przedstawiali Wisznu z końską głową. Wielokrotnie, tylko zwierzęcy symbol pozostawał po zapomnianym bogu lub zaginionym kulcie. We wczesnym stadium rozwoju religii ewolucyjnej jagnię stało się typowym zwierzęciem ofiarnym a gołąb symbolem pokoju i miłości.

W religii symbolizm może być zarówno dobry jak i zły, w takim dokładnie stopniu, w jakim symbol eliminuje czy też nie eliminuje czczoną pierwotnie ideę. Symbolizmu nie można mylić ze zwykłym bałwochwalstwem, kiedy to czczony jest rzeczywisty obiekt materialny.

4. CZCZENIE ŻYWIOŁÓW

Ludzkość czciła ziemię, powietrze, wodę i ogień. Ludy prymitywne okazywały szacunek źródłom i czciły rzeki. Nawet teraz, w Mongolii, kwitnie silny kult rzeki. Chrzest stał się obrzędem religijnym w Babilonii a Grecy praktykowali coroczną, rytualną kąpiel. Łatwo było wyobrazić sobie starożytnym, że duchy mieszkają w musujących źródłach, tryskających fontannach, płynących rzekach i rwących potokach. Poruszająca się woda silnie oddziaływała na proste umysły, wywołując wiarę, że ożywiają ją duchy i nadprzyrodzona moc. Czasami nie chciano ratować tonącego, ze strachu, aby nie obrazić jakiegoś boga rzeki.

W różnych czasach i na różnych ludzi, wiele rzeczy i liczne zdarzenia oddziaływały jako impuls religijny. Wiele górskich plemion w Indiach nadal czci tęczę. Zarówno w Indiach jak i w Afryce, tęczę uważa się za gigantycznego, niebiańskiego węża; hebrajczycy i chrześcijanie uważają ją za „łuk przymierza". Oczywiście, czynniki uznawane za korzystne w jednej części świata, mogły być traktowane jako złośliwe w innych regionach. W Ameryce Południowej wschodni wiatr jest dobry, gdyż przynosi deszcz, w Indiach jest diabelski, ponieważ niesie pył i wywołuje suszę. Starożytni Beduini wierzyli, że duch natury wywołuje wiry piaskowe a nawet w czasach Mojżesza wiara w duchy natury była wystarczająco silna, aby je utrwalić w teologii hebrajskiej, jako anioły ognia, wody i powietrza.

Chmury, deszcz i grad wywoływały strach i były czczone przez prymitywne plemiona i w wielu wczesnych kultach natury. Wichury, z grzmotami i błyskawicami, wzbudzały trwogę w pierwotnym człowieku. Zaburzenia żywiołów wywierały tak wielki wpływ na człowieka, że grzmot uważany był za głos gniewnego boga. Czczenie ognia i lęk przez błyskawicą były łączone razem i bardzo rozpowszechnione u wielu wczesnych grup ludzkich.

W umysłach prymitywnych, przejętych strachem śmiertelników, ogień mieszał się z magią. Entuzjaści magii mogli żywo pamiętać jeden pozytywny, przypadkowy rezultat praktykowania swych formuł magicznych, podczas gdy nonszalancko zapominali dziesiątki negatywnych rezultatów, kompletnych niepowodzeń. Czczenie ognia osiągnęło swe apogeum w Persji, gdzie utrzymywało się długo. Niektóre plemiona czciły ogień jako samo bóstwo, inne otaczały go szacunkiem jako płonący symbol oczyszczającego i uzdrawiającego ducha czczonych przez nich bóstw. Westalskim dziewicom powierzono strzeżenie świętego ognia a w dwudziestym wieku wciąż pali się świece jako część rytuału wielu obrzędów religijnych.

5. CZCZENIE CIAŁ NIEBIESKICH

Czczenie kamieni, wzgórz, drzew i zwierząt rozwinęło się naturalnie, poprzez bojaźliwą wenerację żywiołów, w ubóstwianie słońca, księżyca i gwiazd. W Indiach i w innych częściach świata gwiazdy uważane były za gloryfikowane dusze wielkich ludzi, którzy zakończyli swe życie cielesne. Chaldejscy czciciele gwiazd uważali się za dzieci ojca-nieba i matki-ziemi.

Przed kultem słońca pojawił się kult księżyca. Czczenie księżyca osiągnęło swój szczyt w epoce myślistwa, podczas gdy czczenie słońca stało się głównym obrzędem religijnym w następujących później epokach rolniczych. Kult słońca po raz pierwszy zakorzenił się głęboko w Indiach i tam przetrwał najdłużej. W Persji weneracja słońca dała początek kultowi późniejszego mitraizmu. Wiele ludów uważało słońce za przodka swych królów. Chaldejczycy umieścili słońce w centrum „siedmiu okręgów wszechświata". Później cywilizacja uczciła słońce, nadając jego imię pierwszemu dniowi tygodnia.

Bóg-słońce był domniemanym, mistycznym ojcem zrodzonych z dziewicy synów przeznaczenia, którzy co jakiś czas obdarzali sobą wybrane ludy, jako ich zbawiciele. Takie nadprzyrodzone niemowlęta zawsze puszczane były z prądem jakiejś świętej rzeki, aby je później uratowano w niezwykły sposób, po czym dorastały, aby stać się cudownymi osobami i wybawicielami swych narodów.

6. CZCZENIE CZŁOWIEKA

Po czczeniu wszystkiego, co było na ziemi i w niebiosach, człowiek nie wahał się zaszczycić siebie samego podobnym uwielbieniem. Prosty dziki nie robił wyraźnych różnic pomiędzy zwierzętami, ludźmi i bogami.

Wczesny człowiek traktował wszystkie niezwykłe osoby jako nadludzi, bał się takich istot i miał dla nich pełen czci respekt; w pewnym stopniu dosłownie je czcił. Nawet posiadanie bliźniąt uważane było albo za bardzo szczęśliwe, albo bardzo nieszczęśliwe. Lunatycy, epileptycy i ociężali umysłowo często byli czczeni przez swych bliźnich o normalnym umyśle, którzy wierzyli, że takie anormalne istoty są zamieszkałe przez bogów. Czczeni byli kapłani, królowie i prorocy; uważano, że pradawni święci mężowie byli natchnieni przez bóstwo.

Wodzowie plemienni umierali i byli *deifikowani*. Później, gdy odchodziły wybitne dusze, były *kanonizowane*. Nie wspomagana ewolucja nigdy nie wytworzyła bogów wyższych niż gloryfikowane, podniosłe i rozwinięte duchy zmarłych ludzi. Na początku ewolucji religia tworzy swych własnych bogów. W procesie objawienia Bogowie formułują religię. Ewolucyjna religia stwarza swych bogów na obraz i podobieństwo śmiertelnego człowieka; religia objawiona próbuje rozwinąć i przekształcić śmiertelnego człowieka na obraz i podobieństwo Boga.

Należy odróżnić bogów-duchy, które miały domniemane ludzkie pochodzenie, od bogów natury, ponieważ kult natury przekształcił się w panteon – w duchy natury wyniesione do pozycji bogów. Kulty natury wciąż się rozwijały, razem z pojawiającymi się później kultami duchów a jedne wywierały wpływ na drugie. Wiele systemów religijnych zawierało podwójną koncepcję bóstwa, bogów natury i bogów-duchy; w niektórych teologiach koncepcje te przeplatają się nawzajem, jak to widać na przykładzie Thora, bohatera-ducha, który był także panem błyskawicy.

Czczenie człowieka przez człowieka osiągnęło swój szczyt wtedy, kiedy ziemscy władcy kazali się wielbić swym poddanym, uzasadniając te żądania twierdzeniem, że pochodzą od bóstwa.

7. PRZYBOCZNI CZCI I MĄDROŚCI

Wydawać by się mogło, że czczenie przyrody pojawiło się w umysłach prymitywnych mężczyzn i kobiet naturalnie, spontanicznie i rzeczywiście tak było; ale przez cały ten czas działał w tych samych, prymitywnych umysłach szósty duch przyboczny, nadany tamtym ludziom jako wpływ, który ich prowadził do tego stadium ewolucji człowieka. I ten duch wciąż stymulował impuls czczenia u gatunku ludzkiego, bez znaczenia, jak prymitywne mogły być pierwsze objawy czczenia. Duch czci wyraźnie zapoczątkował ludzki impuls czczenia, pomimo tego, że zwierzęcy strach motywował przejawy czczenia i że wczesne praktyki człowieka koncentrowały się na obiektach natury.

Musicie pamiętać, że czucie a nie myślenie było tym wpływem, który prowadził i kontrolował cały rozwój ewolucyjny. Dla prymitywnego umysłu nie ma wielkiej różnicy pomiędzy strachem, obawą, poważaniem a czczeniem.

Kiedy impuls czczenia kontrolowany jest i ukierunkowywany przez mądrość – kontemplacyjne i eksperymentalne myślenie – zaczyna się rozwijać w zjawisko prawdziwej religii. Kiedy siódmy duch przyboczny, duch mądrości, zacznie sprawować swą efektywną opiekę nad człowiekiem, wtedy człowiek w swym czczeniu zaczyna odwracać się od natury i rzeczy naturalnych do Boga natury i wiecznego Stwórcy wszystkich rzeczy naturalnych.

[Przedstawione przez Gwiazdę Błyszczącą Wieczorną z Nebadonu].

PRZEKAZ 86

WCZESNE STADIUM EWOLUCJI RELIGII

UKSZTAŁTOWANIE się religii, z poprzedzającego ją prymitywnego impulsu czczenia, nie jest zależne od objawienia. Normalne funkcjonowanie ludzkiego umysłu, pod ukierunkowującym wpływem szóstego i siódmego przybocznego umysłu z wszechświatowego, duchowego obdarzenia, zupełnie wystarcza, aby zapewnić taki rozwój wypadków.

Najwcześniejszy, przedreligijny strach człowieka przed siłami natury staje się stopniowo religijny, kiedy w ludzkiej świadomości przyroda zostaje uosobiona, uduchowiona i w końcu deifikowana. Zatem religia typu prymitywnego była naturalną, biologiczną konsekwencją psychologicznej inercji rozwijających się, zwierzęcych umysłów, po tym, jak w takich umysłach raz zagościły idee nadprzyrodzone.

1. PRZYPADEK: SZCZĘŚCIE I NIESZCZĘŚCIE

Oprócz naturalnego impulsu czczenia, wczesna religia ewolucyjna zakorzeniona jest w przypadku, doświadczanym przez człowieka – w tak zwanym losie, w zwyczajnych zdarzeniach. Człowiek prymitywny był poszukiwaczem pożywienia. Rezultaty poszukiwań zawsze są zróżnicowane i to właśnie daje określony początek tym doświadczeniom, które człowiek interpretuje jako *szczęście* i *nieszczęście*. Pech był istotnym czynnikiem w życiu tych mężczyzn i kobiet, którzy wciąż żyli na nierównej krawędzi niepewnego i niespokojnego bytu.

Ograniczony horyzont intelektualny dzikiego kazał mu tak koncentrować uwagę na przypadku, że los stał się trwałym elementem jego życia. Prymitywni Urantianie walczyli o byt, nie o standard życia; ich życie ciągle było w niebezpieczeństwie i przypadek odgrywał tu ważną rolę. Ciągły strach przed nieznaną i niewidzialną klęską zawisł nad tymi dzikimi jak chmura rozpaczy, która z powodzeniem przesłaniała każdą radość; żyli w ciągłym strachu przed zrobieniem czegoś, co mogło przynieść nieszczęście. Przesądni dzicy zawsze się bali serii dobrych przypadków; taki dobry traf uważali za oczywisty zwiastun nieszczęścia.

Ciągła obawa przed nieszczęściem paraliżowała. Dlaczego ciężko pracować i zbierać nieszczęście – nic za coś – kiedy ktoś mógł nic nie robić i mieć szczęście – coś za nic? Bezmyślni ludzie zapominają o szczęściu – traktują je jako rzecz naturalną – ale dobrze pamiętają nieszczęście.

Prymitywny człowiek żył w niepewności i w ciągłym strachu przed przypadkiem – nieszczęściem. Życie było podniecającą grą przypadku; egzystencja była hazardem Nic zatem dziwnego, że częściowo cywilizowane narody nadal wierzą w przypadek i wciąż przejawiają resztki skłonności do hazardu. U człowieka prymitywnego występowały na przemian dwa intensywne uczucia: chęć otrzymania czegoś za nic i strach przed otrzymaniem niczego za coś. I taki hazard istnienia był głównym zainteresowaniem i najwyższą fascynacją wczesnego, dzikiego umysłu.

Później pasterze tak samo traktowali przypadek i los, podczas gdy jeszcze później rolnicy byli coraz mocniej przekonani, że bezpośredni wpływ na zbiory ma wiele rzeczy, nad którymi człowiek ma niewielką albo i żadną kontrolę. Rolnik bywał ofiarą suszy, powodzi, gradu, burz, szkodników i chorób roślin, jak również ciepła i zimna. I kiedy wszystkie te naturalne czynniki wpływały na indywidualną koniunkturę, traktowane były jako szczęście albo nieszczęście.

Takie pojmowanie przypadku i losu miało wielki wpływ na filozofię wszystkich narodów starożytnych. Nawet Mądrość Salomona, powstała w niedawnych czasach, mówi: „A dalej widziałem pod słońcem, że to nie chyżym bieg się udaje i nie waleczni w walce zwyciężają. Tak samo nie mędrcom chleb się dostaje w udziale ani rozumnym bogactwo, ani też nie uczeni cieszą się względami; o czas i przypadek rządzi wszystkim. Bo też i nie zna człowiek swego czasu, jak ryby, które się łowi w sieć zdradliwą, i jak ptaki w sidła schwytane. Jak one, tak uwikłani zostaną ludzie w złej chwili, gdy spadnie na nich znienacka".

2. PERSONIFIKACJA PRZYPADKU

Lęk był naturalnym stanem dzikiego umysłu. Kiedy mężczyźni i kobiety padali ofiarami zbyt wielkiego lęku, wracali po prostu do naturalnego stanu ich odległych przodków; a kiedy lęk stawał się naprawdę trudny do zniesienia, hamował wszelkie działania i niezawodnie wprowadzał zmiany ewolucyjne i adaptacje biologiczne. Ból i cierpienia są konieczne w progresywnej ewolucji.

Walka o byt jest tak bolesna, że pewne opóźnione plemiona nawet teraz wyją i lamentują podczas każdego kolejnego wschodu słońca. Człowiek prymitywny wciąż pytał: „kto mnie męczy?", a nie znalazłszy materialnego źródła swych niedoli, uchwycił się wyjaśnienia duchowego. I w ten sposób zrodziła się religia, ze strachu przed tym, co tajemnicze, z trwogi przed niewidzialnym i z lęku przed nieznanym. Dlatego lęk przed naturą stał się elementem walki o byt, po pierwsze ze względu na przypadkowość a potem ze względu na tajemniczość.

Prymitywny umysł był logiczny, ale posiadał za mało idei, aby je można było inteligentnie kojarzyć; dziki umysł był niewykształcony, zupełnie niewyszukany. Jeśli jakieś *zdarzenie* następowało po innym, dziki uważał je za przyczynę i skutek. To, co człowiek cywilizowany uważa za przesąd, u dzikiego było zwykłą niewiedzą. Ludzkość bardzo powoli się uczyła, że nie zawsze musi istnieć jakiś związek pomiędzy zamiarami a rezultatami. Istoty ludzkie zaczynają teraz dopiero sobie uświadamiać, że oddziaływania bytu występują pomiędzy czynami a ich skutkami. Dziki chciał personifikować wszystko, co nieuchwytne i abstrakcyjne, dlatego też zarówno natura jak i przypadek zostały uosobione jako widma – duchy – a później jako bogowie.

Człowiek miał naturalne skłonności wierzyć w to, co uważał dla siebie za najlepsze, w to, co go interesowało, teraz czy w przyszłości; własna korzyść w znacznym stopniu przyćmiewa logikę. Różnica pomiędzy umysłem człowieka dzikiego a cywilizowanego polega raczej na jego zawartości, niż na naturze, raczej na zakresie funkcjonowania, niż na jakości.

Tym niemniej ciągłe przypisywanie rzeczy trudnych do zrozumienia przyczynom nadprzyrodzonym nie jest niczym innym jak leniwą i wygodną drogą unikania wszelkich form cięższego wysiłku intelektualnego. Los jest po prostu określeniem stworzonym jako przykrywka tego, co niewytłumaczalne w dowolnej epoce ludzkiego bytu; określa te zjawiska, których ludzie nie potrafią lub nie chcą zgłębiać. Przypadek jest słowem, które oznacza, że człowiek jest zbytnim ignorantem albo jest zbyt leniwy, aby określić przyczynę. Ludzie traktują naturalne zdarzenia jako przypadek lub jako nieszczęście tylko wtedy, kiedy brakuje im ciekawości i wyobraźni, kiedy brak im inicjatywy i chęci podejmowania ryzyka. Badanie zjawisk towarzyszących życiu wcześniej czy później zlikwiduje ludzkie wierzenia w przypadek, szczęście i tak zwane wypadki, zastępując je wszechświatowym prawem i porządkiem, w którym wszystkie skutki są poprzedzone przez określone przyczyny. Dzięki temu lęk bytu zastąpiony zostanie radością życia.

Dziki uznawał całą naturę za ożywioną, przez coś opanowaną. Człowiek cywilizowany wciąż kopie i przeklina te martwe obiekty, na które wpada, kiedy mu stają na drodze. Człowiek prymitywny nigdy niczego nie uważał za przypadkowe; wszystko było zawsze zamierzone. Domena losu, funkcjonowanie szczęścia, świat ducha, były dla prymitywnego człowieka tak samo zdezorganizowane i przypadkowe, jak zdezorganizowane i przypadkowe było prymitywne społeczeństwo. Przypadek traktowano jako kapryśną reakcję świata duchowego, wynikającą z jego usposobienia; później, jako humor bogów.

Jednak nie wszystkie religie rozwinęły się z animizmu. Inne koncepcje tego, co nadprzyrodzone, istniały równocześnie z animizmem i te wierzenia również prowadziły do czczenia. Naturalizm nie jest religią – jest rezultatem religii.

3. NIEWYTŁUMACZALNA ŚMIERĆ

Największym szokiem dla rozwijającego się człowieka była śmierć, kombinacja przypadku i tajemnicy, wywołująca jego najwyższą konsternację. Nie świętość życia, ale szok śmierci powodował strach i tym samym skutecznie wspierał religię. U dzikich ludów śmierć bywała zazwyczaj skutkiem przemocy, więc śmierć bez przemocy stawała się coraz bardziej tajemnicza. To, że śmierć jest naturalnym końcem życia i należy się jej spodziewać, nie docierało do świadomości prymitywnych ludzi i trzeba było wielu epok, zanim człowiek uświadomił sobie jej nieuchronność.

Wczesny człowiek traktował życie jako fakt, podczas gdy śmierć uważał za rodzaj nieszczęścia. Wszystkie narody mają swe legendy o ludziach, którzy nie umierali, są to resztki tradycji, świadczących o dawnej postawie wobec śmierci. Istniała już w ludzkim umyśle mglista koncepcja niejasnego i niezorganizowanego świata duchowego, domeny, skąd przychodziło wszystko to, co niewytłumaczalne w życiu ludzkim i śmierć została dodana do długiej listy niewyjaśnionych zjawisk.

Z początku wierzono, że za wszystkie ludzkie choroby i naturalną śmierć odpowiedzialne są czynniki duchowe. Nawet obecnie niektóre cywilizowane narody traktują chorobę za wytwór „wroga" i polegają na religijnych obrzędach uzdrawiających. Późniejsze i bardziej skomplikowane systemy teologiczne wciąż przypisują śmierć działaniu świata duchowego; wszystko to prowadziło do takich doktryn, jak grzech pierworodny i upadek człowieka.

Świadomość bezsilności wobec potężnych sił przyrody, razem z poznaniem słabości ludzkiej w obliczu choroby i śmierci, zmusiła dzikiego do szukania pomocy w świecie nadmaterialnym, który sobie mgliście uzmysławiał, jako źródło tajemniczych, zmiennych życiowych kolei losu.

4. IDEA ŻYCIA PO ŚMIERCI

Idea nadmaterialnego stadium osobowości ludzkiej zrodziła się z nieświadomego i czysto przypadkowego kojarzenia zwykłych, życiowych przypadków oraz ze snu o duchach. Kiedy zmarły wódz przyśnił się kilku członkom plemienia jednocześnie, wydawało się to przekonywającym dowodem, że stary wódz rzeczywiście wrócił w pewnej formie. Dla dzikiego wszystko to było bardzo realistyczne, potrafił się zbudzić z takiego snu z krzykiem, oblany potem i roztrzęsiony.

Wierzenie w przyszły byt, zrodzone ze snu, wyjaśnia stałą ludzką tendencję do wyobrażania sobie rzeczy niewidzialnych w terminologii rzeczy widzialnych. I niebawem ta nowa idea snu-ducha-przyszłego życia zacznie skutecznie przeciwdziałać lękowi przed śmiercią, który wiąże się z biologicznym instynktem samozachowawczym.

Wczesnego człowieka bardzo interesował jego własny oddech, zwłaszcza w zimnym klimacie, gdzie podczas wydechu przybierał kształt obłoku. *Tchnienie* życia uznawane było za zjawisko odróżniające żywego od umarłego. Człowiek wiedział, że oddech może opuścić ciało a sny o robieniu wszelkiego rodzaju dziwnych rzeczy, kiedy człowiek spał, przekonały go o tym, że jest w ludzkiej istocie coś niematerialnego. Najprymitywniejsza idea ludzkiej duszy – ducha – wywiedziona została z idei-systemu oddechu-snu.

W końcu dziki zaczął wyobrażać siebie jako coś podwójnego – jako ciało i oddech. Oddech bez ciała równa się duchowi, widmu. Widma czy duchy, podczas gdy miały bardzo konkretne, ludzkie pochodzenie, uważane były za nadludzi. I takie wierzenie, w istnienie pozbawionych ciała duchów, wydawało się wyjaśniać pojawianie się tego, co niezwyczajne, nadzwyczajne, niezwykłe i niewytłumaczalne.

Prymitywna doktryna życia po śmierci niekoniecznie musiała być wierzeniem w nieśmiertelność. Istoty, które nie potrafiły zliczyć więcej niż do dwudziestu, raczej nie potrafiły pojąć nieskończoności i wieczności; myślały raczej o powtarzających się wcieleniach.

Rasa pomarańczowa szczególnie była podatna na wierzenia w wędrówkę dusz i reinkarnację. Idea reinkarnacji powstała w wyniku obserwacji podobieństwa i zbliżonych cech charakteru potomstwa i przodków. Zwyczaj nazywania dzieci imionami dziadków i innych przodków pojawił się w wyniku wiary w reinkarnację. Do niedawna niektóre ludy wierzyły, że człowiek umiera od trzech do siedmiu razy. Wiarę tę (pozostałość nauk Adama o światach-mieszkaniach) i wiele innych pozostałości religii objawionej, znaleźć można pośród skądinąd absurdalnych doktryn dwudziestowiecznych barbarzyńców.

Człowiek pierwotny nie miał idei piekła czy przyszłej kary. Dziki uważał, że przyszłe życie jest podobne do doczesnego, ale bez całego złego losu. Później wymyślono oddzielne przeznaczenie dla dobrych i złych duchów – niebo i piekło. Ale chociaż wiele prymitywnych plemion wierzyło, że człowiek wkracza w przyszłe życie takim, jakim opuścił poprzednie, nie w smak im była idea stania się starym i zgrzybiałym. Starcy woleli raczej zostać zabici, zanim się stali nazbyt niedołężni.

Prawie każda grupa ludzka miała inną ideę, gdy idzie o przeznaczenie ducha-duszy. Grecy wierzyli, że słabi muszą mieć słabe dusze; wymyślili zatem Hades, jako odpowiednie miejsce dla przyjmowania takich anemicznych dusz; słabi osobnicy mieli także domniemanie krótsze cienie. Wcześni Andici uważali, że ich duchy wracają do ojczyzny przodków. Chińczycy i Egipcjanie kiedyś wierzyli, że ciało i dusza pozostają razem. Egipcjan skłoniło to do starannej budowy grobów i do wysiłków zmierzających do zachowania ciała. Nawet współcześni ludzie usiłują opóźnić rozkład zmarłych. Hebrajczycy wyobrażali sobie, że widmowa kopia człowieka idzie do Szeolu i nie może wrócić do krainy życia. Dokonali oni tego ważnego postępu w doktrynie ewolucji duszy.

5. IDEA DUCHA-DUSZY

Różnie nazywano niematerialną część człowieka – widmo, duch, cień, upiór, zjawa a ostatnio *dusza*. Dla dawnego człowieka dusza była jego wyśnionym sobowtórem, w każdym calu podobna do niego samego, za wyjątkiem tego, że nie reagowała na dotyk. Wiara w wyśnionego sobowtóra prowadziła wprost do przekonania, że wszystkie rzeczy ożywione i nieożywione posiadają dusze, tak samo jak człowiek. Dzięki takiej idei, wierzenia w duchy natury utrzymywały się długo; Eskimosi nadal wyobrażają sobie, że wszystko w przyrodzie ma ducha.

Duchowa dusza może być słyszalna i widzialna, ale nie dotykalna. Marzenia senne ludzkości stopniowo tak kształtowały i poszerzyły funkcjonowanie rozwijającego się świata ducha, że zmarły był uważany za tego, co „oddał ducha". Wszystkie prymitywne plemiona, za wyjątkiem tych, co zaledwie przekroczyły zwierzęcy poziom egzystencji, ukształtowały jakąś ideę duszy. W miarę rozwoju cywilizacji, rozwiała się ta przesądna idea duszy a człowiek pozostaje w pełni zależny od objawienia i osobistego doświadczenia religijnego w swojej nowej koncepcji duszy, jako wspólnego wytworu rozpoznającego Boga umysłu ludzkiego i zamieszkującego człowieka Boskiego ducha, Dostrajacza Myśli.

Wcześni ludzie zazwyczaj nie odróżniali idei zamieszkującego ich ducha od duszy, ewolucyjnej w swej naturze. Dziki nie potrafił zrozumieć, czy duch-dusza jest rodzimą dla ciała, czy jest to czynnik zewnętrzny, będący w posiadaniu ciała. Brak logicznego myślenia, w obliczu pogmatwania idei, wyjaśnia w znacznym stopniu niekonsekwencje w poglądach dzikiego na dusze, widma i duchy.

Uważano, że dusza tak związana jest z ciałem, jak zapach z kwiatem. Ludzie pierwotni wierzyli, że dusza może opuścić ciało różnymi sposobami, na przykład przez:

1. Zwykłe i przejściowe omdlenie.
2. Sen, naturalne marzenia senne.
3. Śpiączka i utrata przytomności związana z chorobami i wypadkami.
4. Śmierć, odejście na stałe.

Dziki uważał, że kichanie jest nieudaną próbą ucieczki duszy z ciała. Ciało, gdy jest rozbudzone i czujne, potrafi zapobiec ucieczce duszy. Później, kichaniu zawsze towarzyszył jakiś zwrot religijny, na przykład: „niech Bóg da zdrowie!".

We wczesnym stadium ewolucji sen uważano za dowód tego, że duchowa dusza może opuścić ciało i wierzono, że można ją wezwać z powrotem przez wymawianie czy wykrzykiwanie imienia śpiącego. Uważano, że w innych rodzajach nieprzytomności dusza oddala się jeszcze bardziej, być może próbuje uciec na dobre – spowodować śmierć. Marzenia senne uważano za doświadczenia duszy w czasie snu, gdy jej chwilowo nie było w ciele. Dziki wierzył, że jego sny są tak samo rzeczywiste, jak wszystkie jego przeżycia na jawie. Pradawni stopniowo budzili śpiących, ażeby dusza miała czas wrócić do ciała.

Przez wiele epok ludzi trwożyły przeżycia nocne i Hebrajczycy nie byli tutaj wyjątkiem. Naprawdę wierzyli, że Bóg mówi do nich we śnie, wbrew zakazom Mojżesza odnośnie takich poglądów. I Mojżesz miał rację, gdyż osobowości ze świata duchowego nie używają zwykłych snów do komunikowania się z istotami materialnymi.

Pradawni wierzyli, że dusze mogą wejść w zwierzęta albo nawet w obiekty nieożywione. Wierzenie to osiągnęło swój szczyt w ideach wilkołaków o tożsamości zwierzęcej. Ktoś może być prawym obywatelem w dzień, ale gdy zaśnie, może wejść w wilka czy jakieś inne zwierzę, aby grasować i łupić po nocy.

Człowiek prymitywny uważał, że dusza związana jest z oddechem i że jej właściwości mogą być przenoszone lub przekazywane z oddechem. Kiedy dzielny wódz oddychał nad nowo narodzonym dzieckiem, przekazywał mu w ten sposób odwagę. U wczesnych chrześcijan obrzęd obdarzenia Duchem Świętym wiązał się z tchnieniem na kandydatów. Powiedział psalmista: „Przez słowo Pana powstały niebiosa i wszystkie ich zastępy przez tchnienie ust Jego". Długo utrzymywał się zwyczaj, że najstarszy syn próbował złapać ostatni oddech swego, umierającego ojca.

Później zaczęto bać się cienia i czcić go tak samo jak oddech. Własne odbicie w wodzie czasami również traktowano jako dowód podwójnego siebie a lustra otaczano zabobonną trwogą. Nawet dziś wiele cywilizowanych osób odwraca lustro do ściany w momencie śmierci. Niektóre opóźnione plemiona nadal wierzą, że robienie obrazów, rysunków, modeli czy podobizn odbiera w całości lub częściowo duszę; dlatego jest to zabronione.

Według powszechnie panujących poglądów, dusza utożsamiana była z oddechem, ale różne ludy lokalizowały ją także w głowie, we włosach, w sercu, wątrobie, krwi i tłuszczu. „Wołanie krwi Abla z ziemi" jest wyrazem dawnego wierzenia, że duch jest we krwi. Semici nauczali, że dusza jest w tłuszczu ciała i jedno z ich tabu zakazywało jedzenia tłuszczu zwierzęcego. Polowanie na głowy było metodą łapania duszy wroga, podobnie jak skalpowanie. W ostatnich czasach oczy uznawane są za okno duszy.

Ci, którzy trzymali się doktryny trzech czy czterech dusz, wierzyli, że utrata jednej duszy oznacza niewygodę, dwu chorobę, trzech śmierć. Jedna dusza żyła w oddechu, jedna w głowie, jedna we włosach a jedna w sercu. Chorym doradzano, aby spacerowali po świeżym powietrzu w nadziei odzyskania ich zabłąkanych dusz. Uważano, że najlepsi uzdrawiacze zamieniają chorą duszę cierpiącej osoby na nową – człowiek był wtedy „nowo narodzony".

Dzieci Badonana wykształciły wiarę w dwie dusze – w oddech i cień. Wczesne plemiona Nodytów uważały, że człowiek składa się z dwu osób, z duszy i z ciała. Taką filozofię ludzkiego bytu odzwierciedlał później punkt widzenia Greków. Sami Grecy wierzyli w trzy dusze: wegetatywną, przebywającą w żołądku, zwierzęcą w sercu i intelektualną w głowie. Eskimosi wierzą, że człowiek składa się z trzech części: z ciała, duszy i imienia.

6. ŚRODOWISKO WIDM-DUCHÓW

Człowiek odziedziczył środowisko naturalne, dorobił się środowiska społecznego i wyobraził sobie środowisko duchowe. Państwo jest reakcją człowieka na jego środowisko naturalne, rodzina na środowisko społeczne, Kościół na jego iluzoryczne środowisko duchów.

Bardzo wcześnie w historii ludzkości wierzono powszechnie w rzeczywistość iluzorycznego świata widm i duchów a ten wymyślony świat ducha stał się potęgą w prymitywnym społeczeństwie. Dzięki pojawieniu się tego nowego czynnika w ludzkim myśleniu i działaniu, życie umysłowe i moralne całej ludzkości zostało przekształcone na zawsze.

W tę główną zagrodę iluzji i ignorancji strach ludzki wtłoczył wszelkie późniejsze przesądy i religię ludzi prymitywnych. Taka była jedyna religia człowieka, aż do czasów objawienia i dziś również wiele narodów tego świata posiada jedynie taką, niedojrzałą religię ewolucyjną.

W toku ewolucji, szczęście zaczęto kojarzyć z dobrymi duchami a nieszczęście ze złymi. Niewygoda, wynikająca z konieczności adaptacji do zmieniającego się otoczenia, traktowana była jako zły los, niezadowolenie duchów-widm. Człowiek prymitywny powoli kształtował swoją religię, z nieodłącznego mu impulsu czczenia oraz ze swego niezrozumienia przypadkowości. Człowiek cywilizowany tworzy system ubezpieczeń, aby zapanować nad zdarzeniami losowymi. Współczesna nauka, zamiast fikcyjnych duchów i kapryśnych bogów, używa statystyka z jego matematycznymi obliczeniami.

Każde kolejne pokolenie ludzkie śmieje się z głupich przesądów swych przodków, kiedy wciąż hołduje tym błędom myślenia i kultu, które kiedyś będą przyczyną uśmiechów oświeconej potomności.

Umysł człowieka prymitywnego zajmowały teraz przynajmniej te myśli, które przewyższyły wszelkie naturalne popędy biologiczne; wreszcie człowiek zaczął kształtować sztukę życia w oparciu o coś więcej, niż tylko reakcje na bodźce materialne. Pojawiły się początki prymitywnych, filozoficznych zasad życiowych. Wkrótce miały się pojawić nadprzyrodzone standardy życia, ponieważ, jeśli duch-widmo karał w gniewie złym losem a będąc zadowolony dobrą dolą, zatem ludzkie postępowanie musiało być odpowiednio regulowane. Ukształtowała się w końcu idea dobra i zła, i to na długo przedtem, zanim jakiekolwiek objawienie dotarło do Ziemi.

Kiedy pojawiły się te idee, zaczęły się długie, nacechowane marnotrawstwem wysiłki, zmierzające do przebłagania ciągle niezadowolonych duchów, zaczęło się zniewolenie, opanowanie ewolucyjnym strachem religijnym, które od dawna marnotrawi ludzkie wysiłki na groby, świątynie, ofiary i kapłaństwo. Była to wielka i straszna cena, którą trzeba było zapłacić, ale warto było ponieść wszelkie koszty, ponieważ człowiek zdobył przez to naturalną świadomość względnego zła i dobra; tak się zrodziła ludzka etyka!

7. FUNKCJA PRYMITYWNEJ RELIGII

Dziki czuł, że potrzebuje ubezpieczenia i dlatego też dobrowolnie płacił uciążliwe stawki ubezpieczeniowe w postaci strachu, przesądów, lęku i darów dla kapłanów, w ramach swojej polisy magicznego ubezpieczenia przed złym losem. Prymitywna religia była po prostu płaceniem stawek ubezpieczeniowych na wypadek niebezpieczeństw, czyhających w lasach; człowiek cywilizowany płaci wysokie stawki na okoliczność wypadków przemysłowych i innych krytycznych sytuacji, towarzyszących współczesnym sposobom życia.

Nowoczesne społeczeństwo odbiera kapłanom i religii biznes ubezpieczeniowy i oddaje go domenie ekonomii. Religia coraz bardziej zajmuje się ubezpieczeniem życia pozagrobowego. Ludzie współcześni, przynajmniej ci, którzy myślą, nie płacą już marnotrawnych stawek ubezpieczeniowych, aby kontrolować los. Religia powoli się wznosi ku wyższym poziomom filozoficznym, w przeciwieństwie do jej poprzedniej funkcji, systemu ubezpieczeniowego na wypadek nieszczęścia.

Takie właśnie, pradawne idee religijne chroniły ludzi przed staniem się fatalistami i beznadziejnymi pesymistami; ludzie wierzyli, że mogą w końcu coś zrobić, żeby wpłynąć na los. Religia strachu przed duchami wymusiła na ludziach to, że musieli *uporządkować swoje postępowanie*, ponieważ istniał świat nadmaterialny, który kontrolował przeznaczenie ludzkie.

Współczesne, cywilizowane narody dopiero się wyzwalają z lęku przed duchami jako sprawcami wypadków i zwyczajnych, zmiennych kolei bytu. Ludzkość wyzwala się z niewoli wyjaśniania złego losu widmami-duchami. Kiedy jednak ludzie odwracają się od błędnych doktryn o duchowej przyczynie zmiennych kolei życia, przejawiają zdumiewającą skłonność akceptacji prawie równie złudnego nauczania, które każe im przypisywać wszelkie ludzkie nierówności brakowi dostosowania politycznego, niesprawiedliwości społecznej i konkurencji przemysłowej. Jednakże nowe prawodawstwo, coraz więcej filantropii i coraz większa reorganizacja gospodarki, jakkolwiek dobre same w sobie, nie zaradzą okolicznościom wynikającym z urodzenia i wypadkom życiowym. Tylko zrozumienie faktów i mądre postępowanie w domenie praw natury pomoże człowiekowi zdobyć to, czego pragnie i uniknąć tego, czego nie chce. Wiedza naukowa, prowadząca do naukowego działania, jest jedynym antidotum na tak zwane przypadkowe zło.

Wytwórczość, wojna, niewolnictwo i rząd powstały jako reakcje człowieka na ewolucję społeczną w jego naturalnym środowisku; tak samo religia powstała jako reakcja na iluzoryczne otoczenie wyimaginowanego świata duchów. Religia była ewolucyjnym wytworem instynktu samozachowawczego i funkcjonowała, pomimo, że pierwotnie była błędna w założeniach i zupełnie nielogiczna.

Prymitywna religia przygotowała glebę ludzkiego umysłu, używając wielkiej i straszliwej siły bezpodstawnego strachu, dla obdarzenia człowieka prawdziwą siłą duchową nadprzyrodzonego pochodzenia, Dostrajaczem Myśli. I od tamtego czasu pracują Boskie Dostrajacze, aby przeobrazić lęk przed Bogiem w miłość Bożą. Ewolucja może być powolna, ale jest niezawodnie skuteczna.

[Przedstawione przez Gwiazdę Wieczorną z Nebadonu].

PRZEKAZ 87

KULT DUCHÓW

KULT duchów rozwinął się, aby zmniejszyć ryzyko złego losu; jego prymitywne praktyki religijne zrodziły się ze strachu przed nieszczęściami i z przesadnej obawy przed zmarłymi. Żadna z tych wczesnych religii nie miała wiele do czynienia z poznaniem Bóstwa albo z szacunkiem dla tego, co nadludzkie; te rytuały były w większości neutralizujące, ich celem było wystrzeganie się, wypędzanie lub zniewalanie duchów. Kult duchów nie był niczym więcej ani mniej jak zabezpieczeniem się przez nieszczęściem; nie miał nic wspólnego z inwestowaniem w wyższe i późniejsze nagrody.

Długo i zajadle borykał się człowiek z kultem duchów. Nic w ludzkiej historii nie mogło wzbudzać większego współczucia niż widok człowieka w skrajnym zniewoleniu strachu przed widmami-duchami. Wraz z pojawieniem się tego właśnie strachu, ludzkość zaczęła iść naprzód w swej ewolucji religijnej. Wyobraźnia ludzka, odrzucona od brzegów jaźni, nie znajdzie na nowo zakotwiczenia, aż nie dopłynie do idei prawdziwego Bóstwa, rzeczywistego Boga.

1. STRACH PRZED DUCHAMI

Obawiano się śmierci, gdyż śmierć oznaczała, że kolejny duch został wyzwolony z ciała fizycznego. Pradawni robili wszystko, aby zapobiec śmierci, aby uniknąć kłopotów rozgrywki z nowym duchem. W swym strachu zawsze usiłowali nakłonić ducha do opuszczenia sceny śmierci, aby zaczął podróż do krainy śmierci. Najbardziej bano się ducha podczas domniemanego okresu przejściowego, pomiędzy jego wyłonieniem się w czasie śmierci a późniejszym przybyciem do krainy duchów, mglistej, prymitywnej idei pseudonieba.

Choć dziki przypisywał duchom nadprzyrodzone moce, raczej nie uważał, że mają one nadprzyrodzoną inteligencję. Aby okpić i zmylić ducha stosowano wiele sztuczek i podstępów; cywilizowany człowiek wciąż pokłada wiele wiary w tej nadziei, że ostentacyjne manifestowanie pobożności w pewien sposób zmyli nawet wszechwiedzące Bóstwo.

Prymitywni ludzie bali się choroby, ponieważ widzieli, że jest ona częstokroć zwiastunem śmierci. Jeśli plemienny uzdrawiacz nie uzdrowił człowieka, chorego zazwyczaj usuwano z chaty rodzinnej, zabierano do mniejszej albo pozostawiano na świeżym powietrzu, aby umarł samotnie. Dom, który dotknęła śmierć, zazwyczaj był niszczony, a jeśli nie, to zawsze go unikano; na skutek tego strachu człowiek prymitywny nie budował solidniejszych budynków. Strach ten powodował również, że nie zakładano stałych wiosek i miast.

Kiedy umarł członek klanu, dzicy całą noc siedzieli i rozmawiali, bali się, że też umrą, jeśli usną w pobliżu ciała. Możliwość skażenia się zwłokami potęgowała strach przed zmarłym i wszystkie ludy, w takim czy innym czasie, stosowały wyszukane obrzędy puryfikacji, aby się oczyścić po zetknięciu ze zmarłym. Dawni ludzie wierzyli, że zwłoki muszą mieć światło; martwego ciała nigdy nie zostawiano w ciemności. W dwudziestym wieku nadal palą się świece w kostnicach a ludzie wciąż siedzą przy zmarłych. Tak zwany człowiek cywilizowany, w swej filozofii życiowej, nie uwolnił się jeszcze zupełnie od lęku przed martwymi ciałami.

Jednak na przekór całemu temu strachowi, człowiek wciąż próbował oszukać ducha. Jeśli chata, gdzie ktoś umarł, nie została zniszczona, ciało usuwano poprzez dziurę w ścianie, nigdy otworem drzwiowym. Takie środki podejmowano, aby wprowadzić w błąd ducha, uniemożliwić mu pozostanie i zabezpieczyć się przed jego powrotem. Żałobnicy wracali z pogrzebu innymi drogami, ażeby duch nie poszedł za nimi. Stosowane było cofanie się tyłem i dziesiątki innych sposobów, aby mieć pewność, że duch nie wróci z grobu. Mężczyźni i kobiety zamieniali się ubraniami, ażeby zmylić ducha. Ubiory żałobne stosowano dla zamaskowania żywych, potem, aby wykazać szacunek dla zmarłego, tym samym uspokoić duchy.

2. PRZEBŁAGANIE DUCHÓW

Zanim w religii wprowadzono neutralizujący program zjednywania ducha, długo poprzedzał go zapobiegawczy program nakłaniania czy proszenia ducha. Pierwsze akty ludzkiego czczenia wynikały z konieczności obrony a nie z szacunku. Współczesny człowiek uważa, że mądrze jest ubezpieczyć się od pożaru a dla dzikiego wyższa mądrość polegała na tym, żeby się zabezpieczyć przed nieszczęściem sprowadzanym przez duchy. Wysiłki, mające na celu zapewnienie sobie tej protekcji, składały się na metody i rytuały kultu duchów.

Kiedyś uważano, że duch bardzo chciał być szybko „złożony", aby mógł bez przeszkód iść do krainy śmierci. Jakakolwiek pomyłka w procedurze albo pominięcie czegokolwiek w czynnościach rytualnych składania ducha, dokonywanych przez żywych, powodowało z pewnością opóźnienie w jego drodze do krainy duchów. Uważano, że powoduje to niezadowolenie ducha i domniemano, że zagniewany duch jest przyczyną klęsk, niedoli i nieszczęść.

Obrzędy pogrzebowe miały swój początek w ludzkich próbach przekonania ducha-duszy, aby odszedł do swego przyszłego miejsca zamieszkania a pierwotnym celem ceremonii pogrzebowej było nauczyć nowego ducha, jak się tam dostać. Zgodnie ze zwyczajem dostarczano duchowi pożywienia i ubrania na podróż; przedmioty te składano na grobie lub w jego pobliżu. Dziki wierzył, że „złożenie ducha" trwa od trzech dni do roku – jest to czas potrzebny duchowi na odejście z okolicy grobu. Eskimosi wciąż wierzą, że przez trzy dni dusza pozostaje z ciałem.

Po śmierci przestrzegano ciszy albo żałoby, tak, aby nie zwabić ducha z powrotem do domu. Umartwianie się – zadawanie sobie ran – było popularną formą żałoby. Wielu światłych nauczycieli próbowało temu zapobiegać, ale bezskutecznie. Uważano, że posty i inne formy umartwiania się miały być miłe dla duchów, które cieszyły się z niewygód żyjących, kiedy to przyczajały się w okresie przejściowym przed rzeczywistym odejściem do świata zmarłych.

Długie i liczne okresy żałobnej bezczynności stanowiły jedną z wielkich przeszkód na drodze rozwoju cywilizacji. W każdym roku marnowano tygodnie a nawet miesiące na taką nieproduktywną i niepotrzebną żałobę. Na okoliczność pogrzebu najmowano zawodowych żałobników, z czego wynika, że żałoba była rytuałem a nie przejawem smutku. Ludzie współcześni mogą opłakiwać zmarłych z szacunku i smutku, ale dawni robili to ze *strachu*.

Nigdy nie wymawiano imion zmarłych. W rzeczywistości były one częstokroć usuwane z języka. Imiona te stawały się tabu i dzięki temu języki wciąż ubożały. W końcu spowodowało to zwielokrotnienie symboli słownych i symbolicznych ekspresji, takich, jak „imię czy dzień nigdy nie wspominany".

Kiedy ludzie pierwotni chcieli pozbyć się ducha, byli tak zatrwożeni, że ofiarowali mu wszystko, czego duch mógł pragnąć za życia. Duchy chciały żon i służby; dobrze sytuowany dziki oczekiwał, że przynajmniej jedna żona-niewolnica będzie pogrzebana żywcem po jego śmierci. Później weszło w zwyczaj, że wdowa popełniała samobójstwo na grobie męża. Kiedy umarło dziecko, matka, ciotka albo babka były często duszone, aby dorosły duch mógł towarzyszyć dziecku i troszczyć się o jego ducha. I ci, którzy oddawali życie w ten sposób, czynili to zazwyczaj dobrowolnie; faktycznie, gdyby żyli wbrew zwyczajom, ich strach przed duchem ograbiłby ich życie z tych niewielu przyjemności, jakie mieli ludzie prymitywni.

Zwyczajowo ekspediowano znaczną liczbę poddanych, aby towarzyszyli zmarłemu wodzowi; niewolników zabijano, gdy zmarł ich pan, aby mogli mu służyć w krainie duchów. Na Borneo wciąż przydają zmarłemu gońca za towarzysza; zabija się niewolnika włócznią, aby podróżował jako duch ze zmarłym panem. Wierzono, że duchy osób zamordowanych lubią mieć duchy swych morderców za niewolników; takie poglądy skłaniały ludzi do polowania na głowy.

Duchy, jak sądzono, lubiły zapach żywności; kiedyś powszechne było ofiarowanie żywności na ucztach pogrzebowych. Prymitywną metodą odmawiania modlitwy przed jedzeniem było wrzucenie kawałka jedzenia w ogień, dla uspokojenia duchów, mamrocząc przy tym magiczne zaklęcia.

Uważano, że zmarli będą używać duchów tych narzędzi i broni, które do nich należały za życia. Zniszczenie przedmiotu oznaczało jego „zabicie", tym samym uwolnienie ducha, aby poszedł służyć w świecie duchów. Ofiar z mienia dokonywano także poprzez jego spalenie lub zakopanie. Pradawne marnotrawstwo pogrzebowe było ogromne. Później robiono modele z papieru oraz zastępowano prawdziwe przedmioty i osoby ich rysunkami podczas ofiarowania zmarłym. Cywilizacja dokonała wielkiego kroku naprzód, kiedy zamiast palić czy zakopywać własność, przekazywano ją w spadku rodzinie. Indianie Irokezi wprowadzili wiele reform w marnotrawstwie pogrzebowym. Właśnie przez takie zachowanie majątku stali się najpotężniejszym z północnych ludów czerwonych. Człowiek współczesny, jak się uważa, nie boi się duchów, ale obyczaj jest silny i wiele ziemskiego majątku wciąż jest trwonione na rytuały pogrzebowe i ceremonie związane ze śmiercią.

3. CZCZENIE PRZODKÓW

Rozwijający się kult duchów prowadził do tego, że czczenie przodków pojawiło się nieuchronnie, skoro było ogniwem pomiędzy pospolitymi duchami niższymi a duchami wyższymi, wyłaniającymi się bogami. Wcześni bogowie byli po prostu gloryfikowanymi, zmarłymi ludźmi.

Czczenie przodków z początku bardziej było strachem niż czczeniem, ale takie wierzenia przyczyniły się bardzo do dalszego szerzenia lęku przed duchami i do ich czczenia. Wyznawcy dawnych kultów duchów przodków bali się nawet ziewać, aby złośliwy duch nie wniknął w tym czasie w ich ciało.

Obyczaj adoptowania dzieci powstał po to, aby mieć pewność, że ktoś złoży ofiary po śmierci dla spokoju duszy i jej rozwoju. Dziki żył w strachu przed duchami swych bliźnich a czas wolny spędzał na planowaniu bezpiecznego pokierowania swym własnym duchem po śmierci.

Większość plemion ludzkich miało święto wszystkich dusz, przynajmniej raz w roku. Rzymianie mieli w roku dwanaście świąt poświęconych duchom, razem z obrzędami im towarzyszącymi. Połowa dni w roku poświęcona była jakimś rodzajom obrzędów, związanych z tymi pradawnymi kultami. Pewien cesarz rzymski próbował reformować takie zwyczaje, redukując liczbę dni świątecznych do 135 w roku.

Kult duchów wciąż się rozwijał. Wyobrażano sobie, że duchy przodków przechodzą od niekompletnego do wyższego stadium egzystencji, więc kult ten rozwinął się w końcu do poziomu czczenia duchów wyższych a nawet bogów. Ale niezależnie od różnorodnych wierzeń w duchy bardziej zaawansowane, wszelkie plemiona i rasy kiedyś wierzyły w duchy przodków.

4. DOBRE I ZŁE DUCHY-WIDMA

Strach przed duchami jest źródłem wszystkich światowych religii, a przez całe epoki wiele plemion ludzkich trzymało się starych wierzeń w jedną klasę duchów. Nauczano, że człowiek ma szczęście, jeśli duch jest zadowolony, nieszczęście, kiedy jest rozgniewany.

Kiedy kult duchów dobrze się rozwinął, pojawiła się świadomość istnienia wyższych typów duchów, duchów nie dających się utożsamić z żadnym określonym człowiekiem. Były to duchy rozwinięte albo gloryfikowane, które przeszły z krainy widm do wyższych światów duchowych.

Wyobrażenie dwu rodzajów duchów-widm kształtowało się powoli, ale pewnie na całym świecie. Taki nowy, podwójny spirytyzm, nie rozprzestrzeniał się od plemienia do plemienia; powstawał niezależnie na całym świecie. Siła idei, kiedy wywiera wpływ na poszerzający się umysł ewolucyjny, nie polega na jej rzeczywistości czy sensowności, ale raczej na jej *sugestywności* i powszechności jej szybkiego i prostego stosowania.

Jeszcze później wyobraźnia ludzka stworzyła ideę zarówno dobrych jak i złych czynników nadprzyrodzonych; niektóre niższe duchy nigdy nie rozwinęły się do poziomu dobrych duchów. Wczesny monospirytyzm strachu przed duchami rozwinął się w podwójny spirytyzm, w nową koncepcję niewidzialnej kontroli spraw ziemskich W końcu szczęście i nieszczęście zostało zobrazowane jako te czynniki, które mają odpowiednich kontrolerów. I wierzono, że grupa przynosząca nieszczęście jest bardziej liczna i aktywna z obu ich klas.

Kiedy w końcu dojrzała doktryna dobrych i złych duchów, stała się ona najbardziej rozpowszechniona i najtrwalsza ze wszystkich wierzeń religijnych. Dualizm taki stanowił wielki postęp religijno-filozoficzny, gdyż człowiek mógł przypisywać komuś zarówno szczęście jak i nieszczęście, wierząc równocześnie w istoty nadśmiertelne, które są do pewnego stopnia niezmienne w swym postępowaniu. Duchy mogły być uważane zarówno za dobre jak i za złe; nie były już traktowane jako istoty zupełnie kapryśne, takie jak wczesne, niższe duchy monospirytyzmu, najprymitywniejszej wymyślonej religii. Człowiek mógł w końcu wyobrazić sobie siły nadśmiertelne, konsekwentne w swym postępowaniu i było to jedno z najbardziej doniosłych odkryć prawdy w całej historii ewolucji religii i w rozwoju ludzkiej filozofii.

Religia ewolucyjna zapłaciła jednak wysoką cenę za ideę podwójnego spirytyzmu. Wczesna filozofia ludzka potrafiła pogodzić stałość ducha ze zmiennością doczesnej fortuny tylko dzięki postulowaniu dwu rodzajów duchów, jednych dobrych a drugich złych. I chociaż to wierzenie dało człowiekowi możliwość pogodzenia zmienności losu z koncepcją niezmiennych sił nadśmiertelnych, już od tamtych czasów taka doktryna utrudniała ludziom religijnym wyobrażenie sobie kosmicznej jedności. Bogom religii ewolucyjnej zasadniczo przeciwstawiały się siły ciemności.

Cała tragedia polega na tym, że chociaż idee takie zakorzeniły się w prymitywnym, ludzkim umyśle, w rzeczywistości nie było złych czy dysharmonijnych duchów na całym świecie. Tak niefortunna sytuacja powstała dopiero po buncie Caligastii i trwała tylko do Zesłania Ducha. Koncepcja dobra i zła, jako kosmicznych równorzędnych, jest bardzo żywa nawet w dwudziestowiecznej filozofii ludzkiej; większość religii światowych nadal nosi to kulturowe znamię z czasów dawno minionych, kiedy rodził się kult duchów.

5. ZAAWANSOWANY KULT DUCHÓW

Człowiek prymitywny uważał, że duchy i widma posiadają prawie nieograniczone prawa, ale nie obowiązki; duchy natomiast, jak uważano, traktowały człowieka jako posiadającego różnorodne obowiązki, ale nie prawa. Wierzono, że duchy uważają, iż człowiek wciąż nie wywiązuje się ze swoich duchowych obowiązków. Ludzkość powszechnie wierzyła, że duchy nakładają na nią stały haracz służenia im, jako cenę nieingerencji w sprawy ludzkie a najmniejszy pech przypisywano działalności duchów. Pierwotni ludzie bardzo się bali, że mogą przeoczyć jakieś hołdy należne bogom, więc po złożeniu ofiar wszystkim znanym duchom, zwracali się z kolei do „bogów nieznanych", tylko po to, żeby się w pełni zabezpieczyć.

I teraz, po prostym kulcie duchów niższych, pojawiają się praktyki bardziej zaawansowanego i względnie kompleksowego kultu duchów-widm, praktyki służenia wyższym duchom i czczenia ich, kiedy raz wyłoniły się w prymitywnej, ludzkiej wyobraźni. Obrzędy religijne muszą dotrzymywać kroku ewolucji i rozwojowi duchowemu. Tak poszerzony kult był tylko sztuką samozachowawczości w odniesieniu do wiary w istoty nadprzyrodzone, był dostosowaniem do środowiska duchowego. Organizacje wytwórcze i wojskowe były dostosowaniem do środowiska naturalnego i społecznego. Pojawiło się małżeństwo, wychodząc naprzeciw wymaganiom dwupłciowości a religia rozwinęła się w odpowiedzi na wiarę w wyższe siły duchowe i w istoty duchowe. Religia obrazuje dostosowanie się człowieka do jego iluzji, dotyczących tajemnicy przypadku. Lęk przed duchami a później ich czczenie traktowane były jako ubezpieczenie od złego losu, jako polisa powodzenia.

Dziki wyobrażał sobie, że dobre duchy zajmują się swoimi sprawami i niewiele wymagają od istot ludzkich. To złe widma i duchy należało utrzymywać w dobrym usposobieniu. W związku z tym ludzie prymitywni poświęcali więcej uwagi wrogim niż dobrotliwym duchom.

Domniemano, że szczęście ludzkie wzbudza szczególną zazdrość u złych duchów a ich metodą zemsty jest atak, dzięki użyciu czynnika ludzkiego i metodą *uroku*. To stadium kultu, związane z wystrzeganiem się ducha, dotyczyło w znacznej mierze machinacji uroku. Strach przed urokiem był prawie powszechny. Ładne kobiety były zawoalowane, aby się zabezpieczyć przed urokiem; później przejęły ten zwyczaj kobiety, które chciały być uznawane za piękne. Ze strachu przed złymi duchami dzieciom rzadko pozwalano wychodzić po zmroku na zewnątrz a dawne modlitwy zawsze zawierały prośbę, „zbaw nas od uroku".

Koran zawiera cały rozdział poświęcony urokom i magicznym zaklęciom a Żydzi również wierzyli w nie głęboko. Cały kult falliczny powstał jako ochrona przed urokiem. Organy płciowe uznawano za jedyny fetysz, który mógł go zneutralizować. Urok dał początek pierwszym zabobonom, dotyczącym przedporodowego znakowania dzieci – znamię matczyne – a wierzenie takie było kiedyś nieomal powszechne.

Zawiść jest cechą głęboko zakorzenioną u człowieka, dlatego też człowiek prymitywny przypisywał ją swym wczesnym bogom. I ponieważ człowiek oszukiwał kiedyś duchy niższe, wkrótce zaczął oszukiwać duchy wyższe. Powiedział sobie: „Jeśli duchy są zazdrosne o nasze piękno i powodzenie, oszpecimy się i będziemy mówić lekceważąco o naszych sukcesach". Zatem pierwotna pokora nie była zaniżaniem ego, ale raczej próbą zmylenia tropu i oszukania zazdrosnych duchów.

Aby duchy nie zazdrościły ludziom sukcesów, stosowano metodę obsypywania obelgami pewnej wartościowej, czy bardzo kochanej rzeczy lub osoby. Nawyk pomniejszania wartości pochlebnych uwag, odnoszących się do człowieka lub jego rodziny, ma swoje źródło w tym zwyczaju i w końcu rozwinął się w cywilizowaną skromność, powściągliwość i kurtuazję. Zgodnie z tą samą zasadą stało się modne wyglądać brzydko. Piękno wywoływało zazdrość duchów, świadczyło o grzesznej dumie ludzkiej. Dziki szukał dla siebie brzydkiego imienia. Ta cecha kultu była wielką przeszkodą w rozwoju sztuki i sprawiła, że świat długo był posępny i brzydki.

Gdy panował kult duchów, życie było w najlepszym wypadku hazardem, rezultatem kontroli duchów. Przyszłość człowieka nie była rezultatem wysiłków, twórczości czy talentu, oprócz tego, że mogło to być użyte do wywierania wpływu na duchy. Obrzędy przebłagania duchów były ciężkim brzemieniem człowieka, czyniły jego życie uciążliwym i praktycznie trudnym do zniesienia. Z epoki na epokę i z pokolenia na pokolenie, wiele plemion ludzkich próbowało udoskonalić tę doktrynę superduchów, ale żadne pokolenie nie ośmieliło się, jak dotychczas, odrzucić jej zupełnie.

Intencje i wola duchów badane były metodami omenów, wyroczni i znaków. Takie duchowe wiadomości objaśniane były przez wróżby, wieszczby, magię, sądy boże i astrologię. Cały ten kult stanowił system, którego celem było łagodzenie, zadowalanie i okupywanie się duchom – maskowane przekupstwo.

I tak kształtowała się nowa, poszerzona filozofia świata, polegająca na:

1. *Obowiązku* – czyli temu, co musiało być zrobione, żeby zachować duchy życzliwie usposobione, przynajmniej neutralne.
2. *Prawości* – prawidłowym postępowaniu i prawidłowych obrzędach, których celem było nakłonienie duchów, aby działały w czyimś interesie.

3. *Prawdzie* – prawidłowym zrozumieniu duchów i prawidłowym do nich nastawieniu, a więc także nastawieniu do życia i śmierci.

Nie tylko prosta ciekawość skłaniała pradawnych ludzi do poznawania przyszłości; chcieli też uniknąć nieszczęścia. Wróżbiarstwo było normalną próbą uniknięcia kłopotów. W tamtych czasach sny uznawano za prorocze, podczas gdy wszystko, co niezwykłe, uznawano za omen. I nawet dzisiaj cywilizowane narody dotknięte są przekleństwem wiary w znaki, znamiona i inne przesądne pozostałości rozwiniętego, pradawnego kultu duchów. Powoli, bardzo powoli, człowiek odwraca się od tych metod postępowania, wznosząc się stopniowo i boleśnie na ewolucyjnej skali życia.

6. PRZYMUSZANIE I EGZORCYZM

Kiedy ludzie wierzyli tylko w niższe duchy, rytuał religijny był bardziej prywatny i mniej zorganizowany, świadomość istnienia wyższych duchów wymagała jednak użycia „wyższych metod duchowych" przy postępowaniu z nimi. Takie próby ulepszenia i dopracowania metod zjednywania prowadziły wprost do tworzenia systemów obronnych przed duchami. Człowiek naprawdę czuł się bezbronny w obliczu niemożliwych do kontrolowania sił, działających w jego ziemskim życiu, a to poczucie niższości prowadziło go do prób znalezienia jakiegoś równoważącego dostosowania, jakiejś metody wyrównania różnic, w nierównej walce człowiek kontra kosmos.

We wczesnym okresie tego kultu wysiłki ludzkie, zmierzające do wywierania wpływu na postępowanie ducha ograniczały się do zjednywania, do prób przekupstwa, aby wykupić się od nieszczęścia. Kiedy w trakcie swego rozwoju kult duchów doszedł do koncepcji dobrych i złych duchów, obrzędy takie zaczęły mieć bardziej konstruktywną naturę, były to próby pozyskania szczęścia. Religia ludzka nie była już zupełnie neutralizująca ani też człowiek nie zaprzestał wysiłków, zmierzających do zdobycia szczęścia; wkrótce zaczęto wymyślać metody, mające na celu wymuszanie współpracy ducha. Człowiek religijny nie był już bezbronny wobec nieustannych żądań zjaw duchowych, przez niego wymyślonych; dziki zaczął wymyślać broń, którą mógł zmuszać ducha do działania i wymuszać jego duchową pomoc.

Pierwsze ludzkie wysiłki obronne skierowane były przeciw duchom niższym. W miarę upływu epok, żywi zaczęli wymyślać metody przeciwstawiania się umarłym. Wypracowanych zostało wiele sposobów straszenia duchów i przepędzania ich, wśród których można wymienić następujące:

1. Odcięcie głowy i związanie ciała w grobie.
2. Ukamienowanie domu śmierci.
3. Kastracja albo połamanie ciału nóg.
4. Pogrzebanie pod kamieniami, jedna z przyczyn powstania współczesnych nagrobków.
5. Kremacja, późniejszy pomysł na pozbycie się kłopotów z duchami.
6. Wrzucenie ciała do morza.
7. Wystawienie ciała na pożarcie dzikim zwierzętom.

Uważano, że duchy można niepokoić i straszyć hałasem; krzyki, dzwony i bębny odpędzały je od żywych i te pradawne metody nadal są w modzie jako „czuwanie" przy zmarłych. Do wypędzania nieproszonych duchów stosowano śmierdzące mikstury.

Tworzono ohydne wizerunki duchów, aby uciekały w pośpiechu, kiedy siebie zobaczą. Wierzono, że psy mogą wykryć zbliżanie się duchów i że ostrzegają przed nimi, kiedy wyją; że koguty pieją, kiedy duchy są w pobliżu. Używanie koguta jako wiatrowskazu jest pozostałością tego przesądu.

Za najlepszy środek ochrony przed duchami uważano wodę. Woda święcona była lepsza od wszelkich innych jej rodzajów, była to woda, w której kapłani myli stopy. Wierzono, że zarówno ogień jak i woda stanowią dla duchów zapory nie do przebycia. Rzymianie obnosili wodę trzykrotnie wokół ciała; w dwudziestym wieku kropi się ciało wodą święconą a mycie rąk na cmentarzu nadal jest rytuałem żydowskim. Chrzest był jedną z cech późniejszego rytuału wody; prymitywna kąpiel była obrzędem religijnym. Dopiero w niedawnych czasach kąpiel stała się praktyką higieniczną.

Człowiek nie zaprzestał jednak przymuszania duchów; poprzez rytuał religijny i inne praktyki wkrótce usiłował wymuszać określone działania od ducha. Egzorcyzm był używaniem jednego ducha dla kontrolowania lub odpędzenia innego i metody takie stosowano również dla zastraszania widm i duchów. Koncepcja podwójnego spirytyzmu, sił dobrych i złych, dała człowiekowi odpowiednie możliwości podjudzania jednych czynników duchowych przeciw drugim, gdyż, skoro silny człowiek mógł pokonać słabszego, silny duch może oczywiście dominować nad podrzędnym. Prymitywne zaklęcia stanowiły metodę wywierania nacisku na pomniejsze duchy, aby je wystraszyć. Później obyczaj ten rozszerzył się na rzucanie klątwy na wrogów.

Długo wierzono, że w wyniku powrotu do starszych zasad postępowania, duchy i półbogowie mogą być zmuszeni do pożądanego działania. Człowiek współczesny postępuje tak samo. Zwracacie się do siebie w zwykłym, potocznym języku, ale kiedy się modlicie, uciekacie się do starszego stylu pochodzącego z innego pokolenia, tak zwanego stylu uroczystego.

Doktryna ta wyjaśnia wiele rewersji religijno-rytualnych natury seksualnej, takich jak prostytucja świątynna. Te powroty do prymitywnych zwyczajów uważane były za właściwe zabezpieczenie przed wieloma nieszczęściami. I dla tych prostolinijnych ludzi wszelkie podobne formy postępowania zupełnie były wolne od tego, co człowiek współczesny mógłby nazwać promiskuityzmem.

Potem nastał zwyczaj rytualnych przyrzeczeń a zaraz po nim przyszły religijne ślubowania i święte przysięgi. Większości tych przysiąg towarzyszyło umartwianie się i okaleczanie, później post i modlitwa. Samozaparcie traktowano później jako niezawodne wymuszenie, szczególnie, gdy dotyczyło powstrzymania się od stosunków płciowych. I tak człowiek prymitywny wcześnie wykształcił określoną surowość swych praktyk religijnych, wiarę w skuteczność umartwiania się i samozaparcia, jako rytuałów zdolnych do zmuszenia nieskorych do współpracy duchów do pozytywnej reakcji na wszelkie takie cierpienia i wyrzeczenia

Człowiek współczesny już nie próbuje otwarcie zniewalać duchów, choć nadal przejawia tendencje do targowania się z Bóstwem. I wciąż przysięga, odpukuje w drzewo, ściska kciuki i wypluwa jakieś banalne określenie; kiedyś to było magiczne zaklęcie.

7. NATURA KULTÓW

Kultowy typ organizacji społecznej był trwały, ponieważ dawał symbolizm potrzebny do zachowania i stymulowania nastrojów moralnych i lojalności religijnych. Kult wyrastał z tradycji „starych rodzin" i był zachowywany, jako stabilna instytucja; wszystkie rodziny miały jakiś rodzaj kultu. Każdy inspirujący ideał chwytał się jakiegoś utrwalającego symbolizmu – szukał jakiejś metody kulturowego uzewnętrznienia, która zapewniłaby mu trwanie i gwarantowała kontynuację – a kult osiągał ten cel podsycając i zaspokajając uczucia.

Od zarania cywilizacji, każdy pociągający ludzi ruch w kulturze społecznej, czy też postęp religijny, kształtował swój rytuał, symboliczną obrzędowość. Im bardziej nieświadomie rozwijał się taki rytuał, tym silniej ujmował swoich wyznawców. Kult zachowywał sentymenty i zaspokajał uczucia, jednak zawsze był największą przeszkodą na drodze do społecznej przebudowy i duchowego rozwoju.

Pomimo tego, że kult zawsze opóźniał postęp społeczny, pożałowania godnym jest fakt, że tak wielu współczesnych ludzi, wierzących w standardy moralne i ideały duchowe, nie posiada odpowiedniego symbolizmu – nie ma żadnego kultu umożliwiającego wzajemne wspieranie się – niczego, do czego można by *należeć*. Kultu religijnego nie można jednak wytworzyć, sam musi się rozwinąć. I nie będzie dwu identycznych grup kultowych, chyba, że ich rytuały będą arbitralnie znormalizowane przez władzę.

Wczesny kult chrześcijański działał wyjątkowo skutecznie, pociągał i był trwalszy od każdego rytuału dotąd wyobrażonego czy wymyślonego, jednak większość jego wartości została zniszczona w epoce naukowej przez zniweczenie tak wielu jego pierwotnych zasad. Na skutek utraty wielu fundamentalnych idei, kult chrześcijański został pozbawiony swej żywotności.

W przeszłości prawda rozwijała się szybko i szerzyła swobodnie, kiedy kult był elastyczny a symbolizm poszerzalny. Obfitość prawdy i przystosowawczy kult sprzyjają gwałtownemu rozwojowi społecznemu. Pozbawiony treści kult wypacza religię, kiedy usiłuje zająć miejsce filozofii oraz zniewala logikę; prawdziwy kult się rozwija.

Niezależnie od tych wad i ograniczeń, każde nowe objawienie prawdy pozwala się rozwijać nowemu kultowi i nawet ponowne odtworzenie religii Jezusa musi wykształcić nowy i odpowiedni symbolizm. Człowiek współczesny musi znaleźć pewien symbolizm, właściwy dla jego nowych, poszerzających się idei, ideałów i zasad. Tak wzbogacone symbole muszą się zrodzić z życia religijnego, z duchowego przeżywania. I taki wyższy symbolizm, wyższej cywilizacji, musi się opierać na koncepcji Ojcostwa Boga i być brzemienny wspaniałym ideałem braterstwa człowieka.

Stare kulty były zbyt egocentryczne; nowe muszą być rezultatem miłości stosowanej. Nowy kult musi, podobnie jak stary, podsycać sentymenty, zadowalać uczucia i popierać lojalność; ale musi również robić coś więcej, musi ułatwiać postęp duchowy, umacniać kosmiczne znaczenia, poszerzać wartości moralne, popierać rozwój społeczny i stymulować wyższy typ osobistego życia religijnego. Nowy kult musi przynosić najwyższe cele życiowe, które są zarówno doczesne jak i wieczne – tak społeczne jak i duchowe.

Żaden kult nie może przetrwać i przyczynić się do rozwoju cywilizacji, nie może również przynieść indywidualnych sukcesów duchowych, jeśli nie opiera się na biologicznym, socjologicznym i religijnym znaczeniu *rodziny*. Trwały kult musi symbolizować to, co jest niezmienne w obliczu nieustannych zmian; musi gloryfikować to, co jednoczy strumień wciąż zmiennych metamorfoz społecznych. Musi uznawać prawdziwe znaczenia, wywyższać piękne związki i gloryfikować dobre cechy prawdziwej szlachetności.

Przy znajdowaniu nowego i zadowalającego symbolizmu wielką trudność stanowi to, że ludzie współcześni, jako grupa, trzymają się postawy naukowej, unikają przesądów i mają odrazę do ignorancji, podczas gdy jako jednostki wszyscy szukają tajemniczości i wielbią to, co nieznane. Żaden kult nie może przetrwać, jeśli nie uosabia jakiejś arbitralnej tajemnicy i nie ma w zanadrzu czegoś wartościowego i nieuchwytnego. Niezależnie od tego, nowy symbolizm musi mieć znaczenie nie tylko dla grupy, ale musi być również wymowny dla jednostki. Formy jakiegokolwiek, użytecznego symbolizmu, muszą zaliczać się do takiej kategorii, które jednostka może nosić z własnej inicjatywy i z których korzystać może również razem ze swymi współbraćmi. Gdyby nowy kult mógł być dynamiczny, zamiast statyczny, naprawdę mógłby wnieść coś wartościowego do postępu ludzkości, tak doczesnego jak i duchowego.

Tym niemniej kult – symbolizm rytuałów, sloganów i celów – nie będzie funkcjonował, jeśli jest zbyt kompleksowy. I musi też istnieć potrzeba poświęcenia się, reakcja wierności. Każda wartościowa religia nieodmiennie wykształca wartościowy symbolizm a ludzie jej oddani dobrze zrobią, jeśli zapobiegną krystalizacji takich rytuałów w zdrętwiałe, zdeformowane i przygaszające, stereotypowe obrzędy, które mogą tylko upośledzić i opóźnić wszelki postęp społeczny, moralny i duchowy. Żaden kult nie może przetrwać, jeśli opóźnia rozwój moralny i nie ożywia postępu duchowego. Kult jest strukturą szkieletową, wokół której narasta żywe i dynamiczne ciało osobistego, duchowego doświadczenia – prawdziwej religii.

[Przedstawione przez Gwiazdę Błyszczącą Wieczorną z Nebadonu].

PRZEKAZ 88

FETYSZE, AMULETY I MAGIA

IDEA ducha, wnikającego w obiekt nieożywiony, w zwierzę czy istotę ludzką, jest bardzo starym, uświęconym wierzeniem, rozpowszechnionym od samych początków ewolucji religii. Doktryna opanowania przez ducha nie jest niczym więcej ani mniej jak *fetyszyzmem*. Dziki niekoniecznie czcił fetysza; bardzo logicznie czcił i szanował ducha w nim mieszkającego.

Z początku wierzono, że duch fetysza jest duchem zmarłego, potem uważano, że w fetyszach przebywają wyższe duchy. I tak kult fetyszów objął w końcu wszystkie prymitywne idee upiorów, dusz, duchów i opanowania przez demony.

1. WIARA W FETYSZE

Człowiek prymitywny zawsze chciał przekształcić w fetysza wszystko to, co nadzwyczajne, zatem przypadek dał początek wielu fetyszom. Człowiek jest chory, coś się stało i wyzdrowiał. Dotyczy to również opinii odnośnie wielu leków i przypadkowych metod wyleczenia chorób. Obiekty związane ze snami mogły się ewentualnie przeistoczyć w fetysze. Fetyszami stawały się wulkany, ale nie góry, komety, ale nie gwiazdy. Człowiek pierwotny traktował spadające gwiazdy i meteory jako znak przybycia na Ziemię specjalnych, odwiedzających ją duchów.

Pierwszymi fetyszami były kamyki o dziwacznych wzorach a „świętych kamieni" człowiek szukał już od tamtych czasów; sznur paciorków kiedyś był kolekcją świętych kamieni, zestawem amuletów. Wiele plemion miało kamienie-fetysze, ale niewiele tych fetyszy przetrwało, tak jak Kaba i Kamień ze Scone. Ogień i woda także zaliczały się do wczesnych fetyszy a czczenie ognia, razem z wiarą w wodę święconą, przetrwało do dziś.

Później obiektem czci były drzewa-fetysze, jednak u pewnych plemion ich wytrwałość w czczeniu natury doprowadziła do wiary w amulety, zamieszkiwane przez pewien rodzaj duchów natury. Kiedy rośliny i owoce stawały się fetyszami, tabu zakazywało ich spożywania. W tej kategorii jabłko było jednym z pierwszych; ludy Bliskiego Wschodu nigdy go nie jadły.

Jeśli zwierzę zjadło ludzkie mięso, stawało się fetyszem. W ten sposób pies został świętym zwierzęciem Parsów. Jeśli fetysz jest zwierzęciem a duch stale w nim mieszka, fetyszyzm może się wiązać z reinkarnacją. Dzicy w różny sposób zazdrościli zwierzętom; nie czuli się od nich wyżsi i często nadawali sobie imiona swych ulubionych zwierząt.

Kiedy zwierzęta stały się fetyszami, pojawiło się tabu, zakaz jedzenia mięsa zwierząt-fetyszów. Małpy człekokształtne i inne, ze względu na ich podobieństwo do człowieka, wcześnie zostały zwierzętami-fetyszami; później podobnie traktowano węże, ptaki i świnie. W pewnym okresie krowa była fetyszem, jej mleko było tabu a jej odchody były w wielkim poważaniu. Węża czcili w Palestynie, zwłaszcza Fenicjanie, którzy razem z Żydami uważali go za rzecznika złych duchów. Nawet wielu współczesnych wierzy w moc uroku gadów. Od Arabii, poprzez Indie, do tańca węża plemienia Hopi człowieka czerwonego, wąż wszędzie był czczony.

Fetyszami były pewne dni tygodnia. Całe epoki piątek uważano za dzień nieszczęśliwy a numer trzynaście za złą liczbę. Szczęśliwe liczby trzy i siedem przyszły z późniejszych objawień; cztery było szczęśliwą liczbą człowieka prymitywnego, wyprowadzoną z wczesnego rozpoznania czterech kierunków świata. Uważano, że liczenie bydła i innego mienia przynosi nieszczęście; starożytni zawsze sprzeciwiali się spisowi, „liczeniu ludzi".

Człowiek prymitywny nie robił specjalnego fetysza z seksu; do funkcji reprodukcyjnych przywiązywano raczej niewielką uwagę. Dziki rozumował zgodnie z naturą, nie był nieprzyzwoity czy też lubieżny.

Ślina była silnym fetyszem, można było wypędzić diabły plując na kogoś. Największą grzecznością było, jeśli starszy lub przełożony splunął na kogoś. Części ciała ludzkiego uważane były za potencjalne fetysze, zwłaszcza włosy i paznokcie. Wyrośnięte paznokcie wodzów były bardzo cenione a ich obrzynki były silnym fetyszem. Wiara w fetysz czaszki przyczyniła się w znacznym stopniu do późniejszego polowania na głowy. Pępowina była bardzo cennym fetyszem; nawet dziś jest za taki uważana w Afryce. Pierwszą zabawką człowieka była zachowana pępowina. Udekorowana perłami, jak to często robiono, była pierwszym naszyjnikiem.

Garbate i kalekie dzieci uważano za fetysze; wierzono, że lunatyków prowadzi księżyc. Człowiek prymitywny nie potrafił odróżnić geniuszu od obłędu; idioci albo byli bici na śmierć albo szanowani jako osoby-fetysze. Histeria coraz skuteczniej potwierdzała pospolitą wiarę w czarownictwo; epileptycy bywali często kapłanami albo uzdrawiaczami. Pijaństwo uważano za formę opanowania przez ducha; kiedy dziki zaczynał pić, wkładał liść we włosy, aby nie odpowiadać za swoje czyny. Trucizny i trunki były fetyszami, uważano, że są czymś owładnięte.

Wielu ludzi uważało geniuszy za osoby-fetysze, opanowane przez mądrego ducha. I tacy utalentowani ludzie szybko uczyli się oszukiwać i naciągać, kierując się swoimi samolubnymi interesami. Człowieka-fetysza uważano za coś więcej niż człowieka; był boski, nawet nieomylny. Dlatego też wodzowie, królowie, kapłani, prorocy i władcy Kościoła posiedli w końcu wielką moc i sprawowali nieograniczoną władzę.

2. EWOLUCJA FETYSZA

Uważano, że duchy ludzkie lubią mieszkać w jakichś obiektach, które do nich należały za życia w ciele. Wiara ta wyjaśnia skuteczność wielu współczesnych relikwii. Starożytni zawsze czcili kości swych przywódców a szczątki szkieletów świętych i bohaterów nadal są traktowane przez wielu ludzi z zabobonną czcią. Nawet dziś robi się pielgrzymki do grobów wielkich ludzi.

Wiara w relikwie powstała z dawnego kultu fetysza. Relikwie dzisiejszych religii są próbą racjonalizacji fetysza dzikiego człowieka, tym samym wyniesienia go do poziomu dostojeństwa i szacunku we współczesnych systemach religijnych. Wiara w fetysze i magię jest pogańska, ale rzekomo właściwie jest wierzyć w relikwie i cuda.

Ognisko domowe – palenisko – stało się bardziej czy mniej fetyszem, miejscem świętym. Święte przybytki i świątynie były z początku miejscami-fetyszami, gdyż tam chowano zmarłych. Przybytek-fetysz Hebrajczyków został wywyższony przez Mojżesza do tego punktu, w którym zawierał superfetysz, istniejącą wtedy koncepcję prawa Bożego. Jednak Izraelici wciąż trzymali się specyficznych wierzeń Kanaanejczyków w ołtarz kamienny: „Ten zaś kamień, który postawiłem jako stelę, będzie domem Boga". Naprawdę wierzyli, że duch ich Boga mieszka w takich kamiennych ołtarzach, które w istocie były fetyszami.

Najwcześniejsze wizerunki robiono po to, aby utrwalić wygląd i upamiętnić słynnych zmarłych; były to prawdziwe monumenty. Idole były udoskonaleniem fetyszyzmu. Prymitywni wierzyli, że obrzęd konsekracji powoduje wejście ducha w wizerunek; tak samo, gdy pewne obiekty były błogosławione, stawały się amuletami.

Mojżesz, dodając drugie przykazanie do pradawnego kodeksu moralnego Dalamatian, próbował poddać kontroli czczenie fetyszy u Hebrajczyków. Pieczołowicie zarządził, że nie wolno im robić żadnego rodzaju wizerunku, który mógł być konsekrowany jako fetysz. Powiedział wprost: „Nie będziesz robił żadnej rzeźby ani żadnego obrazu tego, co jest na niebie wysoko, ani tego, co jest na ziemi nisko, ani tego, co jest w wodach tej ziemi". Podczas gdy przykazanie to znacznie opóźniło rozwój sztuki u Żydów, zmniejszyło ich cześć dla fetyszy. Mojżesz był jednak zbyt mądry, aby próbować gwałtownie wyrugować stare fetysze, dlatego też zgodził się na umieszczenie pewnych relikwii obok Prawa w tym, co było połączeniem ołtarza wojennego i przybytku religijnego, w arce.

W końcu fetyszami stały się słowa, zwłaszcza te, które uważano za słowa Boże; w ten sposób święte księgi wielu religii stały się fetyszystycznymi więzieniami, trzymającymi w okowach duchową wyobraźnię człowieka. To właśnie wysiłki Mojżesza, zmierzające do zapobieżenia fetyszom, stały się najwyższym fetyszem; jego przykazania używano później do wyjałowienia sztuki, przeszkadzało ono w podziwianiu piękna i w jego adoracji.

W dawnych czasach władczym słowem-fetyszem była wzbudzająca strach *doktryna*, najstraszliwszy ze wszystkich tyranów niewolących człowieka. Fetysz doktryny będzie prowadzić śmiertelnego człowieka do zaprzedania siebie, do pójścia w objęcia bigoterii, fanatyzmu, przesądów, nietolerancji i najbardziej nieludzkich, barbarzyńskich okrucieństw. Współczesne poszanowanie mądrości i prawdy jest całkiem niedawną ucieczką od tendencji kreowania fetyszy, sięgającej aż do wyższych poziomów myślenia i rozumowania. Co się tyczy nagromadzonych fetyszy pisanych, które różni ludzie religijni uważają za *święte księgi*, uważa się, że nie tylko to jest prawdą, co jest w książce, ale również, że każda prawda jest w niej zawarta. Kiedy jedna z tych świętych ksiąg mówi o Ziemi jako płaskiej, wtedy rozsądni skądinąd mężczyźni i kobiety przez wiele pokoleń odmówią przyjęcia dowodów na to, że planeta jest kulista.

Zwyczaj otwierania jednej z tych świętych ksiąg, aby rzucić okiem na urywek, którego zastosowanie mogło stanowić o ważnych życiowych decyzjach czy planach, nie jest niczym mniej ani więcej niż notorycznym fetyszyzmem. Składanie przysięgi na „świętą księgę", czy przysięganie na jakiś obiekt najwyższej czci, jest formą wyszukanego fetyszyzmu.

Jednak przejście od strachu przed fetyszem obciętych paznokci dzikiego wodza, do adoracji przepięknych kolekcji listów, prawd, legend, alegorii, mitów, poematów i kronik, które mimo wszystko są odbiciem odplewionej mądrości moralnej wielu stuleci, stanowi prawdziwy postęp ewolucyjny, przynajmniej do czasu i okoliczności zebrania ich w „świętą księgę".

Żeby słowa mogły stać się fetyszami, muszą być uważane za natchnione a powoływanie się na domniemanie Bosko natchnione pisma prowadzi wprost do zaprowadzenia *władzy* Kościoła, kiedy ewolucja organizacji świeckich prowadzi do urzeczywistnienia *władzy* państwowej.

3. TOTEMIZM

Fetyszyzm przewijał się przez wszystkie prymitywne kulty, od najdawniejszych wierzeń w święte kamienie, przez bałwochwalstwo, kanibalizm i czczenie natury, do totemizmu.

Totemizm jest kombinacją zasad społecznych i religijnych. Początkowo uważano, że czczenie zwierzęcia totemicznego, domniemanego biologicznego przodka, zapewni obfitość żywności. Totemy były jednocześnie symbolami grupy ludzkiej i jej boga. Bóg taki był uosobieniem klanu. Totemizm był pewnym stadium wysiłków, zmierzających do uspołecznienia osobistej skądinąd religii. Totem rozwinął się w końcu we flagę czy godło różnych współczesnych narodów.

Woreczek-fetysz, woreczek z lekarstwami, był sakiewką zawierającą renomowany zestaw nasyconych duchem przedmiotów a pradawny uzdrawiacz nigdy nie dopuścił do tego, aby woreczek, symbol jego władzy, dotknął ziemi. Cywilizowani ludzie dwudziestego wieku uważają, aby ich flagi, symbole świadomości narodowej, również nigdy nie dotknęły ziemi.

Insygnia urzędu kapłańskiego i królewskiego zostały w końcu uznane za fetysze a fetysz państwowości przeszedł wiele stadiów rozwoju, od klanów do plemion, od zależności feudalnej do suwerenności, od totemów do flag. Królowie-fetysze rządzili na mocy „boskiego prawa" i wiele innych form rządu utrzymywało się na mocy tego prawa. Ludzie stworzyli także fetysz z demokracji, z egzaltacji i czczenia poglądów pospolitych ludzi, kiedy zbiorowo są nazywane „opinią publiczną". Opinii jednego człowieka, traktowanej oddzielnie, nie uważa się za zbyt wartościową, ale kiedy ludzie działają razem jako demokracja, taki sam kiepskiej jakości osąd traktowany jest jako arbiter sprawiedliwości i standard prawości.

4. MAGIA

Człowiek cywilizowany podchodzi do problemów rzeczywistego środowiska poprzez swoją naukę; człowiek dziki próbował rozwiązać rzeczywiste problemy iluzorycznego środowiska duchów poprzez magię. Magia była metodą manipulacji domniemanym środowiskiem duchowym, którego machinacje wciąż wyjaśniały to, co niewytłumaczalne; była to sztuka zjednywania dobrowolnej współpracy ducha oraz zmuszania ducha do pomocy, dzięki użyciu fetyszy oraz innych, potężniejszych duchów.

Cele magii, czarownictwa i nekromancji były dwojakie:

1. Zyskać wgląd w przyszłość.
2. Wywrzeć pożyteczny wpływ na otoczenie.

Cele nauki są takie same jak cele magii. Ludzkość postępuje od magii do nauki nie przez rozmyślanie i rozumowanie, ale raczej przez długie doświadczenie, stopniowo i boleśnie. Człowiek zaczyna opierać się na prawdzie stopniowo, zaczynając od błędu, postępując w błędzie i w końcu dochodzi do progu prawdy; dopiero z nadejściem metod naukowych zaczął iść naprzód. Człowiek prymitywny musiał jednak eksperymentować albo ginąć.

Fascynacja dawnymi przesądami była matką późniejszej ciekawości naukowej. W prymitywnych przesądach istniało rozwijające się, dynamiczne uczucie – strachu z dodatkiem ciekawości; w starej magii istniała rozwojowa siła napędowa. Te zabobony były wyrazem narodzin ludzkiego pragnienia poznania i kontrolowania środowiska planetarnego.

Magia tak bardzo zawładnęła dzikim, ponieważ nie mógł on pojąć idei śmierci naturalnej. Późniejsza idea grzechu pierworodnego w znacznym stopniu pomogła zredukować oddziaływanie magii na ludzkość, dlatego, że wyjaśniała śmierć naturalną. W pewnym okresie zdarzało się dość często, że uśmiercano niewinne osoby, ze względu na ich domniemaną odpowiedzialność za czyjąś naturalną śmierć. Jest to jedna z przyczyn, dlaczego liczebność pradawnych ludów nie wzrastała szybciej i nadal się to odnosi do pewnych plemion afrykańskich. Oskarżona jednostka zazwyczaj przyznawała się do winy, nawet, gdy miała ją spotkać śmierć.

Magia jest dla dzikiego rzeczą naturalną. Wierzył on, że wróg naprawdę może zostać zabity za pomocą czarów, zastosowanych do jego ostrzyżonego włosa lub obciętych paznokci. Śmierć wskutek ukąszenia żmii przypisywano magii czarownika. Trudności w zwalczaniu magii powstawały z tego powodu, że strach może zabić. Prymitywne ludy tak bardzo bały się magii, że zabijała ona naprawdę i te jej skutki wystarczały dla udowodnienia owych fałszywych wierzeń. W przypadku niepowodzenia zawsze znajdowano jakieś wiarygodne wyjaśnienie; antidotum na magię niszczącą była jeszcze większa magia.

5. MAGICZNE AMULETY

Skoro wszystko związane z ciałem mogło stać się fetyszem, wczesna magia miała do czynienia z włosami i paznokciami. Dyskrecja, związana z wydalaniem odchodów, powstała ze strachu, że wróg może wejść w posiadanie czegoś pochodzącego z ciała i użyć tego do niszczącej magii; wszystkie wydaliny były zatem skrupulatnie zakopywane. Nie pluto w miejscu publicznym ze strachu, że ślina może być użyta do szkodzącej magii; plwocinę zawsze czymś zakrywano. Nawet resztki żywności, odzieży i ozdób mogły stać się instrumentami magii. Dziki nigdy nie zostawiał żadnych resztek posiłku na stole. Czynił to wszystko ze strachu, że jego wrogowie mogą użyć tych rzeczy do rytuałów magicznych, a nie na skutek jakiegokolwiek uznania higienicznych wartości takich zwyczajów.

Amulety magiczne sporządzano z wielu różnych rzeczy: z ciała ludzkiego, z pazurów tygrysich, z zębów krokodyla, z ziaren trujących roślin, z jadu żmii i włosów ludzkich. Kości zmarłego miały wielkie wartości magiczne. Nawet pył ze śladów stóp mógł być użyty w magii. Pradawni bardzo ufali amuletom miłosnym. Krew i inne wydzieliny cielesne mogły wywierać magiczny wpływ miłosny.

Uważano, że magii pomagają podobizny. Robiono podobizny i kiedy traktowano je źle czy dobrze, wierzono, że takie same skutki dotkną prawdziwej osoby. Podczas zakupów przesądni potrafili żuć kawałek twardego drewna, aby zmiękczyć serce sprzedawcy.

Mleko z czarnej krowy miało silne własności magiczne, podobnie jak czarne koty. Kijek czy różdżka były magiczne, tak samo bębny, dzwony i węzły. Wszystkie stare obiekty były amuletami magicznymi. Zwyczaje nowej, wyższej cywilizacji, traktowano z dezaprobatą ze względu na ich domniemanie zły charakter magiczny. Długo tak traktowano pismo, druk i obrazy.

Człowiek prymitywny wierzył, że imiona należy wymawiać z szacunkiem, zwłaszcza imiona bogów. Imię uważano za byt, wpływ niezależny od osoby fizycznej; było ono szanowane na równi z duszą i cieniem. Imiona dawano jako zastaw pożyczek; człowiek nie mógł używać swojego imienia zanim się nie wykupił, spłacając pożyczkę. Dziś ludzie piszą swe imię na wekslu. Imię jednostki stało się wkrótce ważne w magii. Dziki miał dwa imiona; to ważne traktowano za zbyt święte, żeby je używać w zwykłych okolicznościach, stąd drugie imię powszednie – przydomek. Dziki nigdy nie mówił swego prawdziwego imienia obcym. Każde niezwykłe doświadczenie skłaniało go do zmiany imienia; czasami zmieniał imię w trakcie leczenia choroby albo żeby zapobiec nieszczęściu. Dziki mógł dostać nowe imię, kupując je od wodza plemiennego; dziś człowiek nadal inwestuje w tytuły i stopnie. Jednak u najbardziej prymitywnych plemion, takich jak afrykańscy Buszmeni, nie istnieją indywidualne imiona.

6. PRAKTYKOWANIE MAGII

Magię praktykowano przy użyciu różdżek, rytuału „medycznego" oraz zaklęć, a było w zwyczaju, że praktykujący pracował bez ubrania. Wśród prymitywnych adeptów magii kobiety stanowiły grupę liczniejszą od mężczyzn. W magii „medycyna" oznacza tajemniczość a nie leczenie. Dziki nigdy nie leczył się sam, nigdy nie stosował lekarstw, chyba, że za poradą specjalistów od magii. W dwudziestym wieku doktorzy voodoo są typowym przykładem magika z dawnych czasów.

Istniała zarówno publiczna jak i prywatna domena magii. Ta, którą sprawowali uzdrawiacze, szamani czy kapłani była, jak uważano, dla dobra całego plemienia. Czarownice, czarnoksiężnicy i czarodzieje prowadzili magię prywatną, osobistą i samolubną, stosowaną jako metoda wymuszająca, aby sprowadzić zło na czyichś wrogów. Idea podwójnego spirytyzmu, duchów dobrych i złych, dała początek późniejszym wierzeniom w białą i czarną magię. Kiedy ukształtowała się religia, magia była określeniem używanym w stosunku do działań prowadzonych poza własnym kultem a także w odniesieniu do starszych wierzeń w duchy.

Kombinacje słowne, rytualne śpiewy i zaklęcia, były w wysokim stopniu magiczne. Niektóre wczesne zaklęcia rozwinęły się później w modlitwy. Potem praktykowano magią odtwórczą, modlitwy były odgrywane; tańce magiczne nie były niczym innym niż dramatyzowanymi modlitwami. Modlitwa stopniowo wypierała magię jako część rytuału ofiarowania.

Gestykulacja, będąc starszą niż mowa, była bardziej święta i magiczna a mimika, jak wierzono, miała wielką moc magiczną. Człowiek czerwony często tańczył taniec bizona, w którym ktoś odgrywał bizona a będąc złapany, zapewniał pomyślność w nadchodzących łowach. Seksualne święta majowe były po prostu magią odtwórczą, sugestywnym nawiązaniem do namiętności seksualnych świata roślin. Lalka po raz pierwszy została użyta jako talizman magiczny przez bezpłodną żonę.

Magia była tą gałęzią ewolucyjnego drzewa religijnego, która w końcu wydała owoce ery naukowej. Wiara w astrologię prowadziła do przekształcenia jej w astronomię, wiara w kamień filozoficzny prowadziła do biegłości w obróbce metali, podczas gdy wiara w liczby magiczne doprowadziła do powstania matematyki.

Jednak świat tak bardzo przepełniony amuletami zrobił wiele w kierunku zduszenia osobistej ambicji i inicjatywy. Owoce dodatkowej pracy czy pilności uznawano za magiczne. Jeśli ktoś miał na swym polu więcej ziarna niż sąsiad, mógł być wezwany przed wodza i oskarżony o zwabienie nadwyżki ziarna z pola leniwego sąsiada. Doprawdy, w czasach barbarzyństwa niebezpiecznie było wiedzieć za dużo, zawsze można było zostać zabitym jako mistrz czarnej magii.

Nauka stopniowo eliminuje z życia czynnik ryzyka. Jednak, jeśli zawiodą współczesne metody edukacyjne, nastąpi prawie natychmiastowy zwrot ku prymitywnym wierzeniom w magię. Przesądy wciąż pokutują w umysłach wielu tak zwanych cywilizowanych ludzi. Język zawiera wiele archaizmów, świadczących o tym, że gatunek ludzki długo był pogrążony w magicznych przesądach, słów takich jak oczarowany, urodzony pod nieszczęśliwą gwiazdą, opanowany, natchniony, bez ducha, przeniknięty geniuszem, wprawiony w trans, oszołomiony i zdumiony. Inteligentne istoty ludzkie nadal wierzą w dobry los, uroki i astrologię.

Pradawna magia była kokonem współczesnej nauki, niezbędnym w swoim czasie, ale teraz bezużytecznym. I tak chimery ciemnych przesądów ożywiały prymitywne umysły ludzkie, zanim zrodziły się poglądy naukowe. Dzisiaj Urantia znajduje się w strefie brzasku tej ewolucji intelektualnej. Połowa świata gorliwie chwyta światło prawdy i faktów odkryć naukowych, podczas gdy druga połowa pokutuje w objęciach pradawnych przesądów i słabo zaledwie maskowanej magii.

[Przedstawione przez Gwiazdę Błyszczącą Wieczorną z Nebadonu].

PRZEKAZ 89

GRZECH, OFIARA I POKUTA

CZŁOWIEK prymitywny uważał, że jest dłużnikiem duchów, że potrzebuje okupienia. Dzicy sądzili, że duchy postępując sprawiedliwie, mogą sprowadzić na nich jeszcze więcej nieszczęścia. Z czasem ta idea rozwinęła się w doktrynę grzechu i zbawienia. Uważano, że dusza przychodzi na świat pozbawiona praw – w stanie grzechu pierworodnego. Dusza musi być okupiona; należy dać kozła ofiarnego. Łowca głów, w dodatku do swych praktyk czczenia czaszki, mógł dać człowieka ofiarnego, zamiast swego własnego życia.

Dzikiego wcześnie opanowały idee, że duchy bardzo się cieszą, gdy widzą ludzką niedolę, cierpienia i upokorzenia. Z początku człowiek interesował się tylko popełnianymi grzechami, jednak później zaczął niepokoić się również grzechami zaniedbania. I cały późniejszy system ofiar ukształtował się wokół tych dwu idei. Nowy rytuał obracał się wokół przestrzegania przebłagalnych ceremonii ofiarnych. Człowiek prymitywny wierzył, że trzeba zrobić coś szczególnego dla zjednania przychylności bogów; tylko zaawansowana cywilizacja traktuje Boga jako konsekwentnie zrównoważonego i życzliwego. Przebłaganie było raczej zabezpieczeniem się przed doraźnym nieszczęściem niż inwestycją w przyszłe szczęście. I rytuały wystrzegania się czegoś, egzorcyzmy wymuszania i przebłagania, mieszały się ze sobą.

1. TABU

Przestrzeganie tabu było próbą obrony przed złym losem, unikaniem obrazy duchów niższych przez wystrzeganie się czegoś. Z początku tabu były niereligijne, ale wcześnie zyskały aprobatę upiorów czy duchów, a kiedy zostały w ten sposób ugruntowane, stały się prawodawcami i twórcami instytucji. Tabu jest źródłem standardów obrzędowych i protoplastą prymitywnej samokontroli. Było ono najwcześniejszą formą przepisów społecznych i przez długi czas jedyną; wciąż jest podstawowym składnikiem społecznej struktury przepisów.

Szacunek, jaki takie zakazy wzbudzały w umyśle dzikiego, równy był dokładnie jego strachowi przed mocami, które domniemanie je narzucały. Z początku tabu powstawały w wyniku przypadków złego losu; później narzucane były przez wodzów i szamanów – ludzi fetyszów, którymi jak uważano, kierował duch-upiór a nawet bóg. Strach prymitywnego człowieka przed zemstą ducha był tak wielki, że czasem człowiek umierał ze strachu, kiedy naruszył tabu i tak dramatyczne wypadki ogromnie umocniły pozycję tabu w umysłach żywych.

Do najwcześniejszych zakazów należały ograniczenia dotyczące przywłaszczania sobie kobiety jak również innej własności. Kiedy religia zaczęła odgrywać większą rolę w ewolucji tabu, to, co podlegało zakazowi, było uznawane za nieczyste, później za bezbożne. Zapisy Hebrajczyków pełne są wzmianek o rzeczach czystych i nieczystych, świętych i bezbożnych, jednak ich wierzenia w tych sprawach były znacznie mniej krępujące i nie tak rozbudowane jak u wielu innych ludów.

Siedem przykazań Dalamatii i Edenu, jak również przykazania Hebrajczyków, były konkretnymi tabu, wszystkie były wyrażane w tej samej, zakazującej formie, podobnie jak najstarsze zakazy. Jednak te nowe przepisy naprawdę wyzwalały człowieka, dlatego, że zajmowały miejsce tysięcy istniejących poprzednio tabu. Ponadto, te późniejsze przykazania wyraźnie coś obiecywały, w zamian za ich przestrzeganie.

Wczesne tabu dotyczące żywności powstały z fetyszyzmu i totemizmu. Świnia była święta dla Fenicjan, krowa dla Hindusów. Egipskie tabu na wieprzowinę utrwalone zostało w wierze hebrajskiej oraz w islamie. Pewnym wariantem tabu, odnoszącego się do żywności, było wierzenie, że kobieta ciężarna może myśleć tak dużo o pewnym jedzeniu, że dziecko, kiedy się urodzi, będzie odzwierciedleniem tego jedzenia. Takie potrawy mogły stać się tabu dla dziecka.

Wkrótce sposoby jedzenia stały się tabu i tak się zrodziła starożytna i współczesna etykieta, obowiązująca przy stole. System kastowy i warstwy społeczne są szczątkowymi pozostałościami starszych zakazów. Tabu funkcjonowały bardzo dobrze w procesie organizacji społeczeństwa, ale były strasznie uciążliwe; system zakazująco-ograniczający nie tylko utrwalał użyteczne i konstruktywne przepisy, ale również tabu przestarzałe, przebrzmiałe i bezużyteczne.

Jednak bez tych rozległych i wielorakich tabu nigdy nie mogłoby się pojawić żadne cywilizowane społeczeństwo, aby krytykować człowieka pierwotnego a tabu nigdy nie mogłyby przetrwać, gdyby nie było wspierających je restrykcji religii prymitywnej. Wiele nieodzownych elementów ewolucji ludzkiej było bardzo kosztowne, ich cena płacona w postaci wysiłku, poświęcenia i samozaparcia była ogromna, jednak takie zdobycze samokontroli były istotnymi szczeblami drabiny cywilizacyjnej, po których wspinał się człowiek.

2. KONCEPCJA GRZECHU

Obawa przed przypadkiem i strach przed złym losem dosłownie pchały człowieka do wymyślenia prymitywnej religii, jako domniemanego zabezpieczenia przed takimi nieszczęściami. Religia rozwinęła się od magii i widm, przez duchy i fetysze, do tabu. Każde prymitywne plemię miało swoje drzewo z owocem zakazanym, literalnie jabłkiem, jednak w znaczeniu przenośnym składało się ono z tysiąca gałęzi obciążonych wszelkimi rodzajami tabu. I drzewo zakazane zawsze mówiło: „nie będziesz...".

Kiedy umysł dzikiego rozwinął się do tego punktu, że zaczął on dostrzegać duchy, zarówno dobre jak i złe, i kiedy tabu zyskało solenne zatwierdzenie rozwijającej się religii, scena była gotowa do powstania nowej koncepcji *grzechu*. Idea grzechu rozpowszechniona była na świecie, zanim pojawiła się na nim religia objawiona. To tylko dzięki idei grzechu naturalna śmierć stała się logiczna dla prymitywnego umysłu. Grzech był naruszeniem tabu a śmierć karą za grzech.

Grzech był rytualny a nie racjonalny; był działaniem a nie myśleniem. I cała koncepcja grzechu podsycana była resztkami tradycji Dilmun i czasami małego raju na Ziemi. Tradycja Adama i Ogrodu Eden także przydała treści wspomnieniom o dawnym

„złotym wieku”, istniejącym o świcie gatunku ludzkiego. I wszystko to potwierdzało te idee, które później znalazły swój wyraz w wierzeniu, że człowiek został stworzony specjalnym aktem stwórczym, że zaczął swój byt w doskonałości i że naruszenie tabu – grzech – sprowadziło go do późniejszego, żałosnego położenia.

Notoryczne naruszanie tabu stało się występkiem, prymitywne prawo robiło z występku przestępstwo, religia zrobiła z niego grzech. U pierwotnych plemion naruszenie tabu było kombinacją przestępstwa i grzechu. Nieszczęście całej społeczności traktowane było zawsze jako kara za grzechy plemienne. Tym, którzy wierzyli, że pomyślność i prawość idą w parze, dostrzegalne powodzenie człowieka nikczemnego sprawiało tak wiele kłopotu, że trzeba było wymyślić piekła dla ukarania gwałcicieli tabu; liczba miejsc przyszłej kary wahała się od jednego do pięciu.

Idea spowiedzi i przebaczenia wcześnie się pojawiła w religii prymitywnej. Na zgromadzeniach publicznych ludzie częstokroć prosili o przebaczenie za grzechy, które zamierzali popełnić w przyszłym tygodniu. Spowiedź była zazwyczaj obrzędem odpuszczania, jak również publicznym ogłoszeniem skalania, obrzędowym wołaniem „nieczysty, nieczysty!”. Potem następowały wszelkie rytualne obrzędy oczyszczania. Wszystkie pradawne ludy praktykowały te nic nieznaczące obrzędy. Wiele pozornie higienicznych obyczajów dawnych plemion było w znacznej mierze obrzędami.

3. ASCEZA I UPOKORZENIE

Asceza przyszła jako następny stopień ewolucji religii; pospolitą praktyką był post. Wkrótce weszło w zwyczaj wyrzekanie się wielu form przyjemności fizycznej, zwłaszcza natury seksualnej. Rytuał postu był głęboko zakorzeniony w wielu pradawnych religiach i przeniesiony został praktycznie do wszystkich współczesnych systemów myśli teologicznej.

W tym właśnie czasie, gdy barbarzyńca zaprzestawał marnotrawnego zwyczaju palenia i grzebania własności razem ze zmarłym, gdy właśnie zaczęła się kształtować ekonomiczna struktura narodów, pojawiła się ta nowa, religijna doktryna ascezy i dziesiątki tysięcy poważnych dusz zaczęły praktykować ubóstwo. Majątek uważany był za upośledzenie duchowe. Takie wyobrażenie o duchowym zagrożeniu, jakie niesie własność materialna, żywiono szeroko w czasach Filona i Pawła i od tamtych czasów wywiera ono znaczny wpływ na filozofię europejską.

Ubóstwo było częścią rytuału umartwiania ciała, który niestety został włączony do pism i nauk wielu religii, zwłaszcza chrześcijaństwa. Pokuta jest neutralizującą formą niemądrego częstokroć rytuału ascetycznego. Wszystko to jednak uczyło dzikiego *samokontroli* a ten postęp w ewolucji społecznej był wartościowy. Samozaparcie i samokontrola były dwiema wielkim zdobyczami wczesnej religii ewolucyjnej. Samokontrola dała człowiekowi nową filozofię życia, uczyła go sztuki zwiększania ułamka życia przez zaniżanie mianownika wymagań osobistych, zamiast ciągłych prób powiększania licznika samolubnego zadowolenia.

Starsze idee samodyscypliny obejmowały chłostę i wszelkie rodzaje tortur fizycznych. W nauczaniu cnoty cierpienia fizycznego szczególnie się zasłużyli kapłani kultu matki; dawali temu przykład poddając się kastracji. Hebrajczycy, hinduiści i buddyści bardzo byli przywiązani do doktryny umartwiania fizycznego.

W pradawnych czasach takimi właśnie sposobami ludzie próbowali zdobyć dodatkowy kredyt samozaparcia w księgach swych bogów. Kiedyś było w zwyczaju czynić śluby samozaparcia i umartwiania pod wpływem jakiegoś stresu emocjonalnego. Z czasem ślubowania takie nabrały form umów z bogami i w takim sensie stanowiły prawdziwy postęp ewolucyjny, ponieważ bogowie, z założenia, mieli zrobić coś konkretnego w zamian za umartwianie się i zadawanie cierpień ciału. Ślubowania dotyczyły zarówno zakazów jak i nakazów. Zobowiązania tak szkodliwej i skrajnej natury są dziś najlepiej zauważalne u pewnych grup ludzkich w Indiach.

Zupełnie naturalne było to, że kult ascezy i upokorzeń zwrócił swą uwagę na zaspokajanie seksualne. Kult wstrzemięźliwości pojawił się u żołnierzy jako rytuał przed bitwą; w czasach późniejszych stał się praktyką „świętych". Kult ten tolerował małżeństwo jedynie jako zło mniejsze od cudzołóstwa. Wiele wielkich religii światowych uległo niekorzystnemu wpływowi tego, starożytnego kultu, ale najbardziej chrześcijaństwo. Z kultem tym związany był Apostoł Paweł i jego osobiste poglądy zostały odzwierciedlone w tych naukach, które przyłączył do teologii chrześcijańskiej: „Dobrze jest, jeżeli mężczyzna nie dotyka kobiety". „Pragnąłbym, aby wszyscy byli jak i ja". „Tym zaś, którzy nie wstąpili w związki małżeńskie, oraz tym, którzy już owdowieli, mówię: dobrze będzie, jeśli pozostaną jak i ja". Paweł dobrze wiedział, że takie nauczanie nie jest częścią ewangelii Jezusa, co potwierdza następujące oświadczenie: „A to, co mówię, jest zaleceniem a nie rozkazem". Jednak kult taki sprawił, że Paweł traktował kobiety pogardliwie. I generalnie, szkoda wynikła z tego, że jego osobiste poglądy długo wywierały wpływ na nauki wielkiej światowej religii. Gdyby rady tego nauczyciela i wytwórcy namiotów były przestrzegane dosłownie i powszechnie, wtedy gatunek ludzki wyginąłby szybko i haniebnie. Ponadto, uwikłanie się religii w pradawny kult wstrzemięźliwości prowadzi prosto do wojny przeciwko małżeństwu i rodzinie, prawdziwej podstawie społeczeństwa i podstawowej instytucji ludzkiego rozwoju. I nie można się dziwić, że wszelkie takie wierzenia popierały celibat u kapłaństwa w wielu religiach u różnych narodów.

Pewnego dnia człowiek powinien nauczyć się cieszyć wolnością bez rozpasania, jedzeniem bez żarłoczności i przyjemnością bez rozpusty. Samokontrola jest lepszą metodą regulacji postępowania człowieka niż skrajne samozaparcie. Jezus również nigdy nie nauczał swoich wyznawców tak nierozsądnych poglądów.

4. POCZĄTKI OFIAROWANIA

Ofiarowanie jako część kultu religijnego, tak jak i wiele innych rytuałów czczenia, nie ma pojedynczych czy prostych początków. Tendencję do pochylania się przed potęgą, jak również padania w czci pełnej adoracji w obliczu tajemnicy, zwiastuje płaszczenie się psa przez jego panem. Od impulsu czczenia do aktu ofiarowania jest tylko jeden krok. Człowiek prymitywny skalował wartość swego ofiarowania według bólu, który cierpiał. Kiedy idea ofiarowania pierwszy raz się związała z obrzędem religijnym, nie uznawano żadnego ofiarowania, które nie przynosiłoby bólu. Pierwsze ofiarowania stanowiły takie czynności jak wyrywanie włosów, nacinanie ciała, okaleczanie, wybijanie zębów i obcinanie palców. W miarę rozwoju cywilizacji, takie proste idee ofiarowania wyniesiono do poziomów wyrzekania się czegoś, ascetyzmu, poszczenia, pozbawiania się czegoś oraz do późniejszej chrześcijańskiej doktryny uświęcenia poprzez smutek, cierpienie i umartwianie ciała.

We wczesnym stadium ewolucji religii istniały dwie koncepcje ofiarowania: idea ofiarowania jako darowizny, która oznaczała postawę dziękczynienia i ofiarowania jako długu, co zawierało również ideę odpokutowania. Później wykształciło się pojęcie substytucji.

Jeszcze później człowiek wyobraził sobie, że jego ofiara, jakiejkolwiek natury, może działać jako nośnik wiadomości dla bogów; może być zapachem przyjemnym dla bóstwa. Przydało to kadzideł i innych elementów estetycznych do rytuałów ofiarnych, które rozwinęły się w ofiarne święta, stając się z czasem coraz bardziej wyszukane i ozdobne.

W miarę rozwoju religii, ofiarne obrzędy pojednania i przebłagania zastępowały starsze metody wystrzegania się, łagodzenia i egzorcyzmów.

Najwcześniejsza idea ofiarowania związana była z żądaniem neutralności, narzucanej duchom przodków; dopiero później powstała idea pokuty. Kiedy człowiek odwrócił się od idei ewolucyjnego pochodzenia gatunku, jak tradycje z czasów Księcia Planetarnego i pobytu Adama zanikały z upływem czasu, idee grzechu i grzechu pierworodnego stały się tak powszechne, że ofiarowanie za przypadkowy czy osobisty grzech przekształciło się w doktrynę zadośćuczynienia za grzech ludzkości. Pokuta, polegająca na ofiarowaniu, była rodzajem ochrony, zabezpieczeniem przed gniewem i zazdrością nawet nieznanego boga.

Otoczony wielką ilością drażliwych duchów i zachłannych bogów, człowiek prymitywny stanął twarzą w twarz z taką rzeszą bóstw-wierzycieli, że trzeba było całego kapłaństwa, rytuałów i ofiar składanych przez całe życie, aby go wyprowadzić z duchowego długu. Doktryna grzechu pierworodnego czy winy gatunku sprawiała, że każdy człowiek zaczynał życie poważnie zadłużony w stosunku mocy duchowych.

Dary i łapówki daje się ludziom, ale kiedy przedkładane są bogom, określane są jako poświęcone, święte lub nazywane ofiarami. Asceza była neutralizującą formą przebłagania, ofiarowanie stało się formą zapobiegawczą. Akt przebłagania obejmował wychwalanie, gloryfikację, pochlebstwo a nawet rozrywkę. Pozostałości tych zapobiegawczych praktyk składają się na współczesną formę czczenia Boga. Współczesne formy czczenia są po prostu rytualizacją owych pradawnych metod ofiarnych, przebłagania zapobiegawczego.

Ofiary zwierzęce więcej znaczyły dla plemion człowieka prymitywnego niż dla ludzi współczesnych. Barbarzyńcy uważali zwierzęta za swoich prawdziwych, bliskich krewnych. Z biegiem czasu człowiek stał się przebiegły w swym ofiarowaniu i zaprzestał składania w ofierze swych zwierząt roboczych. Z początku ofiarował to, co *najlepsze* ze wszystkiego, razem ze swymi udomowionymi zwierzętami.

Nie było to tylko czczą przechwałką, kiedy pewien egipski władca oświadczył, że ofiarował: 113.433 niewolników, 493.386 głów bydła, 88 łodzi, 2.756 złotych wizerunków, 331.702 dzbanów miodu i oliwy, 228.380 dzbanów wina, 680.714 gęsi, 6.744.428 bochenków chleba i 5.740.352 sakiewek pieniędzy. I żeby to wszystko wykonać, musiał srodze obłożyć podatkami swych ciężko pracujących poddanych.

Zwykła konieczność zmusiła w końcu półdzikich ludzi do zjadania materialnej części ich ofiar, bogowie zadowalali się duszą tego wszystkiego. I zwyczaj ten nabrał odpowiedniej formy w pradawnych, świętych posiłkach, oraz w postaci obrzędu komunii według zwyczajów współczesnych.

5. OFIARY I KANIBALIZM

Współczesne idee dotyczące wczesnego kanibalizmu są całkowicie błędne; stanowił on część obyczajów wczesnego społeczeństwa. Podczas gdy we współczesnej cywilizacji kanibalizm normalnie budzi odrazę, był on częścią struktury społecznej i religijnej prymitywnego społeczeństwa. Interesy grupy nakazywały praktykowanie kanibalizmu. Wyrósł on z nacisku konieczności i przetrwał na skutek zniewolenia przesądami oraz ignorancji. Był obyczajem społecznym, ekonomicznym, religijnym i wojskowym.

Człowiek pierwotny był kanibalem, lubił ludzkie mięso i dlatego też ofiarował je jako dar żywnościowy dla duchów i swoich prymitywnych bogów. Skoro widma-duchy były tylko zmodyfikowanymi ludźmi i skoro żywność była najwyższą potrzebą człowieka, pożywienie tak samo musiało być najwyższą potrzebą ducha.

Kanibalizm był kiedyś nieomal powszechny u rozwijających się ludów. Wszyscy Sangicy byli kanibalami, ale Andonici z początku nimi nie byli, tak samo Nodyci i Adamici; Andici również nie byli kanibalami, zanim się nie zmieszali w znacznym stopniu z rasami ewolucyjnymi.

Narastały apetyty na ludzkie mięso. Zaczynając od głodu, przyjaźni, rewanżu i obrzędu religijnego, spożywanie ludzkiego mięsa stało się kanibalizmem zwyczajowym. Jedzenie ludzi pojawiło się w wyniku braków żywności, choć raczej nie była to zasadnicza przyczyna kanibalizmu. Eskimosi i wcześni Andonici rzadko byli ludożercami, za wyjątkiem czasów głodu. Ludzie czerwoni, zwłaszcza w Ameryce centralnej, byli kanibalami. Zabijanie i jedzenie swych własnych dzieci było kiedyś powszechne wśród prymitywnych matek, aby odnowić siły stracone przy porodzie a w Queensland pierwsze dziecko nadal jest często zabijane i pożerane. Niedawno kanibalizm celowo został przywrócony przez wiele plemion afrykańskich jako środek wojenny, rodzaj zastraszania, którym terroryzuje się sąsiadów.

Jakaś część kanibalizmu zrodziła się na skutek degeneracji zaawansowanego kiedyś gatunku, jednak najbardziej był on rozpowszechniony u ras ewolucyjnych. Ludożerstwo pojawiało się w tym okresie, kiedy ludzie odczuwali intensywne i silne, negatywne uczucia w stosunku do swych wrogów. Jedzenie mięsa ludzkiego stało się częścią uroczystej ceremonii zemsty; wierzono, że duch wroga może zostać w ten sposób zabity lub zespolony z jedzącym. Kiedyś powszechnie wierzono, że czarodzieje zdobywają swą moc przez spożywanie ludzkiego mięsa.

Pewne grupy ludożerców mogły zjadać tylko członków swego własnego plemienia, pseudoduchowa endogamia miała domniemanie umacniać solidarność plemienną. Ale jedli także swych wrogów, w ramach rewanżu, aby przywłaszczyć sobie ich siłę. Uważano za zaszczyt dla duszy, kiedy ciało zostało zjedzone przez przyjaciela czy członka plemienia, podczas gdy pożarcie wroga nie było niczym innym jak karą. Umysł dzikiego nie rościł sobie pretensji do konsekwencji.

W niektórych plemionach rodzice mogli chcieć być zjedzeni przez swoje dzieci; u innych panował obyczaj nie jedzenia bliskich krewnych; ich ciała były sprzedawane albo wymieniane na ciała obcych. Istniał szeroko zakrojony handel kobietami i dziećmi, tuczonymi na ubój. Kiedy choroby czy wojny nie kontrolowały populacji, jej nadwyżka była bez skrupułów zjadana.

Kanibalizm zanikał powoli, z powodu następujących czynników:

1. Czasami był on wspólnym obrzędem, przyjęciem zbiorowej odpowiedzialności za wydanie wyroku śmierci na członka plemienia. Wina krwi przestawała być przestępstwem, kiedy brali w niej udział wszyscy, cała społeczność. Ostatnim występującym w Azji kanibalizmem było zjadanie straconych kryminalistów.
2. Stał się on bardzo wcześnie rytuałem religijnym, jednak coraz większy strach przed duchami nie zawsze redukował ludożerstwo.
3. W końcu kanibalizm doszedł do tego punktu, że tylko pewne części czy organy ciała były zjadane, te części, które jak przypuszczano, zawierały duszę lub fragmenty ducha. Picie krwi stało się powszechne a obyczajem się stało mieszać „jadalne" części ciała z lekarstwami.
4. Został ograniczony tylko do mężczyzn; kobietom zabroniono jeść ludzkie ciało.
5. Potem ograniczony został tylko do wodzów, kapłanów i szamanów.
6. Jeszcze później, dla zaawansowanych plemion stał się tabu. Tabu zakazujące jedzenia człowieka pojawiło się w Dalamatii i powoli szerzyło się w świecie. Nodyci zachęcali do kremacji, co było metodą zwalczania kanibalizmu, skoro kiedyś wykopywanie pogrzebanych ciał i ich zjadanie było zwyczajem nagminnym.
7. Ofiary ludzkie były podzwonnym dla kanibalizmu. Ciało ludzkie stało się pożywieniem ludzi lepszych, wodzów i w końcu zarezerwowane zostało dla jeszcze wyższych duchów; dlatego też składanie ofiar z ludzi skutecznie położyło kres kanibalizmowi, za wyjątkiem najmniej zaawansowanych plemion. Kiedy ofiary z ludzi zaczęto składać powszechnie, ludożerstwo stało się tabu; ciało ludzkie stało się pożywieniem tylko dla bogów; człowiek mógł jeść zaledwie jego mały, obrzędowy kawałek – sakrament.

W końcu, powszechnie zaczęto używać substytutów zwierzęcych do celów ofiarnych a wśród bardziej zacofanych plemion jedzenie psów znacznie zredukowało jedzenie ludzi. Pies był pierwszym udomowionym zwierzęciem i był traktowany z wielkim szacunkiem, zarówno jako taki, jak również jako pożywienie.

6. EWOLUCJA OFIAR LUDZKICH

Ofiary ludzkie pośrednio były rezultatem kanibalizmu, jak również metodą wyleczenia się z niego. Przydawanie komuś duchowego towarzysza do świata duchów także prowadziło do redukcji ludożerstwa, ponieważ zazwyczaj nigdy nie zjadano tak zabitych ofiar. Żadna rasa nie była zupełnie wolna od składania ofiar ludzkich, w jakiejś formie i w jakimś czasie, chociaż Andonici, Nodyci i Adamici raczej nie byli entuzjastami kanibalizmu.

Ofiary ludzkie były praktycznie powszechne, przetrwały w obyczajach religijnych Chińczyków, Hindusów, Egipcjan, Hebrajczyków, Mezopotamczyków, Greków, Rzymian i wielu innych narodów; u zacofanych plemion afrykańskich i australijskich aż do czasów współczesnych. Późniejsi Indianie amerykańscy mieli cywilizację, która wyłoniła się z kanibalizmu i w związku z tym wkroczyła na drogę ofiar ludzkich, szczególnie w Ameryce Centralnej i Południowej. Chaldejczycy należeli do pierwszych, którzy zrezygnowali z ofiar ludzkich podczas zwykłych uroczystości, zastępując je zwierzętami. Około dwóch tysięcy lat temu, japoński cesarz o wrażliwym sercu wprowadził wizerunki gliniane, aby zastępowały ofiary ludzkie, jednak dopiero niecałe tysiąc lat temu ofiarowania takie zanikły w Europie północnej. U pewnych, zacofanych plemion, ofiary ludzkie wciąż są składane przez ochotników, stanowiąc rodzaj religijnego lub rytualnego samobójstwa. Kiedyś, w pewnym plemieniu, szaman zarządził ofiarowanie najbardziej szanowanego starca. Ludzie się zbuntowali, odmówili posłuszeństwa. Po czym starzec pozbawił się życia rękami swego syna; pradawni naprawdę wierzyli w ten zwyczaj.

Nie ma w zapisach bardziej tragicznego i godnego współczucia zdarzenia, ilustracji rozdzierającej serce rywalizacji pomiędzy starożytnymi, uświęconymi czasem zwyczajami religijnymi a odmiennymi wymaganiami idącej naprzód cywilizacji, niż hebrajska opowieść o Jefte i jego jedynej córce. Zgodnie z panującym zwyczajem, ten człowiek o dobrych intencjach zrobił niemądre ślubowanie, układając się z „bogiem bitew", zgodził się zapłacić określoną cenę za zwycięstwo nad wrogami. A ceną tą była ofiara z tego, co pierwsze wyjdzie mu na spotkanie w jego domu, kiedy wróci. Jefte myślał, że jeden z jego zaufanych niewolników znajdzie się pod ręką, aby go powitać, ale tak się zdarzyło, że gdy wrócił do domu, wyszła go powitać jego córka i jedyne dziecko. I tak, nawet w tak późnym czasie i wśród domniemanie cywilizowanych ludzi, ta piękna panna, po dwu miesiącach opłakiwania swego losu, została złożona jako ludzka ofiara przez swego ojca, za aprobatą członków jego plemienia. I wszystko to zrobiono w obliczu surowych przepisów Mojżesza, zakazujących ofiar ludzkich. Mężczyźni i kobiety nie mogą się jednak oprzeć przed robieniem niemądrych i niepotrzebnych ślubów a w dawnych czasach ludzie uważali takie przyrzeczenia za wyjątkowo święte.

Kiedyś, gdy zaczynano budować nowy, znaczniejszy budynek, było zwyczajem zabić istotę ludzką jako „ofiarę fundamentu". Dawało to widmo-ducha, aby doglądał i strzegł struktury. Kiedy Chińczycy byli gotowi do odlania dzwonu, obyczaj nakazywał poświęcić przynajmniej jedną pannę, aby poprawić brzmienie dzwonu; wybrana dziewczyna była wrzucana żywcem w ciekły metal.

W wielu grupach ludzkich długo panował zwyczaj wbudowywania niewolników żywcem w ważniejsze ściany. W czasach późniejszych, północnoeuropejskie plemiona zaczęły zamurowywać cień jakiegoś przechodnia, zamiast zwyczaju grzebania żywych ludzi w ścianach nowych budynków. Chińczycy grzebali w ścianach tych robotników, którzy umarli podczas budowy.

Pomniejszy król Palestyny, budując ściany Jerycha, „założył jego fundamenty na swoim pierworodnym, Abiramie, a na swym najmłodszym, Segibie, postawił jego bramy". W tak późnym czasie, nie tylko ojciec zamurował swych synów żywcem w otworach fundamentowych bram miasta, ale jego dzieło jest również zapisane jako dokonane „według słowa Pana". Mojżesz zabronił tych ofiar w fundamentach, ale Izraelici wrócili do nich wkrótce po jego śmierci. Dwudziestowieczna uroczystość składania ozdób i pamiątek w kamieniu węgielnym nowych budynków jest upamiętnieniem tych prymitywnych ofiar w fundamentach.

Dawno już było zwyczajem wielu narodów poświęcać pierwsze owoce duchom. I te praktyki, dziś bardziej czy mniej symboliczne, są pozostałościami dawnych obrzędów związanych z ofiarami ludzkimi. Idea poświęcenia pierworodnego na ofiarę rozpowszechniona była wśród starożytnych, zwłaszcza wśród Fenicjan, którzy też ostatni ją zarzucili. Zazwyczaj przy ofiarowaniu wypowiadano słowa, „życie za życie". Teraz, gdy ktoś umrze, mówicie „proch do prochu".

Opowieść o Abrahamie, zmuszonym do poświęcenia swego syna Izaaka, podczas gdy szokuje cywilizowane uczucia, nie była ideą nową czy obcą dla ludzi z tamtych czasów. Długo było powszechnym zwyczajem ojców, aby poświęcać swych pierworodnych synów w okresie wielkiego stresu emocjonalnego. Wiele narodów posiada tradycję analogiczną do tej historii, gdyż kiedyś na całym świecie istniało głębokie przekonanie, że trzeba koniecznie złożyć ofiarę ludzką, gdy się zdarzyło coś nadzwyczajnego czy niezwykłego.

7. MODYFIKACJE OFIAR LUDZKICH

Mojżesz próbował położyć kres ofiarom ludzkim, wprowadzając okup jako ich substytut. Zaprowadził odpowiednią taryfę, która dawała jego narodowi możliwość uniknięcia najgorszych skutków pospiesznych i niemądrych ślubów. Ziemia, nieruchomości i dzieci mogły być odkupione, zgodnie z ustalonymi opłatami, płaconymi kapłanom. Te grupy ludzkie, które zaprzestały składania ofiar ze swoich pierworodnych synów, miały znaczną przewagę nad swymi mniej zaawansowanymi sąsiadami, którzy kontynuowali te okrutne praktyki. Wiele tak zacofanych plemion nie tylko uległo znacznemu osłabieniu na skutek utraty synów, ale nawet sukcesja przywództwa częstokroć bywała przerwana.

W okresie zanikania ofiar z dzieci, pojawił się obyczaj mazania krwią ościeżnicy drzwiowej, dla ochrony pierworodnych. Częstokroć robiono to w związku z jedną ze świętych, dorocznych uczt a obrzędy takie utrzymywały się kiedyś na obszarze całego nieomal świata, od Meksyku do Egiptu.

Nawet po tym, jak większość grup ludzkich zaprzestała rytualnego zabijania dzieci, obyczajem było porzucanie niemowlęcia samego, na pustkowiu albo w małej łodzi na wodzie. Jeśli dziecko wyżyło, uważano, że interweniowali bogowie by je zachować, jak to było w podaniach o Sargonie, Mojżeszu, Cyrusie i Romulusie. Potem przyszedł zwyczaj dedykacji pierworodnych jako poświęconych czy ofiarnych, pozwalano im dorastać, żeby potem skazać ich na wygnanie zamiast na śmierć; taki był początek kolonizacji. Rzymianie trzymali się tego zwyczaju w swym systemie kolonizacji.

Wiele specyficznych powiązań swobody seksualnej z prymitywnym czczeniem bierze swój początek z ofiar ludzkich. W dawnych czasach, jeśli kobieta spotkała łowców głów, mogła wykupić swe życie oddając się im. Później, dziewica poświęcona bogom na ofiarę, mogła zechcieć okupić swe życie, poświęcając dożywotnio swe ciało świętej służbie seksualnej w świątyni; mogła w ten sposób zarobić pieniądze na wykup. Starożytni uważali stosunki seksualne z kobietą, tak zaangażowaną w okupywanie swego życia, za bardzo podniosłe. Stosunki seksualne z poświęconymi pannami były obrzędem religijnym a dodatkowo cały ten rytuał był akceptowalnym pretekstem zwykłego zadowolenia seksualnego. Był to subtelny sposób oszukiwania siebie, w którym lubowały się tak panny jak również ich partnerzy. W trakcie ewolucyjnego rozwoju cywilizacji obyczaje zawsze pozostawały w tyle, sankcjonując tym samym wcześniejsze i bardziej do dzikich zbliżone praktyki seksualne rozwijających się narodów.

Nierząd świątynny rozpowszechnił się w końcu w Europie i Azji. Pieniądze zarobione przez prostytutki świątynne wszystkie narody uważały za poświęcone – wspaniały dar dla ofiarowania bogom. Kobiety najlepszego pokroju zapełniały świątynne targowiska seksualne i poświęcały swoje zarobki na wszelkie rodzaje świętych służb oraz dla dobra publicznego. Wiele kobiet z wyższych klas gromadziło swe posagi dzięki tymczasowym służbom seksualnym w świątyniach a większość mężczyzn chciała mieć takie kobiety za żony.

8. OKUPIENIE I PRZYMIERZA

Ofiarne okupienia i prostytucja świątynna były w rzeczywistości modyfikacjami ofiar ludzkich. Potem przyszło pozorowane ofiarowanie córek. Obrzęd ten polegał na puszczaniu krwi, razem ze ślubowaniem dziewictwa na całe życie a stanowiło to moralną reakcję na starszy nierząd świątynny. W nie tak odległych czasach dziewice poświęcały się podsycaniu świętego ognia w świątyni.

W końcu ludzie wykoncypowali ideę, że poświęcenie jakiejś części ciała może zastąpić dawniejsze ofiarowanie całego człowieka. Okaleczanie fizyczne uważano również za dopuszczalny substytut. Poświęcano włosy, paznokcie, krew a nawet palce rąk i nóg. Późniejszy i prawie powszechny, pradawny obrzęd obrzezania, wyrósł z kultu częściowego ofiarowania; był to obrzęd czysto ofiarny, nie towarzyszyła mu żadna myśl o higienie. Mężczyzn obrzezywano, kobietom przekłuwano uszy.

Potem przyszedł zwyczaj związywania palców, zamiast ich obcinania. Golenie głowy i obcinanie włosów także było formą religijnej pobożności. Kreowanie eunuchów było z początku modyfikacją ofiar ludzkich. W Afryce wciąż praktykuje się przekłuwanie nosa i warg a tatuaż jest artystyczną odmianą wcześniejszych, surowych nacięć ciała.

Obyczaj ofiarowania został w końcu połączony, w wyniku zaawansowanego nauczania, z ideą przymierza. Wreszcie wyobrażono sobie, że bogowie wchodzą w prawdziwe układy z człowiekiem i był to jeden z ważniejszych etapów stabilizacji religii. Prawo, przymierze, zajęło miejsce losu, strachu i przesądów.

Człowiek nie mógł nawet marzyć o zawarciu porozumienia z Bóstwem, zanim jego idea Boga nie została wyniesiona do tego poziomu, na którym władcy wszechświata zostali wyobrażeni jako godni zaufania. Wczesna, ludzka idea Boga, była tak bardzo antropomorficzna, że człowiek nie potrafił wyobrazić sobie godnego zaufania Bóstwa, zanim sam nie stał się względnie godny zaufania, moralny i etyczny.

Jednak w końcu pojawiła się idea zawierania przymierza z bogami. *Człowiek ewolucyjny nabrał wreszcie takiej godności moralnej, że ośmielił się układać ze swymi bogami.* I tak proces składania ofiar przekształcił się stopniowo w grę człowieczych, filozoficznych układów z Bogiem. Wszystko to stanowiło nowy środek zabezpieczenia się przed nieszczęściem, albo raczej doskonalszą metodę bardziej konkretnego kupna powodzenia. Nie miejcie błędnego mniemania, że te wczesne ofiarowania były dobrowolnymi prezentami dla bogów, spontanicznymi darami wdzięczności czy dziękczynienia; to nie były wyrazy prawdziwej czci.

Prymitywne formy modlitwy nie były niczym mniej ani więcej niż targowaniem się *z duchami, spieraniem się* z bogami. Był to ten rodzaj wymiany, w której błaganie i perswazję zastępowało coś bardziej namacalnego i kosztownego. Rozwój handlu między plemionami zaszczepiał ducha wymiany i wykształcił przebiegłość w trakcie obrotu wymiennego; i teraz te właśnie cechy zaczęły się pojawiać w ludzkich metodach czczenia. I tak jak niektórzy ludzie byli lepszymi kupcami niż inni, tak też uważano, że niektórzy lepiej się modlą od innych. Modlitwa człowieka sprawiedliwego była bardzo szanowana. Człowiek sprawiedliwy był tym, który spłacił wszelkie zadłużenia duchom, w pełni wywiązał się z każdego, rytualnego zobowiązania wobec bogów.

Wczesna modlitwa raczej nie była czczeniem, była targowaniem się, prośbą o zdrowie, bogactwo i życie. Z upływem epok modlitwy nie zmieniły się zbytnio w wielu swych aspektach. Nadal czytane są z książek, recytowane formalnie czy też pisane, aby je potem umieścić na kołach albo zawiesić na drzewach, gdzie podmuchy wiatru oszczędzą człowiekowi fatygi używania własnego oddechu.

9. OFIAROWANIA I SAKRAMENTY

W procesie ewolucji obrzędów Urantian, ofiary z ludzi przekształciły się, od poziomu krwawego aktu jedzenia ludzi, do wyższych i bardziej symbolicznych poziomów. Od wczesnych obrzędów ofiarowania chleba do późniejszych uroczystości sakramentu. W nie tak dawnych czasach, kapłan sam zjadał kawałek kanibalistycznej ofiary czy pił kroplę krwi ludzkiej a potem wszyscy mogli jeść zwierzęce substytuty tej ofiary. Te wczesne idee okupu, odkupienia i przymierzy, rozwinęły się we współczesne ceremonie sakramentalne. I cała ta ewolucja obrzędów wywierała potężny wpływ uspołeczniający.

W powiązaniu z kultem Matki Boga, w Meksyku i gdzie indziej, został w końcu zaprowadzony sakrament z ciasta i wina, zamiast ciała i krwi dawniejszych ofiar ludzkich. Hebrajczycy od dawna praktykowali ten rytuał jako część obchodów Paschy i z tego obrzędu wzięła swój początek późniejsza, chrześcijańska wersja sakramentu.

Starożytne stowarzyszenia społeczne opierały się na rytuale picia krwi; wczesne bractwo żydowskie zajmowało się ofiarowaniem krwi. Paweł zaczął tworzyć nowy kult chrześcijański na „krwi przymierza wiecznego". I chociaż być może niepotrzebnie obciążył chrześcijaństwo nauczaniem o krwi i ofierze, raz na zawsze zakończył doktryny odkupienia przez ofiary ludzkie i zwierzęce. Jego teologiczny kompromis ukazuje, że nawet objawienie musi się podporządkować stopniowanej kontroli ewolucji. Według Pawła, Chrystus był ostatnią i w pełni wystarczającą ofiarą ludzką; Boski Sędzia jest teraz zupełnie i na zawsze usatysfakcjonowany.

I tak, po długich epokach, kult ofiarowania przekształcił się w kult sakramentu. W ten sposób sakramenty współczesnych religii są prawowitymi sukcesorami szokujących, dawnych obrzędów ofiar ludzkich i jeszcze wcześniejszych rytuałów kanibalistycznych. Wielu ludzi nadal polega na krwi, aby osiągnąć zbawienie, ale stało się to przynajmniej metaforyczne, symboliczne i mistyczne.

10. PRZEBACZENIE GRZECHU

Dawny człowiek zdobywał świadomość przychylności Bożej poprzez ofiarowanie. *Człowiek współczesny musi* wykształcić nowe metody uświadamiania sobie zbawienia. Świadomość grzechu wciąż trwa w umyśle ludzkim, ale myślowe formy wybawienia z niego stały się przestarzałe i staroświeckie. Nadal istnieje rzeczywistość potrzeb duchowych, ale postęp intelektualny zniszczył stare drogi znajdowania spokoju i pocieszania umysłu i duszy.

Grzech musi być zdefiniowany na nowo, jako rozmyślna nielojalność wobec Bóstwa. Istnieją różne stopnie nielojalności: częściowa lojalność, wynikająca z braku decyzji, podzielona lojalność, wynikająca z rozbieżności, obumierająca lojalność obojętności i martwa lojalność, wykazywana w poświęcaniu się bezbożnym ideałom.

Zrozumienie winy czy też poczucie winy jest świadomością pogwałcenia obyczajów; niekoniecznie musi to być grzech. Nie ma prawdziwego grzechu, gdy nie ma świadomej nielojalności wobec Bóstwa.

Możliwość uświadomienia sobie poczucia winy jest oznaką transcendentalnego wyróżnienia ludzkości. Poczucie winy nie piętnuje człowieka jako podłego, ale raczej wyróżnia go jako istotę o potencjalnej wielkości i coraz wyższej chwale. Takie poczucie niegodziwości jest stymulatorem inicjującym, który szybko i pewnie powinien prowadzić do tych zdobyczy wiary, które przenoszą śmiertelny umysł na wspaniałe poziomy szlachetności ludzkiej, wnikliwości kosmicznej i życia duchowego; tym samym wszelkie treści egzystencji ludzkiej zmieniają się od tego, co doczesne, do tego, co wieczne, a wszelkie wartości wyniesione są od poziomów ludzkich do poziomów boskich.

Wyznanie grzechu jest odważnym wyparciem się nielojalności, ale w żaden sposób nie łagodzi czasowo-przestrzennych konsekwencji takiej nielojalności. Jednak wyznanie grzechu – szczere rozpoznanie natury grzechu – konieczne jest do rozwoju religijnego i postępu duchowego.

Przebaczenie grzechu przez Bóstwo jest odnową związków lojalności, po tym okresie, kiedy takie związki zanikły w ludzkiej świadomości w rezultacie świadomego buntu. Nie trzeba się starać o przebaczenie, tylko je przyjmować jako świadomość ustanowienia ponownego związku lojalności między stworzonym a Stwórcą. I wszyscy lojalni synowie Boga są szczęśliwi, miłują służbę i wciąż się rozwijają, kiedy się wznoszą do Raju.

[Przedstawione przez Gwiazdę Błyszczącą Wieczorną z Nebadonu].

PRZEKAZ 90

SZAMANIZM – UZDRAWIACZE I KAPŁANI

EWOLUCJA obrzędów religijnych szła naprzód, od zjednywania, wystrzegania się, egzorcyzmów, wymuszania, godzenia się i przebłagania, do ofiarowania, pokuty i odkupienia. Procedura rytuału religijnego przekształcała się od form prymitywnego kultu, poprzez fetysze, do magii i cudów; a kiedy rytuał stawał się bardziej kompleksowy, w odpowiedzi na coraz bardziej kompleksową ludzką koncepcję domen nadmaterialnych, był nieodmiennie zdominowany przez uzdrawiaczy, szamanów i kapłanów.

W zaawansowanych ideach człowieka prymitywnego świat duchowy był w końcu uważany za nie reagujący na zwykłego śmiertelnika. Tylko ludzie wyjątkowi mogli mieć posłuch u bogów, tylko nadzwyczajny mężczyzna lub kobieta mogli być wysłuchani przez duchy. Tym samym religia wkroczyła w nową fazę, w to stadium, w którym stopniowo dostarczana była z drugiej ręki; zawsze uzdrawiacz, szaman czy kapłan ingerowali między człowiekiem religijnym a obiektem jego czci. I dzisiaj większość systemów zorganizowanej religii Urantii przechodzi to stadium rozwoju ewolucyjnego.

Religia ewolucyjna zrodziła się ze zwykłego, ale silnego strachu, tego strachu, który narastał w umyśle ludzkim, kiedy człowiek stawał w obliczu nieznanego, niewytłumaczalnego i niepojętego. W końcu religia dochodzi do całkiem prostego uświadomienia sobie wszechpotężnej miłości, tej miłości, która rozprzestrzenia się nieodparcie w duszy ludzkiej, rozbudzonej dla zrozumienia nieograniczonego uczucia Ojca Wszechświatowego do jego wszechświatowych synów. Jednak pomiędzy początkiem a dopełnieniem ewolucji religijnej, istnieją długie epoki szamanów, którzy pozwalają sobie stawać między człowiekiem a Bogiem, jako pośrednicy, interpretatorzy i rzecznicy.

1. PIERWSI SZAMANI – UZDRAWIACZE

Szaman był uzdrawiaczem wyższej klasy, obrzędowym człowiekiem-fetyszem i osobą skupiającą w swoim ręku wszelkie praktyki religii ewolucyjnej. U wielu grup ludzkich szaman przewyższał rangą wodza wojennego, co oznaczało początek dominacji Kościoła nad państwem. Czasami szaman działał jako kapłan a nawet jako kapłan-król. Niektóre z późniejszych plemion miały zarówno szamanów-uzdrawiaczy (jasnowidzów) jak i pojawiających się później szamanów-kapłanów. I w wielu wypadkach funkcja szamana stawała się dziedziczną.

Ponieważ w dawnych czasach wszystko, co nienormalne, przypisywane było opanowaniu przez ducha, każda anormalność stanowiła warunek stania się uzdrawiaczem. Wielu spośród tych ludzi było epileptykami, wiele kobiet histeryczkami a te dwa rodzaje ludzi składały się na znaczną liczbę dawnych natchnionych, jak również opanowanych przez ducha i diabła. Niemało najdawniejszych kapłanów należało do tej kategorii ludzi, która później nazwana została paranoikami.

Znaczna większość szamanów wierzyła w opanowanie przez ducha, jednak w drobnych sprawach mogli uciekać się do oszustwa. Kobiety, które potrafiły wprowadzić się w trans albo stan kataleptyczny, stawały się potężnymi szamankami; później, takie kobiety zostawały prorokiniami i mediami spirytystycznymi. Ich transy kataleptyczne dotyczyły zazwyczaj domniemanego porozumiewania się z duchami zmarłych. Wiele kobiet-szamanek było także zawodowymi tancerkami.

Jednak nie wszyscy szamani ulegali złudzeniom; wielu z nich było przebiegłymi i zdolnymi oszustami. W miarę rozwoju ich profesji potrzebni byli nowicjusze, żeby służyli jako terminatorzy i przez dziesięć lat trudów i samozaparcia zdobywali kwalifikacje uzdrawiacza. Szamani wypracowali profesjonalny styl ubierania się i tajemniczość postępowania. Często używali narkotyków, aby wywoływać pewne stany fizyczne, które mogły wywierać wrażenie na członkach plemienia i ich mistyfikować. Sztuczki zręcznościowe uważane były przez pospolitych ludzi za nadnaturalne a brzuchomówstwo stosowane było po raz pierwszy przez przebiegłych kapłanów. Wielu dawnych szamanów nieświadomie stosowało hipnozę; inni wprowadzali się w autohipnozę poprzez długie wpatrywanie się w swój pępek.

Podczas gdy wielu szamanów uciekało się do trików i oszustw, ich reputacja jako klasy była jednak wyraźnym osiągnięciem. Gdy szamanowi coś nie wyszło, jeśli nie mógł przedstawić wiarygodnej wymówki, był albo usuwany, albo zabijany. Tak więc uczciwi szamani wcześnie wyginęli, przetrwali jedynie przebiegli aktorzy.

To właśnie szamanizm odebrał wyłączne kierownictwo plemienia z rąk starszych i silnych a oddał je w ręce przebiegłych, zdolnych i dalekowzrocznych.

2. PRAKTYKI SZAMAŃSKIE

Zaklinanie ducha było bardzo precyzyjną i wysoce skomplikowaną procedurą, porównywalną do współczesnych obrzędów kościelnych prowadzonych w starodawnym języku. Gatunek ludzki bardzo wcześnie poszukiwał nadludzkiej pomocy, szukał *objawienia*; a ludzie wierzyli, że szaman naprawdę dostawał takie objawienia. Chociaż szamani używali wielkiej siły sugestii w swej działalności, była to prawie zawsze sugestia neutralizująca; dopiero bardzo niedawno zastosowano metodę sugestii konstruktywnej. We wczesnym stadium rozwoju swojej profesji, szamani zaczęli się specjalizować w takich zajęciach jak wywoływanie deszczu, leczenie chorób i wykrywanie przestępstw. Jednak leczenie chorób nie było główną funkcją szamańskiego uzdrawiacza a raczej poznawanie i kontrolowanie niebezpieczeństw życiowych.

Pradawna czarna magia, zarówno religijna jak i świecka, zwana była białą magią, gdy praktykowana przez kapłanów, jasnowidzów, szamanów czy uzdrawiaczy. Ci, co uprawiali czarną magię, nazywani byli czarnoksiężnikami, magikami, czarodziejami, czarownicami, czarownikami, nekromantami, zaklinaczami i wróżbiarzami. Z biegiem czasu każdy domniemany kontakt z tym, co nadprzyrodzone zaliczany był albo do czarownictwa, albo do szamanizmu.

Czarownictwo obejmowało *magię* dokonywaną przez wcześniejsze, nieformalne i nie uznawane duchy; szamanizm miał do czynienia z *cudami* dokonywanymi przez formalne duchy i uznanych bogów plemiennych. W czasach późniejszych czarownica została wspólniczką diabła i w ten sposób przygotowano podłoże dla wielu, stosunkowo niedawnych, przypadków nietolerancji religijnej. Czarownictwo było religią wielu prymitywnych plemion.

Szamani byli wielkimi zwolennikami przypadku jako czynnika objawiającego wolę duchów; przed podjęciem decyzji często rzucali losy. Współczesne pozostałości tych skłonności do rzucania losów uwidaczniają się nie tylko w wielu grach losowych, ale także w dobrze znanych rymach „wyliczanek". Kiedyś osoba wyliczona musiała umrzeć; dziś jest tylko tym w jakiejś dziecięcej grze. To, co dla człowieka prymitywnego było poważną sprawą, przetrwało jako element zabawy współczesnego dziecka.

Uzdrawiacze pokładali wielkie zaufanie w znakach i omenach, takich jak: „wyruszysz, kiedy usłyszysz szelest wierzchołków morw". Bardzo wcześnie w historii ludzkości szamani zwrócili uwagę na gwiazdy. Prymitywna astrologia była ogólnoświatową wiarą i praktyką; rozpowszechniona była także interpretacja snów. Niedługo po tym pojawiły się chimeryczne szamanki, które twierdziły, że potrafią komunikować się z duchami zmarłych.

Płanetnicy czy też szamani od pogody, choć pochodzą z pradawnych czasów, przetrwali całe epoki. Długotrwała susza oznaczała śmierć dla dawnych rolników; kontrola pogody stanowiła przedmiot dużej części pradawnej magii. Człowiek cywilizowany wciąż traktuje pogodę jako pospolity temat konwersacji. Wszystkie starsze ludy wierzyły, że moc szamana może sprowadzić deszcz, ale gdy mu się nie udało zazwyczaj go zabijano, chyba, że mógł dać zadowalające wyjaśnienie swego niepowodzenia.

Wielokrotnie cesarze rzymscy wyganiali astrologów, ale ci zawsze wracali, ponieważ powszechnie wierzono w ich moc. Nie dali się przepędzić i jeszcze w szesnastym wieku po Chrystusie władcy zachodniego Kościoła i państwa byli patronami astrologii. Tysiące domniemanie inteligentnych ludzi nadal wierzy, że ktoś może się zrodzić pod szczęśliwą lub nieszczęśliwą gwiazdą, że zestawienie ciał niebieskich determinuje wynik wielu ziemskich przedsięwzięć. Wróżki nadal żyją z łatwowiernych.

Grecy wierzyli w skuteczność rady proroczej, Chińczycy stosowali magię jako ochronę przed demonami, szamanizm kwitł w Indiach i wciąż jest otwarcie praktykowany w Azji centralnej. Dopiero niedawno zrezygnowano z tych praktyk na znacznym obszarze świata.

Co jakiś czas pojawiają się prawdziwi prorocy i nauczyciele, aby potępiać i demaskować szamanizm. Nawet ginący człowiek czerwony kilkaset lat temu miał takiego proroka, Shawnee Tenskwatawę, który przewidział zaćmienie słońca w roku 1806 i potępiał występki białego człowieka. W długich epokach historii ewolucyjnej, pośród różnych plemion i narodów pojawiało się wielu prawdziwych nauczycieli. I wciąż się będą pojawiać, aby rzucać wyzwanie szamanom czy kapłanom jakiejkolwiek epoki, którzy sprzeciwiają się powszechnej edukacji i próbują zahamować postęp nauki.

Wieloma sposobami i okrężnymi drogami dawni szamani utwierdzali swą reputację jako głosy Boga i opiekunowie opatrzności. Kropili nowo narodzonych wodą i nadawali im imiona; obrzezywali mężczyzn. Przewodzili wszystkim obrzędom pogrzebowym i ogłaszali bezpieczne przybycie zmarłych do krainy duchów.

Szamańscy kapłani i uzdrawiacze często bardzo się bogacili dzięki gromadzeniu różnorodnych opłat, które pozornie ofiarowano duchom. Zdarzało się często, że szaman potrafił przywłaszczyć sobie praktycznie całe materialne mienie plemienia. Po śmierci bogacza zwyczajowo dzielono jego mienie, po równo dla szamana i na jakieś publiczne przedsięwzięcie, albo na dobroczynność. Zwyczaj ten panuje nadal w niektórych częściach Tybetu, gdzie połowa męskiej populacji należy do klasy nieproduktywnej.

Szamani ubierali się bogato i mieli zazwyczaj wiele żon; byli pierwotną arystokracją, nie obowiązywały ich żadne ograniczenia plemienne. Często mieli umysłowość i moralność niskiego lotu. Likwidowali swych rywali, nazywając ich czarownicami i czarodziejami, oraz bardzo często dochodzili do tak wpływowych i wysokich pozycji, że potrafili kierować wodzami czy królami.

Człowiek prymitywny traktował szamana jako zło konieczne; bał się go, ale go nie lubił. Dawny człowiek szanował wiedzę, poważał mądrość i płacił za nią. Szaman najczęściej był fałszywy, ale głęboki szacunek dla szamanizmu dobrze obrazuje wartość, jaką przykładano do mądrości w trakcie ewolucji gatunku.

3. TEORIA CHOROBY I ŚMIERCI W SZAMANIZMIE

Skoro dawny człowiek uważał siebie i swoje materialne środowisko za zupełnie uzależnione od kaprysów widm i fantazji duchów, nie powinno nikogo dziwić, że jego religia interesowała się wyłącznie sprawami materialnymi. Człowiek współczesny podchodzi do swoich problemów materialnych bezpośrednio; zauważył, że materia poddaje się inteligentnemu oddziaływaniu umysłu. Człowiek prymitywny również próbował przekształcać a nawet kontrolować życie i energie domen fizycznych, a skoro jego ograniczone pojmowanie kosmosu prowadziło go do wiary, że widma, duchy i bogowie są osobiście, bezpośrednio zainteresowani w drobiazgowej kontroli życia i materii, logicznie pokierował swe wysiłki na zjednanie przychylności i poparcia tych nadludzkich czynników.

W takim świetle można zrozumieć większość tego, co niewytłumaczalne i irracjonalne w dawnych kultach. Kultowe obrzędy były próbą kontrolowania przez człowieka prymitywnego tego świata materialnego, w którym się znalazł. Wiele jego wysiłków zmierzało do przedłużenia życia i zachowania zdrowia. Skoro wszystkie choroby i śmierć z początku były traktowane jako zjawiska duchowe, nieuniknione się stało, że szamani, podczas gdy działali jako uzdrawiacze i kapłani, musieli również działać jako lekarze i chirurdzy.

Prymitywny umysł mógł być ograniczony na skutek niedostatecznej ilości faktów, ale mimo wszystko logiczny. Kiedy myślący ludzie widzieli chorobę i śmierć, usiłowali znaleźć przyczynę tych nieszczęść zgodnie ze swoim rozumowaniem a szamani i uczeni wysunęli następujące teorie nieszczęścia:

1. *Duchy – bezpośredni wpływ duchowy.* Przy wyjaśnianiu choroby i śmierci dawne hipotezy doszły do tego, że to duchy powodują chorobę, skłaniając duszę do wyjścia z ciała; śmierć następuje, jeśli nie uda się jej wrócić. Pradawni tak bardzo się bali wrogiej akcji duchów, wywołujących chorobę, że chorzy często byli porzucani, nawet bez pożywienia i wody. Niezależnie od błędnych założeń tych wierzeń, skutecznie izolowano chore jednostki i zapobiegano rozpowszechnianiu się chorób zakaźnych.

2. *Przemoc – wypadki oczywiste.* Przyczyny niektórych wypadków i śmierci były tak łatwe do określenia, że dawno już zostały wyłączone z kategorii podległej działalności duchów. Śmierć i rany w wyniku wojny, walki ze zwierzętami oraz z powodu innych,

łatwych do określenia czynników, uważano za zdarzenia naturalne. Długo jednak wierzono, że duchy są mimo wszystko odpowiedzialne za opóźnione wyleczenie lub infekcję ran, nawet powstałych w wyniku „naturalnych” przyczyn. Jeśli nie odkryto żadnego naturalnego czynnika, duchy-widma nadal były odpowiedzialne za chorobę i śmierć.

Dzisiaj, w Afryce i w innych miejscach można znaleźć prymitywne ludy, które kogoś zabijają za każdym razem, gdy zdarzy się zwykła, nie gwałtowna śmierć. Ich uzdrawiacze wskazują im winnych. Jeśli matka umrze przy porodzie, dziecko natychmiast jest duszone – życie za życie.

3. *Magia – wpływ wrogów.* Uważano, że większość chorób wywołują czary, działanie uroku i wycelowanego łuku magicznego. Kiedyś doprawdy niebezpieczne było wskazywanie kogoś palcem i nadal jest to uważane za oznakę złego wychowania. W wypadku nieznanej choroby i śmierci, pradawni prowadzili formalne śledztwo, robili sekcję zwłok i dochodzili do jakiegoś wniosku w sprawie przyczyny śmierci; w przeciwnym wypadku śmierć była składana na karb czarownictwa, tym samym wymagała egzekucji odpowiedzialnej za nią czarownicy. Te pradawne dochodzenia śledcze oszczędziły życie wielu domniemanym czarownicom. Niektórzy wierzyli, że członek plemienia może umrzeć w wyniku swego własnego czarownictwa i w takim wypadku nikt nie był oskarżony.

4. *Grzech – kara za pogwałcenie tabu.* W stosunkowo niedawnych czasach wierzono, że choroba jest karą za grzechy, osobiste albo plemienne. Wśród narodów przechodzących ten poziom ewolucji panowała teoria, że nikt nie może zachorować, chyba, że pogwałcił tabu. Traktowanie choroby i cierpienia jako „ugodzenie strzałą Wszechmocnego” jest typowe dla takich wierzeń. Chińczycy i mieszkańcy Mezopotamii długo traktowali chorobę jako skutek działania złych demonów, choć Chaldejczycy uważali, że gwiazdy również mogą być przyczyną cierpienia. Taka teoria cierpienia jako konsekwencji gniewu Bożego, wciąż jest rozpowszechniona pośród wielu rzekomo cywilizowanych grup Urantian.

5. *Przyczyna naturalna.* Ludzkość bardzo powoli poznawała materialne tajemnice, dotyczące związków wzajemnych przyczyny i skutku w fizycznych domenach energii, materii i życia. Starożytni Grecy, zachowawszy tradycje nauk Adamsona, zaliczali się do pierwszych, którzy uznali, że wszystkie choroby są wynikiem przyczyn naturalnych. Powoli i konsekwentnie, razem z rozwojem epoki naukowej, zanikają ludzkie, wiekowe teorie choroby i śmierci. Gorączka była jedną z pierwszych ludzkich dolegliwości usuniętych z kategorii chorób nadnaturalnych a epoka nauki coraz skuteczniej rwała więzy ignorancji, które tak długo pętały umysł człowieka. Zrozumienie wieku starczego i zakażeń likwiduje stopniowo lęk człowieka przed widmami, duchami i bogami, jako osobowymi sprawcami ludzkiej niedoli i cierpienia.

Ewolucja bezbłędnie osiąga swój cel; przepaja człowieka zabobonnym lękiem przed tym, co nieznane oraz strachem przed tym, co niewidzialne, co stanowi rusztowanie dla koncepcji Boga. I ta sama metoda ewolucyjna, gdy towarzyszy narodzinom zaawansowanego pojmowania Bóstwa, poprzez koordynujące działanie objawienia, nieodmiennie uruchamia potem te siły i myśli, jakie niepowstrzymanie usuwają to właśnie rusztowanie, które spełniło swoje zadanie.

4. MEDYCYNA WEDŁUG SZAMANÓW

Całe życie dawnych ludzi polegało na zapobieganiu czemuś; ich religia była w znacznej mierze metodą zapobiegania chorobie. I niezależnie od błędu w swych teoriach, szczerze wdrażali je w życie; bezgranicznie polegali na swych metodach leczenia a to, samo w sobie, jest silnym środkiem leczniczym.

Wiara, która była potrzebna do wyzdrowienia pod wpływem niemądrej pielęgnacji jednego z tych dawnych szamanów, nie różniła się specjalnie od tej, jakiej potrzeba do wyleczenia z rąk któregoś z jego współczesnych sukcesorów, zajmujących się nienaukowym leczeniem chorób.

Bardziej prymitywne plemiona wyjątkowo bały się chorych i przez długie epoki ostrożnie ich unikano, haniebnie zaniedbywano. Wielki postęp humanitaryzmu nastąpił wtedy, kiedy w wyniku ewolucji sztuki szamańskiej pojawili się kapłani i uzdrawiacze, którzy chcieli leczyć choroby. Potem weszło w zwyczaj gromadzenie się całym klanem w pomieszczeniu chorego i pomaganie szamanowi w wyciu, które miało wypędzić ducha choroby. Często się zdarzało, że kobieta była szamanką stawiającą diagnozę, podczas gdy mężczyzna prowadził kurację. Najczęściej stosowaną metodą diagnozowania choroby było badanie wnętrzności zwierzęcych.

Chorobę leczono pieśnią, wyciem, nakładaniem rąk, oddychaniem nad pacjentem i wieloma innymi metodami. Później zaczęto powszechnie stosować sen świątynny, podczas którego, jak domniemano, następowało wyleczenie. W końcu uzdrawiacze spróbowali prawdziwych operacji, w powiązaniu ze snem świątynnym; do pierwszych operacji należała trepanacja czaszki, ażeby umożliwić ucieczkę ducha bólu głowy. Szamani nauczyli się leczyć złamania i zwichnięcia, otwierać czyraki i wrzody; szamanki stały się biegłe w położnictwie.

Popularną metodą leczenia było pocieranie czegoś magicznego o zakażone lub chore miejsce ciała, odrzucenie amuletu i domniemane spowodowanie wyleczenia. Jeśli ktoś przypadkiem podniósł odrzucony amulet, wierzono, że natychmiast nabawi się infekcji czy choroby. Było to na długo przed stosowaniem ziół i innych prawdziwych lekarstw. Masaż stosowano w powiązaniu z zaklęciami – wymasowanie ducha z ciała – a poprzedzały go próby wcierania lekarstwa, podobne do współczesnego wcierania maści. Wyciskanie i ssanie chorych części ciała, razem z puszczaniem krwi, uważano za cenną metodę usuwania chorobotwórczego ducha.

Ponieważ woda była silnym fetyszem, używano jej do leczenia wielu chorób. Długo wierzono, że ducha wywołującego chorobę można usunąć poprzez wypocenie. Łaźnie parowe były w wielkim poważaniu; szybko rozkwitły prymitywne kurorty zdrowotne przy naturalnych, gorących źródłach. Człowiek wcześnie odkrył, że ciepło może zmniejszyć ból, dlatego też stosował światło słoneczne, świeże organy zwierzęce, gorącą glinę i gorące kamienie, i nadal stosuje się wiele tych metod. Rytmu używano do wywierania wpływu na duchy, tam-tamy były w powszechnym użytku.

Pewne ludy uważały, że chorobę powoduje nikczemna zmowa między duchami i zwierzętami. Dało to początek wierzeniu, że istnieje właściwe lekarstwo roślinne na każdą chorobę wywołaną przez zwierzę. Ludzie czerwoni szczególnie byli przywiązani do teorii roślin jako lekarstw uniwersalnych; zawsze wpuszczali kroplę krwi w otwór po korzeniu wyrwanej rośliny.

W ramach metod uzdrawiających stosowano często post, dietę i lecznicze środki drażniące. W wielkim poważaniu były wydzieliny ludzkie, jako zdecydowanie magiczne; dlatego też krew i mocz należały do najwcześniejszych lekarstw i wkrótce zaczęto dodawać do nich korzeni i różnych soli. Szaman wierzył, że ducha choroby można wyrzucić z ciała przez śmierdzące i niesmaczne lekarstwa. Oczyszczanie stało się wkrótce rutynową metodą leczenia a poznanie własności surowego ziarna kakaowego i chininy należy zaliczyć do najwcześniejszych odkryć farmaceutycznych.

Grecy pierwsi opracowali naprawdę racjonalne metody leczenia chorych. Zarówno Grecy jak i Egipcjanie czerpali swą wiedzę medyczną z doliny Eufratu. Oliwa i wino były najwcześniejszymi lekarstwami używanymi do leczenia ran; Sumerowie używali rycyny i opium. Wiele tych pradawnych i skutecznych, tajnych lekarstw traciło swą moc, kiedy stały się znane; tajemnica zawsze była potrzebna, aby skutecznie stosować oszustwa i przesądy. Tylko fakty i prawda idą w parze z pełnym światłem zrozumienia i cieszą się tą iluminacją i oświeceniem, jakie przynoszą badania naukowe.

5. KAPŁANI I RYTUAŁY

Zasadniczą cechą rytuału jest doskonałość jego przeprowadzenia; u dzikich musi być on dokonywany z wyjątkową precyzją. Tylko wtedy, kiedy rytuał jest przeprowadzony prawidłowo, ceremonia posiada moc zniewalania duchów. Jeśli rytuał jest błędny, wzbudza tylko gniew i urazę bogów. Kiedy zatem rozwijający się powoli umysł ludzki pojął, że *metoda rytuału* jest czynnikiem decydującym o jego skuteczności, nieuniknione było, że dawni szamani wcześniej czy później przekształcili się w kapłaństwo, które wiedziało jak pokierować drobiazgową praktyką rytuału. I tak, przez dziesiątki tysięcy lat niekończące się rytuały krępowały społeczeństwo i były przekleństwem cywilizacji, stanowiąc nieznośny ciężar każdej czynności życiowej, każdego przedsięwzięcia społecznego.

Rytuał jest metodą uświęcania zwyczaju; rytuał tworzy i utrwala mity, jak również przyczynia się do zachowania zwyczajów społecznych i religijnych. Z drugiej strony mity dają początek samemu rytuałowi. Z początku rytuały mają często charakter społeczny, potem ekonomiczny a w końcu osiągają uświęcenie i rangę obrzędu religijnego. W praktyce rytuał może mieć charakter osobisty albo grupowy – albo jeden i drugi równocześnie – jak to widać na przykładzie modlitwy, tańca i sztuki teatralnej.

Słowa stają się częścią rytuału, jak używanie terminów amen i sela. Nawyk przeklinania, bluźnienia, jest wyrazem prostytuowania wcześniejszych, rytualnych powtórzeń świętych imion. Pielgrzymki do świętych przybytków są bardzo starym obrzędem. Rytuał rozwijał się następnie w skomplikowane obrzędy puryfikacji, oczyszczania i uświęcenia. Obrzędy inicjacji do prymitywnych, plemiennych, tajnych stowarzyszeń, były w rzeczywistości prostymi rytuałami religijnymi. W starszych kultach misteryjnych metody czczenia były jednym długim przedstawieniem nagromadzonego rytuału religijnego. W końcu rytuał przekształcił się we współczesne zwyczaje towarzyskie i czczenie religijne, nabożeństwa zawierające modlitwę, śpiew, czytanie z odpowiedzią wiernych oraz inne indywidualne i grupowe formy duchowej pobożności.

Kapłani przeszli ewolucję, od szamanów, poprzez wyrocznie, wróżbitów, śpiewaków, tancerzy, płanetników, opiekunów relikwii religijnych, dozorców świątynnych i przepowiadaczy zdarzeń, do statusu osób rzeczywiście kierujących nabożeństwem religijnym. W końcu ta funkcja stała się dziedziczna, powstała stała kasta kapłańska.

W trakcie rozwoju religii kapłani zaczęli się specjalizować, zgodnie ze swymi wrodzonymi talentami i specjalnymi upodobaniami. Niektórzy zostali śpiewakami, inni się modlili a jeszcze inni składali ofiary; później nastali mówcy – kaznodzieje. I kiedy religia została zinstytucjonalizowana, kapłani twierdzili, że „trzymają klucze do nieba".

Kapłani zawsze próbowali wywierać wrażenie na zwykłych ludziach i wzbudzać ich szacunek, przez prowadzenie obrzędów religijnych w starożytnym języku oraz przez rozmaite magiczne starocie, mistyfikując tym wiernych, ażeby podbudować swą własną bogobojność i władzę. W tym wypadku wielkie niebezpieczeństwo polega na tym, że rytuał ma tendencje stawania się substytutem religii.

Kapłaństwo zrobiło wiele dla opóźnienia rozwoju nauki i zahamowania postępu duchowego, ale przyczyniło się do stabilizacji cywilizacji i umocnienia pewnych rodzajów kultury. Jednak wielu współczesnych kapłanów przestało działać w charakterze osób kierujących obrzędami czczenia Boga i zwróciło swą uwagę ku teologii – próbie zdefiniowania Boga.

Nie można negować tego, że kapłani stali się kamieniem młyńskim u szyi narodów, jednak prawdziwi przywódcy religijni byli bezcenni, ukazując drogę ku wyższym, lepszym rzeczywistościom.

[Przedstawione przez Melchizedeka z Nebadonu].

PRZEKAZ 91

EWOLUCJA MODLITWY

MODLITWA jako element religii, rozwinęła się z ekspresji poprzedzającego ją niereligijnego monologu i dialogu. Wraz z nabyciem świadomości przez prymitywnego człowieka, pojawił się nieuchronny wniosek istnienia innej świadomości, podwójnego potencjału reakcji społecznej i poznawania Boga.

Najwcześniejsze formy modlitwy nie były adresowane do Bóstwa. Wypowiedzi te przypominały bardziej to, co powiedzielibyście przyjacielowi, zaczynając jakieś ważne przedsięwzięcie: „Życz mi szczęścia". Człowiek prymitywny był zniewolony magią; dobry i zły los wkradał się we wszystkie jego życiowe sprawy. Z początku prośby o szczęście były monologami – po prostu rodzajem głośnego myślenia magicznym kanałem. Potem ci, co wierzyli w los szczęścia, próbowali zdobyć poparcie przyjaciół i rodzin i wkrótce można było prowadzić jakąś formę obrzędu, który obejmował całe plemię.

Kiedy ukształtowała się koncepcja widm i duchów, prośby takie miały nadludzki adres, a gdy zrodziła się świadomość istnienia bogów, wyrażenia takie sięgały poziomów prawdziwej modlitwy. Ilustracją tego może być fakt, że u pewnych plemion australijskich prymitywne modlitwy religijne są wcześniejsze od ich wiary w duchy i osoby nadludzkie.

Plemię Toda, w Indiach, praktykuje obecnie modlenie się bez jakiegoś konkretnego adresata, tak jak to robiły pradawne ludy, zanim zrodziła się świadomość religijna. Dla członków plemienia Toda jest to tylko regresją ich degenerującej się religii do tak prymitywnego poziomu. Współczesne rytuały kapłanów-mleczarzy ludu Toda nie są obrzędem religijnym, ponieważ ich bezosobowe modlitwy nie przyczyniają się do zachowania czy umocnienia jakichkolwiek wartości społecznych, moralnych czy duchowych.

Przedreligijna modlitwa była częścią praktyk mana u Melanezyjczyków, wierzeń oudah u Pigmejów afrykańskich i przesądów manitu u Indian północnoamerykańskich. Plemiona Baganda, z Afryki, dopiero niedawno wyszły ponad poziom modlitwy mana. Podczas tego dawnego, ewolucyjnego chaosu, ludzie modlili się do bogów – lokalnych i narodowych – do fetyszów, amuletów, duchów, władców i do zwyczajnych ludzi.

1. PRYMITYWNA MODLITWA

Funkcją wczesnej religii ewolucyjnej jest utrwalenie i umocnienie podstawowych wartości społecznych, moralnych i duchowych, które powoli nabierają swych kształtów. Tej misji religii ludzkość nie rozpoznaje świadomie, ale jest ona wprowadzana w życie głównie dzięki funkcjonowaniu modlitwy. Zwyczaj modlenia się reprezentuje niezamierzone, a jednak osobiste i zbiorowe, wysiłki jakiejkolwiek grupy, zdążające do zabezpieczenia (urzeczywistnienia) tego schronienia wyższych wartości. Gdyby nie ochrona modlitwy, wszystkie dni święte szybko wróciłyby do statusu zwykłych dni wolnych.

Religia i jej środki działania, z których najważniejszym jest modlitwa, bliskie są tylko tym wartościom, które mają generalne uznanie społeczne, grupową aprobatę. Dlatego też, kiedy człowiek prymitywny próbował zadowolić swe nikczemniejsze uczucia czy zrealizować niczym nie złagodzone, samolubne ambicje, pozbawiony był pocieszenia religii i wsparcia modlitwy. Jeśli ktoś chciał zrobić coś antyspołecznego, zmuszony był szukać pomocy niereligijnych magików, uciekać się do czarodziejów i tym samym pozbawić się pomocy modlitwy. Modlitwa zatem bardzo wcześnie stała się potężnym promotorem ewolucji społecznej, postępu moralnego i osiągnięć duchowych.

Prymitywny umysł nie był jednak ani logiczny ani, konsekwentny. Wczesny człowiek nie uświadamiał sobie, że rzeczy materialne nie leżą w domenie modlitwy. Te prosto myślące dusze rozumowały, że pożywienie, schronienie, deszcz, zwierzyna i inne materialne dobra dają społeczne korzyści i dlatego też zaczęły się modlić o te błogosławieństwa materialne. Chociaż jest to wynaturzenie modlitwy, zachęca jednak do prób osiągania tych materialnych celów, poprzez działania społeczne i etyczne. Takie prostytuowanie modlitwy, chociaż zaniżało ludzkie wartości duchowe, poprawiało jednak natychmiast obyczaje ekonomiczne, społeczne i etyczne.

Tylko w najbardziej prymitywnym typie umysłu modlitwa jest monologiem. Wcześnie staje się dialogiem i rozwija się gwałtownie do poziomu czczenia grupowego. Modlitwa oznacza, że przedmagiczne zaklęcia religii prymitywnej rozwinęły się do tego poziomu, na którym umysł ludzki rozpoznaje rzeczywistość dobroczynnych mocy lub istot, które mogą wzbogacić wartości społeczne i umocnić idee moralne i dalej, że te wpływy są nadludzkie i odmienne od ego samoświadomego człowieka i jego braci śmiertelników. Prawdziwa modlitwa nie pojawia się zatem tak długo, aż element służby religijnej nie zostaje uzmysłowiony jako *osobowy*.

Modlitwa raczej nie jest związana z animizmem, jednak takie wierzenia mogą istnieć równolegle z pojawiającymi się uczuciami religijnymi. Częstokroć religia i animizm mają zupełnie odmienne początki.

Dla tych śmiertelników, którzy nie wyzwolili się z prymitywnej niewoli strachu, istnieje realne niebezpieczeństwo, że wszystkie modlitwy mogą prowadzić do chorobliwego poczucia grzechu, nieuzasadnionych przekonań o winie, prawdziwej albo wyobrażonej. Jednak w dzisiejszych czasach nie wydaje się, aby zbyt wiele osób spędzało *odpowiednią ilość czasu* na modlitwie, żeby dojść do tak szkodliwych przemyśleń na temat własnej niegodziwości i grzeszności. Niebezpieczeństwa, związane z wypaczeniem i wynaturzeniem modlitwy, wynikają z ignorancji, przesądów, krystalizacji, pozbawienia żywotności, materializmu i fanatyzmu.

2. ROZWIJAJĄCA SIĘ MODLITWA

Pierwsze modlitwy to były po prostu wyrażane słowami życzenia, ekspresja szczerych pragnień. Później modlitwa stała się metodą pozyskiwania współpracy duchów. Potem doszła do wysokich funkcji wspomagania religii, zachowywania wszystkich jej wartościowych cech.

Zarówno modlitwa jak i magia powstały w wyniku ludzkich reakcji przystosowawczych do środowiska Urantii. Jednak, poza tym uogólnionym powiązaniem, niewiele mają ze sobą wspólnego. Modlitwa zawsze oznacza pozytywne działanie modlącego się ego; jest zawsze psychiczna a czasami duchowa. Magia zazwyczaj oznacza próbę oddziaływania na rzeczywistość, bez wpływu na ego człowieka oddziaływającego, praktykanta magii. Pomimo ich niezależnych początków, magia i modlitwa są częstokroć wzajemnie od siebie zależne w późniejszych stadiach rozwoju. Magia czasami się wznosi, dzięki wywyższeniu celu, od formuł poprzez rytuały i zaklęcia, do progu prawdziwej modlitwy. Modlitwa staje się czasami tak materialistyczna, że się degeneruje do pseudomagicznej procedury, prowadzącej do unikania takich wysiłków, jakie są potrzebne do rozwiązania problemów Urantian.

Kiedy człowiek zrozumiał, że modlitwa nie zmusza do niczego bogów, stała się ona raczej prośbą, poszukiwaniem łaski. Jednak najprawdziwsza modlitwa polega na rzeczywistości komunii między człowiekiem a jego Twórcą.

Pojawienie się idei ofiarowania, w jakiejkolwiek religii, zawsze zaniża wysoką skuteczność prawdziwej modlitwy, dlatego, że ludzie usiłują zastąpić ofiarami z rzeczy materialnych ofiary ze swojej własnej woli, poświęcającej się czynieniu woli Bożej.

Kiedy religia pozbawiona jest osobowego Boga, jej modlitwy przekładają się na poziomy teologii i filozofii. Kiedy najwyższa, religijna idea Boga jest Bóstwem nieosobowym, taki panteistyczny idealizm, chociaż daje podstawę pewnym formom mistycznej komunii, okazuje się zgubny dla siły prawdziwej modlitwy, która zawsze oznacza komunię człowieka z osobową istotą nadrzędną.

W początkach ewolucji gatunku a nawet obecnie, w codziennym doświadczeniu zwykłego śmiertelnika, modlitwa pozostaje w dużej mierze zjawiskiem obcowania człowieka z własną podświadomością. Istnieje jednak taki rodzaj modlitwy, w której intelektualnie rozbudzona i duchowo rozwijająca się jednostka osiąga większy czy mniejszy kontakt z nadświadomymi poziomami ludzkiego umysłu, z domeną Dostrajacza Myśli zamieszkującego człowieka. Poza tym, jest to wyraźnie duchowe stadium prawdziwej modlitwy, które dotyczy jej przyjęcia i uznania przez duchowe siły wszechświata, a które jest kompletnie odmienne od wszelkich związków ludzkich i intelektualnych.

Modlitwa przyczynia się w znacznym stopniu do kształtowania tendencji religijnych w rozwijającym się umyśle ludzkim. Jest ona potężnym czynnikiem działającym w kierunku zapobiegania wyobcowaniu osobowości.

Modlitwa reprezentuje pewną procedurę, związaną z naturalną, ewolucyjną religią gatunku, która wytwarza także część empirycznych wartości wyższych religii, posiadających wartości etyczne, religii objawienia.

3. MODLITWA I ALTER EGO

Kiedy dzieci uczą się po raz pierwszy używać języka, skłonne są myśleć na głos, wyrażają swe myśli słowami, nawet kiedy nie ma nikogo, kto mógłby je słyszeć. Razem z narodzinami twórczej wyobraźni pojawiają się skłonności do konwersacji z wymyślonym towarzystwem. I tak pączkujące ego usiłuje nawiązać kontakt z fikcyjnym *alter ego*. Tym sposobem dziecko wcześnie uczy się przetwarzać swoje monologowe rozważania w pseudodialogi, w których alter ego odpowiada na ich głośne myśli i wyrażane pragnienia. Dorośli znaczną część rozważań prowadzą w swych myślach jako formę konwersacji.

Wczesna i prymitywna forma modlitwy bardzo była podobna do częściowo magicznych recytacji dzisiejszego plemienia Toda, do tych modlitw, które do nikogo szczególnie nie są adresowane. Takie rodzaje modlitwy mają tendencję do przekształcania się w dialogowy typ komunikacji, dzięki pojawieniu się idei alter ego. Z czasem koncepcja alter ego zostaje wyniesiona do wyższego statusu boskiej godności a modlitwa pojawia się jako środek oddziaływania religii. Przeznaczeniem takiego rodzaju prymitywnej modlitwy jest rozwijać się, przez wiele stadiów i długich epok, aż osiągnie ona poziom inteligentnej i prawdziwie etycznej modlitwy.

Alter ego, w wyobrażeniach kolejnych pokoleń modlących się śmiertelników, rozwija się poprzez widma, fetysze i duchy w bogów politeistycznych i na koniec w Jednego Boga, boską istotę, ucieleśniającą najwyższe ideały i podniosłe aspiracje modlącego się ego. I w ten sposób modlitwa funkcjonuje jako najsilniejszy czynnik religii, zachowując najwyższe wartości i ideały tych, którzy się modlą. Od momentu wyobrażenia sobie alter ego, do czasu pojawienia się koncepcji boskiego i niebiańskiego Ojca, modlitwa jest zawsze praktyką uspołeczniającą, moralizującą i uduchowiającą.

Prosta, wiarą przepełniona modlitwa, świadczy o ogromnej ewolucji ludzkiego doświadczenia, w którym dawne rozmowy z fikcyjnym symbolem alter ego religii prymitywnej zostały wyniesione do poziomu komunii z duchem Nieskończonego i do autentycznej świadomości realności wiecznego Boga i Rajskiego Ojca całego inteligentnego stworzenia.

Niezależnie od tego, czym jest wyższe „ja" w praktyce modlitwy, należy przypomnieć, że etyczna modlitwa jest znakomitą metodą wywyższenia czyjegoś ego i umocnienia jaźni dla lepszego życia i zaawansowanych osiągnięć. Modlitwa pobudza ludzkie ego do szukania pomocy dwoma sposobami: materialnej pomocy, pochodzącej z podświadomego zbiornika doświadczenia ludzkiego oraz inspiracji i przewodnictwa, pochodzącego z nadświadomej granicy kontaktu tego, co materialne z tym, co duchowe – z Nieodgadnionym Monitorem.

W doświadczeniu ludzkim modlitwa zawsze była i zawsze będzie dwojaka; jest to procedura psychologiczna powiązana z techniką duchową. I te dwie funkcje modlitwy nigdy nie mogą być w pełni od siebie oddzielone.

Oświecona modlitwa musi rozpoznawać nie tylko osobowego Boga, istniejącego niezależnie od człowieka, ale także wewnętrzną i bezosobową Boskość, Dostrajacza zamieszkującego człowieka. Jest całkiem stosowne, że kiedy człowiek się modli, powinien się starać zrozumieć ideę Ojca Wszechświatowego w Raju, ale na dobrą sprawę bardziej skuteczną metodą będzie powrót do koncepcji znajdującego się bliżej alter ego, tak jak prymitywny umysł miał zwyczaj to czynić, ażeby potem uznać, że idea alter ego rozwinęła się od zwykłej fantazji do prawdy o Bogu zamieszkującym śmiertelnego człowieka, w autentycznej obecności Dostrajacza, tak, że człowiek może rozmawiać niejako twarzą w twarz z rzeczywistym i boskim alter ego, które go zamieszkuje i które jest obecnością i esencją żywego Boga, Ojca Wszechświatowego.

4. MODLITWA ETYCZNA

Modlitwa nie może być etyczną, kiedy modlący się pragnie samolubnie dominować nad swymi współbraćmi. Samolubna i materialistyczna modlitwa niezgodna jest z religiami etycznymi, które są oparte na bezinteresownej, Boskiej miłości. Wszelka taka nieetyczna modlitwa wraca do prymitywnych poziomów pseudomagii i nie jest warta zaawansowanych cywilizacji i oświeconych religii. Samolubna modlitwa uchybia duchowi wszelkiej etyki opartej na przepełnionej miłością sprawiedliwości.

Modlitwy nigdy nie wolno tak prostytuować, ażeby się stała substytutem działania. Wszelka etyczna modlitwa jest zachętą do działania i przewodnikiem progresywnych dążeń, zmierzających do idealistycznych celów, do osiągnięcia wyższego „ja".

We wszystkich waszych modlitwach bądźcie *sprawiedliwi*; nie oczekujcie tego, żeby Bóg okazał stronniczość, aby kochał was bardziej niż inne dzieci, waszych przyjaciół, bliźnich, czy nawet wrogów. Jednak modlitwa religii naturalnych czy ewolucyjnych nie od razu jest etyczna, tak jak późniejszych religii objawionych. Wszelkie modlitwy, czy to indywidualne czy zbiorowe, mogą być albo egoistyczne, albo altruistyczne. Oznacza to, że modlitwa może być skoncentrowana albo na sobie albo na innych. Kiedy modlitwa nie pragnie niczego dla modlącego się, ani też niczego dla swych współbraci, wtedy taka postawa duszy zbliża się do poziomów prawdziwego czczenia. Modlitwy egoistyczne zawierają wyznania i prośby i częstokroć składają się z próśb o łaski materialne. Modlitwa jest niejako bardziej etyczna, kiedy ma do czynienia z przebaczeniem i poszukuje mądrości dla umocnienia samokontroli.

Podczas gdy modlitwa altruistyczna umacnia i pociesza, przeznaczeniem modlitwy materialistycznej jest przynieść zawód i rozczarowanie, ponieważ zaawansowane odkrycia naukowe wykazują, że człowiek żyje w fizycznym wszechświecie prawa i porządku. Dzieciństwo jednostki czy ludu charakteryzuje prymitywna, samolubna i materialistyczna modlitwa. I do pewnego stopnia wszelkie takie prośby są skuteczne, gdyż nieodmiennie prowadzą do tych wysiłków i starań, które przyczyniają się do uzyskania odpowiedzi na takie modlitwy. Prawdziwa modlitwa, oparta na wierze, zawsze przyczynia się do polepszenia sposobu życia, nawet, jeśli takie prośby nie są warte duchowej akceptacji. Jednak duchowo zaawansowana osoba powinna wykazać wielką ostrożność, kiedy próbuje odwodzić prymitywne i niedojrzałe umysły od takich modlitw.

Pamiętajcie, że chociaż modlitwa nie zmienia Boga, bardzo często wywołuje wielkie i trwałe zmiany u człowieka modlącego się z wiarą i ufną nadzieją. Modlitwa przyczynia się w znacznej mierze do spokoju umysłu, radości, pogody ducha, odwagi, panowania nad sobą oraz rozwija godziwe inklinacje u mężczyzn i kobiet z ewoluujących narodów.

5. SPOŁECZNE REPERKUSJE MODLITWY

W czczeniu przodków modlitwa prowadziła do kultywowania ideałów przodków. Jednak, kiedy modlitwa jest cechą czczenia Bóstwa, przewyższa ona wszelkie inne, podobne praktyki, ponieważ prowadzi do kultywowania boskich ideałów. Tak samo jak idea alter ego staje się najwyższa i boska w modlitwie, tak ideały człowieka są odpowiednio wynoszone, od czysto ludzkich poziomów ku poziomom nieziemskim i boskim, a rezultatem całej takiej modlitwy jest umocnienie charakteru i głębokie zjednoczenie osobowości człowieka.

Jednak modlitwa nie zawsze musi być indywidualna. Grupowa czy zbiorowa modlitwa jest bardzo skuteczna, ponieważ jej rezultatem jest uspołecznienie. Gdy grupa ludzi modli się o umocnienie moralne i doskonalenie duchowe, taka pobożność wywiera wpływ na jednostki tworzące grupę; wszystkie one stają się lepsze na skutek udziału w modlitwie. Nawet całe miasto lub cały naród może coś zyskać, dzięki takiej modlitewnej pobożności. Wyznanie błędów, skrucha i modlitwa, prowadziły jednostki, miasta, narody i całe rasy ludzkie do wspaniałych wysiłków odnowy i odważnych, wielkich czynów.

Jeśli naprawdę chcesz przezwyciężyć swój zwyczaj krytykowania jakiegoś przyjaciela, najszybszym i najpewniejszym sposobem osiągnięcia takiej zmiany nastawienia jest wprowadzenie zwyczaju modlenia się za taką osobę, każdego dnia twojego życia. Jednak społeczne następstwa takich modlitw zależą w znacznej mierze od dwóch warunków:

1. Osoba, za którą się modlą, powinna wiedzieć, że za nią się modlą.
2. Osoba, która się modli, powinna nawiązać bliski społeczny kontakt z tą osobą, za którą się modli.

Modlitwa jest tą procedurą, dzięki której wcześniej czy później każda religia zostanie zinstytucjonalizowana. I z biegiem czasu modlitwa zaczyna się wiązać z wieloma czynnikami wtórnymi, niektórymi pomocnymi, innymi zdecydowanie szkodliwymi, takimi jak kapłani, święte księgi, rytuały praktyk religijnych i obrzędy.

Umysły obdarzone wielką światłością duchową powinny jednak być cierpliwe i tolerancyjne, gdy mają do czynienia z gorzej wyposażonymi intelektami, które potrzebują symbolizmu do uaktywnienia swej słabej wnikliwości duchowej. Silny nie musi pogardzać słabym. Ci, którzy uświadamiają sobie Boga bez symbolizmu, nie mogą zaprzeczać wdziękom i użyteczności symboliki tych, którym sprawia trudność czczenie Bóstwa oraz szanowanie prawdy, piękna i dobroci bez formalności i rytuału. Większość śmiertelników, w swym modlitewnym czczeniu, wyobraża sobie jakiś symbol obiektu-celu swej pobożności.

6. DOMENA MODLITWY

Modlitwa nie może mieć bezpośredniego wpływu na czyjeś materialne otoczenie, chyba, że ma to związek z wolą i działalnością osobowych sił duchowych oraz materialnych zarządców domeny. Chociaż istnieją bardzo wyraźne ograniczenia dotyczące zakresu próśb modlitewnych, ograniczenia takie nie odnoszą się w równym stopniu do *wiary* modlącego się.

Modlitwa nie jest sposobem leczenia prawdziwych, organicznych chorób, ale zawsze przynosiła w obfitości zdrowie i przyczyniała się do leczenia licznych schorzeń psychicznych, emocjonalnych i nerwowych. I nawet w przypadku chorób czysto bakteryjnych, modlitwa częstokroć przyczynia się do zwiększenia skuteczności innych metod leczenia. Modlitwa przekształciła wielu drażliwych i narzekających inwalidów we wzór cierpliwości oraz zrobiła z nich inspirację dla innych, cierpiących ludzi.

Nie ma znaczenia, jak trudno pogodzić naukowe wątpliwości odnośnie skuteczności modlitwy z wciąż istniejącym bodźcem szukania pomocy i przewodnictwa u boskich źródeł; nigdy nie zapominajcie, że szczera, przepełniona wiarą modlitwa, jest potężną siłą umacniającą osobiste szczęście, indywidualną samokontrolę, społeczną harmonię, postęp moralny i osiągnięcia duchowe.

Modlitwa, nawet jako zupełnie ludzki zwyczaj, jako dialog z własnym alter ego, jest sposobem najskuteczniejszego dotarcia do tych rezerwowych mocy natury ludzkiej, które są nagromadzone i zabezpieczone w podświadomych domenach ludzkiego umysłu. Modlitwa jest doskonałym ćwiczeniem psychologicznym, niezależnie od jej religijnych implikacji i znaczenia duchowego. Z doświadczenia ludzkiego wynika, że większość ludzi, kiedy się znajdzie pod wpływem silnego stresu, będzie się modlić w jakiś sposób do jakiegoś źródła o pomoc.

Nie bądźcie tak leniwi, żeby prosić Boga o rozwiązanie waszych problemów, ale nigdy się nie wahajcie pytać go o mądrość i siłę duchową, aby was prowadziła i podtrzymywała, kiedy sami zdecydowanie i odważnie podchodzicie do napotkanych problemów.

Modlitwa była czynnikiem niezastąpionym w rozwoju i utrwalaniu cywilizacji religijnej i nadal wnosi ogromny wkład w dalsze umacnianie i uduchowianie społeczeństwa, jeśli tylko modlący się będą to robić w świetle faktów naukowych, mądrości filozoficznej, szczerości intelektualnej i wiary duchowej. Módlcie się tak, jak Jezus uczył się modlić swych uczniów – szczerze, bezinteresownie, sprawiedliwie i bez zwątpienia.

Jednak skuteczność modlitwy w osobistym, duchowym doświadczeniu tego, kto się modli, nie jest w żadnej mierze zależna od intelektualnego rozumowania tej pobożnej osoby, jej bystrości filozoficznej, poziomu społecznego, statusu kulturalnego czy innych ludzkich zdobyczy. Współdziałające ze sobą elementy psychiczne i duchowe przepełnionej wiarą modlitwy są bezpośrednie, osobiste i empiryczne. Nie ma innej metody, za pomocą której każdy, niezależnie od wszelkich innych ludzkich osiągnięć, mógłby tak skutecznie i szybko zbliżyć się do progu tych domen, gdzie może się komunikować ze swym Twórcą, gdzie stworzony styka się z rzeczywistością Stwórcy, z zamieszkującym go Dostrajaczem Myśli.

7. MISTYCYZM, EKSTAZA I NATCHNIENIE

Mistycyzm jest metodą kultywowania świadomości Boskiej obecności; generalnie godny jest pochwały, ale kiedy jego praktyki prowadzą do społecznej izolacji i kończą się fanatyzmem religijnym, są nieomal karygodne. Zbyt często się zdarza, że to, co przemęczony mistyk traktuje za Boskie natchnienie, rodzi się w głębi jego własnego umysłu. Chociaż kontakt śmiertelnego umysłu z zamieszkującym go Dostrajaczem często wywołuje przepełniona oddaniem medytacja, jeszcze częściej wywoływany jest on przez szczere i miłości pełne, bezinteresowne służenie bratnim istotom.

Wielcy nauczyciele religijni i prorocy z epok minionych nie byli skrajnymi mistykami. Byli to rozpoznający Boga mężczyźni i kobiety, którzy służyli Bogu najlepiej jak mogli, poprzez bezinteresowną służbę dla swych braci śmiertelników. Jezus często oddalał się gdzieś na krótko ze swymi apostołami, na modlitwę i medytację, jednak przez większość czasu trzymał swych apostołów w styczności-służbie z tłumami. Dusza ludzka potrzebuje tak samo duchowego ćwiczenia jak i duchowego pokarmu.

Ekstaza religijna jest dopuszczalna, kiedy powstaje w wyniku rozsądnych okoliczności ją poprzedzających, jednak takie doświadczenia są częściej skutkiem czysto emocjonalnych wpływów niż przejawem głębi charakteru duchowego. Osoby religijne nie powinny traktować każdego żywego przeczucia psychologicznego i każdego intensywnego doświadczenia emocjonalnego jako Boskiego objawienia czy duchowej łączności. Prawdziwa, duchowa ekstaza połączona jest zazwyczaj z wielkim i dostrzegalnym wyciszeniem oraz prawie doskonałą kontrolą emocjonalną. Jednak prawdziwe wizje prorocze są przeczuciami superpsychologicznymi. Takie nawiedzenia nie są pseudo halucynacjami, ani też ekstazami podobnymi do transu.

Umysł ludzki może działać w odpowiedzi na tak zwane natchnienie, kiedy jest wrażliwy zarówno na erupcje podświadomości jak i na stymulacje nadświadomości. W każdym z tych dwu przypadków człowiekowi się wydaje, że poszerzanie zawartości podświadomości jest mu bardziej czy mniej obce. Niepohamowany entuzjazm mistyczny i gwałtowna ekstaza religijna nie są potwierdzeniem natchnienia, domniemanie boskim potwierdzeniem.

Praktycznym sprawdzianem wszystkich tych dziwnych doznań religijnego mistycyzmu, ekstazy i natchnienia jest zaobserwowanie, czy takie zjawiska sprawiają, że jednostka:

1. Cieszy się lepszym i obfitszym zdrowiem fizycznym.
2. Działa sprawniej i bardziej praktycznie w życiu umysłowym.
3. Pełniej i radośniej dzieli się z ludźmi swym doświadczeniem religijnym.
4. Dogłębnie uduchowia swe codzienne życie a jednocześnie wywiązuje się dokładnie ze zwykłych obowiązków normalnej, ludzkiej egzystencji.
5. Umacnia swą miłość do prawdy, piękna i dobroci, jak również uznanie dla tych wartości.
6. Zachowuje aktualnie uznawane wartości społeczne, moralne, etyczne i duchowe.
7. Zwiększa swoją duchową wnikliwość – świadomość istnienia Boga.

Modlitwa nie ma jednak realnych powiązań z tak wyjątkowymi doświadczeniami religijnymi. Kiedy modlitwa staje się zbyt estetyczna, kiedy polega prawie wyłącznie na pięknej i błogiej kontemplacji rajskiej boskości, traci większość swego społecznego oddziaływania a ukierunkowuje się ku mistycyzmowi oraz izolacji tych, którzy się w nią angażują. Istnieje konkretne niebezpieczeństwo związane z nazbyt prywatną modlitwą, co koryguje i czemu zapobiega modlitwa grupowa, pobożność wspólnoty.

8. MODLITWA JAKO DOŚWIADCZENIE OSOBISTE

Modlitwa ma swój prawdziwie spontaniczny aspekt, ponieważ człowiek prymitywny zaczął się modlić na długo przedtem, zanim posiadł jakąkolwiek jaśniejszą ideę Boga. Człowiek pierwotny przejawiał skłonności do modlenia się w dwu różnych sytuacjach: kiedy był w poważnych tarapatach, odczuwał potrzebę szukania pomocy z zewnątrz i kiedy się cieszył, ulegał impulsywnym przejawom radości.

Modlitwa nie jest ewolucyjnym wytworem magii; obie powstały niezależnie od siebie. Magia była próbą dostosowania Bóstwa do warunków; modlitwa jest usiłowaniem dostosowania osobowości do woli Bóstwa. Prawdziwa modlitwa jest zarówno moralna jak i religijna, magia nie ma żadnej z tych cech.

Modlitwa może się stać trwałym zwyczajem; wielu się modli dlatego, że inni tak robią. Jeszcze inni modlą się dlatego, ponieważ się obawiają, że może się stać coś okropnego, jeśli nie zaniosą swej regularnej modlitwy.

Dla niektórych modlitwa jest spokojną ekspresją wdzięczności, dla innych grupową ekspresją wychwalania, społecznej pobożności; czasami jest naśladownictwem czyjejś religii, ale naprawdę modlitwa jest szczerą i ufną łącznością duchowej natury stworzonego z wszechobecnym duchem Stwórcy.

Modlitwa może być spontanicznym wyrazem uświadomienia sobie Boga albo próżną recytacją teologicznych formuł. Może być ekstatycznym wysławianiem się duszy, rozpoznającej Boga albo niewolniczą służalczością przepełnionego strachem śmiertelnika. Czasem jest to wzruszająca ekspresja duchowej tęsknoty a czasem dobitne wykrzykiwanie pobożnych zwrotów. Modlitwa może być radosnym wychwalaniem albo pokornym błaganiem o przebaczenie.

Modlitwa może być dziecinnym błaganiem o to, co niemożliwe albo dojrzałą prośbą o moralny rozwój i siłę duchową. Prośba może być o chleb codzienny albo może zawierać szczerą tęsknotę znalezienia Boga i czynienia jego woli. Może być czysto samolubnym życzeniem albo prawdziwym, wspaniałym gestem w kierunku realizacji bezinteresownego braterstwa.

Modlitwa może być gniewnym wołaniem o zemstę albo miłosiernym wstawiennictwem za wrogów. Może być wyrazem nadziei na przemianę Boga albo skuteczną metodą przemiany samego siebie. Może być uniżoną obroną zatraconego grzesznika przed domniemanie srogim Sędzią albo pełną radości ekspresją wyzwolonego syna żywego i miłosiernego, niebiańskiego Ojca.

Człowieka współczesnego wprawia w zakłopotanie myśl o omawianiu spraw z Bogiem w czysto osobisty sposób. Wielu ludzi zaniedbuje regularnej modlitwy; modlą się tylko pod wpływem nadzwyczajnego stresu, w sytuacjach krytycznych. Człowiek nie powinien się bać rozmawiać z Bogiem, ale tylko duchowe dziecko może się podjąć przekonywania albo zakładać możliwość zmiany Boga.

Prawdziwa modlitwa dosięga jednak rzeczywistości. Nawet kiedy się wznoszą prądy powietrzne, żaden ptak nie wzleci inaczej, jak dzięki rozpostartym skrzydłom. Modlitwa unosi człowieka, gdyż jest ona metodą rozwoju, dokonywanego przy pomocy wznoszących się prądów duchowych wszechświata.

Prawdziwa modlitwa przyczynia się do rozwoju duchowego, przekształca nastawienie człowieka i tworzy to zadowolenie, które powstaje w wyniku komunii z boskością. Jest to spontaniczny poryw uświadomienia sobie Boga.

Bóg odpowiada na modlitwę człowieka, dając mu coraz szersze objawienie prawdy, lepsze uznanie dla piękna i poszerzoną koncepcję dobroci. Modlitwa jest odruchem subiektywnym, ale kontaktuje się z potężnymi rzeczywistościami obiektywnymi na duchowych poziomach doznawania ludzkiego; jest ona istotnym sięganiem człowieka po wartości nadludzkie. Modlitwa jest najsilniejszym bodźcem rozwoju duchowego.

W modlitwie słowa są bez znaczenia; są tylko intelektualnym kanałem, którym ma sposobność płynąć rzeka duchowej suplikacji. Wartość słowna modlitwy jest wyłącznie autosugestywna w pobożności prywatnej i socjosugestywna w pobożności grupowej. Bóg odpowiada na postawę duszy, nie na słowa.

Modlitwa nie jest sposobem ucieczki od konfliktu, ale raczej stymulatorem rozwoju, właśnie w obliczu konfliktu. Módlcie się tylko o wartości, nie o rzeczy; o rozwój, nie o zaspokojenie.

9. WARUNKI SKUTECZNEJ MODLITWY

Jeżeli chcecie skutecznie się modlić, powinniście zachować w pamięci zasady zanoszenia próśb, które są wysłuchiwane:

1. Aby wasze modlitwy silnie oddziaływały, musicie szczerze i odważnie stawać w obliczu problemów rzeczywistości wszechświatowej. Musicie mieć kosmiczną wytrwałość.
2. Musicie uczciwie wyczerpać ludzkie możliwości ludzkich rozwiązań. Musicie być pracowici.
3. Musicie oddać każde pragnienie umysłu i każdą tęsknotę duszy w przekształcające objęcia duchowego rozwoju. Musicie doświadczać uwydatnienia znaczeń i wyniesienia wartości.
4. Musicie szczerze wybrać czynienie woli Boskiej. Musicie usunąć martwy ośrodek niezdecydowania.
5. Nie tylko rozpoznajecie wolę Ojca i pragniecie ją czynić, ale zrobiliście bezwarunkową konsekrację i dynamiczną dedykację, aby rzeczywiście czynić wolę Ojca.
6. Wasza modlitwa ma być ukierunkowana wyłącznie na boską mądrość, przy rozwiązywaniu specyficznych, ludzkich problemów, napotkanych podczas wznoszenia się do Raju – podczas osiągania boskiej doskonałości.
7. I musicie mieć wiarę – żywą wiarę.

[Przedstawione przez szefa pośrednich Urantii].

PRZEKAZ 92

PÓŹNIEJSZA EWOLUCJA RELIGII

CZŁOWIEK posiadał religię pochodzenia naturalnego jako element swego ewolucyjnego doświadczenia, na długo przedtem zanim jakiekolwiek systematyczne objawienia były robione na Urantii. Jednak ta religia pochodzenia *naturalnego*, sama w sobie, była wytworem nadzwierzęcych wyposażeń człowieka. Religia ewolucyjna kształtowała się powoli, przez tysiąclecia empirycznego rozwoju ludzkości, dzięki służbie i wpływom następujących czynników, działających w dzikim, barbarzyńskim człowieku oraz w człowieku cywilizowanym:

1. *Przyboczny czci* – pojawienie się w świadomości zwierzęcej nadzwierzęcych zdolności postrzegania rzeczywistości. Można to nazwać podstawowym, ludzkim instynktem dążenia do Bóstwa.
2. *Przyboczny mądrości* – pojawienie się w czczącym umyśle tendencji do ukierunkowywania jego uwielbienia na wyższe kanały wyrazu i ku wciąż poszerzającym się koncepcjom rzeczywistości Bóstwa.
3. *Duch Święty* – jest to wstępne obdarzenie superumysłem a pojawia się ono niezawodnie we wszystkich prawdziwych osobowościach ludzkich. W dążącym do czczenia i pragnącym mądrości umyśle ta służba daje możliwość uświadomienia sobie postulatu przetrwania przez człowieka śmierci, zarówno w koncepcji teologicznej, jak i w aktualnym, autentycznym doświadczeniu osobistym.

Równorzędne działanie tych trzech boskich służb zupełnie wystarcza do zapoczątkowania i rozwoju religii ewolucyjnej. Wpływy te są później rozszerzane przez Dostrajacze Myśli, serafinów i Ducha Prawdy; wszystko to przyspiesza tempo religijnego rozwoju człowieka. Czynniki te od dawna działały na Urantii i będą działać tak długo, jak długo planeta pozostanie sferą zamieszkałą. Większość potencjału tych boskich czynników jeszcze nigdy nie miała możliwości ekspresji; sporo zostanie objawione w przyszłych epokach, kiedy religia śmiertelników się wzniesie, stopień po stopniu, ku nieziemskim wyżynom wartości morontialnych i prawdy duchowej.

1. EWOLUCYJNA NATURA RELIGII

Ewolucję religii można prześledzić od wczesnego lęku przed duchami i dalej, przez wiele kolejnych jej stadiów rozwoju, razem z próbami najpierw wymuszania a potem schlebiania duchom. Fetysze plemienne rozwijały się w totemy i bogów plemiennych, formuły magiczne stały się współczesnymi modlitwami. Obrzezanie z początku było ofiarowaniem, potem stało się czynnością higieniczną.

Podczas dzikiego dzieciństwa ludów religia się rozwijała, od czczenia natury, przez kult duchów, do fetyszyzmu. O świcie cywilizacji gatunek ludzki przyjął bardziej mistyczne i symboliczne wierzenia, podczas gdy teraz, kiedy ludzkość dorasta, dojrzewa ona do poziomu doceniania prawdziwej religii a nawet do początków samodzielnego objawiania prawdy.

Religia powstaje jako biologiczna reakcja umysłu na wierzenia duchowe i na ludzkie otoczenie; jest u gatunku ludzkiego ostatnią rzeczą, która może zaniknąć albo się zmienić. W każdej epoce religia stanowi dostosowanie się społeczeństwa do tego, co tajemnicze. Jako instytucja społeczna zawiera ona obrzędy, symbole, kulty, pisma święte, ołtarze, przybytki i świątynie. Woda święcona, relikwie, fetysze, amulety, ornaty, dzwony, bębny i kapłaństwo, wspólne są wszystkim religiom. Niemożliwe jest całkowite oddzielenie czysto ewolucyjnej religii zarówno od magii jak i od czarów.

Tajemnica i siła zawsze wywoływały uczucia religijne i strach, podczas gdy emocje zawsze działały jako potężny czynnik warunkujący rozwój tych uczuć. Strach zawsze był podstawowym stymulantem religijnym. Strach tworzy bogów religii ewolucyjnej i jest przyczyną powstawania rytuałów religijnych prymitywnych ludzi wierzących. W miarę rozwoju cywilizacji, strach przekształcony jest przez szacunek, podziw, respekt i sympatię a potem dodatkowo jest warunkowany przez żal i skruchę.

Pewien azjatycki lud nauczał, że „Bóg jest wielkim strachem”, co jest wynikiem czysto ewolucyjnej religii. Jezus, najwyższego rodzaju objawienie życia religijnego, głosił, że „Bóg jest miłością”.

2. RELIGIA A OBYCZAJE

Religia jest najbardziej indywidualną i nieelastyczną ze wszystkich ludzkich instytucji, ale powoli się przystosowuje do zmieniającego się społeczeństwa. W końcu religia ewolucyjna odzwierciedla zmienne obyczaje, które z kolei mogą podlegać wpływom religii objawionej. Powoli, pewnie, chociaż niechętnie, podąża religia (czczenie) za rozbudzoną mądrością – wiedzą kierowaną empirycznym rozumowaniem i oświeconą boskim objawieniem.

Religia kurczowo trzyma się obyczajów; tego, co *było*, co dawne i domniemanie święte. Z tej a nie innej przyczyny, narzędzia kamienne przetrwały długo w epoce brązu i żelaza. Jest w zapisach takie oświadczenie: „A jeśli uczynisz mi ołtarz z kamieni, to nie buduj go z kamieni ciosowych, bo zbezcześcisz go, gdy przyłożysz do niego swoje dłuto”. Nawet dzisiaj, Hindusi, rozpalając swe ognie na ołtarzach używają prymitywnego wiertła ogniowego. W procesie rozwoju religii ewolucyjnej nowość zawsze uznawana była za świętokradztwo. Sakrament musi składać się nie z nowej, przetworzonej żywności, ale z potraw najbardziej prymitywnych: „Mięso pieczone w ogniu, z chlebem nie kwaszonym i gorzkimi ziołami”. Wszystkie formy zwyczajów społecznych, a nawet procedur prawnych, kurczowo trzymają się starych form.

Kiedy człowiek współczesny się dziwi, że w świętych pismach różnych religii przedstawiane jest tak wiele spraw, które można uznać za nieprzyzwoite, powinien się zastanowić, że przemijające pokolenia bały się usunąć tego, co ich przodkowie uważali za święte i nienaruszalne. Znaczną część tych rzeczy, które pewne pokolenie może uznawać za nieprzyzwoite, pokolenia poprzedzające mogły traktować za część swoich utartych obyczajów a nawet za uznane obrzędy religijne. Znaczna część sporów religijnych powstała z niekończących się prób pogodzenia starszych, ale nagannych praktyk, z nowym, zaawansowanym rozumowaniem, ażeby można było znaleźć wiarygodne teorie usprawiedliwiające utrwalenie w formie doktryny dawnych i przebrzmiałych obyczajów.

Tym niemniej niemądre są próby zbytniego przyspieszania rozwoju religijnego. Rasa czy naród może przyswoić tylko to z jakiejkolwiek zaawansowanej religii, co się sensownie harmonizuje i daje pogodzić z jego aktualnym statusem ewolucyjnym; z dodatkiem ducha adaptacji. Wszelkie przesłanki społeczne, klimatyczne, polityczne i ekonomiczne wpływają na określenie kierunku i przebiegu ewolucji religijnej. Moralność społeczna nie jest determinowana przez religię, znaczy religię ewolucyjną, to raczej moralność ludzka narzuca formy religijne.

Dziwną i nową religię narody przyjmują tylko powierzchownie, w istocie przystosowują ją do swych obyczajów i starych metod wierzenia. Widać to dobrze na przykładzie pewnego plemienia z Nowej Zelandii, którego kapłani po tym, jak symbolicznie przyjęli chrześcijaństwo, oświadczyli, że otrzymali objawienie wprost od Gabriela, mówiące, że to plemię zostało narodem wybranym przez Boga i zezwalające na swobodne praktykowanie wolnych związków seksualnych i licznych innych, starszych oraz nagannych obyczajów. I od razu wszyscy ci początkujący chrześcijanie przyłączyli się do tej nowej i mniej wymagającej wersji chrześcijaństwa.

W takim czy innym czasie religia aprobowała wszystkie rodzaje sprzecznego i niekonsekwentnego postępowania, w pewnym okresie religia aprobowała praktycznie wszystko to, co teraz uważa się za niemoralne czy grzeszne. Sumienie, nie nauczane przez doświadczenie i pozbawione pomocy rozumowania, nigdy nie było i nigdy nie może być bezpiecznym i bezbłędnym przewodnikiem ludzkiego postępowania. Sumienie nie jest boskim głosem przemawiającym do ludzkiej duszy. Jest ono tylko całkowitą sumą moralnej i etycznej zawartości obyczajów każdego aktualnego stadium egzystencji; reprezentuje tylko wyobrażony po ludzku ideał funkcjonowania w każdym określonym zespole okoliczności.

3. NATURA RELIGII EWOLUCYJNEJ

Poznawanie ludzkiej religii jest badaniem bogatej w skamieniałości warstwy społecznej z epok minionych. Obyczaje bogów antropomorficznych są dokładnym odzwierciedleniem moralności tych ludzi, którzy pierwsi wyobrazili sobie takie bóstwa. Starożytne religie i mitologie wiernie obrazują wierzenia i podania ludów dawno już zaginionych w mrokach zapomnienia. Te starsze praktyki kultowe utrzymują się razem z nowszymi obyczajami ekonomicznymi i przemianami społecznymi i oczywiście wydają się wyjątkowo niekonsekwentne. Pozostałości kultów dają prawdziwy obraz religii ludów przeszłości. Pamiętajcie zawsze, że kulty kształtowane były nie po to, żeby odkrywać prawdę, ale raczej po to, aby głosić swe doktryny.

Religia zawsze była w dużej mierze sprawą obrzędów, rytuałów, przestrzegania, ceremonii i dogmatów. Zazwyczaj bywała skażona uporczywie utrzymującym się, niosącym niezgodę błędem, ułudą narodu wybranego. Główne idee religijne – zaklęcie, natchnienie, objawienie, przebłaganie, skrucha, pokuta, wstawiennictwo, ofiarowanie, modlitwa, spowiedź, czczenie, życie po śmierci, sakrament, rytuał, odkupienie, zbawienie, wybawienie, przymierze, nieczystość, oczyszczenie, proroctwo, grzech pierworodny – wszystkie sięgają wstecz aż do dawnych czasów pierwotnego strachu przed duchami.

Religia prymitywna nie jest niczym więcej ani mniej niż walką o byt materialny, tak poszerzony, aby obejmował byt pozagrobowy. Przestrzeganie podobnej doktryny reprezentowało rozszerzenie zmagań samozachowawczych na domeny wyimaginowanego świata widm-duchów. Bądźcie jednak ostrożni, jeśli kusicie się krytykować religię ewolucyjną. Pamiętajcie, to jest to, *co się zdarzyło*, to jest fakt historyczny. I przypomnijcie sobie jeszcze to, że siła jakiejkolwiek idei nie polega na jej oczywistości czy prawdzie, ale raczej na jaskrawości, z jaką przemawia do człowieka.

Religia ewolucyjna nie może zmienić czy skorygować samej siebie; nie ma też możliwości swojej własnej, progresywnej weryfikacji, tak jak nauka. Ukształtowana religia narzuca szacunek, gdyż jej wyznawcy wierzą, że jest *Prawdą*, „wiarą daną kiedyś świętym", zatem, w teorii, musi być zarówno ostateczna jak i nieomylna. Kult opiera się rozwojowi, ponieważ prawdziwy postęp bez wątpienia zmodyfikuje lub zniszczy sam kult; dlatego też weryfikacja kultu zawsze musi być wymuszona.

Tylko dwa czynniki mogą zmodyfikować i udoskonalić dogmaty religii naturalnej: nacisk powoli rozwijających się obyczajów i okresowe oświecenia epokowych objawień. Nie należy się zatem dziwić, że postęp był powolny; w dawnych czasach, gdy się było postępowym czy pomysłowym, można było stracić życie jako czarownik. Kult rozwija się powoli, w epokach, pokoleniach i odwiecznych cyklach. Jednak idzie naprzód. Ewolucyjna wiara w duchy położyła fundamenty filozofii religii objawionej, która w końcu zlikwiduje przesądy z jej początków.

Na wiele sposobów religia hamowała rozwój społeczeństwa, ale bez religii nie byłoby trwałej moralności ani etyki, nie byłoby żadnej wartościowej cywilizacji. Religia matkuje znacznej części kultury niereligijnej. Rzeźba się kształtowała, kiedy tworzono idole, architektura przy budowie świątyń, poezja przy zaklęciach, muzyka przy nabożnych intonacjach, teatr podczas odtwarzania duchowego przewodnictwa a taniec w trakcie okresowych świąt kultowych.

Kiedy zwracamy uwagę na to, że religia była konieczna do rozwoju i zachowania cywilizacji, należy również odnotować, że religia naturalna zrobiła wiele w kierunku paraliżowania i opóźniania cywilizacji, którą skądinąd rozwijała i podtrzymywała. Religia opóźniała działalność gospodarczą i rozwój ekonomiczny; marnowała pracę ludzką i trwoniła kapitał; nie zawsze popierała rodzinę; nie wspomagała należycie pokoju i dobrej woli; czasami lekceważyła edukację i opóźniała naukę; niepotrzebnie zubożała życie dla pozornego bogactwa śmierci. Ewolucyjna religia, ludzka religia, faktycznie jest odpowiedzialna za wszystkie te i jeszcze inne pomyłki, błędy i niezręczności, tym niemniej zachowywała ona etykę kulturową, cywilizowaną moralność i spójność społeczną oraz umożliwiła późniejszej religii objawionej kompensację tych licznych wad ewolucyjnych.

Religia ewolucyjna była najkosztowniejszą instytucją człowieka, ale niezrównanie efektywną. Religię ludzką można oceniać jedynie w świetle ewolucyjnej cywilizacji. Gdyby człowiek nie był rozwijającym się wytworem ewolucji zwierzęcej, wtedy taki przebieg rozwoju religijnego nie miałby uzasadnienia.

Religia popierała akumulację kapitału, rozwijała pewne rodzaje pracy, wolny czas kapłanów sprzyjał rozwojowi sztuki i wiedzy; w końcu ludzkość sporo zyskała w rezultacie tych wczesnych błędów w stosowaniu etyki. Szamani, uczciwi i nieuczciwi, byli bardzo kosztowni, ale warci byli całej swej ceny. Specjalizacja zawodowa oraz nauka sama wyłoniły się z pasożytniczego kapłaństwa. Religia popierała cywilizację, pozwalała trwać społeczeństwu i przez cały ten czas była policją moralną. Religia dała człowiekowi tę dyscyplinę i samokontrolę, która umożliwiła powstanie *mądrości.* Religia jest skutecznym biczem ewolucyjnym, który bezlitośnie wygania leniwą i cierpiącą ludzkość z jej naturalnego stanu intelektualnego bezwładu naprzód i w górę, na wyższe poziomy rozumowania i mądrości.

I to uświęcone dziedzictwo zwierzęcego rozwoju, religia ewolucyjna, wciąż musi być analizowana i nobilitowana przez ciągłą krytykę pochodzącą od religii objawionej i przez żarliwy ogień prawdziwej nauki.

4. DAR OBJAWIENIA

Objawienie jest ewolucyjne, ale zawsze progresywne. Poprzez epoki światowej historii, objawienia religijne ciągle się poszerzają i kolejno coraz bardziej oświecają ludzkość. Misją objawienia jest sortowanie i krytyka kolejnych religii ewolucyjnych. Ale jeśli objawienie ma wywyższyć i udoskonalić religie ewolucyjne, takie boskie nawiedzenia muszą wyrażać nauki, które nie są zbyt odległe od myśli i działań człowieka z epoki, w której są przedstawiane. Tak więc objawienie zawsze musi być w kontakcie z ewolucją i tak też się dzieje. Religia objawiona zawsze musi być ograniczona ludzką możliwością jej zrozumienia.

Niezależnie jednak od pozornych powiązań i zapożyczeń, religie objawione zawsze charakteryzują się wiarą w jakieś Bóstwo, reprezentujące ostateczne wartości, oraz pewną ideę przetrwania śmierci przez tożsamość osobowości.

Religia ewolucyjna jest uczuciowa, nie jest logiczna. Jest ona ludzką reakcją na wiarę w hipotetyczny świat widm-duchów – ludzkim wierzeniem-odruchem, rozbudzanym dzięki uświadomieniu sobie nieznanego i przez strach przed nieznanym. Religię objawioną przedkłada człowiekowi prawdziwy świat duchowy; jest ona odpowiedzią superintelektualnego kosmosu na pragnienia człowieka, aby wierzyć w uniwersalne Bóstwa i aby być od nich zależnym. Religia ewolucyjna obrazuje cykliczne poszukiwania ludzkości dążącej do prawdy; religia objawiona *jest* tą właśnie prawdą.

Wiele było objawień religijnych, ale tylko pięć z nich miało znaczenie epokowe. Są to:

1. *Nauki Dalamatii.* Prawdziwa idea Pierwszego Źródła i Centrum pierwszy raz była publicznie głoszona na Urantii przez stu członków cielesnego personelu Księcia Caligastii. To poszerzone objawienie Bóstwa utrzymywało się przez ponad trzysta tysięcy lat, kiedy to zostało nagle zakończone wskutek planetarnej secesji i zakłócenia porządku nauczania. Za wyjątkiem działalności Vana, wpływ dalamatyńskiego objawienia został praktycznie stracony dla całego świata. Do momentu przybycia Adama,

nawet Nodyci zapomnieli tę prawdę. Człowiek czerwony zachował nauki setki Caligastii najdłużej ze wszystkich, którzy je otrzymali, ale idea Wielkiego Ducha była zaledwie mglistym pojęciem w religii Indian, kiedy to kontakt z chrześcijaństwem znacznie ją wyklarował i umocnił.

2. *Nauki Edenu.* Adam i Ewa ponownie przedstawili ludom ewolucyjnym ideę Ojca wszystkich. Katastrofa pierwszego Edenu zatrzymała rozpowszechnianie objawienia adamicznego, zanim zdążyło się ono na dobre rozszerzyć. Jednak przerwane nauki Adama kontynuowali kapłani setyccy i niektóre z tych prawd nigdy nie zostały zupełnie stracone dla świata. Cały kierunek bliskowschodniej ewolucji religijnej przekształcony został przez nauki Setytów. Jednak do roku 2500 p.n.e., ludzkość w znacznym stopniu straciła wizję objawienia głoszonego w czasach Edenu.

3. *Melchizedek z Salemu.* Ten Syn od sytuacji krytycznych z Nebadonu zapoczątkował na Urantii trzecie objawienie prawdy. Kardynalnymi przykazaniami jego nauki były *ufność* i *wiara.* Nauczał ufności we wszechmocną dobroć Bożą i głosił, że wiara jest tym aktem, dzięki któremu człowiek zdobywa Bożą łaskę. Jego nauki stopniowo się wymieszały z wierzeniami i praktykami różnych religii ewolucyjnych i w końcu przekształciły się w te systemy teologiczne, które istniały na Urantii na początku pierwszego tysiąclecia ery Chrystusowej.

4. *Jezus z Nazaretu.* Chrystus Michał po raz czwarty przedstawił Urantii ideę Boga jako Ojca Wszechświatowego a jego nauki utrzymują się zasadniczo od tamtego czasu. Esencją jego nauki była *miłość* i *służba*, miłości pełne czczenie, którym stworzony syn odwdzięcza się spontanicznie Bogu, jego Ojcu, w uznaniu i w odpowiedzi na miłości pełną służbę Boga; dobrowolna służba, którą stworzeni synowie obdarzają swych braci jest radosnym zrozumieniem tego, że służąc w ten sposób, służą tak samo Bogu Ojcu.

5. *Przekazy Urantii.* Przekazy – z których jednym jest ten właśnie – stanowią najświeższe zobrazowanie prawdy dla śmiertelników Urantii. Przekazy te różnią się od wszystkich poprzednich objawień tym, że nie są dziełem pojedynczej osobowości wszechświatowej, ale kompleksowym przedstawieniem dokonanym przez wiele istot. Tym niemniej żadne objawienie poniżej tego punktu, w którym dociera się do Ojca Wszechświatowego, nigdy nie może być kompletne. Wszystkie inne niebiańskie posługi są tylko częściowe, przemijające i praktycznie dostosowane do lokalnych warunków czasu i przestrzeni. Podczas gdy oświadczenia takie jak te mogą ewentualnie pomniejszyć bezpośredni zakres działania i autorytet wszystkich objawień, przyszedł czas, kiedy na Urantii wskazane jest dokonanie tak otwartych oświadczeń, nawet, gdy się ryzykuje redukcję przyszłego oddziaływania i autorytetu tego, najświeższego ze wszystkich objawień prawdy dla gatunku ludzkiego Urantii.

5. WIELCY PRZYWÓDCY RELIGIJNI

W religii ewolucyjnej, wyobraża się bogów istniejących na podobieństwo człowieka; w religii objawionej naucza się ludzi, że są synami Boga – są nawet kształtowani na wzór skończonego obrazu Boskości; w wierzeniach syntetyzowanych, zawierających nauki objawieniowe i wytwory ewolucji, idea Boga jest mieszanką następujących czynników:

1. Idei uprzednio istniejących w kultach ewolucyjnych.

2. Wzniosłych ideałów religii objawionej.

3. Osobistych punktów widzenia wielkich przywódców religijnych, proroków i nauczycieli ludzkości.

Większość wielkich epok religijnych została zapoczątkowana dzięki życiu i naukom pewnej wybitnej indywidualności; przywództwo było powodem powstania większości wartościowych, moralnych ruchów w historii. Ludzie zawsze przejawiali tendencje do czczenia przywódcy, nawet kosztem jego nauki; mieli tendencje rewerencji człowieka, nawet, kiedy tracili z pola widzenie prawdy, które głosił. I dzieje się to nie bez przyczyny; w sercu człowieka ewolucyjnego jest instynktowna tęsknota za pomocą z wysoka i z zaświatów. Takie pragnienie ma spowodować, aby na Ziemi oczekiwano Księcia Planetarnego a później Synów Materialnych. Na Urantii człowiek został pozbawiony tych nadludzkich przywódców i władców, dlatego zawsze chciał sobie powetować takie straty, otaczając swych ludzkich przywódców legendami, nawiązującymi do ich nadprzyrodzonych początków i cudownej działalności.

Wiele narodów wyobrażało sobie, że ich przywódcy zrodzeni są z dziewic; życia tych przywódców zostały hojnie usłane cudownymi zdarzeniami a ich powrót zawsze jest oczekiwany przez odpowiednie grupy ludzkie. Członkowie plemion Azji centralnej wciąż oczekują powrotu Dżyngis-chana, w Tybecie, Chinach i Indiach jest to Budda, w islamie Mahomet, u Indian był to Hesunanin Onamonalonton, u Hebrajczyków był to w zasadzie Adam, wracający jako władca doczesny. W Babilonii legenda o Adamie zachowała się jako bóg Marduk – idea syna Bożego, ogniwo łączące człowieka z Bogiem. Po pojawieniu się Adama na Ziemi, tak zwani synowie Boży zaczęli być popularni wśród narodów świata.

Niezależnie od zabobonnego strachu, z jakim się odnoszono do tych nauczycieli, faktem pozostaje, że byli oni doczesnym, osobowym punktem podparcia, na którym się opierały dźwignie prawdy objawianej w celu posunięcia naprzód moralności, filozofii i religii ludzkości.

W okresie miliona lat ludzkiej historii było na Urantii wiele setek przywódców religijnych, od Onagara do Guru Nanaka. W tym czasie było dużo odpływów i przypływów prawdy religijnej i wiary duchowej, a każdy renesans religii Urantian utożsamiany był w przeszłości z życiem i naukami jakiegoś przywódcy religijnego. Przy omawianiu nauczycieli z ostatnich czasów, może być pomocne pogrupowanie ich według siedmiu głównych, religijnych epok poadamicznej Urantii.

1. *Okres setycki.* Kapłani setyccy, kiedy się odrodzili pod przywództwem Amosada, stali się wielkimi nauczycielami epoki poadamicznej. Działali na ziemiach Anditów a ich wpływ utrzymywał się długo u Greków, Sumerów i Hindusów. Wśród tych ostatnich przetrwali do dziś jako bramini wiary hinduskiej. Setyci i ich następcy nigdy nie zagubili zupełnie idei Trójcy, objawionej przez Adama.

2. *Era misjonarzy Melchizedeka.* Religia na Urantii została w niemałym stopniu odrodzona dzięki staraniom tych nauczycieli, powołanych przez Machiventę Melchizedeka, kiedy żył i nauczał w Salemie prawie dwa tysiące lat przed Chrystusem. Misjonarze ci głosili wiarę jako cenę łaski Bożej a ich nauczanie, choć nie zaowocowało od razu jakąś nową religią, dało jednak te fundamenty, na których późniejsi nauczyciele prawdy budowali religie Urantii.

3. *Epoka post-Melchizedekowa.* Chociaż w okresie tym nauczał zarówno Amenemope jak i Echnaton, to właśnie Mojżesz, wybitny geniusz religijny epoki post-Melchizedekowej, był przywódcą grupy Beduinów bliskowschodnich i fundatorem religii hebrajskiej. Mojżesz nauczał monoteizmu. Mówił: „Słuchaj, Izraelu, Pan jest naszym Bogiem – Panem jedynym". „Pan jest Bogiem. Nie ma nikogo poza nim". Wytrwale próbował on wykorzenić pozostałości kultu duchów, pokutujące w jego narodzie, zarządzając nawet karę śmierci dla wyznawców tego kultu. Monoteizm Mojżesza został wypaczony przez jego następców, jednak później wrócili oni do wielu jego nauk. Wielkość Mojżesza polega na jego mądrości i przenikliwości. Inni posiadali wspanialsze idee Boga, ale nikomu nigdy nie udało się nakłonić tak wielkiej liczby ludzi do przyjęcia tak zaawansowanych wierzeń.

4. *Szósty wiek przed Chrystusem.* Wielu ludzi zaczęło głosić prawdę w tym, jednym z największych wieków przebudzenia religijnego, jaki Urantia kiedykolwiek widziała. Zaliczyć do nich należy Gautamę, Konfucjusza, Laozi, Zoroastra i nauczycieli dżinizmu. Nauki Gautamy rozpowszechniły się w Azji a miliony ludzi czczą go jako Buddę. Dla moralności chińskiej Konfucjusz był tym, czym Platon był dla filozofii greckiej i chociaż istniały wydźwięki religijne w naukach obu z nich, ściśle mówiąc, żaden z nich nie był nauczycielem religijnym; Laozi lepiej zobrazował Boga w tao, niż Konfucjusz w humanizmie, czy Platon w idealizmie. Zoroaster, choć był pod znacznym wpływem rozpowszechnionej koncepcji podwójnego spirytyzmu, dobrego i złego, definitywnie wywyższał ideę jednego, wiecznego Bóstwa i ostatecznego zwycięstwa światłości nad ciemnością.

5. *Pierwszy wiek ery Chrystusowej.* Jako nauczyciel religijny, Jezus z Nazaretu zaczynał od kultu założonego przez Jana Chrzciciela i odszedł tak daleko jak tylko mógł od postów i formalności. Oprócz Jezusa, Paweł z Tarsu i Filon z Aleksandrii byli największymi nauczycielami tej epoki. Ich idee religijne odegrały wielką rolę w rozwoju tej wiary, która nosi imię Chrystusa.

6. *Szósty wiek po Chrystusie.* Mahomet założył religię, która była zaawansowana w stosunku do wielu doktryn z jego czasów. Był to z jego strony protest przeciwko społecznym wymaganiom wiar cudzoziemców i przeciw niespoistości życia religijnego jego własnego narodu.

7. *Piętnasty wiek po Chrystusie.* W tym okresie miały miejsce dwa ruchy religijne: rozerwanie jedności chrześcijaństwa na Zachodzie i synteza nowej religii na Wschodzie. Zinstytucjonalizowane chrześcijaństwo doszło w Europie do takiego stopnia braku elastyczności, że dalszy jego rozwój nie dał się pogodzić z jego jednością. Na Wschodzie, połączone nauki islamu, hinduizmu i buddyzmu zostały zsyntetyzowane przez Nanaka i jego wyznawców w sikhizmie, jednej z najbardziej zaawansowanych religii Azji.

Przyszłość Urantii bez wątpienia cechować będzie pojawianie się nauczycieli prawdy religijnej, mówiącej o Ojcostwie Boga i braterstwie wszystkich stworzonych. Należy jednak żywić nadzieję, że gorliwe i szczere wysiłki tych przyszłych proroków skierowane będą nie tak w kierunku umocnienia barier międzyreligijnych, jak w kierunku umocnienia braterstwa religijnego, czczenia duchowego pośród wielu wyznawców różnych intelektualnych teologii, tak charakterystycznych dla Urantii w Satanii.

6. RELIGIE ZŁOŻONE

Religie dwudziestowiecznej Urantii obrazują interesujące studium społecznej ewolucji ludzkiego impulsu czczenia. Wiele wiar rozwinęło się tylko w znikomym stopniu od czasów kultu duchów. Pigmeje z Afryki jako grupa, nie mają reakcji religijnych, chociaż niektórzy z nich trochę wierzą w środowisko duchowe. Są dziś tam, gdzie znajdował się człowiek prymitywny, kiedy zaczynała się ewolucja religii. Podstawowym wierzeniem religii prymitywnej było życie po śmierci. Idea czczenia osobowego Boga reprezentuje zaawansowany rozwój ewolucyjny, nawet pierwsze stadium objawienia. Dajakowie wykształcili tylko najbardziej prymitywne praktyki religijne. Do stosunkowo niedawna Eskimosi i Indianie mieli bardzo ubogie koncepcje Boga; wierzyli w duchy i mieli nieokreśloną ideę jakiegoś rodzaju życia po śmierci. Dzisiejsi, rodowici Australijczycy, obawiają się tylko duchów, boją się ciemności i prymitywnie czczą przodków. Zulusi dopiero co ukształtowali religię strachu przed duchami oraz ofiarowania. Wiele plemion afrykańskich, oprócz tych, gdzie pracowali misjonarze chrześcijańscy i mahometańscy, nie wyszło jeszcze poza fetyszowe stadium ewolucji religijnej. Jednak niektóre grupy długo trzymały się idei monoteizmu, jak niegdyś Trakowie, którzy wierzyli również w nieśmiertelność.

Na Urantii, religie ewolucyjne i objawieniowe rozwijają się obok siebie, mieszając się i łącząc w różnorodne systemy teologiczne, znajdujące się na świecie w czasie redagowania tych przekazów. Religie te, religie dwudziestowiecznej Urantii, można określić następująco:

1. Hinduizm – najstarsza.
2. Religia hebrajska.
3. Buddyzm.
4. Nauki Konfucjusza.
5. Wierzenia taoistyczne.
6. Zoroastryzm.
7. Sinto.
8. Dżinizm.
9. Chrześcijaństwo.
10. Islam.
11. Sikhizm – najmłodsza.

W dawnych czasach najbardziej zaawansowanymi religiami były judaizm i hinduizm a każda z nich oddzielnie silnie wpływała na kierunki rozwoju religijnego tak na Wschodzie jak i na Zachodzie. Zarówno Hindusi jak i Hebrajczycy wierzyli, że ich religie są natchnione i objawione i wierzyli również, że wszystkie inne są schyłkowymi formami jednej, prawdziwej wiary.

Indie są podzielone pomiędzy hinduistów, sikhów, mahometan i dżinistów; wszyscy oni obrazują Boga, człowieka i wszechświat według swoich, zróżnicowanych wyobrażeń. Chiny wyznają nauki taoistyczne i konfucjańskie; sinto wyznawane jest w Japonii.

Wielkimi wiarami międzynarodowymi i międzyrasowymi są wiara hebrajska, buddyjska, chrześcijańska i islamska. Buddyzm rozciąga się od Cejlonu i Burmy, poprzez

Tybet i Chiny, do Japonii. Wykazał zdolności przystosowawcze do obyczajów wielu narodów, co może być przyrównane tylko do chrześcijaństwa.

Religia hebrajska zawiera filozoficzne przejście od politeizmu do monoteizmu; jest to ewolucyjne ogniwo między religiami ewolucyjnymi a religiami objawieniowymi. Hebrajczycy są jedynym narodem zachodnim, który trzymał się swych dawnych bogów ewolucyjnych, aż do czasów Boga objawionego. Jednak prawda ta nigdy nie została szerzej przyjęta, aż dopiero w czasach Izajasza, który ponownie nauczał mieszanej idei bóstwa plemiennego, połączonego z Wszechświatowym Stwórcą: „O Panie Zastępów, Boże Izraela, ty sam jesteś Bogiem; Tyś uczynił niebo i ziemię". W pewnym okresie nadzieja przetrwania cywilizacji Zachodu leżała w wysublimowanych, hebrajskich koncepcjach dobroci i w zaawansowanych, hellenistycznych koncepcjach piękna.

Religia chrześcijańska jest religią o życiu i naukach Chrystusa, opartą na teologii judaizmu, później zmodyfikowaną przez asymilację pewnych nauk zoroastryzmu i filozofii greckiej, a sformułowaną zasadniczo przez trzy jednostki: Filona, Piotra i Pawła. Od czasów Pawła przeszła wiele stadiów swej ewolucji i stała się tak dogłębnie zachodnia, że wiele nieeuropejskich narodów zupełnie naturalnie traktuje chrześcijaństwo jak obce objawienie, obcego Boga i dla obcych.

Islam jest religijno-kulturalnym łącznikiem Afryki Północnej, Bliskiego Wschodu i południowo-wschodniej Azji. To właśnie teologia żydowska, w połączeniu z późniejszymi naukami chrześcijańskimi, uczyniła islam monoteistyczny. Wyznawcy Mahometa potknęli się na zaawansowanym nauczaniu o Trójcy; nie mogli zrozumieć doktryny trzech Boskich osobowości w jednym Bóstwie. Zawsze jest trudno nakłonić ewolucyjne umysły do *nagłej* akceptacji prawdy objawionej. Człowiek jest istotą ewolucyjną i musi zasadniczo dostawać swą religię metodami ewolucyjnymi.

Czczenie przodków stanowiło w pewnym okresie wyraźny krok naprzód w ewolucji religijnej, jednak jest zarówno zadziwiające jak i pożałowania godne, że ta prymitywna idea wciąż trwa w Chinach, Japonii i Indiach, pośród takiej ilości tego, co jest relatywnie bardziej zaawansowane, jak buddyzm i hinduizm. Na Zachodzie, czczenie przodków przekształciło się w wenerację bogów narodowych i szacunek dla narodowych bohaterów. W dwudziestym wieku ta czcząca bohaterów nacjonalistyczna religia pojawia się w różnych radykalnych i nacjonalistycznych sekularyzmach, tak charakterystycznych dla wielu ras i narodów Zachodu. Wiele takiej samej postawy znaleźć można na ważniejszych uniwersytetach i w większych społecznościach industrialnych ludów angielskojęzycznych. Idea, że religia jest tylko „wspólnym poszukiwaniem dobrego życia", nie różni się zbytnio od takich poglądów. „Religie narodowe" nie są niczym innym niż cofaniem się do dawnego czczenia cesarza rzymskiego i sinto – kultu państwa i rodziny cesarskiej.

7. DALSZA EWOLUCJA RELIGII

Religia nigdy nie stanie się faktem naukowym. Filozofia może się wprawdzie opierać na bazie naukowej, ale religia na zawsze pozostanie albo ewolucyjną, albo objawieniową, *lub ewentualnie kombinacją ich obu*, tak jak w świecie dzisiejszym.

Nie można wynaleźć nowych religii, mogą one powstać w trakcie ewolucji albo zostać *nagle objawione*. Wszystkie nowe religie ewolucyjne są tylko zaawansowanymi ekspresjami starych wierzeń, ich nowymi adaptacjami i dostosowaniami. Stare nie przestaje istnieć, zostaje złączone z nowym, tak jak sikhizm rozwinął się i zakwitnął na glebie i formach hinduizmu, buddyzmu, islamu oraz innych kultów współczesnych. Prymitywna religia była bardzo demokratyczna; dziki był skory do zapożyczania i użyczania. Dopiero z religią objawioną przyszedł autokratyczny i nietolerancyjny egotyzm teologiczny.

Spośród wielu religii Urantii wszystkie są dobre w takim stopniu, w jakim prowadzą człowieka do Boga i niosą człowiekowi świadomość istnienia Ojca. Wyobrażanie sobie swoich doktryn jako *Prawdy* jest błędem jakiejkolwiek grupy ludzi religijnych; postawa taka bardziej świadczy o arogancji teologicznej niż o pewności wiary. Nie ma takiej religii na Urantii, która nie mogłaby z korzyścią dla siebie badać i asymilować najlepszych prawd zawartych w każdej innej wierze, jako że wszystkie zawierają prawdę. Ludzie religijni zrobiliby lepiej, zapożyczając raczej to, co najlepsze z żywej wiary duchowej swych bliźnich, zamiast potępiać to, co najgorsze w ich pokutujących przesądach i przestarzałych rytuałach.

Wszystkie religie powstały w wyniku zróżnicowanych, intelektualnych reakcji ludzkich na identyczne przewodnictwo duchowe. Nigdy nie mogą się spodziewać osiągnięcia jednorodności doktryn, dogmatów i obrzędów – te są intelektualne; mogą jednak osiągnąć i kiedyś osiągną uświadomienie sobie jedności w prawdziwym czczeniu Ojca wszystkich, gdyż to jest duchowe i na zawsze prawdziwe, że w duchu wszyscy ludzie są sobie równi.

Religia prymitywna była przeważnie świadomością materialno-wartościową, ale cywilizacja wywyższyła wartości religijne, ponieważ prawdziwa religia jest oddaniem jaźni na służbę wartościom pełnym treści i najwyższym. W miarę rozwoju religii, etyka staje się filozofią obyczajów a moralność staje się dyscypliną jaźni, według standardów wyższych znaczeń i zaawansowanych wartości – boskich i duchowych ideałów. Tym samym religia staje się spontanicznym i wyszukanym poświęceniem, żywym doświadczaniem lojalnej miłości.

Jakość religii jest określana poprzez:

1. Poziom wartości – lojalności.
2. Głębokość znaczeń – uczulenie jednostki na idealistyczną waloryzację tych najwyższych wartości.
3. Intensywność poświęcenia – stopień przywiązania do tych boskich wartości.
4. Nieskrępowany rozwój osobowości na kosmicznej drodze idealistycznego życia duchowego, uświadomienie sobie synostwa z Bogiem i nigdy niekończące się, progresywne obywatelstwo wszechświata.

Znaczenia religijne rozwijają się w osobowej świadomości, kiedy dziecko przenosi swoje idee wszechmocy z rodziców na Boga. I całe religijne doświadczenie takiego dziecka jest w znacznym stopniu zależne od tego, czy strach, czy też miłość panowała w relacjach między rodzicem a dzieckiem. Niewolnicy zawsze mieli wielkie trudności z przekształceniem strachu przed panem w ideę Boga miłości. Cywilizacja, nauka i zaawansowane religie muszą wyzwolić ludzkość od tych lęków, zrodzonych z obaw przed zjawiskami naturalnymi. I tak samo coraz większe oświecenie powinno wyzwolić wykształconych śmiertelników od wszelkiej zależności od pośredników w ich komunii z Bóstwem.

Takie pośrednie stadia bałwochwalczego niezdecydowania są nieuniknione, podczas przenoszenia czci od tego, co ludzkie i widzialne na to, co boskie i niewidzialne, ale powinny zostać skrócone dzięki uświadomieniu sobie pomocnej służby boskiego ducha, który zamieszkuje człowieka. Tym niemniej człowiek uległ głębokiemu wpływowi nie tylko swoich koncepcji Bóstwa, ale także cech charakterystycznych tych bohaterów, których postanowił szanować. Wyjątkowo niefortunnie się stało, że ci, co zostali czcicielami Boskiego i zmartwychwstałego Chrystusa, przeoczyli człowieka – mężnego i odważnego bohatera – Jeszuę ben Józefa.

Człowiek współczesny prawidłowo uświadamia sobie religię, ale obyczaje jego praktyk religijnych są gmatwane i dyskredytowane przez przyspieszone przemiany społeczne i rozwój naukowy bez precedensu. Myślący mężczyźni i kobiety potrzebują nowego zdefiniowania religii, a to z kolei będzie zmuszało religię do ponownej ewaluacji samej siebie.

W jednym pokoleniu człowiek współczesny staje w obliczu konieczności dokonania większej ilości ponownych adaptacji wartości ludzkich niż było ich zrobione przez dwa tysiące lat. I wszystko to ma wpływ na społeczną postawę człowieka wobec religii, ponieważ religia jest tak samo sposobem życia jak i metodą myślenia.

Prawdziwa religia musi być równocześnie wieczną podstawą i gwiazdą przewodnią wszystkich trwałych cywilizacji.

[Przedstawione przez Melchizedeka z Nebadonu].

PRZEKAZ 93

MACHIVENTA MELCHIZEDEK

MELCHIZEDECY generalnie są znani jako Synowie działający w sytuacjach krytycznych, ponieważ zakres ich działalności prowadzonej na światach wszechświata lokalnego jest wręcz zdumiewający. Kiedy wyniknie jakiś niezwykły problem albo kiedy próbuje się zrobić coś nadzwyczajnego, bardzo często Melchizedek podejmuje się takich zadań. Charakterystyczna dla Synów Melchizedeków umiejętność funkcjonowania w nagłych przypadkach, jak również na szeroko zróżnicowanych poziomach wszechświata, nawet na materialnych poziomach przejawiania się osobowości, jest specyficzna dla ich klasy. Tylko Nosiciele Życia podzielają z nimi, w pewnym stopniu, ten metamorficzny zakres funkcjonowania osobowości.

Melchizedekowa klasa wszechświatowego synostwa była wyjątkowo aktywna na Urantii. Korpus, złożony z dwunastu takich istot, służył wraz z Nosicielami Życia. Później, zaraz po secesji Caligastii, korpus dwunastu Melchizedeków zarządzał komisarycznie waszym światem i sprawował władzę aż do czasów Adama i Ewy. Po odstępstwie Adama i Ewy, tych dwunastu Melchizedeków wróciło na Urantię i sprawowało obowiązki planetarnych zarządców komisarycznych, aż do tego dnia, kiedy Jezus z Nazaretu, jako Syn Człowieczy, został tytularnym, Planetarnym Księciem Urantii.

1. WCIELENIE MACHIVENTY

Prawdzie objawionej zagrażał zanik w tych tysiącleciach, które nastały po niepowodzeniu misji adamicznej na Urantii. Choć rasy ludzkie rozwijały się intelektualnie, duchowo z wolna traciły grunt. Około roku 3000 p.n.e., idea Boga w umysłach ludzkich stawała się bardzo mglista.

Dwunastu zarządców komisarycznych, Melchizedeków, wiedziało o tym, że Michał wkrótce obdarzy sobą ich planetę; jednak nie wiedzieli jak szybko to nastąpi, zwołali zatem uroczystą naradę i wysłali petycję do Najwyższych Ojców z Edentii, aby coś zrobić w celu zachowania światła prawdy na Urantii. Petycja została oddalona, wraz z rozporządzeniem, mówiącym, że „prowadzenie spraw na 606 z Satanii znajduje się całkowicie w rękach opiekunów Melchizedeków". Zarządcy komisaryczni apelowali o pomoc do Ojca Melchizedeka, ale dostali odpowiedź, że powinni podtrzymywać prawdę takim sposobem, jaki sami obiorą, „aż do przybycia obdarzającego Syna", który „ustanowi planetarne prawa, skończy z bezprawiem i niepewnością".

W wyniku pozostawienia Melchizedekom wolnej ręki w sprawie metod działania, jeden z dwunastu planetarnych zarządców komisarycznych, Machiventa Melchizedek, dobrowolnie podjął się tego, co zrobiono zaledwie sześć razy w historii Nebadonu – uosobienia się na planecie w formie zwykłego człowieka tej domeny, obdarzenia sobą Ziemi w charakterze Syna od nagłych wypadków na służbie temu światu. Zezwolenie na takie przedsięwzięcie otrzymano od władz Salvingtonu i wcielenie Machiventy Melchizedeka dokonało się w Palestynie, niedaleko tego miejsca, gdzie później powstało miasto Salem. Cały proces materializacji Syna Melchizedeka przeprowadzony został przez zarządców komisarycznych planety, przy współpracy Nosicieli Życia, jednego Nadrzędnego Kontrolera Fizycznego oraz innych niebiańskich osobowości, przebywających na Urantii.

2. MĘDRZEC Z SALEMU

Działo się to 1.973 lata przed narodzeniem Jezusa, kiedy gatunek ludzki Urantii został obdarzony Machiventą. Jego przybycie nie było spektakularne, jego materializacji nie oglądały oczy ludzkie. Człowiek śmiertelny pierwszy raz zobaczył go tego, pamiętnego dnia, kiedy Melchizedek wszedł do namiotu Amdona, pasterza chaldejskiego sumeryjskiego pochodzenia. Ogłoszenie jego misji zawarte zostało w prostym oświadczeniu, które przekazał pasterzowi: „Jestem Melchizedek, kapłan El Eljon, Najwyższego, jednego i jedynego Boga".

Kiedy zaskoczony pasterz doszedł do siebie i po tym, jak zasypał obcego wieloma pytaniami, poprosił Melchizedeka, aby zjadł z nim kolację; i po raz pierwszy w swej długiej, wszechświatowej działalności, Machiventa jadł materialne pożywienie, pokarm, którym miał się żywić przez dziewięćdziesiąt cztery lata swego życia, jako istoty materialnej.

Tej nocy, gdy rozmawiali pod gwiazdami, Melchizedek zaczął swą misję objawiania prawdy o rzeczywistości Boga. Zakreśliwszy szeroko ręką, zwrócił się do Amdona i powiedział: „El Eljon, Najwyższy, jest Boskim stwórcą gwiazd na firmamencie i tej właśnie Ziemi, na której żyjemy a jest on także najwyższym Bogiem nieba".

W ciągu kilku lat Melchizedek zebrał wokół siebie grupę uczniów, zwolenników i wierzących, którzy stanowili zaczątek późniejszej społeczności Salemu. Wkrótce stał się znany na terenie Palestyny jako kapłan El Eljon, Najwyższego Ojca i jako mędrzec z Salemu. Wśród kilku najbliższych plemion częstokroć zwany był szejkiem albo królem, Salemu. Salem było tym miejscem, które po tym, jak zniknął Melchizedek, stało się miastem Jebus, nazwanym później Jerozolimą.

Swym wyglądem Machiventa przypominał zmieszane wtedy ludy nodyckie i sumeryjskie, miał prawie metr osiemdziesiąt wzrostu i władczą postawę. Mówił po chaldejsku a władał także pół tuzinem innych języków. Ubierał się podobnie jak kapłani kananejscy, z tym wyjątkiem, że na piersi nosił symbol trzech współśrodkowych okręgów, satanijski symbol Rajskiej Trójcy. W okresie jego duszpasterstwa, insygnia trzech współśrodkowych okręgów zostały uznane przez jego wyznawców za tak święte, że nigdy nie ośmielili się ich używać i zostały niebawem, w ciągu kilku pokoleń, zapomniane.

Chociaż Machiventa żył tak jak inni ludzie tego świata, nigdy się nie ożenił, ani też *nie pozostawił* po sobie potomstwa na Ziemi. Jego ciało fizyczne, z wyglądu mężczyzna gatunku ludzkiego, w rzeczywistości należało do klasy tych specjalnie wytworzonych ciał, jakie były używane przez stu zmaterializowanych członków personelu Księcia Caligastii, oprócz tego, że nie zawierało plazmy życiowej żadnej rasy ludzkiej. Na Urantii nie było też drzewa życia. Gdyby Machiventa pozostał na Ziemi dłużej, mechanizm jego organizmu mógłby się stopniowo degenerować; faktycznie zakończył on swą misję obdarzającą w wieku dziewięćdziesięciu czterech lat, na długo przedtem, nim jego materialne ciało zaczęło niszczeć.

Wcielony Melchizedek otrzymał Dostrajacza Myśli, który zamieszkał w jego nadludzkiej osobowości jako monitor czasu i mentor ciała, zdobywając tym samym doświadczenie i zapoznając się praktycznie z problemami Urantii, jak i ze sposobem zamieszkiwania wcielonego Syna, co umożliwiło temu duchowi Ojca tak mężne działanie w ludzkim umyśle kolejnego Syna Bożego, Michała, kiedy zjawił się na Ziemi w formie ciała materialnego. I to jest jedyny Dostrajacz Myśli, jaki kiedykolwiek działał w dwu umysłach na Urantii, jednak oba te umysły były tak boskie jak i ludzkie.

Podczas inkarnacji w ludzkie ciało, Machiventa cały czas kontaktował się ze swoimi jedenastoma braćmi z korpusu opiekunów planetarnych, nie mógł się jednak komunikować z innymi klasami osobowości niebiańskich. Poza zarządcami komisarycznymi, Melchizedekami, nie miał on więcej kontaktów z inteligencjami nadludzkimi niż ludzka istota.

3. NAUKI MELCHIZEDEKA

W przeciągu dekady, Melchizedek zorganizował swoje szkoły w Salemie, wzorując je na starszym systemie, który został zaprowadzony przez dawnych kapłanów setyckich z drugiego Edenu. Nawet idea dziesięciny, wprowadzona przez nawróconego później Abrahama, także wywodziła się z przetrwałych tradycji o metodach pracy dawnych Setytów.

Melchizedek nauczał idei jednego Boga, uniwersalnego Bóstwa, ale pozwalał ludziom kojarzyć te nauki z Ojcem Konstelacji Norlatiadek, którego nazywał El Elyon – Najwyższy Ojciec. Melchizedek praktycznie przemilczał sprawę statusu Lucyfera i tego, jak się sprawy mają na Jerusem. Lanaforge, Władca Systemu, niewiele miał do czynienia z Urantią przed zakończeniem obdarzenia dokonanego przez Michała. Dla większości uczniów Salemu Edentia była niebem a Najwyższy Ojciec był Bogiem.

Symbol trzech współśrodkowych okręgów, który Melchizedek przyjął za insygnia swego obdarzenia, większość ludzi uznawała za oznaczenie trzech królestw: ludzi, aniołów i Boga. I pozwolono im trwać w tych wierzeniach; niewielu wyznawców kiedykolwiek się dowiedziało, że te trzy okręgi symbolizują nieskończoność, wieczność i uniwersalność Rajskiej Trójcy, bosko podtrzymującej i ukierunkowującej; nawet Abraham uznawał ten symbol raczej za oznaczenie trzech Najwyższych Ojców z Edentii, ponieważ się dowiedział, iż trzech Najwyższych Ojców działa jako jedność. Tak dalece, jak Melchizedek nauczał idei Trójcy, symbolizowanej przez te insygnia, kojarzył ją zazwyczaj z trzema władcami Vorondadekami z konstelacji Norlatiadek.

Melchizedek nie chciał przedkładać ogółowi swych wyznawców nauk wybiegających poza władzę Najwyższych Ojców z Edentii – Bogów Urantii. Niektórych jednak nauczał zaawansowanej prawdy, obejmującej zarządzanie i organizację wszechświata lokalnego, podczas gdy błyskotliwego wyznawcę, Nordana, Kenitę i jego zespół gorliwych uczniów, nauczał prawd o superwszechświecie a nawet o Havonie.

Członkowie rodziny Katro, u których Melchizedek mieszkał ponad trzydzieści lat, znali wiele takich wyższych prawd i długo zachowali je w swojej rodzinie, aż do czasów ich słynnego potomka, Mojżesza, który tym samym wszedł w posiadanie ważnych tradycji z czasów Melchizedeka, przekazanych jemu przez rodzinę ze strony ojca, jak również przez inne źródła ze strony matki.

Melchizedek nauczał swoich wyznawców wszystkiego tego, co potrafili zrozumieć i przyswoić. Nawet wiele współczesnych idei religijnych, o niebie i ziemi, człowieku, Bogu i aniołach, nie odbiega zbytnio od nauk Melchizedeka. Tym niemniej ten wielki nauczyciel podporządkowywał wszystko doktrynie jednego Boga, wszechświatowego Bóstwa, niebiańskiego Stwórcy i boskiego Ojca. Kładł szczególny nacisk na takie nauczanie, aby nakłonić ludzi do uwielbienia Ojca i aby przygotować drogę dla późniejszego pojawienia się Michała, jako Syna tego właśnie Ojca Wszechświatowego.

Melchizedek nauczał, że kiedyś, w przyszłości, przybędzie w ciele inny Syn Boga, tak jak i on przybył, ale będzie zrodzony z kobiety; i dlatego liczni późniejsi nauczyciele utrzymywali, że Jezus był kapłanem czy duszpasterzem, „według porządku Melchizedeka na wieki".

W ten oto sposób Melchizedek szykował grunt i kształtował monoteistyczne stadium światowych zapatrywań dla obdarzenia rzeczywistym, Rajskim Synem jednego Boga, którego tak jasno przedstawiał jako Ojca wszystkich i którego zobrazował Abrahamowi jako Boga, mogącego zaakceptować człowieka na prostych warunkach osobistej wiary. Kiedy Michał zjawił się na Ziemi, potwierdził wszystko to, czego nauczał Melchizedek odnośnie Rajskiego Ojca.

4. RELIGIA SALEMSKA

Obrzędy religijne w Salemie były bardzo proste. Każdy, kto podpisał lub parafował listę na glinianej tabliczce Kościoła Melchizedekowego, zapamiętywał i akceptował następujące wierzenie:

1. Wierzę w El Eljon, Najwyższego Boga, jedynego Ojca Wszechświatowego i Stworzyciela wszystkich rzeczy.
2. Uznaję przymierze Melchizedeka z Najwyższym Ojcem, które daje mi łaskę Bożą za moją wiarę, a nie za ofiarowania i ofiary całopalne.
3. Przyrzekam przestrzegać siedmiu przykazań Melchizedeka i głosić wszystkim ludziom dobrą nowinę tego przymierza z Najwyższym Ojcem.

I to była cała doktryna kolonii w Salemie. Ale nawet tak krótkie i proste wyznanie wiary było, ogółem mówiąc, zbyt wielkie i zbyt zaawansowane dla ludzi z tamtych dni. Po prostu nie mogli oni zrozumieć idei otrzymania Boskiej łaski za nic – poprzez wiarę. Zbyt mocno byli utwierdzeni w wierze, że człowiek zrodził się dłużnikiem bogów. Zbyt długo i zbyt gorliwie ludzie składali ofiary i dary kapłanom, aby mogli zrozumieć tę dobrą nowinę, że zbawienie, Boska łaska, jest darem darmowym dla wszystkich tych, którzy uwierzą w przymierze Melchizedeka. Abraham wierzył, chociaż niezdecydowanie i nawet to było „uznane za prawość".

Siedem przykazań, głoszonych przez Melchizedeka, wzorowane było na pradawnych, najwyższych prawach dalamatyńskich i bardzo było podobne do siedmiu przykazań nauczanych w pierwszym i drugim Edenie. Przykazania religii salemskiej były następujące:

1. Nie będziesz służył żadnemu Bogu poza Najwyższym Ojcem, Stwórcą nieba i ziemi.
2. Nie będziesz wątpił w to, że tylko wiara jest potrzebna do wiecznego zbawienia.
3. Nie będziesz świadczył fałszywie.
4. Nie będziesz zabijał.
5. Nie będziesz kradł.
6. Nie będziesz cudzołożył.
7. Nie będziesz okazywał braku szacunku rodzicom i starszym.

Chociaż nie pozwalano składać ofiar w granicach kolonii, Melchizedek dobrze wiedział, jak trudno jest nagle wykorzenić długo utrwalone obyczaje i w związku z tym zaproponował ludziom substytut, w postaci sakramentu chleba i wina, w miejsce starszych ofiar z ciała i krwi. Jest zapisane, że „Melchizedek, król Salemu, wyniósł chleb i wino". Ale nawet takie, ostrożne innowacje, nie przyjęły się w pełni; wszystkie plemiona miały swe pomocnicze punkty czczenia na peryferiach Salemu, gdzie składały ofiarowania i ofiary całopalne. Nawet Abraham uciekł się do tej barbarzyńskiej praktyki po swym zwycięstwie nad Kedorlaomerem; po prostu nie mógł zaznać spokoju, zanim nie złożył tradycyjnej ofiary. I Melchizedek nigdy nie wykorzenił zupełnie tendencji do składania ofiar z religijnych praktyk swoich wyznawców, nawet u Abrahama.

Podobnie jak Jezus, Melchizedek skoncentrował się wyłącznie na wypełnieniu misji swego obdarzenia. Nie próbował reformować obyczajów, zmieniać zwyczajów świata ani szerzyć zaawansowanych praktyk sanitarnych czy prawd naukowych. Przybył, aby wykonać dwa zadania: utrzymać na Ziemi żywą prawdę o jednym Bogu i przygotować grunt dla kolejnego obdarzenia w formie śmiertelnika Rajskiego Syna tego właśnie Ojca Wszechświatowego.

Przez dziewięćdziesiąt cztery lata Melchizedek nauczał w Salemie podstawowych prawd objawionych i w tym czasie Abraham uczęszczał do szkół Salemu trzy razy, w różnych okresach. W końcu nawrócił się na nauki salemskie, został jednym z czołowych uczniów Melchizedeka i jego główną podporą.

5. WYBÓR ABRAHAMA

Chociaż błędne może być mówienie o „narodzie wybranym", nie jest pomyłką nawiązywanie do Abrahama jako do jednostki wybranej. Melchizedek oddał w ręce Abrahama odpowiedzialność za utrzymanie żywej prawdy o jednym Bogu jako odmiennej od panujących wierzeń w wiele bóstw.

Wybór Palestyny na miejsce działalności Machiventy, opierał się po części na chęci nawiązania kontaktu z jakąś rodziną ludzką, uosabiającą potencjały przywódcze. W momencie wcielenia Melchizedeka, było na Ziemi wiele rodzin tak samo gotowych na przyjęcie doktryny salemskiej, jak rodzina Abrahama. Tak samo istniały uzdolnione rodziny u ludzi czerwonych, żółtych jak również u potomków Anditów, na zachodzie i północy. Jednak żadne z tych miejsc nie było tak korzystnie usytuowane pod względem późniejszego pojawienia się na Ziemi Michała, jak wschodnie wybrzeże Morza Śródziemnego. Misja Melchizedeka w Palestynie i późniejsze pojawienie się Michała pośród narodu hebrajskiego były w niemałym stopniu zdeterminowane geografią, tym, że Palestyna była centralnie zlokalizowana w stosunku do istniejącego wtedy handlu, podróży oraz cywilizacji światowych.

Zarządcy komisaryczni, Melchizedecy, obserwowali przez jakiś czas przodków Abrahama i byli pewni, że w jakimś pokoleniu pojawi się pośród nich potomstwo, które będzie się charakteryzować inteligencją, inicjatywą, bystrością i szczerością. Dzieci Teracha, ojca Abrahama, pod każdym względem spełniały te oczekiwania. Właśnie możliwość nawiązania kontaktu z tak wszechstronnymi dziećmi Teracha wpłynęła w znacznym stopniu na to, że Machiventa pojawił się raczej w Salemie niż w Egipcie, Chinach, Indiach, czy pośród plemion północnych.

Terach i cała jego rodzina byli tylko częściowo nawróceni na religię Salemu, którą głoszono w Chaldei; o Melchizedeku dowiedzieli się z kazań Ovida, nauczyciela fenickiego, który głosił doktryny Salemu w Ur. Wyruszyli z Ur i chcieli iść wprost do Salemu, ale Nachor, brat Abrahama, który nie widział Melchizedeka, był obojętny na jego nauki i ich przekonał, aby zostali w Haran. I dużo czasu upłynęło, po tym jak przybyli do Palestyny, zanim zdecydowali się zniszczyć *wszystkich* bogów domowych, jakich przynieśli z sobą; nie było im śpieszno porzucić wielu bogów Mezopotamii dla jednego Boga z Salemu.

W kilka tygodni po śmierci Teracha, ojca Abrahama, Melchizedek posłał jednego ze swoich uczniów, Jarama, Hetytę, aby rozszerzyć zaproszenie zarówno na Abrahama jak i Nachora: „Przyjdźcie do Salemu, gdzie usłyszycie nasze nauczanie prawdy o wiecznym Stwórcy, a w waszym, dwóch braci, oświeconym potomstwie cały świat znajdzie błogosławieństwo". Otóż, Nachor niezupełnie przyjął ewangelię Melchizedeka, pozostał z tyłu i zbudował silne miasto-państwo, które nosiło jego imię; jednak Lot, siostrzeniec Abrahama, postanowił iść wraz ze swym wujem do Salemu.

Po przybyciu do Salemu, Abraham i Lot osiedlili się w twierdzy na wzgórzach, w pobliżu miasta, gdzie mogli się bronić przed wieloma niespodziewanymi atakami najeźdźców z północy. W tamtym czasie plemiona centralnej i południowej Palestyny wciąż najeżdżali Hetyci, Asyryjczycy, Filistyni i inni. Ze swej fortecy na wzgórzach, Abraham i Lot odbywali częste pielgrzymki do Salemu.

Niedługo po tym, jak się osiedlili w pobliżu Salemu, Abraham i Lot poszli do doliny Nilu nabyć zapasy żywności, ponieważ susza panowała wtedy w Palestynie. Podczas krótkiego pobytu w Egipcie, Abraham zastał swego dalekiego krewnego na tronie egipskim i służył królowi jako dowódca w dwu bardzo udanych wyprawach wojennych. W późniejszej części swego pobytu nad Nilem, zarówno on jak i jego żona, Sara, żyli na dworze, a gdy opuszczali Egipt, Abraham otrzymał swój udział w łupach z kampanii wojennych.

Trzeba było wielkiej determinacji Abrahama, aby zrzec się zaszczytów egipskiego dworu i wrócić do bardziej duchowej pracy pod nadzorem Machiventy. Ale Melchizedeka szanowano nawet w Egipcie i kiedy cała sprawa została przedłożona faraonowi, usilnie ponaglał on Abrahama do powrotu, do wypełnienia swoich ślubów dla sprawy Salemu.

Abraham miał królewskie ambicje i w drodze powrotnej z Egiptu przedłożył Lotowi swoje plany podbicia całego Kanaanu i podporządkowania jego ludu rządom Salemu.

Lota bardziej pociągały interesy; więc w wyniku różnicy zdań poszedł do Sodomy zająć się handlem i hodowlą. Lot nie lubił ani życia wojskowego ani pasterskiego.

Kiedy Abraham wrócił z rodziną do Salemu, zaczął realizować swoje plany wojenne. Wkrótce został uznany za władcę terytorium Salemu i przyłączył do niego, pod swoim przywództwem, siedem pobliskich plemion. Z wielką doprawdy trudnością Melchizedek powstrzymywał rozpalonego gorliwością Abrahama, aby ten nie poszedł i nie spędził mieczem sąsiednich plemion, aby się szybciej dowiedziały o prawdach Salemu.

Melchizedek utrzymywał pokojowe stosunki ze wszystkimi otaczającymi plemionami; nie był militarystą i nigdy nie był atakowany przez żadne wojska, gdy przechodziły w jedną czy w drugą stronę. Chciał tylko tego, aby Abraham zorganizował pewną taktykę obronną dla Salemu, taką, jaką później zaprowadzono, nie chciał jednak zaaprobować ambitnych planów podbojów swego ucznia; tak więc nastąpiło przyjazne zerwanie stosunków, Abraham poszedł do Hebronu, aby tam założyć swą wojskową stolicę.

Abraham, ze względu na bliskie związki ze słynnym Melchizedekiem, posiadał znaczną przewagę nad otaczającymi go, drobnymi królami; wszyscy oni szanowali Melchizedeka i bardzo się bali Abrahama. Abraham wiedział o tym i tylko czekał odpowiedniej okazji, aby zaatakować swoich sąsiadów a pretekst do tego pojawił się wtedy, kiedy niektórzy z tych władców ośmielili się najechać posiadłość jego siostrzeńca, Lota, który mieszkał w Sodomie. Kiedy Abraham się o tym dowiedział, ruszył na wroga, na czele swych siedmiu skonfederowanych plemion. Jego własna straż osobista, licząca 318 ludzi, dowodziła wojskiem w sile ponad 4.000 ludzi, które wtedy zaatakowało.

Gdy Melchizedek usłyszał, że Abraham wypowiedział wojnę, wyruszył, aby mu to wyperswadować, ale spotkał swego byłego ucznia, gdy ten wracał zwycięski po bitwie. Abraham się upierał, że to Bóg Salemu dał mu zwycięstwo nad wrogami i obstawał przy oddaniu dziesiątej części swych łupów do skarbca Salemu. Pozostałe dziewięćdziesiąt procent zabrał do swej stolicy w Hebronie.

Po tej bitwie pod Siddim, Abraham został przywódcą drugiej konfederacji, złożonej z jedenastu plemion i nie tylko płacił dziesięcinę Melchizedekowi, ale również pilnował, aby wszyscy inni w pobliżu to robili. Jego dyplomatyczne posunięcia w stosunku do króla Sodomy oraz strach, jaki powszechnie otaczał Abrahama, sprawiły, że król Sodomy oraz inni przyłączyli się do wojskowej konfederacji w Hebronie; Abraham był rzeczywiście na dobrej drodze do założenia silnego państwa w Palestynie.

6. PRZYMIERZE MELCHIZEDEKA Z ABRAHAMEM

Abraham planował podbój całego Kanaanu. Jego determinację hamowało tylko to, że Melchizedek nie zgodziłby się na takie przedsięwzięcie. Abraham już prawie miał zacząć podbój, kiedy zaczęła go niepokoić myśl, że nie ma syna, który by odziedziczył po *nim władzę w planowanym* królestwie. Zaaranżował kolejne spotkanie z Melchizedekiem; to właśnie w trakcie tego spotkania kapłan Salemu, widzialny Syn Boga, przekonał Abrahama, żeby porzucił swe plany materialnych podbojów i władzy doczesnej, na rzecz duchowej koncepcji królestwa nieba.

Melchizedek wytłumaczył Abrahamowi niecelowość walki z konfederacją Amorytów i wyjaśnił mu również, że te opóźnione klany z pewnością ściągną na siebie zagładę na skutek swoich niemądrych zwyczajów, tak, że w kilku pokoleniach zostaną do tego stopnia osłabione, iż potomkowie Abrahama, w międzyczasie znacznie pomnożeni, pokonają ich z łatwością.

I Melchizedek zawarł formalne przymierze z Abrahamem w Salemie. Powiedział Abrahamowi: „Spójrz na niebo i policz gwiazdy, jeśli możesz je policzyć; tak liczne będzie potomstwo twoje". I Abraham uwierzył Melchizedekowi „i poczytano mu to za zasługę". I wtedy Melchizedek opowiedział Abrahamowi historię przyszłego zajęcia Kanaanu przez jego potomstwo, po wyjściu z Egiptu.

To przymierze Melchizedeka z Abrahamem stanowi wspaniałą umowę, zawartą na Urantii między boskością a człowieczeństwem, w której Bóg godzi się zrobić *wszystko*; człowiek godzi się *wierzyć* obietnicom Boga i wypełniać jego zalecenia. Dotychczas wierzono, że zbawienie można zapewnić sobie tylko przez czyny – przez ofiary i dary; teraz Melchizedek przyniósł Urantii dobrą nowinę, że zbawienie, łaskę Bożą, można zdobyć przez *wiarę*. Jednak ta ewangelia prostej wiary w Boga była zbyt zaawansowana; ludzie z plemion semickich woleli później wrócić do dawniejszych ofiar i pokuty za grzechy przez przelanie krwi.

Niedługo po tym przymierzu urodził się Izaak, syn Abrahama, tak jak Melchizedek obiecał. Po narodzinach Izaaka Abraham zaczął bardzo poważnie traktować swoje przymierze z Melchizedekiem, poszedł do Salemu i wyraził je na piśmie. Właśnie w czasie tej publicznej i formalnej akceptacji przymierza, zmienił swe imię z Abrama na Abrahama.

Większość wiernych w Salemie praktykowała obrzezanie, choć Melchizedek tego nigdy nie nakazywał. Teraz Abraham, który zawsze był przeciwny obrzezaniu, przy tej okazji postanowił uroczyście sformalizować to zdarzenie i uznać formalnie rytuał obrzezania za symbol ratyfikacji przymierza salemskiego.

W wyniku tej autentycznej, publicznej rezygnacji z osobistych ambicji na rzecz szerszych planów Melchizedeka, trzy niebiańskie istoty ukazały się Abrahamowi na równinie Mamre. To ukazanie się miało miejsce naprawdę, pomimo jego powiązania ze zmyśloną później opowieścią, nawiązującą do naturalnego zniszczenia Sodomy i Gomory. I te legendy, o wydarzeniach z tamtych dni, ukazują, jak zapóźniona była moralność i etyka nawet w stosunkowo niedawnych czasach.

Po dopełnieniu uroczystego przymierza, pojednanie pomiędzy Abrahamem a Melchizedekiem było zupełne. Znowu Abraham przejął władzę cywilną i wojskową nad kolonią Salem, która w okresie największego swego rozkwitu miała ponad sto tysięcy regularnych płatników dziesięciny na listach bractwa Melchizedekowego. Abraham znacznie zmodernizował świątynię w Salemie i dostarczył nowych namiotów dla całej szkoły. Nie tylko rozszerzył system płacenia dziesięciny, ale udoskonalił także wiele metod prowadzenia szkół, ponadto przyczynił się znacznie do poprawy funkcjonowania działu propagandy misjonarskiej. Zrobił też sporo dla poprawy gospodarki pasterskiej i reorganizacji planów mleczarskich Salemu. Abraham był sprytnym i operatywnym człowiekiem interesu, człowiekiem bogatym jak na swój czas; nie był zbyt pobożny, ale był dogłębnie szczery i wierzył w Machiventę Melchizedeka.

7. MISJONARZE MELCHIZEDEKA

Kilka lat prowadził Melchizedek szkolenie swoich uczniów i nauczanie misjonarzy salemskich, którzy przenikali do wszystkich otaczających plemion, zwłaszcza do

Egiptu, Mezopotamii i Azji Mniejszej. Jak upływały dekady, misjonarze ci szli coraz dalej od Salemu, niosąc z sobą ewangelię Machiventy o zaufaniu i wierze w Boga.

Potomkowie Adamsona, rozrzuceni wokół brzegów jeziora Wan, chętnie słuchali hetyckich nauczycieli kultu salemskiego. Z tego, niegdyś andickiego centrum, wysyłano nauczycieli do odległych regionów zarówno Europy jak i Azji. Misjonarze salemscy przemierzali całą Europę, dotarli nawet do Wysp Brytyjskich. Jedna ich grupa popłynęła do Andonitów z Islandii, przez Wyspy Owcze, podczas gdy inna przeszła Chiny i dotarła do Japończyków z wysp wschodnich. Życie i doświadczenia tych mężczyzn i kobiet, którzy wyszli z Salemu, Mezopotamii i znad jeziora Wan, żeby oświecać plemiona półkuli wschodniej, stanowią heroiczny rozdział w historii gatunku ludzkiego.

Zadanie jednak było tak ogromne a plemiona ludzkie tak bardzo zacofane, że jego rezultaty były niewyraźne i niezbyt konkretne. Z pokolenia na pokolenie, ewangelia Salemu znalazła tu i ówdzie punkt zaczepienia, jednak za wyjątkiem Palestyny, idea jednego Boga nigdzie nie zdołała zapewnić sobie trwałej wierności całego plemienia czy narodu. Na długo przed przybyciem Jezusa, nauki wczesnych misjonarzy Salemu pogrążyły się w starszych i bardziej rozpowszechnionych przesądach i wierzeniach. Pierwotną ewangelię Melchizedeka prawie zupełnie wchłonęły religie wielkiej matki, słońca i inne pradawne kulty.

Wam, którzy dziś korzystacie z dobrodziejstw sztuki drukarskiej, trudno jest zrozumieć, ile wysiłku kosztowało zachowanie prawdy w tamtych, odległych czasach; jak łatwo można było stracić wizję nowej doktryny z pokolenia na pokolenie. Zawsze istniała tendencja wchłaniania nowej doktryny przez starsze nauki religijne i praktyki magiczne. Nowe objawienie zawsze jest zanieczyszczone starszymi wierzeniami ewolucyjnymi.

8. ODEJŚCIE MELCHIZEDEKA

Było to krótko po zburzeniu Sodomy i Gomory, gdy Machiventa postanowił zakończyć swe nadzwyczajne obdarzenie Urantii. Decyzja Melchizedeka, aby zakończyć swój pobyt tutaj, w ciele, była rezultatem wielu okoliczności, z których główną była narastająca tendencja pobliskich plemion a nawet jego najbliższych towarzyszy, do traktowania go za półboga, uznawania go za istotę nadprzyrodzoną, którą w rzeczywistości był; jednak ludzie niepotrzebnie zaczynali go czcić i to z bardzo zabobonnym lękiem. W dodatku do tych przyczyn, Melchizedek chciał zejść ze sceny swej ziemskiej działalności odpowiednio długo przed śmiercią Abrahama, aby mieć pewność, że prawda o jednym i jedynym Bogu mocno się utrwali w umysłach jego wyznawców. Dlatego też Machiventa udał się pewnej nocy na spoczynek, do swego namiotu w Salemie, powiedziawszy dobranoc swym ludzkim towarzyszom, a kiedy rano poszli go budzić, już go nie zastali, gdyż jego koledzy go zabrali.

9. PO ODEJŚCIU MELCHIZEDEKA

Tak nagłe odejście Melchizedeka stanowiło wielką próbę dla Abrahama. Chociaż Melchizedek wyraźnie ostrzegał swych uczniów, że kiedyś musi odejść tak samo jak przyszedł, nie mogli się oni pogodzić ze stratą swego wspaniałego przywódcy. Wielka organizacja stworzona w Salemie nieomal się rozpadła, chociaż to właśnie na tradycjach tych dni opierał się Mojżesz, kiedy wyprowadzał z Egiptu hebrajskich niewolników.

Utrata Melchizedeka zasmuciła serce Abrahama, który nigdy w pełni nie zapanował nad tym smutkiem. Kiedy zrzekł się ambicji tworzenia królestwa materialnego, opuścił Hebron, a teraz, z powodu utraty swego druha, z którym tworzył królestwo duchowe, opuścił Salem i poszedł na południe mieszkać w pobliżu swych interesów w Gerarze.

Zaraz po zniknięciu Melchizedeka, Abraham stał się lękliwy i nieśmiały. Po przyjeździe do Geraru nie mówił kim jest, tak więc Abimelech przywłaszczył sobie jego żonę. (Krótko po swym małżeństwie z Sarą, pewnej nocy, Abraham podsłuchał o spisku na swoje życie, aby zdobyć jego piękną żonę. Strach ten paraliżował odważnego i śmiałego skądinąd przywódcę; przez całe swoje życie bał się, że ktoś może go potajemnie zabić, aby wziąć sobie Sarę. I to wyjaśnia, dlaczego w trzech różnych okolicznościach, ten dzielny mężczyzna wykazał prawdziwe tchórzostwo).

Jednak Abraham niezbyt długo się ociągał z wypełnieniem swojej misji jako następcy Melchizedeka. Wkrótce pozyskał neofitów wśród Filistynów i ludu Abimelecha, wchodząc z nimi w układy i przejmując z kolei wiele ich przesądów, zwłaszcza ich zwyczaj ofiarowania pierworodnych synów. W ten sposób Abraham znowu stał się wielkim przywódcą w Palestynie. Szanowany był przez wszystkie grupy ludzkie i honorowany przez wszystkich królów. Był duchowym przywódcą wszystkich otaczających plemion a jego wpływ utrzymywał się jeszcze jakiś czas po jego śmierci. W ostatnich latach swego życia raz jeszcze wrócił do Hebronu, na miejsce swej dawnej działalności i tam, gdzie współpracował z Melchizedekiem. Ostatnim posunięciem Abrahama było posłanie zaufanych służących do miasta jego brata, Nachor, na granicy z Mezopotamią, aby znaleźli kobietę z jego własnego narodu na żonę dla syna Izaaka. Zawieranie małżeństw między kuzynami dawno już było zwyczajem ludu Abrahama. I Abraham umarł, ufając tej wierze w Boga, której się nauczył od Melchizedeka, w zanikających szkołach Salemu.

Następnemu pokoleniu trudno było zrozumieć historię Melchizedeka; po pięciuset latach wielu uważało całą tę opowieść za mit. Izaak zachował całkiem dobrze nauki swego ojca i podtrzymywał ewangelię kolonii Salemu, ale Jakubowi trudniej było pojąć znaczenie tych tradycji. Józef głęboko wierzył w Melchizedeka i z tego zasadniczo powodu był uważany przez swych braci za marzyciela. Józefa szanowano w Egipcie głównie ze względu na pamięć jego pradziadka, Abrahama. Józefowi proponowano dowództwo wojsk egipskich, ale on, będąc głęboko wierzącym w tradycje Melchizedeka i późniejsze nauki Abrahama i Izaaka, wybrał służbę administratora państwowego, uważając, że w ten sposób może lepiej pracować dla rozwoju królestwa nieba.

Nauki Melchizedeka były dokładne i obszerne, jednak zapisy z tamtych dni wydawały się późniejszym kapłanom hebrajskim nieprawdopodobne i fantastyczne, chociaż wielu z nich rozumiało je co nieco, przynajmniej do czasu kompletnego zredagowania zapisów Starego Testamentu w Babilonii.

To, co zapisy Starego Testamentu określają jako rozmowy Abrahama a Bogiem, w rzeczywistości było dyskusjami pomiędzy Abrahamem a Melchizedekiem. Późniejsi uczeni w Piśmie traktowali określenie Melchizedek jako równoznaczne z Bogiem. Zapis o wielu spotkaniach Abrahama i Sary z „aniołem Pańskim" odnosi się do ich licznych spotkań z Melchizedekiem.

Hebrajska opowieść o Izaaku, Jakubie i Józefie jest znacznie bardziej rzetelna niż ta o Abrahamie, choć zawiera ona również sporo wypaczonych faktów, przeróbek, zrobionych umyślnie i nieumyślnie, podczas kompilacji tych zapisów przez kapłanów hebrajskich w babilońskiej niewoli. Ketura nie była żoną Abrahama, podobnie jak Hagar była tylko konkubiną. Cała własność Abrahama przeszła na Izaaka, syna Sary, prawowitej żony. Abraham nie był taki stary, jak to określają zapisy, jego żona była znacznie młodsza. Ich wiek został celowo zmieniony, aby późniejsze narodziny Izaaka wydawały się cudowne.

Narodowe ego Żydów było straszliwie stłamszone przez niewolę babilońską. W swej reakcji przeciwko narodowemu poniżeniu zwrócili się oni w kierunku innego ekstremum, narodowego i rasowego egotyzmu, w którym zniekształcili i wypaczyli swoje tradycje, usiłując wywyższyć siebie ponad wszystkie narody, jako wybrany lud Boży; dlatego też dokładnie przeredagowali wszystkie swoje zapisy, aby wynieść Abrahama i innych swoich narodowych przywódców wysoko ponad wszystkich, nie wyłączając samego Melchizedeka. Hebrajscy uczeni w Piśmie zniszczyli każdy zapis, jaki znaleźli o tych doniosłych czasach, zostawiając tylko opowieść o spotkaniu Abrahama z Melchizedekiem po bitwie pod Siddim, co jak uważali, było wyrazem wielkiego szacunku dla Abrahama.

I tak, straciwszy z pola widzenia Melchizedeka, stracili także z oczu naukę tego Syna od sytuacji krytycznych, dotyczącą duchowej misji obiecanego Syna obdarzającego; stracili z oczu naturę tej misji tak całkowicie i tak zupełnie, że tylko niewielu ich potomków mogło rozpoznać i zaakceptować Michała, kiedy się zjawił na Ziemi w ciele, tak jak przepowiadał Machiventa.

Jeden z autorów Listu do Hebrajczyków rozumiał jednak misję Melchizedeka, gdyż znajdujemy tam zapis: „Ten to Melchizedek, kapłan Najwyższego, był także królem pokoju; bez ojca, bez matki, bez rodowodu, nie mający ani początku dni ani końca życia, lecz stworzony podobnie do Syna Bożego, pozostaje kapłanem na zawsze". Piszący to określał Melchizedeka jako wzór dla późniejszego obdarzenia Michała, utrzymując, że Jezus jest „kapłanem na wieki według porządku Melchizedeka". Choć porównanie takie nie jest zbyt fortunne, literalną prawdą jest to, że Chrystus otrzymał tymczasowy tytuł do Urantii „na polecenie dwunastu zarządców komisarycznych Melchizedeków", pełniących swe obowiązki w tym czasie, gdy Jezus obdarzał sobą ten świat.

10. OBECNY STATUS MACHIVENTY MELCHIZEDEKA

Komisaryczni zarządcy Urantii, Melchizedecy, działali jako jedenastu w latach wcielenia Machiventy. Kiedy Machiventa uznał, że jego misja jako Syna od sytuacji krytycznych jest zakończona, zawiadomił o tym jedenastu swych towarzyszy a ci natychmiast przygotowali procedurę, dzięki której mógł on wyzwolić się z ciała i bezpiecznie wrócić do swego pierwotnego stanu Melchizedeka. I na trzeci dzień po zniknięciu z Salemu, zjawił się on pośród swych jedenastu towarzyszy, przydzielonych do Urantii i na nowo podjął swą przerwaną misję, jako jeden z planetarnych zarządców komisarycznych na 606 w Satanii.

Machiventa zakończył swe obdarzenie jako istota z krwi i kości, tak nagle i bezceremonialnie, jak je rozpoczął. Jego pojawienie się, jak również odejście, nie wiązało się z jakimś niezwykłym obwieszczeniem czy widowiskiem; jego zjawienie się na Urantii nie było również związane z apelem zmartwychwstania ani z zakończeniem planetarnego systemu sprawiedliwości; to było obdarzenie dokonane w sytuacji krytycznej.

Jednak Machiventa nie zakończył swego pobytu w ciele ludzkim tak długo, aż nie został odpowiednio zwolniony przez Ojca Melchizedeka oraz poinformowany, że jego obdarzenie nadzwyczajne zyskało aprobatę głównego administratora Nebadonu, Gabriela z Salvingtonu.

Machiventa Melchizedek nadal bardzo się interesował, jak żyją potomkowie ludzi, którzy uwierzyli w to, co nauczał za życia w ciele. Jednak tylko potomstwo Abrahama, choć Izaak związał się małżeństwem z Kenitami, było jedynym rodem, który dłużej zachował jakąś jaśniejszą koncepcję nauk salemskich.

Przez dziewiętnaście kolejnych wieków ten sam Melchizedek nadal współpracował z wieloma prorokami i wizjonerami, usiłując w ten sposób zachować przy życiu prawdy Salemu, aż nadszedł czas, gdy na Ziemi zjawił się Michał.

Machiventa pracował jako planetarny zarządca komisaryczny, do czasu tryumfu Michała na Urantii. Potem został przydzielony do urantiańskich służb na Jerusem jako jeden z dwudziestu czterech zarządzających a całkiem niedawno został wyniesiony na stanowisko osobistego ambasadora Syna Stwórcy na Jerusem, z tytułem Namiestnika Księcia Planetarnego Urantii. Wierzymy, że tak długo jak Urantia pozostanie sferą zamieszkałą, Machiventa Melchizedek nie podejmie w pełni obowiązków swej klasy synostwa, ale pozostawać będzie, mówiąc w terminologii czasu, na zawsze planetarnym opiekunem reprezentującym Chrystusa Michała.

Ponieważ było to obdarzenie nadzwyczajne Urantii, nie można prześledzić na podstawie rejestrów, jaka może być przyszłość Machiventy. Może się okazać, że korpus Melchizedeków w Nebadonie na zawsze utraci jednego ze swych członków. Ostatnie zarządzenia, jakie wyszły od Najwyższych Ojców z Edentii, a później zostały potwierdzone przez Pradawnych Czasu z Uversy, dają wyraźnie do zrozumienia, że ten obdarzający Melchizedek ma zająć miejsce upadłego Księcia Planetarnego, Caligastii. Jeśli nasze przewidywania w tej materii są słuszne, jest zupełnie możliwe, że Machiventa Melchizedek znowu może się zjawić na Urantii osobiście i jakimś zmodyfikowanym sposobem podjąć na nowo obowiązki zdetronizowanego Księcia Planetarnego, albo inaczej, może się zjawić na Ziemi, aby działać jako namiestnik Księcia Planetarnego Urantii. Podczas gdy nie jest dla nas zupełnie jasne, jaka może być przyszłość Machiventy, tym niemniej wypadki, które zaszły tak niedawno, sugerują wyraźnie, że powyższe przypuszczenia prawdopodobnie nie odbiegają zbytnio od prawdy.

Rozumiemy dobrze, jak poprzez swój tryumf na Urantii, Michał został spadkobiercą zarówno Caligastii jak i Adama; jak został planetarnym Księciem Pokoju i drugim Adamem. I teraz widzimy, jak Melchizedekowi nadano tytuł Namiestnika Księcia Planetarnego Urantii. Czy będzie on również mianowany Namiestnikiem Syna Materialnego Urantii? Albo, czy jest możliwe, że zdarzy się coś niezwykłego i jak dotąd bez precedensu, że kiedyś wróci na planetę Adam i Ewa, czy jakieś ich potomstwo, jako reprezentanci Michała, z tytułami namiestników drugiego Adama Urantii?

I wszystkie takie przypuszczenia sprawiają – gdy się je powiąże z tym, że w przyszłości na pewno pojawią się zarówno Synowie-Arbitrzy jak i Nauczyciele-Synowie Trójcy, *razem z wyraźną obietnicą powrotu Syna Stwórcy* – że przyszłość Urantii jest sprawą niepewną i że ta planeta jest jedną z najbardziej interesujących i intrygujących sfer w całym wszechświecie Nebadon. Jest również możliwe, że w pewnej przyszłej epoce, kiedy Urantia zbliżać się będzie do ery światłości i życia, po tym jak sprawy buntu

Lucyfera i secesji Caligastii zostaną ostatecznie osądzone, możemy być świadkami pobytu na Urantii równocześnie Machiventy, Adama, Ewy i Chrystusa Michała, jak również Syna-Arbitra czy nawet Nauczycieli-Synów Trójcy.

Nasza klasa istot od dawna uważa, że obecność Machiventy w jerusemskim korpusie dwudziestu czterech radców zarządzających Urantią, wystarcza, aby uzasadnić nasze przekonanie, że jego przeznaczeniem jest przejście, wraz ze śmiertelnikami Urantii, przez wszechświatowy schemat rozwoju i wznoszenia się, aż do Rajskiego Korpusu Finalizmu. Wiemy, że Adam i Ewa towarzyszyć będą w ten sposób swoim ziemskim braciom w Rajskiej przygodzie, kiedy Urantia zostanie ustanowiona w światłości i życiu.

Niecałe tysiąc lat temu, ten sam Machiventa Melchizedek, swego czasu mędrzec z Salemu, przebywał na Urantii niewidzialny przez sto lat, działając jako rezydujący gubernator generalny planety; a jeśli utrzyma się obecny system kierowania planetą, powinien on wrócić w takim samym charakterze za nieco ponad tysiąc lat.

Taka jest historia Machiventy Melchizedeka, jednej z najbardziej niezwykłych postaci związanych z historią Urantii, tej osobowości, która być może odegra ważną rolę w przyszłych zdarzeniach waszego, odbiegającego od normy i niezwykłego świata.

[Przedstawione przez Melchizedeka z Nebadonu].

PRZEKAZ 94

NAUKI MELCHIZEDEKA NA DALEKIM WSCHODZIE

PIERWSI nauczyciele religii salemskiej przenikali do najbardziej oddalonych plemion Afryki i Eurazji, wciąż głosząc ewangelię Machiventy o wierze i zaufaniu człowieka jednemu, uniwersalnemu Bogu, co było ceną otrzymania Bożej łaski. Przymierze Melchizedeka z Abrahamem było wzorem dla tej wczesnej agitacji, wywodzącej się z Salemu i innych centrów. Żadna religia Urantii nigdy nie miała bardziej entuzjastycznych i ofensywnych misjonarzy, niż ci szlachetni mężczyźni i kobiety, którzy nieśli nauki Melchizedeka na całą półkulę wschodnią. Misjonarze ci rekrutowali się z wielu narodów i ras a swoje nauki szerzyli zazwyczaj przez nawróconych tubylców. Zakładali centra nauczania w różnych częściach świata, gdzie uczyli miejscowych ludzi religii salemskiej, a potem wyznaczali uczniów, żeby działali jako nauczyciele pośród swego narodu.

1. NAUKI SALEMSKIE W INDIACH WEDYJSKICH

W czasach Melchizedeka Indie były kosmopolitycznym krajem, na który od niedawna wywierali polityczny i religijny wpływ aryjsko-andiccy najeźdźcy z północy i zachodu. W tym czasie tylko północna i zachodnia część półwyspu była w znacznym stopniu nasycona Aryjczykami. Ci wedyjscy przybysze przynieśli ze sobą wiele bóstw plemiennych. Ich religijne formy czczenia były bardzo podobne do obrzędowych praktyk ich wcześniejszych przodków, Anditów, w tym, że ojciec wciąż działał jako kapłan, matka jako kapłanka a ogniska domowego wciąż używano jako ołtarza.

Kult wedyjski był wtedy w stadium rozwoju i metamorfozy, ulegał wpływowom bramińskiej kasty nauczycieli-kapłanów, którzy stopniowo przejmowali kontrolę nad poszerzającym się rytuałem i kultem. Kiedy misjonarze salemscy przenikali Indie północne, zespalanie trzydziestu trzech byłych bóstw aryjskich było dobrze zaawansowane.

Politeizm tych Aryjczyków, stanowiący degenerację ich wcześniejszego monoteizmu, spowodowany był ich podziałem na jednostki plemienne, gdzie każde plemię czciło swego własnego boga. Ta degeneracja pierwotnego monoteizmu i trójcowości, pochodzących z andickiej Mezopotamii, przechodziła proces ponownej syntezy w pierwszych stuleciach drugiego tysiąclecia przed Chrystusem. Różnorodnych bogów zorganizowano w panteon, pod potrójnym przywództwem: Djaus pitara, pana nieba, Indry, burzliwego boga atmosfery oraz Agni, trójgłowego boga ognia, pana ziemi i szczątkowego symbolu wcześniejszej koncepcji Trójcy.

*Ten wyraźnie h*enoteistyczny układ torował drogę rozwijającemu się monoteizmowi. Agni, najbardziej starożytne bóstwo, wywyższany był często jako ojciec-przywódca całego panteonu. Zasada bóstwa-ojca, czasem zwana Pradżapati, czasem określana jako Brahma, zagubiła się w tej walce teologicznej, którą kapłani bramińscy prowadzili później z nauczycielami salemskimi. *Brahman* wyobrażony został jako prawo energii-boskości, aktywizującej cały panteon wedyjski.

Misjonarze z Salemu głosili jednego Boga, o którym nauczał Melchizedek, Najwyższego Ojca z nieba. Takie zobrazowanie nie było zupełnie sprzeczne z wyłaniającą się ideą Ojca-Brahmy, jako źródła wszystkich bogów, jednak doktryna salemska nie miała rytuałów, zatem przeciwna była dogmatom, tradycjom i naukom kapłaństwa bramińskiego. Kapłani bramińscy w ogóle nie mogli przyjąć nauk salemskich o zbawieniu przez wiarę, łaskę u Boga, w oderwaniu od rytualnych obrzędów i ceremonii ofiarnych.

Odrzucenie ewangelii Melchizedeka o zaufaniu Bogu i zbawieniu przez wiarę było dla Indii decydującym punktem zwrotnym. Misjonarze z Salemu przyczynili się znacznie do zaniku wiary we wszystkich antycznych bogów wedyjskich, ale przywódcy, kapłani wedyzmu, nie chcieli przyjąć nauk Melchizedeka o jednym Bogu i jednej prostej wierze.

Aby się przeciwstawić nauczycielom salemskim, Bramini dokonali wyboru ze świętych pism swoich czasów a kompilacja ta, później skorygowana, dotrwała do czasów współczesnych jako Rygweda, jedna z najbardziej antycznych, świętych ksiąg. Wedy – druga, trzecia i czwarta – pojawiły się później, kiedy bramini usiłowali krystalizować, formalizować i utrwalać swe rytuały kultowe i ofiarne, przeznaczone dla ludzi z tamtych czasów. Pisma te, biorąc to, co w nich najlepsze, są równe jakimkolwiek innym o podobnym charakterze, w pięknie idei i dostrzeganiu prawdy. Kiedy jednak ta wyższa religia została zanieczyszczona tysiącami przesądów, kultów i rytuałów z Indii południowych, stopniowo przekształciła się w najbardziej urozmaicony system teologiczny, jaki śmiertelny człowiek kiedykolwiek stworzył. Gdy się przegląda Wedy, można zauważyć niektóre najwyższe i niektóre najbardziej zaniżone koncepcje Bóstwa, jakie kiedykolwiek sobie wyobrażono.

2. BRAMINIZM

Gdy misjonarze z Salemu przenikali na południe drawidyjskiego Dekanu, napotykali coraz silniejszy system kastowy, porządek Aryjczyków, mający zapobiec utracie tożsamości rasowej w obliczu napływu drugorzędnych ludów sangikowych. Ponieważ kasta kapłanów bramińskich była samą esencją tego systemu, ów porządek społeczny w znacznym stopniu opóźnił postępy nauczycieli salemskich. System kastowy nie mógł ocalić rasy aryjskiej, jednak udało mu się zachować braminów, którzy z kolei utrzymali swą hegemonię religijną w Indiach aż do dziś.

I teraz, wraz z osłabieniem wedyzmu na skutek odrzucenia wyższej prawdy, kult Aryjczyków zaczął ulegać coraz silniej wpływom pochodzącym z Dekanu. W rozpaczliwych wysiłkach powstrzymania fali zalewu rasowego i wyniszczenia religijnego, kasta bramińska próbowała wywyższyć się ponad wszystko. Bramini nauczali, że składanie ofiar dla bóstwa samo w sobie zupełnie wystarcza, że ma nieodpartą moc. Głosili, że spośród dwu podstawowych boskich pryncypiów wszechświata, jednym jest Brahman, bóstwo, a drugim kapłaństwo bramińskie. Nigdzie, u żadnych innych narodów Urantii, kapłani nie ośmielali się wywyższać ponad swych bogów, przywłaszczać sobie zaszczytów należnych bogom. Poza tym, posunęli się oni tak absurdalnie daleko w swych zarozumiałych roszczeniach, że cały niepewny system załamał się pod deprecjonującymi kultami, które go zalewały z otaczających i mniej zaawansowanych cywilizacji. Rozległe kapłaństwo wedyjskie ugrzęzło i zatonęło w ponurej powodzi bezwładności i pesymizmu, którą ich własna, samolubna i niemądra zarozumiałość, narzuciła całym Indiom.

Niepotrzebna koncentracja na samym sobie prowadzi nieodmiennie do strachu oraz do nie rozwojowego uwieczniania siebie, w niekończącym się kręgu kolejnych wcieleń, jako człowiek, zwierzę czy chwasty. I spośród wszystkich zanieczyszczających wierzeń, dołączonych do tego, co mogło być wyłaniającym się monoteizmem, żadne nie było tak wsteczne, jak wierzenie w wędrówkę dusz – doktrynę reinkarnacji – która wyszła z drawidyjskiego Dekanu. Wierzenie w nużący i monotonny krąg wędrówki duszy odzierało zmagających się z życiem śmiertelników z długo żywionej nadziei znalezienia w śmierci tego wyzwolenia i duchowego zaawansowania, które było częścią wcześniejszej wiary wedyjskiej.

Po takim, filozoficznie wstecznym nauczaniu, została wkrótce wymyślona doktryna o wiecznej ucieczce od siebie, dzięki zanurzeniu się we wszechświatowym odpoczynku i pokoju, absolutnej jedności z Brahmanem, nadduszą całego stworzenia. Pragnienia śmiertelników i ludzkie ambicje zostały praktycznie zniewolone i w zasadzie unicestwione. Przez ponad dwa tysiące lat wszystkie lepsze umysły Indii szukały ucieczki od wszelkich pragnień, tym samym szeroko otwarły się drzwi dla tych późniejszych kultów i nauk, które praktycznie zakuły dusze wielu Hindusów w łańcuchy duchowej beznadziei. Wedyjsko-aryjska cywilizacja zapłaciła najwyższą ze wszystkich cenę za odrzucenie ewangelii salemskiej.

Kasta, sama w sobie, nie mogła zachować aryjskiego systemu religijno-kulturowego, a kiedy zacofane religie Dekanu przenikały na północ, przyszła epoka rozpaczy i beznadziei. Właśnie w czasie tych mrocznych dni powstał kult nie niszczenia żadnego życia i trwa on do dziś. Wiele nowych kultów zaliczyć można praktycznie do ateistycznych, ponieważ twierdziły one, że zbawienie, takie jakie można osiągnąć, przyjść może tylko dzięki ludzkiemu, własnemu i nie wspomaganemu wysiłkowi. Wszędzie jednak, w znacznej części całej tej niefortunnej filozofii, prześledzić można zniekształcone resztki nauk Melchizedeka a nawet adamicznych.

Były to czasy kompilacji późniejszych, świętych pism wiary hinduskiej, brahmanów i upaniszad. Kapłaństwo bramińskie, odrzuciwszy nauki o religii osobistej poprzez osobiste doświadczanie wiary z jednym Bogiem i uległszy zanieczyszczeniu, w wyniku zalewu deprecjonujących je i osłabiających kultów oraz doktryn z Dekanu, wraz z ich antropomorfizmami i reinkarnacjami, zareagowało gwałtownie przeciwko tym właśnie, wypaczającym wierzeniom; pojawiły się konkretne wysiłki, aby odszukać i znaleźć *prawdziwą rzeczywistość*. Bramini zaczęli deantropomorfizować indyjską koncepcję bóstwa, ale robiąc to popełnili niefortunny błąd depersonalizacji idei Boga i uzyskali nie wysoki, duchowy ideał Rajskiego Ojca, ale niejasną, metafizyczną ideę wszechobejmującego Absolutu.

W swych wysiłkach samozachowawczych bramini odrzucili Melchizedekowego jednego Boga i teraz zostali z hipotezami Brahmana, jako nieokreślonej i iluzorycznej filozoficznej jaźni, nieosobowego i bezsilnego *tego*; pozostawiło to życie duchowe Indii w stanie beznadziei i upadku od tamtych, niefortunnych dni, aż do wieku dwudziestego.

W czasie pisania upaniszad powstał w Indiach buddyzm. Ale mimo swego sukcesu, trwającego tysiące lat, nie może on konkurować z późniejszym hinduizmem; pomimo wyższej moralności wczesny obraz Boga w buddyzmie był jeszcze słabiej zarysowany niż ten, jaki hinduizm przypisywał pomniejszym i osobowym bóstwom. W końcu buddyzm ustąpił w Indiach północnych, zaatakowany przez agresywny islam, z jego wyrazistą koncepcją Allaha jako najwyższego Boga wszechświata.

3. FILOZOFIA BRAMIŃSKA

Chociaż najwyższe stadium braminizmu raczej nie było religią, było to naprawdę jedno z najwyższych osiągnięć śmiertelnego umysłu w dziedzinie filozofii i metafizyki. Kiedy umysł indyjski zaczął odkrywać rzeczywistość ostateczną, nie ustał w swych wysiłkach, zanim nie rozważył prawie każdego stadium teologii, za wyjątkiem zasadniczej, podwójnej koncepcji religii: istnienia Ojca Wszechświatowego wszystkich wszechświatowych istot i doświadczania wznoszenia się we wszechświecie tych właśnie istot, kiedy próbują one dotrzeć do wiecznego Ojca, który im nakazał być doskonałymi, nawet tak, jak on sam jest doskonały.

W swej koncepcji Brahmana, umysły tamtych dni naprawdę dosięgły idei pewnego, wszystko przenikającego Absolutu, jako że postulat ten był jednocześnie uznawany za energię stwórczą i oddziaływanie kosmiczne. Brahman był wyobrażany jako niemożliwy do zdefiniowania, możliwy do zrozumienia jedynie przez kolejne negacje wszelkich właściwości skończonych. Była to na pewno wiara w istotę absolutną, nawet nieskończoną, jednak idea ta została w znacznym stopniu pozbawiona atrybutów osobowości, tym samym niemożliwa do doświadczenia dla indywidualnych ludzi religijnych.

Brahman-Narajana wyobrażany był jako Absolut, nieskończone JEST, podstawowa moc stwórcza potencjalnego kosmosu, Wszechświatowa Jaźń, istniejąca statycznie i potencjalnie przez całą wieczność. Jeśli filozofowie tamtych dni potrafiliby zrobić następny krok w koncepcji bóstwa, gdyby byli zdolni wyobrazić sobie Brahmana jako asocjacyjnego i stwórczego, jako osobowość dostępną dla stworzonych i rozwijających się istot, wtedy mogłoby takie nauczanie stać się najbardziej zaawansowanym na Urantii przedstawieniem Bóstwa, skoro zawierałoby pięć pierwszych poziomów funkcjonowania Bóstwa całościowego i być może wyobrażałoby pozostałe dwa.

W pewnych stadiach koncepcja Jednej Wszechświatowej Nadduszy jako całościowej sumy bytu wszystkich istot stworzonych, zbliżyła bardzo filozofów indyjskich do prawdy o Istocie Najwyższej, ale prawda ta nic im nie dała, ponieważ nie mogli ukształtować żadnego rozsądnego i racjonalnego, osobistego podejścia do swego teoretycznego, monoteistycznego celu – Brahman-Narajana.

Prawo przyczynowej ciągłości karmy zbliża się znowu bardzo do prawdy o syntezie wszystkich, wzajemnie zależnych, czasowo-przestrzennych działań w Boskiej obecności Najwyższego; ten postulat nigdy jednak nie zakładał skoordynowanego, osobistego docierania indywidualnego wierzącego do Bóstwa a tylko ostateczne wchłonięcie wszelkiej osobowości przez Wszechświatową Nadduszę.

Filozofia braminizmu bardzo się również zbliżyła do uświadomienia sobie Dostrajaczy Myśli, zamieszkujących ludzi, tylko po to, aby się wypaczyć dzięki niezrozumieniu prawdy. Nauczanie, że dusza jest zamieszkaniem Brahmana, mogło torować drogę zaawansowanej religii, gdyby idea ta nie była kompletnie wypaczona przez wierzenie, że nie istnieje ludzka indywidualność w oderwaniu od zamieszkującego ją Wszechświatowego.

W doktrynie zlewania się jaźni-duszy z Nadduszą, teologowie indyjscy nie dali przetrwać czemuś ludzkiemu, czemuś nowemu i unikalnemu, czemuś zrodzonemu ze zjednoczenia woli człowieka i woli Boga. Nauka o duszy wracającej do Brahmana zbliża się bardzo do prawdy o Dostrajaczu, wracającym na łono Ojca Wszechświatowego, ale istnieje także coś innego niż Dostrajacz, coś, co również trwa, a mianowicie morontialna kopia osobowości śmiertelnika. I tej istotnej koncepcji nie ma niestety w filozofii bramińskiej.

Filozofia bramińska zbliżyła się do wielu faktów wszechświata i dotarła do licznych prawd kosmicznych, jednak zbyt często padała ofiarą błędów, polegających na braku rozróżnienia pomiędzy poszczególnymi poziomami rzeczywistości, takimi jak absolutny, transcendentalny i skończony. Nie udało się jej dostrzec, że to, co może być skończoną iluzją na poziomie absolutnym, może być absolutnie rzeczywiste na poziomie skończonym. Nie udało się jej także rozpoznać zasadniczego czynnika osobowości Ojca Wszechświatowego, z którym się można osobiście skontaktować na wszystkich poziomach, od ograniczonego doświadczania Boga u istot ewolucyjnych, aż do nieograniczonego doświadczania Wiecznego Syna z Rajskim Ojcem.

4. RELIGIA HINDUSKA

Z upływem wieków ludzie w Indiach wrócili w pewnym stopniu do pradawnych rytuałów Wed, tak jak zostały one zmodyfikowane przez nauki misjonarzy Melchizedeka i skrystalizowane przez późniejsze kapłaństwo bramińskie. Ta najstarsza i najbardziej kosmopolityczna religia światowa uległa kolejnym przemianom w odpowiedzi na buddyzm, dżinizm i późniejszy wpływ mahometanizmu i chrześcijaństwa. Jednak, gdy przyszły nauki Jezusa, były one już tak bardzo zachodnie, że stanowiły „religię białego człowieka", a więc obcą i cudzoziemską dla umysłu hinduskiego.

W chwili obecnej teologia hinduska opisuje cztery coraz niższe poziomy bóstwa i boskości:

1. *Brahman*, Absolut, Nieskończony, TO JEST.

2. *Trimurti,* najwyższa trójca hinduizmu. W tym związku *Brahma*, pierwszy jej członek, wyobrażany jest jako stworzony z Brahmana – nieskończoności. Gdyby nie bliskie utożsamianie z panteistycznym Nieskończonym, Brahma mógłby stanowić fundament koncepcji Ojca Wszechświatowego. Brahma utożsamiany jest także z losem.

Czczenie drugiego i trzeciego członka trójcy, Śiwa i Wisznu, pojawiło się w pierwszym millennium po Chrystusie. *Śiwa* jest panem życia i śmierci, bogiem urodzajności i panem zniszczenia. *Wisznu* jest nadzwyczaj popularny, w związku z wierzeniem, że okresowo wciela się w ludzką formę. W ten sposób, w wyobraźni Hindusów, Wisznu stał się rzeczywisty i żywy. Zarówno Śiwa jak i Wisznu są uznawani przez niektórych za najwyższych nad wszystkimi.

3. *Bóstwa wedyjskie i postwedyjskie.* Wielu dawnych bogów Aryjczyków, takich jak Agni, Indra i Soma, przetrwało jako drugorzędni w stosunku do trzech członków Trimurti. Od najdawniejszych czasów Indii wedyjskich powstawali liczni, dodatkowi bogowie i ci także zostali włączeni do panteonu hinduskiego.

4. *Półbogowie:* nadludzie, herosi, bohaterzy, demony, widma, złe duchy, potwory, chochliki i święci kultów współczesnych.

Chociaż hinduizm długo nie potrafił ożywić narodu Indii, był równocześnie religią zazwyczaj tolerancyjną. Jego wielka siła polega na tym, że okazał się najbardziej przystosowawczą, amorficzną religią, jaka kiedykolwiek pojawiła się na Urantii. Hinduizm zdolny jest do prawie nieograniczonych przemian i posiada niezwykły zakres elastycznego dostosowywania się, od wysokich i częściowo monoteistycznych spekulacji odnośnie intelektualnego Brahmana, do kompletnego fetyszyzmu i prymitywnych praktyk kultowych poniżanych i uciskanych klas wierzących ignorantów.

Hinduizm przetrwał, gdyż w gruncie rzeczy jest integralną częścią zasadniczej struktury społecznej Indii. Nie posiada wspaniałej hierarchii, którą można niepokoić czy niszczyć, wpleciony jest w schemat ludzkiego życia. Potrafi się dostosować do zmiennych warunków, przewyższając pod tym względem wszystkie inne kulty i przejawia tolerancyjną postawę adopcji w stosunku do wielu innych religii. Gautama Budda a nawet sam Chrystus uznawani byli za wcielenia Wisznu.

Istnieje dziś w Indiach wielka potrzeba przedstawienia Jezusowej ewangelii – Ojcostwa Boga i synostwa człowieka a w konsekwencji braterstwa wszystkich ludzi, co przejawia się osobowo w przepełnionej miłością działalności i służbie społecznej. W Indiach istnieje filozoficzny zrąb, jest struktura kultu, wszystko, czego potrzeba, to ożywiająca iskra dynamicznej miłości, zobrazowana w oryginalnej ewangelii Syna Człowieczego, bez zachodnich dogmatów i doktryn, które miały tendencje do przerobienia obdarzającego życia Michała na religię białego człowieka.

5. WALKA O PRAWDĘ W CHINACH

Gdy misjonarze salemscy szli przez Azję, szerząc doktrynę Najwyższego Boga i zbawienia przez wiarę, wchłonęli sporo filozofii i myśli religijnej tych krajów, przez które szli. Ci nauczyciele, wyznaczeni przez Melchizedeka i jego następców, nie zawiedli jednak pokładanego w nich zaufania; doszli do wszystkich narodów kontynentu eurazjatyckiego a w połowie drugiego millennium przed Chrystusem przybyli do Chin. Przez ponad sto lat Salemici mieli swą główną siedzibę w See Fuch i tam szkolili nauczycieli chińskich, którzy nauczali na całym obszarze zamieszkałym przez żółtą rasę.

Jako bezpośredni skutek ich nauczania powstały w Chinach wcześniejsze formy taoizmu, religii bardzo różniącej się od tej, która dziś się tak nazywa. Wczesny taoizm, czy prototaoizm, był kombinacją następujących czynników:

1. Pozostałości nauk Singlangtona, które przetrwały w koncepcji Shangdi, Boga Nieba. Za czasów Singlangtona Chińczycy stali się praktycznie monoteistami; swe praktyki religijne koncentrowali na Jednej Prawdzie, zwanej później Duchem Nieba, władcą wszechświata. I rasa żółta nigdy zupełnie nie zapomniała swej wczesnej koncepcji Bóstwa, choć w kolejnych wiekach wiele niższych bogów i duchów podstępnie wkradło się do jej religii.

2. Salemskiej religii Najwyższego Bóstwa, Stwórcy, który obdarza swą łaską ludzkość w odpowiedzi na wiarę człowieka. Jest także całkowitą prawdą, że w tym czasie, gdy misjonarze Melchizedeka przenikali ziemie rasy żółtej, ich pierwotne orędzie uległo znacznym przemianom w stosunku do prostych doktryn Salemu z czasów Machiventy.

3. Koncepcji Brahmana-Absolutu filozofów indyjskich, połączonego z pragnieniem ucieczki od wszelkiego zła. Prawdopodobnie największy obcy wpływ na religię

salemską, szerzącą się na wschodzie, wywarli indyjscy nauczyciele wiary wedyjskiej, którzy przeszczepili swe koncepcje Brahmana – Absolutu – do zbawczych idei Salemitów.

Taka kompleksowa wiara szerzyła się na ziemiach rasy żółtej i brązowej i stanowiła to podłoże, które wpływało na myśl religijno-filozoficzną. W Japonii taki prototaoizm nazywany był sinto i w tym kraju, tak bardzo odległym od Salemu w Palestynie, ludzie dowiedzieli się o wcieleniu Machiventy Melchizedeka, który mieszkał na Ziemi po to, aby imię Boga nie zostało zapomniane przez ludzkość.

W Chinach wszystkie takie wierzenia pomylono później i pomieszano z nadal szerzącym się kultem przodków. Ale od czasów Singlangtona, Chińczycy już nigdy nie poddali się beznadziejnemu zniewoleniu przez klasę kapłańską. Rasa żółta pierwsza wyłoniła się ze zniewolenia barbarzyństwa w kierunku uporządkowanej cywilizacji, dlatego, że pierwsza osiągnęła jakiś stopień wyzwolenia od poniżającego strachu przed bogami, nie bojąc się nawet duchów zmarłych, tak jak się ich bały inne rasy. Chiny spotkała porażka, ponieważ nie udało się im wyjść poza wczesne wyzwolenie spod władzy kapłanów; zapanował tam prawie równie fatalny błąd – kult przodków.

Salemici nie działali jednak na próżno. To właśnie na fundamentach ich ewangelii wielcy filozofowie Chin budowali swoje nauki, w szóstym wieku p.n.e. Atmosfera moralna i poglądy duchowe w czasach Laozi i Konfucjusza zrodziły się z nauk misjonarzy salemskich, z epoki wcześniejszej.

6. LAOZI I KONFUCJUSZ

Długo po opuszczeniu swego ciała i mniej więcej sześćset lat przed przybyciem Michała, Melchizedek odniósł wrażenie, że czystość jego nauk na Ziemi jest poważnie zagrożona, wskutek ich generalnego wchłonięcia przez starsze wierzenia Urantii. Jakiś czas się zdawało, że jego misja, jako zwiastuna Michała, może się skończyć niepowodzeniem. I w szóstym wieku przed Chrystusem, dzięki niezwykłej koordynacji środków duchowych, z których nie wszystkie były zrozumiałe nawet dla nadzorców planety, Urantia była świadkiem najbardziej niezwykłej prezentacji różnorodnych prawd religijnych. Dzięki kilku ludzkim nauczycielom, ewangelia z Salemu została ponownie przedstawiona i ożywiona, a większość tego, co się wtedy pojawiło, przetrwało do czasu tych zapisów.

Ten unikalny wiek rozwoju duchowego charakteryzował się wielkimi nauczycielami religijnymi, moralnymi i filozoficznymi, działającymi na całym świecie. W Chinach było dwóch wybitnych nauczycieli, Laozi i Konfucjusz.

Laozi tworzył bezpośrednio na ideach wywodzących się z tradycji Salemu, kiedy ogłosił, że Tao jest Jedną Pierwszą Przyczyną całego stworzenia. Lao był człowiekiem obdarzonym wspaniałą przenikliwością duchową. Nauczał, że „wiecznym przeznaczeniem człowieka jest wiecznotrwałe zjednoczenie z Tao, Najwyższym Bogiem i Wszechświatowym Królem". Jego zrozumienie ostatecznej przyczynowości było wyjątkowo wnikliwe, ponieważ pisał: „Jedność wynika z Absolutnego Tao, a z Jedności powstaje *kosmiczny Dualizm*, a z tego Dualizmu zaczyna istnieć Trójca, a Trójca jest podstawowym źródłem wszelkiej rzeczywistości". „Wszelka rzeczywistość jest zawsze w równowadze pomiędzy potencjalnościami a aktualnościami kosmosu, a są one wiecznie harmonizowane przez ducha boskości".

Laozi dokonał także jednego z najwcześniejszych przedstawienia zasady odpłacania dobrem za zło: „Dobroć rodzi dobroć, ale dla tego, kto jest naprawdę dobry, zło także rodzi dobroć".

Laozi nauczał o powrocie stworzonego do Stwórcy i przedstawiał życie jako wyłanianie się osobowości z potencjałów kosmicznych, podczas gdy śmierć podobna była powrotowi osobowości istoty stworzonej do domu. Jego idea wiary była niezwykła i on również porównywał ją do „postawy małego dziecka".

Jego zrozumienie wiecznego celu Boga było klarowne, gdyż powiedział: „Absolutne Bóstwo nie czyni wysiłków, ale zawsze zwycięża; nie zniewala ludzkości, lecz zawsze jest gotowe odpowiedzieć na jej szczere pragnienia; wola Boga jest wieczna w swej cierpliwości i wieczna w nieuchronności jej przejawów". O prawdziwie religijnym człowieku powiedział, wyrażając prawdę, że większym błogosławieństwem jest dawać niż otrzymywać: „Dobry człowiek nie chce zatrzymać prawdy dla siebie, ale próbuje raczej obdarzyć tymi bogactwami swych współbraci, gdyż takie jest wypełnienie prawdy. Wola Absolutnego Boga zawsze wyświadcza dobrodziejstwo, nigdy nie niszczy; celem prawdziwie wierzącego jest zawsze działać, ale nigdy nie zniewalać".

Nauka Lao o nie stawianiu oporu i zróżnicowanie, jakie robił pomiędzy *działaniem* a *przymusem*, zostały później wypaczone w pryncypia „patrzeć, działać i nie myśleć". Lao nigdy nie nauczał takich błędów, aczkolwiek jego wizja nie stawiania oporu była czynnikiem kształtującym późniejsze, pacyfistyczne predylekcje Chińczyków.

Tym niemniej popularny taoizm dwudziestowiecznej Urantii niewiele ma wspólnego ze wzniosłymi dążeniami i kosmicznymi koncepcjami starego filozofa, który nauczał prawdy tak, jak ją widział – że wiara w Absolutnego Boga jest źródłem tej boskiej energii, która przetworzy świat i dzięki której człowiek się wznosi ku duchowemu zjednoczeniu z Tao, Wiecznym Bóstwem i Absolutnym Stwórcą wszechświatów.

Konfucjusz (Kung-fu-cy) był młodszy od Lao i żył razem z nim w Chinach, w szóstym wieku p.n.e. Konfucjusz opierał swoje poglądy na tym, co lepsze w tradycjach moralnych długiej historii rasy żółtej i w pewnym sensie ulegał wpływom wciąż istniejących tradycji misjonarzy salemskich. Jego główne dzieło polegało na kompilacji mądrych twierdzeń starożytnych filozofów. Za jego życia odrzucono go jako nauczyciela, ale później jego pisma i nauki wywierały wielki wpływ w Chinach i Japonii. Konfucjusz rzucił wyzwanie szamanom, ponieważ postawił moralność w miejsce magii. Tworzył jednak za dobrze; zrobił nowy fetysz z *porządku* i wprowadził poszanowanie dla starożytnego postępowania, które Chińczycy nadal otaczają czcią w czasach tych zapisów.

Konfucjańska nauka o moralności opierała się na teorii, że ziemska droga jest wypaczonym cieniem niebiańskiej drogi; że prawdziwa forma doczesnej cywilizacji jest lustrzanym odbiciem wiecznego porządku nieba. Potencjalna koncepcja Boga w konfucjanizmie była prawie zupełnie podporządkowana szczególnej uwadze, jaką przywiązywano do Drogi Nieba, wzoru kosmosu.

Nauki Lao, z małymi wyjątkami, zaginęły na Wschodzie, ale pisma Konfucjusza stanowią od tamtych czasów podstawę struktury moralnej tej kultury, które obejmuje prawie jedną trzecią Urantian. Nauki konfucjańskie, chociaż zachowują to, co najlepsze z przeszłości, są w pewnym stopniu szkodliwe dla charakterystycznego, chińskiego ducha dociekliwości, czego rezultaty są tak bardzo szanowane. Wpływy tych doktryn były zwalczane, ale bez powodzenia, zarówno przez cesarza Qin Szy-Huang-ti, jak i przez nauki Mo Ti, który głosił braterstwo oparte nie na obowiązku etycznym, ale na miłości Bożej. Próbował on rozpalić na nowo pradawne poszukiwania nowej prawdy, ale jego nauki nie odniosły sukcesu w obliczu silnej opozycji uczniów Konfucjusza.

Podobnie jak inni nauczyciele duchowi i moralni, zarówno Konfucjusz jak i Laozi zostali w końcu deifikowani przez swoich wyznawców, w tych mrocznych epokach Chin, które nastały pomiędzy schyłkiem i wypaczeniem wiary taoistycznej a przybyciem misjonarzy buddyjskich z Indii. W tych wiekach duchowego upadku, religia rasy żółtej zdegenerowała się w pożałowania godną teologię, w której roiło się od diabłów, smoków i złych duchów; wszystkie one świadczyły o nawrotach lęków nieoświeconego umysłu ludzkiego. I tak Chiny, niegdyś awangarda ludzkości ze względu na zaawansowaną religię, cofnęły się wskutek tymczasowego zahamowania postępu na prawdziwej drodze rozwoju tej świadomości istnienia Boga, która jest konieczna dla autentycznego rozwoju nie tylko indywidualnego śmiertelnika, ale także zawiłej i kompleksowej cywilizacji, tak charakterystycznej dla zaawansowanej kultury i społeczeństwa na ewolucyjnej planecie czasu i przestrzeni.

7. GAUTAMA SIDDHARTHA

Współcześnie z Laozi i Konfucjuszem w Chinach, w Indiach pojawił się inny wielki nauczyciel prawdy. Gautama Siddhartha urodził się w szóstym wieku przed Chrystusem w północnej prowincji indyjskiej, Nepalu. Później jego wyznawcy kreowali go na syna bajecznie bogatego władcy, ale tak naprawdę był on prawowitym następcą tronu drobnego wodza, który nieoficjalnie rządził małą, ustronną doliną w południowych Himalajach.

Po sześciu latach bezowocnego praktykowania jogi, Gautama sformułował te teorie, które przekształciły się w filozofię buddyzmu. Siddhartha prowadził pełną determinacji, ale nieskuteczną walkę z rozwijającym się systemem kastowym. Podniosła szczerość i niezwykła bezinteresowność cechowały tego młodego proroka-księcia, co ogromnie przemawiało do ludzi w tamtych czasach. Odstąpił on od zasady szukania indywidualnego zbawienia przez fizyczne umartwiania i zadawanie sobie bólu. Napominał swoich wyznawców, aby nieśli jego ewangelię na cały świat.

W obliczu chaosu rozbudowanych praktyk kultowych w Indiach, rozsądniejsze i bardziej umiarkowane nauki Gautamy przyszły jak odświeżająca odmiana. Demaskował on bogów, kapłanów i ich ofiarowania, ale jemu również nie udało się dostrzec *osobowości* Wszechświatowego. Gautama, nie wierząc w istnienie indywidualnych dusz ludzkich, zawzięcie zwalczał uhonorowaną czasem wiarę w wędrówkę dusz. Dokonywał szlachetnych prób wyzwolenia ludzi od strachu, żeby się czuli w wielkim wszechświecie bezpiecznie, tak jak w domu, ale nie udało mu się pokazać drogi do prawdziwego i niebiańskiego domu wznoszących się śmiertelników, do Raju i do coraz szerszej służby wiecznej egzystencji.

Gautama był prawdziwym prorokiem i gdyby zważał na pouczenia pustelnika Godada, mógłby całe Indie ożywić inspiracją, odradzając salemską ewangelię zbawienia przez wiarę. Godad pochodził z rodziny, która nigdy nie zagubiła tradycji misjonarzy Melchizedeka.

Gautama założył swą szkołę w Benares a w drugim roku jej istnienia uczeń Bautan przekazał swemu nauczycielowi nauki misjonarzy salemskich o przymierzu Melchizedeka z Abrahamem i chociaż Siddhartha nie miał zbyt jasnej idei Ojca

Wszechświatowego, pozytywnie ustosunkował się do zbawienia poprzez wiarę, przez zwykłe uwierzenie. Sam to oświadczył swym wyznawcom i zaczął posyłać swych uczniów grupami, po sześćdziesięciu, aby głosili ludziom Indii „radosną nowinę o nieograniczonym zbawieniu; że wszyscy ludzie, wysokiej czy niskiej klasy, mogą zdobyć szczęście przez wiarę w prawość i sprawiedliwość".

Żona Gautamy wierzyła w ewangelię swego męża i została założycielką zakonu żeńskiego. Jego syn został jego następcą i znacznie rozszerzył ten kult; zrozumiał on nową ideę zbawienia przez wiarę, jednak w zaawansowanym wieku zachwiał się w ewangelii salemskiej, o łasce Bożej tylko dzięki wierze, a gdy był stary, jego słowa wypowiedziane na łożu śmierci brzmiały: „Wypracowujcie swe własne zbawienie".

Ewangelia Gautamy, głosząca to, co miała najlepsze o powszechnym zbawieniu, wolna od ofiar, tortur, rytuałów i kapłanów, była swego czasu doktryną rewolucyjną i zaskakującą. I była zadziwiająco blisko odrodzenia ewangelii salemskiej. Przyszła na odsiecz milionom zdesperowanych dusz i pomimo jej groteskowego wynaturzenia w późniejszych wiekach, nadal trwa jako nadzieja milionów ludzkich istot.

Siddhartha nauczał znacznie więcej prawdy niż jej przetrwało we współczesnych kultach, noszących jego imię. Współczesny buddyzm nie jest w większym stopniu naukami Gautamy Siddharthy niż chrześcijaństwo naukami Jezusa z Nazaretu.

8. WIARA BUDDYJSKA

Aby zostać buddystą, trzeba było zrobić zwykłe, publiczne wyznanie wiary, recytując Schronienie: „Znajduję schronienie w Buddzie; znajduję schronienie w doktrynie; znajduję schronienie w braterstwie".

Buddyzm ma swój początek w historycznej osobie a nie w micie. Zwolennicy Gautamy nazywali go Sasta, co oznacza mistrza albo nauczyciela. Chociaż nie robił on nadludzkich roszczeń, ani w stosunku do siebie ani wobec swoich nauk, jego uczniowie wcześnie zaczęli nazywać go *oświeconym*, Buddą, później Siakjamuni Budda.

Pierwotna ewangelia Gautamy opierała się na Czterech Szlachetnych Prawdach:

1. Szlachetna prawda o cierpieniu.
2. Przyczyna cierpienia.
3. Ustanie cierpienia.
4. Ścieżka prowadząca do ustania cierpienia.

Blisko związana z doktryną cierpienia i jego przezwyciężania była filozofia Ośmiorakiej Ścieżki: słuszne poglądy, słuszne postanowienia, słuszna mowa, słuszny czyn, słuszne zarobkowanie, słuszny wysiłek, słuszne skupienie i słuszna medytacja. Nie leżała w intencjach Gautamy próba zlikwidowania wszelkich wysiłków, pragnień i uczuć, podczas przezwyciężenia cierpienia; jego nauka miała raczej na celu zobrazowanie śmiertelnemu człowiekowi daremności wiązania wszelkich nadziei i aspiracji wyłącznie z doczesnymi celami i zadaniami materialnymi. Nie chodziło o to, ażeby unikać miłości do bliźnich, jak o to, że prawdziwie wierzący powinien także patrzeć dalej, poza związki tego, materialnego świata, ku rzeczywistościom wiecznej przyszłości.

Było pięć przykazań moralnych, głoszonych przez Gautamę:

1. Nie zabijaj.

2. Nie kradnij.
3. Nie bądź nieskromny.
4. Nie kłam.
5. Nie pij odurzających trunków.

Było też wiele dodatkowych czy wtórnych przykazań, których przestrzeganie przez wierzących nie było obowiązkowe.

Siddhartha raczej nie wierzył w nieśmiertelność osobowości ludzkiej; jego filozofia zakładała jedynie pewną funkcjonalną ciągłość. Nigdy jasno nie zdefiniował, co według niego zawiera doktryna nirwany. Fakt, że mogła być ona teoretycznie doświadczana w czasie śmiertelnej egzystencji świadczy o tym, że nie była uznawana za stan całkowitego unicestwienia. Zakładała ona stan najwyższego oświecenia i nieziemskiego szczęścia, w którym wszystkie więzy łączące człowieka ze światem materialnym zostają zerwane; to wolność od pragnień życia śmiertelnego i uwolnienie od wszelkich niebezpieczeństw przeżycia kiedykolwiek nowego wcielenia.

Zgodnie z oryginalnymi naukami Gautamy, zbawienie osiąga się dzięki ludzkim wysiłkom, w oderwaniu od boskiej pomocy; nie ma tam miejsca na zbawczą wiarę czy modlitwy do sił nadludzkich. W swych wysiłkach, zmierzających do redukcji zabobonów w Indiach, Gautama próbował odciągać ludzi od krzykliwych twierdzeń o magicznym zbawieniu. I dzięki temu zostawił swoim następcom szeroko otwarte drzwi dla mylnej interpretacji jego nauk i głoszenia, że cały rodzący osiągnięcia ludzki wysiłek jest zgubny i bolesny. Jego wyznawcy przeoczyli fakt, że najwyższe szczęście związane jest z inteligentnym i entuzjastycznym dążeniem do wartościowych celów i że osiągnięcia takie stanowią prawdziwy postęp w kosmicznej samorealizacji.

Wielką prawdą nauk Siddharthy było to, że głosił wszechświat absolutnej sprawiedliwości. Nauczał najlepszej, pozbawionej Boga filozofii, jaką kiedykolwiek wymyślił śmiertelny człowiek; był to idealny humanizm, który wyjątkowo skutecznie usuwał wszelkie podstawy przesądów, rytuałów magicznych i strachu przez duchami czy demonami.

Wielką słabością oryginalnej ewangelii buddyzmu było to, że nie wytworzyła ona religii bezinteresownej służby społecznej. Przez długi czas braterstwo buddyjskie nie było związkiem wierzących, ale raczej społecznością uczniów-nauczycieli. Gautama zabronił im brać pieniędzy, tym samym zapobiegł kształtowaniu się tendencji hierarchicznych. Sam Gautama był bardzo towarzyski; doprawdy, jego życie było wspanialsze niż jego kazania.

9. SZERZENIE SIĘ BUDDYZMU

Buddyzm się rozwijał, gdyż niósł zbawienie przez wiarę w Buddę, oświeconego. Był lepszym odzwierciedleniem prawd Melchizedeka niż jakikolwiek inny system religijny na terenie Azji wschodniej. Jednak buddyzm nie rozprzestrzenił się jako religia, zanim nie opowiedział się za nim, w obronie własnej, monarcha z niskiej kasty, Asioka, który obok Echnatona w Egipcie, był jednym z najwybitniejszych władców państwowych, panujących w okresie między Melchizedekiem a Michałem. Dzięki propagandzie swych misjonarzy buddyjskich, Asioka stworzył potężne imperium indyjskie. W ciągu dwudziestu pięciu lat wyszkolił i rozesłał ponad siedemnaście tysięcy misjonarzy, do najdalszych krańców znanego wtedy świata. W jednym pokoleniu zrobił z buddyzmu religię, która opanowała pół świata. Buddyzm został wkrótce zaprowadzony w Tybecie,

Kaszmirze, Burmie, na Cejlonie i Jawie, w Syjamie, Korei, Chinach i Japonii. I generalnie biorąc, była to religia ogromnie zaawansowana w porównaniu z tymi, które wyrugowała czy udoskonaliła.

Rozpowszechnienie się buddyzmu, z jego ojczyzny w Indiach na całą Azję, jest jedną z bardziej fascynujących historii duchowego poświęcenia i uporu misyjnego oddanych wierzących. Nauczyciele ewangelii Gautamy nie tylko nie zważali na niebezpieczeństwa, grożące na lądowych drogach karawan, ale stawali twarzą w twarz z niebezpieczeństwami mórz chińskich, gdy prowadzili swą misję na kontynencie azjatyckim, niosąc wszystkim ludziom orędzie swej wiary. Wtedy jednak buddyzm nie był już prostymi doktrynami Gautamy, był przepełnioną cudami ewangelią, która robiła zeń boga. Im dalej szerzył się buddyzm ze swej górskiej ojczyzny w Indiach, tym mniej przypominał nauki Gautamy a bardziej był podobny tym religiom, które wyrugował.

Później buddyzm ulegał silnym wpływem taoizmu w Chinach, sinto w Japonii i chrześcijaństwa w Tybecie. W Indiach, po tysiącu lat, buddyzm po prostu uschnął i obumarł. Został zbraminizowany a później służalczo podporządkował się islamowi, podczas gdy na pozostałych obszarach Wschodu zdegenerował się w formę rytuału, którego Gautama Siddhartha nigdy by nie rozpoznał.

Na południu, fundamentalistyczny stereotyp nauk Siddharthy przetrwał na Cejlonie, w Burmie oraz na Półwyspie Indochińskim. Jest to hinajańska grupa buddyzmu, który trzyma się wczesnej albo asocjalnej doktryny.

Zanim buddyzm upadł w Indiach, Chińczycy oraz grupy wyznawców Gautamy z Indii północnych zaczęli rozwijać nauczanie mahajany, „Wielkiego Wozu", jadącego do zbawienia, w przeciwieństwie do purystów z południa, którzy trzymali się hinajany albo „Mniejszego Wozu". Mahajaniści rozluźnili społeczne ograniczenia, właściwe doktrynie buddyjskiej i od tamtego czasu ta północna grupa buddyzmu wciąż się rozwija w Chinach i w Japonii.

Buddyzm jest dzisiaj religią żywą, rozwijającą się, gdyż udało mu się zachować wiele wyższych wartości moralnych jego wyznawców. Popiera spokój i samokontrolę, przysparza pogody ducha i szczęścia i robi wiele, aby zapobiec smutkom i żalowi. Ci, którzy wierzą w tę filozofię, żyją lepszym życiem niż wielu tych, którzy w nią nie wierzą.

10. RELIGIA W TYBECIE

W Tybecie znaleźć można najdziwniejsze powiązania nauk Melchizedekowych z buddyzmem, hinduizmem, taoizmem i chrześcijaństwem. Kiedy misjonarze buddyjscy weszli do Tybetu, napotkali tam stan prymitywnej dzikości, bardzo podobny do tego, jaki wcześni misjonarze chrześcijańscy zastali u plemion Europy północnej.

Prości Tybetańczycy nie chcieli zupełnie porzucić swej pradawnej magii i amuletów. Badania obrzędów religijnych współczesnych Tybetańczyków ukazują bardzo rozbudowane bractwo kapłańskie, z ogolonymi głowami, prowadzące wyszukane obrzędy, w skład których wchodzi dzwonienie, śpiewy, kadzidła, procesje, różańce, wizerunki, amulety, obrazy, woda święcona, wspaniałe szaty i wyszukane chóry. Posiadają oni sztywne dogmaty i skrystalizowane kreda, mistyczne obrzędy i specjalne posty. Ich hierarchia obejmuje mnichów, mniszki, opatów i Wielkiego Lamę. Modlą się do aniołów, świętych, Świętej Matki i bogów. Praktykują spowiedź i wierzą w czyściec. Ich klasztory są rozległe a katedry wspaniałe. Powtarzają bez końca święte rytuały i wierzą, że takie ceremoniały przynoszą zbawienie. Modlitwy przytwierdzane są do koła, a kiedy koło się obraca, wierzą, że prośby odnoszą skutek. W dzisiejszych czasach nie ma innego narodu, u którego znaleźć można tak wiele obrzędów, wziętych z tak wielu religii; i jest nieuniknione, że tak nagromadzona liturgia może stać się nadzwyczaj niewygodna i nieznośnie uciążliwa.

Tybetańczycy posiadają co nieco ze wszystkich wiodących religii świata, za wyjątkiem prostych nauk ewangelii Jezusa: synostwa z Bogiem, braterstwa człowieka i wciąż wznoszącego się obywatelstwa wiecznego wszechświata.

11. FILOZOFIA BUDDYJSKA

Do Chin buddyzm wkroczył w pierwszym millennium po Chrystusie i dobrze się dopasował do religijnych obyczajów rasy żółtej. Gdy czcili przodków, długo modlili się do zmarłych; teraz mogli się też modlić za nich. Wkrótce buddyzm połączył się z obrzędowymi zwyczajami, pozostałymi po rozpadającym się taoizmie. Ta nowa, syntetyczna religia, z jej świątyniami kultowymi i konkretnymi obrzędami religijnymi, stała się wkrótce generalnie przyjętym wierzeniem narodów Chin, Korei i Japonii.

Chociaż w pewnych aspektach jest niezbyt fortunne, że świat nie dostał buddyzmu wcześniej, zanim wyznawcy tego kultu nie wypaczyli jego tradycji i nauk, tak, że z Gautamy zrobiono istotę boską, tym niemniej mit o jego ludzkim życiu, przyozdobiony, razem z licznymi cudami, okazał się bardzo wymowny dla słuchaczy północnej albo mahajańskiej ewangelii buddyzmu.

Niektórzy późniejsi wyznawcy buddyzmu nauczali, że duch Siakjamuni Buddy okresowo wraca na Ziemię, jako żywy Budda, co torowało drogę utrwalaniu Buddy w nieograniczonej ilości wizerunków, świątyniom, rytuałom i szarlatanom – „żywym Buddom". Tym samym religia wielkiego indyjskiego protestanta skrępowana została takimi właśnie obrzędowymi praktykami i rytualnymi zaklęciami, przeciwko którym Budda tak nieustraszenie walczył i które tak dzielnie demaskował.

Wielki postęp, jakiego dokonała filozofia buddyjska, polega na zrozumieniu względności wszelkich prawd. Dzięki mechanizmowi takich hipotez buddyści potrafili pojednać i skorelować rozbieżności w swoich własnych, religijnych pismach świętych, jak również różnice pomiędzy ich własnymi pismami a wieloma innymi. Nauczano, że mała prawda jest dla niewielkich umysłów, duża prawda dla umysłów wielkich.

Filozofia ta utrzymywała również, że (boska) natura Buddy przebywa we wszystkich ludziach; że człowiek, dzięki własnym wysiłkom, może realizować tę wewnętrzną boskość. I taka nauka jest jednym z najjaśniejszych zobrazowań prawdy o zamieszkujących ludzi Dostrajaczach, jakie kiedykolwiek zrobiono w religiach Urantii.

Jednak wielkie ograniczenie pierwotnej ewangelii Siddharthy, tak jak ją interpretowali jego wyznawcy, polegało na tym, że usiłowała wyzwolić zupełnie ludzką jaźń od wszelkich ograniczeń śmiertelnej natury, poprzez izolowanie się od obiektywnej rzeczywistości. Prawdziwa, kosmiczna samorealizacja, rodzi się z utożsamiania się z rzeczywistością kosmiczną oraz ze skończonym kosmosem energii, umysłu i ducha, kosmosem ograniczonym przestrzenią i uwarunkowanym czasem.

Poprzez ceremonie i ostentacyjne obrzędy buddyzm został bardzo zanieczyszczony tradycjami z tych ziem, przez które przechodził; degeneracja ta zupełnie nie miała nic wspólnego z życiem filozoficznym wielkich myślicieli, którzy od czasu do czasu stawali się zwolennikami tego systemu myślenia i wierzeń. Przez ponad dwa tysiące lat, wiele najlepszych umysłów Azji koncentrowało się na problemie ustalenia absolutnej prawdy i prawdy Absolutu.

Rozwinięcia wspaniałej idei Absolutu dokonano wieloma metodami myślenia i okrężnymi drogami rozumowania. Stopniowy rozwój tej doktryny nieskończoności nie był tak wyraziście zarysowany, jak ewolucja koncepcji Boga w teologii hebrajskiej. Tym niemniej istniały pewne rozległe poziomy, do których docierały umysły buddystów, pozostawały na nich a potem szły dalej swą drogą, aby wyobrazić sobie Pierwotną Przyczynę wszechświatów:

1. *Legenda o Gautamie.* Podstawą tej koncepcji jest historyczny fakt życia i nauk Siddharthy, księcia-proroka z Indii. Gdy ta legenda szła przez wieki i przez szerokie ziemie Azji, obrastała mitami, aż przewyższyła status idei Gautamy jako oświeconego i zaczęła nabierać dodatkowych atrybutów.

2. *Wielu Buddów.* Rozumowano tak, że jeśli Gautama przyszedł do narodów Indii, zatem w odległej przeszłości i w odległej przyszłości gatunek ludzki musiał być i niewątpliwie będzie, błogosławiony innymi nauczycielami prawdy. Dało to początek nauce, że jest wielu Buddów, nieograniczona i nieskończona ich liczba, a nawet, że każdy może dążyć do stania się jednym z nich – do osiągnięcia boskości Buddy.

3. *Absolutny Budda.* Z czasem liczba Buddów zbliżyła się do nieskończoności, co zmusiło umysły tamtych dni do ponownego ujednolicenia tej nieporęcznej idei. Zaczęto zatem nauczać, że wszyscy Buddowie są przejawem pewnej wyższej esencji, pewnego Wiecznego o nieskończonej i nie uwarunkowanej egzystencji, pewnego Absolutnego Źródła całej rzeczywistości. Od tego momentu koncepcja Bóstwa w buddyzmie, w swej najwyższej formie, została oddzielona od ludzkiej osoby Gautamy Siddharthy i oderwana od antropomorficznych ograniczeń, które ją trzymały w ryzach. Ta finalna koncepcja Wiecznego Buddy może być zupełnie dobrze utożsamiana z Absolutem czasami nawet z nieskończonym JESTEM.

Podczas gdy idea Absolutnego Bóstwa nigdy nie znalazła szerszego i powszechniejszego uznania u narodów Azji, umożliwiła ona intelektualistom z tych ziem zjednoczenie ich filozofii i zharmonizowanie ich kosmologii. Koncepcja Buddy Absolutu czasami jest niby-osobowa, czasami zupełnie bezosobowa – jest nawet nieskończoną siłą stwórczą. Koncepcje takie, chociaż pomocne w filozofii, nie są konieczne do rozwoju religii. Nawet antropomorficzny Jahwe posiada znacznie większą wartość religijną niż nieskończenie odległy Absolut buddyzmu czy braminizmu.

Czasami nawet uważano, że Absolut zawarty jest w nieskończonym JESTEM. Jednak te spekulacje stanowiły tylko powierzchowną pociechę dla głodnych rzesz, które chciały słyszeć słowa obietnicy, chciały słyszeć prostą ewangelię salemską, że wiara w Boga może zapewnić Bożą łaskę i wieczne zbawienie.

12. BUDDYJSKA KONCEPCJA BOGA

Wielka słabość kosmologii buddyzmu była dwojakiego rodzaju: zanieczyszczenie wieloma przesądami z Indii i Chin oraz sublimacja Gautamy, z początku jako oświeconego a potem jako Wiecznego Buddy. Tak jak chrześcijaństwo cierpiało na skutek wchłonięcia wielu elementów błędnej filozofii ludzkiej, tak i buddyzm nosi swe ludzkie znamię. Jednak podczas ostatnich dwu i pół tysiąca lat nauki Gautamy wciąż się rozwijały. Dla oświeconego buddysty koncepcja Buddy tak samo nie jest ludzką osobowością Gautamy, jak koncepcja Jehowy nie jest utożsamiana przez oświeconych chrześcijan z duchowym demonem Horeb. Ubóstwo terminologii, razem z sentymentalnym zachowywaniem starszej nomenklatury, często prowadzi do niezrozumienia prawdziwego znaczenia ewolucji idei religijnych.

Stopniowo zaczęła się pojawiać w buddyzmie koncepcja Boga, w odróżnieniu od Absolutu. Jej źródła sięgają wstecz, do wczesnych dni podzielenia się wyznawców na zwolenników Mniejszego Wozu i Większego Wozu. Właśnie podczas późniejszych podziałów buddyzmu ostatecznie dojrzała podwójna koncepcja, Boga i Absolutu. Stopień po stopniu, wiek za wiekiem wyłaniała się koncepcja Boga, aż przyszły nauki Ryonina, Honena Shonina i Shinrana w Japonii i w końcu ta koncepcja wydała owoce w postaci wierzenia w Amida Buddę.

Ci, którzy tak wierzyli, nauczali, że dusza po przejściu śmierci może zechcieć odbyć podróż do Raju, przed dostąpieniem nirwany, ostateczności bytu. Głoszono, że to nowe zbawienie jest osiągalne przez wiarę w Boskie łaski i w miłości pełną opiekę Amidy, Boga w Raju na zachodzie. W swej filozofii amidyści trzymali się Nieskończonej Rzeczywistości, która jest poza wszelkim skończonym, śmiertelnym zrozumieniem; w swej religii trwali w wierze we wszechmiłosiernego Amidę, który tak kocha świat, że nie pozwoli na to, aby choć jeden śmiertelnik, który powołuje się na jego imię w prawdziwej wierze i z czystym sercem, nie mógł osiągnąć nieziemskiego szczęścia w Raju.

Wielką siłą buddyzmu jest to, że jego wyznawcy swobodnie mogą wybierać sobie prawdy ze wszystkich religii; taka wolność wyboru rzadko cechowała jakąkolwiek wiarę Urantian. Pod tym względem sekta shin w Japonii stała się najbardziej postępową grupą religijną świata; ożywiła ona dawnego ducha misjonarskiego wyznawców Gautamy i zaczęła wysyłać nauczycieli do innych narodów. Gotowość przyswajania prawdy ze wszystkich źródeł jest doprawdy chwalebną postawą, pojawiającą się u religijnych ludzi wierzących w pierwszej połowie dwudziestego wieku po Chrystusie.

Sam buddyzm przeżywa renesans w dwudziestym wieku. Społeczne aspekty buddyzmu zostały znacznie wzbogacone przez jego kontakt z chrześcijaństwem. Wola uczenia się zajaśniała na nowo w sercach mnichów-kapłanów braterstwa, a szerzenie się oświaty pośród tej wiary na pewno spowoduje nowy krok naprzód w ewolucji religijnej.

W czasach tych zapisów większa część Azji pokłada swą nadzieję w buddyzmie. Czy ta szlachetna wiara, która tak dzielnie kroczyła przez mroczne epoki przeszłości, raz jeszcze otrzyma prawdę o poszerzonych rzeczywistościach kosmicznych, tak jak kiedyś w Indiach uczniowie słuchali wielkiego nauczyciela, jak głosił nową prawdę? Czy ta starożytna wiara raz jeszcze zareaguje na ożywiający ją bodziec prezentacji nowych koncepcji Boga i Absolutu, których tak długo szukała?

Cała Urantia oczekuje głoszenia uszlachetniającego orędzia Michała, nie obciążonego doktrynami i dogmatami nagromadzonymi przez dziewiętnaście wieków kontaktów z religiami pochodzenia ewolucyjnego. Bije godzina przedstawienia buddyzmowi, chrześcijaństwu, hinduizmowi a nawet ludziom wszystkich wiar, nie ewangelii o Jezusie, ale żywej, duchowej rzeczywistości ewangelii Jezusa.

[Przedstawione przez Melchizedeka z Nebadonu].

PRZEKAZ 95

NAUKI MELCHIZEDEKA NA BLISKIM WSCHODZIE

TAK jak Indie dały początek wielu religiom i filozofiom Azji wschodniej, tak Bliski Wschód był ojczyzną wiar świata zachodniego. Misjonarze salemscy rozprzestrzenili się na całą Azję południowo-zachodnią, poprzez Palestynę, Mezopotamię, Egipt, Iran i Arabię, wszędzie głosząc dobrą nowinę ewangelii Machiventy Melchizedeka. Na niektórych tych ziemiach ich nauka wydała owoce, na innych spotkała się z większym lub mniejszym powodzeniem. Czasami brak sukcesu był rezultatem braku mądrości, czasami okoliczności niezależnych od misjonarzy.

1. RELIGIA SALEMSKA W MEZOPOTAMII

Do roku 2000 p.n.e. religie Mezopotamii nieomal zagubiły nauki Setytów i znajdowały się zasadniczo pod wpływem prymitywnych wierzeń dwu grup najeźdźców, Beduinów-Semitów, którzy przesiąkali z pustyni zachodniej i barbarzyńskich jeźdźców, którzy przybywali z północy.

Jednak obyczaj wczesnych plemion Adamitów, świętowania siódmego dnia tygodnia, nigdy nie zanikł zupełnie w Mezopotamii. Jedynie w epoce Melchizedekowej siódmy dzień uznawano za najgorszy z nieszczęśliwych. Był on przeładowany różnymi tabu; było sprzeczne z prawem podróżować, gotować posiłek czy rozpalać ogień w zły, siódmy dzień. Z Mezopotamii Żydzi sprowadzili z powrotem do Palestyny wiele tabu, opartych na babilońskim przestrzeganiu siódmego dnia, Szabattum.

Chociaż nauczyciele salemscy zrobili wiele, aby oczyścić i wywyższyć religie mezopotamskie, nie udało im się nakłonić różnych ludów do trwałej akceptacji jednego Boga. Nauki o jednym Bogu zaczęły się szerzyć przez ponad sto pięćdziesiąt lat a potem stopniowo ustępowały starszym wierzeniom w różnorodność bóstw.

Nauczyciele salemscy znacznie zredukowali liczbę bogów w Mezopotamii, w pewnym okresie liczbę głównych bóstw zmniejszyli do siedmiu: Bel, Szamasz, Nabu, Anu, Ea, Marduk i Sin. W szczytowym okresie nowego nauczania wynieśli oni trzech z tych bogów ponad wszystkich innych, tworząc triadę babilońską: Bel, Ea i Anu – bogowie ziemi, morza i nieba. W innych miejscach powstawały jeszcze inne triady, wszystkie one stanowiły reminiscencje nauk Andidów i Sumerów o trójcy, a oparte były na wierzeniu salemitów w Melchizedekowe insygnia trzech okręgów.

Nauczyciele salemscy nigdy zupełnie nie zapanowali nad popularnością Isztar, matką bogów i duchem płodności seksualnej. Zrobili wiele dla oczyszczenia praktyk religijnych z tej bogini, ale Babilończycy i ich sąsiedzi nigdy zupełnie nie wyzbyli się swych zamaskowanych form czczenia seksu. W całej Mezopotamii zapanował powszechny zwyczaj, u wszystkich kobiet, oddania się przynajmniej raz w młodości obcym ludziom;

uważano, że jest to pobożność wymagana przez Isztar i wierzono, że płodność w znacznej mierze zależy od tego seksualnego poświęcenia.

Z początku nauki Melchizedeka szerzyły się bardzo dobrze, aż do tego czasu, kiedy Nabodad, szef szkoły w Kisz, postanowił przypuścić gremialny atak na powszechne praktyki nierządu świątynnego. Salemskim misjonarzom nie udało się przeprowadzić tej reformy społecznej a razem z tym niepowodzeniem upadły wszystkie ich ważniejsze nauki duchowe i filozoficzne.

Po tej porażce ewangelii salemskiej natychmiast intensywnie rozprzestrzenił się kult Isztar, rytuał, który już wcześniej dotarł do Palestyny jako Asztoret, do Egiptu jako Izis, do Grecji jako Afrodyta a do plemion północnych jako Astarte. W związku ze wznowieniem czczenia Isztar, babilońscy kapłani znowu zaczęli patrzeć w gwiazdy; astrologia przeżywała swe ostatnie, wielkie mezopotamskie odrodzenie, wróżbiarstwo stało się modne a kapłaństwo przez wieki coraz bardziej się degenerowało.

Melchizedek ostrzegał swoich wyznawców, aby nauczali o jednym Bogu, Ojcu i Stwórcy wszystkiego i aby głosili jedynie ewangelię Bożej łaski przez samą tylko wiarę. Jednak nauczyciele nowej prawdy często popełniają ten błąd, że chcąc osiągnąć zbyt wiele, próbują zastąpić powolną ewolucję gwałtowną rewolucją. Misjonarze Melchizedeka w Mezopotamii za wysoko podnieśli standardy moralne dla narodu; chcieli zyskać zbyt wiele i ich szlachetna sprawa zakończyła się porażką. Dostali zalecenie głoszenia konkretnej ewangelii, proklamowania prawdy o rzeczywistości Ojca Wszechświatowego, jednak uwikłali się w pozornie wartościową sprawę, reformowania obyczajów i tym samym ich wielka misja zjechała na boczny tor i faktycznie została zagubiona w rozczarowaniu i zapomnieniu.

W jednym pokoleniu upadła główna salemska baza w Kisz a głoszenie wiary w jednego Boga praktycznie skończyło się w całej Mezopotamii. Przetrwały jednak resztki szkół salemskich. Małe grupy ludzi, rozrzucone tu i ówdzie, wciąż trwały przy swej wierze w jednego Stwórcę i walczyły z bałwochwalstwem jak również niemoralnością kapłanów mezopotamskich.

To właśnie misjonarze salemscy, w tym czasie, jaki nastał po odrzuceniu ich nauk, napisali wiele Psalmów Starego Testamentu, ryjąc je w kamieniu, gdzie je później znaleźli kapłani hebrajscy w okresie swej niewoli a następnie przyłączyli do kolekcji hymnów, przypisanych autorom żydowskim. Tych pięknych psalmów babilońskich nie pisano w świątyniach Bel-Marduka, to było dzieło potomków wcześniejszych misjonarzy salemskich i wyraźnie kontrastują one z magicznymi konglomeratami kapłanów babilońskich. Księga Hioba jest całkiem dobrym odzwierciedleniem nauk szkół salemskich w Kisz i całej Mezopotamii.

Znaczna część religijnej kultury Mezopotamczyków znalazła drogę do hebrajskiej literatury i liturgii poprzez Egipt, przez dzieła Amenemopa i Echnatona. Egipcjanie wspaniale zachowali nauki o zobowiązaniach społecznych, otrzymane od wcześniejszych Mezopotamczyków andickich, w znacznej mierze zagubione przez późniejszych Babilończyków, którzy zajmowali dolinę Eufratu.

2. WCZESNA RELIGIA EGIPSKA

Oryginalne nauki Melchizedeka w rzeczywistości najgłębsze korzenie zapuściły w Egipcie, skąd później rozprzestrzeniły się na Europę. Ewolucyjna religia doliny Nilu okresowo była poszerzana przybywaniem z doliny Eufratu zaawansowanych odgałęzień Nodytów, Adamitów a później Anditów. Od czasu do czasu wielu egipskich administratorów państwowych było Sumerami. Tak jak Indie zawierały w tamtych czasach największą mieszankę ras ludzkich tego świata, tak Egipt ukształtował najdokładniej wymieszany rodzaj filozofii religijnej, jaki można było znaleźć na Urantii i z doliny Nilu rozprzestrzenił się on na wiele części świata. Większość swoich idei na temat stworzenia świata Żydzi dostali od Babilończyków, ale większość koncepcji Boskiej Opatrzności wywiedli od Egipcjan.

To raczej tendencje polityczne i moralne, niż filozoficzne i religijne, sprawiły, że Egipt był bardziej przychylny naukom salemskim niż Mezopotamia. W Egipcie, każdy wódz plemienny, po wywalczeniu sobie drogi do tronu, usiłował utrwalić swą dynastię ogłaszając swego plemiennego boga bóstwem pierwotnym i stwórcą wszystkich innych bogów. W ten sposób Egipcjanie stopniowo przygotowywali się do idei superboga – odskoczni do późniejszej doktryny wszechświatowego, stwórczego Bóstwa. W Egipcie, przez wiele stuleci, idea monoteizmu napływała i odpływała, wiara w jednego Boga zawsze zdobywała sobie grunt, ale nigdy nie zapanowała zupełnie nad ewoluującymi ideami politeizmu.

Całe epoki naród egipski poświęcał się czczeniu bogów natury, dokładniej, każde z czterdziestu oddzielnych plemion miało specjalnego boga, jedni czcili byka, inni lwa, jeszcze inni barana itd. Jeszcze wcześniej Egipcjanie byli plemionami totemowymi, podobnie jak Indianie.

Z czasem Egipcjanie zauważyli, że martwe ciała złożone w nie ceglanych grobach zachowywały się – balsamowały – wskutek działania piasku nasyconego sodą, podczas gdy te, złożone w ceglanych kryptach, rozkładały się. Obserwacje takie doprowadziły do eksperymentów, których wynikiem był późniejszy zwyczaj balsamowania zmarłych. Egipcjanie wierzyli, że zachowanie ciała ułatwia im przejście przez przyszłe życie. Razem z ciałem w grobie umieszczali posąg nagrobny i rzeźbili podobiznę na trumnie, aby człowiek mógł być właściwie zidentyfikowany w odległej przyszłości, po rozłożeniu się ciała. Tworzenie takich nagrobnych posągów prowadziło do znacznego rozwoju sztuki egipskiej.

Całe wieki Egipcjanie lokowali swą wiarę w grobowcach, stanowiących zabezpieczenie ciała a w konsekwencji przyjemne życie po śmierci. Późniejsza ewolucja praktyk magicznych, podczas gdy uciążliwa dla życia od kołyski do grobu, bardzo skutecznie wyzwoliła ich od religii grobów. Kapłani pisali na trumnach zaklęcia, które jak wierzono miały zapobiegać temu, aby „człowiekowi nie zabrano serca w dolnym świecie". Potem wybór tych różnorodnych, magicznych tekstów został zebrany i zachowany jako Księga Umarłych. Jednak w dolinie Nilu magiczne rytuały wcześnie zostały połączone ze sprawami sumienia i charakteru, w stopniu nie zawsze osiąganym w rytuałach tamtych dni. Później zbawienie zależało raczej od tych, etycznych i moralnych ideałów, niż od wyszukanych grobów.

Przesądy z tamtych czasów dobrze ilustruje powszechna wiara w skuteczność śliny jako środka leczniczego; pogląd ten powstał w Egipcie i stamtąd się rozprzestrzenił do Arabii i Mezopotamii. W legendarnej walce Horusa z Setem, młody bóg stracił oko, ale po tym jak Set został zwyciężony, oko zostało przywrócone przez mądrego boga Tota, który napluł na ranę i wszystko zaleczył.

Egipcjanie długo wierzyli, że gwiazdy migocząc na nocnym niebie obrazują żyjące dusze cnotliwych zmarłych; inni przetrwali ludzie, jak uważali, zostali wchłonięci przez słońce. W pewnym okresie weneracja słońca stała się rodzajem kultu przodków. Pochyły korytarz wejściowy wielkiej piramidy skierowany jest wprost na Gwiazdę Polarną, aby dusza króla, kiedy wyjdzie z grobu, mogła iść prosto do stacjonarnych i stabilnych konstelacji gwiazd stałych, domniemanego miejsca pobytu królów.

Gdy przyglądano się ukośnym promieniom słońca, jak przedzierają się do ziemi przez szczelinę w chmurach, wierzono, że jest to zapowiedz opuszczenia niebiańskich schodów, po których może wstępować król i inne prawe dusze. „Król Pepi spuścił swój blask jako schody pod swymi stopami, po których wstąpił do swej matki".

Kiedy Melchizedek pojawił się w ciele, Egipcjanie mieli religię znacznie bardziej zaawansowaną niż narody ich otaczające. Wierzyli, że uwolniona z powłoki cielesnej dusza, gdy jest właściwie uzbrojona w magiczne formuły, może uniknąć wtrącania się złych duchów i utorować sobie drogę do sal sądowych Ozyrysa, gdzie, jeśli niewinna jest „morderstwa, rabunku, kłamstwa, cudzołóstwa, kradzieży i samolubstwa", może zostać przyjęta do królestwa szczęścia. Jeśli u duszy zważonej na wadze stwierdzono braki, będzie ona przesłana do piekła, do Pożeraczki. I była to względnie zaawansowana koncepcja przyszłego życia, w porównaniu z wierzeniami wielu narodów sąsiednich.

Idea sądzenia w życiu przyszłym za grzechy popełnione w życiu ziemskim, w ciele, została przeniesiona do teologii hebrajskiej z Egiptu. Słowo sąd tylko raz pojawia się w całej Księdze Psalmów hebrajskich i ten właśnie psalm napisany został przez Egipcjanina.

3. EWOLUCJA KONCEPCJI MORALNYCH

Chociaż kultura i religia Egiptu wywodziły się zasadniczo z andickiej Mezopotamii i przekazane były kolejnym cywilizacjom w dużej mierze przez Hebrajczyków i Greków, dużo, bardzo dużo idealizmu społecznego i etycznego powstało w dolinie Nilu, jako wytwór czysto ewolucyjny. Pomimo sprowadzenia do Egiptu znacznej ilości prawdy i kultury pochodzenia andickiego, wykształciło się tam więcej kultury moralnej, będącej czysto ludzkim wytworem, niż się jej pojawiło w podobny, naturalny sposób, na jakimkolwiek innym określonym obszarze przed obdarzeniem dokonanym przez Michała.

Ewolucja moralna nie zależy wyłącznie od objawienia. Wysokie idee moralne można wyprowadzić z doświadczenia ludzkiego. Człowiek może nawet kształtować wartości duchowe i czerpać wnikliwość kosmiczną z osobistego, empirycznego życia, dlatego, że zamieszkuje w nim Boski duch. Takiej naturalnej ewolucji sumienia i charakteru pomagali również nauczyciele prawdy, pojawiający się okresowo, w pradawnych czasach z drugiego Edenu a potem ze stolicy Melchizedeka w Salemie.

Tysiące lat przed przeniknięciem ewangelii salemskiej do Egiptu, nauczyciele moralni nauczali tam sprawiedliwości, godziwości i unikania skąpstwa. Trzy tysiące lat przed napisaniem hebrajskiego Pisma Świętego, mottem Egipcjan było: „Solidnie na nogach stoi ten, którego miarą jest prawość; który idzie jej drogą". Egipcjanie nauczali łagodności, umiarkowania i rozwagi. Orędzie pewnego, wielkiego nauczyciela tej epoki, brzmiało: „Działaj godziwie i postępuj sprawiedliwie ze wszystkimi". Triadą egipską tej epoki była Prawda-Sprawiedliwość-Prawość. Ze wszystkich, czysto ludzkich religii

Urantii, żadna nigdy nie przewyższyła ideałów społecznych i moralnej doskonałości dawnego humanizmu z doliny Nilu.

Na gruncie tak rozwijających się idei etycznych i moralnych ideałów zakwitły resztki doktryn religii salemskiej. Koncepcje dobra i zła znalazły żywy oddźwięk w sercach narodu, który wierzył, że „życie dawane jest spokojnemu a śmierć winnemu". „Spokojny jest ten, kto robi to, co jest kochane; winny jest ten, kto robi to, co jest nienawidzone". Przez całe wieki mieszkańcy doliny Nilu żyli zgodnie z tymi, wyłaniającymi się standardami etycznymi i społecznymi, jeszcze zanim zaczęli rozważać późniejsze koncepcje tego, co prawe i tego, co niesprawiedliwe – dobra i zła.

Egipt był intelektualny i moralny, ale niezbyt duchowy. Przez sześć tysięcy lat tylko czterech wielkich proroków pojawiło się u Egipcjan. Amenemopa uznawali tylko przez jakiś czas; Okbana zamordowali; przyjęli Echnatona, ale niezdecydowanie, na jedno krótkie pokolenie; odrzucili Mojżesza. Tak samo Abrahamowi a potem Józefowi łatwo było, z politycznych raczej niż religijnych względów, wywierać na terenie Egiptu wielki wpływ na rzecz nauk salemskich o jednym Bogu. Jednak, kiedy misjonarze salemscy po raz pierwszy weszli do Egiptu, napotkali wysoce etyczną kulturę ewolucyjną, zmieszaną z przeobrażonymi standardami moralnymi emigrantów z Mezopotamii. Ci dawni nauczyciele pierwsi głosili w dolinie Nilu, że sumienie jest nakazem Boga, głosem Bóstwa.

4. NAUKI AMENEMOPA

W stosownym czasie pojawił się w Egipcie nauczyciel, zwany przez wielu „synem człowieczym" a przez innych Amenemope. Prorok ten wyniósł sumienie do najwyższych poziomów, do arbitra pomiędzy dobrem a złem, nauczał o karze za grzechy i głosił zbawienie dzięki powoływaniu się na bóstwo słoneczne.

Amenemope nauczał, że bogactwa i szczęście są darami Boga a idea ta głęboko zabarwiła powstałą później filozofię hebrajską. Ten szlachetny nauczyciel wierzył, że świadomość istnienia Boga jest czynnikiem decydującym we wszelkim postępowaniu, że każda chwila powinna być przeżywana ze świadomością obecności Boga i odpowiedzialności wobec niego. Nauki tego mędrca zostały potem przetłumaczone na hebrajski i stały się świętą księgą narodu hebrajskiego, na długo przedtem, nim Stary Testament został zredukowany do pisma. Zasadnicze posłanie tego, dobrego człowieka dotyczyło nauczania jego syna rzetelności i uczciwości na powierzonej mu pozycji władcy i takie szlachetne poglądy z dawnych czasów mogłyby przynieść zaszczyt każdemu współczesnemu mężowi stanu.

Ten mądry człowiek znad Nilu nauczał, że „bogactwom wyrastają skrzydła i odlatują" – że wszystkie ziemskie rzeczy przemijają. Jego wspaniała modlitwa mówiła o „wybawieniu od strachu". Napominał wszystkich, aby odwrócili się od „słów ludzkich" ku „dziełom Bożym". W kwintesencji nauczał: człowiek proponuje, ale Bóg rozporządza. Jego nauki, przetłumaczone na hebrajski, zdeterminowały filozofię Księgi Przysłów Starego Testamentu. Przetłumaczone na grecki, nadały zabarwienie całej późniejszej, helleńskiej filozofii religijnej. Później, aleksandryjski filozof, Filon, posiadał egzemplarz Księgi Mądrości.

Amenemope działał tak, aby zachować etykę ewolucji i moralność objawienia a jego pisma przekazały obie te wartości Hebrajczykom i Grekom. Amenemope nie był największym nauczycielem religijnym tej epoki, ale najbardziej wpływowym, dlatego, że nadał pewien odcień późniejszym systemom myślowym dwu istotnych ogniw w rozwoju cywilizacji Zachodu – Hebrajczykom, u których zachodnia wiara religijna osiągnęła swój punkt kulminacyjny i Grekom, którzy doprowadzili czysto filozoficzne myślenie do jego najwyższych, europejskich szczytów.

W hebrajskiej Księdze Przysłów, rozdział piętnasty, siedemnasty, dwudziesty i rozdział dwudziesty drugi, werset siedemnasty, do rozdziału dwudziestego czwartego, werset dwudziesty drugi, są prawie dosłownie wzięte z Księgi Mądrości Amenemopa. Pierwszy Psalm hebrajskiej Księgi Psalmów napisany został przez Amenemopa i stanowi sedno nauk Echnatona.

5. ZNAKOMITY ECHNATON

Nauki Amenemopa powoli traciły swój grunt w umysłach Egipcjan, kiedy to dzięki wpływom egipskiego lekarza, salemity, kobieta z rodziny królewskiej została wyznawczynią nauk Melchizedeka. Kobieta ta nakłoniła swego syna, Echnatona, faraona Egiptu, aby zaakceptował doktrynę o Jednym Bogu.

Jak dotąd, od czasu zniknięcia Melchizedeka jako istoty cielesnej, żadna istota ludzka nie miała tak zdumiewająco jasnej idei objawionej religii salemskiej, jak Echnaton. Pod pewnymi względami, ten młody król egipski jest jedną z najznakomitszych postaci w ludzkiej historii. W okresie narastającego kryzysu duchowego w Mezopotamii, utrzymał on w Egipcie żywą doktrynę El Eljon, Jednego Boga, tym samym zachował ten filozoficzny, monoteistyczny nurt, który był istotny jako religijne tło dla przyszłego obdarzenia, dokonanego przez Michała. Między innymi, właśnie w uznaniu tych osiągnięć, Jezus jako dziecko został zabrany do Egiptu, gdzie go ujrzeli niektórzy z duchowych spadkobierców Echnatona i do pewnego stopnia zrozumieli pewne stadia jego Boskiej misji dla Urantii.

Mojżesz, największa postać pomiędzy Melchizedekiem a Jezusem, był dla świata wspólnym darem narodu hebrajskiego i egipskiej rodziny królewskiej; i gdyby Echnaton posiadał taką wszechstronność i zdolności jak Mojżesz, gdyby wykazał geniusz polityczny dorównujący jego zadziwiającemu przywództwu religijnemu, Egipt stałby się wielkim państwem monoteistycznym tamtej epoki; a gdyby się tak stało, jest zupełnie możliwe, że Jezus przeżyłby większą część swego, śmiertelnego życia w Egipcie.

Nigdy, w całej ludzkiej historii, żaden król nie prowadził tak metodycznie całego swego narodu od politeizmu do monoteizmu, jak to robił nadzwyczajny Echnaton. Ten młody władca zerwał z przeszłością, z niezwykłą i zadziwiającą determinacją, zmienił swe imię, porzucił stolicę, zbudował zupełnie nowe miasto i stworzył nową sztukę i literaturę dla całego narodu. Działał jednak za szybko, stworzył za dużo, więcej niż mogło się zachować, gdy odszedł. Nie zapewnił również materialnej stabilizacji i dobrobytu swemu narodowi; wszystko to działało na niekorzyść jego nauk religijnych, kiedy kolejny zalew przeciwności losu i ucisku ogarnął Egipcjan.

Gdyby ten człowiek, którego cechowała zadziwiająca przenikliwość i nadzwyczajna wytrwałość w dążeniu do celu, miał polityczną bystrość Mojżesza, mógłby odmienić całą historię ewolucji religii i objawiania prawdy w świecie Zachodu. Za swojego życia potrafił przykrócić działalność kapłanów, których generalnie dyskredytował, oni jednak odprawiali swe obrzędy w tajemnicy i zaczęli działać, jak tylko młody król skończył władanie; i nie wahali się powiązać wszystkich późniejszych kłopotów Egiptu z wprowadzeniem monoteizmu za jego rządów.

Echnaton bardzo mądrze usiłował wprowadzić monoteizm pod symbolem słońca-boga. Decyzję o zbliżeniu się do czczenia Ojca Wszechświatowego, poprzez wchłonięcie wszystkich bogów przez kult słońca, powziął on za radą lekarza, salemity. Echnaton przyjął uogólnione doktryny istniejącej już wtedy wiary w Atona, dotyczące ojcostwa i macierzyństwa Bóstwa i stworzył religię, która uznawała bliski, czci pełen związek pomiędzy człowiekiem a Bogiem.

Echnaton był na tyle mądry, że zachowywał pozory czczenia Atona, słońca-boga, kiedy prowadził swych współbraci ku tak ucharakteryzowanemu czczeniu Jednego Boga, stwórcy Atona i najwyższego Ojca wszystkich. Ten młody nauczyciel-król był płodnym pisarzem, autorem dzieła zatytułowanego „Jeden Bóg", książki zawierającej trzydzieści jeden rozdziałów, którą kompletnie zniszczyli kapłani, kiedy wrócili do władzy. Echnaton napisał też sto trzydzieści siedem hymnów, dwanaście z nich zachowane jest teraz w Księdze Psalmów Starego Testamentu, przypisanej autorom hebrajskim.

W życiu codziennym, najwyższym słowem religii Echnatona była „prawość" i szybko rozszerzył on ideę czynienia dobra tak, aby obejmowała zarówno etykę międzynarodową jak i narodową. Pokolenie Echnatona charakteryzowała zadziwiająca pobożność osobista oraz autentyczne pragnienie, cechujące bardziej inteligentnych mężczyzn i kobiety, aby znaleźć Boga i go poznać. W tamtych dniach społeczna pozycja bogatego nie dawała Egipcjaninowi przewagi w oczach prawa. Życie rodzinne Egiptu przyczyniło się znacznie do rozwoju kultury moralnej i było inspiracją dla późniejszego, wspaniałego życia rodzinnego Żydów w Palestynie.

Zgubną słabością ewangelii Echnatona była jej największa prawda, nauka, że Aton jest nie tylko stwórcą Egiptu, ale także „całego świata, człowieka i zwierząt a oprócz ziemi egipskiej wszystkich obcych ziem, nawet Syrii i Kusz. Umieścił wszystko na swoim miejscu i zaopatrzył wszystkich według ich potrzeb". Takie koncepcje Bóstwa były wzniosłe i chwalebne, ale nie były nacjonalistyczne. Poglądy o międzynarodowości religii nie podnosiły morale armii egipskiej na polu bitwy, podczas kiedy kapłanom dawały skuteczną broń przeciw młodemu królowi i jego nowej religii. Echnaton miał ideę Bóstwa znacznie wyższą niż później Hebrajczycy, jednak była ona zbyt zaawansowana, aby mogła służyć tworzeniu narodu.

Chociaż monoteistyczny ideał ucierpiał, gdy odszedł Echnaton, idea jednego Boga przetrwała w umysłach wielu grup ludzkich. Zięć Echnatona współpracował z kapłanami i wrócił do czczenia starych bogów, zmieniając swe imię na Tutanchamon. Stolica wróciła do Teb a kapłani bogacili się w ziemię, na koniec wzięli w posiadanie jedną siódmą całego Egiptu; niedługo członek tej właśnie klasy kapłańskiej zuchwale sięgnął po koronę.

Jednak kapłani nie zdołali powstrzymać zupełnie monoteistycznej fali. Coraz częściej zmuszani byli do łączenia swych bogów i pisania ich imion z łącznikiem; rodzina bogów coraz bardziej się kurczyła. Echnaton związał płonący na niebie dysk z Bogiem stwórcą i ta idea wciąż płonęła w sercach ludzi, nawet kapłanów, długo po tym jak odszedł młody reformator. Już nigdy idea monoteizmu nie wygasła w ludzkich sercach, tak w Egipcie jak i na świecie. Przetrwała nawet do czasu przybycia Syna Stwórcy tego samego, Boskiego Ojca, jednego Boga, którego Echnaton tak gorliwie głosił, aby go czczono w całym Egipcie.

Słabość doktryny Echnatona polegała na tym, że wystąpił on z religią tak zaawansowaną, że tylko wykształceni Egipcjanie mogli w pełni zrozumieć jego nauki. Ogół robotników rolnych nigdy w pełni nie zrozumiał jego ewangelii, więc znowu był gotów czcić, razem z kapłanami, Izis i jej małżonka Ozyrysa z dawnych czasów, który jak domniemano, był cudownie wskrzeszony po okrutnej śmierci z rąk Seta, boga ciemności i zła.

Nauka o nieśmiertelności dla wszystkich była zbyt zaawansowana dla Egipcjan. Tylko królom i bogatym obiecywano zmartwychwstanie, dlatego też pieczołowicie balsamowali i przechowywali swe ciała w grobach, w oczekiwaniu dnia sądu. Jednak demokracja zbawienia i zmartwychwstania, jak jej nauczał Echnaton, zapanowała w końcu aż do tego stopnia, że później Egipcjanie wierzyli, iż nawet nierozumne zwierzęta przeżywają śmierć.

Chociaż wysiłki tego władcy egipskiego, zmierzające do narzucenia czczenia jednego Boga swemu narodowi pozornie nie odniosły skutku, należy odnotować, że reperkusje jego dzieła przetrwały wieki, zarówno w Palestynie jak i w Grecji, jak również to, że Egipt stał się tym samym czynnikiem niosącym wspólną, ewolucyjną kulturę Nilu i objawieniową religię znad Eufratu wszystkim późniejszym narodom Zachodu.

Chwała tej wielkiej epoki rozwoju moralnego i postępu duchowego szybko przeminęła w dolinie Nilu, mniej więcej w tym czasie, kiedy Hebrajczycy zaczynali swe życie narodowe, a ze swego pobytu w Egipcie ci Beduini wynieśli dużo nauk Echnatona i wiele jego doktryn zachowali w swej religii narodowej.

6. DOKTRYNY SALEMSKIE W IRANIE

Niektórzy misjonarze Melchizedeka wyszli z Palestyny a idąc przez Mezopotamię i dalej, doszli na wielki płaskowyż irański. Przez ponad pięćset lat nauczyciele salemscy robili postępy w Iranie i cały naród był skłonny przyjąć religię Melchizedeka, kiedy to w wyniku zmiany władców nastąpiły ostre prześladowania, które praktycznie zakończyły monoteistyczne nauki kultu salemskiego. Doktryna przymierza Abrahama praktycznie zanikła w Persji, kiedy to w wielkim wieku renesansu moralnego, szóstym przed Chrystusem, pojawił się Zoroaster, aby rozpalić na nowo tlące się zarzewie ewangelii salemskiej.

Założycielem nowej religii był mężny i przedsiębiorczy młodzieniec, który podczas swojej pierwszej pielgrzymki do Ur, w Mezopotamii, słyszał podania o buncie Caligastii i Lucyfera – razem z wieloma innymi podaniami – co bardzo zainspirowało jego religijną naturę. Dlatego też na skutek snu, który miał w Ur, postanowił wrócić do swej ojczyzny na północy i zacząć przekształcać religię swego narodu. Przyswoił sobie hebrajską ideę Boga sprawiedliwości, mojżeszową koncepcję boskości. Idea najwyższego Boga była dla niego jasna i wszystkich innych bogów uznał za diabłów, sprowadzając ich do rangi demonów, o których słyszał w Mezopotamii. Słyszał opowieść o Siedmiu Duchach Nadrzędnych, ponieważ tradycje te były wciąż żywe w Ur i stworzył plejadę siedmiu wyższych bogów, z Ahura Mazdą na czele. Tych podrzędnych bogów związał z idealizacją Słusznego Prawa, Dobrego Myślenia, Szlachetnego Rządu, Świętego Charakteru, Zdrowia i Nieśmiertelności.

Nowa religia była religią działania – pracy – a nie modlitw i rytuałów. Jej Bóg był istotą o najwyższej mądrości, patronem cywilizacji; była to wojująca filozofia religijna, która się nie wahała zwalczać zła, bezczynności i zacofania.

Zoroaster nie nauczał czczenia ognia, ale chciał użyć płomienia jako symbolu czystego i mądrego Ducha, najwyższego i powszechnie panującego. (Prawdą jest jednak, że jego późniejsi wyznawcy zarówno szanowali jak i czcili ten symboliczny ogień). W końcu, po nawróceniu irańskiego księcia, tę nową religię szerzono mieczem. I Zoroaster zginął bohatersko w walce o to, co jak wierzył, było „prawdą Pańskiej światłości".

Zoroastryzm jest jedyną doktryną urantiańską, które zachowuje dalamatyńskie i edeniczne nauki o Siedmiu Duchach Nadrzędnych. Chociaż religia ta nie wykształciła koncepcji Trójcy, zbliżyła się w pewien sposób do idei Boga Siedmiorakiego. Pierwotny zoroastryzm nie był czystym dualizmem i chociaż jego wczesne nauki obrazowały zło, jako równorzędne w czasie z dobrem, w wieczności było ono zdecydowanie pogrążone w ostatecznej rzeczywistości dobra. Dopiero w późniejszych czasach zaczęto dawać wiarę doktrynie, że dobro i zło współzawodniczą ze sobą na równych warunkach.

Żydowskie podania o niebie i piekle oraz doktryna o diabłach, tak jak jest zapisana w hebrajskim Piśmie Świętym, chociaż się opierały na wciąż żywych wtedy podaniach o Lucyferze i Caligastii, zasadniczo są wywiedzione z zoroastryzmu w tych czasach, kiedy Żydzi byli pod polityczną i kulturalną dominacją Persów. Zoroaster, podobnie jak Egipcjanie, nauczał o „dniu sądu", jednak wiązał to wydarzenie z końcem świata.

Nawet ta religia, która nastała w Persji po zoroastryzmie, pozostawała pod znacznym wpływem zoroastryzmu. Kiedy irańscy kapłani chcieli obalić nauki Zoroastra, wskrzesili starożytne czczenie Mitry. I mitraizm rozprzestrzenił się na obszarze Bliskiego Wschodu oraz w rejonie Morza Śródziemnego, istniejąc jakiś czas równolegle z judaizmem i z chrześcijaństwem. W ten sposób nauki Zoroastra wywarły kolejno wpływ na trzy wielkie religie: judaizm, chrześcijaństwo, a poprzez nie na mahometanizm.

Daleka jest jednak droga od podniosłych nauk i szlachetnych psalmów Zoroastra do współczesnych wypaczeń jego ewangelii, dokonanych przez Parsów, z ich wielkim lękiem przed zmarłymi, połączonym z wierzeniami w te sofistyki, do których nigdy nie zniżyłby się Zoroaster.

Ten wielki człowiek należał do unikalnej grupy ludzi, która się pojawiła w szóstym wieku przed Chrystusem, aby podtrzymywać światło Salemu przed całkowitym i ostatecznym wygaśnięciem, kiedy paliło się ono tak nikle, wskazując człowiekowi w jego mrocznym świecie świetlistą drogę prowadzącą do życia wiecznego.

7. NAUKI SALEMSKIE W ARABII

Nauki Melchizedeka o jednym Bogu umocniły się na pustyni arabskiej stosunkowo niedawno. Podobnie jak w Grecji, w Arabii również nie powiodło się misjonarzom z Salemu, gdyż nie zrozumieli instrukcji Machiventy w sprawie unikania zbytniej reorganizacji. Jednak nie krępowali się oni interpretować po swojemu napomnień Melchizedeka, w sprawie wystrzegania się wszelkich prób szerzenia ewangelii siłą wojskową i przymusem państwowym.

Nawet w Chinach czy w Rzymie nauk Melchizedeka nie spotkała taka klęska, jak w tym pustynnym regionie, tak bliskim samego Salemu. Długo po tym, jak większość narodów Wschodu i Zachodu została odpowiednio buddystami i chrześcijanami, pustynia Arabii pozostawała w takim stanie, w jakim była przez tysiące lat. Każde plemię czciło swego starego fetysza a wiele pojedynczych rodzin miało swoich własnych, domowych bogów. Długo trwały tam zmagania pomiędzy babilońską Isztar, hebrajskim Jahwe, irańskim Ahurą i chrześcijańskim Ojcem Pana Jezusa Chrystusa. Nigdy jedna idea nie potrafiła całkowicie wyprzeć innych.

Na obszarze Arabii istniały tu i ówdzie rodziny i klany, które trzymały się mglistej idei jednego Boga. Grupy te strzegły tradycji Melchizedeka, Abrahama, Mojżesza i Zoroastra. Istniały też liczne ośrodki, które mogły być podatne na ewangelię Jezusową, ale misjonarze chrześcijańscy na pustynnej ziemi byli grupą srogą i nieustępliwą, w przeciwieństwie do ugodowców i innowatorów, którzy działali jako misjonarze w krajach śródziemnomorskich. Gdyby wyznawcy Jezusa potraktowali poważniej jego napomnienie „idźcie w świat i głoście ewangelię" i gdyby ich nauczanie miało więcej wdzięku, gdyby byli mniej surowi w dodatkowych nakazach społecznych, swego własnego pomysłu, wtedy wiele ziem chętnie przyjęłoby prostą ewangelię syna cieśli, wśród nich również Arabia.

Pomimo tego, że wielkie monoteizmy bliskowschodnie nie zapuściły korzeni w Arabii, ta pustynna ziemia potrafiła jednak wytworzyć wiarę, która choć mniej wymagająca w swych nakazach społecznych, była jednak monoteistyczna.

W prymitywnych i niezorganizowanych wierzeniach pustynnych istniał tylko jeden czynnik wspólny natury plemiennej, rasowej czy narodowej, a był nim specyficzny i powszechny szacunek, który żywiły prawie wszystkie plemiona arabskie w stosunku do pewnego fetysza – czarnego kamienia w pewnej świątyni w Mekce. Ten punkt wspólnych kontaktów i czczenia doprowadził potem do założenia religii islamskiej. Tym, czym dla żydowskich Semitów był Jahwe, duch wulkanu, tym kamień Kaaba stał się dla ich arabskich kuzynów.

Siłą islamu jest jego wyraźny i dobrze zdefiniowany obraz Allaha, jako jednego i jedynego Bóstwa; jego słabością, rozpowszechnianie z użyciem siły wojskowej oraz degradacja kobiet. Jednak trzyma się on mocno swego zobrazowania Jednego Wszechświatowego Bóstwa wszystkich, „który zna niewidzialne i widzialne. Jest on dobrotliwy i litościwy". „Zaprawdę, Bóg ma obfitość dobroci dla wszystkich". „A kiedy zachoruję, to mnie leczy". „Bo ilekroć aż trzech mówi razem, Bóg jest obecny jako czwarty", czyż nie jest on „pierwszym i ostatnim, jawnym i ukrytym?"

[Przedstawione przez Melchizedeka z Nebadonu].

PRZEKAZ 96

JAHWE – BÓG HEBRAJCZYKÓW

KIEDY człowiek wyobraża sobie Bóstwo, z początku wlicza w to wszystkich bogów, potem podporządkowuje wszystkich obcych bogów swemu bóstwu plemiennemu, a w końcu wyklucza wszystkich za wyjątkiem jednego Boga, o ostatecznej i najwyższej wartości. Żydzi zsyntetyzowali wszystkich bogów w swą bardziej wysublimowaną ideę Pana Boga Izraela. Tak samo Hindusi łączyli swe wielorakie bóstwa w „jedną duchowość bogów", zobrazowaną w Rigwedzie, podczas gdy Mezopotamczycy zredukowali swych bogów do bardziej scentralizowanej koncepcji Bel-Marduka. Takie idee monoteizmu dojrzewały wszędzie na świecie wkrótce po pojawieniu się Machiventy Melchizedeka w Salemie, w Palestynie. Jednak Melchizedekowa idea Bóstwa nie była podobna do ewolucyjnej filozofii włączania, podporządkowywania i wykluczania; oparta była wyłącznie na *stwórczej mocy* i bardzo szybko wywarła wpływ na najwyższe idee bóstwa w Mezopotamii, Indiach i Egipcie.

Religia salemska szanowana była jako tradycja u Kenitów i kilku innych plemion kanaanejskich. I to był jeden z powodów wcielenia Melchizedeka: żeby religia jednego Boga mogła być tak rozwijana, aby przygotowała drogę dla obdarzenia Ziemi Synem tego, jednego Boga. Michał raczej nie mógł przybyć na Urantię, dopóki nie było na niej ludzi wierzących w Ojca Wszechświatowego, pośród których mógłby się pojawić.

Religia salemska trwała u Kenitów, w Palestynie jako ich doktryna a religia ta, tak jak została później przyjęta przez Hebrajczyków, ulegała wpływom najpierw nauk moralnych Egipcjan, później babilońskiej myśli teologicznej a na koniec irańskiej koncepcji dobra i zła. W rzeczywistości religia hebrajska opiera się na przymierzu, zawartym pomiędzy Abrahamem a Machiventą Melchizedekiem, ewolucyjnie jest to wynik wielu unikalnych zbiegów okoliczności, ale kulturowo religia ta hojnie zapożyczała z religii, moralności i filozofii całego Bliskiego Wschodu. To właśnie poprzez religię hebrajską, znaczna część moralności i myśli religijnej Egiptu, Mezopotamii oraz Iranu przeniesiona została do narodów Zachodu.

1. KONCEPCJE BÓSTWA U SEMITÓW

Wcześni Semici uważali, że wszystko jest zamieszkałe przez ducha. Istniały duchy światów zwierząt i roślin; duchy roku, pan potomstwa, duchy ognia, wody i powietrza; prawdziwy panteon duchów, których należało się obawiać i czcić. Nauka Melchizedeka dotycząca Wszechświatowego Stwórcy nigdy zupełnie nie zlikwidowała wierzeń w te podrzędne duchy czy bogów natury.

Przechodzenie Hebrajczyków od politeizmu, poprzez henoteizm do monoteizmu nie było nieprzerwanym, ciągłym rozwojem konceptualnym. Przeżywali oni wiele regresów w trakcie ewolucji swojej koncepcji Bóstwa, podczas gdy w każdej kolejnej epoce istniały zróżnicowane idee Boga u różnych grup wierzących Semitów. Dla określenia swej koncepcji Boga, od czasu do czasu stosowali różnorodne nazwy i aby zapobiec ich pomieszaniu zdefiniowane zostaną różne tytuły Bóstwa, tak jak odnoszą się one do ewolucji teologii żydowskiej:

1. *Jahwe* był bogiem południowych plemion palestyńskich, które wiązały tę koncepcję bóstwa z górą Horeb, wulkanem synajskim. Jahwe był tylko jednym z setek albo tysięcy bogów natury, którzy absorbowali uwagę i żądali czci od semickich plemion i narodów.

2. *El Eljon*. Kilka wieków po tym, jak Melchizedek przebywał w Salem, jego doktryna Bóstwa istniała w różnych wersjach, jednak generalnie była określana nazwą El Eljon, Najwyższy Bóg nieba. Wielu Semitów, wraz potomkami Abrahama w linii prostej, w różnych okresach czciło zarówno Jahwe jak i El Eljon.

3. *El Szaddaj*. Trudno jest wyjaśnić, co oznacza El Szaddaj. Była to kompleksowa idea Boga, wyprowadzona z nauk Księgi Mądrości Amenemopa, zmodyfikowana przez echnatońską doktrynę Atona a później ulegała wpływom nauk Melchizedeka, ujętych w koncepcji El Eljon. Jednak, kiedy koncepcja El Szaddaj przeniknęła do umysłów hebrajskich, została dogłębnie zabarwiona pustynnymi wierzeniami w Jahwe.

Jedną z dominujących idei religii tej epoki była egipska koncepcja Boskiej Opatrzności, nauczanie, że dobrobyt materialny jest nagrodą za służbę El Szaddaj.

4. *El*. Pośród całego tego zamętu terminologii i niejasności koncepcji, wielu głęboko wierzących szczerze usiłowało czcić wszystkie te rozwijające się idee boskości i wykształcił się zwyczaj nawiązywania do tego, złożonego Bóstwa, jako do El. A nazwa ta obejmuje jeszcze innych, beduińskich bogów natury.

5. *Elohim*. W Kisz i w Ur długo istniały sumeryjsko-chaldejskie grupy ludzi, którzy nauczali idei Boga jako trzech w jednym, opartej na tradycjach z czasów Adama i Melchizedeka. Doktryna ta przeniesiona została do Egiptu, gdzie Trójca czczona była pod imieniem Elohim albo czasami jako Eloah. Kręgi filozoficzne Egiptu a później aleksandryjscy nauczyciele hebrajskiego pochodzenia nauczali o tej jedności pluralistycznych Bogów i wielu doradców Mojżesza, w czasie exodusu, wierzyło w tę Trójcę. Jednak koncepcja trójcowego Elohima nigdy naprawdę nie stała się częścią teologii hebrajskiej, aż do tego czasu, gdy Hebrajczycy zaczęli ulegać politycznym wpływom Babilończyków.

6. *Rozmaite imiona*. Semici nie lubili wymawiać imienia swego Bóstwa i w związku z tym, od czasu do czasu, uciekali się do licznych innych określeń, takich jak: Duch Boga, Pan, Anioł Pański, Wszechmocny, Święty, Najwyższy, Adonai, Pradawny Czasu, Pan Bóg Izraela, Stwórca Nieba i Ziemi, Kyrios, Jah, Pan Zastępów i Ojciec w Niebie.

Jehowa jest tym określeniem, które niedawno zostało zastosowane na oznaczenie kompletnej idei Jahwe, która ostatecznie wykształciła się w długich doświadczeniach Hebrajczyków. Jednak imienia Jehowa nie zaczęto używać wcześniej, jak dopiero tysiąc pięćset lat po Jezusie.

Aż do roku 2000 p.n.e. góra Synaj była sporadycznie aktywnym wulkanem, rzadkie jej erupcje występowały tak niedawno, że sięgały czasu pobytu Izraelitów w tym rejonie. Ogień i dym, razem z grzmotami detonacji, związane z erupcjami góry wulkanicznej wywierały wielkie wrażenie i przerażały Beduinów z pobliskich regionów oraz sprawiały, że bardzo bali się Jahwe. Duch góry Horeb został później bogiem hebrajskich Semitów i w końcu uwierzyli oni, że jest najwyższy nad wszystkimi innymi bogami.

Kanaanici od dawna czcili Jahwe i chociaż wielu Kenitów wierzyło bardziej czy mniej w El Eljon, superboga religii salemskiej, większość Kanaanitów trzymała się luźno kultu starych bóstw plemiennych. Raczej nie mieli ochoty rezygnować ze swych bóstw narodowych na rzecz międzynarodowych, nie mówiąc już o Bogu międzyplanetarnym. Nie chcieli zaakceptować uniwersalnego bóstwa i dlatego plemiona te nadal czciły swe bóstwa plemienne, razem z Jahwe oraz srebrnymi i złotymi cielcami, które dla beduińskich pasterzy symbolizowały ideę ducha wulkanu Synaj.

Syryjczycy, podczas gdy czcili swoich bogów, wierzyli także w Jahwe Hebrajczyków, gdyż ich prorocy powiedzieli królowi syryjskiemu: „Bogowie ich są bogami gór, dlatego nas pokonali; natomiast walczmy z nimi na równinie, wtedy na pewno my ich pokonamy".

W miarę rozwoju kultury ludzkiej, mniejsi bogowie zostali podporządkowani najwyższemu bóstwu; wielki Jowisz przetrwał tylko jako okrzyk. Monoteiści uznali swoich niższych bogów za duchy, demony, fatum, nereidy, wróżki, chochliki, krasnoludki, zjawy i uroki. Hebrajczycy przeszli henoteizm i długo wierzyli w istnienie bogów innych niż Jahwe, ale coraz usilniej twierdzili, że te obce bóstwa podlegają Jahwe. Uznali, że Kemosz, bóg Amorytów, rzeczywiście istnieje, ale utrzymywali, że jest podwładnym Jahwe.

Spośród wszystkich ludzkich teorii Boga, idea Jahwe przeszła największy rozwój. Jej progresywną ewolucję porównać można tylko z metamorfozami koncepcji Buddy w Azji, które w końcu doprowadziły do koncepcji Absolutu Wszechświatowego, tak samo jak koncepcja Jahwe doprowadziła w końcu do idei Ojca Wszechświatowego. Patrząc z historycznego punktu widzenia, należy wyjaśnić, że chociaż Żydzi zmieniali swoje poglądy na Bóstwo, od plemiennego boga góry Horeb do miłości pełnego i miłosiernego Stwórcy Ojca w ostatnich czasach, nie zmienili jego imienia; wciąż nazywali tę rozwijającą się koncepcję Bóstwa – Jahwe.

2. LUDY SEMICKIE

Semici ze wschodu byli dobrze zorganizowanymi i dobrze dowodzonymi jeźdźcami, którzy napadli na wschodnie regiony żyznego półksiężyca i połączyli się tam z Babilończykami. Chaldejczycy, mieszkający w pobliżu Ur, należeli do najbardziej zaawansowanej grupy Semitów wschodnich. Fenicjanie byli zaawansowaną i dobrze zorganizowaną grupą mieszanych Semitów, którzy zajmowali zachodnią część Palestyny, wzdłuż wybrzeża Morza Śródziemnego. Rasowo, Semici należą do najbardziej zmieszanych ludów Urantii, posiadają czynniki dziedziczne prawie wszystkich dziewięciu ras tego świata.

Wiele razy arabscy Semici wywalczyli sobie drogę do północnej Ziemi Obiecanej, ziemi „miodem i mlekiem płynącej", ale równie często byli z niej wyrzucani przez lepiej zorganizowanych i wyżej cywilizowanych Semitów północnych i Hetytów. Później, w czasie bardzo dotkliwego głodu, ci błąkający się Beduini weszli znaczną liczbą do Egiptu, jako robotnicy najemni egipskich robót publicznych, tylko po to, aby napotkać gorzkie zniewolenie i ciężki trud codzienny pospolitych i uciskanych robotników z doliny Nilu.

Było to wkrótce po czasach Machiventy Melchizedeka i Abrahama, kiedy pewne plemiona Semitów, ze względu na swe specyficzne wierzenia religijne, zwane były dziećmi Izraela a później Hebrajczykami, Żydami i „narodem wybranym". Abraham nie był ojcem całego narodu hebrajskiego; nie był nawet przodkiem wszystkich tych beduińskich Semitów, którzy zostali zatrzymani w Egipcie. Prawda, że jego potomstwo wychodzące z Egiptu stanowiło rdzeń późniejszego narodu żydowskiego, ale znaczna większość mężczyzn i kobiet, którzy zostali przyłączeni do klanów Izraela, nigdy nie przebywała w Egipcie. Byli po prostu bratnimi koczownikami, którzy postanowili iść pod przywództwo Mojżesza, kiedy dzieci Abrahama i ich semiccy towarzysze z Egiptu szli przez północną Arabię.

Nauczanie Melchizedeka o El Eljon, Najwyższym Ojcu i przymierze Boskiej łaski przez wiarę zostało w znacznej mierze zapomniane podczas egipskiego zniewolenia ludu semickiego, który niedługo potem utworzył naród hebrajski. Ci arabscy koczownicy zachowywali jednak w okresie niewoli resztki tradycyjnego wierzenia w Jahwe jako w bóstwo narodowe.

Jahwe był czczony przez ponad sto odrębnych plemion arabskich i za wyjątkiem zabarwienia Melchizedekową koncepcją El Eljon, która przetrwała wśród lepiej wykształconych klas w Egipcie, z mieszanką hebrajsko-egipską włącznie, religia ogółu pojmanych niewolników hebrajskich była zmodyfikowaną wersją starego rytuału Jahwe – magii i ofiarowania.

3. NIEZRÓWNANY MOJŻESZ

Początek ewolucji hebrajskich koncepcji i ideałów Najwyższego Stwórcy datuje się od czasu wyjścia Semitów z Egiptu, pod wodzą wielkiego nauczyciela i organizatora, Mojżesza. Matka Mojżesza pochodziła z egipskiej rodziny królewskiej, ojciec był semickim urzędnikiem do spraw kontaktów pomiędzy rządem a pojmanymi Beduinami. Tym samym Mojżesz posiadał cechy wywodzące się z wyższych źródeł rasowych; jego przodkowie byli tak bardzo wymieszani, że niemożliwe jest zaklasyfikowanie go do jakiejkolwiek konkretnej grupy rasowej. Gdyby nie pochodził z tak mieszanego gatunku, nigdy nie mógłby przejawiać niezwykłej wszechstronności i zdolności adaptacyjnych, które pozwoliły mu kierować tą zróżnicowaną hordą, jaka się w końcu przyłączyła do Beduinów-Semitów, którzy uciekli z Egiptu na Pustynię Arabską pod jego przywództwem.

Wbrew pokusom kultury królestwa Nilu, Mojżesz postanowił dzielić los narodu swego ojca. W tym okresie, kiedy wielki organizator przygotowywał plany ostatecznego wyzwolenia ludu swego ojca, zniewoleni Beduini raczej nie posiadali religii wartej tej nazwy, faktycznie nie mieli prawdziwej koncepcji Boga ani żadnej nadziei na tym świecie.

Nigdy jeszcze żaden przywódca nie podjął się zreformowania i zaawansowania *bardziej opuszczonej*, przybitej, przygnębionej i ignoranckiej grupy istot ludzkich. Jednak ci niewolnicy posiadali potencjalne możliwości rozwoju, utajone w ich dziedzictwie a znajdowała się wśród nich także odpowiednia liczba wykształconych przywódców, których nauczał Mojżesz w ramach przygotowań do dnia powstania i zrywu wolnościowego, aby stanowili zespół sprawnych organizatorów. Ci zaawansowani ludzie zatrudnieni byli jako nadzorcy swego narodu; otrzymali jakieś wykształcenie, na skutek wpływu, jaki wywierał Mojżesz na władców egipskich.

Mojżesz próbował dyplomatycznie negocjować wolność dla swych braci Semitów. Razem ze swym bratem zawarli ugodę z królem Egiptu, na mocy której dostali zezwolenie na pokojowe odejście z doliny Nilu na Pustynię Arabską. Semici mieli otrzymać skromną zapłatę w pieniądzach i dobrach, jako premię za swą długą służbę w Egipcie. Ze swojej strony Hebrajczycy zawarli porozumienie o utrzymywaniu przyjaznych stosunków z faraonami i nie zawieraniu żadnego sojuszu przeciw Egiptowi. Jednak później król postanowił zerwać to porozumienie, podając jako przyczynę, że jego szpiedzy odkryli nielojalność wśród niewolników beduińskich. Twierdził, że pragną wolności po to, aby iść na pustynię i organizować koczowników przeciw Egiptowi.

Mojżesz jednak się nie zniechęcił; poczekał na odpowiedni czas i w niecały rok później, kiedy całe egipskie wojsko stawiało opór jednoczesnym, silnym atakom Libijczyków z południa i greckiej inwazji morskiej z północy, ten nieustraszony organizator wyprowadził swych rodaków z Egiptu w czasie spektakularnej, nocnej ucieczki. Ten zryw wolnościowy był dokładnie zaplanowany i umiejętnie przeprowadzony. I się udał, pomimo, że Semici byli zawzięcie ścigani przez faraona i małą grupę Egipcjan. Wszyscy Egipcjanie zostali zabici przez siły obronne uciekinierów, co przyniosło wiele łupu, pomnożonego przez plądrowanie, które prowadziły wysunięte zastępy uciekających niewolników, kiedy maszerowali w kierunku pustynnej ojczyzny swych przodków.

4. OBWIESZCZENIE JAHWE

Nauki Mojżeszowe, rozwinięte i umoralnione, wywarły wpływ na nieomal połowę świata i nadal go wywierają, nawet w wieku dwudziestym. Podczas gdy Mojżesz rozumiał zaawansowaną filozofię religijną Egipcjan, beduińscy niewolnicy niewiele wiedzieli o takim nauczaniu, ale nigdy zupełnie nie zapomnieli boga góry Horeb, którego ich przodkowie zwali Jahwe.

Mojżesz słuchał nauk Machiventy Melchizedeka, zarówno od ojca jak i od matki, wspólnota wierzeń religijnych wyjaśnia ten niezwykły związek, pomiędzy kobietą krwi królewskiej a człowiekiem ze zniewolonego narodu. Teść Mojżesza był Kenitą, czcicielem El Eljon, ale rodzice wyzwoliciela byli wyznawcami El Szaddaj. Mojżesz był wykształcony jako el szaddaista; dzięki wpływowi teścia został el eljonistą a podczas obozowania Hebrajczyków pod górą Synaj, po ucieczce z Egiptu, sformułował nową i poszerzoną koncepcję Bóstwa (wywiedzioną ze wszystkich jego poprzednich wierzeń), którą mądrze postanowił ogłosić swemu ludowi jako poszerzoną koncepcję ich starego boga plemiennego, Jahwe.

Mojżesz próbował nauczać tych Beduinów idei El Eljon, ale przed opuszczeniem Egiptu utwierdził się w przekonaniu, że nigdy w pełni nie zrozumieją tej doktryny. Rozmyślnie zatem zdecydował się na kompromisową adopcję ich plemiennego boga z pustyni jako jednego i jedynego boga swoich wyznawców. Mojżesz nie nauczał wyraźnie, że inne ludy i narody nie mogą mieć innych bogów, ale twierdził stanowczo, że Jahwe jest ponad i powyżej wszystkich, zwłaszcza dla Hebrajczyków. Zawsze jednak doskwierała mu niewygodna sytuacja, kiedy próbował przedstawić swą nową i wyższą ideę Bóstwa tym ignoranckim niewolnikom, ubraną w starożytną nazwę Jahwe, którego u plemion beduińskich zawsze symbolizował złoty cielec.

To, że Jahwe był bogiem uciekających Hebrajczyków, wyjaśnia, dlaczego pozostawali tak długo pod świętą górą Synaj i dlaczego tam otrzymali Dziesięć Przykazań, które Mojżesz ogłosił w imieniu Jahwe, boga Horeb. Podczas tego, długiego pobytu pod Synajem, obrzędy religijne nowo powstałego kultu Hebrajczyków zostały lepiej dopracowane.

Wydawało się, że Mojżeszowi w ogóle nie uda się wprowadzić nieco zaawansowanego czczenia obrzędowego, oraz utrzymać swych zwolenników przy sobie przez ćwierć wieku, gdyby nie gwałtowna erupcja Horeb, w trzecim tygodniu pełnego uwielbienia pobytu Semitów u jej podnóża. „Góra Jahwe była trawiona ogniem, a dym unosił się jak dym z pieca, a cała góra trzęsła się bardzo". Patrząc przez pryzmat tego kataklizmu nie można się dziwić, że Mojżeszowi udało się narzucić swym braciom nauczanie, że ich Bóg jest „potężny, straszny płomieniem ognia pożerającego, przerażający i wszechmocny".

Mojżesz głosił, że Jahwe jest Panem Bogiem Izraela, który wyróżnia Hebrajczyków jako swój naród wybrany. Mojżesz tworzył nowy naród i mądrze unarodowił swe religijne nauki, mówiąc swym wyznawcom, że Jahwe jest Panem wymagającym, „Bogiem zazdrosnym". Tym niemniej Mojżesz próbował poszerzyć ideę boskości u Semitów, kiedy ich nauczał, że Jahwe jest „Bogiem duchów i wszelkiego ciała" i kiedy powiedział: „Schronem pewnym jest Bóg wiekuisty, a tu na dole ramiona wieczne". Mojżesz nauczał, że Jahwe jest Bogiem, który dotrzymuje przymierza, że „nie opuści cię ani cię nie zniszczy i nie zapomni o przymierzu z ojcami twoimi, gdyż Pan kocha cię i nie zapomni przysięgi, którą dał waszym ojcom".

Mojżesz czynił heroiczne wysiłki, aby wynieść Jahwe do godności najwyższego Bóstwa, kiedy przedstawił go jako „Boga wiernego i bez nieprawości, sprawiedliwego i prawego pod każdym względem". A jednak, pomimo tak wzniosłych nauk, ograniczone pojmowanie jego wyznawców zmusiło Mojżesza do mówienia o Bogu, jako o istocie podobnej do człowieka, ulegającej atakom złości, gniewu i zawziętości, a nawet to, że jest on mściwy i łatwo się zmienia po wpływem ludzkiego postępowania.

Pod wpływem takich nauk Mojżesza, plemienny bóg natury, Jahwe, stał się Panem Bogiem Izraela, którzy szedł ze swym ludem przez pustynię a nawet na wygnanie, gdzie niebawem został wyobrażony jako Bóg wszystkich ludzi. Późniejsza niewola, która ujarzmiła Żydów w Babilonii, ostatecznie wysublimowała rozwijającą się koncepcję Jahwe, tak, że przejął on monoteistyczną rolę Boga wszystkich narodów.

Najbardziej wyjątkowa i zdumiewająca cecha religijnej historii Hebrajczyków dotyczy tej ciągłej ewolucji koncepcji Bóstwa, od prymitywnego boga góry Horeb, poprzez nauki kolejnych przywódców duchowych, do jej wysokiego poziomu w doktrynach Bóstwa u Izajasza, który głosił wspaniałą ideę pełnego miłości i miłosiernego Stwórcy Ojca.

5. NAUKI MOJŻESZA

Mojżesz stanowił niezwykłą kombinację przywódcy wojskowego, organizatora społecznego i nauczyciela religijnego. Był najważniejszym ze wszystkich nauczycieli i przywódców, jacy się pojawili pomiędzy Machiventą a Jezusem. Mojżesz próbował wprowadzić wiele reform w Izraelu, o których nie mówią zapisy. W czasie jednego ludzkiego życia uwolnił on wielojęzyczną hordę tak zwanych Hebrajczyków od niewoli i niecywilizowanej włóczęgi, kładąc jednocześnie fundamenty pod późniejsze narodziny narodu i utrwalenie rasy.

Nie ma zbyt wielu zapisów o wielkim dziele Mojżesza, ponieważ podczas exodusu Hebrajczycy nie mieli języka pisanego. Zapis o czasach i działalności Mojżesza dokonany został na podstawie podań, wciąż istniejących ponad tysiąc lat po śmierci wielkiego przywódcy.

Wiele udoskonaleń, które Mojżesz wprowadził w religii i ponad religią Egipcjan i otaczających ich plemion bliskowschodnich, zawdzięczać należy podaniom Kenitów, pochodzącym z czasów Melchizedeka. Bez nauk Machiventy, przekazanych Abrahamowi i jego współczesnym, Hebrajczycy wyszliby z Egiptu pogrążeni w beznadziejnych mrokach. Mojżesz i jego teść, Jetro, zebrali resztki podań z czasów Melchizedeka i tymi naukami, dołączonymi do wiedzy Egipcjan, kierował się Mojżesz podczas tworzenia zaawansowanej religii i obrzędów Izraelitów. Mojżesz był organizatorem; wybrał to, co najlepsze z religii i obyczajów Egiptu i Palestyny, a powiązawszy te zwyczaje z podaniami o naukach Melchizedeka, zorganizował hebrajski, obrzędowy system czczenia.

Mojżesz wierzył w Opatrzność, był głęboko przesiąknięty egipskimi doktrynami o nadprzyrodzonej kontroli Nilu i innych żywiołów natury. Posiadał wspaniały obraz Boga, ale był dogłębnie szczery, kiedy nauczał Hebrajczyków, że jeśli będą posłuszni Bogu „będzie cię miłował, błogosławił ci i rozmnoży cię. Rozmnoży owoc twojego łona i owoc twojego pola – twoje zboże, winorośl, oliwę i twoje trzody. Obfitsze błogosławieństwa otrzymasz niż inne narody a Pan twój Bóg oddali od ciebie wszelką chorobę i żadnej ze zgubnych plag egipskich nie ześle na ciebie". Powiedział nawet: „Pamiętaj, że to Pan Bóg twój daje ci siłę do zdobywania bogactwa". „Będziesz pożyczał wielu narodom, a sam od nikogo nie będziesz pożyczał. Będziesz panował nad wielu narodami, a one nad tobą nie zapanują".

Ale naprawdę był to żałosny widok, kiedy wielki umysł Mojżesza próbował dostosować wysublimowaną koncepcję El Eljon, Najwyższego Ojca, do rozumowania ciemnych i niepiśmiennych Hebrajczyków. Gdy zebrał swoich dowódców, grzmiał: „Pan wasz Bóg jest jednym Bogiem; nie ma nikogo prócz niego"; podczas kiedy mieszanym tłumom głosił: „Kto jest podobny waszemu Bogu pośród bogów?" Mojżesz przyjął odważną i po części skuteczną postawę, sprzeciwiając się fetyszom i bałwochwalstwu, kiedy oświadczył: „Nie widzieliście żadnej postaci, gdy Pan mówił do was na Horebie spośród ognia". Mojżesz zabronił także robienia wszelkich wizerunków.

Mojżesz obawiał się głosić miłosierdzia Jahwe; wolał wzbudzić respekt swego ludu strachem przed sprawiedliwością Boga, mówiąc: „Pan Bóg wasz jest Bogiem nad Bogami i Panem nad Panami, Bogiem wielkim, potężnym i straszliwym, który nie ma względu na osoby". Prócz tego chciał zapanować nad niepokornymi klanami, kiedy oświadczył, że „Bóg wasz zabija, kiedy jesteście mu nieposłuszni; uzdrawia i daje życie, gdy go słuchacie". Mojżesz nauczał plemiona semickie, że mogą zostać narodem wybranym, pod tym warunkiem, że będą „przestrzegać wszystkich jego przykazań i będą posłuszni jego nakazom".

W tych dawnych czasach Hebrajczyków niewiele nauczano o miłosierdziu Boga. Poznawali Boga jako „Wszechmocnego; Pana, mocarza wojny, Boga potężnego w boju, uświetnionego przez siłę, który starł nieprzyjaciół". „Pan Bóg twój przechadza się po twoim obozie, aby cię ratować". Izraelici myśleli o swym Bogu jako o tym, który ich kocha, ale który także „utwardził serce faraona" i „przeklinał ich nieprzyjaciół".

Chociaż Mojżesz czasami przelotnie nadmieniał dzieciom Izraela o uniwersalnym i dobroczynnym Bóstwie, generalnie ich powszednia koncepcja Jahwe była ideą Boga zaledwie nieco lepszą od plemiennych bogów otaczających ludów. Ich koncepcja Boga była prymitywna, surowa i antropomorficzna; kiedy Mojżesza zabrakło, te beduińskie plemiona szybko wróciły do półbarbarzyńskich idei swych starszych bogów Horebu i pustyni. Wkrótce stracono z pola widzenia poszerzoną i bardziej wysublimowana ideę Boga, którą Mojżesz co jakiś czas przedstawiał dowódcom, podczas gdy większość ludzi wróciła do czczenia swoich fetyszów – złotych cielców, symbolu Jahwe u palestyńskich pasterzy.

Kiedy Mojżesz przekazał dowództwo Hebrajczyków Jozuemu, zgromadził już tysiące potomków z linii bocznej Abrahama, Nachora, Lota oraz innych ze spokrewnionych plemion i zjednoczył ich w samowystarczalny i częściowo samorządny naród pasterzy-wojowników.

6. KONCEPCJA BOGA PO ŚMIERCI MOJŻESZA

Po śmierci Mojżesza jego podniosła koncepcja Jahwe gwałtownie się degenerowała. Jozue i przywódcy Izraela wciąż zachowywali Mojżeszowe tradycje o wszechmądrym, dobroczynnym oraz wszechmocnym Bogu, ale pospolity lud szybko wrócił do starszej, pustynnej idei Jahwe. I ta wsteczna tendencja, dotycząca koncepcji Bóstwa, wciąż się nasilała pod kolejnymi rządami różnych szejków plemiennych, tak zwanych Sędziów.

Urok nadzwyczajnej osobowości Mojżesza podtrzymywał w sercach jego wyznawców inspirację do szukania coraz szerszej koncepcji Boga; gdy jednak doszli na koniec do żyznych ziem Palestyny, szybko przekształcili się z koczowniczych pasterzy w osiadłych i w pewnym stopniu statecznych rolników. I taka ewolucja obyczajów życiowych oraz zmiana religijnego punktu widzenia wymagała bardziej czy mniej kompletnej przemiany ich idei, odnośnie natury ich Boga, Jahwe. Na początku przeobrażania się szorstkiego, surowego, wymagającego i grzmiącego, pustynnego boga Synaju w pojawiającą się później koncepcję Boga miłości, sprawiedliwości i miłosierdzia, Hebrajczycy nieomal stracili z oczu podniosłe nauki Mojżesza. Nieomal zagubili całą ideę monoteizmu, prawie stracili sposobność stania się tym narodem, który miał służyć jako istotne ogniwo w duchowej ewolucji Urantii, sposobność stania się tą grupą ludzką, która miała zachować nauki Melchizedeka o jednym Bogu do czasów wcielenia obdarzającego Syna tego Ojca wszystkich.

Jozue próbował desperacko utrzymać koncepcję najwyższego Jahwe w umysłach członków plemienia, co sprawiło, że głosił: „Jak byłem z Mojżeszem, tak będę z tobą, nie odstąpię cię ani cię nie opuszczę". Jozue uważał, że koniecznie musi głosić surową ewangelię swojemu niewierzącemu narodowi, zbyt skłonnemu wierzyć w swoją starą i rodzimą religię, ale opierającemu się przed kroczeniem naprzód w religii wiary i prawości. Istotą nauk Jozuego było: „Jahwe jest Bogiem świętym, Bogiem zazdrosnym, nie *odpuści wam przewinień i grzechów waszych*". W tamtej epoce najwyższa idea Jahwe przedstawiała go jako „Boga mocy, sądu i sprawiedliwości".

Ale nawet w tej mrocznej epoce co jakiś czas pojawiał się samotny nauczyciel, głoszący Mojżeszową koncepcję boskości: „Wy, dzieci nikczemności, nie możecie służyć

Panu, gdyż jest on Bogiem świętym". „Czy śmiertelnik może być sprawiedliwszy niż Bóg a człowiek czystszy niż jego Stwórca?" „Czy możesz znaleźć Boga, szukając? Czy możesz zbadać doskonałość Wszechmocnego? Oto Bóg jest wzniosły, a my nie możemy tego poznać. Wszechmocny jest któż, go dosięże?".

7. PSALMY I KSIĘGA HIOBA

Hebrajczycy luźno ugruntowali się w całej Palestynie pod przywództwem swych szejków i kapłanów. Jednak wkrótce cofnęli się do nieoświeconych wierzeń pustyni i zanieczyścili się mniej zaawansowanymi praktykami religijnymi Kanaanitów. Pogrążyli się w bałwochwalstwie i rozpuście a ich idea Bóstwa upadła znacznie poniżej egipskich i mezopotamskich koncepcji Boga, które zachowywały pewne przetrwałe grupy salemskie i które zapisane są w niektórych Psalmach oraz w tak zwanej Księdze Hioba.

Psalmy są dziełem dwudziestu lub więcej autorów; wiele z nich napisali nauczyciele egipscy i mezopotamscy. W czasach, kiedy Bliski Wschód czcił bogów natury, wciąż istniała niemała liczba tych, którzy wierzyli w supremację El Eljon, Najwyższego Ojca.

Żaden zbiór pism religijnych nie wyraża takiego bogactwa pobożności i inspirujących idei Boga, jak Księga Psalmów. I byłoby bardzo pomocne, gdyby przy zgłębianiu tej cudownej kolekcji wielbiącej literatury, można było zwrócić uwagę na źródło i na chronologię każdego, poszczególnego hymnu chwały i adoracji, pamiętając, że żaden podobny, pojedynczy zbiór pism nie pokrywa tak wielkiego zakresu czasu. Księga Psalmów jest zapisem różnorodnych koncepcji Boga, jakie mieli wierzący w religię salemską na terenie Bliskiego Wschodu, a obejmuje ona cały okres od Amenemopa do Izajasza. W Psalmach Bóg jest opisywany we wszystkich stadiach pojęciowych, od niedojrzałej idei bóstwa plemiennego, do bardzo rozszerzonej idei późniejszych Hebrajczyków, w której Jahwe przedstawiany jest jako władca pełen miłości i miłosierny Ojciec.

I z tego punktu widzenia, ta grupa Psalmów stanowi najwartościowszy i najbardziej pożyteczny wybór pobożnych poglądów, jakie kiedykolwiek zostały zebrane przez człowieka, aż do wieku dwudziestego. W tej kolekcji hymnów duch uwielbienia przewyższa ducha wszelkich innych świętych ksiąg świata.

Wielobarwny obraz Bóstwa, przedstawiony w Księdze Hioba, jest dziełem ponad dwudziestu mezopotamskich nauczycieli religijnych, żyjących na przestrzeni prawie trzystu lat. I kiedy zgłębiacie wzniosłą koncepcję boskości, znajdującą się w tej kompilacji wierzeń mezopotamskich, zwróćcie uwagę na to, że w mrocznym okresie Palestyny, w sąsiednim Ur chaldejskim została zachowana idea prawdziwego Boga.

W Palestynie rozumiano często mądrość i wszechobecność Boga, ale rzadko jego miłość i miłosierdzie. W tamtych czasach Jahwe „słał złe duchy, aby panowały w duszach jego wrogów", sprawiał, że jego własne i posłuszne dzieci miały się dobrze, podczas gdy przeklinał i strasznie karał wszystkich innych. „Wniwecz obraca knowania chytrych; usidla mądrych w ich własnej chytrości".

Tylko w Ur pojawił się głos, wołający o miłosierdziu Boga tymi słowami: „Będzie się modlił do Boga, ten jest dla niego łaskawy, pozwala mu oglądać z radością swoje oblicze, gdyż Bóg daje człowiekowi boską prawość". Zatem z Ur głoszone jest zbawienie, Boska łaska przez wiarę: „Jest łaskawy dla skruszonego i mówi, «Wybaw go od zejścia do grobu, otrzymałem zań okup». Jeśli ktokolwiek powie «Grzeszyłem, przewrotnie działałem, ale nie odniosłem pożytku» Bóg wybawi duszę od zejścia do grobu, aby oglądał światłość". Od czasów Melchizedeka świat bliskowschodni nie słyszał tak donośnego i radosnego orędzia o ludzkim zbawieniu, jak to nadzwyczajne nauczanie Elihu, proroka z Ur i kapłana salemskich wierzących, znaczy resztek tego, co kiedyś było Melchizedekową kolonią w Mezopotamii.

I tym oto sposobem, w okresie dezorganizacji narodu hebrajskiego, w Mezopotamii resztki misjonarzy salemskich podtrzymywały światło prawdy, aż do nadejścia pierwszego z długiego szeregu nauczycieli Izraela, którzy nigdy się nie zatrzymali w swej twórczości, idea za ideą, aż dotarli do ideału Wszechświatowego Stwórcy, Ojca wszystkich, punktu kulminacyjnego ewolucji idei Jahwe.

[Przedstawione przez Melchizedeka z Nebadonu].

PRZEKAZ 97

EWOLUCJA KONCEPCJI BOGA U HEBRAJCZYKÓW

DUCHOWI przywódcy Hebrajczyków zrobili to, co jak dotychczas nikomu nigdy się jeszcze nie udało – deantropomorfizowali swoją koncepcję Boga, bez przeobrażenia jej w abstrakcję Bóstwa zrozumiałą tylko dla filozofów. Nawet prości ludzie mogli uznać tę dojrzałą koncepcję Jahwe za Ojca, jeśli nie jednostki, to przynajmniej narodu.

Idea osobowości Boga, chociaż nauczano jej wyraźnie w Salemie w czasach Melchizedeka, podczas ucieczki z Egiptu stała się niewyraźna i mglista i kształtowała się w umyśle hebrajskim stopniowo, z pokolenia na pokolenie, w odpowiedzi na nauki przywódców duchowych. Percepcja osobowości Jahwe ulegała nieustannej, stopniowej ewolucji, w przeciwieństwie do wielu innych atrybutów Bóstwa. Idea osobowości Boga rozwijała się niemalże nieprzerwanie w myśleniu hebrajskim, od Mojżesza do Malachiasza, a koncepcja ta została na koniec wyniesiona i gloryfikowana w nauce Jezusa o Ojcu w niebie.

1. SAMUEL – PIERWSZY Z PROROKÓW HEBRAJSKICH

Wrogi nacisk narodów otaczających Palestynę szybko nauczył szejków hebrajskich, że nie mają szans na przetrwanie, jeśli nie skonfederują swej organizacji plemiennej w scentralizowany rząd. I taka centralizacja władzy wykonawczej dała Samuelowi lepszą możliwość działania w charakterze nauczyciela i reformatora.

Samuel wywodził się z długiej linii nauczycieli salemskich, którzy nie ustawali w zachowywaniu prawd Melchizedeka, stanowiących część ich form kultowych. Nauczyciel ten był człowiekiem odważnym i rezolutnym. Tylko jego wielkie poświęcenie, połączone z nadzwyczajną determinacją, pomogło mu przetrwać prawie powszechną opozycję, którą napotkał, kiedy zaczął zawracać cały Izrael z powrotem ku czci najwyższego Jahwe z czasów Mojżeszowych. I nawet wtedy odniósł tylko częściowy sukces; nakłonił do służenia na nowo wyższej koncepcji Jahwe jedynie inteligentniejszą połowę Hebrajczyków; druga ich połowa wciąż czciła krajowych bogów plemiennych i niższą ideę Jahwe.

Samuel był człowiekiem prostym, praktycznym reformatorem, który potrafił wyruszyć pewnego dnia ze swoimi towarzyszami i zniszczyć dwadzieścia miejsc poświęconych Baalowi. Postępy, które robił, osiągał po prostu siłą przymusu; niewiele wygłaszał kazań, jeszcze mniej nauczał, ale działał. Jednego dnia mógł wykpić kapłana Baala, następnego posiekać w kawałki pojmanego króla. Z oddaniem wierzył w jednego Boga i miał przejrzystą koncepcję tego, jednego Boga, jako stwórcy nieba i ziemi: „Do Pana należą filary ziemi; na nich świat położył”.

Wielki wkład Samuela w rozwój koncepcji Bóstwa polegał na jego żarliwym oświadczeniu, że Jahwe jest *niezmienny*, na zawsze pozostaje tym samym ucieleśnieniem nieomylnej doskonałości i boskości. W tamtych czasach wyobrażano sobie Jahwe jako Boga kapryśnego, ulegającego napadom zazdrości, zawsze żałującego, że zrobił to czy tamto; lecz teraz, po raz pierwszy od czasu jak Hebrajczycy wyruszyli z Egiptu, słyszeli przejmujące słowa, „moc Izraela nie skłamie ani nie żałuje, gdyż nie jest człowiekiem, aby żałował". Ogłoszona została niezmienność w postępowaniu z Boskością. Samuel wciąż przypominał przymierze Melchizedeka z Abrahamem i oznajmiał, że Pan Bóg Izraela jest źródłem całej prawdy, stabilności i stałości. Hebrajczycy zawsze traktowali swego Boga jak człowieka czy nadczłowieka albo wzniosłego ducha nieznanego pochodzenia, ale teraz słyszeli o dawnym duchu Horeb jako o podniosłym, niezmiennym Bogu stwórczej doskonałości. Rozwijającej się idei Boga Samuel pomagał dostąpić jej szczytów, ponad zmiennym stanem ludzkich umysłów i zmiennymi kolejami ludzkiej egzystencji. W jego naukach Bóg Hebrajczyków zaczynał się rozwijać, od idei z gatunku bogów plemiennych, do ideału wszechmocnego i niezmiennego Stwórcy i *Nadzorcy* całego stworzenia.

Nauczał od nowa o szczerości Boga, o jego niezawodności w dochowaniu przymierza. Samuel powiedział: „Nie porzuci pan ludu swego". „Przymierze wieczne zawarł z nami, we wszystkim ustalone i zabezpieczone". I tak, w całej Palestynie rozlegało się nawoływanie, aby znowu czcić najwyższego Jahwe. Ten energiczny nauczyciel zawsze głosił: „Dlatego wielki jesteś Panie Boże, bo nikt nie jest taki jak ty i nie ma Boga oprócz ciebie".

Dotychczas Hebrajczycy uważali, że łaska Jahwe wiąże się zasadniczo z dobrobytem materialnym. Było zatem wielkim szokiem dla Izraela, a Samuel nieomal przypłacił to życiem, kiedy ośmielił się głosić: „Pan wzbogaca, ale i zuboża; poniża i wywyższa. Z pyłu podnosi biedaka, dźwiga żebraków by ich posadzić wśród książąt, by dać im tron chwały". Od czasów Mojżesza nigdy nie głoszono tak pocieszających obietnic dla poniżonych i mniej fortunnych a tysiące zdesperowanych biedaków zaczynało mieć nadzieję, że mogą poprawić swój status duchowy.

Jednak Samuel nie wyszedł zbyt daleko poza koncepcję boga plemiennego. Głosił Jahwe, który stworzył wszystkich ludzi, ale zajmował się głównie Hebrajczykami, swoim narodem wybranym. Mimo to, tak jak za czasów Mojżesza, jeszcze raz idea Boga przedstawiała Bóstwo, które jest święte i rzetelne. „Nikt nie jest tak święty jak Pan. Któż może być porównany ze świętym Panem Bogiem?".

Z upływem lat, posiwiały, stary przywódca zrobił postępy w swym rozumieniu Boga, ponieważ głosił: „Pan jest Bogiem mądrości a czyny jego wyważone. Pan osądzać będzie krańce ziemi, wykazując miłosierdzie dla miłosiernego, z rzetelnym także będzie rzetelny". Nawet tutaj zaczyna świtać miłosierdzie, chociaż ograniczone do tych, którzy są miłosierni. Później Samuel poszedł o krok dalej, kiedy w niedoli napominał swój lud: „Wpadnijmy raczej w ręce Pana, bo wielkie jest jego miłosierdzie". „Dla Pana nie stanowi różnicy, ocalić wielu czy niewielu".

I taki, stopniowy rozwój idei dotyczących charakteru Jahwe, trwał dalej w czasie działalności następców Samuela. Usiłowali oni przedstawiać Jahwe jako Boga dochowującego przymierza, ale nie mogli dotrzymać kroku Samuelowi; nie udało im się wytworzyć idei miłosierdzia Bożego, jak sobie je wyobrażał Samuel pod koniec życia.

Wciąż utrzymywała się tendencja powrotu do uznawania innych bogów, pomimo twierdzenia, że Jahwe jest ponad wszystkimi. „Twoim Panie jest królestwo, ty jesteś wyniesiony jako głowa nad wszystko".

Myślą przewodnią tej epoki była moc Boska; prorocy tego okresu głosili religię, która miała popierać króla na tronie hebrajskim. „Twoją, Panie, jest wielkość i moc, i majestat, i sława, i chwała. W twoich rękach jest siła i moc, ty jesteś zdolny wywyższyć i utwierdzić wszystkich". I taka była sytuacja, gdy idzie o ideę Boga w czasach Samuela i jego bezpośrednich następców.

2. ELIASZ I ELIZEUSZ

W dziesiątym wieku przed Chrystusem naród hebrajski został podzielony na dwa królestwa. W obu tych jednostkach politycznych wielu poszukiwaczy prawdy próbowało powstrzymać reakcyjną falę duchowej dekadencji, która przyszła po separatystycznej wojnie i narastała katastrofalnie. Jednak takie wysiłki, zmierzające do posunięcia naprzód religii hebrajskiej, nie przynosiły wyników, dopóki nie zaczął nauczać zdeterminowany i nieustraszony wojownik o prawość, Eliasz. Eliasz odnowił koncepcję Boga w królestwie północnym, porównywalną z tą z czasów Samuela. Eliasz niewiele miał możliwości przedstawienia zaawansowanej koncepcji Boga, zajmując się, jak to przed nim czynił Samuel, wywracaniem ołtarzy Baala i niszczeniem idoli fałszywych bogów. I kontynuował swe reformy w obliczu opozycji bałwochwalczego monarchy; jego dzieło było nawet większe i trudniejsze niż to, przed którym stanął Samuel.

Kiedy Eliasz został odwołany, wierny jego towarzysz, Elizeusz, przejął jego dzieło i z nieocenioną pomocą mało znanego Mikajehu podtrzymywał światło prawdy w Palestynie.

Jednak nie były to czasy rozwoju idei Bóstwa. Hebrajczycy nie dotarli jeszcze nawet do ideału Mojżeszowego. Epoka Eliasza i Elizeusza zakończyła się powrotem wyższych klas do czczenia najwyższego Jahwe i oznaczała restytucję idei Wszechświatowego Stwórcy, prawie do tego miejsca, w którym zostawił ją Samuel.

3. JAHWE I BAAL

Długo ciągnący się spór pomiędzy wyznawcami Jahwe a zwolennikami Baala był raczej socjoekonomicznym starciem ideologii niż zróżnicowaniem wierzeń religijnych.

Mieszkańcy Palestyny mieli zróżnicowane poglądy na temat prywatnej własności ziemi. Południowe albo wędrujące plemiona arabskie, (Jahweici) traktowały ziemię jako majątek nieprzekazywalny – jako dar Bóstwa dla klanu. Uważali, że ziemia nie może być sprzedawana czy dawana w zastaw. „Jahwe przemówił tymi słowy «Nie wolno sprzedawać ziemi, bo ziemia należy do mnie»".

Północni i bardziej osiadli Kanaanici (Baalici), bez ograniczeń kupowali, sprzedawali i zastawiali swe ziemie. Słowo Baal oznacza właściciela. Kult Baala oparty był na dwu głównych doktrynach. Pierwszej, na zalegalizowaniu wymiany własności, kontraktów i umów – prawa do kupna i sprzedaży ziemi. Drugiej, że Baal domniemanie zsyłał deszcz – był bogiem urodzajności ziemi. Dobre zbiory zależały od łaski Baala. Kult ten w znacznej mierze dotyczył *ziemi*, jej własności i żyzności.

Generalnie, Baalici posiadali domy, ziemie i niewolników. Byli arystokratycznymi właścicielami ziemskimi i mieszkali w miastach. Każdy Baal miał swe święte miejsce, kapłanów i „święte kobiety", rytualne prostytutki.

Z tych zasadniczych różnic, gdy idzie o traktowanie ziemi, narosły zajadłe antagonizmy w poglądach społecznych, ekonomicznych, moralnych i religijnych, charakteryzujące Kanaanitów i Hebrajczyków. Przed Eliaszem ten socjoekonomiczny spór nie był sprawą wyraźnie religijną. Od czasów tego agresywnego proroka, o sprawę tę walczono raczej po linii religijnej – Jahwe *przeciw* Baalowi – a skończyło się to tryumfem Jahwe a następnie dążeniem do monoteizmu.

Eliasz przeniósł spór Jahwe-Baal od spraw ziemi do religijnych aspektów ideologii hebrajskich i kanaanejskich. Gdy Achab zamordował Nabotów, aby podstępnie zawładnąć ich ziemią, Eliasz zrobił kwestię moralną ze starszych obyczajów ziemskich i zaczął ożywioną kampanię przeciwko Baalitom. Była to także walka ludu wiejskiego przeciwko dominacji miast. To zasadniczo pod wpływem Eliasza Jahwe stał się Elohimem. Prorok zaczął jako reformator rolny a skończył na wywyższeniu Bóstwa. Wielu było Baalów, Jahwe był *jeden* – monoteizm pokonał politeizm.

4. AMOS I OZEASZ

Wielki krok naprzód w przekształceniu boga plemiennego – boga, któremu tak długo służono ofiarami i obrzędami, Jahwe wcześniejszych Hebrajczyków – w Boga, który mógł karać za przestępstwa i niemoralność nawet swój własny naród, został zrobiony przez Amosa, który przybył ze wzgórz południowych, aby potępiać przestępczość, pijaństwo, ucisk i niemoralność plemion północnych. Od czasów Mojżesza, takich żarliwych prawd nigdy nie głoszono w Palestynie.

Amos był nie tylko odnowicielem i reformatorem, był również odkrywcą nowych koncepcji Bóstwa. Obwieszczał dużo o tym Bogu, którego głosili jego poprzednicy i odważnie zwalczał wiarę w Boską Istotę, która sankcjonowałaby grzech pośród tak zwanego narodu wybranego. Po raz pierwszy od czasów Melchizedeka, uszy ludzkie słuchały potępienia podwójnych standardów narodowej sprawiedliwości i moralności. Po raz pierwszy w historii, uszy Hebrajczyków słyszały, że ich własny Bóg, Jahwe, nie będzie tolerował przestępstwa i grzechu w ich życiu bardziej niż u innych narodów. Amos przedstawiał surowego i sprawiedliwego Boga Samuela i Eliasza, ale dostrzegał także tego Boga, który nie traktował Hebrajczyków inaczej niż jakikolwiek inny naród, gdy chodziło o karę za złe uczynki. Był to wyraźny atak na egoistyczną doktrynę „narodu wybranego", co w tamtych czasach bardzo raziło wielu Hebrajczyków.

Amos powiedział: „Ten, który kształtował góry i stworzył wiatr, szukaj jego, który uczynił siedem gwiazd i Oriona, który cień śmierci w poranek odmienia i dzień w ciemności nocne". Potępiając swoich półreligijnych współbraci, oportunistów a czasami niemoralnych, próbował zobrazować nieubłaganą sprawiedliwość niezmiennego Jahwe, kiedy mówił o złoczyńcach: „Choćby się przedarli do piekła, wyciągnie ich stamtąd moja ręka, choćby się wdrapali na niebiosa, ściągnę ich stamtąd w dół". „Gdyby poszli w niewolę przed swymi wrogami i tam nakażę mieczowi sprawiedliwości, by ich pozabijał". Jeszcze bardziej zaskoczył Amos swoich słuchaczy, kiedy wskazując ich ganiącym i oskarżającym palcem, oświadczył w imieniu Jahwe: „Na pewno nie zapomnę nigdy wszystkich ich uczynków". „I przesieję pomiędzy wszystkimi narodami dom Izraela, jak się zboże przetakiem przesiewa".

Amos ogłosił Jahwe „Bogiem wszystkich narodów" i ostrzegał Izraelitów, że obrzędy nie mogą zastąpić prawości. I zanim ten odważny nauczyciel został ukamienowany, rozpowszechnił dosyć zaczynu prawdy, aby uratować doktrynę najwyższego Jahwe; zapewnił objawieniu Melchizedeka dalszy rozwój.

Ozeasz, zwolennik Amosa i jego doktryny uniwersalnego Boga sprawiedliwości, ożywił na nowo Mojżeszową koncepcję Boga miłości. Ozeasz głosił przebaczenie przez skruchę, nie przez ofiarowania. Głosił ewangelię miłości-dobroci i Boskiego miłosierdzia, mówiąc: „I poślubię cię sobie na wieki, poślubię przez sprawiedliwość i prawo, przez miłość i miłosierdzie. Poślubię cię znowu przez wierność". „Dobrowolnie okażę im miłość, gdyż odwrócił się od nich mój gniew".

Ozeasz sumiennie kontynuował przestrogi moralne Amosa, gdy mówił od Boga: „Pragnę wymierzyć im karę". Jednak Izraelici uznali jego słowa za okrucieństwo, graniczące ze zdradą, kiedy powiedział: „Powiem do tych, co nie są moim ludem, «ty jesteś moim ludem» a on odpowie «jesteś naszym Bogiem»". Wciąż głosił skruchę i przebaczenie, mówiąc: „Uleczę ich niewierność i umiłuję ich z serca, bo gniew mój odwrócił się od nich". Ozeasz zawsze głosił nadzieję i przebaczenie. Istotą jego orędzia zawsze było: „Okażę miłosierdzie memu ludowi. Nie powinni znać innego Boga poza mną, oprócz mnie nie ma zbawiciela".

Amos rozbudził narodowe sumienie Hebrajczyków, żeby zdali sobie sprawę z tego że Jahwe nie będzie przebaczał ich przestępstw i grzechów tylko dlatego, że są domniemanie narodem wybranym, podczas gdy Ozeasz zagrał pierwsze tony późniejszych, miłosiernych akordów Boskiej litości i kochającej dobroci, tak znakomicie wyśpiewane przez Izajasza i jego towarzyszy.

5. PIERWSZY IZAJASZ

Były to czasy, kiedy jedni grozili karami za grzechy osobiste i przestępstwa narodowe wśród klanów północnych, podczas gdy inni przepowiadali klęski, jako zapłatę za występki w królestwie południowym. Właśnie na początku tego przebudzenia sumień i świadomości w narodach hebrajskich zjawił się pierwszy Izajasz.

Izajasz kontynuował nauczanie o wiecznej naturze Boga, o jego nieskończonej mądrości, jego niezmiennej, doskonałej niezawodności. Reprezentował Boga Izraela, gdy mówił: „Wezmę sobie sprawiedliwość za miarę a prawość za pion". „Pan da ci odpoczynek po twoim znoju i udręce, i po ciężkiej niewoli, w której człowiek musiał służyć". „Twoje uszy usłyszą słowa rozlegające się za tobą, «to jest droga, idźcie nią»". „Oto Bóg jest zbawieniem moim; będę miał ufność i nie ulęknę się, bo mocą moją i pieśnią moją jest Pan". „«Chodźcie więc, a będziemy się prawować», mówi Pan «choć wasze grzechy będą czerwone jak szkarłat, jak śnieg zbieleją; choć będą czerwone jak purpura, staną się białe jak wełna»".

Zwracając się do znękanych strachem i głodnych dusz Hebrajczyków, prorok powiedział: „Powstań, zajaśnij, gdyż zjawiła się twoja światłość, a chwała Pańska wzeszła nad tobą". „Duch Pana Boga nade mną, bo Pan mnie namaścił, by głosić dobrą nowinę ubogim; posłał mnie by opatrywać rany serc złamanych, by zapowiadać wyzwolenie jeńcom i otwarcie więzienia tym, którzy są związani". „Bardzo się będę radował z Pana, weselić się będzie dusza moja w moim Bogu, gdyż odział mnie w szaty zbawienia i okrył płaszczem sprawiedliwości". „We wszystkich ich uciskach i on był uciśniony, ale anioł oblicza jego wybawił ich. Z miłości swej i z litości on sam odkupił ich".

Po tym Izajaszu przyszli Micheasz i Abdiasz, którzy potwierdzili i upiększyli jego sycącą duszę ewangelię. I ci dwaj odważni posłańcy śmiało potępiali zdominowane przez kapłanów obrzędy Hebrajczyków i nieustraszenie atakowali cały system ofiarowania. Micheasz potępiał „władców, którzy sądzą za podarunki i kapłanów, którzy uczą za zapłatę, jak również proroków, którzy wieszczą za pieniądze". Nauczał o dniu wolności od przesądów i kapłaństwa: „Lecz każdy będzie siadywał pod swą winoroślą i nie będzie tego, kto by go niepokoił, gdyż ludzie żyć będą, każdy według swego zrozumienia Boga".

Istotą posłania Micheasza było: „Czy wystąpię przed Bogiem z ofiarą całopalną? Czy Pan ma upodobanie w tysiącach baranów, w dziesiątkach tysięcy strumieni oliwy? Czy mam dać swego pierworodnego za moje przestępstwo, owoc ciała mojego za grzech mojej duszy? On ukazał mi, człowiecze, co jest dobre; a czego Pan żąda od ciebie, to tylko abyś wypełniał prawo, kochał miłosierdzie i w pokorze obcował z Bogiem"? Była to wielka epoka; doprawdy były to czasy przebudzenia, kiedy człowiek śmiertelny słyszał to wyzwalające posłanie a niektórzy nawet wierzyli w nie, ponad dwa i pół tysiąca lat temu. Gdyby nie zaciekły opór kapłanów, nauczyciele ci mogliby znieść wszelkie krwawe obrzędy rytualnego czczenia Hebrajczyków.

6. NIEUSTRASZONY JEREMIASZ

Kiedy kilku innych nauczycieli wciąż objaśniało ewangelię Izajasza, Jeremiaszowi pozostawało zrobić następny, śmiały krok w kierunku internacjonalizacji Jahwe, Boga Hebrajczyków.

Jeremiasz nieustraszenie oświadczał, że Jahwe nie jest po stronie Hebrajczyków, kiedy walczą na wojnie z innymi narodami. Zapewniał, że Jahwe jest Bogiem całej Ziemi, wszystkich narodów i wszystkich ludzi. Nauka Jeremiasza stanowiła apogeum narastającej fali internacjonalizacji Boga Izraela; ten dzielny kaznodzieja głosił, definitywnie i raz na zawsze, że Jahwe jest Bogiem wszystkich narodów i że nie ma Ozyrysa dla Egipcjan, Bela dla Babilończyków, Aszura dla Asyryjczyków czy Dagona dla Filistynów. I tym samym religia Hebrajczyków miała swój udział w odrodzeniu monoteizmu na świecie, które zaczęło się mniej więcej w tym czasie; nareszcie koncepcja Jahwe dostąpiła poziomu Bóstwa o godności planetarnej a nawet kosmicznej. Jednak wielu towarzyszom Jeremiasza trudno było wyobrazić sobie Jahwe w oderwaniu od narodu hebrajskiego.

Jeremiasz również głosił Boga sprawiedliwego i kochającego, przedstawionego przez Izajasza, kiedy oświadczył: „Ukochałem cię odwieczną miłością, dlatego też zachowałem dla ciebie miłosierną dobroć". „Zaiste, nieumyślnie trapi i zasmuca synów ludzkich".

Ten nieustraszony prorok powiedział: „Sprawiedliwość jest przy tobie Panie, potężny w radzie i wielki w czynie. Jego oczy są otwarte na wszystkie drogi synów ludzkich, aby oddać każdemu według jego dróg i według owoców jego uczynków". Uznano jednak za bluźnierczą zdradę, gdy podczas oblężenia Jerozolimy Jeremiasz powiedział: „Otóż teraz daję te wszystkie ziemie w ręce Nabuchodonozora, króla babilońskiego, mojego sługi". I kiedy Jeremiasz doradzał poddanie miasta, kapłani i władcy świeccy wrzucili go w błotnisty dół w ponurym lochu.

7. DRUGI IZAJASZ

Zniszczenie państwa Hebrajczyków i ich niewola w Mezopotamii mogły okazać się wielkim dobrodziejstwem dla ich rozwijającej się teologii, gdyby nie pełna determinacji działalność kapłaństwa. Ich naród upadł wskutek najazdu wojsk babilońskich a ich nacjonalistyczny Jahwe ucierpiał na skutek internacjonalistycznych kazań przywódców duchowych. To właśnie rozżalenie z powodu utraty narodowego boga skłoniło kapłanów żydowskich do pójścia tak daleko w inwencji legend i mnożeniu cudownie wyglądających wydarzeń w historii hebrajskiej w celu restytuowania Żydów jako narodu wybranego, nawet w obliczu nowej i poszerzonej idei umiędzynarodowionego Boga wszystkich narodów.

W niewoli Żydzi w znacznym stopniu ulegli wpływom tradycji i legend babilońskich, chociaż należy odnotować, że nieustannie wzbogacali moralny wydźwięk i duchowe znaczenie historii chaldejskich, które przyswajali, pomimo, że zawsze zniekształcali te legendy tak, aby odzwierciedlały honor i chwałę przodków oraz historii Izraela.

Kapłanów hebrajskich i uczonych w Piśmie opanowała tylko jedną idea a była nią odbudowa narodu żydowskiego, gloryfikacja tradycji Hebrajczyków i egzaltacja ich narodowej historii. Jeśli ktoś może mieć pretensje, że ci kapłani narzucili swe błędne idee tak wielkiej części świata zachodniego, należy pamiętać, że nie zrobili tego umyślnie; nie oświadczali, że piszą pod natchnieniem; nie twierdzili, że piszą świętą księgę. Przygotowywali jedynie podręcznik, przeznaczony dla podbudowania gasnącej w niewoli odwagi swoich współbraci. Definitywnie chcieli podźwignąć ducha narodowego i morale swych rodaków. Ludziom z późniejszych czasów pozostawało tylko zebrać te i inne pisma w książkę przewodnią, zawierającą domniemanie nieomylne nauki.

W niewoli kapłani żydowscy posługiwali się swobodnie tymi pismami, ale ich wpływ na zniewolonych współbraci znacznie ograniczała obecność młodego i nieugiętego proroka, drugiego Izajasza, który był wielkim zwolennikiem Boga sprawiedliwości, miłości, prawości i miłosierdzia, jakiego głosił starszy Izajasz. Wierzył on także razem z Jeremiaszem, że Jahwe stał się Bogiem wszystkich narodów. Nauczał tych teorii o naturze Boga z tak dobrym skutkiem, że pozyskał neofitów zarówno wśród Żydów jak również ich okupantów. Ten młody kaznodzieja zostawił po sobie zapis swych nauk, którego kapłani, wrogo nastawieni i nieskorzy do przebaczenia, nie chcieli w żaden sposób łączyć z nim, jednak zwykły szacunek dla piękna i majestatu tych zapisów sprawił, że przyłączyli je do pism wcześniejszego Izajasza. W ten sposób pisma drugiego Izajasza można znaleźć w księdze noszącej to imię, zajmują one rozdziały od czterdziestego do pięćdziesiątego piątego włącznie.

Żaden prorok czy nauczyciel religijny, od czasów Machiventy do Jezusa, nie doszedł do tak zaawansowanej koncepcji Boga, jaką drugi Izajasz głosił w tych dniach niewoli. Bóg, którego głosił ten duchowy przywódca, nie był mały, antropomorficzny i stworzony przez człowieka. „Oto wyspy jak najmniejszą rzecz porywa". „Lecz jak niebiosa są wyższe niż ziemia, tak moje drogi są wyższe niż drogi wasze i myśli moje niż myśli wasze".

Wreszcie Machiventa Melchizedek zobaczył ludzkich nauczycieli, głoszących prawdziwego Boga śmiertelnemu człowiekowi. Podobnie jak pierwszy Izajasz, ten przywódca głosił Boga stwórcą i podtrzymywaczem wszechświata. „Ja uczyniłem ziemię i stworzyłem na niej ludzi. Nie stworzyłem jej na próżno; stworzyłem ją na zamieszkanie". „Jestem pierwszym i ostatnim; nie ma Boga poza mną". Ten nowy prorok mówił za Pana Boga Izraela: „Niebiosa mogą zginąć, ziemia zwiotczeje, lecz moja prawość przetrwa na wieki a moje zbawienie z pokolenia na pokolenie". „Nie bój się, bo ja jestem z tobą, nie lękaj się, bo ja jestem Bogiem twoim". „Oprócz mnie nie ma żadnego Boga, sprawiedliwego i Zbawiciela".

Drugi Izajasz pocieszał zniewolonych Żydów, jak również tysiące ludzi od tamtych czasów, którzy słyszeli te słowa: „Tak mówi Pan, który cię stworzył, «odkupiłem cię, nazwałem cię twoim imieniem; jesteś moim»". „Gdy pójdziesz przez wody, ja będę z tobą, ponieważ drogi jesteś w moich oczach". „Czy kobieta może zapomnieć o swoim niemowlęciu i nie zlitować się nad swym synem? Tak, może zapomnieć, jednak ja nie zapomnę moich dzieci, gdyż wyryłem cię na obu dłoniach; ukryłem cię nawet w cieniu mojej ręki". „Niech bezbożny porzuci swoją drogę, a przestępca swoje zamysły i niech się nawróci do Pana, aby się nad nim zlitował, do naszego Boga, gdyż jest hojny w odpuszczaniu".

Jeszcze raz posłuchajcie ewangelii tego, nowego objawienia Boga salemskiego: „Jak pasterz będzie pasł swoją trzodę, w swoje ręce zbierze jagnięta i na swoim łonie będzie je nosił. Zmęczonemu da siłę a bezsilnemu moc w obfitości. Ci, którzy ufają Panu, nabierają siły; wzbijają się w górę na skrzydłach jak orły; biegną a nie ustają; idą a nie mdleją".

Izajasz ten propagował szeroko ewangelię rozbudowanej koncepcji najwyższego Jahwe. Z Mojżeszem rywalizował w elokwencji, dzięki której przedstawiał Pana Boga Izraela jako Wszechświatowego Stwórcę. Poetycznie obrazował nieskończone atrybuty Ojca Wszechświatowego. Nigdy nie padły piękniejsze słowa o niebiańskim Ojcu. Podobnie jak Psalmy, pisma Izajasza należą do najbardziej wysublimowanych i prawdziwie duchowych zobrazowań koncepcji Boga, spośród wszystkich tych, jakie kiedykolwiek zaszczyciły śmiertelne uszy przed przybyciem Michała na Urantię. Posłuchajcie jego opisu Bóstwa: „Jestem wysoki i wzniosły, który mieszka w wieczności". „Ja jestem pierwszy i ostatni i oprócz mnie nie ma Boga". „Ręka Pana nie jest tak krótka, {żeby nie mogła ocalić, ani słuch jego tak przytępiony, by nie mógł usłyszeć". Kiedy ten łagodny, lecz majestatyczny prorok upierał się przy głoszeniu Boskiej stałości, wierności Bożej, była to dla Żydów nowa doktryna. Oświadczył, że „Bóg nie zapomina, nie opuszcza".

Ten śmiały nauczyciel głosił, że człowiek jest bardzo blisko związany z Bogiem: „Wszystkich, którzy nazwani są moim imieniem, stworzyłem dla swojej sławy i będą zwiastować im moją chwałę. Ja, jedynie ja, mogę przez wzgląd na siebie zmazać twoje przestępstwa i twoich grzechów nie wspomnę".

Posłuchajcie, jak ten wielki Żyd zburzył koncepcję Boga narodowego, kiedy w chwale głosił boskość Ojca Wszechświatowego, o którym mówił: „Niebo jest moim tronem a ziemia podnóżkiem nóg moich". Bóg Izajasza naprawdę jest majestatyczny, sprawiedliwy i niezbadany. Prawie zanikła koncepcja gniewnego, mściwego i zazdrosnego Jahwe pustynnych Beduinów. W umyśle człowieka śmiertelnego pojawiła się nowa idea najwyższego i uniwersalnego Jahwe i nigdy już nie znikła z ludzkiego pola widzenia. Uświadomienie sobie Boskiej sprawiedliwości zaczęło niweczyć prymitywną magię i biologiczny strach. W końcu człowiek został wprowadzony we wszechświat prawa i porządku i przedstawiono mu uniwersalnego Boga o godnych zaufania i ostatecznych atrybutach.

Ten kaznodzieja, nauczający o nieziemskim Bogu, nigdy nie zaprzestał głosić *Boga miłości*. „Mieszkam na wysokim i świętym miejscu, także z tym, który jest skruszony i pokorny duchem". I jeszcze więcej słów pociechy mówił ten wielki nauczyciel swoim współczesnym: „Pan cię zawsze prowadzić będzie, nasyci duszę twoją. Będziesz jak zroszony ogród i jak źródło wody, co się nie wyczerpie. Gdy przypadnie nieprzyjaciel jak rzeka, wtedy go duch Pański odpędzi". I raz jeszcze zabłysła, dla błogosławieństwa ludzkości, rozpraszająca strach ewangelia Melchizedeka i rodząca ufność religia Salemu.

Dalekowzroczny i odważny Izajasz skutecznie przyćmił nacjonalistycznego Jahwe swym wzniosłym zobrazowaniem majestatu i uniwersalnej wszechmocy najwyższego Jahwe, Boga miłości, władcy wszechświata i kochającego Ojca całej ludzkości. Od tamtych, pamiętnych dni, na Zachodzie najwyższa koncepcja Boga obejmowała uniwersalną sprawiedliwość, Boskie miłosierdzie i wieczną prawość. Przepięknym językiem i z niezrównanym wdziękiem przedstawiał ten wielki nauczyciel wszechmocnego Stwórcę, jako wszechmiłującego Ojca.

Ten prorok z czasów niewoli głosił kazania swojemu ludowi i wielu tym narodom, które go słuchały w Babilonii nad rzeką. I drugi Izajasz zrobił wiele, aby przeciwdziałać licznym błędnym i rasowo egoistycznym koncepcjom, dotyczącym misji obiecanego Mesjasza. Jednak niezupełnie mu się to udało. Gdyby kapłani nie poświęcili się tworzeniu źle pojmowanego nacjonalizmu, nauki dwu Izajaszy mogłyby pomóc przygotować rozpoznanie i przyjęcie obiecanego Mesjasza.

8. HISTORIA ŚWIĘTA I ŚWIECKA

Zwyczaj traktowania zapisów o doświadczeniach Hebrajczyków jako historii świętej a spraw reszty świata jako historii świeckiej odpowiedzialny jest za większość zamętu w rozumowaniu ludzkim, gdy idzie o interpretację historii. Problem ten powstał dlatego, ponieważ nie istnieje świecka historia Żydów. Po tym jak kapłani, na wygnaniu w Babilonii, przygotowali nowe zapisy o domniemanie cudownym postępowaniu Boga z Hebrajczykami, świętą historię Izraela jak ją przedstawia Stary Testament, pieczołowicie i kompletnie zniszczyli istniejące dotychczas zapisy historii Hebrajczyków – księgi takie jak „Czyny królów Izraela" i „Czyny królów Judy", wraz z kilkoma innymi, bardziej czy mniej dokładnymi zapisami historii hebrajskiej.

Aby zrozumieć, dlaczego miażdżący ucisk i nieunikniony przymus świeckiej historii tak bardzo przerażał pojmanych i rządzonych przez obcych Żydów, że usiłowali zupełnie przepisać i przerobić swą historię, powinniśmy przejrzeć w skrócie kronikę ich pogmatwanego bytu narodowego. Należy przypomnieć, że Żydzi nie stworzyli zadowalającej, nieteologicznej filozofii życia. Mieli problemy ze swoją pierwotną, egipską koncepcją Boskiej zapłaty za prawość, połączonej z surową karą za grzech. Dramat Hioba był czymś w rodzaju protestu przeciw tak błędnej filozofii. Szczery pesymizm Kaznodziei Salomona był życiową, mądrą reakcją na zbyt optymistyczne wierzenia w Opatrzność.

Jednak pięćset lat poddaństwa i obcej władzy to było za wiele nawet dla wytrwałych i cierpliwych Żydów. Prorocy i kapłani zaczęli wołać: „Jak długo Panie, jak długo?" Kiedy uczciwy Żyd przeglądał Pismo Święte, jego wewnętrzny niepokój pogłębiał się jeszcze bardziej. Starszy prorok obiecał, że Bóg będzie chronił i wyzwoli swój „naród wybrany". Amos zagroził, że Bóg może porzucić Izrael, jeśli nie nastąpi odnowa jego standardów prawości narodowej. Pisarz Powtórzonego Prawa przedstawiał wielki wybór pomiędzy dobrem a złem, błogosławieństwem a przekleństwem. Pierwszy Izajasz ogłaszał dobrego króla-wybawiciela. Jeremiasz głosił erę prawości wewnętrznej – przymierza zapisanego na tablicach serc. Drugi Izajasz mówił o zbawieniu przez ofiarowanie i okupienie. Ezechiel głosił wyzwolenie przez służbę i poświęcenie a Ezdrasz przyrzekał dobrobyt dzięki przestrzeganiu prawa. Jednak wbrew temu wszystkiemu Żydzi pozostawali w niewoli a wyzwolenie się odwlekało. Potem Daniel obrazował spektakularność nadchodzącego „kryzysu" – niszczenie wielkiego posągu i natychmiastowe wprowadzenie wiecznych rządów prawości, królestwa mesjanistycznego.

I wszystkie takie zawiedzione nadzieje doprowadziły do tego stopnia rozczarowania narodowego i frustracji, że zdezorientowani przywódcy Żydów nie zdołali rozpoznać i zaakceptować misji i działalności Boskiego Syna z Raju, kiedy niebawem przyszedł do nich w formie ciała śmiertelnego – wcielony jako Syn Człowieczy.

Wszystkie współczesne religie popełniały poważne błędy, kiedy usiłowały przypisać cudowną interpretację pewnym epokom w historii. Podczas gdy prawdą jest, że Bóg wielokrotnie wsuwał swą Ojcowską dłoń opatrznościowej interwencji w bieg spraw ludzkich, błędem jest traktowanie teologicznych dogmatów i religijnych przesądów jako nadprzyrodzonego nawarstwiania, powstałego w wyniku cudownej interwencji w bieg historii ludzkiej. To, że „Najwyżsi Ojcowie panują w królestwach ludzkich", nie przekształca świeckiej historii w tak zwaną historię świętą.

Autorzy Nowego Testamentu i późniejsi pisarze chrześcijańscy dodatkowo komplikowali to wypaczanie historii hebrajskiej przez swoje wysiłki, czynione w najlepszej intencji, zmierzające do transcendalizacji proroków żydowskich. Tym samym, zarówno pisarze żydowscy jak i chrześcijańscy katastrofalnie nadużywali historii hebrajskiej. Świecka historia hebrajska została dogłębnie zdogmatyzowana. Została przekształcona w fikcję historii świętej i nierozłącznie związana z koncepcjami moralnymi i nauczaniem religijnym tak zwanych narodów chrześcijańskich.

Krótkie przytoczenie kluczowych punktów historii hebrajskiej ukaże, jak fakty znajdujące się w zapisach zostały przekształcone przez kapłanów żydowskich w Babilonii, że zmieniły zwyczajną, świecką historię ich narodu, w historię fikcyjną i świętą.

9. HISTORIA HEBRAJSKA

Nigdy nie było dwunastu plemion Izraelitów – tylko trzy lub cztery plemiona osiadłe w Palestynie. Naród hebrajski powstał w wyniku zjednoczenia tak zwanych Izraelitów i Kanaanitów. „Dzieci Izraela mieszkały wtedy pośród Kanaanitów. I brali sobie ich córki za żony a swoje córki wydawali za mąż za synów Kanaanitów". Hebrajczycy nigdy nie wypędzili Kanaanitów z Palestyny, chociaż zapisy ich kapłanów traktujące o tych sprawach stanowczo twierdzą, że to zrobili.

Poczucie tożsamości izraelskiej zrodziło się w górzystej krainie Efraim; późniejsze poczucie tożsamości żydowskiej powstało w południowym klanie Juda. Żydzi (Judaici) zawsze próbowali szkalować i oczerniać w swych zapisach Izraelitów północnych (Efraimitów).

Pretensjonalna historia hebrajska zaczęła się wtedy, gdy Saul zgromadził klany północne, aby odeprzeć ataki Ammonitów na bratnich współplemieńców – Gileadytów – mieszkających na wschód od Jordanu. Z wojskiem liczącym nieco ponad trzy tysiące żołnierzy pokonał wroga i ten bohaterski czyn skłonił górskie plemiona do obwołania go królem. Kiedy kapłani przepisywali na wygnaniu tę historię, powiększyli wojska Saula do 330.000 a do listy plemion, biorących udział w walce, dodali „Judę".

Zaraz po pokonaniu Ammonitów, Saul został królem, dzięki powszechnemu obwołaniu go przez żołnierzy. Żaden kapłan czy prorok nie brał w tym udziału. Później jednak kapłani umieścili w zapisach, że Saul koronowany został na króla przez proroka

Samuela, zgodnie z boskimi wskazówkami. Zrobili to, aby ustanowić „boską linię potomstwa" dla królewskości Dawida u Judaitów.

Największe wypaczenie historii żydowskiej związane jest z Dawidem. Zwycięstwo Saula nad Ammonitami (które Saul przypisał Jahwe) zaniepokoiło Filistynów, którzy zaczęli atakować klany północne. Dawid i Saul nigdy nie mogli się zgodzić ze sobą. Dawid, z sześciuset ludźmi, zawarł przymierze z Filistynami i maszerował wzdłuż wybrzeża do Ezdrelonu. W Gat Filistyni kazali ustąpić Dawidowi z pola; obawiali się, że może przejść do Saula. Dawid się wycofał; Filistyni zaatakowali Saula i go pokonali. Nie mogliby tego dokonać, gdyby Dawid pozostawał lojalny wobec Izraela. Wojsko Dawida stanowiło wielojęzyczny zbiór malkontentów, składało się w znacznej części z ludzi nieprzystosowanych społecznie i uciekających przed sprawiedliwością.

Tragiczna porażka Saula pod Gilboa, z rąk Filistynów, zredukowała Jahwe do niskiej pozycji wśród bogów w oczach otaczających Kanaanitów. Normalnie, porażka Saula byłaby przypisana odwróceniu się od Jahwe, ale tym razem judejscy korektorzy przypisali ją błędom rytualnym. Potrzebna im była tradycja Saula i Samuela, jako tło dla królewskości Dawida.

Dawid ze swym nielicznym wojskiem, założył stolicę w niehebrajskim mieście Hebron. Wkrótce jego rodacy ogłosili go królem nowego królestwa Judy. W skład Judy wchodziły w większości elementy niehebrajskie – Kenici, Kalebici, Jebusyci oraz inni Kanaanici. Byli to koczownicy – pasterze – i bardzo byli przywiązani do hebrajskiej idei własności ziemi. Trzymali się ideologii swych klanów pustynnych.

Różnica pomiędzy historią świętą i świecką jest dobrze zobrazowana w dwu różnych opowiadaniach w Starym Testamencie, mówiących o obwołaniu Dawida królem. Część świeckiej historii, o tym, jak najbliżsi stronnicy Dawida (jego wojsko) obwołali go królem, została przez nieuwagę zostawiona w zapisach przez kapłanów, którzy następnie stworzyli długą i prozaiczną narrację świętej historii, gdzie jest opisane, jak prorok Samuel, według Boskich wskazówek, wybrał Dawida spośród swych braci i postępując formalnie, w trakcie starannych i uroczystych obrzędów, namaścił go na króla nad Hebrajczykami a potem ogłosił następcą Saula.

Wiele razy kapłani, po przygotowaniu fikcyjnych narracji o cudownym postępowaniu Boga z Izraelem, nie usuwali zwykłych i trzymających się faktów opowiadań, uprzednio istniejących w zapisach.

Dawid próbował zorganizować sobie oparcie polityczne, z początku biorąc za żonę córkę Saula, potem wdowę po Nabalu, bogatym Edomicie, a następnie córkę Talmaje, króla Geszur. Wziął sobie sześć żon spośród kobiet z Jebus, nie mówiąc o Batszebie, żonie Hetyty.

Takimi właśnie metodami i z takimi ludźmi tworzył Dawid fikcję boskiego królestwa Judy, jako spadkobiercy dziedzictwa i tradycji zanikającego, północnego królestwa efraimickiego Izraela. Dawidowe, kosmopolityczne plemię Judy bardziej było nieżydowskie niż żydowskie, tym niemniej uciskani starsi z Efraimu przybyli i „namaścili go na króla Izraela". Dawid, po pogróżkach wojennych, zawarł ugodę z Jebusytami i założył stolicę swego zjednoczonego królestwa w Jebus (Jerozolima), które było miastem silnie obwarowanym, leżącym w połowie drogi pomiędzy Judą a Izraelem. Filistynów to niepokoiło i wkrótce zaatakowali Dawida. Po zażartej walce zostali pokonani i raz jeszcze Jahwe został umocniony jako „Pan Bóg Zastępów".

Jednak Jahwe musiał, z konieczności, dzielić się częścią swej sławy z bogami kanaanejskimi, ponieważ Hebrajczycy nie stanowili większości w wojsku Dawida. I tak pojawia się w waszych zapisach (przeoczone przez judaickich redaktorów) takie wymowne oświadczenie: „Jahwe rozbił wrogów mych przede mną. Dlatego nazwano to miejsce Baal-Perasim". Zrobiono tak dlatego, ponieważ osiemdziesiąt procent żołnierzy Dawida stanowili Baalici.

Dawid wyjaśnił porażkę Saula pod Gilboa tym, że Saul zaatakował kanaanejskie miasto, Gibeon, którego mieszkańcy mieli traktat pokojowy z Efraimitami. Dlatego Jahwe go opuścił. Jeszcze za czasów Saula, Dawid bronił kanaanejskiego miasta Keila przed Filistynami a potem założył swą stolicę w mieście kanaanejskim. Trzymając się polityki kompromisu z kanaanitami, Dawid oddał siedmiu potomków Saula Gibeonitom, aby ich powieszono.

Po pokonaniu Filistynów, Dawid wszedł w posiadanie „arki Jahwe", sprowadził ją do Jerozolimy i oficjalnie zaprowadził czczenie Jahwe w swoim królestwie. Następnie zapłacił wielkie daniny sąsiednim plemionom – Edomitom, Moabitom, Ammonitom i Syryjczykom.

Skorumpowana maszyneria polityczna Dawida zaczęła zdobywać dla siebie posiadłości ziemskie na północy, z pogwałceniem obyczajów hebrajskich i wkrótce przejęła kontrolę nad taryfami celnymi z karawan, dawniej zbieranymi przez Filistynów. Potem przyszła seria okrucieństw, osiągająca swój szczyt w morderstwie Uriasza. Wszystkie apelacje sądowe rozstrzygane były w Jerozolimie; „starsi" nie wymierzali już sprawiedliwości. Nic zatem dziwnego, że wybuchł bunt. Dziś Absalom mógłby być zwany demagogiem; jego matka była Kanaanejką. Poza synem Batszeby, Salomonem, było pół tuzina osób walczących o tron.

Po śmierci Dawida, Salomon oczyścił maszynerię polityczną ze wszystkich wpływów północnych, ale zachował cały despotyzm i podatki, jak za rządów swego ojca. Salomon doprowadził kraj do bankructwa, przez swój pełen przepychu dwór i szeroko zakrojony program budowlany: zbudował Dom Libański, pałac córki faraona, świątynię Jahwe, pałac królewski i odbudował mury wielu miast. Salomon stworzył wielką flotę hebrajską, prowadzoną przez marynarzy syryjskich i handlującą z całym światem. Liczebność jego haremu dochodziła do tysiąca.

W tym czasie świątynia Jahwe w Szilo straciła swoje znaczenie a całe narodowe czczenie skoncentrowało się w Jebus, we wspaniałej kaplicy królewskiej. Królestwo północne w znacznym stopniu wróciło do czczenia Elohima. Cieszyło się ono łaską u faraonów, którzy później zniewolili Judę, nakładając haracz na królestwo południowe.

Wiele było wzlotów i upadków – wojen pomiędzy Izraelem a Judą. Po czterech latach wojen domowych i po trzech dynastiach, Izrael dostał się pod rządy despotów miejskich, którzy zaczęli handlować ziemią. Nawet król Omri próbował kupić posiadłość Semera. Jednak szybko przyszedł koniec, kiedy Salmanasar III chciał roztoczyć kontrolę nad wybrzeżem Morza Śródziemnego. Król Achab z Efraimu zgromadził dziesięć innych grup ludzkich i stawił opór pod Karkar; bitwa była nierozstrzygnięta. Asyryjczycy zostali zatrzymani, ale sprzymierzeńcy zdziesiątkowani. O tym wielkim boju Stary Testament nawet nie wspomina.

Zaczęły się nowe problemy, kiedy ziemię Nabota chciał kupić król Achab. Jego żona, Fenicjanka, sfałszowała imię Achaba na dokumencie nakazującym konfiskatę ziemi Nabota, oskarżonego o bluźnienie imionom „Elohim i król". Zarówno Nabot jak i jego syn zostali zaraz straceni. Na scenie pojawił się energiczny Eliasz i potępił Achaba za morderstwo Nabotów. Tym samym jeden z największych proroków, Eliasz, zaczął swe nauczanie jako obrońca starych zwyczajów ziemskich, jako przeciwnik poglądów zwolenników Baala na handel ziemią, jako przeciwnik dominacji miasta nad wsią. Ale taka reforma nie osiągała celu, dopóki właściciel ziemski, Jehu, nie złączył swych sił z cygańskim wodzem Jonadabem, zabijając proroków (handlarzy nieruchomości) Baala w Samarii.

Nowe życie się zaczęło, kiedy Joasz i jego syn Jeroboam wyzwolili Izrael z rąk wrogów. Ale w Samarii w tym czasie rządziła szlachta-rozbójnicy, których łupiestwa szły o lepsze z tymi, jakich dokonywano za dynastii Dawida w dawnych czasach. Państwo szło z Kościołem ręka w rękę. Próba ograniczenia wolności słowa sprawiła, że Eliasz. Amos i Ozeasz zaczęli prowadzić tajne zapisy i taki był prawdziwy początek Biblii żydowskiej i chrześcijańskiej.

Jednak królestwo północne nie znikło z kart historii tak długo, aż król Izraela zaczął spiskować z królem Egiptu i odmówił płacenia dalszych danin Asyrii. Zaczęło się wtedy trzyletnie oblężenie, zakończone całkowitym upadkiem królestwa północnego. Tak zniknął Efraim (Izrael). Juda – Żydzi, „pozostałości Izraela" – zaczęli gromadzić ziemię w rękach kilku osób, jak to określił Izajasz, „przyłączając dom do domu a rolę do roli". Wkrótce w Jerozolimie pojawiła się świątynia Baala obok świątyni Jahwe. Rządy strachu skończyły się monoteistycznym powstaniem, pod wodzą chłopca-króla, Joasza, który przez trzydzieści pięć lat prowadził krucjatę na rzecz Jahwe.

Następny król, Amazjasz, miał kłopoty ze zbuntowanymi płatnikami podatku, Edomitami i ich sąsiadami. Po doskonałym zwycięstwie zaczął atakować swych północnych sąsiadów i został tak samo doskonale pokonany. Potem zbuntował się lud wiejski; zamordowali króla a na tronie posadzili jego szesnastoletniego syna. Był to Azariasz, zwany przez Izajasza Uzjaszem. Po Uzjaszu, zła sytuacja jeszcze się pogorszyła, Juda istniała, płacąc przez sto lat haracz królom Asyrii. Pierwszy Izajasz mówił, że Jerozolima, będąc miastem Jahwe, nigdy nie padnie. Jednak Jeremiasz nie wahał się głosić jej upadku

Do prawdziwej ruiny Judy doprowadziła skorumpowana i bogata klika polityków, działająca pod kierownictwem chłopca-króla Manassesa. Zmiany gospodarcze sprzyjały powrotowi kultu Baala, którego prywatny handel ziemią sprzeciwiał się ideologii Jahwe. Upadek Asyrii i przewaga Egiptu przyniosły Judzie tymczasowe wyzwolenie a władzę przejął lud wiejski. Pod kierownictwem Jozjasza zlikwidowano jerozolimską klikę skorumpowanych polityków.

Jednak epoka ta skończyła się tragicznie, kiedy Jozjasz ośmielił się wyjść i zatrzymać potężne wojska Necha, gdy szły wybrzeżem z Egiptu na pomoc Asyrii przeciw Babilonii. Został starty z powierzchni ziemi a Juda zaczęła płacić haracz Egiptowi. W Jerozolimie wróciła do władzy polityczna partia Baala i tak zaczęła się *prawdziwa* niewola egipska. Potem przyszedł okres, kiedy politycy Baala kontrolowali zarówno sądy jak i kapłaństwo. Kult Baala był systemem ekonomicznym i społecznym, związanym z prawami własności jak również z żyznością ziemi.

Wraz z obaleniem Necha przez Nabuchodonozora, Juda dostała się pod panowanie Babilonii i dano jej dziesięć lat prolongaty płatności, ale wkrótce się zbuntowała. Kiedy Nabuchodonozor wyruszył na nich, Judaici zaczęli reformy społeczne, takie jak wyzwolenie niewolników, aby wpłynąć na Jahwe. Kiedy wojska babilońskie chwilowo się wycofały, Hebrajczycy się cieszyli, że wyzwoliła ich magia ich reform. To właśnie wtedy Jeremiasz mówił im o nadchodzącej zgubie i wkrótce Nabuchodonozor wrócił.

I tak przyszedł koniec Judy. Miasto zostało zniszczone a lud zabrany do Babilonii. Walka Jahwe-Baal skończyła się niewolą. Ale ta niewola poruszyła resztki Izraela, popychając je ku monoteizmowi.

W Babilonii Żydzi doszli do wniosku, że nie mogą istnieć w Palestynie jako mała grupa, posiadająca własne, specyficzne, społeczne i ekonomiczne zwyczaje, jak również do tego, że jeśli ich ideologie mają zapanować, należy nawrócić innowierców. W ten sposób zrodziła się nowa koncepcja ich przeznaczenia – idea, że Żydzi muszą stać się wybranymi sługami Jahwe. Żydowska religia Starego Testamentu naprawdę ukształtowała się w babilońskiej niewoli.

Także w Babilonii nabrała swego kształtu doktryna nieśmiertelności. Żydzi uważali, że idea przyszłego życia pomniejsza znaczenie ich ewangelii sprawiedliwości społecznej. Teraz, po raz pierwszy, teologia wyparła socjologię i ekonomię. Religia nabierała kształtu jako system ludzkiego myślenia i postępowania, coraz bardziej niezależny od polityki, socjologii i ekonomii.

I tak oto prawda o narodzie żydowskim ukazuje, że wiele tego, co było uważane za historię świętą, okazało się być niewiele więcej niż kroniką zwykłej historii świeckiej. Judaizm był tą glebą, na której wyrosło chrześcijaństwo, ale Żydzi nie byli cudownym narodem.

10. RELIGIA HEBRAJSKA

Izraelitów nauczali ich przywódcy, że są narodem wybranym, nie dla specjalnych względów i monopolu łaski Bożej, ale dla specjalnej służby, aby nieść każdemu narodowi prawdę o jednym Bogu nad wszystkimi. I obiecali Żydom, że jeśli zadośćuczynią temu przeznaczeniu, staną się duchowymi przywódcami wszystkich narodów, a nadchodzący Mesjasz będzie panował nad nimi i nad całym światem, jako Książę Pokoju.

Kiedy Persowie uwolnili Żydów, ci wrócili do Palestyny tylko po to, aby wpaść w niewolę wprowadzonego przez ich własnych kapłanów kodeksu prawa, ofiar i rytuałów. I tak jak klany hebrajskie odrzuciły wspaniałą opowieść o Bogu, przedstawioną w pożegnalnej oracji Mojżesza, na rzecz rytuałów ofiar i pokuty, tak te resztki narodu hebrajskiego odrzuciły wspaniałą koncepcję drugiego Izajasza, na rzecz przepisów, norm i rytuałów ich rozwijającego się kapłaństwa.

Egotyzm narodowy, fałszywa wiara w obiecanego Mesjasza, źle pojmowanego oraz narastające zniewolenie i tyranizowanie przez kapłaństwo na zawsze wyciszyły głosy przywódców duchowych (poza Danielem, Ezechielem, Aggeuszem i Malachiaszem); i od tamtych dni aż do czasów Jana Chrzciciela cały Izrael przechodził coraz większą duchową regresję. Jednak Żydzi nigdy nie zgubili koncepcji Ojca Wszechświatowego; nawet w dwudziestym wieku po Chrystusie wciąż wyznają tę ideę Bóstwa.

Od Mojżesza do Jana Chrzciciela rozciąga się nieprzerwana linia oddanych nauczycieli, którzy przekazywali monoteistyczną pochodnię światła z jednego pokolenia na drugie, podczas gdy coraz bardziej ganili niegodziwych władców, potępiali skomercjalizowanych kapłanów i zawsze napominali naród, aby wiernie czcił najwyższego Jahwe, Pana Boga Izraela.

W końcu Żydzi utracili swą polityczną tożsamość jako naród, ale religia hebrajska, szczera wiara w jednego i uniwersalnego Boga, wciąż żyje w sercach rozproszonych uchodźców. I ta religia nadal trwa, ponieważ działała skutecznie w celu zachowywania najwyższych wartości u jej wyznawców. Religia żydowska zachowywała ludzkie ideały, ale nie stymulowała postępu i nie dopingowała do twórczych odkryć filozoficznych w domenach prawdy. Religia żydowska miała wiele wad – miała braki w filozofii i była prawie zupełnie pozbawiona wartości estetycznych – ale zachowywała wartości moralne, dlatego też przetrwała. W porównaniu z innymi koncepcjami Bóstwa, najwyższy Jahwe był wyrazisty, żywy, osobowy i moralny.

Żydzi, tak jak niewiele innych narodów, kochali sprawiedliwość, mądrość, prawdę i prawość, jednak najmniej ze wszystkich narodów przyczynili się do intelektualnego zrozumienia i duchowego pojmowania tych Boskich cech. Choć teologia hebrajska nie chciała się rozwijać, odegrała znaczną rolę w rozwoju dwu innych światowych religii, chrześcijaństwa i mahometanizmu.

Religia żydowska przetrwała także ze względu na swe instytucje. Trudno jest przetrwać religii jako prywatnym praktykom oddzielnych jednostek. Błąd przywódców religijnych polegał zawsze na tym, że widząc zło religii zinstytucjonalizowanej, usiłowali zniszczyć metody funkcjonowania grupowego. Zamiast niszczyć wszelkie obrzędy, zrobiliby lepiej reformując je. W tym aspekcie Ezechiel był mądrzejszy od swoich współczesnych; choć przyłączył się do nich, obstając przy osobistej odpowiedzialności moralnej, zabrał się również do zaprowadzenia dokładnego przestrzegania wyższego i czystszego rytuału.

I tak kolejni nauczyciele Izraela dokonali największego wyczynu w ewolucji religii kiedykolwiek przeprowadzonego na Urantii, stopniowo a jednak ciągle przeobrazali barbarzyńską ideę dzikiego demona Jahwe, zazdrosnego i okrutnego duchowego boga wulkanu grzmiącego na Synaju, w późniejszą podniosłą i nieziemską koncepcję najwyższego Jahwe, stwórcy wszystkich rzeczy, przepojonego miłością oraz miłosiernego Ojca całej ludzkości. I ta hebrajska koncepcja Boga była najwyższym ludzkim wyobrażeniem Ojca Wszechświatowego, do tego czasu, kiedy została później poszerzona i tak znakomicie rozwinięta przez osobiste nauki i życiowy przykład jego Syna, Michała z Nebadonu.

[Przedstawione przez Melchizedeka z Nebadonu].

PRZEKAZ 98

NAUKI MELCHIZEDEKA NA ZACHODZIE

NAUKI Melchizedeka weszły do Europy wieloma drogami, głównie jednak przez Egipt i utożsamiły się z filozofią zachodnią po tym, jak zostały później dogłębnie zhellenizowane i w dalszej kolejności schrystianizowane. Ideały świata zachodniego pochodziły zasadniczo od Sokratesa a późniejsza filozofia religijna tego świata była filozofią Jezusa, zmodyfikowaną i poddaną kompromisom w wyniku kontaktu z rozwijającą się zachodnią filozofią i religią, a wszystko to znalazło swą kulminację w Kościele chrześcijańskim.

Misjonarze salemscy długo prowadzili swą działalność w Europie, stopniowo wchłaniani przez wiele kultów i grup obrzędowych, które się tam okresowo pojawiały. Do tych, którzy zachowywali nauki salemskie w najczystszej formie, zaliczyć należy cyników. Ci głosiciele wiary i zaufania Bogu nadal działali w rzymskiej Europie w pierwszym wieku ery chrystusowej a później zostali włączeni do formującej się właśnie religii chrześcijańskiej.

Większość doktryny salemskiej rozpowszechniona została w Europie przez żydowskich żołnierzy najemnych, którzy walczyli w tak wielu wojnach Zachodu. W starożytności Żydzi słynni byli zarówno z waleczności jak i ze swoich specyficznych walorów teologicznych.

Podstawowe doktryny filozofii greckiej, teologii żydowskiej i etyki chrześcijańskiej były zasadniczo odbiciem wcześniejszych nauk Melchizedeka.

1. RELIGIA SALEMSKA U GREKÓW

Misjonarze salemscy mogliby stworzyć rozbudowaną strukturę religijną u Greków, gdyby nie ich ścisła interpretacja przysięgi ordynacyjnej, ślubowania narzuconego przez Machiventę, które zabraniało organizowania stowarzyszeń wyłącznie kultowych i które od każdego nauczyciela wymagało przyrzeczenia, że nigdy nie będzie działał jako kapłan, nigdy nie będzie brał opłat za praktyki religijne, tylko żywność, ubranie i schronienie. Kiedy nauczyciele Melchizedeka przenikali przedhelleńską Grecję, odkryli naród, w którym wciąż żywe były tradycje Adamsona i z czasów Andtów, jednak nauki te zostały mocno wypaczone przez wyobrażenia i wierzenia hord podrzędnych niewolników, których dowożono w coraz większych ilościach do wybrzeży Grecji. Takie wypaczenie spowodowało rewersję do prostego animizmu, z jego krwawymi rytuałami; niższe klasy robiły obrzędy nawet z egzekucji skazanych kryminalistów.

Wczesne wpływy nauczycieli salemskich zniweczył prawie zupełnie tak zwany najazd aryjski, z południowej Europy i ze wschodu. Ci helleńscy najeźdźcy sprowadzili ze sobą antropomorficzne koncepcje Boga, podobne do tych, które ich aryjscy bracia wnieśli do Indii. Takie nabytki zapoczątkowały rozwój greckiej rodziny bogów i bogiń. Nowa religia opierała się częściowo na napływowych kultach helleńskich barbarzyńców, ale zawierała również mity dawniejszych mieszkańców Grecji.

Helleńscy Grecy zastali świat śródziemnomorski zdominowany w znacznej mierze przez kult matki i narzucili tym ludziom swego męskiego boga, Djaus-Zeusa, który od dawna był szefem całego greckiego panteonu podległych mu bogów, podobnie jak Jahwe u henoteistycznych Semitów. I w swojej koncepcji Zeusa Grecy mogliby w końcu dojść do prawdziwego monoteizmu, gdyby nie zachowywali nadrzędnej kontroli Fatum. Bóg, mający ostateczną wartość, sam musi być arbitrem fatum i twórcą przeznaczenia.

W wyniku takich czynników składowych ewolucji religijnej, niebawem wytworzyło się popularne wierzenie w niefrasobliwych bogów z góry Olimp, bogów bardziej ludzkich niż boskich, których inteligentni Grecy nigdy nie traktowali zbyt serio. Nigdy ich zbytnio nie kochali ani też specjalnie nie bali się tych boskości, które sami stworzyli. Darzyli uczuciami patriotycznymi i narodowymi Zeusa i jego rodzinę półludzi i półbogów, ale raczej nie otaczali ich pietyzmem ani ich nie czcili.

Helleni zostali tak dogłębnie przesyceni antykapłańskimi doktrynami wczesnych nauczycieli salemskich, że żadne kapłaństwo o większym znaczeniu nigdy nie powstało w Grecji. Nawet tworzenie podobizn bogów stało się bardziej sprawą sztuki niż czczenia.

Bogowie olimpijscy stanowią ilustrację typowego antropomorfizmu ludzkiego. Jednak mitologia grecka była bardziej estetyczna niż etyczna. Religia grecka była użyteczna, dlatego, że obrazowała wszechświat rządzony przez grupę bóstw. Jednak grecka moralność, etyka i filozofia, szybko znacznie wyprzedziły grecką koncepcję boga i taki brak równowagi między rozwojem intelektualnym a duchowym był tak samo ryzykowny dla Grecji jak i dla Indii.

2. GRECKA MYŚL FILOZOFICZNA

Lekceważona i płytka religia nie może przetrwać, zwłaszcza, gdy nie ma kapłaństwa, które by kształtowało jej formy i przepełniało serca wiernych strachem i grozą. Religia Olimpu nie przyrzekała zbawienia ani też nie gasiła duchowego pragnienia wiernych; zatem skazana była na zagładę. W tysiąc lat od swego powstania nieomal zanikła i Grecy zostali bez narodowej religii, bogowie z Olimpu stracili swój wpływ na lepsze umysły.

Tak wyglądała sytuacja, gdy w szóstym wieku przed Chrystusem, Daleki Wschód i Bliski Wschód doznały odrodzenia świadomości duchowej i nowego przebudzenia na przyjęcie monoteizmu. Jednak Zachód nie miał swego udziału w tym nowym rozwoju wypadków; ani Europa, ani Afryka północna nie uczestniczyły na większą skalę w tym renesansie religijnym. Tym niemniej Grecy zapoczątkowali wspaniały rozwój intelektualny. Zaczęli opanowywać strach i już nie szukali na niego antidotum w religii, nie dostrzegli jednak, że prawdziwa religia jest lekarstwem na głód duszy, na niepokój duchowy i desperację moralną. Próbowali ukoić swą duszę w głębokim myśleniu – w filozofii i metafizyce. Odwrócili się od rozważań nad samozachowawczością – zbawieniem – w kierunku samorealizacji i samozrozumienia.

Poprzez rygorystyczne myślenie Grecy chcieli zdobyć taką świadomość bezpieczeństwa, która mogłaby służyć za substytut wiary w życie wieczne, ale zupełnie im to nie wyszło. Tylko inteligentniejsi ludzie z wyższych klas helleńskich mogli zrozumieć nowe nauki; ogół potomstwa niewolników z poprzednich pokoleń nie potrafił przyjąć nowego substytutu religii.

Filozofowie gardzili wszelkimi formami czczenia, pomimo, że praktycznie wszyscy trzymali się luźno pewnego tła wiary w salemską doktrynę „Inteligencji wszechświata", „Idei Boga" i „Wielkiego Źródła". Tak dalece, jak greccy filozofowie uświadamiali sobie to, co boskie i nadskończone, byli szczerze monoteistyczni; tylko w ograniczonym stopniu uznawali całą plejadę bogów i bogiń olimpijskich.

W piątym i szóstym wieku p.n.e., greccy poeci, zwłaszcza Pindar, próbowali reformować religię grecką. Wywyższali jej ideały, ale bardziej byli artystami niż ludźmi religijnymi. Nie udało im się stworzyć metody ożywiania i chronienia najwyższych wartości.

Ksenofanes nauczał o jednym Bogu, ale jego koncepcja bóstwa była zbyt panteistyczna, aby mogło ono stać się osobowym Ojcem śmiertelnego człowieka. Anaksagoras był mechanistą, za wyjątkiem tego, że uznawał Pierwszą Przyczynę, Wstępny Umysł. Sokrates i jego następcy, Platon i Arystoteles, nauczali, że cnota jest wiedzą, dobroć zdrowiem duszy, że lepiej jest cierpieć niesprawiedliwość niż być za nią odpowiedzialny, że nie należy odpowiadać złem na zło i że bogowie są mądrzy i dobrzy. Za główne cnoty uznawali oni: mądrość, odwagę, umiar i sprawiedliwość.

Ewolucja filozofii religijnej narodów helleńskich i hebrajskich dostarcza kontrastowej ilustracji, gdy idzie o funkcję Kościoła jako instytucji kształtującej postęp kulturowy. W Palestynie myśl ludzka była tak bardzo kontrolowana przez kapłaństwo i kierowana przez Pismo Święte, że filozofia i estetyka były zupełnie zatopione w religii i moralności. W Grecji prawie zupełny brak kapłanów i „świętych pism" pozostawił umysł ludzki wolnym i nieskrępowanym, co w rezultacie przyniosło zaskakujący rozwój głębokiej myśli. Jednak religia jako doświadczenie osobiste, nie dotrzymała kroku intelektualnemu sondowaniu natury i rzeczywistości kosmosu.

W Grecji wiara podporządkowana była myśleniu; w Palestynie myślenie podlegało wierze. Chrześcijaństwo wiele swojej siły zawdzięcza temu, że zapożyczało obficie zarówno z hebrajskiej moralności jak i z myśli greckiej.

W Palestynie dogmat religijny został tak skrystalizowany, że uniemożliwiał przyszły rozwój; w Grecji myśl ludzka stała się tak abstrakcyjna, że koncepcja Boga rozwiała się w mglisty opar panteistycznych spekulacji, niezupełnie różny od bezosobowej Nieskończoności filozofów bramińskich.

Jednak w tamtych czasach przeciętni ludzie nie mogli zrozumieć greckiej filozofii samorealizacji i abstrakcyjnego Bóstwa, ani nie byli tą koncepcją zbytnio zainteresowani; pragnęli raczej obietnic zbawienia w powiązaniu z osobowym Bogiem, który mógł słyszeć ich modlitwy. Wypędzali filozofów, prześladowali ostatnich członków kultu salemskiego – a obie doktryny wymieszały się znacznie – i byli gotowi do wielkiego, orgiastycznego zanurzenia się w głupotę misteryjnych kultów, które rozprzestrzeniały się wtedy w krajach śródziemnomorskich. W obrębie olimpijskiego panteonu rozwijały się misteria eleuzyjskie jako grecka metoda czczenia płodności; kwitnął kult natury Dionizosa; najlepszym z kultów było bractwo orfickie, którego kazania moralne i obietnice zbawienia przemawiały mocno do wielu ludzi.

Całą Grecję pociągnęły za sobą te nowe metody osiągania zbawienia, te emocjonalne i porywające obrzędy. Żaden naród nigdy nie dotarł do takich wyżyn artystycznej filozofii, w tak krótkim czasie; żaden nigdy nie stworzył tak zaawansowanego systemu etyki, praktycznie bez Bóstwa i zupełnie pozbawionego obietnicy zbawienia człowieka; żaden naród nie pogrążył się nigdy tak szybko, tak głęboko i gwałtownie w głębinach intelektualnej stagnacji, deprawacji moralnej i ubóstwa duchowego, jak ten właśnie naród grecki, kiedy się rzucił w szalony wir kultów misteryjnych.

Religie długo istniały bez wsparcia filozoficznego, ale niewiele filozofii, jako takich, przetrwało długo bez pewnego utożsamiania się z religią. Filozofia jest dla religii tym, czym jest pomysł dla działania. Jednak idealny stan człowieka to ten, w którym filozofia, religia i nauka są zjednoczone w znaczącą jedność, dzięki łącznemu funkcjonowaniu mądrości, wiary i doświadczenia.

3. NAUKI MELCHIZEDEKA W RZYMIE

Zupełnie naturalne było, że późniejsza religia Rzymian, przekształciwszy się z wcześniejszych form czczenia bogów rodzinnych w plemienną rewerencję Marsa, boga wojny, była bardziej politycznym przestrzeganiem zasad niż intelektualne systemy Greków i braminów, czy bardziej duchowe religie niektórych innych narodów.

Podczas wielkiego, monoteistycznego odrodzenia ewangelii Melchizedeka, w szóstym wieku przed Chrystusem, zbyt mało misjonarzy salemskich przeniknęło do Włoch, a ci, którym się to udało, nie mogli przezwyciężyć wpływów gwałtownie rozrastającego się kapłaństwa etruskiego, z jego nową plejadą bogów i świątyń, które wszystkie zostały zorganizowane w rzymską religię państwową. Ta religia plemion latyńskich nie była tak trywialna i skorumpowana, jak religia Greków, nie była też sroga i tyranizująca, jak religia Hebrajczyków; w znacznej mierze polegała na przestrzeganiu samych form, ślubów i tabu.

Religia rzymska była pod znacznym wpływem kulturalnych naleciałości z Grecji W końcu większość bogów olimpijskich została przeszczepiona i włączona do panteonu latyńskiego. Grecy od dawna czcili ogień ogniska rodzinnego – Hestia była boginią-dziewicą ogniska domowego; Westa była rzymską boginią rodziny. Zeus został Jowiszem, Afrodyta – Wenus i podobnie było z wieloma innymi bóstwami olimpijskimi.

Inicjacja religijna młodzieży rzymskiej była okazją jej uroczystej konsekracji do służby państwowej. Przysięgi i przyjmowanie obywatelstwa to były w rzeczywistości obrzędy religijne. Naród rzymski utrzymywał świątynie, ołtarze i święte przybytki a w czasie kryzysu radził się wyroczni. Rzymianie przechowywali kości bohaterów a później chrześcijańskich świętych.

Ta formalna i pozbawiona uczuć forma pseudoreligijnego patriotyzmu była z góry skazana na zagładę, tak jak wysoce intelektualne i artystyczne czczenie ustąpiło przed gorliwym i głęboko uczuciowym czczeniem kultów misteryjnych. Największym z tych niszczycielskich kultów była religia misteryjna sekty Matki Boga, która w tamtych czasach miała swoją główną siedzibę dokładnie na miejscu obecnej Bazyliki Świętego Piotra w Rzymie.

Wyłaniające się państwo rzymskie podbijało politycznie, ale samo z kolei było podbijane przez kulty, rytuały, misteria i koncepcje boga z Egiptu, Grecji i Bliskiego Wschodu. Te importowane kulty wciąż kwitły na obszarze państwa rzymskiego, aż do czasów Augusta, który z czysto politycznych i państwowych względów dokonał heroicznego i w pewnym stopniu udanego wysiłku likwidacji misteriów i odrodzenia starszej religii politycznej.

Jeden z kapłanów religii państwowej powiedział Augustowi o wcześniejszych wysiłkach nauczycieli salemskich, zmierzających do rozpowszechnienia doktryny jednego Boga, najwyższego Bóstwa przewodzącego wszystkim istotom nadprzyrodzonym. Idea ta tak mocno zawładnęła cesarzem, że zbudował wiele świątyń, wyposażył je w piękne wizerunki, zreorganizował kapłaństwo państwowe, zaprowadził na nowo religię państwową, sam się ustanowił najwyższym kapłanem nad wszystkimi a jako cesarz nie wahał się ogłosić najwyższym bogiem.

Ta nowa religia, polegająca na czczeniu Augusta, kwitła i była przestrzegana na obszarze imperium za jego życia, oprócz Palestyny, ojczyzny Żydów. I trwała ta epoka ludzkich bogów, aż oficjalny, rzymski kult posiadał spis ponad czterdziestu samozwańczych, ludzkich bóstw, z których wszyscy pretendowali do cudownych narodzin i innych nadludzkich atrybutów.

Ostatni opór kurczącego się koła salemskich wiernych stawiała gorliwa grupa kaznodziejów, cyników, którzy napominali Rzymian, aby porzucili swoje dzikie i bezsensowne rytuały religijne i wrócili do form czczenia zawierających ewangelię Melchizedeka, jak została ona przeobrażona i zanieczyszczona przez kontakt z filozofią Greków. Jednak większość ludzi odrzucała cyników; woleli nurzać się w rytuałach misteriów, które nie tylko dawały nadzieją osobistego zbawienia, ale także zaspokajały pragnienie rozrywki, emocji i uciech.

4. KULTY MISTERYJNE

Większość ludności świata grecko-rzymskiego, utraciwszy swe prymitywne religie rodzinne i państwowe, a nie mogąc lub nie chcąc pojąć znaczenia filozofii Greków, zwróciła swą uwagę w kierunku widowiskowych i emocjonalnych, misteryjnych kultów pochodzących z Egiptu i Bliskiego Wschodu. Prosty lud chciał obietnic zbawienia – religijnego pocieszenia na dziś i zapewnienia nadziei nieśmiertelności po śmierci.

Najbardziej popularne były trzy kulty misteryjne:

1. Frygijski kult Kybele i jej syna Attisa.
2. Egipski kult Ozyrysa i jego matki Izis.
3. Irański kult czczący Mitrę jako zbawiciela i odkupiciela grzesznej ludzkości.

Misteria frygijskie i egipskie nauczały, że boski syn (odpowiednio Attis i Ozyrys) umarł i był wskrzeszony przez boską moc i dalej, że wszyscy ci, którzy są odpowiednio wtajemniczeni w misteria, którzy z szacunkiem obchodzą rocznicę śmierci i zmartwychwstania boga, mogą tym samym mieć udział w jego boskiej naturze i jego nieśmiertelności.

Obrzędy frygijskie były imponujące, ale poniżające; ich krwawe święta ukazują, jak zwyrodniałe i prymitywne stały się te bliskowschodnie misteria. Najświętszy był Czarny Piątek, „dzień krwi", upamiętniający samobójczą śmierć Attisa. Po trzech dniach obchodów ofiary i śmierci Attisa, święto zmieniało się w radość na cześć jego zmartwychwstania.

Obrzędy ku czci Izis i Ozyrysa były bardziej wyszukane i efektowne niż w kulcie frygijskim. Ten egipski rytuał został stworzony wokół legendy o dawnym bogu Nilu, który umarł i zmartwychwstał; była to koncepcja, którą wyprowadzono z obserwacji powtarzającego się corocznie zahamowania wzrostu roślinności, następującego po wiosennej odnowie wszystkich roślin żywych. Szaleńcze obchody tych kultów misteryjnych i orgie ich obrzędów, które domniemanie prowadziły do „entuzjazmu" – uświadomienia sobie boskości, były czasami wyjątkowo odrażające.

5. KULT MITRY

Misteria frygijskie i egipskie ustąpiły w końcu miejsca największemu ze wszystkich kultów misteryjnych, czczeniu Mitry. Kult Mitry przemawiał do szerokiego zakresu natury ludzkiej i stopniowo wyrugował obu swych poprzedników. Mitraizm szerzył się w Cesarstwie Rzymskim, rozpowszechniany przez legiony rzymskie rekrutowane na Bliskim Wschodzie, gdzie ta religia była modna; legiony niosły ze sobą to wierzenie gdziekolwiek poszły. I ten nowy rytuał religijny był o wiele lepszy od wcześniejszych kultów misteryjnych.

Kult Mitry zrodził się w Iranie i długo istniał w swej ojczyźnie, wbrew agresywnej opozycji wyznawców Zoroastra. Jednak zanim mitraizm dotarł do Rzymu, został znacznie ulepszony dzięki asymilacji wielu nauk Zoroastra. To głównie poprzez kult Mitry religia Zoroastra wywarła wpływ na powstałe później chrześcijaństwo.

Kult Mitry przedstawiał wojowniczego boga, wywodzącego się z wielkiego kamienia, który dokonywał walecznych czynów i spowodował wytrysk wody z kamienia, trafionego jego strzałami. Była tam powódź, z której uszedł tylko jeden człowiek w specjalnie zbudowanej łodzi i ostatnia wieczerza, którą Mitra celebrował ze słońcem-bogiem, zanim wstąpił do nieba. Ten bóg-słońce, albo Sol Invictus, był zdegenerowaną w zoroastryzmie koncepcją bóstwa Ahury-Mazdy. Mitra wyobrażany był jako nieśmiertelny obrońca słońca-boga, w jego walce z bogiem ciemności. Mitra zdobył nieśmiertelność, gdy zabił mitycznego, świętego byka i został wyniesiony do godności rzecznika gatunku ludzkiego u bogów na wysokości.

Wyznawcy tego kultu odbywali swe nabożeństwa w jaskiniach i innych świętych miejscach, śpiewając hymny, mamrocząc zaklęcia, jedząc mięso świętych zwierząt i pijąc krew. Praktyki religijne odbywali trzy razy dziennie ze specjalnymi, cotygodniowymi obrzędami w dzień boga-słońca, a najbardziej wyszukane obrzędy miały miejsce podczas dorocznego święta Mitry, dwudziestego piątego grudnia. Wierzono, że uczestnictwo w sakramencie zapewnia życie wieczne, natychmiastowe przejście po śmierci na łono Mitry, aby tam trwać w szczęściu do dnia sądu. W dzień sądu mitraickie klucze do nieba otworzą bramy Raju na przyjęcie wiernych, po czym wszyscy nie ochrzczeni, spośród żywych i umarłych, będą unicestwieni w czasie powrotu Mitry na ziemię. Nauczano, że kiedy człowiek umiera, idzie na sąd przed Mitrę, a gdy nastąpi koniec świata, Mitra wezwie wszystkich umarłych z ich grobów, aby się stawili na sąd ostateczny. Nikczemni zostaną unicestwieni w ogniu a prawi będą rządzić z Mitrą na zawsze.

Z początku była to religia tylko dla mężczyzn i było siedem różnych klas, do których wierni mogli być kolejno wprowadzani. Później żony i córki wierzących przyjmowano do świątyń Wielkiej Matki, które przylegały do świątyń Mitry. Kult kobiecy był mieszanką obrządku Mitry i ceremonii frygijskiego kultu Kybele, matki Attisa.

6. MITRAIZM A CHRZEŚCIJAŃSTWO

Religia osobista raczej się nie rozwijała jako niezależna tradycja na cywilizowanych ziemiach Afryki północnej i Europy, zanim nie przyszły kulty misteryjne i chrześcijaństwo; religia była wtedy raczej sprawą rodziny, miasta-państwa, sprawą polityczną i cesarską. Helleńscy Grecy nigdy nie zaprowadzili scentralizowanego systemu czczenia, obrządek był lokalny; nie mieli kapłaństwa ani „świętych ksiąg". Podobnie jak Rzymianom, ich instytucjom religijnym brakowało potężnego elementu napędowego, aby mogły zachować wyższe wartości moralne i duchowe. Chociaż prawdą jest, że instytucjonalizacja religii zazwyczaj umniejsza jej wartość duchową, jest również faktem, że żadnej religii nie udało się przetrwać bez pewnego stopnia instytucjonalnej organizacji, większej czy mniejszej.

Religie zachodnie istniały w ten sposób, aż do czasów sceptyków, cyników, epikurejczyków i stoików, ale co najważniejsze, do czasów wielkiego starcia pomiędzy mitraizmem a nową religią Pawła – chrześcijaństwem.

W trzecim wieku po Chrystusie Kościoły chrześcijańskie i mitraickie były bardzo podobne do siebie, zarówno w wyglądzie jak i w charakterze obrządku. Większość pomieszczeń dla praktyk religijnych znajdowała się pod ziemią, oba obrządki posiadały ołtarze, których dalszy plan w różny sposób obrazował cierpienia zbawiciela, tego, który przyniósł zbawienie przeklętej grzechem ludzkości.

Maczanie palców w wodzie święconej, przy wchodzeniu do świątyni, zawsze było zwyczajem czcicieli Mitry. A ponieważ w niektórych rejonach mieszkali ludzie, którzy w pewnym okresie należeli do obu religii, wprowadzili oni ten zwyczaj w większości Kościołów chrześcijańskich w okolicach Rzymu. Obie religie miały chrzest oraz sakrament chleba i wina. Wielką różnicą pomiędzy mitraizmem a chrześcijaństwem, oprócz postaci Mitry i Jezusa, było to, że jedna religia popierała militaryzm, podczas gdy druga była ultrapokojowa. Tolerancja mitraizmu wobec innych religii (za wyjątkiem późniejszego chrześcijaństwa) doprowadziła do jego ostatecznego zaniku. Jednak zasadniczym czynnikiem, który odegrał decydującą rolę w zmaganiach pomiędzy tymi dwoma religiami, było przyjęcie kobiet do pełnej wspólnoty w wierze chrześcijańskiej.

W końcu nominalna wiara chrześcijańska opanowała Zachód. Filozofia grecka dostarczyła idei wartości etycznych, mitraizm rytuału czczenia obrzędowego a samo chrześcijaństwo sposobów zachowywania wartości moralnych i społecznych.

7. RELIGIA CHRZEŚCIJAŃSKA

Syn Stwórca nie przyjął formy ciała śmiertelnego i nie obdarzył sobą ludzkości Urantii po to, aby ułagodzić gniewnego Boga, ale raczej po to, aby nakłonić całą ludzkość do uznania miłości Ojca i żeby uświadomić jej synostwo z Bogiem. W końcu nawet wielki orędownik doktryny odkupienia uświadamiał sobie co nieco z tej prawdy, ponieważ oświadczył, że „Bóg w Chrystusie świat ze sobą pojednał".

Nie leży w zakresie tego przekazu omawianie początków religii chrześcijańskiej i jej rozpowszechniania. Wystarczy powiedzieć, że opiera się ona na osobie Jezusa z Nazaretu, na ludzkim wcieleniu Syna Michała z Nebadonu, którego na Urantii nazywano Chrystusem – namaszczonym. Chrześcijaństwo zostało rozpowszechnione na obszarze Bliskiego Wschodu i Zachodu przez wyznawców tego Galilejczyka, dzięki ich gorliwości misjonarskiej, dorównującej gorliwości ich poprzedników, setytów, salemitów i żarliwych nauczycieli buddyjskich, żyjących w Azji w tym samym czasie.

Religia chrześcijańska jako system wierzeń Urantian, powstała przez nałożenie się na siebie następujących nauk, wpływów, wierzeń, kultów i osobistych poglądów jednostek:

1. Nauk Melchizedeka, które są zasadniczym składnikiem wszystkich religii Zachodu i Wschodu, jakie powstały w okresie ostatnich czterech tysięcy lat.

2. Hebrajskiego systemu moralności, etyki i teologii oraz wiary zarówno w Opatrzność jak i w najwyższego Jahwe.

3. Zoroastriańskiej koncepcji walki pomiędzy kosmicznym dobrem i złem, która już uprzednio wycisnęła swoje piętno zarówno na judaizmie jak i na mitraizmie. Dzięki długim kontaktom mitraizmu i chrześcijaństwa, w rezultacie ich walki ze sobą, doktryny

irańskiego proroka stały się potężnym czynnikiem określającym teologiczną i filozoficzną formę oraz strukturę dogmatów, zasad i kosmologii zhellenizowanej i zlatynizowanej wersji nauk Jezusa.

4. Kultów misteryjnych, zwłaszcza mitraizmu, ale także czczenia Wielkiej Matki w kulcie frygijskim. Nawet legendy o narodzinach Jezusa na Urantii zabarwione zostały rzymską wersją cudownych narodzin irańskiego zbawiciela-bohatera, Mitry, którego zjawienie się na Ziemi domniemanie oglądała tylko garść posiadających dar pasterzy, których aniołowie poinformowali o zbliżaniu się tego zdarzenia.

5. Historycznego faktu ludzkiego życia Jeszuy ben Józefa, realności Jezusa z Nazaretu jako gloryfikowanego Chrystusa, Syna Bożego.

6. Osobistych poglądów Pawła z Tarsu. Należy odnotować, że w latach młodzieńczych Pawła mitraizm był dominującą religią Tarsu. Paweł nawet nie przypuszczał, że jego listy, wysłane w dobrej wierze do nawróconych, pewnego dnia będą uznawane przez późniejszych chrześcijan za „słowo Boże". Tacy nauczyciele o dobrych intencjach nie mogą być odpowiedzialni za to, jaki użytek zrobią z ich pism ich następcy.

7. Filozoficznego systemu myślenia ludów hellenistycznych, od Aleksandrii i Antiochii, poprzez Grecję, do Syrakuz i Rzymu. Filozofia Greków bardziej współbrzmiała z wersją chrześcijaństwa Pawła niż z jakimkolwiek innym, aktualnym systemem religijnym i przyczyniła się w dużym stopniu do sukcesów chrześcijaństwa na Zachodzie. Filozofia grecka, w połączeniu z teologią Pawła, nadal stanowi podstawy etyki europejskiej.

Kiedy pierwotne nauki Jezusa przeniknęły na Zachód, stały się charakterystycznie zachodnie, a kiedy stały się zachodnie, zaczęły tracić swój potencjalnie uniwersalny urok dla wszystkich narodów i wszystkich ludzi. Dziś chrześcijaństwo stało się religią dobrze przystosowaną do zwyczajów społecznych, ekonomicznych i politycznych ras białych. Dawno przestało być religią Jezusa, chociaż nadal dzielnie obrazuje piękną religię o Jezusie tym ludziom, którzy szczerze pragną iść drogą jego nauk. Wywyższyło ono Jezusa jako Chrystusa, mesjanistycznego, namaszczonego od Boga, ale w znacznym stopniu zapomniało o osobistej ewangelii Mistrza, o Ojcostwie Boga i powszechnym braterstwie wszystkich ludzi.

Taka jest długa historia nauk Machiventy Melchizedeka na Urantii. Blisko cztery tysiące lat upływa od tego czasu, kiedy ten Syn od sytuacji krytycznych, przybywający z Nebadonu, obdarzył sobą Urantię i w tamtych czasach nauki „kapłana El Eljon, Najwyższego Boga", przeniknęły do wszystkich ras i narodów. I Machiventa odniósł sukces, osiągnął cel swego niezwykłego obdarzenia; kiedy Michał miał się zjawić na Urantii, idea Boga istniała już w sercach mężczyzn i kobiet, ta sama idea Boga, która wciąż na nowo płonie w żywym doświadczeniu duchowym licznych dzieci Ojca Wszechświatowego, jak żyją swym ciekawym życiem doczesnym na obracających się w przestrzeni planetach.

[Przedstawione przez Melchizedeka z Nebadonu].

PRZEKAZ 99

SPOŁECZNE PROBLEMY RELIGII

RELIGIA wtedy dosięga szczytów swej służby społecznej, kiedy najmniej ma powiązań ze świeckimi instytucjami społeczeństwa. W czasach minionych, kiedy reformy społeczne ograniczały się głównie do dziedzin moralnych, religia nie musiała się dostosowywać do szerokich przemian systemów ekonomicznych i politycznych. Głównym problemem religii było dążenie do zastąpienia zła dobrem, w obrębie istniejącego porządku społecznego kultury politycznej i ekonomicznej. Religia miała zatem pośrednio dążyć do utrwalenia ustalonego porządku społecznego, miała pomagać w zachowaniu istniejącego typu cywilizacji.

Jednak religia nie powinna być bezpośrednio zainteresowana zarówno stwarzaniem nowego porządku społecznego jak i zachowaniem starego. Prawdziwa religia przeciwstawia się przemocy jako metodzie rozwoju społecznego, ale nie oponuje inteligentnym wysiłkom społeczeństwa, zmierzającym do adaptacji zwyczajów i przystosowania instytucji społecznych do nowych warunków ekonomicznych i nowych potrzeb kulturowych.

W wiekach minionych religia sporadycznie aprobowała reformy społeczne, ale w wieku dwudziestym konieczność zmusza religię do przystosowania się do szerokiej i nieustannej przebudowy społeczeństwa. Warunki życiowe zmieniają się tak szybko, że instytucjonalne przekształcenia muszą być znacznie przyspieszone, dlatego też religia musi odpowiednio szybciej przystosowywać się do tego nowego i wciąż zmiennego porządku społecznego.

1. RELIGIA A PRZEBUDOWA SPOŁECZNA

Wynalazki mechaniczne i szerzenie się wiedzy przekształcają cywilizację; aby zapobiec katastrofie kulturowej konieczne są odpowiednie dopasowania ekonomiczne i zmiany społeczne. Ten nowy, nadchodzący porządek społeczny nie ustabilizuje się zadowalająco przez tysiąclecie. Gatunek ludzki musi się pogodzić z korowodem zmian, przystosowań i ponownych przystosowań. Ludzkość maszeruje w kierunku nowego, nie objawionego przeznaczenia planetarnego.

Religia musi stać się potężnym czynnikiem, oddziałującym na stabilizację moralną i rozwój duchowy, funkcjonując dynamicznie pośród tych wciąż zmiennych warunków i nigdy niekończących się dostosowań ekonomicznych.

Społeczeństwo Urantii w ogóle nie może się spodziewać osiągnięcia stabilizacji, tak jak w wiekach minionych. Statek społeczny wypłynął z bezpiecznych zatok ustalonych tradycji i rozpoczął rejs po szerokich morzach ewolucyjnego przeznaczenia, a dusza ludzka, jak nigdy dotąd w historii świata, musi uważnie prześledzić swe mapy moralności i starannie obserwować kompas przewodnictwa religijnego. W tych niebezpiecznych czasach, przechodzenia od jednego stadium cywilizacji do innego, z jednego poziomu kultury na inny, najwyższą misją religii jako czynnika społecznego, jest stabilizacja ideałów ludzkości.

Religia nie ma nowych obowiązków do spełnienia, ale jest pilnie wzywana do funkcjonowania jako światły przewodnik i doświadczony doradca we wszystkich tych nowych i gwałtownie zmieniających się sytuacjach ludzkich. Społeczeństwo staje się bardziej mechaniczne, bardziej spoiste, bardziej złożone i krytycznie współzależne. Religia musi działać i zapobiegać temu, aby te nowe i bliskie, wzajemne zależności, nie stawały się wsteczne czy nawet niszczące. Religia musi działać jako kosmiczna sól, która zapobiega zniszczeniu kulturowego posmaku cywilizacji przez fermenty postępu. Tylko dzięki działaniu religii, nowe zależności społeczne i przewroty ekonomiczne mogą przynieść wyniki w postaci trwałego braterstwa.

Humanitaryzm bez Boga, mówiąc po ludzku, jest szlachetnym gestem, ale prawdziwa religia jest jedyną siłą, która potrafi trwale wzmocnić reakcję jednej grupy społecznej na potrzeby i cierpienia innych grup. W przeszłości religia instytucjonalna mogła pozostać bierną, gdy wyższa warstwa społeczeństwa głuchła na cierpienia i ucisk bezbronnej warstwy niższej, jednak w dzisiejszych czasach te niższe klasy społeczne nie są już tak skrajnie nieświadome czy politycznie bezbronne.

Religii nie wolno się mieszać organicznie w świecką pracę rekonstrukcji społecznej i reorganizacji ekonomicznej. Jednak musi ona aktywnie dotrzymywać kroku wszelkiemu postępowi cywilizacji poprzez dokonanie konkretnych i energicznych, nowych przekształceń swych nakazów moralnych i przykazań duchowych swej rozwojowej filozofii ludzkiego życia i transcendentalnego trwania. Duch religii jest wieczny, ale forma jego wyrażania musi być odnowiona za każdym razem, kiedy korygowany jest słownik języka ludzkiego.

2. SŁABOŚĆ RELIGII INSTYTUCJONALNEJ

Religia instytucjonalna nie może dostarczyć inspiracji i przewodnictwa w tej nadchodzącej, ogólnoświatowej przebudowie społecznej i reorganizacji ekonomicznej dlatego, że stała się ona, niestety, mniej czy więcej organiczną częścią porządku społecznego i systemu ekonomicznego, który ma zostać przebudowany. Tylko prawdziwa religia osobistego doświadczenia duchowego może działać pożytecznie i kreatywnie w obecnym kryzysie cywilizacji.

Religia instytucjonalna znalazła się teraz w impasie błędnego koła. Nie może przebudować społeczeństwa, bez przebudowy najpierw samej siebie; a będąc z kolei tak bardzo integralną częścią ustalonego porządku, nie może przebudować siebie, dopóki społeczeństwo nie zostanie radykalnie przebudowane.

Ludzie religijni muszą działać w społeczeństwie, w gospodarce i polityce, jako jednostki, nie jako grupy, partie czy instytucje. Grupa religijna, która pozwala sobie podobnie funkcjonować, na uboczu działalności religijnej, natychmiast staje się partią polityczną, organizacją ekonomiczną czy instytucją społeczną. Zbiorowość religijna musi ograniczyć swe wysiłki do popierania spraw religijnych.

W zadaniach przebudowy społecznej ludzie religijni nie są lepsi niż niereligijni, za wyjątkiem tego, że ich religia przydaje im spotęgowanej kosmicznej dalekowzroczności i wyposaża ich w tę wyższą wiedzę społeczną, która się rodzi ze szczerego pragnienia kochania Boga ponad wszystko oraz kochania każdego człowieka jako brata w niebiańskim królestwie. Idealny porządek społeczny to taki, w którym każdy kocha swego bliźniego jak siebie samego.

W przeszłości mogło się wydawać, że instytucjonalny Kościół służy społeczeństwu, gloryfikując ustalony porządek polityczny i ekonomiczny, jednak musi on szybko zaprzestać tej działalności, jeżeli ma przetrwać. Jego jedyna, właściwa postawa polega na nauczaniu nie stosowania przemocy, na popieraniu doktryny pokojowej ewolucji w miejsce rewolucyjnej przemocy, na popieraniu pokoju na Ziemi i dobrej woli między ludźmi.

Współczesna religia ma trudności w dostosowaniu swej postawy do szybko zachodzących przeobrażeń społecznych, tylko dlatego, że pozwoliła sobie stać się tak gruntownie tradycjonalistyczną, zdogmatyzowaną i zinstytucjonalizowaną. Religii żywego doświadczenia nietrudno jest utrzymać się na przedzie wszystkich tych społecznych przekształceń i ekonomicznych przewrotów, pośród których zawsze działa jako stabilizator moralny, przewodnik społeczny i pilot duchowy. Prawdziwa religia przenosi z jednej epoki do drugiej wartościową kulturę oraz tę wiedzę, która zrodzona jest z doświadczenia poznawania Boga i dążenia do bycia jemu podobnym.

3. RELIGIA A CZŁOWIEK RELIGIJNY

Wczesne chrześcijaństwo było zupełnie wolne od wszelkiego angażowania się w sprawy państwowe, zobowiązania społeczne i koligacje ekonomiczne. Dopiero późniejsze, zinstytucjonalizowane chrześcijaństwo stało się organiczną częścią struktury politycznej i społecznej cywilizacji Zachodu.

Królestwo nieba tak samo nie jest porządkiem społecznym jak i ekonomicznym; to jest wyłącznie duchowe braterstwo rozpoznających Boga jednostek. Faktycznie, takie braterstwo jest samo w sobie nowym i zadziwiającym fenomenem społecznym, któremu towarzyszą zdumiewające następstwa polityczne i ekonomiczne.

Człowiek religijny nie jest pozbawiony współczucia w obliczu cierpień społecznych, nie pozostaje niepomny na niesprawiedliwość w państwie, nie odwraca się od ekonomicznego myślenia ani nie pozostaje nieczuły na tyranię polityczną. Religia wpływa na przebudowę społeczną bezpośrednio, gdyż uduchowia i idealizuje pojedynczego obywatela. Pośrednio, na cywilizację kulturową wywiera wpływ postawa tych poszczególnych ludzi religijnych, kiedy stają się aktywnymi i wpływowymi członkami różnorodnych grup społecznych, moralnych, ekonomicznych i politycznych.

Osiągnięcie wysoko zaawansowanej cywilizacji kulturowej wymaga, po pierwsze, idealnego typu obywatela a potem idealnych i adekwatnych mechanizmów społecznych, w których tacy obywatele mogą kontrolować instytucje ekonomiczne i polityczne zaawansowanego społeczeństwa ludzkiego.

Kościół, ze względu na nadmierny, fałszywy sentyment długo pielęgnował upośledzonych i nieszczęśliwych, i to było dobre, ale ten sam sentyment prowadził do nierozsądnego zachowywania zdegenerowanych rasowo grup, które ogromnie opóźniły postęp cywilizacji.

Chociaż wielu indywidualnych reformatorów społecznych żarliwie odwraca się od religii instytucjonalnej, są oni mimo wszystko gorliwie religijni w propagowaniu swych reform społecznych. I tak się dzieje, że motywacja religijna, osobista i bardziej czy mniej nierozpoznana, odgrywa wielką rolę w dzisiejszym programie rekonstrukcji społecznej.

Wielką słabością całej tej nierozpoznanej i nieświadomej działalności religijnej jest to, że nie potrafi ona skorzystać z otwartej krytyki religijnej i tym samym wkroczyć na korzystne dla siebie poziomy autokorekty. Faktem jest, że religia się nie rozwija, jeżeli nie jest karcona przez konstruktywny krytycyzm, umacniana przez filozofię, klarowana przez naukę i odżywiana lojalną wspólnotą.

Zawsze istnieje wielkie niebezpieczeństwo, że religia zostanie wykrzywiona i zboczona w pogoni za fałszywymi celami, tak jak w czasie wojny każdy walczący naród prostytuuje swą religię w celu propagandy wojskowej. Pozbawiona miłości gorliwość zawsze jest szkodliwa dla religii, podczas gdy prześladowania zmieniają kierunek działania religii, która wtedy wkracza na pewne drogi socjologiczne czy teologiczne.

Religię można zachować niezależną od bezbożnych, świeckich przymierzy, tylko przez:

1. Krytycznie korygującą filozofię.
2. Uwolnienie od wszystkich koligacji społecznych, ekonomicznych i politycznych.
3. Twórczą, pocieszającą i miłość krzewiącą wspólnotę.
4. Stopniowe poszerzanie wnikliwości duchowej i uznawania wartości kosmicznych.
5. Zapobieganie fanatyzmowi, dzięki zrównoważeniu, jakie niesie naukowe nastawienie umysłu.

Ludziom religijnym, jako grupie, nigdy nie wolno zajmować się niczym innym niż *religią*, chociaż pojedynczo każdy człowiek religijny, jako indywidualny obywatel, może zostać wybitnym przywódcą jakiegoś społecznego, ekonomicznego czy politycznego ruchu przebudowy.

W interesie religii jest tworzyć, podtrzymywać i inspirować taką kosmiczną lojalność u każdego obywatela, jaka go będzie wiodła do sukcesów w rozwoju wszystkich tych trudnych, lecz pożądanych służb społecznych.

4. TRUDNOŚCI OKRESU PRZEJŚCIOWEGO

Prawdziwa religia niesie wizję ludzkiego braterstwa i sprawia, że człowiek religijny staje się społecznie atrakcyjny. Jednak formalizacja grup religijnych częstokroć niszczy te właśnie wartości, dla których lansowania grupa została zorganizowana. Ludzka przyjaźń i boska religia pomagają sobie wzajemnie i w znacznym stopniu oświecają człowieka, jeżeli jego rozwój w każdej z nich jest zrównoważony i zharmonizowany. Religia nadaje nowe znaczenie wszystkim związkom grupowym – rodzinom, szkołom i klubom. Przydaje nowych wartości zabawie i wywyższa wszelkie przejawy dobrego humoru.

Wnikliwość duchowa przeobraża kierowanie społeczeństwem; religia zapobiega utracie wizji prawdziwych celów we wszelkich ruchach społecznych. Religia, razem z dziećmi, jest wspaniałym czynnikiem jednoczącym życie rodzinne, pod warunkiem, że jest żywą i rozwijającą się wiarą. Nie można mieć życia rodzinnego bez dzieci; można je przeżyć bez religii, ale takie upośledzenie przysparza wielu problemów temu, intymnemu związkowi ludzkiemu. W wyniku dekadencji, powstałej na skutek przejścia od starych lojalności religijnych do wyłaniających się nowych znaczeń i wartości, w początkowych dekadach dwudziestego wieku życie rodzinne cierpi najbardziej, obok osobistego doświadczenia religijnego.

Prawdziwa religia jest pełnym treści sposobem dynamicznego życia, twarzą w twarz z powszednią rzeczywistością codzienności. Jeśli jednak religia ma stymulować indywidualny rozwój charakteru i pomagać w integracji osobowości, nie może być standaryzowaną. Jeśli ma stymulować ewaluację doświadczenia ludzkiego i pełnić rolę wartości pociągającej człowieka, nie może się poddawać stereotypom. Jeśli religia ma pomagać w osiąganiu najwyższych lojalności, nie może być sformalizowana.

Niezależnie od przewrotów, jakie mogą się wiązać ze społecznym i ekonomicznym rozwojem cywilizacji, religia jest autentyczna i wartościowa wtedy, kiedy pomaga jednostce przejść to doświadczenie, w którym panuje prawda, piękno i dobroć, gdyż to jest prawdziwa, duchowa koncepcja najwyższej rzeczywistości. A dzięki miłości i czczeniu religia nabiera znaczenia, jako braterstwo z człowiekiem i synostwo z Bogiem.

Raczej to, w co ktoś wierzy, niż to, co ktoś wie, determinuje zasady postępowania i dominuje w działaniu człowieka. Czysta, faktami poparta wiedza, wywiera bardzo mały wpływ na przeciętnego człowieka, jeśli nie zostanie ożywiona przez uczucia. Ożywienie przez religię jest jednak superuczuciowe, jednoczy całe ludzkie doświadczenie na poziomach transcendentalnych, dzięki kontaktowi z duchowymi energiami życia ludzkiego i poprzez wyzwolenie tych energii.

W psychologicznie niespokojnych czasach dwudziestego wieku, pośród przewrotów ekonomicznych, krzyżujących się prądów moralnych oraz burzliwych fal socjologicznych, powstałych z cyklonicznych przemian epoki naukowej, tysiące mężczyzn i kobiet uległo zwyczajnej dezorientacji; ludzie są niespokojni, nerwowi, pełni lęku, niepewni i niestabilni; potrzebują jak nigdy dotąd w historii świata pocieszenia i stabilizacji, jaką daje solidna religia. W obliczu osiągnięć naukowych i mechanicznego rozwoju bez precedensu, wciąż trwa stagnacja duchowa i chaos filozoficzny.

Nie ma niebezpieczeństwa, kiedy religia staje się coraz bardziej sprawą prywatną – doświadczeniem osobistym – pod tym warunkiem, że nie utraci ona swej motywacji dla bezinteresownej i oddanej służby społecznej. Religia ucierpiała na skutek wielu oddziaływań wtórnych: gwałtownego mieszania kultur, przeplatania wyznań, osłabiania autorytetu duchownych, zmian życia rodzinnego, razem z urbanizacją i mechanizacją.

Wielkie duchowe niebezpieczeństwo, jakie zagraża człowiekowi, polega na jego niekompletnym rozwoju, kłopotliwym położeniu nieukończonego wzrostu: na odwróceniu się od ewolucyjnej religii strachu bez natychmiastowego zrozumienia objawionej religii miłości. Nowoczesna nauka, zwłaszcza psychologia, osłabiła tylko te religie, które są w znacznym stopniu zależne od strachu, przesądów i emocji.

Dezorientacja zawsze towarzyszy zmianom i niewiele będzie spokoju w świecie religii, zanim się nie skończy wielka batalia pomiędzy trzema, wymienionymi poniżej, rywalizującymi ze sobą filozofiami religii:

1. Uduchowionym wierzeniem (w opatrznościowe Bóstwo) wielu religii.
2. Humanistycznym i idealistycznym wierzeniem wielu filozofii.

3. Mechanistycznymi i naturalistycznymi koncepcjami wielu nauk.

Te trzy częściowe podejścia do rzeczywistości kosmosu muszę być w końcu zharmonizowane poprzez objawieniowe przedstawienie religii, filozofii i kosmologii, co obrazuje trójjedną egzystencję ducha, umysłu i energii, wychodzących od Rajskiej Trójcy oraz osiągających czasowo-przestrzenne zjednoczenie w Bóstwie Najwyższego.

5. SPOŁECZNE ASPEKTY RELIGII

Chociaż religia jest czysto osobistym doświadczeniem duchowym – poznaniem Boga jako Ojca a w następstwie tego doświadczenia, poznaniem człowieka jako brata – wymaga ona z kolei dostosowania swego „ja" do innych „ja", a to już dotyczy społecznego czy grupowego aspektu życia religijnego. Religia jest w pierwszym rzędzie dostosowaniem wewnętrznym czy osobistym, dopiero później staje się sprawą służby społecznej czy dostosowania grupowego. Człowiek jest istotą towarzyską i ten fakt siłą rzeczy powoduje powstawanie grup religijnych. Co się dzieje z tymi grupami religijnymi, zależy w dużej mierze od ich inteligentnego kierownictwa. W prymitywnym społeczeństwie grupa religijna nie zawsze wyraźnie odróżnia się od grup ekonomicznych czy politycznych. Religia zawsze była czynnikiem utrwalającym obyczaje i stabilizującym społeczeństwo. I nadal jest to prawdą, pomimo, że wielu współczesnych socjalistów i humanistów naucza czegoś innego.

Pamiętajcie zawsze, że prawdziwa religia jest znajomością Boga jako waszego Ojca i człowieka jako waszego brata. Religia nie jest niewolniczym wierzeniem w groźbę kary, czy w magiczne obietnice mistycznych nagród w przyszłości.

Religia Jezusa jest najbardziej dynamicznym wpływem, jaki kiedykolwiek ożywiał gatunek ludzki. Jezus zburzył tradycję, zniszczył dogmaty i powołał ludzkość do realizacji jej najwyższych ideałów w czasie i wieczności – aby być doskonałym, nawet tak jak Ojciec w niebie jest doskonały.

Religia niewiele ma możliwości funkcjonowania, dopóki grupy religijne nie zostaną odseparowane od wszystkich innych grup, tworząc tym samym społeczne stowarzyszanie członków duchowego królestwa niebiańskiego.

Doktryna o zupełnej deprawacji człowieka zniszczyła większość możliwości religii, gdy idzie o wywoływanie tych reperkusji społecznych, które podnoszą na duchu i posiadają inspirujące wartości. Jezus usiłował przywrócić człowiekowi godność, kiedy głosił, że wszyscy ludzie są dziećmi Boga.

Jakiekolwiek wierzenie, które powoduje uduchowienie wierzącego, wywołuje również znaczne reperkusje w życiu społecznym takiego człowieka religijnego. Doświadczenie religijne niezawodnie rodzi „owoce ducha" w życiu codziennym śmiertelnika prowadzonego przez ducha.

Tak naturalnie, jak ludzie się dzielą swymi wierzeniami religijnymi, tworzą również swojego rodzaju grupy religijne, które w końcu obierają wspólne cele. Pewnego dnia ludzie religijni się spotkają i zaczną efektywnie współpracować, raczej na bazie jedności idei i celów, niż na bazie prób nawiązywania współpracy w oparciu o psychologiczne opinie i teologiczne wierzenia. Cele raczej niż doktryny, powinny jednoczyć ludzi religijnych. Ponieważ prawdziwa religia jest sprawą osobistego doświadczenia duchowego, nieuniknione jest, że każdy indywidualny człowiek religijny musi mieć swoje własne, osobiste zrozumienie realizacji tego doświadczenia duchowego. Niech określenie „wiara" odnosi się raczej do indywidualnej relacji do Boga, niż do formułowania doktryn określających to, na co pewna grupa śmiertelników może się zgodzić, jako na wspólną postawę religijną. „Masz wiarę? Miejże ją sam dla siebie."

To, że wiara zajmuje się tylko pojmowaniem wartości idealnych, ukazuje definicja z Nowego Testamentu, która mówi, że wiara jest poręką tych dóbr, których się spodziewamy i dowodem tych rzeczywistości, których nie widzimy.

Człowiek prymitywny niewiele dbał o nazywanie słowami swoich przekonań religijnych. Jego religia była raczej wytańczona niż wymyślona. Człowiek współczesny wymyślił wiele doktryn i stworzył wiele analiz wiary religijnej. W przyszłości ludzie religijni muszą żyć swą religią, poświęcić się szczerej służbie na rzecz braterstwa ludzkości. Najwyższy już czas, aby człowiek posiadł doświadczenie religijne tak osobiste i tak wysublimowane, aby mogło być ono realizowane i wyrażane tylko przez „doznania zbyt głębokie dla wypowiedzenia słowami".

Jezus nie wymagał od swych wyznawców, aby się okresowo zbierali i recytowali słowne formuły, określające ich wspólne wierzenia. Zarządził jedynie, że powinni się zbierać, aby faktycznie *coś robić* – wziąć udział we wspólnej wieczerzy na pamiątkę jego obdarzającego życia na Urantii.

Jaki wielki błąd robią chrześcijanie, gdy prezentując Chrystusa jako najwyższy ideał duchowego przywództwa, ośmielają się żądać od świadomych Boga mężczyzn i kobiet, aby negowali historyczne przywództwo rozpoznających Boga ludzi, którzy przyczynili się właśnie do ich narodowego czy rasowego oświecenia w epokach minionych.

6. RELIGIA INSTYTUCJONALNA

Sekciarstwo jest chorobą religii instytucjonalnej a dogmatyzm jest zniewoleniem duchowej natury człowieka. Jest znacznie lepiej mieć religię bez Kościoła niż Kościół bez religii. Zamieszanie religijne dwudziestego wieku, samo w sobie, nie świadczy o dekadencji duchowej. Dezorientacja poprzedza zarówno rozwój jak i upadek.

Uspołecznienie religii ma swój konkretny cel. Celem grupowych działań religijnych jest przydawanie widowiskowości lojalnościom religijnym; rozwijanie przyciągających człowieka własności prawdy, piękna i dobroci; ożywianie atrakcyjności najwyższych wartości; poszerzanie zakresu bezinteresownej służby dla wspólnoty; gloryfikowanie potencjałów życia rodzinnego; lansowanie edukacji religijnej; dawanie rozumnych rad i duchowego przewodnictwa oraz zachęcanie do grupowego nabożeństwa. I wszystkie żywe religie zachęcają do przyjaźni pomiędzy ludźmi, utrwalają moralność, pomagają we wzajemnej opiece i ułatwiają szerzenie się istotnej, świętej prawdy swych indywidualnych posłannictw wiecznego zbawienia.

Jednak, gdy religia zostaje zinstytucjonalizowana, jej siła czynienia dobra jest uszczuplona, podczas gdy możliwości czynienia zła są znacznie pomnożone. Niebezpieczeństwa religii sformalizowanej są następujące: utrwalenie wierzeń i krystalizacja zapatrywań; akumulacja nabytych praw, razem ze wzrostem zeświecczenia; tendencja do standaryzacji i skostnienia prawdy; odwracanie religii od służby Bogu do służby Kościołowi; inklinacja przywódców do stawania się administratorami zamiast duszpasterzami; tendencja do formowania sekt i konkurencyjnych odłamów; zaprowadzenie despotycznej władzy kościelnej; stwarzanie arystokratycznej postawy „ludzi wybranych";

popieranie fałszywych i przesadzonych idei świętości; rutynizowanie religii i petryfikacja nabożeństwa; tendencja do czczenia przeszłości przy ignorowaniu wymagań współczesnych; zaniedbanie czynienia aktualnych interpretacji religii; zaangażowanie się w funkcje instytucji świeckich. Taka religia tworzy zło, polegające na powstawaniu uprzywilejowanych kast religijnych; staje się ona nietolerancyjnym sędzią ortodoksji; zawodzi w dotrzymywaniu kroku zainteresowaniom przedsiębiorczej młodzieży i stopniowo traci zbawcze posłanie świętej prawdy wiecznego zbawienia.

Formalna religia ogranicza ludzi w ich osobistych inicjatywach duchowych, zamiast ich uwolnić do podniosłej służby twórców królestwa.

7. ZASŁUGI RELIGII

Chociaż Kościoły i wszystkie inne grupy religijne powinny trzymać się z dala od wszelkich funkcji świeckich, równocześnie religia nie powinna robić nic w celu krępowania czy opóźniania społecznej koordynacji instytucji ludzkich. Życie wciąż musi się rozwijać w pełni swej treści; człowiek musi iść naprzód doskonaląc filozofię i wyjaśniając religię.

Nauki polityczne muszą wpływać na przebudowę ekonomii i gospodarki metodami zapożyczonymi od nauk społecznych, jak również dzięki wizjom i motywacjom dostarczanym przez życie religijne. W całej przebudowie społecznej, religia dostarcza stabilizującej lojalności dla transcendentalnego celu, osadzonego poza i ponad celem bezpośrednim i doczesnym. Pośród dezorientacji gwałtownie zmieniającego się otoczenia, człowiek śmiertelny potrzebuje tego pożywienia, jakie mu daje rozległa, kosmiczna perspektywa.

Religia inspiruje człowieka do życia na Ziemi odważnie i radośnie; łączy cierpliwość z pasją, wnikliwość z gorliwością, współczucie z siłą oraz ideały z energią.

Człowiek nigdy nie może mądrze rozsądzić kwestii doczesnych, czy przewyższyć samolubności interesów osobistych, chyba, że obmyśla w obecności wszechwładzy Bożej i porównuje z rzeczywistościami Boskich znaczeń i duchowych wartości.

Ekonomiczna zależność wzajemna oraz społeczne powiązania doprowadzą w końcu do braterstwa. Człowiek jest z natury marzycielem, ale nauka go tak otrzeźwia, że religia może go teraz zaktywizować, przy znacznie mniejszym niebezpieczeństwie wytrącenia reakcji fanatycznych. Uwarunkowania ekonomiczne wiążą człowieka z rzeczywistością a osobiste doświadczenie religijne stawia tego samego człowieka twarzą w twarz z wiecznymi rzeczywistościami wciąż poszerzającego się i rozwijającego się obywatelstwa kosmicznego.

[Przedstawione przez Melchizedeka z Nebadonu].

PRZEKAZ 100

RELIGIA W DOŚWIADCZENIU LUDZKIM

DOŚWIADCZANIE dynamicznego życia religijnego przekształca przeciętną jednostkę w osobowość posiadającą siłę idealistyczną. Religia służy rozwojowi wszystkich ludzi, dzięki popieraniu postępu każdej jednostki, a do postępu każdej jednostki przyczyniają się osiągnięcia wszystkich.

Rozwój duchowy jest stymulowany wzajemnie przez bliskie związki z innymi ludźmi religijnymi. Miłość dostarcza gleby dla rozwoju religijnego – obiektywnego dążenia zamiast subiektywnego zadowolenia – a jednak niesie najwyższe subiektywne zadowolenie. Religia uszlachetnia zwyczajny mozół codziennego życia.

1. ROZWÓJ RELIGIJNY

Religia powoduje rozwój znaczeń i umocnienie wartości, gdy jednak do poziomów absolutów wywyższane są czysto osobiste wartościowania, rezultatem zawsze jest zło. Dziecko ocenia doświadczenie odpowiednio do przyjemności, jaką mu ono daje; dorosłość jest proporcjonalna do zastępowania osobistych przyjemności wyższymi znaczeniami, nawet wiernością wobec najwyższych koncepcji w zróżnicowanych sytuacjach życiowych i relacjach kosmicznych.

Niektórzy ludzie nie mają czasu się rozwijać i dlatego grozi im wielkie niebezpieczeństwo zastoju duchowego. Należy stworzyć warunki do rozwoju znaczeń w różnych epokach, w kolejnych kulturach oraz w przejściowych stadiach idącej naprzód cywilizacji. Głównymi czynnikami opóźniającymi rozwój są uprzedzenia i ignorancja.

Dajcie każdemu rozwijającemu się dziecku szansę kształtowania jego własnego doświadczenia religijnego; nie narzucajcie mu gotowego doświadczenia dorosłych. Pamiętajcie, że postępy, rok za rokiem w ustalonym porządku edukacyjnym, nie muszą koniecznie oznaczać postępu intelektualnego, jeszcze mniej rozwoju duchowego. Poszerzenie słownictwa nie oznacza kształtowania charakteru. Wzrostu naprawdę nie określają same jego wytwory, ale raczej progres. Wzbogacanie ideałów, coraz większe docenianie wartości, nowe znaczenia wartości i silniejsza lojalność wobec najwyższych wartości są wskaźnikami prawdziwego rozwoju edukacyjnego.

Trwały wpływ na dzieci wywierają tylko lojalności tych dorosłych, którzy im towarzyszą; zasady czy nawet przykład nie wywierają trwałego wpływu. Lojalni ludzie są ludźmi rozwijającymi się a rozwój jest rzeczywistością wywierającą wpływ i inspirującą. Żyj lojalnie dzisiaj – rozwijaj się – a jutro samo przyjdzie. Dla kijanki, najszybszy sposób, żeby stać się żabą, jest żyć lojalnie, w każdej chwili, jako kijanka.

Gleba niezbędna do religijnego rozwoju z góry zakłada istnienie rozwojowego życia sa*morealizacji, koordynację* naturalnych tendencji, przejawianie ciekawości i doznawanie radości z sensownej przygody, doświadczanie uczuć zadowolenia, funkcjonowanie strachu stymulującego uwagę i świadomość, pociąg do niezwykłości oraz normalną świadomość małości i pokory. Rozwój opiera się także na odkrywaniu własnej indywidualności wraz z samokrytycyzmem – sumieniem, jako że sumienie jest prawdziwie krytycyzmem samego siebie, dokonywanym w oparciu o własne wartości-zwyczaje, osobiste ideały.

Zdrowie fizyczne, odziedziczony temperament i środowisko społeczne wywierają znaczny wpływ na doświadczanie religijne. Jednak takie doczesne warunki nie ograniczają wewnętrznego, duchowego rozwoju duszy, poświęcającej się czynieniu woli Ojca w niebie. Wszyscy normalni śmiertelnicy posiadają pewne naturalne dążenia do rozwoju i samorealizacji, które funkcjonują, jeśli nie są specyficznie hamowane. Niezawodną metodą ożywienia tego czynnika składowego potencjału rozwoju duchowego jest zachowywanie postawy szczerego poświęcenia się najwyższym wartościom.

Religia nie może być nadana, otrzymana, pożyczona, wyuczona czy stracona. Jest osobistym doświadczeniem, które rozwija się proporcjonalnie do coraz intensywniejszego poszukiwania ostatecznych wartości. Zatem kosmiczny rozwój towarzyszy gromadzeniu znaczeń i coraz intensywniejszemu wywyższaniu wartości. Jednak szlachetność jako taka, zawsze rozwija się nieświadomie.

Religijne nawyki myślenia i działania mają wpływ na strukturę rozwoju duchowego. U każdego mogą wystąpić skłonności religijne, wywołujące przychylne reakcje na bodźce duchowe, rodzaj duchowego odruchu warunkowego. Zwyczaje, które sprzyjają rozwojowi religijnemu obejmują kultywowaną wrażliwość na boskie wartości, akceptację życia religijnego u innych, refleksyjną medytację nad kosmicznymi znaczeniami, czci pełne rozwiązywanie problemów, dzielenie się swoim życiem duchowym ze współbraćmi, unikanie samolubstwa, nie nadużywanie Boskiego miłosierdzia i życie tak, jak by się żyło w obecności Boga. Czynniki rozwoju religijnego mogą być intencjonalne, jednak sam rozwój jest nieodmiennie nieświadomy.

Nieświadomy charakter rozwoju religijnego nie oznacza wszakże, że jest to proces odbywający się w podświadomych domenach intelektu ludzkiego; oznacza to raczej twórcze działania na nadświadomych poziomach śmiertelnego umysłu. Fakt uświadomienia sobie rzeczywistości nieświadomego rozwoju religijnego jest wystarczającym dowodem istnienia nadświadomości i jej funkcjonowania.

2. ROZWÓJ DUCHOWY

Postęp w dziedzinie duchowej zależy, po pierwsze, od utrzymywania żywych, duchowych związków z prawdziwymi siłami duchowymi, a po drugie, od ciągłego wydawania owoców ducha – służenia bliźniemu tym, co się dostało od duchowych benefaktorów. Postęp duchowy polega na intelektualnym uznaniu ubóstwa duchowego, w połączeniu ze świadomością głodu doskonałości, z pragnieniem poznania Boga i stania się jemu podobnym, ze szczerym zamiarem czynienia woli Ojca w niebie.

Rozwój duchowy jest, po pierwsze, rozbudzeniem do potrzeb, następnie dostrzeżeniem znaczeń a potem odkryciem wartości. Dowód na istnienie prawdziwego postępu duchowego polega na ukazaniu ludzkiej osobowości jako motywowanej miłością, aktywizowanej bezinteresowną służbą i zdominowanej przez szczere czczenie doskonałych ideałów boskości. I takie, całościowe doświadczenie, stanowi rzeczywistość religii, w przeciwieństwie do wierzenia wyłącznie teologicznego.

Religia może rozwinąć się do takiego poziomu doświadczania, na którym się stanie oświeconym i rozumnym sposobem duchowej reakcji na wszechświat. Tak gloryfikowana religia może działać na trzech poziomach osobowości człowieka: intelektualnym, morontialnym i duchowym; w umyśle, w rozwijającej się duszy i razem z zamieszkującym człowieka duchem.

Duchowość od razu staje się wskaźnikiem czyjejś bliskości Boga i miarą czyjejś użyteczności dla bratnich istot. Duchowość poszerza zdolność odkrywania piękna w rzeczach, rozpoznawania prawdy w znaczeniach i odkrywania dobra w wartościach. O rozwoju duchowym decyduje zdolność do takiego rozwoju a jest on wprost proporcjonalny do eliminacji samolubnych wartości miłości.

Aktualny status duchowy jest miarą dosięgania Bóstwa, zgrania się z Dostrajaczem. Dojście do ostateczności duchowości jest równoważne z osiągnięciem maksimum rzeczywistości, maksimum podobieństwa do Boga. Życie wieczne jest niekończącym się poszukiwaniem wartości nieskończonych.

Cel ludzkiej samorealizacji powinien być duchowy, nie materialny. Jedyne rzeczywistości, do których warto dążyć, to rzeczywistości Boskie, duchowe i wieczne. Człowiek śmiertelny ma prawo korzystać z przyjemności materialnych i zadowalać ludzkie pragnienia; lojalności wobec związków ludzkich i instytucji doczesnych są dlań pożyteczne; ale to nie są wieczne fundamenty, na których można budować nieśmiertelną osobowość, taką, która ma górować nad przestrzenią, przezwyciężać czas, osiągać wieczne przeznaczenie boskiej doskonałości i służbę finalisty.

Jezus był przykładem głębokiej pewności śmiertelnika, rozpoznającego Boga, kiedy powiedział: „Dla rozpoznającego Boga, wierzącego królestwa, cóż znaczy, jeśli runą wszystkie ziemskie rzeczy?". Doczesne bezpieczeństwo jest nietrwałe, ale duchowe zabezpieczenia są niewzruszone. Kiedy powodziowe przypływy ludzkiej nieprzyjaźni, samolubstwa, okrucieństwa, nienawiści, złośliwości i zazdrości dobijają nieomal duszę ludzką, możecie znaleźć oparcie w tej pewności, że istnieje pewien wewnętrzny bastion, cytadela ducha, która jest absolutnie nie do zdobycia; odnosi się to przynajmniej do każdej ludzkiej istoty, która oddała swą duszę pod opiekę zamieszkującego ją ducha wiecznego Boga.

Po takim sukcesie duchowym, czy to uzyskanym przez stopniowy rozwój, czy podczas specyficznego kryzysu, pojawia się nowe ukierunkowanie osobowości, jak również kształtują się nowe standardy wartości. Takie zrodzone z ducha jednostki zmieniają tak dalece swą motywację życiową, że mogą zachować spokój nawet wtedy, kiedy przepada to, czego bardzo pragnęły i kiedy zawodzą ich najgłębsze nadzieje; wiedzą dobrze, że takie katastrofy są tylko kataklizmami ukierunkowującymi, które niszczą czyjeś doczesne wytwory, w przygotowaniu do budowy bardziej szlachetnych i trwałych rzeczywistości na nowym i bardziej wysublimowanym poziomie wszechświatowych sukcesów.

3. KONCEPCJE NAJWYŻSZYCH WARTOŚCI

Religia nie jest metodą osiągania spoczynkowego, błogiego spokoju umysłu; jest impulsem organizującym duszę do dynamicznej służby. Werbuje ona całość osobowości do lojalnej służby, kochania Boga i służenia człowiekowi. Religia płaci każdą cenę wymaganą do osiągnięcia najwyższego celu – wiecznej nagrody. W religijnej lojalności jest uświęcona pełnia, która jest niezmiernie wzniosła. I takie lojalności są efektywne społecznie i rozwojowe duchowo.

Dla człowieka religijnego słowo Bóg staje się symbolem, oznaczającym zbliżanie się do najwyższej rzeczywistości i akceptację boskich wartości. Ludzkie upodobania i awersje nie decydują o tym, co jest dobre a co złe; wartości moralne nie powstają ze spełnienia życzeń czy emocjonalnych frustracji.

Rozważając wartości, musicie rozróżniać pomiędzy tym, co *jest* wartością, a tym, co *ma* wartość. Musicie rozpoznawać związki pomiędzy przyjemnymi zajęciami a ich pełną treści integracją i bogatszą realizacją na rozwojowych, coraz wyższych poziomach doświadczenia ludzkiego.

Znaczenie jest tym, co doświadczenie dodaje do wartości; jest świadomym docenianiem wartości. Odosobniona i czysto samolubna przyjemność może oznaczać praktyczną dewaluację znaczeń, nic nieznaczące zadowolenie, graniczące ze względnym złem. Wartości są empiryczne, kiedy rzeczywistości mają znaczenie i są ze sobą rozumowo związane, kiedy taki związek jest uznawany i doceniany przez umysł.

Wartości nigdy nie mogą być statyczne; rzeczywistość oznacza zmianę, rozwój. Zmiana bez rozwoju, bez poszerzania znaczeń i wywyższenia wartości, jest bezwartościowa – jest potencjalnym złem. Im wyższa jakość kosmicznej adaptacji, tym więcej znaczenia posiada każde doświadczenie. Wartości nie są pojęciowymi iluzjami; są rzeczywiste, ale zawsze opierają się na fakcie związków wzajemnych. Wartości zawsze są zarówno aktualne jak i potencjalne – nie to, co było, ale to, co jest i będzie.

Powiązanie aktualności i potencjalności równa się rozwojowi, empirycznemu uświadomieniu sobie wartości. Ale rozwój nie tylko jest postępem. Postęp zawsze jest pełen znaczeń, ale jest względnie bezwartościowy bez rozwoju. Najwyższa wartość życia ludzkiego polega na rozwoju wartości, postępie w znaczeniach i uświadomieniu sobie kosmicznych związków wzajemnych obu tych doświadczeń. I takie doświadczenie jest równoznaczne z uświadomieniem sobie Boga. Śmiertelnik, który tego doznaje, podczas gdy nie jest nadnaturalny, naprawdę staje się nadludzki; wykształca się w nim nieśmiertelna dusza.

Człowiek nie może zapoczątkować rozwoju, ale może dostarczyć sprzyjających ku niemu warunków. Rozwój zawsze jest nieświadomy, czy to fizyczny, czy intelektualny, czy też duchowy. W ten sposób rozwija się miłość; nie można jej stworzyć, wytworzyć czy kupić, musi się rozwijać. Ewolucja jest kosmiczną metodą rozwoju. Rozwoju społecznego nie można zapewnić ustawodawstwem a rozwoju moralnego nie można mieć dzięki udoskonalonej administracji. Człowiek może zbudować maszynę, ale prawdziwa jej wartość musi być wyprowadzona z ludzkiej kultury i z osobistego oszacowania. Jedynym wkładem człowieka w rozwój jest aktywizacja pełnej mocy jego osobowości – żywej wiary.

4. PROBLEMY ROZWOJU

Życie religijne jest życiem poświęconym a życie poświęcone jest życiem twórczym, oryginalnym i spontanicznym. Nowe wizje religijne powstają z konfliktów, które zapoczątkowują wybór nowych i lepszych zwyczajów reagowania, zamiast starszych i gorszych form reakcji. Nowe znaczenia wyłaniają się tylko w trakcie konfliktu; konflikt trwa tylko w obliczu odmowy przyjęcia wyższych wartości, zawartych w wyższych znaczeniach.

Dylematy religijne są nieuniknione; nie może być rozwoju bez konfliktu psychicznego i niepokoju duchowego. Organizowanie filozoficznych standardów życia powoduje znaczne poruszenie w filozoficznych domenach umysłu. Lojalności wobec tego, co wielkie, dobre, prawdziwe i szlachetne, nie pojawiają się bez walki. Wyklarowaniu wizji duchowej i poszerzeniu kosmicznej wnikliwości towarzyszy wysiłek. Intelekt ludzki protestuje przeciw odłączeniu go od pokarmu nieduchowych energii doczesnej egzystencji. Leniwy, zwierzęcy umysł, buntuje się przeciw wysiłkom, potrzebnym do zmagania się z kosmicznym rozwiązywaniem problemów.

Wielkim problemem życia religijnego jest zjednoczenie osobowościowych mocy duszy przez dominację MIŁOŚCI. Zdrowie, wydajność umysłowa i szczęście, powstają wskutek zjednoczenia systemów fizycznych, systemów umysłowych i systemów duchowych. Człowiek wie dużo o sprawach zdrowia i rozsądku, ale na temat szczęścia doprawdy uświadamia sobie niewiele. Najwyższe szczęście jest nierozerwalnie związane z rozwojem duchowym. Rozwój duchowy przynosi trwałą radość – pokój, który przewyższa wszelkie pojmowanie.

W życiu materialnym zmysły mówią o istnieniu rzeczy, umysł odkrywa rzeczywistość znaczeń, ale doświadczenie duchowe odkrywa jednostce prawdziwe wartości życia. Te wysokie poziomy życia ludzkiego osiąga się w najwyższej miłości do Boga i w bezinteresownej miłości do człowieka. Jeśli kochacie waszych ludzkich braci, musieliście odkryć ich wartości. Jezus kochał ludzi tak bardzo, gdyż wysoko cenił ich wartości. Wartości u waszych towarzyszy najlepiej możecie odkryć wtedy, gdy odkrywacie ich motywacje. Jeśli ktoś was drażni, jeśli was razi, powinniście wyrozumiale próbować dostrzec jego punkt widzenia, jego powody tak nieprzyjemnego postępowania. Gdy raz zrozumiecie waszego bliźniego, staniecie się tolerancyjni i ta tolerancja będzie rozwijać się w przyjaźń i dojrzeje w miłości.

Zobaczcie oczyma wyobraźni jednego z waszych prymitywnych przodków, z czasów jaskiniowych – niskiego, niekształtnego, brudnego, warczącego, niezgrabnego człowieka, stojącego na rozstawionych nogach z podniesioną pałką, dyszącego nienawiścią i złością, patrzącego dziko tuż przed siebie. Taki widok raczej nie oddaje boskiego dostojeństwa człowieka. Ale pozwólcie nam powiększyć obraz. Przed tym oto zagniewanym człowiekiem przykucnął tygrys szablastozębny. Za nim kobieta i dwoje dzieci. Natychmiast uznacie, że obraz ten mówi wiele o początkach większości tych cech, które są wspaniałe i szlachetne w gatunku ludzkim, ale na obu obrazkach jest ten sam człowiek. Na drugim rzucie poszerzono wam tylko horyzont. Widzicie tam motywacje tego, rozwijającego się człowieka. Jego postawa staje się chwalebna, ponieważ go rozumiecie. Gdybyście tylko mogli lepiej pojąć motywy waszych towarzyszy, o ile łatwiej byłoby wam ich zrozumieć. Gdybyście tylko mogli poznać waszych współbraci, w końcu byście ich pokochali.

Nie możecie szczerze kochać waszych współbraci w wyniku zwykłego aktu woli. Miłość rodzi się tylko z gruntownego zrozumienia motywów i poglądów waszych bliźnich. Nie jest tak ważne, aby kochać dziś wszystkich ludzi, jak to, aby każdego dnia nauczyć się kochać jedną więcej istotę ludzką. Jeśli każdego dnia albo każdego tygodnia uda wam się zrozumieć jeszcze jednego z waszych bliźnich i jeśli jest to limit waszych możliwości, na pewno uspołeczniacie i prawdziwie uduchowiacie waszą osobowość. Miłość jest zaraźliwa, a kiedy ludzkie poświęcenie jest inteligentne i mądre, miłość jest bardziej ujmująca niż nienawiść. Jednak tylko prawdziwa i bezinteresowna miłość jest prawdziwie zakaźna. Gdyby tylko każdy śmiertelnik mógł stać się zogniskowaniem dynamicznego uczucia, ten łagodny wirus miłości mógłby wkrótce przeniknąć do uczuciowego strumienia emocji ludzkich w takim stopniu, że cała cywilizacja byłaby otoczona miłością i to byłoby urzeczywistnienie braterstwa ludzkości.

5. NAWRÓCENIE I MISTYCYZM

Świat przepełniony jest zagubionymi duszami, nie zagubionymi w sensie teologicznym, ale zagubionymi w znaczeniu kierunkowym, snującymi się, pogrążonymi w dezorientacji, pośród -izmów i kultów sfrustrowanej ery filozoficznej. Zbyt mało ludzi się nauczyło, jak zastąpić autorytet religijny filozofią życia. (Nie można gardzić symbolami uspołecznionej religii, jako kanałami rozwoju, chociaż koryto rzeki nie jest rzeką).

Postęp w rozwoju religijnym prowadzi od stagnacji, poprzez konflikt do koordynacji, od niepewności do wiary bez cienia wątpliwości, od zdezorientowanej kosmicznej świadomości do zjednoczenia osobowości, od zadań doczesnych do wiecznych, od niewoli strachu do wolności w Boskim synostwie.

Należy wyjaśnić, że wyznanie wierności najwyższym ideałom – psychiczna, uczuciowa i duchowa świadomość poznania Boga – mogą być wynikiem naturalnego i stopniowego rozwoju, albo czasami są doświadczane w pewnych chwilach krytycznych, takich jak kryzys. Apostoł Paweł doznał takiego właśnie nagłego i efektownego nawrócenia, owego pamiętnego dnia na drodze do Damaszku. Gautama Siddhartha miał podobne doświadczenie tej nocy, gdy siedział samotnie i usiłował zgłębić tajemnicę ostatecznej prawdy. Wielu innych miało podobne doświadczenia a wielu prawdziwie wierzących rozwinęło się duchowo bez gwałtownego nawrócenia.

Większość efektownych zjawisk, związanych z tak zwanym religijnym nawróceniem, jest wyłącznie psychologicznej natury, ale tak teraz jak i dawniej zdarzały się przeżycia, których pochodzenie jest także duchowe. Kiedy aktywizacja psychiczna jest zupełna na każdym poziomie psychicznego dosięgania duchowości, kiedy istnieje doskonałość ludzkiej motywacji i lojalność wobec Boskiej idei, wtedy bardzo często się zdarza, że zamieszkujący człowieka duch nagle sięgnie w dół, aby się skoordynować ze skoncentrowanym i uświęconym celem nadświadomego umysłu wierzącego człowieka. I to jest właśnie doświadczanie skonsolidowanego zjawiska intelektualnego i duchowego, które stanowi nawrócenie a składa się ono z czynników istniejących powyżej i ponad czysto psychologicznym zaangażowaniem.

Jednak samo tylko uczucie jest nawróceniem fałszywym; człowiek musi mieć zarówno wiarę jak i uczucie. Tak dalece, jak aktywizacja psychiczna jest częściowa i tak dalece, jak motywacja lojalności ludzkiej jest niekompletna, w takim stopniu doświadczenie nawrócenia będzie rzeczywistością mieszaną – intelektualną, uczuciową i duchową.

Jeśli ktokolwiek jest skłonny uznać istnienie teoretycznego umysłu podświadomego jako praktycznej hipotezy roboczej w ujednoliconym skądinąd życiu intelektualnym, wtedy, aby być konsekwentnym, powinno się postulować podobną i odpowiadającą jej domenę zaawansowanego działania intelektualnego, jako poziom nadświadomy, strefę bezpośredniego kontaktu z zamieszkującym człowieka bytem duchowym – Dostrajaczem Myśli. Wielkie niebezpieczeństwo wszelkich takich psychologicznych spekulacji polega na tym, że wizje oraz inne tak zwane doświadczenia mistyczne, wraz z niezwykłymi snami, mogą być uznawane za kontakty nieba z umysłem ludzkim. W przeszłości niebiańskie istoty objawiały się pewnym, rozpoznającym Boga osobom, nie z powodu ich mistycznych transów czy chorobliwych wizji, ale wbrew wszelkim takim fenomenom.

W przeciwieństwie do szukania nawrócenia, najlepsze zbliżenie do morontialnych sfer ewentualnego kontaktu z Dostrajaczem Myśli może nastąpić poprzez żywą wiarę i szczerą służbę, przez z głębi serca płynącą i bezinteresowną modlitwę. Ogólnie biorąc, zbyt wiele wtargnięć wspomnień z nieświadomych poziomów ludzkiego umysłu mylone było z boskim objawieniem i duchowym przewodnictwem.

Istnieje wielkie niebezpieczeństwo związane z notorycznym praktykowaniem marzeń religijnych; mistycyzm może stać się metodą ucieczki od rzeczywistości, chociaż czasami bywa środkiem prawdziwej komunii duchowej. Krótkie okresy ucieczki od burzliwych scen życia nie muszą być zbyt niebezpieczne, ale przedłużająca się izolacja osobowości jest wyjątkowo niepożądana. Podobne do transu stany wizjonerskiej świadomości w żadnym wypadku nie powinny być kultywowane jako doświadczenie religijne.

Cechy charakterystyczne stanu mistycznego to rozpraszanie świadomości, z jaskrawymi wyspami skoncentrowanej uwagi funkcjonującymi we względnie biernym intelekcie. Wszystko to sprawia, że świadomość ciąży raczej ku podświadomości niż w kierunku sfery kontaktu duchowego – nadświadomości. Wielu mistyków doprowadziło swą mentalną dysocjację do poziomu anormalnych przejawów umysłu.

Zdrowszą postawę duchowej medytacji można znaleźć w refleksyjnym czczeniu i w dziękczynnej modlitwie. Bezpośredniej komunii z Dostrajaczem Myśli, takiej, jaka występowała w ostatnich latach życia Jezusa w ciele, nie należy mylić z tak zwanymi doznaniami mistycznymi. Czynniki, które wywołują początki komunii mistycznej, świadczą o niebezpieczeństwie takich stanów psychicznych. Stanowi mistycznemu pomagają takie rzeczy jak: zmęczenie fizyczne, post, dysocjacja psychiczna, głębokie doznania estetyczne, ostre impulsy seksualne, strach, niepokój, pasja i dziki taniec. Większość materiału, powstałego w wyniku takiego wstępnego przygotowania, pochodzi z podświadomego umysłu.

Jakkolwiek czynniki takie mogą pomagać w powstawaniu fenomenów mistycznych, należy jasno zrozumieć, że Jezus z Nazaretu nigdy się nie uciekał do takich metod, aby mieć komunię z Rajskim Ojcem. Jezus nie miał podświadomych złudzeń czy nadświadomych iluzji.

6. CECHY CHARAKTERYSTYCZNE ŻYCIA RELIGIJNEGO

Religie ewolucyjne i religie objawione mogą się różnić od siebie znacznie w swych metodach działania, ale są bardzo podobne w motywach. Religia nie jest specyficzną funkcją życia, jest raczej sposobem życia. Prawdziwa religia jest szczerym poświęceniem się pewnej rzeczywistości, którą człowiek religijny uznaje za najwyższą wartość dla siebie i całej ludzkości. Cechami charakterystycznymi wszystkich religii są: niekwestionowana lojalność i szczere poświęcenie się najwyższym wartościom. To religijne poświęcenie się najwyższym wartościom uwidacznia się w związkach matki, domniemanie niereligijnej ze swym dzieckiem oraz w żarliwej lojalności ludzi niereligijnych wobec tej sprawy, której są zwolennikami.

Najwyższe wartości, jakie uznaje człowiek religijny, mogą być niskie czy nawet fałszywe, ale mimo wszystko są one religijne. Religia jest prawdziwa w takim stopniu, w jakim wartości, które uznaje za najwyższe, naprawdę stanowią kosmiczną rzeczywistość o autentycznej wartości duchowej.

Do cech charakterystycznych ludzkiej reakcji na impuls religijny zaliczyć można przymioty szlachetności i dostojeństwa. Szczery człowiek religijny świadomy jest obywatelstwa wszechświata i zdaje sobie sprawę z tego, że jest w kontakcie ze źródłami nadludzkiej mocy. Jest podekscytowany i ożywiony pewnością przynależności do wyższego i nobilitowanego braterstwa synów Boga. Świadomość własnej wartości jest poszerzona przez bodziec poszukiwania wyższych zadań wszechświata – najwyższych celów.

Jaźń człowieka poddaje się ciekawemu impulsowi wszechobejmującej motywacji która narzuca wyższą samodyscyplinę, zmniejsza konflikty uczuciowe i czyni życie śmiertelne naprawdę wartym przeżycia. Chorobliwe uświadamianie sobie ludzkich ograniczeń zmienia się w normalną świadomość wad śmiertelnika, związaną z moralną determinacją i duchowymi aspiracjami osiągania najwyższych celów wszechświata i superwszechświata. I te intensywne wysiłki, zmierzające do osiągnięcia nadśmiertelnych ideałów, zawsze się charakteryzują coraz większą cierpliwością, powściągliwością, hartem i tolerancją.

Prawdziwa religia jest jednak żywą miłością, życiem przepełnionym służbą. Oderwanie się człowieka religijnego od większości tego, co tylko doczesne i trywialne, nigdy nie prowadzi do izolacji społecznej i nie powinno niszczyć poczucia humoru. Prawdziwa religia nie zabiera niczego z ludzkiej egzystencji, ale przydaje nowych znaczeń całemu życiu; wytwarza nowe rodzaje entuzjazmu, gorliwości i odwagi. Może nawet zrodzić ducha krzyżowca, który jest wyjątkowo niebezpieczny, jeśli nie jest kontrolowany przez wnikliwość duchową i wierne poświęcenie się zwykłym społecznym obowiązkom ludzkich lojalności.

Jedną z najbardziej zdumiewających cech życia religijnego jest ów dynamiczny i wysublimowany spokój, ten spokój, który przekracza wszelkie ludzkie pojmowanie, ta kosmiczna równowaga, która świadczy o braku wszelkich wątpliwości i wszelkiej dezorientacji. Takie poziomy duchowej stabilności odporne są na rozczarowanie. Ludzie religijni są jak Apostoł Paweł, który powiedział: „I jestem pewien, że ani śmierć, ani życie, ani aniołowie, ani zwierzchności, ani rzeczy teraźniejsze, ani przyszłe, ani moce, ani co wysokie, ani co głębokie, ani cokolwiek inne nie zdoła nas odłączyć od miłości Bożej".

Istnieje poczucie bezpieczeństwa, tkwiące w świadomości człowieka religijnego, związane z uświadomieniem sobie tryumfującej chwały, kiedy człowiek pojął rzeczywistość Najwyższego i dosięga celu Ostatecznego.

Nawet religia ewolucyjna jest wszystkim tym w swej lojalności i dostojności, ponieważ jest autentycznym doświadczeniem. Jednak religia objawiona jest *doskonalsza* a poza tym prawdziwa. Nowe lojalności poszerzonej wizji duchowej tworzą nowe poziomy miłości i poświęcenia, służby i braterstwa; a cała tak wzbogacona perspektywa społeczna wytwarza doskonalszą świadomość Ojcostwa Boga i braterstwa człowieka.

Cechą charakterystyczną, odróżniającą religię ukształtowaną od objawionej, jest nowy walor boskiej mądrości, dodany do czysto empirycznej wiedzy ludzkiej. Ale takie właśnie doświadczanie w religiach ludzkich rozwija zdolność kolejnego przyjmowania poszerzających się obdarzeń boskiej mądrości i kosmicznej wnikliwości.

7. KULMINACJA ŻYCIA RELIGIJNEGO

Chociaż zwykły śmiertelnik z Urantii nie może się spodziewać osiągnięcia tak zaawansowanej doskonałości charakteru, do jakiej doszedł Jezus z Nazaretu, kiedy był w ciele, jest całkowicie możliwe, aby każdy wierzący śmiertelnik rozwinął silną i zjednoczoną osobowość, według doskonałych profilów osobowości Jezusa. Unikalną własnością osobowości Mistrza była nie tyle jej doskonałość, jak jej symetria, wyrafinowana i wyważona konsolidacja. Najlepsza prezentacja Jezusa zawarta jest w słowach tego, który wskazując na Mistrza, stojącego przed jego oskarżycielami, powiedział – „Oto człowiek!".

Niewyczerpana życzliwość Jezusa poruszała serca ludzkie, lecz nieugięta siła jego charakteru zadziwiała jego wyznawców. Był naprawdę szczery; nie było w nim nic z hipokryty. Był wolny od sztuczności; był zawsze pokrzepiająco autentyczny. Nigdy nie poniżał się do udawania, nigdy nie uciekał się do zawstydzania. Żył prawdą, dokładnie tak, jak jej nauczał. On był prawdą. Zmuszony był głosić swojemu pokoleniu zbawczą prawdę, nawet, kiedy taka szczerość czasami sprawiała ból. Był bezwarunkowo lojalny wobec wszelkiej prawdy.

Poza tym Mistrz był tak racjonalny, tak przystępny. Był wyjątkowo praktyczny w całej swojej działalności, podczas gdy wszystkie jego plany charakteryzowały się uświęconym, zdrowym rozsądkiem. Był zupełnie pozbawiony wszelkich dziwacznych, niekonsekwentnych i ekscentrycznych tendencji. Nigdy nie był kapryśny, grymaśny czy histeryczny. W całym jego nauczaniu i we wszystkim, co zrobił, zawsze była wyrafinowana roztropność, połączona z nadzwyczajnym poczuciem stosowności – co wypada a co nie.

Osobowość Syna Człowieczego zawsze była zrównoważona. Nawet jego wrogowie prawdziwie go szanowali; obawiali się nawet jego obecności. Jezus był nieustraszony. Był przepełniony boskim entuzjazmem, ale nigdy nie bywał fanatyczny. Był ożywiony emocjonalnie, ale nigdy nie był niestateczny. Był obdarzony wyobraźnią, ale zawsze praktyczny. Otwarcie stawiał czoła rzeczywistościom życia, ale nigdy nie bywał nudny czy prozaiczny. Był odważny, ale nigdy nierozważny; rozważny, ale nigdy tchórzliwy. Był wyrozumiały, ale nie sentymentalny; unikalny, ale nie ekscentryczny. Był pobożny, ale nie świętoszkowaty. A był tak bardzo zrównoważony, ponieważ był doskonale zintegrowany.

Oryginalność Jezusa była niezmożona. Nie był związany tradycją czy ograniczony zniewoleniem zawężonej konwencjonalności. Mówił z niezachwianą pewnością i nauczał z absolutnym autorytetem. Jednak jego wspaniała oryginalność nie przeszkadzała mu dostrzegać klejnotów prawdy w naukach jego poprzedników oraz jemu współczesnych. A najbardziej oryginalną jego nauką było położenie nacisku na miłość i miłosierdzie, w miejsce strachu i ofiarowania.

Jezus miał wyjątkowo śmiałe poglądy. Napominał swych wyznawców, aby głosili ewangelię wszystkim narodom. Był wolny od zaściankowości. Jego wyrozumiałe serce obejmowało całą ludzkość, nawet wszechświat. Jego zaproszenie zawsze brzmiało: „Ktokolwiek zechce, pozwólcie mu przyjść".

Prawdziwie powiedziano o Jezusie, że „ufał Bogu". Jako człowiek pomiędzy ludźmi, ufał najwznioślej Ojcu w niebie. Ufał swemu Ojcu tak, jak małe dziecko ufa swemu ziemskiemu rodzicowi. Jego wiara była doskonała, jednak nigdy nie zarozumiała. Bez znaczenia jak okrutna mogła się wydawać natura, czy jak obojętny byłby jej stosunek wobec dobra człowieka na Ziemi, Jezus nigdy się nie zachwiał w swojej wierze. Był odporny na rozczarowania i nieczuły na prześladowania. Był niewzruszony wobec oczywistego niepowodzenia.

Kochał ludzi jak braci a jednocześnie dostrzegał, jak różnią się oni we wrodzonych zdolnościach czy cechach nabytych. „Chodził, czyniąc dobrze".

Jezus był człowiekiem niezwykle radosnym, ale nie był ślepym, bezmyślnym optymistą. Ciągle napominał: „Nie upadajcie na duchu". Mógł zachowywać tak pewną postawę, ze względu na swe *niezachwiane* zaufanie pokładane w Bogu i niewzruszoną ufność w człowieka. Zawsze był wrażliwy i taktowny w stosunku do wszystkich ludzi, gdyż kochał ich i wierzył w nich. Mimo to zawsze pozostawał wierny swoim przekonaniom i był imponująco niezmienny w swym poświęceniu się czynieniu woli jego Ojca.

Mistrz zawsze był szczodry. Ciągle powtarzał, że „bardziej błogosławioną rzeczą jest dawać niż brać". Powiedział: „Darmo wzięliście, darmo dawajcie". A mimo całej tej swojej bezgranicznej szczodrości, nigdy nie był rozrzutny czy ekstrawagancki. Nauczał, że trzeba wierzyć, aby uzyskać zbawienie. „Każdy, kto prosi, otrzyma".

Był bezpośredni, ale zawsze życzliwy. Powiedział: „Gdyby tak nie było, nie mówiłbym wam". Mówił bez ogródek, ale zawsze był przyjacielski. Był szczery w swej miłości do grzesznika i w swej nienawiści do grzechu. Jednak przy całej tej zadziwiającej bezpośredniości był nieomylnie *sprawiedliwy.*

Jezus zawsze był radosny, pomimo, że czasem pił do dna puchar ludzkiego smutku. Nieustraszenie stawiał czoła rzeczywistościom życia a jednak był przepełniony entuzjazmem dla ewangelii królestwa. Jednak to on panował nad swym entuzjazmem, nigdy entuzjazm nie panował nad nim. Poświęcił się zupełnie „sprawie Ojca". Jego boski entuzjazm prowadził jego nie uduchowionych braci do wniosku, że jest obłąkany, ale przyglądający się temu wszechświat oceniał go jako model rozsądku i wzór najwyższego poświęcenia się śmiertelnika wysokim standardom życia duchowego. Jego kontrolowany entuzjazm był zaraźliwy; jego towarzysze zmuszeni byli do podzielania jego boskiego optymizmu.

Ten człowiek z Galilei nie był człowiekiem smutku, był duszą radości. Zawsze mawiał: „Cieszcie się i radujcie". Jednak, gdy obowiązki tego wymagały, nie wahał się kroczyć odważnie „doliną cienia śmierci". Był radosny, ale jednocześnie pokorny.

Jego odwaga dorównywała tylko jego cierpliwości. Gdy wywierano nań nacisk, aby działał przedwcześnie, odpowiadał tylko: „Moja godzina jeszcze nie nadeszła". Nigdy się nie spieszył; jego opanowanie było majestatyczne. Jednak oburzał się często na zło, nie tolerował grzechu. Często bywał bardzo poruszony, gdy przeciwstawiał się temu, co szkodliwe dla dobra jego dzieci na Ziemi. Jednak jego oburzenie na grzech nigdy nie wywoływało gniewu na grzesznika.

Jego odwaga była imponująca, ale nigdy nie bywał nieroztropny. Jego hasłem było: „Nie bójcie się". Jego męstwo było podniosłe a odwaga częstokroć heroiczna. Ale odwaga jego połączona była z rozsądkiem i kontrolowana logiką. Była to odwaga zrodzona z wiary, nie lekkomyślność ślepych przypuszczeń. Był naprawdę odważny, ale nigdy zuchwały.

Mistrz był wzorem czczenia. Jego modlitwa, nawet w czasach młodości, zaczynała się od słów: „Ojcze nasz, któryś jest w niebie, święć się imię twoje". Był pełen szacunku nawet dla błędnych praktyk religijnych swych współbraci. Jednak to go nie powstrzymało od kwestionowania tradycji religijnych czy ostrego występowania przeciw błędom ludzkich wierzeń. Był pełen czci dla prawdziwej świętości a przecież słusznie mógł zwrócić się do swych braci słowami: „Któż z was może mi dowieść grzechu?".

Jezus był wielki, ponieważ był dobry a mimo to bratał się z małymi dziećmi. Był delikatny i bezpretensjonalny w swym życiu osobistym a mimo to był doskonałym człowiekiem tego wszechświata. Jego towarzysze spontanicznie nazywali go Mistrzem.

Jezus posiadał doskonale zjednoczoną osobowość ludzką. I dziś, tak samo jak w Galilei, *wciąż jednoczy doświadczenie* śmiertelników i koordynuje wysiłki ludzkie. Jednoczy życie, uszlachetnia charakter i upraszcza doświadczenie. Wnika w umysł ludzki, aby go wywyższać, zmieniać i przekształcać. Jest dosłowną prawdą: „Jeśli ktokolwiek ma w sobie Jezusa Chrystusa, jest nowym stworzeniem, to co dawne minęło, oto wszystko stało się nowe".

[Przedstawione przez Melchizedeka z Nebadonu].

PRZEKAZ 101

PRAWDZIWA NATURA RELIGII

RELIGIA, jako doświadczenie ludzkie, rozciąga się od poziomu prymitywnego zniewolenia strachem u ewoluującego człowieka dzikiego do wysublimowanej i wspaniałej wolności religijnej tych cywilizowanych śmiertelników, którzy są doskonale świadomi synostwa z wiecznym Bogiem.

Religia jest protoplastką zaawansowanej etyki i moralności w progresywnej ewolucji społecznej. Jednak religia, jako taka, nie jest ruchem wyłącznie moralnym, aczkolwiek zewnętrzne i społeczne przejawy religii znajdują się pod silnym wpływem etycznego i moralnego momentu bezwładności społeczności ludzkiej. Religia zawsze jest inspiracją dla rozwijającej się natury ludzkiej, ale nie jest tajemnicą tego rozwoju.

Religia, przekonanie-wiara osobowości, zawsze może zatryumfować nad powierzchowną, sprzeczną logiką desperacji, zrodzoną w niewierzącym umyśle materialnym. Naprawdę istnieje prawdziwy i autentyczny głos wewnętrzny, ta „prawdziwa światłość, która oświeca każdego człowieka, który przychodzi na ten świat". I takie duchowe przewodnictwo odmienne jest od etycznych podpowiedzi ludzkiego sumienia. Poczucie religijnej pewności jest czymś więcej niż odczuwaniem emocjonalnym. Pewność religijna przekracza rozumowanie umysłu, nawet logikę filozofii. Religia *jest* wiarą, zaufaniem i pewnością.

1. PRAWDZIWA RELIGIA

Prawdziwa religia nie jest systemem wierzeń filozoficznych, które mogą być dowiedzione i uzasadnione dowodami z nauk przyrodniczych, nie jest też fantastycznym i mistycznym doświadczaniem uczuć ekstazy nie do opisania, czym mogą się cieszyć jedynie romantyczni zwolennicy mistycyzmu. Religia nie jest wytworem rozumowania, jednak patrząc na nią z tego punktu, jest ona zupełnie sensowna. Religia nie wywodzi się z logiki filozofii ludzkiej, ale jako doświadczenie śmiertelnego człowieka jest zupełnie logiczna. Religia jest doświadczaniem boskości w świadomości śmiertelnej istoty ewolucyjnego pochodzenia; reprezentuje ona prawdziwe doświadczanie z wiecznymi rzeczywistościami w czasie, doznawanie duchowych satysfakcji, kiedy wciąż jest się w ciele.

Dostrajacz Myśli nie ma specjalnego mechanizmu, dzięki któremu mógłby się sam wypowiadać; nie posiada mistycznej, religijnej możliwości odbioru czy też wyrażania uczuć religijnych. Takie doświadczenia dostępne są dzięki naturalnie zorganizowanemu mechanizmowi śmiertelnego umysłu. I to właśnie wyjaśnia, dlaczego Dostrajaczo*wi trudno jest komunikować* się bezpośrednio z materialnym umysłem, w którym stale mieszka.

Boski duch kontaktuje się ze śmiertelnym umysłem nie poprzez uczucia czy emocje, ale w domenach wyższego i bardziej uduchowionego myślenia. To wasze *myśli,* a nie wasze uczucia, prowadzą was do Boga. Boska natura może być postrzegana jedynie oczami umysłu. Jednak umysł, który naprawdę spostrzega Boga, słyszy zamieszkującego go Dostrajacza, jest umysłem czystym. „Bez uświęcenia żaden człowiek nie zobaczy Pana". Wszelkie takie wewnętrzne, duchowe komunie, zwane są wnikliwością duchową. Takie doświadczenie religijne jest rezultatem wrażenia, jakie na umysł człowieczy wywiera wspólne działanie Dostrajacza i Ducha Prawdy, gdy funkcjonują one pośród idei, ideałów, wnikliwości i duchowych dążeń rozwijających się synów Boga.

Religia zatem żyje i rozwija się nie dzięki dostrzeganiu i odczuwaniu, ale raczej dzięki wierze i wnikliwości. Nie polega ona na odkrywaniu nowych faktów, czy na znajdowaniu unikalnego doświadczenia, ale raczej na odkrywaniu nowych i duchowych *znaczeń* w faktach już znanych ludzkości. Najwyższe doświadczenie religijne jest niezależne od poprzedzających je aktów wiary, tradycji i autorytetu, religia też nie jest wynikiem wzniosłych uczuć i czysto mistycznych emocji. Jest ona raczej dogłębnym i aktualnie przeżywanym doświadczeniem duchowej komunii z wpływami duchowymi, przebywającymi w obrębie ludzkiego umysłu i tak dalece, jak takie doświadczenie można zdefiniować w terminologii psychologicznej, jest to doświadczenie doświadczania rzeczywistości wierzenia w Boga, jako rzeczywistości takiego czysto osobistego doświadczenia.

Chociaż religia nie jest produktem racjonalistycznych spekulacji materialnej kosmologii, jest ona jednak wytworem czysto racjonalnej wnikliwości, która ma swój początek w ludzkim doświadczeniu umysłowym. Religia nie rodzi się ani z mistycznych medytacji ani z prowadzonych w odosobnieniu kontemplacji, choć zawsze jest bardziej czy mniej tajemnicza, zawsze nieokreślona i niewytłumaczalna w terminach czysto intelektualnego rozumowania i filozoficznej logiki. Zawiązki prawdziwej religii rodzą się w domenach świadomości moralnej człowieka i objawiają się w rozwoju ludzkiej wnikliwości duchowej, tej cechy osobowości, która powstaje na skutek obecności Dostrajacza Myśli objawiającego Boga głodnemu Boga umysłowi ludzkiemu.

Wiara jednoczy wnikliwość moralną z rozróżnianiem wartości w sumieniu ludzkim, a jeśli dodać do tego uprzednio już istniejące ewolucyjne poczucie obowiązku, otrzymuje się komplet protoplastów prawdziwej religii. W końcu doświadczenie religijne przynosi oczywistą świadomość istnienia Boga oraz całkowitą pewność życia wiecznego wierzącej osobowości.

Jak widać tęsknoty religijne i bodźce duchowe nie są tego rodzaju, aby mogły tylko prowadzić ludzi do *chęci* wierzenia w Boga, ale raczej są tego rodzaju i tej mocy, że ludzie są dogłębnie przejęci przekonaniem, iż *powinni* wierzyć w Boga. Ewolucyjne poczucie obowiązku oraz zobowiązania powstałe w wyniku oświecenia, jakie daje objawienie, poruszają tak głęboko moralną naturę człowieka, że osiąga on w końcu to nastawienie umysłu i taką postawę duszy, iż dochodzi do wniosku, że *nie ma prawa nie wierzyć w Boga*. Wyższa i superfilozoficzna mądrość tak oświeconych i zdyscyplinowanych jednostek nauczy je w końcu, że wątpienie w istnienie Boga, czy nie dowierzanie jego dobroci może być próbą udowodnienia nieprawdziwości *najbardziej rzeczywistej* i *najpoważniejszej* rzeczy w obrębie ludzkiego umysłu i duszy – Boskiego Dostrajacza.

2. RZECZYWISTOŚĆ RELIGII

Fakt istnienia religii opiera się w pełni na doświadczeniu religijnym racjonalnych i przeciętnych istot ludzkich. I tylko w takim znaczeniu religia może być kiedykolwiek traktowana jako naukowa czy nawet psychologiczna. Dowód na to, że objawienie jest objawieniem, jest tą właśnie rzeczywistością doświadczenia ludzkiego: faktem, że objawienie syntetyzuje pozornie rozbieżne nauki przyrodnicze i teologię religii w zwartą i logiczną filozofię wszechświata, w skoordynowane i spójne wyjaśnienie zarówno nauki jak i religii, tworząc tym samym harmonię umysłu i zaspokojenie ducha, odpowiadające w ludzkim doświadczeniu tym pytaniom ludzkiego umysłu, które dążą do poznania *jak* Nieskończony wypracowuje swoją wolę i plany w materii, z umysłami i w duchu.

Rozumowanie jest metodą nauki, wiara jest metodą religii, logika jest tą metodą, którą usiłuje stosować filozofia. Objawienie kompensuje brak morontialnego punktu widzenia, przynosząc sposób osiągnięcia jedności w pojmowaniu rzeczywistości, jak również w zrozumieniu związków materii i ducha za pomocą umysłu. I prawdziwe objawienie nigdy nie czyni nauki nienaturalną, religii nieracjonalną czy filozofii nielogiczną.

Dzięki badaniom naukowym można iść wstecz z rozumowaniem, poprzez naturę do Pierwszej Przyczyny, ale potrzeba wiary religijnej, aby przekształcić Pierwszą Przyczynę nauki w Boga zbawienia, a później potrzeba objawienia, aby przydać wiarygodności takiej wierze, takiej wnikliwości duchowej.

Istnieją dwie podstawowe przyczyny, aby wierzyć w Boga, który sprawia, że człowiek przeżywa śmierć:

1. Ludzkie doświadczenie, osobista pewność, w pewien sposób wyrażona nadzieja i zaufanie, inspirowane przez zamieszkującego człowieka Dostrajacza Myśli.
2. Objawienie prawdy, czy to przez bezpośrednią, osobistą służbę Ducha Prawdy, czy to przez obdarzenie świata Boskimi Synami albo przez objawienia w formie słowa pisanego.

Nauka kończy swoje rozumowe poszukiwania na hipotezach Pierwszej Przyczyny. Religia kontynuuje lot swej wiary, aż się upewni o istnieniu Boga zbawienia. Wytrawne badania naukowe logicznie sugerują rzeczywistość i istnienie Absolutu. Religia wierzy bez zastrzeżeń w istnienie i rzeczywistość Boga, który pomaga osobowości przetrwać śmierć. Objawienie dokonuje tego, czego w ogóle nie udaje się zrobić metafizyce i co tylko częściowo się udaje filozofii; potwierdza ono, że Pierwsza Przyczyna nauki i Bóg zbawienia z religii są *jednym i tym samym Bóstwem.*

Rozumowanie jest dowodem nauki, wiara dowodem religii, logika dowodem filozofii, ale objawienie jest potwierdzane tylko przez *doświadczenie* ludzkie. Nauka daje wiedzę, religia daje szczęście, filozofia daje jedność, objawienie potwierdza empiryczną harmonię tego potrójnego podejścia do rzeczywistości wszechświatowej.

Kontemplacja przyrody może tylko odsłonić Boga przyrody, Boga ruchu. Przyroda ujawnia jedynie materię, ruch i ożywienie – życie. Materia z dodatkiem energii, w pewnych okolicznościach, przejawia się w formach żywych, ale choć życie w przyrodzie jest względnie ciągłe jako zjawisko, jest ono jednak krótkotrwałe dla jednostek. Przyroda nie daje podstaw logicznego wierzenia w życie wieczne osobowości ludzkiej. Człowiek religijny, który odkrywa Boga w naturze, znalazł już kiedyś w swej własnej duszy tego *samego, osobowego* Boga.

Wiara objawia Boga w duszy. Objawienie, substytut wnikliwości morontialnej na świecie ewolucyjnym, pomaga człowiekowi dostrzec w przyrodzie tego samego Boga, którego wiara ukazuje mu w duszy. W ten sposób objawienie pomyślnie przerzuca most nad przepaścią pomiędzy tym, co materialne a tym, co duchowe, nawet pomiędzy stworzonym a Stwórcą, pomiędzy człowiekiem a Bogiem.

Kontemplacja przyrody logicznie wykazuje istnienie inteligentnego przewodnictwa, nawet żywego nadzoru, ale w żaden sposób nie objawia osobowego Boga. Z drugiej strony przyroda nie ukazuje niczego, co mogłoby wykluczyć rozważanie wszechświata jako dzieła Boga z religii. Boga nie można znaleźć przez samą tylko naturę, jednak, gdy człowiek znalazł go inaczej, badanie natury staje się dlań całkowicie zgodne z wyższym i bardziej duchowym sposobem pojmowania wszechświata.

Jako zjawisko epokowe, objawienie jest okresowe; jako osobiste doświadczenie człowieka jest ono ciągłe. Boskość działa w śmiertelnej osobowości jako Dostrajacz, dar Ojca, jako Duch Prawdy dar Syna i jako Duch Święty Ducha Wszechświata, a te trzy nadśmiertelne dary są zjednoczone w empirycznej ewolucji ludzkiej jako służba Najwyższego.

Prawdziwa religia jest wnikliwością w rzeczywistość, zrodzoną z wiary powstałej w moralnej świadomości, a nie samą tylko intelektualną akceptacją jakiejkolwiek grupy dogmatycznych doktryn. Prawdziwa religia polega na takim doświadczeniu, w którym „duch sam świadczy wespół z duchem naszym, że dziećmi Bożymi jesteśmy". Religia nie składa się z teologicznych twierdzeń, ale z duchowej wnikliwości i wzniosłego zaufania duszy.

Wasza najgłębsza natura – Boski Dostrajacz – wytwarza u was głód i pragnienie prawości, określone dążenie do Boskiej doskonałości. Religia jest aktem wiary, akceptującym ten wewnętrzny bodziec docierania do boskości; i w ten sposób rodzi się ta ufność i pewność duszy, którą uświadamiacie sobie jako drogę zbawienia, metodę wiecznego trwania osobowości i wszystkich tych wartości, które zaczynacie uznawać za prawdziwe i dobre.

Świadomość religijna nigdy nie była i nigdy nie będzie zależna od znacznej ilości nabytej wiedzy czy mądrej logiki. To jest wnikliwość duchowa i z tej właśnie przyczyny niektórzy z największych nauczycieli religijnych, nawet prorocy, czasami posiadali tak mało mądrości tego świata. Wiara religijna dostępna jest tak samo dla uczonych jak i niewykształconych.

Religia zawsze musi być swym własnym krytykiem i sędzią; nigdy nie może być obserwowana, jeszcze mniej zrozumiana, z zewnątrz. Jedyna wasza pewność istnienia osobowego Boga opiera się na waszej własnej wnikliwości jako na waszej własnej wierze w rzeczy duchowe i ich doświadczanie. Wszystkim waszym braciom, którzy mieli podobne doświadczenia, nie trzeba żadnego dowodu na osobowość czy rzeczywistość Boga, podczas gdy dla wszystkich innych ludzi, którzy nie są tak bardzo pewni istnienia Boga, żaden możliwy argument nigdy nie będzie naprawdę przekonywający.

Psychologia może wprawdzie próbować badać zjawisko reakcji religijnych w środowisku społecznym, jednak nigdy nie może się spodziewać zgłębienia prawdziwych, wewnętrznych motywów i działań religii. Tylko teologia, domena wiary i metoda objawienia, może sobie pozwolić na jakiś rodzaj inteligentnej oceny natury i treści doświadczenia religijnego.

3. CECHY CHARAKTERYSTYCZNE RELIGII

Religia jest tak żywotna, że trwa w obliczu braku wykształcenia. Żyje pomimo jej zanieczyszczenia błędnymi kosmologiami i fałszywymi filozofiami, przeżywa nawet zamęt metafizyczny. Przez wszystkie historyczne, zmienne koleje losu, religia zawsze trwa przy tym, co konieczne dla rozwoju i wiecznego życia człowieka: przy etycznym sumieniu i świadomości moralnej.

Wiara-wnikliwość, albo intuicja duchowa, jest wyposażeniem kosmicznego umysłu, w powiązaniu z Dostrajaczem Myśli, który jest darem Ojca dla człowieka. Rozumowanie duchowe, inteligencja duszy, jest wyposażeniem Ducha Świętego, darem Stwórczego Ducha dla człowieka. Filozofia duchowa, mądrość rzeczywistości duchowych, jest wyposażeniem danym dzieciom ludzkim przez Ducha Prawdy, łącznym darem obdarzających Synów. Koordynacja i związek wzajemny tych wyposażeń duchowych tworzą z człowieka osobowość potencjalnie duchową w swym przeznaczeniu.

To jest ta właśnie osobowość duchowa, w prymitywnej i embrionalnej formie, której część będąca w posiadaniu Dostrajacza, przeżywa naturalną śmierć w ciele. Temu kompleksowemu bytowi, duchowego pochodzenia, złączonemu z ludzkim doświadczeniem, umożliwia się środkami żywej drogi, dostarczonej przez Boskich Synów, przetrwanie (pod opieką Dostrajacza) rozkładu materialnej jaźni, złożonej z umysłu i materii, kiedy krótkotrwałe partnerstwo tego, co materialne i tego, co duchowe zostaje rozdzielone, gdy mechanizm życia przestanie funkcjonować.

Dusza człowieka objawia się przez wiarę religijną i ukazuje potencjalną boskość swej wyłaniającej się natury charakterystycznym sposobem, kiedy to nakłania osobowość śmiertelną do reagowania na pewne intelektualnie trudne i społecznie testujące sytuacje. Autentyczna wiara duchowa (prawdziwa świadomość moralna) objawia się tym, że:

1. Przyczynia się do rozwoju etyki i moralności, wbrew wrodzonym i przeciwstawnym, animistycznym tendencjom człowieka.
2. Tworzy wzniosłe zaufanie w dobroć Boga, nawet w obliczu gorzkiego rozczarowania i druzgocącej klęski.
3. Rodzi bezprzykładną odwagę i zaufanie, pomimo naturalnych przeciwności i fizycznych nieszczęść.
4. Wykazuje niewytłumaczalną równowagę i trwały spokój, w obliczu uciążliwych chorób a nawet silnych cierpień fizycznych.
5. Zachowuje zagadkową równowagę i opanowanie osobowości, w obliczu jej poniewierania i najgorszej nawet niesprawiedliwości.
6. Zachowuje boską ufność w ostateczne zwycięstwo, wbrew okrucieństwom pozornie ślepego losu i oczywiście krańcowej obojętności sił przyrody na dobro człowieka.
7. Trwa przy niezachwianej wierze w Boga, kiedy logika nakazuje coś innego i z powodzeniem wytrzymuje wszelkie intelektualne sofistyki.
8. Wykazuje trwałą, nieustraszoną wiarę w życie wieczne duszy, niezależnie od zwodniczych poglądów fałszywej nauki i przekonywającej ułudy błędnej filozofii.
9. Żyje i tryumfuje niezależnie od druzgocącego przeładowania, charakterystycznego dla kompleksowych i nieukończonych cywilizacji współczesnych.
10. Przyczynia się do zachowania altruizmu, wbrew ludzkiemu samolubstwu, antagonizmom społecznym, industrialnej chciwości i niedostosowaniom politycznym.

11. Niezachwianie trzyma się wzniosłego wierzenia w jedność wszechświata i w Boskie przewodnictwo, niezależnie od wprowadzającej w błąd obecności zła i grzechu.
12. Zwyczajnie czci Boga, wbrew czemukolwiek i wszystkiemu. Ośmiela się głosić: „Choćby mnie uśmiercał, wszakże będę mu służył".

Zatem dzięki trzem zjawiskom dowiadujemy się, że człowiek posiada Boskiego ducha, czy też duchy w nim zamieszkujące: po pierwsze, przez osobiste doświadczenie – wiarę religijną, po drugie, przez objawienie – osobiste lub dla ludzkości i po trzecie, przez zadziwiające wykazywanie tak nadzwyczajnych i nienaturalnych reakcji na materialne środowisko człowieka, jakie są zobrazowane w powyższym przytoczeniu dwunastu zachowań, zbliżonych do duchowych, w obliczu prawdziwych i trudnych sytuacji rzeczywistej ludzkiej egzystencji. A są jeszcze inne przykłady.

To takie właśnie żywe i żarliwe akty wiary w domenach religii, dają człowiekowi pewność posiadania osobistego doświadczenia religijnego i świadczą o rzeczywistości duchowej tego wyposażenia, koronującego naturę ludzką.

4. OGRANICZENIA OBJAWIENIA

Z tego powodu, że wasz świat w zasadzie nie zna swego pochodzenia, nawet swych materialnych początków, wydaje się rozsądne przeszkolić was od czasu do czasu w kosmologii. I zawsze z tego powodu powstają w przyszłości problemy. Prawa dawania objawienia znacznie nas ograniczają, gdyż zakazują udzielania wiedzy przedwcześnie albo wiedzy nie wypracowanej przez człowieka. Przeznaczeniem jakiejkolwiek kosmologii, przedstawionej jako część religii objawionej, jest stać się przestarzałą w bardzo krótkim czasie. Dlatego też przyszli badacze takiego objawienia będą się kusić, aby odrzucić jakikolwiek element autentycznej prawdy religijnej, jaką może ono zawierać, ponieważ odkryją błędy w części przedstawionych w nim i związanych z nim kosmologii.

Ludzkość powinna zrozumieć, że my, którzy zajmujemy się objawianiem prawdy, jesteśmy bardzo rygorystycznie ograniczeni instrukcjami naszych zwierzchników. Nie wolno nam o tysiące lat wyprzedzać odkryć naukowych. Objawiający prawdę muszą działać zgodnie z tymi wytycznymi, które stanowią część rozporządzenia objawieniowego. Nie widzimy sposobu pokonania tych trudności, czy to teraz, czy kiedykolwiek w przyszłości. Doskonale zdajemy sobie sprawę z tego, że chociaż fakty historyczne i prawdy religijne tego szeregu prezentacji objawieniowych trwać będą w zapisach przyszłych epok, wiele naszych twierdzeń dotyczących nauk fizycznych wymagać będzie korekty w ciągu kilku krótkich lat, w wyniku dalszego rozwoju nauki oraz nowych odkryć. Te nowe odkrycia przewidujemy nawet teraz, ale nie możemy dołączyć do zapisów objawieniowych faktów nie odkrytych przez ludzi. Wyjaśnijmy, że objawienia niekoniecznie są natchnione. Kosmologia tych objawień *nie jest natchniona*. Jest ograniczona naszym zezwoleniem na koordynację i porządkowanie wiedzy współczesnej. Podczas gdy boska i duchowa wnikliwość jest darem, *ludzka mądrość musi się rozwijać*.

Prawda zawsze jest objawieniem: autoobjawieniem, kiedy powstaje wskutek działania zamieszkującego człowieka Dostrajacza, epokowym objawieniem, gdy przedstawiona jest jako wynik działania pewnych innych niebiańskich czynników, grup istot, czy pojedynczej osobowości.

W końcowym podsumowaniu, religię należy osądzać po jej owocach, zgodnie z tym, w jaki sposób i w jakim stopniu wykazuje swą własną, nieodłączną jej, boską doskonałość.

Prawda może być tylko względnie natchniona, chociaż objawienie zawsze jest zjawiskiem duchowym. Podczas gdy twierdzenia dotyczące kosmologii nigdy nie są natchnione, objawienia takie mają wielką wartość, ponieważ przynajmniej chwilowo porządkują wiedzę przez:

1. Redukcję dezorientacji, dzięki autorytatywnej eliminacji błędu.
2. Koordynację znanych czy mających być wkrótce poznanych, faktów i obserwacji.
3. Odtworzenie istotnych fragmentów zagubionej wiedzy, dotyczącej epokowych wydarzeń z odległej przeszłości.
4. Dostarczenie informacji, która wypełni poważne luki w skądinąd zapracowanej wiedzy.
5. Przedstawienie kosmicznych danych w ten sposób, aby naświetlały nauki duchowe zawarte w towarzyszącym im objawieniu.

5. RELIGIA POSZERZONA PRZEZ OBJAWIENIE

Dzięki metodzie objawienia oszczędza się wiele epok pracy, koniecznej do sortowania i przesiewania ewolucyjnych błędów od duchowo nabytych prawd.

Nauka ma do czynienia z *faktami*, religia zajmuje się tylko *wartościami*. Dzięki oświeconej filozofii, umysł próbuje zjednoczyć znaczenia zarówno faktów jak i wartości, tym samym dochodząc do idei *rzeczywistości* całkowitej. Pamiętajcie, że nauka jest domeną wiedzy, filozofia dziedziną mądrości a religia sferą doświadczania wiary. Tym niemniej religia przejawia się w dwóch stadiach:

1. Religia ewolucyjna. Doświadczenie prymitywnego czczenia, ta religia, której źródłem jest umysł.
2. Religia objawiona. Wszechświatowy światopogląd, który pochodzi od ducha; pewność i wiara w zachowanie wiecznych rzeczywistości, w życie wieczne osobowości i ostateczne jej dotarcie do kosmicznego Bóstwa, którego zamysł wszystko to umożliwił. Jest ona częścią wszechświatowego planu, w którym przeznaczeniem religii ewolucyjnej jest, wcześniej czy później, otrzymać duchową nadbudowę objawienia.

Zarówno nauka jak i religia zaczyna się od przyjęcia pewnych, powszechnie akceptowanych podstaw dedukcji logicznych. Tak samo filozofia musi zaczynać swą działalność od założenia rzeczywistości trzech rzeczy:

1. Ciała materialnego.
2. Nadmaterialnego stadium istoty ludzkiej, duszy, czy nawet zamieszkującego człowieka ducha.
3. Umysłu ludzkiego, mechanizmu komunikacji wzajemnej i utrzymywania wzajemnych związków pomiędzy duchem a materią, pomiędzy tym, co materialne a tym, co duchowe.

Naukowcy grupują fakty, filozofowie koordynują idee, podczas gdy prorocy wywyższają ideały. Uczucia i emocje nieodmiennie towarzyszą religii, ale nie są religią. Religią może być odczuwanie doświadczenia, ale raczej nie doświadczanie uczuć. Ani logika (racjonalne uzasadnienie) ani emocje (odczuwanie) nie są istotną częścią doświadczenia religijnego, chociaż jedne i drugie mogą być w różny sposób związane z aktami wiary, kiedy się dąży do zdobycia wnikliwości duchowej w rzeczywistość, a wszystko zależy od statusu i zmiennego nastawienia indywidualnego umysłu.

Religia ewolucyjna powstaje w wyniku pracy przybocznych umysłu, daru wszechświata lokalnego, którym powierzono wytworzenie i rozwijanie wartości czczenia u rozwijającego się człowieka. Takie prymitywne religie mają bezpośredni związek z etyką i moralnością, z poczuciem *obowiązku* u człowieka. Religie te opierają się na rękojmi sumienia i w rezultacie przynoszą stabilizację relatywnie etycznych cywilizacji.

Religie indywidualnie objawione są ożywiane przez obdarzające człowieka duchy, reprezentujące trzy osoby Rajskiej Trójcy a zajmują się one szczególnie poszerzaniem *prawdy*. Religia ewolucyjna daje jednostce ideę osobistego obowiązku; religia objawiona kładzie coraz większy nacisk na miłość, na złotą zasadę.

Religia ewolucyjna opiera się wyłącznie na wierze. Objawienie daje dodatkową rękojmię, w swym poszerzonym przedstawieniu prawd boskości i rzeczywistości i w jeszcze bardziej wartościowym świadectwie aktualnego doświadczenia, gromadzonego w wyniku praktycznego, roboczego zjednoczenia wiary ewolucyjnej i prawdy objawionej. Taka robocza jedność ludzkiej wiary i boskiej prawdy oznacza wejście w posiadanie charakteru, zaawansowanego na drodze rzeczywistego zdobywania osobowości morontialnej.

Religia ewolucyjna daje tylko pewność wiary i potwierdzenie sumienia; religia objawieniowa daje pewność wiary, z dodatkiem prawdy żywego doświadczania w rzeczywistościach objawionych. Trzeci stopień w religii, czy trzecie stadium doświadczania religii, ma do czynienia ze stadium morontialnym, pełniejszym pojmowaniem moty. Prawdy religii objawionej zostają poszerzone w trakcie rozwoju morontialnego; coraz szerzej poznawać będziecie prawdę o najwyższych wartościach, Boskiej dobroci, wszechświatowych związkach, wiecznych rzeczywistościach i ostatecznych przeznaczeniach.

W rozwoju morontialnym pewność wiary zastępowana jest pewnością prawdy. Kiedy zostaniecie w końcu powołani do prawdziwego świata duchowego, wtedy pewności, powstałe z czystej wnikliwości duchowej, będą działać zamiast wiary i prawdy, albo raczej w połączeniu z nimi i nałożone na te dawniejsze metody zdobywania osobistej pewności.

6. PROGRESYWNE DOŚWIADCZENIE RELIGIJNE

Morontialne stadium religii objawionej ma do czynienia z *doświadczeniem przetrwania śmierci,* a wielkim pragnieniem człowieka w tym stadium bytu jest osiągnięcie doskonałości duchowej. Istnieje tutaj również wyższe pragnienie czczenia, połączone z nieodpartym wezwaniem do coraz bardziej etycznej służby. Z wnikliwością morontialną wiąże się coraz szersza świadomość istnienia Siedmiorakiego, Najwyższego a nawet Ostatecznego.

Poprzez całe religijne doświadczenie człowieka, od najwcześniejszych jego początków na poziomie materialnym, aż do momentu osiągnięcia pełnego statusu duchowego, tajemnica osobistego uświadomienia sobie rzeczywistości istnienia Najwyższego spoczywa w Dostrajaczu i ten sam Dostrajacz posiada również tajemnice waszej wiary w transcendentalne docieranie do Ostatecznego. Empiryczna osobowość rozwijającego się człowieka, połączona z dostrajaczową esencją egzystencjalnego Boga, stanowi potencjał realizacji najwyższej egzystencji i jest z natury podstawą nadskończonego wynikania osobowości transcendentalnej.

Moralna wola zawiera w sobie decyzje oparte na wiedzy powstałej w wyniku rozumowania, poszerzonego mądrością i zatwierdzonego przez wiarę religijną. Takie akty wyboru są natury moralnej i są dowodem istnienia moralnej osobowości, poprzedniczki osobowości morontialnej a na koniec autentycznego statusu duchowego.

Ewolucyjny typ wiedzy jest tylko nagromadzeniem protoplazmatycznego materiału pamięciowego; jest to najbardziej prymitywna forma świadomości istoty. Mądrość obejmuje idee sformułowane z pamięci protoplazmatycznej, w procesie kojarzenia i rekombinacji, a zjawisko takie odróżnia umysł ludzki od umysłu czysto zwierzęcego. Zwierzęta posiadają wiedzę, ale tylko człowiek może zdobywać mądrość. Prawda staje się dostępna dla wyposażonej w mądrość jednostki dzięki obdarzeniu umysłu duchami Ojca i Synów, Dostrajaczem Myśli i Duchem Prawdy.

Chrystus Michał, kiedy obdarzał sobą Urantię, żył pod panowaniem religii ewolucyjnej, aż do czasu swego chrztu. Od tego momentu, aż do ukrzyżowania i podczas ukrzyżowania, prowadził swą działalność dzięki łącznemu przewodnictwu religii ewolucyjnej i objawieniowej. Od poranka swego zmartwychwstania aż do wniebowstąpienia, przemierzał różne stadia życia morontialnego, przeobrażenia śmiertelnika prowadzące od świata materialnego do duchowego. Po wniebowstąpieniu Michał został mistrzem w doświadczaniu Najwyższości, w uświadamianiu sobie Najwyższego; a będąc jedyną osobą w Nebadonie posiadającą nieograniczone możliwości doświadczania rzeczywistości Najwyższego, natychmiast nabył status władzy najwyższości w swoim wszechświecie lokalnym i dla tego wszechświata.

W przypadku człowieka, ostateczne zespolenie i jedność z zamieszkującym go Dostrajaczem – synteza osobowości człowieka z esencją Boga – ustanawia go, potencjalnie, żywą częścią Najwyższego i zabezpiecza takiej, niegdyś śmiertelnej istocie, wieczne prawo nieskończonego dążenia do finalizmu we wszechświatowej służbie dla Najwyższego i z Najwyższym.

Objawienie uczy śmiertelnego człowieka, że aby mógł zacząć tak wspaniałą i interesującą przygodę w przestrzeni, metodami rozwoju w czasie, powinien ją zacząć od organizacji swej wiedzy w idee-decyzje, następnie upoważnić mądrość, aby pracowała niestrudzenie nad swym szlachetnym zadaniem przekształcenia będących w ludzkim posiadaniu idei w coraz bardziej praktyczne, ale jednak niebiańskie ideały, nawet w te koncepcje, które są tak rozsądne jako idee i logiczne jako ideały, że Dostrajacz pozwala sobie je łączyć i uduchowiać, żeby udostępniać je tym skojarzeniom skończonego umysłu, gdzie stanowić będą prawdziwe dopełnienie człowieka, przygotowując go tym samym do działania Ducha Prawdy pochodzącego od Synów, do czasowo-przestrzennych przejawów rajskiej prawdy – prawdy uniwersalnej. Koordynacja idei-decyzji, logicznych ideałów i boskiej prawdy, stanowi o posiadaniu prawego charakteru, co jest warunkiem wstępnym przyjęcia śmiertelnika do wciąż poszerzających się i coraz bardziej duchowych rzeczywistości światów morontialnych.

Nauka Jezusa stanowi pierwszą religię Urantian zawierającą taką pełnię harmonijnej koordynacji wiedzy, mądrości, wiary, prawdy i miłości, tak kompletnie i równocześnie, że daje doczesny spokój, intelektualną pewność, oświecenie moralne, filozoficzną stabilizację, etyczną wrażliwość, świadomość istnienia Boga i całkowitą gwarancję osobowego przetrwania śmierci. Wiara Jezusa ukazała drogę do finalizmu zbawienia ludzkiego, do ostatecznego, wszechświatowego sukcesu śmiertelnika, ponieważ dała:

1. Zbawienie od więzów materialnych, w osobistym uświadomieniu sobie synostwa z Bogiem, który jest duchem.
2. Zbawienie od zniewolenia intelektualnego: człowiek poznaje prawdę a prawda go wyzwala.
3. Zbawienie od ślepoty duchowej, ludzkie uświadomienie sobie braterstwa istot śmiertelnych i morontialną świadomość braterstwa wszystkich istot wszechświata; praktykę-odkrywanie rzeczywistości duchowej i służbę-objawianie dobroci wartości ducha.
4. Zbawienie od niekompletności jaźni przez docieranie do duchowych poziomów wszechświata i przez ostateczne uświadomienie sobie harmonii Havony i doskonałości Raju.
5. Zbawienie od jaźni, oswobodzenie od ograniczeń samoświadomości, przez osiągnięcie kosmicznych poziomów Najwyższego umysłu i przez koordynację z osiągnięciami wszystkich innych, samoświadomych istot.
6. Zbawienie od czasu, zdobycie życia wiecznego i niekończącego się rozwoju w poznawaniu Boga i w służeniu Bogu.
7. Zbawienie od tego, co skończone, doprowadzoną do doskonałości jedność z Bóstwem w Najwyższym i poprzez niego, dzięki czemu istota stworzona próbuje transcendentalnie odkryć Ostatecznego na absonicznych poziomach postfinalisty

Takie siedmiorakie zbawienie jest ekwiwalentem kompletności i doskonałości w realizacji ostatecznego doświadczania Ojca Wszechświatowego. I wszystko to jest potencjalnie zawarte w rzeczywistości wiary ludzkiej, kiedy człowiek przeżywa religię. Może się w tej wierze zawierać, ponieważ wiara Jezusa karmiła się nawet rzeczywistościami poza-ostatecznymi i je objawiała; wiara Jezusa zbliżała się do statusu absolutu wszechświata tak dalece, jak może się on objawić w rozwijającym się kosmosie czasu i przestrzeni.

Dzięki przyswojeniu sobie wiary Jezusa, śmiertelny człowiek może mieć w czasie przedsmak rzeczywistości wieczności. W doświadczeniu ludzkim Jezus odkrył Ojca Finalnego a jego bracia w ciele życia śmiertelnego mogą podążać za nim, w tym samym doświadczeniu odkrywania Ojca. W tym samym stanie śmiertelnym mogą osiągnąć nawet takie zadowolenie w doświadczaniu Ojca, jakiego dostąpił Jezus. W wyniku końcowego obdarzenia Michała zaktualizowały się nowe potencjały we wszechświecie Nebadon a jednym z nich jest nowe naświetlenie drogi wieczności, która wiedzie do Ojca wszystkich i którą kroczyć mogą nawet śmiertelnicy z krwi i kości, podczas swego wstępnego życia na planetach w przestrzeni. Jezus był i jest nową i żywą drogą, którą człowiek może wkroczyć w boskie dziedzictwo, które jak rozporządził Ojciec, będzie jego, gdy tylko poprosi. W Jezusie dostrzega się w całej pełni zarówno początki jak i zakończenia doświadczania wiary w człowieczeństwie, nawet w boskim człowieczeństwie.

7. OSOBISTA FILOZOFIA RELIGII

Idea jest tylko teoretycznym planem działania, jednak stanowcza decyzja zatwierdza plan działania. Stereotyp jest planem działania akceptowanym bez zatwierdzenia. Materiały, z których tworzy się osobistą filozofię religii, pochodzą zarówno z wewnętrznego jak i środowiskowego doświadczenia jednostki. Status społeczny, warunki ekonomiczne, możliwości edukacyjne, rozwój polityczny, tendencje rasowe i nauki religijne, istniejące w czymś czasie i miejscu, są czynnikami kształtującymi osobistą filozofię religii. Nawet wrodzony temperament i skłonności intelektualne w sposób istotny określają kształt filozofii religijnej. Zawód, małżeństwo i krewni – wszystko to ma wpływ na ewolucję czyichś osobistych standardów życiowych.

Filozofia religii powstaje z zasadniczego rozwoju idei, z dodatkiem doświadczenia życiowego, kiedy jedno i drugie jest modyfikowane tendencją do naśladowania swych bliźnich. Rozsądek konkluzji filozoficznych zależy od gorliwego, uczciwego i roztropnego myślenia, powiązanego z wyczuciem znaczeń i dokładnością wartościowania. Moralni tchórze nigdy nie dojdą do wysokich poziomów myślenia filozoficznego; trzeba odwagi, aby opanować nowe poziomy doświadczenia i próbować eksploracji nieznanych domen życia intelektualnego.

Wkrótce powstają nowe systemy wartości; osiąga się nowe sformułowania zasad i standardów; przekształca się zwyczaje i idee; dociera się do jakiejś idei osobowego Boga, po której pojawiają się rozwinięte koncepcje wzajemnych z nim związków.

Wielka różnica pomiędzy religijną a niereligijną filozofią życia polega na naturze i poziomie uznawanych wartości i na przedmiocie lojalności. W ewolucji filozofii religijnej istnieją cztery stadia. Doświadczenie takie może być czysto ugodowe, skazane na poddanie się tradycji i autorytetowi. Może też zaspokajać się drobnymi osiągnięciami, zaledwie wystarczającymi do stabilizacji życia codziennego i tym samym zostaje dość wcześnie zatrzymane na tak zaskakującym poziomie. Śmiertelnik taki wierzy, że dobrze jest zostawić wszystko tak jak jest. Trzecia grupa rozwija się do poziomu logicznego intelektualizmu, ale tutaj osiąga stagnację, na skutek niewolnictwa kulturowego. Naprawdę pożałowania godne jest widzieć gigantyczne intelekty, trzymane tak mocno w okrutnym uścisku więzów kulturowych. Tak samo żałosne jest widzieć tych, którzy wymieniają swe zniewolenie kulturowe na materialistyczne więzy nauki, fałszywie tak nazywanej. Czwarty poziom filozofii uwalnia się od wszelkich konwencjonalnych i tradycyjnych przeszkód i ośmiela się myśleć, działać i żyć uczciwie, lojalnie, nieustraszenie i prawdziwie.

Próba ogniowa każdej filozofii religijnej polega na sprawdzeniu, czy rozróżnia ona między rzeczywistościami świata materialnego i duchowego i czy jednocześnie uznaje ich zjednoczenie w dążeniach intelektualnych i w służbie społecznej. Rozsądna filozofia religijna nie miesza rzeczy Boskich z rzeczami cesarza. Nie uznaje też estetycznego kultu czystych cudów jako substytutu religii.

Filozofia przekształca taką prymitywną religię, która była w znacznej mierze bajką sumienia, w żywe doświadczanie rozwijających się wartości rzeczywistości kosmicznej.

8. WIARA A WIERZENIE

Wierzenie osiąga poziom wiary, kiedy motywuje życie i kształtuje sposób jego przeżywania. Uznanie nauczania za prawdziwe nie jest wiarą; to jest tylko wierzenie. Przeświadczenie czy pewność też nie jest wiarą. Stan umysłu dosięga poziomów wiary tylko wtedy, kiedy faktycznie panuje nad sposobem życia. Wiara jest żywym atrybutem autentycznego, osobistego doświadczenia religijnego. Gdy człowiek wierzy w prawdę, podziwia piękno i szanuje dobroć, ale ich nie czci, to taka postawa zbawczej wiary koncentruje się tylko na Bogu, który jest wszystkim tym, uosobionym, i czymś nieskończenie *większym*.

Wierzenie zawsze ogranicza i wiąże, wiara rozwija i uwalnia. Wierzenie utwierdza, wiara wyzwala. Jednak żywa wiara religijna jest jednak czymś większym niż połączeniem szlachetnych wierzeń, czymś większym niż podniosłym systemem filozoficznym; jest ona żywym doświadczeniem odnoszącym się do znaczeń duchowych, boskich ideałów i najwyższych wartości; jest to poznanie Boga i służenie człowiekowi. Wierzenia mogą być własnością grupy, ale wiara musi być osobista. Teologiczne wierzenia można proponować grupie, ale wiara może wyrastać tylko w sercu indywidualnego człowieka religijnego.

Wiara fałszuje swe przekonania, kiedy pozwala sobie zaprzeczać rzeczywistościom i dawać swym wyznawcom domniemaną wiedzę. Wiara jest zdrajcą, kiedy pomaga w zdradzie intelektualnej integralności i umniejsza lojalność dla najwyższych wartości i boskich ideałów. Wiara nigdy nie unika obowiązku rozwiązywania problemów w normalnym życiu. Żywa wiara nie wywołuje fanatyzmu, prześladowań czy też nietolerancji.

Wiara nie ogranicza twórczej wyobraźni ani też nie żywi nierozsądnych uprzedzeń wobec odkryć, powstałych w wyniku badań naukowych. Wiara ożywia religię i zmusza człowieka religijnego, aby żył heroicznie złotą zasadą. Gorliwość wiary zależy od wiedzy a jej dążenia stanowią preludium do zdobycia podniosłego spokoju.

9. RELIGIA A MORALNOŚĆ

Żadnego z wyznawanych objawień religijnych nie można uważać za autentyczne, jeśli nie zważa ono na wymogi obowiązków, wynikających z powinności etycznych wytworzonych i rozwijanych przez poprzedzającą je religię ewolucyjną. Objawienie niezawodnie poszerza horyzont etyczny religii ewolucyjnej i tak samo niezawodnie zwiększa zobowiązania moralne wszystkich poprzednich objawień.

Kiedy pozwalacie sobie osądzać krytycznie prymitywną religię człowieka (albo religię człowieka prymitywnego), powinniście pamiętać, aby sądzić tych dzikich i oceniać ich doświadczenie religijne zgodnie z ich oświeceniem i stanem ich sumienia. Byłoby błędem osądzanie religii innych ludzi waszymi własnymi standardami wiedzy i prawdy.

Prawdziwa religia jest tym wzniosłym i głębokim przekonaniem duszy, które nieodparcie napomina człowieka, że byłoby dlań niestosowne nie wierzyć w te morontialne rzeczywistości, które stanowią jego najwyższe koncepcje etyczne i moralne, jego najwyższy sposób rozumienia najważniejszych wartości życia i najgłębszych rzeczywistości wszechświata. I taka religia jest po prostu doświadczeniem, owocującym intelektualną lojalnością wobec najwyższych nakazów świadomości duchowej.

Poszukiwanie piękna jest tylko częścią religii, tak dalece, jak jest ono etyczne i do tego stopnia, w jakim wzbogaca koncepcję moralności. Sztuka jest tylko wtedy religijna, kiedy przenika ją cel wywodzący się z głębokiej motywacji duchowej.

Oświecona świadomość duchowa człowieka cywilizowanego nie interesuje się specjalnie jakimś specyficznym wierzeniem intelektualnym czy jakimś szczególnym sposobem życia, tak jak interesuje się odkrywaniem prawdy życia, dobrą i właściwą metodą reagowania na wciąż powtarzające się sytuacje bytu śmiertelnika. Świadomość moralna jest tylko nazwą, określającą ludzkie uznawanie i uświadamianie sobie tych wartości etycznych i wyłaniających się morontialnych, do których, jak obowiązek wymaga, człowiek powinien dostosować się przez codzienną kontrolę i kierowanie swym postępowaniem.

Chociaż należy zdawać sobie sprawę z niedoskonałości religii, istnieją przynajmniej dwa praktyczne przejawy jej natury i działania:

1. Impuls duchowy i filozoficzny nacisk religii skłaniają człowieka do tego, aby rzutował swoją ocenę wartości moralnych bezpośrednio na sprawy swych współbraci – to jest etyczne oddziaływanie religii.

2. Religia tworzy dla umysłu ludzkiego uduchowioną świadomość boskiej rzeczywistości, opartą na wierze i wyprowadzoną przez wiarę z poprzedzających ją koncepcji wartości moralnych i skoordynowaną z narzuconymi koncepcjami wartości duchowych. Religia tym samym staje się cenzorem spraw życiowych śmiertelnika, formą gloryfikowanego powiernictwa moralnego i zaufania rzeczywistości, zaufania wzbogaconym rzeczywistościom czasu i bardziej trwałym rzeczywistościom wieczności.

Wiara staje się łącznikiem pomiędzy moralną świadomością a duchową koncepcją trwałej rzeczywistości. Religia staje się drogą ucieczki człowieka od materialnych ograniczeń doczesnego i naturalnego świata, ku nadziemskim rzeczywistościom wiecznego i duchowego świata, dzięki metodzie zbawienia i poprzez nią – poprzez stopniowe przeobrażenie morontialne.

10. RELIGIA JAKO WYZWOLICIEL CZŁOWIEKA

Inteligentny człowiek wie, że jest dzieckiem natury, częścią materialnego wszechświata, dlatego też nie dostrzega wiecznego życia indywidualnej osobowości w ruchach i napięciach matematycznego poziomu energii wszechświata. Tak samo poprzez badanie fizycznych przyczyn i skutków człowiek nigdy nie odkryje duchowej rzeczywistości.

Istota ludzka jest również świadoma tego, że jest częścią kosmosu idei i chociaż idea może trwać dłużej niż śmiertelne życie, nie ma nic takiego w idei, co wskazywałoby na osobiste przetrwanie śmierci przez tworzącą ideę osobowość. Tak samo dojście do kresu możliwości logiki i rozumowania nigdy nie objawi logikowi, czy rozumującemu, wiecznej prawdy o wiecznym życiu osobowości.

Materialny poziom praw zapewnia kontynuację przyczynowości, niekończącą się reakcję skutku na poprzedzającą go akcję; poziom umysłowy sugeruje zachowanie kontynuacji ideowej, nieustanny strumień możliwości koncepcyjnych płynący z istniejących wcześniej koncepcji. Jednak żaden z tych poziomów wszechświata nie ukazuje dociekliwemu śmiertelnikowi drogi ucieczki od statusu częściowości i nieznośnej niepewności bycia rzeczywistością przejściową we wszechświecie, osobowością doczesną, skazaną na wygaśnięcie z powodu wyczerpania się ograniczonych energii życiowych.

Tylko drogą morontialną, prowadzącą do wnikliwości duchowej, człowiek może kiedykolwiek zerwać pęta właściwe dla jego śmiertelnego statusu we wszechświecie. Energia i umysł prowadzą z powrotem do Raju i do Bóstwa, jednak ani wyposażenie energetyczne ani wyposażenie umysłowe człowieka nie przychodzi doń wprost od tego, Rajskiego Bóstwa. Tylko w sensie duchowym człowiek jest dzieckiem Bożym. I jest to prawdą, dlatego, że tylko w sensie duchowym człowiek jest teraz obdarzony i zamieszkały przez Rajskiego Ojca. Ludzkość nigdy nie odkryje boskości inaczej, jak drogą doświadczenia religijnego i dzięki przejawianiu prawdziwej wiary. Uznanie prawdy o Bogu, dzięki wierze, daje człowiekowi ucieczkę z ciasnych więzów materialnych ograniczeń i niesie mu racjonalną nadzieję na bezpieczne przejście z domeny materialnej, w której jest śmierć, do domeny duchowej, w której jest życie wieczne.

Celem religii nie jest zaspokojenie ciekawości odnośnie Boga, ale raczej danie intelektualnej stałości i filozoficznego bezpieczeństwa, ustabilizowanie i wzbogacenie życia ludzkiego poprzez zmieszanie tego, co śmiertelne z tym, co Boskie, tego, co częściowe z tym, co doskonałe, człowieka i Boga. To właśnie dzięki religijnemu doświadczeniu, ludzkim koncepcjom idealności nadana jest rzeczywistość.

Nigdy nie będzie ani naukowych, ani logicznych dowodów istnienia boskości. Samo rozumowanie nigdy nie potwierdzi wartości jak i dobroci doświadczenia religijnego. Jednak zawsze pozostanie prawdą, że ktokolwiek pragnie czynić wolę Bożą, powinien rozumieć doniosłość wartości duchowych. Jest to największe przybliżenie, jakie można zrobić na poziomie śmiertelnika, gdy idzie o przedstawienie dowodów rzeczywistości doświadczenia religijnego. Taka wiara daje jedyną możliwą ucieczkę od mechanicznego uścisku świata materialnego i od błędnych wypaczeń, wynikających z niekompletności świata intelektualnego; jest to jedyne dostrzegalne rozwiązanie impasu w myśleniu śmiertelnika, gdy idzie o nieustające trwanie indywidualnej osobowości. To jest jedyny paszport do pełni rzeczywistości i do wieczności życia, we wszechświatowej kreacji miłości, prawa, jedności i stopniowego osiągania Bóstwa.

Religia leczy skutecznie ludzkie poczucie izolacji ideowej czy samotności duchowej daje wierzącemu koncesję syna Bożego, obywatela nowego i pełnego treści wszechświata. Religia zapewnia człowieka, że gdy idzie smugą światła prawości, dostrzegalną w duszy, utożsamia się on z planem Nieskończonego i celem Wiecznego. Wyzwolona w ten sposób dusza natychmiast zaczyna czuć się jak w domu w tym nowym wszechświecie, w jej wszechświecie.

Kiedy doznajecie takiego przekształcenia waszej wiary, nie jesteście już zniewoloną częścią matematycznego kosmosu, ale raczej wyzwolonymi, obdarzonymi wolą, synami Ojca Wszechświatowego. Tacy wyzwoleni synowie nie walczą już samotnie z nieubłaganym przeznaczeniem, kończącym doczesną egzystencję, nie zwalczają całej przyrody, bez żadnej nadziei na zwycięstwo, nie są już przytłoczeni paraliżującym strachem, że być może zaufali beznadziejnemu urojeniu, albo uczepili się wiary w dziwaczny błąd.

Teraz są to raczej synowie Boży powołani do prowadzenia wspólnej walki o tryumf rzeczywistości nad częściowymi cieniami egzystencji. W końcu wszyscy stworzeni zaczynają uświadamiać sobie, że Bóg i wszystkie Boskie zastępy prawie nieograniczonego wszechświata są po ich stronie, w nieziemskiej walce o zdobywanie wieczności życia i stanu boskości. Jest oczywiste, że tak wyzwoleni wiarą synowie zaciągnęli się teraz do zmagań czasu, po stronie najwyższych sił i niebiańskich osobowości wieczności; nawet gwiazdy na swoich szlakach walczą teraz dla nich; przynajmniej patrzą oni na wszechświat od wewnątrz, z punktu widzenia Boga i wszystko zostaje przekształcone, od niepewności materialnej izolacji do pewności wiecznego postępu duchowego. Nawet sam czas staje się tylko cieniem wieczności, rzucanym przez rajskie rzeczywistości na ruchliwą panoplię przestrzeni.

[Przedstawione przez Melchizedeka z Nebadonu].

PRZEKAZ 102

PODSTAWY WIARY RELIGIJNEJ

DLA niewierzącego materialisty człowiek jest po prostu ewolucyjnym przypadkiem. Jego nadzieje na przetrwanie śmierci zawieszone są wytworze ludzkiej wyobraźni; jego lęki, miłości, tęsknoty i wierzenia są tylko oddziaływaniami, wynikającymi z przypadkowego zestawienia pewnych nieożywionych atomów materii. Żaden przejaw energii, żadna ekspresja zaufania nie może go przenieść poza grób. Pełna poświęcenia praca i natchniony geniusz najlepszych ludzi skazane są na wygaszenie przez śmierć, długą i samotną noc wiecznej niepamięci i unicestwienia duszy. Niewyrażalna rozpacz jest jedyną nagrodą za życie i mozół pod doczesnym słońcem śmiertelnej egzystencji. Każdy dzień życia powoli i pewnie zaciska uchwyt bezlitosnego przeznaczenia, które wrogi i bezwzględny wszechświat materii narzucił jak obelgę, wieńczącą wszystko to, co w ludzkich pragnieniach piękne, szlachetne, wzniosłe i dobre.

Jednak nie taki jest koniec i wieczne przeznaczenie człowieka; podobna wizja jest tylko krzykiem desperacji niektórych, błądzących dusz, które zgubiły się w duchowej ciemności i które dzielnie się trudzą w obliczu mechanistycznych sofistyk materialnej filozofii, oślepione dezorientacją i wypaczeniami kompleksowego nauczania. Całe to zatracenie się w ciemności i całe to przeznaczenie rozpaczy rozprasza na zawsze jeden odważny wysiłek wiary najpokorniejszego i najmniej uczonego na Ziemi dziecka Bożego.

Ta zbawcza wiara rodzi się w ludzkim sercu, kiedy w swej świadomości moralnej człowiek zaczyna rozumieć, że wartości ludzkie mogą być przekształcone w doświadczenie śmiertelnika, prowadzące od tego, co materialne do tego, co duchowe, od tego, co ludzkie do tego, co Boskie, od czasu do wieczności.

1. PEWNOŚĆ JAKĄ DAJE WIARA

Funkcjonowanie Dostrajacza Myśli wyjaśnia, dlaczego prymitywne i ewolucyjne poczucie obowiązku u człowieka przekształca się w wyższą i lepiej określoną wiarę w wieczne rzeczywistości objawienia. W sercu ludzkim musi istnieć głód doskonałości, który pomaga zrozumieć człowiekowi drogę wiary, prowadzącą do najwyższego sukcesu. Jeśli ktoś zechce wykonywać Boską wolę, powinien znać drogę prawdy. Jest literalnie prawdziwe, że „sprawy ludzkie muszą być znane, aby mogły być kochane, ale sprawy Boskie muszą być kochane, aby być poznane". Jednak uczciwe wątpliwości i szczere pytania nie są grzechem; taka postawa oznacza tylko opóźnienie w progresywnej podróży do doskonałości. Dziecinne zaufanie gwarantuje człowiekowi wejście do niebiańskiego królestwa wznoszenia się, ale postęp zależy w zupełności od żywego wyrażania silnej i pewnej wiary dorosłego człowieka.

Rozumowanie naukowe opiera się na obserwowalnych faktach czasu; wiara religii przekonuje z duchowego planu wieczności. To, czego nie mogą dla nas zrobić wiedza i rozumowanie, prawdziwa mądrość napomina nas, żeby pozwolić zrealizować wierze, poprzez religijną wnikliwość i duchową transformację.

Odosobnienie, jakie powstało w rezultacie buntu, sprawiło, że objawienie prawdy na Urantii zbyt często było mieszane z twierdzeniami częściowych i przejściowych kosmologii. Prawda pozostaje niezmienna z pokolenia na pokolenie, ale związane z nią nauki o świecie fizycznym zmieniają się z dnia na dzień i z roku na rok. Nie można lekceważyć wiecznej prawdy, dlatego tylko, że przypadkiem znalazła się obok przestarzałych idei o świecie materialnym. Im więcej nauki poznajecie, tym mniej możecie być pewni; im więcej *macie* religii, tym bardziej jesteście pewni.

Pewności nauki wywodzą się wyłącznie z intelektu; przeświadczenia religii wynikają z samych podstaw *całej osobowości*. Nauka przemawia do rozumowania umysłowego; religia przemawia do lojalności i poświęcenia ciała, umysłu i ducha, nawet całej osobowości.

Bóg jest tak rzeczywisty i tak absolutny, że nie może go dowieść żaden znak materialny, ani nie można przedstawić żadnego tak zwanego cudu, jako świadectwa jego rzeczywistości. Zawsze będziemy go doznawać, ponieważ ufamy jemu, a nasza wiara w niego opiera się w pełni na naszym osobistym uczestnictwie w Boskich przejawach jego nieskończonej rzeczywistości.

Zamieszkujący człowieka Dostrajacz Myśli nieustannie aktywizuje w duszy ludzkiej prawdziwy i badawczy głód doskonałości, wraz z tą dalekosiężną ciekawością, która może być odpowiednio zaspokojona tylko przez komunię z Bogiem, niebiańskim źródłem tego Dostrajacza. Głodna dusza ludzka nie chce się zaspokoić niczym niższym niż osobistym doznawaniem żywego Boga. Bóg może być czymś wyższym niż wysoką i doskonałą osobowością moralną, ale nie może być niczym niższym w naszej złaknionej i skończonej koncepcji.

2. RELIGIA A RZECZYWISTOŚĆ

Spostrzegawcze umysły i roztropne dusze rozpoznają religię, gdy ją znajdują w życiu swych współbraci. Religia nie potrzebuje definicji; wszyscy znamy jej owoce społeczne, intelektualne, moralne i duchowe. I wszystko to wynika z faktu, że religia jest własnością gatunku ludzkiego; nie jest dzieckiem kultury. Co prawda percepcja religii wciąż jest ludzka i tym samym podlega więzom ignorancji, zniewoleniu przesądami, oszustwom sofistyki i złudom fałszywej filozofii.

Jedną z cech charakterystycznych prawdziwej rękojmi religijnej jest to, że pomimo absolutności jej twierdzeń i nieugiętości jej postawy, duch jej wyrazu jest tak zrównoważony i tak łagodny, że nigdy nie sprawia ona w najmniejszym stopniu wrażenia apodyktyczności czy egoistycznej egzaltacji. Mądrość doświadczenia religijnego jest czymś w rodzaju paradoksu, dlatego, że jest ona zarówno ludzkiego pochodzenia jak i wywodzi się od Dostrajacza. Siła religii nie jest wytworem osobistych prerogatyw jednostki, ale raczej wynikiem działania wysublimowanego partnerstwa człowieka i wiecznego źródła całej mądrości. Dzięki temu słowa i działania prawdziwej, nieskalanej religii, stają się nieodparcie autorytatywne dla wszystkich oświeconych śmiertelników.

Trudno jest określić i analizować czynniki doświadczenia religijnego, ale nietrudno jest zauważyć, że ci, co w praktyce stosują religię, żyją i idą naprzód tak, jak gdyby już byli w obecności Wiecznego. Wierzący tak reagują na to życie doczesne, jak gdyby nieśmiertelność była na wyciągnięcie ręki. W życiu takich śmiertelników istnieje sensowna oryginalność i spontaniczność wyrazu, która na zawsze oddziela ich od tych współbraci, którzy wchłaniają tylko mądrość świata. Ludzie religijni wydają się żyć praktycznie wolni od nękającego pośpiechu i bolesnego stresu zmiennych kolei losu, tak charakterystycznych dla doczesnego biegu czasu; są okazami stabilnej osobowości i przepełnionego spokojem charakteru, niewyjaśnionego prawami fizjologii, psychologii i socjologii.

W nabywaniu wiedzy czas jest czynnikiem niezmiennym; religia udostępnia swoje dary natychmiast, chociaż istnieje tutaj ważny czynnik wzrostu w łasce, wyraźny postęp we wszystkich stadiach religijnego doświadczenia. Wiedza jest wiecznym poszukiwaniem; zawsze się uczycie, ale nigdy nie możecie osiągnąć pełni wiedzy absolutnej prawdy. W samej tylko wiedzy nigdy nie może być całkowitej pewności, tylko narastające prawdopodobieństwo aproksymacji, ale duchowo oświecona dusza religijna *wie*, i to wie *teraz*. A jednak ta głęboka i stanowcza pewność, u rozsądnie zorientowanego człowieka religijnego, nie zmniejsza jego zainteresowania wzlotami i upadkami ludzkiej mądrości, której materialna strona jest sztywno związana z osiągnięciami powoli rozwijającej się nauki.

Nawet odkrycia nauki nie są naprawdę *rzeczywiste* w świadomym doświadczeniu ludzkim, zanim nie zostaną wyjaśnione i skorelowane, zanim związane z nimi fakty nie staną się *znaczeniami*, po objęciu ich strumieniami myślowymi umysłu. Nawet na swoje otoczenie materialne człowiek śmiertelny patrzy z poziomu umysłowego, z perspektywy rejestracji psychologicznej. Nic w tym dziwnego, ponieważ człowiek powinien podchodzić do wszechświata stosując wysoce ujednolicony sposób rozumowania, a potem próbować utożsamiać jedność energii z jego nauki z jednością duchową swojego doświadczenia religijnego. Umysł jest jednością; świadomość śmiertelnika żyje na poziomie umysłu i dostrzega rzeczywistości uniwersalne tymi oczami, które posiada umysł. Perspektywa umysłowa nie może doprowadzić do egzystencjalnej jedności źródła rzeczywistości, Pierwszego Źródła i Centrum, ale może i z czasem będzie obrazować człowiekowi empiryczne syntezy energii, umysłu i ducha w Istocie Najwyższej i jako ta właśnie Istota. Jednak umysłowi nigdy nie uda się zjednoczyć zróżnicowania rzeczywistości, zanim taki umysł nie nabierze odpowiedniej pewności odnośnie rzeczy materialnych, znaczeń intelektualnych i wartości duchowych; jedność istnieje tylko w trójjednej harmonii rzeczywistości funkcjonalnej, a tylko w jedności osobowość zadowala się świadomością kosmicznej stałości i logiczności.

W ludzkim doświadczeniu jedność najlepiej odkrywa się dzięki filozofii. A chociaż ogół myśli filozoficznej zawsze musi mieć swoją podstawę w faktach materialnych, duszą i energią prawdziwie filozoficznej dynamiki jest duchowa wnikliwość śmiertelnika.

Człowiek ewolucyjny zazwyczaj nie lubi ciężkiej pracy. Dotrzymanie tempa, w jego doświadczeniu życiowym, inspirującym wymaganiom i nieodpartym pobudkom rozwijającego się doświadczenia religijnego oznacza nieustanną aktywność rozwoju duchowego, poszerzanie inteligencji, gromadzenie faktów i służbę społeczną. Nie ma prawdziwej religii w oderwaniu od bardzo aktywnej osobowości. Dlatego też bardziej leniwi ludzie częstokroć szukają ucieczki od trudności prawdziwie religijnej działalności w czymś w rodzaju pomysłowej ułudy, uciekając się do fałszywego schronienia w stereotypowych doktrynach religijnych i dogmatach. Jednak prawdziwa religia jest żywa. Intelektualna krystalizacja koncepcji religijnych jest ekwiwalentem śmierci duchowej. Nie możecie wyobrazić sobie religii bez idei, ale kiedy religia raz zostanie zredukowana tylko do *idei*, nie jest już religią; staje się zaledwie czymś w rodzaju ludzkiej filozofii.

Istnieją również inne rodzaje niestabilnych i źle zdyscyplinowanych dusz, które używają uczuciowych idei religii jako drogi ucieczki od denerwujących je wymagań życia. Kiedy niektórzy chwiejni i nieśmiali śmiertelnicy próbują uciekać od nieustannego ciśnienia życia ewolucyjnego, religia, tak jak ją pojmują, wydaje się stanowić najbliższy im azyl, najlepszą drogę ucieczki. Jednak misją religii jest przygotowanie człowieka do dzielnego, nawet heroicznego, stawania twarzą w twarz ze zmiennymi kolejami życia. Religia jest najwyższym darem człowieka ewolucyjnego, jest jedyną rzeczą, która sprawia, że idzie on naprzód i „trwa jakby widział Tego, który jest niewidzialny". Jednak mistycyzm jest często czymś w rodzaju odwrotu od życia i praktykowany jest przez tych ludzi, którym nie odpowiada bardziej ożywiona działalność, życie życiem religijnym na szerokiej arenie ludzkiej społeczności i we współpracy z ludźmi. Prawdziwa religia musi *działać*. Działalność będzie wynikiem religii, kiedy człowiek naprawdę ją posiada albo kiedy religii pozwala się naprawdę zawładnąć człowiekiem. Religia nigdy nie będzie się zadowalać tylko myśleniem czy czuciem bez działania.

Nie przeoczyliśmy tego, że religia działa czasem niemądrze, nawet niereligijnie, ale jednak *działa*. Zboczenia przekonań religijnych doprowadzały do krwawych prześladowań, ale religia zawsze i nieustannie coś robi, jest dynamiczna!

3. WIEDZA, MĄDROŚĆ I WNIKLIWOŚĆ

Intelektualne braki czy edukacyjne ubóstwo nieodmiennie przeszkadzają w wyższych osiągnięciach religijnych, gdyż takie zubożałe środowisko natury duchowej odbiera religii jej główny kanał filozoficznego kontaktu ze światem wiedzy naukowej. Intelektualne składniki religii są ważne, ale ich nadmierny rozwój również bardzo przeszkadza i jest kłopotliwy. Religia wciąż musi działać w obliczu paradoksalnych potrzeb: potrzeby robienia wartościowego użytku z myślenia, gdy jednocześnie musi umniejszać duchową przydatność wszelkiego myślenia.

Religijne dociekania są nieuchronne, ale zawsze szkodliwe; dociekania nieodmiennie fałszują ich podmiot. Dociekania mają tendencję przekształcenia religii w coś materialnego czy humanistycznego, a tym samym, podczas gdy bezpośrednio wpływają na jasność logicznego myślenia, pośrednio sprawiają, że religia okazuje się czynnikiem świata doczesnego, tego właśnie świata, któremu zawsze powinna się przeciwstawiać. Zatem religia zawsze będzie się charakteryzować paradoksami, wynikającymi z braku empirycznej łączności pomiędzy poziomem materialnym a duchowym wszechświata - motą morontialną, superfilozoficzną wrażliwością na postrzeganie prawdy i percepcję jedności.

Materialne uczucia, ludzkie emocje, prowadzą wprost do działań materialnych, aktów samolubnych. Wnikliwości religijne, motywacje duchowe, prowadzą wprost do działań religijnych, bezinteresownych czynów w służbie społecznej i do altruistycznej życzliwości.

Skłonności religijne są poszukiwaniem, wynikającym z głodu boskiej rzeczywistości. Doświadczenie religijne jest uświadomieniem sobie faktu znalezienia Boga. I kiedy istota ludzka znajduje Boga, dusza takiego człowieka doznaje swoistego, niewyrażalnego niepokoju, wynikającego z tryumfu tego odkrycia, które ją pobudza do szukania miłości pełnej służby-kontaktu z mniej oświeconymi współbraćmi, nie po to, żeby pokazać, że znalazła Boga, ale raczej po to, aby pozwolić wylać się krynicy wiecznej dobroci z własnej duszy, dla odświeżenia i nobilitacji swych współbraci. Prawdziwa religia prowadzi do coraz intensywniejszej służby społecznej.

Nauka, wiedza, prowadzi do uświadomienia sobie *faktów*; religia, doświadczanie, prowadzi do uświadomienia sobie *wartości;* filozofia, mądrość, prowadzi do *skoordynowanego* uświadomienia; objawienie (substytut moty morontialnej) prowadzi do uświadomienia sobie *prawdziwej rzeczywistości;* podczas gdy koordynacja uświadomienia sobie faktu, wartości i prawdziwej rzeczywistości przynosi świadomość rzeczywistości osobowości, maksimum jestestwa, razem z wiarą w możliwość wiecznego życia tej właśnie osobowości.

Wiedza prowadzi do rozwarstwienia ludzi, zapoczątkowuje warstwy i kasty. Religia prowadzi do służenia człowiekowi, tym samym tworzy etykę i altruizm. Mądrość prowadzi do wyższej i lepszej wspólnoty, zarówno idei jak i bliźnich. Objawienie wyzwala ludzi i wysyła ich na wieczną przygodę.

Nauka klasyfikuje ludzi; religia kocha ludzi, również ciebie; mądrość daje sprawiedliwość i różnicuje ludzi, ale objawienie gloryfikuje człowieka i odkrywa jego zdolność do partnerstwa z Bogiem.

Nauka na próżno próbuje stworzyć braterstwo kultury; religia powołuje do bytu braterstwo duchowe. Filozofia dąży do braterstwa mądrości, objawienie przedstawia wieczne braterstwo, Rajski Korpus Finalizmu.

Wiedza jest dumna z faktu osobowości; mądrość jest świadomością znaczenia osobowości; religia jest poznawaniem wartości osobowości; objawienie jest gwarancją wiecznego trwania osobowości.

Nauka usiłuje identyfikować, analizować i klasyfikować poszczególne części nieograniczonego kosmosu. Religia pojmuje ideę całości, całego kosmosu. Filozofia próbuje identyfikować materialne segmenty nauki z duchową wnikliwością koncepcji całości. Tam, gdzie się to nie udaje filozofii, udaje się objawieniu, które potwierdza, że krąg kosmiczny jest wszechświatowy, wieczny, absolutny i nieskończony. Zatem kosmos Nieskończonego JESTEM jest bez końca, bez ograniczeń i wszechogarniający – bezczasowy, bezprzestrzenny i nie uwarunkowany. A my poświadczamy, że Nieskończony JESTEM jest także Ojcem Michała z Nebadonu i Bogiem ludzkiego zbawienia.

Nauka określa Bóstwo jako *fakt;* filozofia przedstawia *ideę* Absolutu; religia wyobraża Boga jako miłości pełną *osobowość duchową.* Objawienie potwierdza *jedność* faktu Bóstwa, idei Absolutu i duchowej osobowości Boga, a dodatkowo jeszcze przedstawia tę koncepcję jako naszego Ojca – uniwersalny fakt istnienia, wieczną ideę umysłu i nieskończonego ducha życia.

Pogoń za wiedzą stanowi naukę, poszukiwanie mądrości jest filozofią, miłość do Boga jest religią, głód prawdy *jest* objawieniem. Jednak zamieszkujący człowieka Dostrajacz Myśli dodaje poczucia rzeczywistości do człowieczego, duchowego wglądu w kosmos.

W nauce idea poprzedza ekspresję jej realizacji, w religii doświadczenie realizacji poprzedza ekspresję idei. Istnieje wielka różnica pomiędzy ewolucyjną wolą wierzenia a *wolą, która wierzy* – wytworem oświeconego rozumowania, religijnej wnikliwości i objawienia.

W ewolucji religia często prowadzi człowieka do tworzenia własnych koncepcji Boga; objawienie ukazuje fenomen Boga, który kształtuje człowieka, podczas gdy w ziemskim życiu Chrystusa Michała dostrzegamy fenomen Boga, objawiającego siebie człowiekowi. Ewolucja ma tendencję czynienia Boga podobnego do człowieka, objawienie zmierza w kierunku uczynienia człowieka podobnego Bogu.

Nauka zaspokaja się tylko pierwszymi przyczynami, religia najwyższą osobowością a filozofia jednością. Objawienie potwierdza, że te trzy są jednością, i że wszystkie są ważne. *Wieczna rzeczywistość* jest dobrem wszechświata a nie czasowymi iluzjami przestrzennego zła. W duchowym doświadczeniu wszystkich osobowości prawdą jest zawsze to, że rzeczywistość jest dobrem a dobro jest rzeczywistością.

4. FAKT DOŚWIADCZENIA

Dlatego, że w waszych umysłach istnieje Dostrajacz Myśli, nie jest dla was bardziej tajemnicze poznawanie umysłu Boga, niż oczywista świadomość poznawania przez was jakiegokolwiek innego umysłu, ludzkiego czy nadludzkiego. Religia i świadomość społeczna mają tę wspólną cechę, że są oparte na świadomości istnienia innej umysłowości. Metoda, dzięki której możecie przyjąć czyjąś ideę za swoją, jest tą samą metodą, za pomocą której możecie „pozwolić, aby umysł, który był w Chrystusie, był także w was".

Czym jest doświadczenie ludzkie? Jest po prostu dowolnym oddziaływaniem wzajemnym pomiędzy aktywną i pytającą jaźnią a jakąkolwiek inną, aktywną i zewnętrzną rzeczywistością. Całość doświadczenia określa głębię koncepcji, z dodatkiem całościowego uznawania rzeczywistości zewnętrznej. Dynamika doświadczenia równa się sile oczekującej wyobraźni plus ostrość odkrywania zmysłami zewnętrznych jakości rzeczywistości, z którą się kontaktujemy. Fakt doświadczenia opiera się na samoświadomości plus inne istnienia – inna rzeczowość, inna umysłowość inna duchowość.

Człowiek uświadamia sobie bardzo wcześnie, że nie jest sam na świecie albo we wszechświecie. Powstaje tutaj, w środowisku osobowości, naturalna, spontaniczna świadomość innej umysłowości. Wiara przekształca to naturalne doświadczenie w religię, w uznanie Boga za rzeczywistość – źródło, naturę i przeznaczenie – *innej umysłowości.* Taka wiedza o Bogu jest jednak nadal i wciąż rzeczywistością doświadczenia osobistego. Gdyby Bóg nie był osobowością, nie mógłby zostać żywą częścią rzeczywistego doświadczenia religijnego osobowości ludzkiej.

Czynnik błędu, istniejący w ludzkim doświadczeniu religijnym, jest wprost proporcjonalny do zawartości w nim materializmu, zanieczyszczającego duchową koncepcję Ojca Wszechświatowego. Ludzki, przedduchowy postęp we wszechświecie, polega na *wyzbyciu się tych błędnych idei o naturze Boga i rzeczywistości czystego, prawdziwego* ducha. Bóstwo jest czymś więcej niż duchem, ale duchowe podejście do niego jest dla wznoszącego się człowieka jedynym możliwym podejściem.

Modlitwa jest wprawdzie częścią doświadczenia religijnego, ale współczesne religie przywiązują do niej zbyt wielką wagę, w dużej mierze zaniedbując bardziej istotną komunię czczenia. Czczenie pogłębia i poszerza refleksyjne moce umysłu. Modlitwa może wzbogacić życie, ale czczenie naświetla przeznaczenie ludzkie.

Religia objawiona jest czynnikiem jednoczącym byt ludzki. Objawienie jednoczy historię, koordynuje geologię, astronomię, fizykę, chemię, biologię, socjologię i psychologię. Duchowe doświadczenie jest prawdziwą duszą ludzkiego kosmosu.

5. NAJWYŻSZOŚĆ CELOWEGO POTENCJAŁU

Chociaż ustanowienie faktu wierzenia nie jest równoznaczne z ustanowieniem faktu tego, w co się wierzy, tym niemniej postęp ewolucyjny prostego życia do statusu osobowości ukazuje fakt istnienia potencjału osobowości, z którym można zaczynać. I we wszechświatach czasu, potencjał jest zawsze wyższy niż to, co aktualne. W rozwijającym się kosmosie potencjał jest tym, co powinno być a to, co powinno być, jest ujawniającymi się, celowymi zarządzeniami Bóstwa.

Ta sama najwyższość potencjału uwidacznia się w ewolucji ideowej umysłu, kiedy to prymitywny, zwierzęcy strach, przekształca się w coraz głębszy szacunek dla Boga i w narastający respekt wobec wszechświata. Człowiek prymitywny miał więcej religijnego strachu niż wiary, a wyższość potencjałów duchowych nad aktualnością umysłu ukazuje się wtedy, kiedy ów niski strach przekształcany został w żywą wiarę w rzeczywistości duchowe.

Możecie psychologizować religię ewolucyjną, ale nie religię osobistego doświadczania, pochodzącą od ducha. Moralność ludzka może uznawać wartości, ale tylko religia może zachowywać, wywyższać i uduchowiać te wartości. Jednak pomimo takiego funkcjonowania, religia jest czymś więcej niż naładowaną uczuciami moralnością. Religia tak się ma do moralności, jak miłość do obowiązku, jak synostwo do poddaństwa, jak esencja do substancji. Moralność odsłania wszechmocnego Kontrolera, Bóstwo, któremu trzeba służyć; religia odsłania wszechmiłującego Ojca, Boga, którego trzeba czcić i kochać. I znowu dzieje się tak dlatego, ponieważ duchowy potencjał religii dominuje nad aktualnością obowiązku moralności ewolucyjnej.

6. PEWNOŚĆ WIARY RELIGIJNEJ

Filozoficzna eliminacja strachu religijnego i stopniowy postęp nauki znacznie zwiększają śmiertelność fałszywych bogów; i chociaż te straty w szeregach stworzonych przez człowieka bogów mogą chwilowo przesłonić wizję duchową, niszczą one w końcu tę ignorancję i te przesądy, które tak długo przesłaniały żywego Boga wiecznej miłości. Związek pomiędzy stworzonym a Stwórcą jest żywym doświadczeniem, dynamiczną wiarą religijną, której nie można precyzyjnie zdefiniować. Wyodrębnienie części życia i nazwanie tego religią jest rozdrobnieniem życia i wypaczeniem religii. To właśnie dlatego czczony Bóg chce wierności całej albo żadnej.

Bogowie ludzi prymitywnych nie mogli być niczym więcej niż ich własnymi cieniami; żywy Bóg jest niebiańskim światłem, którego blask rzuca stwórcze cienie na całą przestrzeń.

Człowiek religijny, dochodzący do poziomu filozoficznego, wierzy w osobowego Boga osobistego zbawienia, w coś więcej niż rzeczywistość, wartość, poziom dokonania, egzaltowany proces, przekształcenie, ostateczność czasu-przestrzeni, idealizację, uosobienie energii, byt grawitacji, rzutowanie człowieka, idealizację jaźni, wyniesienie natury, inklinację do dobra, impuls ewolucji pchający naprzód, czy wysublimowaną hipotezę. Człowiek religijny wierzy w Boga miłości. Miłość jest esencją religii i źródłem zaawansowanej cywilizacji.

Wiara przekształca filozoficznego Boga prawdopodobieństwa w zbawczego Boga pewności, w osobistym doświadczeniu religijnym. Sceptycyzm może rzucić wyzwanie teoriom teologicznym, ale pewność zaufania, wynikająca z osobistego doświadczenia, potwierdza prawdę tego wierzenia, które rozwija się w wiarę.

Przekonania na temat Boga można mieć dzięki mądremu rozumowaniu, jednak jednostka staje się świadomą Boga tylko przez wiarę, przez osobiste doświadczenie. W większości tego, co się odnosi do życia, należy brać pod uwagę prawdopodobieństwo, ale podczas kontaktu z rzeczywistością kosmiczną można mieć pewność, kiedy do takich znaczeń i wartości dochodzi się żywą wiarą. Rozpoznająca Boga dusza ośmiela się mówić „wiem", nawet wtedy, kiedy taka znajomość Boga kwestionowana jest przez niewierzącego, który zaprzecza tej pewności, ponieważ nie jest ona w pełni poparta intelektualną logiką. Każdemu takiemu wątpiącemu wierzący odpowiada tylko: „Skąd wiesz, że ja nie wiem?".

Chociaż rozumowanie zawsze może kwestionować wiarę, wiara zawsze może dopełniać zarówno rozumowanie jak i logikę. Rozumowanie stwarza to prawdopodobieństwo, które wiara może przekształcić w moralną pewność, nawet w doświadczenie duchowe. Bóg najpierw jest prawdą a na koniec faktem; zatem cała prawda ma w nim początek, podczas gdy wszystkie fakty istnieją w zależności od niego. Bóg jest prawdą absolutną. Człowiek może znać Boga jako prawdę, aby jednak zrozumieć – wyjaśnić – Boga, człowiek musi odkryć fakt wszechświata wszechświatów. Tylko żywa wiara może przerzucić most nad rozległą przepaścią, istniejącą pomiędzy doświadczaniem prawdy o Bogu a ignorancją w sprawie faktu Boga. Samym rozumowaniem nie można dojść do harmonii pomiędzy nieskończoną prawdą a wszechświatowym faktem.

Wierzenie może nie zdołać się oprzeć zwątpieniu i przeciwstawić strachowi, ale wiara zawsze tryumfuje nad zwątpieniem, ponieważ wiara jest zarówno autentyczna jak i żywa. To, co autentyczne, zawsze ma przewagę nad tym, co nieautentyczne, prawda nad błędem, doświadczenie nad teorią, rzeczywistości duchowe nad odosobnionymi faktami czasu i przestrzeni. Przekonującym dowodem istnienia tej pewności duchowej są społeczne owoce ducha, które tacy wierzący, wierni, wydają w rezultacie autentycznego doświadczenia duchowego. Jezus powiedział: „Jeśli miłujecie waszych braci, tak jak ja was umiłowałem, wtedy wszyscy ludzie poznają, żeście moimi uczniami".

Dla nauki Bóg jest możliwością, dla psychologii pragnieniem, dla filozofii prawdopodobieństwem, dla religii pewnością, rzeczywistością doświadczenia religijnego. Rozumowanie nakazuje, żeby filozofia, która nie może znaleźć Boga prawdopodobieństwa, była pełna szacunku dla tej wiary religijnej, która może i znajduje Boga pewności. Nauka też nie powinna dyskredytować doświadczenia religijnego jako łatwowierności, przynajmniej tak długo, jak długo trwa w założeniach, że intelektualne i filozoficzne wyposażenie człowieka wyłania się z wciąż niższych poziomów inteligencji, im dalej wstecz się patrzy, ostatecznie bierze swój początek z życia prymitywnego, które było zupełnie pozbawione wszelkiego myślenia i czucia.

Faktów ewolucji nie można stawiać naprzeciw prawdy o rzeczywistości tej pewności, która wynika z doświadczenia duchowego, przeżywanego w życiu religijnym rozpoznającego Boga śmiertelnika. Ludzie inteligentni powinni przestać rozumować jak dzieci i zacząć stosować konsekwentną logikę dorosłych, tę logikę, która dopuszcza koncepcję prawdy obok obserwacji faktu. Materializm naukowy zbankrutował, kiedy trwał przy swoim, w obliczu każdego kolejnego fenomenu wszechświata, kiedy anulował swe aktualne obiekcje przez odsyłanie tego, co jest bezsprzecznie wyższe z powrotem ku temu, co jest bezsprzecznie niższe. Konsekwencja nakazuje uznać działalność kierującego się celem Stwórcy.

Ewolucja organiczna jest faktem; zamierzona albo celowa ewolucja jest prawdą, która harmonizuje skądinąd sprzeczne zjawiska wciąż wyższych osiągnięć ewolucji. Im wyżej pójdzie jakikolwiek naukowiec w wybranej przez siebie dziedzinie, tym chętniej porzuci teorie materialistycznych faktów na rzecz kosmicznej prawdy o dominacji Najwyższego Umysłu. Materializm zaniża wartość życia ludzkiego; ewangelia Jezusa niezmiernie wzbogaca i nieziemsko wynosi każdego śmiertelnika. Należy sobie uzmysłowić, że śmiertelny byt polega na intrygującym i fascynującym doświadczeniu, na urzeczywistnianiu rzeczywistości, kiedy ludzkie sięganie w górę spotyka się z Boskim i zbawczym sięganiem w dół.

7. PEWNOŚĆ TEGO, CO BOSKIE

Ojciec Wszechświatowy, będąc samowystarczalnym, również nie wymaga wyjaśnień; faktycznie żyje on w każdym rozumnym śmiertelniku. Jednak nie możecie mieć pewności odnośnie Boga, dopóki go nie poznacie; synostwo jest jedynym doświadczeniem, które ojcostwo czyni oczywistym. Wszechświat wszędzie ulega zmianom. Zmieniający się wszechświat jest wszechświatem zależnym; kreacja taka nie może być ani skończona, ani absolutna. Skończony wszechświat jest zupełnie zależny od Ostatecznego i Absolutnego. Wszechświat i Bóg nie są identyczni; jeden jest przyczyną, drugi skutkiem. Przyczyna jest absolutna, nieskończona, wieczna i niezmienna; skutek czasowo-przestrzenny i transcendentalny, ale wciąż zmienny, zawsze rozwijający się.

Bóg jest jednym i jedynym samosprawczym faktem we wszechświecie. Jest on tajemnicą porządku, planu i celu całego stworzenia rzeczy i istot. Wszędzie zmienny wszechświat jest regulowany i stabilizowany przez absolutnie niezmienne prawa – zwyczaje niezmiennego Boga. Fakt Boga, Boskie prawo, jest niezmienne; prawda o Bogu, jego związek z wszechświatem, jest objawieniem względnym, które zawsze się przystosowuje do wciąż rozwijającego się wszechświata.

Ci, co chcieliby wymyślić religię bez Boga, są jak ci, którzy chcieliby zbierać owoce bez drzew, czy mieć dzieci bez rodziców. Nie możecie mieć skutków bez przyczyn; tylko JESTEM jest bezprzyczynowy. Fakt doświadczenia religijnego implikuje Boga i taki Bóg osobistego doświadczenia musi być Bóstwem osobowym. Nie możecie się modlić do wzoru chemicznego, prosić o cokolwiek równanie matematyczne, czcić hipotezę, zwierzać się postulatowi, mieć komunię z procedurą, służyć abstrakcji czy wejść w miłości pełne braterstwo z prawem.

Prawdą jest, że wiele pozornie religijnych cech może wyrastać z niereligijnych korzeni. Człowiek może intelektualnie zaprzeczać istnieniu Boga i wciąż pozostawać moralny, lojalny, synowski, uczciwy a nawet idealistyczny. Człowiek może zaszczepić wiele czysto humanistycznych gałęzi na zasadniczo duchowej naturze i tym samym pozornie dowieść swego twierdzenia o religii pozbawionej Boga, ale takie doświadczenie pozbawione jest wartości wiecznego życia, znajomości Boga i wznoszenia się ku Bogu. W doświadczeniu takiego śmiertelnika pojawiają się tylko owoce społeczne a nie duchowe. Zaszczepka określa rodzaj owocu, pomimo, że żywe wartości odżywcze wyciągane są z korzeni pierwotnego, boskiego wyposażenia, zarówno umysłowego jak i duchowego.

Intelektualnym znamieniem religii jest pewność; jej filozoficzną cechą jest konsekwencja; jej społeczne owoce to miłość i służba.

Rozpoznająca Boga osoba to nie jest ten człowiek, który jest ślepy na trudności, czy nie zważa na przeszkody, stojące na drodze do znalezienia Boga w labiryncie przesądów, tradycji i materialistycznych tendencji czasów współczesnych. Spotkał on już wszystkie takie odstraszające czynniki i tryumfuje nad nimi, przezwyciężając je dzięki żywej wierze i wbrew nim osiągając szczyty duchowego doświadczenia. Prawdą jest jednak, że wielu tych, którzy wewnętrznie są pewni Boga, boi się przyznać do takich uczuć pewności ze względu na wielką liczbę i spryt tych, którzy gromadzą obiekcje i mnożą trudności w sprawie wierzenia w Boga. Nie trzeba wielkiej głębi intelektu, aby wykazywać wady, zadawać pytania czy wnosić sprzeciwy. Trzeba jednak jaskrawości umysłu, aby odpowiedzieć na takie pytania i rozwiązać te trudności; pewność wiary jest najwspanialszą metodą postępowania ze wszystkimi takimi, powierzchownymi sporami.

Jeśli nauka, filozofia czy socjologia ośmielają się być dogmatyczne w walce z prorokami prawdziwej religii, wtedy rozpoznający Boga ludzie powinni odpowiadać na tak bezpodstawny dogmatyzm jeszcze bardziej dalekowzrocznym dogmatyzmem, wynikającym z pewności osobistego doświadczenia duchowego: „wiem, czego doświadczyłem, ponieważ jestem synem JESTEM". Jeśli osobistemu doświadczeniu wierzącego przeciwstawia się dogmat, wtedy zrodzony w wierze syn doświadczanego przezeń Ojca może odpowiedzieć tym niepodważalnym dogmatem, oznajmieniem swego faktycznego synostwa z Ojcem Wszechświatowym.

Tylko rzeczywistość nie uwarunkowana, absolut, może sobie pozwolić na to, aby być konsekwentnie dogmatyczna. Ci, którzy z założenia chcą być dogmatyczni, jeśli są konsekwentni, wcześniej czy później muszą wpaść w objęcia Absolutu energii, Uniwersalności prawdy i Nieskończoności miłości.

Jeżeli ci, co podchodzą niereligijnie do rzeczywistości kosmicznej, ośmielą się rzucić wyzwanie pewności wiary, ze względu na jej nie udowodniony status, wtedy ten, co doświadcza ducha, może podobnie uciec się do dogmatycznego wyzwania rzuconego faktom nauki i wierzeniom filozofii, na tej podstawie, że są one również nie udowodnione; są tak samo doświadczeniami w świadomości naukowca czy filozofa.

Ze wszystkich wszechświatowych doświadczeń, możemy mieć największe zaufanie do Boga — najbardziej nieuniknionej ze wszystkich obecności, najbardziej realnego ze wszystkich faktów, najżywszej ze wszystkich prawd, najbardziej kochającego ze wszystkich przyjaciół i najbardziej boskiej ze wszystkich wartości.

8. DOWODY RELIGII

Najwyższy dowód rzeczywistości i efektywności religii oparty jest na *fakcie ludzkiego doświadczenia,* a mianowicie na tym, że człowiek, z natury bojaźliwy i podejrzliwy, od urodzenia wyposażony w silny instynkt samozachowawczy i pragnący życia wiecznego po śmierci, skłonny jest całkowicie powierzyć swe najżywotniejsze interesy czasu teraźniejszego i przyszłości prowadzeniu i kierowaniu przez tę siłę i tę osobę, którą jego wiara określa Bogiem. To jest główna prawda wszystkich religii. W sprawie tego, co ta moc czy ta osoba wymaga od człowieka, w zamian za opiekę i ostateczne zbawienie, nie ma dwóch religii, które by się zgadzały; faktycznie wszystkie bardziej czy mniej się nie zgadzają.

Co się tyczy statusu dowolnej religii na skali ewolucyjnej, najlepiej go można ocenić przez moralne osądy i standardy etyczne. Im wyższy rodzaj danej religii, tym bardziej popiera ona i jest popierana przez wciąż doskonalszą moralność społeczną i kulturę etyczną. Nie możemy osądzać religii statusem towarzyszącej jej cywilizacji; lepiej ocenimy prawdziwą naturę cywilizacji czystością i szlachetnością jej religii. Wielu najznakomitszych nauczycieli religijnych było praktycznie analfabetami. Nie trzeba mądrości świata, aby żywić zbawczą wiarę w wieczne rzeczywistości.

Różnice, istniejące między religiami w różnych epokach, są całkowicie zależne od zróżnicowania ludzkiego pojmowania rzeczywistości i od zróżnicowanego uznawania przez człowieka wartości moralnych, związków etycznych i rzeczywistości duchowych.

Etyka jest zewnętrznym, społecznym czy narodowym lustrem, które wiernie odzwierciedla niezauważalny skądinąd rozwój wydarzeń wewnętrznych, duchowych i religijnych. Człowiek zawsze myślał o Bogu w terminologii tego, co uważał za najlepsze w swych najwznioślejszych ideach i najwyższych ideałach. Nawet religia historyczna zawsze tworzyła swoje koncepcje Boga z najwyżej uznawanych wartości. Każda inteligentna istota daje imię Bóg temu, co uważa za najlepsze i najwyższe.

Religia, gdy jest zredukowana do terminologii rozumowania i ekspresji intelektualnej, zawsze ośmielała się krytykować cywilizację i proces ewolucyjny, osądzając go według swych własnych standardów kultury etycznej i postępu moralnego.

Podczas gdy osobista religia poprzedza ewolucję moralności ludzkiej, z przykrością należy odnotować, że religia instytucjonalna pozostawała nieodmiennie w tyle za powoli zmieniającymi się obyczajami narodów. Zorganizowana religia okazała się być konserwatywnie opóźniona. Prorocy prowadzili zazwyczaj ludzi do rozwoju religijnego, teologowie zazwyczaj ciągnęli ich wstecz. Religia, będąc sprawą wewnętrznego i osobistego doświadczenia, nigdy nie mogła wyjść zbyt daleko poza intelektualną ewolucję narodów.

Jednak religia nigdy się nie wzbogaca przez odwoływanie się do tak zwanych cudowności. Pogoń za cudami jest powrotem do prymitywnych religii magicznych. Prawdziwa religia nie ma nic wspólnego z rzekomymi cudami a religia objawiona nigdy nie przedstawia cudów jako dowodu swego autorytetu. Religia zawsze i stale zakorzeniona jest oraz ugruntowana w osobistym doświadczeniu. I wasza najwyższa religia, życie Jezusa, jest takim właśnie osobistym doświadczeniem: człowiek, śmiertelny człowiek, poszukujący Boga i znajdujący go w pełni podczas jednego krótkiego życia w ciele, podczas gdy w tym samym ludzkim doświadczeniu pojawił się Bóg, poszukujący człowieka i znajdujący go, aż do pełni zadowolenia doskonałej duszy nieskończonej najwyższości. I to jest religia, nawet najwyższa z dotychczas objawionych we wszechświecie Nebadon – ziemskie życie Jezusa z Nazaretu.

[Przedstawione przez Melchizedeka z Nebadonu].

PRZEKAZ 103

RZECZYWISTOŚĆ DOŚWIADCZENIA RELIGIJNEGO

WSZELKIE prawdziwie religijne reakcje ludzkie są rozbudzane przez wczesną działalność przybocznego czci a kontrolowane przez przybocznego mądrości. Człowiek otrzymuje pierwszy, superumysłowy dar, kiedy zostaje objęty obwodem Ducha Świętego, pochodzącym od Stwórczego Ducha Wszechświata i ten Duch funkcjonuje na długo przed obdarzeniem Boskimi Synami, czy powszechnym obdarzeniem Dostrajaczami, poszerzając ludzkie poglądy w dziedzinie etyki, religii i duchowości. Po obdarzeniach Rajskimi Synami, wyzwolony Duch Prawdy przyczynia się w znacznym stopniu do poszerzania ludzkiej zdolności postrzegania prawd religijnych. W miarę postępów ewolucji na zamieszkałym świecie, Dostrajacze Myśli biorą coraz większy udział w kształtowaniu wyższych rodzajów ludzkiej wnikliwości religijnej. Dostrajacz Myśli jest tym kosmicznym oknem, przez które istoty skończone mogą zobaczyć, przelotnie poprzez wiarę, pewność i boskość nieograniczonego Bóstwa – Ojca Wszechświatowego.

Religijne inklinacje gatunku ludzkiego są naturalne; przejawiają się powszechnie i z pozoru mają naturalne pochodzenie; prymitywne religie zawsze są ewolucyjne w swych początkach. W miarę rozwoju naturalnego doświadczenia religijnego, okresowe objawienia prawdy przerywają powoli skądinąd postępujący proces ewolucji planetarnej.

Dziś na Urantii istnieją cztery rodzaje religii:

1. Religia naturalna albo ewolucyjna.
2. Religia nadprzyrodzona albo objawieniowa.
3. Praktyczna albo obecna religia, różne stopnie zmieszania religii naturalnych i nadprzyrodzonych.
4. Religie filozoficzne, wytworzone przez człowieka albo filozoficznie wymyślone doktryny teologiczne oraz religie stworzone rozumem ludzkim.

1. FILOZOFIA RELIGII

Jedność doświadczenia religijnego, występująca w grupach społecznych i narodowych, wywodzi się z identyczności natury fragmentu Boga, zamieszkującego człowieka. To jest ta boskość w człowieku, która daje początek jego altruistycznym skłonnościom do opiekowania się innymi ludźmi. Skoro jednak osobowość jest unikalna – skoro nie ma dwu identycznych śmiertelników – nieuniknione jest, że nie ma dwóch istot ludzkich, które mogą tak samo rozumieć przewodnictwa i impulsy ducha boskości, który żyje w ich umysłach. Grupa śmiertelników może przeżywać duchową jedność, ale ci ludzie nigdy nie mogą osiągnąć jednorodności filozoficznej. I to zróżnicowanie sposobu rozumienia religijnych myśli i doświadczeń ukazuje fakt, że teologowie i filozofowie dwudziestego wieku sformułowali ponad pięćset różnych definicji religii. Praktycznie każda ludzka istota definiuje religię w terminologii swego własnego, empirycznego zrozumienia boskich impulsów, emanujących z ducha Bożego, który w niej zamieszkuje i dlatego też takie zrozumienie musi być unikalne i zupełnie odmienne od filozofii religijnej wszystkich innych istot ludzkich.

Kiedy jeden śmiertelnik zgadza się całkowicie z filozofią religijną swego bliźniego śmiertelnika, zjawisko takie oznacza, że te dwie istoty miały podobne *doświadczenie religijne* w tych kwestiach, które dotyczą podobieństwa ich filozoficzno-religijnej interpretacji.

Chociaż wasza religia jest sprawą osobistego doświadczenia, najważniejsze jest to, abyście poznali znaczną liczbę innych doświadczeń religijnych (rozmaite sposoby rozumienia religii u innych i różnorodnych śmiertelników) tak dalece, żebyście mogli zapobiec przekształceniu się waszego życia religijnego w życie egocentryczne – ograniczone, samolubne i niespołeczne.

Racjonalizm popełnia błąd, kiedy zakłada, że religia z początku jest prymitywnym wierzeniem w coś, po czym pojawia się dążenie do wartości. Religia zasadniczo jest dążeniem do wartości a potem formułuje system interpretacyjnych wierzeń. Ludziom łatwiej jest zgodzić się na wartości religijne – cele – niż na wierzenia – interpretacje. I to właśnie wyjaśnia, dlaczego religia może być zgodna w sprawie wartości i celów, kiedy skądinąd przejawia dezorientujący fenomen, zachowując wiarę w setki sprzecznych wierzeń – kred. Wyjaśnia to również tą sytuację, kiedy dany człowiek może zachować swe doświadczenie religijne w obliczu porzucenia lub zmiany wielu wierzeń religijnych. Religia trwa, wbrew rewolucyjnym przemianom w wierzeniach religijnych. Teologia nie tworzy religii; to religia tworzy filozofię teologiczną.

Fakt, że ludzie religijni wierzyli tak bardzo w to, co było fałszywe, nie unieważnia religii, gdyż religia opiera się na uznawaniu wartości i potwierdzana jest przez wiarę osobistego doświadczenia religijnego. Religia zatem oparta jest na doświadczeniu i myśli religijnej; teologia, filozofia religii, jest uczciwą próbą interpretacji tego doświadczenia. Takie interpretacyjne wierzenia mogą być prawidłowe lub nieprawidłowe, albo mogą być mieszanką prawdy i błędu.

Świadomość rozpoznawania wartości duchowych jest tym doświadczeniem, które jest superidealistyczne. W żadnym ludzkim języku nie istnieje słowo, którego można by użyć na określenie tego „zmysłu", „czucia", „intuicji" czy „doświadczenia", tego, co my postanowiliśmy nazywać uświadomieniem sobie Boga. Duch Boga, który mieszka w człowieku, nie jest osobowy – Dostrajacz jest przedosobowy – ale ten Monitor stanowi wartość, daje przedsmak tej boskości, która jest osobowa w sensie najwyższym i nieskończonym. Jeśli Bóg nie byłby przynajmniej osobowy, nie mógłby być świadomy, jeśli byłby nieświadomy, wtedy stałby poniżej człowieka.

2. RELIGIA A JEDNOSTKA

Religia funkcjonuje w umyśle ludzkim i realizuje się w doświadczeniu, zanim pojawi się w ludzkiej świadomości. Dziecko istnieje około dziewięć miesięcy przed doświadczeniem *narodzin*. Jednak „narodziny" religii nie są gwałtowne; jej wyłanianie się jest raczej stopniowe. Tym niemniej, wcześniej czy później, następują „narodziny". Nie wejdziecie do królestwa nieba zanim nie „narodzicie się na nowo" – nie narodzicie się z Ducha. Wielu duchowym narodzinom towarzyszy sporo duchowych udręk i dotkliwych zaburzeń psychologicznych, tak jak wiele narodzin materialnych charakteryzuje się „silnymi bólami" i innymi nieprawidłowościami „porodu". Inne duchowe narodziny są naturalne i następuje normalny rozwój człowieka w jego uznawaniu najwyższych wartości, razem ze wzbogaceniem doświadczenia duchowego, aczkolwiek żaden rozwój religijny nie pojawia się bez świadomego wysiłku i stanowczej, indywidualnej determinacji. Religia nigdy nie jest doświadczeniem biernym, nastawieniem negatywnym. To, co nazywamy „narodzinami religii", nie jest związane bezpośrednio z tak zwanym doświadczeniem nawrócenia, czym charakteryzują się zazwyczaj epizody religijne występujące w późniejszym życiu człowieka, powstałe w rezultacie konfliktu psychicznego, tłumienia emocjonalnego i zmian w usposobieniu.

Jednak ci ludzie, którzy tak byli wychowywani przez rodziców, że dorastali w świadomości dzieci kochającego Ojca niebiańskiego, nie powinni patrzeć z ukosa na tych śmiertelnych braci, którzy mogą osiągnąć świadomość wspólnoty z Bogiem tylko przez kryzys psychologiczny i wstrząs emocjonalny.

Ewolucyjna gleba umysłu człowieka, na której kiełkują ziarna religii objawionej, jest tą naturą moralną, która tak wcześnie dała początek świadomości społecznej. Pierwsze oznaki istnienia natury moralnej u dziecka nie wiążą się z seksem, winą czy dumą osobistą, ale raczej z odruchami sprawiedliwości, godziwością i impulsami życzliwości – pomocną służbą dla bliźnich. I kiedy się pielęgnuje taką wczesną świadomość moralną, następuje stopniowy rozwój życia religijnego, które jest relatywnie wolne od konfliktów, wstrząsów i kryzysów.

Bardzo wcześnie każda istota ludzka doświadcza czegoś w rodzaju konfliktu pomiędzy samolubstwem a swoimi pobudkami altruistycznymi i częstokroć może po raz pierwszy uświadomić sobie Boga w wyniku szukania nadludzkiej pomocy przy rozwiązywaniu takich konfliktów moralnych.

Psychologia dziecka jest z natury pozytywna a nie negatywna. Jest tak wielu śmiertelników negatywnie nastawionych, ponieważ uczono ich tego. Kiedy się mówi, że dziecko jest pozytywnie nastawione, odnosi się to do jego odruchów moralnych, do tych władz umysłowych, których pojawienie się świadczy o przybyciu Dostrajacza Myśli.

Kiedy się pojawia świadomość religijna, pod nieobecność złego nauczania, umysł normalnego dziecka rozwija się raczej pozytywnie, dążąc do moralnej prawości i służby społecznej, zamiast negatywnie uciekać od grzechu i winy. Czasami, choć nie zawsze, podczas rozwoju doświadczenia religijnego może powstać konflikt, ale zawsze pojawiają się tutaj nieuniknione decyzje, wysiłki i działanie ludzkiej woli.

Wyborowi moralnemu towarzyszy zazwyczaj większy czy mniejszy konflikt moralny. I ten właśnie, pierwszy konflikt w umyśle dziecka, występuje pomiędzy popędami egoizmu a impulsami altruizmu. Dostrajacz Myśli nie lekceważy wartości osobowości w motywach egoistycznych, działa jednak tak, aby dać lekkie preferencje impulsowi altruistycznemu jako prowadzącemu do celu szczęścia ludzkiego i do radości królestwa nieba.

Kiedy istota moralna postanowi być bezinteresowną i kiedy staje w obliczu bodźca egoistycznego, jest to prymitywne doświadczenie religijne. Żadne zwierzę nie może dokonać takiego wyboru; taka decyzja jest zarówno ludzka jak i religijna. Obejmuje ona fakt uświadomienia sobie Boga i wykazuje istnienie odruchu służby społecznej, podstawy braterstwa ludzkości. Kiedy umysł wybierze prawy osąd moralny, aktem wolnej woli, taka decyzja stanowi doświadczenie religijne.

Jednak zanim dziecko rozwinie się w takim stopniu, że może wejść w posiadanie charakteru moralnego i tym samym stać się zdolne do wyboru altruistycznej służby, już przedtem rozwija silną i dobrze skonsolidowaną naturę egoistyczną. I taka właśnie sytuacja jest podstawą teorii walki pomiędzy „wyższą" a „niższą" naturą, pomiędzy „starym człowiekiem grzechu" a „nową naturą" łaski. Normalne dziecko bardzo wcześnie w swym życiu zaczyna się uczyć, że „bardziej błogosławionym jest dawać niż brać".

Człowiek ma tendencję utożsamiania skłonności do służenia sobie ze swoim ego – jaźnią. Na odwrót, skłania się utożsamiać wolę bycia altruistycznym z pewnym wpływem zewnętrznym – z Bogiem. I taki osąd jest prawdziwy, ponieważ wszystkie niesamolubne dążenia powstają w wyniku przewodnictwa zamieszkującego człowieka Dostrajacza Myśli a Dostrajacz ten jest fragmentem Boga. Impuls duchowego Monitora urzeczywistnia się w ludzkiej świadomości jako pobudka do bycia altruistycznym(-ą), ukierunkowanym(-ą) na bratnią istotę. Tak to przynajmniej wygląda we wczesnym i podstawowym doświadczeniu dziecięcego umysłu. Kiedy dorastające dziecko nie zjednoczy swej osobowości, altruistyczny pęd może rozwinąć się tak dalece, że spowodować może poważną szkodę dla jaźni. Źle ukierunkowana świadomość może stać się przyczyną znacznej ilości konfliktów, trosk, smutków i niekończącego się ludzkiego nieszczęścia.

3. RELIGIA A GATUNEK LUDZKI

Podczas gdy wiara w duchy, sny oraz różnorodne inne przesądy ma generalny wpływ na ewolucyjne początki prymitywnej religii, nie powinniście tutaj przeoczyć czynnika ducha solidarności, klanowego czy plemiennego. W związkach grupowych pojawia się ta właśnie sytuacja społeczna, która rzuca wyzwanie egoistyczno-altruistycznemu konfliktowi, istniejącemu w naturze moralnej wczesnego umysłu ludzkiego. Pomimo swej wiary w duchy, prymitywni Australijczycy wciąż ogniskują swą religię na klanie. Z czasem takie koncepcje religijne mają tendencje do uosobienia się, z początku jako zwierzęta a później jako superczłowiek albo jako Bóg. Nawet tak słabo zaawansowane plemiona jak afrykańscy Buszmeni, którzy w swych wierzeniach nie są nawet totemiczni, rozróżniają pomiędzy własnym interesem a interesem grupy – jest to prymitywne rozróżnianie pomiędzy wartościami tego, co świeckie a tego, co święte. Jednak grupa społeczna nie jest źródłem doświadczenia religijnego. Niezależnie od wpływu wszystkich tych prymitywnych czynników na wczesną religię człowieka, faktem pozostaje, że prawdziwy impuls religijny ma swój początek w autentycznej obecności duchowej, aktywizującej wolę tak, aby była nieegoistyczna.

Późniejszą religię poprzedzają prymitywne wierzenia w cuda i tajemnice przyrody, w bezosobową manę. Jednak wcześniej czy później rozwijająca się religia żąda, żeby jednostka zrobiła jakieś osobiste poświęcenie dla dobra swojej grupy społecznej, powinna coś zrobić, aby uszczęśliwić i ulepszyć innych ludzi. Ostatecznie, przeznaczeniem religii jest zostać służbą Bożą i ludzką.

Religia powinna odmienić środowisko człowieka, jednak większość ludzkich religii, *dzisiaj istniejących*, jest do tego niezdolna. Środowisko zbyt często ujarzmia religię.

Pamiętajcie, że w religii wszystkich epok najważniejszym doświadczeniem jest odczucie dotyczące wartości moralnych i znaczeń społecznych a nie myślenie w sprawie dogmatów teologicznych czy teorii filozoficznych. Religia rozwija się dobrze wtedy, kiedy czynnik magii zastąpiony zostaje koncepcją moralności.

Człowiek się rozwijał poprzez przesądy many, magię, czczenie natury, strach przed duchami i czczenie zwierząt, w kierunku różnych obrzędów, dzięki którym religijne nastawienie jednostki stało się oddziaływaniem grupowym klanu. I potem takie obrzędy zostają zogniskowane i skrystalizowane w wierzeniach plemiennych, a na koniec te lęki i te wiary zostają uosobione w postaciach bogów. Jednak we wszystkich takich ewolucjach religijnych, element moralny nigdy nie jest zupełnie nieobecny. Impuls Boży w człowieku zawsze był silny. I te potężne wpływy – jeden ludzki a drugi Boski – zapewniły religii jej trwanie w zmiennych kolejach losu wielu epok, a mimo to często groziła jej zagłada na skutek tysiąca wywrotowych tendencji i wrogich wpływów.

4. KOMUNIA DUCHOWA

Różnica pomiędzy uroczystością towarzyską a zebraniem religijnym jest taka, że zgromadzenie religijne, w przeciwieństwie do świeckiego, jest przeniknięte atmosferą *komunii*. Tym samym grupa ludzi wytwarza poczucie wspólnoty z boskością i to jest początek czczenia grupowego. Udział we wspólnym posiłku był najwcześniejszą formą komunii społecznej, więc wczesne religie nakazywały, że pewna porcja ofiary obrzędowej powinna zostać zjedzona przez czcicieli. Nawet w chrześcijaństwie Wieczerza Pańska zachowuje ten rodzaj komunii. Atmosfera komunii przynosi pokrzepiający i pocieszający okres rozejmu, w konflikcie samolubnego ego z altruistycznym popędem, pochodzącym od zamieszkującego w człowieku duchowego Monitora. I to jest preludium do prawdziwego czczenia – praktykowania obecności Boga, co prowadzi do powstania braterstwa ludzkości.

Kiedy człowiek prymitywny odczuwał, że jego komunia z Bogiem została zakłócona, uciekał się do pewnego rodzaju ofiarowania, aby odpokutować, aby odnowić przyjacielskie związki. Głód i pragnienie prawości prowadziły do odkrywania prawdy a prawda umacnia ideały i to tworzy nowe problemy dla poszczególnych ludzi religijnych, gdyż nasze ideały mają tendencję do narastania w postępie geometrycznym, podczas gdy zdolność do życia zgodnie z nimi wzrasta w postępie arytmetycznym.

Poczucie winy (nie świadomość grzechu) wywodzi się albo z zakłóconej komunii duchowej albo z obniżenia ideałów moralnych człowieka. Uwolnić się od tak kłopotliwego położenia można tylko przez uświadomienie sobie, że czyjeś najwyższe, moralne ideały niekoniecznie są równoznaczne z wolą Boga. Człowiek nie może się spodziewać, że będzie żył zgodnie z swymi najwyższymi ideałami, ale może być wierny swemu celowi, aby znaleźć Boga i stawać się coraz bardziej jemu podobnym.

Jezus wymiótł wszelkie obrzędy ofiarowania i pokuty. Zlikwidował podłoże wszelkiej fikcyjnej winy i poczucia izolacji we wszechświecie, oświadczając, że człowiek *jest dzieckiem Boga*; związek stworzony-Stwórca osadzony został na bazie dziecko-rodzic. Dla śmiertelnych synów i córek Bóg stał się kochającym Ojcem. Wszelkie obrzędy, nie będące usankcjonowaną częścią tak serdecznych związków rodzinnych, anulowane zostały na zawsze.

Bóg Ojciec postępuje z człowiekiem, swym dzieckiem, nie według faktycznych zalet czy wartości człowieka, ale w uznaniu motywacji dziecka – zamiarów i intencji istoty stworzonej. Taki związek jest związkiem rodzic-dziecko i ożywiany jest miłością.

5. POCHODZENIE IDEAŁÓW

Wczesny umysł ewolucyjny daje początek poczuciu obowiązku społecznego i powinności moralnych, które wywodzą się głównie z uczuć strachu. Bardziej konstruktywne pobudki służby społecznej i altruistycznego idealizmu pochodzą od bezpośredniego impulsu Boskiego ducha, zamieszkującego umysł ludzki.

Ta idea-ideał czynienia innym dobrze – impuls pewnego zaparcia się ego na korzyść bliźniego – jest z początku bardzo ograniczony. Człowiek prymitywny uważa za bliźnich tylko tych, którzy są mu bardzo bliscy, tych, którzy traktują go życzliwie; w miarę rozwoju cywilizacji religijnej koncepcja bliźniego poszerza się, obejmując klan, plemię, naród. Później Jezus rozszerzył zakres pojęcia bliźniego tak, aby obejmowało całą ludzkość a nawet tak, że powinniśmy kochać naszych wrogów. I jest coś wewnątrz każdej normalnej istoty ludzkiej, co jej mówi, że ta nauka jest moralna – dobra. Nawet ci, którzy są dalecy od stosowania tego ideału, przyznają, że w teorii jest dobry.

Wszyscy ludzie uznają moralność tej uniwersalnej, ludzkiej pobudki, ażeby być bezinteresownym i altruistycznym. Humaniści przypisują początki tej pobudki naturalnemu działaniu materialnego umysłu; ludzie religijni bardziej poprawnie uznają, że to prawdziwie bezinteresowne dążenie ludzkiego umysłu jest reakcją na wewnętrzne, duchowe przewodnictwo Dostrajacza Myśli.

Jednak wiele ludzkich interpretacji tych wczesnych konfliktów, pomiędzy wolą ego a wolą inną niż jaźni nie zawsze jest godne zaufania. Tylko dobrze skonsolidowana osobowość może rozróżnić wielokształtną zawartość dążeń ego i pączkowanie świadomości społecznej. Jaźń ma swoje prawa, tak samo ma je bliźni. Ani jedno, ani drugie nie ma wyłącznych praw skupiania na sobie całej uwagi i całej służby człowieka. Brak rozwiązania tego problemu daje początek najwcześniejszym formom poczucia winy.

Człowiek zdobywa szczęście tylko wtedy, kiedy egoistyczne pragnienia jaźni i altruistyczne bodźce wyższej jaźni (Boskiego ducha) są skoordynowane i pojednane przez zjednoczoną wolę integrującej je i nadzorującej osobowości. Umysł człowieka ewolucyjnego zawsze staje przed zawiłym problemem, rozstrzygnięcia sporu pomiędzy naturalną ekspansją impulsów emocjonalnych a moralnym rozwojem bezinteresownych pobudek, opartych na wnikliwości duchowej – prawdziwej refleksji religijnej.

Gdy się chce zapewnić równe dobro dla siebie i dla znacznej liczby innych osób, stanowi to problem, który nie zawsze może być zadowalająco rozwiązany w ramach czasowo-przestrzennych. Takie sprzeczności można rozpracować, gdy się ma życie wieczne, jednak w krótkim życiu ludzkim są one niemożliwe do rozwiązania. Jezus nawiązywał do tego paradoksu, kiedy mówił: „Bo kto by chciał życie swoje zachować, utraci je, a kto by utracił życie swoje dla królestwa, odnajdzie je".

Pogoń za ideałem – dążenie do bycia podobnym Bogu – jest ciągłym wysiłkiem, prowadzonym tak przed śmiercią jak i po niej. W zasadniczych sprawach życie po śmierci nie różni się od śmiertelnej egzystencji. Wszystko, co robimy dobrego w tym życiu, przyczynia się bezpośrednio do wzbogacenia przyszłego życia. Prawdziwa religia nie popiera moralnego lenistwa i duchowego próżniactwa, żywionego próżną nadzieją wejścia w posiadanie wszystkich zalet szlachetnego charakteru, nadanych w wyniku przejścia przez bramę naturalnej śmierci. Prawdziwa religia nie umniejsza rozwojowych wysiłków człowieka, czynionych podczas wynajmu życia przez śmiertelnika.

To, co zdobywa każdy śmiertelnik, jest jego bezpośrednim udziałem, wzbogacającym pierwsze stadia doświadczania nieśmiertelnego bytu.

Dla ludzkiego idealizmu zgubne jest to nauczanie, że wszystkie altruistyczne impulsy człowieka są tylko wytworem jego naturalnych instynktów stadnych. Jednak człowiek uszlachetnia się i znacznie ożywia, kiedy się dowiaduje, że te wyższe pobudki jego duszy emanują z sił duchowych, zamieszkujących jego śmiertelny umysł.

Gdy człowiek raz sobie w pełni uświadomi, że żyje w nim i walczy coś, co jest wieczne i Boskie, przekracza samego siebie, wychodzi poza siebie. I ta żywa wiara w nadludzkie pochodzenie naszych ideałów potwierdza nasze wierzenie, że jesteśmy synami Boga i wprowadza w nasze życie altruistyczne przekonania, świadomość braterstwa człowieka.

Człowiek posiada wolną wolę w swojej domenie duchowej. Śmiertelny człowiek nie jest ani bezbronnym niewolnikiem niewzruszonej wszechwładzy wszechmocnego Boga, ani też ofiarą beznadziejnego losu mechanistycznego determinizmu kosmicznego. Człowiek jest najprawdziwszym architektem swego własnego, wiecznego przeznaczenia.

Jednak człowieka nie można zbawić czy uszlachetnić przymusem. Rozwój duchowy ma swe źródło w rozwijającej się duszy. Przymus może zniekształcić osobowość ale nigdy nie stymuluje rozwoju. Nawet przymus edukacyjny jest użyteczny neutralizująco tylko dlatego, że może zapobiec nieszczęśliwym doświadczeniom. Rozwój duchowy najintensywniejszy jest wtedy, kiedy zminimalizowane są wszelkie naciski zewnętrzne. „Gdzie jest duch Pański, tam jest wolność". Człowiek najlepiej rozwija się wtedy, kiedy naciski rodziny, społeczeństwa, Kościoła i państwa są minimalne. Jednak nie można tego interpretować w tym znaczeniu, że w rozwijającym się społeczeństwie nie ma miejsca dla rodziny, instytucji społecznych, Kościoła i państwa.

Kiedy członek społecznej grupy religijnej dostosował się do wymagań takiej grupy, powinien być zachęcany do korzystania z wolności religijnej w pełnym zakresie swych własnych, osobistych interpretacji prawd wierzeń religijnych i faktów doświadczenia religijnego. Bezpieczeństwo grupy religijnej zależne jest od jedności duchowej, nie od jednolitości teologicznej. Grupa religijna powinna umieć korzystać ze swobody wolnego myślenia, bez stawania się grupą „wolnomyślicieli". Z wielką nadzieją może patrzeć w przyszłość każdy Kościół, który czci żywego Boga, potwierdza braterstwo człowieka i odważy się nie wywierać żadnych doktrynalnych nacisków na swych członków.

6. KOORDYNACJA FILOZOFICZNA

Teologia jest badaniem akcji i reakcji ducha ludzkiego; nigdy nie stanie się nauką, zawsze powinna być bardziej czy mniej łączona z psychologią, w swych osobowych aspektach i z filozofią, w swym systematycznym opisie. Teologia jest zawsze badaniem *naszej* religii; badanie innej religii jest psychologią.

Kiedy człowiek zaczyna poznawać i badać swój wszechświat z *zewnątrz*, daje początek różnym naukom fizycznym; kiedy przystępuje do badania siebie i wszechświata od *wewnątrz*, daje początek teologii i metafizyce. Późniejsza sztuka filozofii przekształca się w próbę harmonizowania wielu rozbieżności, które się muszą z początku pojawić pomiędzy odkryciami i naukami tych dwu, diametralnie odmiennych metod podchodzenia do wszechświata rzeczy i istot.

Religia ma do czynienia z duchowym punktem widzenia, ze świadomością *wewnętrzności* doświadczenia ludzkiego. Duchowa natura człowieka daje mu możliwość przenicowania wszechświata zewnętrzną stroną do środka. Zatem jest prawdą, że cały wszechświat, obserwowany wyłącznie od wewnętrzności osobistego doświadczenia wydaje się być w swej naturze duchowy.

Kiedy człowiek głęboko bada wszechświat, dzięki materialnemu wyposażeniu swych zmysłów fizycznych i związanej z tym percepcji umysłowej, kosmos wydaje się mechaniczny i energetyczno-materialny. Taka metoda badania rzeczywistości opiera się na przenicowaniu wszechświata stroną wewnętrzną na zewnątrz.

Logicznej i konsekwentnej, filozoficznej koncepcji wszechświata nie można stworzyć ani na postulatach materializmu, ani też spirytyzmu, ponieważ oba te systemy myślenia, podczas gdy powszechnie stosowane, muszą dostrzegać kosmos zniekształcony; pierwszy styka się ze wszechświatem wywróconym środkową stroną na zewnątrz, drugi uświadamia sobie naturę wszechświata wywróconą stroną zewnętrzną do środka. Zatem nigdy nie może nauka ani religia, w sobie i od siebie, pozostawać sama i mieć nadzieję na odpowiednie zrozumienie wszechświatowych prawd i zależności, bez przewodnictwa ludzkiej filozofii i oświecenia boskiego objawienia.

Wewnętrzny duch człowieka zawsze musi polegać, w swojej ekspresji i samorealizacji, na mechanizmie i na metodach działania umysłu. Tak samo doświadczanie przez człowieka materialnej rzeczywistości zewnętrznej musi się opierać na świadomości umysłowej doświadczającej osobowości. Zatem duchowe i materialne, wewnętrzne i zewnętrzne, doświadczenia ludzkie zawsze są wzajemnie powiązane dzięki funkcjonowaniu umysłu i uwarunkowane aktywnością umysłu, gdy idzie o ich świadome zrozumienie. Człowiek doświadcza materii w swym umyśle; duchowej rzeczywistości doświadcza w swej duszy, ale uświadamia sobie to doświadczanie swoim umysłem. Intelekt jest elementem harmonizującym i nieodstępnym czynnikiem warunkującym oraz określającym całkowitą sumę doświadczenia ludzkiego. Zarówno energia-rzeczy, jak i wartości ducha, zabarwione zostają interpretacją dokonywaną przez umysłowe ośrodki świadomości.

Gdy chcecie wypracować bardziej harmonijną koordynację pomiędzy nauką a religią, napotykacie trudności dlatego, że nic zupełnie nie wiecie o istnieniu domeny pośredniej między nimi, domeny morontialnego świata rzeczy i istot. Wszechświat lokalny składa się z trzech stopni czy stadiów przejawiania się rzeczywistości: materialnej, morontialnej i duchowej. Morontialny punkt widzenia usuwa wszelką rozbieżność pomiędzy odkryciami nauk fizycznych a funkcjonowaniem ducha religii. Rozumowanie jest metodą pojmowania naukowego, wiara jest metodą wnikliwości religijnej, mota jest metodą poziomu morontialnego. Mota jest nadmaterialnym wyczuwaniem rzeczywistości, jest ona początkiem rekompensaty za niekompletny rozwój; jej tworzywem jest wiedza-rozumowanie a treścią wiara-wnikliwość. Mota jest superfilozoficznym pojednaniem rozbieżnych percepcji rzeczywistości, czego osobowości materialne nie mogą osiągnąć; oparta jest po części na doświadczeniu przetrwania śmierci po materialnym życiu w ciele. Wielu śmiertelników dostrzega jednak potrzebę posiadania pewnej metody pogodzenia oddziaływań wzajemnych pomiędzy znacznie odmiennymi domenami nauki a religii; metafizyka powstała z bezskutecznych, ludzkich prób przerzucenia mostu nad tą dobrze znaną przepaścią. Jednak ludzka metafizyka zaczęła bardziej gmatwać niż oświecać. Metafizyka reprezentuje wysiłek ludzki, zrobiony w najlepszej intencji, choć bezskuteczny, którego celem było powetowanie sobie za brak moty morontialnej.

Metafizyka zawiodła, człowiek nie potrafi dostrzec moty. Objawienie jest jedynym sposobem kompensacji za brak wrażliwości na prawdę moty w świecie materialnym. Objawienie autorytatywnie porządkuje chaos, wywołany na sferze ewolucyjnej przez rozumowo ukształtowaną metafizykę.

Nauka jest zapoczątkowanym przez człowieka badaniem jego otoczenia fizycznego, świata energii-materii; religia jest doświadczaniem człowieka z kosmosem wartości ducha; filozofia została ukształtowana wysiłkiem ludzkiego umysłu, w tym celu, aby organizować i korelować odkrycia tych znacznie oddalonych od siebie koncepcji w coś, co jest rodzajem rozsądnego i ujednoliconego stanowiska wobec kosmosu. Filozofia, naświetlona przez objawienie, działa poprawnie pod nieobecność moty, jak również w obliczu załamania się i upadku ludzkiego, rozumowego substytutu moty – metafizyki.

Człowiek pierwotny nie rozróżniał pomiędzy poziomem energii a poziomem ducha. To rasa fioletowa i jej andiccy następcy pierwsi próbowali oddzielić to, co matematyczne od tego, co wolicjonalne. Człowiek cywilizowany coraz lepiej podąża śladami wczesnych Greków i Sumerów, którzy rozróżniali pomiędzy nieożywionym a ożywionym. W miarę rozwoju cywilizacji filozofia musi przerzucić most nad wciąż poszerzającą się przepaścią pomiędzy koncepcją ducha a koncepcją energii. Jednak w czasie przestrzennym rozbieżności te stanowią jedność w Najwyższym.

Nauka zawsze musi opierać się na rozumowaniu, chociaż wyobraźnia i snucie domysłów są pomocne w poszerzaniu jej granic. Religia zawsze zależna jest od wiary, chociaż rozumowanie jest tutaj czynnikiem stabilizującym i użyteczną pomocą. Zawsze były i zawsze będą mylne interpretacje zjawisk, zarówno świata przyrody jak i świata duchowego, nauk i religii błędnie tak nazywanych.

Wychodząc z niekompletnego rozumowania swej nauki, swego słabego zrozumienia religii i nieudanych wysiłków metafizyki, człowiek próbował wyciągać filozoficzne wnioski. I człowiek współczesny mógłby stworzyć naprawdę wartościową i zachęcającą filozofię, o sobie i o swym wszechświecie, gdyby nie załamanie się jego najważniejszego i niezbędnego ogniwa metafizycznego, łączącego świat materii i ducha – metafizyce nie udało zbudować mostu nad przepaścią, dzielącą to, co fizyczne od tego, co duchowe. Człowiekowi śmiertelnemu brakuje koncepcji umysłu morontialnego i materiału morontialnego a *objawienie* jest jedynym sposobem zadośćuczynienia za ten niedostatek danych konceptualnych, których człowiek tak pilnie potrzebuje dla stworzenia logicznej filozofii wszechświata i zadowalającego zrozumienia swego, pewnego i stałego miejsca we wszechświecie.

Objawienie jest jedyną szansą człowieka ewolucyjnego na przerzucenie mostu nad morontialną przepaścią. Wiara i logika, bez pomocy moty, nie mogą wyobrazić sobie i skonstruować logicznego wszechświata. Bez wnikliwości moty, człowiek śmiertelny nie może dostrzec dobroci, miłości i prawdy w zjawiskach świata materialnego.

Kiedy filozofia człowieka skłania się silnie ku światu materialnemu, staje się racjonalistyczna albo *naturalistyczna*. Kiedy filozofia skłania się bardziej w kierunku poziomu duchowego, staje się *idealistyczna* czy nawet mistyczna. Kiedy filozofia ma to nieszczęście, że skłania się ku metafizyce, nieodmiennie staje się *sceptyczna*, zdezorientowana.

W minionych wiekach znaczna większość wiedzy ludzkiej i wartościowań intelektualnych uległa tym trzem wypaczeniom percepcyjnym. Filozofia nie powinna wyrażać swych interpretacji rzeczywistości według liniowego modelu logiki; nigdy nie może zaniedbać brania pod uwagę eliptycznej symetrii rzeczywistości i zasadniczej krzywizny wszystkich powiązanych ze sobą koncepcji.

Najwyższa dostępna śmiertelnemu człowiekowi filozofia musi opierać się logicznie na rozumowaniu nauki, wierze religii i prawdzie wnikliwości dostarczonych przez objawienie. Dzięki takiemu połączeniu człowiek może powetować sobie nieco za brak ukształtowania odpowiedniej metafizyki i za swą niezdolność zrozumienia moty morontialnej.

7. NAUKA A RELIGIA

Nauka opiera się na rozumowaniu, religia na wierze. Wiara, choć nie jest oparta na rozumowaniu, jest rozumna; choć jest niezależna od logiki, tym niemniej ożywia ją trafna logika. Wiara nie może się karmić nawet idealną filozofią; ona jest właśnie, razem z nauką, źródłem takiej filozofii. Właściwym przewodnikiem dla wiary, ludzkiej wnikliwości religijnej, może być tylko objawienie, może być ona niezawodnie wywyższona tylko dzięki osobistemu doświadczeniu śmiertelnika z duchowym Dostrajaczem, obecnością Boga, który jest duchem.

Prawdziwe zbawienie polega na metodzie boskiej ewolucji śmiertelnego umysłu, od jego utożsamiania się z materią, poprzez domeny łączności morontialnej, do wysokiego, wszechświatowego statusu korelacji duchowej. I tak jak w ziemskiej ewolucji materialny, intuicyjny instynkt poprzedza pojawienie się rozumowej wiedzy, tak też przejaw duchowej, intuicyjnej wnikliwości, zapowiada późniejsze pojawienie się rozumowania morontialnego i duchowego oraz doświadczeń w nieziemskim programie niebiańskiej ewolucji, w procesie transmutacji potencjałów człowieka doczesnego w aktualność i boskość człowieka wiecznego, rajskiego finalisty.

Jednak, kiedy wznoszący się człowiek sięga do wewnątrz, w kierunku Raju, aby doświadczyć Boga, będzie on tak samo sięgał na zewnątrz, w przestrzeń, aby zrozumieć energię materialnego kosmosu. Postęp nauki nie ogranicza się do ziemskiego życia człowieka; jego doświadczenie wznoszenia się we wszechświecie i superwszechświecie będzie w niemałym stopniu badaniem przeobrażeń energii i metamorfoz materii. Bóg jest duchem, ale Bóstwo jest jednością a jedność Bóstwa obejmuje nie tylko wartości duchowe Ojca Wszechświatowego i Wiecznego Syna, ale świadoma jest również faktów energii Wszechświatowego Kontrolera i Wyspy Raj, podczas gdy te dwa stadia rzeczywistości wszechświatowej są doskonale wzajemnie połączone w umysłowych związkach Wspólnego Aktywizatora, a na poziomie skończonym zjednoczone w wyłaniającym się Bóstwie Istoty Najwyższej.

Zjednoczenie postawy naukowej i wnikliwości religijnej, dzięki pośrednictwu filozofii empirycznej, jest częścią długiego doświadczenia człowieka w trakcie jego wznoszenia się do Raju. Przybliżenia matematyki i pewności wnikliwości zawsze będą potrzebowały harmonizującego je funkcjonowania logiki umysłu, na wszystkich poziomach doświadczenia niższego od maksymalnego dosięgania Najwyższego.

Jednak logice nigdy nie uda się zharmonizować odkryć nauki i wnikliwości religii, zanim zarówno naukowe jak i religijne aspekty osobowości nie zostaną zdominowane przez prawdę, szczere pragnienie podążania za prawdą, gdziekolwiek może ona prowadzić, niezależnie od wniosków, do jakich może doprowadzić.

Logika jest metodą działania filozofii, sposobem jej ekspresji. W obrębie domen prawdziwej nauki, rozumowanie zawsze podlega prawdziwej logice; w domenach prawdziwej religii wiara zawsze jest logiczna, z zasadniczego i wewnętrznego punktu widzenia, nawet, jeśli taka wiara może wydawać się zupełnie nieuzasadniona z naukowego punktu widzenia. Patrząc z zewnątrz do wewnątrz, wszechświat może wydawać się materialny, patrząc z wewnątrz na zewnątrz, może ten sam wszechświat wydawać się całkowicie duchowy. Rozumowanie rodzi się ze świadomości materialnej, ale dzięki pośrednictwu filozofii, wzmocnionej objawieniem, logika może potwierdzić zarówno w dok wewnętrzny jak i zewnętrzny i tym samym przynieść stabilizację zarówno nauce jak i religii. Tak więc przez zwykły kontakt z logiką filozofii, zarówno nauka jak i religia mogą stawać się coraz bardziej tolerancyjne jedna wobec drugiej, coraz mniej sceptyczne

To, czego potrzebuje zarówno rozwijająca się nauka jak i religia, to więcej poszukiwań i nieustraszony samokrytycyzm, więcej świadomości swej niekompletności w statusie ewolucyjnym. Nauczyciele, zarówno nauki jak i religii, są często generalnie mówiąc, zbyt pewni siebie i dogmatyczni. Nauka i religia mogą być samokrytyczne tylko odnośnie swoich *faktów*. W momencie, gdy odchodzi się od stadium faktów, rozumowanie ustępuje albo gwałtownie się degeneruje w poplecznika fałszywej logiki.

Prawdę – zrozumienie kosmicznych związków, wszechświatowych faktów i wartości duchowych – najlepiej można zdobyć dzięki pomocy Ducha Prawdy a najlepiej ocenić dzięki *objawieniu*. Jednak objawienie nie powoduje powstania ani nauki, ani religii, jego funkcją jest koordynacja zarówno nauki jak i religii z prawdą rzeczywistości. Pod nieobecność objawienia, czy przy braku jego akceptacji albo zrozumienia, człowiek śmiertelny zawsze się uciekał do czczych gestów metafizyki, będącej jedynym substytutem objawienia prawdy dla człowieka, czy moty dla osobowości morontialnej.

Nauka świata materialnego umożliwia człowiekowi kontrolowanie otoczenia materialnego i do pewnego stopnia panowanie nad nim. Religia duchowego doświadczenia jest źródłem tego impulsu braterstwa, który umożliwia ludziom wspólne życie w kompleksowości cywilizacji epoki naukowej. Metafizyka, ale bardziej pewnie objawienie, daje wspólny grunt zarówno odkryciom nauki jak i religii i sprawia, że człowiek może próbować logicznej korelacji tych odrębnych a jednak wzajemnie zależnych domen myślenia, w dobrze zrównoważoną filozofię naukowej stabilności i religijnej pewności.

W stanie śmiertelnym niczego nie można udowodnić absolutnie, zarówno nauka jak i religia opierają się na przypuszczeniach. Na poziomie morontialnym, postulaty zarówno nauki jak i religii można częściowo udowodnić logiką moty. Na poziomie duchowym maksymalnego statusu, potrzeba skończonego dowodu stopniowo zanika, wobec faktycznego doświadczania rzeczywistości i z rzeczywistością; jednak nawet wtedy wiele spraw, poza tym, co skończone, pozostaje nie udowodnione.

Wszystkie kategorie ludzkiego myślenia opierają się na pewnych założeniach, które są akceptowane, choć nie dowiedzione przez wyczucie rzeczywistości, składnik ludzkiego wyposażenia umysłowego. Nauka zaczyna swój chełpliwy proces rozumowania *zakładając* rzeczywistość trzech rzeczy: materii, ruchu i życia. Religia zaczyna z założeniem ważności trzech rzeczy: umysłu, ducha i wszechświata – Istoty Najwyższej.

Nauka staje się domeną myślową matematyki, domeną czasowo-przestrzennej energii i materiału. Religia zakłada, że zajmuje się nie tylko skończonym i doczesnym duchem, ale także duchem wieczności i najwyższości. Tylko dzięki długiemu doświadczeniu w mocie, te dwa ekstrema postrzegania wszechświata mogą dać analogiczne wyjaśnienia początków, funkcji, związków, rzeczywistości i przeznaczeń. Maksymalna koordynacja rozbieżności energia-duch ujęta jest obwodem Siedmiu Duchów Nadrzędnych, pierwsze jej zjednoczenie następuje w Bóstwie Najwyższego, ostateczna jej jedność w nieskończoności Pierwszego Źródła i Centrum, JESTEM.

Rozumowanie jest aktem rozpoznawania wniosków świadomości, odnoszących się do doświadczania w fizycznym świecie energii i materii i z tym światem. *Wiara* jest aktem rozpoznawania ważności świadomości duchowej – czegoś, czego nie można udowodnić innym śmiertelnikom. *Logika* jest syntetycznym, poszukującym prawdy rozwinięciem jedności wiary i rozumowania, a oparta jest na składniku wyposażenia umysłu istot śmiertelnych, na naturalnym rozpoznawaniu rzeczy, znaczeń i wartości.

Istnieje autentyczny dowód rzeczywistości duchowej, polegający na obecności Dostrajacza Myśli, jednak ważności tej obecności nie da się zademonstrować światu zewnętrznemu, tylko temu, kto w ten sposób doświadcza zamieszkiwania Boga. Świadomość istnienia Dostrajacza opiera się na intelektualnym przyjmowaniu prawdy, na superumysłowej percepcji dobra i osobowej motywacji miłości.

Nauka odkrywa świat materialny, religia go ocenia a filozofia próbuje interpretować jego znaczenia, koordynując równocześnie naukowy, materialny punkt widzenia z koncepcją religijną, duchową. Historia jest jednak tą dziedziną, w której nauka i religia mogą się nigdy w pełni nie zgodzić.

8. FILOZOFIA A RELIGIA

Chociaż zarówno nauka jak i filozofia mogą zakładać prawdopodobieństwo istnienia Boga, dzięki swemu rozumowaniu i logice, tylko osobiste doświadczenie religijne, prowadzonego przez ducha człowieka, może dać pewność istnienia takiego najwyższego i osobowego Bóstwa. Dzięki takiej metodzie ucieleśnienia żywej prawdy, filozoficzna hipoteza prawdopodobieństwa Boga staje się rzeczywistością religijną.

Dezorientacja w sprawie doświadczania pewności istnienia Boga powstaje na skutek różnorodnych interpretacji i relacji o tym doświadczaniu, jakie dają poszczególne jednostki oraz różnorodne rasy ludzi. Doświadczanie Boga może być zupełnie przekonywające, ale rozmawianie *o* Bogu, będąc intelektualne i filozoficzne, jest rozbieżne w opiniach i często zwodniczo mylące.

Dobry i szlachetny człowiek może być trawiony miłością do swej żony, ale może nie zaliczyć zadowalająco pisemnego testu z psychologii miłości małżeńskiej. Inny człowiek, żywiący niewiele miłości albo i wcale nie kochający swej małżonki, może zdać taki test bardzo dobrze. U kochającego człowieka, niedoskonałość zrozumienia prawdziwej natury tego, kogo kocha, w najmniejszym stopniu nie unieważnia ani rzeczywistości, ani szczerości jego miłości.

Jeśli prawdziwie wierzycie w Boga – przez wiarę go znacie i kochacie – nie pozwólcie, aby rzeczywistość tego doświadczenia była w jakikolwiek sposób zaniżona czy umniejszona przez przepełnione zwątpieniem insynuacje nauki, kwestionowanie logiki, postulaty filozofii, czy mądre sugestie dusz o dobrych intencjach, które chciałyby stworzyć religię bez Boga.

Pewność człowieka religijnego, który zna Boga, nie powinna być mącona niepewnością wątpiących materialistów; to raczej niepewności niewierzącego należy rzucić potężne wyzwanie głębokiej wiary i niewzruszonej pewności doświadczonego wierzącego.

Filozofia powinna wystrzegać się ekstremów, zarówno materializmu jak i panteizmu, aby mogła jak najlepiej służyć zarówno nauce jak i religii. Tylko ta filozofia, która uznaje rzeczywistość osobowości – stałość w obliczu zmiany – może mieć dla człowieka wartość moralną, może służyć jako łącznik pomiędzy teoriami nauk materialnych i duchowej religii. Objawienie jest zadośćuczynieniem za słabość rozwijającej się filozofii.

9. ISTOTA RELIGII

Teologia ma do czynienia z intelektualną treścią religii, metafizyka (objawienie) z jej aspektami filozoficznymi. Doświadczenie religijne *jest* duchową treścią religii. Pomimo mitologicznych fantazji i psychologicznych iluzji intelektualnej zawartości religii, metafizycznych błędnych założeń i złudnych metod, politycznych zniekształceń i socjoekonomicznych wypaczeń filozoficznej treści religii, duchowe doświadczanie religii osobistej pozostaje autentyczne i ważne.

Religia ma do czynienia z czuciem, działaniem i życiem, nie tylko z myśleniem. Myślenie jest bardziej związane z życiem materialnym i powinno być zasadniczo, ale nie całkowicie, zdominowane przez rozumowanie i fakty nauki oraz w swych niematerialnych dążeniach ku domenom duchowym, przez prawdę. Nie ma znaczenia, jak bardzo iluzoryczna i błędna może być teologia człowieka, jego religia może być zupełnie autentyczna i wiecznie prawdziwa.

Buddyzm, w swej pierwotnej formie, jest jedną z najlepszych religii bez Boga, jakie powstały w całej ewolucyjnej historii Urantii, chociaż jak się ta wiara rozwijała, nie pozostała bez Boga. Religia bez wiary jest sprzecznością; bez Boga jest filozoficzną niekonsekwencją i intelektualną niedorzecznością.

Magiczny i mitologiczny rodowód religii naturalnej nie unieważnia rzeczywistości i prawdy późniejszych religii objawieniowych oraz doskonałej, zbawczej ewangelii religii Jezusa. Życie i nauki Jezusa ogołociły w końcu religię z przesądów magii, iluzji mitologii i zniewolenia tradycyjnego dogmatyzmu. Tym niemniej ta wczesna magia i mitologia bardzo dobrze torowały drogę późniejszej, wyższej religii, dzięki założeniu istnienia i realności nadmaterialnych wartości i istot.

Chociaż doświadczenie religijne jest zjawiskiem czysto duchowym, subiektywnym, takie doświadczenie zawiera autentyczną i żywą postawę wiary w stosunku do najwyższych domen wszechświatowej, obiektywnej rzeczywistości. Ideałem filozofii religijnej jest taka wiara-zaufanie, która prowadziłaby człowieka do bezwzględnego polegania na absolutnej miłości nieskończonego Ojca wszechświata wszechświatów. Takie autentyczne doświadczenie religijne dalece przewyższa filozoficzne zobrazowanie idealistycznego pragnienia; faktycznie uznaje ono zbawienie za przesądzone a zajmuje się tylko poznawaniem i czynieniem woli Ojca w Raju. Cechami takiej religii są: wiara w najwyższe Bóstwo, nadzieja wiecznego życia i miłość, zwłaszcza wobec bliźnich.

Gdy teologia opanuje religię, religia obumiera, staje się doktryną a nie życiem. Misją teologii jest tylko pomoc w uświadomieniu sobie osobistego doświadczenia religijnego. Teologia stanowi religijną próbę definiowania, wyjaśniania, tłumaczenia i oceniania empirycznych twierdzeń religii, które, w ostatecznym podsumowaniu, mogą być potwierdzone tylko przez żywą wiarę. W wyższej filozofii wszechświata, mądrość, podobnie jak rozumowanie, łączą się z wiarą. Rozumowanie, mądrość i wiara są najwyższymi zdobyczami człowieka. Rozumowanie wprowadza człowieka w świat faktów, rzeczy; mądrość wprowadza go w świat prawd, związków; wiara inicjuje go do świata boskości, doświadczenia duchowego.

Wiara bardzo chętnie pociąga za sobą rozumowanie, tak dalece, jak rozumowanie może za nią podążać, a potem idzie z mądrością do pełni jej filozoficznego limitu, później ośmiela się zacząć nieograniczoną i nigdy niekończącą się, wszechświatową podróż, wyłącznie w towarzystwie PRAWDY.

Nauka (wiedza) oparta jest na naturalnym (duch przyboczny) założeniu, że rozumowanie jest słuszne, że wszechświat może być zrozumiały. Filozofia (koordynujące rozumowanie) oparta jest na naturalnym (duch mądrości) założeniu, że mądrość jest słuszna, że wszechświat materialny może być skoordynowany z duchowym. Religia (prawda osobistego doświadczenia duchowego) oparta jest na naturalnym (Dostrajacz Myśli) założeniu, że wiara jest ważna, że Bóg może być poznany i że można do niego dotrzeć.

Pełne uświadomienie sobie rzeczywistości życia śmiertelnego polega na coraz większej gotowości uwierzenia w te założenia rozumowania, mądrości i wiary. Takie życie jest życiem motywowanym przez prawdę i zdominowanym przez miłość; i to są ideały obiektywnej rzeczywistości kosmicznej, której istnienia nie można zademonstrować materialnie.

Rozum, gdy raz rozpozna dobro i zło, wykazuje mądrość; kiedy mądrość wybiera pomiędzy dobrem a złem, prawdą a błędem, ukazuje duchowe przewodnictwo. I w ten sposób funkcje umysłu, duszy i ducha są zawsze blisko złączone i funkcjonalnie wzajemnie powiązane. Rozumowanie ma do czynienia z wiedzą dotyczącą faktów, mądrość z filozofią i objawieniem, wiara z żywym doświadczeniem duchowym. Poprzez prawdę człowiek dociera do piękna a poprzez duchową miłość wznosi się ku dobroci.

Wiara prowadzi do poznania Boga, nie tylko do mistycznego odczuwania Boskiej obecności. Wiara nie może zbytnio ulegać wpływom swych emocjonalnych skutków. Prawdziwa religia jest doświadczeniem wierzenia i wiedzy, jak również zaspokajaniem uczuć.

W doświadczeniu religijnym istnieje rzeczywistość, która proporcjonalna jest do jego duchowej zawartości i taka rzeczywistość przewyższa rozumowanie, naukę, filozofię, mądrość i wszelkie inne ludzkie osiągnięcia. Przekonania, powstałe w wyniku takiego doświadczenia, są niewzruszone, logika życia religijnego jest bezsporna, pewność takiej wiedzy jest nadludzka, zadowolenia są specyficznie boskie, odwaga jest nieposkromiona, poświęcenia niekwestionowane, lojalności najwyższe a przeznaczenia finalne – wieczne, ostateczne i wszechświatowe.

[Przedstawione przez Melchizedeka z Nebadonu].

PRZEKAZ 104

ROZWÓJ KONCEPCJI TRÓJCY

KONCEPCJI Trójcy z religii objawionej nie można mieszać z wierzeniami w triady w religiach ewolucyjnych. Idea triad powstała z wielu sugestywnych związków, ale przede wszystkim w wyniku istnienia trzech stawów w palcach, trzech nóg, jako najmniejszej ich liczby stabilizującej stołek, trzech punktów podparcia utrzymujących namiot; ponadto, przez długi czas, człowiek prymitywny nie potrafił liczyć więcej niż do trzech.

Obok pewnych naturalnych dwójek, takich jak przeszłość i teraźniejszość, dzień i noc, ciepło i zimno, mężczyzna i kobieta, człowiek generalnie miał skłonność do myślenia w triadach: wczoraj, dziś i jutro; wschód, południe i zachód; ojciec, matka i dziecko. Trzy okrzyki wznoszono na cześć zwycięzcy. Zmarłego grzebie się na trzeci dzień a ducha łagodzi się trzema ablucjami wodnymi.

W wyniku tych naturalnych związków, występujących w doświadczeniu ludzkim, w religii pojawiła się triada i to na długo przed Trójcą Rajskich Bóstw, czy nawet zanim jakikolwiek reprezentant Trójcy został objawiony ludzkości. Później, Persowie, Hindusi, Grecy, Egipcjanie, Babilończycy, Rzymianie i Skandynawowie mieli triadę bogów, jednak wciąż nie były to trójce. Wszystkie bóstwa triad miały naturalne pochodzenie i pojawiały się w takim czy innym czasie u najbardziej inteligentnych narodów Urantii. Czasami koncepcja ewolucyjnej triady była mieszana z koncepcją objawionej Trójcy; w takich przypadkach częstokroć trudno jest oddzielić jedną od drugiej.

1. URANTIAŃSKIE KONCEPCJE TRÓJCY

Pierwsze urantiańskie objawienie, prowadzące do zrozumienia Rajskiej Trójcy, zostało dokonane przez personel Księcia Caligastii, około pół miliona lat temu. Ta najwcześniejsza koncepcja Trójcy została stracona dla świata w niespokojnych czasach, jakie nastąpiły po buncie planetarnym.

Drugie przedstawienie Trójcy zrobili Adam i Ewa, w pierwszym i drugim ogrodzie. Nauk tych nie zapomniano zupełnie nawet w czasach Machiventy Melchizedeka, około trzydzieści pięć tysięcy lat później, ponieważ setycka koncepcja Trójcy przetrwała zarówno w Mezopotamii jak i Egipcie, ale zwłaszcza w Indiach, gdzie na długo została utrwalona w Agni, wedyjskim, trójgłowym bogu ognia.

Trzeciego zobrazowania Trójcy dokonał Machiventa Melchizedek i tę doktrynę symbolizowały trzy koncentryczne okręgi, które mędrzec z Salemu nosił na piersi. Jednak nauczanie palestyńskich Beduinów o Ojcu Wszechświatowym, Wiecznym Synu i Nieskończonym Duchu sprawiało Machivencie wielkie trudności. Większość jego uczniów uważała, że Trójca składa się z trzech Najwyższych Ojców z Norlatiadeku; dla kilku z nich Trójcę stanowili Władca Systemu, Ojciec Konstelacji i Stwórcze Bóstwo wszechświata lokalnego; jeszcze mniej ludzi mgliście tylko pojmowało ideę rajskiego związku Ojca, Syna i Ducha.

W wyniku działalności misjonarzy salemskich, nauki Melchizedeka o Trójcy szerzyły się stopniowo na znacznej części Eurazji i Afryki północnej. W kolejnych epokach andickich i post-Melchizedekowych trudno jest czasem rozróżnić pomiędzy triadami a trójcami, kiedy obie te koncepcje do pewnego stopnia mieszały się i łączyły.

Trójcowa koncepcja hinduistów sięga swymi korzeniami do Istoty, Inteligencji i Radości. (Późniejszą, indyjską koncepcję, stanowili Brahma, Śiwa i Wisznu). Podczas gdy wcześniejsze interpretacje Trójcy sprowadzone zostały do Indii przez kapłanów setyckich, późniejsze idee Trójcy zostały importowane przez misjonarzy salemskich oraz kształtowane przez rodzime intelekty indyjskie, które mieszały te doktryny z koncepcjami triad ewolucyjnych.

Wiara buddyjska wytworzyła dwie doktryny trójcowej natury. Wcześniejszą stanowili Nauczyciel, Prawo i Braterstwo; takiego zobrazowania dokonał Gautama Siddhartha. Idea późniejsza, ukształtowana w północnym odgałęzieniu zwolenników Buddy, obejmowała Najwyższego Pana, Ducha Świętego i Wcielonego Zbawiciela.

Takie idee hinduistów i buddystów były prawdziwymi założeniami trójcowymi, to znaczy ideą trojakiego przejawu monoteistycznego Boga. Prawdziwa koncepcja trójcy nie jest zwyczajnie grupą trzech oddzielnych bogów.

Hebrajczycy znali Trójcę z tradycji kenickich, pochodzących z czasów Melchizedeka, ale ich monoteistyczna gorliwość w uznawaniu jednego Boga, Jahwe, tak przesłoniła wszelkie podobne nauki, że do czasu przyjścia Jezusa doktryna Elohima została praktycznie wykorzeniona z teologii żydowskiej. Hebrajski umysł nie mógł pogodzić idei trójcowej z monoteistycznym wierzeniem w Jednego Pana Boga Izraela.

Wyznawcy islamu tak samo nie mogli zrozumieć idei Trójcy. Wyłaniającemu się monoteizmowi zawsze trudno jest tolerować trójcowość, gdy staje w obliczu politeizmu. Idea trójcy zyskuje największy wpływ w tych religiach, które mają mocną tradycję monoteistyczną, połączoną z doktrynalną elastycznością. Wielkim monoteistom, hebrajczykom i mahometanom, trudność sprawiało rozróżnianie pomiędzy czczeniem trzech bogów, politeizmem a trójcowością – czczeniem jednego Bóstwa istniejącego w potrójnym przejawie boskości i osobowości.

Jezus nauczał swoich apostołów prawdy o trzech osobach Rajskiej Trójcy, ale oni myśleli, że mówi obrazowo i symbolicznie. Wychowanym w hebrajskim monoteizmie trudno było żywić jakiekolwiek wierzenie, które zdawało się kolidować z ich zasadniczą koncepcją Jahwe. I wcześni chrześcijanie odziedziczyli hebrajskie uprzedzenia wobec koncepcji Trójcy.

Pierwsza chrześcijańska Trójca głoszona była w Antiochii i składała się z Boga, jego Słowa i jego Mądrości. Paweł wiedział o Rajskiej Trójcy, Ojca, Syna i Ducha, ale rzadko o niej nauczał a wspominał o niej tylko w kilku swoich listach do nowo powstających Kościołów. Oprócz tego, podobnie jak jego bracia apostołowie, Paweł mylił Jezusa, Syna Stwórcę z wszechświata lokalnego, z Drugą Osobą Bóstwa, z Wiecznym Synem z Raju.

Chrześcijańska koncepcja Trójcy, którą zaczęto uznawać pod koniec pierwszego wieku po Chrystusie, składała się z Ojca Wszechświatowego, Syna Stwórcy z Nebadonu i Boskiej Opiekunki z Salvingtonu – Matki Ducha wszechświata lokalnego i stwórczej partnerki Syna Stwórcy.

Od czasów Jezusa, na *Urantii* nie znano prawdziwej tożsamości Rajskiej Trójcy (za wyjątkiem kilku jednostek, którym została specjalnie objawiona), aż do przedstawienia tych właśnie, objawieniowych wyjaśnień. Choć chrześcijańska koncepcja Trójcy błądziła, gdy idzie o fakty, praktycznie była prawdą, gdy idzie o związki duchowe.

Koncepcja ta przysparzała kłopotów jedynie w swych filozoficznych implikacjach i kosmologicznych konsekwencjach. Wielu kosmicznie zorientowanym ludziom trudno było w to uwierzyć, że Druga Osoba Bóstwa, drugi członek nieskończonej Trójcy, kiedyś mieszkał na Urantii; a podczas gdy w duchu jest to prawdą, w rzeczywistości nie jest to faktem. Stwórcy Michałowie w pełni ucieleśniają Boskość Wiecznego Syna, ale nie są osobowością absolutną.

2. JEDNOŚĆ TRÓJCY I WIELORAKOŚĆ BÓSTWA

Monoteizm powstał jako filozoficzny protest przeciw niekonsekwencjom politeizmu. Rozwinął się z początku przez organizację panteonu, z podziałem na zakresy nadprzyrodzonych kompetencji, potem przez henoteistyczne wywyższenie jednego boga ponad wielu i ostatecznie, dzięki eliminacji pozostałych, wybranie Jednego Boga o ostatecznej wartości.

Trynitarianizm rozwinął się z empirycznego protestu przeciw niemożności wyobrażenia sobie jedności zdeantropomorfizowanego, samotnego Bóstwa o samoistnym, wszechświatowym znaczeniu. Z upływem odpowiedniego czasu, filozofia zmierza do oderwania osobowych cech od koncepcji Bóstwa czystego monoteizmu, tym samym redukując ideę samoistnego Boga do statusu panteistycznego Absolutu. Zawsze trudno było zrozumieć osobową naturę Boga, który nie ma osobowych związków na zasadzie równości z innymi, partnerskimi istotami osobowymi. Osobowość Bóstwa wymaga, aby takie Bóstwo istniało w odniesieniu do innego, równego mu, osobowego Bóstwa.

Dzięki przyjęciu koncepcji Trójcy, człowiek może mieć nadzieję, że zrozumie cokolwiek ze związków wzajemnych miłości i prawa w kreacjach czasu-przestrzeni. Dzięki duchowej wierze, człowiek zyskuje wgląd w Bożą miłość, ale wkrótce odkrywa, że ta duchowa wiara nie ma wpływu na zarządzone prawa materialnego wszechświata. Niezależnie od siły wierzenia człowieka w Boga, jako w swego Rajskiego Ojca, poszerzające się kosmiczne horyzonty wymagają, aby człowiek uznał również rzeczywistość Rajskiego Bóstwa, jako powszechnego prawa, aby uznał władzę Trójcy, rozciągającą się na zewnątrz Raju i obejmującą nawet rozwijające się wszechświaty lokalne Synów Stwórców i Stwórczych Córek, pochodzących od trzech wiecznych osób, których Boska jedność *jest* faktycznie i rzeczywiście wieczną niepodzielnością Rajskiej Trójcy.

I ta sama Rajska Trójca jest bytem rzeczywistym – nie osobowością, ale jednak prawdziwą i absolutną rzeczywistością; nie osobowością, ale mimo to zgodną z współistniejącymi osobowościami – osobowościami Ojca, Syna i Ducha. Trójca jest supersumującą rzeczywistością Bóstwa, wynikającą z połączenia trzech Rajskich Bóstw. Jakości, cechy charakterystyczne i funkcje Trójcy, nie są prostą sumą atrybutów trzech Rajskich Bóstw; funkcje Trójcy są czymś unikalnym, oryginalnym i niezupełnie przewidywalnym z analizy atrybutów Ojca, Syna i Ducha.

Przykładowo, kiedy Mistrz był na Ziemi, napominał swych współbraci o sprawiedliwości, że nigdy nie jest ona aktem *osobowym* , zawsze jest funkcją grupową. Tak samo Bogowie nie wymierzają sprawiedliwości jako osoby. Tę właśnie funkcję sprawują jako zespołowa całość, jako Rajska Trójca.

Konceptualne zrozumienie związków Ojca, Syna i Ducha w Trójcy, przygotowuje ludzki umysł na dalsze zobrazowanie pewnych innych, trojakich związków. Rozumowanie teologiczne może się w pełni zadowolić koncepcją Rajskiej Trójcy, ale rozumowanie filozoficzne i kosmologiczne wymaga rozpoznania innych potrójnych związków

Pierwszego Źródła i Centrum, tych trójjedności, w których Nieskończony działa w różnych, nie Ojcowskich funkcjach swych wszechświatowych przejawów – w związkach Boga z siłą, energią, mocą, przyczynowością, reakcją, potencjalnością, aktualnością, grawitacją, napięciem, formą, zasadą i jednością.

3. TRÓJCE I TRÓJJEDNOŚCI

Chociaż ludzkości udawało się niekiedy zrozumieć Trójcę trzech osób Bóstwa, logika nakazuje, aby ludzki intelekt zauważył, że istnieją pewne związki pomiędzy wszystkimi siedmioma Absolutami. Wszystko to, co jest prawdą odnośnie Rajskiej Trójcy, niekoniecznie musi być prawdą w odniesieniu do *trójjedności*, gdyż trójjedność jest czymś innym niż trójca. W pewnych, funkcjonalnych aspektach, trójjedność może być analogiczna do trójcy, jednak w swej naturze nigdy nie jest równoznaczna z trójcą.

Człowiek śmiertelny żyje na Urantii we wspaniałej epoce poszerzających się horyzontów i rozbudowujących się koncepcji a jego filozofia kosmiczna musi przyspieszyć swój rozwój, aby dotrzymać kroku intelektualnej ekspansji na arenie myśli ludzkiej. W miarę poszerzania się kosmicznej świadomości śmiertelnego człowieka, dostrzega on związki wzajemne wszystkiego tego, co znajduje w swojej materialnej nauce, intelektualnej filozofii i duchowej wnikliwości. Mimo to, z całą tą wiarą w jedność kosmosu, człowiek dostrzega różnorodność wszelkiej egzystencji. Wbrew wszystkim koncepcjom dotyczącym niezmienności Bóstwa, człowiek zauważa, że żyje we wszechświecie nieustannych zmian i empirycznego rozwoju. Niezależnie od świadomości przetrwania wartości duchowych, człowiek zawsze rozumował według matematyki i prematematyki siły, energii i mocy.

W pewien sposób trzeba pogodzić wieczną pełnię nieskończoności z czasowym rozwojem kształtujących się wszechświatów i niekompletnością ich empirycznych mieszkańców. W pewien sposób koncepcja całkowitego bezkresu musi być podzielona na segmenty i określona, tak, aby śmiertelny intelekt i dusza morontialna mogły zrozumieć tę koncepcję o ostatecznej wartości i uduchowiającym znaczeniu.

Chociaż logika domaga się monoteistycznej jedności kosmicznej rzeczywistości, skończone doświadczenie wymaga postulatu wielu Absolutów i ich koordynacji w kosmicznych związkach. Bez partnerskich istnień nie istnieje możliwość powstania różnorodności absolutnych związków, nie mogą działać czynniki różnicujące, odmieniające, modyfikujące, osłabiające, ograniczające i redukujące.

Całościowa rzeczywistość (nieskończoność) tak została przedstawiona w tych przekazach, jak istnieje ona w siedmiu Absolutach:

1. Ojciec Wszechświatowy.
2. Wieczny Syn.
3. Nieskończony Duch.
4. Wyspa Raj.
5. Bóstwo-Absolut.
6. Absolut Wszechświatowy.
7. Absolut Nieuwarunkowany.

Pierwsze Źródło i Centrum, który jest Ojcem Wiecznego Syna, jest także Formą dla Rajskiej Wyspy. Jest on osobowością nie uwarunkowaną w Synu, ale osobowością potencjalizowaną w Bóstwie-Absolucie. Ojciec jest energią objawioną w Raju-Havonie a równocześnie energią kryjącą się w Absolucie Nieuwarunkowanym. Nieskończony objawia się zawsze w nieustannych działaniach Wspólnego Aktywizatora, podczas gdy funkcjonuje wiecznie w równoważących, ale ukrytych działaniach Absolutu Wszechświatowego. Tak więc Ojciec związany jest z sześcioma partnerskimi Absolutami i tym samym wszystkie ich siedem zawiera obwód nieskończoności w niekończących się cyklach wieczności.

Wydaje się, że trójjedność absolutnych związków jest nieunikniona. Osobowość szuka kontaktu z inną osobowością na poziomie absolutnym, jak również na wszystkich innych poziomach. I związek trzech rajskich osobowości uwiecznia pierwszą trójjedność, wspólnotę osobowości Ojca, Syna i Ducha. Kiedy te trzy osoby, *jako osoby*, połączą się w celu wspólnego funkcjonowania, stanowią wtedy trójjedność o funkcjonalnej jedności, nie trójcę – strukturalną jedność – ale jednak trójjedność, trojakie funkcjonalne połączenie jednomyślności.

Rajska Trójca nie jest trójjednością; nie jest funkcjonalną jednomyślnością; jest raczej nie podzielonym i niepodzielnym Bóstwem. Ojciec, Syn i Duch (jako osoby) mogą utrzymywać związki z Rajską Trójcą, gdyż Trójca *jest* ich nie podzielonym Bóstwem. Ojciec, Syn i Duch, nie utrzymują takiego osobowego związku z pierwszą trójjednością, gdyż to *jest* ich funkcjonalna jedność, jako trzech osób. Tylko jako Trójca – jako niepodzielne Bóstwo – zbiorowo utrzymują zewnętrzny związek z trójjednością i z jej osobowym połączeniem.

Rajska Trójca jest zatem unikalna wśród absolutnych związków, istnieje kilka egzystencjalnych trójjedności, ale tylko jedna egzystencjalna Trójca. Trójjedność *nie* jest bytem. Jest funkcjonalna raczej niż strukturalna. Jej członkowie są raczej partnerami niż zespołem. Byty mogą być komponentami trójjedności, ale sama trójjedność jest związkiem.

Jednak w jednym punkcie występuje podobieństwo pomiędzy trójcą a trójjednością. Obie wynikają w funkcjach, które są czymś innym, niż dostrzegalną sumą atrybutów członków składowych. Chociaż z funkcjonalnego punktu widzenia są one porównywalne, poza tym nie wykazują wyraźnych powiązań. Są z grubsza podobne do siebie jako odniesienie funkcji do struktury. Jednak funkcjonowanie związku trójjedności nie jest funkcjonowaniem struktury czy bytu trójcy.

Tym niemniej trójjedności są rzeczywiste, są bardzo rzeczywiste. W nich całość rzeczywistości znajduje swą funkcjonalizację a poprzez nie Ojciec Wszechświatowy sprawuje bezpośrednią i osobistą kontrolę nad zasadniczymi funkcjami nieskończoności.

4. SIEDEM TRÓJJEDNOŚCI

Kiedy próbuje się określić siedem trójjedności, należy zwrócić uwagę na to, że Ojciec Wszechświatowy jest pierwszym członkiem każdej z nich. Jest on, był i zawsze będzie, Pierwszym Wszechświatowym Ojcem-Źródłem, Absolutnym Centrum, Pierwszą Przyczyną, Kontrolerem Wszechświatowym, Nieograniczonym Aktywatorem, Pierwotną Jednością, Nieuwarunkowanym Podtrzymywaczem, Pierwszą Osobą Bóstwa, Pierwotną Formą Kosmiczną i Esencją Nieskończoności. Ojciec Wszechświatowy jest osobową przyczyną Absolutów; jest absolutem Absolutów.

Charakter i znaczenie siedmiu trójjedności można przedstawić następująco:

Pierwsza trójjedność – osobowo-celowa trójjedność. Jest to kombinacja trzech osobowości Bóstwa:

1. Ojciec Wszechświatowy.
2. Wieczny Syn.
3. Nieskończony Duch.

Jest to trojaki związek miłości, miłosierdzia i służby – służący określonemu celowi, osobowy związek trzech wiecznych, rajskich osobowości. Jest to związek bosko zbratany, kochający stworzonych, działający po ojcowsku i popierający wznoszenie się. Boskie osobowości pierwszej trójjedności są Bogami nadającymi osobowość, obdarzającymi duchem i wyposażającymi w umysł.

Jest to trójjedność posiadająca nieskończoną wolę; działa w wiecznej teraźniejszości i w całym biegu czasu przeszłości-teraźniejszości-przyszłości. Ten związek tworzy wolicjonalną nieskończoność i daje te mechanizmy, za pomocą których osobowe Bóstwo samo objawia się istotom rozwijającego się kosmosu.

Druga trójjedność – trójjedność mocy-formy. Od najmniejszych aż do największych organizacji materialnych zawsze istnieje fizyczna forma – konfiguracja kosmiczna – wyprowadzona z funkcjonowania tej trójjedności, czy to będzie drobny ultimaton, błyszcząca gwiazda czy wirująca mgławica, czy nawet wszechświat centralny albo superwszechświaty. W skład tego związku wchodzi:

1. Ojciec-Syn.
2. Rajska Wyspa.
3. Wspólny Aktywizator.

Energię organizują kosmiczni pełnomocnicy Trzeciego Źródła i Centrum; energia wzorowana jest według formy Raju, materializacji absolutnej; jednak za tymi nieustannymi oddziaływaniami stoi obecność Ojca-Syna, której jedność po raz pierwszy zaktywizowała rajską formę, sprawiając pojawienie się Havony, razem z narodzinami Nieskończonego Ducha, Wspólnego Aktywizatora.

W doświadczeniu religijnym stworzeni kontaktują się z Bogiem, który jest miłością, ale taka duchowa wnikliwość nigdy nie może przyćmiewać inteligentnej akceptacji wszechświatowego faktu tej formy, którą jest Raj. Rajskie osobowości zjednują sobie dobrowolne wielbienie wszystkich stworzonych, dzięki nieodpartej mocy Boskiej miłości i wiodą wszystkie takie, zrodzone z ducha osobowości, ku niebiańskim radościom niekończącej się służby finalistów, synów Bożych. Druga trójjedność jest architektem stadium przestrzennego, w którym zachodzą te procesy; określa ona formę kosmicznych konfiguracji.

Boskość pierwszej trójjedności może charakteryzować się miłością, jednak forma jest galaktycznym uzewnętrznieniem drugiej trójjedności. Czym jest pierwsza trójjedność dla rozwijających się osobowości, tym jest druga trójjedność dla rozwijających się wszechświatów. Forma i osobowość są dwoma wielkimi przejawami funkcjonowania Pierwszego Źródła i Centrum; i bez znaczenia jak trudno to zrozumieć, prawdą jest jednak, że moc-forma i kochająca osoba są jedną i tą samą wszechświatową rzeczywistością; Wyspa Raj i Wieczny Syn są partnerami, a jednak antypodycznymi objawieniami niezgłębionej natury Wszechświatowego Ojca-Siły.

Trzecia trójjedność – trójjedność duchowo-ewolucyjna. Całość przejawów duchowych ma swój początek i koniec w tym związku, w skład którego wchodzą:

1. Ojciec Wszechświatowy.
2. Syn-Duch.
3. Bóstwo-Absolut.

Od potencji duchowej do rajskiego ducha, wszystkie duchy znajdują ekspresję swej rzeczywistości w tym trójjednym związku czystej, duchowej esencji Ojca, w aktywnych wartościach duchowych Syna-Ducha i w nieograniczonych potencjałach duchowych Bóstwa-Absolutu. W tej trójjedności egzystencjalne wartości ducha mają swą pierwotną przyczynę, pełne uzewnętrznienie i ostateczne przeznaczenie.

Ojciec istnieje przed duchem; Syn-Duch działa jako aktywny, stwórczy duch; Bóstwo-Absolut istnieje jako obejmujący wszystko duch a nawet poza duchem.

Czwarta trójjedność – trójjedność nieskończoności energii. W tej trójjedności uwieczniają się początki i końce całej rzeczywistości energii, od potencji przestrzeni do monoty. W skład tej kombinacji wchodzą:

1. Ojciec-Duch.
2. Rajska Wyspa.
3. Absolut Nieuwarunkowany.

Raj jest centrum aktywacji siły-energii kosmosu – wszechświatowym umiejscowieniem Pierwszego Źródła i Centrum, kosmicznym punktem zogniskowania Absolutu Nieuwarunkowanego i źródłem całej energii. Egzystencjalnie istnieje w tej trójjedności energetyczny potencjał kosmosu-nieskończoności, którego tylko częściowymi przejawami są wielki wszechświat i wszechświat nadrzędny.

Czwarta trójjedność kontroluje absolutnie podstawowe jednostki energii kosmicznej i uwalnia je z uchwytu Absolutu Nieuwarunkowanego, wprost proporcjonalnie do pojawiania się Bóstw empirycznych, zdolnych do podabsolutnej kontroli i stabilizacji przeobrażającego się kosmosu.

Ta trójjedność *jest* siłą i energią. Nieskończone możliwości Absolutu Nieuwarunkowanego skoncentrowane są dookoła absolutum Wyspy Raj, skąd emanują trudne do wyobrażenia wzbudzenia statycznego skądinąd bezruchu Nieuwarunkowanego. Niekończące się tętnienie materialnego, rajskiego serca nieskończonego kosmosu bije w harmonii z niezgłębioną formą i niezbadanym planem Nieskończonego Aktywatora, Pierwszego Źródła i Centrum.

Piąta trójjedność – trójjedność nieskończoności oddziaływania. W skład tego związku wchodzą:

1. Ojciec Wszechświatowy.
2. Absolut Wszechświatowy.
3. Absolut Nieuwarunkowany.

Grupa ta przynosi uwiecznienie realizacji funkcjonalnej nieskończoności tego wszystkiego, co jest możliwe do zaktualizowania w obrębie domen nieboskiej rzeczywistości. Trójjedność ta wykazuje nieograniczone możliwości reagowania na wolicjonalne, przyczynowe, napięciowe i formacyjne działania oraz obecności innych trójjedności.

Szósta trójjedność – trójjedność kosmicznie połączonego Bóstwa. W skład tej kombinacji wchodzą:

1. Ojciec Wszechświatowy.
2. Bóstwo-Absolut.
3. Absolut Wszechświatowy.

Jest to związek Bóstwa-w-kosmosie, immanencja Bóstwa w połączeniu z transcendencją Bóstwa. Jest to najdalsze sięganie boskości na poziomach nieskończoności w kierunku tych rzeczywistości, które leżą poza domeną rzeczywistości deifikowanej.

Siódma trójjedność – trójjedność nieskończonej jedności. Jest to jedność nieskończoności, przejawiająca się funkcjonalnie w czasie i wieczności, koordynująca unifikacja aktualności i potencjalności. W skład tej grupy wchodzą:

1. Ojciec Wszechświatowy.
2. Wspólny Aktywizator.
3. Absolut Wszechświatowy.

Wspólny Aktywizator uniwersalnie integruje różne funkcjonalne aspekty całej zaktualizowanej rzeczywistości, na wszystkich jej poziomach przejawiania się, od skończoności, poprzez transcendentalności, aż do absolutów. Absolut Wszechświatowy doskonale równoważy te zróżnicowania, które są nieodłączne zmiennym aspektom całej niekompletnej rzeczywistości, od nieograniczonych potencjalności aktywnie-wolicjonalnej i sprawczej rzeczywistości Bóstwa, do niezmierzonych możliwości statycznej, reaktywnej, nieboskiej rzeczywistości w niepojętych domenach Absolutu Nieuwarunkowanego.

Wspólny Aktywizator i Absolut Wszechświatowy, kiedy działają w tej trójjedności, reagują jednakowo na Bóstwo i na nieboskie obecności, podobnie jak Pierwsze Źródło i Centrum, który w tym związku jest, praktycznie biorąc, konceptualnie nieodróżnialny od JESTEM.

Przybliżenia te wystarczają do wyjaśnienia idei trójjedności. Nie znając ostatecznego poziomu trójjedności, nie możecie w pełni zrozumieć jej pierwszych siedmiu poziomów. Podczas gdy uważamy, że nierozsądne byłoby dalsze kontynuowanie tego tematu, możemy oświadczyć, że istnieje piętnaście trójjednych związków Pierwszego Źródła i Centrum, z których osiem nie jest objawione w tych przekazach. Te nie objawione związki dotyczą rzeczywistości, aktualności i potencjalności, które znajdują się poza empirycznym poziomem najwyższości.

Trójjedności są funkcjonalnym balansjerem nieskończoności, zjednoczeniem unikalności Siedmiu Absolutów Nieskończoności. To właśnie egzystencjalne istnienie tych trójjedności umożliwia Ojcu-JESTEM doświadczanie funkcjonalnej, nieskończonej jedności, wbrew zróżnicowaniu nieskończoności na siedem Absolutów. Pierwsze

Źródło i Centrum jest czynnikiem jednoczącym wszystkich trójjedności; w nim wszystkie rzeczy mają swe absolutne początki, wieczne istnienia i nieskończone przeznaczenia – „w nim wszystko ma istnienie".

Chociaż związki te nie mogą poszerzyć nieskończoności Ojca-JESTEM, wydaje się, że umożliwiają podnieskończone i podabsolutne przejawianie się jego rzeczywistości. Siedem trójjedności pomnaża wszechstronność, uwiecznia nowe głębie, czyni boskimi nowe wartości, odsłania nowe potencjalności, objawia nowe znaczenia; i wszystkie te przejawy, zróżnicowane w czasie i przestrzeni oraz w wiecznym kosmosie, istnieją w hipotetycznej hipostazie pierwotnej nieskończoności JESTEM.

5. TRIODYTY

Istnieją jeszcze inne trójjedne związki, które nie są Ojcowskie w swej naturze, ale to nie są prawdziwe trójjedności i zawsze są odróżniane od trójjedności Ojcowskich. Są one różnie nazywane – stowarzyszone trójjedności, partnerskie trójjedności oraz *triodyty*. Są one wynikiem istnienia trójjedności. Dwa spośród tych związków uformowane są następująco:

Triodyta aktualności. Triodytę tę tworzą związki wzajemne trzech absolutnych aktualności:

1. Wiecznego Syna.
2. Wyspy Raj.
3. Wspólnego Aktywizatora.

Wieczny Syn jest absolutem rzeczywistości duchowej, absolutną osobowością. Wyspa Raj jest absolutem rzeczywistości kosmicznej, absolutną formą. Wspólny Aktywizator jest absolutem rzeczywistości umysłowej, partnerem absolutnej rzeczywistości duchowej oraz syntezą osobowości i mocy Bóstwa egzystencjalnego. Z tego trójjednego związku wynika całościowa koordynacja sumy zaktualizowanej rzeczywistości – duchowej, kosmicznej albo umysłowej. W aktualności jest nie uwarunkowany.

Triodyta potencjalności. Tę triodytę tworzy związek trzech Absolutów potencjalności:

1. Bóstwa-Absolutu.
2. Absolutu Wszechświatowego.
3. Absolutu Nieuwarunkowanego.

Takie wzajemnie połączone rezerwuary nieskończoności zawierają wszelką, ukrytą energię rzeczywistości – duchową, umysłową czy kosmiczną. Związek ten daje integrację całej ukrytej energii rzeczywistości. W potencjale jest nieskończony.

Tak jak trójjedności koncentrują się głównie na funkcjonalnym zjednoczeniu nieskończoności, tak triodyty skoncentrowane są na kosmicznym pojawianiu się Bóstw empirycznych. Trójjedności angażują się pośrednio, jednak triodyty angażują się bezpośrednio w Bóstwa empiryczne – Najwyższego, Ostatecznego i Absolutnego. Pojawiają się one w wyłaniającej się syntezie mocy-osobowości Istoty Najwyższej. I dla czasowych istot przestrzeni, Istota Najwyższa jest objawieniem jedności JESTEM.

[Przedstawione przez Melchizedeka z Nebadonu].

PRZEKAZ 105

BÓSTWO A RZECZYWISTOŚĆ

NIESKOŃCZONOŚĆ jest tylko częściowo pojmowalna, nawet dla wysokich klas wszechświatowych istot inteligentnych a ostateczność rzeczywistości jest tylko relatywnie możliwa do zrozumienia. Umysł ludzki, kiedy próbuje zgłębić wieczność-tajemnicę, początek i przeznaczenie wszystkiego tego, co zwie się *rzeczywistym*, może sobie pomóc w zrozumieniu zagadnienia, gdy wyobrazi sobie wieczność-nieskończoność jako prawie nieograniczoną elipsę, która jest wytworzona przez jedną absolutną przyczynę, a która funkcjonuje w tym nieskończenie zróżnicowanym, wszechświatowym okręgu, zawsze poszukując jakiegoś absolutnego, nieskończonego potencjału przeznaczenia.

Kiedy śmiertelny intelekt próbuje zrozumieć ideę całości rzeczywistości, wtedy skończony umysł staje twarzą w twarz z nieskończonością-rzeczywistością; rzeczywistość całości *jest* nieskończonością i dlatego nigdy nie może być w pełni zrozumiana przez jakikolwiek umysł, który w swych możliwościach koncepcyjnych jest podnieskończony.

Umysł ludzki raczej nie może sformułować odpowiedniej idei wiecznych egzystencji, a bez takiego zrozumienia niemożliwe jest przedstawienie nawet naszych koncepcji rzeczywistości całościowej. Mimo wszystko możemy spróbować ją przedstawić, chociaż jesteśmy w pełni świadomi, że nasze idee mogą ulec poważnemu zniekształceniu w procesie ich przekładu-modyfikacji na poziom rozumowania śmiertelnego umysłu.

1. FILOZOFICZNA KONCEPCJA JESTEM

Absolutną, pierwotną przyczynowość w nieskończoności filozofowie wszechświata przypisują Ojcu Wszechświatowemu, działającemu jako nieskończony, wieczny i absolutny JESTEM.

Przedstawienie śmiertelnemu intelektowi idei nieskończonego JESTEM wiąże się z wieloma niebezpieczeństwami, ponieważ ta koncepcja jest tak odległa od ludzkiego, empirycznego pojmowania, że zawiera poważne zniekształcenia znaczeniowe i nieporozumienia w sprawie wartości. Tym niemniej filozoficzna koncepcja JESTEM daje istotom skończonym pewną podstawę, kiedy próbują się zbliżyć do częściowego zrozumienia absolutnych początków i nieskończonych przeznaczeń. Należy jednak wyjaśnić, że przy wszystkich naszych próbach naświetlenia początków i realizacji rzeczywistości, *koncepcję JESTEM należy traktować,* we wszelkich osobowościowych znaczeniach i wartościach, jako równoznaczną z Pierwszą Osobą Bóstwa, Ojcem Wszechświatowym wszystkich osobowości. Jednak to założenie JESTEM nie jest tak wyraźnie rozpoznawalne w nie deifikowanych domenach rzeczywistości wszechświatowej.

JESTEM jest Nieskończony; JESTEM jest również nieskończonością. Z sekwencyjnego, czasowego punktu widzenia, cała rzeczywistość ma swój początek w nieskończonym JESTEM, którego samotna egzystencja w przeszłej, nieskończonej wieczności, musi być najważniejszym założeniem filozoficznym istoty skończonej. Koncepcja JESTEM oznacza nieuwarunkowaną nieskończoność, niezróżnicowaną rzeczywistość wszystkiego tego, co kiedykolwiek mogłoby istnieć w całej nieskończonej wieczności.

JESTEM jako koncepcja egzystencjalna, nie jest ani deifikowany ani nie deifikowany, ani aktualny, ani potencjalny, ani osobowy, ani nieosobowy, ani statyczny ani dynamiczny. Żadnego określenia nie można zastosować do Nieskończonego, można tylko oświadczyć, że JESTEM *jest*. Filozoficzne założenie JESTEM jest jedyną wszechświatową koncepcją, którą w pewnym sensie trudniej zrozumieć niż koncepcję Absolutu Nieuwarunkowanego.

Dla skończonego umysłu musi po prostu istnieć początek i chociaż rzeczywistość nigdy nie miała prawdziwego początku, wciąż istnieją pewne źródłowe związki, jakie rzeczywistość wykazuje w stosunku do nieskończoności. Przedrzeczywistość, pierwotną sytuację wieczności, można sobie wyobrazić jako coś w tym rodzaju: w pewnym, nieskończenie odległym, hipotetycznym momencie wiecznej przeszłości, JESTEM mógł być pojmowany jako zarówno rzecz jak i nie rzecz, jako zarówno przyczyna jak i skutek, zarówno jako wola jak i reakcja. W tym, hipotetycznym momencie wieczności, nie istnieje zróżnicowanie poprzez całą nieskończoność. Nieskończoność wypełniona jest przez Nieskończonego; Nieskończony zawiera nieskończoność. To jest hipotetyczny, statyczny moment wieczności; aktualności wciąż zawierają się w swych potencjałach a potencjały jeszcze się nie pojawiły w obrębie nieskończoności JESTEM. Ale nawet w tej, domniemanej sytuacji, musimy założyć możliwość istnienia osobowej woli.

Zawsze pamiętaj o tym, że pojmowanie Ojca Wszechświatowego przez człowieka jest doświadczeniem osobistym. Bóg jako twój duchowy Ojciec, jest pojmowalny dla ciebie i dla wszystkich innych śmiertelników; jednak *wasza empiryczna, czci pełna koncepcja Ojca Wszechświatowego zawsze będzie mniejsza niż wasz filozoficzny postulat nieskończoności Pierwszego Źródła i Centrum, JESTEM.* Kiedy mówimy o Ojcu, mamy na myśli Boga, tak jak go pojmują istoty przezeń stworzone, zarówno wysokie jak i niskie, ale w Bóstwie jest znacznie więcej tego, czego wszechświatowe istoty nie mogą zrozumieć. Bóg, wasz Ojciec i mój Ojciec, jest tym stadium Nieskończonego, które odczuwamy w naszych osobowościach jako prawdziwą, empiryczną rzeczywistość, tym niemniej JESTEM zawsze pozostaje naszą hipotezą wszystkiego tego, co wyczuwamy, że jest niepojęte u Pierwszego Źródła i Centrum. I nawet ta hipoteza prawdopodobnie daleko odbiega od niezgłębionej nieskończoności pierwotnej rzeczywistości.

Wszechświat wszechświatów, z niezliczonymi zastępami zamieszkujących go osobowości, jest organizmem rozległym i skomplikowanym, ale Pierwsze Źródło i Centrum jest nieskończenie bardziej złożony niż wszechświaty i osobowości, które się urzeczywistniły w odpowiedzi na rozporządzenie jego woli. Kiedy przepełnieni czcią stajecie w obliczu ogromu wszechświata nadrzędnego, pomyślcie przez chwilę, że nawet ta niewyobrażalna kreacja może być tylko częściowym objawieniem Nieskończonego.

Nieskończoność naprawdę jest odległa od doświadczalnego poziomu śmiertelnego rozumowania, ale nawet w tej epoce, na Urantii, wasze koncepcje nieskończoności rozwijają się i dalej się będą rozwijać na waszej drodze życia bez końca, prowadzącej w przyszłą wieczność. Nie uwarunkowana nieskończoność nie posiada znaczenia dla istoty skończonej, ale nieskończoność jest zdolna do samoograniczeń i dopuszcza możliwość ekspresji swej rzeczywistości dla wszystkich poziomów bytu wszechświata. I twarz, którą Nieskończony zwraca w kierunku wszystkich osobowości wszechświata, jest twarzą Ojca, Wszechświatowego Ojca miłości.

2. JESTEM JAKO TRÓJJEDEN I JAKO SIEDMIORAKI

Gdy rozważacie genezę rzeczywistości, miejcie zawsze to na uwadze, że cała absolutna rzeczywistość jest z wieczności i nie ma początku swej egzystencji. Mówiąc o absolutnej rzeczywistości nawiązujemy do trzech egzystencjalnych osób Bóstwa, Wyspy Raj i trzech Absolutów. Te siedem rzeczywistości jest równorzędnie wieczne, mimo to uciekamy się do czasowo-przestrzennego języka, gdy przedstawiamy ich sekwencyjne początki istotom ludzkim.

Przedstawiając chronologicznie początki rzeczywistości, musimy założyć teoretyczny moment „pierwszej" wolicjonalnej ekspresji i „pierwszego" jej następstwa, reakcji w obrębie JESTEM. W naszych próbach przedstawienia genezy i stworzenia rzeczywistości, stadium to można wyobrazić sobie jako samozróżnicowanie *Nieskończonego* od tego, co jest *Nieskończone,* ale postulowanie tego podwójnego związku zawsze musi być rozszerzane do trójjednej koncepcji, poprzez uznanie wiecznego kontinuum *Nieskończoności*, JESTEM.

To samoprzeobrażenie JESTEM osiąga swą kulminację w wielorakim zróżnicowaniu rzeczywistości deifikowanej i rzeczywistości nie deifikowanej, rzeczywistości potencjalnej i aktualnej, oraz pewnych innych rzeczywistości, które trudno jest tak zaklasyfikować. Te zróżnicowania teoretycznego, monistycznego JESTEM, są wiecznie integrowane przez związki powstałe równocześnie w tym samym JESTEM – przez przedpotencjalną, przedaktualną, przedosobową, jednorodną przedrzeczywistość, która choć nieskończona, objawia się jako absolutna w obecności Pierwszego Źródła i Centrum a jako osobowość w bezgranicznej miłości Ojca Wszechświatowego.

Poprzez te przemiany wewnętrzne, JESTEM tworzy podłoże dla siedmiorakiego związku z samym sobą. Filozoficzna (czasowa) koncepcja samotnego JESTEM i przejściowa (czasowa) koncepcja JESTEM, jako trójjedności, może być teraz tak powiększona, aby obejmowała JESTEM jako siedmiorakiego. Ta siedmioraka – albo występująca w siedmiu stadiach – natura może być łatwiej zrozumiała w odniesieniu do Siedmiu Absolutów Nieskończoności:

1. *Ojciec Wszechświatowy*. JESTEM ojcem Wiecznego Syna. Jest to podstawowy związek osobowy aktualności. Absolutna osobowość Syna czyni fakt Bożego ojcostwa absolutnym i tworzy potencjalne synostwo wszystkich osobowości. Ten związek ustanawia osobowość Nieskończonego i dopełnia jej duchowego objawienia w osobowości Pierwszego Syna. To stadium JESTEM jest częściowo doświadczalne na poziomach duchowych, nawet przez śmiertelników, którzy jeszcze w ciele mogą czcić naszego Ojca.

2. *Kontroler Wszechświatowy*. JESTEM przyczyną wiecznego Raju. Jest to pierwotny, nieosobowy związek aktualności, oryginalny związek nieduchowy. Ojciec

Wszechświatowy jest Bogiem jako miłością; Kontroler Wszechświatowy jest Bogiem jako formą. Relacja ta tworzy potencjał formy – konfiguracji – i określa oryginalną formę relacji bezosobowych i nieduchowych – tę oryginalną formę, z której wszelkie kopie są robione.

3. *Stwórca Wszechświatowy*. JESTEM jednym z Wiecznym Synem. Ten związek Ojca i Syna (w obecności Raju) uruchamia stwórczy cykl, który finalizuje pojawienie się wspólnej osobowości i wiecznego wszechświata. Ze skończonego punktu widzenia śmiertelnika, rzeczywistość ma swoje prawdziwe początki wraz z pojawieniem się w wieczności kreacji Havony. Ten stwórczy akt Bóstwa dokonuje się za pośrednictwem Boga Działania, który jest w swej istocie jednością Ojciec-Syn, przejawiającą się na wszystkich poziomach aktualności i odnoszącą się do wszystkich tych poziomów. Dlatego też Boska stwórczość nieodmiennie charakteryzuje się jednością a jedność ta jest zewnętrznym odbiciem absolutnego zjednoczenia dualizmu Ojciec-Syn oraz Trójcy, Ojciec-Syn-Duch.

4. *Nieskończony Podtrzymywacz*. JESTEM samoasocjacyjny. Jest to zasadnicza asocjacja statyczności i potencjałów rzeczywistości. W tym związku równoważone są wszystkie wartości uwarunkowane i nie uwarunkowane. To stadium JESTEM najlepiej zrozumieć jako Absolut Wszechświatowy – unifikator Absolutu Bóstwa i Absolutu Nieuwarunkowanego.

5. *Nieskończony Potencjał*. JESTEM samouwarunkowany. Ten punkt odniesienia w nieskończoności niesie wieczne świadectwo wolicjonalnego samoograniczenia JESTEM, z racji którego osiągnięta została trojaka samoekspresja i samoobjawienie. To stadium JESTEM rozumiane jest zazwyczaj jako Bóstwo-Absolut.

6. *Nieskończona Możliwość*. JESTEM statyczno-reaktywny. Jest to nieskończona matryca, możliwości całej przyszłej ekspansji kosmicznej. To stadium JESTEM prawdopodobnie najlepiej można sobie wyobrazić jako obecność supergrawitacji Absolutu Nieuwarunkowanego.

7. *Wszechświatowy Nieskończoności*. JESTEM jaki JESTEM. Jest to hipostatyczny związek wzajemny Nieskończoności, wieczny fakt nieskończoności-rzeczywistości i uniwersalna prawda rzeczywistości-nieskończoności. Tak dalece, jak związek ten jest dostrzegalny jako osobowość, jest on objawiany wszechświatom w Boskim Ojcu wszelkiej osobowości – nawet osobowości absolutnej. Tak dalece, jak związek ten jest wyrażalny nieosobowo, kontaktuje się on z wszechświatem jako powiązanie czystej energii i czystego ducha w obecności Ojca Wszechświatowego. Tak dalece, jak związek ten pojmowalny jest jako absolutny, objawiony jest w prymacie Pierwszego Źródła i Centrum; w nim wszyscy żyjemy i poruszamy się i mamy nasz byt, od istot przestrzeni do obywateli Raju; odnosi się to tak samo do wszechświata nadrzędnego jak i do nieskończenie małego ultimatonu, tak samo do tego, co ma być, do tego, co jest i do tego, co było.

3. SIEDEM ABSOLUTÓW NIESKOŃCZONOŚCI

Siedem podstawowych związków w obrębie JESTEM uwiecznia się jako Siedem Absolutów Nieskończoności. Chociaż w kolejnych narracjach możemy przedstawiać początki rzeczywistości i zróżnicowanie nieskończoności, wszystkie siedem Absolutów jest faktycznie nie uwarunkowanie i równorzędnie wieczne. Być może śmiertelne umysły muszą wyobrazić sobie ich początki, jednak idea taka zawsze powinna pozostawać w cieniu tej świadomości, że siedem Absolutów jest bez początku; są one wieczne i jako takie były zawsze. Siedem Absolutów stanowi przesłankę rzeczywistości. Zostały one opisane w tych przekazach następująco:

1. *Pierwsze Źródło i Centrum.* Pierwsza Osoba Bóstwa i pierwsza nieboska forma, Bóg, Ojciec Wszechświatowy, stwórca, kontroler i podtrzymywacz; wszechświatowa miłość, wieczny duch i nieskończona energia; potencjał wszystkich potencjałów i źródło wszystkich aktualności; stabilność wszelkiej statyczności i dynamizm wszelkiej zmiany; źródło formy i Ojciec osób. Zbiorowo wszystkie siedem Absolutów równa się nieskończoności, ale sam Ojciec Wszechświatowy jest aktualnie nieskończony.

2. *Drugie Źródło i Centrum.* Druga Osoba Bóstwa, Wieczny i Pierwszy Syn; absolutne rzeczywistości osobowości JESTEM i podstawa uświadomienia-objawienia „JESTEM osobowością". Żadna osobowość nie może oczekiwać, że dotrze do Ojca Wszechświatowego inaczej, jak poprzez jego Wiecznego Syna; tak samo osobowość nie może osiągnąć duchowych poziomów egzystencji niezależnie od działalności i pomocy tej absolutnej formy wszystkich osobowości. W Drugim Źródle i Centrum duch jest nie uwarunkowany, podczas gdy osobowość jest absolutna.

3. *Rajskie Źródło i Centrum.* Druga nieboska forma, wieczna Wyspa Raj; podstawa uświadomienia-objawienia „JESTEM siłą" i fundament ustanowienia kontroli grawitacyjnej wszechświatów. Raj jest absolutem form dla całej zaktualizowanej, nieduchowej, nieosobowej i niewolicjonalnej rzeczywistości. Tak jak energia duchowa związana jest z Ojcem Wszechświatowym, przez absolutną osobowość Matki-Syna, tak też cała energia kosmiczna ujęta jest kontrolą grawitacyjną Pierwszego Źródła i Centrum, poprzez absolutną formę Wyspy Raj. Raj nie istnieje w przestrzeni; przestrzeń istnieje relatywnie w stosunku do Raju a czasowość ruchu determinują rajskie związki. Wieczna Wyspa jest w absolutnym spoczynku; wszelka pozostała, zorganizowana i organizująca się energia jest w wiecznym ruchu; w całej przestrzeni, tylko obecność Absolutu Nieuwarunkowanego jest nieruchoma a Nieuwarunkowany jest związany z Rajem. Raj istnieje jako zogniskowanie przestrzeni, Nieuwarunkowany ją przenika a wszelki relatywny byt ma swój początek w tych domenach.

4. *Trzecie Źródło i Centrum.* Trzecia Osoba Bóstwa, Wspólny Aktywizator; nieskończony integrator rajskich energii kosmicznych z energiami duchowymi Wiecznego Syna; doskonały koordynator motywów woli i mechaniki sił; unifikator całej *aktualnej i aktualizującej się rzeczywistości.* Poprzez służby swych rozlicznych dzieci Nieskończony Duch objawia miłosierdzie Wiecznego Syna, podczas gdy jednocześnie działa jako nieskończony aktywizator, nieustannie tkając formę Raju na kosmicznych energiach. Ten sam Wspólny Aktywizator, Bóg Działania, jest doskonałą ekspresją

nieograniczonych planów i celów Ojca-Syna, podczas kiedy sam funkcjonuje jako źródło umysłu i obdarza intelektem istoty w całym rozległym kosmosie.

5. *Bóstwo-Absolut.* Przyczynowe, potencjalnie osobowe możliwości rzeczywistości wszechświatowej, całość ogólnego potencjału Bóstwa. Bóstwo-Absolut celowo warunkuje rzeczywistości nie uwarunkowane, absolutne i nieboskie. Bóstwo-Absolut warunkuje absolut i absolutyzuje to, co warunkowane – jest początkiem przeznaczenia.

6. *Absolut Nieuwarunkowany.* Statyczny, reagujący i w stanie zawieszenia; nie objawiona kosmiczna nieskończoność JESTEM; całość nie deifikowanej rzeczywistości i ostateczność wszystkich potencjałów nieosobowych. Przestrzeń ogranicza funkcjonowanie Nieuwarunkowanego, ale obecność Nieuwarunkowanego jest bez ograniczeń, jest nieskończona. Istnieje idea obrzeży wszechświata nadrzędnego, ale obecność Nieuwarunkowanego jest nieograniczona; nawet wieczność nie może wyczerpać bezgranicznego bezruchu tego nieboskiego Absolutu.

7. *Absolut Wszechświatowy.* Unifikator tego, co deifikowane i tego, co nie deifikowane; korelator tego, co absolutne i tego, co względne. Absolut Wszechświatowy (będąc statyczny, potencjalny i asocjacyjny) wyrównuje napięcie pomiędzy tym, co istnieje zawsze a tym, co jest niekompletne.

Siedem Absolutów Nieskończoności stanowi początki rzeczywistości. Pierwsze Źródło i Centrum wydaje się poprzedzać wszystkie absoluty, jak umysły śmiertelne mogłyby to dostrzegać. Jednak założenie takie, jakkolwiek pomocne, jest nieważne z powodu wiecznej koegzystencji Syna, Ducha, trzech Absolutów i Rajskiej Wyspy.

Prawdą jest, że Absoluty są przejawami JESTEM-Pierwszego Źródła i Centrum; *faktem* jest, że te Absoluty nigdy nie miały początku, ale są równorzędnie wieczne z Pierwszym Źródłem i Centrum. Nie zawsze można przedstawić związki absolutów w wieczności bez paradoksów w języku czasu i formach koncepcyjnych przestrzeni. Ale niezależnie od jakiejkolwiek dezorientacji w sprawie pochodzenia Siedmiu Absolutów Wieczności, jest zarówno faktem jak i prawdą, że cała rzeczywistość opiera się na ich wiecznym istnieniu i na ich nieskończonych związkach.

4. JEDNOŚĆ, DUALIZM I TRÓJJEDNOŚĆ

Filozofowie wszechświata zakładają wieczną egzystencję JESTEM jako pierwotnego źródła całej rzeczywistości. Po czym jednocześnie postulują samosegmentację JESTEM na pierwotne samorelacje – siedem stadiów nieskończoności. I równocześnie z tym założeniem istnieje trzeci postulat – pojawienie się w wieczności Siedmiu Absolutów Nieskończoności i uwiecznienie dualnego związku siedmiu stadiów JESTEM oraz tych siedmiu Absolutów.

Samoobjawienie JESTEM postępuje zatem od statycznej jaźni, poprzez samosegmentację i samorelację do absolutnych związków, związków z samowywodzącymi się Absolutami. Tak więc dualizm zaczyna istnieć w wiecznym związku Siedmiu Absolutów Nieskończoności z siedmioraką nieskończonością, samosegmentowanych stadiów samoobjawiającego się JESTEM. Te podwójne związki, uwieczniające się dla wszechświatów jako siedem Absolutów, uwieczniają też podstawowe fundamenty całej rzeczywistości wszechświatowej.

Powiedziano kiedyś, że jedność rodzi dualizm, że dualizm rodzi trójjedność i że trójjedność jest wiecznym protoplastą wszystkich rzeczy. Istnieją trzy wielkie klasy pierwotnych związków a mianowicie:

1. *Związki jedności.* Związki istniejące w obrębie JESTEM, gdy jego jedność wyobrażana jest jako trojakie a potem jako siedmiorakie samozróżnicowanie.
2. *Związki dualizmu.* Relacje istniejące pomiędzy JESTEM jako siedmiorakim, a Siedmioma Absolutami Nieskończoności.
3. *Związki trójjedności.* Są to funkcjonalne powiązania Siedmiu Absolutów Nieskończoności.

Związki trójjedności powstają na fundamentach dualizmu, na skutek nieuchronności absolutnych związków wzajemnych. Takie trójjedne związki uwieczniają potencjał całej rzeczywistości, obejmują zarówno rzeczywistość deifikowaną jak i nie deifikowaną.

JESTEM, jako *jedność,* jest nie uwarunkowaną nieskończonością. Dualizmy uwieczniają *fundamenty* rzeczywistości. Z trójjedności wynika urzeczywistnienie wieczności, jako wszechświatowej *funkcji.*

To, co przedegzystencjalne staje się egzystencjalne w siedmiu Absolutach a to, co egzystencjalne staje się funkcjonalne w trójjednościach, podstawowych związkach Absolutów. Wraz z uwiecznieniem trójjedności ukształtowana zostaje scena wszechświata – istnieją potencjały i ukazują się aktualności – a pełnia wieczności oznacza urozmaicanie energii kosmicznej, szerzenie się rajskiego ducha i nadawanie umysłu, razem z obdarzeniem osobowością i dzięki tym czynnikom wszelkie owe pochodne Bóstwa i Raju są zjednoczone w doświadczeniu na poziomie istoty, a dzięki innym metodom, na poziomie superistoty.

5. POJAWIENIE SIĘ RZECZYWISTOŚCI SKOŃCZONEJ

Tak jak pierwotne zróżnicowanie JESTEM musi być nacechowane nieodłączną mu i niezależną wolą, tak też pojawienie się rzeczywistości skończonej musi być przypisane wolicjonalnym aktom Rajskiego Bóstwa oraz w ich następstwie, dopasowaniom funkcjonalnych trójjedności.

Przed uczynieniem boskim tego, co skończone, wydawać by się mogło, że całe zróżnicowanie rzeczywistości zachodziło na poziomach absolutnych, jednak wolicjonalny akt, szerzący skończoną rzeczywistość oznacza uwarunkowanie absolutności i implikuje pojawienie się względności.

Kiedy przedstawiamy tę narrację w kolejności i obrazujemy historyczne pojawienie się tego, co skończone, jako pochodzącego bezpośrednio od absolutu, należy zrozumieć, że transcendentalności zarówno poprzedzały jak i następowały po tym wszystkim, co jest skończone. Transcendentalne ostateczności są, w odniesieniu do skończonego, zarówno przyczynowe jak i dopełniające.

Skończone możliwości tkwią w Nieskończonym, jednak przeobrażenie możliwości w prawdopodobieństwo i nieuchronność przypisać należy samoistnej, wolnej woli Pierwszego Źródła i Centrum, aktywizującej wszystkie związki trójjedności. Tylko nieskończoność woli Ojca mogła tak uwarunkować kiedyś absolutny poziom egzystencji, aby mogła wyniknąć ostateczność czy stworzona zostać skończoność.

Wraz z pojawieniem się rzeczywistości relatywnej i uwarunkowanej zaczyna istnieć nowy cykl rzeczywistości – cykl rozwojowy – majestatyczny krok w dół z wyżyn nieskończoności do domen skończonego, zawsze kierującego się do wewnątrz, do Raju i do Bóstwa, zawsze szukającego wysokich przeznaczeń współmiernych ze źródłem nieskończoności.

Te trudne do zrozumienia procesy oznaczają początek historii wszechświata, oznaczają zaistnienie samego czasu. Dla stworzonego, początek skończoności *jest* genezą rzeczywistości; tak jak to widzi umysł istoty stworzonej, nie było możliwej do pomyślenia aktualności przed tym, co skończone. Ta nowo pojawiająca się, skończona rzeczywistość, istnieje w dwu swoistych stadiach:

1. *Pierwotne maksima* – najdoskonalsza rzeczywistość, wszechświat i istota typu Havony.
2. *Wtórne maksima* – doskonale prowadzona do doskonałości rzeczywistość, wszechświatowy typ istoty i kreacji.

Istnieją zatem dwa swoiste przejawy rzeczywistości: ustanowione doskonałe i ewolucyjnie doskonalące się. Oba przejawy są równorzędne w związkach wieczności, ale w obrębie ograniczeń czasu są pozornie różne. Czynnik czasu oznacza rozwój tego, co się rozwija; rozwijają się drugie skończoności, dlatego też to, co się rozwija, musi się wydawać niekompletne w czasie. Jednak te różnice, które są tak istotne po tej stronie Raju, nie istnieją w wieczności.

Mówimy o doskonałych i doskonalących się, jako o pierwotnych i wtórnych maksimach, jednak istnieje jeszcze inny ich rodzaj: utrójcowienie oraz inne związki pomiędzy pierwszymi i drugimi sprawiają, że pojawiają się *maksima trzeciego stadium* – rzeczy, znaczenia i wartości, które nie są ani doskonałe ani doskonalące się, a jednak są skoordynowane z tymi dwoma, poprzedzającymi je czynnikami.

6. REPERKUSJE RZECZYWISTOŚCI SKOŃCZONEJ

Całe rozprzestrzenianie się skończonych egzystencji obrazuje przekształcanie się potencjałów w aktualności, w granicach absolutnych związków funkcjonalnej nieskończoności. Spośród wielu następstw stwórczego aktualizowania się tego, co skończone, można wymienić następujące:

1. *Reakcja Bóstwa*, pojawienie się trzech poziomów empirycznej najwyższości: aktualność osobowo-duchowej najwyższości w Havonie, potencjał najwyższości osobowości-mocy w przyszłym wielkim wszechświecie oraz zdolność do jakiegoś nieznanego funkcjonowania empirycznego umysłu, działającego na pewnym poziomie najwyższości w przyszłym wszechświecie nadrzędnym.

2. *Reakcja wszechświata,* obejmująca aktywowanie planów architektonicznych dla odpowiednich poziomów przestrzeni superwszechświata a ewolucja ta wciąż postępuje w całej materialnej organizacji siedmiu superwszechświatów.

3. *Reakcja istot* na szerzenie się skończonej rzeczywistości daje pojawienie się doskonałych istot w klasie wiecznych mieszkańców Havony i zaawansowanych, ewolucyjnych

istot, wznoszących się z siedmiu superwszechświatów. Jednak zdobycie doskonałości jako doświadczenia ewolucyjnego (czasowo-twórczego), implikuje jako punkt wyjściowy coś innego niż doskonałość. Tak więc powstaje niedoskonałość w kreacjach ewolucyjnych. I to jest początek potencjalnego zła. Niedostosowanie, dysharmonia i konflikt, wszystkie te rzeczy są charakterystyczne dla rozwoju ewolucyjnego, od wszechświatów materialnych do istot osobowych.

4. *Reakcja boskości* na niedoskonałość, właściwą czasowemu opóźnieniu ewolucji, ujawnia się w równoważącej obecności Boga Siedmiorakiego a dzięki jego funkcjonowaniu to, co się doskonali, jest zintegrowane zarówno z tym, co jest doskonałe, jak i z tym, co doprowadzone do doskonałości. To opóźnienie czasowe nieodłączne jest ewolucji, która jest twórczością w czasie. Z tej, jak również z innych przyczyn, wszechmocna władza Najwyższego opiera się na sukcesie boskości Boga Siedmiorakiego. Takie opóźnienie czasowe daje istotom stworzonym możliwość uczestniczenia w boskim tworzeniu, dzięki zezwoleniu na to, aby osobowości stworzone zostały partnerami Bóstwa przy osiąganiu maksimum swego rozwoju. Nawet materialny umysł istoty śmiertelnej staje się w ten sposób partnerem Boskiego Dostrajacza, w dualizmie śmiertelnej duszy. Bóg Siedmioraki dostarcza także metod wyrównujących empiryczne braki w naturalnej doskonałości, jak również kompensuje ograniczenia powstające na skutek niedoskonałości, występujące przed wznoszeniem się.

7. WYNIKANIE ISTOT TRANSCENDENTALNYCH

Istoty transcendentalne są podnieskończone i podabsolutne, ale nadskończone i superistotowe. Istoty transcendentalne wynikają jako poziom integrujący, wiążący ze sobą superwartości absolutów z maksimum wartości skończonych. Z punktu widzenia istoty stworzonej wydawać się może, że to, co transcendentalne, wyniknęło jako konsekwencja tego, co skończone; z punktu widzenia wieczności, jako wyprzedzenie tego, co skończone; a są również tacy, którzy uważają je za „przed-echo" skończonego.

To, co transcendentalne, niekoniecznie musi być nierozwojowe, jednak w sensie skończonym jest superewolucyjne; nie jest też nieempiryczne, ale jest superdoświadczeniem i jako takie ma znaczenie dla istot stworzonych. Być może najlepszą ilustracją tego paradoksu jest centralny wszechświat doskonałości: raczej nie jest on absolutny – tylko Rajska Wyspa jest prawdziwie absolutna w „zmaterializowanym" sensie. Nie jest on też wytworem skończonym, ewolucyjnym, tak jak siedem superwszechświatów. Havona jest wieczna, ale nie jest niezmienna, nie jest wszechświatem nierozwojowym. Zamieszkała jest przez istoty (mieszkańców Havony), którzy faktycznie nigdy nie byli stworzeni, ponieważ istnieją wiecznie. Tym samym Havona jest ilustracją tego, co nie jest ściśle skończone a jeszcze nie jest absolutne. Dodatkowo, Havona działa jako strefa ochronna między absolutnym Rajem a wszechświatami skończonymi, ponadto ukazuje ona funkcjonowanie istot transcendentalnych. Jednak Havona, sama w sobie, nie jest transcendentalna – to jest Havona.

Tak jak Najwyższy związany jest ze skończonościami, tak Ostateczny identyfikuje się z *transcendentalnościami*. Choć porównujemy w ten sposób Najwyższego i Ostatecznego, różnią się oni czymś więcej niż stopniem; różnica ta jest także sprawą jakości. Ostateczny jest czymś więcej niż super-Najwyższym, rzutowanym na poziom transcendentalny. Ostateczny jest wszystkim tym, ale jednak czymś znacznie większym:

Ostateczny jest wynikaniem nowych rzeczywistości Bóstwa, warunkowaniem nowych stadiów, jak dotąd nie uwarunkowanych.

Wśród tych rzeczywistości, które związane są z poziomem transcendentalnym, znajdują się następujące:

1. Boska obecność Ostatecznego.
2. Koncepcja wszechświata nadrzędnego.
3. Architekci Wszechświata Nadrzędnego.
4. Dwie klasy rajskich organizatorów siły.
5. Pewne przekształcenia w potencji przestrzeni.
6. Pewne wartości duchowe.
7. Pewne znaczenia umysłowe.
8. Absoniczne jakości i rzeczywistości.
9. Wszechmoc, wszechwiedza i wszechobecność.
10. Przestrzeń.

Można uważać, że wszechświat, w którym teraz żyjemy, istnieje na poziomach skończonym, transcendentalnym i absolutnym. To jest kosmiczna scena, na której rozgrywa się niekończący się spektakl funkcjonowania osobowości i przemian energii.

I wszystkie te różnorodne rzeczywistości są zjednoczone *absolutnie* przez poszczególne trójjedności, *funkcjonalnie* przez Architektów Wszechświata Nadrzędnego i *relatywnie* przez Siedem Duchów Nadrzędnych, podnajwyższych koordynatorów boskości Boga Siedmiorakiego.

Bóg Siedmioraki reprezentuje objawienie osobowości i boskości Ojca Wszechświatowego dla istot o statusie zarówno maksymalnym jak i podmaksymalnym, ale istnieją również inne, siedmiorakie związki Pierwszego Źródła i Centrum, które nie należą do przejawów boskiej służby duchowej Boga, który jest duchem.

W przeszłej wieczności siły Absolutów, duchy Bóstw i osobowości Bogów ożywiane były w odpowiedzi na pierwotną, osobową wolę samoistnej osobowej woli. W tej epoce wszechświata jesteśmy świadkami zdumiewających następstw, powstałych w wyniku rozległej, kosmicznej panoramy podabsolutnych przejawów nieograniczonych potencjałów wszystkich tych rzeczywistości. I jest zupełnie możliwe, że ciągłe różnicowanie pierwotnej rzeczywistości Pierwszego Źródła i Centrum może być kontynuowane dalej i na zewnątrz, epoka za epoką, bez końca, w odległe i niepojęte obszary absolutnej nieskończoności.

[Przedstawione przez Melchizedeka z Nebadonu].

PRZEKAZ 106

WSZECHŚWIATOWE POZIOMY RZECZYWISTOŚCI

NIE wystarcza, żeby wznoszący się śmiertelnik wiedział cokolwiek o związkach Bóstwa z początkami i przejawami rzeczywistości kosmicznej; powinien on także rozumieć co nieco ze związków istniejących pomiędzy nim a licznymi poziomami rzeczywistości egzystencjalnych i empirycznych, rzeczywistości potencjalnych i aktualnych. Ziemskie ukierunkowanie człowieka, jego wnikliwość kosmiczna i jego orientacja duchowa zostają generalnie poszerzone przez lepsze pojmowanie rzeczywistości wszechświatowych oraz przez zrozumienie, w jaki sposób wiążą się one wzajemnie ze sobą, integrują i jednoczą.

Istniejący obecnie wielki wszechświat i wyłaniający się wszechświat nadrzędny stworzone są z wielu form i stadiów rzeczywistości, które z kolei istnieją na wielu poziomach aktywności funkcjonalnej. Te zróżnicowane byty i potencjały były już brane pod uwagę w tych przekazach a teraz zostały pogrupowane, dla konceptualnej wygody, w następujących kategoriach:

1. *Niekompletne skończoności.* Jest to obecny status istot wznoszących się w wielkim wszechświecie, obecny status śmiertelników Urantii. Poziom ten obejmuje istnienie istot stworzonych, od planetarnego śmiertelnika w górę aż do istot osiągających przeznaczenie, ale nie obejmuje tych istot. Odnosi się do wszechświatów, od ich wczesnych, fizycznych początków wzwyż aż do ustanowienia w światłości i życiu, ale nie obejmuje światłości i życia. Poziom ten stanowi obecne peryferie działalności stwórczej w czasie i przestrzeni. Wydaje się on rozszerzać na zewnątrz od Raju, gdyż koniec obecnej epoki wszechświata, który będzie oznaczać osiągnięcie światłości i życia przez wielki wszechświat, będzie też na pewno związany z pojawieniem się pewnego nowego porządku, rozwojowego wzrostu na pierwszym poziomie przestrzeni zewnętrznej.

2. *Maksymalne skończoności.* Jest to obecny status wszystkich istot empirycznych, które osiągnęły przeznaczenie – to przeznaczenie, które jest objawione jako cel obecnej epoki wszechświata. Nawet wszechświaty mogą osiągnąć status maksymalny, zarówno duchowo jak i fizycznie. Jednak określenie „maksymalny" samo w sobie jest określeniem relatywnym – maksymalny w relacji do czego? I to, co jest maksymalne, pozornie finalne, w obecnej epoce wszechświata, może nie być niczym więcej niż prawdziwym początkiem w terminologii przyszłych epok. Niektóre stadia Havony wydają się być *klasy maksymalnej.*

3. *Transcendentalności.* Ten poziom nadskończony (poprzedzająco) następuje po skończonym rozwoju. Zakłada przedskończoną genezę skończonych początków i

postskończone znaczenie wszelkich pozornie skończonych zakończeń czy przeznaczeń. Większa część Raju-Havony wydaje się być klasy transcendentalnej.

4. *Ostateczności.* Ten poziom obejmuje to, co ma znaczenie we wszechświecie nadrzędnym i się zazębia o poziom przeznaczenia ukończonego wszechświata nadrzędnego. Raj-Havona (szczególnie orbita światów Ojca) ma pod wieloma względami znaczenie ostateczne.

5. *Współabsoluty.* Poziom ten zakłada rzutowanie empiryczności na pole stwórczej ekspresji wszechświata supernadrzędnego.

6. *Absoluty.* Ten poziom oznacza istnienie siedmiu Absolutów egzystencjalnych w wieczności. Może on także obejmować pewien stopień związanych z nimi dokonań empirycznych, jeśli jednak to właśnie zachodzi, nie rozumiemy jak, być może przez kontaktowy potencjał osobowości.

7. *Nieskończoność.* Ten poziom jest przedegzystencjalny i poempiryczny. Nie uwarunkowana jedność nieskończoności jest rzeczywistością hipotetyczną, przed wszystkimi początkami i po wszystkich przeznaczeniach.

Te poziomy rzeczywistości są w obecnej epoce wszechświata wygodną, kompromisową symbolizacją dokonaną dla punktu widzenia śmiertelnika. Istnieją liczne inne sposoby widzenia rzeczywistości, z perspektywy innej niż śmiertelnika oraz z punktu widzenia innych epok wszechświata. Należy zdać sobie sprawę z tego, że koncepcje tutaj prezentowane są całkowicie względne, względne w tym sensie, że są uwarunkowane i ograniczone przez:

1. Ograniczenia językowe śmiertelników.
2. Ograniczenia umysłowe śmiertelników.
3. Ograniczony rozwój siedmiu superwszechświatów.
4. Waszą nieznajomość sześciu zasadniczych przyczyn stworzenia superwszechświata, co nie jest związane ze wznoszeniem się śmiertelnika do Raju.
5. Waszą niezdolność nawet częściowego zrozumienia punktu widzenia wieczności.
6. Niemożność opisania kosmicznej ewolucji i przeznaczenia, w odniesieniu do wszystkich epok wszechświata, nie tylko w odniesieniu do obecnej epoki ewolucyjnego rozwoju siedmiu superwszechświatów.
7. Niemożność zrozumienia przez żadną istotę tego, co naprawdę oznacza przedegzystencjalne czy poempiryczne – tego, co rozpościera się przed początkami i po przeznaczeniach.

Rozwój rzeczywistości uwarunkowany jest okolicznościami kolejnych epok wszechświata. W epoce Havony wszechświat centralny nie doznawał przemian ewolucyjnych, ale w obecnych epokach wszechświata poddaje się on pewnym rozwojowym przemianom, spowodowanym jego koordynacją z superwszechświatami ewolucyjnymi. Siedem rozwijających się obecnie superwszechświatów osiągnie kiedyś stabilny status światłości i życia, osiągnie granicę swego rozwoju w obecnej epoce wszechświata. Jednak następna epoka, epoka pierwszego poziomu przestrzeni zewnętrznej, bez wątpienia uwolni superwszechświaty z ograniczeń przeznaczenia obecnej epoki. Przepełnienie wciąż się nakłada na dopełnienie.

Istnieją pewne ograniczenia, jakie napotykamy, kiedy próbujemy przedstawić jednolitą koncepcję kosmicznego rozwoju rzeczy, znaczeń i wartości oraz ich syntezę na wciąż wyższych poziomach rzeczywistości.

1. PIERWSZY ZWIĄZEK FUNKCJONALNOŚCI SKOŃCZONYCH

Stadium pierwotne czy pochodzące od ducha stadium skończonej rzeczywistości, natychmiast znajduje swą ekspresję na poziomie istot stworzonych jako doskonałe osobowości, a na poziomach wszechświata jako doskonała kreacja Havony. Nawet empiryczne Bóstwo jest tak wyrażone w duchowej osobie Boga Najwyższego w Havonie. Jednak drugie, ewolucyjne, czasem i materią uwarunkowane stadia tego, co skończone, stają się kosmicznie zintegrowane tylko w rezultacie rozwoju i osiągnięć. W końcu wszystkie drugie czy doskonalące się skończoności, osiągają poziom równy temu z pierwszej doskonałości, ale przeznaczenie takie podlega opóźnieniu wskutek istnienia czasowego składnika superwszechświata, którego pierwotnie nie można znaleźć we wszechświecie centralnym. (Wiemy o istnieniu trzecich skończoności, ale metoda ich integracji nie została jak dotąd objawiona).

To superwszechświatowe opóźnienie czasowe, owa przeszkoda w osiągnięciu doskonałości, umożliwia istocie stworzonej wzięcie udziału w rozwoju ewolucyjnym. Tak więc pozwala to stworzonemu stać się partnerem Stwórcy w procesie rozwoju tego właśnie stworzonego. I w tych czasach coraz intensywniejszego rozwoju, to, co niekompletne, powiązane jest wzajemnie z tym, co doskonałe, przez służbę Boga Siedmiorakiego.

Istnienie Boga Siedmiorakiego oznacza, że Rajskie Bóstwo zdaje sobie sprawę z barier czasu w ewolucyjnych wszechświatach przestrzeni. Bez znaczenia, jak daleko od Raju, jak głęboko w przestrzeni ma swój początek mogąca żyć wiecznie osobowość materialna, Bóg Siedmioraki tam będzie i będzie się zajmował miłości pełną i miłosierną służbę prawdy, piękna i dobroci dla takiej, niekompletnej, trudzącej się, ewolucyjnej istoty. Boska służba Siedmiorakiego sięga do wewnątrz, poprzez Wiecznego Syna do Rajskiego Ojca i na zewnątrz, poprzez Pradawnych Czasu do Ojców wszechświatów – Synów Stwórców.

Człowiek, będąc osobowy i wznosząc się dzięki rozwojowi duchowemu, znajduje osobową i duchową boskość Siedmiorakiego Bóstwa; istnieją jednak inne stadia Siedmiorakiego, które nie zajmują się rozwojem osobowości. Aspekty boskości tego zgrupowania Bóstwa zintegrowane są teraz w związku pomiędzy Siedmioma Duchami nadrzędnymi a Wspólnym Aktywizatorem, ale ich przeznaczeniem jest wieczne zjednoczenie w wyłaniającej się osobowości Istoty Najwyższej. Inne stadia Bóstwa Siedmiorakiego są różnorodnie zintegrowane w obecnej epoce wszechświata, ale ich przeznaczeniem jest również zjednoczenie w Najwyższym. Siedmioraki, we wszystkich swych stadiach, jest źródłem względnej jedności rzeczywistości funkcjonalnej w obecnym, wielkim wszechświecie.

2. DRUGA NAJWYŻSZA INTEGRACJA SKOŃCZONEGO

Tak jak Bóg Siedmioraki funkcjonalnie koordynuje ewolucję tego, co skończone, tak też Istota Najwyższa ostatecznie syntetyzuje osiąganie przeznaczenia. Istota Najwyższa jest kulminacją Bóstwa w ewolucji wielkiego wszechświata – w ewolucji materialnej wokół jądra duchowego i w ostatecznej dominacji jądra duchowego nad krążącymi i wirującymi sferami ewolucji materialnej. I wszystko to zachodzi zgodnie z rozporządzeniami osobowości: osobowości rajskiej w sensie najwyższym, osobowości Stwórcy we wszechświatowym sensie, osobowości śmiertelnej w ludzkim sensie, osobowości Najwyższej w kulminacyjnym czy całościowym sensie empirycznym.

Koncepcja Najwyższego musi dawać zróżnicowane zrozumienie osoby duchowej, mocy ewolucyjnej i syntezy mocy-osobowości – zjednoczenia mocy ewolucyjnej z duchową osobowością i jej zdominowanie przez tę osobowość.

W końcowym podsumowaniu, duch przychodzi z Raju poprzez Havonę. Energia-materia najwyraźniej rozwija się w głębinach przestrzeni i jest organizowana jako moc przez dzieci Nieskończonego Ducha, w połączeniu ze Stwórcami Synami Boga. I wszystko to jest empiryczne; jest to proces zachodzący w czasie i przestrzeni, obejmujący szeroki wachlarz istot żywych, nawet Bóstwa Stwórcy oraz istoty ewolucyjne. W wielkim wszechświecie opanowywanie mocy przez Bóstwa Stwórcy powoli poszerza się, tak, aby obejmowało ustanowienia ewolucyjne i stabilizację wytworów czasowo-przestrzennych i tak zaczyna kwitnąć empiryczna moc Boga Siedmiorakiego. Obejmuje to całą gamę docierania do boskości w czasie i przestrzeni, od obdarzenia przez Ojca Wszechświatowego Dostrajaczem, do życiowych obdarzeń Rajskich Synów. Jest to moc zdobyta, moc wykazana, moc empiryczna; jest ona odmienna od mocy wieczności, niezgłębionej mocy, egzystencjalnej mocy Rajskich Bóstw.

Ta empiryczna moc, powstająca z osiągnięć boskości Boga Siedmiorakiego, sama przejawia spajające własności boskości, dzięki syntetyzowaniu – sumowaniu – jako wszechpotężna moc osiągniętego empirycznie panowania nad rozwijającymi się wszechświatami. I ta z kolei, wszechpotężna moc, znajduje duchowo-osobową spójność na sferze pilotującej zewnętrznego pasa światów Havony, w połączeniu z duchową osobowością havonalnej obecności Boga Najwyższego. W ten sposób empiryczne Bóstwo dochodzi do szczytu długich, ewolucyjnych zmagań, lokując wytwór mocy czasu i przestrzeni w duchowej obecności i w Boskiej osobowości przebywającej we wszechświecie centralnym.

Tak więc Istota Najwyższa dosięga w końcu całości wszystkiego tego, co się rozwija w czasie i przestrzeni, lokując te wartości w osobowości duchowej. Skoro stworzenia, nawet śmiertelnicy, są osobowymi uczestnikami tych majestatycznych procesów, na pewno będą mieli oni możliwość poznania Najwyższego i dostrzeżenia Najwyższego, jako prawdziwe dzieci tego ewolucyjnego Bóstwa.

Michał z Nebadonu podobny jest Rajskiemu Ojcu, ponieważ podziela jego rajską doskonałość; tak samo ewolucyjni śmiertelnicy osiągną kiedyś pokrewieństwo z empirycznym Najwyższym, gdyż naprawdę będą podzielać jego ewolucyjną doskonałość.

Bóg Najwyższy jest empiryczny; zatem można doświadczyć go w pełni. Do egzystencjalnych rzeczywistości siedmiu Absolutów nie można dojść metodą doświadczalną; tylko *rzeczywistości osobowości* Ojca, Syna i Ducha mogą być zrozumiane przez osobowość istot skończonych, dzięki postawie modlitwy-czczenia.

W ukończonej syntezie mocy-osobowości Istoty Najwyższej zawierać się będzie cała absolutność kilku trójjedności, które mogą być z nią związane i ta majestatyczna osobowość ewolucyjna będzie empirycznie osiągalna oraz możliwa do zrozumienia przez wszystkie osobowości skończone. Kiedy wznoszące się istoty osiągną zakładane siódme stadium bytu duchowego, doświadczać w nim będą nowych znaczeń-wartości absolutności i nieskończoności, zawartych w trójjednościach, tak jak objawiają się one na poziomach podabsolutnych Istoty Najwyższej, która jest możliwa do doświadczenia. Jednak z osiągnięciem tych stadiów maksymalnego rozwoju prawdopodobnie trzeba będzie poczekać na skoordynowane ustanowienie całego wielkiego wszechświata w światłości i życiu.

3. TRANSCENDENTALNY TRZECI ZWIĄZEK RZECZYWISTOŚCI

Absoniczni architekci wypracowują plan; Najwyżsi Stwórcy wprowadzają ten plan w życie; Istota Najwyższa osiągnie jego pełnię, ponieważ plan stworzony był w czasie przez Najwyższych Stwórców i przewidziany przez Architektów Nadrzędnych, aby zaistniał w przestrzeni.

W obecnej epoce wszechświata, administracyjna koordynacja wszechświata nadrzędnego jest funkcją Architektów Wszechświata Nadrzędnego. Jednak pojawienie się Wszechmocnego Najwyższego, pod koniec obecnej epoki wszechświata, oznaczać będzie, że ewolucyjna skończoność osiągnęła pierwsze stadium empirycznego przeznaczenia. Zdarzenie to z pewnością doprowadzi do pełnego funkcjonowania pierwszej Trójcy empirycznej – jedności Najwyższych Stwórców, Istoty Najwyższej i Architektów Wszechświata Nadrzędnego. Przeznaczeniem tej Trójcy jest przeprowadzenie dalszej integracji ewolucyjnej wszechświata nadrzędnego.

Rajska Trójca jest prawdziwie Trójcą nieskończoności i żadna Trójca, która nie zawiera tej pierwotnej Trójcy, nie może być nieskończona. Jednak ta oryginalna Trójca jest wynikiem połączenia samych Bóstw absolutnych; istoty podabsolutne nie mają nic wspólnego z tym pierwotnym związkiem. Pojawiające się później Trójce empiryczne obejmują nawet osobowości stworzone, które mają w nich udział. Odnosi się to na pewno do Trójcy Ostatecznej, gdzie obecność Mistrzów-Synów Stwórców, wśród Najwyższych Stwórców, świadczy o jednoczesnej obecności aktualnego i prawdziwego doświadczenia istoty *w* tym związku Trójcy.

Pierwsza, empiryczna Trójca umożliwia grupowe osiąganie ostatecznych możliwości. Związki grupowe potrafią zapowiadać, nawet przewyższać, możliwości indywidualne; jest to prawdą nawet poza poziomem skończonym. W nadchodzących epokach, po tym, jak siedem superwszechświatów zostanie ustanowione w światłości i życiu, Korpus Finalizmu bez wątpienia będzie szerzył zamysły Rajskich Bóstw, tak jak są one dyktowane przez Trójcę Ostateczną i jak są zjednoczone mocą-osobowością w Istocie Najwyższej.

We wszystkich tych gigantycznych, wszechświatowych przekształceniach przeszłej i przyszłej wieczności, odkrywamy rozprzestrzenianie się pojmowalnych elementów Ojca Wszechświatowego. Filozoficznie zakładamy jego przenikanie całkowitej wieczności jako JESTEM, jednak żadna istota nie potrafi zrozumieć empirycznie takiego założenia. Jak się wszechświat rozszerza i jak grawitacja oraz miłość rozprzestrzeniają się na czasowo zorganizowaną przestrzeń, możemy coraz więcej zrozumieć z Pierwszego Źródła i Centrum. Widzimy akcję grawitacji, przenikającą przestrzenną obecność Absolutu Nieuwarunkowanego i wykrywamy istoty duchowe, rozwijające się i rozprzestrzeniające w obecności boskości Bóstwa-Absolutu, podczas gdy ewolucja kosmiczna i duchowa jednoczy się poprzez umysł i doświadczenie na skończonych poziomach bóstwa, jako Istota Najwyższa a na poziomach transcendentalnych koordynowana jest jako Trójca Ostateczna.

4. OSTATECZNA, CZWARTA INTEGRACJA

Rajska Trójca z pewnością koordynuje w sensie ostatecznym, jednak w tym względzie działa jako samouwarunkowany absolut; empiryczna Trójca Ostateczna koordynuje to co transcendentalne jako transcendentalne. W wiecznej przyszłości ta empiryczna Trójca będzie, poprzez umacnianie jedności, dalej aktywizować wynikającą obecność Bóstwa Ostatecznego.

Podczas gdy przeznaczeniem Trójcy Ostatecznej jest koordynacja kreacji nadrzędnej, Bóg Ostateczny jest transcendentalną mocą-uosobieniem, ukierunkowującą cały wszechświat nadrzędny. Pełne pojawienie się Ostatecznego zakłada ukończenie kreacji nadrzędnej oraz oznacza całkowite wyłonienie się tego transcendentalnego Bóstwa.

Nie wiemy, jakie zmiany zapoczątkuje pełne wyłonienie się Ostatecznego. Skoro jednak Najwyższy jest teraz duchowo i osobowo obecny w Havonie, Ostateczny jest tam również obecny, ale w sensie absonicznym i superosobowym. Byliście poinformowani o istnieniu Uwarunkowanych Namiestników Ostatecznego, chociaż nie byliście poinformowani o ich obecnym miejscu pobytu czy też funkcjach.

Niezależnie jednak od następstw administracyjnych, związanych z pojawieniem się Bóstwa Ostatecznego, osobowe wartości jego transcendentalnej boskości będą możliwe do doświadczenia przez wszystkie osobowości, które uczestniczyły w aktualizowaniu się tego poziomu Bóstwa. Transcendencja skończonego może prowadzić tylko do ostatecznego osiągnięcia. Bóg Ostateczny istnieje w przewyższeniu czasu i przestrzeni, ale jest jednak podabsolutny, pomimo nieodłącznej sobie zdolności funkcjonalnego wiązania się z absolutami.

5. ZWIĄZEK WSPÓŁABSOLUTNY ALBO PIĄTEGO STADIUM

Ostateczny jest szczytem rzeczywistości transcendentalnej, tak jak Najwyższy jest zwieńczeniem rzeczywistości ewolucyjno-empirycznej. Aktualne wyłonienie się tych dwu empirycznych Bóstw kładzie fundament pod drugą Trójcę empiryczną. Jest to Trójca Absolutna, jedność Boga Najwyższego, Boga Ostatecznego i nie objawionego Wypełniacza Przeznaczenia Wszechświata. I Trójca ta ma teoretyczną możliwość aktywizacji Absolutów potencjalności – Bóstwa, Wszechświatowego i Nieuwarunkowanego. Jednak całkowite uformowanie Trójcy Absolutnej może nastąpić tylko po zakończeniu ewolucji całego wszechświata nadrzędnego, od Havony do czwartego i najdalszego poziomu przestrzeni.

Wyjaśnić należy, że te Trójce empiryczne są powiązane wzajemnie, nie tylko w osobowych właściwościach empirycznej Boskości, ale także we wszystkich własnościach innych niż osobowe, które charakteryzują osiągniętą przez nie jedność Bóstwa. Chociaż prezentacja ta ma do czynienia głównie z osobowymi stadiami jednoczenia kosmosu, jest jednak prawdą, że przeznaczeniem bezosobowych aspektów wszechświata wszechświatów jest również unifikacja, jak to widać na przykładzie syntezy mocy-osobowości, dokonującej się teraz w związku z ewolucją Istoty Najwyższej. Duchowo-osobowe cechy Najwyższego są nieodłączne od prerogatyw mocy Wszechmocnego a jedne i drugie uzupełniane są przez nieznany potencjał Najwyższego umysłu. Bóg Ostateczny jako osoba, tak samo nie może być rozważany w oderwaniu od innych niż osobowe aspektów Ostatecznego Bóstwa. Na poziomie absolutnym Bóstwo-Absolut oraz Absolut Nieuwarunkowany są nierozłączne i nierozróżnialne w obecności Absolutu Wszechświatowego.

Trójce nie są osobowe, same w sobie i od siebie, ale nie zaprzeczają też osobowości. Obejmują raczej nieosobowe funkcje w sensie zespołowym i wiążą się z nimi wzajemnie. Trójce są zatem zawsze rzeczywistością *Bóstwa*, ale nigdy nie są rzeczywistością *osobowości*. Osobowościowe aspekty trójcy są właściwe jej indywidualnym członkom a jako osoby indywidualne *nie* są oni tą trójcą. Tylko zbiorowo są trójcą i to właśnie *jest* trójca. Jednak trójca zawsze obejmuje całość zawartego w niej Bóstwa; trójca jest jednością Bóstwa.

Trzy absoluty – Bóstwa, Wszechświatowy i Nieuwarunkowany – nie są trójcą, gdyż żaden nie jest Bóstwem. Tylko to, co deifikowane może stać się trójcą, wszelkie inne związki są trójjednościami czy triodytami.

6. ABSOLUTNE ALBO SZÓSTE STADIUM INTEGRACJI

Obecny potencjał wszechświata nadrzędnego raczej nie jest absolutny, chociaż może być zbliżony do ostatecznego a my uważamy, że niemożliwa jest realizacja pełnego objawienia absolutnych znaczeń-wartości w ramach kosmosu podabsolutnego. Napotykamy zatem znaczne trudności, kiedy chcemy przedstawić całkowitą ekspresję nieograniczonych możliwości trzech Absolutów, czy nawet, gdy chcemy empirycznie uzmysłowić sobie uosobienie Boga Absolutnego na nieosobowym obecnie poziomie Bóstwa-Absolutu.

Przestrzenne stadium wszechświata nadrzędnego wydaje się być odpowiednie dla aktualizowania się Istoty Najwyższej, dla powstawania i pełnego funkcjonowania Trójcy Ostatecznej, dla wynikania Boga Ostatecznego a nawet dla początków Trójcy Absolutnej. Jednak nasze idee, dotyczące pełnego funkcjonowania tej drugiej Trójcy empirycznej, wydają się implikować coś jeszcze poza szeroko rozprzestrzenionym wszechświatem nadrzędnym.

Jeśli założymy, że kosmos jest nieskończony – jakiś bezgraniczny kosmos poza wszechświatem nadrzędnym – i jeśli wyobrazimy sobie, że ostateczne wytwory Trójcy Absolutnej pojawią się na takim nadostatecznym stopniu działalności, wtedy można przypuszczać, że całkowita funkcja Trójcy Absolutnej osiągnie ostateczną ekspresję w wytworach nieskończoności i sprawi absolutne zaktualizowanie się *wszystkich* potencjałów. Integracja i łączenie coraz większych części rzeczywistości zbliży się do statusu absolutności, współmiernego z zawarciem całej rzeczywistości w częściach tak powiązanych.

Innymi słowy, Trójca Absolutna, jak sugeruje jej nazwa, jest naprawdę absolutna w funkcji całościowej. Nie wiemy, jak absolutne funkcjonowanie może osiągnąć pełną ekspresję na bazie uwarunkowanej, limitowanej i skądinąd ograniczonej. Musimy zatem założyć, że jakakolwiek funkcja takiej całości będzie nie uwarunkowana (w potencjale). I mogłoby się też wydawać, że to, co nie uwarunkowane, będzie także nieograniczone, przynajmniej z jakościowego punktu widzenia, chociaż nie mamy takiej pewności, gdy idzie o związki ilościowe.

Podczas gdy pewni jesteśmy tego, że egzystencjalna, Rajska Trójca jest nieskończona i że empiryczna, Trójca Ostateczna jest podnieskończona, niełatwo jest zaklasyfikować

Trójcę Absolutną. Choć empiryczna w pochodzeniu i tworzywie, zazębia się bez wątpienia z egzystencjalnymi Absolutami potencjalności.

Chociaż umysł ludzki raczej nie może skorzystać zbyt wiele z prób zrozumienia tak dlań odległych i nadludzkich koncepcji, chcielibyśmy zasugerować, że działanie Trójcy Absolutnej w wieczności można sobie wyobrazić jako osiąganie pewnego rodzaju uempirycznienia Absolutów potencjalności. Wydawać się to może rozsądnym wnioskiem wobec Absolutu Wszechświatowego, może również Absolutu Nieuwarunkowanego; wiemy przynajmniej, że Absolut Wszechświatowy jest nie tylko statyczny i potencjalny, ale także asocjacyjny w całościowym, Boskim znaczeniu tych słów. Jednak w tym, co dotyczy wyobrażalnych wartości boskości i osobowości, te domniemane wydarzenia implikują osobowość Bóstwa-Absolutu i pojawienie się tych superosobowych wartości i tych ultraosobowych znaczeń, które są nieodłączne pełni osobowości Boga Absolutnego – trzeciego i ostatniego z empirycznych Bóstw.

7. FINALIZM PRZEZNACZENIA

Pewne trudności, jakie się pojawiają przy formowaniu koncepcji integracji rzeczywistości nieskończonej, wynikają z tego, że wszystkie takie idee zawierają w sobie coś z finalizmu wszechświatowego rozwoju, jakiś rodzaj empirycznego uświadomienia sobie wszystkiego, co może kiedyś istnieć. I niewyobrażalne jest to, że ilościowa nieskończoność mogłaby kiedykolwiek zostać kompletnie zrealizowana w finalizmie. W trzech potencjalnych Absolutach zawsze muszą pozostawać niezbadane możliwości, których żadna ilość rozwoju empirycznego nigdy nie wyczerpie. Wieczność, sama w sobie, choć absolutna, nie jest niczym więcej niż absolutną.

Nawet robocza idea finalnej integracji jest nieodłącznie związana z urzeczywistnieniem wieczności nie uwarunkowanej i dlatego też jest praktycznie nie do zrealizowania w jakimkolwiek pojmowalnym czasie przyszłym.

O przeznaczeniu stanowi wolicjonalny akt Bóstw, które tworzą Rajską Trójcę: przeznaczenie ustanowione jest w bezmiarze trzech wielkich potencjałów, których absolutność zawiera możliwości całego przyszłego rozwoju; prawdopodobnie przeznaczenie jest dopełniane przez działalność Wypełniacza Przeznaczenia Wszechświata i ta rola związana jest prawdopodobnie z Najwyższym i Ostatecznym w Trójcy Absolutnej. Każde przeznaczenie empiryczne może być przynajmniej częściowo zrozumiane przez poznające je istoty, jednak to przeznaczenie, które zazębia się o egzystencjalności nieskończone, jest trudne do zrozumienia. Finalizm przeznaczenia jest osiągnięciem egzystencjalno-empirycznym, które wydaje się dotyczyć Bóstwa-Absolutu. Jednak Bóstwo-Absolut pozostaje w związkach wieczności z Absolutem Nieuwarunkowanym dzięki Absolutowi Wszechświatowemu. I te trzy Absoluty, w swych możliwościach empiryczne, są faktycznie egzystencjalne i więcej, są nieograniczone, bezczasowe, bezprzestrzenne, bezgraniczne i niemierzalne – prawdziwie nieskończone.

Nieprawdopodobieństwo osiągnięcia celu nie przeszkadza jednak w filozoficznym teoretyzowaniu na temat takich, hipotetycznych przeznaczeń. Aktualizowanie się Bóstwa-Absolutu, jako osiągalnego, absolutnego Boga, może być w praktyce niemożliwe do zrealizowania; tym niemniej takie ziszczenie się finalizmu pozostaje możliwością teoretyczną. Zaangażowanie się Absolutu Nieuwarunkowanego w pewien niepojęty kosmos-nieskończoność może być niezmiernie odległą przyszłością, w wieczności bez końca, tym niemniej hipoteza taka jest sensowna. Śmiertelnicy, morontianie, duchy, finaliści, Transcendentalni i inni, razem z samymi wszechświatami i innymi stadiami rzeczywistości, z pewnością posiadają *potencjalnie końcowe przeznaczenie, które jest absolutne w swej wartości;* wątpimy jednak, czy jakakolwiek istota czy wszechświat osiągnie kiedykolwiek w pełni wszystkie aspekty takiego przeznaczenia.

Nie ma znaczenia, jak daleko możecie dojść w zrozumieniu Ojca, zawsze będziecie zdumieni nie objawioną nieskończonością Ojca-JESTEM, którego niezbadany ogrom zawsze pozostanie niezgłębiony i niezrozumiały przez wszystkie cykle wieczności. Nie ma znaczenia, jak wiele z Boga możecie osiągnąć, zawsze pozostawać będzie u niego znacznie więcej tego, czego istnienia nie będziecie się nawet spodziewać. A my wierzymy, że odnosi się to tak samo do poziomów transcendentalnych, jak i domen egzystencji skończonej. Poszukiwanie Boga nigdy się nie kończy!

Taka niemożność dotarcia do Boga, w sensie skończonym, nie powinna w żaden sposób zniechęcać wszechświatowych istot stworzonych; naprawdę możecie osiągnąć poziomy Bóstwa Siedmiorakiego, Najwyższego i Ostatecznego, co jest dla was tym, czym nieskończona świadomość Boga Ojca jest dla Wiecznego Syna i Wspólnego Aktywizatora, w ich absolutnym statusie wiecznej egzystencji. Nieskończoność Boga nie powinna niepokoić istot stworzonych, powinna być ona najwyższą rękojmią, że wznosząca się osobowość będzie miała przed sobą, przez całą nieskończoną przyszłość, te możliwości rozwoju osobowości i przebywania z Bóstwem, których nawet wieczność nigdy nie wyczerpie ani nie skończy.

Dla skończonych istot z wielkiego wszechświata koncepcja wszechświata nadrzędnego wydaje się nieomal nieskończoną, ale bez wątpienia absoniczni architekci wszechświata odczuwają jego względność wobec jego przyszłości i niepojętego rozwoju w niekończącym się JESTEM. Nawet sama przestrzeń jest tylko ostatecznym stanem, stanem określonym *w obrębie* relatywnej absolutności spokojnych sfer przestrzeni pośredniej.

W niewyobrażalnie odległym czasie przyszłej wieczności, w czasie ostatecznego ukończenia całego wszechświata nadrzędnego, wszyscy bez wątpienia będziemy patrzeć wstecz, na całą jego historię jako zaledwie na początek, na proste stworzenie pewnych skończonych i transcendentalnych fundamentów dla jeszcze większych i bardziej frapujących przeobrażeń w niezbadanej wieczności. W takim momencie przyszłej wieczności wszechświat nadrzędny wciąż będzie wydawał się młody; rzeczywiście zawsze będzie młody, w obliczu nieograniczonych możliwości nigdy nie skończonej wieczności.

Nieprawdopodobieństwo osiągnięcia nieskończonego przeznaczenia nie przeszkadza bynajmniej w rozważaniu różnych idei takiego przeznaczenia i nie wahamy się oświadczyć, że jeśli trzy absolutne potencjały kiedykolwiek się w pełni zaktualizują, można ewentualnie wyobrazić sobie finalną integrację całkowitej rzeczywistości. Takie zakończenie rozwoju opiera się na kompletnym zaktualizowaniu się Absolutów – Nieuwarunkowanego, Wszechświatowego i Bóstwa – trzech możliwości, których jedność stanowi tajemnicę JESTEM, zatrzymanych chwilowo rzeczywistości wieczności, zawieszonych możliwości całej przyszłości a nawet więcej.

Możliwości takie są raczej bardzo odległe, wierzymy jednak, że w mechanizmach, osobowościach i związkach trzech Trójc odkrywamy teoretyczną możliwość ponownego połączenia siedmiu absolutnych stadiów Ojca-JESTEM. I to nas stawia twarzą w twarz z koncepcją trojakiej Trójcy, zawierającej Rajską Trójcę o statusie egzystencjalnym i dwie wyłaniające się później Trójce, empiryczne w swej naturze i pochodzeniu.

8. TRÓJCA TRÓJC

Naturę Trójcy Trójc trudno zobrazować ludzkiemu umysłowi; jest to faktyczne podsumowanie całości empirycznej nieskończoności, jak przejawia się ona w teoretycznej nieskończoności wiecznej realizacji. W Trójcy Trójc empiryczna nieskończoność utożsamia się z egzystencjalną nieskończonością a obie są jako jedność w przedempirycznym i przedegzystencjalnym JESTEM. Trójca Trójc jest finalną ekspresją wszystkiego tego, co implikuje piętnaście trójjedności i związane z nimi triodyty. Finalności, czy to egzystencjalne czy empiryczne, są trudne do zrozumienia dla istot relatywnych, dlatego też zawsze muszą być przedstawiane jako relatywności.

Trójca Trójc istnieje w kilku stadiach. Zawiera ona możliwości, prawdopodobieństwa i nieuchronności, które oszałamiają wyobraźnię istot znacznie wyższych od poziomu ludzkiego. Posiada implikacje, których prawdopodobnie nie podejrzewają niebiańscy filozofowie, ponieważ jej implikacje zawierają się w trójjednościach a trójjedności są, w końcowym podsumowaniu, niezgłębione.

Istnieje wiele metod zobrazowania Trójcy Trójc. Zdecydowaliśmy się przedstawić następującą, trzypoziomową koncepcję:

1. Poziom trzech Trójc.
2. Poziom Bóstwa empirycznego.
3. Poziom JESTEM.

Są to poziomy coraz większego zjednoczenia. Faktycznie, Trójca Trójc jest poziomem pierwszym, podczas gdy poziom drugi i trzeci są zjednoczeniem-pochodną poziomu pierwszego.

POZIOM PIERWSZY: Uważa się, że na tym wstępnym poziomie połączenia, trzy Trójce funkcjonują jako doskonale zsynchronizowane, chociaż odrębne kombinacje osobowości Bóstwa.

1. *Rajska Trójca,* związek trzech Rajskich Bóstw – Ojca, Syna i Ducha. Należy przypomnieć, że Rajska Trójca implikuje trojakie funkcjonowanie – funkcjonowanie absolutne, funkcjonowanie transcendentalne (Trójca Ostateczności) i funkcjonowanie skończone (Trójca Najwyższości). Rajska Trójca jest czymkolwiek oraz wszystkim tym w dowolnym czasie.

2. *Trójca Ostateczna.* Jest to związek boskości Najwyższych Stwórców, Boga Najwyższego i Architektów Wszechświata Nadrzędnego. Podczas gdy jest to właściwe przedstawienie aspektów boskości tej Trójcy, odnotować należy, że są też inne stadia tej Trójcy, które jednak wydają się być doskonale skoordynowane z aspektami boskości.

3. *Trójca Absolutna.* Jest to zgrupowanie Boga Najwyższego, Boga Ostatecznego i Wypełniacza Przeznaczenia Wszechświata, jak się to odnosi do wszelkich wartości boskości. Pewne inne stadia tej trójjednej kombinacji mają do czynienia z

wartościami innymi niż boskość w poszerzającym się kosmosie. Ale te stadia jednoczą się ze stadiami boskości, tak samo jak moc i aspekty osobowości Bóstw empirycznych są teraz w trakcie empirycznej syntezy.

Związek tych trzech Trójc, w Trójcy Trójc, zapewnia możliwie nieograniczoną integrację rzeczywistości. Kombinacja taka zawiera przyczyny, środki i finalności; zapoczątkowujących, realizatorów i wypełniaczy; początki, istnienia i przeznaczenia. Partnerstwo Ojca-Syna stało się partnerstwem Syna-Ducha a potem Ducha-Najwyższego i dalej, Najwyższego-Ostatecznego i Ostatecznego-Absolutnego, nawet Absolutnego i Ojca Nieskończonego – czyli ukończeniem cyklu rzeczywistości. Podobnie w innych stadiach, nie tak bezpośrednio dotyczących boskości i osobowości, Pierwsze Wielkie Źródło i Centrum sam realizuje nieograniczoność rzeczywistości, wokół cyklu wieczności, od absolutności samoistnienia, poprzez bezkresność samoobjawienia, do finalizmu samorealizacji – od absolutu egzystencjalności do finalizmu empiryczności.

POZIOM DRUGI: Koordynacja trzech Trójc nieuchronnie powoduje asocjacyjną jedność Bóstw empirycznych, które są organicznie związane z tymi Trójcami. Natura tego, drugiego poziomu, czasami obrazowana jest jako:

1. *Najwyższy*. Bóstwo to jest wynikiem jedności Rajskiej Trójcy, w empirycznej łączności ze Stwórcami-Stwórczymi dziećmi Rajskich Bóstw. Najwyższy jest ucieleśnieniem Bóstwa kończącego pierwsze stadium ewolucji skończonej.

2. *Ostateczny*. Bóstwo to jest konsekwencją wynikającej jedności drugiej Trójcy, transcendentalnego i absonicznego uosobienia boskości. Ostateczny składa się z różnie rozumianej jedności wielu właściwości a jego ludzka koncepcja byłaby dobra, gdyby obejmowała chociaż te stadia ostateczności, które ukierunkowują kontrolę, są możliwe do osobistego doświadczenia i jednoczą napięcia, ale jest też wiele innych, nie objawionych aspektów tego wynikniętego Bóstwa. Podczas gdy Ostateczny i Najwyższy są porównywalni, nie są identyczni, tak samo Ostateczny nie jest zwyczajnym rozszerzeniem Najwyższego.

3. *Absolutny*. Jest wiele teorii, odnoszących się do natury trzeciego członka drugiego poziomu Trójcy Trójc. Bóg Absolutny jest niewątpliwie zawarty w tym związku jako osobowościowa konsekwencja finalnego działania Trójcy Absolutnej a jednak Bóstwo-Absolut jest rzeczywistością egzystencjalną ze statusem wieczności.

Trudności koncepcyjne, dotyczące trzeciego członka Trójcy Trójc, polegają na tym, że założenie takiego członkostwa w rzeczywistości implikuje tylko jeden Absolut. Teoretycznie, jeśli wypadek taki mógłby nastąpić, powinniśmy być świadkami *empirycznego* zjednoczenia trzech Absolutów w jeden. Zostaliśmy poinstruowani, że w nieskończoności i *egzystencjalnie* istnieje jeden Absolut. Podczas gdy sprawą najmniej jasną jest, kto może być tym trzecim członkiem, często się postuluje, że może składać się on z Absolutów – Bóstwa, Wszechświatowego i Nieuwarunkowanego, w pewnej formie ich niezrozumiałej łączności i kosmicznych przejawów. Jest oczywiste, że Trójca Trójc raczej nie może w pełni zacząć funkcjonować bez całkowitego zjednoczenia trzech Absolutów, a trzy Absoluty raczej nie mogą być zjednoczone bez kompletnego urzeczywistnienia wszystkich nieskończonych potencjałów.

Będzie to prawdopodobnie najmniejsze zniekształcenie prawdy, jeśli trzeciego członka Trójcy Trójc wyobrazi się jako Absolut Wszechświatowy, przy tym założeniu, że ta koncepcja uzmysławia Wszechświatowego nie tylko jako statycznego i potencjalnego, lecz także jako asocjacyjnego. Ciągle jednak nie widzimy tu związku ze stwórczymi i ewolucyjnymi aspektami funkcjonowania Bóstwa całościowego.

Chociaż kompletna koncepcja Trójcy Trójc trudna jest do sformułowania, jej zawężona koncepcja nie jest aż tak trudna. Jeśli drugi poziom Trójcy Trójc rozumieć jako zasadniczo osobowy, jest zupełnie możliwe założenie jedności Boga Najwyższego, Boga Ostatecznego i Boga Absolutnego, jako osobowych następstw zjednoczenia osobowych Trójc, które są protoplastami tych Bóstw empirycznych. Możemy zaryzykować twierdzenie, że te trzy Bóstwa empiryczne będą z pewnością jednoczyć się na poziomie drugim, stanowiąc bezpośrednią konsekwencję rozwijającej się jedności poprzedzających je i sprawczych Trójc, które stanowią poziom pierwszy.

Poziom pierwszy składa się z trzech Trójc; drugi poziom istnieje jako osobowy związek empirycznie ukształtowanych, empirycznie wyniknętych i empiryczno-egzystencjalnych osobowości Bóstwa. I niezależnie od jakichkolwiek trudności konceptualnych, gdy idzie o zrozumienie kompletnej Trójcy Trójc, osobowy związek tych trzech Bóstw na poziomie drugim objawił się dla naszej własnej epoki wszechświata w zjawisku deifikacji Majestonu, który zaktualizował się na tym, drugim poziomie Bóstwa-Absolutu, działając poprzez Ostatecznego i w odpowiedzi na wstępne, stwórcze powiernictwo Istoty Najwyższej.

POZIOM TRZECI. W nie uwarunkowanej hipotezie drugiego poziomu Trójcy Trójc zawarta jest wzajemna zależność każdego stadium i każdego rodzaju rzeczywistości, jaka jest, jaka była, albo, jaka będzie w pełni nieskończoności. Istota Najwyższa nie tylko jest duchem, ale jest również umysłem, mocą i doświadczeniem. Ostateczny jest wszystkim tym i czymś więcej, podczas gdy w łącznej koncepcji jedności Absolutów – Bóstwa, Wszechświatowego i Nieuwarunkowanego – zawarty jest absolutny finalizm realizacji całej rzeczywistości.

W jedności Najwyższego, Ostatecznego i ukończonego Absolutnego może nastąpić ponowne, funkcjonalne połączenie tych aspektów nieskończoności, które były pierwotnie poddane segmentacji przez JESTEM, a których rezultatem było pojawienie się Siedmiu Absolutów Nieskończoności. Chociaż filozofowie wszechświata uważają, że prawdopodobieństwo zaistnienia tego jest nikłe, mimo to zadajemy sobie często takie pytanie: jeśli drugi poziom Trójcy Trójc mógłby kiedykolwiek osiągnąć trójcową jedność, co wtedy mogłoby wyniknąć, jako konsekwencja takiej jedności Bóstwa? Nie wiemy, ale jesteśmy pewni, że prowadziłoby to bezpośrednio do JESTEM, jako osiągalnego empirycznie. Z punktu widzenia istot osobowych mogłoby to oznaczać, że niepoznawalny JESTEM stałby się możliwy do doświadczenia jako Ojciec Nieskończony. Co mogłyby oznaczać te absolutne przeznaczenia z nieosobowego punktu widzenia, jest sprawą odmienną i taką, którą tylko wieczność może ewentualnie wyjaśnić. Kiedy jednak, jako istoty osobowe, rozważamy te odległe możliwości, dochodzimy do wniosku, że finalnym przeznaczeniem wszystkich osobowości jest finalne poznanie Ojca Wszechświatowego tych właśnie osobowości.

Jak sobie filozoficznie wyobrażamy JESTEM w przeszłej wieczności, jest on sam, nie ma nikogo prócz niego. Patrząc naprzód, w przyszłą wieczność, nie uważamy, że JESTEM mógłby ewentualnie zmienić się jako egzystencjalny, jednak skłonni jesteśmy przewidywać ogromną różnicę empiryczną. Taka koncepcja JESTEM zakłada pełną samorealizację – obejmuje tę nieograniczoną plejadę osobowości, które zostały wolicjonalnymi uczestnikami samoobjawienia JESTEM i które pozostaną wiecznie jako absolutne, wolicjonalne części całościowej nieskończoności, jako finalni synowie absolutnego Ojca.

9. EGZYSTENCJALNE, NIESKOŃCZONE ZJEDNOCZENIE

W koncepcji Trójcy Trójc zakładamy ewentualne, empiryczne zjednoczenie nieograniczonej rzeczywistości i czasami teoretyzujemy, że wszystko to może się zdarzyć w krańcowym oddaleniu bardzo odległej wieczności. Tym niemniej zjednoczenie nieskończoności istnieje aktualnie i teraz, w tej właśnie epoce, jak i we wszystkich przeszłych i przyszłych epokach wszechświata; zjednoczenie takie jest egzystencjalne w Rajskiej Trójcy. Zjednoczenie wieczności, jako rzeczywistości empirycznej, jest niewyobrażalnie odległe, ale nie uwarunkowana jedność nieskończoności panuje teraz nad chwilą obecną istnienia wszechświata i jednoczy rozbieżności całej rzeczywistości z egzystencjalnym majestatem, który jest *absolutny*.

Kiedy istoty skończone próbują zrozumieć nieskończone zjednoczenie poziomów finalnych dopełnionej wieczności, stają twarzą w twarz z ograniczeniami swego intelektu, nieodłącznymi skończonej egzystencji. Czas, przestrzeń i doświadczenie stanowią bariery w rozumowaniu istoty stworzonej; zwłaszcza bez czasu, niezależnie od przestrzeni i z wykluczeniem doświadczenia, żadna istota nie może dosięgnąć nawet ograniczonego zrozumienia rzeczywistości wszechświatowej. Bez wrażliwości czasowej, żadna istota ewolucyjna nie może odczuwać związków kolejności. Bez percepcji przestrzeni, żadna istota nie może zrozumieć relacji równoczesności. Bez doświadczenia, żadna istota ewolucyjna nie może nawet istnieć; tylko Siedem Absolutów Nieskończoności naprawdę przewyższa doświadczenie, ale nawet one mogą być empiryczne w pewnych stadiach.

Czas, przestrzeń i doświadczenie są największą pomocą człowieka w jego relatywnej percepcji rzeczywistości a jednak w kompletnej percepcji rzeczywistości stanowią największą przeszkodę. Śmiertelnicy i wiele innych istot wszechświatowych nie mogą inaczej myśleć o potencjałach, jak tylko o aktualizujących się w przestrzeni i rozwijających się do realizacji w czasie, jednak cały ten proces jest zjawiskiem czasowo-przestrzennym, które faktycznie nie zachodzi w Raju ani w wieczności. Na poziomie absolutnym nie ma ani czasu, ani przestrzeni; wszystkie potencjały mogą być odczuwane jako aktualne.

Koncepcja zjednoczenia całej rzeczywistości, czy to w tej czy w innej epoce wszechświata, jest zasadniczo dwojaka: egzystencjalna i empiryczna. Taka jedność jest w trakcie empirycznej realizacji w Trójcy Trójc, ale stopień dostrzegalnego aktualizowania się tej trojakiej Trójcy jest wprost proporcjonalny do zanikania uwarunkowań i niedoskonałości rzeczywistości w kosmosie. Całościowa integracja rzeczywistości jest jednak bezwarunkowo, wiecznie i egzystencjalnie obecna w Rajskiej Trójcy, w której, w tej właśnie chwili wszechświata, nieskończona rzeczywistość jest absolutnie zjednoczona.

Paradoks, tworzony przez empiryczne i egzystencjalne punkty widzenia jest nieuchronny i oparty po części na tym, że zarówno Rajska Trójca jak i Trójca Trójc są związkami wieczności, które śmiertelnicy mogą dostrzegać tylko jako czasowo-przestrzenną relatywność. Ludzka koncepcja stopniowego, empirycznego aktualizowania się Trójcy Trójc – czasowy punkt widzenia – musi być uzupełniana przez dodatkowy postulat, że to już *jest* zaktualizowane – punkt widzenia wieczności. Ale jak pogodzić te dwa punkty widzenia? Śmiertelnikom skończonym proponujemy akceptację tej prawdy, że Rajska Trójca jest egzystencjalnym zjednoczeniem nieskończoności a za niemożność odkrycia aktualnej obecności i pełnej postaci empirycznej Trójcy Trójc po części jest odpowiedzialne obustronne zniekształcenie, powstałe z powodu:

1. Ograniczonego, ludzkiego punktu widzenia, niemożności zrozumienia nie uwarunkowanej wieczności.
2. Niedoskonałego statusu ludzkiego, oddalenia od absolutnego poziomu empiryczności.
3. Celu ludzkiego istnienia, tego faktu, że przeznaczeniem ludzkości jest rozwijać się metodą doświadczenia a zatem musi być ona naturalnie i w zupełności zależna od doświadczenia. Tylko Absolut może być zarówno egzystencjalny jak i empiryczny.

W Rajskiej Trójcy Ojciec Wszechświatowy jest JESTEM z Trójcy Trójc, a za niemożność doświadczenia Ojca jako nieskończoności odpowiedzialne są skończone ograniczenia. Koncepcja *egzystencjalnego*, samotnego, istniejącego przed Trójcą, nieosiągalnego JESTEM i postulat *empirycznego*, istniejącego po Trójcy Trójc i osiągalnego JESTEM, jest jedną i tą samą hipotezą; żadne aktualne zmiany nie nastąpiły w Nieskończonym, za wszystkie pozorne przekształcenia odpowiedzialna jest narastająca zdolność do odbioru rzeczywistości i do kosmicznej oceny wartości.

W końcowym podsumowaniu, JESTEM musi istnieć *przed* wszystkimi egzystencjalnościami i *po* wszystkich empirycznościach. Podczas kiedy takie idee mogą nie wyjaśniać paradoksów wieczności i nieskończoności w rozumowaniu ludzkim, powinny przynajmniej stymulować skończone intelekty do zmagania się na nowo z tymi, nigdy nie kończącymi się problemami, problemami, które wciąż będą was intrygować na Salvingtonie i później jako finalistów i poprzez niekończącą się przyszłość, na waszych drogach wiecznego życia, w szeroko rozpościerających się wszechświatach.

Wcześniej czy później wszystkie wszechświatowe osobowości zaczną sobie uświadamiać, że ostatecznym dążeniem wieczności jest niekończące się odkrywanie nieskończoności, odkrywcza podróż bez końca w absolutność Pierwszego Źródła i Centrum. Wcześniej czy później wszyscy uświadomimy sobie, że wszelki rozwój istoty stworzonej jest wprost proporcjonalny do jej utożsamiania się z Ojcem. Dochodzimy do wniosku, że życie wolą Ojca jest wiecznym paszportem do niekończących się możliwości nieskończoności samej. Kiedyś śmiertelnicy zrozumieją, że sukces w dążeniu do Nieskończonego jest wprost proporcjonalny do upodobniania się do Ojca i że w tej epoce wszechświata rzeczywistości Ojca są objawione w jakościach boskości. I te jakości boskości są osobowo nabywane przez istoty wszechświatowe w ich doświadczeniu życia po Bożemu, a żyć po Bożemu oznacza faktycznie żyć wolą Boga.

Życie opierające się na życiu wolą Ojca będzie prowadzić materialne, ewolucyjne istoty skończone bezpośrednio do osiągnięcia supremacji ducha na arenie osobowości i powiedzie je o jeden stopień bliżej zrozumienia Ojca Nieskończonego. Takie Ojcowskie życie jest życiem opartym na prawdzie, życiem wrażliwym na piękno i zdominowanym przez dobroć. Czczenie iluminuje od wewnątrz taką, rozpoznającą Boga osobę a na zewnątrz poświęca się ona szczerej służbie powszechnego braterstwa wszystkich osobowości, służbie wypełnionej miłosierdziem i motywowanej miłością, podczas gdy wszystkie takie wartości życia są zjednoczone w rozwijającej się osobowości, na wciąż wznoszących się poziomach kosmicznej mądrości i samorealizacji, w znajdowaniu Boga i czczeniu Ojca.

[Przedstawione przez Melchizedeka z Nebadonu].

PRZEKAZ 107

POCHODZENIE I NATURA DOSTRAJACZY MYŚLI

CHOCIAŻ Ojciec Wszechświatowy osobiście mieszka w Raju, w samym centrum wszechświatów, faktycznie przebywa on również na światach w przestrzeni, w umysłach niezliczonych jego dzieci czasu, ponieważ zamieszkuje je jako Nieodgadnione Monitory. Wieczny Ojciec jest jednocześnie najbardziej oddalony od swych planetarnych, śmiertelnych synów i najbliżej z nimi związany.

Dostrajacze są rzeczywistością Ojcowskiej miłości, wcieloną w dusze ludzkie; są prawdziwą obietnicą wiecznego życia człowieka, uwięzioną w ludzkim umyśle; są esencją ludzkiej, doskonałej osobowości finalisty, której przedsmak może mieć człowiek w czasie, kiedy coraz lepiej opanowuje boską metodę życia wolą Ojca, stopień po stopniu, wznosząc się wszechświat za wszechświatem, aż naprawdę stanie przed Boskim obliczem Rajskiego Ojca.

Bóg, nakazawszy człowiekowi być doskonałym, nawet tak jak on sam jest doskonały, zstąpił w formie Dostrajacza, aby stać się empirycznym partnerem człowieka w jego osiąganiu tak zarządzonego, niebiańskiego przeznaczenia. Fragment Boga, zamieszkujący umysł ludzki, jest absolutną i kategoryczną rękojmią, że człowiek może znaleźć Ojca Wszechświatowego razem z Boskim Dostrajaczem, który wyszedł od Boga, aby znaleźć człowieka i go usynowić jeszcze podczas życia w ciele.

Każdy śmiertelnik, który widział Syna Stwórcę, widział również Ojca Wszechświatowego a ten, którego zamieszkuje Boski Dostrajacz, zamieszkały jest przez Rajskiego Ojca. Każdy śmiertelnik, który świadomie czy nieświadomie podąża za przewodnictwem zamieszkującego go Dostrajacza, żyje zgodnie z wolą Boga. Świadomość obecności Dostrajacza jest świadomością obecności Boga. Wieczne zespolenie Dostrajacza z ewolucyjną duszą człowieka faktycznie jest doświadczeniem wiecznego zjednoczenia z Bogiem, w charakterze wszechświatowego partnera tego Bóstwa.

To właśnie Dostrajacz wywołuje w człowieku nienasyconą tęsknotę i nieustanne pragnienie, aby być podobnym Bogu, aby dotrzeć do Raju i właśnie tam, przed faktyczną osobą Bóstwa, czcić nieskończone źródło Boskiego daru. Dostrajacz jest tą żywą obecnością, która prawdziwie łączy śmiertelnego syna z jego Rajskim Ojcem i przyciąga go coraz bliżej ku Ojcu. Dostrajacz równoważy gigantyczne napięcie wszechświatowe, wytworzone przez odległość dzielącą człowieka od Boga oraz przez stopień ludzkiej niekompletności, w przeciwieństwie do uniwersalności wiecznego Ojca.

Dostrajacz jest absolutną esencją istoty nieskończonej, uwięzioną w umyśle istoty skończonej, tej, która w zależności od wyboru danego śmiertelnika (-czki), może w końcu doprowadzić do tymczasowej jedności Boga i człowieka i prawdziwie urzeczywistnić nową klasę istot, powołanych do nieskończonej służby wszechświatowej.

Dostrajacz jest boską, wszechświatową rzeczywistością, która realizuje tę prawdę, że Bóg jest Ojcem człowieka. Dostrajacz jest dla człowieka nieomylnym, kosmicznym kompasem, ustawiającym duszę zawsze bezbłędnie w kierunku Boga.

Obdarzone wolą istoty przechodzą na światach ewolucyjnych trzy zasadnicze, rozwojowe stadia bytu. Od przybycia Dostrajacza do relatywnie pełnej dojrzałości, na Urantii w wieku około dwudziestu lat, Monitory zwane są czasami Zmiennikami Myśli. Od tego czasu do osiągnięcia roztropności, w wieku około czterdziestu lat, Nieodgadnione Monitory zwane są Dostrajaczami Myśli. Od nabrania dojrzałości do wyzwolenia z ciała, mówi się o nich często jako o Kontrolerach Myśli. Te trzy stadia życia śmiertelnika nie są związane z trzema stadiami rozwoju Dostrajacza w procesie kopiowania umysłu i ewolucji duszy.

1. POCHODZENIE DOSTRAJACZY MYŚLI

Skoro Dostrajacze Myśli są esencją pierwotnego Bóstwa, nikt nie może orzekać autorytatywnie o ich naturze i pochodzeniu; mogę jedynie przekazać tradycje Salvingtonu i wierzenia Uversy, mogę tylko wyjaśnić, jak my rozumiemy Nieodgadnione Monitory i związane z nimi byty na obszarze wielkiego wszechświata.

Aczkolwiek istnieją rozmaite opinie w sprawie sposobu obdarzania Dostrajaczami Myśli, nie ma takich różnic w poglądach odnośnie ich pochodzenia; wszyscy się zgadzają, że przybywają one bezpośrednio od Ojca Wszechświatowego, Pierwszego Źródła i Centrum. Nie są istotami stworzonymi; są rozdrobnionymi bytami, stanowiącymi prawdziwą obecność nieskończonego Boga. Dostrajacze, razem z ich wielu nie objawionymi towarzyszami, są nie rozrzedzoną i nie zmieszaną boskością, są nie uwarunkowanymi i nie osłabionymi częściami Bóstwa; pochodzą od Boga i tak dalece, jak to możemy rozpoznać, *są Bogiem.*

Nic nie wiemy o początkach ich bytu, w oderwaniu od absolutności Pierwszego Źródła i Centrum, nie znamy również ich liczby. Bardzo mało wiemy o ich misji, dopóki nie przybędą na planetę czasu, aby zamieszkać umysły ludzkie, ale od tego momentu jesteśmy bardziej czy mniej obeznani z ich kosmicznym rozwojem, aż do spełnienia ich trojakich przeznaczeń: osiągnięcia osobowości przez zespolenie z jakimś wznoszącym się śmiertelnikiem, czy osiągnięcia osobowości na mocy zarządzenia Ojca Wszechświatowego, czy też wyzwolenia od znanych przydziałów Dostrajaczy Myśli.

Zakładamy, chociaż dokładnie tego nie wiemy, że Dostrajacze są istotami wciąż indywidualizowanymi, w miarę poszerzania się wszechświata i zwiększania się liczby kandydatów do zespolenia z Dostrajaczem. Ale jest również możliwe, że popełniamy błąd próbując przykładać wielkość liczbową do Dostrajaczy; fragmenty niezgłębionej natury Boga mogą być egzystencjalnie nieskończone, podobnie jak on sam.

Sposób stwarzania Dostrajaczy Myśli jest jedną z nie objawionych funkcji Ojca Wszechświatowego. Mamy wszelkie powody wierzyć, że nikt spośród absolutnych towarzyszy Pierwszego Źródła i Centrum nie ma nic do czynienia z wytwarzaniem fragmentów Ojca. Dostrajacze są po prostu i wiecznie Boskimi darami; są Boskie i od Boga oraz podobne Bogu.

W swych związkach z istotami stworzonymi, z którymi się zespalają, Dostrajacze wyrażają niebiańską miłość i pełnią duchową służbę, która całkowicie potwierdza, że Bóg jest duchem. Ale istnieje również sporo tego, co występuje jako dodatek do tej transcendentalnej służby, tego, co nigdy nie zostało objawione śmiertelnikom z Urantii. Nie rozumiemy również dokładnie, co naprawdę się dzieje, kiedy Ojciec Wszechświatowy tak daje siebie, stając się częścią osobowości istoty czasu. Tak samo rozwój rajskich finalistów, w trakcie ich wznoszenia się, nie wykazuje jak dotąd pełni możliwości, które są zawarte w tym niebiańskim partnerstwie człowieka i Boga. W końcowym podsumowaniu, fragmenty Ojca muszą być darem absolutnego Boga dla tych istot, których przeznaczenie zawiera możliwość dotarcia do Boga, jako do absolutu.

Tak jak Ojciec Wszechświatowy dokonuje fragmentacji swego przedosobowego Bóstwa, tak też Nieskończony Duch indywidualizuje porcje swego przedumysłowego ducha, aby zamieszkały w ewolucyjnych duszach żyjących wiecznie śmiertelników i faktycznie zespoliły się z nimi, z tą ich grupą, która zespala się z duchem. Jednak natura Wiecznego Syna nie poddaje się takiej fragmentacji; duch Pierwszego Syna albo się rozprzestrzenia albo jest indywidualnie osobowy. Zespolone z Synem istoty są połączone ze zindywidualizowanymi darami duchowymi Synów Stwórców, którzy pochodzą od Wiecznego Syna.

2. KLASYFIKACJA DOSTRAJACZY

Dostrajacze są indywidualizowane jako dziewicze byty a przeznaczeniem ich wszystkich jest stać się wyzwolonymi, zespolonymi, albo Uosobionymi Monitorami. Rozumiemy, że istnieje siedem klas Dostrajaczy Myśli, choć niezupełnie pojmujemy te podziały. Często nawiązujemy do ich różnych klas w następujący sposób:

1. *Dziewicze Dostrajacze* to te, które odbywają swój wstępny przydział w umysłach ewolucyjnych kandydatów do wiecznego życia. Nieodgadnione Monitory są wiecznie jednorodne w swej Boskiej naturze. Są one również jednorodne w naturze empirycznej, gdy po raz pierwszy wychodzą z Diviningtonu; późniejsze zróżnicowanie empiryczne jest rezultatem ich aktualnego doświadczenia w służbie wszechświatowej.

2. *Zaawansowane Dostrajacze* to te, które przesłużyły jeden czy więcej okresów z istotami obdarzonymi wolą na tych światach, gdzie końcowe zespolenie następuje między tożsamością istoty czasu a zindywidualizowaną porcją ducha Trzeciego Źródła i Centrum, takiego, jakim przejawia się we wszechświecie lokalnym.

3. *Najwyższe Dostrajacze* to są te Monitory, które przesłużyły przygodę czasu na światach ewolucyjnych, ale których ludzcy partnerzy z jakichś przyczyn nie chcieli wiecznego życia i które później zostały przydzielone do innych przygód, w innych śmiertelnikach i na innych rozwijających się światach. Najwyższy Dostrajacz, chociaż nie jest bardziej boski niż dziewiczy Monitor, nabył więcej doświadczenia i może robić w ludzkim umyśle te rzeczy, których mniej doświadczony Dostrajacz robić nie potrafi.

4. *Zanikające Dostrajacze*. Tutaj urywają się nasze wysiłki prześledzenia misji Nieodgadnionych Monitorów. Jest to czwarte stadium służby, którego nie znamy zbyt dobrze. Melchizedekowie nauczają, że Dostrajacze czwartego stadium mają luźne przydziały i przemierzają wszechświat wszechświatów. Samotni Posłańcy uważają, że są one jednością z Pierwszym Źródłem i Centrum i korzystają z okresu pokrzepiającego związku z samym Ojcem. I jest zupełnie możliwe, że Dostrajacz może wędrować po wszechświecie nadrzędnym, będąc jednocześnie jednością z wszechobecnym Ojcem.

5. *Wyzwolone Dostrajacze* to są te Nieodgadnione Monitory, które na wieczność zostały zwolnione ze służby czasu dla śmiertelników na rozwijających się sferach. Nie wiemy, jaka może być ich funkcja.

6. *Zespolone Dostrajacze* – finaliści – ci, którzy stali się jednością ze wznoszącymi się istotami z superwszechświatów, wieczni partnerzy istot czasu, wznoszących się w Rajskim Korpusie Finalizmu. Dostrajacze Myśli zostają zazwyczaj zespolone ze wznoszącymi się śmiertelnikami czasu i z takimi, żyjącymi wiecznie śmiertelnikami, są rejestrowane na Ascendingtonie i gdzie indziej; idą one szlakiem wznoszących się istot. Wydaje się, że po zespoleniu ze wznoszącą się duszą ewolucyjną, Dostrajacz przenosi się z absolutnego, egzystencjalnego poziomu wszechświata do skończonego poziomu empirycznego, do funkcjonalnego związku ze wznoszącą się osobowością. Zachowując pełnię charakteru egzystencjalnej, Boskiej natury, zespolony Dostrajacz zostaje nierozłącznie związany z misją wznoszenia się żyjącego wiecznie śmiertelnika.

7. *Uosobieni Dostrajacze* to są ci, którzy służyli z wcielonymi, Rajskimi Synami oraz wielu innych, którzy szczególnie się wyróżnili podczas zamieszkiwania śmiertelnika, ale których podopieczni nie chcieli przeżyć śmierci. Mamy powody wierzyć, że tacy Dostrajacze są uosobieni według rekomendacji Pradawnych Czasu z tego superwszechświata, do którego są przydzieleni.

Jest wiele metod, według których można klasyfikować te tajemnicze fragmenty Boga: zgodnie z ich wszechświatowym przydziałem, z miarą sukcesu podczas zamieszkiwania indywidualnego śmiertelnika a nawet według rasowego rodowodu śmiertelnych kandydatów do zespolenia.

3. DIVININGTON – OJCZYZNA DOSTRAJACZY

Wszelka wszechświatowa działalność związana z ekspediowaniem, zarządzaniem, ukierunkowaniem i powrotem Nieodgadnionych Monitorów ze służby we wszystkich siedmiu superwszechświatach, wydaje się koncentrować na świętej sferze Divinington. Tak dalece, jak się orientuję, nikt oprócz Dostrajaczy i innych bytów Ojca nie przebywa na tej sferze. Jest zupełnie możliwe, że liczne nie objawione byty przedosobowe dzielą z Dostrajaczami Divinington, jako swą sferę ojczystą. Przypuszczamy, że te bratnie byty mogą być w jakiś sposób związane z obecną i przyszłą służbą Nieodgadnionych Monitorów, ale nie jesteśmy tego pewni.

Gdy Dostrajacze Myśli wracają do Ojca, idą z powrotem do domeny, skąd domniemanie pochodzą – do Diviningtonu – i prawdopodobnie częścią tego doświadczenia jest ich rzeczywisty kontakt z osobowością Rajskiego Ojca, jak również ze specjalnym przejawem boskości Ojca, który według naszych informacji znajduje się na tej tajemniczej sferze.

Chociaż wiemy co nieco o wszystkich siedmiu świętych sferach Raju, o Diviningtonie wiemy znacznie mniej niż o innych. Istoty wyższych klas duchowych otrzymują tylko trzy boskie nakazy, a są one następujące:

1. Zawsze okazuj właściwy szacunek dla doświadczenia i umiejętności starszych i przełożonych.
2. Zawsze miej na uwadze ograniczenia i brak doświadczenia młodszych i podwładnych.

3. Nigdy nie próbuj lądować na Diviningtonie.

Często się zastanawiałem, że wyprawa na Divinington byłaby dla mnie zupełnie bezcelowa; prawdopodobnie nie mógłbym dostrzec żadnej z przebywających tam istot, za wyjątkiem takich, jak Uosobieni Dostrajacze, których widziałem również gdzie indziej. Jestem zupełnie pewien, że na Diviningtonie nie ma niczego takiego, co mogłoby mi przynieść rzeczywiste wartości czy korzyści, nic niezbędnego dla mojego postępu i rozwoju; inaczej nie zakazywano by mi odwiedzania tej sfery.

Skoro niewiele albo i nic nie możemy się dowiedzieć o naturze i początkach Dostrajaczy wychodzących z Diviningtonu, zmuszeni jesteśmy zbierać informacje z tysiąca i jeden różnych źródeł, jak również składać je, z konieczności łączyć ze sobą i wzajemnie porównywać tak zgromadzone dane, aby taka wiedza mogła być pouczająca.

Dzielność i mądrość, jaką przejawiają Dostrajacze Myśli, pozwala nam sądzić, że przeszły one szkolenie w szerokim zakresie i wachlarzu zagadnień. Skoro nie są osobowościami, takie nauczanie musi się odbywać w instytucjach edukacyjnych Diviningtonu. Unikalni, Uosobieni Dostrajacze, stanowią bez wątpienia personel szkół przygotowawczych Diviningtonu. I wiemy również, że tym centralnym i zarządzającym korpusem kieruje Uosobiony Dostrajacz pierwszego Rajskiego Syna klasy Michała, który ukończył siedmiorakie obdarzenie gatunków i społeczności swoich wszechświatowych domen.

Doprawdy niewiele wiemy o Dostrajaczach nie uosobionych; kontaktować i komunikować możemy się tylko z klasami uosobionymi. Imiona nadawane są im na Diviningtonie i znane są one zawsze po imieniu, nie według numeru. Uosobieni Dostrajacze mieszkają stale na Diviningtonie; ta święta sfera jest ich ojczyzną. Odchodzą z tego miejsca tylko za zezwoleniem Ojca Wszechświatowego. W domenach wszechświatów lokalnych jest ich bardzo mało, ale jest ich sporo we wszechświecie centralnym.

4. NATURA I INDYWIDUALNOŚĆ DOSTRAJACZY

Stwierdzenie, że Dostrajacz Myśli jest Boski, jest po prostu uznaniem jego natury i pochodzenia. Jest bardzo prawdopodobne, że taka czystość boskości obejmuje esencję potencjału wszelkich atrybutów Bóstwa, jakie mogą istnieć w tym fragmencie absolutnej esencji powszechnej obecności wiecznego i nieskończonego Rajskiego Ojca.

Prawdziwe źródło Dostrajacza musi być nieskończone a jego rzeczywistość musi graniczyć z absolutnością, zanim Dostrajacz zespoli się z nieśmiertelną duszą rozwijającego się śmiertelnika. Dostrajacze nie są absolutami w sensie uniwersalnym, w sensie Bóstwa, ale prawdopodobnie są prawdziwymi absolutami w potencjałach swej fragmentarycznej natury. Są uwarunkowane w swej uniwersalności, ale nie w swej naturze, są ograniczone w ekstensywności, ale w intensywności znaczenia, wartości i faktu *są absolutne.* Z tej przyczyny czasami nazywamy te Boskie dary uwarunkowanymi, absolutnymi fragmentami Ojca.

Żaden Dostrajacz nigdy nie był nielojalny wobec Rajskiego Ojca; niższe klasy istot osobowych czasami mogą walczyć ze swymi nielojalnymi współbraćmi, ale nie Dostrajacze; są one doskonałe i nieomylne w swej niebiańskiej domenie służby dla istot stworzonych i w swych działaniach we wszechświecie.

Dostrajacze nie uosobione widzialne są tylko dla Uosobionych Dostrajaczy. Moja klasa, Samotnych Posłańców, razem z Natchnionymi Duchami Trójcy, może wykryć obecność Dostrajaczy dzięki duchowym zjawiskom reaktywnym; nawet serafin może czasem dostrzec światłość duchową, domniemanie związaną z obecnością Monitorów w materialnych umysłach ludzkich; ale nikt z nas naprawdę nie potrafi dostrzec rzeczywistej obecności Dostrajaczy, aż do tego czasu, kiedy zostaną uosobione, aczkolwiek ich natury są dostrzegalne w powiązaniu z zespolonymi z nimi osobowościami wznoszących się śmiertelników ze światów ewolucyjnych. Powszechna niewidzialność Dostrajaczy wynika z ich wysokiego, wyłączne Boskiego pochodzenia i Boskiej natury.

Istnieje charakterystyczne światło, światłość duchowa, która towarzyszy tej Boskiej obecności a którą generalnie kojarzy się z Dostrajaczami Myśli. We wszechświecie Nebadon ta jasność jest generalnie zwana „światłem pilotującym" a na Uversie „światłem życia". Na Urantii nawiązywano kiedyś do tego zjawiska jako do „światłości prawdziwej, która oświeca każdego człowieka, gdy na świat przychodzi".

Uosobieni Dostrajacze Myśli widzialni są dla wszystkich istot, które dotarły do Ojca Wszechświatowego. Dostrajacze, we wszystkich swych stadiach istnienia, razem ze wszystkimi innymi istotami, bytami, duchami, osobowościami i przejawami duchowymi, zawsze są dostrzegane przez te Najwyższe Osobowości Stwórcze, które pochodzą od Rajskich Bóstw i które przewodniczą ważniejszym rządom wielkiego wszechświata.

Czy naprawdę potraficie uświadomić sobie prawdziwe znaczenie tego, że zamieszkuje was Dostrajacz? Czy rzeczywiście rozumiecie, co znaczy posiadanie absolutnego fragmentu absolutnego i nieskończonego Bóstwa, Ojca Wszechświatowego, zamieszkującego i zespalającego się z waszymi, skończonymi, śmiertelnymi naturami? Kiedy śmiertelny człowiek zespala się z rzeczywistym fragmentem egzystencjalnej Przyczyny całego kosmosu, przeznaczenie takiego partnerstwa, bez precedensu i trudnego do wyobrażenia, nie może być nigdy niczym ograniczone. W wieczności, człowiek będzie odkrywał nie tylko nieskończoność przedmiotowego Bóstwa, ale także niekończącą się potencjalność podmiotowego fragmentu tego samego Boga. Dostrajacz zawsze będzie objawiał śmiertelnej osobowości niezwykłość Boga i to niebiańskie objawienie nigdy się nie skończy, gdyż Dostrajacz jest od Boga i jako Bóg dla śmiertelnego człowieka.

5. UMYSŁOWOŚĆ DOSTRAJACZA

Śmiertelnicy ewolucyjni skłonni są traktować umysł jako kosmiczne pośrednictwo pomiędzy duchem a materią, gdyż taka jest zasadnicza rola umysłu przez was dostrzegana. Dlatego raczej trudno jest zauważyć śmiertelnikom, że Dostrajacze Myśli posiadają umysł, z tego powodu, że Dostrajacze są rozdrobnieniem Boga na absolutnym poziomie rzeczywistości, która nie tylko jest przedosobowa, ale poprzedza również wszelkie zróżnicowanie energii i ducha. Na poziomie monistycznym, poprzedzającym zróżnicowanie energii i ducha, nie może istnieć pośrednicząca funkcja umysłu, gdyż nie istnieją rozbieżności do pośredniczenia.

Ponieważ Dostrajacze mogą planować, pracować i kochać, muszą posiadać tę wartość jestestwa, która jest współmierna z umysłem. Mają nieograniczoną możliwość komunikowania się jeden z drugim, znaczy to wszystkie formy Monitorów powyżej grupy pierwszej albo dziewiczej. Bardzo niewiele możemy objawić o tym, co dotyczy natury i znaczenia ich komunikacji wzajemnej, ponieważ nic o niej nie wiemy. I wiemy jeszcze, że muszą one posiadać pewnego rodzaju umysł, w przeciwnym razie nigdy nie mogłyby zostać uosobione.

Umysłowość Dostrajacza Myśli podobna jest *umysłowości* Ojca Wszechświatowego i Wiecznego Syna – tej, która jest pierwotną w stosunku do *umysłów* Wspólnego Aktywizatora.

Typ umysłu, jaki z założenia istnieje w Dostrajaczu, musi być podobny do wyposażenia umysłowego licznych innych klas bytów przedosobowych, które przypuszczalnie również pochodzą od Pierwszego Źródła i Centrum. Chociaż wiele klas tych bytów nie zostało objawione na Urantii, wszystkie one wykazują cechy umysłowości. Dla tych indywidualizacji pierwotnego Bóstwa jest również możliwe zjednoczenie z licznymi, rozwijającymi się typami istot nieśmiertelnych, a nawet z ograniczoną liczbą istot nieewolucyjnych, które wykształciły zdolność zespolenia się z takimi fragmentami Bóstwa.

Kiedy Dostrajacz Myśli zespala się z wyłaniającą się, nieśmiertelną, morontialną duszą człowieka, który przeżył śmierć, umysł Dostrajacza można tylko zidentyfikować jako istniejący niezależnie od umysłu człowieka tak długo, aż wznoszący się śmiertelnik nie osiągnie duchowych poziomów wszechświatowego rozwoju.

Po osiągnięciu, w trakcie wznoszenia się, poziomów finalisty, te duchy szóstego stadium zdają się przeobrażać pewien czynnik umysłowy, reprezentujący zjednoczenie pewnych stadiów umysłu śmiertelnika i Dostrajacza, który uprzednio działał jako łącznik pomiędzy boskimi a ludzkimi stadiami takich wznoszących się osobowości. Ta empiryczna własność umysłu prawdopodobnie „czyni najwyższym" a następnie poszerza empiryczne wyposażenie Bóstwa ewolucyjnego – Istoty Najwyższej.

6. DOSTRAJACZE JAKO CZYSTE DUCHY

Dostrajacze Myśli, spotykane w doświadczeniach istot stworzonych, wykazują obecność i przewodnictwo czynnika duchowego. Dostrajacz naprawdę jest duchem, czystym duchem, ale także czymś więcej niż duchem. Nigdy nie mogliśmy odpowiednio zaklasyfikować Nieodgadnionych Monitorów; wszystko, co możemy o nich powiedzieć na pewno, jest to, że są naprawdę podobne Bogu.

Dostrajacz jest dla człowieka szansą na wieczność; człowiek jest dla Dostrajacza szansą na osobowość. Wasze indywidualne Dostrajacze działają tak, aby was uduchowiać, mając nadzieję uwiecznienia waszej doczesnej tożsamości. Dostrajacze są nasycone piękną i samą z siebie obdarzającą miłością Ojca duchów. Kochają was prawdziwie i bosko; są więźniami duchowej nadziei zamkniętej w ludzkich umysłach. Pragną, aby wasze śmiertelne umysły osiągnęły boskość, aby ich samotność mogła się skończyć, aby mogły być wyzwolone z ograniczeń materialnej inwestytury i z szat czasu.

Wasza droga do Raju jest drogą osiągnięć duchowych a Dostrajacz ze swej natury, będzie wam wiernie objawiał duchową naturę Ojca Wszechświatowego. Po wzniesieniu się finalisty do Raju, jak również na etapach wiecznego bytu postfinalisty, Dostrajacz może się ewentualnie kontaktować w służbie innej niż duchowa ze swego czasu ludzkim partnerem; ale wznoszenie się do Raju i życie finalisty stanowią partnerstwo pomiędzy rozpoznającym Boga, uduchowionym śmiertelnikiem a Dostrajaczem, pełniącym duchową służbę objawiania Boga.

Wiemy, że Dostrajacze Myśli są duchami, czystymi duchami, być może absolutnymi duchami. Tym niemniej Dostrajacz musi być również czymś więcej niż tylko duchową rzeczywistością. W dodatku do domniemanej umysłowości, wchodzą tutaj także w grę czynniki czystej energii. Jeśli przypomnicie sobie, że Bóg jest źródłem czystej energii i czystego ducha, nie będzie wam zbyt trudno uświadomić sobie, że jego fragmenty mogą być jednym i drugim. Faktem jest, że Dostrajacze przemierzają przestrzeń momentalnym, wszechświatowym obwodem grawitacyjnym Rajskiej Wyspy.

To, że Nieodgadnione Monitory są w ten sposób związane z materialnymi obwodami wszechświata wszechświatów, jest doprawdy intrygujące. Jednak faktem pozostaje, że mkną one przez cały wielki wszechświat po obwodach grawitacji materialnej. Jest zupełnie możliwe, że mogą nawet przenikać poziomy przestrzeni zewnętrznej; na pewno mogą lecieć w te regiony za istniejącą tam grawitacją Raju i chociaż moja klasa osobowości może przemierzać obwody umysłowe Wspólnego Aktywizatora również poza granice wielkiego wszechświata, nigdy nie możemy być pewni, czy nie wykryjemy obecności Dostrajaczy w niezbadanych rejonach przestrzeni zewnętrznej.

Chociaż Dostrajacze używają obwodów grawitacji materialnej, nie podlegają im tak, jak wytwory materialne. Dostrajacze są fragmentami tego, co poprzedza grawitację, nie są wynikiem grawitacji; są one rozczłonkowane na tym poziomie istnienia wszechświata, który hipotetycznie poprzedza pojawienie się grawitacji.

Dostrajacze Myśli nie odpoczywają, od kiedy obdarzają śmiertelnika aż do dnia ich zwolnienia, gdy lecą do Diviningtonu po naturalnej śmierci ich śmiertelnych podopiecznych. A te, których podopieczni nie przechodzą przez bramy naturalnej śmierci, nie mają nawet tego, tymczasowego wytchnienia. Dostrajacze Myśli nie muszą pobierać energii; one są energią, energią najwyższej i najbardziej boskiej klasy.

7. DOSTRAJACZE A OSOBOWOŚĆ

Dostrajacze Myśli nie są osobowościami, są one jednak prawdziwymi bytami; są prawdziwie i doskonale zindywidualizowane, choć faktycznie nigdy nie zostają uosobione, gdy zamieszkują śmiertelników. Dostrajacze Myśli nie są prawdziwymi osobowościami; są *prawdziwymi rzeczywistościami*, najczystszej klasy rzeczywistościami pośród rzeczywistości znanych we wszechświecie wszechświatów – są Boską obecnością. O tych zdumiewających fragmentach Ojca mówi się często jak o istotach, chociaż są nieosobowe, a czasem, z punktu widzenia stadiów duchowych ich aktualnej posługi dla śmiertelników jako o bytach duchowych.

Skoro Dostrajacze Myśli nie są osobowościami, nie mają prerogatyw woli i możliwości wyboru, to jak mogą wybrać śmiertelnych podopiecznych i zechcieć zamieszkać te istoty ze światów ewolucyjnych? Jest to pytanie łatwe do postawienia, ale prawdopodobnie żadna istota we wszechświecie wszechświatów nigdy nie znalazła na nie zadowalającej odpowiedzi. Nawet moja klasa osobowości, Samotni Posłańcy, nie rozumie w pełni daru woli, wyboru i miłości w tych bytach, które nie są osobowe.

Często snujemy przypuszczenia, że Dostrajacze Myśli muszą posiadać wolę na wszystkich *przedosobowych* poziomach wyboru. Decydują się zamieszkać istotę ludzką, robią plany na wieczną, ludzką egzystencję, dostosowują je, modyfikują i zmieniają odpowiednio do okoliczności i takie działania świadczą o istnieniu autentycznej woli. Żywią uczucia dla śmiertelników, działają we wszechświatowych kryzysach, zawsze czekają, aby działać niezłomnie zgodnie z ludzką decyzją i wszystkie te reakcje są wysoce wolicjonalne. We wszystkich sytuacjach niedotyczących ludzkiej woli, wykazują one bezspornie ten rodzaj postępowania, który wskazuje na korzystanie z cech w każdym sensie odpowiadających woli, najwyższemu decydowaniu.

Dlaczego zatem, jeśli Dostrajacze Myśli posiadają wolę, podporządkowane są woli śmiertelnika? Wierzymy, że dzieje się tak dlatego, że chociaż wola Dostrajacza jest absolutna w naturze, jest ona przedosobowa w swych przejawach. Ludzka wola funkcjonuje na osobowościowym poziomie rzeczywistości wszechświatowej a w kosmosie to, co bezosobowe – nieosobowe, podosobowe i przedosobowe – zawsze reaguje na wolę i działanie istniejącej osobowości.

We wszechświecie istot stworzonych i nieosobowych energii nie dostrzegamy woli, wolicjonalności, wyboru i miłości, występujących w oderwaniu od osobowości. Za wyjątkiem Dostrajaczy i innych podobnych bytów, nie zauważamy takich atrybutów osobowości działających w powiązaniu z rzeczywistościami nieosobowymi. Nie byłoby właściwe określać Dostrajacza jako podosobowego, nie byłoby również właściwe mówić o takich bytach jako o superosobowych, jest jednak zupełnie dopuszczalne określać takie istoty przedosobowymi.

Nasza klasa istot uważa te fragmenty Bóstwa za Boskie dary. Wiemy, że Dostrajacze są Boskiego pochodzenia i że stanowią ewentualny dowód oraz unaocznienie możliwości bezpośredniej i nieograniczonej komunikacji, zastrzeżonej przez Ojca Wszechświatowego, z dowolną i ze wszystkimi istotami materialnymi na obszarze faktycznie nieskończonych domen; co działa zupełnie niezależnie od obecności Ojca w osobowościach jego Rajskich Synów, czy od jego posług pośrednich w osobowościach Nieskończonego Ducha.

Nie ma takich istot stworzonych, które nie gościłyby z radością Nieodgadnione Monitory, ale nie zamieszkują one żadnej klasy istot za wyjątkiem istot ewolucyjnych, obdarzonych wolą, których przeznaczeniem jest zostać finalistami.

[Przedstawione przez Samotnego Posłańca z Orvontonu].

PRZEKAZ 108

MISJA I SŁUŻBA DOSTRAJACZY MYŚLI

MISJĄ Dostrajaczy Myśli, którą pełnią dla gatunku ludzkiego, jest reprezentowanie Ojca Wszechświatowego, bycie nim dla śmiertelnych istot czasu i przestrzeni; jest to zasadnicza działalność Boskich darów. Misja ich polega również na umoralnianiu śmiertelnych umysłów i na wynoszeniu nieśmiertelnych dusz ludzkich aż do Boskich wyżyn i duchowych poziomów rajskiej doskonałości. I w doświadczeniu takiego przekształcania ludzkiej natury istoty doczesnej w boską naturę wiecznego finalisty, Dostrajacze powołują do bytu unikalny rodzaj istot, istot składających się z wiecznej jedności doskonałego Dostrajacza i doprowadzonej do doskonałości istoty, czego nie można dokonać żadnym innym, wszechświatowym sposobem.

W całym wszechświecie nic nie może zastąpić doświadczenia na poziomach nieegzystencjalnych. Nieskończony Bóg jest, jak zawsze, zupełny i kompletny, nieskończenie obejmujący wszystkie rzeczy, za wyjątkiem zła i doświadczeń istoty stworzonej. Bóg nie może robić źle; jest nieomylny. Bóg nie może doświadczalnie poznać tego, czego nigdy nie doświadczył osobiście; znajomość przyszłości jest u Boga egzystencjalna. Duch Ojca zstępuje zatem z Raju, aby wziąć udział w każdym autentycznym doświadczeniu śmiertelnika, na jego życiowej drodze podczas wznoszenia się; jedynie tą metodą egzystencjalny Bóg może stać się prawdziwie i rzeczywiście empirycznym Ojcem człowieka. Nieskończoność wiecznego Boga zawiera potencjał skończonego doświadczenia, które prawdziwie się aktualizuje w służbie dostrajaczowych fragmentów, faktycznie współuczestniczących w zmiennych kolejach życia istot ludzkich.

1. WYBÓR I PRZYDZIAŁ

Kiedy Dostrajacze wysyłane są z Diviningtonu, aby służyć śmiertelnikom, są one identyczne w swoim nadaniu boskości egzystencjalnej, różnią się jednak we właściwościach empirycznych, odpowiednio do swych poprzednich kontaktów z istotami ewolucyjnymi. Nie potrafimy wyjaśnić zasad przydziału Dostrajacza, przypuszczamy jednak, że obdarzanie tymi Boskimi darami następuje zgodnie z pewnymi mądrymi i efektywnymi zasadami, dotyczącymi wiecznej możliwości przystosowania się do zamieszkiwanej osobowości. Zauważamy, że bardziej doświadczony Dostrajacz zamieszkuje często wyższy typ umysłu ludzkiego; ludzkie dziedzictwo musi być zatem ważnym *czynnikiem* branym pod uwagę w czasie selekcji i przydziału Dostrajaczy.

Chociaż nie jesteśmy tego pewni, mocno wierzymy, że wszystkie Dostrajacze Myśli są ochotnikami. Jednak zanim jeszcze się zgłoszą, mają już pełne dane odnośnie kandydata do zamieszkania. Seraficzny zarys pochodzenia i projektowane wzory postępowania w życiu transmitowane są poprzez Raj do rezerwowego korpusu Dostrajaczy na Diviningtonie, metodą odzwierciedlania, idącą do wewnątrz, od stolic wszechświatów lokalnych do zarządów superwszechświatów. Prognostyk taki obejmuje nie tylko czynniki dziedziczne kandydata-śmiertelnika, ale również ocenę prawdopodobnych zdolności intelektualnych i możliwości duchowych. Dostrajacze zgłaszają się zatem, aby zamieszkać w tych umysłach, z których intymnymi naturami dobrze się zapoznały.

Zgłaszający się Dostrajacz zainteresowany jest głównie trzema cechami ludzkiego kandydata:

1. *Cechy intelektualne.* Czy umysł jest normalny? Jaki jest jego potencjał intelektualny, wydolność jego inteligencji? Czy jednostka taka może się rozwinąć w istotę prawdziwie obdarzoną wolą? Czy jest szansa funkcjonowania mądrości?
2. *Postrzeganie duchowe.* Perspektywy ukształtowania się czczenia, narodziny i rozwój natury religijnej. Jaki jest potencjał duszy, prawdopodobieństwo nabycia wrażliwości duchowej?
3. *Połączone cechy intelektualne i duchowe.* W jakim stopniu te dwa wyposażenia mogą ewentualnie być związane, połączone tak, aby wytworzyć siłę ludzkiego charakteru i przyczynić się do niezawodnego rozwoju nieśmiertelnej duszy, mogącej trwać wiecznie.

Wierzymy, że po otrzymaniu tych danych, Monitory ochoczo przystępują do wykonania swego zadania. Prawdopodobnie zgłasza się więcej niż jeden Dostrajacz; być może nadzorująca, uosobiona klasa wybiera z grupy Dostrajaczy-ochotników tego, który najlepiej nadaje się do uduchowiania i uwiecznienia osobowości śmiertelnika-kandydata. (Płeć istoty stworzonej nie jest rozważana podczas przydziału i służby Dostrajaczy)

Ten krótki okres, jaki upływa pomiędzy zgłoszeniem się a ekspediowaniem, Dostrajacz spędza przypuszczalnie w szkołach Uosobionych Monitorów Diviningtonu, gdzie się używa roboczego modelu umysłu oczekującego śmiertelnika w procesie nauczania przydzielonego mu Dostrajacza, dotyczącego najbardziej skutecznych planów podejścia do osobowości i uduchowiania umysłu. Taki model umysłu tworzy się na podstawie zestawiania danych, dostarczonych przez służbę odzwierciedlania superwszechświata. Przynajmniej tak my te sprawy rozumiemy a nabraliśmy takiego przekonania w wyniku gromadzenia informacji, zdobywanych w trakcie kontaktów z wieloma Uosobionymi Dostrajaczami, podczas długiej wszechświatowej działalności Samotnych Posłańców.

Gdy Dostrajacze wysłane zostaną z Diviningtonu, praktycznie nie ma upływu czasu pomiędzy tym momentem a ich godziną pojawienia się w umysłach wybranych przez nich podopiecznych. Średni czas przemieszczenia się Dostrajacza z Diviningtonu do Urantii wynosi 117 godzin, 42 minuty i 7 sekund. Prawie cały ten czas zajmuje rejestracja na Uversie.

2. WARUNKI WSTĘPNE ZAMIESZKANIA PRZEZ DOSTRAJACZA

Choć Dostrajacze zgłaszają się do swej służby jak tylko prognostyk osobowości zostanie przesłany do Diviningtonu, praktycznie nie zostają one przydzielone zanim ich ludzcy podopieczni nie poczynią swojej pierwszej, moralnej, osobistej decyzji. Pierwsza, moralna decyzja dziecka ludzkiego, wykazywana zostaje automatycznie w siódmym umyśle przybocznym i rejestrowana jest natychmiast, drogą Stwórczego Ducha wszechświata lokalnego, przez wszechświatowy obwód grawitacji umysłowej Wspólnego Aktywizatora, w obecności Ducha Nadrzędnego danego superwszechświata, który zaraz przekazuje tę informację do Diviningtonu. Do swych ludzkich podopiecznych na Urantii Dostrajacze docierają przeciętnie tuż przed ich szóstymi urodzinami. W obecnym pokoleniu w piątym roku, dziesiątym miesiącu i czwartym dniu; znaczy w 2.134 dniu ziemskiego życia.

Dostrajacze nie mogą wkroczyć do ludzkiego umysłu, zanim nie zostanie on odpowiednio do tego przygotowany przez służbę zamieszkujących go przybocznych umysłów-duchów oraz objęty obwodem Ducha Świętego. I trzeba koordynującego działania wszystkich siedmiu przybocznych, aby ludzki umysł kwalifikował się do przyjęcia Dostrajacza. Umysł istoty stworzonej musi wykazywać dążenie do czczenia i sygnalizować funkcjonowanie mądrości, musi wykazać zdolność wyboru pomiędzy wyłaniającymi się wartościami dobra i zła – wyboru moralnego.

Na takim etapie rozwoju umysły ludzkie gotowe są na przyjęcie Dostrajaczy, ale jest generalną zasadą, że nie pojawiają się one natychmiast, żeby zamieszkać takie umysły, za wyjątkiem tych światów, gdzie Duch Prawdy działa jako duchowy koordynator zróżnicowanych służb duchowych. Jeśli na świecie obecny jest duch Synów obdarzających, Dostrajacze przybywają natychmiast w tym momencie, gdy siódmy przyboczny umysł-duch zaczyna działać i sygnalizuje Matce Duchowi Wszechświata, że ma możliwość koordynacji sześciu związanych z nim przybocznych, uprzednio służących intelektowi śmiertelnika. Dlatego też na Urantii, od dnia Zesłania Ducha, wszystkie normalne umysły o statusie moralnym zostają obdarzone Boskimi Dostrajaczami.

Nawet kiedy umysł obdarzony jest Duchem Prawdy, Dostrajacze nie mogą arbitralnie wtargnąć do śmiertelnego intelektu przed pojawieniem się decyzji moralnej. Ale kiedy taka decyzja moralna zostanie poczyniona, duchowy pomocnik przejmuje swą jurysdykcję bezpośrednio z Diviningtonu. Nie ma pośredników, czy innych ingerujących czynników władzy, działających pomiędzy Boskimi Dostrajaczami a ich ludzkimi podopiecznymi; Bóg i człowiek zostają związani bezpośrednio.

Zanim Duch Prawdy zostanie wylany na mieszkańców świata ewolucyjnego, obdarzenie Dostrajaczami wydaje się być warunkowane wieloma wpływami duchowymi i postawami danej osobowości. Nie pojmujemy w pełni praw rządzących takimi obdarzeniami; nie rozumiemy dokładnie, co decyduje o nadaniu Dostrajaczy, które się zgłosiły, aby zamieszkać takie rozwijające się umysły. Widzimy jednak liczne wpływy i warunki, które wydają się być związane z przybyciem Dostrajaczy do takich umysłów, przed obdarzeniem Duchem Prawdy, a są one następujące:

1. Przydział osobistych opiekunów seraficznych. Jeśli śmiertelnik nie był uprzednio zamieszkały przez Dostrajacza, przydział osobistego opiekuna natychmiast nadaje mu Dostrajacza. Istnieje pewien bardzo wyraźny, chociaż nieznany, związek pomiędzy służbą Dostrajaczy a służbą osobistych opiekunów seraficznych.

2. Dotarcie do trzeciego okręgu osiągnięć intelektualnych i dokonań duchowych. Widziałem Dostrajacze, przybywające do umysłów śmiertelników po dotarciu do trzeciego okręgu, nawet zanim takie osiągnięcie mogło być zasygnalizowane osobowościom wszechświata lokalnego, które zajmują się tymi sprawami.

3. Po dokonaniu istotnej decyzji o wyjątkowym znaczeniu duchowym. Określonemu, ludzkiemu postępowaniu podczas osobistego kryzysu planetarnego towarzyszy zazwyczaj natychmiastowe przybycie oczekującego Dostrajacza.

4. Duch braterstwa. Niezależnie od osiągnięcia okręgów psychicznych i przydzielenia osobistych opiekunów, pod nieobecność czegokolwiek przypominającego kryzysową decyzję, kiedy rozwijający się śmiertelnik zostaje zdominowany przez miłość do swych współbraci i poświęca się bezinteresownej służbie dla swych braci w ciele, nieodmiennie zstępuje oczekujący Dostrajacz, aby zamieszkać umysł takiego, poświęcającego się śmiertelnika.

5. Deklaracja intencji czynienia woli Boga. Zauważamy, że wielu śmiertelników na światach w przestrzeni wydaje się gotowych na przyjęcie Dostrajaczy a jednak Monitory się nie pojawiają. Przypatrujemy się takim istotom, jak żyją dzień za dniem i niebawem cicho, prawie nieświadomie, podejmują decyzję i zaczynają dążyć do czynienia woli Ojca w niebie. I wtedy widzimy natychmiastowe ekspediowanie Dostrajaczy Myśli.

6. Wpływ Istoty Najwyższej. Zauważamy, że na tych światach, gdzie Dostrajacze nie zespalają się z rozwijającymi się duszami śmiertelnych mieszkańców, czasami Dostrajacze obdarzają sobą w odpowiedzi na wpływy, których zupełnie nie rozumiemy. Przypuszczamy, że o takich obdarzeniach decyduje pewna kosmiczna akcja zwierciadlana, powstającą w Istocie Najwyższej. Nie wiemy, dlaczego Dostrajacze nie mogą się zespalać, czy też, dlaczego nie zespalają się z pewnymi typami takich rozwijających się śmiertelników. Spraw tych nam nigdy nie objawiono.

3. ORGANIZACJA I ADMINISTRACJA

Tak dalece, jak się orientujemy, Dostrajacze zorganizowane są jako niezależna, funkcjonalna jednostka we wszechświecie wszechświatów i zarządzane są najwyraźniej bezpośrednio z Diviningtonu. Są takie same we wszystkich siedmiu superwszechświatach, wszystkie wszechświaty lokalne obsługiwane są przez identyczne typy Nieodgadnionych Monitorów. Z obserwacji wiemy, że istnieją liczne serie Dostrajaczy, razem z ich organizacjami seryjnymi, które rozciągają się na rasy, systemy sprawiedliwości jak również na światy, systemy i wszechświaty. Jednak nadzwyczaj trudno jest prześledzić trasy tych Boskich darów, skoro działają na przemian w całym wielkim wszechświecie.

Dostrajacze rejestrowane są w pełni (poza Diviningtonem) jedynie w zarządach siedmiu superwszechświatów. Numer i klasa każdego Dostrajacza, zamieszkującego każdą wznoszącą się istotę, zgłaszane są przez władze Raju do zarządu superwszechświata a stamtąd przekazywane do zarządu odnośnego wszechświata lokalnego i retransmitowane do odpowiednich planet, których to dotyczy. Jednak zapisy wszechświata lokalnego nie wykazują pełnego numeru Dostrajacza Myśli; zapisy Nebadonu zawierają jedynie numer przydziału do wszechświata lokalnego, jak jest on określony przez przedstawicieli Pradawnych Czasu. Prawdziwe znaczenie całkowitego numeru Dostrajacza znane jest tylko na Diviningtonie.

Ludzcy podopieczni znani są często według numerów ich Dostrajaczy; śmiertelnicy nie dostają konkretnych imion wszechświatowych, zanim nie zespolą się z Dostrajaczem, który to związek sygnalizowany jest poprzez nadanie nowego imienia nowej istocie przez opiekuna przeznaczenia.

Choć w Orvontonie posiadamy rejestry Dostrajaczy Myśli i chociaż zupełnie nie mamy nad nimi władzy czy administracyjnego powiązania z nimi, mocno wierzymy, że istnieje bardzo bliski związek administracyjny pomiędzy indywidualnymi światami wszechświatów lokalnych a centralnym umiejscowieniem Boskich darów na Diviningtonie. Wiemy, że po pojawieniu się Rajskiego Syna obdarzającego, świat ewolucyjny dostaje Uosobionego Dostrajacza, przydzielonego w charakterze planetarnego szefa Dostrajaczy.

Jest ciekawostką wartą odnotowania, że inspektorzy wszechświata lokalnego, gdy dokonują przeglądu planety, zawsze zwracają się do planetarnego szefa Dostrajaczy Myśli, kiedy dają zalecenia szefom serafinów i przywódcom innych klas istot, przydzielonych do administracji rozwijającego się świata. Nie tak dawno Urantia miała taką, okresową inspekcję, przeprowadzoną przez Tabamantię, niezależnego kontrolera wszystkich planet życia eksperymentalnego we wszechświecie Nebadon. I z zapisów wynika, że w dodatku do upomnień i zarzutów, przedstawionych różnym szefom osobowości nadludzkich, wygłosił on następujące oświadczenie do szefa Dostrajaczy, niezależnie od tego, czy znajduje się na planecie, czy na Salvingtonie, czy na Uversie, czy też na Diviningtonie, powiedział jednak:

„Teraz do was, zwierzchników, stojących znacznie wyżej ode mnie, przybywam jako sprawujący tymczasową władzę nad serią planet eksperymentalnych; i przybywam, aby wyrazić podziw i głęboki szacunek dla tej wspaniałej grupy niebiańskich opiekunów, Nieodgadnionych Monitorów, którzy zaofiarowali się służyć na tej, odbiegającej od normy sferze. Nie zachwialiście się nigdy, nawet podczas najcięższego kryzysu. Ani w zapisach Nebadonu, ani przed komisjami Orvontonu nie wniesiono oskarżenia na Boskiego Dostrajacza. Zawsze z oddaniem pełnicie powierzone wam zadania; jesteście bosko wierni. Pomagaliście korygować błędy i kompensować wady u wszystkich tych, którzy pracowali na tej zdezorientowanej planecie. Jesteście wspaniałymi istotami, opiekunami dobra w duszach tej opóźnionej domeny. Składam wam hołd, nawet, jeśli pozornie jesteście pod moją jurysdykcją jako służba ochotnicza. Chylę się przed wami w pokornym uznaniu waszej znakomitej bezinteresowności, waszej wyrozumiałej służby i waszego bezstronnego poświęcenia. Zasługujecie na imię Boskich sług śmiertelnych mieszkańców tego, rozdartego walką, nawiedzonego smutkiem i dotkniętego chorobą świata. Odnoszę się do was z najwyższym szacunkiem! Nieomal was czczę"!

Dzięki nagromadzeniu wielu przekonywających danych, wierzymy, że Dostrajacze są dobrze zorganizowane, że istnieje bardzo inteligentna i efektywna administracja kierująca tymi Boskimi darami, działająca z pewnego, bardzo odległego i centralnego źródła, prawdopodobnie z Diviningtonu. Wiemy, że przybywają one na światy z Diviningtonu i bez wątpienia tam wracają po śmierci swych podopiecznych.

Niezwykle trudno jest odkryć mechanizmy administracyjne u wyższych klas duchowych. Moja klasa osobowości, kiedy zajmuje się pełnieniem specyficznych obowiązków, bez wątpienia podświadomie współdziała z licznymi innymi osobowymi i nieosobowymi grupami podbóstwowymi, które zgodnie funkcjonują jako koordynatorzy rozległego wszechświata. Podejrzewamy, że nasza służba jest taka a nie inna, ponieważ jesteśmy jedyną grupą istot uosobionych (oprócz Uosobionych Dostrajaczy), które są stale świadome obecności licznych klas bytów przedosobowych.

Zdajemy sobie sprawę z obecności Dostrajaczy, które są fragmentami przedosobowego Bóstwa Pierwszego Źródła i Centrum. Wyczuwamy obecność Natchnionych Duchów Trójcy, które są superosobowymi ekspresjami Rajskiej Trójcy. Tak samo niezawodnie wykrywamy duchową obecność pewnych, nie objawionych klas, pochodzących od Wiecznego Syna i Nieskończonego Ducha. Nie jesteśmy też zupełnie niewrażliwi na jeszcze inne byty, wam nie objawione.

Melchizedecy z Nebadonu nauczają, że Samotni Posłańcy są koordynatorami osobowości tych różnych wpływów, jak przejawiają się one w rozprzestrzeniającym się Bóstwie ewolucyjnej Istoty Najwyższej. Jest bardzo możliwe, że uczestniczymy w empirycznym jednoczeniu wielu niewyjaśnionych fenomenów czasu, jednak świadomie nie jesteśmy pewni takiego funkcjonowania.

4. POWIĄZANIA Z INNYMI WPŁYWAMI DUCHOWYMI

Dostrajacze, niezależnie od ich ewentualnej koordynacji z innymi fragmentami Bóstwa, są praktycznie samotne w swej domenie działania w śmiertelnym umyśle. Nieodgadnione Monitory wymownie świadczą o tym, że chociaż Ojciec mógł pozornie zrezygnować ze sprawowania całej, bezpośredniej, osobistej mocy i władzy na obszarze wielkiego wszechświata, pomimo tego aktu abnegacji na rzecz Najwyższych Stwórców, dzieci Rajskich Bóstw, Ojciec z pewnością zarezerwował dla siebie niepodważalne prawo obecności w umysłach i duszach rozwijających się istot przezeń stworzonych, tak dalece, że może działać w ten sposób, iż przyciąga wszelkie stworzone istoty ku sobie, w koordynacji z duchową grawitacją Rajskich Synów. Wasz Rajski Syn obdarzający, kiedy jeszcze był na Urantii, powiedział: „Ja, gdy zostanę nad ziemię wywyższony, przyciągnę wszystkich". Znamy i rozumiemy tę przyciągającą moc duchową Rajskich Synów i ich stwórczych towarzyszy, jednak nie rozumiemy tak dokładnie metod wszechmądrego Ojca, funkcjonującego poprzez Nieodgadnione Monitory i w nich, kiedy żyją i działają tak dzielnie w umyśle ludzkim.

Te tajemnicze obecności, podczas gdy nie są podporządkowane, skoordynowane czy wyraźnie związane z działalnością wszechświata wszechświatów, chociaż funkcjonują samodzielnie w umysłach dzieci ludzkich, nieustannie popychają istoty, w których mieszkają, ku boskim ideałom, zawsze wabiąc je ku górze, ku celom i dążeniom przyszłego i lepszego życia. Nieodgadnione Monitory pomagają nieustannie w ugruntowaniu duchowego panowania Michała na obszarze wszechświata Nebadonu, podczas gdy tajemniczo przyczyniają się do umocnienia władzy Pradawnych Czasu w Orvontonie. Dostrajacze *są* wolą Boga a ponieważ Najwyżsi Stwórcy – dzieci Boga – również osobiście ucieleśniają tę samą wolę, nieuniknione jest, że działalność Dostrajaczy i suwerenność władców wszechświata powinny być wzajemnie od siebie zależne. Obecność Ojca w Dostrajaczach i Ojcowska władza Michała z Nebadonu, choć pozornie nie związane ze sobą, muszą być różnymi przejawami tej samej boskości.

Dostrajacze Myśli wydają się przybywać i odchodzić zupełnie niezależnie od wszelkich innych obecności duchowych; wydają się funkcjonować zgodnie z prawami wszechświata całkowicie niezależnymi od tych praw, które kontrolują i rządzą funkcjonowaniem wszystkich innych wpływów duchowych. Jednak niezależnie od tej pozornej autonomii, w wyniku długotrwałych obserwacji można nabrać zupełnej pewności, że funkcjonują one w umyśle ludzkim w doskonałej synchronizacji i koordynacji ze wszystkimi innymi służbami duchowymi, z przybocznymi umysłami-duchami, Duchem Świętym, Duchem Prawdy i innymi wpływami.

Kiedy świat jest odosobniony na skutek buntu, kiedy planeta jest odcięta od wszelkiej zewnętrznej, objętej obwodem komunikacji, tak jak Urantia po przewrocie Caligastii, pozostaje tylko jedna możliwość bezpośredniej komunikacji międzyplanetarnej lub wszechświatowej, oprócz osobowych posłańców, a dzieje się to dzięki łączności Dostrajaczy danej sfery. Nie ma znaczenia, co się dzieje na świecie czy we wszechświecie, Dostrajaczy bezpośrednio to nie dotyczy. Izolacja planety nie wpływa w żadnym stopniu na Dostrajacze i ich możliwości komunikowania się z jakąkolwiek częścią wszechświata lokalnego, superwszechświata czy wszechświata centralnego. I z tej właśnie przyczyny, kontakty z najwyższymi i samodzielnymi Dostrajaczami, pracującymi dla rezerwowego korpusu przeznaczenia, tak często mają miejsce na światach poddanych kwarantannie. Uciekanie się do takiej metody jest sposobem obejścia przeszkód izolacji planetarnej. W ostatnich latach działa na Urantii obwód archanielski, ale te środki komunikacji są w znacznej mierze ograniczone do samego tylko korpusu archaniołów.

Jesteśmy świadomi wielu fenomenów duchowych w rozległym wszechświecie, których nie potrafimy w pełni zrozumieć. Nie panujemy nad wszystkim tym, co się dzieje wokół nas; wierzę natomiast, że wiele takich niepoznawalnych funkcji wykonują Posłańcy Grawitacji i pewne typy Nieodgadnionych Monitorów. Nie wierzę, że Dostrajacze poświęcają się wyłącznie przeobrażaniu śmiertelnych umysłów. Jestem przekonany, że Uosobione Monitory i inne klasy nie objawionych, przedosobowych duchów, są wyrazem bezpośredniego i niewyjaśnionego kontaktu Ojca Wszechświatowego z istotami z różnych domen.

5. MISJA DOSTRAJACZA

Dostrajacze podejmują się trudnego zadania, kiedy zgłaszają się aby zamieszkać tak złożone istoty, jakie żyją na Urantii. Jednak decydują się one przebywać w waszych umysłach, odbierać tutaj napomnienia inteligentnych istot duchowych danej domeny, a potem przedyktować lub przetłumaczyć te duchowe wiadomości materialnemu umysłowi; Dostrajacze są niezbędne w procesie wznoszenia się do Raju.

To, czego Dostrajacz Myśli nie może zastosować w waszym obecnym życiu, to te prawdy, których nie może on prawidłowo przekazać człowiekowi z nim zaręczonemu; będzie je pieczołowicie zachowywał do użytku w następnym stadium egzystencji, tak jak teraz przenosi z kręgu do kręgu te rzeczy, których nie mógł wpisać w doświadczenie ludzkiego podopiecznego, ze względu na niezdolność istoty stworzonej do ich przyjęcia, czy też z powodu braku właściwego stopnia współpracy.

Jednej rzeczy możecie być pewni: Dostrajacze nigdy nie gubią niczego, co zostało powierzone ich opiece; nigdy nie słyszeliśmy o zaniedbaniu ze strony tych duchowych pomocników. Aniołowie i inne typy istot duchowych, nie wykluczając Synów wszechświata lokalnego, mogą czasami zaakceptować zło, mogą czasami zejść z boskiej drogi, ale Dostrajacz nie zachwieje się nigdy. Dostrajacze są absolutnie niezawodne a odnosi się to do ich wszystkich siedmiu grup.

Twój Dostrajacz jest potencjałem twojego nowego i kolejnego porządku bytu, zaliczkowym obdarzeniem twego wiecznego synostwa z Bogiem. Dzięki i poprzez zezwolenie twojej woli, Dostrajacz może podporządkować dążenia materialnego umysłu istoty stworzonej przekształcającym działaniom motywacji i celów wyłaniającej się, morontialnej duszy.

Nieodgadnione Monitory nie są pomocnikami myśli, są dostrajaczami myśli. Pracują z materialnym umysłem, aby tworzyć, poprzez dostrojenie i uduchowienie, nowy umysł dla nowych światów i dla nowej nazwy waszej przyszłej działalności. Ich misja dotyczy głównie przyszłego a nie tego życia. Zwane są niebiańskimi pomocnikami a nie ziemskimi pomocnikami. Nie są zainteresowane w ułatwianiu życia śmiertelnikowi; troszczą się raczej o to, aby uczynić wasze życie rozsądnie trudnym i wyboistym, aby tym samym stymulować i pomnażać decyzje. Obecność wielkiego Dostrajacza Myśli nie ułatwia życia i nie zwalnia od intensywnego myślenia, ale taki Boski dar powinien przynosić wzniosły pokój umysłowi i znakomite wyciszenie ducha.

Wasze przejściowe i wciąż zmienne uczucia radości i smutku, są w zasadzie czysto ludzkimi i materialnymi reakcjami na wasz wewnętrzny nastrój psychiczny i na wasze zewnętrzne otoczenie materialne. Nie zwracajcie się zatem do Dostrajacza o samolubne pociechy i ludzkie wygody. Zadaniem Dostrajacza jest przygotować was do wiecznej przygody, zapewnić wasze życie wieczne. Misja Nieodgadnionego Monitora nie polega na łagodzeniu waszych wzburzonych uczuć czy na służeniu waszej urażonej dumie; misją tą jest przygotowanie waszej duszy do długiego wznoszenia się i to właśnie przykuwa uwagę Dostrajacza oraz zajmuje jego czas.

Nie jestem pewien, czy potrafię wam wytłumaczyć, co Dostrajacze robią w waszych umysłach i dla waszych dusz. Nie wiem, czy zdaję sobie w pełni sprawę z tego co naprawdę się dzieje w kosmicznym związku Boskiego Monitora z ludzkim umysłem. Jest to również w pewnym sensie tajemnicą dla nas, nie plan i cel, ale faktyczny sposób jego realizacji. Dlatego właśnie mamy takie trudności w odpowiednim nazwaniu tych niebiańskich darów dla śmiertelnych ludzi.

Dostrajacze Myśli chciałyby zmienić wasze uczucia strachu w pewność miłości i zaufanie; ale nie mogą tego zrobić arbitralnie i mechanicznie – to jest wasze zadanie. Podczas wprowadzania w życie decyzji, które was wyzwalają z więzów strachu, wy literalnie dostarczacie tego psychicznego punktu podparcia, do którego Dostrajacz może następnie przyłożyć duchową dźwignię oświecenia, podnoszącego was i posuwającego was naprzód.

Kiedy przychodzi do ostrych i wyraźnie zarysowanych konfliktów pomiędzy wyższymi a niższymi tendencjami gatunku, pomiędzy tym, co *naprawdę jest* dobre czy złe (nie tylko tym, co możecie nazywać dobrym i złym), możecie być spokojni, że Dostrajacz zawsze będzie brał udział w takich doświadczeniach w pewien konkretny i czynny sposób. To, że takie działania Dostrajacza mogą być nieświadome dla ludzkiego partnera, nie umniejsza w niczym ich wartości i rzeczywistości.

Jeśli macie osobistego opiekuna przeznaczenia a nie uda się wam przeżyć śmierci, ten anioł stróż musi poddać się osądowi, aby się rozliczyć z dokładnego wykonania powierzonego mu zadania. Jednak Dostrajacze Myśli nie są poddawane takiej kontroli, jeśli ich podopiecznym nie uda się przeżyć śmierci. Wszyscy wiemy, że podczas gdy anioł może ewentualnie być niedoskonały w swej służbie, Dostrajacze Myśli działają zgodnie z metodami rajskiej perfekcji; ich służbę charakteryzują bezbłędne metody działania, nie podlegające krytyce ze strony jakiejkolwiek istoty nie mieszkającej na Diviningtonie. Macie doskonałych przewodników, zatem doskonały cel na pewno jest osiągalny.

6. BÓG W CZŁOWIEKU

Jest to doprawdy fenomen Boskiej łaskawości, że podniosłe i doskonałe Dostrajacze ofiarują się przebywać w umysłach istot materialnych, takich jak śmiertelnicy z Urantii, aby prawdziwie dokonać próbnego zjednoczenia z istotami ziemskimi, pochodzącymi od zwierząt.

Po obdarzeniu świata, dokonanym przez Boskiego Syna i po obdarzeniu wszystkich ludzi Duchem Prawdy, bez względu na uprzedni status zamieszkałego świata, przybywają Dostrajacze, aby zamieszkać w umysłach wszystkich normalnych, obdarzonych wolą istot. Gdy Rajscy Synowie obdarzający zakończą swą misję, Monitory takie stają się prawdziwie „królestwem nieba w was". Przez obdarzenie Boskimi darami Ojciec zbliża się najbardziej jak tylko można do grzechu i zła, gdyż jest literalną prawdą, że Dostrajacz musi współistnieć ze śmiertelnym umysłem nawet pośrodku ludzkiej nieprawości. Zamieszkujące was Dostrajacze szczególnie dręczą te myśli, które są czysto nikczemne i samolubne; Dostrajacze martwią się lekceważeniem tego, co piękne i boskie a ich praca jest praktycznie udaremniona wieloma niemądrymi, zwierzęcymi lękami i dziecinnymi obawami człowieka.

Nieodgadnione Monitory są niewątpliwie darem Ojca Wszechświatowego, odzwierciedleniem obrazu Boga we wszechświecie. Wielki nauczyciel napominał kiedyś ludzi, że powinni duchowo odnowić swe myśli, stać się nowymi ludźmi, którzy podobnie jak Bóg są stworzeni w prawości i pełni prawdy. Dostrajacz jest oznaką boskości, obecnością Boga. Określenie „obraz Boga" nie odnosi się ani do fizycznego podobieństwa, ani do wąskich limitów uzdolnień istoty materialnej, ale raczej do daru duchowej obecności Ojca Wszechświatowego, do niebiańskiego obdarzenia Dostrajaczami Myśli niepozornych istot wszechświatowych.

Dostrajacz jest obfitym źródłem duchowych sukcesów i nadzieją na wasz boski charakter. Jest upoważnieniem, przywilejem i szansą wiecznego życia, co tak dokładnie i na zawsze oddziela was od stworzeń czysto zwierzęcych. Jest wyższą i prawdziwie wewnętrzną, duchową motywacją do myślenia, w przeciwieństwie do motywacji zewnętrznej i fizycznej, docierającej do umysłu dzięki nerwowo-energetycznemu mechanizmowi materialnego ciała.

Ci sumienni opiekunowie przyszłej egzystencji nieodmiennie powielają jako duchową kopię każdy wytwór psychiki; tym samym powoli i pewnie odtwarzają was takimi, jakimi naprawdę jesteście (tylko duchowo) do zmartwychwstania na światach wiecznego życia. I wszystkie te znakomite odtworzenia duchowe zachowane są w wyłaniającej się rzeczywistości, w waszej rozwijającej się i nieśmiertelnej duszy, w waszej morontialnej jaźni. Rzeczywistości te istnieją tam już teraz, mimo to Dostrajacz rzadko może wyeksponować te skopiowane dzieła w takim stopniu, żeby wystawić je na światło świadomości.

Tak jak wy jesteście ludzkimi rodzicami, tak Dostrajacz jest Boskim rodzicem was rzeczywistych, waszej wyższej i rozwijającej się jaźni, waszej lepszej jaźni, morontialnej *i przyszłej duchowej*. To właśnie tę rozwijającą się, morontialną duszę zauważają sędziowie i cenzorzy, kiedy zarządzają o waszym wiecznym życiu i zatwierdzają was do wyższych, nowych światów oraz egzystencji bez końca, w wiecznej łączności z waszym wiernym partnerem – Bogiem, z Dostrajaczem.

Dostrajacze są wiecznymi protoplastami, Boskimi pierwowzorami, waszych rozwijających się, nieśmiertelnych dusz; są one tym nieustannie działającym bodźcem, który popycha człowieka ku próbom opanowania materialnej, doczesnej egzystencji z punktu widzenia duchowej, przyszłej działalności. Monitory są więźniami nieśmiertelnej nadziei, źródłami wiecznotrwałego postępu. I jak bardzo ich cieszy porozumiewanie się z ich podopiecznymi, bardziej czy mniej bezpośrednimi kanałami! Jak bardzo się cieszą, kiedy mogą sporządzić i przesłać, z pomocą symboli i innych pośrednich metod, swoje orędzie prosto do intelektów swych ludzkich partnerów!

Wy, ludzie, wkroczyliście w krąg wciąż poszerzającej się i prawie nieskończonej panoramy, nieograniczonej ekspansji nigdy nie kończących się, wciąż poszerzających się sfer możliwości radosnej służby, niezrównanej przygody, wysublimowanej niepewności i niezmierzonych sukcesów. Kiedy nad waszymi głowami zbierają się chmury, dzięki wierze powinniście dostrzec obecność zamieszkującego was Dostrajacza i tym samym zobaczyć, przez mgłę ludzkiej niepewności, jasno świecące słońce wiecznej prawości, przyzywające was z wyżyn światów-mieszkań Satanii.

[Przedstawione przez Samotnego Posłańca z Orvontonu].

PRZEKAZ 109

ZWIĄZKI MIĘDZY DOSTRAJACZAMI A ISTOTAMI WSZECHŚWIATOWYMI

DOSTRAJACZE Myśli są dziećmi wszechświatowego rozwoju a dziewicze Dostrajacze doprawdy muszą nabierać doświadczenia w trakcie kształtowania się i rozwoju istot śmiertelnych. Kiedy rozwija się osobowość dziecka ludzkiego, przygotowując się do trudności ewolucyjnej egzystencji, Dostrajacz również kształtuje się intensywnie, przygotowując się do kolejnego stadium życia na drodze wznoszenia się. Kiedy dziecko nabiera wszechstronności w dostosowaniu się do swoich dorosłych zajęć poprzez życie towarzyskie i zabawy wczesnego dzieciństwa, tak samo zamieszkujący człowieka Dostrajacz nabiera umiejętności potrzebnych w następnym stadium kosmicznego bytu, wstępnie planując oraz próbując w stadium śmiertelnika tych działań, które wiążą się z bytem morontialnym. Ludzkie życie stanowi okres praktyki, który wydajnie wykorzystuje Dostrajacz, czyniąc przygotowania do większych obowiązków i poszerzonych możliwości przyszłego życia. Jednak wysiłki Dostrajacza, których dokonuje, gdy żyje w was, nie dotyczą specjalnie spraw życia doczesnego i bytu planetarnego. Dzisiaj Dostrajacze Myśli wypróbowują niejako rzeczywistości wszechświatowej egzystencji w rozwijających się umysłach istot ludzkich.

1. ROZWÓJ DOSTRAJACZY

Musi istnieć wszechstronny i rozbudowany program szkolenia i rozwoju dziewiczych Dostrajaczy, zanim zostaną one wysłane z Diviningtonu, ale doprawdy bardzo mało o nim wiemy. Istnieje też bez wątpienia rozległy system dodatkowego szkolenia Dostrajaczy, które mają doświadczenie zdobyte w czasie zamieszkiwania istoty stworzonej, zanim rozpoczną swą nową misję w procesie wznoszenia się śmiertelnika, ale znowu nic praktycznie o tym nie wiemy.

Uosobieni Dostrajacze mówili mi, że za każdym razem, kiedy zamieszkały przez Monitora śmiertelnik nie zdoła przetrwać śmierci, kiedy Dostrajacz wraca do Diviningtonu, przechodzi tam długie szkolenie. To dodatkowe szkolenie możliwe jest dzięki doświadczeniu, zdobytemu w czasie zamieszkiwania istoty ludzkiej i zawsze jest przeprowadzane zanim Dostrajacz na nowo zostanie uwięziony na ewolucyjnych światach czasu.

Autentyczne doświadczenie życiowe nie posiada kosmicznego substytutu. Perfekcja boskości nowo ukształtowanych Dostrajaczy Myśli w żadnym stopniu nie przydaje tym Nieodgadnionym Monitorom praktycznych zdolności opiekuńczych. Doświadczenie jest nieodłączne egzystencji życiowej; jest jedyną rzeczą, od której nie może was zwolnić żadna miara boskiego wyposażenia, od konieczności przeżywania *aktualnego życia.* Dlatego też Dostrajacze Myśli, razem ze wszystkimi istotami żyjącymi i funkcjonującymi w obrębie obecnej domeny Najwyższego, muszą zdobywać doświadczenie; muszą rozwijać się od grup niższych, niedoświadczonych, do wyższych i bardziej doświadczonych.

Dostrajacze przechodzą określony rozwój w śmiertelnym umyśle; nabierają rzeczywistości osiągnięć, która pozostaje ich własnością na wieczność. Swoje umiejętności i zdolności Dostrajacze zdobywają progresywnie, w rezultacie różnorodnych kontaktów z rasami materialnymi, niezależnie od tego, czy ich śmiertelni podopieczni przeżywają śmierć. Są także równorzędnymi partnerami ludzkiego umysłu, gdy pomagają w rozwoju nieśmiertelnej duszy mogącej żyć wiecznie.

Pierwsze stadium swego rozwoju Dostrajacz osiąga w trakcie zespolenia się z duszą istoty śmiertelnej, która przeżyła śmierć. Tym samym, podczas gdy w swej naturze rozwijacie się do wewnątrz i w górę, od człowieka do Boga, Dostrajacze w swej naturze rozwijają się na zewnątrz i w dół, od Boga do człowieka; a końcowy produkt tego zjednoczenia boskości i człowieczeństwa będzie na wieczność synem człowieczym i synem Bożym.

2. SAMODZIELNE DOSTRAJACZE

Byliście poinformowani o klasyfikacji Dostrajaczy, gdy idzie o doświadczenie – dziewicze, zaawansowane i najwyższe. Powinniście także zapoznać się z pewną klasyfikacją funkcjonalną – z klasą samodzielnych Dostrajaczy. Samodzielny Dostrajacz to taki, który:

1. Zdobył pewne doświadczenie potrzebne do kształtowania życia istoty obdarzonej wolą, czy to jako tymczasowy mieszkaniec świata tego typu, gdzie Dostrajacze są tylko pożyczane śmiertelnym podopiecznym, czy to na planecie rzeczywistego zespalania się, gdy człowiek nie przetrwał śmierci. Taki Monitor jest albo zaawansowanym, albo najwyższym Dostrajaczem.
2. Uzyskał równowagę mocy duchowej w takim człowieku, który przeszedł trzeci okrąg psychiczny i otrzymał przydział osobistego opiekuna seraficznego.
3. Ma takiego podopiecznego, który poczynił najwyższą decyzję, wkroczył w stadium uroczystych i szczerych zaręczyn z Dostrajaczem. Dostrajacz oczekuje czasu praktycznego zespolenia i traktuje zjednoczenie jako faktycznie zaistniałe.
4. Ma podopiecznego, który został zamustrowany do jednego z rezerwowych korpusów przeznaczenia na ewolucyjnym świecie wznoszących się śmiertelników.
5. W pewnych okresach, w czasie snu człowieka, jest tymczasowo odłączany od ludzkiego umysłu, w którym jest uwięziony, aby dokonać pewnych czynności w zakresie łączności, kontaktu, ponownej rejestracji czy innej pozaludzkiej służby, związanej z administracją duchową świata, do którego został przydzielony.
6. Służył w okresie kryzysu w życiu pewnej istoty ludzkiej, która była materialnym dopełnieniem tej osobowości duchowej, której powierzono realizację pewnych kosmicznych zadań istotnych w duchowej organizacji planety.

Samodzielne Dostrajacze wydają się posiadać znaczny stopień wolnej woli we wszystkich sprawach nie dotyczących osobowości ludzkich bezpośrednio przez nie zamieszkiwanych, jak to widać na przykładzie ich licznych osiągnięć zarówno dla podopiecznych, śmiertelników, do których zostali przydzieleni, jak i niezależnie od nich. Takie Dostrajacze biorą udział w licznych działaniach dla danej domeny, ale najczęściej funkcjonują jako niezauważeni mieszkańcy ziemskich tabernakulów, przez nich wybranych.

Bez wątpienia te wyższe i bardziej doświadczone typy Dostrajaczy mogą się komunikować z Dostrajaczami z innych domen. Jednak, gdy samodzielne Dostrajacze komunikują się w ten sposób ze sobą, czynią to tylko na poziomie ich pracy obopólnej oraz w celu zachowania danych swych podopiecznych potrzebnych w ich służbie, w domenie, gdzie przebywają, chociaż czasami znane są z tego, że działają w sprawach międzyplanetarnych w czasie kryzysu.

Najwyższe i samodzielne Dostrajacze mogą opuszczać ciało ludzkie kiedy zechcą. Ci mieszkańcy nie są organiczną czy też biologiczną częścią życia śmiertelnika; są Boskimi dodatkami nałożonymi na to życie. Zostały one uwzględnione w pierwotnych planach życia, ale nie są konieczne do materialnej egzystencji. Tym niemniej należy zaznaczyć, że opuszczają one swe śmiertelne tabernakulum bardzo rzadko, nawet tymczasowo, po tym jak raz w nim zamieszkały.

Te Dostrajacze, zaawansowanego działania, wypełniły powierzone im zadanie i oczekują tylko rozpadu materialnego nośnika życia albo transponowania nieśmiertelnej duszy.

3. ZWIĄZEK DOSTRAJACZY Z RÓŻNYMI RODZAJAMI ŚMIERTELNIKÓW

Szczegóły działalności Nieodgadnionych Monitorów są różnorodne, w zależności od natury ich przydziałów – czy są Dostrajaczami *łączności* czy *zespolenia*. Niektóre Dostrajacze są tylko pożyczone na życie doczesne ich podopiecznych; inne są nadawane jako kandydaci do nabycia osobowości, z zezwoleniem na wieczne zespolenie, jeśli ich podopieczni przetrwają śmierć. Istnieje też pewne zróżnicowanie ich pracy, w zależności od różnych rodzajów istot planetarnych, jak również od różnych systemów i wszechświatów. Ale generalnie ich praca jest nadzwyczaj jednorodna, bardziej niż obowiązki jakiejkolwiek innej klasy niebiańskich istot stworzonych.

Na pewnych prymitywnych światach (grupa z serii pierwszej) Dostrajacz zamieszkuje umysł istoty w celu szkolenia empirycznego, głównie dla samokształcenia i progresywnego rozwoju. Dziewicze Dostrajacze posyłane są zazwyczaj na takie światy we wcześniejszych epokach, kiedy człowiek prymitywny wchodzi w dolinę decyzji, ale kiedy względnie niewielu ludzi decyduje się wznieść na wyżyny moralne, poza wzgórzami panowania nad sobą i przyswajania charakteru, aby osiągnąć wyższe poziomy wyłaniającej się duchowości. (Jednak wielu z tych, którzy nie zespolą się z Dostrajaczem, przeżyje śmierć jako wznoszące się istoty, zespolone z Duchem). Dostrajacze przechodzą wartościowe szkolenie i nabierają wspaniałego doświadczenia w przejściowym związku z prymitywnymi umysłami, a później wykorzystują to doświadczenie na pożytek wyższych istot na innych światach. *Nic, co jest warte wiecznego trwania w całym rozległym wszechświecie, nigdy nie zostanie stracone.*

Na innym typie światów (grupa z serii drugiej) Dostrajacze są tylko pożyczane istotom śmiertelnym. Przez takie zamieszkanie Monitory nigdy nie mogą osiągnąć zespolenia z osobowością, ale bardzo pomagają swym ludzkim podopiecznym podczas ich śmiertelnego życia, znacznie bardziej niż mogą pomóc śmiertelnikom Urantii.

Dostrajacze są tutaj pożyczane istotom śmiertelnym na okres trwania jednego życia i służą za wzór dla wyższych, duchowych osiągnięć, są tymczasowymi pomocnikami w intrygującym zadaniu doskonalenia charakteru, który ma trwać wiecznie. Dostrajacze nie wracają do tych istot po ich naturalnej śmierci; ci śmiertelnicy zyskują życie wieczne przez zespolenie z Duchem.

Na światach takich jak Urantia (grupa z serii trzeciej) następują prawdziwe zaręczyny z Boskimi darami, zobowiązanie na śmierć i życie. Jeśli przeżyjecie śmierć, zjednoczenie to będzie wieczne, wiecznotrwałe zespolenie; z człowieka i Dostrajacza powstanie jedna istota.

Na tej serii światów, gdzie żyją śmiertelnicy z mózgiem trójdzielnym, Dostrajacze potrafią nawiązać lepszy kontakt ze swymi podopiecznymi za życia doczesnego niż u typów z mózgiem jednodzielnym czy dwudzielnym. Jednak w tej działalności, która następuje po śmierci, gatunek z mózgiem trójdzielnym postępuje dokładnie tak samo, jak gatunki z mózgiem jednodzielnym i ludzie z mózgiem dwudzielnym – rasy Urantii.

Gdy świat zamieszkały przez ludzi z mózgiem dwudzielnym odwiedzi Rajski Syn obdarzający, dziewicze Dostrajacze rzadko są przydzielane mieszkańcom tego świata, posiadającym niekwestionowane możliwości życia wiecznego. W naszym przekonaniu, na takich światach praktycznie wszystkie Dostrajacze zamieszkujące inteligentnych mężczyzn i kobiety z możliwościami życia wiecznego należą do typu zaawansowanego lub najwyższego.

Wśród wczesnych ras ewolucyjnych Urantii istniały trzy grupy istot. Byli tacy, którzy będąc zbyt animalistyczni, w ogóle nie mogli mieć Dostrajaczy. Byli tacy, którzy mieli niekwestionowane warunki posiadania Dostrajaczy i natychmiast je otrzymali, kiedy tylko osiągnęli wiek moralnej odpowiedzialności. Była też trzecia klasa, zajmująca pozycję graniczną między tymi dwoma; spełniali warunki przyjęcia Dostrajaczy, ale Monitory mogły zamieszkać ich umysł tylko na osobistą prośbę takiej jednostki.

Jednak u tych istot, które praktycznie nie klasyfikowały się do życia wiecznego na skutek braku odpowiednich czynników dziedzicznych, dlatego, że miały nieodpowiednich i podrzędnych przodków, wiele dziewiczych Dostrajaczy miało wartościowe, wstępne doświadczenie kontaktu z ewolucyjnym umysłem i w ten sposób Dostrajacze stawały się lepiej przygotowane do kolejnego przydziału, w wyższym typie umysłu, na jakimś innym świecie.

4. DOSTRAJACZE A OSOBOWOŚĆ LUDZKA

Wyższe formy inteligentnej komunikacji pomiędzy istotami ludzkimi są w znacznym stopniu ułatwiane przez zamieszkujące ludzi Dostrajacze. Zwierzęta mają uczucia przyjaźni, ale nie przekazują sobie nawzajem idei; mogą wyrażać emocje, jednak nie idee czy ideały. Tak samo pochodzący od zwierząt ludzie nie mogą przeżywać wyższego typu intelektualnego obcowania czy duchowej komunii ze swymi współbraćmi, zanim Dostrajacze Myśli nie zostaną im nadane, aczkolwiek, kiedy takie istoty ewolucyjne wykształcą mowę, są na dobrej drodze do otrzymania Dostrajaczy.

Zwierzęta mogą komunikować się jedno z drugim w prymitywny sposób, ale w takim prymitywnym kontakcie mało jest, lub nie ma wcale, *osobowości*. Dostrajacze nie są osobowościami; są istotami przedosobowymi. Przybywają jednak ze źródła osobowości a ich obecność ożywia jakościowe przemiany ludzkiej osobowości; odnosi się to zwłaszcza do tego przypadku, kiedy Dostrajacz miał wcześniejsze doświadczenie.

Rodzaj Dostrajacza ma dużo wspólnego z potencjałem ekspresji osobowości ludzkiej. Przez całe epoki wielu wielkich przywódców intelektualnych i duchowych Urantii wywierało wpływ głównie ze względu na wyższość i uprzednie doświadczenie zamieszkujących ich Dostrajaczy.

Zamieszkujące człowieka Dostrajacze współpracowały w niemałej mierze z innymi wpływami duchowymi, przekształcając i humanizując potomków ludzi prymitywnych w dawnych czasach. Gdyby Dostrajacze, zamieszkujące umysły mieszkańców Urantii, zostały odwołane, świat wróciłby powoli do wielu poczynań i zwyczajów ludzkich z czasów prymitywnych; Boskie Monitory są jednym z ważnych potencjałów idącej naprzód cywilizacji.

Obserwowałem Dostrajacza Myśli, zamieszkującego umysł ludzki na Urantii, który zgodnie z zapisami Uversy zamieszkiwał już piętnaście umysłów w Orvontonie. Nie wiemy, czy ten Monitor miał podobne doświadczenia w innych superwszechświatach, ale ja myślę, że raczej miał. Jest to zdumiewający Dostrajacz i jedna z najbardziej sprawnych i potężnych sił na Urantii w obecnej epoce. To, co inni stracili, dlatego, że nie chcieli żyć wiecznie, ta istota ludzka (i cały wasz świat) zyskała teraz. Temu, który nie ma cech potrzebnych do wiecznego życia, powinno się zabrać nawet tak doświadczonego Dostrajacza, jeśli go posiada, podczas gdy temu, który ma widoki na wieczność, powinno się dać nawet niedoświadczonego Dostrajacza od gnuśnego odstępcy.

W pewnym sensie i do pewnego stopnia Dostrajacze mogą powodować twórczą wymianę wśród ludzi na planecie, w domenach prawdy, piękna i dobroci. Rzadko jednak mogą dwa razy zamieszkać na tej samej planecie; na Urantii nie służy żaden Dostrajacz, który przebywałby uprzednio na tym świecie. Wiem, o czym mówię, ponieważ w archiwach Uversy mamy ich numery i rejestry.

5. MATERIALNE PRZESZKODY UNIEMOŻLIWIAJĄCE ZAMIESZKANIE DOSTRAJACZA

Najwyższe i samodzielne Dostrajacze potrafią często wnieść w ludzki umysł elementy o wartości duchowej, kiedy umysł płynie wyzwolonymi, ale kontrolowanymi kanałami twórczej wyobraźni. W takich momentach, a czasem podczas snu, Dostrajacz potrafi powstrzymać potoki myślowe, oprzeć się ich strumieniowi a potem odwrócić korowód idei; i wszystko to robi w tym celu, aby dokonać głębokiej transformacji duchowej w wyższych zakamarkach nadświadomości. Tym samym siły i energie umysłu lepiej się dostrajają do klucza tonów duchowego poziomu teraźniejszości i przyszłości.

Czasem możliwa jest iluminacja umysłu, usłyszenie Boskiego głosu, który cały czas mówi w was, tak, że możecie być choć częściowo świadomi mądrości, prawdy, dobroci i piękna tej potencjalnej osobowości, która was stale zamieszkuje.

Jednak niestabilne i gwałtownie zmienne nastroje waszego umysłu udaremniają plany i zakłócają pracę Dostrajaczy. Ich praca nie tylko koliduje z wrodzoną naturą ras *śmiertelnych*, ale *działalność* ta jest również znacznie opóźniana przez wasze własne, tendencyjne opinie, ustalone idee i wieloletnie uprzedzenia. Ze względu na te trudności, częstokroć tylko niedokończone wytwory Dostrajaczy pojawiają się w świadomości a pogmatwanie idei jest nieuniknione. Zatem, podczas analizy sytuacji umysłowych, bezpieczeństwo zależy tylko od szybkiego rozpoznania każdej myśli i doświadczenia, takimi, jakimi faktycznie i zasadniczo są, pomijając zupełnie to, czym mogłyby być.

Wielki problem życia ludzkiego polega na dostosowaniu ancestralnych tendencji życiowych do wymogów impulsów duchowych, inicjowanych przez Boską obecność Nieodgadnionych Monitorów. Podczas gdy we wszechświatowej i superwszechświatowej egzystencji nikt nie może służyć dwom panom, w życiu takim, jakim żyjecie teraz na Urantii, każdy z konieczności musi służyć dwom panom. Człowiek musi stać się biegły w sztuce ciągłego, doczesnego kompromisu, kiedy tworzy duchową wierność jednemu tylko panu; dlatego właśnie tak wielu ludzi załamuje się i upada, męczy się i ulega stresowi w trakcie zmagań ewolucyjnych.

Podczas gdy odziedziczona spuścizna wyposażenia mózgowego i ta, która sprawuje kontrolę elektrochemiczną, pracują razem nad ograniczeniem zakresu efektywnej działalności Dostrajacza, żadne wypaczenie dziedziczne (w normalnych umysłach) nigdy nie przeszkadza w ewentualnym sukcesie duchowym. Dziedziczność może mieć wpływ na szybkie zapanowanie nad osobowością, ale nie przeszkadza w ewentualnej przygodzie wznoszenia się istoty. Jeśli będziecie współpracować z waszym Dostrajaczem, Boski dar wcześniej czy później wypracuje nieśmiertelną, morontialną duszę, a w wyniku zespolenia się z nią zaprezentuje nową istotę Synowi-Mistrzowi, władcy wszechświata lokalnego a na koniec Ojcu Dostrajaczy w Raju.

6. TRWAŁOŚĆ PRAWDZIWYCH WARTOŚCI

Dostrajacze nigdy nie zawodzą; nic, co jest warte wiecznego trwania, nigdy nie ginie; każda znacząca wartość każdej istoty z wolą na pewno zostanie zachowana, niezależnie od przetrwania czy nie przetrwania odkrywającej lub oceniającej te znaczenia osobowości. Dzieje się to tak: istota śmiertelna może nie zechcieć żyć wiecznie, mimo to jej doświadczenie życiowe nie zostanie stracone, wieczny Dostrajacz unosi wartościowe cechy tak dostrzegalnie upadłego życia do jakiegoś innego świata i tam obdarza tymi wiecznotrwałymi znaczeniami i wartościami umysł jakiegoś śmiertelnika wyższego typu, zdolnego do wiecznego życia. Żadne wartościowe doświadczenie nigdy nie zdarza się na próżno; żadne prawdziwe znaczenia czy rzeczywiste wartości nigdy nie giną.

Co się tyczy kandydatów do zespolenia, jeśli Nieodgadniony Monitor zostanie porzucony przez śmiertelnego towarzysza, jeśli ludzki partner nie zechce iść wznoszącą się drogą i gdy wyzwolony zostanie przez naturalną śmierć (albo wcześniej), Dostrajacz zabiera wszystko, co jest warte wiecznego trwania, co wyłoniło się w umyśle takiej nie przetrwałej istoty. Gdyby Dostrajaczowi wielokrotnie nie udało się osiągnąć zespolenia z osobowością, ze względu na nie przetrwanie śmierci przez jego kolejnych, ludzkich podopiecznych i gdyby ten Monitor miał zostać później uosobiony, całe doświadczenie nabyte podczas zamieszkania i sterowania umysłami śmiertelnymi stałoby się rzeczywistą własnością takiego, świeżo Uosobionego Dostrajacza, zdobyczą, z której mógłby korzystać i jej używać przez wszystkie przyszłe epoki. Uosobiony Dostrajacz takiej klasy jest kompleksowym zbiorem wszelkich przetrwałych wartości wszystkich jego dawniejszych gospodarzy-istot.

Dostrajacze, które mają długie doświadczenie we wszechświecie, kiedy się zgłoszą, aby zamieszkać Boskich Synów na misjach obdarzających, dobrze się orientują, że przez taką służbę nigdy nie będzie można zdobyć osobowości. Często jednak Ojciec duchów nadaje osobowość tym ochotnikom i robi ich naczelnikami ich klasy. Te właśnie osobowości zaszczycone są władzą na Diviningtonie. Ich unikalne natury uosabiają mozaikę ludzkości, z wielorakich doświadczeń zamieszkiwania śmiertelnika a także duchową kopię ludzkiej boskości, Rajskiego Syna obdarzającego, z doświadczenia tymczasowego zamieszkiwania w nim.

W waszym wszechświecie lokalnym, działalność Dostrajaczy kierowana jest przez Uosobionego Dostrajacza Michała z Nebadonu, tego właśnie Monitora, który prowadził Michała krok za krokiem, kiedy żył on ludzkim życiem w ciele Jeszuy ben Józefa. Ten nadzwyczajny Dostrajacz wywiązywał się sumiennie w powierzonych mu obowiązków, ów dzielny Monitor mądrze kierował ludzką naturą Jezusa, zawsze prowadząc śmiertelny umysł Rajskiego Syna drogą doskonałej woli Ojca. Dostrajacz ten służył poprzednio z Machiventą Melchizedekiem, w czasach Abrahama i dokonał wielkich rzeczy, zarówno przed tym zamieszkaniem jak i pomiędzy tymi dwoma doświadczeniami obdarzenia.

Dostrajacz ten prawdziwie tryumfował w ludzkim umyśle Jezusa – w tym umyśle, który w każdej kolejnej sytuacji życiowej trwał przy uświęconej dedykacji wobec woli Ojca, mówiąc: „nie moja wola, lecz twoja niech się stanie". Taka stanowcza konsekracja jest prawdziwym paszportem od ograniczeń ludzkiej natury do finalizmu boskiego sukcesu.

Ten sam Dostrajacz znajduje swe odbicie w niezgłębionej naturze wspaniałej, ludzkiej osobowości Jeszuy ben Józefa sprzed chrztu, w wiecznej i żywej kopii wiecznych i żywych wartości, które największy ze wszystkich Urantian tworzył ze skromnych okoliczności zwykłego życia, tak jak zostało ono przeżyte, aż do zupełnego wyczerpania wartości duchowych osiągalnych w doświadczeniu śmiertelnika.

Wszystko, co ma trwałą wartość a powierzone jest Dostrajaczowi, ma zapewnione wieczne trwanie. W pewnych wypadkach Monitor zachowuje te wartości, aby obdarzyć nimi umysł śmiertelnika, w którym zamieszka w przyszłości; w innych okolicznościach i po uosobieniu, te wiecznotrwałe, przechowane rzeczywistości trzymane są jako powiernictwo do użycia w przyszłej działalności Architektów Wszechświata Nadrzędnego.

7. PRZEZNACZENIE UOSOBIONYCH DOSTRAJACZY

Nie potrafimy powiedzieć, czy fragmenty Ojca, które nie są Dostrajaczami, są możliwe do uosobienia, zostaliście jednak poinformowani, że osobowość jest niezależnym, danym z wolnej woli darem Ojca Wszechświatowego. Tak dalece jak się orientujemy, fragmenty Ojca z gatunku Dostrajacza osiągają osobowość jedynie przez nabycie cech osobowych w służbie-opiece na rzecz istot osobowych. Uosobieni Dostrajacze zamieszkują na Diviningtonie, gdzie szkolą i ukierunkowują swych przedosobowych towarzyszy.

Uosobieni Dostrajacze działają bez ograniczeń, bez przydziału i są niezależnymi stabilizatorami i kompensatorami rozległego wszechświata wszechświatów. Łączą w sobie doświadczenie Stwórcy i stworzonego – to, co egzystencjalne i to, co empiryczne. Są *równocześnie* istotami czasu i wieczności. Wiążą ze sobą to, co przedosobowe i to, co osobowe w administracji wszechświata.

Uosobieni Dostrajacze są wszechmądrymi i wszechpotężnymi administratorami Architektów Wszechświata Nadrzędnego. Są osobowymi czynnikami pełnej służby

Ojca Wszechświatowego – osobowej, przedosobowej i superosobowej. Dokonują osobiście tego wszystkiego, co nadzwyczajne, niezwykłe i niespodziewane we wszystkich dziedzinach transcendentalnych, absonicznych domen Boga Ostatecznego, aż do poziomów Boga Absolutnego.

Są to jedyne istoty we wszechświecie, które w swym istnieniu zawierają wszystkie znane związki osobowości; są wszechosobowe – są przed osobowością, są osobowością i są po osobowości. Służą osobowości Ojca Wszechświatowego, tak w wiecznej przeszłości, wiecznej teraźniejszości jak i w wiecznej przyszłości.

Ojciec obdarzył Wiecznego Syna osobowością egzystencjalną klasy nieskończonej i absolutnej, ale zapragnął zachować do celów swej własnej działalności empiryczną osobowość typu Uosobionego Dostrajacza, nadawaną egzystencjalnemu, przedosobowemu Dostrajaczowi; i dlatego obaj są przeznaczeni do przyszłej, wiecznej, superosobowej, transcendentalnej służby w domenach absonicznych Ostatecznego, Najwyższego-Ostatecznego, aż do poziomów Ostatecznego-Absolutnego.

Rzadko się widzi Uosobionych Dostrajaczy we wszechświecie. Czasami się naradzają z Pradawnymi Czasu a czasami Uosobieni Dostrajacze siedmiorakich Synów Stwórców przybywają do światów zarządu konstelacji, na naradę z władcami Vorondadekami.

Kiedy Vorondadek, planetarny obserwator Urantii – Najwyższy Ojciec-opiekun, który niedawno objął nadzwyczajną regencję nad waszym światem – przejmował swą władzę w obecności gubernatora generalnego rezydenta, rozpoczął swą nadzwyczajną administrację na Urantii z kompletnym personelem przez siebie wybranym. Natychmiast przydzielił planetarne obowiązki swym towarzyszom i asystentom. Jednak nie dobrał sobie trzech Uosobionych Dostrajaczy, którzy się pojawili przed nim, jak tylko objął regencję. Nie wiedział nawet, że mogą się pojawić, jako że nie przejawiali swojej Boskiej obecności w czasie poprzedniej regencji. I Najwyższy Ojciec-regent nie przydzielił służby ani nie wyznaczył obowiązków tym ochotnikom – Uosobionym Dostrajaczom. Tym niemniej, te trzy wszechosobowe istoty były najbardziej aktywne spośród licznych klas istot niebiańskich, służących wtedy na Urantii.

Uosobieni Dostrajacze pełnią swe obowiązki w szerokim zakresie na rzecz licznych klas osobowości wszechświatowych, ale nie mamy zezwolenia na omawianie tych służb z istotami ewolucyjnymi, zamieszkałymi przez Dostrajacza. Te nadzwyczajne, ludzkie boskości, należą do najwybitniejszych osobowości całego wielkiego wszechświata i nikt nie ośmiela się przewidywać, jakie mogą być ich przyszłe misje.

[Przedstawione przez Samotnego Posłańca z Orvontonu].

PRZEKAZ 110

ZWIĄZKI MIĘDZY DOSTRAJACZAMI A INDYWIDUALNYMI ŚMIERTELNIKAMI

OBDARZENIE wolnością niedoskonałych istot pociąga za sobą nieuniknioną tragedię a leży w naturze doskonałego, rodzicielskiego Bóstwa dzielenie się tymi cierpieniami, powszechnie i z uczuciem w miłości pełnej wspólnocie.

Tak dalece, jak znam się na sprawach wszechświata, uważam miłość i poświęcenie Dostrajacza Myśli za najprawdziwsze boskie uczucie w całym wszechświecie. Miłość Synów, kiedy służą dla ludzkości, jest wspaniała, jednak oddanie Dostrajacza dla jednostki jest wzruszająco wzniosłe, Boskie i Ojcowskie. Rajski Ojciec najwidoczniej zastrzegł sobie tę formę osobistego kontaktu z poszczególnymi istotami stworzonymi jako wyłączną prerogatywę Stwórcy. I nie ma niczego, w całym wszechświecie wszechświatów, do czego można by porównać tę zdumiewającą służbę nieosobowych bytów, które z taką fascynacją zamieszkują dzieci z planet ewolucyjnych.

1. ZAMIESZKANIE W UMYŚLE ŚMIERTELNIKA

Nie należy sądzić, że Dostrajacze żyją w materialnych mózgach istot ludzkich. Dostrajacze nie są organiczną częścią istot materialnych ze światów. Poprawniej należałoby wyobrazić sobie Dostrajacza Myśli jako zamieszkującego śmiertelny umysł człowieka, niż jako istniejącego w pojedynczym organie materialnym. Dostrajacz nieustannie komunikuje się z ludzkim podopiecznym, pośrednio i niepostrzeżenie, zwłaszcza w nadświadomości, podczas wzniosłych doświadczeń pełnego czci kontaktu umysłu z duchem.

Chciałbym pomóc rozwijającym się śmiertelnikom, aby lepiej mogli zrozumieć i pełniej docenić bezinteresowną, wspaniałą pracę Dostrajaczy, które żyją w nich i które tak bez reszty poświęcają się sprawie duchowego dobra człowieka. Te Monitory są czynnymi opiekunami ludzkich, wyższych funkcji umysłowych; są mądre i doświadczone, kiedy oddziałują na potencjał duchowy ludzkiego intelektu. Ci niebiańscy pomocnicy wykonują gigantyczne zadanie, kiedy prowadzą was bezpiecznie, do wewnątrz i w górę, do niebiańskiej przystani szczęścia. Ci niestrudzeni robotnicy działają dla przyszłego ucieleśnienia tryumfu Boskiej prawdy w waszym wiecznym życiu. Są uważnymi pracownikami, pilotującymi świadomy Boga ludzki umysł z dala od mielizn zła, jednocześnie umiejętnie prowadzą rozwijającą się duszę człowieka ku Boskim portom doskonałości, *na odległych i wiecznych wybrzeżach*. Dostrajacze są przepełnionymi miłością przywódcami, bezpiecznymi i godnymi zaufania przewodnikami po ciemnych i niepewnych labiryntach waszych krótkich, ziemskich żyć; są cierpliwymi nauczycielami, którzy wciąż ponaglają swych podopiecznych, aby szli naprzód drogami coraz większej doskonałości. Są starannymi opiekunami podniosłych wartości charakteru istoty stworzonej. Chciałbym, żebyście mogli bardziej ich kochać, lepiej z nimi współpracować i żywić dla nich głębsze uczucia.

Chociaż Boscy mieszkańcy interesują się zasadniczo duchowym przygotowaniem was do kolejnego stadium nigdy niekończącego się bytu, interesują się również waszym dobrem doczesnym i waszymi prawdziwymi, ziemskimi sukcesami. Lubią przyczyniać się do waszego zdrowia, szczęścia i prawdziwej pomyślności. Obchodzą ich wasze sukcesy we wszystkich dziedzinach planetarnego rozwoju, te, które nie przeszkadzają waszemu przyszłemu życiu w rozwoju wiecznym.

Dostrajacze interesują się i zajmują waszymi codziennymi sprawami i różnorodnymi szczegółami waszego życia w takim tylko stopniu, w jakim te sprawy mają wpływ na wasze istotne, doczesne wybory oraz zasadnicze duchowe decyzje i dlatego są czynnikami pomagającymi rozwiązywać wasze problemy, dotyczące wiecznego życia duszy i wiecznego postępu. Dostrajacz, podczas gdy biernie traktuje czysto doczesne dobro, jest bosko aktywny we wszystkich sprawach dotyczących waszej wiecznej przyszłości.

Dostrajacz jest z wami we wszystkich nieszczęściach i we wszystkich tych chorobach, które nie niszczą zupełnie umysłowości. Jak niewłaściwie jest świadome kalanie czy skądinąd rozmyślne zanieczyszczanie ciała fizycznego, które musi służyć za ziemskie tabernakulum tego wspaniałego daru Boga. Wszelkie materialne trucizny znacznie opóźniają wysiłki Dostrajacza, zmierzające do wywyższenia materialnego umysłu, podczas gdy trucizny umysłowe – strach, gniew, zawiść, zazdrość, podejrzliwość i nietolerancja – również wywierają znaczny wpływ na duchowy rozwój duszy.

Dzisiaj przechodzicie okres zalotów waszego Dostrajacza; a jeśli tylko okażecie się warci zaufania, jakie pokłada w was Boski duch, który dąży do wiecznego zjednoczenia z waszym umysłem i duszą, wtedy nastąpi w końcu ta morontialna jedność, ta niebiańska harmonia, ta kosmiczna koordynacja, to boskie dostrojenie, to niebiańskie zespolenie, to zmieszanie tożsamości bez końca, ta jedność bytu, która jest tak doskonała, że nawet najbardziej doświadczone osobowości nigdy nie mogą oddzielić czy rozróżnić odrębnych bytów partnerów zespolenia – śmiertelnego człowieka i Boskiego Dostrajacza.

2. DOSTRAJACZE A WOLA LUDZKA

Kiedy Dostrajacze Myśli zamieszkują ludzkie umysły, przynoszą one ze sobą wzorowe drogi życiowe, życia idealne, jak są one zdefiniowane i określone przez nie same i Uosobionych Dostrajaczy z Diviningtonu oraz zatwierdzone przez Uosobionego Dostrajacza Urantii. Zaczynają zatem działać z wyraźnym i z góry określonym planem intelektualnego i duchowego rozwoju swych ludzkich podopiecznych, ale nie zmuszają żadnej ludzkiej istoty do akceptacji tego planu. Wszyscy jesteście obiektami precestynacji, ale nie jest z góry zarządzone, że musicie zaakceptować tę Boską predestynację; możecie swobodnie odrzucić dowolną część albo nawet cały program Dostrajacza Myśli. Misją Dostrajaczy jest wywołanie takich zmian w umyśle i poczynienie takich duchowych adaptacji, które moglibyście z ochotą i inteligentnie autoryzować tak dalece, że Dostrajacze mogłyby wywierać większy wpływ na ukierunkowanie osobowości; jednak w żadnych okolicznościach te Boskie Monitory nie mogą wykorzystywać przewagi nad wami i w jakikolwiek sposób arbitralnie wpływać na was, podczas dokonywania waszych wyborów i decyzji. Dostrajacze szanują niezależność waszej osobowości; *zawsze podporządkowują się waszej woli.*

Dostrajacze są wytrwałe, pomysłowe i doskonałe w swych metodach pracy, ale nigdy nie używają przemocy wobec wolicjonalnej osobowości swych gospodarzy. Żadna ludzka istota nigdy nie będzie uduchowiona przez Boski Monitor wbrew swojej woli; wieczne życie jest tym darem Bogów, który musi być pożądany przez istoty czasu. W końcowym podsumowaniu wygląda to tak, że cokolwiek Dostrajacz zyskałby dla was, zapisy wykażą, iż przeobrażenie zostało dokonane dzięki waszej współpracy i zgodzie; wasza wola jest dobrowolnym partnerem Dostrajacza na każdym etapie wielkich przemian na drodze wznoszenia się.

Dostrajacz nie usiłuje kontrolować waszego myślenia, jako takiego, raczej je uduchowia, uwiecznia. Ani aniołowie, ani Dostrajacze nie wywierają bezpośredniego wpływu na ludzkie myślenie; to jest wyłączna prerogatywa waszej osobowości. Dostrajacze zajmują się doskonaleniem, modyfikacją, dostrajaniem i koordynacją waszego procesu myślenia; szczególnie jednak interesuje ich tworzenie duchowych kopii waszej działalności do celów wiecznego życia, morontialnych transkrypcji waszych prawdziwych, rozwijających się jaźni.

Dostrajacze działają na wyższych poziomach ludzkiego umysłu i bezustannie próbują tworzyć morontialne duplikaty każdej koncepcji śmiertelnego intelektu. Istnieją zatem dwie rzeczywistości, które koncentrują się i nakładają na siebie w obwodach ludzkiego umysłu: jedna jest jaźnią śmiertelnika, ukształtowaną samoistnie z pierwotnych planów Nosicieli Życia, druga nieśmiertelnym bytem z wysokich sfer Diviningtonu, Bożym darem zamieszkującym człowieka. Jednak jaźń śmiertelnika jest również osobową jaźnią, posiada osobowość.

Jako istoty osobowe posiadacie umysł i wolę. Dostrajacz jako istota przedosobowa, posiada przedumysł i przedwolę. Jeśli tak zupełnie dostosujecie się do umysłu Dostrajacza, że staniecie z nim oko w oko, wtedy umysły wasze staną się jednym i otrzymacie wsparcie od umysłu Dostrajacza. Potem, jeśli wasza wola nakaże i narzuci realizację decyzji tego nowego, połączonego umysłu, przedosobowa wola Dostrajacza dostąpi ekspresji osobowości dzięki waszej decyzji i tak dalece, jak to dotyczy tego przedsięwzięcia, staniecie się jednością z Dostrajaczem. Wasz umysł osiąga zestrojenie z boskością a wola Dostrajacza osiąga ekspresję osobowości.

W takim stopniu, w jakim taka jedność jest urzeczywistniana, zbliżacie się umysłowo do morontialnej klasy bytu. Morontialny umysł jest terminem, oznaczającym kwintesencję całościowej sumy współpracujących ze sobą umysłów o odmiennych naturach – materialnej i duchowej. Morontialny intelekt oznacza zatem podwójny umysł, istniejący we wszechświecie lokalnym, zdominowany jedną wolą. U śmiertelników jest to wola ludzkiego pochodzenia, która staje się Boską dzięki utożsamieniu się człowieczego umysłu z umysłowością Boga.

3. WSPÓŁPRACA Z DOSTRAJACZEM

Dostrajacze grają świętą i wspaniałą grę epok; włączają się w jedną z największych przygód czasu i przestrzeni. I jak bardzo są szczęśliwe, kiedy dzięki waszej współpracy mogą wam pomagać w waszych krótkich zmaganiach czasu, podczas gdy wciąż prowadzą swe większe zadania wieczności. Tym niemniej, kiedy Dostrajacz normalnie próbuje kontaktować się z wami, wiadomość gubi się w materialnych prądach strumieni energii ludzkiego umysłu; tylko sporadycznie chwytacie echo, słabe i odległe echo Boskiego głosu.

Sukces waszego Dostrajacza, kiedy pilotuje was przez śmiertelne życie i niesie wam życie wieczne, nie tak bardzo zależy od teorii waszych wierzeń, jak od waszych decyzji, determinacji i nieugiętej *wiary*. Wszystkie takie posunięcia, związane z rozwojem osobowości, stają się potężnymi wpływami, pomagającymi wam posuwać się naprzód, gdyż pomagają wam współpracować z Dostrajaczem; pomagają wam zaniechać oporu. Dostrajacze Myśli albo odnoszą sukces albo pozorną porażkę w swoich ziemskich zadaniach, tak dalece, jak śmiertelnicy osiągają sukces albo porażkę podczas współpracy z tym planem, dzięki któremu mają iść naprzód wznoszącą się drogą do doskonałości. Tajemnica wiecznego życia zamyka się w najwyższym ludzkim pragnieniu, aby stać się podobnym Bogu i związanej z nim gotowości czynienia wszystkiego tego i bycia wszystkim tym, co jest konieczne dla ostatecznego zaspokojenia tego, dominującego pragnienia.

Kiedy mówimy o sukcesie albo niepowodzeniu Dostrajacza, odnosimy to do wiecznego życia człowieka. *Dostrajacze nigdy nie zawodzą;* są esencją boskości i zawsze pełne tryumfu wyłaniają się z każdego zadania.

Tym niemniej nie mogę nie zauważyć tego, że wielu z was poświęca tak wiele czasu i myśli zwykłym drobiazgom życia, podczas gdy prawie zupełnie nie dostrzega bardziej istotnych rzeczywistości o wiecznotrwałym znaczeniu, tych właśnie osiągnięć, które odnoszą się do kształtowania bardziej harmonijnego, roboczego porozumienia między wami a waszymi Dostrajaczami. Naczelnym celem ludzkiej egzystencji jest dostrojenie się do boskości Dostrajacza, zamieszkującego człowieka; wielkim sukcesem życiowym śmiertelnika jest prawdziwe i roztropne poświęcenie się wiecznym celom Boskiego ducha, który czeka i działa w waszym umyśle. Tym niemniej wytężony i zdeterminowany wysiłek, zmierzający do realizacji wiecznego przeznaczenia, daje się w pełni pogodzić z beztroskim i pełnym radości życiem oraz z pełną sukcesów, zaszczytną ziemską karierą. Współpraca z Dostrajaczem Myśli nie pociąga za sobą umartwiania, udawanej pobożności, czy obłudnego i ostentacyjnego poniżania siebie; ideał życia polega raczej na miłości pełnej służbie, niż na życiu w trwożnej obawie.

Dezorientacja, to, że człowiek jest zakłopotany, czasami nawet zniechęcony i roztargniony, nie musi oznaczać oporu przeciw przewodnictwu zamieszkującego człowieka Dostrajacza. Postawa taka może czasem znamionować brak aktywnej współpracy z Boskim Monitorem i może zatem co nieco opóźnić postęp duchowy, jednak takie intelektualno-emocjonalne trudności w najmniejszym stopniu nie kolidują z pewnością wiecznego życia rozpoznającej Boga duszy. Ignorancja, sama w sobie, nigdy nie przeszkadza w osiągnięciu wiecznego życia, podobnie jak konfundujące wątpliwości czy bojaźliwa niepewność. Tylko świadomy opór przeciw przewodnictwu Dostrajacza może przeszkodzić w wiecznym trwaniu rozwijającej się, nieśmiertelnej duszy.

Nie musicie traktować współpracy z waszym Dostrajaczem za proces specyficznie świadomy, gdyż takim on nie jest; jednak to wasze motywy i wasze decyzje, wasze szczere postanowienia i najwyższe pragnienia, stanowią rzeczywistą i skuteczną współpracę. Możecie świadomie umocnić zestrojenie z Dostrajaczem poprzez:

1. Postanowienie reagowania na Boskie przewodnictwo; szczere oparcie życia ludzkiego na najwyższej świadomości prawdy, piękna i dobroci a następnie koordynacja tych cech boskości przez mądrość, czczenie, wiarę i miłość.
2. Kochanie Boga i dążenie do bycia takim, jakim on jest – prawdziwe uznanie Boskiego ojcostwa i miłości pełne czczenie niebiańskiego Rodzica.
3. Kochanie człowieka i szczere pragnienie służenia mu – głębokie uznanie braterstwa ludzkiego, połączone z inteligentnym i mądrym uczuciem do każdego z waszych bliźnich, śmiertelników.
4. Radosną akceptację obywatelstwa kosmicznego – szczerą aprobatę progresywnych obowiązków wobec Istoty Najwyższej, uświadomienie sobie wzajemnej zależności ewolucyjnego człowieka i rozwijającego się Bóstwa. Są to narodziny moralności kosmicznej i świt uświadomienia sobie wszechświatowych obowiązków.

4. DZIAŁALNOŚĆ DOSTRAJACZA W UMYŚLE

Dostrajacze potrafią odbierać ciągły strumień informacji kosmicznej, idący głównymi obwodami czasu i przestrzeni; są w pełnym kontakcie z duchową informacją i energią wszechświatów. Jednak ci wspaniali mieszkańcy człowieka nie mogą przekazywać zbyt wiele bogactwa mądrości i prawdy umysłom ich śmiertelnych podopiecznych, ze względu na brak wspólnoty natur, brak rozpoznania tych informacji i wrażliwości na nie.

Dostrajacz Myśli bezustannie próbuje tak uduchowić wasz umysł, aby ukształtować waszą morontialną duszę; jednak wy sami jesteście w znacznym stopniu nieświadomi tej wewnętrznej działalności. Zupełnie nie potraficie rozróżnić wytworów waszego własnego, materialnego intelektu, od wspólnych działań waszej duszy i Dostrajacza.

Pewne nagłe przebłyski myśli, konkluzje i inne obrazy zrodzone w umyśle, są czasem bezpośrednim albo pośrednim dziełem Dostrajacza; jednak znacznie częściej są one gwałtownym wypłynięciem na powierzchnię świadomości tych idei, które gromadziły się na poziomach pod jej powierzchnią – są to naturalne i codzienne zdarzenia, wynikające z normalnego i zwykłego funkcjonowania psychiki, nieodłączne cyklom rozwijającego się, zwierzęcego umysłu. (W przeciwieństwie do tych podświadomych emanacji, objawienia Dostrajacza pojawiają się w domenach nadświadomości).

Powierzcie opiece Dostrajaczy wszystkie te sprawy umysłu, które przekraczają zwykły poziom świadomości. We właściwym czasie, jeśli nie na tym świecie to na światach-mieszkaniach, rozliczą się one dobrze ze swego zarządzania i na koniec wydadzą te znaczenia i wartości, które zostały im oddane pod opiekę i na przechowanie. Jeśli będziecie żyć wiecznie, wskrzeszą one każdy wartościowy skarb śmiertelnego umysłu.

Istnieje rozległa otchłań pomiędzy tym, co ludzkie a tym, co boskie, pomiędzy człowiekiem a Bogiem. Ludzie na Urantii są tak bardzo kontrolowani elektrycznie i chemicznie, tak bardzo podobni zwierzętom w swym codziennym postępowaniu, tak emocjonalni w swych zwykłych reakcjach, że wyjątkowo trudno jest Monitorom prowadzić ich i ukierunkowywać. Tak bardzo brakuje wam odważnych decyzji i uświęca*jącej współpracy, że zamieszkujące* was Dostrajacze uważają bezpośrednie komunikowanie się z ludzkim umysłem za prawie niemożliwe. Nawet, jeśli znajdą sposobność błyśnięcia rozwijającej się duszy ludzkiej promieniem nowej prawdy, wtedy duchowe objawienie częstokroć tak oślepia istotę stworzoną, że wywołuje konwulsje fanatyzmu, albo zapoczątkowuje pewne inne przewroty intelektualne, których rezultaty są katastrofalne. Wiele nowych religii i dziwnych „izmów" powstało z przerwanych, niedokończonych, niezrozumianych i przekręconych przekazów Dostrajaczy Myśli.

Przez wiele tysięcy lat, jak wykazują zapisy Jerusem, w każdym kolejnym pokoleniu żyło coraz mniej istot, które mogły bezpiecznie funkcjonować z samodzielnymi Dostrajaczami. Jest to niepokojąca sytuacja i osobowości nadzorujące z Satanii przychylają się do propozycji niektórych waszych bezpośrednich nadzorców planetarnych, którzy radzą wprowadzenie środków, mających na celu rozwijanie i zachowywanie wyższych typów duchowych w narodach Urantii.

5. BŁĘDNE KONCEPCJE O PRZEWODNICTWIE DOSTRAJACZY

Nie mylcie i nie mieszajcie misji i funkcjonowania Dostrajacza z tym, co zazwyczaj nazywa się sumieniem; te dwie rzeczy nie są bezpośrednio ze sobą związane. Sumienie jest ludzką i czysto psychiczną reakcją. Nie należy nim pogardzać, ale raczej nie jest ono głosem Boga w duszy, czym byłby w rzeczywistości Dostrajacz, gdyby jego głos był słyszany. Sumienie słusznie napomina was, aby postępować właściwie, ale Dostrajacz dodatkowo usiłuje powiedzieć wam, co naprawdę jest właściwe; to znaczy wtedy, kiedy możecie odczuwać przewodnictwo Monitora.

Ludzkie marzenia senne, ten nieuporządkowany i bez związku korowód nieskoordynowanego, śpiącego umysłu, stanowią odpowiedni dowód na to, że Dostrajacze nie mogą harmonizować i łączyć rozbieżnych czynników umysłu człowieka. Dostrajacze po prostu nie mogą arbitralnie skoordynować i zsynchronizować, w jednym życiu, dwu tak odmiennych typów myślenia jak ludzki i Boski. Kiedy im się to czasem udaje, takie dusze transponowane są bezpośrednio do światów-mieszkań, nie muszą doświadczać śmierci.

Podczas snu Dostrajacz próbuje zrealizować tylko to, co wola zamieszkałej przezeń osobowości uprzednio w pełni zaaprobowała, w wyniku decyzji i postanowień dokonanych podczas okresów całkowicie przytomnej świadomości, które zostały, skutkiem tego umiejscowione w domenach superumysłu, tam, gdzie spotyka się to, co ludzkie i to, co Boskie.

Kiedy śmiertelni gospodarze śpią, Dostrajacze usiłują zarejestrować swe wytwory na wyższych poziomach materialnego umysłu, a niektóre z waszych groteskowych snów są dowodem tego, że nie udało im się nawiązać właściwego kontaktu. Niedorzeczności marzeń sennych świadczą nie tylko o nacisku nie wyrażonych emocji, ale niosą także świadectwo strasznego wypaczenia obrazów koncepcji duchowych, przedstawianych przez Dostrajacze. Wasze własne pasje, dążenia i inne wrodzone tendencje, przetłumaczone zostają na obraz i są namiastką nie wyrażonych pragnień Dostrajaczy, aby przekazać wam te Boskie wiadomości, które wasi mieszkańcy usiłują umieścić w zapisach psychicznych podczas nieświadomości snu.

Wyjątkowo niebezpieczne jest wysnuwanie wniosków na temat dostrajaczowej zawartości marzeń sennych. Dostrajacze działają w czasie snu, ale wasze zwykłe marzenia senne są zjawiskami czysto fizjologicznymi i psychologicznymi. Równie ryzykowne są próby odróżnienia rejestru idei Dostrajacza od bardziej czy mniej ciągłego i świadomego odbioru nakazów sumienia śmiertelnika. Takie problemy powinny być rozwiązywane przez indywidualne rozróżnienie i osobiste decyzje. Jednak istota ludzka lepiej zrobi, gdy się pomyli i odrzuci ekspresję Dostrajacza, wierząc, że jest to czysto ludzkie doświadczenie, zamiast błądzić i wynosić reakcje ludzkiego umysłu do poziomu boskiej godności. Pamiętajcie, że wpływ Dostrajacza Myśli jest w znacznej części, choć niecałkowicie, doświadczaniem nadświadomości.

Komunikujecie się z waszymi Dostrajaczami, czasami bezpośrednio, ale częściej pośrednio, w różnym stopniu i coraz intensywniej, kiedy wznosicie się przez okręgi psychiczne. Jednak niebezpiecznie jest żywić ideę, że każda nowa koncepcja, pojawiająca się w ludzkim umyśle, dyktowana jest przez Dostrajacza. U istot waszej klasy, to, co odbieracie jako głos Dostrajacza, jest znacznie częściej emanacją waszego własnego intelektu. Jest to niebezpieczny teren i każda ludzka istota musi sama dla siebie rozstrzygnąć te problemy, zgodnie z naturalną ludzką mądrością i nadludzką wnikliwością.

Dostrajacz istoty ludzkiej, poprzez którą ten kontakt się odbywa, może pracować w tak szerokim zakresie głównie dlatego, że człowiek ten jest prawie zupełnie obojętny na jakiekolwiek widoczne przejawy wewnętrznej obecności Dostrajacza; naprawdę dobrze się stało, że świadomie pozostaje zupełnie obojętny na całą tę procedurę. Ma on jeden z bardziej doświadczonych Dostrajaczy, jak dla jego czasu i pokolenia, a dodatkowo jego bierna nań reakcja i obojętny stosunek wobec fenomenu związanego z obecnością w jego umyśle tego wszechstronnego Dostrajacza, są uważane przez opiekuna przeznaczenia za reakcję rzadką i pomyślną. Wszystko razem stanowi pomyślny zestaw wpływów, pomyślny zarówno dla Dostrajacza w wyższej sferze działania, jak i dla ludzkiego partnera, z punktu widzenia jego zdrowia, operatywności i spokoju.

6. SIEDEM OKRĘGÓW PSYCHICZNYCH

Całkowita suma realizacji osobowości, na świecie materialnym, zawiera się w kolejnym osiąganiu siedmiu okręgów psychicznych ludzkich możliwości. Wejście w siódmy okrąg oznacza początek funkcjonowania prawdziwie ludzkiej osobowości. Realizacja pierwszego okręgu oznacza względną dojrzałość istoty ludzkiej. Chociaż przejście siedmiu okręgów kosmicznego rozwoju nie jest równoznaczne z zespoleniem się z Dostrajaczem, opanowanie tych okręgów oznacza wejście na te stopnie rozwoju, które przygotowują do zespolenia z Dostrajaczem.

Dostrajacz jest równorzędnym waszym partnerem w przemierzaniu siedmiu okręgów – kiedy śmiertelnik osiąga względną dojrzałość. Dostrajacz wznosi się z wami przez te okręgi, od siódmego do pierwszego, ale do statusu najwyższości i samodzielności dochodzi zupełnie niezależnie od aktywnej współpracy umysłu śmiertelnika.

Okręgi psychiczne nie są wyłącznie intelektualne, nie są też całkiem morontialne; związane są ze statusem osobowości, z sukcesem umysłowym, z rozwojem duszy i zestrojeniem z Dostrajaczem. Pomyślne przejście tych poziomów wymaga harmonijnego funkcjonowania *całej osobowości*, nie tylko pewnego jej stadium. Rozwój części nie równa się prawdziwej dojrzałości całości; naprawdę części rozwijają się proporcjonalnie do ekspansji kompletnej jaźni – całej jaźni – materialnej, intelektualnej i duchowej.

Kiedy rozwój natury intelektualnej postępuje szybciej niż duchowej, sytuacja taka sprawia, że komunikacja z Dostrajaczem Myśli jest zarówno trudna jak i niebezpieczna. Tak samo nadmierny rozwój duchowy ma tendencje do wytwarzania fanatycznej i wypaczonej interpretacji duchowego przewodnictwa Boskiego mieszkańca. Brak potencjału duchowego niezmiernie utrudnia przekazywanie takiemu, materialnemu intelektowi prawd duchowych istniejących w wyższej nadświadomości. To właśnie doskonale zrównoważonemu umysłowi, przebywającemu w ciele o czystych zwyczajach, ustabilizowanych energiach nerwowych i zrównoważonym funkcjonowaniu chemicznym – kiedy moce fizyczne, umysłowe i duchowe są w potrójnej harmonii rozwojowej – można przekazać maksimum światła i prawdy, z minimalną dozą doczesnego niebezpieczeństwa czy ryzykowania prawdziwego dobra takiej istoty. Dzięki tak zbalansowanemu rozwojowi człowiek wznosi się okręgami planetarnego postępu, jednym za drugim, od siódmego do pierwszego.

Dostrajacze zawsze są blisko was, zawsze są waszą częścią, ale rzadko mówią do was bezpośrednio jako inna istota. Okręg za okręgiem, wasze decyzje intelektualne, wybory moralne i rozwój duchowy, przysparzają Dostrajaczowi zdolności funkcjonowania w waszym umyśle; tym samym awansujecie, okręg za okręgiem, od niższych stadiów związków z Dostrajaczem i zestrojenia umysłu, do tego stadium, w którym Dostrajacz może coraz lepiej rejestrować swoje obrazy przeznaczenia, z coraz większą jaskrawością i przekonaniem w rozwijającej się świadomości poszukującego Boga umysłu-duszy.

Każda decyzja, którą podejmujecie albo utrudnia, albo ułatwia Dostrajaczowi funkcjonowanie; tak samo te właśnie decyzje stanowią o waszym zaawansowaniu w okręgach ludzkich osiągnięć. Prawdą jest, że najwyższość decyzji, jej związek z kryzysem, ma wiele wspólnego z jej wpływem na przemierzanie okręgów; tym niemniej liczba decyzji, ich częste powtarzanie, wytrwałe powtarzanie, jest także ważna, aby mieć pewność, że takie działania przekształcają się w nawyki.

Trudno jest precyzyjnie zdefiniować siedem poziomów ludzkiego postępu, dlatego, że te poziomy są osobiste; są inne dla każdej jednostki i pozornie zdeterminowane przez możliwości rozwoju każdej istoty ludzkiej. Zdobywanie tych poziomów kosmicznego rozwoju rozważa się trojako:

1. *Zestrojenie z Dostrajaczem.* Uduchowiający się umysł zbliża się do obecności Dostrajacza, proporcjonalnie do osiągania okręgu.
2. *Ewolucja duszy.* Wyłanianie się morontialnej duszy świadczy o poziomie i głębi opanowania okręgu.
3. *Rzeczywistość osobowości.* Stopień rzeczywistości jestestwa jest określony bezpośrednio przez zdobycie okręgu. Osoby stają się bardziej rzeczywiste, gdy się wznoszą od siódmego do pierwszego poziomu egzystencji śmiertelnika.

W miarę przemierzania okręgów, dziecko materialnej ewolucji wyrasta na dojrzałego człowieka z potencjałem nieśmiertelności. Cień rzeczywistości embrionalnej natury ludzkiej, z siódmego okręgu, ustępuje wyrazistszym przejawom wyłaniającej się, morontialnej natury obywatela wszechświata lokalnego.

Chociaż nie można precyzyjne określić siedmiu poziomów, czy też okręgów psychicznych rozwoju ludzkiego, można zasugerować minimalne i maksymalne granice tych stadiów dochodzenia do dojrzałości:

Siódmy okręg. Istota ludzka dociera do tego poziomu, kiedy osiąga możliwość osobistego wyboru, indywidualnej decyzji, odpowiedzialność moralną oraz możliwość osiągnięcia indywidualności duchowej. Oznacza to zgodne funkcjonowanie siedmiu przybocznych umysłów-duchów, pod przewodnictwem ducha mądrości, objęcie istoty śmiertelnej obwodem wpływów Ducha Świętego a na Urantii, początki działania

Ducha Prawdy, razem z przyjęciem Dostrajacza Myśli do śmiertelnego umysłu. Wejście w siódmy okręg prawdziwie robi z istoty śmiertelnej potencjalnego obywatela wszechświata lokalnego.

Trzeci okręg. Działalność Dostrajacza jest znacznie skuteczniejsza, kiedy wznoszący się człowiek osiągnie trzeci okręg i otrzyma osobistego, seraficznego opiekuna przeznaczenia. Podczas gdy nie istnieje dostrzegalne zgranie wysiłków pomiędzy Dostrajaczem a opiekunem seraficznym, tym niemniej, w wyniku przydzielenia osobistego asystenta seraficznego, widoczna jest wyraźna poprawa we wszystkich stadiach osiągnięć kosmicznych i w rozwoju duchowym. Kiedy zostaje osiągnięty trzeci okręg, Dostrajacz usiłuje morontializować umysł człowieka przez całą resztę jego śmiertelnego życia, aby osiągnąć pozostałe okręgi i wejść w końcowe stadium Bosko-ludzkiego związku, zanim naturalna śmierć rozwiąże to unikalne partnerstwo.

Pierwszy okręg. Dostrajacz zazwyczaj nie może rozmawiać z wami wprost i bezpośrednio, zanim nie osiągniecie pierwszego, końcowego okręgu progresywnych osiągnięć śmiertelnika. Poziom ten wyraża najwyższe możliwe w doświadczeniu ludzkim urzeczywistnienie związku umysł-Dostrajacz, przed wyzwoleniem rozwijającej się, morontialnej duszy z odzienia ciała materialnego. Co się tyczy umysłu, życia emocjonalnego i wnikliwości kosmicznej, osiągnięcie pierwszego okręgu psychicznego jest największym w doświadczeniu ludzkim możliwym zbliżeniem materialnego umysłu i duchowego Dostrajacza.

Być może te psychiczne okręgi rozwoju ludzkiego mogły być lepiej określone jako *kosmiczne poziomy* – aktualne zrozumienie znaczeń i realizacja wartości w trakcie progresywnego zbliżania się do świadomości morontialnej, we wstępnym związku ewolucyjnej duszy z wyłaniającą się Istotą Najwyższą. Ten właśnie związek sprawia, że nigdy nie będzie można w pełni wyjaśnić materialnemu umysłowi ważności okręgów kosmicznych. Osiąganie tych okręgów jest tylko relatywnie związane z uświadomieniem sobie Boga. W szóstym czy siódmym okręgu człowiek może prawie tak samo znać Boga – być świadomy synostwa – jak człowiek z drugiego czy pierwszego okręgu, jednak istoty z niższych okręgów są znacznie mniej świadome empirycznego związku z Istotą Najwyższą - obywatelstwa wszechświata. Docieranie do tych kosmicznych okręgów będzie częścią doświadczenia istot wznoszących się na światach-mieszkaniach, jeśli nie zrobią tego przed naturalną śmiercią.

Motywacja wiary sprawia, że pełne uświadomienie ludzkiego synostwa z Bogiem staje się empiryczne, ale konieczne jest *działanie,* pełnia decyzji, aby ewolucyjnie osiągnąć świadomość progresywnego pokrewieństwa z *kosmiczną aktualnością* Istoty Najwyższej. W świecie ducha, wiara przeobraża potencjały w aktualności, ale w skończonych domenach Najwyższego potencjały stają się aktualnościami tylko dzięki realizacji wyboru-doświadczenia. Jednak postanowienie czynienia woli Boga przyłącza wiarę duchową do decyzji materialnych w funkcjonowaniu osobowości i tym samym dostarcza boskiego, duchowego punktu podparcia dla bardziej efektywnego funkcjonowania człowieka, jak również materialnej dźwigni w postaci pragnienia Boga. Tak mądra koordynacja sił materialnych i duchowych znacznie poszerza zarówno kosmiczne uświadomienie sobie Najwyższego jak i morontialne pojmowanie Rajskich Bóstw.

Opanowanie okręgów kosmicznych związane jest z ilościowym rozwojem morontialnej duszy, z pojmowaniem najwyższych znaczeń. Jednak jakościowy status nieśmiertelnej duszy uzależniony jest *w pełni* od pojmowania żywego faktu, potencjalnie rajskiego faktu-wartości, że śmiertelny człowiek jest synem wiecznego Boga. Dlatego też człowiek z siódmego okręgu idzie do światów-mieszkań, aby nabrać dalszego ilościowego uświadomienia sobie kosmicznego rozwoju, tak jak to robi człowiek z drugiego czy nawet z pierwszego okręgu.

Istnieje tylko pośredni związek pomiędzy osiąganiem kosmicznych okręgów a prawdziwym, duchowym doświadczeniem religijnym; takie osiągnięcia są wzajemnie od siebie zależne, zatem wzajemnie korzystne. Czysto duchowy rozwój niewiele może mieć wspólnego z planetarnym powodzeniem materialnym, ale opanowanie okręgu zawsze zwiększa potencjał sukcesu ludzkiego i osiągnięć śmiertelnika.

Od siódmego do trzeciego okręgu występuje coraz intensywniejsze i ujednolicone działanie siedmiu przybocznych umysłów-duchów, funkcjonujących w celu odzwyczajenia śmiertelnego umysłu od polegania na rzeczywistości mechanizmów życia materialnego i przygotowujących go równocześnie do coraz intensywniejszego wprowadzania w doświadczenia poziomów morontialnych. Od trzeciego okręgu wzwyż wpływ przybocznych stopniowo maleje.

Siedem okręgów obejmuje doświadczenie śmiertelnika, rozpościerające się od najwyższego, czysto zwierzęcego poziomu, do najniższego poziomu morontialnego aktualnie możliwego do skontaktowania w świadomym doświadczeniu osobowym. Opanowanie pierwszego okręgu kosmicznego sygnalizuje osiągnięcie przedmorontialnej dojrzałości śmiertelnika i oznacza zakończenie wspólnej działalności przybocznych umysłów-duchów, jako jedynego czynnika wpływającego na funkcjonowanie umysłu w osobowości ludzkiej. Poza pierwszym okręgiem, umysł zbliża się coraz bardziej do inteligencji morontialnego stadium ewolucji, do wspólnej służby umysłu kosmicznego i superprzybocznego nadania Stwórczego Ducha z wszechświata lokalnego.

W indywidualnej działalności Dostrajaczy istnieją następujące, przełomowe dni: pierwszy, gdy ludzki podopieczny wkracza w trzeci okręg psychiczny, tym samym zapewniając Monitorowi samodzielność i zwiększając zakres jego funkcjonowania (jeśli ten mieszkaniec nie był już wcześniej samodzielny); później, kiedy ludzki partner osiąga pierwszy okręg kosmiczny i istnieje możliwość komunikacji wzajemnej, przynajmniej w pewnym stopniu; i na koniec, gdy następuje końcowe i wieczne zespolenie.

7. ZDOBYWANIE NIEŚMIERTELNOŚCI

Osiągnięcie siedmiu okręgów kosmicznych nie równa się zespoleniu z Dostrajaczem. Żyje na Urantii wielu śmiertelników, którzy przeszli swe okręgi, jednak zespolenie zależy od innych jeszcze, większych i bardziej wysublimowanych zdobyczy duchowych, od ostatecznego i kompletnego zestrojenia woli śmiertelnika z wolą Boga, która jest w Dostrajaczu Myśli.

Kiedy istota ludzka przeszła wszystkie okręgi kosmicznych osiągnięć i potem, kiedy ostateczny wybór woli śmiertelnika pozwoli Dostrajaczowi dopełnić związku tożsamości człowieka z morontialną duszą, w czasie ewolucyjnego i materialnego życia, wtedy taki doskonały związek między duszą a Dostrajaczem podąża samodzielnie do światów-mieszkań a z Uversy wydaje się rozporządzenie, które umożliwia natychmiastowe zespolenie Dostrajacza i morontialnej duszy. Takie zespolenie, dokonane podczas życia cielesnego, natychmiast pochłania ciało materialne; istoty ludzkie, które mogłyby być świadkami takiego widowiska, widziałyby tylko zniknięcie transponowanego śmiertelnika w „rydwanie ognistym".

Większość tych Dostrajaczy, które transponowały swych podopiecznych z Urantii, należało do bardzo doświadczonych, a jak wynika z zapisów, zamieszkiwały one uprzednio licznych śmiertelników na innych sferach. Pamiętajcie, że Dostrajacze zdobywają wartościowe doświadczenie podczas zamieszkiwania istot na planetach klasy użyczania; nie oznacza to, że Dostrajacze zdobywają doświadczenie konieczne do zaawansowanej pracy tylko u tych śmiertelników, którym nie udało się przetrwać śmierci.

Po zespoleniu z człowiekiem, Dostrajacze dzielą z wami przeznaczenie i doświadczenie; *one są wami*. Po zespoleniu nieśmiertelnej duszy morontialnej i towarzyszącego jej Dostrajacza, całe doświadczenie i wszystkie wartości jednego stają się w końcu własnością drugiego, tak, że dwa byty stają się faktycznie jednym bytem. Ta nowa istota jest w pewnym sensie z wiecznej przeszłości jak i dla wiecznej przyszłości. Wszystko to, co kiedyś było człowiekiem w przeżywającej śmierć duszy i wszystko to, co empirycznie Boskie w Dostrajaczu, staje się teraz aktualną własnością nowej i ciągle się wznoszącej, wszechświatowej osobowości. Jednak na każdym wszechświatowym poziomie, Dostrajacz może wyposażyć nową istotę jedynie w te atrybuty, które mają znaczenie i wartość na tym poziomie. Absolutną *jedność* z Boskim Monitorem, kompletne wyczerpanie wyposażenia Dostrajacza, można osiągnąć tylko w wieczności, po ostatecznym dotarciu do Ojca Wszechświatowego, Ojca duchów, do samego źródła tych Boskich darów.

Kiedy wyłaniająca się dusza i Boski Dostrajacz zostaną ostatecznie i wiecznie zespolone, każde z nich zyskuje wszystkie możliwe do doświadczenia cechy drugiego. Ta skoordynowana osobowość posiada całą empiryczną pamięć istnienia, zachowaną kiedyś przez poprzedzający ją umysł śmiertelnika a potem przebywającą w morontialnej duszy, a w dodatku do niej, ten potencjalny finalista posiada całą empiryczną pamięć Dostrajacza, zebraną z całego tego okresu, kiedy Dostrajacz zamieszkiwał śmiertelników. Potrzeba jednak przyszłej wieczności, żeby Dostrajacz mógł kiedykolwiek w pełni wyposażyć to partnerstwo osobowości w znaczenia i wartości, jakie Boski Monitor niesie w przyszłość z przeszłej wieczności.

Jednak w przypadku ogromnej większości Urantian, Dostrajacz musi cierpliwie czekać, aż śmierć wyzwoli człowieka; musi oczekiwać wyzwolenia wyłaniającej się duszy od nieomal kompletnego zdominowania jej przez formy energii i siły chemiczne, nieodłączne waszej materialnej klasie egzystencji. Główna trudność, jaką przeżywacie podczas kontaktu z waszymi Dostrajaczami, związana jest z tą właśnie, nieodłączną wam, materialną naturą. Bardzo mało śmiertelników jest prawdziwymi myślicielami; nie kształtujecie duchowo i nie ćwiczycie waszych umysłów, aby dojść do punktu korzystnej łączności z Boskimi Dostrajaczami. Ucho ludzkiego umysłu jest prawie głuche na duchowe argumenty, które Dostrajacz tłumaczy z różnorodnych wiadomości wszechświatowych transmisji miłości, przybywających od Ojca łask. Dostrajacz uważa prawie za niemożliwe zarejestrować to inspirujące, duchowe przewodnictwo w zwierzęcym umyśle, tak całkowicie zdominowanym przez siły chemiczne i elektryczne, nieodłączne waszym materialnym naturom.

Dostrajacze cieszą się z kontaktu, który nawiązują ze śmiertelnym umysłem; ale przez długie lata swego cichego pobytu muszą być cierpliwe, kiedy nie mogą się przełamać przez zwierzęcy opór i bezpośrednio komunikować się z wami. Im wyżej wznoszą się Dostrajacze Myśli na skali swej służby, tym bardziej stają się wydajne. Jednak nigdy nie mogą pozdrowić was cielesnych, z takim samym pełnym, wyrozumiałym i wymownym uczuciem, jak potem, kiedy rozpoznacie ich na światach mieszkaniach, umysł w umysł.

Podczas życia śmiertelnego, materialne ciało i umysł oddzielają was od waszego Dostrajacza i uniemożliwiają swobodną komunikację z nim; po śmierci, po wiecznym zespoleniu, wy i Dostrajacz jesteście jednością – nie jesteście odróżnialni jako oddzielne istoty – i tym samym nie istnieje potrzeba komunikacji, tak jak moglibyście ją rozumieć.

Podczas gdy głos Dostrajacza zawsze jest w was, większość was rzadko go słyszy podczas życia. Istoty ludzkie, poniżej trzeciego i drugiego okręgu dokonań, rzadko słyszą bezpośredni głos Dostrajacza, za wyjątkiem momentów najwyższego pragnienia, w sytuacji ostatecznej i w konsekwencji najwyższych decyzji.

W momencie nawiązywania i kończenia łączności pomiędzy śmiertelnym umysłem rezerwisty przeznaczenia a planetarnymi nadzorcami, zamieszkujący człowieka Dostrajacz jest czasem w takiej sytuacji, że może przekazać śmiertelnikowi-partnerowi wiadomość. Nie tak dawno, wiadomość taka została przekazana na Urantii przez samodzielny Dostrajacz jego ludzkiemu towarzyszowi, członkowi rezerwowego korpusu przeznaczenia. Wiadomość ta została przedstawiona w takich słowach: „A teraz, bez krzywdy czy niebezpieczeństwa dla osoby mego troskliwego oddania i bez intencji przytłoczenia czy zniechęcenia go, czynię ode mnie zapis mojego wstawiennictwa za nim". Potem następuje piękne, wzruszające i wymowne pouczenie. Między innymi Dostrajacz orędował „że wierniej mi ofiaruje swoją szczerą współpracę, radośniej znosi zadania, które nakładam, wierniej wykonuje plan przeze mnie zaaranżowany, cierpliwiej idzie przez próby, które wybrałem, bardziej wytrwale i radośnie stąpa ścieżką, którą naznaczyłem, pokorniej przyjmuje uznanie, które może być wynikiem moich nieustannych wysiłków – tym samym przekazuję moje pouczenie człowiekowi, którego zamieszkuję. Obdarzam go najwyższym oddaniem i uczuciem Boskiego ducha. I dalej mówię mojemu ukochanemu podopiecznemu, że będę działał z mądrością i mocą aż do samego końca, aż ostatnie ziemskie trudy się skończą; pozostanę oddany osobie, której zaufałem. I usilnie namawiam go do wiecznego życia, aby mnie nie rozczarował, nie pozbawił mnie nagrody za moje cierpliwe i wytrwałe wysiłki. Nasze osiągnięcie osobowości zależy od ludzkiej woli. Okręg za okręgiem, cierpliwie wynosiłem ten ludzki umysł i mam dowód, że spotkałem się z aprobatą szefa mojej klasy. Okręg za okręgiem posuwam się ku sądowi. Z radością i bez obawy czekam apelu przeznaczenia; gotów jestem przedłożyć wszystko trybunałom Pradawnych Czasu".

[Przedstawione przez Samotnego Posłańca z Orvontonu].

PRZEKAZ 111

DOSTRAJACZ A DUSZA

OBECNOŚĆ w ludzkim umyśle Boskiego Dostrajacza uniemożliwia na zawsze, zarówno nauce jak i filozofii, zadowalające zrozumienie duszy rozwijającej się w osobowości ludzkiej. Morontialna dusza jest dzieckiem wszechświata i może być właściwie poznana tylko przez wnikliwość kosmiczną i odkrycia duchowe.

Koncepcja duszy i zamieszkującego człowieka ducha nie jest na Urantii nowa; pojawiała się ona często w różnych systemach wierzeń planetarnych. Wiele wschodnich, jak również niektóre zachodnie wiary dostrzegały, że człowiek jest boski, gdy idzie o pochodzenie, jak również ludzki w swym dziedzictwie. Odczuwanie obecności wewnętrznej, w dodatku do zewnętrznej wszechobecności Bóstwa, od dawna jest częścią wielu religii Urantian. Ludzie od dawna wierzyli, że jest coś, co się rozwija w naturze ludzkiej, coś istotnego, czego przeznaczeniem jest przetrwać krótki czas życia doczesnego.

Zanim człowiek uświadomił sobie, że jego rozwijającej się duszy ojcuje Boski duch, myślano, że znajduje się ona w różnych materialnych organach – w oku, wątrobie, nerkach, sercu a ostatnio w mózgu. Dziki utożsamiał duszę z krwią, oddechem, cieniem jak również z własnym odbiciem w wodzie.

W koncepcji *atmana* hinduscy nauczyciele naprawdę zbliżyli się do rozpoznania natury i obecności Dostrajacza w człowieku, ale nie udało im się odróżnić równoczesnej obecności rozwijającej się i potencjalnie nieśmiertelnej duszy. Z kolei Chińczycy rozpoznawali dwa aspekty istoty ludzkiej, *jang* i *jin*, duszę i ducha. Wiele plemion afrykańskich, jak również Egipcjanie, wierzyli w dwa czynniki, *ka* i *ba;* wierzono zazwyczaj, że dusza nie jest odwieczna a tylko duch.

Mieszkańcy doliny Nilu wierzyli, że każda dobrze zapowiadająca się jednostka zostaje obdarzana, podczas narodzin lub wkrótce potem, strzegącym ją duchem, którego zwano ka. Nauczali, że ten duch-opiekun pozostaje całe życie ze śmiertelnym podopiecznym i idzie przed nim w światy przyszłości. Na ścianach świątyni w Luksorze przedstawiono narodziny Amenhotepa III; mały książę siedzi na ręku boga Nilu a obok niego znajduje się inne dziecko, z wyglądu identyczne z księciem, symbol tego bytu, który Egipcjanie zwali ka. Płaskorzeźba ta została ukończona w piętnastym wieku przed Chrystusem.

Ka uważano za wyższego, duchowego geniusza, który pragnął prowadzić związaną z nim duszę śmiertelnika po lepszych drogach doczesnego życia, ale zwłaszcza chciał wywrzeć wpływ na los ludzkiego podopiecznego w przyszłym życiu. W tamtych czasach, gdy zmarł Egipcjanin, uważano, że jego ka będzie na niego czekać po drugiej stronie Wielkiej Rzeki. Z początku, jak przypuszczano, tylko królowie mieli ka, ale niebawem zaczęto wierzyć, że wszyscy prawi ludzie też je posiadają. Pewien władca egipski powiedział o ka w swoim sercu: „Nie lekceważę tego, co mówi; boję się przekroczyć tego, co mi nakazuje. Dzięki niemu powodziło mi się wspaniale; odniosłem sukces, ponieważ robiłem to, co kazał mi czynić; zostałem wyróżniony jego przewodnictwem". Wielu ludzi wierzyło, że ka jest „wyrocznią Boga dla każdego". Wierzyli, że mają „spędzić wieczność w zadowoleniu serca, w łasce Boga, który jest w tobie".

Każdy naród, rozwijający się na Urantii, miał słowo odpowiadające idei duszy. Wiele prymitywnych ludów wierzyło, że dusza patrzy na świat przez ludzkie oczy; dlatego tak bardzo się bano złego uroku. Długo wierzono, że „duch człowieka jest lampą Pana". Rygweda opiewa: „Mój umysł mówi do mego serca".

1. UMYSŁ JAKO ARENA WYBORU

Chociaż działalność Dostrajaczy jest w swej naturze duchowa, z konieczności muszą one całą swą działalność opierać na fundamencie intelektualnym. Umysł jest tą glebą ludzką, na której duchowy Monitor musi rozwijać morontialną duszę, przy współpracy zamieszkiwanej osobowości.

Istnieje kosmiczna jedność na wielu poziomach umysłowych wszechświata wszechświatów. Intelektualne jaźnie biorą swój początek z kosmicznego umysłu, tak samo jak mgławice powstają z kosmicznych energii wszechświatowej przestrzeni. Na ludzkim (a więc osobowym) poziomie jaźni intelektualnych, potencjał ewolucji duchowej staje się dominujący za zgodą śmiertelnego umysłu, dzięki duchowym fundamentom ludzkiej osobowości w połączeniu z twórczą obecnością w takich ludzkich jaźniach bytu-punktu o wartości absolutnej. Taka duchowa dominacja materialnego umysłu warunkowana jest jednak dwoma rzeczami: umysł musi się wykształcić, dzięki służbie siedmiu przybocznych umysłów-duchów a materialna (osobowa) jaźń musi chcieć współpracować z zamieszkującym człowieka Dostrajaczem, w procesie tworzenia i rozwoju morontialnej jaźni, ewolucyjnej i potencjalnie nieśmiertelnej duszy.

Materialny umysł jest tą areną, na której osobowości ludzkie żyją, mają świadomość, podejmują decyzje, wybierają Boga lub się go zapierają, uwieczniają się lub niszczą.

Ewolucja materialna dała wam maszynerię życia, wasze ciało; sam Ojciec wyposażył was w najczystszą rzeczywistość duchową, jaką zna wszechświat, w waszego Dostrajacza Myśli. W wasze jednak ręce został oddany umysł, podlegający waszym decyzjom i dzięki temu umysłowi żyjecie lub umieracie. To w tym umyśle i z tym umysłem dokonujecie decyzji moralnych, które wam pomagają się upodobnić do Dostrajacza, co jest upodobnieniem się do Boga.

Umysł śmiertelnika jest doczesnym systemem intelektualnym, pożyczanym istotom ludzkim, aby go używały w czasie życia materialnego, a kiedy ludzie używają tego umysłu, akceptują lub odrzucają potencjał wiecznej egzystencji. Umysł jest prawie wszystkim tym, co macie z rzeczywistości wszechświatowej, tym, co podlega waszej woli a dusza – jaźń morontialna – będzie wiernie odzwierciedlać żniwo doczesnych decyzji podejmowanych przez jaźń śmiertelnika. Świadomość ludzka spoczywa łagodnie w elektrochemicznym mechanizmie, istniejącym poniżej jej i delikatnie dotyka duchowo-morontialnego systemu energii powyżej. W swym życiu śmiertelnym, istota ludzka nigdy nie jest w pełni świadoma żadnego z tych dwu systemów; musi zatem działać w umyśle, którego jest świadoma. Wieczną egzystencję zapewnia nie tak bardzo to, co umysł pojmuje, jak to, co umysł pragnie pojąć; nie tak bardzo to, jak umysł wygląda, ale to, jak umysł pragnie wyglądać, stanowi o utożsamianiu się z duchem. Nie tak bardzo to, że człowiek jest świadomy Boga, jak to, że człowiek pragnie Boga, pozwala wznosić się we wszechświecie. Nie tak ważne jest to, kim jesteś dziś, jak to, czym stajesz się dzień po dniu i w wieczności.

Umysł jest tym kosmicznym instrumentem, na którym ludzka wola może grać dysonanse zniszczenia, albo z którego ta sama, ludzka wola, może wydobyć wyrafinowane melodie identyfikacji z Bogiem i w konsekwencji życie wieczne. W końcowym podsumowaniu, obdarzający człowieka Dostrajacz jest odporny na zło i niezdolny do grzechu, jednak ludzki umysł naprawdę może być pokręcony, wykrzywiony, czyniący zło oraz szpetny na skutek grzesznych machinacji perwersyjnej i samolubnej woli człowieka. Tak samo umysł taki może stać się szlachetny, piękny, prawdziwy i dobry – rzeczywiście wielki – zgodnie z iluminowaną duchem wolą rozpoznającej Boga istoty ludzkiej.

Ewolucyjny umysł jest zupełnie stabilny i pewny, kiedy przejawia się w dwóch ekstremach intelektualizmu kosmicznego – zupełnie zmechanizowanym i całkowicie uduchowionym. Pomiędzy intelektualnymi ekstremami czysto mechanicznej kontroli i prawdziwie duchowej natury znajduje się ta wielka grupa rozwijających się i wznoszących umysłów, których stabilność i spokój zależą od osobistego wyboru i utożsamiania się z duchem.

Człowiek nie poddaje swej woli Dostrajaczowi biernie i niewolniczo. Raczej aktywnie, pozytywnie i we współpracy pragnie iść za przewodnictwem Dostrajacza, kiedy i jak odróżnia świadomie takie przewodnictwo od pragnień i impulsów naturalnego, śmiertelnego umysłu. Dostrajacze oddziałują na ludzki umysł, ale go nigdy nie opanowują wbrew jego woli; dla Dostrajaczy wola ludzka jest ostateczna. I tak ją traktują i szanują, kiedy usiłują osiągnąć duchowe cele dostrojenia myśli oraz przekształcenia charakteru na prawie nieograniczonej arenie rozwijającego się, ludzkiego intelektu.

Umysł jest waszym statkiem, Dostrajacz pilotem, ludzka wola kapitanem. Zwierzchnik śmiertelnego statku powinien mieć tyle mądrości, aby zaufać Boskiemu pilotowi, prowadzącemu wznoszącą się duszę do morontialnych portów wiecznego życia. Jedynie przez samolubstwo, lenistwo i grzeszność, ludzka wola może odrzucić przewodnictwo tak kochającego pilota i w końcu rozbić śmiertelną misję na złych mieliznach odrzuconego miłosierdzia i na skałach akceptowanego grzechu. Za waszą zgodą, ten wierny pilot przeprowadzi was bezpiecznie przez bariery czasu i przeszkody przestrzeni do samego źródła Boskiego umysłu i dalej, aż do Rajskiego Ojca Dostrajaczy.

2. NATURA DUSZY

Dzięki umysłowym funkcjom inteligencji kosmicznej, całość umysłu dominuje nad częściami funkcjonowania intelektualnego. W swej istocie umysł jest jednością funkcjonalną, dlatego też umysł nigdy nie przestaje przejawiać tej istotnej jedności, nawet, kiedy jest krępowany i ograniczany przez niemądre działania i decyzje zwiedzionej jaźni. I ta jedność umysłu nieodmiennie dąży do duchowej koordynacji, na wszystkich poziomach jej związku z jaźniami o godności woli i prerogatywach wznoszenia się.

Materialny umysł śmiertelnego człowieka jest kosmicznym warsztatem tkackim, posiadającym morontialny materiał, na którym zamieszkujący człowieka Dostrajacz Myśli tka duchowe formy wszechświatowego charakteru i trwałe wartości boskich znaczeń – trwałą duszę ostatecznego przeznaczenia i niekończącej się działalności, potencjalnego finalistę.

Osobowość ludzka utożsamia się z umysłem i duchem, które związane są ze sobą w funkcjonalnym związku przez życie w ciele materialnym. Ten funkcjonalny związek takiego umysłu i ducha nie daje pewnej kombinacji jakości czy atrybutów umysłu i ducha, ale raczej zupełnie nową, oryginalną i unikalną wartość wszechświatową o potencjalnym wiecznym trwaniu, *duszę*.

Trzy a nie dwa czynniki uczestniczą w ewolucyjnym tworzeniu takiej nieśmiertelnej duszy. Tymi trzema warunkami wstępnymi powstania morontialnej duszy ludzkiej są:

1. *Umysł ludzki* oraz wszystkie kosmiczne wpływy, poprzedzające go i zazębiające się o niego.
2. *Boski duch* zamieszkujący ludzki umysł i wszystkie potencjały tkwiące w takim fragmencie absolutnej duchowości, razem ze wszystkimi duchowymi wpływami i czynnikami, jakie towarzyszą człowiekowi w jego życiu.
3. *Związek pomiędzy materialnym umysłem a Boskim duchem*, który oznacza wartość i niesie znaczenie, jakiego nie można znaleźć w żadnym z czynników składowych takiego połączenia. Rzeczywistość tego unikalnego związku nie jest ani materialna, ani duchowa, ale morontialna. To jest dusza.

Istoty pośrednie od dawna już nazywają tę, wyłaniającą się duszę człowieka, średnim umysłem, w przeciwieństwie do niższego albo materialnego umysłu oraz wyższego, albo kosmicznego umysłu. Ten średni umysł w rzeczywistości jest fenomenem morontialnym, skoro istnieje w domenie pośredniej pomiędzy tym, co materialne a tym, co duchowe. Potencjał takiej morontialnej ewolucji zawarty jest w dwu wszechświatowych dążeniach umysłu: w dążeniu skończonego umysłu istoty stworzonej do poznawania Boga i osiągania boskości Stwórcy oraz w dążeniu nieskończonego umysłu Stwórcy do poznawania człowieka i zdobycia *doświadczenia* istoty stworzonej.

Ten nieziemski proces wyłaniania się nieśmiertelnej duszy jest możliwy, ponieważ śmiertelny umysł jest, po pierwsze, osobowy, a po drugie, jest w kontakcie z rzeczywistościami nadzwierzęcymi; posiada nadmaterialne obdarowanie w postaci kosmicznej opieki, która zapewnia ewolucję śmiertelnej natury, zdolnej do czynienia moralnych decyzji, tym samym nawiązuje prawdziwy stwórczy kontakt ze związanymi z człowiekiem duchowymi służbami i z zamieszkującym go Dostrajaczem Myśli.

Nieuchronnym rezultatem uduchowienia ludzkiego umysłu, co jest skutkiem tych kontaktów, są stopniowe narodziny duszy, wspólnego potomstwa przybocznego umysłu i panującej nad nim ludzkiej woli, pragnącej poznać Boga, działających w powiązaniu z siłami duchowymi wszechświata, które są pod kontrolą nadrzędną rzeczywistego fragmentu tego właśnie Boga całego stworzenia – Nieodgadnionego Monitora. I tym sposobem materialna i śmiertelna rzeczywistość jaźni przewyższa doczesne ograniczenia fizycznej maszynerii życia i osiąga nową ekspresję i nową tożsamość w wyłaniającym się jej nośniku, który ma zapewnić ciągłość osobowości, w morontialnej i nieśmiertelnej duszy.

3. ROZWIJAJĄCA SIĘ DUSZA

Błędy śmiertelnego umysłu i pomyłki w ludzkim postępowaniu mogą znacznie opóźnić ewolucję duszy, chociaż nie mogą powstrzymać tego fenomenu morontialnego, gdy raz został zapoczątkowany przez zamieszkującego człowieka Dostrajacza, za zgodą woli istoty stworzonej. Jednak w jakimkolwiek czasie przez śmiercią człowieka, ta sama materialna i ludzka wola może odwołać taką decyzję i odrzucić życie wieczne. Nawet po przetrwaniu śmierci, wznoszący się śmiertelnik nadal zachowuje przywilej rezygnacji z życia wiecznego; w dowolnym czasie, przez zespoleniem z Dostrajaczem, rozwijająca się i wznosząca istota może zechcieć odrzucić wolę Rajskiego Ojca. Zespolenie z Dostrajaczem oznacza, że wznoszący się śmiertelnik, wiecznie i bez zastrzeżeń, postanowił czynić wolę Ojca.

Podczas życia w ciele rozwijająca się dusza może umacniać nadmaterialne decyzje śmiertelnego umysłu. Dusza będąc nadmaterialną, nie funkcjonuje sama z siebie na materialnym poziomie doświadczenia ludzkiego. Ta podduchowa dusza nie może również funkcjonować ponad poziomem morontialnym, bez współpracy jakiegoś ducha Bóstwa, takiego jak Dostrajacz. Tak samo dusza nie może podejmować ostatecznych decyzji, zanim śmierć czy transponowanie nie oddzieli jej od materialnych związków ze śmiertelnym umysłem, za wyjątkiem tego, kiedy ów materialny umysł udzieli takiego upoważnienia współdziałającej z nim duszy morontialnej, dobrowolnie i z własnej woli. Podczas życia śmiertelnika, jego wola, upoważnienie osobowości do dokonywania decyzji-wyboru, znajduje się w materialnych obwodach umysłu; w miarę ziemskiego rozwoju śmiertelnika, jaźń, razem z jej bezcenną możliwością wyboru, coraz bardziej utożsamia się z wyłaniającym się bytem, morontialną duszą; po śmierci i po zmartwychwstaniu na światach-mieszkaniach, osobowość ludzka utożsamia się całkowicie z morontialną jaźnią. Zatem dusza jest embrionem przyszłego, morontialnego nośnika tożsamości osobowości.

Nieśmiertelna dusza jest w swej naturze z początku zupełnie morontialna, ale posiada takie zdolności rozwojowe, że nieodmiennie wznosi się do prawdziwie duchowych poziomów, gdzie ma możliwość zespolenia się z duchem Bóstwa, zazwyczaj z tym samym duchem Ojca Wszechświatowego, który zapoczątkował ów stwórczy fenomen w umyśle istoty stworzonej.

Zarówno ludzki umysł jak i Boski Dostrajacz są świadomi istnienia rozwijającej się duszy o zróżnicowanej naturze – Dostrajacz w pełni, umysł częściowo. Dusza uświadamia sobie coraz lepiej istnienie zarówno umysłu jak i Dostrajacza, jako związanych ze nią bytów, proporcjonalnie do jej własnego rozwoju ewolucyjnego. Udziałem duszy są właściwości zarówno ludzkiego umysłu jak i Boskiego ducha, ale rozwija się ona wytrwale, aby poszerzyć kontrolę ducha i Boską dominację przez ożywianie tych funkcji umysłowych, których znaczenia dążą do koordynacji z prawdziwą wartością ducha.

Egzystencja śmiertelnika, ewolucja duszy, nie jest tak bardzo okresem próbnym, jak szkoleniem. Wiara w przetrwanie najwyższych wartości jest istotą religii; prawdziwe doświadczenie religijne polega na zjednoczeniu najwyższych wartości i kosmicznych znaczeń, na realizacji rzeczywistości wszechświatowej.

Umysł rozróżnia ilość, rzeczywistość i znaczenia. Jednak jakość – wartości – jest *odczuwana*. To, co się odczuwa, jest wspólnym wytworem umysłu, który wie oraz związanego z nim ducha, który napełnia rzeczywistością.

Kiedy ludzką, rozwijającą się duszę morontialną, przenika prawda, piękno i dobroć, jako świadomość wartości – świadomość istnienia Boga – powstała w wyniku tego istota staje się niezniszczalna. Kiedy w rozwijającej się duszy ludzkiej nie ma wiecznych wartości, wtedy śmiertelny byt pozbawiony jest sensu a samo życie jest tragiczną iluzją. Ale zawsze jest prawdą: co zaczynacie w czasie z pewnością skończycie w wieczności – jeśli jest to warte skończenia.

4. ŻYCIE WEWNĘTRZNE

Rozpoznanie jest procesem intelektualnym, dopasowującym wrażenia zmysłowe świata zewnętrznego do wzorców pamięciowych człowieka. Zrozumienie oznacza, że te rozpoznane wrażenia zmysłowe i związane z nimi wzorce pamięciowe zostają zintegrowane i zorganizowane w dynamiczną sieć zasad.

Znaczenia wywodzą się z kombinacji rozpoznania i zrozumienia. Znaczenia nie istnieją w świecie całkowicie zmysłowym czy materialnym. Znaczenia i wartości dostrzegalne są tylko w wewnętrznych albo nadmaterialnych sferach doświadczenia ludzkiego.

Cały postęp prawdziwej cywilizacji rodzi się w tym, wewnętrznym świecie ludzkości. Tylko to, wewnętrzne życie, jest naprawdę twórcze. Cywilizacja nie może się rozwijać, gdy większość młodzieży jakiegokolwiek pokolenia poświęca swe zainteresowania i energie materialistycznym dążeniom świata zmysłowego czy zewnętrznego.

Światy, wewnętrzny i zewnętrzny, posiadają różne zestawy wartości. Każda cywilizacja jest zagrożona, kiedy trzy czwarte jej młodzieży wybiera zawody materialistyczne albo poszukuje zmysłowych dążeń świata zewnętrznego. Cywilizacja jest w niebezpieczeństwie, kiedy młodzież nie interesuje się etyką, socjologią, eugeniką, filozofią, sztukami pięknymi, religią i kosmologią.

Tylko na wyższych poziomach nadświadomego umysłu, gdy w doświadczeniu ludzkim dociera on do domeny ducha, możecie znaleźć te wyższe koncepcje, połączone z rzeczywistymi oryginalnymi formami, które będą się przyczyniać do tworzenia lepszej i bardziej trwałej cywilizacji. Osobowość jest nieodmiennie twórcza, ale działa w ten sposób tylko w wewnętrznym życiu jednostki.

Płatki śniegu zawsze przybierają formę sześciokątną, ale nie ma dwu jednakowych. Dzieci należą do odpowiednich typów ludzkich, ale nie ma dwu identycznych, nawet w przypadku bliźniąt. Są różne rodzaje osobowości, ale zawsze jest ona unikalna.

Szczęście i radość rodzą się w życiu wewnętrznym. Nie możecie przeżywać prawdziwej radości samotnie. Samotne życie jest zgubne dla szczęścia. Nawet rodziny i narody lepiej korzystają z życia, kiedy dzielą się nim z innymi.

Nie możecie w pełni kontrolować świata zewnętrznego – środowiska. To raczej twórczość świata wewnętrznego jest bardziej podatna na wasze ukierunkowanie, gdyż tam wasza osobowość jest wyzwolona w znacznym stopniu z więzów praw poprzedzających ją przyczyn. Z osobowością związana jest ograniczona niezależność woli.

Ponieważ życie wewnętrzne człowieka jest prawdziwie twórcze, każdy jest odpowiedzialny za decyzję, czy ta twórczość będzie spontaniczna i czysto przypadkowa, czy też kontrolowana, ukierunkowana i konstruktywna. Jak może twórcza wyobraźnia rodzić wartościowe dzieci, kiedy scena, na której działa, jest już zajęta przez uprzedzenia, nienawiść, lęki, urazy, rewanże i fanatyzm?

Idee mogą się brać z bodźców świata zewnętrznego, ale ideały rodzą się w twórczych domenach świata wewnętrznego. Dziś narody świata kierowane są przez ludzi, którzy mają nadmiar idei, ale są ubodzy z powodu braku ideałów. Stąd wywodzą się ubóstwo, rozwody, wojny i nienawiść rasowa.

Problem polega na tym: jeśli człowiek o wolnej woli obdarzony jest zdolnościami tworzenia w człowieku wewnętrznym, musimy uznać, że twórczość z wolnej woli zawiera potencjał zniszczenia z wolnej woli. A kiedy twórczość zamienia się w niszczenie, stajecie twarzą w twarz z dewastacją zła i grzechu – uciskiem, wojną i zniszczeniem. Zło jest częścią tej twórczości, która zmierza do dezintegracji i ewentualnego zniszczenia. Wszelki konflikt jest złem, dlatego, że hamuje twórcze działanie życia wewnętrznego – jest rodzajem wojny domowej w osobowości.

Twórczość wewnętrzna przyczynia się do uszlachetnienia charakteru, dzięki integracji osobowości i zjednoczeniu jestestwa. Wieczną prawdą jest to, że przeszłość jest niezmienna, tylko przyszłość może być zmieniona przez teraźniejszą twórczość jaźni wewnętrznej.

5. UŚWIĘCENIE WYBORU

Czynienie woli Boga nie jest niczym więcej ani mniej, niż przejawianiem przez istotę stworzoną gotowości dzielenia z Bogiem życia wewnętrznego – z tym właśnie Bogiem, który umożliwił powstanie takiego wewnętrznego, znaczeniowo-wartościowego życia istoty stworzonej. Dzielenie się jest Boskie. Bóg dzieli wszystko z Wiecznym Synem i Nieskończonym Duchem, podczas gdy oni z kolei dzielą wszystkie rzeczy z boskimi Synami i duchowymi Córkami z wszechświatów.

Naśladowanie Boga jest kluczem do doskonałości; czynienie jego woli jest tajemnicą życia wiecznego i doskonałości w życiu wiecznym.

Śmiertelnicy żyją w Bogu i tak samo Bóg zechciał żyć w śmiertelnikach. Tak jak ludzie powierzają jemu siebie, tak i on – i to pierwszy – powierzył im część siebie, aby była z ludźmi; zgodził się żyć w ludziach i zamieszkać ludzi zgodnie z ludzką wolą.

Pokój w tym życiu, przetrwanie w śmierci, doskonałość w następnym życiu, służbę w wieczności – wszystko to osiąga się (w duchu) *teraz*, kiedy osobowość stworzonego zgadza się – decyduje – poddać wolę stworzonego woli Ojca. A Ojciec już wcześniej postanowił poddać fragment siebie woli osobowości stworzonego.

Taka decyzja stworzonego nie jest rezygnacją z woli. To jest uświęcenie woli, poszerzenie woli, gloryfikacja woli, doskonalenie woli; i taka decyzja wynosi wolę istoty stworzonej od poziomów znaczenia doczesnego do wyższego stanu, w którym osobowość stworzonego syna wchodzi w komunię z osobowością duchowego Ojca.

Taki wybór woli Ojca jest duchowym odkryciem duchowego Ojca przez śmiertelnego człowieka, nawet, jeśli epoka musi upłynąć, nim stworzony syn rzeczywiście stanie w prawdziwej obecności Boga w Raju. Wybór ten nie tak bardzo polega na negacji woli stworzonego – „nie moja wola, lecz twoja niech się stanie" – jak na stanowczym potwierdzeniu tego, że „jest *moją* wolą, aby *twoja* wola się stała". I jeśli decyzja taka zostanie powzięta, wcześniej czy później wybierający Boga syn znajdzie wewnętrzną jedność (zespolenie) z zamieszkującym go fragmentem Boga, podczas gdy ten sam doskonalący się syn znajdzie najwyższe, osobowe zadowolenie w pełnej czci komunii osobowości człowieka i osobowości jego Stwórcy, dwu osobowości, których twórcze atrybuty połączyły się wiecznie w samo-wolnej, obopólnej ekspresji – w narodzinach kolejnego wiecznego partnerstwa woli człowieka i woli Boga.

6. PARADOKS LUDZKI

Wiele doczesnych kłopotów śmiertelnego człowieka rodzi się z jego dwojakiej relacji do kosmosu. Człowiek jest częścią natury – istnieje w naturze – a przecież może przewyższyć naturę. Człowiek jest skończony, ale zamieszkały przez iskrę nieskończoności. Taka dwojaka sytuacja nie tylko tworzy potencjał zła, ale powoduje wiele sytuacji społecznych i moralnych, przynoszących sporo niepewności i niemało lęku.

Odwaga, potrzebna do pokonywania natury i górowania nad jaźnią, jest tą odwagą, która może ulec pokusie pychy. Śmiertelnik, który potrafi wynieść się ponad jaźń, może ulec pokusie deifikowania swej własnej samoświadomości. Dylemat ludzki polega na dwojakim fakcie, na tym, że człowiek jest w niewoli natury, podczas gdy jednocześnie posiada unikalną wolność – swobodę duchowego wyboru i działania. Człowiek zauważa, że na poziomach materialnych jest sługą natury, podczas gdy na poziomach duchowych tryumfuje nad naturą i wszystkimi rzeczami doczesnymi i skończonymi. Paradoksowi takiemu nieodmiennie towarzyszą pokusy, potencjalne zło, błędne decyzje, a kiedy jaźń staje się dumna i arogancka, może się zrodzić grzech.

Problem grzechu nie jest właściwością świata skończonego. Fakt skończoności nie jest ani zły, ani grzeszny. Skończony świat został stworzony przez nieskończonego Stwórcę – jest dziełem jego boskich Synów – dlatego też musi być *dobry*. Jednak nadużycie, zniekształcenie i wynaturzenie tego, co skończone, daje początek złu i grzechowi.

Duch może panować nad umysłem, tak samo umysł może kontrolować energię. Jednak umysł może kontrolować energię tylko przez swoje własne, inteligentne oddziaływania na przeobrażeniowe potencjały, tkwiące w matematycznym poziomie przyczyn i skutków domen materialnych. Umysł istoty stworzonej nie kontroluje energii w sposób naturalny, to jest prerogatywa Bóstwa. Umysł istoty stworzonej może jednak oddziaływać na energię i robi to w takim stopniu, w jakim staje się panem tajemnic energii wszechświata materialnego.

Kiedy człowiek zechce przekształcić rzeczywistość materialną, czy to samego siebie czy swoje otoczenie, udaje mu się to w takim stopniu, w jakim odkrył metody i środki kontroli materii i kierowania energią. Niewspomagany umysł nie może wpływać na nic materialnego, za wyjątkiem swego własnego fizycznego mechanizmu, z którym jest nieodmiennie połączony. Jednak dzięki inteligentnemu stosowaniu mechanizmu ciała, umysł może tworzyć inne mechanizmy, nawet związki energii i żywe związki a poprzez ich używanie umysł może coraz bardziej kontrolować a nawet panować nad swoim fizycznym poziomem wszechświata.

Nauka jest źródłem faktów a umysł nie może pracować bez faktów. Są one cegłami budowli mądrości, cementowanymi ze sobą doświadczeniem życiowym. Człowiek może znaleźć Bożą miłość bez faktów i odkryć Boże prawa bez miłości, ale człowiek nigdy nie może zacząć doceniać nieskończonej symetrii, nieziemskiej harmonii, wyrafinowanej pełni wszechobejmującej natury Pierwszego Źródła i Centrum, zanim nie znajdzie Boskich praw i Boskiej miłości, i zanim nie połączy ich empirycznie w swej własnej, wyłaniającej się kosmicznej filozofii.

Szerzenie się wiedzy materialnej pozwala na lepszą intelektualną ocenę znaczeń idei oraz wartości ideałów. Istota ludzka może znaleźć prawdę w swym doświadczeniu wewnętrznym, ale potrzebuje dobrej znajomości faktów, aby zastosować swe osobiste odkrycie prawdy do bezlitośnie praktycznych wymagań codziennego życia.

Jest zupełnie naturalne, że śmiertelnego człowieka może nękać uczucie niepewności, kiedy widzi siebie związanego nierozerwalnie z naturą, chociaż posiada zdolności duchowe w pełni przekraczające wszystkie rzeczy doczesne i skończone. Tylko przeświadczenie religijne – żywa wiara – może podtrzymywać człowieka w obliczu tak trudnych i kłopotliwych problemów.

Pycha jest największym ze wszystkich niebezpieczeństw, grożących śmiertelnej naturze człowieka i zagrażających jego duchowej integralności. Odwaga jest wartościowa, ale egotyzm jest próżny i samobójczy. Nie należy potępiać rozsądnej wiary w swe możliwości. Zdolność człowieka do przekształcenia samego siebie jest tą właśnie rzeczą, która go odróżnia od królestwa zwierząt.

Pycha jest oszukańcza, odurzająca i rodzi grzech, czy to występuje w jednostce, grupie, rasie czy też narodzie. Jest literalną prawdą, że „pycha idzie przed upadkiem".

7. PROBLEM DOSTRAJACZA

Niepewność, połączona z bezpieczeństwem, jest esencją rajskiej przygody – niepewność w czasie i umyśle, niepewność odnośnie wydarzeń zachodzących przy stopniowym wznoszeniu się do Raju; bezpieczeństwo w duchu i wieczności, bezpieczeństwo w bezwarunkowym zaufaniu stworzonego syna Boskiemu miłosierdziu i nieskończonej miłości Ojca Wszechświatowego; niepewność niedoświadczonego obywatela wszechświata; bezpieczeństwo syna wznoszącego się we wszechświatowych mieszkaniach wszechmocnego, wszechmądrego i wszechmiłującego Ojca.

Czy mogę wam przypominać, abyście zwracali uwagę na dalekie echo sumiennego wołania Dostrajacza do waszej duszy? Zamieszkujący was Dostrajacz nie może zniweczyć, czy chociaż przekształcić materialnie waszych trudów życiowych w czasie; Dostrajacz nie może zmniejszyć trudności życiowych, kiedy kroczycie przez ten świat znoju. Boski mieszkaniec może tylko cierpliwie czekać, kiedy toczycie swą życiową walkę, tak jak się żyje na waszej planecie; możecie jednak, jeśli tylko chcecie – gdy pracujecie i się troskacie, gdy się zmagacie i trudzicie – zezwolić dzielnemu Dostrajaczowi, aby walczył razem z wami i dla was. Mielibyście pociechę i inspirację, bylibyście bardzo oczarowani i zaintrygowani, gdybyście tylko zechcieli pozwolić Dostrajaczowi, aby wciąż przedstawiał wam obrazy prawdziwych motywów, ostatecznego celu i wiecznego przeznaczenia wszystkich tych trudnych, uciążliwych zmagań ze zwykłymi problemami waszego współczesnego świata materialnego.

Dlaczego nie pomóc Dostrajaczowi w jego zadaniu, w ukazaniu wam duchowego odpowiednika wszystkich tych pracowitych wysiłków materialnych? Dlaczego nie pozwolić Dostrajaczowi wzmocnić was duchowymi prawdami mocy kosmicznej, kiedy zmagacie się z doczesnymi trudnościami bytu istoty stworzonej? Dlaczego nie zachęcić niebiańskiego pomocnika, aby dodawał wam otuchy przejrzystą wizją wiecznych perspektyw wszechświatowego życia, kiedy zakłopotani patrzycie na problemy mijającej godziny? Dlaczego nie chcecie oświecenia i inspiracji, wywodzących się z wszechświatowego punktu widzenia spraw, kiedy trudzicie się pośród przeszkód czasu i brniecie przez labirynt niepewności na drodze waszego śmiertelnego życia? Dlaczego nie pozwolić Dostrajaczowi na uduchowienie waszego myślenia, nawet, jeśli wasze stopy wciąż muszą kroczyć materialnymi drogami ziemskich trudów?

Wyższe rasy ludzkie Urantii są kompleksowo wymieszane; są mieszanką wielu ras i rodów o zróżnicowanym pochodzeniu. Ta kompleksowa natura utrudnia niezmiernie Monitorom skuteczne działanie za życia, a po śmierci przysparza sporo problemów, zarówno Dostrajaczowi jak i serafinowi opiekunowi. Nie tak dawno byłem na Salvingtonie i słyszałem, jak opiekun przeznaczenia przedkładał formalne oświadczenie w sprawie redukcji tych trudności, występujących w czasie służby na rzecz jego śmiertelnego podopiecznego. Serafin ten mówił:

„Sporo moich trudności wynikało z niekończącego się konfliktu pomiędzy dwoma naturami mego podopiecznego: impulsy ambicji przeciwstawiające się zwierzęcemu lenistwu; ideały narodów zaawansowanych skrzyżowane z instynktami podrzędnej rasy; wysokie cele wielkiego umysłu przeciwstawione impulsom prymitywnego dziedzictwa; długodystansowa wizja dalekowzrocznego Monitora neutralizowana przez krótkowzroczność istoty czasu; postępowe plany wznoszących się istot przekształcane przez pragnienia i tęsknoty materialnej natury; przebłyski wszechświatowej inteligencji anulowane przez chemiczno-energetyczne nakazy rozwijającej się rasy; dążenia aniołów zwalczane przez emocje zwierzęcia; nauczanie intelektualne anulowane przez tendencje instynktu; doświadczenie jednostki przeciwstawiane nagromadzonym tendencjom rasy; najlepsze dążenia zaćmione przez skłonności do tego, co najgorsze; lot geniuszu neutralizowany przez grawitację przeciętności; postęp dobra, opóźniony bezwładnością zła; kunszt piękna splamiony istnieniem niegodziwości; pogoda zdrowia neutralizowana słabością choroby; fontanna wiary zanieczyszczona truciznami strachu; źródło radości zatrute wodami smutku; zadowolenie oczekiwania trzeźwione goryczą spełnienia; radości życia wciąż zagrożone smutkami śmierci. Takie jest życie na tej planecie! A przecież, w wyniku nieustannej pomocy i ponagleń Dostrajacza Myśli, dusza ta doszła w znacznym stopniu do szczęścia i sukcesu, i teraz właśnie wzniosła się do hal osądu w mieszkaniach".

[Przedstawione przez Samotnego Posłańca z Orvontonu].

PRZEKAZ 112

WIECZNE TRWANIE OSOBOWOŚCI

EWOLUCYJNE planety są tymi sferami, z których wywodzą się ludzie, wstępnymi światami wznoszącej się egzystencji śmiertelnika. Urantia jest waszym punktem wyjściowym, tutaj łączycie się tymczasowym związkiem z waszym Boskim Dostrajaczem Myśli. Dostaliście doskonałego przewodnika, jeśli zatem będziecie szczerze podążać z biegiem czasu i osiągniecie końcowy cel wiary, nagroda epok będzie wasza; na wieczność zostaniecie zjednoczeni z zamieszkującym was Dostrajaczem. Wtedy zacznie się wasze prawdziwe życie, życie wznoszenia się, do którego wasz obecny, śmiertelny status jest tylko przedsionkiem. Potem zacznie się wasza podniosła i progresywna misja, która rozpościera się przed wami, misja finalistów w wieczności. I przez wszystkie te kolejne epoki i stadia ewolucyjnego rozwoju, absolutnie niezmienna pozostanie tylko jedna wasza część a jest nią osobowość – stałość w obliczu zmiany.

Podczas gdy próba zdefiniowania osobowości świadczyłaby o zbytniej pewności siebie, może okazać się pomocne przytoczenie tego, co jest wiadome na temat osobowości:

1. Osobowość jest tą cechą rzeczywistości, która nadawana jest przez samego Ojca Wszechświatowego, albo przez Wspólnego Aktywizatora, działającego na rzecz Ojca.

2. Może być nadawana dowolnemu, żywemu systemowi energii, który zawiera umysł albo ducha.

3. Niezupełnie podlega ograniczeniom przyczynowo skutkowym. Jest względnie twórcza albo współtwórcza.

4. Gdy nadawana jest ewolucyjnym istotom materialnym, sprawia, że duch dąży do opanowania energii-materii środkami umysłu.

5. Osobowość, podczas gdy pozbawiona jest tożsamości, może zjednoczyć tożsamość dowolnego systemu energii żywej.

6. Wykazuje ona tylko jakościową reakcję na obwód osobowości, w przeciwieństwie do trzech energii, które wykazują zarówno jakościową jak i ilościową reakcję na grawitację.

7. Osobowość jest niezmienna w obliczu zmiany.

8. Może poczynić dar dla Boga – dedykację czynienia woli Bożej z wolnej, ludzkiej woli.

9. Charakteryzuje się moralnością – świadomością relatywności związków wzajemnych z innymi osobami. Dostrzega poziomy postępowania i czyni wybiórcze zróżnicowanie między nimi.
10. Osobowość jest unikalna, absolutnie unikalna. Jest unikalna w czasie i przestrzeni; jest unikalna w wieczności i w Raju; jest unikalna, kiedy jest nadawana – nie ma duplikatów; jest unikalna w każdym momencie istnienia; jest unikalna w relacji do Boga – nie zważa on na osoby, lecz także nie łączy ich razem, gdyż są niezłączalne – wiążą się ze sobą, ale są niesumowalne.
11. Osobowość reaguje bezpośrednio na obecność innej osobowości.
12. Jest tą jedną rzeczą, która może być dodawana do ducha, tym samym jest przykładem prymatu Ojca w stosunku do Syna. (Umysł nie musi być dodawany do ducha).
13. Osobowość może przetrwać ludzką śmierć, z tożsamością w przeżywającej duszy. Dostrajacz i osobowość są niezmienne; związek pomiędzy nimi (w duszy) nie jest niczym innym niż zmianą, ciągłą ewolucją, a jeśli ta zmiana (rozwój) zanika, dusza też może zaniknąć.
14. Osobowość jest w unikalny sposób świadoma czasu i jest to coś odmiennego niż czasowa percepcja umysłu czy ducha.

1. OSOBOWOŚĆ A RZECZYWISTOŚĆ

Osobowość nadawana jest istotom stworzonym przez Ojca Wszechświatowego jako potencjalnie wieczne wyposażenie. Przeznaczeniem tego Boskiego daru jest funkcjonowanie na licznych poziomach i w kolejnych sytuacjach wszechświatowych, rozpościerających się od niskich, skończonych, do najwyższych, absonicznych, nawet do granic absolutu. Osobowość tym samym funkcjonuje na trzech kosmicznych płaszczyznach albo w trzech wszechświatowych stadiach:

1. *Status umiejscowienia.* Osobowość funkcjonuje jednakowo operatywnie we wszechświecie lokalnym, superwszechświecie, jak i we wszechświecie centralnym.
2. *Status znaczenia.* Osobowość działa operatywnie na poziomach skończonych, absonicznych i wkracza nawet w absolut.
3. *Status wartości.* Osobowość może być urzeczywistniana empirycznie w progresywnych domenach materialnych, morontialnych i duchowych.

Osobowość ma doskonały zakres kosmicznego funkcjonowania wymiarowego. Istnieją trzy wymiary skończonej osobowości a funkcjonują one z grubsza następująco:

1. *Długość* obrazuje kierunek i naturę postępu – ruch poprzez przestrzeń i odpowiednio do czasu – ewolucję.
2. *Głębokość* w pionie obejmuje charakterystyczne dla ustroju popędy i postawy, różne poziomy samorealizacji oraz generalne zjawisko reagowania na środowisko.
3. *Szerokość* obejmuje domenę koordynacji, powiązań i organizacji osobowości.

Typ osobowości, nadawany śmiertelnikom Urantii, ma potencjał siedmiu wymiarów samoekspresji albo realizacji osobowej. Te fenomeny wymiarowe można realizować jako trzy na poziomie skończonym, trzy na poziomie absonicznym i jeden na poziomie absolutnym. Na poziomach podabsolutnych wymiar siódmy, albo całościowy, jest doświadczalny jako *fakt* osobowości. Ten najwyższy wymiar jest łączącym absolutem i chociaż nie jest nieskończony, wymiarowo jest potencjałem podnieskończonego przenikania absolutu.

Skończone wymiary osobowości mają do czynienia z kosmiczną długością, głębokością i szerokością. Długość oznacza znaczenie; głębokość wyraża wartość; szerokość obejmuje wnikliwość – możliwość przeżywania niekwestionowanej świadomości rzeczywistości kosmicznej.

Na poziomie morontialnym wszystkie te, skończone wymiary poziomu materialnego są ogromnie wzbogacone i dają się realizować pewne nowe wartości wymiarowe. Wszelkie takie, poszerzone doświadczenia wymiarowe poziomu morontialnego, są wspaniale wyrażone za pomocą wymiarów najwyższych czy wymiarów osobowości, dzięki wpływowi moty a także w wyniku udziału matematyki morontialnej.

Można by uniknąć wielu kłopotów, jakich doświadczają śmiertelnicy w swych badaniach osobowości ludzkiej, gdyby istota skończona pamiętała, że poziomy wymiarowe i poziomy duchowe nie są skoordynowane w empirycznej realizacji osobowości.

Życie jest w rzeczywistości procesem, który zachodzi pomiędzy organizmem (indywidualnością) a jego otoczeniem. Osobowość przydaje wartości tożsamości i znaczenia ciągłości temu organizmowo-środowiskowemu związkowi. Tym samym będzie się uważać, że zjawisko bodziec-reakcja jest nie tylko procesem mechanicznym, skoro osobowość funkcjonuje jako czynnik w tej całościowej sytuacji. Zawsze pozostaje prawdą, że mechanizmy są z natury pasywne; organizmy są nieodmiennie aktywne.

Życie fizyczne jest procesem zachodzącym nie tak w organizmie jak *pomiędzy* organizmem a środowiskiem. I każdy taki proces ma tendencję tworzenia i ustanawiania organizmowych wzorców reagowania na to środowisko. Wszelkie takie *wzorce dyrektywne* mają z kolei wielki wpływ na wybór celu.

To właśnie dzięki pośredniczącemu działaniu umysłu, jaźń i środowisko ustanawiają znaczący kontakt. Zdolność i gotowość organizmu do nawiązania tak istotnych kontaktów z otoczeniem (odzew na popęd) reprezentuje *postawę* całej osobowości.

Osobowość nie może funkcjonować zbyt dobrze w izolacji. Człowiek jest z natury istotą społeczną; zdominowany jest pragnieniem przynależności. Jest literalną prawdą, że „nikt nie żyje dla siebie".

Jednak koncepcja osobowości, w znaczeniu całości żyjącej i funkcjonującej istoty, oznacza znacznie więcej niż integrację zależności; wyraża ona *zjednoczenie* wszystkich czynników rzeczywistości, jak również koordynację zależności. Zależności istnieją pomiędzy dwoma obiektami, ale z trzech lub więcej obiektów wynika *system* i taki system jest czymś znacznie większym niż powiększona i kompleksowa zależność. Jest to istotna różnica, ponieważ w kosmicznym systemie indywidualni członkowie nie są połączeni jeden z drugim inaczej, jak w relacji do całości i poprzez indywidualność całości.

W organizmie ludzkim zsumowanie jego części stanowi jestestwo – indywidualność – ale taki proces nie ma nic do czynienia z osobowością, która jest unifikatorem wszystkich tych czynników w odniesieniu do rzeczywistości kosmicznych.

Części sumowane są w zbiorowościach; w systemach części są *organizowane*. Systemy wyróżniają się organizacją – wartościami pozycyjnymi. W dobrym systemie wszystkie czynniki są w kosmicznym rozmieszczeniu. W złym systemie albo czegoś brakuje albo coś jest przestawione – zdezorganizowane. W systemie ludzkim właśnie osobowość jednoczy wszelkie działania i przydaje z kolei jakości tożsamościowych i twórczych.

2. JAŹŃ

Przy badaniu indywidualności należałoby pamiętać o tym:

1. Że systemy fizyczne są zależne.
2. Że systemy intelektualne są koordynujące.
3. Że osobowość jest nadrzędna.
4. Że zamieszkujące ludzi siły duchowe są potencjalnie dyrektywne.

We wszystkich koncepcjach indywidualności należy zdać sobie sprawę z tego, że najpierw następuje fakt życia, jego ewaluacja czy interpretacja później. Dziecko ludzkie najpierw *żyje* a potem *myśli* o swoim życiu. W organizacji kosmicznej wnikliwość poprzedza przewidywanie.

Wszechświatowy fakt, że Bóg stał się człowiekiem, zmienił na zawsze wszystkie znaczenia i zmodyfikował wszystkie wartości osobowości ludzkiej. Miłość, w prawdziwym tego słowa znaczeniu, oznacza wzajemny szacunek całych osobowości, czy to ludzkich czy boskich, albo ludzkich *i* boskich. Części jaźni mogą działać w różny sposób – myśląc, czując, pragnąc – ale tylko skoordynowane atrybuty całej osobowości ogniskują się w inteligentnym działaniu i wszystkie te wartości związane są z duchowym wyposażeniem śmiertelnego umysłu, kiedy istota ludzka szczerze i bezinteresownie kocha inną istotę, ludzką czy boską.

Wszystkie ludzkie koncepcje rzeczywistości oparte są na założeniu aktualności ludzkiej osobowości; wszystkie koncepcje nadludzkich rzeczywistości oparte są na doświadczaniu ludzkiej osobowości z rzeczywistościami kosmicznymi i w rzeczywistościach kosmicznych pewnych, asystujących, duchowych bytów i boskich osobowości. Wszystko, co nieduchowe w doświadczeniu ludzkim, za wyjątkiem osobowości, jest środkiem prowadzącym do celu. Każdy autentyczny związek śmiertelnego człowieka z innymi osobami – ludzkimi albo boskimi – jest celem samym w sobie. I taki związek z osobowością Bóstwa jest wiecznym celem wszechświatowego wznoszenia się.

Samo posiadanie osobowości określa człowieka jako istotę duchową, ponieważ zjednoczenie jestestwa i samoświadomość osobowości są darami świata nadmaterialnego. Ten właśnie fakt, że śmiertelnik materialista może zaprzeczyć istnieniu rzeczywistości nadmaterialnych, sam w sobie i od siebie ukazuje istnienie i działanie duchowej syntezy i kosmicznej świadomości jego ludzkiego umysłu.

Istnieje wielka kosmiczna otchłań pomiędzy materią a myślą i jest niewspółmiernie większa otchłań pomiędzy materialnym umysłem a duchową miłością. Świadomości, a jeszcze mniej samoświadomości, nie można wyjaśnić za pomocą jakiejkolwiek teorii mechanistycznego, elektronowego związku, czy też zjawisk energii materialnej.

Jak umysł podąża śladem rzeczywistości, aż do jej ostatecznej analizy, materia znika dla materialnych zmysłów, wciąż jednak może pozostawać rzeczywista dla umysłu. Kiedy wnikliwość duchowa podąża śladem tej rzeczywistości, która pozostaje po zaniku materii i podąża za nią do ostatecznej analizy, zanika ona dla umysłu, ale wnikliwość duchowa wciąż może dostrzegać rzeczywistości kosmiczne i najwyższe wartości natury duchowej. Dlatego też nauka ustępuje filozofii, podczas gdy filozofia musi poddać się konkluzjom nieodłącznym autentycznemu doświadczeniu duchowemu. Myślenie poddaje się mądrości a mądrość ginie w oświeconym i refleksyjnym czczeniu.

W nauce ludzka jaźń obserwuje świat materialny; filozofia jest obserwacją tej obserwacji świata materialnego; religia, prawdziwe doświadczenie duchowe, jest empirycznym uświadomieniem sobie kosmicznej rzeczywistości obserwowania tej obserwacji wszystkich relatywnych syntez materiałów i energii w czasie i przestrzeni. Tworzenie filozofii wszechświata wyłącznie na materializmie jest lekceważeniem tego faktu, że wszystkie rzeczy materialne są najpierw wyobrażane jako rzeczywiste w doświadczeniu świadomości ludzkiej. Obserwator nie może być rzeczą obserwowaną; wartościowanie wymaga pewnego stopnia przewyższenia tej rzeczy, która jest wartościowana.

W czasie, myślenie prowadzi do mądrości a mądrość prowadzi do czczenia; w wieczności, czczenie prowadzi do mądrości a z mądrości wynika ostateczność myślenia.

Możliwość zjednoczenia rozwijającej się jaźni właściwa jest cechom jej czynników składowych: podstawowych energii, ważniejszych tkanek, zasadniczej kontroli chemicznej, najwyższych idei, najwyższych motywów, najwyższych celów oraz Boskiego ducha, nadanego z Raju – tajemnicy samoświadomości ludzkiej duchowej natury.

Celem kosmicznej ewolucji jest zjednoczenie osobowości poprzez coraz większą dominację duchową, wolicjonalną reakcję na nauki i przewodnictwo Dostrajacza Myśli. Osobowość, zarówno ludzka jak i nadludzka, charakteryzuje się właściwą jej kosmiczną cechą, która nazwana być może „ewolucją dominacji", poszerzaniem kontroli zarówno siebie jak i otoczenia.

Wznosząca się osobowość, swego czasu ludzka, przechodzi dwa wielkie stadia coraz większego, wolicjonalnego panowania nad sobą i we wszechświecie:

1. Doświadczenie przedfinalisty albo doświadczenie poszukiwania Boga, poszerzanie samorealizacji metodą ekspansji i aktualizowania się tożsamości, wraz z rozwiązywaniem problemów kosmicznych a w konsekwencji nabycie biegłości w sprawach wszechświata.
2. Doświadczenie postfinalisty albo doświadczenie objawiania Boga, twórcza ekspansja samorealizacji, poprzez objawianie empirycznej Istoty Najwyższej poszukującym Boga istotom inteligentnym, które nie osiągnęły jeszcze niebiańskich poziomów podobieństwa do Boga.

Zstępujące osobowości zdobywają takie samo doświadczenie poprzez swoje różne wszechświatowe przygody, kiedy pragną poszerzyć swe możliwości utwierdzenia się w woli i wykonywaniu Boskiej woli Bóstw – Najwyższego, Ostatecznego i Absolutnego.

Materialna jaźń, ego-istota ludzkiej tożsamości, uzależniona jest w życiu materialnym od ciągłego funkcjonowania materialnego nośnika życia, od ciągłego istnienia tej chwiejnej równowagi energii i intelektu, którą na Urantii nazywa się *życiem*. Jednak indywidualność, która ma wartość życia wiecznego, indywidualność, która może przewyższyć doświadczenie śmierci, kształtuje się tylko dzięki tworzeniu potencjału przeniesienia siedziby tożsamości rozwijającej się osobowości, z przejściowego nośnika życia – ciała materialnego – do bardziej trwałej, nieśmiertelnej natury, duszy morontialnej oraz dalej, do tych poziomów, na których dusza nasyca się rzeczywistością duchową i w końcu osiąga duchowy status. Takie właśnie przeniesienie, od materialnych związków do tożsamości morontialnej, dokonuje się przez szczere, wytrwałe i niezłomne postanowienie poszukiwania Boga przez istotę ludzką.

3. ZJAWISKO ŚMIERCI

Urantianie w zasadzie znają tylko jeden rodzaj śmierci, fizyczny zanik energii życiowych, ale co się tyczy wiecznego życia osobowości, naprawdę występują trzy rodzaje śmierci:

1. *Duchowa śmierć (duszy).* Jeśli i kiedy człowiek śmiertelny ostatecznie odrzuci życie wieczne, kiedy zostanie ogłoszony duchowo niewypłacalnym, morontialnym bankrutem, w łącznej opinii Dostrajacza i serafina, kiedy taka wspólna informacja zostanie odnotowana na Uversie i po tym, jak Cenzorzy oraz ich zwierciadlani towarzysze zweryfikują te wnioski, wtedy władcy Orvontonu zarządzają natychmiastowe zwolnienie zamieszkującego człowieka Monitora. Jednak takie zwolnienie Dostrajacza nie wpływa w żaden sposób na obowiązki osobistego czy grupowego serafina względem takiej, opuszczonej przez Dostrajacza jednostki. Ten rodzaj śmierci jest ostateczny, ale nie ma wpływu na doczesne trwanie energii żywych mechanizmu fizycznego i umysłowego. Z kosmicznego punktu widzenia śmiertelnik jest już martwy; kontynuacja życia oznacza tylko trwanie materialnej bezwładności energii kosmicznych.

2. *Śmierć intelektualna (umysłu).* Jeśli podstawowe obwody służby wyższych przybocznych zostają przerwane, na skutek intelektualnego odchylenia od normy, albo z powodu częściowego zniszczenia mechanizmu mózgowego i jeśli te okoliczności przekroczą pewien krytyczny punkt nieodwracalności, zamieszkujący człowieka Dostrajacz jest natychmiast zwalniany, aby mógł odlecieć do Diviningtonu. Kiedy zostają zniszczone podstawowe obwody umysłu, odpowiedzialne za ludzką wolę-działanie, osobowość śmiertelna uznawana jest za zmarłą w zapisach wszechświata. I to również jest śmierć, niezależnie od ciągłego funkcjonowania żywych mechanizmów ciała materialnego. Ciało, bez wolicjonalnego umysłu, nie jest już człowiekiem, chociaż zgodnie z wcześniejszą decyzją woli ludzkiej, dusza takiej jednostki może żyć wiecznie.

3. *Śmierć materialna (ciała i umysłu).* Kiedy śmierć spotka istotę ludzką, Dostrajacz pozostaje w cytadeli umysłu tak długo, aż umysł przestanie funkcjonować w charakterze inteligentnego mechanizmu, mniej więcej do tego czasu, kiedy mierzalne energie mózgu zakończą swą rytmiczną pulsację życiową. W wyniku takiego rozpadu Dostrajacz opuszcza zanikający umysł tak samo bezceremonialnie, jak do niego wszedł wiele lat wcześniej i przez Uversę udaje się do Diviningtonu.

Po śmierci materialne ciało wraca do świata pierwiastków, z którego powstało, jednak trwają dwa niematerialne czynniki przetrwałej osobowości: istniejący wcześniej Dostrajacz Myśli, z pamięciowym zapisem działalności śmiertelnika, udaje się do Diviningtonu; również pod nadzorem opiekuna przeznaczenia pozostaje nieśmiertelna, morontialna dusza zmarłego śmiertelnika. Te stadia i formy duszy, te niegdyś kinetyczne a teraz statyczne formuły tożsamości, są niezbędne do ponownego uosobienia istoty na światach morontialnych i takie właśnie, ponowne połączenie Dostrajacza i duszy znowu składa przetrwałą osobowość, co w czasie morontialnego przebudzenia daje wam świadomość.

Dla tych, którzy nie mają osobistych opiekunów seraficznych, grupowi opiekunowie wiernie i sprawnie spełniają te same powinności – przechowywania tożsamości i zmartwychwstania osobowości. Serafini są niezbędni do ponownego połączenia osobowości.

W momencie śmierci człowieka, Dostrajacz Myśli chwilowo traci osobowość, ale nie tożsamość; ludzki podopieczny chwilowo traci tożsamość, ale nie osobowość; na światach mieszkaniach obie łączą się w wiecznej formie. Dostrajacz Myśli, który odleciał, nigdy nie wraca na Ziemię jako istota, którą wcześniej zamieszkiwał; nigdy też osobowość nie przejawia się bez ludzkiej woli; i nigdy pozbawiona Dostrajacza istota ludzka nie przejawia po śmierci aktywnej tożsamości, ani też w żaden inny sposób nie komunikuje się z żywymi istotami na Ziemi. Takie pozbawione Dostrajacza dusze są całkowicie i absolutnie pozbawione świadomości, w czasie długiego czy krótkiego snu śmierci. Nie może się pojawić żaden rodzaj osobowości, czy też możliwość komunikowania się z innymi osobowościami, aż przetrwanie nie zostanie dopełnione. Tym, którzy idą do światów mieszkań, nie wolno przesyłać wiadomości swoim ukochanym. Istnieje we wszechświecie zarządzenie, które zabrania takiej komunikacji podczas obecnego systemu sprawiedliwości.

4. DOSTRAJACZE PO ŚMIERCI

Kiedy nastąpi śmierć typu materialnego, intelektualnego czy duchowego, Dostrajacz żegna śmiertelnego gospodarza i odlatuje do Diviningtonu. Z zarządu wszechświata lokalnego i superwszechświata administratorzy obu rządów zwierciadlanie kontaktują się ze sobą a Monitor zostaje wyrejestrowany pod tym samym numerem, pod którym wszedł w domenę czasu.

W pewien, niezupełnie zrozumiały sposób, Wszechświatowi Cenzorzy mogą wejść w posiadanie streszczenia życia ludzkiego, zawartego w duplikacie transkrypcji wartości duchowych i znaczeń morontialnych umysłu zamieszkałego przez Dostrajacza. Cenzorzy mogą dostać dostrajaczową wersję przetrwałego charakteru i właściwości duchowych zmarłego człowieka i wszystkie te dane, wraz z zapisami seraficznymi, mogą zostać przedstawione w momencie osądu danej jednostki. Informacji takiej używa się również wtedy, kiedy sytuacja odpowiada tym zarządzeniom superwszechświata, które umożliwiają pewnym, wznoszącym się istotom, natychmiastowe rozpoczęcie ich działalności w morontii, pójście do światów-mieszkań po rozpadzie śmierci przed formalnym zakończeniem planetarnego systemu sprawiedliwości.

Po śmierci fizycznej człowieka, uwolniony Dostrajacz natychmiast idzie do swej sfery ojczystej, Diviningtonu, za wyjątkiem tych ludzi, którzy są transponowani spośród żywych. To, co się dzieje na tym świecie, podczas oczekiwania na faktyczne pojawienie się przetrwałego śmiertelnika, zależy głównie od tego, czy istota ludzka wznosi się do światów-mieszkań według własnego, indywidualnego porządku, czy też oczekuje systemowego wezwania śpiących przetrwałych, po upływie epoki planetarnej.

Jeśli śmiertelny towarzysz Dostrajacza należy do tej grupy, która zostaje uosobiona ponownie na koniec systemu sprawiedliwości, Dostrajacz nie wróci natychmiast do świata-mieszkania w tym systemie, gdzie służył, ale zacznie jeden z następujących, tymczasowych przydziałów, według własnego wyboru:

1. Zostanie zamustrowany w szeregi zanikających Monitorów, do nieujawnionej służby.
2. Zostanie przydzielony na jakiś czas do rajskiego porządku.
3. Rozpocznie naukę w jednej z wielu szkół przygotowawczych Diviningtonu.

4. Będzie przebywał jakiś czas w charakterze badacza-obserwatora na jednej z sześciu świętych sfer, które stanowią Ojcowską orbitę rajskich światów.
5. Zostanie przydzielony do służby posłańców, działających dla Uosobionych Dostrajaczy.
6. Zostanie pomocnikiem instruktora w tych szkołach Diviningtonu, które zajmują się nauczaniem Monitorów należących do grupy dziewiczej.
7. Dane mu będzie wybrać grupę światów swej ewentualnej służby, w takim wypadku, kiedy jest uzasadniony powód do mniemania, że jego ludzki partner mógł nie chcieć żyć wiecznie.

Kiedy w momencie śmierci osiągnąłeś(-ęłaś) trzeci okrąg lub wyższą domenę i w związku z tym miałeś(-aś) przydzielonego osobistego opiekuna przeznaczenia i jeśli końcowa transkrypcja streszczenia trwającego wiecznie charakteru, przedłożona przez Dostrajacza, zostaje bezwarunkowo poświadczona przez opiekuna przeznaczenia – jeśli zarówno serafin jak i Dostrajacz zgadzają się zasadniczo w każdym punkcie ich zapisów życia oraz rekomendacji – jeśli Wszechświatowi Cenzorzy i ich zwierciadlani towarzysze na Uversie poświadczą te dane bez dwuznaczników i zastrzeżeń, w takim wypadku Pradawni Czasu przesyłają obwodami komunikacji Salvingtonu rozporządzenie o zaawansowanym statusie i w związku z tym trybunały Władcy Nebadonu zarządzają natychmiastowe przejście przetrwałej duszy do hal zmartwychwstania światów-mieszkań.

Jeśli jednostka ludzka zdobędzie życie wieczne bez opóźnienia, wtedy, jak mi powiedziano, Dostrajacz rejestruje się na Diviningtonie, udaje się przed oblicze Ojca Wszechświatowego, wraca natychmiast i zostaje przyjęty przez Uosobionych Dostrajaczy tego superwszechświata i wszechświata lokalnego, gdzie jest przydzielony, otrzymuje akceptację szefa Uosobionych Dostrajaczy z Diviningtonu i od razu zaczyna „dopełniać przejścia tożsamości", będąc wezwany na trzeci okres do tego świata-mieszkania, w którym aktualna forma osobowości, zaprojektowana przez opiekuna przeznaczenia, przygotowuje się do przyjęcia żyjącej wiecznie duszy ziemskiego śmiertelnika.

5. WIECZNE TRWANIE LUDZKIEJ JAŹNI

Indywidualność, czy to materialna, czy morontialna, czy duchowa, jest kosmiczną rzeczywistością. Aktualność tego, co *osobowe*, jest obdarzeniem Ojca Wszechświatowego, działającego w sobie i od siebie oraz swoimi różnorodnymi, wszechświatowymi środkami. Stwierdzenie, że istota jest osobowa, jest uznaniem względnej indywidualizacji takiej istoty w obrębie organizmu kosmicznego. Żywy kosmos jest prawie nieskończenie zintegrowanym skupiskiem rzeczywistych jednostek, z których wszystkie są relatywnie podporządkowane przeznaczeniu całości. Jednak tym z nich, które są osobowe, dano możliwość konkretnego wyboru – akceptacji przeznaczenia lub odrzucenia przeznaczenia.

To, co przybywa od Ojca, jest takie jak Ojciec, wieczne, a odnosi się to także do osobowości, którą Bóg daje ze swojej własnej, wolnej woli, podobnie jak w przypadku Boskiego Dostrajacza Myśli, rzeczywistego fragmentu Boga. Osobowość człowieka jest wieczna, ale w tym, co dotyczy tożsamości, jest ona warunkową wieczną rzeczywistością. Osobowość, która pojawia się w odpowiedzi na wolę Ojca, będzie docierać do przeznaczenia, do Bóstwa, ale to człowiek musi wybrać, czy będzie czy też nie będzie obecny przy osiąganiu tego przeznaczenia. W przypadku braku takiego wyboru, osobowość osiąga empiryczne Bóstwo bezpośrednio, stając się częścią Istoty Najwyższej. Taki cykl jest predestynowany, jednak udział w nim człowieka jest opcjonalny, osobisty i empiryczny.

Tożsamość śmiertelnika jest krótkotrwałym, czasowo-życiowym stanem we wszechświecie; jest ona rzeczywista zaledwie tak dalece, jak osobowość zechce stać się trwałym fenomenem wszechświatowym. Zasadnicza różnica pomiędzy człowiekiem a systemem energii jest taka, że system energii musi trwać, nie ma wyboru, ale człowiek ma wszelkie możliwości decydowania o swym własnym przeznaczeniu. Dostrajacz jest prawdziwą drogą do Raju, ale człowiek sam musi podążać tą drogą, jest to wybór jego wolnej woli.

Istoty ludzkie posiadają tożsamość jedynie w sensie materialnym. Takie właściwości jaźni wyrażają się w formie materialnego umysłu, który działa w systemie energii intelektu. Kiedy się mówi, że człowiek ma tożsamość, uznaje się, że posiada on obwód umysłu, który został podporządkowany aktom wyboru według woli osobowości ludzkiej. Jest to jednak tylko materialna i czysto przejściowa postać tożsamości, tak jak ludzki embrion jest tymczasowym, pasożytniczym stadium życia ludzkiego. Patrząc z kosmicznej perspektywy, istoty ludzkie rodzą się, żyją i umierają w czasie względnie natychmiastowym; nie są trwałe. Jednak osobowość śmiertelnika, w wyniku jej własnego wyboru, posiada możliwość zmiany miejsca pobytu swej tożsamości, od przemijającego systemu materii-intelektu, do wyższego systemu morontii-duszy, który w powiązaniu z Dostrajaczem Myśli stworzony jest jako nowy nośnik przejawów osobowości.

I to jest właśnie prawo wyboru – wszechświatowe insygnia istoty z wolną wolą – co stanowi największą szansę człowieka i jego najwyższą kosmiczną odpowiedzialność. Od integralności woli ludzkiej zależy wieczne przeznaczenie przyszłego finalisty; od szczerości wolnej woli ludzkiej zależy wieczna osobowość Boskiego Dostrajacza; od sumienności wyboru śmiertelnika zależy urzeczywistnienie nowego, wznoszącego się syna Ojca Wszechświatowego; od niezłomności i mądrości decyzji-działań zależy aktualność empirycznej ewolucji Istoty Najwyższej.

Chociaż kosmiczne okręgi rozwoju osobowości muszą w końcu zostać osiągnięte, to jeśli nie z waszej winy wypadki czasu oraz przeszkody materialnej egzystencji uniemożliwiły wam opanowanie tych poziomów na waszej rodzimej planecie, jeśli wasze intencje i pragnienia mają wartość wiecznego trwania, wtedy zarządza się przedłużenie okresu próbnego. Dostaniecie dodatkowy czas, w którym będziecie się mogli wykazać.

Jeśli kiedykolwiek istnieją wątpliwości odnośnie celowości awansowania ludzkiej tożsamości do światów-mieszkań, rządy wszechświata niezmiennie orzekają na korzyść takiej jednostki; bez wahania awansują taką duszę do statusu istoty przejściowej, podczas gdy nadal obserwują jej wyłaniające się, morontialne intencje i duchowy cel. Tym samym Boska sprawiedliwość na pewno się dopełni a Boskie miłosierdzie otrzymuje dodatkową sposobność szerszego działania.

Rządy Orvontonu i Nebadonu nie roszczą sobie prawa do absolutnej doskonałości, kiedy wypracowują szczegóły wszechświatowego planu ponownego uosobienia śmiertelnika, stwierdzają jednak, że przejawiają cierpliwość, tolerancję, zrozumienie i miłosierdzia pełne współczucie, i tak się rzeczywiście dzieje. Raczej zaryzykujemy bunt w systemie niż przystaniemy na niebezpieczeństwo pozbawienia jednego, trudzącego się śmiertelnika z jakiegokolwiek ewolucyjnego świata wiecznej radości podążania wznoszącą się drogą.

Nie oznacza to wcale, że istoty ludzkie dostają drugą możliwość w przypadku odrzucenia pierwszej. Oznacza to jednak, że wszystkie obdarzone wolą istoty dostają jedną, prawdziwą możliwość dokonania jednego, pozbawionego wątpliwości, samoświadomego i ostatecznego wyboru. Niezależni Sędziowie wszechświatów nie pozbawią statusu osobowości żadnej istoty, która nie poczyniła definitywnie i rozstrzygająco ostatecznego wyboru; dusza ludzka musi dostać i dostanie pełną i odpowiednią możliwość objawienia prawdziwych intencji i rzeczywistych zamiarów.

Gdy umierają śmiertelnicy bardziej zaawansowani duchowo i kosmicznie, udają się natychmiast do światów-mieszkań; generalnie klauzula taka obowiązuje tylko tych, którzy mają przydzielonego osobistego opiekuna seraficznego. Inni śmiertelnicy mogą być zatrzymani tak długo, aż skończy się orzekanie w ich sprawach, po czym mogą iść do światów-mieszkań, albo mogą zostać przydzieleni do szeregów śpiących przetrwałych, którzy będą ponownie uosobieni grupowo na koniec obecnego, planetarnego systemu sprawiedliwości.

Istnieją dwie trudności, które nie pozwalają mi wytłumaczyć tego, co się dzieje z *tobą* w czasie śmierci, przetrwałym(-ą) *tobą*, tym, co jest odmienne od odlatującego Dostrajacza. Jedna z nich polega na niemożności dania waszemu poziomowi rozumowania odpowiedniego określenia dla procesów zachodzących na pograniczu domen fizycznych i morontialnych. Drugą stanowią ograniczenia, nałożone przez niebiańskie władze zarządzające Urantią mojej misji objawiciela prawdy. Istnieje wiele interesujących szczegółów, które można by przedstawić, ale ich nie podaję za radą waszych bezpośrednich nadzorców planetarnych. Oto, co mogę powiedzieć w granicach mojego zezwolenia:

Jest coś rzeczywistego, coś z ludzkiej ewolucji, coś w dodatku do Nieodgadnionego Monitora, co przeżywa śmierć. Ten nowo powstały byt jest duszą i to ona przeżywa śmierć, zarówno ciała fizycznego jak i materialnego umysłu. Byt ten jest wspólnym dzieckiem połączonego życia i wysiłków ciebie ludzkiego i ciebie boskiego, Dostrajacza. To dziecko ludzkiego i Boskiego rodzica stanowi przeżywający czynnik ziemskiego pochodzenia; jest to morontialna jaźń, nieśmiertelna dusza.

To dziecko trwałych znaczeń i wartości wiecznego życia zupełnie nie ma świadomości w tym okresie, który upływa od śmierci do ponownego uosobienia i przez ten czas oczekiwania znajduje się pod opieką seraficznego opiekuna przeznaczenia. Po śmierci nie będziecie funkcjonować jako świadoma istota tak długo, aż nie zdobędziecie nowej świadomości morontialnej na światach-mieszkaniach Satanii.

W momencie śmierci funkcjonalna tożsamość, związana z ludzką osobowością, przestaje istnieć wskutek ustania ruchu życiowego. Osobowość ludzka, podczas gdy przewyższa swe części składowe, zależy od nich, gdy idzie o funkcjonalną tożsamość. Przerwanie życia niszczy materialne formy mózgowe, które stanowią podstawę umysłu a zniszczenie umysłu kończy świadomość śmiertelnika. Świadomość takiej istoty nie może się znowu pojawić, aż nie zostanie zorganizowany taki układ kosmiczny, który pozwoli tej samej, ludzkiej osobowości działać znowu w powiązaniu z żywą energią

Przy przemieszczaniu przetrwałych śmiertelników ze świata ich pochodzenia do światów-mieszkań, czy doświadczają oni ponownego połączenia osobowości w trzecim okresie, czy też się wznoszą w czasie zmartwychwstania grupowego, zapis natury osobowości przechowywany jest wiernie przez archaniołów na światach ich funkcji specjalnych. Istoty te nie są opiekunami osobowości (tak jak serafini opiekunowie duszy), jest jednak prawdą, że każdy możliwy do identyfikacji czynnik osobowości jest skutecznie przechowywany pod opieką tych godnych zaufania powierników przetrwania śmiertelnika. Nie znamy dokładnego miejsca przebywania śmiertelnej osobowości w czasie występującym pomiędzy śmiercią a życiem wiecznym.

Warunki, które umożliwiają ponowne uosobienie, istnieją w halach zmartwychwstania przyjmujących planet morontialnych wszechświata lokalnego. Tutaj, w izbach składania życia, władze nadzorujące dostarczają takiego związku wszechświatowej energii – morontialnego, umysłowego i duchowego – który umożliwia odzyskanie na nowo świadomości przez śpiącego, przeżywającego śmierć człowieka. Ponowne połączenie części składowych byłej osobowości materialnej obejmuje:

1. Wytworzenie odpowiedniej formy energii typu morontialnego, w której nowa, przetrwała śmierć istota może kontaktować się z rzeczywistością nieduchową i w obrębie której morontialny wariant kosmicznego umysłu może zostać objęty obwodem.

2. Powrót Dostrajacza do oczekującej go istoty morontialnej. Dostrajacz jest wiecznym opiekunem waszej, wznoszącej się tożsamości; wasz Monitor jest absolutną rękojmią tego, że wasza własna a nie inna wola będzie zajmowała formę morontialną, stworzoną dla przebudzenia waszej osobowości. Dostrajacz będzie obecny podczas ponownego łączenia waszej osobowości, aby raz jeszcze działać w roli przewodnika do Raju dla waszej, żyjącej wiecznie jaźni.

3. Kiedy zostaną spełnione wszystkie te wstępne warunki ponownego uosobienia, seraficzny opiekun potencjałów śpiącej, nieśmiertelnej duszy, z pomocą licznych osobowości kosmicznych obdarza bytem morontialnym oczekującą, umysłowo-cielesną formę morontialną, oddając jednocześnie to ewolucyjne dziecko Najwyższego na wieczny związek z oczekującym Dostrajaczem. I na tym się kończy ponowne uosobienie, ponowne składanie pamięci, wnikliwości i świadomości – tożsamości.

Fakt ponownego uosobienia polega na przejęciu przez rozbudzoną, ludzką jaźń, wybranego na nowo kosmicznego umysłu, objętego obwodem stadium morontialnego. Fenomen osobowości polega na stałości reakcji indywidualności jestestwa na środowisko wszechświatowe a dokonać tego można tylko za pośrednictwem umysłu. Indywidualność trwa, wbrew ciągłym zmianom we wszystkich czynnikach składowych jaźni; w życiu materialnym zmiany te są stopniowe; w momencie śmierci i po ponownym uosobieniu przemiana jest gwałtowna. Prawdziwa rzeczywistość całej indywidualności (osobowości) może funkcjonować, reagując na warunki wszechświatowe, dzięki nieustającym zmianom części składowych; stagnacja kończy się nieuchronną śmiercią. Ludzkie życie jest niekończącą się zmianą czynników życiowych, zjednoczonych stabilnością niezmiennej osobowości.

I kiedy się obudzicie na światach-mieszkaniach Jerusem, będziecie tak odmienieni, duchowe przeobrażenie będzie tak wielkie, że gdyby nie Dostrajacz Myśli i opiekun przeznaczenia, którzy tak wiernie wiążą wasze nowe życie w nowych światach z waszym starym życiem w pierwszym świecie, mielibyście z początku trudności w skojarzeniu nowej świadomości morontialnej z przywróconą pamięcią waszej poprzedniej tożsamości. Pomimo ciągłości osobowej indywidualności, większość życia śmiertelnika z początku może się wydawać niewyraźnym i zamglonym snem. Jednak czas wyjaśni wiele związków ludzkich.

Dostrajacz Myśli będzie przypominać i wskrzeszać dla was tylko te wspomnienia i doświadczenia, które są częścią waszej wszechświatowej działalności i mają dla niej istotne znaczenie. Jeśli Dostrajacz był partnerem w kształtowaniu się czegoś w ludzkim umyśle, wtedy te wartościowe doświadczenia przetrwają w wiecznej świadomości Dostrajacza. Jednak większość waszego przeszłego życia i jego wspomnień, nie posiadających ani znaczeń duchowych ani wartości morontialnych, przepadnie wraz z materialnym umysłem; większość doświadczeń materialnych przeminie jak stare rusztowanie, które połączywszy was z poziomem morontialnym, nie służy już niczemu we wszechświecie. Jednak osobowość i związki pomiędzy osobowościami nigdy nie są rusztowaniem; pamięć śmiertelnika o związkach osobowości ma wartość kosmiczną i będzie trwać. Na światach-mieszkaniach będziecie poznawać i będziecie poznawani, a oprócz tego będziecie pamiętali i będą o was pamiętać dawni towarzysze krótkiego, ale ciekawego życia na Urantii.

6. JAŹŃ MORONTIALNA

Tak jak motyl wyłania się ze stadium gąsienicy, tak prawdziwe osobowości istot ludzkich wyłaniają się na światach-mieszkaniach, po raz pierwszy objawione niezależnie od byłego spowicia w ciele materialnym. Morontialna działalność we wszechświecie lokalnym związana jest z ciągłym wywyższaniem mechanizmu osobowości, od początków poziomu morontialnego istnienia duszy w górę, ku końcowemu poziomowi morontialnemu rozwijającej się duchowości.

Trudno jest opowiadać wam o formach waszej osobowości morontialnej, przeznaczonej do życia we wszechświecie lokalnym. Dostaniecie morontialną formę przejawiania się osobowości i to są te wyposażenia, które w końcowym podsumowaniu przekraczają wasze zrozumienie. Takie formy, podczas gdy całkowicie rzeczywiste, nie są formami energii klasy materialnej, jakie rozumiecie obecnie. Na światach wszechświata lokalnego służą jednakże temu samemu celowi, jakiemu służą wasze ciała materialne na planetach, z których pochodzicie.

Do pewnego stopnia kształt materialnego ciała-formy reaguje ma charakter tożsamości osobowości; w pewnym stopniu ciało materialne odzwierciedla coś z nieodłącznej natury osobowości. W jeszcze większym stopniu odzwierciedla to forma morontialna. W życiu materialnym śmiertelnicy mogą być zewnętrznie piękni, choć brzydcy duchowo; w życiu morontialnym, a coraz bardziej na wyższych jego poziomach, forma osobowości będzie się zmieniać w pełni zgodnie z naturą osoby wewnętrznej. Na poziomie duchowym, forma zewnętrzna i natura wewnętrzna zaczynają się zbliżać do zupełnej jednolitości, która jest coraz doskonalsza na wyższych poziomach duchowych.

W stanie morontialnym, wznoszący się śmiertelnik jest wyposażony w nebadońską odmianę kosmicznego wyposażenia umysłowego Ducha Nadrzędnego z Orvontonu. W tym stanie, intelekt śmiertelnika jako taki znika, przestaje istnieć jako zogniskowany byt wszechświatowy, niezależny od niezróżnicowanych obwodów umysłu Stwórczego Ducha. Jednak znaczenia i wartości umysłu śmiertelnika nie zanikają. Pewne stadia umysłu istnieją nadal w przetrwałej duszy; pewne empiryczne wartości dawnego umysłu ludzkiego przechowywane są przez Dostrajacza; a we wszechświecie lokalnym pozostają zapisy życia ludzkiego, jak było przeżywane w ciele, razem z pewnymi żywymi zapisami w licznych istotach, które zajmują się ostateczną ewaluacją wznoszących się śmiertelników, a szereg tych istot rozciąga się od serafina do Wszechświatowych Cenzorów i prawdopodobnie jeszcze dalej, aż do Najwyższego.

Wola istoty stworzonej nie może istnieć bez umysłu, jednak trwa ona, pomimo utraty materialnego intelektu. Zaraz po przeżyciu śmierci, wznosząca się osobowość prowadzona jest w znacznym stopniu przez formy charakteru odziedziczone z ludzkiego życia i przez pojawiające się wtedy działanie moty morontialnej. I tacy przewodnicy postępowania w mieszkaniach działają zadowalająco we wczesnych stadiach życia morontialnego, jeszcze przed pojawieniem się woli morontialnej, jako dojrzałej, wolicjonalnej ekspresji wznoszącej się osobowości.

Podczas życia we wszechświecie lokalnym nie pojawiają się wpływy porównywalne do siedmiu przybocznych umysłów duchów z ludzkiej egzystencji. Umysł morontialny musi się rozwijać w bezpośrednim kontakcie z kosmicznym umysłem, jak ten kosmiczny umysł został zmodyfikowany i przekształcony przez stwórcze źródło intelektu wszechświata lokalnego – Boską Opiekunkę.

Przed śmiercią, umysł śmiertelnika jest w swej świadomości niezależny od obecności Dostrajacza; przyboczny umysł potrzebuje tylko połączonych form materialno-energetycznych, aby mógł działać. Jednak morontialna dusza, będąc superprzyboczną, nie zachowuje swej samoświadomości bez Dostrajacza, gdy jest pozbawiona mechanizmu materialno-umysłowego. Rozwijająca się dusza posiada jednak ciągłość charakteru, wywiedzioną z decyzji związanego z nią uprzednio przybocznego umysłu i ten charakter staję się aktywną pamięcią, kiedy jego formy zostają ożywione przez powracającego Dostrajacza.

Trwanie pamięci jest dowodem zachowania tożsamości pierwotnego jestestwa; jest to konieczne dla dopełnienia samoświadomości, gdy idzie o ciągłość i ekspansję osobowości. Ci śmiertelnicy, którzy się wznoszą bez Dostrajaczy, są zależni, gdy idzie o rekonstrukcję ludzkiej pamięci, od pouczeń seraficznych towarzyszy; poza tym morontialne dusze zespolonych z Duchem śmiertelników nie są niczym ograniczone. Forma pamięciowa trwa w duszy, ale ta forma potrzebuje obecności dawnego Dostrajacza, aby *natychmiast* zacząć się uświadamiać jako kontynuacja pamięci. Pod nieobecność Dostrajacza, przetrwałemu śmiertelnikowi potrzeba znacznej ilości czasu, aby ponownie odkryć i ponownie się nauczyć – znowu przejąć – pamięciową świadomość znaczeń i wartości poprzedniej egzystencji.

Dusza, o wartości przetrwania śmierci, wiernie odzwierciedla zarówno jakościowe jak i ilościowe działania i motywacje materialnego intelektu, poprzedniej siedziby tożsamości jestestwa. Wybierając prawdę, piękno i dobroć, umysł śmiertelnika wkracza w swe przedmorontialne stadium bytu we wszechświecie, działając pod kuratelą siedmiu przybocznych umysłów-duchów, zjednoczonych kierownictwem ducha mądrości. Potem, po opanowaniu siedmiu okręgów osiągnięć przedmorontialnych, nakładanie się wyposażenia umysłu morontialnego na przyboczny umysł daje początek przedduchowemu albo morontialnemu stadium rozwoju we wszechświecie lokalnym.

Kiedy istota stworzona opuszcza swą rodzimą planetę, pozostawia za sobą służbę przybocznych i zależna jest wyłącznie od intelektu morontialnego. Kiedy wznosząca się istota opuszcza wszechświat lokalny, osiąga duchowy poziom bytu, wychodząc poza poziom morontialny. Ten nowo powstały byt duchowy dostraja się wtedy do bezpośredniego działania kosmicznego umysłu Orvontonu.

7. ZESPOLENIE Z DOSTRAJACZEM

Zespolenie z Dostrajaczem Myśli przydaje osobowości wiecznych aktualności, które wcześniej były jedynie potencjalne. Wśród tych nowych wyposażeń można wymienić: utrwalenie cech boskości, doświadczenia i wspomnienia z przeszłej wieczności, nieśmiertelność i stadium uwarunkowanej, potencjalnej absolutności.

Po zakończeniu waszego ziemskiego kursu w tymczasowej formie, budzicie się na obrzeżach lepszego świata i w końcu zostajecie zjednoczeni w wiecznych objęciach z waszym wiernym Dostrajaczem. I to zespolenie stanowi tajemnicę uczynienia jedności z Boga i człowieka, tajemnicę ewolucji istoty skończonej i jest to wieczną prawdą. Zespolenie jest tajemnicą świętej sfery Ascendingtonu i żadna istota, oprócz tych, które doświadczyły zespolenia z duchem Bóstwa, nie może pojąć prawdziwego znaczenia tych aktualnych wartości, które zostają połączone, kiedy tożsamość istoty czasu staje się wieczną jednością z duchem Rajskiego Bóstwa.

Zespolenie z Dostrajaczem następuje zazwyczaj wtedy, kiedy wznosząca się istota przebywa w swoim systemie lokalnym. Może ono się zdarzyć na planecie narodzin, jako zapanowanie nad naturalną śmiercią; może mieć miejsce na jakimkolwiek ze światów-mieszkań albo w zarządzie systemu; może nawet być opóźnione do czasu pobytu w konstelacji albo, w szczególnych przypadkach, może nie zostać dopełnione, zanim wznosząca się istota nie dotrze do stolicy wszechświata lokalnego.

Kiedy zespolenie z Dostrajaczem staje się faktem, nie może już zaistnieć żadne przyszłe niebezpieczeństwo dla wiecznego życia takiej osobowości. Niebiańskie istoty przechodzą próbę w długim doświadczeniu, ale śmiertelnicy przechodzą względnie krótką i intensywną próbę na światach ewolucyjnych i morontialnych.

Zespolenie z Dostrajaczem nie zdarza się nigdy wcześniej, zanim rozporządzenia z superwszechświata nie ogłoszą, że istota ludzka poczyniła końcowy i nieodwołalny wybór wiecznego istnienia. Ogłoszenie takie sankcjonuje zjednoczenie i kiedy zostaje wydane, stanowi orzeczenie zgody na ostateczne opuszczenie granic wszechświata lokalnego przez zespoloną osobowość, aby się mogła udać do zarządu superwszechświata, skąd pielgrzym czasu, w odległej przyszłości, będzie objęty sekonafinem na długi lot do wszechświata centralnego, do Havony i na przygodę z Bóstwem.

Na światach ewolucyjnych indywidualność jest materialna; jest rzeczą we wszechświecie i jako taka podlega prawom materialnej egzystencji. Jest ona faktem w czasie i reaguje na jego zmienne koleje. *Decyzje o życiu wiecznym muszą być tutaj wyrażone.* W stadium morontialnym jaźń staje się nową i bardziej trwałą rzeczywistością wszechświatową a jej ciągły rozwój oparty jest na jej stopniowym dostrajaniu się do umysłu i obwodów duchowych wszechświatów. *Teraz decyzje o życiu wiecznym są potwierdzane.* Kiedy jaźń osiąga poziom duchowy, staje się wartością pewną we wszechświecie i ta nowa wartość opiera się na tym, że *decyzje o życiu wiecznym zostały dokonane*, o czym świadczy wieczne zespolenie z Dostrajaczem Myśli. Osiągnąwszy status prawdziwej wartości wszechświatowej, istota zostaje wyzwolona w swym potencjale poszukiwania najwyższej wartości wszechświatowej – Boga.

Takie, zespolone istoty, są dwojakie w swych oddziaływaniach z wszechświatem – są wyraźnymi jednostkami morontialnymi, niezupełnie różnymi od serafinów i są także potencjalnie istotami klasy rajskich finalistów.

Zespolona jednostka jest w rzeczywistości jedną osobowością, jedną istotą, której jedność nie poddaje się żadnej analizie ze strony jakiejkolwiek istoty inteligentnej z wszechświatów. I tak, przeszedłszy trybunały wszechświata lokalnego, od najniższego do najwyższego, z których żaden nie jest zdolny zidentyfikować człowieka czy Dostrajacza, jednego niezależnie od drugiego, będziecie w końcu postawieni przed Władcą Nebadonu, Ojcem waszego wszechświata lokalnego. I tutaj, z ręki tej samej istoty, której stwórcze ojcostwo we wszechświecie czasu umożliwiło powstanie waszego życia, otrzymacie te referencje, które upoważnią was ostatecznie do wejścia na drogę superwszechświata, w poszukiwaniu Ojca Wszechświatowego.

Czy tryumfujący Dostrajacz zdobył osobowość przez wspaniałą służbę dla ludzkości, czy dzielny człowiek osiągnął nieśmiertelność przez szczere wysiłki osiągnięcia podobieństwa do Dostrajacza? Ani jedno, ani drugie, ale razem umożliwili ukształtowanie się członka jednej z unikalnych klas wznoszących się osobowości Najwyższego, takiego, który zawsze będzie użyteczny, wierny i wydajny, kandydata do przyszłego wzrostu i rozwoju, zawsze sięgającego wzwyż i nigdy nie ustającego w niebiańskim wznoszeniu się, aż przemierzone zostanie siedem orbit Havony i dusza, swego czasu ziemskiego pochodzenia, stanie w czci pełnym uznaniu rzeczywistej osobowości Ojca w Raju.

Przez całe to wspaniałe wznoszenie się, Dostrajacz Myśli stanowi Boską rękojmię przyszłości i pełną duchową stabilizację wznoszącego się śmiertelnika. W międzyczasie, istnienie wolnej woli u śmiertelnika daje Dostrajaczowi wieczny kanał wyzwolenia jego Boskiej i nieskończonej natury. Teraz, te dwie tożsamości stają się jedną; żadne zdarzenie czasu czy wieczności nigdy nie może oddzielić człowieka od Dostrajacza; są nierozłączni, zespoleni na wieczność.

Na światach, gdzie ludzie zespalają się z Dostrajaczem, przeznaczenie Nieodgadnionego Monitora jest takie samo jak przeznaczenie wznoszącego się śmiertelnika – Rajski Korpus Finalizmu. I ani Dostrajacz ani śmiertelnik nie mogą osiągnąć tego unikalnego celu bez pełnej współpracy i wzajemnej pomocy drugiego. To nadzwyczajne partnerstwo jest jednym z najciekawszych i najbardziej zadziwiających fenomenów kosmicznych w tej epoce wszechświata.

Od czasu zespolenia z Dostrajaczem, status wznoszącego się człowieka jest statusem istoty ewolucyjnej. Ludzki element zespolenia pierwszy posiadł osobowość i dlatego też przewyższa Dostrajacza we wszystkim, co dotyczy rozpoznawania osobowości. Rajską, główną siedzibą takiej zespolonej istoty jest Ascendington a nie Divinington i ta unikalna kombinacja Boga i człowieka jest klasyfikowana jako wznoszący się śmiertelnik, przez całą drogę wzwyż, aż do Korpusu Finalizmu.

Kiedy Dostrajacz zespoli się w końcu ze wznoszącym się śmiertelnikiem, numer takiego Dostrajacza jest usuwany z zapisów superwszechświata. Nie wiem, co się dzieje w zapisach Diviningtonu, ale przypuszczam, że rejestracja takiego Dostrajacza zostaje przesunięta do tajnych okręgów najbliższego otoczenia Grandfandy, który sprawuje obowiązki szefa Korpusu Finalizmu.

Zespolenie z Dostrajaczem oznacza, że Ojciec Wszechświatowy dotrzymał swej obietnicy podarowania siebie istotom materialnym; wypełnił swą obietnicę i wykonał swój plan wiecznego obdarzenia ludzkości boskością. Odtąd człowiek próbuje realizacji i aktualizacji nieograniczonych możliwości, tkwiących w tym niebiańskim partnerstwie z Bogiem, które stało się faktem.

Znanym obecnie przeznaczeniem żyjących wiecznie śmiertelników jest Rajski Korpus Finalizmu; jest to też cel, do którego dążą wszystkie Dostrajacze Myśli, złączone w wiecznej wspólnocie z ich śmiertelnymi towarzyszami. Obecnie rajscy finaliści działają w wielkim wszechświecie i pełnią w nim wiele funkcji, jednak wszyscy przypuszczamy, że będą mieli inne i nawet bardziej niebiańskie zadania do wykonania w odległej przyszłości, po tym, jak siedem superwszechświatów zostanie ustanowionych w światłości i życiu i kiedy skończony Bóg wyłoni się ostatecznie z tej tajemnicy, która obecnie spowija to Najwyższe Bóstwo.

Zostaliście w pewnym stopniu poinformowani o organizacji i personelu wszechświata centralnego, superwszechświatów i wszechświatów lokalnych; powiedziano wam co nieco o rodzaju i pochodzeniu niektórych z różnorodnych osobowości, które obecnie rządzą tymi rozległymi kreacjami. Zostaliście też poinformowani, że organizują się rozległe galaktyki wszechświatów, położonych daleko poza peryferiami wielkiego wszechświata, na pierwszym poziomie przestrzeni zewnętrznej. Oznajmiono także w tych narracjach, że Istota Najwyższa powinna ujawnić swe nieobjawione funkcje trzeciego stadium w tych niezbadanych obecnie regionach przestrzeni zewnętrznej i powiedziano wam również, że finaliści z rajskiego korpusu są empirycznymi dziećmi Najwyższego.

Wierzymy, że przeznaczeniem śmiertelników zespolonych z Dostrajaczem jest funkcjonowanie, wraz z ich towarzyszami finalistami, w pewien sposób w administracji wszechświata na pierwszym poziomie przestrzeni zewnętrznej. Nie mamy najmniejszych wątpliwości, że w odpowiednim czasie te ogromne galaktyki staną się wszechświatami zamieszkałymi. I tak samo jesteśmy przekonani, że wśród ich administratorów znajdą się rajscy finaliści, których natury są kosmicznym rezultatem połączenia istoty stworzonej i Stwórcy.

Jaka wspaniała przygoda! Jaka romantyka! Gigantyczny wszechświat zarządzany przez dzieci Najwyższego, przez uosobionych i uczłowieczonych Dostrajaczy, przez obdarzonych Dostrajaczem i uwiecznionych śmiertelników, przez te tajemnicze kombinacje wiecznych związków najwyższych znanych przejawów esencji Pierwszego Źródła i Centrum, oraz najniższej formy inteligentnego życia, zdolnej do zrozumienia Ojca Wszechświatowego i dotarcia do niego. Wyobrażamy sobie, że tak połączone istoty, to partnerstwo Stwórcy i stworzonego, będą znakomitymi władcami, niezrównanymi administratorami oraz wyrozumiałymi i współczującymi szefami wszelkich form życia inteligentnego, jakie może powstać w tych przyszłych wszechświatach pierwszego poziomu przestrzeni zewnętrznej.

Jest prawdą, że wy śmiertelnicy jesteście ziemskiego, zwierzęcego pochodzenia, waszym ciałem naprawdę jest proch. Ale kiedy rzeczywiście będzie to waszą wolą, jeśli naprawdę tego pragniecie, dziedzictwo epok będzie wasze i pewnego dnia służyć będziecie we wszechświatach w waszym prawdziwym charakterze – jako dzieci Najwyższego Boga doświadczenia i jako boscy synowie Rajskiego Ojca wszystkich osobowości.

[Przedstawione przez Samotnego Posłańca z Orvontonu].

PRZEKAZ 113

SERAFICZNI OPIEKUNOWIE PRZEZNACZENIA

PO PRZEDSTAWIENIU opowieści o Usługujących Duchach Czasu i Zastępach Posłańców Przestrzeni, przechodzimy teraz do rozważania aniołów stróżów, serafinów służących tym indywidualnym śmiertelnikom, dla których wyniesienia i doskonalenia został stworzony cały rozbudowany porządek życia wiecznego w duchowym rozwoju. W minionych epokach, na Urantii, ci opiekunowie przeznaczenia byli właściwie jedyną znaną grupą aniołów. Serafini planetarni są faktycznie duchami posługującymi, wysłanymi do służenia tym, którzy mają przeżyć śmierć. Ci asystujący serafini zawsze działają jako pomocnicy duchowi śmiertelnego człowieka, we wszystkich wielkich wydarzeniach przeszłości i teraźniejszości. W wielu objawieniach „słowo mówili aniołowie"; wiele niebiańskich zarządzeń zostało „otrzymane za pośrednictwem aniołów".

Serafini są klasycznymi aniołami z nieba; są posługującymi duchami, które żyją obok was i wiele dla was robią. Służą na Urantii od wczesnych początków istnienia inteligencji ludzkiej.

1. ANIOŁY STRÓŻE

Nauczanie o aniołach stróżach nie jest mitem; pewne grupy istot ludzkich naprawdę mają osobistych aniołów. Jezus wiedział o tym, gdy mówił do dzieci królestwa niebiańskiego: „Strzeżcie się, żebyście nie gardzili żadnym z tych małych, albowiem powiadam wam: aniołowie ich w niebie wpatrują się zawsze w oblicze Ojca mego".

Na początku serafini byli przydzielani tylko do poszczególnych ras ludzkich Urantii. Jednak od czasu obdarzenia, dokonanego przez Michała, są oni przydzielani w zależności od ludzkiej inteligencji, duchowości i przeznaczenia. Intelektualnie, ludzkość dzieli się na trzy klasy:

1. Umysłowo podnormalni – ci, którzy nie mają normalnej siły woli, ci, którzy nie podejmują przeciętnych decyzji. Klasa ta obejmuje te osoby, które nie potrafią zrozumieć Boga; nie mają możliwości inteligentnego czczenia Bóstwa. Istoty podnormalne z Urantii mają swój korpus serafinów, jedną kompanię z jednym batalionem cherubinów, przydzieloną im do służenia i świadczenia, że sprawiedliwość i miłosierdzie rozpościera się na te istoty, w ich wysiłkach życiowych na tej sferze.

2. Przeciętny, normalny typ umysłu ludzkiego. Z punktu widzenia służby seraficznej, większość mężczyzn i kobiet zgrupowana jest w siedmiu klasach, zgodnie z ich statusem w zdobywaniu okręgów postępu ludzkiego i rozwoju duchowego.

3. Umysłowo nadnormalni – podejmujący wielkie decyzje i posiadający niewątpliwy potencjał dokonań duchowych, mężczyźni i kobiety, którzy mają większy czy mniejszy kontakt z zamieszkującymi ich Dostrajaczami; członkowie różnorodnych rezerwowych korpusów przeznaczenia. Nie ma znaczenia, w jakim okręgu znajduje się człowiek, jeśli taka jednostka zostaje zarejestrowana w którymkolwiek z wielu rezerwowych korpusów przeznaczenia, dokładnie wtedy i tam przydzielany jest jej osobisty serafin i od tego czasu, do skończenia ziemskiego życia, śmiertelnikowi takiemu stale służy i opiekuje się nim nieustannie anioł stróż. Również wtedy, kiedy dowolna istota ludzka czyni *tę* najwyższą decyzję, kiedy następują prawdziwe zaręczyny z Dostrajaczem, natychmiast zostaje przydzielany takiej duszy osobisty opiekun.

W wypadku służby dla tak zwanych istot normalnych, serafickich przydziałów dokonuje się zgodnie z ludzkim osiąganiem okręgów intelektualizmu i duchowości. Zaczynacie, gdy wasz umysł zlokalizowany jest w siódmym okręgu i idziecie do wewnątrz, dążąc do zrozumienia siebie, przezwyciężania siebie i opanowania siebie; posuwacie się okręg za okręgiem, aż dotrzecie do pierwszego albo wewnętrznego okręgu względnego kontaktu i komunii z zamieszkującym was Dostrajaczem (jeśli naturalna śmierć nie zakończy waszej działalności i nie przeniesie waszych wysiłków do światów-mieszkań).

W początkowym albo siódmym okręgu, istoty ludzkie mają jednego anioła stróża, wraz z kompanią asystujących mu cherubinów, przydzielonego do nadzoru i opieki nad tysiącem śmiertelników. W szóstym okręgu para seraficzna, z kompanią cherubinów, przydzielona jest do kierowania wznoszącymi się śmiertelnikami w grupach po pięćset osób. Kiedy osiągnie się okrąg piąty, istoty ludzkie zgrupowane zostają w kompaniach, mniej więcej po sto osób, pod nadzorem pary serafinów opiekunów, działających wraz z grupą cherubinów. Po dotarciu do czwartego okręgu, istoty śmiertelne zbiera się w grupach po dziesięć i znowu nadzór nad nimi oddany jest parze serafinów, którym pomaga kompania cherubinów.

Kiedy śmiertelny umysł przełamie bezwładność zwierzęcego dziedzictwa i osiągnie trzeci okręg intelektualizmu ludzkiego oraz nabytej duchowości, osobisty anioł (w rzeczywistości dwóch) będzie odtąd całkowicie i wyłącznie poświęcał się temu, wznoszącemu się śmiertelnikowi. I w ten sposób owe dusze ludzkie, w dodatku do zawsze obecnych i coraz bardziej sprawnych, zamieszkujących je Dostrajaczy Myśli, otrzymują niepodzielną asystę osobistych opiekunów przeznaczenia, we wszystkich swoich wysiłkach ukończenia trzeciego okręgu, przejścia drugiego i dotarcia do pierwszego.

2. OPIEKUNOWIE PRZEZNACZENIA

Serafini nie są uznawani za opiekunów przeznaczenia tak długo, aż dostaną przydział duszy ludzkiej, która dokonała jednego czy więcej z trzech osiągnięć: powzięła najwyższą decyzję, aby stać się podobną Bogu, weszła w trzeci okrąg, albo została powołana do jednego z rezerwowych korpusów przeznaczenia.

W ewolucji gatunku, opiekun przeznaczenia przydzielany zostaje tej istocie, która pierwsza osiągnie wymagany okrąg. Na Urantii pierwszym śmiertelnikiem, który dostał osobistego opiekuna był Rantowoc, mędrzec rasy czerwonej z dawnych czasów.

Wszystkich aniołów przydziela się z grup serafinów-ochotników i te nominacje zawsze są zgodne z potrzebami ludzkimi, jak również uwzględniają status pary anielskiej – biorą pod uwagę ich seraficzne doświadczenie, umiejętności i mądrość. Tylko serafini, którzy już długo służą, bardziej doświadczeni i wypróbowani, przydzielani są jako opiekunowie przeznaczenia. Wielu opiekunów zyskało bardzo cenne doświadczenie na tych światach, które nie należą do grupy zespolenia z Dostrajaczem. Podobnie jak Dostrajacze, serafini towarzyszą tym istotom przez czas jednego życia, a potem zostają wyzwoleni do nowego zadania. Wielu przebywających na Urantii opiekunów zdobyło to wstępne, praktyczne doświadczenie na innych światach.

Kiedy istotom ludzkim nie uda się przetrwać śmierci, ich osobiści albo grupowi opiekunowie mogą służyć wiele razy na tej samej planecie, pełniąc podobne funkcje. Serafini wykazują pewne przywiązanie do poszczególnych światów i żywią szczególne uczucia w stosunku do pewnych ras i typów istot śmiertelnych, z którymi byli tak mocno i blisko związani.

Aniołowie żywią niezmienne uczucia dla swych ludzkich towarzyszy i wy również przejawialibyście żarliwe dla nich uczucia, gdybyście tylko mogli sobie ich wyobrazić. Gdyby pozbawiono was ciał materialnych i dano wam formy duchowe, w wielu cechach osobowości zbliżylibyście się do aniołów. Aniołowie podzielają większość waszych uczuć i przejawiają pewne uczucia dodatkowe. Jedynym waszym uczuciem, które jest dla nich w pewnym sensie trudne do zrozumienia, jest dziedzictwo zwierzęcego strachu, który nabiera tak wielkiej wagi w życiu umysłowym przeciętnego mieszkańca Urantii. Aniołom trudno jest doprawdy zrozumieć, dlaczego ciągle pozwalacie sobie na to, aby wasze wyższe zdolności intelektualne, nawet wiara religijna, tak bardzo były zdominowane przez strach, tak dogłębnie zdemoralizowane bezmyślną paniką przerażenia i lęku.

Wszyscy serafini mają indywidualne imiona, ale w zapisach ich przydziału do świata służby określani są często planetarnymi numerami. W zarządzie wszechświata rejestrowani są pod imieniem i numerem. Opiekun przeznaczenia ziemskiego osobnika, którego używa się w tym kontakcie-łączności, ma numer 3, z grupy 17, z kompani 126, batalionu 4, jednostki 384, legionu 6, zastępu 37, z 182.314 seraficznej armii Nebadonu. Obecny, planetarny numer przydziału tego serafina na Urantii i dla jego ludzkiego podopiecznego wynosi 3.641.852.

Serafini zawsze ochotniczo zgłaszają się do służby opieki osobistej, do funkcji aniołów jako opiekunów przeznaczenia. W mieście tego właśnie nawiedzenia, nie tak dawno pewien śmiertelnik został przyjęty do rezerwowego korpusu przeznaczenia, a ponieważ wszyscy tacy śmiertelnicy mają osobistych aniołów stróżów, ponad stu wykwalifikowanych serafinów ubiegało się o ten przydział. Szef planetarny wybrał dwanaście bardziej doświadczonych jednostek a potem mianował tego serafina, którego oni wybrali, jako najlepiej pasującego do przewodzenia tej ludzkiej istocie w jej życiu. Oznacza to, że wybrali pewną parę jednakowo wykwalifikowanych serafinów; jeden z tej pary seraficznej zawsze będzie na służbie.

Zadania seraficzne mogą trwać nieprzerwanie a każde z pary anielskiej może sprawować wszystkie obowiązki służbowe. Serafini zazwyczaj służą w parach, tak jak cherubini, ale w odróżnieniu do ich mniej zaawansowanych towarzyszy, serafini czasem pracują indywidualnie. Praktycznie wszystkich kontaktów z istotami ludzkimi mogą dokonywać jako jednostki. Obaj aniołowie potrzebni są tylko do komunikacji i służby w wyższych obwodach wszechświatów.

Kiedy para seraficzna podejmie się zadania opiekunów, służą w ten sposób przez resztę życia istoty ludzkiej. Istota dopełniająca (jeden z dwu aniołów) zapisuje przebieg tego zadania. Serafini dopełniający są aniołami rejestratorami dla śmiertelników ze światów ewolucyjnych. Zapisy trzymane są przez parę cherubinów (cherubin i sanobin), którzy zawsze współpracują z opiekunami serafickimi, jednak za te zapisy zawsze odpowiedzialny jest jeden z serafinów.

Okresowo, dla odpoczynku i podładowania energią życiową z obwodów wszechświata, opiekun luzowany jest przez swoje dopełnienie, a gdy jest nieobecny, towarzyszący cherubin działa jako rejestrator, co dzieje się również w takim przypadku gdy nieobecny jest dopełniany serafin.

3. ZWIĄZKI Z INNYMI WPŁYWAMI DUCHOWYMI

Jedną z ważniejszych rzeczy, jakie opiekun przeznaczenia robi dla swego śmiertelnego podopiecznego, jest osobowa koordynacja licznych nieosobowych wpływów duchowych, które zamieszkują, otaczają i oddziałują z umysłem i duszą rozwijającej się istoty materialnej. Istoty ludzkie są osobowościami a istotom nieosobowym i bytom przedosobowym sprawia wielką trudność nawiązywanie bezpośredniego kontaktu z tak bardzo materialnymi i wyraźnie osobowymi umysłami. W służbie stróżujących aniołów wszelkie takie wpływy bardziej czy mniej się jednoczą i stają się lepiej dostrzegalne dla poszerzającej się natury moralnej rozwijającej się osobowości ludzkiej.

W szczególności opiekun seraficzny może korelować, i to robi, różnorodne czynniki i wpływy Nieskończonego Ducha, rozciągające się od domen kontrolerów fizycznych i przybocznych umysłów-duchów aż do Ducha Świętego – Boskiej Opiekunki i Wszechobecnego Ducha, Rajskiej obecności Trzeciego Źródła i Centrum. Zjednoczywszy zatem szerokie służby Nieskończonego Ducha i uczyniwszy je bardziej osobowymi, serafini podejmują się korelacji tego, zintegrowanego wpływu Wspólnego Aktywizatora z duchowymi obecnościami Ojca i Syna.

Dostrajacz jest obecnością Ojca; Duch Prawdy obecnością Synów. Te boskie dary są zjednoczone i skoordynowane na niższych poziomach ludzkiego doświadczenia duchowego dzięki służbie serafina opiekuna. Anielscy opiekunowie potrafią, w swej służbie dla stworzonych śmiertelników, łączyć miłość Ojca i miłosierdzie Syna.

I tu widać, dlaczego seraficzny opiekun staje się w końcu osobistym opiekunem wzorów umysłu, formuł pamięci i rzeczywistości duszy przetrwałego śmiertelnika, w tym czasie, jaki upływa pomiędzy śmiercią fizyczną a zmartwychwstaniem w morontii. Nikt, oprócz posługujących dzieci Nieskończonego Ducha, nie może w ten sposób działać dla istoty ludzkiej, w jej stadium przechodzenia z jednego poziomu wszechświata do poziomu innego, wyższego. Nawet, kiedy zapadacie w ostatnią przejściową drzemkę, kiedy przechodzicie z czasu do wieczności, wysoki supernafin tak samo dzieli z wami to przejście jako opiekun tożsamości istoty i poręczyciel jej osobowej integralności.

Na poziomie duchowym, serafini czynią osobowymi wiele skądinąd bezosobowych i przedosobowych służb wszechświatowych; są koordynatorami. Na poziomie intelektualnym są korelatorami umysłu i morontii; są interpretatorami. Na poziomie fizycznym oddziałują na ziemskie środowisko dzięki swym związkom z Nadrzędnymi Kontrolerami Fizycznymi i dzięki pomocnej służbie istot pośrednich.

Jest to opowieść o różnorodnych i ciekawych zadaniach asystujących wam serafinów; ale jak mogą te niższe osobowości anielskie, stworzone tylko nieco powyżej wszechświatowego poziomu ludzkości, robić tak trudne i skomplikowane rzeczy? Doprawdy nie wiemy, ale przypuszczamy, że tak fenomenalna służba jest w jakiś niewyjaśniony sposób ułatwiana przez nierozpoznane i nie objawione działanie Istoty Najwyższej, aktualizującego się Bóstwa rozwijających się wszechświatów czasu i przestrzeni. Na obszarze całej domeny progresywnego życia w Istocie Najwyższej i poprzez nią, serafini stanowią istotną część ciągłego rozwoju śmiertelnika.

4. DOMENY DZIAŁALNOŚCI SERAFICZNEJ

Serafini opiekunowie nie są umysłem, chociaż wywodzą się z tego samego źródła, które również daje początek śmiertelnemu umysłowi – od Stwórczego Ducha. Serafini są stymulatorami umysłu, wciąż próbują popierać w umyśle ludzkim te decyzje, które mają istotne znaczenie w przemierzaniu okręgów. Robią to nie tak jak Dostrajacz, działający z duszy, w jej obrębie i poprzez nią, ale raczej z zewnątrz do wewnątrz, działając przez otoczenie istot ludzkich, społeczne, etyczne i moralne. Serafini nie są Boskim Dostrajaczem, przyciąganiem Ojca Wszechświatowego, ale działają jako osobiste przedstawicielstwo służby Nieskończonego Ducha.

Śmiertelny człowiek, prowadzony przez Dostrajacza, zależny jest również od przewodnictwa seraficznego. Dostrajacz jest esencją wiecznej natury człowieka; serafin jest nauczycielem rozwijającej się natury ludzkiej – w tym życiu śmiertelnego umysłu, w następnym morontialnej duszy. Na światach-mieszkaniach będziecie uświadamiać sobie i odczuwać instruktorów seraficznych, ale w pierwszym życiu ludzie zazwyczaj o nich nie wiedzą.

Serafini działają jako nauczyciele ludzi, prowadząc kroki osobowości ludzkiej ścieżkami nowych i progresywnych doświadczeń. Przyjęcie przewodnictwa serafina rzadko oznacza łatwe życie. Jeśli zastosujecie się do tego przewodnictwa na pewno napotkacie, a jeśli macie odwagę, przejdziecie, urwiste zbocza decyzji moralnych oraz rozwoju duchowego.

Impuls czczenia rodzi się w znacznym stopniu z duchowych podpowiedzi wyższych umysłów przybocznych i popierany jest przez przewodnictwo Dostrajacza. Ale skłonność do modlitwy, tak często doświadczana przez świadomych Boga śmiertelników, pojawia się bardzo często na skutek wpływu seraficznego. Opiekujący się człowiekiem serafin wciąż oddziałuje na jego otoczenie, aby rozwinąć kosmiczną wnikliwość wznoszącego się człowieka, aby taki kandydat do wiecznego życia mógł nabrać głębszej świadomości istnienia zamieszkującego go Dostrajacza i tym samym mógł coraz lepiej współpracować z duchową misją tej Boskiej obecności.

Chociaż najwyraźniej Dostrajacze zamieszkujące ludzi i otaczający ludzi serafini nie porozumiewają się ze sobą, zawsze wydają się pracować w doskonałej harmonii i znakomitej zgodzie. Opiekunowie są najbardziej aktywni w tych okresach, kiedy Dostrajacze są najmniej aktywne, jednak służby jednych i drugich są w pewien sposób dziwnie wzajemnie uzależnione. Tak doskonała współpraca raczej nie może być przypadkowa czy nieplanowana.

Posługująca osobowość serafina opiekuna, Boża obecność zamieszkującego człowieka Dostrajacza, objęta obwodem akcja Ducha Świętego i świadomość Syna w Duchu Prawdy, wszystkie one są bosko współzależne w jedności służby duchowej, w osobowości śmiertelnika i dla tej osobowości. Te niebiańskie wpływy, choć pochodzące z różnych źródeł i z różnych poziomów, wszystkie są zintegrowane w utajonej i rozwijającej się obecności Istoty Najwyższej.

5. SERAFICZNA SŁUŻBA DLA ŚMIERTELNIKÓW

Aniołowie nie ingerują w świętość ludzkiego umysłu; nie oddziałują na wolę śmiertelników, ani też nie kontaktują się bezpośrednio z zamieszkującymi ludzi Dostrajaczami. Opiekun przeznaczenia wywiera na was wpływ, w każdy możliwy sposób zgodny z godnością waszej osobowości; w żadnym jednak wypadku ci aniołowie nie mieszają się do wolnego funkcjonowania woli ludzkiej. Ani aniołowie, ani żadna inna klasa osobowości wszechświatowych, nie mają prawa czy upoważnienia do uszczuplania czy ograniczenia prerogatyw ludzkiego wyboru.

Aniołowie są tak blisko was i troszczą się o was tak czule, że symbolicznie „płaczą z powodu waszej rozmyślnej nietolerancji i uporu". Serafini nie ronią materialnych łez; nie mają ciał materialnych, ani też nie posiadają skrzydeł. Przeżywają jednak emocje duchowe, jak również doznają uczuć i nastrojów natury duchowej, które są w pewnym stopniu porównywalne do uczuć ludzkich.

Serafini działają na waszą korzyść, zupełnie niezależnie od waszych bezpośrednich próśb; wypełniają oni zlecenia swych zwierzchników i tym samym działają niezależnie od waszych chwilowych kaprysów czy zmiennych nastrojów. Nie oznacza to wcale, że nie możecie ułatwiać albo też utrudniać im zadań, ale raczej to, że aniołowie nie interesują się bezpośrednio waszymi prośbami czy waszymi modlitwami.

Inteligencja aniołów nie jest dostępna bezpośrednio człowiekowi śmiertelnemu za jego życia cielesnego. Nie są oni zwierzchnikami czy szefami, ale po prostu opiekunami. Serafini *strzegą* was; nie próbują wpłynąć na was bezpośrednio, to wy musicie wytyczyć swój własny kierunek, ale aniołowie działają wtedy tak, aby zrobić jak najlepszy możliwy użytek z kierunku, jaki wybraliście. Nie interweniują arbitralnie (zazwyczaj) w rutynowe sprawy ludzkiego życia. Gdy jednak otrzymają instrukcje od swych zwierzchników, aby zrobić coś niezwykłego, możecie być pewni, że opiekunowie ci znajdą odpowiednie środki dla wykonania tego zadania. Raczej nie wkraczają na scenę spektaklu ludzkiego, za wyjątkiem sytuacji krytycznych i wtedy również zazwyczaj na bezpośredni rozkaz swych zwierzchników. Są to istoty, które będą iść z wami przez wiele epok i tym samym zapoznają się ze swą przyszłą pracą i związkami osobowości.

W pewnych okolicznościach serafini mogą funkcjonować jako materialni opiekunowie istot ludzkich, jednak w takim charakterze działają bardzo rzadko. Potrafią działać, z pomocą istot pośrednich i kontrolerów fizycznych, w szerokim zakresie funkcji na rzecz istot ludzkich, nawet nawiązywać rzeczywisty kontakt z ludzkością, ale to są wypadki bardzo rzadkie. W większości przypadków okoliczności domeny materialnej rozwijają się niezmienione przez działalność seraficzną, chociaż zdarzały się sytuacje zagrażające istotnym ogniwom w łańcuchu ewolucji ludzkiej i wtedy seraficzni opiekunowie działali właściwie i z własnej inicjatywy.

6. ANIOŁY STRÓŻE PO ŚMIERCI

Powiedziawszy wam co nieco o służbie serafinów podczas normalnego życia człowieka, będę się teraz starał poinformować was o postępowaniu opiekunów przeznaczenia w momencie śmiertelnej dezintegracji ich ludzkich towarzyszy. Po waszej śmierci, zapisy o was, specyfikacje tożsamości i morontialna istota duszy ludzkiej – ukształtowana łącznie przez służbę śmiertelnego umysłu i Boskiego Dostrajacza – są wiernie przechowywane przez opiekuna przeznaczenia, razem z wszelkimi innymi wartościami odnoszącymi się do waszej przyszłej egzystencji ze wszystkim, co stanowi was, was rzeczywistych, za wyjątkiem tożsamości kontynuowanej egzystencji, reprezentowanej przez odlatującego Dostrajacza oraz aktualności osobowości.

W tym momencie, gdy w umyśle ludzkim zanika światło pilotujące, światłość duchowa, którą serafini wiążą z obecnością Dostrajacza, anioł asystujący człowiekowi melduje się osobiście dowodzącym aniołom, kolejno grupie, kompanii, batalionowi, jednostce, legionowi i zastępowi; potem, po właściwym zarejestrowaniu się do ostatecznej epopei czasu i przestrzeni, anioł taki otrzymuje od planetarnego szefa aniołów poświadczenie, potrzebne do zameldowania się Gwieździe Wieczornej (czy innemu porucznikowi Gabriela), dowodzącemu seraficzną armią kandydata do wznoszenia się we wszechświecie. I po otrzymaniu zezwolenia od dowódcy swej najwyższej jednostki organizacyjnej, opiekun przeznaczenia idzie do pierwszego świata-mieszkania i tam oczekuje przywrócenia do świadomości swego byłego podopiecznego w ciele.

W tym przypadku, gdy dusza ludzka nie przetrwa śmierci, po tym, jak dostała przydzielonego jej osobistego anioła, usługujący serafin musi się udać do zarządu wszechświata lokalnego, aby tam się przyjrzeć kompletnym zapisom swej działalności, uprzednio zgłoszonym. Potem idzie przed trybunały archaniołów, aby uzyskać uniewinnienie z zarzutów w sprawie nie przeżycia jego podopiecznego; następnie idzie z powrotem do światów zamieszkałych, aby znowu otrzymać przydział do innego śmiertelnika o potencjale wznoszenia się albo do jakiejś innej sekcji służby seraficznej.

Oprócz opieki osobistej czy grupowej, aniołowie służą na wiele sposobów istotom ewolucyjnym. Opiekunowie personalni, których podopieczni nie idą natychmiast do światów-mieszkań, nie pozostają na tych światach bezczynnie, w oczekiwaniu apelu sądu kończącego system sprawiedliwości; są ponownie wyznaczani do licznych misji służbowych na obszarze wszechświata.

Serafin opiekun jest powiernikiem, przechowującym trwałe wartości śpiącej duszy śmiertelnego człowieka, podczas gdy nieobecny Dostrajacz *jest* tożsamością takiej, nieśmiertelnej istoty wszechświatowej. Kiedy ta dwójka współpracuje ze sobą w halach zmartwychwstania mieszkań nad nowo wytworzoną formą morontialną, następuje ponowne połączenie czynników składowych osobowości wznoszącego się śmiertelnika.

Dostrajacz was utożsami; serafin opiekun uosobi was na nowo i ponownie przedstawi was waszemu wiernemu Monitorowi z ziemskich czasów.

Oprócz tego, gdy się kończy epoka planetarna, kiedy zostają zebrani ci z niższych okręgów osiągnięć śmiertelników, ich grupowi opiekunowie składają ich ponownie w halach zmartwychwstania sfer-mieszkań, jak mówi wasz zapis: „I pośle aniołów swoich z wielkim głosem, zgromadzą wybranych jego, z jednego krańca nieba aż po drugi".

Procedura wymiaru sprawiedliwości wymaga, aby opiekunowie osobiści albo grupowi odpowiadali na apel, na koniec systemu sprawiedliwości, w imieniu wszystkich nie przetrwałych osobowości. Dostrajacze takich nie przetrwałych istot nie wracają, a kiedy odczytywane są rejestry, serafini odpowiadają, ale Dostrajacze nie udzielają odpowiedzi. Jest to „zmartwychwstanie niesprawiedliwych", w rzeczywistości formalne uznanie zakończenia egzystencji istoty. Zaraz po tym apelu sprawiedliwości następuje apel miłosierdzia, zmartwychwstanie śpiących przetrwałych. Są to jednak te sprawy, które nie obchodzą nikogo oprócz najwyższych i wszystko wiedzących Sędziów wartości przetrwania. Te problemy orzecznictwa naprawdę nas nie dotyczą.

Opiekunowie grupowi mogą służyć na planecie wiele epok, zostając w końcu kuratorami drzemiących dusz wielu tysięcy śpiących, przetrwałych śmiertelników. Mogą tak służyć na wielu różnych światach w danym systemie, skoro odpowiedzi na zmartwychwstanie udziela się na światach-mieszkaniach.

W systemie Satania, wszyscy opiekunowie personalni i grupowi, którzy pobłądzili podczas buntu Lucyfera, muszą być zatrzymani na Jerusem do ostatecznego osądzenia buntu, pomimo, że wielu szczerze żałowało swej głupoty. Wszechświatowi Cenzorzy zabrali już arbitralnie tym nieposłusznym i niewiernym opiekunom wszelkie aspekty powierzonych im dusz i oddali te rzeczywistości morontialne na przechowanie, pod opiekę sekonafinów-ochotników.

7. SERAFINI A DROGA WZNOSZENIA SIĘ

Pierwsze przebudzenie się na powierzchni światów-mieszkań jest doprawdy epokowym wydarzeniem na życiowej drodze wznoszącego się śmiertelnika; tu po raz pierwszy możecie rzeczywiście zobaczyć tak długo kochanych i zawsze przy was obecnych anielskich towarzyszy z ziemskich czasów; tu także stajecie się naprawdę świadomi tożsamości i obecności Boskiego Monitora, który tak długo zamieszkiwał wasz umysł na Ziemi. Takie doświadczenie stanowi wspaniałe przebudzenie, prawdziwe zmartwychwstanie.

Na sferach morontialnych waszymi najbliższymi kompanami są usługujący serafini (a jest ich dwóch). Ci aniołowie nie tylko są waszymi partnerami w progresywnej egzystencji światów przejściowych, nie tylko pomagają wam wszelkimi sposobami w zdobywaniu statusu morontialnego i duchowego, ale także korzystają ze sposobności awansu, dzięki studiom w szkołach przygotowawczych dla serafinów ewolucyjnych, prowadzonych na światach-mieszkaniach.

Gatunek ludzki został stworzony tylko nieco niżej niż prostsze klasy anielskie. Dlatego też wasze pierwsze zadanie w życiu morontialnym będziecie prowadzić w charakterze pomocników serafinów; będzie to pierwsza praca was oczekująca, gdy zdobędziecie świadomość osobowości po wyzwoleniu z więzów ciała.

Przed opuszczeniem światów-mieszkań, wszyscy śmiertelnicy będą mieć stałych, seraficznych towarzyszy czy opiekunów. Kiedy będziecie się wznosić w sferach morontialnych, seraficzni opiekunowie zostaną w końcu świadkami waszej wiecznej jedności z Dostrajaczami Myśli i potwierdzać będą rozporządzenia o tym fakcie. Razem z Dostrajaczami ugruntowali tożsamość waszej osobowości jako cielesnych dzieci ze światów czasu. Potem, wraz z osiągnięciem dojrzałego stanu morontialnego, będą wam towarzyszyć po drodze przez Jerusem i związane z nim światy postępu i kultury systemu. Następnie pójdą z wami do Edentii i jej siedemdziesięciu sfer zaawansowanego uspołecznienia, a potem pilotować was będą do Melchizedeków i iść będą z wami wspaniałą drogą światów zarządu wszechświata. I kiedy się nauczycie mądrości i kultury Melchizedeków, wezmą was do Salvingtonu, gdzie staniecie twarzą w twarz z Władcą całego Nebadonu. I ci seraficzni przewodnicy będą jeszcze iść z wami przez sektory superwszechświata, mniejszy i większy, i dalej do światów przyjmujących Uversy, i pozostawać będą z wami, aż w końcu zostaniecie objęci sekonafinem na długi lot do Havony.

Niektórzy opiekunowie przeznaczenia, przydzieleni wam za życia w ciele, idą trasą wznoszących się pielgrzymów przez Havonę. Inni żegnają się na chwilę z długo towarzyszącymi im śmiertelnikami a potem, kiedy ci śmiertelnicy przemierzają okręgi wszechświata centralnego, opiekunowie przeznaczenia zdobywają okręgi Serafingtonu. I będą czekać na obrzeżach Raju, kiedy ich towarzysze-śmiertelnicy rozbudzą się z tranzytowego snu czasu do nowych doświadczeń wieczności. Tacy, wznoszący się serafini będą później służyć w różny sposób w korpusie finalizmu i Seraficznym Korpusie Kompletności.

Człowiek i anioł czasem są ponownie połączeni w wiecznej służbie, a czasem nie, jednak dokądkolwiek seraficzne przydziały mogą zaprowadzić serafinów, są oni zawsze w kontakcie z ich dawnymi podopiecznymi ze światów ewolucyjnych, wzniosłymi śmiertelnikami czasu. Bliskie związki i uczuciowe powiązania ze światów ludzkich początków nigdy nie zostają ani zapomniane ani zupełnie zerwane. W epokach wieczności ludzie i anioły będą współpracować w boskiej służbie, jak to robili w biegu spraw czasu.

Dla serafina, najpewniejszym sposobem dotarcia do Rajskich Bóstw jest pomyślne przeprowadzenie duszy pochodzenia ewolucyjnego do bram Raju. Dlatego też przydział na opiekuna przeznaczenia najbardziej ceniony jest przez serafinów.

Tylko opiekunowie przeznaczenia gromadzą się w pierwszym korpusie, czyli Finalizmu Śmiertelników i takie pary anielskie zaczynają najwyższą przygodę tożsamości w jedności; dwie istoty osiągają duchowe dwu-zjednoczenie na Serafingtonie, przed ich przyjęciem do korpusu finalizmu. W tym doświadczeniu dwie natury anielskie, tak bardzo się dopełniające we wszystkich wszechświatowych funkcjach, osiągają ostateczną duchową jedność – dwu w jednym – co daje im możliwość przyjęcia niedostrajaczowego fragmentu Rajskiego Ojca i zjednoczenia się z nim. I w ten sposób niektórzy z waszych ukochanych, seraficznych towarzyszy w czasie, staną się także waszymi towarzyszami-finalistami w wieczności, dziećmi Najwyższego i doprowadzonymi do doskonałości synami Rajskiego Ojca.

[Przedstawione przez szefa serafinów, przebywającego na Urantii].

PRZEKAZ 114

SERAFICZNY RZĄD PLANETARNY

NAJWYŻSI Ojcowie rządzą w królestwach ludzkich, używając wielu niebiańskich sił i środków, ale głównie dzięki służbie serafinów.

Dziś w południe, na apelu aniołów planetarnych, opiekunów i innych, było na Urantii 501.234.619 par serafinów. Dwieście zastępów seraficznych oddanych jest pod moją komendę – 597.196.800 par serafinów albo 1.194.393.600 indywidualnych aniołów. Rejestry wykazują jednak 1.002.469.238 jednostek; wynika stąd zatem, że 191.924.362 aniołów nie było na tym świecie – działali w transporcie jako posłańcy i przy obowiązkach śmierci. (Na Urantii jest prawie taka sama liczba cherubinów co serafinów i są oni podobnie zorganizowani).

Serafini i towarzyszący im cherubini zajmują się w znacznej mierze szczegółami funkcjonowania nadludzkiego rządu planety, zwłaszcza na tych światach, które zostały odosobnione na skutek buntu. Aniołowie, którym umiejętnie pomagają pośredni, działają na Urantii jako nadmaterialni opiekunowie, wykonując zarządzenia rezydującego tu gubernatora generalnego i wszystkich jego asystentów i podwładnych. Oprócz opieki osobistej i grupowej, serafini, jako klasa, wykonują również wiele innych zadań.

Urantia nie jest pozbawiona odpowiedniego i operatywnego nadzoru, prowadzonego przez system, konstelację i władców wszechświata. Jednak jej rząd planetarny nie przypomina żadnego rządu, na żadnym innym świecie w systemie Satanii, nawet w całym Nebadonie. Unikalność naszego planu zarządzania planetą wynika z licznych, nadzwyczajnych okoliczności a mianowicie:

1. Status modyfikacji życia Urantii.
2. Nadzwyczajne okoliczności buntu Lucyfera.
3. Zakłócenia spowodowane odstępstwem adamicznym.
4. Nieregularności wynikające z tego, że Urantia była jednym ze światów obdarzonych Władcą Wszechświata. Michał z Nebadonu jest Planetarnym Księciem Urantii.
5. Specjalna funkcja dwudziestu czterech naczelników planetarnych.
6. Lokalizacja planety w obwodzie archanielskim.
7. Zupełnie niedawna nominacja Machiventy Melchizedeka, kiedyś wcielonego, na namiestnika Księcia Planetarnego.

1. NAJWYŻSZE WŁADZE URANTII

Z początku władzę Urantii trzymał jako powiernictwo, władca systemu Satanii. Po raz pierwszy była przezeń oddana wspólnej komisji Melchizedeków i Nosicieli Życia, i ta grupa istot działała na Urantii do przybycia odpowiednio mianowanego Księcia Planetarnego. Po upadku Księcia Caligastii, podczas buntu Lucyfera, Urantia nie miała sprawnie działających i stabilnych powiązań z wszechświatem lokalnym i jego działami administracyjnymi, aż do zakończenia jej obdarzenia przez Michała w ciele, kiedy to został on ogłoszony przez Jednoczącego Czasu planetarnym Księciem Urantii. Proklamacja taka niezbicie i w zasadzie na zawsze ustaliła status waszego świata, ale w praktyce Władca, Syn Stwórca, nie zrobił żadnego posunięcia, gdy idzie o osobistą administrację planety, poza stworzeniem jerusemskiej komisji złożonej z dwudziestu czterech byłych Urantian, mających upoważnienie do reprezentowania jego w rządzie Urantii i na wszystkich innych, objętych kwarantanną planetach systemu. Obecnie jeden z członków tej rady przebywa zawsze na Urantii jako rezydujący tutaj gubernator generalny.

Władza namiestnika, działającego z ramienia Michała jako Księcia Planetarnego, została niedawno powierzona Machivencie Melchizedekowi, ale ten Syn wszechświata lokalnego nie zrobił najmniejszego kroku, aby przekształcić obecny porządek planetarny kolejnych administracji gubernatorów generalnych rezydentów.

Niewielkie jest prawdopodobieństwo, że jakakolwiek zasadnicza zmiana w rządzie Urantii dokona się w czasie obecnego systemu sprawiedliwości, chyba, że przybyłby namiestnik Księcia Planetarnego, aby przejąć swe tytularne obowiązki. Niektórzy z naszych towarzyszy uważają, że w jakimś czasie, w niedalekiej przyszłości, plan przysyłania jednego z dwudziestu czterech radców na Urantię będzie zastąpiony formalnym przybyciem Machiventy Melchizedeka, z powiernictwem namiestnika władcy Urantii. Będzie on bez wątpienia zarządzał planetą jako zastępca Księcia Planetarnego, aż do ostatecznego osądzenia buntu Lucyfera i później prawdopodobnie aż do tej odległej przyszłości, kiedy planeta zostanie ustanowiona w światłości i życiu.

Niektórzy przypuszczają, że Machiventa nie przybędzie przejąć osobistego kierownictwa Urantian przed końcem obecnego systemu sprawiedliwości. Inni utrzymują, że namiestnik Księcia może jako taki nie przybyć, zanim Michał nie wróci kiedyś na Urantię, jak to obiecał, kiedy jeszcze był w ciele. Inni jeszcze, z narratorem włącznie, wyglądają pojawienia się Melchizedeka każdego dnia czy godziny.

2. RADA NADZORCÓW PLANETARNYCH

Od czasu obdarzenia waszego świata przez Michała, generalne zarządzanie Urantią zostało powierzone specjalnej grupie, przebywającej na Jerusem, złożonej z dwudziestu czterech istot, swego czasu Urantian. Nie wiemy, jakie trzeba spełniać warunki, żeby zostać członkiem tej komisji, ale widzimy, że wszyscy ci, którzy zostali do niej przydzieleni, przyczyniali się do poszerzenia władzy Najwyższego w systemie Satanii. Z natury wszyscy byli prawdziwymi przywódcami, kiedy działali na Urantii i (z wyjątkiem Machiventy Melchizedeka) takie wartości przywódcze zostały później poszerzone przez doświadczenie ze światów-mieszkań i uzupełnione szkoleniem obywateli Jerusem. Członkowie tej grupy, dwudziestu czterech istot, są nominowani przez gabinet Lanaforge, zatwierdzani przez Najwyższych Ojców z Edentii, aprobowani przez Przydzielonych Strażników z Jerusem i mianowani przez Gabriela z Salvingtonu, zgodnie z upoważnieniem Michała. Tymczasowo mianowani działają dokładnie tak samo jak stali członkowie tej komisji nadzorców specjalnych.

Ta rada zarządców planetarnych zajmuje się specyficznie nadzorowaniem tych działań na świecie, które wynikają z faktu, że Michał dokonał tutaj swego końcowego obdarzenia. Utrzymują oni bliski i bezpośredni kontakt z Michałem przez łącznika, przez jedną z Gwiazd Błyszczących Wieczornych, taką samą istotę jak ta, która była przy Jezusie wtedy, gdy dokonał obdarzenia w charakterze śmiertelnika.

W chwili obecnej pewien Jan, znany wam jako „Chrzciciel", jest przewodniczącym tej rady, kiedy odbywa się jej sesja na Jerusem. Jednak szefem z urzędu tej rady jest Przydzielony Strażnik z Satanii, bezpośredni i osobisty reprezentant Inspektora Pomocniczego na Salvingtonie i Najwyższego Wykonawcy z Orvontonu.

Członkowie tej samej komisji, złożonej z byłych Urantian, działają także jako doradcy-nadzorcy dla trzydziestu sześciu innych światów, odosobnionych wskutek buntu; pełnią bardzo ważną służbę pozwalając Lanaforge, Władcy Systemu, nawiązać bliskie i pełne zrozumienia kontakty z tymi planetami, które wciąż bardziej czy mniej pozostają pod kontrolą Ojców Konstelacji Norlatiadek. Dwudziestu czterech radców robi częste, indywidualne wypady na każdą objętą kwarantanną planetę, zwłaszcza na Urantię.

Każdy z pozostałych, odosobnionych światów, posiada podobnych doradców i różne w rozmiarach komisje złożone z byłych mieszkańców świata, ale komisje te są podporządkowane urantiańskiej grupie dwudziestu czterech. Podczas gdy członkowie urantiańskiej komisji aktywnie interesują się każdym, objętym kwarantanną światem Satanii, specjalnie i szczególnie zajmują się dobrem i postępem ras śmiertelnych Urantii, ponieważ oprócz Urantii nie nadzorują bezpośrednio spraw żadnej planety, a nawet tutaj ich władza nie jest zupełna, za wyjątkiem pewnych spraw dotyczących wiecznego życia człowieka.

Nikt nie wie, jak długo tych dwudziestu czterech radców z Urantii będzie działało na swoich obecnych pozycjach, w oderwaniu od systematycznego programu wszechświatowej działalności. Bez wątpienia nadal będą służyć na swych obecnych stanowiskach, zanim nie nastąpi jakaś zmiana statusu planetarnego, taka jak koniec systemu sprawiedliwości, przejęcie pełnej władzy przez Machiventę Melchizedeka, końcowe osądzenie buntu Lucyfera, czy ponowne pojawienie się Michała na świecie, gdzie dokonał końcowego obdarzenia. Przebywający teraz na Urantii gubernator generalny zdaje się zgadzać z opinią, że mogą zostać zwolnieni wszyscy oprócz Machiventy, aby się zacząć wznosić do Raju w tym momencie, kiedy system Satania zostanie przywrócony do obwodów konstelacji. Jednak istnieją również inne opinie.

3. REZYDUJĄCY GUBERNATOR GENERALNY

Co sto lat czasu Urantii, jerusemski korpus dwudziestu czterech nadzorców planetarnych wyznacza jednego ze swych członków, aby przebywał na waszym świecie, aby działał jako ich przedstawiciel administracyjny, jako przebywający tutaj gubernator generalny. W czasie przygotowywania tych narracji, ów administracyjny urzędnik został zmieniony, dziewiętnasta służąca w ten sposób istota zastąpiona została przez dwudziestą. Nie podaje się wam imienia obecnego nadzorcy planetarnego tylko dlatego, że człowiek śmiertelny skłonny jest czcić, nawet deifikować swych wybitnych rodaków i nadludzkich zwierzchników.

Gubernator generalny rezydent nie sprawuje rzeczywistej, osobistej władzy, gdy idzie o sprawy światowe, za wyjątkiem tego, że działa jako reprezentant dwudziestu czterech radców z Jerusem. Funkcjonuje on jako koordynator nadludzkiej administracji i jest szanowanym szefem oraz powszechnie uznawanym liderem istot niebiańskich, działających na Urantii. Wszystkie klasy zastępów anielskich uznają go za swego dyrektora koordynacyjnego, podczas gdy zjednoczeni pośredni, od odlotu 1-2-3 pierwszego, który został jednym z dwudziestu czterech radców, naprawdę traktują kolejnych gubernatorów generalnych jak swych planetarnych ojców.

Choć gubernator generalny nie ma rzeczywistej i osobistej władzy nad planetą, przekazuje on każdego dnia dziesiątki zarządzeń i decyzji, które są akceptowane jako ostateczne przez wszystkie te osobowości, których one dotyczą. Jest on bardziej ojcowskim doradcą niż formalnym władcą. W pewnym zakresie działa tak, jak działałby Książę Planetarny, tym niemniej jego administracja znacznie bardziej przypomina administrację Synów Materialnych.

Rząd Urantii reprezentowany jest w radach Jerusem zgodnie z tym porozumieniem, na mocy którego powracający gubernator generalny zasiada jako tymczasowy członek gabinetu Książąt Planetarnych u Władcy Systemu. Oczekiwano, że kiedy Machiventa został mianowany namiestnikiem Księcia, natychmiast zajmie swe miejsce w radzie Książąt Planetarnych Satanii, ale jak dotąd nie zrobił żadnego kroku w tym kierunku.

Nadmaterialny rząd Urantii nie utrzymuje zbyt bliskich, organizacyjnych związków z wyższymi jednostkami wszechświata lokalnego. W pewnym sensie, gubernator generalny rezydent reprezentuje tak samo Salvington jak i Jerusem, skoro działa w imieniu dwudziestu czterech radców, którzy są bezpośrednimi reprezentantami Michała i Gabriela, a będąc obywatelem Jerusem, planetarny gubernator może działać jako rzecznik Władcy Systemu. Władze konstelacji reprezentuje bezpośrednio Syn Vorondadek, obserwator z Edentii.

4. NAJWYŻSZY OJCIEC-OBSERWATOR

Najwyższe władanie Urantią dodatkowo komplikuje swego czasu arbitralne przejęcie władzy planetarnej przez rząd Norlatiadeku, wkrótce po buncie planetarnym. Wciąż przebywa na Urantii Syn Vorondadek, obserwator Najwyższych Ojców z Edentii, a wobec braku bezpośredniej działalności Michała, powiernik władzy planetarnej. Obecny Najwyższy Ojciec-obserwator (a czasami regent) jest dwudziestym trzecim, który służy na tym stanowisku na Urantii.

Są pewne grupy problemów planetarnych, które nadal znajdują się pod kontrolą Najwyższych Ojców z Edentii; jurysdykcja nad nimi została przejęta podczas buntu Lucyfera. Władzę w tej materii sprawuje Syn Vorondadek, obserwator z Norlatiadeku, który utrzymuje bardzo bliskie związki konsultacyjne z zarządcami planetarnymi. Komisarze do spraw rasy są na Urantii bardzo aktywni, a szefowie różnych ich grup są nieformalnie przydzieleni do rezydującego Vorondadeka obserwatora, który działa jako ich dyrektor doradczy.

W momencie kryzysu, rzeczywistym i niezawisłym szefem rządu, poza pewnymi czysto duchowymi sprawami, zostałby Syn Vorondadek z Edentii, pełniący teraz obowiązki obserwatora. (W tych wyłącznie duchowych problemach i w pewnych sprawach czysto osobowych, najwyższa władza zdaje się przysługiwać dowodzącemu archaniołowi, przydzielonemu do oddziałowego zarządu tej klasy, założonego niedawno na Urantii).

Najwyższy Ojciec-obserwator ma prawo przejąć, na własne żądanie, planetarny rząd w poważnych kryzysach planetarnych a odnotować należy, że zdarzyło się to trzydzieści trzy razy w historii Urantii. W takich czasach, Najwyższy Ojciec-obserwator działa jako Najwyższy Ojciec-regent, sprawując niekwestionowaną władzę nad wszystkimi przebywającymi na planecie służbami i administratorami, za wyjątkiem oddziałowej organizacji archaniołów.

Vorondadekowe regencje nie funkcjonują tylko dla odosobnionych przez bunt planet, ponieważ Najwyżsi Ojcowie mogą interweniować w dowolnym czasie w sprawy zamieszkałych światów, używając wyższej mądrości w sprawie królestw ludzkich, jaką mają władcy konstelacji.

5. RZĄD PLANETARNY

Naprawdę trudno jest opisać obecną administrację Urantii. Nie ma tu formalnego rządu, funkcjonującego według zasad organizacyjnych, obowiązujących we wszechświecie, rządu, który ma oddzielne sekcje prawodawcze, wykonawcze i sądownicze. Dwudziestu czterech radców stanowi ciało najbardziej zbliżone do sekcji prawodawczej rządu planetarnego. Gubernator generalny jest tymczasowym i doradczym szefem wykonawczym a prawo weta spoczywa w ręku Najwyższego Ojca-obserwatora. W ogóle nie ma autorytatywnych władz sądowniczych, działających na tej planecie – tylko komisje rozjemcze.

Większość problemów, dotyczących serafinów i pośrednich, rozstrzygana jest przez gubernatora generalnego na zasadzie wzajemnej ugody. Jednak za wyjątkiem poleceń przekazywanych przez dwudziestu czterech radców, wszystkie jego postanowienia podlegają apelacji do komisji rozjemczych, do władz lokalnych wyłonionych do pełnienia funkcji planetarnych, albo nawet Władcy Systemu Satanii.

Brak cielesnego personelu księcia Planetarnego i materialnego rządu Adamicznych Synów i Córek wynagradzany jest częściowo przez specjalną służbę serafinów i nadzwyczajne służby istot pośrednich. Brak Księcia Planetarnego wynagradza odpowiednio potrójna obecność – archaniołów, Najwyższego Ojca-obserwatora i gubernatora generalnego.

Ten raczej luźno zorganizowany i w pewnym sensie osobowo kierowany rząd planetarny jest bardziej niż się tego można spodziewać efektywny, ze względu na pomoc archaniołów, co daje oszczędności czasowe; ich zawsze gotowy do działania obwód często jest używany w planetarnych sytuacjach awaryjnych i podczas trudności administracyjnych. Formalnie, planeta nadal jest izolowana duchowo w obwodach Norlatiadeku, jednak w sytuacjach awaryjnych przeszkodę tę można teraz obejść, używając obwodu archanielskiego. Oczywiście, od czasu wylania Ducha Prawdy na wszelkie ciało, tysiąc dziewięćset lat temu, izolacja planetarna dotyczy w niewielkim tylko stopniu indywidualnych śmiertelników.

Każdy dzień administracyjny na Urantii zaczyna się konferencją konsultacyjną, na której jest gubernator generalny, planetarny szef archaniołów, Najwyższy Ojciec-obserwator, supernafin nadzorujący, szef Nosicieli Życia rezydentów i zaproszeni goście, wybrani spośród wysokich Synów wszechświata i spośród pewnych, odwiedzających badaczy, którym zdarzyło się przebywać na planecie.

Bezpośredni gabinet administracyjny gubernatora generalnego składa się z dwunastu serafinów, którzy działają jako szefowie dwunastu grup aniołów specjalnych, funkcjonujących jako bezpośredni, nadludzcy kierownicy planetarnego postępu i stabilizacji.

6. WYŻSI SERAFINI NADZORU PLANETARNEGO

Kiedy razem z wylaniem Ducha Prawdy przybył na Urantię pierwszy gubernator generalny, towarzyszyło mu dwanaście korpusów specjalnych serafinów, absolwentów Serafingtonu, którzy zostali natychmiast przydzieleni do pewnych specjalnych służb planetarnych. Ci wspaniali aniołowie znani są jako wyżsi serafini nadzoru planetarnego i kierowani są bezpośrednio przez gubernatora generalnego rezydenta, niezależnie od nadrzędnej kontroli planetarnego Najwyższego Ojca-obserwatora.

Te dwanaście grup aniołów, podczas gdy działają pod generalnym nadzorem gubernatora generalnego rezydenta, kierowanych jest bezpośrednio przez seraficzną radę dwunastu aniołów, pełniących obowiązki szefów każdej grupy. Taka rada służy również jako ochotniczy gabinet gubernatora generalnego rezydenta.

Jako planetarny szef serafinów, przewodniczę radzie szefów seraficznych, jestem supernafinem-ochotnikiem klasy pierwszej a służę na Urantii na miejscu dawnego szefa anielskich zastępów planety, który zawiódł w czasie secesji Caligastii.

Dwanaście korpusów wyższych serafinów nadzoru planetarnego działa na Urantii następująco:

1. *Aniołowie epokowi.* Są to aniołowie epoki bieżącej, grupa obecnego systemu sprawiedliwości. Tym niebiańskim opiekunom powierzono nadzór jak również kierownictwo spraw każdego pokolenia, ponieważ ich zadaniem jest dopasować się do mozaiki tej epoki, w której wydarzenia następują. Służący obecnie na Urantii korpus aniołów epokowych jest trzecią taką grupą przydzieloną planecie w czasie obecnego systemu sprawiedliwości.

2. *Aniołowie postępu.* Serafinom tym powierzono zadanie inicjowania postępu ewolucyjnego w kolejnych epokach rozwoju społeczeństwa. Stymulują oni kształtowanie się rozwojowych dążeń, nieodłącznych istotom ewolucyjnym, pracują nieustannie, aby czynić rzeczy takimi, jakimi być powinny. Grupa pełniąca teraz swe obowiązki jest drugą taką przydzieloną planecie.

3. *Opiekunowie religijni.* Są to „aniołowie Kościołów", gorliwi bojownicy o to, co jest i co było. Usiłują zachować ideały tego, co przetrwało z przeszłości, aby bezpiecznie przenieść wartości moralne z jednej epoki do drugiej. Są oponentami aniołów postępu, gdy wciąż usiłują przenieść z jednego pokolenia na drugie nieprzemijające wartości starych i przemijających form, przełożyć stare na nowe a tym samym mniej ustabilizowane wzory myślenia i postępowania. Aniołowie ci walczą o formy duchowe, ale nie są przyczyną ultrasekciarstwa i kontrowersyjnych, bezsensownych podziałów wierzących ludzi religijnych. Ich korpus, działający obecnie na Urantii, jest piątym z kolei.

4. *Aniołowie życia narodowego.* Są to „aniołowie z trąbami", kierujący przedsięwzięciami *politycznymi* w życiu narodów Urantii. Ich grupa, działająca teraz w kontroli nadrzędnej stosunków międzynarodowych, jest czwartym takim korpusem służącym na planecie. To właśnie dzięki działalności tej grupy seraficznej „Najwyżsi Ojcowie rządzą w królestwach ludzi".

5. *Aniołowie ras.* Są to ci, którzy działają po to, aby zachować ewolucyjne rasy czasu, niezależnie od ich politycznego zaangażowania czy przynależności religijnej. Na Urantii istnieją pozostałości dziewięciu ras ludzkich, które wymieszały się i zespoliły w narody współczesne. Serafini ci współpracują blisko z komisarzami do spraw rasy a ich obecna grupa na Urantii jest pierwszym takim korpusem, przydzielonym planecie krótko po dniu Zesłania Ducha.

6. *Aniołowie przyszłości.* Są to aniołowie planiści, którzy przewidują przyszłą epokę i planują realizację lepszych rzeczy w nowym i zaawansowanym systemie sprawiedliwości; są architektami kolejnych epok. Ich grupa, przebywająca obecnie na planecie, działa tak od początku obecnego systemu sprawiedliwości.

7. *Aniołowie oświecenia.* Urantii pomaga teraz trzeci korpus serafinów, poświęcających się szerzeniu edukacji na planecie. Aniołowie ci zajmują się szkoleniem umysłowym i moralnym, które dotyczy jednostek, rodzin, grup ludzkich, szkół, społeczności, narodów i całych ras.

8. *Aniołowie zdrowia.* Są to opiekunowie seraficzni, przydzieleni do pomocy tym placówkom ludzkim, które zajmują się opieką zdrowotną i zapobiegają chorobom. Obecny ich korpus jest szóstą taką grupą, służącą podczas obecnego systemu sprawiedliwości.

9. *Serafini rodziny.* Urantii służy teraz piąta grupa opiekunów anielskich, zajmujących się zachowaniem i rozwojem rodziny, podstawowej instytucji cywilizacji ludzkiej.

10. *Aniołowie gospodarki.* Ta grupa seraficzna zajmuje się rozwojem produkcji i doskonaleniem warunków ekonomicznych narodów Urantii. Od obdarzenia dokonanego przez Michała, korpus ten zmieniany był siedem razy.

11. *Aniołowie rozrywki.* Są to ci serafini, którzy propagują wartości zabawy, humoru i odpoczynku. Zawsze próbują doskonalić relaksujące, ludzkie rozrywki i tym samym lansują bardziej efektywne wykorzystanie wolnego czasu człowieka. Obecny korpus jest trzecim z tej klasy służącym na Urantii.

12. *Aniołowie służb nadludzkich.* Są to aniołowie aniołów, serafini, którzy zostali przydzieleni do służenia całej reszcie nadludzkiego życia planety, tak tymczasowego jak i stałego. Korpus ten służy od początku obecnego systemu sprawiedliwości.

Kiedy te grupy wyższych serafinów nie zgadzają się ze sobą w sprawie planetarnych zasad postępowania czy procedur, ich nieporozumienia łagodzone są zazwyczaj przez gubernatora generalnego, jednak wszystkie jego zarządzenia podlegają apelacji, w zależności od natury i ważności spraw, których nieporozumienia dotyczą.

Żadna z tych grup anielskich nie sprawuje bezpośredniej, arbitralnej kontroli nad przydzielonymi im zadaniami. Nie mogą w pełni kontrolować spraw podległych ich indywidualnym zakresom funkcjonowania, ale mogą tak aranżować warunki planetarne, i tak łączyć okoliczności, i to robią, aby korzystnie wpływać na te sfery działań ludzkich, do których są przydzieleni.

Wyżsi serafini nadzoru planetarnego używają wielu środków przy wykonywaniu swej misji. Działają jako ideowe centra analityczne, ogniskują umysły i popierają projekty. Podczas gdy nie mogą wstrzyknąć w umysły ludzkie nowych, wyższych koncepcji, zajmują się często ożywianiem pewnych wyższych ideałów, które już pojawiły się w intelekcie ludzkim.

Tym niemniej, niezależnie od tych licznych środków konstruktywnego oddziaływania, wyżsi serafini chronią postęp planetarny przed poważniejszymi zagrożeniami poprzez uaktywnianie, szkolenie i prowadzenie rezerwowego korpusu przeznaczenia. Główną funkcją tych rezerwistów jest zagwarantowanie ciągłości funkcjonowania postępu ewolucyjnego; są to te zabezpieczenia, które poczyniły siły niebiańskie, aby zapobiec niespodziankom; są to metody zapobiegania katastrofie.

7. REZERWOWY KORPUS PRZEZNACZENIA

Rezerwowy korpus przeznaczenia składa się z żyjących mężczyzn i kobiet, którzy zostali przyjęci do specjalnej służby w nadludzkiej administracji spraw światowych. Korpus ten tworzą mężczyźni i kobiety, wybrani z każdego pokolenia przez duchowych władców domeny, aby pomagali w służbie miłosierdzia i mądrości, prowadzonej dla dzieci czasu na światach ewolucyjnych. Już się utarło, że w trakcie wypracowywania elementów składowych planów wznoszenia się, zaczyna się korzystać z tej łączności z obdarzonymi wolą istotami śmiertelnymi, jak tylko są one kompetentne i godne zaufania, aby podjąć się takich obowiązków. Dlatego też, kiedy na scenie działań doczesnych pojawią się mężczyźni i kobiety z odpowiednimi zdolnościami umysłowymi, właściwym statusem moralnym i wymaganą duchowością, są oni szybko przydzielani do właściwej, niebiańskiej grupy osobowości planetarnych, jako ludzcy łącznicy, śmiertelnicy-asystenci.

Kiedy istoty ludzkie zostaną wybrane na protektorów planetarnego przeznaczenia, kiedy stają się jednostkami kluczowymi w planach wypracowywanych przez administratorów świata, wtedy planetarny szef serafinów potwierdza ich doczesny przydział do korpusu seraficznego i mianuje osobistych opiekunów przeznaczenia, aby służyli z tymi śmiertelnymi rezerwistami. Wszyscy rezerwiści mają samoświadome Dostrajacze a większość z nich działa w wyższych kręgach kosmicznych osiągnięć intelektualnych i dokonań duchowych.

Śmiertelnicy z danej domeny wybierani są do służby w rezerwowym korpusie przeznaczenia na światach zamieszkałych, ponieważ:

1. Posiadają specjalne warunki dla ich tajnego przygotowywania do licznych, możliwych, nadzwyczajnych misji, prowadzonych podczas wypracowywania spraw światowych.
2. Są szczerze oddani pewnej specjalnej, społecznej, ekonomicznej, politycznej, duchowej czy innej sprawie i gotowi są służyć bez uznania i wynagrodzenia ze strony ludzi.
3. Posiadają Dostrajacza Myśli o nadzwyczajnej wszechstronności i prawdopodobnie przedurantiańskim doświadczeniu, gdy idzie o radzenie sobie z trudnościami planetarnymi i zmaganie się z zagrażającymi światu katastrofami.

Każda grupa niebiańskiej służby planetarnej uprawniona jest do posiadania stałego, łącznikowego korpusu takich śmiertelników przeznaczenia. Przeciętny, zamieszkały świat, zatrudnia siedemdziesiąt niezależnych korpusów przeznaczenia, blisko związanych z prowadzeniem bieżących, nadludzkich spraw świata. Na Urantii jest dwanaście rezerwowych korpusów przeznaczenia, po jednym dla każdej planetarnej grupy seraficznego nadzoru.

Dwanaście grup rezerwistów przeznaczenia Urantii tworzą śmiertelni mieszkańcy tej planety, którzy przygotowani zostali do zajmowania licznych, ważnych pozycji na Ziemi i trzymani są w gotowości, aby mogli działać w ewentualnych, nagłych wypadkach planetarnych. Łącznie, te planetarne korpusy liczą teraz 962 osoby. Najmniejszy korpus liczy 41 osób a największy 172. Za wyjątkiem niecałej dwudziestki osób kontaktu, członkowie tej unikalnej grupy nic nie wiedzą o swym przygotowaniu do ewentualnego funkcjonowania w pewnych kryzysach planetarnych. Ci śmiertelnicy-rezerwiści są wybrani przez korpus, do którego zostają odpowiednio przydzieleni a ponadto są szkoleni i przygotowywani w głębi umysłu łącznymi metodami Dostrajacza Myśli i przez służbę opiekunów seraficznych. Częstokroć liczne inne, niebiańskie osobowości, mają swój udział w tym nieświadomym szkoleniu a w całym tym specjalnym przygotowaniu wartościowe i nieocenione usługi spełniają pośredni.

Na wielu światach lepiej przystosowane, wtórne istoty pośrednie, potrafią osiągnąć u pewnych, odpowiednio ukształtowanych śmiertelników różne stopnie kontaktu z ich Dostrajaczami Myśli, poprzez zręczną penetrację zamieszkiwanych przez Dostrajacze umysłów. (I dzięki właśnie takiej, przypadkowej kombinacji kosmicznych warunków, objawienia te zostały zmaterializowane w języku angielskim na Urantii). Tacy, potencjalnie kontaktowi śmiertelnicy, organizowani są w liczne korpusy rezerwowe a zdarza się, że w pewnym stopniu dzięki tym, małym grupom postępowych osobowości, posuwana jest naprzód cywilizacja duchowa a Najwyżsi Ojcowie mogą rządzić królestwami ludzkimi. Mężczyźni i kobiety z tych rezerwowych korpusów przeznaczenia mają różne stopnie kontaktu ze swymi Dostrajaczami, dzięki pośredniczącej służbie istot pośrednich; jednak śmiertelnicy tacy są mało znani swym współbraciom, poza tymi rzadkimi, społecznymi sytuacjami krytycznymi i duchowymi skrajnościami, w których te osoby rezerwowe zabezpieczają kulturę ewolucyjną przed załamaniem się, albo światło żywej prawdy przed wygaśnięciem. Tacy rezerwiści przeznaczenia rzadko są rozsławiani na stronicach historii ludzkiej Urantii.

Rezerwiści funkcjonują nieświadomie jako konserwatorzy istotnej informacji planetarnej. Wielokrotnie, w momencie śmierci rezerwisty, dokonuje się przeniesienia pewnych ważnych danych z umysłu umierającego rezerwisty do młodszego następcy, dzięki łączności dwu Dostrajaczy Myśli. Bez wątpienia Dostrajacze działają też na wiele innych, nieznanych nam sposobów, podczas kontaktów z tymi rezerwowymi korpusami.

Choć na Urantii rezerwowy korpus przeznaczenia nie ma formalnego szefa, posiada swe własne, stałe rady, które stanowią jego strukturę rządzącą. Obejmują one radę sądowniczą, radę historyczną, radę do spraw suwerenności politycznej i wiele innych. Od czasu do czasu, zgodnie z organizacją korpusu, tytularny (śmiertelny) szef całego korpusu rezerwowego zostaje upoważniony przez te stałe rady do pełnienia specyficznych funkcji. Kadencja takiego szefa rezerwistów trwa zazwyczaj kilka godzin i ogranicza się do wypełnienia pewnego, specyficznego, bieżącego zadania.

Rezerwowy korpus Urantii był najliczniejszy w czasach Adamitów i Anditów, potem ulegał ciągłej redukcji, wraz z rozrzedzaniem się krwi fioletowej i osiągnął swój najniższy punkt mniej więcej w czasie Zesłania Ducha, odkąd członkostwo korpusu rezerwowego stopniowo zaczęło zwiększać swą liczebność.

(Rezerwowy korpus kosmiczny, złożony ze śmiertelników Urantii świadomych spraw wszechświata, liczy teraz ponad tysiąc śmiertelników, u których wnikliwość wynikająca z obywatelstwa kosmicznego znacznie przekracza sferę ich ziemskiego pobytu, ale zabroniono mi objawienia prawdziwej natury i działalności tej unikalnej grupy żywych istot ludzkich).

Śmiertelnicy Urantii nie powinni dopuścić do tego, aby względna, duchowa izolacja ich świata od pewnych obwodów wszechświata lokalnego wytworzyła poczucie kosmicznego opuszczenia czy planetarnego osierocenia. Działa na tej planecie konkretny i efektywny, nadludzki nadzór spraw światowych i ludzkich przeznaczeń.

Prawdą jest jednak, że w najlepszym wypadku możecie mieć słabe zaledwie pojęcie o idealnym rządzie planetarnym. Od wczesnych dni Księcia Planetarnego, Urantia ucierpiała z powodu niepowodzeń przy wprowadzaniu w życie boskiego planu rozwoju świata i kształtowania ewolucji rasowej. W Satanii, lojalne światy zamieszkałe nie są rządzone tak jak Urantia. Tym niemniej, w porównaniu z innymi izolowanymi światami, wasze planetarne rządy nie były tak złe; jedynie o jednym czy dwu światach można powiedzieć, że miały gorsze rządy a mogło być kilka nieco lepszych, jednak większość znajduje się na równym z wami poziomie.

Wydaje się, że nikt we wszechświecie lokalnym nie wie, kiedy nieuporządkowany status administracji planetarnej się skończy. Melchizedekowie z Nebadonu wyrażają opinię, że niewielka tylko nastąpi zmiana w rządzie planetarnym i administracji do czasu drugiego, osobistego przybycia Michała na Urantię. Bez wątpienia w takim czasie, jeśli nie wcześniej, znaczne zmiany nastąpią w zarządzaniu planetą. Jednak, gdy idzie o naturę tych przeobrażeń administracji świata, nikt nie potrafi nawet zgadywać. Wydarzenie takie nie ma precedensu w całej historii światów zamieszkałych wszechświata Nebadonu. Wśród wielu rzeczy trudnych do zrozumienia, odnoszących się do przyszłego rządu Urantii, poczesną stanowi lokalizacja na planecie obwodu i oddziałowego zarządu archaniołów.

Wasz odosobniony świat nie został zapomniany w radach wszechświata. Urantia nie jest kosmiczną sierotą, napiętnowaną grzechem i odciętą od boskiej opieki na skutek buntu. Od Uversy do Salvingtonu i w dół do Jerusem, nawet w Havonie i w Raju, wszyscy wiedzą, że tu jesteśmy; a wy śmiertelnicy, żyjący teraz na Urantii, jesteście kochani taką miłością i tak dokładnie nadzorowani, jak gdyby ta sfera nigdy nie została zdradzona przez niewiernego Księcia Planetarnego, a nawet bardziej. Jest wieczną prawdą, że „sam Ojciec was kocha".

[Przedstawione przez szefa serafinów, przebywającego na Urantii].

PRZEKAZ 115

ISTOTA NAJWYŻSZA

GDY idzie o Boga Ojca, synostwo jest wspaniałym pokrewieństwem. Gdy idzie o Boga Najwyższego, osiągnięcia są wstępnym warunkiem zdobycia statusu – należy coś zrobić, jak również kimś być.

1. RELATYWNOŚĆ RAM POJĘCIOWYCH

Częściowe, niekompletne i rozwijające się intelekty byłyby bezradne we wszechświecie nadrzędnym, byłyby niezdolne do sformowania wstępnej, racjonalnej formy myślenia, gdyby nie wrodzona zdolność każdego umysłu, wysokiego czy niskiego, do kształtowania *wszechświatowej ramy,* w której można myśleć. Jeżeli umysł nie może wyciągać wniosków, jeśli nie może zgłębić prawdziwych początków, wtedy taki umysł niezawodnie będzie postulował wnioski i wymyślał początki, aby móc logicznie myśleć w obrębie ram takich założeń, stworzonych w umyśle. I chociaż takie wszechświatowe ramy myślenia istoty stworzonej niezbędne są do prowadzenia racjonalnych operacji intelektualnych, są one wszystkie błędne, w większym czy mniejszym stopniu.

Konceptualne ramy wszechświata są tylko względnie prawdziwe; są użytecznym rusztowaniem, które musi w końcu ustąpić przed rozwijającym się i poszerzającym rozumowaniem kosmicznym. Zrozumienie prawdy, piękna i dobroci, moralności, etyki, obowiązku, miłości, boskości, pochodzenia, egzystencji, celu, przeznaczenia, czasu, przestrzeni a nawet Bóstwa, jest tylko względnie prawdziwe. Bóg jest czymś znacznie wyższym niż Ojcem, jednak Ojciec jest najwyższą ludzką koncepcją Boga; tym niemniej Ojcowsko-Synowskie zobrazowanie związku Stwórca-stworzony poszerzone będzie przez te nadludzkie koncepcje Bóstwa, do których się dotrze w Orvontonie, w Havonie i Raju. Człowiek musi myśleć we wszechświatowych ramach śmiertelnika, ale to nie oznacza, że nie może on sobie uzmysłowić innych, wyższych ram, w których można myśleć.

Aby ułatwić śmiertelnikowi zrozumienie wszechświata wszechświatów, określone zostały zróżnicowane poziomy rzeczywistości kosmicznej, takie jak skończony, absoniczny i absolutny. Spośród nich tylko absolutny jest bezwzględnie wieczny, prawdziwie egzystencjalny. Absonity i skończoności są pochodnymi, modyfikacjami, uwarunkowaniami i pomniejszeniami oryginalnej, pierwotnej, absolutnej rzeczywistości nieskończoności.

Domeny tego, co skończone, istnieją z racji wiecznego celu Boga. Istoty skończone, wysokie i niskie, mogą proponować teorie i to robią, dotyczące konieczności istnienia tego, co skończone w organizacji kosmicznej, jednak w końcowym podsumowaniu istnieje to dlatego, że Bóg tak chciał. Wszechświata nie można wyjaśnić, ani też istota skończona nie może proponować racjonalnego uzasadnienia swej własnej, jednostkowej egzystencji, bez odwoływania się do aktów wcześniejszych oraz istniejącej uprzednio woli istot ancestralnych, Stwórców albo rodziców.

2. ABSOLUTNA PODSTAWA NAJWYŻSZOŚCI

Z egzystencjalnego punktu widzenia nic nowego nie może się zdarzyć w galaktykach, gdyż pełnia nieskończoności, tkwiąca w JESTEM, jest wiecznie obecna w siedmiu Absolutach, funkcjonalnie złączona w trójjednościach i przejściowo złączona w triodytach. Jednak to, że nieskończoność jest egzystencjalnie obecna w tych absolutnych związkach, w żaden sposób nie uniemożliwia realizacji nowych kosmicznych empiryczności. Z punktu widzenia istoty skończonej, nieskończoność zawiera dużo tego, co jest potencjalne, dużo tego, co należy raczej do porządku przyszłej możliwości niż do obecnej aktualności.

Wartość jest unikalnym elementem wszechświatowej rzeczywistości. Nie potrafimy zrozumieć, jak wartość czegokolwiek, co nieskończone i boskie, mogłaby ewentualnie być podwyższona. Odkrywamy jednak, że *znaczenia* mogą być przeobrażane, jeśli nie poszerzane, nawet w związkach nieskończonego Bóstwa. Dla wszechświatów empirycznych nawet boskie wartości są rozbudowywane jako aktualności, dzięki poszerzonemu pojmowaniu znaczeń rzeczywistości.

Cały schemat powszechnego stworzenia i ewolucji, na wszystkich jego doświadczanych poziomach, jest najwyraźniej sprawą przemian potencjalności w aktualności; i takie przeobrażenie ma do czynienia tak samo z dziedzinami potencji przestrzeni, potencji umysłu i potencji ducha.

Dostrzegalna metoda, za pomocą której możliwości kosmosu są sprowadzane do aktualnej egzystencji, jest zróżnicowana od poziomu do poziomu i stanowi empiryczną ewolucję w tym, co skończone, a empiryczne wynikanie w tym, co absoniczne. Egzystencjalna nieskończoność jest doprawdy nie uwarunkowana we wszechobejmowaniu a to właśnie wszechobejmowanie musi z konieczności obejmować nawet możliwość ewolucyjnego, skończonego doświadczania. Możliwość takiego, empirycznego rozwoju, staje się wszechświatową aktualnością dzięki triodytowym związkom, zazębiającym się o Najwyższego i w Najwyższym.

3. PIERWOTNE, AKTUALNE I POTENCJALNE

Absolutny kosmos nie ma konceptualnych ograniczeń; zdefiniować rozciągłość i naturę tej pierwotnej rzeczywistości oznacza nałożyć uwarunkowania na nieskończoność i pomniejszyć czystą koncepcję wieczności. Idea nieskończonego-wiecznego, wiecznego-nieskończonego, jest nie uwarunkowana w swej rozciągłości i absolutna w fakcie. Nie istnieje taki język w przeszłości, teraźniejszości czy przyszłości Urantii, którym można by odpowiednio wyrazić rzeczywistości nieskończoności czy nieskończoności rzeczywistości. Człowiek, istota skończona w nieskończonym kosmosie, musi zadowalać się wypaczonymi odbiciami i pomniejszonymi koncepcjami tej, bez limitu, nieograniczonej, nigdy nie zaczętej, nigdy nie kończącej się egzystencji, której zrozumienie naprawdę przekracza jego możliwości.

Umysł nigdy nie może żywić nadziei zrozumienia koncepcji Absolutu, bez konieczności złamania na wstępie jedności takiej rzeczywistości. Umysł jednoczy wszelkie rozbieżności, ale przy braku takich właśnie rozbieżności, umysł nie znajduje podstawy, na której mógłby próbować formułować zrozumiałe koncepcje.

Pierwotna statyka nieskończoności wymaga segmentacji, zanim człowiek może próbować ją zrozumieć. W nieskończoności istnieje jedność, która została wyrażona w tych przekazach jako JESTEM – najważniejszy postulat umysłowy istoty stworzonej. Jednak istota stworzona nigdy nie potrafi zrozumieć jak to się dzieje, że taka jedność staje się dualizmem, trójjednością i różnorodnością, kiedy nadal pozostaje nie uwarunkowaną jednością. Człowiek napotyka podobny problem, gdy zastanawia się nad niepodzielnym Bóstwem Trójcy, obok wielokrotnego uosobienia Boga.

To tylko odległość, dzieląca człowieka od nieskończoności sprawia, że ta koncepcja wyrażana jest jednym słowem. Podczas gdy nieskończoność z jednego punktu widzenia jest JEDNOŚCIĄ, to z innego jest RÓŻNORODNOŚCIĄ bez końca czy ograniczeń. Nieskończoność, jak dostrzegana jest przez skończone istoty inteligentne, jest największym paradoksem filozofii istoty stworzonej oraz skończonej metafizyki. Chociaż ludzka natura duchowa dociera w czci pełnym doświadczeniu do Ojca, który jest nieskończony, ludzka możliwość intelektualnego pojmowania wyczerpuje się na maksymalnej koncepcji Istoty Najwyższej. Poza Najwyższym, koncepcje stają się coraz bardziej nazwami; coraz mniej są prawdziwymi określeniami rzeczywistości; coraz bardziej stają się rzutowaniem skończonego zrozumienia istoty na to, co nadskończone.

Zasadnicza koncepcja poziomu absolutnego zawiera postulat trzech jego stadiów:

1. *Pierwotny.* Nieuwarunkowana koncepcja Pierwszego Źródła i Centrum, tego źródłowego przejawu JESTEM, z którego cała rzeczywistość bierze początek.
2. *Aktualny.* Jedność trzech Absolutów aktualności, Drugiego, Trzeciego oraz Rajskiego Źródła i Centrum. Ta trójjedność Wiecznego Syna, Nieskończonego Ducha i Wyspy Raj stanowi aktualne objawienie pierwotności Pierwszego Źródła i Centrum.
3. *Potencjalny.* Jedność trzech Absolutów potencjalności, Absolutów Bóstwa, Nieuwarunkowanego i Wszechświatowego. Ta triodyta egzystencjalnej potencjalności stanowi potencjalne objawienie pierwotności Pierwszego Źródła i Centrum.

Związek wzajemny Pierwotnego, Aktualnego i Potencjalnego tworzy napięcia w nieskończoności, które dają możliwość wszelkiego rozwoju wszechświata a rozwój stanowi naturę Siedmiorakiego, Najwyższego i Ostatecznego.

W związku Absolutów – Bóstwa, Wszechświatowego i Nieuwarunkowanego – potencjalność jest absolutna, podczas gdy aktualność się wyłania; w związku Drugiego, Trzeciego oraz Rajskiego Źródła i Centrum, aktualność jest absolutna, podczas gdy potencjalność się wyłania; w pierwotności Pierwszego Źródła i Centrum nie możemy stwierdzić, czy aktualność lub potencjalność jest egzystencjalna, czy się wyłania – *Ojciec jest.*

Z punktu widzenia czasu, Aktualne jest to, co było i to, co jest; Potencjalne jest to, co się staje i to, co będzie; Pierwotne jest to, co jest. Z punktu widzenia wieczności, różnice pomiędzy Pierwotnym, Aktualnym i Potencjalnym nie są tak oczywiste. Te trójjedne jakości nie są tak odróżnialne na poziomach Raju-wieczności. W wieczności wszystko jest – tylko nie wszystko zostało jeszcze objawione w czasie i przestrzeni.

Z punktu widzenia istoty stworzonej, aktualność jest substancją, potencjalność jest możliwością. Aktualność istnieje najbardziej w centrum i stamtąd się rozszerza na peryferie nieskończoności; potencjalność przychodzi do wewnątrz z peryferii nieskończoności i zbiega się w centrum wszystkich rzeczy. Pierwotność jest tym, co z początku wywołuje a potem równoważy podwójne biegi cyklu metamorfozy rzeczywistości, od potencjałów do aktualności i do potencjalizacji istniejących aktualności.

Trzy Absoluty potencjalności działają na czysto wiecznym poziomie kosmosu, więc jako takie nigdy nie funkcjonują na poziomach podabsolutnych. Na zstępujących poziomach rzeczywistości, triodyta potencjalności uwidacznia się z Ostatecznym i w Najwyższym. Potencjał może nie zaktualizować się w czasie, w odniesieniu do części, na jakimś podabsolutnym poziomie, lecz nigdy nie całościowo. Wola Boga dominuje ostatecznie, nie zawsze w odniesieniu do jednostki, ale nieodmiennie w odniesieniu do całości.

To właśnie w triodycie aktualności, istnienia kosmosu mają swe centrum; czy to duch, umysł czy energia, wszystko koncentruje się w tym związku Syna, Ducha i Raju. Osobowość duchowego Syna jest oryginalną formą dla wszelkiej osobowości we wszystkich wszechświatach. Tworzywo Rajskiej Wyspy jest oryginalną formą, której Havona jest objawieniem doskonałym a superwszechświaty doskonalącym się. Wspólny Aktywizator jest równocześnie umysłową aktywizacją energii kosmicznej, konceptualizacją duchowego celu oraz integracją matematycznych przyczyn i skutków poziomów materialnych z wolicjonalnymi celami i motywami poziomu duchowego. W skończonym wszechświecie i dla niego, Syn, Duch i Raj działają w Ostatecznym i przez Ostatecznego, jak jest on uzależniany i warunkowany w Najwyższym.

Aktualność (Bóstwa) jest tym, czego szuka człowiek podczas wznoszenia się do Raju. Potencjalność (ludzkiej boskości) jest tym, co człowiek rozwija w tym poszukiwaniu. Pierwotne jest tym, co umożliwia współistnienie i integrację człowieka aktualnego, człowieka potencjalnego i człowieka wiecznego.

Finalna dynamika kosmosu ma do czynienia z ciągłym przemieszczaniem rzeczywistości, od potencjalności do aktualności. W teorii może istnieć koniec takich przekształceń, ale faktycznie jest to niemożliwe, ponieważ Potencjalne i Aktualne są razem objęte obwodem w Pierwotnym (JESTEM), a takie utożsamienie na zawsze uniemożliwia nałożenie ograniczeń na kształtujący się rozwój wszechświata. Cokolwiek, co utożsamia się z JESTEM, nigdy nie znajdzie końca rozwoju, ponieważ aktualność potencjałów JESTEM jest absolutna a potencjalność aktualności JESTEM jest także absolutna. Aktualności zawsze będą otwierać nowe drogi realizacji niemożliwych dotychczas potencjałów – każda decyzja człowieka nie tylko powoduje aktualizowanie się nowej rzeczywistości w ludzkim doświadczeniu, ale także otwiera nowe możliwości ludzkiego rozwoju. Dorosły żyje w każdym dziecku a zaawansowany w morontii przebywa w dojrzałym, rozpoznającym Boga człowieku.

Zastój w rozwoju nigdy nie może się pojawić w kosmosie jako całości, ponieważ podstawa rozwoju – aktualności absolutne – jest nie uwarunkowana i ponieważ możliwości rozwoju – potencjały absolutne – są nieograniczone. Z praktycznego punktu widzenia, filozofowie wszechświata doszli do wniosku, że nie istnieje taka rzecz jak *koniec*.

Z ograniczonego punktu widzenia jest doprawdy wiele końców, wiele zakończeń działalności, jednak z poszerzonego punktu widzenia, na wyższym poziomie wszechświata, zakończenia nie istnieją a tylko przejścia z jednego stadium rozwoju do innego.

Zasadnicza czasowość wszechświata nadrzędnego odnosi się do wielu epok wszechświata, Havony, superwszechświata i epok wszechświata zewnętrznego. Ale nawet te podstawowe podziały sekwencyjnych związków nie mogą być niczym więcej niż względnymi punktami orientacyjnymi na nie kończącej się drodze wieczności.

Finalne przenikanie prawdy, piękna i dobroci Istoty Najwyższej może tylko otworzyć posuwającej się naprzód istocie te absoniczne jakości ostatecznej boskości, które leżą poza konceptualnymi poziomami prawdy, piękna i dobroci.

4. ŹRÓDŁA RZECZYWISTOŚCI NAJWYŻSZEJ

Jakiekolwiek rozważania dotyczące *początków* Boga Najwyższego muszą się zacząć od Rajskiej Trójcy, ponieważ Trójca jest Bóstwem pierwotnym podczas gdy Najwyższy jest Bóstwem pochodnym. Jakiekolwiek rozważania dotyczące *rozwoju* Najwyższego, muszą brać pod uwagę triodyty egzystencjalne, gdyż obejmują one całą absolutną aktualność i całą skończoną potencjalność (w połączeniu z Pierwszym Źródłem i Centrum). I ewolucyjny Najwyższy jest kulminacyjnym, osobowo wolicjonalnym zogniskowaniem transmutacji – przekształcenia – potencjałów w aktualności w skończonym poziomie bytu i na tym poziomie. Dwie triodyty, aktualna i potencjalna, obejmują całość wzajemnych związków rozwoju we wszechświatach.

Najwyższy ma swoje źródło w Rajskiej Trójcy – w wiecznym, aktualnym i niepodzielnym Bóstwie. Najwyższy jest przede wszystkim osobą duchową, a ta osoba duchowa wywodzi się z Trójcy. Jednak z drugiej strony Najwyższy jest Bóstwem rozwoju – ewolucyjnego rozwoju – a rozwój ten wywodzi się z dwu triodyt, aktualnej i potencjalnej.

Jeżeli trudno jest zrozumieć, że nieskończone triodyty mogą funkcjonować na poziomie skończonym, pomyślcie chwilę, że to właśnie ich nieskończoność sama w sobie musi zawierać potencjalność skończonego; nieskończoność zawiera wszystkie rzeczy, w zakresie od najniższych i najbardziej uwarunkowanych istnień skończonych, do rzeczywistości najwyższych i bezwarunkowo absolutnych.

Nie jest tak trudno zrozumieć, że nieskończone zawiera skończone, trudniej jest zrozumieć, w jaki sposób nieskończone aktualnie objawia się dla skończonego. Jednak Dostrajacze Myśli, zamieszkujące człowieka śmiertelnego, są jednym z wiecznych dowodów na to, że nawet absolutny Bóg (jako absolut) może nawiązać i nawiązuje bezpośredni kontakt z najniższą i ostatnią ze wszystkich, obdarzonych wolą istot we wszechświecie.

Triodyty, które wspólnie obejmują to, co aktualne i to, co potencjalne, objawiają się na poziomie skończonym w połączeniu z Istotą Najwyższą. Metoda tego objawiania się jest zarówno bezpośrednia jak i pośrednia: bezpośrednia tak dalece, jak triodytowe związki mają swe bezpośrednie odbicie w Najwyższym a pośrednia tak dalece, jak zostają one wyprowadzone przez wynikowy poziom absonitu.

Najwyższa rzeczywistość, która w całości jest rzeczywistością skończoną, znajduje się w toku dynamicznego rozwoju pomiędzy nie uwarunkowanymi potencjałami przestrzeni zewnętrznej a nie uwarunkowanymi aktualnościami centrum wszystkich rzeczy. Skończone domeny stają się w ten sposób faktem, dzięki współpracy absonicznych czynników Raju i Najwyższych Osobowości Stwórczych czasu. Akt dojrzewania uwarunkowanych możliwości trzech wielkich, potencjalnych Absolutów, jest absoniczną funkcją Architektów Wszechświata Nadrzędnego i ich transcendentalnych towarzyszy. A kiedy te możliwości dochodzą do pewnego punktu dojrzałości, z Raju wyłaniają się

Najwyższe Osobowości Stwórcze, aby wziąć udział w trwającym epoki zadaniu powołania rozwijających się wszechświatów do faktycznego bytu.

Rozwój Najwyższości wywodzi się z triodyt; duchowa osoba Najwyższego z Trójcy; ale prerogatywy mocy Wszechmocnego opierają się na sukcesach boskości Boga Siedmiorakiego, podczas gdy połączenie prerogatyw Wszechmocnego Najwyższego z duchową osobą Boga Najwyższego odbywa się dzięki działalności Wspólnego Aktywizatora, który nadał Najwyższemu umysł, jako czynnik jednoczący to ewolucyjne Bóstwo.

5. ZWIĄZEK NAJWYŻSZEGO Z RAJSKĄ TRÓJCĄ

Istota Najwyższa, gdy idzie o rzeczywistość jej osobowej i duchowej natury, jest absolutnie zależna od egzystencji i działalności Rajskiej Trójcy. Podczas gdy rozwój Najwyższego jest sprawą związków triodyt, duchowa osobowość Boga Najwyższego zależy od Rajskiej Trójcy i jest z niej wyprowadzona, z tej Trójcy, która zawsze pozostaje absolutnym centrum-źródłem doskonałej i nieskończonej stabilizacji, wokół której ewolucyjny rozwój Najwyższego kształtuje się progresywnie.

Funkcjonowanie Trójcy związane jest z funkcjonowaniem Najwyższego, ponieważ Trójca jest funkcjonalna na wszystkich poziomach (całościowych), włącznie z poziomem funkcjonowania Najwyższości. Ale tak jak epoka Havony ustępuje miejsca epoce superwszechświatów, tak dostrzegalna akcja Trójcy jako bezpośredniego stwórcy, ustępuje miejsca stwórczym aktom dzieci Rajskich Bóstw.

6. ZWIĄZEK NAJWYŻSZEGO Z TRIODYTAMI

Triodyta aktualności nadal funkcjonuje bezpośrednio w epokach posthavonalnych; rajska grawitacja trzyma podstawowe jednostki bytu materialnego, grawitacja duchowa Wiecznego Syna działa bezpośrednio na fundamentalne wartości bytu duchowego a grawitacja umysłowa Wspólnego Aktywizatora nieomylnie obejmuje wszelkie żywotne znaczenia bytu intelektualnego.

Kiedy każde stadium stwórczej działalności postępuje na zewnątrz, przez niezbadaną przestrzeń, działa ono i istnieje coraz dalej odsunięte od bezpośredniej akcji stwórczych sił i Boskich osobowości centralnie zlokalizowanych – absolutnej Wyspy Raj i nieskończonych Bóstw tam przebywających. Kolejne poziomy kosmicznej egzystencji stają się zatem coraz bardziej zależne od rozwoju w obrębie trzech Absolutnych potencjalności nieskończoności.

Istota Najwyższa obejmuje możliwości istnienia tych służb kosmicznych, których najwyraźniej nie widać w Wiecznym Synu, Nieskończonym Duchu czy w nieosobowych rzeczywistościach Wyspy Raj. Oświadczenie to dotyczy absolutności owych trzech podstawowych aktualności, jednak rozwój Najwyższego nie tylko opiera się na aktualnościach Bóstwa i Raju, ale zawiera także kształtowanie się w Absolutach – Bóstwa, Wszechświatowym i Nieuwarunkowanym.

Najwyższy rozwija się nie tylko wtedy, kiedy Stwórcy i stworzeni w rozwijających się wszechświatach stają się podobni do Boga, ale to skończone Bóstwo rozwija się także w wyniku opanowywania przez stworzonego i Stwórcę skończonych możliwości wielkiego wszechświata. Ruch Najwyższego jest dwojaki: intensywny w kierunku Raju i Bóstwa i ekstensywny w kierunku nieograniczoności Absolutów potencjału.

W obecnej epoce wszechświata ten podwójny ruch objawia się w zstępujących i wznoszących się osobowościach wielkiego wszechświata. Najwyższe Osobowości Stwórcze i wszyscy ich boscy towarzysze odzwierciedlają skierowany na zewnątrz, rozbieżny ruch Najwyższego, podczas gdy wznoszący się pielgrzymi z siedmiu superwszechświatów oznaczają wewnętrzny, zbieżny trend Najwyższego.

Skończone Bóstwo zawsze dąży do dwojakiej współzależności, wewnętrznej, względem Raju i jego Bóstw, oraz zewnętrznej, względem nieskończoności i Absolutów w niej zawartych. Potężna erupcja rajsko-stwórczej boskości, uosabiająca się w Synach Stwórcach i objawiająca moc w kontrolerach mocy, oznacza rozległy wypływ Najwyższości w domeny potencjalności, podczas gdy niekończący się korowód wznoszących się istot wielkiego wszechświata świadczy o potężnym dopływie Najwyższości do zjednoczenia się z Rajskim Bóstwem.

Istoty ludzkie rozumieją, że ruch tego, co niewidzialne, czasem może być zauważony przez obserwację jego skutków w tym, co widzialne; a my we wszechświecie dawno już nauczyliśmy się wykrywać ruchy i trendy Najwyższości przez obserwację następstw takich ewolucji w osobowościach i formach wielkiego wszechświata.

Choć nie jesteśmy tego pewni, wierzymy, że Najwyższy jako skończone odzwierciedlenie Rajskiego Bóstwa, wiecznie się rozwija w przestrzeń zewnętrzną; jednak ta Istota Najwyższa, jako uwarunkowanie trzech Absolutnych potencjałów przestrzeni zewnętrznej, zawsze dąży do koherencji z Rajem. I takie, dwojakie ruchy, wydają się być przyczyną większości podstawowych działań, jakie mają miejsce w obecnie zorganizowanych wszechświatach.

7. NATURA NAJWYŻSZEGO

W Bóstwie Najwyższego Ojciec-JESTEM osiągnął względnie zupełne wyzwolenie od ograniczeń, właściwych nieskończoności statusu, wieczności bytu i absolutności natury. Jednak Bóg Najwyższy został uwolniony od wszelkich egzystencjalnych ograniczeń podlegając jedynie empirycznym uwarunkowaniom wszechświatowego funkcjonowania. Osiągając zdolność gromadzenia doświadczania, skończony Bóg staje się także zależny od konieczności jego zdobywania; Wszechmocny, osiągając wyzwolenie od wieczności, napotyka bariery czasu a Najwyższy może znać jedynie wzrost i rozwój, jako konsekwencję częściowości egzystencji i niekompletności natury, nieabsolutności bytu.

Wszystko powyższe musi być zgodne z planem Ojca, który oparł skończony rozwój na wysiłku, na osiągnięciach istoty stworzonej, rodzących się z wytrwałości i na kształtowaniu osobowości, opartej na wierze. Zarządzając w ten sposób doświadczenie-ewolucję Najwyższego, Ojciec umożliwił istotom skończonym istnienie we wszechświecie i dotarcie kiedyś, poprzez empiryczny rozwój, do boskości Najwyższości.

Cała rzeczywistość jest względna, włącznie z Najwyższym a nawet Ostatecznym, za wyjątkiem nie uwarunkowanych wartości siedmiu Absolutów. Fakt Najwyższości oparty jest na mocy Raju, osobowości Syna i Wspólnej akcji, ale rozwój Najwyższego zawarty jest w Bóstwie-Absolucie, Absolucie Nieuwarunkowanym i Absolucie Wszechświatowym. I to syntetyzujące i jednoczące Bóstwo – Bóg Najwyższy – jest uosobieniem skończonego cienia, rzucanego na wielki wszechświat przez nieskończoną jedność niezbadanej natury Rajskiego Ojca, Pierwszego Źródła i Centrum.

W takim stopniu, w jakim triodyty działają bezpośrednio na poziomie skończonym, oddziałują one z Najwyższym, który jest zogniskowaniem Bóstwa i kosmiczną sumą właściwości skończonych natur Absolutnej Aktualności i Absolutnego Potencjału.

Rajska Trójca uznawana jest za absolutną nieuchronność; Siedem Duchów Nadrzędnych jest najwidoczniej nieuchronnościami Trójcy; aktualizowanie się mocy-umysłu-ducha-osobowości Najwyższego musi być nieuchronnością ewolucyjną.

Bóg Najwyższy nie wydaje się być nieuchronny w nie uwarunkowanej nieskończoności, ale wydaje się istnieć na wszystkich poziomach względności. Jest on niezastąpionym czynnikiem ogniskującym, sumującym i obejmującym ewolucyjne doświadczenie, skutecznie jednocząc wyniki tego sposobu percepcji rzeczywistości w swojej Boskiej naturze. I wszystko to wydaje się robić, aby się przyczynić do pojawienia się *nieuchronnego wynikania,* superdoświadczalnego i nadskończonego uzewnętrznienia się Boga Ostatecznego.

Istoty Najwyższej nie można w pełni zrozumieć, jeżeli nie weźmie się pod uwagę źródła, funkcjonowania i przeznaczenia: związku z Trójcą, która jej dała początek, wszechświatowego działania i Trójcy Ostatecznej, jej bezpośredniego przeznaczenia.

Dzięki procesowi ewolucyjnego sumowania doświadczenia, Najwyższy łączy to, co skończone z tym, co absoniczne, nawet tak jak umysł Wspólnego Aktywizatora integruje boską duchowość osobowego Syna z niezmiennymi energiami rajskiej formy i tak jak obecność Absolutu Wszechświatowego jednoczy aktywowanie Bóstwa z Nieuwarunkowaną reaktywnością. A jedność ta musi być objawieniem niedostrzegalnego funkcjonowania pierwotnej jedności, Pierwszego Ojca-Przyczyny i Źródła-Formy wszystkich rzeczy i istot.

[Nadzorowane przez Możnego Posłańca, tymczasowo przebywającego na Urantii].

PRZEKAZ 116

WSZECHMOCNY NAJWYŻSZY

GDYBY człowiek zdał sobie sprawę z tego, że jego Stwórcy – jego bezpośredni nadzorcy – podczas gdy są boscy, są także skończeni i że Bóg czasu i przestrzeni jest Bóstwem rozwijającym się i nieabsolutnym, wtedy niekonsekwencje wynikające z doczesnych nierówności przestałyby być głębokimi paradoksami religijnymi. Nie byłaby już wiara religijna prostytuowana, aby ożywiała społeczne zadowolenie z siebie ludzi sukcesu i jednocześnie służyła popieraniu zaledwie stoickiej rezygnacji nieszczęśliwych ofiar ubóstwa.

Kiedy się patrzy na nieskazitelnie doskonałe sfery Havony, rozsądne jest jak i logiczne wierzyć, że zostały zrobione przez doskonałego, nieskończonego i absolutnego Stwórcę. Jednak, gdy się widzi zamęt, niedoskonałość i niesprawiedliwość na Urantii, ten sam rozsądek i logika mogłyby doprowadzić każdą uczciwą istotę do wniosku, że nasz świat został stworzony i jest kierowany przez Stwórców, którzy są podabsolutni, przednieskończeni i dalecy od doskonałości.

Empiryczny rozwój zakłada partnerstwo stworzonego i Stwórcy – współpracę Boga i człowieka. Rozwój jest cechą charakterystyczną empirycznego Bóstwa. Havona się nie rozwija; Havona jest i zawsze była; jest egzystencjalna, podobnie jak wieczni Bogowie, którzy są przyczyną jej powstania. Jednak rozwój jest cechą charakterystyczną wielkiego wszechświata.

Wszechmocny Najwyższy jest żywym i rozwijającym się Bóstwem mocy i osobowości. Jego obecna domena, wielki wszechświat, jest także rozwijającą się domeną mocy i osobowości. Jego przeznaczeniem jest doskonałość, jednak jego obecne doświadczenie zawiera elementy rozwoju i niekompletnego statusu.

Istota Najwyższa funkcjonuje w pierwszym rzędzie we wszechświecie centralnym jako osobowość duchowa; w drugiej kolejności w wielkim wszechświecie jako Bóg Wszechmocny, osobowość mocy. Trzecia z kolei funkcja Najwyższego we wszechświecie nadrzędnym jest teraz potencjalna, istnieje tylko jako nieznany potencjał umysłowy. Nikt nie wie, co ujawni ta trzecia ewolucja Istoty Najwyższej. Niektórzy sądzą, że kiedy superwszechświaty zostaną ustanowione w światłości i życiu, Najwyższy będzie działał z Uversy, jako wszechmocny i empiryczny władca wielkiego wszechświata, podczas gdy będzie rozprzestrzeniał się w mocy, jako superwszechmocny wszechświatów zewnętrznych. Inni domniemają, że trzecie stadium Najwyższości obejmowało będzie trzeci poziom objawiania się Bóstwa. Jednak tak naprawdę, nikt z nas tego nie wie.

1. NAJWYŻSZY UMYSŁ

Doświadczenie każdej rozwijającej się osobowości stworzonej jest pewnym stadium doświadczenia Wszechmocnego Najwyższego. Inteligentne ujarzmianie każdej materialnej części superwszechświatów jest częścią rozwijającej się kontroli Wszechmocnego Najwyższego. Stwórcza synteza mocy i osobowości jest częścią stwórczego impulsu Najwyższego Umysłu i jest samą esencją ewolucyjnego rozwoju jedności w Istocie Najwyższej.

Zjednoczenie mocy i atrybutów osobowościowych Najwyższości jest funkcją Najwyższego Umysłu; a ukończona ewolucja Wszechmocnego Najwyższego da w efekcie jedno, zjednoczone i osobowe Bóstwo – a nie pewien luźno skoordynowany związek Boskich atrybutów. Z szerszej perspektywy, nie będzie Wszechmocnego niezależnie od Najwyższego a Najwyższego niezależnie od Wszechmocnego.

W epokach ewolucyjnych, potencjał mocy fizycznej Najwyższego powierzony jest Siedmiu Najwyższym Dyspozytorom Mocy a potencjał jego umysłu spoczywa w Siedmiu Duchach Nadrzędnych. Nieskończony Umysł jest funkcją Nieskończonego Ducha; kosmiczny umysł, służbą Siedmiu Duchów Nadrzędnych; Najwyższy Umysł jest w trakcie aktualizowania się, w koordynacji z wielkim wszechświatem i w funkcjonalnym związku z objawianiem i osiąganiem Boga Siedmiorakiego.

Umysł czasowo-przestrzenny, kosmiczny umysł, funkcjonuje różnorodnie w siedmiu superwszechświatach, jest jednak koordynowany pewną nieznaną, asocjacyjną metodą Istoty Najwyższej. Kontrola nadrzędna wielkiego wszechświata, sprawowana przez Wszechmocnego, nie jest wyłącznie fizyczna i duchowa. W siedmiu superwszechświatach jest ona głównie materialna i duchowa, ale w Najwyższym istnieją również fenomeny, które są zarówno intelektualne jak i duchowe.

Doprawdy mniej wiemy o umyśle Najwyższości niż o jakimkolwiek innym aspekcie tego rozwijającego się Bóstwa. Jest on bez wątpienia aktywny w całym wielkim wszechświecie i przypuszcza się, że potencjalnie ma pełnić znacznie szerszą funkcję we wszechświecie nadrzędnym. To jednak wiemy, że chociaż fizyczność może osiągnąć kompletny rozwój i podczas gdy duch może osiągnąć doskonałość rozwoju, umysł nigdy nie zaprzestanie się rozwijać – jest to empiryczna metoda rozwoju bez końca. Najwyższy jest Bóstwem empirycznym i dlatego też nigdy nie osiągnie kompletności osiągnięć umysłowych.

2. WSZECHMOCNY A BÓG SIEDMIORAKI

Moc Wszechmocnego we wszechświecie uwidacznia się równocześnie z pojawieniem się na scenie akcji kosmicznej wysokich stwórców i kontrolerów superwszechświatów ewolucyjnych.

Bóg Najwyższy wywodzi atrybuty swego ducha i osobowości od Rajskiej Trójcy, ale swą moc aktualizuje w działalności Synów Stwórców, Pradawnych Czasu i Duchów Nadrzędnych, których wspólne działania stanowią źródło jego rozwijającej się mocy, jako wszechmocnego władcy siedmiu superwszechświatów.

Nie uwarunkowane, Rajskie Bóstwo, nie jest pojmowalne dla rozwijających się istot czasu i przestrzeni. Wieczność i nieskończoność są tym poziomem rzeczywistości Bóstwa, którego czasowo-przestrzenne istoty nie mogą zrozumieć. Nieskończoność Bóstwa i absolutność władzy są nieodłączne Rajskiej Trójcy a Trójca jest tą rzeczywistością, która leży nieco powyżej pojmowania śmiertelnego człowieka. Istoty czasowo-przestrzenne muszą mieć początki, relatywności i przeznaczenia, aby pojąć wszechświatowe związki i zrozumieć znaczące wartości boskości. Dlatego też Rajskie Bóstwo pomniejsza i skądinąd warunkuje pozarajskie uosobienia boskości, powołując do bytu Najwyższych Stwórców i ich towarzyszy, którzy zawsze niosą światło życia coraz dalej od jego Rajskiego Źródła, aż znajdzie ono swą najodleglejszą i wspaniałą ekspresję w ziemskich życiach Synów, obdarzających światy ewolucyjne.

I stąd się bierze Bóg Siedmioraki, którego kolejne poziomy śmiertelny człowiek napotyka w następującym porządku:

1. Synowie Stwórcy (i Stwórcze Duchy).
2. Pradawni Czasu.
3. Siedem Duchów Nadrzędnych.
4. Istota Najwyższa.
5. Wspólny Aktywizator.
6. Wieczny Syn.
7. Ojciec Wszechświatowy.

Pierwsze trzy poziomy należą do Najwyższych Stwórców; ostatnie trzy poziomy to Rajskie Bóstwa. Najwyzszy zawsze lokuje się pośrodku jako empiryczne uosobienie ducha Rajskiej Trójcy i jako empiryczne zogniskowanie ewolucyjnej, wszechmocnej władzy stwórczych dzieci Rajskich Bóstw. W obecnej epoce wszechświata, Istota Najwyższa jest maksymalnym objawieniem Bóstwa dla siedmiu superwszechświatów.

Metodą ludzkiej logiki można wywnioskować, że empiryczne, ponowne zjednoczenie zbiorowych działań trzech pierwszych poziomów Boga Siedmiorakiego może się równać poziomowi Rajskiego Bóstwa, ale tak nie jest. Rajskie Bóstwo jest Bóstwem *egzystencjalnym.* Najwyżsi Stwórcy, w swej boskiej jedności mocy i osobowości tworzą i wyrażają nowy potencjał mocy *empirycznego* Bóstwa. I ten potencjał mocy, empirycznego pochodzenia, wchodzi w nieuchronny i nieunikniony związek z empirycznym Bóstwem, pochodzącym od Trójcy – z Istotą Najwyższą.

Bóg Najwyższy nie jest ani Rajską Trójcą, ani też nie jest żadnym z tych Stwórców superwszechświata, których funkcyjne działania faktycznie syntetyzują jego rozwijającą się, wszechmocną władzę. Bóg Najwyższy, podczas gdy pochodzi od Trójcy, przejawia się istotom ewolucyjnym jako osobowość mocy tylko przez skoordynowane funkcje trzech pierwszych poziomów Boga Siedmiorakiego. Wszechmocny Najwyższy urzeczywistnia się teraz w czasie i przestrzeni poprzez działania Najwyższych Osobowości Stwórczych, tak jak w wieczności Wspólny Aktywizator rozbłysnął w byt dzięki woli Ojca Wszechświatowego i Wiecznego Syna. To te istoty, z pierwszych trzech poziomów Boga Siedmiorakiego, są właśnie naturą i źródłem mocy Wszechmocnego Najwyższego; zatem muszą mu one zawsze towarzyszyć i wspierać go w jego działaniach administracyjnych.

3. WSZECHMOCNY A RAJSKIE BÓSTWO

Rajskie Bóstwa nie tylko działają bezpośrednio w swych obwodach grawitacyjnych, w całym wielkim wszechświecie, ale funkcjonują również poprzez swe różne przedstawicielstwa i inne przejawy, takie jak:

1. *Zogniskowanie umysłu Trzeciego Źródła i Centrum.* Skończone domeny energii i ducha dosłownie są trzymane razem przez umysłową obecność Wspólnego Aktywizatora. Rozciąga się ona od Stwórczego Ducha we wszechświecie lokalnym, poprzez Duchy Zwierciadlane superwszechświata, do Duchów Nadrzędnych w wielkim wszechświecie. Obwody umysłowe, emanujące od tych zróżnicowanych ognisk inteligencji, stanowią tę kosmiczną arenę, na której istota stworzona dokonuje wyboru. Umysł jest tą elastyczną rzeczywistością, którą stworzeni i Stwórcy mogą tak łatwo kierować; jest on istotnym ogniwem łączącym materię i ducha. Obdarzenie umysłem przez Trzecie Źródło i Centrum jednoczy duchową osobę Boga Najwyższego z empiryczną mocą ewolucyjnego Wszechmocnego.

2. *Objawienia osobowości Drugiego Źródła i Centrum.* Obecności umysłowe Wspólnego Aktywizatora jednoczą ducha boskości z formą energii. Obdarzające wcielenia Wiecznego Syna i jego Rajskich Synów jednoczą, faktycznie zespalają, Boską naturę Stwórcy z rozwijającą się naturą stworzonego. Najwyższy jest zarówno stworzonym jak i stwórcą; ta okoliczność, że jest on właśnie taki, objawia się w obdarzających funkcjach Wiecznego Syna oraz partnerskich i podporządkowanych mu Synów. Obdarzające klasy synostwa, Michałowie i Avonale, faktycznie poszerzają swe Boskie natury autentycznymi naturami stworzonych, które stają się ich własnymi, dzięki życiu autentycznym życiem istoty stworzonej na światach ewolucyjnych. Kiedy boskość stanie się podobna człowieczeństwu, w takim związku tkwi możliwość, że człowieczeństwo może stać się boskie.

3. *Zamieszkujące umysł obecności Pierwszego Źródła i Centrum.* Umysł jednoczy duchową przyczynowość z oddziaływaniami energii; obdarzająca służba jednoczy boskie zstępowania ze wznoszeniem się istot stworzonych; a zamieszkujące ludzi fragmenty Ojca Wszechświatowego faktycznie jednoczą rozwijające się istoty z Bogiem w Raju. Istnieje wiele takich obecności Ojca, zamieszkujących liczne klasy osobowości a w przypadku śmiertelnego człowieka te niebiańskie fragmenty Boga są Dostrajaczami Myśli. Nieodgadnione Monitory są dla istot ludzkich tym, czym Rajska Trójca jest dla Istoty Najwyższej. Dostrajacze są absolutnymi fundamentami i na tych absolutnych fundamentach decyzje wolnej woli mogą kształtować boską rzeczywistość wiecznościowca, w przypadku człowieka naturę finalisty, w Bogu Najwyższym naturę Bóstwa.

Obdarzenia rajskich klas synostwa, w formie istoty stworzonej, umożliwiają tym Boskim Synom wzbogacanie ich osobowości, poprzez nabywanie autentycznej natury istot wszechświatowych, podczas gdy takie obdarzenia niezawodnie objawiają tym samym istotom stworzonym rajską drogę do osiągania boskości. Dostrajaczowe obdarzenia Ojca Wszechświatowego umożliwiają mu przyciąganie do siebie osobowości istot obdarzonych wolą. I we wszystkich tych, wzajemnych związkach w skończonych wszechświatach, Wspólny Aktywizator jest wciąż obecnym źródłem służby umysłowej, dzięki której takie działania są prowadzone.

Tymi i wieloma innymi sposobami Rajskie Bóstwa uczestniczą w ewolucjach czasu, jak rozwijają się one na krążących w przestrzeni planetach i jak osiągają swą kulminację w pojawieniu się osobowości Najwyższej, konsekwencji całej ewolucji.

4. WSZECHMOCNY A NAJWYŻSI STWÓRCY

Jedność Najwyższej Całości zależna jest od progresywnego jednoczenia skończonych części; aktualizowanie się Najwyższego jest rezultatem tych właśnie zjednoczeń czynników najwyższości – stwórców, stworzonych, istot inteligentnych i energii wszechświatowych – i jest ich produktem.

W tych epokach, w których zwierzchnictwo Najwyższości przechodzi swój rozwój czasowy, wszechmocna władza Najwyższego zależna jest od funkcjonowania boskości Boga Siedmiorakiego, podczas gdy szczególnie bliski wydaje się być związek pomiędzy Istotą Najwyższą a Wspólnym Aktywizatorem, razem z jego podstawowymi osobowościami – Siedmioma Duchami Nadrzędnymi. Nieskończony Duch jako Wspólny Aktywizator, działa na wiele sposobów, które kompensują niekompletność ewolucyjnego Bóstwa i zachowuje bardzo bliskie związki z Najwyższym. Tę bliskość związków w pewnym stopniu podzielają wszystkie duchy Nadrzędne a zwłaszcza Siódmy Duch Nadrzędny, który mówi w imieniu Najwyższego. Ten Duch Nadrzędny zna Najwyższego, jest z nim w osobistym kontakcie.

Dawno temu, przy wypracowywaniu superwszechświatowego systemu stworzenia, Duchy Nadrzędne połączyły się z ancestralną Trójcą we współtworzeniu czterdziestu dziewięciu Duchów Zwierciadlanych i równocześnie z tym działała stwórczo Istota Najwyższa, jako element kulminacyjny połączonych działań Rajskiej Trójcy i stwórczych dzieci Rajskiej Trójcy. Pojawił się Majeston i od tamtego czasu ogniskuje on kosmiczną obecność Najwyższego Umysłu, podczas gdy Duchy Nadrzędne wciąż działają jako źródła-centra dla rozległej służby kosmicznego umysłu.

Jednak Duchy Nadrzędne wciąż nadzorują Duchy Zwierciadlane. Siódmy Duch Nadrzędny jest (w swym ogólnym nadzorze Orvontonu z wszechświata centralnego) w osobistym kontakcie z (i ma kontrolę nadrzędną nad) siedmioma Duchami zwierciadlanymi, znajdującymi się na Uversie. W swojej kontroli międzysuperwszechświatowej i śródsuperwszechświatowej jest on w zwierciadlanym kontakcie z Duchami Zwierciadlanymi swego własnego typu, znajdującymi się w stolicy każdego superwszechświata.

Te Duchy Nadrzędne nie tylko wspierają i umacniają władzę Najwyższości, ale z kolei są pod wpływem stwórczych celów Najwyższego. Zazwyczaj zbiorowe wytwory Duchów Nadrzędnych są klasy niby-materialnej (dyspozytorzy mocy itp.), podczas gdy ich indywidualne wytwory są klasy duchowej (supernafini itp.). Kiedy jednak Duchy Nadrzędne wytworzyły *zbiorowo* Siedem Duchów Orbit, w odpowiedzi na wolę i zamiar Istoty Najwyższej, odnotować należy, że wynik tego stwórczego aktu jest duchowy a nie materialny czy niby-materialny.

Jak się rzeczy mają z Duchami Nadrzędnymi superwszechświatów, tak jest również z trójjednymi władcami tych superkreacji – Pradawnymi Czasu. Te uosobienia sprawiedliwości-sądu Trójcy w czasie i przestrzeni są polowymi punktami podparcia dla mobilizującej się, wszechmocnej władzy Najwyższego i służą za siedmiorakie punkty zogniskowania ewolucji władzy trójcowej w domenach czasu i przestrzeni. Z ich punktu widzenia, pośrodku pomiędzy Rajem a rozwijającymi się światami, ci pochodzący od Trójcy władcy widzą obie drogi, znają obie drogi i koordynują obie drogi.

Jednak wszechświaty lokalne są tymi prawdziwymi laboratoriami, w których wypracowuje się eksperymenty umysłowe, galaktyczne przygody, rozwinięcia boskości i rozwoje osobowości, które, kiedy kosmicznie zsumowane, stanowią aktualną podstawę, na której Najwyższy osiąga ewolucję boskości w doświadczeniu i poprzez doświadczenie.

We wszechświatach lokalnych nawet Stwórcy się rozwijają. Obecność Wspólnego Aktywizatora rozwija się, od żywego zogniskowania mocy do statusu Boskiej osobowości Matki Ducha Wszechświata; Syn Stwórca rozwija się, od egzystencjalnej natury rajskiej boskości, do empirycznej natury najwyższej władzy. Wszechświaty lokalne są punktami startowymi prawdziwej ewolucji, tym gruntem, gdzie rozmnażają się prawdziwie niedoskonałe osobowości, obdarzone wolną wolą decydowania o tym, aby stać się współstwórcami samych siebie, takich, jakimi powinni być.

Synowie-Arbitrzy obdarzają sobą światy ewolucyjne i w końcu osiągają naturę, wyrażającą rajską boskość w empirycznym zjednoczeniu z najwyższymi, duchowymi wartościami materialnej natury ludzkiej. I dzięki takim oraz innym obdarzeniom, Stwórcy Michałowie tak samo zyskują rzeczywiste natury i kosmiczne punkty widzenia swych dzieci z wszechświatów lokalnych. Tacy Mistrzowie-Synowie Stwórcy zbliżają się do realizacji doświadczenia podnajwyższego; a kiedy ich władza we wszechświecie lokalnym zostanie tak poszerzona, że obejmuje związane z nimi Stwórcze Duchy, można powiedzieć, że zbliżają się do granic najwyższości w zakresie obecnych potencjałów ewolucyjnego, wielkiego wszechświata.

Gdy obdarzający Synowie objawiają człowiekowi nowe drogi odkrywania Boga, nie tworzą tych dróg docierania do boskości; raczej objaśniają te wieczne magistrale postępu, które wiodą poprzez obecność Najwyższego do osoby Rajskiego Ojca.

Wszechświat lokalny jest punktem wyjściowym dla tych osobowości, które są najdalej od Boga, a które w związku z tym mogą doświadczać najwyższego stopnia duchowego wznoszenia się we wszechświecie, w maksymalnym stopniu mogą partycypować we współstwarzaniu samych siebie. Te same wszechświaty lokalne dostarczają największej możliwej głębi doświadczenia dla zstępujących osobowości, które tym samym osiągają coś, co ma dla nich takie znaczenie, jak wznoszenie się do Raju dla istot rozwijających się.

Człowiek śmiertelny wydaje się być niezbędny dla pełnego funkcjonowania Boga Siedmiorakiego jako tego zgrupowania boskości, które osiąga kulminację w aktualizowaniu się Najwyższego. Istnieje wiele innych klas osobowości wszechświata, które są tak samo niezbędne dla ewolucji wszechmocnej władzy Najwyższego, ale to zobrazowanie jest robione w tym celu, aby wywarło pozytywny wpływ na istoty ludzkie, dlatego też ogranicza się przeważnie do tych czynników, działających w ewolucji Boga Siedmiorakiego, które mają związek ze śmiertelnym człowiekiem.

5. WSZECHMOCNY A SIEDMIORACY KONTROLERZY

Byliście nauczani o związku Boga Siedmiorakiego z Istotą Najwyższą a teraz powinniście zdać sobie sprawę z tego, że Siedmioraki obejmuje tak samo kontrolerów jak i stwórców wielkiego wszechświata. Do grona siedmiorakich kontrolerów wielkiego wszechświata zalicza się następujące istoty:

1. Nadrzędni Kontrolerzy Fizyczni.
2. Najwyższe Centra Mocy.
3. Najwyżsi Dyspozytorzy Mocy.
4. Wszechmocny Najwyższy.
5. Bóg Działania – Nieskończony Duch.
6. Wyspa Raj.
7. Źródło Raju – Ojciec Wszechświatowy.

Te siedem grup jest nierozłącznie, funkcjonalnie związane z Bogiem Siedmiorakim i stanowi poziom fizycznej kontroli w związku tego Bóstwa.

Rozwidlanie się energii i ducha (pochodzących od wspólnej obecności Wiecznego Syna i Wyspy Raj) symbolizowane było w sensie wszechświatowym, kiedy to Siedem Duchów Nadrzędnych podjęło się wspólnie swego pierwszego aktu zbiorowego stwarzania. Wydarzeniu temu towarzyszyło pojawienie się Siedmiu Najwyższych Dyspozytorów Mocy. Równocześnie z tym, duchowe obwody Duchów Nadrzędnych wyraźnie się wyróżniły od działań fizycznych, nadzorowanych przez dyspozytora mocy i natychmiast się pojawił kosmiczny umysł, jako nowy czynnik koordynujący materię i ducha.

Wszechmocny Najwyższy rozwija się jako kontroler nadrzędny mocy fizycznej wielkiego wszechświata. W obecnej epoce wszechświata, ten potencjał mocy fizycznej wydaje się być skoncentrowany w Siedmiu Najwyższych Dyspozytorach Mocy, którzy działają przez stałe lokalizacje centrów mocy i przez ruchomych kontrolerów fizycznych.

Wszechświaty czasowe nie są doskonałe, doskonałość jest ich przeznaczeniem. Wysiłki, zmierzające do osiągnięcia doskonałości, odnoszą się nie tylko do poziomów intelektualnych i duchowych, ale także do fizycznych poziomów energii i masy. Ustanowienie siedmiu superwszechświatów w światłości i życiu z góry zakłada osiągnięcie przez nie fizycznej stabilizacji. I przypuszcza się, że ostateczne osiągnięcie materialnej równowagi oznaczać będzie koniec ewolucji kontroli fizycznej Wszechmocnego.

We wczesnym okresie tworzenia wszechświata, nawet Rajscy Stwórcy interesują się głównie równowagą materialną. Forma wszechświata lokalnego nabiera kształtu nie tylko na skutek działań centrów mocy, ale także w wyniku przestrzennej obecności Stwórczego Ducha. I w takich wczesnych epokach tworzenia wszechświata lokalnego, Syn Stwórcy przejawia trudną do zrozumienia właściwość kontroli materialnej i nie opuszcza on swej planety stołecznej, zanim się nie ustali ogólna równowaga wszechświata lokalnego.

W końcowym podsumowaniu, cała energia reaguje na umysł a kontrolerzy fizyczni są dziećmi umysłowego Boga, który jest aktywizatorem formy Raju. Inteligencja dyspozytorów mocy zajęta jest nieustannie zaprowadzeniem materialnej kontroli. Ich wysiłki, zmierzające do osiągnięcia fizycznej dominacji nad związkami energii i ruchami mas, nigdy się nie kończą, zanim nie osiągną ostatecznego zwycięstwa nad energiami i masami, które stanowią domenę ich bezustannych działań.

Duchowe zmagania w czasie i przestrzeni wiążą się z ewolucją dominacji ducha nad materią, środkami (osobowego) umysłu; fizyczna (nieosobowa) ewolucja wszechświatów związana jest ze zharmonizowaniem kosmicznej energii z koncepcją równowagi umysłu, poddanego nadrzędnej kontroli ducha. Powszechna ewolucja całego wielkiego wszechświata jest sprawą osobowego zjednoczenia umysłu kontrolującego energię z koordynowanym przez ducha intelektem, a objawi się ona, gdy w pełni nastanie wszechmocna władza Najwyższego.

Trudności, występujące przy osiąganiu stadium dynamicznej równowagi związane są z tym, że kosmos się rozwija. Stabilne obwody materialnego stworzenia wciąż są zagrożone, wskutek pojawiania się nowej energii i nowej masy. Rozwijający się wszechświat jest niestabilnym wszechświatem, dlatego też żadna część kosmicznej całości nie może znaleźć prawdziwej stabilizacji, aż się dopełni czas i siedem superwszechświatów zostanie materialnie ukończone.

We wszechświatach ustanowionych w światłości i życiu nie ma niespodziewanych, poważniejszych wypadków fizycznych. Osiąga się w nich względnie pełną kontrolę nad kreacją materialną; nadal jednak problemy związków ustabilizowanych wszechświatów z wszechświatami rozwijającymi się rzucają wyzwanie umiejętnościom Dyspozytorów Mocy Wszechświata. Jednak te problemy będą stopniowo zanikały, wraz ze zmniejszaniem się nowej, stwórczej działalności, ponieważ wielki wszechświat zbliża się do końca swej ewolucyjnej ekspresji.

6. DOMINACJA DUCHA

We wszechświatach ewolucyjnych dominuje energia-materia, za wyjątkiem osobowości, w której duch za pośrednictwem umysłu walczy o panowanie. Celem wszechświatów ewolucyjnych jest podporządkowanie energii-materii umysłowi, koordynacja umysłu z duchem a wszystko to się odbywa dzięki stwórczej, jednoczącej obecności osobowości. Tak więc, co się tyczy osobowości, systemy fizyczne stają się jej podległe, systemy umysłowe są z nią skoordynowane a systemy duchowe są dla niej dyrektywne.

To zjednoczenie mocy i osobowości wyraża się na poziomach Bóstwa jako Najwyższy oraz w Najwyższym. Jednak faktyczna ewolucja dominacji ducha jest rozwojem opartym na aktach wolnej woli Stwórców i stworzonych w wielkim wszechświecie.

Na poziomach absolutnych, energia i duch są jednością. Jednak w momencie oddalania się od tak absolutnych poziomów pojawia się zróżnicowanie, a kiedy energia i duch przemieszczają się od Raju w przestrzeń, przedział pomiędzy nimi powiększa się, aż we wszechświecie lokalnym stają się one zupełnie rozbieżne. Nie są już dłużej identyczne, nie są również podobne a umysł musi ingerować, aby je wiązać ze sobą.

Fakt, że energia może być ukierunkowywana w wyniku działań osobowości kontrolujących, świadczy o tym, że energia może reagować na działanie umysłu. To, że masa może być stabilizowana poprzez działalność tych samych bytów kontrolujących, wykazuje, że masa może reagować na porządkującą obecność umysłu. A to, że sam duch, w wolicjonalnej osobowości, może próbować przez umysł opanować energię-materię, ukazuje potencjalną jedność całego skończonego stworzenia.

Istnieje wzajemna zależność wszystkich sił i osobowości w całym wszechświecie wszechświatów. W organizacji wszechświatów Synowie Stwórcy i Stwórcze Duchy zależą od funkcjonowania współpracujących z nimi centrów mocy i kontrolerów fizycznych; Najwyżsi Dyspozytorzy Mocy są niekompletni bez kontroli Duchów Nadrzędnych. W istocie ludzkiej mechanizm fizycznego życia reaguje, częściowo, na nakazy (osobowego) umysłu. Ten właśnie umysł może zostać z kolei zdominowany przewodnictwem ducha, który go wiedzie do celu a rezultatem takiego, ewolucyjnego rozwoju jest powstanie nowego dziecka Najwyższego, nowego osobowego zjednoczenia kilku rodzajów rzeczywistości kosmicznej.

To, co się odnosi do części, odnosi się też do całości; duchowa osoba Najwyższości potrzebuje ewolucyjnej mocy Wszechmocnego, aby osiągnąć pełnię Bóstwa i dojść do przeznaczenia, do związania się z Trójcą. Osobowości czasu i przestrzeni się starają, ale kulminacja i dopełnienie tych starań jest dziełem Wszechmocnego Najwyższego. I kiedy rozwój całości jest sumowaniem zbiorowego rozwoju jej części, wynika stąd tak samo, że ewolucja części jest wycinkowym odbiciem celowego rozwoju całości.

W Raju, monota i duch są jako jedność – nierozróżnialne inaczej, jak tylko nazwą. W Havonie, materia i duch, podczas gdy dostrzegalnie odmienne, są z natury w harmonii. Natomiast w siedmiu superwszechświatach występuje ogromne zróżnicowanie; istnieje wielka odległość pomiędzy energią kosmiczną a boskim duchem, dlatego też istnieje ogromny, empiryczny potencjał dla działania umysłu, podczas harmonizowania i ostatecznego jednoczenia fizycznej formy z duchowymi celami. W rozwijających się w czasie wszechświatach przestrzennych występuje znaczna redukcja boskości, trudne do rozwiązania problemy i duża możliwość zdobycia doświadczenia w trakcie ich rozwiązywania. I cała taka sytuacja superwszechświatowa wytwarza poszerzoną arenę ewolucyjnego bytu, na której są możliwości zdobywania kosmicznego doświadczenia, zarówno dla stworzonego jak i dla Stwórcy – nawet dla Najwyższego Bóstwa.

Dominacja ducha, która jest egzystencjalna na poziomach absolutnych, staje się doświadczeniem ewolucyjnym na poziomach skończonych, w siedmiu superwszechświatach. I to doświadczenie podzielają jednakowo wszyscy, od śmiertelnego człowieka do Istoty Najwyższej. Wszyscy dążą, osobiście dążą, do osiągnięcia celu; wszyscy biorą udział, osobiście biorą udział, w przeznaczeniu.

7. ŻYWY ORGANIZM WIELKIEGO WSZECHŚWIATA

Wielki wszechświat jest nie tylko kreacją materialną o fizycznym majestacie, duchowej wzniosłości i intelektualnej wielkości, ale jest to także wspaniały i wrażliwy, żywy organizm. Istnieje prawdziwa pulsacja życia w całym tym mechanizmie rozległego stworzenia, w tym dynamicznym kosmosie. Fizyczna rzeczywistość wszechświatów symbolizuje dostrzegalną rzeczywistość Wszechmocnego Najwyższego; a przez ten materiał żywego organizmu przechodzą obwody inteligencji, tak jak przez ciało ludzkie przebiega nerwowa sieć dróg, którymi biegną wrażenia. Przez wszechświat fizyczny przenikają linie energii, które skutecznie aktywizują kreację materialną, tak jak ciało ludzkie jest odżywiane i zasilane dzięki dystrybucji w układzie krążenia przyswajalnych, energetycznych produktów odżywczych. Rozległy wszechświat nie jest pozbawiony takich, koordynujących centrów wspaniałej kontroli nadrzędnej, które mogą być porównywane z delikatnym systemem kontroli chemicznej mechanizmu ludzkiego. Gdybyście tylko wiedzieli co nieco o fizyce centrum mocy, moglibyśmy, przez analogię, opowiedzieć wam znacznie więcej o wszechświecie materialnym.

Tak jak śmiertelnicy potrzebują energii słonecznej, aby utrzymać się przy życiu, tak również wielki wszechświat zależy od niezawodnych energii, emanujących z Raju dolnego, podtrzymujących materialne funkcjonowanie kosmicznych ruchów przestrzeni.

Umysł dany został śmiertelnikom, dzięki czemu mogą oni uświadomić sobie swą tożsamość i osobowość a umysł – nawet Najwyższy Umysł – został nadany całości tego, co skończone i dzięki niemu duch tej wyłaniającej się osobowości kosmosu zawsze dąży do opanowania energii-materii.

Człowiek śmiertelny reaguje na przewodnictwo ducha, tak jak wielki wszechświat reaguje na rozległy uchwyt grawitacji duchowej Wiecznego Syna, na wszechświatową nadmaterialną spoistość wiecznych wartości duchowych całego stworzenia, skończonego kosmosu czasu i przestrzeni.

Istoty ludzkie potrafią utożsamić się na wieczność z całościową, niezniszczalną rzeczywistością wszechświatową – zespolić się z zamieszkującym ich Dostrajaczem Myśli. Podobnie Najwyższy zależy na wieczność od absolutnej stabilności Pierwotnego Bóstwa, Rajskiej Trójcy.

Dążenie człowieka do rajskiej doskonałości, jego próby docierania do Boga, stwarzają prawdziwe napięcie boskości w żywym kosmosie, które może być zredukowane tylko przez ewolucję nieśmiertelnej duszy i to właśnie występuje w doświadczeniu pojedynczej, śmiertelnej istoty. Kiedy jednak wszyscy stworzeni i wszyscy Stwórcy w wielkim wszechświecie tak samo pragną dotrzeć do Boga i boskiej doskonałości, wytwarza się silne kosmiczne napięcie, które może zostać zredukowane jedynie w idealnej syntezie wszechmocnej władzy i duchowej osoby rozwijającego się Boga wszystkich stworzonych, w Istocie Najwyższej.

[Nadzorowane przez Możnego Posłańca, tymczasowo przebywającego na Urantii].

PRZEKAZ 117

BÓG NAJWYŻSZY

W TAKIM stopniu, w jakim czynimy wolę Boga, na jakiejkolwiek stacji wszechświata się znajdujemy, w takim stopniu wszechmocny potencjał Najwyższego staje się o jeden stopień bardziej aktualny. Wola Boga jest celem Pierwszego Źródła i Centrum, potencjalnie wyrażonym w trzech Absolutach, uosobionym w Wiecznym Synu, połączonym dla wszechświatowego działania w Nieskończonym Duchu a uwiecznionym w wiecznotrwałych formach Raju. Bóg Najwyższy staje się najwyższym, skończonym przejawem całkowitej woli Boga.

Gdyby wszyscy mieszkańcy wielkiego wszechświata kiedykolwiek osiągnęli względną pełnię życia wolą Boga, wtedy kreacje czasowo-przestrzenne mogłyby zostać ustanowione w światłości i życiu, i wtedy mógłby Wszechmocny, potencjał bóstwa Najwyższości, urzeczywistnić się w wyłonieniu się boskiej osobowości Boga Najwyższego.

Kiedy rozwijający się umysł dostroi się do obwodów kosmicznego umysłu, kiedy rozwijający się wszechświat ustabilizuje się według formy wszechświata centralnego, kiedy zaawansowany duch nawiąże kontakt ze zjednoczoną służbą Duchów Nadrzędnych, kiedy wznosząca się osobowość człowieka ostatecznie dostroi się do Boskiego przewodnictwa zamieszkującego go Dostrajacza, wtedy aktualność Najwyższego o jeden stopień bardziej urzeczywistnia się we wszechświatach, wtedy boskość Najwyższości posuwa się o jeden krok naprzód ku kosmicznemu ziszczeniu.

Części oraz jednostki wielkiego wszechświata rozwijają się jako odzwierciedlenie całościowej ewolucji Najwyższego, podczas gdy Najwyższy jest z kolei syntetyczną, nagromadzoną sumą całej ewolucji wielkiego wszechświata. Z punktu widzenia śmiertelnika, jedno i drugie, tak ewolucyjnie jak i empirycznie, wspomaga się wzajemnie.

1. NATURA ISTOTY NAJWYŻSZEJ

Najwyższy jest pięknem materialnej harmonii, prawdą znaczenia intelektualnego i dobrocią wartości duchowej. Jest słodyczą prawdziwego sukcesu i radością wiecznotrwałych zdobyczy. Jest nadduszą wielkiego wszechświata, świadomością skończonego kosmosu, pełnią skończonej rzeczywistości i uosobieniem doświadczenia Stwórcy-stworzonego. Przez całą przyszłą wieczność Bóg Najwyższy będzie wyrażał rzeczywistość wolicjonalnego doświadczenia w trójcowych związkach Bóstwa.

W osobach Najwyższych Stwórców Bogowie zstąpili z Raju do domen czasu i przestrzeni, aby stworzyć i rozwijać istoty mogące dotrzeć do Raju, które mogą się tam wznieść w poszukiwaniu Ojca. Ten wszechświatowy korowód zstępujących, objawiających Boga Stwórców i wznoszących się, poszukujących Boga stworzonych, jest objawieniem ewolucji Bóstwa Najwyższego, w którym zarówno zstępujący jak i wznoszący się osiągają wzajemne zrozumienie, odkrywają wieczne i powszechne braterstwo. Istota Najwyższa staje się w ten sposób skończoną syntezą doświadczania przyczyny – doskonałego Stwórcy oraz skutku – doskonalącego się stworzonego.

Wielki wszechświat zawiera możliwość pełnego zjednoczenia i zawsze do niego dąży, a wynika to stąd, że ten byt kosmiczny jest wynikiem stwórczych aktów i powiernictw mocy Rajskiej Trójcy, która jest nie uwarunkowaną jednością. Ta właśnie trójcowa jedność wyraża się w skończonym kosmosie w Najwyższym, którego rzeczywistość staje się coraz bardziej widoczna, kiedy wszechświat osiąga maksymalny poziom utożsamiania się z Trójcą.

Wola Stwórcy i wola stworzonego są jakościowo różne, ale są również empirycznie pokrewne, ponieważ stworzony i Stwórca mogą współdziałać w osiąganiu wszechświatowej doskonałości. Człowiek może współpracować z Bogiem i tym samym współtworzyć wiecznego finalistę. Bóg może działać, nawet jako człowieczeństwo, we wcieleniach swoich Synów, którzy tym samym osiągają najwyższość doświadczenia istoty stworzonej.

W Istocie Najwyższej Stwórca i stworzony są zjednoczeni w jednym Bóstwie, którego wola jest wyrażalna w jednej, Boskiej osobowości. I ta wola Najwyższego jest czymś większym, niż wola zarówno stworzonego jak i Stwórcy, tak jak nieograniczona wola Syna-Mistrza z Nebadonu jest teraz czymś większym niż kombinacją woli boskości i człowieczeństwa. Zjednoczenie rajskiej doskonałości i czasowo-przestrzennego doświadczenia wytwarza nowe wartości znaczeniowe na poziomach Boskiej rzeczywistości.

Rozwijająca się, boska natura Najwyższego, staje się dokładnym zobrazowaniem niezrównanego doświadczenia wszystkich stworzonych i wszystkich Stwórców w wielkim wszechświecie. Stwórczość i stworzoność są jednością w Najwyższym; są zjednoczone na zawsze w tym doświadczeniu, które się zrodziło ze zmiennych kolei losu towarzyszących rozwiązywaniu różnorodnych problemów, jakimi najeżona jest cała skończona kreacja, kiedy podąża wieczną drogą w poszukiwaniu doskonałości i wyzwolenia z więzów niekompletności.

Prawda, piękno i dobroć są wzajemnie zależne w służbie Ducha, we wspaniałości Raju, w miłosierdziu Syna i w doświadczaniu Najwyższego. Bóg Najwyższy *jest* prawdą, pięknem i dobrocią, gdyż te koncepcje boskości reprezentują skończone maksima ideowego doświadczenia. Wieczne źródła tych trojakich jakości boskości istnieją na poziomach nadskończonych a stworzony może sobie zaledwie wyobrażać owe źródła superprawdy, superpiękna i superdobroci.

Michał, stwórca, objawił Boską miłość Stwórcy Ojca swym ziemskim dzieciom. I ludzie, dostrzegłszy i otrzymawszy to Boskie uczucie, mogą próbować objawić tę miłość swym braciom w ciele. Takie uczucie stworzonego jest prawdziwym odzwierciedleniem miłości Najwyższego.

Najwyższy odznacza się symetrycznością. Pierwsze Źródło i Centrum jest potencjalny w trzech wielkich Absolutach, jest aktualny w Raju, w Synu i w Duchu; jednak Najwyższy jest zarówno aktualny jak i potencjalny, jest istotą osobowej najwyższości i wszechmocnej władzy, reagującą podobnie na wysiłek stworzonego jak i na cel Stwórcy; jest samodzielny we wszechświecie i sam reaguje na całkowitą sumę wszechświata;

jest jednocześnie najwyższym stwórcą i najwyższym stworzonym. Tym samym Bóstwo Najwyższości wyraża całkowitą sumę całej skończoności.

2. ŹRÓDŁO ROZWOJU EWOLUCYJNEGO

Najwyższy jest Bogiem-w-czasie; jest tajemnicą rozwoju istoty stworzonej w czasie; jest także zdobywaniem niekompletnej teraźniejszości i dopełnieniem coraz doskonalszej przyszłości. I końcowymi owocami całego skończonego rozwoju są: moc kontrolowana umysłem przez ducha, dzięki jednoczącej i stwórczej obecności osobowości. Kulminacyjnym rezultatem całego tego rozwoju jest Istota Najwyższa.

Dla śmiertelnego człowieka byt równoznaczny jest z rozwojem. I doprawdy takim wydaje się być, nawet w większym, wszechświatowym znaczeniu, gdyż byt prowadzony przez ducha wydaje się owocować rozwojem empirycznym – poszerzaniem statusu. Tym niemniej od dawna już utrzymujemy, że obecny rozwój, charakterystyczny dla bytu istoty stworzonej w obecnej epoce wszechświata, jest funkcją Najwyższego. Uważamy również, że ten rodzaj rozwoju jest specyficzny dla epoki rozwoju Najwyższego i że zakończy się wraz z dopełnieniem rozwoju Najwyższego.

Rozważcie sytuację synów utrójcowionych przez stworzonych. Są zrodzeni i żyją w obecnej epoce wszechświata; mają osobowości, razem z wyposażeniem umysłu i ducha. Mają doświadczenia i pamięć o nich, ale się nie *rozwijają* jak to robią ci, co się wznoszą. Wierzymy i uważamy, że ci utrójcowieni-stworzeni synowie, podczas gdy są *w* obecnej epoce wszechświata, prawdziwie są *z* następnej epoki wszechświata – z tej epoki, która następuje po skończeniu rozwoju Najwyższego. Dlatego też nie są oni *w* Najwyższym, ze względu na jego obecny status niekompletności i wynikający stąd rozwój. Nie biorą zatem udziału w empirycznym rozwoju obecnej epoki wszechświata, trzymani w rezerwie dla następnej epoki wszechświata.

Moja własna klasa, Możni Posłańcy, będąc objęta Trójcą, nie uczestniczy w rozwoju obecnej epoki wszechświata. W pewnym sensie mamy status, jak gdyby z poprzedniej epoki wszechświata, ten stan, w jakim znajdują się Niezmienni Synowie Trójcy. Jedna rzecz jest pewna – nasz status jest ustalony przez objęcie Trójcy a z doświadczenia nie wynika już rozwój.

Nie odnosi się to ani do finalistów, ani do jakichkolwiek innych klas ewolucyjnych i empirycznych, które są uczestnikami rozwojowego procesu Najwyższego. Wy, śmiertelnicy, żyjący teraz na Urantii, którzy możecie zechcieć dotrzeć do Raju i do statusu finalisty, powinniście zrozumieć, że takie przeznaczenie jest rzeczywiste, ponieważ jesteście w Najwyższym i z Najwyższego, tym samym bierzecie udział w procesie jego rozwoju.

Kiedyś się skończy rozwój Najwyższego, jego status będzie kompletny (w znaczeniu energii-ducha). Z takim zakończeniem ewolucji Najwyższego będzie się również wiązać zakończenie ewolucji istoty stworzonej jako części Najwyższości. Nie wiemy, jakim rodzajem rozwoju mogą się charakteryzować wszechświaty przestrzeni zewnętrznej. Jesteśmy jednak zupełnie pewni, że będzie to coś znacznie odmiennego od czegokolwiek oglądanego w obecnej epoce ewolucji siedmiu superwszechświatów. Bez wątpienia funkcją rozwijających się obywateli wielkiego wszechświata będzie zadośćuczynienie dla mieszkańców przestrzeni zewnętrznej za pozbawienie ich rozwoju Najwyższości.

Istota Najwyższa jako istniejąca po dopełnieniu obecnej epoki wszechświata, działać będzie jako empiryczny władca wielkiego wszechświata. Mieszkańcy przestrzeni zewnętrznej – obywatele następnej epoki wszechświata – będą mieli postsuperwszechświatowy potencjał rozwoju, możliwość osiągnięć ewolucyjnych zakładającą władzę Wszechmocnego Najwyższego, stąd wykluczającą udział istoty stworzonej w syntezie mocy-osobowości z obecnej epoki wszechświata.

Tak więc niekompletność Najwyższego może być uważana za zaletę, skoro umożliwia ewolucyjny rozwój stworzonego-kreacji obecnych wszechświatów. Pustka posiada swą zaletę, gdyż może być empirycznie wypełniona.

Jednym z najbardziej intrygujących pytań skończonej filozofii jest to, czy Istota Najwyższa aktualizuje się w odpowiedzi na ewolucję wielkiego wszechświata, czy skończony kosmos rozwija się progresywnie w odpowiedzi na stopniowe aktualizowanie się Najwyższego? Albo czy jest możliwe, że są obopólnie zależni od swego rozwoju, że są uzależnieni ewolucyjnie – jedno inicjuje rozwój drugiego? Pewni jesteśmy tylko tego, że wszechświaty i stworzeni, wysocy i niscy, rozwijają się w Najwyższym, a kiedy się kształtują, wyłania się zjednoczone podsumowanie całej skończonej działalności tej epoki wszechświata. I to jest pojawianie się Istoty Najwyższej, ewolucja wszechmocnej władzy Boga Najwyższego dla wszystkich osobowości.

3. ZNACZENIE NAJWYŻSZEGO DLA WSZECHŚWIATOWYCH ISTOT STWORZONYCH

Kosmiczna rzeczywistość, rozmaicie określana jako Istota Najwyższa, Bóg Najwyższy i Wszechmocny Najwyższy, jest kompleksową, wszechświatową syntezą wyłaniających się stadiów wszelkich skończonych rzeczywistości. Szerokie urozmaicenie wiecznej energii, boskiego ducha i wszechświatowego umysłu osiąga skończoną kulminację w ewolucji Najwyższego, który jest całkowitą sumą całego, skończonego rozwoju, urzeczywistniającego się na Boskich poziomach maksymalnej pełni tego, co skończone.

Najwyższy jest tym boskim kanałem, którym płynie stwórcza nieskończoność triodyt, krystalizująca się w galaktyczną panoramę przestrzeni, na której odgrywane jest wspaniałe przedstawienie osobowości w czasie – duchowy podbój energii-materii środkami umysłu.

Jezus powiedział: „Ja jestem żywą drogą" i rzeczywiście jest on żywą drogą, od materialnego poziomu samoświadomości do duchowego poziomu uświadamiania sobie Boga. I tak jak on jest żywą, wznoszącą się drogą, od jaźni do Boga, tak Najwyższy jest żywą drogą wiodącą od skończonej świadomości do transcendencji świadomości, nawet do wnikliwości w absoniczność.

Wasz Syn Stwórca prawdziwie może być takim żywym kanałem, wiodącym od człowieczeństwa do boskości, skoro osobiście w pełni przeszedł wszechświatową drogę wznoszenia się, od prawdziwego człowieczeństwa Jeszuy ben Józefa, Syna Człowieczego, do rajskiej Boskości Michała z Nebadonu, Syna nieskończonego Boga. Tak samo funkcjonować może Istota Najwyższa jako wszechświatowe podejście do przewyższenia skończonych ograniczeń, gdyż jest ona aktualnym ucieleśnieniem osobowego streszczenia całej ewolucji, postępu i uduchowienia istot stworzonych. Nawet doświadczenia osobowości zstępujących z Raju w wielkim wszechświecie stanowią część jej doświadczenia, które uzupełnia jej sumowanie wznoszących się doświadczeń pielgrzymów czasu.

Śmiertelny człowiek jest bardziej niż symbolicznie stworzony na obraz Boga. Z fizycznego punktu widzenia, oświadczenie takie nie jest prawdziwe, ale w odniesieniu do pewnych, wszechświatowych potencjalności, jest to aktualny fakt. W gatunku ludzkim rozwija się coś w rodzaju odtworzenia ewolucyjnego sukcesu, coś, co występuje na znacznie większą skalę we wszechświecie wszechświatów. Człowiek, osobowość wolicjonalna, staje się stwórczy w swym związku z Dostrajaczem, nieosobowym bytem, w obecności skończonych potencjalności Najwyższego a rezultatem tego jest rozkwit nieśmiertelnej duszy. We wszechświatach, Stwórcze osobowości czasu i przestrzeni działają w powiązaniu z nieosobowym duchem Rajskiej Trójcy i stają się tym samym nowym potencjałem mocy w rzeczywistości Bóstwa.

Człowiek śmiertelny, będąc istotą stworzoną, nie jest dokładnie taki jak Istota Najwyższa, która jest bóstwem, ale ludzka ewolucja w pewnych aspektach przypomina rozwój Najwyższego. Człowiek rozwija się świadomie od tego, co materialne do tego, co duchowe, dzięki sile, mocy i wytrwaniu w swych własnych decyzjach; rozwija się też wtedy, kiedy jego Dostrajacz Myśli wypracowuje nowe metody sięgania w dół, od duchowych do morontialnych poziomów duszy; a dusza, gdy raz zostanie powołana do bytu, zaczyna się rozwijać w sobie i od siebie.

Jest to w pewnym sensie ten sposób, w jaki rozprzestrzenia się Istota Najwyższa. Jej władza rozwija się w działaniach i z działań, jak również z osiągnięć Najwyższych Osobowości Stwórczych; taka jest ewolucja majestatu jej mocy, jako władczyni wielkiego wszechświata. Jej natura Bóstwa zależna jest również od wcześniej istniejącej jedności Rajskiej Trójcy. Ale jest jeszcze jeden aspekt ewolucji Boga Najwyższego. Nie tylko rozwija się on od Stwórcy i wywodzi od Trójcy; rozwija się on również sam i sam z siebie wywodzi. Bóg Najwyższy sam jest wolicjonalnym, stwórczym uczestnikiem aktualizowania swego własnego bóstwa. Ludzka, morontialna dusza, także jest wolicjonalnym, współstwórczym partnerem w procesie swego własnego unieśmiertelnienia.

Ojciec, przy współpracy Wspólnego Aktywizatora, oddziałuje na energie Raju i sprawia, że reagują one na Najwyższego. Ojciec, przy współpracy Wiecznego Syna, tworzy osobowości Stwórcze, których działania osiągną kiedyś kulminację we władzy Najwyższego. Ojciec współpracuje zarówno z Synem jak i z Duchem przy stwarzaniu osobowości Trójcy, aby działały jako władcy wielkiego wszechświata do tego czasu, kiedy skończona ewolucja Najwyższego umożliwi mu przejęcie tej władzy. Ojciec współpracuje ze swymi partnerami, bóstwowymi i niebóstwowymi, w ten i na wiele innych sposobów wspierając ewolucję Najwyższości, jednak działa on również w tych sprawach sam. Jego samotne działanie jest prawdopodobnie najlepiej objawione w służbie Dostrajaczy Myśli i związanych z nimi bytów.

Bóstwo jest jednością, egzystencjalną w Trójcy, empiryczną w Najwyższym a w śmiertelnikach urzeczywistnia się w istocie stworzonej, w jej zespoleniu z Dostrajaczem. Obecność Dostrajaczy Myśli w śmiertelnym człowieku ujawnia zasadniczą jedność wszechświata, gdyż człowiek, najniższa ze wszystkich rodzajów osobowości wszechświatowych, zawiera w sobie aktualny fragment najwyższej i wiecznej rzeczywistości, właśnie oryginalnego Ojca wszystkich osobowości.

Istota Najwyższa rozwija się dzięki jej związkowi z Rajską Trójcą oraz w rezultacie sukcesów boskości stwórczych i administracyjnych dzieci tej Trójcy. Nieśmiertelna dusza ludzka wypracowuje swe własne, wieczne przeznaczenie, dzięki związkowi z Boską obecnością Rajskiego Ojca i w powiązaniu z osobowymi decyzjami umysłu ludzkiego. Tym, czym Trójca jest dla Boga Najwyższego, Dostrajacz jest dla rozwijającego się człowieka.

W obecnej epoce wszechświata, Istota Najwyższa jest najwyraźniej niezdolna do działania bezpośrednio jako stwórczyni, za wyjątkiem tych przypadków, gdzie skończone możliwości działania zostały wyczerpane przez stwórcze czynniki czasu i przestrzeni. Takie coś zdarzyło się dawno w historii wszechświata, ale tylko raz; kiedy możliwości skończonej akcji odnośnie wszechświatowego odzwierciedlania zostały wyczerpane, wtedy Najwyższy działał jako stwórczy czynnik kulminacyjny wszelkich poprzedzających działań stwórczych. I wierzymy, że znowu będzie tak funkcjonował w epokach przyszłych, jako czynnik kulminacyjny, ilekroć poprzedzający czynnik stwórczy zakończy odpowiedni cykl stwórczego funkcjonowania.

Istota Najwyższa nie stworzyła człowieka, ale człowiek był dosłownie stworzony z niej, to właśnie jego życie zostało wywiedzione z potencjalności Najwyższego. Najwyższy nie ukształtował również człowieka a przecież sam Najwyższy jest właśnie esencją ewolucji. Ze skończonego punktu widzenia żyjemy, poruszamy się i mamy nasz byt w immanencji Najwyższego.

Najwyższy najwidoczniej nie może zainicjować pierwotnej przyczyny, ale wydaje się, że jest katalizatorem całego wszechświatowego rozwoju a jego przeznaczeniem jest najwidoczniej zapewnienie całościowego punktu kulminacyjnego, gdy idzie o przeznaczenia wszystkich empirycznych istot ewolucyjnych. Ojciec zapoczątkowuje ideę skończonego kosmosu; Synowie Stwórcy urzeczywistniają tę ideę w czasie i przestrzeni, za zgodą i przy współpracy Stwórczych Duchów; Najwyższy doprowadza do finału całość skończoności i ustanawia jej związek z przeznaczeniem absonitu.

4. SKOŃCZONY BÓG

Kiedy patrzymy na ciągłe zmagania stworzonych istot z całego stworzenia o doskonałość statusu i boskość bytu, możemy tylko wierzyć, że te nieustanne wysiłki świadczą o niekończących się zmaganiach Najwyższego o boską samorealizację. Bóg Najwyższy jest Bóstwem skończonym i musi podołać problemom skończoności w pełnym tego słowa znaczeniu. Nasze zmagania ze zmiennymi kolejami losu w czasie, w ewolucjach przestrzeni, są odbiciem jego zmagań, zmierzających do osiągnięcia rzeczywistości samego siebie i do zdobycia pełni władzy w tym zakresie działalności, który jego rozwijająca się natura rozprzestrzenia do granic możliwości.

W całym wielkim wszechświecie Najwyższy walczy o ekspresję. Jego boska ewolucja jest w pewnej mierze oparta na mądrości-działaniu każdej istniejącej osobowości. Kiedy istota ludzka wybierze życie wieczne, staje się współtwórczynią przeznaczenia; a w życiu takiego, wznoszącego się śmiertelnika, skończony Bóg znajduje coraz większy stopień samorealizacji oraz poszerza swą władzę empiryczną. Jednak, kiedy stworzony odrzuci wieczną misję, ta część Najwyższego, która była zależna od wyboru istoty stworzonej, doznaje nieuniknionego opóźnienia, umniejszenia, co musi być kompensowane przez doświadczenie zastępcze lub równoległe; co do osobowości nie przeżywającej istoty, zostaje ona wchłonięta w nadduszę stworzenia i staje się częścią Bóstwa Najwyższego.

Bóg tak ufa, tak kocha, że oddaje część swojej Boskiej natury w ręce każdej istoty ludzkiej, aby bezpiecznie ją zachowała i uświadomiła ją sobie. Ojcowska natura, obecność Dostrajacza, jest niezniszczalna, niezależnie od wyboru istoty śmiertelnej. Dziecko Najwyższego, rozwijająca się jaźń, może zostać zniszczona, pomimo, że potencjalnie zjednoczona osobowość takiej zwiedzionej jaźni będzie trwać, jako składnik Bóstwa Najwyższości.

Osobowość ludzka może rzeczywiście zniszczyć indywidualność istotowości i chociaż nadal będzie trwać wszystko to, co jest wartościowe w życiu takiego kosmicznego samobójcy, *właściwości te nie będą trwały jako indywidualna istota.* Najwyższy znowu będzie znajdował ekspresję w istotach stworzonych we wszechświatach, ale już nigdy jako ta właśnie osoba; unikalna osobowość nie wznoszącej się istoty powraca do Najwyższego, jak kropla wody wraca do morza.

Chociaż odosobniona działalność osobowych części tego, co skończone, jest względnie nieistotna dla ostatecznego pojawienia się Najwyższej Całości, jednak mimo to całość jest zależna od ogólnych działań różnorodnych części. Osobowość poszczególnej jednostki nic nie znaczy w obliczu całości Najwyższości, ale osobowość każdej istoty ludzkiej reprezentuje niezastąpione znaczenie-wartość w tym, co skończone; osobowość, raz wyrażona, nigdy już nie znajdzie identycznego wyrazu za wyjątkiem ciągłego bytu tej żywej osobowości.

I tak jak my dążymy do wyrażenia siebie, Najwyższy dąży w nas i z nami do wyrażenia swej boskości. Tak jak my znajdujemy Ojca, tak Najwyższy na nowo znalazł Rajskiego Stwórcę wszystkich rzeczy. Tak jak my opanowujemy problemy samorealizacji, tak też Bóg doświadczenia osiąga wszechmocną najwyższość we wszechświatach czasu i przestrzeni.

Ludzkość nie wznosi się bez trudu we wszechświecie, ani też Najwyższy nie rozwija się bez celowego i inteligentnego działania. Istoty stworzone nie osiągają doskonałości przez zwyczajną bierność, ani też duch Najwyższości nie urzeczywistnia władzy Wszechmocnego bez nieustannej służby, bez pełnienia obowiązków na rzecz skończonej kreacji.

Doczesny związek człowieka z Najwyższym jest fundacją kosmicznej moralności, wszechświatowej wrażliwości na *obowiązek* i jego akceptację. Jest to ta moralność, która przewyższa doczesne znaczenie względnego dobra i zła; jest to moralność bezpośrednio oparta na świadomej, dokonanej przez istotę waloryzacji jej empirycznego obowiązku wobec empirycznego Bóstwa. Śmiertelny człowiek i wszelkie inne istoty śmiertelne stworzone są z istniejących w Najwyższym żywych potencjałów energii, umysłu i ducha. To właśnie na bazie Najwyższego wznoszący się Dostrajacz-śmiertelnik podejmuje się tworzenia nieśmiertelnego i boskiego charakteru finalisty. To właśnie z tej rzeczywistości Najwyższego, za zgodą ludzkiej woli, Dostrajacz tka wzory wiecznej natury wznoszącego się syna Boga.

Ewolucja postępu Dostrajacza w uduchowieniu i uwiecznieniu osobowości ludzkiej owocuje bezpośrednio poszerzeniem władzy Najwyższego. Takie sukcesy w rozwoju człowieka są jednocześnie osiągnięciami w ewolucyjnym aktualizowaniu się Najwyższego. Chociaż prawdą jest, że stworzeni nie mogą się rozwijać bez Najwyższego, jest prawdopodobnie również prawdą, że rozwój Najwyższego nigdy nie może być w pełni ukończony w oderwaniu od ukończonej ewolucji wszystkich istot stworzonych. Na tym właśnie polega wielka kosmiczna odpowiedzialność samoświadomych osobowości, że Najwyższe Bóstwo jest w pewnym sensie zależne od wyboru woli śmiertelnika. I obopólny postęp, w ewolucji istoty stworzonej i w ewolucji Najwyższego, jest wiernie i w pełni przekazywany Pradawnym Czasu poprzez nieprzeniknione mechanizmy wszechświatowego odzwierciedlania.

Wielkie wyzwanie, rzucone śmiertelnym ludziom, jest takie: czy zechcecie uosobić doświadczalną wartość znaczeń kosmosu w waszym własnym, rozwijającym się jestestwie, czy przez odrzucenie wiecznego życia pozwolicie na to, aby te tajemnice Najwyższości leżały uśpione, oczekując działania innej istoty stworzonej, w jakimś innym czasie, która będzie próbowała na *swój* sposób uczestniczyć w ewolucji skończonego Boga? Ale to będzie jej zasługa względem Najwyższego, nie wasza.

W tej epoce wszechświata mają miejsce wielkie zmagania pomiędzy tym, co potencjalne a tym, co aktualne – jest to próba aktualizowania wszystkiego tego, co jeszcze nie wyrażone. Jeśli człowiek śmiertelny posuwa się ku rajskiej epopei, podąża z ruchem czasu, który płynie jak prąd w rzece wieczności; jeśli człowiek śmiertelny odrzuci wieczne istnienie, posuwa się pod prąd wydarzeń w skończonych wszechświatach. Mechaniczna kreacja idzie naprzód niepowstrzymanie, zgodnie z roztaczającym się celem Rajskiego Ojca, jednak kreacja wolicjonalna ma wybór – akceptacji albo odrzucenia osobowej partycypacji w przygodzie wieczności. Śmiertelny człowiek nie może zniszczyć najwyższych wartości ludzkiego bytu, może jednak bardzo stanowczo zapobiec ewolucji tych wartości w swoim własnym, osobistym doświadczeniu. W takim stopniu, w jakim ludzka jaźń nie chce w ten sposób brać udziału w rajskim wznoszeniu się, w takim stopniu ulega opóźnieniu wyrażanie boskości przez Najwyższego w wielkim wszechświecie.

Człowiekowi śmiertelnemu oddano pod opiekę nie tylko dostrajaczową obecność Rajskiego Ojca, ale także kontrolę nad przeznaczeniem nieskończenie małej części przyszłości Najwyższego. Dlatego, kiedy człowiek osiąga swe ludzkie przeznaczenie, Najwyższy osiąga przeznaczenie na poziomach Bóstwa.

I tak, przed każdym z was stoi ta decyzja, jaka kiedyś stała przed każdym z nas: czy zawiedziecie Boga czasu, który tak bardzo jest zależny od decyzji skończonego umysłu; czy zawiedziecie Najwyższą osobowość wszechświatów, poprzez lenistwo zwierzęcej retrogresji; czy zawiedziecie wspaniałego brata wszystkich stworzonych, który tak bardzo jest zależny od każdego stworzonego; czy pozwolicie sobie przejść do nie urzeczywistnianej domeny, kiedy przed wami rozpościera się czarująca perspektywa wszechświatowej działalności – boskiego odkrywania Rajskiego Ojca i boskiego uczestniczenia w poszukiwaniu i ewolucji Boga Najwyższości?

Dary Boga – jego obdarzanie rzeczywistością – to nie jest jego oddzielanie się; nie odwraca się on od kreacji, lecz ustanowił napięcia w kreacjach okrążających Raj. Bóg przede wszystkim kocha człowieka i nadaje mu potencjał nieśmiertelności – wiecznej rzeczywistości. I tak jak człowiek kocha Boga, tak człowiek staje się wieczny w aktualności. I na tym polega tajemnica: im bardziej człowiek zbliża się do Boga poprzez miłość, tym większa jest rzeczywistość – aktualność – takiego człowieka. Im bardziej człowiek oddala się od Boga, tym bardziej zbliża się do nierzeczywistości – zakończenia bytu. Kiedy człowiek poświęca swą wolę czynieniu woli Boga, kiedy człowiek daje Bogu wszystko to, co *ma*, wtedy Bóg robi tego człowieka czymś większym niż on jest.

5. NADDUSZA STWORZENIA

Wielki Najwyższy jest kosmiczną nadduszą wielkiego wszechświata. W nim jakości i ilości kosmosu znajdują swe niebiańskie odbicia; jego Boska natura jest mozaikową kompozycją całego ogromu wszelakiej natury stworzonego-Stwórcy na obszarze rozwijających się wszechświatów. I Najwyższy jest także aktualizującym się Bóstwem, ucieleśniającym stwórczą wolę, która zawiera w sobie cel rozwijającego się wszechświata.

Intelektualne, potencjalnie osobowe jaźnie skończoności wyłaniają się z Trzeciego Źródła i Centrum i osiągają skończoną syntezę czasowo-przestrzennego Bóstwa w Najwyższym. Kiedy stworzony podporządkowuje się woli Stwórcy, nie pogrąża ani też nie oddaje swojej osobowości; indywidualni, osobowi uczestnicy aktualizowania się skończonego Boga nie tracą swego wolicjonalnego jestestwa wskutek takiego działania. Raczej takie osobowości są stopniowo umacniane, dzięki uczestnictwu w wielkiej przygodzie Bóstwa; przez taki związek z boskością człowiek wywyższa, wzbogaca, uduchowia i jednoczy swą wyłaniającą się jaźń, aż do progu najwyższości.

Rozwijająca się, nieśmiertelna dusza ludzka, łączny wytwór materialnego umysłu i Dostrajacza, wznosi się jako taka do Raju a następnie, kiedy zamustrowana zostaje do Korpusu Finalizmu, zostaje związana w pewien nowy sposób z obwodem grawitacji duchowej Wiecznego Syna, metodą doświadczenia zwanego *transcendentacją finalisty*. Tacy finaliści stają się tym samym kandydatami do empirycznej akceptacji jako osobowości Boga Najwyższego. I kiedy te intelekty ludzkie osiągną, w nieobjawionych przyszłych przeznaczeniach Korpusu Finalizmu, siódme stadium egzystencji duchowej, ich podwójne umysły staną się potrójne. Dwa zestrojone umysły, ludzki i Boski, zostaną gloryfikowane w zjednoczeniu z empirycznym umysłem zaktualizowanej już wtedy Istoty Najwyższej.

W wiecznej przyszłości będzie zaktualizowany Bóg Najwyższy – stwórczo wyrażany i duchowo zobrazowany – w uduchowionym umyśle nieśmiertelnej duszy wznoszącego się człowieka, nawet tak, jak Ojciec Wszechświatowy został objawiony w ziemskim życiu Jezusa.

Człowiek, jednocząc się z Najwyższym, nie pogrąża swej osobowej tożsamości, ale wszechświatowe następstwa doświadczeń wszystkich ludzi formują tym samym część boskiego doświadczania Najwyższego. „Działania są nasze, skutki Boskie".

Przechodząc wznoszące się poziomy wszechświatów, rozwijająca się osobowość pozostawia ślad aktualizującej się rzeczywistości. Rozwijające się kreacje czasu i przestrzeni – czy to umysł, czy duch, czy energia – przekształcane są przez rozwój osobowości w ich domenach. Kiedy człowiek działa, Najwyższy reaguje i takie procesy stanowią rozwój.

Wielkie obwody energii, umysłu i ducha, nigdy nie są trwałą własnością wznoszącej się osobowości; te służby na zawsze pozostają częścią Najwyższości. W doświadczeniu śmiertelnika, intelekt ludzki tkwi w rytmicznych pulsacjach przybocznych umysłów-duchów i realizuje swe decyzje na tej arenie, jaką tworzy objęcie obwodem w obrębie tej służby. W momencie śmierci człowieka, ludzka jaźń na zawsze zostaje oddzielona od obwodu przybocznych. Podczas gdy przyboczni wydają się nigdy nie przekazywać doświadczenia z jednej osobowości do drugiej, mogą przekazywać i przekazują nieosobowe następstwa decyzji-działania przez Boga Siedmiorakiego do Boga Najwyższego. (Odnosi się to przynajmniej do przybocznych czci i mądrości).

Tak samo jest z obwodami duchowymi. Człowiek ich używa, kiedy się wznosi poprzez wszechświaty, jednak nigdy ich nie posiada jako części swojej wiecznej osobowości. Jednak te obwody służby duchowej, czy to Ducha Prawdy, Ducha Świętego czy superwszechświatowych obecności duchowych, są wrażliwe i reagują na wyłaniające się wartości wznoszącej się osobowości, a wartości te są wiernie przekazywane poprzez Siedmiorakiego do Najwyższego.

Podczas gdy wpływy duchowe, takie jak Duch Święty i Duch Prawdy, są służbami wszechświata lokalnego, ich przewodnictwo nie ogranicza się tylko do geograficznych granic danej kreacji lokalnej. Kiedy wznoszący się śmiertelnik wychodzi poza granice tego wszechświata lokalnego, z którego pochodzi, nie zostaje on całkowicie pozbawiony służby Ducha Prawdy, który tak wytrwale go nauczał i prowadził przez filozoficzne labirynty świata materialnego i morontialnego, ukierunkowując niezawodnie rajskiego pielgrzyma w każdym kryzysie na drodze wznoszenia się, zawsze mu mówiąc: „To jest droga". Kiedy w czasie waszego wznoszenia się do Raju opuszczacie domeny wszechświata lokalnego, wciąż będziecie prowadzeni przez pocieszającego, ukierunkowującego ducha Rajskich, obdarzających Synów Boga, dzięki służbie ducha wyłaniającej się Istoty Najwyższej i przy pomocy superwszechświatowego odzwierciedlania.

W jaki sposób te różnorodne obwody służby kosmicznej rejestrują w Najwyższym znaczenia, wartości i fakty doświadczenia ewolucyjnego? Nie jesteśmy zupełnie pewni, ale uważamy, że taka rejestracja odbywa się przez osoby Najwyższych Stwórców, pochodzących z Raju, którzy bezpośrednio obdarzają tymi obwodami czasu i przestrzeni. Nagromadzenie doświadczeń umysłowych siedmiu przybocznych umysłów-duchów, kiedy służą materialnemu poziomowi intelektu, jest częścią doświadczenia Boskiej Opiekunki we wszechświecie lokalnym a poprzez tego, Stwórczego Ducha, doświadczenia te zostają prawdopodobnie zarejestrowane w umyśle Najwyższości. Tak samo doświadczenia śmiertelnika z Duchem Prawdy i Duchem Świętym są prawdopodobnie rejestrowane podobnymi metodami w osobie Najwyższości.

Nawet doświadczenie człowieka i Dostrajacza musi znaleźć swe echo w boskości Boga Najwyższego, ponieważ, kiedy Dostrajacze doświadczają, są podobne Najwyższemu a rozwijająca się dusza człowieka śmiertelnego stwarzana jest z istniejących uprzednio możliwości takiego doświadczania w Najwyższym.

Tym sposobem, różnorodne doświadczenia całego stworzenia stają się częścią ewolucji Najwyższości. Istoty stworzone po prostu używają wartości i ilości tego, co skończone, kiedy się wznoszą ku Ojcu; nieosobowe skutki tego używania pozostają na zawsze częścią żywego kosmosu, osoby Najwyższej.

To, co człowiek zabiera ze sobą jako własność osobowości, to charakter, powstały w czasie doświadczenia używania obwodów umysłu i ducha wielkiego wszechświata w trakcie wznoszenia się do Raju. Kiedy człowiek decyduje i kiedy realizuje taką decyzję w działaniu, człowiek doświadcza a znaczenia i wartości tego doświadczania pozostają na zawsze częścią jego wiecznego charakteru, na wszystkich poziomach, od skończonego do finalnego. Kosmicznie moralny i bosko duchowy charakter wyraża kapitał nagromadzonych, osobistych decyzji, które zostały naświetlone przez szczere czczenie, glorykowane przez inteligentną miłość i wypełnione w braterskiej służbie.

Wyłaniający się Najwyższy wynagrodzi w końcu istoty skończone za ich niezdolność osiągnięcia czegoś więcej niż ograniczone doświadczenie kontaktu z wszechświatem wszechświatów. Stworzeni mogą dotrzeć do Rajskiego Ojca, ale ich ewolucyjne umysły, będąc skończone, są niezdolne do prawdziwego zrozumienia nieskończonego i absolutnego Ojca. Skoro jednak wszelkie doświadczanie stworzonego rejestrowane jest w Najwyższym i jest jego częścią, kiedy wszyscy stworzeni osiągną finalny poziom skończonego bytu i kiedy całkowity rozwój wszechświata umożliwi im dostąpienie Boga

Najwyższego, jako aktualnej obecności boskości, wtedy nieodłączną okolicznością takiego kontaktu jest kontakt z doświadczeniem całkowitym. Skończoność czasu zawiera w sobie nasienie wieczności a nauczano nas, że kiedy pełnia ewolucji oznaczać będzie wyczerpanie zdolności kosmicznego rozwoju, całkowita skończoność wkroczy w absoniczne stadia wiecznej egzystencji, szukając Ojca jako Ostatecznego.

6. POSZUKIWANIE NAJWYŻSZEGO

Szukamy Najwyższego we wszechświatach, lecz go nie znajdujemy. „Jest on wewnątrz i na zewnątrz wszystkich rzeczy i istot, poruszających się i nieruchomych. Nierozpoznawalny w swej tajemnicy, choć odległy, jest jednak blisko". Wszechmocny Najwyższy jest „formą jeszcze nie uformowanego, wzorem jeszcze nie stworzonego". Najwyższy jest waszym wszechświatowym domem, a kiedy go znajdziecie, będzie to jak powrót do domu. Jest on waszym empirycznym rodzicem i tak jak w doświadczeniu istot ludzkich, on też rozwinął się w doświadczaniu boskiego rodzicielstwa. Rozumie was, gdyż jest tak samo podobny stworzonemu jak i stwórcy.

Jeśli naprawdę chcecie znaleźć Boga, w waszym umyśle nie może zabraknąć świadomości Najwyższego. Tak jak Bóg jest waszym niebiańskim Ojcem, tak Najwyższy jest waszą niebiańską Matką, w której jesteście kształtowani podczas waszego życia jako istoty wszechświatowe. „Jak wszechstronny jest Najwyższy – jest we wszystkich stronach! Życie nieograniczonych rzeczy stworzenia zależy od jego obecności i żadnemu się nie odmawia".

Czym jest Michał dla Nebadonu, Najwyższy jest dla skończonego kosmosu; jego Bóstwo jest szeroką drogą, którą płynie miłość Ojca dla całego stworzenia i jest też tą szeroką drogą, którą skończone istoty idą do wewnątrz, poszukując swego Ojca, który jest miłością. Nawet Dostrajacze Myśli są z nim spokrewnione; w swej pierwotnej naturze i boskości są podobne Ojcu, ale kiedy doświadczają procesów czasowych we wszechświatach przestrzeni, stają się podobne Najwyższemu.

Akt wyboru istoty stworzonej, aby czynić wolę Stwórcy, jest kosmiczną wartością i posiada wszechświatowe znaczenie, które od razu wyzwala reakcję pewnej, nie objawionej, ale wszechobecnej siły koordynującej; prawdopodobnie jest to działanie ciągle rozszerzającej się akcji Istoty Najwyższej.

Morontialna dusza rozwijającego się człowieka doprawdy jest synem Ojca Wszechświatowego, funkcjonującego w Dostrajaczu i dzieckiem kosmicznego oddziaływania Istoty Najwyższej, Matki Wszechświatowej. Wpływ matki dominuje ludzką osobowość w okresie dzieciństwa rozwijającej się duszy we wszechświecie lokalnym. Wpływ Boskich rodziców staje się bardziej równomierny po zespoleniu z Dostrajaczem i po drodze przez superwszechświat, jednak, kiedy istoty czasu zaczynają przemierzać centralny wszechświat wieczności, natura Ojca objawia się coraz bardziej, osiągając wyżyny swych skończonych przejawów dzięki rozpoznaniu Ojca Wszechświatowego i przyjęciu istoty do Korpusu Finalizmu.

W doświadczeniu finalisty i przez nabywanie tego doświadczenia empiryczne, matczyne własności wznoszącej się jaźni są pod ogromnym wpływem, w wyniku kontaktu i natchnienia, duchowej obecności Wiecznego Syna oraz umysłowej obecności Nieskończonego Ducha. Pojawia się wtedy, w domenach działalności finalisty w wielkim wszechświecie, nowe ożywienie utajonego, matczynego potencjału Najwyższego, nowa realizacja empirycznych znaczeń i nowa synteza empirycznych wartości całej drogi wznoszenia się. Wydaje się, że urzeczywistnianie jaźni będzie kontynuowane w trakcie wszechświatowej egzystencji finalistów stadium szóstego, zanim matczyne dziedzictwo Najwyższego nie osiągnie skończonej synchronizacji z dostrajaczowym dziedzictwem Ojca. Ten ciekawy okres funkcjonowania wielkiego wszechświata stanowi kontynuację dorosłego bytu wznoszącego się i doskonalącego śmiertelnika.

Po zakończeniu szóstego stadium egzystencji i po wejściu w siódme oraz końcowe stadium statusu duchowego, nastąpią prawdopodobnie zaawansowane epoki wzbogaconego doświadczenia, dojrzałej mądrości i urzeczywistniania boskości. W naturze finalisty prawdopodobnie będzie to równoznaczne z pełnym sukcesem walki umysłu o duchową samorealizację – ukończenie koordynacji wznoszącej się natury ludzkiej z Boską, dostrajaczową naturą, w granicach skończonych możliwości. Taka wspaniała, wszechświatowa jaźń, staje się tym samym wiecznym synem-finalistą Rajskiego Ojca, jak również wiecznym wszechświatowym dzieckiem Matki Najwyższej, wszechświatową jaźnią, kompetentną do reprezentowania zarówno Ojca jak i Matki wszechświatów i osobowości w jakiejkolwiek działalności czy przedsięwzięciu, odnoszącym się do skończonej administracji stworzonych, stwarzanych czy rozwijających się rzeczy i istot.

Wszyscy, rozwijający swą duszę ludzie, są literalnie ewolucyjnymi synami Boga Ojca i Boga Matki – Istoty Najwyższej. Jednak do tego czasu, kiedy śmiertelny człowiek uświadomi sobie w swej duszy swoje boskie dziedzictwo, to zapewnienie o pokrewieństwie z Bóstwem trzeba uświadamiać sobie przez wiarę. Doświadczenie ludzkiego życia jest kosmicznym kokonem, w którym wszechświatowe wyposażenia Istoty Najwyższej i wszechświatowa obecność Ojca Wszechświatowego (żadne z nich nie jest osobowością) kształtują morontialną duszę czasu i ludzko-boski charakter finalisty dla wszechświatowego przeznaczenia i wiecznej służby.

Ludzie naprawdę zbyt często zapominają o tym, że Bóg jest największym doświadczeniem w ludzkiej egzystencji. Inne doświadczenia są ograniczone w swej naturze i treści, ale doświadczanie Boga nie ma ograniczeń, za wyjątkiem tych, które wynikają ze zdolności pojmowania istoty stworzonej a to właśnie doświadczanie Boga, samo w sobie, poszerza owe zdolności. Kiedy ludzie szukają Boga, szukają wszystkiego. Kiedy znajdują Boga, znaleźli wszystko. Poszukiwanie Boga jest szczodrym obdarzaniem miłością, czemu towarzyszą wspaniałe odkrycia nowej i wyższej miłości, dla obdarzania nią innych.

Wszelka prawdziwa miłość pochodzi od Boga a człowiek tak otrzymuje to Boskie uczucie, jak sam obdarza miłością swoich braci. Miłość jest dynamiczna. Nigdy nie można nią zawładnąć; jest pełna życia, wolna, porywająca i zawsze zmienna. Człowiek nigdy nie może dostać miłości od Ojca i jej uwięzić w swym sercu. Ojcowska miłość może stać się rzeczywista dla śmiertelnego człowieka jedynie wtedy, kiedy przejdzie przez osobowość człowieka, gdy ten z kolei obdarza tą miłością swych współbraci. Wielki obwód miłości idzie od Ojca, przez synów do braci i stąd do Najwyższego. Miłość Ojca zjawia się w śmiertelnej osobowości dzięki służbie zamieszkującego ją Dostrajacza. Rozpoznający Boga syn objawia tę miłość swym wszechświatowym braciom a jego braterskie uczucie jest esencją miłości Najwyższego.

Nie ma innego dostępu do Najwyższego jak tylko przez doświadczenie, a w obecnych epokach stworzenia istnieją tylko trzy drogi, którymi istota stworzona dochodzi do Najwyższości:

1. Rajscy Obywatele zstępują z wiecznej Wyspy, poprzez Havonę, gdzie nabywają zdolności pojmowania Najwyższości, przez obserwację zróżnicowania rzeczywistości Raju-Havony i poprzez badawcze odkrywanie różnorodnego funkcjonowania Najwyższych Osobowości Stwórczych, od Duchów Nadrzędnych do Synów Stwórcy.
2. Wznoszące się w czasie-przestrzeni istoty, przybywające z ewolucyjnych wszechświatów Najwyższych Stwórców, zbliżają się znacznie do Najwyższego podczas przemierzania Havony, gdy przygotowują się do lepszego zrozumienia jedności Rajskiej Trójcy.
3. Mieszkańcy Havony zaczynają rozumieć Najwyższego, dzięki kontaktom z pielgrzymami zstępującymi z Raju oraz wznoszącymi się pielgrzymami z siedmiu superwszechświatów. Mieszkańcy Havony są z natury we właściwej pozycji, aby koordynować zasadniczo odmienne punkty widzenia obywateli wiecznej Wyspy i obywateli wszechświatów ewolucyjnych.

Jest siedem zasadniczych metod zbliżania się do Ojca Wszechświatowego, dostępnych dla istot ewolucyjnych a każda z tych istot, wznosząc się do Raju, przechodzi przez boskość jednego z Siedmiu Duchów Nadrzędnych; i każde takie zbliżenie jest możliwe dzięki zwiększeniu podatności na to doświadczenie, w konsekwencji służby istoty stworzonej we wszechświecie odzwierciedlającym naturę Ducha Nadrzędnego. Całkowita suma tych siedmiu doświadczeń stanowi znane obecnie granice świadomości istoty stworzonej, gdy idzie o rzeczywistość i aktualność Boga Najwyższego.

To nie tylko własne ograniczenia uniemożliwiają człowiekowi znalezienie skończonego Boga, ale również niekompletność wszechświata; nawet niekompletność wszystkich stworzonych – przeszłych, obecnych i przyszłych – sprawia, że Najwyższy jest niedostępny. Boga Ojca może znaleźć każda jednostka, która osiągnęła niebiański poziom podobieństwa do Boga, ale Bóg Najwyższy nigdy nie będzie odkryty osobiście przez jakiegokolwiek *pojedynczego* stworzonego, aż do tego, bardzo odległego czasu, kiedy poprzez wszechświatowe opanowanie doskonałości *wszyscy* stworzeni znajdą go równocześnie.

Pomimo, że w tej epoce wszechświata nie możecie znaleźć go osobiście, tak jak możecie znaleźć i znajdziecie Ojca, Syna i Ducha, tym niemniej wznoszenie się do Raju i dalsza wszechświatowa działalność będzie stopniowo tworzyć, w waszej świadomości, rozpoznanie wszechświatowej obecności i kosmicznego działania Boga wszelkiego doświadczenia. Owoce ducha są treścią Najwyższego możliwą do zrealizowania w ludzkim doświadczeniu.

Dotarcie kiedyś człowieka do Najwyższego będzie rezultatem jego zespolenia z duchem Rajskiego Bóstwa. Dla Urantian tym duchem jest obecność Ojca Wszechświatowego w Dostrajaczu, a choć Nieodgadniony Monitor jest od Ojca i podobny Ojcu, wątpimy, czy kiedykolwiek ten boski dar może dokonać niemożliwego zadania, objawienia natury nieskończonego Boga istotom skończonym. Domyślamy się, że to, co Dostrajacze objawią przyszłym finalistom siódmego stadium, będzie boskością i naturą

Boga Najwyższego. I objawienie takie będzie dla istoty skończonej tym, czym objawienie Nieskończonego byłoby dla istoty absolutnej.

Najwyższy nie jest nieskończony, ale prawdopodobnie ogarnia całość nieskończoności, której skończona istota nigdy nie może w pełni zrozumieć. Aby zrozumieć coś więcej niż Najwyższego, trzeba być czymś więcej niż skończonym!

Wszystkie kreacje empiryczne są wzajemnie od siebie zależne przy dopełnianiu swego przeznaczenia. Tylko rzeczywistość egzystencjalna jest samowystarczalna i samoistna. Havona i siedem superwszechświatów potrzebują siebie nawzajem, aby osiągnąć maksymalny, skończony sukces; tak samo będą kiedyś zależne od siebie w przyszłych wszechświatach przestrzeni zewnętrznej, aby przewyższyć skończoność.

Wznoszący się człowiek może znaleźć Ojca; Bóg jest egzystencjalny, dlatego też jest rzeczywisty, niezależny od statusu doświadczenia w całym wszechświecie. Jednak żadna pojedyncza, wznosząca się istota, nigdy nie znajdzie Najwyższego, zanim wszyscy wznoszący się nie osiągną tego stadium maksymalnej dojrzałości wszechświata, które umożliwi im równoczesny udział w tym odkryciu.

Ojciec nie ma względu na osoby; traktuje wszystkich wznoszących się synów jako indywidualności kosmiczne. Tak samo Najwyższy nie ma względu na osoby; traktuje swe empiryczne dzieci jako jednostki kosmicznej całości.

Człowiek może odkryć Ojca w swoim sercu, ale Najwyższego będzie musiał szukać w sercach wszystkich ludzi; a kiedy wszystkie istoty doskonale objawią miłość Najwyższego, wtedy stanie się on wszechświatową aktualnością dla wszystkich stworzonych. I jest to tylko inny sposób stwierdzenia tego, że wszechświaty zostaną ustanowione w światłości i życiu.

Osiągnięcie doskonałej samorealizacji przez wszystkie osobowości, wraz z osiągnięciem doskonałej równowagi przez wszechświaty, równa się osiągnięciu Najwyższego i jest związane z wyzwoleniem całej skończonej rzeczywistości z ograniczeń niekompletnej egzystencji. Takie wyczerpanie wszelkich skończonych potencjałów przynosi pełnię osiągnięcia Najwyższego i może być skądinąd zdefiniowane jako pełne, ewolucyjne zaktualizowanie się samej Istoty Najwyższej.

Ludzie nie znajdują Najwyższego nagle i tak gwałtownie, jak trzęsienie ziemi rwie rozpadliny w skałach, ale znajdują go powoli i cierpliwie, jak rzeka cicho wypłukuje grunt swego dna.

Znajdując Ojca, znajdziecie wspaniałą przyczynę waszego duchowego wznoszenia się we wszechświatach; znajdując Najwyższego, odkryjecie wspaniały rezultat waszego docierania do Raju.

Żaden rozpoznający Boga śmiertelnik nigdy nie może być samotny na swojej drodze przez kosmos, ponieważ wie, że Ojciec idzie obok tą samą drogą, krok za krokiem, gdy ta właśnie droga, którą człowiek przemierza, jest obecnością Najwyższego.

7. PRZYSZŁOŚĆ NAJWYŻSZEGO

Kompletne urzeczywistnienie wszelkich skończonych potencjałów równa się zakończeniu urzeczywistniania doświadczenia ewolucyjnego. Sugeruje to ostateczne pojawienie się Najwyższego jako wszechmocnej obecności Bóstwa we wszechświatach. Wierzymy, że w tym stadium rozwoju Najwyższy będzie niezależnie uosobiony, tak jak Wieczny Syn, tak konkretnie obdarzony mocą, jak Wyspa Raj, tak w pełni zjednoczony, jak Wspólny Aktywizator i wszystko to w obrębie ograniczeń skończonych możliwości Najwyższości, w punkcie szczytowym obecnej epoki wszechświata.

Chociaż jest to zupełnie prawidłowa koncepcja przyszłości Najwyższego, chcielibyśmy zwrócić uwagę na pewne, związane z nią problemy:

1. Nieuwarunkowani Nadzorcy Najwyższego raczej nie mogą stać się boscy w jakimkolwiek stadium, zanim nie zakończy się jego rozwój, a przecież ci sami nadzorcy, nawet obecnie, warunkowo korzystają z władzy najwyższości, biorąc pod uwagę wszechświaty ustanowione w światłości i życiu.
2. Najwyższy raczej nie może funkcjonować w Trójcy Ostatecznej, zanim nie osiągnie kompletnej aktualności w statusie wszechświatowym, a przecież Trójca Ostateczna nawet teraz jest uwarunkowaną rzeczywistością, a wy byliście już informowani o istnieniu Uwarunkowanych Namiestników Ostatecznego.
3. Najwyższy nie jest zupełnie rzeczywisty dla istot wszechświatowych, jednak istnieje wiele przyczyn, aby sądzić, że jest on zupełnie rzeczywisty dla Siedmiorakiego Bóstwa, rozpościerającego się od Ojca Wszechświatowego w Raju do Synów Stwórców i Stwórczych Duchów wszechświatów lokalnych.

Być może w wyższych zakresach skończoności, gdzie czas się łączy z czasem przewyższonym, istnieje jakiś rodzaj rozmazywania się i mieszania sekwencji. Być może Najwyższy potrafi przewidywać swą wszechświatową obecność na tych poziomach superczasu a potem, do pewnego stopnia, wyprzedzać przyszłą ewolucję, odzwierciedlając to przyszłe przewidywanie z powrotem na stworzone poziomy jako Immanencję Planowej Niekompletności. Taki fenomen daje się zauważyć wszędzie tam, gdzie skończone wchodzi w kontakt z nadskończonym, jak w doświadczeniu istot ludzkich zamieszkałych przez Dostrajacze Myśli, które są prawdziwym przewidywaniem przyszłych osiągnięć ludzkich w całej wieczności.

Kiedy wznoszący się śmiertelnicy przyjmowani są do korpusu finalistów w Raju, składają Rajskiej Trójcy przysięgę a składając tę przysięgę wierności, zobowiązują się tym samym do wiecznej wierności Bogu Najwyższemu, który *jest* Trójcą w pojmowaniu wszystkich skończonych osobowości stworzonych. Potem, jak kompanie finalistów działają w rozwijających się wszechświatach, podlegają one wyłącznie rozporządzeniom wychodzącym z Raju, aż do doniosłych czasów ustanowienia wszechświatów lokalnych w światłości i życiu. Kiedy nowe metody zarządzania tymi, doprowadzonymi do doskonałości kreacjami zaczynają odzwierciedlać wyłaniającą się władzę Najwyższego, zauważamy, że odosobnione kompanie finalistów uznają jurysdykcję takich nowych rządów. Wydaje się, że Bóg Najwyższy rozwija się jako unifikator ewolucyjnego Korpusu Finalizmu, ale jest również bardzo prawdopodobne, że wiecznym przeznaczeniem tych siedmiu korpusów będzie kierował Najwyższy, jako członek Trójcy Ostatecznej.

Istota Najwyższa zawiera w sobie trzy nadskończone możliwości przejawiania się we wszechświecie:

1. Absoniczną współpracę w pierwszej Trójcy empirycznej.
2. Współabsolutny związek w drugiej Trójcy empirycznej.
3. Współnieskończony udział w Trójcy Trójc, ale nie mamy zadowalającej koncepcji, co to naprawdę oznacza.

Jest to jedna z ogólnie przyjętych hipotez dotyczących przyszłości Najwyższego, ale istnieje również wiele spekulacji w sprawie jego związków z obecnym, wielkim wszechświatem, kiedy ten wszechświat osiągnie status światłości i życia.

Obecnym celem superwszechświatów jest osiągnięcie doskonałości, w nich oraz w granicach ich potencjałów, nawet takiej, jak doskonałą jest Havona. Doskonałość ta odnosi się do osiągnięć tak materialnych jak i duchowych a nawet do rozwoju administracyjnego, rządowego i braterskiego. Przypuszcza się, że w nadchodzących epokach, możliwości dysharmonii, niedopasowania i nieprzystosowania zostaną w końcu wyczerpane w superwszechświatach. Obwody energii będą w doskonałej równowadze i całkowicie podporządkowane umysłowi, podczas gdy duch, w obecności osobowości, osiągnie dominację nad umysłem.

Przypuszcza się, że w tym bardzo odległym czasie, duchowa osoba Najwyższego i zdobyta władza Wszechmocnego osiągnie skoordynowany rozwój i że obie, jak są zjednoczone w Najwyższym Umyśle i poprzez niego, urzeczywistnią się jako Istota Najwyższa, jako aktualność zrealizowana we wszechświatach – aktualność, która będzie dostrzegalna przez wszystkie stworzone istoty inteligentne, na którą reagować będą wszystkie stworzone energie, która skoordynowana będzie we wszystkich bytach duchowych i doświadczana przez wszystkie osobowości wszechświata.

Koncepcja ta zakłada aktualną władzę Najwyższego w wielkim wszechświecie. Jest również prawdopodobne, że obecni administratorzy Trójcy pozostaną jako jego namiestnicy, wierzymy jednak, że obecne rozgraniczenia pomiędzy siedmioma superwszechświatami będą stopniowo zanikać i że cały wielki wszechświat będzie funkcjonował jako doskonała jedność.

Jest możliwe, że Najwyższy przebywać będzie wtedy osobiście na Uversie, w stolicy Orvontonu, skąd będzie kierował administracją kreacji czasowych, ale tak naprawdę to są tylko przypuszczenia. Na pewno osobowość Istoty Najwyższej będzie możliwa do skontaktowania w pewnym, określonym miejscu, chociaż wszechbytność obecności Bóstwa będzie prawdopodobnie nadal przenikała wszechświat wszechświatów. Nie wiemy, jaki będzie w tej przyszłej epoce związek obywateli superwszechświata z Najwyższym, jednak może to być coś zbliżonego do obecnego związku pomiędzy mieszkańcami Havony a Rajską Trójcą.

W tych przyszłych czasach, doprowadzony do doskonałości wszechświat będzie bardzo odmienny od tego, czym jest teraz. Do przeszłości należeć będą emocjonujące przygody organizacji galaktyk w przestrzeni, zaszczepianie życia na niepewnych światach czasu i kształtowanie harmonii z chaosu, piękna z potencjałów, prawdy ze znaczeń i dobroci z wartości. Czasowe wszechświaty osiągną dopełnienie skończonego przeznaczenia! I prawdopodobnie na jakiś czas nastąpi odpoczynek, odprężenie od wiekowych zmagań o ewolucyjną doskonałość. Ale nie na długo! Bez wątpienia, na pewno i nieubłaganie, zagadka wyłaniającego się Bóstwa Boga Ostatecznego rzuci wyzwanie tym, doprowadzonym do doskonałości obywatelom ustabilizowanych wszechświatów, tak jak kiedyś ich trudzącym się, ewolucyjnym przodkom, rzucono wyzwanie poszukiwania Boga Najwyższego. Kurtyna kosmicznego przeznaczenia odsłoni się znowu, aby ukazać transcendentalną wspaniałość absonicznych dążeń dostąpienia Ojca Wszechświatowego na nowych, wyższych poziomach, objawionych w ostateczności doświadczenia istoty stworzonej.

[Nadzorowane przez Możnego Posłańca, tymczasowo przebywającego na Urantii].

PRZEKAZ 118

NAJWYŻSZY I OSTATECZNY – CZAS I PRZESTRZEŃ

ODNOŚNIE wielu natur Bóstwa, można stwierdzić, co następuje:

1. Ojciec jest jaźnią samoistną.
2. Syn jest jaźnią współistniejącą.
3. Duch jest łączącą-istniejącą jaźnią.
4. Najwyższy jest jaźnią ewolucyjno-empiryczną.
5. Siedmioraki jest boskością rozdzielonej jaźni.
6. Ostateczny jest jaźnią transcendentalno-empiryczną.
7. Absolutny jest jaźnią egzystencjalno-empiryczną.

Podczas gdy Bóg Siedmioraki jest konieczny do ewolucyjnego osiągnięcia Najwyższego, Najwyższy jest także konieczny dla końcowego wyłonienia się Ostatecznego. I ta podwójna obecność, Najwyższego i Ostatecznego, stanowi podstawowy związek podabsolutnego i wywodzącego się Bóstwa, które uzupełniają się wzajemnie w osiąganiu przeznaczenia. Razem stanowią empiryczny pomost, łączący początki i zakończenia całego stwórczego rozwoju we wszechświecie nadrzędnym.

Stwórczy rozwój jest nieskończony, ale zawsze przynosi zadowolenie; bez końca w swej rozciągłości, jednak zawsze jest przerywany satysfakcjonującymi osobowość momentami osiągania przejściowego celu, które tak dobrze służą za uaktywniające preludium do nowych przygód w kosmicznym rozwoju, w eksploracji wszechświata i w docieraniu do Bóstwa.

Chociaż domena matematyki najeżona jest jakościowymi ograniczeniami, daje ona skończonemu umysłowi konceptualną bazę dla kontemplacji nieskończoności. Nawet w pojmowaniu skończonego umysłu nie ma ograniczeń ilościowych dla liczb. Nie ma znaczenia, jak wielką liczbę się pomyśli, zawsze możecie wyobrazić sobie jeszcze jedną do dodania. I możecie także to zrozumieć, że wynik zawsze będzie mniejszy od nieskończoności, bez znaczenia, ile razy powtórzycie to dodawanie liczb, wciąż można dodać jeszcze jedną.

Równocześnie, nieskończone szeregi mogą być sumowane w każdym określonym punkcie, a ta suma (dokładniej suma częściowa) daje pełnię słodyczy z osiągnięcia celu przez daną osobę, w określonym czasie i statusie. Jednak wcześniej czy później, ta sama osoba zaczyna rozglądać się i tęsknić za nowymi i większymi celami i takie przygody w rozwoju pojawiać się będą zawsze w pełni czasu i w cyklach wieczności.

Każda kolejna epoka wszechświata jest przedpokojem następnej ery kosmicznego rozwoju i każda epoka wszechświata stanowi doraźny cel dla wszystkich stadiów ją poprzedzających. Havona, sama w sobie i od siebie, jest kreacją doskonałą, ale ograniczoną doskonałością; doskonałość Havony, rozprzestrzeniając się na zewnątrz w ewolucyjne superwszechświaty, znajduje nie tylko swe kosmiczne przeznaczenie, ale także wyzwolenie z ograniczeń egzystencji przedewolucyjnej.

1. CZAS I WIECZNOŚĆ

Dla kosmicznej orientacji człowieka jest pożyteczne zrozumienie wszelkich możliwych relacji Bóstwa wobec kosmosu. Podczas gdy absolutne Bóstwo jest wieczne w swej naturze, Bogowie są związani z czasem jako z doświadczaniem w wieczności. We wszechświatach ewolucyjnych wieczność jest czasową wiecznotrwałością – wiecznotrwałym *teraz*.

Osobowość istoty śmiertelnej może się uwiecznić, dzięki utożsamieniu się z zamieszkującym ją duchem, metodą wyboru czynienia woli Ojca. Taka konsekracja woli jest równoznaczna z realizacją celu wieczności-rzeczywistości. Oznacza to, że cel istoty został ustalony w odniesieniu do przemijających momentów; inaczej mówiąc, w przemijających momentach nie nastąpi zmiana celu istoty. Nie robi różnicy milion czy miliard momentów. Liczby przestają mieć znaczenie, gdy idzie o cel istoty. Tym samym wybór istoty, dodany do wyboru Bożego, daje w wyniku wieczne rzeczywistości nigdy nie kończącej się jedności ducha Bożego i natury ludzkiej, w wiecznotrwałej służbie dla dzieci Boga oraz dla ich Rajskiego Ojca.

Istnieje bezpośredni związek pomiędzy dojrzałością człowieka a jednostką świadomości czasu w danym intelekcie. Jednostką czasu może być dzień, rok, albo okres dłuższy, jednak jest to nieodmienne kryterium, dzięki któremu świadoma jaźń ocenia okoliczności życia i dzięki czemu myślący intelekt odmierza i ocenia fakty doczesnego bytu.

Doświadczenie, mądrość i osąd zależne są od wydłużania się jednostki czasu w doświadczeniu śmiertelnika. Jak umysł ludzki cofa się wstecz, w przeszłość, ocenia on przeszłe doświadczenia w tym celu, aby je przyłożyć do sytuacji obecnej. Kiedy umysł sięga w przyszłość, usiłuje ocenić przyszłe wartości ewentualnego działania. I skonsultowawszy się zarówno z doświadczeniem jak i z mądrością, wola ludzka podejmuje osąd-decyzję w teraźniejszości, i tym sposobem zaczyna istnieć plan działania, zrodzony z przeszłości i przyszłości.

W dojrzałości rozwijającej się jaźni, przeszłość i przyszłość łączą się, aby naświetlić prawdziwe znaczenie teraźniejszości. W miarę dojrzewania, jaźń sięga coraz dalej wstecz, w przeszłe doświadczenia, podczas gdy przewidywania mądrości usiłują penetrować coraz głębiej nieznaną przyszłość. I kiedy rozumująca jaźń poszerza to sięganie jeszcze dalej, zarówno w przeszłość jak i w przyszłość, jej osąd staje się coraz mniej zależny od momentu teraźniejszości. W ten sposób decyzja-działanie zaczyna się wymykać z więzów ruchomej teraźniejszości i angażować w aspekty o znaczeniu przeszłościowo-przyszłościowym.

Cierpliwość wykazują ci śmiertelnicy, których jednostki czasowe są krótkie; prawdziwa dojrzałość przewyższa cierpliwość, dzięki wyrozumiałości zrodzonej z prawdziwego zrozumienia.

Być dojrzałym znaczy żyć intensywniej w teraźniejszości i jednocześnie uciekać od ograniczeń teraźniejszości. Plany charakteryzujące się dojrzałością, oparte na przeszłym doświadczeniu, pojawiają się w teraźniejszości w taki sposób, aby wzbogacić wartości przyszłości.

Czasowa jednostka niedojrzałości koncentruje znaczenie-wartość w chwili obecnej, w taki sposób, że oddziela teraźniejszość od jej prawdziwych związków z nie-teraźniejszością

– przeszłością-przyszłością. Czasowa jednostka dojrzałości ma takie proporcje, że wykazuje skoordynowany związek przeszłości-teraźniejszości-przyszłości, tak, że jaźń zaczyna nabierać wnikliwości w całość zdarzeń, zaczyna widzieć krajobraz czasu z panoramicznej perspektywy poszerzonych horyzontów, być może zaczyna dopatrywać się wiecznego kontinuum, bez początku i końca, którego fragmenty zwane są czasem.

Na poziomach nieskończonych i absolutnych chwila obecna zawiera całą przeszłość jak również całą przyszłość. JESTEM oznacza także BYŁEM i BĘDĘ. I to obrazuje naszą najlepszą koncepcję wieczności oraz tego, co wieczne.

Na poziomie absolutnym i wiecznym, rzeczywistość potencjalna jest tak samo znacząca jak rzeczywistość aktualna. Tylko na poziomie skończonym i dla istot związanych czasem wydaje się istnieć tak wielka różnica. Dla Boga jako absolutnego, wznoszący się śmiertelnik, który powziął wieczną decyzję już jest rajskim finalistą. Jednak Ojciec Wszechświatowy, poprzez zamieszkującego człowieka Dostrajacza Myśli, nie jest tak ograniczony w świadomości, ale może rozumieć i brać udział w każdej doczesnej walce z problemami wznoszenia się istoty stworzonej, od poziomów egzystencji podobnych zwierzęciu, aż do poziomów podobnych Bogu.

2. WSZECHOBECNOŚĆ A WSZECHBYTNOŚĆ

Wszechbytności Bóstwa nie można mylić z ostatecznością Boskiej wszechobecności. Zgodnie z wolą Ojca Wszechświatowego, Najwyższy, Ostateczny i Absolutny powinni kompensować, koordynować i jednoczyć jego czasowo-przestrzenną wszechbytność i przekraczającą czas-przestrzeń wszechobecność, z bezczasową i bezprzestrzenną, powszechną i absolutną obecnością. I powinniście pamiętać, że chociaż wszechbytność Bóstwa można bardzo często łączyć z przestrzenią, niekoniecznie musi być ona uwarunkowana czasem.

Jako wznoszące się istoty śmiertelne i morontialne, stopniowo dostrzegacie Boga przez służbę Boga Siedmiorakiego. Idąc przez Havonę, odkrywacie Boga Najwyższego. W Raju znajdujecie go jako osobę a potem, jako finaliści, będziecie próbować go poznać jako Ostatecznego. Jako finalistom, będzie się wam wydawać, że jest tylko jeden kierunek do podążania po osiągnięciu Ostatecznego, a jest nim początek poszukiwania Absolutnego. Żaden finalista nie będzie dręczony niepewnościami w sprawie dotarcia do Bóstwa-Absolutu, skoro na koniec wznoszenia się najwyższego i ostatecznego napotka Boga Ojca. Finaliści tacy będą z pewnością wierzyć, że jeśli nawet odniosą sukces znajdując Boga Absolutnego, mogą jedynie odkryć tego samego Boga, Rajskiego Ojca, objawiającego się na poziomach bardziej zbliżonych do nieskończonych i uniwersalnych. Bez wątpienia dotarcie do Boga w absolucie może objawić Pierwszego Protoplastę wszechświatów, jak również Finalnego Ojca osobowości.

Bóg Najwyższy może nie być objawieniem czasowo-przestrzennej wszechobecności Bóstwa, ale jest on literalnie przejawem Boskiej wszechbytności. Pomiędzy duchową obecnością Stwórcy a materialnymi przejawami stworzenia istnieje rozległa domena wszechbytnego *stawania się* – wszechświatowego pojawiania się Bóstwa ewolucyjnego.

Jeśli Bóg Najwyższy przejmie kiedykolwiek bezpośrednią kontrolę nad wszechświatami czasu i przestrzeni, jesteśmy pewni, że taka administracja Bóstwa będzie działała pod kontrolą nadrzędną Ostatecznego. W takim wypadku Bóg Ostateczny może się zacząć przejawiać dla wszechświatów czasu jako transcendentalny Wszechmocny

(Wszechpotężny), sprawujący kontrolę nadrzędną superczasu i przewyższonej przestrzeni, odnoszącą się do administracyjnych działań Wszechmocnego Najwyższego.

Umysł śmiertelny może pytać, tak jak i my pytamy: jeśli ewolucji Boga Najwyższego do poziomu władzy administracyjnej w wielkim wszechświecie towarzyszy coraz intensywniejsze przejawianie się Boga Ostatecznego czy podobnemu pojawieniu się Boga Ostatecznego, w postulowanych wszechświatach przestrzeni zewnętrznej, będą towarzyszyły podobne i poszerzone objawienia Boga Absolutnego? Ale doprawdy nie wiemy.

3. ZWIĄZKI CZASOWO-PRZESTRZENNE

Tylko dzięki wszechbytności Bóstwo może zjednoczyć przejawy czasu-przestrzeni, tak, aby skończony człowiek mógł je zrozumieć, gdyż czas jest kolejnością momentów, podczas gdy przestrzeń jest systemem powiązanych punktów. W końcu odczuwacie czas dzięki analizie a przestrzeń dzięki syntezie. Koordynujecie i łączycie te dwie odmienne koncepcje dzięki integrującej wnikliwość osobowości. Z całego świata zwierzęcego, tylko człowiek potrafi dostrzegać czas-przestrzeń. Dla zwierzęcia, ruch ma znaczenie, ale ruch wykazuje wartość tylko dla istoty o statusie osobowości.

Rzeczy warunkowane są czasem, ale prawda jest bezczasowa. Im więcej znacie prawdy tym bardziej *jesteście* prawdą, tym lepiej możecie zrozumieć z przeszłości i pojąć możecie z przyszłości.

Prawda jest niewzruszalna – na zawsze wolna od wszelkich przejściowych zmienności, choć nigdy nie jest martwa ani formalna, zawsze pulsująca i przystosowująca się – promiennie ożywiona. Jednak, kiedy prawda zostanie złączona z faktem, wtedy zarówno czas jak i przestrzeń warunkują jej znaczenia i korelują jej wartości. Takie rzeczywistości prawdy, ożenione z faktem, stają się koncepcjami i w związku z tym są przenoszone do domen kosmicznych rzeczywistości relatywnych.

Z połączenia absolutnej i wiecznej prawdy Stwórcy, z doświadczaniem faktów przez skończoną i doczesną istotę, wynika w rezultacie nowa i wyłaniająca się wartość Najwyższego. Koncepcja Najwyższego niezbędna jest do koordynacji boskiego i niezmiennego nadświata ze skończonym i zawsze zmiennym podświatem.

Ze wszystkich rzeczy nieabsolutnych, do absolutu najbardziej zbliża się przestrzeń. Przestrzeń jest najwyraźniej absolutnie ostateczna. Istotne trudności, jakie mamy ze zrozumieniem przestrzeni na poziomie materialnym, wynikają z tego, że chociaż materialne ciała istnieją w przestrzeni, przestrzeń istnieje również w tych samych ciałach materialnych. Podczas gdy wiele tego, co dotyczy przestrzeni jest absolutne, nie oznacza to, że przestrzeń jest absolutna.

Gdybyście mogli założyć, że, z zachowaniem wszelkich proporcji, przestrzeń jest w końcu własnością wszystkich ciał materialnych, mogłoby to pomóc wam zrozumieć związki przestrzeni. Zatem, kiedy ciało porusza się w przestrzeni, zabiera także ze sobą wszystkie jej własności, nawet tę przestrzeń, która jest w poruszającym się ciele i należy do tego ciała.

Wszystkie formy rzeczywistości zajmują przestrzeń na poziomach materialnych, jednak formy duchowe istnieją tylko w relacji do przestrzeni; nie zajmują i nie przemieszczają przestrzeni ani jej nie zawierają. Dla nas jednak największa łamigłówka przestrzeni odnosi się do formy idei. Kiedy wkraczamy w domenę umysłu, napotykamy wiele zagadek. Czy forma – rzeczywistość – idei zajmuje przestrzeń? Doprawdy nie wiemy, aczkolwiek jesteśmy pewni, że idea formy nie zawiera przestrzeni. Jednak byłoby raczej niebezpieczne zakładać, że to, co niematerialne, zawsze jest bezprzestrzenne.

4. PRZYCZYNOWOŚĆ PIERWOTNA I WTÓRNA

Za wiele teologicznych sprzeczności i metafizycznych dylematów śmiertelnego człowieka odpowiedzialne jest złe umiejscowienie osobowości Bóstwa, a w konsekwencji przyznanie atrybutów nieskończonych i absonicznych podporządkowanej Boskości oraz ewolucyjnemu Bóstwu. Nie powinniście zapominać, że chociaż istnieje prawdziwa Pierwsza Przyczyna, istnieje także czereda równorzędnych i podporządkowanych przyczyn, przyczyn tak samo związanych z nią jak i wtórnych.

Istotna różnica pomiędzy pierwszą przyczyną a przyczynami wtórnymi jest taka, że pierwsza przyczyna daje swoiste skutki, które nie zawierają dziedzictwa jakiegokolwiek czynnika wywodzącego się z przyczynowości okoliczności ją poprzedzających. Wtórne przyczyny dają te skutki, które nieodmiennie wykazują dziedzictwo innych, poprzedzających przyczynowości.

Czysto statyczne potencjały, tkwiące w Absolucie Nieuwarunkowanym, reagują na to sprawstwo Bóstwa-Absolutu, które powstaje na skutek działań Rajskiej Trójcy. W obecności Absolutu Wszechświatowego, te przyczynowo-przesycające potencjały statyczne natychmiast stają się aktywne i reagują na wpływ pewnych, transcendentalnych czynników, których działania przynoszą w rezultacie przeobrażenie tych zaktywizowanych potencjałów do statusu prawdziwych wszechświatowych możliwości rozwoju, aktualizujących się możliwości postępu. Na takich właśnie, dojrzałych potencjałach, stwórcy i kontrolerzy wielkiego wszechświata odgrywają nigdy nie kończącą się sztukę kosmicznej ewolucji.

Przyczynowość, pomijając egzystencjalności, jest trojaka w swej podstawowej naturze. Tak jak działa w tej epoce wszechświata i jak to dotyczy skończonego poziomu siedmiu superwszechświatów, można ją sobie wyobrazić jako:

1. *Aktywizację potencjałów statycznych.* Ustanowienie przeznaczenia w Absolucie Wszechświatowym w wyniku działań Bóstwa-Absolutu, funkcjonującego w Absolucie Nieuwarunkowanym oraz na jego podstawie, jak również w konsekwencji wolicjonalnych rozporządzeń Rajskiej Trójcy.

2. *Wynikanie wszechświatowych możliwości.* Pociąga to za sobą przekształcenie niezróżnicowanych potencjałów w posegregowane i określone plany. Jest to działalność Ostateczności Bóstwa i różnorodnych czynników poziomu transcendentalnego. Taka działalność odbywa się przy doskonałym przewidywaniu przyszłych wymagań całego wszechświata nadrzędnego. To właśnie w powiązaniu z rozdzielaniem potencjałów istnieją Architekci Wszechświata Nadrzędnego jako prawdziwe ucieleśnienie wszechświatowej koncepcji Bóstwa. Ich plany wydają się ostatecznie być ograniczone przestrzenią przez koncepcyjne peryferie wszechświata nadrzędnego, lecz *jako plany* nie są skądinąd uwarunkowane czasem ani przestrzenią.

3. *Stwarzanie i ewolucję wszechświatowych aktualności.* Najwyżsi Stwórcy działają w kosmosie nasyconym obecnością Ostateczności Bóstwa, która tworzy możliwości przekształcenia czasowych, dojrzałych potencjałów w empiryczne aktualności. W granicach

wszechświata nadrzędnego, całe aktualizowanie się potencjalnej rzeczywistości ograniczone jest przez ostateczną możliwość rozwoju i w końcowych stadiach jej wyłaniania się warunkowane jest czasem-przestrzenią. Synowie Stwórcy, którzy wychodzą z Raju, są w aktualności stwórcami *przekształcającymi* w kosmicznym rozumieniu. Jednak nie unieważnia to w żadnym stopniu ludzkich idei o nich jako o stwórcach; ze skończonego punktu widzenia mogą oczywiście stwarzać i stwarzają.

5. WSZECHMOC A MOŻLIWOŚĆ KOEGZYSTENCJI

Wszechmoc Bóstwa nie implikuje możliwości robienia niewykonalnego. W ramach czasowo-przestrzennych i z punktu widzenia intelektualnego pojmowania śmiertelnika, nawet nieskończony Bóg nie może stwarzać kwadratowych kół, czy tworzyć zła, które jest z natury dobre. Bóg nie może czynić rzeczy nieboskich. Taka kontradykcja terminologii filozoficznej jest ekwiwalentem nieistnienia i implikuje, że tym samym nic nie zostało stworzone. Cechy osobowości nie mogą być jednocześnie podobne i niepodobne Bogu. Możliwość koegzystencji jest naturalna dla Boskiej mocy. I wszystko to wynika z faktu, że wszechmoc nie tylko stwarza rzeczy z pomocą natury, ale także daje początek naturze wszystkich rzeczy i istot.

Na początku wszystko robi Ojciec, jednak w miarę rozwoju panoramy wieczności, w odpowiedzi na wolę i zalecenia Nieskończonego, staje się coraz bardziej oczywiste, że stworzeni, nawet ludzie, stają się partnerami Boga w realizacji ostateczności przeznaczenia. I jest to prawdą, nawet podczas ludzkiego życia w ciele; kiedy człowiek i Bóg zostaną partnerami, nie można nałożyć żadnych ograniczeń na przyszłe możliwości takiego partnerstwa. Kiedy człowiek uświadamia sobie, że Ojciec Wszechświatowy jest jego partnerem w wiecznym rozwoju, kiedy zespoli się z zamieszkującą go obecnością Ojca, przełamał już w duchu więzy czasu i zaczął postęp wieczności, w poszukiwaniu Ojca Wszechświatowego.

Świadomość śmiertelnika postępuje od faktu, do znaczenia a potem do wartości. Świadomość Stwórcy podąża od myśli-wartości, poprzez słowo-znaczenie, do faktu działania. Bóg zawsze musi działać, aby przełamać impas nie uwarunkowanej jedności, nieodłącznej egzystencjalnej nieskończoności. Bóstwo zawsze musi dostarczać wzorowego wszechświata, doskonałych osobowości, pierwotnej prawdy, piękna i dobroci, do których dążą wszyscy stworzeni poniżej poziomu boskości. Bóg zawsze musi pierwszy znaleźć człowieka, aby człowiek mógł potem znaleźć Boga. Zawsze musi istnieć Ojciec Wszechświatowy, zanim kiedykolwiek może zaistnieć wszechświatowe synostwo a w konsekwencji wszechświatowe braterstwo.

6. WSZECHMOC A WSZECHTWORZENIE

Bóg jest prawdziwie wszechmocny, nie jest jednak wszechtwórczy – nie robi osobiście wszystkiego tego, co zostało zrobione. Wszechmoc zawiera moc-potencjał Wszechmocnego Najwyższego oraz Istoty Najwyższej, jednak wolicjonalne działania Boga Najwyższego nie są osobistymi czynami Boga Nieskończonego.

Głoszenie wszechtworzenia pierwotnego Bóstwa byłoby równoznaczne z pozbawieniem koncesji prawie miliona Synów Stwórców z Raju, nie mówiąc już o niezliczonych zastępach różnych klas współdziałających z nimi stwórczych asystentów. W całym wszechświecie istnieje tylko jedna bezprzyczynowa Przyczyna. Wszystkie inne przyczyny są pochodnymi tego, Pierwszego Wielkiego Źródła i Centrum. I w tej filozofii nic nie czyni żadnego gwałtu wolnej woli miriadów dzieci Bóstwa, rozrzuconych po całym rozległym wszechświecie.

W ramach lokalnych wydawać się może, że wola działa jako bezprzyczynowa przyczyna, jednak nieodmiennie przejawia ona czynniki dziedziczne, które ustanawiają jej związek z unikalną, oryginalną i absolutną Pierwszą Przyczyną.

Wszelka wola jest relatywna. W sensie jej początków, tylko Ojciec-JESTEM posiada ostateczność woli; w sensie absolutnym, jedynie Ojciec, Syn i Duch wykazują prerogatywy woli nie uwarunkowanej czasem i nie ograniczonej przestrzenią. Śmiertelny człowiek wyposażony jest w wolną wolę, w prawo wyboru i chociaż taki wybór nie jest absolutny, tym niemniej jest względnie ostateczny na poziomie skończonym oraz w tym, co dotyczy przeznaczenia osobowości, która dokonuje wyboru.

Wola, na każdym poziomie mniejszym od absolutu, napotyka ograniczenia, które są częścią składową osobowości korzystającej z prawa wyboru. Człowiek nie może wybierać poza zasięgiem tego, co jest do wybrania. Na przykład, nie może on chcieć być czymś innym niż istotą ludzką, poza tym, że może zechcieć być czymś więcej niż człowiekiem; może zechcieć rozpocząć podróż wznoszenia się we wszechświecie, ale dzieje się tak na skutek ludzkiego wyboru i tego, że Boska wola jest zbieżna w tym punkcie z ludzką wolą. A to, czego syn pragnie a Ojciec chce, na pewno się stanie.

W życiu śmiertelnika wciąż otwierają się i zamykają drogi różnorodnego postępowania a w tym czasie, kiedy wybór jest możliwy, osobowość ludzka wciąż wybiera pomiędzy wieloma rodzajami działania. Doczesna wola związana jest z czasem i musi czekać upływu czasu, by znaleźć możliwość ekspresji. Duchowa wola zaczyna smakować w wyzwoleniu z więzów czasu, osiągnąwszy częściową ucieczkę od sekwencji czasowej, dlatego, że duchowa wola identyfikuje się z wolą Boga.

Wola, akt wyboru, musi funkcjonować w obrębie tych wszechświatowych ram, które się aktualizują w odpowiedzi na wyższy i wcześniejszy wybór. Cały zakres ludzkiej woli jest ściśle ograniczony skończonością, za wyjątkiem jednego szczegółu: kiedy człowiek chce znaleźć Boga i być jemu podobny, taki wybór jest nadskończony; tylko wieczność może wykazać, czy taki wybór jest również superabsoniczny.

Uznać wszechmoc Bóstwa, znaczy cieszyć się bezpieczeństwem w waszym doświadczaniu kosmicznego obywatelstwa, posiadać gwarancję bezpieczeństwa na długiej drodze do Raju. Jednak przyjęcie fałszywego poglądu o wszechtworzeniu oznacza akceptację gigantycznego błędu panteizmu.

7. WSZECHWIEDZA A PREDESTYNACJA

Wola Stwórcy i wola stworzonego funkcjonuje w wielkim wszechświecie w obrębie ograniczeń i możliwości nałożonych przez Architektów Nadrzędnych. Takie ustanowienie *maksymalnych* ograniczeń w najmniejszym jednak stopniu nie umniejsza wolności woli stworzonego, działającej w tych granicach. Ostateczna znajomość przyszłości – pełne uwzględnienie wszelkich skończonych decyzji – też nie jest anulowaniem skończonej woli. Dojrzała i dalekowzroczna istota ludzka może z dużą dokładnością przewidzieć decyzje jakiegoś młodszego bliźniego, ale ta wiedza uprzednia nie zabiera niczego z wolności i autentyczności samej decyzji. Bogowie mądrze ograniczają zakres działania niedojrzałej woli, jednak jest to prawdziwa wola, chociaż w obrębie określonych limitów.

Nawet najwyższa korelacja wszystkich przeszłych, teraźniejszych i przyszłych decyzji nie unieważnia autentyczności takiego decydowania. Ukazuje raczej zarządzony wcześniej trend kosmosu i sugeruje wcześniejszą znajomość tych wolicjonalnych istot, które mogą zechcieć albo nie zechcieć, stać się elementami przyczyniającymi się do empirycznego aktualizowania się całej rzeczywistości.

Błąd decyzji na poziomie skończonym związany jest z czasem i czasem ograniczony. Może istnieć tylko w czasie i *w obrębie* rozwijającej się obecności Istoty Najwyższej. Taka błędna decyzja możliwa jest w czasie i oznacza (oprócz niekompletności Najwyższego), że niedojrzałe istoty wyposażone są w pewien zakres wyboru, aby mogły korzystać z wszechświatowego postępu, nawiązując z wolnej woli kontakt z rzeczywistością.

Grzech, w przestrzeni uwarunkowanej czasem, ukazuje wyraźnie wolność doczesną – nawet samowolę – skończonej woli. Grzech obrazuje niedojrzałość, maskowaną wolnością względnie nieograniczonej woli osobowej, kiedy nie dostrzega ona najwyższych powinności i obowiązków wynikających z obywatelstwa kosmicznego.

W domenach skończonych nikczemność ujawnia krótkotrwałą rzeczywistość wszelkiego, nie utożsamiającego się z Bogiem jestestwa. Tylko wtedy, kiedy istota zaczyna utożsamiać się z Bogiem, staje się we wszechświatach prawdziwie rzeczywista. Skończona osobowość nie tworzy się sama, jednak na arenie wyboru superwszechświata sama decyduje o swym przeznaczeniu.

Obdarzenie życiem sprawia, że system energii materialnej zdolny jest do samozachowawczości, rozmnażania się i przystosowania się. Obdarzenie osobowością daje żywym organizmom dalsze prerogatywy samookreślenia, rozwoju samego siebie oraz możliwość utożsamienia się z zespalającym się z człowiekiem duchem Bóstwa.

Podosobowe rzeczy żyjące świadczą o istnieniu energii-materii aktywizowanej umysłem, na początku umysłem kontrolerów fizycznych a potem przybocznych umysłów-duchów. Wyposażenie osobowości pochodzi od Ojca i daje żywemu systemowi unikalne prerogatywy wyboru. Jednak, gdy osobowość ma prerogatywy dokonywania wolicjonalnego wyboru, polegającego na utożsamieniu się z rzeczywistością i jeśli ma to być prawdziwy i wolny wybór, musi też rozwijająca się osobowość mieć możliwość dokonania wyboru, który prowadzi do dezorientacji, dezintegracji i unicestwienia. Nie można uniknąć ewentualności kosmicznego unicestwienia, jeśli rozwijająca się osobowość ma być prawdziwie wolna w posługiwaniu się skończoną wolą.

Jednak zawężanie limitów osobistego wyboru, na obszarze niższych poziomów bytu, daje większe bezpieczeństwo. W miarę wznoszenia się przez wszechświaty wybór staje się coraz mniej skrępowany, na koniec zbliża się do boskiej wolności, kiedy wznoszące się osobowości osiągają boskość statusu, najwyższość poświęcenia się celowi wszechświata, pełnię mądrości kosmicznej i ostateczność identyfikacji istoty stworzonej z wolą i drogą Boga.

8. KONTROLA I KONTROLA NADRZĘDNA

W kreacjach czasowo-przestrzennych, wolna wola obwarowana jest ograniczeniami, limitacjami. Ewolucja życia materialnego na początku jest mechaniczna, potem aktywizowana przez umysł i (po obdarzeniu osobowością) może być kierowana przez ducha. Na światach zamieszkałych, ewolucja organiczna jest fizycznie ograniczona potencjałami pierwotnych zaszczepień życia, które inicjują Nosiciele Życia.

Człowiek śmiertelny jest maszyną, żywym mechanizmem; jego korzenie naprawdę tkwią w fizycznym świecie energii. Wiele działań ludzkich jest mechanicznych w swej naturze; przez większość swego życia człowiek funkcjonuje jak maszyna. Jednak człowiek, jako mechanizm, jest czymś więcej niż maszyną; jest wyposażony w umysł i zamieszkały przez ducha, a choć podczas życia materialnego nigdy nie może uciec od chemicznych i elektrycznych mechanizmów swego bytu, może coraz lepiej się uczyć, jak podporządkować tę maszynę życia fizycznego dyrektywnej mądrości doświadczenia, poświęcając działanie ludzkiego umysłu realizacji duchowych impulsów zamieszkującego go Dostrajacza Myśli.

Duch wyzwala funkcjonowanie woli a mechanizm ją ogranicza. Niedoskonały wybór, nie kontrolowany przez mechanizm, nie identyfikujący się z duchem, jest niebezpieczny i niestabilny. Mechaniczna dominacja zabezpiecza stabilizację kosztem postępu; duchowe przymierze uwalnia decydowanie od poziomu fizycznego i jednocześnie zapewnia boską stabilizację, wytworzoną przez poszerzoną, wszechświatową wnikliwość i coraz bardziej kosmiczne rozumowanie.

Największe niebezpieczeństwo, jakie czyha na istotę stworzoną, polega na tym, że wyzwalając się z więzów mechanizmu życia nie może ona wyrównać tej utraty stabilizacji przez zaprowadzenie harmonijnej, roboczej łączności z duchem. Wybór istoty, kiedy jest względnie wyzwolona z mechanicznej stabilizacji, może powodować dalsze jej samowyzwolenie, w oderwaniu od coraz większego utożsamiania się z duchem.

Cała zasada ewolucji biologicznej nie pozwala na to, aby człowiek prymitywny pojawił się na zamieszkałych światach z jakąkolwiek większą dozą powściągliwości. Dlatego też ten sam, stwórczy plan, który zaowocował ewolucją, niesie równocześnie zewnętrzne ograniczenia czasowe i przestrzenne, głód i strach, które skutecznie ograniczają podduchowy zakres wyboru tych, pozbawionych kultury istot. Kiedy ludzki umysł pomyślnie przekracza coraz trudniejsze bariery, ten sam, stwórczy plan zapewnia powolną akumulację rasowego dziedzictwa boleśnie zebranej wiedzy empirycznej – innymi słowy, pozwala zachować balans pomiędzy zmniejszającymi się ograniczeniami zewnętrznymi a zwiększającymi się ograniczeniami wewnętrznymi.

Powolność ewolucji, ludzkiego postępu kulturowego, świadczy o efektywności tego hamulca – materialnej bezwładności – który działa tak skutecznie, aby wyhamować niebezpieczne prędkości rozwoju. W ten sposób sam czas amortyzuje i rozlokowuje skądinąd zgubne skutki przedwczesnej ucieczki od barier działania, bezpośrednio otaczających człowieka. Dlatego kiedy kultura idzie zbyt szybko naprzód, kiedy materialne osiągnięcia dystansują rozwój czczenia-mądrości, wtedy cywilizacja zawiera w sobie nasiona regresji i jeśli nie zostanie podparta przez szybki przyrost empirycznej mądrości, ludzkie społeczeństwa będą odchodzić od wysokich, ale przedwczesnych poziomów osiągnięć, a „mroczne epoki" bezkrólewia mądrości świadczyć będą o nieubłaganym powrocie braku równowagi między samowolą a samokontrolą.

Nikczemność Caligastii była obejściem regulatora czasowego stopniowo wyzwalającego człowieka – niepotrzebnym zniszczeniem hamujących barier, tych barier, których śmiertelne umysły tamtych czasów nie przekroczyły empirycznie.

Umysł, który może dokonać częściowego skrócenia czasu i przestrzeni, udowadnia sobie przez ten właśnie akt, że posiada ziarna mądrości, które mogą skutecznie działać zamiast przekroczonych barier powściągliwości.

Lucyfer również chciał zakłócić ten regulator czasowy, który hamował przedwczesne osiągnięcie pewnych wolności systemu lokalnego. System lokalny, ustanowiony w światłości i życiu, empirycznie osiąga te punkty widzenia i te wnikliwości, które umożliwiają stosowanie wielu takich metod postępowania, jakie mogłyby działać zakłócająco i niszcząco w epokach przed stabilizacją takiej właśnie domeny.

Kiedy człowiek zrzuca kajdany strachu, kiedy przybliża kontynenty i oceany dzięki swym maszynom a pokolenia i wieki dzięki swym zapisom, musi on zastąpić każde przekroczone ograniczenie nowym i dobrowolnie przyjętym ograniczeniem, zgodnie z nakazami moralnymi i poszerzającą się mądrością ludzką. Te narzucone sobie ograniczenia stają się od razu najpotężniejszymi i najbardziej subtelnymi składnikami ludzkiej cywilizacji – koncepcjami sprawiedliwości i ideałami braterstwa. Człowiek ogranicza się krępującymi go szatami miłosierdzia, kiedy pozwala sobie kochać swych współbraci ludzi, podczas gdy realizuje początki duchowego braterstwa, kiedy postanawia traktować ich tak, jak chciałby, aby jego traktowano, tak jak uważa, że traktowałby go Bóg.

Automatyczne oddziaływanie wszechświata jest stabilne i w pewnej formie ciągłe w kosmosie. Osobowość, która zna Boga i pragnie czynić jego wolę, która posiada wnikliwość duchową, jest bosko stabilna i istnieje wiecznie. Wielka, wszechświatowa przygoda człowieka polega na przemieszczeniu jego śmiertelnego umysłu od stabilności statyki mechanicznej do boskości dynamiki duchowej i osiąga on tę transformację dzięki sile i stałości decyzji swej własnej osobowości, oświadczając w każdej sytuacji życiowej: „Jest moją wolą, by twoja wola się stała".

9. MECHANIZMY WSZECHŚWIATA

Czas i przestrzeń są złączonymi ze sobą mechanizmami wszechświata nadrzędnego. Dzięki tym środkom, istoty skończone mogą współistnieć w kosmosie z Nieskończonym. Istoty skończone są odpowiednio odizolowane od poziomów absolutnych przez czas i przestrzeń. Jednak te środki izolujące, bez których żaden śmiertelnik nie może istnieć, funkcjonują wyraźnie w kierunku ograniczenia zakresu skończonego działania. Bez nich żadna istota stworzona nie może działać, jednak dzięki nim działania każdej istoty stworzonej są wyraźnie ograniczone.

Mechanizmy tworzone przez wyższe umysły działają w tym kierunku, aby wyzwolić ich stwórcze źródła, jednak nieodmiennie ograniczają w pewnym stopniu działanie wszelkich podporządkowanych im istot inteligentnych. Dla istot wszechświatowych ograniczenie to staje się oczywiste jako mechanizm wszechświatów. Człowiek nie posiada nieograniczonej, wolnej woli, istnieją ograniczenia w zakresie jego wyboru, ale w obrębie tego wyboru, jego wola jest relatywnie nieograniczona.

Mechanizm życiowy osobowości śmiertelnej, ciało ludzkie, jest wytworem nadśmiertelnego, stwórczego planu; zatem nie może być on doskonale kontrolowany przez samego człowieka. Jedynie wtedy, kiedy wznoszący się śmiertelnik, w powiązaniu z zespolonym z nim Dostrajaczem, sam wytwarza mechanizmy ekspresji osobowości, osiągnie doskonałą jej kontrolę.

Wielki wszechświat jest mechanizmem jak również organizmem, mechanicznym i żywym – żywym mechanizmem pobudzanym przez Najwyższy Umysł i znajdującym swą ekspresję na maksymalnych poziomach zjednoczenia mocy i osobowości, jako Istota Najwyższa. Zaprzeczać istnieniu mechanizmu skończonej kreacji, znaczy zaprzeczać faktowi i lekceważyć rzeczywistość.

Mechanizmy są produktami umysłu, stwórczego umysłu działającego na kosmicznych potencjałach i w tych potencjałach. Mechanizmy są trwałymi krystalizacjami myśli Stwórcy i funkcjonują zawsze zgodnie z tą wolicjonalną koncepcją, która dała im początek. Ale celowość jakiegokolwiek mechanizmu jest w jego pochodzeniu, nie w jego funkcjonowaniu.

Nie należy sądzić, że te mechanizmy ograniczają działanie Bóstwa; prawdą jest raczej to, że w tych właśnie mechanizmach Bóstwo osiągnęło jedno stadium wiecznej ekspresji. Podstawowe mechanizmy wszechświata zaistniały w odpowiedzi na absolutną wolę Pierwszego Źródła i Centrum, będą więc funkcjonować wiecznie w doskonałej harmonii z planem Nieskończonego; są one w istocie pozbawionymi woli formami tego właśnie planu.

Rozumiemy co nieco z tego, jak mechanizm Raju powiązany jest z osobowością Wiecznego Syna; jest to działanie Wspólnego Aktywizatora. I mamy również teorie odnośnie funkcjonowania Absolutu Wszechświatowego, odnoszące się do teoretycznych mechanizmów Nieuwarunkowanego i potencjalnej osoby Bóstwa-Absolutu. Jednak w rozwijających się Bóstwach Najwyższego i Ostatecznego zauważamy, że pewne nieosobowe stadia są aktualnie zjednoczone z ich wolicjonalnymi odpowiednikami i w ten sposób wykształca się nowy związek pomiędzy formą a osobą.

W przeszłej wieczności Ojciec i Syn znaleźli wspólnotę w jedności ekspresji Nieskończonego Ducha. Jeśli w wiecznej przyszłości, Synowie Stwórcy i ich Stwórcze Duchy z wszechświatów lokalnych czasu i przestrzeni mogliby osiągnąć stwórczą jedność w domenach przestrzeni zewnętrznej, co mogłaby wytworzyć ich jedność, jako połączona ekspresja ich Boskich natur? Równie dobrze może tak być, że jesteśmy świadkami dotychczas nieujawnionego objawiania się Bóstwa Ostatecznego, nowego typu superadministratora. Takie istoty mogłyby posiadać unikalne prerogatywy osobowości, będąc zjednoczeniem osobowego Stwórcy, nieosobowego Stwórczego Ducha, doświadczenia istoty śmiertelnej i stopniowego uosobienia Boskiej Opiekunki. Istoty takie mogą być ostateczne, dlatego, że mogą obejmować rzeczywistość osobową i bezosobową, mogłyby również łączyć doświadczenia Stwórcy i stworzonego. Jakie by nie były atrybuty takich trzecich osób, postulowanych w funkcjonowaniu trójc kreacji przestrzeni zewnętrznej, będą one zachowywać co nieco z tej samej relacji do ich Stwórczych Ojców oraz ich Stwórczych Matek, jaką Nieskończony Duch wykazuje w stosunku do Ojca Wszechświatowego i Wiecznego Syna.

Bóg Najwyższy jest uosobieniem całego doświadczenia wszechświata, zogniskowaniem całej skończonej ewolucji, maksymalizacją całej rzeczywistości istoty stworzonej, zwieńczeniem mądrości kosmicznej, ucieleśnieniem harmonijnego piękna galaktyk czasu, prawdą kosmicznych znaczeń umysłu i dobrocią najwyższych wartości ducha. I Bóg Najwyższy będzie, w wiecznej przyszłości, syntetyzować te rozmaite zróżnicowania w empirycznie znaczącą całość, nawet tak, jak są one teraz egzystencjalnie zjednoczone na absolutnych poziomach Rajskiej Trójcy.

10. FUNKCJE OPATRZNOŚCI

Opatrzność nie oznacza tego, że Bóg z góry zadecydował o wszystkich naszych sprawach. Bóg za bardzo nas kocha, aby to zrobić, gdyż nie byłoby to nic innego, jak kosmiczna tyrania. Człowiek posiada względne możliwości wyboru. Boska miłość nie jest również uczuciem tak krótkowzrocznym, że mogłaby pobłażać dzieciom ludzkim i je rozpieszczać.

Ojciec, Syn i Duch – jako Trójca – nie są Wszechmocnym Najwyższym, lecz najwyższość Wszechmocnego nigdy nie mogłaby się objawiać bez nich. *Rozwój* Wszechmocnego skoncentrowany jest w Absolutach aktualności i oparty na Absolutach potencjalności. Jednak *działania* Wszechmocnego Najwyższego są związane z działaniami Rajskiej Trójcy.

Wydaje się, że w Istocie Najwyższej, wszystkie stadia funkcjonowania wszechświata zostają ponownie częściowo zjednoczone przez osobowość tego empirycznego Bóstwa. Kiedy zatem pragniemy traktować Trójcę jako jednego Boga i jeśli ograniczamy tę koncepcję do obecnie znanego i zorganizowanego wielkiego wszechświata, odkrywamy, że rozwijająca się Istota Najwyższa jest częściowym zobrazowaniem Rajskiej Trójcy. I dalej odkrywamy, że to Najwyższe Bóstwo rozwija się, jako osobowościowa synteza skończonej materii, umysłu i ducha w wielkim wszechświecie.

Bogowie mają atrybuty, ale Trójca ma funkcje i opatrzność, podobnie jak Trójca, *jest* funkcją, kompleksową i inną-niż-osobowa kontrolą nadrzędną wszechświata wszechświatów, rozciągającą się od ewolucyjnych poziomów Siedmiorakiego, syntetyzującą w mocy Wszechmocnego i dalej w górę idącą, przez transcendentalne domeny Ostateczności Bóstwa.

Bóg kocha każdą istotę jako dziecko i ta miłość ogarnia każdą istotę w całym czasie i wieczności. Opatrzność działa w stosunku do całości i zajmuje się funkcjonowaniem dowolnej istoty, tak jak takie funkcjonowanie związane jest z całością. Opatrznościowa interwencja w sprawie dowolnej istoty ukazuje ważność *funkcjonowania* takiej istoty, w związku z ewolucyjnym rozwojem jakiegoś ogółu; ogół taki może być całą rasą, całym narodem, całą planetą czy nawet wyższą całością. To ważność funkcji istoty powoduje opatrznościowe interwencje a nie ważność istoty jako osoby.

Tym niemniej Ojciec, jako osoba, może w dowolnym czasie ingerować ojcowską dłonią w strumień wypadków kosmicznych, wszystko to zgodnie jest z wolą Boga i w konsonansie z mądrością Boga, jak również motywowane Boską miłością.

To, co człowiek nazywa opatrznością, zbyt często jest wytworem jego własnej wyobraźni, przypadkowym zestawieniem wypadków losowych. Natomiast w skończonej domenie egzystencji wszechświata istnieje rzeczywista i wyłaniająca się opatrzność, prawdziwa i aktualizująca się korelacja energii przestrzeni, ruchów czasu, myśli intelektu, ideałów charakteru, pragnień natur duchowych oraz celowych, wolicjonalnych działań rozwijających się osobowości. Wydarzenia domen materialnych znajdują swą ostateczną, skończoną integrację we wzajemnie złączonych obecnościach Najwyższego i Ostatecznego.

Tak jak mechanizmy wielkiego wszechświata są doskonalone do punktu ostatecznej precyzji przez nadrzędną kontrolę umysłu i jak umysł istoty wznosi się ku doskonałości, docierając do boskości przez doskonałą integrację z duchem i jak Najwyższy konsekwentnie wyłania się jako *aktualny* unifikator wszelkich takich fenomenów wszechświata, tak i opatrzność staje się coraz bardziej dostrzegalna.

Niektóre z zadziwiająco przypadkowych okoliczności, sporadycznie występujących na światach ewolucyjnych, mogą być powodowane przez stopniowo wyłaniającą się obecność Najwyższego i stanowią przedsmak jego przyszłych, wszechświatowych działań. Większość tego, co śmiertelnik nazwałby opatrznościowym, takim nie jest; jego sąd o takich sprawach jest znacznie ograniczony brakiem dalekowzrocznego wglądu w prawdziwe znaczenie okoliczności życiowych. Większość tego, co śmiertelnik zwać mógłby szczęściem, w rzeczywistości może być nieszczęściem; uśmiech fortuny, który obdarza niezapracowaną przyjemnością i niezasłużonym bogactwem, może być największym z ludzkich nieszczęść; pozorne okrucieństwo przewrotnego losu, który dodaje udręk jakiemuś cierpiącemu śmiertelnikowi, może w rzeczywistości być hartującym ogniem, co przeobraża miękkie żelazo niedojrzałej osobowości w hartowaną stal prawdziwego charakteru.

Jest opatrzność w rozwijających się wszechświatach i stworzeni mogą ją odkryć w takim nieomal stopniu, w jakim mają możliwość dostrzec cel rozwijających się wszechświatów. Pełna zdolność dostrzeżenia celów wszechświata równa się ewolucyjnej pełni stworzonego i może skądinąd być wyrażona jako dotarcie do Najwyższego, w obrębie ograniczeń obecnego stadium niekompletnych wszechświatów.

Miłość Ojca działa bezpośrednio w sercu jednostki, niezależnie od akcji czy reakcji wszystkich innych jednostek; jest to osobowy związek – człowieka i Boga. Nieosobowa obecność Bóstwa (Wszechmocny Najwyższy i Rajska Trójca) objawia się w odniesieniu do całości, nie do części. Opatrzność kontroli nadrzędnej Najwyższości staje się coraz bardziej widoczna jako kolejne elementy rozwoju wszechświata, podczas osiągania skończonych przeznaczeń. Kiedy systemy, konstelacje, wszechświaty i superwszechświaty zostają ustanowione w światłości i życiu, Najwyższy wyłania się coraz intensywniej, jako znaczący czynnik korelacyjny wszystkiego tego, co się staje, podczas gdy Ostateczny wyłania się stopniowo, jako transcendentalny unifikator wszystkich rzeczy.

W początkach świata ewolucyjnego, naturalne zdarzenia klasy materialnej i osobiste pragnienia istot ludzkich wydają się często sprzeczne ze sobą. Większość tego, co się dzieje na rozwijającym się świecie, jest raczej trudna do zrozumienia dla śmiertelnego człowieka – prawa natury są często najwyraźniej okrutne, nieczułe i obojętne na wszystko to, co w ludzkim zrozumieniu prawdziwe, piękne i dobre. Jednak, gdy ludzkość posuwa się w planetarnym rozwoju, zauważamy, że ten punkt widzenia modyfikowany jest przez następujące czynniki:

1. *Poszerzona przenikliwość umysłu człowieka* – jego coraz lepsze zrozumienie świata, w którym żyje; jego poszerzona zdolność pojmowania materialnych faktów czasu, pełne treści idee myślowe i wartościowe idee wnikliwości duchowej. Jak długo człowiek odmierza tylko miarką rzeczy materialnej natury, nie może się spodziewać znalezienia harmonii w czasie i przestrzeni.

2. *Coraz większa kontrola człowieka* – stopniowe gromadzenie wiedzy o prawach świata materialnego, o celach duchowej egzystencji i możliwościach filozoficznej koordynacji tych dwu rzeczywistości. Dziki człowiek był bezradny w obliczu ataków sił natury, był zniewolony w okrutnym władaniu swych własnych, wewnętrznych lęków. Częściowo cywilizowany człowiek zaczyna odkrywać magazyn tajemnic w domenach natury a jego nauka powoli, ale skutecznie, likwiduje jego przesądy, podczas gdy równocześnie dostarcza mu nowej i poszerzonej bazy faktów dla zrozumienia filozoficznych znaczeń i wartości prawdziwego doświadczenia duchowego. Któregoś dnia człowiek cywilizowany osiągnie względne panowanie nad siłami materialnymi swej planety; miłość

do Boga w jego sercu wyleje się obficie, jako miłość do jego współbraci ludzi, podczas gdy wartości ludzkiej egzystencji będą się zbliżały do granic ludzkich możliwości.

3. *Wszechświatowa integracja człowieka* – powiększenie wnikliwości człowieka, wraz z przyrostem ludzkich osiągnięć empirycznych, doprowadzi go do bliskiej harmonii z jednoczącymi obecnościami Najwyższości – Rajską Trójcą i Istotą Najwyższą. I to właśnie zaprowadza władzę Najwyższego na światach długo ustanowionych w światłości i życiu. Tak zaawansowane planety stanowią prawdziwe poematy harmonii, piękne obrazy dobroci, zdobytej w pogoni za kosmiczną prawdą. I jeśli takie rzeczy mogą się zdarzyć na planecie, jeszcze większe rzeczy mogą się zdarzyć w systemie i w większych jednostkach wielkiego wszechświata, kiedy one również osiągają stabilizację, wskazującą na wyczerpanie się potencjałów skończonego rozwoju.

Na tak zaawansowanej planecie opatrzność stanie się aktualnością, okoliczności życia zostają wzajemnie powiązane, ale nie tylko dlatego, że człowiek zaczął dominować nad materialnymi problemami swego świata; dzieje się tak również dlatego, że człowiek zaczął żyć zgodnie z trendem wszechświatów, idzie drogą Najwyższości, aby dotrzeć do Ojca Wszechświatowego.

Królestwo Boże jest w sercach ludzkich, a kiedy to królestwo stanie się faktem w sercu każdej jednostki takiego świata, wtedy rządy Boże stają się aktualnością planety i tak zostaje zrealizowana władza Istoty Najwyższej.

Aby uświadomić sobie opatrzność w czasie, człowiek musi zrealizować swoje zadanie osiągnięcia doskonałości. Ale nawet teraz człowiek może mieć przedsmak opatrzności w jej wiecznych znaczeniach, kiedy rozważa tę wszechświatową okoliczność, że wszystkie rzeczy, czy są dobre czy złe, pracują razem dla zaawansowania rozpoznających Boga śmiertelników, kiedy szukają Ojca wszystkich.

Opatrzność staje się coraz lepiej dostrzegalna, gdy człowiek sięga wzwyż, od tego, co materialne ku temu, co duchowe. Osiągnięcie pełnej wnikliwości duchowej pomaga wznoszącej się osobowości odkryć harmonię w tym, co dotąd było chaosem. Nawet mota morontialna stanowi prawdziwy krok naprzód w tym kierunku.

Opatrzność jest częścią kontroli nadrzędnej niekompletnego Najwyższego, przejawiającą się w niekompletnych wszechświatach i dlatego zawsze musi być:

1. *Częściowa* – z powodu niekompletnej aktualizacji Istoty Najwyższej.
2. *Nieprzewidywalna* – na skutek fluktuacji w postawie istoty stworzonej, która zawsze się zmienia od poziomu do poziomu, tym samym powodując pozornie zmienną reakcję wzajemną w Najwyższym.

Kiedy ludzie się modlą o opatrznościową interwencję w wypadki życiowe, częstokroć odpowiedź na ich modlitwę jest ich własnym, odmienionym nastawieniem do życia. Jednak opatrzność nie jest ani kapryśna, ani też fantastyczna czy magiczna. Jest powolnym i pewnym pojawianiem się potężnego władcy skończonych wszechświatów, którego majestatyczną obecność czasami odkrywają rozwijające się istoty, gdy posuwają się naprzód we wszechświecie. Opatrzność jest pewnym i niezawodnym marszem galaktyk w przestrzeni i osobowości w czasie do celów wieczności, z początku do Najwyższego potem do Ostatecznego a być może do Absolutnego. I przypuszczamy, że w nieskończoności jest taka sama opatrzność a jest nią wola, działalność i cel Rajskiej Trójcy, które też ożywiają kosmiczną panoramę niezliczonych wszechświatów.

[Nadzorowane przez Możnego Posłańca, tymczasowo przebywającego na Urantii].

PRZEKAZ 119

OBDARZENIA DOKONANE PRZEZ CHRYSTUSA MICHAŁA

JESTEM szefem Gwiazd Wieczornych z Nebadonu, na imię mam Gavalia, a przydzielony zostałem do Urantii przez Gabriela z misją objawienia historii siedmiu obdarzeń, dokonanych przez Władcę Wszechświata, Michała z Nebadonu. W trakcie robienia tej prezentacji będę się ściśle trzymał ograniczeń, jakie narzuca mi moja misja.

Obdarzanie jest naturalną cechą Rajskich Synów Ojca Wszechświatowego. Różne klasy Rajskich Synów odzwierciedlają Boską naturę swych rajskich rodziców w ten sposób, że pragną się zbliżyć do doświadczeń życiowych podporządkowanych im istot żywych. Zapoczątkował tę praktykę Wieczny Syn Rajskiej Trójcy, siedem razy obdarzając sobą siedem orbit Havony, w czasach wznoszenia się Grandfandy i pierwszych pielgrzymów czasu i przestrzeni. I Wieczny Syn nadal obdarza sobą lokalne wszechświaty przestrzeni, w osobach swych reprezentantów, Michałów i Synów Avonalnych.

Kiedy Wieczny Syn obdarza Synem Stwórcą planowany wszechświat lokalny, taki Syn Stwórca bierze na siebie pełną odpowiedzialność za ukończenie, kontrolę i spokój nowego wszechświata, razem z uroczystą przysięgą składaną wiecznej Trójcy, że nie przejmie pełnej władzy nad nową kreacją, zanim siedem jego obdarzeń w formie istoty stworzonej nie zostanie szczęśliwie zakończone i poświadczone przez Pradawnych Czasu z tego superwszechświata, któremu jego wszechświat podlega. Zobowiązanie takie bierze na siebie każdy Syn Michał, który chce wyjść z Raju, aby się zająć stwarzaniem i organizacją wszechświata.

Stwórcy ci wcielają się w istoty stworzone, aby mogli stać się władcami mądrymi, pełnymi współczucia, sprawiedliwymi i wyrozumiałymi. Ci Boscy Synowie są z natury sprawiedliwi, ale stają się miłosierni i wyrozumiali w rezultacie takich, kolejnych doświadczeń obdarzania sobą; są z natury miłosierni, ale takie doświadczenia czynią ich miłosiernymi w nowy, dodatkowy sposób. Takie obdarzenia są ostatnim stopniem ich edukacji i szkolenia, aby mogli wykonywać wzniosłe zadania kierowania wszechświatami *lokalnymi*, w całej pełni boskiej prawości i sprawiedliwego osądu.

Chociaż obdarzenia takie przynoszą liczne uboczne korzyści dla różnych światów, systemów i konstelacji, jak również dla różnych klas wszechświatowych istot inteligentnych, których te obdarzenia dotyczą, są one jednak zasadniczo planowane jako dopełnienie osobistego szkolenia i wszechświatowej edukacji samego Syna Stwórcy. Obdarzenia te nie są konieczne dla mądrego, sprawiedliwego i efektywnego zarządzania wszechświatem lokalnym, ale są absolutnie konieczne dla właściwej, miłosiernej i wyrozumiałej administracji takiej kreacji, pełnej różnych form życia oraz miriadów inteligentnych, lecz niedoskonałych istot.

Synowie-Michałowie rozpoczynają swe dzieło organizacji wszechświata, kierując się pełną, przepełnioną sprawiedliwością sympatią dla różnych klas istot, które stworzyli. Mają oni wielkie zasoby miłosierdzia dla wszystkich tych różnorodnych istot, nawet litość dla tych, którzy błądzą i brną w bagnie samolubstwa własnego wytworu. Jednak w ocenie Pradawnych Czasu, takie cechy sprawiedliwości i prawości nie wystarczają. Ci trójjedni władcy superwszechświatów nigdy się nie zgodzą zatwierdzić Syna Stwórcę na Władcę Wszechświata, zanim prawdziwie nie przyswoi on sobie punktu widzenia istot przez siebie stworzonych, nabytego podczas konkretnego życia w tym otoczeniu, gdzie istoty takie żyją i w formie takiej właśnie istoty. Dzięki temu Synowie ci stają się inteligentnymi i wyrozumiałymi władcami; zaczynają *rozumieć* różne grupy istot, którymi rządzą i nad którymi sprawują wszechświatową jurysdykcję. Przez takie doświadczenia życiowe nabywają oni praktycznego miłosierdzia, sprawiedliwego osądu i cierpliwości, zrodzonej z empirycznego bytu istoty stworzonej.

Wszechświat lokalny Nebadon rządzony jest teraz przez Syna Stwórcę, który zakończył swą obdarzającą działalność; sprawuje on sprawiedliwą i miłosierną, najwyższą władzą nad całością swych rozległych domen rozwijającego się i doskonalącego wszechświata. Michał z Nebadonu jest 611.121-szym obdarzeniem Wiecznego Syna dla wszechświatów czasu i przestrzeni; zaczął on organizację waszego wszechświata lokalnego około czterysta miliardów lat temu. Do swojej pierwszej przygody obdarzającej Michał był gotów mniej więcej w tym czasie, kiedy Urantia nabierała swego obecnego kształtu, miliard lat temu. Jego obdarzenia następowały kolejno, oddzielone od siebie w czasie o około sto pięćdziesiąt milionów lat, ostatnie miało miejsce na Urantii tysiąc dziewięćset lat temu. Przystąpię teraz do opisu natury i charakteru tych obdarzeń, tak szczegółowo, jak na to zezwala moje upoważnienie.

1. PIERWSZE OBDARZENIE

Około miliarda lat temu miała miejsce ważna uroczystość na Salvingtonie, kiedy to zgromadzeni naczelnicy i szefowie wszechświata Nebadonu usłyszeli, jak Michał ogłasza, że jego starszy brat, Emanuel, przejmie władzę w Nebadonie, kiedy jego (Michała) nie będzie, gdyż będzie pełnił pewną nieokreśloną misję. Nie było żadnego innego oświadczenia w tej sprawie, poza tym, że transmisja pożegnalna dla Ojców Konstelacji między innymi instrukcjami mówiła: „I na ten czas powierzam was opiece i protekcji Emanuela, kiedy ja idę czynić nakaz mojego Rajskiego Ojca".

Po przesłaniu tej pożegnalnej transmisji, Michał pojawił się na polu ekspediowania na Salvingtonie, tak jak w wielu poprzednich przypadkach, kiedy miał lecieć na Uversę czy do Raju, oprócz tego, że przybył sam. Swoje oświadczenie, tuż przed odlotem, zakończył słowami: „Opuszczam was, ale na krótko. Wiem, że wielu z was chętnie poszłoby ze mną, ale tam, dokąd ja idę, wy iść nie możecie. Tego, co wkrótce zrobię, wy zrobić nie możecie. Idę wykonać wolę Rajskich Bóstw, a kiedy skończę moją misję i zdobędę to doświadczenie, wrócę na moje miejsce pośród was". I kiedy to powiedział, Michał z Nebadonu zniknął z pola widzenia wszystkich zgromadzonych i nie pojawił się więcej przez dwadzieścia lat standardowego czasu. Na całym Salvingtonie tylko Boska Opiekunka i Emanuel wiedzieli, co się zdarzyło, a Jednoczący Czasu podzielił się tą tajemnicą tylko z głównym administratorem wszechświata, Gabrielem, Gwiazdą Jasną i Poranną.

Wszyscy mieszkańcy Salvingtonu, jak również ci, co mieszkali na światach zarządu konstelacji i systemu, zebrali się wokół swych stacji, odbierających informacje z wszechświata, w nadziei zdobycia jakiejś wiadomości o misji i miejscu pobytu Syna Stwórcy. Dopiero na trzeci dzień po odlocie Michała otrzymano pewną wiadomość, która mogła mieć jakieś znaczenie. Tego dnia zarejestrowano na Salvingtonie wiadomość, pochodzącą ze sfery Melchizedek, stolicy tej klasy istot w Nebadonie, która po prostu donosiła o niezwykłej sprawie, o czymś, o czym nigdy dotąd nie słyszano: „Dziś w południe pojawił się na polu przyjmującym tego świata dziwny Syn Melchizedek, bez naszego numeru, ale naszej klasy. Towarzyszył mu jeden omniafin, który niósł listy uwierzytelniające z Uversy i przedstawił polecenia od Pradawnych Czasu, potwierdzone przez Emanuela z Salvingtonu, skierowane do naszego szefa, nakazujące, aby ten nowy Syn Melchizedek został przyjęty do naszej klasy i przydzielony do służby Melchizedeków od sytuacji krytycznych w Nebadonie. I tak jak zostało zarządzone, tak zostało zrobione".

I to właściwie wszystko, co pojawiło się w zapisach Salvingtonu odnośnie pierwszego obdarzenia Michała. Nie pojawiło się nic, poza tym, aż dopiero po stu latach czasu Urantii odnotowano fakt, że Michał wrócił i bez obwieszczenia znowu przejął kierownictwo spraw wszechświatowych. Jednak na świecie Melchizedek można znaleźć ciekawy zapis, opowieść o służbie tego unikalnego Syna Melchizedeka z korpusu kryzysowego, w tamtej epoce. Zapis przechowywany jest w prostej świątyni, która znajduje się teraz przed domem Ojca Melchizedeka i zawiera opowieść o służbie tymczasowego Syna Melchizedeka, w związku z jego przydziałem do dwudziestu czterech misji, pełnionych w sytuacjach krytycznych wszechświata. I ten zapis, który tak niedawno czytałem, kończy się słowami:

„I w południe tego dnia, bez uprzedniego ogłoszenia oraz widziany tylko przez trzech z naszego bractwa, ten odwiedzający nas Syn, należący do naszej klasy, zniknął z naszego świata tak jak przybył, w towarzystwie tylko jednego omniafina; i zapis zamknięty jest teraz poświadczeniem, że nasz gość żył jak Melchizedek, w formie Melchizedeka, pracował jak Melchizedek i wiernie wykonywał wszelkie swoje zadania, jako Syn od sytuacji krytycznych naszej klasy. Za powszechną aprobatą został szefem Melchizedeków, zdobył naszą miłość i uwielbienie dzięki swej niezrównanej mądrości, najwyższej miłości i wspaniałemu poświęceniu się swoim obowiązkom. Kochał nas, rozumiał nas i służył z nami; na zawsze jesteśmy jego lojalnymi i oddanymi braćmi Melchizedekami, gdyż ten przybysz do naszego świata zostanie teraz na wieczność wszechświatowym opiekunem melchizedekowego rodzaju".

I to wszystko, co mogę wam powiedzieć o pierwszym obdarzeniu, dokonanym przez Michała. Jesteśmy oczywiście w pełni przekonani, że ten dziwny Melchizedek, który tak tajemniczo służył z Melchizedekami miliard lat temu, nie był nikim innym niż wcielonym Michałem na swej pierwszej misji obdarzającej. Zapisy nie mówią wyraźnie, że ten unikalny i operatywny Melchizedek był Michałem, ale uważa się powszechnie, że to był on. Prawdopodobnie dokładnego sprawozdania z tego zdarzenia nie znajdzie się nigdzie, poza zapisami Sonaringtonu, a nie mamy dostępu do zapisów tego tajnego świata. Tylko na tym świętym świecie Boskich Synów znane są w pełni tajemnice wcielenia i obdarzenia. Wszyscy wiemy o obdarzeniach, dokonanych przez Michała, ale nie rozumiemy, jak się je przeprowadza. Nie wiemy, jak władca wszechświata, stwórca Melchizedeków, może tak nagle i tajemniczo stać się jednym z nich i jako jeden z nich żyć pośród nich i działać jako Syn Melchizedek przez sto lat. Jednak to się właśnie zdarzyło.

2. DRUGIE OBDARZENIE

Wszystko szło dobrze we wszechświecie Nebadon, przez prawie sto pięćdziesiąt milionów lat po obdarzeniu Michała, jako Melchizedeka, kiedy to zaczęły się niepokoje w 11 systemie, 37 konstelacji. Niepokoje te wiązały się z nieporozumieniem, wywołanym przez Syna Lanonandeka, Władcę Systemu, który został osądzony przez Ojców Konstelacji, przy aprobacie Wiernego Czasu, rajskiego doradcy dla tej konstelacji, jednak protestujący Władca Systemu nie zgodził się w pełni z werdyktem. Po ponad stu latach rozgoryczenia, poprowadził swych towarzyszy do jednego z najbardziej rozległych i katastrofalnych buntów, jakie wybuchły we wszechświecie Nebadon przeciw władzy Syna Stwórcy, buntu dawno już osądzonego i zakończonego akcją Pradawnych Czasu na Uversie.

Zbuntowany Władca Systemu, Lutentia, sprawował władzę na swej stołecznej planecie przez ponad dwadzieścia lat standardowego czasu Nebadonu; po czym Najwyżsi Ojcowie, za aprobatą Uversy, zarządzili jego odwołanie i wystąpili z wnioskiem do władców Salvingtonu o wyznaczenie nowego Władcy Systemu, aby przejął kierowanie rozdartym walką i zdezorientowanym systemem światów zamieszkałych.

Kiedy Michał na Salvingtonie dostał tę prośbę, ogłosił swą drugą nadzwyczajną proklamację intencji opuszczenia zarządu wszechświata dla „wykonania nakazu mojego Rajskiego Ojca" i przyrzekł „wrócić w odpowiednim czasie", koncentrując całą władzę w rękach swego rajskiego brata, Emanuela, Jednoczącego Czasu.

I wtedy, w ten sam sposób jak go widziano, gdy odlatywał w związku z obdarzeniem Melchizedekowym, Michał znowu opuścił swą sferę zarządu. Trzy dni po tym niewyjaśnionym odlocie, w rezerwowym korpusie Synów Lanonandeków klasy pierwszej, w Nebadonie, pojawił się nowy i nieznany jego członek. Ten nowy Syn zjawił się w południe, niezapowiedziany, w towarzystwie samotnego tertiafina, który niósł listy uwierzytelniające od Pradawnych Czasu z Uversy, poświadczone przez Emanuela z Salvingtonu, nakazujące, aby ten nowy Syn został przydzielony do systemu 11, w konstelacji 37, jako następca usuniętego Lutentii i aby sprawował pełną władzę oraz pełnił obowiązki Władcy Systemu do czasu wyznaczenia nowego władcy.

Przez ponad siedemnaście lat czasu wszechświatowego, ów dziwny i nieznany, tymczasowy władca rządził i mądrze rozsądzał problemy tego zdezorientowanego i zdemoralizowanego systemu lokalnego. Żaden Władca Systemu nigdy nie był żarliwiej kochany ani tak powszechnie honorowany i szanowany. Ten nowy władca zaprowadził porządek w niespokojnym systemie, sprawiedliwie i z miłosierdziem, i jednocześnie starannie opiekował się wszystkimi swymi poddanymi, oferując nawet swemu zbuntowanemu poprzednikowi przywilej dzielenia tronu władcy systemu, jeśli tylko *przeprosiłby Emanuela* za swoje nierozważne kroki. Lutentia odrzucił jednak te propozycje miłosierdzia, dobrze wiedząc, że nowym i dziwnym Władcą Systemu nie jest nikt inny, tylko Michał, ten właśnie władca wszechświata, któremu niedawno się przeciwstawił. Jednak miliony jego zwiedzionych i wprowadzonych w błąd zwolenników zaakceptowało przebaczenie nowego władcy, znanego w tamtej epoce jako Władca-Zbawiciel systemu Palonii.

Potem przyszedł ten pamiętny dzień, kiedy przybył nowo mianowany Władca Systemu, wyznaczony przez władze wszechświata na stałego sukcesora usuniętego Lutentii i cała Palonia smuciła się z powodu odlotu najszlachetniejszego i najbardziej życzliwego władcy systemu, jakiego Nebadon kiedykolwiek widział. Był on kochany przez cały system i wielbiony przez jego braci ze wszystkich grup Synów Lanonandeków. Jego odlot nie odbył się bez uroczystości; kiedy opuszczał zarząd systemu, zorganizowano wielką celebrację. Nawet jego błądzący poprzednik posłał taką wiadomość: „Jesteś sprawiedliwy i prawy pod każdym względem. Podczas gdy nadal odrzucam władzę Raju, zmuszony jestem przyznać, że jesteś sprawiedliwym i miłosiernym administratorem".

Potem ów tymczasowy władca zbuntowanego systemu opuścił planetę, na której krótko przebywał jako administrator, a na trzeci dzień po tym Michał zjawił się na Salvingtonie i zaczął znowu kierować wszechświatem Nebadon. Niedługo wydana została trzecia proklamacja z Uversy, o postępach w sprawowaniu władzy i uprawnieniach Michała. Pierwsza proklamacja ogłoszona została w momencie jego przybycia do Nebadonu, druga została wydana zaraz po ukończeniu Melchizedekowego obdarzenia a teraz pojawiła się trzecia, po zakończeniu misji drugiej albo lanonandekowej.

3. TRZECIE OBDARZENIE

Najwyższa rada na Salvingtonie skończyła właśnie rozważać petycję Nosicieli Życia, zgłoszoną z planety 217, w systemie 87, w konstelacji 61, aby im wysłać do pomocy Syna Materialnego. Otóż, planeta ta położona była w systemie światów zamieszkałych, gdzie inny Władca Systemu pobłądził; jak dotąd był to drugi bunt w całym Nebadonie.

Na żądanie Michała odroczono rozpatrywanie prośby Nosicieli Życia z tej planety, do czasu jej rozważenia i wydania orzeczenia przez Emanuela. Nie była to normalna procedura i dobrze pamiętam, jak wszyscy oczekiwaliśmy czegoś niezwykłego i niezbyt długo trzymani byliśmy w niepewności. Michał przekazywał kierownictwo wszechświata w ręce Emanuela, podczas gdy komendę sił niebiańskich powierzył Gabrielowi, i tak rozłożywszy swe obowiązki administracyjne, opuścił Matkę Ducha wszechświata i zniknął z pola ekspediowania Salvingtonu dokładnie tak samo, jak to robił dwa razy wcześniej.

I jak można się tego było spodziewać, na trzeci dzień po tym odlocie pojawił się na świecie zarządu systemu 87, konstelacji 61, niezapowiedziany, dziwny Syn Materialny, w towarzystwie samotnego sekonafina, z pełnomocnictwem Pradawnych Czasu z Uversy i z poświadczeniem Emanuela z Salvingtonu. Pełniący obowiązki Władcy Systemu natychmiast wyznaczył tego nowego i tajemniczego Syna Materialnego do wykonywania obowiązków Księcia Planetarnego na świecie 217 a nominacja ta została od razu zatwierdzona przez Najwyższych Ojców z 61 konstelacji.

Tym to sposobem, ów unikalny Syn Materialny zaczął swą trudną działalność na poddanym kwarantannie świecie secesji i buntu, znajdującym się w zablokowanym systemie, bez jakiejkolwiek bezpośredniej łączności z wszechświatem zewnętrznym i pracował tam samotnie przez całe jedno pokolenie czasu planetarnego. Ten nadzwyczajny Syn Materialny spowodował skruchę i nawrócenie się Księcia Planetarnego odstępcy i całego jego personelu, i był świadkiem przywrócenia planety do lojalnej służby wobec rajskiej władzy, jak jest ona ustanowiona we wszechświatach lokalnych. W odpowiednim czasie przybyli na ten odrodzony i zrehabilitowany świat Syn Materialny i Materialna Córka, a kiedy zostali odpowiednio wprowadzeni na urząd, jako widzialni władcy planety, przejściowy czy nadzwyczajny Książę Planetarny formalnie odszedł, znikając jednego dnia w południe. Po tym, na trzeci dzień, Michał pojawił się na swoim zwyczajnym miejscu na Salvingtonie i zaraz potem wszechświatowe transmisje podały czwartą proklamację Pradawnych Czasu, ogłaszającą dalszy postęp w zdobywaniu władzy przez Michała z Nebadonu.

Żałuję, że nie mogę opowiedzieć o cierpliwości, harcie ducha i umiejętnościach, z którymi ten Syn Materialny wyszedł naprzeciw trudnym sytuacjom tej zdezorientowanej planety. Odzyskanie tego odosobnionego świata jest jednym z najbardziej wzruszających rozdziałów w kronikach zbawienia Nebadonu. Pod koniec tej misji stało się oczywiste dla całego Nebadonu, dlaczego ukochany władca zajmuje się kolejnymi obdarzeniami w formie jakiejś podwładnej mu klasy istot inteligentnych.

Obdarzenia dokonane przez Michała jako Syna Melchizedeka, potem jako Syna Lanonandeka, a następnie jako Syna Materialnego są wszystkie tak samo tajemnicze i niemożliwe do wyjaśnienia. W każdym wypadku pojawiał się on *nagle*, jako w pełni ukształtowana jednostka danej, obdarzanej klasy. Tajemnica takich wcieleń nigdy nie będzie znana, chyba tylko temu wąskiemu gronu istot, które mają dostęp do zapisów świętej sfery Sonaringtonu.

Nigdy, od czasu tego zdumiewającego obdarzenia, dokonanego w charakterze Księcia Planetarnego na odosobnionym, zbuntowanym świecie, nikt z Materialnych Synów czy Córek w Nebadonie nie pokusił się narzekać na swój przydział, czy dopatrywać mankamentów w trudnościach swych misji planetarnych. Synowie Materialni wiedzą teraz, że w Synu Stwórcy wszechświata posiadają wyrozumiałego władcę i sympatycznego przyjaciela, który był „doświadczany i próbowany we wszystkim", tak jak oni muszą być doświadczani i próbowani.

Po każdej takiej misji następowała epoka intensywnej służby i wzmożonej lojalności niebiańskich istot inteligentnych rodzimych dla wszechświata, podczas gdy każda kolejna epoka po takim obdarzeniu charakteryzowała się zaawansowaniem i udoskonaleniem wszystkich metod administracji wszechświata i wszystkich metod rządzenia. Od czasu tego obdarzenia nikt z Synów Materialnych czy Córek nigdy nie przystąpił do buntu przeciw Michałowi; kochają go i szanują z takim oddaniem, że nigdy świadomie się go nie wyrzekną. W ostatnich czasach Adamowie zostali wprowadzeni w błąd tylko przez podstęp i sofistykę wyższych typów zbuntowanych osobowości.

4. CZWARTE OBDARZENIE

Był to koniec jednego z okresowych, milenijnych apeli Uversy, kiedy Michał przystąpił do przekazywania rządów Nebadonu w ręce Emanuela i Gabriela; i wszyscy czekaliśmy, pamiętając oczywiście, co się zdarzyło wcześniej w takich okolicznościach, że będziemy świadkami zniknięcia Michała, udającego się na czwartą misję obdarzającą i nie czekaliśmy długo, gdyż wkrótce udał się on na pole ekspediujące Salvingtonu i zniknął z zasięgu naszego wzroku.

Na trzeci dzień po zniknięciu Michała, który poszedł na misję obdarzającą, we wszechświatowych transmisjach idących do Uversy zauważyliśmy tę właśnie, ciekawą wiadomość z seraficznego zarządu Nebadonu: „Informuje się o niezapowiedzianym przybyciu nieznanego serafina, w towarzystwie samotnego supernafina i Gabriela z Salvingtonu. Ten niezarejestrowany serafin jest klasy nebadońskiej i posiada referencje od Pradawnych Czasu z Uversy, poświadczone przez Emanuela z Salvingtonu. Sprawdzono, że serafin ten należy do wyższej klasy aniołów wszechświata lokalnego i został on od razu przydzielony do korpusu nauczających doradców".

Podczas trwania tego, seraficznego obdarzenia, Michała nie było na Salvingtonie przez ponad czterdzieści standardowych lat wszechświata. W tym czasie był on przydzielony jako seraficzny nauczyciel-doradca, co moglibyście nazwać prywatnym sekretarzem, do dwudziestu sześciu różnych, wyższych nauczycieli, działających na dwudziestu dwu różnych światach. Jego ostatni albo końcowy przydział był w charakterze doradcy i pomocnika, przydzielonego do misji obdarzającej Nauczyciela-Syna Trójcy, na świecie 462, w systemie 84, konstelacji 3, wszechświata Nebadon.

Przez całe siedem lat tego przydziału, Nauczyciel-Syn Trójcy nigdy nie był zupełnie pewny tożsamości swego seraficznego towarzysza. Faktem jest jednak, że w tamtej epoce wszyscy serafini traktowani byli ze szczególnym zainteresowaniem i ciekawością. Wszyscy dobrze wiedzieliśmy, że nasz ukochany Władca jest gdzieś we wszechświecie, zamaskowany jako serafin, jednak w żaden sposób nie mogliśmy być pewni jego tożsamości. Nigdy nie został prawidłowo zidentyfikowany, aż do czasu jego przydziału do misji obdarzającej Nauczyciela-Syna Trójcy. Jednak w tej epoce najwyżsi serafini zawsze byli traktowani ze szczególną uwagą, ponieważ każdy z nas mógł nagle odkryć, że jest gospodarzem Władcy wszechświata, na misji obdarzającej w charakterze istoty stworzonej. I na zawsze stało się prawdą, w tym, co dotyczy aniołów, że ich Stwórca i Władca został „doświadczany i próbowany we wszystkim, gdy był w formie osobowości seraficznej".

Kiedy kolejne obdarzenia przybierały naturę coraz niższych form życia wszechświatowego, Gabriel coraz intensywniej asystował w tych przygodach wcielenia, działając jako wszechświatowy łącznik między obdarzającym Michałem a Emanuelem, pełniącym wtedy obowiązki władcy wszechświata.

Michał przeszedł teraz obdarzeniowe doświadczenie w charakterze trzech klas stworzonych przez siebie wszechświatowych Synów: Melchizedeków, Lanonandeków i Synów Materialnych. Potem raczył się uosobić w formie życia anielskiego jako najwyższy serafin, zanim zwrócił swą uwagę na różne stadia procesu wznoszenia się najniższych form istot przezeń stworzonych, obdarzonych wolą ewolucyjnych śmiertelników czasu i przestrzeni.

5. PIĄTE OBDARZENIE

Nieco ponad trzysta milionów lat temu, według czasu Urantii, byliśmy świadkami kolejnego przekazania władzy wszechświata Emanuelowi i widzieliśmy, jak Michał przygotowuje się do odlotu. Zdarzenie to różniło się od poprzednich tym, że ogłosił on, iż jego celem jest Uversa, stolica wszechświata Orvontonu. W odpowiednim czasie nasz Władca odleciał, ale transmisje wszechświatowe nic nie mówiły o przybyciu Michała do rezydencji Pradawnych Czasu. Krótko po jego odlocie z Salvingtonu, w transmisji Uversy pojawiło się takie, znamienne oświadczenie: „Dziś przybył tutaj, bez zapowiedzi i bez numeru, wznoszący się pielgrzym śmiertelnego pochodzenia z wszechświata

Nebadonu, poświadczony przez Emanuela z Salvingtonu, w towarzystwie Gabriela z Nebadonu. Ta niezidentyfikowana istota reprezentuje prawdziwie duchowy status i została przyjęta do naszego bractwa".

Gdybyście dziś odwiedzili Uversę, słyszelibyście opowieści o tamtych dniach, kiedy przebywał tam Eventod, gdyż ten osobliwy i nieznany pielgrzym czasu i przestrzeni tak nazywany był na Uversie. I ten wznoszący się śmiertelnik, przynajmniej wspaniała osobowość idealnie zbliżona do duchowego stadium wznoszących się śmiertelników, żył i działał na Uversie jedenaście lat standardowego czasu Orvontonu. Ta istota otrzymywała zadania i wykonywała obowiązki duchowego śmiertelnika, takie same, jakie wykonują jego bracia z różnych wszechświatów lokalnych Orvontonu. We „wszystkim był doświadczany i próbowany, tak samo jak jego bracia" i we wszelkich sytuacjach okazał się wart zaufania i wiary swych przełożonych, podczas gdy nieustannie zjednywał szacunek i lojalne uwielbienie swych duchowych braci.

Z ogromnym zainteresowaniem śledziliśmy na Salvingtonie działalność tego duchowego pielgrzyma, dobrze wiedząc, dzięki temu, że Gabriel był z nami, iż ten skromny i pozbawiony numeru pielgrzym duchowy nie był nikim innym jak obdarzającym władcą naszego wszechświata lokalnego. Pierwsze pojawienie się Michała, wcielonego w jedno stadium ewolucyjne śmiertelnika, było wydarzeniem, które poruszyło i oczarowało cały Nebadon. Słyszeliśmy o tych rzeczach, ale teraz to zobaczyliśmy. Michał pojawił się na Uversie jako w pełni ukształtowany i doskonale przeszkolony, duchowy śmiertelnik i jako taki prowadził swą działalność, aż do momentu awansowania grupy wznoszących się śmiertelników do Havony; po czym rozmawiał z Pradawnymi Czasu i bezzwłocznie, w towarzystwie Gabriela, opuścił nagle i bezceremonialnie Uversę, pojawiając się krótko potem na swym zwyczajnym miejscu, na Salvingtonie.

W końcu uświadomiliśmy sobie, dopiero po zakończeniu tego obdarzenia, że Michał prawdopodobnie zamierzał się wcielać w formy różnych klas osobowości wszechświatowych, od najwyższych Melchizedeków, aż do śmiertelników z krwi i kości, żyjących na ewolucyjnych światach czasu i przestrzeni. Mniej więcej w tym czasie kolegia Melchizedeków zaczęły nauczać, że Michał może wcielić się kiedyś w cielesnego śmiertelnika i pojawiło się wiele spekulacji odnośnie ewentualnej metody takiego, trudnego do zrozumienia obdarzenia. To, że Michał osobiście występował w roli wznoszącego się śmiertelnika, przykuło na nowo szczególną uwagę wszystkich do całego systemu rozwoju istoty stworzonej, na całej jej drodze ku górze, zarówno przez wszechświat lokalny jak i superwszechświat.

Metoda przeprowadzania tych kolejnych obdarzeń wciąż pozostaje tajemnicą. Nawet Gabriel przyznał, że nie pojmuje, w jaki sposób Rajski Syn i Stwórca wszechświata może przybierać, według swej woli, osobowość jednej z podporządkowanych sobie istot i żyć jej życiem.

6. SZÓSTE OBDARZENIE

Teraz, kiedy cały Salvington wiedział o przygotowaniach do zbliżającego się obdarzenia, Michał zwołał tych, co przebywali na planecie zarządu i po raz pierwszy wyjawił im resztę planu wcieleń, ogłaszając, że wkrótce opuści Salvington, aby działać jako morontialny śmiertelnik w domenie Najwyższych Ojców, na planecie zarządu piątej konstelacji. I wtedy, po raz pierwszy usłyszeliśmy zapowiedź, że siódme i ostatnie obdarzenie będzie dokonane na pewnym świecie ewolucyjnym, w formie ciała śmiertelnego.

Zanim Michał opuścił Salvington, idąc obdarzać po raz szósty, przemawiał do zebranych mieszkańców tej sfery a potem odleciał, widziany dobrze przez wszystkich, w towarzystwie samotnego serafina i Gwiazdy Jasnej i Porannej z Nebadonu. Chociaż kierownictwo wszechświata znowu zostało oddane Emanuelowi, rozdzielono teraz szerzej obowiązki administracyjne.

Michał zjawił się w zarządzie piątej konstelacji jako dojrzały śmiertelnik morontialny, ze statusem wznoszenia się. Żałuję, że nie mogę ujawnić szczegółów działalności tego, morontialnego śmiertelnika bez numeru, jako że był to jeden z najbardziej niezwykłych i zadziwiających okresów w tych czasach, kiedy Michał dokonywał obdarzeń, nie wyłączając nawet jego dramatycznego i tragicznego pobytu na Urantii. Jednak pośród wielu ograniczeń jakie mi nałożono, gdy przyjmowałem to zlecenie, jest jedno, które mi zabrania objawiania szczegółów tej wspaniałej działalności Michała, jako morontialnego śmiertelnika z Endantum.

Kiedy Michał wrócił z tego, morontialnego obdarzenia, było dla nas wszystkich jasne, że nasz Stwórca stał się bratnią nam istotą, że Władca Wszechświata jest przyjacielem i wyrozumiałym pomocnikiem nawet najniższych istot inteligentnych, stworzonych w jego domenach. Już poprzednio zauważyliśmy to stopniowe przyswajanie punktu widzenia istoty stworzonej w administracji wszechświata, gdyż pojawiało się ono stopniowo, jednak widać to było znacznie lepiej po zakończeniu obdarzenia w formie śmiertelnika morontialnego, a jeszcze bardziej po powrocie Michała z jego życia jako syna cieśli na Urantii.

Gabriel powiedział nam wcześniej, kiedy Michał skończy obdarzenie morontialne i dlatego też zorganizowaliśmy mu odpowiednie przyjęcie na Salvingtonie. Zebrało się wiele milionów istot ze światów zarządu konstelacji Nebadonu a większość tych, co przebywali na światach przyległych do Salvingtonu, też przybyła, aby powitać Michała, jak będzie wracał do obowiązków zarządzania swoim wszechświatem. W odpowiedzi na nasze liczne przemowy powitalne i wyrazy uznania dla Władcy, tak głęboko zainteresowanego stworzonymi przez siebie istotami, Michał odpowiedział tylko: „Po prostu wykonuję polecenia mojego Ojca. Robię tylko to, co sprawia przyjemność Rajskim Synom, którzy kochają i pragną rozumieć istoty przez siebie stworzone".

Od tamtego dnia aż do tej godziny, kiedy Michał zaczął swą przygodę na Urantii jako Syn Człowieczy, cały Nebadon wciąż rozprawiał o różnych czynach ich Suwerennego Władcy, który działał na Endantum, wcielając się w obdarzającego śmiertelnika morontialnego, wznoszącego się ewolucyjnie, będąc próbowany we wszystkim tak samo, jak jego bracia ze światów materialnych całej konstelacji, w której przebywał.

7. SIÓDME I OSTATNIE OBDARZENIE

Dziesiątki tysięcy lat wyglądaliśmy tego momentu, kiedy Michał dokona swego siódmego i ostatniego obdarzenia. Gabriel mówił nam, że to końcowe obdarzenie powinno się odbyć w formie ciała śmiertelnego, ale zupełnie nic nie wiedzieliśmy o tym, kiedy, gdzie i w jaki sposób nastąpi ta ostateczna przygoda.

Publiczne obwieszczenie, mówiące, że Michał wybrał Urantię za scenę swego końcowego obdarzenia, zostało zrobione zaraz po tym, jak się dowiedzieliśmy o odstępstwie

Adama i Ewy. Tak więc, przez ponad trzydzieści pięć tysięcy lat świat wasz zajmował szczególnie eksponowane miejsce w radach całego wszechświata. Nie było żadnych tajemnic (oprócz misterium wcielenia) związanych z jakimkolwiek posunięciem zrobionym w sprawie obdarzenia Urantii. Od początku do końca, do ostatecznego i tryumfalnego powrotu Michała do Salvingtonu, jako najwyższego Władcy Wszechświata, wszystko, co się zdarzyło na waszym małym, ale bardzo szanowanym świecie, było w pełni rozgłaszane we wszechświecie.

Podczas gdy wierzyliśmy, że taka metoda może być zastosowana, że Michał może się zjawić na Ziemi jako bezbronne niemowlę tej domeny, nie byliśmy tego pewni, aż do czasu, kiedy to się zdarzyło. Jak dotąd, Michał zawsze pojawiał się jako w pełni rozwinięta jednostka, należąca do grupy osobowości wybranych do obdarzenia, więc kiedy transmisja z Salvingtonu doniosła, że na Urantii, w Betlejem, urodziło się dziecko, było to przejmujące obwieszczenie.

Potem, nie tylko zdaliśmy sobie sprawę z tego, że nasz Stwórca i przyjaciel dokonał najbardziej niebezpiecznego posunięcia w całej swej działalności, ryzykując najwyraźniej swą pozycję i autorytet podczas tego obdarzenia w formie bezradnego niemowlęcia, ale zrozumieliśmy również, że jego doświadczenie zdobyte w tym końcowym, ludzkim obdarzeniu, może osadzić go wiecznie na tronie, jako niezaprzeczalnego i najwyższego władcę wszechświata Nebadonu. Przez jedną trzecią wieku czasu ziemskiego, wszystkie oczy ze wszystkich części tego wszechświata lokalnego skierowane były na Urantię. Wszystkie istoty inteligentne rozumiały, że trwa ostatnie obdarzenie a ponieważ już dawno wiedzieliśmy o buncie Lucyfera w Satanii i nielojalności Caligastii na Urantii, dobrze rozumieliśmy intensywność zmagań, które mogły teraz nastąpić, kiedy nasz władca raczył się wcielić na Urantii, w skromnej formie i na podobieństwo ciała śmiertelnego.

Jeszua ben Józef, żydowskie dziecko, było poczęte i zrodzone dla świata tak jak wszystkie inne dzieci przed nim i po nim, *z tym wyjątkiem*, że to właśnie dziecko było wcieleniem Michała z Nebadonu, Boskiego Syna z Raju i stwórcy całego tego wszechświata lokalnego rzeczy i istot. I ta tajemnica, wcielenia Bóstwa w ludzką formę Jezusa, skądinąd naturalnie pochodzącą z tego świata, pozostanie na zawsze nierozwiązana. Nawet w wieczności, nigdy nie poznacie metody wcielenia Stwórcy w formę i na podobieństwo istot przez niego stworzonych. To jest tajemnica Sonaringtonu a takie tajemnice znają jedynie ci Boscy Synowie, którzy przeszli doświadczenie obdarzeniowe.

Pewni ziemscy mędrcy wiedzieli o zbliżającym się przybyciu Michała. Dzięki kontaktom jednego świata z drugim, mędrcy ci, obdarzeni wnikliwością duchową, dowiedzieli się o nadchodzącym obdarzeniu Urantii przez Michała. I poprzez istoty pośrednie, serafin ogłosił to grupie kapłanów chaldejskich, których szefem był Ardnon. Ci Boży ludzie odwiedzili nowo narodzone dziecię w żłobie. Jedynym nadnaturalnym zdarzeniem, związanym z narodzinami Jezusa, było to właśnie obwieszczenie dla Ardnona i jego towarzyszy, dokonane przez serafina, poprzednio przydzielonego do Adama i Ewy w pierwszym ogrodzie.

Ludzcy rodzice Jezusa byli zwykłymi ludźmi tamtego czasu i pokolenia, a więc wcielony Syn Boga został zrodzony z kobiety i wychowywany w normalny sposób, tak jak dzieci tej rasy i tej epoki.

Historia pobytu Michała na Urantii, narracja o obdarzeniu waszego świata Synem Stwórcą w charakterze śmiertelnika, jest sprawą wykraczającą poza zakres i cel tej opowieści.

8. POSTOBDARZENIOWY STATUS MICHAŁA

Po końcowym i udanym obdarzeniu Urantii, Michał nie tylko został zaakceptowany przez Pradawnych Czasu jako suwerenny władca Nebadonu, ale został także uznany przez Ojca Wszechświatowego jako ugruntowany szef wszechświata lokalnego, który sam stworzył. Ten właśnie Michał, po powrocie do Salvingtonu jako Syn Człowieczy i Syn Boży, został ogłoszony stałym władcą Nebadonu. Z Uversy nadeszła ósma proklamacja o władzy Michała, podczas gdy z Raju przyszło wspólne oświadczenie Ojca Wszechświatowego i Wiecznego Syna, ustanawiające ową jedność Boga i człowieka jedyną głową wszechświata i nakazujące Jednoczącemu Czasu, przebywającemu na Salvingtonie, wyrażenie intencji odejścia do Raju. W zarządzie konstelacji Wierni Czasu także zostali poinstruowani, aby ustąpić z rad Najwyższych Ojców. Jednak Michał nie chciał się zgodzić na odejście Synów Trójcy – doradców i współpracowników. Zebrał ich na Salvingtonie i osobiście prosił, aby na zawsze pełnili swe obowiązki w Nebadonie. Wyrazili oni pragnienie przestrzegania zarządzeń swych przełożonych z Raju i niedługo potem zostały wydane te rozporządzenia, które oddzieliły ich od Raju i na zawsze przydzieliły tych Synów wszechświata centralnego do otoczenia Michała z Nebadonu.

Potrzeba było prawie miliarda lat czasu Urantii, aby się dopełniła obdarzająca działalność Michała i ugruntowała się w końcu jego najwyższa władza we wszechświecie przezeń stworzonym. Michał zrodzony był jako stwórca, kształcił się jako administrator, praktykę odbył jako organizator, jednak trzeba było, aby swą władzę zdobył przez doświadczenie. Tak więc wasz mały świat stał się znany w całym Nebadonie jako ta arena, na której Michał dopełnił tego doświadczenia, jakie jest wymagane od każdego Rajskiego Syna Stwórcy zanim otrzyma nieograniczoną kontrolę i kierownictwo nad wszechświatem przezeń stworzonym. Kiedy będziecie się wznosić we wszechświecie lokalnym, dowiecie się więcej o ideałach osobowości odnoszących się do poprzednich obdarzeń Michała.

Michał, kończąc swe obdarzenia w charakterze istot przezeń stworzonych, nie tylko umocnił swą własną władzę, ale także poszerzył rozwijającą się władzę Boga Najwyższego. Podczas tych obdarzeń, Syn Stwórca, w trakcie swego zstępowania, nie tylko badał różne rodzaje osobowości istot stworzonych, ale także objawił rozmaicie zróżnicowaną wolę Rajskich Bóstw, których syntetyczna jedność, objawiona przez Najwyższych Stwórców, jest objawieniem woli Istoty Najwyższej.

Te różne aspekty woli Bóstw są wiecznie uosobione w zróżnicowanych naturach Siedmiu Duchów Nadrzędnych i każde obdarzenie Michała było specyficznym objawieniem jednego z przejawów tej boskości. W czasie swego melchizedekowego obdarzenia, przejawiał on zjednoczoną wolę Ojca, Syna i Ducha; podczas swego lanonandekowego obdarzenia, wolę Ojca i Syna; w obdarzeniu adamicznym objawił wolę Ojca i Ducha a w obdarzeniu seraficznym wolę Syna i Ducha; w obdarzeniu w charakterze śmiertelnika, na Uversie, obrazował wolę Wspólnego Aktywizatora; w morontialnym obdarzeniu w charakterze śmiertelnika, wolę Wiecznego Syna a w materialnym obdarzeniu na Urantii żył wolę Ojca Wszechświatowego jako śmiertelnik z krwi i kości.

Ukończenie tych siedmiu obdarzeń wyzwoliło najwyższą władzę Michała a także stworzyło możliwość władania Najwyższego w Nebadonie. Żadne obdarzenie Michała nie objawiło Boga Najwyższego, jednak całkowita suma jego siedmiu obdarzeń jest nowym, nebadońskim objawieniem Istoty Najwyższej.

W doświadczeniu zstępowania od Boga do człowieka, Michał wznosił się równocześnie od częściowości przejawiania się do najwyższości skończonego działania i finalizmu wyzwolenia jego potencjału do działania absonicznego. Michał, Syn Stwórca, jest stwórcą czasowo-przestrzennym, ale Michał, jako siedmioraki Syn-Mistrz, jest członkiem jednego z boskich korpusów tworzących Trójcę Ostateczną.

Objawiając wolę Trójcy w Siedmiu Duchach Nadrzędnych, Syn Stwórca doświadczył objawiania woli Najwyższego. Michał, działając jako objawiciel woli Najwyższości, razem ze wszystkimi innymi Synami-Mistrzami utożsamił się wiecznie z Najwyższym. W tej epoce wszechświata objawia on Najwyższego i bierze udział w aktualizowaniu się władzy Najwyższości. Wierzymy jednak, że w następnej epoce wszechświata będzie współpracował z Istotą Najwyższą w pierwszej Trójcy empirycznej, we wszechświatach przestrzeni zewnętrznej i dla tych wszechświatów.

Urantia jest świątynią dla całego Nebadonu, z którą wszyscy związani są uczuciowo, najważniejszą z milionów zamieszkałych światów, ludzką ojczyzną Chrystusa Michała, władcy całego Nebadonu, melchizedekowego opiekuna domen, zbawiciela systemu, adamicznego odkupiciela, brata seraficznego, towarzysza wznoszących się duchów, zaawansowanego w morontii, Syna Człowieczego w ciele materialnym i Planetarnego Księcia Urantii. I wasze zapisy prawdę mówią, kiedy stwierdzają, że ten sam Jezus obiecał kiedyś wrócić do świata swego końcowego obdarzenia, do Świata Krzyża.

[Przekaz ten, opisujący siedem obdarzeń dokonanych przez Chrystusa Michała, jest sześćdziesiątym trzecim z grupy narracji, nadzorowanych przez liczne osobowości, przedstawiających historię Urantii aż do pojawienia się na Ziemi Michała w formie ciała materialnego. Przekazy te zostały zatwierdzone przez nebadońską komisję, złożoną z dwunastu członków, działającą pod kierownictwem Mantutii Melchizedeka. Zredagowaliśmy te opowiadania i wyraziliśmy je w języku angielskim, metodą zatwierdzoną przez naszych zwierzchników, w roku 1935 n.e. czasu Urantii.]

CZĘŚĆ IV

ŻYCIE I NAUKI JEZUSA

Ta grupa przekazów przygotowana została pod nadzorem komisji,
złożonej z dwunastu pośrednich z Urantii, działających
pod nadzorem Melchizedeka, szefa objawienia.
Podstawy narracji dostarczył pośredni wtórny,
który swego czasu był przydzielony do
nadludzkiej opieki
Apostoła Andrzeja.

CZĘŚĆ IV

Życie i nauki Jezusa

PRZEKAZ 120

OBDARZENIE URANTII PRZEZ MICHAŁA

JESTEM Melchizedekiem, szefem komisji objawieniowej. Zostałem wyznaczony przez Gabriela do sprawowania nadzoru nad ponownym przedstawieniem życia Michała, tak jak przebywał on na Urantii w formie ciała materialnego. Upoważniony zostałem do przedstawienia pewnych zdarzeń, które bezpośrednio poprzedziły przybycie Syna Stwórcy na Urantię, gdzie zaczął on ostatnie stadium swego, wszechświatowego obdarzania. Życie takim życiem, jakie Syn Stwórca narzuca inteligentnym istotom przez siebie stworzonym, zatem obdarzanie sobą w formie różnorodnych klas istot stworzonych, jest częścią ceny, jaką każdy Syn Stwórcy musi zapłacić za pełną i najwyższą władzę nad stworzonym przez siebie wszechświatem rzeczy i istot.

Niedługo przed tymi zdarzeniami, które właśnie zaczynam opisywać, Michał z Nebadonu obdarzał sobą sześć razy, w formie sześciu różnorodnych klas istot inteligentnych przez siebie stworzonych. Potem przygotowywał się do zstąpienia na Urantię, w formie ciała śmiertelnego, w najniższej klasie swoich, obdarzonych wolą istot inteligentnych, żeby jako człowiek domeny materialnej odegrać końcowy akt spektaklu zdobywania najwyższej władzy we wszechświecie, zgodnie z boskimi zaleceniami Rajskich Władców wszechświata wszechświatów.

W trakcie każdego z poprzednich obdarzeń, Michał nie tylko zdobywał skończone doświadczenie jednej grupy stworzonych przez siebie istot, ale nabywał także doświadczenie niezbędne do współpracy z Rajem, które, samo w sobie, mogło przyczynić się później do ustanowienia go władcą stworzonego przezeń wszechświata. Michał mógł zapewnić sobie osobistą, najwyższą władzę jako Syn Stwórca w każdej chwili całej przeszłości wszechświata lokalnego i jako Syn Stwórca mógł rządzić swym wszechświatem w sposób przez siebie obrany. W takim wypadku, Emanuel i towarzyszący mu Rajscy Synowie opuściliby wszechświat. Jednak Michał nie chciał rządzić Nebadonem tylko według swego własnego, niezależnego prawa Syna Stwórcy. Chciał awansować dzięki rzeczywistemu doświadczeniu – we współpracy z Rajską Trójcą i dzięki podporządkowaniu się niej – na tę wysoką pozycję w statusie wszechświata, gdzie mógłby być kompetentny w rządzeniu swoim wszechświatem i w kierowaniu jego sprawami, z taką perfekcją wnikliwości i mądrością w wykonywaniu zadania, jaka będzie swego czasu charakterystyczna dla podniosłych rządów Istoty Najwyższej. Nie dążył do doskonałości władzy jako Syn Stwórca, ale do najwyższości w administracji jako uosobienie wszechświatowej mądrości i boskiego doświadczenia Istoty Najwyższej.

Michał, obdarzając siedmiokrotnie różne klasy swych wszechświatowych istot, miał zatem podwójny cel. Po pierwsze, zgromadził doświadczenie niezbędne do zrozumienia istot stworzonych, jakiego wymaga się od wszystkich Synów Stwórców zanim zdobędą pełną, najwyższą władzę. W dowolnym czasie Syn Stwórcy może rządzić swoim wszechświatem według swych własnych zasad, ale jako najwyższe przedstawicielstwo Rajskiej Trójcy może rządzić jedynie po dokonaniu siedmiu obdarzeń na rzecz istot wszechświatowych. Po drugie, Syn Stwórcy dążył do zdobycia przywileju reprezentowania najwyższej możliwej władzy Rajskiej Trójcy, jaka może być sprawowana w bezpośredniej i osobistej administracji wszechświata lokalnego. Dlatego też Michał, w trakcie każdego ze swoich wszechświatowych obdarzeń, podporządkowywał się dobrowolnie, pomyślnie i zadowalająco różnorodnie ustanowionej woli, pochodzącej od rozmaitych związków osób Rajskiej Trójcy. Znaczy to, że w pierwszym obdarzeniu podlegał wspólnej woli Ojca, Syna i Ducha; w drugim obdarzeniu, woli Ojca i Syna; w trzecim obdarzeniu, woli Ojca i Ducha; w czwartym obdarzeniu, woli Syna i Ducha; w piątym obdarzeniu, woli Nieskończonego Ducha; w szóstym obdarzeniu, woli Wiecznego Syna; a podczas siódmego i ostatniego obdarzenia na Urantii, woli Ojca Wszechświatowego.

Z tego właśnie powodu, Michał, w swej osobistej najwyższej władzy, łączy boską wolę siedmiorakich stadiów wszechświatowych Stwórców z rozumnym doświadczeniem istot z jego wszechświata lokalnego. Tak więc jego administracja zaczęła reprezentować najwyższą możliwą moc i władzę, chociaż pozbawioną wszelkich założeń arbitralnych. Władza jego jest nieograniczona, ponieważ wywodzi się z pełnego doświadczeń związku z Rajskimi Bóstwami; jego autorytet jest niekwestionowany, skoro został nabyty w trakcie rzeczywistego doświadczenia, zdobytego w formie wszechświatowych istot stworzonych; jego władza jest najwyższa, skoro równocześnie uosabia siedmioraki punkt widzenia Rajskiego Bóstwa oraz punkt widzenia istot czasu i przestrzeni.

Ustaliwszy czas swego końcowego obdarzenia i wybrawszy planetę, na której to niezwykłe zdarzenie ma nastąpić, Michał odbył zwykłą, przedobdarzeniową naradę z Gabrielem a potem się zjawił przed swoim starszym bratem i rajskim doradcą Emanuelem. Wszystkie uprawnienia administracji wszechświatowej, które nie zostały uprzednio przekazane Gabrielowi, Michał powierzył teraz opiece Emanuela. I zanim Michał odleciał na Urantię, na wcielenie, Emanuel, przejmując opiekę nad wszechświatem w czasie tego obdarzenia, zaczął udzielać rad, które mogłyby służyć za wytyczne podczas wcielenia Michała, kiedy będzie niebawem dorastał na Urantii jako śmiertelnik tej domeny.

W związku z tym należy pamiętać, że Michał chciał przeprowadzić to obdarzenie w formie ciała śmiertelnego, podporządkowując się woli Rajskiego Ojca. Syn Stwórca nie potrzebuje od nikogo wskazówek, aby dokonać wcielenia wyłącznie w celu osiągnięcia najwyższej, wszechświatowej władzy, ale Michał zaczął realizować plan objawiania Najwyższego a to pociąga za sobą współdziałanie z różnorodną wolą Rajskich Bóstw. Tym samym jego władza, kiedy została ostatecznie osobiście zdobyta, rzeczywiście może łącznie obejmować siedmioraką wolę Bóstwa, tak jak się ona dopełnia w Najwyższym.

Zatem, Syn Stwórcy instruowany był uprzednio sześć razy, przez osobistych reprezentantów różnych Rajskich Bóstw oraz ich związków, a teraz został poinstruowany przez Jednoczącego Czasu, ambasadora Rajskiej Trójcy w lokalnym wszechświecie Nebadon, działającego w imieniu Ojca Wszechświatowego.

Natychmiastowe korzyści i wiele pożytku wynikło z tej gotowości wielkiego Syna Stwórcy, żeby raz jeszcze dobrowolnie podporządkować się woli Rajskich Bóstw, tym razem woli Ojca Wszechświatowego. Dzięki swojej decyzji, aby podporządkować się takiej partnerskiej zależności, Michał mógł w tym wcieleniu doświadczyć nie tylko natury śmiertelnego człowieka, ale także woli Rajskiego Ojca wszystkich. Poza tym mógł on zacząć to wyjątkowe obdarzenie z całkowitą pewnością, że nie tylko Emanuel będzie sprawował pełnię władzy Rajskiego Ojca, kierując wszechświatem w czasie jego nieobecności, podczas obdarzenia Urantii, ale także uspokajała go świadomość, że Pradawni Czasu z superwszechświata zarządzili o bezpieczeństwie jego domeny przez cały czas trwania obdarzenia.

I w takich to właśnie okolicznościach odbyła się podniosła uroczystość, kiedy Emanuel prezentował swe zalecenia dla siódmego obdarzenia. I z tych nauk, których Emanuel udzielił przed obdarzeniem władcy wszechświata, który następnie stał się Jezusem z Nazaretu (Chrystusem Michałem) na Urantii, upoważniony jestem przedstawić następujące fragmenty:

1. ZALECENIA DLA SIÓDMEGO OBDARZENIA

„Mój bracie Stwórco, niedługo będę świadkiem twojego siódmego i końcowego, wszechświatowego obdarzenia. Sześć poprzednich misji przeprowadziłeś najwierniej i doskonale, nie żywię więc żadnej innej myśli niż ta, że tak samo będziesz tryumfował w tym, twoim ostatnim obdarzeniu, dokonanym w celu zdobycia najwyższej władzy. Zjawiałeś się dotychczas na obdarzanych przez ciebie sferach jako w pełni rozwinięta istota, wybranej przez ciebie klasy. Otóż, pojawisz się wkrótce na Urantii, na wybranej przez ciebie bezładnej i niespokojnej planecie, nie jako dorosły śmiertelnik, ale jako bezradne niemowlę. To będzie, mój towarzyszu, nowe i nie poznane jeszcze przez ciebie doświadczenie. Wkrótce zapłacisz pełną cenę obdarzenia i doświadczysz pełnego oświecenia w wyniku wcielenia Stwórcy w formę stworzonego.

Podczas każdego z twoich poprzednich obdarzeń postanowiłeś dobrowolnie podporządkować się woli trzech Rajskich Bóstw oraz ich Boskim związkom wzajemnym. W swoich uprzednich obdarzeniach podlegałeś wszystkim siedmiu stadiom woli Najwyższego, za wyjątkiem osobistej woli twego Rajskiego Ojca. Otóż, dlatego, że podczas siódmego obdarzenia zechciałeś poddać się całkowicie woli twojego Ojca, ja, jako osobisty reprezentant naszego Ojca, przejmuję nieograniczoną jurysdykcję nad twoim wszechświatem w czasie twego wcielenia.

Zaczynając to obdarzenie na Urantii, pozbyłeś się dobrowolnie całego pozaplanetarnego wsparcia oraz specjalnej pomocy, jaka może przysługiwać każdej istocie przez ciebie stworzonej. Tak jak stworzeni przez ciebie synowie Nebadonu w pełni na tobie polegają, prowadząc pewnie swe wszechświatowe misje, tak i ty teraz musisz w pełni i bez zastrzeżeń polegać na swym Rajskim Ojcu, aby pewnie przejść nieznane, zmienne koleje twojej, zaczynającej się teraz misji w formie śmiertelnika. I kiedy skończysz to doświadczenie obdarzenia, będziesz znał całą prawdę, pełne znaczenie i głęboką doniosłość tej wiary-zaufania, której tak nieodmiennie wymagasz od stworzonych przez ciebie istot, aby ją doskonaliły, jako część bliskiego z tobą powinowactwa, jako ze Stwórcą i Ojcem wszechświata lokalnego.

W czasie twojego obdarzenia Urantii powinieneś koncentrować się na jednej tylko sprawie – nieprzerwanej komunii pomiędzy tobą a twoim Rajskim Ojcem; i dzięki doskonałości takiego powinowactwa świat, który obdarzasz, nawet cały wszechświat przez ciebie stworzony, ujrzy nowe i łatwiejsze do zrozumienia objawienie twojego i mojego Ojca, Wszechświatowego Ojca wszystkich. Zatem masz się koncentrować tylko na swoim osobistym życiu na Urantii. Ja będę odpowiedzialny, w pełni i efektywnie, za bezpieczeństwo i ciągłość administracji twojego wszechświata, od czasu, gdy dobrowolnie zrzekniesz się władzy, aż nie wrócisz do nas jako Władca Wszechświata, zatwierdzony przez Raj. I otrzymasz znowu z rąk moich już nie władzę namiestnika, którą mi teraz oddajesz, lecz zamiast tego najwyższe panowanie i jurysdykcję nad twoim wszechświatem.

I żebyś mógł być zupełnie pewien, że mam upoważnienie zrobić wszystko to, co teraz obiecuję (dobrze wiedząc, że jestem gwarancją całego Raju za wierne dotrzymanie mojego słowa) ogłaszam ci, że właśnie mi zakomunikowano o rozporządzeniu Pradawnych Czasu z Uversy, które będzie zapobiegać wszelkim niebezpieczeństwom duchowym w Nebadonie w okresie twego dobrowolnego obdarzenia. Od momentu, gdy stracisz świadomość, kiedy się wcielisz w śmiertelnika, aż do twego powrotu do nas jako najwyższy i absolutny władca tego wszechświata, który sam stworzyłeś i zorganizowałeś, nic szczególnie ważnego nie może się zdarzyć w całym Nebadonie. W tym, chwilowym okresie twojego wcielenia, ja dzierżę instrukcje Pradawnych Czasu, z kategorycznym nakazem natychmiastowej i automatycznej likwidacji każdej istoty, dopuszczającej się buntu czy ośmielającej się inspirować powstanie we wszechświecie Nebadon, gdy ty prowadzisz swe obdarzenie, będąc tutaj nieobecny. Mój bracie, z punktu widzenia rajskiej władzy, nieodłącznej mojej tu obecności i wspomaganej sędziowskim rozporządzeniem Uversy, wszechświat twój i wszystkie jego lojalne istoty będą bezpieczne podczas twego obdarzenia. Możesz zacząć swą misję koncentrując się tylko na jednym – na poszerzeniu objawienia naszego Ojca inteligentnym istotom z twojego wszechświata.

Pragnę ci przypomnieć, tak jak podczas każdego z twoich poprzednich obdarzeń, że przejmuję jurysdykcję twego wszechświata jako brat-powiernik. Sprawuję całą władzę i dzierżę całą moc w twoim imieniu. Działam tak, jakby działał nasz Rajski Ojciec oraz stosownie do twego wyraźnego żądania, abym pełnił tę funkcję zamiast ciebie. Faktem jest, że całą tę powierzoną mi teraz władzę możesz sprawować znowu jako swoją, gdy tylko uznasz za stosowne zażądać jej zwrotu. Twoje obdarzenie jest całkowicie i zupełnie dobrowolne. Jako śmiertelnik, wcielony w danej domenie, pozbawiony jesteś niebiańskich mocy, ale możesz znowu mieć całą tę moc, z której zrezygnowałeś, jeśli kiedykolwiek zapragniesz wrócić do władania wszechświatem. Gdybyś znowu zechciał przejąć moc i władzę, pamiętaj, że stanie się to z przyczyn wyłącznie *osobistych*, ponieważ ja jestem żywą i najwyższą rękojmią, której obecność i słowo gwarantuje bezpieczną administrację twojego wszechświata, zgodnie z wolą twego Ojca. Taki bunt, jaki trzy razy zdarzył się w Nebadonie, nie może się zdarzyć w tym czasie, gdy ciebie nie będzie na Salvingtonie w związku z tym obdarzeniem. Pradawni Czasu zarządzili, że w czasie obdarzenia Urantii, bunt w Nebadonie będzie automatycznie zawierał w sobie ziarno własnego unicestwienia.

Jak długo będziesz nieobecny, prowadząc ostatnie i nadzwyczajne obdarzenie, ja ręczę (z pomocą Gabriela) za sumienną administrację twojego wszechświata; a powołując cię do tej służby boskiego objawiania i przeżywania doskonałego, ludzkiego pojmowania, działam w imieniu mojego i twojego Ojca, i daję ci następujące porady, którymi powinieneś się kierować, gdy będziesz żyć twoim ziemskim życiem, gdy będziesz sobie stopniowo uświadamiać swą boską misję, kiedy będziesz w ciele:

2. OGRANICZENIA OBDARZENIA

1. Zgodnie ze zwyczajami i odpowiednio do metod Sonaringtonu – w zgodzie z zaleceniami Rajskiego Wiecznego Syna – pod każdym względem zapewniłem tobie natychmiastowe przystąpienie do tego obdarzenia w formie śmiertelnika, zgodnie z planami sformułowanymi przez ciebie i przekazanymi mi przez Gabriela. Będziesz dorastał na Urantii jako dziecko tej domeny, zdobędziesz ludzką edukację – cały czas podległy woli twego Rajskiego Ojca – żyć będziesz swym życiem na Urantii, jak to postanowiłeś, zakończysz swój pobyt na planecie i przygotujesz się do wniebowstąpienia do twego Ojca, aby otrzymać od niego najwyższą władzę twego wszechświata.

2. Niezależnie od twej ziemskiej misji i wszechświatowego objawiania, ale przypadkowo w związku z jednym i drugim, gdy uświadomisz sobie odpowiednio swą Boską tożsamość, radzę ci byś się podjął dodatkowego zadania – formalnie zakończył bunt Lucyfera w systemie Satania. I żebyś zrobił to wszystko jako *Syn Człowieczy*, zatem jako śmiertelna istota tej domeny, będąc potężnym w słabości dzięki poddaniu się przez wiarę woli twego Ojca. Proponuję ci, abyś miłosiernie dokonał wszystkiego tego, czego wielokrotnie nie chciałeś zrobić arbitralnie, używając mocy i potęgi, do czego byłeś upoważniony od początku tego grzesznego i bezpodstawnego buntu. Gdybyś wrócił do nas jako Syn Człowieczy, Planetarny Książę Urantii i również jako Syn Boży, najwyższy władca twego wszechświata, uważał to będę za właściwe ukoronowanie twego obdarzenia w formie śmiertelnika. Spotkaj się z Caligastią i Lucyferem, jako śmiertelny człowiek, najniższy rodzaj istoty inteligentnej w Nebadonie i osądź ich bluźniercze aspiracje, jak również w przyjętym przez ciebie skromnym stanie, zakończ na zawsze niegodziwe fałszerstwa tych upadłych dzieci światła. Po tym, jak niezłomnie odmawiałeś zdyskredytowania tych buntowników, mogąc użyć swoich prerogatyw stwórcy, byłoby teraz stosowne, abyś przebywając w formie najniższych istot twego stworzenia, wyrwał dominium z rąk tych upadłych Synów. Tym samym mógłby cały twój wszechświat lokalny, zadowalająco, jasno i na zawsze, poznać sprawiedliwość twych czynów dokonanych w formie ciała śmiertelnego, czego pod wpływem miłosierdzia nie zrobiłeś mocą arbitralnej władzy. Potem, kiedy dzięki twemu obdarzeniu będziesz miał możliwość zaprowadzenia władzy Najwyższego w Nebadonie, będziesz miał także praktycznie zakończone nierozstrzygnięte sprawy wszystkich poprzednich powstań, niezależnie od większego czy mniejszego opóźnienia czasowego przy realizacji tego zadania. Dzięki tej akcji, dotychczas nierozstrzygnięte dysonanse w twoim wszechświecie zostaną praktycznie zlikwidowane. I wraz z późniejszym nadaniem ci najwyższej władzy nad twoim wszechświatem, podobne wyzwania rzucone twemu zwierzchnictwu nie mogą się nigdy więcej powtórzyć w żadnej części twojej rozległej, osobistej kreacji.

3. Kiedy szczęśliwie zakończysz secesję Urantii, co bez wątpienia zrobisz, radzę, abyś przyjął nadany ci przez Gabriela tytuł «Planetarny Książę Urantii» jako wieczne uznanie w twoim wszechświecie twego końcowego obdarzenia; i jeszcze, abyś zrobił wszystko, co zgodne jest z istotą twego obdarzenia, aby zadośćuczynić smutkom i dezorientacji, jaką Urantii przyniosła zdrada Caligastii i późniejsze odstępstwo adamiczne.

4. Na twoją prośbę Gabriel i wszyscy zainteresowani współpracować będą z tobą, aby jak sobie życzysz, zakończyć obdarzenie Urantii ogłoszeniem sądu systemu sprawiedliwości sfery, połączonego z zakończeniem epoki, wraz ze zmartwychwstaniem śpiących przetrwałych i ustanowieniem systemu obdarzenia Duchem Prawdy.

5. W tym, co dotyczy planety, którą obdarzasz i pokolenia ludzi na niej żyjących w czasie, kiedy tam będziesz przebywać jako śmiertelnik, radzę ci zasadniczo działać w roli nauczyciela. Najpierw skoncentruj się na wyzwoleniu i ożywieniu duchowej natury człowieka. Potem oświeć przyćmiony intelekt ludzki, ulecz dusze ludzi i wyzwól ich umysły z odwiecznych lęków. Potem, zgodnie z twą wiedzą śmiertelnika, pomagaj swym braciom w ciele w sprawach zdrowia fizycznego i dóbr materialnych. Żyj idealnym życiem religijnym, aby inspirować i wywierać pozytywny wpływ na cały twój wszechświat.

6. Na planecie, którą obdarzasz, wyzwól duchowo człowieka odosobnionego na skutek buntu. Na Urantii dodatkowo przyczyń się do poszerzenia władzy Najwyższego, tym samym rozszerzysz tę władzę na rozległe domeny twej osobistej kreacji. W swoim materialnym obdarzeniu, w formie cielesnej, zostaniesz wkrótce ostatecznie oświecony jako Stwórca czasowo-przestrzenny, w dwojakim doświadczeniu działania w obrębie natury ludzkiej i razem z wolą twego Rajskiego Ojca. W twoim ziemskim życiu, wola skończonej istoty stworzonej i wola nieskończonego Stwórcy staną się jednością, nawet tak, jak się jednoczą w rozwijającym się Bóstwie Istoty Najwyższej. Wylej na obdarzoną przez ciebie planetę Ducha Prawdy i spraw tym samym, aby wszyscy normalni śmiertelnicy tej odosobnionej sfery mogli natychmiast i w pełni skorzystać ze służby wyodrębnionej obecności naszego Rajskiego Ojca – Dostrajaczy Myśli działających na planetach.

7. Gdy będziesz robił to wszystko, czego możesz dokonać na świecie przez ciebie obdarzonym, zawsze pamiętaj, że żyjesz tym życiem dla nauki i wywarcia pozytywnego wpływu na cały twój wszechświat. *Obdarzasz* tym życiem Urantię, wcielając się na niej w śmiertelnika, ale masz *żyć* takim życiem dla duchowego podbudowania każdej istoty inteligentnej, ludzkiej i nadludzkiej, jaka żyła, istnieje teraz czy może żyć jeszcze na każdym zamieszkałym świecie, który został stworzony, stwarza się teraz, czy może jeszcze zostać stworzony jako część rozległej galaktyki, twojej domeny administracyjnej. Nie powinieneś żyć swym ziemskim życiem w formie ciała śmiertelnego tylko tak, aby stanowiło *przykład* dla śmiertelników Urantii w czasie twego ziemskiego pobytu, czy dla jakiegokolwiek następnego pokolenia istot ludzkich na Urantii, albo na jakimkolwiek innym świecie. Twe życie w ciele, na Urantii, powinno raczej stać się *inspiracją* dla wszystkich żyć na wszystkich światach Nebadonu, poprzez wszystkie pokolenia nadchodzących epok.

8. Twoja wielka misja, którą przeprowadzisz i którą przeżyjesz w formie śmiertelnika, zawarta jest w twojej decyzji, żeby żyć życiem szczerej motywacji czynienia woli twego Rajskiego Ojca, a zatem żeby *objawić Boga*, twego Ojca, żyjąc w ciele i zwłaszcza istotom cielesnym. Jednocześnie będziesz także, z nową mocą, *objaśniał* naszego Ojca nadludzkim istotom całego Nebadonu. Razem z tą służbą nowego objawiania i poszerzonego objaśniania Rajskiego Ojca umysłom rodzaju ludzkiego i nadludzkiego, będziesz działał w tym kierunku, aby dokonać nowego objawienia człowieka Bogu. Ukaż w twoim jednym, krótkim życiu w ciele, tak jak nigdy dotąd nie widziano w całym Nebadonie, niedoścignione możliwości człowieka rozpoznającego Boga, osiągalne podczas jego krótkiej, śmiertelnej egzystencji, oraz zrób nowe, oświecające *objaśnienie* człowieka i zmiennych kolei jego życia planetarnego wszystkim nadludzkim istotom inteligentnym całego Nebadonu i po wszystkie czasy. Schodzisz w dół na Urantię w formie ciała śmiertelnego, a żyjąc jako człowiek swego czasu i pokolenia, będziesz działał tak, żeby ukazać całemu twojemu wszechświatowi ideał doskonałej metody najwyższego zaangażowania w sprawy twej rozległej kreacji: działania w charakterze Boga szukającego człowieka i znajdującego go, oraz fenomenu człowieka szukającego Boga i znajdującego go, a robić to wszystko będziesz dla obopólnego zadowolenia Boga i człowieka, podczas jednego, krótkiego życia w ciele.

9. Przestrzegam cię, abyś zawsze pamiętał, że chociaż faktycznie będziesz zwykłym śmiertelnikiem tej domeny, potencjalnie pozostajesz Synem Stwórcą Rajskiego Ojca. Podczas tego wcielenia, choć będziesz żył i działał jako Syn Człowieczy, stwórcze atrybuty twojej osobistej boskości będą iść za tobą z Salvingtonu na Urantię. Zawsze będzie w kompetencji twej mocy-woli położyć kres wcieleniu, w dowolnym momencie po przybyciu twego Dostrajacza Myśli. Przed przybyciem i przyjęciem Dostrajacza, ja będę ręczyć za integralność twej osobowości. Jednak, kiedy przybędzie twój Dostrajacz i gdy coraz lepiej rozpoznawać będziesz naturę i znaczenie twej misji obdarzającej, powinieneś wystrzegać się formułowania jakiejkolwiek nadludzkiej woli-do-spełnienia, osiągnięcia czy upoważnienia do jej wykonania, ze względu na to, że twoje prerogatywy stwórcy pozostaną związane z twoją śmiertelną osobowością, ponieważ atrybuty te nieodłączne są twojej osobie. Jednak żadne nadludzkie następstwa nie będą związane z twoją ziemską działalnością, w oderwaniu od woli Rajskiego Ojca, chyba, że twoja świadoma i niepodzielna wola przejawi się w formie postanowienia, które potwierdzi cała twoja osobowość.

3. DALSZE RADY I WSKAZÓWKI

Teraz, rozstając się z tobą mój bracie, kiedy szykujesz się odlecieć na Urantię i po tym jak ci radziłem w sprawie ogólnego postępowania podczas twego obdarzenia, pozwól mi przedstawić pewne rady, które się zrodziły w trakcie konsultacji z Gabrielem, a które dotyczą drobnych szczegółów twego śmiertelnego życia. Proponujemy dalej:

1. Abyś, dążąc do osiągnięcia ideału swego śmiertelnego, ziemskiego życia, zwrócił nieco uwagi na realizację i egzemplifikację niektórych spraw praktycznych i bezpośrednio użytecznych dla twoich braci – ludzi.

2. W sprawach związków rodzinnych, daj pierwszeństwo uznanym obyczajom życia rodzinnego, takim, jakie zastaniesz utrwalone w czasie i pokoleniu twego obdarzenia.

Żyj życiem rodzinnym i społecznym zgodnie ze zwyczajami ludzi, wśród których postanowiłeś się pojawić.

3. W odniesieniu do porządku społecznego, radzimy, abyś ograniczył swe wysiłki głównie do odnowy duchowej i usamodzielnienia intelektualnego. Wystrzegaj się wszelkiego angażowania w strukturę ekonomiczną i zobowiązania polityczne twego czasu. Poświęć się głównie idealnemu życiu religijnemu na Urantii.

4. W żadnym wypadku nie powinieneś, nawet w najmniejszym szczególe, ingerować w normalną i uporządkowaną ewolucję ras ludzkich Urantii. Jednak zakazu tego nie należy rozumieć jako ograniczenia twoich wysiłków, zmierzających do pozostawienia po sobie na Urantii trwałego i udoskonalonego systemu *konstruktywnej etyki religijnej*. Jako Syn systemu sprawiedliwości masz przyznane odpowiednie przywileje, odnośnie zaawansowania statusu *duchowego* i *religijnego* ludzi tego świata.

5. Tak dalece, jak to uznasz za stosowne, możesz się utożsamić z istniejącymi ruchami religijnymi i duchowymi, które zastaniesz na Urantii, ale wszelkimi możliwymi sposobami staraj się wystrzegać oficjalnego założenia zorganizowanego kultu, skrystalizowanej religii, czy oddzielnej grupy etycznej istot śmiertelnych. Twe życie i nauki mają stać się wspólnym dziedzictwem wszystkich religii i wszystkich ludzi.

6. Abyś ewentualnie nie przyczynił się niepotrzebnie do stworzenia późniejszych, stereotypowych systemów wierzeń religijnych na Urantii, czy innych rodzajów nie rozwojowych lojalności religijnych, radzimy ci jeszcze: nie pozostawiaj po sobie na planecie piśmiennictwa. Wystrzegaj się wszelkich zapisów na trwałym materiale; nakaż swym towarzyszom, aby nie robili obrazów czy innych twoich podobizn cielesnych. Gdy będziesz odchodził, sprawdź, czy nic potencjalnie bałwochwalczego nie pozostało na planecie.

7. Gdy będziesz żył normalnym, przeciętnym życiem społeczeństwa tej planety, jako normalny osobnik płci męskiej, prawdopodobnie nie wstąpisz w związki małżeńskie, które to związki byłyby zaszczytne i w pełni zgodne z twym obdarzeniem; muszę ci jednak przypomnieć, że jedno z zaleceń Sonaringtonu, dotyczące wcielenia, zabrania obdarzającemu Synowi, przybywającemu z Raju, pozostawiania po sobie ludzkiego potomka na jakiejkolwiek planecie.

8. We wszystkich innych szczegółach zbliżającego się obdarzenia, powierzamy cię przewodnictwu zamieszkującego cię Dostrajacza, nauczaniu zawsze obecnego Boskiego ducha, który przewodzi człowiekowi oraz rozumowaniu-osądowi odziedziczonego przez ciebie ludzkiego, wciąż rozwijającego się umysłu. Takie połączenie atrybutów stworzonego i Stwórcy pomoże ci żyć doskonałym, w naszym pojęciu, życiem ludzkim na sferach planetarnych, niekoniecznie doskonałym w rozumieniu każdego człowieka, w każdym pokoleniu i na każdym świecie (zwłaszcza na Urantii), ale całkowicie i w najwyższym stopniu pełnym, według oceny doskonalszych i doskonalących się światów twego rozległego wszechświata.

A teraz, niech twój i mój Ojciec, który zawsze nas wspierał we wszystkich naszych minionych zadaniach, prowadzi cię i wspiera i niech będzie z tobą, od momentu, kiedy nas opuścisz i stracisz świadomość osobowości, poprzez stopniowe poznawanie na nowo twej Boskiej tożsamości, wcielonej w ludzką formę i dalej, przez całe doświadczenie twego obdarzenia Urantii, aż do wyzwolenia z ciała i wyniesienia do prawej ręki władzy u twego Ojca. Kiedy znów będę cię widział na Salvingtonie, będziemy cię witać wracającego do nas jako najwyższego i absolutnego władcę wszechświata, który sam stworzyłeś, któremu służysz i który w pełni rozumiesz.

Ja panuję teraz na twoim miejscu. Przejmuję jurysdykcję całego Nebadonu jako tymczasowy władca, na czas twego siódmego obdarzenia w ciele śmiertelnym na Urantii. A tobie, Gabrielu, powierzam bezpieczeństwo przyszłego Syna Człowieczego, zanim wkrótce wróci do mnie w mocy i chwale, jako Syn Człowieczy i Syn Boży. I, Gabrielu, teraz ja jestem twoim władcą aż do powrotu Michała".

* * *

Potem, bezzwłocznie, w obliczu całego zgromadzonego Salvingtonu, Michał nas opuścił i więcej go nie widzieliśmy na jego zwykłym miejscu, aż do tego czasu, kiedy wrócił jako najwyższy, niepodzielny władca wszechświata, po ukończeniu swej misji obdarzenia Urantii.

4. WCIELENIE – UCZYNIENIE Z DWU JEDNOŚCI

I tak pewne niegodziwe dzieci Michała, które oskarżyły swego Stwórcę-ojca o samolubne dążenie do władzy i oddały się insynuacjom, że Syn Stwórca jest arbitralnie i autokratycznie utrzymywany przy władzy dzięki nierozumnej lojalności zbałamuconego wszechświata służalczych istot, miały być uciszone na zawsze i pozostawać zawiedzione i rozczarowane tym życiem bezinteresownej służby, jakie Syn Boży zaczął teraz jako Syn Człowieczy – cały czas podległy „woli Rajskiego Ojca".

Byłoby jednak błędem mniemać, że Chrystus Michał, będąc prawdziwie istotą podwójnego pochodzenia, był też podwójną osobowością. Nie był on Bogiem *w połączeniu z* człowiekiem, ale raczej Bogiem *wcielonym* w człowieka. I zawsze pozostawał taką właśnie, zespoloną istotą. Jedynym czynnikiem rozwijającym się w tak trudnej do zrozumienia zależności, było coraz większe uświadamianie sobie i uznawanie (przez ludzki umysł) faktu, że jest się Bogiem i człowiekiem.

Chrystus Michał nie stawał się Bogiem stopniowo. Bóg nie został człowiekiem w pewnym istotnym momencie ziemskiego życia Jezusa. Jezus zawsze i nawet na zawsze był Bogiem *i* człowiekiem. I ten Bóg i ten człowiek byli, jak i są teraz, *jednością*, nawet tak jak Rajska Trójca, złożona z trzech istot, faktycznie jest *jednym* Bóstwem.

Nie traćcie nigdy z oczu tego, że najważniejszym duchowym celem obdarzenia, dokonanego przez Michała, było poszerzenie *objawienia Boga*.

Śmiertelnicy z Urantii mają różne idee dotyczące tego, co nadprzyrodzone, ale dla nas, którzy żyjemy jako obywatele wszechświata lokalnego, istnieje kilka cudów, z których najbardziej intrygujące są wcielenia w trakcie obdarzeń dokonywanych przez Rajskich Synów. Pojawienie się Boskiego Syna w waszym i na waszym świecie, w sposób najwidoczniej naturalny, uważamy za cud – za działanie wszechświatowych praw przekraczających nasze pojmowanie. Jezus z Nazaretu był cudowną osobą.

W tych niezwykłych zdarzeniach i poprzez nie, Bóg Ojciec zechciał się objawić tak, jak to zawsze czyni – *w sposób zwyczajny* – w normalny, naturalny i niezawodny sposób Boskiego postępowania.

PRZEKAZ 121

CZAS, KIEDY MICHAŁ OBDARZAŁ URANTIĘ

JA, POŚREDNI wtórny, swego czasu przydzielony do Apostoła Andrzeja, działam obecnie pod nadzorem komisji złożonej z dwunastu członków Zjednoczonego Bractwa Pośrednich Urantii i jestem pod wspólną opieką szefa, przewodniczącego naszej klasie oraz nadzorującego Melchizedeka. Zostałem upoważniony do spisania narracji o życiu Jezusa z Nazaretu, tak jak je widziała nasza klasa istot ziemskich i jak było ono potem częściowo opisane przez człowieka, podległego mojej tymczasowej kurateli. Andrzej, wiedząc o tym, jak skrupulatnie jego Mistrz unikał pozostawiania po sobie dokumentów pisanych, uparcie nie chciał kopiować zrobionych przez siebie zapisów. Podobna postawa pozostałych apostołów Jezusa w znacznym stopniu opóźniła spisanie Ewangelii.

1. ZACHÓD W PIERWSZYM WIEKU ERY CHRYSTUSOWEJ

Jezus nie przyszedł na ten świat w epoce schyłku duchowego; w czasie jego narodzin Urantia przeżywała takie ożywienie myśli duchowej i życia religijnego, jakiego nie zaznała w całej swej wcześniejszej, poadamicznej historii i jakiego również nie miała w żadnej późniejszej epoce. Kiedy Michał wcielił się na Urantii, świat ten miał najlepsze warunki do obdarzenia go Synem Stwórcą, takie, jakich nigdy nie było ani wcześniej ani też później. W wiekach tuż poprzedzających tamten okres, kultura grecka i język grecki rozprzestrzeniły się na obszarze Zachodu i Bliskiego Wschodu a Żydzi, będąc rasą lewantyńską, z natury częściowo zachodni i częściowo wschodni, byli szczególnie przygotowani do wykorzystania takich kulturowych i językowych warunków dla skutecznego rozprzestrzenienia się nowej religii, tak na Wschodzie jak i Zachodzie. Na te wyjątkowo sprzyjające okoliczności nałożyły się dodatkowo tolerancyjne rządy polityczne Rzymian w świecie śródziemnomorskim.

Całą tę kombinację światowych wpływów dobrze ilustruje działalność Pawła, który będąc w swej kulturze religijnej Żydem z Żydów, głosił ewangelię żydowskiego Mesjasza w języku greckim a sam był obywatelem rzymskim.

Nic podobnego do cywilizacji z czasów Jezusa nie widziano na Zachodzie ani przedtem ani też potem. Cywilizację europejską jednoczyły i koordynowały trojakie, niezwykłe czynniki:

1. Rzymski system polityczny i społeczny.
2. Grecki język i kultura oraz w pewnym stopniu filozofia.
3. Gwałtownie szerzący się wpływ żydowskich nauk religijnych i moralnych.

Gdy się Jezus narodził, cały świat śródziemnomorski był zjednoczonym imperium. Po raz pierwszy w historii świata dobre drogi łączyły wiele jego głównych centrów. Morza były oczyszczone z piratów i szybko się rozwijała wspaniała epoka handlu i podróży. Nigdy potem, aż do dziewiętnastego wieku po Chrystusie, Europa nie przeżywała okresu tak bardzo sprzyjającego podróżom i handlowi.

Pomimo pokoju wewnętrznego i powierzchownego dobrobytu świata grecko-rzymskiego, większość mieszkańców cesarstwa wegetowała w nędzy i ubóstwie. Nieliczna klasa wyższa była bogata; nieszczęśliwa i zubożała klasa niższa stanowiła większość ludności. W tamtych czasach nie było szczęśliwej i prosperującej klasy średniej; zaczęła ona dopiero powstawać w społeczeństwie rzymskim.

Dopiero się zakończyły pierwsze utarczki pomiędzy rozwijającymi się państwami, rzymskim i partyjskim, pozostawiając Syrię w rękach Rzymian. Palestyna i Syria przeżywały w czasach Jezusa okres dobrobytu, względnego spokoju i prowadziły szeroką wymianę handlową z ziemiami zarówno Wschodu jak i Zachodu.

2. NARÓD ŻYDOWSKI

Żydzi stanowili część starszej rasy semickiej, która obejmowała również Babilończyków, Fenicjan oraz świeżych wrogów Rzymu – Kartagińczyków. Na początku pierwszego wieku ery Chrystusowej, Żydzi stanowili najbardziej wpływową grupę wśród ludów semickich i tak się złożyło, że żyjąc w świecie kształtowanym wtedy i organizowanym dla handlu, zajmowali w nim ważne strategicznie położenie geograficzne.

Sporo ważnych dróg, łączących starożytne narody, przebiegało przez Palestynę, która stała się tym samym miejscem spotkania, czy też skrzyżowaniem, trzech kontynentów. Podróżnicy, kupcy i wojska Babilonii, Asyrii, Egiptu, Syrii, Grecji, Partii i Rzymu kolejno ogarniały Palestynę. Od niepamiętnych czasów wiele dróg karawan, ciągnących ze Wschodu, przechodziło przez jakąś część tej krainy, idąc do kilku dobrych portów morskich położonych na wschodnich wybrzeżach Morza Śródziemnego, skąd statki przewoziły swe ładunki do całego nadmorskiego Zachodu. I ponad połowa tego ruchu karawan szła przez małe miasto w Galilei, Nazaret, albo przez jego okolice.

Chociaż Palestyna była ojczyzną żydowskiej kultury religijnej i miejscem narodzin chrześcijaństwa, Żydzi rozrzuceni byli szeroko po świecie; zamieszkiwali wiele państw i handlowali we wszystkich prowincjach państwa rzymskiego i partyjskiego.

Grecja dała język i kulturę, Rzym zbudował drogi i zjednoczył cesarstwo, ale to właśnie diaspora żydowska, z jej ponad dwustu synagogami i dobrze zorganizowanymi gminami religijnymi, rozsypanymi tu i ówdzie na obszarze świata rzymskiego, dostarczyła tych centrów kulturalnych, w których nowa ewangelia królestwa nieba została wstępnie przyjęta i z których następnie rozprzestrzeniała się na krańce świata.

Każda żydowska synagoga tolerowała margines nieżydowskich wierzących, „pobożnych" czy też „bojących się Boga" ludzi i pośród tego właśnie marginesu prozelitów Paweł znalazł większość swych pierwszych, nawróconych chrześcijan. Nawet Świątynia w Jerozolimie posiadała swój ozdobny Dziedziniec Pogan. Istniały bliskie związki kulturalne, handlowe i obrzędowe pomiędzy Jerozolimą i Antiochią. To w Antiochii uczniów Pawła po raz pierwszy zwano „chrześcijanami".

Centralizacja żydowskiego życia religijnego w Świątyni Jerozolimskiej stanowiła tak samo tajemnicę przetrwania jego monoteizmu, jak również gwarantowała ukształtowanie i rozesłanie na świat nowej i poszerzonej idei jednego Boga wszystkich narodów i Ojca wszystkich ludzi. Nabożeństwo w Świątyni Jerozolimskiej było wyrazem przetrwania religijnej koncepcji kulturowej, w obliczu degrengolady serii nieżydowskich zwierzchników narodowych i prześladowców rasowych.

Choć naród żydowski był w tym okresie pod panowaniem rzymskim, posiadał znaczny stopień samorządu a pamiętając wówczas świeżej daty bohaterskie czyny wyzwoleńcze Judy Machabeusza i jego bezpośrednich następców, w napięciu oczekiwał bliskiego pojawienia się jeszcze większego wybawiciela, długo wyczekiwanego Mesjasza.

Tajemnica przetrwania Palestyny, królestwa Żydów jako częściowo niezależnego państwa, zawarta była w polityce zagranicznej rządu rzymskiego, który pragnął utrzymać kontrolę nad palestyńskim traktem podróżnym pomiędzy Syrią a Egiptem, jak również nad zachodnimi stacjami karawan, które przeciągały między Wschodem a Zachodem. Rzym nie życzył sobie wzrostu żadnej potęgi na Bliskim Wschodzie, która mogłaby zahamować jego przyszłą ekspansję w tych rejonach. Polityka intryg, której celem było szczucie przeciw sobie seleukidzkiej Syrii i ptolemejskiego Egiptu, wymagała zachowania Palestyny jako odrębnego i niezależnego państwa. Polityka rzymska, degeneracja Egiptu i stopniowe słabnięcie Seleukidów, zanim jeszcze Partia urosła w potęgę, wyjaśnia jak się to stało, że przez kilka pokoleń mała i nieznacząca grupa Żydów zdolna była zachować swą niepodległość, wbrew zarówno Seleukidom na północy jak i Ptolemeuszom na południu. Tę przypadkową wolność i niezależność od władzy politycznej otaczających, potężniejszych narodów, Żydzi przypisywali temu, że są „narodem wybranym", czyli bezpośredniemu wstawiennictwu Jahwe. Taka postawa wyższości rasowej znacznie im utrudniała znoszenie panowania Rzymian, kiedy ci w końcu zawładnęli ich krajem. Ale nawet w tej smutnej godzinie, Żydzi nie zdołali się nauczyć, że ich światowa misja ma charakter duchowy a nie polityczny.

W czasach Jezusa Żydzi byli niezwykle lękliwi i podejrzliwi, ponieważ byli wtedy rządzeni przez człowieka z zewnątrz, Heroda Idumejczyka, który przejął władzę w Judei wkradając się obrotnie w łaski władców rzymskich. I chociaż Herod wyznawał wierność przestrzeganiu hebrajskich zasad obrzędowych, ciągle budował świątynie dla wielu obcych bogów.

Przyjazne stosunki Heroda z władcami rzymskimi sprawiły, że świat bezpieczny był dla podróżników żydowskich; tym samym otwierała się droga dla coraz intensywniejszego przenikania Żydów, z nową ewangelią królestwa nieba, nawet do odległych części Cesarstwa Rzymskiego, jak również do tych obcych narodów, z którymi zawarło ono porozumienie. Panowanie Heroda przyczyniło się również w znacznym stopniu do dalszego, wzajemnego mieszania się filozofii hebrajskich i hellenistycznych.

Herod zbudował port w Cezarei, który jeszcze bardziej umocnił Palestynę na jej pozycji skrzyżowania dróg cywilizowanego świata. Herod umarł w 4 roku p.n.e. a jego syn, Herod Antypas, rządził Galileą i Pereą do roku 39 n.e., w czasach młodości i działalności publicznej Jezusa. Antypas, podobnie jak jego ojciec, był wielkim budowniczym. Przebudował wiele miast Galilei, razem z ważnym centrum handlowym – Seforis.

Przywódcy religijni i rabiniczni nauczyciele z Jerozolimy nie traktowali zbyt przychylnie Galilejczyków. Gdy się Jezus urodził, Galilea była bardziej pogańska niż żydowska.

3. ŚWIAT INNOWIERCÓW

Chociaż sytuacja społeczna i ekonomiczna państwa rzymskiego pozostawiała wiele do życzenia, powszechny pokój wewnętrzny i dobra koniunktura sprzyjały obdarzeniu, dokonanemu przez Michała. W pierwszym wieku ery chrystusowej, społeczeństwo świata śródziemnomorskiego składało się z pięciu wyraźnie zarysowanych warstw:

1. *Arystokracja.* Klasy wyższe, posiadające pieniądze i sprawujące władzę, grupy uprzywilejowane i rządzące.

2. *Grupa interesu.* Książęta kupieccy i bankierzy, handlowcy – wielcy importerzy i eksporterzy – międzynarodowi kupcy.

3. *Nieliczna klasa średnia.* Aczkolwiek grupa ta była rzeczywiście nieliczna, posiadała znaczne wpływy i zapewniła kręgosłup moralny wczesnemu Kościołowi chrześcijańskiemu, który zachęcał tych ludzi do kontynuacji ich różnorodnych rzemiosł i zawodów. U Żydów wielu faryzeuszy należało do tej klasy rzemieślników.

4. *Wolny proletariat.* Grupa ta nie miała pozycji społecznej albo jej pozycja była znikoma. Ludzie ci, choć dumni ze swej wolności, postawieni byli w bardzo niekorzystnej sytuacji, gdyż zmuszeni byli konkurować z pracą niewolniczą. Klasy wyższe traktowały tych ludzi wzgardliwie, uważając, że byli bezużyteczni i nadawali się tylko „do rozmnażania".

5. *Niewolnicy.* Połowę populacji państwa rzymskiego stanowili niewolnicy; wielu z nich było jednostkami nieprzeciętnymi i ci prędko torowali sobie drogę awansu do wolnego proletariatu a nawet do rzemieślników. Większość tej klasy stanowili jednak ludzie przeciętni albo wyjątkowo pośledni.

Niewolnictwo, nawet ludzi nieprzeciętnych, było wynikiem rzymskich podbojów wojskowych. Władza pana nad niewolnikiem była nieograniczona. Wczesny Kościół chrześcijański składał się w znacznej części z klas niższych, jak również z takich właśnie niewolników.

Wyróżniający się niewolnicy otrzymywali często pobory a oszczędzając zarobki, mogli kupić sobie wolność. Wielu takich wyemancypowanych niewolników zdobyło wysokie pozycje w państwie, Kościele i w świecie interesu. To właśnie te możliwości sprawiały, że wczesny Kościół chrześcijański był bardzo tolerancyjny wobec tej, zmodyfikowanej formy niewolnictwa.

W pierwszym wieku ery chrystusowej nie było w Cesarstwie Rzymskim poważniejszych problemów społecznych. Większa część populacji uznawała się za przynależną do tej klasy, w której przyszło się jej urodzić. Zawsze istniały otwarte drzwi, przez które utalentowane i zdolne jednostki mogły przejść z niższej do wyższej warstwy społeczeństwa rzymskiego, ale ludzie byli najczęściej zadowoleni ze swojej pozycji społecznej. Nie było świadomości klasowej, jak również nie uważano różnic klasowych za niesprawiedliwe czy złe. Chrześcijaństwo nie było w żadnej mierze ruchem ekonomicznym, mającym na celu poprawę niedoli klas uciskanych.

Chociaż na obszarze Cesarstwa Rzymskiego kobieta cieszyła się większą wolnością niż w Palestynie, gdzie jej pozycja była zaniżona, poświęcenie dla rodziny i naturalne uczucia u Żydów znacznie przewyższały podobne wartości w świecie nieżydowskim.

4. FILOZOFIA INNOWIERCÓW

Z moralnego punktu widzenia nie-Żydzi byli w pewnym sensie gorsi od Żydów, jednak w sercach szlachetnych nie-Żydów istniała urodzajna gleba naturalnej dobroci i potencjalnej ludzkiej miłości, na której mogło zakiełkować nasienie chrześcijaństwa i wydać obfite żniwo w postaci charakteru moralnego i osiągnięć duchowych. W tamtym czasie świat nieżydowski zdominowany był przez cztery wielkie filozofie, wszystkie bardziej czy mniej wywodzące się z wcześniejszego platonizmu Greków. Do tych szkół filozofii zaliczały się:

1. *Epikurejska.* Ta szkoła myślenia poświęcona była pogoni za szczęściem. Wartościowi epikurejczycy nie oddawali się zbytkom zmysłowym. Doktryna ta pomogła przynajmniej uwolnić Rzymian od bardziej zabójczej formy fatalizmu; nauczała, że ludzie powinni coś robić dla polepszenia swej ziemskiej sytuacji. Zwalczała ona skutecznie ignoranckie przesądy.

2. *Stoicy.* Stoicyzm był zaawansowaną filozofią wyższych klas. Stoicy wierzyli, że panujący Rozum-Los dominuje nad całą naturą. Nauczali, że dusza człowieka jest boska, że uwięziona została w złym ciele materialnej natury. Dusza ludzka zyskuje wolność przez życie w harmonii z naturą, z Bogiem; zatem cnota staje się nagrodą samą w sobie. Stoicyzm wzniósł się do poziomu wysublimowanej moralności, do ideałów nigdy nie przewyższonych od tamtego czasu przez żaden czysto ludzki system filozofii. Chociaż stoicy twierdzili, że są „potomstwem Boga", nie udało im się go poznać, dlatego też nie udało im się go znaleźć. Stoicyzm pozostał filozofią; nigdy nie stał się religią. Jego wyznawcy próbowali nastroić swoje umysły do harmonii Wszechświatowego Rozumu, ale nie udało im się dostrzec siebie jako dzieci kochającego Ojca. Paweł skłaniał się mocno w kierunku stoicyzmu, kiedy pisał: „ja bowiem nauczyłem się wystarczać sobie w warunkach, w jakich jestem".

3. *Cynicy.* Aczkolwiek cynicy wywodzili swą filozofię od Diogenesa z Aten, większość swojej doktryny czerpali z pozostałości nauk Machiventy Melchizedeka. Cynizm niegdyś bardziej był religią niż filozofią. Cynicy przynajmniej zrobili swą religio-filozofię demokratyczną. Na placach i targowiskach wciąż głosili swą doktrynę, że „człowiek może zbawić siebie, jeśli zechce". Głosili prostotę i cnotę oraz mówili ludziom, aby napotykali śmierć bez strachu. Ci wędrowni cynicy-kaznodzieje zrobili też sporo dla przygotowania wygłodzonego duchowo społeczeństwa na przyjście późniejszych misjonarzy chrześcijańskich. Forma i styl, jakich używał Paweł w swoich listach, przypominały ludowe kazania cyników.

4. *Sceptycy.* Sceptycyzm dowodził, że wiedza jest złudna i że nie można osiągnąć przeświadczenia i pewności. Było to czysto negatywne nastawienie i nigdy się nie rozpowszechniło.

Były to filozofie na wpół religijne, częstokroć pokrzepiające, etyczne i uszlachetniające, ale były poza zasięgiem przeciętnych ludzi. Za wyjątkiem być może cynizmu, były to filozofie dla silnych i mądrych a nie religie zbawienia, nawet dla biednych i słabych.

5. RELIGIE INNOWIERCÓW

W poprzednich wiekach religia była zazwyczaj sprawą plemienia czy narodu nieczęsto bywała czymś, co dotyczyło jednostki. Bogowie byli plemienni albo narodowi, ale nie prywatni. Takie systemy religijne dawały znikome zadowolenie indywidualnym dążeniom duchowym przeciętnego człowieka.

W czasach Jezusa istniały na Zachodzie następujące religie:

1. *Kulty pogańskie.* Były to kombinacje mitologii helleńskich i romańskich, patriotyzmu i tradycji.

2. *Kult cesarza.* To ubóstwianie człowieka jako symbolu państwa bardzo mocno raziło Żydów i wczesnych chrześcijan i prowadziło wprost do ostrych prześladowań obu Kościołów przez władze rzymskie.

3. *Astrologia.* Ta babilońska pseudonauka rozwinęła się w religię na obszarze imperium grecko-rzymskiego. Nawet w dwudziestym wieku człowiek nie uwolnił się zupełnie od tego przesądnego wierzenia.

4. *Religie misteryjne.* Na taki duchowo wygłodzony świat wylał się potop tajemniczych kultów, nowych i dziwnych religii lewantyńskich, w których lubowali się prości ludzie, a które obiecywały im *osobiste* zbawienie. Religie te szybko stały się uznanymi wierzeniami klas niższych świata grecko-rzymskiego. I zrobiły one sporo, aby przygotować drogę do gwałtownego szerzenia się znacznie bardziej zaawansowanego nauczania chrześcijańskiego, prezentującego dostojną ideę Bóstwa w połączeniu z intrygującą teologią, niosącą inteligentną i przemożną propozycję zbawienia dla wszystkich, łącznie z niewykształconym, ale duchowo wygłodzonym przeciętnym człowiekiem tamtych czasów.

Religie misteryjne oznaczały koniec wierzeń narodowych i spowodowały powstanie wielu kultów osobistych. Misteriów było wiele, ale wszystkie odznaczały się następującymi cechami:

1. Były to pewne mityczne legendy, misteria – stąd ich nazwa. Stanowiło zasadę, że misterium nawiązywało do historii życia i śmierci oraz powrotu do życia jakiegoś boga, jak to obrazują nauki mitraizmu, które przez jakiś czas istniały równocześnie z rozwijającym się kultem chrześcijaństwa według Pawła i z nim współzawodniczyły.
2. Misteria nie miały charakteru narodowego i były dla wszystkich ras. Były osobiste i braterskie i dawały początek bractwom religijnym oraz licznych sekciarskim stowarzyszeniom.
3. W swych obrzędach charakteryzowały się one skomplikowanymi ceremoniami inicjacji i widowiskowymi sakramentami nabożeństwa. Ich tajne obrzędy i rytuały były czasami makabryczne i niesmaczne.
4. Niezależnie od rodzaju obrzędów czy stopnia ich ekstrawagancji, misteria te nieodmiennie przyrzekały czcicielom *zbawienie*, „wyzwolenie od zła, przeżycie śmierci i trwałe życie w szczęśliwych światach, poza tym światem smutku i zniewolenia".

Byłoby jednak błędem mylenie nauk Jezusa z misteriami. Popularność misteriów dowodzi istnienia ludzkiego dążenia do wiecznego życia, co tym samym obrazuje prawdziwy głód i pragnienie religii osobistej oraz indywidualnej prawości. Chociaż misteria właściwie nie zaspokajały tych pragnień, torowały one drogę późniejszemu pojawieniu się Jezusa, który prawdziwie przyniósł temu światu chleb i wodę życia.

Paweł, starając się wykorzystać fakt powszechnej przynależności ludzi do wyższych rodzajów religii misteryjnych, dokonał odpowiednich adaptacji nauk Jezusa, tak, aby się stały łatwiejsze do przyjęcia dla większej liczby ewentualnych neofitów. Ale nawet kompromis Pawła, dotyczący nauk Jezusa (chrześcijaństwo), był zaawansowany w stosunku do tego, co najlepsze w misteriach, ponieważ:

1. Paweł nauczał wybawienia moralnego, zbawienia etycznego. Chrześcijaństwo ukazywało nowy rodzaj życia i głosiło nowe ideały. Paweł odrzucił rytuały magiczne i czary obrzędowe.
2. Chrześcijaństwo dawało tę religię, która zmagała się z ostatecznymi rozwiązaniami ludzkich problemów, ponieważ niosło nie tylko wybawienie od smutku a nawet od śmierci, ale także przyrzekało wyzwolenie od grzechu na fundamencie prawego charakteru, odpowiedniego dla wiecznego życia.
3. Misteria tworzone były na mitach. Chrześcijaństwo, takie, jakie głosił Paweł, osadzone było na fakcie historycznym – obdarzeniu ludzkości Michałem, Synem Bożym.

Wśród nie-Żydów moralność niekoniecznie musiała być związana z filozofią czy religią. Poza Palestyną nie zawsze przychodziło ludziom na myśl, że kapłan religii powinien prowadzić moralne życie. Religia żydowska a potem nauki Jezusa, jak i rozwijające się później chrześcijaństwo Pawła, były pierwszymi religiami europejskimi, które kładły jedną rękę na moralności, drugą na etyce, nalegając przy tym, aby ludzie religijni poświęcali trochę uwagi obu.

W takim to pokoleniu ludzi, zdominowanych przez owe niekompletne systemy filozoficzne oraz skonfundowanych zawiłymi kultami religijnymi, urodził się w Palestynie Jezus. I temu właśnie pokoleniu dał potem swą ewangelię religii osobistej – synostwa z Bogiem.

6. RELIGIA HEBRAJSKA

Pod koniec ostatniego wieku przed przyjściem Chrystusa, myśl religijna Jerozolimy uległa w znacznym stopniu kulturalnym wpływom nauk Greków i została przez nie, jak również przez filozofię grecką, w pewnej mierze zmodyfikowana. Po długich debatach pomiędzy punktami widzenia wschodniej i zachodniej szkoły myśli hebrajskiej, Jerozolima oraz reszta Zachodu, jak i obszar lewantyński, generalnie przyjęły zachodnio-żydowski albo zmodyfikowany hellenistyczny punkt widzenia.

W czasach Jezusa dominowały w Palestynie trzy języki: zwykli ludzie mówili pewną odmianą dialektu aramejskiego, kapłani i rabini mówili po hebrajsku, klasy wykształcone oraz wyższa warstwa Żydów mówili zazwyczaj po grecku. Wczesny przekład hebrajskiego Pisma Świętego na grecki, dokonany w Aleksandrii, przyczynił się znacznie do późniejszej dominacji greckiego skrzydła kultury i teologii żydowskiej. I wkrótce w tym samym języku pojawiły się pisma nauczycieli chrześcijańskich. Renesans judaizmu datuje się od czasów powstania greckiego przekładu hebrajskiego Pisma Świętego. Był to ten istotny czynnik, który zadecydował później o przesunięciu chrześcijańskiego kultu Pawła ku Zachodowi, zamiast na Wschód.

Aczkolwiek zhellenizowane wierzenia żydowskie uległy niewielkim wpływom nauk epikurejczyków, zostały one w sposób istotny poddane oddziaływaniu filozofii Platona oraz stoickich doktryn samozaparcia. Wielka inwazja stoicyzmu uwidoczniona jest w Czwartej Księdze Machabejskiej; przenikanie zarówno filozofii platońskiej jak i doktryn stoickich ukazane jest w Mądrości Salomona. Zhellenizowani Żydzi wnieśli do hebrajskiego Pisma Świętego taką dozę interpretacji alegorycznych, że nie mieli trudności w pogodzeniu teologii hebrajskiej z uwielbianą przez nich filozofią Arystotelesa. Wszystko to jednak prowadziło do wielkiego zamieszania, aż do czasu, kiedy problemy te wziął w swe ręce Filon z Aleksandrii, który przystąpił do zharmonizowania i usystematyzowania filozofii greckiej i teologii hebrajskiej w zwięzły i całkiem spójny system wierzeń i praktyk religijnych. I to właśnie późniejsze nauczanie, połączonej filozofii greckiej i teologii hebrajskiej, które dominowało w Palestynie, gdzie żył i nauczał Jezus, spożytkował Paweł jako fundament, na którym budował swój bardziej zaawansowany i oświecony kult chrześcijański.

Filon był wspaniałym nauczycielem; od czasów Mojżesza nie było na świecie człowieka, który wywarłby tak głęboki wpływ na myśl etyczną i religijną świata Zachodu. Było siedmiu wybitnych nauczycieli, łączących doskonalsze składniki nauczania etycznego i religijnego, występujące w systemach pochodzących z tego samego okresu, a mianowicie: Sethard, Mojżesz, Zoroaster, Lao-tsy, Budda, Filon i Paweł.

Wiele sprzeczności, chociaż nie wszystkie, jakie powstały u Filona podczas jego próby połączenia mistycznej filozofii greckiej i rzymskiej doktryny stoików z zalegalizowaną teologią Hebrajczyków, rozpoznał Paweł i roztropnie usunął ze swej fundamentalnej, przedchrześcijańskiej teologii. Filon torował drogę Pawłowi dla dokładniejszego zrekonstruowania idei Rajskiej Trójcy, długo drzemiącej w teologii żydowskiej. W jednej tylko sprawie Paweł nie dotrzymał kroku Filonowi, względnie nie prześcignął nauk tego bogatego i wykształconego Żyda z Aleksandrii, a dotyczyło to doktryny odkupienia; Filon nauczał, że należy uwolnić się od doktryny przebaczenia wyłącznie przez przelanie krwi. Być może dostrzegł on również w przelocie, przejrzyściej niż Paweł, rzeczywistość i obecność Dostrajaczy Myśli. Poza tym teoria grzechu pierworodnego Pawła, doktryna winy dziedzicznej, wrodzonego zła i jego odkupienia, miały częściowo mitraickie pochodzenie, niewiele mając wspólnego z teologią hebrajską, filozofią Filona czy naukami Jezusa. Niektóre elementy nauczania Pawła, odnośnie grzechu pierworodnego i odkupienia, pochodzą od niego samego.

Ewangelia Jana, ostatnia opowieść o ziemskim życiu Jezusa, adresowana była do ludzi Zachodu i przedstawia swą historię podkreślając raczej punkt widzenia późniejszych chrześcijan aleksandryjskich, którzy byli także uczniami Filona.

Mniej więcej w czasach Chrystusa nastąpiła dziwna awersja w stosunku do Żydów w Aleksandrii i z tej byłej twierdzy żydostwa rozeszła się fala zjadliwych prześladowań, która dotarła nawet do Rzymu, skąd wygnano wiele tysięcy. Jednak ta akcja przekręcania faktów trwała dość krótko; bardzo szybko rząd cesarski przywrócił Żydom pełnię swobód, ograniczonych uprzednio na terenie imperium.

Na całym szerokim świecie, niezależnie od tego, gdzie się Żydzi znaleźli, rozproszeni przez handel czy ucisk, wszyscy zgodnie koncentrowali swoje uczucia na świętej

Świątyni w Jerozolimie. Teologia żydowska przetrwała tak, jak była interpretowana i praktykowana w Jerozolimie, pomimo tego, że wiele razy ocalała od zapomnienia tylko dzięki zabiegom, poczynionym w odpowiednim czasie, przez pewnych nauczycieli babilońskich.

Aż dwa i pół miliona tych rozproszonych Żydów przybywało do Jerozolimy na obchody swych narodowych świąt religijnych. I nie miały wtedy znaczenia różnice teologiczne czy filozoficzne wschodnich (babilońskich) i zachodnich (helleńskich) Żydów, wszyscy zgadzali się na Jerozolimę jako na centrum swego nabożeństwa, wciąż wyglądając nadejścia Mesjasza.

7. ŻYDZI I INNOWIERCY

Do czasów Jezusa Żydzi ostatecznie ustalili poglądy dotyczące swego pochodzenia, historii i przeznaczenia. Zbudowali sztywną ścianę oddzielającą ich od świata nieżydowskiego; wszystkie nieżydowskie zwyczaje traktowali z głęboką pogardą. Czcili literę Prawa i ulegali pewnej formie obłudy, opartej na fałszywej dumie wynikającej z pochodzenia. Ukształtowali tendencyjne poglądy dotyczące obiecanego Mesjasza a większość tych oczekiwań stanowiła wyobrażenia Mesjasza przychodzącego jako część ich narodowej i rasowej historii. Dla Hebrajczyków z tamtych dni teologia żydowska została nieodwołalnie unormowana, utrwalona na zawsze.

Nauki i zwyczaje Jezusa, dotyczące tolerancji i życzliwości, przeciwstawiały się długotrwałemu nastawieniu Żydów do innych ludzi, których uważali za pogan. Przez całe pokolenia Żydzi przejawiali w stosunku do świata zewnętrznego postawę, która uniemożliwiała im przyjęcie nauk Mistrza o duchowym braterstwie człowieka. Nie chcieli dzielić Jahwe na równych prawach z nie-Żydami i nie byli też skłonni zaakceptować jako Syna Bożego kogoś, kto nauczał takich nowych i dziwacznych doktryn.

Uczeni w Piśmie, faryzeusze i kapłaństwo trzymali Żydów w straszliwej niewoli rytualizmu i legalizmu, zniewolenia znacznie bardziej realnego niż to, które niosła polityczna władza Rzymu. W czasach Jezusa Żydów nie tylko trzymano w jarzmie *Prawa,* ale również ograniczano niewolniczymi wymaganiami *tradycji*, która obejmowała i wkraczała w każdą dziedzinę życia osobistego i społecznego. Te drobiazgowe reguły postępowania prześladowały każdego lojalnego Żyda i rządziły nim, zatem nic dziwnego, że odrzucali oni natychmiast każdego spośród nich, kto domniemanie ignorował ich święte tradycje i kto ośmielił się lekceważyć ich długo szanowane zasady postępowania społecznego. Praktycznie nie mogli traktować przychylnie nauk tego, kto się nie wahał wejść w kolizję z dogmatami, które uznawali za rozporządzenia samego Ojca Abrahama. Mojżesz dał im ich Prawo i nie chcieli iść na żaden kompromis.

Do pierwszego wieku ery chrystusowej, słowna interpretacja Prawa, głoszona przez uznanych nauczycieli, uczonych w Piśmie, stała się wyższym autorytetem niż samo Prawo pisane. I wszystko to ułatwiało pewnym żydowskim przywódcom religijnym takie ukierunkowywanie ludzi, aby sprzeciwiali się przyjęciu nowej ewangelii.

Takie okoliczności uniemożliwiły Żydom wypełnienie ich boskiego przeznaczenia *jako głosicieli nowej* ewangelii religijnej swobody i duchowej wolności. Nie mogli przełamać kajdan tradycji. Jeremiasz mówił o „prawie wypisanym na ich sercach", Ezechiel opowiadał o „nowym duchu dla życia w duszy ludzkiej", a Psalmista modlił się, aby Bóg mógł „uczynić serce czystym wewnątrz i odnowić dobrego ducha". Jednak, kiedy żydowska religia dobrych uczynków i niewoli Prawa padła ofiarą stagnacji tradycjonalistycznego bezwładu, nurt ewolucji religijnej przesunął się na zachód, do narodów europejskich.

I tak inne narody zostały powołane do niesienia światu zaawansowanej teologii, systemu nauczania obejmującego filozofię Greków, prawo Rzymian, moralność Hebrajczyków oraz ewangelię świętości osobowości i wolności duchowej, sformułowaną przez Pawła a opartą na naukach Jezusa.

Chrześcijański kult Pawła eksponował swą moralność jako znamię żydowskie. Żydzi rozumieli historię jako opatrzność Bożą – Jahwe w działaniu. Grecy wnieśli do nowej nauki klarowniejsze idee życia wiecznego. Doktryny Pawła uległy wpływom nie tylko nauk Jezusa, w swej teologii i filozofii, ale także Platona i Filona. W etyce, Pawła inspirował nie tylko Chrystus, ale również stoicy.

Ewangelia Jezusa, tak jak została włączona w chrześcijański kult Pawła powstały w Antiochii, stała się mieszaniną następujących nauk:

1. Filozoficznego rozumowania greckich neofitów judaizmu, razem z niektórymi ich ideami życia wiecznego.
2. Nauk błagalnych wpływowych kultów misteryjnych, zwłaszcza mitraickich doktryn odkupienia, pokuty i zbawienia dzięki ofierze dokonywanej przez jakiegoś boga.
3. Solidnej moralności ugruntowanej religii żydowskiej.

W czasach Jezusa, wszystkie narody Cesarstwa Rzymskiego mieszkające nad Morzem Śródziemnym, Królestwo Partyjskie i narody sąsiednie, posiadały niedojrzałe i prymitywne idee w sprawach geografii świata, astronomii, zdrowia oraz chorób; i oczywiście były zdumione nowymi i zaskakującymi oświadczeniami cieśli z Nazaretu. Idee opanowania przez ducha, dobrego i złego, odnosiły się nie tylko do istot ludzkich, ale jak wielu sądziło, również każdy kamień i drzewo opanowane były przez ducha. Był to zaczarowany wiek i każdy wierzył w cuda jako zwyczajne zdarzenia.

8. POPRZEDNIE ZAPISY

Tak dalece, jak to możliwe w ramach naszego powiernictwa, chcieliśmy wykorzystać i do pewnego stopnia skoordynować istniejące już zapisy, mające do czynienia z życiem Jezusa na Urantii. Chociaż mieliśmy dostęp do zaginionych zapisów Apostoła Andrzeja i korzystaliśmy z pomocy szerokiej rzeszy istot niebiańskich, przebywających na Ziemi podczas obdarzenia dokonanego przez Michała (zwłaszcza jego Uosobionego obecnie Dostrajacza), zamierzamy również zrobić użytek z tak zwanych Ewangelii – Mateusza, Marka, Łukasza i Jana.

Te zapisy Nowego Testamentu powstały w następujących okolicznościach:

1. *Ewangelia według Marka.* Jan Marek napisał najwcześniejszą (z wyjątkiem notatek Andrzeja), lakoniczną i najprostszą historię życia Jezusa. Przedstawiał on Mistrza jako duszpasterza, jako człowieka pośród ludzi. Chociaż Marek był chłopakiem, który kręcił się w wielu opisywanych przez siebie miejscach, jego zapis w rzeczywistości jest Ewangelią według Szymona Piotra. Z początku Marek był związany z Piotrem, potem z Pawłem. Marek spisał te wspomnienia za namową Piotra i na skutek gorącej prośby

Kościoła w Rzymie. Wiedząc, jak konsekwentnie Mistrz nie chciał zapisywać swoich nauk podczas pobytu na Ziemi w ciele, Marek, podobnie jak apostołowie i inni czołowi uczniowie, miał opory przed ich zapisaniem. Jednak Piotr odniósł wrażenie, że Kościół w Rzymie potrzebuje wsparcia taką pisaną opowieścią i Marek przystał na jej sporządzenie. Poczynił on wiele notatek przed śmiercią Piotra, w 67 n.e. i zgodnie ze szkicem zatwierdzonym przez Piotra oraz według potrzeb Kościoła w Rzymie, rozpoczął swój opis wkrótce po śmierci Piotra. Ewangelia ta została skończona pod koniec roku 68 n.e. Marek pisał wyłącznie na podstawie tego, co zapamiętał oraz tego, co zapamiętał Piotr. Od tamtego czasu zapis ten został znacznie zmieniony, liczne urywki zostały usunięte a pewna późniejsza treść dodana, żeby zastąpić ostatnią jedną piątą pierwotnej Ewangelii, która zginęła z pierwszego rękopisu, zanim jeszcze został skopiowany. Zapis Marka, wraz z notatkami Andrzeja i Mateusza, był jedyną pisaną podstawą wszystkich późniejszych opisów ewangelicznych, które usiłowały przedstawić życie i nauki Jezusa.

2. *Ewangelia Mateusza.* Tak zwana Ewangelia według Mateusza jest opisem życia Mistrza, napisanym w celu podbudowania chrześcijan żydowskiego pochodzenia. Autor tego zapisu wciąż usiłuje wykazać, że większość tego, co Jezus robił w swym życiu, zdarzyła się po to, „aby mogło się spełnić to, co mówił prorok". Ewangelia Mateusza ukazuje Jezusa jako syna Dawida i mówi jak wielki ma on szacunek dla Prawa i Proroków.

Apostoł Mateusz nie pisał tej Ewangelii. Napisał ją Izydor, jeden z jego uczniów, który w swej pracy korzystał nie tylko z osobistych wspomnień Mateusza o tych zdarzeniach, ale także z pewnego zapisu wypowiedzi Jezusa, jaki Mateusz zrobił zaraz po ukrzyżowaniu. Mateusz zrobił zapis po aramejsku, Izydor pisał po grecku. Przypisanie tego dzieła Mateuszowi nie wynikało z chęci oszustwa, jako że było zwyczajem uczniów w tamtych dniach takie właśnie honorowanie swych nauczycieli.

Pierwotny zapis Mateusza został zredagowany i uzupełniony w roku 40 n.e., tuż zanim Mateusz wyruszył z Jerozolimy, aby zacząć głoszenie Ewangelii. Były to prywatne notatki, ich ostatnia kopia została zniszczona podczas pożaru klasztoru syryjskiego, w roku 416 n.e.

Izydor uciekł z Jerozolimy w roku 70 n.e., gdy miasto otoczyły wojska Tytusa, zabierając z sobą do Pelli kopię notatek Mateusza. W roku 71, gdy Izydor mieszkał w Pelli, pisał Ewangelię według Mateusza. Miał on również ze sobą początkowe cztery piąte relacji Marka.

3. *Ewangelia według Łukasza.* Łukasz, lekarz z Antiochii w Pizydii, był nieżydowskim neofitą Pawła i pisał raczej odmienną historię życia Mistrza. Został uczniem Pawła i zaczął poznawać życie i nauki Jezusa w roku 47 n.e. W swym zapisie Łukasz zachował wiele ze „świetności Pana Jezusa Chrystusa", zbierając fakty od Pawła i innych. Łukasz przedstawia Mistrza jako „przyjaciela celników i grzeszników". Nie pisał on wielu swych notatek w formie Ewangelii, zrobił to dopiero po śmierci Pawła. Łukasz pisał w roku 82, w Achai. Planował napisać trzy książki, omawiające historię Chrystusa i chrześcijaństwa, ale zmarł w roku 90 n.e., zanim skończył drugą z tych prac – *„Dzieje Apostolskie"*.

Łukasz, gdy gromadził materiał do swojej Ewangelii, z początku polegał na historii życia Jezusa, tak jak mu ją Paweł opowiedział. Zatem Ewangelia Łukasza jest w pewnym stopniu Ewangelią według Pawła. Łukasz miał również inne źródła informacji. Nie tylko przeprowadzał wywiady z dziesiątkami naocznych świadków licznych epizodów życia Jezusa, które zapisywał, ale miał także ze sobą kopię Ewangelii Marka, znaczy jej pierwsze cztery piąte, narrację Izydora oraz skrócony zapis, zrobiony w roku 78 n.e., w Antiochii, przez wyznawcę o imieniu Cedes. Łukasz miał też zniszczoną i mocno redagowaną kopię pewnych notatek, rzekomo robionych przez Apostoła Andrzeja.

4. *Ewangelia Jana.* Ewangelia według Jana nawiązuje przeważnie do działalności Jezusa w Judei oraz w okolicach Jerozolimy, co nie jest ujęte w innych zapisach. Jest to tak zwana Ewangelia według Jana, syna Zebedeusza i chociaż Jan jej nie pisał, był jej inspiratorem. Od czasu, gdy pierwszy raz ją zapisano, była redagowana wielokrotnie, tak, aby wyglądało, że to Jan napisał ją osobiście. Kiedy sporządzano ten zapis, Jan miał również inne Ewangelie i widział, że wiele zostało w nich pominięte, zatem w roku 101 n.e. namówił swego towarzysza Natana, greckiego Żyda z Cezarei, aby rozpoczął pisanie. Materiału dostarczył Jan z pamięci, opierał się również na trzech istniejących już zapisach. Nie miał swych własnych notatek. Epistoła znana jako „Pierwszy list św. Jana" napisana została osobiście przez Jana, jako list przewodni do dzieła, które Natan napisał pod jego kierunkiem.

Wszyscy piszący przestawili rzetelny obraz Jezusa, tak jak go widzieli, pamiętali czy jak się o nim dowiedzieli i tak jak ich idea tych odległych wydarzeń została później wypaczona na skutek popierania teologii chrześcijańskiej Pawła. Przy wszystkich swoich brakach, zapisy te okazały się wystarczające, aby zmienić kierunek historii Urantii na prawie dwa tysiące lat.

[*Objaśnienie*: Wykonując moje zadanie, odtworzenia nauk i zrelacjonowania na nowo czynów Jezusa z Nazaretu, czerpałem swobodnie ze wszystkich źródeł pisanych oraz z informacji planetarnej. Moim motywem przewodnim było przygotowanie zapisu, który oświecać będzie nie tylko pokolenie ludzi obecnie żyjących, ale który mógłby być także przydatny dla wszystkich przyszłych pokoleń. Z rozległych zasobów udostępnionej mi informacji wybrałem tą, która się do tego celu najlepiej nadaje. Tak dalece, jak to możliwe, czerpałem informacje z czysto ludzkich źródeł. Gdy takie źródła zawodziły, zwracałem się do zapisów nadludzkich. Gdy idee i koncepcje życia i nauk Jezusa były zadowalająco wyrażone przez ludzki umysł, zawsze dawałem pierwszeństwo takim, najwyraźniej ludzkim formom myślenia. Chociaż próbowałem dostosować wyrażenia słowne, aby lepiej pasowały do naszych idei rzeczywistego znaczenia oraz prawdziwej treści życia i nauk Mistrza, tym niemniej, tak dalece jak to było możliwe, obstawałem we wszystkich moich opowieściach przy prawdziwie ludzkiej koncepcji i formie myślenia. Dobrze wiem, że idee, które powstały w ludzkim umyśle, okażą się łatwiejsze do przyjęcia i będą bardziej użyteczne dla wszystkich innych umysłów ludzkich. Kiedy nie mogłem znaleźć odpowiednich pojęć w zapisach ludzkich czy w wyrażeniach ludzkich, zwracałem się w kolejności do źródeł pamięci mojej własnej klasy istot ziemskich – pośrednich. A kiedy te, wtórne źródła informacji okazywały się nieodpowiednie, zwracałem się bez wahania do źródeł informacji pozaplanetarnej.

Notatki, które zebrałem i na podstawie których zestawiłem tę opowieść o życiu i naukach Jezusa – oprócz wspomnianego zapisu Apostoła Andrzeja – zawierają klejnoty myśli i wyższe idee zawarte w naukach Jezusa, zebrane od ponad dwóch tysięcy istot ludzkich, które żyły na Ziemi od czasów Jezusa aż do momentu redagowania tych objawień, dokładniej odtworzeń. Korzystałem z zezwolenia na objawienie dopiero wtedy, kiedy ludzki zapis i ludzkie idee nie mogły dać odpowiedniego wzorca myślowego. Moje pełnomocnictwo objawieniowe pozwalało mi zwracać się do nadludzkich źródeł, zarówno informacji jak i sposobów jej wyrażania, dopiero wtedy, kiedy mogłem uzasadnić, że podczas moich poszukiwań nie znalazłem potrzebnego wyrażenia konceptualnego w czysto ludzkich źródłach.

Przedstawiałem tę narrację zgodnie z moimi ideami jej właściwego zestawienia i odpowiednio z moim doborem najwierniejszego słownictwa, przy współpracy jedenastu towarzyszących mi kolegów pośrednich, pod nadzorem Melchizedeka rejestratora. Tym niemniej większość idei a nawet niektóre wartościowe wyrażenia, których użyłem, mają swe źródło w umysłach ludzi wielu ras, którzy żyli w międzyczasie na Ziemi w przeszłych pokoleniach, aż do tych, którzy wciąż żyją w czasie wykonywania tego zadania. Pod wieloma względami służę raczej jako osoba gromadząca i redagująca, niż jako autentyczny narrator. Bez wahania spożytkowałem te, raczej ludzkie idee i koncepcje, które dały mi możliwość stworzenia najbardziej realistycznego obrazu życia Jezusa i które umożliwiły mi odtworzenie jego niezrównanej nauki w najbardziej użytecznej i generalnie podbudowującej frazeologii. W imieniu Bractwa Zjednoczonych Pośrednich Urantii, z najwyższym zadowoleniem wyrażam nasze podziękowanie wszystkim źródłom zapisu i idei, spożytkowanym w kolejnych opracowaniach naszego ponownego przedstawienia życia Jezusa na Ziemi].

PRZEKAZ 122

NARODZINY I LATA NIEMOWLĘCE JEZUSA

RACZEJ trudno będzie wyjaśnić dokładnie rozmaite powody, jakie się złożyły na wybór Palestyny jako tego kraju, gdzie Michał miał dokonać swego obdarzenia a zwłaszcza, dlaczego właśnie rodzina Józefa i Marii została wybrana jako to otoczenie, w którym Syn Boży miał się pojawić na Urantii.

Po zapoznaniu się z raportem specjalnym o sytuacji światów oddzielonych, przygotowanym przez Melchizedeków, Michał, w porozumieniu z Gabrielem, wybrał w końcu Urantię jako tę planetę, na której miał dokonać swego końcowego obdarzenia. W wyniku tej decyzji Gabriel osobiście odwiedził Urantię a w rezultacie swych badań grup ludzkich oraz przeglądu duchowych, intelektualnych, rasowych i geograficznych aspektów świata oraz jego ludności, postanowił, że Hebrajczycy posiadają względne zalety, uzasadniające ich wybór jako narodu, w którym nastąpić ma obdarzenie. Kiedy Michał zaaprobował tę decyzję, Gabriel powołał oraz wysłał na Urantię dwunastoosobową Komisję Rodzinną – wybraną spośród wyższych klas osobowości wszechświatowych – której powierzono zadanie przebadania życia rodzinnego Żydów. Kiedy komisja zakończyła swoje prace, Gabriel przebywał na Urantii i otrzymał jej raport typujący trzy obiecujące związki, w opinii komisji jednakowo pasujące na rodziny, w których miałoby się dokonać obdarzenie, planowane wcielenie Michała.

Spośród trzech mianowanych par, Gabriel sam wybrał Józefa i Marię a później ukazał się osobiście Marii, kiedy to przekazał jej radosne wieści, że została wybrana na ziemską matkę dziecka obdarzenia.

1. JÓZEF I MARIA

Józef, ludzki ojciec Jezusa (Jeszuy ben Józefa) był Żydem z Żydów, aczkolwiek miał wiele nieżydowskich domieszek rasowych, dodawanych do jego drzewa rodowego od czasu do czasu przez żeńskie linie przodków. Ród ojca Jezusa sięgał czasów Abrahama a poprzez tego czcigodnego patriarchę do wcześniejszych linii dziedzictwa, prowadząc aż do Sumerów i Nodytów, i dalej, przez południowe plemiona pradawnego człowieka niebieskiego, do Andona i Fonty. Dawid i Salomon nie byli przodkami Józefa w linii prostej, ani też ród Józefa nie sięgał wstecz do Adama. Bezpośrednimi przodkami Józefa byli rzemieślnicy – budowniczowie, cieśle, kamieniarze i kowale. Sam Józef był cieślą a później przedsiębiorcą budowlanym. Jego rodzina należała do starej i znakomitej linii szlachetnych, zwykłych ludzi, którą cechowało pojawianie się co jakiś czas niezwykłych jednostek, wyróżniających się w związku z ewolucją religii na Urantii.

Maria, ziemska matka Jezusa, wywodziła się z długiej linii niezwykłych przodków, obejmującej wiele najznakomitszych kobiet w rasowej historii Urantii. Chociaż Maria była przeciętną kobietą, jak dla swego czasu i pokolenia, obdarzoną dość normalnym temperamentem, zaliczała do grona swych przodków takie słynne kobiety jak Annon, Tamarę, Ruth, Bathshebę, Ansie, Cloę, Ewę, Entę i Rattę. Żadna żydowska kobieta w tamtych czasach nie miała znakomitszych przodków, ani też ród żadnej nie sięgał wstecz do bardziej obiecujących początków. Ród Marii, podobnie jak Józefa, charakteryzował się zasadniczo silnymi, ale przeciętnymi ludźmi, urozmaicony tak teraz jak i dawniej licznymi jednostkami, wyróżniającymi się w rozwoju cywilizacji i progresywnej ewolucji religii. Z rasowego punktu widzenia trudno jest właściwie uważać Marię za Żydówkę. W swej kulturze i wierze była Żydówką, ale w cechach dziedzicznych była raczej mieszanką krwi syryjskiej, hetyckiej, fenickiej, greckiej i egipskiej – jej dziedzictwo rasowe było znacznie szersze niż Józefa.

Spośród wszystkich par, żyjących w Palestynie, mniej więcej w czasie obdarzenia planowanego przez Michała, Józef i Maria posiadali najdoskonalszą kombinację szerokich powiązań rasowych oraz pierwszorzędne cechy osobowości przeciętnej klasy. Michał planował pojawić się na Ziemi jako człowiek *przeciętny*, aby zwykli ludzie mogli go zrozumieć i zaakceptować; dlatego też Gabriel wybrał takie właśnie osoby jak Józef i Maria, aby zostali obdarzeniowymi rodzicami.

2. GABRIEL UKAZUJE SIĘ ELŻBIECIE

Dzieło życiowe Jezusa na Urantii w rzeczywistości zaczęte zostało przez Jana Chrzciciela. Zachariasz, ojciec Jana, należał do żydowskiego kapłaństwa, podczas gdy jego matka, Elżbieta, była członkinią lepiej prosperującej gałęzi tej samej dużej grupy rodzinnej, do której należała też Maria, matka Jezusa. Zachariasz i Elżbieta wciąż pozostawali bezdzietni, choć wiele lat byli małżeństwem.

Pod koniec czerwca, roku 8 p.n.e., pewnego dnia w południe, mniej więcej trzy miesiące po ślubie Józefa i Marii, Gabriel ukazał się Elżbiecie, podobnie jak później objawił się Marii. Gabriel powiedział:

„Kiedy twój mąż, Zachariasz, stoi przed ołtarzem w Jerozolimie i gdy zebrani tam ludzie modlą się o przyjście wybawiciela, ja, Gabriel, przybyłem obwieścić, że wkrótce urodzisz syna, który będzie zwiastunem tego boskiego nauczyciela i powinnaś zwać swego syna Janem. On będzie dorastał, oddany Panu Bogu twojemu a gdy dojdzie do pełnoletności, będzie radował twoje serce, gdyż zwróci wiele dusz do Boga i będzie także obwieszczał przyjście uzdrowiciela dusz twojego narodu i duchowego wybawiciela całej ludzkości. Krewna twoja, Maria, będzie matką tego obiecanego dziecka i jej także się ukażę".

Objawienie to bardzo przestraszyło Elżbietę. Gdy Gabriel zniknął, ona wciąż wracała pamięcią do tego przeżycia, długo rozważając słowa majestatycznego gościa, ale nie mówiła o tym ukazaniu się nikomu, za wyjątkiem swego męża, aż spotkała się z Marią w początkach lutego następnego roku.

Tym niemniej, przez pięć miesięcy Elżbieta nie zdradziła swej tajemnicy nawet mężowi. Zachariasz był bardzo sceptyczny, gdy się dowiedział o wizycie Gabriela i tygodniami wątpił w całe to zdarzenie i uwierzył, choć bez przekonania w wizytę Gabriela u swojej żony, gdy nie mógł już dłużej mieć wątpliwości, że spodziewa się ona dziecka. Zachariasza bardzo dziwiło spodziewane macierzyństwo Elżbiety, ale mimo swego podeszłego wieku nie wątpił w uczciwość żony. Dopiero sześć tygodni przed narodzeniem

Jana, na skutek snu, który wywarł na nim wielkie wrażenie, Zachariasz został w pełni przekonany, że Elżbieta ma zostać matką syna przeznaczenia, tego, który będzie przygotowywał drogę przyszłemu Mesjaszowi.

Gabriel zjawił się u Marii mniej więcej w połowie listopada, roku 8 p.n.e., gdy zajęta była obowiązkami domowymi w Nazarecie. Później, gdy Maria wiedziała już na pewno, że będzie matką, namówiła Józefa, żeby pozwolił jej na podróż do miasta Judy, położonego na wzgórzach ponad sześć kilometrów na zachód od Jerozolimy, żeby się spotkać z Elżbietą. Gabriel poinformował każdą z tych przyszłych matek o swoim pojawieniu się u drugiej. Było więc naturalne, że bardzo chciały się spotkać, porównać swe doświadczenia i porozmawiać na temat przypuszczalnej przyszłości swych synów. Trzy tygodnie spędziła Maria u swojej dalekiej kuzynki. Elżbieta zrobiła sporo, żeby umocnić wiarę Marii w objawienie Gabriela, więc Maria wróciła do domu lepiej przygotowana na to, że zostanie matką dziecka przeznaczenia, które już wkrótce miała zaprezentować światu jako bezradnego noworodka, przeciętne i normalne niemowlę tej domeny.

Jan urodził się w mieście Judei, 25 marca, roku 7 p.n.e. Zachariasz i Elżbieta bardzo się cieszyli, kiedy zdali sobie sprawę z tego, że urodził się im syn tak jak Gabriel obiecał a kiedy ósmego dnia poszli z dzieckiem do obrzezania, formalnie nazwali go Janem, jak im wcześniej nakazano. Przedtem jeszcze poszedł do Nazaretu siostrzeniec Zachariasza, niosąc wiadomość od Elżbiety dla Marii, że syn się jej narodził, oraz że będzie miał na imię Jan.

Od wczesnego dzieciństwa rodzice Jana ostrożnie oswajali go z ideą, że ma dorastać na duchowego przywódcę i nauczyciela religijnego. I gleba serca Jana zawsze była wrażliwa na posiew tych sugestywnych ziaren. Znajdowano go często w Świątyni, podczas nabożeństw prowadzonych przez jego ojca i gdy jeszcze był dzieckiem pozostawał pod ogromnym wrażeniem ważności wszystkiego tego, co tam zobaczył.

3. ZWIASTOWANIE GABRIELA DLA MARII

Pewnego wieczoru, przed zachodem, zanim Józef wrócił do domu, Gabriel ukazał się Marii obok niskiego stołu kamiennego i po tym, jak odzyskała zimną krew, powiedział: „Przybywam z nakazu tego, który jest moim Panem i którego powinnaś kochać i dbać o niego. Przynoszę ci, Mario, radosne wieści, gdy ci obwieszczam, że poczęcie w tobie zarządzone jest przez niebo i w odpowiednim czasie zostaniesz matką syna; powinnaś zwać go Jeszua i zapoczątkuje on królestwo nieba na Ziemi i pośród ludzi. Nie mów o tym nikomu, za wyjątkiem Józefa i Elżbiety, twojej krewnej, której także się ukazałem i która też wkrótce narodzi syna o imieniu Jan, a będzie on szykował drogę tej wieści zbawienia, jaką twój syn będzie głosił ludziom z wielką mocą i głębokim przeświadczeniem. I nie wątp Mario w moje słowa, ponieważ dom ten został wybrany na ziemskie miejsce pobytu dziecka przeznaczenia. Wspiera cię moje błogosławieństwo, moc Najwyższych cię wzmocni, a Pan całej ziemi będzie cię osłaniał".

Przez wiele tygodni Maria rozważała tę wizytę skrycie w swym sercu a gdy wiedziała już z pewnością, że jest brzemienna, ośmieliła się wyjawić to niezwykłe zdarzenie mężowi. Gdy Józef usłyszał o tym wszystkim, bardzo się zmartwił i nie mógł spać wiele nocy, choć w pełni ufał Marii. Z początku Józef wątpił w wizytę Gabriela. Później, gdy już się prawie przekonał, że Maria naprawdę słyszała głos i widziała kształt boskiego posłańca, bił się z myślami, kiedy rozważał, jak takie rzeczy mogą mieć miejsce. Jak może potomek ludzkiej istoty być dzieckiem boskiego przeznaczenia? W żaden sposób Józef nie mógł pogodzić tych tak sprzecznych idei, aż po wielu tygodniach rozważań, obydwoje, on i Maria doszli do wniosku, że zostali wybrani, aby zostali rodzicami Mesjasza, choć raczej nie było to zgodne z żydowskim rozumowaniem, że spodziewany wybawiciel ma mieć boską naturę. Gdy doszli do tak ważnego wniosku, Maria nalegała, żeby iść i odwiedzić Elżbietę.

Po powrocie Maria odwiedziła swych rodziców, Joachima i Annę. Dwu jej braci i dwie siostry, podobnie jak jej rodzice, zawsze pozostawali bardzo sceptyczni odnośnie boskiej misji Jezusa, aczkolwiek nic wtedy oczywiście nie wiedzieli o wizycie Gabriela. Jednak Maria zwierzyła się swej siostrze Salome, że uważa, iż jej syn ma zostać wielkim nauczycielem.

Zwiastowanie Gabriela dla Marii miało miejsce następnego dnia po poczęciu Jezusa i to było jedyne nadnaturalne zdarzenie, związane z całym donoszeniem i urodzeniem obiecanego dziecka.

4. SEN JÓZEFA

Józef nie pogodził się z ideą, że Maria zostanie matką niezwykłego dziecka, aż do momentu, kiedy miał sen, który wywarł na nim bardzo głębokie wrażenie. We śnie ukazał mu się jaśniejący posłaniec niebiański, który oświadczył między innymi: „Józefie, zjawiam się z polecenia Tego, który teraz rządzi na wysokościach i mam cię pouczyć w sprawie syna, którego urodzi Maria, a który stanie się wielką światłością dla świata. W nim będzie życie a życie jego stanie się światłem dla ludzkości. Przyjdzie on najpierw do swego ludu, ale oni go prawie nie przyjmą; jednak tym, którzy go przyjmą, objawi, że są dziećmi Boga". Po tym zdarzeniu, nigdy już Józef nie poddawał w wątpliwość wizyty Gabriela u Marii i obietnicy, że nienarodzone jeszcze dziecko stanie się boskim posłańcem dla świata.

We wszystkich tych nawiedzeniach nic nie było mówione o domu Dawida. Nigdy nie dawano do zrozumienia, że Jezus ma zostać „wybawicielem Żydów", czy nawet, że ma być długo wyczekiwanym Mesjaszem. Jezus nie był takim Mesjaszem, jakiego się Żydzi spodziewali, ale był *wybawicielem świata*. Jego misja była dla wszystkich ras i narodów, nie dla pewnej, pojedynczej grupy ludzi.

Ród Józefa nie pochodził od króla Dawida. Więcej przodków Dawidowych miała Maria niż Józef. Prawdą jest, że Józef szedł do miasta Dawida, Betlejem, zarejestrować się w rzymskim spisie ludności, ale stało się tak dlatego, że sześć pokoleń wcześniej, przodek Józefa po linii ojca w tamtym pokoleniu, będąc sierotą, został adoptowany przez pewnego Sadoka, który z kolei był potomkiem Dawida w linii prostej; odtąd Józef został także zaliczony do „domu Dawida".

Większość tak zwanych mesjanistycznych proroctw Starego Testamentu zostało dostosowane do Jezusa długo po jego życiu przeżytym na Ziemi. Przez wieki prorocy żydowscy głosili przybycie wybawiciela i obietnice te były interpretowane przez kolejne pokolenia, jako odnoszące się do nowego żydowskiego władcy, który zasiadłby na tronie Dawida i rzekomymi cudownymi metodami Mojżesza umocnił Żydów w Palestynie jako potężny naród, wolny od wszelkiej obcej dominacji. Oprócz tego wiele symbolicznych urywków, znajdujących się w hebrajskim Piśmie Świętym, niewłaściwie odnoszono później do misji życiowej Jezusa. Wiele cytatów tak wypaczono, żeby wyglądało, iż pasują do jakiegoś epizodu z życia Mistrza na Ziemi. Jezus sam swego czasu publicznie zaprzeczył jakimkolwiek związkom z królewskim domem Dawida. Nawet cytat „panna urodzi syna" został przerobiony tak, że to „dziewica urodzi syna". Odnosiło się to także do wielu genealogii, zarówno Józefa jak i Marii, które zostały stworzone później, gdy Michał skończył swą misję na Ziemi. Wiele tych linii genealogicznych obejmuje znaczną ilość przodków Mistrza, jednak generalnie nie są one autentyczne i nie można na nich polegać jako na faktach. Wcześni wyznawcy Jezusa zbyt często ulegali pokusie przetwarzania wszystkich wypowiedzi proroczych tak, aby wyglądały, że znajdują swe wypełnienie w życiu ich Pana i Mistrza.

5. ZIEMSCY RODZICE JEZUSA

Józef był człowiekiem z natury łagodnym, nadzwyczaj sumiennym i w każdym względzie wiernym religijnym zasadom i zwyczajom swego narodu. Niewiele mówił, ale dużo myślał. Bolesna sytuacja narodu żydowskiego przysparzała wiele trosk Józefowi. Jako młodzieniec, w otoczeniu ośmiorga swych braci i sióstr, był bardziej radosny, jednak we wczesnych latach życia małżeńskiego (podczas dzieciństwa Jezusa) ulegał okresom lekkiego, duchowego zniechęcenia. Takie przejawy zmienności w usposobieniu ustąpiły w znacznym stopniu na krótko przed jego przedwczesną śmiercią oraz po tym, jak poprawiła się sytuacja ekonomiczna rodziny, dzięki jego awansowi z pozycji cieśli do roli dobrze prosperującego przedsiębiorcy budowlanego.

Temperament Marii był zupełnym przeciwieństwem temperamentu jej męża. Była zazwyczaj radosna, bardzo rzadko bywała przygnębiona i miała zawsze pogodne usposobienie. Intensywnie i często wyrażała swe uczucia i nigdy nie widziano jej zasmuconej, aż do momentu nagłej śmierci Józefa. I nie ochłonęła jeszcze z tego szoku, kiedy poddała się natłokowi niepokojów i pytań, rozbudzonych przez nadzwyczajną działalność najstarszego syna, która tak nagle roztoczyła się przed jej zdziwionymi oczami. Jednak w czasie tych wszelkich, niezwykłych przeżyć, Maria pozostawała opanowana, odważna i dosyć rozsądna w swych relacjach z dziwnym i niewiele rozumianym, pierworodnym synem oraz z pozostałymi przy życiu jego braćmi i siostrami.

Jezus odziedziczył po swoim ojcu większość swej niezwykłej delikatności i zdumiewającego, pełnego sympatii zrozumienia natury ludzkiej; po matce odziedziczył dar wielkiego nauczyciela i silną tendencję do słusznego oburzania się. W swych uczuciowych reakcjach na otoczenie, podczas swego dorosłego życia, Jezus czasami był podobny do ojca, zamyślony i pełen czci, momentami cechował go dostrzegalny smutek; jednak znacznie częściej szedł naprzód sposobem matki, optymistycznie i z natury zdecydowanie. Generalnie, temperament Marii przeważał raczej w misji Boskiego Syna gdy dorósł i zaczął realizować ważne zadania swego dojrzałego życia. W niektórych okolicznościach Jezus łączył przymioty rodziców, w innych wypadkach wykazywał cechy jednego z nich, w przeciwieństwie do cech drugiego.

Od Józefa Jezus przyswoił dokładną wiedzę o obyczajach żydowskiej obrzędowości i niezwykłą znajomość hebrajskiego Pisma Świętego; od Marii pochodził jego poszerzony punkt widzenia na życie religijne oraz bardziej tolerancyjna koncepcja osobistej wolności duchowej.

Zarówno rodzina Józefa jak i Marii posiadała dobre wykształcenie jak na tamte czasy. Józef i Maria byli wykształceni znacznie ponad przeciętną, jak dla ich czasu i pozycji życiowej. On był myślicielem, ona planistką, specjalistką od adaptacji i praktycznej, natychmiastowej realizacji. Józef był brunetem o czarnych oczach; Maria niemalże blondynką o oczach brązowych.

Gdyby Józef żył, bez wątpienia niezłomnie wierzyłby w boską misję swego najstarszego syna. Maria wahała się pomiędzy wiarą a zwątpieniem, będąc pod wpływem stanowiska zajmowanego przez resztę jej dzieci oraz przyjaciół i krewnych, ale gdy ostatecznie miała powziąć decyzję, zawsze umacniało ją wspomnienie wizyty Gabriela zaraz po poczęciu dziecka.

Maria była mistrzynią w tkaniu i uzdolnioną ponad przeciętność w większości sztuk gospodarstwa domowego tamtych dni; była dobrą gospodynią i wspaniałą organizatorką ogniska rodzinnego. Zarówno Józef jak i Maria byli dobrymi nauczycielami i dbali też o to, aby ich dzieci były dobrze obeznane z wiedzą tamtych czasów.

Gdy Józef był młodym człowiekiem, zatrudniony został przez ojca Marii do pracy przy budowie przybudówki do domu i tak naprawdę zaloty tej pary, która miała zostać rodzicami Jezusa, zaczęły się wtedy, gdy Maria przyniosła Józefowi kubek wody w czasie obiadu.

Józef i Maria wzięli ślub zgodnie z żydowskimi obyczajami, w domu Marii, w okolicach Nazaretu, gdy Józef miał dwadzieścia jeden lat. Małżeństwo to sfinalizowało formalne zaloty, trwające prawie dwa lata. Wkrótce po tym para przeprowadziła się do nowego domu w Nazarecie, zbudowanego przez Józefa z pomocą dwóch jego braci. Dom położony był u stóp pobliskiego wzniesienia, które wdzięcznie górowało nad całą okolicą. W tym, specjalnie przygotowanym domu, młodzi, przyszli rodzice myśleli powitać obiecane dziecko, nie zdając sobie sprawy z tego, że to doniosłe dla wszechświata zdarzenie nastąpi wtedy, gdy będą poza domem, w Betlejem Judzkim.

Większa część rodziny Józefa uwierzyła w nauki Jezusa, ale mało kto z rodziny Marii uwierzył w niego, zanim Jezus nie odszedł z tego świata. Józef przychylał się bardziej ku duchowej koncepcji spodziewanego Mesjasza, ale Maria i jej rodzina, zwłaszcza ojciec, trzymali się idei Mesjasza jako świeckiego wybawiciela i władcy politycznego. Przodkowie Marii utożsamiali się w znacznym stopniu z działalnością Machabeuszy, wtedy z niezbyt odległych czasów.

Józef trzymał się mocno wschodnich albo babilońskich zapatrywań religii żydowskiej, Maria skłaniała się silnie ku bardziej swobodnym i rozbudowanym, zachodnim albo hellenistycznym interpretacjom Prawa i Proroków.

6. DOM W NAZARECIE

Dom Jezusa położony był w północnej części Nazaretu, niedaleko wysokiego wzgórza, w pewnej odległości od miejskiego źródła, znajdującego się we wschodniej części miasta. Rodzina Jezusa mieszkała na peryferiach miasta, co później znacznie ułatwiało Jezusowi częste wypady w okolice oraz wycieczki na szczyt pobliskiego wzniesienia, najwyższego ze wszystkich wzgórz w południowej Galilei, za wyjątkiem pasma górskiego Tabor na wschodzie i wzgórza Nain, które było mniej więcej tej samej wysokości. Dom ten znajdował się lekko na południe i wschód od południowego cypla wzgórza i prawie pośrodku pomiędzy podstawą wzniesienia a drogą wiodącą z Nazaretu do Kany. Ulubioną przechadzką Jezusa, oprócz wspinania się na wzgórze, było chodzenie wąskim szlakiem, wijącym się wokół podstawy wzgórza, w kierunku północno-wschodnim, aż do tego punktu, gdzie dochodziła droga na Seforis.

Dom Józefa i Marii był jednopokojowym budynkiem z kamienia, z płaskim dachem i przylegającym do niego pomieszczeniem, służącym do trzymania zwierząt. Wyposażenie domu składało się z niskiego stołu kamiennego, wyrobów ceramicznych oraz kamiennych misek i garnków, warsztatu tkackiego, stojaka pod lampę, kilkunastu drobnych narzędzi i maty do spania na kamiennej podłodze. Na podwórzu, w pobliżu przybudówki dla zwierząt, było zadaszenie na piec i młyn do mielenia zboża. Do obsługi tego typu młyna potrzeba było dwóch osób, jednej do mielenia, drugiej do sypania zboża. Kiedy Jezus był małym chłopcem, często sypał zboże, podczas gdy jego matka obracała żarna.

W późniejszych latach, kiedy rodzina się powiększyła, wszyscy zasiadali po turecku przy powiększonym stole kamiennym i jedli posiłki, nabierając ze wspólnej misy lub garnka z jedzeniem. W czasie zimy, przy kolacji, stół bywał oświetlany małą, płaską lampą glinianą, napełnianą oliwą z oliwek. Po urodzeniu Marty, Józef zbudował przybudówkę do tego domu, duży pokój używany na warsztat ciesielski w czasie dnia i jako sypialnia w nocy.

7. PODRÓŻ DO BETLEJEM

W marcu, 8 roku p.n.e. (w tym miesiącu, gdy Józef i Maria wzięli ślub), cesarz August wydał dekret, że wszyscy mieszkańcy Cesarstwa Rzymskiego mają być policzeni, że należy zrobić spis, który mógłby zostać użyty do usprawnienia opodatkowania. Żydzi zawsze mieli wielkie opory przed wszelkimi próbami „liczenia ludzi" i to, w połączeniu z poważnymi trudnościami wewnętrznymi Heroda, króla Judei, przyczyniło się do jednorocznego opóźnienia spisu w Królestwie Żydowskim. Spis ten został przeprowadzony na obszarze całego Cesarstwa Rzymskiego w roku 8 p.n.e., za wyjątkiem palestyńskiego królestwa Heroda, gdzie był zrobiony w rok później, w 7 p.n.e.

Nie było potrzeby, aby Maria szła do Betlejem się zapisać – Józef upoważniony był do rejestracji całej swojej rodziny – ale Maria, będąc osobą śmiałą i wojowniczą, upierała się mu towarzyszyć. Obawiała się zostać sama, żeby dziecko nie urodziło się wtedy, kiedy Józefa nie będzie, a poza tym Betlejem nie leżało zbyt daleko od miasta Judy i Maria przewidywała możliwość radosnego spotkania ze swoją krewną, Elżbietą.

Józef właściwie zabronił Marii iść razem z nim, ale na nic się to nie zdało; gdy pakowano jedzenie na podróż, na trzy czy cztery dni, Maria przygotowała podwójne porcje i była gotowa do drogi. Jednak zanim wyszli, Józef pogodził się z faktem, że Maria też z nim pójdzie i pogodnie wyszli z Nazaretu o świcie.

Józef i Maria byli biedni a skoro mieli tylko jedno juczne zwierzę, Maria, będąc brzemienną, jechała na zwierzęciu razem z zapasami, podczas gdy Józef szedł obok prowadząc zwierzę. Budowa i meblowanie domu mocno nadszarpnęły zasoby Józefa, gdyż musiał on także dokładać do utrzymania swoim rodzicom, ponieważ jego ojciec od niedawna był niepełnosprawny. Tak więc ta żydowska para wyruszyła z ich skromnego domu, wczesnym rankiem, 18 sierpnia, roku 7 p.n.e., w drogę do Betlejem.

W pierwszy dzień podróży ich droga wiodła wokół pogórza góry Gilboa, gdzie obozowali nocą nad rzeką Jordan, rozmawiając wiele o tym, jaki to syn im się urodzi; Józef obstawał przy koncepcji nauczyciela duchowego, Maria trzymała się idei żydowskiego Mesjasza, wybawiciela narodu hebrajskiego.

Jasnym i wczesnym rankiem, 19 sierpnia, Józef i Maria znowu byli w drodze. Obiad zjedli u stóp góry Sartaba, górującej nad doliną Jordanu i poszli dalej, zostając na noc w Jerychu, gdzie zatrzymali się w zajeździe przy drodze, na peryferiach miasta. Po kolacji, podróżni z Nazaretu udali się na nocny odpoczynek, po wielu dyskusjach na temat ucisku rządów rzymskich, Heroda, rejestracji w spisie i porównywania wpływu Jerozolimy i Aleksandrii, jako centrów żydowskiego nauczania i kultury. Wczesnym rankiem, 20 sierpnia, znów byli w drodze, docierając przed południem do Jerozolimy, potem odwiedzili Świątynię, a idąc dalej prosto do celu, przybyli do Betlejem tuż po południu.

Zajazd był przepełniony, zatem Józef szukał zakwaterowania u dalekich krewnych, ale każdy pokój w Betlejem był zapełniony po brzegi. Wracając na dziedziniec zajazdu, Józef dowiedział się, że stajnie dla karawan, wyciosane z boku w skale a położone tuż poniżej zajazdu, zostały opróżnione ze zwierząt i wyczyszczone na przyjęcie lokatorów. Zostawiwszy osła na dziedzińcu, Józef wziął na plecy worki z rzeczami i żywnością i zszedł z Marią po kamiennych stopniach do ich kwater poniżej. Zakwaterowali się w czymś w rodzaju magazynu zbożowego, znajdującego się przed przegrodami i żłobami. Rozwiesili zasłony namiotowe i uznali, że mają szczęście, znajdując tak wygodne kwatery.

Józef chciał od razu wyjść i się zapisać, ale Maria była zmęczona; była bardzo niespokojna i błagała, żeby został przy niej, co też uczynił.

8. NARODZINY JEZUSA

Przez całą tę noc Maria była niespokojna, tak, że żadne z nich nie spało wiele. O świcie bóle porodowe były bardzo wyraźne a w południe, 21 sierpnia, roku 7 p.n.e., Maria urodziła chłopczyka, z pomocą i życzliwą posługą kobiet, towarzyszek podróży. Jezus z Nazaretu przyszedł na świat, został zawinięty w odzież, którą Maria zabrała ze sobą na taką ewentualność i położony w pobliskim żłobie.

Obiecane dziecko urodziło się w ten sam sposób, jak przyszły na świat wszystkie dzieci tak przedtem jak i potem; a ósmego dnia, zgodne z żydowskim zwyczajem, chłopiec został obrzezany i formalnie nazwany Jeszua (Jezus).

Następnego dnia po narodzinach Jezusa, Józef zarejestrował się w spisie. Potem spotkał człowieka, z którym rozmawiali dwa dni wcześniej w Jerychu i został przezeń zaprowadzony do dobrze sytuowanego przyjaciela, który miał pokój w zajeździe i który powiedział, że chętnie zamieni się kwaterami z parą z Nazaretu. Tego popołudnia przeprowadzili się do zajazdu, w którym przemieszkali prawie trzy tygodnie, zanim znaleźli zakwaterowanie w domu dalekiego krewnego Józefa.

Kolejnego dnia po narodzeniu Jezusa, Maria posłała wiadomość Elżbiecie, że dziecko przyszło na świat i otrzymała odpowiedź, zapraszającą Józefa do Jerozolimy, dla omówienia wszystkich ich spraw z Zachariaszem. W następnym tygodniu Józef poszedł *do Jerozolimy, aby spotkać się* z Zachariaszem. Zarówno Zachariasz jak i Elżbieta żywili szczere przekonanie, że Jezus rzeczywiście zostanie żydowskim wybawicielem, Mesjaszem, a ich syn, Jan, będzie zwierzchnikiem jego popleczników, jego prawą ręką, człowiekiem przeznaczenia. Ponieważ Maria miała takie same przekonania, łatwo było nakłonić Józefa do pozostania w Betlejem, mieście Dawida, aby Jezus mógł tam dorastać i zostać następcą Dawida na tronie całego Izraela. Dlatego też pozostali w Betlejem ponad rok, Józef pracował w swym zawodzie cieśli.

W czasie narodzin Jezusa, w południe, serafini z Urantii, zebrani pod kierunkiem swych przełożonych, śpiewali hymny chwały nad żłobem betlejemskim, ale ludzkie uszy nie słyszały tych głosów pochwalnych. Ani pasterze, ani żadni inni śmiertelnicy nie przyszli składać hołdu dziecięciu z Betlejem, aż do dnia przybycia pewnych kapłanów z Ur, których Zachariasz przysłał z Jerozolimy.

Jakiś czas wcześniej poinformował tych kapłanów z Mezopotamii pewien dziwny nauczyciel religijny z ich kraju, że miał sen, w którym otrzymał wiadomość, że „światło życia" ma się wkrótce pojawić na Ziemi, jako dziecko pośród Żydów. I trzej nauczyciele poszli we wskazanym kierunku, szukając tego „światła życia". Po wielu tygodniach daremnych poszukiwań w Jerozolimie, już mieli wracać do Ur, gdy spotkał ich Zachariasz i zwierzył im się ze swego przekonania, że to Jezus jest celem ich poszukiwań i posłał ich do Betlejem, gdzie spotkali dziecko i zostawili swe dary Marii, jego ziemskiej matce. W momencie ich wizyty dziecko miało prawie trzy tygodnie.

Mędrcy nie widzieli gwiazdy wiodącej ich do Betlejem. Ta piękna legenda o gwieździe betlejemskiej powstała w następujący sposób. Jezus urodził się 21 sierpnia, w południe, w roku 7 p.n.e. 29 maja, roku 7 p.n.e., miała miejsce niezwykła koniunkcja Jowisza i Saturna w konstelacji Ryb. Ciekawym faktem astronomicznym jest to, że podobne koniunkcje zdarzyły się 29 września i 5 grudnia tego samego roku. Na podstawie tych niecodziennych, ale zupełnie naturalnych zdarzeń, gorliwcy z następnego pokolenia, kierując się jak najlepszymi intencjami, stworzyli wzruszającą legendę o gwieździe betlejemskiej i pełnych uwielbienia królach, prowadzonych przez nią do żłobu, gdzie ujrzeli dziecię i cześć oddali nowo narodzonemu. Orientalne i bliskie orientalnym umysły lubują się w baśniowych historiach i wciąż przędą takie piękne mity o życiu swych przywódców religijnych i bohaterów politycznych. Kiedy nie było druku, gdy większość wiedzy ludzkiej przekazywana była z ust do ust, z jednego pokolenia na drugie, bardzo łatwo było mitom stać się tradycją a tradycji zostać w końcu uznaną za fakt.

9. PREZENTACJA W ŚWIĄTYNI

Mojżesz nauczał Żydów, że każdy pierworodny syn należy do Pana a zamiast jego ofiarowania, jak to było w zwyczaju u narodów pogańskich, syn taki może żyć, jeśli rodzice go okupią, płacąc pięć szekli dowolnemu, uprawnionemu do tego kapłanowi. Istniało także rozporządzenie Mojżeszowe, nakazujące, aby matka, po upływie odpowiedniego czasu, pojawiła się w Świątyni celem oczyszczenia (lub, aby ktoś za nią zrobił właściwą ofiarę). Zazwyczaj dopełniano obu tych obrzędów jednocześnie. Dlatego też Józef i Maria osobiście poszli do Świątyni w Jerozolimie, aby zaprezentować Jezusa kapłanom i dokonać jego okupienia, jak również, aby złożyć odpowiednią ofiarę dla obrzędowego oczyszczenia Marii z rzekomej nieczystości porodu.

Kręciły się stale po dziedzińcach Świątyni dwie ciekawe postacie, pieśniarz Szymon i poetka Anna. Szymon był Judejczykiem, Anna Galilejką. Para ta często przebywała razem a oboje byli w zażyłości z kapłanem Zachariaszem, który zawierzył im tajemnicę Jana i Jezusa. Zarówno Szymon jak i Anna wyczekiwali przyjścia Mesjasza a ich zaufanie do Zachariasza sprawiło, że byli przekonani, iż to Jezus jest spodziewanym wybawicielem narodu żydowskiego.

Zachariasz wiedział, w którym dniu można się było spodziewać, że Józef i Maria zjawią się w Świątyni razem z Jezusem i tak ułożył z Szymonem i Anną, że da znak, pozdrawiając podniesieniem ręki tego w procesji pierworodnych dzieci, który jest Jezusem. Na tę okoliczność Anna napisała wiersz, który Szymon zaśpiewał, ku wielkiemu zdumieniu Józefa, Marii i wszystkich, którzy zebrali się na dziedzińcu Świątyni. Tak brzmiał ich hymn okupienia pierworodnego syna:

Niech będzie uwielbiony Pan, Bóg Izraela,
Że nawiedził lud swój i dokonał jego odkupienia;
Podniósł róg zbawienia dla nas wszystkich
W domu sługi swego, Dawida.
Jak zapowiedział przez usta swych świętych proroków –
Że nas wybawi od nieprzyjaciół i z ręki wszystkich, którzy nas nienawidzą;
Że miłosierdzie okaże ojcom naszym i wspomni na swoje święte przymierze –
Na przysięgę, którą złożył ojcu naszemu Abrahamowi,
Że nam użyczy tego, iż z mocy nieprzyjaciół wyrwani,
Bez lęku służyć mu będziemy,
W pobożności i sprawiedliwości przed nim po wszystkie dni nasze.
A ty, dziecię obiecane, prorokiem Najwyższego zwać się będziesz;
Bo pójdziesz przed obliczem Pana torując drogę królestwu jego;
Jego ludowi dasz poznać zbawienie
Przez odpuszczenie mu grzechów.
Radujcie się miłosierdziem serdecznym Boga naszego. Przez nie z wysoka
wschodzące słońce nas nawiedza
By zajaśnieć tym, co w mroku i cieniu śmierci mieszkają,
Aby nasze kroki zwrócić na drogi pokoju.
A teraz, o Panie, pozwól odejść słudze Twemu w pokoju, według słowa Twego
Bo moje oczy ujrzały Twoje zbawienie,
Któreś przygotował wobec wszystkich narodów;
Światło nawet na oświecenie pogan
I na chwałę ludu twego, Izraela.

W drodze powrotnej do Betlejem Józef i Maria milczeli – zmieszani i onieśmieleni. Marię bardzo niepokoiło pożegnalne pozdrowienie Anny, sędziwej poetki, a Józef był w złym nastroju z powodu tej przedwczesnej próby zrobienia z Jezusa spodziewanego Mesjasza narodu żydowskiego.

10. CZYNY HERODA

Szpiedzy Heroda jednak nie próżnowali. Kiedy zameldowali mu o wizycie w Betlejem kapłanów z Ur, Herod wezwał tych Chaldejczyków, aby stawili się przed nim. Dopytywał się skrzętnie tych mędrców o nowego „króla Żydów", ale nie bardzo go zadowolili, objaśniając, że dziecko urodziło się kobiecie, która przyszła do Betlejem ze swym mężem zarejestrować się w spisie. Herod, niezadowolony z ich odpowiedzi, odesłał ich z sakiewką i polecił, że mają znaleźć dziecko, aby on też mógł iść i oddać mu pokłon, skoro oświadczyli, że królestwo jego ma być duchowe a nie doczesne. Kiedy mędrcy nie wrócili, podejrzliwość Heroda wzrosła. Gdy wciąż na nowo rozważał to wszystko, wrócili jego informatorzy i przedstawiali mu pełny raport z ostatnich wydarzeń w Świątyni, przynosząc częściową kopię pieśni Szymona, śpiewanej podczas obrzędu okupienia Jezusa. Ale nie udało im się wyśledzić Józefa i Marii i Herod bardzo się na nich rozgniewał, kiedy nie potrafili mu odpowiedzieć, dokąd ta para zabrała dziecko. Następnie wysłał poszukiwaczy, aby znaleźli Józefa i Marię. Wiedząc, że Herod ściga rodzinę z Nazaretu, Zachariasz i Elżbieta trzymali się z dala od Betlejem. Chłopczyk został ukryty u krewnych Józefa.

Józef bał się szukać pracy a niewielkie oszczędności rodziny kurczyły się gwałtownie. Nawet podczas obrzędów oczyszczających w Świątyni, Józef uznał się za tak biednego, że miał prawo ofiarować za Marię dwa młode gołębie, jak to zalecał Mojżesz dla oczyszczenia matek wśród ubogich.

Kiedy po ponad roku poszukiwań szpiedzy nie znaleźli Jezusa, oraz na skutek podejrzeń, że dziecko wciąż ukrywane jest w Betlejem, Herod przygotował rozkaz, aby prowadzono systematyczne poszukiwania w każdym domu w Betlejem, jak również to, że wszyscy chłopcy w wieku poniżej dwu lat mają być zabici. W ten sposób Herod chciał mieć pewność, że dziecko, które miało zostać „królem Żydów", zostanie zabite. I tak jednego dnia w Betlejem Judzkim zginęło szesnastu chłopczyków. Ale intrygi i morderstwa, nawet we własnej, najbliższej rodzinie Heroda, były na porządku dziennym na jego dworze.

Masakra dzieci miała miejsce mniej więcej w połowie października, roku 6 p.n.e., kiedy Jezus miał nieco ponad rok. Jednak nawet wśród zatrudnionych na dworze Heroda byli wierzący w nadchodzącego Mesjasza i jeden z nich, dowiedziawszy się o rozkazie zabicia chłopców betlejemskich, porozumiał się z Zachariaszem, który z kolei wysłał posłańca do Józefa; i w nocy przed tą masakrą Józef i Maria wyszli z dzieckiem z Betlejem, udając się do Aleksandrii w Egipcie. Żeby nie zwracać na siebie uwagi, szli do Egiptu z Jezusem sami. Poszli do Aleksandrii, dzięki pieniądzom dostarczonym im przez Zachariasza; tam Józef pracował w swym zawodzie, podczas gdy Maria i Jezus zakwaterowani zostali u dobrze sytuowanych krewnych z rodziny Józefa. W Aleksandrii pozostali pełne dwa lata a do Betlejem wrócili dopiero po śmierci Heroda.

PRZEKAZ 123
WCZESNE DZIECIŃSTWO JEZUSA

Z POWODU niepewności i lęków związanych z pobytem w Betlejem, Maria nie odstawiała dziecka od piersi zanim nie przybyli bezpiecznie do Aleksandrii, gdzie rodzina mogła się osiedlić i zacząć normalne życie. Mieszkali u swoich krewnych a Józef nie miał trudności z utrzymaniem rodziny, gdy wkrótce po przyjeździe załatwił sobie pracę. Przez kilka miesięcy był zatrudniony jako cieśla a potem awansował na pozycję majstra dużej grupy robotników, zatrudnionych przy budowie jednego z budynków publicznych. To nowe doświadczenie dało mu pomysł, aby zostać przedsiębiorcą budowlanym po powrocie do Nazaretu.

Przez wszystkie te wczesne lata życia Jezusa, gdy był on bezbronnym dzieckiem, Maria cały czas czuwała, ażeby nic nie przydarzyło się jej dziecku, nic, co mogłoby go narazić na niebezpieczeństwo, czy w jakikolwiek sposób kolidować z jego przyszłą misją na Ziemi; żadna matka nigdy bardziej nie poświęcała się swemu dziecku. W tym domu, gdzie Jezusowi wypadło przebywać, była dwójka innych dzieci mniej więcej w jego wieku a u pobliskich sąsiadów było jeszcze sześcioro dzieci, w wieku odpowiednio zbliżonym, aby można ich uważać za odpowiednich towarzyszy zabaw. Początkowo Maria chciała trzymać Jezusa przy sobie. Obawiała się, że coś mu się może stać, jeśli pozwoli mu bawić się w ogrodzie z innymi dziećmi, jednak Józefowi, z pomocą krewnych, udało się ją przekonać, że takie postępowanie może pozbawić Jezusa pożytecznego doświadczenia – nauki, jak dostosować się do dzieci w jego wieku. I Maria zdała sobie sprawę z tego, że taka metoda przesadnej ochrony i nadzwyczajnych zabezpieczeń może spowodować, że dziecko stanie się nieśmiałe i nieco egocentryczne, i przystała w końcu na to, aby obiecane dziecko dorastało zwyczajnie, tak jak każde inne dziecko; i chociaż wytrwała w tej decyzji, zawsze tak organizowała swoje zajęcia, aby bacznie pilnować malców, gdy bawili się wokół domu czy w ogrodzie. Tylko kochająca matka może zrozumieć brzemię troski o bezpieczeństwo jej syna, jakie Maria dźwigała w sercu w czasie lat niemowlęctwa i wczesnego dzieciństwa Jezusa.

Przez dwa lata pobytu w Aleksandrii Jezus cieszył się dobrym zdrowiem i rozwijał się normalnie. Oprócz kilku przyjaciół i krewnych, nikomu nie mówiono, że Jezus jest „obiecanym dzieckiem". Jeden z krewnych Józefa opowiedział o tym kilku przyjaciołom w Memfis, potomkom zamierzchłego Echnatona i oni, na krótko przed powrotem rodziny do Palestyny, zgromadzili się w pałacowym domostwie krewnego-dobroczyńcy Józefa, wraz z niewielką grupą wierzących z Aleksandrii, aby życzyć wszystkiego dobrego rodzinie z Nazaretu i oddać cześć dziecku. Przy tej sposobności zgromadzeni przyjaciele ofiarowali Jezusowi kompletną kopię greckiego przekładu hebrajskiego Pisma Świętego. Jednak tej kopii żydowskiego, świętego piśmiennictwa, nie oddano w ręce Józefa tak długo, zanim oboje, on i Maria, nie zrezygnowali ostatecznie z zaproszenia przyjaciół z Memfis i Aleksandrii do pozostania w Egipcie. Wierzący ci obstawali przy tym, że dziecko przeznaczenia będzie mogło wywierać znacznie większy, światowy wpływ, jako mieszkaniec Aleksandrii, niż jakiegokolwiek miejsca w Palestynie. Namowy takie nieco opóźniły odjazd rodziny do Palestyny, po tym, jak otrzymano wieść o śmierci Heroda.

Józef i Maria opuścili w końcu Aleksandrię statkiem należącym do ich przyjaciela Ezraeona; odpłynęli w kierunku Jafy i przybyli do tego portu w końcu sierpnia, roku 4 p.n.e. Poszli prosto do Betlejem, gdzie cały miesiąc wrzesień spędzili na naradach z przyjaciółmi i krewnymi, rozważając, czy mają zostać tutaj czy wracać do Nazaretu.

Maria nigdy nie wyzbyła się zupełnie idei, że Jezus powinien dorastać w Betlejem, mieście Dawida. Józef tak naprawdę nie wierzył, że ich syn mógłby zostać królewskim wybawicielem Izraela. Oprócz tego wiedział, że sam naprawdę nie jest potomkiem Dawida; to, że zaliczano go do potomstwa Dawida, zawdzięczał adopcji jednego ze swych przodków do rodu linii Dawidowej. Maria oczywiście uważała miasto Dawida za najbardziej odpowiednie miejsce, gdzie mógłby się wychowywać nowy kandydat do tronu Dawida, ale Józef wolał ryzykować z Herodem Antypasem niż z jego bratem Archelausem. Żywił on znaczne obawy o bezpieczeństwo dziecka w Betlejem, czy w jakimkolwiek innym mieście Judei i przypuszczał, że prędzej Archelaus mógłby prowadzić niebezpieczną politykę swego ojca Heroda, niż Antypas w Galilei. A oprócz tego wszystkiego Józef szczerze wolał Galileę jako lepsze miejsce dla wychowania i kształcenia dziecka, jednak upłynęło trzy tygodnie, zanim przezwyciężył obiekcje Marii w tej sprawie.

Pierwszego października Józef przekonał Marię i wszystkich przyjaciół, że najlepiej będzie, gdy wrócą do Nazaretu. W związku z tym w początkach października, roku 4p.n.e., wyszli z Betlejem do Nazaretu, idąc poprzez Liddę i Scytopolis. Wyszli wcześnie pewnego niedzielnego poranka, Maria i dziecko jechali na świeżo nabytym zwierzęciu jucznym, podczas gdy Józef i pięciu towarzyszących im krewnych szli pieszo; krewni Józefa nie chcieli się zgodzić na samotną podróż rodziny do Nazaretu. Bali się iść do Galilei przez Jerozolimę i dolinę Jordanu a zachodnie szlaki nie były zupełnie bezpieczne dla dwojga samotnych podróżnych z małym dzieckiem.

1. ZNOWU W NAZARECIE

W czwartym dniu podróży grupa ta bezpiecznie dotarła do celu. Bez zapowiedzi przybyli do domu w Nazarecie, który przez ponad trzy lata zajmował jeden z żonatych braci Józefa, który był doprawdy zaskoczony, gdy ich zobaczył; tak bez rozgłosu prowadzili swoje życie, że ani rodzina Józefa ani też Marii nie wiedziała nawet o tym, że opuścili Aleksandrię. Następnego dnia brat Józefa wyprowadził się z rodziną a Maria, po raz pierwszy od urodzenia Jezusa, osiedliła się na stałe, aby się cieszyć życiem we własnym domu, razem ze swą nieliczną rodziną. W niecały tydzień Józef załatwił sobie pracę jako cieśla i wszyscy byli bardzo szczęśliwi.

Kiedy wrócili do Nazaretu, Jezus miał prawie trzy lata i dwa miesiące. Zniósł bardzo dobrze wszystkie te podróże, był w doskonałym zdrowiu i pełen dziecięcej radości oraz emocji z posiadania własnego terenu do biegania i zabawy. Jednak bardzo tęsknił za towarzyszami zabaw dziecinnych z Aleksandrii.

W drodze do Nazaretu Józef przekonał Marię, że nierozsądne byłoby rozpowszechnianie wśród ich galilejskich przyjaciół i krewnych wieści, że Jezus jest obiecanym dzieckiem. Ustalili, że nikomu nie będą wspominać o tych sprawach. I oboje pieczołowicie dotrzymali tej obietnicy.

Cały czwarty rok życia Jezusa był dla niego okresem normalnego rozwoju fizycznego i niezwykłej aktywności umysłowej. W międzyczasie zaprzyjaźnił się z chłopcem z sąsiedztwa, imieniem Jakub, w wieku zbliżonym do swego. Wspólna zabawa dawała Jezusowi i Jakubowi wiele radości i dorastali razem, aby stać się wielkimi przyjaciółmi i lojalnymi towarzyszami.

Następnym ważnym wydarzeniem w życiu rodziny z Nazaretu były narodziny drugiego dziecka, Jakuba, we wczesnych godzinach rannych, 2 kwietnia, roku 3 p.n.e. Jezus był podekscytowany myślą, że ma małego brata i potrafił godzinami stać w pobliżu tylko po to, aby obserwować pierwsze ruchy dziecka.

W pełni lata tego samego roku, Józef zbudował mały warsztat w pobliżu źródła wiejskiego, niedaleko miejsca postoju karawan. Po tym niewiele już pracował jako cieśla. Miał współpracowników, dwu swoich braci i kilku innych rzemieślników, których wysyłał do pracy, podczas gdy sam zostawał w warsztacie, robił jarzma i pługi oraz inne wyroby z drewna. Robił również nieco wyrobów skórzanych, powroźniczych oraz płóciennych. A dorastający Jezus, kiedy nie był w szkole, dzielił swój czas prawie po równo na pomoc matce w obowiązkach domowych i na przyglądanie się pracy ojca w warsztacie, w międzyczasie słuchał rozmów i plotek przewodników karawan i pasażerów z czterech stron świata.

W lipcu tego roku, na miesiąc przed czwartymi urodzinami Jezusa, w całym Nazarecie zapanowała epidemia ostrych dolegliwości jelitowych, na skutek kontaktu z podróżnymi karawan. Maria była tak bardzo zatrwożona niebezpieczeństwem, że Jezus może się zarazić podczas epidemii, że spakowała dwójkę dzieci i uciekła do wiejskiego domu swego brata, kilka kilometrów na południe od Nazaretu, przy drodze do Megiddo, niedaleko Sarid. Przez ponad dwa miesiące nie wracali do Nazaretu; Jezus bardzo się cieszył ze swego pierwszego pobytu w gospodarstwie wiejskim.

2. PIĄTY ROK (2 P.N.E.)

Nieco w ponad rok po powrocie do Nazaretu, chłopiec Jezus doszedł do wieku swojej pierwszej, osobistej i szczerej decyzji moralnej; i przybył Dostrajacz Myśli, żeby z nim przebywać, Boski dar Rajskiego Ojca, który niegdyś służył z Machiventą Melchizedekiem i gromadził tym samym doświadczenie w trakcie wcielenia istoty nadludzkiej w formę ciała śmiertelnego. Zdarzenie to miało miejsce 11 lutego, roku 2 p.n.e. Jezus nie uświadamiał sobie bardziej przybycia boskiego Monitora niż wiele milionów innych dzieci, które tak przedtem jak i potem również otrzymały Dostrajacze Myśli, aby zamieszkały w ich umysłach i działały na rzecz ostatecznego uduchowienia tych umysłów i wiecznego trwania ich rozwijających się, nieśmiertelnych dusz.

Tego, lutowego dnia, zakończył się bezpośredni i osobisty nadzór Władców Wszechświata, odnoszący się do integralności dziecinnego wcielenia Michała. Odtąd, w trakcie rozwoju całego ludzkiego wcielenia, kuratela nad Jezusem miała polegać na opiece tego, zamieszkującego go Dostrajacza oraz towarzyszących mu opiekunów seraficznych, uzupełniana od czasu do czasu przez służbę istot pośrednich, przydzielonych do wykonywania pewnych, określonych obowiązków, zgodnie z instrukcją ich planetarnych przełożonych.

W sierpniu tego roku Jezus skończył pięć lat, będziemy zatem nawiązywać do tego roku jego życia jako do roku piątego (kalendarzowego). W tym roku, 2 p.n.e., nieco ponad miesiąc przed piątymi urodzinami, Jezus bardzo się cieszył z powodu przybycia na świat jego siostry, Miriam, która urodziła się w nocy, 11 lipca. Następnego dnia, wieczorem, Jezus miał długą rozmowę z ojcem na temat, w jaki sposób różne rodzaje istot żywych przychodzą na świat jako odrębne jednostki. Najwartościowszą część wczesnej edukacji Jezus pobierał od swoich rodziców, w formie odpowiedzi na swoje rozumne i dociekliwe pytania. Józef nigdy nie zawodził w rzetelnym wypełnianiu swoich obowiązków i dokładał starań, aby poświęcić trochę czasu i odpowiedzieć na liczne pytania chłopca. Od piątego roku życia aż do skończenia lat dziesięciu, Jezus był jednym ciągłym znakiem zapytania. Chociaż Józef i Maria nie zawsze potrafili odpowiedzieć na jego pytania, nigdy nie zaniedbali w pełni omówić jego dociekań i w każdy inny, możliwy sposób, pomóc mu w próbach zadowalającego rozwiązania problemu, który podsuwał jego ożywiony umysł.

Od czasu, gdy wrócili do Nazaretu, ich życie domowe wypełnione było pracą; zwłaszcza Józef był zapracowany, kiedy budował nowy warsztat i rozkręcał od nowa swą firmę. Zapracowany był tak bardzo, że nie mógł znaleźć czasu na zrobienie kołyski dla Jakuba, ale sytuacja uległa poprawie zanim urodziła się Miriam i miała ona bardzo wygodne łóżeczko, gdzie mogła się utulić, kiedy rodzina ją podziwiała. I dziecko Jezus serdecznie brało udział we wszystkich tych, naturalnych i normalnych wydarzeniach rodzinnych. Bardzo lubił swego małego brata oraz swą nowo narodzoną siostrę i dużo pomagał Marii w opiekowaniu się nimi.

Niewiele było rodzin w nieżydowskim świecie w tamtych czasach, które mogłyby zapewnić dziecku lepsze wychowanie intelektualne, moralne i religijne, niż rodziny żydowskie Galilei. Ci Żydzi mieli systematyczny program wychowania i edukacji swych dzieci. Dzielili oni życie dziecka na siedem etapów:

1. Noworodek, od pierwszego do ósmego dnia.
2. Osesek.
3. Dziecko odstawione od piersi.
4. Okres zależności od matki, trwający do końca piątego roku życia.
5. Początki niezależności dziecka a w przypadku synów, ojciec przejmował ich edukację.
6. Młodzież, chłopcy i panny.
7. Młodzi mężczyźni i młode kobiety.

Zgodnie ze zwyczajem Żydów galilejskich, matka była odpowiedzialna za nauczanie dziecka do jego piątych urodzin, a potem, gdy dziecko było chłopcem, uznawano, że ojciec jest odpowiedzialny za dalszą edukację młodego człowieka. Zatem w tym roku Jezus wszedł w piąte stadium życia żydowskiego, galilejskiego dziecka i odpowiednio, 21 sierpnia, roku 2 p.n.e., Maria formalnie przekazała go Józefowi w celu dalszego kształcenia.

Choć Józef przejął teraz bezpośrednią odpowiedzialność za intelektualne i religijne nauczanie Jezusa, jego matka wciąż zajmowała się jego kształceniem w sprawach domowych. Zaznajamiała go z winoroślą i uczyła jak się nią opiekować, jak również kwiatami rosnącymi wokół murów ogrodu, które całkowicie otaczały działkę przydomową. Umieściła także na dachu domu (letniej sypialni) płytkie pudełka z piaskiem, w których Jezus rysował mapy i pierwszy raz praktykował pisanie po aramejsku, grecku a później po hebrajsku; z czasem nauczył się czytać, pisać i mówić płynnie we wszystkich tych trzech językach.

Fizycznie Jezus wydawał się być niemal doskonale rozwiniętym dzieckiem i wciąż rozwijał się normalnie umysłowo i uczuciowo. Pod koniec tego roku, jego piątego (kalendarzowego) roku, Jezus przeszedł łagodny rozstrój układu pokarmowego, jego pierwszą drobną chorobę.

Chociaż Józef i Maria często rozmawiali o przyszłości swego najstarszego dziecka, gdybyście tam byli, obserwowalibyście rozwój normalnego, zdrowego, beztroskiego, ale nadzwyczaj dociekliwego dziecka z tamtego czasu i miejsca.

3. WYDARZENIA ROKU SZÓSTEGO (1 P.N.E)

Dzięki pomocy matki, Jezus opanował już galilejski dialekt języka aramejskiego a teraz ojciec zaczął go uczyć greckiego. Maria słabo mówiła po grecku, ale Józef mówił płynnie, zarówno po aramejsku jak i po grecku. Podręcznik do nauki języka greckiego stanowiła kopia hebrajskiego Pisma Świętego – kompletna wersja Prawa i Proroków, razem z Psalmami, którą podarowano im gdy wychodzili z Egiptu. W całym Nazarecie były tylko dwie kompletne kopie Pisma Świętego po grecku i to, że jedną z nich posiadała rodzina cieśli, czyniło dom Józefa miejscem godnym zainteresowania i umożliwiało Jezusowi, gdy dorastał, spotykać się prawie z niekończącym się orszakiem gorliwych badaczy i poszukiwaczy prawdy. Przed końcem tego roku Jezus wziął pod swoją opiekę ten bezcenny manuskrypt, gdy w szóste urodziny powiedziano mu, że ta święta księga została mu dana w prezencie, przez przyjaciół i krewnych z Aleksandrii. I wkrótce z łatwością ją czytał.

Pierwszego wielkiego szoku w młodym życiu Jezus doznał wtedy, gdy nie miał jeszcze sześciu lat. Chłopcu się wydawało, że ojciec – przynajmniej ojciec i matka razem – wiedzą wszystko. Wyobraźcie sobie zatem zdziwienie tego dociekliwego dziecka, gdy pytając ojca o przyczynę lekkiego trzęsienia ziemi, które się właśnie zdarzyło, usłyszał, jak Józef mówi: „Mój synu, doprawdy nie wiem". W ten sposób zaczęło się owo długie i niepokojące rozczarowanie, podczas którego Jezus odkrył, że jego ziemscy rodzice nie są wszechmądrzy i wszystkowiedzący.

Pierwszą myślą Józefa było odpowiedzieć Jezusowi, że trzęsienie ziemi powstało za sprawą Boga, ale chwila refleksji przestrzegła go, że taka odpowiedź sprowokowałaby natychmiast dalsze i jeszcze bardziej kłopotliwe dociekania. Jezusowi, nawet w jego młodym wieku, bardzo trudno było odpowiadać na pytania dotyczące zjawisk fizycznych czy społecznych bezmyślnie, mówiąc mu, że albo Bóg albo diabeł byli za nie odpowiedzialni. Zgodnie z wierzeniami, panującymi wśród ludu żydowskiego, Jezus długo był skłonny zaakceptować doktrynę dobrych duchów i złych duchów, jako możliwe wyjaśnienie zjawisk umysłowych i duchowych, jednak bardzo wcześnie zaczął wątpić, że takie niewidzialne wpływy mogą być odpowiedzialne za materialne wydarzenia świata przyrody.

Na początku lata, roku 1 p.n.e., zanim Jezus skończył sześć lat, Zachariasz i Elżbieta oraz ich syn Jan, odwiedzili rodzinę z Nazaretu. Jezus i Jan spędzili szczęśliwe chwile podczas tego, pierwszego ich spotkania, jakie zapamiętali. Chociaż goście mogli *pozostać zaledwie* kilka dni, rodzice omawiali wiele tematów, razem z planami na przyszłość dla ich synów. W czasie, gdy o tym mówili, chłopcy bawili się klockami w piasku na dachu domu oraz zabawiali się na wiele innych sposobów w prawdziwie chłopięcy sposób.

Dzięki spotkaniu z Janem, który przybył z okolic Jerozolimy, Jezus zaczął przejawiać niezwykłe zainteresowanie historią Izraela oraz dociekać w drobnych szczegółach znaczenia obrzędów szabatu, ceremonii w synagodze i powtarzających się uroczystości upamiętniających. Ojciec wytłumaczył mu znaczenie wszystkich tych, okresowych obchodów. Na początku była uroczysta iluminacja w środku zimy, trwająca osiem dni, zaczynająca się jedną świecą pierwszego wieczora i dodawaniem jednej każdego kolejnego wieczora; upamiętniało to Poświęcenie Świątyni, po odnowieniu obrzędów mojżeszowych przez Judasza Machabeusza. Potem, wczesną wiosną, następowały uroczystości Purim, święto Estery i wyzwolenia przez nią Izraela. Potem szła uroczysta Pascha, którą, ilekroć to było możliwe, dorośli obchodzili w Jerozolimie, podczas gdy w domu dzieci pamiętały, że nie wolno im jeść przez cały tydzień zakwaszonego chleba. Później następowało Święto Pierwszych Plonów, zbiór żniwny a na koniec najuroczystsze ze wszystkich święto nowego roku, Dzień Pokuty. Podczas gdy niektóre z tych obchodów i praktyk trudno było zrozumieć młodemu Jezusowi, rozważał je poważnie a potem wkraczał ochoczo w radość Święta Namiotów, doroczny czas wakacyjny całego narodu żydowskiego, gdy obozowali w liściastych szałasach i oddawali się wesołości i uciesze.

W tym roku Józef i Maria mieli problemy z Jezusem, dotyczące jego modlitwy. Upierał się mówić do swego niebiańskiego Ojca tak samo, jakby rozmawiał z Józefem, swoim ziemskim ojcem. Takie odejście od bardziej uroczystych i pełnych szacunku sposobów komunikacji z Bóstwem było trochę niepokojące dla rodziców Jezusa, zwłaszcza dla matki, ale nie można go było nakłonić, aby to zmienił; mówił swoją modlitwę tak jak go nauczono, po czym upierał się, aby „po prostu trochę porozmawiać z moim Ojcem w niebie".

W czerwcu tego roku Józef przekazał warsztat w Nazarecie swoim braciom i oficjalnie zaczął pracować jako przedsiębiorca budowlany. Nim rok dobiegł końca, dochód rodziny zwiększył się ponad trzykrotnie. Nigdy już, aż do śmierci Józefa, rodzinie z Nazaretu nie dokuczało ubóstwo. Rodzina była coraz większa i więcej wydawali pieniędzy na dodatkową edukację i podróże, ale coraz większe dochody Józefa dotrzymywały kroku rosnącym wydatkom.

Przez kilka następnych lat Józef prowadził dużo robót w Kanie, Betlejem (galilejskim), Magdali, Nain, Seforis, Kafarnaum i Endorze, jak również budował sporo w Nazarecie i jego okolicach. Gdy Jakub dorósł do odpowiedniego wieku, aby pomagać matce w pracach domowych i w opiece nad młodszymi dziećmi, Jezus robił częste wycieczki z domu ze swym ojcem do tych okolicznych miast i wsi. Jezus był wnikliwym obserwatorem i podczas takich wypadów zdobył wiele praktycznej wiedzy; pilnie gromadził wiedzę dotyczącą człowieka i jego życia na Ziemi.

W tym roku Jezus dokonał znacznych postępów w dostosowaniu swoich silnych uczuć i żywiołowych impulsów do potrzeb współpracy w rodzinie i dyscypliny domowej. Maria była kochającą matką, ale ściśle przestrzegała dyscypliny. Jednak Józef wywierał większy wpływ na Jezusa, na wiele sposobów, jako że było jego zwyczajem usiąść z chłopcem i dokładnie mu wytłumaczyć prawdziwe i zasadnicze przyczyny konieczności zdyscyplinowanego ograniczenia osobistych pragnień, ze względu na dobro i spokój całej rodziny. Gdy wyjaśniono rzecz Jezusowi, współpracował on zawsze inteligentnie i ochoczo, zgodnie z życzeniami rodziców i zwyczajami rodzinnymi.

Większość swego wolnego czasu – gdy matka nie potrzebowała pomocy w domu – Jezus spędzał na oglądaniu kwiatów i roślin w ciągu dnia a gwiazd w nocy. Przejawiał niepokojące skłonności leżenia na wznak i patrzenia z zadumą na rozgwieżdżone niebo, długo po jego zwyczajnej porze spoczynku, w tej tak dobrze zorganizowanej rodzinie w Nazarecie.

4. ROK SIÓDMY (1 N.E.)

Był to doprawdy obfitujący w wydarzenia rok w życiu Jezusa. Na początku stycznia zdarzyła się w Galilei wielka śnieżyca. Spadł śnieg, głęboki na ponad pół metra a były to największe opady śniegu, jakie Jezus widział w swoim życiu i jedne z największych w Nazarecie w tym stuleciu.

W czasach Jezusa zabawy dzieci żydowskich były niezbyt wyszukane; nader często bawiły się one w poważniejsze rzeczy, w to, co widziały u dorosłych. Bawiły się przeważnie w śluby i pogrzeby, obrzędy, które widziały tak często a które były bardzo widowiskowe. Tańczyły i śpiewały, ale niewiele miały zorganizowanych zabaw, które w ostatnich czasach dzieci tak bardzo lubią.

Jezus, w towarzystwie chłopca z sąsiedztwa a później swojego brata, Jakuba, lubił bawić się w odległym kącie rodzinnego warsztatu ciesielskiego, gdzie mieli dużo uciechy pośród wiórów i kawałków drewna. Jezusowi wciąż trudno było zrozumieć, jaką szkodę czynią pewne rodzaje zabaw, które były zabronione w szabat, ale zawsze dostosowywał się do życzeń rodziców. Miał on skłonności do humoru i zabaw, które nie miały zbyt wiele okazji do ekspresji w warunkach panujących w tamtych czasach i pokoleniu, jednak aż do czternastego roku życia był przeważnie wesoły i beztroski.

Na górze pomieszczenia dla zwierząt, przylegającego do domu, Maria trzymała gołębnik, a dochodu ze sprzedaży gołębi używano jako specjalnego funduszu dobroczynnego, którym zarządzał Jezus; odliczał dziesięcinę i przekazywał ją urzędnikowi synagogi.

Jedynym jak dotąd poważniejszym wypadkiem, który przydarzył się Jezusowi, był upadek na podwórku ze schodów kamiennych, prowadzących do pokrytej płóciennym dachem sypialni. Zdarzyło się to podczas niespodziewanej, lipcowej burzy piaskowej, która nadeszła ze wschodu. Gorący wiatr, niosący w swych podmuchach drobny piasek, wiał zazwyczaj w sezonie deszczowym, zwłaszcza w marcu i kwietniu. W lipcu taka burza była czymś niezwykłym. Gdy burza nadeszła, Jezus bawił się na dachu domu, jak to było w jego zwyczaju, gdyż przez większą część pory suchej było to najczęstsze miejsce jego zabaw. Gdy schodził ze schodów, oślepił go piasek i spadł. Po tym wypadku Józef zrobił balustradę po obu stronach schodów.

Nie sposób było zapobiec temu wypadkowi. Nie można oskarżać o zaniedbanie tymczasowych opiekunów, pośrednich, przydzielonych chłopcu do opieki, jednego pierwotnego i jednego wtórnego, jak również serafina opiekuna. Tego po prostu nie można było uniknąć. Jednak ten drobny wypadek, który się zdarzył, pod nieobecność Józefa, kiedy był on w Endorze, wywołał tak wielki niepokój u Marii, że przez kilka *miesięcy nierozsądnie* usiłowała trzymać Jezusa blisko przy sobie.

Wypadki materialne, zwyczajne zdarzenia natury fizycznej, nie są arbitralną ingerencją osobowości niebiańskich. W normalnych warunkach, tylko istoty pośrednie mogą interweniować w sytuacje materialne, aby zabezpieczyć osoby przeznaczenia, mężczyzn i kobiety, ale nawet w sytuacjach specjalnych istoty te mogą działać tylko zgodnie ze specyficznymi zaleceniami swych przełożonych.

I był to jeden z wielu drobnych wypadków, które się ciągle zdarzały temu dociekliwemu i szukającemu przygód młodzieńcowi. Gdy wyobrazicie sobie przeciętne dzieciństwo i młodość pełnego energii chłopca, będziecie mieć dość dobre pojęcie o młodzieńczym życiu Jezusa i łatwo będziecie mogli sobie wyobrazić, jak bardzo rodzice niepokoili się o niego, zwłaszcza matka.

Czwarty członek rodziny z Nazaretu, Józef, urodził się w środę rano, 16 marca, roku 1 n.e.

5. SZKOLNE LATA W NAZARECIE

Jezus miał teraz siedem lat, wiek, w którym dzieci żydowskie powinny zacząć formalną naukę w szkole przy synagodze. Dlatego też w sierpniu tego roku zaczął on swoje, pełne wydarzeń życie szkolne w Nazarecie. Chłopiec ten płynnie już czytał, pisał i mówił dwoma językami, aramejskim i greckim. Miał teraz zacząć naukę czytania, pisania i mówienia w języku hebrajskim. I był on naprawdę ciekawy tego nowego życia szkolnego, które się przed nim rozpościerało.

Przez trzy lata – zanim skończył dziesięć lat – Jezus uczęszczał do szkoły podstawowej przy synagodze w Nazarecie. Przez te trzy lata uczył się wyjątków z Księgi Prawa, jako że napisana była po hebrajsku. Przez następne trzy lata uczył się w szkole dla zaawansowanych i powierzał swej pamięci, metodą głośnego powtarzania, głębszą naukę Świętego Prawa. W trzynastym roku życia ukończył szkołę przy synagodze i został oddany rodzicom przez zarządców synagogi, jako wykształcony „syn przykazań" – odtąd odpowiedzialny obywatel państwa Izrael; wszystko to wiązało się z jego uczestnictwem w Paschach w Jerozolimie, dlatego też poszedł wtedy na swoją pierwszą Paschę, razem z ojcem i matką.

W Nazarecie uczniowie siedzieli półkolem na podłodze, podczas gdy nauczyciel, chazan, urzędnik synagogi, siedział zwrócony twarzą do nich. Zaczynając od Księgi Kapłańskiej, przechodzili do nauki innych Ksiąg Prawa, po czym następowało nauczanie Proroków i Psalmów. Synagoga w Nazarecie posiadała kompletną kopię Pisma Świętego po hebrajsku. Do dwunastego roku życia nauczano tylko Pisma Świętego. W miesiącach letnich godziny szkolne były znacznie skrócone.

Jezus szybko opanował hebrajski i jako młody człowiek często bywał proszony o czytanie hebrajskiego Pisma Świętego wiernym, zgromadzonym w synagodze na regularnych obrzędach szabatu, kiedy żaden ważniejszy gość nie przebywał w Nazarecie.

Szkoły przy synagodze nie posiadały oczywiście podręczników. Chazan, który uczył dzieci, wypowiadał zdanie a uczniowie powtarzali je chóralne po nim. Kiedy uczeń miał dostęp do pisanych Ksiąg Prawa, uczył się swojej lekcji przez głośne czytanie i *przez ciągłe powtarzanie.*

Później, uzupełniając swą bardziej formalną naukę, Jezus zaczął nawiązywać kontakty z rodzajem ludzkim z czterech stron świata, gdy ludzie z wielu krajów przewijali się przez warsztat naprawczy jego ojca. Gdy był starszy, kręcił się sporo przy karawanach, kiedy stawały w pobliżu źródła na odpoczynek i posiłek. Mówił płynnie po grecku i nie miał większych trudności w rozmowach z większością podróżujących karawanami i przewodników.

Nazaret był przystankiem karawan i skrzyżowaniem dróg, jego ludność w większości stanowili nie-Żydzi; był również szeroko znany jako centrum liberalnej interpretacji żydowskich, tradycyjnych Praw. Żydzi w Galilei częściej mieszali się z nie-Żydami niż miało to miejsce w Judei. I Żydzi z Nazaretu byli najbardziej liberalni ze wszystkich miast Galilei w interpretacji ograniczeń społecznych, opartych na strachu przed zanieczyszczeniem się w wyniku kontaktu z nie-Żydami. Taka sytuacja była powodem popularnego w Jerozolimie powiedzenia: „Czyż może być co dobrego z Nazaretu?".

Swą naukę moralną i kulturę duchową Jezus zdobył głównie we własnym domu. Większą część swej edukacji intelektualnej i teologicznej otrzymał od chazana. Jednak swą prawdziwą edukację – wyposażenie umysłu i serca potrzebne do rzeczywistego borykania się z trudnymi problemami życia – otrzymał dzięki przebywaniu w towarzystwie współbrata człowieka. Te właśnie bliskie związki z bratem człowiekiem, młodym i starym, Żydem i nie-Żydem, dały mu możność poznania gatunku ludzkiego. Jezus posiadał wysokie wykształcenie w tym, że dogłębnie rozumiał człowieka i z oddaniem go kochał.

Przez wszystkie swe lata spędzone w synagodze, Jezus był znakomitym uczniem, posiadał znaczną przewagę nad innymi, ponieważ był biegły w trzech językach. Kiedy Jezus zakończył swą szkolną naukę, chazan z Nazaretu powiedział Józefowi, że obawia się, iż „nauczył się więcej z badawczych pytań Jezusa" niż „potrafił nauczyć chłopca".

Jezus nauczył się dużo w szkole a regularne obrzędy szabatu w synagodze były dla niego źródłem wielkiej inspiracji. Było w zwyczaju prosić ważniejszych gości, zatrzymujących się na szabat w Nazarecie, aby przemawiali w synagodze. Gdy Jezus dorastał, słuchał wielu wielkich myślicieli z całego świata żydowskiego, którzy objaśniali swoje poglądy, a także wielu tych, którzy nie byli zbyt ortodoksyjnymi Żydami, ponieważ synagoga w Nazarecie była zaawansowanym i liberalnym centrum myśli i kultury hebrajskiej.

Kiedy uczniowie zaczynali naukę w szkole, w wieku lat siedmiu (w tym właśnie czasie Żydzi wprowadzili obowiązkową edukację), było ich zwyczajem wybrać sobie „tekst narodzin", rodzaj złotej zasady, która ich wiodła przez cały okres nauki i o której często rozprawiali z okazji promocji w trzynastym roku życia. Tekst, który wybrał Jezus, był z proroka Izajasza: „Duch Pana Boga nade mną, bo Pan mnie namaścił; posłał mnie, by głosić dobrą nowinę ubogim, by opatrywać rany serc złamanych, by zapowiadać wyzwolenie jeńcom i więźniom ducha swobodę".

Nazaret był jednym z dwudziestu czterech centrów kapłańskich narodu hebrajskiego. Jednak kapłaństwo galilejskie było bardziej liberalne w interpretacji tradycyjnych Praw, niż uczeni w Piśmie i rabini judejscy. W Nazarecie byli oni również bardziej liberalni, gdy idzie o przestrzeganie szabatu. Dlatego też Józef zabierał zazwyczaj Jezusa na spacer w szabatowe popołudnie; jedną z ich ulubionych wycieczek było wspinanie się na wysokie wzgórze w pobliżu ich domu, skąd mieli panoramiczny widok na całą Galileę. W pogodne dni zobaczyć mogli, w kierunku północno-zachodnim, długi grzbiet góry Karmel, schodzący do morza; i wiele razy Jezus słyszał ojca, który opowiadał mu historię Eliasza, jednego z pierwszych z długiego szeregu proroków hebrajskich, który ganił Achaba i demaskował kapłanów Baala. Na północy góra Hermon dźwigała swój ośnieżony szczyt w majestatycznej okazałości, wynosząc się ponad horyzont, prawie

1000 metrów jej wyższych stoków lśniło bielą wiecznego śniegu. Daleko na wschodzie mogli dostrzec dolinę Jordanu a jeszcze dalej za nią, skaliste wzgórza Moabu. Patrząc na południe i na wschód, mogli zobaczyć grecko-rzymskie miasta Dekapolu, z amfiteatrami i pretensjonalnymi świątyniami, kiedy słońce odbijało się w ich marmurowych ścianach. Kiedy zostali aż do zachodu słońca, mogli wypatrzyć statki żaglowe na odległym Morzu Śródziemnym.

Jezus mógł dostrzec trasy karawan z czterech kierunków świata, jak szły swoim szlakiem do Nazaretu i od miasta, a na południe mógł widzieć szeroką i żyzną równinę Ezdrelon, rozciągającą się do góry Gilboa i Samarii.

Gdy nie wspinali się na górę, żeby oglądać odległe pejzaże, przechadzali się po okolicy i poznawali przyrodę w jej różnych odmianach, stosownie do pór roku. Najwcześniejsza nauka Jezusa, niezależna od prowadzonej w ognisku domowym, związana była z pełnym szacunku i sympatii kontaktem z przyrodą.

Zanim Jezus skończył osiem lat, znany był wszystkim matkom i młodym kobietom z Nazaretu, gdyż spotykały go i rozmawiały z nim przy źródle, znajdującym się niedaleko jego domu, które było jednym z centrów kontaktów towarzyskich i plotek z całego miasta. W tym roku Jezus nauczył się doić krowę, własność rodziny i dbać o inne zwierzęta. Przez cały ten rok i następny uczył się także wyrobu serów i tkactwa. Gdy miał dziesięć lat fachowo obsługiwał warsztat tkacki. Mniej więcej w tym czasie Jezus i chłopiec z sąsiedztwa, Jakub, zaprzyjaźnili się z garncarzem, który pracował w pobliżu bijącego źródła; a gdy obserwowali zręczne palce Natana, urabiające glinę na kole garncarskim, wiele razy obaj chcieli zostać garncarzami, kiedy dorosną. Natan bardzo lubił chłopców i często dawał im glinę do zabawy, próbując rozwijać u nich twórczą wyobraźnię i namawiał ich do współzawodnictwa w modelowaniu różnych przedmiotów i zwierząt.

6. JEGO ÓSMY ROK (2 N.E.)

W szkole był to ciekawy rok. Chociaż Jezus nie był nadzwyczajnym uczniem, był pilny i należał do bardziej zaawansowanej, jednej trzeciej klasy; wykonywał swoje zadania tak dobrze, że został zwolniony z obowiązku uczęszczania do szkoły przez tydzień w każdym miesiącu. Tydzień ten spędzał zazwyczaj z wujem rybakiem, na brzegu Morza Galilejskiego, w pobliżu Magdali albo w gospodarstwie innego wuja (brata matki), osiem kilometrów na południe od Nazaretu.

Chociaż matka niepotrzebnie niepokoiła się o jego zdrowie i bezpieczeństwo, stopniowo pogodziła się z takimi wycieczkami z domu. Wszyscy wujowie i ciotki Jezusa byli dla niego bardzo mili i występowało między nimi ożywione współzawodnictwo, aby dotrzymywał im towarzystwa w czasie tych comiesięcznych odwiedzin, w tym roku i przez lata następne. Pierwszy tygodniowy pobyt w gospodarstwie wuja (od czasu wczesnego dzieciństwa) wypadł w styczniu tego roku; pierwsze tygodniowe przygody rybackie na Morzu Galilejskim miały miejsce w maju.

Mniej więcej w tym czasie Jezus spotkał nauczyciela matematyki z Damaszku i nauczywszy się nieco nowych sposobów liczenia, przez kilka lat sporo czasu poświęcał matematyce. Rozwinął głębokie wyczucie liczb, odległości i proporcji.

Jezus bardzo polubił swego brata Jakuba i pod koniec tego roku zaczął go uczyć alfabetu.

W tym roku Jezus zaaranżował zamianę produktów mleczarskich na lekcje gry na harfie. Nadzwyczaj lubił wszystko to, co wiązało się z muzyką. Później zrobił sporo, aby rozbudzić zainteresowanie muzyką wokalną u swoich młodocianych towarzyszy. Kiedy miał jedenaście lat, był uzdolnionym harfistą i bardzo lubił zabawiać zarówno rodzinę jak i przyjaciół swymi niezwykłymi interpretacjami i ciekawymi improwizacjami.

Podczas gdy Jezus robił godne pozazdroszczenia postępy w szkole, nie wszystko szło tam gładko, zarówno dla rodziców jak i nauczycieli. Nie ustawał w zadawaniu wielu kłopotliwych pytań, odnoszących się zarówno do religii jak i nauki, zwłaszcza geografii i astronomii. Ze szczególnym uporem próbował dociec, dlaczego w Palestynie występują pory suche i deszczowe. Wiele razy szukał wytłumaczenia dużej różnicy temperatur, jaka występuje pomiędzy Nazaretem a doliną Jordanu. Po prostu nigdy nie zaprzestawał zadawania inteligentnych, ale kłopotliwych pytań.

Trzeci brat Jezusa, Szymon, urodził się w piątkowy wieczór, 14 kwietnia tego roku, 2 roku n.e.

W lutym przybył do Nazaretu Nachor, jeden z nauczycieli jerozolimskiej akademii rabinów, aby się przyjrzeć Jezusowi; wcześniej przebywał w domu Zachariasza koło Jerozolimy, z podobną misją. Przybył do Nazaretu za namową ojca Jana. Chociaż z początku był nieco zaszokowany bezpośredniością Jezusa i jego niekonwencjonalnym sposobem odnoszenia się do spraw religijnych, przypisywał to oddaleniu Galilei od centrów hebrajskiego nauczania i kultury oraz doradzał Józefowi i Marii, aby pozwolili mu zabrać Jezusa ze sobą, gdy będzie wracał do Jerozolimy, gdzie Jezus mógłby skorzystać z edukacji i nauczania w centrum kultury żydowskiej. Maria połowicznie dała się przekonać; była pewna, że jej najstarszy syn zostanie Mesjaszem, żydowskim wybawicielem. Józef się wahał; tak samo był przekonany, że Jezus dorasta na człowieka przeznaczenia, ale żywił głębokie wątpliwości, o jaki rodzaj przeznaczenia tu chodzi. Naprawdę nigdy nie wątpił, że jego syn ma wypełnić jakąś wielką misję na Ziemi. Im więcej myślał o radzie Nachora, tym bardziej wątpił w sens proponowanego pobytu w Jerozolimie.

Z powodu takiej różnicy zdań pomiędzy Józefem a Marią, Nachor prosił, aby pozwolono mu przedłożyć całą sprawę Jezusowi. Jezus słuchał uważnie, rozmawiał z Józefem, Marią i sąsiadem Jakubem, kamieniarzem, którego syn był jego najlepszym towarzyszem zabaw a potem, w dwa dni później, poinformował, że skoro istnieje taka rozbieżność zdań pomiędzy rodzicami i doradcami, i skoro on nie czuje się kompetentny, aby wziąć na siebie odpowiedzialność za taką decyzję, i nie może się zdecydować, jaki obrać kierunek postępowania, biorąc pod uwagę całą sytuację postanowił ostatecznie „porozmawiać z moim Ojcem, który jest w niebie". I chociaż nie był zupełnie pewny odpowiedzi, czuł, że raczej powinien zostać w domu „z moim ojcem i matką" i dodał, „raczej ci, którzy mnie kochają tak bardzo, zrobią dla mnie więcej i poprowadzą mnie bezpieczniej niż obcy, którzy mogą tylko widzieć moje ciało i obserwować mój umysł, ale nie mogą prawdziwie mnie poznać". Wszyscy się zdumieli a Nachor poszedł w swoją drogę, z powrotem do Jerozolimy. I upłynęło wiele lat, zanim znowu zaczęto rozważać sprawę wyjścia Jezusa z domu.

PRZEKAZ 124

PÓŹNE DZIECIŃSTWO JEZUSA

CHOCIAŻ Jezus miałby być może lepsze warunki do nauki w Aleksandrii niż w Galilei, nie miałby tam tego wspaniałego środowiska, które dawało mu sposobność rozwiązywania swoich problemów życiowych przy minimalnej pomocy edukacyjnej, jednocześnie przynosząc znaczne korzyści w wyniku ciągłych kontaktów ze znaczną liczbą wszelkich klas mężczyzn i kobiet, przybywających ze wszystkich stron cywilizowanego świata. Gdyby Jezus pozostał w Aleksandrii, jego edukacja byłaby prowadzona przez Żydów i wyłącznie po linii żydowskiej. W Nazarecie zdobył edukację i otrzymał tę naukę, która go znacznie lepiej przygotowała do zrozumienia nie-Żydów i która mu dała lepszą i bardziej wyważoną ideę względnych zalet wschodniego, albo babilońskiego, oraz zachodniego, albo hellenistycznego punktu widzenia teologii hebrajskiej.

1. DZIEWIĄTY ROK ŻYCIA JEZUSA (3 N.E.)

Aczkolwiek trudno powiedzieć, że Jezus kiedykolwiek był ciężko chory, w tym roku przechodził nieco drobnych dolegliwości dziecięcych, razem ze swymi braćmi i maleńką siostrą.

Nauka w szkole posuwała się naprzód a Jezus wciąż był uprzywilejowanym uczniem, mając wolny tydzień w każdym miesiącu. Nadal dzielił ten czas prawie po równo na wycieczki do pobliskich miast z ojcem, na odwiedziny gospodarstwa wuja, na południe od Nazaretu oraz na wyprawy rybackie z Magdali.

Najpoważniejsze ze wszystkich dotychczasowych problemów szkolnych miały miejsce późną zimą, kiedy Jezus ośmielił się sprzeciwić chazanowi w sprawie nauczania, że wszystkie podobizny, obrazy i rysunki są w swojej naturze bałwochwalcze. Jezus lubił rysować pejzaże, jak również modelować wiele różnorodnych przedmiotów w glinie garncarskiej. Wszystko to było surowo zakazane przez Prawo żydowskie, ale jak dotąd udawało mu się rozbroić obiekcje rodziców do tego stopnia, że pozwalali mu nadal to robić.

Nowe kłopoty wynikły w szkole, kiedy jeden z nieco zapóźnionych uczniów odkrył rysunek, przedstawiający nauczyciela, narysowany przez Jezusa na podłodze klasy węglem drzewnym. Było to jasne jak dzień i wielu starszych obejrzało rysunek, zanim komitet postanowił wezwać Józefa i zażądać, aby coś zrobił i przykrócił samowolę najstarszego syna. I chociaż nie była to pierwsza skarga, jaka dotarła do Józefa i Marii w sprawie wyczynów ich wszechstronnego i rezolutnego dziecka, było to jednak najpoważniejsze ze wszystkich oskarżeń dotychczas mu postawionych. Jezus, posadzony na wielkim kamieniu tuż obok tylnych drzwi, słuchał jakiś czas oskarżeń jego artystycznych wysiłków. Oburzył się, gdy o jego domniemane występki oskarżano ojca; wkroczył więc do akcji, nieustraszenie konfrontując swych oskarżycieli. Wśród starszych zapanowała konsternacja. Niektórzy skłonni byli traktować incydent humorystycznie, podczas gdy jeden czy dwóch sprawiało wrażenie, że uważają chłopca za świętokradcę, jeśli nie bluźniercę. Józef był w rozterce, Maria oburzona, ale Jezus upierał się, żeby go wysłuchano. Miał swoje zdanie, odważnie bronił swego punktu widzenia i z doskonałą samokontrolą oświadczył, że podporządkuje się decyzji ojca w tej i w każdej innej, kontrowersyjnej sprawie. I komitet starszych rozszedł się w milczeniu.

Maria próbowała wpłynąć na Józefa, aby w domu pozwolił Jezusowi modelować w glinie, skoro Jezus obiecał nie robić w szkole niczego takiego, co budzi wątpliwości, ale Józef czuł się zmuszony postanowić, że należy się stosować do rabinicznej interpretacji drugiego przykazania. I dlatego też, od tego dnia, Jezus nigdy więcej nie rysował ani nie modelował żadnej podobizny, tak długo, jak mieszkał w domu swego ojca. Nie był jednak przekonany o nieprawidłowości tego, co zrobił, a to, że nie mógł kontynuować tej ulubionej rozrywki, stanowiło jedną z większych prób jego młodego życia.

Pod koniec czerwca Jezus pierwszy raz wspiął się na szczyt góry Tabor, razem ze swym ojcem. Dzień był przejrzysty a widok wspaniały. Wydawało się temu, dziewięcioletniemu chłopcu, że naprawdę patrzy na cały świat, za wyjątkiem Indii, Afryki i Rzymu.

Druga siostra Jezusa, Marta, urodziła się w czwartkową noc, 13 września. W trzy tygodnie po przybyciu na świat Marty, Józef, który chwilowo był na miejscu, zaczął budować przybudówkę do domu, warsztat służący również za sypialnię. Dla Jezusa zrobiony został mały stół roboczy i pierwszy raz w życiu miał on swe własne narzędzia. Przez wiele lat, w wolnych chwilach, pracował przy tym stole i został wytrawnym mistrzem w robieniu jarzem.

Ta i następna zima były najzimniejsze w Nazarecie od wielu dekad. Jezus widział śnieg w górach a wiele razy spadł on też w Nazarecie, pozostając na ziemi tylko na krótko, jednak aż do tej zimy Jezus nie widział lodu. To, że woda może istnieć w stanie stałym oraz jako ciecz i para – długo się zastanawiał nad parą wylatującą z garnków – dawało chłopcu wiele do myślenia o świecie fizycznym i jego naturze; a przecież osobowość wcielona w tego dorastającego młodzieńca cały czas była rzeczywistym stwórcą i organizatorem wszystkich tych rzeczy, na obszarze rozległego wszechświata.

Klimat Nazaretu był łagodny. Styczeń był najzimniejszym miesiącem, jego przeciętna temperatura wynosiła około 10 ° C. W miesiącach najcieplejszych, lipcu i sierpniu, temperatura wahała się od 24 ° do 32 ° C. Od gór do Jordanu i doliny Morza Martwego, klimat Palestyny rozkładał się w skali od zimnego do gorącego. Dlatego też Żydzi przygotowani byli do życia w każdym niemalże z różnorodnych klimatów świata.

Nawet w najcieplejszych miesiącach letnich, chłodna bryza wiała zazwyczaj od zachodu, od 10 rano prawie do 22 wieczorem. Ale od czasu do czasu bardzo silne, gorące *wiatry ze wschodniej pustyni,* wiały w całej Palestynie. Takie gorące podmuchy zdarzały się zazwyczaj w lutym i marcu, pod koniec pory deszczowej. W tamtych czasach zdarzały się odświeżające ulewy, od listopada do kwietnia, ale nie było opadów ciągłych. W Palestynie były tylko dwie pory roku, lato i zima, pora sucha i deszczowa. W styczniu zaczynały kwitnąć kwiaty a pod koniec kwietnia cały kraj stawał się jednym wielkim ogrodem kwiatowym.

W maju tego roku Jezus po raz pierwszy pomagał przy zbiorach zbóż w gospodarstwie wuja. Zanim skończył trzynaście lat, udało mu się dowiedzieć czegoś praktycznie o wszystkim tym, czym zajmowali się mężczyźni i kobiety w okolicach Nazaretu, za wyjątkiem obróbki metali; po śmierci ojca, kiedy był starszy, spędził wiele miesięcy w kuźni.

Kiedy nie było zbyt dużo pracy i karawan, Jezus wielokrotnie podróżował ze swoim ojcem, dla przyjemności lub w interesach do pobliskiej Kany, Endoru i Nainu. Nawet jako chłopiec, Jezus często odwiedzał Seforis, miasto oddalone o jakieś pięć kilometrów od Nazaretu w kierunku północno-zachodnim, a od 4 roku p.n.e. do około 25 n.e., stolicę Galilei i jedną z rezydencji Heroda Antypasa.

Jezus wciąż się rozwijał fizycznie, intelektualnie, społecznie i duchowo. Jego wycieczki z domu przyczyniały się w znacznym stopniu do lepszego i dokładniejszego zrozumienia własnej rodziny i w tym właśnie czasie nawet rodzice zaczęli się uczyć od niego, jego ucząc również. Nawet w okresie swej młodości, Jezus był oryginalnym myślicielem i uzdolnionym nauczycielem. Ciągle wchodził w kolizję z tak zwanym „niepisanym prawem", jednak zawsze próbował się dostosować do zwyczajów rodziny. Żyło mu się zupełnie dobrze z dziećmi w jego wieku, często jednak bywał zniechęcony ich wolno pracującymi umysłami. Zanim skończył dziesięć lat, został przywódcą grupy złożonej z siedmiu chłopców, którzy stworzyli towarzystwo dla popierania męskich osiągnięć – fizycznych, intelektualnych i religijnych. W gronie tych chłopców Jezusowi udało się wprowadzić nowe zabawy i różnorodne, doskonalsze metody aktywnego wypoczynku.

2. ROK DZIESIĄTY (4 N.E.)

Zdarzyło się to piątego lipca, w pierwszy szabat miesiąca, kiedy Jezus, wędrując z ojcem po okolicy, pierwszy raz dał wyraz uczuciom i ideom, które wskazywały na to, że uświadamiał sobie niezwykłą naturę swej misji życiowej. Józef słuchał uważnie doniosłych słów swego syna, ale niewiele je komentował; wolał nie udzielać mu informacji. Następnego dnia Jezus miał podobną, ale dłuższą rozmowę z matką. Maria także słuchała oświadczeń chłopca, jednak ona również wolała nie udzielać mu żadnych informacji. Minęły prawie dwa lata, zanim Jezus znowu opowiedział swym rodzicom o objawieniu, narastającym w jego świadomości, odnośnie natury jego osobowości i charakteru jego misji na Ziemi.

W sierpniu Jezus rozpoczął naukę w szkole dla zaawansowanych przy synagodze. W szkole wciąż przysparzał kłopotów swymi pytaniami, które zadawał wytrwale. Coraz częściej trzymał cały Nazaret w stanie większego czy mniejszego poruszenia. Rodzice jego nie chcieli mu zabraniać zadawania tych niepokojących pytań a główny jego nauczyciel był bardzo zaintrygowany ciekawością, wnikliwością i głodem wiedzy u chłopca.

Towarzysze zabaw Jezusa nie widzieli nic nadnaturalnego w jego zachowaniu; był zasadniczo taki sam jak oni. Interesował się nauką trochę bardziej niż przeciętny uczeń, ale nie było to takie niezwykłe. W szkole zadawał więcej pytań niż inni w jego klasie.

Być może najbardziej niezwykłą i niepospolitą cechą Jezusa była jego niechęć do walki o swoje racje. Ponieważ był chłopcem całkiem nieźle jak na swój wiek rozwiniętym, jego towarzyszom zabaw wydawało się dziwnie, że nie lubi się bronić, nawet w wypadku niesprawiedliwości lub osobistej zniewagi. Gdy coś takiego się zdarzyło, nie cierpiał zbytnio z powodu tej cechy, ze względu na przyjaźń z Jakubem, chłopcem z sąsiedztwa, starszym o rok. Jakub był synem kamieniarza, wspólnika Józefa w interesach. Bardzo podziwiał on Jezusa i uważał za swój obowiązek, aby nie pozwolić nikomu dominować nad Jezusem z powodu jego odrazy do walki fizycznej. Starsi i grubiańscy młodzieńcy wielokrotnie atakowali Jezusa, licząc na jego powszechnie znaną uległość, zawsze jednak spotykała ich szybka i pewna odpłata z rąk jego samozwańczego orędownika i zawsze gotowego obrońcy, Jakuba, syna kamieniarza.

Jezus był powszechnie uznawanym przywódcą chłopców w Nazarecie, tych, którzy mieli wyższe ideały jak dla ich czasu i pokolenia. Jego młodzi towarzysze naprawdę go kochali nie tylko dlatego, że był sprawiedliwy, ale również dlatego, że posiadał rzadką i pełną uczucia wyrozumiałość, świadczącą o miłości i graniczącą z dyskretnym współczuciem.

W tym roku Jezus zaczął przejawiać wyraźne preferencje do towarzystwa osób starszych. Lubił rozmawiać o sprawach kulturalnych, edukacyjnych, społecznych, ekonomicznych, politycznych i religijnych ze starszymi umysłami a głębia jego rozumowania i bystrość obserwacji tak urzekała starszych uczestników dyskusji, że zawsze bardzo chętnie się z nim spotykali. Zanim został odpowiedzialny za utrzymanie domu, rodzice wciąż usiłowali wpłynąć na niego, aby przebywał raczej z tymi, którzy są w jego lub w podobnym wieku, niż ze starszymi i lepiej obeznanymi osobami, dla których przejawiał takie upodobanie.

Pod koniec tego roku Jezus odbył ze swoim wujem dwumiesięczną praktykę w łowieniu ryb na Morzu Galilejskim, odnosząc znaczne sukcesy. Zanim wkroczył w wiek męski, stał się doświadczonym rybakiem.

Jezus wciąż się rozwijał fizycznie; w szkole był zaawansowanym i uprzywilejowanym uczniem; całkiem dobrze współżył w domu ze swymi młodszymi braćmi i siostrami, mając tę przewagę, że był trzy i pół roku starszy od najstarszego z reszty dzieci. W całym Nazarecie miał dobrą opinię, za wyjątkiem rodziców kilku mniej zdolnych dzieci, którzy często mówili o Jezusie, że jest zbyt zuchwały, pozbawiony właściwej pokory i młodzieńczej powściągliwości. Przejawiał narastającą tendencję ukierunkowywania zabaw swoich młodych towarzyszy na tory bardziej poważnych i wymagających myślenia poczynań. Był urodzonym nauczycielem i po prostu nie mógł powstrzymać się od działania w ten sposób, nawet, kiedy z pozoru angażował się w zabawę.

Józef wcześnie zaczął uczyć Jezusa różnorakich metod zdobywania środków do życia, wyjaśniając mu przewagę rolnictwa nad wytwórczością i handlem. Galilea była rejonem znacznie ładniejszym i lepiej prosperującym niż Judea a koszt utrzymania wynosił tylko jedną czwartą tego, co w Jerozolimie i Judei. Była to prowincja wiosek rolniczych i prosperujących miejscowości wytwórczych a miała ponad dwieście miast o populacji powyżej pięciu tysięcy oraz trzydzieści miast z populacją powyżej piętnastu tysięcy.

Podczas swej pierwszej wyprawy z ojcem, żeby się zapoznać z rybołówstwem na Jeziorze Galilejskim, Jezus nieomal postanowił zostać rybakiem, jednak bliski związek z zawodem ojca wpłynął później na niego i postanowił zostać cieślą, podczas gdy kolejna kombinacja wpływów doprowadziła go do ostatecznego postanowienia, aby zostać nauczycielem religijnym nowego porządku.

3. ROK JEDENASTY (5 N.E.)

W tym roku chłopiec nadal robił wypady z domu z ojcem, ale równie często odwiedzał gospodarstwo wuja a czasami szedł do Magdali łowić ryby z tym wujem, który miał swą siedzibę w pobliżu tego miasta.

Józef i Maria często mieli chęć okazać jakieś specjalne względy Jezusowi, albo skądinąd ujawnić mu to, że jest obiecanym dzieckiem, synem przeznaczenia. Jednak obcje rodzice byli wyjątkowo mądrzy i roztropni we wszystkich takich sprawach. Gdy kilka razy, w jakikolwiek sposób okazali wobec niego jakieś szczególne względy, nawet w niewielkim stopniu, chłopiec szybko odmawiał wszelkiego takiego specjalnego traktowania.

Niemało czasu Jezus spędzał w punkcie zaopatrzenia karawan i w wyniku rozmów z podróżnymi ze wszystkich stron świata, zdobył niesamowity zasób informacji o sprawach międzynarodowych, co było zdumiewające, biorąc pod uwagę jego wiek. Był to ostatni rok, w którym cieszył się bez ograniczeń swobodną zabawą i radosną młodością. Odtąd trudności i obowiązki w życiu młodzieńca szybko zaczęły narastać.

W środowy wieczór, 24 czerwca, roku 5 n.e., urodził się Juda. Porodowi tego siódmego dziecka towarzyszyły komplikacje. Kilka tygodni Maria tak ciężko chorowała, że Józef został w domu. Jezus był bardzo zapracowany, realizując zamówienia ojca i wykonując wiele obowiązków, spowodowanych poważną chorobą matki. Już nigdy ten młodzieniec nie wrócił do dziecięcego stylu życia ze swoich młodszych lat. Od czasu choroby matki – tuż przed ukończeniem jedenastego roku życia – został zmuszony do podjęcia obowiązków pierworodnego syna i wykonywania ich wszystkich rok albo dwa lata wcześniej, nim te obciążenia spadłyby na jego barki w normalnych warunkach

Każdego tygodnia chazan spędzał jeden wieczór z Jezusem, pomagając mu opanować hebrajskie Pismo Święte. Interesował się on bardzo postępami swego obiecującego ucznia, dlatego też skłonny był pomagać mu na wiele sposobów. Ten żydowski pedagog wywarł wielki wpływ na rozwijający się intelekt Jezusa, ale nigdy nie potrafił zrozumieć, dlaczego Jezus jest zupełnie obojętny na wszystkie jego sugestie dotyczące perspektyw pójścia do Jerozolimy, aby kontynuować naukę pod kierunkiem uczonych rabinów.

Gdzieś w połowie marca chłopiec towarzyszył ojcu w jego, związanym z pracą wyjeździe do Scytopolis, najważniejszego greckiego miasta Dekapolu, starożytnego hebrajskiego miasta Bet-Szean. Po drodze Józef dużo opowiadał o dawnej historii króla Saula, o Filistynach i późniejszych wydarzeniach burzliwej historii Izraela. Na Jezusie ogromne wrażenie wywarła czystość i dobre rozplanowanie tak zwanego pogańskiego miasta. Podziwiał amfiteatr i zachwycał się piękną marmurową świątynią, poświęconą „pogańskim" bogom. Józefa bardzo zaniepokoił entuzjazm chłopca i próbował przeciwdziałać jego pozytywnym wrażeniom, wychwalając piękno i majestat żydowskiej Świątyni w Jerozolimie. Ze wzgórza w Nazarecie Jezus często patrzył z ciekawością na to wspaniałe greckie miasto i wiele razy pytał o jego wielkie budowle publiczne i ozdobne budynki, jednak ojciec zawsze próbował nie odpowiadać na te pytania. Teraz stali twarzą w twarz z pięknem tego nieżydowskiego miasta i Józef nie mógł taktownie zignorować dociekań Jezusa.

Tak się zdarzyło, że akurat w tym czasie odbywały się doroczne, publiczne zawody w amfiteatrze w Scytopolis, pomiędzy greckimi miastami wchodzącymi w skład Dekapolu oraz pokazy zręczności fizycznej i Jezus nalegał, aby go ojciec zabrał na te zawody, bo chciał na nie popatrzeć, nalegał tak uporczywie, że Józef nie potrafił mu odmówić. Chłopca fascynowały zawody i całym sercem popierał ducha tych pokazów tężyzny fizycznej i atletycznej zręczności. Józef był niewymownie zaszokowany, widząc entuzjazm swego syna, kiedy ten patrzył na owe pokazy „pogańskiej" próżności. Kiedy zawody się skończyły, Józef przeżył szok swego życia, gdy usłyszał, jak Jezus wyrażał się o nich z uznaniem i podsuwał myśl, że dobrze byłoby, gdyby młodzi mężczyźni z Nazaretu mogli w ten sposób korzystać ze zdrowego ruchu fizycznego na świeżym powietrzu. Józef długo i poważnie rozmawiał z Jezusem na temat złej natury takich zwyczajów, jednak dobrze wiedział, że nie przekonał chłopca.

Raz tylko Jezus widział ojca rozgniewanego na niego, a miało to miejsce tego właśnie wieczora, w ich pokoju w zajeździe, gdy podczas rozmowy chłopiec tak dalece zapomniał o zasadach żydowskiego myślenia, że sugerował, aby poszli z powrotem do domu i zaczęli działać w kierunku budowy amfiteatru w Nazarecie. Gdy Józef usłyszał, jak jego pierworodny wyraża tak bardzo nieżydowskie poglądy, zapomniał swej zwyczajnej, spokojnej postawy i chwytając Jezusa za ramię gniewnie zawołał „Mój synu, nigdy więcej, przez całe twoje życie nie chcę słyszeć, jak wypowiadasz takie złe myśli". Jezus był wstrząśnięty tym przejawem emocji u ojca; nigdy wcześniej nie zaznał tego uczucia, jakie wyzwala gniew ojca i był zdumiony oraz niewypowiedzianie zaszokowany. Odpowiedział tylko: „Bardzo dobrze, mój ojcze, tak się stanie". I nigdy więcej chłopiec nie napomknął, nawet mimochodem, o zawodach i innych atletycznych zajęciach Greków, dopóki żył jego ojciec.

Później Jezus widział grecki amfiteatr w Jerozolimie i zrozumiał, jak bardzo znienawidzone są takie rzeczy z żydowskiego punktu widzenia. Mimo wszystko, przez całe swoje życie usiłował włączyć ideę zdrowej rekreacji do swoich planów osobistych i tak dalece, jak na to pozwalał żydowski obyczaj, do późniejszego programu regularnych zajęć dla swoich dwunastu apostołów.

Pod koniec jedenastego roku swego życia Jezus był energicznym, dobrze rozwiniętym w miarę żartobliwym i dość beztroskim młodzieńcem, jednak od tego roku coraz częściej ulegał swoistym okresom głębokiej medytacji i poważnej kontemplacji. Dużo myślał o tym, jak wywiązywać się ze swych zobowiązań wobec rodziny i jednocześnie być posłusznym powołaniu swej misji dla świata; już rozumiał, że jego służba nie będzie ograniczać się tylko do poprawy narodu żydowskiego.

4. ROK DWUNASTY (6 N.E.)

W życiu Jezusa był to burzliwy rok. Robił postępy w szkole i niestrudzenie obserwował przyrodę, poznając jednocześnie coraz więcej sposobów, jakimi ludzie zarabiają na życie. Zaczął pracować regularnie w domowym warsztacie ciesielskim i pozwolono mu dysponować własnymi zarobkami, co w rodzinie żydowskiej było bardzo niezwykłym układem. W tym roku nauczył się także, jak mądrze jest dochowywać tajemnicy rodzinnej o takich sprawach. Uświadomił też sobie, dlaczego sprawiał kłopoty w miasteczku i odtąd był coraz bardziej dyskretny, ukrywając wszystko to, co mogłoby sprawić, że traktowano by go jako odmiennego od kolegów.

W tym roku przeżywał wiele okresów niepewności, jeśli nie prawdziwych wątpliwości, odnośnie natury swojej misji. Jego normalnie rozwijający się umysł ludzki nie pojął jeszcze w pełni rzeczywistości jego podwójnej natury. To, że posiadał pojedynczą osobowość, utrudniało mu świadome rozpoznanie podwójnego pochodzenia tych czynników, które składały się na jestestwo związane z jedną i tą samą osobowością.

Od tego czasu zaczął sobie lepiej radzić ze swymi braćmi i siostrami. Był coraz bardziej taktowny, zawsze współczujący, troszczył się o ich dobro i szczęście i utrzymywał z nimi dobre stosunki, aż do czasu rozpoczęcia swej służby publicznej. Mówiąc wyraźniej – zżył się wręcz znakomicie z Jakubem, Miriam i dwojgiem młodszych (jak dotąd nienarodzonych) dzieci, Amosem i Rut. Zawsze był w dość dobrych stosunkach z Martą. Kłopoty, jakie miewał w domu, powstawały w wyniku utarczek z Józefem i Judą, zwłaszcza z tym ostatnim.

Dla Józefa i Marii, wychowanie tej kombinacji bez precedensu, boskości i człowieczeństwa, było trudnym zadaniem życiowym i zasługują oni na najwyższe uznanie za to, że tak sumiennie i pomyślnie wywiązali się ze swych rodzicielskich obowiązków. Rodzice Jezusa stopniowo zaczęli sobie uświadamiać, że w ich najstarszym synu jest coś nadludzkiego, jednak nigdy, nawet w najmniejszym stopniu nie przyszło im na myśl, że ten obiecany syn jest faktycznie i prawdziwie rzeczywistym stwórcą wszechświata lokalnego rzeczy i istot. Józef i Maria żyli i umarli nie dowiedziawszy się, że ich syn, Jezus, naprawdę jest Stwórcą Wszechświata wcielonym w człowieka.

W tym roku Jezus poświęcał więcej niż dotąd uwagi muzyce oraz nadal nauczał w domowej szkole braci i siostry. Mniej więcej w tym czasie chłopiec wyraźnie uświadomił sobie różnice pomiędzy punktami widzenia Józefa i Marii w sprawie natury jego misji. Dużo się zastanawiał nad różnicami w opiniach rodziców, często słysząc ich rozmowy, kiedy myśleli, że mocno śpi. Coraz bardziej przychylał się do zdania ojca, więc matce było później przykro, gdy zdała sobie sprawę z tego, że syn stopniowo odrzuca jej przewodnictwo w sprawach dotyczących jego życiowej działalności. I z upływem lat ta różnica w zrozumieniu poszerzała się. Coraz gorzej Maria rozumiała znaczenie misji Jezusa i coraz bardziej ta dobra matka była raniona z powodu nie spełniania przez ukochanego syna jej wymarzonych oczekiwań.

Józef żywił coraz głębsze przekonanie o duchowej naturze misji Jezusa. Ale z innych i ważniejszych powodów wydaje się niefortunne, że nie mógł on żyć i zobaczyć spełnienia swoich idei obdarzenia Ziemi przez Jezusa.

W czasie swego ostatniego roku w szkole, gdy Jezus miał dwanaście lat, polemizował on z ojcem na temat żydowskiego zwyczaju dotykania kawałka pergaminu przybitego nad futryną, za każdym razem, kiedy się wchodzi do domu czy z niego wychodzi, a następnie całowania palca, który dotknął pergaminu. Częścią tego rytuału było zwyczajowe powiedzenie: „Pan będzie strzegł naszego wyjścia i przyjścia teraz i po wszystkie czasy". Józef i Maria wielokrotnie wyjaśniali Jezusowi, dlaczego nie należy robić podobizn czy rysować obrazów, tłumacząc, że taka twórczość może być użyta do celów bałwochwalczych. Chociaż Jezus nie potrafił w pełni zrozumieć ich zakazów, dotyczących podobizn i obrazów, posiadał wysokie poczucie logiki i dlatego też wykazał ojcu bałwochwalczą zasadniczo naturę obyczajowego hołdu, składanego pergaminowi na futrynie. I Józef usunął pergamin, po tym, jak Jezus tak z nim polemizował.

Z biegiem czasu Jezus zrobił wiele w kierunku modyfikacji rodzinnych praktyk religijnych, takich jak rodzinne modlitwy i inne zwyczaje. W Nazarecie można było robić wiele takich rzeczy, ponieważ jego synagoga znajdowała się pod wpływem liberalnej szkoły rabinów, czego przykładem był renomowany nauczyciel z Nazaretu, Jose.

Przez ten rok i dwa lata następne Jezus przeżywał wielkie rozterki umysłowe, na skutek nieustannych prób dostosowania swoich osobistych idei do ustalonych wierzeń rodziców, dotyczących praktyk religijnych i obyczajów społecznych. Miał problemy, wynikłe z konfliktu pomiędzy impulsem lojalności wobec własnych przekonań a sumiennym nakazem uległego podporządkowania się rodzicom; główna sprzeczność dotyczyła dwu wielkich nakazów, najważniejszych dla jego młodego intelektu. Jeden z nich to: „Bądź lojalny wobec tego, co ci nakazują twoje najwyższe przekonania o prawdzie i prawości". Drugi to: „Czcij ojca swego i matkę swoją, gdyż dali ci życie i utrzymanie jego". Tym niemniej nigdy nie unikał robienia niezbędnych, codziennych adaptacji pomiędzy lojalnością wobec swoich osobistych przekonań a obowiązkami wobec rodziny i był zadowolony - wypracowywał coraz bardziej harmonijną mieszankę osobistych przekonań oraz obowiązków rodzinnych, tworząc mistrzowską ideę grupowej solidarności, opartej na lojalności, sprawiedliwości, tolerancji i miłości.

5. JEGO ROK TRZYNASTY (7 N.E.)

W tym roku skończyły się lata chłopięce Jezusa z Nazaretu i wkroczył on we wczesny wiek męski; jego głos zaczął się zmieniać a inne właściwości umysłu i ciała świadczyły o nadchodzącym stanie męskości.

W niedzielną noc, 9 stycznia, roku 7 n.e., urodził się najmłodszy brat Amos. Juda nie miał jeszcze dwóch lat, a mała siostra Rut miała się dopiero narodzić; jak widać Jezus miał sporą rodzinę złożoną z małych dzieci pozostawionych jego opiece, gdy następnego roku ojciec zginął w wypadku.

Mniej więcej w połowie lutego Jezus upewnił się ludzkim sposobem, że jego przeznaczeniem jest przeprowadzenie na Ziemi misji, w celu oświecenia człowieka i objawienia Boga. Doniosłe decyzje, połączone z dalekosiężnymi planami, rodziły się w głowie tego młodzieńca, który wyglądem zewnętrznym przypominał przeciętnego chłopca żydowskiego z Nazaretu. Inteligentne życie całego Nebadonu przyglądało się z fascynacją i zdumieniem jak wszystkie te sprawy zaczęły się kształtować w myśleniu i działaniu owego dorastającego syna cieśli.

W pierwszym dniu tygodnia, 20 marca, roku 7 n.e., Jezus ukończył naukę w szkole lokalnej, związanej z synagogą w Nazarecie. To był wielki dzień w życiu każdej ambitnej rodziny żydowskiej, dzień, w którym pierworodny syn został ogłoszony „synem przykazań" oraz odkupiony jako pierworodny Pana Boga Izraela, „dziecko Najwyższego" i sługa Pana całej ziemi.

W piątek poprzedzającego tygodnia, Józef wrócił z Seforis, gdzie nadzorował prace przy nowym budynku użyteczności publicznej, żeby być na tej radosnej uroczystości. Nauczyciel Jezusa głęboko był przekonany, że ten żwawy i pracowity uczeń zrobi jakąś karierę, spełni pewną szczególną misję. Starsi, pomimo wszystkich ich kłopotów z nonkonformistycznymi skłonnościami Jezusa, bardzo byli dumni z chłopca i już zaczęli układać plany, według których miałby on pójść do Jerozolimy, aby kontynuować edukację w renomowanych akademiach hebrajskich.

Gdy Jezus słyszał o tych planach, jak o nich wspominano od czasu do czasu, nabierał coraz większej pewności, że nigdy nie pójdzie do Jerozolimy studiować z rabinami. Jednak wcale się nie spodziewał nadchodzącej tragedii, na skutek której zaniechano wszelkich takich planów i która sprawiła, że przejął odpowiedzialność za utrzymanie i prowadzenie dużej rodziny, złożonej teraz z pięciu braci i trzech sióstr, jak również matki i samego siebie. Jezus miał większe i dłuższe doświadczenie w utrzymywaniu tej rodziny niż to, jakie było dane jego ojcu, Józefowi; i trzymał się tych standardów, jakie później sobie postawił: być mądrym, cierpliwym, wyrozumiałym i efektywnym nauczycielem oraz najstarszym bratem tej rodziny – jego rodziny – tak nagle dotkniętej żalem i tak niespodziewanie osieroconej.

6. W DRODZE DO JEROZOLIMY

Jezus, przekroczywszy teraz próg wczesnego wieku męskiego i będąc formalnie absolwentem szkoły synagogi, upoważniony był iść z rodzicami do Jerozolimy, aby wraz z nimi wziąć udział w obchodach swojej pierwszej Paschy. Święto Paschy przypadło w tym roku w sobotę, 9 kwietnia, 7 roku n.e. Spora grupa (103 osoby) szykowała się iść z Nazaretu do Jerozolimy wczesnym rankiem, w poniedziałek, 4 kwietnia. Poszli na południe, w kierunku Samarii, ale doszedłszy do Jizreel skręcili na wschód, idąc w dolinę Jordanu wokół góry Gilboa, aby nie przechodzić przez Samarię. Józef i jego rodzina chętnie by poszli poprzez Samarię, drogą obok studni Jakubowej i Betel, ponieważ jednak Żydzi nie lubili mieć do czynienia z Samarytanami, postanowili iść z sąsiadami drogą przez dolinę Jordanu.

Archelaus, którego obawiano się najbardziej, został zdetronizowany i niczego nie musieli się bać zabierając Jezusa do Jerozolimy. Dwanaście lat minęło od czasu, gdy pierwszy Herod chciał uśmiercić dziecię z Betlejem i nikt nie myślałby teraz o połączeniu tamtej sprawy z tym, nieznanym chłopcem z Nazaretu.

Szli szybko naprzód i przed dojściem do skrzyżowania w Jizreel zostawili po lewej stronie starożytną wioskę Szunem, a Jezus znowu słyszał o mieszkającej tam kiedyś najpiękniejszej pannie z całego Izraela, jak również o cudownych czynach dokonywanych tam przez Elizeusza. Gdy przechodzili Jizreel, rodzice Jezusa przypomnieli czyny Achaba i Izebeli oraz bohaterstwo Jehu. Gdy szli wokół góry Gilboa, rozmawiali wiele o Saulu, który odebrał sobie życie na stokach tej góry, o królu Dawidzie i innych zdarzeniach związanych z tym historycznym miejscem.

Kiedy pielgrzymi obeszli pogórze Gilboa, mogli zobaczyć po prawej greckie miasto Scytopolis. Patrzyli z daleka na marmurowe budowle, ale się nie zbliżali do pogańskiego miasta, żeby się nie zanieczyścić, gdyż wtedy nie mogliby brać udziału w zbliżających się uroczystych i świętych obrzędach Paschy w Jerozolimie. Maria nie mogła zrozumieć, dlaczego ani Józef, ani Jezus nie mówią o Scytopolis. Nie wiedziała o ich polemice w poprzednim roku, ponieważ nigdy jej o tym nie powiedzieli.

Droga wiodła teraz prosto w dół tropikalnej doliny Jordanu i wkrótce przed Jezusem odsłonił się cudowny widok krętego i wciąż wijącego się Jordanu, z jego połyskującymi i perlistymi wodami, płynącego w kierunku Morza Martwego. Idąc na południe tej tropikalnej doliny zdjęli z siebie wierzchnie okrycia i podziwiali wspaniałe pola pełne zboża i piękne oleandry, obwieszone ich różowym kwieciem, podczas gdy masyw góry Hermon, okrytej śnieżną czapą, widniał daleko na północy, spoglądając majestatycznie na historyczną dolinę. Po ponad trzech godzinach drogi od miejsca leżącego naprzeciw Scytopolis, dotarli do bulgoczącego źródła i tu obozowali nocą pod rozgwieżdżonym niebem.

W drugim dniu podróży minęli to miejsce, gdzie Jabbok, płynąc ze wschodu wpadał do Jordanu a patrząc na wschód, w górę doliny, przypominali czasy Gedeona, gdy obszar ten zalewali Madianici, aby zagarnąć kraj. Pod koniec drugiego dnia podróży obozowali u podnóża najwyższej góry dominującej nad doliną Jordanu, góry Sartaba, której szczyt zajmowała aleksandryjska forteca, gdzie Herod uwięził jedną ze swych żon i pogrzebał swoich dwóch uduszonych synów.

Trzeciego dnia przeszli dwie wioski, zbudowane niedawno przez Heroda i podziwiali ich wspaniałą architekturę oraz piękne ogrody palmowe. Przed zmrokiem dotarli do Jerycha, gdzie pozostali do następnego dnia. Tego wieczora Józef, Maria i Jezus przeszli dwa i pół kilometra do miejsca starożytnego Jerycha, gdzie zgodnie z żydowskimi podaniami Jozue, po którym Jezus otrzymał imię, dokonywał swych sławnych czynów.

W czwartym i ostatnim dniu ich podróży drogą szedł ciągły korowód pielgrzymów. Rozpoczęli się wspinać na wzgórza wiodące do Jerozolimy. Gdy zbliżali się do szczytu, mogli zobaczyć góry za Jordanem, a na południu spokojne wody Morza Martwego. Mniej więcej w połowie drogi pod górę do Jerozolimy, Jezus zobaczył po raz pierwszy Górę Oliwną (okolicę tak mocno związaną z częścią jego dalszego życia) a Józef powiedział mu, że Święte Miasto leży tuż za tym grzbietem i serce chłopca zabiło gwałtownie w radosnym oczekiwaniu, że za chwilę ujrzy miasto i dom jego niebiańskiego Ojca.

Na odpoczynek zatrzymali się na wschodnich stokach Góry Oliwnej, w granicach małej wioski zwanej Betania. Gościnni mieszkańcy wioski wysypali się naprzeciw pielgrzymów, żeby im służyć pomocą i tak się zdarzyło, że Józef i jego rodzina zatrzymali się w pobliżu domu pewnego Szymona, który miał troje dzieci w wieku podobnym do Jezusa – Marię, Martę i Łazarza. Zaprosili oni rodzinę z Nazaretu na posiłek i między tymi dwoma rodzinami zawiązała się przyjaźń na całe życie. Wiele razy później, w swoim obfitującym w wydarzenia życiu, Jezus zatrzymywał się w tym domu.

Szli szybko naprzód, dochodząc wkrótce do skraju Góry Oliwnej, a Jezus zobaczył po raz pierwszy (w swej pamięci) Święte Miasto, pretensjonalne pałace oraz inspirującą Świątynię jego Ojca. W żadnym innym okresie swego życia Jezus nie przeżywał tak czysto ludzkich emocji, jakie nim teraz zawładnęły, kiedy stał tego kwietniowego popołudnia na Górze Oliwnej, sycąc się po raz pierwszy widokiem Jerozolimy. I po latach stał i płakał w tym samym miejscu, nad miastem, które miało odrzucić nowego proroka, ostatniego i największego z jego niebiańskich nauczycieli.

Spieszyli się jednak do Jerozolimy. Było właśnie czwartkowe popołudnie. Gdy doszli do miasta, przeszli obok Świątyni i nigdy dotąd Jezus nie widział takiego tłumu istot ludzkich. Medytował głęboko nad tym, jak ci Żydzi zebrali się tutaj z najdalszych stron znanego świata.

Prędko dotarli do miejsca ich zakwaterowania na czas Paschy, zarezerwowanego wcześniej dużego domu u dobrze sytuowanego krewnego Marii, jednego z tych, którzy od Zachariasza co nieco wiedzieli o wczesnych dziejach tak Jana jak i Jezusa. Nazajutrz, w dzień przygotowań, szykowali się do stosownego uczczenia szabatu Paschy.

Podczas gdy cała Jerozolima była ożywiona przygotowaniami do Paschy, Józef znalazł czas, aby zabrać syna ze sobą i odwiedzić akademię, w której załatwiono, że za dwa lata Jezus będzie kontynuować w niej naukę, gdy tylko osiągnie wymagany wiek piętnastu lat. Józef był szczerze zakłopotany, gdy widział, jak małe zainteresowanie przejawia Jezus dla wszystkich tak dokładnie przygotowywanych planów.

Jezus był pod głębokim wrażeniem Świątyni i wszystkich związanych z nią służb oraz innych funkcji. Po raz pierwszy, od czasu, gdy miał cztery lata, był zbyt zaabsorbowany swymi własnymi przemyśleniami, aby zadawać wiele pytań. Zdołał jednak zadać swemu ojcu kilka kłopotliwych pytań (jak w poprzednich wypadkach), na przykład, dlaczego niebiański Ojciec wymaga uboju tak wielu niewinnych i bezbronnych zwierząt? I z wyrazu twarzy chłopca ojciec dobrze odczytał, że jego odpowiedzi i próby wyjaśnień nie zadowalały głęboko myślącego i wnikliwie rozumującego syna.

W tym dniu, przed szabatem Paschy, powodziowe fale duchowego oświecenia zalały ziemski umysł Jezusa i wypełniły jego ludzkie serce aż po brzegi uczuciem pełnym litości dla duchowo ślepych i moralnie nieświadomych rzesz, zgromadzonych dla uczczenia święta pradawnej Paschy. Był to jeden z najbardziej niezwykłych dni, jakie Syn Boży spędził w ciele; i tej nocy, po raz pierwszy w jego ziemskim życiu, ukazał się mu posłaniec wysłany z Salvingtonu, delegowany przez Emanuela, który powiedział: „Godzina nadeszła. Nadszedł czas, abyś się zaczął zajmować sprawami twojego Ojca".

I tak, zanim jeszcze trudne obowiązki utrzymania rodziny z Nazaretu spadły na młodzieńcze barki Jezusa, przybył niebiański posłaniec, żeby przypomnieć temu chłopcu, nie w pełni trzynastoletniemu, że godzina nadeszła, aby znowu zacząć pełnić wszechświatowe obowiązki. Było to pierwsze z długiej serii wydarzeń, które ostatecznie osiągnęły kulminację w zakończeniu obdarzenia Syna na Urantii i ponownym przełożeniu „rządu wszechświata na jego ludzko-Boskie barki".

W miarę upływu czasu, tajemnica wcielenia stawała się dla nas wszystkich coraz trudniejsza do zrozumienia. Z trudnością uświadamialiśmy sobie, że ten chłopiec z Nazaretu jest stwórcą całego Nebadonu. Tak samo teraz nie rozumiemy, w jaki sposób duch tego samego Syna Stwórcy i duch jego Rajskiego Ojca związane są z duszami ludzkości. Z upływem czasu mogliśmy się zorientować, że ludzki umysł Jezusa coraz lepiej dostrzegał fakt, że chociaż żył on swym życiem w ciele, w duchu na jego barkach spoczywała odpowiedzialność za wszechświat.

Tak się kończy życiowa droga chłopca z Nazaretu a rozpoczyna opowiadanie o dorastającym młodzieńcu – coraz bardziej samoświadomym boskim człowieku – który teraz zaczął rozmyślać o swej światowej działalności, próbując zintegrować poszerzający się cel jego życia z pragnieniami rodziców i zobowiązaniami wobec rodziny oraz społeczeństwa jego czasu i epoki.

PRZEKAZ 125

JEZUS W JEROZOLIMIE

W CAŁYM, obfitującym w wydarzenia życiu Jezusa na Ziemi, żadne zdarzenie nie było bardziej przejmujące, bardziej po ludzku porywające niż pierwszy w jego pamięci pobyt w Jerozolimie. Szczególnie poruszyło go to, że osobiście wziął udział w dyskusji w Świątyni i ten fakt na długo pozostał w jego pamięci, jako wielkie wydarzenie późnego dzieciństwa i wczesnej młodości. Była to jego pierwsza sposobność skorzystania z kilku dni niezależnego życia, ekscytacja możliwością wychodzenia z domu i przychodzenia bez ograniczeń i restrykcji. Ten krótki okres życia bez nadzoru, podczas tygodnia po Passze, był jego pierwszym czasem zupełnie wolnym od obowiązków jaki kiedykolwiek posiadał. Podobny okres, kiedy czuł się wolny od wszelkich obowiązków, choć na krótki czas, miał dopiero po wielu kolejnych latach.

Kobiety rzadko chodziły na święto Paschy do Jerozolimy; ich uczestnictwo nie było obowiązkowe. Jezus natomiast praktycznie nie chciał iść, gdyby matka nie poszła razem z nimi. I kiedy matka postanowiła pójść, wiele innych kobiet z Nazaretu przekonało się także do tej podróży, zatem ta grupa paschalna zawierała najwyższą liczbę kobiet, proporcjonalnie do mężczyzn, ze wszystkich takich grup, jakie kiedykolwiek wyszły na Paschę z Nazaretu. W drodze do Jerozolimy co jakiś czas intonowano Psalm sto trzydziesty.

Od czasu wyjścia z Nazaretu aż do dotarcia na szczyt Góry Oliwnej, Jezus przeżywał jedno długie napięcie, pełne przypuszczeń oczekiwanie. Przez całe swoje radosne dzieciństwo nabożnie słuchał o Jerozolimie i jej Świątyni; teraz miał je naprawdę zobaczyć. Świątynia, oglądana z Góry Oliwnej i z zewnątrz, po dokładniejszych oględzinach okazała czymś znacznie większym niż się tego Jezus spodziewał; ale wielkie rozczarowanie zaczęło się wtedy, gdy raz przekroczył jej święte bramy.

Jezus przeszedł dziedzińce Świątyni razem ze swymi rodzicami, aby dołączyć do tej grupy nowych synów Prawa, którzy właśnie mieli być wyświęceni na obywateli Izraela. Nieco był zawiedziony ogólnym zachowaniem się tłumów w Świątyni, jednak pierwszy wielki szok tego dnia nastąpił wtedy, gdy opuściła ich matka, udając się do galerii dla kobiet. Jezusowi nigdy nie przyszło na myśl, że matka nie będzie wraz z nim na uroczystości poświęcenia i był do głębi oburzony tym, że musiała ponosić konsekwencje tak krzywdzącej dyskryminacji. Podczas gdy go to mocno oburzało, nie mówił nic, za wyjątkiem kilku słów protestu skierowanych do ojca. Myślał jednak i to głęboko, jak widać było po jego pytaniach, które w tydzień później skierował do uczonych w Piśmie i nauczycieli.

Jezus przeszedł obrzędy poświęcenia, ale zawiedziony był ich powierzchownym i rutynowym charakterem. Brakowało mu tego osobistego zaangażowania, tak charakterystycznego dla obrzędów w synagodze w Nazarecie. Potem wrócił, żeby pozdrowić matkę i był gotów towarzyszyć ojcu, po raz pierwszy zwiedzając Świątynię, jej różne dziedzińce, krużganki i korytarze. Dziedzińce Świątyni mogły pomieścić jednocześnie ponad dwieście tysięcy wiernych i podczas gdy ogrom budowli – w porównaniu z czymkolwiek, co dotąd widział – wywarł na nim głębokie wrażenie, bardziej ciekawiło go rozważanie duchowego znaczenia obrzędów świątynnych i związanych z nimi nabożeństw.

Chociaż wiele obrzędów świątynnych dogłębnie przemówiło Jezusowi do jego poczucia piękna i symboliki, wciąż był rozczarowany wyjaśnieniem rzeczywistego znaczenia tych obrzędów, takim, jakie rodzice mogli mu dać w odpowiedzi na wiele jego dociekliwych pytań. Jezus po prostu nie mógł zaakceptować tych wyjaśnień nabożeństw i religijnej pobożności, które zawierały wiarę w gniew Boga i w złość Wszechmocnego. Podczas późniejszego omawiania tych problemów, na zakończenie wizyty w Świątyni, gdy ojciec zaczął nieco nalegać, żeby Jezus zaakceptował żydowskie, ortodoksyjne wierzenia, Jezus zwrócił się nagle do rodziców i patrząc ojcu wymownie w oczy powiedział: „Mój ojcze, to nie może być prawdą – Ojciec w niebie nie może tak traktować swoich błądzących dzieci na Ziemi. Ojciec niebiański nie może mniej kochać swych dzieci niż ty mnie kochasz. I dobrze wiem, że niezależnie od tego, jak bardzo niemądrą rzecz mógłbym zrobić, nigdy nie pogniewasz się na mnie, ani też nie dasz upustu swej złości. Jeśli ty, mój ziemski ojciec, masz takie ludzkie odzwierciedlenie Boga, o ile bardziej musi być Ojciec niebiański napełniony dobrocią i przepełniony miłosierdziem. Nie uwierzę w to, że mój Ojciec w niebie kocha mnie mniej, niż mój ojciec na Ziemi".

Józef i Maria zachowali spokój, gdy usłyszeli, co mówi ich pierworodny syn. I już nigdy więcej nie próbowali zmieniać jego zdania na temat miłości Boga i miłosierdzia Ojca w niebie.

1. JEZUS OGLĄDA ŚWIĄTYNIĘ

Gdzie tylko Jezus szedł przez dziedzińce Świątyni, wszędzie przeżywał szok i był zdegustowany brakiem ducha poszanowania, jak to dostrzegał. Uważał zachowanie się tłumów w Świątyni za nieodpowiednie, niegodne „domu jego Ojca". Największego jednak szoku w swym młodym życiu doznał wtedy, gdy ojciec zaprowadził go na Dziedziniec Pogan, z jego hałaśliwą gwarą, głośnymi rozmowami i przekleństwami, bezładnie zmieszanymi z beczeniem owiec oraz paplaniną głosów, która zdradzała obecność właścicieli kantorów wymiany i sprzedawców zwierząt ofiarnych, jak również rozmaitość innych handlowych transakcji.

Nade wszystko jednak jego poczuciu przyzwoitości uwłaczał widok frywolnych kurtyzan, paradujących wszędzie w obrębie krużganków Świątyni, takich właśnie wymalowanych kobiet, jakie widział niedawno podczas wizyty w Seforis. Ta profanacja Świątyni rozbudziła do głębi jego młodzieńcze oburzenie i nie omieszkał wyrazić tego otwarcie Józefowi.

Jezus podziwiał nastrój i obrzędy w Świątyni, jednak szokowała go duchowa brzydota, jaką dostrzegał na twarzach tak wielu bezmyślnych wierzących.

Szli teraz w dół, do Dziedzińca Kapłanów, znajdującego się poniżej skalnej krawędzi na froncie Świątyni, tam, gdzie stał ołtarz, aby zobaczyć zabijanie stad zwierząt oraz zmywanie w fontannie z brązu krwi z rąk kapłanów, dokonujących uboju.

Poplamiony krwią chodnik, krwawe dłonie kapłanów i głosy umierających zwierząt były ponad to wszystko, co ten miłujący przyrodę chłopiec zdołał wytrzymać. Okropny widok zmierził chłopca z Nazaretu; chwycił ojca za ramię i błagał, żeby go stamtąd zabrał. Wracali z powrotem przez Dziedziniec Pogan i nawet ordynarny śmiech oraz bluźniercze żarty, jakie tam Jezus słyszał, stanowiły ulgę w stosunku do tych widoków, które przed chwilą oglądał.

Józef widział, jak jego syna doprowadził do nudności widok obrzędów świątynnych i celowo prowadził go dookoła, aby zobaczył „bramę piękną", bramę artystycznie wykonaną z korynckiego brązu. Ale Jezus miał dosyć, jak na swą pierwszą wizytę w Świątyni. Wrócili na wyższy dziedziniec po Marię i przez godzinę spacerowali na świeżym powietrzu, z dala od tłumów, oglądając pałac Hasmonejski, okazały dom Heroda oraz wieżę straży rzymskiej. W czasie spaceru Józef tłumaczył Jezusowi, że tylko mieszkańcy Jerozolimy mogą być świadkami codziennych ofiar w Świątyni i że mieszkańcy Galilei przychodzą tu tylko trzy razy do roku, aby wziąć udział w nabożeństwach świątynnych: na Paschę, na uroczystość Święta Tygodni (siedem tygodni po Passze) i na Święto Namiotów w październiku. Święta te zaprowadził Mojżesz. Potem omawiali dwa ustanowione później święta – poświęcenia i Purim. Następnie poszli do swych kwater i szykowali się do obchodów Paschy.

2. JEZUS I PASCHA

Pięć rodzin z Nazaretu, które brały udział w obchodach Paschy, to byli goście lub przyjaciele rodziny Szymona z Betanii. Szymon kupił jagnię paschalne dla wszystkich gości. Właśnie ubój owych jagniąt, w tak wielkiej ilości, wywarł tak mocne wrażenie na Jezusie podczas jego wizyty w Świątyni. Planowano jeść Paschę z krewnymi Marii, ale Jezus przekonał rodziców, żeby przyjęli zaproszenie i udali się do Betanii.

Zebrano się na obchody paschalne tego wieczora, jedząc pieczone mięso z nie kwaszonym chlebem i gorzkimi ziołami. Poproszono Jezusa, jako nowego syna przymierza, aby przypomniał skąd się wzięła Pascha i zrobił to dobrze, wprawiając nieco w zakłopotanie rodziców, gdy wtrącił kilka komentarzy delikatnie odzwierciedlających wrażenie, jakie wywarło na jego młodzieńczym, lecz rozważnym umyśle to, co niedawno widział i słyszał. Taki był początek siedmiodniowych obchodów święta Paschy.

Nawet w tamtym, wczesnym okresie swego życia, Jezus zaczął rozważać stosowność obchodów Paschy bez uboju jagnięcia, choć nic nie mówił o tych sprawach rodzicom. Miał pewność co do tego, że Ojciec w niebie nie jest zadowolony tym widowiskiem darów ofiarnych, a z upływem lat umacniał się coraz bardziej w swym postanowieniu wprowadzenia kiedyś obchodów bezkrwawej Paschy.

Jezus bardzo mało spał tej nocy. Odpoczynek mąciły mu ohydne sny uboju i cierpienia. Był zasmucony a serce miał rozdarte sprzecznościami i niedorzecznościami teologii całego żydowskiego systemu obrzędowego. Rodzice również spali niewiele. Bardzo niepokoiły ich wydarzenia tego dnia, który dopiero się skończył. W swych sercach byli dogłębnie zasmuceni obcą dla nich i zdecydowaną postawą chłopca. Na początku nocy Maria była zdenerwowana, ale Józef pozostawał spokojny, choć był tak samo zaintrygowany. Obydwoje bali się rozmawiać otwarcie z chłopcem o tych sprawach, chociaż Jezus rozmawiałby z rodzicami ochoczo, gdyby tylko odważyli się go zachęcić.

Następnego dnia obchody w Świątyni były dla Jezusa łatwiejsze do zaakceptowania i w znacznym stopniu uśmierzyły nieprzyjemne wspomnienia dnia poprzedniego. Następnego ranka młody Łazarz wziął Jezusa za rękę i zaczęli systematyczne zwiedzanie Jerozolimy i jej okolic. Zanim dzień dobiegł końca, Jezus odkrył w obrębie Świątyni różne miejsca, gdzie trwało nauczanie i dyskusje wokół zadawanych pytań; a oprócz kilku odwiedzin Świętego Świętych, aby patrzeć i myśleć nad tym, co naprawdę jest za oddzielającą zasłoną, spędził on większość swego czasu przy Świątyni na tych pouczających dyskusjach.

W tygodniu Paschy Jezus zajmował swoje miejsce wśród nowych synów przykazań, co oznaczało, że musiał siedzieć za balustradą oddzielającą go od wszystkich, nie będących pełnymi obywatelami Izraela. Świadomy swego młodego wieku, nie zadawał wielu pytań, które chodziły mu po głowie; nie zadawał przynajmniej do tego czasu, kiedy obchody Paschy się skończyły i takie ograniczenia dla nowo wyświęconych młodzieńców przestały obowiązywać.

W środę, podczas tygodnia paschalnego, pozwolono Jezusowi iść z Łazarzem do jego domu i spędzić noc w Betanii. Tego wieczoru Łazarz, Marta i Maria słyszeli, jak Jezus omawia rzeczy doczesne i wieczne, ludzkie i boskie, i od tego wieczora cała trójka pokochała go tak, jak gdyby był ich własnym bratem.

Pod koniec tygodnia Jezus nie spotykał się z Łazarzem zbyt często, jako że ten nie był upoważniony do uczestnictwa nawet w zewnętrznym kręgu dyskusji świątynnych, chociaż uczęszczał na niektóre mowy publiczne, wygłaszane na dziedzińcach zewnętrznych. Łazarz był w tym samym wieku co Jezus, ale w Jerozolimie młodzież rzadko była dopuszczana do wyświęcenia na synów Prawa przed ukończeniem pełnych trzynastu lat.

W tygodniu Paschy rodzice wielokrotnie znajdowali Jezusa siedzącego samotnie ze swoją młodzieńczą głową w dłoniach, głęboko zamyślonego. Nigdy dotąd nie widzieli, żeby się tak zachowywał a nie wiedząc, jak dalece był zdezorientowany w swoich myślach i zmartwiony duchowo tym, co przeżywał, znaleźli się w głębokiej rozterce; nie wiedzieli co robić. Z radością patrzyli, jak upływają dni tygodnia Paschy i chcieli już mieć swego, dziwnie zachowującego się syna, bezpiecznie z powrotem w Nazarecie.

Dzień po dniu Jezus rozważał swoje problemy. Do końca tygodnia rozstrzygnął wiele zagadnień; ale gdy przyszedł czas powrotu do Nazaretu, jego młodzieńczy umysł wciąż trwał w konsternacji, dręczyło go mnóstwo pytań bez odpowiedzi i nierozwiązanych problemów.

Zanim Józef i Maria wrócili z Jerozolimy, razem z Jezusowym nauczycielem z Nazaretu, zrobili konkretne ustalenia w sprawie powrotu Jezusa, gdy ukończy piętnaście lat, aby zaczął długi okres studiów w jednej z najbardziej znanych akademii dla rabinów. Jezus towarzyszył rodzicom i nauczycielowi podczas wizyty w szkole, ale wszyscy byli bardzo zmartwieni, widząc jak biernie traktuje on wszystko to, co mówią i robią. Maria była dogłębnie zasmucona tym, jak Jezus reaguje na wizytę w Jerozolimie a Józef był niezwykle zdumiony dziwnymi uwagami i niezwykłym zachowaniem chłopca.

Mimo wszystko tydzień Paschy był wielkim wydarzeniem w życiu Jezusa. Miał on okazję spotkać się z dziesiątkami chłopców, w wieku zbliżonym do swego, z kolegami, kandydatami do poświęcenia i wykorzystał takie kontakty, żeby się dowiedzieć, jak żyją ludzie w Mezopotamii, Turkiestanie i Partii, jak również w wysuniętych na zachód prowincjach Rzymu. Wiedział już dobrze o tym, jak dorastają młodzi ludzie w Egipcie i innych rejonach w pobliżu Palestyny. Przebywało wtedy w Jerozolimie tysiące młodych ludzi a chłopiec z Nazaretu spotkał osobiście ponad stu pięćdziesięciu, przeprowadzając z nimi bardziej czy mniej ożywione rozmowy. Interesował się zwłaszcza tymi, którzy przybyli z Dalekiego Wschodu i z odległych krajów zachodnich. W rezultacie tych kontaktów chłopiec zaczął żywić pragnienie podróży dookoła świata, aby poznać, jak trudzą się przy zdobywaniu środków do życia różne grupy jego ludzkich towarzyszy.

3. WYRUSZENIE W DROGĘ JÓZEFA I MARII

Było uzgodnione, że grupa z Nazaretu ma się zgromadzić w rejonie Świątyni przed południem, w pierwszym dniu tygodnia po zakończeniu obchodów Paschy. Tak też zrobili i szykowali się wracać do Nazaretu. Jezus poszedł do Świątyni, aby posłuchać dyskusji, podczas kiedy rodzice czekali na zebranie się towarzyszy podróży. Niebawem całe grono było gotowe do drogi, mężczyźni mieli iść w jednej grupie a kobiety w drugiej, tak jak to było w zwyczaju podróżowania na święta, do Jerozolimy i z powrotem. Do Jerozolimy Jezus szedł w grupie z matką i kobietami. Teraz, będąc młodym mężczyzną po wyświęceniu, powinien wracać do Nazaretu z ojcem i mężczyznami. Jednak, gdy partia nazareńska wyszła w kierunku Betanii, Jezus był całkowicie pochłonięty dyskusją o aniołach, prowadzoną w Świątyni, całkiem niepomny zbliżającego się czasu odejścia rodziców. I do południowej przerwy w dyskusjach świątynnych, nie zdawał sobie sprawy z tego, że go zostawiono.

Podróżni nazareńscy nie spostrzegli braku Jezusa, ponieważ Maria przypuszczała, że wyszedł z mężczyznami, podczas gdy Józef myślał, że podróżuje z kobietami, jako że szedł do Jerozolimy z kobietami, prowadząc osła Marii. Nie spostrzegli, że go nie ma, aż doszli do Jerycha i zaczęli się szykować na nocny postój. Gdy zasięgnęli wieści u ostatniej części grupy przybyłej do Jerycha, dowiedzieli się, że nikt nie widział ich syna. Spędzili bezsenną noc, wciąż na nowo rozważając, co mogło się z nim stać, przypominając sobie wiele jego niezwykłych reakcji na wydarzenia tygodnia Paschy i trochę besztając siebie nawzajem, że nie sprawdzili przed opuszczeniem Jerozolimy, czy znajduje się w grupie.

4. PIERWSZE DWA DNI W ŚWIĄTYNI

W międzyczasie Jezus pozostawał w Świątyni całe popołudnie, słuchając dyskusji i korzystając z cichszej i bardziej stosownej atmosfery; wielkie tłumy z tygodnia Paschy prawie już się rozeszły. Po zakończeniu dyskusji popołudniowych, w których Jezus nie brał udziału, zebrał się, żeby iść do Betanii, przybywając właśnie wtedy, kiedy rodzina Szymona szykowała się do kolacji. Trójka młodych była uszczęśliwiona, mogąc powitać Jezusa, który został w domu Szymona na noc. Niewiele rozmawiał tego wieczoru, większość czasu spędził samotnie w ogrodzie, na medytacjach.

Następnego dnia Jezus wcześnie wstał i był w drodze do Świątyni. Na szczycie Góry Oliwnej przystanął i płakał, patrząc na widok, który rozpościerał się przed jego oczami – duchowo wyjałowionych ludzi, związanych tradycją i żyjących pod nadzorem legionów rzymskich. Wczesne przedpołudnie zastało go w Świątyni, z umysłem nastawionym do wzięcia udziału w dyskusjach. W międzyczasie Józef i Maria również wstali wcześnie o świcie, chcąc zawrócić z powrotem do Jerozolimy. Z początku pospieszyli do domu swych krewnych, gdzie nocowali całą rodziną w czasie tygodnia Paschy, ale po sprawdzeniu okazało się, że nikt tam Jezusa nie widział. Gdy po całym dniu poszukiwań nie znaleźli śladu chłopca, wrócili na noc do krewnych.

W czasie drugiej dyskusji w Świątyni Jezus odważył się zadawać pytania i w bardzo niezwykły sposób wziął udział w omawianiu zagadnień, zawsze jednak zachowywał się stosownie do swego młodego wieku. Czasami jego błyskotliwe pytania wprawiały w zakłopotanie uczonych nauczycieli żydowskiego Prawa, ale Jezus przejawiał takiego ducha szczerej bezstronności, połączonego z wyraźnym głodem wiedzy, że większość nauczycieli świątynnych skłonna była traktować go z całkowitą powagą. Gdy jednak ośmielił się zakwestionować sprawiedliwość skazania na śmierć pijanego innowiercy, który zbłądził poza Dziedziniec Pogan i nieumyślnie wszedł do zabronionych i rzekomo świętych rejonów Świątyni, jeden z mniej tolerancyjnych nauczycieli zaczął się niecierpliwić nasuwającym się na myśl krytycyzmem chłopca i spojrzawszy groźnie w niego, spytał, ile ma lat. Jezus odpowiedział „do trzynastu lat brakuje mi niecc ponad cztery miesiące". „Więc", odparł wzburzony już nauczyciel, „dlaczego jesteś tutaj, skoro nie masz wieku odpowiedniego dla syna Prawa?". A gdy Jezus wytłumaczył, że otrzymał święcenia podczas Paschy i że jest absolwentem szkół w Nazarecie, nauczyciele, zgodnie, drwiąco odpowiedzieli: „Powinniśmy się domyśleć, że on jest z Nazaretu". Jednak prowadzący obstawał przy tym, że Jezusa nie można winić za to, że władze synagogi w Nazarecie promowały go formalnie, gdy miał lat dwanaście zamiast trzynaście; i pomimo tego, że niektórzy, co go bagatelizowali, podnieśli się i wyszli, zarządzono, że chłopiec może bez przeszkód uczestniczyć w świątynnych dyskusjach jako uczeń.

Kiedy skończył się drugi dzień pobytu Jezusa w Świątyni, poszedł on znowu na noc do Betanii. I znowu wyszedł do ogrodu, żeby medytować i modlić się. Najwyraźniej miał umysł zajęty rozwiązywaniem doniosłych zagadnień.

5. TRZECI DZIEŃ W ŚWIĄTYNI

W trzecim dniu, który Jezus spędził z uczonymi w Piśmie i nauczycielami w Świątyni, zebrało się tam wielu widzów, którzy słysząc o pewnym młodzieńcu z Galilei, przyszli oglądać chłopca, który wprawia w zakłopotanie mądrych ludzi Prawa. Przyszedł też Szymon z Betanii, żeby zobaczyć o co chodzi chłopcu. Przez cały ten dzień Józef i Maria wciąż z niepokojem szukali Jezusa, kilka razy wchodzili nawet do Świątyni, lecz nigdy nawet na myśl im nie przyszło, aby przepatrzyć kilka grup dyskusyjnych, chociaż raz byli prawie w zasięgu jego zafascynowanego głosu.

Zanim dzień się skończył, cała uwaga największej grupy dyskusyjnej w Świątyni skoncentrowała się na pytaniach, zadawanych przez Jezusa. Pośród wielu jego pytań znajdowały się takie:

1. Co jest naprawdę w Świętym Świętych za zasłoną?
2. Dlaczego w Izraelu matki muszą być oddzielone od męskich uczestników obrzędów świątynnych?
3. Jeśli Bóg jest ojcem, który kocha swe dzieci, po co ten cały ubój zwierząt, aby zyskać Bożą łaskę – czy nauczanie Mojżesza zostało źle zrozumiane?
4. Jeśli Świątynia poświęcona jest czczeniu Ojca w niebie, czy konsekwentne jest pozwalać na to, aby znajdowali się tam ci, którzy zajmują się świeckim handlem i wymianą?

5. Czy oczekiwany Mesjasz ma być doczesnym księciem, zasiadającym na tronie Dawida, czy też będzie pełnił funkcję światła życia w ustanowieniu duchowego królestwa?

Przez cały ten dzień ci, którzy słuchali Jezusa, zdumiewali się tymi pytaniami a najbardziej zdziwiony był Szymon. Przez ponad cztery godziny młodzieniec z Nazaretu zasypywał tych żydowskich nauczycieli z głębi serca płynącymi pytaniami, skłaniającymi do refleksji. Niewiele robił uwag na temat spostrzeżeń starszych. Swą naukę przekazywał w formie zadawanych pytań. Poprzez zręczne i subtelne formułowanie pytań, potrafił równocześnie rzucić wyzwanie ich nauczaniu oraz sugerować własne. Jego sposób zadawania pytań cechowała sympatyczna kombinacja przenikliwości i humoru, podbijająca serca nawet tych, których bardziej czy mniej drażniła jego młodość. Przy zadawaniu tych wnikliwych pytań był zawsze doskonale bezstronny i rozważny. W czasie tego, pamiętnego popołudnia w Świątyni, tak samo nie chciał nielojalnie korzystać ze swej przewagi nad oponentem, jak i w całej swojej późniejszej służbie publicznej. Jako młodzieniec a później jako mężczyzna, sprawiał wrażenie zupełnie wolnego od wszelkich egoistycznych pragnień wygrania sporu jedynie po to, aby logicznie zatryumfować nad swymi bliźnimi, interesując się najbardziej tylko jedną sprawą – głoszeniem wiecznej prawdy i tym samym pełniejszym objawianiem wiecznego Boga.

Kiedy dzień dobiegł końca, Szymon i Jezus skierowali swe kroki z powrotem do Betanii. Przez większą część drogi obaj, mężczyzna i chłopiec, milczeli. Znowu Jezus przystanął na szczycie Góry Oliwnej, lecz kiedy patrzył na miasto i jego Świątynię, już nie płakał, tylko pochylił głowę w milczącym oddaniu.

Po kolacji w Betanii Jezus znowu nie chciał dołączyć do wspólnej zabawy, tylko poszedł do ogrodu i pozostawał tam długo w noc, daremnie próbując wymyślić jakiś konkretny plan podejścia do kwestii swej działalności życiowej i zdecydować, jak postępować najlepiej, aby objawić swym duchowo ślepym rodakom piękniejszą ideę Ojca niebiańskiego i tym samym uwolnić ich od straszliwej niewoli Prawa, obrzędów, ceremonii i przestarzałych tradycji. Jednak olśnienie nie przychodziło do tego, szukającego prawdy chłopca.

6. CZWARTY DZIEŃ W ŚWIĄTYNI

Jezus dziwnie nie pamiętał o swoich ziemskich rodzicach; nawet, kiedy w czasie śniadania matka Łazarza wspomniała, że rodzice muszą być teraz już blisko domu, Jezus zdawał się nie pojmować, że mogliby w pewnym sensie niepokoić się z tego powodu, że pozostał.

Jezus znowu poszedł do Świątyni, ale nie zatrzymał się teraz na szczycie Góry Oliwnej, żeby rozmyślać. Podczas porannych dyskusji dużo czasu poświęcano Prawu i Prorokom, a nauczyciele byli zaskoczeni tym, że Jezus jest tak dobrze obeznany z Pismem Świętym po hebrajsku a także po grecku. Ale nie tak zdumiewała ich jego znajomość prawdy, jak jego młodość.

W trakcie popołudniowego posiedzenia, jak tylko zaczęli odpowiadać na pytania Jezusa dotyczące celu modlitwy, przewodniczący poprosił chłopca, żeby się zbliżył i sadzając go obok siebie, kazał przedstawić jego własne poglądy w sprawie modlitwy i czczenia.

Poprzedniego wieczora rodzice Jezusa słyszeli o dziwnym młodzieńcu, który tak zręcznie zmagał się z komentatorami Prawa, ale nie przyszło im nawet na myśl, że ten chłopiec jest ich synem. Już mieli iść do domu Zachariasza, ponieważ myśleli, że Jezus mógł się tam udać, żeby odwiedzić Elżbietę i Jana. Myśleli, że Zachariasz może być w Świątyni i zatrzymali się tam w drodze do miasta Judy. Gdy przechodzili przez dziedzińce Świątyni, wyobraźcie sobie ich zaskoczenie i osłupienie, gdy rozpoznali głos ich zaginionego chłopca i ujrzeli go siedzącego pośród nauczycieli świątynnych.

Józef zaniemówił, ale Maria dała upust długo dławionemu lękowi i obawom, więc pospieszyła ku chłopcu, który stał teraz pozdrawiając swych zaskoczonych rodziców i powiedziała: „Moje dziecko, dlaczego tak nas traktujesz? Już ponad trzy dni ojciec i ja szukamy ciebie i martwimy się. Cóż tobą zawładnęło, że nas opuściłeś?" Nastąpiła chwila napięcia. Wszystkie oczy zwróciły się na Jezusa, aby usłyszeć, co powie. Ojciec patrzył na niego z przyganą, ale nic nie mówił.

Należy przypomnieć, że z założenia Jezus był młodym mężczyzną. Ukończył formalną naukę dziecka, został uznany synem Prawa i otrzymał święcenia jako obywatel Izraela. A teraz matka skarciła go niezbyt łagodnie na oczach wszystkich zgromadzonych, dokładnie w tym momencie, gdy dokonywał najpoważniejszych i najwznioślejszych wysiłków swego młodego życia, tym samym doprowadzając do niesławnego końca jedną największych sposobności, jaka kiedykolwiek była mu dana – działania w charakterze nauczyciela prawdy, głosiciela prawości, objawiciela pełnego miłości charakteru jego Ojca w niebie.

Jednak chłopiec stanął na wysokości zadania. Gdy rozważycie rzetelnie wszystkie czynniki, składające się na tę sytuację, łatwiej będziecie mogli zrozumieć mądrość, zawartą w odpowiedzi chłopca na niezamierzoną przyganę matki. Po chwili namysłu, Jezus odpowiedział matce: „Czemu szukaliście mnie tak długo? Czyż nie spodziewaliście się mnie znaleźć w domu mojego Ojca, skoro przyszedł czas, żebym się zajął sprawami mego Ojca?".

To, w jaki sposób chłopiec się odezwał, zaskoczyło wszystkich tam obecnych. Po cichu wszyscy się wynieśli, zostawiając go stojącego samego tylko z rodzicami. Niebawem młody człowiek złagodził zakłopotanie całej trójki i powiedział po cichu: „Chodźcie, moi rodzice, nikt nie zrobił niczego, poza tym, co uważał za najlepsze. Nasz Ojciec w niebie zarządził te sprawy; chodźmy do domu".

Wyszli w milczeniu, docierając na noc do Jerycha. Raz tylko się zatrzymali, a było to na szczycie Góry Oliwnej, kiedy chłopiec podniósł swą laskę wysoko i drżąc od stóp do głów w przypływie silnego wzruszenia, powiedział: „O Jerozolimo, Jerozolimo i ludu twój, jakimi niewolnikami jesteście – służycie jarzmu rzymskiemu i ofiarami jesteście swych własnych tradycji – ale ja wrócę, żeby wyczyścić tę Świątynię i wyzwolić mój lud z tej niewoli!".

Przez trzy dni, w drodze do Nazaretu, Jezus nie mówił zbyt dużo, ani też rodzice nie odzywali się wiele w jego obecności. Faktycznie nie mogli zrozumieć postępowania ich pierworodnego syna, ale w swych sercach wysoko cenili jego słowa, nawet, jeśli w pełni nie mogli pojąć ich znaczenia.

Po przyjściu do domu Jezus zrobił krótkie oświadczenie dla swych rodziców, zapewniając ich o swych uczuciach i dając im do zrozumienia, że nie potrzebują się obawiać, iż znowu da im jakiś powód do cierpienia i niepokoju, ze względu na swe zachowanie.

Podsumował to doniosłe oświadczenie tymi słowami: „W czasie, gdy muszę wykonywać wolę mego Ojca w niebie, będę także posłuszny mojemu ojcu na Ziemi. Będę oczekiwał mojej godziny".

Aczkolwiek Jezus, w głębi duszy, wielokrotnie chciał się nie *zgodzić* na motywowane dobrymi intencjami, ale błędne wysiłki rodziców, mające na celu narzucenie kierunku jego myśleniu lub ustalenie planu jego działalności na Ziemi, mimo to, w każdy możliwy sposób, zgodny z jego dedykacją czynienia woli Rajskiego Ojca, najwdzięczniej *dostosowywał się* do życzeń ziemskiego ojca i do zwyczajów swej cielesnej rodziny. Nawet, kiedy nie mógł się z czymś zgodzić, czynił wszystko, co było możliwe, aby się dostosować. Był artystą w dostosowaniu swego poświęcenia dla obowiązku ze zobowiązaniami lojalności wobec rodziny i społeczeństwa.

Józef nie mógł tego wszystkiego zrozumieć, ale gdy Maria rozważała te wydarzenia, pocieszała się, uznając w końcu oświadczenie Jezusa na Górze Oliwnej za proroctwo, dotyczące mesjanistycznej misji jej syna jako wybawiciela Izraela. Zabrała się do pracy z nową energią, żeby ukierunkować myśli Jezusa w kierunku patriotycznym i nacjonalistycznym, i zyskała poparcie swego brata, ulubionego wuja Jezusa; i w każdy inny sposób matka Jezusa poświęcała się przygotowaniu swego pierworodnego syna do przejęcia dowództwa nad tymi, którzy mogliby przywrócić tron Dawida i na zawsze zrzucić nieżydowskie jarzmo politycznej niewoli.

PRZEKAZ 126

DWA PRZEŁOMOWE LATA

CZTERNASTY i piętnasty rok życia Jezusa to były najbardziej przełomowe lata w całym jego ziemskim życiu. Zaczął uświadamiać sobie swą boskość i przeznaczenie, a jeszcze nie osiągnął wyższego stopnia komunikacji z zamieszkującym go Dostrajaczem i te dwa lata były najtrudniejsze w całym jego, obfitującym w wydarzenia życiu na Urantii. Ten właśnie, dwuletni okres życia Jezusa, powinien być zwany wielką próbą i prawdziwą pokusą. Żaden ludzki młodzieniec, doznając swych wczesnych rozterek i problemów adaptacyjnych wieku młodzieńczego, nigdy nie przechodził bardziej krytycznych prób niż te, jakie przeżywał Jezus, gdy kończył dzieciństwo i wkraczał we wczesny wiek męski.

W młodzieńczym rozwoju Jezusa ten ważny okres zaczął się wtedy, gdy po pobycie w Jerozolimie wrócił do Nazaretu. Z początku Maria była szczęśliwa, myślała, że ma swego chłopca raz jeszcze, że Jezus wrócił do domu by być obowiązkowym synem – nigdy nie był innym – i że odtąd będzie lepiej realizował jej plany, dotyczące jego przyszłego życia. Jednak niezbyt długo grzała się w słońcu matczynych złudzeń i nie dostrzeganej rodzinnej dumy; wkrótce miała być bardziej rozczarowana. Coraz częściej chłopiec przebywał w towarzystwie ojca, coraz rzadziej przychodził do niej ze swymi problemami, podczas gdy obojgu rodzicom coraz trudniej było zrozumieć jego częste, kolejne odmiany pomiędzy sprawami tego świata a kontemplacją jego powiązań ze sprawami Ojca. Szczerze mówiąc, nie rozumieli go, ale go naprawdę kochali.

Współczucie i miłość, jakie Jezus żywił do ludu żydowskiego, pogłębiały się, gdy dorastał, jednak z upływem lat zrodziło się w nim i narastało słuszne oburzenie, że w Świątyni Ojca byli kapłani wybierani pod kątem politycznym. Jezus miał wielki szacunek dla szczerych faryzeuszy i uczciwych uczonych w Piśmie, jednak we wzgardzie miał obłudnych faryzeuszy i nieuczciwych teologów; z pogardą patrzył na tych przywódców religijnych, którzy byli nieszczerzy. Kiedy dokładniej przyjrzał się władcom Izraela, czasem kusiło go, aby przychylnie spojrzeć na możliwość zostania Mesjaszem żydowskich oczekiwań, ale nigdy nie uległ takim pokusom.

Historia sukcesów Jezusa wśród mędrców w Świątyni Jerozolimskiej cieszyła cały Nazaret, zwłaszcza jego byłych nauczycieli ze szkoły przy synagodze. Przez pewien czas sława Jezusa była na ustach wszystkich. Całe miasteczko przypominało sobie jego mądrość z czasów dzieciństwa oraz chwalebne postępowanie i przewidywano, że kiedyś zostanie wielkim przywódcą Izraela; wreszcie naprawdę wielki nauczyciel wyjdzie z Nazaretu w Galilei. I wszyscy patrzyli w przyszłość, wyczekując tego czasu, gdy będzie miał lat piętnaście i będzie mógł regularnie czytać Pismo Święte w synagodze, w dzień szabatu.

1. JEGO ROK CZTERNASTY (8 N.E.)

Jest to rok kalendarzowy czternastych urodzin Jezusa. Nauczył się dobrze robić jarzma i pracował równie biegle w płótnie jak i w skórze. Wykształcił się też szybko na mistrza ciesielskiego i stolarskiego. Tego lata robił częste wypady na wierzchołek wzgórza, położonego na północny zachód od Nazaretu, na modlitwę i medytację. Uświadamiał sobie coraz bardziej naturę swego obdarzenia Ziemi.

Ponad sto lat wcześniej wzgórze to było „najwyższym miejscem Baala", a teraz było miejscem grobu Szymona, uważanego za świętego męża Izraela. Ze szczytu wzgórza Szymona Jezus mógł widzieć Nazaret i okolicę. Mógł dostrzec Megiddo i przypomnieć sobie historię wojska egipskiego, odnoszącego swoje pierwsze wielkie zwycięstwo w Azji; i jak później inne takie wojsko pokonało króla judejskiego Jozjasza. Niedaleko od tego miejsca mógł dostrzec Taanach, gdzie Debora i Barak pokonali Syserę. W oddali mógł widzieć wzgórza Dotan, gdzie jak go uczono, bracia sprzedali Józefa do niewoli egipskiej. Potem mógł przenieść swój wzrok w inną stronę, ku Ebal i Garizim i przypomnieć sobie podania o Abrahamie, Jakubie i Abimelachu. I tak przypominał sobie i rozpamiętywał historyczne i legendarne dzieje ludu swego ojca, Józefa.

Wytrwale kontynuował naukę czytania dla zaawansowanych, pod nadzorem nauczycieli z synagogi, nauczał również w domu swoich braci i siostry, gdy dorastali do odpowiedniego wieku.

Na początku tego roku Józef zaaranżował odkładanie dochodów z posiadłości w Nazarecie i Kafarnaum na opłatę długotrwałej nauki Jezusa w Jerozolimie; planowano, że pójdzie do Jerozolimy w sierpniu następnego roku, gdy będzie miał piętnaście lat.

W początkach tego roku, zarówno Józef jak i Maria często żywili wątpliwości w sprawie przeznaczenia ich pierworodnego syna. Był co prawda błyskotliwym i przemiłym dzieckiem, jednak tak trudnym do zrozumienia, tak ciężkim do pojęcia, a poza tym nic nadzwyczajnego ani cudownego jeszcze się nie zdarzyło. Dziesiątki razy ta dumna matka stała i czekała z zapartym tchem, spodziewając się zobaczyć, jak jej syn robi jakiś nadludzki czy cudowny czyn, ale zawsze jej nadzieja gasła w gorzkim rozczarowaniu. A wszystko to było zniechęcające, a nawet przygnębiające. Pobożni ludzie w tamtych czasach prawdziwie wierzyli, że prorocy oraz ludzie obietnicy zawsze objawiają swe powołanie i dowodzą swego boskiego autorytetu dokonując cudów i rzeczy zdumiewających. Ale Jezus niczego takiego nie robił; dlatego też, kiedy rodzice rozważali jego przyszłość, byli coraz bardziej zdezorientowani.

Lepsze warunki ekonomiczne rodziny z Nazaretu uwidaczniały się w domu w różny sposób, szczególnie w coraz większej liczbie równych, białych desek, których używano jako tabliczek do pisania; pisano na nich węglem drzewnym. Jezusowi pozwolono również wznowić lekcje muzyki; bardzo lubił grać na harfie.

Prawdziwie można stwierdzić, że przez ten rok Jezus „wzrastał w łasce u ludzi i u Boga". Perspektywy rodziny wydawały się dobre, z optymizmem patrzono w przyszłość.

2. ŚMIERĆ JÓZEFA

Wszystko szło dobrze aż do tego, pamiętnego dnia, wtorku, 25 września, gdy goniec z Seforis przyniósł do domu w Nazarecie tragiczną wiadomość, że Józef został ciężko ranny na skutek upadku dźwigu, gdy pracował w rezydencji gubernatora. W drodze do domu Józefa, posłaniec z Seforis zatrzymał się w warsztacie i powiadomił Jezusa o wypadku ojca, i poszli razem do domu zanieść tę smutną wiadomość Marii. Jezus chciał zaraz iść do ojca, ale Maria nie chciała o niczym słyszeć, prócz tego, że musi się spieszyć by być razem z mężem. Zarządziła, że Jakub, wtedy w wieku lat dziesięciu, pójdzie z nią do Seforis, podczas gdy Jezus zostanie w domu z młodszymi dziećmi, zanim ona nie wróci, ponieważ nie wiedziała, jak ciężko Józef jest ranny. Ale zanim Maria przyszła, Józef zmarł w wyniku odniesionych obrażeń. Sprowadzili go do Nazaretu i następnego dnia został złożony na spoczynek ze swymi przodkami.

Właśnie wtedy, gdy wszystko układało się dobrze a przyszłość wyglądała obiecująco, pozornie okrutny los dotknął głowę rodziny z Nazaretu, sprawy rodziny zostały zdezorganizowane a wszelkie plany, dotyczące Jezusa i jego przyszłej nauki, spełzły na niczym. Ten chłopiec-cieśla, teraz zaledwie czternastoletni, uświadomił sobie, że ma nie tylko wypełnić na Ziemi i w ciele misję objawiania boskiej natury swego niebiańskiego Ojca, ale że jego młoda, ludzka natura, musi wziąć również na swe barki obowiązek opieki nad owdowiałą matką i siedmiorgiem braci i sióstr – jedną jeszcze nienarodzoną. Ten chłopiec z Nazaretu został teraz jedyną podporą i osłodą tak nagle osieroconej rodziny. Zezwolono zatem na te wydarzenia, wynikłe z naturalnego biegu wypadków na Urantii, które miały zmusić tego młodego człowieka przeznaczenia do podjęcia tak wcześnie ciężkich, ale bardzo kształcących i narzucających dyscyplinę obowiązków, wynikających z faktu, że został głową ludzkiej rodziny i również ojcem dla własnych braci i sióstr, podporą i ochroną matki i opiekunem domu swego ojca, jedynego domu jaki znał, kiedy przebywał na tym świecie.

Jezus ochoczo podjął się tych obowiązków, które tak nagle na niego spadły i sprawował je solennie do końca. Przynajmniej jeden wielki problem i ewentualne komplikacje w jego życiu zostały tragicznie rozwiązane – nie oczekiwano już teraz, że pójdzie do Jerozolimy uczyć się pod kierunkiem rabinów. Zawsze pozostanie prawdą, że Jezus „nie siedział u niczyich stóp". Zawsze chętnie się uczył, nawet od najpokorniejszego z małych dzieci jednak, kiedy nauczał, nigdy nie nawiązywał do ludzkich źródeł wiedzy.

Wciąż nic nie wiedział o wizycie Gabriela u matki, przed swoim narodzeniem; dowiedział się o tym dopiero od Jana, w dniu swego chrztu, na początku działalności publicznej.

Z upływem lat, młody cieśla z Nazaretu coraz częściej oceniał każdą instytucję społeczeństwa i każdy zwyczaj religijny nieodmiennym probierzem: co to daje duszy ludzkiej? Czy zbliża to Boga do człowieka? Czy prowadzi to człowieka do Boga? I chociaż ten młodzieniec niezupełnie odwracał się od rekreacyjnych i społecznych aspektów życia, coraz bardziej poświęcał swój czas i energię dwóm tylko celom: opiece nad swą rodziną i przygotowaniu się do czynienia niebiańskiej woli Ojca na Ziemi.

W tym roku stało się zwyczajem, że sąsiedzi wpadali w zimowe wieczory, aby posłuchać Jezusa grającego na harfie, usłyszeć jego opowieści (gdyż chłopiec był wspaniałym gawędziarzem) i posłuchać, jak czyta Pismo Święte po grecku.

Ekonomiczne sprawy rodziny wciąż układały się dobrze, ponieważ w momencie śmierci Józefa odłożona była spora suma pieniędzy. Jezus wcześnie wykazał głęboki rozsądek w interesach i finansową roztropność. Był nieskąpy, ale skromny; oszczędny, ale hojny. Udowodnił, że jest mądrym i operatywnym zarządcą majątku ojca.

Jednak wbrew temu wszystkiemu, co Jezus i sąsiedzi z Nazaretu mogli zrobić, żeby wnieść radość do domu, Maria, a nawet dzieci, byli pogrążeni w smutku. Józef odszedł. Józef był niezwykłym mężem i ojcem i wszyscy odczuwali jego brak. I tym bardziej tragiczna wydawała się myśl, że umarł, zanim mogli z nim porozmawiać lub usłyszeć jego pożegnalne błogosławieństwo.

3. ROK PIĘTNASTY (9 N.E.)

W połowie tego, piętnastego roku życia Jezusa – liczymy zgodnie z kalendarzem dwudziestego wieku a nie rokiem żydowskim – ujął on mocno w swe ręce zarządzanie rodziną. Przed końcem roku oszczędności rodziny prawie się wyczerpały i stanęli wobec konieczności sprzedania jednego z domów w Nazarecie, który był wspólną własnością Józefa i jego sąsiada Jakuba.

W środowy wieczór, 17 kwietnia, roku 9 n.e., urodziła się Rut, dzieciątko rodziny i Jezus, najlepiej jak było można, starał się zająć miejsce swego ojca pocieszając matkę i pomagając jej w tym ciężkim i szczególnie smutnym położeniu. Przez kilkanaście lat (zanim Jezus zaczął swą służbę publiczną), żaden ojciec nie kochał i nie wychowywał swej córki czulej i staranniej, niż Jezus troszczył się o małą Rut. A był on równie dobrym ojcem dla wszystkich innych członków swej rodziny.

W tym roku Jezus po raz pierwszy sformułował modlitwę, której później uczył swych apostołów, a która dla wielu stała się znana jako „Modlitwa Pańska". W pewnym sensie była to ewolucja nabożeństwa rodzinnego; rodzina miała wiele form chwalenia Boga i kilka modlitw formalnych. Po śmierci ojca Jezus próbował nauczać starsze dzieci wyrażania się indywidualnie w modlitwie – tak jak on to robił – ale nie mogły one pojąć jego idei i nieodmiennie wpadały z powrotem w swe zapamiętane formy modlitewne. Próba ta miała na celu zachęcenie starszych braci i sióstr do wypowiadania modlitw indywidualnych, w czym Jezus próbował im pomóc, sugerując pewne wyrażenia i niebawem, bez intencji z jego strony tak się stało, że wszyscy używali formy modlitwy, która w większości była zbudowana z tych sugerowanych wersetów, jakich ich Jezus nauczał.

W końcu Jezus zrezygnował z idei formułowania spontanicznej modlitwy przez każdego członka rodziny i jednego wieczora, w październiku, usiadł z małą pękatą lampą przy niskim kamiennym stole i na kawałku gładkiej, kwadratowej, cedrowej deski, blisko pół na pół metra, kawałkiem węgla drzewnego napisał modlitwę, która odtąd stała się standardową modlitwą rodziny.

W tym roku Jezusa niepokoiły mieszane myśli. Obowiązki rodzinne raczej skutecznie zniweczyły wszystkie zamiary dotyczące natychmiastowej realizacji jakiegokolwiek planu, będącego wynikiem nawiedzenia w Jerozolimie i polecenia „zajęcia się sprawami Ojca". Jezus należycie wnioskował, że opieka nad rodziną jego ziemskiego ojca musi mieć pierwszeństwo nad wszystkimi obowiązkami; że utrzymanie rodziny musi być jego pierwszym obowiązkiem.

W tym roku, w tak zwanej Księdze Henocha, Jezus znalazł werset, pod wpływem którego przybrał później imię „Syn Człowieczy", jako tytuł dla swojej misji obdarzającej Urantię. Gruntownie rozważył ideę żydowskiego Mesjasza i był głęboko przekonany, że takim Mesjaszem nie zostanie. Pragnął pomóc ludowi swego ojca, ale nigdy nie myślał o dowodzeniu wojskami żydowskimi, w celu zniesienia okupacji Palestyny. Wiedział, że nigdy nie zasiądzie na tronie Dawida w Jerozolimie. Nie sądził również, że jego misja była misją duchowego wyzwoliciela lub nauczyciela moralnego wyłącznie dla narodu żydowskiego. Zatem jego misja życiowa w żadnym sensie nie mogła wypełnić żarliwych pragnień i domniemanych proroctw mesjanistycznych hebrajskiego Pisma Świętego; przynajmniej nie tak, jak Żydzi rozumieli przepowiednie proroków. Był również pewien, że nigdy się nie pojawi jako Syn Człowieczy według opisu proroka Daniela.

Jednak jak ma siebie nazwać jako nauczyciela świata, gdy przyjdzie jego czas? Jak ma określić swoją misję? Jakim imieniem mają zwać go ci, którzy zostaną wyznawcami jego nauki?

Kiedy rozważał te wszystkie problemy, pośród ksiąg apokaliptycznych, które studiował w bibliotece synagogi w Nazarecie, znalazł manuskrypt zwany „Księgą Henocha"; i chociaż był pewien, że nie został on napisany przez Henocha z zamierzchłych czasów, wydał mu się ten manuskrypt bardzo interesujący i czytał go i rozważał wiele razy. Był tam jeden fragment, który wywarł na nim szczególne wrażenie, fragment, w którym pojawia się określenie „Syn Człowieczy". Autor tak zwanej Księgi Henocha, opowiadając o Synu Człowieczym, opisuje działalność, jaką miałby on prowadzić na Ziemi i objaśnia, że Syn Człowieczy, zanim zszedł na Ziemię by przynieść zbawienie ludzkości, chodził przez dziedzińce niebiańskiej chwały ze swoim Ojcem, Ojcem wszystkich; i że zrezygnował z całej tej okazałości i chwały i zszedł na Ziemię, aby głosić zbawienie potrzebującym ludziom. Gdy Jezus czytał te wersety (dobrze rozumiejąc, że większość mistycyzmu wschodniego zmieszanego z tą nauką jest błędna), odczuł w swym sercu i uznał umysłem, że spośród wszystkich mesjanistycznych przepowiedni hebrajskiego Pisma Świętego i wszystkich teorii na temat żydowskiego wybawiciela, żadna nie była tak bliska prawdy, jak ta historia, zawarta w częściowo tylko uznawanej Księdze Henocha. To właśnie tam i wtedy postanowił przyjąć inauguracyjny tytuł „Syna Człowieczego". I tak też zrobił, kiedy później rozpoczął swą działalność publiczną. Jezus nieomylnie potrafił rozpoznać prawdę i nigdy nie wahał się jej przyjąć, niezależnie od tego, z jakiego źródła mogłaby emanować.

W tym czasie Jezus ustalił dość dokładnie wiele spraw dotyczących jego przyszłej działalności dla świata, ale nic o tym nie mówił matce, która wciąż mocno trzymała się idei, że zostanie żydowskim Mesjaszem.

Dla młodego Jezusa nadszedł teraz czas wielkiej dezorientacji. Mając już ustalone co nieco w sprawie rodzaju swojej misji na Ziemi, „zajęcia się sprawami Ojca" – ukazania natury Ojca miłującego całą ludzkość – zaczął rozważać na nowo wiele wypowiedzi z Pisma Świętego, odnoszących się do przybycia narodowego wybawiciela, nauczyciela żydowskiego lub króla. Do czego odnoszą się te przepowiednie? Jest Żydem czy nie jest? Jest czy nie jest z domu Dawida? Matka zaręczała, że jest, ojciec twierdził, że nie jest. Uznał, że nie jest. Czyżby prorocy pogmatwali sprawę natury Mesjasza i rodzaju jego misji?

Czy w końcu było możliwe, że to matka ma rację? Dawniej, gdy występowały rozbieżności w opiniach, w większości spraw ona miała rację. Jeśli ma być nowym nauczycielem a *nie* Mesjaszem, jak może rozpoznać żydowskiego Mesjasza, jeżeli ten pojawi się w Jerozolimie w czasie jego ziemskiej misji; i dalej, jaki powinien być jego stosunek do tego żydowskiego Mesjasza? Jaki powinien być jego stosunek do rodziny, po rozpoczęciu misji życiowej? Jaki do żydowskiej wspólnoty i religii? Jaki do Cesarstwa Rzymskiego? Jaki do innowierców i ich religii? Młody Galilejczyk rozważał każdy z tych poważnych problemów i serio zastanawiał się nad nimi, kiedy pracował przy stole ciesielskim, mozolnie zarabiając na życie dla siebie, matki i ośmiu innych głodnych ust.

Pod koniec tego roku Maria zauważyła, jak kurczą się fundusze rodzinne. Przekazała sprzedaż gołębi Jakubowi. Kupili niebawem drugą krowę i z pomocą Miriam zaczęli sprzedawać mleko sąsiadom w Nazarecie.

Okresy intensywnej medytacji Jezusa, jego częste wypady na szczyt wzgórza, na modlitwę i wiele dziwnych idei, które wyrażał od czasu do czasu, głęboko niepokoiły matkę. Czasami myślała, że chłopiec postradał zmysły a później uspokajała swe lęki, pamiętając, że jest on mimo wszystko dzieckiem obietnicy, w pewien sposób odmiennym od innych młodzieńców.

Ale Jezus nauczył się nie mówić o wszystkich swoich myślach, nie przedstawiać światu wszystkich swych idei, nawet matce. Od tego roku Jezus coraz mniej mówił o tym, co dzieje się w jego umyśle; to znaczy mniej mówił o takich rzeczach, których przeciętny człowiek mógłby nie zrozumieć, a które mogłyby sprawić, że traktowano by go jako istotę szczególną, różniącą się od zwykłych ludzi. Stał się pod każdym względem pospolity i stereotypowy, choć tęsknił za kimś, kto mógłby zrozumieć jego problemy. Chciałby mieć pewnego i godnego zaufania przyjaciela, ale jego problemy były zbyt złożone, aby jego ludzcy towarzysze mogli je pojąć. Unikalność tej niezwykłej sytuacji zmuszała go do dźwigania brzemienia samotnie.

4. PIERWSZE KAZANIE W SYNAGODZE

Kiedy nadeszły piętnaste urodziny Jezusa, mógł on oficjalnie zająć ambonę synagogi w dzień szabatu. Już przedtem, gdy nie było mówców, wiele razy Jezus proszony był o czytanie Pisma Świętego, ale teraz nadszedł ten dzień, kiedy zgodnie z Prawem mógł prowadzić nabożeństwo. Dlatego też w pierwszy szabat po jego piętnastych urodzinach, chazan zaaranżował Jezusowi prowadzenie porannego nabożeństwa w synagodze. I gdy zebrali się wszyscy wierni z Nazaretu, młody człowiek, zrobiwszy swój wybór z Pisma Świętego, wstał i zaczął czytać:

„Duch Pana Boga nade mną, bo Pan mnie namaścił; posłał mnie, by głosić dobrą nowinę ubogim, by opatrywać rany serc złamanych, by zapowiadać wyzwolenie jeńcom i więźniom ducha swobodę; aby obwieszczać rok łaski Pańskiej i dzień obrachunku naszego Boga; aby pocieszać wszystkich zasmuconych, aby im wieniec dać zamiast popiołu, olejek radości zamiast szaty smutku, pieśń chwały zamiast zgnębienia na duchu, *nazwą ich drzewami* sprawiedliwości, szczepieniem Pana dla jego rozsławienia.

Szukajcie dobra a nie zła, abyście żyli, wtedy Pan Bóg zastępów będzie z wami. Miejcie w nienawiści zło, a miłujcie dobro; wymierzcie w bramie sprawiedliwość. Może ulituje się Pan Bóg zastępów nad resztą pokolenia Józefa.

Obmyjcie się, czyści bądźcie; usuńcie zło uczynków waszych sprzed moich oczu; przestańcie czynić zło, zaprawiajcie się w tym, co dobre; troszczcie się o sprawiedliwość, wspomagajcie uciśnionego. Oddajcie słuszność sierocie, w obronie wdowy stawajcie.

Z czym stanę przed Panem i pokłonię się Bogu wysokiemu? Czy stanę przed nim z ofiarą całopalną, z cielętami rocznymi, czy Pan się zadowoli tysiącami baranów, miriadami potoków oliwy? Czy trzeba, bym wydał pierworodnego mego za mój występek, owoc łona mego za grzech mojej duszy? Nie! Powiedziano ci, człowiecze, co jest dobre. I czego żąda Pan od ciebie, jeśli nie pełnienia sprawiedliwości, umiłowania życzliwości i pokornego obcowania z Bogiem twoim?

Do kogoż to przyrównacie Boga, tego, co mieszka nad kręgiem ziemi? Podnieście oczy w górę i patrzcie, kto stworzył te gwiazdy. Ten, co w szykach prowadzi ich zastępy, woła je wszystkie po imieniu. On czyni wszystkie te rzeczy wielkością swej mocy, spod takiej potęgi i olbrzymiej siły nikt się nie uchyli. On dodaje mocy zmęczonemu i pomnaża siły omdlałego. Nie lękaj się, bo ja jestem z tobą; nie trwóż się, bom ja twoim Bogiem. Umacniam cię jeszcze i wspomagam, podtrzymuję cię moją prawicą sprawiedliwą, albowiem ja, Pan, twój Bóg, ująłem cię za prawicę, mówiąc ci: nie lękaj się, przychodzę ci z pomocą.

Wy jesteście moimi świadkami, mówi Pan i moimi sługami, których wybrałem, abyście mogli poznać i uwierzyć mi oraz zrozumieć, że jestem Wieczny. Ja, Pan, tylko istnieję i poza mną nie ma żadnego zbawcy".

A gdy to przeczytał, usiadł, a ludzie rozeszli się do domów, rozważając te słowa, które im z takim wdziękiem czytał. Nigdy jeszcze ludzie z jego miasta nie widzieli go tak dostojnie poważnego; nigdy nie słyszeli jego głosu tak żarliwego i szczerego; nigdy nie zauważyli, żeby był tak bardzo męski i stanowczy, tak bardzo autorytatywny.

W ten szabatowy dzień, po południu, Jezus wspiął się z Jakubem na wzgórze w Nazarecie, a kiedy wrócili do domu napisał Dziesięć Przykazań po grecku, węglem na dwu gładkich tabliczkach. Później Marta pokolorowała i ozdobiła te tabliczki i długo wisiały one na ścianie nad małym warsztatem Jakuba.

5. KŁOPOTY FINANSOWE

Jezus i jego rodzina wrócili stopniowo do prostego życia z wcześniejszych lat. Ich ubrania, a nawet jedzenie, stały się prostsze. Mieli dużo mleka, masła i sera. Korzystali z plonów ogrodu w okresie ich dojrzewania, ale każdy mijający miesiąc zmuszał ich do stosowania coraz większych oszczędności. Ich śniadania były bardzo proste, najlepsze jedzenie oszczędzali na kolację. Tym niemniej, pośród tych Żydów brak zamożności nie pociągał za sobą zaniżenia statusu społecznego.

Już wcześniej młodzieniec ten niemal ogarnął swym umysłem, jak żyją ludzie jego czasu. A jak dobrze rozumiał życie w domu, na polu i w warsztacie, ukazuje jego dalsza nauka, która w takiej pełni objawia jego bliski kontakt ze wszystkimi stadiami ludzkiego doświadczenia.

Chazan z Nazaretu wciąż wierzył, że Jezus zostanie wielkim nauczycielem, prawdopodobnie sukcesorem sławnego Gamaliela w Jerozolimie.

Wszystkie plany dotyczące kariery Jezusa najwyraźniej spełzły na niczym. Z punktu widzenia obecnego rozwoju wypadków przyszłość nie przedstawiała się jasno. Jednak Jezus nie zachwiał się i nie zniechęcił. Żył dalej, dzień po dniu, wykonując bieżące obowiązki, z oddaniem spełniając *doraźne* powinności swojego etapu życia. Życie Jezusa stanowi trwałą pociechę dla wszystkich zawiedzionych idealistów.

Dochody zwykłego wyrobnika ciesielskiego powoli malały. W końcu tego roku Jezus mógł zarobić, pracując od rana do późna, równowartość zaledwie około dwudziestu pięciu centów dziennie. W następnym roku mieli trudności z płaceniem podatków państwowych, nie mówiąc już o opodatkowaniu na synagogę czy o podatku świątynnym, wynoszącym pół szekla. W tym roku poborca podatkowy próbował wycisnąć z Jezusa dodatkowe opłaty, grożąc nawet, że zabierze mu harfę.

Obawiając się, że kopia Pisma Świętego po grecku może być znaleziona i skonfiskowana przez poborców podatkowych, Jezus, z okazji swych piętnastych urodzin podarował ją do biblioteki synagogi w Nazarecie, jako swój dar dla Pana z okazji dojrzałości.

W piętnastym roku swego życia Jezus doznał wielkiego szoku, gdy poszedł do Seforis, aby usłyszeć decyzję Heroda, wydaną w wyniku apelacji wniesionej do tego władcy, w sprawie sumy pieniędzy należnej Józefowi w momencie jego śmierci w wypadku. Jezus i Maria mieli nadzieję, że dostaną znaczną ilość pieniędzy, po tym, jak skarbnik w Seforis zaoferował im nędzną sumę. Bracia Józefa wnieśli apelację do samego Heroda a teraz Jezus stał w pałacu i słuchał wyroku Heroda, że ojciec Jezusa nic nie był mu winien w czasie śmierci. Na skutek tak niesprawiedliwej decyzji, Jezus nigdy więcej nie ufał Herodowi Antypasowi. Nic dziwnego, że kiedyś nawiązał do Heroda jako do „tego lisa".

Praca, ograniczająca się do warsztatu ciesielskiego, w tym roku i w latach następnych, pozbawiła Jezusa możliwości spotykania się z pasażerami karawan. Rodzinny warsztat zaopatrzeniowy przejęty już został przez wuja a Jezus pracował tylko w warsztacie domowym, gdzie był pod ręką, aby pomagać Marii, która zajmowała się rodziną. Mniej więcej w tym czasie Jezus zaczął posyłać Jakuba na plac wielbłądów, aby zbierał informacje o wydarzeniach światowych i aby mieć w ten sposób dostęp do bieżących wiadomości.

Kiedy Jezus wkraczał w wiek męski, przeżył wszystkie konflikty i konfuzje, jakich zaznała każda przeciętna młoda osoba, tak w wiekach minionych jak i późniejszych. I surowa rutyna utrzymywania rodziny była niezawodnym zabezpieczeniem przed nadmiarem czasu na jałowe medytacje czy uleganie tendencjom mistycznym.

W roku tym Jezus dzierżawił spory kawał ziemi, tuż na północ od ich domu, który był podzielony na rodzinne działki ogrodowe. Każde ze starszych dzieci miało osobny ogród i zaczęło się gorliwe współzawodnictwo w pracach rolniczych. W okresie, gdy rosły warzywa, najstarszy brat spędzał z nimi codziennie trochę czasu w ogrodzie. Kiedy Jezus pracował ze swymi młodszymi braćmi i siostrami w ogrodzie, wiele razy żywił pragnienie, żeby wszyscy mogli razem żyć na wsi, w gospodarstwie, gdzie korzystaliby ze swobody i wolności nieskrępowanego życia. Ale oni nie chcieli mieszkać i dorastać na wsi; a Jezus, będąc na wskroś praktycznym młodzieńcem, jak również idealistą, inteligentnie i energicznie podchodził do swego problemu, tak jak go napotkał i robił wszystko, co w jego mocy, aby dostosować siebie i swą rodzinę do realiów sytuacji oraz tak adaptować warunki rodzinne, aby osiągnąć najwyższe możliwe zadowolenie w trakcie realizacji indywidualnych i zbiorowych pragnień ich wszystkich.

Pewnego razu Jezus miał cichą nadzieję, że będzie mógł zgromadzić odpowiednie środki, przewidując, że dostaną znaczną sumę pieniędzy za pracę ojca w pałacu

Heroda, aby próbować kupić małe gospodarstwo. Naprawdę poważnie traktował swe plany przeniesienia rodziny na wieś. Jednak, gdy Herod nie chciał zapłacić im pieniędzy należnych Józefowi, zrezygnowali z ambicji posiadania domu na wsi. I tak uważali, że żyją w znacznym stopniu życiem wiejskim, posiadając obecnie trzy krowy, cztery owce, stado kurcząt, osła, psa i na dodatek gołębie. Nawet małe brzdące miały swe stałe obowiązki w tak metodycznym systemie organizacji, jaki charakteryzował życie domowe rodziny z Nazaretu.

Pod koniec tego, piętnastego roku swego życia, Jezus skończył przechodzić niebezpieczny i trudny okres w życiu człowieka, czas przejścia pomiędzy radosnymi latami dzieciństwa a świadomością zbliżającego się wieku męskiego, z jego poszerzonymi obowiązkami i możliwością zdobywania zaawansowanego doświadczenia w kształtowaniu szlachetnego charakteru. Skończył się okres rozwoju umysłu i ciała i zaczynało się teraz prawdziwe życie młodego mężczyzny z Nazaretu.

PRZEKAZ 127

LATA MŁODZIEŃCZE

WKRACZAJĄC w lata młodzieńcze, Jezus został głową oraz jedynym żywicielem dużej rodziny. Cały majątek rodzinny został wydany w kilka lat po śmierci ojca. Z biegiem czasu Jezus coraz lepiej uświadamiał sobie fakt swej poprzedniej egzystencji; jednocześnie zaczął sobie wyraźniej zdawać sprawę z tego, że znajduje się na Ziemi i w ciele w wyraźnym celu – objawienia swego Rajskiego Ojca dzieciom ludzkim.

Żaden dorastający młodzieniec, który żył lub który będzie kiedykolwiek żył na tym świecie, czy na jakimkolwiek innym świecie, nigdy nie miał ani nie będzie miał ważniejszych problemów do rozwiązania czy bardziej skomplikowanych trudności do rozwikłania. Żaden młodzieniec na Urantii nigdy nie będzie musiał przeżywać konfliktów bardziej wystawiających go na próbę albo sytuacji trudniejszych niż te, które przeszedł Jezus podczas tych żmudnych lat, od piętnastego do dwudziestego roku życia.

Spróbowawszy zatem w swych latach młodzieńczych prawdziwego doświadczenia życiowego, na świecie osaczonym przez zło i dręczonym przez grzech, Syn Człowieczy posiadł pełną wiedzę o doświadczeniach życiowych młodzieży ze wszystkich sfer Nebadonu, tym samym stał się po wszystkie czasy wyrozumiałym schronieniem dla udręczonych i zakłopotanych młodych ludzi w każdym wieku, na wszystkich światach wszechświata lokalnego.

Powoli, ale pewnie, dzięki autentycznemu doświadczeniu, ten Boski Syn *zdobywa* prawo pozwalające mu zostać suwerenem swego wszechświata, niekwestionowanym i najwyższym władcą wszystkich stworzonych istot inteligentnych, na wszystkich światach wszechświata lokalnego, wyrozumiałym schronieniem dla istot wszystkich wieków i wszystkich poziomów osobistych zdolności i doświadczeń.

1. ROK SZESNASTY (10 N.E.)

Wcielony Syn przeżył niemowlęctwo i zaznał spokojnego dzieciństwa. Potem wyłonił się z próbno-doświadczalnego stadium przejściowego, pomiędzy dzieciństwem a młodym wiekiem męskim i stał się nastoletnim Jezusem.

W tym roku osiągnął pełnię rozwoju fizycznego. Był męskim i urodziwym młodzieńcem. Stawał się coraz bardziej rzeczowy i poważny, ale był też życzliwy i sympatyczny. Oczy jego były życzliwe, ale badawcze, jego uśmiech zawsze ujmujący i uspokajający. Głos jego był śpiewny, ale autorytatywny, jego pozdrowienie serdeczne, ale naturalne.

Zawsze, nawet w najbardziej banalnym z kontaktów, odczuwało się w nim wyraźnie styczność dwojakiej natury, ludzkiej i boskiej. Zawsze był kombinacją sympatyzującego przyjaciela i autorytatywnego nauczyciela. I takie cechy osobowości zaczęły się u niego wcześnie pojawiać, nawet w tych latach dorastania.

Ten fizycznie silny i krzepki młodzieniec osiągnął również pełnię rozwoju swego ludzkiego intelektu, nie jako kompletne doświadczenie ludzkiego myślenia, ale pełnię możliwości intelektualnego rozwoju. Posiadał zdrowe ciało o prawidłowych proporcjach, gorliwy i analityczny umysł, miłe i sympatyczne usposobienie oraz ulegający nieco wahaniom, ale bojowy temperament; wszystko to zaczynało się składać na silną, frapującą i atrakcyjną osobowość.

Matce, braciom i siostrom z biegiem czasu coraz trudniej było zrozumieć Jezusa; przejęzyczali jego wypowiedzi i błędnie interpretowali jego czyny. Wszyscy oni nie potrafili zrozumieć sposobu życia ich najstarszego brata, albowiem matka dała im do zrozumienia, że przeznaczeniem jego jest zostać wybawicielem narodu żydowskiego. Wyobraźcie sobie ich dezorientację, po tym jak Maria zwierzyła się im z tych tajemnic rodzinnych, kiedy Jezus otwarcie zaprzeczył wszystkim takim ideom i intencjom.

W tym roku Szymon poszedł do szkoły i trzeba było sprzedać następny dom. Teraz Jakub przejął obowiązki nauczania trzech sióstr, z których dwie były w wieku odpowiednim do rozpoczęcia poważniejszej nauki. Jak tylko Rut podrosła, Marta i Miriam wzięły ją w swoje ręce. Dziewczęta z rodzin żydowskich otrzymywały zazwyczaj skromną edukację, jednak Jezus utrzymywał (a matka się z nim zgadzała), że dziewczęta powinny chodzić do szkoły tak samo jak chłopcy, a ponieważ szkoła synagogi ich nie przyjmowała, nie pozostawało nic innego, jak prowadzić szkołę domową specjalnie dla nich.

Przez cały ten rok Jezus pozostawał przykuty do warsztatu. Na szczęście miał dużo pracy; był z tego wyższego rodzaju, który nigdy nie pozostawał bezczynny, bez względu na to, jak mało pracy mogło być w tamtym rejonie. Czasami miał jej tak dużo, że Jakub musiał mu pomagać.

Przed końcem tego roku Jezus nieomal postanowił, że gdy wychowa rodzinę i zobaczy wszystkich w stanie małżeńskim, zacznie pracować publicznie jako nauczyciel prawdy i objawiciel niebiańskiego Ojca dla świata. Wiedział, że nie zostanie wyczekiwanym żydowskim Mesjaszem i doszedł do wniosku, że jest praktycznie bezcelowe omawianie tych spraw z matką; postanowił, że może mieć ona idee jakiekolwiek zechce, odkąd wszystko, co uprzednio mówił wywarło na niej niewielkie lub żadne wrażenie, a przypominał sobie, że ojciec nigdy nie mógł wpłynąć na nią, aby zmieniła zdanie. Począwszy od tego roku coraz mniej rozmawiał o tych sprawach, z matką czy kimkolwiek. Jego misja była tak specyficzna, że nikt z żyjących na Ziemi nie mógł udzielić mu rady w sprawie jej prowadzenia.

Jezus był prawdziwym, choć młodocianym ojcem rodziny; każdą wolną godzinę spędzał z młodzieżą a oni kochali go szczerze. Matka się martwiła, gdy widziała jak ciężko pracuje; smutno jej było, że dzień po dniu trudzi się przy stole ciesielskim, zarabiając na utrzymanie rodziny, zamiast przebywać w Jerozolimie i studiować pod kierunkiem rabinów, jak to kiedyś z takim zamiłowaniem planowali. Podczas gdy wielu spraw związanych z synem Maria nie potrafiła zrozumieć, kochała go i w pełni doceniała zapał, z jakim nosił na swych barkach odpowiedzialność za rodzinę.

2. ROK SIEDEMNASTY (11 N.E.)

Mniej więcej w tym czasie prowadzono szeroką agitację, zwłaszcza w Jerozolimie i Judei, na rzecz buntu przeciw płaceniu podatków Rzymowi. Powstała silna partia narodowa, nazwana niebawem zelotami. Zeloci, w przeciwieństwie do faryzeuszy, nie chcieli czekać przybycia Mesjasza. Planowali doprowadzić sprawę do celu drogą buntu politycznego.

Do Galilei przybyła grupa działaczy z Jerozolimy i osiągnęła znaczne sukcesy, zanim doszła do Nazaretu. Kiedy przyszli do Jezusa, on wysłuchał ich uważnie i zadał wiele pytań, ale nie chciał przystąpić do stronnictwa. Nie chciał również w pełni wyjaśnić, dlaczego nie przystępuje a jego odmowa sprawiła, że wielu młodych ludzi z Nazaretu też nie przystąpiło.

Maria robiła, co tylko mogła, aby go nakłonić do przystąpienia, ale Jezus pozostał niewzruszony. Posunęła się nawet tak daleko, że oznajmiła, iż odmowa przyłączenia się do sprawy nacjonalistycznej, na jej żądanie, jest nieposłuszeństwem, naruszeniem obietnicy zrobionej podczas ich powrotu z Jerozolimy, że podporządkuje się rodzicom; ale w odpowiedzi na tę insynuację, Jezus położył jej delikatnie rękę na ramieniu i patrząc w oczy, powiedział: „Matko moja, jak możesz?". I Maria wycofała swoje oświadczenie.

Jeden z wujów Jezusa (Szymon brat Marii) przyłączył się już do tej grupy i został później oficerem w sekcji galilejskiej. I przez wiele lat trwało coś w rodzaju oziębienia stosunków pomiędzy Jezusem a jego wujem.

Jednak w Nazarecie kłopoty wisiały w powietrzu. Postawa Jezusa wobec sprawy zelotów doprowadziła w końcu do podziału młodzieży żydowskiej w mieście. Blisko połowa przyłączyła się do organizacji nacjonalistycznej a druga połowa zaczęła formować grupę opozycyjną, patriotów bardziej umiarkowanych, spodziewając się, że Jezus zostanie ich przywódcą. Byli zaskoczeni, gdy odmówił przyjęcia oferowanego mu zaszczytu, podając jako wymówkę swe rozliczne obowiązki rodzinne, z czym się wszyscy zgodzili. Jednak sytuacja skomplikowała się jeszcze bardziej, kiedy niebawem bogaty Żyd, Izaak, pożyczający pieniądze poganom, wystąpił z propozycją utrzymywania rodziny, jeżeli Jezus porzuci pracę i przyjmie przywództwo patriotów w Nazarecie.

Jezus, wtedy zaledwie siedemnastoletni, stanął przed jedną z najdelikatniejszych i najtrudniejszych sytuacji swego wczesnego życia. Sprawy patriotyczne, zwłaszcza kiedy związane ze zbieraniem podatków przez obcych gnębicieli, są zawsze skomplikowane dla przywódców religijnych, gdy idzie o ustosunkowanie się do nich, a w tym wypadku trudności były zdwojone, ponieważ w całą tę agitację przeciwko Rzymowi włączona była religia żydowska.

Pozycja Jezusa stawała się coraz trudniejsza, ponieważ matka, wuj a nawet jego młodszy brat, Jakub, nalegali, aby przyłączył się do sprawy narodowej; wszyscy ważniejsi Żydzi z Nazaretu już przystąpili a ci młodzi, którzy nie przyłączyli się jeszcze do ruchu, przystąpiliby wszyscy, gdyby Jezus zmienił zdanie. Jezus miał tylko jednego mądrego doradcę w całym Nazarecie, swego starego nauczyciela, chazana, który służył mu radą, co odpowiedzieć komitetowi obywatelskiemu z Nazaretu, gdy przyszli go spytać *o odpowiedź na apel do społeczeństwa*. Wtedy to Jezus, po raz pierwszy w całym swym młodym życiu, świadomie uciekł się do powszechnie stosowanych metod. Jak dotychczas, aby wyjaśnić sytuację, zawsze opierał się na otwartym oznajmieniu prawdy, ale teraz nie mógł powiedzieć całej prawdy. Nie mógł dać do zrozumienia, że jest kimś więcej niż człowiekiem, nie mógł wyjawić idei tej misji, która czekała na osiągnięcie jego dojrzałego wieku męskiego. Poza tym kwestionowano bezpośrednio jego wierność religijną i lojalność narodową. Rodzina była zdezorientowana, jego młodzi przyjaciele podzieleni w swych opiniach a cała żydowska ludność miasta w stanie wrzenia. I pomyśleć, że to Jezusa obwiniano o wszystko, tak niewinnego wszelkich intencji czynienia jakichkolwiek kłopotów, zwłaszcza niepokojów tego rodzaju!

Coś trzeba było zrobić. Musiał określić swe stanowisko i zrobił to odważnie i dyplomatycznie, ku zadowoleniu wielu, chociaż nie wszystkich. Nawiązał do swego pierwszego usprawiedliwienia, utrzymując, że jego zasadniczym obowiązkiem jest rodzina, że owdowiała matka oraz ośmioro braci i sióstr potrzebują czegoś więcej, niż można nabyć za pieniądze – znaczy tylko zaspokojenia materialnych potrzeb życia – że mają prawo do ojcowskiej opieki i przewodnictwa i że on nie może, z czystym sumieniem, zwolnić siebie z tych zobowiązań, jakie okrutny wypadek na niego nałożył. Powiedział komplement matce i starszemu bratu, dziękując im za to, że byli gotowi go zwolnić z obowiązków, ale powtórzył, że lojalność wobec zmarłego ojca nie pozwala mu opuścić rodziny, bez względu na to, jak dużo pieniędzy można by dostać na jej materialne potrzeby, składając swoje pamiętne oświadczenie, że „pieniądze nie mogą kochać". W czasie tego przemówienia Jezus zrobił kilka wyraźnych aluzji do swej „misji życiowej", wytłumaczył jednak, że niezależnie od tego, czy może ona być czy też nie być sprzeczna z ideą wojskową, misja ta, razem ze wszystkim innym w jego życiu została poniechana, dlatego tylko, aby miał możliwość wiernego wywiązania się z obowiązków wobec rodziny. W Nazarecie każdy dobrze wiedział, że Jezus jest dobrym ojcem dla swej rodziny i było to tak bliskie sercu każdego szlachetnego Żyda, że argument Jezusa znalazł głęboki oddźwięk w sercach wielu słuchaczy; a niektórzy z tych, którzy sądzili inaczej, zostali rozbrojeni mową Jakuba, która choć nie planowana, została wtedy wygłoszona. Tego właśnie dnia chazan przygotował Jakuba do jego mowy, ale to była ich tajemnica.

Jakub oświadczył, że jest pewien, iż Jezus pomógłby wyzwolić swój lud, jeśli on (Jakub) byłby w odpowiednim wieku, aby przejąć obowiązki rodzinne i że jeśli pozwolą zostać Jezusowi „z nami, aby był naszym ojcem i nauczycielem, będą mieli z rodziny Józefa nie tylko jednego przywódcę, ale wkrótce pięciu oddanych nacjonalistów, bo czyż nie ma nas pięciu chłopców, którzy dorosną i wyjdą spod zwierzchnictwa naszego brata-ojca, aby służyć naszemu narodowi?". Tym sposobem chłopiec doprowadził do całkiem szczęśliwego zakończenia bardzo napiętej i groźnej sytuacji.

Tym razem kryzys się skończył, ale w Nazarecie nigdy tego nie zapomniano. Agitacja trwała nadal; Jezus już nie był przedmiotem powszechnej życzliwości; podział nastrojów nigdy nie został w pełni przezwyciężony. Fakt ten, razem z innymi późniejszymi wypadkami, był jednym z głównych powodów, dla których Jezus przeniósł się w latach późniejszych do Kafarnaum. Od tamtego czasu w Nazarecie utrzymywała się różnica poglądów w sprawie Syna Człowieczego.

W tym roku Jakub skończył szkołę i zaczął pracować w pełnym wymiarze godzin w domowym warsztacie ciesielskim. Nauczył się zręcznie używać narzędzi i przejął teraz robienie jarzm i pługów, podczas gdy Jezus więcej pracy poświęcał wykańczaniu domów i fachowej stolarce.

W tym roku Jezus zrobił znaczne postępy w organizacji swojego umysłu. Stopniowo łączył w jedność swe boskie i ludzkie jestestwo, dochodząc do całej tej organizacji intelektu dzięki swym własnym *decyzjom,* tylko z pomocą zamieszkującego go Monitora, takiego właśnie Monitora, jakiego w swych umysłach posiadają wszyscy normalni śmiertelnicy, na wszystkich światach w czasach po obdarzeniu Synem. Jak dotąd nic nadprzyrodzonego nie wydarzyło się w życiu tego młodego mężczyzny, za wyjątkiem wizyty posłańca, który pojawił się kiedyś nocą w Jerozolimie, wysłany przez starszego brata Jezusa, Emanuela.

3. ROK OSIEMNASTY (12 N.E.)

W tym roku sprzedano cały majątek rodzinny, za wyjątkiem domu i ogrodu. Została sprzedana ostatnia część posiadłości w Kafarnaum (za wyjątkiem udziału w innej), z obciążoną już hipoteką. Zyski zużyto na zapłacenie podatków, na zakup kilku nowych narzędzi dla Jakuba i na zapłatę za stary, rodzinny warsztat zaopatrzeniowo-naprawczy, w pobliżu placu karawan, który Jezus planował odkupić, odkąd Jakub był w wieku odpowiednim do pracy w warsztacie domowym i do pomocy Marii w domu. Gdy problemy finansowe w ten sposób chwilowo uległy złagodzeniu, Jezus postanowił zabrać Jakuba na Paschę. Wyszli do Jerozolimy o dzień wcześniej, aby być sami, gdy szli przez Samarię. Szli a Jezus opowiadał Jakubowi o historycznych miejscach mijanych po drodze, tak jak go uczył ojciec podczas podobnej drogi pięć lat temu.

Idąc przez Samarię widzieli dużo osobliwych rzeczy. Po drodze omawiali wiele swych problemów, osobistych, rodzinnych i narodowych. Jakub był bardzo religijnym młodzieńcem i podczas gdy niezupełnie zgadzał się z matką w sprawie tego, co trochę wiedział o planach dotyczących dzieła życia Jezusa, oczekiwał czasu, kiedy będzie mógł przejąć odpowiedzialność za rodzinę, aby Jezus mógł zacząć swą misję. Był wdzięczny Jezusowi za to, że wziął go na Paschę i rozmawiali o przyszłości bardziej szczegółowo niż kiedykolwiek przedtem.

Jezus rozmyślał wiele, kiedy szli przez Samarię, zwłaszcza w Betel i kiedy pili ze studni Jakubowej. Omawiał z bratem tradycje Abrahama, Izaaka i Jakuba. Uczynił też wiele, aby przygotować Jakuba na to, co wkrótce zobaczy w Jerozolimie, próbując tym samym złagodzić szok, jakiego sam doznał w czasie swej pierwszej wizyty w Świątyni. Ale Jakub nie był zbyt wrażliwy na pewne widoki. Robił uwagi na temat powierzchownego i bezdusznego sposobu pełnienia obowiązków przez niektórych kapłanów, ale generalnie był bardzo zadowolony z pobytu w Jerozolimie.

Na wieczerzę paschalną Jezus zabrał Jakuba do Betanii. Szymon został złożony na spoczynek ze swymi ojcami i Jezus przewodził temu domowi, jako głowa rodziny Paschalnej, przyniósłszy ze Świątyni baranka paschalnego.

Po wieczerzy paschalnej Maria usiadła i rozmawiała z Jakubem, podczas gdy Marta, Łazarz i Jezus rozmawiali długo w noc. Następnego dnia uczestniczyli w nabożeństwie świątynnym a Jakub został przyjęty do wspólnoty Izraela. Gdy tego poranka stanęli na szczycie Góry Oliwnej, aby popatrzyć na Świątynię, Jakub wydał okrzyk zdumienia, ale Jezus przypatrywał się Jerozolimie w milczeniu. Jakub nie mógł zrozumieć postawy swego brata. Tego wieczora znowu wrócili do Betanii i następnego dnia mieli iść do domu, ale Jakub nalegał, aby wrócić i odwiedzić Świątynię, wyjaśniając, że chciał posłuchać nauczycieli. I choć było to prawdą, potajemnie w swym sercu chciał słyszeć Jezusa, jak bierze udział w dyskusjach, ponieważ matka o tym mówiła. Poszli zatem do Świątyni i słuchali dyskusji, ale Jezus nie zadawał pytań. Wszystko to wyglądało tak dziecinne i nieistotne dla tego rozbudzonego umysłu człowieka i Boga, że Jezus mógł im jedynie współczuć. Jakub był rozczarowany, że Jezus się nie odezwał. Na jego zapytania, Jezus odparł tylko: „Moja godzina jeszcze nie nadeszła".

Następnego dnia poszli do domu, przez Jerycho i dolinę Jordanu a Jezus po drodze wspominał wiele rzeczy, łącznie z tym, kiedy poprzednio szedł tym szlakiem mając trzynaście lat.

Po powrocie do Nazaretu Jezus zaczął pracę w starym, rodzinnym warsztacie naprawczym i był bardzo szczęśliwy, że każdego dnia mógł się spotykać z wieloma ludźmi ze wszystkich stron kraju oraz rejonów sąsiednich. Jezus naprawdę kochał ludzi – zwykły prosty lud. Każdego miesiąca spłacał swój warsztat i z pomocą Jakuba wciąż utrzymywał rodzinę.

Kilka razy w roku, kiedy nie było gości, którzy mogli to robić, Jezus czytał w szabat Pismo Święte w synagodze i wielokrotnie robił komentarze do nauki, ale najczęściej tak dobierał cytaty, że komentarz był zbyteczny. Tak umiejętnie układał porządek czytania różnorodnych fragmentów, że jeden wyjaśniał drugi. Zawsze pamiętał o tym, gdy tylko pogoda pozwalała, żeby w szabatowe popołudnia zabierać swych braci i siostry na przechadzki na łonie natury.

Mniej więcej w tym czasie chazan założył dyskusyjny klub filozoficzny dla młodych mężczyzn, którego członkowie spotykali się w różnych domach a często w jego własnym domu i Jezus został wybitnym członkiem tej grupy. W ten sposób udało mu się odzyskać część lokalnego prestiżu, który utracił podczas niedawnych polemik nacjonalistycznych.

Życie towarzyskie Jezusa było ograniczone, jednak nie całkiem zaniedbane. Miał wielu serdecznych przyjaciół i zagorzałych wielbicieli w Nazarecie, zarówno wśród młodych mężczyzn jak i młodych kobiet.

We wrześniu, Jan i Elżbieta przyszli odwiedzić rodzinę w Nazarecie. Jan, straciwszy ojca, zamierzał wrócić na wzgórza judejskie i zająć się rolnictwem oraz hodowlą owiec, chyba, że Jezus radziłby mu zostać w Nazarecie, żeby pracował jako cieśla lub w innym zawodzie. Elżbieta i Jan nie wiedzieli, że rodzina w Nazarecie była praktycznie bez grosza. Im dłużej Maria i Elżbieta rozmawiały o swych synach, tym bardziej nabierały przekonania, że byłoby dobrze dla tych dwóch młodych mężczyzn, aby pracowali razem i widywali się częściej.

Jezus i Jan dużo rozmawiali ze sobą; omawiali bardzo im bliskie i osobiste sprawy. Gdy odwiedziny dobiegły końca, postanowili nie widywać się więcej, aż do tego czasu, kiedy spotkają się podczas służby publicznej, po tym, jak „Ojciec niebieski powoła" ich do pracy. Jan pozostawał pod wielkim wrażeniem tego, co widział w Nazarecie, rozumiał, że powinien wrócić do domu i pracować na utrzymanie matki. Przekonał się, że ma stać się częścią misji życiowej Jezusa, ale widział również, że wychowanie rodziny zajmie Jezusowi wiele lat; więc bardzo się cieszył z powrotu do domu, pozostania tam i doglądania swego małego gospodarstwa oraz dbania o potrzeby matki. Jezus i Jan nie widzieli się więcej, aż do tego dnia nad Jordanem, kiedy Syn Człowieczy zaprezentował się do chrztu.

W sobotnie popołudnie, 3 grudnia tego roku, śmierć po raz drugi dotknęła rodzinę z Nazaretu. Mały Amos, ich braciszek, umarł po tygodniu choroby z wysoką gorączką. Maria, po przejściu okresu żałoby, z pierworodnym synem jako jedyną swoją podporą, uznała w końcu i w pełni Jezusa za prawdziwą głowę rodziny; a był on doprawdy wartościową głową.

Przez cztery lata standard życia rodziny w Nazarecie stopniowo się obniżał; rok po roku odczuwali coraz większe ubóstwo. Pod koniec tego roku stanęli przed jednym z najtrudniejszych zadań w całych ich trudnych zmaganiach. Jakub nie zarabiał jeszcze zbyt wiele a na dodatek wszystkiego wydatki pogrzebowe były dla nich ciosem. Ale Jezus rzekł tylko do zatrwożonej i zbolałej matki: „Matko Mario, smutek nam nie pomoże, wszyscy robimy, co możemy a uśmiech matki być może pobudzi nas do jeszcze lepszej pracy. Dzień po dniu pokrzepiamy się w tych obowiązkach nadzieją, że przyjdą lepsze dni". Zdrowy i praktyczny optymizm Jezusa doprawdy był zaraźliwy; wszystkie dzieci żyły w atmosferze oczekiwania lepszych czasów i lepszych rzeczy. Ta pełna nadziei odwaga przyczyniła się w znacznym stopniu do kształtowania ich silnych i szlachetnych charakterów, wbrew przygnębiającemu ubóstwu.

Jezus skutecznie potrafił zaktywizować pełną moc umysłu, duszy i ciała na zadaniu, jakie przed nim stawało. Potrafił skoncentrować swój dogłębnie myślący umysł na tym właśnie, jednym problemie, który chciał rozwiązać a to, w połączeniu z jego niezmordowaną *cierpliwością,* pomagało mu pogodnie znosić kłopoty trudnej, śmiertelnej egzystencji – żyć, jak gdyby „widział Tego, który jest niewidzialny".

4. ROK DZIEWIĘTNASTY (13 N.E.)

W tym okresie relacje wzajemne Marii i Jezusa uległy znacznej poprawie. Ona traktowała go coraz mniej jak syna; stał się dla niej raczej ojcem jej dzieci. Każdy dzień życia obfitował w rzeczywiste i konkretne trudności. Znacznie rzadziej rozmawiali o życiowej pracy Jezusa, bo z upływem czasu wszystkie ich myśli wspólnie były poświęcone utrzymaniu i wychowaniu rodziny, złożonej z czterech chłopców i trzech dziewcząt.

Na początku tego roku metody wychowawcze Jezusa zyskały pełną aprobatę matki; były to konstruktywne nakazy czynienia dobra, zamiast starszych, żydowskich metod zabraniania czynienia zła. W domu i w czasie swego nauczania publicznego, Jezus nieodmiennie stosował *konstruktywną* formę napominania. Zawsze i wszędzie mówił: „Zrobisz to – powinieneś robić tamto". Nigdy nie nauczał metodą zakazów, wywodzącą się z pradawnych tabu. Wystrzegał się kładzenia nacisku na zło, przez jego zabranianie, podczas kiedy wywyższał dobro, nakazując jego wykonywanie. W domu Jezusa czas modlitwy był okazją do omawiania najróżniejszych zagadnień, dotyczących dobra rodziny.

Wobec braci i sióstr Jezus zaczął stosować mądrą dyscyplinę od tak wczesnego wieku, że niewielkiej trzeba było kary, lub obywało się bez niej, aby mieć bezzwłoczne i szczere posłuszeństwo. Jedynym wyjątkiem był Juda, wobec którego Jezus uznał za konieczne zastosowanie kary w rozmaitych okolicznościach, za naruszanie zasad rodziny. Trzy razy, kiedy uznano za właściwe ukaranie Judy za celowe naruszenie domowych zasad postępowania, do czego sam się przyznał, kara jego została zatwierdzona jednomyślną uchwałą starszych dzieci i Juda zgodził się z nią, zanim jeszcze została wymierzona.

Chociaż Jezus był nadzwyczaj metodyczny i systematyczny we wszystkim, co robił, wszystkie jego kierownicze decyzje cechowała również ożywiająca elastyczność rozumowania oraz indywidualność adaptacji, co wpoiło wszystkim dzieciom ducha sprawiedliwości, który ożywiał ich ojca-brata. Jezus nigdy nie narzucał arbitralnie posłuszeństwa swym braciom i siostrom a taka całkowita bezstronność oraz indywidualne rozpatrywanie spraw przysparzały mu sympatii w całej rodzinie.

Gdy Jakub i Szymon dorastali, próbowali stosować metodę Jezusa, polegającą na uspokajaniu wojowniczych a czasem wzburzonych towarzyszy zabaw perswazją i nie stawianiem oporu i osiągali w tym znaczne sukcesy; jednak Józef i Juda, podczas gdy stosowali takie nauki w domu, nie omieszkali bronić się, gdy atakowani byli przez kolegów; zwłaszcza Juda winny był naruszaniu ducha tych nauk. Nie stawianie oporu nie było jednak *regułą* rodziny. Za naruszenie nauczania indywidualnego nie groziła żadna kara.

Generalnie, wszystkie dzieci, zwłaszcza dziewczęta, wolały się radzić Jezusa w sprawach problemów swego dzieciństwa oraz zwierzać się jemu, tak, jakby miały czułego ojca.

Jakub dorastał i stawał się bardzo zrównoważonym i opanowanym młodzieńcem, jednak nie miał takich duchowych inklinacji jak Jezus. Był znacznie lepszym uczniem niż Józef, który jeszcze słabiej zorientowany duchowo, był jednak sumiennym robotnikiem. Józef był pracowity, ale poziomem intelektualnym nie dorównywał innym dzieciom. Szymon był chłopcem o jak najlepszych intencjach, ale zbyt wielkim marzycielem. Nieśpieszno mu było ustatkować się w życiu, co było powodem poważnych obaw Jezusa i Marii, zawsze jednak był dobrym chłopcem, pełnym dobrych intencji. Juda był wichrzycielem. Miał górnolotne ideały, lecz niestabilny temperament. Posiadał całą matczyną determinację i bojowość a nawet więcej, brakowało mu jednak poczucia umiaru i rozwagi.

Miriam była córką bardzo opanowaną i zrównoważoną, bardzo sobie ceniącą szlachetne, duchowe wartości. Marta była dzieckiem powolnym w myśleniu i działaniu ale również bardzo rzetelnym i pracowitym. Dzieciątko Rut było promykiem słonecznym tego domu; choć nierozważna w słowach, była wyjątkowo szczera w swym sercu. Miała nieomal nabożną cześć dla swego wielkiego brata i ojca. Jednak jej nie rozpieszczali. Była pięknym dzieckiem, choć niezupełnie tak urodziwa jak Miriam, która była pięknością rodziny, jeśli nie miasta.

Z biegiem czasu Jezus zrobił wiele w kierunku liberalizacji i przekształcenia rodzinnego nauczania i zwyczajów, odnoszących się do przestrzegania szabatu oraz wielu innych elementów religii, i na wszystkie te zmiany Maria serdecznie się zgadzała. W tym czasie Jezus stał się niekwestionowaną głową rodziny.

W tym roku Juda poszedł do szkoły i Jezus zmuszony był sprzedać swą harfę, aby pokryć związane z tym wydatki. Tym samym przepadła ostatnia, niosąca odprężenie przyjemność. Jezus bardzo lubił grać na harfie, kiedy był zmęczony umysłowo i znużony fizycznie, ale pocieszał się myślą, że w końcu harfa została zabezpieczona od skonfiskowania przez poborcę podatkowego.

5. REBEKA CÓRKA EZRY

Chociaż Jezus był ubogi, nie zaniżało to w najmniejszym stopniu jego pozycji społecznej w Nazarecie. Był jednym z wyróżniających się w mieście młodych mężczyzn, bardzo wysoko cenionym przez większość młodych kobiet. Ponieważ Jezus był znakomitym okazem rosłej, intelektualnej męskości, a uwzględniwszy jego reputację przywódcy duchowego, nie należy się dziwić, że Rebeka, najstarsza córka Ezry, bogatego przedsiębiorcy i kupca z Nazaretu, odkryła, że powoli zakochuje się w synu Józefa. Na początku zwierzyła się ze swych uczuć Miriam, siostrze Jezusa a z kolei Miriam omówiła to wszystko z matką. Maria bardzo się zaniepokoiła. Czy miała teraz stracić syna, będącego niezastąpioną głową rodziny? Czy kłopoty nigdy się nie skończą? Co się jeszcze stanie? Później zaczęła się zastanawiać, jaki wpływ mogłoby mieć małżeństwo na przyszłą działalność Jezusa; nie często, ale jednak czasami przypominała sobie, że Jezus jest „obiecanym dzieckiem". Po tym, jak omówiła to z Miriam, obie postanowiły spróbować zaradzić całej sprawie zanim Jezus się o tym dowie, idąc wprost do Rebeki i przedkładając jej całą historię, otwarcie mówiąc o swych wierzeniach, że Jezus jest synem przeznaczenia, że ma zostać wielkim przywódcą religijnym, być może Mesjaszem.

Rebeka słuchała uważnie; opowieść ta poruszyła ją i bardziej niż kiedykolwiek była zdeterminowana związać swój los z wybranym przez siebie mężczyzną i dzielić z nim misję przywództwa. Tłumaczyła sobie, że taki człowiek może bardzo potrzebować oddanej i operatywnej żony. To, że Maria usiłowała jej to odradzić, traktowała jako naturalną reakcję, wynikającą ze strachu przed utratą głowy i jedynego żywiciela rodziny; ale wiedziała również, że jej ojciec przychylny jest jej sympatii do syna cieśli i słusznie przypuszczała, że chętnie zapewni rodzinie wystarczający dochód, aby zrekompensować utratę zarobków Jezusa. Gdy ojciec zgodził się na ten plan, Rebeka znowu spotkała się z Marią i Miriam, a gdy nie zyskała ich aprobaty, postanowiła odważnie zwrócić się wprost do Jezusa. Zrobiła to z pomocą swego ojca, który zaprosił Jezusa do domu na obchody siedemnastych urodzin Rebeki.

Jezus słuchał w skupieniu i ze zrozumieniem całej tej historii, najpierw ojca, potem samej Rebeki. Uprzejmie odpowiedział mniej więcej tak, że żadna suma pieniędzy nie może zastąpić osobistych zobowiązań, dotyczących wyżywienia rodziny jego ojca, „spełnienia najświętszego ze wszystkich ludzkich powiernictw – lojalności dla własnej rodziny". Słowa Jezusa, o poświęceniu dla rodziny, głęboko poruszyły ojca Rebeki i wycofał się z dyskusji. Powiedział tylko Marii, swojej żonie: „Nie możemy go mieć za syna, jest dla nas zbyt szlachetny".

Potem nastąpiła pamiętna rozmowa z Rebeką. Jak dotąd, Jezus w swoim życiu nie robił specjalnej różnicy pomiędzy ludźmi, z którymi przebywał, pomiędzy chłopcami i dziewczętami, czy młodymi mężczyznami i młodymi kobietami. Umysł jego generalnie był zbyt zaabsorbowany nie cierpiącymi zwłoki problemami, dotyczącymi praktycznych spraw ziemskich oraz docieklіwymi rozważaniami o docelowej działalności „dotyczącej spraw jego Ojca", aby kiedykolwiek poważnie myśleć o zaspokojeniu miłości osobistej w ludzkim małżeństwie. Teraz jednak stanął twarzą w twarz z nowym problemem, z gatunku tych, jakie każda przeciętna istota ludzka musi napotkać i rozstrzygnąć. Naprawdę był on „doświadczany we wszystkim, podobnie jak i wy jesteście".

Jezus słuchał Rebeki uważnie, serdecznie dziękował jej za wyrazy uwielbienia, dodając, że „będzie to radować i pocieszać mnie przez wszystkie dni mojego życia". Wyjaśnił, że nie może wiązać się z kobietą inaczej, niż w oparciu o prosty, braterski szacunek i prawdziwą przyjaźń. Wytłumaczył również, że jego pierwszym i głównym obowiązkiem jest wychowanie rodziny jego ojca, że nie może myśleć o małżeństwie, dopóki nie zrealizuje tego celu a potem dodał: „Jeśli jestem synem przeznaczenia, nie wolno mi wiązać się na całe życie, zanim nie objawi się moje przeznaczenie".

Rebeka miała złamane serce. Była niepocieszona i nalegała na ojca, aby wyprowadzili się z Nazaretu, aż w końcu zgodził się przenieść do Seforis. W latach późniejszych, dla wielu mężczyzn, którzy starali się o jej rękę, Rebeka miała tylko jedną odpowiedź. Żyła w jednym tylko celu – czekając godziny, kiedy ten, dla niej najwspanialszy człowiek, jaki kiedykolwiek żył na Ziemi, zacznie swą działalność jako nauczyciel żywej prawdy. I szła za nim, pełna poświęcenia przez burzliwe lata jego działalności publicznej i była z nim (niezauważona przez Jezusa) tego dnia, kiedy wjeżdżał tryumfalnie do Jerozolimy; i stała „wśród innych kobiet", obok Marii, tego fatalnego i tragicznego popołudnia, kiedy Syn Człowieczy zawisnął na krzyżu, dla niej, jak i dla niezliczonych światów na wysokości, „cały pełen powabu, znakomity spośród tysięcy".

6. JEGO ROK DWUDZIESTY (14 N.E.)

O miłości Rebeki do Jezusa szeptano w Nazarecie a później w Kafarnaum, tak więc, gdy w następnych latach wiele kobiet kochało Jezusa, mężczyźni także go kochali, nie musiał on znowu odrzucać oferty osobistego związku z inną dobrą kobietą. Odtąd ludzkie uczucia do Jezusa bardziej nabrały cech czci i pełnego uwielbienia szacunku. Kochali go zarówno mężczyźni jak i kobiety, z oddaniem za to, kim był, bez jakiegokolwiek odcienia osobistej satysfakcji czy chęci czułego posiadania. Jednak przez wiele lat, ilekroć opowiadano historię o ludzkiej osobowości Jezusa, przypominano przywiązanie Rebeki.

Miriam, dokładnie znając całą sprawę Rebeki i wiedząc, jak jej brat odrzucił nawet miłość pięknej panny (nie uświadamiała sobie czynnika przyszłej działalności jemu przeznaczonej), zaczęła idealizować Jezusa i kochać go wzruszającym, dogłębnym uczuciem, jak ojca i jak brata.

Aczkolwiek prawie nie mogli sobie na to pozwolić, Jezus miał dziwną ochotę iść do Jerozolimy na Paschę. Matka, wiedząc o jego niedawnych przeżyciach z Rebeką, roztropnie namawiała go do tej podróży. Nie uświadamiał sobie tego wyraźnie, ale to, czego najbardziej pragnął, to rozmowa z Łazarzem i spotkanie z Martą i Marią. Zaraz po swojej rodzinie, tę trójkę kochał ze wszystkich najbardziej.

Szedł do Jerozolimy drogą przez Megiddo, Antipatris i Liddę, po części pokrywającą się z tą trasą, jaką przebył niesiony z powrotem do Nazaretu w czasie powrotu z Egiptu. Cztery dni spędził w drodze idąc na Paschę i myślał sporo o minionych zdarzeniach, jakie zaszły w Megiddo i wokół tego, międzynarodowego pola bitewnego Palestyny.

Jezus przeszedł przez Jerozolimę; zatrzymał się tylko, aby popatrzeć na Świątynię i zbierające się tłumy przybyłych. Miał dziwną i coraz większą awersję do tej, zbudowanej przez Heroda Świątyni, z jej kapłaństwem mianowanym pod kątem politycznym. Nade wszystko chciał zobaczyć Łazarza, Martę i Marię. Łazarz, w tym samym wieku co Jezus, był teraz głową rodziny; przed tymi odwiedzinami matka Łazarza także została złożona na spoczynek. Marta była nieco ponad rok starsza od Jezusa, podczas gdy Maria była młodsza o dwa lata. A Jezus był ideałem, uwielbianym przez całą trójkę.

W czasie tej wizyty miał miejsce jeden z okresowych wybuchów buntu przeciw tradycji – wyraz oburzenia na obyczaje obrzędowe, które Jezus uważał za przejaw błędnego rozumienia jego Ojca w niebie. Łazarz, nie wiedząc, że Jezus ma przyjść, zorganizował obchody Paschy z przyjaciółmi w sąsiedniej wiosce, leżącej przy drodze do Jerycha. Teraz Jezus zaproponował, aby obchodzili uroczystość tam, gdzie są, w domu Łazarza. „Ale", powiedział Łazarz, „nie mamy baranka paschalnego". I wtedy Jezus zaczął długą i przekonywającą rozprawę, w tym sensie, że Ojca w niebie naprawdę nie interesują takie dziecinne i pozbawione sensu rytuały. Po uroczystej i żarliwej modlitwie powstali a Jezus powiedział: „Niech dziecinne i przyćmione umysły mojego ludu służą swemu Bogu tak, jak Mojżesz nakazał; tak dla nich lepiej, ale my, którzy zobaczyliśmy światło życia, nie zbliżamy się już do naszego Ojca przez ciemność śmierci. Pozostańmy wolni w poznawaniu prawdy o miłości naszego wiecznego Ojca".

Tego wieczoru, przed zmierzchem, cała czwórka zasiadła do pierwszych obchodów Paschy jaka kiedykolwiek była obchodzona przez pobożnych Żydów bez paschalnego jagnięcia. Przaśny chleb i wino gotowe były do tej Paschy i te symbole, które Jezus określił „chlebem życia" i „wodą życia", podawał wszystkim a oni jedli uroczyście, zgodnie z nauczaniem dopiero co przekazanym. Było zwyczajem Jezusa prowadzić ten sakramentalny rytuał zawsze, kiedy odwiedzał Betanię. Gdy wrócił do domu, opowiedział o tym wszystkim matce. Z początku była zgorszona, ale stopniowo zaczęła dostrzegać jego punkt widzenia; uspokoiła się jednak bardzo, gdy Jezus ją zapewnił, że nie zamierza wprowadzić tej nowej idei Paschy w ich rodzinie. W domu, z dziećmi, rok po roku Jezus wciąż spożywał Paschę „zgodnie z prawem Mojżesza".

W tym roku Maria długo rozmawiała z Jezusem o małżeństwie. Spytała go wprost, czy chciałby się ożenić, gdyby był wolny od obowiązków rodzinnych. Jezus wyjaśnił, że skoro bieżące obowiązki nie pozwalają mu na małżeństwo, niewiele myślał o tej sprawie. Wyraził opinię, że wątpi, czy kiedykolwiek się ożeni; powiedział, że wszystkie te sprawy muszą czekać „mojej godziny", tego czasu, kiedy „ma się zacząć praca dla mojego Ojca". Doszedłszy do wniosku, że nie zostanie ojcem dzieci w ciele, niewiele myślał o sprawach ludzkiego małżeństwa.

Tego roku Jezus zaczął od nowa pracować nad powiązaniem swej ludzkiej i boskiej natury w prostą i efektywną *indywidualność ludzką*. Wciąż się rozwijał w swym stanie moralnym i duchowym zrozumieniu.

Aczkolwiek wyczerpał się cały majątek rodziny w Nazarecie (za wyjątkiem domu), w tym roku zyskała ona drobne wsparcie finansowe po sprzedaży udziałów w części posiadłości w Kafarnaum. Była to ostatnia, jak dotąd nietknięta posiadłość Józefa. Transakcję tą nieruchomością w Kafarnaum przeprowadzili ze szkutnikiem o imieniu Zebedeusz.

W tym roku Józef skończył naukę w szkole przy synagodze i przygotowywał się do rozpoczęcia pracy na małym stole, w domowym warsztacie ciesielskim. Chociaż majątek ojca został wyczerpany, mieli perspektywy, że skutecznie przezwyciężą ubóstwo, odkąd trzech z nich pracowało teraz regularnie.

Jezus szybko stawał się mężczyzną, nie tylko młodym mężczyzną, ale dorosłym człowiekiem. Dobrze się nauczył, jak wykonywać swe obowiązki. Wiedział, jak się zachować w obliczu rozczarowania. Nie tracił ducha, był dzielny, gdy jego plany były niweczone a ich cel chwilowo się oddalał. Nauczył się, jak pozostawać uczciwym i sprawiedliwym nawet w obliczu niesprawiedliwości. Teraz się uczy, jak dostosować swe ideały życia duchowego do praktycznych wymagań ziemskiej egzystencji. Uczy się, jak planować docieranie do wyższego i odległego, idealistycznego celu, trudząc się rzetelnie dla osiągnięcia bliższego i doraźnego celu, narzucanego przez potrzeby. Systematycznie opanowuje sztukę dostosowania swych aspiracji do powszednich wymagań ludzkich warunków bytu. Nieomal opanował sztukę wykorzystywania energii napędu duchowego do obracania mechanizmów osiągnięć materialnych. Powoli się uczy, jak żyć życiem niebiańskim, kontynuując ziemską egzystencję. Coraz bardziej polega na ostatecznym przewodnictwie swego niebiańskiego Ojca, kiedy przejmuje ojcowską rolę przewodzenia i kierowania dziećmi swojej ziemskiej rodziny. Nabiera doświadczenia w umiejętnym wydzieraniu zwycięstwa ze szponów niechybnej porażki; uczy się, jak przekształcać trudności czasu w tryumfy wieczności.

I teraz, jak lata mijają, ten młody człowiek z Nazaretu wciąż żyje swym życiem tak jak się nim żyje w ciele śmiertelnym na światach czasu i przestrzeni. Przeżywa na Urantii kompletne, typowe i pełne życie. Opuścił ten świat przepełniony tym doświadczeniem, przez które przechodzą stworzone przez niego istoty, podczas krótkich i intensywnych lat pierwszego życia – życia w ciele. I całe to ludzkie doświadczenie jest wieczną zdobyczą Władcy Wszechświata. Jest on waszym wyrozumiałym bratem, współczującym przyjacielem, doświadczonym władcą i miłosiernym ojcem.

Jako dziecko Jezus zgromadził znaczną ilość wiedzy; jako młodzieniec porządkował, klasyfikował i porównywał ze sobą te informacje; a teraz, jako mężczyzna tej domeny, zaczyna organizować te zdobycze umysłu, przygotowując się do wykorzystania ich w późniejszym nauczaniu, służbie i pomocy na rzecz swych śmiertelnych przyjaciół na tym świecie i na wszystkich innych, zamieszkałych sferach w całym wszechświecie Nebadon.

Zrodzony na tym świecie jako dziecko tej domeny, Jezus przeżył dzieciństwo i przeszedł kolejne stadia młodości oraz młodego wieku męskiego; teraz stoi na progu pełnej męskości, bogaty w doświadczenia ludzkiego życia, przepełniony zrozumieniem natury ludzkiej i pełen współczucia dla słabości tej natury. Staje się ekspertem w boskiej sztuce objawiania swego Rajskiego Ojca śmiertelnym istotom wszystkich wieków i epok.

I teraz, jako dojrzały mężczyzna – dorosły tej domeny – przygotowuje się do dalszego prowadzenia swej najwyższej misji, objawiania Boga człowiekowi i prowadzenia człowieka do Boga.

PRZEKAZ 128

WCZESNY WIEK MĘSKI JEZUSA

KIEDY Jezus z Nazaretu wkraczał we wczesne lata swego dorosłego życia, żył ciągle normalnym, przeciętnym, ludzkim życiem na Ziemi. Jezus przyszedł na ten świat zwyczajnie, tak jak przychodzą inne dzieci; nie miał nic wspólnego z wyborem swoich rodziców. Wybrał on ten właśnie świat na planetę, na której miał dokonać siódmego i ostatniego obdarzenia, swą inkarnację w formie ciała śmiertelnego, ale poza tym przyszedł na ten świat zupełnie normalnie, dorastając jako dziecko tej sfery i zmagając się z niestałością swego otoczenia tak zwyczajnie, jak to czynią inni śmiertelnicy na tym i na podobnych światach.

Zawsze pamiętajcie o podwójnym celu obdarzenia Urantii przez Michała:

1. Opanowanie doświadczenia życiowego przez życie pełnym życiem istoty ludzkiej w ciele śmiertelnym, zdobycie najwyższej władzy w Nebadonie.
2. Objawienie Ojca Wszechświatowego śmiertelnym mieszkańcom światów czasu i przestrzeni oraz skuteczniejsze doprowadzenie tych samych śmiertelników do poziomu lepszego zrozumieniu Ojca Wszechświatowego.

Wszystkie inne dobrodziejstwa dla istot stworzonych i korzyści dla wszechświata były przypadkowe i uboczne w stosunku do tych głównych przyczyn obdarzenia w formie śmiertelnika.

1. ROK DWUDZIESTY PIERWSZY (15 N.E.)

Kiedy Jezus wkroczył w wiek dojrzały, zaczął żarliwie i z pełną samoświadomością gromadzić doświadczenie, po mistrzowsku opanowując wiedzę życiową niższego poziomu istot inteligentnych, tym samym nabierając ostatecznie i w pełni prawa do sprawowania nieograniczonej władzy nad stworzonym przez siebie wszechświatem. Przystąpił do tego wielkiego zadania zdając sobie w pełni sprawę ze swej podwójnej natury. Jednak już uprzednio z powodzeniem połączył obie te natury w jedną – Jezusa z Nazaretu.

Jeszua ben Józef dobrze wiedział, że jest człowiekiem, śmiertelnym człowiekiem zrodzonym z kobiety. Widać to po wyborze jego pierwszego tytułu - *Syn Człowieczy*. Miał swój udział w człowieczeństwie i nawet teraz, kiedy przewodzi przeznaczeniom wszechświata sprawując najwyższą władzę, wciąż posiada wśród swych licznych, uczciwie zarobionych tytułów, tytuł Syna Człowieczego. Jest literalną prawdą, że stwórcze Słowo – Stwórca Syn Ojca Wszechświatowego – „stało się ciałem i mieszkało jako człowiek na Urantii". Pracował, bywał zmęczony, odpoczywał i spał. Bywał głodny i zaspokajał głód pokarmem, miał pragnienie i gasił je wodą. Doświadczał szerokiej skali ludzkich uczuć i emocji, był „doświadczany we wszystkim, tak jak i wy jesteście" i cierpiał i umarł.

Zdobył wiedzę, nabył doświadczenia i złączył je razem w mądrości, tak zwyczajnie, jak to robią inni śmiertelnicy tej sfery. Aż do momentu swego chrztu sam nie korzystał z nadnaturalnej mocy. Nie używał żadnych środków, nie będących w zakresie jego ludzkich możliwości jako syna Józefa i Marii.

Uwolnił się od atrybutów swej przedludzkiej egzystencji. Zanim zaczął swą działalność publiczną, jego znajomość ludzi i zdarzeń ograniczała się jedynie do jego własnej wiedzy. Prawdziwie był człowiekiem wśród ludzi.

Jest wieczną i wspaniałą prawdą, że „mamy wysokiego władcę, który może współczuć w naszych słabościach. Mamy Władcę doświadczonego we wszystkim i kuszonego tak jak i my, a jednak bez grzechu". A skoro cierpiał, osobiście sprawdzany i poddawany próbom, może w pełni zrozumieć i służyć tym, którzy są zdezorientowani i zmartwieni.

Cieśla z Nazaretu rozumiał teraz w pełni zadanie, jakie przed nim stało, chciał jednak, aby jego ludzkie życie biegło swym normalnym torem. I w niektórych takich sprawach jest on prawdziwym przykładem dla jego śmiertelnych istot, jak jest zapisane: „To dążenie niech was ożywia; ono też było w Chrystusie Jezusie. On, istniejąc w postaci Bożej, nie skorzystał ze sposobności, aby na równi być z Bogiem, lecz ogołocił samego siebie, przyjąwszy postać sługi, stał się podobnym do ludzi. A w zewnętrznym przejawie, uznany za człowieka, uniżył samego siebie, stał się posłusznym aż do śmierci – i to do śmierci krzyżowej".

Jezus żył swym śmiertelnym życiem, takim, jakim mogą żyć wszyscy inni z rodziny ludzkiej, „z głośnym wołaniem i płaczem za dni ciała swego zanosił on gorące prośby i błagania do Tego, który mógł go wybawić od wszelkiego zła i został wysłuchany dzięki swojej wierze". Aby mógł zostać pełnym miłosierdzia i wyrozumiałym, niezależnym władcą nad swymi braćmi, musiał stać się takim jak jego bracia *pod każdym względem*.

Nigdy nie poddawał w wątpliwość swej ludzkiej natury, była ona dlań oczywista i zawsze istniała w jego świadomości. Zawsze jednak pozostawało miejsce na wątpliwości i domniemania w sprawie jego Boskiej natury; przynajmniej tak było aż do momentu jego chrztu. Uświadamianie sobie boskości przez Jezusa było powolne a z ludzkiego punktu widzenia było naturalnym, ewolucyjnym objawianiem. To objawianie oraz uświadamianie sobie boskości zaczęło się w Jerozolimie, kiedy nie miał jeszcze trzynastu lat, wraz z pierwszym w jego ludzkiej egzystencji zdarzeniem nadprzyrodzonym; i to doświadczenie, które sprawiło, że zaczął uświadamiać sobie swą Boską naturę, zostało uzupełnione drugim nadprzyrodzonym doświadczeniem w ciele, które nastąpiło podczas ochrzczenia go w Jordanie przez Jana, co było początkiem jego publicznej działalności, służby i nauczania.

Pomiędzy tymi dwoma niebiańskimi nawiedzeniami, jednym w trzynastym roku życia a drugim podczas chrztu, w życiu wcielonego Syna Bożego nie wydarzyło się nic nadprzyrodzonego czy nadludzkiego. Mimo to, niemowlę z Betlejem, chłopiec, młodzieniec i mężczyzna z Nazaretu, był w rzeczywistości wcielonym Stwórcą wszechświata, ale nigdy, nawet raz nie zastosował niczego ze stwórczej mocy, ani też w czasie swego ludzkiego życia nie korzystał z przewodnictwa osobowości niebiańskich, oprócz swego opiekuna serafina, aż do dnia ochrzczenia go przez Jana. A my, którzy to poświadczamy, wiemy o czym mówimy.

A jednak Jezus był prawdziwie boski przez wszystkie te lata, kiedy żył w ciele. Był rzeczywiście Stwórcą Synem Rajskiego Ojca. Kiedy wreszcie wkroczył na drogę swej działalności publicznej, po formalnym ukończeniu czysto ludzkiego doświadczenia wymaganego do zdobycia władzy, nie wahał się przyznać publicznie, że jest Synem Boga. Nie wahał się oznajmić: „Ja jestem Alfa i Omega, początek i koniec, pierwszy i ostatni". Nie protestował w latach późniejszych, kiedy był nazywany Panem Chwały,

Władcą Wszechświata, Panem Bogiem wszelkiego stworzenia, Najświętszym Izraela, Panem wszystkich, naszym Panem i naszym Bogiem, Bogiem z nami, posiadający imię ponad wszystkie imiona i na wszystkich światach, Wszechmoc wszechświata, Wszechświatowy Umysł tego stworzenia, Ten, w którym ukryte są wszystkie skarby mądrości i wiedzy, pełnia Tego, który napełnia wszystkie rzeczy, wieczne Słowo wiecznego Boga, Ten, który był przed wszystkimi rzeczami i w którym się wszystkie rzeczy zawierają, Stwórca niebios i Ziemi, Podtrzymywacz wszechświata, Sędzia całej Ziemi, Dawca życia wiecznego, Prawdziwy Pasterz, Wybawiciel światów, Wódz naszego zbawienia.

Jezus nigdy nie oponował żadnemu z tych tytułów, jak później odnosiły się do niego, kiedy wyłonił się z czysto ludzkiego życia oraz w dalszych latach samoświadomej, boskiej służby wśród ludzkości i dla ludzkości, na tym świecie i dla wszystkich innych światów. Jezus oponował tylko jednemu tytułowi, stosowanemu wobec niego: gdy raz nazwany został Emanuelem, odpowiedział po prostu: „To nie ja, to mój starszy brat".

Jezus zawsze pokornie poddawał się woli Ojca w niebie, nawet po wkroczeniu na szeroką arenę życia ziemskiego.

Po chrzcie nie przyszło mu nawet na myśl, żeby pozwolić swoim szczerym, wiernym i wdzięcznym wyznawcom, aby go czcili. Kiedy się zmagał z ubóstwem i pracował nie szczędząc rąk, aby zabezpieczyć potrzeby życiowe rodziny, narastała u niego świadomość, że jest Synem Boga; wiedział, że jest stwórcą nieba i tej właśnie Ziemi, na której przeżywał swą ludzką egzystencję. A w wielkim i przypatrującym się temu wszystkiemu wszechświecie, zastępy istot niebiańskich wiedziały równie dobrze, że ten człowiek z Nazaretu jest ich ukochanym Władcą i Stwórcą-ojcem. Przez wszystkie te lata wielkie napięcie panowało we wszechświecie Nebadon; wszystkie niebiańskie oczy nieustannie były zwrócone na Urantię – na Palestynę.

W tym roku Jezus poszedł z Józefem do Jerozolimy na obchody Paschy. Zabrawszy Jakuba do Świątyni na konsekrację, uważał za swój obowiązek zabranie również Józefa. Jezus nigdy, w najmniejszym stopniu, nie wykazywał stronniczości w postępowaniu ze swą rodziną. Poszedł z Józefem do Jerozolimy zwyczajną drogą, przez dolinę Jordanu, ale wrócił do Nazaretu drogą idącą na wschód od Jordanu, wiodącą przez Amatus. Po drodze w dół Jordanu, Jezus opowiadał Józefowi historię żydowską a w drodze powrotnej mówił mu o tym, co przeszły sławne plemiona Rubenici, Gadyci i Gilead, które tradycyjnie żyły w tych rejonach, na wschód od rzeki.

Józef zadawał Jezusowi wiele naprowadzających pytań w sprawie jego misji życiowej, ale na większość tych dociekań Jezus odpowiadał tylko: „Moja godzina jeszcze nie nadeszła". Jednakże, w czasie tych serdecznych rozmów padło wiele słów, które Józef przypominał sobie podczas burzliwych wydarzeń lat późniejszych. W towarzystwie Józefa, Jezus spędził tę Paschę razem z trzema przyjaciółmi w Betanii, jak to było w jego zwyczaju, gdy uczestniczył w różnych świętach upamiętniających w Jerozolimie.

2. ROK DWUDZIESTY DRUGI (16 N.E.)

Ten rok był jednym z szeregu tych lat, w których bracia i siostry Jezusa stawali w obliczu prób i udręk, właściwych problemom i przystosowaniom wieku młodzieńczego. Jezus miał teraz braci i siostry w przedziale wieku od lat siedmiu do osiemnastu i pomagał im skwapliwie przystosować się do nowych problemów, jakie rodziły się w ich życiu intelektualnym i emocjonalnym. W ten sposób borykał się z problemami dorastania, jakie pojawiły się w życiu jego młodszych braci i sióstr.

W tym roku Szymon skończył szkołę i zaczął pracować ze starym towarzyszem zabaw chłopięcych Jezusa i zawsze gotowym jego obrońcą, Jakubem, kamieniarzem. W wyniku wielu dyskusji rodzinnych postanowiono, że byłoby nierozsądne, gdyby wszyscy chłopcy zajmowali się ciesielstwem. Uważano, że urozmaicając ich zawody, przygotowuje się ich do brania kontraktów na budowę całych budynków. Ponadto, nie zawsze wszyscy mieli pracę, odkąd trzech z nich zaczęło pracować na pełnym etacie cieśli.

W tym roku Jezus nadal prowadził roboty wykończeniowe domów i zajmował się stolarką, ale większość swego czasu spędzał w warsztacie naprawczym karawan. Jakub zaczął się zamieniać z nim pracą w warsztacie. Pod koniec tego roku, kiedy w rejonie Nazaretu mało było robót ciesielskich, Jezus oddał warsztat naprawczy po opiekę Jakuba a Józefowi zostawił warsztat domowy, podczas gdy sam poszedł do Seforis pracować z kowalem. Przez sześć miesięcy pracował w metalach i przyswoił sobie sporo umiejętności kowalskich.

Zanim Jezus zaczął swą nową pracę w Seforis, przeprowadził jedną ze swoich okresowych narad rodzinnych i uroczyście przekazał Jakubowi, w tym czasie zaledwie osiemnastoletniemu, obowiązki głowy rodziny. Obiecał swemu bratu serdeczne wsparcie i pełną współpracę oraz wymógł formalne przyrzeczenia posłuszeństwa Jakubowi od każdego członka rodziny. Od tego dnia Jakub wziął pełną finansową odpowiedzialność za rodzinę; swą tygodniową zapłatę Jezus oddawał bratu. Już nigdy Jezus nie przejął steru z rąk Jakuba. Pracując w Seforis mógł dochodzić do domu każdego wieczora, gdyby zaistniała taka potrzeba, ale on celowo pozostawał poza domem, tłumacząc to pogodą i innymi przyczynami, jednak prawdziwym jego celem było nauczenie Jakuba i Józefa jak wywiązywać się z obowiązków rodzinnych. Jezus zaczął powolny proces usamodzielniania rodziny. Wracał do Nazaretu w każdy szabat a czasami również w ciągu tygodnia, aby udzielić rad i podsunąć pomocne sugestie.

Spędzając większość czasu w Seforis, w ciągu sześciu miesięcy Jezus miał wiele okazji lepiej zapoznać się z nieżydowskimi poglądami na życie. Pracował z nie-Żydami, przebywał z nie-Żydami i w każdy możliwy sposób dokonywał dokładnych, starannych badań ich zwyczajów życiowych oraz nieżydowskiego sposobu myślenia.

Standardy moralne miasta Heroda Antypasa były tak bardzo zaniżone, nawet w porównaniu ze standardami panującymi w mieście karawan, Nazarecie, że po sześciu miesiącach pobytu w Seforis Jezus z radością znalazł pretekst powrotu do Nazaretu. Grupa, dla której pracował, miała zacząć roboty publiczne zarówno w Seforis jak i w nowym mieście, Tyberiadzie, ale Jezus nie chciał mieć nic do czynienia z jakimkolwiek rodzajem zatrudnienia pod nadzorem Heroda Antypasa. I były jeszcze inne powody, które według Jezusa uzasadniały jego powrót do Nazaretu. Kiedy wrócił do warsztatu naprawczego, nie zaczął od nowa kierować osobiście sprawami rodzinnymi. Pracował z Jakubem w warsztacie i jak tylko to było możliwe pozwalał mu nadal czuwać nad domem. Zarządzanie przez Jakuba wydatkami rodzinnymi oraz administracja budżetem domowym pozostawały niezakłócone.

Przez tak mądre i rozważne planowanie, Jezus przygotowywał się do ewentualnego wycofania się z aktywnego udziału w sprawach rodziny. Kiedy Jakub miał dwuletnie doświadczenie w pełnieniu obowiązków głowy rodziny – i dwa pełne lata zanim się on

(Jakub) ożenił – Józef został ustanowiony zarządcą funduszy rodzinnych i poinstruowany o ogólnym kierowaniu rodziną.

3. ROK DWUDZIESTY TRZECI (17 N.E.)

W tym roku trudności finansowe uległy pewnemu złagodzeniu, jako że czterech teraz pracowało. Miriam sporo zarabiała sprzedażą mleka i masła; Marta została wspaniałą tkaczką. Koszt zakupu warsztatu naprawczego został uregulowany w ponad jednej trzeciej. Sytuacja była tak dobra, że Jezus przestał pracować na trzy tygodnie, aby mógł zabrać Szymona do Jerozolimy na Paschę, a był to najdłuższy okres bez codziennego trudu, jaki miał od czasu śmierci ojca.

Szli do Jerozolimy drogą na Dekapol i dalej przez Pellę, Gerasę, Filadelfię, Cheszbon i Jerycho. Wracali do Nazaretu drogą przez wybrzeże, zahaczając o Liddę, Jafę, Cezareę, stamtąd idąc dookoła góry Karmel do Ptolemaidy i Nazaretu. Dzięki tej podróży Jezus mógł się zapoznać z całą Palestyną na północ od rejonu jerozolimskiego.

W Filadelfii Jezus i Szymon poznali kupca z Damaszku, który zapałał tak wielką sympatią do tych dwóch ludzi z Nazaretu, że nalegał na nich, aby zatrzymali się u niego, w jego firmie w Jerozolimie. Podczas gdy Szymon chodził do Świątyni, Jezus sporo czasu spędził na rozmowach z tym wykształconym i wiele podróżującym, światowym człowiekiem. Kupiec ten miał ponad cztery tysiące wielbłądów karawanowych, prowadził interesy w całym świecie rzymskim a teraz był w drodze do Rzymu. Proponował Jezusowi, aby przybył do Damaszku i zatrudnił się w jego przedsiębiorstwie, sprowadzającym towar ze Wschodu, ale Jezus tłumaczył, że nie uważa za stosowne odejść tak daleko od rodziny właśnie teraz. Jednak wracając do domu dużo myślał o tych odległych miastach i bardziej jeszcze odległych krajach Dalekiego Zachodu i Dalekiego Wschodu, o których tak często opowiadali pasażerowie i przewodnicy karawan.

Szymonowi bardzo podobała się wizyta w Jerozolimie. Został odpowiednio przyjęty do wspólnoty Izraela w czasie konsekracji paschalnej nowych synów prawa. Kiedy Szymon brał udział w obrzędach Paschy, Jezus wmieszał się w tłum odwiedzających i miał wiele interesujących, prywatnych rozmów z licznymi nieżydowskimi neofitami.

Ze wszystkich tych spotkań, najbardziej chyba godnym uwagi było spotkanie z młodym hellenistą o imieniu Szczepan. Ten młody człowiek był pierwszy raz w Jerozolimie i spotkał przypadkiem Jezusa w tygodniu Paschy, w czwartkowe popołudnie. Kiedy się przechadzali, oglądając pałac Hasmonejski, Jezus zaczął grzecznościową rozmowę, podczas której zainteresowali się sobą wzajemnie i która następnie przerodziła się w czterogodzinną dyskusję o sposobach życia, o prawdziwym Bogu i jego czczeniu. Szczepan pozostał pod wielkim wrażeniem tego, co mu Jezus powiedział; nigdy nie zapomniał jego słów.

Był to ten sam Szczepan, który później uwierzył w nauki Jezusa i którego odwaga przy głoszeniu tej wczesnej ewangelii doprowadziła do ukamienowania go przez wzburzonych Żydów. Nadzwyczajna odwaga Szczepana, kiedy głosił swe poglądy nowej ewangelii, była po części bezpośrednim wynikiem tej wcześniejszej rozmowy z Jezusem. Jednak Szczepanowi nigdy nawet na myśl nie przyszło, że ten Galilejczyk, z którym rozmawiał jakieś piętnaście lat wcześniej, był dokładnie tą samą osobą, którą później głosił Zbawcą świata i dla której tak wcześnie umarł, tym samym stając się pierwszym męczennikiem rozwijającej się nowej wiary chrześcijańskiej. Kiedy Szczepan oddawał swoje życie jako cenę przeciwstawienia się żydowskiej Świątyni i jej tradycyjnym zwyczajom, w pobliżu stał niejaki Saul, obywatel Tarsu. I kiedy Saul zobaczył, w jaki sposób ten Grek umiera za swoją wiarę, rozbudziły się w jego sercu te uczucia, które ostatecznie złączyły go ze sprawą, za którą umarł Szczepan; został on potem bojowym i nieugiętym Pawłem, filozofem, jeśli nie wyłącznym założycielem religii chrześcijańskiej.

W niedzielę po tygodniu Paschy, Szymon i Jezus wyruszyli w drogę powrotną do Nazaretu. Szymon nigdy nie zapomniał, czego Jezus nauczał go podczas tej podróży. Zawsze kochał Jezusa, ale teraz czuł, że zaczyna rozumieć swego ojca-brata. Jezus i Szymon prowadzili wiele serdecznych rozmów, kiedy podróżowali przez kraj i przygotowywali swe posiłki po drodze. Do domu przybyli w czwartek, w południe, a Szymon opowiadając swoje przeżycia zatrzymał rodzinę do późnej nocy.

Maria była mocno zbulwersowana informacją Szymona, że większość swego czasu w Jerozolimie Jezus spędził „odwiedzając obcych, zwłaszcza tych z odległych krajów". Rodzina Jezusa nigdy nie mogła zrozumieć jego wielkiego zainteresowania ludźmi, jego potrzeby spotykania się z nimi, aby poznać, jak żyją i dowiedzieć się, o czym myślą.

Rodzina z Nazaretu koncentrowała się coraz bardziej na swych bezpośrednich, ludzkich problemach; niezbyt często wspominano o przyszłej misji Jezusa a on sam tylko wyjątkowo mówił o swej przyszłej działalności. Matka rzadko myślała o nim jako o dziecku obietnicy. Z wolna rozstawała się z ideą, że Jezus ma spełnić jakąś boską misję na Ziemi, choć jednak czasami jej wiara ożywała, gdy się reflektowała, wspominając wizytę Gabriela przed narodzinami dziecka.

4. EPIZOD DAMASCEŃSKI

Ostatnie cztery miesiące tego roku Jezus spędził w Damaszku jako gość kupca, którego wcześniej spotkał w Filadelfii, w drodze do Jerozolimy. Przedstawiciel tego kupca przechodząc przez Nazaret odszukał Jezusa i zaprowadził go do Damaszku. Ten, po części żydowski kupiec, zaproponował wyłożenie niezwykłej sumy pieniędzy na założenie szkoły filozofii religijnej w Damaszku. Planował utworzyć centrum nauczania, które prześcignęłoby Aleksandrię. Zaproponował, aby Jezus od razu zaczął długą podróż po światowych centrach nauczania, przygotowując się do funkcji szefa tego nowego przedsięwzięcia. Była to jedna z największych pokus, jakie stanęły przed Jezusem podczas jego czysto ludzkiej działalności.

Niebawem kupiec ten przyprowadził Jezusowi grupę dwunastu kupców i bankierów, którzy zgodzili się wspierać świeżo planowaną szkołę. Jezus wykazywał głębokie zainteresowanie proponowaną szkołą, pomagał planować jej organizację, zawsze jednak wyrażał obawy, że jego inne, niewyjaśnione, uprzednie zobowiązania, mogą przeszkodzić w przyjęciu kierownictwa nad tak pretensjonalnym przedsięwzięciem. Kupiec, mający zostać jego przyszłym dobroczyńcą, nalegał. Zatrudnił Jezusa w swym domu na korzystnych warunkach do robienia pewnych tłumaczeń, podczas gdy on sam, jego żona, synowie i córki usiłowali nakłonić Jezusa by przyjął oferowany zaszczyt; ale Jezus się nie zgodził. Dobrze wiedział, że jego misja na Ziemi nie może być wspierana przez instytucje nauczające, że w najmniejszym stopniu nie może się zobowiązać, aby podlegać kierownictwu „rady ludzkiej", niezależnie od tego, jak dobre miałaby ona intencje.

Ten, który został odrzucony przez przywódców religijnych z Jerozolimy, nawet po tym, jak objawił swoje cechy przywódcze, został uznany i obwołany wielkim nauczycielem przez ludzi interesu i bankierów z Damaszku i to wtedy, kiedy był skromnym i nieznanym cieślą z Nazaretu.

Jezus nigdy nie mówił o tej propozycji swojej rodzinie i pod koniec roku znowu był w Nazarecie, zajęty swoimi codziennymi obowiązkami, tak, jak gdyby nigdy nie był kuszony schlebiającymi propozycjami swych przyjaciół z Damaszku. Tak samo tamci z Damaszku nigdy nie skojarzyli późniejszego obywatela Kafarnaum, który wywrócił do góry nogami całe żydostwo, z dawnym cieślą z Nazaretu, który ośmielił się odrzucić tę godność jaką mogło mu przynieść ich wspólne bogactwo.

Jezus obmyślił wyjątkowo mądrze i celowo oddzielenie od siebie różnych epizodów swego życia, tak, aby nigdy nie zostały, w oczach świata, połączone razem jako czyny tego samego człowieka. W latach późniejszych wielokrotnie słuchał tej właśnie historii o dziwnym Galilejczyku, który odmówił sposobności założenia szkoły w Damaszku, mającej rywalizować z Aleksandrią.

Jedynym celem, jaki Jezus miał na myśli, kiedy chciał oddzielić od siebie pewne aspekty swoich ziemskich doświadczeń, było zapobieżenie nawarstwieniu się tak wszechstronnej i spektakularnej działalności, która mogłaby w kolejnych pokoleniach spowodować czczenie nauczyciela w miejsce kierowania się prawdą, którą żył i której nauczał. Jezus nie chciał, aby stworzono taki zapis jego ludzkich osiągnięć, który odciągałby uwagę od jego nauczania. Bardzo wcześnie zrozumiał, że jego wyznawcy będą się kusić sformułować religię *o* nim, która może stać się konkurencyjna dla ewangelii królestwa, jaką zamierzał głosić światu. Dlatego też, podczas swej obfitującej w wydarzenia działalności, konsekwentnie próbował wyplenić wszystko to, co według niego mogłoby służyć naturalnej, ludzkiej tendencji do wywyższania nauczyciela, w miejsce głoszenia jego nauk.

Ten sam motyw wyjaśnia również, dlaczego pozwolił na to, aby go znano pod różnymi tytułami, w różnych okresach jego urozmaiconego życia na Ziemi. Nie chciał również wywierać zbytniego nacisku na swą rodzinę i innych, co mogłoby skłonić ich do uwierzenia w niego, wbrew ich szczerym przekonaniom. Nigdy nie chciał wykorzystywać niepotrzebnie czy niesprawiedliwie swej wyższości nad ludzkim umysłem. Nie chciał, aby ludzie wierzyli w niego, zanim rzeczywistości duchowe, objawione w jego naukach, nie znajdą oddźwięku w ich sercach.

Pod koniec tego roku dom w Nazarecie był prowadzony całkiem sprawnie. Dzieci rosły, Maria przyzwyczajała się już do tego, że Jezus przebywa poza domem. Oddawał on wciąż swoje zarobki Jakubowi, dla wsparcia rodziny, pozostawiając sobie jedynie niewielką część na doraźne, osobiste wydatki.

Z upływem lat coraz trudniej było uświadomić sobie, że ten człowiek jest Synem Boga na Ziemi. Wyglądało na to, że stał się normalną jednostką tej domeny, po prostu jeszcze jednym człowiekiem pośród ludzi. I zostało zarządzone przez Ojca w niebie, aby obdarzenie rozwijało się w ten właśnie sposób.

5. ROK DWUDZIESTY CZWARTY (18 N.E.)

Dla Jezusa był to pierwszy rok względnej wolności od obowiązków rodzinnych. Jakub prowadził dom bardzo dobrze, z poradą i finansową pomocą Jezusa.

Tego roku, w tydzień po Passze, przybył do Nazaretu młody człowiek z Aleksandrii, aby w dalszej części roku zaaranżować spotkanie pomiędzy Jezusem a grupą Żydów aleksandryjskich, w jakimś miejscu na wybrzeżu palestyńskim. Czas tego spotkania został ustalony na połowę czerwca i Jezus poszedł do Cezarei, aby się spotkać z pięciu poczesnymi Żydami z Aleksandrii, którzy go błagali, żeby osiedlił się w ich mieście jako nauczyciel religijny, oferując na początek, jako zachętę, pozycję asystenta chazana w ich głównej synagodze.

Rzecznik tego komitetu tłumaczył Jezusowi, że Aleksandria powinna stać się centrum kultury żydowskiej dla całego świata, że w sprawach żydowskich hellenistyczny trend praktycznie wyprzedził babilońską szkołę myślenia. Przypomnieli Jezusowi złowieszczy pogłos rebelii w Jerozolimie i na obszarze Palestyny oraz zapewniali, że jakiekolwiek powstanie Żydów palestyńskich byłoby równoznaczne z narodowym samobójstwem, że żelazna ręka Rzymu skruszy bunt w trzy miesiące, Jerozolima zostanie zniszczona a Świątynia będzie zburzona tak, że kamień na kamieniu nie zostanie.

Jezus wysłuchał wszystkiego, co mieli do powiedzenia, podziękował im za zaufanie a odmawiając pójścia do Aleksandrii, powiedział w meritum sprawy: „Moja godzina jeszcze nie nadeszła". Byli w rozterce, widząc, że jest najwyraźniej obojętny na zaszczyt, którym go chcieli obdarzyć. Zanim odeszli podarowali Jezusowi kiesę, na znak szacunku od jego aleksandryjskich przyjaciół i w charakterze wynagrodzenia za czas i wydatki, związane z przybyciem do Cezarei na spotkanie z nimi. Ale on nie chciał również przyjąć pieniędzy, mówiąc: „Dom Józefa nigdy nie przyjmował jałmużny a my nie możemy jeść czyjegoś chleba tak długo, jak mam silne ręce a moi bracia mogą pracować".

Egipscy przyjaciele Jezusa pożeglowali do domu, a kiedy w latach późniejszych słyszeli pogłoski o szkutniku z Kafarnaum, który spowodował takie zamieszanie w Palestynie, niewielu z nich przypuszczało, że to było owo dziecię z Betlejem, które dorosło i ten sam dziwnie postępujący Galilejczyk, który tak bezceremonialnie odrzucił ich zaproszenie, aby zostać wielkim nauczycielem w Aleksandrii.

Jezus wrócił do Nazaretu. Reszta tego roku to sześć najbardziej monotonnych miesięcy w całym jego życiu. Miał chwilę wytchnienia od szeregu zwykłych problemów do rozwiązania i trudności do przezwyciężenia. Komunikował się dużo ze swym Ojcem w niebie i zrobił znaczne postępy w biegłym władaniu swym ludzkim umysłem.

Jednak sprawy ludzkie na światach czasu i przestrzeni nie biegną gładko zbyt długo. W grudniu, Jakub miał prywatną rozmową z Jezusem i tłumaczył mu, że bardzo zakochał się w Eście, młodej kobiecie z Nazaretu i jeśli można by to zaaranżować, chcieliby się kiedyś pobrać. Zwrócił uwagę na to, że Józef wkrótce skończy osiemnaście lat i że byłoby to dla niego dobrym doświadczeniem, gdyby miał sposobność działania w charakterze głowy rodziny. Jezus zgodził się na małżeństwo za dwa lata, pod tym warunkiem, że Jakub w międzyczasie dobrze przygotuje Józefa, aby przejął kierowanie domem.

I tak się zaczęło – małżeństwa wisiały w powietrzu. To, że Jakub otrzymał od Jezusa zgodę na małżeństwo, ośmieliło Miriam, aby pójść do brata-ojca z własnymi planami. Jakub, młody kamieniarz, swego czasu samozwańczy obrońca Jezusa, teraz wspólnik w interesach Józefa i Jakuba, brata Jezusa, już długo się starał o rękę Miriam. Miriam przedłożyła swe plany Jezusowi a on zarządził, że Jakub powinien przyjść do niego i formalnie o nią poprosić i przyrzekł swoje błogosławieństwo dla małżeństwa tak szybko, jak Miriam będzie uważała, że Marta jest kompetentna do podjęcia obowiązków najstarszej córki.

Kiedy Jezus był w domu, nadal nauczał w szkole wieczorowej trzy razy w tygodniu, często czytał Pismo Święte w synagodze w dzień szabatu, odwiedzał znajomych razem z matką, nauczał dzieci i generalnie zachowywał się jak wartościowy i szanowany obywatel Nazaretu we wspólnocie Izraela.

6. ROK DWUDZIESTY PIĄTY (19 N.E.)

Dla rodziny z Nazaretu, całej w dobrym zdrowiu, w tym roku zakończyły się zajęcia szkolne wszystkich dzieci, za wyjątkiem pewnej pracy, którą Marta musiała zrobić dla Rut.

Jezus był jednym z najbardziej wysportowanych i szlachetnych okazów męskości, jakie istniały na Ziemi od czasów Adama. Jego budowa fizyczna była znakomita. Jego umysł był aktywny, dogłębnie myślący i przenikliwy, a porównując z przeciętną umysłowością ludzi jemu współczesnych, przewyższał ją w gigantycznym stopniu – a jego duch był doprawdy po ludzku boski.

Finanse rodziny były w najlepszym stanie od tego czasu, kiedy się skończył majątek Józefa. Zakończono spłacanie warsztatu naprawczego karawan, nikomu nic nie byli winni i po raz pierwszy mieli trochę odłożonych pieniędzy. Z tego powodu, jak również dlatego, że Jezus zabierał innych braci do Jerozolimy na ich pierwszą Paschę, postanowił on towarzyszyć Judzie (który właśnie ukończył szkołę przy synagodze) podczas jego pierwszego pobytu w Świątyni.

Do Jerozolimy poszli doliną Jordanu i tą samą drogą wrócili, gdyż Jezus obawiał się kłopotów, gdyby poszedł z młodszym bratem przez Samarię. W Nazarecie Juda wielokrotnie popadał w drobne tarapaty, ze względu na swe lekkomyślne usposobienie połączone z silnymi uczuciami patriotycznymi.

We właściwym czasie przybyli do Jerozolimy i teraz szli pierwszy raz do Świątyni, której widok poruszył i zachwycił Judę do głębi duszy, kiedy to postanowili odwiedzić Łazarza w Betanii. Kiedy Jezus rozmawiał z Łazarzem, uzgadniając wspólne obchody Paschy, Juda przysporzył im wszystkim poważnych kłopotów. Niedaleko stała straż rzymska, która zrobiła jakieś niewłaściwe uwagi o przechodzącej dziewczynie żydowskiej. Juda, w gorączce oburzenia, nie zawahał się dać upustu swej złości na taką niestosowność wprost do żołnierza i tak, żeby on słyszał. Otóż, legioniści rzymscy byli bardzo wrażliwi na wszystko, co można było uznać za brak szacunku ze strony Żydów, więc straż bezzwłocznie aresztowała Judę. Tego już było za wiele dla młodego patrioty i zanim Jezus zdążył go ostudzić ostrzegawczym spojrzeniem, wyrzucił on z siebie w potoczystej frazeologii zduszone dotąd uczucia antyrzymskie, co dodatkowo pogorszyło i tak już złą sytuację. Juda, z Jezusem u boku, został od razu zabrany do wojskowego więzienia.

Jezus próbował uzyskać albo natychmiastowe przesłuchanie Judy, albo tymczasowe zwolnienie go na obchody Paschy tego wieczora, ale te próby nie powiodły się. Ponieważ następnego dnia było w Jerozolimie „święte zgromadzenie", nawet Rzymianie nie ośmielali się słuchać oskarżeń przeciw Żydowi. Dlatego też Juda pozostał w zamknięciu aż do rana drugiego dnia po aresztowaniu a Jezus został w więzieniu razem z nim. Nie było ich w Świątyni podczas uroczystości przyjmowania synów Prawa do rangi pełnego obywatelstwa Izraela. Kilka lat Juda nie wziął udziału w tej formalnej uroczystości, do czasu jego drugiego pobytu w Jerozolimie w czasie Paschy, w związku z działalnością propagandową na rzecz zelotów, organizacji patriotycznej, do której należał i w której był bardzo aktywny.

Rano, po drugim dniu spędzonym w więzieniu, Jezus w imieniu Judy stawił się przed sędzią wojskowym. Jezus przepraszał za młodość swego brata i poprzez dalsze wyjaśnienia oraz mądre oświadczenie, z nawiązaniem do prowokacyjnego charakteru epizodu, który doprowadził do aresztowania brata, tak prowadził sprawę, że sędzia wyraził opinię, iż młody Żyd mógł mieć jakiś ewentualne usprawiedliwienie swego gwałtownego wybuchu. Po ostrzeżeniu Judy, aby nigdy więcej nie pozwolił sobie na taką popędliwość, odprawiając ich, sędzia rzekł do Jezusa: „Lepiej nie spuszczaj tego chłopaka z oczu; może narobić wam wszystkim sporo kłopotów". I rzymski sędzia mówił prawdę. Juda robił Jezusowi sporo kłopotów i zawsze były to kłopoty tego samego rodzaju – konflikty z władzą z powodu jego bezmyślności i niemądrych porywów patriotycznych.

Jezus z Judą poszli na noc do Betanii, wyjaśniając, dlaczego nie mogli wziąć udziału w wieczerzy Paschalnej a następnego dnia wyruszyli do Nazaretu. Jezus nie mówił rodzinie o aresztowaniu młodszego brata w Jerozolimie, ale miał długą rozmowę z Judą na temat tego zdarzenia, mniej więcej w trzy tygodnie po ich powrocie. Po rozmowie z Jezusem Juda sam opowiedział wszystko rodzinie. Nigdy nie zapomniał cierpliwości i wstrzemięźliwości, jaką jego brat-ojciec wykazał podczas całego tego trudnego przejścia.

Była to ostatnia Pascha, w której Jezus wziął udział z którymkolwiek z członków swej własnej rodziny. Coraz bardziej Syn Człowieczy oddalał się od własnej rodziny, od bliskich z nią związków.

W tym roku, okresy głębokiej medytacji często przerywała Jezusowi Rut i jej towarzysze zabaw. I Jezus zawsze był gotów odłożyć rozważania o swej przyszłej pracy dla świata i wszechświata, aby wziąć udział w dziecięcej zabawie i młodzieńczej radości tych dzieci, którym nigdy się nie sprzykrzyło słuchanie opowiadań Jezusa o jego przeżyciach w czasie licznych podróży do Jerozolimy. Uwielbiały one również jego opowieści o zwierzętach i przyrodzie.

Dzieci zawsze były mile widziane w warsztacie naprawczym. Z boku warsztatu Jezus zorganizował piasek, klocki i kamienie a grupa dzieci zbierała się tam, żeby się bawić. Kiedy się znudziły zabawą, śmielsze z nich zaglądały do warsztatu, a kiedy jego właściciel nie miał pracy, ośmielały się wejść i mówiły: „Wujku Jeszua, chodź i opowiedz nam długą bajkę". Potem wyprowadzały go na zewnątrz, ciągnąc za ręce, aż usiadł na swym ulubionym kamieniu przy rogu warsztatu, otoczony dziećmi w półkolu przed nim na ziemi. Ci malcy uwielbiali swego wujka Jeszuę. Uczyli się śmiać i to śmiać serdecznie. Zazwyczaj jedno czy dwoje najmniejszych dzieci wchodziło mu na kolana, siadało i patrzyło w górę na jego pełną wyrazu twarz, gdy opowiadał swoje historie. Dzieci kochały Jezusa a Jezus kochał dzieci.

Zakres aktywności intelektualnej Jezusa był trudny do zrozumienia dla jego przyjaciół – jak mógł on tak nagle i tak całkowicie przeskoczyć od głębokiej rozmowy o polityce, filozofii czy religii do beztroskiej i wesołej figlarności tych brzdąców, w wieku od pięciu do dziesięciu lat. Gdy jego bracia i siostry dorastali, gdy miał więcej wolnego czasu i dopóki nie przyszły na świat wnuki, poświęcał bardzo dużo uwagi tym malcom. Jednak nie żył na Ziemi tak długo, by dobrze mógł się nacieszyć wnukami.

7. ROK DWUDZIESTY SZÓSTY (20 N.E.)

Z początkiem tego roku Jezus z Nazaretu nabrał silnego przeświadczenia, że posiada znaczny zakres potencjalnej mocy. Ale był również w pełni przekonany, że ta moc nie może być użyta przez jego osobowość, jako Syna Człowieczego, przynajmniej do tego czasu, zanim nie przyjdzie jego godzina.

Myślał wtedy dużo o swych związkach z Ojcem w niebie, ale niewiele o tym mówił. A podsumowanie wszelkich takich rozważań zostało kiedyś wyrażone w jego modlitwie, na szczycie wzgórza, kiedy powiedział: „Bez względu na to, kim jestem i jaką mocą władam czy nie władam, zawsze byłem i zawsze będę posłuszny woli mego Rajskiego Ojca". A przecież, kiedy ten człowiek chodził do pracy i z pracy w Nazarecie, „w nim wszystkie skarby mądrości i wiedzy były ukryte" i było to literalną prawdą w odniesieniu do rozległego wszechświata.

Cały ten rok wszystko szło gładko w rodzinie, wyjątek stanowił Juda. Przez lata całe Jakub miał problemy ze swym najmłodszym bratem, który nie miał inklinacji do ustatkowania się w pracy i nie można było polegać na jego udziale w wydatkach domowych. Chociaż chciał mieszkać w domu, nie był zbyt sumienny we wnoszeniu swego udziału w utrzymanie rodziny.

Jezus był człowiekiem pokojowo usposobionym i wojownicze wyczyny Judy i jego liczne zrywy patriotyczne wciąż stawiały go w kłopotliwym położeniu. Jakub i Józef chcieli go wyrzucić, ale Jezus nie chciał się na to zgodzić. Gdy ich cierpliwość była na wyczerpaniu, Jezus doradzał tylko: „Bądźcie cierpliwi. Bądźcie mądrzy w radzie i dajcie przykład waszym życiem, aby wasz młody brat mógł najpierw poznać lepszą drogę a potem musiał nią podążać razem wami". Mądra i pełna miłości rada Jezusa zapobiegła rozpadowi rodziny; pozostali razem. Jednak Juda nie nabrał poczucia zdrowego rozsądku, dopóki się nie ożenił.

Maria rzadko mówiła o przyszłej misji Jezusa. Ilekroć nawiązywano do tej sprawy, Jezus odpowiadał tylko: „Moja godzina jeszcze nie przyszła". Jezus był bliski ukończenia trudnego zadania, polegającego na oduczeniu rodziny od polegania na bliskości jego osoby. Szybko przygotowywał się do tego dnia, kiedy będzie mógł konsekwentnie opuścić dom w Nazarecie, aby zacząć bardziej aktywne przygotowania do swej prawdziwej służby dla ludzi.

Pamiętajcie zawsze o tym, że zasadniczą misją Jezusa, w jego siódmym obdarzeniu, było zdobycie doświadczenia istoty stworzonej – zdobycie najwyższej władzy Nebadonu. I gromadząc to właśnie doświadczenie, dokonywał on najwyższego objawienia Rajskiego Ojca dla Urantii i dla całego swego wszechświata lokalnego. Na marginesie tych zadań podjął się również rozwikłania skomplikowanych spraw tej planety, związanych z buntem Lucyfera.

W tym roku Jezus miał więcej niż zwykle wolnego czasu i znaczną jego ilość poświęcił nauczaniu Jakuba, jak prowadzić warsztat naprawczy a Józefa, jak kierować domem. Maria przeczuwała, że Jezus szykuje się ich opuścić. Opuści ich i gdzie pójdzie? Co będzie robił? Prawie już porzuciła myśl o tym, że Jezus jest Mesjaszem. Nie mogła go zrozumieć; po prostu nie potrafiła pojąć swego pierworodnego syna.

W tym roku Jezus poświęcał sporo czasu każdemu oddzielnie członkowi swej rodziny. Zabierał ich na długie i częste przechadzki na wzgórze i po okolicy. Przed żniwami zabrał Judę do wuja rolnika, na południe od Nazaretu, ale Juda nie został tam długo po żniwach. Uciekł, a później Szymon znalazł go z rybakami na jeziorze. Kiedy Szymon przyprowadził go z powrotem do domu, Jezus omówił wszystko ze zbiegłym chłopcem, a że chciał on zostać rybakiem, poszedł z nim do Magdali i zostawił go pod opieką krewnego, rybaka; i odtąd Juda pracował zupełnie dobrze i regularnie, aż się ożenił i po ślubie nadal pracował jako rybak.

Przyszedł w końcu ten dzień, kiedy wszyscy bracia Jezusa wybrali i opanowali swe rzemiosło. Wszystko gotowe było na odejście Jezusa z domu.

W listopadzie miał miejsce podwójny ślub. Jakub, brat Jezusa, ożenił się z Estą a Miriam wyszła za mąż za Jakuba, sąsiada. Była to naprawdę radosna uroczystość. Nawet Maria raz jeszcze była szczęśliwa, za wyjątkiem tych chwil, kiedy uświadamiała sobie, że Jezus szykuje się do odejścia. Bardzo ciążyło jej brzemię wielkiej niepewności. Gdyby tak Jezus usiadł z nią i omówił wszystko otwarcie, jak to robił, kiedy był chłopcem. Jednak on konsekwentnie zachowywał milczenie, nic nie mówił o swej przyszłości.

Jakub, wraz z małżonką Estą, przeprowadzili się do schludnego, małego domu we wschodniej części miasta, podarunku jej ojca. Jakub wciąż pomagał w utrzymaniu domu matki, ale na skutek małżeństwa jego wkład zmniejszył się do połowy i Józef został formalnie zatwierdzony przez Jezusa głową rodziny. Każdego miesiąca Juda bardzo skrupulatnie posyłał teraz swój wkład na utrzymanie domu. Małżeństwa Jakuba i Miriam wywarły bardzo pozytywny wpływ na Judę, a kiedy odchodził na połów, następnego dnia po podwójnym ślubie, zapewnił Józefa, że może polegać „w pełni na jego wypełnianiu obowiązków a nawet więcej, gdy zajdzie potrzeba". I dotrzymał przyrzeczenia.

Miriam mieszkała po sąsiedzku z Marią, w domu Jakuba; w tym czasie stary Jakub został złożony na spoczynek ze swymi przodkami. W domu Marta zajęła miejsce Miriam i ten nowy porządek funkcjonował poprawnie do końca roku.

Nazajutrz po podwójnym ślubie, Jezus miał poważną rozmowę z Jakubem. Powiedział mu, w zaufaniu, że przygotowuje się do opuszczenia domu. Przekazał mu wszelkie prawa do warsztatu naprawczego, formalnie i solennie zrzekając się tytułu głowy domu Józefa i z wielkim wzruszeniem zatwierdził swego starszego brata, Jakuba, na „głowę i obrońcę domu mojego ojca". Sporządził tajne porozumienie, które razem podpisali, a które mówiło, że w zamian za podarowanie warsztatu naprawczego Jakub przejmuje odtąd pełną, finansową odpowiedzialność za rodzinę, zwalniając tym samym Jezusa od wszelkich przyszłych zobowiązań w tej materii. Po tym, jak umowa została podpisana, kiedy budżet został tak rozłożony, że bieżące wydatki rodziny mogły się obyć bez jakiegokolwiek wkładu ze strony Jezusa, Jezus rzekł do Jakuba: „Ale, mój synu, wciąż będę posyłał ci coś każdego miesiąca, zanim przyjdzie moja godzina, lecz to co przyślę niech będzie użyte przez was zgodnie z potrzebą, zależnie od okoliczności. Użyj mych funduszy jak sam uznasz, na potrzeby czy na rozrywki rodziny. Użyj ich na wypadek choroby czy nagłych wypadków, które się mogą przydarzyć komuś z rodziny".

W ten sposób Jezus przygotował się do rozpoczęcia drugiego stadium swego dorosłego życia, w oderwaniu od domu a przed publicznym zajęciem się sprawami Ojca.

PRZEKAZ 129

JEZUS JAKO CZŁOWIEK DOROSŁY

JEZUS zakończył ostatecznie zarządzanie domowymi sprawami rodziny w Nazarecie i przestał bezpośrednio ukierunkowywać poszczególnych jej członków. Do czasu swego chrztu, wciąż wnosił wkład w finanse rodziny i gorliwie opiekował się duchowo wszystkimi swymi braćmi i siostrami. I zawsze był gotów zrobić wszystko, co w ludzkiej mocy, dla pocieszenia i uszczęśliwienia swej owdowiałej matki.

Syn Człowieczy zaczął teraz wszelkie niezbędne przygotowania do opuszczenia na stałe rodziny w Nazarecie; nie było to dla niego łatwe. Jezus z natury kochał swój naród, kochał swą rodzinę a to naturalne uczucie było znacznie spotęgowane przez jego nadzwyczajne poświęcenie się dla rodziny. Im pełniej dajemy siebie naszym bliźnim, tym bardziej ich kochamy a ponieważ Jezus tak bez reszty poświęcił się swej rodzinie, kochał ją wielkim i żarliwym uczuciem.

Powoli cała rodzina zaczynała przeczuwać, że Jezus zamierza ich opuścić. Smutek wywołany jego przewidywanym odejściem koiło tylko to, że przygotowywał ich do ogłoszenia swego zamierzonego odejścia stopniowo. Przez ponad cztery lata zdawali sobie sprawę, że planuje tę ostateczną rozłąkę.

1. ROK DWUDZIESTY SIÓDMY (21 N.E.)

W styczniu tego roku, 21 n.e., w deszczowy niedzielny poranek, Jezus bezceremonialnie opuścił rodzinę, wyjaśniając tylko, że idzie do Tyberiady a później także odwiedzić inne miasta nad Morzem Galilejskim. I w ten sposób opuścił rodzinę i nigdy już nie był stałym mieszkańcem tego domostwa.

Tydzień spędził w Tyberiadzie, nowym mieście, które wkrótce miało przejąć od Seforis rolę stolicy Galilei; nie znalazł tam nic ciekawego, więc poszedł przez Magdalę i Betsaidę do Kafarnaum, gdzie się zatrzymał aby odwiedzić przyjaciela swego ojca, Zebedeusza. Synowie Zebedeusza byli rybakami, on sam był szkutnikiem. Jezus z Nazaretu był specjalistą zarówno w projektowaniu jak i w budowie; po mistrzowsku pracował w drewnie a Zebedeusz dawno już słyszał o umiejętnościach rzemieślnika z Nazaretu. Zebedeusz długo rozważał budowę doskonalszych łodzi, teraz przedłożył swe plany Jezusowi i zaprosił odwiedzającego go cieślę do udziału w tym przedsięwzięciu, na co Jezus ochoczo przystał.

Nieco ponad rok Jezus pracował z Zebedeuszem, w tym czasie zapoczątkował nowy rodzaj łodzi i zupełnie nowe metody ich budowy. Dzięki lepszej technice i znacznie udoskonalonym metodom parowania desek, Jezus i Zebedeusz zaczęli budować łodzie bardzo wysokiej klasy, statki, w których żeglowało się po jeziorze znacznie bezpieczniej niż w starszych typach. Robiąc łodzie według nowego wzoru, przez wiele lat Zebedeusz miał więcej roboty niż jego mała firma mogła przerobić; w niecałe pięć lat praktycznie wszystkie łodzie na jeziorze były skonstruowane w warsztacie Zebedeusza, w Kafarnaum. Jezus stał się sławny pośród rybaków galilejskich, jako projektant nowych łodzi.

Zebedeusz był średnio sytuowanym człowiekiem; jego warsztaty szkutnicze położone były na brzegu jeziora, na południe od Kafarnaum a jego dom znajdował się nieco dalej na wybrzeżu jeziora, w pobliżu kwater rybackich w Betsaidzie. Ponad rok Jezus mieszkał w Kafarnaum, cały czas w domu Zebedeusza. Jezus długo sam pracował na tym świecie, to znaczy bez ojca i bardzo polubił ten okres pracy z ojcem-partnerem.

Żona Zebedeusza, Salome, była krewną Annasza, swego czasu arcykapłana w Jerozolimie i nadal najbardziej wpływowego człowieka w grupie saduceuszów; dopiero przed ośmiu laty został on usunięty ze stanowiska arcykapłana. Salome uwielbiała Jezusa. Kochała go tak jak własnych synów, Jakuba, Jana i Dawida, podczas gdy cztery jej córki traktowały Jezusa jak starszego brata. Jezus często wypływał na połowy z Jakubem, Janem oraz Dawidem a oni zauważyli, że jest równie doświadczonym rybakiem jak mistrzem szkutnikiem.

Przez cały ten rok, każdego miesiąca, Jezus posyłał pieniądze Jakubowi. Wrócił do Nazaretu w październiku, na ślub Marty i znowu nie było go w Nazarecie ponad dwa lata, kiedy to wrócił tuż przed podwójnym ślubem Szymona i Judy.

W tym roku Jezus budował łodzie i wciąż obserwował, jak ludzie żyją na Ziemi. Często odwiedzał stację karawan, gdyż Kafarnaum leżało przy drodze idącej z Damaszku wprost na południe. Kafarnaum posiadało silny rzymski posterunek wojskowy a dowódca garnizonu był nieżydowskim wyznawcą Jahwe, „pobożnym człowiekiem", jak Żydzi zwykli określać takich neofitów. Oficer ten pochodził z bogatej rzymskiej rodziny i postanowił zbudować piękną synagogę w Kafarnaum, którą podarowano Żydom na krótko przed tym, jak Jezus przybył do domu Zebedeusza. Przez ponad połowę tego roku Jezus odprawiał nabożeństwa w nowej synagodze a niektórzy z podróżników karawan, którzy brali udział w tych nabożeństwach, pamiętali go jako cieślę z Nazaretu.

Gdy przyszło do płacenia podatków, Jezus zarejestrował się jako „wykwalifikowany rzemieślnik z Kafarnaum". Od tego czasu, aż do końca swego ziemskiego życia, uznawany był za mieszkańca Kafarnaum. Nigdy oficjalnie nie rościł sobie prawa do żadnego innego miejsca zamieszkania, chociaż pozwalał ludziom, z różnych przyczyn, uznawać siebie za mieszkańca Damaszku, Betanii, Nazaretu a nawet Aleksandrii.

W skrzyniach biblioteki synagogi w Kafarnaum Jezus znalazł wiele nowych książek i co najmniej pięć wieczorów w tygodniu poświęcał intensywnej nauce. Jeden wieczór przeznaczał na spotkania ze starszymi ludźmi a jeden spędzał z młodzieżą. W osobowości Jezusa było coś wdzięcznego i inspirującego, co nieodmiennie przyciągało młodych ludzi. Stwarzał zawsze taką atmosferę, że czuli się swobodnie w jego obecności. Być może wielka tajemnica jego dobrych stosunków z młodzieżą opierała się na dwojakich okolicznościach, że zawsze interesował się tym, co porabiają, podczas gdy sam rzadko dawał im rady, jeśli nie prosili o nie.

Rodzina Zebedeusza nieomal czciła Jezusa i zawsze uczęszczała na te spotkania pytań i odpowiedzi, które Jezus prowadził codziennie po kolacji, zanim sam szedł się uczyć do synagogi. Młodzi sąsiedzi również często przychodzili na te spotkania po kolacji. Tym małym grupom Jezus udzielał różnorodnych i zaawansowanych nauk, tak dalece zaawansowanych, jak tylko mogli je zrozumieć. Rozmawiał z nimi zupełnie otwarcie, wyrażając swe idee i ideały w sprawach polityki, socjologii, nauki i filozofii, ale nigdy nie próbował mówić jako ostateczny autorytet, chyba, że omawiał religię – stosunek człowieka do Boga.

Raz w tygodniu Jezus spotykał się ze wszystkimi domownikami, pracownikami warsztatu i nabrzeża, gdyż Zebedeusz zatrudniał wielu robotników. To właśnie ci robotnicy po raz pierwszy nazwali Jezusa „Mistrzem". Kochali go wszyscy. Praca z Zebedeuszem w Kafarnaum dawała Jezusowi zadowolenie, ale tęsknił za dziećmi, bawiącymi się obok warsztatu ciesielskiego w Nazarecie.

Spośród wszystkich synów Zebedeusza, Jakub najbardziej był zainteresowany Jezusem jako nauczycielem i filozofem. Religijne poglądy i nauki Jezusa najbardziej interesowały Jana. Dawid szanował Jezusa jako konstruktora, ale niewiele skorzystał z jego poglądów religijnych i nauk filozoficznych.

Juda często przychodził na szabat słuchać, jak Jezus przemawia w synagodze i zostawał u niego. Im częściej Juda odwiedzał swego najstarszego brata, tym bardziej nabierał przekonania, że Jezus naprawdę jest wielkim człowiekiem.

W tym roku Jezus zrobił znaczne postępy w mistrzowskim opanowaniu swego ludzkiego umysłu i osiągnął nowe, wyższe poziomy świadomego kontaktu z zamieszkującym go Dostrajaczem Myśli.

Był to ostatni rok osiadłego życia Jezusa. Później, nigdy już nie spędził on całego roku w jednym miejscu czy na jednym przedsięwzięciu. Szybko zbliżały się czasy jego ziemskiego pielgrzymowania. Okres intensywnej działalności był bliski i w tym właśnie momencie nakładały się niemalże na siebie czasy prostego, lecz wyjątkowo aktywnego, minionego życia i czasy jeszcze bardziej intensywnej i żmudnej służby publicznej, kilka lat szeroko zakrojonych podróży i bardzo różnorodnej pracy indywidualnej. Okres jego nauki jako człowieka tej domeny, musiał dobiec końca zanim mógł zacząć okres nauczania i kaznodziejstwa, jako dojrzały Bóg-człowiek w boskim stadium swego obdarzenia Urantii, następującym po stadium ludzkim.

2. ROK DWUDZIESTY ÓSMY (22 N.E.)

W marcu, roku 22 n.e., Jezus rozstał się z Zebedeuszem i z Kafarnaum. Poprosił o niewielką sumę pieniędzy na pokrycie swych wydatków w Jerozolimie. Pracując z Zebedeuszem pobierał niewielkie sumy pieniędzy, które każdego miesiąca posyłał rodzinie w Nazarecie. W jednym miesiącu Józef przychodził do Kafarnaum po pieniądze a w następnym przychodził Juda, dostawał pieniądze od Jezusa i zabierał je do Nazaretu. Kwatery rybackie Judy znajdowały się zaledwie kilka kilometrów na południe od Kafarnaum.

Gdy Jezus żegnał się z rodziną Zebedeusza, zgodził się zostać w Jerozolimie aż do Paschy i wszyscy obiecali, że będą tam w czasie tego święta. Postanowili nawet świętować razem wieczerzę paschalną. Gdy Jezus ich opuszczał, wszyscy się smucili, zwłaszcza córki Zebedeusza.

Zanim Jezus opuścił Kafarnaum, przeprowadził długą rozmowę ze swym nowym przyjacielem i bliskim druhem, Janem Zebedeuszem. Powiedział Janowi, że zamierza dużo podróżować, zanim „przyjdzie moja godzina" i prosił go, by zamiast niego posyłał trochę pieniędzy rodzinie w Nazarecie każdego miesiąca, zanim należne jemu fundusze się wyczerpią. I Jan zrobił mu takie przyrzeczenie: „Nauczycielu mój, idź w twoich sprawach, czyń swe dzieło w świecie, ja będę działał w twoim imieniu, w tej czy jakiejkolwiek innej sprawie oraz będę dbał o twoją rodzinę, tak samo jakbym pomagał mojej własnej matce i dbał o moich własnych braci i siostry. Będę wypłacał z twoich funduszy, które przechowuje mój ojciec, tak jak poleciłeś i jak będą ich potrzebować. Gdy twoje pieniądze się wyczerpią, gdy nie dostanę ich więcej od ciebie i gdy twoja matka będzie w potrzebie, podzielę się z nią mymi własnymi zarobkami. Idź swoją drogą w pokoju. Będę działał za ciebie we wszystkich tych sprawach".

Kiedy Jezus poszedł do Jerozolimy, Jan rozmawiał ze swym ojcem, Zebedeuszem, w sprawie pieniędzy należnych Jezusowi i był zdziwiony, jak wielka jest to suma. Zatem, gdy Jezus oddał te sprawy wyłącznie w ich ręce, uzgodnili, że najlepiej będzie zainwestować te pieniądze w nieruchomość a dochodów użyć na pomoc dla rodziny w Nazarecie. Zebedeusz wiedział o małym domu w Kafarnaum, który miał zadłużenie i był na sprzedaż, polecił więc Janowi kupić ten dom za pieniądze Jezusa i trzymać tytuł własności w depozycie dla swego przyjaciela. I Jan zrobił tak jak mu ojciec radził. Przez dwa lata czynsz z tego domu zużywano na spłatę zadłużenia i ten wkład, powiększony o pewną znaczną sumę, którą Jezus niebawem przysłał Janowi na potrzeby rodziny, prawie dorównał sumie długu; Zebedeusz pokrył różnicę, tak że Jan spłacił pozostałą część kredytu hipotecznego w terminie, tym samym zabezpieczył prawo własności do tego, dwupokojowego domu, teraz już bez zadłużeń. W ten sposób Jezus stał się właścicielem domu w Kafarnaum, ale mu o tym nie powiedziano.

Kiedy rodzina w Nazarecie dowiedziała się o tym, że Jezus odszedł z Kafarnaum, a nie wiedziała o jego finansowym porozumieniu z Janem, przypuszczała, że nadszedł dla niej czas dawania sobie rady bez dodatkowej pomocy ze strony Jezusa. Jakub, pamiętając swą umowę z Jezusem, natychmiast przejął, z pomocą braci, pełną odpowiedzialność za opiekę nad rodziną.

Ale cofnijmy się teraz wstecz i przyjrzyjmy się Jezusowi w Jerozolimie. Przez prawie dwa miesiące większość czasu spędzał on na słuchaniu dyskusji w Świątyni i sporadycznie odwiedzał różne szkoły dla rabinów. Większość dni szabatowych spędzał w Betanii.

Jezus zabrał ze sobą do Jerozolimy list od Salome, żony Zebedeusza, przedstawiający go byłemu arcykapłanowi, Annaszowi jako „kogoś takiego jak mój własny syn". Annasz poświęcił Jezusowi sporo czasu, zabierając go osobiście do wielu akademii jerozolimskich nauczycieli religijnych. Podczas gdy Jezus dokładnie obejrzał te szkoły, uważnie się przyjrzał ich metodom nauczania, nie zadał publicznie żadnego pytania. Aczkolwiek Annasz uważał Jezusa za wielkiego człowieka, głowił się nad tym, jak mu doradzić. Zrozumiał, że nierozsądnie jest sugerować mu wstąpienie do jakiejkolwiek szkoły jerozolimskiej w charakterze studenta, a przy tym dobrze wiedział, że Jezus nigdy nie zyska formalnej pozycji nauczyciela właśnie dlatego, że nie studiował w tych szkołach.

Wkrótce nadszedł czas Paschy i razem z tłumami ze wszystkich stron świata przybył z Kafarnaum do Jerozolimy Zebedeusz, z rodziną w komplecie. Zatrzymali się wszyscy w przestronnym domu Annasza, gdzie obchodzili Paschę jak jedna szczęśliwa rodzina.

Pod koniec tygodnia Paschy, Jezus zupełnie przypadkiem spotkał bogatego podróżnika i jego syna, młodzieńca mniej więcej siedemnastoletniego. Podróżni ci pochodzili z Indii i byli w drodze do Rzymu oraz różnych innych miejsc regionu śródziemnomorskiego. Planowali przybyć do Jerozolimy w czasie Paschy, w nadziei znalezienia kogoś, kogo mogliby zatrudnić jako tłumacza dla nich obu, jak również nauczyciela dla syna. Ojciec nalegał, żeby Jezus zgodził się podróżować z nimi. Jezus powiedział im o swej rodzinie i że byłoby to z jego strony niezbyt godziwie zniknąć na prawie dwa lata, gdy w międzyczasie rodzina może się znaleźć w potrzebie. Wtedy podróżny ze Wschodu zaproponował zapłatę za rok z góry, żeby Jezus powierzył pieniądze przyjaciołom na zabezpieczenie rodziny przed niedostatkiem. I Jezus zgodził się odbyć tę podróż.

Tą znaczną sumę pieniędzy przekazał Jezus Janowi, synowi Zebedeusza. Już wiecie o tym, jak Jan spożytkował te pieniądze na likwidację zadłużenia nieruchomości w Kafarnaum. Jezus opowiedział szczegółowo Zebedeuszowi o tej śródziemnomorskiej podróży, ale kazał nikomu o tym nie mówić, nawet swojej rodzinie i przez długi czas, prawie dwóch lat, Zebedeusz nigdy się nie zdradził, że wie o miejscu pobytu Jezusa. Zanim Jezus wrócił z tej wyprawy, rodzina z Nazaretu nieomal uznała, że nie żyje. Tylko zapewnienia Zebedeusza, który odwiedzał Nazaret kilka razy ze swym synem Janem, pozwalały Marii żywić nadzieję.

Przez cały ten czas rodzina w Nazarecie bardzo dobrze dawała sobie radę; Juda znacznie zwiększył swą pomoc finansową i wciąż wnosił ten dodatkowy wkład, do czasu, gdy się ożenił. Pomimo tego, że nie trzeba im było zbyt wiele pomocy, Jan Zebedeusz zwyczajowo przynosił każdego miesiąca prezenty dla Marii i Rut, tak jak mu Jezus polecił.

3. ROK DWUDZIESTY DZIEWIĄTY (23 N.E.)

Cały swój dwudziesty dziewiąty rok życia Jezus spędził na podróży po świecie śródziemnomorskim, na jej ostatniej części. Najważniejsze wydarzenia tej podróży stanowią temat narracji następnego przekazu, ujawnione tak dalece, jak nam zezwolono.

Z wielu przyczyn, w okresie swej podróży po świecie rzymskim, Jezus był znany jako *uczony w Piśmie z Damaszku.* Tym niemniej w Koryncie, oraz na innych przystankach jego drogi powrotnej, znany był jako *nauczyciel żydowski.*

Ten okres w życiu Jezusa obfitował w wydarzenia. Podczas tej podróży nawiązał on wiele kontaktów ze swymi braćmi ludźmi, ale przeżyć z tego stadium swego życia nigdy nie ujawnił żadnemu członkowi swojej rodziny ani żadnemu z apostołów. Jezus żył swym życiem w ciele i odszedł z tego świata nie powiadamiając nikogo (za wyjątkiem Zebedeusza z Betsaidy), że odbył tak wielką podróż. Niektórzy jego przyjaciele myśleli, że wrócił do Damaszku; inni sądzili, że wyjechał do Indii. Jego własna rodzina skłonna była raczej wierzyć, że przebywał w Aleksandrii, ponieważ wiedziała, że był tam kiedyś zaproszony, aby zostać pomocnikiem chazana.

Kiedy Jezus wrócił do Palestyny, nie próbował zmieniać poglądów swej rodziny, która uważała, że poszedł z Jerozolimy do Aleksandrii; pozwolił im w to wierzyć, że cały ten czas, gdy go nie było w Palestynie, spędził w tym mieście nauki i kultury. Tylko Zebedeusz, szkutnik z Betsaidy, znał okoliczności całej sprawy, ale nie mówił o tym nikomu.

Gdy próbujecie odkryć sens życia Jezusa na Urantii, musicie brać po uwagę motywacje obdarzenia, dokonanego przez Michała. Jeśli będziecie chcieli zrozumieć znaczenie wielu jego pozornie dziwnych uczynków, musicie dostrzec przyczynę jego pobytu na tym świecie. Jezus zawsze dbał konsekwentnie o to, aby nie prowadzić życia osobistego nazbyt widowiskowo, aby nie przykuwało ono uwagi. Nie chciał wygłaszać żadnych niezwykłych ani przytłaczających apeli do swoich bliźnich. Poświęcił się dziełu objawienia niebiańskiego Ojca swoim braciom śmiertelnikom, a jednocześnie poświęcał się wzniosłemu zadaniu życia swym śmiertelnym, ziemskim życiem, cały czas podległy woli tego samego Rajskiego Ojca.

Ażeby lepiej zrozumieć życie Jezusa na Ziemi, wszyscy dociekliwi, śmiertelni badacze jego boskiego obdarzenia powinni pamiętać, że chociaż żył on życiem wcielonym *na* Urantii, żył tym życiem *dla* całego swego wszechświata. Coś szczególnego oraz inspirującego wiązało się z takim życiem, jakim żył w ciele śmiertelnej istoty dla każdej zamieszkałej sfery na obszarze całego wszechświata Nebadonu. Odnosi się to także do wszystkich tych światów, które stały się zamieszkałe po jego pamiętnym pobycie na Urantii. I będzie się to odnosić do wszystkich tych światów, które mogą zostać zamieszkałe przez istoty obdarzone wolą w całej przyszłej historii wszechświata lokalnego.

W czasie swojej podróży po świecie rzymskim i dzięki doświadczeniom tej podróży, Syn Człowieczy praktycznie ukończył swoją szkoleniową praktykę-kontakt z różnorodnymi ludźmi tego świata, żyjącymi w jego czasie i pokoleniu. Zanim wrócił do Nazaretu, dzięki tej podróży-praktyce poznał mniej więcej jak żyje człowiek i jak pracuje na swój byt na Urantii.

Prawdziwym celem jego podróży wokół basenu Morza Śródziemnego było *poznanie człowieka*. W czasie tej podróży Jezus nawiązał bardzo bliskie kontakty z setkami jednostek z gatunku ludzkiego. Spotykał i kochał ludzi wszelkiego rodzaju, bogatych i biednych, znanych i prostych, czarnych i białych, wykształconych i niewykształconych, kulturalnych i niekulturalnych, zezwierzęconych i uduchowionych, religijnych i niereligijnych, moralnych i niemoralnych.

W czasie swej śródziemnomorskiej podróży Jezus zrobił znaczne postępy w ludzkim zadaniu, polegającym na osiągnięciu mistrzostwa we władaniu swoim materialnym, śmiertelnym umysłem, a zamieszkujący go Dostrajacz zrobił wielki krok naprzód w wywyższeniu i duchowym opanowaniu tego samego, ludzkiego intelektu. Pod koniec tej podróży Jezus praktycznie wiedział – z całą ludzką pewnością – że jest Synem Bożym, Stwórcą Synem Ojca Wszechświatowego. Dostrajacz potrafił coraz lepiej odświeżać w umyśle Syna Człowieczego niewyraźne wspomnienia jego rajskich przeżyć, związanych z Boskim Ojcem, zanim jeszcze Jezus przybył tutaj, aby organizować wszechświat lokalny Nebadon i nim zarządzać. Tym samym Dostrajacz, krok po kroku, wnosił w ludzką świadomość Jezusa istotne wspomnienia z jego poprzedniej, boskiej egzystencji, z rozlicznych epok nieomal wiecznej przeszłości. Ostatnim wydarzeniem przedludzkiego doświadczenia, jakie przypomniał Dostrajacz, była pożegnalna narada z Emanuelem z Salvingtonu, tuż zanim Jezus stracił świadomość osobowości przed rozpoczęciem inkarnacji na Urantii. Te ostatnie obrazy wspomnień z przedludzkiej egzystencji zajaśniały w świadomości Jezusa w tym właśnie dniu, kiedy Jan chrzcił go w Jordanie.

4. JEZUS-CZŁOWIEK

Dla przyglądających się temu niebiańskich istot inteligentnych z wszechświata lokalnego, podróż ta była najbardziej frapującym ze wszystkich ziemskich doświadczeń Jezusa, z całej jego działalności, aż do ukrzyżowania i ludzkiej śmierci. Był to fascynujący okres jego *służby indywidualnej,* w przeciwieństwie do późniejszej epoki jego służby publicznej. Ten wyjątkowy okres działalności był bardziej jeszcze interesujący dlatego, że Jezus nadal był jednocześnie cieślą z Nazaretu, szkutnikiem z Kafarnaum i uczonym w Piśmie z Damaszku; ciągle był Synem Człowieczym. Nie osiągnął jeszcze pełnego mistrzostwa we władaniu swym ludzkim umysłem; Dostrajacz nie opanował w pełni i nie zrobił duplikatu śmiertelnej tożsamości. Jezus wciąż był człowiekiem pośród ludzi.

W czasie tego, dwudziestego dziewiątego roku życia Jezusa, czysto ludzkie doświadczenie religijne Syna Człowieczego – jego osobisty rozwój duchowy – doszło niemalże do punktu szczytowego. To doświadczenie, duchowego kształtowania się, było wynikiem stopniowego i konsekwentnego rozwoju, od momentu przybycia Dostrajacza Myśli aż do dnia ukończenia i umocnienia naturalnego, ludzkiego związku pomiędzy ludzkim umysłem człowieka a jego duchową fundacją. Fenomen taki – zjednoczenia tych dwóch umysłów – był tym doświadczeniem, w którym Syn Człowieczy osiągnął pełnię i ostateczność w dniu swego chrztu w Jordanie, wcielony w człowieka tej domeny.

Choć w ciągu tych lat wydawać by się mogło, że Jezus nie miał zbyt wielu okresów formalnej komunii z Ojcem w niebie, coraz bardziej doskonalił odpowiednie metody osobistej komunikacji z zamieszkującą go, duchową obecnością Rajskiego Ojca. Żył prawdziwym życiem, pełnym i zupełnie normalnym, naturalnym i przeciętnym życiem w ciele. Z własnego doświadczenia poznał ekwiwalent rzeczywistej pełni i treści życia, takiego życia, jakim ludzkie istoty żyją na materialnych światach czasu i przestrzeni.

Syn Człowieczy doświadczał szerokiego zakresu ludzkich uczuć, rozpościerających się od najwyższej radości do głębokiego smutku. Był dzieckiem radości, istotą obdarzoną rzadkim poczuciem dobrego humoru; był również „mężem boleści, oswojonym z cierpieniem". W duchowym sensie przeżył ludzkie życie od podstaw do szczytu, od początku do końca. Z materialnego punktu widzenia może się wydawać, że uniknął przeżycia obu społecznych ekstremów egzystencji ludzkiej, ale intelektualnie zaznajomił się dokładnie z całkowitym i pełnym doświadczeniem ludzkości.

Jezus wiedział o myślach i uczuciach, dążeniach i impulsach ludzi ewolucyjnych, wznoszących się z tej domeny, od ich narodzin aż do śmierci. Przeżył życie ludzkie od początków jestestwa fizycznego, intelektualnego i duchowego, przez niemowlęctwo, dzieciństwo, młodość i wiek dojrzały – doświadczył nawet ludzkiej śmierci. Nie tylko przeszedł zwyczajne i powszechnie znane okresy ludzkiego rozwoju, intelektualnego i duchowego, ale doświadczył *również* w całej pełni tych wyższych i bardziej zaawansowanych stadiów zgrania człowieka i Dostrajacza, które tak niewielu śmiertelników na Urantii kiedykolwiek osiąga. Tym samym zaznał pełni życia człowieka śmiertelnego, nie tylko takiego, jakim się żyje na waszym świecie, ale również takiego, jakie przeżywa się na wszystkich ewolucyjnych światach czasu i przestrzeni, nawet na najwyższych i najbardziej zaawansowanych światach ustanowionych w światłości i życiu.

Chociaż to doskonałe życie, jakim żył Jezus w formie ciała śmiertelnego, być może nie zyskało nieograniczonej i powszechnej aprobaty jego braci śmiertelników, którym wypadło żyć razem z nim na Ziemi, mimo to życie, które Jezus z Nazaretu przeżył w *ciele na Urantii,* otrzymało pełną i bezwarunkową akceptację Ojca Wszechświatowego, jako że stanowiło ono w jednym i tym samym czasie oraz w jednym i tym samym życiu-osobowości, pełnię objawienia wiecznego Boga śmiertelnemu człowiekowi i prezentację doskonałej ludzkiej osobowości ku zadowoleniu Nieskończonego Stwórcy.

Taki był prawdziwy i najwyższy cel Jezusa. Nie przyszedł on na Urantię po to, żeby żyć jako doskonały i szczegółowy przykład dla każdego dziecka i dorosłego, dla każdego mężczyzny i każdej kobiety z tej czy innej epoki. Zaiste prawdą jest, że w jego pełnym, bogatym, pięknym i szlachetnym życiu wszyscy możemy znaleźć wiele wspaniałych przykładów boskiej inspiracji, ale dzieje się tak dlatego, że żył on szczerym i prawdziwym życiem ludzkim. Jezus nie przeżył swego życia na Ziemi po to, aby dać przykład do naśladowania wszystkim istotom ludzkim. Żył on swym życiem w ciele na zasadzie tej samej służby miłosierdzia, którą wszyscy możecie wprowadzić w swoim ziemskim życiu; i jak przeżył swe życie śmiertelne w swoim czasie, będąc *takim, jakim był,* ustanowił przykład do naśladowania dla nas wszystkich, abyśmy przeżywali nasze życie w naszych czasach, takimi, *jakimi jesteśmy.* Nie musicie starać się żyć jego życiem, ale możecie zechcieć *żyć waszym życiem,* nawet tak i w ten sam sposób, jak on żył swoim życiem. Jezus może nie jest szczegółowym i drobiazgowym przykładem dla wszystkich śmiertelników, wszystkich czasów i wszystkich sfer wszechświata lokalnego, ale pozostaje on zawsze inspiracją i przewodnikiem dla wszystkich Rajskich pielgrzymów, od światów wstępnego wznoszenia się, poprzez wszechświat wszechświatów i przez Havonę do Raju. Jezus jest *nową i żywą drogą* od człowieka do Boga, od częściowego do doskonałego, od ziemskiego do niebiańskiego, od czasu do wieczności.

Pod koniec swojego dwudziestego dziewiątego roku, Jezus z Nazaretu właściwie dopełnił swego życia, takiego, jakiego się wymaga od śmiertelników żyjących w ciele. Przyszedł na Ziemię jako pełnia Boga ukazana człowiekowi; teraz stał się nieomal doskonałością człowieka, oczekującą sposobności, aby pokazać się Bogu. I wszystko to zrobił przed trzydziestym rokiem swego życia.

PRZEKAZ 130

W DRODZE DO RZYMU

PODRÓŻ po świecie rzymskim zajęła Jezusowi większość dwudziestego ósmego i cały dwudziesty dziewiąty rok jego życia na Ziemi. Jezus wyruszył z Jerozolimy w niedzielny poranek, 26 kwietnia, roku 22 n.e., z dwoma Hindusami – Gonodem i jego synem Ganidem. Podróż przebiegła zgodnie z planem i Jezus pożegnał się z ojcem i jego synem w mieście Charax, nad Zatoką Perską, dziesiątego grudnia następnego roku, 23 n.e.

Z Jerozolimy poszli do Cezarei przez Jafę. W Cezarei wsiedli na statek płynący do Aleksandrii. Z Aleksandrii pożeglowali do Lasai, na Krecie. Z Krety pożeglowali do Kartaginy, zahaczając o Cyrenę. W Kartaginie wsiedli na statek płynący do Neapolu, zatrzymując się na Malcie, w Syrakuzach i w Mesynie. Z Neapolu udali się do Kapui, skąd podróżowali Drogą Apijską do Rzymu.

Po pobycie w Rzymie udali się drogą lądową do Tarentu, skąd pożeglowali do Aten w Grecji, zatrzymując się w Nikopolis i Koryncie. Z Aten udali się do Efezu, drogą przez Troadę. Z Efezu pożeglowali na Cypr, zatrzymując się po drodze na Rodos. Sporo czasu spędzili na Cyprze, zwiedzając go i odpoczywając tam, a potem pożeglowali do Antiochii w Syrii. Z Antiochii udali się na południe, do Sydonu a potem poszli do Damaszku. Stamtąd podróżowali karawaną do Mezopotamii, przechodząc przez Thapsacus i Larissę. Jakiś czas spędzili w Babilonii, odwiedzili Ur i inne miejscowości, potem poszli do Susy. Z Susy udali się do Charax, z którego to miejsca Gonod i Ganid odpłynęli do Indii.

Kiedy Jezus pracował cztery miesiące w Damaszku, zapoznał się tam z podstawami języka, którym mówili Gonod i Ganid. Spędził tam sporo czasu tłumacząc z greckiego na jeden z języków Indii, korzystając z pomocy Hindusa, pochodzącego z rodzinnych stron Gonoda.

W czasie tej śródziemnomorskiej podróży Jezus przez prawie połowę każdego dnia nauczał Ganida oraz pracował jako tłumacz podczas spotkań handlowych i kontaktów towarzyskich Gonoda. Pozostałą część każdego dnia, którą miał do swojej dyspozycji, poświęcał na nawiązywanie bliskich, osobistych kontaktów ze swoimi współbraćmi ludźmi, tych bliskich związków ze śmiertelnikami tej domeny, które były tak charakterystyczne dla jego działalności w latach tuż poprzedzających służbę publiczną.

Dzięki obserwacji z pierwszej ręki i dzięki rzeczywistym kontaktom, Jezus zapoznał się z wyższą, materialną i intelektualną cywilizacją Zachodu i Bliskiego Wschodu; od Gonoda i jego błyskotliwego syna nauczył się sporo o cywilizacji i kulturze

Indii oraz Chin, ponieważ Gonod, który był obywatelem Indii, odbył trzy długie podróże do cesarstwa rasy żółtej.

Ganid, młody człowiek, nauczył się sporo od Jezusa podczas tej długiej i bliskiej znajomości. Zawiązały się między nimi serdeczne uczucia a ojciec chłopca wielokrotnie próbował namówić Jezusa do powrotu z nimi do Indii, jednak Jezus zawsze odmawiał, motywując to koniecznością powrotu do swojej rodziny w Palestynie.

1. W JAFIE – ROZPRAWA O JONASZU

Podczas pobytu w Jafie Jezus spotkał Gadiaha, filistyńskiego tłumacza, który pracował dla pewnego Szymona, garbarza. Agent Gonoda w Mezopotamii prowadził dużo interesów z Szymonem, dlatego Gonod i jego syn chcieli go odwiedzić po drodze do Cezarei. W czasie pobytu w Jafie, Jezus i Gadiah zostali serdecznymi przyjaciółmi. Ten młody Filistyn szukał prawdy. Jezus był dawcą prawdy, on *był* prawdą dla tego pokolenia na Urantii. Kiedy wielki poszukiwacz prawdy spotka wielkiego dawcę prawdy, rezultatem tego jest wielkie i wyzwalające oświecenie, zrodzone z przeżywania nowej prawdy.

Pewnego dnia, po kolacji, Jezus wraz z młodym Filistynem przechadzali się brzegiem morza a Gadiah, który nie wiedział, że ten „uczony w Piśmie z Damaszku" jest również bardzo biegły w tradycji hebrajskiej, zwrócił uwagę Jezusa na pomost, z którego Jonasz zaczął rzekomo swą nieszczęśliwą podróż do Tarszisz. I skończywszy swe spostrzeżenia, zadał Jezusowi pytanie: „Ale jak myślisz, czy wielka ryba naprawdę połknęła Jonasza?". Jezus zauważył, jak wielki wpływ na życie młodego człowieka wywarła ta tradycja i to, że jej rozważanie sprawiło, iż niemądrze próbował uciec od swych obowiązków; dlatego też Jezus nie powiedział nic, co mogłoby nagle zniweczyć podstawę obecnych motywacji Gadiaha do praktycznego życia. Na pytanie, Jezus odpowiedział w ten sposób: „Mój przyjacielu, wszyscy jesteśmy Jonaszami, z życiem do przeżycia zgodnie z wolą Bożą i kiedy tylko staramy się unikać codziennych obowiązków życiowych, uciekając daleko w odległe pokusy, tym samym poddajemy się bezpośredniej kontroli tych wpływów, którymi nie kierują moce prawdy i siły sprawiedliwości. Taka ucieczka od obowiązków oznacza zagubienie prawdy. Ucieczka od służby światłości i życia może się skończyć tylko stresującym konfliktem z kłopotliwymi wielorybami egoizmu, co w końcu prowadzi do ciemności i śmierci, chyba, że tacy odwracający się od Boga Jonasze odmienią swe serca, aby później szukać Boga i jego dobroci, nawet, gdy pozostają w głębokiej rozpaczy. I kiedy te przygnębione dusze szczerze szukają Boga – głodne prawdy i spragnione prawości – nie ma niczego takiego, co może je trzymać w dalszej niewoli. Jest bez znaczenia w jak wielką otchłań wpadły, kiedy szukają światła całym sercem, duch Pana Boga nieba wybawi je z niewoli; złe wypadki życiowe wyrzucą je znowu na suchy ląd nowych możliwości, ponownej służby i mądrzejszego życia".

Gadiaha do głębi poruszyły nauki Jezusa i zanim poszli do swoich kwater, długo w noc rozmawiali nad brzegiem morza, modlili się razem i jeden za drugiego. Był to ten sam Gadiah, który później słuchał kazań głoszonych przez Piotra i który został głębokim wyznawcą Jezusa z Nazaretu i jednego wieczora, w domu Dorcas, miał pamiętną dyskusję z Piotrem. Gadiah wywarł znaczny wpływ na ostateczną decyzję Szymona, bogatego kupca skór, aby przyjąć chrześcijaństwo.

(W tej narracji o indywidualnej pracy Jezusa z jego współbraćmi śmiertelnikami, w czasie podróży śródziemnomorskiej, będziemy zgodnie z naszym pozwoleniem swobodnie tłumaczyć jego słowa na nowoczesną frazeologię, jaka istnieje na Urantii w momencie tej prezentacji).

Podczas ostatniego spotkania Jezusa z Gadiahem rozmowa toczyła się o tym, co dobre i złe. Młodemu Filistynowi bardzo dokuczało poczucie niesprawiedliwości, z powodu istnienia na świecie zła obok dobra. Powiedział: „Jak może Bóg, jeżeli jest nieskończenie dobry, pozwolić nam smucić się z powodu zła; w końcu, kto stworzył zło?". W tamtych czasach wielu ludzi wciąż wierzyło, że Bóg stworzył zarówno dobro jak i zło, ale Jezus nigdy nie nauczał takich błędów. Jezus odpowiedział na to pytanie następująco: „Mój bracie, Bóg jest miłością, zatem musi być dobry a jego dobroć jest tak wielka i rzeczywista, że nie może zawierać tak małych i nierzeczywistych rzeczy, jak zło. Bóg jest tak absolutnie dobry, że zupełnie nie ma w nim miejsca na negatywne zło. Zło jest niedojrzałym wyborem, bezmyślnym, chybionym krokiem tych, którzy są odporni na dobroć, odrzucają piękno i nie są lojalni wobec prawdy. Zło jest tylko nieprzystosowaniem, wynikającym z niedojrzałości albo niszczącym i wypaczającym działaniem ignorancji. Zło jest nieuniknioną ciemnością, która depcze po piętach niemądremu odrzuceniu światła. Zło jest tym, co mroczne i nieprawdziwe i tym, co kiedy jest świadomie wybrane i zaaprobowane pełnią woli, staje się grzechem.

Twój Ojciec w niebie, obdarzając cię możliwością wyboru pomiędzy prawdą a błędem, stworzył potencjalnie negatywne zejście z pozytywnej drogi światła i życia; ale takie błędy zła naprawdę nie istnieją, aż do tego momentu, gdy inteligentna istota zapragnie istnienia tego, co złe, na skutek złego wyboru drogi życia. I później, takie zło wyniesione zostaje do poziomu grzechu, w wyniku rozumnego i rozmyślnego wyboru przekornej i zbuntowanej istoty. Dlatego właśnie nasz Ojciec w niebie pozwala iść dobru i złu obok siebie, aż do końca życia, tak samo jak przyroda pozwala pszenicy i wyce rosnąć obok siebie, aż do czasu żniwa". Gadiaha całkowicie zadowoliła odpowiedź Jezusa na jego pytanie a w rezultacie ich dalszych rozmów zrozumiał prawdziwe znaczenie tych doniosłych oświadczeń.

2. W CEZAREI

Jezus i jego przyjaciele pozostali w Cezarei dłużej niż się spodziewali, ponieważ zauważono, że na statku, którym mieli odpłynąć, jednemu z wielkich wioseł sterujących grozi pęknięcie. Kapitan postanowił zostać w porcie tak długo, aż zrobią nowe wiosło. Ponieważ nie było zbyt wielu wykwalifikowanych cieśli, Jezus zaofiarował swoją pomoc. Wieczorem Jezus i jego przyjaciele przechadzali się po pięknym murze naokoło portu, który służył za promenadę. Ganidowi spodobały się bardzo objaśnienia Jezusa, dotyczące systemu wodnego miasta oraz metoda, za pomocą której przypływy były wykorzystywane do spłukiwania ulic i kanałów ściekowych. Na młodzieńcu z Indii duże wrażenie zrobiła świątynia Augusta, umieszczona na wzgórzu i zwieńczona kolosalnym posągiem cesarza rzymskiego. Następnego popołudnia ich przestoju cała trójka poszła na przedstawienie do olbrzymiego amfiteatru, który miał miejsc siedzących na dwadzieścia tysięcy osób a wieczorem poszli do teatru na sztukę grecką. Było to pierwsze przedstawienie tego rodzaju, jakie Ganid widział i zadawał on Jezusowi wiele pytań na ten temat. Trzeciego dnia rano złożyli formalną wizytę w pałacu gubernatora, ponieważ Cezarea była stolicą Palestyny i rezydencją rzymskiego prefekta.

W zajeździe, gdzie zamieszkali przebywał również kupiec z Mongolii, a ponieważ ten człowiek z Dalekiego Wschodu dość dobrze mówił po grecku, Jezus odwiedził go kilka razy. Filozofia życiowa Jezusa wywarła wielkie wrażenie na tym człowieku i nigdy nie zapomniał on słów mądrości o „życiu niebiańskim życiem na Ziemi, dzięki codziennemu poddaniu się woli niebiańskiego Ojca". Kupiec był taoistą i dlatego głęboko uwierzył w doktrynę uniwersalnego Bóstwa. Kiedy wrócił do Mongolii, zaczął nauczać tych postępowych prawd swoich sąsiadów i partnerów w interesach, a w rezultacie tej działalności jego najstarszy syn postanowił zostać kapłanem taoizmu. Przez całe swoje życie ten młody człowiek usilnie działał na rzecz zaawansowanej prawdy a w jego ślady poszedł także jego syn i wnuk, którzy również pozostali w pełni oddani doktrynie Jednego Boga – Najwyższego Władcy Niebios.

Podczas gdy wschodnie odgałęzienie wczesnego Kościoła chrześcijańskiego, który miał swą główną siedzibę w Filadelfii, trzymało się wierniej nauczania Jezusa niż ich bracia w Jerozolimie, jest godne pożałowania, że nie znalazł się nikt taki jak Piotr, który poszedłby do Chin, albo taki jak Paweł, który wszedłby do Indii, gdzie duchowa gleba była tak sprzyjająca dla posiania nasion nowej ewangelii królestwa. Tamte, autentyczne nauki Jezusa, tak jak zostały zachowane przez Filadelfijczyków, mogłyby natychmiast i skutecznie zaapelować do duchowo wygłodzonych umysłów narodów azjatyckich, jak tego dokonały kazania Piotra i Pawła na Zachodzie.

Kiedy trudzili się w stoczni nad wiosłem sterującym, jeden z młodych mężczyzn bardzo zainteresował się słowami, które Jezus wypowiadał jakby mimochodem, z godziny na godzinę. Kiedy Jezus oznajmił, że Ojciec w niebie jest zainteresowany dobrem swych dzieci na Ziemi, ten młody Grek, Anaxand, rzekł: „Jeśli Bogowie interesują się mną, dlaczego nie usuną z warsztatu tego okrutnego i niesprawiedliwego brygadzisty?". Był zaskoczony, gdy Jezus odpowiedział: „Skoro poznałeś drogi dobroci i wartość sprawiedliwości, być może Bogowie przywiedli tego błądzącego człowieka blisko ciebie, abyś mógł wskazać mu lepszą drogę. Może ty jesteś solą, która uczyni tego brata przyjemniejszym dla wszystkich innych ludzi, jeżeli ta sól nie straciła swojego smaku. W rzeczywistości ten człowiek jest twoim panem, skoro jego złe metody wpływają niekorzystnie na ciebie. Dlaczego nie dowieść twojej władzy nad złem, poprzez moc i siłę dobroci, i w ten sposób stać się panem wszystkich waszych stosunków wzajemnych? Myślę, że dobro, które jest w tobie, może pokonać zło, które jest w nim, jeśli dasz mu uczciwą, życiową szansę. Nie ma bardziej fascynującej przygody w biegu śmiertelnej egzystencji niż przeżywanie radości pozostania materialnym, żywym partnerem energii duchowej i boskiej prawdy, w jednej z ich zwycięskich walk z błędem i złem. Zostać żywym kanałem duchowego światła dla śmiertelnika, który przebywa w duchowej ciemności, to cudowne i przeobrażające doświadczenie. Jeśli jesteś bardziej błogosławiony prawdą niż ten człowiek, jego potrzeby powinny stać się dla ciebie wyzwaniem. Z pewnością nie jesteś tchórzem, który stałby nad brzegiem morza i patrzył, jak ginie jego towarzysz, który nie umie pływać! O ile więcej warta jest dusza tego człowieka, grzęznąca w ciemności, w porównaniu z jego ciałem, tonącym w wodzie"!

Anaxanda bardzo poruszyły słowa Jezusa. Niebawem powiedział on swemu zwierzchnikowi to, co usłyszał od Jezusa i tego wieczora obydwaj szukali porady Jezusa dla dobra swych dusz. Później, kiedy w Cezarei głoszono chrześcijańskie orędzie, obydwaj, jeden Grek a drugi Rzymianin, uwierzyli w kazania głoszone przez Filipa i zostali wyróżniającymi się członkami Kościoła, który Filip założył. Później, ten młody Grek został przyjęty na stanowisko rządcy u rzymskiego setnika Korneliusza, który uwierzył, w wyniku zetknięcia się z duszpasterstwem Piotra. Anaxand kontynuował duszpasterstwo światłości dla tych, którzy trwali w ciemności, aż do momentu uwięzienia Pawła w Cezarei, kiedy to przypadkiem zginął, udzielając pomocy cierpiącym i umierającym w czasie wielkiej rzezi dwudziestu tysięcy Żydów.

Mniej więcej w tym czasie Ganid zaczynał rozumieć, jak spędza swój wolny od pracy czas jego guwerner, na tej niezwykłej, osobistej służbie dla swego współbrata człowieka i młody Hindus chciał poznać powód tej ustawicznej działalności. Zapytał: „Dlaczego nieustannie spotykasz się z obcymi ludźmi?". Jezus odpowiedział: „Ganidzie, nikt nie jest obcy dla tego, który zna Boga. W doświadczeniu znajdowania Ojca w niebie odkryjesz, że wszyscy ludzie są twoimi braćmi i czy to dziwne, że każdy cieszy się ze spotkania z nowo odnalezionym bratem? Najwyższym doświadczeniem życiowym jest zaznajomienie się ze swoimi braćmi i siostrami, poznanie ich problemów i nauczenie się, jak ich kochać".

Dyskusja ta przeciągnęła się długo w noc a w jej trakcie młody człowiek prosił Jezusa, aby mu wytłumaczył różnicę pomiędzy wolą Boga a rozumnym aktem wyboru człowieka, który też nazywamy wolą. W kwintesencji tej rozmowy, Jezus powiedział: wola Boga jest drogą Boga, partnerstwem z wyborem Boga w obliczu jakiejkolwiek potencjalnej alternatywy. Czynienie woli Boga jest tym samym rozwojowym doświadczaniem, stawaniem się coraz bardziej podobnym Bogu a Bóg jest źródłem i przeznaczeniem wszystkiego tego, co dobre, piękne i prawdziwe. Wola człowieka jest drogą człowieka, jest całością i sensem tego, czym śmiertelnik chce być i co chce czynić. Wola jest rozmyślnym wyborem samoświadomej istoty, który prowadzi do decyzji-postępowania, w oparciu o inteligentną refleksję.

Tego popołudnia Jezus i Ganid zabawiali się z bardzo inteligentnym owczarkiem a Ganid chciał się dowiedzieć, czy pies ma duszę, czy pies ma wolę a Jezus odpowiedział mu na pytanie: „Pies ma umysł, którym może poznać materialnego człowieka, swojego pana, ale nie może poznać Boga, który jest duchem; dlatego też pies nie posiada duchowej natury i nie może mieć duchowych przeżyć. Pies może mieć wolę, wywodzącą się z natury, poszerzoną treningiem, ale taka siła umysłu nie jest potęgą duchową, tak samo nie jest porównywalna z wolą człowieka, ponieważ wola psa nie jest *refleksyjna* – nie jest rezultatem wyróżniania wyższych, etycznych znaczeń lub wyborem duchowych, wiecznych wartości. Właśnie fakt posiadania takich władz duchowego rozróżniania i wyboru prawdy czyni śmiertelnego człowieka etyczną istotą stworzoną, obdarzoną właściwościami duchowej odpowiedzialności i potencjałem wiecznego życia". Jezus kontynuował i wyjaśniał, że brak takiej władzy umysłowej u zwierząt na zawsze uniemożliwia światu zwierzęcemu rozwinięcie z czasem języka, lub przeżywanie czegokolwiek równoznacznego z wiecznym trwaniem osobowości. W rezultacie nauki, posłyszanej tego dnia, Ganid nigdy więcej nie żywił wiary w wędrówkę dusz ludzkich poprzez ciała zwierząt.

Następnego dnia Ganid rozmawiał o tym wszystkim jeszcze raz ze swym ojcem, a w odpowiedzi na pytanie Gonoda, Jezus wyjaśnił, że „ludzkie dążenia, pochłonięte w całości tylko przemijającymi, doczesnymi decyzjami, mającymi związek z materialnymi problemami zwierzęcej egzystencji, skazane są na zagładę w czasie. Ci, którzy całym sercem podejmują moralne decyzje i dokonują wyraźnych wyborów duchowych tym samym coraz bardziej utożsamiają się z zamieszkującym ich boskim duchem, w wyniku tego coraz bardziej przeobrażają się w wartości wiecznego życia – niekończącego się postępu w boskiej służbie".

W tym właśnie dniu po raz pierwszy usłyszeliśmy doniosłą prawdę, która wyrażona we współczesnej terminologii, znaczyłaby: „Wola jest tym przejawem ludzkiego umysłu, który umożliwia subiektywnej świadomości wyrazić się obiektywnie i doświadczyć fenomenu dążenia do stawania się podobną Bogu". I oznacza to również, że każda refleksyjnie myśląca i duchowo ukierunkowana istota ludzka może stać się *twórczą*.

3. W ALEKSANDRII

Wizyta w Cezarei była urozmaicona, a kiedy statek był gotów, pewnego dnia w południe Jezus i jego dwaj przyjaciele odpłynęli do Aleksandrii w Egipcie.

Podróż do Aleksandrii upłynęła bardzo miło całej trójce. Ganid był zachwycony podróżą i wciąż zasypywał Jezusa pytaniami. Gdy dopływali do portu miejskiego, młody człowiek zachwycał się wielką latarnią morską w Faros, położoną na wyspie, którą Aleksander połączył falochronem z lądem, tworząc w ten sposób dwa wspaniałe porty i czyniąc Aleksandrię skrzyżowaniem morskich dróg handlowych Afryki, Azji i Europy. Ta wspaniała latarnia była jednym z siedmiu cudów świata i prekursorką wszystkich późniejszych latarni morskich. Wstali wczesnym rankiem, aby obejrzeć to wspaniałe dzieło człowieka, zbudowane, żeby chronić ludzkie życie a pomiędzy okrzykami Ganida, Jezus powiedział: „I ty, mój synu, kiedy wrócisz do Indii, będziesz jak ta latarnia morska, nawet po tym, jak twój ojciec odejdzie na spoczynek; staniesz się jak światło życia dla tych, którzy żyją obok ciebie w ciemności, pokazywać będziesz drogę tym wszystkim, którzy pragną dotrzeć do portu zbawienia i bezpieczeństwa". I Ganid ściskając rękę Jezusa, powiedział: „Tak się stanie".

Raz jeszcze chcemy zwrócić uwagę na to, że pierwsi nauczyciele religii chrześcijańskiej popełnili duży błąd, kiedy skierowali swoją uwagę wyłącznie ku zachodniej cywilizacji świata rzymskiego. Nauki Jezusa, tak jak zostały zachowywane w pierwszym wieku przez wierzących Mezopotamczyków, byłyby chętnie przyjęte przez różne grupy religijnych Azjatów.

W cztery godziny po przybyciu zamieszkali przy wschodnim krańcu długiej i szerokiej alei, trzydzieści metrów szerokości i osiem kilometrów długości, która rozciągała się poza zachodnie obrzeża miasta, zamieszkałego przez milion ludzi. Po pierwszym zapoznaniu się z głównymi atrakcjami miasta – uniwersytetem (muzeum), biblioteką, królewskim mauzoleum Aleksandra, pałacem, świątynią Neptuna, teatrem i gimnazjonem – Gonod poszedł załatwiać sprawy związane z interesami, podczas gdy Jezus i Ganid udali się do największej na świecie biblioteki. Zgromadzono tutaj około miliona manuskryptów z całego cywilizowanego świata: z Grecji, Rzymu, Palestyny, Partii, Indii, Chin a nawet z Japonii. W tej bibliotece Ganid zobaczył największą na świecie kolekcję literatury indyjskiej; i każdego dnia, w czasie pobytu w Aleksandrii, spędzali tam nieco czasu. Jezus powiedział Ganidowi o dokonanym tutaj przekładzie hebrajskiego Pisma Świętego na grecki. I wielokrotnie omawiali wszystkie religie świata, przy czym Jezus usiłował ukazać temu młodemu umysłowi prawdę, zawartą w każdej z nich, zawsze dodając: „Jednak Jahwe jest Bogiem ukształtowanym z objawień Melchizedeka i przymierza Abrahama. Żydzi są potomstwem Abrahama i nadal mieszkają na tej ziemi, gdzie żył i nauczał Melchizedek i z której wysłał na cały świat nauczycieli. W końcu ich religia daje klarowniejsze pojęcie Pana Boga Izraela jako Ojca Wszechświatowego w niebie, niż jakakolwiek inna religia tego świata".

Pod kierunkiem Jezusa, Ganid dokonał zestawienia nauk wszystkich religii świata, które uznają Wszechświatowe Bóstwo, nawet, jeśli mogą także bardziej czy mniej uznawać bóstwa podrzędne. Po wielu dyskusjach, Jezus i Ganid uznali, że Rzymianie nie mają prawdziwego Boga w swej religii, że ich religia wykracza tylko niewiele ponad czczenie cesarza. Grecy, jak wnioskowali, posiadają filozofię, ale raczej nie mają religii z osobowym Bogiem. Nie uznali kultów misteryjnych, ze względu na chaos wynikający z ich różnorodności, jak również dlatego, że ich wielorakie koncepcje Bóstwa wydawały się pochodzić z innych, starszych religii.

Aczkolwiek te tłumaczenia zostały zrobione w Aleksandrii, Ganid nie uporządkował ostatecznie tych wyjątków i nie dodał swoich osobistych wniosków niemalże do końca pobytu w Rzymie. Był bardzo zaskoczony, gdy odkrył, że wszyscy najlepsi autorzy światowej, świętej literatury, bardziej czy mniej uznawali istnienie wiecznego Boga i w większości zgadzali się co do jego charakteru i jego powinowactwa ze śmiertelnym człowiekiem.

Podczas pobytu w Aleksandrii, Jezus i Ganid sporo czasu spędzili w muzeum. Muzeum to nie było kolekcją rzadkich obiektów, ale raczej uniwersytetem sztuk pięknych, nauki i literatury. Uczeni profesorowie wykładali tutaj codziennie a w tamtych czasach było to intelektualne centrum świata Zachodu. Dzień po dniu Jezus objaśniał te wykłady Ganidowi a pewnego dnia, w drugim tygodniu, młody człowiek zawołał: „Nauczycielu Jeszua, ty więcej wiesz niż wszyscy ci profesorowie; powinieneś wstać i powiedzieć im wszystkie te wspaniałe rzeczy, które mi powiedziałeś; przytępili swoje umysły, bo za dużo myślą. Porozmawiam z moim ojcem, aby to zaaranżował". Jezus uśmiechnął się i powiedział: „Jesteś cudownym uczniem, ale ci nauczyciele nie sądzą, że ty i ja moglibyśmy ich czegoś nauczyć. Pycha nieuduchowionego nauczania jest zdradliwą rzeczą w ludzkim doświadczeniu. Prawdziwy nauczyciel zachowuje swą intelektualną integralność pozostając na zawsze uczniem".

Aleksandria była miastem mieszanej kultury Zachodu, a obok Rzymu, największym i najokazalszym na świecie. To tutaj znajdowała się największa na świecie żydowska synagoga, miejsce władz sanhedrynu Aleksandrii – siedemdziesięciu zarządzających starszych.

Wśród wielu ludzi, z którymi Gonod prowadził interesy, był także żydowski bankier, Aleksander, którego brat, Filon, był wtedy sławnym filozofem religijnym. Filon podjął się chwalebnego, ale niezmiernie trudnego zadania, zharmonizowania greckiej filozofii i żydowskiej teologii. Ganid i Jezus rozmawiali wiele o naukach Filona i myśleli uczęszczać na niektóre jego wykłady, ale podczas ich pobytu w Aleksandrii ów sławny hellenistyczny Żyd był chory i leżał w łóżku.

Jezus polecił Ganidowi większość filozofii greckiej i doktryn stoickich, jednak wpoił chłopcu tę prawdę, że te systemy wierzeń, podobnie jak pewne nauki niektórych ludzi z jego własnego narodu, były religijne jedynie w tym znaczeniu, w jakim prowadziły do odkrywania Boga i korzystania z żywego doświadczenia w poznawaniu Wiecznego.

4. ROZPRAWA O RZECZYWISTOŚCI

Ostatniego wieczora przed wyjazdem z Aleksandrii, Ganid i Jezus mieli długie spotkanie z jednym z rządowych profesorów uniwersytetu, który wykładał nauki Platona. Jezus tłumaczył dla uczonego greckiego nauczyciela, ale nie wtrącił swojej własnej nauki, dla jej przeciwstawienia twierdzeniom greckiej filozofii. Gonod załatwiał swoje sprawy tego wieczora, dlatego po tym, gdy profesor odszedł, nauczyciel i jego uczeń mieli długą i serdeczną rozmowę na temat doktryn Platona. Chociaż Jezus warunkowo aprobował niektóre nauki Greka, dotyczące teorii, że materialne rzeczy świata są cienistą refleksją niewidzialnych, ale bardziej konkretnych rzeczywistości duchowych, usiłował on położyć bardziej solidne fundamenty pod myślenie chłopca; zaczął więc długą rozprawę na temat natury rzeczywistości we wszechświecie. W kwintesencji i we współczesnej frazeologii, Jezus powiedział Ganidowi:

Źródłem rzeczywistości wszechświata jest Nieskończony. Materialne rzeczy skończonej kreacji są czasowo-przestrzennym odbiciem Rajskiej Formy i Wszechświatowego Umysłu wiecznego Boga. Przyczynowość w świecie fizycznym, samoświadomość w świecie intelektualnym, oraz rozwijające się jestestwo w świecie ducha – są to te rzeczywistości, które, gdy rzutowane na skalę wszechświatową, połączone wieczną zależnością, doświadczane z doskonałością jakości i boskością wartości – stanowią *rzeczywistość Najwyższego*. Jednak w ciągle zmiennym wszechświecie, Pierwotna Osobowość przyczynowości, inteligencji i duchowego doznania, jest niezmienna, absolutna. Wszystkie rzeczy, nawet w wiecznym wszechświecie bezgranicznych wartości i boskich jakości, mogą się zmieniać i często się zmieniają, za wyjątkiem Absolutów i tego, co osiągnęło fizyczny status absolutu, objęło go intelektualnie, lub utożsamiło się z nim duchowo.

Najwyższym poziomem, do jakiego istota skończona może się rozwinąć, jest rozpoznanie Ojca Wszechświatowego i poznanie Najwyższego. I nawet potem, takie istoty o finalnym przeznaczeniu idą naprzód, doznając przemian w ruchomym świecie fizycznym i w jego zjawiskach materialnych. Ponadto, pozostają one świadome rozwoju jestestwa, w ich bezustannym wznoszeniu się w duchowym wszechświecie i w narastającej świadomości intelektualnego kosmosu, w pogłębiającym się jego docenianiu i reagowaniu na niego. Jedynie w doskonałości, harmonii i jednomyślności woli stworzony może stać się jednością ze Stwórcą; i taki stan boskości osiągany jest i zachowywany tylko wtedy, kiedy istota, wciąż żyjąc w czasie i wieczności, konsekwentnie dostosowuje swoją ograniczoną, osobistą wolę, do Boskiej woli Stwórcy. Pragnienie czynienia woli Ojca zawsze musi być najwyższe w duszy i dominować nad umysłem wznoszącego się syna Boga.

Jednooki człowiek nigdy nie będzie mógł wyobrazić sobie głębi perspektywy. Tak samo żaden z jednookich, materialnych uczonych ani jednookich duchowych mistyków i alegorystów nie potrafi poprawnie uzmysłowić sobie i odpowiednio zrozumieć prawdziwych głębi rzeczywistości wszechświata. Wszystkie prawdziwe wartości doświadczenia istoty są ukryte w głębi jej poznania.

Nierozumna przyczynowość nie może wykształcić subtelności i złożoności z tego, co surowe i proste, tak samo nie może pozbawione ducha doświadczenie wykształcić boskich charakterów o wartościach wiecznego życia z materialnych umysłów śmiertelników czasu. Jedynym atrybutem wszechświata, który tak wybornie charakteryzuje nieskończone Bóstwo, jest owo niekończące się, twórcze obdarzanie osobowością, która może trwać podczas stopniowego docierania do Bóstwa.

Osobowość jest tym kosmicznym obdarowaniem, tym stadium wszechświatowej rzeczywistości, która może współistnieć z nieograniczonymi zmianami i jednocześnie zachować swoją tożsamość, właśnie w obliczu wszystkich takich zmian i potem na zawsze.

Życie jest przystosowaniem pierwotnej, kosmicznej przyczynowości do wymagań i możliwości sytuacji wszechświatowych a zaczyna ono istnieć dzięki działaniu Wszechświatowego Umysłu oraz dzięki uaktywnieniu go duchową iskrą Boga, który jest duchem. Treścią życia jest jego możliwość przystosowania się; wartością życia jest jego zdolność rozwojowa – nawet do wysokości uświadomienia sobie Boga.

Nieprzystosowanie samoświadomego życia do wszechświata daje w rezultacie kosmiczną dysharmonię. Ostateczne odejście osobowej woli od kierunku dążenia wszechświatów kończy się intelektualną izolacją, odosobnieniem osobowości. Utrata duchowego przewodnika zamieszkującego człowieka pociąga za sobą duchowy zanik egzystencji. Inteligentne i rozwojowe życie staje się zatem, samo w sobie i samo z siebie, niezaprzeczalnym dowodem istnienia celowego wszechświata, wyrażającego wolę Boskiego Stwórcy. I to życie, ogółem biorąc, usilnie dąży w kierunku wyższych wartości, mając za swój końcowy cel Ojca Wszechświatowego.

Człowiek ma umysł tylko w niewielkim stopniu przewyższający poziom zwierzęcia, niezależnie od wyższych i częściowo duchowych posług intelektu. Przeto zwierzęta (nie posiadające czczenia i mądrości) nie mogą doświadczać nadświadomości, świadomej świadomości. Zwierzęcy umysł świadomy jest tylko wszechświata rzeczowego.

Wiedza jest domeną umysłu materialnego albo dostrzegającego fakty. Prawda jest domeną intelektu wyposażonego duchowo, który świadomy jest poznawania Boga. Wiedza daje się udowodnić; prawdę się przeżywa. Wiedza jest własnością umysłu; prawda jest doznawaniem duszy, rozwijającej się jaźni. Wiedza jest funkcją poziomu nieduchowego; prawda jest stadium umysłowo-duchowego poziomu wszechświatów. Oko materialnego umysłu dostrzega świat wiedzy, opartej na faktach; oko uduchowionego intelektu dostrzega świat prawdziwych wartości. Te dwie perspektywy, zsynchronizowane i zharmonizowane, odkrywają świat rzeczywistości, w którym mądrość objaśnia fenomen wszechświata w kategoriach progresywnego osobistego doświadczenia.

Błąd (zło) jest ceną niedoskonałości. Własności niedoskonałości lub okoliczności braku adaptacji, ujawniają się na poziomie materialnym dzięki krytycznej obserwacji i naukowej analizie; na poziomie etycznym, dzięki ludzkiemu doświadczeniu. Istnienie zła jest dowodem niedoskonałości umysłu oraz niedojrzałości rozwijającej się jaźni. Dlatego zło jest również miarą niedoskonałości w zrozumieniu wszechświata. Możliwość popełnienia błędów jest nieodłączna zdobywaniu mądrości, w systemie rozwoju od tego, co niecałkowite i doczesne, do tego, co całkowite i wieczne, od tego, co relatywne i niedoskonałe, do tego, co ostateczne i doprowadzone do doskonałości. Błąd jest cieniem relatywnej niekompletności, który z konieczności musi upaść w poprzek ludzkiej drogi we wszechświecie, prowadzącej do rajskiej doskonałości. Błąd (zło) nie jest aktualną cechą wszechświata; jest to po prostu dostrzeganie względności w odniesieniu niedoskonałości tego, co niekompletnie skończone, do wznoszących się poziomów Najwyższego i Ostatecznego.

Chociaż Jezus opowiadał to wszystko chłopcu w języku najbardziej dla niego zrozumiałym, to jednak pod koniec rozmowy Ganid miał ciężkie powieki i niebawem zasnął. Następnego ranka wstali wcześnie, aby się dostać na pokład statku odpływającego do Lasai na wyspie Krecie. Ale zanim wsiedli na statek, chłopiec miał jeszcze dalsze pytania, dotyczące zła, na które Jezus odpowiedział:

Zło jest pojęciem względnym. Wyłania się w wyniku dostrzegania tej niedoskonałości, która powstaje w cieniu rzucanym przez skończony wszechświat rzeczy i istot, jako że taki kosmos przesłania żywe światło wszechświatowej ekspresji wiecznych rzeczywistości Nieskończonego.

Potencjalne zło nierozerwalnie jest związane z niekompletnością objawiania Boga w ograniczonej czasem-przestrzenią ekspresji nieskończoności i wieczności. Fakt istnienia tego, co częściowe w obliczu pełni, ustanawia względność rzeczywistości, stwarza konieczność intelektualnego wyboru i wprowadza poziomy wartości w duchowym poznawaniu i duchowym reagowaniu. Niekompletna i skończona koncepcja Nieskończonego, jaką posiada doczesny i ograniczony umysł istoty stworzonej, jest, w sobie i od siebie, *potencjalnym złem*. Jednak powiększający się błąd nieusprawiedliwionych braków rozsądnej, duchowej korekty tych, pierwotnie nieuniknionych, intelektualnych dysharmonii i duchowych niedoborów jest równoznaczny z urzeczywistnieniem *faktycznego zła*.

Wszystkie statyczne, martwe koncepcje, są potencjalnym złem. Skończony cień relatywnej, żywej prawdy, jest ciągle ruchomy. Statyczne koncepcje nieodmiennie opóźniają naukę, politykę, społeczeństwo i religię. Statyczne koncepcje mogą reprezentować pewną wiedzę, ale z niedostatkiem mądrości i pozbawioną prawdy. Nie pozwólcie jednak, aby koncepcja relatywności zmyliła was tak bardzo, abyście nie potrafili rozpoznać koordynacji wszechświata pod przewodnictwem kosmicznego umysłu oraz jego stabilizującej kontroli, dokonywanej dzięki energii i duchowi Najwyższego.

5. NA WYSPIE KRECIE

Podróżnicy popłynęli na Kretę tylko dla odprężenia, spacerów po całej wyspie i wspinania się po górach. W tamtych czasach Kreteńczycy nie cieszyli się godną pozazdroszczenia reputacją pośród otaczających narodów. Tym niemniej Jezus i Ganid nakłonili wiele dusz do wejścia na wyższe poziomy myślenia i życia, kładąc tym samym podwaliny pod szybkie przyjęcie późniejszych nauk ewangelii, kiedy z Jerozolimy przybyli pierwsi kaznodzieje. Jezus kochał tych Kreteńczyków, jednak Paweł wyrażał się o nich w ostrych słowach, kiedy później wysłał na wyspę Tytusa, aby zreorganizował ich kościoły.

To tutaj, w górzystej części Krety, Jezus po raz pierwszy długo rozmawiał z Gonodem o religii. Na ojcu Ganida zrobiło to wielkie wrażenie i powiedział: „Nie dziwię się, że ten chłopiec wierzy we wszystko, co mu powiesz, ale ja nigdy nie słyszałem, żeby mieli taką religię w Jerozolimie, tym bardziej w Damaszku". W czasie pobytu na wyspie,

Gonod po raz pierwszy zaproponował Jezusowi, żeby wrócił wraz z nimi do Indii i Ganid był zachwycony tą ideą, że Jezus mógłby przystać na taki układ.

Pewnego dnia, gdy Ganid zapytał Jezusa, dlaczego nie poświęcił się pracy publicznego nauczyciela, dostał taką odpowiedź: „Mój synu, na wszystko musi przyjść odpowiedni czas. Urodziłeś się na tym świecie, ale żaden niepokój ani żaden przejaw twojej niecierpliwości nie pomoże ci dorosnąć. We wszystkich takich sprawach musisz czekać odpowiedniego czasu. Jedynie czas sprawia, że dojrzewają zielone owoce na drzewie. Jedynie z upływem czasu pora roku następuje po porze a zachód słońca po świcie. Teraz jestem w drodze do Rzymu z tobą i z twoim ojcem i to wystarcza na dzisiaj. Moje jutro jest całkowicie w rękach mojego Ojca w niebie". I wtedy opowiedział Ganidowi historię o Mojżeszu i czterdziestu latach czujnego oczekiwania i ciągłych przygotowań.

Podczas wizyty w Dobrych Portach zdarzyła się rzecz, której Ganid nigdy nie zapomniał; pamięć o tym zdarzeniu zawsze ożywiała w nim pragnienie, aby w jakiś sposób zmienić system kastowy w jego rodzinnych Indiach. Pijany degenerat zaatakował niewolnicę na drodze publicznej. Kiedy Jezus zobaczył, co się dzieje z tą dziewczyną, pospieszył i odciągnął dziewczynę od napastliwego obłąkańca. Podczas gdy wystraszone dziecko przyczepiło się do niego, on trzymał rozwścieczonego człowieka w bezpiecznej odległości, na długość swojej silnej, wysuniętej prawej ręki, aż biedak się zmęczył bijąc powietrze gniewnymi ciosami. Ganid miał wielką ochotę pomóc Jezusowi w tej akcji, ale ojciec mu nie pozwolił. Choć nie mówili językiem dziewczyny, ona zrozumiała ich akt miłosierdzia i wyraziła to oznakami szczerego uznania, gdy cała trójka odprowadziła ją do domu. To zdarzenie prawdopodobnie było najbliższe osobistej utarczki z bliźnim, jakie kiedykolwiek miał Jezus podczas całego swego cielesnego życia. Tego wieczora miał on jednak trudne zadanie, kiedy próbował wyjaśnić Ganidowi, dlaczego nie uderzył pijanego człowieka. Ganid uważał, że należało uderzyć tego człowieka co najmniej tyle razy, ile razy tamten uderzył dziewczynę.

6. ZDJĘTY STRACHEM MŁODZIENIEC

Gdy przebywali w górach, Jezus miał długą rozmowę z pewnym młodym człowiekiem, który był zdjęty strachem i przygnębiony. Nie zdoławszy nabrać tej otuchy i odwagi, jaką daje towarzystwo bliźnich, młodzieniec ten szukał samotności w górach; dorastał w poczuciu bezradności i niższości. Te naturalne tendencje zostały spotęgowane przez liczne, trudne przeżycia, których doznał chłopiec w wieku dorastania; zwłaszcza przyczyniła się do tego utrata ojca, kiedy miał dwanaście lat. Kiedy się spotkali, Jezus powiedział: „Pozdrawiam cię, mój przyjacielu! Dlaczego jesteś przygnębiony w tak pięknym dniu? Jeśli zdarzyło się coś, co cię zmartwiło, być może mógłbym ci jakoś pomóc. W każdym razie będzie mi bardzo miło, jeśli będę ci mógł pomóc".

Młody człowiek nie miał ochoty na rozmowy i dlatego Jezus po raz drugi podszedł do jego duszy, mówiąc: „Rozumiem, że przyszedłeś w te góry, aby uciec od ludzi, dlatego oczywiście nie chcesz rozmawiać ze mną, chciałbym się jednak dowiedzieć, czy znasz te góry, czy wiesz, jak idą tutaj szlaki? I, ewentualnie, czy mógłbyś mi powiedzieć, *jaka jest najlepsza droga do Feniks*"? Młodzieniec dobrze znał góry i naprawdę bardzo chciał pokazać Jezusowi drogę do Feniks, tak bardzo, że zaczął rysować na ziemi wszystkie szlaki i dokładnie objaśniał każdy szczegół. Był jednak zaskoczony i zaciekawiony, kiedy Jezus, po pożegnaniu się z nim, kiedy już się zdawało, że odchodzi, nagle zwrócił się do niego i powiedział: „Dobrze wiem, że chciałbyś pozostać samotnie w swoim strapieniu, ale nie byłoby to ani życzliwe ani szlachetne z mojej strony, gdybym, dostawszy tak sowitą pomoc w znalezieniu najlepszej drogi do Feniks, bezmyślnie poszedł sobie, nie robiąc najmniejszego wysiłku, aby odpowiedzieć na twoje błagalne pytanie o pomoc i radę w sprawie najlepszej drogi do celu twego przeznaczenia, którego szukasz w swoim sercu, gdy siedzisz tutaj na stoku góry. Tak jak ty dobrze znasz szlaki do Feniks, które wiele razy przemierzałeś, tak ja znam drogę do miasta twoich zawiedzionych nadziei i udaremnionych ambicji. A skoro prosiłeś mnie o pomoc, nie rozczaruję ciebie". Młodzieniec niemalże się przemógł, ale zdołał jeszcze wyjąkać: „Ale – ja nie pytałem cię o nic –". A Jezus, delikatnie kładąc mu rękę na ramieniu, powiedział: „Nie, synu, nie słowami, ale tęsknym spojrzeniem zwróciłeś się do mego serca. Mój chłopcze, dla tego, który kocha swoich braci, jest to wymowna prośba o pomoc, w obliczu twojego zniechęcenia i desperacji. Usiądź ze mną na chwilę a ja ci opowiem o szlakach służby i drogach szczęścia, które prowadzą od smutku jaźni do radosnej, miłości pełnej działalności w braterstwie człowieka i w służbie Boga w niebie".

Wtedy właśnie młody człowiek bardzo zapragnął rozmawiać z Jezusem, ukląkł przy stopach Jezusa, błagając o pomoc, aby mu pokazał drogę ucieczki ze świata osobistego smutku i klęski. Jezus powiedział: „Powstań mój przyjacielu! Stań jak mężczyzna! Może jesteś otoczony drobnymi nieprzyjaciółmi i powstrzymuje cię wiele przeszkód, ale wielkie rzeczy, prawdziwe rzeczy tego świata i wszechświata, są po twojej stronie. Słońce wschodzi każdego rana i kłania się tobie tak samo, jak kłania się najbardziej potężnemu i najlepiej prosperującemu człowiekowi na Ziemi. Popatrz – masz silne ciało i potężne mięśnie – twoja budowa fizyczna jest nieprzeciętna. Oczywiście, to wszystko jest prawie bezużyteczne, kiedy siedzisz tutaj na stoku góry i ubolewasz nad swoim nieszczęściem, rzeczywistym i wyobrażonym. Ale używając swego ciała mógłbyś dokonać wielkich rzeczy, gdybyś pośpieszył tam, gdzie wielkie rzeczy czekają, aby się dokonać. Próbujesz uciec od swojej nieszczęśliwej jaźni, ale tego nie da się zrobić. Ty i twoje życiowe problemy są rzeczywiste; nie możesz od nich uciec, tak długo, jak żyjesz. Ale rozważ to raz jeszcze, twój umysł jest jasny i pojętny. Masz inteligentny umysł do kierowania swoim silnym ciałem. Zatrudnij swój umysł do pracy nad rozwiązywaniem problemów, naucz swój intelekt pracować dla ciebie, nie pozwól więcej, żeby strach panował nad tobą, jak nad bezmyślnym zwierzęciem. Twój umysł raczej powinien stać się odważnym twoim sprzymierzeńcem w rozwiązywaniu życiowych problemów niż twoja natura, jaką się stałeś – nędznego niewolnika strachu i sługi spętanego depresją i klęską. Jednak najwartościowszym ze wszystkich potencjałów prawdziwych sukcesów jest duch, który żyje w tobie, który będzie stymulował i inspirował twój umysł do kontroli samego siebie, który uaktywni twoje ciało, jeśli wyzwolisz je z kajdan strachu, tych, które nie pozwalają twojej duchowej naturze zacząć uwalniać się od zła bezczynności, dzięki mocy-obecności żywej wiary. I wtedy właśnie, natychmiast, twoja wiara pokona strach przed ludźmi, dzięki zniewalającej obecności nowej i wszechdominującej *miłości do twoich braci*, która wkrótce napełni twą duszę po brzegi, w wyniku świadomości zrodzonej w twoim sercu, że jesteś dzieckiem Boga.

Dzisiaj, mój synu, narodzisz się znowu jako człowiek wiary i odwagi, oddany służbie dla człowieka w imieniu Boga. I kiedy znowu dostosujesz się do życia z samym sobą, dostosujesz się także ponownie do życia we wszechświecie; narodziłeś się znowu

– narodziłeś się z ducha – i odtąd całe twoje życie będzie jednym zwycięskim sukcesem. Utrapienie cię orzeźwi, rozczarowanie cię zachęci, trudności będą dla ciebie wyzwaniem a przeszkody będą cię stymulować. Powstań, młody człowieku! Pożegnaj życie służalczego strachu i tchórzostwa ucieczki. Pośpiesz się, wróć do obowiązków i przeżyj swe życie cielesne jako syn Boga, jako śmiertelnik, który poświęcił się uszlachetniającej służbie dla człowieka na Ziemi i przeznaczony jest do wspaniałej, wiecznej służby dla Boga w wieczności".

Młodzieniec ten, Fortuna, został później przywódcą chrześcijan na Krecie i był bliskim towarzyszem Tytusa, pracującego nad podnoszeniem na duchu wierzących na Krecie.

Podróżnicy byli naprawdę wypoczęci i odświeżeni, kiedy pewnego dnia w południe pożeglowali do Kartaginy, w północnej Afryce, zatrzymując się na dwa dni w Cyrenie. Tutaj właśnie Jezus i Ganid udzielili pierwszej pomocy chłopcu, imieniem Rufus, który doznał obrażeń, kiedy załamał się załadowany wóz, zaprzężony w woły. Zanieśli go do domu, do matki i ojca Szymona, który nawet nie przypuszczał, że człowiek, którego krzyż poniósł później zmuszony rozkazami rzymskiego żołnierza, jest tym samym nieznajomym, który kiedyś zaprzyjaźnił się z jego synem.

7. W KARTAGINIE – ROZPRAWA O CZASIE I PRZESTRZENI

W drodze do Kartaginy większość czasu Jezus spędził na rozmowach z towarzyszami podróży o społeczeństwie, polityce i handlu; prawie żadne słowo nie padło na temat religii. Po raz pierwszy Gonod i Ganid zauważyli, że Jezus potrafi snuć opowieści i prosili go, aby opowiedział o swoim młodzieńczym życiu w Galilei. Dowiedzieli się także, że wychował się w Galilei a nie w Jerozolimie czy Damaszku.

Kiedy Ganid się dopytywał, jak zdobywać przyjaciół, zauważywszy, że Jezus przykuwał uwagę większości osób, które miały okazję się z nim spotkać, jego nauczyciel powiedział: „Zacznij interesować się swoimi współbraćmi; naucz się ich kochać i wyczekuj sposobności, żeby coś dla nich zrobić, o czym jesteś przekonany, że chcą, aby było zrobione" i zacytował stare żydowskie przysłowie – „Człowiek, który chciałby mieć przyjaciół, musi okazywać życzliwość".

W Kartaginie Jezus miał długą i pamiętną rozmowę z kapłanem mitraizmu, dotyczącą nieśmiertelności, czasu i wieczności. Pers ten był wykształcony w Aleksandrii i naprawdę chciał się czegoś nauczyć od Jezusa. Odpowiadając na wiele jego pytań, Jezus w kwintesencji powiedział (w słowach współczesnych):

Czas jest strumieniem płynących, doczesnych zdarzeń, spostrzeganym poprzez świadomość istoty stworzonej. Czas jest nazwą nadaną tej kolejności-uporządkowaniu, dzięki której zdarzenia są rozpoznawane i rozdzielane. Wszechświat w przestrzeni jest zjawiskiem związanym z czasem, jak jest on spostrzegany z dowolnego położenia wewnętrznego, leżącego poza stałym umiejscowieniem Raju. Bieg czasu ujawnia się tylko w relacji do czegoś, co nie porusza się w przestrzeni jako zjawisko czasowe. We *wszechświecie wszechświatów* Raj i jego Bóstwa przewyższają zarówno czas jak i przestrzeń. Na zamieszkałych światach, osobowość ludzka (zamieszkiwana i ukierunkowana poprzez ducha Rajskiego Ojca) jest jedyną związaną z materią rzeczywistością, która może przewyższyć materialną kolejność doczesnych zdarzeń.

Zwierzęta nie mają poczucia czasu, takiego, jakie ma człowiek, a nawet człowiekowi czas wydaje się kolejnością zdarzeń, na skutek jego podzielonej na części i ograniczonej perspektywy; jednak, gdy człowiek się wznosi, jak rozwija się do wewnątrz, poszerzająca się perspektywa korowodu zdarzeń jest taka, że dostrzega on coraz więcej z całości tego korowodu. To, co kiedyś wydawało się kolejnością zdarzeń, później będzie dostrzegane jako cały i doskonale powiązany ze sobą cykl; w ten sposób cyrkularna równoczesność coraz bardziej zastępować będzie dawniejszą świadomość linearnej kolejności zdarzeń.

Jest siedem różnych koncepcji przestrzeni, jak jest ona warunkowana czasem. Przestrzeń mierzy się czasem, nie czas przestrzenią. Dezorientacja pośród uczonych powstaje na skutek nie rozpoznania faktu rzeczywistości przestrzeni. Przestrzeń jest nie tylko intelektualną koncepcją zmienności, w odniesieniu do obiektów wszechświata. Przestrzeń nie jest pusta a umysł jest jedyną znaną człowiekowi rzeczą, która może choćby częściowo przekroczyć przestrzeń. Umysł może funkcjonować niezależnie od idei przestrzennych związków wzajemnych obiektów materialnych. Dla wszystkich istot stworzonych, przestrzeń jest relatywnie i porównywalnie skończona. Im bardziej się zbliża świadomość istoty do zdania sobie sprawy z siedmiu kosmicznych wymiarów, tym bardziej koncepcja potencjalnej przestrzeni zbliża się do ostateczności. Jednak potencjał przestrzeni jest prawdziwie ostateczny tylko na poziomie absolutnym.

Należy dostrzec, że wszechświatowa rzeczywistość ma coraz szersze i zawsze relatywne znaczenie na wznoszących się i doskonalących poziomach kosmosu. Ostatecznie, żyjący wiecznie śmiertelnicy osiągną swą tożsamość we wszechświecie siedmiowymiarowym.

W umyśle wywodzącym się z materii, koncepcja czasu-przestrzeni musi doznawać kolejnych poszerzeń, kiedy świadomość i poczęta osobowość wznosi się na kolejne poziomy wszechświatów. Kiedy człowiek dotrze do umysłu, wkraczającego pomiędzy materialne a duchowe płaszczyzny bytu, jego idee czasu-przestrzeni zostaną ogromnie poszerzone, zarówno w jakości postrzegania jak i w ilości doświadczania. Poszerzanie się kosmicznych koncepcji rozwijającej się osobowości duchowej spowodowane jest zarówno powiększaniem się głębi wnikliwości jak i zakresu świadomości. A kiedy osobowość idzie dalej, w górę i do wewnątrz, do transcendentalnych poziomów stawania się podobną do Bóstwa, koncepcja czasu-przestrzeni coraz bardziej będzie się zbliżać do bezczasowych i bezprzestrzennych koncepcji Absolutów. Takie koncepcje absolutnego poziomu będą uzmysławiane przez dzieci ostatecznego przeznaczenia względnie i zgodnie z ich dosięganiem transcendencji.

8. W DRODZE DO NEAPOLU I RZYMU

Pierwszy przystanek w drodze do Włoch był na wyspie Malcie. To tutaj Jezus miał długą rozmowę z przygnębionym i zniechęconym młodym człowiekiem, Klauduszem. Człowiek ten myślał o odebraniu sobie życia, ale kiedy porozmawiał z uczonym w Piśmie z Damaszku, powiedział: „Spojrzę życiu prosto w twarz, jak mężczyzna; skończyłem grać tchórza. Wrócę do mojego ludu i zacznę wszystko od nowa". Wkrótce został on entuzjastycznym kaznodzieją cyników a jeszcze później, ręka w rękę z Piotrem, głosił chrześcijaństwo w Rzymie i Neapolu, a po śmierci Piotra poszedł głosić ewangelię do

Hiszpanii. Nigdy się jednak nie dowiedział, że tym człowiekiem, który go podbudował na Malcie, był Jezus, którego potem głosił Wybawicielem świata.

Cały tydzień spędzili w Syrakuzach. Godnym uwagi wydarzeniem ich pobytu w Syrakuzach była rehabilitacja Ezry, Żyda odstępcy. Prowadził on tawernę, w której zatrzymał się Jezus i jego towarzysze podróży. Ezra był oczarowany bezpośredniością Jezusa i prosił, aby Jezus pomógł mu wrócić do wiary Izraela. Swój beznadziejny stan wyraził słowami: „Chciałbym być prawdziwym synem Abrahama, ale nie potrafię znaleźć Boga". Jezus rzekł: „Jeśli naprawdę chcesz znaleźć Boga, pragnienie to samo w sobie jest dowodem, że już go znalazłeś. Utrapienie twoje nie polega na tym, że nie możesz znaleźć Boga, ponieważ Ojciec już cię znalazł; twój kłopot polega po prostu na tym, że nie znasz Boga. Czy nie czytałeś w Księdze Jeremiasza, «Będziecie mnie szukać a znajdziecie mnie, albowiem będziecie mnie szukać z całego serca?». I jeszcze, czy ten sam prorok nie powiedział: «Dam im serce zdolne do poznania mnie, że ja jestem Pan. Oni będą moim narodem, ja zaś będę ich Bogiem?». Czy nie czytałeś tak samo w Piśmie, gdzie jest powiedziane: «On patrzał w dół, na ludzi, a jeśliby któryś z nich powiedział: grzeszyłem, wypaczałem to, co było prawdą, nie oddał mi według mojej winy, wtedy uwolni Bóg duszę ludzką od ciemności, i zobaczy człowiek światło?»" I Ezra znalazł Boga i zadowolił swoją duszę. Później ten Żyd, wspólnie z bogatym Greckim neofitą, zbudowali pierwszy Kościół chrześcijański w Syrakuzach.

Zaledwie na dzień zatrzymali się w Mesynie, ale to wystarczyło, żeby odmienić życie małego chłopca, sprzedawcy owoców, od którego Jezus kupił owoce, karmiąc go w zamian chlebem życia. Chłopiec ten nigdy nie zapomniał słów i dobrodusznego wyglądu Jezusa, który kładąc mu rękę na ramieniu, powiedział: „Żegnaj, mój chłopcze, bądź dzielny, kiedy dorastasz do wieku męskiego a potem, kiedy już nakarmisz swe ciało, naucz się jak karmić swą duszę. Ojciec mój w niebie będzie z tobą i będzie cię prowadził". Chłopiec został wyznawcą mitraizmu a później przyjął wiarę chrześcijańską.

Kiedy w końcu dotarli do Neapolu, poczuli jak blisko są Rzymu, celu swej podróży. W Neapolu Gonod miał sporo interesów do załatwiania a Jezus, kiedy nie był mu potrzebny jako tłumacz, spędzał wolny czas z Ganidem na zwiedzaniu i poznawaniu miasta. Ganid nabierał biegłości w dostrzeganiu tych, którzy wyglądali, że potrzebują pomocy. W mieście tym znaleźli sporo ubóstwa i rozdali dużo jałmużny. Ale Ganid nigdy nie zrozumiał znaczenia słów Jezusa, kiedy po tym, jak Jezus dał monetę ulicznemu żebrakowi, nie chciał się zatrzymać i pocieszyć go rozmową. Jezus powiedział: „Dlaczego tracić słowa dla człowieka, który nie rozumie znaczenia tego, co powiedziałeś? Duch Ojca nie może nauczyć i ocalić tego, kto nie ma cech synostwa". Jezus to miał na myśli, że napotkany człowiek nie ma normalnego rozumu i nie może zareagować na przewodnictwo duchowe.

W Neapolu nie zdarzyło się nic szczególnego; Jezus razem z młodzieńcem dokładnie zwiedzili całe miasto, rozdając otuchę i dużo uśmiechu setkom mężczyzn, kobiet i dzieci.

Stąd wyruszyli do Rzymu, drogą przez Kapuę, zatrzymując się na trzy dni w Kapui. Do Rzymu podróżowali Drogą Apijską na jucznych zwierzętach; wszyscy trzej chcieli zobaczyć stolicę cesarstwa, najwspanialsze miasto świata.

PRZEKAZ 131

RELIGIE ŚWIATA

KIEDY Jezus, Gonod i Ganid przebywali w Aleksandrii, młody człowiek spędził sporo czasu i niemałą sumę pieniędzy swego ojca robiąc wybór ze światowych religii o tym, co nauczały one o Bogu i jego związkach ze śmiertelnym człowiekiem. Ganid zatrudnił ponad sześćdziesięciu uczonych tłumaczy do zrobienia streszczeń światowych doktryn religijnych dotyczących Bóstw. I trzeba wyjaśnić w tym zapisie, że całe to nauczanie obrazujące monoteizm pochodziło w dużej mierze, bezpośrednio lub pośrednio, z kazań głoszonych przez misjonarzy Machiventy Melchizedeka, którzy wyruszyli ze swej głównej siedziby w Salem, aby rozpowszechniać na całej Ziemi doktrynę jedynego Boga – Najwyższego Ojca.

Poniżej przedstawiamy wyciąg z manuskryptu, który Ganid przygotował w Aleksandrii i Rzymie, a który zachował się w Indiach setki lat po jego śmierci. Materiał ten zebrał on w następujących dziesięciu działach:

1. CYNIZM

Pozostałości nauk uczniów Melchizedeka, poza tymi, jakie przetrwały w religii żydowskiej, najlepiej zachowały się w doktrynach cyników. W wyborze Ganida ujęte zostały następująco:

„Bóg jest doskonały, jest Najwyższym nieba i ziemi. Bóg jest najdoskonalszym kręgiem wieczności i rządzi wszechświatem wszechświatów. Jest on jedynym stworzycielem nieba i ziemi. Kiedy zarządza rzecz, ta rzecz jest. Nasz Bóg jest Bogiem jedynym, jest miłosierny i litościwy. Wszystko, co wzniosłe, święte, prawdziwe i piękne, podobne jest naszemu Bogu. Najwyższy jest światłem nieba i ziemi; jest Bogiem wschodu, zachodu, północy i południa.

Gdyby nawet ziemia przestała istnieć, jaśniejąca twarz Najwyższego pozostałaby w majestacie i chwale. Najwyższy jest pierwszym i ostatnim, jest początkiem i końcem wszystkiego. Jest tylko jeden Bóg a imię jego jest Prawda. Bóg jest samoistny, jest wolny od gniewu i wrogości; jest nieśmiertelny i nieskończony. Nasz Bóg jest wszechmocny i szczodry. Podczas gdy różnie się przejawia, my czcimy tylko samego Boga. Bóg zna wszystko – nasze sekrety i nasze oświadczenia; on wie również, na co każdy z nas zasługuje. Jego potęga równa się wszystkim rzeczom.

Bóg jest dawcą pokoju i wiernym obrońcą wszystkich tych, którzy się go boją i ufają mu. Daje zbawienie wszystkim, którzy mu służą. Całe stworzenie istnieje w mocy Najwyższego. Jego Boska miłość wytryska ze świętości jego mocy a uczucie rodzi się z potęgi jego wielkości. Najwyższy zarządził wspólnotę ciała i duszy i obdarzył człowieka swoim własnym duchem. Co człowiek robi musi się skończyć, ale to, co robi Stwórca, trwa na zawsze. Zdobywamy wiedzę z doświadczeń ludzkich, ale mądrość czerpiemy z kontemplacji Najwyższego.

Bóg leje deszcz na ziemię, on sprawia, że słońce przyświeca kiełkującemu ziarnu i niesie nam obfite żniwo dobrych rzeczy w tym życiu a wieczne zbawienie w przyszłym świecie. Nasz Bóg ma wielką władzę; jego imię jest Doskonały a jego natura jest niezgłębiona. Kiedy jesteś chory, to właśnie Najwyższy cię uzdrawia. Bóg pełen jest dobroci dla wszystkich ludzi; nie mamy innego przyjaciela, takiego jak Najwyższy. Jego miłosierdzie przepełnia wszystko a jego dobroć otacza wszystkie dusze. Najwyższy jest niezmienny; zawsze pomaga nam w potrzebie. Dokądkolwiek zwrócisz się z modlitwą, tam jest twarz Najwyższego i otwarte ucho naszego Boga. Możesz skryć się przed ludźmi, ale nie przed Bogiem. Bóg nie jest daleko od nas, jest wszechobecny. Bóg wypełnia wszystkie miejsca i żyje w sercu człowieka, który się boi jego świętego imienia. Stworzenie jest w Stwórcy a Stwórca jest w swoim stworzeniu. Szukamy Najwyższego a potem znajdujemy go w naszych sercach. Idziesz w poszukiwaniu drogiego przyjaciela a potem odkrywasz go w swojej duszy.

Człowiek, który zna Boga, traktuje równo wszystkich ludzi; są jego braćmi. Nagrodą tych, którzy są samolubni, którzy ignorują swoich braci w ciele, jest tylko znużenie. Ci, którzy kochają swoich współbraci i mają czyste serca, oglądać będą Boga. Bóg nigdy nie zapomina szczerości. Będzie prowadził szczerego w sercu do prawdy, gdyż Bóg jest prawdą.

W swoim życiu odrzucajcie błąd i pokonujcie zło miłością żywej prawdy. We wszystkich waszych stosunkach z ludźmi, czyńcie dobro za zło. Pan Bóg jest miłosierny i kochający, on przebacza. Kochajmy Boga, bowiem on pierwszy nas umiłował. Przez miłość Boga i jego miłosierdzie będziemy zbawieni. Biedni i bogaci są braćmi. Bóg jest ich Ojcem. Zła, którego nie chcesz dla siebie, nie rób innym.

Zawsze wzywajcie jego imienia, a jak wierzycie w jego imię, tak wasza modlitwa będzie wysłuchana. Jak wielki to zaszczyt czcić Najwyższego! Wszystkie światy i wszechświaty wielbią Najwyższego. Dziękujcie we wszystkich waszych modlitwach – zdążajcie ku czczeniu. Pobożne czczenie omija zło i zakazuje grzechu. Zawsze chwalmy imię Najwyższego. Człowiek, który się schroni u Najwyższego, skrywa swoje wady przed wszechświatem. Kiedy stoicie przed Bogiem z czystym sercem, przestajecie się bać całego stworzenia. Najwyższy jest jak kochający ojciec i matka, on naprawdę nas kocha, swoje dzieci na ziemi. Nasz Bóg wybaczy nam i pokieruje nasze kroki na drogi zbawienia. Weźmie nas za rękę i poprowadzi nas ku sobie. Bóg ratuje tych, którzy jemu ufają; nie zmusza człowieka, aby służył jego imieniu.

Jeśli wiara w Najwyższego pojawiła się w twoim sercu, przez wszystkie dni twego życia nie będziesz się bał. Nie martw się dobrobytem bezbożnych; nie bój się tych, którzy planują zło; pozwól duszy odwrócić się od grzechu i pokładaj całą swą ufność w Bogu zbawienia. Zmęczona dusza błądzących śmiertelników znajduje wieczny spoczynek w ramionach Najwyższego; mądry człowiek pragnie Boskiej akceptacji; ziemskie dziecko tęskni za bezpieczeństwem w ramionach Ojca Wszechświatowego. Szlachetny człowiek szuka tego, wyższego stanu, w którym jego śmiertelna dusza złączy się z duchem Najwyższego. Bóg jest sprawiedliwy: owoce, których nie zbierzemy z naszego sadzenia na tym świecie, dostaniemy w następnym".

2. JUDAIZM

Kenici z Palestyny zachowali wiele nauk Melchizedeka i z tych zapisów, zachowanych i zmodyfikowanych przez Żydów, Jezus i Ganid zrobili następujący wybór:

„Na początku Bóg stworzył niebo i ziemię i wszystkie rzeczy na niej. A Bóg widział, że wszystko, co uczynił, było bardzo dobre. Pan jest Bogiem a na niebie wysoko i na ziemi nisko nie ma innego. Będziesz miłował Pana Boga twojego z całego swego serca, z całej duszy swojej ze wszystkich swych sił. Bo ziemia napełni się znajomością Pana na kształt wód, które przepełniają morze. Niebiosa głoszą chwałę Boga, dzieło rąk jego nieboskłon obwieszcza. Dzień dniowi głosi opowieść a noc nocy przekazuje wieści. Nie jest to słowo, nie są to mowy, których by dźwięku nie usłyszano. Jakże wielkie są dzieła twe, Panie, bardzo głębokie twe myśli; a wielkość Pana jest niezgłębiona. On liczbę gwiazd oznacza, wszystkie je woła po imieniu.

Moc Pana jest wielka a mądrość jego nieskończona. Powiedział Pan: «Bo jak niebiosa górują nad ziemią, tak drogi moje nad waszymi drogami i myśli moje nad myślami waszymi». Bóg odsłania to, co niezgłębione i ukryte a światłość mieszka u niego Miłosierny jest Pan i łaskawy, nieskory do gniewu i pełny dobroci i prawdy. Pan jest dobry i prawy, dlatego wskazuje drogę pokornym. Skosztujcie i zobaczcie jak dobry jest Pan! Błogosławiony mąż, który pokłada ufność w Panu. Bóg jest naszą ucieczką i mocą, łatwo znaleźć u niego pomoc w trudnościach.

Łaskawość Pańska jest na wieki dla jego czcicieli a jego sprawiedliwość nad synami synów. Pan jest miłosierny i łaskawy. Pan jest dobry dla wszystkich a jego miłosierdzie ogarnia całe stworzenie; on leczy złamanych na duchu i opatruje ich rany. Gdzież się oddalę przed duchem Boga? Gdzie ucieknę od twego oblicza? Tak bowiem mówi Wysoki i Wzniosły, który zamieszkuje wieczność, którego imię jest Święty: «Zamieszkuję miejsce wzniosłe i święte, lecz jestem z człowiekiem o skruszonym i pokornym sercu»! Nikt nie może się ukryć przed Panem, bowiem on wypełnia i niebo, i ziemię. Niech się cieszy niebo i ziemia raduje. Mówcie wśród pogan: Pan jest królem! Dziękujcie Bogu, bo jego łaska jest na wieki.

Niebiosa głoszą jego sprawiedliwość a wszystkie ludy widzą jego chwałę. Bóg nas stworzył, nie stworzyliśmy się sami; jesteśmy jego ludem, owcami jego pastwiska. Łaskawość jego trwa na wieki a prawda jego przez pokolenia. Nasz Bóg jest władcą pośród narodów. Niech cała ziemia napełni się jego chwałą! Niech dzięki czynią Panu za jego łaskawość, za jego cuda dla synów ludzkich!

Bóg uczynił człowieka niewiele mniejszym od istot niebieskich, miłością i miłosierdziem go uwieńczył. Pan uznaje drogę sprawiedliwych a droga występnych zaginie. Bojaźń Pańska początkiem mądrości; rozsądkiem – poznanie Najwyższego. I rzekł Bóg Wszechmogący: «Służ mi i bądź doskonały». Nie zapomnij, przed porażką – wyniosłość, duch pyszny poprzedza upadek. Ten, kto opanowuje siebie samego, więcej znaczy niż zdobywca miasta. Gdyż tak mówi Wszechmocny Pan, Święty: «Jeżeli się nawrócicie i zachowacie spokój, będziecie zbawieni, w ciszy i zaufaniu będzie wasza moc». Lecz ci, co zaufali Panu, odzyskują siły, dostają skrzydeł jak orły; biegną bez zmęczenia, bez znużenia idą. Pan da ci pokój od twego lęku. Powiedział Pan: «Nie lękaj się, bo jestem z Tobą. Nie trwóż się, bo ja jestem twoim Bogiem. Umacniam cię jeszcze i wspomagam: podtrzymuję cię moją prawicą sprawiedliwą».

Bóg jest naszym Ojcem; Pan jest naszym odkupicielem. Bóg stworzył niebiańskie zastępy i utrzymuje je wszystkie. Jego sprawiedliwość – jak największe góry, Jego wyroki – jak wielka otchłań. On poi nas potokiem jego rozkoszy, w jego światłości oglądamy światłość. Dobrze jest dziękować Panu i śpiewać imieniu twemu, o Najwyższy; głosić z rana twoją łaskawość a wierność twą wieczorami. Królestwo Boże jest królestwem wiecznym a panowanie jego trwa przez pokolenia. Pan moim pasterzem nie brak mi niczego. Pozwala mi leżeć na zielonych pastwiskach. Prowadzi mnie nad wody, gdzie mogę odpocząć, orzeźwia moją duszę. Wiedzie mnie po ścieżkach prawości. Chociażbym szedł ciemną doliną, zła się nie ulęknę, gdyż Bóg jest ze mną. Tak dobroć i łaska pójdą w ślad za mną, przez wszystkie dni mego życia i zamieszkam w domu Pana na zawsze.

Jahwe jest Bogiem mego zbawienia, zatem w Bożym imieniu moje zaufanie. Zaufam Panu z całego serca; nie polegam na swoim rozsądku. Myślę o nim na każdej drodze a on me ścieżki wyrówna. Pan jest wierny; zachowuje przymierze z tymi, którzy mu służą; sprawiedliwy powinien żyć jego wiarą. Jeżeli zaś nie będziesz dobrze postępował, grzech leży u wrót; złoczyńca, który sieje nieprawość, zbiera jej plon. Nie unoś się gniewem z powodu złoczyńców. Jeżeli zamierzasz w swym sercu nieprawość, Pan cię nie wysłucha; jeżeli grzeszysz przeciwko Bogu, krzywdzisz także swą duszę. Bóg bowiem każdą sprawę weźmie na sąd, wszystko, choć ukryte czy dobre było czy złe. Co człowiek myśli w swym sercu, tym samym on jest.

Pan jest blisko wszystkich tych, którzy go wzywają, szczerze i prawdziwie. Płacz nadchodzi z wieczora a rankiem okrzyki radości. Radość serca wychodzi na zdrowie. Pan hojnie darzy łaską i chwałą, nie odmawia dobrodziejstw postępującym nienagannie. Bójcie się Boga i przestrzegajcie jego przykazań, gdyż taka jest cała powinność człowieka. Albowiem rzekł Pan, który stworzył nieba i ukształtował ziemię: «Nie ma innego Boga oprócz mnie, ja jestem Bóg i zbawiciel. Do mnie się zwróćcie wszystkie krańce ziemi, abyście były zbawione. Będziecie mnie szukać a znajdziecie mnie, albowiem będziecie mnie szukać z całego serca». Pokorni posiądą ziemię i będą się rozkoszować wielkim pokojem. Ktokolwiek sieje zło zbiera nieszczęście, którzy sieją wiatr będą zbierać burzę. "'Chodźcie i spór ze mną wiedźcie», mówi Pan, «Choćby wasze grzechy były jak szkarłat, jak śnieg wybieleją. Choćby czerwone jak purpura, staną się jak wełna». Nie ma pokoju dla bezbożnych, to wasze grzechy pozbawiły was dobrobytu. Bóg jest zdrowiem w moim obliczu i radością mojej duszy. Schronem pewnym jest Bóg wiekuisty a tu na dole ramiona wieczne. Bliski jest Pan tym, których serce jest złamane i wybawia wszystkich tych, którzy mają ducha jak dziecko. Wiele nieszczęść spotyka sprawiedliwego, ale Pan wyzwala go ze wszystkich. Powierz Panu swoją drogę, zaufaj mu a on dobrze wszystko uczyni. Kto mieszka pod osłoną Najwyższego ten przebywa w cieniu Wszechmocnego.

Będziesz miłował bliźniego jak siebie samego; nie będziesz żywił urazy do nikogo. Czym sam się brzydzisz nie czyń tego nikomu. Kochaj brata swego, gdyż Pan powiedział: «Będę kochał moje dzieci nieograniczenie». Ścieżka prawych – to światło poranne, *wschodzi – wzrasta aż* do południa. Mądrzy będą świecić jak blask sklepienia a ci, którzy nauczyli wielu ludzi sprawiedliwości, jak gwiazdy przez wieki i na zawsze. Niechaj bezbożny porzuci swą drogę a człowiek nieprawy swoje knowania. Powiedział Pan: «Niech się nawrócą do mnie a ja się nad nimi zmiłuję; ja jestem hojny w przebaczaniu».

Powiedział Bóg, stworzyciel nieba i ziemi: «Pokój zupełny mają ci, którzy kochają me prawo. Oto moje przykazania: Kochaj mnie z całego twego serca; nie będziesz miał Bogów przede mną; nie będziesz wzywał imienia mojego nadaremno; pamiętaj abyś szabat święcił; czcij ojca swego i matkę swoją; nie zabijaj; nie cudzołóż; nie kradnij; nie składaj fałszywego świadectwa; nie pożądaj cudzego».

A wszystkim tym, którzy kochają Pana najmocniej a swych bliźnich jak siebie samych, Bóg niebios powiedział: «Ja wybawię cię z mogiły; ja wybawię cię od śmierci. Będę miłosierny dla twych dzieci a także sprawiedliwy. Czy nie powiedziałem o istotach na ziemi, jesteście synami żywego Boga? I czy nie kochałem was nieustanną miłością? Czy nie wzywałem was, byście byli do mnie podobni i zamieszkali na zawsze ze mną w Raju?»"

3. BUDDYZM

Ganid był wstrząśnięty, kiedy odkrył, jak bliski buddyzm był tego, aby został wspaniałą i piękną religią bez Boga, bez osobowego i uniwersalnego Bóstwa. Znalazł on jednak nieco zapisów, dotyczących pewnych wcześniejszych wierzeń, odzwierciedlających nieco wpływów nauk misjonarzy Melchizedeka, którzy prowadzili swą pracę w Indiach aż do czasów Buddy. Z literatury buddyjskiej Jezus i Ganid wybrali następujące twierdzenia:

„Z czystego serca radość wprost wytryśnie ku Nieskończonemu; całe moje istnienie będzie w pokoju z niebiańską radością. Moja dusza wypełniona jest radością a moje serce przepełnia błogość spokojnej ufności. Nie boję się, jestem wolny od lęku. Żyję bezpiecznie a moi nieprzyjaciele nie mogą mnie zatrwożyć. Cieszę się owocami mego zaufania. Znalazłem łatwy dostęp do Nieśmiertelnego. Proszę o wiarę, aby mnie podtrzymywała w tej długiej podróży; wiem, że wiara stamtąd mnie nie zawiedzie. Wiem, że moim braciom będzie się powodzić, jeśli zostaną nasyceni wiarą w Nieśmiertelnego, wiara ta również daje skromność, uczciwość, mądrość, odwagę, wiedzę i wytrwałość. Porzućmy smutek i odwróćmy się od strachu. Dzięki wierze zachowajmy prawdziwą sprawiedliwość i prawdziwe męstwo. Nauczmy się medytować o sprawiedliwości i miłosierdziu. Wiara jest prawdziwym bogactwem człowieka; jest darem cnoty i chwały.

Nieprawość zasługuje na pogardę; grzech jest podły. Zło jest poniżające czy zachowane w myślach czy wykonane w podłych uczynkach. Tak jak wiatr przynosi pył, tak za drogą zła idzie cierpienie i smutek. Szczęście i pokój umysłu idą za czystym myśleniem i cnotliwym życiem, tak jak cień za rzeczami materialnymi. Zło jest owocem błędnie ukierunkowanego myślenia. Złem jest widzieć grzech tam, gdzie grzechu nie ma; nie widzieć grzechu tam, gdzie jest. Zło jest drogą fałszywych doktryn. Ci, którzy unikają zła, widząc rzeczy takimi, jakimi są, cieszą się, przy tym ogarniają prawdę. Skończ swoją niedolę, odrzuć grzech. Kiedy spojrzysz w górę na Szlachetnego, odwróć się od grzechu całym sercem. Nie przepraszaj za zło, nie usprawiedliwiaj grzechu. Dzięki próbom wynagrodzenia dawnych grzechów zdobędziesz tę siłę, która w przyszłości zapobiegnie takim skłonnościom. Opanowanie rodzi się z żalu za grzechy. Nie zostawiaj wad nie wyznanych przed Szlachetnym.

Radość i zadowolenie są nagrodą za to, co zrobione dobrze i dla chwały Nieśmiertelnego. Nikt nie może cię okraść z wolności twego umysłu. Kiedy wiara twej religii wyzwoliła twe serce, kiedy umysł jest taki jak góra, niezmienny i nieruchomy, wtedy pokój duszy płynąć będzie spokojnie jak woda w rzece. Ci, którzy są pewni zbawienia, na zawsze wolni są od żądzy, zazdrości, nienawiści i ułudy bogactwa. Chociaż wiara jest siłą lepszego życia, musisz jednak wytrwale pracować nad swym własnym zbawieniem. Jeśli chciałbyś mieć pewność swego ostatecznego zbawienia, upewnij się, że szczerze pragniesz spełnienia wszystkich prawości. Kształtuj tę pewność, która tryska z wnętrza serca a tym samym dostąpisz ekstazy wiecznego zbawienia.

Człowiek religijny nie może być oświecony nieśmiertelną mądrością, kiedy trwa w lenistwie, słabości, bezczynności i samolubstwie. Jednak, kto jest rozważny, roztropny, myślący, żarliwy i gorliwy – nawet kiedy jeszcze żyje na ziemi – może otrzymać od boskiej mądrości najwyższe oświecenie pokoju i wolności. Pamiętaj, każdy czyn otrzyma swą zapłatę. Smutek będzie skutkiem zła, grzech zakończy się bólem. Radość i szczęście są wynikiem dobrego życia. Nawet złoczyńca cieszy się czasem świetności, zanim w pełni dojrzeje dzieło jego złych uczynków, jednak pełne żniwo jego zła nieuchronnie musi przyjść. Nie pozwól człowiekowi myśleć lekko o grzechu, kiedy mówi w swoim sercu: «Kara za moje złe czyny nie przyjdzie do mnie». To, co czynisz, będzie czynione tobie, mądrze osądzone. Niesprawiedliwość czyniona twoim bliźnim wróci do ciebie. Istota nie może uciec od przeznaczenia, rezultatu jej uczynków.

Głupiec powiedział w swoim sercu: «zło nie może mieć władzy nade mną»; ale bezpieczeństwo znaleźć można tylko wtedy, kiedy dusza pożąda nagany a umysł szuka mądrości. Mądry człowiek jest tą szlachetną duszą, która jest przyjazna pomiędzy wrogami, spokojna pośród niepokoju i hojna pośród chciwych. Miłość własna jest jak chwasty na dobrym polu. Samolubstwo wywołuje cierpienia, wieczna ostrożność zabija. Łagodny umysł rodzi szczęście. Największym wojownikiem jest ten, kto przezwycięży i pokona samego siebie. Umiarkowanie jest dobre we wszystkim. Ten jest największy, który szanuje cnotę i przestrzega swych obowiązków. Nie pozwól, żeby złość i nienawiść kierowały tobą. Nie mów zgryźliwie o nikim. Zadowolenie jest największym bogactwem. To, co jest mądrze dane, jest dobrze zaoszczędzone. Nie czyń drugiemu tych rzeczy, których nie chciałbyś, aby czyniono tobie. Płać dobrem za zło, zło zwyciężaj dobrem.

Prawa dusza jest cenniejsza niż władza nad całą ziemią. Nieśmiertelność jest celem szczerości, śmierć końcem bezmyślnego życia. Nie umrą ci, którzy są szczerzy, bezmyślni są już martwi. Błogosławieni ci, którzy potrafią wniknąć w stan nieśmiertelny. Ci, którzy torturują żywych, raczej nie znajdą szczęścia po śmierci. Bezinteresowni idą do nieba, gdzie się weselą błogością nieskończonej szczodrości i wciąż wzrastają w szlachetnej hojności. Każdy śmiertelnik, który myśli sprawiedliwie, mówi szlachetnie i działa bezinteresownie, cieszyć się będzie cnotą, nie tylko podczas krótkiego życia tutaj, ale również potem, po rozpadzie ciała, wciąż będzie korzystać z rozkoszy niebiańskich".

4. HINDUIZM

Gdziekolwiek dotarli misjonarze Melchizedeka, nieśli nauczanie o jednym Bogu. Wiele z tej monoteistycznej doktryny, wraz z innymi, wcześniejszymi pojęciami, zostało *później wcielone w* nauki hinduizmu. Jezus i Ganid dokonali następujących wypisów:

„On jest wielkim Bogiem, najwyższym we wszystkim. Jest Panem, który ogarnia wszystko. Jest stwórcą i władcą wszechświata wszechświatów. Bóg jest jedynym Bogiem; jest sam i z sobą; jest tylko jeden. I ten jedyny Bóg jest naszym Stwórcą i ostatnim przeznaczeniem duszy. Wspaniałości Najwyższego nie da się opisać; jest Światłem Świateł. Każde serce i każdy świat oświetlony jest tym Boskim światłem. Bóg jest naszym obrońcą – stoi przy boku istot przez siebie stworzonych – a ci, którzy uczą się jak go poznać, zostaną nieśmiertelni. Bóg jest wielkim źródłem energii, jest Wielką Duszą. Sprawuje powszechną władzę nad wszystkim. Ten jedyny Bóg jest kochający, wspaniały i godny podziwu. Nasz Bóg jest najwyższą władzą i przebywa w najwyższej siedzibie. Ta prawdziwa Osoba jest wieczna i boska; jest pierwszym Panem nieba. Głosili go wszyscy prorocy a on objawił nam siebie. Czcimy go. O Najwyższa Osobo, źródło istnienia, Panie stworzenia i władco wszechświata, ujawnij nam, swoim stworzonym, tę siłę, którą trzymasz immanentnie! Bóg stworzył słońce i gwiazdy; jest pogodny, czysty i samoistny. Jego wieczna wiedza jest bosko mądra. Wieczny jest nieprzenikniony dla zła. Ponieważ wszechświat powstał od Boga, on stosownie nim rządzi. On jest przyczyną stworzenia i stąd wszystkie rzeczy są ugruntowane w nim.

Bóg jest schronieniem pewnym każdego dobrego człowieka w potrzebie; Nieśmiertelny troszczy się o całą ludzkość. Zbawienie Boże jest trwałe a jego dobroć łaskawa. Jest on kochającym opiekunem i błogosławionym obrońcą. Powiedział Pan: «Zamieszkuję ich dusze jak lampa mądrości. Jestem wspaniałością wspaniałego i dobrocią dobra. Gdzie dwu lub trzech się zbierze, ja też tam jestem». Istota stworzona nie może uciec od obecności Stwórcy. Pan liczy nawet mruganie oczu każdego śmiertelnika; a my czcimy tę boską Istotę jako naszego nieodłącznego towarzysza. On jest wszechpanujący, hojny, wszechobecny i nieskończenie łaskawy. Pan jest naszym władcą, schronieniem i panuje nam najwyżej, jego pierwotny duch zamieszkuje śmiertelne dusze. Wieczny Świadek występków i cnoty zamieszkuje w sercu człowieka. Pomedytujmy długo nad godnym podziwu, Boskim Ożywicielem; pozwólmy jego duchowi w pełni kierować naszymi myślami. Z tego, nierzeczywistego świata, zaprowadź nas do rzeczywistego! Z ciemności zaprowadź nas do światła! Od śmierci prowadź nas do nieśmiertelności!

Czcijmy Wiecznego z sercami wolnymi od wszelkiej nienawiści. Bóg nasz jest Panem modlitwy, słyszy płacz swoich dzieci. Niech wszyscy podporządkują swą wolę jemu – Rezolutnemu. Rozkoszujmy się w szczodrości modlitwy do Pana. Zróbcie z modlitwy swego najskrytszego przyjaciela i czcijcie podporę waszej duszy. «Jeżeli będziesz czcił mnie w miłości», powiedział Wieczny, «dam ci mądrość, byś do mnie dotarł, gdyż moja cześć jest cnotą wspólną dla wszystkich istot». Bóg jest tym, który rozjaśnia ciemności i mocą dla tych, którzy są słabi. Ponieważ Bóg jest naszym mocnym przyjacielem, już się nie lękamy. Chwalimy imię nigdy nie pokonanego Zdobywcy. Czcimy go, ponieważ jest wiernym i wiecznym pomocnikiem człowieka. Bóg jest naszym pewnym przywódcą i niezawodnym przewodnikiem. Jest wielkim rodzicem nieba i ziemi, ma nieograniczoną energię i nie kończącą się mądrość. Jego wspaniałość jest wzniosła a jego piękno – boskie. Jest najwyższym schronieniem we wszechświecie i niezmiennym opiekunem wiecznotrwałego prawa. Nasz Bóg jest Panem życia i Pocieszycielem wszystkich; jest wielbicielem ludzkości i pomocą dla zmartwionych. Jest dawcą życia i Dobrym Pasterzem ludzkiego stada. Bóg jest naszym ojcem, bratem i przyjacielem. Chcemy poznać tego Boga w naszym jestestwie.

Nauczyliśmy się zdobywać wiarę tęsknotą serc naszych. Zdobyliśmy mądrość dzięki pomiarkowaniu naszych zmysłów a poprzez mądrość doświadczamy pokoju z Najwyższym. Ten, kto jest pełen wiary, prawdziwie czci, kiedy jego jaźń wewnętrzna wchłonięta jest przez Boga. Nasz Bóg jak płaszcz nosi nieba; mieszka również w sześciu innych szeroko rozpostartych wszechświatach. Jest najwyższy nad wszystkim i we wszystkim. Błagamy Pana o przebaczenie za wszystkie nasze winy przeciw naszym braciom i darujemy naszemu przyjacielowi zło, które nam uczynił. Nasz duch brzydzi się wszystkim, co złe, przeto, o Panie, uwolnij nas od wszystkich plam grzechu. Modlimy się do Boga jako do pocieszyciela, opiekuna i zbawiciela – do tego, który nas kocha.

Duch Opiekuna Wszechświata wstępuje w dusze prostych istot. Ten jest mądry, który czci Jedynego Boga. Ci, którzy pragną doskonałości, muszą doprawdy poznać Najwyższego Pana. Nigdy nie boi się ten, kto zna błogie bezpieczeństwo Najwyższego, gdyż Najwyższy mówi tym, którzy jemu służą, «Nie bój się, bo ja jestem z tobą». Bóg opatrzności jest naszym Ojcem. Bóg jest prawdą. I pragnie Bóg, aby ci, których stworzył, zrozumieli go – dotarli w pełni do poznania prawdy. Prawda jest wieczna, podtrzymuje wszechświat. Naszym największym pragnieniem powinno być złączenie się z Najwyższym. Wielki Władca jest sprawcą wszystkich rzeczy – wszystko z niego się rozwija. A to jest całość obowiązków: niech nikt nie czyni drugiemu tego, co byłoby wstrętnym dla niego samego, nie żyw złej woli, nie uderzaj tego, co uderzył ciebie, zwalczaj złość miłosierdziem i zwycięż nienawiść życzliwością. I wszystko to powinniśmy robić, ponieważ Bóg jest łaskawym przyjacielem i miłosiernym ojcem, który odpuszcza wszystkie nasze ziemskie przewinienia.

Bóg jest naszym ojcem, ziemia naszą matką a wszechświat miejscem naszych narodzin. Bez Boga dusza jest więźniem, poznając Boga uwalniamy duszę. Przez medytacje o Bogu, przez połączenie się z nim, przychodzi wyzwolenie z iluzji zła i ostateczne zbawienie od wszystkich więzów materialnych. Gdy człowiek zwinie przestrzeń jak kawałek skóry, wtedy przyjdzie koniec zła, gdyż człowiek znalazł Boga. O Boże, ocal nas od trojakich ruin piekła – żądzy, gniewu i chciwości! O duszo, przepasz się do duchowej walki nieśmiertelności! Gdy przyjdzie koniec ziemskiego życia, nie wahaj się opuścić swojego ciała dla właściwszej i piękniejszej formy i przebudzenia w domenach Najwyższego i Nieśmiertelnego, gdzie nie ma strachu, smutku, głodu, pragnienia lub śmierci. Poznanie Boga jest przecięciem powrozów śmierci. Rozpoznająca Boga dusza wznosi się we wszechświecie, tak jak śmietana pojawia się na wierzchu mleka. Uwielbiamy Boga, który zrobił wszystko, Wielką Duszę, który zawsze siedzi w sercach tych, których stworzył. Ci, którzy wiedzą, że Bóg siedzi na tronie ludzkiego serca, staną się jemu podobni – nieśmiertelni. Zło musi zostać z tyłu, na tym świecie, ale cnota pójdzie za duszą do nieba.

Tylko nikczemni mówią: we wszechświecie nie ma żadnej prawdy ani też władcy, przeznaczony jest on tylko dla naszych żądz. Takie dusze łudzą się małostkowością swych intelektów. I tak porzucają samych siebie, dla przyjemności żądz i pozbawiają swe dusze rozkoszy czystości i przyjemności sprawiedliwości. Czy może być coś większego niż przeżycie zbawienia od grzechu? Człowiek, który ujrzał Najwyższego, jest nieśmiertelny. Cieleśni przyjaciele człowieka nie mogą przetrwać śmierci; cnota samotnie idzie przy boku człowieka, w jego podróży do radosnych i słonecznych pól Raju".

5. ZOROASTRYZM

Zoroaster kontaktował się bezpośrednio z potomkami wcześniejszych misjonarzy Melchizedeka a ich doktryna jednego Boga stała się centralnym nauczaniem religii, którą założył w Persji. W tamtych czasach nie było religii, poza judaizmem, która zawierałaby więcej nauk salemskich. Z zapisów tej religii Ganid wybrał następujące fragmenty:

„Wszystkie rzeczy pochodzą od Jednego Boga i należą do niego – wszechmądrego, dobrego, sprawiedliwego, świętego, olśniewającego i sławnego. Nasz Bóg jest źródłem całej światłości. Jest Stwórcą, Bogiem wszystkich dobrych intencji i obrońcą sprawiedliwości we wszechświecie. Mądrą drogą życiową jest postępowanie w harmonii z duchem prawdy. Bóg wszystko widzi i dostrzeże, zarówno złe czyny nikczemnego jak i dobrą pracę sprawiedliwego; nasz Bóg wszystkie rzeczy widzi w mgnieniu oka. Jego dotyk jest dotykiem uzdrawiającym. Pan jest wszechmocnym dobroczyńcą. Bóg wyciąga swoją dobroczynną rękę zarówno do sprawiedliwego jak i nikczemnego. Bóg ustanowił ten świat i zarządził zapłaty za dobro i zło. Wszechmądry Bóg przyrzekł nieśmiertelność pobożnym duszom, które myślą czysto i czynią sprawiedliwie. Jakimi bardzo chcecie się stać, takimi będziecie. Światło słońca jest jak mądrość dla tych, którzy widzą Boga we wszechświecie.

Chwalcie Boga, szukajcie upodobania w Mądrym. Czcijcie Boga światła, radośnie idąc drogami znaczonymi przez jego objawioną religię. Jest tylko jeden Najwyższy Bóg, Pan Świateł. Czcimy tego, który zrobił wody, rośliny, zwierzęta, ziemię i nieba. Nasz Bóg jest najbardziej dobroczynnym Panem. Uwielbiamy przepięknego, łaskawego Nieśmiertelnego, obdarzonego wiecznym światłem. Bóg jest najdalej od nas i jednocześnie najbliżej nas, ponieważ mieszka w naszych duszach. Nasz Bóg jest boskim i najświętszym Duchem Raju a przecież jest bardziej przyjacielski człowiekowi niż najbardziej przyjacielska spośród wszystkich istot stworzonych. Najbardziej pomaga nam Bóg w najwspanialszym ze wszystkich naszych obowiązków, w poznaniu jego samego. Bóg jest naszym najdroższym i prawym przyjacielem, jest naszą mądrością i życiem, tężyzną naszej duszy i ciała. Mądry Stwórca, dzięki naszym dobrym myślom, da nam spełnić jego wolę i dzięki temu osiągniemy wszystko to, co jest bosko doskonałe.

Panie, naucz nas, jak żyć tym życiem w ciele, przygotowując się do następnego życia w duchu. Przemów do nas, Panie, a będziemy spełniać twoje rozkazy. Naucz nas dobrych dróg a będziemy iść w prawości. Pozwól nam, abyśmy mogli złączyć się z tobą. Wiemy, że ta religia jest prawa, która prowadzi do związku ze sprawiedliwością. Bóg jest naszą mądrą naturą, najlepszą myślą i prawym czynem. Niech Bóg pozwoli nam zjednoczyć się z Boskim duchem i nieśmiertelnością w nas!

Religia Mądrego oczyszcza wierzącego z każdej złej myśli i grzesznego czynu. Chylę się przed Bogiem nieba w żalu, jeśli zgrzeszyłem w myśli, słowie lub uczynku – umyślnie czy nieumyślnie – ofiaruję modlitwy o łaskę i chwalę za przebaczenie. Wiem, że kiedy się spowiadam, kiedy postanawiam nie robić więcej złych uczynków, grzech zostanie zdjęty z mej duszy. Wiem, że przebaczenie kruszy okowy grzechu. Ci, co czynią zło, otrzymają karę, ale ci, którzy pójdą za prawdą, będą korzystać z błogości wiecznego zbawienia. Podtrzymuj nas poprzez łaskę i obdarz zbawczą mocą nasze dusze. Dopraszamy się miłosierdzia, gdyż chcemy osiągnąć doskonałość; chcemy być tacy jak Bóg".

6. SUDANIZM (DŻINIZM)

Trzecia religijna grupa wierzących, która zachowała doktrynę jednego Boga w Indiach – to, co pozostało z nauk Melchizedeka – znana była w tamtych dniach jako sudaniści. Później ci wierni nazywani byli wyznawcami dżnizmu. Nauczali oni:

„Pan Nieba jest najwyższy. Ci, którzy popełnią grzech, nie wstąpią na wysokości, ale ci, którzy chodzą drogami sprawiedliwości, znajdą miejsce w niebie. Jeśli znamy prawdę, życie przyszłe mamy zapewnione. Dusza ludzka może wstąpić do najwyższego nieba, aby rozwinąć swoją prawdziwą, duchową naturę, aby osiągnąć doskonałość. Niebiańska domena wyzwala człowieka z niewoli grzechu i zapoznaje go z ostateczną szczęśliwością; dla prawego grzech już się skończył, wraz ze wszystkimi towarzyszącymi mu niedolami. Własne „ja" jest ludzkim wrogiem nie do pokonania a własne „ja" przejawia się w czterech największych namiętnościach człowieczych: gniewie, dumie, oszustwie i chciwości. Największym zwycięstwem człowieka jest pokonanie samego siebie. Kiedy człowiek wygląda od Boga przebaczenia i kiedy się nie boi korzystać z takiej wolności, jest wolny od strachu. Człowiek, podróżując przez życie, powinien traktować swych towarzyszy ludzi tak, jak sam chciałby być traktowany".

7. SINTO

Manuskrypt tej dalekowschodniej religii całkiem niedawno został umieszczony w bibliotece aleksandryjskiej. Była to jedyna religia świata, o której Ganid nigdy nie słyszał. Ta wiara również zawierała pozostałości wcześniejszych nauk Melchizedeka, co widać w następujących wypisach:

„Powiedział Pan: «Wszyscy podlegacie mej Boskiej władzy; wszyscy korzystają ze służby miłosierdzia. Cieszę się bardzo z pomnożenia prawych ludzi na całej ziemi. Zarówno w pięknie przyrody jak i w cnocie ludzkiej Książę Nieba chce objawić siebie i ukazać swoją prawą naturę. Ponieważ dawne narody nie znają mego imienia, ja objawiam się przez istotę zrodzoną dla świata, jako widzialny byt i znoszącą nawet takie poniżenie, żeby człowiek nie zapomniał mego imienia. Jestem stworzycielem nieba i ziemi; słońce i księżyc i wszystkie gwiazdy są posłuszne mej woli. Jestem władcą wszystkich istot lądu i czterech mórz. Choć jestem wielki i najwyższy, przecież mam wzgląd na modlitwę najbiedniejszego. Jeśli ktokolwiek czcić mnie będzie, usłyszę jego modlitwę i przyznam mu to, czego pragnie jego serce».

«Kiedy człowiek ulega bojaźni, zawsze się cofa o krok od duchowego przewodnictwa w swoim sercu». Duma przyćmiewa Boga. Jeśli chcesz dostać pomoc z nieba, odłóż na bok swoją dumę; każdy włos dumy gasi zbawcze światło, jak by je wielka chmura zasłoniła. Jeśli nie jesteś prawy wewnątrz, jest bezcelowe modlić się o to, co jest na zewnątrz. «Jeśli słyszę twoje modlitwy, to dlatego, że przyszedłeś do mnie z czystym sercem, wolny od kłamstwa i hipokryzji, z duszą, w której prawda odbija się jak w lustrze. Gdybyś chciał zyskać nieśmiertelność, odwróć się od świata i przyjdź do mnie»".

8. TAOIZM

Posłańcy Melchizedeka przeniknęli głęboko do Chin a doktryna jednego Boga stała się częścią wcześniejszego nauczania kilku chińskich religii; tą religią, która przetrwała najdłużej i zawierała najwięcej monoteistycznych prawd, był taoizm, a Ganid wybrał następujące nauki jej założyciela:

„Jak czysty i spokojny jest Najwyższy a przecież mocny i potężny, jak głęboki i niedocieczony! Bóg w niebie jest znakomitym protoplastą wszystkich rzeczy. Jeśli znasz Wiecznego, jesteś oświecony i mądry. Jeśli nie znasz Wiecznego, nieświadomość objawi się jako zło i tak powstanie namiętność grzechu. Ta cudowna Istota istniała przed niebami i ziemią. On jest prawdziwie duchowy, jest sam i się nie zmienia. Jest doprawdy matką świata i całe stworzenie porusza się wokół niego. Wielki udziela siebie ludziom i dlatego pomaga im doskonalić się i przetrwać. Nawet, jeśli człowiek niewiele ma wiedzy, może podążać drogami Najwyższego; może dostosować się do woli nieba.

Wszystkie dobre dzieła prawdziwej służby pochodzą od Najwyższego. Wszystkie rzeczy zależą od Wielkiego Źródła życia. Wielki Najwyższy nie czeka uznania za swoje dary. Jest najwyższy w swej mocy a przecież ukryty przed naszym wzrokiem. Nieustannie przeobraża swoje cechy, gdy doskonali istoty przez siebie stworzone. Niebiański Rozum powolny jest i cierpliwy w swoich planach, ale pewny ich spełnienia. Najwyższy rozpościera się nad wszechświatem i podtrzymuje go. Jak wielki i potężny jest rozlewający się jego wpływ i przyciągająca moc! Prawdziwa dobroć podobna jest do wody, jako że błogosławi wszystko i nie szkodzi niczemu. I tak jak woda, prawdziwa dobroć szuka najniższych miejsc, nawet tych poziomów, których inni unikają a dzieje się tak dlatego, ponieważ to jest podobne Najwyższemu. Najwyższy stwarza wszystkie rzeczy, ożywia je w przyrodzie a w duchu je doskonali. Jest tajemnicą jak Najwyższy wychowuje, osłania i doskonali stworzonego, nie zniewalając go. On prowadzi i kieruje, ale nie domaga się uznania. Pomaga się rozwijać, ale nie dominuje.

Mądry ma serce dla wszystkich. Brak wiedzy jest niebezpieczny. Ci, którzy chcą być wielcy, muszą się uczyć pokory. W stwarzaniu, Najwyższy stał się matką świata. Poznanie swojej matki jest uznaniem synostwa. Ten jest mądry, który widzi wszystkie części z punktu widzenia całości. Odnoś się do każdego tak, jakbyś to ty był na jego miejscu. Wyrównuj krzywdę dobrocią. Jeżeli miłujesz ludzi, oni się będą zbliżać do ciebie – nie będzie ci trudno zaskarbić ich sobie.

Wielki Najwyższy przenika wszystko; jest po lewej i prawej ręce; pomaga całemu stworzeniu i zamieszkuje wszystkie prawdziwe istoty. Nie możesz znaleźć Najwyższego tak samo nie możesz znaleźć miejsca, gdzie go nie ma. Jeżeli człowiek rozpozna drogi zła i z serca żałuje za grzechy, może zabiegać o przebaczenie; może uciec karze; może zmienić klęskę w błogosławieństwo. Najwyższy jest spokojnym schronieniem całego stworzenia; jest opiekunem i zbawicielem ludzkości. Gdy szukasz go codziennie, na pewno go znajdziesz. Skoro on może przebaczać grzechy, naprawdę niezwykle jest cenny dla wszystkich. Zawsze pamiętaj, że Bóg nie nagradza człowieka za to, co robi, ale za to, czym jest; przeto powinieneś coraz bardziej pomagać swoim braciom, nie myśląc o nagrodach. Czyń dobrze, nie myśląc o korzyści dla siebie.

Mądrzy są ci, którzy znają prawa Wiecznego. Nieznajomość boskiego prawa oznacza niedolę i klęskę. Ci, którzy znają prawa Boże, mają wolne umysły. Jeśli poznasz Wiecznego, gdyby nawet twoje ciało zginęło, twoja dusza trwać będzie na służbie ducha. Prawdziwie jesteś mądry, gdy uznasz swoją znikomość. Jeżeli dotrzymasz w świetle Wiecznego, będziesz się cieszył oświeceniem Najwyższego. Ci, którzy poświęcili się służbie Najwyższego, są radośni, gdy dążą ku Wiecznemu. Gdy człowiek umiera, duch unosi się na skrzydłach do długiego lotu, do wielkiej podróży do domu".

9. KONFUCJANIZM

Nawet ta religia, najmniej Boga dostrzegająca spośród wielkich religii świata, potwierdzała monoteizm misjonarzy Melchizedeka i ich wytrwałych następców. Ganid tak streścił konfucjanizm:

„Co Niebo ustanowi, jest bezbłędne. Prawda jest prawdziwa i boska. Wszystko powstaje w Niebie a Wielkie Niebo nie robi błędów. Niebo zatrudniło wielu podwładnych, aby pomagali w nauczaniu i podźwiganiu istot niższych. Wielki, bardzo wielki jest Jeden Bóg, który rządzi człowiekiem z wysokości. Bóg majestatyczny jest w swej mocy i groźny w sądzeniu. Jednak ten Wielki Bóg nadał zmysł etyczny nawet wielu poślednim ludziom. Szczodrość niebiańska nigdy nie ustaje. Łaskawość jest najlepszym darem Nieba dla ludzi. Niebo obdarzyło swą szlachetnością duszę człowieka; cnoty ludzkie są owocem szlachetności Nieba. Wielkie Niebo dostrzega wszystko i idzie z człowiekiem we wszystkich jego uczynkach. I dobrze czynimy, gdy nazywamy Wielkie Niebo naszym Ojcem i naszą Matką. Jeśli w ten sposób służymy naszym boskim przodkom, możemy w zaufaniu modlić się do Nieba. Cały czas i we wszystkim, stójmy w grozie majestatu Nieba. Uznajemy, o Boże, Najwyższy i wszechwładny Możnowładco, że sąd należy do ciebie i że całe miłosierdzie pochodzi z Boskiego serca.

Bóg jest z nami, zatem nie ma strachu w naszych sercach. Jeżeli można znaleźć jakąś cnotę we mnie, to przejaw Nieba, które mieszka we mnie. Ale Niebo we mnie stawia często mej wierze surowe żądania. Jeśli Bóg jest ze mną, zdecydowałem nie mieć w mym sercu wątpliwości. Wiara musi być blisko prawdy o rzeczach i nie widzę, jak człowiek może żyć bez dobrej wiary. Dobro i zło nie bez przyczyny zdarza się w życiu ludzkim. Niebo postępuje z duszą ludzką zgodnie ze swoim celem. Kiedy uważasz, że robisz źle, nie wahaj się wyznać swych błędów i szybko się popraw.

Mądry docieka prawdy a nie szuka zwykłego życia. Celem człowieka jest dotarcie do doskonałości Nieba. Doskonały człowiek może sam się odmienić i wolny jest od niepokoju i strachu. Bóg jest z tobą; nie zwątp w swoim sercu. Każdy dobry czyn ma swą nagrodę. Doskonały człowiek nie poszeptuje przeciw Niebu, nie chowa urazy przeciw ludziom. Czego nie lubisz, by tobie czynili, nie czyń innym. Niech miłosierdzie będzie częścią każdej kary; przekształcaj karę w błogosławieństwo we wszelki możliwy sposób. Taka jest droga Wielkiego Nieba. Choć wszystkie istoty muszą umrzeć i wrócić do ziemi, duch szlachetnego człowieka wychodzi, aby się pokazać na wysokościach i wznieść się do wspaniałego światła ostatecznej jasności".

10. „NASZA RELIGIA"

Po całej tej żmudnej pracy, zebrania nauk religii światowych dotyczących Rajskiego Ojca, Ganid postawił sobie zadanie sformułowania tego, co uważał za podsumowanie wiary i wniosków w sprawie Boga, do jakich doszedł na podstawie nauk Jezusa. Ten młody człowiek nawiązywał zwykle do takich wierzeń jako do „naszej religii". *Taki był jego zapis:*

„Pan, nasz Bóg, jest jednym Panem i należy go kochać całym swoim umysłem i sercem i jednocześnie czynić to, co najlepsze, aby kochać wszystkie jego dzieci tak, jak kochasz siebie. Ten jeden Bóg jest naszym niebiańskim Ojcem, w którym zawierają się wszystkie rzeczy i który zamieszkuje, przez swego ducha, duszę każdego szczerego człowieka. I my, którzy jesteśmy dziećmi Boga, powinniśmy się uczyć, jak jemu powierzyć opiekę nad naszymi duszami, jako wiernemu Stwórcy. U naszego niebiańskiego Ojca wszystkie rzeczy są możliwe. Nie może być inaczej, skoro on jest Stwórcą, który stworzył wszystkie rzeczy i wszystkie istoty. Chociaż nie możemy dostrzec Boga, możemy go poznać. I poprzez codzienne życie, według woli Ojca w niebie, możemy ukazać go naszym ludzkim braciom.

Boskie bogactwo charakteru Boga musi być nieskończenie głębokie i wiecznie mądre. Nie możemy szukać Boga przez wiedzę, ale możemy go poznać w naszych sercach przez osobiste doświadczenie. Choć sprawiedliwość jego może być trudna do prześledzenia, z jego miłosierdzia mogą korzystać najskromniejsze istoty na Ziemi. Chociaż Ojciec wypełnia wszechświat, żyje on również w naszych sercach. Umysł człowieka jest ludzki, śmiertelny, ale duch człowieka jest boski, nieśmiertelny. Bóg nie tylko jest wszechmocny, ale jest także wszechmądry. Jeżeli nasi ziemscy rodzice, dalecy od ideału, wiedzą, jak kochać swe dzieci i obdarzają je dobrymi darami, jak znacznie lepiej dobry Ojciec w niebie musi wiedzieć, jak mądrze kochać swoje dzieci na Ziemi i jak je obdarzać właściwymi błogosławieństwami.

Ojciec w niebie nie da zginąć jednemu nawet ziemskiemu dziecku, jeżeli to dziecko pragnie znaleźć Ojca i naprawdę chce być takim jak on. Nasz Ojciec kocha nawet nikczemnych i zawsze jest życzliwy dla niewdzięcznych. Jeżeli więcej ludzkich istot mogłoby zrozumieć dobroć Boga, z pewnością zaczęliby żałować swych złych uczynków, odwróciliby się od wszelkich znanych grzechów. Wszystkie dobre rzeczy pochodzą od Ojca światła, w którym nie ma ani niestałości ani też cienia zmiany. Duch prawdziwego Boga jest w sercu człowieka. To on pragnie, aby wszyscy ludzie byli braćmi. Kiedy ludzie zaczynają czuć tak samo jak Bóg, to jest dowód, że Bóg ich znalazł a oni szukają wiedzy o nim. My żyjemy w Bogu i Bóg zamieszkuje w nas.

Już nie zadowala mnie wiara, że Bóg jest Ojcem całego mojego narodu; odtąd będę wierzył, że jest on także *moim* Ojcem. Kiedy naprawdę zacznę rozpoznawać Boga, zawsze będę pragnął czcić Boga, z pomocą Ducha Prawdy, który jest moim pomocnikiem. Ale przede wszystkim nieustannie będę czcił Boga, ucząc się jak wykonywać wolę Boga na Ziemi; znaczy będę się starał najlepiej traktować mojego bliźniego człowieka, tak jak uważam, że Bóg chciałby go traktować. I kiedy takim życiem żyjemy w ciele, możemy pytać Boga o wiele rzeczy i da on naszym sercom to pragnienie, abyśmy mogli lepiej służyć naszym współbraciom. I cała ta, przepełniona miłością służba dzieci Bożych, poszerza naszą zdolność doznawania i przeżywania rozkoszy nieba, najwyższych radości służby niebiańskiego ducha.

Każdego dnia dziękował będę Bogu za jego niewysłowione dary; będę go chwalił za jego cudowne dzieła dla dzieci ludzkich. Dla mnie jest on Wszechmocnym, Stwórcą, Mocą i Litością, jednak najlepsze jest to, że jest moim duchowym Ojcem i jako jego ziemskie dziecko pójdę go kiedyś zobaczyć. Mój nauczyciel powiedział, że szukając go, stanę się jemu podobny. Przez wiarę w Boga zawarłem z nim pokój. Nasza nowa religia przepełniona jest radością i rodzi trwałe szczęście. Jestem przeświadczony, że pozostanę wierny aż do śmierci i wtedy na pewno otrzymam koronę wiecznego życia.

Uczę się dowodzić wszystkich rzeczy i stosuję się do tego, co dobre. Cokolwiek chciałbym, aby ludzie mnie czynili, ja będę czynił moim braciom. Wiem, dzięki tej nowej wierze, że człowiek może stać się synem Boga, czasami jednak przeraża mnie to, że przestaję myśleć, iż wszyscy ludzie są moimi braćmi, ale to musi być prawdą. Nie wiem, jak mógłbym się cieszyć ojcostwem Boga, nie akceptując braterstwa ludzi. Ktokolwiek woła imienia Pana, będzie zbawiony. Jeśli to jest prawdą, wszyscy ludzie muszą być moimi braćmi.

Odtąd dobre uczynki będę robił w skrytości; będę się także modlił przeważnie samotnie. Nie będę sądził, bo mógłbym nie być sprawiedliwy dla moich braci. Będę się uczył kochać moich wrogów; nie opanowałem jeszcze prawdziwie tego, jak być podobnym Bogu. Chociaż dostrzegłem Boga w tamtych, innych religiach, w «naszej religii» znalazłem go piękniejszego, bardziej kochającego, miłosiernego, osobowego i autentycznego. Ale przede wszystkim, ta wielka i znakomita Istota jest moim duchowym Ojcem; ja jestem jego dzieckiem. I nie innymi środkami a tylko dzięki mojemu szczeremu pragnieniu, aby stać się jemu podobnym, znajdę go wreszcie i wiecznie mu służyć będę. W końcu mam religię z Bogiem, z cudownym Bogiem i jest to Bóg wiecznego zbawienia".

PRZEKAZ 132

W RZYMIE

PONIEWAŻ Gonod niósł pozdrowienia od książąt indyjskich dla władcy rzymskiego, Tyberiusza, na trzeci dzień po przyjeździe do Rzymu dwóch Hindusów i Jezus zjawili się przed nim. Ten ponury cesarz był tego dnia niezwykle radosny i długo gawędził z całą trójką. A kiedy odeszli, cesarz, wspominając Jezusa, odezwał się do doradcy stojącego po jego prawej stronie, „Gdybym miał taką królewską postawę i świetne maniery, jak ten człowiek, wtedy byłbym prawdziwym cesarzem, prawda?".

W czasie pobytu w Rzymie, Ganid miał stałe godziny na naukę i zwiedzanie ciekawych miejsc w mieście. Jego ojciec miał dużo interesów do załatwienia i pragnął, żeby syn dorósł i stał się jego godnym następcą w kierowaniu rozległymi przedsięwzięciami handlowymi; pomyślał więc, że nadszedł czas zapoznać chłopca ze światem biznesu. Wielu obywateli Indii przebywało w Rzymie i często jeden z pracowników Gonoda towarzyszył mu jako tłumacz, dlatego też Jezus miał całe dni dla siebie; dawało mu to czas, w którym starał się dokładnie zapoznać z mieszkańcami tego, dwumilionowego miasta. Często można go było spotkać na forum, w centrum życia politycznego, prawnego i biznesowego. Często też chodził na Kapitol i rozważał, w jakim to zniewoleniu ignorancji trzymani są Rzymianie, kiedy widział wspaniałe świątynie poświęcone Jowiszowi, Junonie i Minerwie. Dużo czasu spędził również na wzgórzu Palatyn, gdzie mieściła się rezydencja cesarza, świątynia Apolla a także biblioteki – grecka i łacińska.

W tym czasie cesarstwo rzymskie obejmowało całą południową Europę, Azję Mniejszą, Syrię, Egipt i północno-zachodnią Afrykę; wśród jego mieszkańców byli obywatele każdego kraju półkuli wschodniej. Głównym powodem, dla którego Jezus zgodził się odbyć tę podróż, była chęć poznania tego kosmopolitycznego skupiska śmiertelników Urantii i przebywania w nim.

Podczas pobytu w Rzymie Jezus nauczył się sporo o ludziach, ale najcenniejszym ze wszystkich jego różnorodnych doświadczeń, podczas sześciomiesięcznego pobytu w mieście, był kontakt z religijnymi przywódcami stolicy cesarstwa i wpływ, jaki na nich wywarł. Pod koniec pierwszego tygodnia pobytu w Rzymie, Jezus odszukał zasługujących na uwagę przywódców cyników, stoików i kultów misteryjnych, szczególnie z grupy mitraickiej, i zapoznał się z nimi. Czy było to oczywiste dla Jezusa czy też nie, że Żydzi odrzucą jego misję, z pewnością przewidywał, że wkrótce jego posłańcy zaczną przybywać do Rzymu, aby głosić niebiańskie królestwo. Dlatego też przystąpił, w najbardziej zdumiewający sposób, do przygotowania drogi pod lepsze i pewniejsze przyjęcie ich posłania. Wybrał pięciu przodujących stoików, jedenastu cyników, szesnastu przywódców kultów misteryjnych i prawie sześć miesięcy spędzał większość swojego wolnego czasu na bliskich kontaktach z tymi nauczycielami religijnymi. Metoda jego nauczania była następująca: nigdy, ani razu, nie kwestionował ich błędów czy nawet nie wspomniał wad w ich nauczaniu. W każdym przypadku wybierał prawdę z tego, co nauczali i potem postępował tak, aby upiększyć i naświetlić tę prawdę w ich umysłach, że w krótkim czasie ta rozbudowana prawda spychała na bok związany z nią błąd; w ten sposób nauczani przez Jezusa mężczyźni i kobiety przygotowywani byli do późniejszego rozpoznania dodatkowych, podobnych prawd w nauczaniu wczesnych misjonarzy chrześcijańskich. Właśnie ta wczesna akceptacja nauk apostołów ewangelii dała taki ogromny impet błyskawicznemu rozwojowi chrześcijaństwa w Rzymie a stamtąd na wszystkie części cesarstwa.

Łatwiej będzie zrozumieć doniosłość tej znakomitej pracy, kiedy zauważymy, że z tej grupy, trzydziestu dwóch przywódców religijnych nauczanych w Rzymie przez Jezusa, tylko dwóch nie wydało owoców prawdy; trzydziestu z nich stało się kluczowymi jednostkami przy wprowadzaniu chrześcijaństwa w Rzymie a niektórzy pomogli także przekształcić główną świątynię mitraizmu w pierwszy chrześcijański Kościół w tym mieście. My, którzy patrzymy na ludzką działalność spoza sceny i w świetle dziewiętnastu wieków, dostrzegamy trzy wyjątkowo ważne czynniki w tym wczesnym przygotowaniu podłoża dla błyskawicznego rozwoju chrześcijaństwa w całej Europie, a zaliczają się do nich:

1. Wybór Szymona Piotra na apostoła i jego działalność na tym stanowisku.
2. Rozmowa ze Szczepanem w Jerozolimie, którego śmierć doprowadziła do pozyskania Saula z Tarsu.
3. Wstępne przygotowanie tych trzydziestu Rzymian, aby później przewodzili nowej religii w Rzymie i całym cesarstwie.

Podczas wszystkich tych spotkań, ani Szczepan, ani żaden z trzydziestu wybranych raz nawet nie uświadomili sobie, że kiedyś rozmawiali z człowiekiem, którego imię stało się przedmiotem ich religijnego nauczania. Działalność Jezusa, prowadzona dla tej wstępnej grupy trzydziestu dwu osób, była zupełnie indywidualna. Uczony w Piśmie z Damaszku, gdy działał dla tych jednostek, nigdy nie spotykał się więcej niż z trzema jednocześnie, częściej z dwoma, ale najczęściej nauczał ich pojedynczo. Mógł on dokonać tego wielkiego dzieła religijnego nauczania dlatego, że ci mężczyźni i kobiety nie byli ograniczeni tradycją; nie byli ofiarami z góry wyrobionych opinii, tak charakterystycznych dla całego późniejszego rozwoju religijnego.

W następnych latach, Piotr, Paweł i inni nauczyciele chrześcijaństwa w Rzymie wiele razy słyszeli o uczonym w Piśmie z Damaszku, który działał przed nimi i który tak wyraźnie (jak przypuszczali nieświadomie) przygotował drogę na ich przyjście z nową ewangelią. Chociaż Paweł nigdy się nie domyślił, kim był uczony w Piśmie z Damaszku, jednak na krótko przed swoją śmiercią – ze względu na podobieństwo osobistych rysopisów – doszedł do wniosku, że „wytwórca namiotów z Antiochii" był także „uczonym w Piśmie z Damaszku". Pewnego razu, Szymon Piotr, kiedy wygłaszał kazania w Rzymie, przysłuchując się opisowi uczonego w Piśmie z Damaszku, zaczął przypuszczać, że człowiek ten mógł być Jezusem, ale szybko porzucił taką ideę, wiedząc z pewnością (tak myślał), że Mistrz nigdy nie był w Rzymie.

1. PRAWDZIWE WARTOŚCI

Zaraz po przyjeździe do Rzymu Jezus odbył całonocną rozmowę z przywódcą stoików, Angamonem. Później ten człowiek został serdecznym przyjacielem Pawła i okazał się jednym z żarliwszych zwolenników Kościoła chrześcijańskiego w Rzymie. W streszczeniu, przedstawionym w nowoczesnej frazeologii, Jezus tak nauczał Angamona:

Wzorca prawdziwych wartości należy szukać w świecie duchowym i na boskich poziomach wiecznej rzeczywistości. Rozwijający się śmiertelnik musi traktować wszystkie niższe i materialne standardy jako przemijające, częściowe i podrzędne. Naukowiec jako taki, ogranicza się do odkrywania związków pomiędzy faktami materialnymi. Formalnie nie ma on prawa twierdzić, że jest materialistą czy idealistą, ponieważ czyniąc to, zakłada, że nie jest prawdziwym naukowcem, skoro wszelkie takie oświadczenia, dotyczące jego światopoglądu, stanowią właśnie esencję filozofii.

Jeżeli etyczna wnikliwość i duchowe osiągnięcia ludzkości nie będą narastały proporcjonalnie, nieograniczony rozwój czystej, materialistycznej kultury, może w końcu stać się groźbą dla cywilizacji. Czysto materialistyczna nauka zawiera w sobie potencjalne ziarno zniszczenia wszystkich naukowych poczynań, gdyż taka właśnie postawa jest zapowiedzią ostatecznego upadku cywilizacji, która się wyrzekła poczucia wartości etycznych i odrzuciła dążenie do celu duchowego.

Materialistyczny naukowiec i skrajny idealista nigdy się ze sobą nie zgodzą. Nie odnosi się to do tych naukowców i idealistów, którzy mają wspólny standard wysokich wartości etycznych i kryteriów poziomu duchowego. W każdej epoce, naukowcy i ludzie religijni muszą zdać sobie sprawę z tego, że są na rozprawie sądowej przed ławą ludzkich potrzeb. Muszą unikać prowadzenia wojny między sobą, usiłując jednocześnie odważnie usprawiedliwiać swą dalszą egzystencję przez coraz większe poświęcanie się służbie dla postępu ludzkości. Jeśli tak zwana nauka czy religia jest w jakiejkolwiek epoce fałszywa, musi oczyścić swoją działalność lub zginąć, ustępując przed pojawieniem się materialnej nauki lub duchowej religii prawdziwego i bardziej wartościowego porządku.

2. DOBRO I ZŁO

Mardus był szanowanym przywódcą cyników rzymskich i został także serdecznym przyjacielem uczonego w Piśmie z Damaszku. Dzień za dniem prowadził rozmowy z Jezusem a każdego wieczora słuchał jego nieziemskiego nauczania. Oprócz wielu ważniejszych dyskusji z Mardusem, jedna z nich miała przynieść odpowiedź na szczere pytania cyników, dotyczące dobra i zła. W kwintesencji oraz we frazeologii dwudziestego wieku, Jezus powiedział:

Mój bracie, dobro i zło są tylko słowami, symbolizującymi względne poziomy ludzkiego rozumowania w dostrzegalnym wszechświecie. Jeżeli jesteś leniwy etycznie i obojętny społecznie, możesz uznać za swój standard dobra panujące powszechnie zwyczaje społeczne. Jeżeli jesteś duchowo opieszały i etycznie gnuśny, możesz przyjąć za swe standardy dobra religijne zwyczaje i tradycje twoich współczesnych. Ale ta dusza, która przeżyje czas i wyłania się ku wieczności, musi dokonać żywego i osobistego wyboru pomiędzy dobrem a złem, tak jak to jest określone przez prawdziwe wartości duchowych standardów, ustanowionych poprzez boskiego ducha, którego przysłał Ojciec z nieba, aby mieszkał w sercu człowieka. Ten zamieszkujący człowieka duch jest standardem wiecznego życia osobowości.

Dobroć, podobnie jak prawda, jest zawsze względna i nieustannie przeciwstawia się złu. To właśnie dostrzeganie cech dobroci i prawdy umożliwia rozwijającym się ludzkim duszom dokonać tych osobistych decyzji wyboru, które są niezbędne dla wiecznego życia.

Duchowo ślepa jednostka, która logicznie podąża za nakazami nauki, zwyczajami społecznymi i dogmatami religijnymi, znajduje się w śmiertelnym niebezpieczeństwie zagubienia swojej etycznej swobody i utraty swojej duchowej wolności. Taka dusza stanie się intelektualną papugą, społecznym automatem i niewolnikiem religijnych autorytetów.

Dobroć zawsze się rozwija ku nowym poziomom coraz większej wolności, w etycznej samorealizacji i duchowym opanowaniu osobowości – w odkrywaniu zamieszkałego w człowieku Dostrajacza i utożsamianiu się z nim. Doświadczenie jest dobre, kiedy wywyższa ocenę piękna, wzmacnia etyczną wolę, zwiększa możliwość dostrzegania prawdy, poszerza zdolność kochania i służenia swoim współbraciom, uwydatnia duchowe ideały i jednoczy te najwyższe, ludzkie motywy czasu z wiecznymi planami zamieszkującego w człowieku Dostrajacza, co razem prowadzi wprost do coraz większego pragnienia czynienia woli Ojca – skutkiem tego pomaga w rozwoju boskiej namiętności znalezienia Boga i stania się jemu podobnym.

Kiedy wznosicie się na wszechświatowej skali rozwoju istoty stworzonej, znajdować będziecie coraz większą dobroć i coraz mniejsze zło, w doskonałej zgodności z waszymi możliwościami doświadczania dobroci i ze zdolnością postrzegania prawdy. Możliwość popełnienia błędu i doświadczenia zła nie zaniknie w pełni, aż do tego czasu, kiedy wznosząca się dusza ludzka dotrze do kresu poziomów duchowych.

Dobroć jest żywa, relatywna, zawsze się rozwija, jest nieodmiennie doświadczeniem osobistym i wiecznie wzajemnie jest związana ze zdolnością dostrzegania prawdy i piękna. Dobroć znaleźć można w uznawaniu pozytywnych prawd-wartości na poziomie duchowym, które w doświadczeniu ludzkim muszą kontrastować z negatywnymi odpowiednikami – cieniami potencjalnego zła.

Dopóki nie osiągniecie poziomów Raju, dobroć zawsze będzie bardziej poszukiwaniem niż zdobyczą, bardziej będzie celem niż doświadczeniem jego realizacji. Jednak wraz z waszym głodem i pragnieniem sprawiedliwości, doznajecie coraz większego zadowolenia z częściowego osiągania dobroci. Obecność dobroci i zła w świecie sama w sobie jest przekonywającym dowodem istnienia oraz rzeczywistości etycznej woli ludzkiej, osobowości, która tym samym utożsamia się z tymi wartościami i jest również zdolna do dokonania wyboru pomiędzy nimi.

Gdy wznoszący się śmiertelnicy docierają do Raju, ich zdolność utożsamiania swej jaźni z prawdziwymi wartościami duchowymi zwiększa się tak bardzo na skutek osiągnięcia doskonałości w posiadaniu światłości życia. Tak udoskonalona osobowość duchowa staje się więc zupełnie, bosko i duchowo zjednoczona z pozytywnymi i najwyższymi cechami dobroci, piękna i prawdy, że nie ma możliwości, aby taki sprawiedliwy duch rzucał jakikolwiek negatywny cień potencjalnego zła, kiedy wystawiony jest na badawczą jaskrawość boskiego światła nieskończonych Władców Raju. We wszystkich takich, duchowych osobowościach, dobroć już nie jest częściowa, przeciwstawna i porównywalna, stała się ona bosko kompletna i duchowo nasycona; zbliża się do czystości i doskonałości Najwyższego.

Dla dokonania moralnego wyboru konieczna jest *możliwość* zaistnienia zła, ale nie jego realizacja. Cień jest tylko względnie rzeczywisty. Rzeczywiste zło nie jest tutaj konieczne jako osobiste doświadczenie. Potencjalne złe czyny są tak samo dobre jako bodźce dla decyzji w domenach postępu moralnego na niższych poziomach rozwoju duchowego. Zło staje się rzeczywistością w osobistym doświadczeniu tylko wtedy, kiedy moralny umysł dokona takiego wyboru.

3. PRAWDA I WIARA

Nabon był greckim Żydem, wyróżniającym się pośród przywódców głównego kultu misteryjnego w Rzymie – mitraickiego. Choć ten wysoki kapłan mitraizmu odbył wiele rozmów z uczonym w Piśmie z Damaszku, najtrwalszy wpływ wywarła na niego dyskusja dotycząca prawdy i wiary, przeprowadzona jednego wieczoru. Nabon myślał o nawróceniu Jezusa i sugerował nawet, aby Jezus wrócił do Palestyny jako nauczyciel mitraizmu. Nie zdawał sobie sprawy z tego, że to Jezus przygotowywał go, aby stał się jednym z pierwszych nawróconych na ewangelię królestwa. Taka jest kwintesencja nauki Jezusa, odtworzona we współczesnej frazeologii:

Prawdy nie można definiować słowami, definiuje ją tylko życie. Prawda jest zawsze większa od wiedzy. Wiedza dotyczy rzeczy obserwowanych, prawda przewyższa takie czysto materialne poziomy, dlatego, że harmonizuje się z mądrością i obejmuje rzeczy tak nieuchwytne, jak ludzkie doświadczenie, nawet rzeczywistości duchowe i żywe. Wiedza wywodzi się z nauki; mądrość z prawdziwej filozofii; prawda z religijnego doświadczania w życiu duchowym. Wiedza ma do czynienia z faktami; mądrość z zależnościami; prawda z wartościami rzeczywistości.

Człowiek ma tendencje do krystalizacji nauki, ujmowania filozofii w formuły i dogmatyzacji prawdy, ponieważ jest mentalnie leniwy w dostrajaniu się do narastających trudności życia; bardzo się też obawia nieznanego. Człowiek jest z natury powolny przy wdrażaniu zmian w nawykach swego myślenia i sposobach swojego życia.

Prawda objawiona, osobiście odkryta prawda, jest najwyższą radością ludzkiej duszy; jest wspólnym tworem materialnego umysłu oraz zamieszkującego człowieka ducha. Wieczne zbawienie duszy, dostrzegającej prawdę i kochającej piękno, zapewnione jest dzięki głodowi i pragnieniu dobroci, które prowadzą śmiertelnika do ukształtowania jedności celu – czynienia woli Ojca, znalezienia Boga i stania się jemu podobnym. Nigdy nie ma sprzeczności pomiędzy prawdziwą wiedzą i prawdą. Sprzeczność zaistnieć może między wiedzą a wierzeniami ludzkimi, wierzeniami zabarwionymi uprzedzeniem, zniekształconymi strachem i zdominowanymi obawą przed spojrzeniem w twarz nowym faktom materialnych odkryć czy duchowego rozwoju.

Bez udziału wiary prawda nigdy nie może stać się własnością człowieka. Jest to prawdziwe, ponieważ myśli człowieka, jego mądrość, etyka i ideały, nigdy nie mogą wznieść się powyżej jego wiary, jego wzniosłych nadziei. I cała taka, prawdziwa wiara, opiera się na najgłębszej refleksji, szczerej samokrytyce i bezkompromisowej świadomości etycznej. Wiara jest inspiracją dla duchowej, twórczej wyobraźni.

Wiara działa w tym kierunku, aby wyzwolić nadludzką działalność boskiej iskry, tego nieśmiertelnego zarodka, który żyje wewnątrz umysłu człowieka i który jest potencjałem wiecznego życia. Rośliny i zwierzęta przeżywają w czasie, dzięki metodzie przekazywania z jednej generacji na drugą identycznych cząstek samych siebie. Ludzka dusza (osobowość) przeżywa ziemską śmierć dzięki związaniu tożsamości człowieka z zamieszkującą go wewnątrz iskrą boskości, która jest nieśmiertelna i która funkcjonuje, aby uwiecznić ludzką osobowość na kolejnym i wyższym poziomie postępowej, wszechświatowej egzystencji. Ukrytym nasieniem duszy ludzkiej jest nieśmiertelny duch. Drugie pokolenie duszy to pierwszy z serii przejawów osobowości duchowych i postępujących istnień, kończących się dopiero wtedy, kiedy ów boski byt osiąga źródło swojej egzystencji, osobowe źródło całej egzystencji, Boga, Ojca Wszechświatowego.

Życie ludzkie trwa dalej – przeżywa – gdyż ma ono funkcję we wszechświecie, zadanie odkrycia Boga. Pobudzona wiarą dusza ludzka nie może się zatrzymać przed osiągnięciem celu tego przeznaczenia; a kiedy raz osiągnie ten boski cel, nigdy nie może zaprzestać działać, gdyż stała się podobną Bogu – wieczną.

Ewolucja duchowa jest doświadczaniem coraz intensywniejszego i dobrowolnego wyboru dobroci, wraz z towarzyszącą temu równorzędną i progresywną redukcją możliwości czynienia zła. Wraz z osiągnięciem ostateczności wyboru dobra i pełnej możliwości oceny prawdy, pojawia się doskonałość piękna i świętości, których prawość na zawsze uniemożliwia wyłonienie się potencjalnego zła lub nawet jego idei. Taka, rozpoznająca Boga dusza, nie rzuca cienia wątpiącego zła, kiedy działa na tak wysokich, duchowych poziomach boskiej dobroci.

Istnienie rajskiego ducha w umyśle ludzkim stanowi zapowiedź objawienia i upewnienia się w wierze o wiecznej egzystencji każdej bosko rozwijającej się duszy, próbującej utożsamić się z nieśmiertelnym, zamieszkującym ją duchowym fragmentem Ojca Wszechświatowego.

Postęp we wszechświecie charakteryzuje się coraz większą wolnością osobistą, ponieważ towarzyszy mu stopniowe osiąganie coraz wyższych poziomów zrozumienia siebie a w konsekwencji dobrowolnego panowania nad sobą. Osiągnięcie doskonałości w duchowym opanowaniu siebie równa się osiągnięciu pełni wszechświatowej swobody i osobistej wolności. Wiara żywi i podtrzymuje duszę człowieka pośród chaosu jego wczesnego zaznajamiania się z tak rozległym wszechświatem, przy czym modlitwa staje się potężnym czynnikiem jednoczącym różnych inspiracji twórczej wyobraźni; i ta wiara jest bodźcem dla duszy, aby próbowała się utożsamić z duchowymi ideałami zamieszkującej człowieka oraz towarzyszącej mu Boskiej obecności.

Tak jak po każdej rozmowie z Jezusem, Nabon pozostawał pod wielkim wrażeniem tych słów. Prawdy te wciąż paliły się w jego sercu i dużo pomógł, kiedy później przybyli kaznodzieje głoszący ewangelię Jezusa.

4. SŁUŻBA INDYWIDUALNA

Podczas pobytu w Rzymie Jezus nie poświęcał całego swojego wolnego czasu na przygotowanie mężczyzn i kobiet, aby zostali przyszłymi apostołami w nadchodzącym królestwie. Sporo czasu zajmowało mu zdobywanie gruntownej wiedzy o wszystkich rasach i klasach ludzkich, które żyły w tym największym i najbardziej kosmopolitycznym mieście świata. Podczas każdego z tych licznych kontaktów z ludźmi Jezus miał dwa cele. Pragnął nauczyć się, jaki mają oni stosunek do tego życia, którym żyją w ciele a także gotów był powiedzieć lub zrobić coś, co uczyniłoby ich życie bogatszym i wartościowszym. W czasie tych tygodni, jego religijne nauczanie nie różniło się od tego, jakie charakteryzowało jego późniejsze życie jako nauczyciela dla Dwunastu i kaznodziei dla tłumów.

Sedno jego posłania było niezmienne – fakt miłości Ojca niebiańskiego i prawda o jego miłosierdziu, w połączeniu z dobrą nowiną, że człowiek jest, dzięki wierze, synem tego właśnie Boga miłości. Charakterystycznym dla Jezusa sposobem nawiązywania kontaktów było wciąganie ludzi w rozmowę, przez zadawanie im pytań. Rozmowę taką zaczynał zazwyczaj on, zadając ludziom pytania, a kończyła się zadawaniem pytań jemu. Jezus był równie biegły w nauczaniu przez zadawanie pytań, jak i przez udzielanie odpowiedzi na pytania. Z reguły najmniej powiedział tym, których nauczył najwięcej. Ci, którzy mieli najwięcej pożytku z jego służby indywidualnej, należeli do śmiertelników ulegających stresowi, zaniepokojonych i przygnębionych, którzy odczuwali znaczną ulgę, mając możność zdjęcia brzemienia ze swoich dusz przez współczującego i wyrozumiałego słuchacza, a był on wszystkim tym i czymś znacznie większym. I kiedy te nieprzystosowane istoty ludzkie opowiadały Jezusowi o swoich kłopotach, on zawsze potrafił podsunąć praktyczne i bezpośrednio pomocne rozwiązania, szukając poprawy dla ich rzeczywistych trudności, nie zaniedbując również słów otuchy i doraźnej pociechy. Nieodmiennie opowiadał tym strapionym śmiertelnikom o miłości Boga i różnymi innymi sposobami informował ich, że są dziećmi kochającego Ojca w niebie.

W ten sposób, podczas swego pobytu w Rzymie, Jezus nawiązał osobisty, bliski kontakt z ponad pięciuset śmiertelnikami tej domeny i podniósł ich na duchu. Dzięki temu zdobył wiedzę o różnych rasach ludzkich, której nigdy nie zdobyłby w Jerozolimie a z trudnością również w Aleksandrii. Zawsze uważał te sześć miesięcy za jeden z najbogatszych i najbardziej pouczających okresów swojego ziemskiego życia.

Jak można się tego było spodziewać, tak wszechstronny i dynamiczny człowiek nie mógł działać w ten sposób przez sześć miesięcy w światowej metropolii, nie otrzymując propozycji od wielu osób, które potrzebowały jego usług w związku z jakimś biznesem, albo znacznie częściej z różnymi projektami dydaktycznymi, reformami społecznymi albo ruchami religijnymi. Przedstawiono mu ponad tuzin takich propozycji i wykorzystał każdą z nich, jako okazję do przekazania niektórych myśli podbudowujących duchowo, w dobrze dobranych słowach albo przez grzecznościową przysługę. Jezus bardzo lubił robić różne rzeczy – nawet drobne rzeczy – dla ludzi wszelkiego pokroju.

Jezus rozmawiał także z senatorem rzymskim o polityce i umiejętności rządzenia państwem i ten jeden kontakt z Jezusem wywarł tak duże wrażenie na tym ustawodawcy, że spędził on resztę swojego życia bezskutecznie próbując nakłonić swych kolegów do zmiany politycznego kursu zarządzania, od idei rządu popierającego i karmiącego ludzi, w kierunku idei ludzi popierających rząd. Jeden wieczór spędził Jezus z bogatym właścicielem niewolników, mówiąc mu o człowieku jako o synu Boga a następnego dnia ten człowiek, Klaudiusz, dał wolność stu siedemnastu niewolnikom. Gościł na obiedzie u greckiego lekarza, mówiąc mu, że jego pacjenci mają umysły i dusze tak samo jak i ciała, i to skłoniło tego zdolnego doktora do podjęcia prób bardziej wszechstronnego służenia swoim braciom ludziom. Rozmawiał z różnymi klasami ludzi ze wszystkich środowisk społecznych. Jedynym miejscem, którego nie odwiedził w Rzymie, były łaźnie publiczne. Nie chciał chodzić do łaźni ze swymi przyjaciółmi, z powodu panującej tam swobody seksualnej.

Rzymskiemu żołnierzowi, kiedy szli wzdłuż Tybru, powiedział: „Bądź odważny w sercu tak jak i w rękach. Odważ się czynić sprawiedliwość i bądź tak wielki, żeby okazać miłosierdzie. Zmuszaj swoją niższą naturę, aby słuchała twojej wyższej natury, tak jak słuchasz swoich zwierzchników. Szanuj dobroć i wywyższaj prawdę. Wybieraj piękno w miejsce brzydoty. Kochaj swoich współbraci i wychodź Bogu naprzeciw całym sercem, bo Bóg jest twoim Ojcem w niebie".

Mówcy na forum Jezus powiedział: „Twoja elokwencja jest ujmująca, twoja logika zachwycająca, twój głos sympatyczny, ale twoje nauczanie praktycznie nie jest prawdą. Jeśli tylko mógłbyś znaleźć inspirującą satysfakcję w poznaniu Boga jako twego duchowego Ojca, wtedy mógłbyś użyć swego daru przemawiania do wyzwolenia twoich współbraci z więzów ciemności i niewolnictwa ignorancji". Był to ten sam Markus, który słyszał Piotra, jak głosił w Rzymie kazania i później został jego następcą. Był to ten człowiek, który po ukrzyżowaniu Szymona Piotra ignorował rzymskich prześladowców i odważnie kontynuował głoszenie nowej ewangelii.

Kiedy Jezus spotkał biedaka, który został niesprawiedliwie oskarżony, poszedł z nim do sądu, a otrzymawszy specjalne zezwolenie na wystąpienie w jego imieniu, wygłosił wspaniałe przemówienie, w którym powiedział: „Sprawiedliwość czyni naród wielkim a im większy jest naród, tym bardziej powinien pragnąć, aby nie ujrzeć niesprawiedliwości, która mogłaby spotkać najbardziej niepokaźnego obywatela. Biada temu narodowi, w którym tylko ci, którzy mają pieniądze i wpływy, mogą zapewnić sobie sprawiedliwość przed sądami! Jest świętym obowiązkiem sędziego uniewinnić niewinnego, tak samo jak ukarać winnego. Przetrwanie narodu zależy od obiektywności, bezstronności i uczciwości jego sądów. Rząd państwa oparty jest na sprawiedliwości, tak jak prawdziwa religia oparta jest na łasce". Sędzia ponownie rozpatrzył sprawę i kiedy przebadano dokładnie dowody, uwolnił więźnia. Ze wszystkich zajęć Jezusa, w tamtych dniach jego służby osobistej, to było najbardziej zbliżone do wystąpienia publicznego.

5. PORADY DLA BOGATEGO

Angamon przedstawił Jezusowi pewnego bogatego człowieka, obywatela rzymskiego i stoika, który zainteresował się bardzo naukami Jezusa. Po wielu serdecznych rozmowach, ten bogaty obywatel zapytał Jezusa, co on zrobiłby z bogactwem, gdyby je posiadał a Jezus mu odpowiedział: „Ja zużyłbym materialne bogactwo dla wzbogacenia życia materialnego, tak jak służyłbym wiedzą, mądrością i pomocą duchową dla wzbogacenia życia intelektualnego, nobilitacji życia społecznego i zaawansowania życia duchowego. Zarządzałbym materialnym bogactwem jako mądry i operatywny zarządca zasobów jednego pokolenia, dla korzyści i nobilitacji następnych, dziedziczących pokoleń".

Jednak odpowiedź Jezusa niezupełnie zadowoliła bogatego. Odważnie zapytał jeszcze raz: „*Ale jak myślisz*, co powinien zrobić człowiek na moim miejscu ze swym bogactwem? Czy powinienem je zatrzymać, czy powinienem je rozdać"? I kiedy Jezus uświadomił sobie, że człowiek ten rzeczywiście chce się dowiedzieć więcej prawdy o lojalności wobec Boga i obowiązku wobec ludzi, kontynuował: „Mój dobry przyjacielu, zauważyłem, że szczerze poszukujesz mądrości i jesteś rzetelnym miłośnikiem prawdy, przeto jestem gotów wyłożyć przed tobą mój punkt widzenia, gdy idzie o rozwiązanie twoich problemów, odpowiedzialności z tytułu posiadania bogactwa. Czynię to, ponieważ *zapytałeś* mnie o poradę i dając ci tę radę nie zajmuję się majątkiem żadnego innego bogatego. Radzę tylko tobie i dla twojej osobistej orientacji. Jeśli szczerze pragniesz potraktować swoje bogactwo jako majątek powierniczy, jeśli rzeczywiście pragniesz stać się mądrym i biegłym zarządcą twojego, nagromadzonego bogactwa, radzę ci, abyś zrobił następującą analizę źródeł twojego bogactwa. Zapytaj sam siebie i uczyń, co tylko możesz, aby znaleźć uczciwą odpowiedź na pytanie, skąd się wzięło to bogactwo? Jako pomoc w dociekaniu źródeł twojej wielkiej fortuny, chciałbym ci zasugerować, abyś rozważył dziesięć następujących, różnych metod gromadzenia zasobów materialnych:

1. Odziedziczone bogactwo – fortuna pochodząca od rodziców i innych przodków.
2. Odkryte bogactwo – fortuna pochodząca z bogactw naturalnych matki ziemi.
3. Handlowe bogactwo – fortuna zdobyta jako uczciwy profit z wymiany i handlu towarami materialnymi.
4. Nieuczciwe bogactwo – fortuna pochodząca z nieuczciwej eksploatacji lub zniewolenia współbraci.
5. Udziałowe bogactwo – dochód pochodzący z rzetelnych i sprawiedliwych odsetek od zainwestowanych kapitałów.
6. Intelektualne bogactwo – fortuna zebrana jako wynagrodzenie za twórcze i inwencyjne wyposażenie ludzkiego umysłu.
7. Przypadkowe bogactwo – skarby pochodzące z hojności współbraci lub mające swe źródło w okolicznościach życiowych.
8. Skradzione bogactwo – skarby zgromadzone przez niegodziwość, nieuczciwość, kradzież lub oszustwo.
9. Fundusz depozytowy – bogactwo zdeponowane w twoich rękach przez twoich współbraci, na jakiś konkretny użytek, teraz lub w przyszłości.
10. Zarobione bogactwo – fortuna wywodząca się bezpośrednio z twojej własnej pracy, uczciwe i słuszne wynagrodzenie za codzienny wysiłek twego umysłu i ciała.

I tak, mój przyjacielu, jeśli przed Bogiem i w służbie dla ludzi chcesz być sumiennym i sprawiedliwym zarządcą twojej wielkiej fortuny, musisz swoje bogactwo podzielić w przybliżeniu na te dziesięć głównych części i wtedy administrować każdą częścią zgodnie z mądrą i rzetelną interpretacją praw sprawiedliwości, słuszności, bezstronności i prawdziwej operatywności; aczkolwiek Bóg w niebie cię nie potępi, jeśli czasem, w niepewnych sytuacjach, zbłądzisz na rzecz miłosiernej i altruistycznej postawy wobec strapionych i cierpiących ofiar niefortunnych okoliczności śmiertelnego życia. Jeśli masz szczere wątpliwości, co do słuszności i sprawiedliwości sytuacji materialnych, niech twoje decyzje będą korzystne dla tych, którzy są w potrzebie; bądź dobry dla tych, którzy cierpią z powodu niezasłużonych trudności".

Po kilkugodzinnym omawianiu tych spraw, odpowiadając na prośbę bogatego o dodatkowe i bardziej szczegółowe instrukcje, Jezus zaczął rozwijać swoją poradę i w kwintesencji powiedział: „Podczas gdy służę ci dodatkowymi sugestiami w sprawie twojej postawy wobec bogactwa, chciałbym cię przestrzec, abyś przyjął moją radę jako daną tylko tobie, dla twego osobistego przewodnictwa. Mówię tylko od siebie i do ciebie, jak do dociekliwego przyjaciela. Błagam cię, abyś nie nakazywał innym zamożnym ludziom jak mają postępować ze swym bogactwem. Tak ci radzę:

1. Jako zarządca odziedziczonego majątku, powinieneś wziąć pod uwagę jego źródła. Masz moralny obowiązek reprezentować minione pokolenie, podczas rzetelnego przekazywania prawowitego bogactwa pokoleniom dziedziczącym, po potrąceniu uczciwej zapłaty na rzecz obecnego pokolenia. Ale nie masz obowiązku kontynuować jakiejkolwiek nieuczciwości lub niesprawiedliwości, związanej z niehonorową akumulacją bogactwa przez twoich przodków. Jakąkolwiek część twojego, odziedziczonego bogactwa, która się okaże, że pochodzi wprost z oszustwa lub nieuczciwości, możesz wydać zgodnie z twoim przekonaniem o sprawiedliwości, hojności i rekompensacie. Resztę twego, prawnie odziedziczonego bogactwa, możesz użyć sprawiedliwie i przekazać bezpiecznie, jako powiernik, z jednego pokolenia na drugie. Mądre rozeznanie i zdrowy osąd powinny kierować twoimi decyzjami w sprawie przekazania spadku twoim następcom.

2. Każdy, kto posiada bogactwo, które jest rezultatem odkrycia, powinien pamiętać, że człowiek żyje na Ziemi tylko krótki czas, dlatego powinien zrobić odpowiednią klauzulę dotyczącą dzielenia tych odkryć w pożyteczny sposób, przez możliwie największą ilość swoich współbraci. Podczas gdy odkrywca nie powinien być zupełnie pozbawiony wynagrodzenia, za wysiłki poniesione przy odkryciu, nie powinien również samolubnie domagać się wszelkich korzyści i dobrodziejstw, czerpanych z odkrycia nagromadzonych przez naturę zasobów.

3. Tak długo, jak ludzie zechcą prowadzić światowy biznes przez handel i wymianę, mają prawo do uczciwego i uzasadnionego zysku. Każdy kupiec ma prawo do zarobku za swoją usługę; handlowiec ma prawo do wynagrodzenia. Sprawiedliwość w handlu i uczciwe traktowanie każdego członka zorganizowanego, światowego biznesu, stwarza wiele różnych rodzajów bogactw, pochodzących z profitów i wszystkie te źródła bogactwa muszą być oceniane według najwyższych zasad sprawiedliwości, uczciwości i godziwości. Uczciwy kupiec nie powinien się wahać wziąć taki sam profit, który ochoczo zgodziłby się dać swojemu koledze kupcowi w podobnej transakcji. Kiedy biznes prowadzony jest na wielką skalę, ten rodzaj bogactwa nie jest identyczny z indywidualnymi zarobkami, jednak takie uczciwie zgromadzone bogactwo daje jego posiadaczowi znaczne prawo głosu w sprawie jego dalszego rozdzielania.

4. Żaden śmiertelnik, który rozpoznaje Boga i pragnie czynić Boską wolę, nie może się zniżyć do prześladowań dla zdobycia majątku. Żaden szlachetny człowiek nie będzie próbował akumulować skarbów i gromadzić potęgi-bogactwa przez niewolnictwo i niesprawiedliwą eksploatację swych braci w ciele. Fortuna jest moralnym przekleństwem i duchowym piętnem, kiedy pochodzi z potu uciskanego, śmiertelnego człowieka. Całe takie bogactwo powinno zostać zwrócone tym, którzy zostali z niego obrabowani, albo ich dzieciom i dzieciom ich dzieci. Trwała cywilizacja nie może być zbudowana na praktyce oszukiwania najemnego robotnika.

5. Uczciwe bogactwo ma prawo do oprocentowania. Tak długo, jak ludzie pożyczają od kogoś i pożyczają komuś, można pobierać uczciwy procent, pod warunkiem, że

pożyczany kapitał był prawowicie zarobionym bogactwem. Najpierw musisz oczyścić swój kapitał, zanim zaczniesz żądać procentu. Nie bądź tak małostkowy i zachłanny, aby się zniżać do lichwiarstwa. Nigdy nie bądź tak samolubny, abyś używał siły pieniądza dla zdobycia nieuczciwej przewagi nad twymi trudzącymi się braćmi. Nie kuś się brać lichwy od twego brata, który jest w finansowej niedoli.

6. Jeśli masz możność zdobyć bogactwo dzięki wzlotom swego geniuszu, jeśli twoje skarby pochodzą z wynagrodzenia za talent wynalazczy, nie zgłaszaj pretensji do nieuczciwej części tych nagród. Czasami geniusz winny jest coś zarówno przodkom jak i potomstwu; tak samo ma zobowiązania wobec narodu, rasy i okoliczności swoich pomysłowych odkryć; powinien również pamiętać, że jest człowiekiem pośród ludzi, wśród których wypracował i wprowadził w życie swoje pomysły. Byłoby równie niesprawiedliwe pozbawić geniusza całego profitu z jego bogactwa. I ludzie nigdy nie będą mogli ustalić zasad i przepisów, które dawałyby się zastosować na równi do wszystkich tych problemów, związanych ze sprawiedliwym podziałem bogactwa. Musisz najpierw uznać człowieka za swojego brata i jeśli szczerze pragniesz uczynić jemu tak, jak chciałbyś, aby on czynił tobie, zwyczajne nakazy sprawiedliwości, uczciwości i godziwości doprowadzą cię do sprawiedliwego i bezstronnego porozumienia przy każdym kolejnym problemie, dotyczącym ekonomicznych wynagrodzeń i społecznej sprawiedliwości.

7. Nikt nie powinien wysuwać osobistych roszczeń w stosunku do bogactwa, które czas i przypadek dały mu w ręce, za wyjątkiem sprawiedliwych i usankcjonowanych opłat za jego zarządzanie. Przypadkowa fortuna powinna być traktowana w pewnym sensie jako depozyt, który należy powiększyć na pożytek jakiejś grupy społecznej czy ekonomicznej. Właściciele takiego bogactwa powinni zgodzić się z głosem większości, w sprawie mądrego i efektywnego decydowania o wydawaniu tych nie zarobionych zasobów. Cywilizowany człowiek nie zawsze będzie traktował wszystko to, co kontroluje, za swoją osobistą i prywatną własność.

8. Jeśli jakakolwiek część twej fortuny powstała w wyniku świadomego oszustwa, jeżeli cokolwiek z twojego bogactwa było zgromadzone nieuczciwymi praktykami lub krzywdzącymi metodami, jeśli twoje zasoby są rezultatem niesprawiedliwych transakcji z twymi współbraćmi, pośpiesznie zwróć prawowitym właścicielom wszystkie tak nieuczciwie zdobyte zyski. Wypłać pełne odszkodowanie i oczyść w ten sposób swoją fortunę ze wszystkich nieuczciwych zysków.

9. Administrowanie bogactwem, prowadzone przez jedną osobę na pożytek innym, jest podniosłą i świętą odpowiedzialnością. Nie ryzykuj i nie narażaj na szwank takiego zaufania. Z każdego depozytu weź dla siebie tylko to, co wzięliby wszyscy inni, uczciwi ludzie.

10. Ta część twojej fortuny, która jest zarobkiem za twój własny, umysłowy i fizyczny wysiłek – jeśli twoja praca była wykonana uczciwie i sprawiedliwie – prawdziwie jest twoja. Nikt nie może kwestionować twojego prawa do posiadania takiego bogactwa i korzystania z niego według własnego uznania, pod warunkiem, że korzystanie z niego nie wyrządzi krzywdy twoim bliźnim".

Gdy Jezus skończył swoje porady, bogaty Rzymianin podniósł się ze swej kanapy i mówiąc dobranoc, dał taką obietnicę: „Mój dobry przyjacielu, zauważyłem, że jesteś człowiekiem o wielkiej mądrości i dobroci; od jutra zacznę zarządzanie całym moim majątkiem zgodnie z twoją radą".

6. SŁUŻBA SPOŁECZNA

Tutaj, w Rzymie, miało również miejsce wzruszające zdarzenie, kiedy Stwórca wszechświata poświęcił kilka godzin na to, aby przyprowadzić zaginione dziecko jego zatrwożonej matce. Mały chłopiec oddalił się od swego domu i rozpaczliwie płakał, kiedy Jezus go znalazł. Jezus i Ganid szli do bibliotek, ale postanowili zaprowadzić dziecko z powrotem do domu. Ganid nigdy nie zapomniał komentarza Jezusa: „Wiesz Ganidzie, że większość istot ludzkich przypomina zagubione dziecko. Wiele czasu spędzają płacząc ze strachu i cierpiąc w smutku, kiedy naprawdę są blisko bezpieczeństwa i pewności, tak jak to dziecko było bardzo blisko domu. I ci wszyscy, którzy znają drogę prawdy i cieszą się pewnością poznania Boga, powinni zaofiarować swym braciom radę w ich próbach znalezienia zadowolenia z życia, i powinni traktować to jako przywilej a nie obowiązek. Czyż nie uradowała nas posługa odprowadzenia dziecka do matki? Tak samo ci, którzy prowadzą ludzi do Boga, doznają najwyższej radości, gdy służą człowiekowi". I od tego dnia, przez resztę swego cielesnego życia, Ganid wciąż wypatrywał zagubionych dzieci, które mógłby zaprowadzić do ich domów.

Spotkali też wdowę z pięciorgiem dzieci, której mąż zginął w wypadku. Jezus opowiedział Ganidowi, jak stracił ojca w wypadku i obaj wielokrotnie pocieszali matkę i jej dzieci a Ganid wystarał się o pieniądze od swego ojca, aby dostarczyć im jedzenie i odzież. Nie ustawali w wysiłkach, zanim nie znaleźli pracy najstarszemu chłopcu, aby mógł zaopiekować się swoją rodziną.

Tego wieczora, gdy Gonod słuchał o tym przypadku, powiedział dobrodusznie do Jezusa: „Planowałem wychować mojego syna na uczonego albo człowieka interesu, a teraz zacząłeś robić z niego filozofa czy filantropa". A Jezus z uśmiechem odpowiedział: „Być może zrobimy z niego wszystkich czterech i wówczas będzie miał poczwórne zadowolenie w życiu, jak jego ucho, słuchając ludzkich melodii, zdolne jest rozpoznać cztery dźwięki zamiast jednego". Wtedy Gonod powiedział: „Widzę, że rzeczywiście jesteś filozofem. Musisz napisać książkę dla przyszłych pokoleń". A Jezus mu odpowiedział: „Nie książkę – moją misją jest żyć moim życiem w tym pokoleniu i dla wszystkich pokoleń. Ja, – " lecz się powstrzymał, mówiąc do Ganida, „Mój synu, czas się położyć".

7. WYCIECZKI PO OKOLICACH RZYMU

Jezus, Gonod i Ganid zrobili pięć wycieczek z Rzymu do różnych, interesujących miejsc w najbliższej okolicy. Gdy przebywali nad jeziorami włoskimi, na północy, Jezus długo rozmawiał z Ganidem o tym, że niemożliwe jest nauczanie człowieka o Bogu, jeśli człowiek nie chce poznać Boga. Podczas podróży do jezior przypadkowo spotkali bezmyślnego poganina i Ganid był zaskoczony tym, że Jezus, który zazwyczaj wciągał człowieka w rozmowę, w trakcie której dochodziło do omawiania zagadnień duchowych, tym razem odstępuje od tego zwyczaju. Kiedy Ganid zapytał nauczyciela, dlaczego przejawia tak małe zainteresowanie tym poganinem, Jezus odpowiedział:

„Ganidzie, ten człowiek nie jest głodny prawdy. Jest zadowolony z siebie. Nie chciał prosić o pomoc a oczy jego umysłu się nie otwarły, aby otrzymać światłość dla duszy.

Ten człowiek nie dojrzał do żniwa zbawienia, musi mieć więcej czasu na próby i trudności życia, które go przygotują na przyjęcie mądrości i wyższej nauki. Albo, gdybyśmy żyli razem z nim, moglibyśmy pokazać mu Ojca w niebie poprzez nasze życie i w ten sposób, zainteresowany naszym życiem jako synów Boga, musiałby zasięgnąć wiadomości o naszym Ojcu. Nie możesz ukazać Boga tym, którzy go nie szukają, nie możesz prowadzić opornych dusz do radości zbawienia. Człowiek musi stać się głodny prawdy w wyniku doświadczeń życiowych lub musi pragnąć Boga w rezultacie zetknięcia się z życiem tych, którzy zaznajomieni są z boskim Ojcem, zanim inna ludzka istota może zadziałać jako pośrednik, prowadzący takiego bliźniego do Ojca w niebie. Jeżeli znamy Boga, to naszym rzeczywistym zadaniem na Ziemi jest żyć tak, aby pozwolić Ojcu objawić się przez nasze życie i w ten sposób wszyscy, poszukujący Boga, dostrzegą Ojca i będą nas prosić o pomoc, aby mogli lepiej poznać tego Boga, który przejawia się w naszym życiu.

Było to podczas pobytu w Szwajcarii, w górach, gdy Jezus rozmawiał cały dzień o buddyzmie, zarówno z ojcem jak i synem. Wielokrotnie Ganid zadawał Jezusowi bezpośrednie pytania na temat Buddy, ale zawsze otrzymywał mniej czy bardziej wymijające odpowiedzi. Teraz, w obecności syna, ojciec wprost spytał się Jezusa na temat Buddy i otrzymał bezpośrednią odpowiedź. Gonod powiedział: „Chciałbym się naprawdę dowiedzieć, co myślisz o Buddzie". I Jezus odpowiedział:

„Twój Budda był o wiele lepszy od twojego buddyzmu. Budda był wielkim człowiekiem, nawet prorokiem dla swego narodu, ale był prorokiem sierotą; rozumiem przez to, że wcześnie stracił wizję swojego duchowego Ojca, Ojca w niebie. Jego doświadczenia były tragiczne. Próbował żyć i nauczać, jako posłaniec Boga, ale bez Boga. Budda pokierował swój statek zbawienia prosto do bezpiecznego portu, płynąc wprost do przystani zbawienia śmiertelnych i tam, z powodu złych map nawigacyjnych, dobry statek osiadł na mieliźnie. Tam również utknęło wiele pokoleń, pozostając w bezruchu, niemal bez nadziei. I tam również wielu z twojego narodu trwa przez wszystkie te lata. Żyją w zasięgu głosu od bezpiecznych wód wytchnienia, ale wzbraniają się wpłynąć, ponieważ szlachetny statek dobrego Buddy spotkało nieszczęście, utknął na mieliźnie tuż przy wejściu do portu. Narody buddyjskie nigdy nie wpłyną do tego portu, chyba, że porzucą filozoficzny statek swojego proroka i zrozumieją jego szlachetnego ducha. Gdyby twój naród pozostał wierny duchowi Buddy, dawno już weszlibyście do zacisznej przystani duchowej, odpoczynku dla duszy i pewnego zbawienia.

Widzisz Gonodzie, Budda poznał Boga w duchu, ale nie udało mu się go jasno zrozumieć umysłem; Żydzi odkryli Boga w umyśle, ale zasadniczo nie udało im się go poznać w duchu. Dzisiaj Buddyści brodzą dookoła filozofii bez Boga, podczas gdy mój naród, pozostając bez zbawczej filozofii życia i wolności, jest żałośnie zniewolony strachem przed Bogiem. Ty masz filozofię bez Boga, Żydzi mają Boga, ale w zasadzie bez powiązanej z nim filozofii życia. Buddzie nie udało się dostrzec Boga jako ducha i jako Ojca, nie udało mu się zamieścić w swojej nauce tej moralnej energii i duchowej mocy napędowej, którą religia musi mieć, jeżeli ma przekształcić rasę i wywyższyć naród".

Wtedy Ganid zawołał: „Nauczycielu, ty i ja, zróbmy nową, jedną religię, odpowiednio dobrą dla Indii i odpowiednio wielką dla Rzymu i może będziemy mogli sprzedać ją Żydom, zamiast Jahwe". A Jezus odpowiedział: „Ganidzie, religii się nie robi. Ludzkie religie rozwijają się przez długi czas, kiedy objawienia Boże rozbłyskują na Ziemi w życiu tych ludzi, którzy odkrywają Boga swoim bliźnim". Jednak oni nie zrozumieli znaczenia tych proroczych słów.

Tej nocy, gdy poszli spać, Ganid nie mógł usnąć. Rozmawiał bardzo długo ze swoim ojcem i w końcu powiedział, „wiesz ojcze, czasem myślę, że Jeszua jest prorokiem". A ojciec jego, śpiąco odpowiedział, „mój synu, są inni – ".

Od tego dnia, przez resztę swego cielesnego życia, Ganid wciąż rozwijał swoją własną religię. Bardzo był poruszony jasnością umysłu Jezusa, jego uczciwością i tolerancją. Podczas wszystkich ich filozoficznych i religijnych dyskusji, młodzieniec ten nigdy nie zaznał uczuć oburzenia albo odruchów antagonizmu.

I oto niebiańskie istoty inteligentne ujrzały tę scenę, kiedy indyjski chłopiec proponuje Stwórcy wszechświata stworzenie nowej religii! I chociaż ów młody człowiek tego nie wiedział, tworzyli oni nową i wieczną religię, właśnie wtedy i tam – tę nową drogę zbawienia, objawienie Boga człowiekowi poprzez Jezusa i w Jezusie. Czego pragnął ten chłopiec najbardziej, w rzeczywistości robił to nieświadomie. I tak zawsze było i zawsze będzie. To, co chce robić i czym chce być oświecona i refleksyjna, ludzka wyobraźnia, duchowo nauczana, szczerze i altruistycznie prowadzona, staje się wymiernie stwórcze, zgodnie ze stopniem dedykacji śmiertelnika dla czynienia w boski sposób woli Ojca. Kiedy człowiek zostanie partnerem Boga, wielkie rzeczy mogą się zdarzyć i się zdarzają.

PRZEKAZ 133

POWRÓT Z RZYMU

GDY Jezus szykował się do opuszczenia Rzymu, nie żegnał się z żadnym ze swoich przyjaciół. Uczony w Piśmie z Damaszku zjawił się w Rzymie bez zapowiedzi i podobnie zniknął. Upłynął cały rok, zanim ci, którzy go znali i kochali, utracili nadzieję zobaczenia go znowu. Nie upłynęły dwa lata od jego odejścia a zaczęły się zbierać małe grupy jego byłych znajomych, zbliżone wspólnymi zainteresowaniami związanymi z jego nauką i pamięcią wspólnie z nim spędzonych, miłych chwil. Te małe grupy stoików, cyników i wyznawców kultów misteryjnych spotykały się stale, nieregularnie i nieformalne, aż do czasu pojawienia się w Rzymie pierwszych apostołów religii chrześcijańskiej.

Gonod i Ganid kupili tak wiele rzeczy w Aleksandrii i w Rzymie, że wysłali swój dobytek przodem, juczną karawaną do Tarentu, podczas gdy trzej podróżni wędrowali powoli przez Włochy wspaniałą Drogą Apijską. W czasie podróży spotykali wszystkie rodzaje istot ludzkich. Przy tej drodze mieszkało wielu szlachetnych obywateli rzymskich i greckich osadników, ale już zaczęła się pojawiać wielka liczba potomstwa poślednich niewolników.

Pewnego dnia, w połowie drogi do Tarentu, kiedy odpoczywali po obiedzie, Ganid zadał Jezusowi bezpośrednie pytanie, co myśli na temat systemu kastowego Indii. Jezus odpowiedział: „Chociaż ludzkie istoty różnią się jedna od drugiej na wiele sposobów, przed Bogiem i w świecie duchowym status wszystkich śmiertelników jest jednakowy. W oczach Boga są tylko dwie grupy śmiertelników – ci, którzy pragną wykonywać jego wolę i ci, którzy nie chcą tego robić. Gdy wszechświat patrzy na świat zamieszkały, tak samo dostrzega dwie wielkie klasy – tych, którzy rozpoznają Boga i tych, którzy go nie znają. Ci, którzy nie mogą poznać Boga, zaliczają się do zwierząt jakiejkolwiek danej domeny. Ludzkość może być odpowiednio podzielona na wiele klas, w zależności od tego, jaką właściwość człowieka bierze się pod uwagę – fizyczną, umysłową, społeczną, zawodową czy etyczną, ale kiedy te różne klasy śmiertelników staną przed sądem Bożym, są one na jednakowym poziomie; Bóg naprawdę nie ma względu na osoby. Jakkolwiek nie można ignorować różnych ludzkich zdolności i talentów w zakresie intelektualnym, społecznym i moralnym, nie powinno się robić takich różnic w duchowym braterstwie ludzi, kiedy się gromadzą oddawać cześć w obecności Boga".

1. MIŁOSIERDZIE I SPRAWIEDLIWOŚĆ

Pewnego popołudnia, kiedy zbliżali się do Tarentu, zdarzyła się ciekawa rzecz. Podróżnicy zauważyli gburowatego i awanturującego się młodzieńca, który brutalnie atakował mniejszego chłopca. Jezus pośpieszył z pomocą napadniętemu chłopcu, a kiedy go wyratował, silnie trzymał napastnika, do czasu, aż mniejszy chłopiec uciekł. W momencie, gdy Jezus puścił drobnego awanturnika, Ganid rzucił się na chłopaka i zaczął go solidnie okładać; i ku zdziwieniu Ganida Jezus bezzwłocznie interweniował. Jezus powstrzymał Ganida i pozwolił uciec wystraszonemu chłopcu a wtedy młody człowiek, jak tylko odzyskał oddech, w podnieceniu zawołał: „Nie rozumiem ciebie, nauczycielu. Jeśli miłosierdzie nakazywało ci wyratować mniejszego chłopca czy sprawiedliwość nie wymaga ukarania większego młodzieńca, który zawinił"? Jezus mu odpowiedział:

„Ganidzie, ty naprawdę nie rozumiesz. Służba miłosierdzia jest zawsze dziełem jednostki, ale sprawiedliwe karanie jest funkcją społeczną, rządową lub wszechświatowych grup administracyjnych. Jako jednostka zobowiązany jestem do okazania miłosierdzia; musiałem uwolnić napadniętego chłopca i w konsekwencji użyłem odpowiedniej siły, aby powstrzymać agresora. I to właśnie zrobiłem. Udało mi się uwolnić napadniętego chłopca i to był koniec służby miłosierdzia. Następnie siłą zatrzymałem agresora odpowiednio długo, aby umożliwić ucieczkę słabszej stronie zatargu, po czym wycofałem się z awantury. Nie przystąpiłem do osądzania agresora, zatem do rozsądzenia jego motywów – aby rozstrzygnąć wszystko to, co spowodowało, że zaatakował bliźniego – i nie przystąpiłem do wykonania kary, którą rozum mógł mi dyktować, jako sprawiedliwą odpłatę za jego wykroczenie. Ganidzie, miłosierdzie może być hojne, ale sprawiedliwość jest dokładna. Czyż nie zauważyłeś, że nie ma dwu osób, które zgodziłyby się na wymiar kary zadowalający wymagania sprawiedliwości? Jeden nakazałby czterdzieści batów, inny dwadzieścia, podczas gdy jeszcze inny radziłby odosobnienie w więzieniu jako sprawiedliwą karę. Czy nie zauważyłeś, że na tym świecie odpowiedzialność taką lepiej powierzyć grupie, czy wybranym reprezentantom tej grupy? We wszechświecie wyrok sankcjonowany jest przez tych, którzy dobrze znają wszystkie okoliczności poprzedzające wykroczenie, jak również jego motywację. W cywilizowanym społeczeństwie i w zorganizowanym wszechświecie wymierzanie sprawiedliwości zakłada wydanie sprawiedliwego wyroku w następstwie sprawiedliwego osądu, a takie przywileje przysługują grupom prawnym światów oraz wszechwiedzącym administratorom wyższych wszechświatów całego stworzenia."

Przez kilka dni rozważali ten problem – okazywania miłosierdzia i wymierzania sprawiedliwości. I do pewnego stopnia Ganid w końcu zrozumiał, dlaczego Jezus nie zaangażował się osobiście w walkę. Ganid zadał jednak jedno, ostatnie pytanie, na które nigdy nie dostał w pełni zadowalającej odpowiedzi a pytanie to brzmiało: „Ale, Nauczycielu, jeśli silniejsza, źle usposobiona istota zaatakowałaby ciebie i groziłaby, że cię zabije, co byś zrobił? Czy nie próbowałbyś się bronić"? Chociaż Jezus nie mógł w pełni i zadowalająco odpowiedzieć na pytanie młodzieńca, gdyż nie chciał mu wyjawić, że on (Jezus) żyje na Ziemi jako egzemplifikacja miłości Rajskiego Ojca dla widzialnego wszechświata, powiedział tylko tyle:

„Ganidzie, dobrze rozumiem, jak niektóre z tych problemów wprawiają cię w zakłopotanie i postaram się odpowiedzieć na twoje pytanie. Po pierwsze, podczas wszystkich ataków na moją osobę, ustalę, czy agresor jest, czy też nie jest synem Boga – moim bratem w ciele – i jeśli uznam, że ta istota nie posiada osądu moralnego i duchowego pojmowania, nie będę się wahał bronić całą moją siłą, nie zważając na konsekwencje dla napastnika. Jednak nie atakowałbym w ten sam sposób, nawet we własnej obronie, brata człowieka, który ma status synostwa. To znaczy, nie ukarałbym go z góry i bez osądu za napaść na mnie. Każdym możliwym fortelem starałbym się zapobiec temu atakowi i próbowałbym mu to wyperswadować, albo złagodzić atak w przypadku, gdyby mi się to nie udało. Ganidzie, ja ufam absolutnie opiece nadrzędnej mojego niebiańskiego Ojca; poświęcam się całkowicie czynieniu woli mojego Ojca w niebie. Nie wierzę, że może mnie spotkać *prawdziwa* krzywda, nie wierzę, że moja życiowa praca może być naprawdę w niebezpieczeństwie, w wyniku czegokolwiek, co może mnie spotkać od moich wrogów a oczywiście nie musimy obawiać się przemocy ze strony przyjaciół. Jestem absolutnie przekonany, że cały wszechświat jest do mnie przyjacielsko nastawiony – całym moim sercem obstaję przy wierze w tę wszechpotężną prawdę pomimo wszelkich pozorów, że jest inaczej".

Jednak Ganida niezupełnie to zadowoliło. Wielokrotnie omawiali te sprawy i Jezus opowiedział mu kilka swoich przeżyć z lat chłopięcych, jak również o Jakubie synu kamieniarza. Dowiedziawszy się, jak to Jakub mianował się obrońcą Jezusa, Ganid powiedział: „Oho, zaczynam to rozumieć! Po pierwsze, naprawdę rzadko jakakolwiek normalna ludzka istota mogłaby zechcieć atakować tak dobroduszną osobę jak ty, a nawet, jeśli ktokolwiek byłby tak bezmyślny, aby to zrobić, na pewno znajdzie się w pobliżu ktoś inny, aby przyjść z pomocą, tak jak ty zawsze pomagasz każdemu, kiedy widzisz, że jest w potrzebie. W moim sercu, Nauczycielu, zgadzam się z tobą, ale sam wciąż myślę, że jeśli ja byłbym Jakubem, miałbym przyjemność w karaniu tych grubiańskich kolegów, którzy ośmielili się atakować ciebie, ponieważ myśleli, że nie będziesz się bronił. Myślę, że jesteś zupełnie bezpieczny na swojej drodze życia, skoro poświęcasz tyle czasu pomagając innym i służysz bliźnim w nieszczęściu – więc najprawdopodobniej zawsze będzie ktoś pod ręką, aby ciebie bronić". A Jezus odpowiedział: „Ta próba jeszcze nie nadeszła, Ganidzie, a kiedy przyjdzie, musimy stosować się do woli Ojca". I to było prawie wszystko, co chłopiec mógł wydobyć od swego nauczyciela w skomplikowanym temacie samoobrony i nie stawiania oporu. Przy innej sposobności Ganid wydobył od Jezusa opinię, że zorganizowane społeczeństwo ma wszelkie prawo używać siły, aby wypełnić powierzone mu zadania.

2. ZAOKRĘTOWANIE W TARENCIE

Gdy podróżnicy przebywali na nabrzeżu portowym, czekając na rozładunek statku, zauważyli człowieka znęcającego się nad swą żoną. Jak to było w jego zwyczaju, Jezus interweniował w obronie osoby atakowanej. Podszedł z tyłu do rozgniewanego męża i stukając go delikatnie w ramię, powiedział: „Mój przyjacielu, czy mógłbym z tobą porozmawiać przez chwilę na osobności?". Zagniewany mężczyzna był zakłopotany takim zagajeniem i po chwili kłopotliwego wahania, wyjąkał – „ee – dlaczego – owszem, czego chcesz ode mnie?". Kiedy Jezus odprowadził go na bok, powiedział: „Mój przyjacielu, zauważyłem, że coś strasznego musiało ci się przydarzyć; bardzo chciałbym żebyś mi powiedział, co przytrafiło się tak silnemu mężczyźnie, że skłoniło go do napaści na swoją żonę, matkę jego dzieci, właśnie tutaj, na naszych oczach. Jestem pewien, że uważasz, iż masz jakiś istotny powód do takiej napaści. Co zrobiła ta kobieta, że zasłużyła na takie traktowanie jej przez męża? Kiedy patrzę na ciebie, myślę, że widzę na twej twarzy zamiłowanie do sprawiedliwości, jeśli nie pragnienie okazania miłosierdzia. Ośmielam się twierdzić, że jeżeli spotkałbyś mnie przy drodze, napadniętego przez bandytów, bez wahania pospieszyłbyś mi na ratunek. Nie waham się mniemać, że w swym życiu zrobiłeś wiele takich odważnych uczynków. I otóż, mój przyjacielu, powiedz, co się stało? Czy ta kobieta zrobiła coś złego, albo czy ty niemądrze straciłeś głowę i bezmyślnie ją zaatakowałeś?" Nie tak to, co powiedział Jezus, jak jego łagodne spojrzenie i sympatyczny uśmiech, którym go obdarzył na zakończenie swoich uwag, poruszyły serce tego człowieka. Mężczyzna powiedział: „Czuję, że jesteś kapłanem cyników i wdzięczny ci jestem, że mnie pohamowałeś. Moja żona nie zrobiła niczego specjalnie złego, jest dobrą kobietą, ale irytuje mnie sposób, w jaki czepia się mnie publicznie i tracę panowanie nad sobą. Jest mi przykro za mój brak samokontroli i przyrzekam, że będę próbował żyć zgodnie z moją poprzednią przysięgą, złożoną jednemu z twoich braci, który wiele lat temu uczył mnie lepszej drogi. Przyrzekam ci".

A potem, żegnając się z nim, Jezus powiedział: „Mój bracie, zawsze pamiętaj, że mężczyzna nie ma prawowitej władzy nad kobietą, chyba, że kobieta chętnie i z własnej woli dała mu taką władzę. Twoja żona zgodziła się iść z tobą przez życie, aby pomóc ci zmagać się z jego przeciwnościami i wziąć na siebie znacznie większy ciężar życia, związany z rodzeniem i wychowaniem twoich dzieci; a w zamian za tę specjalną służbę sprawiedliwe jest, aby otrzymała od ciebie tę szczególną ochronę, jaką mężczyzna może zapewnić kobiecie jako partnerowi, który musi nosić, rodzić i wychowywać dzieci. Ta pełna miłości opieka i troska, jaką mężczyzna chętnie obdarza swoją żonę i dzieci, są miarą osiągnięcia przez tego mężczyznę wyższych poziomów twórczej i duchowej samoświadomości. Czy wiesz, że mężczyzna i kobieta są partnerami Boga i współpracują z nim w stwarzaniu istot, które dorastają, aby posiąść potencjalnie nieśmiertelne dusze? Ojciec w niebie traktuje Duchową Matkę dzieci wszechświata jako równą sobie. Podobne Bogu jest dzielenie swego życia i wszystkiego z nim związanego na równych prawach z partnerem-matką, która dzieli z tobą w pełni boskie doświadczenie powielania was samych w życiu waszych dzieci. Jeżeli tylko potrafisz kochać swoje dzieci tak, jak Bóg kocha ciebie, będziesz kochał i otaczał czułą opieką swoją żonę, tak, jak Ojciec w niebie poważa i wywyższa Nieskończonego Ducha, matkę wszystkich duchowych dzieci rozległego wszechświata".

Gdy wchodzili na pokład statku, oglądając się za siebie ujrzeli scenę, parę ludzi stojącą w milczącym uścisku, z oczami pełnymi łez. Gonod, słysząc drugą połowę posłania Jezusa do mężczyzny, przez cały dzień to rozważał i postanowił zreorganizować swe życie rodzinne, kiedy wróci do Indii.

Podróż do Nikopolis upływała przyjemnie, ale powoli, ponieważ nie było pomyślnych wiatrów. Cała trójka spędzała wiele godzin na opowiadaniu swych przeżyć w Rzymie i na wspominaniu wszystkiego tego, co im się przydarzyło od czasu, gdy po raz pierwszy spotkali się w Jerozolimie. Ganid przesiąkał duchem służby osobistej. Zaczął pracować nad stewardem statku, ale drugiego dnia, kiedy wypłynął na głębokie wody religijne, zawołał Jeszuę, aby mu pomógł.

Kilka dni spędzili w Nikopolis, mieście, które August założył jakieś pięćdziesiąt lat temu, jako „miasto zwycięstwa", dla upamiętnienia bitwy pod Akcjum; położone było na tej ziemi, na której obozował ze swym wojskiem przed bitwą. Zakwaterowali się w domu pewnego Jeramy, Greka, prozelity wiary żydowskiej, którego spotkali na statku. Apostoł Paweł spędził całą zimę w tym samym domu, z synem Jeramy, podczas swej trzeciej podróży misyjnej. Z Nikopolis pożeglowali tym samym statkiem do Koryntu, stolicy rzymskiej prowincji Achai.

3. W KORYNCIE

Kiedy dotarli do Koryntu, Ganid żywo zainteresował się religią żydowską, nic zatem dziwnego, że pewnego dnia, mijając synagogę i widząc ludzi wchodzących do środka, poprosił Jezusa, aby go wziął na nabożeństwo. Tego dnia słuchali rozprawy uczonego rabina „Przeznaczenie Izraela", a po nabożeństwie spotkali się z Krispusem, zarządcą tej synagogi. Wiele razy wracali na nabożeństwo do synagogi, ale zwłaszcza po to, żeby się spotkać z Krispusem. Ganid bardzo polubił Krispusa, jego żonę i rodzinę, złożoną z pięciorga dzieci. Bardzo lubił się przyglądać, jak ten Żyd prowadzi swe życie rodzinne.

Podczas gdy Ganid poznawał życie rodzinne, Jezus nauczał Krispusa lepszych dróg życia religijnego. Ponad dwadzieścia razy spotkał się Jezus z tym Żydem o postępowych poglądach; nic więc dziwnego, że w latach późniejszych, gdy Paweł wygłaszał kazania w tej samej synagodze i kiedy Żydzi odrzucili jego posłanie, i przegłosowali zakaz wygłaszania dalszych jego kazań, i kiedy Paweł poszedł do nie-Żydów Krispus z całą swoją rodziną przyjął nową religię i stał się jedną z głównych podpór kościoła chrześcijańskiego, który Paweł założył później w Koryncie.

W ciągu tych osiemnastu miesięcy, kiedy Paweł głosił kazania w Koryncie, później razem z Sylasem i Tymoteuszem, spotkał on wielu innych, których nauczał „żydowski guwerner, uczący syna indyjskiego kupca".

W Koryncie spotkali ludzi wszystkich ras, zgromadzonych tutaj z trzech kontynentów. Po Aleksandrii i Rzymie, było to najbardziej kosmopolityczne miasto w cesarstwie śródziemnomorskim. W mieście tym było wiele przykuwających uwagę atrakcji a Ganidowi nigdy się nie znudziło odwiedzanie cytadeli, która wznosiła się na około sześćset metrów nad poziomem morza. Ganid spędził również sporo swojego wolnego czasu przy synagodze i w domu Krispusa. Z początku był zaszokowany, później oczarowany, statusem, jaki miała kobieta w rodzinie żydowskiej; dla młodego Hindusa to było odkrycie.

Jezus i Ganid często gościli w innym żydowskim domu, pobożnego kupca Justusa, który mieszkał tuż obok synagogi. I wiele razy później, kiedy Apostoł Paweł przebywał w tym domu, słuchał on opowieści o tamtych odwiedzinach chłopca indyjskiego i jego żydowskiego guwernera i obydwaj, Paweł i Justus, zastanawiali się, co się mogło stać z tym tak mądrym i znakomitym, hebrajskim nauczycielem.

Podczas pobytu w Rzymie Ganid zauważył, że Jezus nie chciał chodzić z nimi do łaźni publicznych. Później, kilka razy, ten młody człowiek próbował nakłonić Jezusa, aby dokładniej wyraził swoją opinię w sprawie związków pomiędzy płciami. Aczkolwiek Jezus odpowiadał na pytania chłopca, nigdy nie wdawał się w dłuższe dyskusje na te tematy. Jednego wieczora, gdy przechadzali się po Koryncie w pobliżu tego miejsca, gdzie mur cytadeli schodził w dół ku morzu, zostali zaczepieni przez dwie kobiety publiczne. Ganid, przesiąknięty ideą – i słusznie – że Jezus jest człowiekiem o wysokich ideałach i że brzydzi się wszystkim, co ma związek z nieczystością lub posiada posmak zła, odezwał się ostro do tych kobiet i gruboskórnie odprawił je precz. Kiedy Jezus to zobaczył, rzekł do Ganida: „Masz dobro na myśli, ale nie powinieneś ośmielać się tak mówić do dzieci Boga, nawet, jeśli przypadkiem są jego błądzącymi dziećmi. Kim my jesteśmy, żeby osądzać te kobiety? Czy znasz przypadkiem wszystkie okoliczności, które skłoniły je do tego, aby uciekały się do takich sposobów zarabiania na życie? Zatrzymajmy się tutaj i porozmawiajmy o tych sprawach." Tym, co powiedział, o wiele bardziej zaskoczone były kurtyzany niż Ganid.

Kiedy tak stali w świetle księżyca, Jezus zaczął mówić: „W każdym ludzkim umyśle żyje Boski duch, dar Ojca w niebie. Ten dobry duch zawsze pragnie prowadzić nas do Boga, pomóc nam znaleźć Boga i poznać Boga; ale jest również w śmiertelnikach wiele naturalnych, fizycznych tendencji, w które Stwórca ich wyposażył, aby służyły dobru jednostki i gatunku. Otóż, częstokroć ludzie są zdezorientowani, tak mężczyźni jak i kobiety, gdy próbują zrozumieć siebie samych i borykają się z różnorakimi trudnościami, zarabiając na utrzymanie w świecie tak bardzo zdominowanym przez egoizm i grzech. Czuję Ganidzie, że żadna z tych kobiet nie została nikczemną rozmyślnie. Mogę powiedzieć, patrząc na ich twarze, że przeżyły one wiele smutku, cierpiały bardzo z rąk najwyraźniej okrutnego losu. Nierozmyślnie wybrały ten rodzaj życia; w zniechęceniu, graniczącym z desperacją, poddały się naciskowi chwili i zaakceptowały ten przykry sposób zarabiania na życie, jako najlepszą drogę wyjścia z sytuacji, która dla nich wydawała się beznadziejna. Ganidzie, niektórzy ludzie są rzeczywiście niegodziwi w swych sercach, rozmyślnie wybierają robienie podłych rzeczy, ale powiedz mi, kiedy patrzysz na te łzami zalane twarze, czy widzisz tu cokolwiek złego czy niegodziwego?". I kiedy Jezus przerwał, czekając na odpowiedź, Ganid zduszonym głosem wyjąkał: „Nie, Nauczycielu, nie widzę. I przepraszam za moje grubiaństwo w stosunku do nich – błagam je o przebaczenie". Wówczas Jezus rzekł: „A ja świadczę za nie, że przebaczyły ci, tak jak mówię za mojego Ojca w niebie, że im przebaczył. Teraz chodźcie wszyscy ze mną do domu mojego przyjaciela, gdzie poszukamy pokrzepienia i planu na przyszłe, nowe i lepsze życie". Aż dotąd zdumione kobiety nie wyrzekły ani słowa; popatrzyły jedna na drugą i milcząco poszły za mężczyznami, którzy szli przodem.

Wyobraźcie sobie zdziwienie żony Justusa, gdy o późnej godzinie Jezus zjawił się z Ganidem i dwiema nieznajomymi, mówiąc: „Wybaczcie nam, że przyszliśmy tak późno, ale Ganid i ja mamy ochotę coś przekąsić i chcielibyśmy się tym podzielić z nowo poznanymi przyjaciółkami, które także potrzebują się posilić; ale nade wszystko przyszliśmy do was z myślą, że będziecie chcieli doradzić nam, jak najlepiej pomóc tym kobietom zacząć nowe życie. Mogą opowiedzieć wam swoje historie, ale przypuszczam, że miały sporo kłopotów a ich obecność tutaj, w waszym domu, świadczy o tym, jak gorliwie chcą poznać dobrych ludzi i jak ochoczo oraz skwapliwie skorzystały z okazji, żeby pokazać całemu światu – jak również aniołom w niebie – jakimi dzielnymi i szlachetnymi kobietami mogą zostać".

Kiedy Marta, żona Justusa, rozłożyła jedzenie na stole, Jezus niespodziewanie ich zostawił, mówiąc: „Ponieważ robi się późno a ojciec tego młodego człowieka czeka na nas, prosimy, abyście nam wybaczyli, że zostawimy was tutaj razem – trzy kobiety – ukochane dzieci Najwyższego. A ja będę się modlił o wasze duchowe przewodnictwo, kiedy będziecie robić plany na nowe, lepsze życie na Ziemi i na przyszłe życie wieczne".

Tak więc Jezus z Ganidem zostawili te kobiety. Jak dotąd dwie kurtyzany milczały; Ganid tak samo oniemiał. Na kilka chwil oniemiała i Marta, ale wkrótce stanęła na wysokości zadania i tak jak się Jezus tego spodziewał, zrobiła wszystko dla tych obcych kobiet. Starsza z dwu kobiet umarła wkrótce po tym zdarzeniu, z promienną nadzieją na wieczne życie a młodsza pracowała u Justusa, później została na resztę życia członkiem pierwszego Kościoła chrześcijańskiego w Koryncie.

W domu Krispusa Jezus i Ganid wielokrotnie spotykali pewnego Gajusa, który później został lojalnym stronnikiem Pawła. Podczas tych dwóch miesięcy, spędzonych w Koryncie, prowadzili oni serdeczne rozmowy z mnóstwem wartościowych jednostek i w rezultacie tych wszystkich, pozornie przypadkowych kontaktów, ponad połowa tych ludzi była tak poruszona, że zostali członkami późniejszej wspólnoty chrześcijańskiej.

Gdy po raz pierwszy Paweł przybył do Koryntu, nie zamierzał pozostawać tam długo. Nie wiedział jednak, jak dobrze żydowski guwerner przygotował podwaliny jego działalności. Później odkrył, że Akwila i Pryska rozbudzili już wielkie zainteresowanie; Akwila był jednym z cyników, którego Jezus spotkał podczas pobytu w Rzymie. Ta para żydowskich uchodźców z Rzymu szybko przyjęła nauczanie Pawła. Paweł żył z nimi i pracował, gdyż oni również byli wytwórcami namiotów. Ze względu na te okoliczności, Paweł przedłużył swój pobyt w Koryncie.

4. DZIAŁALNOŚĆ INDYWIDUALNA W KORYNCIE

Jezus i Ganid mieli znacznie więcej interesujących przeżyć w Koryncie. Rozmawiali szczerze ze sporą liczbą osób, które bardzo skorzystały z nauk otrzymanych od Jezusa.

Młynarza nauczał Jezus mielenia ziaren prawdy w młynie życiowego doświadczenia, tak, aby przekształcić trudne sprawy życia boskiego na łatwe do przyjęcia, nawet przez słabych i bojaźliwych wśród braci śmiertelników. Jezus powiedział: „Daj mleko prawdy tym, którzy są niemowlętami w duchowym postrzeganiu. W twojej żywej i miłości pełnej służbie podawaj strawę duchową w atrakcyjnej formie i dostosowaną do możliwości umysłowych każdego pytającego".

Rzymskiemu setnikowi Jezus powiedział: „Oddawaj cesarzowi to, co jest cesarskie a Bogu to, co jest Boskie. Szczere służenie Bogu i lojalne służenie cesarzowi nie kolidują ze sobą, chyba, że cesarz uważa, iż może wymagać dla siebie takiego hołdu, do którego tylko Bóstwo może rościć sobie prawo. Lojalność wobec Boga, jeśli go poznasz, sprawi, że będziesz bardziej jeszcze lojalny i wierny w twoim poświęceniu dla wartościowego imperatora".

Gorliwemu przywódcy mitraickiemu Jezus powiedział: „Dobrze robisz, szukając religii wiecznego zbawienia, ale błądzisz, szukając takiej chwalebnej prawdy pośród misteriów stworzonych przez człowieka i pośród ludzkich filozofii. Czy nie wiesz, że tajemnica wiecznego zbawienia mieszka w twojej duszy? Czy nie wiesz, że Bóg z nieba zesłał swojego ducha, aby żył w tobie i że ten duch poprowadzi wszystkich kochających prawdę i służących Bogu śmiertelników z tego życia, przez bramy śmierci, do wiecznych wysokości światła, gdzie Bóg czeka na przyjęcie swoich dzieci? I nigdy nie zapomnij, że wy, którzy znacie Boga, jesteście synami Boga, jeżeli prawdziwie pragniecie być jemu podobni".

Epikurejskiemu nauczycielowi powiedział: „Robisz dobrze, wybierając to, co najlepsze i doceniając dobro, ale czy jesteś mądry, kiedy nie uda ci się dostrzec większych rzeczy śmiertelnego życia, istniejących w duchowych domenach, rzeczy wywodzących się z uświadomienia sobie obecności Boga w sercu ludzkim? Wielką rzeczą w całym ludzkim doświadczeniu jest świadomość poznania Boga, którego duch żyje w tobie i pragnie cię prowadzić w tę długą i prawie nieskończoną podróż, abyś mógł dotrzeć do osobistej obecności naszego wspólnego Ojca, Boga całego stworzenia, Pana wszechświatów".

Greckiemu przedsiębiorcy budowlanemu powiedział: „Mój przyjacielu, tak jak budujesz materialne budowle dla ludzi, tak w swojej duszy rozwijaj duchowy charakter, na podobieństwo Boskiego ducha. Nie pozwól twoim sukcesom doczesnego budowniczego przewyższyć twoich osiągnięć duchowego syna królestwa nieba. Kiedy w czasie budujesz mieszkania dla innych, nie zaniedbaj zabezpieczyć sobie prawa do mieszkań wieczności. Zawsze pamiętaj, że jest miasto, którego fundamentami są prawość i prawda, a którego budowniczym i stwórcą jest Bóg".

Rzymskiemu sędziemu powiedział: „Pamiętaj, że tak jak ty sądzisz ludzi, pewnego dnia sam staniesz przed trybunałem Władców wszechświata. Sądź sprawiedliwie a nawet miłosiernie, tak jak i ty pewnego dnia zapragniesz miłosiernego rozpatrzenia sprawy u Najwyższego Arbitra. Sądź tak, jak sam chciałbyś być sądzony w podobnych okolicznościach, będąc prowadzony tak przez ducha prawa, jak również przez jego literę. Tak jak wymierzasz sprawiedliwość, zdominowaną przez bezstronność na rzecz tych, których doprowadzono przed ciebie, tak i ty będziesz miał prawo oczekiwać sprawiedliwości, łagodzonej przez miłosierdzie, kiedy pewnego razu staniesz przed Sędzią całej Ziemi.

Właścicielce greckiego zajazdu Jezus powiedział: „Służ swoją gościnnością, jak ktoś, kto gości dzieci Najwyższego. Podnieś mozół swojej codziennej pracy do wyższych poziomów wyszukanej sztuki, przez coraz lepsze uświadomienie sobie, że służysz Bogu w tych osobach, które on zamieszkuje przez swego ducha; tego, który zstąpił, aby żyć w sercach ludzkich, a który tym samym próbuje przeobrazić ich umysły i doprowadzić ich dusze do wiedzy o Rajskim Ojcu wszystkich tych darów jakimi obdarza boski duch".

Wiele razy Jezus spotkał się z chińskim kupcem. Żegnając się z nim tak go pouczał: „Czcij tylko tego Boga, który jest twoim prawdziwym, duchowym protoplastą. Pamiętaj, że duch Ojca zawsze żyje w tobie i zawsze ku niebu kieruje twą duszę. Jeśli pójdziesz za podświadomym przewodnictwem tego nieśmiertelnego ducha, na pewno wciąż będziesz kroczył wzniosłą drogą odkrywania Boga. I gdy dotrzesz do Ojca w niebie, stanie się tak dlatego, że szukając jego stawałeś się coraz bardziej jemu podobny. Tak więc żegnaj, Chang, ale tylko na chwilę, wkrótce bowiem spotkamy się znowu na światach światłości, gdzie Ojciec duchowej duszy przygotował wiele wspaniałych miejsc postoju dla zdążających do Raju".

Podróżnikowi z Brytanii Jezus powiedział: „Mój bracie, zauważyłem, że szukasz prawdy i zakładam, że duch Ojca całej prawdy ma sposobność mieszkać w tobie. Czy kiedykolwiek szczerze próbowałeś rozmawiać z duchem swojej własnej duszy? Taka rozmowa doprawdy jest trudna i rzadko daje świadomość sukcesu; ale każda szczera próba kontaktu materialnego umysłu z zamieszkującym go duchem przynosi pewien sukces, pomimo, że większość tak wspaniałych, ludzkich doznań, długo musi pozostawać podświadomym zapisem w duszach rozpoznających Boga śmiertelników".

Zbiegłemu chłopcu Jezus powiedział: „Pamiętaj – Bóg i ty sam – to są dwie rzeczy, od których nie możesz uciec. Gdziekolwiek nie pójdziesz, musisz wziąć ze sobą siebie i ducha niebiańskiego Ojca, który żyje w twoim sercu. Mój synu, przestań okłamywać sam siebie, ustatkuj się i zacznij dzielnie stawiać czoła przeciwnościom życia; trzymaj się mocno pewności synostwa Boga i gwarancji wiecznego życia, tak jak cię uczyłem. Od tego dnia staraj się być prawdziwym mężczyzną, człowiekiem zdecydowanym stawić czoła życiu odważnie i inteligentnie".

Potępionemu kryminaliście, w ostatniej jego godzinie, Jezus powiedział: „Mój bracie, niedobry czas przyszedł na ciebie. Zbłądziłeś na swej drodze, wplątałeś się w sieci przestępstwa. Z rozmowy z tobą dobrze wiem, że nie chciałeś zrobić tej rzeczy, która cię będzie kosztować twoje doczesne życie. Ale zrobiłeś to zło i twoi współbracia uznali cię winnym; postanowili, że masz umrzeć. Ani ty, ani ja nie możemy odmawiać państwu prawa do samoobrony, według jego wyboru. Wygląda na to, że nie ma ludzkiego sposobu ucieczki od kary za twoje wykroczenie. Twoi współbracia muszą cię sądzić za to, co zrobiłeś, ale jest Sędzia, do którego możesz apelować o przebaczenie i który będzie cię sądził na podstawie twych prawdziwych motywów i lepszych intencji. Jeśli twoja skrucha za grzechy jest prawdziwa a twoja wiara szczera, nie musisz się bać sądu Bożego. To, że twój błąd pociąga za sobą karę śmierci, nałożoną przez człowieka, nie odbiera twej duszy możliwości dostąpienia sprawiedliwości i skorzystania z miłosierdzia przed niebiańskimi sądami".

Jezus odbył dużo serdecznych rozmów z wielką liczbą głodnych dusz, zbyt wielką, żeby zamieścić je w tym zapisie. Trzej podróżni przyjemnie spędzili swój czas w Koryncie. W czasach rzymskich, Korynt był najważniejszym miastem Grecji, po Atenach, które miały renomę centrum edukacji a ten dwumiesięczny pobyt w dobrze prosperującym ośrodku handlowym dostarczył podróżnym wszelkich możliwości zdobycia wielu bardzo cennych doświadczeń. Pobyt w tym mieście należał do najbardziej interesujących ze wszystkich ich postojów w drodze powrotnej z Rzymu.

W Koryncie Gonod miał wiele interesów, ale wreszcie zakończył wszystko i szykowali się pożeglować do Aten. Płynęli małą łodzią, która mogła być przewożona drogą lądową z jednego portu Koryntu do drugiego, na odległość szesnastu kilometrów.

5. W ATENACH – ROZPRAWA O NAUCE

Wkrótce dotarli do starego centrum greckiej nauki i oświaty a Ganid przeżywał dreszcz emocji na myśl o pobycie w Atenach, w Grecji, w centrum kultury byłego Imperium Aleksandra, które rozciągnęło swoje granice aż do jego własnej ojczyzny, Indii. Gonod niewiele miał interesów do załatwienia w Atenach i większość swojego czasu spędził z Jezusem i Ganidem, odwiedzając wiele interesujących miejsc i słuchając ciekawych dyskusji młodzieńca z jego wszechstronnym nauczycielem.

Wielki uniwersytet wciąż prosperował w Atenach i cała trójka często odwiedzała jego sale wykładowe. Jezus i Ganid, kiedy uczęszczali na wykłady prowadzone w muzeum, w Aleksandrii, dogłębnie przedyskutowali nauki Platona. Wszyscy podziwiali sztukę grecką, której przykłady nadal można było znaleźć tu i ówdzie w okolicach miasta.

Zarówno ojciec jak i syn dużo skorzystali z dyskusji o nauce, którą pewnego wieczora Jezus prowadził w ich obecności z greckim filozofem. Doktryner ten mówił prawie trzy godziny, a kiedy skończył swoją rozprawę, Jezus powiedział co następuje, w terminologii myśli współczesnej:

Pewnego dnia naukowcy mogą mierzyć energię, albo przejawy siły, grawitacji, światła i elektryczności, lecz ci sami naukowcy nigdy nie będą mogli (naukowo) określić wam, czym *są* te wszechświatowe zjawiska. Nauka ma do czynienia z działaniami fizyczno-energetycznymi; religia ma do czynienia z wartościami wiecznymi. Prawdziwa filozofia powstaje z tej mądrości, która najlepiej wiąże ze sobą te ilościowe i jakościowe spostrzeżenia. Zawsze istnieje niebezpieczeństwo, że czysto materialnego naukowca może dotknąć pycha matematyczna i egotyzm statystyczny, nie mówiąc już o duchowej ślepocie.

Logika obowiązuje w świecie materialnym a matematyka jest niezawodna, kiedy ogranicza swe zastosowanie do rzeczy materialnych, jednak nie może być uznawana za zupełnie pewną i nieomylną, kiedy stosowana jest do problemów życia. Życie obejmuje te zjawiska, które są niezupełnie materialne. Arytmetyka twierdzi, że jeśli jeden człowiek może ostrzyc owcę w dziesięć minut, dziesięciu ludzi może ją ostrzyc w minutę. Jest to matematycznie trafne, ale jest nieprawdziwe, gdyż dziesięciu ludzi nie może tego tak zrobić; przeszkadzaliby sobie tak bardzo, że praca znacznie by się opóźniła.

Matematyka dowodzi, że jeśli jedna osoba oznacza pewną jednostkę wartości intelektualnej i moralnej, dziesięć osób będzie oznaczało dziesięciokrotną tego wartość. Jednak przy postępowaniu z ludzką osobowością, bliższe prawdy byłoby stwierdzenie, że taki związek osobowości jest raczej wartością równą kwadratowi liczby osobowości, których dotyczy równanie, niż prostą sumą arytmetyczną. Grupa społeczna, złożona z istot ludzkich, w skoordynowanej harmonii roboczej, oznacza siłę znacznie większą niż prosta suma jej członków.

Ilość może być określona jako *fakt* i staje się tym samym naukową regułą. Jakość, stanowiąc przedmiot interpretacji umysłu, reprezentuje ocenę *wartości* i tym samym musi pozostać doświadczeniem jednostki. Kiedy zarówno nauka jak i religia staną się mniej dogmatyczne i bardziej tolerancyjne na krytycyzm, wtedy filozofia zacznie osiągać *jedność* w inteligentnym rozumieniu wszechświata.

Istnieje jedność w kosmicznym wszechświecie, jeśli tylko możecie dostrzec jej działanie w aktualności. Rzeczywisty wszechświat jest przyjazny dla każdego dziecka wiecznego Boga. Prawdziwy problem wygląda tak: jak może ograniczony umysł człowieka osiągnąć logiczną, prawdziwą i właściwą jedność myślenia? Ten stan umysłu, w którym rozumie się wszechświat, można osiągnąć jedynie poprzez wyobrażenie sobie, że fakt ilościowy oraz wartość jakościowa posiadają wspólną przyczynę w Rajskim Ojcu. Takie pojmowanie rzeczywistości przynosi szerszą wnikliwość w celową jedność zjawisk wszechświata; objawia ono nawet duchowy cel progresywnych osiągnięć osobowości. I to jest idea jedności, która może dać odczucie niezmiennego tła żywego wszechświata, z ciągle zmiennymi relacjami nieosobowymi i ewoluującymi związkami osobowymi.

Materia i duch oraz stan, który wkracza pomiędzy nie, stanowią trzy powiązane i wzajemnie połączone poziomy prawdziwej jedności rzeczywistego wszechświata. Niezależnie od tego, jak bardzo rozbieżne mogą się wydawać wszechświatowe zjawiska dotyczące faktu i wartości, są one, mimo wszystko, zjednoczone w Najwyższym.

Rzeczywistość egzystencji materialnej związana jest tak samo z nierozpoznaną energią jak i z widzialną materią. Kiedy energie wszechświata zostają tak spowolnione, że osiągają właściwy poziom ruchu, wtedy, w sprzyjających warunkach, te same energie stają się masą. I nie zapomnijcie o tym, że umysł, który sam może zauważyć obecność dostrzegalnych rzeczywistości, jest także rzeczywisty. I zasadnicza przyczyna tego wszechświata energii-masy, umysłu i ducha, jest wieczna – istnieje i jest zawarta w naturze i reakcjach Ojca Wszechświatowego oraz jego absolutnych partnerów.

Wszyscy byli dogłębnie zdumieni słowami Jezusa i kiedy Grek zbierał się do odejścia, powiedział: „Wreszcie moje oczy ujrzały Żyda, który myśli o czymś innym niż wyższość rasowa i mówi o czymś innym niż religia". Potem udali się na nocny spoczynek.

Pobyt w Atenach był przyjemny i wartościowy, ale nie był szczególnie owocny, gdy idzie o nawiązywanie kontaktów z ludźmi. W tamtych czasach zbyt wielu Ateńczyków wynosiło się intelektualnie, na skutek ich reputacji pochodzącej z innych czasów, albo też byli mentalnymi ignorantami i głupcami, stanowiąc potomstwo podrzędnych niewolników z tych wcześniejszych okresów, kiedy to Grecja cieszyła się sławą i mądrością umysłów jej mieszkańców. Ale nawet w późniejszych czasach można było znaleźć wśród obywateli Aten wiele przenikliwych umysłów.

6. W EFEZIE – ROZPRAWA O DUSZY

Podróżnicy wyruszyli z Aten i udali się przez Troadę do Efezu, stolicy rzymskiej prowincji Azji. Wiele razy odwiedzali sławną świątynię Artemidy Efezkiej, która znajdowała się mniej więcej trzy kilometry od miasta. Artemida była najsławniejszą boginią całej Azji Mniejszej i uwiecznieniem jeszcze wcześniejszej bogini matki ze starożytnych, anatolijskich czasów. Ten surowy posąg, wystawiony w olbrzymiej świątyni poświęconej jej kultowi, rzekomo spadł z nieba. Nie wszystkie wcześniejsze praktyki Ganida, dotyczące szacunku dla figur jako symboli boskości, zostały wykorzenione i zastanawiał się on teraz nad zakupem małego, srebrnego relikwiarza, aby uczcić płodność bogini Azji Mniejszej. Tego wieczora bardzo długo rozmawiali o czczeniu rzeczy wykonanych ludzkimi rękami.

Trzeciego dnia spacerowali wzdłuż rzeki, przyglądając się pogłębianiu wejścia do portu. W południe rozmawiali z młodym Fenicjaninem, który tęsknił za swoim krajem i był bardzo przygnębiony; ale przede wszystkim zazdrościł pewnemu młodemu człowiekowi, który zamiast niego otrzymał awans. Jezus pocieszał go i zacytował stare żydowskie przysłowie: „Dar człowieka toruje mu drogę i do możnych go prowadzi".

Spośród wszystkich wielkich miast, które odwiedzili w czasie tej śródziemnomorskiej podróży, tutaj zrobili najmniej dla przygotowania podwalin pod późniejszą pracę misjonarzy chrześcijańskich. Chrześcijaństwo w Efezie zaczęło się w dużej mierze dzięki wysiłkom Pawła, który mieszkał tutaj ponad dwa lata, utrzymując się z robienia namiotów i prowadząc każdego wieczoru wykłady na temat religii i filozofii w głównym audytorium szkoły Tyrannosa.

Z miejscową szkołą filozofii związany był postępowy myśliciel i Jezus odbył z nim kilka owocnych spotkań. Podczas tych rozmów Jezus częstokroć używał słowa „dusza". W końcu ten uczony Grek zapytał go, co rozumie przez słowo „dusza", a Jezus mu odpowiedział:

„Dusza jest tą częścią człowieka, która odzwierciedla jaźń, rozróżnia prawdę i spostrzega ducha, która na zawsze wywyższa istotę ludzką ponad poziom świata zwierzęcego. Samoświadomość, w sobie i od siebie, nie jest duszą. Etyczna samoświadomość jest prawdziwą samorealizacją człowieka i stanowi fundament duszy ludzkiej a dusza jest tą częścią człowieka, która reprezentuje potencjalne wartości wiecznego trwania ludzkiego doświadczenia. Dusza charakteryzuje się moralnym wyborem i osiągnięciami duchowymi, możliwością poznania Boga i chęcią bycia jemu podobną. Dusza ludzka nie może istnieć niezależnie od moralnego myślenia i działalności duchowej. Bezwładna dusza jest duszą umierającą. Jednak dusza ludzka jest odmienna od Boskiego ducha, który zamieszkuje w umyśle. Boski duch przybywa wraz z początkami moralnego funkcjonowania ludzkiego umysłu i to jest to wydarzenie, kiedy rodzi się dusza.

Ocalenie czy utrata duszy zależy od tego, czy etyczna świadomość osiągnie czy też nie status wiecznego życia, poprzez wieczne przymierze z towarzyszącym jej wyposażeniem nieśmiertelnego ducha. Zbawienie jest uduchowieniem samoświadomości moralnego jestestwa, które tym samym nabiera wartości wiecznego życia. Wszystkie formy konfliktu duszy polegają na braku harmonii pomiędzy moralną albo duchową samoświadomością a samoświadomością czysto intelektualną.

Dusza ludzka, kiedy jest dojrzała, uszlachetniona i uduchowiona, zbliża się do niebiańskiego statusu w tym, że dochodzi do poziomu bytu wkraczającego pomiędzy byt materialny a duchowy, pomiędzy materialną jaźń a Boskiego ducha. Rozwijająca się dusza istoty ludzkiej trudna jest do określenia i jeszcze trudniejsza do demonstracji, gdyż nie jest wykrywalna metodami zarówno materialnego dociekania jak i duchowego dowodzenia. Nauka materialna nie może wykazać istnienia duszy, nie może tego również dokonać czysto duchowy test. Pomimo niepowodzenia, zarówno materialnej nauki jak i duchowych standardów przy odkrywaniu istnienia duszy ludzkiej, każdy moralnie świadomy śmiertelnik *wie* o istnieniu *swej* duszy, jako o *rzeczywistym* i aktualnym osobistym doznaniu".

7. POBYT NA CYPRZE – ROZPRAWA O UMYŚLE

Wkrótce podróżnicy pożeglowali na Cypr, zatrzymując się na Rodos. Przyjemnie spędzili długą podróż morską i przybyli do miejsca przeznaczenia na wyspie dobrze wypoczęci na ciele i pokrzepieni na duchu.

Ponieważ podróż śródziemnomorska dobiegała końca, na Cyprze podróżnicy chcieli mieć okres prawdziwego wypoczynku i rozrywki. Dopłynęli do Pafos i zaczęli gromadzić zapasy na kilkutygodniowy pobyt w pobliskich górach. Trzeciego dnia po przybyciu wyruszyli w góry, ze swoimi dobrze obładowanymi zwierzętami jucznymi.

Przez dwa tygodnie cała trójka miło spędzała czas i wówczas, zupełnie niespodziewanie, młody Ganid nagle ciężko zachorował. Dwa tygodnie miał bardzo wysoką gorączkę, często majaczył; zarówno Jezus jak i Gonod opiekowali się chorym chłopcem. Jezus umiejętnie i czule dbał o chłopca a ojciec był zdumiony zarówno delikatnością jak i biegłością, widoczną w całej jego opiece jaką otaczał dotkniętego chorobą młodzieńca. Byli daleko od siedzib ludzkich a chłopiec był zbyt chory, żeby go ruszać; więc urządzili się najlepiej jak mogli, aby w górach go pielęgnować aż wróci do zdrowia.

W czasie trzytygodniowej rekonwalescencji Ganida Jezus opowiadał mu wiele ciekawych rzeczy na temat przyrody i jej najrozmaitszych kaprysów. A ile uciechy mieli, kiedy wędrując przez góry chłopiec zadawał pytania, Jezus odpowiadał na nie a ojciec przysłuchiwał się temu wszystkiemu ze zdumieniem.

W ostatnim tygodniu ich pobytu w górach, Jezus i Ganid długo rozmawiali o działaniu ludzkiego umysłu. Po kilku godzinach dyskusji, chłopiec zadał takie pytanie: „Ale,

Nauczycielu, co masz na myśli, kiedy mówisz, że człowiek posiada wyższą formę samoświadomości niż wyżej rozwinięte zwierzęta?”. Jezus odpowiedział, co odtworzono we współczesnej frazeologii następująco:

Mój synu, mówiłem ci już sporo o umyśle ludzkim i Boskim duchu, który w nim żyje, ale teraz pozwól mi położyć nacisk na to, że samoświadomość jest *rzeczywistością*. Kiedy jakiekolwiek zwierzę stanie się samoświadome, staje się prymitywnym człowiekiem. Takie osiągnięcie wynika z koordynacji funkcjonowania nieosobowej energii i umysłu, wyobrażającego sobie ducha i to jest fenomen, dający podstawę do obdarzenia absolutnym punktem ogniskującym ludzkiej osobowości – duchem Ojca z nieba.

Idee nie są po prostu zapisem wrażeń; idee są wrażeniami z dodatkiem refleksyjnych interpretacji osobowej jaźni; jaźń natomiast jest czymś więcej niż sumą czyichś wrażeń. Występuje tutaj coś w rodzaju zbliżania się do jedności w rozwijającym się jestestwie a jedność ta wywodzi się z zamieszkującej człowieka obecności, części jedności absolutnej, która uaktywnia duchowo ów samoświadomy umysł zwierzęcego pochodzenia.

Żadne zwykłe zwierzę nie może uświadamiać sobie czasu. Zwierzęta mają fizjologiczną koordynację powiązanych identyfikacji-wrażeń oraz ich pamięć, ale żadne nie doznaje pełnego treści rozpoznawania wrażeń i nie przejawia celowego kojarzenia tych zespolonych doznań fizycznych, jak to widać we wnioskach inteligentnych i refleksyjnych rozumowań ludzkich. I ten fakt, istnienia samoświadomości, powiązany z rzeczywistością późniejszego doznawania duchowego, czyni człowieka potencjalnym synem wszechświata i zapowiada jego ostateczne osiągnięcie Najwyższej Jedności wszechświata.

Ludzka jaźń nie jest też zwyczajnie sumą kolejnych stanów świadomości. Bez skutecznie działającego sortownika i czynnika kojarzącego świadomości, nie może zaistnieć jedność odpowiadająca temu, co się nazywa jestestwem. Taki niezjednoczony umysł raczej nie może osiągnąć poziomów świadomości, właściwych statusowi człowieka. Jeśli skojarzenia świadomości byłyby po prostu przypadkiem, umysły wszystkich ludzi wykazywałyby skojarzenia niekontrolowane i przypadkowe, właściwe pewnym stadiom obłędu.

Umysł ludzki, oparty wyłącznie na świadomości wrażeń fizycznych, nigdy nie mógłby osiągnąć poziomów duchowych; takiemu rodzajowi materialnego umysłu brakowałoby zupełnie poczucia wartości moralnych i pozbawiony byłby przewodniego zmysłu dominacji duchowej, która jest tak istotna dla osiągnięcia zharmonizowanej jedności osobowości w czasie i która nieodłącznie jest związana z trwaniem osobowości w wieczności.

Umysł ludzki wcześnie zaczyna przejawiać te własności, które są nadmaterialne; prawdziwie refleksyjny intelekt ludzki zupełnie nie jest związany ograniczeniami czasu. To, że jednostki są tak bardzo zróżnicowane w swych osiągnięciach życiowych, jest wynikiem nie tylko niejednakowo odziedziczonych talentów oraz różnych wpływów otoczenia, ale także stopnia zjednoczenia z zamieszkującym duchem Ojca, jaki został osiągnięty przez jaźń, czyli miernika utożsamienia się jednego z drugim.

Umysł ludzki niedobrze znosi konflikt wynikający z podwójnej lojalności. Próba służenia zarówno dobru jak i złu jest wielkim ciężarem dla duszy. Ten umysł, który jest w pełni oddany czynieniu woli Ojca w niebie, jest w najwyższym stopniu szczęśliwy i skutecznie zjednoczony. Nierozwiązane konflikty niszczą jedność i mogą przynieść załamanie się umysłu. Jednak charakter duszy, zdolnej do wiecznego życia, nie kształtuje się dzięki próbom zabezpieczenia spokoju umysłu za wszelką cenę, czy kompromisom w sprawie duchowych ideałów lub dzięki rezygnacji ze szlachetnych aspiracji; taki spokój osiągany jest raczej przez dzielny tryumf tego, co jest prawdą, a takie zwycięstwo osiąga się pokonując zło potężną siłą dobra.

Następnego dnia udali się do Salaminy, gdzie wsiedli na okręt odpływający do Antiochii, na wybrzeżu syryjskim.

8. W ANTIOCHII

Antiochia była stolicą rzymskiej prowincji Syrii i tutaj miał swoją rezydencję gubernator cesarski. Antiochia miała pół miliona mieszkańców; pod względem wielkości było to trzecie miasto cesarstwa a pierwsze pod względem nikczemności i bezwstydnej rozpusty. Gonod załatwiał ważne interesy, dlatego też Jezus i Ganid pozostawieni byli sami sobie. Zwiedzili wszystko w tym wielojęzycznym mieście, za wyjątkiem gaiku Dafne. Gonod i Ganid odwiedzili tę notoryczną świątynię hańby, ale Jezus nie chciał iść z nimi. Sceny, jakie tam miały miejsce, nie szokowały Hindusów, ale były odrażające dla idealistycznego Hebrajczyka.

Pod koniec podróży, kiedy zbliżali się do Palestyny, Jezus stał się spokojny i skłonny do refleksji. W Antiochii odwiedził tylko kilku ludzi, rzadko chodził do miasta. Po wielu pytaniach, które Ganid zadawał Jezusowi, dlaczego nauczyciel tak mało interesuje się Antiochią, uzyskał on w końcu odpowiedź: „To miasto jest blisko Palestyny, może kiedyś tu wrócę".

W Antiochii Ganid miał bardzo ciekawe doświadczenie. Młody człowiek okazał się zdolnym uczniem i zaczął skwapliwie realizować w praktyce niektóre nauki Jezusa. Pewien Hindus, związany z biznesem jego ojca w Antiochii, stał się tak nieprzyjemny i malkontencki, że rozważano możliwość zwolnienia go. Kiedy Ganid o tym usłyszał, sam poszedł tam, gdzie mieścił się biznes ojca i odbył długą rozmowę ze swym współbratem, rodakiem. Człowiek ten uważał, że skierowano go do niewłaściwej pracy. Ganid opowiedział mu o Ojcu w niebie i wieloma metodami rozszerzył jego poglądy na religię. Ale najbardziej trafne z tego wszystkiego, co Ganid powiedział, było zacytowanie hebrajskiego przysłowia, a brzmiało ono tak: „Każdego dzieła, które twa ręka znajdzie do zrobienia, podejmij się według twych sił".

Po przygotowaniu bagaży do odprawy z karawaną wielbłądów, poszli do Sydonu, stamtąd udali się do Damaszku a po trzech dniach byli gotowi do długiej podróży przez piaszczystą pustynię.

9. W MEZOPOTAMII

Podróż karawaną przez pustynię nie była nowym przeżyciem dla ludzi, którzy podróżowali tak wiele. Później, gdy Ganid przyglądał się swemu nauczycielowi, jak ten pomagał załadować dwadzieścia wielbłądów i gdy zobaczył, że chce kierować ich własnym zwierzęciem, wykrzyknął: „Czy jest cokolwiek, czego nie potrafiłbyś robić?". Jezus tylko uśmiechnął się i powiedział: Nauczyciel z pewnością nie jest pozbawiony szacunku w oczach pilnego ucznia". I tak wyruszyli do starożytnego miasta Ur.

Jezus bardzo interesował się dawną historią Ur, miejscem, gdzie urodził się Abraham, równocześnie fascynowały go ruiny i tradycje Suzy, tak bardzo, że Gonod i Ganid przedłużyli swój pobyt w tych miejscach o trzy tygodnie, aby dać Jezusowi więcej czasu na przeprowadzenie oględzin, jak również, aby mieć więcej możliwości przekonania go, żeby wrócił z nimi do Indii.

To właśnie w Ur Ganid miał długą rozmowę z Jezusem, dotyczącą różnic pomiędzy wiedzą, mądrością i prawdą. Wyjątkowo oczarowało go powiedzenie hebrajskiego mędrca: „Mądrość jest najważniejszą rzeczą, dlatego zdobywaj mądrość. We wszystkich twoich poszukiwaniach wiedzy, zdobywaj roztropność. Wywyższaj mądrość, a ona cię wywyższy. Rozsławi cię, gdy ją przyjmiesz".

W końcu przyszedł dzień rozstania. Wszyscy byli bardzo dzielni, zwłaszcza chłopiec, ale to była dla niego ciężka próba. Oczy mieli pełne łez, ale odważne serca. Żegnając się ze swoim nauczycielem, Ganid powiedział: „Żegnaj, nauczycielu, ale nie na zawsze. Kiedy znowu przybędę do Damaszku, będę cię szukał. Kocham cię, gdyż myślę, że Ojciec w niebie musi być podobny do ciebie; wiem przynajmniej, że ty jesteś podobny do tego, co mi o nim opowiadałeś. Będę pamiętał twoje nauki, ale nade wszystko nigdy nie zapomnę ciebie". Ojciec powiedział: „Żegnaj wielki nauczycielu, ty, który zrobiłeś z nas lepszych ludzi i pomogłeś nam poznać Boga". A Jezus odpowiedział, „Pokój niech będzie z wami i niech błogosławieństwo Ojca w niebie zawsze zostanie z wami". Stojąc na brzegu Jezus patrzył, jak mała łódka odpływała z nimi do zakotwiczonego statku. W ten sposób Mistrz rozstał się w Charax ze swymi przyjaciółmi z Indii, nigdy już ich nie zobaczył na tym świecie; oni także nigdy się nie dowiedzieli na tym świecie, że człowiek, który pojawił się później jako Jezus z Nazaretu był tym samym przyjacielem, którego dopiero co pożegnali – ich nauczycielem Jeszuą.

Ganid dorastał w Indiach i został wpływowym człowiekiem, godnym następcą swego znakomitego ojca i rozpowszechniał na wszystkie strony wiele szlachetnych prawd, których nauczył się od Jezusa, swego umiłowanego nauczyciela. Później, gdy Ganid słyszał o dziwnym nauczycielu w Palestynie, który skończył życie na krzyżu, chociaż dostrzegał podobieństwo pomiędzy ewangelią Syna Człowieczego a naukami swego żydowskiego guwernera, nigdy nie przyszło mu na myśl, że tych dwóch to faktycznie jeden i ten sam człowiek.

I tak zamknął się rozdział w życiu Syna Człowieczego, który można by nazwać: *Misja nauczyciela Jeszui.*

PRZEKAZ 134

LATA PRZEJŚCIOWE

PODCZAS podróży śródziemnomorskiej Jezus dokładnie poznawał ludzi, których spotykał i kraje, które przechodził i mniej więcej w tym czasie podjął ostateczną decyzję w sprawie reszty swego życia na Ziemi. W pełni przemyślał a teraz przyjął plan, który mówił, że jest urodzony w Palestynie, z żydowskich rodziców, zatem celowo wrócił do Galilei, aby oczekiwać rozpoczęcia swojej życiowej pracy publicznego nauczyciela prawdy; zaczął układać plany dotyczące swej publicznej działalności na ziemi narodu swego ojca, Józefa, i uczynił to ze swojej własnej, wolnej woli.

Jezus uznał, dzięki swojemu osobistemu, ludzkiemu doświadczeniu, że Palestyna jest najlepszym w całym świecie rzymskim miejscem dla odegrania końcowego rozdziału oraz inscenizacji finałowych aktów swego życia na Ziemi. Po raz pierwszy był w pełni zadowolony z planu publicznego ukazania swojej prawdziwej natury i objawienia swej boskiej tożsamości Żydom i nie-Żydom ze swojej ojczystej Palestyny. Definitywnie postanowił zakończyć swe ziemskie życie i dopełnić swej śmiertelnej egzystencji w tej samej krainie, w której rozpoczął ludzkie przeżycia jako bezradne niemowlę. Jego życiowa droga na Urantii zaczęła się pośród Żydów w Palestynie i postanowił zakończyć swoje życie w Palestynie i pośród Żydów.

1. ROK TRZYDZIESTY (24 N.E.)

Po rozstaniu z Gonodem i Ganidem w Charax (w grudniu roku 23 n.e.), Jezus wrócił drogą przez Ur do Babilonu, gdzie przyłączył się do karawany zdążającej przez pustynię w kierunku Damaszku. Z Damaszku poszedł do Nazaretu, zatrzymując się tylko na kilka godzin w Kafarnaum, gdzie odwiedził rodzinę Zebedeusza. Spotkał tam swego brata, Jakuba, który jakiś czas wcześniej zaczął pracować na jego miejscu w warsztacie szkutniczym u Zebedeusza. Po rozmowie z Jakubem i Judą (który również przypadkiem przebywał w Kafarnaum) i po przekazaniu bratu Jakubowi małego domu, który Jan Zebedeusz zdołał kupić, Jezus poszedł do Nazaretu.

Na koniec swojej podróży śródziemnomorskiej Jezus otrzymał dostateczną sumę pieniędzy, aby zaspokoić swe życiowe wydatki nieomal do czasu rozpoczęcia służby publicznej. Jednak, za wyjątkiem Zebedeusza z Kafarnaum i tych ludzi, których spotkał podczas tej niezwykłej wycieczki, świat nigdy się nie dowiedział, że Jezus odbył taką podróż. Rodzina jego zawsze przypuszczała, że spędził ten czas na nauce w Aleksandrii. Jezus nigdy nie potwierdził tych przypuszczeń, jak również nie zaprzeczył oficjalnie tym błędnym mniemaniom.

W czasie swego kilkutygodniowego pobytu w Nazarecie, Jezus odwiedził rodzinę i przyjaciół, jakiś czas spędził w warsztacie naprawczym z bratem Józefem, ale najwięcej uwagi poświęcił Marii i Rut. Rut miała wtedy niemal piętnaście lat i dla Jezusa była to pierwsza sposobność porozmawiania z nią dłużej, jako że stała się młodą kobietą.

Od pewnego już czasu zarówno Szymon jak i Juda chcieli się ożenić, ale pragnęli uzyskać zgodę Jezusa na małżeństwo; w związku z tym odkładali te uroczystości, oczekując powrotu starszego brata. Chociaż w większości spraw wszyscy oni uznawali Jakuba za głowę rodziny, jednak w sprawie małżeństwa chcieli dostać błogosławieństwo Jezusa. Zatem Szymon i Juda pożenili się, podczas uroczystości podwójnego ślubu, na początku marca tego roku, 24 n.e. Wszystkie starsze dzieci były już w związkach małżeńskich, tylko najmłodsza Rut pozostawała w domu z Marią.

Jezus rozmawiał normalnie i naturalnie z poszczególnymi członkami swej rodziny, ale niewiele miał do powiedzenia, gdy wszyscy byli razem a oni to zauważyli i rozmawiali o tym między sobą. Szczególnie Maria była zaniepokojona tym tak dziwnym zachowaniem swego pierworodnego syna.

Mniej więcej w tym czasie, gdy Jezus przygotowywał się do opuszczenia Nazaretu, ciężko zachorował przewodnik wielkiej karawany, która przechodziła przez miasto a Jezus, będąc poliglotą, zgłosił się na jego miejsce. Ponieważ podróż taka miała spowodować jego całoroczną nieobecność i skoro wszyscy jego bracia byli żonaci a matka mieszkała w domu z Rut, Jezus zwołał rodzinną naradę, na której zaproponował, aby matka jego i Rut udały się do Kafarnaum i zamieszkały w domu, który niedawno dał Jakubowi. W związku z tym, w kilka dni po tym, jak Jezus odszedł z karawaną, Maria i Rut przeprowadziły się do Kafarnaum, gdzie do końca życia Marii mieszkały w domu, który ofiarował im Jezus. Józef i jego rodzina przeprowadzili się do domu w Nazarecie.

Rok ten należał do raczej niezwykłych, gdy idzie o przeżycia wewnętrzne Syna Człowieczego; znaczny postęp został zrobiony w czynnym zestrojeniu ludzkiego umysłu Jezusa z zamieszkującym go Dostrajaczem. Dostrajacz angażował się aktywnie w reorganizację myślenia i w przygotowanie umysłu Jezusa do wielkich wydarzeń, które wkrótce miały nastąpić. Osobowość Jezusa przygotowywała się do wielkiej zmiany w jego postawie wobec świata. Był to okres przejściowy, stadium przemiany tej istoty, która zaczynała życie jako Bóg, pojawiający się jako człowiek, który teraz przygotowywał się do wypełnienia swojej życiowej misji człowieka, pojawiającego się jako Bóg.

2. PODRÓŻ KARAWANĄ DO MORZA KASPIJSKIEGO

Jezus opuścił Nazaret pierwszego kwietnia, roku 24 n.e. i wyruszył w podróż karawaną w rejon Morza Kaspijskiego. Karawana, do której Jezus przyłączył się jako przewodnik, szła z Jerozolimy, drogą przez Damaszek i jezioro Urmia, poprzez Asyrię, Medię i Partię, do południowo-wschodnich okolic Morza Kaspijskiego. Pełen rok upłynął, nim Jezus wrócił z tej podróży.

Podróż karawaną była dla Jezusa kolejną odkrywczą przygodą oraz okazją dla służby indywidualnej. Miał ciekawe przeżycia ze swoją karawanową rodziną – pasażerami, strażnikami i poganiaczami wielbłądów. Dziesiątki mężczyzn, kobiet i dzieci, zamieszkujących wzdłuż tej drogi, którą przechodziła karawana, żyło bogatszym życiem w wyniku spotkania z tym nadzwyczajnym przewodnikiem tak pospolitej karawany. Nie wszyscy, którzy mieli sposobność skorzystania z jego służby osobistej, odnieśli z tego korzyści, ale zdecydowana większość tych, co spotkali Jezusa i rozmawiali z nim, stała się lepsza na resztę ich ziemskiego życia.

Spośród wszystkich jego podróży po świecie, podróż do Morza Kaspijskiego najbardziej zbliżyła Jezusa do Orientu i dała mu sposobność lepszego zrozumienia ludzi Dalekiego Wschodu. Nawiązał on w bliski i osobisty kontakt z każdą rasą ludzką spośród tych, jakie przetrwały na Urantii, za wyjątkiem rasy czerwonej. Taką samą przyjemność sprawiała mu osobista służba dla każdej z tych różnorodnych ras, oraz dla ludzi mieszanych a wszyscy ci ludzie byli podatni na żywą prawdę, którą im dawał. Jego słowa nadziei i wiecznego życia na równi przykuwały uwagę Europejczyków z Dalekiego Zachodu jak i Azjatów z Dalekiego Wschodu i wszyscy pozostawali tak samo pod wrażeniem jego życia, pełnego miłości i duchowej służby, którym tak łaskawie żył pośród nich.

Ta podróż karawaną była korzystna pod każdym względem. Było to najbardziej interesujące wydarzenie w ludzkim życiu Jezusa, jako że działał w tym roku na kierowniczym stanowisku, odpowiedzialny za powierzony mu ładunek i za bezpieczne przeprowadzenie podróżnych, pasażerów karawany. Nader dokładnie, umiejętnie i mądrze wywiązał się ze swoich rozlicznych obowiązków.

Podczas powrotu z okolic Morza Kaspijskiego, Jezus skierował karawanę ku jezioru Urmia, gdzie przebywał nieco ponad dwa tygodnie. Jako pasażer wrócił z kolejną karawaną do Damaszku, gdzie właściciele wielbłądów błagali go, aby pozostał u nich w pracy. Odmówiwszy ich propozycji, podróżował dalej szlakiem karawan do Kafarnaum, gdzie przybył pierwszego kwietnia, roku 25 n.e. Nazaretu nie uważał już za swoje miejsce zamieszkania. Kafarnaum stało się miejscem zamieszkania Jezusa, Jakuba, Marii i Rut. Ale Jezus nigdy już nie mieszkał ze swoją rodziną; kiedy przebywał w Kafarnaum, mieszkał w domu Zebedeuszów.

3. WYKŁADY W URMII

Aby odpocząć i zregenerować siły w drodze do Morza Kaspijskiego, Jezus zatrzymał się na kilka dni w starym, perskim mieście Urmia, położonym na zachodnim brzegu jeziora Urmia. Na największej jego wyspie, położonej w niewielkiej odległości od brzegu, w pobliżu Urmii, znajdował się duży budynek – amfiteatr nauczania – poświęcony „duchowi religii". W rzeczywistości budowla ta była świątynią filozofii religijnej.

Świątynia religijna zbudowana została przez bogatego kupca, obywatela Urmii i jego trzech synów. Człowiekiem tym był Cymboyton a jego przodkowie wywodzili się z wielu różnych narodów.

Wykłady i dyskusje w szkole religijnej zaczynały się codziennie o godzinie 10:00. Popołudniowe sesje zaczynały się o 15:00 a debaty wieczorne o 20:00. Cymboyton, lub jeden z trzech jego synów, zawsze przewodniczyli tym sesjom nauczania, dyskusji i debaty. Fundator tej niezwykłej szkoły religijnej żył i umarł, nie ujawniając nigdy swoich osobistych przekonań religijnych.

Wiele razy Jezus brał udział w tych dyskusjach a zanim opuścił Urmię, Cymboyton zaaranżował, że Jezus zostanie tam na okres dwóch tygodni w drodze powrotnej, aby wygłosić dwadzieścia cztery wykłady na temat „Braterstwa ludzi" i aby poprowadzić dwanaście wieczornych sesji pytań, dyskusji i debat na temat jego wykładów, zwłaszcza zaś o powszechnym braterstwie człowieka.

Zgodnie z umową, Jezus zatrzymał się w Urmii w drodze powrotnej i wygłosił te wykłady. Były to najbardziej systematyczne i formalne nauki Mistrza wygłoszone na Urantii. Nigdy przedtem, ani też nigdy potem nie mówił tak dużo na jeden temat, jak to zostało ujęte w tych wykładach i dyskusjach o braterstwie człowieka. W rzeczywistości te wykłady dotyczyły „Królestwa Bożego" i „Królestw ludzkich".

Ponad trzydzieści religii i kultów religijnych reprezentowane było przez gremium wykładowców tej świątyni religii i filozofii. Nauczyciele ci byli wybierani, wspierani i w pełni akredytowani przez poszczególne grupy religijne. W tym czasie grono wykładowców składało się z około siedemdziesięciu pięciu nauczycieli i mieszkali oni w domach, z których każdy mieścił około tuzina osób. Za każdym razem, gdy księżyc był w nowiu, grupy te się zmieniały, ciągnąc losy. Nietolerancja, sporna natura, czy jakakolwiek inna skłonność do ingerowania w sprawne funkcjonowanie społeczności, mogła przynieść natychmiastowe i doraźne zwolnienie nauczyciela uchybiającego zasadom. Nauczyciel taki mógł zostać bezceremonialnie zwolniony a oczekujący zmiennik natychmiast zostałby wprowadzony na jego miejsce.

Ci nauczyciele, z różnych religii, dokładali wszelkich starań, aby wykazać, jak bardzo podobne są ich religie, zarówno w odniesieniu do fundamentalnych spraw tego życia jak i przyszłego. Aby zdobyć pozycję w tym gronie należało zaakceptować tylko jedną doktrynę, każdy nauczyciel musiał reprezentować religię, która uznawała Boga – jakiś rodzaj najwyższego Bóstwa. W gronie wykładowców znajdowało się pięciu nauczycieli niezależnych, którzy nie reprezentowali żadnej zorganizowanej religii i jako taki, niezależny nauczyciel, pojawił się tam Jezus.

[Kiedy my, pośredni, po raz pierwszy przygotowaliśmy streszczenie nauk Jezusa z Urmii, wynikło nieporozumienie pomiędzy serafinami Kościołów a serafinami postępu odnośnie sensu włączenia tych nauk do Objawienia dla Urantii. Warunki panujące w dwudziestym wieku, zarówno w religii jak i w rządach ludzkich, są tak odmienne od tych, jakie panowały w czasach Jezusa, że było doprawdy trudno zaadaptować nauczanie Mistrza w Urmii do problemów królestwa Bożego i królestw ludzkich, tak, jak te światowe instytucje funkcjonują w wieku dwudziestym. Nigdy nie potrafiliśmy sformułować takiego wyrażenia nauk Mistrza, które byłoby możliwe do przyjęcia przez obie grupy serafinów z rządu planetarnego. W końcu Melchizedek, przewodniczący komisji objawieniowej, wyznaczył komisję złożoną z trzech członków naszej grupy, aby przygotowali naszą opinię w sprawie nauk Mistrza w Urmii, dostosowaną do religii i politycznych warunków Urantii dwudziestego wieku. A zatem, nasza trójka pośrednich wtórnych dokonała adaptacji nauk Jezusa, przedstawiając ponownie jego wypowiedzi, tak, jakby odnosiły się do warunków świata współczesnego; a teraz przedstawiamy te oświadczenia, jak wyglądają one po zredagowaniu ich przez Melchizedeka, przewodniczącego komisji objawieniowej].

4. WŁADZA – BOSKA I LUDZKA

Braterstwo ludzkie oparte jest na ojcostwie Boga. Rodzina Boga wywodzi się z miłości Bożej – Bóg jest miłością. Bóg Ojciec bosko kocha swoje dzieci, wszystkie dzieci.

Królestwo nieba, Boski rząd, oparte jest na fakcie istnienia władzy Boskiej – Bóg jest duchem. Skoro Bóg jest duchem, królestwo to jest duchowe. Królestwo nieba nie jest ani materialne, ani też tylko intelektualne; jest ono duchowym związkiem pomiędzy Bogiem a człowiekiem.

Jeśli różne religie uznają duchową władzę Boga Ojca, wtedy wszystkie te religie pozostaną w pokoju. Tylko wtedy, kiedy jedna religia zakłada, że jest w jakiś sposób wyższa od innych i posiada wyłączną władzę nad innymi religiami, taka religia będzie się ośmielać być nietolerancyjną dla innych religii, albo odważy się prześladować wyznawców innych religii.

Religijny pokój – braterstwo – nigdy nie będzie mógł zaistnieć, chyba, że wszystkie religie będą skłonne wyzbyć się zupełnie całego kościelnego zwierzchnictwa i całkowicie zrezygnować ze wszystkich swych idei najwyższej władzy duchowej. Sam Bóg jest duchem suwerennym.

Nie możecie mieć równości pośród religii (religijnej wolności) bez prowadzenia wojen religijnych, chyba, że wszystkie religie zgodzą się na oddanie władzy religijnej na pewien nadludzki poziom, Bogu samemu.

Królestwo nieba w ludzkich sercach będzie tworzyło religijną jedność (niekoniecznie jednolitość), ponieważ wszystkie grupy religijne, złożone z takich wierzących, będą wolne od wszelkich poglądów kościelnych autorytetów – władzy religijnej.

Bóg jest duchem i Bóg daje fragment swej duchowej jaźni, aby zamieszkał w sercu człowieka. Duchowo, wszyscy ludzie są równi. Królestwo nieba jest wolne od kast, klas, poziomów społecznych i grup ekonomicznych. Wszyscy jesteście braćmi.

Jednak w tym momencie, kiedy stracicie wizję duchowej władzy Boga Ojca, pewna religia zacznie domagać się uznania swej wyższości nad innymi religiami; i wtedy, zamiast pokoju na Ziemi i dobrej woli pomiędzy ludźmi, rozpoczną się spory, wzajemne obwiniania a nawet wojny religijne, przynajmniej wojny pomiędzy religijnymi wyznawcami.

Istoty obdarzone wolną wolą, które uznają siebie za równe, wcześniej czy później będą się kusić, żeby spróbować zdobyć przewagę i władzę nad innymi osobami i grupami, chyba, że wzajemnie uznają się za podległe pewnej superwładzy, pewnemu autorytetowi ponad sobą i wyższemu od siebie. Koncepcja równości nigdy nie przyniesie pokoju, za wyjątkiem sytuacji wzajemnego uznania pewnych wpływów wyższej kontroli – supersuwerenności.

Religijni wyznawcy żyli ze sobą w Urmii we względnym pokoju i spokoju, ponieważ zupełnie zrezygnowali ze swoich idei władzy religijnej. Duchowo wszyscy oni wierzyli we wszechwładnego Boga; społecznie, pełna i niekwestionowana władza spoczywała w rękach ich głównego szefa, Cymboytona. Dobrze wiedzieli, co się stanie z każdym nauczycielem, który zechciałby dominować nad współbraćmi nauczycielami. Nie może być trwałego pokoju na Urantii tak długo, aż wszystkie grupy religijne dobrowolnie zrezygnują ze wszelkich swoich poglądów boskiego wyróżniania, ludzi wybranych i władzy religijnej. Dopiero gdy Bóg Ojciec stanie się najwyższym, ludzie zostaną religijnymi braćmi i żyć będą razem w pokoju religijnym na Ziemi.

5. SUWERENNOŚĆ POLITYCZNA

[Podczas gdy nauka Mistrza, dotycząca władzy Boga, jest prawdą – skomplikowana została dopiero przez późniejsze pojawienie się, pośród religii świata, religii o nim samym – jego prezentacje dotyczące władzy politycznej są znacznie bardziej skomplikowane na skutek ewolucji politycznej narodów podczas ostatnich dziewiętnastu z nakładem stuleci. W czasach Jezusa istniały tylko dwa wielkie, światowe mocarstwa – Imperium Rzymskie na zachodzie i Imperium Han na wschodzie – a były one w znacznym stopniu oddzielone od siebie przez królestwo Partian i inne, leżące pomiędzy nimi ziemie regionu kaspijskiego i turkiestańskiego. Dlatego my, w następującej dalej prezentacji, odstąpiliśmy znacznie od treści wypowiedzi Mistrza w Urmii, od nauki dotyczącej suwerenności politycznej, próbując jednocześnie przedstawić wagę tej nauki, gdyż można ją zastosować do wyjątkowo krytycznego okresu ewolucji suwerenności politycznej w dwudziestym wieku po Chrystusie].

Wojny na Urantii nie skończą się tak długo, jak długo narody będą lgnęły do iluzorycznych idei nieograniczonej suwerenności narodowej. Na zamieszkałym świecie istnieją tylko dwa poziomy relatywnej suwerenności: duchowa, wolna wola indywidualnego śmiertelnika i zbiorowa suwerenność ludzkości, jako całości. Pomiędzy poziomem indywidualnej istoty ludzkiej a poziomem całej ludzkości, wszystkie grupy i związki ludzkie są relatywne, przemijające i wartościowe jedynie tak dalece, jak wspomagają pomyślność, dobrobyt i postęp jednostki oraz ogólnej całości planetarnej – człowieka i ludzkości.

Nauczyciele religijni zawsze muszą pamiętać o tym, że duchowa władza Boga przewyższa wszystkie ingerujące i pośrednie duchowe lojalności. Pewnego dnia władcy państwowi zrozumieją, że Najwyższi Ojcowie rządzą w królestwach ludzkich.

Władza Najwyższych Ojców w królestwach ludzkich nie jest sprawowana dla szczególnej korzyści jakiejkolwiek, specjalnie wyróżnionej grupy śmiertelników. Nie ma niczego takiego jak „naród wybrany". Władza Najwyższych Ojców, wyższych kontrolerów ewolucji politycznej, jest tą władzą, której celem jest tworzenie jak największej ilości dobra dla jak największej liczby *wszystkich* ludzi i przez jak najdłuższy czas.

Suwerenność jest mocą i kształtuje się przez organizację. To kształtowanie się organizacji władzy politycznej jest dobre i prawidłowe, gdyż dąży ono do ogarnięcia coraz większej części całej ludzkości. Ale ten sam rozwój organizacji politycznych stwarza problem, w każdym jego okresie występującym pomiędzy początkową i naturalną organizacją władzy politycznej – rodziną – a ostatecznym celem politycznego rozwoju – rządem całej ludzkości, poprzez całą ludzkość i dla całej ludzkości.

Poczynając od władzy rodzicielskiej w grupie rodzinnej, polityczna suwerenność rozwija się przez organizację, kiedy rodziny wiążą się jedna z drugą w pokrewne klany, które z różnych przyczyn łączą się w jednostki plemienne – ponad pokrewne ugrupowania polityczne. I wtedy, poprzez rzemiosło, handel i podboje, plemiona zostają zjednoczone w naród, podczas gdy z czasem narody jednoczą się w imperium.

Jak suwerenność przechodzi od małych grup do większych, wojny zanikają. Oznacza to, że mniejsze wojny pomiędzy małymi narodami zanikają, ale rośnie możliwość wybuchu większych wojen, kiedy narody posiadające suwerenność stają się coraz większe. Teraz, kiedy cały świat został poznany i zamieszkały, kiedy narodów jest mniej, ale są wielkie i potężne, kiedy te wielkie i domniemanie suwerenne narody stykają się granicami, gdy tylko oceany je rozdzielają, tworzy się scena dla większych wojen, wojen światowych. Tak zwane suwerenne narody nie mogą się przepychać łokciami bez powodowania konfliktów i wywoływania wojen.

Trudności występujące w procesie ewolucji suwerenności politycznej, od rodziny do całej ludzkości, leżą w bezwładzie-oporze, objawiającym się na wszystkich jego pośrednich poziomach. Rodziny czasami przeciwstawiają się swoim klanom, podczas gdy klany i plemiona stają się często elementem wywrotowym wobec suwerenności terytorialnego państwa. Każda nowa i postępowa ewolucja suwerenności politycznej jest (i zawsze była) krępowana i opóźniana przez „elementy budujące" poprzednie stadium organizacji politycznej. Jest to prawdą, gdyż ludzkie lojalności, raz rozbudzone, trudno zmienić. Ta sama lojalność, która umożliwiła ewolucję plemienia, utrudnia ewolucję superplemienia – terytorialnego państwa. I ta sama lojalność (patriotyzm), która umożliwiła rozwój państwa terytorialnego, w dużym stopniu komplikuje ewolucyjny rozwój rządu całej ludzkości.

Suwerenność polityczna tworzy się w wyniku rezygnacji ze samostanowienia, najpierw jednostki w obrębie rodziny a potem rodzin i klanów w odniesieniu do plemion i większych grup ludzkich. Postępowe przemieszczenie samostanowienia, od mniejszych do coraz większych organizacji politycznych, postępowało z niesłabnącą siłą na Wschodzie od czasu ustanowienia dynastii Ming i Mogołów. Na Zachodzie trwało to ponad tysiąc lat, aż do końca wojny światowej, kiedy to godny pożałowania wsteczny kierunek tymczasowo odwrócił ów normalny bieg, przez odbudowanie pogrążonej uprzednio suwerenności politycznej licznych niewielkich grup w Europie.

Tak długo Urantia nie będzie się cieszyć trwałym pokojem, dopóki tak zwane niepodległe narody nie oddadzą, mądrze i w pełni, swej suwerennej władzy w ręce braterstwa ludzkiego – rządu ludzkości. Internacjonalizm – Liga Narodów – nigdy nie przyniesie ludzkości trwałego pokoju. Światowe konfederacje narodów skutecznie będą zapobiegać mniejszym wojnom i zadowalająco kontrolować mniejsze narody, ale nie mogą zapobiec wojnom światowym, ani też kontrolować trzech, czterech czy pięciu najpotężniejszych rządów. W obliczu prawdziwych konfliktów, jedno z tych światowych mocarstw wycofa się z Ligi i wypowie wojnę. Nie możecie zapobiec temu, żeby narody szły na wojnę, tak długo, jak długo pozostawać będą zarażone iluzorycznym wirusem niepodległości narodowej. Internacjonalizm jest krokiem we właściwym kierunku. Międzynarodowe siły policyjne zapobiegną wielu mniejszym wojnom, ale będą nieskuteczne przy zapobieganiu poważnym wojnom, konfliktom między potężnymi i uzbrojonymi rządami ziemskimi.

Kiedy się zmniejszy liczba prawdziwie niepodległych narodów (supermocarstw), zwiększy się sposobność jak i potrzeba stworzenia rządu całej ludzkości. Kiedy jest tylko kilka naprawdę suwerennych (wielkich) mocarstw, muszą one albo podjąć walkę na śmierć i życie o swą narodową (imperialistyczną) zwierzchność, albo przez dobrowolną rezygnację z pewnych przywilejów suwerenności muszą stworzyć podstawowe jądro ponadnarodowej władzy, która posłuży jako zaczątek prawdziwej suwerenności całej ludzkości.

Pokój nie nastanie dla Urantii tak długo, jak długo każdy tak zwany niepodległy naród nie odda swego prawa rozpoczynania wojny w ręce przedstawicielskiego rządu całej ludzkości. Suwerenność polityczna jest naturalna dla ludzi tego świata. Kiedy wszyscy ludzie Urantii stworzą rząd światowy, mają wtedy prawo i władzę uczynić taki rząd SUWERENNYM; i kiedy taka przedstawicielska czy demokratyczna władza świata ma pod kontrolą siły lądowe, lotnictwo i marynarkę, może zapanować pokój na Ziemi i dobra wola pomiędzy ludźmi – ale nie wcześniej.

Użyjmy ciekawej ilustracji z okresu dziewiętnastego i dwudziestego wieku. Czterdzieści osiem stanów Amerykańskiej Unii Federalnej długo cieszy się pokojem. Nie ma już wojen między nimi. Oddały one swą suwerenność rządowi federalnemu a dzięki rozjemstwu w sprawie wojny, zaniechały wszystkich swych roszczeń do ułudy samostanowienia. Podczas gdy każdy stan reguluje swoje sprawy wewnętrzne, nie obchodzą go sprawy zagraniczne, system ceł, imigracja, sprawy wojskowe czy handel międzynarodowy. Poszczególne stany nie zajmują się również sprawami obywatelstwa. Czterdzieści osiem stanów cierpi dewastację wojny jedynie wtedy, kiedy suwerenność rządu federalnego jest w jakiś sposób zagrożona.

Te czterdzieści osiem stanów, porzuciwszy mędrkowanie o suwerenności i samostanowieniu, korzysta z niezmąconego, międzystanowego pokoju. Tak samo narody Urantii zaczną korzystać z pokoju, kiedy dobrowolnie przekażą swe indywidualne suwerenności w ręce rządu globalnego – suwerennego braterstwa ludzkości. W takiej sytuacji światowej małe narody będą tak potężne jak wielkie, akurat tak, jak mały stan Rhode Island ma dwu senatorów w Kongresie Amerykańskim, tyle samo, ile gęsto zaludniony stan Nowy Jork czy duży stan Teksas.

Ograniczona (stanowa) suwerenność czterdziestu ośmiu stanów stworzona była przez ludzi i dla ludzi. Ponadstanowa (narodowa) suwerenność Amerykańskiej Unii Federalnej została stworzona przez pierwsze trzynaście stanów dla ich własnego pożytku i dla pożytku ich ludności. Kiedyś, ponadnarodowa suwerenność planetarnego rządu ludzkości tak samo będzie stworzona przez narody dla ich własnego pożytku i dla pożytku wszystkich ludzi.

Obywatele nie rodzą się na pożytek rządom; rządy są organizacjami stworzonymi i obmyślanymi na pożytek ludzi. Ewolucja suwerenności politycznej nie zakończy się tak długo, dopóki nie pojawi się suwerenny rząd wszystkich ludzi. Wszystkie inne suwerenności są względne w swych wartościach, pośrednie w swym znaczeniu i zależne w swym statusie.

Wraz z rozwojem nauki, wojny zaczną się stawać coraz bardziej niszczące, aż do tego momentu, kiedy staną się niemalże samobójcze dla gatunku. Ile wojen światowych trzeba przewalczyć, ile lig narodów musi upaść, zanim ludzie będą skłonni ustanowić rząd ludzkości i zaczną korzystać z błogosławieństw stałego pokoju i prosperować w zaciszu dobrej woli – światowej dobrej woli – pomiędzy ludźmi?

6. PRAWO, WOLNOŚĆ I SUWERENNOŚĆ

Jeśli jeden człowiek chce swobody – wolności – musi pamiętać, że *wszyscy* inni ludzie pragną tej samej wolności. Grupy takich, miłujących wolność śmiertelników, nie mogą żyć razem w pokoju bez podporządkowania się pewnym prawom, zasadom i przepisom, które będą przyznawać każdej osobie taki sam stopień wolności i jednocześnie gwarantować równy stopień wolności dla wszystkich współbraci śmiertelników. Jeśli jeden człowiek ma być absolutnie wolny, wtedy inny musi zostać absolutnym niewolnikiem. Względna natura wolności jest prawdą z punktu widzenia społecznego, ekonomicznego i politycznego. Wolność jest darem cywilizacji, istniejącym dzięki egzekwowaniu PRAWA.

Religia umożliwia duchowe uświadomienie sobie braterstwa ludzkości, ale potrzeba ludzkiego rządu, aby uporządkować problemy społeczne, ekonomiczne i polityczne związane z takim celem ludzkiego szczęścia i operatywności.

Będą wojny i wieści o wojnach – naród powstanie przeciw narodowi – dokładnie tak długo, jak długo światowa suwerenność polityczna będzie podzielona i niesprawiedliwie zachowywana przez grupę narodów-państw. Anglia, Szkocja i Walia zawsze walczyły ze sobą, aż do tego czasu, kiedy zaniechały swych poszczególnych suwerenności i złożyły je w Zjednoczonym Królestwie.

Nowa wojna światowa skłoni tak zwane suwerenne narody do ukształtowania pewnego rodzaju federacji, tworząc w ten sposób mechanizm zapobiegania małym wojnom, wojnom pomiędzy mniejszymi narodami. Wojny globalne będą jednak trwały tak długo, aż zostanie utworzony rząd ludzkości. Globalna suwerenność zapobiegnie wojnom globalnym – i nic innego nie może tego dokonać.

Czterdzieści osiem wolnych stanów amerykańskich żyje ze sobą w pokoju. Wśród obywateli tych czterdziestu ośmiu stanów są różne narodowości i rasy, z wiecznie wojujących ze sobą narodów Europy. Amerykanie ci reprezentują prawie wszystkie religie, sekty i kulty religijne z całego szerokiego świata a przecież tutaj, w Ameryce Północnej, żyją razem w pokoju. A wszystko to stało się możliwe dlatego, że owe czterdzieści osiem stanów zrzekło się swej suwerenności i porzuciło wszelkie idee w sprawie rzekomych praw do samostanowienia.

Zarówno kwestia zbrojenia czy rozbrojenia, jak też kwestia poboru albo zawodowej służby wojskowej, nie ma nic wspólnego z problemem zachowania światowego pokoju. Jeśli odbierzecie silnym narodom wszelki rodzaj nowoczesnego, mechanicznego uzbrojenia i wszystkie rodzaje środków wybuchowych, będą walczyć pięściami, kamieniami i pałkami tak długo, jak długo będą się trzymać swoich złudzeń o boskim prawie suwerenności narodowej.

Wojna nie jest wielką i straszliwą chorobą człowieka; wojna jest objawem choroby, jej skutkiem. Prawdziwą chorobę stanowi wirus suwerenności narodowej.

Narody Urantii nie miały prawdziwej suwerenności; nigdy nie posiadały one suwerenności, która mogłaby zabezpieczyć je przed spustoszeniami i dewastacjami wojen światowych. Narody, tworząc globalny rząd ludzkości, nie rezygnują tak bardzo z suwerenności, jako że w istocie tworzą one prawdziwą, w dobrej wierze i trwałą, suwerenność światową, która odtąd będzie zdolna całkowicie zabezpieczyć je od wszystkich wojen. Sprawy lokalne będą prowadzone przez rządy lokalne, sprawy narodowe przez rządy narodowe, sprawy międzynarodowe będą administrowane przez rząd globalny.

Światowego pokoju nie można zachować dzięki traktatom, dyplomacji, polityce zagranicznej, sojuszom, równowadze sił czy poprzez jakikolwiek inny rodzaj prowizorycznych środków, żonglujących nacjonalistycznymi suwerennościami. Musi powstać prawo światowe i musi być ono egzekwowane przez rząd światowy – suwerenność całej ludzkości.

Jednostka będzie korzystać ze znacznie większej wolności pod władzą rządu światowego. Dziś obywatele wielkich mocarstw są opodatkowani, obłożeni przepisami i kontrolowani prawie despotycznie a większość tego, obecnie istniejącego ograniczenia wolności osobistych, zaniknie, kiedy rządy narodowe będą gotowe powierzyć swą suwerenność, dotyczącą spraw międzynarodowych, w ręce rządu globalnego.

Pod rządem globalnym grupy narodowe dostaną prawdziwą sposobność posiadania i realizacji wolności osobistych, prawdziwą demokrację. Skończy się ułuda samostanowienia. Wraz z globalną regulacją waluty i handlu nastąpi nowa era światowego pokoju. Niebawem może wykształcić się język globalny i w końcu zarysuje się jakaś nadzieja posiadania kiedyś globalnej religii, albo wielu religii, z globalnym punktem widzenia.

Zbiorowe bezpieczeństwo nigdy nie przyniesie pokoju, dopóki zbiorowość nie obejmie całej ludzkości.

Polityczna suwerenność przedstawicielskiego rządu ludzkości przyniesie trwały pokój na Ziemi a duchowe braterstwo człowieka na zawsze zapewni dobrą wolę między wszystkimi ludźmi. I nie ma innego sposobu, którym można by urzeczywistnić pokój na Ziemi i dobrą wolę pomiędzy ludźmi.

* * *

Po śmierci Cymboytona, jego synowie mieli poważne trudności z utrzymaniem pokoju pośród wykładowców. Rezultaty nauczania Jezusa mogłyby odnieść większy sukces, gdyby późniejsi nauczyciele chrześcijańscy, którzy dołączyli do uczelni w Urmii, okazali więcej mądrości i wykazali więcej tolerancji.

Starszy syn Cymboytona apelował o pomoc do Abnera z Filadelfii, ale Abner dobrał nauczycieli bardzo niefortunnie, gdyż stali się oni nieustępliwi i bezkompromisowi. Nauczyciele ci chcieli, aby ich religia dominowała nad innymi wierzeniami. Nigdy nie podejrzewali, że częstokroć cytowane wykłady przewodnika karawany, prowadzone były przez samego Jezusa.

Ponieważ na uczelni narastał chaos, trzech braci wycofało swoją pomoc finansową i po pięciu latach szkoła została zamknięta. Później ją znowu otwarto jako świątynię mitraizmu, która się w końcu spaliła podczas jednego z orgiastycznych obrzędów.

7. ROK TRZYDZIESTY PIERWSZY (25 N.E.)

Kiedy Jezus wrócił ze swej podróży nad Morze Kaspijskie, wiedział, że jego podróżowanie po świecie dobiegało końca. Odbył jeszcze tylko jedną podróż poza Palestynę, do Syrii. Po krótkiej wizycie w Kafarnaum, przybył do Nazaretu i zatrzymał się tam na kilka dni. W połowie kwietnia wyruszył z Nazaretu do Tyru. Stąd poszedł na północ, zatrzymując się kilka dni w Sydonie, ale jego celem była Antiochia.

Tego roku Jezus samotnie wędrował przez Palestynę i Syrię. Przez cały ten rok podróży był znany pod różnymi imionami w różnych częściach kraju: cieśla z Nazaretu, szkutnik z Kafarnaum, uczony w Piśmie z Damaszku i nauczyciel z Aleksandrii.

W Antiochii Syn Człowieczy spędził ponad dwa miesiące, pracując, obserwując, badając, odwiedzając, pielęgnując, a robiąc to wszystko uczył się jak żyje człowiek, jak myśli, czuje, jak reaguje na otoczenie swej ludzkiej egzystencji. W tym czasie pracował przez trzy tygodnie jako wytwórca namiotów. W Antiochii przebywał znacznie dłużej niż w jakimkolwiek innym miejscu, które odwiedził podczas tej podróży. Dziesięć lat później, kiedy Apostoł Paweł wygłaszał kazania w Antiochii i słyszał, jak jego zwolennicy mówią o doktrynach *uczonego w Piśmie z Damaszku*, nie domyślał się wcale, że jego uczniowie słyszeli głos i przysłuchiwali się naukom samego Mistrza.

Z Antiochii Jezus poszedł na południe, wybrzeżem do Cezarei, gdzie zatrzymał się na kilka tygodni i dalej poszedł w dół wybrzeża, do Jafy. Z Jafy skręcił w głąb kraju do Jamni, Aszdod i Gazy. Z Gazy poszedł wprost do Beer-Szeba, gdzie pozostał przez tydzień.

Potem Jezus wyruszył w swą ostatnią podróż jako osoba prywatna, przez środek Palestyny, idąc z Beer-Szeby na południu do Dan na północy. Gdy szedł w kierunku północnym zatrzymał się w Hebronie, Betlejem (gdzie zobaczył miejsce swych narodzin), w Jerozolimie (nie odwiedził Betanii), potem w Beerot, Lebonie, Sycharze, Sychemie, Samarii, Gebie, En-Gannim, Endorze, Madonie; gdy szedł na północ, przechodził przez Magdalę i Kafarnaum, a idąc na wschód od wód Meromu, poszedł przez Karahtę do Dan, czyli Cezarei Filipowej.

Zamieszkujący Jezusa Dostrajacz Myśli prowadził go teraz do odludnych miejsc i Jezus poszedł na górę Hermon, aby mógł dokończyć dzieła opanowania swego ludzkiego umysłu i dokończyć zadanie całkowitego poświęcenia się działalności prowadzonej przez resztę jego życia na Ziemi.

Był to jeden z niezwykłych i zadziwiających okresów w ziemskim życiu Mistrza na Urantii. Przeżył jeszcze jedno, bardzo podobne doświadczenie, kiedy przebywał samotnie na wzgórzach w pobliżu Pelli, tuż po swoim chrzcie. Ten okres odosobnienia na górze Hermon znamionował ukończenie jego czysto ludzkiej działalności, formalne zakończenie jego obdarzenia w charakterze śmiertelnika; podczas gdy późniejsze odosobnienie oznaczało początek bardziej boskiego stadium obdarzenia. Przez sześć tygodni, na zboczach góry Hermon, Jezus przebywał sam na sam z Bogiem.

8. POBYT NA GÓRZE HERMON

Nieco czasu spędził Jezus w pobliżu Cezarei Filipowej, tam przygotował swój prowiant i załatwił sobie juczne zwierzę oraz chłopca, o imieniu Tiglat, następnie poszedł drogą na Damaszek, do wsi jakiś czas temu zwanej Bet Dżan, u pogórza góry Hermon. Tutaj, około połowy sierpnia, roku 25 n.e., założył swoją główną bazę i pozostawiając swój prowiant pod opieką Tiglata, zaczął się wspinać po odludnych zboczach góry. Pierwszego dnia Tiglat towarzyszył Jezusowi, idąc w górę do wyznaczonego punktu, około 1.800 metrów nad poziomem morza, gdzie zbudowali kamienny pojemnik, w którym dwa razy w tygodniu Tiglat miał składać żywność.

Pierwszego dnia, po rozstaniu się z Tiglatem, Jezus wspiął się tylko kawałek pod górę, kiedy zatrzymał się na modlitwę. Między innymi prosił swojego Ojca, aby przysłał opiekuna serafina, „aby był z Tiglatem". Prosił, aby wolno mu było iść samotnie na ostatnie zmagania z rzeczywistościami śmiertelnej egzystencji. Jego prośbie stało się zadość. Poddał się tej wielkiej próbie, mając jedynie zamieszkującego go Dostrajacza, aby go prowadził i podtrzymywał.

Podczas pobytu w górach Jezus jadł niewiele; tylko na dzień lub dwa zupełnie zrezygnował z pożywienia. Nadludzkie istoty, które stawały przed nim na tej górze, z którymi prowadził duchowe zmagania i które z mocą pokonał, były *rzeczywiste*; byli to jego najwięksi wrogowie w systemie Satanii; nie były to tylko wytwory wyobraźni, powstałe na skutek intelektualnych fantazji osłabionego i wygłodzonego śmiertelnika, niezdolnego odróżnić rzeczywistość od wizji zdezorientowanego umysłu.

Trzy końcowe tygodnie sierpnia i pierwsze trzy tygodnie września Jezus spędził na górze Hermon. Podczas tych tygodni dokończył ludzkiego zadania, polegającego na osiągnięciu okręgów zrozumienia umysłowego i na kontroli osobowości. Podczas całego tego okresu wspólnoty z niebiańskim Ojcem, zamieszkujący go Dostrajacz także dopełnił przydzielonej mu misji. Doczesny cel ziemskiej istoty został tutaj osiągnięty przez Jezusa. Pozostawało do dopracowania tylko ostatnie stadium umysłowe i zharmonizowanie się z Dostrajaczem.

Po ponad pięciu tygodniach nieprzerwanej wspólnoty ze swoim Rajskim Ojcem, Jezus został absolutnie przekonany odnośnie swojej natury i upewnił się o swoim triumfie nad materialnymi poziomami przejawów osobowości w czasie i w przestrzeni. Całkowicie wierzył w panowanie swej boskiej natury nad swą ludzką naturą i nie wahał się tego okazać.

Pod koniec pobytu w górach, Jezus poprosił swego Ojca, aby jako Syn Człowieczy, jako Jeszua ben Józef, mógł odbyć rozmowę ze swymi wrogami z systemu Satanii. Prośbie tej stało się zadość. W ostatnim tygodniu pobytu Jezusa na górze Hermon miała miejsce wielka pokusa, wszechświatowa próba. Szatan (reprezentujący Lucyfera) i zbuntowany Planetarny Książę, Caligastia, ukazali się przed Jezusem i byli dla niego w pełni widzialni. I to „kuszenie", ostatnia próba ludzkiej lojalności w obliczu zakłamanych osobowości buntu, nie miała nic wspólnego z pożywieniem, wieżami Świątyni, czy zarozumiałymi czynami. Nie miało to nic wspólnego z królestwami tego świata, ale z najwyższą władzą potężnego i wspaniałego wszechświata. Symbolizm waszych zapisów przeznaczony był dla zacofanych epok dziecinnego rozumowania tego świata. Późniejsze pokolenia powinny zrozumieć, jak wielkie zmagania prowadził Syn Człowieczy tego, pamiętnego dnia, na górze Hermon.

Na wiele propozycji i kontrpropozycji emisariuszy Lucyfera, Jezus odpowiedział tylko: „Niech zatryumfuje wola mojego Rajskiego Ojca a ciebie, mój zbuntowany synu, niechaj Pradawni Czasu sądzą po bożemu. Jestem twoim Stwórcą-ojcem; raczej nie mógłbym sądzić cię sprawiedliwie, moje miłosierdzie już uprzednio odrzuciłeś. Oddaję cię sądowi Sędziów większego wszechświata".

Na wszystkie sugerowane przez Lucyfera kompromisy i namiastki, na wszystkie podobnie zdradliwe propozycje, dotyczące obdarzenia w ciele, Jezus odpowiedział tylko: „Dokona się wola mojego Ojca w Raju". A kiedy ta trudna próba się skończyła, odłączony opiekun serafin powrócił do boku Jezusa i jemu służył.

Późnym latem, po południu, pośród drzew i w ciszy przyrody, Michał z Nebadonu zdobył niekwestionowaną władzę nad swoim wszechświatem. Tego dnia ukończył zadanie, jakie naznaczone jest Synom Stwórcom – przeżycie inkarnowanego życia w pełni, w formie cielesnej, na ewolucyjnych światach czasu i przestrzeni. Wszechświatowy komunikat o tym doniosłym osiągnięciu nie został ogłoszony aż do czasu chrztu Jezusa, w miesiąc później, ale wszystko to rzeczywiście zdarzyło się tego dnia, w górach. I kiedy Jezus poszedł w dół, po swym pobycie na górze Hermon, bunt Lucyfera w Satanii i secesja Caligastii na Urantii były faktycznie zakończone. Jezus zapłacił ostatnią, wymaganą od niego cenę, aby osiągnąć władzę nad swoim wszechświatem, co samo w sobie regulowało status wszystkich buntowników i określało, że wszystkie podobne przewroty w przyszłości (jeśli kiedykolwiek nastąpią) mogą być traktowane w trybie doraźnym i skutecznie. Jak zatem widzimy, tak zwane „wielkie kuszenie" Jezusa miało miejsce jakiś czas przed jego chrztem a nie zaraz po chrzcie.

Na koniec swego pobytu w górach, gdy Jezus już schodził, spotkał Tiglata, który szedł pod górę na umówione miejsce z żywnością. Odsyłając go, powiedział tylko: „Okres odpoczynku jest skończony; muszę wrócić do spraw mojego Ojca". Jezus był człowiekiem milczącym i bardzo odmienionym, gdy szli z powrotem do Dan, gdzie pożegnał się z chłopcem, dając mu osła. Potem poszedł na południe do Kafarnaum tą samą drogą, którą przyszedł.

9. CZAS OCZEKIWANIA

Lato zbliżało się ku końcowi, nadchodził Dzień Pokuty i Święto Namiotów. W Kafarnaum Jezus spotkał się z rodziną podczas szabatu a następnego dnia wyruszył do Jerozolimy razem z Janem, synem Zebedeusza, idąc na wschód jeziora i poprzez Gerasę i dalej w dół doliną Jordanu. Kiedy po drodze spotykali się z ludźmi, Jan dostrzegł wielką zmianę w zachowaniu się Jezusa.

Jezus i Jan zatrzymali się na noc w Betanii, u Łazarza i jego sióstr i poszli do Jerozolimy wczesnym rankiem następnego dnia. Prawie trzy tygodnie przebywali w mieście i jego okolicach, przynajmniej tak spędził ten czas Jan. Przez wiele dni Jan chodził sam do Jerozolimy, podczas gdy Jezus spacerował po okolicy, po pobliskich wzgórzach i miał wiele okresów duchowej wspólnoty ze swym Ojcem w niebie.

Obydwaj, Jezus i Jan, uczestniczyli w uroczystych obrzędach Dnia Pokuty. Obrzędy tego, najważniejszego dnia spośród wszystkich żydowskich uroczystości religijnych, wywarły na Janie wielkie wrażenie, ale Jezus pozostawał ich zamyślonym i cichym widzem. Dla Syna Człowieczego te obrzędy były godne politowania i żałosne. Traktował je jako zupełnie fałszywe przedstawienie charakteru i atrybutów swego Ojca w niebie. Obchody tego dnia uważał za parodię faktów Boskiej sprawiedliwości i prawd o nieskończonym miłosierdziu. Pałał chęcią, aby dać upust głoszeniu rzeczywistej prawdy o kochającym charakterze jego Ojca i jego miłosiernym postępowaniu we wszechświecie, ale wierny Monitor napomniał go, że godzina jeszcze nie nadeszła. Jednak wieczorem, w Betanii, Jezus rzucił wiele uwag, które bardzo zaniepokoiły Jana; Jan nigdy w pełni nie zrozumiał rzeczywistego znaczenia tego, co Jezus mówił tego wieczora.

Jezus planował pozostać z Janem przez cały tydzień Święta Namiotów. Święto to było corocznymi wakacjami dla wszystkich w Palestynie, był to żydowski okres wywczasów. Chociaż Jezus nie uczestniczył w nim z radością stosowną do okoliczności, było oczywiste, że odczuwał przyjemność i był zadowolony, gdy widział wesołą i spontaniczną żywiołowość u młodych i starych.

W środku tygodnia celebracji i tuż przed zakończeniem uroczystości, Jezus zostawił Jana, mówiąc mu, że chce się oddalić na wzgórza, gdzie mógłby lepiej obcować ze swym Rajskim Ojcem. Jan chciał iść razem z nim, ale Jezus upierał się, aby pozostał na uroczystościach, mówiąc: „Nie wymaga się od ciebie abyś dźwigał brzemię Syna Człowieczego; tylko strażnik musi czuwać, kiedy miasto śpi w pokoju". Jezus nie wrócił do Jerozolimy. Po nieomal tygodniu, który spędził samotnie na wzgórzach w pobliżu Betanii, wyruszył do Kafarnaum. Gdy wracał do domu, spędził dzień i noc samotnie na zboczach Gilboa, w pobliżu tego miejsca, gdzie król Saul odebrał sobie życie; i kiedy przybył do Kafarnaum wydawało się, że jest radośniejszy niż wtedy, kiedy żegnał się z Janem w Jerozolimie.

Następnego ranka Jezus podszedł do kufra, zostawionego w warsztacie Zebedeusza, zawierającego jego osobisty dobytek, założył fartuch i stawił się do pracy, mówiąc: „Wypadałoby się czymś zająć, kiedy czekam na przyjście mojej godziny". Pracował w warsztacie szkutniczym kilka miesięcy, aż do stycznia następnego roku, u boku swego brata Jakuba. Po tym okresie pracy z Jezusem, bez znaczenia jakie wątpliwości zaciemniały

Jakubowi zrozumienie działalności życiowej Syna Człowieczego, nigdy już prawdziwie i zupełnie nie stracił on wiary w misję Jezusa.

Podczas tego, ostatniego okresu pracy w warsztacie szkutniczym, Jezus spędzał większość czasu na wykańczaniu wnętrz większych statków. Przykładał się bardzo do całej tej pracy i wydawał się przeżywać satysfakcję z ludzkich osiągnięć, gdy wykonał godne pochwały dzieło. Aczkolwiek marnował nieco czasu na drobiazgi, był bardzo skrupulatnym robotnikiem, kiedy chodziło o wykonanie zasadniczych elementów jakiejkolwiek pracy.

Z czasem zaczęły docierać do Kafarnaum wieści o pewnym Janie, który wygłaszał kazania podczas chrzczenia grzeszników w Jordanie a głosił on: „Królestwo niebios jest na wyciągnięcie ręki; żałujcie za grzechy i chrzcijcie się". Jezus słuchał tych opowieści, podczas gdy Jan powoli posuwał się w górę doliny Jordanu, od najbliższego Jerozolimy brodu rzeki. Jednak Jezus nadal pracował i robił łodzie, aż Jan, idąc w górę rzeki, doszedł w styczniu następnego roku, 26 n.e., do miejsca w pobliżu Pelli i wtedy Jezus, odkładając swoje narzędzia, obwieścił: „Moja godzina nadeszła" i wkrótce przedstawił się Janowi do chrztu.

Jednak Jezus bardzo się zmienił. Niewielu ludzi, których radowały jego odwiedziny i posługi, kiedy wędrował wzdłuż i wszerz ziemi, rozpoznawało w publicznym nauczycielu tę samą osobę, którą znali i kochali jako prywatnego człowieka w latach minionych. Istniała konkretna przyczyna, dlaczego ci wcześniej przezeń obdarzeni nie mogli go rozpoznać w jego późniejszej roli, publicznego i autorytatywnego nauczyciela. Przez wiele długich lat dokonywała się u Jezusa przemiana umysłu i ducha i zakończyła się w czasie jego, obfitującego w wydarzenia pobytu na górze Hermon.

PRZEKAZ 135

JAN CHRZCICIEL

JAN Chrzciciel urodził się 25 marca, 7 roku p.n.e., zgodnie z obietnicą, którą w czerwcu poprzedniego roku Gabriel dał Elżbiecie. Przez pięć miesięcy Elżbieta zachowywała w tajemnicy wizytę Gabriela, a kiedy powiedziała o niej swojemu mężowi, Zachariasz bardzo się niepokoił, a w pełni uwierzył temu, co mówiła, dopiero po niezwykłym śnie, który miał mniej więcej w sześć tygodni przed narodzeniem Jana. Nie wydarzyło się nic niezwykłego lub nadprzyrodzonego, co można by wiązać z narodzinami Jana Chrzciciela, poza wizytą Gabriela u Elżbiety i snem Zachariasza.

Jan został obrzezany ósmego dnia po narodzinach, zgodnie z żydowskim zwyczajem. Dzień po dniu i rok po roku dorastał jako przeciętne dziecko, w małym miasteczku, zwanym w tamtych czasach Miastem Judy, położonym około sześć kilometrów na zachód od Jerozolimy.

Najbardziej pamiętnym zdarzeniem z wczesnego dzieciństwa Jana była wizyta w Nazarecie, wraz z rodzicami, u Jezusa i jego rodziny. Odwiedziny te miały miejsce w czerwcu, 1 roku p.n.e., kiedy Jan miał nieco ponad sześć lat.

Po powrocie z Nazaretu rodzice Jana zaczęli systematyczną edukację chłopca. W tym małym miasteczku nie było szkoły przy synagodze, ale Zachariasz, będąc kapłanem, był całkiem dobrze wykształcony; Elżbieta była również znacznie lepiej wykształcona niż przeciętna żydowska kobieta, tak samo wywodziła się z duchowieństwa, będąc potomkinią „córek Arona". Ponieważ Jan był ich jedynym dzieckiem, rodzice poświęcali sporo czasu na jego naukę umysłową i duchową. Zachariasz miał tylko krótkie okresy służby w Świątyni, w Jerozolimie, więc większość swego czasu mógł poświęcać nauczaniu syna.

Zachariasz i Elżbieta mieli małe gospodarstwo, gdzie hodowali owce. Z trudem mogli utrzymać się z tej ziemi, ale Zachariasz dostawał regularną pensję z funduszy Świątyni przeznaczonych dla duchowieństwa.

1. JAN ZOSTAJE NAZIREJCZYKIEM

Jan nie chodził do szkoły, którą powinien skończyć w wieku lat czternastu, ale jego rodzice wybrali ten rok, jako wiek odpowiedni do złożenia formalnych ślubów nazireatu. W związku z tym Zachariasz i Elżbieta wzięli swego syna do Engaddi, nad Morzem Martwym. Była to południowa siedziba bractwa nazirejczyków i tutaj chłopiec został odpowiednio i uroczyście wprowadzony w ich porządek życia. Po obrzędach i po złożeniu ślubów nie używania oszałamiających napojów, zapuszczenia włosów i wystrzegania się dotykania zmarłych, rodzina udała się do Jerozolimy, gdzie przed Świątynią Jan zakończył składanie ofiar wymaganych od tych, którzy składają śluby nazireatu.

Jan złożył takie same śluby na całe życie, jakie składali jego sławni poprzednicy, Samson i prorok Samuel. Osobę żyjącą życiem nazirejczyka uważano za uświęconą i nieskalaną. Żydzi traktowali nazirejczyka prawie z takim samym respektem i czcią, jak arcykapłana, czemu nie należy się dziwić, ponieważ nazirejczycy, konsekrowani na całe życie, byli jedynymi osobami za wyjątkiem arcykapłanów, którym wolno było wchodzić do Świętego Świętych w Świątyni.

Jan wrócił z Jerozolimy do domu, gdzie opiekował się owcami ojca i dorastał na człowieka o silnym i szlachetnym charakterze.

W wieku szesnastu lat, kiedy Jan czytał o Eliaszu, zafascynował się prorokiem z góry Karmel i postanowił przyjąć jego styl ubierania się. Od tego dnia Jan zawsze wkładał na siebie włochate odzienie i przepasywał się skórzanym pasem. Gdy skończył szesnaście lat był nieomal w pełni dorosły, miał ponad sto osiemdziesiąt centymetrów wzrostu. Z rozwianymi włosami i swoistym stylem ubierania się był naprawdę malowniczym młodzieńcem. Jego rodzice oczekiwali wielkich rzeczy po swoim synu, dziecku obietnicy i nazirejczyku na całe życie.

2. ŚMIERĆ ZACHARIASZA

Zachariasz zmarł w lipcu, roku 12 n.e., po kilkumiesięcznej chorobie, kiedy Jan właśnie skończył osiemnaście lat. Jan znalazł się wtedy w kłopotliwym położeniu ponieważ śluby nazirejskie zabraniały mu kontaktu ze zmarłymi, nawet, jeśli byli członkami rodziny. Aczkolwiek Jan usiłował przestrzegać restrykcji ślubów, dotyczących skażenia przez zmarłego, miał wątpliwości, czy był w pełni posłuszny wymaganiom reguł nazireatu; dlatego też po pogrzebie ojca poszedł do Jerozolimy, gdzie w nazirejskim narożniku Dziedzińca Kobiet złożył ofiary, wymagane dla oczyszczenia.

We wrześniu tego roku Elżbieta z Janem wybrali się do Nazaretu, gdzie odwiedzili Marię i Jezusa. Jan już miał zacząć swoją życiową działalność, jednak nie tylko pod wpływem słów Jezusa, ale także za jego przykładem, wrócił do domu, opiekował się matką i oczekiwał „przyjścia godziny Ojca". Gdy na koniec tej radosnej wizyty, Jan pożegnał się z Jezusem i Marią, nie zobaczył już Jezusa, aż dopiero w dniu jego chrztu w Jordanie.

Jan i Elżbieta wrócili do domu i zaczęli plany na przyszłość. Ponieważ Jan nie chciał przyjąć pensji kapłańskiej, należnej jemu z funduszy Świątyni, po upływie dwóch lat praktycznie stracili dom; dlatego też postanowili wyruszyć na południe, ze stadem owiec. Zatem Jan, gdy miał dwadzieścia lat, przeprowadził się z matką do Hebronu. Na tej, tak zwanej „Pustyni Judzkiej", Jan prowadził swe owce wzdłuż strumienia, który był dopływem większego potoku, wpływającego do Morza Martwego w Engaddi. W kolonii Engaddi przebywali nie tylko nazirejczycy, konsekrowani na całe życie i na czas określony, ale także liczna grupa innych, ascetycznych pasterzy, którzy gromadzili się w tym regionie ze swymi stadami i bratali się ze wspólnotą nazirejczyków. Utrzymywali się z hodowli owiec i z podarunków, jakie bogaci Żydzi dawali temu zgromadzeniu.

Z biegiem czasu Jan coraz rzadziej wracał do Hebronu, podczas gdy coraz częściej odwiedzał Engaddi. Tak bardzo się różnił od większości nazirejczyków, że trudno mu było zbratać się ze wspólnotą. Bardzo jednak polubił Abnera, uznanego przywódcę i głowę kolonii w Engaddi.

3. ŻYCIE PASTERZA

Wzdłuż tego małego strumienia w dolinie, Jan wybudował około tuzina kamiennych, nocnych zagród, z kamieni ułożonych jeden na drugim, gdzie mógł doglądać i chronić stada owiec i kóz. Życie Jana jako pasterza, dawało mu sporo czasu na rozmyślanie. Rozmawiał sporo z Ezdą, chłopcem sierotą z Bet-Sur, którego w pewien sposób zaadoptował i który opiekował się jego stadami, gdy Jan wyruszał w drogę do Hebronu, aby się spotkać z matką i sprzedać owce, jak również, kiedy szedł do Engaddi na obrzędy szabatu. Jan i chłopiec żyli bardzo skromnie, żywiąc się baraniną, mlekiem kóz, dzikim miodem i jadalną szarańczą tego regionu. To ich regularne pożywienie było od czasu do czasu uzupełniane prowiantem, przynoszonym z Hebronu i Engaddi.

Elżbieta przesyłała Janowi wiadomości o Palestynie i wydarzeniach światowych, a on miał coraz głębsze przeświadczenie, że szybko nadchodzi ten czas, kiedy stary porządek się skończy a on zostanie heroldem zbliżającej się, nowej epoki „królestwa nieba". Ten surowy pasterz miał szczególną słabość do pism proroka Daniela. Tysiące razy czytał opis wielkiego widzenia Daniela, które jak mówił mu Zachariasz, przedstawiało historię wielkich królestw świata, zaczynającą się od Babilonii, potem Persji, Grecji, a kończącą na Rzymie. Jan zauważył, że Rzym już teraz składa się z wielojęzycznych narodów i ras, więc nigdy nie stanie się silnie scementowanym i mocno skonsolidowanym imperium. Wierzył, że Rzym już jest podzielony na Syrię, Egipt, Palestynę i inne prowincje; i wtedy czytał dalej „w czasach tych królów Bóg nieba wzbudzi królestwo, które nigdy nie ulegnie zniszczeniu. I to królestwo nie przejdzie na żaden inny naród, ale zetrze i zniweczy wszystkie te królestwa, samo zaś będzie trwało na zawsze". „Powierzono mu panowanie, chwałę i królestwo, a powinny mu służyć wszystkie narody, ludy i języki. Panowanie jego jest wiecznym panowaniem, które nie przeminie; i królestwo jego nigdy nie ulegnie zagładzie". „A panowanie i władzę, i wielkość królestw pod całym niebem otrzyma lud święty Najwyższego, którego królestwo będzie wiecznym królestwem, a cała władza powinna mu służyć i być mu uległa".

Jan nigdy nie zdołał zupełnie wyzbyć się dezorientacji wytworzonej tym, co dotyczyło Jezusa i co słyszał od swoich rodziców a tym, co czytał w urywkach Pisma Świętego. U Daniela czytał: „I widziałem w widzeniach nocnych: Oto na obłokach niebieskich przyszedł ktoś podobny do Syna Człowieczego; powierzono mu panowanie, chwałę i władzę królewską". Jednak słowa proroka nie harmonizowały z tym, czego uczyli go rodzice. Tak samo rozmowa, jaką przeprowadził z Jezusem podczas odwiedzin, gdy miał lat osiemnaście, nie zgadzała się z tymi stwierdzeniami z Pisma Świętego. Jednak pomimo całej tej dezorientacji, w czasie wszystkich takich rozterek matka zapewniała go, że jego dalszy kuzyn, Jezus z Nazaretu, jest prawdziwym Mesjaszem, że zasiądzie na tronie Dawidowym i że on (Jan) stanie się jego czołowym zwiastunem i główną podporą.

Po tym wszystkim, co Jan słyszał o rozpuście i nikczemności Rzymu, a także o rozwiązłości i braku moralności w imperium, po tym, co wiedział o złych uczynkach Heroda Antypasa i gubernatorów Judei, skłonny był wierzyć, że koniec epoki jest bliski. Wydawało się temu surowemu i szlachetnemu dziecku natury, że świat dojrzał do końca epoki człowieka i do świtu nowej, Boskiej epoki – królestwa nieba. W sercu Jana dojrzewało przeczucie, że będzie ostatnim ze starych proroków i pierwszym z nowych. I pulsował w nim szczery, coraz mocniejszy impuls, żeby iść i głosić wszystkim ludziom:

„Żałujcie za grzechy! Pogódźcie się z Bogiem! Bądźcie gotowi na koniec; przygotujcie się na nowy i wieczny porządek spraw ziemskich – królestwo nieba".

4. ŚMIERĆ ELŻBIETY

17 sierpnia, roku 22 n.e., kiedy Jan miał 28 lat, jego matka zeszła nagle z tego świata. Przyjaciele Elżbiety, znając restrykcje nazirejczyków dotyczące kontaktu z umarłymi nawet we własnej rodzinie, przygotowali wszystko do pogrzebu Elżbiety przed zawiadomieniem Jana. Kiedy Jan dostał wiadomość o śmierci matki, polecił Ezdzie, żeby popędził jego stada do Engaddi a sam poszedł do Hebronu.

Kiedy Jan wrócił z pogrzebu matki do Engaddi, podarował wspólnocie swoje stada i na pewien czas odseparował się od świata, kiedy to pościł i modlił się. Jan znał tylko stare metody zbliżania się do Bóstwa; znał tylko takie zapisy jak Eliasza, Samuela i Daniela. Eliasz był jego ideałem proroka. Eliasz był pierwszym nauczycielem Izraela uznanym za proroka i Jan prawdziwie wierzył, że on będzie ostatnim z tego, długiego i sławnego szeregu posłańców nieba.

Dwa i pół roku Jan mieszkał w Engaddi i przekonał większość tamtejszej wspólnoty, że „koniec epoki jest na wyciągnięcie ręki", że „królestwo nieba nadejdzie wkrótce". Całe jego wcześniejsze nauczanie oparte było na aktualnych ideach i koncepcjach Mesjasza, przyrzeczonego wybawiciela narodu żydowskiego od dominacji rządów innowierców.

Przez cały ten czas Jan czytał wiele świętych pism, które znalazł w Engaddi, w siedzibie nazirejczyków. Szczególne wrażenie wywarli na nim Izajasz i Malachiasz, w tamtym czasie ostatni prorocy. Czytał wciąż na nowo pięć ostatnich rozdziałów Izajasza i wierzył w te proroctwa. Potem czytał u Malachiasza: „Oto ja poślę wam proroka Eliasza przed nadejściem dnia Pańskiego, dnia wielkiego i strasznego; i skłoni serce ojców ku synom, a serce synów ku ich ojcom, abym, gdy przyjdę, nie poraził ziemi przekleństwem". Tylko ta obietnica Malachiasza, mówiąca o powrocie Eliasza, powstrzymywała Jana od pójścia i głoszenia kazań o nadchodzącym królestwie i od napominania swoich braci Żydów, aby uniknęli nadchodzącego gniewu. Jan dojrzał do misji zwiastowania nadchodzącego królestwa, ale jego nadzieja na przyjście Eliasza powstrzymywała go przed tym przez ponad dwa lata. Wiedział, że nie jest Eliaszem. Więc co miał na myśli Malachiasz? Czy proroctwo było dosłowne czy symboliczne? Jak poznać prawdę? W końcu ośmielił się sądzić, że skoro pierwszego proroka zwano Eliaszem, również ostatni powinien być znany pod tym samym imieniem. Mimo wszystko miał wątpliwości, wątpliwości na tyle poważne, że nie pozwoliły mu one nigdy nazwać siebie Eliaszem.

To wpływ Eliasza sprawił, że Jan przyjął metodę bezpośredniego i bezceremonialnego ataku na grzechy i występki jemu współczesnych. Starał się ubierać jak Eliasz i próbował mówić jak Eliasz; pod każdym względem był podobny do dawnego proroka. Był tak dzielnym i malowniczym dzieckiem natury, tak nieustraszonym i odważnym apostołem prawości. Jan nie był analfabetą, dobrze znał święte pisma żydowskie, ale raczej nie był wykształcony. Był bystrym myślicielem, przykuwającym uwagę mówcą i ognistym demaskatorem zła. Trudno go nazwać przedstawicielem jego czasów, ale był wymowną reprymendą tych czasów.

W końcu wymyślił metodę głoszenia nowych czasów, królestwa Bożego; postanowił, że zostanie zwiastunem Mesjasza; odrzucił na bok swoje wątpliwości i jednego dnia, w marcu, roku 25 n.e., wyruszył z Engaddi i rozpoczął krótką, ale znakomitą działalność publicznego kaznodziei.

5. KRÓLESTWO BOŻE

Aby lepiej zrozumieć posłanie Jana, należy wziąć pod uwagę sytuację ludności żydowskiej w tym czasie, gdy zaczął swą działalność. Prawie sto lat cały Izrael znajdował się w kłopotliwym położeniu nikt nie potrafił wyjaśnić powodu ich ciągłego podporządkowania nie-żydowskim władcom. Czyż Mojżesz nie nauczał, że prawość zawsze jest nagradzana dobrobytem i władzą? Czyż nie są wybranym ludem Boga? Dlaczego tron Dawida jest opuszczony i nie zajęty? W świetle doktryn mojżeszowych i przykazań proroków, Żydom bardzo trudno było wytłumaczyć tak długi, narodowy upadek.

Mniej więcej sto lat przed czasami Jezusa i Jana powstała w Palestynie nowa szkoła nauczycieli religijnych – apokaliptyków. Ci nowi nauczyciele ukształtowali system wierzeń, mówiący, że cierpienia i upokorzenia Żydów są uzasadnioną zapłatą za grzechy narodu. Powrócili do tak dobrze znanego rozumowania, przyjętego dla wytłumaczenia niewoli babilońskiej i innych niewoli z czasów minionych. Ale, jak nauczali apokaliptycy, Izrael powinien nabrać otuchy; dni nieszczęścia bliskie są końca, karcenie przez Boga narodu wybranego wkrótce ma się skończyć; Boska cierpliwość w stosunku do cudzoziemców-innowierców jest na wyczerpaniu. Koniec rządów rzymskich równoznaczny jest z końcem epoki, w pewnym sensie z końcem świata. Ci nowi nauczyciele opierali się w znacznym stopniu na proroctwach Daniela i konsekwentnie nauczali, że całe stworzenie wchodzi właśnie w swój końcowy etap; królestwa tego świata miały stać się niebawem królestwem Bożym. Dla żydowskich umysłów tego czasu takie znaczenie miało określenie – królestwo nieba – które przewijało się we wszystkich naukach, zarówno Jana jak i Jezusa. Dla Żydów z Palestyny określenie „królestwo nieba" miało tylko jedno znaczenie – stan absolutnej prawości, w którym Bóg (Mesjasz) będzie rządził narodami Ziemi z doskonałą mocą, tak jak rządzi w niebie – „Twoje ostanie się tak samo na ziemi, jak i w niebie".

W czasach Jana wszyscy Żydzi z utęsknieniem pytali „jak szybko przyjdzie królestwo?". Panowało powszechnie mniemanie, że zbliża się koniec rządów narodów nieżydowskich. Wśród wszystkich Żydów panowała żywa nadzieja i gorliwe oczekiwanie, że spełnienie pragnień całych epok może nastąpić za życia tego pokolenia.

Chociaż Żydzi bardzo się między sobą różnili, gdy idzie o określenie natury nadchodzącego królestwa, byli podobni w przekonaniu, że to wydarzenie się zbliża, jest na wyciągniecie ręki, nawet u drzwi. Wielu z tych, którzy czytali Stary Testament, wypatrywało z nadzieją nowego króla w Palestynie, dla odrodzonego narodu żydowskiego, wyzwolonego od wrogów i kierowanego przez następcę króla Dawida, Mesjasza, który szybko zostałby uznany za sprawiedliwego i prawego władcę całego świata. Inna, chociaż mniejsza, grupa pobożnych Żydów miała bardzo odmienny punkt widzenia na królestwo Boże. Nauczali, że nadchodzące królestwo jest nie z tego świata, że świat zbliża się niezawodnie do końca i że „nowe niebo i nowa ziemia" zapoczątkują erę zaprowadzenia królestwa Bożego; i to królestwo będzie wiecznotrwałym panowaniem, grzech ma zniknąć a obywatele tego, nowego królestwa mają stać się nieśmiertelni i radować się błogosławieństwem bez końca.

Wszyscy zgadzali się z tym, że jakaś drastyczna pokuta lub oczyszczająca dyscyplina koniecznie musi poprzedzać ustanowienie nowego królestwa na Ziemi. Stronnicy dosłownego pojmowania królestwa nauczali, że nastąpią ogólnoświatowe wojny, które zniszczą wszystkich niewierzących, podczas gdy wierzący zawojują świat na wieki. Zwolennicy królestwa duchowego nauczali, że królestwo będzie zaprowadzone razem z wielkim sądem Bożym, który skaże niesprawiedliwych na dobrze zasłużoną karę i ostateczną zagładę, wynosząc jednocześnie wierzących świętych spośród narodu wybranego na wysokie miejsca zaszczytów i władania wraz z Synem Człowieczym, który będzie rządził odkupionymi narodami w imieniu Boga. Ta ostatnia grupa wierzyła również, że wielu pobożnych nie-Żydów mogłoby zostać przyjętych do braterstwa w nowym królestwie.

Niektórzy Żydzi skłaniali się ku opinii, że Bóg ewentualnie może ustanowić swoje nowe królestwo przez bezpośrednią, Boską interwencję, ale ogromna większość wierzyła, iż użyje jakiegoś reprezentującego go pośrednika, Mesjasza. I takie było jedyne możliwe znaczenie słowa Mesjasz, jakie mogło pomieścić się w głowach Żydów z pokolenia Jana i Jezusa. Określenie *Mesjasz* po prostu nie mogło odnosić się do kogoś, kto nauczał o woli Boga lub głosił konieczność sprawiedliwego życia. Wszystkim takim świętym osobom Żydzi nadawali tytuł *proroka*. Mesjasz miał być kimś więcej niż prorokiem; Mesjasz miał zaprowadzić nowe królestwo, królestwo Boże. Ktoś, kto nie mógł sprostać tym wymaganiom, nie mógł być Mesjaszem w tradycyjnym, żydowskim rozumieniu tego słowa.

Kto miał być tym Mesjaszem? Znowu żydowscy nauczyciele różnili się w opiniach. Starsi lgnęli do doktryny syna Dawida. Nowi nauczali, że skoro nowe królestwo ma być niebiańskim królestwem, nowy władca mógł mieć także boską osobowość, jako ten, który długo siedział po prawej ręce Boga w niebie. I dziwne może się wydawać, że ci, którzy tak wyobrażali sobie władcę nowego królestwa, uważali go nie za ludzkiego Mesjasza, nie za zwykłego *człowieka*, ale za „Syna Człowieczego" – Syna Boga – niebiańskiego Księcia, długo czekającego na przejęcie władzy odnowionej Ziemi. Tak wyglądało religijne tło żydowskiego świata, kiedy wystąpił Jan i głosił: „Żałujcie za grzechy, gdyż królestwo nieba jest na wyciągnięcie ręki!".

Zatem było oczywiste, że zwiastowanie Jana o nadchodzącym królestwie miało nie mniej niż tuzin różnych znaczeń w umysłach tych, którzy słuchali jego namiętnych kazań. Nie grało roli, jakie znaczenie przywiązywali do zwrotów, których używał Jan, każda z tych różnorodnych grup oczekujących żydowskiego królestwa była zaintrygowana obwieszczeniami tego szczerego, surowego i prostego kaznodziei prawości i skruchy, który solennie napominał swych słuchaczy – „uciekajcie przed nadchodzącym gniewem".

6. JAN ZACZYNA GŁOSIĆ KAZANIA

Na początku marca, roku 25 n.e., Jan szedł wokół zachodnich wybrzeży Morza Martwego i w górę rzeki Jordan, do pradawnego brodu położonego naprzeciw Jerycha, przez który przeszedł Jozue i dzieci Izraela, gdy po raz pierwszy wchodzili do ziemi obiecanej; po przejściu na drugą stronę rzeki, Jan usadowił się przy dojściu do brodu i rozpoczął głoszenie kazań ludziom, którzy w tę i z powrotem przechodzili rzekę. Było to przejście przez Jordan najbardziej ze wszystkich uczęszczane.

Było oczywiste dla wszystkich tych, którzy słyszeli Jana, że jest on czymś większym niż kaznodzieją. Znaczna większość tych, co słuchali tego dziwnego człowieka, który przybył z pustyni Judejskiej, odeszła wierząc, że słyszeli głos proroka. I nic w tym dziwnego, że dusze tych znużonych i pełnych nadziei Żydów zostały głęboko poruszone takim fenomenem. Nigdy dotąd, w całej żydowskiej historii, pobożne dzieci Abrahama nie pragnęły tak bardzo „pocieszenia Izraela" i nie oczekiwały gorliwiej „przywrócenia królestwa". Nigdy dotąd, w całej żydowskiej historii, orędzie Jana, „królestwo nieba jest na wyciągnięcie ręki", nie potrafiło przemówić tak głęboko i tak powszechnie, jak w tym właśnie czasie, gdy Jan tak tajemniczo ukazał się na południowym brzegu przejścia przez Jordan.

Jan przybył od pasterzy, tak jak Amos. Ubierał się tak jak kiedyś Eliasz, grzmiał swoimi upomnieniami i wylewał swoje przestrogi z „duchem i siłą Eliasza". Nie należy się zatem dziwić, że ten osobliwy kaznodzieja wywołał znaczne poruszenie w całej Palestynie, jako że podróżnicy nieśli na wszystkie strony wiadomość o jego kazaniach nad Jordanem.

Był jeszcze jeden, *nowy* aspekt działalności tego nazirejskiego kaznodziei – chrzcił on w Jordanie każdego ze swoich zwolenników „na odpuszczenie grzechów". Chociaż dla Żydów chrzest nie był obrzędem nowym, nigdy dotąd nie widzieli, aby prowadzono go w taki sposób, jak to czynił Jan. Od dawna praktykowano chrzczenie nieżydowskich prozelitów na Dziedzińcu Zewnętrznym Świątyni, przy przyjmowaniu do wspólnoty, ale nigdy nie proponowano samym Żydom chrztu jako aktu skruchy. Tylko piętnaście miesięcy upłynęło od tego czasu, kiedy Jan zaczął głosić kazania i chrzcić, do jego aresztowania i uwięzienia z rozkazu Heroda Antypasa, ale w tym krótkim czasie ochrzcił on ponad sto tysięcy grzeszników.

Zanim Jan poszedł na północ w górę Jordanu, przez cztery miesiące nauczał przy brodzie w Betanii. Przybywały tam, aby go słuchać, dziesiątki tysięcy słuchaczy ze wszystkich części Judei, Perei i Samarii, niektórzy tylko ciekawi, ale wielu było poważnych i żarliwych. Kilku nawet przybyło z Galilei.

W maju tego roku, kiedy Jan przebywał jeszcze przy brodzie w Betanii, kapłani i lewici wysłali delegację, aby się dowiedzieć, czy twierdzi, że jest Mesjaszem i z czyjego upoważnienia naucza. Jan odpowiedział na te pytania: „Idźcie i powiedzcie swoim mistrzom, że słyszeliście «głos wołającego na pustyni», tak jak mówił prorok «drogę dla Pana przygotujcie, zróbcie prostą drogę dla naszego Boga. Niech się podniosą wszystkie doliny, a wszystkie góry i wzgórza obniżą; równiną niechaj staną się urwiska a strome zbocza niziną gładką. Wtedy się zbawienie Pańskie objawi, razem je wszelkie ciało zobaczy»".

Jan był heroicznym, ale nietaktownym kaznodzieją. Pewnego dnia, kiedy nauczał i chrzcił na zachodnim brzegu Jordanu, grupa faryzeuszy i pewna liczba saduceuszy przyszła do niego i stawiła się do chrztu. Przed zanurzeniem ich w wodzie, Jan powiedział do nich jako do grupy nauczycieli: „Kto was ostrzegł, byście uciekli jak żmije przed ogniem nadchodzącego gniewu? Ja ochrzczę was, ale ostrzegam was, abyście przynieśli *naprzód wartościowy owoc* szczerej skruchy, jeśli macie zyskać odpuszczenie waszych grzechów. Nie mówcie mi, Abrahama mamy za ojca. Ja powiadam wam, że Bóg może z tych dwunastu kamieni wzbudzić dzieci Abrahamowi. Już i siekiera do korzenia drzewa jest przyłożona. Każde więc drzewo, które nie wyda owocu dobrego, zostanie ścięte i w ogień rzucone". (Dwanaście kamieni, do których nawiązywał, były to rzekomo pamiątkowe kamienie ustawione przez Jozuego, aby uczcić przejście „dwunastu plemion", dokładnie w tym miejscu, gdzie po raz pierwszy weszli do ziemi obiecanej).

Jan prowadził lekcje dla swoich uczniów, podczas których nauczał ich o szczegółach nowego życia i udzielał odpowiedzi na wiele pytań. Doradzał nauczycielom, aby nauczali tak samo w duchu, jak i w literze prawa. Bogatym kazał karmić biednych; poborcom podatków mówił: „Nie wymuszajcie więcej niż wam ustalono". Żołnierzom powiedział: „Nie używajcie przemocy i nie żądajcie niczego bezprawnie – bądźcie zadowoleni ze swojej zapłaty". Wszystkim natomiast doradzał: „Przygotujcie się na koniec epoki – królestwo nieba jest na wyciągnięcie ręki".

7. JAN IDZIE NA PÓŁNOC

Jan wciąż miał mieszane idee w sprawie nadchodzącego królestwa i jego króla. Im dłużej nauczał, tym bardziej był zdezorientowany, ale nigdy ta intelektualna niepewność, dotycząca natury nadchodzącego królestwa, nie osłabiała w najmniejszym stopniu jego pewności o bardzo bliskim jego nadejściu. W swoim umyśle Jan mógł być zdezorientowany, ale nigdy nie w duchu. Nie wątpił, że królestwo nadchodzi, ale daleki był od takiej samej pewności czy Jezus ma być, czy też nie, władcą tego królestwa. Jak długo Jan trzymał się idei odbudowy tronu Dawida, logicznie wyglądała nauka jego rodziców, że Jezus, urodzony w mieście Dawida, jest długo wyczekiwanym wybawicielem; ale w tym czasie, kiedy Jan bardziej przychylał się ku doktrynie królestwa duchowego i końca doczesnej epoki na Ziemi, miał wielkie wątpliwości, jaką rolę Jezus mógłby odegrać w tych zdarzeniach. Czasami poddawał w wątpliwość wszystko, ale nie na długo. Naprawdę chciał porozmawiać o tym wszystkim ze swym kuzynem, ale to było sprzeczne z ich wyraźną umową.

Gdy Jan wędrował na północ, wiele myślał o Jezusie. Kiedy szedł w górę Jordanu, zatrzymał się w ponad tuzinie miejsc. To właśnie w Adam, po raz pierwszy wspomniał o „następnym, który przyjdzie po mnie", w odpowiedzi na bezpośrednie pytanie, zadane mu przez uczniów: „Czy jesteś Mesjaszem?". Potem kontynuował: „Po mnie przyjdzie ten, który jest większy ode mnie, przed którym nie jestem godzien się schylić, aby rozwiązać rzemyki jego sandałów. Ja was chrzczę wodą, ale on chrzcić was będzie Duchem Świętym. Szufla jest w jego ręce, aby dokładnie wyczyścił swoje klepisko; zbierze pszenicę do swego spichlerza, ale plewy spali w ogniu sądu".

W odpowiedzi na pytania uczniów Jan wciąż rozszerzał swą naukę, z dnia na dzień dodając więcej tego, co było pomocne i pocieszające, w porównaniu z jego wcześniejszym, tajemniczym orędziem: „Żałujcie za grzechy i chrzcijcie się". W tym czasie tłumy napływały z Galilei i Dekapolu. Dzień za dniem dziesiątki żarliwych zwolenników przebywało ze swym uwielbianym nauczycielem.

8. SPOTKANIE JANA Z JEZUSEM

Do grudnia, roku 25 n.e., kiedy Jan wędrując w górę Jordanu znalazł się w pobliżu Pelli, jego sława rozeszła się po całej Palestynie a jego działalność stała się głównym tematem rozmów we wszystkich miastach, położonych wokół Jeziora Galilejskiego. Jezus życzliwie wypowiadał się o orędziu Jana i to sprawiło, że wielu ludzi z Kafarnaum przyłączyło się do kultu Jana, do żałowania za grzechy i chrztu. Wkrótce po tym, kiedy

Jan wybrał miejsce nauczania w pobliżu Pelli, Jakub i Jan, rybacy, synowie Zebedeusza, poszli w grudniu w dół rzeki i zgłosili się do chrztu. Raz w tygodniu szli zobaczyć się z Janem i przynosili Jezusowi świeże, z pierwszej ręki wieści o pracy ewangelisty.

Jakub i Juda, bracia Jezusa, mówili, że pójdą do Jana na chrzest i teraz, kiedy Juda przyszedł do Kafarnaum na nabożeństwo szabatu, obydwaj z Jakubem postanowili poradzić się Jezusa w sprawie tych planów, po wysłuchaniu jego mowy w synagodze. Było to sobotniego wieczora, 12 stycznia, roku 26 n.e., gdy Jezus poprosił, aby odłożyć tę rozmowę do następnego dnia, kiedy mógłby im odpowiedzieć. Niewiele spał tej nocy, pozostając w bliskiej komunii ze swym Ojcem w niebie. Zaaranżował obiad ze swymi braćmi i doradził im w sprawie chrztu Janowego. W tę niedzielę rano, Jezus jak zwykle pracował w warsztacie szkutniczym. Jakub i Juda przyszli z obiadem i czekali na niego w składzie drewna, jako że nie był to jeszcze czas na południową przerwę a wiedzieli, że Jezus jest bardzo skrupulatny w takich sprawach.

Tuż przed przerwą południową, Jezus odłożył swoje narzędzia, odpasał swój fartuch a trzem robotnikom, którzy byli z nim w pomieszczeniu, zwyczajnie oznajmił: „Moja godzina nadeszła". Wyszedł do swoich braci, Jakuba i Judy i powtórzył: „Moja godzina nadeszła – chodźmy do Jana". Wyszli natychmiast do Pelli, jedząc posiłek po drodze. Było to w niedzielę, 13 stycznia. Noc spędzili w dolinie Jordanu a następnego dnia, około południa, przybyli na miejsce, gdzie chrzcił Jan.

Jan dopiero zaczął chrzcić chętnych na ten dzień. Mnóstwo żałujących za grzechy stało w szeregu, czekając swojej kolejności, kiedy Jezus i dwóch jego braci zajęło miejsce w kolejce gorliwych mężczyzn i kobiet, tych, którzy uwierzyli w naukę Jana o nadchodzącym królestwie. Jan zasięgał informacji o Jezusie od synów Zebedeusza. Słyszał o uwagach Jezusa dotyczących jego kazań i dzień po dniu oczekiwał, że się pojawi, nie oczekiwał jednak tego, że go powita w kolejce kandydatów do chrztu.

Pochłonięty wieloma drobiazgami, związanymi z koniecznością szybkiego ochrzczenia tak dużej ilości nawróconych, Jan nie zauważył Jezusa tak długo, aż Syn Człowieczy stanął tuż przed nim. Gdy Jan poznał Jezusa, ceremonia zatrzymała się na moment, kiedy Jan witał swego kuzyna w ciele i zapytał: „Dlaczego ty wchodzisz do wody, aby mnie pozdrowić?". A Jezus odpowiedział: „Abyś mnie ochrzcił". Jan odpowiedział: „Ale to ja muszę być ochrzczony przez ciebie. Dlaczego ty przyszedłeś do mnie?". A Jezus wyszeptał Janowi: „Zgódź się teraz ze mną, gdyż wypada nam dać przykład moim braciom, którzy tu stoją ze mną i niechaj ludzie wiedzą, że moja godzina nadeszła".

W głosie Jezusa brzmiał ton stanowczości i autorytetu. Jan drżał ze wzruszenia, kiedy miał chrzcić Jezusa z Nazaretu w Jordanie, w poniedziałkowe południe, 14 stycznia, roku 26 n.e. Tak więc Jan ochrzcił Jezusa i dwóch jego braci, Jakuba i Judę. I kiedy ochrzcił tę trójkę, odprawił innych na ten dzień, ogłaszając, że zacznie chrzcić następnego dnia w południe. Kiedy ludzie się rozchodzili, czterej mężczyźni wciąż stojący w wodzie, usłyszeli osobliwy dźwięk i zaraz ukazała się na moment zjawa, bezpośrednio nad głową Jezusa i usłyszeli głos mówiący: „To jest mój Syn umiłowany, którego sobie upodobałem". I wielka zmiana zaszła w obliczu Jezusa a wychodząc z wody w milczeniu, zostawił ich i poszedł na wschód w góry. I przez czterdzieści dni nikt nie widział Jezusa.

Jan poszedł za Jezusem wystarczająco daleko, aby mu opowiedzieć historię o Gabrielu, który odwiedził matkę Jezusa, zanim się obaj urodzili, tak jak ją słyszał wiele razy z ust swojej matki. Nie zatrzymywał Jezusa a potem jeszcze powiedział: „Teraz wiem z pewnością, że jesteś Wybawicielem". Ale Jezus nic mu nie odpowiedział.

9. CZTERDZIEŚCI DNI UZGODNIEŃ

Kiedy Jan wrócił do swoich uczniów (miał ich około dwudziestu pięciu lub trzydziestu, tych, co przebywali z nim teraz stale), zastał ich w trakcie żarliwej dyskusji, gdy omawiali zdarzenie, które przed chwilą nastąpiło w związku z chrztem Jezusa. Wszyscy byli jeszcze bardziej zdziwieni, kiedy Jan wyjawił im historię odwiedzin Gabriela u Marii, zanim się Jezus urodził a także o tym, że Jezus nie odezwał się nawet słowem, gdy on mu o tym powiedział. Tego wieczora nie było deszczu i ta trzydziestoosobowa grupa, a może nawet większa, rozmawiała długo w gwiaździstą noc. Zastanawiali się, gdzie poszedł Jezus i kiedy go znowu zobaczą.

Po przeżyciach tego dnia do kazań Jana wkradły się nowe i pewniejsze nuty orędzia, dotyczącego nadchodzącego królestwa i oczekiwanego Mesjasza. Te czterdzieści dni oczekiwania na powrót Jezusa były okresem pełnym napięcia. Ale Jan wciąż nauczał z wielką mocą a jego uczniowie zaczęli mniej więcej w tym samym czasie głosić kazania do zalewających ich tłumów, które gromadziły się wokół Jana nad Jordanem.

Podczas tych czterdziestu dni oczekiwania wiele pogłosek krążyło po okolicy, a nawet w Tyberiadzie i w Jerozolimie. Tysiące ludzi przychodziło zobaczyć nową atrakcję w obozie Jana, rzekomego Mesjasza, ale nie ujrzeli Jezusa. Kiedy uczniowie Jana zapewniali, że ten dziwny Boży człowiek poszedł w góry, wielu zwątpiło w całą historię.

Około trzy tygodnie po odejściu Jezusa, przybyła z Jerozolimy do Pelli nowa delegacja od kapłanów i faryzeuszy. Zapytali Jana wprost, czy jest Eliaszem lub prorokiem, którego przyrzekł Mojżesz i wtedy Jan powiedział: „Ja nim nie jestem", a oni odważyli się spytać: „Czy jesteś Mesjaszem?", a Jan odpowiedział: „Ja nie jestem". Wtedy ludzie z Jerozolimy powiedzieli: „Jeśli nie jesteś Eliaszem, nie jesteś prorokiem, ani też Mesjaszem, dlaczego więc chrzcisz ludzi i robisz całe to zamieszanie?". A Jan odpowiedział: „Niech ci, którzy mnie słuchali i otrzymali chrzest, powiedzą, kim jestem, ale oświadczam wam, że kiedy ja chrzczę wodą, był pośród nas ten, który wróci i będzie chrzcił Duchem Świętym".

Te czterdzieści dni były bardzo trudnym okresem dla Jana i jego uczniów. Jak będzie się Jan odnosił do Jezusa? Setki pytań postawiono w dyskusji. Zaczęło się pojawiać politykierstwo i samolubne wynoszenie się na stanowiska. Intensywne dyskusje nasilały się wokół różnych idei i koncepcji, dotyczących Mesjasza. Czy zostanie wojskowym przywódcą i królem, tak jak Dawid? Czy uderzy na rzymskie wojska, jak Jozue na Kanaanitów? Czy przyszedł zaprowadzić duchowe królestwo? Jan raczej zadecydował, razem z mniejszością, że Jezus przyszedł zaprowadzić królestwo nieba, jakkolwiek niezupełnie jasno rozumiał, co dokładnie miałaby oznaczać misja ustanowienia królestwa nieba.

W życiu Jana były to trudne dni i modlił się o powrót Jezusa. Niektórzy uczniowie Jana organizowali grupy zwiadowcze, chcieli iść i odszukać Jezusa, ale Jan zakazał im, mówiąc: „Nasze czasy są w rękach Boga nieba; on poprowadzi swojego wybranego Syna".

Było to wczesnym, szabatowym rankiem, 23 lutego, kiedy towarzysze Jana, jedząc śniadanie, popatrzyli w kierunku północnym i ujrzeli nadchodzącego Jezusa. Gdy Jezus zbliżał się do nich, Jan stanął na wielkim kamieniu i podnosząc swój dźwięczny głos, powiedział: „Oto syn Boga, wybawiciel świata! To jest ten, o którym mówiłem,

«Po mnie przyjdzie ten, który ma pierwszeństwo przede mną, ponieważ on był przede mną». Dlatego właśnie odszedłem z pustyni, żeby nauczać żalu za grzechy i chrzcić wodą, głosząc, że królestwo nieba jest na wyciągnięcie ręki. A teraz nadchodzi ten, który będzie was chrzcić Duchem Świętym. A ja ujrzałem Boskiego ducha, zstępującego na tego człowieka i usłyszałem głos Boga oznajmiający: «To jest mój syn umiłowany, którego sobie upodobałem»".

Jezus kazał im wrócić do posiłku, podczas gdy sam usiadł, aby jeść z Janem; jego bracia Jakub i Juda już wrócili do Kafarnaum.

Następnego dnia, wczesnym rankiem, Jezus opuścił Jana i jego uczniów i wrócił do Galilei. Nie powiedział im, kiedy następny raz go zobaczą. Na pytania Jana o jego własne głoszenie kazań i misję, Jezus odpowiedział mu tylko: „Mój Ojciec poprowadzi cię teraz i w przyszłości, tak jak prowadził cię dawniej". I tego ranka, tych dwóch wspaniałych ludzi rozeszło się na brzegu Jordanu, nigdy już więcej jeden drugiego nie pozdrowił w ciele.

10. PODRÓŻ JANA NA POŁUDNIE

Ponieważ Jezus poszedł na północ, do Galilei, Jan odczuł potrzebę przejścia swej trasy ponownie w kierunku południowym. Dlatego też, w niedzielę rano, 3 marca, Jan i reszta jego uczniów zaczęli iść na południe. W tym czasie około jedna czwarta najbliższych zwolenników Jana wyruszyła do Galilei, szukać Jezusa. Wokół Jana zapanował smutek i dezorientacja. Nigdy już nie nauczał on tak, jak przed ochrzczeniem Jezusa. W jakiś sposób odczuł, że odpowiedzialność za nadchodzące królestwo nie spoczywa już na jego barkach. Czuł, że jego dzieło jest prawie skończone; był niepocieszony i osamotniony. Ale nauczał, chrzcił i szedł na południe.

Na kilka tygodni Jan pozostał w pobliżu wioski Adam i tutaj właśnie dokonał pamiętnego ataku na Heroda Antypasa, za nieprawne przywłaszczenie sobie żony innego mężczyzny. W czerwcu tego roku (26 n.e.), Jan wrócił na bród Jordanu, w Betanii, gdzie ponad rok temu zaczął głoszenie kazań o nadchodzącym królestwie. W tych tygodniach, które nastały po chrzcie Jezusa, charakter nauk Jana stopniowo się zmieniał; głosił on miłosierdzie dla pospolitych ludzi, podczas gdy demaskował z nową namiętnością skorumpowanych władców politycznych i religijnych.

Herod Antypas, na terytorium którego Jan głosił kazania, obawiał się, żeby Jan ze swymi uczniami nie wywołali rebelii. Herod był również rozgniewany publicznymi wystąpieniami Jana, krytykującymi jego sprawy rodzinne. Biorąc to wszystko pod uwagę, Herod postanowił wtrącić Jana do więzienia. W związku z tym, bardzo wcześnie rano, 12 czerwca, nim zebrał się tłum, aby słuchać głoszonych nauk i być świadkami chrztu, agenci Heroda aresztowali Jana. Gdy tygodnie upływały a Jan nie został zwolniony, uczniowie jego rozproszyli się po całej Palestynie, wielu z nich poszło do Galilei, aby przyłączyć się do uczniów Jezusa.

11. JAN W WIĘZIENIU

Jan czuł się osamotniony i nieco rozgoryczony życiem w więzieniu. Kilku jego zwolennikom pozwolono się z nim zobaczyć. Jan chciał zobaczyć Jezusa, ale musiał się zadowolić słuchaniem opowieści o jego działalności, opowiadanych przez tych spośród jego zwolenników, którzy uwierzyli w Syna Człowieczego. Często miał ochotę zwątpić w Jezusa i w jego boską misję. Skoro Jezus był Mesjaszem, dlaczego nic nie robił aby go uwolnić z tego uwięzienia nie do zniesienia? Przed ponad półtora roku ten surowy człowiek, dziecko wolnych Bożych przestrzeni, obumierał w nędznym więzieniu. To przeżycie było wielką próbą jego wiary w Jezusa i lojalności wobec niego. Naprawdę, całe to doświadczenie było dla Jana wielką próbą wiary, nawet wiary w Boga. Wielokrotnie kusił się wątpić w autentyczność swojej własnej misji i przeżyć.

Po kilku miesiącach spędzonych w więzieniu, przyszła do Jana grupa jego uczniów i po tym, jak mu zdali relację z publicznej działalności Jezusa, powiedzieli mu: „Tak więc widzisz, Nauczycielu, że temu, który przebywał z tobą nad górnym Jordanem powodzi się i przyjmuje wszystkich, którzy przyjdą do niego. On ucztuje nawet z celnikami i grzesznikami. Ty odważnie świadczyłeś za nim a on nic jeszcze nie zrobił, aby ciebie uwolnić". Ale Jan odrzekł swym przyjaciołom: „Ten człowiek nie może uczynić niczego, chyba, że będzie mu to dane przez jego Ojca w niebie. Dobrze zapamiętajcie, co powiedziałem: «Ja nie jestem Mesjaszem, ale jestem wysłany przed nim, aby przygotować mu drogę». I to zrobiłem. Ten, kto ma pannę młodą, jest panem młodym, ale przyjaciel pana młodego, który stoi obok i słyszy go, wielce się raduje, albowiem słyszy głos pana młodego. To jest moja radość, zatem się spełniło. On musi wzrastać, ale ja muszę się zmniejszać. Ja jestem z tej Ziemi i głosiłem moje orędzie. Jezus z Nazaretu zszedł z nieba na Ziemię i jest ponad nami wszystkimi. Syn Człowieczy pochodzi od Boga i słowa Boże będzie wam głosił. Ojciec w niebie nie odmierza ducha swemu własnemu Synowi. Ojciec kocha swego Syna i wkrótce złoży wszystkie sprawy w ręce swego Syna. Ten, kto wierzy w Syna, ma życie wieczne. I słowa, które ja do was mówię, są prawdą i wytrzymają próbę".

Słowa Jana tak bardzo zdumiały jego uczniów, że odeszli w milczeniu. Jan również był bardzo poruszony, gdyż uświadomił sobie, że wypowiedział słowa proroctwa. Nigdy nie wątpił już zupełnie w misję i boskość Jezusa. Jednak Jan był boleśnie rozczarowany tym, że Jezus nie przesłał mu ani słowa, że nie przyszedł zobaczyć się z nim i że nie posłużył się niczym ze swej wielkiej mocy, aby go uwolnić z więzienia. Ale Jezus wiedział o tym wszystkim. Wielką miłością darzył Jana, ale będąc teraz świadomy swej boskiej natury, wiedział z pewnością, że wielkie rzeczy przygotowywane są dla Jana, kiedy odejdzie z tego świata i wiedział także, że dzieło Jana na Ziemi jest skończone, jednak z trudem się powstrzymywał, aby nie interweniować w naturalny bieg zdarzeń wspaniałej działalności kaznodziei-proroka.

Przedłużająca się w więzieniu niepewność była po ludzku nie do zniesienia. Zaledwie kilka dni przed swą śmiercią, Jan ponownie wysłał zaufanych posłańców do Jezusa, z pytaniami: „Czy moja praca jest skończona? Dlaczego jestem dręczony w więzieniu? Czy jesteś prawdziwym Mesjaszem, czy powinniśmy wyglądać innego"? I kiedy dwóch uczniów przekazało tę wiadomość Jezusowi, Syn Człowieczy odpowiedział: „Idźcie z powrotem do Jana i powiedzcie mu, że nie zapomniałem i cierpię z tego powodu, bowiem wypada nam wypełnić całą prawość. Powiedzcie Janowi, co widzieliście i słyszeliście – biednym głoszona jest dobra nowina – a na koniec, powiedzcie ukochanemu heroldowi mojej ziemskiej misji, iż będzie obficie błogosławiony w wiekach, które nadejdą, jeśli nie znajdzie sposobności zwątpienia we mnie i nie pobłądzi. I to były ostatnie słowa, które Jan dostał od Jezusa. To posłanie znacznie pocieszyło Jana i w dużym stopniu ustabilizowało jego wiarę, oraz przygotowało go do tragicznego końca życia w ciele, który nastąpił wkrótce po tym niezapomnianym zdarzeniu.

12. ŚMIERĆ JANA CHRZCICIELA

Ponieważ w momencie aresztowania Jan działał w południowej Perei, natychmiast wsadzono go do więzienia w fortecy Macheront, gdzie uwięziony był aż do egzekucji. Herod rządził w Perei, tak jak i w Galilei i w tym czasie posiadał rezydencje w Perei, zarówno w Julias jak i w Macheront. W Galilei, jego oficjalna rezydencja przeniesiona została z Seforis do nowej stolicy w Tyberiadzie.

Herod bał się uwolnić Jana, żeby nie wywołał rebelii. Obawiał się także go zgładzić, żeby nie wszcząć zamieszek ludności w stolicy, ponieważ tysiące Perean wierzyło, że Jan jest świętym człowiekiem, prorokiem. Dlatego też Herod trzymał nazirejczyka-kaznodzieję w więzieniu i nie wiedział, co z nim zrobić. Kilka razy Jan stawał przed Herodem, ale nigdy nie chciał się zgodzić opuścić ziem Heroda, lub zaniechać wszelkiej publicznej działalności, gdyby został uwolniony. Nowe poruszenie, związane z Jezusem z Nazaretu, które stopniowo narastało, mówiło Herodowi, że nie jest to czas na uwolnienie Jana. Ponadto Jan był również ofiarą intensywnej i zajadłej nienawiści ze strony Herodiady, nielegalnej żony Heroda.

Wiele razy Herod rozmawiał z Janem o królestwie nieba i chociaż czasami posłanie Jana wywierało na niego silny wpływ, bał się go wypuścić z więzienia.

Ponieważ sporo budowano w Tyberiadzie, Herod spędzał dużo czasu w swoich rezydencjach w Perei a miał słabość do fortecy Macheront. Upłynęło kilka lat, nim całkowicie wykończono wszystkie budynki publiczne i oficjalne rezydencje w Tyberiadzie.

Z okazji swoich urodzin, Herod wydał wielką ucztę w pałacu Macheronckim, dla wyższych oficerów i innych dostojników, zasiadających w radach rządów Galilei i Perei. Ponieważ Herodiadzie nie udało się bezpośrednimi prośbami nakłonić Heroda do zabicia Jana, postanowiła zgładzić go teraz, układając chytry plan.

Podczas wieczornych uroczystości i rozrywek, Herodiada zaprezentowała ucztującym taniec swojej córki. Herodowi podobał się bardzo występ panienki, zawołał ją do siebie i powiedział: „Jesteś urocza. Jestem z ciebie bardzo zadowolony. W czasie moich urodzin proś mnie o co tylko zechcesz, a ci to dam, nawet pół mojego królestwa. I wszystko to zrobił Herod pod wpływem dużej ilości wina. Młoda panna odeszła na bok i zapytała swą matkę, o co powinna prosić Heroda. Herodiada powiedziała: „Idź do Heroda i poproś o głowę Jana Chrzciciela". Młoda kobieta, wracając do stołu biesiadnego, powiedziała Herodowi: „Życzę sobie, abyś natychmiast dał mi na tacy głowę Jana Chrzciciela".

Heroda zdjął strach i żal, ale ponieważ dał swoje słowo i przez wzgląd na tych, którzy siedzieli i jedli z nim, nie mógł odmówić życzeniu. Herod Antypas wysłał żołnierza, rozkazując przynieść głowę Jana. Tego wieczora, w więzieniu, ścięto Janowi głowę; żołnierz przyniósł na tacy głowę proroka i zaprezentował ją młodej kobiecie, na tyłach sali bankietowej. Panienka dała tacę swej matce. Kiedy uczniowie Jana o tym usłyszeli, przyszli do więzienia po ciało Jana a po złożeniu go do grobowca, poszli i powiedzieli o tym Jezusowi.

PRZEKAZ 136

CHRZEST I CZTERDZIEŚCI DNI

JEZUS rozpoczął swą pracę publiczną w szczytowym okresie powszechnego zainteresowania kazaniami Jana oraz w tym czasie, kiedy żydowska ludność Palestyny gorliwie wypatrywała pojawienia się Mesjasza. Pomiędzy Janem a Jezusem występowało znaczne zróżnicowanie. Jan był gorliwym i żarliwym robotnikiem, Jezus był pracownikiem spokojnym i szczęśliwym; w całym swoim życiu tylko kilka razy się śpieszył. Jezus był pocieszającym ukojeniem dla świata i w pewnym sensie przykładem; Jana z trudnością można było nazwać pocieszeniem i przykładem. Głosił królestwo nieba, ale raczej nie zaznał tego szczęścia, jakie ono niesie. Chociaż Jezus mówił o Janie, jako o największym proroku starego porządku, powiedział także, że najmniejszy z tych, którzy ujrzeli wielkie światło nowej drogi i tym samym weszli do królestwa nieba, zaprawdę był większy niż Jan.

Kiedy Jan głosił nadchodzące królestwo, sednem jego posłania było – żałujcie za grzechy, uciekajcie przed zbliżającym się gniewem! Kiedy Jezus zaczął nauczać, pozostawił napomnienie o żałowaniu za grzechy, ale za takim posłaniem zawsze szła święta prawda, dobra nowina o radości i wolności nowego królestwa.

1. IDEE OCZEKIWANEGO MESJASZA

Żydzi rozważali wiele idei dotyczących wyczekiwanego wybawiciela i każda z tych, różnorodnych szkół mesjanistycznego nauczania, na dowód swych twierdzeń potrafiła wskazać cytaty w hebrajskim Piśmie Świętym. Generalnie, za początek swej narodowej historii Żydzi uznawali Abrahama a za punkt kulminacyjny Mesjasza i nową epokę królestwa Bożego. Dawniej wyobrażali sobie wybawiciela jako „sługę Pana", potem jako „Syna Człowieczego", podczas gdy ostatnio niektórzy poszli nawet tak daleko, że nawiązywali do Mesjasza jako do „Syna Bożego". Ale nie miało znaczenia, czy zwano go „nasieniem Abrahama", czy „synem Dawida", wszyscy się zgadzali, że miał być Mesjaszem, „namaszczonym". W ten sposób rozwijała się ta koncepcja, od „sługi Pańskiego" do „syna Dawidowego", „Syna Człowieczego" i „Syna Bożego".

W czasach Jana i Jezusa, bardziej uczeni Żydzi rozwinęli ideę nadchodzącego Mesjasza jako doskonałego i typowego Izraelity, łączącego w sobie, jako „sługa Boży", potrójne stanowisko proroka, kapłana i króla.

Żydzi szczerze wierzyli, że tak jak Mojżesz wyzwolił ich ojców z niewoli egipskiej nadprzyrodzonymi cudami, tak samo nadchodzący Mesjasz oswobodzi żydowski naród spod rzymskiej dominacji równie wielkimi cudami mocy i dziwowiskami narodowego tryumfu. Rabini zgromadzili nieomal pięćset urywków z Pisma Świętego, które jak zapewniali, prorokowały o nadchodzącym Mesjaszu, pomimo, iż były w dostrzegalnej kontradykcji. Pośród wszystkich tych szczegółów, nawiązujących do czasu, procedury i funkcji, prawie zupełnie nie dostrzegano *osobowości* obiecanego Mesjasza. Oczekiwano raczej przywrócenia żydowskiej chwały narodowej – doczesnego wyniesienia Izraela – niż zbawienia świata. Dlatego też stało się oczywiste, że Jezus z Nazaretu nigdy nie będzie mógł zaspokoić tej materialistycznej koncepcji Mesjasza, tkwiącej w żydowskich umysłach. Gdyby tylko Żydzi mogli zobaczyć wiele swoich rzekomych, mesjanistycznych przepowiedni w innym świetle, wtedy te prorocze słowa zupełnie naturalnie przygotowałyby ich umysły do rozpoznania Jezusa jako kończącego jedną epokę i zaczynającego nowy, lepszy system miłosierdzia i zbawienia dla wszystkich narodów.

Żydów wychowywano w wierze w doktrynę *szekiny*. Ale tego rzekomego symbolu Boskiej Obecności nie można było zobaczyć w Świątyni. Wierzyli, że przyjście Mesjasza mogłoby go przywrócić. Mieli pogmatwane idee dotyczące narodowego grzechu i domniemanie złej natury ludzkiej. Niektórzy nauczali, że grzech Adama rzucił przekleństwo na cały gatunek ludzki i że Mesjasz odwoła to przekleństwo, i przywróci człowieka do Boskiej łaski. Inni nauczali, że Bóg, stwarzając człowieka, umieścił w jego jestestwie zarówno dobrą jak i złą naturę, kiedy jednak zobaczył produkt końcowy tego zestawienia, był bardzo niezadowolony i „żałował, że tak zrobił człowieka". Ci, którzy tak nauczali, wierzyli, że Mesjasz przyjdzie uwolnić człowieka od tej wrodzonej, złej natury.

Większość Żydów wierzyła, że ich przeciągająca się pokuta pod rzymskim panowaniem spowodowana jest ich narodowymi grzechami, jak również niezdecydowaniem nieżydowskich prozelitów. Żydowski naród nie *żałował* za grzechy szczerze, dlatego Mesjasz opóźniał swe przyjście. Wiele mówiono o żalu za grzechy i stąd się wziął potężny i natychmiastowy odzew na głoszone przez Jana kazania: „Żałujcie za grzechy i chrzcijcie się, gdyż królestwo nieba jest na wyciągnięcie ręki". Dla pobożnego Żyda królestwo nieba mogło oznaczać tylko jedną rzecz – nadejście Mesjasza.

Tylko jedna cecha obdarzenia, dokonanego przez Michała, była zupełnie obca żydowskiej koncepcji Mesjasza a było nią *zjednoczenie* dwóch natur, ludzkiej i boskiej. Żydzi rozmaicie wyobrażali sobie Mesjasza, jako doskonałego człowieka, nadczłowieka, również jako bóstwo, ale nigdy nie rozważali koncepcji *zjednoczenia* człowieczeństwa i boskości. Zrozumienie tego sprawiało wielką trudność wczesnym uczniom Jezusa. Pojmowali ludzką koncepcję Mesjasza jako syna Dawida, tak jak ją przedstawiali wcześniejsi prorocy; jako Syna Człowieczego z nadludzkiej idei Daniela i niektórych późniejszych proroków; nawet jako Syna Bożego, przedstawionego przez autora Księgi Henocha i niektórych jemu współczesnych; ale nigdy, nawet przez chwilę, nie rozważali prawdziwej koncepcji zjednoczenia dwóch natur, ludzkiej i boskiej w jednej ziemskiej osobowości. Wcielenie Stworzyciela w postać stworzonego nigdy uprzednio nie zostało objawione. Było to objawione dopiero w Jezusie; świat nie znał takich rzeczy do czasu, kiedy Syn Stwórca stał się ciałem i mieszkał pośród śmiertelników tej domeny.

2. CHRZEST JEZUSA

Jezus został ochrzczony w szczytowym okresie głoszenia kazań przez Jana, kiedy Palestyna rozgorzała oczekiwaniem dzięki jego posłaniu – „królestwo Boże jest na wyciągnięcie ręki" – kiedy całe żydostwo zajęte było poważną i solenną introspekcją. Żydowskie poczucie solidarności narodowej było bardzo głębokie. Żydzi nie tylko wierzyli, że grzechy ojca mogą dotknąć jego dzieci, ale wierzyli również mocno, że grzech jednostki może stać się klątwą dla całego narodu. Dlatego też nie wszyscy, którzy chcieli być ochrzczeni przez Jana, uznawali siebie winnymi specyficznych grzechów, które Jan potępiał. Wiele pobożnych dusz chrzczonych było przez Jana dla dobra Izraela. Obawiali się oni, aby jakiś grzech zaniedbania z ich strony nie opóźnił przyjścia Mesjasza. Uważali, że należą do winnego i przez grzech przeklętego narodu i poddawali się ochrzczeniu, żeby poprzez ten czyn zamanifestować owoce narodowej skruchy. Dlatego też jest oczywiste, że Jezus przyjął chrzest nie jako rytuał żalu za grzechy, czy w celu odpuszczenia grzechów. Przyjmując chrzest z rąk Jana, Jezus poszedł za przykładem wielu pobożnych Izraelitów.

Kiedy Jezus z Nazaretu wszedł do Jordanu, aby się ochrzcić, był śmiertelnikiem tej domeny, który doszedł do szczytów ludzkiej, ewolucyjnej wspinaczki we wszystkich dziedzinach odnoszących się do władania umysłem i utożsamienia się z duchem. Tamtego dnia stał w Jordanie doskonały śmiertelnik z ewolucyjnych światów czasu i przestrzeni. Pomiędzy śmiertelnym umysłem Jezusa a zamieszkującym go Dostrajaczem, Boskim darem Ojca z Raju, została ustanowiona doskonała synchronizacja i pełna komunikacja. Taki właśnie Dostrajacz mieszka we wszystkich normalnych istotach, żyjących na Urantii od czasu wyniesienia Michała do poziomu zwierzchnika jego wszechświata, z tym wyjątkiem, że Dostrajacz Jezusa był uprzednio przygotowany do tej specjalnej misji podczas podobnego zamieszkiwania innego nadczłowieka, inkarnowanego w formie cielesnej – Machiventy Melchizedeka.

Kiedy śmiertelnik danej domeny osiągnie tak wysokie poziomy doskonałej osobowości, pojawiają się wtedy zazwyczaj wstępne fenomeny duchowego wyniesienia, które ewentualnie kończą się zespoleniem dojrzałej duszy śmiertelnika ze współpracującym z nim, Boskim Dostrajaczem. Taka zmiana musiała najwidoczniej nastąpić w doznaniach osobowości Jezusa z Nazaretu tego dnia, kiedy ze swymi dwoma braćmi wszedł do Jordanu, aby zostać ochrzczonym przez Jana. Ceremonia ta była aktem końcowym czysto ludzkiego życia Jezusa na Urantii i wielu nadludzkich obserwatorów oczekiwało, że będą świadkami zespolenia Dostrajacza z zamieszkiwanym przezeń umysłem, ale doznali rozczarowania. Wydarzyło się coś nowego a nawet większego. Kiedy Jan położył ręce na Jezusie, aby go ochrzcić, zamieszkujący Jezusa Dostrajacz opuścił ostatecznie doskonałą, ludzką duszę Jeszuy ben Józefa; i po kilku chwilach ten Boski byt wrócił z Diviningtonu, jako Uosobiony Dostrajacz, szef jego rodzaju na cały wszechświat lokalny Nebadon. I tak Jezus zobaczył swego własnego, Boskiego ducha, poprzednio w nim zamieszkującego, zstępującego podczas powrotu do niego w uosobionej formie. I usłyszał tego samego, pochodzącego z Raju ducha, który przemówił teraz słowami: „To jest mój Syn umiłowany, którego sobie upodobałem". Jan i dwóch braci Jezusa także słyszeli te słowa. Stojący na brzegu uczniowie Jana nie słyszeli tych słów, ani też nie widzieli zjawy Uosobionego Dostrajacza. Tylko oczy Jezusa widziały Uosobionego Dostrajacza.

Kiedy podniosły teraz Uosobiony Dostrajacz wrócił i przemówił w ten sposób, zapadła zupełna cisza. Podczas gdy czterech ludzi stało w wodzie, Jezus, patrząc na pobliskiego Dostrajacza, modlił się: „Ojcze mój, który panujesz w niebie, niech się święci imię Twoje. Przyjdź królestwo Twoje! Bądź wola Twoja, jako w niebie tak i na ziemi". Kiedy tak się modlił, „nieba się otwarły" i Syn Człowieczy ujrzał wizję, przedstawioną przez Uosobionego teraz Dostrajacza – siebie samego jako Syna Boga, takiego, jakim był przedtem, nim przyszedł na Ziemię w cielesnej formie i jakim będzie wtedy, kiedy wcielone życie dobiegnie końca. Tylko Jezus widział tę niebiańską wizję.

Jan i Jezus słyszeli głos Uosobionego Dostrajacza, przemawiającego w imieniu Ojca Wszechświatowego, gdyż Dostrajacz jest jak Rajski Ojciec i pochodzi od niego. Przez resztę ziemskiego życia Jezusa, Uosobiony Dostrajacz współpracował z nim podczas całej jego działalności; Jezus był w stałej wspólnocie ze swym podniosłym Dostrajaczem.

Gdy Jezus przyjmował chrzest, nie żałował za nieprawości, nie wyznawał grzechów. Był to jego chrzest konsekracji dla wypełniania woli niebiańskiego Ojca. Podczas chrztu Jezus niewątpliwie słyszał wezwanie swego Ojca, ostateczne monitowanie do zajęcia się sprawami Ojca i na czterdzieści dni oddalił się w ciche odosobnienie, aby przemyśleć różnorodne związane z tym problemy. Jezus przerwał tym samym na pewien czas aktywne, osobiste kontakty z ziemskimi towarzyszami; kiedy był na Urantii, stosował taką samą procedurę, jaka obowiązuje na światach morontialnych, kiedy wznoszący się śmiertelnik zespala się z wewnętrzną obecnością Ojca Wszechświatowego.

Ten dzień chrztu zakończył czysto ludzkie życie Jezusa. Boski Syn odnalazł swego Ojca, Ojciec Wszechświatowy odnalazł swego wcielonego Syna i teraz rozmawiają jeden z drugim.

(Kiedy Jezus został ochrzczony, miał prawie trzydzieści jeden i pół roku. Podczas gdy Łukasz twierdzi, że Jezus był ochrzczony w piętnastym roku panowania Cezara Tyberiusza, co oznaczałoby rok 29 n.e. – skoro August umarł w 14 n.e. – należy przypomnieć, że Tyberiusz, przez dwa i pół roku przed śmiercią Augusta był cesarzem wspólnie z Augustem i w październiku, roku 11 n.e., wybito na jego cześć monetę. Piętnasty rok jego faktycznego panowania był właśnie rokiem 26 n.e. – rokiem chrztu Jezusa. Był to także ten rok, w którym Poncjusz Piłat rozpoczął swoje panowanie, jako gubernator Judei).

3. CZTERDZIEŚCI DNI

Największe kuszenie w czasie swego obdarzenia w formie śmiertelnika przeżył Jezus wtedy, kiedy przed swym chrztem przez sześć tygodni przebywał mokry od rosy na górze Hermon. Tutaj, na górze Hermon jako śmiertelnik tej sfery i bez pomocy z zewnątrz, spotkał się z Caligastią i pokonał tego księcia samozwańca Urantii. Tego, pamiętnego dnia, we wszechświatowych zapisach, Jezus z Nazaretu stał się Planetarnym Księciem Urantii. I ten Książę Urantii, który wkrótce miał zostać ogłoszony najwyższym Władcą Nebadonu, odszedł teraz na czterdzieści dni odosobnienia, aby układać plany i zadecydować o metodach głoszenia nowego królestwa Bożego w sercach ludzkich.

Po swoim chrzcie, przez czterdzieści dni Jezus zaczął dostosowywać się do zmienionych warunków świata i wszechświata, spowodowanych uosobieniem jego Dostrajacza. Podczas tego, samotnego pobytu na wzgórzach pereańskich, ustalił on zarówno zasady postępowania jak i metody, jakie miały być stosowane w nowym i zmienionym stadium jego ziemskiego życia, które właśnie miał rozpocząć.

Jezus nie odszedł samotnie na post i umartwianie swojej duszy. Nie był ascetą i przybył na Ziemię, żeby na zawsze zniweczyć wszystkie takie wyobrażenia, dotyczące zbliżania się do Boga. Przyczyny, dla których szukał takiego odosobnienia, były zupełnie inne niż te, które powodowały Mojżeszem i Eliaszem a nawet Janem Chrzcicielem. Jezus uświadamiał sobie w pełni swoje związki z wszechświatem przez siebie stworzonym, jak również z wszechświatem wszechświatów, zarządzanym przez Rajskiego Ojca, jego Ojca w niebie. Jezus szczegółowo przypomniał sobie powiernictwo obdarzeniowe i jego instrukcje, udzielone mu przez starszego brata, Emanuela, zanim zaczął swe wcielenie na Urantii. Teraz, w pełni i jasno zrozumiał wszystkie te rozległe powiązania i zapragnął oddalić się na okres cichej medytacji, żeby przemyśleć plany i zadecydować o metodach dalszego prowadzenia działalności publicznej, na rzecz tego świata i dla wszystkich innych światów jego wszechświata lokalnego.

Kiedy Jezus chodził po wzgórzach, w poszukiwaniu odpowiedniego schronienia, napotkał swego głównego administratora, Gabriela, Gwiazdę Jasną i Poranną z Nebadonu. Gabriel ponownie nawiązał osobisty kontakt z Synem Stwórcą wszechświata; spotkali się bezpośrednio pierwszy raz od tego czasu, gdy Michał opuścił swoich współpracowników na Salvingtonie, udając się na Edentię, aby przygotować się do obdarzenia Urantii. Gabriel, działając z polecenia Emanuela i upoważnienia Pradawnych Czasu z Uversy, przekazał teraz Jezusowi informacje, że doświadczenie obdarzenia Urantii praktycznie dobiegło końca, tak dalece, jak się to odnosi do zdobycia pełnej władzy we wszechświecie i zakończenia buntu Lucyfera. To pierwsze zostało osiągnięte w dniu chrztu, kiedy to uosobienie Dostrajacza Jezusa dowiodło dopełnienia i zakończenia obdarzenia w formie cielesnej, drugie to fakt wcześniejszy, z tego dnia, kiedy Jezus zszedł z góry Hermon do czekającego go chłopca, Tiglata. Teraz Jezus został powiadomiony przez najwyższą władzę wszechświata lokalnego i superwszechświata, że jego obdarzające dzieło jest zakończone na tyle, na ile dotyczy to jego osobistej sytuacji w odniesieniu do władzy i buntu. Miał to już uprzednio zagwarantowane, wprost z Raju, w wizji po ceremonii chrztu i w zjawisku uosobienia zamieszkującego go Dostrajacza Myśli.

Kiedy Jezus przebywał w górach i rozmawiał z Gabrielem, jemu i Gabrielowi ukazał się osobiście Ojciec Konstelacji z Edentii i powiedział: „Zapisy zostały uzupełnione. Najwyższa władza Michała, numer 611.121, nad całym jego wszechświatem Nebadonem spoczywa całkowicie po prawej ręce Ojca Wszechświatowego. Przynoszę ci zwolnienie z misji obdarzenia od Emanuela, sponsora-brata twojego wcielenia na Urantii. Możesz, według swej woli, zakończyć swoje inkarnacyjne obdarzenie w sposób przez ciebie wybrany, czy teraz, czy w jakimkolwiek późniejszym czasie, wznieść się do prawej ręki swego Ojca, otrzymać swą władzę i objąć dobrze zasłużone, niezawisłe panowanie nad całym Nebadonem. Dla uzupełnienia zapisów superwszechświata poświadczam także, z upoważnienia Pradawnych Czasu, w których gestii leży zakończenie wszystkich grzechów-buntów w twoim wszechświecie, że nadają ci oni pełną i nieograniczoną władzę odnośnie postępowania z każdym takim, ewentualnym przewrotem w przyszłości. Formalnie, twoja działalność na Urantii i w ciele śmiertelnej istoty jest zakończona. Twoje dalsze postępowanie jest kwestią twojego własnego wyboru".

Kiedy Najwyższy Ojciec z Edentii ich opuścił, Jezus długo rozmawiał z Gabrielem o zarządzaniu wszechświatem a posyłając pozdrowienia Emanuelowi, zapewnił go, że w pracy, którą ma zacząć na Urantii, zawsze będzie zważał na rady, jakie otrzymał w czasie przedobdarzeniowych pouczeń udzielonych mu na Salvingtonie.

Jakub i Jan, synowie Zebedeusza, poszukiwali Jezusa przez całe te czterdzieści dni odosobnienia. Wiele razy byli w pobliżu tego miejsca, gdzie przebywał, ale nigdy go nie znaleźli.

4. PLANY PRACY PUBLICZNEJ

Dzień za dniem, na wzgórzach, Jezus układał plany na resztę swego obdarzenia Urantii. Po pierwsze, postanowił nie nauczać równocześnie z Janem. Planował pozostać we względnym odosobnieniu tak długo, aż praca Jana osiągnie swój cel albo do tego czasu, kiedy zostanie nagle zatrzymana przez uwięzienie Jana. Jezus dobrze wiedział, że nieustraszone i nietaktowne kazania Jana wkrótce wywołają strach i wrogość władców państwowych. Wobec niepewnej sytuacji Jana, Jezus zaczął konkretnie planować swoją działalność publiczną, dla swego ludu i dla tego świata, dla każdego zamieszkałego świata w całym jego rozległym wszechświecie. Obdarzenie Michała w formie śmiertelnika miało miejsce *na* Urantii, ale *dla* wszystkich światów Nebadonu.

Pierwszą rzeczą, którą zrobił Jezus, po przemyśleniu ogólnych zasad skoordynowania swojego programu z ruchem Jana, było przypomnienie sobie instrukcji Emanuela. Ponownie przemyślał dokładnie udzielone mu rady, odnośnie metod pracy jak i to, że nie powinien zostawiać trwałych zapisów na planecie. Już nigdy Jezus nie pisał na niczym, za wyjątkiem piasku. Podczas następnej wizyty w Nazarecie, ku wielkiej rozpaczy swego brata Józefa, Jezus zniszczył wszystkie swoje pisma, przechowywane na tabliczkach w warsztacie stolarskim i te, które wisiały na ścianach jego starego domu. Jezus ponownie, szczegółowo rozważył rady Emanuela, dotyczące swojej postawy wobec istniejącego na świecie porządku ekonomicznego, społecznego i politycznego.

Podczas tych czterdziestu dni samotności Jezus nie pościł. Najdłuższy okres, jaki obywał się bez jedzenia, to były pierwsze dwa dni na wzgórzach, kiedy tak był pochłonięty rozmyślaniem, że zapomniał o jedzeniu. Ale trzeciego dnia poszedł poszukać jakiegoś pożywienia. Przez cały ten czas nigdy nie był *kuszony* przez jakiekolwiek złe siły czy zbuntowane osobowości, przebywające na tym świecie albo z jakiegokolwiek innego świata.

Te czterdzieści dni były okazją do ostatecznego zgrania ludzkiego i boskiego umysłu Jezusa, albo raczej pierwszym, rzeczywistym funkcjonowaniem tych dwóch umysłów jako jednego. Ostateczny rezultat tego, pamiętnego okresu medytacji był taki, że boski umysł tryumfalnie i duchowo zdominował ludzki intelekt. Od tego czasu umysł człowieka stał się umysłem Boga i chociaż wciąż istniała osobowość umysłu człowieka, uduchowiony ludzki umysł zawsze mówił: „Nie moja, ale twoja wola niech się stanie".

Zdarzenia tego ciekawego okresu nie były fantastycznymi wizjami głodującego i osłabionego umysłu, nie były także pogmatwanym, infantylnym symbolizmem, który później został odnotowany jako „kuszenie Jezusa na pustyni". Był to raczej okres przemyślenia od nowa całej, obfitującej w wydarzenia i różnorodnej działalności, dotyczącej obdarzenia Urantii i dokładnego rozpracowania planów odnoszących się do przyszłej służby, która miała jak najlepiej posłużyć temu światu i tak samo miała wnieść pewien wkład w poprawę sytuacji innych, odosobnionych przez bunt sfer. Jezus przemyślał cały okres istnienia człowieka na Urantii, od czasów Andona i Fonty, poprzez odstępstwo Adama, aż do służby Melchizedeka w Salem.

Gabriel przypomniał Jezusowi, że są dwa sposoby, jakimi może objawić siebie światu, w przypadku, gdyby postanowił pozostać jakiś czas na Urantii. Dano Jezusowi wyraźnie do zrozumienia, że wybór w tej sprawie nie ma nic wspólnego z władaniem jego wszechświatem czy zakończeniem buntu Lucyfera. Tymi dwiema drogami służenia światu były:

1. Jego własna droga – droga, która może się wydawać przyjemniejsza i korzystniejsza z punktu widzenia najpilniejszych potrzeb tego świata i obecnego, pozytywnego wpływu na jego wszechświat.
2. Droga Ojca – egzemplifikacja dalekowzrocznego ideału życia istoty ludzkiej, jak jest on widziany przez wysokie osobowości z administracji Raju, z wszechświata wszechświatów.

Tak więc objaśniono Jezusowi, że są dwa sposoby organizacji reszty jego życia na Ziemi. Każdy z tych sposobów miał coś, co można by powiedzieć na jego korzyść, rozważając to w świetle aktualnej sytuacji. Syn Człowieczy widział wyraźnie, że jego wybór pomiędzy tymi dwoma sposobami postępowania nie ma nic wspólnego z przejęciem przez niego władzy nad wszechświatem; ta sprawa była już załatwiona i opieczętowana w zapisach wszechświata wszechświatów i oczekiwała tylko jego osobistego żądania. Zasygnalizowano jednak Jezusowi, że sprawiłoby przyjemność i wielką satysfakcję jego rajskiemu bratu Emanuelowi, gdyby Jezus mógł zakończyć swoją ziemską misję wcielenia tak szlachetnie, jak ją zaczął, zawsze podporządkowany woli Ojca. W trzecim dniu samotności Jezus przyrzekł sobie, że wróci do świata, aby zakończyć swoją ziemską działalność i że w sytuacji, gdzie zaistniałaby możliwość wyboru jakiejkolwiek z dwu dróg, zawsze będzie wybierał wolę Ojca. Do końca swego ziemskiego życia żył zawsze wierny tej decyzji. Nawet do gorzkiego końca, niezmiennie podporządkowywał swoją niezależną wolę woli niebiańskiego Ojca.

Czterdzieści dni, spędzonych w górzystej pustyni, to nie był okres wielkiego kuszenia, ale raczej okres *wielkich decyzji* Mistrza. Podczas tych dni, kiedy był na odludziu z samym sobą i z bezpośrednią obecnością Ojca – Uosobionym Dostrajaczem (nie miał już seraficznego opiekuna) – Jezus doszedł, jedna po drugiej, do wielkich decyzji, które regulowały jego zasady działania i całe postępowanie na resztę ziemskiej działalności. Później, z tym czasem odosobnienia związana została tradycja o wielkim kuszeniu, na skutek pomieszania fragmentarycznych opowiadań o zmaganiach na górze Hermon, a jeszcze późniejsze dodatki pochodzą stąd, że było zwyczajem, iż wielcy prorocy i przywódcy narodów, rozpoczynając swą publiczną działalność, odbywali domniemane okresy postu i modlitw. Jezus zawsze miał w zwyczaju, kiedy stawał w obliczu jakiejkolwiek nowej czy ważnej decyzji, oddalić się na wspólnotę ze swoim własnym duchem, aby poznać wolę Boga.

W czasie planowania reszty swego ziemskiego życia, Jezus zawsze był rozdarty w swoim ludzkim sercu przez dwie przeciwstawne drogi postępowania:

1. Bardzo mocno chciał przekonać swój naród – i cały świat – aby uwierzyli w niego i zaakceptowali nowe królestwo duchowe. Znał dobrze ich idee dotyczące przyjścia Mesjasza.
2. Żyć i pracować tak, jak wiedział, że aprobowałby to jego Ojciec; poprowadzić działalność na rzecz innych światów w potrzebie i kontynuować ją, ustanawiając królestwo w celu objawienia Ojca i ukazania jego Boskiego charakteru miłości.

Przez wszystkie te pamiętne dni, Jezus mieszkał w pradawnej, kamiennej jaskini, w schronieniu na zboczu góry w pobliżu wioski, kiedyś zwanej Beit Adis. Pił z małego źródła, które wypływało ze zbocza góry w pobliżu jego kamiennego schronienia.

5. PIERWSZA WIELKA DECYZJA

Na trzeci dzień narady z samym sobą i z Uosobionym Dostrajaczem, przedstawiono Jezusowi wizję zebranych zastępów niebiańskich Nebadonu, przysłanych przez ich dowódców, oczekujących podporządkowania się woli ukochanego Władcy. Ten potężny zastęp obejmował dwanaście legionów serafinów i proporcjonalną do nich liczbę inteligentnych istot wszechświatowych każdej klasy. Pierwsza wielka decyzja Jezusa, podjęta w samotności polegała na tym, czy do późniejszego programu swojej pracy publicznej na Urantii ma włączyć, czy też nie, potęgę tych osobowości.

Jezus postanowił, że *nie* wykorzysta żadnej osobowości z tego wielkiego zgromadzenia, chyba, że będzie oczywiste, iż taka jest *wola Ojca*. Pomimo tej generalnej decyzji, rozległe zastępy pozostawały z nim przez resztę jego ziemskiego życia, zawsze w pogotowiu, aby wypełnić najdrobniejszą ekspresję woli ich Władcy. Chociaż Jezus swym ludzkim wzrokiem nie widział towarzyszących mu stale osobowości, współpracujący z nim Uosobiony Dostrajacz widział je zawsze i mógł porozumiewać się z nimi wszystkimi.

Przed zejściem na dół, po czterdziestu dniach pobytu w górskim zaciszu, Jezus przekazał bezpośrednie dowództwo towarzyszących mu zastępów osobowości wszechświata swemu, niedawno Uosobionemu Dostrajaczowi i przez ponad cztery lata czasu Urantii te osobowości, wybrane z każdej grupy wszechświatowych istot inteligentnych, posłusznie i z szacunkiem działały pod mądrym kierownictwem podniosłego i doświadczonego, Uosobionego, Nieodgadnionego Monitora. Dostrajacz, który kiedyś był częścią i esencją Rajskiego Ojca, przejmując obowiązki dowództwa nad tym potężnym zgromadzeniem, zapewnił Jezusa, że w żadnym wypadku nie będzie wolno tym nadludzkim czynnikom służyć czy objawiać się w związku z jego ziemską działalnością, czy w jej imieniu, chyba, że się okaże, iż Ojciec życzy sobie takiej interwencji. Tą jedną, wielką decyzją, Jezus pozbawił się dobrowolnie całej nadludzkiej pomocy we wszystkich sprawach, związanych z resztą jego życia jako śmiertelnika, chyba, że Ojciec sam postanowiłby o partycypowaniu w niektórych aktach czy epizodach ziemskiej pracy Syna.

Przejmując dowództwo nad towarzyszącymi Chrystusowi Michałowi zastępami wszechświata, Uosobiony Dostrajacz dołożył wszelkich starań, aby zwrócić Jezusowi uwagę na to, że chociaż takie zgromadzenie istot wszechświatowych może być ograniczone w ich działaniach *przestrzennych,* przez przekazaną mu teraz władzę ich Stwórcy, ograniczenia takie nie mogą dotyczyć ich funkcjonowania w *czasie*. Ograniczenie takie wiąże się z tym, że Dostrajacze, kiedy raz są uosobione, są istotami bezczasowymi. W związku z tym Jezus został poinstruowany, że chociaż kontrola Dostrajacza nad żywymi istotami inteligentnymi będzie pełna i doskonała, w odniesieniu do wszystkich zdarzeń dotyczących *przestrzeni,* tak doskonałe ograniczenia nie mogą być narzucone w odniesieniu do *czasu*. Dostrajacz powiedział: „Tak jak poleciłeś, nie będę dopuszczał do używania towarzyszących ci zastępów inteligentnych istot wszechświatowych w jakikolwiek sposób, związany z twoją ziemską działalnością, za wyjątkiem tych przypadków, kiedy Rajski Ojciec poleci mi uwolnić owe czynniki, aby jego Boska wola, z twojego wyboru, mogła się dokonać oraz w tych przypadkach, gdy mógłbyś dokonać jakiegoś wyboru czy postanowienia twojej bosko-ludzkiej woli, który będzie obejmować tylko odejście od naturalnego, ziemskiego porządku dotyczącego *czasu*. We wszystkich takich przypadkach jestem bezsilny a twoje istoty tutaj zgromadzone, w doskonałości i jedności mocy, są również bezradne. Jeśli twoje zjednoczone natury pewnego razu będą żywić takie pragnienia, polecenia te będą natychmiast spełnione, zgodnie z twoją decyzją. We wszystkich takich sprawach twoje życzenie będzie stanowiło o skróceniu czasu i rzecz zaplanowana *jest* rzeczywistością. Pod moim dowództwem stanowi to najszersze możliwe ograniczenie, jakie może być narzucone twojej potencjalnej władzy. W mojej samoświadomości czas nie istnieje, dlatego też nie mogę ograniczać twoich istot w czymkolwiek, co jego dotyczy".

W ten sposób Jezus został powiadomiony o rezultatach swojej decyzji kontynuowania życia jako człowiek wśród ludzi. Jedną decyzją wykluczył on wszystkie, towarzyszące mu wszechświatowe zastępy różnorodnych istot inteligentnych, z uczestnictwa w swojej dalszej służbie publicznej, za wyjątkiem spraw dotyczących tylko *czasu*. Dlatego też stało się oczywiste, iż ewentualność jakiejkolwiek nadprzyrodzonej czy nadludzkiej pomocy, w trakcie działalności Jezusa, związana była wyłącznie z eliminacją czasu, chyba, że Ojciec w niebie wyraźnie zarządziłby inaczej. Żaden cud, służba miłosierdzia, czy jakikolwiek inny możliwy wypadek, który nastąpił w związku z resztą ziemskiej pracy Jezusa, nie mógł ewentualnie posiadać natury lub charakteru działania wykraczającego poza prawa przyrody, ustanowione i regularnie działające w życiu człowieka, tak jak żył on na Urantii, *za wyjątkiem* tej wyraźnie określonej sprawy *czasu*. Oczywiście żadne ograniczenia nie mogły być nałożone przejawom „woli Ojca". Połączenia eliminacji czasu z pragnieniem, wyrażonym przez potencjalnego Władcę wszechświata, można było uniknąć tylko przez zastosowanie bezpośredniego i wyraźnego aktu *woli* tego Boga-człowieka, zarządzającej, że czas odnoszący się do danego aktu czy wydarzenia *ma nie być skrócony czy wyeliminowany*. Aby zapobiec występowaniu dostrzegalnych cudów czasowych, Jezus musiał pozostawać w stanie ciągłej świadomości czasu. Jakakolwiek utrata przez niego świadomości czasu, w połączeniu z wyrażeniem określonego pragnienia, była równoznaczna z wprowadzeniem w życie rzeczy, wyobrażonej w umyśle Syna Stwórcy i to bez ingerencji czasu.

Dzięki kontroli sprawowanej przez związanego z nim, Uosobionego Dostrajacza, Michał mógł doskonale ograniczać swoje osobiste, ziemskie działania w odniesieniu do przestrzeni, jednak w odniesieniu do *czasu*, Syn Człowieczy nie mógł ograniczyć w ten sposób swego nowego, ziemskiego statusu potencjalnego Władcy Nebadonu. Taki był faktyczny status Jezusa z Nazaretu, kiedy rozpoczął swą służbę publiczną na Urantii.

6. DRUGA DECYZJA

Ustanowiwszy zasadę swojego postępowania odnośnie wszystkich osobowości, wszystkich klas stworzonych przez siebie istot inteligentnych, tak dalece, jak można było o tym zadecydować z perspektywy właściwego mu potencjału nowego statusu boskości, Jezus skoncentrował teraz swe myśli na sobie. Będąc teraz w pełni samoświadomym stwórcą wszystkich istniejących we wszechświecie rzeczy i istot, co powinien zrobić z prerogatywami stwórcy w kolejnych sytuacjach życiowych, z którymi wkrótce stanie twarzą w twarz, jak tylko wróci do Galilei, aby zacząć swą działalność wśród ludzi? Faktycznie już teraz, tam, gdzie był, na odludnych wzgórzach, problem ten usilnie nasuwał się sam w kwestii zdobycia żywności. W trzecim dniu samotnych medytacji jego ludzkie ciało odczuwało coraz większy głód. Czy powinien pójść i poszukać jedzenia, jak to zrobiłby zwykły człowiek, czy powinien po prostu użyć swych zwykłych, stwórczych mocy i stworzyć gotowy, nadający się do spożycia pokarm? I ta wielka decyzja Mistrza została wam przedstawiona jako kuszenie – jako wyzwanie domniemanych wrogów, aby „nakazał, żeby te kamienie stały się bochenkami chleba".

W ten sposób Jezus ustalił kolejną, konsekwentną zasadę postępowania na resztę swej ziemskiej działalności. Tak dalece, jak to dotyczyło jego osobistych potrzeb a generalnie nawet stosunków z innymi osobami, rozmyślnie wybrał teraz kroczenie drogą normalnej, ziemskiej egzystencji; definitywnie nie chciał postępować według zasad, które przekraczałyby, naruszały czy pogwałciły ustanowione przez niego prawa przyrody. Nie mógł jednak mieć pewności, jak został już ostrzeżony przez Uosobionego Dostrajacza, że te prawa natury nie będą w pewnych, przewidywalnych sytuacjach, znacznie *przyspieszone*. Jezus zasadniczo postanowił, że dzieło jego życia powinno być organizowane i prowadzone zgodnie z prawami przyrody i w harmonii z istniejącą organizacją społeczną. Dlatego też Mistrz obrał taki plan swego życia, który był równoznaczny z nie stosowaniem cudów i niezwykłości. Jeszcze raz postanowił stosować „wolę Ojca", jeszcze raz oddał wszystko w ręce swego Rajskiego Ojca.

Ludzka natura Jezusa nakazywała mu, że jego podstawowym obowiązkiem jest ochrona samego siebie; że jest to normalna postawa zwykłego człowieka, żyjącego na światach czasu i przestrzeni i dlatego też jest to słuszne postępowanie śmiertelnika, żyjącego na Urantii. Ale Jezus nie interesował się wyłącznie tym światem i jego istotami; żył życiem, którego celem było nauczanie i inspiracja różnorodnych istot z rozległego wszechświata.

Przed oświeceniem, doznanym w czasie chrztu, Jezus żył i doskonale podporządkowywał się woli oraz przewodnictwu swego niebiańskiego Ojca. Postanowił stanowczo kontynuować taką właśnie, bezwarunkową zależność śmiertelnika od Ojcowskiej woli. Zamierzał postępować nienaturalnie – postanowił się nie bronić. Postanowił żyć zgodnie z zasadą nie bronienia się. Sformułował swe wnioski w słowach Pisma Świętego, tak bliskich jego ludzkiemu umysłowi: „Nie samym chlebem żyje człowiek, ale każdym słowem, które pochodzi z ust Bożych". Dochodząc do takiego wniosku odnośnie apetytu natury materialnej, objawiającego się w poczuciu głodu, Syn Człowieczy poczynił swe ostateczne postanowienie dotyczące wszystkich innych popędów ciała i naturalnych impulsów ludzkiego jestestwa.

Swej nadludzkiej mocy mógł ewentualnie użyć dla innych, ale nigdy dla siebie. I trzymał się takiej linii postępowania konsekwentnie, do samego końca, kiedy to drwiąco o nim powiedziano: „Innych ratował, a siebie samego nie może ocalić" – nie ocalił, ponieważ nie chciał.

Żydzi oczekiwali Mesjasza, który czyniłby cuda jeszcze większe niż Mojżesz, który zasłynął z tego, że w miejscu pustynnym spowodował wytrysk wody z kamienia i żywił ich przodków manną na pustyni. Jezus wiedział, jakiego rodzaju Mesjasza oczekują jego rodacy a posiadał wszelkie moce i prerogatywy, aby sprostać ich najśmielszym oczekiwaniom, jednak nie chciał realizować tak wspaniałego planu mocy i chwały. Taki kierunek oczekiwanego cudotwórstwa Jezus uważał za cofanie się do dawnych czasów ignoranckiej magii i poniżających praktyk dzikich uzdrawiaczy. Ewentualnie, dla zbawienia istot przez siebie stworzonych, mógł przyspieszyć działanie praw natury, ale nie *chciał przekraczać* swych własnych praw, czy to dla własnej korzyści, czy to dla onieśmielenia swych współbraci ludzi. I ta decyzja Mistrza była ostateczna.

Jezus martwił się o swój naród; dobrze rozumiał, w jaki sposób ukierunkowano nadzieję tych ludzi na przyjście Mesjasza, kiedy to „ziemia wyda swe owoce dziesięć tysięcy razy większe a na jednej winorośli będzie tysiąc gałęzi a każda gałąź wyda tysiąc kiści, każda kiść wyda tysiąc winogron a każde winogrono da galon wina". Żydzi wierzyli, że Mesjasz zaprowadzi epokę cudownej obfitości. Hebrajczycy długo się wychowywali w tradycji cudów i legend o rzeczach niezwykłych.

Jezus nie był Mesjaszem, przybyłym, żeby rozmnożyć chleb i wino. Nie przybył służyć tylko doczesnym potrzebom; przyszedł objawić swego Ojca w niebie swoim dzieciom na Ziemi i próbował także nakłonić swe ziemskie dzieci do tego, aby połączyły się z nim w szczerym wysiłku życia tak, żeby czynić wolę Ojca w niebie.

Dzięki tej decyzji, Jezus zobrazował przyglądającemu się temu wszechświatowi głupotę i grzech prostytuowania niebiańskich możliwości i zdolności danych przez Boga dla osobistego wynoszenia się lub czysto samolubnych korzyści i gloryfikacji. Na tym właśnie polegał grzech Lucyfera i Caligastii.

Ta wielka decyzja Jezusa wymownie obrazuje tę prawdę, że samolubne zadowolenie i zaspokojenie zmysłowe, samo w sobie i od siebie, nie może przynieść szczęścia rozwijającym się istotom ludzkim. W ziemskim życiu istnieją wyższe wartości – umiejętności intelektualne i osiągnięcia duchowe – które dalece przewyższają konieczność zaspokajania ludzkich, czysto materialnych apetytów i dążeń. Ludzkie, naturalne wyposażenie w talenty i zdolności należy poświęcić głównie rozwojowi i uszlachetnieniu wyższych mocy umysłu i ducha.

W ten sposób Jezus objawił istotom stworzonym ze swego wszechświata, jak można iść nową i lepszą drogą – drogą wyższych moralnych wartości życia i głębszych przeżyć duchowych – w ewolucyjnej egzystencji ludzkiej na światach w przestrzeni.

7. TRZECIA DECYZJA

Po zadecydowaniu odnośnie takich spraw jak żywność i fizyczne zaspokajanie potrzeb ciała materialnego, dbanie o zdrowie swoje i swoich towarzyszy, pozostawał jeszcze jeden problem do rozwiązania. Jaka byłaby jego postawa w obliczu osobistego niebezpieczeństwa? Jeśli idzie o swoje, ludzkie bezpieczeństwo, postanowił stosować normalną czujność i przedsiębrać uzasadnioną ostrożność, aby zapobiec przedwczesnemu zakończeniu swego życia w ciele, nie używając jednak żadnych nadludzkich zabiegów, gdyby w jego cielesnym życiu nadszedł kryzys. Formułując tę decyzję, Jezus siedział w cieniu drzewa na wystającej półce kamiennej – tuż przed nim była przepaść. W pełni zdawał sobie sprawę z tego, że mógłby się rzucić z krawędzi w przepaść i że nie poniósłby żadnej szkody, pod warunkiem, że unieważniłby swoją pierwszą wielką decyzję, mówiącą o nie odwoływaniu się do interwencji swoich niebiańskich istot inteligentnych w czasie prowadzenia swej życiowej działalności na Urantii i pod warunkiem, że anulowałby także swą drugą decyzję, dotyczącą własnej obrony.

Jezus wiedział, że jego rodacy oczekiwali Mesjasza, który stałby ponad prawami przyrody. Dobrze zapoznał się z Pismem Świętym, które mówiło: „Nie dosięgnie cię nic złego i plaga nie zbliży się do mieszkania twego. Albowiem aniołom swoim polecił, aby cię strzegli na wszystkich drogach twoich. Na rękach nosić cię będą, byś nie uraził o kamień nogi swojej". Czyżby ten rodzaj zadufania, takie wyzwanie rzucone Ojcowskim prawom grawitacji, mogło być uzasadnione dla ochrony jego osoby przed możliwym uszczerbkiem lub ewentualnie w celu zdobycia zaufania jego nieuczonego i błądzącego narodu? Jednak taki kierunek postępowania, chociaż zadowalający wyglądających znaku Żydów, nie byłby objawianiem jego Ojca, ale wątpliwej jakości żartami z ustanowionych praw wszechświata wszechświatów.

Rozumiejąc to wszystko i wiedząc o tym, że Mistrz nie chciał działać niezgodnie z ustanowionymi przez siebie prawami przyrody, tak dalece, jak to dotyczyło jego postępowania osobistego, wiecie na pewno, że nigdy nie chodził po wodzie ani też nie czynił niczego innego, co byłoby pogwałceniem materialnego porządku zarządzania jego światem; pamiętając jednak zawsze o tym, że jak dotąd nie znaleziono sposobu, aby wziąć pod kontrolę czynnik czasu w związku ze sprawami oddanymi jurysdykcji Uosobionego Dostrajacza.

Przez całe swoje ziemskie życie Jezus był konsekwentnie lojalny wobec tej decyzji. Nie miało znaczenia czy faryzeusze kpili z niego żądając znaku, czy przyglądający się jemu na Kalwarii ośmielali się go wzywać, aby zszedł z krzyża, Jezus niezłomnie trzymał się decyzji, podjętej o tej godzinie na stoku wzgórza.

8. CZWARTA DECYZJA

Następny wielki problem, z którym zmagał się ten Bóg-człowiek i o którym wkrótce zadecydował zgodnie z wolą Ojca w niebie, dotyczył kwestii, czy jakakolwiek z jego nadludzkich mocy może być użyta dla zwrócenia uwagi i zjednania poparcia jego braci ludzi. Czy powinien w jakikolwiek sposób użyć swych wszechświatowych mocy, aby zaspokoić tęsknoty Żydów za widowiskami i cudami? Postanowił, że nie powinien. Powziął zasadę postępowania wykluczającą stosowanie wszelkich takich praktyk w celu zwrócenia ludzkiej uwagi na swoją misję. I żył konsekwentnie, zgodnie z tą wielką decyzją. Nawet, kiedy pozwolił na liczne przejawy skrótów czasu – posługi miłosierdzia – nieomal niezmiennie upominał obdarowanych jego uzdrawiającą służbą, aby nie mówili nikomu o dobrodziejstwach, które otrzymali. I nigdy nie podejmował szyderczych wyzwań wrogów, „pokaż nam znak”, na dowód i okazanie swej boskości.

Jezus bardzo mądrze przewidywał, że czynienie cudów i dokonywanie niezwykłości wywołałoby tylko powierzchowną lojalność onieśmielonego tym, materialnego umysłu; takie przedstawienia nie objawiłyby Boga ani nie zbawiłyby ludzi. Nie chciał być tylko cudotwórcą. Postanowił, że zajmie się tylko jednym zadaniem – zaprowadzeniem królestwa nieba.

W czasie całego tego, doniosłego dialogu obcowania Jezusa z samym sobą, pojawił się ludzki czynnik kwestionowania i nieomal zwątpienia, gdyż Jezus był tak samo człowiekiem jak i Bogiem. Było oczywiste, że jeśli nie będzie robił cudów, nigdy nie zostanie zaakceptowany przez Żydów jako Mesjasz. Ponadto, jeśli zgodziłby się zrobić tylko jedną rzecz nadnaturalną, ludzki umysł wiedziałby z całą pewnością, że jest w pełni podporządkowany prawdziwie boskiemu umysłowi. Czy byłoby to zgodne z „wolą Ojca” – zrobienie ustępstwa przez boski umysł na rzecz wątpiącej natury ludzkiego umysłu? Jezus zadecydował, że nie i odwoływał się do obecności Uosobionego Dostrajacza, jako wystarczającego dowodu partnerstwa boskości z człowieczeństwem.

Jezus wiele podróżował; przypominał sobie Rzym, Aleksandrię, Damaszek. Wiedział *jak działa ten świat* – jak ludzie osiągają swe cele w polityce i handlu, przez kompromisy i dyplomację. Czy mógłby użyć tej wiedzy, aby pomóc swej misji na Ziemi? Nie! Postanowił nie iść na żadne kompromisy z mądrością świata i wpływem bogactw na ustanowienie królestwa. Znowu wybrał wyłącznie zależność od woli Ojcowskiej.

Jezus w pełni uświadamiał sobie możliwość pójścia na skróty, dzięki użyciu jakiejś ze swoich mocy. Znał wiele sposobów, dzięki którym uwaga narodu i całego świata mogłaby zostać natychmiast na nim skupiona. Wkrótce miała być obchodzona Pascha w Jerozolimie; miasto będzie zatłoczone odwiedzającymi. Mógł wznieść się na szczyt Świątyni i spacerować w powietrzu na oczach zadziwionego tłumu; to byłby ten rodzaj Mesjasza, jakiego ludzie oczekiwali. Później by jednak ich rozczarował, skoro nie przybył, aby przywrócić tron Dawida. I rozumiał bezużyteczność metod Caligastii, prób wychodzenia poza naturalny, powolny i pewny sposób osiągania boskiego celu. Znowu Syn Człowieczy nagiął się posłusznie do sposobu Ojca, do woli Ojca.

Jezus postanowił zaprowadzić królestwo nieba w sercach ludzkości sposobami naturalnymi, zwykłymi, trudnymi i bolesnymi, takimi właśnie metodami, jakie później muszą przechodzić jego ziemskie dzieci, kiedy pracują nad powiększeniem i poszerzeniem królestwa niebiańskiego. Syn Człowieczy dobrze wiedział, że „przez wiele ucisków, wiele dzieci wszystkich wieków będzie wchodzić do królestwa". Jezus przechodził teraz wielką próbę cywilizowanego człowieka – aby posiadając moc, niezłomnie odmawiać jej użycia dla czysto samolubnych, osobistych celów.

W waszych rozważaniach o życiu i doznaniach Syna Człowieczego, zawsze pamiętajcie o tym, że Syn Boży wcielił się w umysł istoty ludzkiej z pierwszego wieku a nie w umysł śmiertelnika z dwudziestego czy innego wieku. Chcemy tym samym dać do zrozumienia, że ludzkie uzdolnienia Jezusa zostały przyswojone naturalnym sposobem. Był wytworem czynników dziedzicznych i środowiskowych jego czasu, plus wpływy praktyki i edukacji. Jego człowieczeństwo było autentyczne, naturalne, wywiedzione w pełni z czynników dziedzicznych a rozwijane przez bieżący status intelektualny, społeczny oraz warunki ekonomiczne tamtego czasu i pokolenia. Podczas gdy w doznaniach tego Boga-człowieka zawsze istniała możliwość, że Boski umysł może zdominować intelekt ludzki, tym niemniej, kiedy i o ile działał ludzki umysł Jezusa, czynił to tak, jak działałby prawdziwy ludzki umysł w warunkach, jakie otaczały człowieka w tamtym czasie.

Jezus obrazował wszystkim światom swego rozległego wszechświata głupotę stwarzania sztucznych sytuacji, dla pokazania arbitralnej władzy czy kuszenia się, aby używać nadzwyczajnej mocy dla podniesienia wartości moralnych albo dla przyspieszenia rozwoju duchowego. Jezus postanowił, że nie dopuści do tego, aby w trakcie jego misji na Ziemi powtórzyło się rozczarowanie, związane z rządami Machabeuszy. Nie chciał prostytuować swych boskich atrybutów dla zdobycia niezasłużonej popularności, czy dla osiągnięcia prestiżu politycznego. Nie chciał przeobrażania swej boskiej i stwórczej energii we władzę narodową, czy prestiż międzynarodowy. Jezus z Nazaretu nie chciał iść na kompromis ze *złem*, a tym bardziej z grzechem. Mistrz tryumfująco wyniósł swą lojalność wobec Ojcowskiej woli ponad każdy inny aspekt ziemski i doczesny.

9. PIĄTA DECYZJA

Jezus, postanowiwszy o postępowaniu w kwestiach dotyczących jego indywidualnego stosunku do praw natury i mocy duchowej, zwrócił swą uwagę na wybór metod, które mogły być użyte przy głoszeniu i ustanowieniu królestwa Bożego. Jan zaczął już to dzieło; w jaki sposób on ma kontynuować to orędzie? W jaki sposób miałby przejąć misję Jana? Jak ma zorganizować jego uczniów dla efektywnego wysiłku i inteligentnej współpracy? Teraz Jezus powziął swą ostateczną decyzję, która miała uniemożliwić późniejsze traktowanie jego jako żydowskiego Mesjasza, przynajmniej tak, jak w tamtym czasie powszechnie wyobrażano sobie Mesjasza.

Żydzi spodziewali się wybawiciela, który przybędzie w chwale i cudownej mocy, aby obalić nieprzyjaciół Izraela i ustanowić Żydów władcami świata, wolnymi od niedostatku i ucisku. Jezus wiedział, że takie nadzieje nigdy się nie spełnią. Wiedział, że królestwo nieba związane jest z obaleniem zła w sercach ludzi i że ma ono czysto duchowe znaczenie. Rozważał celowość zapoczątkowania królestwa duchowego przez wspaniały i olśniewający pokaz mocy – i takie postępowanie byłoby dopuszczalne i zupełnie mieściłoby się w zakresie jurysdykcji Michała – ale Jezus absolutnie nie aprobował takiego planu. Nie chciał iść na kompromis z rewolucyjnymi metodami Caligastii. Potencjalnie zdobył już świat, dzięki poddaniu się Ojcowskiej woli i planował zakończyć swe dzieło tak, jak je zaczął i jako Syn Człowieczy.

Trudno wam sobie wyobrazić, co mogłoby się dziać na Urantii, gdyby ten Bóg-człowiek, obecnie potencjalnie posiadający całą moc na niebie i Ziemi, zechciał kiedyś rozwinąć sztandar niepodległości, aby ustawić swoje cuda czyniące bataliony w szyku bojowym! Ale on nie poszedł na kompromis. Nie chciał służyć złu tylko dlatego, aby z tego zła można było, przypuszczalnie, wyprowadzić czczenie Boga. Wolał stosować się do woli Ojcowskiej. Ogłaszał przypatrującemu się wszechświatu: „Będziesz przejęty czcią dla Pana twojego Boga i jemu tylko służył będziesz".

Dni mijały a Jezus z coraz większą jaskrawością dostrzegał, jakim to objawicielem prawdy ma zostać. Zauważył, że Boska droga nie będzie drogą łatwą. Zaczął sobie uświadamiać, że kielich reszty jego ludzkiego doświadczenia może być gorzki, postanowił jednak go wypić.

Nawet jego ludzki umysł żegna się teraz z tronem Dawida. Krok za krokiem, ten ludzki umysł podąża śladami boskiego. Ludzki umysł wciąż zadaje pytania, lecz niezawodnie akceptuje Boskie odpowiedzi jako ostateczne zarządzenia, w tym połączonym życiu, gdy żyjąc jako człowiek na świecie cały czas jest bezwarunkowo podporządkowany działaniu wiecznej i Boskiej woli Ojca.

Rzym był panem świata Zachodu. Syn Człowieczy, teraz przebywający w zaciszu, podejmujący te ważne decyzje, z zastępami niebieskimi pod swoją komendą, był ostatnią szansą Żydów na zdobycie panowania nad światem; ale ten, na Ziemi zrodzony Żyd, który posiadał tak wielką mądrość i moc, nie chciał użyć swych kosmicznych właściwości zarówno dla wyniesienia siebie jak i dla intronizacji swego ludu. Widział „królestwa tego świata" takimi, jakimi były i posiadał moc, aby je przejąć. Najwyżsi Ojcowie z Edentii złożyli wszystkie te moce w jego ręce, ale on ich nie chciał. Królestwa ziemskie były rzeczami zbyt marnymi, żeby wzbudzić zainteresowanie Stwórcy i Władcy wszechświata. Miał tylko jeden cel – dalsze objawianie Boga człowiekowi, ustanowienie królestwa, władzy niebiańskiego Ojca w sercach ludzkości.

Idea walki, rywalizacji i rzezi, była dla Jezusa odrażająca; nie miałby z tego żadnej korzyści. Chciał pojawić się na Ziemi jako Książę Pokoju, aby objawić Boga miłości. Przed chrztem znowu odrzucił propozycję zelotów, żeby kierować ich buntem przeciw *gnębicielom rzymskim*. I teraz poczynił ostateczną decyzję odnośnie tych Pism, których nauczała go matka, takich jak: „Rzekł do mnie Pan: «Synem moim jesteś; dziś cię zrodziłem. Proś mnie, a dam ci pogan w dziedzictwo i krańce świata w posiadanie. Rozgromisz je berłem żelaznym; roztłuczesz jak naczynie gliniane»".

Jezus z Nazaretu doszedł do wniosku, że te wersety nie odnoszą się do niego. W końcu i ostatecznie, ludzki umysł Syna Człowieczego pozbył się całkowicie wszystkich takich mesjanistycznych komplikacji i sprzeczności – hebrajskiego Pisma Świętego, instrukcji rodziców, nauk chazana, żydowskich oczekiwań i ludzkich, ambitnych tęsknot; raz na zawsze powziął decyzję odnośnie swego postępowania. Wróci do Galilei i cicho rozpocznie głoszenie królestwa a ufając Ojcu (Uosobiony Dostrajacz), wypracowywać będzie szczegóły postępowania dzień po dniu.

Dzięki takim decyzjom Jezus ustanowił wartościowy przykład dla każdej osoby, na każdym świecie, w całym rozległym wszechświecie, kiedy to nie chciał używać materialnych sprawdzianów dla udowodnienia problemów duchowych, kiedy to nie chciał, z pełnym przekonaniem, sprzeciwiać się prawom przyrody. Ustanowił inspirujący przykład wszechświatowej lojalności i szlachetności moralnej, kiedy to nie chciał przejąć władzy doczesnej, jako wstępu do duchowej chwały.

Jeśli Syn Człowieczy, kiedy wchodził na wzgórza po swoim chrzcie, miał jakiekolwiek wątpliwości w sprawie swej misji i jej rodzaju, nie miał już żadnych, kiedy wrócił do swych towarzyszy po czterdziestu dniach samotności i podejmowania decyzji.

Jezus sformułował plan zaprowadzenia królestwa Ojca. Nie będzie zaspokajał materialnych potrzeb ludu. Nie będzie rozdawał chleba tłumom, jak to robiono w Rzymie, co niedawno widział. Nie będzie zwracał na siebie uwagi robieniem cudów, nawet jeśli Żydzi spodziewają się tego rodzaju wybawiciela. Nie będzie również dążył do zdobycia akceptacji dla posłania duchowego poprzez pokaz władzy politycznej lub doczesnej mocy.

Odrzucając wszystkie te metody uwydatniania nadchodzącego królestwa w oczach oczekujących tego Żydów, Jezus był pewny, że ci sami Żydzi na pewno i definitywnie odrzucą wszystkie jego roszczenia do autorytetu i boskości. Wiedząc o tym wszystkim, Jezus cały czas próbował zapobiec, aby jego pierwsi wyznawcy nie nawiązywali do niego jako do Mesjasza.

W całej swej służbie publicznej Jezus nieustannie stawał w obliczu trzech, wciąż powtarzających się sytuacji: domagania się nakarmienia, nalegania o cuda i w końcu żądania, aby pozwolił swym wyznawcom obwołać się królem. Ale Jezus nigdy nie odstąpił od tych decyzji, jakie powziął podczas dni samotności na wzgórzach pereańskich.

10. SZÓSTA DECYZJA

W ostatnim dniu swego pamiętnego odosobnienia, zanim Syn Człowieczy zaczął schodzić w dół, aby dołączyć do Jana i jego uczniów, powziął on swą końcową decyzję. I decyzję tę zakomunikował Uosobionemu Dostrajaczowi w takich słowach „A we wszystkich innych sprawach, podobnych do tych, które zostały już zadecydowane, ślubuję ci, że będę podległy woli mego Ojca". I kiedy to powiedział, schodził z gór w doliny. A jego twarz jaśniała chwałą duchowego zwycięstwa i moralnych osiągnięć.

PRZEKAZ 137

CZAS OCZEKIWANIA W GALILEI

WCZESNYM rankiem, w sobotę, 23 lutego, roku 26 n.e., Jezus zszedł z góry, aby ponownie dołączyć do grupy Jana, obozującej w Pelli. Cały ten dzień spędził Jezus wśród ludzi. Pielęgnował chłopca, który zranił się przy upadku i poszedł do wioski, położonej obok Pelli, aby bezpiecznie przekazać chłopca w ręce jego rodziców.

1. WYBÓR PIERWSZYCH CZTERECH APOSTOŁÓW

W czasie szabatu dwóch przodujących uczniów Jana spędziło dużo czasu z Jezusem. Jezus wywarł głębokie wrażenie na jednym z uczniów Jana, Andrzeju, który towarzyszył mu w drodze do Pelli ze zranionym chłopcem. W drodze powrotnej na miejsce spotkania z Janem, zadawał on Jezusowi wiele pytań i tuż nim dotarli do celu, zatrzymali się na krótką pogawędkę, podczas której Andrzej powiedział: „Obserwowałem cię od czasu, kiedy przybyłeś do Kafarnaum i wierzę, że jesteś nowym Nauczycielem i chociaż nie rozumiem całej twojej nauki, postanowiłem zostać twym uczniem; chciałbym siedzieć u twych stóp i uczyć się całej prawdy o nowym królestwie". I Jezus serdecznie przyjął Andrzeja na swego pierwszego apostoła w tej grupie Dwunastu, która miała z nim działać, aby ustanowić nowe królestwo Boże w sercach ludzkich.

Andrzej był cichym obserwatorem i szczerym zwolennikiem tego, co głosił Jan, miał też bardzo zdolnego i entuzjastycznie nastawionego brata, Szymona, który zaliczał się do czołowych uczniów Jana. Należałoby również powiedzieć, że Szymon był jednym z głównych popleczników Jana.

Wkrótce po tym, jak Jezus i Andrzej wrócili do obozu, Andrzej odszukał swego brata, Szymona, a odchodząc z nim na bok, poinformował go o powziętej decyzji, że Jezus jest wielkim Nauczycielem i że on obiecał zostać jego uczniem. Potem kontynuował, że Jezus przyjął jego propozycję służby i zaproponował, aby on (Szymon) również poszedł do Jezusa i zgłosił się do wspólnoty w służbie nowego królestwa. Szymon odrzekł: „Od kiedy ten człowiek przyszedł pracować do warsztatu Zebedeusza, wierzyłem, że jest wysłany przez Boga, ale co z Janem? Czy mamy go opuścić? Czy tak powinno się robić? Po czym w końcu postanowili poradzić się Jana. Myśl o utracie dwóch zdolnych doradców i najbardziej obiecujących uczniów zasmuciła Jana, ale dzielnie odpowiedział na *ich pytanie:* „Ale to jest dopiero początek; wkrótce moja praca się skończy i wszyscy zostaniemy jego uczniami". Andrzej skinął na Jezusa, aby odszedł na bok i powiedział mu, że jego brat pragnie przyłączyć się do służby nowego królestwa. Witając Szymona jako swego drugiego apostoła, Jezus rzekł: „Szymonie, twój entuzjazm jest chwalebny, ale niebezpieczny w pracy dla królestwa. Napominam cię, abyś zaczął bardziej uważać na to, co mówisz. Chciałbym ci zmienić imię na Piotr".

Rodzice zranionego chłopca, którzy mieszkali w Pelli, błagali Jezusa, aby został u nich na noc, aby ich dom uczynił swoim domem a on im to przyrzekł. Zanim Jezus pożegnał się z Andrzejem i jego bratem, powiedział: „Wczesnym rankiem wyruszamy do Galilei".

Kiedy Jezus wrócił na noc do Pelli i kiedy Andrzej i Szymon nadal omawiali rodzaj ich służby przy zaprowadzaniu przyszłego królestwa, zjawili się Jakub i Jan, synowie Zebedeusza, którzy dopiero przed chwilą wrócili z długich i daremnych poszukiwań Jezusa na wzgórzach. Gdy usłyszeli, co mówi Szymon Piotr, jak on i jego brat Andrzej stali się pierwszymi zaakceptowanymi radcami nowego królestwa i że rano mają iść ze swym nowym Mistrzem do Galilei, obydwaj, Jakub i Jan, posmutnieli. Znali Jezusa jakiś czas i kochali go. Wiele dni szukali go na wzgórzach i teraz, kiedy wrócili, dowiedzieli się, że inni mają pierwszeństwo przed nimi. Dowiedzieli się, gdzie poszedł Jezus i pośpieszyli go odszukać.

Jezus spał, kiedy dotarli tam, gdzie przebywał, ale go obudzili i powiedzieli: „Jak to jest, że kiedy my, którzy tak długo żyliśmy z tobą, szukaliśmy cię na wzgórzach, ty przed nami wolałeś innych i wybrałeś Andrzeja i Szymona jako swych pierwszych towarzyszy w nowym królestwie?". Jezus odpowiedział im: „Niech uspokoją się wasze serca i zapytajcie siebie samych, «kto kazał wam szukać Syna Człowieczego, kiedy był zajęty sprawami Ojca?»". Potem, gdy mu opowiadali szczegóły swych długich poszukiwań na wzgórzach, Jezus pouczył ich jeszcze: „Powinniście nauczyć się szukać tajemnicy nowego królestwa w waszych sercach a nie na wzgórzach. To, czego szukaliście, już było w waszych duszach. Naprawdę jesteście moimi braćmi – nie było potrzeby, abym was przyjmował – wy już byliście w królestwie i powinniście być pełni otuchy i przygotować się, aby tak samo jutro iść z nami do Galilei". Wtedy Jan zuchwale zapytał: „Ale, Mistrzu, czy Jakub i ja będziemy twoimi współpracownikami w nowym królestwie na równi z Andrzejem i Szymonem?". Jezus, kładąc każdemu z nich rękę na ramieniu, powiedział: „Moi bracia, byliście ze mną w duchu królestwa jeszcze zanim inni prosili o przyjęcie. Wy, moi bracia, nie potrzebujecie prosić o wejście do królestwa; byliście ze mną w królestwie od początku. W oczach ludzkich inni mogą mieć pierwszeństwo przed wami, ale w moim sercu zaliczyłem was również do rady królestwa, zanim jeszcze pomyśleliście, aby mnie o to prosić. Mimo to, gdybyście tu byli, moglibyście być pierwsi w oczach ludzi, gdyby nie to, że kierowani dobrymi intencjami sami naznaczyliście sobie zadanie odszukania tego, który nie zginął. W nadchodzącym królestwie nie zważajcie na te rzeczy, które wywołują wasz niepokój, ale raczej koncentrujcie się cały czas tylko na wykonywaniu woli Ojca, który jest w niebie".

Jakub i Jan wdzięcznie przyjęli to napomnienie; nigdy już nie byli zazdrośni o Andrzeja czy Szymona. I wraz z dwoma towarzyszącymi im apostołami byli gotowi nazajutrz rano iść do Galilei. Od tego dnia nazwa apostoł stosowana była dla wyróżnienia wybranej rodziny doradców Jezusa od bezmiernej rzeszy wierzących uczniów, którzy później za nim szli.

Późnym wieczorem, Jakub, Jan, Andrzej i Szymon rozmawiali z Janem Chrzcicielem i ten dzielny, judejski prorok, z oczami pełnymi łez, ale mocnym głosem odstąpił swych dwóch przodujących uczniów, aby zostali apostołami Galilejskiego Księcia nadchodzącego królestwa.

2. WYBÓR FILIPA I NATANIELA

W niedzielę rano, 24 lutego, roku 26 n.e., Jezus pożegnał się z Janem Chrzcicielem nad rzeką, w pobliżu Pelli i nigdy już go nie widział w ciele.

Tego dnia, kiedy Jezus i jego czterej uczniowie-apostołowie poszli do Galilei, w obozie zwolenników Jana zapanowało wielkie zamieszanie. Zaczął się zarysowywać pierwszy wielki rozłam. Poprzedniego dnia Jan stanowczo oświadczył Andrzejowi i Ezrze, że Jezus jest Wybawicielem. Andrzej postanowił iść za Jezusem, ale Ezra odrzucił cieślę z Nazaretu, o łagodnych manierach, głosząc swoim towarzyszom: „Prorok Daniel oznajmia, że Syn Człowieczy przyjdzie w chmurach na niebie, w wielkiej chwale i mocy. Ten Galilejski cieśla, ten szkutnik z Kafarnaum, nie może być Wybawicielem. Czy taki dar Boży może pochodzić z Nazaretu? Ten Jezus jest krewnym Jana i nasz nauczyciel uległ skłonności swego serca i się pomylił. Trzymajmy się z daleka od tego fałszywego Mesjasza". Kiedy Jan upomniał Ezrę za tę wypowiedź, on, wraz z wieloma uczniami oddalił się szybko na południe. Grupa ta wciąż chrzciła w imieniu Jana a w końcu założyła sektę wyznawców Jana, ale nie chcieli uznać Jezusa. Resztki tej grupy istnieją w Mezopotamii do dzisiaj.

Kiedy u zwolenników Jana pojawił się ten problem, Jezus i czterej jego uczniowie-apostołowie byli już daleko, w drodze do Galilei. Zanim przeszli Jordan, idąc przez Nain do Nazaretu, Jezus, patrząc naprzód i w górę drogi, zobaczył nadchodzącego w ich kierunku Filipa z Betsaidy z przyjacielem. Jezus znał jakiś czas Filipa a równie dobrze znali go wszyscy czterej nowi apostołowie. Filip, wraz ze swym przyjacielem, Natanielem, był w drodze do Pelli, aby odwiedzić Jana i dowiedzieć się czegoś więcej na temat krążących pogłosek o nadchodzącym królestwie Bożym; uradował się zatem, witając Jezusa. Filip był wielbicielem Jezusa od czasu, kiedy ten po raz pierwszy przybył do Kafarnaum. Ale Nataniel, który mieszkał w Kanie Galilejskiej, nie znał Jezusa. Filip poszedł naprzód, aby przywitać swoich przyjaciół, podczas gdy Nataniel odpoczywał przy drodze, w cieniu drzewa.

Piotr wziął Filipa na bok i zaczął mu wyjaśniać, że oni, znaczy on sam, Andrzej, Jakub i Jan, zostali współpracownikami Jezusa w nowym królestwie i mocno nalegał na Filipa, aby też zaofiarował swoją służbę. Filip miał dylemat. Co ma zrobić? Tutaj, bez żadnego ostrzeżenia – przy drodze w pobliżu Jordanu – natychmiast musiał podjąć decyzję w najbardziej doniosłej kwestii życiowej. W tym czasie, gdy Filip żarliwie dyskutował z Piotrem, Andrzejem i Janem, Jezus objaśniał Jakubowi marszrutę przez Galileę do Kafarnaum. W końcu Andrzej zaproponował Filipowi: „Dlaczego nie spytać Nauczyciela?".

Gwałtownie zaświtało Filipowi, że Jezus jest rzeczywiście wielkim człowiekiem, być może Mesjaszem i postanowił uszanować decyzję Jezusa w tej kwestii; podszedł wprost do niego i zapytał: „Nauczycielu, czy powinienem iść do Jana czy powinienem przyłączyć się do moich przyjaciół, którzy idą z tobą?". Jezus odrzekł: „Pójdź za mną". Filipa poruszyła pewność, że znalazł Wybawiciela.

Filip skinął grupie, aby zostali tam, gdzie stoją, podczas gdy on pośpieszył z powrotem do swego przyjaciela, żeby mu obwieścić podjętą decyzję. Nataniel, który wciąż pozostawał w tyle, pod drzewem morwy, zaprzątał sobie głowę wieloma rzeczami, które słyszał o Janie Chrzcicielu, nadchodzącym królestwie i oczekiwanym Mesjaszu. Filip, przerywając mu te medytacje, wykrzyknął: „Znalazłem Wybawiciela, tego, o którym pisali Mojżesz i prorocy, którego głosił Jan". Nataniel, patrząc w górę, dopytywał się: „Skąd pochodzi ten nauczyciel?". Filip odrzekł: „To Jezus z Nazaretu, syn Józefa, cieśla, ostatnio mieszkający w Kafarnaum". Wtedy Nataniel, w pewnym sensie zaszokowany, zapytał: „Czy cokolwiek dobrego może wyjść z Nazaretu?". Ale Filip, biorąc go pod rękę, powiedział: „Chodź i zobacz".

Filip zaprowadził Nataniela do Jezusa, który patrząc życzliwie w oczy szczerze wątpiącemu, powiedział: „Oto prawdziwy Izraelita, w którym nie ma oszustwa. Pójdź ze mną". Nataniel, zwracając się do Filipa, powiedział: „Masz rację. On jest naprawdę mistrzem nad ludźmi. Ja także pójdę za nim, jeśli jestem tego godny". A Jezus skinął głową do Nataniela i powtórzył: „Pójdź ze mną".

Jezus zgromadził połowę przyszłej grupy osobistych współpracowników, pięciu, którzy go znali od jakiegoś czasu i jednego nieznajomego, Nataniela. Bez dalszej zwłoki przeszli Jordan a idąc przez wioskę Nain, późnym wieczorem dotarli do Nazaretu

Wszyscy zostali na noc u Józefa, w domu Jezusa z lat chłopięcych. Towarzysze Jezusa nie bardzo rozumieli, dlaczego ich nowo odkryty nauczyciel tak się trudzi i niszczy każdy ślad swojego pisma, jakie pozostało gdziekolwiek w domu, w formie Dziesięciu Przykazań i innych mott oraz wypowiedzi. Jednak to właśnie postępowanie, pospołu z faktem, że nigdy później nie widzieli go piszącego – chyba, że w pyle lub na piasku – wywarło na nich wielkie wrażenie.

3. POBYT W KAFARNAUM

Następnego dnia Jezus posłał swych apostołów do Kany, jako że wszyscy byli zaproszeni na wesele młodej kobiety, cieszącej się poważaniem w tym mieście, podczas gdy on szykował się wpaść na krótko do Kafarnaum i odwiedzić swą matkę, zatrzymując się także w Magdali, żeby się spotkać ze swym bratem, Judą.

Zanim wyszli z Nazaretu, nowi towarzysze Jezusa powiedzieli Józefowi i innym członkom rodziny Jezusa o zadziwiających zdarzeniach z ostatnich dni i dali upust swoim wierzeniom, że Jezus jest długo wyczekiwanym wybawicielem. Członkowie rodziny Jezusa długo o tym wszystkim dyskutowali a Józef powiedział: „Może, mimo wszystko matka miała rację – może nasz dziwny brat jest przyszłym królem".

Juda był przy chrzcie Jezusa i razem ze swym bratem, Jakubem, zaczął niezłomnie wierzyć w ziemską misję Jezusa. Aczkolwiek obaj, Jakub i Juda, byli w rozterce co do natury misji ich brata, ich matka wskrzesiła wszystkie swe wcześniejsze nadzieje odnośnie Jezusa jako Mesjasza, syna Dawida i dodawała otuchy swym synom, aby wierzyli w brata, jako wybawiciela Izraela.

W poniedziałek wieczorem Jezus przyszedł do Kafarnaum, ale nie poszedł do swojego domu, gdzie mieszkał Jakub z matką; poszedł wprost do domu Zebedeusza. Wszyscy jego przyjaciele z Kafarnaum zauważyli u niego wielką i pozytywną zmianę. Raz jeszcze wydawał się być względnie radosny i bardziej podobny do siebie, takiego, jakim był w Nazarecie we wcześniejszych latach. W tych latach, które poprzedzały chrzest oraz przez okresy samotności, tak przed jak i po chrzcie, Jezus stawał się coraz bardziej poważny i powściągliwy. Teraz wszystkim się zdawało, że jest taki sam jak dawniej. Miał w sobie coś z majestatycznej powagi i podniosłego wyglądu, ale raz jeszcze był wesoły i radosny.

Marię ożywiała nadzieja. Spodziewała się, że wkrótce spełni się obietnica Gabriela. Oczekiwała, że niedługo cała Palestyna będzie zaskoczona i olśniona cudownym objawieniem się jej syna, jako nadprzyrodzonego króla Żydów. Jednak na wszystkie z wielu pytań, które matka, Jakub, Juda i Zebedeusz zadali, Jezus, uśmiechając się, odpowiadał tylko: „Lepiej, żebym został tu na chwilę; muszę wykonać wolę mojego Ojca, który jest w niebie".

Następnego dnia, we wtorek, wszyscy poszli do Kany na wesele Naomi, które miało się odbyć nazajutrz. Pomimo wielokrotnych przestróg Jezusa, żeby nie mówić o nim nikomu „zanim nie nadejdzie godzina Ojca", uparcie na wszystkie strony, po cichu rozpuszczali pogłoski, że znaleźli Wybawiciela. Każdy z ufnością oczekiwał, że Jezus może zacząć przejmować mesjanistyczną władzę na zbliżającym się weselu w Kanie i że to zrobi z wielką mocą i w podniosłym majestacie. Pamiętali, co im opowiadano o tym zjawisku, które zaszło podczas chrztu Jezusa i wierzyli, że przyszły bieg wypadków na Ziemi będzie nacechowany coraz intensywniejszymi przejawami nadprzyrodzonych dziwów i cudownych pokazów. Dlatego też cała okolica szykowała się na zgromadzenie w Kanie, na ucztę weselną Naomi i Joaba, syna Natana.

Przez całe lata Maria nie była tak radosna. Szła do Kany ożywiona duchem matki króla, która ma być naocznym świadkiem koronacji jej syna. Od tego czasu, gdy Jezus miał lat trzynaście, rodzina i przyjaciele nie widzieli go tak beztroskiego i szczęśliwego, tak troskliwego i tak rozumiejącego życzenia i pragnienia swoich bliźnich, tak wzruszająco pełnego sympatii. W małych grupach wszyscy szeptali między sobą i zastanawiali się, co też się może stać. Co zrobi ten dziwny człowiek? Jak zacznie chwałę nadchodzącego królestwa? Wszyscy byli zachwyceni myślą, że przybyli tutaj, aby zobaczyć objawienie siły i potęgi Boga Izraela.

4. WESELE W KANIE

W środę, do południa, niemalże tysiąc gości przybyło do Kany; na uczcie weselnej zjawiło się czterokrotnie więcej gości niż ich było zaproszonych. Było żydowskim zwyczajem zawieranie ślubów w środę a zaproszenia wysyłano na wszystkie strony na miesiąc przed ślubem. Przed południem i wczesnym popołudniem wyglądało to raczej na publiczne przyjęcie dla Jezusa, niż na wesele. Każdy chciał powitać tego, bliskiego sławy Galilejczyka i dla wszystkich, młodych i starych, Żydów i nie-Żydów, był on nadzwyczaj kordialny. I wszyscy się ucieszyli, gdy Jezus się zgodził poprowadzić wstępny, weselny orszak.

Jezus dobrze uświadamiał sobie teraz swój ludzki byt, swój Boski, poprzedni byt i status swojej łącznej czy zjednoczonej, człowieczej i Boskiej natury. W tym samym momencie mógł z doskonałym opanowaniem odgrywać rolę człowieka albo natychmiast przybrać prerogatywy osobowości o boskiej naturze.

Jak dzień upływał, Jezus uświadamiał sobie coraz lepiej, że ludzie spodziewają się dokonania jakiegoś cudu; zauważył, że zwłaszcza jego rodzina i sześciu uczniów-apostołów oczekują od niego, aby stosownie ogłosił swoje nadchodzące królestwo, poprzez jakiś zaskakujący i nadprzyrodzony pokaz.

Wczesnym popołudniem Maria zawołała Jakuba i razem śmiało podeszli do Jezusa, żeby się dowiedzieć, czy mógłby obdarzyć ich swym zaufaniem tak dalece, aby ich poinformować, o której godzinie i w jakim momencie związanym z weselną ceremonią postanowił objawić siebie jako „nadprzyrodzonego". Jak tylko powiedzieli o tym Jezusowi, spostrzegli, iż obudzili charakterystyczne jego oburzenie. Powiedział tylko: „Jeśli mnie kochacie, skwapliwie oczekujcie razem ze mną, kiedy ja czekam na wolę mego Ojca, który jest w niebie". Tym niemniej wymowna nagana malowała się na jego twarzy.

To posunięcie matki było wielkim rozczarowaniem dla ludzkiego Jezusa a był on bardzo zrównoważony w swej reakcji na jej sugestywną propozycję, aby pozwolił sobie na jakąś zewnętrzną demonstrację swojej boskości. To była jedna z tych właśnie rzeczy, których postanowił nie robić, kiedy tak niedawno przebywał samotnie w górach. Przez kilka godzin Maria była bardzo przygnębiona. Powiedziała Jakubowi: „Nie mogę go zrozumieć; co to wszystko znaczy? Czy jego dziwactwo się nie skończy"? Jakub i Juda próbowali pocieszyć matkę, podczas gdy Jezus oddalił się na godzinę samotności. Ale wrócił do zgromadzenia i raz jeszcze był wesoły i radosny.

Ślub przebiegał w cichym oczekiwaniu, ale cała ceremonia zakończyła się bez żadnego posunięcia, bez słowa ze strony honorowego gościa. Potem szeptano, że cieśla i szkutnik, zapowiedziany przez Jana „Wybawiciel", pokaże swoje zdolności podczas uroczystości wieczornych, być może podczas kolacji weselnej. Ale wszelkie nadzieje na taki pokaz rozproszyły się zupełnie w myślach sześciu uczniów-apostołów kiedy tuż przed weselną kolacją zwołał ich wszystkich i z wielką powagą rzekł: „Nie myślcie, że przyszedłem tutaj robić jakieś cuda dla zadowolenia ciekawych, albo dla przekonania tych, którzy wątpią. Jesteśmy tutaj raczej po to, aby oczekiwać woli naszego Ojca, który jest w niebie". Jednak, kiedy Maria i inni zobaczyli Jezusa, jak się naradza ze swymi współpracownikami, byli w swym mniemaniu zupełnie przekonani, że coś nadzwyczajnego zaraz się zdarzy. I wszyscy usiedli, żeby jeść kolację weselną i spędzić biesiadny wieczór w miłym towarzystwie.

Ojciec pana młodego przygotował dużo wina dla wszystkich gości, zaproszonych na ucztę weselną, ale skąd mógł wiedzieć, że małżeństwo jego syna stanie się wydarzeniem tak blisko związanym z oczekiwanym objawieniem się Jezusa, jako mesjanicznego wybawiciela? Był zachwycony tym zaszczytem, że mógł zaliczyć sławnego Galilejczyka do grona swych gości, ale nim kolacja dobiegła końca, służący przynieśli mu niepokojącą wiadomość, że zaczyna brakować wina. Gdy oficjalna kolacja się skończyła a goście spacerowali po ogrodzie, matka pana młodego zwierzyła się Marii, że wyczerpały się zapasy wina. Maria z pewnością w głosie powiedziała: „Nie martw się – porozmawiam z moim synem. On nam pomoże". Ośmielała się tak mówić, pomimo upomnienia sprzed kilku godzin.

Przez wiele lat, w każdej trudnej sytuacji ich rodzinnego życia w Nazarecie, Maria zawsze zwracała się do Jezusa z prośbą o pomoc i było rzeczą naturalną, że i teraz o nim pomyślała. Jednak ta ambitna matka miała inne motywy, kiedy tym razem zwróciła się do swego najstarszego syna. Gdy Jezus stał samotnie w kącie ogrodu, matka zbliżyła się do niego, mówiąc: „Mój synu, nie mają już wina". Jezus odrzekł: „Moja dobra niewiasto, co ja mam z tym wspólnego?". Maria powiedziała: „Ale ja wierzę, że twoja godzina nadeszła; czy nie możesz nam pomóc?". Jezus odpowiedział: „Ponownie oświadczam, że nie przyszedłem, żeby robić rzeczy w ten sposób. Dlaczego znowu zadręczasz mnie tymi sprawami?". Wtedy Maria rozpłakała się i błagała go: „Ale, mój synu, przyrzekłam, że nam pomożesz; proszę, czy mógłbyś coś zrobić dla mnie?". Wtedy Jezus powiedział: „Kobieto, jakim prawem robisz takie obietnice? Zrozum, nie rób tego więcej. We wszystkich sprawach musimy czekać na wolę Ojca w niebie".

Maria, matka Jezusa, była zdruzgotana, oniemiała! Kiedy tak stała przed nim bez ruchu ze łzami płynącymi po twarzy, ludzkie serce Jezusa ogarnęło współczucie dla kobiety, która go zrodziła w ciele; i pochylając się, delikatnie położył rękę na jej głowie, mówiąc: „Otóż, otóż, matko Mario, nie zasmucaj się moją na pozór surową mową, bo czyż nie mówiłem ci wiele razy, że przyszedłem tu tylko po to, aby czynić wolę mego niebiańskiego Ojca? Z wielką przyjemnością zrobiłbym to, o co mnie prosisz, jeśli byłoby to częścią woli Ojca – " i Jezus przerwał, wahał się. Marii zdawało się, iż poczuła, że coś ma się stać. Podskoczyła, zarzuciła Jezusowi na szyję swe ramiona, pocałowała go, popędziła do kwater służby i powiedziała: „Zróbcie, cokolwiek mój syn powie". Ale Jezus nic nie powiedział. Uświadomił sobie teraz, że już powiedział – czy raczej wyraził myśl pełną pragnienia – za mocno.

Maria tańczyła z radości. Nie wiedziała, jak wino będzie zrobione, ale ufnie wierzyła, że w końcu przekonała swego pierworodnego syna, aby dowiódł swej władzy, aby odważył się wystąpić i zażądać swojej pozycji i aby ukazał swą mesjanistyczną moc. I ze względu na obecność i współpracę pewnych wszechświatowych mocy i osobowości, o których wszyscy obecni nic nie wiedzieli, nie mogła się rozczarować. Wino, którego Maria chciała i którego Jezus, Bóg-człowiek, po ludzku i w pełni współczucia sobie zażyczył, przybywało.

Stało w pobliżu sześć kamiennych stągwi, każda wypełniona ponad siedemdziesięcioma litrami wody. Woda ta miała być użyta do końcowej ceremonii oczyszczającej uroczystości weselnych. Poruszenie służby wokół tych olbrzymich naczyń, którym skrzętnie dyrygowała matka, przyciągnęło uwagę Jezusa a zbliżając się ku nim dostrzegł, że pełnymi dzbanami czerpią z nich wino.

Stopniowo Jezus zaczął zdawać sobie sprawę z tego, co się stało. Spośród wszystkich osób, które były na uczcie weselnej w Kanie, Jezus był najbardziej zaskoczony. Inni oczekiwali, że uczyni jakiś cud, ale to było właśnie to, czego nie chciał zrobić. Wtedy Syn Człowieczy przypomniał sobie napomnienie, jakiego udzielił mu na wzgórzach Uosobiony Dostrajacz Myśli. Wspomniał, jak Dostrajacz ostrzegał go, że żadna siła czy osobowość nie może go pozbawić prerogatyw stwórcy, opartych na niezależności od czasu. W tym wypadku istoty przekształcające moc, pośredni i wszystkie inne potrzebne osobowości, zgromadziły się w pobliżu wody i innych niezbędnych składników, i w obliczu życzenia wyrażonego przez Władcę-Stwórcę Wszechświata, nie można było zapobiec natychmiastowemu pojawieniu się *wina*. Zdarzenie to było tym bardziej nieuniknione, że Uosobiony Dostrajacz zaznaczył, iż wykonanie życzenia Syna nie jest w żaden sposób sprzeczne z wolą Ojca.

Jednak nie był to w żadnym znaczeniu cud. Żadne prawo przyrody nie zostało zmodyfikowane, unieważnione lub przekroczone. Nic się nie stało, poza zniesieniem *czasu*, razem z niebiańskim połączeniem składników chemicznych, potrzebnych do zrobienia wina. W tym przypadku, w Kanie, przedstawiciele Stworzyciela zrobili wino tak, jak się to robi w naturalnym procesie, *za wyjątkiem tego,* że zrobili to niezależnie od czasu i z ingerencją nadludzkich przedstawicieli, gdy idzie o połączenie w przestrzeni niezbędnych składników chemicznych.

Było ponadto oczywiste, że dokonanie tak zwanego cudu nie było sprzeczne z wolą Rajskiego Ojca – inaczej by się to nie zdarzyło – ponieważ Jezus sam, we wszystkich rzeczach, podporządkował się uprzednio woli Ojca.

Kiedy służący zaczerpnęli nowego wina, zanieśli je drużbie, „mistrzowi ceremonii", a kiedy on spróbował, przywołał pana młodego i powiedział: „Jest w zwyczaju stawiać na początek lepsze wino, a kiedy się goście dobrze popiją, podać gorszy gatunek wina, ale ty zachowałeś najlepsze wino aż do końca uczty".

Marię i uczniów Jezusa bardzo ucieszył ten domniemany cud, który jak uważali, Jezus zrobił celowo, ale Jezus oddalił się w zaciszny kąt ogrodu na krótką chwilę poważnych rozmyślań. W końcu zadecydował, że w danych okolicznościach zdarzenie to było poza jego osobistą kontrolą a nie będąc sprzeczne z wolą Ojca, było nieuniknione. Gdy wrócił do ludzi, traktowali go z wielką czcią; wszyscy wierzyli w niego jako w Mesjasza. Ale Jezus był w wielkiej rozterce, wiedząc o tym, że uwierzyli w niego tylko dlatego, iż przed chwilę miały miejsce niezwykłe wypadki, które przypadkiem widzieli. Znowu na jakiś czas Jezus poszedł na dach, żeby przemyśleć to wszystko raz jeszcze.

Jezus zrozumiał teraz w całej pełni, że musi się nieustannie pilnować, żeby współczucie i litość nie były przyczyną powtarzania się tego rodzaju przypadków. Tym niemniej wiele podobnych wypadków się zdarzyło, zanim Syn Człowieczy rozstał się w końcu z ludzkim życiem w ciele.

5. ZNOWU W KAFARNAUM

Aczkolwiek wielu gości zostało na cały tydzień uroczystości weselnych, Jezus, z nowo wybranymi uczniami-apostołami – Jakubem, Janem, Andrzejem, Piotrem, Filipem i Natanielem – wyruszył następnego dnia do Kafarnaum, bardzo wcześnie rano a odchodząc nie żegnał się z nikim. Rodzina Jezusa, jak i wszyscy jego przyjaciele w Kanie, bardzo się martwili, że tak nagle ich opuścił a Juda, najmłodszy brat Jezusa, wyruszył na jego poszukiwanie. Jezus i jego apostołowie poszli wprost do domu Zebedeusza w Betsaidzie. Po drodze Jezus omawiał ze swymi nowymi współpracownikami wiele ważnych dla nadchodzącego królestwa rzeczy a zwłaszcza ostrzegał ich, aby nie wspominali o zamianie wody w wino. Poradził im również, aby w swej przyszłej działalności omijali miasta Seforis i Tyberiadę.

Tego wieczora po kolacji, w domu Zebedeusza i Salome, odbyła się jedna z najważniejszych narad w całej ziemskiej działalności Jezusa. Tylko sześciu apostołów było na tym spotkaniu; Juda przybył wtedy, gdy już się mieli rozchodzić. Tych sześciu wybranych ludzi szło z Jezusem z Kany do Betsaidy, szli niemalże unosząc się w powietrzu. Byli ożywieni nadzieją i poruszeni tą myślą, że zostali wybrani na bliskich współpracowników Syna Człowieczego. Ale kiedy Jezus jasno im wyłożył, kim jest, jaka jest jego misja na Ziemi i jak prawdopodobnie może się skończyć, byli oszołomieni. Nie mogli zrozumieć, co do nich mówił. Oniemieli i nawet Piotr był niezmiernie przytłoczony. Tylko głęboko myślący Andrzej ośmielił się odpowiedzieć na zalecenia Jezusa. Kiedy Jezus zauważył, że nie zrozumieli jego posłania, kiedy zobaczył, że ich idee żydowskiego Mesjasza są kompletnie skrystalizowane, odesłał ich na spoczynek, podczas gdy on spacerował i rozmawiał ze swoim bratem, Judą. Zanim Juda pożegnał się z Jezusem, powiedział mu z wielkim przejęciem: „Mój ojcze-bracie, nigdy ciebie nie rozumiałem. Nie jestem zupełnie pewien czy jesteś tym, o kim uczyła nas matka i nie rozumiem w pełni nadchodzącego królestwa, ale wiem, że jesteś potężnym człowiekiem Boga. Słyszałem głos nad Jordanem i wierzę w ciebie, bez znaczenia, kim jesteś". Kiedy skończył, odszedł do swego domu w Magdali.

Tej nocy Jezus nie spał. Włożywszy swoje wieczorne okrycie usiadł nad brzegiem jeziora i myślał, myślał do świtu następnego dnia. Podczas tych długich godzin nocnej medytacji Jezus zrozumiał jasno, że nigdy nie będzie mógł dokonać tego, aby jego wyznawcy ujrzeli go w jakimkolwiek innym świetle, niż jako długo oczekiwanego Mesjasza. Ostatecznie uznał, że nie ma innego sposobu rozpoczęcia głoszenia swego posłania królestwa, jak wypełnienie przepowiedni Jana o tym, którego wszyscy Żydzi oczekiwali. Mimo wszystko, chociaż nie był Dawidowym rodzajem Mesjasza, był prawdziwym wypełnieniem proroczych oświadczeń bardziej duchowo nastawionych, dawniejszych proroków. Nigdy już nie zaprzeczał całkowicie, że nie jest Mesjaszem. Postanowił zostawić końcowe rozwiązanie swojej skomplikowanej sytuacji do wypełnienia według woli Ojca.

Następnego ranka Jezus dołączył do swych przyjaciół w czasie śniadania, ale była to smutna grupa. Doszedł do nich pod koniec posiłku, zebrał ich wokół siebie i powiedział: „Jest wolą mojego Ojca, abym zatrzymał się jakiś czas w tych stronach. Słyszeliście, jak Jan mówił, że przyszedł przygotować drogę królestwu; dlatego też jest stosowne, abyśmy poczekali na ukończenie kaznodziejstwa Jana. Kiedy zwiastun Syna Człowieczego ukończy swoją pracę, my zaczniemy głosić dobre nowiny królestwa". Polecił swoim apostołom, żeby wrócili do swoich sieci, podczas gdy on szykował się iść z Zebedeuszem do warsztatu szkutniczego, przyrzekając im, że zobaczy się z nimi następnego dnia w synagodze, gdzie miał przemawiać i wyznaczył im spotkanie na szabatowe popołudnie.

6. WYDARZENIA DNIA SZABATU

2 marca, roku 26 n.e., w synagodze podczas szabatu miało miejsce pierwsze publiczne wystąpienie Jezusa po jego chrzcie. Synagoga była zatłoczona i przepełniona. Do historii chrztu Jezusa doszły teraz nowe wieści z Kany, o wodzie i winie. Honorowe miejsca dał Jezus swoim sześciu apostołom a razem nimi usiedli jego bracia w ciele, Jakub i Juda. Matka Jezusa, która poprzedniego wieczora wróciła do Kafarnaum z Jakubem, także tam była i siedziała w kobiecej części synagogi. Napięcie wszystkich słuchaczy doszło do zenitu; oczekiwali, że zobaczą jakiś nadzwyczajny przejaw nadludzkiej mocy, która będzie właściwym dowodem natury i autorytetu tego, który w tym dniu miał do nich przemawiać. Ale mieli się rozczarować.

Kiedy Jezus wstał, rządca synagogi podał mu zwój Pisma Świętego a on przeczytał z księgi Proroka Izajasza: „Tak mówi Pan: «Niebiosa są moim tronem, a ziemia podnóżkiem nóg moich. Gdzie jest dom, który dla mnie wybudowaliście? Gdzie jest miejsce mojego zamieszkania? Przecież moja ręka to wszystko uczyniła», powiedział Pan. «Ale będę patrzył na tego, który jest biedny i zgnębiony na duchu, i który z drże*niem czci moje słowo*». Słuchajcie słowa Pana, wy, którzy drżycie i się boicie: «Wasi bracia was nienawidzą, odpychają was przez wzgląd na moje imię». Niech Pan okaże swoją chwałę, zjawi się wam z radością a inni okryją się wstydem. Odgłos wrzawy z miasta, głos ze Świątyni i głos Pana mówi: «Zanim odczuła skurcze porodu, powiła dziecię; zanim nadeszły jej bóle, urodziła chłopca». Kto słyszał coś podobnego? Czyż ziemia może być zrobiona w ciągu jednego dnia? Czyż naród rodzi się od razu? Tak bowiem mówi Pan: «Oto ja skieruję do niej pokój jak rzekę i chwałę narodów, i nawet innowiercy będą jak strumień wezbrany. Jak kogo pociesza własna matka, tak ja was pocieszać będę. I doznacie pociechy w Jerozolimie. Na widok tych wszystkich rzeczy, rozraduje się serce wasze»".

Kiedy Jezus skończył czytanie, podał zwój papierów ich opiekunowi. Zanim usiadł, powiedział po prostu: „Bądźcie cierpliwi a ujrzycie chwałę Boga; i tak też będzie z tymi wszystkimi, którzy zostaną ze mną i tym samym uczyć się będą czynić wolę mojego Ojca, który jest w niebie". Ludzie rozeszli się do domów, dziwiąc się, co to wszystko miało znaczyć.

Tego popołudnia, Jezus z apostołami, Jakubem i Judą, weszli do łodzi i odbili na niewielką odległość od brzegu, gdzie zakotwiczyli a Jezus im mówił o nadchodzącym królestwie. Tym razem zrozumieli więcej niż czwartkowego wieczora.

Jezus polecił im, żeby wrócili do swych normalnych zajęć, do czasu, kiedy „nadejdzie godzina królestwa". Aby ich zachęcić dał przykład, wracając do swej zwykłej pracy w warsztacie szkutniczym. Wyjaśniając im, że powinni spędzić każdego wieczora trzy godziny na nauce i przygotowywaniu się do przyszłej pracy, Jezus powiedział jeszcze: „Wszyscy pozostaniemy w tych stronach tak długo, aż Ojciec każe mi was wezwać. Teraz każdy z was musi wrócić do swojej zwykłej pracy, tak, jak gdyby nic się nie stało. Nie mówcie o mnie ludziom i pamiętajcie, że królestwo moje nie przyjdzie z hałasem i przepychem, ale raczej musi przyjść poprzez wielką zmianę, którą mój Ojciec wypracuje w waszych sercach i w sercach tych, którzy będą powołani, aby przyłączyć się do was w radzie królestwa. Jesteście teraz moimi przyjaciółmi, ufam wam i kocham was; wkrótce zostaniecie moimi osobistymi współpracownikami. Bądźcie cierpliwi i szlachetni. Zawsze bądźcie posłuszni woli Ojca. Bądźcie gotowi na wezwanie królestwa. Chociaż przeżywać będziecie wielką radość w służbie mojego Ojca, musicie przygotować się też na przykrości i dlatego ostrzegam was, że wielu tylko przez mnóstwo udręk wejdzie do królestwa. Ale radość tych, którzy znajdą królestwo, będzie pełna i na całej ziemi będą ich zwać błogosławionymi. Ale nie łudźcie się fałszywą nadzieją; świat pobłądzi w moich słowach. Nawet wy, moi przyjaciele, nie w pełni rozumiecie, co wyjawiam waszym zdezorientowanym umysłom. Nie łudźcie się, idziemy pracować dla pokolenia żądnego znaków. Będą żądać cudów na dowód tego, że jestem wysłany przez mojego Ojca i będą powolni w rozpoznawaniu objawienia *miłości* mojego Ojca, sensu mojej misji".

Tego wieczora, kiedy wrócili na ląd, zanim się rozeszli, Jezus stojąc nad wodą modlił się: „Mój Ojcze, dziękuję ci za tych maluczkich, którzy nie zważając na swoje wątpliwości, nawet teraz wierzą. Dla nich zapomniałem o sobie, wykonując twoją wolę. Może teraz nauczą się być jednością, nawet tak, jak my jesteśmy jednością".

7. CZTERY MIESIĄCE SZKOLENIA

Cztery długie miesiące – marzec, kwiecień, maj i czerwiec – trwał okres oczekiwania; Jezus przeprowadził w tym czasie ponad sto długich, poważnych, chociaż pogodnych i radosnych rozmów z sześcioma współpracownikami i z własnym bratem Jakubem. Z powodu choroby w rodzinie, Juda rzadko mógł uczestniczyć w tych lekcjach. Jakub, brat Jezusa, nie stracił wiary w niego, ale podczas tych miesięcy zwłoki i bezczynności, Maria niemalże zwątpiła w syna. Jej wiara, która sięgała takich szczytów w Kanie, spadła teraz na nowe, niskie poziomy. Wciąż wracała do tak często powtarzanego narzekania: „Nie rozumiem go. Nie mogę pojąć, co to wszystko znaczy". Ale żona Jakuba zrobiła wiele, aby dodać Marii otuchy.

Przez te cztery miesiące siedmiu wierzących, jednym z nich był jego brat w ciele, zaznajamiało się z Jezusem; przyzwyczajali się żyć z tym Bogiem-człowiekiem. Chociaż nazywali go Rabbi, uczyli się go nie lękać. Jezus posiadał niedościgniony wdzięk osobowości, który umożliwiał mu życie pośród nich tak, aby jego boskość ich nie przerażała. Łatwo im było stać się „przyjaciółmi Boga", Boga inkarnowanego w cielesnej formie. Ten czas oczekiwania poddawał surowej próbie całą grupę wyznawców. Nic, absolutnie nic cudownego się nie zdarzyło. Dzień za dniem chodzili do zwykłej pracy, podczas gdy każdego wieczora siedzieli u stóp Jezusa. Trzymała ich razem jego niedościgniona osobowość i łaskawe słowa, jakie im mówił każdego wieczora. x

Ten okres oczekiwania i nauki był szczególnie trudny dla Szymona Piotra. Raz za razem usiłował przekonać Jezusa, żeby zaczął głosić kazania o królestwie w Galilei, kiedy Jan wciąż głosił kazania w Judei. Ale Jezus zawsze odpowiadał Piotrowi: „Bądź cierpliwy Szymonie. Rób postępy. Powinniśmy być gotowi, kiedy Ojciec nas wezwie". Andrzej, tak teraz jak i później, uspakajał Piotra bardziej wytrawną, filozoficzną radą. Na Andrzeju gigantyczne wrażenie wywarła ludzka naturalność Jezusa. Nigdy nie znużył się rozważaniem tego, że ktoś, kto żyje tak blisko Boga, może być tak przyjacielski i troskliwy dla ludzi.

Przez cały ten czas Jezus dwukrotnie tylko przemawiał w synagodze. Pod koniec tych wielu tygodni oczekiwania zaczynały przycichać opowiadania o jego chrzcie i winie w Kanie. A Jezus uważał, aby w tym czasie nie zdarzyło się więcej dostrzegalnych cudów. Aczkolwiek wszyscy żyli bardzo spokojnie w Betsaidzie, meldunki o dziwnych uczynkach Jezusa dotarły do Heroda Antypasa, który wysłał szpiegów, aby się dowiedzieli, co on porabia. Jednak Herod bardziej był zaniepokojony kazaniami głoszonymi przez Jana. Postanowił zostawić w spokoju Jezusa, który prowadził swe sprawy bardzo cicho w Kafarnaum.

W tym czasie oczekiwania Jezus próbował nauczyć swoich współpracowników, jaką postawę powinni przybrać wobec rozmaitych grup religijnych i partii politycznych w Palestynie. Słowa Jezusa zawsze brzmiały: „Starajmy się zjednać ich wszystkich, ale *nie należymy* do nikogo z nich".

Uczonych w Piśmie i rabinów, razem wziąwszy, nazywano faryzeuszami. Mówili o sobie, że są „bractwem". Pod wieloma względami stanowili wśród Żydów postępową grupę, która przyswoiła sobie wiele nauczania nie występującego wyraźnie w hebrajskim Piśmie Świętym, takiego jak zmartwychwstanie zmarłych, doktrynę, o której zaledwie nadmienił niedawno prorok, Daniel.

Szeregi saduceuszy składały się z duchowieństwa i niektórych bogatych Żydów. Nie byli zbytnimi pedantami, gdy idzie o szczegóły przestrzegania Prawa. Faktycznie faryzeusze i saduceusze byli raczej partiami religijnymi niż sektami.

Esseńczycy byli prawdziwą sektą religijną, która powstała podczas rewolty Machabeuszy; w pewnych aspektach ich zasady były bardziej surowe niż faryzeuszy. Przejęli wiele perskich wierzeń i zwyczajów, żyli we wspólnocie w klasztorach, nie zawierali małżeństw i mieli wszystkie rzeczy wspólne. Specjalizowali się w nauce o aniołach.

Zeloci byli grupą żydowskich patriotów o skrajnych poglądach. Głosili, że wszelkie metody są usprawiedliwione w walce o uwolnienie się z niewoli rzymskiego jarzma.

Herodianie byli partią czysto polityczną, głoszącą emancypację od bezpośrednich rządów rzymskich przez przywrócenie dynastii Herodian.

W samym środku Palestyny mieszkali Samarytanie, z którymi „Żydzi nie mieli nic do czynienia", pomimo, iż mieli oni wiele poglądów podobnych do nauczania żydowskiego.

Wszystkie te partie i sekty, razem z małą wspólnotą nazirejczyków, wierzyły, że kiedyś przyjdzie Mesjasz. Wszyscy wyglądali narodowego wybawiciela. Ale Jezus bardzo wyraźnie określił, że on i jego uczniowie nie będą się sprzymierzali z żadną z tych szkół myślenia czy postępowania. Syn Człowieczy nie był ani nazirejczykiem ani esseńczykiem.

Kiedy później Jezus polecił swoim apostołom, żeby szli, jak to czynił Jan, głosili ewangelię i nauczali wiernych, położył nacisk na głoszenie „dobrej nowiny królestwa nieba". Nieodmiennie wpajał swoim współpracownikom, że muszą „wykazać miłość, współczucie i sympatię". Od początku nauczał swych zwolenników, że królestwo nieba jest doświadczeniem duchowym, mającym do czynienia z osadzeniem Boga na tronie serc ludzkich.

Ponieważ czekali na rozpoczęcie aktywnego, publicznego głoszenia kazań, Jezus, wraz z nimi siedmioma co tydzień spędzał dwa wieczory w synagodze na studiowaniu hebrajskiego Pisma Świętego. W późniejszych latach, po okresach intensywnej pracy publicznej, apostołowie patrzyli w przeszłość, na te cztery miesiące jako najbardziej cenne i korzystne z całego okresu ich współpracy z Mistrzem. Jezus nauczał tych ludzi wszystkiego, co mogli przyswoić. Nie popełnił tego błędu, aby ich uczyć zbyt wiele. Nie wywoływał zamętu w ich głowach przez przedstawianie prawdy zbyt daleko wybiegającej poza ich możliwości jej zrozumienia.

8. ROZPRAWA O KRÓLESTWIE

22 czerwca, w szabat, na krótko przed tym, nim po raz pierwszy ruszyli na turę głoszenia kazań i blisko dziesięć dni po uwięzieniu Jana, Jezus zajął mównicę w synagodze po raz drugi od czasu przyprowadzenia apostołów do Kafarnaum.

Na kilka dni przed wygłoszeniem rozprawy „O Królestwie", kiedy Jezus pracował w warsztacie szkutniczym, Piotr przyniósł wiadomość o aresztowaniu Jana. Jezus odłożył swoje narzędzia, ściągnął fartuch i powiedział Piotrowi: „Godzina Ojca nadeszła. Przygotujmy się do głoszenia ewangelii królestwa".

We wtorek, 18 czerwca, roku 26 n.e., Jezus po raz ostatni pracował w warsztacie ciesielskim. Piotr wyszedł pośpiesznie z warsztatu i przed popołudniem zwołał wszystkich współpracowników a zostawiwszy ich w zagajniku przy brzegu, poszedł szukać Jezusa. Ale nie mógł go znaleźć, gdyż Mistrz poszedł się pomodlić do innego zagajnika. Nie zobaczyli go, aż do późnego wieczora, kiedy wrócił do domu Zebedeusza i poprosił o jedzenie. Następnego dnia posłał swego brata, Jakuba, z prośbą o przywilej przemawiania w synagodze w nadchodzący dzień szabatu. Zarządzający synagogą bardzo się ucieszył, że Jezus znowu chce prowadzić nabożeństwo.

Zanim Jezus wygłosił swoją pamiętną rozprawę o królestwie Bożym jako pierwszą próbę otwartej, publicznej działalności, przeczytał z Pisma Świętego te wyjątki: „Wy będziecie mi królestwem kapłanów i ludem świętym. Jahwe jest naszym sędzią, Jahwe naszym prawodawcą, Jahwe naszym królem; on nas zbawi. Jahwe jest mym królem i mym Bogiem. Jest wielkim królem nad całą ziemią. Łaska i miłość jest nad Izraelem w tym królestwie. Błogosławiona niech będzie chwała Pana, gdyż on jest naszym Królem".

Zakończywszy czytanie, Jezus powiedział:

„Przyszedłem głosić zaprowadzenie królestwa Ojca. Królestwo to powinno obejmować czci pełne dusze Żydów i nie-Żydów, bogatych i biednych, wolnych i niewolników, gdyż Ojciec mój nie ma względu na osoby; jego miłość i miłosierdzie jest dla wszystkich.

Ojciec niebieski przysłał swego ducha, aby zamieszkał umysły ludzkie i kiedy skończę me dzieło na Ziemi, tak samo Duch Prawdy będzie wylany na wszystkich w ciele. I duch mojego Ojca i Duch Prawdy utwierdzą was w nadchodzącym królestwie duchowego zrozumienia i boskiej prawości. Królestwo moje nie jest z tego świata. Syn Człowieczy nie poprowadzi wojsk do boju, ażeby ustanowić tron władzy czy królestwo doczesnej chwały. Gdy przyjdzie moje królestwo, poznacie Syna Człowieczego jako Księcia Pokoju, objawienie wiecznego Ojca. Dzieci tego świata walczą o założenie i powiększenie królestw tego świata, ale uczniowie moi wejdą do królestwa niebieskiego dzięki ich decyzjom moralnym i dzięki zwycięstwom ich ducha; i kiedy raz wejdą do niego, znajdą radość, prawość i życie wieczne.

Ci, którzy nade wszystko pragną wejść do królestwa i zaczynają tym samym dążyć do szlachetności charakteru, takiego, jaki ma mój Ojciec, posiądą wkrótce wszystko to, czego im potrzeba. Ale powiem wam z całą szczerością: jeżeli nie szukacie wejścia do królestwa z wiarą i ufnością małego dziecka, w żaden sposób nie wejdziecie do niego.

Nie dajcie się zwieść tym, którzy przyjdą i powiedzą, tutaj jest królestwo czy tam jest królestwo, gdyż królestwo mojego Ojca nie dotyczy rzeczy widzialnych i materialnych. Królestwo to nawet teraz jest pośród was, ponieważ tam, gdzie duch Boży uczy i prowadzi duszę człowieka, tam naprawdę jest królestwo nieba. Królestwo Boże jest prawością, pokojem i radością w Duchu Świętym.

Jan wprawdzie chrzcił was na dowód waszej skruchy i na odpuszczenie grzechów, ale kiedy wejdziecie do królestwa niebiańskiego, będziecie chrzczeni Duchem Świętym.

W królestwie mego Ojca nie będzie ani Żydów ani innowierców, tylko ci, którzy szukają doskonałości przez służbę i dlatego oświadczam, że ten, kto ma być wielki w królestwie Ojca mego, najpierw musi służyć wszystkim. Jeśli pragniecie służyć swoim braciom, będziecie siedzieć ze mną w moim królestwie, tak jak ja, służąc teraz w formie istoty stworzonej, będę wkrótce siedział z moim Ojcem w jego królestwie.

Nowe królestwo podobne jest do nasienia wyrastającego na polu o dobrej ziemi. Nie szybko obrodzi pełnymi owocami. Upływa czas pomiędzy zaprowadzeniem królestwa w duszy ludzkiej a tą godziną, kiedy królestwo dojrzeje obfitym owocem niekończącej się prawości i wiecznego zbawienia.

I to królestwo, które wam głoszę, nie jest panowaniem mocy i obfitości. Królestwo nieba nie jest też sprawą jedzenia i picia, ale raczej życia w coraz większej prawości i narastającej radości z doskonalszego służenia mojemu Ojcu, który jest w niebie. Czyż nie powiedział Ojciec dzieciom tego świata, «Jest moją wolą, abyście w końcu stali się doskonali, nawet tak, jak ja jestem doskonały».

Przyszedłem głosić dobrą nowinę królestwa. Nie przyszedłem nałożyć ciężkiego brzemienia tym, którzy wejdą do tego królestwa. Głoszę nową i lepszą drogę a ci, którzy będą mogli wejść do nadchodzącego królestwa, będą się radować boskim wytchnieniem. I cokolwiek was to będzie kosztować w rzeczach świata, bez znaczenia, jaką cenę możecie zapłacić za wejście do królestwa nieba, otrzymacie wielokrotnie więcej radości i duchowego rozwoju na tym świecie i później, w czasach wiecznego życia.

Aby wejść do królestwa Ojca nie trzeba czekać maszerujących armii, zburzenia królestw tego świata, ani też wyzwolenia jeńców z jarzma. Królestwo nieba jest pod ręką i wszyscy, którzy do niego wejdą, znajdą dużo wolności i radosne zbawienie.

Królestwo to jest panowaniem bez końca. Ci, którzy wejdą do królestwa, zaczną się wznosić do mego Ojca; na pewno w Raju dosięgną prawej ręki jego chwały. Wszyscy, którzy wejdą do królestwa nieba, staną się synami Boga i w tych czasach, które nadejdą, wzniosą się do Ojca. Nie przyszedłem powołać rzekomych sprawiedliwych, ale grzeszników i wszystkich tych, którzy są głodni i spragnieni prawości i boskiej doskonałości.

Jan przyszedł nauczać skruchy, przygotowując was do królestwa; teraz ja przychodzę i głoszę wiarę, dar Boga, jako cenę wejścia do królestwa nieba. Jeśli tylko uwierzycie, że mój Ojciec kocha was bezgraniczną miłością, wtedy jesteście w królestwie Bożym".

Kiedy skończył przemawiać, usiadł. Wszyscy, którzy go słyszeli, byli zaskoczeni jego słowami. Uczniowie byli zadziwieni. Jednak ludzie nie byli przygotowani na przyjęcie dobrej nowiny z ust tego Boga-człowieka. Około jedna trzecia tych, którzy go słuchali, uwierzyła w posłanie, nawet, jeśli go w pełni nie zrozumiała; około jedna trzecia gotowa była w swoich sercach odrzucić tak czysto duchową koncepcję oczekiwanego królestwa, podczas gdy pozostała jedna trzecia nie mogła pojąć jego nauczania, wielu było przekonanych, że „postradał zmysły".

PRZEKAZ 138

NAUCZANIE POSŁAŃCÓW KRÓLESTWA

PO WYGŁOSZENIU kazania „O Królestwie", tego popołudnia Jezus wezwał sześciu apostołów i zaczął wyjawiać im plany odwiedzin okolicznych miast, położonych wokół i w pobliżu Morza Galilejskiego. Bracia Jezusa, Jakub i Juda, bardzo się obrazili, ponieważ nie zostali wezwani na naradę. Jak dotąd uważali, że należą do bliskiego koła współpracowników Jezusa. Ale Jezus nie planował włączać bliskich krewnych do zespołu apostolskich zarządców królestwa. To właśnie nie załączenie Jakuba i Judy do grona kilku wybranych, wraz z dostrzegalną rezerwą wobec matki od czasu wydarzeń w Kanie, było punktem wyjściowym wciąż pogłębiającego się dystansu pomiędzy Jezusem a jego rodziną. Sytuacja taka trwała w czasie całej służby publicznej Jezusa – rodzina nieomal odrzuciła go – a rozbieżności te nie zostały w pełni załagodzone aż do jego śmierci i zmartwychwstania. Nastroje matki nieustannie wahały się pomiędzy wiarą i nadzieją a narastającymi uczuciami rozczarowania, upokorzenia i rozpaczy. Tylko najmłodsza Rut pozostawała niezachwianie lojalna wobec swego ojca-brata, bez względu na okoliczności.

Aż do zmartwychwstania, cała rodzina Jezusa niewiele miała wspólnego z jego służbą. Jeśli prorok nie jest pozbawiony zaszczytów, za wyjątkiem własnego kraju, nie pozostaje bez rozumnego uznania, za wyjątkiem własnej rodziny.

1. KOŃCOWE POUCZENIA

Następnego dnia, w niedzielę, 23 czerwca, roku 26 n.e., Jezus udzielił końcowych pouczeń sześciu apostołom. Nakazał im, aby poszli po dwóch, uczyć radosnej nowiny królestwa. Nie kazał im chrzcić i radził, aby nie głosili kazań publicznie. Wytłumaczył, że później pozwoli im na publiczne głoszenie kazań, ale w tym okresie, z wielu względów pragnął, żeby nabrali praktycznego doświadczenia w osobistych kontaktach ze współbraćmi ludźmi. Jezus chciał, aby pierwsza ich tura była całkowicie *indywidualną działalnością*. Aczkolwiek zapowiedź taka była swego rodzaju rozczarowaniem dla apostołów, mimo to rozumieli, przynajmniej częściowo, jakąś część motywów Jezusa, aby w ten właśnie sposób zacząć głoszenie królestwa; i zaczęli je głosić z radosnym sercem i ufnym entuzjazmem. Jezus wysłał ich po dwóch, Jakub i Jan poszli do Gergezy, Andrzej i Piotr do Kafarnaum, podczas gdy Filip i Nataniel poszli do Tarichei.

Zanim zaczęli swoją pierwszą, dwutygodniową praktykę, Jezus im oświadczył, że pragnie wyznaczyć dwunastu apostołów do prowadzenia pracy na rzecz królestwa po swoim odejściu i upoważnił każdego z nich, aby wybrał jednego spośród swych pierwszych nawróconych, jako członka planowanej grupy apostołów. Jan zapytał: „Ale, Mistrzu, czy tych sześciu ludzi wejdzie pomiędzy nas i będzie uczestniczyć we wszystkich rzeczach na równi z nami, którzy byli z tobą od czasu Jordanu i słyszeli całe twoje nauczanie przygotowujące do naszej pierwszej pracy w królestwie?". Jezus odrzekł: „Tak Janie, ci ludzie, których wybierzecie, staną się jednymi z nas i wy ich nauczycie wszystkiego tego, co dotyczy królestwa, tak samo jak ja was uczyłem". Jezus odszedł, kiedy to powiedział.

Szóstka apostołów nie rozeszła się do swojej pracy, zanim nie zamienili wielu słów ze sobą, omawiając polecenie Jezusa, że każdy z nich ma wybrać nowego apostoła. Przeważyła w końcu rada Andrzeja i poszli do pracy. W meritum sprawy Andrzej powiedział: „Mistrz ma rację, jest nas za mało, żeby podołać tej pracy. Potrzeba nam więcej nauczycieli i Mistrz okazał nam wielkie zaufanie, skoro powierzył nam wybór tych sześciu apostołów". Tego rana, kiedy się rozdzielili idąc do swojej pracy, w sercu każdego z nich było trochę ukrytego przygnębienia. Wiedzieli, że będą tęsknić za Jezusem a oprócz strachu i nieśmiałości, nie w taki sposób wyobrażali sobie inaugurację królestwa nieba.

Uzgodniono, że sześciu apostołów ma iść do pracy na dwa tygodnie, po czym mieli wrócić i spotkać się domu Zebedeusza. W tym czasie Jezus poszedł do Nazaretu, żeby odwiedzić Józefa i Szymona oraz innych członków rodziny mieszkających w sąsiedztwie. Jezus zrobił wszystko, co było w ludzkiej mocy, zgodnego ze swą dedykacją, aby czynić wolę Ojca, żeby nie stracić zaufania i przywiązania swojej rodziny. W tej sprawie wypełnił swój obowiązek w całej pełni a nawet lepiej.

W tym czasie, kiedy apostołowie poszli na misję, Jezus dużo rozmyślał o Janie, który teraz przebywał w więzieniu. Użycie swoich potencjalnych mocy, aby go uwolnić, stanowiło wielką pokusę, ale raz jeszcze z nich zrezygnował, aby „czekać na wolę Ojca".

2. WYBÓR SZEŚCIU

Pierwsza tura sześciu apostołów skończyła się wielkim sukcesem. Wszyscy odkryli wielką wartość, jaką dawały bezpośrednie, osobiste kontakty z ludźmi. Gdy wrócili do Jezusa uświadomili sobie w pełni, że mimo wszystko religia jest wyłącznie i całkowicie sprawą *osobistego doświadczenia*. Zaczynali rozumieć, jak bardzo zwykli ludzie są głodni usłyszeć słowa religijnej pociechy i duchowej otuchy. Kiedy zgromadzili się wokół Jezusa, wszyscy chcieli mówić jednocześnie, ale Andrzej przejął kierownictwo i tak jak ich wzywał, jednego po drugim, składali Mistrzowi formalny raport i przedstawiali swe nominacje na sześciu nowych apostołów.

Po tym, jak każdy przedstawił wybranego przez siebie nowego członka apostolstwa, Jezus prosił wszystkich pozostałych, żeby głosowali w sprawie tej nominacji; wszystkich sześciu nowych apostołów zostało formalnie zaakceptowanych przez wszystkich sześciu starszych. Potem Jezus ogłosił, że wszyscy powinni odwiedzić kandydatów i powołać ich do służby.

Wybranymi, nowymi apostołami byli:

1. *Mateusz Lewi*, poborca celny z Kafarnaum, który sprawował swój urząd tuż na wschód od miasta, koło granicy z Bataneą. Wybrany został przez Andrzeja.
2. *Tomasz Didymos*, rybak z Tarichei a dawniej cieśla i kamieniarz z Gadary. Wybrany został przez Filipa.
3. *Jakub Alfeusz*, rybak i rolnik z Gergezy, wybrany został przez Jakuba Zebedeusza.
4. *Judasz Alfeusz*, brat bliźniak Jakuba Alfeusza, także rybak, wybrany został przez Jana Zebedeusza.

5. *Szymon Zelota* był wysokiej rangi oficerem w patriotycznej organizacji zelotów, zrzekł się tej pozycji, aby dołączyć do apostołów Jezusa. Szymon był kupcem, zanim przyłączył się do zelotów. Wybrany został przez Piotra.
6. *Judasz Iskariota* był jedynym synem bogatych, żydowskich rodziców, mieszkających w Jerychu. Przystał do Jana Chrzciciela a jego rodzice, saduceusze, wyrzekli się go. Szukał pracy w tych regionach, gdy znaleźli go apostołowie Jezusa i głównie ze względu na jego doświadczenie z finansami Nataniel zaprosił go, by wstąpił w ich szeregi. Judasz Iskariota był jedynym Judejczykiem wśród dwunastu apostołów.

Cały dzień Jezus spędził z sześcioma apostołami, odpowiadając na ich pytania i słuchając szczegółów ich relacji, gdyż mieli wiele interesujących i wartościowych przeżyć do opowiedzenia. Teraz spostrzegli mądrość planu Mistrza, że posłał ich do cichej i osobistej pracy, przed ich zaangażowaniem do bardziej ambitnych zadań publicznych.

3. POWOŁANIE MATEUSZA I SZYMONA

Następnego dnia Jezus i szóstka apostołów poszli powołać Mateusza, poborcę celnego. Mateusz czekał na nich, dokonawszy bilansu ksiąg, gotów przekazać sprawy biura swemu bratu. Gdy zbliżali się do jego rogatki, Andrzej podszedł do niego z Jezusem, który patrząc Mateuszowi w oczy, powiedział: „Pójdź ze mną". Mateusz wstał i razem z Jezusem i apostołami wszedł do swego domu.

Mateusz powiedział Jezusowi o uczcie, jaką przygotował na ten wieczór, przynajmniej chciał wydać wieczerzę dla swojej rodziny i przyjaciół, jeśli Jezus to zaaprobuje i zgodzi się być honorowym gościem. Jezus skinął głową na znak zgody. Piotr wziął na bok Mateusza i tłumaczył mu, że zaproponował pewnego Szymona, aby przyłączył się do apostołów i prosił, żeby Szymona również zaprosić na ucztę.

Po obiedzie w domu Mateusza, wszyscy poszli z Piotrem powołać Szymona Zelotę, którego znaleźli w jego byłej firmie, prowadzonej teraz przez jego siostrzeńca. Kiedy Piotr przyprowadził Szymona przed Jezusa, Mistrz powitał ognistego patriotę i powiedział tylko: „Pójdź ze mną".

Wszyscy wrócili do domu Mateusza, gdzie do czasu kolacji rozmawiali trochę o polityce i religii. Rodzina Lewiego długo zajmowała się interesami i zbieraniem podatków, zatem sporo gości, zaproszonych przez Mateusza na przyjęcie, faryzeusze mogliby nazwać „celnikami i grzesznikami".

W tamtych czasach, kiedy tego rodzaju przyjęcie-uczta było wydawane przez znacznego człowieka, było zwyczajem, żeby wszystkie zainteresowane tym osoby pozostawały w pomieszczeniu przyjęcia i przyglądały się gościom podczas posiłku, słuchały konwersacji oraz przemówień honorowego gościa. Dlatego też większość faryzeuszy z Kafarnaum zjawiła się przy tej okazji, aby obserwować zachowanie się Jezusa w czasie tego niezwykłego zgromadzenia.

Jak upływał czas wieczerzy, dobry humor biesiadników dosięgał szczytów i każdy bawił się tak znakomicie, że obserwujący to faryzeusze zaczęli, w swych sercach, krytykować Jezusa za jego udział w tak niefrasobliwej i beztroskiej imprezie. Później, wieczorem, kiedy wygłaszali mowy, jeden z bardziej złośliwych faryzeuszy posunął się tak daleko, że skrytykował postępowanie Jezusa, mówiąc do Piotra: „Jak śmiesz nauczać, że ten człowiek jest prawy, podczas gdy on je z celnikami i grzesznikami i w ten sposób przydaje swoją osobą powagi beztroskiej zabawie". Zanim Jezus powiedział zgromadzonym pożegnalne błogosławieństwo, Piotr szepnął mu o tej krytyce. Potem Jezus zaczął przemawiać: „Przychodząc tutaj wieczorem, aby powitać Mateusza i Szymona w naszej wspólnocie, rad jestem waszej niefrasobliwości i dobrej zabawie w towarzystwie, ale powinniście cieszyć się jeszcze bardziej, gdyż wielu z was wejdzie do nadchodzącego królestwa ducha, w którym obficiej będziecie się radować dobrymi rzeczami królestwa nieba. A tym, którzy w swoich sercach zechcą mnie krytykować za to, że przyszedłem tu świętować z tymi przyjaciółmi, chciałbym powiedzieć – przyszedłem głosić radość społecznie uciśnionym i duchową wolność moralnym jeńcom. Czy muszę przypominać, że zdrowi nie potrzebują lekarza, ale raczej ci, co chorują? Nie przyszedłem powołać prawych, ale grzeszników".

Doprawdy dla wszystkich Żydów było niezwykłe zobaczyć człowieka o prawym charakterze i szlachetnych poglądach, przebywającego bez skrępowania i radośnie z pospolitymi ludźmi, także z niereligijnymi i szukającymi rozrywki tłumami celników oraz z rzekomymi grzesznikami. Szymon Zelota chciał przemawiać podczas tego spotkania w domu Mateusza, ale Andrzej, wiedząc, że Jezus nie chce, aby nadchodzące królestwo mylono z ruchem zelotów, nakłonił go, żeby się powstrzymał od jakichkolwiek publicznych przemówień.

Jezus i apostołowie pozostali na noc w domu Mateusza i kiedy ludzie rozeszli się do domów, mówili tylko o jednej rzeczy – o dobroci i życzliwości Jezusa.

4. POWOŁANIE BLIŹNIAKÓW

Rankiem cała dziewiątka popłynęła łodzią do Gergezy, formalnie powołać dwu następnych apostołów, Jakuba i Judasza, synów Alfeusza, nominowanych przez Jakuba i Jana Zebedeuszów. Bliźniacy, rybacy, spodziewali się Jezusa i jego apostołów, dlatego też czekali na brzegu. Jakub Zebedeusz przedstawił Mistrzowi rybaków z Gergezy a Jezus, patrząc na nich, skinął i powiedział: „Pójdźcie ze mną".

Tego popołudnia, które spędzili razem, Jezus szczegółowo nauczał apostołów o uczestnictwie w uroczystych spotkaniach a podsumowując swoje uwagi, powiedział: „Wszyscy ludzie są moimi braćmi. Mój Ojciec w niebie nie gardzi żadną istotą przez nas stworzoną. Królestwo nieba otwarte jest dla wszystkich mężczyzn i kobiet. Nikt nie może zatrzasnąć drzwi miłosierdzia przed jakąkolwiek głodną duszą, która mogłaby chcieć wejść do niego. Będziemy siadać i jeść ze wszystkimi, którzy zechcą słuchać o królestwie. Jak nasz Ojciec w niebie patrzy z góry na ludzi – wszyscy są podobni Dlatego też nie unikajcie łamania się chlebem z faryzeuszami czy grzesznikami, saduceuszami czy celnikami, Rzymianami czy Żydami, bogatymi czy biednymi, wolnymi czy w niewoli. Drzwi królestwa szeroko są otwarte dla wszystkich, którzy pragną poznać prawdę i odnaleźć Boga".

Tego wieczora, podczas prostej kolacji w domu Alfeusza, bracia bliźniacy zostali przyjęci do apostolskiej rodziny. Później, tego samego wieczora, Jezus udzielił swym uczniom pierwszej nauki o pochodzeniu, naturze i losie duchów nieczystych, ale oni nie mogli zrozumieć ważności tego, co im powiedział. Łatwo im było kochać i podziwiać Jezusa, ale bardzo trudno zrozumieć wiele jego nauk.

Po nocnym odpoczynku cała grupa, teraz w liczbie jedenastu, wróciła łodzią do Tarichei.

5. POWOŁANIE TOMASZA I JUDASZA

Tomasz rybak i Judasz wędrowiec spotkali Jezusa i apostołów na pomoście dla łodzi rybackich w Tarichei i Tomasz poprowadził grupę do swojego, położonego w pobliżu domu. Teraz Filip przedstawił Tomasza jako nominowanego przez siebie do apostolstwa a Nataniel przedstawił Judasza Iskariotę, Judejczyka, do takich samych zaszczytów. Jezus, patrząc na Tomasza, powiedział: „Tomaszu, brakuje ci wiary, tym niemniej przyjmuję cię. Pójdź ze mną". Judaszowi Iskariocie Mistrz powiedział: „Judaszu, wszyscy jesteśmy z jednego ciała i biorę cię pomiędzy nas i modlę się, abyś zawsze był lojalny swoim galilejskim braciom. Pójdź ze mną".

Kiedy się wszyscy pokrzepili, Jezus na jakiś czas oddalił się z Dwunastoma, żeby się modlić i uczyć ich o naturze i pracy Ducha Świętego, ale znowu w znacznym stopniu nie zrozumieli znaczenia tych wspaniałych prawd, których próbował ich uczyć. Jeden potrafił uchwycić jeden punkt, drugi mógł zrozumieć inny, ale żaden z nich nie mógł pojąć całego nauczania. Zawsze popełniali ten błąd, że próbowali dopasować nową ewangelię Jezusa do starych form ich wierzeń religijnych. Nie mogli pojąć idei, że Jezus przyszedł głosić nową ewangelię zbawienia i ustanowić nową drogę odkrywania Boga; nie mogli zrozumieć tego, że on *był* nowym objawieniem Ojca w niebie.

Następnego dnia Jezus zostawił swoich dwunastu apostołów zupełnie samych; chciał, żeby oswoili się z tematem i żeby sami mogli omówić od początku wszystko to, czego ich nauczał. Mistrz wrócił na posiłek wieczorny a po kolacji mówił im o służbie serafinów i niektórzy z apostołów zrozumieli jego naukę. W nocy odpoczęli a następnego dnia odpłynęli łodzią do Kafarnaum.

Zebedeusz i Salome zamieszkali ze swym synem, Dawidem, w ten sposób ich duży dom udostępniono Jezusowi i jego dwunastu apostołom. Tutaj Jezus spędził cichy szabat ze swymi wybranymi posłańcami; pieczołowicie nakreślił im plany głoszenia królestwa i dokładnie wytłumaczył ważność unikania jakiegokolwiek konfliktu z władzą państwową, mówiąc: „Jeśli trzeba będzie upomnieć władców państwowych, zostawcie tę sprawę mnie. Uważajcie, aby nie potępiać cesarza i jego służby". Tego samego wieczora Judasz Iskariota wziął Jezusa na bok, żeby się dowiedzieć, dlaczego nic się nie robi, aby uwolnić Jana z więzienia. Judasz nie był w pełni usatysfakcjonowany postawą Jezusa.

6. TYDZIEŃ INTENSYWNEJ NAUKI

W programie następnego tygodnia było intensywne szkolenie. Każdego dnia sześciu nowych apostołów oddawano w ręce tych, którzy ich mianowali, w celu gruntownego przeglądu wszystkiego tego, czego się nauczyli i przeżyli podczas przygotowań do pracy dla królestwa. Starsi apostołowie robili dokładne powtórki tego, czego ich Jezus dotąd nauczał, na pożytek sześciu młodszych. Wieczorem wszyscy się gromadzili w ogrodzie Zebedeusza, żeby słuchać nauk Jezusa.

W tym czasie Jezus wprowadził wolny dzień w środku tygodnia dla wypoczynku i rekreacji. Przez resztę materialnego życia Jezusa zawsze trzymali się takiego planu odpoczynku, jednego dnia w każdym tygodniu. Generalna zasada była taka, że w środę nigdy nie wykonywali swych regularnych zajęć. Na ten, cotygodniowy dzień wolny,

Jezus zazwyczaj oddalał się, mówiąc: „Moje dzieci, zróbcie sobie dzień relaksu. Odpocznijcie od mozolnej pracy dla królestwa i radujcie się tym pokrzepieniem, jakie daje powrót do waszych dawniejszych zawodów, czy odkrycie nowego rodzaju zajęć dla odprężenia". Chociaż w tym okresie swego ziemskiego życia Jezus praktycznie nie potrzebował dnia odpoczynku, dostosował się do tego planu, ponieważ wiedział, że jest to pożyteczne dla jego ludzkich towarzyszy. Jezus był nauczycielem – Mistrzem, jego towarzysze byli adeptami – uczniami.

Jezus chciał wyjaśnić apostołom różnicę pomiędzy swoimi naukami a swoim *życiem pośród nich* oraz tymi naukami, które później mogły powstać *o nim*. Jezus powiedział: „Moje królestwo i ewangelia odnosząca się do niego powinny być istotą waszego posłania. Nie odwracajcie ludzkiej uwagi i nie głoście kazań *o mnie* czy *o moich* naukach. Głoście ewangelię o królestwie i przekazujcie moje objawienie Ojca w niebie, ale nie dajcie się sprowadzić na mylne ścieżki tworzenia legend i budowania kultu, mającego do czynienia z wierzeniami i nauczaniem *o moich* wierzeniach i naukach". Znowu jednak nie mogli zrozumieć, dlaczego tak powiedział a nikt nie miał śmiałości go zapytać, dlaczego tak ich naucza.

W tych wczesnych naukach Jezus starał się unikać polemik z apostołami, jak dalece to było możliwe, za wyjątkiem tych, które dotyczyły błędnych koncepcji jego Ojca w niebie. We wszystkich takich sprawach nigdy nie wahał się poprawiać błędnych wierzeń. Tylko *jeden* motyw kierował życiem Jezusa na Urantii po chrzcie a było nim lepsze i prawdziwsze objawienie jego Rajskiego Ojca; był pionierem nowej i lepszej drogi do Ojca, drogi zaufania i miłości. Zawsze napominał apostołów w ten sposób: „Idźcie szukać grzeszników; znajdźcie przygnębionych i pocieszajcie stroskanych".

Jezus doskonale oceniał sytuację; posiadał nieograniczoną moc, która mogła zostać użyta dla poparcia jego misji, ale był w pełni zadowolony z tych środków i osób, które większość ludzi mogłaby uważać za niewystarczające i traktować je jako nieistotne. Kierował misją o gigantycznych możliwościach widowiskowych, ale upierał się prowadzić sprawy Ojca w najbardziej spokojny i niewidowiskowy sposób; pilnie wystrzegał się wszelkich pokazów mocy. Teraz planował pracować po cichu, przez kilka miesięcy, z dwunastoma apostołami w okolicach Morza Galilejskiego.

7. NOWE ROZCZAROWANIE

Jezus planował cichą, pięciomiesięczną akcję misyjną, polegającą na działalności indywidualnej. Nie mówił apostołom, jak długo będzie ona trwała; pracowali z tygodnia na tydzień. Rano, pierwszego dnia tygodnia, gdy miał to ogłosić swym dwunastu apostołom, Szymon Piotr, Jakub Zebedeusz i Judasz Iskariota przyszli do niego na prywatną rozmowę. Piotr, biorąc Jezusa na stronę, odważył się powiedzieć: „Mistrzu, przyszliśmy z polecenia naszych towarzyszy, aby się dowiedzieć, czy nie dojrzał czas zaprowadzenia królestwa. Czy ogłosisz królestwo w Kafarnaum, czy przeniesiemy się do Jerozolimy? I kiedy się dowiemy, każdy z nas, jaką pozycję będzie zajmował z tobą przy zaprowadzaniu królestwa –" i Piotr chciał zadawać dalsze pytania, ale Jezus podniósł upominającą dłoń i go powstrzymał. Skinąwszy na innych apostołów, stojących w pobliżu, aby podeszli, Jezus powiedział: „Moje małe dzieci, jak długo będę was znosił! Czyż nie wyjaśniłem wam, że moje królestwo nie jest z tego świata? Wiele razy wam mówiłem, że nie przyszedłem zasiąść na tronie Dawida, a teraz wy się dopytujecie, jakie miejsce każdy z was zajmie w królestwie Ojca? Czyż nie zauważyliście, że powołałem was na ambasadorów duchowego królestwa? Czyż nie rozumiecie, że niebawem, w krótkim czasie, będziecie mnie reprezentować w świecie i w głoszeniu królestwa, tak jak ja teraz reprezentuję mojego Ojca, który jest w niebie? Czyż to możliwe, że wybrałem i szkoliłem was na posłańców królestwa a wciąż nie rozumiecie natury i znaczenia nadchodzącego królestwa, Boskiego prymatu w sercach ludzkich? Posłuchajcie mnie raz jeszcze moi przyjaciele. Odpędźcie od siebie ideę, że moje królestwo jest rządem siły czy panowaniem sławy. Co prawda, cała władza w niebie i na Ziemi będzie wkrótce oddana w moje ręce, ale nie jest wolą Ojca, abyśmy w tej epoce używali tego boskiego obdarzenia dla wynoszenia siebie. W innej epoce naprawdę będziecie siedzieć ze mną w mocy i chwale, ale teraz wypada nam podporządkować się woli Ojca i iść naprzód w pokornym posłuszeństwie, żeby wykonać jego nakazy na Ziemi".

Raz jeszcze towarzysze Jezusa byli zaszokowani i oszołomieni. Jezus odesłał ich, po dwóch, aby się modlili, prosząc jednocześnie, żeby wrócili w południe. Podczas tego, przełomowego przedpołudnia, każdy z nich starał się znaleźć Boga, każdy usiłował pocieszyć i umocnić innych, i wrócili do Jezusa tak jak im powiedział.

Jezus przypomniał im teraz jak przyszedł Jan, chrzest w Jordanie, ucztę weselną w Kanie i niedawny wybór sześciu apostołów, odsunięcie się jego własnych braci w ciele i ostrzegł ich, że wrogowie królestwa będą ich także starali się odciągnąć. Po tej krótkiej, ale poważnej mowie, wszyscy apostołowie wstali pod przewodnictwem Piotra, aby ogłosić ich niegasnące oddanie dla Mistrza i przysięgli niezachwianą lojalność dla królestwa, jak to wyraził Tomasz: „Temu nadchodzącemu królestwu, bez znaczenia, jakim jest i nawet, jeśli niezupełnie go rozumiem". Wszyscy prawdziwie *wierzyli w* Jezusa, nawet, jeśli niezupełnie rozumieli jego naukę.

Jezus spytał teraz, ile mają ze sobą pieniędzy; dopytywał się również, jak zaopatrzyli swoje rodziny. Kiedy się okazało, że ich fundusze z ledwością starczą im na utrzymanie na dwa tygodnie, powiedział: „Nie jest wolą mojego Ojca, abyśmy zaczynali pracę w ten sposób. Pozostaniemy tutaj, nad morzem, przez dwa tygodnie, łowiąc ryby i robiąc cokolwiek, co będzie pod ręką; a w międzyczasie powinniście się zorganizować pod kierunkiem Andrzeja, pierwszego wybranego apostoła, żeby przygotować wszystko, co potrzebne do waszej przyszłej pracy, zarówno do obecnej służby indywidualnej, jak również późniejszej, kiedy was wyświęcę dla głoszenia ewangelii i nauczania wiernych". Wszystkich apostołów bardzo ucieszyły te słowa; było to dla nich pierwsze wyraźne i formalne oświadczenie, że Jezus planował później rozpocząć bardziej ofensywne i ambitne zadania publiczne.

Resztę tego dnia apostołowie spędzili na doskonaleniu swej organizacji i na przygotowaniu łodzi i sieci, aby nazajutrz wypłynąć na połów, jako że wszyscy postanowili zająć się rybactwem; wielu z nich było rybakami, Jezus także był doświadczonym szkutnikiem i rybakiem. Wiele łodzi, których używali przez kilka następnych lat, było zbudowanych własnymi rękoma Jezusa. Były to dobre i godne zaufania łodzie.

Jezus zalecił, aby przez dwa tygodnie zajęli się łowieniem ryb i dodał: „A potem pójdziecie i zostaniecie rybakami ludzi". Łowili ryby w trzech grupach, każdego wieczora Jezus wypływał z inną grupą. I wszystkich bardzo cieszyła obecność Jezusa! Był dobrym rybakiem i pogodnym kompanem oraz inspirującym przyjacielem; im więcej z nim pracowali, tym bardziej go kochali. Jednego dnia Mateusz powiedział: „Im więcej rozumiesz niektórych ludzi, tym mniej ich podziwiasz, ale tego człowieka właśnie im mniej go pojmuję, tym bardziej go kocham".

Taki program, łowienia ryb przez dwa tygodnie i wykonywania pracy indywidualnej na rzecz królestwa przez następne dwa tygodnie, kontynuowano ponad pięć miesięcy, dokładnie do końca tego roku, 26 n.e., aż nie skończyły się prześladowania uczniów Jana w następstwie jego uwięzienia.

8. PIERWSZA PRACA DWUNASTU

Judasz Iskariota, wybrany, aby pełnił obowiązki skarbnika dla Dwunastu, po sprzedaży ryb z dwutygodniowych połowów podzielił apostolskie fundusze na sześć równych części, fundusze na opiekę dla rodzin, będących na utrzymaniu, już dostarczono. Wtedy, około połowy sierpnia, roku 26 n.e., wyszli po dwóch na pola swej pracy, wyznaczone im przez Andrzeja. Na pierwsze dwa tygodnie Jezus poszedł z Andrzejem i Piotrem, na drugie dwa tygodnie z Jakubem i Janem, i tak dalej z innymi parami, w wybranej przez nich kolejności. W ten sposób miał możność iść chociaż raz z każdą parą, zanim powołał ich wszystkich do rozpoczęcia służby publicznej.

Jezus uczył ich głosić przebaczenie grzechów poprzez *wiarę w Boga*, bez pokuty i ofiary, i również to, że Ojciec w niebie kocha wszystkie swe dzieci tą samą, wieczną miłością. Zalecał swym apostołom by nie mówili o:

1. Działalności i uwięzieniu Jana Chrzciciela.
2. Głosie podczas chrztu. Jezus powiedział: „Tylko ci, którzy słyszeli ten głos, mogą się na niego powołać. Mówcie tylko o tym, co słyszeliście ode mnie, nie opowiadajcie pogłosek".
3. Przemianie wody w wino w Kanie. Jezus stanowczo zażądał tego, mówiąc: „Nie mówcie nikomu o wodzie i winie".

Przez te pięć czy sześć miesięcy apostołowie przeżywali cudowne chwile, kiedy to pracowali jako rybacy przez dwa tygodnie, tym samym zarabiając wystarczającą ilość pieniędzy na swoje utrzymanie w terenie przez kolejne dwa tygodnie pracy misyjnej dla królestwa.

Prości ludzie byli zdziwieni nauką i działalnością Jezusa i jego apostołów. Rabini od dawna nauczali Żydów, że prosty człowiek nie może być pobożny i prawy. Ale apostołowie Jezusa byli zarówno pobożni jak i prawi; a przecież byli radosnymi ignorantami, gdy idzie o większość nauk rabinów i mądrości tego świata.

Jezus, w sposób zrozumiały dla apostołów, wyjaśnił różnicę pomiędzy skruchą tak zwanych dobrych uczynków, jak tego uczyli Żydzi, a przeobrażeniem umysłu poprzez wiarę – narodzenie się na nowo – którego wymagał jako ceny wstępu do królestwa. Nauczał apostołów, że *wiara* jest jedynym warunkiem wejścia do królestwa Ojca. Jan ich nauczał: „żałujcie za grzechy – uciekajcie przed nadchodzącym gniewem". Jezus uczył: „Wiara jest otwartymi drzwiami, prowadzącymi do istniejącej teraz, doskonałej i wiecznej miłości Bożej". Jezus nie przemawiał jak prorok jako ten, który przychodzi głosić słowo Boże. Wydawało się, że mówi od siebie, jako ten, który ma władzę. Jezus starał się odwrócić ich umysły od poszukiwania cudów na znalezienie rzeczywistego i osobistego doświadczenia w zadowoleniu i pewności zamieszkiwania w nich Bożego ducha miłości i zbawczej łaski.

Uczniowie wcześnie zrozumieli, że Mistrz ma głęboki respekt i wyrozumiały szacunek dla *każdej* istoty ludzkiej, którą napotka i byli pod wielkim wrażeniem takiej samej i niezmiennej uwagi, jaką konsekwentnie poświęcał mężczyznom, kobietom i dzieciom wszelkiego pokroju. Potrafił przerwać w połowie głęboką rozprawę i wyjść na drogę, aby powiedzieć słowa pociechy przechodzącej kobiecie, uginającej się pod troskami ciała i ducha. Potrafił przerwać poważną dyskusję z apostołami, żeby się pobawić z narzucającym się dzieckiem. Wydawało się, że dla Jezusa nie ma nic ważniejszego niż *indywidualny człowiek*, który przypadkiem pojawił się obok niego. Był mistrzem i nauczycielem, ale był też kimś jeszcze większym – był przyjacielem i bliźnim, wyrozumiałym towarzyszem.

Aczkolwiek publiczna nauka Jezusa składała się głównie z przypowieści i krótkich rozpraw, swych apostołów nieodmiennie uczył przez pytania i odpowiedzi. Zawsze potrafił przerwać swe późniejsze, publiczne przemówienie, aby odpowiedzieć na szczere pytanie.

Z początku apostołów szokowało to, jak Jezus traktuje kobiety, ale wkrótce się przyzwyczaili; Jezus bardzo wyraźnie dał im do zrozumienia, że w królestwie kobiety będą miały równe prawa z mężczyznami.

9. PIĘĆ MIESIĘCY PRÓB

Ten, w pewnym sensie monotonny okres, na przemian rybołówstwa i pracy indywidualnej, okazał się praktyką wymagającą wysiłku od dwunastu apostołów, ale przetrwali tę próbę. Przy całym swym narzekaniu, wątpliwościach i przejściowym niezadowoleniu, pozostawali wierni swemu przyrzeczeniu oddania i lojalności wobec Mistrza. W czasie tych miesięcy prób, osobista współpraca z Jezusem sprawiła, że tak przywiązali się do niego, iż wszyscy (oprócz Judasza Iskarioty) pozostali mu lojalni i wierni, nawet w czarnych godzinach sądu i ukrzyżowania. Prawdziwi ludzie po prostu nie mogli opuścić szanowanego nauczyciela, który żył z nimi tak blisko i poświęcał się im tak bardzo, jak Jezus. W czarnych godzinach śmierci Mistrza, w sercach tych apostołów wszystkie argumenty, rozsądek i logika poszły na bok, pod wpływem jednego, nadzwyczajnego ludzkiego uczucia – najwyższego uczucia przyjaźni-lojalności. Te pięć miesięcy pracy z Jezusem doprowadziło apostołów – każdego z nich – do tego, że traktowali go jako najlepszego na całym świecie *przyjaciela*. Takie właśnie, ludzkie uczucie a nie jego wspaniała nauka czy dokonywanie cudów, trzymało ich razem aż do zmartwychwstania i ponownego głoszenia ewangelii królestwa.

Te miesiące cichej pracy były nie tylko wielką próbą dla apostołów, próbą, którą wytrzymali, ale ten okres bez działalności publicznej był wielką próbą dla rodziny Jezusa. Zanim Jezus był gotów do rozpoczęcia pracy publicznej, cała jego rodzina (za wyjątkiem Rut) praktycznie odwróciła się od niego. Tylko kilka razy próbowali się z nim skontaktować i wtedy go przekonywali, żeby wrócił z nimi do domu, gdyż byli niemalże przekonani, iż postradał zmysły. Po prostu nie mogli pojąć ani jego filozofii ani zrozumieć jego nauki; tego było za wiele dla jego własnej rodziny.

Apostołowie prowadzili działalność indywidualną w Kafarnaum, Betsaidzie Juliusza, Korazin, Gerasie, Hippos, Magdali, Kanie, Betlejem Galilejskim, Jotapacie, Haramie, Safedzie, Giskali, Gadarze i Abili. Oprócz tych miast prowadzili działalność w wielu wioskach oraz ich okolicach. Pod koniec tego okresu Dwunastu wypracowało całkiem zadowalające metody opieki nad swymi rodzinami. Większość apostołów to byli ludzie żonaci, niektórzy mieli kilkoro dzieci, ale tak zorganizowali utrzymanie swych domowników, że przy niewielkiej pomocy z funduszy apostolskich mogli poświęcić całą swą energię działalności prowadzonej przez Mistrza, bez obaw o potrzeby finansowe swych rodzin.

10. ORGANIZACJA DWUNASTU

Apostołowie wcześnie zorganizowali się w następujący sposób:

1. Andrzej, pierwszy wybrany apostoł, mianowany został przewodniczącym i generalnym szefem Dwunastu.

2. Piotr, Jakub i Jan wyznaczeni byli do towarzyszenia Jezusowi. Dzień i noc mu pomagali, służąc w materialnych i rozmaitych innych potrzebach i towarzyszyli mu podczas nocnych czuwań modlitwy i tajemniczej wspólnoty z Ojcem w niebie.

3. Filip był gospodarzem grupy. Do jego obowiązków należało zaopatrzenie w żywność i dbanie o gości a czasem nawet o to, żeby rzesza słuchaczy miała co zjeść.

4. Nataniel dbał o potrzeby rodzin Dwunastu. Otrzymywał regularne raporty dotyczące potrzeb rodziny każdego apostoła i przedstawiając potrzeby Judaszowi, skarbnikowi, posyłał każdego tygodnia fundusze tym, którzy ich potrzebowali.

5. Mateusz był pełnomocnikiem skarbowym grupy apostolskiej. Jego obowiązkiem było pilnowanie bilansu budżetu, uzupełnianie skarbca. Jeśli nie napływały fundusze na wspólne utrzymanie, jeśli nie wpłynęły darowizny wystarczające do utrzymania grupy, Mateusz mógł nakazać Dwunastu powrót na jakiś czas do sieci. Ale kiedy zaczęli pracę publiczną, nigdy nie było takiej potrzeby; zawsze miał wystarczające fundusze w ręku skarbnika na sfinansowanie ich działalności.

6. Tomasz był organizatorem marszruty. Powierzono mu obowiązki załatwiania zakwaterowania i generalny wybór miejsc nauczania i głoszenia kazań, tym samym zapewnienie gładkiego i szybkiego przebiegu wędrówki.

7. Jakub i Judasz, bliźniacy, synowie Alfeusza, mieli kierować tłumami ludzi. Ich zadanie polegało na wyznaczeniu odpowiedniej ilości pomocników porządkowych, aby utrzymać porządek pośród tłumów podczas głoszenia kazań.

8. Szymon Zelota odpowiedzialny był za odpoczynek i zabawę. Kierował programem środowym i również każdego dnia starał się przygotować kilka godzin relaksu i rozrywki.

9. Judasz Iskariota mianowany był skarbnikiem. Opiekował się kasą. Regulował wszystkie wydatki i prowadził księgi. Z tygodnia na tydzień robił kalkulacje budżetu dla Mateusza a także tygodniowe raporty dla Andrzeja. Judasz wypłacał pieniądze za aprobatą Andrzeja.

W ten sposób działało Dwunastu, od ich wczesnego zorganizowania się aż do tego czasu, kiedy reorganizacja stała się konieczna na skutek dezercji Judasza-zdrajcy. W ten prosty sposób działali Mistrz i jego uczniowie-apostołowie, aż do niedzieli, 12 stycznia, roku 27 n.e., kiedy Jezus zebrał ich i formalnie wyświęcił na ambasadorów królestwa i głosicieli dobrej nowiny. I wkrótce po tym gotowi byli iść do Jerozolimy i Judei, na ich pierwszą, publiczną turę głoszenia kazań.

PRZEKAZ 139

DWUNASTU APOSTOŁÓW

WYMOWNYM świadectwem uroku i prawości ziemskiego życia Jezusa jest to, że aczkolwiek wielokrotnie rozpraszał nadzieje swoich apostołów i rwał na strzępy każdą ich ambicję osobistego wywyższenia się, tylko jeden go zdradził.

Apostołowie uczyli się od Jezusa o królestwie nieba a Jezus sporo uczył się od nich o królestwie ludzi, o tym, jak gatunek ludzki żyje na Urantii i innych ewolucyjnych światach czasu i przestrzeni. Tych dwunastu ludzi reprezentowało wiele różnych rodzajów usposobienia ludzkiego i nie *upodobnili się* do siebie poprzez nauczanie. Wielu tych galilejskich rybaków posiadało spore domieszki krwi nieżydowskiej, na skutek nawrócenia przemocą nieżydowskiej populacji Galilei sto lat wcześniej.

Byłoby błędem z waszej strony uważać apostołów za zupełnych ignorantów i ludzi niewykształconych. Wszyscy oni, za wyjątkiem bliźniaków Alfeusza, byli absolwentami szkół przy synagogach i dokładnie znali hebrajskie Pismo Święte, a także posiadali znaczny zasób aktualnej w tamtych czasach wiedzy. Siedmiu z nich skończyło szkołę przy synagodze w Kafarnaum a nie było lepszej szkoły żydowskiej w całej Galilei.

Kiedy wasze zapisy przedstawiają tych posłańców królestwa jako „ignorantów i nieuczonych", ich intencją było danie wam idei, że byli laikami, nieuczonymi w wiedzy rabinów i nie byli biegli w metodach rabinicznej interpretacji Pisma Świętego. Brakowało im tak zwanego wyższego wykształcenia. W dzisiejszych czasach z pewnością uważani byliby za niewykształconych a w niektórych kręgach społeczeństwa nawet za prostych. Jedna rzecz jest pewna – nie wszyscy przeszli przez ten sam sztywny i stereotypowy, edukacyjny program nauczania. Od lat młodości każdy z nich uczył się oddzielnie jak żyć.

1. ANDRZEJ, PIERWSZY WYBRANY

Andrzej był przewodniczącym apostolskiej grupy królestwa, urodził się w Kafarnaum. Był najstarszym z pięciorga dzieci w rodzinie – on sam, jego brat Szymon i trzy siostry. Jego zmarły ojciec był wspólnikiem Zebedeusza w suszarni ryb w Betsaidzie, rybackim porcie Kafarnaum. Andrzej nie był żonaty, gdy został apostołem a jego domem był dom żonatego brata, Szymona Piotra. Obaj byli rybakami, wspólnikami Jakuba i Jana, synów Zebedeusza.

Andrzej miał 33 lata, kiedy został wybrany na apostoła, w roku 26 n.e. i był o cały rok starszy od Jezusa; był najstarszym z apostołów. Wywodził się ze znakomitej linii przodków i był najzdolniejszym człowiekiem z Dwunastu. Za wyjątkiem oratorstwa, dorównywał swym towarzyszom nieomal we wszelkich wyobrażalnych uzdolnieniach. Jezus nigdy nie nadał Andrzejowi przydomku, braterskiego określenia. Ale tak jak apostołowie zaczęli wkrótce nazywać Jezusa Mistrzem, tak samo określili również Andrzeja terminem, znaczącym tyle co szef.

Andrzej był dobrym organizatorem, ale jeszcze lepszym administratorem. Należał do najbliższego otoczenia Jezusa, złożonego z czterech apostołów, ale nominowanie go przez Jezusa na szefa apostolskiej grupy zmuszało go do pełnienia obowiązków w stosunku do innych braci, podczas gdy trzej pozostali byli w bardzo bliskiej styczności z Mistrzem. Do samego końca Andrzej był dziekanem zespołu apostolskiego.

Chociaż Andrzej nigdy nie był dobrym kaznodzieją, był operatywnym pracownikiem personalnym, a będąc misyjnym pionierem królestwa jako pierwszy wybrany apostoł, natychmiast przyprowadził do Jezusa swojego brata, Szymona, który później stał się jednym z największych kaznodziejów królestwa. Andrzej był głównym oparciem dla metod Jezusa, polegających na wykorzystaniu programu pracy indywidualnej jako metody szkolenia Dwunastu na posłańców królestwa.

Bez względu na to czy Jezus osobiście nauczał apostołów, czy też wygłaszał kazania do tłumów, Andrzej zazwyczaj był o tym poinformowany; był pojętnym kierownikiem i efektywnym administratorem. Bezzwłocznie wydawał decyzję w każdej sprawie, na którą zwrócono mu uwagę, chyba, że uważał, iż problem przekracza zakres jego kompetencji i w takich wypadkach zwracał się wprost do Jezusa.

Andrzej i Piotr mieli zupełnie odmienne charaktery i usposobienia, ale musi być na wieki zapisane na ich konto, że współpracowali ze sobą znakomicie. Andrzej nigdy nie zazdrościł Piotrowi jego krasomówczych zdolności. Nieczęsto można zauważyć starszego brata, typu Andrzeja, wywierającego tak wielki wpływ na młodszego i utalentowanego brata. Andrzej i Piotr nawet w najmniejszym stopniu nigdy nie sprawiali wrażenia, że jeden jest zazdrosny o talenty i osiągnięcia drugiego. Późnym wieczorem, w dniu Zesłania Ducha, kiedy w znacznej mierze dzięki energicznemu i inspirującemu kazaniu Piotra dwa tysiące dusz zostało dodane do królestwa, Andrzej powiedział bratu: „Nie potrafiłbym tego zrobić, ale jestem szczęśliwy, że mam brata, który to potrafi". Na co Piotr odpowiedział: „Ale gdybyś ty nie przyprowadził mnie do Mistrza i z wytrwałością nie *trzymałbyś* mnie przy nim, nie byłoby mnie tutaj, aby to zrobić". Andrzej i Piotr byli wyjątkami w regule, dowodzącymi tego, że również bracia mogą żyć ze sobą w zgodzie i razem pracować efektywnie.

Po Zesłaniu Ducha Piotr stał się sławny, ale nigdy to nie drażniło starszego Andrzeja, że spędził resztę swego życia przedstawiany jako „brat Szymona Piotra".

Spośród wszystkich apostołów, Andrzej był największym znawcą ludzi. Wiedział że w sercu Judasza Iskarioty warzą się intrygi, nawet wtedy, kiedy żaden z pozostałych nie przypuszczał, że cokolwiek złego dzieje się z ich skarbnikiem; ale nie mówił nikomu o swoich obawach. Andrzej zasłużył się znacznie dla królestwa tym, że radził Piotrowi, Jakubowi i Janowi w sprawie wyboru pierwszych misjonarzy, wysłanych, aby głosić ewangelię a także doradzał wczesnym przywódcom w sprawie organizacji i administracji królestwa. Andrzej posiadał wielki dar odkrywania ukrytych możliwości i potencjalnych talentów u młodych ludzi.

Wkrótce po Wniebowstąpieniu Jezusa, Andrzej zaczął robić osobiste zapisy wielu wypowiedzi i czynów swego Mistrza, który odszedł. Po śmierci Andrzeja robiono kolejne kopie z jego prywatnych zapisów i krążyły one szeroko pośród wczesnych nauczycieli Kościoła chrześcijańskiego. Te nieoficjalne notatki Andrzeja były później redagowane, poprawiane, przerabiane i poszerzane, aż utworzyły całkiem chronologiczną opowieść o życiu Mistrza na Ziemi. Ostatnie kilka kopii, przerobionych i poprawionych, uległo zniszczeniu w czasie pożaru w Aleksandrii, około sto lat po napisaniu oryginału przez pierwszego z dwunastu wybranych apostołów.

Andrzeja cechowała dobra wnikliwość, logiczne myślenie i stanowcze decyzje, wielka siła jego charakteru polegała na znakomitej stabilności. Wadą jego usposobienia był brak entuzjazmu; wielokrotnie nie udało mu się zdopingować swych współpracowników przez ich sprawiedliwe chwalenie. Ta powściągliwość, gdy idzie o chwalenie wartościowych osiągnięć jego przyjaciół, powstała z jego wstrętu do schlebiania i nieszczerości. Andrzej zaliczał się do wszechstronnych, zrównoważonych i samodzielnych ludzi sukcesu w drobnych sprawach.

Każdy apostoł kochał Jezusa, ale jest również prawdą, że każdego z Dwunastu pociągała jakaś szczególna cecha jego osobowości, która specyficznie przemawiała do danego apostoła. Andrzej uwielbiał Jezusa za jego konsekwentną szczerość i naturalną godność. Kiedy ludzie raz poznali Jezusa, zostali owładnięci wielką chęcią dzielenia się nim z przyjaciółmi; naprawdę chcieli, aby cały świat go poznał.

Kiedy późniejsze prześladowania rozproszyły w końcu apostołów z Jerozolimy, Andrzej powędrował do Armenii, Azji Mniejszej i Macedonii, i po wprowadzeniu wielu tysięcy ludzi do królestwa, został na koniec aresztowany i ukrzyżowany w Patras, w Achai. Upłynęły pełne dwa dni, zanim ten silny mężczyzna zgasł na krzyżu a przez wszystkie te, tragiczne godziny, nadal skutecznie głosił dobrą nowinę zbawienia królestwa nieba.

2. SZYMON PIOTR

Szymon miał trzydzieści lat, kiedy dołączył do apostołów. Był żonaty i miał troje dzieci, mieszkał w Betsaidzie przy Kafarnaum. Jego brat, Andrzej i matka żony mieszkali z nim razem. Zarówno Piotr jak i Andrzej byli rybakami, wspólnikami synów Zebedeusza.

Mistrz znał od pewnego czasu Szymona, zanim Andrzej zaprezentował go na drugiego apostoła. Kiedy Jezus nadawał Szymonowi imię Piotr, robił to z uśmiechem; miał to być rodzaj przydomku. Wszyscy przyjaciele Szymona dobrze wiedzieli, że jest on człekiem narwanym i impulsywnym. Co prawda Jezus dodał później nową i znaczącą treść do tego, żartobliwie nadanego przydomku.

Szymon Piotr był człowiekiem impulsywnym, optymistą. Był dorosły, ale częstokroć ulegał silnym uczuciom; nieustannie popadał w tarapaty, ponieważ często mówił, nie myśląc. Ten rodzaj bezmyślności sprawiał również bezustanne kłopoty wszystkim jego *przyjaciołom i towarzyszom* oraz był powodem wielu delikatnych napomnień ze strony Mistrza. Piotr nie popadł w większe kłopoty z powodu bezmyślnego mówienia tylko dlatego, że nauczył się omawiać wcześniej wiele swoich planów i kombinacji ze swym bratem Andrzejem, zanim odważył się publicznie przedstawić propozycję.

Piotr przemawiał płynnie, elokwentnie i dramatycznie. Był także naturalnym i inspirującym przywódcą, bystrym myślicielem, ale niezbyt dogłębnym argumentatorem. Zadawał wiele pytań, więcej niż wszyscy pozostali apostołowie razem wzięci i o ile większość tych pytań była dobra i stosowna, wiele z nich było bezmyślnych i głupich. Piotr nie umiał głęboko myśleć, ale całkiem dobrze znał swój umysł. Dlatego też był człowiekiem szybkich decyzji i nagłych działań. Kiedy inni rozmawiali, zdziwieni, że ujrzeli Jezusa na plaży, Piotr skoczył i dopłynął do brzegu, żeby się spotkać z Mistrzem.

Cechą charakteru, którą Piotr najbardziej u Jezusa podziwiał, była jego niebiańska delikatność. Piotr nigdy nie znudził się rozważaniem wyrozumiałości Jezusa. Nigdy nie zapomniał nauki o wybaczaniu grzesznikowi, nie tylko siedem razy, ale siedemdziesiąt razy i siedem. Był pod wielkim wrażeniem charakteru Mistrza, skłonnego do przebaczania podczas tych czarnych i posępnych dni, które nastały zaraz po jego bezmyślnym a nieumyślnym wyparciu się Jezusa na dziedzińcu arcykapłana.

Szymon Piotr był rozpaczliwie niezdecydowany; gwałtownie wpadał z jednej skrajności w drugą. Najpierw nie chciał pozwolić, żeby Jezus umył mu stopy, potem, słysząc odpowiedź Mistrza, błagał, aby go umył całego. Mimo wszystko Jezus wiedział, że wady Piotra były wadami płynącymi z głowy, nie z serca. Piotr był jedną z najbardziej niewytłumaczalnych kombinacji odwagi i tchórzostwa, jaka kiedykolwiek żyła na Ziemi. Wielką siłą jego charakteru była lojalność – przyjaźń. Piotr prawdziwie i szczerze kochał Jezusa. A jednak, wbrew tej ogromnej sile przywiązania, był tak niezrównoważony i niekonsekwentny, że pozwolił służącej dziewczynie, aby go drażniła, aż do wyparcia się swego Pana i Mistrza. Piotr mógł stawić opór prześladowaniu i jakiejkolwiek formie bezpośredniej napaści, ale obumierał i malał w obliczu ośmieszania. Był odważnym żołnierzem, kiedy stawiał czoła frontalnemu atakowi, ale kurczącym się ze strachu tchórzem, kiedy był zaskoczony napaścią z tyłu.

Piotr był pierwszym z apostołów Jezusa, którzy wystąpili w obronie działalności Filipa pośród Samarytan i Pawła pośród nie-Żydów; ale później zmienił swe nastawienie, kiedy w Antiochii stanął w obliczu ośmieszających go judaistów; chwilowo odwrócił się od nie-Żydów, tylko po to, aby pochylić głowę przed nieustraszonym potępieniem Pawła.

Piotr był pierwszym apostołem, który zrobił szczere wyznanie dotyczące połączonego człowieczeństwa i boskości Jezusa i pierwszym – wyjąwszy Judasza – który się go zaparł. Piotr nie był zbytnim marzycielem, ale nie lubił schodzić z obłoków ekstazy i entuzjazmu, dramatycznego uniesienia, do zwyczajnego i praktycznego świata rzeczywistości.

Idąc z Jezusem, dosłownie i symbolicznie, albo przewodził orszakowi albo odwrotnie, ciągnął się za nim – „czekając zakończenia". Jednak był niedoścignionym kaznodzieją pośród Dwunastu; zrobił więcej niż każdy inny, oprócz Pawła, aby ustanowić królestwo i w czasie jednego pokolenia rozesłał posłańców na cztery strony świata.

Po swoim nierozważnym wyparciu się Mistrza, kiedy inni apostołowie czekali, żeby się dowiedzieć, co się stało po ukrzyżowaniu, Piotr doszedł do siebie i pod życzliwym oraz wyrozumiałym przewodnictwem Andrzeja znowu wrócił do rybackich sieci. Kiedy przekonał się w zupełności, że Jezus mu wybaczył i wiedział, że znowu został przyjęty do owczarni Mistrza, płomienie królestwa rozpaliły się w jego duszy takim blaskiem, że stał się wielkim i zbawczym światłem dla tysięcy ludzi żyjących w ciemności.

Po opuszczeniu Jerozolimy i zanim Paweł został duchowym przywódcą chrześcijańskich Kościołów innowierców, Piotr podróżował wiele, odwiedzając wszystkie Kościoły od Babilonii do Koryntu. Odwiedzał nawet, pełniąc obowiązki duszpasterza, wiele Kościołów założonych przez Pawła. Aczkolwiek Piotr i Paweł bardzo się różnili w usposobieniu i wykształceniu, nawet w teologii, w latach późniejszych harmonijnie pracowali razem dla podbudowania Kościołów.

Co nieco ze stylu i sposobu nauczania Piotra widać w kazaniach, częściowo zapisanych przez Łukasza, jak również w Ewangelii Marka. Jego pełen wigoru styl najlepiej uwidacznia się w jego liście, znanym jako Pierwszy List św. Piotra Apostoła; przynajmniej było to prawdą tak długo, jak długo list ten nie został później poprawiony przez uczniów Pawła.

Tym niemniej Piotr ciągle robił ten błąd, że starał się przekonać Żydów, iż Jezus mimo wszystko, rzeczywiście i prawdziwie, był żydowskim Mesjaszem. Aż do dnia swojej śmierci Szymon Piotr ciągle cierpiał z powodu pomieszania idei Jezusa jako żydowskiego Mesjasza, Chrystusa jako zbawcy świata i Syna Człowieczego jako objawienia Boga – kochającego Ojca całej ludzkości.

Żona Piotra była wspaniałą kobietą. Przez lata pracowała przykładnie jako członkini zespołu kobiecego, a kiedy Piotr został wypędzony z Jerozolimy, towarzyszyła mu we wszystkich jego podróżach do Kościołów, jak również we wszystkich wyprawach misyjnych. W dniu, kiedy jej wybitny mąż wydał z siebie ostatni oddech, rzucona została dzikim bestiom na arenie w Rzymie.

I tak ów człowiek, Piotr, bliski Jezusowi, należący do jego najbliższego otoczenia, wyszedł z Jerozolimy głosząc radosną nowinę królestwa z mocą i chwałą, aż się jego służba dopełniła; i uważał za wielki zaszczyt, kiedy prześladowcy poinformowali go, że musi umrzeć tak, jak umarł jego Mistrz – na krzyżu. I tak Szymon Piotr został ukrzyżowany w Rzymie.

3. JAKUB ZEBEDEUSZ

Jakub, starszy z dwu apostołów, synów Zebedeusza, którym to Jezus nadał przydomek „synowie gromu", miał trzydzieści lat, gdy został apostołem. Był żonaty, miał czworo dzieci i mieszkał blisko swoich rodziców w Betsaidzie, na peryferiach Kafarnaum. Był rybakiem, wykonującym swój zawód wraz ze swym młodszym bratem, Janem i współpracownikami, Andrzejem i Szymonem. Jakub i jego brat, Jan, mieli tę przewagę, że znali Jezusa dłużej niż którykolwiek z pozostałych apostołów.

Ten zdolny apostoł miał usposobienie pełne sprzeczności; w rzeczywistości wydawało się, że posiadał dwie natury, obydwie ożywiane silnymi uczuciami. Był porywczy, szczególnie, gdy się raz do głębi oburzył. Miał ogniste usposobienie, gdy raz odpowiednio sprowokowane, ale gdy burza minęła, zawsze miał zwyczaj usprawiedliwiać i tłumaczyć swój gniew tym pretekstem, że był w pełni uzasadnionym przejawem prawego oburzenia. Za wyjątkiem tych okresowych wybuchów gniewu, osobowość Jakuba podobna była do osobowości Andrzeja. Nie posiadał takiej rozwagi czy wnikliwości w ludzką naturę jak Andrzej, ale był o wiele lepszym publicznym mówcą. Po Piotrze i być może Mateuszu, Jakub był najlepszym publicznym oratorem spośród Dwunastu.

Chociaż Jakub w żadnym sensie nie był ponury, potrafił pozostawać cichy i milczący jednego dnia a następnego być człowiekiem rozmownym i gawędziarzem. Zazwyczaj rozmawiał z Jezusem otwarcie, ale pośród Dwunastu pozostawał milczkiem, czasami przez całe dni. Największą jego słabością były takie chwile niewytłumaczalnego milczenia.

Wybitną cechą osobowości Jakuba była jego zdolność dostrzegania wszystkich aspektów sprawy. Spośród Dwunastu, to on najbardziej zbliżył się do zrozumienia rzeczywistej treści i znaczenia nauk Jezusa. Na początku on także z trudem rozumiał sens nauk Mistrza, ale zanim skończyli szkolenie, posiadł wyższą koncepcję przesłania Jezusa. Jakub potrafił zrozumieć szeroki zakres ludzkiego usposobienia; współpracował dobrze z wszechstronnym Andrzejem, impulsywnym Piotrem i powściągliwym bratem Janem.

Aczkolwiek Jakub i Jan mieli problemy, gdy próbowali pracować razem, było inspirujące ich obserwować, jak dobrze się dogadują. Nie doszli do takich sukcesów jak Andrzej i Piotr, ale współżyli ze sobą znacznie lepiej niż przeciętnie można tego było oczekiwać od dwóch braci, szczególnie tak upartych i stanowczych braci. Poza tym, choć dziwne się to może wydawać, ci dwaj synowie Zebedeusza byli bardziej tolerancyjni w stosunku do siebie niż do obcych. Jeden drugiego darzył wielkim uczuciem; zawsze byli szczęśliwymi towarzyszami zabaw dziecinnych. Byli to „synowie gromu", którzy chcieli ściągnąć na ziemię ogień z nieba, żeby zniszczył tych Samarytan, którzy domniemanie okazali brak szacunku dla ich Mistrza. W końcu przedwczesna śmierć Jakuba w ogromnym stopniu przekształciła porywczy temperament jego młodszego brata, Jana.

Cechą, którą Jakub najbardziej podziwiał u Jezusa, było przepełnione zrozumieniem uczucie Mistrza. Najbardziej przemawiało do niego wyrozumiałe zainteresowanie Jezusa małymi i wielkimi, bogatymi i biednymi.

Jakub Zebedeusz był bardzo zrównoważonym myślicielem i planistą. Razem z Andrzejem należał do bardziej trzeźwo myślących w grupie apostolskiej. Był jednostką energiczną, ale nigdy się nie śpieszył. Był wspaniałą przeciwwagą dla Piotra.

Jakub był pracownikiem skromnym i nie rzucającym się w oczy, codziennie na służbie, bezpretensjonalnym, nie oczekującym specjalnych nagród, kiedy raz pojął co nieco z rzeczywistego znaczenia królestwa. Należy jeszcze przypomnieć historię o matce Jakuba i Jana, która prosiła, aby jej synowie mieli przyznane miejsca po prawej i lewej ręce Jezusa, że to ich matka wyraziła to życzenie. I kiedy synowie stwierdzili, że są gotowi podjąć się takich obowiązków, należy zdać sobie sprawę z tego, iż byli świadomi niebezpieczeństwa towarzyszenia Mistrzowi w przypuszczalnym powstaniu przeciw władzy rzymskiej i że skłonni także byli zapłacić swą cenę. Kiedy Jezus ich spytał, czy są gotowi wypić ten puchar, odpowiedzieli, że tak. I odnośnie Jakuba, okazało się to dosłowną prawdą – wypił puchar wraz z Mistrzem, ponieważ był pierwszym apostołem, który doznał męczeńskiej śmierci, uśmiercony mieczem za sprawą Heroda Agryppy. Jakub był pierwszym apostołem, który poświęcił swoje życie na nowym froncie walki o królestwo. Spośród wszystkich apostołów, Herod Agryppa najbardziej bał się Jakuba.

Jakub co prawda był często cichy i milczący, ale był też odważny i zdeterminowany, kiedy sprzeciwiano się jemu i kwestionowano jego przekonania.

Jakub przeżył w pełni swoje życie i kiedy przyszedł koniec, zachował się z takim dostojeństwem i hartem ducha, że nawet jego oskarżyciel i donosiciel, uczestniczący w procesie i egzekucji, był tak poruszony, że uciekł w pośpiechu od widowiska śmierci Jakuba, aby się przyłączyć do uczniów Jezusa.

4. JAN ZEBEDEUSZ

Jan miał dwadzieścia cztery lata, kiedy został apostołem i był najmłodszy z Dwunastu. Nie był żonaty i mieszkał z rodzicami w Betsaidzie; był rybakiem i razem ze swym bratem, Jakubem, pracował jako wspólnik Andrzeja i Piotra. Zarówno przedtem jak i potem, gdy został apostołem, Jan działał jako osobisty przedstawiciel Jezusa w związkach z rodziną Mistrza i nadal pełnił te obowiązki jak długo żyła Maria, matka Jezusa.

Ponieważ Jan był najmłodszy z Dwunastu i bardzo blisko współpracował z Jezusem w jego sprawach rodzinnych, był bardzo drogi Mistrzowi, ale doprawdy nie można powiedzieć, że był „uczniem, którego Jezus miłował". Chyba nie możecie podejrzewać tak wielkodusznej osobowości jak Jezus, że mógł się zniżyć do jawnego faworyzowania – kochania jednego apostoła bardziej niż innych. To, że Jan był jednym z trzech osobistych asystentów Jezusa, przydaje dodatkowego kolorytu tej błędnej idei, nie mówiąc już o tym, że Jan, razem ze swym bratem, Jakubem, znali Jezusa dłużej niż inni.

Piotr, Jakub i Jan, niedługo po tym, jak zostali apostołami, zostali wyznaczeni na osobistych asystentów Jezusa. Wkrótce po wyborze Dwunastu, kiedy Jezus mianował Andrzeja na szefa grupy, powiedział mu: „Chcę, żebyś wyznaczył dwóch albo trzech twoich towarzyszy, żeby byli ze mną i pozostawali przy mnie, aby mnie pocieszali i mi służyli w moich codziennych potrzebach". Andrzej pomyślał, że najlepiej będzie wytypować do tych specjalnych obowiązków kolejnych trzech po nim wybranych apostołów. Chciałby zaofiarować się sam do tak błogosławionej służby, ale Mistrz już przydzielił mu obowiązki; natychmiast zadecydował, że Piotr, Jakub i Jan towarzyszyć będą Jezusowi.

Jan Zebedeusz miał wiele ujmujących cech charakteru i jedną niezbyt urzekającą a była to przesadna, choć zwykle dobrze ukrywana, zarozumiałość. Długa współpraca z Jezusem spowodowała wiele wielkich zmian w jego charakterze. Zarozumiałość jego znacznie zmalała, ale gdy się zestarzał i mniej czy bardziej zdziecinniał, jego miłość własna w pewnym stopniu wróciła, więc gdy zatrudnił Natana do pisania Ewangelii, która teraz nosi jego imię, sędziwy apostoł nie wahał się wielokrotnie nawiązywać do siebie, jako do „ucznia, którego Jezus miłował". W świetle tego, że Jan bardziej niż jakikolwiek inny ziemski śmiertelnik doszedł do pewnego stopnia koleżeństwa z Jezusem, że w wielu sprawach był jego wybranym, osobistym przedstawicielem, nie powinno dziwić, iż zaczął siebie uważać za „ucznia, którego Jezus umiłował", ponieważ z całą pewnością wiedział, że był tym uczniem, któremu Jezus tak często ufał.

Najmocniejszą cechą charakteru Jana była rzetelność; był szybki i odważny, wierny i oddany. Największą jego słabością była tak dlań charakterystyczna zarozumiałość. Był najmłodszy w swojej rodzinie i najmłodszy w grupie apostołów. Może był troszkę rozpieszczony; może za dużo mu pobłażano. Ale Jan, po latach, był zupełnie innym człowiekiem niż ten samolubny i samowolny, młody mężczyzna, który przyłączył się do grupy apostołów Jezusa, kiedy miał dwadzieścia cztery lata.

Cechą charakterystyczną Jezusa, którą Jan cenił najbardziej, była miłość i bezinteresowność Mistrza; cechy te wywarły na nim tak wielkie wrażenie, że całe jego późniejsze życie było zdominowane uczuciem miłości i braterskiego poświęcenia. Mówił o miłości i pisał o miłości. Ten „syn gromu" stał się „apostołem miłości" i w Efezie, kiedy sędziwy biskup nie mógł już stać na kazalnicy i głosić kazań, ale noszony był do kościoła na krześle i kiedy pod koniec mszy proszono go, żeby powiedział kilka słów do wierzących, przez lata mawiał tylko: „Moje dzieci, kochajcie się nawzajem".

Jan nie lubił dużo mówić, chyba, że się rozgniewał. Myślał dużo, ale mówił mało. Kiedy się postarzał, jego temperament stał się łagodniejszy, lepiej kontrolowany, ale nigdy nie pokonał swej niechęci do mówienia; nigdy zupełnie nie pokonał swej małomówności. Był jednak obdarzony nadzwyczajną, twórczą wyobraźnią.

Jan miał jeszcze jedną cechę, której nikt nie spodziewałby się znaleźć w takim cichym, introspekcyjnym typie człowieka. W pewnym stopniu był zajadły i przesadnie nietolerancyjny. Pod tym względem on i Jakub byli podobni – obydwaj chcieli ściągnąć ogień z nieba na głowy nie okazujących szacunku Samarytan. Kiedy Jan napotkał jakichś obcych, nauczających w imieniu Jezusa, natychmiast im tego zabraniał. Ale nie był on jedynym z Dwunastu, plamiącym się tego rodzaju poczuciem własnej wartości i wyższością świadomości.

Na życie Jana ogromny wpływ wywarł Jezus, który żył bez domu a wiedział on jak sumiennie Jezus zapewnił opiekę matce i rodzinie. Jan współczuł również głęboko Jezusowi z tego powodu, że rodzina go nie rozumiała; widział jak stopniowo odwracali się od niego. Cała ta sytuacja, razem z ciągłym podporządkowywaniem najmniejszego życzenia Jezusa woli Ojca w niebie i jego codzienne życie w absolutnym zaufaniu, wywarły na Janie tak głębokie wrażenie, że spowodowały wyraźne, trwałe zmiany w jego charakterze, zmiany, które widoczne były w całym jego późniejszym życiu.

Jan miał wyważoną a przy tym brawurową odwagę, jaką niewielu apostołów posiadało. Był tym apostołem, który poszedł z Jezusem w noc jego aresztowania i osmielił się iść z Mistrzem w samą paszczę śmierci. Był z nim i to blisko, tuż pod ręką, aż do ostatniej jego ziemskiej godziny i dokładnie wykonywał swe obowiązki w stosunku do matki Jezusa, gotowy otrzymać podobne, dodatkowe instrukcje, jakie mogły być dane w ostatnich momentach śmiertelnej egzystencji Mistrza. Jedna rzecz jest pewna, Jan zasługiwał na pełne zaufanie. Jan siedział zwykle po prawej ręce Jezusa, kiedy Dwunastu jadło posiłek. Był pierwszym z Dwunastu, który prawdziwie i w pełni uwierzył w zmartwychwstanie i pierwszym, który rozpoznał Mistrza, kiedy po swoim zmartwychwstaniu przyszedł do nich na brzeg morza.

Ten syn Zebedeusza był blisko związany z Piotrem, we wczesnej działalności ruchu chrześcijańskiego, stając się jedną z głównych podpór Kościoła w Jerozolimie. Był prawą ręką Piotra, wspierającą go w dniu Zesłania Ducha.

Kilka lat po męczeńskiej śmierci Jakuba, Jan ożenił się z wdową po bracie. Ostatnie dwadzieścia lat swojego życia spędził pod opieką kochającej wnuczki.

Jan kilka razy był w więzieniu i na cztery lata został zesłany na wyspę Patmos, aż inny cesarz doszedł do władzy w Rzymie. Gdyby Jan nie był taktowny i roztropny, niewątpliwie zostałby zabity, tak, jak jego bardziej bezpośredni brat Jakub. Z upływem lat Jan, wraz z Jakubem bratem Pańskim, nauczyli się zasady mądrego postępowania pojednawczego, kiedy stawali przed sądami państwowymi. Odkryli, że „łagodna odpowiedź odwraca gniew". Nauczyli się również przedstawiać Kościół raczej jako „duchowe braterstwo, poświęcone społecznej służbie dla ludzkości", niż „królestwo nieba". Nauczali o kochającej służbie raczej niż o rządzącej władzy – królestwie i królu.

W okresie tymczasowej banicji na Patmos, Jan napisał Apokalipsę, którą teraz posiadacie w bardzo skróconej i zniekształconej formie. Apokalipsa zawiera ocalałe fragmenty wielkiego objawienia, którego znaczne części zostały zagubione a inne później usunięte z zapisów Jana. Apokalipsa zachowała się tylko we fragmentach i w zniekształconej formie.

Jan dużo podróżował, pracował nieustannie a później, gdy został biskupem Kościołów w Azji, osiadł w Efezie. W Efezie, kiedy miał dziewięćdziesiąt dziewięć lat, nakazał swojemu pomocnikowi, Natanowi, napisanie tak zwanej „Ewangelii według Jana". Spośród wszystkich dwunastu apostołów, tylko Jan Zebedeusz został w końcu wybitnym teologiem. Zmarł śmiercią naturalną, w Efezie, w roku 103 n.e., kiedy miał sto jeden lat.

5. FILIP CIEKAWY

Filip był piątym wybranym apostołem, powołanym, kiedy Jezus wracał ze spotkania z Janem nad Jordanem i był w drodze do Kany Galilejskiej, wraz z pierwszymi czterema apostołami. Ponieważ Filip mieszkał w Betsaidzie, znał od jakiegoś czasu Jezusa, ale nie przyszło mu na myśl, że Jezus jest rzeczywiście wielkim człowiekiem, aż do tego dnia, kiedy w dolinie Jordanu powiedział mu: „Pójdź ze mną". Filip pozostawał także w pewnym stopniu pod wrażeniem tego, że Andrzej, Piotr, Jakub i Jan uznawali Jezusa za Wybawiciela.

Kiedy Filip przyłączył się do apostołów, miał dwadzieścia siedem lat; od niedawna był żonaty, ale jeszcze nie miał dzieci. Apostołowie nadali mu przydomek oznaczający „ciekawość". Filipowi wszystko trzeba było pokazać. Wydawało się, że nigdy nie wnikał zbyt głęboko w żadną sprawę. Nie był zupełnie niepojętny, ale brakowało mu wyobraźni. Brak wyobraźni był wielką słabością jego charakteru. Był jednostką pospolitą i rzeczową.

Kiedy apostołowie zostali zorganizowani do celów służby, Filip został gospodarzem grupy; do jego obowiązków należało dbanie o to, żeby cały czas mieli zaprowiantowanie. Był dobrym gospodarzem grupy. Jego najmocniejszą cechą była metodyczna dokładność; był zarówno matematyczny jak i systematyczny.

Filip był jednym z siedmiorga rodzeństwa, składającego się z trzech chłopców i czterech dziewczynek. Był drugim w kolejności po najstarszym dziecku a po zmartwychwstaniu Jezusa ochrzcił dla królestwa całą swą rodzinę. Filip pochodził z prostych rybaków. Ojciec jego był bardzo zdolnym człowiekiem, głębokim myślicielem, ale matka pochodziła z bardzo miernej rodziny. Filip nie był człowiekiem, po którym można się było spodziewać wielkich rzeczy, ale takim, który na wielkiej drodze robił małe rzeczy, wykonywał je dobrze i prawidłowo. W przeciągu czterech lat tylko kilka razy nie było żywności pod ręką, żeby zaspokoić potrzeby wszystkich. Nawet wiele nagłych potrzeb, jakie zdarzały się w tym życiu, jakie prowadzili, rzadko go mogło zaskoczyć. Dział zaopatrzenia w apostolskiej rodzinie prowadzony był inteligentnie i operatywnie.

Mocnym punktem Filipa była jego metodyczna niezawodność; słabym punktem jego charakteru zupełny brak wyobraźni, brak zdolności złożenia dwu do dwóch, aby otrzymać cztery. Był matematyczny w abstrakcie, ale nie konstruktywny w swej wyobraźni. Był nieomal zupełnie pozbawiony pewnego rodzaju wyobraźni. Był typowym, codziennym i pospolitym, przeciętnym człowiekiem. Wśród tłumów, które przychodziły słuchać nauk i kazań Jezusa, znajdowała się wielka ilość podobnych mężczyzn i kobiet i bardzo im dodawało otuchy, że jeden im podobny jest wyniesiony do honorowej pozycji w radzie Mistrza; czerpali odwagę z tego faktu, że ktoś taki jak oni znalazł już wysoką pozycję w kierowaniu sprawami królestwa. Jezus sporo się nauczył o funkcjonowaniu niektórych ludzkich umysłów, kiedy tak cierpliwie słuchał niemądrych pytań Filipa i wiele razy ulegał życzeniu swojego intendenta, żeby mu „pokazać".

Cechą Jezusa, którą Filip nieustannie podziwiał, była niewyczerpana hojność Mistrza. Filip nigdy nie znalazł niczego u Jezusa, co byłoby małostkowe, wyrachowane czy skąpe i uwielbiał tę nieodstępną i niewyczerpalną szczodrość Mistrza.

Niewiele mogło imponować w osobowości Filipa. Często mówiono o nim „Filip z Betsaidy, miasta, gdzie mieszkali Andrzej i Piotr". Był niemal zupełnie pozbawiony bystrej dalekowzroczności; nie potrafił zrozumieć zasadniczych skutków określonej sytuacji. Nie był pesymistą, był po prostu prozaiczny. Bardzo mu też brakowało wnikliwości duchowej. Nie wahał się przerwać Jezusowi, w środku jednej z najgłębszych rozpraw Mistrza i zadać ewidentnie niemądre pytanie. Ale Jezus nigdy go nie zganił za taką bezmyślność; był cierpliwy i brał pod uwagę jego niezdolność zrozumienia głębszego znaczenia nauki. Jezus dobrze wiedział, że jeśli raz zgani Filipa za zadawanie tych irytujących pytań, nie tylko zrani jego uczciwą duszę, ale tego rodzaju upomnienie może tak dotknąć Filipa, że już nigdy nie będzie czuł się na tyle swobodnie, żeby zadać pytanie. Jezus wiedział, że na jego światach w przestrzeni są niezliczone miliardy podobnych, wolno myślących śmiertelników i chciał zachęcić ich wszystkich, aby liczyli na niego i zawsze bez skrępowania do niego przychodzili z pytaniem lub problemem. Poza tym, Jezus naprawdę bardziej był zainteresowany niemądrymi pytaniami Filipa niż kazaniem, które wygłaszał. Jezusa najbardziej interesowali *ludzie*, każdy rodzaj ludzi.

Intendent grupy apostolskiej nie był dobrym mówcą publicznym, ale był przekonywającym i pełnym sukcesów pracownikiem. Nie zniechęcał się łatwo; nie szczędził wysiłków i był bardzo wytrwały we wszystkim tym, co przedsięwziął. Miał wielki i rzadki dar mówienia: „Przyjdź". Kiedy jego pierwszy nawrócony, Nataniel, chciał polemizować o zaletach i wadach Jezusa z Nazaretu, skuteczną odpowiedzią Filipa było: „Przyjdź i zobacz". Nie był dogmatycznym kaznodzieją, który napominałby swych słuchaczy: „Idź – zrób to czy tamto". Wszystkim sytuacjom, które wynikły w jego pracy, wychodził naprzeciw z „przyjdź – chodź ze mną; pokażę ci drogę". Jest to zawsze skuteczna metoda we wszystkich formach i stadiach nauczania. Nawet rodzice mogą nauczyć się od Filipa lepszego sposobu rozmawiania ze swymi dziećmi, *nie* „idź zrób to i idź zrób tamto", ale raczej, „choć z nami, pokażemy i podzielimy się z tobą lepszą metodą".

Niemożność dostosowania się Filipa do nowych sytuacji widać wyraźnie wtedy, kiedy przyszli do niego Grecy w Jerozolimie, mówiąc: „Panie, chcemy zobaczyć Jezusa". Każdemu Żydowi, zadającemu takie pytanie, Filip powiedziałby: „Przyjdź". Ale ci ludzie byli cudzoziemcami i Filip nie mógł sobie przypomnieć instrukcji zwierzchników, dotyczącej takiej sytuacji; dlatego jedyną rzeczą, o której zdołał pomyśleć, było poradzenie się szefa, Andrzeja i wtedy obaj zaprowadzili dociekliwych Greków do Jezusa. Podobnie, kiedy poszedł do Samarii, głosząc kazania i chrzcząc wiernych, tak jak go nauczył jego Mistrz, powstrzymywał się od kładzenia rąk na nawróconych na znak, że otrzymali Ducha Prawdy. Robił to Piotr i Jan, którzy wkrótce przybyli z Jerozolimy, aby obserwować jego pracę w imieniu macierzystego Kościoła.

Po śmierci Mistrza Filip przeżywał trudny okres, brał udział w reorganizacji Dwunastu i był pierwszym, który pozyskał dusze dla królestwa spoza najbliższych mu, żydowskich warstw społecznych, odnosząc największe sukcesy podczas swej pracy z Samarytanami, jak i w całej swojej późniejszej pracy na rzecz ewangelii.

Żona Filipa, która była aktywną członkinią grupy kobiecej, po ucieczce z Jerozolimy przed prześladowaniami czynnie pomagała w ewangelicznej pracy męża. Była to nieustraszona kobieta. Stała pod krzyżem Filipa, dodając mu odwagi do głoszenia dobrej nowiny, nawet dla jego morderców, a kiedy opuściły go siły, zaczęła opowiadać historię o zbawieniu przez wiarę w Jezusa i umilkła dopiero wtedy, kiedy zirytowani Żydzi rzucili się na nią i ukamienowali na śmierć. Ich najstarsza córka, Lea, kontynuowała działalność rodziców, zostając później sławną prorokinią z Hierapolis.

Filip, były intendent Dwunastu, był wielkim człowiekiem królestwa, pozyskiwał dusze gdziekolwiek poszedł; w końcu został ukrzyżowany za swoją wiarę i pochowany w Hierapolis.

6. UCZCIWY NATANIEL

Nataniel, szósty i ostatni z apostołów wybranych osobiście przez Mistrza, był przyprowadzony do Jezusa przez swego przyjaciela, Filipa. Był wspólnikiem Filipa w kilku przedsięwzięciach a teraz szedł z nim zobaczyć Jana Chrzciciela, kiedy spotkali Jezusa.

Kiedy Nataniel przyłączył się do apostołów, miał dwadzieścia pięć lat i był drugim po najmłodszym w tej grupie. Był najmłodszy w siedmioosobowej rodzinie, nieżonaty i stanowił jedyne wsparcie starszych, niedołężnych rodziców, z którymi mieszkał w Kanie; jego bracia i siostry zawarli związki małżeńskie lub zmarli i nikt z nich nie mieszkał już w Kanie. Nataniel i Judasz Iskariota byli dwoma najbardziej wykształconymi ludźmi w grupie Dwunastu. Nataniel chciał zostać kupcem.

Jezus sam nie nadał Natanielowi przydomku, ale Dwunastu wkrótce zaczęło go określać nazwami, oznaczającymi uczciwość i szczerość. Był „bez podstępu". Była to jego wielka cnota; był zarówno uczciwy jak i szczery. Słabością jego charakteru była duma; był bardzo dumny ze swej rodziny, swojego miasta, swojej reputacji i swego narodu; wszystko to jest chwalebne, jeśli nie posuwa się za daleko. Nataniel skłonny był jednak do krańcowości w swych osobistych uprzedzeniach. Skłonny był osądzać ludzi z góry, zgodnie ze swymi osobistymi poglądami. Był pochopny, pytając, zanim jeszcze spotkał Jezusa: „Czy cokolwiek dobrego może wyjść z Nazaretu?". Jednak Nataniel nie był uparty, nawet, jeśli był dumny. Szybko zmienił swoje zdanie, kiedy raz spojrzał w twarz Jezusowi.

Pod wieloma względami Nataniel był pośród Dwunastu osobliwym geniuszem. Był apostolskim filozofem i marzycielem, ale był gatunkiem bardzo praktycznego marzyciela. Miał na przemian nastroje głęboko filozoficzne oraz okresy niepospolitego, wyśmienitego humoru; kiedy był w odpowiednim nastroju, prawdopodobnie był najlepszym gawędziarzem spośród Dwunastu. Jezusowi sprawiało dużą przyjemność słuchanie rozpraw Nataniela, zarówno o rzeczach poważnych jak i błahych. Nataniel coraz poważniej traktował Jezusa i królestwo, ale sam siebie nigdy nie traktował poważnie.

Wszyscy apostołowie kochali i szanowali Nataniela a on współpracował z nimi wspaniale, za wyjątkiem Judasza Iskarioty. Judasz uważał, że Nataniel nie traktuje swojego apostolstwa dostatecznie poważnie i raz miał tę śmiałość, żeby pójść potajemnie do Jezusa i wnieść skargę przeciwko niemu. Jezus powiedział: „Judaszu, zważaj pilnie na swoje postępowanie; nie wyolbrzymiaj swojego stanowiska. Kto z nas jest kompetentny osądzać swojego brata? Nie jest wolą Ojca, żeby jego dzieci brały udział tylko w poważnych sprawach życia. Pozwól, że powtórzę – przyszedłem po to, aby moi bracia w ciele mogli się weselić, radować i żyć pełnią życia. Idź więc Judaszu i czyń poprawnie to, co ci zostało powierzone, ale zostaw Nataniela, swego brata, aby sam zdał swój rachunek Bogu". Pamięć tego i innych podobnych przeżyć trwała długo w zakłamanym sercu Judasza Iskarioty.

Wiele razy, kiedy Jezus oddalał się w góry z Piotrem, Jakubem i Janem, a sytuacja między apostołami stawała się napięta i skomplikowana, kiedy nawet Andrzej nie wiedział, co powiedzieć swym zasmuconym braciom, Nataniel zmniejszał napięcie odrobiną filozofii lub błyskiem humoru, również dobrego humoru.

Do obowiązków Nataniela należało dbać o rodziny Dwunastu. Bardzo często nie uczestniczył naradach apostolskich; kiedy usłyszał o chorobie lub czymkolwiek nadzwyczajnym, co przydarzyło się jednemu z jego podopiecznych, nie tracił czasu i szedł do tego domu. Dwunastu miało zapewniony spokój, wiedząc, że dobro ich rodzin spoczywa w pewnych rękach Nataniela.

Nataniel najbardziej szanował Jezusa za jego tolerancję. Nigdy nie zaprzestał kontemplować otwartego umysłu i szczerej sympatii Syna Człowieczego.

Ojciec Nataniela (Bartłomiej) zmarł wkrótce po Zesłaniu Ducha, po czym apostoł ten udał się do Mezopotamii oraz Indii, głosząc dobrą nowinę królestwa i chrzcząc wiernych. Jego bracia nigdy się nie dowiedzieli, co się stało z ich byłym filozofem, poetą i humorystą. Jednak on również był wielkim człowiekiem królestwa i zrobił wiele dla rozpowszechnienia nauk Mistrza, aczkolwiek nie brał udziału w organizacji późniejszego Kościoła chrześcijańskiego. Nataniel zmarł w Indiach.

7. MATEUSZ LEWI

Mateusz, siódmy apostoł, został wybrany przez Andrzeja. Mateusz należał do rodziny poborców skarbowych czy celników, sam był poborcą celnym w Kafarnaum, gdzie zamieszkiwał. Miał trzydzieści jeden lat, był żonaty i miał czworo dzieci. Był człowiekiem średnio zamożnym, jedynym w apostolskim zespole, który dysponował jakimiś środkami pieniężnymi. Dobrze znał się na interesach i był towarzyski, obdarzony zdolnością przysparzania sobie przyjaciół i łatwego zawierania znajomości z różnymi grupami ludzi.

Andrzej mianował Mateusza finansowym reprezentantem apostołów. Mateusz był w jakiś sposób fiskalnym przedstawicielem i publicznym rzecznikiem organizacji apostolskiej. Był przenikliwym sędzią ludzkiego usposobienia i bardzo operatywnym propagatorem królestwa. Stanowił osobowość trudną do wyobrażenia sobie, ale był bardzo żarliwym uczniem i coraz bardziej wierzył w misję Jezusa i był pewny przyjścia królestwa. Jezus nigdy nie nadał Lewiemu przydomku, ale jego współbracia apostołowie pospolicie mówili o nim jako o „zdobywcy pieniędzy".

Mocnym punktem Lewiego było szczere oddanie sprawie. To, że jego, celnika, przyjął Jezus i jego apostołowie, było powodem przepełniającej serce wdzięczności byłego poborcy skarbowego. Tym niemniej reszcie apostołów, zwłaszcza Szymonowi Zelocie i Judaszowi Iskariocie, potrzeba było nieco czasu na pogodzenie się z obecnością celnika pośród nich. Słabością Mateusza była krótkowzroczność i materialistyczny pogląd na życie. W ciągu kilku miesięcy, we wszystkich tych sprawach poczynił on jednak znaczne postępy. Oczywiście nie było go podczas wielu najbardziej cennych okresów nauczania, jako że pełnił swe obowiązki uzupełniania skarbca.

Tym, co Mateusz najbardziej cenił u Mistrza, było wyrozumiałe usposobienie. Mateusz mógłby cały czas rozwodzić się nad tym, że tylko wiara jest konieczna w biznesie znajdowania Boga. Zawsze lubił mówić o królestwie jako o „biznesie znajdowania Boga".

Aczkolwiek Mateusz był człowiekiem z przeszłością, dał wspaniałe świadectwo o sobie i z upływem czasu jego towarzysze stali się dumni z osiągnięć celnika. Był jednym z apostołów robiących obszerne notatki z wypowiedzi Jezusa i te notatki zostały użyte jako podstawa późniejszych narracji Izadora, o tym, co Jezus mówił i robił a które stały się znane jako Ewangelia według Mateusza.

Wielkie i pożyteczne życie Mateusza, człowieka biznesu i poborcy celnego z Kafarnaum, stanowiło w epokach późniejszych wiodący przykład dla tysięcy innych ludzi biznesu, urzędników publicznych i polityków, aby też mogli usłyszeć ten zachęcający głos Mistrza: „Pójdź ze mną". Mateusz faktycznie był przebiegłym dyplomatą, ale był też głęboko lojalny wobec Jezusa i szczególnie poświęcał się dopilnowaniu tego, żeby posłańcy nadchodzącego królestwa mieli odpowiednio zabezpieczone fundusze.

Obecność Mateusza pośród Dwunastu oznaczała, że drzwi królestwa są szeroko otwarte dla zastępów przygnębionych i odrzuconych dusz, które już od dawna uważały, że nie mogą się starać o pociechę religijną. Ci ludzie spoza nawiasu społeczeństwa, zdesperowani mężczyźni i kobiety, gromadzili się, aby słuchać Jezusa a on nigdy nie oddalił nikogo.

Mateusz otrzymywał datki dobrowolnie przekazywane przez wierzących uczniów i bezpośrednich słuchaczy nauk Mistrza, ale nigdy otwarcie nie dopraszał się o fundusze od tłumów. Całą swoją finansową pracę wykonywał po cichu i w pojedynkę a większość pieniędzy zebrał od bardziej zamożnej klasy zainteresowanych wiernych. Praktycznie całą swoją pokaźną fortunę przekazał na rzecz Mistrza i jego apostołów, ale oni nigdy nie dowiedzieli się o jego hojności, za wyjątkiem Jezusa, który wiedział o wszystkim. Mateusz nie chciał otwarcie wspierać funduszy apostolskich, obawiając się, że Jezus i jego współpracownicy mogą uważać te pieniądze za splamione; więc dawał wiele w imieniu innych wiernych. W pierwszych miesiącach działalności, kiedy Mateusz wiedział, że jego obecność pomiędzy apostołami jest bardziej czy mniej próbą, kusiło go mocno, żeby im powiedzieć, że to jego fundusze dostarczają im często codziennego chleba, ale nigdy się nie wydał. W obliczu przejawów pogardliwego nastawienia wobec celnika, Lewi palił się, aby wyjawić im swoją hojność, ale zawsze zdołał zamilknąć.

Kiedy tygodniowe fundusze były zbyt szczupłe wobec skalkulowanych potrzeb, bardzo często Lewi pobierał sporo ze swoich osobistych zasobów. Tak samo, kiedy czasem bardzo interesowały go nauki Jezusa, wolał pozostać i słuchać nauk, nawet kiedy wiedział, że musi osobiście wyrównać za to zaniedbanie ubiegania się o niezbędne fundusze. Kiedy Lewi to robił, chciał, żeby się Jezus dowiedział, że tak wiele pieniędzy dawane jest z jego kieszeni! Nie domyślał się nawet, że Mistrz dobrze o tym wie. Wszyscy apostołowie umarli i nie dowiedzieli się, że Mateusz był ich dobroczyńcą w takim stopniu, iż kiedy po rozpoczęciu prześladowań wyruszył głosić ewangelię królestwa, został praktycznie bez grosza.

Kiedy prześladowania zmusiły wiernych do opuszczenia Jerozolimy, Mateusz poszedł na północ, głosząc ewangelię królestwa i chrzcząc wiernych. Jego byli towarzysze apostołowie nie wiedzieli, co się z nim stało, ale on szedł głosząc kazania i chrzcząc, przez Syrię, Kapadocję, Galację, Bitynię i Trację. To właśnie w Tracji, w Lysimachii, pewni niewierzący Żydzi, spiskując z żołnierzami rzymskimi, wydali go na śmierć. Ten odrodzony celnik umarł tryumfalnie z wiarą w zbawienie, którą poznał tak dobrze z nauk głoszonych przez Mistrza, podczas jego niedawnego pobytu na Ziemi.

8. TOMASZ DIDYMOS

Tomasz był ósmym apostołem i został wybrany przez Filipa. Później był znany jako „niewierny Tomasz", ale jego bracia apostołowie raczej nie uważali go za chronicznego niedowiarka. Prawda, że miał umysł logicznego i sceptycznego rodzaju, ale posiadał pewną formę lojalności, połączonej z odwagą, która nie pozwalała tym, którzy go bliżej poznali, traktować go jako w małostkowego sceptyka.

Tomasz miał dwadzieścia dziewięć lat, kiedy przyłączył się do apostołów, był żonaty i miał czworo dzieci. Kiedyś był cieślą i kamieniarzem, ale później został rybakiem i osiadł w Tarichei, położonej na zachodnim brzegu Jordanu, tam, gdzie wpływa on do Morza Galilejskiego; w tej małej wiosce uważany był za czołowego obywatela. Nie miał zbyt wysokiego wykształcenia, ale posiadał przenikliwy, logicznie rozumujący umysł i był synem wspaniałych rodziców, którzy mieszkali w Tyberiadzie. Tomasz jako jedyny spośród Dwunastu, miał prawdziwie analityczny umysł; był prawdziwym naukowcem w grupie apostolskiej.

Wczesne życie rodzinne Tomasza nie było szczęśliwe; jego rodzice na ogół nie byli szczęśliwi w małżeństwie i to się odbiło na życiu dojrzałego Tomasza. Dorastał i miał bardzo przykre, awanturnicze usposobienie. Jego żona była nawet zadowolona, widząc, że przyłączył się do apostołów; ulgę sprawiała jej myśl, że jej pesymistyczny mąż przez większość czasu będzie poza domem. Tomasz miał także żyłkę podejrzliwości, która sprawiała, że bardzo trudno było spokojnie z nim współżyć. Z początku Piotr był bardzo zaniepokojony Tomaszem, narzekał do brata Andrzeja, że Tomasz jest „podły, nieprzyjemny i zawsze podejrzliwy". Jednak im lepiej poznawali Tomasza jego towarzysze, tym bardziej go lubili. Odkryli, że jest wyjątkowo uczciwy i niezachwianie lojalny. Był zupełnie szczery i bez wątpienia prawdomówny, ale był urodzonym krytykiem i wyrósł na prawdziwego pesymistę. Przekleństwem jego analitycznego umysłu była podejrzliwość. Gwałtownie tracił wiarę we współbraci ludzi, dopóki nie związał się z Dwunastoma i w ten sposób zetknął się ze szlachetnym charakterem Jezusa. Współpraca z

Mistrzem od razu zapoczątkowała przemianę całego usposobienia Tomasza i w rezultacie przyniosła wielkie przeobrażenie jego psychicznych reakcji na współbraci ludzi.

Mocnym punktem Tomasza był jego znakomity, analityczny umysł, połączony z niezachwianą odwagą – gdy raz coś postanowił. Jego wielką słabością było podejrzliwe zwątpienie, którego nigdy zupełnie nie przezwyciężył podczas całego swego życia w ciele.

W organizacji Dwunastu Tomaszowi przydzielono przygotowanie i realizację planu podróży; sprawnie kierował działalnością i przemieszczaniem grupy apostolskiej. Był dobrym kierownikiem i wspaniałym człowiekiem interesu, ale wiele jego nastrojów utrudniało mu życie; jednego dnia był jednym człowiekiem a następnego dnia innym. Kiedy przyłączył się do apostołów, miał inklinacje do melancholijnej zadumy, ale kontakt z Jezusem i z apostołami w znacznym stopniu wyleczył go z tej chorobliwej introspekcji.

Jezus bardzo lubił Tomasza i odbył z nim wiele długich, osobistych rozmów. Obecność Tomasza wśród apostołów była wielką pociechą dla wszystkich szczerze wątpiących i dodawała odwagi wielu zmartwionym umysłom, pomagając im wejść do królestwa, nawet, jeśli nie rozumiały w pełni całego duchowego i filozoficznego stadium nauki Jezusa. Członkostwo Tomasza w grupie Dwunastu było niepodważalną deklaracją tego, że Jezus kochał nawet szczerze wątpiących.

Inni apostołowie odnosili się do Jezusa z szacunkiem, ze względu na pewne szczególne i wybitne cechy jego doskonałej osobowości, ale Tomasz szanował Mistrza za jego wspaniale zrównoważony charakter. Coraz bardziej Tomasz podziwiał i szanował tego, który był tak łaskawie miłosierny a przecież tak bezwzględnie sprawiedliwy i bezstronny; bardzo stanowczy, ale nigdy nie uparty; tak opanowany, ale nigdy nie obojętny; tak pomocny i tak współczujący, ale nigdy nie wścibski czy dyktatorski; tak silny, ale jednocześnie tak delikatny; tak stanowczy, ale nigdy nie szorstki czy grubiański; tak delikatny, ale nigdy nie chwiejny; tak czysty i niewinny, ale jednocześnie tak męski, bojowy i pełen siły; tak prawdziwie odważny, ale nigdy nie szaleńczy czy nierozważny; tak wielki miłośnik przyrody, ale tak wolny od wszelkiej tendencji jej czczenia; tak pełen humoru i tak lubiący żartować, ale tak wolny od lekkomyślności i frywolności. To właśnie ta niezrównana symetria osobowości tak bardzo oczarowała Tomasza. Spośród Dwunastu, Tomasz prawdopodobnie najpełniej rozumiał intelektualnie i doceniał osobowość Jezusa.

W radzie Dwunastu Tomasz zawsze był ostrożny i popierał taktykę bezpieczeństwa przede wszystkim, ale jeśli jego konserwatyzm został przegłosowany i unieważniony, zawsze pierwszy ruszał nieustraszenie, aby wykonać uchwalony plan. Wciąż na nowo przeciwstawiał się niektórym projektom jako nieroztropnym i zarozumiałym; mógł debatować do ostatniego tchu, ale kiedy Andrzej poddał propozycję głosowaniu i kiedy Dwunastu wybrało zrobienie właśnie tego, czemu się tak usilnie sprzeciwiał, Tomasz był pierwszy, który mówił: „Chodźmy!". Umiał dobrze przegrywać. Nigdy nie chował urazy ani nie żywił zranionych uczuć. Raz za razem sprzeciwiał się temu, aby pozwolono Jezusowi narażać się na niebezpieczeństwo, ale kiedy Mistrz zadecydował podjąć takie ryzyko, to zawsze Tomasz ożywiał apostołów odważnymi słowami: „Prędzej towarzysze, chodźmy i zgińmy z nim".

W niektórych aspektach Tomasz podobny był do Filipa; on także chciał, „aby mu pokazano", ale jego wyrażanie wątpliwości opierało się na zupełnie innych procesach intelektualnych. Tomasz był analitykiem a nie zwyczajnym sceptykiem. Biorąc pod uwagę osobistą odwagę, był jednym z najodważniejszych pośród Dwunastu.

Czasami Tomasz miał bardzo złe dni; niekiedy był przygnębiony i przybity. Kiedy miał dziewięć lat stracił siostrę bliźniaczkę i to przysporzyło mu wiele młodzieńczego żalu a w jego późniejszym życiu przyczyniło się do problemów z usposobieniem. Kiedy Tomasz bywał przygnębiony, czasami to właśnie Nataniel pomagał mu przyjść do siebie, czasem Piotr a nierzadko jeden z bliźniaków Alfeusza. Kiedy był najbardziej przygnębiony, niestety zawsze próbował unikać bezpośredniego kontaktu z Jezusem. Ale Mistrz wiedział o tym wszystkim i miał pełną wyrozumiałości sympatię dla swego apostoła, który bywał dotknięty depresją i nękany wątpliwościami.

Czasami Andrzej pozwalał Tomaszowi, aby oddalił się samotnie na dzień czy dwa. Ale wkrótce zauważył, że takie postępowanie nie jest mądre; rychło odkrył, że w takim okresie przygnębienia najlepiej było pilnować, aby zajął się swoją pracą i pozostawał w pobliżu towarzyszy. Ale niezależnie od tego, jak wyglądało jego życie emocjonalne, Tomasz jako apostoł postępował właściwie. Kiedy nadchodził czas, żeby wyruszyć Tomasz zawsze był tym, który mówił: „Chodźmy!".

Tomasz jest wspaniałym przykładem istoty ludzkiej, która ma wątpliwości, stawia im czoła i wygrywa. Miał wielki umysł; nie był uszczypliwym krytykiem. Był logicznym myślicielem; był probierzem dla Jezusa i jego apostołów. Gdyby Jezus nie był tak szczery a jego dzieło tak autentyczne, nie zatrzymałoby to człowieka takiego jak Tomasz od początku do końca. Tomasz posiadał głębokie i niezawodne wyczucie *faktu*. Przy pierwszym objawie oszustwa czy podstępu, Tomasz opuściłby ich wszystkich. Naukowcy mogą nie rozumieć w pełni wszystkiego, co dotyczy Jezusa i jego pracy na Ziemi, ale żył i pracował z Mistrzem oraz z jego ludzkimi towarzyszami człowiek, który miał umysł prawdziwego uczonego – Tomasz Didymos – i on wierzył w Jezusa z Nazaretu.

Tomasz przechodził czas próby w dniach procesu i ukrzyżowania Jezusa. Przez jakiś czas był w głębokiej rozpaczy, ale zebrał się w sobie, przyłączył do apostołów i był z nimi, aby przywitać Jezusa nad Morzem Galilejskim. Na moment uległ swej pełnej zwątpienia depresji, ale w końcu zebrał wiarę i odwagę. Po Zesłaniu Ducha dawał mądre rady apostołom, a kiedy prześladowania rozproszyły wiernych, wyruszył na Cypr, Kretę, na wybrzeża Afryki północnej i na Sycylię, głosząc dobrą nowinę królestwa i chrzcząc wiernych. I Tomasz wciąż głosił kazania i chrzcił, aż został aresztowany przez agentów rządu rzymskiego i zabity na Malcie. Zaledwie na kilka tygodni przed śmiercią zaczął spisywać życie i nauki Jezusa.

9. I 10. JAKUB I JUDASZ ALFEUSZ

Jakub i Judasz, synowie Alfeusza, bracia bliźniacy, rybacy mieszkający w pobliżu Gergezy, zostali wybrani przez Jakuba i Jana Zebedeuszów na dziewiątego i dziesiątego apostoła. Mieli po dwadzieścia sześć lat, byli żonaci, Jakub miał troje a Judasz dwoje dzieci.

Niewiele można powiedzieć o tych dwóch pospolitych rybakach. Kochali Mistrza a Jezus ich kochał, ale nigdy nie przerywali jego rozprawy pytaniami. Nie rozumieli zbyt wiele z dyskusji filozoficznych czy debat teologicznych braci apostołów, ale cieszyli się z przynależności do tej grupy wielkich ludzi. Ci dwaj mężczyźni byli niemalże identyczni w wyglądzie zewnętrznym, cechach psychicznych i stopniu percepcji duchowej. Co można powiedzieć o jednym, można powiedzieć i o drugim.

Andrzej przydzielił ich do utrzymywania porządku pośród tłumów. Byli mistrzami ceremonii w godzinach modlitwy a faktycznie byli generalnymi pomocnikami oraz chłopcami na posyłki dla Dwunastu. Pomagali Filipowi w zaopatrzeniu, roznosili pieniądze dla rodzin z polecenia Nataniela i zawsze byli gotowi podać pomocną dłoń każdemu apostołowi.

Tłumy pospolitych ludzi były bardzo podbudowane tym, że znalazły dwu podobnych sobie, uhonorowanych miejscami wśród apostołów. Właśnie dzięki przyjęciu ich na apostołów, ci przeciętni bliźniacy byli środkiem wiodącym zastępy bojaźliwych wiernych do królestwa. Pospolitym ludziom bardziej podobała się również idea kierowania i zarządzania nimi przez oficjalnych porządkowych, którzy byli tak bardzo do nich samych podobni.

Jakub i Judasz, których nazywano także Tadeusz i Lebbeusz, nie mieli ani słabych, ani mocnych punktów. Przydomek nadany im przez uczniów był w dobrej wierze określeniem przeciętności. Byli „najmniejszymi ze wszystkich apostołów", wiedzieli o tym i sprawiało im to radość.

Jakub Alfeusz kochał Jezusa zwłaszcza za prostotę Mistrza. Ci bliźniacy nie mogli zrozumieć umysłu Jezusa, ale pojmowali życzliwą więź pomiędzy nimi a sercem ich Mistrza. Ich umysły nie były wysokiego lotu; z całym szacunkiem można by ich nazwać nawet głupcami, ale w swych duchowych naturach mieli autentyczne przeżycia. Uwierzyli w Jezusa; byli synami Boga i braćmi w królestwie.

Judasza Alfeusza przyciągała do Jezusa bezpretensjonalna pokora Mistrza. Taka pokora, w połączeniu z tak wielką godnością osobistą, wywarła wielkie wrażenie na Judaszu. To, że Jezus zawsze zalecał milczenie w sprawie swych niezwykłych czynów, wywarło wielkie wrażenie na tym prostym dziecku natury.

Bliźniacy posiadali dobrą naturę, proste umysły pomocników i każdy ich kochał. Jezus serdecznie przyjął tych młodych ludzi, o jednakowych zdolnościach, na honorowe miejsca w swym osobistym personelu królestwa, ponieważ na światach w przestrzeni są niezliczone miliony innych, podobnych, prostych i strachem przejętych dusz, które również pragnie on przyjąć do aktywnej i wierzącej wspólnoty ze sobą i z jego wylewającym się Duchem Prawdy. Jezus nie karcił małości, tylko zło i grzech. Jakub i Judasz byli *mali,* ale byli też *wierni.* Byli prości i bez wykształcenia, ale mieli również wielkie serca, byli życzliwi i hojni.

Jak pełna wdzięczności duma ogarnęła tych pokornych ludzi tego dnia, kiedy Mistrz odmówił zaliczenia w poczet ewangelistów pewnego bogatego człowieka, chyba, że zechciałby sprzedać całe swe bogactwo i pomóc biednym. Kiedy ludzie to usłyszeli i zobaczyli bliźniaków pomiędzy radcami Jezusa, wiedzieli z całą pewnością, że ten nie zważa na osoby. Ale tylko boska instytucja – królestwo nieba – może być kiedykolwiek budowana na fundamentach z tak przeciętnych ludzi!

Podczas całej swej współpracy z Jezusem, tylko raz czy dwa razy bliźniacy odważyli się publicznie zadać pytanie. Judasz raz był zaciekawiony i zadał Jezusowi pytanie, kiedy Mistrz mówił o objawieniu siebie otwarcie całemu światu. Czuł się lekko rozczarowany, że tajemnice nie pozostaną dłużej pośród Dwunastu i zuchwale zapytał: „Ale Mistrzu, kiedy objawisz siebie całemu światu, jak będziesz nas wyróżniał specjalnymi przejawami twojej dobroci?".

Bliźniacy służyli wiernie aż do końca, aż do czarnych dni procesu, ukrzyżowania i rozpaczy. W swych sercach nigdy nie stracili wiary w Jezusa i (z wyjątkiem Jana) pierwsi uwierzyli w jego zmartwychwstanie. Nie mogli jednak zrozumieć ustanawiania królestwa. Wkrótce po ukrzyżowaniu Mistrza, wrócili do swych rodzin i do sieci; ich praca była skończona. Nie potrafili zrozumieć bardziej skomplikowanej walki o królestwo. Ale żyli i umarli świadomi zaszczytu i błogosławieni czterema latami bliskiej, osobistej współpracy z Synem Boga, suwerennym stwórcą wszechświata.

11. SZYMON ZELOTA

Szymon Zelota, jedenasty apostoł, został wybrany przez Szymona Piotra. Był zdolnym człowiekiem, pochodził z dobrego rodu i mieszkał z rodziną w Kafarnaum. Gdy przyłączył się do apostołów, miał dwadzieścia osiem lat. Był ognistym agitatorem jak również człowiekiem, który mówił dużo nie myśląc. Zanim całą swoją uwagę skoncentrował na patriotycznej organizacji zelotów, był kupcem w Kafarnaum.

Szymon Zelota był odpowiedzialny za rozrywkę i relaks w grupie apostolskiej, był bardzo operatywnym organizatorem rozrywek i zajęć rekreacyjnych dla Dwunastu.

Mocną stroną Szymona była jego inspirująca lojalność. Kiedy apostołowie znaleźli mężczyznę lub kobietę, niezdecydowanie zabiegających o wejście do królestwa, posyłali po Szymona. Temu entuzjastycznemu poplecznikowi zbawienia przez wiarę w Boga trzeba było zazwyczaj około piętnastu minut, żeby rozproszyć wszystkie wątpliwości i usunąć całe niezdecydowanie, aby zobaczyć nową duszę zrodzoną do „wolności wiary i radości zbawienia".

Największą słabością Szymona było jego materialne nastawienie. Nie mógł się szybko przekształcić z żydowskiego nacjonalisty w duchowo nastawionego internacjonalistę. Cztery lata stanowiły okres zbyt krótki, aby dokonać tak wielkiej intelektualnej i uczuciowej przemiany, ale Jezus był dla niego zawsze wyrozumiały.

Tą rzeczą, którą Szymon bardzo podziwiał u Jezusa, był spokój Mistrza, pewność siebie, zrównoważenie i niewytłumaczalne opanowanie.

Chociaż Szymon był zaciekłym rewolucjonistą, nieustraszonym wichrzycielem w agitacji, stopniowo tłumił swoją ognistą naturę, aż stał się wielkim i skutecznym głosicielem: „Pokoju na ziemi i dobrej woli pomiędzy ludźmi". Szymon był wielkim argumentatorem; lubił się spierać. Kiedy miało się do czynienia z legalistycznymi umysłami wykształconych Żydów czy intelektualnymi wykrętami Greków, zadanie to zawsze przydzielano Szymonowi.

Szymon był z natury buntownikiem z wykształcenia obrazoburcą, ale Jezus pozyskał go dla wyższych idei królestwa nieba. Szymon zawsze utożsamiał się z partią protestującą, ale teraz przyłączył się do partii postępu, nieograniczonego i wiecznego postępu ducha i prawdy. Szymon był człowiekiem o wielkiej lojalności, cechowało go ciepłe, osobiste oddanie i głęboko kochał Jezusa.

Jezus nie bał się wiązać z ludźmi interesu, ludźmi pracy, optymistami, pesymistami, filozofami, sceptykami, celnikami, politykami i patriotami.

Mistrz wiele rozmawiał z Szymonem, ale nigdy nie udało mu się w pełni przekształcić tego gorliwego nacjonalisty żydowskiego w internacjonalistę. Jezus często powtarzał Szymonowi, że to jest dobre, jeśli ktoś chce widzieć poprawę w porządkach społecznych, ekonomicznych i politycznych, ale zawsze dodawał: „To nie jest sprawa królestwa nieba. Musimy poświęcić się wykonywaniu woli Ojca. Naszym zadaniem jest być ambasadorami rządu duchowego na wysokości i nie musimy zajmować się bezpośrednio czymkolwiek, poza reprezentowaniem woli i charakteru Boskiego Ojca, stojącego na czele rządu, którego mamy powiernictwa". Szymonowi trudno było to wszystko zrozumieć, ale stopniowo zaczął pojmować co nieco z treści nauk Mistrza.

Po rozproszeniu na skutek prześladowań w Jerozolimie, Szymon chwilowo przerwał swą działalność. Dosłownie był zdruzgotany. Jako patriotyczny nacjonalista wyrzekł się wszystkiego na rzecz nauki Jezusa; teraz to było skończone. Był zrozpaczony, ale w ciągu kilku lat zebrał swoje nadzieje i poszedł głosić ewangelię królestwa.

Poszedł do Aleksandrii a później idąc w górę Nilu, przeniknął do serca Afryki, wszędzie głosząc ewangelię Jezusa i chrzcząc wiernych. Pracował w ten sposób aż się zestarzał i stracił siły. Umarł i został pochowany w sercu Afryki.

12. JUDASZ ISKARIOTA

Judasz Iskariota, dwunasty apostoł, wybrany został przez Nataniela. Urodzony był w Kerijjot, małym miasteczku w południowej Judei. Był jeszcze chłopcem, gdy jego rodzice przenieśli się do Jerycha, gdzie mieszkał i pracował w różnych przedsiębiorstwach handlowych swojego ojca, aż zainteresował się kaznodziejstwem i działalnością Jana Chrzciciela. Rodzice Judasza byli saduceuszami i kiedy ich syn przyłączył się do uczniów Jana, wyrzekli się go.

Judasz szukał właśnie pracy w suszarniach ryb, na dolnym krańcu Morza Galilejskiego, kiedy spotkał się z Natanielem w Tarichei. Kiedy Judasz przyłączył się do apostołów, miał trzydzieści jeden lat i nie był żonaty. Prawdopodobnie był najlepiej wykształconym spośród Dwunastu i był jedynym Judejczykiem w apostolskiej rodzinie Mistrza. Judasz nie posiadał wyróżniających się cech silnej osobowości, chociaż z pozoru miał wiele przymiotów kultury i wyuczonych nawyków. Był dobrym myślicielem, ale nie zawsze był prawdziwie *uczciwym* myślicielem. Judasz naprawdę nie rozumiał siebie samego; faktycznie nie był szczery w postępowaniu z samym sobą.

Andrzej mianował Judasza skarbnikiem Dwunastu, na stanowisko, na które Judasz nadawał się znakomicie i wykonywał wyznaczone mu obowiązki uczciwie, skrupulatnie i nadzwyczaj efektywnie, aż do zdrady swojego Mistrza.

Judasz nie zachwycał się specjalnie żadną cechą Jezusa, ponad ogólnie pociągającą i cudownie urzekającą osobowość Mistrza. Judasz nigdy nie potrafił przezwyciężyć swoich judejskich uprzedzeń wobec galilejskich towarzyszy; w duchu krytykował nawet wiele rzeczy dotyczących Jezusa. Ów zadowolony z siebie Judejczyk ośmielał się często krytykować w swoim własnym sercu tego, na którego jedenastu apostołów patrzyło jak na doskonałego człowieka, jak na „całego pełnego powabu, znakomitego spośród tysięcy". Naprawdę Judasz ubzdurał sobie, że Jezus jest bojaźliwy i w pewien sposób boi się okazać swą własną moc i władzę.

Judasz znał się dobrze na interesach. Aby prowadzić sprawy finansowe takiego idealisty, jak Jezus, potrzeba było taktu, zdolności i cierpliwości, tak samo jak i wielkiej staranności, nie wspominając już o zmaganiach z metodami działalności na łapu-capu niektórych apostołów. Judasz naprawdę był wspaniałym organizatorem, dalekowzrocznym i zdolnym finansistą. Był pedantem organizacji. Żaden z Dwunastu nigdy nie skrytykował Judasza. Tak dalece, jak apostołowie mogli to zauważyć, Judasz Iskariota był niedoścignionym skarbnikiem, człowiekiem wykształconym i lojalnym (chociaż czasami krytycznym), apostołem i w każdym tego słowa znaczeniu człowiekiem wielkiego sukcesu. Apostołowie kochali Judasza, naprawdę był jednym z nich. Judasz chyba musiał *wierzyć* w Jezusa, ale wątpimy, czy kiedykolwiek rzeczywiście *kochał* Mistrza całym sercem. Przypadek Judasza ilustruje prawdziwość powiedzenia: „Jest droga, co komuś zdaje się słuszną, lecz w końcu prowadzi do śmierci". Człowiekowi łatwo jest paść ofiarą cichego podstępu, przyjemnego dostosowania się do dróg grzechu i śmierci. Bądźcie pewni, że Judasz zawsze był finansowo lojalny wobec swego Mistrza i braci apostołów. Pieniądze nie były w żadnym wypadku powodem zdrady Mistrza.

Judasz był jedynym synem nierozsądnych rodziców. Kiedy był bardzo młody, pobłażano mu i rozpieszczano go; był rozpuszczonym dzieckiem. Kiedy dorastał, wyolbrzymiał sobie idee o własnej ważności. Nie umiał przegrywać. Miał luźne i wypaczone idee uczciwości; ulegał nałogowi nienawiści i podejrzliwości. Był specjalistą od błędnej interpretacji słów i czynów swoich przyjaciół. Przez całe swoje życie Judasz kultywował zwyczaj wyrównywania rachunków, nawet z tymi, którzy znęcali się nad nim tylko w jego wyobraźni. Miał błędne poczucie wartości i lojalności.

Dla Jezusa, Judasz stanowił wyzwanie dla wiary. Od samego początku Mistrz w pełni rozumiał słabość tego apostoła i dobrze zdawał sobie sprawę z niebezpieczeństwa przyjęcia go do wspólnoty. Jednak w naturze Synów Bożych leży danie każdej stworzonej istocie pełnej i równej szansy zbawienia i wiecznego życia. Jezus chciał dać do zrozumienia, nie tylko śmiertelnikom z tego świata, ale i widzom z niezliczonych innych światów, że kiedy istnieją wątpliwości, dotyczące szczerości i autentyzmu poświęcenia się danej istoty dla królestwa, jest nieodmiennie praktyką Sędziów ludzi pełne przyjęcie wątpliwego kandydata. Drzwi wiecznego życia są szeroko otwarte dla każdego, „kto zechce przyjść"; nie ma żadnych ograniczeń czy warunków, za wyjątkiem *wiary* przychodzącego.

Z tej właśnie przyczyny, Jezus pozwolił Judaszowi działać do samego końca i zawsze czynił wszystko, co możliwe, aby zmienić i ocalić tego słabego i zdezorientowanego apostoła. Ale kiedy nie przyjmuje się światłości i nie żyje się nią szczerze, w duszy może pojawić się ciemność. W wyniku nauk Jezusa o królestwie, Judasz rozwijał się intelektualnie, ale nie czynił postępu w nabieraniu duchowego charakteru, jak to robili inni apostołowie. Nie udało mu się osiągnąć zadowalającego, osobistego postępu w duchowym doświadczaniu.

Judasz coraz częściej rozmyślał nad swoim osobistym rozczarowaniem i w końcu stał się ofiarą swego niezadowolenia. Jego uczucia były wielokrotnie ranione i stawał się nadzwyczaj podejrzliwy wobec swoich najlepszych przyjaciół, nawet wobec

Mistrza. Niebawem owładnęła nim obsesyjna idea wyrównywania rachunków, zrobienia czegokolwiek, aby mógł się zemścić, o tak, nawet zdradzając swoich towarzyszy i swego Mistrza.

Jednak tak nikczemne i niebezpieczne idee nie nabrały konkretnych kształtów aż do tego dnia, kiedy wdzięczna kobieta wylała kosztowne wonności na stopy Jezusa. Judaszowi wydawało się to marnotrawstwem, a kiedy jego otwarty protest został zdecydowanie odrzucony przez Jezusa, właśnie tutaj, gdy wszyscy to słyszeli, tego było za wiele. Zdarzenie to ożywiło całą jego gromadzoną nienawiść, urazę, złośliwość, uprzedzenia, zazdrość i pragnienie życiowego rewanżu; postanowił więc wyrównać swoje rachunki, nie wiedząc nawet z kim; jednak skoncentrował całe zło swej natury na *jedynej* niewinnej osobie w całym nikczemnym akcie jego nieszczęśliwego życia, tylko dlatego, że Jezus był głównym aktorem w tym epizodzie, który przesądził o jego przejściu z postępowego królestwa światła do wybranej przezeń sfery ciemności.

Mistrz wielokrotnie ostrzegał Judasza, zarówno prywatnie jak i publicznie, że się stacza, ale boskie ostrzeżenia są zwykle bezużyteczne, gdy mają do czynienia z rozgoryczoną ludzką naturą. Jezus zrobił wszystko, co możliwe, w zgodności z moralną wolnością człowieka, aby zapobiec wybraniu złej drogi przez Judasza. Nadeszła w końcu wielka próba. Syn urazy upadł; ustąpił cierpkim i plugawym nakazom dumy oraz mściwego umysłu o wyolbrzymionej zarozumiałości i szybko pogrążył się w dezorientacji, rozpaczy i deprawacji.

Potem Judasz zapoczątkował podłą i haniebną intrygę, zdradę swojego Pana i Mistrza i szybko wprowadził w życie ten nikczemny plan. Kiedy wypracowywał poczęte w złości plany wiarołomnej zdrady, przeżywał chwile żalu i wstydu i w tych właśnie chwilach oprzytomnienia tchórzliwie wyobraził sobie ideę, jako obronę swego rozumowania, że Jezus może ewentualnie użyć swojej mocy i oswobodzić się w ostatniej chwili.

Kiedy nikczemne i grzeszne dzieło się dopełniło, ten śmiertelnik-zdrajca, który z lekkim sercem sprzedał swego przyjaciela za trzydzieści sztuk srebra, żeby zaspokoić swoją długo pieszczoną żądzę zemsty, umknął w pośpiechu i dokonał końcowego aktu dramatu, uciekając od rzeczywistości śmiertelnej egzystencji – popełnił samobójstwo.

Jedenastu apostołów przeraziło się, byli zaszokowani. Jezus potraktował zdrajcę tylko litością. Światom trudno było wybaczyć Judaszowi a jego imienia zaczęto unikać w całym rozległym wszechświecie.

PRZEKAZ 140

WYŚWIĘCENIE DWUNASTU

TUŻ przed południem, w niedzielę, 12 stycznia, roku 27 n.e., Jezus zwołał apostołów, aby ich wyświęcić na publicznych nauczycieli ewangelii królestwa. Każdego niemalże dnia Dwunastu czekało na wezwanie; i tego ranka również nie odpłynęli zbyt daleko od brzegu na ryby. Kilku z nich kręciło się w pobliżu brzegu, reperując sieci i dłubiąc przy sprzęcie rybackim.

Kiedy Jezus, idąc wybrzeżem, zaczął zwoływać apostołów jako pierwszych przywołał Andrzeja i Piotra, którzy łowili przy brzegu; następnie dał znak Jakubowi i Janowi, którzy byli w pobliskiej łodzi i reperując sieci gawędzili ze swym ojcem, Zebedeuszem. I tak, dwójkami, zebrał resztę apostołów, a kiedy zgromadził ich wszystkich dwunastu, poszedł z nimi na wzgórza, na północ od Kafarnaum, gdzie zaczął ich nauczać, przygotowując do oficjalnego wyświęcenia.

Przynajmniej raz cała dwunastka apostołów milczała; nawet Piotr był w refleksyjnym nastroju. W końcu nadeszła tak długo oczekiwana godzina! Odeszli z Mistrzem w ustronne miejsce, aby uczestniczyć w swego rodzaju uroczystej ceremonii, w osobistej konsekracji i zbiorowym poświęceniu się najświętszej pracy, reprezentowania swego Mistrza podczas głoszenia nadchodzącego królestwa jego Ojca.

1. NAUCZANIE WSTĘPNE

Przed formalnym obrzędem wyświęcenia Jezus przemawiał do Dwunastu, kiedy siedzieli wokół niego: „Bracia moi, wybiła godzina królestwa. Przyprowadziłem was tutaj, w ustronne miejsce, aby przedstawić was Ojcu jako ambasadorów królestwa. Niektórzy z was słyszeli mnie, jak mówiłem o tym królestwie w synagodze, gdy pierwsi byli powołani. Każdy z was nauczył się więcej o królestwie Ojca, odkąd pracowaliście ze mną w miastach wokół Morza Galilejskiego. Ale właśnie teraz muszę powiedzieć wam jeszcze więcej na temat tego królestwa.

Nowe królestwo, które wkrótce mój Ojciec zaprowadzi w sercach swoich ziemskich dzieci, będzie panowaniem wiecznym. Nie będzie końca rządom mojego Ojca w sercach tych, którzy pragną czynić jego Boską wolę. Oświadczam wam, że mój Ojciec nie jest Bogiem Żydów czy nie-Żydów. Wielu przyjdzie ze wschodu i zachodu, aby zasiąść z nami w królestwie Ojca, podczas gdy wiele dzieci Abrahama nie zechce wejść do tej nowej wspólnoty, rządów Ojcowskiego ducha w sercach dzieci ludzkich.

Moc tego królestwa nie będzie opierać się na sile wojska, ani na potędze bogactwa, ale raczej na chwale Boskiego ducha, który przybędzie nauczać umysły i władać sercami nowo narodzonych obywateli tego, niebiańskiego królestwa synów Boga. To jest braterstwo miłości, w którym panuje prawość i którego zawołanie bitewne powinno brzmieć: pokój na Ziemi i dobra wola dla wszystkich ludzi. Królestwo, które wkrótce pójdziecie głosić, jest pragnieniem dobrych ludzi ze wszystkich epok, nadzieją całej Ziemi i wypełnieniem mądrych obietnic wszystkich proroków.

Ale przed wami, moje dzieci, jak i przed wszystkimi innymi, którzy wejdą za wami do tego królestwa, stoi poważna próba. Wiara, sama w sobie, przeprowadzi was przez jego bramy, ale jeśli chcecie wciąż się rozwijać w postępowym życiu boskiego braterstwa, musicie wydać owoce ducha mojego Ojca. Zaprawdę, zaprawdę, powiadam wam, nie każdy, kto mówi, «Panie, Panie» wejdzie do królestwa nieba, ale raczej ten, co wykonuje wolę mojego Ojca, który jest w niebie.

Wasze posłanie dla świata powinno brzmieć: szukaj najpierw królestwa Bożego i jego prawości, a gdy je znajdziesz, wszystkie inne rzeczy potrzebne do wiecznego życia będą z tym przydane. A teraz chciałbym wam wyjaśnić, że królestwo mojego Ojca nie przyjdzie z ostentacyjnym pokazem mocy czy niestosownym widowiskiem. Nie będziecie więc mogli iść i głosić to królestwo, mówiąc, «jest tutaj» czy «jest tam», bo królestwo, którego nauczacie, jest Bogiem w was.

Ktokolwiek chciałby stać się wielkim w królestwie mojego Ojca, musi stać się sługą wszystkich; a ktokolwiek będzie pierwszym pośród was, niech będzie sługą swoich braci. Jednak, kiedy raz prawdziwie otrzymacie obywatelstwo w niebiańskim królestwie, nie jesteście już sługami, ale synami, synami żywego Boga. I tak to królestwo powinno rozwijać się na świecie, aż zniszczy wszelkie przeszkody i przywiedzie wszystkich ludzi do poznania mojego Ojca i do wiary w zbawczą prawdę, którą przyszedłem głosić. Nawet teraz królestwo jest w zasięgu ręki i niektórzy z was nie umrą, aż nie ujrzą panowania Boga, przychodzącego w wielkiej mocy.

A to, co wasze oczy teraz widzą, ten skromny początek złożony z dwunastu pospolitych ludzi, powinno pomnażać się i rosnąć, aż w końcu cała Ziemia wypełni się chwałą mojego Ojca. I nie tak za sprawą słów, które mówicie, ale poprzez życie, którym żyjecie, ludzie będą poznawać, że byliście ze mną i nauczyliście się rzeczywistości królestwa. I chociaż nie kładę ciężkiego brzemienia na wasze umysły, wkrótce nałożę na wasze dusze solenną odpowiedzialność reprezentowania mnie na świecie, kiedy niedługo was opuszczę, tak jak ja w tym życiu, w ciele, reprezentuję mojego Ojca". A kiedy Jezus skończył, wstał.

2. WYŚWIĘCENIE

Jezus kazał teraz dwunastu śmiertelnikom, którzy przed chwilą słuchali jego proklamacji królestwa, aby uklękli wokół niego w kole. Potem Mistrz kładł swoje ręce na głowie każdego apostoła, zaczynając od Judasza Iskarioty a kończąc na Andrzeju. Kiedy ich pobłogosławił, rozłożył ręce i modlił się:

„Ojcze mój, przyprowadziłem tobie tych ludzi, moich posłańców. Spośród naszych dzieci na Ziemi wybrałem tych Dwunastu, aby szli i mnie reprezentowali, tak jak ja przyszedłem reprezentować ciebie. Kochaj ich i bądź z nimi, tak jak zawsze mnie kochałeś i byłeś ze mną. A teraz, mój Ojcze, daj tym ludziom mądrość, tak jak ja w ich ręce składam wszystkie sprawy nadchodzącego królestwa. I chciałbym, jeśli jest to twoją wolą, pozostać chwilę na Ziemi, aby im pomóc w ich pracy dla królestwa. I jeszcze raz, mój Ojcze, dziękuję ci za tych ludzi i powierzam ich twojej opiece, podczas gdy ja pójdę skończyć tę pracę, którą zleciłeś mi wykonać".

Kiedy Jezus skończył się modlić, każdy z apostołów pozostawał pochylony na swoim miejscu. I upłynęło wiele minut, zanim nawet Piotr ośmielił się podnieść oczy, aby popatrzeć na Mistrza. Jeden po drugim obejmowali Jezusa, ale nikt nic nie mówił. Wielka cisza przepełniła to miejsce, podczas gdy zastęp istot niebiańskich przyglądał się z góry tej uroczystej i uświęconej scenie – Stwórca wszechświata oddaje sprawy boskiego braterstwa ludzkości kierownictwu ludzkich umysłów.

3. KAZANIE WYŚWIĘCAJĄCE

Potem Jezus tak przemówił: „Teraz, kiedy jesteście ambasadorami królestwa mojego Ojca, staliście się tym samym klasą ludzi wyodrębnionych i odmiennych od wszystkich innych ludzi na Ziemi. Teraz nie jesteście już jak ludzie pomiędzy ludźmi, ale jak oświeceni obywatele innego, niebiańskiego kraju, pośród nieświadomych istot tego mrocznego świata. Nie wystarcza abyście żyli tak, jak żyliście przed tą godziną, ale odtąd musicie żyć jak ci, którzy zasmakowali chwały lepszego życia i posłani zostali z powrotem na Ziemię, jako ambasadorowie Władcy tego nowego i lepszego świata. Od nauczyciela oczekuje się więcej niż od ucznia; od pana wymaga się więcej niż od sługi. Od obywateli królestwa niebiańskiego żąda się więcej niż od obywateli pod ziemskimi rządami. Niektóre sprawy, o których wam wkrótce opowiem, mogą wydawać się trudne, ale postanowiliście reprezentować mnie na świecie, nawet tak, jak ja teraz reprezentuję Ojca; i jako moi przedstawiciele na Ziemi będziecie zobowiązani stosować te nauki i praktyki, jakie odzwierciedlają moje ideały życia śmiertelnika na światach w przestrzeni i które ja obrazuję w moim ziemskim życiu, objawiając Ojca, który jest w niebie.

Posyłam was abyście jeńcom duchowym głosili wolność a radość tym, którzy są w niewoli strachu i nieśli uzdrowienie chorym, zgodnie z wolą mojego Ojca w niebie. Gdy napotkacie moje dzieci w strapieniu, dodajcie im otuchy, mówiąc:

Szczęśliwi ubodzy w duchu, pokorni, albowiem dla nich są skarby królestwa nieba.

Szczęśliwi głodni i spragnieni prawości, albowiem zostaną nasyceni.

Szczęśliwi pokorni, albowiem oni posiądą Ziemię.

Szczęśliwi czystego serca, albowiem ujrzą Boga.

I mówcie również moim dzieciom dalsze słowa duchowej pociechy i obietnicy:

Szczęśliwi, którzy lamentują, albowiem będą pocieszeni. Szczęśliwi, którzy płaczą, albowiem otrzymają ducha radości.

Szczęśliwi miłosierni, albowiem otrzymają zmiłowanie.

Szczęśliwi, którzy czynią pokój, albowiem będą nazywani synami Bożymi.

Szczęśliwi ci, którzy prześladowani są w imię prawości, albowiem dla nich jest królestwo nieba. Szczęśliwi jesteście, kiedy ludzie wam urągają i prześladują was i kiedy przeciw wam świadczą fałszywie całe zło. Cieszcie się i bądźcie niezmiernie radzi, gdyż wielka jest wasza nagroda w niebie.

Bracia moi, tak jak posyłam was, jesteście solą Ziemi, solą o zbawczym smaku. Ale jeśli sól utraci swój smak, czymże ją posolić? Na nic się już nie przyda, chyba na wyrzucenie i podeptanie przez ludzi.

Jesteście światłem świata. Miasta położonego na górze nie można ukryć. Ani też człowiek nie zapala świecy, aby postawić ją pod korcem, ale stawia na świeczniku i daje światło wszystkim tym, którzy są w domu. Niech wasze światło roztacza blask przed ludźmi, aby ujrzeli wasze dobre dzieła i byli skłonni wychwalać waszego Ojca, który jest w niebie.

Wysyłam was do świata, abyście mnie reprezentowali i działali jako ambasadorowie królestwa mojego Ojca i tak jak pójdziecie głosić dobrą nowinę, zaufajcie Ojcu, którego posłańcami jesteście. Nie przeciwstawiajcie się niesprawiedliwości siłą; nie pokładajcie swego zaufania w ramionach cielesnych. Jeżeli bliźni uderzy cię w prawy policzek, nadstaw mu także drugi. Bądźcie gotowi cierpieć niesprawiedliwość raczej niż sądzić się jeden z drugim. Łaskawością i miłosierdziem służcie tym wszystkim, którzy są w strapieniu i potrzebie.

Mówię wam: Kochajcie swych nieprzyjaciół, czyńcie dobrze tym, którzy was nienawidzą, błogosławcie tych, którzy was przeklinają i módlcie się za tych, którzy złośliwie was wykorzystują. I cokolwiek wierzycie, że ja bym uczynił ludziom, wy również im czyńcie.

Ojciec wasz w niebie sprawia, że słońce świeci tak złemu jak i dobremu, tak samo zsyła deszcz na sprawiedliwych i niesprawiedliwych. Jesteście synami Bożymi a nawet więcej, teraz jesteście ambasadorami królestwa mojego Ojca. Bądźcie miłosierni, nawet tak jak Bóg jest miłosierny, a w wiecznej przyszłości królestwa staniecie się doskonali, tak jak wasz Ojciec w niebie jest doskonały.

Waszą misją jest ocalać ludzi, nie sądzić ich. Pod koniec waszego ziemskiego życia wszyscy będziecie oczekiwać miłosierdzia, przeto żądam, okazujcie miłosierdzie wszystkim waszym braciom w ciele podczas waszego śmiertelnego życia. Nie róbcie błędu, próbując wyjąć pyłek z oka waszego brata, gdy macie belkę w swoim oku. Wyrzućcie naprzód belkę ze swego oka a lepiej zobaczycie, jak wyrzucić pyłek z oka waszego brata.

Spostrzegajcie prawdę jasno; żyjcie prawym życiem nieustraszenie; i tak zostaniecie moimi apostołami i ambasadorami mojego Ojca. Słyszeliście, jak mówią: «Jeśli ślepy będzie prowadził ślepego, obaj wpadną w dół». Jeśli chcecie innych prowadzić do królestwa, sami musicie iść w jasnym świetle żywej prawdy. Napominam was, abyście okazywali sprawiedliwy osąd i przenikliwą mądrość we wszystkich sprawach królestwa. Nie dawajcie psom tego, co święte ani nie rzucajcie swych pereł przed świnie, aby nie podeptały waszych skarbów a odwróciwszy się, nie rozszarpały was.

Ostrzegam was przed fałszywymi prorokami, którzy przyjdą do was w owczej skórze, podczas gdy w środku są jak drapieżne wilki. Poznacie ich po ich owocach. Czy zbiera się winogrona z ciernia albo figi z ostu? Mimo wszystko, każde dobre drzewo wydaje dobre owoce, ale złe drzewo przynosi złe owoce. Dobre drzewo nie może owocować złym owocem, tak samo nie może złe drzewo wydać dobrego owocu. Każde drzewo, które nie przyniesie dobrego owocu, będzie wkrótce ścięte i wrzucone w ogień. Przy szukaniu wejścia do królestwa nieba liczą się motywy. Mój Ojciec patrzy w serca ludzi i osądza ich na podstawie ich wewnętrznych pragnień i szczerych intencji.

W wielkim dniu sądu w królestwie, wielu będzie do mnie mówić: «Czyż nie prorokowaliśmy w twoim imieniu i czyż w twoim imieniu nie zrobiliśmy wielu cudów?». Ale ja będę musiał im odpowiedzieć: «Nigdy was nie znałem; odejdźcie ode mnie wy, którzy jesteście fałszywymi nauczycielami». Ale każdy, kto słyszy to zalecenie i szczerze wykona swe powołanie reprezentowania mnie przed ludźmi, tak jak ja dla was reprezentuję mojego Ojca, znajdzie szeroko otwarte wejście do mojej służby i do królestwa Ojca niebiańskiego".

Nigdy dotąd apostołowie nie słyszeli, aby Jezus mówił do nich w ten sposób, gdyż teraz przemawiał jak ten, który posiada najwyższą władzę. O zachodzie słońca zeszli z góry, ale nikt nie zadał Jezusowi pytania.

4. JESTEŚCIE SOLĄ ZIEMI

Tak zwane „Kazanie na Górze" nie jest ewangelią Jezusa. Zawiera ono wiele przydatnych nauk, ale to było wyświęcające pouczenie Jezusa dla dwunastu apostołów. Były to osobiste zalecenia Mistrza dla tych, którzy mieli wyruszyć i głosić ewangelię i którzy chcieli reprezentować go w świecie ludzi, tak samo jak on tak wymownie i doskonale reprezentował swojego Ojca.

„Jesteście solą Ziemi, solą o zbawczym smaku. Ale jeśli sól utraci swój smak, czym że ją posolić? Na nic się już nie przyda, chyba na wyrzucenie i podeptanie przez ludzi".

Za czasów Jezusa sól była drogocenna. Używana była nawet zamiast pieniędzy. W świecie współczesnym słowo „salary" (płaca) pochodzi od słowa „salt" (sól). Sól nie tylko nadaje smak potrawom, ale jest również środkiem konserwującym. Sprawia, że potrawy są smaczniejsze i tak służy tym, co ją używają.

„Jesteście światłem świata. Miasta położonego na górze nie można ukryć. Ani też człowiek nie zapala świecy, aby postawić ją pod korcem, ale stawia na świeczniku i daje światło wszystkim tym, którzy są w domu. Niech wasze światło roztacza blask przed ludźmi, aby ujrzeli wasze dobre dzieła i byli skłonni wychwalać waszego Ojca, który jest w niebie".

Podczas gdy światło rozprasza ciemność, może również tak „oślepiać", że dezorientuje i paraliżuje. Jesteśmy napominani, aby pozwolić naszemu światłu świecić *tak*, aby nasi współbracia prowadzeni byli ku nowym, niebiańskim ścieżkom bogatszego życia. Nasze światło, roztaczając blask, nie powinno przyciągać uwagi ku nam samym. Nawet powołania można użyć jako skutecznego „odblasku" do rozprzestrzeniania tego światła życia.

Silne charaktery nie powstają z *nie* robienia zła, ale raczej z prawdziwego czynienia dobra. Bezinteresowność jest odznaką ludzkiej wielkości. Najwyższe poziomy samorealizacji osiąga się przez czczenie i służbę. Szczęśliwa i efektywnie działająca osoba nie jest motywowana strachem przed robieniem źle, ale miłością do czynienia dobra.

„Poznacie ich po ich owocach". Osobowość jest zasadniczo niezmienna; to, co się zmienia – rozwija – to jest moralny charakter. Głównym błędem współczesnych religii jest negatywizm. Drzewo, które nie rodzi owoców, jest „ścięte i wrzucone w ogień". Wartości moralnych nie można osiągnąć samym pohamowaniem – przestrzeganiem nakazu „nie będziesz". Strach i wstyd są bezwartościowymi motywacjami do życia religijnego. Religia sensowna jest tylko wtedy, gdy objawia ojcostwo Boga i umacnia braterstwo ludzi.

Wartościową filozofię życia tworzy kombinacja kosmicznej wnikliwości oraz całość reakcji uczuciowych człowieka na środowisko społeczne i ekonomiczne. Pamiętajcie: chociaż odziedziczone popędy nie mogą być zupełnie zmodyfikowane, uczuciowe reakcje na takie popędy mogą być zmienione; zatem moralna natura może być zmodyfikowana, charakter może być udoskonalony. W silnym charakterze reakcje uczuciowe są zintegrowane i skoordynowane i tym sposobem wytwarza się zjednoczona osobowość. Niekompletne zjednoczenie osłabia naturę moralną i powoduje niezadowolenie.

Bez wartościowego celu, życie staje się bezcelowe i bezowocne, co powoduje wiele niezadowolenia. Rozprawa Jezusa, wygłoszona podczas wyświęcania Dwunastu, stanowi wyższą filozofię życia. Jezus napomina swoich wyznawców, aby żywili empiryczną wiarę. Upomina ich, aby nie polegali tylko na intelektualnej akceptacji, łatwowierności i uznanych autorytetach.

Edukacja powinna być metodą nauczania (odkrywania) lepszych metod zaspokajania naszych naturalnych i odziedziczonych popędów, a szczęście jest całościowym rezultatem tych ulepszonych metod zdobywania emocjonalnych satysfakcji. Szczęście jest w niewielkim tylko stopniu zależne od środowiska, aczkolwiek miłe otoczenie może w dużym stopniu przyczynić się do niego.

Każdy śmiertelnik naprawdę pragnie stać się kompletną osobą, być doskonałym, nawet tak, jak Ojciec w niebie jest doskonały i takie osiągnięcie jest możliwe, ponieważ w końcowym podsumowaniu „wszechświat jest prawdziwie ojcowski".

5. OJCOWSKA I BRATERSKA MIŁOŚĆ

Od Kazania na Górze aż do rozprawy podczas Ostatniej Wieczerzy, Jezus nauczał swoich wyznawców, aby przejawiali raczej *ojcowską* niż *braterską* miłość. Braterska miłość – kochaj bliźniego swego jak siebie samego – byłaby odpowiednim wypełnieniem „złotej zasady". Ale ojcowskie uczucie wymaga tego, żebyście kochali swoich bliźnich śmiertelników tak, jak Jezus was kocha.

Jezus kocha ludzkość podwójnym uczuciem. Żył na Ziemi jako dwoista osobowość – ludzka i boska. Jako Syn Boży kocha człowieka ojcowską miłością – jest Stwórcą człowieka, jego wszechświatowym Ojcem. Jako Syn Człowieczy, Jezus kocha śmiertelników jako braci – był prawdziwie człowiekiem pośród ludzi.

Jezus nie spodziewał się tego, że jego wyznawcy osiągną niemożliwe przejawy braterskiej miłości, ale oczekiwał, że tak się będą starali być podobni Bogu – być doskonałymi nawet tak, jak Ojciec w niebie jest doskonały – że zaczną traktować człowieka tak, jak Bóg traktuje istoty stworzone i dlatego też zaczną kochać ludzi tak, jak Bóg ich kocha, wykażą początki ojcowskiego uczucia. Podczas tych pouczeń dla dwunastu apostołów, Jezus starał się ukazać nowe pojęcie *ojcowskiej miłości*, tak jak się ona odnosi do pewnych uczuciowych postaw, związanych z tworzeniem wielu adaptacji w środowisku społecznym.

Mistrz rozpoczął swoją doniosłą rozprawę zwracając uwagę na cztery postawy *wiary,* co stanowiło wstęp do dalszego zobrazowania czterech transcendentalnych i doskonałych oddziaływań ojcowskiej miłości, w przeciwieństwie do ograniczeń zwykłej miłości braterskiej.

Na początku mówił o tych, którzy byli ubodzy duchem, łaknęli prawości, trwali w łagodności i tych, którzy mieli czyste serce. Można się było spodziewać, że ci postrzegający ducha śmiertelnicy, osiągną takie poziomy boskiej bezinteresowności, że będą w stanie spróbować zadziwiającego przeżycia *ojcowskiego* uczucia; że nawet jako żałobnicy mieliby moc okazania łaski, propagowania pokoju i znoszenia prześladowań, i we wszystkich tych trudnych sytuacjach kochania, nawet niemiłych ludzi, ojcowską miłością. Ojcowskie uczucie może osiągnąć te poziomy poświęcenia, które bezgranicznie górują nad uczuciem braterskim.

Wiara i miłość, zawarta w tych błogosławieństwach, umacnia moralny charakter i daje szczęście. Strach i gniew osłabiają charakter i niweczą szczęście. To wspaniałe kazanie zaczęło się uwagą o szczęściu.

1. *„Szczęśliwi ubodzy w duchu – pokorni"*. Dla dziecka, szczęściem jest natychmiastowe zaspokojenie przyjemnej zachcianki. Dorosły pragnie zasadzenia ziaren samozaparcia, aby później zebrać żniwo pomnożonego szczęścia. W czasach Jezusa, jak i później, zbyt często szczęście utożsamiano z ideą posiadania majętności. W opowieści o faryzeuszu i celniku, którzy modlili się w świątyni, jeden czuł się bogaty duchem – egotyczny; drugi czuł się „ubogi duchem" – pokorny. Jeden był zarozumiały; drugi był pojętny i szukał prawdy. Biedny duchem szukał celów duchowego bogactwa – Boga. I tacy, poszukujący prawdy, nie muszą czekać nagrody w odległej przyszłości; są nagradzani *teraz*. W swych własnych sercach znajdują królestwo nieba i doświadczają tego szczęścia *teraz*.

2. *„Szczęśliwi głodni i spragnieni prawości, albowiem zostaną nasyceni"*. Tylko ci, którzy się czują ubodzy duchem, będą kiedykolwiek odczuwać głód prawości. Tylko pokorni szukają boskiej mocy i pożądają siły duchowej. Ale najbardziej niebezpieczne jest świadome podejmowanie duchowej głodówki, dla poprawienia apetytu na duchowe obdarowanie. Głodówka cielesna staje się niebezpieczna po czterech czy pięciu dniach; człowiek może stracić całą ochotę na jedzenie. Przedłużająca się głodówka, zarówno fizyczna jak i duchowa, ma tendencje do niweczenia głodu.

Empiryczna prawość jest przyjemnością, nie obowiązkiem. Prawością Jezusa jest dynamiczna miłość – ojcowsko-braterskie uczucie. Nie jest to rodzaj prawości zakazującej albo typu „nie-czyń-tego". Jak ktokolwiek może kiedykolwiek pragnąć czegoś negatywnego – czegoś, czego ma się „nie robić"?

Niełatwo jest nauczyć dziecinny umysł tych dwu pierwszych błogosławieństw ale dojrzały umysł powinien zrozumieć ich znaczenie.

3. *„Szczęśliwi pokorni, albowiem oni posiądą Ziemię"*. Prawdziwa pokora nie ma nic wspólnego ze strachem. Jest raczej postawą człowieka współpracującego z Bogiem – „niech się stanie wola twoja". Zawiera w sobie cierpliwość i wyrozumiałość i motywowana jest niezachwianą wiarą w sprawiedliwy i przyjacielski wszechświat. Panuje nad wszelkimi pokusami zbuntowania się przeciw Boskiemu przewodnictwu. Jezus był idealnie pokornym człowiekiem na Urantii i otrzymał rozległy wszechświat.

4. *„Szczęśliwi czystego serca, albowiem ujrzą Boga"*. Duchowa czystość nie jest przymiotem zaprzeczającym czemuś, za wyjątkiem tego, że brakuje jej podejrzliwości i chęci odwetu. Omawiając czystość, Jezus nie zamierzał zajmować się wyłącznie ludzkimi postawami natury seksualnej. Nawiązywał raczej do tej wiary, którą człowiek powinien pokładać w swych braciach ludziach; wiary, jaką rodzic pokłada w swoim dziecku i która pozwala mu kochać swoich współbraci tak, jakby to ojciec ich kochał. Miłość ojcowska nie musi rozpieszczać i nie potrzebuje okupienia zła, ale nigdy nie jest cyniczna.

Ojcowska miłość ma jednolitość celu i zawsze szuka tego, co najlepsze w człowieku; jest to postawa prawdziwego rodzica.

Zobaczyć Boga – poprzez wiarę – znaczy osiągnąć prawdziwą wnikliwość duchową. Wnikliwość duchowa umacnia kierownictwo Dostrajacza i to w końcu poszerza uświadamianie sobie Boga. I kiedy znacie Ojca, macie potwierdzenie pewności Boskiego synostwa i możecie coraz mocniej kochać każdego ze swoich braci w ciele, nie tylko jako brat – miłością braterską – ale także jako ojciec – uczuciem ojcowskim.

Łatwo jest uczyć takimi radami nawet dzieci. Dzieci są naturalnie ufne i rodzice powinni zwracać uwagę na to, aby dzieci nie straciły tego prostego zaufania. W postępowaniu z dziećmi należy unikać wszelkiego oszustwa i wystrzegać się sugerowania podejrzliwości. Należy im mądrze pomagać w wyborze ich bohaterów i w selekcji ich życiowej pracy.

Potem Jezus zaczął nauczać swoich wyznawców metod realizacji głównego zadania wszystkich ludzkich trudów – doskonałości – nawet osiągania boskości. Zawsze ich napominał: „Bądźcie doskonali, nawet tak, jak wasz Ojciec w niebie jest doskonały". Nie napominał Dwunastu, aby kochali swoich bliźnich tak, jak kochają siebie. Byłoby to zasługujące na szacunek osiągnięcie; mogłoby oznaczać realizację braterskiej miłości. Napominał raczej swoich apostołów, aby kochali ludzi tak, jak on ich kocha – kochając ich *ojcowskim* jak również braterskim uczuciem. Obrazował im to, zwracając uwagę na cztery najwyższe oddziaływania ojcowskiej miłości:

1. *„Szczęśliwi, którzy lamentują, albowiem będą pocieszeni"*. Tak zwany zdrowy rozsądek, czy najlepsza logika, nigdy nie mogłyby sugerować, że szczęście można wywieść z opłakiwania. Ale Jezus nie nawiązywał do widocznego czy ostentacyjnego opłakiwania. Robił aluzje do uczuciowej postawy wrażliwości. Jest wielkim błędem uczenie chłopców i młodych mężczyzn, że niemęskie jest okazywanie wrażliwości, czy skądinąd dawanie dowodów odczuć emocjonalnych, czy fizycznego cierpienia. Współczucie jest godnym szacunku przymiotem zarówno mężczyzny jak i kobiety. Nie trzeba być gruboskórnym, aby być męskim. Jest to zły sposób tworzenia odważnych mężczyzn. Wielcy ludzie tego świata nie powinni bać się płakać. Mojżesz, opłakujący, był większym człowiekiem niż Samson czy Goliat. Mojżesz był znakomitym przywódcą, ale był też człowiekiem łagodnym. To, że jest się wrażliwym i czułym na ludzkie potrzeby, daje prawdziwe i trwałe szczęście, podczas gdy taka postawa uczuciowa chroni duszę przed niszczycielskim wpływem gniewu, nienawiści i podejrzliwości.

2. *„Szczęśliwi miłosierni, albowiem otrzymają zmiłowanie"*. Miłosierdzie oznacza tutaj wielkość, głębokość i rozległość najprawdziwszej przyjaźni – przepełnionej miłością życzliwości. Czasami miłosierdzie może być bierne, ale tutaj jest aktywne i dynamiczne – jest najwyższym przejawem ojcowskiego uczucia. Kochającemu rodzicowi nietrudno jest wybaczyć swojemu dziecku, nawet wiele razy. Nierozpieszczone dziecko naturalnie szuka ulgi w cierpieniu. Dzieci zazwyczaj są dobre i sympatyczne, kiedy osiągną odpowiedni wiek, żeby docenić rzeczywiste warunki.

3. *„Szczęśliwi, którzy czynią pokój, albowiem będą nazywani synami Bożymi"*. Słuchacze Jezusa pragnęli wojskowego wyzwolenia a nie ludzi czyniących pokój. Ale pokój Jezusa nie należy do gatunku pacyfistycznego i defensywnego. W obliczu prób i prześladowań, powiedział on: „Pokój mój zostawiam wam". „Niech się nie trwoży serce

wasze ani się nie lęka". Jest to ten pokój, który zapobiega rujnującym konfliktom. Osobisty pokój integruje osobowość. Pokój społeczny zapobiega trwodze, chciwości i złości. Polityczny pokój zapobiega antagonizmom rasowym, narodowej nieufności i wojnie. Czynienie pokoju jest lekarstwem na nieufność i podejrzliwość.

Dzieci łatwo można nauczyć działania w charakterze rozjemców. Lubią one zajęcia grupowe, lubią bawić się razem. Innym razem Mistrz powiedział: „Ktokolwiek uratuje swoje życie, utraci je, ale ktokolwiek je straci, odnajdzie je".

4. *„Szczęśliwi ci, którzy prześladowani są w imię prawości, albowiem dla nich jest królestwo nieba. Szczęśliwi jesteście, kiedy ludzie wam urągają i prześladują was i kiedy przeciw wam świadczą fałszywie całe zło. Cieszcie się i bądźcie niezmiernie radzi, gdyż wielka jest wasza nagroda w niebie".*

Bardzo często prześladowania następują po zawarciu pokoju. Ale młodzi ludzie i odważni dorośli nigdy nie boją się trudności czy niebezpieczeństw. „Nie ma większej miłości dla człowieka niż złożenie życia za swoich przyjaciół". I ojcowska miłość może obficie czynić te wszystkie rzeczy – rzeczy, które braterska miłość z trudnością ogarnia. Zawsze końcowym żniwem prześladowań bywał postęp.

Dzieci zawsze reagują na wyzwanie, gdy trzeba pokazać odwagę. Młodzież zawsze chętnie „podejmuje ryzyko". I każde dziecko powinno wcześnie uczyć się poświęcenia.

Jak stąd widać, błogosławieństwa Kazania na Górze opierają się na wierze i miłości a nie na prawie – etyce i obowiązku.

Ojcowska miłość lubuje się w płaceniu dobrem za zło – w czynieniu dobra jako zapłaty za niesprawiedliwość.

6. WIECZÓR WYŚWIĘCENIA

W niedzielę wieczorem, gdy zeszli ze wzgórz na północ od Kafarnaum, dotarli do domu Zebedeusza a Jezus i Dwunastu zjedli prosty posiłek. Potem, gdy Jezus poszedł przejść się po plaży, Dwunastu rozmawiało ze sobą. Po krótkiej dyskusji, kiedy bliźniacy rozpalili mały ogień, żeby się wszyscy ogrzali i mieli więcej światła, Andrzej poszedł odszukać Jezusa, a kiedy go dogonił, powiedział: „Mistrzu, moi bracia nie mogą zrozumieć tego, co powiedziałeś o królestwie. Nie czujemy się na siłach, aby zacząć tę pracę, zanim nie dasz nam dodatkowych wskazówek. Przyszedłem tutaj cię prosić, żebyś dołączył do nas w ogrodzie i pomógł nam zrozumieć znaczenie twych słów". I Jezus poszedł z Andrzejem, aby się spotkać z apostołami.

Kiedy Jezus wszedł do ogrodu, zgromadził apostołów wokół siebie i dalej nauczał ich tak: „Trudno wam zrozumieć moje posłanie, ponieważ nową naukę chcecie tworzyć wprost na starej, ale ja wam oświadczam, że się musicie narodzić na nowo. Musicie zacząć od nowa, jak małe dzieci i być gotowi zaufać mojej nauce i wierzyć w Boga. Nowej ewangelii królestwa nie można tak tworzyć, aby dostosować się do tego, co jest. Macie błędne pojęcia o Synu Człowieczym i jego misji na Ziemi. Jednak nie róbcie błędu i nie myślcie, że przyszedłem tu zmienić Prawo i Proroków; nie przyszedłem tutaj niszczyć, ale wypełnić, powiększyć i wyjaśnić. Nie przyszedłem po to, żeby naruszać Prawo, ale raczej po to, aby na tablicach waszych serc napisać nowe przykazania.

Wymagam od was prawości, która winna przewyższać prawość tych, którzy chcą zdobyć łaskę Ojcowską przez rozdawanie jałmużny, modlitwę i post. Jeśli chcecie wejść do królestwa, musicie mieć prawość, która się składa z miłości, miłosierdzia i prawdy – szczerego pragnienia czynienia woli mojego Ojca w niebie".

Wtedy odezwał się Szymon Piotr: „Mistrzu, jeśli masz nowe przykazanie, chcielibyśmy je usłyszeć. Ukaż nam nową drogę". Jezus odpowiedział Piotrowi: „Słyszeliście jak mówili ci, którzy uczą prawa: «Nie zabijaj; a kto by się dopuścił zabójstwa podlega sądowi». Ale ja patrzę ponad tym czynem, aby odkryć motyw. Oświadczam wam, że każdemu, kto się gniewa na swego brata, grozi potępienie. Ten, który żywi nienawiść w swoim sercu i w umyśle swoim planuje zemstę, stoi przed groźbą wyroku. Musicie osądzać swych bliźnich na podstawie ich uczynków; Ojciec w niebie osądza według intencji.

Słyszeliście nauczycieli Prawa mówiących, «Nie cudzołóż». Ale ja wam mówię, że każdy mężczyzna, który spogląda na kobietę w intencji jej pożądania, już się w swoim sercu dopuścił z nią cudzołóstwa. Wy możecie osądzać ludzi tylko na podstawie ich czynów, ale mój Ojciec patrzy w serca swoich dzieci i w miłosierdziu ich osądza, zgodnie z ich intencjami i rzeczywistymi pragnieniami".

Jezus chciał omawiać inne przykazania, kiedy Jakub Zebedeusz przerwał mu i zapytał: „Mistrzu, czego mamy nauczać ludzi odnośnie rozwodu? Czy powinniśmy zezwolić mężczyźnie na rozwód z żoną, tak jak zalecał Mojżesz"? I kiedy Jezus usłyszał to pytanie, powiedział: „Nie przyszedłem, żeby wprowadzać nowe ustawodawstwo, ale żeby oświecać. Nie przyszedłem, żeby reformować królestwa tego świata, ale raczej ustanowić królestwo nieba. Nie jest wolą Ojca, abym uległ pokusie uczenia was zasad rządzenia, handlu czy postępowania społecznego, które mogą być dobre na dzisiaj, ale będą zupełnie nieodpowiednie dla społeczeństwa innej epoki. Jestem na Ziemi wyłącznie po to, aby pocieszać umysły, wyzwolić ducha i ocalać dusze ludzkie. Ale odnośnie tego pytania o rozwodzie, powiem, że chociaż Mojżesz przychylnie traktował takie rzeczy, nie było tak w czasach Adama i w Ogrodzie".

Apostołowie rozmawiali ze sobą przez chwilę, po czym Jezus zaczął mówić: „Zawsze musicie dostrzec dwa punkty widzenia w sprawie każdego postępowania śmiertelnika – ludzki i boski; drogi ciała i drogę ducha; ocenianie z punktu widzenia czasu i punkt widzenia wieczności". I chociaż Dwunastu nie w pełni zrozumiało wszystko to, czego ich nauczał, naprawdę pomogła im ta nauka.

I wtedy Jezus powiedział: „Ale wy pobłądzicie w moim nauczaniu, ponieważ macie zwyczaj dosłownie interpretować moją naukę; jesteście powolni w dostrzeganiu ducha mego nauczania. Musicie również pamiętać, że jesteście moimi posłańcami; jesteście zobowiązani przeżyć swoje życie tak, jak ja w duchu żyłem moim. Jesteście moimi osobistymi przedstawicielami; ale nie pobłądźcie, oczekując tego, żeby wszyscy ludzie żyli w każdym szczególe tak jak wy. Musicie także pamiętać, że mam owce nie z tej owczarni i w stosunku do nich również mam zobowiązania, w takim stopniu, że muszę dawać im wzór wykonywania woli Boga, gdy żyję życiem istoty śmiertelnej".

Wtedy Nataniel spytał: „Mistrzu, czy mamy zrezygnować z prawodawstwa? Prawo Mojżesza mówi: «Oko za oko i ząb za ząb». Co mamy mówić"? A Jezus odpowiedział: „Powinniście odpłacać dobrem za zło. Moi posłańcy nie mogą walczyć z ludźmi, ale muszą być delikatni dla wszystkich. Miara za miarę nie powinna być waszą regułą. Ci, co władają ludźmi, mogą mieć takie prawa, ale tak nie jest w królestwie; miłosierdzie zawsze powinno decydować o waszym osądzie a miłość o waszym postępowaniu. I jeśli są to mocne słowa, nawet teraz możecie zawrócić. Jeśli wymagania apostolstwa są dla was za trudne, możecie wrócić do mniej rygorystycznych dróg i zostać uczniami".

Słysząc te zaskakujące słowa, apostołowie rozproszyli się na chwilę, ale wkrótce wrócili i Piotr powiedział: „Mistrzu, chcielibyśmy iść razem z tobą; żaden z nas nie zawróci. Jesteśmy w pełni gotowi zapłacić dodatkową cenę; wypijemy ten puchar. Będziemy apostołami, a nie tylko uczniami".

Kiedy Jezus to usłyszał, powiedział: „Bądźcie zatem gotowi do czynienia waszych powinności i pójdźcie ze mną. Czyńcie swe dobre uczynki w tajemnicy; kiedy dajecie jałmużnę, niech nie wie lewa ręka, co robi prawa. A gdy się modlicie, oddalcie się sami w zacisze i nie używajcie pustych powtórzeń, czy nic nieznaczących frazesów. Zawsze pamiętajcie, że wasz Ojciec wie, czego wam trzeba, nawet zanim go o to poprosicie. I nie zaczynajcie postów z posępnym obliczem, widocznym dla ludzi. Jako moi wybrani apostołowie, teraz oddzieleni od innych dla służby w królestwie, nie gromadźcie sobie bogactw na Ziemi, ale poprzez swoją bezinteresowną służbę gromadźcie sobie skarby w niebie, gdyż tam, gdzie są wasze skarby, tam również będą wasze serca.

Lampą ciała jest oko, przeto, jeśli oko twoje jest szczodre, całe twoje ciało pełne będzie światła. Ale jeśli oko twoje jest samolubne, całe ciało twoje przepełnione bedzie ciemnością. Jeśli to właśnie światło, które jest w was, przemieni się w ciemność, jak wielka jest ta ciemność"!

I wtedy Tomasz zapytał Jezusa, czy powinni „wciąż mieć wszystko wspólne". Mistrz odpowiedział: „Tak mój bracie, chciałbym, abyśmy mogli żyć razem jak jedna, rozumiejąca się rodzina. Powierzono wam wielką pracę a ja pragnę waszej jednomyślnej służby. Wiecie, że dobrze powiedziano: «Nikt nie może służyć dwu panom». Nie możecie szczerze czcić Boga i jednocześnie całym sercem służyć mamonie. Będąc powołani teraz całkowicie do pracy dla królestwa, nie obawiajcie się zbytnio o swoje życie; jeszcze mniej troszczcie się o to, co będziecie jeść, czy co będziecie pić; ani o swoje ciało, czy macie się w co przyodziać. Już się przecież nauczyliście, że chętne ręce i żarliwe serca nie mogą chodzić głodne. A teraz, gdy szykujecie się poświęcić całą swoją energię pracy dla królestwa, zapewniam was, że Ojciec dbać będzie o wasze potrzeby. Starajcie się naprzód o królestwo Boże, a kiedy znajdziecie wejście do niego, wszystkie rzeczy wam potrzebne będą wam przydane. Nie troszczcie się zbytnio o jutro. Dosyć ma dzień kłopotów jego".

Gdy Jezus zauważył, że apostołowie mogli całą noc nie spać i zadawać pytania, powiedział im: „Moi bracia, jesteście ziemskimi naczyniami; najlepiej dla was będzie, jeśli udacie się na spoczynek, abyście byli gotowi do jutrzejszej pracy". Ale sen uciekł im z oczu. Piotr odważył się poprosić Mistrza, czy „mógłby z nim porozmawiać prywatnie. Nie dlatego, że mógłbym mieć sekrety przed moimi braćmi, ale mam niepokój duchowy i jeśli być może zasługuję na upomnienie od mego Mistrza, byłoby to lepiej znieść z tobą w pojedynkę". I Jezus odpowiedział: „Pójdź ze mną Piotrze" – i poszedł przodem do domu. Kiedy Piotr wrócił od Mistrza, uradowany i podbudowany, Jakub zdecydował się pójść na rozmowę do Jezusa. I tak dalej, poprzez wczesne godziny poranne, następni apostołowie, jeden po drugim, szli rozmawiać z Mistrzem. Kiedy wszyscy, z wyjątkiem bliźniaków, którzy usnęli, przeprowadzili z nim prywatną rozmowę, Andrzej poszedł do Jezusa i powiedział: „Mistrzu, bliźniacy usnęli w ogrodzie przy ognisku, czy mam ich obudzić i spytać, czy też chcieliby rozmawiać z tobą?". A Jezus uśmiechając się, odpowiedział Andrzejowi: „Oni dobrze robią – nie kłopocz ich". A noc właśnie minęła i świtało światło następnego dnia.

7. TYDZIEŃ PO WYŚWIĘCENIU

Po kilku godzinach snu, kiedy Dwunastu zebrało się na późne śniadanie z Jezusem, ten powiedział: „Teraz musicie zacząć swoją pracę głoszenia dobrej nowiny i nauczania wierzących. Bądźcie gotowi wyruszyć do Jerozolimy". Kiedy Jezus to powiedział, Tomasz zebrał w sobie odwagę i rzekł: „Wiem Mistrzu, że teraz powinniśmy być gotowi rozpocząć pracę, ale boję się, że niezdolni jesteśmy dokonać tak wielkiego zadania. Czy mógłbyś pozwolić nam zostać kilka dni w tych stronach, nim rozpoczniemy pracę dla królestwa"? I kiedy Jezus spostrzegł, że wszystkich jego apostołów ogarnął ten sam strach, powiedział: „Stanie się jak prosicie, pozostaniemy tutaj przez dzień szabatu".

Przez wiele tygodni mała grupa gorliwych poszukiwaczy prawdy, razem z ciekawskimi, przychodziła do Betsaidy, aby zobaczyć Jezusa. Już się wieść o nim rozeszła po okolicy; grupy zaciekawionych ludzi przybywały z miast tak odległych jak Tyr, Sydon, Damaszek, Cezarea i Jerozolima. Poprzednio Jezus witał tych ludzi i nauczał ich o sprawach królestwa, ale teraz Mistrz zlecił tę pracę Dwunastu. Andrzej wybierał jednego z apostołów i przydzielał go do grupy gości a czasami cała Dwunastka bywała tak zatrudniona.

Dwa dni tak pracowali, nauczając w dzień i prowadząc prywatne rozmowy do późnej nocy. Trzeciego dnia Jezus odwiedził Zebedeusza i Salome, w międzyczasie odesłał swoich apostołów do „łowienia ryb, znalezienia czegoś beztroskiego dla odmiany, czy być może odwiedzenia rodzin". W czwartek wrócili na następne trzy dni nauki.

Podczas tego tygodnia powtórek, Jezus wielokrotnie powtarzał swym apostołom dwa wielkie motywy jego misji na Ziemi, która zaczęła się po chrzcie:

1. Objawienie człowiekowi Ojca.
2. Nauczenie ludzi świadomości synostwa – aby uświadomili sobie, przez wiarę, że są dziećmi Najwyższego Ojca.

Tydzień tak różnorodnych doświadczeń dużo dał Dwunastu; niektórzy z nich zaczęli być nawet zbyt pewni siebie. Podczas ostatniego spotkania, wieczorem po szabacie, Piotr i Jakub przyszli do Jezusa, mówiąc: „Jesteśmy gotowi – pozwól nam wyruszyć i zdobyć królestwo". Na co Jezus odpowiedział: „Oby wasz rozum równał się waszej gorliwości a wasza odwaga okupiła waszą ignorancję".

Aczkolwiek apostołowie nie potrafili zrozumieć zbyt wiele z nauk Jezusa, udało się im pojąć doniosłość urzekająco pięknego życia, jakie przeżywał razem z nimi.

8. CZWARTKOWE POPOŁUDNIE NA JEZIORZE

Jezus dobrze wiedział, że jego apostołowie niezupełnie przyswajają sobie jego nauki. Postanowił udzielić specjalnych instrukcji Piotrowi, Jakubowi i Janowi, z nadzieją, że będą mogli wyjaśnić te idee swoim towarzyszom. Widział, że chociaż Dwunastu pojęło *niektóre* idee duchowego królestwa, niezłomnie trwali przy tym, aby łączyć to nowe, duchowe nauczanie, bezpośrednio ze swymi starymi i ugruntowanymi, przyziemnymi pojęciami królestwa nieba, jako przywrócenia tronu Dawidowego i ustanowienia Izraela jako doczesnej władzy na Ziemi. Dlatego też w czwartek po południu, Jezus z Piotrem, Jakubem i Janem odbili łodzią od brzegu, aby raz jeszcze omówić sprawy królestwa. Była to czterogodzinna sesja instruktażowa, obejmująca dziesiątki pytań i odpowiedzi i być może najbardziej pożyteczne będzie przedstawienie tego zapisu, reorganizując podsumowanie owego doniosłego popołudnia, opowiedziane następnego dnia rano przez Szymona Piotra jego bratu Andrzejowi:

1. *Czynienie woli Ojca.* Jezus nauczał, że zaufanie wyższej opiece niebiańskiego Ojca nie jest ślepym i biernym fatalizmem. Tego popołudnia cytował z uznaniem stare hebrajskie porzekadło: „Kto nie pracuje, ten nie powinien jeść". Zwrócił uwagę na swoje własne doświadczenie jako wystarczający komentarz do swej nauki. Jego nakazy, aby zaufać Ojcu, nie mogą być osądzane przez społeczne czy ekonomiczne warunki czasów współczesnych, czy też jakichkolwiek innych epok. Jego nauka zawiera idealne zasady życia w bliskości Boga, we wszystkich czasach i na wszystkich światach.

Jezus wyjaśnił wszystkim trzem różnicę pomiędzy wymaganiami stawianymi apostołom a wymaganiami stawianymi uczniom. I nie zakazał, nawet Dwunastu, wykazywania rozwagi i przezorności. To, czemu się przeciwstawiał, gdy głosił te nauki, nie było przezornością, ale lękiem i obawą. Uczył aktywnego i czujnego poddania się Boskiej woli. W odpowiedzi na wiele pytań, dotyczących skromności i oszczędności, zwrócił uwagę na swoje życie jako cieśli, szkutnika i rybaka, i na staranne zorganizowanie przez siebie Dwunastu. Starał się wyjaśnić, że świata nie można traktować jako wroga; że okoliczności życia stanowią boski porządek, współdziałający z dziećmi Bożymi.

Jezusowi było nadzwyczaj trudno przybliżyć metodom rozumowania apostołów swój osobisty zwyczaj nie stawiania oporu. Zupełnie nie chciał się bronić i apostołom zdawało się, że byłby zadowolony, gdyby oni też przyjęli taką samą zasadę postępowania. Uczył ich nie opierania się złu, nie walczenia z niesprawiedliwością czy krzywdą, ale nie uczył ich biernej tolerancji wobec czynionego zła. Tego popołudnia wyjaśnił, że aprobuje karanie złoczyńców i kryminalistów przez społeczeństwo i że rząd państwowy musi czasem użyć siły dla zachowania porządku publicznego i wymierzania sprawiedliwości.

Nigdy nie przestał ostrzegać swoich uczniów przed złym zwyczajem *zemsty;* nie tolerował rewanżu, idei wyrównania rachunków. Ubolewał nad zachowywaniem żalów. Nie uznawał idei oko za oko i ząb za ząb. Nie aprobował całej koncepcji prywatnego i osobistego rewanżu, przekazując te sprawy, z jednej strony rządowi państwowemu, z drugiej zaś osądzeniu przez Boga. Wyjaśnił trzem apostołom, że jego nauka odnosi się do *jednostek* a nie do państwa. W następujący sposób podsumował swoje dotychczasowe objaśnienia, odnoszące się do tych zagadnień:

Kochaj swoich wrogów – pamiętaj o moralnych wymaganiach ludzkiego braterstwa.

Bezcelowość zła: krzywdy nie naprawia się zemstą. Nie popełniajcie błędu i nie walczcie ze złem jego własną bronią.

Miejcie wiarę – pewność ostatecznego tryumfu Boskiej sprawiedliwości i wiekuistej dobroci.

2. *Stanowisko polityczne.* Jezus ostrzegał swoich apostołów, aby byli roztropni w swoich uwagach, dotyczących napiętych wtedy stosunków pomiędzy narodem żydowskim a rządem rzymskim; zabronił im angażowania się w jakikolwiek sposób w te problemy. Jezus zawsze starannie unikał politycznych pułapek swych nieprzyjaciół,

nieodmiennie im odpowiadając: „Oddajcie cesarzowi te rzeczy, które należą do cesarza a Bogu te rzeczy, które są Boga". Nie chciał odwracać swej uwagi od misji ustanowienia nowej drogi zbawienia; nie pozwalał sobie interesować się czymkolwiek innym. W swoim życiu osobistym zawsze dokładnie przestrzegał wszystkich państwowych praw i przepisów; w całym swym nauczaniu publicznym ignorował państwowe, społeczne i ekonomiczne dziedziny życia. Trzem apostołom powiedział, że interesuje się tylko pryncypiami ludzkiego wnętrza i osobistym życiem duchowym człowieka.

Zatem Jezus nie był reformatorem politycznym. Nie przyszedł po to, żeby reorganizować świat; gdyby nawet to zrobił, mogłoby się to odnosić tylko do tamtych dni i tamtego pokolenia. Pokazał jednak człowiekowi lepszą drogę życia i nie ma pokolenia, które byłoby zwolnione od rozwiązania tego zadania, jak najlepiej dostosować życie Jezusa do własnych problemów. Ale nigdy nie róbcie błędu, żeby utożsamiać nauki Jezusa z jakąś teorią polityczną czy ekonomiczną, z jakimś systemem społecznym czy industrialnym.

3. *Stanowisko społeczne.* Żydowscy rabini długo rozważali kwestię: kto jest moim bliźnim? Przyszedł Jezus, prezentując ideę czynnej i spontanicznej życzliwości, miłości do brata człowieka tak autentycznej, że rozszerzała ideę bliźniego na cały świat, czyniąc tym samym wszystkich ludzi bliźnimi. Ale przy tym wszystkim, Jezus interesował się tylko indywidualnym człowiekiem, nie masami. Jezus nie był socjologiem, jednak pracował nad przełamaniem wszystkich form samolubnej izolacji. Nauczał czystej sympatii, współczucia. Michał z Nebadonu jest Synem zdominowanym przez miłosierdzie; współczucie jest podstawą jego natury.

Mistrz nie mówił, że ludzie nigdy nie powinni gościć swych przyjaciół przy stole, ale powiedział, że jego wyznawcy powinni wydawać uczty dla biednych i nieszczęśliwych. Jezus miał niezachwiane poczucie sprawiedliwości, zawsze jednak łagodzone miłosierdziem. Nie nauczał swoich apostołów, że mają być okpiwani przez pasożytów społecznych czy zawodowych żebraków. Najdalej posunął się w oświadczeniach społecznych, kiedy powiedział: „Nie sądźcie a nie będziecie sądzeni".

Wyjaśnił, że bezkrytyczna życzliwość może być odpowiedzialna za wiele społecznego zła. Następnego dnia Jezus wyraźnie pouczył Judasza, że nie wolno dawać apostolskich funduszy na jałmużnę, chyba, że on tak zarządzi, lub wspólnie o to poproszą dwaj apostołowie. We wszystkich tych sprawach Jezus zawsze powtarzał: „Bądźcie mądrzy jak węże, ale łagodni jak gołębie". Wydawało się, że we wszystkich sytuacjach społecznych Jezus chciał uczyć cierpliwości, tolerancji i przebaczania.

Rodzina znajdowała się w centralnym punkcie filozofii życiowej Jezusa, zarówno wtedy jak i później. Swoją naukę o Bogu oparł na rodzinie, jednocześnie próbując korygować żydowskie skłonności przesadnego czczenia przodków. Życie rodzinne podniósł do najwyższego obowiązku człowieka, ale wyjaśnił, że związki rodzinne nie mogą ingerować w obowiązki religijne. Zwracał uwagę na to, że rodzina jest tymczasową instytucją, że nie przetrwa śmierci. Jezus nie wahał się odwrócić od swojej rodziny, kiedy rodzina sprzeciwiła się woli Ojca. Nauczał nowego i poszerzonego braterstwa ludzkości – synów Boga. W czasach Jezusa rozwody stały się nagminne w Palestynie i w całym Cesarstwie Rzymskim. Jezus wielokrotnie nie chciał wprowadzić praw dotyczących małżeństwa i rozwodu, ale wielu jego wcześniejszych wyznawców posiadało określone poglądy w sprawie rozwodów i nie wahało się przypisać tych opinii jemu. Wszyscy pisarze Nowego Testamentu trzymali się tych bardzo surowych i dalece posuniętych idei odnośnie rozwodu, za wyjątkiem Jana Marka.

4. *Stanowisko ekonomiczne.* Jezus pracował, żył i robił różne transakcje w świecie takim, jakim go zastał. Nie był reformatorem ekonomicznym, choć często zwracał uwagę na niesprawiedliwy i nierówny podział dóbr. Nie dawał jednak żadnych propozycji w sprawie środków zaradczych. Wyjaśnił trzem apostołom, że chociaż jego apostołowie nie powinni posiadać dóbr doczesnych, nie występował przeciw bogactwu i nieruchomościom, tylko przeciw ich nierównemu i nieuczciwemu rozdzielaniu. Uznawał potrzebę społecznej sprawiedliwości i uczciwości industrialnej, ale nie proponował żadnych zasad ich realizacji.

Jezus nigdy nie nauczał swych wyznawców, za wyjątkiem dwunastu apostołów, aby nie posiadali ziemskich dóbr. Łukasz, lekarz, głęboko wierzył w równość społeczną i sporo się przyczynił do interpretacji wypowiedzi Jezusa zgodnie ze swoimi własnymi przekonaniami. Jezus nigdy osobiście nie zalecał swym zwolennikom, aby żyli we wspólnocie; nie wygłosił żadnego oświadczenia w tych sprawach.

Jezus często ostrzegał swoich słuchaczy przed chciwością, oświadczając, że „szczęście człowieka nie zależy od obfitości jego dóbr materialnych". Stale powtarzał: „Cóż bowiem za korzyść dla człowieka, zyskać świat cały, a duszę swoją stracić?". Nie atakował bezpośrednio posiadania majątku, ale obstawał przy tym, że jest wieczną koniecznością, aby duchowe wartości stały na pierwszym miejscu. W swoich późniejszych naukach starał się korygować wiele błędnych poglądów na życie, istniejących na Urantii, poprzez liczne narracje i przypowieści, które prezentował podczas swojej działalności publicznej. Jezus nigdy nie zamierzał formułować teorii ekonomicznych; dobrze wiedział, że każda epoka musi wykształcić własne metody radzenia sobie z zaistniałymi problemami. I gdyby Jezus dzisiaj przebywał na Ziemi, żyjąc swoim życiem w ciele, byłby wielkim rozczarowaniem dla większości dobrych mężczyzn i kobiet z tej prostej przyczyny, że nie zająłby stanowiska we współczesnych sporach politycznych, społecznych czy ekonomicznych. Pozostawałby dostojnie na uboczu i nauczałby was, jak doskonalić wasze wewnętrzne życie duchowe, aby znacznie zwielokrotnić wasze możliwości energicznego rozwiązywania czysto ludzkich problemów.

Jezus chciałby upodobnić wszystkich ludzi do Boga a potem przyglądać się z sympatią, jak ci synowie Boży rozwiązują swe własne polityczne, społeczne i ekonomiczne problemy. Jezus nie potępiał bogactwa, tylko to, co bogactwo robi z większością tych ludzi, którzy je kochają. Tego, czwartkowego popołudnia, Jezus po raz pierwszy powiedział swym towarzyszom, że „jest bardziej błogosławione dawać niż brać".

5. *Religia osobista.* Wy, tak samo jak i apostołowie, powinniście lepiej zrozumieć nauki Jezusa poprzez jego życie. Żył on doskonałym życiem na Urantii a jego unikalne nauki możecie zrozumieć dopiero wtedy, kiedy wyobrazicie sobie to życie na jego bezpośrednim tle. To właśnie życie Jezusa, a nie nauki dla Dwunastu czy kazania dla tłumów, będzie najbardziej pomocne w objawianiu Boskiego charakteru i pełnej miłości osobowości Ojca.

Jezus nie atakował nauk hebrajskich proroków czy greckich moralistów. Mistrz aprobował wiele dobrych rzeczy, przy których ci wielcy nauczyciele obstawali, ale zstąpił na Ziemię po to, żeby nauczać czegoś *dodatkowo* – „dobrowolnego dostosowania woli człowieka do woli Boga". Jezus nie chciał po prostu wytworzyć *człowieka religijnego,* śmiertelnika całkowicie zajętego uczuciami religijnymi i ożywianego tylko impulsami duchowymi. Gdybyście mogli choć raz popatrzeć na niego, wiedzielibyście, że Jezus był prawdziwym człowiekiem, mającym wielkie doświadczenie w sprawach tego świata. Nauki Jezusa są pod tym względem rażąco wypaczane i bardzo fałszywie przedstawiane poprzez wszystkie wieki ery chrystusowej; wy również macie wypaczone idee o łagodności i pokorze Mistrza. Wydaje się, że to, do czego dążył on w swoim życiu, było *wspaniałym poczuciem własnej godności* Jezus radził człowiekowi, aby się upokorzył, tylko po to, aby mógł stać się prawdziwie podniosłym; a to, do czego rzeczywiście dążył, było prawdziwą pokorą wobec Boga. Położył wielki nacisk na szczerość – czyste serce. W jego ocenie charakteru wierność była cnotą kardynalną, podczas gdy *odwaga* była sednem jego nauczania. „Nie lękajcie się", było jego hasłem a pełna cierpliwości wytrzymałość jego ideałem siły charakteru. Nauka Jezusa stanowi religię dzielności, odwagi i heroizmu. I dlatego właśnie wybrał na swoich osobistych przedstawicieli dwunastu pospolitych ludzi, którzy w znacznej części byli surowymi, męskimi i dzielnymi rybakami.

Jezus niewiele mówił na temat wad społecznych swoich czasów; rzadko nawiązywał do wykroczeń moralnych. Był konstruktywnym nauczycielem prawdziwej cnoty. Przemyślnie unikał nauczania metodą zakazów; nie chciał reklamować zła. Nie był nawet reformatorem moralnym. Dobrze wiedział i tak nauczał swych apostołów, że zmysłowe skłonności ludzkości nie zostaną stłumione przez naganę religijną albo przez zakazy prawne. Kilka jego wypowiedzi potępiających skierowanych było zasadniczo przeciw dumie, okrucieństwu, ciemiężeniu i hipokryzji.

Jezus nie potępiał ostro nawet faryzeuszy, jak to czynił Jan. Wiedział, że wielu uczonych w Piśmie, jak i faryzeuszy, miało szczere serca; rozumiał gnębiącą ich niewolę tradycji religijnych. Jezus przykładał wielkie znaczenie do „czynienia najpierw drzewa dobrym". Z naciskiem tłumaczył trzem apostołom, że ceni całe życie, nie tylko kilka szczególnych cnót.

Jedną rzeczą, którą Jan przyswoił sobie z nauki tego dnia, było to, że sedno religii Jezusa polega na nabywaniu współczującego charakteru, w połączeniu z osobistą motywacją wykonywania woli Ojca w niebie.

Piotr zrozumiał ideę, że ewangelia, którą mieli głosić, była rzeczywiście nowym początkiem całego rodzaju ludzkiego. Później podzielił się tym wrażeniem z Pawłem, który na tej podstawie sformułował swoją doktrynę Chrystusa jako „drugiego Adama".

Jakub pojął ujmującą prawdę, że Jezus pragnął, aby jego dzieci na Ziemi żyły tak, jak gdyby już były obywatelami ukończonego królestwa niebiańskiego.

Jezus wiedział, że ludzie są różni i tak też nauczał swoich apostołów. Nieustannie ich napominał, aby powstrzymywali się od prób modelowania swoich uczniów i wierzących według jakiegoś ustalonego wzoru. Starał się o to, aby każda dusza rozwijała się na swój własny sposób i stanęła przed Bogiem jako doskonała i niezależna jednostka. Na jedno z wielu pytań Piotra, Mistrz odpowiedział: „Chciałbym wyzwolić ludzi w ten sposób, aby jak małe dzieci mogli zacząć nowe i lepsze życie". Jezus zawsze podkreślał, że prawdziwa dobroć musi być nieświadoma w swym obdarzaniu dobroczynnością; aby lewa ręka nie dowiedziała się, co czyni ręka prawa.

Tego popołudnia trzech apostołów doznało szoku, kiedy uświadomili sobie, że religia ich Mistrza nie posiada klauzuli duchowego rachunku sumienia. Wszystkie religie, przed i po czasach Jezusa, nawet chrześcijaństwo, pieczołowicie wprowadzały dokładny rachunek sumienia, ale nie religia Jezusa z Nazaretu. Filozofia życiowa Jezusa nie zawiera religijnej introspekcji. Syn cieśli nigdy nie uczył *tworzenia* charakteru; nauczał *rozwoju* charakteru, oświadczając, że królestwo nieba jest jak ziarno gorczycy. Ale Jezus nie powiedział niczego, co mogłoby zakazywać rachunku sumienia jako środka zapobiegania zarozumiałemu egotyzmowi.

Prawo wejścia do królestwa uzależnione jest od wiary, osobistego przekonania. Koszt pozostawania w królestwie, w postępowym wznoszeniu się, jest perłą o wielkiej wartości; aby ją posiąść, człowiek sprzedaje wszystko, co posiada.

Nauka Jezusa jest religią dla wszystkich, nie tylko dla słabych i niewolników. Jego religia nigdy się nie skrystalizowała (za jego dni) w kreda i prawa teologiczne; Jezus nie pozostawił po sobie ani jednej linijki swojego pisma. Jego życie i nauki przekazane zostały wszechświatowi jako inspirujące i idealistyczne dziedzictwo, właściwe duchowe przewodnictwo i moralna nauka dla wszystkich czasów i dla wszystkich światów. I nawet dzisiaj nauka Jezusa, jako taka, pozostaje oddzielona od wszystkich religii, aczkolwiek dla każdej z nich jest żywą nadzieją.

Jezus nie nauczał apostołów, że religia jest jedynym zajęciem człowieka na Ziemi; to była żydowska idea służenia Bogu. Podkreślał jednak, że religia jest wyłącznym zajęciem Dwunastu. Jezus nie nauczał niczego, co mogłoby zabraniać jego zwolennikom podążania za prawdziwą kulturą; odcinał się tylko od ograniczonych tradycją religijnych szkół w Jerozolimie. Był liberalny, wielkiego serca, uczony i tolerancyjny. W filozofii jego prawego życia nie było miejsca na wstydliwą pobożność.

Mistrz nie dawał propozycji rozwiązywania problemów nie związanych z religią, zarówno dotyczących jego czasów jak i przyszłych epok. Jezus pragnął kształtować duchową wnikliwość w wieczne rzeczywistości i rozbudzić zainteresowanie oryginalnością życia; sam interesował się wyłącznie fundamentalnymi i stałymi, duchowymi potrzebami gatunku ludzkiego. Wykazywał dobroć taką samą jak Bóg. Wywyższał miłość – prawdę, piękno i dobroć – jako boskie ideały i jako wieczną rzeczywistość.

Mistrz przyszedł stworzyć nowego ducha w człowieku, nową wolę – przydać mu nowych zdolności poznawania prawdy, przeżywania miłosierdzia i wybierania dobroci – wolę, aby istniała w harmonii z wolą Boga, połączoną z wiecznym dążeniem, aby stawać się doskonałym, nawet tak, jak Ojciec w niebie jest doskonały.

9. DZIEŃ KONSEKRACJI

Następny szabat Jezus poświęcił swoim apostołom, poszedł z nimi znowu na wzgórza, gdzie ich wyświęcił; i tam, po długim i dogłębnie wzruszającym, podbudowującym, osobistym orędziu, zaczął uroczysty akt konsekracji Dwunastu. Tego, szabatowego popołudnia, Jezus zgromadził wokół siebie apostołów na zboczu góry i oddał ich w ręce swego niebiańskiego Ojca, przygotowując ich do tego dnia, kiedy będzie zmuszony pozostawić ich samych na świecie. W czasie tej uroczystości nie było nowej nauki, przebywali po prostu razem we wspólnocie.

Jezus dokonał przeglądu wielu aspektów kazania wyświęcającego, które wygłosił w tym samym miejscu a potem, wzywając jednego po drugim, powołał ich, aby szli w świat jako jego przedstawiciele. Powiernictwo konsekracyjne Mistrza brzmiało: „Idźcie w świat i głoście dobrą nowinę królestwa. Uwalniajcie więźniów duchowych, pocieszajcie uciskanych i służcie dotkniętym nieszczęściem. Darmo wzięliście, darmo dawajcie".

Jezus radził apostołom, aby nie brali ze sobą ani pieniędzy ani zapasowego ubrania, mówiąc: „Zasługuje robotnik na swoją zapłatę". Na koniec rzekł: „Oto ja posyłam was jak owce pomiędzy wilki; bądźcie więc roztropni jak węże a łagodni jak gołębie. Miejcie się na baczności, gdyż wrogowie wasi wydawać was będą swym zgromadzeniom, podczas gdy w synagogach będą was surowo karcić. Zaprowadzą was przed namiestników i królów, ponieważ wierzycie w tę ewangelię i wasze własne oświadczenie będzie świadczyło za mnie przed nimi. I kiedy doprowadzą was sądom, nie martwcie się jak i co będziecie im mówić, gdyż duch mojego Ojca zamieszkuje was i w takiej godzinie będzie przez was mówił. Niektórzy z was będą wydani na śmierć i zanim zaprowadzicie królestwo na Ziemi, znienawidzeni będziecie przez wielu ludzi z powodu tej ewangelii; ale nie bójcie się, ja będę z wami a mój duch pójdzie przed wami na cały świat. I obecność mojego Ojca będzie wam dotrzymywać kroku, kiedy najpierw pójdziecie do Żydów a potem do nie-Żydów".

I kiedy zeszli z góry, znowu poszli do miejsca swego zakwaterowania w domu Zebedeusza.

10. WIECZÓR PO KONSEKRACJI

Tego wieczoru, podczas nauki w domu, gdyż zaczął padać deszcz, Jezus mówił długo, starając się ukazać Dwunastu, czym powinni *być* a nie, co mają *robić*. Oni znali tylko taką religię, która nakazywała, jako metodę osiągnięcia prawości – zbawienia – *robienie* pewnych rzeczy. Ale Jezus powtarzał: „W królestwie musicie *być* prawi, aby wykonywać pracę". Wiele razy powtarzał: „*Bądźcie* zatem doskonali, nawet tak, jak doskonały jest wasz Ojciec w niebie". Cały czas Mistrz tłumaczył swym zdezorientowanym apostołom, że zbawienie, z którym przyszedł niosąc je światu, osiągalne jest tylko przez *wierzenie*, przez zwykłą i szczerą wiarę. Jezus powiedział: „Jan głosił chrzest żalu za grzechy, żałość z powodu starej drogi życia. Wy będziecie głosić chrzest wspólnoty z Bogiem. Głoście żal za grzechy tym, którym potrzeba takiej nauki, ale tym, którzy już szczerze szukają wejścia do królestwa, otwórzcie drzwi szeroko i zaproście ich, aby weszli do radosnej wspólnoty synów Bożych". Trudno jednak było wytłumaczyć tym galilejskim rybakom, że w królestwie należy najpierw *być* prawym przez wiarę, a potem *czynić* prawość w życiu codziennym ziemskich śmiertelników.

Następną wielką przeszkodą, pojawiającą się podczas nauczania Dwunastu, była ich tendencja do przyjmowania wysoce idealistycznych i duchowych zasad prawd religijnych i przerabianie ich w specyficzne reguły osobistego postępowania. Jezus mógł przedstawiać im pięknego ducha, charakteryzującego postawę duszy, ale oni się upierali przy przetłumaczeniu tej nauki na reguły osobistego postępowania. Wielokrotnie, kiedy starali się bezbłędnie zapamiętać to, co powiedział Mistrz, prawie niezawodnie zapominali to, czego on *nie* powiedział. Powoli jednak przyswajali sobie jego nauki, ponieważ Jezus *był* wszystkim tym, czego uczył. To, czego nie mogli pojąć z jego słownych instrukcji, przyswajali sobie stopniowo przebywając z nim.

Apostołowie nie potrafili tego zrozumieć, że ich Mistrz żył życiem duchowej inspiracji dla każdej osoby, z każdej epoki, na każdym świecie rozległego wszechświata. Chociaż Jezus mówił im o tym od czasu do czasu, apostołowie nie pojmowali idei, że wykonując swoją pracę *na* tym świecie, robił ją *dla* wszystkich innych światów swojej rozległej kreacji. Jezus żył swoim ziemskim życiem na Urantii nie po to, żeby ustanowić osobisty przykład życia ludzkiego dla mężczyzn i kobiet tego świata, ale raczej po to, żeby stworzyć *wysoki duchowy i inspirujący ideał* dla wszystkich istot śmiertelnych, żyjących na wszystkich światach.

Tego samego wieczora Tomasz zapytał Jezusa: „Mistrzu, mówisz nam, że zanim będziemy mogli zaskarbić sobie wejście do królestwa Ojca, musimy stać się jak małe dzieci i jeszcze ostrzegłeś nas, aby nie dać się zwieść fałszywym prorokom i byśmy nie zawinili i nie rzucali naszych pereł przed wieprze. Teraz naprawdę jestem w kłopocie. Nie mogę zrozumieć twojej nauki". Jezus odrzekł Tomaszowi: „Jak długo mam jeszcze z wami wytrzymać! Zawsze obstajecie przy dosłownym traktowaniu wszystkiego, czego nauczam. Kiedy wam powiedziałem, abyście się stali jak małe dzieci, gdyż to jest cena wejścia do królestwa, nie odnosiłem tego do ułatwienia zwodzenia was a tylko do zwykłej gotowości uwierzenia, nie do pospiesznej ufności ku uciesze obcych. Chciałem, abyście z tego przykładu wyciągnęli wniosek o związku ojciec-dziecko. Ty jesteś dzieckiem a to królestwo, do którego chcesz wejść, jest królestwem *twojego* Ojca. Obrazuje to naturalne przywiązanie między każdym normalnym dzieckiem a jego ojcem, co gwarantuje zgodny i kochający związek i na zawsze wyklucza wszystkie inklinacje do targu o miłość i miłosierdzie Ojca. I ta ewangelia, którą pójdziecie głosić, ma do czynienia ze zbawieniem, rodzącym się z uświadomienia sobie przez wiarę tego właśnie, wiecznego pokrewieństwa dziecko-ojciec".

Cechą charakterystyczną nauki Jezusa było to, że w jego filozofii *moralność* wynikała z osobistej relacji człowieka do Boga – z tego właśnie związku dziecko-ojciec. Jezus kładł nacisk na *jednostkę,* a nie na rasę czy naród. Gdy jedli kolację, Jezus rozmawiał z Mateuszem i wytłumaczył mu, że moralność dowolnego czynu jest określona przez motywy jednostki. Moralność Jezusa zawsze była konstruktywna. Złota zasada, tak jak na nowo została wyrażona przez Jezusa, wymagała czynnego, społecznego kontaktu; stara, zakazująca zasada, mogła być przestrzegana samotnie. Jezus ogołocił moralność ze wszystkich przepisów i obrzędów i podniósł ją do majestatycznych poziomów duchowego myślenia i prawdziwie sprawiedliwego życia.

Nowa religia Jezusa nie jest pozbawiona praktycznych implikacji, ale jeśli jakiekolwiek praktyczne, polityczne, społeczne czy ekonomiczne wartości znaleźć można w jego nauce, są one wypracowane naturalnie z wewnętrznych przeżyć duszy, gdy ujawnia ona owoce ducha w spontanicznej, codziennej służbie prawdziwego, osobistego doświadczenia religijnego.

Później, gdy Jezus i Mateusz skończyli rozmawiać, Szymon Zelota zapytał: „Ale Mistrzu, czy *wszyscy* ludzie są synami Boga?". I Jezus odpowiedział: „Tak Szymonie, wszyscy ludzie są synami Boga i to jest ta dobra nowina, którą wy będziecie głosić". Ale apostołowie nie mogli pojąć takiej doktryny; to było nowe, dziwne i zaskakujące oświadczenie. I właśnie dlatego, że chciał im wpoić tę prawdę, Jezus nauczał swoich wyznawców, aby traktowali wszystkich ludzi jak braci.

Odpowiadając na pytanie zadane przez Andrzeja, Mistrz wyjaśnił, że moralność jego nauczania jest nieodłączna religii jego życia. Nauczał moralności nie z *natury* ludzkiej, ale ze *związku* człowieka z Bogiem.

Jan zapytał Jezusa: „Mistrzu, czym jest królestwo nieba?". I Jezus odpowiedział: „Królestwo nieba składa się z trzech zasadniczych elementów: pierwszego, uznania faktu najwyższej władzy Boga; drugiego, wiary w prawdę synostwa z Bogiem; trzeciego, wiary w efektywność najwyższego ludzkiego pragnienia, aby czynić wolę Boga – aby stać się podobnym Bogu. I to jest dobra nowina ewangelii: że przez wiarę każdy śmiertelnik może osiągnąć wszystkie te zasadnicze elementy zbawienia".

Tydzień oczekiwania się skończył i następnego dnia byli gotowi iść do Jerozolimy.

PRZEKAZ 141

POCZĄTEK DZIAŁALNOŚCI PUBLICZNEJ

PIERWSZEGO dnia tygodnia, 19 stycznia, roku 27 n.e., Jezus i dwunastu apostołów gotowi byli wyruszyć ze swej głównej siedziby w Betsaidzie. Dwunastu nic nie wiedziało o planach Mistrza, za wyjątkiem tego, że idą do Jerozolimy wziąć udział w kwietniowym święcie Paschy i że mają iść drogą doliny Jordanu. Z domu Zebedeusza wyszli dopiero około południa, ponieważ rodziny apostołów oraz inni uczniowie przyszli się z nimi pożegnać i życzyć powodzenia w nowej pracy, którą wkrótce mieli rozpocząć.

Tuż przed odejściem apostołowie spostrzegli, że nie ma Mistrza i Andrzej poszedł go szukać. Po krótkim poszukiwaniu znalazł go, siedzącego w łodzi na plaży, Jezus płakał. Dwunastu często widziało swego Mistrza wyraźnie zasmuconego i zauważało jego krótkie okresy głębokiego zatroskania, ale żaden z nich nigdy nie widział go płaczącego. Andrzej był nieco zaskoczony, widząc Mistrza tak wzruszonego w przeddzień ich wyjścia do Jerozolimy i odważył się podejść do Jezusa i spytać: „Co się dzieje, że płaczesz Mistrzu w tym wielkim dniu, kiedy się wybieramy do Jerozolimy głosić królestwo Ojca? Który z nas cię obraził"? Jezus, wracając z Andrzejem, aby dołączyć do Dwunastu, odrzekł mu: „Żaden z was mnie nie zasmucił. Przygnębiony jestem dlatego, że nikt z rodziny mego ojca, Józefa, nie pamiętał żeby przyjść tutaj i życzyć nam dobrej drogi". Rut gościła w tym czasie u swego brata, Józefa, w Nazarecie. Inni członkowie rodziny Jezusa trzymali się na uboczu z powodu dumy, rozczarowania, niezrozumienia oraz dawali upust swym drobnym pretensjom, wynikłym ze zranionych uczuć.

1. WYRUSZENIE Z GALILEI

Kafarnaum leżało niedaleko Tyberiady a sława Jezusa zaczęła się rozchodzić po całej Galilei, jak również po dalszych okolicach. Jezus wiedział, że Herod wkrótce zacznie zwracać uwagę na jego działalność; pomyślał więc, że najlepiej będzie wyruszyć razem z apostołami na południe i do Judei. Grupa ponad stu wierzących chciała iść razem z nimi, ale Jezus błagał ich, żeby nie szli razem z grupą apostolską, drogą w dół Jordanu. Aczkolwiek zgodzili się pozostać, wielu z nich po kilku dniach poszło za Mistrzem.

Pierwszego dnia Jezus i apostołowie doszli tylko do Tarichei, gdzie pozostali na odpoczynek nocny. Następnego dnia doszli do tego miejsca nad Jordanem, w pobliżu Pelli, gdzie prawie rok temu Jan głosił swoje kazania i gdzie Jezus został ochrzczony. Tu zatrzymali się na ponad dwa tygodnie, nauczając i głosząc kazania. Pod koniec pierwszego tygodnia kilkaset osób zgromadziło się w obozie, w pobliżu tego miejsca gdzie mieszkał Jezus z apostołami a przyszli oni z Galilei, Fenicji, Syrii, Dekapolu, Perei i Judei.

Jezus nie głosił kazań publicznych. Andrzej rozdzielał tłumy i przydzielał kaznodziejów na przedpołudniowe i popołudniowe zgromadzenia; po kolacji Jezus rozmawiał z Dwunastoma. Nie nauczał niczego nowego, ale powtarzał swoje poprzednie nauki i odpowiadał na wiele pytań. Jednego wieczora opowiedział Dwunastu co nieco o tych czterdziestu dniach, które spędził na wzgórzach w pobliżu tego miejsca.

Wielu spośród tych ludzi, którzy przyszli z Perei czy Judei, było ochrzczonych przez Jana i chcieli się dowiedzieć czegoś więcej o naukach Jezusa. Apostołowie zrobili znaczny postęp, kiedy nauczali uczniów Jana, tak dalece, że w żaden sposób nie umniejszali głoszonej przez Jana nauki, ponieważ w tym czasie nawet nie chrzcili swoich nowych uczniów. Jednak zwolennikom Jana nadal sprawiało trudność zrozumienie tego, że skoro Jezus był wszystkim tym, co głosił Jan, dlaczego nic nie zrobił, żeby uwolnić Jana z więzienia. Uczniowie Jana nigdy nie zrozumieli, dlaczego Jezus nie zapobiegł okrutnej śmierci ich ukochanego przywódcy.

Każdego wieczora Andrzej dokładnie pouczał swoich braci apostołów o delikatnym i trudnym zadaniu dobrego współżycia ze zwolennikami Jana Chrzciciela. W tym roku, w pierwszym roku publicznej działalności Jezusa, więcej niż trzy czwarte jego zwolenników było poprzednio uczniami Jana i byli przez niego ochrzczeni. Cały ten rok, 27 n.e., spędzono na powolnym przejmowaniu dzieła Jana w Perei i Judei.

2. BOSKIE PRAWO I WOLA OJCA

Wieczorem, w przeddzień wyjścia z Pelli, Jezus udzielił apostołom kilku kolejnych nauk dotyczących nowego królestwa. Mistrz powiedział: „Byliście nauczani, żeby wypatrywać nadchodzącego królestwa Bożego a teraz ja przyszedłem i głoszę, że tak długo wyczekiwane królestwo jest na wyciągnięcie ręki a nawet to, że jest już tutaj, pośród nas. W każdym królestwie musi być król, siedzący na tronie i wprowadzający prawa królestwa. I dlatego stworzyliście sobie koncepcję królestwa nieba, jako gloryfikowanych rządów narodu żydowskiego nad wszystkimi narodami Ziemi, z Mesjaszem siedzącym na tronie Dawida i z tego miejsca, cudowną mocą, rozpowszechniającego prawa na cały świat. Ale, moje dzieci, wy nie patrzycie oczami wiary i nie słyszycie ze zrozumieniem duchowym. Oznajmiam wam, że królestwo nieba jest urzeczywistnieniem i potwierdzeniem Boskiej władzy w sercach ludzkich. Prawda, że jest Król w tym królestwie a Królem tym jest mój Ojciec i wasz Ojciec. Zaprawdę jesteśmy jego lojalnymi poddanymi, ale to wszystko dalece przewyższa przekształcająca nas prawda, że jesteśmy jego *synami*. W moim życiu ta prawda objawi się wszystkim. Nasz Ojciec również zasiada na tronie, ale nie na takim, który zrobiony jest rękoma. Ten tron Nieskończonego jest wiecznym miejscem zamieszkania Ojca w niebiosach niebios; Ojciec wypełnia wszystkie rzeczy i głosi swe prawa nieskończonym wszechświatom. I Ojciec także rządzi w sercach swoich dzieci na Ziemi poprzez tego ducha, którego posłał, żeby zamieszkał w duszach śmiertelnych ludzi.

Kiedy jesteście poddanymi tego królestwa, naprawdę możecie słyszeć prawo Wszechświatowego Władcy, ale kiedy za przyczyną tej ewangelii królestwa, którą ja przyszedłem głosić, wasza wiara odkryje, że wy sami jesteście jego synami, przestaniecie wtedy traktować siebie jako poddane prawu istoty, stworzone przez wszechmocnego króla a uznacie się za uprzywilejowanych synów kochającego, Boskiego Ojca. Zaprawdę, zaprawdę, powiadam wam, kiedy wola Ojca jest waszym *prawem*, jeszcze nie jesteście w królestwie. Ale kiedy wola Ojca stanie się prawdziwie waszą *wolą*, wtedy naprawdę jesteście w królestwie, ponieważ w ten sposób królestwo stało się waszym trwałym przeżyciem. Kiedy wola Boga jest waszym prawem, jesteście szlachetnymi, poddanymi niewolnikami; ale kiedy uwierzycie a tę nową ewangelię Boskiego synostwa, wola mojego Ojca stanie się waszą wolą i będziecie wyniesieni na wysoką pozycję wolnych dzieci Boga, wyzwolonych synów królestwa".

Niektórzy apostołowie pojęli co nieco z tej nauki, ale żaden z nich nie zrozumiał pełnej doniosłości tak wspaniałego oświadczenia, może za wyjątkiem Jakuba Zebedeusza. Ale słowa te wtopiły się w ich serca i wypłynęły później, żeby radować ich w służbie, w późniejszych latach ich działalności.

3. POBYT W AMATUS

W okolicach Amatus, Mistrz i jego apostołowie pozostawali blisko trzy tygodnie. Dwa razy dziennie apostołowie głosili kazania tłumom a Jezus głosił kazanie w każde szabatowe popołudnie. Nie było już można przeznaczać czasu środowego na rozrywkę; więc Andrzej zaaranżował, aby każdego dnia, przez sześć dni w tygodniu, odpoczywało dwóch apostołów, podczas gdy wszyscy pełnili służbę w czasie uroczystości szabatowych.

Większość kazań publicznych głosili Piotr, Jakub i Jan. Filip, Nataniel, Tomasz i Szymon wykonywali więcej pracy indywidualnej i prowadzili nauki dla specjalnych grup dociekliwych; bliźniacy wciąż generalnie nadzorowali porządek, podczas gdy Andrzej, Mateusz i Judasz przekształcili się w trzyosobowy, generalny komitet kierowniczy, choć każdy z tych trzech wykonywał również sporo pracy religijnej.

Andrzej zajmował się w dużej mierze korygowaniem nieustannie powtarzających się nieporozumień i rozbieżności pomiędzy uczniami Jana a nowymi uczniami Jezusa. Co kilka dni wynikały poważne problemy, ale Andrzej, z pomocą swoich apostolskich współpracowników, potrafił namówić rywalizujące partie, aby chociaż na jakiś czas osiągnęły pewien rodzaj porozumienia. Jezus nie chciał brać udziału w żadnej z tych dyskusji; nie udzielał również żadnych rad odnośnie właściwego uregulowania tych problemów. Nawet raz nie wystąpił z sugestią, w jaki sposób apostołowie powinni rozwiązać te pogmatwane problemy. Kiedy Andrzej przychodził do Jezusa z takimi pytaniami, Jezus zawsze mu mówił: „Nie jest rozsądne, aby gospodarz uczestniczył w rodzinnych problemach swoich gości; mądry rodzic nigdy nie bierze strony w drobnych kłótniach swoich dzieci".

Mistrz wykazywał wielką mądrość i przejawiał doskonałą bezstronność w całym swoim postępowaniu z apostołami i wszystkimi swoimi uczniami. Jezus prawdziwie był dla ludzi mistrzem; wywierał wielki wpływ na swoich współbraci, ponieważ w swojej osobowości łączył urok z siłą. Jego surowe, koczownicze i bezdomne życie cechował subtelny majestat. Była intelektualna atrakcyjność oraz duchowa moc przyciągająca w jego autorytatywnym sposobie nauczania, w jego klarownej logice, sile rozumowania, w jego bystrej wnikliwości, czujności umysłu, w jego niezrównanym opanowaniu i subtelnej tolerancji. Był prosty, mężny, uczciwy i nieustraszony. Wraz z tymi wszystkimi, fizycznymi i intelektualnymi czynnikami, przejawiającymi się w postawie Mistrza, istniały w nim także te wszystkie duchowe uroki jego jestestwa, które były związane z jego osobowością – cierpliwość, łagodność, delikatność i pokora.

Jezus z Nazaretu naprawdę miał silną i dynamiczną osobowość; był intelektualną potęgą i duchową fortecą. Jego osobowość przemawiała nie tylko do duchowo nastawionych kobiet, znajdujących się wśród jego wyznawców, ale także do wykształconego intelektualisty Nikodema i do odważnego rzymskiego żołnierza, kapitana postawionego na straży przy krzyżu, który, gdy skończył przyglądać się śmierci Mistrza, powiedział: „Prawdziwe, to był Syn Boży". A krzepcy, surowi rybacy galilejscy nazywali go Mistrzem.

Wyjątkowo godne pożałowania są te obrazy, które przedstawiają Jezusa. Te malowidła, obrazujące Chrystusa, wywierają szkodliwy wpływ na młodzież; kupcy w Świątyni pewnie nie uciekliby przed Jezusem, gdyby był on takim człowiekiem, jak go zazwyczaj przedstawiali wasi artyści. Jezus pełen był dostojnej męskości, był dobry, lecz naturalny. Jezus nie pozował na łagodnego, słodkiego, delikatnego i poczciwego mistyka. Jego nauczanie było przejmująco dynamiczne. On nie tylko *miał na myśli dobro,* ale faktycznie chodził *czyniąc dobro.*

Mistrz nigdy nie mówił: „Przyjdźcie do mnie wszyscy ci, którzy jesteście gnuśni i ci, którzy jesteście marzycielami". Ale wiele razy mawiał: „Przyjdźcie do mnie wszyscy ci, którzy *pracujecie,* a dam wam odpoczynek – siłę duchową". Jarzmo Mistrza doprawdy jest lekkie, ale mimo to on go nigdy nie narzucał; każdy człowiek musi przyjąć to jarzmo ze swojej własnej, wolnej woli.

Jezus obrazował podbój poprzez ofiarę, ofiarę z dumy i samolubstwa. Okazując miłosierdzie, miał na myśli ukazanie duchowego wyzwolenia od wszelkich żalów, krzywd, złości, żądzy samolubnej mocy i rewanżu. A kiedy powiedział, „nie opierajcie się złu", wyjaśnił później, że nie miał na myśli aprobaty grzechu, ani też nie zalecał bratać się z nikczemnością. Zamierzał pogłębić naukę o przebaczaniu, aby „nie opierać się złemu traktowaniu własnej osobowości, ranieniu swoich uczuć godności osobistej".

4. NAUKA O OJCU

Podczas pobytu w Amatus, większość swego czasu Jezus spędził z apostołami na nauczaniu ich nowego pojmowania Boga; raz za razem wpajał im, że *Bóg jest Ojcem* a nie wielkim i najwyższym księgowym, który zajmuje się głównie sporządzaniem oskarżających zapisów przeciwko swoim błądzącym dzieciom na Ziemi, rejestrów grzechu i zła, aby je potem użyć przeciw nim, kiedy będzie ich sądził jako sprawiedliwy Sędzia całego stworzenia. Żydzi już dawno wyobrażali sobie Boga jako króla nad wszystkimi, nawet jako Ojca narodu, ale nigdy przedtem tak wielka ilość śmiertelnych ludzi nie miała idei Boga jako Ojca, który kocha *pojedynczego* człowieka.

Odpowiadając na pytanie Tomasza, „Kim jest Bóg tego królestwa?", Jezus rzekł mu: „Bóg jest *twoim* Ojcem a religia – moja ewangelia – jest niczym mniej czy więcej, niż ufnym uznaniem tej prawdy, że ty jesteś jego synem. I ja jestem tutaj w ciele, między wami, aby te dwie idee wyjaśnić w moim życiu i nauce".

Jezus starał się także usunąć z mentalności swoich apostołów ideę składania ofiar zwierzęcych, w ramach obowiązku religijnego. Ale tym ludziom, kształconym w religii codziennych ofiar, trudno było pojąć, o co mu chodzi. Mimo wszystko Mistrz nie znużył się swoim nauczaniem. Kiedy nie udało mu się dotrzeć do umysłów wszystkich swoich apostołów za pomocą jednego zobrazowania, ponownie przedstawiał swoje posłanie, posługując się dla jego wyjaśnienia innym rodzajem przypowieści.

W międzyczasie Jezus szerzej zaczął nauczać Dwunastu o ich misji, „pocieszania dotkniętych nieszczęściem i służenia chorym". Mistrz nauczał ich dużo o całym człowieku

– o jedności ciała, umysłu i ducha, o tym, co kształtuje indywidualnego mężczyznę czy kobietę. Jezus mówił swoim towarzyszom o trzech formach cierpień, z którymi mogą się zetknąć i zaczął im tłumaczyć, w jaki sposób powinni służyć wszystkim tym, którzy cierpią z powodu ludzkich chorób. Uczył ich jak rozpoznać:

1. Choroby ciała – nieszczęścia pospolicie uważane za choroby cielesne.
2. Strapione umysły – te niecielesne cierpienia, które później zaczęto uznawać za zaburzenia i niepokoje emocjonalne i psychiczne.
3. Opanowanie przez złego ducha.

W różnych okolicznościach Jezus uczył swych apostołów o naturze i co nieco o pochodzeniu złych duchów, w tamtych czasach często zwanych duchami nieczystymi. Mistrz dobrze się orientował w różnicy pomiędzy opętaniem przez złe duchy a chorobą psychiczną, ale nie apostołowie. Nie mógł też Jezus wyjaśnić apostołom w pełni tego zagadnienia, z powodu ich ograniczonej wiedzy na temat wczesnej historii Urantii. Ale wiele razy im mówił, nawiązując do złych duchów: „Nie powinny już więcej molestować ludzi, kiedy ja wstąpię do mego Ojca w niebie i po tym, jak wyleję mojego ducha na wszystkich w ciele, w tych czasach, kiedy królestwo przyjdzie z wielką mocą i duchową chwałą".

Przez cały ten rok, tydzień po tygodniu i miesiąc po miesiącu, apostołowie coraz więcej uwagi poświęcali leczeniu chorych.

5. JEDNOŚĆ DUCHOWA

Spośród wszystkich wieczornych rozmów w Amatus, jedną z najbardziej pamiętnych była rozmowa na temat jedności duchowej. Jakub Zebedeusz zapytał: „Mistrzu, jak mamy się nauczyć widzieć rzeczy jednakowo i tym samym osiągnąć większą zgodność pośród nas samych?". Kiedy Jezus usłyszał to pytanie, obruszył się w duchu tak bardzo, że odpowiedział: „Jakubie, Jakubie, kiedy ja was uczyłem, że wszyscy macie widzieć rzeczy tak samo? Przyszedłem na ten świat głosić duchową wolność tak dalece, żeby śmiertelnicy mogli żyć przed Bogiem indywidualnym życiem, oryginalnym i wolnym. Nie życzę sobie, żeby społeczna zgoda i braterski pokój okupione były poświęceniem wolności osobistej i duchowej oryginalności. To, czego od was wymagam, moi apostołowie, to *jedność duchowa* – a tego możecie doznawać w radości waszego wspólnego poświęcenia się szczeremu czynieniu woli mojego Ojca w niebie. Nie musicie widzieć jednakowo, czy czuć tak samo, czy nawet myśleć podobnie, aby *być jednakowi* duchowo. Jedność duchowa wywodzi się z tej świadomości, że każdy z was jest zamieszkały i coraz bardziej zdominowany przez duchowy dar niebiańskiego Ojca. Wasza apostolska zgodność musi wynikać z faktu, że duchowa nadzieja w każdym z was ma identyczne pochodzenie, naturę i przeznaczenie.

W ten sposób możecie przeżywać idealną jedność duchowego celu i duchowego zrozumienia, wynikającą ze wzajemnego uświadomienia sobie identyczności wszystkich zamieszkujących was rajskich duchów; i możecie się cieszyć całą tą głęboką, duchową jednością, zwłaszcza w obliczu krańcowej różnorodności w waszych indywidualnych sposobach rozumowania intelektualnego, w uczuciach wynikających z usposobienia i w działalności społecznej. Wasze osobowości mogą być pokrzepiająco różnorodne i w znacznym stopniu odmienne, podczas gdy duchowe natury i owoce ducha w Boskiej służbie oraz braterska miłość mogą być tak ujednolicone, że wszyscy, którzy się przyjrzą waszemu życiu, z pewnością rozpoznają identycznego ducha i jedność duszy; rozpoznają, że byliście ze mną i dlatego nauczyliście się i to zgodnie, jak czynić wolę Ojca w niebie. Możecie osiągnąć jedność w służbie Bożej również wtedy, kiedy pełnicie taką służbę zgodnie z metodami, wynikającymi z waszego, oryginalnego obdarowania umysłu, ciała i duszy.

Z waszej duchowej jedności wynikają dwie rzeczy, które zawsze będą współbrzmiały w życiu ludzi wierzących. Po pierwsze, będziecie opanowani wspólną motywacją życiowej służby; wszyscy pragniecie nade wszystko czynić wolę Ojca w niebie. Po drugie, wszyscy macie wspólny cel istnienia; wszyscy chcecie znaleźć Ojca w niebie, tym samym udowodnić wszechświatu, że staliście się do niego podobni".

W czasie nauczania Dwunastu, Jezus wielokrotnie wracał do tego tematu. Wiele razy im mówił, że nie chce, aby ci, którzy wierzą w niego, stosowali się do dogmatów i norm zgodnych z religijnymi interpretacjami nawet dobrych ludzi. Raz za razem ostrzegał swoich apostołów przed formułowaniem doktryn i wprowadzaniem tradycji, jako środków wiodących i kontrolujących tych, co wierzą w ewangelię królestwa.

6. OSTATNI TYDZIEŃ W AMATUS

Pod koniec ostatniego tygodnia ich pobytu w Amatus, Szymon Zelota przyprowadził Jezusowi Tehermę, perskiego kupca, który prowadził swe interesy w Damaszku. Teherma słyszał o Jezusie i poszedł do Kafarnaum, aby go zobaczyć, ale tam się dowiedział, że Jezus wraz ze swymi apostołami poszedł w dół Jordanu, w kierunku Jerozolimy i postanowił go odszukać. Andrzej przyprowadził Tehermę Szymonowi na nauczanie. Szymon uważał Persa za „czciciela ognia", chociaż Teherma usilnie próbował mu tłumaczyć, że ogień jest tylko widzialnym symbolem Czystego i Świętego. Po rozmowie z Jezusem, Pers wyraził chęć pozostania na kilka dni, żeby usłyszeć nauczanie i posłuchać głoszonych kazań.

Kiedy Jezus i Szymon Zelota zostali sam na sam, Szymon zapytał Mistrza: „Jak to jest, że ja go nie potrafiłem przekonać? Dlaczego on tak się mnie opierał, a tobie tak łatwo nastawił ucha"? Jezus odpowiedział: „Szymonie, Szymonie, jak wiele razy cię uczyłem, abyś nigdy nie próbował zabierać niczego *z* serc tych, którzy pragną zbawienia? Jak często ci mówiłem, abyś pracował tylko nad tym, aby coś włożyć *w* te głodne dusze? Prowadź ludzi do królestwa a wielkie i żywe prawdy królestwa wkrótce usuną wszystkie poważne błędy. Kiedy przedstawiasz śmiertelnemu człowiekowi dobrą nowinę, że Bóg jest jego Ojcem, łatwiej możesz go przekonać, że jest on naprawdę synem Boga. I kiedy to zrobisz, przyniesiesz światło zbawienia temu, co żyje w ciemnościach. Szymonie, kiedy Syn Człowieczy po raz pierwszy przyszedł do was, czy potępiał Mojżesza i proroków, głosząc nową, lepszą drogę życia? Nie. Ja nie przyszedłem zabrać wam tego, co odziedziczyliście po waszych przodkach, ale przyszedłem po to, żeby pokazać wam doskonalszą wizję tego, co wasi ojcowie ujrzeli tylko częściowo. Idź więc Szymonie, nauczaj i głoś królestwo, a kiedy masz człowieka bezpiecznie i pewnie w obrębie królestwa, wtedy jest czas – kiedy on przyjdzie do ciebie z pytaniami – podzielić się nauką dotyczącą stopniowego doskonalenia duszy w boskim królestwie".

Szymon był zdumiony tymi słowami, ale zrobił tak, jak go Jezus uczył i Teherma, Pers, został zaliczony do grona tych, którzy weszli do królestwa.

Tego wieczora Jezus opowiadał apostołom o nowym życiu w królestwie. Powiedział między innymi: „Kiedy wchodzicie do królestwa, jesteście powtórnie narodzeni. Nie możecie uczyć o głębokich sprawach duchowych tych, którzy urodzeni są tylko w ciele; zanim zaczniecie nauczać ich zaawansowanych dróg duchowych, najpierw się upewnijcie, czy ci ludzie zrodzili się z ducha. Nie próbujcie ludziom obrazować piękna świątyni, zanim ich po raz pierwszy do niej nie zabierzecie. Przedstawcie ludzi Bogu i *jako* synów Boga, zanim zaczniecie rozmawiać o doktrynach ojcostwa Boga i synostwa ludzi. Nie walczcie z ludźmi – zawsze bądźcie cierpliwi. To nie jest wasze królestwo; wy jesteście tylko jego ambasadorami. Po prostu idźcie i głoście: to jest królestwo nieba – Bóg jest waszym Ojcem a wy jesteście jego synami i to jest dobra nowina; jeśli szczerym sercem w nią uwierzycie, ona *jest* waszym wiecznym zbawieniem".

Podczas pobytu w Amatus apostołowie zrobili znaczne postępy. Ale byli bardzo rozczarowani tym, że Jezus nie podsunął im żadnych propozycji w sprawie sposobów postępowania z uczniami Jana. Nawet w tak ważnej sprawie, jak chrzest, Jezus powiedział tylko: „Jan zaprawdę chrzcił wodą, ale kiedy wy wejdziecie do królestwa nieba, będziecie ochrzczeni Duchem".

7. W BETANII ZA JORDANEM

26 lutego, Jezus, jego apostołowie i liczna grupa zwolenników udali się w dół Jordanu do brodu w pobliżu Betanii, w Perei, do tego miejsca, gdzie Jan po raz pierwszy głosił nadchodzące królestwo. Jezus pozostał tutaj cztery tygodnie ze swymi apostołami nauczając i głosząc kazania, zanim poszli w górę, do Jerozolimy.

W drugim tygodniu pobytu w Betanii za Jordanem, Jezus poszedł wraz z Piotrem, Jakubem i Janem na trzy dni wypoczynku w góry, po drugiej stronie rzeki, na południe od Jerycha. Mistrz uczył tych trzech apostołów wielu nowych i zaawansowanych prawd o królestwie nieba. Do celów tego zapisu przedstawimy i grupujemy te nauki następująco:

Jezus próbował wyjaśnić, że pragnie, aby jego uczniowie, którzy posmakowali dobrych, duchowych rzeczywistości królestwa, żyli na tym świecie tak, żeby ludzie *obserwując* ich życie stawali się świadomi królestwa i dlatego zaczynali pytać wierzących o drogi królestwa. Wszyscy tacy, szczerzy poszukiwacze prawdy, zawsze radują się *słysząc* dobrą nowinę o tym darze wiary, który zapewni ich przyjęcie do królestwa, z jego wiecznymi i boskimi rzeczywistościami duchowymi.

Mistrz usiłował utrwalić w pamięci wszystkich nauczycieli ewangelii królestwa, że jedynym ich zadaniem jest ukazanie indywidualnemu człowiekowi Boga, jako Ojca człowieka – uświadomienie każdemu człowiekowi synostwa a następnie przedstawienie tego samego człowieka Bogu, jako wiernego syna. Obydwa te tak istotne objawienia spełniają się w Jezusie. Stał się on naprawdę „drogą, prawdą i życiem". Religia Jezusa opierała się całkowicie na jego obdarzającym życiu na Ziemi. Kiedy Jezus opuścił ten świat, nie pozostawił po sobie książek, praw czy jakichś form ludzkiej organizacji, wpływających na religijne życie jednostki.

Jezus wyjaśnił, że przyszedł ustanowić osobiste i wieczne związki z ludźmi, które na zawsze powinny wziąć pierwszeństwo nad wszystkimi innymi, ludzkimi relacjami. Podkreślił, że to intymne, duchowe braterstwo ma objąć wszystkich ludzi, ze wszystkich narodów, we wszystkich wiekach i we wszystkich warunkach społecznych. Jedyna nagroda, jaką dawał swym dzieciom, to na tym świecie – duchowa radość i boska wspólnota; na następnym świecie – wieczne życie w rozwoju, w Boskich rzeczywistościach duchowych Rajskiego Ojca.

Jezus kładł wielki nacisk na to, co nazywał dwoma prawdami najwyższej wagi w nauczaniu o królestwie, a są nimi: zdobycie zbawienia przez wiarę i tylko przez wiarę, wraz z rewolucyjnym nauczaniem o osiągnięciu wolności człowieka poprzez szczere uświadomienie sobie prawdy – „powinniście poznać prawdę a prawda was wyzwoli". Jezus był prawdą, która objawiła się w ciele i przyrzekł zesłać Ducha Prawdy w serca wszystkich swoich dzieci, po tym, jak wróci do swojego Ojca w niebie.

Mistrz nauczał apostołów prawd istotnych dla całej epoki na Ziemi. Bardzo często słuchali jego nauki, kiedy w rzeczywistości to, co powiedział, miało inspirować i wywrzeć pozytywny wpływ na inne światy. Był on przykładem nowego i oryginalnego planu życia. Z ludzkiego punktu widzenia był co prawda Żydem, ale jako śmiertelnik tej domeny żył swoim życiem dla całego świata.

Jezus wytłumaczył, że aby zapewnić rozpoznanie jego Ojca przy wprowadzaniu w życie planu królestwa celowo ignorował „wielkich tej Ziemi". Zaczął swoją pracę wśród biednych, w tej właśnie klasie, która tak bardzo była lekceważona przez większość ewolucyjnych religii z poprzednich czasów. Nie gardził nikim; jego plan odnosił się do całego świata, nawet wszechświata. Był tak śmiały w tych oświadczeniach i tak stanowczy, że nawet Piotr, Jakub i Jan kusili się myśleć, że być może postradał zmysły.

Jezus próbował przekazać tym apostołom co nieco prawdy, że przyszedł na misję obdarzającą nie po to, aby dać przykład kilku ziemskim istotom, ale po to, żeby ustanowić i zademonstrować standard ludzkiego życia dla ludzi na wszystkich światach, w całym jego wszechświecie. I ten standard zbliżał się do najwyższej perfekcji, nawet do ostatecznej dobroci Ojca Wszechświatowego. Ale apostołowie nie mogli zrozumieć znaczenia jego słów.

Jezus głosił, że przyszedł działać jako nauczyciel, nauczyciel wysłany z nieba, żeby zobrazować duchową prawdę materialnemu umysłowi. I to właśnie robił; był nauczycielem nie kaznodzieją. Z ludzkiego punktu widzenia, Piotr był lepszym kaznodzieją niż Jezus. Kaznodziejstwo Jezusa było tak skuteczne nie z powodu zniewalającej oracji czy uczuciowego apelu, ale dlatego, że posiadał on unikalną osobowość. Jezus przemawiał bezpośrednio do dusz ludzkich. Był nauczycielem człowieczego ducha, ale poprzez umysł. Żył z ludźmi.

Przy tej sposobności Jezus oznajmił Piotrowi, Jakubowi i Janowi, że jego praca na Ziemi jest pod pewnymi względami ograniczona przez zalecenia jego „towarzysza na wysokości"; nawiązywał w ten sposób do przedobdarzeniowych instrukcji swego rajskiego brata, Emanuela. Powiedział im, że przyszedł pełnić wolę swojego Ojca i tylko wolę Ojca. Będąc w ten sposób motywowany z głębi serca płynącą jednością celu, nie obawiał się niepokojów, jakie niesie zło tego świata.

Apostołowie zaczynali dostrzegać niewymuszoną życzliwość Jezusa. Aczkolwiek Mistrz był z natury przystępny, zawsze żył niezależnie od wszystkich ludzkich istot i ponad nimi. Nigdy nie bywał, ani przez chwilę, zdominowany jakimś czysto ludzkim wpływem ani też nie był zależny od lekkomyślnego, ludzkiego osądu. Nie zwracał uwagi na opinię publiczną i nie zależało mu na pochwałach. Rzadko tracił czas na wyjaśnianie nieporozumień, czy na gniewanie się z powodu przekręcania faktów. Nigdy nie pytał człowieka o radę; nigdy nie prosił o modlitwy.

Jakub zdumiony był tym, że Jezus wydawał się znać zakończenie od samego początku. Mistrz rzadko wyglądał na zaskoczonego. Nigdy nie był rozdrażniony, zirytowany czy zaniepokojony. Nigdy nikogo nie przepraszał. Czasami był zasmucony, ale nigdy nie zniechęcony.

Jan bardzo wyraźnie dostrzegał, że pomimo wszystkich swych Boskich zdolności, Jezus był jednak człowiekiem. Żył jako człowiek pomiędzy ludźmi, rozumiał, kochał i wiedział, jak kierować ludźmi. W swoim życiu osobistym tak bardzo był człowiekiem, a przecież tak bezbłędny. I zawsze był bezinteresowny.

Chociaż Piotr, Jakub i Jan nie potrafili zrozumieć zbyt wiele z tego, co im Jezus przy tej sposobności powiedział, jego łaskawe słowa pozostały w ich sercach i po ukrzyżowaniu i zmartwychwstaniu przypomniały im się z taką siłą, że wzbogacały ich i radowały podczas późniejszej służby. Nic w tym dziwnego, że apostołowie ci nie rozumieli w pełni słów Mistrza, albowiem przedstawiał im plan nowej epoki.

8. PRACA W JERYCHU

Kiedy przez cztery tygodnie przebywali w Betanii za Jordanem, kilka razy w każdym tygodniu Andrzej wyznaczał apostołów, parami, żeby na dzień czy dwa szli do Jerycha. Jan miał wielu zwolenników w Jerychu i znaczna ich większość chętnie przyjęła bardziej zaawansowane nauki Jezusa i jego apostołów. Podczas tych wizyt w Jerychu, apostołowie zaczęli przykładać większą uwagę do nauk Jezusa dotyczących pomocy chorym; odwiedzili każdy dom w tym mieście i starali się pocieszyć każdą cierpiącą osobę.

W Jerychu apostołowie prowadzili trochę działalności publicznej, ale ich praca miała przeważnie cichą i indywidualną naturę. W tym czasie zauważyli, że dobra nowina królestwa bardzo pociesza chorych; że ich przesłanie niosło ukojenie cierpiącym. To właśnie w Jerychu po raz pierwszy w pełni wykonano polecenie Jezusa, dane Dwunastu, dotyczące głoszenia dobrej nowiny królestwa cierpiącym i służenia im.

W drodze do Jerozolimy zatrzymali się w Jerychu, gdzie dogoniła ich delegacja z Mezopotamii, która przyszła rozmawiać z Jezusem. Apostołowie planowali spędzić tutaj tylko jeden dzień, ale kiedy przybyli ci poszukiwacze prawdy ze Wschodu, Jezus spędził z nimi trzy dni a oni wrócili do swoich domów rozrzuconych wzdłuż Eufratu, szczęśliwi, że posiedli wiedzę o nowych prawdach królestwa nieba.

9. DROGA DO JEROZOLIMY

W poniedziałek, w ostatnim dniu marca, Jezus z apostołami zaczęli wchodzić na wzgórza ku Jerozolimie. Łazarz z Betanii dwa razy schodził w dół, nad Jordan, aby się spotkać z Jezusem, i poczyniono wszelkie przygotowania, dla Mistrza i jego apostołów, aby mogli mieć swoją główna siedzibę u Łazarza i jego sióstr, jak długo zechcą pozostać w Jerozolimie.

Uczniowie Jana pozostali w Betanii za Jordanem, nauczając i chrzcząc tłumy, więc kiedy Jezus dotarł do domu Łazarza, towarzyszyło mu tylko Dwunastu. Tutaj Jezus i apostołowie zatrzymali się na pięć dni, odpoczywając i pokrzepiając się, zanim wyruszyli do Jerozolimy na Paschę. W życiu Marty i Marii było to wielkie wydarzenie, móc gościć Mistrza i jego apostołów w domu swego brata, gdzie mogły im usługiwać w ich potrzebach.

W niedzielę rano, 6 kwietnia, Jezus i jego apostołowie zeszli do Jerozolimy i po raz pierwszy Mistrz przebywał tam ze wszystkimi Dwunastoma.

PRZEKAZ 142

PASCHA W JEROZOLIMIE

W KWIETNIU, Jezus i apostołowie pracowali w Jerozolimie, wracając z miasta każdego wieczora na noc do Betanii. W każdym tygodniu Jezus sam pozostawał jedną czy dwie noce w Jerozolimie, w domu Flawiusza, greckiego Żyda, gdzie w tajemnicy schodziło się wielu prominentów żydowskich, aby z nim porozmawiać.

W pierwszym dniu pobytu w Jerozolimie, Jezus odwiedził swojego przyjaciela z dawnych lat, Annasza, byłego arcykapłana i krewnego żony Zebedeusza, Salome. Annasz słyszał o Jezusie i jego nauce i kiedy Jezus pojawił się w domu arcykapłana, został przyjęty z wielką rezerwą. Kiedy Jezus spostrzegł oziębłość Annasza, natychmiast wyszedł a odchodząc powiedział: „To głównie strach czyni człowieka niewolnikiem a duma jest jego największą słabością; czy zdradzisz sam siebie, idąc w niewolę tych dwóch niszczycieli radości i wolności?". Annasz jednak nie odpowiedział. Mistrz nie widział się z nim więcej, aż do tego czasu, gdy Annasz wraz ze swym zięciem sądził Syna Człowieczego.

1. NAUCZANIE W ŚWIĄTYNI

Jezus albo jeden z jego apostołów, przez cały ten miesiąc nauczali w Świątyni. Kiedy tłumy przybyłe na Paschę stały się tak wielkie, że trudno się było dostać do Świątyni, żeby nauczać, apostołowie prowadzili wiele grup nauczania na zewnątrz poświęconego miejsca. Istotą ich posłania było:

1. Królestwo nieba jest na wyciągnięcie ręki.
2. Poprzez wiarę w ojcostwo Boga możecie wejść do królestwa nieba, stając się w ten sposób synami Boga.
3. Miłość jest zasadą życia w królestwie – najwyższym oddaniem Bogu, kiedy kochasz bliźniego swego jak siebie samego.
4. Posłuszeństwo wobec woli Ojca, które wydaje owoce ducha w życiu osobistym, jest prawem królestwa.

Rzesze, które przyszły świętować Paschę, słyszały te nauki Jezusa i setki ludzi radowało się dobrą nowiną. Wyżsi kapłani i władcy żydowscy zaczęli się bardzo niepokoić *z powodu Jezusa i jego apostołów* i naradzali się między sobą, co należy z nimi zrobić.

Oprócz nauczania w Świątyni i w jej pobliżu, apostołowie i inni wierzący wykonywali znaczną ilość pracy indywidualnej wśród tłumów paschalnych. Ludzie zainteresowani tymi naukami, tak mężczyźni jak i kobiety, roznosili nowinę Jezusa, którą usłyszeli podczas obchodów paschalnych, do najdalszych części Cesarstwa Rzymskiego a także na Wschód. To był początek szerzenia się ewangelii królestwa na cały świat. Działalność Jezusa nie ograniczała się już tylko do Palestyny.

2. GNIEW BOŻY

Było to w Jerozolimie, kiedy Jakub, bogaty żydowski kupiec z Krety uczestniczący w uroczystościach Paschy, przyszedł do Andrzeja z prośbą o prywatne spotkanie z Jezusem. Andrzej zaaranżował to tajne spotkanie z Jezusem następnego wieczora, w domu Flawiusza. Człowiek ten nie potrafił zrozumieć nauki Mistrza i przyszedł, ponieważ chciał się dowiedzieć czegoś więcej o królestwie Bożym. Powiedział Jakub do Jezusa: „Ale, Rabbi, Mojżesz i dawni prorocy mówili nam, że Jahwe jest Bogiem zazdrosnym, Bogiem wielkiego gniewu i gwałtownej złości. Prorocy mówią, że nienawidzi złoczyńców i mści się na tych, którzy nie przestrzegają jego prawa. Ty i twoi uczniowie uczycie nas, że Bóg jest dobrym i współczującym Ojcem, który tak kocha wszystkich ludzi, że chciałby powitać ich w nowym królestwie nieba, które jak głosisz, jest tak blisko, na wyciągnięcie ręki".

Kiedy Jakub skończył, Jezus odpowiedział: „Jakubie, dobrze określiłeś nauki dawnych proroków, którzy uczyli dzieci swojego pokolenia zgodnie z oświeceniem ich czasu. Nasz Ojciec w Raju jest niezmienny. Ale zrozumienie jego natury rozszerzyło się i rozwinęło, od dni Mojżesza, poprzez czasy Amosa a nawet w czasach pokolenia proroka Izajasza. I teraz ja przyszedłem w ciele, aby pokazać Ojca w nowej chwale i ukazać jego miłość i miłosierdzie wszystkim ludziom na wszystkich światach. Tak jak ewangelia królestwa będzie się szerzyć na całym świecie, ze swym orędziem otuchy i dobrej woli dla wszystkich ludzi, tak będą się rozwijały lepsze, poprawniejsze związki pomiędzy rodzinami wszystkich narodów. Z biegiem czasu ojcowie i ich dzieci będą się bardziej kochali i tym samym miłość Ojca w niebie do jego dzieci na Ziemi stanie się bardziej zrozumiała. Pamiętaj, Jakubie, że dobry i prawdziwy ojciec nie tylko kocha swoją rodzinę jako całość – jako rodzinę – ale także prawdziwie kocha i czule troszczy się o każdego jej *indywidualnego* członka".

Po szerokim omówieniu charakteru niebiańskiego Ojca, Jezus kontynuował: „Ty, Jakubie, będąc ojcem wielu dzieci, dobrze znasz prawdę moich słów". I Jakub odrzekł: „Ale Mistrzu, kto ci powiedział, że jestem ojcem sześciorga dzieci? Jak dowiedziałeś się tego o mnie"? Mistrz odpowiedział: „Wystarczy powiedzieć, że Ojciec i Syn wiedzą o wszystkich sprawach i naprawdę widzą wszystko. Kochając swoje dzieci, jako ojciec na Ziemi, musisz przyjąć teraz jako rzecz oczywistą miłość niebiańskiego Ojca do *ciebie* – nie tylko do wszystkich dzieci Abrahama, ale do ciebie, do twojej indywidualnej duszy".

Potem Jezus powiedział: „Kiedy twoje dzieci są małe i niedojrzałe i kiedy musisz je skarcić, mogą one pomyśleć, że ich ojciec jest zły i przepełniony zawziętym gniewem. Ich niedojrzałość nie może przeniknąć poza karę, aby dostrzec ojcowskie, przewidujące i korygujące uczucie. Ale kiedy te same dzieci staną się dorosłymi mężczyznami i kobietami, czy nie będzie dla nich głupie trzymanie się tych wcześniejszych, błędnych poglądów odnośnie ich ojca? Jako mężczyźni i kobiety, powinni teraz dostrzec miłość ich ojca w tym wcześniejszym karceniu. I czyż ludzkość, z upływem wieków, nie powinna lepiej zrozumieć prawdziwej natury i miłości pełnego charakteru Ojca w niebie? Jaki pożytek macie z kolejnych pokoleń duchowego oświecenia, jeśli upieracie się traktować

Boga tak, jak go widział Mojżesz i prorocy? Powiadam ci Jakubie, że w jasnym świetle tej godziny powinieneś zobaczyć Ojca tak, jak go nie widział nigdy żaden z tamtych, którzy odeszli. I jak go takim zobaczysz, powinieneś z radością wejść do królestwa, gdzie panują tak miłosierne, Ojcowskie prawa i powinieneś się starać, aby wola jego miłości zdominowała odtąd twoje życie".

I Jakub odpowiedział: „Rabbi, wierzę; chcę abyś poprowadził mnie do królestwa Ojca".

3. IDEA BOGA

Większość dwunastu apostołów przysłuchiwała się rozmowie o charakterze Boga i tego wieczora zadali Jezusowi wiele pytań dotyczących Ojca w niebie. We współczesnej frazeologii, odpowiedzi Mistrza na te pytania można najlepiej zaprezentować w następującym streszczeniu:

Jezus trochę zganił Dwunastu, mówiąc w kwintesencji: czy nie znacie tradycji Izraela, odnoszących się do rozwoju idei Jahwe i czy nie jesteście świadomi nauczania Pisma Świętego odnośnie doktryny Boga? A potem Mistrz dalej nauczał apostołów o ewolucji koncepcji Bóstwa w trakcie rozwoju narodu żydowskiego. Zwrócił uwagę na następujące stadia rozwoju idei Boga:

1. *Jahwe* – bóg klanów Synaju. Była to ta prymitywna koncepcja Bóstwa, którą Mojżesz wyniósł do wysokiego poziomu Pana Boga Izraela. Ojciec w niebie zawsze zaakceptuje szczere czczenie od swoich ziemskich dzieci, bez znaczenie jak niedojrzałe jest ich pojęcie Bóstwa, czy jakim imieniem symbolizują jego Boską naturę.

2. *Najwyższy Ojciec.* Ta koncepcja Ojca w niebie głoszona była Abrahamowi przez Melchizedeka i rozpowszechniona była daleko poza Salem przez tych, którzy potem uwierzyli w tę rozbudowaną i poszerzoną ideę Bóstwa. Abraham i jego brat wynieśli się z Ur, gdyż wprowadzono tam kult słońca i zaczęli wierzyć w naukę Melchizedeka o El Elyon – Najwyższym Bogu. Było to złożone pojęcie Boga, powstałe z połączenia starszych, mezopotamskich idei oraz doktryny Najwyższego Ojca.

3. *El Szaddaj.* W tamtych, dawnych czasach, wielu Hebrajczyków czciło El Szaddaj, egipską koncepcję Boga w niebie, którą poznali w czasie swej niewoli w kraju Nilu. Długo po czasach Melchizedeka, wszystkie te trzy koncepcje Boga połączono razem, formułując doktrynę stwórczego Bóstwa, Pana Boga Izraela.

4. *Elohim.* Nauka o Rajskiej Trójcy istniała od czasów Adama. Czyż nie pamiętacie, jak rozpoczyna się Pismo Święte, które twierdzi, że „na początku Bogowie stworzyli niebo i ziemię"? Widać stąd, że kiedy dokonywano tego zapisu, idea Trójcy, trzech Bogów w jednym, posiadała należytą pozycję w religii naszych przodków.

5. *Najwyższy Jahwe.* Do czasów Izajasza, wierzenia o Bogu rozwinęły się w koncepcję Wszechświatowego Stwórcy, który był równocześnie wszechmocny i wszechmiłosierny. I ta rozwijająca się, poszerzona koncepcja Boga, faktycznie wyrugowała wszystkie poprzednie idee Bóstwa z religii naszych ojców.

6. *Ojciec w niebie.* A teraz znamy Boga, jako naszego Ojca w niebie. Nasza nauka niesie religię, w której wierzący *jest* synem Boga. To jest dobra nowina ewangelii królestwa nieba. Syn i Duch współistnieją z Ojcem a objawianie natury i działalności tych

Rajskich Bóstw wciąż będzie się poszerzać i klarować, poprzez niekończące się wieki wiecznego, duchowego rozwoju wznoszących się synów Boga. We wszystkich czasach i we wszystkich tych wiekach, prawdziwe czczenie ze strony każdej ludzkiej istoty – jak to dotyczy indywidualnego duchowego rozwoju – rozpoznawane jest przez zamieszkującego człowieka ducha, jako hołd składany Ojcu w niebie.

Nigdy dotąd apostołowie nie byli tak zaszokowani, jak podczas słuchania tej opowieści o rozwoju koncepcji Boga w żydowskich umysłach poprzednich pokoleń; byli tak oszołomieni, że nie zadawali pytań. Gdy tak siedzieli przed Jezusem, w ciszy, Mistrz kontynuował: „I wy znalibyście te prawdy, gdybyście czytali Pismo. Czyż nie czytaliście u Samuela, gdzie jest powiedziane: «A Bóg zapłonął gniewem przeciw Izraelitom, tak bardzo, że pobudził Dawida przeciwko nim, mówiąc, idź i policz Izraela i Judę»? I nic w tym nie było dziwnego, ponieważ w czasach Samuela dzieci Abrahama naprawdę wierzyły, że Jahwe stwarza zarówno dobro jak i zło. Ale kiedy późniejszy pisarz przedstawiał te wypadki, kiedy żydowska koncepcja natury Boga uległa poszerzeniu, nie odważył się przypisać zła Jahwe; powiedział zatem: «Powstał Szatan przeciwko Izraelowi i pobudził Dawida, żeby policzył Izraela». Czyż nie zauważacie, że takie zapisy w Piśmie ukazują wyraźnie, jak z jednego pokolenia na drugie koncepcja natury Boga wciąż się rozwija?

Ponadto powinniście zauważyć postęp w pojmowania Boskiego prawa, doskonale idący w parze z tymi poszerzającymi się koncepcjami boskości. Kiedy dzieci Izraela wychodziły z Egiptu, w okresie przed poszerzonym objawieniem Jahwe, miały dziesięć przykazań, które im służyły za prawo, aż do tego czasu, kiedy obozowano pod Synajem. I tymi przykazaniami były:

1. Nie będziesz czcił innego boga, bo Pan jest Bogiem zazdrosnym.
2. Nie będziesz robił odlewów podobizn bogów.
3. Nie będziesz zaniedbywał święta przaśników.
4. Wszyscy pierworodni płci męskiej, człowieka lub bydła, należą do mnie, powiedział Pan.
5. Sześć dni pracować będziesz, ale siódmego dnia odpoczywaj.
6. Będziesz obchodził święto pierwszych płodów i święto zbiorów przy końcu roku.
7. Krwi żadnej ofiary nie składajcie razem z kwaszonym chlebem.
8. Ofiary święta Paschy nie zostawiaj do następnego rana.
9. Pierwsze z pierwszych płodów ziemi przyniesiesz do domu Pana, twojego Boga.
10. Nie będziesz gotował koźlęcia w mleku jego matki.

I potem, pośród piorunów i błyskawic Synaju, Mojżesz dał im dziesięć nowych przykazań, które jak wszyscy przyznacie, wyrażają wyższe wartości towarzyszące rozszerzającym się koncepcjom Bóstwa, zawartym w Jahwe. I czy nigdy nie zwróciliście uwagi na to, że te przykazania są dwa razy zapisane w Piśmie, że w pierwszym przypadku uwolnienie z Egiptu jest przytaczane jako przyczyna przestrzegania szabatu, kiedy w późniejszych zapisach rozwijających się wierzeń religijnych nasi przodkowie żądali zmiany tego, twierdząc, że fakt stworzenia jest przyczyną przestrzegania szabatu?

I dalej przypomnijcie sobie, że znowu – w okresie wielkiego duchowego oświecenia za czasów Izajasza – dziesięć tych zakazujących przykazań zostało zmienione na wielkie i nakazujące prawo miłości, nakaz, aby kochać Boga najmocniej a bliźniego swego jak siebie samego. I to jest najwyższe prawo miłości do Boga i do człowieka, które ja także wam głoszę, jako stanowiące cały obowiązek człowieka".

I kiedy Jezus skończył, nikt mu nie zadał pytania. Wszyscy kolejno udali się na spoczynek.

4. FLAWIUSZ I KULTURA GRECKA

Flawiusz, grecki Żyd, był niezdecydowanym prozelitą, który nigdy nie został ani obrzezany, ani ochrzczony; a ponieważ był wielkim miłośnikiem piękna, sztuki i rzeźby, dom, który zajmował, gdy przebywał w Jerozolimie, był piękną budowlą. Ten dom był przepięknie przyozdobiony bezcennymi skarbami, które Flawiusz kolekcjonował tu i tam, gdy podróżował po świecie. Kiedy pierwszy raz pomyślał zaprosić Jezusa do swego domu, obawiał się, że Mistrz może się obrazić na widok tak zwanych wizerunków. Jednak Flawiusz był mile zaskoczony, kiedy Jezus wszedł do domu i zamiast zganić go za posiadanie tych rzekomo bałwochwalczych przedmiotów, porozstawianych wszędzie, wyraził wielkie zainteresowanie całą kolekcją i chwaląc ją, zadawał wiele pytań odnośnie każdego dzieła, kiedy Flawiusz oprowadzał go, pokój za pokojem, pokazując mu wszystkie swoje ulubione posągi.

Mistrz zauważył, że gospodarz był zaskoczony jego pozytywnym nastawieniem do sztuki, dlatego też, kiedy skończyli oglądać całą kolekcję, Jezus zapytał: „Ponieważ doceniasz piękno rzeczy stworzonych przez mojego Ojca i uformowanych artystycznymi rękami ludzkimi, dlaczego oczekujesz nagany? Czy z tego powodu, że Mojżesz kiedyś usiłował walczyć z bałwochwalstwem i czczeniem fałszywych bogów, teraz wszyscy ludzie mają patrzeć z dezaprobatą na odtwarzanie wdzięku i piękna? Mówię ci, Flawiuszu, dzieci Mojżesza nie rozumiały go i teraz tworzą fałszywych bogów, nawet z jego zakazów o wyobrażeniach i podobiznach rzeczy w niebie i na Ziemi. Ale, jeśli nawet Mojżesz nauczał pogrążone w ciemności umysły tamtych czasów takich ograniczeń, co to ma wspólnego z czasami, kiedy Ojciec w niebie jest objawiony jako powszechny Duchowy Władca całego stworzenia? I Flawiuszu, oświadczam ci, że w nadchodzącym królestwie nie będą już nauczali: «Nie czcij tego czy tamtego»; nie będą się już zajmować nakazami wystrzegania się tego i zwracaniem uwagi, żeby nie robić tamtego, ale raczej wszyscy będą interesować się jednym, najwyższym obowiązkiem. I ten wielki obowiązek człowieka wyraża się w dwóch wielkich przywilejach: w szczerym czczeniu nieskończonego Stwórcy, Rajskiego Ojca i w obdarzaniu pełną miłości służbą współbraci ludzi. Jeśli kochasz bliźniego swego, jak siebie samego, zaprawdę wiesz, że jesteś synem Bożym.

W tej epoce, kiedy mojego Ojca niezbyt dobrze rozumiano, Mojżeszowe próby przeciwstawiania się bałwochwalstwu były usprawiedliwione, jednak w nadchodzącej epoce Ojciec będzie objawiony w życiu Syna; i to nowe objawienie Boga sprawi, że nigdy już nie będą mylić Stwórcy Ojca z idolami kamiennymi czy podobiznami ze złota i srebra. Odtąd inteligentni ludzie będą się cieszyć skarbami sztuki, bez mieszania tej materialnej oceny piękna z czczeniem i służeniem Ojcu w Raju, Bogu wszystkich rzeczy i wszystkich istot".

Flawiusz uwierzył we wszystko, czego uczył go Jezus. Następnego dnia poszedł do Betanii za Jordanem, gdzie został ochrzczony przez uczniów Jana. A zrobił to dlatego, że apostołowie Jezusa jeszcze nie chrzcili wierzących. Kiedy Flawiusz wrócił do Jerozolimy, wydał wielką ucztę na cześć Jezusa i zaprosił sześćdziesięciu swoich przyjaciół. Wielu z tych gości także uwierzyło w posłanie o nadchodzącym królestwie.

5. ROZPRAWA O PEWNOŚCI

Jedno z ważniejszych kazań, jakie Jezus wygłosił w Świątyni w tym tygodniu Paschy, było odpowiedzią na pytanie zadane mu przez jednego ze słuchaczy, przybyłego z Damaszku. Człowiek ten spytał Jezusa: „Ale Rabbi, jak możemy wiedzieć na pewno, że jesteś wysłany przez Boga i że my naprawdę możemy wejść do tego królestwa, o którym ty i twoi uczniowie głosicie, że jest na wyciągnięcie ręki?". I Jezus odpowiedział:

„Co się tyczy mojego posłania i nauk moich uczniów, powinniście osądzać je po ich owocach. Jeśli my głosimy wam prawdy duchowe, duch w waszych sercach będzie świadczył, że nasze posłanie jest prawdziwe. Co się tyczy królestwa i pewności uznania was przez niebiańskiego Ojca, pozwólcie zapytać, który ojciec spośród was, godny i dobrego serca, będzie trzymał swojego syna w lęku i niepewności, co do jego statusu w rodzinie, czy bezpiecznego miejsca w uczuciach ojcowskiego serca? Czyż wy, ziemscy ojcowie, czerpiecie przyjemność z torturowania swoich dzieci niepewnością w sprawie trwałej do nich miłości w waszych ludzkich sercach? Tak samo wasz Ojciec w niebie nie pozostawia swoich wiernych dzieci duchowych w zwątpieniu i niepewności, odnośnie ich miejsca w królestwie. Jeśli przyjmiecie Boga jako swojego Ojca, to naprawdę i prawdziwie jesteście synami Bożymi. A jeśli jesteście synami, wtedy możecie być pewni swego miejsca i porzucić wszelkie wątpliwości dotyczące wiecznego, Boskiego synostwa. Jeśli wierzycie moim słowom, tym samym wierzycie w Tego, który mnie posłał i tak wierząc w Ojca, zapewniliście sobie status niebiańskiego obywatelstwa. Jeśli będziecie wykonywać wolę Ojca w niebie, zawsze będziecie robić postępy w życiu wiecznym, w Boskim królestwie.

Najwyższy Duch powinien świadczyć razem z waszymi duchami, że prawdziwie jesteście dziećmi Bożymi. A jeśli jesteście synami Bożymi, wtedy narodziliście się z ducha Bożego, a ktokolwiek narodził się z ducha, posiada sam w sobie moc przezwyciężenia wszystkich wątpliwości i to jest to zwycięstwo, które pokona wszelkie niepewności, nawet niepewności waszej wiary.

O tych czasach mówił prorok Izajasz: «Kiedy zostanie wylany na nas duch z wysokości, wtedy pokój stanie się dziełem sprawiedliwości a owocem prawa wieczyste bezpieczeństwo». I dla wszystkich tych, którzy prawdziwie wierzą w tę ewangelię, ja stanę się poręką ich przyjęcia do wiecznych łask i nieśmiertelnego życia w królestwie mojego Ojca. Zatem wy, którzy słyszycie to posłanie i wierzycie tej ewangelii królestwa, jesteście synami Bożymi i macie życie wieczne; a dowodem dla całego świata, że narodziliście się w duchu jest to, że szczerze kochacie jeden drugiego".

Tłum słuchaczy pozostawał wiele godzin z Jezusem, zadając mu pytania i słuchając uważnie jego pocieszających odpowiedzi. Nauka Jezusa ośmieliła również apostołów do głoszenia ewangelii królestwa z większą mocą i większą pewnością. Te przeżycia w Jerozolimie stanowiły wielką inspirację dla Dwunastu. Był to ich pierwszy kontakt z tak wielkimi tłumami i poznali wiele wartościowych nauk, które okazały się bardzo pomocne w ich późniejszej pracy.

6. SPOTKANIE Z NIKODEMEM

Pewnego wieczora przyszedł do domu Flawiusza Nikodem, bogaty i starszy członek żydowskiego Sanhedrynu, żeby się zobaczyć z Jezusem. Wiele słyszał o naukach Galilejczyka i jednego popołudnia poszedł go posłuchać, kiedy Jezus nauczał na dziedzińcach Świątyni. Chciałby chodzić częściej i słuchać tego, co uczył Jezus, ale się obawiał, że go zobaczą ludzie doglądający tego nauczania, ponieważ już wtedy istniały rozbieżności pomiędzy Jezusem a władcami żydowskimi w takim stopniu, że żaden członek Sanhedrynu nie chciał się otwarcie z nim utożsamiać. W związku z tym, Nikodem zaaranżował, przez Andrzeja, spotkanie z Jezusem po zmierzchu tego właśnie wieczora. Piotr, Jakub i Jan byli w ogrodzie Flawiusza, kiedy zaczęła się ta rozmowa, ale później wszyscy przenieśli się do domu, gdzie kontynuowano dyskusję.

Przyjmując Nikodema, Jezus nie okazywał mu szczególnego szacunku; podczas rozmowy z nim nie było kompromisów czy specjalnego przekonywania. Mistrz nie chciał odtrącić swojego, ukrywającego się gościa ani także nie był sarkastyczny. W całym swoim postępowaniu z dystyngowanym gościem Jezus był spokojny, poważny i dostojny. Nikodem nie był oficjalnym wysłannikiem Sanhedrynu; przyszedł zobaczyć Jezusa tylko dlatego, że sam osobiście i szczerze interesował się nauką Mistrza.

Po tym, jak go Flawiusz przedstawił, Nikodem powiedział: „Rabbi, wiemy, że jesteś nauczycielem przysłanym przez Boga, gdyż zwyczajny człowiek nie mógłby tak nauczać, chyba, że jest z nim Bóg. Chciałbym dowiedzieć się więcej o twojej nauce odnośnie nadchodzącego królestwa".

Jezus odpowiedział Nikodemowi: „Zaprawdę, zaprawdę powiadam ci Nikodemie, jeśli człowiek nie narodzi się z wysokości, nie może ujrzeć królestwa Bożego". Wtedy rzekł mu Nikodem: „Jakże może się człowiek narodzić ponownie, kiedy jest stary? Nie może powtórnie wejść do łona matki swojej i urodzić się".

Jezus powiedział: „Mimo wszystko, oświadczam ci, jeśli człowiek nie narodzi się z ducha, nie może wejść do królestwa Bożego. To, co narodziło się z ciała, ciałem jest, a to, co narodziło się z ducha, jest duchem. Nie dziw się, że ci powiedziałem – musisz narodzić się z wysokości. Kiedy wiatr wieje, słyszysz szum liści, ale nie widzisz wiatru – skąd przyszedł i dokąd leci – i tak jest z każdym narodzonym z ducha. Oczami ciała możecie ujrzeć przejawy ducha, ale naprawdę nie możecie dostrzec ducha".

Nikodem odpowiedział: „Ale ja nie rozumiem – jakże to może być?". Wtedy Jezus powiedział: „Może to być, że jesteś nauczycielem w Izraelu a przecież nieświadomy jesteś tego wszystkiego? Staje się więc obowiązkiem tych, którzy wiedzą o rzeczywistościach ducha, aby odkryli te sprawy tym, którzy dostrzegają tylko przejawy świata materialnego. Ale czy uwierzysz nam, jeśli powiemy ci niebiańskie prawdy? Czy masz odwagę, Nikodemie, uwierzyć w tego, który z nieba zstąpił – nawet w Syna Człowieczego"?

A Nikodem powiedział: „Ale jak mam posiąść tego ducha, który mnie przekształci, przygotowując do wejścia do królestwa?". Jezus odrzekł: „Duch Ojca z nieba już zamieszkuje w tobie. Jeśli pozwolisz się poprowadzić temu duchowi z wysokości, wkrótce zaczniesz widzieć oczami ducha i wtedy, szczerze wybierając przewodnictwo ducha, będziesz narodzony w duchu i odtąd celem twojego życia będzie tylko wykonywanie woli twego Ojca, który jest w niebie. I tak widząc siebie narodzonego z ducha i szczęśliwego w Bożym królestwie, zaczniesz wydawać w swoim codziennym życiu obfite duchowe owoce".

Nikodem był zupełnie szczery. Był pod głębokim wrażeniem słów Jezusa, ale odszedł zakłopotany. Nikodem zrobił postępy w samodoskonaleniu i powściągliwości, jak również miał wysokie zasady moralne. Był dystyngowany, egoistyczny i altruistyczny, ale nie wiedział jak *podporządkować* swoją wolę woli Boskiego Ojca, tak jak małe dziecko chce podporządkować się kierowaniu i prowadzeniu przez mądrego i kochającego, ziemskiego ojca; nie wiedział jak naprawdę stać się synem Boga, rozwijającym się dziedzicem wiecznego królestwa.

Jednak Nikodem zebrał wystarczającą ilość wiary, aby się uchwycić królestwa. Nieśmiało protestował, gdy jego koledzy z Sanhedrynu usiłowali potępić Jezusa bez wysłuchania; i razem z Józefem z Arymatei śmiało później potwierdził swoją wiarę i zażądał ciała Jezusa, nawet wtedy, gdy większość uczniów uciekła przestraszona ze sceny końcowego cierpienia i śmierci ich Mistrza.

7. LEKCJA O RODZINIE

Następną środę Jezus spędził w Betanii razem z apostołami, odpoczywając po pracowitym okresie nauczania i pracy osobistej w tygodniu Paschy w Jerozolimie. Tego popołudnia Tomasz zadał pytanie, które przyniosło długą i pouczającą odpowiedź. Tomasz zapytał: „Mistrzu, w tym dniu, w którym zostaliśmy wyróżnieni jako ambasadorowie królestwa, powiedziałeś nam wiele rzeczy, uczyłeś nas naszego osobistego sposobu życia, ale czego powinniśmy nauczać tłumy? Jak ci ludzie mają żyć, kiedy królestwo nadejdzie w całej pełni? Czy twoi uczniowie mają mieć niewolników? Czy tym, którzy wierzą w ciebie, zaleca się ubóstwo i unikanie własności? Czy samo miłosierdzie zapanuje tak, że nie będziemy mieć więcej prawa i sądów"? Jezus i Dwunastu spędzili całe popołudnie i cały wieczór po kolacji omawiając pytania Tomasza. Dla celów tego zapisu, przedstawiamy następujące streszczenie wskazówek Mistrza:

Najpierw starał sie Jezus wyjaśnić swoim apostołom, że on sam, gdy jest na Ziemi, żyje unikalnym życiem w ciele i że oni, Dwunastu, zostali powołani do uczestniczenia w tym obdarzającym doświadczeniu Syna Człowieczego; i jako tacy współpracownicy, oni też muszą dzielić wiele specjalnych ograniczeń i obowiązków całego tego, obdarzającego doświadczenia. Dał też delikatnie do zrozumienia, że Syn Człowieczy jest jedyną osobą, jaka kiedykolwiek żyła na Ziemi, która może jednocześnie widzieć prawdziwe serce Boga i prawdziwą głębię duszy człowieka.

W bardzo prosty sposób Jezus wytłumaczył, że królestwo nieba jest ewolucyjnym doświadczeniem, zaczynającym się tutaj, na Ziemi i postępującym przez kolejne stacje życia, do Raju. W trakcie tego wieczoru oświadczył wyraźnie, że w przyszłości, w pewnym stadium rozwoju królestwa, znowu odwiedzi ten świat w duchowej mocy i boskiej chwale.

Następnie wytłumaczył, że „idea królestwa" nie jest najlepszym sposobem zobrazowania stosunku człowieka do Boga; że posłużył się takim określeniem słownym, ponieważ naród żydowski oczekiwał królestwa i ponieważ Jan nauczał w terminologii nadchodzącego królestwa. Jezus powiedział: „W innych epokach narody lepiej będą rozumiały ewangelię królestwa, kiedy przedstawiana będzie w określeniach wyrażających związki rodzinne – kiedy człowiek zrozumie religię jako naukę o ojcostwie Boga i braterstwie człowieka, o synostwie z Bogiem". Potem jakiś czas Mistrz rozprawiał o ziemskiej rodzinie jako ilustracji niebiańskiej rodziny, przedstawiając ponownie dwa fundamentalne prawa życia: pierwsze przykazanie miłości do ojca, głowy rodziny i drugie przykazanie wzajemnej miłości pośród dzieci, aby kochać swego brata jak siebie samego. A potem wytłumaczył, że te wartości braterskiego uczucia powinny nieodmiennie się objawiać w bezinteresownej i miłości pełnej służbie społecznej.

Potem nastąpiła pamiętna rozmowa na temat fundamentalnych cech życia rodzinnego i ich zastosowania do zobrazowania związków istniejących pomiędzy Bogiem a człowiekiem. Jezus oświadczył, że prawdziwa rodzina opiera się na siedmiu następujących faktach:

1. *Fakt istnienia.* Związki natury i zjawiska podobieństwa pomiędzy śmiertelnikami wiążą ze sobą rodzinę: dzieci dziedziczą pewne cechy rodziców. Dzieci biorą początek od rodziców; zaistnienie osobowości zależne jest od działania rodziców. Relacje ojciec-dziecko są właściwe całej przyrodzie i przenikają wszystkie byty żywe.

2. *Bezpieczeństwo i przyjemność.* Prawdziwi ojcowie znajdują wielką przyjemność w zaspokajaniu potrzeb swych dzieci. Wielu ojców nie zadowala się tylko zabezpieczeniem potrzeb dzieci, ale radość sprawia im również dostarczanie przyjemności dzieciom.

3. *Edukacja i nauczanie.* Mądrzy ojcowie rozważnie planują edukację i odpowiednie nauczanie swych synów i córek. W okresie młodości dzieci przygotowują się do podjęcia ważniejszych obowiązków w późniejszym życiu.

4. *Dyscyplina i poskramianie.* Dalekowzroczni ojcowie zapewniają konieczną dyscyplinę, przewodnictwo, korygowanie a czasem poskramianie młodego i niedojrzałego potomstwa.

5. *Towarzystwo i lojalność.* Uczuciowy ojciec utrzymuje bliskie i miłości pełne związki ze swymi dziećmi. Jego ucho zawsze jest otwarte na ich prośby; zawsze jest gotowy do dzielenia się ich trudnościami i pomagania w rozwiązaniu ich kłopotów. Ojca najbardziej interesuje coraz większe dobro jego potomstwa.

6. *Miłość i miłosierdzie.* Współczujący ojciec szczodrze wybacza; ojcowie nie zachowują mściwych wspomnień w stosunku do swoich dzieci. Ojcowie nie są sędziami, wrogami czy wierzycielami. Prawdziwe rodziny opierają się na tolerancji, cierpliwości i przebaczaniu.

7. *Zabezpieczenie na przyszłość.* Ziemscy ojcowie pragną zostawić swoim synom spadek. Rodzina trwa z jednego pokolenia na drugie. Śmierć tylko po to kończy jedno pokolenie, aby zaznaczyć początek drugiego. Śmierć kładzie kres indywidualnemu życiu, ale niekoniecznie rodzinie.

Wiele godzin Mistrz omawiał stosowanie tych cech życia rodzinnego w relacji człowieka, ziemskiego dziecka, do Boga, Rajskiego Ojca. I taka była jego konkluzja: „Znam doskonale cały ten związek syna z Ojcem, ponieważ ja już teraz osiągnąłem to, co wy musicie osiągnąć z synostwa w wiecznej przyszłości. Syn Człowieczy jest gotów wstąpić do prawej ręki Ojca, więc we mnie otwarła się teraz jeszcze szersza droga dla was, abyście ujrzeli Boga, zanim jeszcze ukończycie chwalebny rozwój i staniecie się doskonałymi, tak jak wasz Ojciec w niebie jest doskonały".

Kiedy apostołowie usłyszeli te zaskakujące słowa, przypomnieli sobie oświadczenie Jana, wygłoszone w czasie chrztu Jezusa i równie wyraźnie przypomnieli sobie te przeżycia w związku z głoszeniem kazań i nauczaniem po śmierci i zmartwychwstaniu Mistrza.

Jezus jest tym Boskim Synem, którego Ojciec Wszechświatowy obdarzył pełnym zaufaniem. Jezus był z Ojcem i w pełni go rozumiał. Teraz przeżył swe życie na Ziemi, ku pełnemu zadowoleniu Ojca i ta inkarnacja umożliwiła mu dokładne zrozumienie człowieka. Jezus był doskonałością człowieka; osiągnął taką właśnie doskonałość, jaka jest przeznaczeniem wszystkich prawdziwie wierzących; mają oni ją osiągnąć w nim i przez niego. Jezus ukazał Boga doskonałości człowiekowi a w swojej osobie przedstawił Bogu doskonałego syna tej domeny.

Chociaż Jezus rozprawiał kilka godzin, Tomasz wciąż nie był zadowolony i dlatego powiedział: „Ale, Mistrzu, my nie widzimy, aby nasz Ojciec w niebie postępował z nami zawsze dobrze i miłosiernie. Wielokrotnie bardzo cierpimy na Ziemi i nie zawsze otrzymujemy odpowiedź na nasze modlitwy. W którym miejscu nie udaje się nam pojąć znaczenia twojej nauki"?

Jezus odpowiedział: „Tomaszu, Tomaszu, ile czasu upłynie, zanim będziesz mógł słuchać uchem ducha? Jak długo potrwa, zanim spostrzeżesz, że to królestwo jest królestwem duchowym i że mój Ojciec jest także istotą duchową? Czy nie rozumiesz, że nauczam was jako duchowe dzieci w duchowej rodzinie nieba, w tej rodzinie, której przodkiem jest bezkresny i wieczny duch? Czy pozwolisz, że zastosuję ziemską rodzinę do ilustracji niebiańskich pokrewieństw, bez tak dosłownego odnoszenia mojej nauki do spraw materialnych? Czyż nie potraficie oddzielić duchowych rzeczywistości królestwa od materialnych, społecznych, ekonomicznych i politycznych problemów epoki? Kiedy przemawiam językiem ducha, dlaczego nalegacie, abym przetłumaczył sens tego, co mówię, na język ciała, tylko dlatego, że pozwoliłem sobie zastosować codzienne i przyziemne związki dla ilustracji? Moje dzieci, błagam, abyście przestali przykładać nauki królestwa duchowego do nędznych spraw niewolnictwa, ubóstwa, domów i gruntów oraz do materialnych problemów ludzkiej równości i sprawiedliwości. Tymi doczesnymi sprawami zajmują się ludzie tego świata i podczas gdy w pewnym sensie dotyczy to wszystkich, wy jesteście powołani, aby mnie reprezentować przed światem, nawet tak, jak ja reprezentuję mojego Ojca. Jesteście duchowymi ambasadorami duchowego królestwa, specjalnymi reprezentantami duchowego Ojca. Teraz powinienem was nauczać jako dorosłych ludzi królestwa ducha. Czyż zawsze muszę zwracać się do was tylko jak do dzieci? Czyż nigdy nie rozwiniecie się w postrzeganiu ducha? Mimo wszystko kocham was i będę was znosił, aż do samego końca naszej współpracy w ciele. I nawet potem mój duch będzie iść przed wami na cały świat".

8. W JUDEI POŁUDNIOWEJ

Pod koniec kwietnia opozycja przeciw Jezusowi wśród faryzeuszy i saduceuszy stała się tak wyraźna, że Mistrz i jego apostołowie postanowili na jakiś czas opuścić Jerozolimę; wyruszyli na południe, aby pracować w Betlejem i Hebron. Cały maj spędzili na indywidualnej pracy w tych miastach i pośród ludzi z okolicznych wiosek. W czasie tej podróży nie wygłaszali kazań publicznych, tylko odwiedzali dom za domem. Część tego czasu, kiedy apostołowie nauczali ewangelii i służyli chorym, Jezus i Abner spędzili w Engaddi, odwiedzając kolonię nazirejczyków. Jan Chrzciciel wyszedł z tego miejsca i Abner stał na czele tej grupy. Wielu członków bractwa nazirejskiego uwierzyło w Jezusa, ale większość tych ascetycznych i ekscentrycznych ludzi nie chciała go zaakceptować jako nauczyciela zesłanego z nieba, ponieważ nie nauczał stosowania postów i innych form samozaparcia.

Ludzie zamieszkujący te okolice nie wiedzieli, że Jezus urodził się w Betlejem. Zawsze przypuszczali, że Mistrz urodził się w Nazarecie; tak samo myślała większość jego uczniów, ale Dwunastu znało prawdę.

Pobyt w południowej Judei był spokojnym i owocnym okresem pracy; wiele dusz dodano do królestwa. W pierwszych dniach czerwca poruszenie przeciw Jezusowi na tyle ucichło, że Mistrz i apostołowie wrócili do Jerozolimy, aby nauczać i pocieszać wiernych.

Aczkolwiek Jezus i apostołowie spędzili cały czerwiec w Jerozolimie lub jej okolicach, nie prowadzili w tym czasie żadnego nauczania publicznego. Większość tego czasu mieszkali w namiotach, które rozbili w zacienionym parku czy ogrodzie, znanym w tych czasach jako Getsemane. Park położony był na zachodnim stoku Góry Oliwnej, w pobliżu strumienia Kidron. Szabatowy koniec tygodnia spędzali zwykle w domu Łazarza i jego sióstr w Betanii. Jezus wszedł w obręb murów Jerozolimy tylko kilka razy, ale spora liczba zainteresowanych dociekliwych przyszła do Getsemane, żeby go odwiedzić. Jednego piątkowego wieczoru, Nikodem i pewien Józef z Arymatei odważyli się spotkać z Jezusem, ale wtedy, kiedy stali tuż przed wejściem do namiotu Mistrza, zawrócili ze strachu. I oczywiście nie uświadamiali sobie tego, że Jezus wiedział wszystko o ich zachowaniu.

Kiedy władcy żydowscy dowiedzieli się, że Jezus wrócił do Jerozolimy, szykowali się go aresztować, ale kiedy zauważyli, że nie wygłasza kazań publicznych, doszli do wniosku, że się przestraszył ich poprzedniego oburzenia i postanowili pozwolić mu prowadzić jego nauczanie w sposób prywatny, nie naprzykrzając mu się więcej. I tak sprawy szły powoli, aż do końca czerwca, kiedy to pewien Szymon, członek Sanhedrynu, publicznie opowiedział się za naukami Jezusa i ogłosił to potem sam przed władcami Żydów. Natychmiast na nowo zaczęto nawoływać do aresztowania Jezusa, tak usilnie, że Mistrz postanowił odejść do miast Samarii i Dekapolu.

PRZEKAZ 143

PO SAMARII

POD koniec czerwca, roku 27 n.e., ze względu na nasilającą się opozycję ze strony władców żydowskich, Jezus wraz z Dwunastoma wyszli z Jerozolimy; swoje namioty i niewielką ilość osobistego dobytku wysłali na przechowanie do domu Łazarza, w Betanii. Idąc na północ, w kierunku Samarii, zatrzymali się na szabat w Betel. Tutaj przez kilka dni głosili kazania ludziom, którzy przyszli z Gofna i Efraim. Grupa obywateli z Arymatei i Tamnaty przyszła zaprosić Jezusa do odwiedzenia ich wiosek. Mistrz i jego apostołowie spędzili w tym rejonie ponad dwa tygodnie, nauczając Żydów i Samarytan, z których wielu przyszło aż z Antipatris, aby usłyszeć dobrą nowinę królestwa.

Ludzie z południowej Samarii chętnie słuchali Jezusa a apostołom, za wyjątkiem Judasza Iskarioty, udało się pokonać większość swych uprzedzeń w stosunku do Samarytan. Pokochanie Samarytan sprawiało Judaszowi wielką trudność. W ostatnim tygodniu czerwca, Jezus i jego towarzysze szykowali się wyruszyć do nowych greckich miast Fasaelis i Archelais w pobliżu Jordanu.

1. GŁOSZENIE KAZAŃ W ARCHELAIS

W pierwszej połowie sierpnia, grupa apostolska wybrała na swoje siedziby miasta Archelais i Fasaelis, gdzie po raz pierwszy apostołowie przeżywali głoszenie kazań do zgromadzeń prawie wyłącznie nieżydowskich – Greków, Rzymian i Syryjczyków – gdyż tylko kilku Żydów mieszkało w tych dwu greckich miastach. Kiedy apostołowie zetknęli się z tymi obywatelami rzymskimi, napotkali nowe trudności w głoszeniu posłania o nadchodzącym królestwie i spotkali się z nowymi zastrzeżeniami wobec nauki Jezusa. W czasie jednej z wielu wieczornych narad z apostołami, Jezus uważnie słuchał tych obiekcji wobec ewangelii królestwa, kiedy Dwunastu mówiło o swych przeżyciach z tymi, dla których pracowali indywidualnie.

Pytanie zadane przez Filipa odzwierciedlało typowe trudności apostołów. Filip powiedział: „Mistrzu, ci Grecy i Rzymianie lekceważą nasze posłanie, mówiąc, że taka nauka jest odpowiednia tylko dla słabych i niewolników. Twierdzą, że religia pogańska jest wyższa od naszej nauki, ponieważ inspiruje do zdobywania mocnego, dynamicznego i agresywnego charakteru. Twierdzą, że chcemy przerobić wszystkich ludzi na jednostki słabe, biernie posłuszne, które wkrótce znikną z powierzchni Ziemi. Lubią ciebie Mistrzu, chętnie przyznają, że twoja nauka jest niebiańska i idealna, ale nas nie traktują poważnie. Twierdzą, że twoja religia nie jest dla tego świata, że ludzie nie mogą tak żyć, jak ty nauczasz. I otóż, Mistrzu, co mamy powiedzieć tym innowiercom?".

Po wysłuchaniu podobnych obiekcji wobec ewangelii, przedstawionych przez Tomasza, Nataniela, Szymona Zelotę i Mateusza, Jezus powiedział do Dwunastu:

„Przyszedłem na ten świat czynić wolę mojego Ojca i objawić całej ludzkości jego pełen miłości charakter. To, moi bracia, jest moją misją. I tę właśnie rzecz zrobię, nie zważając na niezrozumienie mojej nauki u Żydów czy nie-Żydów, tego dnia czy w innym pokoleniu. Ale wy nie powinniście przeoczyć tego, że nawet Boska miłość odznacza się surową dyscypliną. Ojcowska miłość do syna bardzo często zmusza ojca do powstrzymania bezmyślnego potomka od dokonania niemądrych czynów. Dziecko nie zawsze rozumie mądre i miłości pełne motywy ojcowskiej dyscypliny. Ale ja wam oświadczam, że mój Ojciec w Raju włada wszechświatem wszechświatów zniewalającą siłą swojej miłości. Miłość jest największą ze wszystkich duchowych rzeczywistości. Prawda jest wyzwalającym objawieniem, ale miłość jest najwyższym powinowactwem. I nie ma znaczenia, jakie błędy popełnią w zarządzaniu dzisiejszym światem wasi współbracia ludzie; w epokach, które nadejdą, ta ewangelia, którą ja wam głoszę, będzie rządziła tym właśnie światem. Ostatecznym celem rozwoju ludzkości jest pełne czci uznanie ojcostwa Boga i urzeczywistnienie przepełnionego miłością braterstwa człowieka.

Ale kto wam powiedział, że moja ewangelia jest przeznaczona tylko dla niewolników i słabeuszy? Czyż wy, moi wybrani apostołowie, przypominacie słabeuszy? Czy Jan wyglądał na słabeusza? Czy widzieliście, żebym był zniewolony strachem? Prawda, że biednym i uciskanym w tym pokoleniu głosi się ewangelię. Religie tego świata zaniedbały biednych, ale mój Ojciec nie ma względu na osoby. Ponadto biedni w tych dniach będą pierwszymi, którzy podążą za wezwaniem do skruchy i akceptacji synostwa. Ewangelia królestwa będzie głoszona wszystkim ludziom – Żydom i nie-Żydom, Grekom i Rzymianom, bogatym i biednym, wolnym i zniewolonym – i na równi młodemu i staremu, mężczyźnie i kobiecie.

Chociaż mój Ojciec jest Bogiem miłości i cieszy się okazywanym miłosierdziem, nie upajajcie się ideą, że służba ta będzie monotonną łatwizną. Wznoszenie się do Raju jest najwyższą przygodą wszystkich czasów, wyboistym docieraniem do wieczności. Służba królestwu na Ziemi wymaga całej pełni odważnej męskości, jaką wy i wasi współpracownicy możecie zebrać w sobie. Wielu z was zabiją za waszą lojalność dla ewangelii tego królestwa. Łatwo jest umrzeć, stanąwszy w szeregu fizycznej walki, gdy waszą odwagę podbudowuje obecność waszych walczących towarzyszy, ale potrzeba wyższej i głębszej formy ludzkiej odwagi i poświęcenia, aby spokojnie i zupełnie samotnie oddać swoje życie dla miłości prawdy, chronionej w świątyni waszego śmiertelnego serca.

Dziś niewierzący mogą się z was wyśmiewać, kiedy głosicie ewangelię nie stawiania oporu i przeżywania życia bez przemocy, ale wy jesteście pierwszymi ochotnikami z długiego szeregu szczerze wierzących w ewangelię tego królestwa, którzy zadziwią całą ludzkość heroicznym poświęceniem się temu nauczaniu. Żadne wojska na świecie nigdy nie wykazały więcej odwagi i męstwa, niż ukażecie wy i wasi lojalni następcy, którzy pójdą na cały świat głosząc dobrą nowinę – ojcostwa Boga i braterstwa ludzi. Odwaga cielesna jest najniższą formą męstwa. Umysłowe męstwo jest wyższym przykładem ludzkiej odwagi, ale najwyższą i doskonałą odwagą jest bezkompromisowa lojalność dla oświeconych przekonań dotyczących głębokich, duchowych rzeczywistości. I taka odwaga stanowi o heroizmie człowieka rozpoznającego Boga. I wy wszyscy jesteście ludźmi rozpoznającymi Boga; jesteście naprawdę osobistymi współpracownikami Syna Człowieczego".

To nie było wszystko, co Jezus wtedy powiedział, ale to jest wstęp do jego przemówienia; potem przeszedł do dłuższego rozwinięcia i zilustrowania tego oświadczenia. Było to jedno z bardziej namiętnych przemówień, jakie Jezus kiedykolwiek wygłosił do Dwunastu. Rzadko Mistrz mówił do swych apostołów z jawnym, silnym wzruszeniem, ale był to jeden z tych niewielu przypadków, kiedy przemawiał z widoczną żarliwością, której towarzyszyły wyraźne emocje.

Efekt publicznego głoszenia kazań i służby indywidualnej apostołów był natychmiastowy; od tego właśnie dnia ich posłanie nabrało nowej nuty odważnej dominacji. Dwunastu wciąż nabywało ducha konstruktywnej agresji w nowej ewangelii królestwa. Od tego dnia nie zajmowali się już tak bardzo kazaniami o cechach negatywnych i biernymi przykazaniami wielostronnego nauczania ich Mistrza.

2. LEKCJA SAMOKONTROLI

Mistrz był doskonałym wzorem ludzkiej samokontroli. Kiedy mu urągano, on nie urągał; kiedy cierpiał, nie wyrzekł słowa groźby przeciw swoim dręczycielom; kiedy był wydany przez swoich wrogów, po prostu powierzył siebie prawemu osądowi Ojca w niebie.

Podczas jednej z wieczornych narad, Andrzej zapytał Jezusa: „Mistrzu, czy powinniśmy praktykować samozaparcie, jak nauczał nas Jan, czy mamy dążyć do samokontroli, zgodnie z twoją nauką? W czym twoja nauka różni się od nauki Jana? Jezus odpowiedział: „Jan naprawdę uczył was drogi prawości, zgodnie ze światłością i prawami jego ojców a była to religia introspekcji i samozaparcia. Ale ja przyszedłem z nowym posłaniem bezinteresowności i samokontroli. Pokażę wam drogę życia, tak jak była mi objawiona przez mojego Ojca w niebie.

Zaprawdę, zaprawdę, powiadam wam, ten, który włada samym sobą jest większy od tego, który zdobywa miasto. Panowanie nad sobą jest miarą moralnej natury człowieka i wskaźnikiem jego duchowego rozwoju. W starym porządku pościliście i modliliście się; jako nowe istoty, narodzone ponownie w duchu, nauczani jesteście wierzyć i weselić się. W królestwie Ojca staniecie się nowymi istotami, stare rzeczy przeminą; spójrzcie, a ja wam ukażę, jak wszystkie rzeczy staną się nowe. I przez waszą miłość, jednego do drugiego, przekonacie świat, że przeszliście z niewoli do wolności, od śmierci do wiecznego życia.

W starym porządku staraliście się ograniczać, być posłuszni i dostosowywać się do zasad życia; na nowej drodze będziecie najpierw *przekształceni* przez Ducha Prawdy i skutkiem tego wzmocnieni w waszej wewnętrznej duszy przez stałe duchowe odnawianie waszego umysłu. Tym sposobem obdarzeni będziecie mocą pewnych i radosnych skutków łaskawej, możliwej do przyjęcia i doskonałej woli Boga. Nie zapomnijcie – to wasza osobista wiara w niezmiernie wielkie i cenne obietnice Boga zapewni wam, że będziecie mieć udział w Boskiej naturze. W ten sposób, poprzez waszą wiarę i duchowe przeistoczenie, staniecie się prawdziwie świątyniami Boga a jego duch faktycznie mieszka w was. Jeżeli zatem duch was zamieszkuje, nie jesteście już niewolnikami ciała, ale wolnymi i wyzwolonymi synami ducha. Nowe prawo ducha obdaruje was wolnością panowania nad sobą, w miejsce starego prawa strachu przed zniewoleniem i poddawania się ograniczeniom.

Wielokrotnie, kiedy czyniliście zło, myśleliście zrzucić odpowiedzialność za swoje czyny na wpływ diabła, kiedy naprawdę zostaliście sprowadzeni z właściwej drogi przez wasze własne, naturalne skłonności. Czyż nie powiedział prorok Jeremiasz, dawno temu, że serce człowieka jest zakłamane ponad wszystkie rzeczy i czasami rozpaczliwie nikczemne? Jak łatwo wam okłamywać samych siebie i skutkiem tego popaść w niemądre obawy, zanurzyć się w żądzach, zniewalających przyjemnościach, zawiści a nawet we mściwej nienawiści!

Zbawienie przychodzi przez odrodzenie ducha a nie przez obłudne czyny w ciele. Jesteście usprawiedliwieni przez wiarę i pobratani przez łaskawość a nie przez strach i samozaparcie w ciele, aczkolwiek dzieci Ojca, które narodziły się z ducha, są wciąż i zawsze *panami* samych siebie i wszystkiego tego, co się odnosi do pragnień ciała. Kiedy wiecie, że jesteście zbawieni przez wiarę, naprawdę jesteście w prawdziwym pokoju z Bogiem. I przeznaczeniem wszystkich tych, którzy pójdą tą drogą niebiańskiego pokoju, jest uświęcona, wieczna służba, idących wciąż naprzód synów wiecznego Boga. Odtąd nie jest już obowiązkiem, ale raczej waszym wzniosłym przywilejem, oczyszczenie się z całego zła umysłu i ciała, kiedy pragniecie doskonałości w miłości Boga.

Synostwo wasze opiera się na wierze i strach nie powinien mieć na was wpływu. Wasza radość zrodziła się z zaufania w Boski świat, zatem nie powinniście dać się zwieść zwątpieniu w rzeczywistość Ojcowskiej miłości i miłosierdzia. To właśnie dobroć Boga prowadzi ludzi do prawdziwego i szczerego żalu za grzechy. Tajemnica waszego panowania nad wami samymi związana jest z waszą wiarą w ducha, zamieszkującego człowieka, który zawsze działa przez miłość. Nawet tej zbawiennej wiary nie macie od samych siebie; ona jest również darem Boga. A jeśli jesteście dziećmi tej żywej wiary, nie jesteście już niewolnikami samych siebie, ale raczej tryumfującymi panami samych siebie, wyzwolonymi synami Bożymi.

Jeśli zatem, moje dzieci, zrodzeni jesteście z ducha, na zawsze jesteście wyzwoleni ze świadomej, krępującej niewoli życia, polegającego na ograniczeniach i bacznym wystrzeganiu się pragnień ciała i przeniesieni jesteście do radosnego królestwa ducha, gdzie spontanicznie zaczniecie wydawać owoce duchowe w waszym codziennym życiu; a owoce duchowe są esencją wyższego typu przyjemnej i nobilitującej samokontroli, aż do szczytów ziemskich osiągnięć śmiertelnika - prawdziwego panowania nad sobą".

3. ROZRYWKA I ODPOCZYNEK

Mniej więcej w tym czasie wielkie napięcie nerwowe i emocjonalne pojawiło się u apostołów i bezpośrednio z nimi współpracujących uczniów. Nie byli przyzwyczajeni do wspólnego życia i pracy. Mieli coraz większe trudności w utrzymywaniu harmonijnych stosunków z uczniami Jana. Dla tych Żydów kontakt z nie-Żydami i Samarytanami stanowił wielką próbę. A nade wszystko ostatnie wypowiedzi Jezusa spotęgowały ich niepokój. Andrzej niemalże odchodził od zmysłów, nie wiedział, co ma dalej robić, więc zwrócił się do Mistrza ze swymi problemami i kłopotami. Kiedy Jezus wysłuchał szefa apostołów, jak opowiada o swoich trudnościach, powiedział: „Andrzeju nie możesz omawiać z ludźmi ich problemów, kiedy osiągnęli taki stan zaangażowania w te problemy i kiedy dotyczą one tak wielu osób z silnymi uczuciami. Nie mogę zrobić tego, o co mnie prosisz – nie będę brał udziału w tych społecznych nieporozumieniach – ale dołączę do was na radosny, trzydniowy czas wypoczynku i odprężenia. Idź do swoich braci i ogłoś im, że wszyscy idą ze mną na górę Sartaba, gdzie przez dzień czy dwa pragnę odpocząć.

Teraz powinieneś iść do każdego ze swoich jedenastu braci i porozmawiać z nim prywatnie, mówiąc: «Mistrz chce, abyśmy odeszli stąd razem z nim, na czas odpoczynku i relaksu. Ponieważ wszyscy ostatnio przeżywaliśmy wiele przykrości duchowych i stresu umysłowego, proponuję, abyśmy nie wspominali o naszych przejściach i kłopotach w czasie dni wolnych. Czy mogę polegać na tobie, abyś współdziałał ze mną w tej sprawie»? W ten sposób, prywatnie i osobiście, zwróć się do każdego z twoich braci". I Andrzej zrobił tak, jak Mistrz go pouczył.

To było cudowne wydarzenie przeżywane przez każdego z nich; nigdy nie zapomnieli tego dnia, gdy poszli w góry. Przez całą drogę prawie jedno słowo nie padło na temat ich kłopotów. Kiedy dotarli do szczytu góry, Jezus posadził ich wokół siebie i powiedział: „Bracia moi, wszyscy musicie się nauczyć wartości odpoczynku i skuteczności relaksu. Musicie zrozumieć, że najlepszą metodą rozwiązania niektórych skomplikowanych problemów jest zaniechanie ich na jakiś czas. I wtedy, kiedy wrócicie odświeżeni z waszego wypoczynku czy modlitwy, będziecie mogli zaatakować wasze trudności z jaśniejszą głową i pewniejszą ręką, że nie wspomnę bardziej zdecydowanego serca. Częstokroć okaże się również, że wasz problem zmniejszył się w rozmiarach i proporcjach, kiedy odpoczywać będą wasze umysły i ciała".

Następnego dnia Jezus przydzielił każdemu z Dwunastu tematy do dyskusji. Cały dzień poświęcony był wspomnieniom i rozmowom o sprawach nie związanych z ich działalnością religijną. W pewnym momencie byli zaszokowani, gdy Jezus, dzieląc się chlebem podczas obiadu, zaniedbał nawet słownego dziękczynienia. Pierwszy raz zauważyli, że zaniedbał takich formalności.

Kiedy szli w górę, głowa Andrzeja przepełniona była problemami. Jan był nadmiernie zakłopotany w swoim sercu. Jakub boleśnie zmartwiony w swojej duszy. Mateusz mocno był naciskany o fundusze, kiedy podróżowali wśród nie-Żydów. Piotr był zdenerwowany i stał się ostatnio bardziej wybuchowy niż zazwyczaj. Judasz cierpiał na okresowy atak wrażliwości i samolubstwa. Szymon był niezwykle zdenerwowany, kiedy próbował pojednać swój patriotyzm z miłością do brata człowieka. Filip był w coraz większej rozterce, widząc, w jaki sposób toczą się sprawy. Nataniel nie miał już takiego humoru, od czasu, gdy nawiązali kontakty z ludnością nieżydowską a Tomasz był w środku groźnego okresu depresji. Tylko bliźniacy byli normalni i spokojni. Wszyscy bardzo się martwili, jak współżyć pokojowo z uczniami Jana.

Trzeciego dnia, kiedy zaczęli schodzić z góry z powrotem do swego obozu, nastąpiła u nich wielka odmiana. Poczynili ważne odkrycie, że wiele ludzkich kłopotów w rzeczywistości nie istnieje, że wiele dotkliwych problemów jest wytworem przesadnego strachu i wynikiem wzmożonych obaw. Nauczyli się, że wszystkim takim kłopotom najlepiej daje się radę przez odwrócenie się od nich; odchodząc zostawili te problemy, aby rozwiązały się same.

Po tym chwilowym odpoczynku nastąpił okres znacznej poprawy stosunków ze zwolennikami Jana. Wielu spośród Dwunastu naprawdę się cieszyło, dostrzegając zmianę stanu umysłu u każdego z nich i zauważyli również, że są wolni od nerwowej drażliwości dzięki tym trzem dniom urlopu od rutynowych obowiązków życiowych. Zawsze istnieje niebezpieczeństwo, że monotonia kontaktów międzyludzkich znacznie powiększy kłopoty i spotęguje trudności.

Niezbyt wielu nie-Żydów z dwóch greckich miast, Archelais i Fasaelis, uwierzyło w ewangelię, ale dwunastu apostołów nabrało wartościowego doświadczenia w swej pierwszej, szeroko zakrojonej pracy wyłącznie z ludnością nieżydowską. W poniedziałek rano, mniej więcej w połowie miesiąca, Jezus powiedział do Andrzeja: „Idziemy do Samarii". I niezwłocznie ruszyli w drogę do miasta Sychar, w pobliżu studni Jakubowej.

4. ŻYDZI I SAMARYTANIE

Przez ponad sześćset lat Żydzi z Judei, a później także z Galilei, byli wrogo usposobieni do Samarytan. Do tych animozji pomiędzy Żydami a Samarytanami doszło w następujący sposób: około siedemset lat p.n.e., Sargon, król Asyrii, po stłumieniu powstania w centralnej Palestynie, pojmał i wziął do niewoli ponad dwadzieścia pięć tysięcy Żydów z północnego królestwa Izraela, a na ich miejsce sprowadził niemalże taką samą liczbę potomków Kutytów, Sefarwaitów i Chamatytów. Później, Assurbanipal nadal słał innych osadników, aby zamieszkali w Samarii.

Ta religijna wrogość pomiędzy Żydami a Samarytanami trwała od czasu powrotu tych pierwszych z niewoli babilońskiej, kiedy to Samarytanie próbowali przeszkodzić w odbudowie Jerozolimy. Później Samarytanie obrazili Żydów, okazując przyjazną pomoc wojskom Aleksandra. W zamian za ich przyjaźń, Aleksander dał Samarytanom pozwolenie na wybudowanie świątyni na górze Garizim, gdzie czcili Jahwe i swych plemiennych bogów oraz składali ofiary, przeważnie według obrządku Świątyni w Jerozolimie. Nadal prowadzili takie praktyki religijne co najmniej do czasu Machabeuszy, kiedy to Jan Hyrkanus zniszczył ich świątynię na górze Garizim. Apostoł Filip, podczas swej pracy dla Samarytan po śmierci Jezusa, miał wiele spotkań na miejscu tej starej świątyni Samarytan.

Antagonizmy pomiędzy Żydami a Samarytanami były tradycyjne i historyczne; od czasów Aleksandra coraz mniej ich łączyło ze sobą. Dwunastu apostołów nie miało awersji do nauczania w greckich czy innych nieżydowskich miastach Dekapolu albo w Syrii, ale był to dla nich poważny test lojalności wobec Mistrza, kiedy ten powiedział: „Pójdźmy do Samarii". Jednak w okresie ponad roku, który spędzili z Jezusem, ukształtowali w sobie formę osobistej lojalności przewyższającą nawet ich wiarę w jego naukę oraz ich uprzedzenia wobec Samarytan.

5. KOBIETA Z SYCHAR

Kiedy Mistrz z Dwunastoma przybył do studni Jakubowej, Jezus, będąc zmęczony *podróżą, został przy studni*, podczas gdy Filip przywołał apostołów, aby mu pomogli przynieść żywność i namioty z Sycharu, gdyż chcieli pozostać jakiś czas w tej okolicy. Piotr i synowie Zebedeusza chcieli zostać z Jezusem, ale on prosił, żeby poszli razem ze swymi braćmi, mówiąc: „Nie bójcie się o mnie; ci Samarytanie będą przyjacielscy;

tylko nasi bracia, Żydzi, chcą nam zrobić krzywdę". Było około osiemnastej, tego letniego wieczoru, kiedy Jezus usiadł przy studni oczekując powrotu apostołów.

Woda ze studni Jakuba zawierała mniej minerałów niż woda ze studni w Sycharze i dlatego też była bardziej ceniona do picia. Jezus był spragniony, ale nie było jak naciągnąć wody ze studni. Kiedy więc przyszła z Sycharu kobieta z dzbanem i szykowała się zaczerpnąć wody ze studni, Jezus odezwał się do niej: „Daj mi pić". Kobieta z Samarii poznała, po ubiorze i wyglądzie, że Jezus jest Żydem a po akcencie się domyślała, że jest Żydem z Galilei. Miała na imię Nalda i była urodziwą istotą. Była bardzo zaskoczona, słysząc żydowskiego mężczyznę tak do niej mówiącego przy studni i proszącego o wodę, dlatego, że w tamtych czasach uważano za niewłaściwe dla poważanego mężczyzny odzywać się do kobiety w miejscu publicznym, tym bardziej dla Żyda rozmawiać z Samarytanką. Dlatego też Nalda spytała Jezusa: „Jakże ty, będąc Żydem, prosisz mnie, Samarytankę, abym dała ci się napić?". Jezus odpowiedział: „Ja wprawdzie poprosiłem cię o picie, ale gdybyś tylko mogła zrozumieć, prosiłabyś mnie o łyk wody żywej". Wtedy Nalda rzekła: „Ale Panie, nie masz czerpaka a studnia jest głęboka; skądże więc weźmiesz wody żywej? Czy jesteś większy od ojca naszego, Jakuba, który dał nam tę studnię, z której pił on sam i jego synowie a także jego bydło"?

Jezus odpowiedział: „Każdy, kto pije tę wodę, będzie znowu spragniony, ale ktokolwiek pije wodę żywego ducha, nigdy nie będzie pragnąć. I ta, żywa woda, stanie się w nim źródłem orzeźwiającym, tryskającym nawet ku życiu wiecznemu". Wtedy Nalda powiedziała: „Daj mi tej wody, abym nie pragnęła więcej, ani też nie chodziła całej tej drogi by jej tutaj zaczerpnąć. Ponadto, cokolwiek samarytańska kobieta mogłaby dostać od takiego chwalebnego Żyda, byłoby przyjemnością".

Nalda nie wiedziała, jak to rozumieć, że Jezus chce z nią rozmawiać. Patrząc w oblicze Mistrza dostrzegła prawego i świętego człowieka, ale przyjacielskość pomyliła z banalną poufałością i mylnie potraktowała jego sposób rozmowy jako formę zalotów. A będąc kobietą o luźnej moralności, miała ochotę po prostu flirtować, kiedy Jezus, patrząc jej prosto w oczy, majestatycznym głosem powiedział: „Kobieto, idź po swojego męża i przyprowadź go tutaj". To polecenie przywróciło Naldzie rozsądek. Spostrzegła, że źle osądziła uprzejmość Mistrza; uświadomiła sobie, że błędnie zrozumiała jego sposób mówienia. Była przestraszona; zaczęła pojmować, że stoi przed niezwykłym człowiekiem i szukając w głowie naprędce stosownej odpowiedzi, w wielkim zmieszaniu powiedziała: „Ale, Panie, ja nie mogę zawołać mojego męża, gdyż nie mam męża". Wtedy Jezus rzekł: „Prawdę powiedziałaś, ponieważ kiedyś miałaś męża, ten, z którym teraz żyjesz, nie jest twoim mężem. Lepiej byłoby, gdybyś przestała lekko traktować moje słowa i postarała się o żywą wodę, którą dziś tobie ofiarowałem".

W międzyczasie Nalda się opanowała i obudziło się w niej lepsze „ja". Kobietą niemoralną nie była tak całkiem z wyboru. Została niehumanitarnie i niesprawiedliwie porzucona przez swego męża a będąc w poważnych tarapatach, zgodziła się żyć z pewnym Grekiem, jak jego żona, ale bez ślubu. Teraz Nalda poczuła się bardzo zawstydzona, że tak bezmyślnie odezwała się do Jezusa i bardzo skruszona zwróciła się do Mistrza: „Mój Panie, żałuję, że w taki sposób odezwałam się do ciebie, ponieważ zauważyłam, że jesteś świętym mężem a może prorokiem". I już prawie chciała się zwrócić o bezpośrednią i osobistą pomoc do Mistrza, kiedy zrobiła to, co zrobiło wielu przedtem i potem – uchylając się od kwestii osobistego zbawienia, skierowała dyskusję na temat teologii i filozofii. Szybko odwróciła temat konwersacji od jej własnych potrzeb na kontrowersje teologiczne. Wskazując na górę Garizim, kontynuowała: „Nasi ojcowi czcili Boga na tej górze, a *ty* przecież będziesz mówił, że Jerozolima jest miejscem, gdzie ludzie powinni oddawać cześć; które zatem miejsce jest właściwe dla czczenia Boga?".

Jezus dostrzegł w duszy tej kobiety próbę uniknięcia bezpośredniego i wnikliwego kontaktu ze swoim Stwórcą, ale zauważył także, że było w jej duszy pragnienie poznania lepszej drogi życia. Mimo wszystko było w sercu Naldy prawdziwe pragnienie żywej wody; dlatego też Jezus postępował z nią cierpliwie, mówiąc: „Kobieto, pozwól mi rzec, że wkrótce przyjdzie dzień, kiedy ani na tej górze ani też w Jerozolimie nie będziecie czcić Ojca. Teraz jednak czcisz to, czego nie znasz, mieszankę religii wielu pogańskich bogów i filozofii innowierców. Żydzi przynajmniej wiedzą, kogo czczą; pozbyli się całego tego chaosu, koncentrując się na czczeniu jednego Boga, Jahwe. Ale powinnaś mi wierzyć, kiedy mówię, że godzina się zbliża – nawet już przyszła – kiedy wszyscy szczerzy czciciele będą czcić Ojca w duchu i prawdzie, ponieważ tylko takich czcicieli chce Ojciec. Bóg jest duchem i ci, którzy go czczą, muszą czcić go w duchu i prawdzie. Twoje zbawienie nie przyjdzie z tej wiedzy, gdzie i jak inni powinni czcić, ale z przyjęcia do serca tej żywej wody, którą właśnie teraz ci ofiaruję".

Ale Nalda jeszcze raz spróbowała uniknąć omawiania wstydliwych kwestii, dotyczących jej osobistego życia na Ziemi i statusu jej własnej duszy przed Bogiem. Raz jeszcze wróciła do ogólnych zagadnień religii, mówiąc: „Tak, wiem Panie, że Jan głosił kazania o nadchodzącym Nawracającym, który będzie zwany Wybawicielem, jak i to, że kiedy on przyjdzie, ogłosi nam wszystkie rzeczy" – a Jezus, przerywając Naldzie, rzekł z zaskakującą pewnością siebie: „Ja nim jestem, który z tobą mówię".

Było to pierwsze, bezpośrednie, kategoryczne i otwarte oświadczenie, jakie Jezus zrobił na Ziemi o swojej Boskiej naturze i synostwie; i było to zrobione wobec kobiety, samarytańskiej kobiety i to kobiety jak dotąd o wątpliwym charakterze w ludzkich oczach, ale kobiety, u której Boskie oko dostrzegło, że grzeszono przeciwko niej więcej, niż ona sama grzeszyła z własnej chęci a *teraz* była ludzką duszą, która pragnie zbawienia, pragnie szczerze i z głębi serca i to wystarczyło.

Kiedy właśnie Nalda miała wypowiedzieć swoje rzeczywiste i osobiste pragnienie lepszych rzeczy i bardziej szlachetnej drogi życia, w momencie, kiedy była gotowa wyrazić rzeczywistą tęsknotę swego serca, wróciło z Sycharu dwunastu apostołów, a nadchodząc i widząc Jezusa rozmawiającego w takiej zażyłości z kobietą – samarytańską kobietą i to sam na sam – byli bardziej niż zdumieni. Szybko złożyli swe zapasy i odeszli na bok, nikt nie ośmielił się go zganić, podczas gdy Jezus powiedział Naldzie: „Kobieto, idź swoją drogą; Bóg ci przebaczył. Odtąd będziesz żyła nowym życiem. Otrzymałaś żywą wodę i nowa radość wytryśnie z twojej duszy i staniesz się córką Najwyższego Ojca". A kobieta, widząc dezaprobatę apostołów, zostawiła dzban i uciekła do miasta.

Kiedy weszła do miasta, głosiła wszystkim napotkanym: „Idź do studni Jakubowej i to szybko, gdyż zobaczysz tam człowieka, który powiedział mi wszystko, co kiedykolwiek zrobiłam. Czy to może być Nawracający"? I nim słońce zaszło, wielki tłum zgromadził się przy studni Jakubowej, aby słuchać Jezusa. A Mistrz znowu opowiadał im o wodzie życia, darze ducha zamieszkującego człowieka.

Apostołowie nigdy nie przestali być zgorszeni tym, że Jezus mógł rozmawiać z kobietą i to kobietą o wątpliwym charakterze, nawet kobietą niemoralną. Bardzo trudno było Jezusowi nauczyć apostołów, że kobiety, również tak zwane niemoralne kobiety, mają dusze, które mogą zechcieć zobaczyć Boga jako ich Ojca, stając się w ten sposób córkami Boga i kandydatkami do wiecznego życia. Nawet w dziewiętnaście wieków później, wielu tak samo nie chce zrozumieć nauki Mistrza. Nawet religia chrześcijańska uporczywie tworzona jest na fakcie śmierci Chrystusa, zamiast na prawdzie o jego życiu. Świat bardziej powinien się interesować jego szczęśliwym i objawiającym Boga życiem, niż tragiczną i bolesną śmiercią.

Następnego dnia Nalda opowiedziała całą tę historię Apostołowi Janowi, jednak on nigdy nie ujawnił jej innym apostołom w całości a Jezus nie omawiał szczegółów tej sprawy z Dwunastoma.

Nalda powiedziała Janowi, że Jezus opowiedział jej „wszystko, co kiedykolwiek zrobiłam". Jan wielokrotnie chciał spytać Jezusa o spotkanie z Naldą, ale nigdy tego nie zrobił. Jezus powiedział jej tylko jedną rzecz o niej, ale jego spojrzenie w jej oczy i sposób, w jaki z nią postępował, ukazały w jednej chwili tak dokładnie całą szachownicę jej życia, w panoramicznym przeglądzie, że skojarzyła całe to samoobjawienie jej przeszłego życia ze spojrzeniem i słowami Mistrza. Jezus wcale jej nie powiedział, że miała pięciu mężów. Od czasu, kiedy mąż ją porzucił, żyła z czterema różnymi mężczyznami i to, wraz z całą jej przeszłością, ukazało się jej tak wyraziście w tym momencie, kiedy sobie uzmysłowiła, że Jezus jest człowiekiem Boga, iż następnie powtórzyła Janowi, że Jezus naprawdę powiedział jej wszystko o niej.

6. ODRODZENIE RELIGIJNE SAMARYTAN

Tego wieczora, kiedy Nalda przyciągnęła tłum z Sycharu, żeby ludzie mogli zobaczyć Jezusa, Dwunastu dopiero wróciło z jedzeniem i błagali Jezusa, aby zjadł z nimi, zamiast rozmawiać z ludźmi, gdyż cały dzień nie jedli i zgłodnieli. Ale Jezus wiedział, że wkrótce zacznie się ściemniać; trwał więc przy swoim postanowieniu porozmawiania z ludźmi, zanim odeśle ich z powrotem. Kiedy Andrzej próbował go przekonać, żeby zjadł chociaż kęs, zanim zacznie przemawiać do tłumu, Jezus odpowiedział: „Ja mam posiłek do spożycia, o którym wy nie wiecie". Kiedy apostołowie to usłyszeli, mówili między sobą: „Czy ktokolwiek przyniósł mu coś do zjedzenia? Czy możliwe, że ta kobieta dała mu jedzenie, tak jak mu dała picie"? Kiedy Jezus usłyszał, jak ze sobą rozmawiają, zanim przemówił do ludzi zwrócił się do Dwunastu i powiedział: „Moim posiłkiem jest czynienie woli Tego, który przysłał mnie tutaj, abym czynił Jego dzieło. Nie powinniście dłużej mówić, mamy taki i taki czas do żniwa. Popatrzcie na tych ludzi, którzy przychodzą z samarytańskiego miasta, aby nas posłuchać; ja wam mówię, już pola bieleją do żniwa. Ten, który rżnie, otrzyma zapłatę i zbierze owoce wiecznego życia; zatem siewcy i żniwiarze cieszcie się razem. I tutaj prawdziwe jest przysłowie: «Jeden sieje, drugi zbiera». Teraz posyłam was, abyście zebrali to, nad czym się nie natrudziliście; inni pracowali a wy dopiero przystępujecie do ich pracy". To, co powiedział, odnosiło się do kazań Jana Chrzciciela.

Jezus i apostołowie poszli do Sycharu i tam nauczali dwa dni, zanim założyli swój obóz na górze Garizim. I wielu mieszkańców Sycharu uwierzyło w ewangelię i prosiło o chrzest, ale apostołowie Jezusa wtedy jeszcze nie chrzcili.

Pierwszego wieczora, w obozie na górze Garizim, apostołowie oczekiwali, że Jezus ich zgani za zachowanie się w stosunku do kobiety przy studni Jakubowej, ale on nie wspomniał o tej sprawie. Wygłosił im natomiast pamiętną mowę o „Głównych rzeczywistościach w królestwie Bożym". W każdej religii jest bardzo łatwo dopuścić do tego, żeby wartości stały się nieproporcjonalne i pozwolić na to, żeby fakty zajęły miejsce prawdy w czyjejś teologii. To właśnie krzyż stał się głównym faktem późniejszego chrześcijaństwa, ale nie jest on główną prawdą religii, jaką można wywieść z życia i nauk Jezusa z Nazaretu.

Tematem nauki Jezusa na górze Garizim było jego pragnienie, aby wszyscy ludzie poznali Boga jako Ojca-przyjaciela, tak jak on (Jezus) jest bratem-przyjacielem. I jeszcze raz starał się wpoić apostołom, że miłość jest najważniejszą relacją w świecie – we wszechświecie – tak jak prawda jest najważniejszym oświadczeniem wynikającym z dostrzegania tych boskich związków.

Jezus ogłosił siebie tak dokładnie Samarytanom, ponieważ mógł to zrobić bezpiecznie i ponieważ wiedział, że nie będzie mógł znowu odwiedzić serca Samarii, żeby głosić ewangelię królestwa.

Do końca sierpnia Jezus i Dwunastu obozowali na górze Garizim. Głosili dobrą nowinę królestwa – ojcostwo Boga – Samarytanom w miastach w ciągu dnia a wieczory spędzali w obozie. Praca, jaką Jezus i Dwunastu wykonali w tych samarytańskich miastach, doprowadziła wiele dusz do królestwa i zrobiła wiele, aby przygotować drogę wspaniałej pracy Filipa w tych regionach, po śmierci i zmartwychwstaniu Jezusa, po rozproszeniu apostołów na krańce świata w wyniku zajadłych prześladowań wierzących w Jerozolimie.

7. NAUKA O MODLITWIE I CZCZENIU

Podczas wieczornych dyskusji na górze Garizim, Jezus nauczał wielu wspaniałych prawd, kładąc szczególny nacisk na następujące z nich:

Prawdziwa religia jest aktem indywidualnej duszy w jej świadomych związkach ze Stwórcą; zorganizowana religia jest ludzką próbą *uspołeczniania* czczenia Boga przez indywidualnych ludzi.

Czczenie – kontemplacja duchowa – musi występować na przemian ze służbą, kontaktowaniem się z rzeczywistością materialną. Praca powinna występować na przemian z zabawą; religia powinna być równoważona humorem. Głęboka filozofia powinna być urozmaicona rytmiczną poezją. Wysiłek życiowy – czasowe napięcie osobowości – powinien być rozluźniony poprzez spokój czczenia. Uczucie niebezpieczeństwa, powstające ze strachu przed izolacją osobowości we wszechświecie, powinno znaleźć antidotum w kontemplacji Ojca w wierze i w próbie uświadomienia sobie Najwyższego.

Celem modlitwy jest uczynić człowieka mniej myślącym, ale bardziej *rozumiejącym;* jej przeznaczeniem nie jest szerzenie wiedzy, ale raczej rozwój wnikliwości.

Intencją czczenia jest przewidywanie lepszego życia w przyszłości a potem rzutowanie tych nowych, duchowych znaczeń z powrotem na życie, które jest teraz. Modlitwa podtrzymuje duchowo, ale czczenie jest bosko twórcze.

Czczenie jest metodą patrzenia ku *Jednemu,* aby mieć inspirację do służenia *wielu.* Czczenie jest tą miarą, która odmierza odległość oderwania się duszy od wszechświata materialnego i jej jednoczesne i bezpieczne przyłączenie się do duchowych rzeczywistości całego stworzenia.

Modlitwa jest przypominaniem siebie – wzniosłym myśleniem; czczenie jest zapominaniem siebie – supermyśleniem. Czczenie jest łatwym skupieniem, prawdziwym i idealnym odpoczynkiem duszy, formą spokojnego, duchowego działania.

Czczenie jest aktem części, utożsamiającej się z Całością; skończonego z Nieskończonym; syna z Ojcem; czasem, w akcie imponującego kroku ku wieczności. Czczenie jest aktem synowskiej, osobistej wspólnoty z Boskim Ojcem, jest przyjęciem przez duszę ludzką odświeżających, stwórczych, braterskich i romantycznych tendencji.

Chociaż apostołowie zrozumieli zaledwie kilka tych nauk Jezusa, głoszonych w obozie, zrozumiały je inne światy i zrozumieją następne pokolenia żyjące na Ziemi.

PRZEKAZ 144

NA GILBOA I W DEKAPOLU

WRZESIEŃ i październik spędzono na odpoczynku, w odosobnionym obozie na zboczach góry Gilboa. Jezus spędził tutaj cały wrzesień tylko ze swymi apostołami, nauczając ich i instruując o prawdach królestwa.

Wiele powodów złożyło się na to, że Jezus i jego apostołowie odpoczywali wtedy na obrzeżach Samarii i Dekapolu. Religijni władcy w Jerozolimie byli wyjątkowo wrogo do nich nastawieni; Herod Antypas wciąż przetrzymywał Jana w więzieniu, bojąc się zarówno go uwolnić jak i zabić, podczas gdy nadal żywił podejrzenia, że Jan i Jezus są w jakiś sposób wspólnikami. Warunki te sprawiły, że nierozsądne było planowanie intensywnej działalności zarówno w Judei jak i w Galilei. Był także trzeci powód: z wolna narastające napięcie pomiędzy przywódcami uczniów Jana a apostołami Jezusa, które się nasilało wraz ze zwiększającą się liczbą wiernych.

Jezus wiedział, że kończą się czasy wstępnej pracy nauczania i głoszenia kazań, że następne posunięcie to początek zakrojonego na wielką skalę ostatecznego wysiłku jego życia na Ziemi, nie chciał jednak, aby inauguracja tego przedsięwzięcia była w jakikolwiek sposób czy to przykrością, czy też kłopotem dla Jana Chrzciciela. Dlatego też Jezus postanowił spędzić jakiś czas na odpoczynku i na powtórce nauki ze swoimi apostołami a potem na jakiejś cichej pracy w miastach Dekapolu, do czasu, aż Jan zostanie albo stracony, albo zwolniony, żeby mógł przyłączyć się do nich we wspólnym dziele.

1. OBOZOWISKO NA GILBOA

Z biegiem czasu Dwunastu coraz mocniej przywiązywało się do Jezusa i coraz bardziej angażowało się w pracę na rzecz królestwa. Ich poświęcenie było w znacznej części sprawą osobistej lojalności. Nie potrafili zrozumieć wszechstronnej nauki Jezusa; nie rozumieli też w pełni ani natury Jezusa ani doniosłości jego obdarzenia Ziemi.

Jezus wyjaśnił apostołom, że odpoczywają z trzech powodów:

1. Aby ugruntować zrozumienie przez nich ewangelii królestwa i wiarę w tę ewangelię.
2. Aby ucichły sprzeciwy wobec ich działalności, zarówno w Judei jak i w Galilei.
3. Aby oczekiwać, jaki los spotka Jana Chrzciciela.

W czasie pobytu na Gilboa, Jezus sporo opowiadał Dwunastu o swoim wcześniejszym życiu i o swoich przeżyciach na górze Hermon; a także objawił co nieco z tego, co się zdarzyło w górach podczas czterdziestu dni bezpośrednio po jego chrzcie. I wprost nakazał im, aby nikomu nie opowiadali o tych przeżyciach, aż do czasu, gdy on wróci do Ojca.

W czasie tych wrześniowych tygodni odpoczywali, składali wizyty, opowiadali swoje przeżycia od tego czasu, kiedy Jezus po raz pierwszy powołał ich do służby i gorliwie próbowali uporządkować to, czego ich do tej pory Mistrz nauczył. Poniekąd wszyscy przeczuwali, że to może być ich ostatnia sposobność dłuższego wypoczynku. Uświadomili sobie, że ich dalsza działalność publiczna, czy to w Judei czy w Galilei, oznaczać będzie początek ostatecznego głoszenia nadchodzącego królestwa, jednak mieli nikłe albo niejasne pojęcie jakie to będzie królestwo, kiedy już przyjdzie. Jan i Andrzej uważali, że królestwo już przyszło; Piotr i Jakub wierzyli, że miało dopiero przyjść; Nataniel i Tomasz otwarcie wyznali, że jest to dla nich zagadką; Mateusz, Filip i Szymon Zelota byli niepewni i zdezorientowani; bliźniacy byli błogimi ignorantami w sprawie tych polemik a Judasz Iskariota milczał, nie angażował się.

Sporo tego czasu Jezus spędzał samotnie na górze, w pobliżu obozu. Czasami zabierał ze sobą Piotra, Jakuba czy Jana, ale częściej wychodził się modlić czy przestawać z Ojcem samotnie. Po chrzcie Jezusa i czterdziestu dniach na wzgórzach w Perei, właściwie trudno jest mówić o tych okresach duchowej jedności z Ojcem jako o modlitwie, nie można też konsekwentne mówić o Jezusie jako czczącym, ale generalnie właściwe jest napomknąć o tych okresach jako o osobistej, duchowej komunii z Ojcem.

Przez cały wrzesień głównymi omawianymi tematami były modlitwa i czczenie. Po trwających kilka dni dyskusjach na temat czczenia, Jezus wygłosił w końcu swoją pamiętną rozprawę o modlitwie, w odpowiedzi na prośbę Tomasza: „Mistrzu, naucz nas się modlić".

Jan uczył swoich uczniów modlitwy, modlitwy o zbawienie w nadchodzącym królestwie. Aczkolwiek Jezus nigdy nie zakazał swoim zwolennikom używać Janowej formy modlitwy, apostołowie wcześnie zauważyli, że ich Mistrz nie aprobuje w całej pełni praktyki powtarzania ustalonych i formalnych modlitw. Tym niemniej wierzący nieustannie prosili, żeby ich nauczyć się modlić. Dwunastu chciało się dowiedzieć, jaką formę modlitwy Jezus by aprobował. Wynikało to głównie z potrzeby pewnych prostych modlitw dla pospolitych ludzi i tym razem, odpowiadając na prośbę Tomasza, Jezus się zgodził nauczyć ich przykładowej formy modlitwy. W trzecim tygodniu pobytu na górze Gilboa, pewnego popołudnia, Jezus dał apostołom następującą naukę.

2. ROZPRAWA O MODLITWIE

„Jan zaprawdę nauczał was prostej formy modlitwy: «Ojcze, oczyść nas z grzechu, ukaż nam swą chwałę, objaw swoją miłość i pozwól duchowi swemu na zawsze uświęcać nasze serca. Amen!» Nauczał was tej modlitwy, abyście mieli cokolwiek do nauczania tłumów. Nie chciał, żebyście używali takiej ustalonej i formalnej modlitwy jako ekspresji waszych własnych, modlących się dusz.

Modlitwa jest zupełnie osobistym i spontanicznym wyrazem postawy duszy wobec ducha; modlitwa powinna być duchową komunią synostwa i ekspresją braterstwa. Modlitwa, kiedy jest ułożona przez ducha, prowadzi do skoordynowanego rozwoju duchowego. Idealna modlitwa jest formą takiej duchowej komunii, która prowadzi do inteligentnego czczenia. Prawdziwa modlitwa jest szczerą postawą sięgania ku niebu, aby osiągnąć wasze ideały.

Modlitwa jest oddechem duszy i powinna was prowadzić do wytrwałości w waszych próbach upewnienia się o woli Ojca. Jeśli ktoś z was ma przyjaciela, pójdzie do niego o północy i powie mu: «Przyjacielu, pożycz mi trzy chleby, bo mój przyjaciel, będąc w drodze, przyszedł mnie odwiedzić a nie mam co mu podać» i jeśli twój przyjaciel odpowie: «Nie uprzykrzaj mi się, drzwi już zamknięte a dzieci i ja leżymy w łóżku; dlatego też nie mogę wstać i dać ci chleba», ty będziesz obstawał przy swoim, wyjaśniając, że twój przyjaciel jest głodny a ty nie masz jedzenia, żeby mu dać. Ja wam mówię, chociażby wasz przyjaciel nie chciał wstać, żeby dać wam chleb, dlatego, że jest waszym przyjacielem, to wstanie z powodu waszego natręctwa i da wam tyle bochenków, ile wam potrzeba. Jeśli więc wytrwałością można zjednać względy nawet śmiertelnego człowieka, o ile bardziej wasza wytrwałość w duchu zjedna wam chleb życia z ochoczych rąk Ojca w niebie. Ponownie mówię wam: proście a będzie wam dane; szukajcie a znajdziecie; pukajcie a będzie wam otworzone. Gdyż każdy, kto prosi, otrzyma, ten, kto szuka, znajdzie a temu, który puka do drzwi zbawienia, będzie otwarte.

Jeśli któregoś z was, kto jest ojcem, syn jego poprosi niemądrze, czy będzie się wahał dać mu zgodnie z rodzicielską mądrością, czy raczej zgodnie ze źle wyrażoną prośbą syna? Jeśli dziecko chciałoby bochenek, czy dalibyście mu kamień, tylko dlatego, że niemądrze zapytał o niego? Jeśli wasz syn chce rybę, czy dalibyście mu węża wodnego, tylko dlatego, że przez przypadek wpadł do sieci z rybą i dziecko głupio zapytało o węża? Jeśli wy, istoty śmiertelne i ograniczone, wiecie, jak odpowiedzieć na prośbę i dajecie dobre i właściwe dary waszym dzieciom, o ile bardziej wasz niebiański Ojciec da ducha i wiele dodatkowych błogosławieństw tym, którzy go o to proszą? Człowiek zawsze powinien się modlić i nie zniechęcać się.

Pozwólcie, że opowiem historię o pewnym sędzi, który mieszkał w grzesznym mieście. Sędzia ten nie bał się ani Boga, ani też nie miał szacunku dla ludzi. Otóż, w mieście tym mieszkała też uboga wdowa, która wiele razy przychodziła do niesprawiedliwego sędziego i mówiła: «Obroń mnie przed moim przeciwnikiem». Przez pewien czas nie chciał jej słuchać, ale potem rzekł sobie: «Aczkolwiek nie boję się Boga ani nie szanuję ludzi, przecież ta wdowa nie przestanie mnie niepokoić, dojdę jej prawa, żeby swoim nieustannym nachodzeniem nie zamęczyła mnie». Takie historie wam opowiadam, aby was zachęcić do wytrwania w modlitwie, a nie po to, aby oznajmić wam, że wasze modlitwy mogą zmienić sprawiedliwość i prawość Ojca na wysokościach. Wasza wytrwałość, jakkolwiek, nie pozyska wam wyróżnienia u Boga, zmieni jednak wasze ziemskie położenie i przysporzy waszej duszy wrażliwości na przyjęcie ducha.

Jednak, kiedy się modlicie, macie za mało wiary. Prawdziwa wiara przesunie góry materialnych trudności, które mogą przypadkiem leżeć na drodze ekspansji duszy i duchowego postępu".

3. MODLITWA WIERZĄCEGO

Jednak apostołowie wciąż nie byli zadowoleni; chcieli, aby Jezus dał im jakiś wzór modlitwy, której mogliby nauczać nowych uczniów. Po wysłuchaniu tej rozprawy o modlitwie, Jakub Zebedeusz powiedział: „Bardzo dobrze Mistrzu, ale my nie chcemy tak bardzo wzoru modlitwy dla nas samych, jak dla nowych wierzących, którzy tak często błagają nas, «Naucz nas poprawnie modlić się do Ojca w niebie»".

Gdy Jakub skończył, Jezus się odezwał: „Jeśli nadal chcecie takiej modlitwy, dam wam tą, której uczyłem moich braci i siostry w Nazarecie".

Ojcze nasz, który jesteś w niebie.
Święć się imię twoje.
Przyjdź królestwo twoje; bądź wola twoja
Na ziemi jako i w niebie.
Daj nam dziś chleba naszego na jutro;
Pokrzep nasze dusze wodą życia.
I odpuść nam wszystkie nasze winy
Tak jak i my odpuściliśmy naszym winowajcom.
Zbaw nas w obliczu pokusy, zachowaj nas od złego,
I spraw, byśmy byli coraz bardziej doskonali, tak jak ty jesteś.

Nic w tym dziwnego, że apostołowie chcieli, aby Jezus nauczył ich wzorcowej modlitwy dla wierzących. Jan Chrzciciel uczył swoich wyznawców kilku modlitw; wszyscy wielcy nauczyciele formułowali modlitwy dla swoich uczniów. Religijni nauczyciele Żydów posiadali dwadzieścia pięć czy trzydzieści zbiorów modlitw, które recytowali w synagogach a nawet na rogach ulic. Jezus miał szczególną awersję do modlitwy w miejscach publicznych. Jak dotąd, Dwunastu słyszało go modlącego się tylko kilka razy. Obserwowali go, jak spędza całe noce na modlitwie i czczeniu i byli bardzo ciekawi poznać sposoby czy formy jego próśb. Byli naprawdę pod wielkim naciskiem tłumów i musieli znać odpowiedź na pytanie, jak się modlić, ponieważ Jan uczył tego swoich uczniów.

Jezus nauczał Dwunastu, aby zawsze modlili się w ukryciu; aby szli sami w zaciszne miejsce, w otoczeniu przyrody czy poszli do swoich pokoi i tam się zamknęli, kiedy zajmują się modlitwą.

Po śmierci Jezusa i jego wniebowstąpieniu do Ojca, stało się zwyczajem wielu wierzących, aby kończyć tę tak zwaną Modlitwę Pańską dodatkiem – „W imię Pana Jezusa Chrystusa". Jeszcze później dwie linijki zaginęły w czasie kopiowania i do modlitwy dodano w to miejsce dodatkową klauzulę, brzmiącą: „Bo twoje jest królestwo i potęga i chwała na wieki".

Jezus dał apostołom zbiorową modlitwę, tak jak się modlono w domu w Nazarecie. Nigdy nie nauczał formalnej, osobistej modlitwy, tylko próśb grupowych, rodzinnych czy społecznych. I nigdy z własnej woli nie chciał tego zrobić.

Jezus uczył, że skuteczna modlitwa musi być:

1. Pozbawiona egoizmu – ma być nie tylko dla samego siebie.
2. W wierze – i zgodna z wiarą.
3. Szczera – uczciwa w sercu.
4. Inteligentna – zgodna z oświeconym pojmowaniem.
5. Ufna – podporządkowana Ojcowskiej, wszechmądrej woli.

Kiedy Jezus spędzał całe noce w górach na modlitwie, robił to przede wszystkim dla swoich uczniów, zwłaszcza dla Dwunastu. Za samego siebie Mistrz modlił się niewiele, chociaż zajmował się w dużym stopniu czczeniem, które w swojej naturze było pełną zrozumienia komunią z jego Rajskim Ojcem.

4. JESZCZE O MODLITWIE

Wiele dni po rozprawie o modlitwie, apostołowie wciąż zadawali Mistrzowi pytania dotyczące tej bardzo ważnej i przepełnionej czcią praktyki. Nauki Jezusa, przekazane apostołom w tamtych czasach, dotyczące modlitwy i czczenia, można podsumować i ponownie przedstawić we współczesnej frazeologii następująco:

Poważne i pełne tęsknoty powtarzanie jakiejkolwiek prośby, kiedy modlitwa jest szczerą ekspresją dziecka Bożego i wyrażana jest z wiarą, bez względu na to, jak źle jest przemyślana, czy jak bardzo nieodpowiednia dla bezpośredniej odpowiedzi, zawsze rozwijać będzie wrażliwość duszy na przyjmowanie ducha.

Gdy się modlicie, pamiętajcie, że synostwo jest *darem*. Żadne dziecko nie miało nic do czynienia z *pozyskaniem* statusu syna czy córki. Ziemskie dziecko zaczyna istnieć dzięki woli jego rodziców. Tak samo Boże dziecko dochodzi do łaski i nowego życia w duchu dzięki woli Ojca w niebie. Dlatego też musi królestwo nieba – Boskie synostwo – zostać *przyjęte* jak przez małe dziecko. Zdobywacie prawość – stopniowo kształtujecie charakter – ale synostwo otrzymujecie przez łaskę i przez wiarę.

Modlitwa prowadziła Jezusa do superkomunii jego duszy z Najwyższymi Władcami wszechświata wszechświatów. Modlitwa poprowadzi ziemskich śmiertelników do komunii i prawdziwego czczenia. Ilość niebiańskich błogosławieństw, jaka może być odebrana osobiście i świadomie rozumiana jako odpowiedź na modlitwę, jest określana duchową zdolnością ich przyjmowania przez duszę.

Modlitwa i towarzyszące jej czczenie jest sposobem oderwania się od codziennej rutyny życia, monotonnej harówki materialnej egzystencji. Jest tą drogą, którą przychodzi duchowa samorealizacja, indywidualność intelektualnego i religijnego sukcesu.

Modlitwa jest antidotum na szkodliwą introspekcję. Modlitwa, tak jak jej uczył Mistrz, jest przynajmniej dobroczynną przysługą dla duszy. Jezus nieustannie stosował ten dobroczynny wpływ, modląc się za współbraci. Mistrz modlił się zwykle w liczbie mnogiej a nie w pojedynczej. Jedynie w czasie wielkich kryzysów swego ziemskiego życia, Jezus modlił się tylko za siebie samego.

Modlitwa jest tchnieniem duchowego życia w materialną cywilizację gatunku ludzkiego. Czczenie jest zbawieniem dla pokoleń śmiertelników, szukających przyjemności. Tak jak modlitwę można przyrównać do podładowywania duchowych baterii duszy, tak czczenie może być porównane do aktu dostrajania duszy do odbioru wszechświatowych transmisji nieskończonego ducha Ojca Wszechświatowego.

Modlitwa jest szczerym i tęsknym spojrzeniem dziecka ku swemu duchowemu Ojcu; jest psychologicznym procesem przemiany ludzkiej woli w Boską wolę. Modlitwa jest częścią Boskiego planu przeobrażania tego, co jest, w to, co powinno być.

Jednym z powodów, dlaczego Piotr, Jakub i Jan, którzy tak często towarzyszyli Jezusowi w jego długich, nocnych czuwaniach, nigdy nie słyszeli Jezusa modlącego się, było to, że ich *Mistrz* tak rzadko wyrażał swoje modlitwy słowami. Praktycznie wszelkie modlitwy Jezusa odbywały się w duchu i w sercu – w milczeniu.

Ze wszystkich apostołów Piotr i Jakub byli najbliżej zrozumienia nauk Mistrza o modlitwie i czczeniu.

5. INNE FORMY MODLITWY

Od czasu do czasu, przez resztę swego pobytu na Ziemi, Jezus zwracał uwagę apostołów na kilka dodatkowych rodzajów modlitwy, ale robił to tylko w charakterze ilustracji innych zagadnień i zakazywał przekazywania tłumom tych „przypowieści-modlitw". Wiele z nich pochodziło z innych zamieszkałych planet, ale tego Jezus nie ujawnił Dwunastu. Pośród tych modlitw były następujące:

Ojcze nasz, na którym polegają domeny wszechświata,
Niech będzie wywyższone twoje imię i charakter twój wspaniały.
Obecność twoja nas otacza i chwała twoja się objawia
Niedoskonale poprzez nas, gdy w swej doskonałości ukazana jest na wysokościach.
Daj nam dzisiaj ożywcze siły światłości,
I nie daj nam zbłądzić na złych bezdrożach naszej wyobraźni,
Gdyż twój jest wspaniały mieszkaniec, wiecznotrwała moc,
A dla nas wieczny dar nieskończonej miłości twego Syna.
Teraz i na wieki prawdziwy.

* * *

Nasz stwórczy Rodzicielu, któryś jest w centrum wszechświata,
Obdarz nas swą naturą i przydaj nam cech swoich.
Uczyń nas swymi synami i córkami mocą swej łaski
Sław imię twoje naszym wiecznym dziełem.
Daj nam swego, dostrajającego i kierującego ducha, aby żył i mieszkał w nas
Byśmy czynić mogli twą wolę na tym globie, jak aniołowie spełniają twoje nakazy w światłości.
W naszym marszu drogą prawdy wesprzyj nas dzisiaj.
Uwolnij nas od bezwładu, zła i wszelkich grzesznych uchybień.
Bądź dla nas cierpliwy, tak jak i my okazujemy miłosierną łaskawość naszym bliźnim.
Rozlej szeroko ducha twego miłosierdzia w sercach naszego jestestwa.
Niechaj dłoń twoja nas prowadzi, krok za krokiem, przez niepewny labirynt życia.
A gdy koniec nadejdzie, przyjmij nasze wierne duchy do swego łona.
Mimo to, niech się spełni wola twoja, nie nasze pragnienia.

* * *

Ojcze nasz niebieski, doskonały i prawy,
Prowadź i kieruj nas w naszej wędrówce dzisiaj.
Uświęć nasze kroki i uporządkuj nasze myśli.
Zawsze nas prowadź drogami wiecznego postępu.
Napełnij nas mądrością do pełni władz naszych.
I ożywiaj nas swą nieskończoną siłą.
Pobudzaj nas boską świadomością
Obecności i przewodnictwa seraficznych zastępów.
Prowadź nas zawsze ku górze drogą światłości;
Oczyść nas w pełni w dniu wielkiego sądu.

Uczyń nas na swoje podobieństwo w wiecznej chwale
I przyjmij nas do twej wiecznej służby na wysokościach.

* * *

Ojcze nasz, spowity tajemnicą,
Objaw nam swą świętą postać.
Pozwól swym dzieciom na ziemi dzisiaj
Dostrzec drogę, światło i prawdę.
Ukaż nam drogę wiecznego postępu.
I użycz nam woli, abyśmy nią kroczyli.
Utwierdź w nas swój Boski majestat.
Przez to obdarz nas pełnym panowaniem nad sobą.
Nie daj nam zbłądzić na drogi ciemności i śmierci;
Prowadź nas wiecznie po wodach życia.
Wysłuchaj naszych modlitw dla chwały twojej;
Raduj się, gdy nas przekształcasz na swoje podobieństwo.
W końcu, przez miłość Boskiego Syna,
Przyjmij nas w swe ramiona wieczne.
Mimo to, niech nie nasza, ale twoja wola się stanie.

* * *

Wspaniały Ojcze i Matko, w jednym rodzicu złączeni,
Wierni być chcemy twojemu Boskiemu jestestwu.
Pozwól swemu „ja" żyć znowu w nas i poprzez nas.
Przez dar i nadanie twego Boskiego ducha,
Pomnażając tym samym niedoskonale ciebie na tej sferze
Takiego, jakim doskonale i majestatycznie ukazujesz się na wysokościach.
Twą słodką opiekę nad naszym braterstwem nieś nam dzień za dniem
I prowadź nas w każdej chwili drogą miłosiernej służby.
Bądź dla nas niezmiennie i zawsze cierpliwy.
Tak jak i my okazujemy twoją cierpliwość naszym dzieciom.
Daj nam tę boską mądrość, co czyni dobrze wszystkie rzeczy.
I nieskończoną miłość, łaskawą dla każdej istoty.
Obdarz nas swą cierpliwością i miłosierną łaską.
Aby nasza dobroczynność mogła spowijać słabych tego świata.
A kiedy byt nasz się skończy, niech zaszczyt przyniesie imieniu twemu,
Radość duchowi twemu dobremu i zadowolenie pomocnikom dusz naszych.
Nie tak, jak my chcemy, kochany nasz Ojcze, ale tak, jak ty pragniesz wiecznego dobra twoich śmiertelnych dzieci.
Zaprawdę niech się tak stanie.

* * *

Nasze najwierniejsze Źródło i wszechmocne Centrum,
Czcigodne i święte niech będzie imię twego wszechłaskawego Syna.
Twe łaski i błogosławieństwa zstąpiły na nas,
Dając nam możność czynienia twej woli i spełniania twoich nakazów.

Pożywienia drzewa życia przysparzaj nam w każdej chwili;
  Dzień po dniu pokrzepiaj nas wodami rzeki życia.
Krok za krokiem wyprowadź nas z mroku ku boskiej światłości.
  Niech zamieszkujący nas duch odświeży i przekształci nasze umysły.
A kiedy wreszcie przyjdzie na nas śmiertelny koniec,
  Przyjmij nas do siebie i wyślij ku wieczności.
Ukoronuj nas niebiańskimi diademami owocnej służby.
  I będziemy wysławiać Ojca, Syna i Święty Wpływ.
Nawet we wszechświecie bez końca.

* * *

Ojcze nasz, który mieszkasz w tajemnych miejscach wszechświata,
  Niech święci się imię twoje, niech uwielbiane będzie miłosierdzie twoje i szanowana twoja sprawiedliwość.
Niech słońce prawości oświeca nas w południe.
  Kiedy o zmroku błagamy twej rady dla naszych nieobliczalnych kroków.
Niechaj twoja dłoń wiedzie nas drogami, które ty wybierzesz.
  I nie opuszczaj nas, gdy trudna jest droga a godziny ciemne.
Nie zapominaj o nas, tak jak my często lekceważymy cię i zapominamy.
  Ale bądź miłosierny i kochaj nas tak, jak my chcemy kochać ciebie.
Patrz na nas z góry łaskawie i przebaczaj nam miłosiernie.
  Tak jak my sprawiedliwie przebaczamy tym, którzy nas smucą i ranią.
Niech miłość, oddanie i dar majestatycznego Syna,
  Przyniesie nam życie wieczne w twoim miłosierdziu i miłości bez końca.
Niech Bóg wszechświatów obdarzy nas pełną miarą swego ducha;
  Niech da nam łaskę, aby nas ten duch mógł prowadzić.
Przez miłosierną służbę oddanych zastępów serafnicznych,
  Niechaj Syn nas wiedzie i prowadzi do końca epoki.
Kształtując nas coraz bardziej na swoje podobieństwo.
  A na nasz koniec przyjmij nas w wieczne objęcia Raju.
Zaprawdę w imię obdarzającego Syna
  I na cześć i chwałę Najwyższego Ojca.

Choć apostołom nie wolno było przytaczać tych nauk o modlitwach w nauczaniu publicznym, dużo skorzystali z tych wszystkich objawień w swym osobistym doświadczeniu religijnym. Jezus używał tych i innych wzorów modlitw jako ilustracji, związanych z osobistym nauczaniem Dwunastu, a na utrwalenie tych siedmiu przykładów modlitw w niniejszym zapisie udzielono specjalnego zezwolenia.

6. NARADA Z APOSTOŁAMI JANA

Około pierwszego października, Filip i niektórzy z jego współbraci apostołów przebywali w pobliskiej wiosce, kupując żywność, kiedy spotkali kilku apostołów Jana Chrzciciela. W rezultacie tego, przypadkowego spotkania na targowisku, mniej więcej w trzy tygodnie później, w obozie na Gilboa doszło do dyskusji pomiędzy apostołami Jezusa i apostołami Jana, gdyż Jan niedawno powołał dwunastu swoich przywódców na apostołów, idąc za przykładem Jezusa. Jan zrobił tak na skutek nalegań Abnera, szefa jego lojalnych stronników. W pierwszym tygodniu tego wspólnego spotkania Jezus przebywał w obozie na Gilboa, ale odszedł na pozostałe dwa tygodnie.

Z początkiem drugiego tygodnia tego miesiąca, Abner zgromadził wszystkich swoich towarzyszy w obozie na Gilboa i przygotowywał się do narady z apostołami Jezusa. Przez trzy tygodnie, dwudziestu czterech ludzi brało udział w naradach, trzy razy dziennie po sześć dni w tygodniu. W pierwszym tygodniu Jezus spotykał się z nimi w przerwach, pomiędzy poranną, południową a wieczorną sesją. Chcieli, żeby Mistrz był z nimi i przewodniczył wspólnym obradom, ale on stanowczo odmówił udziału w tych dyskusjach, chociaż zgodził się przemówić do nich trzy razy. Mowy Jezusa, wygłoszone do dwudziestu czterech apostołów, dotyczyły wyrozumiałości, współpracy i tolerancji.

Andrzej i Abner zmieniali się na stanowisku przewodniczących wspólnych zebrań tych dwu grup apostolskich. Ci ludzie mieli wiele skomplikowanych spraw do omówienia i znaczną ilość problemów do rozwiązania. Wielokrotnie przychodzili z tymi problemami do Jezusa, jedynie po to, aby usłyszeć jego odpowiedź: „Interesują mnie tylko wasze osobiste i czysto religijne problemy. Jestem przedstawicielem Ojca dla *jednostki*, nie dla grupy. Jeśli macie osobiste trudności w waszych relacjach z Bogiem, przyjdźcie do mnie a ja wysłucham was i poradzę, jak rozwiązać wasze problemy. Ale kiedy przystępujecie do uzgadniania rozbieżnych, ludzkich interpretacji kwestii religijnych i kwestii związanych z uspołecznieniem religii, musicie rozwiązać wszystkie te problemy zgodnie z waszymi własnymi postanowieniami. Tym niemniej, jestem wam zawsze życzliwy i wciąż wami zainteresowany, kiedy więc dochodzicie do wniosków dotyczących zagadnień o nieduchowym znaczeniu, wtedy z góry przyrzekam wam moją pełną aprobatę i serdeczną współpracę, pod warunkiem, że się wszyscy zgadzacie. A teraz, żeby nie krępować was w waszych obradach, opuszczam was na dwa tygodnie. Nie martwcie się o mnie, gdyż wrócę do was. Będę zajmował się sprawami mojego Ojca, gdyż oprócz tej, mamy jeszcze inne domeny".

Gdy Jezus to powiedział, zszedł zboczem góry i nie ujrzeli go przez całe dwa tygodnie. I nigdy się nie dowiedzieli, gdzie poszedł i co robił przez wszystkie te dni. Nieobecność Mistrza tak bardzo zbiła ich z tropu, że minął jakiś czas, zanim dwudziestu czterech apostołów zasiadło do poważnych rozważań swoich problemów. Jednakże po tygodniu znowu wrócili do sedna dyskusji i nie mogli się zwrócić o pomoc do Jezusa.

Pierwszą pozycją, na którą grupa wyraziła zgodę, był wybór tej modlitwy, jakiej Jezus tak niedawno ich nauczył. Obie grupy apostołów jednomyślnie przegłosowały, aby tej właśnie modlitwy nauczać wierzących.

Następnie postanowili, że tak długo jak Jan będzie żył, w więzieniu czy na wolności, obydwie dwunastki apostołów będą kontynuować swoją pracę a ich wspólne, tygodniowe spotkania, będą się odbywały raz na trzy miesiące w każdorazowo ustalanych miejscach.

Jednak najpoważniejszym ze wszystkich problemem była kwestia chrztu. Tutaj ich trudności były znacznie większe, dlatego, że Jezus nie chciał się wypowiadać na ten temat. W końcu ustalili, że tak długo jak Jan żyje lub do tego czasu, kiedy wspólnie zmienią tę decyzję, tylko apostołowie Jana będą chrzcili wierzących i tylko apostołowie Jezusa będą udzielać końcowych nauk nowym uczniom. Zgodnie z tymi ustaleniami, od tego czasu aż do śmierci Jana, dwu apostołów Jana towarzyszyło Jezusowi i jego apostołom, aby chrzcić wierzących, jako że wspólna rada jednomyślnie uchwaliła, iż chrzest będzie wstępnym krokiem widomego przymierza ze sprawami królestwa.

Następnie ustalono, że w wypadku śmierci Jana, jego apostołowie przyjdą do Jezusa i podporządkują się jego kierownictwu i nie będą już chrzcili, chyba, że zostaną do tego upoważnieni przez Jezusa lub jego apostołów.

Potem przegłosowano, że w wypadku śmierci Jana, apostołowie Jezusa zaczną chrzcić wodą, jako symbolem chrzczenia Duchem Bożym. Czy *żal za grzechy* należy włączyć do kazania głoszonego podczas chrztu, czy też nie, pozostawiono do wyboru; żadna decyzja w tej sprawie nie została narzucona grupie. Apostołowie Jana nauczali: „Żałujcie za grzechy i chrzcijcie się". Apostołowie Jezusa głosili: „Uwierzcie i chrzcijcie się".

I taka jest historia pierwszej próby, przeprowadzonej przez zwolenników Jezusa, koordynacji rozbieżnych wysiłków, łagodzenia zróżnicowanych opinii, organizacji przedsięwzięć grupowych, legislacji widzialnych obrzędów i uspołecznienia osobistych praktyk religijnych.

Rozważano też wiele innych, pomniejszych spraw i jednomyślnie się zgodzono, jak je rozwiązać. Przez dwa tygodnie, tych dwudziestu czterech ludzi miało naprawdę wspaniałe przeżycia, kiedy zmuszeni byli stawić czoła problemom i bez Jezusa łagodzić trudności. Nauczyli się różnić w poglądach, debatować, walczyć, modlić się i iść na kompromis a przy tym wszystkim mieć zrozumienie dla punktu widzenia innego człowieka i zachowywać przynajmniej jakiś stopień tolerancji w stosunku do jego uczciwych przekonań.

Po południu, w trakcie końcowej dyskusji dotyczącej kwestii finansowych, wrócił Jezus, przysłuchiwał się deliberacjom, słyszał ich decyzje i powiedział: „Takie zatem są wasze wnioski a ja będę pomagał każdemu z was wywiązać się z nich w duchu waszych wspólnych decyzji".

W dwa i pół miesiąca później Jan został stracony a przez cały ten czas apostołowie Jana pozostawali z Jezusem i Dwunastoma. W tym okresie działalności, w miastach Dekapolu, wszyscy razem pracowali i chrzcili wiernych. Obóz na Gilboa zlikwidowano 2 listopada, roku 27 n.e.

7. W MIASTACH DEKAPOLU

Cały listopad i grudzień, Jezus i dwudziestu czterech apostołów pracowało bez rozgłosu w greckich miastach Dekapolu, zwłaszcza w Scytopolis, Gerasie, Abili i Gadarze. Był to praktycznie koniec tego, wstępnego okresu, kiedy przejmowano pracę i organizację Jana. Uspołeczniona religia nowego objawienia zawsze płaci cenę za kompromis z ustalonymi formami i zwyczajami religii poprzedzającej, którą stara się pozyskać. Chrzest był tą ceną, jaką zapłacili zwolennicy Jezusa za pozyskanie sobie zwolenników Jana Chrzciciela jako uspołecznionej grupy religijnej. Zwolennicy Jana, przyłączając się do zwolenników Jezusa, zrezygnowali nieomal ze wszystkiego, za wyjątkiem chrzczenia wodą.

Podczas tej misji, w miastach Dekapolu, Jezus niewiele nauczał publicznie. Sporo czasu spędził na nauczaniu dwudziestu czterech apostołów i odbył wiele specjalnych spotkań z dwunastoma apostołami Jana. Z upływem czasu coraz lepiej rozumieli oni, dlaczego Jezus nie odwiedził Jana w więzieniu i dlaczego nie próbował go uwolnić. Nigdy jednak nie potrafili zrozumieć, dlaczego Jezus nie czyni cudów, dlaczego nie chce okazać widocznych znaków swojego boskiego autorytetu. Zanim przyszli do obozu na Gilboa, wierzyli w Jezusa przeważnie dzięki świadectwu Jana, ale wkrótce zaczęli wierzyć także dzięki własnym kontaktom z Mistrzem i jego nauką.

Przez te dwa miesiące grupa pracowała przeważnie parami, apostoł Jezusa chodził z apostołem Jana. Apostoł Jana chrzcił, apostoł Jezusa nauczał, podczas gdy obaj głosili ewangelię królestwa, tak jak ją rozumieli. I pozyskali wiele dusz spośród nie-Żydów i żydowskich odstępców.

Abner, szef apostołów Jana, został gorącym zwolennikiem Jezusa a później został mianowany szefem grupy siedemdziesięciu nauczycieli, których Mistrz upoważnił do głoszenia ewangelii.

8. W OBOZIE NIEDALEKO PELLI

W końcu grudnia wszyscy poszli w kierunku Jordanu, do miejsca niedaleko Pelli, gdzie znowu zaczęli nauczać i głosić kazania. Zarówno Żydzi jak i nie-Żydzi przychodzili do obozu słuchać ewangelii. Jednego takiego popołudnia, kiedy Jezus nauczał tłumy, kilku specjalnych przyjaciół Jana przyniosło Mistrzowi wiadomość, ostatnią jaką dostał od Chrzciciela.

W tym czasie Jan już półtora roku przebywał w więzieniu a przez większość tego czasu Jezus pracował bez rozgłosu; więc nie można się dziwić, że Jan zaczął się niepokoić o królestwo. Przerywając Jezusowi nauczanie, przyjaciele Jana zwrócili się do niego mówiąc: „Jan Chrzciciel przysłał nas do ciebie abyśmy zapytali – czy jesteś prawdziwym Wybawicielem, czy też mamy oczekiwać innego?".

Jezus przerwał i zwracając się do przyjaciół Jana rzekł: „Wracajcie do Jana i powiedzcie mu, że nie zapomniano o nim. Opowiedzcie mu, co widzieliście i słyszeliście, że biednym głoszona jest dobra nowina". I jeszcze chwilę Jezus rozmawiał z posłańcami Jana, po czym zwrócił się znowu do tłumów i rzekł: „Nie myślcie, że Jan wątpi w ewangelię królestwa. On tylko pyta, żeby utwierdzić swych uczniów, którzy są także moimi uczniami. Jan nie jest człowiekiem słabego charakteru. Pozwólcie mi zapytać was, którzy słyszeliście Jana jak głosił kazania, zanim go Herod wsadził do więzienia, czy widzieliście w Janie trzcinę kołyszącą się na wietrze? Człowieka o zmiennych nastrojach, ubranego w miękkie szaty? Z reguły ci, którzy są wspaniale odziani i którzy żyją delikatnie znajdują się na dworach królewskich i w rezydencjach bogaczy. A co widzieliście, kiedy patrzyliście na Jana? Proroka? Tak, powiadam wam, nawet więcej niż proroka. O Janie było napisane: «Oto ja posyłam mego wysłańca przed tobą, aby przygotował ci drogę».

Zaprawdę, zaprawdę, powiadam wam, wśród narodzonych z niewiasty nie powstał większy od Jana Chrzciciela; ale najmniejszy w królestwie nieba większy jest niż on, ponieważ narodzony jest w duchu i wie, że stał się synem Boga".

Wielu z tych, którzy tego dnia słyszeli Jezusa, przyjęli chrzest Janowy, potwierdzając tym samym publicznie wejście do królestwa. I od tego dnia apostołowie Jana mocno związali się z Jezusem. Zdarzenie to oznaczało prawdziwą jedność pomiędzy zwolennikami Jana i Jezusa.

Po rozmowie z Abnerem posłańcy poszli do Macherontu, aby opowiedzieć to wszystko Janowi. Janowi dodało to sporo otuchy a słowa Jezusa, jak i wiadomości od Abnera, umocniły jego wiarę.

Tego popołudnia Jezus kontynuował nauczanie, mówiąc: „Z kim więc mam porównać ludzi tego pokolenia? Wielu z was nie przyjmie ani posłania Jana ani mojej nauki. Podobni jesteście do dzieci bawiących się na rynku i głośno przymawiających jedne drugim: «Przygrywaliśmy wam na piszczałce, a nie tańczyliście, biadaliśmy, a wyście nie płakali». I tak jest z niektórymi z was. Przyszedł bowiem Jan, nie jadł i nie pił a oni mówią, zły duch go opętał. Przyszedł Syn Człowieczy, je i pije, a ci sami ludzie mówią: «Oto żarłok i pijak, przyjaciel celników i grzeszników!». Prawdziwie, mądrość osądza się po jej dzieciach.

Zdawałoby się, że Ojciec w niebie ukrył kilka tych prawd przed mądrymi i pysznymi, natomiast objawił je dzieciom. Ale Ojciec czyni wszystkie rzeczy dobrze; Ojciec objawia siebie wszechświatowi tymi metodami, jakie sam wybierze. Pójdźcie do mnie wszyscy, którzy jesteście spracowani i bardzo obciążeni a znajdziecie ukojenie dla dusz waszych. Weźcie na siebie Boskie jarzmo a będziecie przeżywać pokój Boży, który przekracza wszelkie zrozumienie".

9. ŚMIERĆ JANA CHRZCICIELA

Jan Chrzciciel został stracony z rozkazu Heroda Antypasa wieczorem, 10 stycznia, roku 28 n.e. Następnego dnia niektórzy uczniowie Jana, którzy poszli do Macherontu, usłyszeli o egzekucji i poszli do Heroda z prośbą o ciało, które złożyli w grobie, robiąc mu później pogrzeb w Sebaste, w miejscu zamieszkania Abnera. Następnego dnia, 12 stycznia, wyruszyli na północ do obozu apostołów Jana i Jezusa w pobliżu Pelli i powiedzieli Jezusowi o śmierci Jana. Kiedy Jezus usłyszał tę wiadomość, odprawił tłumy i zwołując dwudziestu czterech apostołów, powiedział: „Jan nie żyje. Herod ściął mu głowę. Dziś wieczorem zróbcie wspólną radę i uporządkujcie swoje sprawy zgodnie z waszymi postanowieniami. Nie będzie już więcej zwłoki. Nadeszła godzina głoszenia królestwa otwarcie i z mocą. Jutro idziemy do Galilei".

Dlatego też wczesnym rankiem, 13 stycznia, roku 28 n.e., Jezus i apostołowie, w towarzystwie około dwudziestu pięciu uczniów, wyruszyli w drogę do Kafarnaum i zatrzymali się na noc w domu Zebedeusza.

PRZEKAZ 145

CZTERY PAMIĘTNE DNI W KAFARNAUM

We WTOREK wieczorem, 13 stycznia, Jezus i apostołowie przybyli do Kafarnaum. Jak zwykle, swoją siedzibę mieli w domu Zebedeusza w Betsaidzie. Teraz, kiedy Jan Chrzciciel został zabity, Jezus szykował się do rozpoczęcia pierwszej publicznej tury głoszenia kazań w Galilei. Wiadomość, że Jezus wrócił, szybko rozeszła się po mieście i następnego dnia Maria, matka Jezusa, odeszła pośpiesznie do Nazaretu, aby odwiedzić swego syna Józefa.

Środę, czwartek i piątek Jezus spędził w domu Zebedeusza, nauczając swych apostołów, przygotowując ich do pierwszej, szeroko zakrojonej publicznej tury głoszenia kazań. Przyjmował także i nauczał wielu gorliwych i dociekliwych, zarówno pojedynczo jak i w grupach. Za pośrednictwem Andrzeja umówił się, że wygłosi mowę w synagodze w nadchodzący dzień szabatu.

W piątek, późnym wieczorem, mała siostra Rut potajemnie odwiedziła Jezusa. W łodzi zakotwiczonej niedaleko brzegu spędzili nieomal godzinę. Żadna istota ludzka, z wyjątkiem Jana Zebedeusza, nigdy nie dowiedziała się o tej wizycie a Jan też miał nakazane, aby nikomu o tym nie mówić. Rut była jedynym członkiem rodziny Jezusa wierzącym konsekwentnie i niezachwianie w boskość jego ziemskiej misji, od czasu swej najwcześniejszej świadomości duchowej, poprzez obfitującą w wydarzenia służbę, śmierć, zmartwychwstanie i wniebowstąpienie Jezusa; i w końcu poszła w zaświaty nigdy nie żywiąc wątpliwości w nadprzyrodzony charakter misji swego cielesnego ojca-brata. Z całej ziemskiej rodziny Jezusa, dziecko Rut było jego główną pociechą podczas wszystkich trudnych przeżyć procesu, odrzucenia i ukrzyżowania.

1. POŁÓW RYB

W piątek rano, tego samego tygodnia, kiedy Jezus nauczał na brzegu, cisnący się ludzie zepchnęli go tak blisko wody, że dał znak rybakom znajdującym się w pobliskiej łodzi, aby mu przyszli z pomocą. Wszedłszy do łodzi, nadal nauczał zgromadzone tłumy ponad dwie godziny. Ta łódź nazywała się „Szymon"; kiedyś była rybacką łodzią Szymona Piotra a zbudowana była własnoręcznie przez Jezusa. Tego właśnie ranka używał jej Dawid Zebedeusz z dwoma pomocnikami; przypłynęli oni blisko brzegu po całonocnych, bezowocnych połowach na jeziorze. Czyścili i naprawiali swoje sieci, kiedy Jezus ich poprosił, aby mu przyszli z pomocą.

Kiedy Jezus skończył nauczać ludzi, odezwał się do Dawida: „Ponieważ jesteście opóźnieni w pracy, bo mi pomagaliście, pozwólcie mi teraz popracować z wami. Popłyńmy na połów; skierujcie się na tamtą głębinę i zarzućcie sieci". Ale Szymon, jeden z pomocników Dawida, odpowiedział: „Mistrzu, to nie ma sensu. Trudziliśmy się całą noc i nic nie złowiliśmy; jednak na twoje słowo wypłyniemy i zarzucimy sieci". I Szymon zgodził się wykonać polecenie Jezusa, ponieważ jego zwierzchnik, Dawid, dał mu znak. Kiedy udali się na wskazane przez Jezusa miejsce, zarzucili sieci i złowili tak dużo ryb, że obawiali się porwania sieci, dlatego też dali sygnał swoim towarzyszom, stojącym na brzegu, aby im przyszli z pomocą. Kiedy wypełnili rybami wszystkie trzy łodzie prawie do zanurzenia, Szymon upadł do kolan Jezusowi i powiedział: „Odejdź ode mnie Mistrzu, bo jestem człowiekiem grzesznym". Szymon i wszyscy, którzy brali udział w tym zdarzeniu, byli zdumieni takim połowem ryb. Od tego dnia Dawid Zebedeusz, Szymon i ich pomocnicy porzucili sieci i poszli za Jezusem.

Ale nie był to w żadnym sensie cudowny połów ryb. Jezus był uważnym obserwatorem przyrody; był doświadczonym rybakiem i wiedział, jak zachowują się ryby w Morzu Galilejskim. W tym przypadku po prostu skierował ludzi do tego miejsca, gdzie zazwyczaj o tej porze dnia były ryby. Ale wyznawcy Jezusa zawsze uważali to za cud.

2. POPOŁUDNIE W SYNAGODZE

W następny szabat, podczas popołudniowego nabożeństwa w synagodze, Jezus wygłosił kazanie na temat „Wola Ojca w niebie". Rano Szymon Piotr wygłosił kazanie pod tytułem „Królestwo". A w czwartek, podczas wieczornego spotkania w synagodze, tematem nauczania Andrzeja była „Nowa droga". W tym właśnie czasie więcej ludzi wierzyło w Jezusa w Kafarnaum niż w jakimkolwiek innym mieście na Ziemi.

Gdy tego szabatowego popołudnia Jezus nauczał w synagodze, zgodnie ze zwyczajem zaczął pierwszy tekst od Praw, czytając z Księgi Wyjścia: „Będziecie oddawać cześć Panu Bogu waszemu, gdyż pobłogosławi wasz chleb i waszą wodę i oddali od was wszelką chorobę". Drugi tekst wybrał z Proroków, czytając Izajasza: „Powstań i świeć, bo przyszło twe światło i chwała Pańska rozbłysła nad tobą. Bo oto ciemność okrywa ziemię i gęsty mrok spowija ludy, ale duch Pana ponad tobą jaśnieje i jego chwała jawi się nad tobą. Nawet nie-Żydzi idą do tego światła i wiele światłych umysłów podda się blaskowi tego światła".

W tym kazaniu Jezus próbował wyjaśnić, że religia jest *doświadczeniem osobistym*. Mistrz powiedział między innymi:

„Dobrze wiecie, że kiedy dobrotliwy ojciec kocha swoją rodzinę jako całość, tak ją traktuje jak grupę, gdyż żywi silne uczucia wobec każdego, indywidualnego członka tej rodziny. Już nie musicie przystępować do Ojca w niebie jako dziecko Izraela, ale jako *dziecko Boga*. Jako grupa zaprawdę jesteście dziećmi Izraela, ale jako jednostki każdy z was jest dzieckiem Boga. Przyszedłem nie po to, aby odkryć Ojca dzieciom Izraela, ale raczej po to, aby nieść wiedzę o Bogu i objawiać jego miłość i miłosierdzie każdemu indywidualnemu wierzącemu, jako prawdziwe osobiste doświadczenie. Wszyscy prorocy nauczali was, że Jahwe dba o swoich ludzi, że Bóg kocha Izrael. Ale ja przyszedłem głosić wam większą prawdę, tą, którą wielu późniejszych proroków też zrozumiało, że Bóg kocha *was* – każdego z was – jako jednostkę. Przez wszystkie pokolenia mieliście narodową albo rasową religię; teraz ja przyszedłem, aby wam dać religię osobistą.

Ale nawet to nie jest nową ideą. Wielu z was, duchowo nastawionych, poznało tę prawdę, ponieważ niektórzy wasi prorocy tak was nauczali. Czyż nie czytaliście w Piśmie, gdzie prorok Jeremiasz mówi: «W owych dniach już nie będą mówili: Ojcowie jedli cierpkie grona, a zęby synów ścierpły. Każdy umrze za swoje własne grzechy;

każdemu, kto będzie spożywał cierpkie grona, ścierpną zęby. Uważajcie, nadejdzie czas, kiedy zawrę nowe przymierze z moim narodem. Nie jak przymierze, które zawarłem z ich przodkami, kiedy ująłem ich za rękę by wyprowadzić z ziemi egipskiej. Ja również wypiszę moje prawo w ich sercach. Będę im Bogiem a oni zaś będą moim narodem. I tego dnia nie będą się musieli wzajemnie pouczać, jeden mówiąc do sąsiada, czy znasz Pana? Nie! Wszyscy bowiem, od najmniejszego do największego, poznają mnie osobiście».

Czyż nie czytaliście tych obietnic? Czy nie wierzycie w Pismo Święte? Czy nie rozumiecie, że słowa proroków spełniają się przez to, co zobaczyliście tego właśnie dnia? I czyż Jeremiasz nie napominał was, abyście religię zrobili sprawą serca, aby związać was samych z Bogiem jako jednostki? Czyż prorok nie mówił wam, że Bóg w niebie będzie zgłębiał wasze własne serca? I czyż nie byliście ostrzegani, że wasze zwykłe, ludzkie serce jest zdradliwsze nad wszystko inne i często rozpaczliwie niegodziwe?

Czyż nie czytaliście również tego, jak Ezechiel nauczał jeszcze waszych ojców, że religia musi stać się rzeczywistością waszego osobistego przeżycia? Nie musicie już stosować przysłowia, które mówi: «Ojcowie jedli cierpkie grona a zęby synów ścierpły». «Jako żyję», powiedział Pan Bóg, «uważajcie wszystkie dusze są moje; zarówno dusza ojca jak i dusza syna. Tylko ta dusza, która grzeszy, umrze». A potem Ezechiel przewidywał nawet ten dzień, kiedy mówił w imieniu Boga: «I dam wam serce nowe i ducha nowego tchnę do waszego wnętrza».

Nie powinniście się bać, że Bóg będzie karał cały naród za grzechy jednego; tak samo Ojciec w niebie nie będzie karał jednego swego wiernego dziecka za grzechy narodu, aczkolwiek poszczególny członek rodziny często musi ponosić materialne konsekwencje rodzinnych błędów i grupowych wykroczeń. Czyż nie uświadomiliście sobie, że nadzieja na lepszy naród – czy lepszy świat – jest związana z rozwojem i oświeceniem jednostki"?

Potem Mistrz mówił o tym, że Ojciec w niebie pragnie, po tym jak człowiek spostrzeże tą duchową wolność, żeby jego dzieci na Ziemi zaczęły wieczne wznoszenie się rajską drogą, co polega na świadomej reakcji istoty stworzonej na Boski impuls zamieszkującego ją ducha, żeby znaleźć Stwórcę, poznać Boga i pragnąć stać się jemu podobnym.

Apostołom bardzo pomogło to kazanie. Wszyscy z nich lepiej zdali sobie sprawę, że ewangelia królestwa jest posłaniem skierowanym do jednostki, nie do narodu.

Chociaż ludzie w Kafarnaum znali nauki Jezusa, ich również zdumiało jego kazanie w ten szabatowy dzień. Uczył bowiem doprawdy jak ten, który ma władzę, a nie jak uczeni w Piśmie.

Właśnie wtedy, kiedy Jezus skończył, młodego człowieka stojącego wśród wiernych, którego bardzo poruszyły słowa Jezusa, chwycił ostry atak epileptyczny i zaczął głośno krzyczeć. Pod koniec ataku, kiedy odzyskiwał przytomność, powiedział półprzytomny: „Cóż mamy z tobą zrobić, Jezusie z Nazaretu? Ty jesteś święty Boży; przyszedłeś nas wytracić?". Jezus nakazał ludziom, aby byli cicho i biorąc za rękę młodego człowieka, powiedział: „Wyjdź z tego" – a on natychmiast się przebudził.

Ten młody człowiek nie był opętany przez nieczystego ducha czy demona; miał zwykłą epilepsję. Ale uczono go, że jego nieszczęście spowodowane jest opętaniem przez złego ducha. Wierzył w to i zachowywał się odpowiednio we wszystkim, co myślał lub mówił w sprawie swej dolegliwości. Wszyscy ludzie wierzyli, że takie przypadki spowodowane są wyłącznie obecnością nieczystych duchów. Dlatego też uwierzyli, że Jezus wyrzucił demona z tego człowieka. Ale Jezus nie uzdrowił go wtedy z epilepsji. Dopiero później, tego samego dnia po zachodzie słońca, człowiek ten naprawdę został uzdrowiony. Długo po dniu Zesłania Ducha, Apostoł Jan, który ostatni opisywał czyny Jezusa, unikał wszelkich wzmianek o tak zwanym „wyrzucaniu diabłów" i zrobił to w świetle tego faktu, że wypadki opanowania przez demona nigdy się nie zdarzały po Zesłaniu Ducha.

W wyniku tak banalnego zdarzenia, wieść o tym, że Jezus na zakończenie swojego popołudniowego kazania w synagodze wyrzucił z człowieka demona i cudownie go uzdrowił, błyskawicznie rozeszła się po Kafarnaum. Szabat był właśnie tym czasem, który sprzyjał błyskawicznemu i skutecznemu rozprzestrzenianiu się takich zaskakujących pogłosek. Wieść ta rozniosła się również po wszystkich mniejszych osadach wokół Kafarnaum i wielu ludzi w nią uwierzyło.

W dużym domu Zebedeusza, gdzie Jezus i Dwunastu mieli swoją główną siedzibę, gotowanie i prace domowe przeważnie wykonywała żona Szymona Piotra i jej matka. Dom Piotra znajdował się w pobliżu domu Zebedeusza i Jezus, wraz ze swymi przyjaciółmi, zatrzymał się w nim po drodze z synagogi, ponieważ matka żony Szymona Piotra od kilku dni miała dreszcze i gorączkę. Otóż zdarzyło się, że w tym właśnie czasie, kiedy Jezus stał nad tą chorą kobietą, trzymając jej rękę, głaszcząc po czole i mówiąc słowa pociechy i otuchy, gorączka ją opuściła. Jezus nawet nie miał czasu wytłumaczyć swoim apostołom, że w synagodze nie zdarzył się żaden cud; a wydarzenie to pozostawało w ich głowach tak świeże i żywe, że przypominając sobie wodę i wino w Kanie, zrozumieli ten zbieg okoliczności jako następny cud i niektórzy z nich wybiegli roznosić wieści o tym po całym mieście.

Amata, teściowa Piotra, miała gorączkę malaryczną. Tym razem nie została cudownie uzdrowiona przez Jezusa. Jej uzdrowienie nastąpiło w kilka godzin później, w związku z nadzwyczajnym zdarzeniem, które miało miejsce na frontowym dziedzińcu domu Zebedeusza już po zachodzie słońca.

Wypadki takie są typowym przykładem pewnego nastawienia, kiedy szukające dziwowisk pokolenie i ludzie pragnący cudów z niezachwianą pewnością chwytają się takich zbiegów okoliczności, jako pretekstu do obwieszczenia, że Jezus dokonał kolejnego cudu.

3. UZDROWIENIE O ZACHODZIE SŁOŃCA

Mniej więcej w tym czasie, kiedy Jezus i apostołowie szykowali się do kolacji, na koniec tego pamiętnego, szabatowego dnia, całe Kafarnaum i jego okolice zostały poruszone tymi rzekomymi cudami uzdrowienia; i wszyscy, którzy byli chorzy albo nieszczęśliwi, wybierali się do Jezusa, albo prosili, żeby przyjaciele ich zanieśli jak tylko słońce zajdzie. Zgodnie z żydowskim nauczaniem, podczas świętych godzin szabatu nie wolno było nawet pójść, aby się leczyć.

Dlatego też, jak tylko słońce zaszło za horyzont, ruszyły w drogę dziesiątki dotkniętych nieszczęściem mężczyzn, kobiet i dzieci w kierunku domu Zebedeusza w Betsaidzie. Pewien człowiek wyszedł ze swą sparaliżowaną córką jak tylko słońce zaszło za dom jego sąsiada.

Podłożem tego niezwykłego widowiska o zachodzie słońca były wydarzenia całego dnia. Nawet tekst, którego Jezus użył w czasie popołudniowego kazania, dawał do zrozumienia, że nie powinno być chorób; a przemawiał on z taką bez precedensu mocą i autorytetem! Posłanie Jezusa było tak zniewalające! Chociaż nie odwoływał się do ludzkich autorytetów, przemawiał bezpośrednio do sumień i dusz ludzkich. Chociaż nie używał logiki, sofizmatów prawa mojżeszowego czy zręcznych porzekadeł, zwracał się z potężnym, bezpośrednim, jasnym i osobistym apelem do serc swoich słuchaczy.

Ten szabat był wielkim dniem w życiu Jezusa na Ziemi, ba, nawet w życiu wszechświata. Praktycznie biorąc, dla całego wszechświata lokalnego małe żydowskie miasto, Kafarnaum, stało się prawdziwą stolicą Nebadonu. Garstka Żydów w synagodze w Kafarnaum to nie były jedyne istoty, jakie na zakończenie kazania Jezusa słyszały to doniosłe podsumowanie: „Nienawiść jest cieniem strachu; zemsta maskuje tchórzostwo". Tak samo słuchacze Jezusa nie mogli zapomnieć jego błogosławionych słów: „Człowiek jest synem Boga, a nie dzieckiem diabła".

Tuż po zachodzie słońca, kiedy Jezus i apostołowie wciąż jeszcze siedzieli przy kolacyjnym stole, żona Piotra usłyszała jakieś głosy na frontowym dziedzińcu a podszedłszy do drzwi, zobaczyła zbierającą się sporą gromadę chorych ludzi, a drogą do Kafarnaum szedł tłum tych, którzy pragnęli uzdrowienia z rąk Jezusa. Ujrzawszy to wszystko, natychmiast poszła i powiedziała o tym swemu mężowi, który przekazał wiadomość Jezusowi.

Kiedy Mistrz wyszedł przed drzwi frontowe domu Zebedeusza, jego oczom ukazał się widok całych rzesz ludzkich, dotkniętych chorobą i cierpiących. Patrzył na prawie tysiąc chorych i zbolałych istot ludzkich; przynajmniej w takiej ilości się przed nim zgromadzili. Nie wszyscy, którzy się tam znajdowali, byli chorzy; niektórzy przyszli razem z tymi, których kochali, aby się starać o ich wyleczenie.

Widok tych, dotkniętych nieszczęściem śmiertelników, mężczyzn, kobiet i dzieci, cierpiących w dużym stopniu z powodu błędów i wykroczeń jego zaufanych Synów z administracji wszechświatowej, w szczególny sposób poruszył ludzkie serce Jezusa i rzucił wyzwanie Boskiemu miłosierdziu tego dobrotliwego Syna Stwórcy. Jednak Jezus dobrze wiedział, że nigdy nie stworzy trwałego, duchowego ruchu, na fundamencie czysto materialnych cudów. To właśnie jego konsekwentne zasady postępowania nie pozwalały na ukazywanie jego stwórczych prerogatyw. Od czasu Kany, nic nadprzyrodzonego czy cudownego nie wiązało się z jego nauką; mimo to, ten cierpiący tłum poruszył jego życzliwe serce i dogłębnie przemówił do jego wyrozumiałości i uczuć.

Głos sprzed domu zawołał: „Mistrzu, przemów słowo, przywróć nasze zdrowie, wylecz nasze choroby i uratuj nasze dusze". Jak tylko padły te słowa, niezmierzona świta serafinów, kontrolerów fizycznych, Nosicieli Życia i pośrednich, którzy jak zawsze towarzyszyli temu wcielonemu Stwórcy wszechświata, gotowa była działać z twórczą mocą, gdyby ich Władca dał znak. Był to jeden z tych momentów ziemskiego życia Jezusa, kiedy Boska mądrość i ludzkie współczucie tak bardzo się złączyły w rozumowaniu *Syna Człowieczego*, że szukał on ucieczki w odwołaniu się do woli swego Ojca.

Kiedy Piotr błagał, aby Mistrz usłyszał ludzkie wołanie o pomoc, Jezus, patrząc na cierpiący tłum, odpowiedział: „Przyszedłem na świat, żeby objawić Ojca i zaprowadzić jego królestwo. Do tej godziny w tym właśnie celu żyłem moim życiem. Jeśli zatem będzie wolą Tego, który mnie posłał i nie będzie to sprzeczne z moim poświęceniem się głoszeniu ewangelii królestwa nieba, chciałbym zobaczyć moje dzieci uzdrowione – i –" ale dalsze słowa Jezusa utonęły we wrzawie.

Odpowiedzialność za decyzję w sprawie uzdrowienia Jezus przeniósł na postanowienie swego Ojca. Najwyraźniej wola Ojca nie sprzeciwiała się słowom Mistrza, które dopiero wyrzekł, ponieważ zgromadzenie niebiańskich osobowości, służących pod rozkazami Uosobionego Dostrajacza Myśli Jezusa, bardzo się ożywiło. Niezmierzony orszak istot zniżył się w sam środek wielobarwnego tłumu cierpiących śmiertelników i za chwilę 683 mężczyzn, kobiet i dzieci zostało uzdrowionych; zostali doskonale uzdrowieni ze wszystkich fizycznych chorób i innych materialnych dolegliwości. Czegoś takiego nie widziano na Ziemi nigdy dotąd ani też nigdy później. A dla tych z nas, którzy tam byli i oglądali ten stwórczy przypływ uzdrowienia, był to naprawdę przejmujący widok.

Jednak ze wszystkich tych istot, które były zdumione tą nagłą i niespodziewaną, gwałtowną falą nadprzyrodzonego wyleczenia, najbardziej zaskoczony był Jezus. W tym czasie, kiedy jego ludzka uwaga i życzliwość skupiły się na rozciągającej się przed nim scenie cierpienia i nieszczęścia, nie zachował w swym ludzkim umyśle upominających go przestróg jego Uosobionego Dostrajacza, dotyczących niemożności ograniczania czynnika czasu wobec stwórczych prerogatyw Syna Stwórcy, w pewnych określonych warunkach i w pewnych okolicznościach. Jezus chciał widzieć tych cierpiących śmiertelników w dobrym zdrowiu, jeśli wola jego Ojca nie byłaby temu przeciwna. Uosobiony Dostrajacz Jezusa natychmiast zarządził, że takie działanie stwórczej energii, w danym czasie, nie będzie sprzeczne z wolą Rajskiego Ojca i dzięki takiej decyzji – w świetle poprzednio wyrażonego przez Jezusa pragnienia uzdrowienia – stwórczy akt *dokonał się*. To, czego *Syn Stwórca* pragnie i co jest zgodne z *wolą* jego Ojca – JEST. W całym późniejszym, ziemskim życiu Jezusa nie było już tak masowego, fizycznego uzdrowienia śmiertelników.

Jak można się tego było spodziewać, wieść o uzdrowieniu o zachodzie słońca, w Betsaidzie koło Kafarnaum, rozeszła się po całej Galilei, Judei i dalszych okolicach. Jeszcze raz rozbudziło to obawy Heroda i wysłał on swoich obserwatorów, aby go informowali o pracy i naukach Jezusa i aby się upewnili, czy to jest dawny cieśla z Nazaretu, czy też Jan Chrzciciel, który zmartwychwstał.

Głównie z powodu tego niezamierzonego pokazu uzdrowienia fizycznego, odtąd przez resztę swego ziemskiego życia Jezus stał się zarówno lekarzem jak i kaznodzieją. Prawda, że wciąż prowadził nauczanie, ale jego praca indywidualna w większości polegała na służeniu chorym i strapionym, podczas gdy jego apostołowie publicznie głosili kazania i chrzcili wiernych.

Jednak większość tych ludzi, którzy zostali obdarowani nadprzyrodzonym czy stwórczym uzdrowieniem fizycznym, boską energią objawioną po zachodzie słońca, nie odniosła trwałych duchowych korzyści z tego niezwykłego uzewnętrznienia miłosierdzia. Wprawdzie niewielka ich liczba została podbudowana moralnie tą cielesną posługą, tym niemniej królestwo duchowe nie posunęło się naprzód w sercach ludzkich dzięki tej zdumiewającej erupcji bezczasowego, stwórczego uzdrowienia.

Cudowne uzdrowienia, które co jakiś czas się zdarzały podczas ziemskiej misji Jezusa, nie były częścią jego planu głoszenia królestwa. Przypadkiem nieodłączne były temu, że na Ziemi przebywała Boska istota o nieomal nieograniczonych, stwórczych prerogatywach, posiadająca kombinację bez precedensu Boskiego miłosierdzia i ludzkiej życzliwości. Jednak te tak zwane cuda przysporzyły Jezusowi sporo kłopotów, dlatego, że spowodowały reklamę wywołującą nieprzychylne nastawienie i przyniosły wiele niepotrzebnego rozgłosu.

4. WIECZOREM

Przez cały ten wieczór, który przyszedł po wielkiej fali uzdrowienia, radosny i szczęśliwy tłum zalewał dom Zebedeusza a apostołowie Jezusa dochodzili do szczytów emocjonalnego entuzjazmu. Z ludzkiego punktu widzenia, ten dzień był prawdopodobnie największym spośród wszystkich wielkich dni, które spędzili z Jezusem. Nigdy przedtem ani też nigdy potem, fala ich nadziei nie urosła do takiej wysokości ufnego oczekiwania. Zaledwie kilka dni wcześniej, kiedy jeszcze byli w Samarii, Jezus powiedział im, że nadeszła godzina, kiedy królestwo ma być głoszone w *mocy* i teraz ich oczy ujrzały to, co jak uważali, było spełnieniem tej obietnicy. Dreszcz emocji budziło w nich wyobrażanie sobie tego, co miało nastąpić, jeśli ten zadziwiający pokaz uzdrawiającej mocy był dopiero początkiem. Odpędzone zostały czające się wątpliwości w Boskość Jezusa. Byli dosłownie odurzeni, byli w ekstazie, oszołomieni i oczarowani.

Kiedy zaczęli szukać Jezusa, nie mogli go znaleźć. Mistrz był bardzo zaniepokojony tym, co się zdarzyło. Mężczyźni, kobiety i dzieci, którzy zostali uzdrowieni z rozmaitych chorób, do późnego wieczora czekali na powrót Jezusa, z nadzieją, że będą mu mogli podziękować. Apostołowie nie mogli zrozumieć postępowania Mistrza, kiedy godziny upływały a on pozostawał w ukryciu; ich radość byłaby pełna i doskonała, gdyby nie jego przedłużająca się nieobecność. Gdy Jezus wrócił do apostołów, godzina była późna i praktycznie wszyscy obdarzeni zdrowiem rozeszli się do swoich domów. Jezus nie chciał przyjmować gratulacji i wyrazów uwielbienia od Dwunastu, jak również od innych, którzy pozostali, aby go powitać, powiedział tylko: „Radujcie się nie tym, że mój Ojciec potrafi uzdrowić ciało, ale raczej tym, że jest tak potężny, iż może zbawić duszę. Chodźmy odpocząć, gdyż jutro musimy się zająć sprawami Ojca".

I znowu tych Dwunastu, rozczarowanych, zakłopotanych i z żalem w sercu, udało się na spoczynek; niewielu z nich spało tej nocy, za wyjątkiem bliźniaków. Zaledwie Mistrz coś zrobił, co radowało dusze i cieszyło serca apostołów, natychmiast, jak się zdawało, rozwiewał ich nadzieje i całkowicie burzył fundamenty ich odwagi i entuzjazmu. Kiedy ci zdezorientowani rybacy patrzyli jeden drugiemu w oczy, nurtowała ich tylko jedna myśl: „Nie możemy go zrozumieć. Co to wszystko znaczy"?

5. WCZESNY NIEDZIELNY PORANEK

Jezus też nie spał zbyt wiele tej sobotniej nocy. Uświadomił sobie, że świat jest pełen fizycznej niedoli i zalany trudnościami materialnymi i rozważał wielkie niebezpieczeństwo tego, że jest zmuszany poświęcać tak wiele swego czasu opiece nad chorymi i nieszczęśliwymi, że jego misja ustanowienia królestwa w sercach ludzkich będzie kolidowała, albo co najmniej podporządkowana będzie, służbie dla spraw cielesnych. Z powodu tych i podobnych myśli, które w nocy absorbowały śmiertelny umysł Jezusa, tego niedzielnego rana wstał on na długo przed świtem i poszedł zupełnie sam, do jednego ze swoich ulubionych miejsc na komunię z Ojcem. Tego, wczesnego ranka, Jezus modlił się o mądrość i rozsądek, aby nie pozwolić swojej ludzkiej życzliwości połączyć się ze swoim Boskim miłosierdziem tak dalece, aby apelowały do niego w obecności cierpiących śmiertelników, żeby całego swojego czasu nie poświęcać służbie dla spraw cielesnych i nie zaniedbywać spraw duchowych. Aczkolwiek nie chciał unikać służenia chorym, wiedział, że musi także wykonać o wiele ważniejszą pracę, duchowego nauczania i szkolenia religijnego.

Jezus tak wiele razy wychodził na wzgórza, aby się modlić, ponieważ nie było oddzielnych pomieszczeń na jego osobiste modlitwy.

Piotr nie mógł spać tej nocy; więc bardzo wcześnie, zaraz po tym jak Jezus odszedł się modlić, obudził Jakuba i Jana i w trójkę poszli szukać Mistrza. Po ponad godzinie poszukiwań znaleźli Jezusa i błagali go, aby im powiedział przyczynę swego dziwnego postępowania. Chcieli wiedzieć, dlaczego wydawał się być zmartwiony tym potężnym wylewem uzdrawiającego ducha, kiedy wszyscy ludzie byli rozradowani a jego apostołowie tak bardzo się cieszyli.

Przez ponad cztery godziny Jezus próbował wytłumaczyć trzem apostołom, co się stało. Nauczał ich o tym, co się zdarzyło i wyjaśniał im niebezpieczeństwa związane z takimi pokazami. Jezus wyznał im powód swojego oddalania się na modlitwę. Swoim osobistym współpracownikom starał się wyjaśnić rzeczywiste przyczyny, dlaczego królestwa Ojca nie można budować na czynieniu cudów i na cielesnym uzdrawianiu. Ale oni nie potrafili zrozumieć jego nauki.

Tymczasem, wczesnym niedzielnym rankiem kolejne tłumy cierpiących istot zaczęły się zbierać wokół domu Zebedeusza, razem z nimi wielu ciekawskich. Ludzie krzyczeli, że chcą zobaczyć Jezusa. Andrzej i apostołowie byli tak skonfundowani, że kiedy Szymon Zelota przemawiał do zgromadzonych, Andrzej z kilkoma swymi towarzyszami poszli szukać Jezusa. Kiedy Andrzej odnalazł Jezusa w towarzystwie trzech apostołów, powiedział: „Mistrzu, dlaczego zostawiasz nas samych z tym tłumem? Zobacz, wszyscy cię szukają; nigdy przedtem tak wielu nie pragnęło twojej nauki. Nawet teraz, z powodu twych cudów, dom otoczony jest tymi, którzy przybyli z bliska i daleka. Czy nie wrócisz z nami, aby im służyć"?

Słysząc to, Jezus odpowiedział: „Andrzeju, czyż nie nauczałem ciebie i wszystkich innych, że moją misją na Ziemi jest objawienie Ojca a moim posłannictwem głoszenie królestwa nieba? Jak to jest, że chcesz abym odwrócił się od mojej pracy, dla zadowolenia ciekawskich i dla satysfakcji tych, którzy pragną znaków i cudów? Czyż nie przebywaliśmy pośród tych ludzi przez wszystkie te miesiące i czy tłoczyli się taką rzeszą, aby usłyszeć dobrą nowinę królestwa? Dlaczego teraz przychodzą zasypywać nas prośbami? Czy nie jest to raczej z powodu uzdrowienia ich fizycznych ciał niż w wyniku dostrzegania duchowej prawdy dla zbawienia ich dusz? Kiedy ludzie zwracają na nas uwagę z powodu nadzwyczajnych pokazów, wielu z nich nie przychodzi szukać prawdy i zbawienia, ale raczej leczenia ich cielesnych chorób i możliwości uwolnienia się od swych materialnych trudności.

Przez cały ten czas byłem w Kafarnaum, zarówno w synagodze jak i na nabrzeżu, głosząc dobrą nowinę królestwa dla wszystkich, którzy mieli uszy, żeby słuchać i serca, żeby przyjąć prawdę. Nie jest wolą mojego Ojca, abym wrócił z wami i troszczył się o tych ciekawskich i zajmował się służeniem ich sprawom cielesnym, aż do zaniedbania spraw duchowych. Wyświęciłem was, abyście głosili ewangelię i służyli chorym, ale ja nie mogę zajmować się uzdrawianiem, aż do zaniedbania mojej nauki. Nie, Andrzeju, nie wrócę z wami. Idź i powiedz ludziom, aby wierzyli w to, czego ich uczyliśmy i weselili się wolnością synów Bożych; i szykujmy się do odejścia do innych miast Galilei, gdzie droga jest już przygotowana do głoszenia kazań dobrej nowiny królestwa. Po to właśnie przyszedłem od mojego Ojca. Idźcie więc i przygotujcie wszystko do naszego natychmiastowego odejścia, podczas gdy ja zaczekam tutaj na wasz powrót".

Kiedy Jezus skończył, Andrzej i jego koledzy apostołowie, pełni smutku, poszli z powrotem do domu Zebedeusza, odprawili zgromadzoną rzeszę ludzi i tak jak im polecił Jezus, szybko przygotowali się do drogi. I tak, w niedzielne popołudnie, 18 stycznia, roku 28 n.e., Jezus i jego apostołowie wyszli na swoją pierwszą, rzeczywiście publiczną i rozległą turę głoszenia kazań po miastach Galilei. Podczas tej, pierwszej tury, głosili ewangelię królestwa w wielu miastach Galilei, ale nie odwiedzili Nazaretu.

Tego, niedzielnego popołudnia, zaraz po tym jak Jezus i jego apostołowie wyszli do Rimmonu, bracia Jezusa, Jakub i Juda, przyszli spotkać się z nim w domu Zebedeusza. Tego dnia, około południa, Juda odszukał swojego brata Jakuba i nalegał, żeby poszli do Jezusa. Ale Jezus odszedł, zanim Jakub zgodził się iść z Judą.

Apostołowie bez entuzjazmu opuścili to wielkie zainteresowanie, które zrodziło się w Kafarnaum. Piotr obliczał, że nie mniej niż tysiąc wierzących mogłoby przyjąć chrzest królestwa. Jezus słuchał ich cierpliwie, ale nie zgadzał się na powrót. Na jakiś czas zapanowała cisza i wtedy Tomasz, zwracając się do swych kolegów apostołów, powiedział: „Chodźmy! Mistrz tak powiedział. Nie ma znaczenia, jeśli niezupełnie rozumiemy tajemnice królestwa nieba, jedna rzecz jest pewna – idziemy za nauczycielem, który nie szuka chwały dla siebie". I ociągając się poszli, aby w miastach Galilei głosić dobrą nowinę.

PRZEKAZ 146

PIERWSZA TURA GŁOSZENIA KAZAŃ W GALILEI

PIERWSZA publiczna tura głoszenia kazań w Galilei rozpoczęła się w niedzielę, 18 stycznia, roku 28 n.e. i trwała około dwóch miesięcy, a zakończyła się powrotem do Kafarnaum, 17 marca. Podczas tej tury, Jezusowi i dwunastu apostołom pomagali byli apostołowie Jana; głosili ewangelię i chrzcili wiernych w Rimmonie, Jotapacie, Haramie, Zabulonie, Jireon, Giskali, Korazin, Madon, Kanie, Nain i Endorze. W tych miastach mieszkali i nauczali, podczas gdy w innych małych miasteczkach głosili ewangelię królestwa, kiedy przez nie przechodzili.

Po raz pierwszy Jezus pozwolił swym towarzyszom głosić kazania bez ograniczeń. Podczas tej tury ostrzegał ich tylko trzy razy; upomniał, aby trzymali się z dala od Nazaretu i aby byli roztropni podczas przechodzenia przez Kafarnaum i Tyberiadę. Źródłem wielkiej satysfakcji dla apostołów było to, że w końcu poczuli się upoważnieni do głoszenia kazań i nauczania bez ograniczeń, i rzucili się w wir tej pracy głoszenia ewangelii, służenia chorym oraz chrzczenia wiernych z wielką gorliwością i radością.

1. NAUCZANIE W RIMMONIE

Małe miasto Rimmon było kiedyś poświęcone czczeniu babilońskiego boga powietrza, Rammana. Wierzenia mieszkańców Rimmonu zawierały sporo wcześniejszych nauk babilońskich oraz późniejszych nauk zoroastryzmu; dlatego też Jezus i dwudziestu czterech apostołów spędzili sporo czasu na wyjaśnianiu różnicy pomiędzy tymi, starymi wierzeniami a nową ewangelią królestwa. To tutaj Piotr wygłosił jedno z wielkich kazań swej wczesnej działalności, pod tytułem „Aron i złoty cielec".

Aczkolwiek wielu obywateli Rimmonu uwierzyło w naukę Jezusa, w latach późniejszych przysparzali sporo kłopotów swoim braciom. Jest bardzo trudno, podczas krótkiego trwania jednego życia, przemienić czcicieli przyrody w doskonałą wspólnotę, wielbiącą duchowy ideał.

Wiele lepszych babilońskich i perskich idei, światła i ciemności, dobra i zła, czasu i wieczności, dołączono później do doktryn tak zwanego chrześcijaństwa i to właśnie sprawiło, że nauczanie chrześcijańskie stało się łatwiejsze do przyjęcia dla narodów Bliskiego Wschodu. Tak samo załączenie wielu teorii Platona, o idealnym duchu czy niewidzialnych formach wszystkich rzeczy widzialnych i materialnych, jak zostały one później przystosowane przez Filona do hebrajskiej teologii, sprawiło, że chrześcijańskie nauki Pawła były łatwiejsze do przyjęcia dla zachodnich Greków.

To właśnie w Rimmonie, Todan po raz pierwszy słyszał ewangelię królestwa i później poniósł to posłanie do Mezopotamii i jeszcze dalej. Był on jednym z pierwszych, którzy głosili dobrą nowinę tym, którzy mieszkali za Eufratem.

2. W JOTAPACIE

Podczas gdy zwykli ludzie w Jotapacie z radością słuchali Jezusa i jego apostołów i wielu z nich przyjęło ewangelię królestwa, znamienną cechą misji w Jotapacie była rozprawa Jezusa, wygłoszona dla dwudziestu czterech apostołów podczas drugiego wieczora ich pobytu w tym małym miasteczku. Nataniel był skonfundowany naukami Jezusa, dotyczącymi modlitwy, dziękczynienia i czczenia; odpowiadając na jego pytanie, Jezus wygłosił dodatkowe, obszerniejsze wyjaśnienie swej nauki. Podsumowując, można przedstawić tę rozprawę w nowoczesnej frazeologii, z zaakcentowaniem następujących punktów:

1. Świadome i długotrwałe poważanie nikczemności w sercu człowieka niszczy stopniowo modlitewną łączność duszy ludzkiej z obwodami ducha, którymi człowiek komunikuje się ze swym Stwórcą. Oczywiście Bóg słyszy prośby swojego dziecka, ale kiedy ludzkie serce rozmyślnie i wytrwale żywi koncepcje nikczemności, następuje stopniowy zanik osobistej wspólnoty pomiędzy ziemskim dzieckiem a jego niebiańskim Ojcem.

2. Modlitwa, która jest sprzeczna ze znanymi i ustanowionymi prawami Boga, jest obrzydliwością dla Rajskich Bóstw. Jeśli człowiek nie słucha Bogów, jak mówią do stworzonych prawami ducha, umysłu i materii, ten właśnie akt rozmyślnej i świadomej pogardy stworzonego odwraca uszy duchowych osobowości od słuchania osobistych próśb, przedkładanych przez takich, nie szanujących prawa i nieposłusznych śmiertelników. Jezus cytował swoim apostołom z proroka Zachariasza: „Lecz oni nie chcieli usłuchać, odwrócili się do mnie plecami i zatkali uszy, aby nie słyszeć. Serca ich stały się twarde jak diament – nie zwracali uwagi na Prawo i na słowa, które im posłałem przez mojego ducha do proroków; przeto na skutek ich złych myśli wielki gniew spadł na ich winne głowy. Stało się tak, że wołali o miłosierdzie, ale nie było otwartego ucha, żeby ich słuchać". I wtedy Jezus zacytował przysłowie mędrca, który powiedział: „Kto ucho odwraca, aby Boskiego prawa nie słyszeć, tego nawet modlitwa jest wstrętna".

3. Poprzez otwarcie ludzkiego końca kanału komunikacji Bóg-człowiek, śmiertelnicy natychmiast dostają nieustannie płynący strumień Boskiej opieki, przeznaczonej dla istot ze światów. Kiedy człowiek słyszy, jak duch Boży mówi w sercu ludzkim, nieodłączne takiemu przeżyciu jest to, że Bóg równocześnie słyszy modlitwę tego człowieka. Również przebaczanie grzechów funkcjonuje według tego samego, nieomylnego modelu. Ojciec w niebie wybaczył wam, zanim jeszcze pomyśleliście, aby go o to prosić, ale takie przebaczenie nie jest ważne w waszym osobistym doświadczeniu religijnym do tego czasu, aż wy przebaczycie waszym współbraciom ludziom. Przebaczenie Boże, jako *fakt,* nie jest uwarunkowane waszym przebaczaniem współbraciom, ale w *doświadczeniu* jest ono tak właśnie uwarunkowane. I ten fakt synchronizacji Boskiego i ludzkiego przebaczania został uwzględniony i razem połączony w modlitwie, której Jezus nauczał apostołów.

4. Istnieje zasadnicze prawo sprawiedliwości we wszechświecie, którego miłosierdzie nie może obejść. Altruistycznych glorii Raju nie mogą przyjąć całkowicie samolubne istoty z domen czasu i przestrzeni. Nawet nieograniczona miłość Boża nie może wymusić zbawienia, wiecznego życia, na jakiejkolwiek śmiertelnej istocie, która nie zdecyduje się na to życie. Istnieje wielka szczodrość w obdarzaniu miłosierdziem, ale istnieją również nakazy sprawiedliwości, których nawet miłość połączona z miłosierdziem nie może skutecznie anulować. Znowu Jezus przytoczył cytat z hebrajskiego Pisma Świętego: „Wołałem, ale wy nie słuchaliście; rękę podałem, ale nikt nie zważał. Gardziliście każdą mą radą, nie chcieliście moich upomnień i z powodu tej waszej, buntowniczej postawy, nieuniknione będzie, że wzywać mnie będziecie i nie dostaniecie odpowiedzi. Odrzuciwszy drogę życia, możecie usilnie mnie szukać w czasach waszego utrapienia, ale mnie nie znajdziecie".

5. Ci, którzy chcieliby otrzymać miłosierdzie, muszą okazać miłosierdzie; nie sądźcie abyście nie byli sądzeni. Bo takim duchem, jakim wy sądzicie innych i was sądzić będą. Miłosierdzie niezupełnie uchyla sprawiedliwość wszechświata. Na koniec okaże się prawdą: „Kto uszy zatyka na krzyk ubogiego, sam kiedyś będzie wołał o pomoc, ale nikt go nie usłyszy". Szczerość każdej modlitwy daje tę gwarancję, że będzie ona wysłuchana; duchowa mądrość i wszechświatowa logiczność jakiejkolwiek prośby decyduje o czasie, sposobie i stopniu odpowiedzi. Mądry ojciec nie odpowie *dosłownie* na głupie modlitwy swoich nieświadomych i niedoświadczonych dzieci, aczkolwiek dzieci mogą mieć dużo przyjemności i prawdziwej duchowej satysfakcji z przedkładania tak absurdalnych próśb.

6. Kiedy całkowicie poświęcicie się czynieniu woli Ojca w niebie, odpowiedź będzie przychodzić na wszystkie wasze prośby, ponieważ wasze modlitwy będą w pełni zgodne z wolą Ojca, a wola Ojca zawsze objawia się w całym jego rozległym wszechświecie. To, czego prawdziwy syn pragnie, a nieskończony Ojciec chce, JEST. Taka modlitwa nie może pozostać bez odpowiedzi a żaden inny rodzaj prośby nie może dostać pełnej odpowiedzi.

7. Wołanie o prawość jest aktem wiary dziecka Bożego, który otwiera drzwi ojcowskiej skarbnicy dobroci, prawdy i miłosierdzia a te dobre dary długo czekały, aż syn po nie sięgnie i wejdzie w ich osobiste posiadanie. Modlitwa nie zmienia Boskiej postawy wobec człowieka, ale zmienia postawę człowieka w stosunku do niezmiennego Ojca. Prawdziwą drogę do Boskiego ucha daje *motyw* modlitwy a nie społeczny, ekonomiczny, czy religijny status modlącego się.

8. Modlitwy nie mozna używać do unikania opóźnień czasu czy przekraczania ograniczeń przestrzeni. Modlitwa nie może być metodą wzbogacania się czy zdobywania niesłusznej przewagi nad swoimi współbraćmi. Całkowicie samolubna dusza nie może się modlić w prawdziwym tego słowa znaczeniu. Powiedział Jezus: „Niech charakter Boży sprawia wam najwyższą radość a on na pewno podaruje wam to, czego szczerze pragną wasze serca". „Panu powierz swoją drogę; uwierz w niego, a on będzie działał". „Gdyż Pan słyszy wołanie potrzebującego i ma wzgląd na modlitwę ubogiego".

9. „Przyszedłem od mojego Ojca; jeśli zatem kiedykolwiek macie wątpliwość, o co macie prosić Ojca, proście w moim imieniu a ja przedstawię waszą prośbę odpowiednio

z waszymi rzeczywistymi potrzebami i pragnieniami i zgodnie z wolą mojego Ojca". W waszych modlitwach strzeżcie się przed wielkim niebezpieczeństwem egocentryzmu. Unikajcie modlenia się zbytnio za samych siebie; módlcie się bardziej o duchowy postęp swoich braci. Unikajcie modlitw materialistycznych; módlcie się w duchu i o obfitość darów ducha.

10. Kiedy modlicie się za chorych i cierpiących, nie oczekujcie tego, że wasze prośby zastąpią miłosierną i inteligentną opiekę, zaspokajającą potrzeby tych cierpiących. Módlcie się o powodzenie dla waszych rodzin, przyjaciół i kolegów, ale módlcie się zwłaszcza za tych, którzy was przeklinają i proście z miłością za tych, którzy was prześladują. „Ale ja wam nie powiem, kiedy należy się modlić. Tylko duch, który mieszka w was, może was pobudzić do wyrażenia tych próśb, które są wyrazem waszego wewnętrznego związku z Ojcem duchów".

11. Wielu ucieka się do modlitwy tylko wtedy, kiedy są w tarapatach. Taki zwyczaj jest bezmyślny i zwodniczy. Prawda, dobrze, że się modlicie, kiedy coś was nęka, ale powinniście także pamiętać, aby rozmawiać z waszym Ojcem nawet wtedy, kiedy wszystko układa się dobrze z waszymi duszami. Niech wasze rzeczywiste prośby na zawsze zostaną tajemnicą. Niech nikt nie słyszy waszych osobistych próśb. Modlitwy dziękczynne są stosowne dla grup czcicieli, ale modlitwa duszy jest sprawą osobistą. Jest jedna forma modlitwy, która jest odpowiednia dla wszystkich dzieci Bożych i jest nią: „Mimo wszystko, niech się stanie twoja wola".

12. Wszyscy wierzący w tę ewangelię powinni szczerze się modlić o szerzenie się królestwa nieba. Jezus, mówiąc o modlitwach z hebrajskiego Pisma Świętego, z najwyższym uznaniem wyrażał się o prośbie psalmisty: „Stwórz, o Boże, we mnie serce czyste i ducha prawego odnów we mnie. Oczyść mnie z tajemnych błędów ustrzeż sługę swego od zuchwałych wykroczeń". Jezus długo omawiał stosunek modlitwy do beztroskiej i obraźliwej przemowy, cytując: „Postaw, Panie straż moim ustom i wartę przy bramie warg moich". „Ludzki język", powiedział Jezus, „jest członkiem ciała, który niewielu potrafi poskromić, ale duch wewnętrzny może przekształcić ten nieposkromiony język w życzliwy głos tolerancji i inspirującego posła miłosierdzia".

13. Jezus nauczał, że modlitwa o Boskie przewodnictwo na ziemskiej drodze życia jest następną co do ważności prośbą, po poznawaniu woli Ojca. W rzeczywistości jest to modlitwa o Boską mądrość. Jezus nigdy nie nauczał, że ludzką wiedzę i specjalne zdolności można nabyć za pomocą modlitwy. Nauczał jednak, że modlitwa jest czynnikiem poszerzającym zdolność przyjmowania obecności Boskiego ducha. Kiedy Jezus nauczał swoich towarzyszy modlić się w duchu i w prawdzie, wytłumaczył, że odnosi się to do modlitwy szczerej i zgodnej z czyjąś wiedzą, modlitwy z całego serca, mądrej, żarliwej i niezłomnej.

14. Jezus ostrzegał swoich wyznawców, aby nie myśleli, że ich modlitwy będą przedkładane skuteczniej dzięki ozdobnym repetycjom, elokwentnej frazeologii, postowi, *pokucie czy ofiarom*. Napominał jednak swoich wyznawców, aby traktowali modlitwę jako środek prowadzący, przez dziękczynienie, do prawdziwego czczenia. Jezus ubolewał, że tak mało ducha dziękczynienia znaleźć można było w modlitwach i czczeniu jego wyznawców. Cytował przy tej okazji Pismo: „Dobrze jest dziękować Panu i

śpiewać imieniu twemu, o Najwyższy, każdego rana głosić jego miłosierną łaskawość a jego wierność każdej nocy, bo Bóg rozradował mnie czynami swymi. Za wszystko będę dziękował zgodnie z wolą Bożą".

15. Potem Jezus powiedział: „Nie troszczcie się nieustannie i zbytnio o wasze powszednie potrzeby. Nie obawiajcie się problemów waszej ziemskiej egzystencji, ale we wszystkich tych sprawach, poprzez modlitwę i prośbę, w duchu szczerego dziękczynienia pozwólcie wyłożyć wasze potrzeby Ojcu, który jest w niebie". Potem zacytował z Pisma: „Wysławiać będę pieśnią imię Boże i dziękczynieniem będę je wielbił. A będzie to milsze Panu niż ofiara z wołu, niż byczek z rogami i racicami".

16. Jezus nauczał swoich zwolenników, że kiedy już przedstawili swoje modlitwy Ojcu, powinni jeszcze przez jakiś czas pozostać w milczącej chłonności umysłu, aby zamieszkującemu ich duchowi dać lepszą sposobność przemówienia do słuchającej go duszy. Duch Ojca najlepiej przemawia do człowieka wtedy, kiedy umysł ludzki przyjmuje postawę prawdziwego czczenia. Czcimy Boga dzięki pomocy zamieszkującego nas ducha Ojca i dzięki oświeceniu ludzkiego umysłu, w wyniku działania służby prawdy. Czczenie, jak nauczał Jezus, upodabnia nas samych coraz bardziej do tej istoty, którą czcimy. Czczenie jest przeżyciem przekształcającym, za pomocą którego skończony stopniowo zbliża się do Nieskończonego i ostatecznie dostępuje jego obecności.

I wiele innych prawd o wspólnocie człowieka z Bogiem mówił Jezus swoim apostołom, ale wielu z nich nie potrafiło w pełni zrozumieć jego nauczania.

3. POSTÓJ W HARAMIE

W Haramie Jezus prowadził pamiętną dyskusję z sędziwym filozofem greckim, który twierdził, że nauka i filozofia wystarczają dla zaspokojenia potrzeb ludzkiego doświadczenia. Jezus z cierpliwością i zrozumieniem wysłuchał greckiego nauczyciela, przyznając mu rację w wielu omawianych sprawach, ale kiedy Grek skończył, zwrócił mu uwagę, że nie udało mu się podczas omawiania ludzkiej egzystencji wytłumaczyć „skąd, dlaczego i dokąd" i dodał: „Zaczniemy tam, gdzie skończyłeś. Religia jest objawieniem dla duszy ludzkiej, mającym do czynienia z rzeczywistościami duchowymi, których sam umysł nigdy nie mógłby odkryć czy w pełni zgłębić. Intelektualne wysiłki mogą ujawnić fakty życiowe, ale ewangelia królestwa odsłania *prawdy* bytu. Mówiłeś o materialnych cieniach prawdy; czy zechcesz posłuchać, kiedy ja ci opowiem o wiecznych, duchowych rzeczywistościach, które rzucają te przemijające, czasowe cienie materialnych faktów śmiertelnej egzystencji?". Ponad godzinę Jezus nauczał Greka zbawczych prawd ewangelii królestwa. Na starego filozofa wpływ wywarł sposób, w jaki Mistrz przedstawiał sprawy a będąc szczery i uczciwy w sercu, szybko uwierzył w ewangelię zbawienia.

Apostołów trochę niepokoiła nieukrywana akceptacja Jezusa dla wielu twierdzeń Greka, ale później, prywatnie, Jezus powiedział im: „Moje dzieci, nie dziwcie się, że byłem tolerancyjny dla filozofii Greka. Prawdziwa i autentyczna pewność wewnętrzna w najmniejszym stopniu nie obawia się zewnętrznej analizy, tak samo prawda nie obraża się z powodu uczciwej krytyki. Nie powinniście nigdy zapominać, że nietolerancja jest maską, pokrywającą skryte wątpliwości odnośnie prawdziwości swoich własnych wierzeń. Nikogo nigdy nie niepokoi postawa bliźniego, kiedy raz całkowicie zaufał prawdzie, w którą szczerze wierzy. Odwaga jest pewnością dogłębnej uczciwości, gdy idzie o te sprawy, w które ktoś twierdzi, że wierzy. Szczerzy ludzie nigdy nie obawiają się krytycznego przeglądu ich prawdziwych przekonań i szlachetnych ideałów.

Drugiego wieczora w Haramie, Tomasz zadał Jezusowi pytanie: „Mistrzu, jak ten, który świeżo uwierzył w twoją naukę, rzeczywiście wie, rzeczywiście jest przekonany, o prawdzie ewangelii królestwa?".

I Jezus odpowiedział Tomaszowi: „Twoja pewność, że wszedłeś do rodziny Ojca w królestwie i że będziesz żył wiecznie z dziećmi królestwa, jest całkowicie sprawą osobistego doznania – wiary w słowo prawdy. Duchowa pewność jest równoznaczna z twoim osobistym, religijnym doświadczaniem wiecznych rzeczywistości boskiej prawdy i skądinąd równa jest twojemu inteligentnemu zrozumieniu prawdziwych rzeczywistości, z dodaniem duchowej wiary i z odjęciem twoich uczciwych wątpliwości.

Syn jest naturalnie obdarzony życiem Ojca. Dlatego wy, będąc obdarzeni przez żywego ducha Ojca, jesteście synami Boga. Będziecie mieć życie po życiu w materialnym świecie ciała, ponieważ utożsamiacie się z żywym duchem Ojca, z darem wiecznego życia. Wielu zaprawdę miało to życie, zanim ja przyszedłem od Ojca, a znacznie więcej otrzymało tego ducha, ponieważ uwierzyli memu słowu; ale oświadczam, że kiedy wrócę do Ojca, on ześle swojego ducha w serca wszystkich ludzi.

Chociaż nie możecie dostrzec Boskiego ducha, jak działa w waszych umysłach, istnieje praktyczna metoda odkrycia, w jakim stopniu przekazaliście kontrolę nad mocami waszej duszy nauczaniu i kierownictwu zamieszkującego was ducha niebiańskiego Ojca, a jest nią stopień waszej miłości do współbraci ludzi. Duch Ojca ma udział w miłości Ojca i kiedy panuje nad ludźmi, niezawodnie prowadzi ich w kierunku Boskiej czci i przepełnionego miłością szacunku dla współbraci. Z początku uwierzyliście, że jesteście synami Boga, ponieważ moja nauka lepiej wam uświadomiła wewnętrzne przewodnictwo zamieszkującej was obecności naszego Ojca; ale wkrótce Duch Prawdy będzie wylany na wszystkich w ciele i będzie żył pośród wszystkich ludzi i będzie nauczał wszystkich ludzi, tak jak ja teraz żyję pośród was i mówię wam te słowa prawdy. I ten Duch Prawdy, przemawiający do duchowych fundamentów waszych dusz, pomoże wam rozpoznać, że jesteście synami Boga. Będzie niezawodnie świadczył wraz z waszym duchem, zamieszkującą was obecnością Ojca – który zamieszka wtedy wszystkich ludzi tak jak teraz mieszka w niektórych – i będzie wam mówił, że naprawdę jesteście synami Boga".

Każde ziemskie dziecko, które podąża za przewodnictwem tego ducha, pozna w końcu wolę Boga a ten, kto podda się woli mojego Ojca, będzie żyć wiecznie. Nie wyrównano wam drogi z ziemskiego życia do stanu wiecznego, ale jest droga, zawsze była, a ja przyszedłem tę drogę odnowić i ożywić. Ten, który wszedł do królestwa, już teraz ma życie wieczne – nigdy nie zginie. Ale większość tego, co mówię, lepiej rozumieć będziecie, kiedy wrócę do Ojca i będziecie mogli z perspektywy popatrzeć na wasze obecne doświadczenia".

I wszyscy ci, którzy słyszeli te błogosławione słowa, ucieszyli się bardzo. Żydowskie nauki były pogmatwane i niepewne w sprawach wiecznego życia sprawiedliwych a dla wyznawców Jezusa było pokrzepiające i inspirujące usłyszeć tak wyraźne i konkretne słowa rękojmi wiecznego życia, dla wszystkich prawdziwie wierzących.

Apostołowie nadal głosili kazania i chrzcili wiernych, nie zaniedbując zwyczaju odwiedzania domu za domem, pocieszania przygnębionych i służenia chorym oraz cierpiącym. Apostolska organizacja ukształtowała się w ten sposób, że każdy z apostołów Jezusa miał teraz za współpracownika jednego z apostołów Jana; Abner był współpracownikiem Andrzeja i taki system utrzymywał się aż do tego czasu, kiedy poszli do Jerozolimy na następną Paschę.

Specjalne nauki, jakich udzielał Jezus podczas pobytu w Zabulonie, polegały głównie na dalszym omawianiu wzajemnych powinności królestwa i obejmowały nauczanie, które miało na celu wyjaśnienie różnicy pomiędzy osobistymi przeżyciami religijnymi a społecznymi obowiązkami religijnymi. Był to jeden z tych nielicznych przypadków, kiedy Mistrz omawiał społeczne aspekty religii. Podczas całego swego ziemskiego życia, Jezus dał swoim zwolennikom bardzo mało nauk nawiązujących do uspołecznienia religii.

W Zabulonie mieszkali ludzie mieszanej narodowości, trudno określić Żydzi czy nie-Żydzi, kilku z nich rzeczywiście uwierzyło w Jezusa, jednakże słyszeli oni o uzdrowieniu chorych w Kafarnaum.

4. GŁOSZENIE EWANGELII W JIREON

W Jireon, tak jak i w wielu innych, nawet mniejszych miastach Galilei czy Judei, znajdowała się synagoga a we wcześniejszym okresie działalności Jezusa było jego zwyczajem przemawiać w synagogach w dzień szabatu. Czasem przemawiał podczas rannego nabożeństwa a Piotr czy jakiś inny apostoł głosili kazanie w godzinach popołudniowych. Jezus i apostołowie często również nauczali i głosili kazania w dni powszednie, na zgromadzeniach wieczornych w synagodze. Aczkolwiek przywódcy religijni w Jerozolimie przejawiali coraz większą wrogość wobec Jezusa, nie sprawowali bezpośredniej kontroli nad synagogami poza miastem. Taka sytuacja utrzymywała się aż do późnego okresu służby publicznej Jezusa, kiedy to przywódcy ci zdołali wytworzyć tak powszechne nastawianie przeciw niemu, że doprowadziło to do niemal powszechnego zamknięcia synagog dla nauki Jezusa. Teraz jednak wszystkie synagogi w Galilei i Judei były dla niego otwarte.

W tamtych czasach na terenie Jireon znajdowało się wiele kopalń minerałów a ponieważ Jezus nigdy nie prowadził życia górnika, większość swego pobytu w Jireon spędził w kopalniach. Kiedy apostołowie odwiedzali domy i głosili kazania w miejscach publicznych, Jezus pracował w kopalniach z podziemnymi robotnikami. Sława Jezusa, jako uzdrowiciela, dotarła nawet do tego, oddalonego miasteczka i wielu chorych i cierpiących oczekiwało pomocy z jego rąk i sporo tych ludzi w znacznym stopniu skorzystało z jego uzdrowicielskich posług. Jednak w żadnym z takich przypadków Mistrz nie dokonał tak zwanego cudu, za wyjątkiem trędowatego.

Trzeciego dnia pobytu w Jireon, późnym popołudniem, gdy Jezus wracał z kopalni, przypadkiem szedł do miejsca swego zakwaterowania wąską, boczną uliczką. Kiedy się zbliżał do nędznej rudery, pewien cierpiący, trędowaty, słysząc o jego sławie uzdrowiciela ośmielił się go zaczepić, kiedy Jezus mijał jego drzwi i klękając przed nim, powiedział: „Panie, jeśli chcesz, możesz mnie oczyścić. Słyszałem posłanie twoich nauczycieli i chciałbym wejść do królestwa, gdybym był oczyszczony". Trędowaty mówił do niego w ten sposób, ponieważ u Żydów zabroniono trędowatym nawet chodzić do synagogi czy skądinąd angażować się w publiczne praktyki religijne. Człowiek ten rzeczywiście wierzył, że nie może zostać przyjęty do nadchodzącego królestwa, jeśli nie znajdzie sposobu wyleczenia swego trądu. A kiedy Jezus ujrzał jego cierpienie i usłyszał jego słowa, kurczowo trzymające się wiary, dotknęło to jego ludzkiego serca i poruszyło współczuciem jego Boski umysł. Człowiek ten upadł na twarz i modlił się, gdy Jezus przypatrywał się jemu. Potem Jezus wyciągnął rękę, dotknął go i rzekł: „Chcę – bądź oczyszczony". I natychmiast człowiek ten został uzdrowiony; już nie był dotknięty trądem.

Kiedy Jezus postawił na nogi tego człowieka, nakazał mu: „Słuchaj, nikomu nie mów o uzdrowieniu, ale raczej cicho załatwiaj swoje sprawy, pokaż się kapłanowi i złóż ofiarę, jaką nakazał Mojżesz na świadectwo twego oczyszczenia". Ale człowiek ten nie zrobił tego, co mu Jezus kazał. Zamiast tego, zaczął rozgłaszać na wszystkie strony, na całą miejscowość, że Jezus wyleczył go z trądu a ponieważ znano go w całym miasteczku, ludzie wyraźnie widzieli, że jest oczyszczony z choroby. Nie poszedł do kapłanów, jak mu nakazał Jezus. Gdy się rozeszła wieść o tym uzdrowieniu, Mistrz znalazł się w takim tłumie chorych, że był zmuszony wstać następnego dnia wcześniej i opuścić miasteczko. Aczkolwiek Jezus nie wrócił do miasta, pozostał dwa dni na jego peryferiach, w pobliżu kopalń, dalej nauczając wierzących górników ewangelii królestwa.

Oczyszczenie z trądu było pierwszym tak zwanym cudem, którego Jezus dokonał rozmyślnie i celowo. A to był przypadek prawdziwego trądu.

Z Jireon poszli do Giskali, spędzili tam dwa dni i głosili ewangelię a potem wyruszyli do Korazin, gdzie spędzili prawie dwa tygodnie, głosząc dobrą nowinę; jednak w Korazin nie mogli pozyskać wielu zwolenników królestwa. W żadnym innym miejscu, gdzie Jezus nauczał, nie spotkał się on z tak powszechnym odrzuceniem jego orędzia. Pobyt w Korazin był bardzo przygnębiający dla większości apostołów i Andrzej, jak również Abner, mieli wiele problemów z dodawaniem otuchy swoim współpracownikom. I tak, przechodząc po cichu przez Kafarnaum, weszli do wioski Madon, gdzie poszło im nieco lepiej. Większość apostołów była tego zdania, że brak sukcesu w miastach tak niedawno przez nich odwiedzonych spowodowany był naleganiem Jezusa, aby podczas nauczania i kaznodziejstwa nie wspominali o nim jako o uzdrowicielu. Jak bardzo chcieli, żeby uzdrowił następnego trędowatego czy w jakiś inny sposób objawił swoją moc, aby przyciągnąć ludzką uwagę! Ale Mistrz pozostawał niewzruszony wobec ich gorliwych nalegań.

5. ZNOWU W KANIE

Apostolska grupa bardzo się ucieszyła, kiedy Jezus ogłosił: „Jutro idziemy do Kany". Wiedzieli, że w Kanie będą ich słuchać życzliwie, gdyż dobrze tam znano Jezusa. Dobrze im szła praca pozyskiwania ludzi dla królestwa, kiedy w trzecim dniu ich pobytu przybył do Kany pewien znaczący obywatel Kafarnaum, Tytus, który częściowo wierzył a którego syn był ciężko chory. Usłyszał on, że Jezus jest w Kanie, więc pośpieszył tam, aby się z nim zobaczyć. Wierni z Kafarnaum uważali, że Jezus może wyleczyć każdą chorobę.

Kiedy ten arystokrata odszukał Jezusa w Kanie, błagał go, aby pośpieszył do Kafarnaum i uzdrowił jego chorego syna. Kiedy apostołowie stali obok, bez tchu, w oczekiwaniu, Jezus, patrząc na ojca chorego chłopca, powiedział: „Jak długo jeszcze będę was znosił? Moc Boża jest pośród was, ale zanim nie zobaczycie znaków i nie ujrzycie cudów, nie chcecie uwierzyć". Ale arystokrata błagał Jezusa: „Mój Panie, ja wierzę, ale przyjdź zanim umrze moje dziecko, ponieważ kiedy go opuszczałem, stał właśnie na progu śmierci". I kiedy Jezus na chwilę skłonił głowę w cichej medytacji, niespodziewanie powiedział: „Idź do domu; twój syn będzie żył". Tytus uwierzył słowom Jezusa i pośpieszył z powrotem do Kafarnaum. A kiedy wracał, słudzy wyszli mu naprzeciw i powiedzieli: „Wesel się, gdyż synowi twemu się poprawiło – żyje". Wtedy Tytus ich zapytał, o której godzinie chłopcu zaczęło się poprawiać i kiedy służący odpowiedział „wczoraj, około siódmej gorączka go opuściła", ojciec przypomniał sobie, że mniej więcej o tej godzinie Jezus powiedział: „Twój syn będzie żył". I odtąd Tytus uwierzył całym sercem i jego rodzina także uwierzyła. Syn jego został wspaniałym sługą królestwa a później oddał swe życie wraz z tymi, którzy cierpieli w Rzymie. Nie był to cud, chociaż cała rodzina Tytusa, jego przyjaciele jak również apostołowie uznali to wydarzenie za cud. Przynajmniej nie był to cud wyleczenia choroby cielesnej. Był to po prostu przypadek znajomości przyszłości odnośnie biegu praw przyrody, takiej wiedzy, do której Jezus często się uciekał po swoim chrzcie.

Znowu Jezus zmuszony był w pośpiechu opuścić Kanę z powodu nadmiernej uwagi rozbudzonej drugim tego rodzaju wydarzeniem, związanym z jego służbą w tej wiosce. Mieszkańcy pamiętali wodę i wino i teraz, kiedy Jezus domniemanie uzdrowił syna człowieka wielkiego rodu na tak wielką odległość, przychodzili do niego, nie tylko przynosząc chorych i cierpiących, ale przysyłając posłańców proszących, żeby uzdrowił chorych na odległość. I kiedy Jezus zobaczył, że cała okolica jest poruszona, powiedział: „Chodźmy do Nain".

6. NAIN I SYN WDOWY

Ci ludzie wierzyli w znaki, było to żądne cudów pokolenie. W tym okresie, w centralnej i południowej Galilei ludzie oczekiwali cudów, gdy dotyczyło to Jezusa i jego służby indywidualnej. Dziesiątki, setki uczciwych ludzi, cierpiących na zwykły rozstrój nerwowy oraz dotkniętych zaburzeniami emocjonalnymi, przyszło przed oblicze Jezusa a potem wróciło do domu, do przyjaciół, głosząc, że Jezus ich wyleczył. Takie przypadki mentalnego wyleczenia ci nieświadomi i naiwni ludzie traktowali jak wyleczenie cielesne, cudowne uzdrowienie.

Kiedy Jezus wychodził z Kany, idąc do Nain, szła za nim wielka rzesza wierzących i wielu ciekawskich. Przyciągały ich widzialne cuda i dziwy i nie dane im było się rozczarować. Gdy Jezus i apostołowie zbliżali się do bramy miejskiej, spotkali kondukt pogrzebowy, idący na pobliski cmentarz, niosący jedynego syna owdowiałej matki z Nain. Kobieta ta była bardzo szanowana i połowa mieszkańców miasteczka szła za żałobnikami, niosącymi na marach tego, rzekomo zmarłego chłopca. Kiedy kondukt żałobny zbliżył się do Jezusa i jego wyznawców, wdowa i jej przyjaciele rozpoznali Mistrza i błagali go, aby przywrócił synowi życie. Ich pragnienie cudów dochodziło do takich poziomów, że myśleli, iż Jezus może wyleczyć każdą ludzką chorobę i dlaczego taki uzdrowiciel nie mógłby również wskrzesić zmarłego? Gdy Jezus był w ten sposób nagabywany, podszedł i podnosząc pokrycie mar obejrzał chłopca. Zauważył, że młody człowiek naprawdę nie umarł i uświadomił sobie, jakiej tragedii mogła zapobiec jego obecność; więc zwracając się do matki, powiedział: „Nie płacz. Twój syn nie umarł, on śpi. Będzie ci przywrócony". A potem, biorąc za rękę młodego człowieka, powiedział:

„Obudź się i wstań". I młodzieniec, który rzekomo był martwy, zaraz usiadł i zaczął mówić a Jezus odesłał wszystkich z powrotem do ich domów.

Jezus próbował uspokoić tłum i daremnie starał się tłumaczyć, że młodzieniec naprawdę nie umarł, że on go nie wskrzesił, ale to było bezcelowe. Tłum, który szedł za nim i całe miasteczko Nain opanowani zostali najwyższym stopniem emocjonalnego szaleństwa. Wielu zdjął strach, innych panika, podczas gdy jeszcze inni upadli, żeby się modlić i opłakiwać swe grzechy. I dopiero długo po zmierzchu ten rozwrzeszczany tłum udało się odprawić. I oczywiście, nie zważając na oświadczenie Jezusa, że chłopiec nie umarł, wszyscy się upierali, że dokonał się cud, że to zmarły zmartwychwstał. Aczkolwiek Jezus im mówił, że chłopiec po prostu głęboko spał, wytłumaczyli sobie, że zazwyczaj tak mówi i zwrócili uwagę na to, że zawsze z wielką skromnością stara się ukryć swoje cuda.

I tak wiadomość ta rozniosła się szeroko po Galilei, aż do Judei, że Jezus wskrzesił syna wdowy a wielu z tych, którzy słyszeli tę opowieść, wierzyli w nią. Nigdy Jezusowi nie udało się wytłumaczyć, nawet wszystkim jego apostołom, że syn wdowy naprawdę nie był martwy, kiedy on kazał mu zbudzić się i wstać. Jednak na apostołów Jezus wpłynął w takim stopniu, że nie znalazło się to we wszystkich późniejszych zapisach, za wyjątkiem Łukasza, który zapisał to tak, jak mu to zdarzenie opowiedziano. I znowu Jezus był tak bardzo oblegany, jako lekarz, że wcześnie następnego dnia odszedł do Endoru.

7. W ENDORZE

Do Endoru Jezus uciekł na kilka dni od wrzeszczącego tłumu, pragnącego cielesnego leczenia. W czasie pobytu w tym miejscu, Mistrz, dla pouczenia apostołów, opowiedział im historię króla Saula i czarownicy z Endoru. Jezus wyraźnie oświadczył swoim apostołom, że błądzący i zbuntowani pośredni, którzy częstokroć grali rolę rzekomych duchów zmarłych, wkrótce będą wzięci w karby, tak, aby nie mogli więcej robić tych niesamowitych rzeczy. Powiedział swym uczniom, że jak wróci do Ojca i po tym, jak razem wyleją swego ducha na wszystkich w ciele, nie będą już takie częściowo duchowe istoty – tak zwane nieczyste duchy – panować nad ograniczonymi umysłowo i złośliwymi śmiertelnikami.

Następnie Jezus tłumaczył swoim apostołom, że duchy zmarłych istot ludzkich nie wracają do świata, skąd pochodzą, aby komunikować się ze swymi żyjącymi bliźnimi. Tylko po zakończeniu epokowego systemu sprawiedliwości, zaawansowany duch człowieka może wrócić na Ziemię i wtedy również w wyjątkowych przypadkach, oraz jako część duchowej administracji planety.

Kiedy dwa dni odpoczęli, Jezus powiedział swoim apostołom: „Jutro wrócimy do Kafarnaum, aby nauczać i czekać, aż okolica się uspokoi. Przez ten czas otrząsną się trochę w domach po tego rodzaju emocjach".

PRZEKAZ 147

KRÓTKA WIZYTA W JEROZOLIMIE

JEZUS i apostołowie przybyli do Kafarnaum w środę, 17 marca i spędzili tam dwa tygodnie w swej głównej siedzibie w Betsaidzie, zanim wyruszyli do Jerozolimy. Przez te dwa tygodnie apostołowie nauczali ludzi nad brzegiem jeziora, Jezus natomiast spędził większość tego czasu samotnie w górach, zajmując się sprawami Ojca. W tym czasie Jezus, w towarzystwie Jakuba i Jana Zebedeusza, odbył dwie tajemne podróże do Tyberiady, gdzie spotkali się z wierzącymi, których nauczali ewangelii królestwa.

Wielu domowników Heroda wierzyło w Jezusa i brało udział w tych spotkaniach. To właśnie wpływ tych wierzących, w oficjalnej rodzinie Heroda, pomógł zmniejszyć wrogość tego władcy wobec Jezusa. Ci wierzący w Tyberiadzie wytłumaczyli dokładnie Herodowi, że „królestwo", które głosi Jezus, jest natury duchowej i nie jest to sprawa polityczna. Herod raczej wierzył swoim domownikom, dlatego też nie niepokoił się zbytnio z powodu szerzących się wieści o Jezusowym nauczaniu i uzdrawianiu. Nie sprzeciwiał się działalności Jezusa w charakterze uzdrowiciela czy nauczyciela religijnego. Pomimo życzliwego stosunku do Jezusa wielu doradców Heroda a nawet samego Heroda, istniała wśród jego podwładnych grupa, która pozostawała pod tak silnym wpływem religijnych przywódców z Jerozolimy, że byli oni zaciekłymi i groźnymi wrogami Jezusa i apostołów a później zrobili wiele, aby utrudniać ich działalność publiczną. Największe niebezpieczeństwo zagrażało Jezusowi ze strony przywódców religijnych z Jerozolimy, a nie ze strony Heroda. I z tego właśnie powodu Jezus i apostołowie spędzali tak wiele czasu i głosili najwięcej publicznych kazań raczej w Galilei, a nie w Jerozolimie czy Judei.

1. SŁUŻĄCY SETNIKA

Na dzień przed wyruszeniem do Jerozolimy na święto Paschy, Mangus, setnik czy kapitan stacjonującej w Kafarnaum straży rzymskiej, przyszedł do zarządców synagogi i powiedział: „Mój wierny ordynans jest chory, bliski śmierci. Czy w moim imieniu moglibyście iść do Jezusa i błagać go, aby uzdrowił mojego sługę"? Rzymski kapitan postąpił w ten sposób, gdyż myślał, że żydowscy przywódcy mogą mieć większy wpływ na Jezusa. Więc starsi poszli się spotkać z Jezusem a ich przedstawiciel powiedział: „Nauczycielu, usilnie cię prosimy abyś poszedł do Kafarnaum i uratował służącego rzymskiego setnika, który jest godzien twojej uwagi, ponieważ kocha nasz naród a nawet wybudował dla nas tę właśnie synagogę, w której tak wiele razy przemawiałeś".

I kiedy Jezus ich wysłuchał, powiedział: „Pójdę z wami". A kiedy dochodził wraz z nimi do domu setnika i zanim wszedł na dziedziniec, rzymski żołnierz wysłał swoich przyjaciół, aby powitali Jezusa i kazał im powiedzieć: „Panie, nie trudź się wejściem do domu mego, bo nie jestem godzien abyś wszedł pod mój dach. Ja sam też nie uważałem się godnym przyjść do ciebie, dlatego posłałem starszych z twego narodu. Ale wiem, że możesz powiedzieć słowo, tam, gdzie stoisz, a mój sługa będzie uzdrowiony. Bo i ja, choć podlegam władzy innych, mam pod sobą żołnierzy i mówię jednemu idź a on idzie, a mówię drugiemu chodź i on przychodzi, a moim sługom zrób to czy tamto – a oni robią".

Gdy Jezus usłyszał te słowa, zwrócił się do swoich apostołów i tych, którzy szli z nimi: „Zdumiewa mnie wiara tego poganina. Zaprawdę, zaprawdę, powiadam wam, tak wielkiej wiary nie znalazłem u nikogo w Izraelu. I Jezus, zawracając od domu, powiedział: „Chodźmy stąd". A przyjaciele setnika weszli do domu i opowiedzieli Mangusowi, co Jezus powiedział. I od tej godziny słudze zaczęło się poprawiać a w końcu wrócił do normalnego zdrowia i swoich obowiązków.

Nigdy się jednak nie dowiedzieliśmy, co zaszło w tym przypadku. To jest tylko zapis wydarzeń i czy niewidzialne istoty uzdrowiły służącego setnika czy też nie, nie objawiono tym, którzy towarzyszyli Jezusowi. Wiemy tylko, że służący zupełnie wyzdrowiał.

2. W DRODZE DO JEROZOLIMY

Wcześnie rano, we wtorek, 30 marca, Jezus i apostolska grupa wyszli do Jerozolimy na Paschę, idąc szlakiem doliny Jordanu. Przybyli w piątek, 2 kwietnia i jak zwykle zatrzymali się w Betanii. Przechodząc przez Jerycho, zatrzymali się na chwilę, żeby odpocząć, podczas gdy Judasz zdeponował część ich wspólnych funduszy w banku u przyjaciela swej rodziny. Po raz pierwszy Judasz odprowadził nadwyżkę pieniędzy i ten depozyt pozostawał nienaruszony aż do tego czasu, kiedy znowu przechodzili przez Jerycho do Jerozolimy, podczas ostatniej i pamiętnej podróży, tuż przed procesem i śmiercią Jezusa.

Podróż całej grupy do Jerozolimy upłynęła spokojnie, ale jeszcze nie zdążyli rozlokować się w Betanii, kiedy zaczęli się gromadzić ludzie, z bliska i z daleka, ci, którzy chcieli uzdrowienia swych ciał, pocieszenia zmartwionych umysłów i zbawienia swych dusz a było ich tak wielu, że Jezus niewiele miał czasu na odpoczynek. Dlatego też rozbili namioty w Getsemane a Mistrz chodził w tę i z powrotem, od Betanii do Getsemane, aby uniknąć tłumów, które go ciągle oblegały. Apostolska grupa spędziła niemal trzy tygodnie w Jerozolimie, ale Jezus polecił im, aby nie głosili kazań publicznie, tylko nauczali prywatnie i prowadzili działalność indywidualną.

W Betanii obchodzili po cichu Paschę. I po raz pierwszy Jezus i Dwunastu wzięli udział w bezkrwawym świętowaniu Paschy. Apostołowie Jana nie jedli Paschy z Jezusem i jego apostołami; obchodzili to święto z Abnerem i z wieloma wcześniejszymi zwolennikami nauczania Jana. Była to druga Pascha, jaką Jezus obchodził ze swymi apostołami w Jerozolimie.

Kiedy Jezus wraz z Dwunastoma odchodził do Kafarnaum, apostołowie Jana nie *wrócili z nim. Zostali w Jerozolimie* i jej okolicach pod kierownictwem Abnera, po cichu pracując nad szerzeniem królestwa, podczas gdy Jezus i Dwunastu wrócili do pracy w Galilei. Nigdy więcej tych dwudziestu czterech apostołów nie działało razem, połączyli się dopiero na krótko przed powołaniem i wysłaniem siedemdziesięciu ewangelistów.

Ale te dwie grupy współpracowały ze sobą i bez względu na różnice w przekonaniach, zwyciężyły najlepsze uczucia.

3. PRZY SADZAWCE BETESDA

Po południu, podczas drugiego szabatu spędzonego w Jerozolimie, kiedy Mistrz z apostołami mieli wziąć udział w nabożeństwie w Świątyni, Jan zwrócił się do Jezusa: „Chodź ze mną, a coś ci pokażę". Jan wyprowadził Jezusa przez jedną z bram Jerozolimy do sadzawki, nazywanej Betesda. Sadzawkę tę otaczała budowla złożona z pięciu portyków, pod którymi duża grupa cierpiących czekała na uzdrowienie. W sadzawce było gorące źródło, którego czerwonawo zabarwiona woda wydzielała pęcherzyki w nieregularnych odstępach, na skutek nagromadzenia gazu w kamiennych jaskiniach pod sadzawką. Wielu uważało, że to okresowe burzenie się gorącej wody spowodowane było nadprzyrodzonymi siłami i powszechnie wierzono, że pierwsza osoba, która wejdzie do wody po takim wzburzeniu, będzie uzdrowiona z każdej dręczącej ją dolegliwości.

Apostołów w pewnym sensie niepokoiły narzucone im przez Jezusa ograniczenia a Jan, najmłodszy z Dwunastu, był szczególnie oporny wobec tych zakazów. Przyprowadził Jezusa do sadzawki, sądząc, że widok zgromadzonych tutaj cierpiących być może przemówi do współczucia Mistrza, tak, że wzruszy się on i dokona cudownego uzdrowienia a tym samym zdumiona byłaby cała Jerozolima i niebawem pozyskana dla wiary w ewangelię królestwa. Jan rzekł do Jezusa: „Mistrzu, popatrz na wszystkich tych cierpiących, czyż nic nie możemy dla nich uczynić?". A Jezus odrzekł: „Janie, dlaczego mnie kusisz, abym zszedł z drogi, którą wybrałem? Dlaczego wciąż pragniesz robienia cudów i leczenia chorych, zamiast głoszenia ewangelii wiecznej prawdy? Mój synu, być może nie zrobię tego, czego pragniesz, ale zbierz tutaj chorych i cierpiących, żebym mógł przekazać im słowa otuchy i wiecznej pociechy".

Jezus przemówił do zgromadzonych: „Wielu z was, chorych i cierpiących, znalazło się tutaj w wyniku wielu lat waszego, nieodpowiedniego życia. Niektórzy z was cierpią na skutek wypadków czasu, inni z powodu błędów ich przodków, podczas gdy niektórzy z was zmagają się z ograniczeniami niedoskonałych warunków waszej doczesnej egzystencji. Ale mój Ojciec działa i ja też będę działał, aby poprawić wasze ziemskie warunki, jednak szczególnie, żeby zapewnić wam domenę wieczności. Żaden z nas nie może zrobić zbyt wiele, aby odmienić trudy życia, chyba, że odkryjemy, iż Ojciec w niebie tak chce. W końcu wszyscy jesteśmy zobowiązani czynić wolę Wiecznego. Jeśli wy wszyscy zostalibyście wyleczeni z waszych fizycznych dolegliwości, bylibyście naprawdę zdumieni, ale o wiele większe jest to, że powinniście zostać oczyszczeni ze wszystkich duchowych chorób i uzdrowieni ze wszystkich moralnych słabości. Wszyscy *jesteście dziećmi Bożymi*; jesteście synami niebiańskiego Ojca. Wydawać się może, że gnębią was więzy czasu, ale Bóg wieczności was kocha. I kiedy nadejdzie czas sądu, nie bójcie się, wszyscy znajdziecie nie tylko sprawiedliwość, ale obfitość miłosierdzia. Zaprawdę, zaprawdę, powiadam wam, ten, który słyszy ewangelię królestwa i wierzy w naukę o synostwie z Bogiem, ma życie wieczne; już teraz tacy wierni idą od sądu i śmierci ku światłości i życiu. I nadchodzi godzina, w której nawet ci, którzy są w grobach, usłyszą głos zmartwychwstania".

I wielu z tych, którzy to słyszeli, uwierzyło w ewangelię królestwa. Niektórzy z cierpiących zostali tak natchnieni i odnowieni duchowo, że chodzili wszędzie, głosząc, iż są również wyleczeni ze swych fizycznych dolegliwości.

Pewien człowiek, który przez wiele lat był przygnębiony i boleśnie dotknięty słabościami swojego udręczonego umysłu, uradował się słowami Jezusa i wziąwszy swe łóżko poszedł do domu, nie zważając na dzień szabatu. Ten cierpiący człowiek czekał przez wszystkie te lata na *kogoś,* kto by mu pomógł; stał się ofiarą poczucia swojej własnej bezradności, tak bardzo, że nigdy, nawet raz nie rozważał idei by pomóc sobie samemu, co jak się okazało było jedyną rzeczą, jaką powinien zrobić żeby wyzdrowieć – wziąć swoje łóżko i iść.

Wówczas Jezus odezwał się do Jana: „Chodźmy stąd, zanim przyjdą wyżsi kapłani i uczeni w Piśmie i uznają za występek to, że tym cierpiącym mówiliśmy słowa życia". I wrócili do Świątyni, gdzie dołączyli do swoich towarzyszy i wkrótce wszyscy poszli na noc do Betanii. Ale Jan nigdy nie mówił innym apostołom o tym, że odwiedził z Jezusem sadzawkę Betesda w to szabatowe popołudnie.

4. ZASADY ŻYCIA

Wieczorem tego samego dnia szabatowego, w Betanii, kiedy Jezus i Dwunastu, wraz z grupą wiernych zebrali się wokół ogniska w ogrodzie Łazarza, Nataniel zadał Jezusowi następujące pytanie: „Mistrzu, aczkolwiek nauczałeś nas konstruktywnej wersji starej zasady życiowej, mówiąc, że powinniśmy innym czynić tak, jak byśmy chcieli, aby oni nam czynili, nie mogę w pełni rozeznać, w jaki sposób zawsze mamy przestrzegać takiego nakazu. Pozwól, że przedstawię mój argument, przytaczając przykład lubieżnego człowieka, który w nikczemny sposób patrzy na partnerkę swojego zamierzonego grzechu. Jak możemy uczyć tego człowieka, o złych intencjach, aby innym czynił tak, jak on by chciał, aby inni czynili jemu?

Kiedy Jezus usłyszał pytanie Nataniela, natychmiast wstał i wskazując palcem na apostoła, powiedział: „Natanielu, Natanielu! Jaki to rodzaj myśli siedzi w twoim sercu? Czyż nie odebrałeś mej nauki jako narodzony w duchu? Czyż nie słuchałeś tej prawdy jak człowiek mądry i ze zrozumieniem duchowym? Kiedy wam nakazywałem, abyście czynili innym tak, jak wy byście chcieli, aby inni wam czynili, mówiłem do ludzi o wysokich ideałach, nie do tych, którzy będą się kusić wypaczać moją naukę na zezwolenie zachęcające do złych uczynków.

Kiedy Mistrz skończył, Nataniel wstał i powiedział: „Ale Mistrzu, nie powinieneś myśleć, że ja pochwalam taką interpretację twojej nauki. Zadałem to pytanie, ponieważ przypuszczam, że wielu różnych ludzi może w ten sposób źle osądzić twoje napomnienie i miałem nadzieję, że dasz nam dodatkowe nauki dotyczące tych spraw". I kiedy Nataniel usiadł, Jezus kontynuował: „Dobrze wiem, Natanielu, że nie aprobujesz tak złej idei, ale rozczarowany jestem tym, że wy wszyscy tak często nie przykładacie prawdziwie duchowej interpretacji do moich zwykłych nauk, do instrukcji, które muszę wam dawać w ludzkim języku i muszę mówić tak jak ludzie. Pozwólcie mi teraz doszkolić was w sprawie różnych poziomów znaczeń, związanych z interpretacją zasady życia, napomnienia «czynienia innym tego, co wy chcecie, aby inni wam czynili»:

1. *Poziom cielesny.* Taką czysto samolubną i lubieżną interpretację mogłaby dobrze ilustrować hipoteza postawiona w twoim pytaniu.

2. *Poziom uczuciowy.* Ten poziom stoi o jeden stopień wyżej aniżeli cielesny i oznacza, że sympatia i litość pomagałaby w ludzkiej interpretacji tej reguły życia.

3. *Poziom umysłowy.* Teraz wkracza do akcji motyw rozumowania i inteligencja, rezultat doświadczenia. Zdrowy rozsądek nakazuje, że taką zasadę życia należy interpretować zgodnie z najwyższym idealizmem, ucieleśnionym w szlachetności wynikającej z głębokiego szacunku dla siebie.

4. *Poziom miłości braterskiej.* Jeszcze wyżej odkrywamy poziom bezinteresownego poświęcenia dla dobra współbraci. Na tej, wyższej płaszczyźnie szczerej opieki społecznej, wyrastającej ze świadomości ojcostwa Boga i konsekwentnego uznawania braterstwa człowieka, odsłania się nowa i znacznie piękniejsza interpretacja tej podstawowej zasady życia.

5. *Poziom moralny.* I wtedy, kiedy osiągniecie prawdziwe filozoficzne poziomy rozumowania, kiedy macie prawdziwy wgląd w *prawość* i *nieprawość* rzeczy, kiedy dostrzegacie wieczne dopasowanie relacji międzyludzkich, zaczniecie widzieć ten problem interpretacji tak, jak wyobrażalibyście sobie, że szlachetna, idealistyczna, mądra i bezstronna trzecia osoba widziałaby i rozumiała takie zalecenie, jako odnoszące się do waszych osobistych problemów, w zastosowaniu do waszej sytuacji życiowej.

6. *Poziom duchowy.* I na koniec wchodzimy na ostatni, ale najwyższy ze wszystkich poziom wnikliwości ducha i duchowego rozumowania, który zmusza nas do rozpoznania w tej zasadzie życia Boskiego nakazu, aby traktować wszystkich ludzi tak, jak my wyobrażamy sobie, że Bóg traktowałby ich. To jest wszechświatowy ideał relacji międzyludzkich. I to jest wasza postawa wobec wszystkich takich problemów, kiedy waszym najwyższym pragnieniem zawsze jest czynienie woli Ojca. Przeto chciałbym, żebyście czynili wszystkim ludziom to, co wiecie, że ja w podobnych okolicznościach uczyniłbym dla nich".

Nic, co dotąd Jezus powiedział apostołom, nie zdumiało ich bardziej. Długo po tym, jak Mistrz poszedł na spoczynek, wciąż rozważali jego słowa. Kiedy Nataniel powoli wracał do siebie i przestał przypuszczać, że Jezus źle zrozumiał ducha jego pytania, inni byli bardziej niż wdzięczni, że ich filozoficzny kolega-apostoł miał odwagę zadać takie, prowokujące do myślenia pytanie.

5. ODWIEDZINY U SZYMONA FARYZEUSZA

Aczkolwiek Szymon nie był członkiem żydowskiego Sanhedrynu, był wpływowym faryzeuszem w Jerozolimie. Wierzył, ale bez przekonania i pomimo, że mógł się z tego powodu spotkać z poważną dezaprobatą, ośmielił się zaprosić Jezusa i jego osobistych współpracowników, Piotra, Jakuba i Jana, na towarzyski posiłek do swego domu. Szymon długo już obserwował Mistrza i był pod wielkim wrażeniem jego nauk, ale jeszcze bardziej jego osobowości.

Bogaci faryzeusze bardzo sobie cenili rozdawanie jałmużny i nie unikali rozgłosu o swojej filantropii. Czasami potrafili dąć w trąby, kiedy mieli dać jałmużnę jakiemuś żebrakowi. Faryzeusze mieli ten zwyczaj, że kiedy wydawali bankiet dla dostojnych gości, otwierali drzwi swego domu, aby nawet uliczni żebracy mogli wejść do środka i stojąc przy ścianach pokoju, za leżankami gości, czekać na porcję jedzenia, rzuconą im ewentualnie przez biesiadników.

Podczas tej właśnie uroczystości, w domu Szymona, wśród tych, co przyszli z ulicy była kobieta o złej reputacji, która niedawno uwierzyła w dobrą nowinę ewangelii królestwa. Kobietę tę dobrze znano w całej Jerozolimie jako byłą właścicielkę jednego z tak zwanych wysokiej klasy domów publicznych, który znajdował się w pobliżu świątynnego Dziedzińca Pogan. Przyjmując naukę Jezusa, zamknęła swoje niegodziwe miejsce pracy i nakłoniła większość związanych z nią kobiet do przyjęcia ewangelii i zmiany trybu życia; mimo to wciąż była bardzo pogardzana przez faryzeuszy i zmuszano ją do noszenia rozpuszczonych włosów – symbolu nierządu. Ta nienazwana kobieta przyniosła ze sobą duży flakon perfumowanych olejków do namaszczania i stając za Jezusem, kiedy spoczął do posiłku, zaczęła namaszczać mu stopy, zwilżając je równocześnie łzami wdzięczności, wycierając je swoimi włosami. A kiedy skończyła namaszczanie, wciąż płakała i całowała jego stopy.

Kiedy Szymon zobaczył to wszystko, powiedział sobie: „Gdyby ten człowiek był prorokiem, wiedziałby, jakich obyczajów jest ta kobieta, która go dotyka, że jest notoryczną grzesznicą". A Jezus, wiedząc, co przyszło na myśl Szymonowi, odezwał się tak: „Szymonie, chciałbym ci coś powiedzieć". Szymon odrzekł: „Powiedz nauczycielu". Wtedy Jezus rzekł: „Pewien bogaty lichwiarz miał dwóch dłużników. Jeden był mu winien pięćset denarów a drugi pięćdziesiąt. Otóż, kiedy nie mieli z czego oddać, darował obydwu. Jak myślisz, Szymonie, który z nich będzie go bardziej miłował"? Szymon odpowiedział: „Sądzę, że ten, któremu więcej darował". A Jezus rzekł: „Słusznie osądziłeś" i wskazując na kobietę, kontynuował: „Szymonie, przyjrzyj się dobrze tej kobiecie. Wszedłem do twego domu jako gość zaproszony a nie podałeś mi wody do nóg. Ta zaś wdzięczna kobieta łzami umyła mi stopy i włosami swymi je otarła. Nie dałeś mi pocałunku, przyjacielskiego pozdrowienia, ale ta kobieta, odkąd wszedłem, nie przestaje całować moich stóp. Nie namaściłeś mojej głowy oliwą, ona zaś drogocennym olejkiem namaściła moje nogi. I jaki jest sens tego wszystkiego? Prosty, że wiele jej grzechów jest przebaczonych i to spowodowało jej wielką miłość. Ale ci, którzy zyskali niewielkie przebaczenie, czasami kochają, ale słabo". I zwracając się do kobiety, wziął jej dłoń i podnosząc ją, powiedział: „Ty naprawdę żałowałaś za swoje grzechy i są one wybaczone. Nie zniechęcaj się bezmyślną i nieuprzejmą postawą twoich współbraci; idź dalej w radości i wolności królestwa nieba".

Kiedy Szymon i jego przyjaciele, którzy siedzieli przy posiłku, usłyszeli te słowa, byli jeszcze bardziej zdziwieni i zaczęli szeptać między sobą: „Kim jest ten człowiek, który ośmiela się nawet wybaczać grzechy"? A kiedy Jezus posłyszał ich poszepty, odwrócił się i oddalił kobietę, mówiąc: „Kobieto, idź w pokoju, twoja wiara cię ocaliła".

Gdy Jezus, wraz z przyjaciółmi podniósł się, aby wyjść, zwrócił się do Szymona: „Znam twoje serce, Szymonie, jak jesteś rozdarty pomiędzy wiarą a zwątpieniem, jak dręczy cię strach i niepokoi duma; ale ja modlę się za ciebie, żebyś mógł poddać się światłu i być może doświadczył na twej stacji życia tak olbrzymiego przekształcenia umysłu i ducha, które porównać można do ogromnych zmian, jakie ewangelia królestwa już dokonała w sercu twego nieproszonego i niepożądanego gościa. A ja oświadczam wam wszystkim, że Ojciec otworzył drzwi niebiańskiego królestwa dla wszystkich, którzy mają wiarę, aby tam wejść i ani człowiek, ani zrzeszenie ludzi nie może zamknąć tych drzwi nawet przed najbardziej skromną duszą, czy domniemanie najbardziej jawnym grzesznikiem na Ziemi, jeśli taki szczerze szuka wejścia". I Jezus, wraz z Piotrem, Jakubem i Janem rozstali się z gospodarzem i poszli do reszty apostołów, do obozu w ogrodzie Getsemane.

Tego samego wieczora Jezus wygłosił do apostołów tak długo pamiętaną mowę, dotyczącą względnych oszacowań statusu u Boga i postępu w wiecznym wznoszeniu się do Raju. Jezus powiedział: „Moje dzieci, jeśli istnieje prawdziwy, żywy związek pomiędzy dzieckiem a Ojcem, dziecko na pewno wciąż będzie podążać w kierunku ideałów Ojca. To prawda, że na początku dziecko może robić niewielki postęp, ale postęp jest jednak pewny. Ważną sprawą jest nie szybkość postępu, ale raczej jego pewność. Wasze aktualne osiągnięcia nie są ważne w takim stopniu, jak fakt, że *kierunek* waszego postępu jest ku Bogu. To, czym stajecie się dzień po dniu, jest nieskończenie bardziej ważne niż to, czym jesteście dzisiaj.

Ta odmieniona kobieta, którą niektórzy z was widzieli dzisiaj w domu Szymona, w tym momencie żyje na poziomie znacznie niższym niż Szymon i jego towarzysze, żywiący jak najlepsze intencje; ale kiedy ci faryzeusze zajęci są fałszywym postępem, iluzją obracania się w zwodniczych kręgach nic nie znaczących, uroczystych nabożeństw, ta kobieta naprawdę szczerze zaczęła długie oraz obfitujące w wydarzenia poszukiwanie Boga, a jej drogi ku niebu nie tarasuje duchowa duma i moralne zadowolenie z siebie. Ta kobieta, mówiąc po ludzku, jest znacznie dalej od Boga niż Szymon, ale jej dusza wciąż idzie naprzód; jest na drodze do wiecznego celu. W tej kobiecie tkwią ogromne duchowe możliwości na przyszłość. Niektórzy z was może teraz nie stoją na wysokim poziomie duszy i ducha, ale codziennie robicie postęp na żywej drodze, otwartej przez wiarę ku Bogu. W każdym z was są ogromne możliwości na przyszłość. Znacznie lepiej mieć małą, ale żywą i rosnącą wiarę, niż posiadać wielki umysł z martwymi zasobami doczesnej mądrości i duchowej niewiary".

Jezus ostrzegł jednak poważnie apostołów przed głupotą dziecka Bożego, które nadużywa miłości Ojca. Oświadczył, że niebiański Ojciec nie jest niedbałym, nieobowiązkowym czy głupio pobłażliwym rodzicem, który zawsze jest gotów przebaczyć grzech i darować lekkomyślność. Ostrzegł swoich słuchaczy przed błędną interpretacją swojej ilustracji ojca i syna – przed upodobnieniem Boga do jakichś zbyt pobłażliwych i niemądrych rodziców, których nierozumne postępowanie niesie moralną zgubę ich bezmyślnym dzieciom i którzy tym samym przyczyniają się do przewinień i wczesnej demoralizacji swego własnego potomstwa. Powiedział Jezus: „Mój Ojciec nie przebacza pobłażliwie swoim dzieciom takich czynów i praktyk, które prowadzą do zniszczenia jednostki i są samobójcze dla całego jej moralnego rozwoju i duchowego postępu. Z punktu widzenia Boga, takie grzeszne praktyki są obrzydliwością".

Jezus brał udział w wielu innych, półprywatnych spotkaniach i bankietach, z wielkimi i małymi, bogatymi i biednymi z Jerozolimy zanim w końcu wyruszył z apostołami do Kafarnaum. I wielu naprawdę uwierzyło w ewangelię królestwa i następnie zostało ochrzczonych przez Abnera i jego towarzyszy, którzy pozostali w Jerozolimie i okolicy, aby podsycać zainteresowanie królestwem.

6. POWRÓT DO KAFARNAUM

W ostatnim tygodniu kwietnia, Jezus i Dwunastu wyruszyli ze swej siedziby w Betanii, blisko Jerozolimy i drogą przez Jerycho i Jordan rozpoczęli swoją podróż z powrotem do Kafarnaum.

Wyżsi kapłani i religijni przywódcy Żydów odbyli wiele tajnych spotkań, aby zadecydować, co zrobić z Jezusem. Wszyscy się zgadzali, że coś należy zrobić, aby położyć kres jego naukom, ale nie mogli się zgodzić co do metody. Mieli nadzieję, że władze państwowe pozbędą się go, tak jak Herod skończył z Janem, ale się zorientowali, że Jezus tak prowadzi swoją działalność, że rzymscy urzędnicy nie byli zbytnio zaniepokojeni jego kazaniami. W związku z tym, podczas spotkania, które odbyło się na dzień przed odejściem Jezusa do Kafarnaum, postanowiono, że należy go aresztować na podstawie zarzutów religijnych i osądzić przez Sanhedryn. Dlatego też wyznaczono komisję, złożoną z sześciu tajnych szpiegów, aby śledzili Jezusa, słuchali jego słów i obserwowali jego czyny, a kiedy zbiorą wystarczające dowody łamania prawa i bluźnierstwa, szpiedzy mieli wrócić do Jerozolimy ze swym raportem. Tych sześciu Żydów doszło w Jerychu do grupy apostolskiej, liczącej około trzydziestu osób i udając, że chcą zostać uczniami, dołączyli do rodziny wyznawców Jezusa, pozostając z tą grupą do czasu rozpoczęcia drugiej tury głoszenia kazań w Galilei; po czym trzech z nich wróciło do Jerozolimy i przedłożyło ich raport wyższym kapłanom i Sanhedrynowi.

Piotr głosił kazania do tłumu zgromadzonego przy przejściu przez Jordan a następnego dnia ruszyli w górę rzeki w kierunku Amatus. Chcieli iść prosto do Kafarnaum, ale zebrał się taki tłum, że zatrzymali się na trzy dni, głosząc kazania, nauczając i chrzcząc. Nie wyruszyli do domu wcześniej, aż dopiero wczesnym rankiem, w szabat, pierwszego maja. Jerozolimscy szpiedzy byli pewni, że teraz zdobędą pierwsze oskarżenie przeciw Jezusowi – że złamał szabat – ponieważ ośmielił się zacząć swą podróż w dzień szabatu. Ale dane im było się rozczarować, ponieważ tuż przed wyjściem Jezus zawołał do siebie Andrzeja i w ich obecności poinstruował go, aby poszli tylko na dystans około tysiąca metrów, legalny odcinek podróży na dzień szabatu.

Jednak szpiedzy nie musieli długo czekać, żeby oskarżyć Jezusa i jego towarzyszy o łamanie szabatu. Gdy grupa szła wąską drogą przez falującą pszenicę, która właśnie dojrzewała i była na wyciągnięcie ręki po obu stronach, niektórzy z apostołów, będąc głodni, łuskali dojrzałe ziarno i je jedli. Było w zwyczaju podróżnych częstować się zbożem, kiedy szli wzdłuż niego drogą, dlatego też nawet myśl o złym uczynku nie wiązała się z takiemu postępowaniem. Ale szpiedzy potraktowali to jako pretekst do ataku na Jezusa. Gdy zobaczyli, jak Andrzej wykrusza ziarno w dłoni, podeszli do niego i zapytali: „Czy nie wiesz, że jest sprzeczne z prawem rwać i trzeć pszenicę w dzień szabatu?". Andrzej odpowiedział: „Ale my jesteśmy głodni i tarliśmy tylko tyle ile nam potrzeba; a od kiedy to jest grzechem jedzenie pszenicy w dzień szabatu?". Ale faryzeusze odpowiedzieli: „Nie zrobiliście nic złego jedząc, ale złamaliście Prawo zrywając i trąc pszenicę waszymi rękami; na pewno wasz Mistrz nie pochwali takiego czynu". Wtedy Andrzej powiedział: „Ale jedzenie pszenicy nie jest naruszeniem prawa, zapewne tarcie ziarna w dłoniach jest niewiele cięższą pracą niż żucie ziarna, na co pozwalacie; dlaczego kręcicie takimi drobiazgami?". Kiedy Andrzej oświadczył, że są krętaczami, oburzyli się i zawrócili w pośpiechu do tego miejsca, gdzie szedł Jezus, który rozmawiał z Mateuszem i zaprotestowali, mówiąc: „Zobacz, Nauczycielu, twoi apostołowie robią to, co jest sprzeczne z prawem w dzień szabatu; zrywają, trą i jedzą pszenicę. Jesteśmy pewni, że każesz im zaprzestać". I wtedy Jezus odezwał się do oskarżycieli: „Jesteście rzeczywiście gorliwi w prawie i dobrze pamiętacie, aby dzień szabatu zachować świętym; ale czy nigdy nie czytaliście w Piśmie Świętym, że kiedy jednego dnia Dawid był głodny, on i inni, którzy z nim byli, weszli do domu Bożego i jedli chleby pokładne, których nie wolno było jeść nikomu za wyjątkiem kapłanów? I Dawid także dał ten chleb tym, którzy z nim byli. I czyż nie czytaliście w waszym Prawie, że legalne jest robienie wielu niezbędnych rzeczy w dzień szabatu? I czy ja, zanim dzień się skończy, nie zobaczę was jedzących to, co przynieśliście na ten dzień? Moi dobrzy ludzie, dobrze czynicie, że jesteście gorliwi w sprawie szabatu, ale uczynicie jeszcze lepiej strzegąc zdrowia i dobra swoich współbraci. Oświadczam wam, że szabat został ustanowiony dla człowieka a nie człowiek dla szabatu. A skoro jesteście tutaj z nami, aby słuchać moich słów, wtedy otwarcie oświadczam wam, że Syn Człowieczy jest również panem szabatu".

Faryzeusze zdziwili się i zmieszali jego słowami, wnikliwymi i mądrymi. Przez resztę dnia trzymali się na osobności i nie ośmielili się zadawać więcej pytań.

Antagonizm Jezusa wobec żydowskich tradycji i niewolniczych obrzędów zawsze był *konstruktywny*. Polegał na tym, co Mistrz robił i co twierdził. Niewiele czasu Mistrz poświęcał negatywnemu potępianiu. Nauczał, że ci, którzy znają Boga, mogą się cieszyć wolnością życia, bez oszukiwania siebie licencjami na grzeszenie. Powiedział Jezus apostołom: „Ludzie, jeśli jesteście oświeceni przez prawdę i rzeczywiście wiecie, co czynicie, jesteście błogosławieni; ale jeśli nie znacie Boskiej drogi, jesteście nieszczęśliwi i już złamaliście prawo".

7. ZNOWU W KAFARNAUM

Było około południa, w poniedziałek, 3 maja, kiedy Jezus z Dwunastoma przybył do Betsaidy łodzią z Tarichei. Płynęli łodzią, aby umknąć tym, co z nimi szli. Ale następnego dnia cała reszta, razem ze szpiegami z Jerozolimy na służbie, znowu znalazła Jezusa.

We wtorek wieczorem Jezus prowadził jedną ze swych zwyczajnych nauk, polegającą na pytaniach i odpowiedziach, kiedy przywódca sześciu szpiegów zwrócił się do niego: „Dziś rozmawiałem z jednym uczniem Jana, który słucha tutaj twojej nauki i nie możemy zrozumieć, dlaczego nigdy nie każesz swoim apostołom pościć i modlić się, tak jak pościmy my, faryzeusze i jak Jan nakazał swym wyznawcom". I Jezus, nawiązując do wypowiedzi Jana, odpowiedział na to pytanie: „Czy goście weselni mają pościć, kiedy pan młody jest z nimi? Jak długo pan młody jest z nimi, raczej nie powinni pościć. Ale przyjdzie czas, kiedy zabiorą im pana młodego i w tych czasach goście weselni niewątpliwie będą pościć i będą się modlić. Modlitwa jest naturalna dla dzieci światłości, ale post nie jest częścią ewangelii królestwa nieba. Przypominam wam, że mądry krawiec nie przyszywa łaty z nowego i surowego sukna do starego ubrania, gdyż kiedy się zamoczy, kurczy się i robi gorszą dziurę. Tak samo ludzie nie wlewają młodego wina w stare bukłaki, gdyż młode wino rozerwie skórę i zarówno wino jak i skóra się zniszczy. Mądry człowiek wlewa młode wino do nowych bukłaków. Dlatego też moi uczniowie wykazują mądrość w tym, że nie wprowadzają zbyt wiele starego porządku w nową naukę ewangelii królestwa. Dla was, którzy straciliście swojego nauczyciela, może być sprawiedliwe pościć jakiś czas. Post może być odpowiednią częścią Prawa mojżeszowego, ale w nadchodzącym królestwie synowie Boga przeżywać będą wolność od strachu i radość w Boskim duchu". Uczniowie Jana się ucieszyli, słysząc te słowa, podczas gdy faryzeusze byli jeszcze bardziej zbici z tropu.

Potem Mistrz, kontynuując, ostrzegł swoich słuchaczy, aby nie żywili takich poglądów, że całe stare nauczanie należy zupełnie zastąpić nowymi doktrynami. Jezus powiedział: „Tego, co jest stare i jest również *prawdziwe,* należy przestrzegać. Tak samo to, co jest nowe i fałszywe, musi być odrzucone. Ale miejcie wiarę i odwagę zaakceptować to, co jest nowe a także prawdziwe. Pamiętajcie, że jest napisane: «Nie gardź starym przyjacielem, gdyż nowego nie można do niego porównać. Nowy przyjaciel jest jak nowe wino; jeśli stanie się stare, będziesz je pił z przyjemnością»".

8. ŚWIĘTO DUCHOWEJ DOBROCI

Tej nocy, długo po tym, jak zwykli słuchacze udali się na spoczynek, Jezus wciąż nauczał swoich apostołów. Zaczął te specjalne nauki cytując z księgi proroka Izajasza:

„«Czemu pościliście? Dlaczego umartwiacie wasze dusze, kiedy ciągle znajdujecie radość w ciemiężeniu i znajdujecie rozkosz w niesprawiedliwości? Otóż pościcie dla swarów i sporów, i wśród bicia niegodziwą pięścią. Ale nie pośćcie tak, jak to dziś czynicie, żeby się rozlegał zgiełk wasz na wysokości.

Czyż to jest post, jaki ja uznaję, dzień, w którym człowiek umartwia swoją duszę? Czy pochylać głowę jak sitowie i czołgać się w worku i popiele? Czyż to ośmielisz się nazwać postem i dniem miłym Panu? Czyż to nie jest raczej ten post, który wybieram: rozerwać kajdany zła, rozwiązać więzy ciężkiej niewoli, wypuścić wolno uciśnionych i wszelkie jarzmo połamać? Czyż nie raczej dzielić mój chleb z głodnym, wprowadzić do domu mego bezdomnych i biednych? A kiedy nagich ujrzę, przyodzieję ich.

Wtedy twoje światło wzejdzie jak zorza poranna i szybko rozkwitnie twe zdrowie. Sprawiedliwość twoja poprzedzać cię będzie, chwała Pańska iść będzie z tobą. Wtedy zawołasz, a Pan odpowie, wezwiesz pomocy, a On powie: Oto jestem. I wszystko to on uczyni, jeśli powstrzymasz się od prześladowania, potępienia i pychy. Ojciec pragnie, żebyście raczej ożywili swe serce dla głodnych i żebyście służyli pogrążonym w smutku duszom; wówczas twe światło zabłyśnie w ciemnościach, a twoja ciemność stanie się południem. Wtedy Pan zawsze prowadzić cię będzie, nasyci twoją duszę i wzmocni twoją siłę. I będziesz jak ogród nawodniony i jak źródło wody, co się nie wyczerpie. A ci, którzy czynią te rzeczy, przywrócą zmarnowaną chwałę; podźwigną fundamenty wielu pokoleń; będą nazywani naprawiaczami wyłomów, odnowicielami bezpiecznych dróg wiodących ku zamieszkaniu»".

A potem, długo w noc, Jezus wykładał swoim apostołom prawdę, że to ich wiara zabezpiecza ich w królestwie, teraźniejszym i przyszłym a nie pogrążanie duszy w smutku czy posty cielesne. Napominał apostołów, aby chociaż żyli zgodnie z ideami dawnego proroka i wyrażał nadzieję, że oni mogą rozwinąć się daleko poza idee Izajasza i dawniejszych proroków. Jego ostatnie słowa tej nocy brzmiały: „Wzrastajcie w łasce środkami tej żywej wiary, która rozumie, że jesteście synami Boga, podczas gdy jednocześnie rozpoznaje każdego człowieka jako brata".

Było po drugiej w nocy, kiedy Jezus skończył mowę i wszyscy poszli spać na swoje posłania.

PRZEKAZ 148

NAUCZANIE EWANGELISTÓW W BETSAIDZIE

Od 3 maja do 3 października, roku 28 n.e., Jezus i apostolska grupa przebywali w domu Zebedeusza, w Betsaidzie. Przez te pięć miesięcy pory suchej na wybrzeżu utrzymywany był ogromny obóz niedaleko domu Zebedeusza, który został znacznie powiększony, aby pomieścić rosnącą rodzinę Jezusa. Ten obóz na wybrzeżu zajmowany przez stale zmieniającą się grupę poszukiwaczy prawdy, kandydatów do uzdrowienia oraz ciekawskich, liczył od pięciuset do półtora tysiąca osób. To miasto namiotów było pod generalnym nadzorem Dawida Zebedeusza, któremu pomagali bliźniacy Alfeusza. Obozowisko było wzorowe, gdy idzie o porządek i higienę, jak również sprawy generalnego zarządzania. Chorzy na różne dolegliwości mieszkali oddzielnie i byli pod opieką wierzącego lekarza, Syryjczyka, Elmana.

Przez cały ten czas apostołowie przynajmniej raz na tydzień wypływali na ryby, sprzedając swe połowy Dawidowi na wyżywienie obozowiska na wybrzeżu. Fundusze, które otrzymali, przekazywane były skarbnikowi grupy. Jeden tydzień w miesiącu Dwunastu mogło spędzić ze swoją rodziną lub przyjaciółmi.

Podczas gdy Andrzej wciąż generalnie zarządzał działalnością apostołów, Piotr odpowiedzialny był w pełni za szkołę dla ewangelistów. Każdego przedpołudnia, wszyscy apostołowie brali udział w nauczaniu grup ewangelistów i obie te grupy, tak nauczyciele jak i uczniów, popołudniami nauczały ludzi. Przez pięć wieczorów w tygodniu, po kolacji, apostołowie prowadzili lekcje pytań dla ewangelistów. Raz w tygodniu Jezus prowadził godzinę pytań, odpowiadając na pytania, które zostały z poprzednich sesji.

W ciągu pięciu miesięcy kilka tysięcy osób przewinęło się przez obozowisko. Przybywali tu często zaciekawieni ludzie ze wszystkich części Cesarstwa Rzymskiego i z ziem na wschód od Eufratu. Był to najdłuższy, stabilny i dobrze zorganizowany okres nauczania Mistrza. Najbliższa rodzina Jezusa spędziła większość tego czasu w Nazarecie lub Kanie.

Obozowisko nie było prowadzone jako wspólnota, tak jak rodzina apostołów. Dawid Zebedeusz kierował tym dużym miastem namiotów w ten sposób, że całe przedsięwzięcie zaczęło utrzymywać się samo, dzięki czemu nikomu nigdy nie odmówiono przyjęcia. Ten wciąż zmienny obóz był nieodłączną częścią prowadzonej przez Piotra szkoły, przygotowującej ewangelistów.

1. NOWA SZKOŁA PROROKÓW

Piotr, Jakub i Andrzej stanowili wyznaczony przez Jezusa komitet, zatwierdzający przyjęcia ludzi zgłaszających się do szkoły ewangelistów. W tej nowej szkole proroków uczniowie reprezentowali wszystkie rasy i narody świata rzymskiego oraz Wschodu, aż po Indie. Szkoła była prowadzona według planu nauczania i działania. Tego, czego uczniowie nauczyli się przed południem, po południu uczyli ludzi zgromadzonych na wybrzeżu. Po kolacji nieformalnie omawiali zarówno to, czego się nauczyli przed południem, jak i to, czego nauczali po południu.

Każdy z apostołów-nauczycieli nauczał według swoich własnych poglądów na ewangelię królestwa. Nie chcieli nauczać zupełnie tak samo; nie było standardowego czy dogmatycznego formułowania doktryn teologicznych. Chociaż wszyscy nauczali *tej samej* prawdy, każdy z apostołów przedstawiał swoją własną interpretację nauki Mistrza. Jezus popierał tak różnorodny sposób przedstawiania osobistych doświadczeń w sprawach królestwa, nieustannie harmonizując i koordynując te liczne i rozbieżne poglądy na ewangelię, podczas swej cotygodniowej godziny pytań. Pomimo znacznego stopnia swobody osobistej w sprawach nauczania, w szkole dla ewangelistów Szymon Piotr przejawiał tendencje dominujące w sprawach teologii. Obok Piotra, największy osobisty wpływ wywierał Jakub Zebedeusz.

W czasie tych pięciu miesięcy, spędzonych na wybrzeżu, przeszkolono ponad stu ewangelistów; stanowili oni ten materiał, z którego później (oprócz Abnera i apostołów Jana) wybrano siedemdziesięciu nauczycieli i kaznodziei ewangelii. Szkoła ewangelistów nie miała wszystkich rzeczy wspólnych w takim samym stopniu, jak Dwunastu.

Ewangeliści, choć nauczali i głosili ewangelię, nie chrzcili wiernych aż do tego czasu, kiedy zostali później wyświęceni na siedemdziesięciu posłańców królestwa i upoważnieni do tego przez Jezusa. Spośród wielkiej liczby ludzi, uzdrowionych w tym miejscu po zachodzie słońca, tylko siedmiu znalazło się w grupie ewangelicznych uczniów. Wśród ludzi przygotowywanych do służby ewangelicznej w szkole Piotra znajdował się syn arystokraty z Kafarnaum.

2. SZPITAL W BETSAIDZIE

Syryjski lekarz, Elman, mający do pomocy zespół dwudziestu pięciu młodych kobiet i dwunastu mężczyzn, zorganizował i prowadził przez dwadzieścia cztery miesiące coś, co można by uznać za pierwszy szpital królestwa, związany z obozowiskiem na wybrzeżu. W tej izbie chorych, położonej tuż na południe od głównego miasta namiotów, leczono chorych zgodnie ze wszystkim znanymi metodami cielesnymi, jak również za pomocą duchowych praktyk modlitewnych i dodawania otuchy przez wiarę. Jezus odwiedzał chorych w tym obozowisku nie rzadziej niż trzy razy w tygodniu i spotykał się osobiście z każdym cierpiącym. Tak dalece, jak nam wiadomo, żadne tak zwane cuda nadprzyrodzonego uzdrowienia nie wydarzyły się wśród tysiąca cierpiących i chorych ludzi, którzy odeszli z tej izby chorych, odzyskawszy siły czy zdrowie. Tym niemniej znaczna większość osób, które skorzystały z tej pomocy, nie zaprzestała rozgłaszać, że to Jezus ich uzdrowił.

Wiele tych uzdrowień, które się dokonały pod wpływem Jezusa, w związku z jego posługą na rzecz pacjentów Elmana, zdawało się przypominać działanie cudów, ale pouczono nas, że były to tylko takie przemiany umysłu i ducha, jakie mogą występować w życiu przepełnionych nadzieją i zdominowanych wiarą osób, znajdujących się pod bezpośrednim i inspirującym wpływem silnej, pozytywnej i dobroczynnej osobowości, której opieka odpędza strach i niweczy niepokój.

Elman i jego pomocnicy próbowali nauczać chorych prawdy o „opętaniu przez złego ducha", ale odnieśli tylko niewielki sukces. Panowało nieomal powszechne przekonanie, że choroba ciała i zaburzenia psychiczne mogą być spowodowane przez tak zwanego nieczystego ducha, zamieszkującego w umyśle lub ciele dotkniętej chorobą osoby.

We wszystkich swoich kontaktach z chorymi i cierpiącymi, kiedy to dotyczyło metody leczenia albo ujawnienia nieznanej przyczyny choroby, Jezus nie lekceważył instrukcji rajskiego brata Emanuela, które dostał przed rozpoczęciem swego wcielenia na Urantii. Jednak ci, którzy usługiwali chorym i przyglądali się, w jaki sposób Jezus ożywia wiarę i pewność siebie u chorych i cierpiących, nauczyli się wiele z tych pożytecznych lekcji.

Obóz został rozwiązany na krótko przed okresem nasilenia przeziębień i związanej z tym gorączki.

3. SPRAWY OJCA

Poprzez cały ten okres Jezus przeprowadził mniej niż tuzin publicznych nabożeństw w obozowisku i tylko raz przemawiał w synagodze w Kafarnaum, w przedostatni szabat przed wyruszeniem z nowo wyszkolonymi ewangelistami na publiczną turę głoszenia kazań po Galilei.

Od czasu swojego chrztu Mistrz nigdy tak często nie przebywał samotnie, jak podczas tego okresu obozowiska szkoleniowego ewangelistów w Betsaidzie. Ilekroć ktokolwiek z apostołów odważył się zapytać Jezusa, dlaczego tak często ich opuszcza, Jezus niezmiennie odpowiadał, że „zajmował się sprawami Ojca".

Kiedy Jezus się oddalał, towarzyszyło mu tylko dwu apostołów. Chwilowo zwolnił Piotra, Jakuba i Jana z obowiązku towarzyszenia mu osobiście, aby także mogli wziąć udział w nauczaniu nowych kandydatów na ewangelistów, których było więcej niż stu. Kiedy Mistrz chciał się udać na wzgórza w sprawach Ojca, powoływał jakichkolwiek dwu apostołów, którzy byli wolni, aby mu towarzyszyli. W ten sposób każdy z Dwunastu miał okazję nawiązania bliskiego związku i przeżywania serdecznego kontaktu z Jezusem.

Dochodzimy do wniosku, choć nie objawiono nam tego do celów zapisu, że podczas tych licznych okresów odosobnienia na wzgórzach, Mistrz współpracował bezpośrednio, jako władca, z wieloma swymi ważniejszymi administratorami prowadzącymi sprawy wszechświata. Od czasu swego chrztu, ten wcielony Władca naszego wszechświata zaczynał świadomie i coraz bardziej aktywnie kierować pewnymi stadiami wszechświatowej administracji. I zawsze uważaliśmy, że w jakiś nie objawiony jego najbliższym towarzyszom sposób, w czasie tych tygodni, kiedy Jezus mniej angażował się w sprawy ziemskie, zajmował się on zarządzaniem wysokimi, duchowymi istotami inteligentnymi, które były odpowiedzialne za kierowanie rozległym wszechświatem i ze swej strony uważamy, że człowiek-Jezus zechciał określać takie czynności jako zajmowanie się „sprawami Ojca".

Wiele razy, kiedy całymi godzinami Jezus był sam, ale kiedy dwaj jego apostołowie byli w pobliżu, dostrzegali oni błyskawicznie zachodzące liczne zmiany rysów jego twarzy, aczkolwiek nie słyszeli, aby wypowiedział choć słowo. Tak samo nie widzieli istot niebiańskich, które mogły kontaktować się z ich Mistrzem, takich, jakie niektórzy z nich widzieli przy późniejszej sposobności.

4. ZŁO, GRZECH I NIKCZEMNOŚĆ

Jezus miał taki zwyczaj, że dwa wieczory w tygodniu prowadził specjalne rozmowy z osobami, które chciały z nim mówić, w pewnym ustronnym i osłoniętym zakątku ogrodu Zebedeusza. W czasie jednego z takich wieczorów prywatnych rozmów, Tomasz zadał Mistrzowi pytanie: „Dlaczego ludzie muszą narodzić się w duchu, aby mogli wejść do królestwa? Czy ponowne narodzenie się jest konieczne, aby uciec spod wpływu złego? Mistrzu, czym jest zło"? Kiedy Jezus usłyszał te pytania, rzekł Tomaszowi:

„Nie rób błędu i nie myl *zła* ze *złym,* poprawniej z *nikczemnym.* Ten, którego nazywasz złym, jest synem samolubstwa, wysokim administratorem, który świadomie i rozmyślnie wywołał bunt przeciw władzy mojego Ojca i jego lojalnych Synów. Ale ja już pokonałem tych grzesznych buntowników. Uświadom sobie następujące różnice w postawie wobec Ojca i jego wszechświata. W odniesieniu do woli Ojca, nigdy nie zapomnij tych praw:

„Zło jest nieświadomym czy nieumyślnym naruszeniem Boskiego prawa, Ojcowskiej woli. Zło jest również miarą niedoskonałości w wykonywaniu Ojcowskiej woli.

Grzech jest świadomym, rozmyślnym i zamierzonym przekroczeniem Boskiego prawa. Grzech jest miarą sprzeciwu wobec Boskiego przewodnictwa i duchowego kierownictwa.

Nikczemność jest rozmyślnym, zdecydowanym i uporczywym łamaniem Boskiego prawa, Ojcowskiej woli. Nikczemność jest miarą trwałego odrzucenia miłości pełnego Ojcowskiego planu wiecznego życia osobowości i miłosiernego zbawienia, jakie niosą jego Synowie.

Zanim śmiertelny człowiek ponownie narodzi się w duchu, jest on z natury podporządkowany swym wrodzonym, złym tendencjom, ale taka naturalna niedoskonałość w postępowaniu nie jest ani grzechem, ani nikczemnością. Śmiertelny człowiek dopiero zaczyna swoje długie wznoszenie się ku perfekcji Ojca w Raju. To nie jest grzeszne, gdy ktoś jest niedoskonały, czy z natury niekompletnie wyposażony. Człowiek jest wprawdzie podatny na zło, ale nie jest w żadnym sensie dzieckiem zła, chyba, że świadomie i rozmyślnie wybrał drogę grzechu i życie w nikczemności. Zło jest nieodłączne naturalnemu porządkowi tego świata, ale grzech jest postawą świadomego buntu, którą przynieśli na ten świat ci, co upadli z duchowej światłości w kompletną ciemność.

Tomaszu, wprowadzają cię w błąd doktryny Greków i błędy Persów. Nie rozumiesz związków zła i grzechu, ponieważ uważasz, że ludzkość rozpoczęła na Ziemi z doskonałym Adamem i na skutek grzechu szybko się zdegenerowała do jej obecnego, żałosnego stanu. Ale dlaczego nie chcesz zrozumieć znaczenia tego zapisu, który mówi jak Kain, syn Adama, poszedł do ziemi Nod i pojął tam żonę? I dlaczego nie chcesz pojąć znaczenia zapisu, który opisuje synów Bożych, znajdujących dla siebie żony pośród córek ludzkich?

Doprawdy, ludzie z natury są źli, ale niekoniecznie grzeszni. Nowe narodzenie – chrzest duchowy – jest konieczne, aby się uwolnić od zła i niezbędne, aby wejść do królestwa nieba, ale to wcale nie umniejsza tego, że człowiek jest synem Bożym. Ta naturalna obecność potencjalnego zła też wcale nie oznacza, że człowiek w jakiś tajemniczy sposób obraził Ojca w niebie, więc jako obcy, cudzoziemiec czy pasierb, musi w pewien sposób starać się o legalną adopcję u Ojca. Wszystkie takie wymysły są zrodzone, po pierwsze, z twojego niezrozumienia Ojca, a po drugie, z twojej niewiedzy odnośnie pochodzenia, natury i przeznaczenia człowieka.

Grecy i inni uczyli ciebie, że człowiek zstępuje coraz bardziej w dół, od niebiańskiej doskonałości ku nicości czy unicestwieniu; ja przyszedłem pokazać, że człowiek, przez wejście do królestwa, pewnie i niezawodnie wznosi się w górę, do Boga i do Boskiej doskonałości. Potencjalnie zła jest każda istota, która z jakichkolwiek przyczyn nie stanie na wysokości niebiańskich, duchowych ideałów wiecznej, Ojcowskiej woli, ale takie istoty nie są w żadnym sensie grzeszne a tym bardziej nikczemne.

Tomaszu, czyż nie czytałeś Pisma, gdzie jest napisane: «Jesteście dziećmi Pana i waszego Boga». «Ja będę mu Ojcem, a on będzie mi synem». «Albowiem wybrałem go sobie na syna – ja będę mu Ojcem». «Przywiedź moich synów z daleka a moje córki z krańców ziemi; wszystkich, którzy noszą me imię i których stworzyłem dla mojej chwały». «Jesteście synami żywego Boga». «Albowiem ci, którzy mają ducha Bożego, naprawdę są synami Bożymi». Podczas gdy istnieje materialna część ludzkiego ojca w jego własnym dziecku, w każdym wierzącym synu królestwa istnieje duchowa część niebiańskiego Ojca".

Wszystko to i znacznie więcej powiedział Jezus Tomaszowi i wiele z tego apostoł zrozumiał, tym niemniej Jezus napomniał go, żeby „nie mówił o tych sprawach z innymi, do czasu, kiedy wrócę do Ojca". I Tomasz nie wspomniał nikomu o tej rozmowie, dopóki Mistrz nie odszedł z tego świata.

5. SENS CIERPIENIA

Innym razem, podczas tych prywatnych rozmów w ogrodzie, Nataniel zapytał Jezusa: „Mistrzu, chociaż zaczynam rozumieć, dlaczego nie chcesz zbiorowo uzdrawiać, ciągle nie potrafię zrozumieć, dlaczego kochający Ojciec w niebie pozwala na to, żeby jego dzieci na Ziemi cierpiały tyle nieszczęść". Mistrz odpowiedział Natanielowi:

„Natanielu, ten problem masz ty i wielu innych, ponieważ nie rozumiecie, w jaki sposób naturalny porządek tego świata został tak wiele razy zakłócony przez grzeszne przygody pewnych, zbuntowanych wiarołomców woli Ojca. Przyszedłem, żeby zacząć porządkować te sprawy. Ale trzeba będzie wielu epok, aby tę część wszechświata zawrócić na dawne drogi i w ten sposób uwolnić dzieci ludzkie od dodatkowych obciążeń grzechu i buntu. Samo istnienie zła stanowi wystarczającą próbę w procesie wznoszenia się człowieka – poznanie grzechu nie jest konieczne dla osiągnięcia wiecznego życia.

Jednak powinieneś wiedzieć, mój synu, że Ojciec nie zsyła nieszczęść celowo na swoje dzieci. Człowiek sam ściąga na siebie niepotrzebne nieszczęścia, dlatego, że uparcie nie chce chodzić lepszymi drogami Boskiej woli. Zło utajone jest w nieszczęściu, ale wiele zła jest wynikiem grzechu i nikczemności. Wiele niezwykłych wypadków zdarzyło się na tym świecie, więc nie należy się dziwić, że wszyscy myślący ludzie mogą być zdumieni widokiem cierpień i nieszczęść, których są świadkami. Ale jednej rzeczy możesz być pewny: Ojciec nie zsyła nieszczęścia jako arbitralnej kary za złe uczynki. Niedoskonałości i wypaczenia, powstałe w wyniku zła są naturalne; kary w rezultacie grzechu są nieuniknione; niszczące konsekwencje nikczemności są nieubłagane. Człowiek nie powinien winić Boga za te nieszczęścia, które są naturalnym wynikiem życia, jakim zechciał żyć, tak samo człowiek nie powinien narzekać na te doświadczenia, które są częścią życia, jakim się żyje na tym świecie. Jest wolą Ojca, żeby śmiertelny człowiek pracował wytrwale i konsekwentnie w kierunku poprawy warunków swego życia na Ziemi. Inteligentne wysiłki umożliwiłyby człowiekowi pokonanie większości jego ziemskiej niedoli.

Naszą misją, Natanielu, jest pomóc ludziom w rozwiązywaniu ich duchowych problemów i tym samym ożywić ich umysły, żeby byli lepiej przygotowani i inspirowani do rozwiązywania swych różnorodnych problemów materialnych. Rozumiem twoją dezorientację, ponieważ czytałeś Pismo. Zbyt często ma ono tendencję przypisywania Bogu odpowiedzialności za wszystko to, czego nieświadomy człowiek nie może zrozumieć. Ale Ojciec nie jest osobiście odpowiedzialny za wszystko, czego nie rozumiesz. Nie zwątp w miłość Ojca, tylko dlatego, że jakieś sprawiedliwe i mądre prawo przez niego zarządzone przypadkowo cię dotknęło, ponieważ ty, niewinnie lub rozmyślnie naruszyłeś Boskie zarządzenia.

Ale, Natanielu, w Piśmie jest wiele tego, co mogłoby cię nauczyć, gdybyś czytał wnikliwie. Czy pamiętasz, że jest napisane: «Upomnieniem Pańskim nie gardź, mój synu, nie odrzucaj ze wstrętem strofowań; bowiem karci Pan, kogo miłuje, jak ojciec syna, którego lubi». «Pan niechętnie przecież zsyła nieszczęścia». «Błądziłem, zanim przyszło utrapienie; teraz jednak przestrzegam prawa. Dobrze to dla mnie, żem został upokorzony, abym w ten sposób mógł nauczyć się Boskich ustaw». «Znam wasze uciemiężenia. Schronem pewnym jest Bóg wiekuisty, a tu na dole ramiona wieczne». «Pan jest także ucieczką dla uciśnionego, przystanią wytchnienia w czasach utrapienia». «Pan go pokrzepi na łożu boleści; Pan nie zapomina o chorych». «Tak jak ojciec okazuje współczucie swoim dzieciom, tak i Pan współczuje tym, którzy się go boją. On zna twoje ciało; pamięta, że jesteśmy prochem». «On leczy tych ze złamanym sercem i przewiązuje ich rany». «Jest nadzieją dla biednych, dla ubogich podporą w utrapieniu, osłoną przed deszczem, cieniem przed piekącym skwarem». «On dodaje mocy zmęczonemu i pomnaża siły omdlałego». «Nie złamie trzciny nadłamanej, nie zagasi knotka o nikłym płomyku». «Gdy pójdziesz przez wody cierpienia, ja będę z tobą i gdy rzeki złego losu będą się przelewać, ja nie opuszczę ciebie». «Posłał mnie, by opatrywać rany serc złamanych, by zapowiadać wolność jeńcom i aby pocieszać wszystkich zasmuconych». «Jest poprawa w cierpieniu; nieszczęście nie wzrasta z pyłu»".

6. NIEZROZUMIENIE CIERPIENIA – ROZPRAWA O HIOBIE

Tego samego wieczora, w Betsaidzie, Jan również zapytał Jezusa, dlaczego tak wielu na pozór niewinnych ludzi cierpi na skutek rozlicznych chorób i doznaje tak wielu nieszczęść. Odpowiadając na pytania Jana, Mistrz rzekł między innymi:

„Mój synu, nie pojmujesz znaczenia złego losu czy roli cierpienia. Czyż nie czytałeś arcydzieła literatury semickiej – opowiadania w Piśmie Świętym o nieszczęściach Hioba? Czy nie przypominasz sobie, jak to opowieścią o materialnym dobrobycie sługi Pana rozpoczyna się ta cudowna przypowieść? Dobrze pamiętasz, że Hiob był błogosławiony dziećmi, bogactwem, dostojeństwem, pozycją, zdrowiem i wszystkim tym, co ludzie cenią w tym doczesnym życiu. Zgodnie z wiekami uświęconymi naukami dzieci Abrahama, taka materialna pomyślność była zupełnie wystarczającym dowodem Boskiej łaski. Jednak takie materialne dobra i doczesna pomyślność nie oznaczają łaski

Bożej. Mój Ojciec w niebie tak samo kocha biednych jak i bogatych; nie ma on względu na osoby.

Chociaż po przekroczeniu Boskiego prawa wcześniej czy później nadchodzi żniwo kary, kiedy ludzie zbierają to, co posieli, mimo to wciąż powinniście pamiętać, że ludzkie cierpienie nie zawsze jest karą za poprzedzający je grzech. Zarówno Hiobowi jak i jego przyjaciołom nie udało się znaleźć prawidłowej odpowiedzi na ich wątpliwości. I w tym świetle, które teraz macie, chyba nie dalibyście Szatanowi czy Bogu tych ról, jakie odgrywają w tej unikalnej przypowieści. Podczas gdy Hiob poprzez cierpienie nie znalazł rozwiązania swych intelektualnych problemów ani rozstrzygnięcia swych filozoficznych trudności, odniósł on wspaniałe zwycięstwo; nawet w obliczu załamania się jego teologicznej obrony, wzniósł się na te duchowe wyżyny, kiedy mógł szczerze powiedzieć: «Czuję wstręt do siebie»; i wtedy przyszedł ratunek w postaci *widzenia Boga*. Pomimo tak całkiem źle zrozumianego cierpienia, Hiob wzniósł się na nadludzki poziom moralnego zrozumienia i duchowej wnikliwości. Kiedy cierpiący sługa ma widzenie Boga, nastaje pokój w jego duszy, który przewyższa wszelkie ludzkie zrozumienie.

Pierwszy z przyjaciół Hioba, Elifaz, napominał poszkodowanego, aby w swoim cierpieniu okazał ten sam hart ducha, jaki zalecał innym w dniach swojej pomyślności. Ten fałszywy pocieszyciel powiedział: «Hiobie, zaufaj swojej religii; pamiętaj, że to niegodziwy cierpi a nie sprawiedliwy. Musiałeś zasłużyć na karę, inaczej nie byłbyś nią dotknięty. Ty wiesz, że w oczach Boga nikt nie może być sprawiedliwy. Wiesz, że niegodziwemu nigdy naprawdę się nie powodzi. Zresztą, wydaje się, że człowiek musi mieć kłopoty i być może Pan karze cię tylko dla twego dobra». Nic więc dziwnego, że z takiej interpretacji problemu ludzkiego cierpienia biedny Hiob niewiele miał pociechy.

Ale rada drugiego przyjaciela, Bildada, była jeszcze bardziej przygnębiająca, pomimo jej mądrości w świetle uznawanej wtedy teologii. Bildad powiedział: «Bóg nie może być niesprawiedliwy. Skoro twoje dzieci zginęły, musiały być grzesznikami; ty musisz błądzić, inaczej nie cierpiałbyś tak. A jeśli jesteś naprawdę sprawiedliwy, Bóg z pewnością wybawi cię z twoich cierpień. Powinieneś wyciągnąć wnioski z historii postępowania Boga z człowiekiem, że Wszechmocny niszczy tylko niegodziwych».

I pamiętasz, co Hiob odpowiedział przyjacielowi: «Dobrze wiem, że Bóg nie słyszy mego wołania o pomoc. Jak Bóg może być sprawiedliwy a jednocześnie tak zupełnie lekceważyć moją niewinność? Widzę, że błagając Wszechmocnego, nie mogę otrzymać zadośćuczynienia. Czyż nie widzicie, że Bóg zezwala na prześladowanie dobra przez niegodziwość? A skoro człowiek jest tak słaby, jaką ma szansę na wynagrodzenie z rąk wszechmocnego Boga? Bóg uczynił mnie takim, jakim jestem i kiedy obraca to przeciw mnie, jestem bezbronny. I po co w ogóle Bóg mnie stworzył, abym cierpiał w tak nędzny sposób»?

I któż może zakwestionować stanowisko Hioba, z punktu widzenia rady przyjaciół i błędnych idei Boga, zaprzątających jego umysł? Czyż nie widzicie, że Hiob tęsknił za *ludzkim* Bogiem, że chciał przestawać z Boską Istotą, znającą ludzki, śmiertelny stan i rozumiejącą, że sprawiedliwy często musi cierpieć niewinnie, co jest składnikiem tego, pierwszego życia na długiej drodze wznoszeniu się do Raju? Dlatego też Syn Człowieczy przyszedł od Ojca, żeby żyć takim życiem w ciele, w którym miałby możność pocieszyć i wspomagać wszystkich tych, którzy w przyszłości zostaną powołani do znoszenia nieszczęść Hioba.

Trzeci przyjaciel Hioba, Sofar, mówił potem jeszcze mniej słów pociechy: «Jesteś niemądry, kiedy utrzymujesz, że jesteś prawy, widząc, żeś tak dotknięty. Przyznaję jednak, że niemożliwe jest zrozumienie Boskich dróg. Być może jest jakiś ukryty cel w całej twojej niedoli». A kiedy Hiob wysłuchał wszystkich trzech przyjaciół, zwrócił się o pomoc bezpośrednio do Boga, przedstawiając mu, że «człowiek narodzony z niewiasty, dni krótkich jest i pełen kłopotów».

Potem zaczęła się druga rozmowa z przyjaciółmi. Elifaz stał się bardziej srogi, oskarżycielski i sarkastyczny. Bildad zaczął się oburzać, że Hiob lekceważy przyjaciół. Sofar powtarzał swą przygnębiającą radę. W tym czasie Hiob zaczął odczuwać obrzydzenie do swych przyjaciół i odwołał się znowu do sprawiedliwego Boga, przeciw Bogu niesprawiedliwości, ucieleśnionemu w filozofii swych przyjaciół i uznawanemu nawet w jego własnym światopoglądzie religijnym. Następnie Hiob zaczął szukać pociechy w przyszłym życiu, w którym nierówności śmiertelnego bytu mogą zostać sprawiedliwiej wyrównane. To, że Hiob nie znalazł pomocy u człowieka, prowadzi go do Boga. Potem następuje w jego sercu wielka walka, pomiędzy wiarą a zwątpieniem. W końcu ludzki cierpiętnik zaczyna dostrzegać światło życia; jego umęczona dusza wznosi się na nowe wyżyny nadziei i odwagi; może dalej cierpieć a nawet umrzeć, ale jego oświecona dusza wydaje teraz okrzyk tryumfu, «Wybawca mój żyje!».

Hiob miał zupełną rację, kiedy kwestionował tę doktrynę, że Bóg zsyła nieszczęścia na dzieci, aby ukarać ich rodziców. Hiob zawsze gotów był przyznać, że Bóg jest prawy, pragnął jednak jakiegoś zadowalającego duszę objawienia osobowego charakteru Wiecznego. I to jest naszą misją na Ziemi. Cierpiący śmiertelnicy nie będą już pozbawieni tej pociechy, jaka jest rezultatem poznania miłości Boga i zrozumienia miłosierdzia Ojca w niebie. Podczas gdy głos Boży, przemawiający z trąby powietrznej, był majestatyczną koncepcją w tych czasach, kiedy była ona wyrażona, wy przecież zrozumieliście już, że Ojciec nie objawia się w ten sposób, ale raczej przemawia w sercu człowieka, jako głos sumienia, mówiący: «To jest droga; idź nią». Czyż nie rozumiesz, że Bóg zamieszkuje w tobie, że stał się tym, kim ty jesteś, że może uczynić ciebie tym, kim on jest"!

Na koniec Jezus oświadczył: „Ojciec w niebie nie sprowadza z własnej woli nieszczęść na synów ludzkich. Człowiek cierpi, po pierwsze, z powodu wypadków czasu i defektów zła niedojrzałej egzystencji materialnej. Następnie, cierpi w wyniku nieubłaganych konsekwencji grzechu – naruszenia praw życia i światłości. I na koniec, człowiek zbiera żniwo swego własnego, nikczemnego uporu, kiedy buntuje się przeciw sprawiedliwej władzy dla nieba i Ziemi. Ale niedole człowiecze nie są *osobistym* karaniem w wyniku Bożego sądu. Człowiek może robić i będzie robił wiele, aby zmniejszyć swoje doczesne cierpienia. Ale raz na zawsze zostanie wyzwolony od przesądu, że Bóg dotyka człowieka nieszczęściem na żądanie złego. Poznawajcie księgę Hioba właśnie po to, aby zrozumieć, ile błędnych idei o Bogu mogą szczerze żywić nawet dobrzy ludzie; i wtedy zauważcie, że nawet boleśnie dotknięty Hiob znalazł Boga dającego otuchę i zbawienie, wbrew tak błędnemu nauczaniu. W końcu jego wiara przebiła chmury cierpienia, aby dostrzec światło życia płynące od Ojca jako uzdrawiające miłosierdzie i wieczną prawość".

Wiele dni Jan rozważał w swoim sercu to, co usłyszał. W wyniku tej rozmowy z Mistrzem w ogrodzie zmieniło się całe jego dalsze życie i później robił wiele, aby odmienić punkt widzenia innych apostołów w sprawie źródła, natury i sensu codziennego, ludzkiego cierpienia. Jednak, aż do odejścia Mistrza, Jan nigdy nie wspominał o tej rozmowie.

7. CZŁOWIEK Z USCHNIĘTĄ RĘKĄ

W przedostatni szabat przed tym dniem, kiedy apostołowie i nowe grupy ewangelistów wyszły na drugą turę głoszenia kazań po Galilei, Jezus przemawiał w synagodze, w Kafarnaum, na temat „Rozkosze prawego życia". Kiedy Jezus skończył, duża grupa kalek, utykających, chorych i cierpiących stłoczyła się wokół niego, szukając uzdrowienia. W tej grupie byli również apostołowie, wielu nowych ewangelistów i szpiedzy faryzeuszów z Jerozolimy. Wszędzie tam, gdzie szedł Jezus (z wyjątkiem, kiedy był na wzgórzach w sprawach Ojca), sześciu szpiegów z Jerozolimy niezawodnie podążało za nim.

Gdy Jezus stał i rozmawiał z ludźmi, przywódca szpiegujących faryzeuszy namówił człowieka z uschniętą ręką, aby podszedł do Jezusa i zapytał, czy jest zgodne z prawem być uzdrowionym w dzień szabatu czy raczej powinien szukać pomocy w innym dniu. Kiedy Jezus zobaczył tego człowieka, usłyszał jego słowa i uświadomił sobie, że jest on wysłany przez faryzeuszy, powiedział: „Podejdź, a zadam ci pytanie. Jeśli masz owcę i ona wpadnie w dół w dzień szabatu, czy sięgniesz po nią, chwycisz i wyciągniesz? Czy jest zgodne z prawem zrobić taką rzecz w dzień szabatu"? A człowiek ten odpowiedział: „Tak Mistrzu, będzie zgodne z prawem postąpić tak dobrze w dzień szabatu". Wtedy Jezus, zwracając się do wszystkich, powiedział: „Wiem, dlaczego wysłaliście do mnie tego człowieka. Znaleźlibyście przypadek przewinienia u mnie, jeśli skusilibyście mnie do okazania miłosierdzia w dzień szabatu. W milczeniu zgodziliście się wszyscy, że jest zgodne z prawem wyciągnąć nieszczęśliwą owcę z dołu, nawet w dzień szabatu, a ja powołuję was nas świadków, że jest zgodne z prawem okazać miłosierną dobroć w dzień szabatu nie tylko zwierzętom, ale także człowiekowi. O ile więcej wart jest człowiek niż owca! Oświadczam, że jest zgodne z prawem czynić dobro ludziom w dzień szabatu". I kiedy wszyscy stali przed nim w milczeniu, Jezus, zwracając się do człowieka z uschniętą ręką, powiedział: „Stań tutaj przy mnie, żeby cię wszyscy mogli widzieć. I teraz, abyście mogli się przekonać, że jest wolą mego Ojca czynić dobrze w dzień szabatu, jeśli masz wiarę, żeby być uzdrowionym, nakazuję ci, rozprostuj rękę".

I kiedy człowiek ten rozprostował swoją uschniętą rękę, była zdrowa. Ludzie chcieli się rzucić na faryzeuszy, ale Jezus ich uspokoił, mówiąc: „Dopiero mówiłem wam, że jest zgodne z prawem czynić dobro w szabat, ratować życie, ale nie uczyłem was, abyście czynili krzywdę i dali upust chęciom zabijania". Rozgniewani faryzeusze odeszli i nie zważając na to, że jest szabat, natychmiast pośpieszyli do Tyberiady i rozmawiali z Herodem, robiąc wszystko, co było w ich mocy, aby wywołać jego nieprzychylne nastawienie wobec Jezusa, aby pozyskać sobie herodian, jako sprzymierzeńców przeciw Jezusowi. Ale Herod odmówił wszczęcia postępowania przeciw Jezusowi, radząc im, aby przedłożyli swoje skargi w Jerozolimie.

Był to pierwszy przypadek cudu, dokonanego przez Jezusa, w odpowiedzi na wyzwanie jego nieprzyjaciół. I Mistrz zrobił ten, tak zwany cud, nie jako demonstrację swojej uzdrowicielskiej mocy, ale jako odpowiedni protest przeciw robieniu z szabatowego, religijnego odpoczynku prawdziwej niewoli bezsensownych restrykcji dla całego rodzaju ludzkiego. Człowiek ten zaczął na nowo pracować jako kamieniarz, dowodząc tym samym, że jest jednym z tych, których uzdrowienie sprawiło, iż żyli życiem dziękczynienia i prawości.

8. OSTATNI TYDZIEŃ W BETSAIDZIE

W ostatnim tygodniu pobytu w Betsaidzie, szpiedzy z Jerozolimy zaczęli mieć coraz bardziej zróżnicowane opinie w sprawie nauk Jezusa. Trzech z tych faryzeuszów było pod kolosalnym wrażeniem tego, co widzieli i słyszeli. W międzyczasie, w Jerozolimie, młody i wpływowy członek Sanhedrynu, Abraham, publicznie przyjął naukę Jezusa i został ochrzczony przez Abnera w sadzawce Syloe. Cała Jerozolima była poruszona tym wydarzeniem i natychmiast wyprawiono posłańców do Betsaidy i odwołano sześciu szpiegujących faryzeuszy.

Grecki filozof, który podczas poprzedniej tury po Galilei został pozyskany dla królestwa, wrócił z pewnymi bogatymi Żydami z Aleksandrii i raz jeszcze zaprosił Jezusa, aby przybył do ich miasta i założył tam szkołę filozofii i religii, jak również lecznicę dla chorych. Ale Jezus uprzejmie odrzucił zaproszenie.

W tym czasie, do obozowiska w Betsaidzie przybył z Bagdadu prorok Kirmet, prorokujący w stanie transu. Ten rzekomy prorok miał w czasie transu osobliwe wizje i opowiadał fantastyczne przywidzenia, kiedy przerwano mu sen. Wywoływał on poważne niepokoje w obozie i Szymon Zelota chciał raczej brutalnie potraktować tego, zwodzącego siebie samozwańca, ale Jezus interweniował i pozostawił mu całkowitą swobodę działania na kilka dni. Wszyscy, którzy słyszeli jego kazania, wkrótce rozpoznali, że jego nauka brzmiała fałszywie w świetle ewangelii królestwa. Niebawem Kirmet wrócił do Bagdadu, zabierając ze sobą zaledwie pół tuzina niezrównoważonych i narwanych dusz. Ale zanim Jezus wstawił się za prorokiem z Bagdadu, Dawid Zebedeusz, z pomocą samozwańczego komitetu zabrał Kirmeta na jezioro i po kilkakrotnym zanurzeniu go w wodzie, poradził mu, aby sobie stąd poszedł – aby zorganizował sobie i założył swój własny obóz.

Tego samego dnia, Bet-Marion, fenicka kobieta, została taką fanatyczką, że straciła głowę i omal się nie utopiła, próbując chodzić po wodzie; po czym jej przyjaciele odesłali ją z obozu.

Nowy wyznawca z Jerozolimy, Abraham, faryzeusz, przekazał cały swój ziemski majątek do apostolskiego skarbca i ta darowizna przyczyniła się w znacznym stopniu do natychmiastowego wysłania stu nowo wyszkolonych ewangelistów. Andrzej ogłosił już zamknięcie obozowiska i wszyscy szykowali się albo do powrotu do domu, albo do pójścia z ewangelistami do Galilei.

9. UZDROWIENIE PARALITYKA

W piątek po południu, 1 października, kiedy Jezus miał swoje ostatnie spotkanie z apostołami, ewangelistami i innymi przywódcami rozwiązywanego obozowiska, oraz z sześcioma faryzeuszami z Jerozolimy, którzy siedzieli w pierwszym rzędzie zgromadzenia w obszernym, powiększonym pokoju domu Zebedeusza, nastąpiła jedna z tych dziwnych i bardzo niezwykłych rzeczy, jakie się zdarzały w całym ziemskim życiu Jezusa. Mistrz właśnie przemawiał, stojąc w tym dużym pokoju tak zbudowanym, aby mógł pomieścić zebranych w czasie pory deszczowej. Dom był całkowicie otoczony przez niezmierzony tłum ludzi, którzy nastawiali ucha, aby wyłapać cokolwiek z tego, co mówił Jezus.

Podczas gdy dom był zatłoczony ludźmi i całkowicie otoczony przez gorliwych słuchaczy, człowiek z Kafarnaum, dotknięty od dłuższego czasu paraliżem, przyniesiony został przez swych przyjaciół na małej leżance. Ten paralityk dowiedział się, że Jezus niedługo opuści Betsaidę a po rozmowie z Aaronem, kamieniarzem, który tak niedawno odzyskał zdrowie, postanowił, aby go zaniesiono przed Jezusa, gdzie mógł się spodziewać uzdrowienia. Jego przyjaciele próbowali wejść do domu Zebedeusza zarówno przez frontowe jak i przez tylne drzwi, ale zbyt wielu tam się stłoczyło. Jednak paralityk nie dawał za wygraną; kazał swym przyjaciołom postarać się o drabiny, po których się wspięli na dach pokoju, gdzie przemawiał Jezus a potem, po zdjęciu dachówek, śmiało opuścili mężczyznę na leżance, na linach, aż cierpiący znalazł się na podłodze wprost przed Mistrzem. Kiedy Jezus zobaczył co zrobili, zamilkł, natomiast ci, którzy przebywali z nim w pokoju, zdumieli się obecnością chorego mężczyzny i jego przyjaciół. Paralityk powiedział: „Mistrzu, nie przerywałbym twej nauki, ale postanowiłem zrobić wszystko, aby być zdrowy. Nie jestem jak ci, którzy dostali od ciebie zdrowie i natychmiast zapomnieli twojej nauki. Chciałbym być zdrowy, aby móc służyć królestwu nieba". Jezus, nie zważając na to, że nieszczęście dotknęło tego człowieka w wyniku źle prowadzonego życia, powiedział do paralityka: „Synu, nie bój się, twoje grzechy są odpuszczone. Twoja wiara cię zbawi".

Kiedy faryzeusze z Jerozolimy, wraz z innymi uczonymi w Piśmie i prawnikami siedzącymi razem z nimi, usłyszeli to oświadczenie Jezusa, zaczęli mówić między sobą: „Jak ten człowiek śmie mówić w ten sposób? Czy on nie rozumie, że są to słowa bluźnierstwa? Któż może wybaczyć grzechy prócz samego Boga"? Jezus spostrzegłszy w swym duchu, że tak rozumowali, zarówno w myślach jak i między sobą, zwrócił się do nich: „Cóż to za myśli nurtują wasze serca? Kim jesteście, żeby mnie osądzać? Jaka to różnica, czy powiem paralitykowi, odpuszczone są grzechy twoje, czy wstań weź swoje łóżko i chodź? Jednak abyście wy, którzy byliście świadkami tego wszystkiego, zrozumieli wreszcie, że Syn Człowieczy ma na Ziemi władzę odpuszczania grzechów, powiem do tego nieszczęśliwego mężczyzny: Wstań, weź swoje łóżko i idź do swego domu". I kiedy Jezus to powiedział, paralityk wstał i tak jak mu robili drogę, przeszedł przed wszystkimi. A ci, którzy to widzieli, byli zdumieni. Piotr odprawił zgromadzenie, podczas gdy wielu modliło się i wielbiło Boga, wyznając, że nigdy przedtem nie widzieli czegoś tak niezwykłego.

Mniej więcej w tym czasie przybyli posłańcy Sanhedrynu, nakazując sześciu szpiegom powrót do Jerozolimy. Kiedy się szpiedzy o tym dowiedzieli, zaczęli z ożywieniem rozprawiać między sobą; a po skończonej dyskusji przywódca i dwóch jego pomocników wrócili z posłańcami do Jerozolimy, podczas gdy trzech szpiegujących faryzeuszy wyznało wiarę w Jezusa; po czym natychmiast poszli do jeziora, gdzie zostali ochrzczeni przez Piotra i jako dzieci królestwa przyjęci do wspólnoty przez apostołów.

PRZEKAZ 149

DRUGA TURA GŁOSZENIA KAZAŃ

DRUGA publiczna tura głoszenia kazań w Galilei rozpoczęła się w niedzielę, 3 października, roku 28 n.e. i trwała niemal trzy miesiące, kończąc się 30 grudnia. W tej misji brał udział Jezus z dwunastoma apostołami i nowo zwerbowany zespół 117 ewangelistów, jak również liczna grupa innych zainteresowanych osób. Podczas tej tury odwiedzili Gadarę, Ptolemaidę, Jafię, Dabarittę, Megiddo, Jizreel, Scytopolis, Tarichęę, Hippos, Gamalę, Betsaidę Juliusza i wiele innych miast i wiosek.

Zanim wyruszyli w niedzielny ranek, Andrzej i Piotr prosili Jezusa, aby udzielił końcowych pouczeń nowym ewangelistom, ale Mistrz nie chciał i mówił, że nie należy do jego obowiązków robienie tych rzeczy, które inni mogą zadowalająco wykonać. Po odpowiedniej deliberacji postanowiono, że Jakub Zebedeusz ma udzielić tego pouczenia. Podsumowując uwagi Jakuba, Jezus powiedział ewangelistom: „Idźcie teraz pracować, tak jak wam polecono a później, gdy okażecie się kompetentni i wierni, wyświęcę was, abyście głosili ewangelię królestwa".

W czasie tej tury tylko Jakub i Jan chodzili z Jezusem. Piotr i każdy inny apostoł zabrali ze sobą około tuzina ewangelistów i byli z nimi w bliskim kontakcie, podczas gdy tamci głosili kazania i nauczali. Jak tylko wierzący gotowi byli wejść do królestwa, apostołowie ich chrzcili. Podczas tych trzech miesięcy, Jezus i dwóch jego towarzyszy podróżowali sporo, częstokroć odwiedzali dwa miasta jednego dnia, żeby doglądać pracy ewangelistów i zachęcić ich do wysiłków na rzecz ustanowienia królestwa. Cała ta druga tura miała za swoje główne zadanie dać praktyczne doświadczenie zespołowi 117 świeżo wyszkolonych ewangelistów.

Podczas całego tego okresu, jak również później, aż do ostatniej podróży Jezusa i Dwunastu do Jerozolimy, Dawid Zebedeusz utrzymywał stałą bazę dla ich pracy na rzecz królestwa w domu swego ojca, w Betsaidzie. Było to centrum informacyjne działalności Jezusa na Ziemi i punkt kontaktowy dla służby posłańców, krążących pomiędzy ludźmi pracującymi w różnych częściach Palestyny i regionach przylegających; służbę tę prowadził Dawid. Wszystko to robił Dawid ze swojej własnej inicjatywy, ale za aprobatą Andrzeja. W tej sekcji gromadzenia informacji, szybko powiększającego się i poszerzającego swój obszar królestwa, Dawid zatrudniał od czterdziestu do pięćdziesięciu posłańców. Będąc tak zatrudniony, sam się częściowo utrzymywał, przeznaczając nieco czasu na swoje stare zajęcie – łowienie ryb.

1. SZERZĄCA SIĘ SŁAWA JEZUSA

Zanim obóz w Betsaidzie został rozwiązany, sława Jezusa, zwłaszcza jako uzdrowiciela, rozeszła się po wszystkich częściach Palestyny, po całej Syrii i krajach otaczających. Gdy Jezus i apostołowie wynieśli się z Betsaidy, całymi tygodniami napływali tam chorzy i kiedy nie znaleźli Mistrza, a dowiedzieli się od Dawida, gdzie jest, szli go szukać. Podczas tej tury Jezus celowo nie robił żadnych tak zwanych cudów uzdrowienia; a przecież dziesiątki cierpiących odzyskało zdrowie i szczęście, w rezultacie podbudowującej mocy intensywnej wiary, która pobudzała ich do podjęcia starań o wyzdrowienie.

Mniej więcej w czasie tej misji zaczęły się pojawiać i trwały przez całą resztę życia Jezusa na Ziemi osobliwe i niewytłumaczalne serie fenomenów uzdrawiania. Podczas trzech miesięcy tej tury, ponad sto mężczyzn, kobiet i dzieci, z Judei, Idumei, Galilei, Syrii, Tyru, Sydonu i spoza Jordanu zostało obdarzonych tym nieświadomym uzdrowieniem przez Jezusa i wróciło do swoich domów, szerząc sławę Jezusa. I tak postępowali nie zważając na to, że za każdym razem, kiedy Jezus spostrzegł jeden z tych spontanicznych przypadków uzdrowienia, zaraz nakazywał obdarzonemu zdrowiem, aby „nie mówił nikomu".

Nigdy nam nie objawiono, co zaszło w takich przypadkach spontanicznego czy nieświadomego uzdrowienia. Mistrz nigdy nie tłumaczył swoim apostołom, w jaki sposób dokonały się te uzdrowienia, poza tym, że w kilku przypadkach powiedział zwyczajnie, „zauważyłem, że moc wyszła ode mnie". W jednym przypadku, kiedy został dotknięty przez schorowane dziecko, skomentował, „zauważyłem, że życie wyszło ode mnie".

Z powodu braku bliższych informacji od Mistrza w sprawie natury tych przypadków spontanicznego uzdrowienia, byłoby zarozumialstwem z naszej strony próbować tłumaczyć, jak się one dokonały, ale dozwolone będzie odnotowanie naszej opinii o wszystkich tych fenomenach uzdrowienia. Sądzimy, że wiele tych pozornie cudownych uzdrowień, tak jak zachodziły w trakcie ziemskiej służby Jezusa, było rezultatem współistnienia następujących trzech, potężnych, skutecznych i powiązanych wzajemnie wpływów:

1. Istnienia silnej, dominującej i żywej wiary w sercu istoty ludzkiej, która wytrwale pragnęła uzdrowienia, w połączeniu z faktem, że takie uzdrowienie pożądane było raczej dla jego duchowych dobrodziejstw niż dla czysto fizycznej odnowy.

2. Istnienia, w połączeniu z taką ludzką wiarą, wielkiej sympatii i współczucia u wcielonego i miłosierdziem zdominowanego Stwórcy Syna Boga, który faktycznie posiadał w swojej osobie niemal nieograniczone i bezczasowe moce i prerogatywy stwórczego uzdrawiania.

3. Razem z tą wiarą istoty stworzonej i razem z życiem Stwórcy, należy również wziąć pod uwagę, że ten Bóg-człowiek był ucieleśnionym wyrazem woli Ojca. Jeśli podczas spotkania ludzkiej potrzeby z Boską mocą, Ojciec nie pragnie inaczej, te dwie rzeczy stają się jedną a uzdrowienie następuje nieświadomie dla Jezusa-człowieka, ale jest natychmiast rozpoznawane przez jego Boską naturę. Zatem wytłumaczenie tych wielu przypadków uzdrowień musi opierać się na wielkim prawie, które od dawna jest nam znane a mianowicie – to, czego Syn Stwórca pragnie a co jest zgodne z wolą wiecznego Ojca, JEST.

Tak więc uważamy, że w osobistej obecności Jezusa, pewne formy głębokiej, ludzkiej wiary dosłownie i prawdziwie *wywoływały* akty uzdrowienia, dokonywane przez pewne stwórcze siły i wszechświatowe osobowości, które wtedy były tak blisko związane z Synem Człowieczym. Dlatego też odnotować należy, że Jezus często pozwalał ludziom wyleczyć się w jego obecności, dzięki ich mocnej, osobistej wierze.

Wielu innych szukało uzdrowienia w czysto samolubnych celach. Bogata wdowa z Tyru przyszła, wraz ze swą świtą, szukać leczenia swych słabości, których było bardzo dużo; i jak szła za Jezusem nieomal przez całą Galileę, nieprzerwanie oferowała coraz więcej pieniędzy, tak, jakby moc Boża była czymś do kupienia przez licytującego najwyżej. Ale nigdy nie zainteresowała się ewangelią królestwa, szukała tylko wyleczenia swych cielesnych dolegliwości.

2. NASTAWIENIE LUDZI

Jezus rozumiał umysły ludzkie. Wiedział, co dzieje się w sercu człowieka i gdyby jego nauki zostały zachowane tak, jak je ludziom przedstawiał a jedynym komentarzem byłaby inspirująca interpretacja, jaką dawało jego ziemskie życie, wszystkie narody i wszystkie religie świata dołączyłyby szybko do grona wyznawców ewangelii królestwa. Najlepsze intencje wczesnych zwolenników Jezusa, aby ponownie zredagować jego naukę, żeby ją lepiej uprzystępnić pewnym narodom, rasom i religiom, sprawiły tylko to, że nauka ta jest trudniejsze do przyjęcia dla wszystkich innych narodów, ras i religii.

Apostoł Paweł, w swoich wysiłkach przybliżenia nauk Jezusa pewnym, jemu współczesnym grupom ludzi, napisał wiele listów, zawierających instrukcje i upomnienia. Podobnie czynili inni nauczyciele ewangelii Jezusa, ale żaden z nich nie zdawał sobie sprawy z tego, że niektóre z tych pism będą później zebrane przez ludzi, którzy je przedstawią jako uosobienie nauk Jezusa. Dzięki temu, chociaż tak zwane chrześcijaństwo zawiera więcej z ewangelii Mistrza niż jakakolwiek inna religia, zawiera również wiele tego, czego Jezus nie uczył. Oprócz włączenia do wczesnego chrześcijaństwa dużej ilości nauk, wywodzących się z perskich misteriów i znacznej części greckiej filozofii, popełniono dwa wielkie błędy:

1. Usiłowano dołączyć nauki ewangelii bezpośrednio do teologii żydowskiej, jak to ilustrują chrześcijańskie doktryny odkupienia – to nauczanie, że Jezus jest Synem złożonym w ofierze, aby zaspokoić srogą sprawiedliwość i ułagodzić Boski gniew Ojca. Takie nauczanie miało swój początek w chwalebnym wysiłku, aby uczynić ewangelię królestwa łatwiejszą do zaakceptowania dla niewierzących w nią Żydów. Chociaż starania te nie odniosły skutku, co się tyczy zjednania Żydów, udało im się wprawić w zakłopotanie i zrazić wiele uczciwych dusz we wszystkich późniejszych pokoleniach.

2. Drugim wielkim błędem wczesnych zwolenników Mistrza, który wszystkie późniejsze pokolenia wytrwale zachowują, było skoncentrowanie nauczania chrześcijańskiego tak całkowicie na *osobie* Jezusa. To nadmierne uwypuklanie osobowości Jezusa w teologii chrześcijańskiej doprowadziło do przyćmienia tego, czego nauczał i wszystko to jeszcze bardziej utrudniało przyjęcie nauki Jezusa przez Żydów, mahometan, Hindusów oraz innych wierzących ludzi Wschodu. Nie chcemy umniejszać miejsca zajmowanego przez osobę Jezusa w religii, która nosi jego imię, ale nie możemy dopuścić do tego, aby taki szacunek przyćmił jego natchnione życie, czy zastąpił jego zbawcze posłanie o ojcostwie Boga i braterstwie człowieka.

Nauczyciele religii Jezusa powinni podchodzić do innych religii tak, aby uznawać wspólne prawdy w tych religiach (wiele z nich bezpośrednio czy pośrednio z posłania Jezusa) i powstrzymywać się od kładzenia zbytniego nacisku na różnice.

Podczas gdy w tamtym, specyficznym okresie, sława Jezusa opierała się głównie na jego reputacji uzdrowiciela, nie oznacza to wcale, że tak pozostało. Z biegiem czasu coraz więcej osób szukało jego pomocy duchowej. Jednak właśnie fizyczne uzdrowienia najbardziej bezpośrednio i natychmiastowo przemawiały do zwyczajnych ludzi. Jezus coraz częściej był poszukiwany przez ofiary moralnej niewoli i psychicznych niepokojów i nieodmiennie uczył tych ludzi drogi wyzwolenia. Ojcowie szukali porady w sprawie umiejętnego postępowania ze swoimi synami a matki przychodziły po pomoc w pokierowaniu swoimi córkami. Ci, co przebywali w ciemnościach, przychodzili do niego a on im ukazywał światło życia. Jego ucho zawsze było otwarte na żale ludzkości i zawsze pomagał tym, którzy szukali jego pomocy.

Kiedy sam Stwórca przebywał na Ziemi, inkarnowany w formie cielesnej, nieuniknione było, że jakieś nadzwyczajne rzeczy musiały się zdarzyć. Ale nigdy nie powinniście podchodzić do Jezusa poprzez te, tak zwane cudowne zjawiska. Nauczcie się widzieć cuda poprzez Jezusa, ale nie popełniajcie błędu i nie patrzcie na Jezusa poprzez cuda. I to upomnienie jest uzasadnione, pomimo, że Jezus z Nazaretu jest jedynym założycielem religii, który dokonywał na Ziemi czynów nadmaterialnych.

Najbardziej zadziwiającą i najbardziej rewolucyjną cechą misji Michała na Ziemi była jego postawa wobec kobiet. W czasach i w pokoleniu, kiedy było przyjęte, że w miejscu publicznym mężczyzna nie pozdrawiał nawet własnej żony, Jezus, w związku z trzecią turą po Galilei, ośmielił się wziąć ze sobą kobiety, jako nauczycielki ewangelii. I miał bezprzykładną odwagę to zrobić, w obliczu nauczania rabinicznego, które głosiło, że byłoby „lepiej, aby słowa Prawa zostały spalone, niż miałyby być przekazane kobietom".

W jednym pokoleniu Jezus podźwignął kobiety ze stanu lekceważącego zapomnienia i trwającej wieki, niewolniczej harówki. I jest rzeczą haniebną dla religii, która ośmieliła się przyjąć imię Jezusa, że w swojej późniejszej postawie wobec kobiet nie miała moralnej odwagi pójść za jego szlachetnym przykładem.

Gdy Jezus obracał się między ludźmi, zauważali oni, że był zupełnie wolny od przesądów tamtych dni. Był wolny od religijnych uprzedzeń; nigdy nie był nietolerancyjny. W jego sercu nie było niczego, co przypominałoby antagonizmy społeczne. Chociaż przestrzegał tego, co dobre w religii ojców, nie wahał się lekceważyć sztucznych tradycji, wyniku przesądów i niewoli. Ośmielał się nauczać, że naturalne katastrofy, wypadki czasu i inne tragiczne zdarzenia nie są dopustami z Bożych wyroków czy tajemniczymi zrządzeniami Opatrzności. Potępiał niewolnicze poświęcanie się nic nieznaczącym obrzędom i demaskował fałszywe rozumowanie kultu materialistycznego. Śmiało głosił duchową wolność człowieka i ośmielał się nauczać, że śmiertelnicy żyjący w ciele są rzeczywiście prawdziwymi synami żywego Boga.

Jezus przewyższył wszystkie nauki swoich poprzedników, kiedy śmiało zamienił czyste ręce na czyste serce jako znak prawdziwej religii. Rzeczywistość postawił w miejsce tradycji i wymiótł wszelkie aspiracje próżności i hipokryzji. A jednak, ten nieustraszony człowiek Boży nie dawał upustu destrukcyjnemu krytycyzmowi czy przejawom krańcowego lekceważenia religijnych, społecznych, ekonomicznych i politycznych zwyczajów tamtego czasu. Nie był agresywnym rewolucjonistą, był postępowym ewolucjonistą. Zajmował się niszczeniem tego, co *było,* tylko wtedy, kiedy równocześnie oferował swoim współbraciom rzecz wyższą, która *powinna być.*

Jezus nie wymagał posłuszeństwa od swoich zwolenników, ale je miał. Tylko trzech ludzi, których powołał osobiście, odmówiło jego zaproszeniu, aby być jego uczniami. Roztaczał osobliwą moc, która przyciągała ludzi, ale nie był dyktatorski. Przewodził pewnie i nikt nigdy nie czuł się urażony wydawanymi przez niego poleceniami. Sprawował absolutną władzę nad swoimi uczniami, ale nikt nigdy się nie sprzeciwił. Pozwolił swoim wyznawcom nazywać siebie Mistrzem.

Mistrz był podziwiany przez wszystkich, którzy go spotkali, za wyjątkiem tych, którzy żywili głęboko zakorzenione uprzedzenia religijne lub tych, którzy uważali, że dostrzegli polityczne niebezpieczeństwo w jego nauce. Ludzie byli zdumieni oryginalnością i autorytatywnością jego nauczania. Podziwiali jego cierpliwość w postępowaniu z zacofanymi i natrętnymi ludźmi, zadającymi pytania. Bali się go tylko ci, którzy go nie spotkali a znienawidzony był tylko przez tych, którzy uważali go za orędownika tej prawdy, której przeznaczeniem było obalenie zła i błędów, jakie oni zdecydowali się zachować w swych sercach za wszelką cenę.

Wywierał wielki i szczególnie fascynujący wpływ, zarówno na przyjaciół jak i na wrogów. Tłumy mogły iść za nim tygodniami, tylko po to, żeby usłyszeć jego łaskawe słowa i zobaczyć jego proste życie. Oddani mu ludzie, mężczyźni i kobiety, kochali Jezusa nadludzkim niemalże uczuciem. Im lepiej go poznawali, tym bardziej go kochali. I wszystko to jest prawdą; nawet dzisiaj i we wszystkich przyszłych epokach, im lepiej będzie człowiek poznawać tego Boga-człowieka, tym bardziej będzie go kochać i za nim podążać.

3. WROGOŚĆ PRZYWÓDCÓW RELIGIJNYCH

Pomimo życzliwego przyjęcia Jezusa i jego nauk przez prostych ludzi, religijni przywódcy w Jerozolimie stawali się coraz bardziej zatrwożeni i wrogo nastawieni. Faryzeusze sformułowali systematyczną i dogmatyczną teologię. Jezus był nauczycielem, który nauczał, jak okoliczności dyktowały; nie był nauczycielem systematycznym. Jezus uczył nie tak z Prawa, jak z życia, przez przypowieści. (I kiedy używał przypowieści, aby zilustrować swoje posłanie, pragnął użyć w tym celu tylko *jednej* właściwości opowiadania. Wiele błędnych idei, dotyczących nauki Jezusa, wywodzić się może z prób tworzenia alegorii na podstawie tych przypowieści).

Religijni przywódcy w Jerozolimie wpadli nieomal w furię na skutek niedawnego nawrócenia się młodego Abrahama oraz z powodu dezercji trzech szpiegów, którzy zostali ochrzczeni przez Piotra i którzy teraz byli z ewangelistami na drugiej turze głoszenia kazań po Galilei. Przywódców żydowskich coraz bardziej zaślepiał strach i uprzedzenia a ich serca twardniały wskutek ciągłego odrzucania wzruszających prawd ewangelii królestwa. Kiedy ludzie zamkną się na wezwanie ducha, który w nich mieszka, niewiele można zrobić, aby odmienić ich postawę.

Kiedy Jezus spotkał się po raz pierwszy z ewangelistami, w obozie w Betsaidzie, powiedział na koniec swego przemówienia: „Powinniście pamiętać, że w ciele i umyśle – uczuciowo – ludzie reagują indywidualnie. Jedyną rzeczą *jednolitą* u ludzi jest zamieszkujący ich duch. Chociaż Boże duchy mogą być nieco zróżnicowane w naturze i stopniu ich doświadczenia, reagują jednolicie na wszystkie duchowe wezwania. Tylko przez tego ducha i przez odwoływanie się do niego, ludzkość może kiedyś osiągnąć jedność i braterstwo". Jednak wielu przywódców żydowskich zamknęło drzwi swoich serc na duchowe wezwanie ewangelii. Od tego dnia nie ustawali oni w swych planach i spiskach, zmierzających do zabicia Mistrza. Przekonani byli, że Jezus musi zostać aresztowany, skazany i stracony jako bluźnierca religijny, naruszający kardynalne nauki świętego prawa żydowskiego.

4. PRZEBIEG TURY KAZAŃ

Podczas tej tury kazań Jezus niewiele udzielał się publicznie, prowadził jednak wiele zajęć wieczornych z wiernymi w większości miast i wsi, w których miał możność przebywać z Jakubem i Janem. Podczas jednej z takich wieczornych sesji, jeden z młodszych ewangelistów zadał Jezusowi pytanie o gniewie a Mistrz odpowiedział między innymi:

„Gniew jest materialnym przejawem tego, co reprezentuje, ogólnie biorąc, miarę niepowodzenia duchowej natury w zdobyciu kontroli nad połączonymi naturami – intelektualną i materialną. Gniew oznacza, że brakuje wam tolerancyjnej, braterskiej miłości, jak również to, że nie macie poczucia własnej godności i samokontroli. Gniew szkodzi zdrowiu, poniża umysł i przeszkadza duchowemu nauczycielowi duszy ludzkiej. Czy nie czytaliście w Piśmie Świętym, że «gniew uśmierca niemądrych» i że człowiek «szamocze się w swym gniewie»? Że «człowiek nierychły do gniewu, jest bardzo roztropny», podczas kiedy «porywczy pomnaża głupotę»? Wszyscy wiecie, że «łagodna odpowiedź uśmierza gniew» i jak «przykre słowo wywołuje złość». «Roztropność powściąga gniew», podczas gdy «miastem odkrytym, bez murów jest człowiek nieopanowany». «Okrutna jest zapalczywość i niepohamowany jest gniew». «Człowiek skłonny do gniewu wszczyna zwadę, a porywczy popełnia wiele błędów»". Zanim Jezus skończył, powiedział jeszcze: „Niech wasze serca tak będą zdominowane miłością, żeby wasz duchowy przewodnik miał niewiele przeszkód przy wyzwoleniu was z tendencji dawania upustu waszym porywom zwierzęcego gniewu, który niezgodny jest ze statusem Boskiego synostwa".

Przy tej samej sposobności Mistrz opowiadał całej grupie o zaletach posiadania zrównoważonego charakteru. Mówił, że większość ludzi powinna się poświęcić opanowaniu jakiegoś zawodu, ale ubolewał nad wszelkimi tendencjami do nadmiernej specjalizacji – zawężenia umysłowego i ograniczenia w działalności życiowej. Zwracał uwagę na to, że jakakolwiek zaleta doprowadzona do krańcowości, może stać się występkiem. Jezus zawsze głosił umiar i nauczał logiczności – proporcjonalnej regulacji problemów życiowych. Ukazywał, że nadmierna sympatia i litość może się zdegenerować i prowadzić do poważnej destabilizacji emocjonalnej; że entuzjazm może prowadzić do fanatyzmu. Opowiadał o jednym z dawnych współpracowników, którego wyobraźnia doprowadziła do przedsięwzięć wizjonerskich i niepraktycznych. Jednocześnie ostrzegał przed niebezpieczeństwami apatii, wynikającej ze zbyt konserwatywnej przeciętności.

Potem Jezus rozprawiał o niebezpieczeństwach, związanych z odwagą i wiarą, jak wiodą one czasami bezmyślne dusze do lekkomyślności i zadufania. Ukazywał też, jak rozwaga i rozsądek, gdy posuwają się za daleko, prowadzą do tchórzostwa i niepowodzeń. Napominał swoich słuchaczy, aby dążyli do oryginalności, unikając jednak wszelkich tendencji do ekscentryczności. Obstawał przy sympatii bez sentymentalności, pobożności bez świętoszkowatości. Nauczał czczenia, wolnego od strachu i przesądów.

To, czego Jezus nauczał o zrównoważonym charakterze, nie wywarło takiego wpływu na jego towarzyszy, jak fakt, że jego własne życie było wymownym przykładem jego nauki. Żył pośród stresu i burzy, ale nigdy się nie zachwiał. Jego wrogowie wciąż szykowali mu pułapki, ale go nigdy nie usidlili. Mędrcy i uczeni usiłowali go zwieść, ale on nie pobłądził. Usiłowali go uwikłać w dyspucie, ale jego odpowiedzi były zawsze oświecające, dostojne i ostateczne. Kiedy przerywano mu dyskusję rozlicznymi pytaniami, jego odpowiedzi były zawsze znamienne i rozstrzygające. Nigdy nie uciekał się do niegodziwych taktyk, będąc pod stałym naciskiem swoich wrogów, którzy nie wahali się stosować wszelkiego rodzaju fałszywych, nierzetelnych i niecnych metod ataku na niego.

Podczas gdy prawdą jest, że znaczna ilość mężczyzn i kobiet musi pracowicie przykładać się do pewnego określonego zajęcia, jako zawodu dającego utrzymanie, jest jednak bardzo pożądane, aby istoty ludzkie mogły mieć szersze kulturowe możliwości zaznajamiania się z życiem, jakim się żyje na Ziemi. Prawdziwie wykształcone osoby nigdy nie są zadowolone, gdy trwają w niewiedzy o życiu i dokonaniach ich współbraci.

5. NAUKA O ZADOWOLENIU

Kiedy Jezus odwiedził grupę ewangelistów, pracującą pod kierownictwem Szymona Zeloty, w czasie dyskusji wieczornej Szymon zapytał Mistrza: „Dlaczego niektórzy ludzie są szczęśliwsi i bardziej zadowoleni niż inni? Czy zadowolenie jest sprawą doświadczenia religijnego"? Na pytanie Szymona Jezus odpowiedział, między innymi w ten sposób:

„Szymonie, niektóre osoby z natury są szczęśliwsze niż inne. Wiele, bardzo wiele zależy od gotowości człowieka do poddania się prowadzeniu i kierowaniu przez ducha Ojca, który żyje w nim. Czy nie czytałeś w Piśmie słów mędrca: «Lampą Pańską jest duch człowieka, on głębię wnętrza przenika»? I tacy, prowadzeni przez ducha śmiertelnicy, mówią również: «Sznur mierniczy wyznaczył mi dział wspaniały i bardzo mi jest miłe to moje dziedzictwo». «Lepsza jest odrobina u sprawiedliwego niż mnóstwo dostatków u bezbożnych», gdyż «człowiek uczciwy rad z uczynków swych». «Radosne serce rozwesela oblicze i jest to uczta wieczysta. Lepiej mieć mało i czcić Pana, niż wielkie skarby z niepokojem. Lepsze jest trochę jarzyn z miłością niż tłusty wół z nienawiścią. Lepiej mieć mało żyjąc sprawiedliwie niż niegodziwie mieć wielkie zyski». «Radość serca jest jak lekarstwo». «Lepsza jest pełna garść z prawością niż obie garści pełne ze smutkiem i udręczeniem ducha».

Większość ludzkiego smutku rodzi się z rozczarowań, zawiedzionych ambicji i urażonej dumy. Choć ludzie mają wobec siebie obowiązek najlepszego wykorzystania swego życia na Ziemi, nie szczędząc tym samym trudu, powinni wdzięcznie pogodzić się z losem i wykazać pomysłowość w najlepszym wykorzystaniu tego, co wpadło im w ręce. Również wiele ludzkich kłopotów powstaje na gruncie strachu, tającego się sercu człowieka. «Ucieka występny, choć go nikt nie goni». «Bezbożni zaś są jak morze wzburzone, które się nie może uciszyć i którego fale wyrzucają muł i błoto; nie ma pokoju – mówi Bóg – dla bezbożnych».

Nie szukajcie fałszywego pokoju i przejściowej radości, ale raczej rękojmi wiary i pewności Boskiego synostwa, które rodzi opanowanie, zadowolenie i najwyższą radość ducha".

Jezus nie traktował tego świata jako „doliny łez". Uważał go raczej za sferę narodzin wiecznych i nieśmiertelnych duchów, wznoszących się do Raju, uważał go za „dolinę tworzenia dusz".

6. „BOJAŹŃ PAŃSKA"

Było to w Gamali, podczas dyskusji wieczornej, gdy Filip zapytał Jezusa: „Mistrzu, jak to jest, że Pismo naucza nas «bojaźni Pańskiej», kiedy ty chcesz, abyśmy patrzyli na Ojca w niebie bez strachu? Jak mamy zharmonizować te nauki"? I Jezus odpowiedział Filipowi:

„Moje dzieci, nie dziwię się, że zadajecie takie pytania. Na początku tylko przez strach człowiek mógł uczyć się szacunku, ale ja przyszedłem objawić miłość Ojca, abyście byli zainteresowani w czczeniu Wiecznego, dzięki przyciąganiu kochającego, synowskiego uznania i w odwzajemnieniu głębokiej i doskonałej miłości Ojca. Chciałbym was wyzwolić z niewoli zmuszania się, na skutek zniewalającego strachu, do przykrej służby u zazdrosnego i gniewnego Króla-Boga. Chciałbym was uczyć o Ojcowsko-synowskim związku Boga i człowieka, tak, abyście byli prowadzeni z radością ku wzniosłej i niebiańskiej, dobrowolnej czci dla kochającego, sprawiedliwego i miłosiernego Ojca-Boga.

«Bojaźń Pańska» miała różne znaczenia w kolejnych wiekach, zaczynając od strachu, przez udręczenie i przerażenie, do grozy i szacunku. A teraz, od szacunku chciałbym was prowadzić, poprzez uznanie, uświadomienie sobie i zrozumienie wartości, do *miłości*. Kiedy człowiek poznaje tylko dzieła Boże, wywołuje to u niego strach przed Najwyższym; ale kiedy człowiek zaczyna rozumieć i doświadczać osobowości i charakteru żywego Boga, prowadzi go to coraz bardziej do kochania tego dobrego i doskonałego, wszechświatowego i wiecznego Ojca. I właśnie ta zmiana stosunku człowieka do Boga stanowi misję Syna Człowieczego na Ziemi.

Inteligentne dzieci nie muszą się bać ojca, aby otrzymać dobra z jego ręki; ale gdy otrzymają już obfitość dóbr, daną zgodnie z nakazem ojcowskiego uczucia do synów i córek, te bardzo kochane dzieci skłonne są kochać swego ojca w wyniku swej akceptacji i uznania tak hojnej dobroczynności. Dobroć Boga prowadzi do skruchy; dobroczynność Boga prowadzi do służby; miłosierdzie Boga prowadzi do zbawienia; podczas gdy miłość Boga prowadzi do inteligentnego i szczerego czczenia.

Wasi przodkowie bali się Boga, ponieważ był wielki i tajemniczy. Wy powinniście go wielbić, gdyż jest wielki w miłości, obfity w miłosierdziu i wspaniały w prawdzie. Moc Boga wywołuje strach w sercach ludzkich, ale szlachetność i prawość jego osobowości wzbudza szacunek, miłość i ochocze uwielbienie. Sumienny i kochający syn nie obawia się, ani się nie lęka, nawet potężnego i dostojnego ojca. Przyszedłem na ten świat, aby zastąpić strach miłością, lęk radością, niewolnicze więzy i bezsensowne ceremonie miłości pełną służbą i uznania pełną czcią. Jednak dla tych, co trwają w ciemności, nadal jest prawdą, że «początkiem wiedzy jest bojaźń Pańska». Kiedy jednak pełniejsza światłość nadchodzi, synowie Boży są skłonni wychwalać Nieskończonego raczej za to, kim on *jest*, niż z lęku przed tym, co on *robi*.

Gdy dzieci są małe i bezmyślne, trzeba je strofować, aby szanowały rodziców; gdy jednak dorastają i zaczynają niejako bardziej doceniać korzyści, wynikające ze służby i ochrony rodzicielskiej, kierują się, poprzez wyrozumiały respekt i narastające uczucie, do tego poziomu doświadczenia, kiedy naprawdę kochają rodziców raczej za to, czym oni są, niż za to, co zrobili. Ojciec z natury kocha swoje dziecko, ale dziecko musi kształtować swą miłość do ojca, od strachu przed tym, co ojciec może zrobić, przez trwogę, lęk, zależność i poważanie, do pełnego uznania i uczuciowego szacunku w miłości.

Nauczano was, że macie «bać się Boga i przestrzegać jego przykazań, bo to jest cała powinność człowieka». Ja jednak przyszedłem dać wam nowe i wyższe przykazanie. Chciałbym nauczyć was «kochać Boga i uczyć się czynić jego wolę, gdyż jest to najwyższy przywilej wyzwolonych synów Boga». Ojców waszych uczono «bać się Boga – Wszechmocnego Króla». Ja was uczę: «Kochajcie Boga – wszechmiłosiernego Ojca».

W królestwie nieba, które przyszedłem głosić, nie ma wielkiego i możnego króla; królestwo to jest Bożą rodziną. Mój Ojciec i wasz Ojciec jest powszechnie uznanym i czczonym bez zastrzeżeń centrum i głową tego rozległego bractwa istot inteligentnych. Jestem jego Synem a wy także jesteście jego synami. Zatem jest wieczną prawdą, że jesteśmy braćmi w niebiańskiej domenie a jeszcze bardziej dlatego, że zostaliśmy braćmi w ciele ziemskiego życia. Zatem przestańcie się lękać Boga jako króla lub mu służyć jako panu, uczcie się go szanować jako Stwórcę, honorować jako Ojca waszej duchowej młodości, kochać jako miłosiernego obrońcę a w końcu czcić jako kochającego i wszechmądrego Ojca, dzięki waszej dojrzalszej, duchowej świadomości i ocenie.

Z waszych błędnych koncepcji Ojca w niebie rodzą się fałszywe pojęcia pokory i to jest źródło znacznej części waszej obłudy. Człowiek może być robakiem z prochu, odpowiednio do swej natury i pochodzenia, ale kiedy zamieszka w nim duch mojego Ojca, człowiek ten staje się boski w swym przeznaczeniu. Obdarzający was duch mojego Ojca z pewnością wróci do swego Boskiego źródła i do wszechświatowego poziomu, z którego pochodzi, a ludzka dusza śmiertelnego człowieka, która powinna stać się nowo narodzonym dzieckiem zamieszkującego ją ducha, na pewno się wzniesie, wraz z Boskim duchem, przed samo oblicze wiecznego Ojca.

Zaprawdę pokorny staje się człowiek śmiertelny, który dostaje te wszystkie dary od Ojca w niebie, aczkolwiek istnieje również boska godność we wszystkich takich, wiernych kandydatach do wiecznego wznoszenia się w niebiańskim królestwie. Zwyczaje ostentacyjnej i fałszywej pokory są służalcze i bezsensowne, nie licują z wartością źródła waszego zbawienia i z właściwą oceną przeznaczenia waszych, zrodzonych z ducha dusz. Uniżoność przed Bogiem, w głębi waszych serc, jest zupełnie stosowna; łagodność w obliczu człowieka – chwalebna; ale obłuda świadomej i uwagi żądnej pokory jest dziecinna i niegodna oświeconych synów królestwa.

Dobrze czynicie, że jesteście pokorni przed Bogiem i opanowani przed ludźmi, ale niech wasza pokora ma źródło duchowe a nie będzie samozłudnym pokazem fałszywej wyższości, o egocentrycznym zabarwieniu. Roztropnie mówił prorok, «pokornie chodź z Bogiem», ponieważ Ojciec w niebie, choć Nieskończony jest i Wieczny, mieszka także «z człowiekiem skruszonym i pokornym». Mój Ojciec gardzi pychą, nie znosi obłudy i czuje odrazę do nikczemności. I żeby podkreślić wartość szczerości i doskonałego zaufania wobec miłosiernego wsparcia i wiernego przewodnictwa niebiańskiego Ojca, tak często się odwoływałem do małego dziecka, jako ilustracji postawy umysłowej i reakcji duchowych, tak ważnych dla śmiertelnego człowieka, kiedy wkracza w duchowe rzeczywistości królestwa nieba.

Dobrze określał prorok Jeremiasz wielu śmiertelników, kiedy mówił: «Blisko jesteście Boga w ustach, lecz daleko w sercu». A czy nie słyszeliście surowego ostrzeżenia proroka, który mówił: «kapłani nauczają za zapłatę a prorocy wieszczą za pieniądze. W tym samym czasie wyznają pobożność i głoszą, że Pan jest wśród nich». Czy nie byliście właściwie ostrzegani przed tymi, którzy «mówią o pokoju z bliźnimi swymi a myślą źle w sercach swoich», tymi, którzy «językiem swym schlebiają, podczas gdy serce ich knuje zasadzki»? Ze wszystkich smutków ufnego człowieka, żaden nie jest tak straszny, jak zostać «pobitym w domu zaufanych przyjaciół».

7. POWRÓT DO BETSAIDY

Andrzej, po konsultacji z Szymonem Piotrem i za aprobatą Jezusa, polecił Dawidowi w Betsaidzie, aby rozesłał posłańców do różnych grup głoszących kazania z poleceniem, żeby zakończyli turę i wrócili do Betsaidy w dowolnym czasie, w czwartek, 30 grudnia. Do wieczerzy tego, deszczowego dnia, wszystkie grupy apostolskie i nauczający ewangeliści przybyli do domu Zebedeusza.

Cała ta grupa pozostawała razem przez dzień szabatu, zakwaterowana po domach w Betsaidzie i w pobliskim Kafarnaum, po czym wszyscy dostali dwa tygodnie odpoczynku, żeby mogli iść do domu, do rodzin, odwiedzić przyjaciół czy łowić ryby. Te dwa albo trzy dni, kiedy przebywali razem w Betsaidzie, były doprawdy radosne i inspirujące; nawet starsi nauczyciele byli podbudowani przez młodych kaznodziei, kiedy ci opowiadali swoje przeżycia.

Ze 117 ewangelistów, którzy brali udział w drugiej turze głoszenia kazań w Galilei, tylko około siedemdziesięciu pięciu zdało egzamin praktycznego doświadczenia i zostali pod ręką, aby dostać przydział do służby na koniec dwu tygodni odpoczynku. Jezus, razem z Andrzejem, Piotrem, Jakubem i Janem, pozostał w domu Zebedeusza i spędził sporo czasu na omawianiu zagadnień dotyczących pomyślności królestwa i jego szerzenia się.

PRZEKAZ 150

TRZECIA TURA GŁOSZENIA KAZAŃ

W NIEDZIELĘ wieczorem, 16 stycznia, roku 29 n.e., Abner i apostołowie Jana dotarli do Betsaidy i następnego dnia mieli wspólną naradę z apostołami Jezusa. Abner i jego towarzysze wybrali na swoją główną siedzibę Hebron i mieli zwyczaj przychodzić okresowo do Betsaidy na takie narady.

Jedną z wielu spraw, rozważanych na tych wspólnych naradach, była praktyka namaszczania chorych pewnymi rodzajami olejków, w połączeniu z modlitwami, w celu ich uzdrowienia. Jezus znowu nie chciał brać udziału w tych dyskusjach, jak również nie chciał się wypowiadać w sprawie końcowych wniosków. Apostołowie Jana zawsze używali namaszczającego olejku w czasie swych posług dla chorych i cierpiących i chcieli to wprowadzić jako jednolitą praktykę dla obu grup, ale apostołowie Jezusa nie chcieli się dostosować do tego zwyczaju.

We wtorek, 18 stycznia, w domu Zebedeusza w Betsaidzie, do dwudziestu czterech apostołów przyłączyło się około siedemdziesięciu pięciu wypróbowanych ewangelistów, gotowych do pójścia na trzecią turę głoszenia kazań po Galilei. Ta trzecia misja trwała siedem tygodni.

Ewangeliści zostali rozesłani w grupach, po pięciu, a znaczną część tego czasu Jezus i Dwunastu podróżowali razem; gdy zaistniała potrzeba apostołowie odchodzili po dwóch, aby chrzcić wiernych. Przez prawie trzy tygodnie Abner i jego towarzysze także pracowali z grupami ewangelicznymi, doradzając im i chrzcząc wiernych. Odwiedzili Magdalę, Tyberiadę i Nazaret, jak również wszystkie główne miasta i wsie centralnej i południowej Galilei, wszystkie poprzednio odwiedzone miejsca oraz wiele innych. Było to ich ostatnie orędzie dla Galilei, za wyjątkiem jej części północnej.

1. KOBIECA GRUPA EWANGELICZNA

Ze wszystkich śmiałych rzeczy, jakie Jezus dokonał w związku ze swoją ziemską działalnością, najbardziej zdumiewające było jego nagłe oświadczenie, wieczorem 16 stycznia: „Jutro wybierzemy dziesięć kobiet do duszpasterskiej pracy dla królestwa". Na początku dwutygodniowego okresu wypoczynku, kiedy to apostołów i ewangelistów nie było w Betsaidzie, Jezus poprosił Dawida, aby zawołał swoich rodziców z powrotem do ich domu i aby rozesłał posłańców, celem wezwania do Betsaidy dziesięciu oddanych kobiet, które gospodarowały w byłym obozowisku i namiotowej lecznicy. Wszystkie te kobiety słuchały nauk udzielanych młodym ewangelistom, jednakże nigdy ani im samym ani ich nauczycielom nie przyszło do głowy, że Jezus ośmieli się zlecić kobietom nauczanie ewangelii królestwa i pielęgnowanie chorych. Kobietami wybranymi i powołanymi przez Jezusa były: Zuzanna, córka byłego chazana synagogi w Nazarecie; Joanna, żona Chuzy, rządcy u Heroda Antypasa; Elżbieta, córka bogatego Żyda z Tyberiady i Seforis; Marta, starsza siostra Andrzeja i Piotra; Rachela, szwagierka Judy, brata Mistrza w ciele; Nasanta, córka Elmana, lekarza syryjskiego; Milcha, kuzynka Apostoła Tomasza; Rut, najstarsza córka Mateusza Lewiego; Celta, córka rzymskiego setnika i Agaman, wdowa z Damaszku. Później do tej grupy Jezus dołączył jeszcze dwie kobiety, Marię Magdalenę i Rebekę, córkę Józefa z Arymatei.

Jezus upoważnił te kobiety, aby założyły swą własną organizację i polecił Judaszowi, aby dostarczył im funduszy na wyposażenie i zwierzęta juczne. Tych dziesięć kobiet wybrało na swoją szefową Zuzannę a na skarbniczkę Joannę. Odtąd same uzupełniały swoje własne fundusze; już nigdy się nie zwróciły do Judasza o wsparcie.

Wyjątkowo zdumiewało w tamtym czasie, że kobiety, którym nie pozwalano nawet przebywać w głównym pomieszczeniu synagogi (obecność ich była ograniczona tylko do galerii kobiecej), zostały uznane za pełnoprawne nauczycielki nowej ewangelii królestwa. Obowiązki, jakie Jezus powierzył tym kobietom, kiedy je wybrał do nauczania ewangelii i duszpasterstwa, były proklamacją emancypacji, która wyzwoliła wszystkie kobiety po wszystkie czasy; nigdy już mężczyzna nie traktował kobiety jako duchowo niższej od siebie. Był to prawdziwy szok, nawet dla dwunastu apostołów. Pomimo, że tyle razy słyszeli, jak Mistrz mówił, iż „w królestwie nieba nie ma ani bogatych, ani biednych, wolnych czy niewolników, mężczyzn czy kobiet, wszyscy na równi są synami i córkami Boga", byli dosłownie oszołomieni, kiedy formalnie zaproponował im powołanie tych dziesięciu kobiet na nauczycielki religii, a nawet pozwolił im podróżować razem z nimi. Cały kraj został poruszony takim postępowaniem, wrogowie Jezusa świetnie wykorzystali to posunięcie, ale wszędzie kobiety wierzące w dobrą nowinę stały lojalnie za swoimi wybranymi siostrami i gorąco popierały to późne uznanie miejsca kobiet w pracy religijnej. I to wyzwolenie kobiet, dające im należyte uznanie, było w praktyce przestrzegane przez apostołów zaraz po odejściu Mistrza, aczkolwiek w późniejszych pokoleniach powrócono do starych zwyczajów. We wczesnym okresie Kościoła chrześcijańskiego, kobiety nauczycielki i duszpasterki nazywano *diakonisami* i powszechnie doceniano. Jednak Paweł, wbrew temu, że teoretycznie zgadzał się z tym wszystkim, nigdy w rzeczywistości nie uznał takiego stanowiska za swoje i osobiście było mu trudno stosować to w praktyce.

2. POSTÓJ W MAGDALI

Kiedy apostolska grupa wyruszyła z Betsaidy, kobiety szły z tyłu. W czasie narad zawsze siedziały całą grupą na przedzie, po prawej stronie mówcy. Coraz więcej kobiet zaczynało wierzyć w ewangelię królestwa i bywało to źródłem znacznych trudności i niekończących się problemów, kiedy chciały osobiście rozmawiać z Jezusem czy jednym z apostołów. Teraz wszystko się zmieniło. Gdy którakolwiek z wierzących kobiet chciała zobaczyć się z Mistrzem, czy porozmawiać z apostołami, szły do Zuzanny i w towarzystwie jednej z dwunastu kobiet ewangelistek mogły natychmiast udać się przed oblicze Mistrza, czy jednego z jego apostołów.

To było w Magdali, kiedy kobiety po raz pierwszy wykazały swoją przydatność i dowiodły mądrości swych decyzji. Andrzej narzucił swoim towarzyszom raczej rygorystyczne zasady pracy osobistej z kobietami, szczególnie z tymi, które miały wątpliwy charakter. Kiedy grupa dotarła do Magdali, dziesięć kobiet ewangelistek mogło swobodnie pójść do dzielnic zła i głosić wprost dobrą nowinę wszystkim ich mieszkańcom. A kiedy kobiety te odwiedzały chorych, potrafiły nawiązać bliski kontakt ze swymi cierpiącymi siostrami, gdy je pielęgnowały. W wyniku duszpasterstwa dziesięciu kobiet w tej miejscowości (później znanych jako dwanaście kobiet), Maria Magdalena została pozyskana dla królestwa. Na skutek szeregu niepowodzeń i w konsekwencji uprzedzeń szanowanego społeczeństwa w stosunku do kobiety, która popełniła błędy w osądzie, Maria znalazła się w jednej z nikczemnych dzielnic Magdali. To Marta i Rachela wyjaśniły Marii, że drzwi królestwa otwarte są nawet dla takich jak ona. Maria uwierzyła w dobrą nowinę i następnego dnia została ochrzczona przez Piotra.

Maria Magdalena została najbardziej efektywną nauczycielką ewangelii w całej grupie dwunastu kobiet ewangelistek. Została powołana do tej służby razem z Rebeką, w Jotapacie, około cztery tygodnie po jej nawróceniu. Maria i Rebeka, razem z resztą tej grupy, szły z Jezusem przez resztę jego życia na Ziemi, pracując wiernie i efektywnie nad oświeceniem i podniesieniem na duchu swoich uciśnionych sióstr, a kiedy rozgrywał się ostatni, tragiczny epizod wspaniałego życia Jezusa, wszystkie kobiety były z nim i żadna z nich nie zaparła się go, ani go nie zdradziła, nie zważając na to, że z wyjątkiem jednego, wszyscy apostołowie uciekli.

3. SZABAT W TYBERIADZIE

Szabatowe nabożeństwa grupy apostolskiej zostały oddane przez Andrzeja w ręce kobiet, zgodnie z instrukcjami Jezusa. Oznaczało to, oczywiście, że nie mogły się odbywać w nowej synagodze. Kobiety wybrały Joannę, aby kierowała tą uroczystością a spotkanie odbyło się w bankietowej sali nowego pałacu Heroda; Herod przebywał w rezydencji w Julias, w Perei. Joanna czytała z Pisma Świętego na temat działalności kobiet w religijnym życiu Izraela, nawiązując do Miriam, Debory, Estery i innych.

Później, tego samego wieczora, Jezus wygłosił pamiętną mowę do całej grupy na temat „Magia i przesąd". W tamtych czasach ukazanie się jasnej i domniemanie nowej gwiazdy uważane było za znak, że wielki człowiek narodził się na Ziemi. Taką gwiazdę niedawno dostrzeżono i Andrzej zapytał Jezusa, czy takie wierzenia są uzasadnione. W trakcie długiej odpowiedzi na pytanie Andrzeja, Mistrz zaczął gruntowne omawiać cały problem ludzkich przesądów. Oświadczenie, które wtedy Jezus przedstawił, można we współczesnej frazeologii podsumować następująco:

1. Trasy gwiazd na niebie nie mają zgoła nic wspólnego ze zdarzeniami ludzkiego życia na Ziemi. Astronomia jest właściwym zajęciem dla nauki, ale astrologia jest nagromadzeniem błędnych przesądów, dla których nie ma miejsca w ewangelii królestwa.

2. Badanie organów wewnętrznych świeżo zabitego zwierzęcia nie może wyjawić niczego na temat pogody, przyszłych zdarzeń czy wyniku ludzkich przedsięwzięć.

3. Duchy zmarłych nie wracają, żeby komunikować się ze swymi rodzinami czy byłymi przyjaciółmi spośród żywych.

4. Amulety i relikwie nie mają mocy uzdrawiania chorych, chronienia przed chorobą *czy przed wpływem złych* duchów; wierzenie, że wszystkie takie środki materialne wpływają na świat duchowy nie jest niczym więcej niż prymitywnym przesądem.

5. Rzucanie losów, podczas gdy może być wygodnym sposobem rozwiązywania wielu pomniejszych trudności, nie jest metodą ujawnienia Boskiej woli. Takie wyniki

są wyłącznie kwestią czysto materialnego przypadku. Jedyne środki osiągnięcia styczności ze światem duchowym opierają się na duchowym wyposażeniu ludzkości, na zamieszkującym człowieka duchu Ojca, razem z wylanym duchem Syna i wszechobecnym wpływem Nieskończonego Ducha.

6. Wróżby, gusła i czary są przesądami nieoświeconych umysłów, tak samo jak ułudy magii. Wiara w magiczne liczby, omeny na szczęście i zwiastuny nieszczęścia, są czystym i nieuzasadnionym przesądem.

7. Interpretacja snów jest w znacznej mierze przesądem oraz bezpodstawnym systemem ignoranckich i fantastycznych spekulacji. Ewangelia królestwa nie może mieć nic wspólnego z wróżbiarskimi kapłanami religii prymitywnych.

8. Duchy dobra czy zła nie mogą zamieszkiwać w materialnych symbolach z gliny, drewna czy metalu; idole nie są niczym więcej niż materiałem, z którego są zrobione.

9. Praktyki czarodziei, czarnoksiężników, magików i guślarzy wywodzą się z przesądów Egipcjan, Asyryjczyków, Babilończyków i starożytnych Kanaanitów. Amulety i wszystkie rodzaje zaklęć są bezskuteczne, zarówno dla pozyskania opieki dobrych duchów, jak i dla ochrony przed domniemanie złymi duchami.

10. Jezus demaskował i potępiał ich wierzenia w uroki, sądy boże, czarowanie, klątwy, znaki, mandragory, węzły na sznurach i wszystkie inne formy ignoranckiego oraz zniewalającego przesądu.

4. ROZESŁANIE APOSTOŁÓW PARAMI

Następnego wieczora, zgromadziwszy dwunastu apostołów, apostołów Jana i nowo powołaną grupę kobiecą, Jezus powiedział: „Widzicie sami, że żniwo jest wielkie, ale robotników mało. Przeto prośmy wszyscy Pana żniwa, żeby wyprawił jeszcze więcej robotników na swoje pola. Podczas gdy ja tu zostanę, aby dodawać otuchy i nauczać młodszych nauczycieli, poślę starszych po dwóch, aby mogli szybko przejść całą Galileę, głosząc ewangelię królestwa, kiedy jest jeszcze bezpiecznie i spokojnie". Potem wyznaczył pary apostołów, tak jak uważał: Andrzej i Piotr, Jakub i Jan Zebedeusze, Filip i Nataniel, Tomasz i Mateusz, Jakub i Judasz Alfeusze, Szymon Zelota i Judasz Iskariota.

Jezus wyznaczył Dwunastu datę spotkania w Nazarecie a na pożegnanie powiedział: „W czasie tej misji nie idźcie do żadnego miasta nie-Żydów, ani też do Samarii, ale idźcie do zagubionych owiec z domu Izraela. Głoście ewangelię królestwa i obwieszczajcie zbawienną prawdę, że człowiek jest synem Boga. Pamiętajcie, że uczeń nie przewyższa nauczyciela ani sługa nie jest większy od swego pana. Wystarczy, jeśli uczeń będzie jak jego nauczyciel, a sługa jak pan jego. Jeśli pana domu przezwali wspólnikiem Belzebuba, o ileż bardziej jego domowników tak nazwą! Ale wy nie powinniście bać się takich niewierzących nieprzyjaciół. Oświadczam wam, że nie ma nic zakrytego, co by nie miało być wyjawione, ani nic tajemnego, czego nie można by poznać. To, czego nauczałem was prywatnie, głoście mądrze otwarcie. To, co odkrywałem wam w skrytości izby, we właściwej porze będziecie rozgłaszać z dachów. I teraz mówię wam, moi przyjaciele i uczniowie, nie bójcie się tych, którzy mogą zabić ciało, ale nie są w stanie zniszczyć waszej duszy; raczej zaufajcie Jemu, który potrafi podtrzymać ciało i ocalić duszę.

Czyż nie sprzedają dwu wróbli za grosz? Ale oświadczam wam, że żaden z nich nie jest zapomniany w oczach Bożych. Czyż nie wiecie, że u was nawet włosy na głowie wszystkie są policzone? Nie bójcie się: jesteście ważniejsi niż wiele wróbli. Nie wstydźcie się mojego nauczania; idźcie, głoście pokój i dobrą wolę, ale nie łudźcie się – pokój nie zawsze będzie towarzyszył waszemu kaznodziejstwu. Przyszedłem dać Ziemi pokój, ale kiedy ludzie odrzucą mój dar, powstanie rozłam i wrzenie. Kiedy wszyscy w rodzinie przyjmą ewangelię królestwa, prawdziwy pokój zamieszka w domu; ale kiedy niektórzy z rodziny wejdą do królestwa a inni odrzucą ewangelię, taki podział może wytworzyć tylko smutek i żal. Pracujcie żarliwie, żeby uratować całą rodzinę, ażeby ludzie we własnej rodzinie nie stali się wrogami. Ale kiedy zrobicie wszystko, co możliwe, dla wszystkich i dla każdego członka rodziny, oświadczam wam, że ten, który kocha ojca i matkę więcej niż tę ewangelię nie jest godzien królestwa".

Kiedy Dwunastu wysłuchało tych słów, zaczęli szykować się do drogi. I nie zebrali się ponownie, aż do czasu ich zgromadzenia w Nazarecie, gdzie spotkali się z Jezusem i innymi uczniami, jak to ustalił Mistrz.

5. CO MUSZĘ ZROBIĆ, ABY BYĆ ZBAWIONY(-A)?

Pewnego wieczora, w Szunem, gdy apostołowie Jana wrócili do Hebronu i po tym, jak apostołowie Jezusa zostali wysłani po dwóch, kiedy Mistrz zajęty był nauczaniem grupy dwunastu młodych ewangelistów pracujących pod kierunkiem Jakuba razem z dwunastoma kobietami, Rachela zadała Jezusowi pytanie: „Mistrzu, co mamy odpowiedzieć, gdy kobieta nas zapyta – co powinnam uczynić, aby być zabawiona?". Kiedy Jezus usłyszał to pytanie, odpowiedział:

„Kiedy mężczyźni i kobiety pytają, co mamy zrobić, aby być zbawieni, powinnaś odpowiedzieć: wierzcie w ewangelię królestwa, przyjmujcie Boskie przebaczenie. Przez wiarę rozpoznacie zamieszkującego w was ducha Bożego, którego przyjęcie uczyni was synami Boga. Czyż nie czytaliście w Piśmie, gdzie jest powiedziane: «Tylko w Panu mam wszelką sprawiedliwość i siłę». A także, gdy Ojciec mówi: «Moja sprawiedliwość jest blisko; zbawienie moje się ukaże i moje ramiona obejmą moje ludy». «Ogromnie się weselę w Panu, dusza moja raduje się w Bogu moim, bo mnie przyodział w szaty zbawienia, okrył mnie płaszczem sprawiedliwości». Czyż nie czytaliście także o Ojcu, «to zaś będzie imię, którym go będą nazywać: Pan naszą sprawiedliwością». «Zabierzcie plugawe szmaty obłudy i przyodziejcie mojego syna w szaty Boskiej sprawiedliwości i wiecznego zbawienia». I na zawsze pozostanie prawdą, «sprawiedliwy powinien żyć dzięki swojej wierze». Wejście do królestwa Ojca jest zupełnie wolne, ale postęp – wzrost w łasce – jest niezbędny, aby trwać w nim.

Zbawienie jest darem Ojca i objawiane jest przez jego Synów. Z waszej strony przyjęcie tego przez wiarę sprawia, że uczestniczycie w Bożej naturze, jako syn lub córka Boga. Przez wiarę jesteście usprawiedliwieni; przez wiarę jesteście zbawieni; i przez tę samą wiarę wiecznie posuwacie się naprzód na drodze stopniowej i boskiej doskonałości. Przez wiarę został usprawiedliwiony Abraham i zdał sobie sprawę ze zbawienia, dzięki naukom Melchizedeka. Przez wszystkie wieki ta sama wiara zbawiała ludzkich synów, ale teraz przyszedł od Ojca Syn, aby uczynić to zbawienie bardziej realnym i ułatwić jego przyjęcie".

Gdy Jezus umilkł, wielka radość zapanowała pośród tych, którzy słyszeli te łaskawe słowa i w dniach, które później nadeszły, wszyscy zaczęli głosić ewangelię królestwa z nową mocą, świeżą energią i entuzjazmem. I wszystkie kobiety bardziej się teraz cieszyły, wiedząc, że są objęte planami zaprowadzenia królestwa na Ziemi.

Jezus podsumował swoją końcową wypowiedź: „Nie możecie kupić zbawienia; nie możecie zarobić prawości. Zbawienie jest darem Bożym a prawość jest naturalnym owocem zrodzonego z ducha życia, synostwa w królestwie. Nie będziecie zbawieni dlatego, że żyjecie prawym życiem; raczej jest tak, że żyjecie prawym życiem, ponieważ już jesteście zbawieni, uznając synostwo jako dar Boży i służbę w królestwie jako najwyższą radość życia na Ziemi. Kiedy ludzie uwierzą w tę ewangelię, która jest objawieniem dobroci Boga, doprowadzi ich to do spontanicznego żalu za wszystkie znane grzechy. Świadomości synostwa nie da się pogodzić z pragnieniem grzeszenia. Wierzący w królestwo są głodni prawości i spragnieni boskiej doskonałości".

6. LEKCJE WIECZORNE

W czasie dyskusji wieczornych Jezus omawiał wiele tematów. Przez resztę tej tury – zanim wszyscy zeszli się znowu w Nazarecie – omawiał on tematy: „Miłość Boża", „Sny i wizje", „Złośliwość", „Pokora i łagodność", „Odwaga i lojalność", „Muzyka a czczenie", „Służba i posłuszeństwo", „Duma i zarozumiałość", „Przebaczenie w stosunku do skruchy", „Pokój i doskonałość", „Pomówienie i zawiść", „Zło, grzech i pokusa", „Zwątpienie i niewiara", „Mądrość i czczenie". Pod nieobecność starszych apostołów, młodsze grupy, zarówno mężczyzn jak i kobiet, zaczęły swobodniej rozmawiać z Mistrzem.

Gdy Jezus spędził dwa albo trzy dni z jedną grupą dwunastu ewangelistów, przenosił się i przyłączał do innej grupy, informowany przez posłańców Dawida o wszystkich miejscach pobytu i przemieszczeniach jego pracowników. To była pierwsza tura, w czasie której kobiety spędzały wiele czasu z Jezusem. Każda z tych grup była dokładnie informowana przez posłańców o postępach całej tury, a otrzymanie wiadomości od innych grup zawsze było źródłem otuchy dla tych, rozrzuconych i odosobnionych pracowników.

Zanim się rozdzielili, ustalono, że dwunastu apostołów, razem z ewangelistami i grupą kobiecą, mają się zebrać w Nazarecie, w piątek, 4 marca, na spotkanie z Mistrzem. Zatem mniej więcej w tym czasie, ze wszystkich stron centralnej i południowej Galilei różne grupy apostołów i ewangelistów zaczęły się posuwać w kierunku Nazaretu. Do obozowiska, położonego na wzgórzach, na północ od miasta i przygotowanego przez wcześniej przybyłych, jako ostatni dotarli w południe Andrzej i Piotr. To właśnie wtedy, po raz pierwszy od początku swojej służby publicznej, Jezus odwiedził Nazaret.

7. POBYT W NAZARECIE

Tego, piątkowego popołudnia, Jezus spacerował po Nazarecie, w ogóle niezauważony i zupełnie nierozpoznany. Przeszedł obok domu swego dzieciństwa i warsztatu ciesielskiego oraz spędził pół godziny na wzgórzu, które jako chłopiec tak bardzo lubił. Od dnia ochrzczenia go przez Jana w Jordanie, Syn Człowieczy nie miał takiego przypływu ludzkich uczuć, jakie rozbudziły się teraz w jego duszy. Kiedy schodził z góry usłyszał znajomy dźwięk trąbki, ogłaszającej zachód słońca, tak jak go słyszał wiele razy, gdy jako chłopiec dorastał w Nazarecie. Zanim wrócił do obozowiska, przeszedł obok synagogi, gdzie chodził do szkoły i pozwolił sobie na przypływ wielu wspomnień z czasów dzieciństwa. Wcześniej tego samego dnia Jezus wysłał Tomasza do zarządcy synagogi, żeby uzgodnić wygłoszenie przez Jezusa kazania podczas porannego nabożeństwa szabatowego.

Mieszkańcy Nazaretu nigdy nie cieszyli się opinią ludzi pobożnych i prawego życia. Z upływem lat miasteczko to ulegało coraz większemu skażeniu niskimi standardami moralnymi pobliskiego Seforis. W latach młodzieńczych Jezusa i w jego wczesnym wieku męskim utrzymywały się w Nazarecie zróżnicowane opinie na jego temat; wielkie oburzenie zapanowało, kiedy się przeniósł do Kafarnaum. Chociaż mieszkańcy Nazaretu wiele słyszeli o czynach ich byłego cieśli, byli obrażeni, że nigdy nie włączył swojego rodzinnego miasteczka do jakiejkolwiek wcześniejszej tury głoszenia kazań. Słyszeli wprawdzie o sławie Jezusa, ale większość mieszkańców była zła, że nie dokonał żadnego ze swych wielkich dzieł w mieście swojej młodości. Miesiącami mieszkańcy Nazaretu wiele rozprawiali o Jezusie, ale ich opinie przeważnie były dla niego nieprzychylne.

W ten sposób Mistrz znalazł się w sytuacji chłodnego przyjęcia, jak również zdecydowanie wrogiej i hiperkrytycznej atmosfery. Na dobitek wszystkiego, jego nieprzyjaciele, wiedząc, że ma spędzić ten szabatowy dzień w Nazarecie i przypuszczając, że będzie przemawiał w synagodze, wynajęli liczną grupę prymitywnych i nieokrzesanych ludzi, aby mu dokuczali i w każdy możliwy sposób sprawiali mu kłopoty.

Większość dawnych przyjaciół Jezusa z czasów jego młodości, razem z nauczycielem, chazanem, który go uwielbiał, umarła lub opuściła Nazaret, a młodsze pokolenie nie znosiło jego sławy, powodowane silną zazdrością. Nie pamiętali jego dawnego poświęcenia się rodzinie ojca i byli zajadli w swej krytyce, że nie odwiedza brata i swoich zamężnych sióstr, mieszkających w Nazarecie. Stosunek rodziny Jezusa również przyczynił się do spotęgowania nieżyczliwych nastrojów mieszkańców wobec niego. Ortodoksi spośród Żydów ośmielili się krytykować Jezusa nawet za to, że tego szabatowego ranka zbyt szybko szedł do synagogi.

8. SZABATOWE NABOŻEŃSTWO

Piękna pogoda była w ten szabat i cały Nazaret, przyjaciele i wrogowie, przybyli słuchać w synagodze rozprawy byłego obywatela ich miasteczka. Wielu z apostolskiego orszaku musiało pozostać na zewnątrz synagogi; nie było miejsca dla wszystkich, którzy przyszli słuchać Jezusa. Jako młody człowiek Jezus często przemawiał w tym miejscu nabożeństwa i tego ranka, kiedy zarządca synagogi podał mu do czytania pergaminowy zwój Pism Świętych, wydawało się, że nikt z obecnych nie pamięta, że jest to właśnie ten sam rękopis, który on podarował synagodze.

Nabożeństwo w tym dniu prowadzone było dokładnie w taki sam sposób, jak wtedy, kiedy Jezus uczestniczył w nim jako chłopiec. Razem z zarządcą synagogi wstąpił na podest dla mówców i nabożeństwo zaczęło się odczytaniem dwóch modlitw: „Błogosławiony jest Pan, Król świata, który kształtuje światło i tworzy ciemność, który czyni pokój i tworzy wszystko; który w miłosierdziu daje światło ziemi dla tych, którzy ją zamieszkują, i z dobrocią, dzień po dniu, i codziennie, odnawia dzieło stworzenia. Błogosławiony jest Pan, nasz Bóg dla wspaniałości jego dzieła i za światło dającą światłość, którą uczynił na swoją chwałę. Sela. Błogosławiony jest Pan, nasz Bóg, który uczynił światłość".

Po chwili przerwy modlili się znowu: „Wielką miłością Pan Bóg nasz kocha nas i przepełniony wielką litością, współczuje nam, nasz Ojciec i nasz Król, w imię naszych ojców, którzy jemu zaufali. Ty nauczyłeś ich praw życia; miej litość nad nami i naucz nas. Oświeć nasze oczy prawem; spraw, aby nasze serca były wierne twoim przykazaniom; połącz nasze serca, aby kochały i bały się twego imienia, i nie będziemy wystawieni na hańbę w świecie bez końca. Bo tyś jest Bogiem, który szykuje zbawienie i nas wybrałeś spośród wszystkich innych narodów i języków, i w prawdzie przyprowadziłeś nas do swego wielkiego imienia – sela – abyśmy cię kochali i mogli chwalić twoją zgodność. Błogosławiony jest Pan, który w miłości wybrał swój lud Izraela".

Potem zgromadzenie recytowało szemę, żydowskie kredo wiary. Rytuał ten polegał na powtarzaniu licznych ustępów z Prawa i oznaczał, że wierni przyjmowali jarzmo królestwa niebieskiego a także jarzmo przykazań, przestrzeganych w dzień i w nocy.

Potem następowała trzecia modlitwa: „Prawdą jest, że ty jesteś Jahwe, nasz Bóg i Bóg naszych ojców; nasz Król i Król naszych ojców; nasz Zbawiciel i Zbawiciel naszych ojców; nasz Stwórca i opoka naszego zbawienia; nasz ratunek i nasz wybawiciel. Twoje imię jest wieczne i nie ma Boga prócz ciebie. I napisali nową pieśń, która była śpiewana dla twego imienia nad brzegiem morza; razem wszyscy chwalili i uznali Króla mówiąc, Jahwe będzie panować bez końca na świecie. Błogosławiony jest Pan, który zbawia Izrael".

Zarządca synagogi zajął wtedy miejsce przed arką czy skrzynią, w której znajdowały się święte zwoje i zaczął odmawiać dziewiętnaście modlitw pochwalnych lub błogosławieństw. Tym razem wskazane było jednak skrócenie tego obrzędu, żeby tak wybitny gość miał więcej czasu na swoje kazanie; zatem odmówiono tylko pierwsze i ostatnie błogosławieństwo. Pierwszym było: „Błogosławiony jest Pan nasz Bóg i Bóg naszych ojców, Bóg Abrahama, i Bóg Izaaka, i Bóg Jakuba; wielki, potężny i straszny Bóg, który okazuje litość i dobroć, który stwarza wszystkie rzeczy, który pamięta łaskawe obietnice dane ojcom i daje zbawcę dzieciom ich dzieci, w miłości, przez wzgląd na swoje imię. O Królu, pomocniku, zbawicielu i tarczo! Błogosławiony jesteś ty, o Jahwe, tarczo Abrahama".

Potem było ostatnie błogosławieństwo: „O obdarz na zawsze twój lud Izraela wielkim pokojem, ponieważ ty jesteś Królem i Panem wszelkiego pokoju. I dobre jest w twoich oczach błogosławienie Izraela pokojem, w każdym czasie i o każdej godzinie. Błogosławiony jesteś ty, Jahwe, który błogosławisz lud Izraela pokojem". Zgromadzenie nie patrzyło na zarządcę, kiedy odmawiał błogosławieństwa. Następnie, po błogosławieństwach, zaniósł on nieformalną modlitwę, stosowną na tę okoliczność, a kiedy skończył, całe zgromadzenie przyłączyło się do niego mówiąc – amen.

Wtedy chazan znowu podszedł do arki i przyniósł zwój, który podał Jezusowi, żeby mógł on przeczytać naukę z Pisma Świętego. Było w zwyczaju prosić siedem osób, do przeczytania nie mniej niż trzech wersetów z prawa, ale tym razem nie robiono tego, żeby gość mógł przeczytać nauki przez siebie wybrane. Jezus wstał i biorąc zwój, zaczął czytać z Księgi Powtórzonego Prawa: „Albowiem przykazanie, które daję dziś tobie, nie jest przed tobą zakryte, ani nazbyt odległe. Nie jest w niebiosach, żebyście mogli powiedzieć, któż dla nas wstąpi do nieba i przyniesie je nam, abyśmy mogli je słuchać i wypełnić je? Nie jest też za morzem, abyście mogli mówić, któż nam się przeprawi za morze i przyniesie je nam, abyśmy mogli słuchać i wypełnić je? Nie, słowo życia jest bardzo blisko was, nawet w waszej osobie i w waszym sercu, abyście mogli je poznać i wypełnić".

Kiedy przerwał czytanie z prawa, przeszedł do Izajasza i zaczął czytać: „Duch Pana Boga nade mną, bo Pan mnie namaścił, abym głosił dobrą nowinę ubogim. Posłał mnie, abym głosił wyzwolenie jeńcom i przywrócił wzrok ślepym, bym ustanowił wolność dla uciśnionych i głosił mile widziany, łaskawy rok Pana".

Jezus zamknął księgę a po przekazaniu jej zarządcy synagogi usiadł i zaczął przemawiać do ludzi. Rozpoczął tymi słowami: „Dzisiaj to Pismo się wypełniło". Potem, przez prawie piętnaście minut Jezus mówił o „Synach i córkach Bożych". Wielu ludziom podobało się to przemówienie i podziwiali jego łaskawość i mądrość.

Było zwyczajem, że w synagodze, po zakończeniu formalnego nabożeństwa, przemawiający pozostawał, aby ci, których to interesowało, mogli zadawać mu pytania. Zatem tego, szabatowego ranka, Jezus wszedł w tłum, który cisnął się do zadawania pytań. Znajdowało się w tej grupie wielu osobników kłótliwych, skłonnych do intryg, podczas gdy na obrzeżach tłumu krążyli ci podli ludzie, którzy byli wynajęci, żeby przysporzyć Jezusowi kłopotów. Wielu uczniów i ewangelistów, którzy zostali na zewnątrz, cisnęło się teraz do synagogi i dość szybko się zorientowali, że będą kłopoty. Chcieli zabrać ze sobą Mistrza, ale on nie chciał z nimi odejść.

9. ODRZUCENIE W NAZARECIE

Jezus został w synagodze, otoczony przez wielki tłum wrogów oraz garstkę swych zwolenników i w odpowiedzi na ich niegrzeczne pytania i złowrogie pokpiwania, na wpół humorystycznie powiedział: „Tak, jestem synem Józefa; jestem cieślą i nie jestem zaskoczony, że przypominacie mi przysłowie, «Lekarzu, ulecz się sam», że prowokujecie mnie, abym w Nazarecie dokonał tego, co jak słyszeliście wydarzyło się w Kafarnaum; ale wzywam was na świadków, że nawet w Piśmie pisze, że «prorokowi nie odmawia się poważania, za wyjątkiem jego własnego kraju i pośród jego własnych ludzi»".

Ale oni poszturchiwali go, wytykali go oskarżycielsko palcami i mówili: „Myślisz, że jesteś lepszy niż ludzie w Nazarecie; wyprowadziłeś się od nas, ale twój brat jest normalnym robotnikiem a twoje siostry wciąż żyją pośród nas. Znamy twoją matkę, Marię. Gdzie oni są dzisiaj? Słyszeliśmy wielkie rzeczy o tobie, ale widzimy, że kiedy wróciłeś nie robisz żadnych cudów". Jezus odpowiedział im: „Kocham ludzi, którzy mieszkają w mieście, gdzie dorastałem i radowałbym się, gdybym ujrzał was wszystkich wchodzących do królestwa nieba, ale ja nie decyduję o dziełach Bożych. Przeobrażenia łaski dokonują się w odpowiedzi na żywą wiarę tych, którzy są nią obdarzeni".

Swą łagodną naturą Jezus poskromiłby tłum i skutecznie mógłby rozbroić nawet zaciekłych wrogów, gdyby nie taktyczny błąd jednego jego apostoła, Szymona Zeloty, który z pomocą Nahora, jednego z młodszych ewangelistów, zebrali w międzyczasie z tłumu grupę przyjaciół Jezusa i zakładając wojownicze nastawienie drugiej strony, wydali polecenie wrogom Mistrza, żeby poszli precz. Jezus długo nauczał apostołów, że łagodna odpowiedź uśmierza gniew, ale jego wyznawcy nie byli przyzwyczajeni do widoku ich ukochanego nauczyciela, którego tak ochoczo nazywali Mistrzem, traktowanego w sposób tak niegrzeczny i pogardliwy. Było to dla nich za wiele i dali temu wyraz swemu żarliwemu i gwałtownemu oburzeniu; wszystko to rozbudziło tylko złość motłochu, tego bezbożnego i nieokrzesanego towarzystwa. I tak, pod przywództwem najemników, ci zbóje pochwycili Jezusa i z synagogi zaprowadzili go na szczyt stromego wzgórza, znajdującego się w pobliżu, gdzie chcieli go zepchnąć i zabić, zrzucając do przepaści. Kiedy już go mieli zepchnąć z krawędzi urwiska, Jezus odwrócił się nagle do swoich oprawców i patrząc im prosto w oczy, spokojnie złożył ręce. Nic nie powiedział, ale jego przyjaciele byli bardziej niż zdumieni, kiedy zaczął iść a motłoch rozstąpił się i bez przeszkód pozwolił mu przejść.

Jezus, z uczniami idącymi za nim, poszedł do obozowiska, gdzie omówiono całe to zdarzenie. I tego wieczora, tak jak Jezus zarządził, przygotowali się, aby następnego dnia wcześnie rano wrócić do Kafarnaum. Tak burzliwe zakończenie trzeciej tury głoszenia kazań miało trzeźwiący wpływ na wszystkich zwolenników Jezusa. Zaczynali rozumieć znaczenie niektórych nauk Mistrza; uświadomili sobie, że królestwo może przyjść tylko przez wielki smutek i gorzkie rozczarowanie.

Niedzielnym rankiem opuścili Nazaret a idąc różnymi drogami, zebrali się w końcu wszyscy w Betsaidzie, w czwartek, 10 marca przed południem. Przyszli razem a była to trzeźwo myśląca i poważna grupa rozczarowanych kaznodziei ewangelii prawdy, nie entuzjastyczny i wszystko zwyciężający oddział tryumfujących krzyżowców.

PRZEKAZ 151

CZAS OCZEKIWANIA I NAUCZANIE NAD MORZEM

PRZED 10 marca, wszystkie grupy nauczające i głoszące kazania zebrały się w Betsaidzie. W czwartek wieczorem i w piątek wielu poszło łowić ryby, podczas gdy w dzień szabatu poszli do synagogi, aby wysłuchać rozprawy sędziwego Żyda z Damaszku o chwale ojca Abrahama. Większość tego, szabatowego dnia, Jezus spędził samotnie na wzgórzach. W sobotni wieczór, ponad godzinę Mistrz przemawiał do zebranych grup na temat: „Rola niedoli i duchowe wartości rozczarowania". To było pamiętne przemówienie i słuchacze nigdy nie zapomnieli nauki, której im Mistrz udzielił.

Jezus niezupełnie jeszcze pozbierał się z żalu po niedawnym odrzuceniu w Nazarecie; apostołowie dostrzegali szczególny smutek, który mieszał się z jego radosną zazwyczaj postawą. Jakub i Jan spędzali z nim wiele czasu, Piotr był zabiegany, zajęty wieloma obowiązkami opiekowania się i kierowania nowymi grupami ewangelistów. Czas oczekiwania, przed wyruszeniem do Jerozolimy na Paschę, kobiety spędzały na odwiedzaniu domu za domem, nauczając ewangelii i pielęgnując chorych, tak w Kafarnaum jak i w otaczających miastach i wioskach.

1. PRZYPOWIEŚĆ O SIEWCY

Mniej więcej w tym czasie Jezus zaczął stosować przypowieści jako metodę nauczania tłumów, które tak często wokół niego się gromadziły. Ponieważ poprzedniego dnia Jezus rozmawiał z apostołami i innymi długo w noc, tego niedzielnego ranka tylko nieliczni z całej grupy wstali na śniadanie; więc Jezus poszedł na brzeg morza, gdzie usiadł samotnie w łodzi, starej rybackiej łodzi Andrzeja i Piotra, która zawsze była do jego dyspozycji, i rozmyślał nad następnym posunięciem w pracy nad szerzeniem królestwa. Jednak niedługo Mistrz pozostał sam. Wkrótce zaczęli nadchodzić ludzie z Kafarnaum i okolicznych wiosek i około dziesiątej rano nieomal tysiąc ludzi zgromadziło się na brzegu, i zaczęli krzyczeć, żeby zwrócić na siebie uwagę. Piotr, który już wstał, torując sobie drogę do łodzi, spytał Jezusa: „Mistrzu, czy mam do nich przemówić?". Ale Jezus odrzekł: „Nie Piotrze, coś im opowiem". Jezus zaczął opowiadać przypowieść o siewcy, jedną z pierwszych z długiej serii przypowieści, którymi nauczał chodzące za nim tłumy. Łódź miała wysokie siedzenie, na którym usiadł (gdyż było zwyczajem siedzieć podczas nauczania) i mówił do tłumu, zgromadzonego na brzegu. Po tym, jak Piotr powiedział kilka słów, odezwał się Jezus:

„Siewca wyszedł siać i tak się stało, że jak siał, niektóre ziarna padły na przydroże i zostały zdeptane nogami i wydziobane przez ptaki z nieba. Inne padły na miejsce kamieniste, gdzie nie miały wiele ziemi i natychmiast wzeszły, ponieważ nie były głęboko w ziemi, ale wkrótce, gdy słońce zaświeciło, uschły, ponieważ nie miały korzeni, którymi dochodziłaby woda. Inne nasiona padły między ciernie i jak ciernie wyrosły, zagłuszyły je, tak, że nie wydały ziarna. Jeszcze inne padły na ziemię żyzną, a gdy wyrosły, wydały plon, niektóre trzydziestokrotny, inne sześćdziesięciokrotny a jeszcze inne stukrotny". A kiedy skończył, powiedział jeszcze do tłumu: „Kto ma uszy do słuchania, niechaj słucha".

Apostołowie i ci, którzy z nimi byli, kiedy słyszeli, jak Jezus naucza ludzi, bardzo się zdziwili i po wielu rozmowach między sobą, tego wieczora w ogrodzie Zebedeusza, Mateusz rzekł do Jezusa: „Mistrzu, jakie znaczenie ma to niejasne opowiadanie, które przedstawiłeś tłumom? Dlaczego mówisz przypowieści tym, którzy szukają prawdy"? Jezus odrzekł:

„Uczyłem was cały ten czas cierpliwie. Wam dane jest poznać tajemnice królestwa nieba, ale innym, niezbyt bystrym tłumom i tym, którzy pragną naszej śmierci, tajemnice królestwa będą od teraz przedstawiane w formie przypowieści. I tak będziemy robić, żeby ci, którzy naprawdę chcą wejść do królestwa, mogli dostrzec treść nauczania i tym samym znaleźć zbawienie, podczas gdy ci, którzy nas słuchają tylko po to aby nas usidlić, mogli bardziej się jeszcze pogmatwać przez to, że widzą nie widząc i słyszą nie słysząc. Moje dzieci, czyż nie dostrzegacie prawa ducha, które mówi, że temu, który ma, będzie dane i tym samym będzie miał obfitość; ale temu, który nie ma, będzie zabrane nawet to, co ma. Przeto odtąd, aż do końca, będę przeważnie mówił do ludzi w przypowieściach, żeby nasi przyjaciele i ci, którzy pragną poznać prawdę, mogli znaleźć to, czego szukają, podczas kiedy nasi wrogowie i ci, którzy nie kochają prawdy, mogli słyszeć nie rozumiejąc. Wielu tych ludzi nie wejdzie na drogę prawdy. Prorok prawdziwie przedstawiał wszystkie takie nieprzenikliwe dusze, kiedy mówił: «Zatwardziały serca ludu tego a ich uszy są głuche do słuchania a oczy swe zamknęli, żeby nie zauważyli prawdy i nie zrozumieli jej w swoich sercach»".

Apostołowie nie zrozumieli w pełni znaczenia słów Mistrza. Gdy Andrzej i Tomasz dalej rozmawiali z Jezusem, Piotr i inni apostołowie przeszli do innej części ogrodu, gdzie rozpoczęli żarliwą i długotrwałą dyskusję.

2. INTERPRETACJA PRZYPOWIEŚCI

Piotr i cała grupa wokół niego zgromadzona doszli do wniosku, że przypowieść o siewcy jest alegorią, że każdy jej element ma jakieś ukryte znaczenie, więc postanowili iść do Jezusa i prosić go o wytłumaczenie. W związku z tym Piotr podszedł do Mistrza i powiedział: „Nie potrafimy zgłębić znaczenia tej przypowieści i chcemy, abyś nam ją wytłumaczył, jako że powiedziałeś, iż dane nam jest poznać tajemnice królestwa". A kiedy Jezus to usłyszał, powiedział Piotrowi: „Mój synu, nie chcę nic przed wami ukrywać, ale myślę, że może ty najpierw mi powiesz, o czym mówiliście, jaka jest wasza interpretacja tej przypowieści?".

Po chwili milczenia, Piotr odpowiedział: „Mistrzu, dużo rozmawialiśmy na temat przypowieści i zdecydowałem się na taką jej interpretację: Siewcą jest kaznodzieja ewangelii, ziarno jest słowem Boga. Ziarna, które upadły na przydroże, obrazują tych, którzy nie rozumieją nauk ewangelii. Ptaki, które wydziobywały ziarno, co spadło na stwardniałą ziemię, przedstawiają Szatana czy złego, który kradnie to, co było zasiane w sercach tych ignorantów. Ziarno, które upadło na miejsce kamieniste i natychmiast wzeszło, przedstawia tych płytko myślących lub bezmyślnych ludzi, którzy słysząc dobrą nowinę przyjęli orędzie z radością; ale ponieważ prawda nie zapuściła prawdziwych korzeni w ich głębokim zrozumieniu, ich nabożność jest krótkotrwała w obliczu zmartwień i prześladowań. Gdy przyjdą kłopoty, ci wierzący popełnią błędy, upadną, kiedy przyjdzie czas próby. Ziarno, które upadło pośród cierni przedstawia tych, co chętnie słuchają słów, ale którzy pozwalają troskom światowym i przewrotności bogactwa zagłuszać słowa prawdy, tak, że staje się ona bezowocna. Otóż te ziarna, które upadły na dobry grunt i wzeszły, aby rodzić, niektóre trzydziestokrotnie, inne sześćdziesięciokrotnie a jeszcze inne stukrotnie, obrazują tych, którzy usłyszawszy prawdę, przyjmują ją w różnym stopniu, doceniając jej wartość – w zależności od ich zróżnicowanych zdolności intelektualnych – i tym samym przejawiają różne stopnie przeżycia religijnego".

Po wysłuchaniu Piotrowej interpretacji przypowieści, Jezus zapytał apostołów, czy nie mają nic innego do zaproponowania. Na taką zachętę odpowiedział tylko Nataniel. Rzekł on: „Mistrzu, podczas gdy uznaję wiele dobrych rzeczy w interpretacji przypowieści dokonanej przez Szymona Piotra, nie zgadzam się z nim w pełni. Moja idea przypowieści byłaby taka: ziarna przedstawiają ewangelię królestwa, podczas gdy siewca oznacza posłańców królestwa. Ziarno, które upadło na przydroże, na stwardniałą ziemię, przedstawia tych, którzy niewiele słyszeli o ewangelii, razem z tymi, którzy są obojętni na tę nowinę i którzy są zatwardziali w sercu. Ptaki z nieba, które wydziobywały ziarna leżące na przydrożu, przedstawiają nawyki życiowe niektórych ludzi, pokusy do złego i pożądania cielesne. Ziarno, które upadło pośród kamieni, oznacza te emocjonalne dusze, które szybko przyjmują nowe nauczanie i równie szybko rezygnują z prawdy, kiedy stają w obliczu trudności i rzeczywistości życia zgodnego z tą prawdą; nie mają percepcji duchowej. Ziarno, które padło między ciernie, przedstawia tych, których interesują prawdy ewangelii; skłonni są podążać za jej nauczaniem, ale przeszkadza im duma życiowa, zazdrość, zawiść i niepokoje ludzkiej egzystencji. Ziarna, które upadły na dobry grunt, wyrastają, aby rodzić, niektóre trzydziestokrotnie, niektóre sześćdziesięciokrotnie a niektóre stukrotnie, przedstawiają naturalne i zróżnicowane stopnie zdolności zrozumienia prawdy i reagowania na jej duchowe posłanie u tych mężczyzn i kobiet, którzy mają różne możliwości przyjmowania duchowego oświecenia".

Kiedy Nataniel umilkł, apostołowie i ich towarzysze zaczęli poważną dyskusję i żarliwą debatę, niektórzy argumentowali za poprawnością interpretacji Piotra, podczas gdy niemal taka sama ich liczba chciała bronić objaśnienia przypowieści, przedstawionego przez Nataniela. Tymczasem Piotr i Nataniel weszli do domu, gdzie zaczęli z ożywieniem i pełni determinacji przekonywać jeden drugiego, aby zmienił zdanie.

Mistrz pozwolił temu zamieszaniu dojść do punktu najwyższej ekspresji, po czym zaklaskał w ręce i zawołał wszystkich do siebie. Kiedy zebrali się wokół niego raz jeszcze, powiedział: „Zanim powiem wam o tej przypowieści, czy ktokolwiek z was ma coś jeszcze do powiedzenia?". Po chwili ciszy odezwał się Tomasz: „Tak, Mistrzu, ja chciałbym powiedzieć kilka słów. Pamiętam, że kiedyś kazałeś nam zwrócić uwagę na tę właśnie sprawę. Uczyłeś nas, że kiedy podczas naszych kazań używamy zobrazowań, *powinniśmy* posługiwać się prawdziwymi opowiadaniami a nie bajkami, i że powinniśmy wybierać opowiadanie najbardziej odpowiednie dla zobrazowania głównej, życiowej prawdy, której chcemy nauczyć ludzi, i że stosując takie opowieści, nie powinniśmy przykładać duchowego znaczenia do wszystkich pomniejszych szczegółów, stosowanych w omawianej historii. Uważam, że zarówno Piotr jak i Nataniel popełnili błąd w swych próbach interpretacji tej przypowieści. Podziwiam ich zdolności w tych sprawach, ale jestem również pewny, że próby ustalenia i wydobycia duchowych analogii z naturalnej przypowieści, ze wszystkich jej cech, mogą prowadzić tylko do zamieszania i do poważnych błędów w zrozumieniu prawdziwego celu takiej przypowieści. Tego, że mam rację, dowodzi w zupełności fakt, że chociaż godzinę temu wszyscy myśleliśmy jednakowo, teraz jesteśmy podzieleni na dwie oddzielne grupy, które trzymają się odmiennych opinii, dotyczących tej przypowieści i trzymają się tych opinii tak żarliwie, iż według mnie umniejsza to nasze zdolności pełnego zrozumienia wielkiej prawdy, którą miałeś na myśli, kiedy opowiadałeś tę przypowieść tłumom a później prosiłeś nas, aby ją skomentować".

To, co powiedział Tomasz, uspokoiło wszystkich. Sprawił on również to, że przypomnieli sobie, czego nauczał ich Jezus przy poprzednich okazjach i zanim Jezus ponownie zaczął mówić, Andrzej wstał i powiedział: „Jestem przekonany, że Tomasz ma rację, ale chciałbym, aby nam powiedział, jaki sens on przypisuje przypowieści o siewcy". Po tym, jak Jezus skinął na Tomasza, żeby mówił, ten rzekł: „Moi bracia, nie chciałbym przedłużać tej dyskusji, ale jeśli tak chcecie, to powiem, że myślę, iż ta przypowieść była powiedziana, aby nauczyć nas jednej wielkiej prawdy. Tej, że naszemu nauczeniu ewangelii królestwa, bez względu na to, jak wiernie i efektywnie wypełnimy nasze boskie powołanie, będą towarzyszyły różne stopnie powodzenia; i że wszystkie takie różnice w wynikach spowodowane będą bezpośrednio warunkami związanymi z okolicznościami naszej służby, warunkami, nad którymi mamy niewielką lub wręcz żadną kontrolę".

Kiedy Tomasz skończył, większość jego braci kaznodziei skłonna była się z nim zgodzić, nawet Piotr i Nataniel chcieli z nim porozmawiać, kiedy Jezus się podniósł i rzekł: „Dobrze powiedziane, Tomaszu, zauważyłeś prawdziwe znaczenie przypowieści; ale zarówno Piotr jak i Nataniel wyświadczyli wam wszystkim równe dobro w tym, że dokładnie ukazali niebezpieczeństwo prób robienia alegorii z moich przypowieści. W waszych sercach możecie często, z pożytkiem dla was samych, dokonywać takich wzlotów twórczej wyobraźni, ale zrobicie błąd, jeśli będziecie chcieli wysnuwać takie wnioski jako część waszego publicznego nauczania".

Teraz, kiedy napięcie opadło, Piotr i Nataniel pogratulowali jeden drugiemu i zanim wszyscy udali się na spoczynek, każdy z apostołów, z wyjątkiem bliźniaków Alfeuszy, odważył się zrobić swoją interpretację przypowieści o siewcy. Nawet Judasz Iskariota zaproponował bardzo wiarygodną interpretację. Dwunastu bardzo często próbowało sobie wyjaśniać przypowieści Mistrza, jak również alegorie, ale nigdy już nie traktowano takich spekulacji poważnie. Dla apostołów i ich towarzyszy była to bardzo pożyteczna dysputa, zwłaszcza, że od tego czasu Jezus używał coraz więcej przypowieści w związku ze swoim publicznym nauczaniem.

3. WIĘCEJ O PRZYPOWIEŚCIACH

Apostołowie skoncentrowali się teraz tylko na przypowieściach, tak dalece, że cały następny wieczór poświęcony był kolejnym rozmowom na temat przypowieści. Jezus zaczął wieczorne spotkanie: „Moi kochani, musicie ciągle wprowadzać zmiany w nauczaniu, tak, aby dostosować wasze przedstawienie prawdy do znajdujących się przed wami umysłów i serc. Kiedy stajecie przed tłumem o zróżnicowanych intelektach i temperamentach, nie możecie przemawiać odmiennymi słowami do każdej kategorii słuchaczy, ale możecie opowiedzieć historię, która przekaże w sposób zrozumiały wasze nauczanie, i każda grupa, nawet każda jednostka, będzie mogła dokonać swojej własnej interpretacji waszej przypowieści, zgodnie z własnymi zdolnościami intelektualnymi i duchowymi. Dajcie waszemu światłu świecić, ale róbcie to mądrze i z rozwagą. Kiedy człowiek zapala lampę, aby świeciła, nie ukrywa jej pod korcem ani nie chowa jej pod łóżko; stawia lampę na świeczniku, aby wszyscy widzieli jej światło. Powiadam wam, że nic nie ma ukrytego w królestwie nieba, co nie mogłoby zostać objawione; tak samo nie ma żadnych tajemnic, które nie będą w końcu podane do wiadomości. Ostatecznie wszystkie te sprawy wyjdą na światło. Nie myślcie tylko o tłumach i o tym, jak ludzie słyszą prawdę; zważajcie również na to, w jaki sposób wy ją słyszycie. Pamiętajcie, że wiele razy wam mówiłem: „Każdemu bowiem, kto ma, będzie dodane, temu zaś, kto nie ma, zabiorą nawet to, co myśli, że ma".

Dalsza dyskusja o przypowieściach i dodatkowe instrukcje, dotyczące ich interpretacji, mogą być podsumowane i wyrażone we współczesnej frazeologii następująco:

1. Jezus radził nie używać ani legend, ani alegorii w nauczaniu prawd ewangelii. Polecał szeroko stosować przypowieści, zwłaszcza przypowieści wzięte z przyrody. Podkreślił wartość stosowania *analogii,* występujących pomiędzy światem materialnym a duchowym, jako sposobów nauczania prawdy. Często nawiązywał do tego, co materialne jako „nierzeczywistego i przelotnego cienia rzeczywistości duchowych".
2. Jezus opowiedział trzy czy cztery przypowieści z hebrajskiego Pisma Świętego, zwracając uwagę na to, że ta metoda nauczania nie jest zupełnie nowa. Tym niemniej stała się niemalże nową metodą nauczania, od czasu, kiedy ją zastosował.
3. Nauczając apostołów o wartościach przypowieści, Jezus zwrócił uwagę na następujące punkty:

Przypowieść daje możliwość równoczesnego odwoływania się do ogromnie zróżnicowanych poziomów umysłowych i duchowych. Przypowieść stymuluje wyobraźnię, rzuca wyzwanie wnikliwości i prowokuje krytyczne myślenie; sprzyja życzliwości bez wzbudzania antagonizmów.

Przypowieść wywodzi się z rzeczy, które są znane, prowadzi do poznania tego, co nieznane. Przypowieść używa tego, co materialne i naturalne, jako środków prezentacji tego, co duchowe i nadmaterialne.

Przypowieści sprzyjają podejmowaniu bezstronnych decyzji moralnych. Przypowieść zapobiega stronniczości i wdzięcznie wkłada nową prawdę w umysły a czyni to wszystko przy minimalnym prowokowaniu samoobrony ze strony urażonych uczuć osobistych.

Aby odrzucić prawdę zawartą w przypowieściowych analogiach, trzeba świadomego, intelektualnego działania, które sprzeciwia się bezpośrednio ludzkiemu zdrowemu rozsądkowi i obiektywnym decyzjom. Przypowieść przyczynia się do ożywienia myślenia poprzez zmysł słuchu.

Zastosowanie przypowieści w nauczaniu pozwala nauczycielowi przedstawić nowe a nawet zaskakujące prawdy, podczas gdy równocześnie w znacznej mierze unika on wszystkich sporów i otwartego zderzenia się z tradycją oraz ugruntowanymi autorytetami.

Przypowieść posiada również tę zaletę, że przywodzi na myśl nauczaną prawdę, kiedy spotyka się później podobne zdarzenia.

W ten sposób usiłował Jezus zapoznać swoich zwolenników z wieloma przyczynami, dla których zaczął coraz częściej stosować przypowieści w swoim nauczaniu publicznym.

Pod koniec wieczornej nauki Jezus pierwszy raz skomentował swoją przypowieść o siewcy. Powiedział, że przypowieść odnosi się do dwu spraw. Pierwsza to przegląd jego własnej służby do tego czasu i przewidywanie, co nastąpi podczas reszty jego życia na Ziemi. A druga to także wskazówka, czego apostołowie i inni posłańcy królestwa mogą oczekiwać w swej służbie, z pokolenia na pokolenie, w miarę upływu czasu.

Jezus uciekł się także do stosowania przypowieści, jako możliwie najlepszego sposobu odparcia zarzutów przywódców religijnych z Jerozolimy, którzy rozmyślnie nauczali, że jego działalność prowadzona jest przy pomocy demonów i księcia diabłów. Nawiązanie do przyrody było zaprzeczeniem takiego nauczania, ponieważ w tamtych czasach ludzie traktowali wszystkie zjawiska przyrodnicze jako bezpośrednie oddziaływanie istot duchowych i sił nadprzyrodzonych. Jezus również postanowił stosować tę metodę nauczania, ponieważ umożliwiła mu ona głoszenie żywotnych prawd tym, którzy chcieli poznać lepszą drogę, jednocześnie dawał swym wrogom mniej okazji znajdowania powodów do ataków i oskarżeń wysuwanych przeciw niemu.

Zanim Jezus odprawił grupę na noc, powiedział: „Teraz opowiem wam ostatnią przypowieść o siewcy. Chciałbym się przekonać, jak ją zrozumiecie i przyjmiecie. Królestwo nieba podobne jest do człowieka, który posiał dobre nasienie na swojej roli; kiedy śpi w nocy i dogląda swoich spraw w dzień, nasienie kiełkuje i rośnie, chociaż on sam nie wie, w jaki sposób roślina wydaje owoce. Najpierw źdźbło, potem kłos, a potem pełne ziarno w kłosie. A gdy zboże dojrzeje, zaraz zapuszcza sierp i żniwo skończone. Kto ma uszy do słuchania, niech słucha".

Wiele razy apostołowie rozważali w duchu to opowiadanie, ale Mistrz nigdy nie wspominał o tym dodatku do przypowieści o siewcy.

4. WIĘCEJ PRZYPOWIEŚCI NAD MORZEM

Następnego dnia Jezus znowu nauczał ludzi z łodzi: „Królestwo nieba podobne jest do człowieka, który zasiał na swoim polu dobre ziarno, ale kiedy spał, przyszedł jego nieprzyjaciel, nasiał chwastu między pszenicę i uciekł. A kiedy zboże wyrosło i później wypuściło kłosy, pojawiły się i chwasty. Wtedy słudzy gospodarza przyszli i zapytali go: «Panie, czy nie posiałeś dobrego nasienia na swej roli? Więc skąd wziął się na niej chwast»? A on odpowiedział sługom: «Nieprzyjaciel to uczynił». Wtedy słudzy zapytali: «Czy chcesz więc, żebyśmy poszli i zebrali chwasty»? A on im odpowiedział: «Nie, abyście zbierając chwasty, nie wyrwali z korzeniem i pszenicy. Raczej pozwólcie obojgu róść aż do żniwa a w czasie żniwa powiem żniwiarzom: zbierzcie najpierw chwast i powiążcie go w snopki na spalenie a potem zbierzcie pszenicę i zwieźcie do mego spichlerza»".

Po tym, jak ludzie zadali kilka pytań, Jezus powiedział następną przypowieść: „Królestwo nieba podobne jest do ziarnka gorczycy, które człowiek zasiał na swoim polu.

Otóż, ziarnko gorczycy jest najmniejsze z ziaren, ale kiedy urośnie, staje się największym ze wszystkich ziół i podobne jest drzewu, tak, że ptaki z nieba mogą przylecieć i odpocząć na jego gałęziach".

„Królestwo nieba jest jak zakwas, który kobieta wzięła i schowała w trzech miarach mąki i w ten oto sposób cała mąka została zakwaszona".

„Królestwo nieba jest jak skarb ukryty na polu, który odkrył człowiek. Z tej radości poszedł i sprzedał wszystko, co miał, żeby mieć pieniądze na zakup tego pola".

„Królestwo nieba podobne jest do kupca, szukającego pięknych pereł; gdy znalazł jedną drogocenną perłę poszedł, sprzedał wszystko, co miał, aby mógł kupić tę nadzwyczajną perłę".

„I jeszcze, królestwo nieba podobne jest do rozciągniętej sieci, zarzuconej w morze i zagarniającej ryby wszelkiego rodzaju. Otóż, gdy się napełniła, rybacy wyciągnęli ją na brzeg a usiadłszy posortowali ryby, dobre zebrali w naczynia a złe odrzucili".

Jeszcze wiele innych przypowieści opowiadał Jezus tłumom. Faktycznie, od tego czasu rzadko nauczał tłumy w inny sposób. Po wygłoszeniu przypowieści do publicznego zgromadzenia, podczas wieczornych nauk, bardziej szczegółowo i otwarcie objaśniał swoje nauki apostołom i ewangelistom.

5. POBYT W GERGEZIE

Tłumy rosły przez cały tydzień. W szabat Jezus pośpieszył daleko na wzgórza, ale gdy nadszedł niedzielny ranek, tłumy wróciły. Po kazaniu, wygłoszonym przez Piotra, Jezus przemówił do ludzi wczesnym popołudniem, a kiedy skończył, powiedział apostołom: „Jestem zmęczony tymi tłumami; przepłyńmy na drugą stronę, abyśmy mogli przez dzień odpocząć".

Kiedy płynęli przez jezioro, spotkała ich jedna z tych gwałtownych i nagłych wichur, tak charakterystycznych dla Morza Galilejskiego, zwłaszcza o tej porze roku. Ta masa wodna znajduje się ponad dwieście metrów poniżej poziomu morza i otoczona jest wysokimi brzegami, zwłaszcza od zachodu. Znajdują się tam strome wąwozy, prowadzące od jeziora na wzgórza i kiedy w czasie dnia ciepłe powietrze w zagłębieniu ponad jeziorem unosi się w górę, po zachodzie słońca występuje tendencja gwałtownego spływania w dół jeziora zimnego powietrza z wąwozów. Te porywy wiatru przychodzą raptownie i czasami tak samo nagle ustają.

Właśnie taka wieczorna wichura złapała łódź wiozącą Jezusa na drugą stronę w ten niedzielny wieczór. Trzy inne łodzie, w których znajdowało się kilku młodszych ewangelistów, podążały za nimi. Burza była sroga, pomimo, że ograniczała się tylko do tego rejonu jeziora; na zachodnim brzegu nie było śladu nawałnicy. Wiatr był tak silny, że fale zaczynały zalewać łódź. Silny wiatr potargał żagiel, zanim apostołowie zdołali go zwinąć i teraz całkowicie polegali na wiosłach, mozolnie dociągając do brzegu odległego o ponad dwa kilometry.

Tymczasem Jezus spał na rufie łodzi, mając niewielką osłonę nad głową. Kiedy opuszczali Betsaidę, Mistrz był zmęczony i żeby odpocząć, polecił im żeglować przez jezioro na drugą stronę. Ci dawniejsi rybacy byli silnymi i doświadczonymi wioślarzami, jednak to był jeden z najgorszych sztormów, jaki kiedykolwiek ich spotkał. Chociaż wiatr i fale rzucały łodzią jak dziecinną zabawką, Jezus spokojnie spał. Piotr był przy wiośle po prawej stronie, blisko rufy. Kiedy łódź zaczęła napełniać się wodą, zostawił swe wiosło, pośpieszył do Jezusa i potrząsnął nim mocno, żeby obudzić, a kiedy ów się obudził, Piotr powiedział: „Mistrzu, czy nie wiesz, że jesteśmy pośród gwałtownej burzy? Jeśli nas nie uratujesz, wszyscy zginiemy".

Jezus wyszedł na deszcz, najpierw spojrzał na Piotra a potem popatrzył w ciemność, na zmagających się z burzą wioślarzy, znowu zwrócił swój wzrok na Szymona Piotra, który w podnieceniu jeszcze nie wrócił do wiosła i powiedział: „Dlaczego strach tak was przepełnia? Gdzie wasza wiara? Uspokójcie się i uciszcie". Zaledwie Jezus wyrzekł tę naganę do Piotra i innych apostołów, zaledwie kazał Piotrowi szukać spokoju, w którym mógłby uciszyć swą stroskaną duszę, kiedy wzburzona atmosfera, doszedłszy do równowagi, ustatkowała się w wielkiej ciszy. Gniewne fale prawie natychmiast opadły a ciemne chmury zniknęły, wyczerpawszy się przelotnym deszczem i gwiazdy na niebie zalśniły nad głową. Wszystko to, tak dalece jak się orientujemy, było czystym przypadkiem; ale apostołowie, zwłaszcza Szymon Piotr, nigdy nie przestali traktować tego zdarzenia jako cudu dokonanego w przyrodzie. Ludziom w tamtych czasach bardzo łatwo było wierzyć w cuda przyrody, ponieważ tak samo mocno wierzyli, że cała przyroda była zjawiskiem bezpośrednio kontrolowanym przez siły duchowe i istoty nadprzyrodzone.

Jezus wyraźnie tłumaczył Dwunastu, że mówił do ich niespokojnych dusz i zwracał się do ich przejętych strachem umysłów, że nie nakazał żywiołom słuchać jego słów, ale to nie pomogło. Zwolennicy Mistrza zawsze obstawali przy własnej interpretacji wszystkich takich, przypadkowych zdarzeń. Od tego dnia trzymali się idei, że Mistrz ma absolutną władzę nad żywiołami. Piotr nigdy nie przestał opowiadać, że „nawet wichry i fale są mu posłuszne".

Było już późno, gdy Jezus i jego towarzysze dobili do brzegu, a ponieważ noc była cicha i piękna, wszyscy odpoczywali w łodzi; nie wyszli na ląd wcześniej, aż dopiero następnego ranka, krótko po wschodzie słońca. Kiedy zebrali się wszyscy, a było ich około czterdziestu, Jezus powiedział: „Chodźmy na tamte wzgórza, pozostaniemy tam kilka dni, kiedy to będziemy rozmyślać nad problemami królestwa Ojca".

6. OPĘTANY Z GERGEZY

Aczkolwiek znaczna część najbliżej położonego, wschodniego brzegu jeziora, podnosiła się łagodnie w kierunku wzgórz w oddali, w tym właśnie miejscu znajdował się urwisty stok; w kilku miejscach brzeg opadał stromo w kierunku jeziora. Wskazując na zbocze pobliskiego wzgórza, Jezus powiedział „Chodźmy na ten stok, aby zjeść śniadanie i w jakimś zaciszu odpocząć i porozmawiać".

Cały stok pokryty był pieczarami, wykutymi w skałach. Wiele z tych nisz było starożytnymi grobowcami. Mniej więcej w połowie zbocza wzgórza na małym i względnie płaskim miejscu znajdował się cmentarz małej wioski Gergezy. Gdy Jezus i jego towarzysze przechodzili obok cmentarza, dopędził ich obłąkany, który żył w pieczarach na stoku. Tego szalonego człowieka dobrze znano w tych stronach, swego czasu był przykuty kajdanami i łańcuchami oraz zamknięty w jednej z grot. Dawno już rozerwał swe kajdany a teraz błąkał się do woli pośród grobów i opuszczonych grobowców.

Człowiek ten, o imieniu Amos, cierpiał na cykliczną formę choroby psychicznej. Występowały dłuższe okresy, kiedy, gdy znalazł jakieś odzienie, zachowywał się całkiem poprawnie pośród ludzi. W czasie jednej z takich przytomniejszych przerw w chorobie udał się do Betsaidy, gdzie słyszał kazania głoszone przez Jezusa i jego apostołów i wtedy to niezdecydowanie uwierzył w ewangelię królestwa. Ale wkrótce nadszedł burzliwy okres jego choroby i uciekł do grobów, gdzie jęczał, krzyczał na głos i terroryzował wszystkich, którzy go przypadkiem spotkali.

Kiedy Amos poznał Jezusa, upadł mu do nóg i zawołał: „Znam ciebie, Jezusie, ale jestem opętany przez wielu diabłów i błagam cię, abyś mnie nie męczył". Ten człowiek naprawdę wierzył, że jego okresowe schorzenie umysłowe spowodowane jest tym, że w pewnych okresach złe czy nieczyste duchy wchodziły w niego i dominowały nad jego umysłem i ciałem. Jego problemy były zasadniczo emocjonalnej natury – jego mózg nie był zbytnio uszkodzony.

Jezus, patrząc na człowieka skulonego u jego stóp jak zwierzę, wziął go za rękę, postawił i powiedział: „Amosie, ty nie jesteś opętany przez diabła; słyszałeś już dobrą nowinę, że jesteś synem Boga. Rozkazuję ci, abyś wyszedł z tego nastroju". I kiedy Amos usłyszał, co Jezus mówi, w jego intelekcie nastąpiło takie przeobrażenie, że natychmiast odzyskał zdrowy umysł i normalną kontrolę nad swoimi emocjami. W tym czasie, z pobliskiej wioski przyszedł spory tłum i ci ludzie, razem ze świniopasami ze wzgórz ponad nimi, byli zdumieni, widząc opętanego, jak siedzi z Jezusem i jego uczniami, zdrowy na umyśle i swobodnie z nimi rozmawia.

Gdy świniopasy popędzili do wioski, aby roznieść wieści o obłaskawieniu opętanego, psy zaatakowały pozostawione bez opieki małe stado, około trzydziestu świń i pognały większość z nich do przepaści nad morzem. I to przypadkowe zdarzenie, w połączeniu z obecnością Jezusa i domniemanie cudownym uzdrowieniem opętanego, dało początek legendzie, że Jezus uzdrowił Amosa, wyrzucając z niego legion diabłów i że te diabły weszły w stado świń i pognały je na zatracenie do morza w dole. Zanim dzień się skończył, zdarzenie to było szeroko rozgłaszane przez świniopasów i cała wioska w to uwierzyła. Amos oczywiście uwierzył w tę historię; krótko po tym, jak jego wzburzony umysł się uspokoił, widział świnie koziołkujące z urwiska i zawsze w to wierzył, że poniosły ze sobą te właśnie złe duchy, które go tak długo dręczyły i unieszczęśliwiały. I miało to znaczny wpływ na trwałość jego kuracji. Jest również prawdą, że wszyscy apostołowie Jezusa (za wyjątkiem Tomasza) wierzyli, że wypadek ze świniami był bezpośrednio związany z wyzdrowieniem Amosa.

Jezus nie zaznał odpoczynku, którego pragnął. Przez większą część tego dnia otoczony był ludźmi, którzy przyszli z powodu wieści, że Amos został uzdrowiony i których przyciągnęła opowieść, że demony przeszły z opętanego w stado świń. I tak, po zaledwie jednej nocy odpoczynku, wcześnie rano, we wtorek, Jezusa i jego przyjaciół obudziła delegacja hodowców świń, nie-Żydów, którzy przyszli prosić, aby odszedł od nich. Ich rzecznik powiedział Piotrowi i Andrzejowi: „Rybacy z Galilei, odejdźcie od nas i zabierzcie swojego proroka ze sobą. Wiemy, że on jest świętym człowiekiem, ale bogowie naszego kraju go nie znają a my się boimy straty wielu świń. Strach przed wami tak nami zawładnął, że modlimy się, abyście stąd odeszli". A kiedy Jezus ich usłyszał, powiedział do Andrzeja: „Wracamy na nasze miejsce".

Kiedy już mieli odchodzić, Amos zaczął błagać Jezusa, aby pozwolił mu iść z nimi, ale Mistrz się nie zgodził. Jezus powiedział Amosowi: „Nie zapomnij, że jesteś synem Boga. Wróć do swoich i pokaż im, jakie wielkie rzeczy Bóg dla ciebie zrobił". I Amos poszedł, rozgłaszając wszędzie, że z jego niespokojnej duszy Jezus wypędził legion diabłów a złe duchy tych diabłów weszły w stado świń i pognały je szybko na zatracenie. I nie zatrzymał się, dopóki nie obszedł wszystkich miast Dekapolu, głosząc jak wielkie rzeczy Jezus dla niego zrobił.

PRZEKAZ 152

WYDARZENIA PROWADZĄCE DO KRYZYSU W KAFARNAUM

HISTORIA uzdrowienia Amosa, chorego umysłowo z Gergezy, dotarła do Kafarnaum, więc wielki tłum oczekiwał Jezusa, kiedy jego łódź dobiła do brzegu we wtorek przed południem. W tym tłumie byli nowi obserwatorzy z jerozolimskiego Sanhedrynu, którzy przyszli do Kafarnaum, żeby znaleźć powód aresztowania i skazania Mistrza. Kiedy Jezus przemawiał do zgromadzonych na jego powitanie, Jair, jeden z zarządców synagogi, przecisnął się przez tłum i padając do stóp Jezusa, chwycił go za rękę i błagał, aby pośpieszył z nim, mówiąc: „Mistrzu, moja mała córeczka, jedyne dziecko, leży w domu bliska śmierci. Błagam, abyś przyszedł i ją uleczył". Kiedy Jezus usłyszał prośbę ojca, rzekł: „Pójdę z tobą".

Gdy Jezus szedł z Jairem, spory tłum, który słyszał prośbę ojca, szedł za nimi, aby zobaczyć, co się stanie. Krótko przed tym, zanim doszli do domu zarządcy, kiedy pospiesznie szli wąską uliczką i kiedy ciżba się pchała, Jezus zatrzymał się nagle i zawołał: „Ktoś mnie dotknął". A ci, którzy byli blisko, mówili, że go nie dotknęli. Piotr powiedział: „Mistrzu, przecież widzisz, że tłum zewsząd cię ściska, jeszcze nas zgniecie a ty mówisz: «ktoś mnie dotknął». Co masz na myśli"? Wtedy Jezus odpowiedział: „Zapytałem, kto mnie dotknął, ponieważ poczułem, że żywa moc wyszła ze mnie". Kiedy Jezus rozglądał się wokół, jego oczy spoczęły na stojącej w pobliżu kobiecie, która podeszła, uklękła przy jego stopach i powiedziała: „Przez lata choruję na ciężkie krwotoki. Wiele rzeczy wycierpiałam od wielu lekarzy; wydałam całe moje mienie, ale nikt nie mógł mnie wyleczyć. Wtedy usłyszałam o tobie i pomyślałam, że jeśli mogłabym dotknąć brzegu jego szaty, z pewnością zostanę uzdrowiona. I tak, przeciskałam się naprzód razem z tłumem, aż stojąc blisko ciebie, Mistrzu, dotknęłam skraju twojej szaty i jestem zdrowa; wiem, że jestem wyleczona z mojej choroby".

Kiedy Jezus to usłyszał, wziął kobietę za rękę i podnosząc ją, powiedział: „Córko, twoja wiara cię uzdrowiła; idź w pokoju". To jej *wiara* ją uzdrowiła a nie jej *dotyk*. I ten przypadek jest dobrą ilustracją wielu pozornie cudownych uzdrowień, które towarzyszyły Jezusowi na ziemskiej drodze jego życia, ale których w żadnym sensie nie *dokonał on świadomie*. Z biegiem czasu okazało się, że ta kobieta została rzeczywiście uzdrowiona z jej dolegliwości. Jej wiara była tego rodzaju, że opierała się bezpośrednio na przeświadczeniu o stwórczej mocy, tkwiącej w osobie Mistrza. Z tą wiarą, którą miała, wystarczyło tylko zbliżyć się do osoby Mistrza. Nie trzeba było wcale dotykać jego szaty; to była po prostu zabobonna część jej wiary. Jezus wezwał tę kobietę, Weronikę z Cezarei Filipowej, przed swoje oblicze, aby skorygować dwa błędy, które mogły pozostawać w jej rozumowaniu, albo które mogli rozważać ci, co byli świadkami tego uzdrowienia. Nie chciał, aby Weronika odeszła i uważała, że to jej strach, podczas próby kradzieży uzdrowienia, został tak nagrodzony, albo że jej przesąd, łączący dotknięcie jego szaty z uzdrowieniem, jest skuteczny. Chciał, aby wszyscy wiedzieli, że to jej czysta i żywa *wiara* dokonała uzdrowienia.

1. W DOMU JAIRA

Jair oczywiście strasznie się niecierpliwił z powodu opóźnienia w drodze do jego domu, tak, że teraz przyspieszyli kroku. Zanim jeszcze weszli na dziedziniec zarządcy, wyszedł jeden z jego sług i powiedział: „Nie trudź już Mistrza, twoja córka umarła". Ale zdawało się, że Jezus nie zważał na słowa sługi, gdyż biorąc ze sobą Piotra, Jakuba i Jana, odwrócił się do pogrążonego w smutku ojca i powiedział: „Nie bój się; tylko wierz". Kiedy wszedł do domu, zastał ludzi grających na fletach, siedzących razem z żałobnikami, którzy czynili wręcz nieprzyzwoity tumult; już i krewni zaczęli płakać i zawodzić. I kiedy wyprosił wszystkich żałobników z pomieszczenia, wszedł do niego razem z ojcem i matką oraz trzema swoimi apostołami. Powiedział żałobnikom, że dziewczynka nie umarła, ale oni pogardliwie śmiali się z niego. Teraz Jezus zwrócił się do matki i powiedział: „Twoja córka nie umarła; ona tylko zasnęła". I kiedy w domu zapanowała cisza, Jezus wszedł na górę, gdzie leżało dziecko, wziął je za rękę i powiedział: „Córko, mówię ci, obudź się i wstań!". I kiedy dziewczynka usłyszała te słowa, natychmiast wstała i przeszła przez pokój. I niebawem, kiedy oprzytomniała z oszołomienia, Jezus polecił, aby dano jej coś do jedzenia, gdyż długo nic nie jadła.

Ponieważ w Kafarnaum sporo agitowano przeciw Jezusowi, zwołał on rodzinę dziecka i wytłumaczył im, że wskutek długiej gorączki dziewczynka znalazła się w letargu i że on tylko ją obudził, że nie spowodował jej zmartwychwstania. Tak samo wyjaśnił wszystko swoim apostołom, co jednak nie odniosło skutku; wszyscy wierzyli, że wskrzesił tę małą dziewczynkę. To, co Jezus mówił, objaśniając wiele pozornych cudów, niewielki miało wpływ na jego zwolenników. Oni oczekiwali cudów i nie tracili żadnej sposobności, aby przypisać Jezusowi kolejny cud. Po tym, jak wyraźnie zażądał od wszystkich, żeby nie mówili o tym nikomu, Jezus i apostołowie wrócili do Betsaidy.

Gdy Jezus wyszedł z domu Jaira, dwóch ślepych, prowadzonych przez niemego chłopca, szło za nim i wołało o uzdrowienie. W tym czasie sława Jezusa jako uzdrowiciela sięgała szczytu. Wszędzie, gdzie poszedł, czekali na niego chorzy i cierpiący. Teraz Mistrz sprawiał wrażenie bardzo zmęczonego i wszyscy jego przyjaciele zaczęli się niepokoić, żeby nie kontynuował swojej pracy nauczania i uzdrawiania do punktu kompletnego wyczerpania.

Apostołowie Jezusa, nie mówiąc już o zwykłych ludziach, nie mogli zrozumieć natury i atrybutów tego Boga-człowieka. Również żadne późniejsze pokolenie nie potrafiło ocenić tego, co się zdarzyło na Ziemi w osobie Jezusa z Nazaretu. I być może nigdy nie nadarzy się okazja, zarówno dla nauki jak i religii, ażeby sprawdzić te nadzwyczajne wydarzenia, z tej prostej przyczyny, że taka niezwykła sytuacja może się nigdy więcej nie powtórzyć, zarówno na tym świecie jak i na żadnym innym świecie Nebadonu. Już nigdy, na żadnym świecie całego wszechświata, nie pojawi się istota, będąca w formie cielesnej, a jednocześnie uosabiająca wszystkie atrybuty stwórczej energii, w połączeniu z duchowymi właściwościami, które przewyższają czas i większość innych materialnych ograniczeń.

Nigdy przedtem Jezus nie przebywał na Ziemi, ani też nigdy potem nie można było osiągnąć, tak bezpośrednio i obrazowo, efektów silnej i żywej wiary śmiertelnych mężczyzn i kobiet. Aby powtórzyć te zjawiska, musielibyśmy znaleźć się bezpośrednio przed obliczem Michała, Stwórcy i zastać go takim, jakim był w tamtym czasie – Synem Człowieczym. Tak samo dziś, kiedy jego nieobecność nie pozwala na takie materialne pokazy, powinniście wystrzegać się stawiania jakiegokolwiek rodzaju ograniczeń możliwym zastosowaniom jego *duchowej mocy*. Chociaż Mistrza nie ma jako istoty materialnej, jest on obecny w sercach ludzkich jako wpływ duchowy. Odchodząc z tego świata Jezus sprawił, że jego duch żyje teraz obok ducha jego Ojca, który zamieszkuje umysły całej ludzkości.

2. NAKARMIENIE PIĘCIU TYSIĘCY

Jezus nadal nauczał ludzi w dzień a wieczorem udzielał instrukcji apostołom i ewangelistom. W piątek ogłosił tydzień urlopu; wszyscy jego zwolennicy mogli albo iść do domu, albo na kilka dni do swoich przyjaciół a potem przygotować się do pójścia do Jerozolimy na Paschę. Jednak ponad połowa jego uczniów nie chciała go opuścić a tłumy codziennie stawały się coraz większe, tak, że Dawid Zebedeusz chciał założyć nowe obozowisko, ale Jezus się nie zgodził. W szabat Mistrz prawie nie odpoczywał, tak, że w niedzielę rano, 27 marca, zapragnął oddalić się od ludzi. Niektórzy z ewangelistów zostali, żeby przemawiać do tłumów, podczas gdy Jezus, wraz Dwunastoma planował się wymknąć niespostrzeżenie na przeciwległy brzeg jeziora, gdzie w pięknym parku, na południe od Betsaidy Juliusza, chcieli zaznać tak bardzo im potrzebnego odpoczynku. Okolica ta była ulubionym miejscem wypoczynku ludności Kafarnaum; wszyscy znali te parki na wschodnim wybrzeżu.

Ludzie jednak na to nie pozwolili. Widzieli kierunek, jaki obrała łódź Jezusa i najmując każdą dostępną łódź, zaczęli pościg. Ci, którym nie udało się wynająć łodzi, poszli pieszo, idąc wokół wyższego krańca jeziora.

Późnym popołudniem ponad tysiąc ludzi odnalazło Mistrza w jednym z parków, a on krótko do nich przemówił, potem przemawiał Piotr. Wielu z tych ludzi przyniosło ze sobą żywność i po zjedzeniu kolacji zebrali się dokoła, w małych grupach, podczas gdy Jezus i apostołowie ich nauczali.

W poniedziałek po południu tłum przekraczał już trzy tysiące. I ludzie nieprzerwanie napływali, nawet wieczorem, prowadząc ze sobą wszelki rodzaj cierpiących. Setki zaciekawionych osób planowało postój w Kafarnaum, po drodze na Paschę, aby zobaczyć i usłyszeć Jezusa i po prostu nie chcieli się rozczarować. W środę przed południem, około pięć tysięcy mężczyzn, kobiet i dzieci zgromadziło się w parku, na południe od Betsaidy Juliusza. Pogoda była piękna, zbliżał się koniec pory deszczowej w tej okolicy.

Filip dostarczył żywności na trzy dni dla Jezusa i Dwunastu i była ona pod opieką młodego Marka, chłopca do wszelkich prac pomocniczych. Do popołudnia tego, trzeciego z kolei dnia, niemal połowie tłumu skończyła się żywność, którą ze sobą przynieśli. Dawid Zebedeusz nie miał tu miasta namiotów, aby wyżywić i rozmieścić tłumy. Tak samo Filip nie zaopatrzył się w żywność dla tak wielkiego tłumu. Jednak ludzie, choć nawet byli głodni, nie chcieli odejść. Szeptano po cichu, że Jezus, chcąc uniknąć konfliktu tak z Herodem jak i z przywódcami z Jerozolimy, wybrał tę spokojną okolicę, poza jurysdykcją wszystkich swoich wrogów, jako właściwe miejsce koronacji na króla. Entuzjazm ludzi narastał z każdą godziną. Nic nie mówiono o tym Jezusowi, jednak on wiedział oczywiście o wszystkim, co się działo. Nawet dwunastu apostołów wciąż pamiło się takimi pomysłami, a zwłaszcza młodsi ewangeliści. Apostołami, którzy chcieli, aby Jezusa ogłoszono królem, byli: Piotr, Jan, Szymon Zelota i Judasz Iskariota. Do tych, którzy byli przeciwni takiemu planowi, należeli: Andrzej, Jakub, Nataniel i Tomasz. Mateusz, Filip i bliźniacy Alfeusza nie angażowali się w te sprawy. Prowodyrem całej tej akcji był Joab, jeden z młodszych ewangelistów.

Tak się rzeczy miały około siedemnastej, w środę po południu, kiedy to Jezus poprosił Jakuba Alfeusza, aby zawołał Andrzeja i Filipa. Jezus rzekł im: „Co mamy zrobić z tłumami? Są z nami już trzy dni i wielu jest głodnych. Nie mają jedzenia". Filip i Andrzej wymienili spojrzenia i wtedy Filip odpowiedział: „Mistrzu, powinieneś rozesłać ludzi, aby w okolicznych wsiach kupili jakieś jedzenie". Andrzej, bojąc się realizacji królewskiej intrygi, szybko przyłączył się do Filipa i powiedział: „Tak Mistrzu, myślę, że najlepiej będzie, jeśli odprawimy tłum, aby mogli po drodze kupić sobie żywności, podczas gdy ty będziesz miał trochę czasu na odpoczynek". W tym czasie reszta apostołów przyłączyła się do dyskusji. Wtedy Jezus powiedział: „Ale ja nie chcę odprawiać ich głodnych; czy nie możecie ich nakarmić?". Tego było za wiele dla Filipa i natychmiast powiedział: „Mistrzu, gdzie my na tym pustkowiu mamy kupić chleb dla tłumów? Dwieście denarów nie starczy na obiad".

Zanim apostołowie zdołali coś powiedzieć, Jezus, zwracając się do Andrzeja i Filipa, powiedział: „Nie chcę odprawiać tych ludzi. Są tutaj jak owce bez pasterza. Chciałbym ich nakarmić. Jakie jedzenie mamy z sobą"? Podczas gdy Filip rozmawiał z Mateuszem i Judaszem, Andrzej odszukał chłopca Marka, żeby ustalić, ile żywności zostało w ich zapasach. Wrócił do Jezusa i powiedział: „Chłopiec ma tylko pięć jęczmiennych bochenków i dwie suche ryby" – a Piotr natychmiast dodał: „Jeszcze my musimy jeść wieczorem".

Przez moment Jezus stał w milczeniu. Jego wzrok był nieobecny. Apostołowie nic nie mówili. Nagle Jezus zwrócił się do Andrzeja i powiedział: „Przynieś mi te bochenki i ryby". A kiedy Andrzej przyniósł Jezusowi kosz, Mistrz powiedział: „Każcie ludziom usiąść na trawie, w grupach po stu i wyznaczcie przywódcę każdej grupy i również przyprowadźcie tutaj do nas wszystkich ewangelistów".

Jezus wziął w swoje ręce bochenki i po dziękczynieniu łamał chleb i dawał swoim apostołom, którzy podawali swoim towarzyszom, którzy z kolei roznosili go tłumom. W ten sam sposób Jezus łamał i rozdzielał ryby. I cały tłum jadł aż do sytości. A kiedy skończyli jeść, Jezus powiedział uczniom: „Zbierzcie te ułomki, co zostały, żeby się nic nie zmarnowało". I kiedy skończyli zbieranie resztek, mieli pełne dwanaście koszy. W tej niezwykłej uczcie brało udział około pięciu tysięcy mężczyzn, kobiet i dzieci.

I to był pierwszy i jedyny cud materialny, jakiego Jezus dokonał, świadomie go planując. Prawdą jest, że jego uczniowie skłonni byli nazywać wiele rzeczy cudami, które nimi nie były, ale to była prawdziwie nadprzyrodzona posługa. W tym przypadku, jak zostaliśmy pouczeni, Michał pomnożył składniki pożywienia, tak jak to zawsze czyni, oprócz eliminacji czynnika czasu i widzialnego kanału życia.

3. OBWOŁANIE KRÓLEM

Nakarmienie pięciu tysięcy, dzięki nadprzyrodzonej energii, było następnym takim przypadkiem, kiedy ludzka litość dodana do stwórczej mocy równała się temu, co się zdarzyło. Teraz, kiedy tłumy zostały nakarmione do syta i kiedy sława Jezusa sięgała szczytu, wtedy i tam, przez ten zdumiewający cud, plan pochwycenia Mistrza i obwołania go królem nie potrzebował żadnego dodatkowego, osobowego kierownictwa. Wydawało się, że ta idea rozprzestrzeniała się w tłumie jak zaraza. Reakcja tłumu na to nagłe, widowiskowe zaspokojenie ich fizycznych potrzeb, była gwałtowna i przytłaczająca. Długo już nauczano Żydów, że kiedy przyjdzie Mesjasz, syn Dawida, sprawi on, że ziemia znowu popłynie mlekiem i miodem i że będą obdarzani chlebem codziennym jak manną z nieba, która rzekomo na pustyni spadła na ich przodków. Czyż te wszystkie oczekiwania nie spełniły się teraz, na ich oczach? Kiedy ten głodny, niedożywiony tłum, skończył objadać się cudownym pożywieniem, reakcja ludzka była tylko jedna i jednomyślna: „Tu jest nasz król". Przyszedł czyniący cuda wybawiciel Izraela. W oczach tych prostych ludzi zdolność nakarmienia dawała również prawo panowania. Nic zatem dziwnego, że tłum, kiedy skończył ucztowanie, podniósł się i krzyczał jednym głosem: „Obwołajmy go królem!".

Ten donośny krzyk rozentuzjazmował Piotra i tych apostołów, którzy wciąż mieli nadzieję ujrzeć Jezusa, jak sięga po swoje prawo do panowania. Jednak te fałszywe nadzieje nie miały żyć długo. Jeszcze nie ustał potężny krzyk tłumów, odbijając się echem od pobliskich skał, kiedy Jezus wstąpił na wielki głaz i podnosząc do góry prawą rękę, aby zwrócić na siebie uwagę, powiedział: „Moje dzieci, macie dobre intencje, ale jesteście krótkowzroczni i materialnie zorientowani". Tu nastąpiła krótka przerwa; ten rosły Galilejczyk wyglądał majestatycznie w czarującej poświacie bliskowschodniego zmierzchu. W każdym calu wydawał się królem, kiedy dalej przemawiał do wstrzymującego oddech tłumu: „Chcecie obwołać mnie królem nie dlatego, że wasze dusze zajaśniały wielką prawdą, ale dlatego, że wasze brzuchy wypełniły się chlebem. Ile razy wam mówiłem, że moje królestwo nie jest z tego świata? Królestwo nieba, które my głosimy, jest duchowym braterstwem i nikt nim nie rządzi, siedząc na materialnym tronie. Mój Ojciec w niebie jest wszechmądrym i wszechpotężnym Władcą nad tym duchowym braterstwem synów Bożych na Ziemi. Czyż tak bardzo nie udało mi się wam objawić Ojca duchów, że chcecie uczynić królem jego Syna w ciele! Teraz wszyscy idźcie stąd do waszych domów. Jeśli musicie mieć króla, pozwólcie Ojcu światłości zasiąść na tronie w sercu każdego z was jako duchowemu Władcy wszystkich rzeczy".

Te słowa Jezusa odprawiły tłumy, które odeszły oszołomione i zniechęcone. Wielu spośród tych, którzy wierzyli w niego, odwróciło się od niego i od tego dnia więcej za nim nie szli. Apostołowie zaniemówili; stali w milczeniu wokół dwunastu koszy z resztkami żywności; tylko chłopiec do pomocy, Marek, powiedział: „I nie chciał zostać naszym królem". Jezus, zanim samotnie odszedł w góry, zwrócił się do Andrzeja i powiedział: „Weź swoich braci z powrotem do domu Zebedeusza i módl się z nimi, szczególnie za twego brata, Szymona Piotra".

4. NOCNE WIDZENIE SZYMONA PIOTRA

Apostołowie bez Mistrza – odesłani sami – weszli do łodzi i w milczeniu zaczęli wiosłować w kierunki Betsaidy, na zachodni brzeg jeziora. Żaden z nich nie był tak zdruzgotany i przybity, jak Szymon Piotr. Prawie nikt nic nie mówił, wszyscy myśleli o Mistrzu, samotnym na wzgórzach. Czy ich porzucił? Nigdy przedtem nie odsyłał ich wszystkich, gdy nie chciał z nimi zostać. Co to wszystko miało znaczyć?

Ciemność ich otoczyła a ponieważ zerwał się silny, przeciwny wiatr, prawie nie mogli płynąć naprzód. Jak upływały godziny ciężkiego wiosłowania w ciemności, Piotr zmęczył się i z wyczerpania głęboko zasnął. Andrzej i Jakub położyli go na wyściełonym siedzeniu, na rufie łodzi. Podczas gdy inni apostołowie zmagali się z przeciwnym wiatrem i falami, Piotr miał sen; miał wizję Jezusa, idącego do nich po morzu. Kiedy zdawało się, że Mistrz przejdzie obok łodzi, Piotr krzyknął: „Ratuj nas, Mistrzu, ratuj nas". I ci, co byli na tyle łodzi, słyszeli niektóre z tych słów. Kiedy to nocne widzenie wciąż trwało w głowie Piotra, śniąc usłyszał, że Jezus mówi: „Bądźcie dobrej myśli, to jestem ja, nie bójcie się". To było jak balsam z Gilead dla niespokojnej duszy Piotra; ukoił swego strapionego ducha i tak (w swoim śnie) krzyczał do Mistrza: „Panie, czy to rzeczywiście ty, każ mi przyjść i chodzić z tobą po wodzie". I kiedy Piotr zaczął iść po wodzie, gwałtowne fale go przestraszyły i gdy miał się już prawie utopić, krzyknął, „Panie, ratuj mnie!". I wielu spośród Dwunastu słyszało, jak to krzyczał. Potem Piotr śnił, że Jezus przyszedł go ratować, wyciągnął do niego rękę, chwycił go, podtrzymał i powiedział: „O, wy małej wiary, dlaczego wątpicie"?

W związku z końcową częścią swego snu, Piotr wstał z siedzenia, na którym spał i naprawdę wyszedł za burtę do wody. I obudził się ze swego snu, kiedy Andrzej, Jakub i Jan złapali go i wyciągnęli z morza.

Dla Piotra przeżycie to było zawsze realistyczne. Szczerze wierzył, że Jezus przyszedł do nich tej nocy. Częściowo zaledwie przekonał o tym Jana Marka, co wyjaśnia, dlaczego Marek opuścił tę część historii w swojej narracji. Łukasz, lekarz, który dokładnie badał te sprawy, doszedł do wniosku, że ten epizod był wizją Piotra i dlatego też przygotowując swoją opowieść, nie umieścił w niej tej historii.

5. POWRÓT DO BETSAIDY

W czwartek rano, przed świtem, zakotwiczyli łódź przy brzegu, w pobliżu domu Zebedeusza i próbowali się przespać aż do południa. Andrzej, który obudził się pierwszy, wyszedł przejść się nad morze i znalazł Jezusa siedzącego na kamieniu, tuż nad wodą, w towarzystwie ich chłopca do pomocy. Pomimo tego, że wielu z tłumów i młodzi ewangeliści szukali Jezusa całą noc i prawie cały następny dzień w rejonie wschodnich wzgórz, on z chłopcem Markiem, wkrótce po północy zaczęli iść wokół jeziora i przez rzekę, z powrotem do Betsaidy.

Z tych pięciu tysięcy, które zostały cudownie nakarmione i które, kiedy ich brzuchy były pełne a serca puste, chciały obwołać Jezusa królem, tylko pięciuset wytrwale podążało za nim. Ale zanim zdobyli wieści, że Jezus jest znowu w Betsaidzie, Jezus poprosił Andrzeja, żeby ten zgromadził dwunastu apostołów i ich współpracowników, z kobietami włącznie i powiedział: „Chcę z nimi porozmawiać". I kiedy wszyscy byli gotowi, Jezus rzekł:

„Jak długo mam was znosić? Czy wszyscy jesteście powolni w duchowym pojmowaniu i brakuje wam żywej wiary? Przez wszystkie te miesiące uczyłem was prawd królestwa a wami wciąż kierują materialne motywy, zamiast czynników duchowych. Czyż właśnie w Piśmie nie czytaliście, jak Mojżesz napominał niedowierzające dzieci Izraela: «Nie bójcie się, pozostańcie na swoim miejscu, a zobaczycie zbawienie od Pana»? Powiedział śpiewak: «Miejcie w Panu nadzieję». «Bądźcie cierpliwi, czekajcie na Pana i ufacie Panu, bądźcie mężni. On wasze serca umocni». «Zrzućcie swą troskę na Pana, a On was podtrzyma. Ufajcie mu cały czas i wylejcie jemu swoje serca, bo Bóg jest waszym schronieniem». «Ten, który mieszka w ochronie Najwyższego i w cieniu Wszechmocnego przebywać będzie». «Lepiej zaufać Panu, niżeli dowierzać książętom».

I czy teraz już wszyscy widzicie, że przez czynienie cudów i robienie materialnych dziwów nie zdobędzie się dusz dla królestwa duchowego? Nakarmiliśmy tłumy, ale nie wywołało to u nich głodu chleba życia ani nie zapragnęli wody duchowej prawości. Kiedy zaspokoili swój głód, nie szukali wejścia do królestwa nieba, ale raczej chcieli obwołać Syna Człowieczego królem, zgodnie ze zwyczajem królów tego świata, tylko po to, żeby mogli jeść chleb, nie pracując na niego. I w tym wszystkim wielu z was bardziej czy mniej bierze udział, co nie przyczynia się w żaden sposób do objawienia niebiańskiego Ojca, czy zaawansowania jego królestwa na Ziemi. Czyż nie czyniąc tego, co mogłoby zrazić również władców państwowych, nie mamy wystarczającej ilości wrogów wśród religijnych przywódców tej Ziemi? Modlę się, aby Ojciec namaścił wasze oczy, abyście mogli widzieć i otworzył wasze uszy, abyście mogli słyszeć, abyście do końca mieli pełną wiarę w ewangelię, której was uczyłem".

Potem Jezus obwieścił, że zanim przygotują się do pójścia do Jerozolimy na Paschę, chce oddalić się na odpoczynek ze swymi apostołami i zabrania jakimkolwiek uczniom czy tłumom iść za nim. W związku z tym popłynęli łodzią w okolice Genezaretu, na dwa albo trzy dni odpoczynku i snu. Jezus przygotowywał się do wielkiego kryzysu w swoim ziemskim życiu i dlatego spędzał dużo czasu na komunii z Ojcem w niebie.

Wiadomość o nakarmieniu pięciu tysięcy i próbie obwołania Jezusa królem wywołała powszechną ciekawość i rozbudziła obawy, zarówno przywódców religijnych jak i władców państwowych w całej Galilei i Judei. Podczas gdy ten wielki cud nie przyczynił się wcale do szerzenia ewangelii królestwa, w duszach materialnie ukierunkowanych i niezdecydowanych wiernych, doprowadził do punktu kulminacyjnego tendencje, panujące w rodzinie apostołów i pośród bliskich uczniów – oczekiwania cudów i pragnienia posiadania króla. To spektakularne zdarzenie zamknęło wczesną epokę nauczania, kształcenia i uzdrawiania, tym samym przygotowując drogę do ostatniego roku głoszenia wyższych i bardziej duchowych stadiów nowej ewangelii królestwa – Boskiego synostwa, duchowej wolności i wiecznego zbawienia.

6. W GENEZARET

Podczas gdy Jezus odpoczywał u bogatego wiernego w okolicy Genezaret, każdego popołudnia miał nieformalne spotkania z Dwunastoma. Ambasadorowie królestwa stanowili teraz poważną, zrównoważoną i doświadczoną grupę rozczarowanych ludzi. Jednak nawet po tym wszystkim, co zaszło, jak pokazały późniejsze zdarzenia, tych dwunastu ludzi nie uwolniło się w pełni od ich wrodzonych i długo pieszczonych wyobrażeń o przyjściu żydowskiego Mesjasza. Wydarzenia kilku poprzednich tygodni przeminęły zbyt szybko dla tych zdumionych rybaków, aby w pełni mogli zrozumieć ich doniosłość. Mężczyznom i kobietom potrzeba czasu, aby dokonać radykalnych i szerokich przemian ich podstawowych i fundamentalnych pojęć, dotyczących funkcjonowania społeczeństwa, nastawienia filozoficznego oraz religijnych przekonań.

Kiedy Jezus z Dwunastoma odpoczywali w Genezaret, tłumy się rozeszły, niektórzy poszli do swoich domów, inni do Jerozolimy na Paschę. W niespełna miesiąc liczba entuzjastycznych i otwartych zwolenników Jezusa, których w samej Galilei obliczano na ponad pięćdziesiąt tysięcy, zmalała do mniej niż pięciuset. Jezus chciał dać swoim apostołom takie doświadczenie, ukazujące nietrwałość powszechnej popularności, żeby się nie kusili polegać na owych przejawach przejściowej, religijnej histerii, kiedy później pozostawi ich samych z pracą dla królestwa, ale odniósł tylko częściowy sukces w tych staraniach.

Drugiego wieczora ich pobytu w Genezaret, Mistrz ponownie im opowiedział przypowieść o siewcy i dodał te słowa: „Widzicie, moje dzieci, odwoływanie się do ludzkich uczuć jest przemijające i kompletnie rozczarowuje; tak i odwoływanie się tylko do ludzkiego umysłu jest równie puste i jałowe; tylko dzięki waszemu apelowaniu do ducha, który żyje w ludzkim umyśle, możecie się spodziewać osiągnięcia trwałych sukcesów i dokonania tych zdumiewających przemian w ludzkim charakterze, które wkrótce ujrzycie w obfitości urodzaju prawdziwych owoców ducha, w codziennym życiu wszystkich tych ludzi, którzy przez duchowe narodzenie się do światłości wiary – królestwa nieba – oswobodzeni są z ciemności zwątpienia".

Jezus nauczał odwoływania się do uczuć jako metody przyciągającej i skupiającej intelektualną uwagę. Nazywał umysł tak rozbudzonych i ożywionych ludzi bramą duszy, gdzie mieszka duchowa natura człowieka, która musi rozpoznać prawdę i odpowiedzieć na duchowy apel ewangelii, aby doprowadzić do trwałych efektów prawdziwego przekształcenia charakteru.

W ten sposób Jezus próbował przygotować apostołów do zbliżającego się szoku – do kryzysu w publicznym nastawieniu wobec niego, od którego dzieliło ich tylko kilka dni. Wytłumaczył Dwunastu, że religijni przywódcy z Jerozolimy będą spiskować z Herodem Antypasem, aby doprowadzić do ich zguby. Dwunastu zaczynało lepiej rozumieć (chociaż nie do końca), że Jezus nie zamierza zasiąść na tronie Dawidowym. Dostrzegali wyraźniej, że prawda duchowa nie posunie się naprzód przez materialne cuda. Zaczynali rozumieć, że nakarmienie pięciu tysięcy i ogólne nastawienie, żeby obwołać Jezusa królem, było szczytem oczekiwań ludu i zenitem nadziei dla ludzi pragnących cudów i oczekujących czynienia dziwów. Niewyraźnie dostrzegali i mgliście przewidywali nadchodzący czas duchowego przesiewu i okrutnych przeciwności. Tych dwunastu ludzi powoli zaczynało sobie uświadamiać rzeczywistą naturę swej misji jako ambasadorów królestwa i przygotowywało się do trudnych i ciężkich prób ostatniego roku służby Mistrza na Ziemi.

Zanim opuścili Genezaret, Jezus nauczał ich o cudownym nakarmieniu pięciu tysięcy i powiedział im, dlaczego właśnie dokonał tak nadzwyczajnego pokazu stwórczej mocy i także zapewnił ich, że nie uległ swojej sympatii dla tłumów, aż do czasu, kiedy się upewnił, że było to „zgodne z wolą Ojca."

7. W JEROZOLIMIE

W niedzielę, 3 kwietnia, Jezus, z towarzyszącymi mu tylko dwunastoma apostołami, wyruszył z Betsaidy do Jerozolimy. Szli drogą przez Gerasę i Filadelfię, aby uniknąć tłumów i zwracać na siebie możliwie jak najmniej uwagi. Podczas tej podróży Jezus zabronił apostołom jakiegokolwiek publicznego nauczania; tak samo nie pozwolił im nauczać w czasie pobytu w Jerozolimie. Przybyli do Betanii pod Jerozolimą późnym wieczorem, w środę, 6 kwietnia. Na tę jedną noc zatrzymali się w domu Łazarza, Marty i Marii, ale następnego dnia się rozdzielili. Jezus razem z Janem mieszkali w domu wiernego, imieniem Szymon, blisko domu Łazarza w Betanii. Judasz Iskariota i Szymon Zelota zatrzymali się u swoich przyjaciół w Jerozolimie, podczas gdy pozostali apostołowie przebywali, po dwóch, w różnych domach.

W czasie tej Paschy Jezus wszedł do Jerozolimy tylko raz a było to w dniu największych obchodów. Abner przyprowadził do Betanii, na spotkanie z Jezusem, wielu wierzących z Jerozolimy. W czasie tego pobytu w Jerozolimie, Dwunastu poznało, jak zjadliwe stawały się uczucia ludzkie w stosunku do ich Mistrza. Gdy wyruszali z Jerozolimy, wszyscy wierzyli, że kryzys jest bliski.

W niedzielę, 24 kwietnia, Jezus i apostołowie opuścili Jerozolimę i poszli w kierunku Betsaidy, drogą miast nadbrzeżnych, Jafy, Cezarei i Ptolemaidy. Stamtąd oddalili się od wybrzeża, idąc przez Haramę i Korazin i doszli do Betsaidy w piątek, 29 kwietnia. Jak tylko dotarli do domu, Jezus posłał Andrzeja, aby poprosił zarządcę synagogi o pozwolenie przemawiania następnego dnia, w szabat, podczas popołudniowego nabożeństwa. I Jezus dobrze wiedział, że to będzie ostatni raz, kiedy dostanie pozwolenie na przemawianie w synagodze w Kafarnaum.

PRZEKAZ 153

KRYZYS W KAFARNAUM

W PIĄTEK wieczorem, w dniu przybycia do Betsaidy i w szabatowy poranek, apostołowie zauważyli, że Jezus jest bardzo zajęty rozważaniem jakiegoś ważnego problemu; uświadomili sobie, że Mistrz bardzo się koncentruje na jakimś znaczącym zagadnieniu. Nie jadł śniadania, zaledwie co nieco przełknął w południe. Przez cały szabatowy ranek i poprzedni wieczór, Dwunastu i ich współpracownicy gromadzili się w małych grupach wokół domu, w ogrodzie i wzdłuż wybrzeża. Napięcie niepewności i niepokojąca obawa wisiały nad nimi wszystkimi. Od czasu, gdy opuścili Jerozolimę, Jezus niewiele z nimi rozmawiał.

Przez całe miesiące nie widzieli Mistrza tak zaabsorbowanego i tak niekomunikatywnego. Nawet Szymon Piotr był przygnębiony, jeśli nie przybity. Andrzej był zagubiony, nie wiedział, co ma zrobić dla swych przygnębionych współpracowników. Nataniel powiedział, że znajdują się pośrodku „ciszy przed burzą". Tomasz wyraził swoją opinię, że „coś niezwykłego zaraz się wydarzy". Filip poradził Dawidowi Zebedeuszowi, aby „nie myślał o planach nakarmienia i zakwaterowania tłumów, do czasu, kiedy się dowiedzą, co Mistrz o tym myśli". Mateusz ponowił swe starania o uzupełnienie skarbnicy. Jakub i Jan rozmawiali na temat przyszłego kazania w synagodze i wiele rozmyślali nad jego przypuszczalną istotą i celem. Szymon Zelota wyraził przekonanie, w rzeczywistości nadzieję, że „Ojciec w niebie w jakiś niespodziewany sposób być może szykuje się do interwencji, aby obronić i wesprzeć swojego Syna", podczas kiedy Judasz Iskariota ośmielił się żywić myśl, że być może Jezus jest przygnębiony żalem, że „nie miał odwagi i śmiałości pozwolić pięciu tysiącom ludzi obwołać go królem Żydów".

Pośród takiej właśnie grupy, przygnębionych i strapionych zwolenników, pojawił się Jezus w piękne, szabatowe popołudnie, aby wygłosić swoje epokowe kazanie w synagodze w Kafarnaum. Jedyne słowo radosnego pozdrowienia czy życzenie pomyślności, jakie wyszło od wszystkich jego uczniów, pochodziło od jednego z niczego nie podejrzewających bliźniaków Alfeusza, który radośnie pozdrowił Jezusa, idącego z domu do synagogi: „Modlimy się, żeby Ojciec ci pomógł i żebyśmy mieli większe niż kiedykolwiek tłumy".

1. TŁO WYDARZEŃ

Wykwintne zgromadzenie powitało Jezusa w nowej synagodze w Kafarnaum, o piętnastej, w to przepiękne szabatowe popołudnie. Przewodniczył Jair i podał Jezusowi do czytania Pismo Święte. Poprzedniego dnia pięćdziesięciu trzech faryzeuszy i saduceuszy przybyło z Jerozolimy; znajdowało się tutaj także ponad trzydziestu przywódców i zarządców sąsiednich synagog. Żydowscy przywódcy religijni działali bezpośrednio na rozkaz Sanhedrynu z Jerozolimy i tworzyli ortodoksyjną straż przednią, która przybyła, żeby zacząć otwartą wojnę z Jezusem i jego uczniami. Obok tych żydowskich przywódców, na honorowych miejscach siedzieli oficjalni obserwatorzy Heroda Antypasa, którym zalecono ustalenie prawdy w sprawie niepokojących raportów, że pospólstwo próbowało obwołać Jezusa królem Żydów na posiadłościach jego brata Filipa.

Jezus rozumiał, że stanął w obliczu bezpośredniego wypowiedzenia jawnej i otwartej wojny z powiększającą się wciąż liczbą jego wrogów i odważnie przystąpił do ofensywy. Kiedy nakarmił pięć tysięcy, rzucił wyzwanie ideom materialnego Mesjasza, teraz znowu postanowił otwarcie zaatakować ich koncepcje żydowskiego wybawiciela. Kryzys, który się zaczął wraz z nakarmieniem pięciu tysięcy, a który się skończył kazaniem tego, szabatowego popołudnia, charakteryzował się wyraźnym odwróceniem fali sławy i uznania. Odtąd praca na rzecz królestwa coraz bardziej koncentrowała się na ważniejszym zadaniu, na pozyskaniu trwałych duchowych neofitów dla prawdziwego religijnego braterstwa ludzkości. Kazanie to stanowi moment przełomowy w przechodzeniu od okresu dyskusji, sporów i decyzji, do otwartej wojny i ostatecznej akceptacji lub ostatecznego odrzucenia.

Mistrz dobrze wiedział, że wielu jego stronników zaczęło powoli, ale nieuchronnie myśleć o jego ostatecznym odrzuceniu. Tak samo wiedział, że wielu jego uczniów powoli, ale pewnie przechodzi to szkolenie umysłu i tą dyscyplinę duszy, która może przynieść im triumf nad wątpliwościami i odważnie utwierdzić ich dojrzałą wiarę w ewangelię królestwa. Jezus w pełni rozumiał, jak ludzie przygotowywali się do decyzji kryzysowych i dokonania nagłego aktu odważnego wyboru, dzięki powolnemu procesowi wielokrotnego wybierania między powtarzającymi się układami dobra i zła. Poddawał swoich wybranych posłańców wielokrotnym rozczarowaniom i dawał im dużo okazji do sprawdzania ich możliwości dokonywania wyboru pomiędzy dobrą a błędną drogą, podczas tych prób duchowych, które napotykali. Wiedział, że będzie mógł polegać na swoich zwolennikach, kiedy staną przed ostateczną próbą, wymagającą podjęcia istotnych decyzji, zgodnie z wcześniejszymi, wielokrotnie wyuczonymi postawami umysłowymi i reakcjami duchowymi.

Ten kryzys w ziemskim życiu Jezusa zaczął się wraz z nakarmieniem pięciu tysięcy a skończył się kazaniem w synagodze; kryzys w życiu apostołów rozpoczął się kazaniem w synagodze i trwał cały rok, kończąc się dopiero procesem i ukrzyżowaniem Mistrza.

Kiedy tego popołudnia ludzie siedzieli w synagodze i zanim Jezus zaczął mówić, jedna wielka zagadka, jedno dominujące pytanie zajmowało wszystkie umysły. Zarówno jego przyjaciele jak i wrogowie rozważali jedną tylko myśl a mianowicie: „Dlaczego tak rozmyślnie i skutecznie odwraca się od fali uczuć powszechnego entuzjazmu?". I nastąpiło to tuż przed, jak i tuż po tym kazaniu, że wątpliwości i rozczarowania jego niezadowolonych stronników dojrzały do punktu nieuświadomionej opozycji i ostatecznie przemieniły się w rzeczywistą nienawiść. To po tym kazaniu w synagodze, Judasz Iskariota rozważał po raz pierwszy, świadomie, myśl o zdradzie. *Ale na razie skutecznie* opanował wszystkie takie inklinacje.

Każdy był w rozterce. Jezus zostawił ich zdumionych i zdezorientowanych. Tak niedawno dał pokaz nadprzyrodzonej mocy, największy ze wszystkich jakie charakteryzowały całą jego działalność. Nakarmienie pięciu tysięcy było tym zdarzeniem w ziemskim życiu Jezusa, które najbardziej przemawiało do żydowskiej koncepcji oczekiwanego Mesjasza. Ale ta nadzwyczajna przewaga została natychmiast i w sposób niewytłumaczalny utracona, wskutek szybkiej i niedwuznacznej odmowy zostania królem. W piątek wieczorem i ponownie w szabatowy ranek, przywódcy z Jerozolimy pracowali długo i usilnie nad Jairem, żeby zapobiec przemówieniu Jezusa w synagodze, ale nie odniosło to skutku. Odpowiedź Jaira na wszystkie błagania brzmiała: „Udzieliłem zgody na tę prośbę i nie złamię mojego słowa".

2. EPOKOWE KAZANIE

Jezus zaczął kazanie czytaniem z Księgi Powtórzonego Prawa: „Ale przyjdzie do tego, jeżeli ludzie nie będą słuchać głosu Boga, że przekleństwa przestępstw z pewnością ich dopadną. Pan sprawi, że będziecie rozbici doszczętnie przez swych wrogów; będziecie wydaleni do wszystkich królestw na Ziemi. I Pan doprowadzi was i króla, którego wy ustanowiliście, w ręce obcego narodu. Staniecie się dziwowiskiem i przysłowiem i pośmiewiskiem pośród narodów. Wasi synowie i wasze córki pójdą w niewolę. Obcy wśród was wzniosą się wysoko a wy będziecie zstępować coraz niżej. Wszystkie te rzeczy spadną na was i na wasze nasienie na zawsze, ponieważ nie chcieliście słuchać słowa Pana. Dlatego będziecie służyć swym nieprzyjaciołom, którzy zwrócą się przeciw wam. Będziecie znosić głód i pragnienie i nosić obce, żelazne jarzmo. Wzbudzi Pan przeciw tobie lud z daleka, z krańców Ziemi, naród, którego języka nie rozumiesz i naród o wzroku dzikim, naród, który będzie cię lekceważył. Będzie cię oblegał we wszystkich twoich grodach, aż padną w całym kraju twe mury najwyższe i najmocniejsze, na których polegałeś; i cała ziemia przejdzie w ich ręce. I nadejdzie czas, że podczas tego oblężenia będziesz musiał jeść owoc swego łona, ciała twoich synów i córek, ponieważ twój wróg całą siłą naciskać cię będzie".

I kiedy Jezus to skończył, zwrócił się do proroków, zaczynając od Jeremiasza: „«Jeśli nie będziecie słuchać słów moich sług, proroków, których do was posłałem, zrobię z tym domem podobnie jak z Szilo, a z miasta tego uczynię przekleństwo dla wszystkich narodów Ziemi». Kapłani i nauczyciele słyszeli Jeremiasza, mówiącego te słowa w domu Pańskim. Gdy zaś Jeremiasz skończył mówić wszystko to, co Pan mu nakazał głosić całemu ludowi, kapłani i nauczyciele pochwycili go, mówiąc: «Musisz koniecznie umrzeć». I wszyscy ludzie otoczyli Jeremiasza w domu Pańskim. A gdy książęta judzcy usłyszeli te rzeczy, zasiedli do sądzenia Jeremiasza. Wtedy przemówili duchowni i nauczyciele do książąt i do wszystkich ludzi: «Człowiek ten zasługuje na śmierć, gdyż prorokował przeciw temu miastu, jak to słyszeliście na własne uszy». Wtedy Jeremiasz rzekł do wszystkich przywódców i do całego ludu: «Pan posłał mnie, bym głosił przeciw temu domowi i przeciw temu miastu wszystkie słowa, które słyszeliście. Teraz zatem naprawcie swoje postępowanie i swoje uczynki i bądźcie posłuszni głosowi Pana, Boga waszego, abyście mogli uniknąć nieszczęścia, jakie postanowione przeciw wam. Co do mnie, widzicie jestem w waszych rękach. Uczyńcie ze mną, co wam się wyda dobre i sprawiedliwe w waszych oczach. Wiedzcie jednak dobrze, że jeżeli mnie zabijecie, krew niewinnego spadnie na was i na tych ludzi, naprawdę bowiem posłał mnie Pan do was, by głosić waszym uszom wszystkie te słowa».

Duchowni i nauczyciele z tamtych czasów chcieli zabić Jeremiasza, ale sędziowie się nie zgodzili, aczkolwiek za jego słowa przestrogi spuścili go w dół na powrozach do brudnego lochu, aż tonął w błocie po pachy. To ludzie uczynili prorokowi Jeremiaszowi, kiedy był posłuszny rozkazom Pana, przestrzegając swoich braci przed grożącym im, politycznym upadkiem. Dzisiaj chcę was spytać: co zrobią wyżsi kapłani i religijni przywódcy ludu z człowiekiem, który ośmiela się ostrzegać ich przed dniem duchowej zguby? Czy wy także będziecie chcieli zabić nauczyciela, który ośmiela się głosić słowo Pana i który nie boi się pokazać wam, że nie chcecie iść drogą światłości, która prowadzi do bram królestwa nieba?

Czego jeszcze szukacie jako dowodu mej misji na Ziemi? Nie przeszkadzaliśmy wam w waszych pozycjach wpływów i władzy, kiedy głosiliśmy dobrą nowinę biednym i odrzuconym. Nie zrobiliśmy żadnej wrogiej napaści na to, co czcicie, ale głosimy raczej nową wolność pogrążonej w strachu duszy ludzkiej. Przyszedłem na ten świat, aby objawić mojego Ojca i ustanowić na Ziemi duchowe braterstwo synów Bożych, królestwo nieba. I pomimo tego, że wiele razy wam przypominałem, iż moje królestwo nie jest z tego świata, Ojciec mój, w dodatku do wielu dowodów duchowych przemian i odrodzenia, obdarował was jeszcze wieloma przejawami materialnych cudów.

Jakich nowych znaków chcecie ode mnie? Oświadczam wam, że macie dosyć znaków, aby móc podjąć decyzję. Zaprawdę, zaprawdę, powiadam wielu tym, którzy siedzą dzisiaj przede mną, stoicie przed koniecznością wyboru, którą drogą pójdziecie; i powiem wam tak, jak Jozue powiedział waszym przodkom, «rozstrzygnijcie dziś, komu służyć chcecie». Dzisiaj wielu z was stoi na rozstajnych drogach.

Niektórzy z was, gdy nie mogli mnie znaleźć po nakarmieniu tłumów na drugiej stronie, wynajęli rybackie łodzie z Tyberiady, które tydzień wcześniej schroniły się tam przed sztormem, aby mnie gonić i po co? Nie goniliście za prawdą i prawością, albo żeby lepiej się dowiedzieć, jak służyć i pomagać swoim współbraciom ludziom! Nie, raczej chcieliście mieć więcej chleba, na który nie zapracowaliście. Nie po to, żeby wypełnić wasze dusze słowem życia, lecz tylko po to, abyście mogli wypełnić brzuchy łatwym chlebem. Długo was nauczano, że Mesjasz, kiedy przyjdzie, będzie robił te cuda, które uczynią życie przyjemnym i łatwym dla całego wybranego ludu. Zatem nie jest dziwne, że wy, którzy byliście tak nauczani, możecie tęsknić za bochenkami chleba i rybami. Ale ja wam oświadczam, że nie taka jest misja Syna Człowieczego. Przyszedłem tutaj głosić duchową wolność, uczyć wiecznej prawdy i podsycać żywą wiarę.

Bracia moi, nie łaknijcie mięsa, które się psuje, ale raczej starajcie się o duchowe pożywienie, które odżywia nawet życie wieczne; i to jest chleb życia, który Syn daje wszystkim, aby go wzięli i jedli, gdyż Ojciec dał Synowi tego życia bez miary. I kiedy pytacie mnie: «Co mamy czynić, aby wykonywać dzieła Boga?», jasno wam odpowiadam: «Dziełem Boga jest to, że wierzycie temu, którego on posłał»".

Potem Jezus powiedział, wskazując na emblemat przedstawiający naczynie z manną, które dekorowało nadproże tej nowej synagogi i które było upiększone winnymi gronami: „Wy myślicie, że wasi przodkowie jedli mannę na pustyni – chleb niebios – ale ja wam mówię, że był to chleb ziemski. Podczas gdy Mojżesz nie dał waszym ojcom chleba z nieba, mój Ojciec jest teraz gotów dać wam prawdziwy chleb życia. Chlebem z nieba jest to, co pochodzi od Ojca i daje życie wieczne ludziom tego świata. I kiedy powiecie do mnie – daj nam chleba żywego – ja wam odpowiem: ja jestem tym chlebem życia. Kto do mnie przychodzi, nie będzie łaknął; a kto we mnie wierzy, nigdy pragnąć nie będzie. Widzieliście mnie, żyliście ze mną i oglądaliście moje dzieła a przecież nie wierzycie, że przyszedłem od Ojca. Ale wy, którzy wierzycie – nie bójcie się. Wszyscy, których prowadzi Ojciec, powinni przyjść do mnie a tego, który przyjdzie do mnie, nigdy nie odrzucę.

A teraz pozwólcie oświadczyć wam raz i na zawsze, że przyszedłem tu na Ziemię nie po to, aby czynić moją wolę, ale wolę Tego, który mnie posłał. I to jest ostateczna wola Tego, który mnie posłał, że z tych wszystkich, których mi dał, nie powinienem stracić ani jednego. I to jest wolą Ojca: każdy, który widzi Syna i który uwierzy w niego, będzie miał życie wieczne. Dopiero wczoraj nakarmiłem chlebem wasze ciała, dzisiaj waszym głodnym duszom ofiarowuję chleb życia. Czy teraz będziecie chleb ducha brać tak chętnie, jak spożywaliście chleb tego świata"?

Gdy Jezus przerwał na chwilę i popatrzył na zgromadzonych, nauczyciel z Jerozolimy (członek Sanhedrynu) powstał i zadał pytanie: „Czy ja ciebie rozumiem, jak mówisz, że jesteś chlebem, który przychodzi z nieba a ta manna, którą Mojżesz dał naszym przodkom na pustyni, takową nie była"? I Jezus odpowiedział faryzeuszowi: „Dobrze rozumiesz". Wtedy faryzeusz powiedział: „Czy nie jesteś Jezusem z Nazaretu, synem Józefa, cieśli? Czyż twój ojciec i matka, tak samo jak twoi bracia i siostry, nie są dobrze znani wielu z nas? Jak więc to jest, że pojawiając się w domu Boga, ogłaszasz, że przyszedłeś z nieba"?

W tym czasie w synagodze zapanował wielki pomruk i narastał taki tumult, że Jezus wstał i powiedział: „Bądźmy cierpliwi; prawda nigdy nie cierpi na skutek uczciwego badania. Ja jestem wszystkim tym, co powiedziałeś, ale i czymś więcej. Ojciec i ja jesteśmy jednym; Syn czyni tylko to, czego uczy go Ojciec, podczas kiedy tych, którzy są dani Synowi przez Ojca, Syn będzie przyjmował do siebie. Czytaliście, co jest napisane u proroków: «Wszyscy będziecie nauczani przez Boga», jak i to: «Ci, których Ojciec będzie uczył, będą także słyszeć jego Syna». Każdy, który podporządkowuje się nauczaniu zamieszkującego go ducha Ojca, w końcu przyjdzie do mnie. Nie dlatego, że ktokolwiek widział Ojca, ale dlatego, że duch Ojca żyje w człowieku. A Syn, który przyszedł z nieba, z pewnością widział Ojca. A ci, którzy prawdziwie uwierzyli temu Synowi, już mają życie wieczne.

Jestem chlebem życia. Wasi ojcowie, którzy jedli mannę na pustyni, umarli. Ale jeśli człowiek pożywi się tym chlebem, który przyszedł od Boga, nigdy w duchu nie umrze. Powtarzam, jestem tym żywym chlebem i każda dusza, która uświadomi sobie połączoną naturę Boga i człowieka, będzie żyła na zawsze. I tym chlebem życia, który daję wszystkim, co chcą go przyjąć, jest moja własna, żywa i połączona natura. Ojciec w Synu i Syn w jedności z Ojcem – to jest moje życiodajne objawienie dla świata i mój zbawczy dar dla wszystkich narodów".

Gdy Jezus skończył przemawiać, zarządca synagogi odprawił zgromadzenie, ale oni nie odeszli. Stłoczyli się wokół Jezusa, aby mu zadawać więcej pytań, podczas gdy inni szemrali i dyskutowali pomiędzy sobą. Ten stan rzeczy trwał ponad trzy godziny. Było dobrze po dziewiętnastej, zanim słuchacze w końcu się rozeszli.

3. ZAKOŃCZENIE SPOTKANIA

Podczas zakończenia spotkania zadawano Jezusowi wiele pytań. Niektóre z nich zadawali jego zdezorientowani uczniowie, ale więcej zadawali niewierzący, mający zastrzeżenia, którzy chcieli go tylko wprawić w zakłopotanie i usidlić.

Jeden z przyjezdnych faryzeuszy, wspinając się na podstawę lampy, wykrzyczał takie pytanie: „Mówisz nam, że jesteś chlebem życia. Jak możesz dać nam swoje ciało do jedzenia a swoją krew do picia? Jaki pożytek z twojego nauczania, jeśli nie może się wypełnić”? I Jezus odpowiedział na to pytanie: „Ja was nie nauczałem, że moje ciało jest chlebem życia a krew jest jego wodą. Ale powiedziałem, że moje życie w ciele jest darem chleba z nieba. Fakt Słowa Bożego, obdarzającego w ciele i fenomen Syna Człowieczego, podlegającego woli Boga, stanowi rzeczywistość tego doświadczenia, które jest równoznaczne z boskim pożywieniem. Nie możecie jeść mojego ciała ani pić mojej krwi, ale w duchu możecie stać się jednością ze mną, tak jak ja jestem jednością w duchu z Ojcem. Możecie się żywić wiecznym słowem Boga, które doprawdy jest chlebem życia i którym zostaliście obdarzeni w formie cielesnej; i możecie gasić pragnienie waszych dusz Boskim duchem, który prawdziwie jest wodą życia. Ojciec posłał mnie na ten świat, aby pokazać, jak bardzo pragnie zamieszkiwać w ludziach i kierować nimi; i ja także żyję tym życiem w ciele, aby inspirować wszystkich ludzi, którzy kiedyś tak samo będą chcieli poznać i czynić wolę zamieszkującego ich, niebiańskiego Ojca.”

Wtedy jeden z jerozolimskich szpiegów, który obserwował Jezusa i jego apostołów, powiedział: „Zauważyliśmy, że ani ty, ani twoi apostołowie, nie myjecie prawidłowo rąk przed zjedzeniem chleba. Musisz dobrze wiedzieć, że taki zwyczaj, jak jedzenie skalanymi i nie mytymi rękoma, jest naruszeniem prawa przodków. Tak samo nie myjecie prawidłowo swoich kubków do picia i naczyń do jedzenia. Dlaczego okazujesz taki brak szacunku dla tradycji ojców i praw naszej starszyzny”? I kiedy Jezus usłyszał te słowa, odpowiedział: „Dlaczego prawem waszych tradycji naruszacie przykazania Boże? Przykazanie mówi: «Szanuj swojego Ojca i swoją matkę» i zaleca, żebyście, jeśli to konieczne, dzielili z nimi swój majątek; ale wy ustanawiacie prawo tradycji, które dopuszcza niesumiennym dzieciom mówić, że pieniądze, którymi mogliby pomóc rodzicom «zostały dane Bogu». W ten sposób prawo starszych uwalnia przebiegłe dzieci od odpowiedzialności, nie zważając na to, że te dzieci zużyją później pieniądze na własne wygody. Dlaczego w ten sposób, przez własną tradycję, unieważniacie przykazanie? Dobrze prorokował Izajasz o was, hipokrytach, kiedy mówił: «Ten lud czci mnie swoimi wargami a jego serce jest daleko ode mnie. Na próżno czczą mnie, nauczając przepisów ludzkich jako przykazań».

Widzicie, w jaki sposób odstępujecie od przykazań, kiedy trzymacie się ściśle tradycji ludzkich. Nie wahacie się odrzucić słowa Bożego, podczas gdy zachowujecie wasze własne tradycje. I na wiele innych sposobów ośmielacie się wysuwać wasze własne nauczanie ponad Prawo i Proroków”.

Potem Jezus skierował swoje uwagi do wszystkich zgromadzonych. Powiedział: „Ale słuchajcie mnie wszyscy. Nie to, co wchodzi do ust, duchowo plami człowieka, ale raczej to, co wychodzi z ust i serca”. Ale nawet apostołowie niezupełnie zrozumieli znaczenie jego słów, gdyż Szymon Piotr zwrócił się do niego z prośbą: „Żeby niektórzy z twoich słuchaczy bez powodu się nie obrazili, czy mógłbyś nam wytłumaczyć znaczenie tych słów?”. I wtedy Jezus powiedział Piotrowi: „Czy tobie także trudno to *zrozumieć? Czyż nie wiecie*, że każda roślina, której nie posadził mój niebiański Ojciec, musi być wykorzeniona? Zwróćcie teraz waszą uwagę na tych, którzy powinni znać prawdę. Nie możecie zmusić ludzi do kochania prawdy. Wielu z tych nauczycieli to ślepi przewodnicy. A wiecie, że jeśli ślepy prowadzi ślepego, obydwaj wpadną w dół. Ale słuchajcie, bo opowiem wam prawdę o tych rzeczach, które moralnie plamią i duchowo plugawią człowieka. Oświadczam wam, że nie to, co wchodzi przez usta czy dociera do ludzkiego umysłu przez oczy i uszy, plami człowieka. Człowiek plami się tylko tym złem, które może powstać w jego sercu i które przejawia się w słowach i czynach takich bezbożnych osób. Czyż nie wiecie, że to z serca wychodzą złe myśli, nikczemne plany morderstwa, kradzieży i cudzołóstwa, razem z zazdrością, dumą, gniewem, zemstą, drwinami i fałszywymi świadectwami? I właśnie takie rzeczy plamią ludzi a nie to, że jedzą chleb obrzędowo brudnymi rękami".

Faryzejscy komisarze z jerozolimskiego Sanhedrynu byli teraz nieomal przekonani, że Jezusa należy aresztować pod zarzutem bluźnierstwa, lub wyszydzania Świętych Praw Żydów; dlatego też zaczęli go wciągać w dyskusję o tych sprawach, chcąc spowodować jego ewentualny atak na niektóre tradycje przodków, czy tak zwane niepisane prawo narodu. Ci zniewoleni tradycją Żydzi nigdy nie zaniedbywali wymaganego ceremoniału mycia rąk przed każdym posiłkiem, nawet wtedy, kiedy wody było mało. Byli przekonani, „że lepiej umrzeć, niż naruszyć prawa przodków". Szpiedzy zadali to pytanie dlatego, ponieważ byli poinformowani, że Jezus powiedział: „Zbawienie jest raczej sprawą czystych serc, niż czystych rąk". Ale takie wierzenia trudno jest odrzucić, kiedy raz staną się częścią jakiejś religii. Dużo lat upłynęło od tego dnia, a Piotr Apostoł ciągle jeszcze był zniewolony strachem, gdy idzie o wiele tych tradycji, dotyczących czystości i nieczystości; w końcu wyzwolił się od tego w wyniku niezwykłego i wyrazistego snu. Wszystko to łatwiej będzie zrozumieć, gdy przypomnimy, że dla tych Żydów jedzenie nie umytymi rękami było tak samo źle widziane jak stosunek z nierządnicą i obie te rzeczy były na równi karane klątwą.

W ten sposób Mistrz chciał omówić i zdemaskować głupotę całego rabinicznego systemu reguł i przepisów, które były wyrażane niepisanym prawem – tradycją przodków, a które jako całość były uznawane za bardziej święte i bardziej wiążące Żydów niż same nauki Pisma Świętego. I Jezus wypowiadał się teraz z mniejszą powściągliwością, ponieważ wiedział, że nadeszła godzina, kiedy nie będzie mógł nic więcej zrobić, aby zapobiec otwartemu zerwaniu stosunków z tymi przywódcami religijnymi.

4. OSTATNIE SŁOWA W SYNAGODZE

W połowie dyskusji, podczas tego końcowego zgromadzenia, jeden z faryzeuszy z Jerozolimy przyprowadził Jezusowi szalonego młodzieńca, który był opętany przez niesfornego i zbuntowanego ducha. Prowadząc tego obłąkanego chłopca do Jezusa, powiedział: „Co możesz zrobić z nieszczęściem takim jak to? Czy możesz wyrzucać diabły?" I kiedy Mistrz spojrzał na młodzieńca, został poruszony współczuciem, skinął na chłopca, aby podszedł do niego, wziął go za rękę i powiedział: „Ty wiesz, kim jestem; wyjdź z niego; i żądam, aby jeden z twoich lojalnych kolegów dopilnował, żebyś nie wrócił". I natychmiast chłopiec stał się normalny i zdrowy na umyśle. Był to pierwszy przypadek, kiedy Jezus rzeczywiście wypędził „złego ducha" z istoty ludzkiej. Wszystkie poprzednie przypadki były tylko domniemanym opętaniem przez diabła; ale to był prawdziwy przypadek demonicznego opętania, właśnie taki, jakie czasami się zdarzały w tamtym okresie, aż do dnia Zesłania Ducha, kiedy to duch Mistrza wylał się na wszystkich w ciele, uniemożliwiając na zawsze garstce niebiańskich buntowników takie wykorzystywanie pewnych, niezrównoważonych typów istot ludzkich.

Kiedy ludzie się dziwili, jeden z faryzeuszy wstał i zarzucił Jezusowi, że może czynić takie rzeczy, ponieważ jest w zmowie z diabłami; że w słowach, których użył do wypędzenia tego diabła, przyznał, że znają się nawzajem; i kontynuując twierdził, że religijni nauczyciele i przywódcy z Jerozolimy uznali, że Jezus czyni wszystkie tak zwane cuda mocą Belzebuba, księcia diabłów. Faryzeusz powiedział: „Nie miejcie nic do czynienia z tym człowiekiem, on jest w spółce z Szatanem".

Wtedy Jezus się odezwał: „Jak Szatan może wyrzucać Szatana? Królestwo, które występuje przeciw samemu sobie, nie może się ostać; jeśli dom występuje przeciwko sobie, wkrótce będzie spustoszony. Czy miasto przeciwstawi się oblężeniu, jeśli nie będzie zjednoczone? Jeśli Szatan wypędza Szatana, występuje przeciw sobie samemu, w jaki sposób jego królestwo się ostanie? Ale powinniście wiedzieć, że nikt nie wejdzie do domu silnego człowieka i nie ograbi go z jego mienia, chyba, że najpierw pokona i zwiąże tego silnego człowieka. I tak, jeśli ja mocą Belzebuba wyrzucam diabły, jaką mocą wyrzucają je wasi synowie? Dlatego oni będą waszymi sędziami. Ale jeśli ja przez ducha Boga wyrzucam diabły, wtedy królestwo Boże prawdziwie zeszło do was. Gdybyście nie byli zaślepieni uprzedzeniem i wprowadzeni w błąd przez strach i dumę, z łatwością moglibyście dostrzec, że ten, który jest większy od diabłów, stoi pośród was. Zmuszacie mnie, abym oświadczył, że ten, który nie jest ze mną, jest przeciwko mnie, podczas kiedy ten, który nie zabierze się ze mną, rozproszy się na wszystkie strony. Niech to będzie solenne ostrzeżenie dla was, którzy ośmielacie się sądzić z otwartymi oczami i przemyślną złośliwością, świadomie przypisując dzieła Boże działaniu diabłów! Zaprawdę, zaprawdę, powiadam wam, wszystkie wasze grzechy będą wybaczone, nawet wszystkie wasze bluźnierstwa, ale ktokolwiek będzie bluźnił przeciwko Bogu rozmyślnie i z nikczemną intencją, nigdy nie zyska przebaczenia. Ponieważ tacy, którzy wytrwale pracują dla nikczemności, nigdy nie będą pragnąć przebaczenia, ani też nigdy go nie dostaną, są winni grzechu wiecznego odrzucania Boskiego przebaczania.

Wielu z was znalazło się dzisiaj na rozdrożu; doszliście do tego punktu, w którym dokonać musicie nieuniknionego wyboru pomiędzy wolą Ojca a drogami ciemności, wybranymi przez wasze „ja". I tak jak teraz wybierzecie, takimi na koniec zostaniecie. Albo musicie uczynić drzewo dobre i jego owoc dobry, albo wasze drzewo zacznie się psuć i jego owoc będzie zepsuty. Oświadczam wam, że w wiecznym królestwie mojego Ojca drzewo poznaje się po jego owocach. Ale niektórzy z was, którzy jesteście jak żmije, jak możecie wydać z siebie owoce dobra, jeżeli już wybraliście zło? Przecież to obfitością zła z waszych serc mówią wasze usta".

Wtedy wstał inny faryzeusz, który powiedział: „Nauczycielu, chcielibyśmy, abyś dał nam z góry ustalony znak, po którym my się zgodzimy na zatwierdzenie twego autorytetu i prawa do nauczania. Czy zgodzisz się na taki układ"? A kiedy Jezus to usłyszał, powiedział: „To niewierne i znaku poszukujące pokolenie pragnie dowodu, ale żaden znak nie będzie wam dany oprócz tego, który już macie i tego, który ujrzycie, gdy Syn Człowieczy od was odejdzie".

I kiedy skończył mówić, apostołowie jego otoczyli go i wyprowadzili z synagogi. W milczeniu szli z nim do domu, do Betsaidy. Wszyscy byli zdumieni i w pewnym sensie przerażeni nagłą zmianą w sposobie nauczania Mistrza. Byli zupełnie nieprzyzwyczajeni oglądać go, jak postępuje w sposób tak wojowniczy.

5. SOBOTNI WIECZÓR

Bardzo często Jezus darł na strzępy nadzieje apostołów, wielokrotnie niszczył ich słodkie oczekiwania, ale żadna z tych chwil rozczarowania czy okresów smutku nie dorównywała tej, jaka teraz nimi owładnęła. Dodatkowo, zmieszała się także z ich przygnębieniem prawdziwa obawa o własne bezpieczeństwo. Wszyscy byli wyjątkowo zaskoczeni tym, że ludzie tak nagle i zupełnie ich opuścili. Byli także w jakiś sposób zastraszeni i zaniepokojeni niespodziewaną śmiałością i stanowczą determinacją, zaprezentowaną przez faryzeuszy, którzy przybyli z Jerozolimy. Ale najbardziej z tego wszystkiego oszołomieni byli nagłą zmianą metod działania Jezusa. W normalnych warunkach z radością powitaliby to wystąpienie, o tak wojowniczym charakterze, ale wystraszyło ich, kiedy zostało wygłoszone razem z tym, czego się nie spodziewali

I teraz, kiedy przyszli do domu, na dobitkę wszystkich tych niepokojów Jezus nie chciał jeść. Na kilka godzin zamknął się w jednym z pokoi na górze. Była prawie północ, kiedy wrócił Joab, przywódca ewangelistów i poinformował, że około jedna trzecia jego współpracowników odwróciła się od sprawy. Przez cały wieczór przychodzili i odchodzili lojalni uczniowie, informując, że w Kafarnaum nastąpiła generalna zmiana uczuć w stosunku do Mistrza. Przywódcy z Jerozolimy nie zwlekali i w każdy możliwy sposób podsycali uczucia niezadowolenia, szukając sposobów nastawienia ludzi przeciw Jezusowi i jego naukom. Podczas tych trudnych godzin dwanaście kobiet odbyło naradę w domu Piotra. Były nad wyraz zaniepokojone, ale żadna z nich nie odstąpiła.

Było tuż po północy, kiedy Jezus zszedł z górnej izby i stanął pomiędzy Dwunastoma i ich towarzyszami, w liczbie około trzydziestu osób. Powiedział: „Widzę, że to przesiewanie królestwa was trapi, ale to było nieuniknione. Mimo wszystko, po całym nauczaniu, które otrzymaliście, czy był jakiś prawdziwy powód, że mogliście pogubić się w moich słowach? Dlaczego tak się dzieje, że przepełnieni jesteście strachem i konsternacją, kiedy widzicie, jak królestwo pozbywa się obojętnych tłumów i niezdecydowanych uczniów? Dlaczego się smucicie, kiedy zaświtał nowy dzień jaśniejącej, nowej sławy duchowego nauczania królestwa nieba? Jeżeli trudno wam znieść tę próbę, co będzie potem, kiedy Syn Człowieczy będzie musiał wrócić do Ojca? Kiedy i jak przygotujecie się do tego czasu, kiedy ja wstąpię do tego miejsca, skąd przyszedłem na ten świat?

Moi kochani, musicie pamiętać, że to duch ożywia; że z ciała i wszystkiego, co do niego należy, niewielki jest pożytek. Słowa, które wam mówiłem, są duchem i życiem. Bądźcie dobrej myśli! Ja was nie opuściłem. Wielu z was będzie w tych dniach obrażanych słowami bez ogródek. Już przecież słyszeliście, że wielu moich uczniów zawróciło z drogi; nie idą już ze mną. Od początku wiedziałem, że ci niezdecydowani zwolennicy odpadną po drodze. Czyż nie wybrałem was, dwunastu ludzi i nie wyznaczyłem was na ambasadorów królestwa? I teraz, w takim czasie jak ten, czy wy także odstąpicie? Niech każdy trzyma się swojej wiary, gdyż jeden z was jest w śmiertelnym niebezpieczeństwie". I kiedy Jezus skończył, Szymon Piotr powiedział: „Tak, Panie, jesteśmy smutni i zakłopotani, ale nigdy cię nie opuścimy. Uczyłeś nas słów wiecznego życia. Uwierzyliśmy w ciebie i przez cały ten czas idziemy z tobą. Nie zawrócimy, gdyż wiemy, że jesteś wysłany przez Boga". I kiedy Piotr skończył, wszyscy jak jeden przytaknęli zgodnie, aprobując jego ślubowanie lojalności.

Wtedy Jezus powiedział: „Udajcie się na spoczynek, gdyż pracowity czas przyszedł dla nas; dni działania są tuż przed nami".

PRZEKAZ 154

OSTATNIE DNI W KAFARNAUM

W PAMIĘTNĄ, sobotnią noc, 30 kwietnia, gdy Jezus mówił słowa pociechy i otuchy swym przygnębionym i zdezorientowanym uczniom, w Tyberiadzie trwała narada z udziałem Heroda Antypasa i grupy specjalnych komisarzy, reprezentujących jerozolimski Sanhedryn. Uczeni w Piśmie i faryzeusze chcieli nakłonić Heroda, żeby aresztował Jezusa; robili wszystko, co było możliwe, aby go przekonać, że Jezus wywołuje niepokoje pośród pospólstwa a nawet podburza do buntu. Ale Herod odmówił wszczęcia postępowania przeciw Jezusowi jako przestępcy politycznemu. Doradcy Heroda prawidłowo zrelacjonowali wydarzenie nad jeziorem, kiedy to ludzie chcieli ogłosić Jezusa królem i on odrzucił tę propozycję.

Jeden z członków oficjalnej rodziny Heroda, Chuza, którego żona należała do kobiecej grupy duszpasterskiej, poinformował Heroda, że Jezus nie chce się wtrącać do spraw ziemskiej władzy; że interesuje go tylko ustanowienie duchowego braterstwa wśród wiernych, które to braterstwo nazywał królestwem nieba. Herod tak bardzo ufał sprawozdaniom Chuzy, że nie chciał się wtrącać do działalności Jezusa. W tym czasie, na postawę Heroda w stosunku do Jezusa wpływał zabobonny strach Heroda przed Janem Chrzcicielem. Herod był jednym z tych Żydów-apostatów, którzy, podczas gdy nie wierzyli w nic, bali się wszystkiego. Miał wyrzuty sumienia z powodu zabicia Jana i nie chciał dać się wplątać w intrygi przeciw Jezusowi. Wiedział o wielu przypadkach chorób, które najwyraźniej zostały wyleczone przez Jezusa i traktował go albo jako proroka, albo jako stosunkowo nieszkodliwego fanatyka religijnego.

Kiedy Żydzi zagrozili, że poinformują cesarza, w jaki sposób ochrania zdradzieckiego osobnika, Herod rozkazał im opuścić pomieszczenie rady. Tym samym sprawy odwlekły się na tydzień, podczas którego Jezus przygotowywał swoich zwolenników do zbliżającego się ich rozproszenia.

1. TYDZIEŃ NARAD

Od 1 do 7 maja Jezus odbywał poufne narady ze swoimi zwolennikami w domu Zebedeusza. Tylko wypróbowani i zaufani uczniowie wpuszczani byli na te spotkania. W tym czasie było tylko około stu uczniów, którzy mieli moralną śmiałość odważnie przeciwstawić się faryzeuszom i otwarcie deklarować swą przynależność do Jezusa. Z tą grupą Jezus odbywał narady poranne, popołudniowe i wieczorne. Każdego popołudnia gromadziły się na wybrzeżu małe grupy ludzi, którzy zadawali pytania; kilku ewangelistów lub apostołów rozmawiało z nimi. Grupy te rzadko liczyły więcej niż pięćdziesiąt osób.

W piątek tego tygodnia, zarządcy synagogi w Kafarnaum podjęli oficjalne postanowienie, zamykające dom Boży dla Jezusa i jego zwolenników. Akcja taka została podjęta za namową faryzeuszy z Jerozolimy. Jair zrzekł się funkcji głównego zarządcy i otwarcie stanął w szeregach z Jezusem.

Ostatnie spotkanie na wybrzeżu miało miejsce w szabatowe popołudnie, 7 ma a. Jezus przemawiał do niespełna stu pięćdziesięciu osób, które się wtedy zebrały. Ten sobotni wieczór znamionował okres największego zaniżenia fali popularności Jezusa i jego nauki. Od tego czasu równomiernie i powoli, ale zdrowiej i pewniej, narastało życzliwe nastawienie; pojawili się nowi zwolennicy, którzy pewniej opierali się na duchowej wierze i prawdziwych przeżyciach religijnych. Bardziej czy mniej kompleksowe i kompromisowe stadium przejściowe, pomiędzy materialistycznymi koncepcjami królestwa, przy których obstawali stronnicy Mistrza, a bardziej idealistycznymi i duchowymi koncepcjami, których nauczał Jezus, teraz definitywnie się zakończyło. Odtąd zaczęło się bardziej otwarte głoszenie ewangelii królestwa, w jej szerszym zakresie i dalekosiężnych implikacjach duchowych.

2. TYDZIEŃ ODPOCZYNKU

W niedzielę, 8 maja, roku 29 n.e., Sanhedryn w Jerozolimie uchwalił dekret, zamykający dla Jezusa i jego zwolenników wszystkie synagogi w Palestynie. Była to nowa i bez precedensu uzurpacja władzy jerozolimskiego Sanhedrynu. Dotychczas każda synagoga istniała i funkcjonowała jako niezależna kongregacja wiernych i podlegała władzy oraz kierownictwu własnej rady zarządców. Tylko synagogi w Jerozolimie podlegały władzy Sanhedrynu. Po tej, podjętej w trybie doraźnym decyzji Sanhedrynu, zrezygnowało pięciu jego członków. Natychmiast wysłano stu posłańców, aby rozgłosili i wprowadzili w życie ten dekret. W krótkim czasie dwóch tygodni, wszystkie synagogi w Palestynie, za wyjątkiem synagogi w Hebronie, przychyliły się do manifestu Sanhedrynu. Zarządcy synagogi w Hebronie nie chcieli uznać prawa Sanhedrynu do sprawowania jurysdykcji nad ich zgromadzeniem. Odmowa wyrażenia zgody na dekret z Jerozolimy opierała się raczej na argumencie o autonomii kongregacji niż na sympatii dla sprawy Jezusa. Niedługo po tym pożar zniszczył synagogę w Hebronie.

W ten sam, niedzielny poranek, Jezus ogłosił tydzień urlopu, nalegając na wszystkich swoich uczniów, żeby poszli do swoich domów lub przyjaciół na odpoczynek, aby dali wytchnienie swym zmartwionym duszom i powiedzieli słowa otuchy swoim bliskim. Powiedział: „Idźcie do waszych rodzinnych miejscowości, żeby się bawić, łapać ryby, modląc się o rozszerzenie królestwa".

Ten tydzień odpoczynku umożliwił Jezusowi odwiedzenie wielu rodzin i grup wiernych, mieszkających na wybrzeżu. Wybrał się kilka razy na połów ryb z Dawidem Zebedeuszem i podczas gdy większość czasu spędzał samotnie, zawsze znajdowali się przyczajeni gdzieś w pobliżu dwaj lub trzej najbardziej zaufani posłańcy Dawida, którzy mieli od swego szefa wyraźne rozkazy w sprawie ochrony Jezusa. Podczas tego tygodnia odpoczynku nie prowadzono żadnego rodzaju publicznego nauczania.

W tym tygodniu Nataniel i Jakub Zebedeusz rozchorowali się dość poważnie. Trzy dni i noce dokuczały im mocno bolesne dolegliwości przewodu pokarmowego. Trzeciej nocy Jezus kazał odpocząć Salome, matce Jakuba, podczas gdy sam opiekował się cierpiącymi apostołami. Jezus mógł oczywiście natychmiast uzdrowić tych dwóch ludzi, ale to nie była metoda postępowania tak Syna jak i Ojca z tak banalnymi problemami i nieszczęściami dzieci ludzkich, na ewolucyjnych światach czasu i przestrzeni. Nigdy, nawet raz, przez całe swoje obfitujące w zdarzenia życie w ciele, Jezus nie stosował żadnego rodzaju nadprzyrodzonej opieki wobec jakiegokolwiek członka swojej ziemskiej rodziny, czy wobec któregokolwiek ze swoich najbliższych zwolenników.

Należy zapoznawać się z wszechświatowymi trudnościami i napotykać planetarne przeszkody i jest to część doświadczalnego szkolenia, zaplanowanego w celu rozkwitu, rozwoju i stopniowego doskonalenia rozwijających się dusz istot śmiertelnych. Uduchowienie ludzkiej duszy wymaga gruntownego doświadczenia, połączonego z pouczającym rozwiązywaniem szerokiego zakresu rzeczywistych, wszechświatowych problemów. Zwierzęca natura oraz niższe formy istot posiadających wolę nie będą się rozwijały pomyślnie w łatwym środowisku. Sytuacje problemowe, połączone ze stosowaniem bodźców, mają swój udział w tworzeniu tych funkcji umysłu, duszy i ducha, które przyczyniają się do osiągania wartościowych celów podczas rozwoju śmiertelnika oraz do zdobywania wyższych poziomów duchowego przeznaczenia.

3. DRUGA NARADA W TYBERIADZIE

16 maja zwołano drugą naradę w Tyberiadzie, z udziałem władz z Jerozolimy i Heroda Antypasa. Uczestniczyli w niej zarówno religijni jak i polityczni przywódcy z Jerozolimy. Żydowscy przywódcy mogli teraz poinformować Heroda, że praktycznie wszystkie synagogi, zarówno w Galilei jak i Judei, zostały zamknięte dla nauk Jezusa. Podjęto nowe wysiłki, żeby nakłonić Heroda do aresztowania Jezusa, ale on odrzucił te namowy. Tym niemniej, 18 maja, Herod przystał na plan, zezwalający władzom Sanhedrynu pojmać Jezusa i doprowadzić go do Jerozolimy, żeby go osądzić na podstawie oskarżeń religijnych, pod warunkiem, że rzymski władca Judei zgodziłby się na taki układ. W międzyczasie wrogowie Jezusa wytrwale rozpuszczali pogłoski po całej Galilei, że Herod usposabia się wrogo do Jezusa, co oznaczało, że zamierza wytępić wszystkich, którzy wierzą w jego nauki.

W sobotę wieczorem, 21 maja, dotarła do Tyberiady wiadomość, że władze państwowe w Jerozolimie nie sprzeciwiają się porozumieniu, zawartemu między Herodem a faryzeuszami, żeby Jezus został pojmany i doprowadzony na rozprawę sądową przed Sanhedrynem, pod zarzutem wyszydzania świętych praw narodu żydowskiego. Zgodnie z tym, tego samego dnia tuż przed północą, Herod podpisał dekret, upoważniający urzędników Sanhedrynu do pochwycenia Jezusa w granicach domeny Heroda i do przymusowego doprowadzenia go do Jerozolimy na rozprawę sądową. Silny nacisk wywierano na Heroda z wielu stron, zanim zgodził się wydać to zezwolenie, gdyż dobrze wiedział, że Jezus nie może się spodziewać sprawiedliwej rozprawy sądowej przed swoimi zajadłymi wrogami w Jerozolimie.

4. SOBOTNI WIECZÓR W KAFARNAUM

Tego samego, sobotniego wieczora, zebrała się w synagodze w Kafarnaum grupa *pięćdziesięciu przodujących* obywateli, aby omówić ważną kwestię: „Co mamy zrobić z Jezusem?". Rozmawiali i debatowali, aż minęła północ, ale nie potrafili znaleźć wspólnej płaszczyzny porozumienia. Oprócz kilku osób, które skłonne były wierzyć, że Jezus może być Mesjaszem, przynajmniej świętym człowiekiem, spotkanie podzieliło się na cztery prawie równe grupy, które odpowiednio miały następujące poglądy na temat Jezusa:

1. Jest zbałamuconym i nieszkodliwym fanatykiem religijnym.
2. Jest niebezpiecznym i podstępnym agitatorem, który może wywołać bunt.
3. Jest w porozumieniu z diabłami, a nawet sam być może jest księciem diabłów.
4. Stracił zmysły, jest obłąkany, umysłowo niezrównoważony.

Wiele mówiono o doktrynach, głoszonych przez Jezusa, które niepokoiły prostych ludzi; jego wrogowie utrzymywali, że jego nauki są niepraktyczne, że wszystko by się rozleciało, jeśli każdy zrobiłby szczery wysiłek, żeby żyć zgodnie z jego ideami. I w wielu późniejszych pokoleniach ludzie mówili to samo. Wielu inteligentnych i mających jak najlepsze intencje ludzi, również w bardziej oświeconym czasie tego objawienia, utrzymuje, że współczesnej cywilizacji nie można zbudować na nauce Jezusa – i mają częściowo rację. Jednak wszyscy tacy wątpiący zapominają o tym, że o wiele lepsza cywilizacja mogłaby zostać zbudowana na jego nauce i kiedyś będzie zbudowana. Ten świat nigdy nie próbował poważnie wprowadzić w życie nauk Jezusa na większą skalę, pomimo, że często robiono połowiczne próby podążania za doktrynami tak zwanego chrześcijaństwa.

5. PAMIĘTNY NIEDZIELNY PORANEK

22 maja był w życiu Jezusa dniem pełnym wydarzeń. Tego, niedzielnego ranka, jeszcze przed świtem, przybył z Tyberiady w wielkim pośpiechu jeden z posłańców Dawida, przynosząc wieść o upoważnieniu, które Herod wydał lub miał wydać, na aresztowanie Jezusa przez urzędników Sanhedrynu. Kiedy Dawid otrzymał wiadomość o grożącym niebezpieczeństwie, obudził swoich posłańców i wysłał ich do wszystkich miejscowych grup uczniów, wzywając ich na radę nadzwyczajną, na godzinę siódmą rano. Kiedy szwagierka Judy (brata Jezusa) usłyszała tę zatrważającą wiadomość, bezzwłocznie przekazała ją całej rodzinie Jezusa, która mieszkała w pobliżu, wzywając ich, aby natychmiast zebrali się w domu Zebedeusza. W odpowiedzi na to pospieszne wezwanie niebawem przyszli Maria, Jakub, Józef, Juda i Rut.

Tego wczesnego ranka, podczas spotkania, Jezus udzielał pożegnalnych instrukcji swoim zgromadzonym uczniom; to znaczy żegnał się z nimi na jakiś czas, dobrze wiedząc, że wkrótce zostaną rozproszeni z Kafarnaum. Polecił wszystkim, żeby prosili Boga o przewodnictwo i kontynuowali pracę dla królestwa, nie zważając na konsekwencje. Ewangeliści mieli pracować tak długo, jak to uznają za stosowne, do czasu, kiedy mogą zostać wezwani. Wybrał dwunastu ewangelistów, aby mu towarzyszyli; dwunastu apostołom polecił zostać z nim, bez względu na to, co może się zdarzyć. Dwunastu kobietom polecił zostać w domu Zebedeusza i w domu Piotra, tak długo, aż po nie pośle.

Jezus zgodził się, aby Dawid Zebedeusz nadal utrzymywał swą służbę posłańców w całym kraju i niebawem, żegnając Mistrza, Dawid powiedział: „Idź do swojej pracy, Mistrzu. Nie daj się złapać tym bigotom i nigdy nie miej wątpliwości, że posłańcy pójdą za tobą. Moi ludzie zawsze będą w kontakcie z tobą i poprzez nich będziesz wiedział o królestwie w innych częściach kraju, a my dzięki nim będziemy wiedzieć wszystko o was. Nic, co mogłoby mnie spotkać, nie zakłóci tych służb, gdyż wyznaczyłem pierwszego, drugiego a nawet trzeciego przywódcę. Nie jestem ani nauczycielem, ani kaznodzieją, ale wykonuję tę pracę z serca i nikt nie może mnie powstrzymać".

Tego ranka, około 7:30, Jezus zaczął wygłaszać pożegnalne przemówienie do niemalże stu wierzących, którzy stłoczyli się w domu, żeby go słuchać. Dla wszystkich zgromadzonych było to pełne powagi zdarzenie, ale Jezus wydawał się być niezwykle wesoły; raz jeszcze był taki jak kiedyś. Gdzieś znikła jego powaga z poprzednich tygodni i inspirował ich wszystkich słowami wiary, nadziei i odwagi.

6. PRZYBYCIE RODZINY JEZUSA

Około ósmej rano, w niedzielę, przybyło pięcioro członków ziemskiej rodziny Jezusa, w odpowiedzi na naglące wezwania szwagierki Judy. Z całej jego rodziny w ciele, tylko jedna Rut, całym sercem, niezłomnie wierzyła w boskość misji Jezusa na Ziemi. Juda i Jakub, a nawet Józef, wciąż jeszcze mieli sporo wiary w Jezusa, ale pozwolili sobie na to, aby duma kolidowała z ich lepszym osądem i prawdziwymi dążeniami duchowymi. Maria również była rozdarta pomiędzy miłością a obawą, pomiędzy miłością matki a dumą rodzinną. Chociaż dręczyła ją niepewność, nigdy zupełnie nie zapomniała wizyty Gabriela przed urodzeniem Jezusa. Faryzeusze usiłowali przekonać Marię, że Jezus postradał zmysły, że oszalał. Namawiali ją, żeby poszła ze swymi synami i starała się mu wyperswadować jego dalsze próby pracy publicznej. Zapewniali Marię, że Jezus wkrótce podupadnie na zdrowiu i tylko hańba i dyshonor może spaść na całą rodzinę, jeśli pozwolą na kontynuację jego działalności. I tak, kiedy dotarła do nich wiadomość od szwagierki Judy, cała piątka od razu wyruszyła do domu Zebedeusza; poprzedniego wieczora przebywali razem w domu Marii, gdzie się spotkali z faryzeuszami. Długo w noc rozmawiali z przywódcami z Jerozolimy i wszyscy bardziej czy mniej byli przekonani, że Jezus postępuje dziwnie, że zachowywał się dziwnie już od jakiegoś czasu. Podczas gdy Rut nie potrafiła wytłumaczyć całego jego postępowania, upierała się, że zawsze traktował swoją rodzinę uczciwie i nie chciała się zgodzić na planowaną próbę wyperswadowania mu dalszej jego działalności.

Idąc do domu Zebedeusza omówili wszystko jeszcze raz i wspólnie ustalili, żeby spróbować przekonać Jezusa, aby wrócił z nimi do domu, ponieważ Maria powiedziała: „Wiem, że mogłabym wpłynąć na mojego syna, jeśli tylko przyszedłby do domu i mnie wysłuchał". Jakub i Juda słyszeli pogłoski o planach aresztowania Jezusa i doprowadzenia go do Jerozolimy na rozprawę sądową. Obawiali się także o swoje bezpieczeństwo. Tak długo, jak Jezus był postacią lubianą w oczach społeczeństwa, jego rodzina przystawała na to, aby sprawy szły swoją drogą, ale teraz, gdy ludzie z Kafarnaum i przywódcy z Jerozolimy niespodziewanie zwrócili się przeciw niemu, zaczynali mocniej odczuwać ciężar domniemanej hańby i swej kłopotliwej pozycji.

Liczyli na to, że się spotkają z Jezusem, wezmą go na stronę i przekonają, żeby wrócił z nimi do domu. Chcieli go zapewnić, że zapomną, jak ich lekceważył – wybaczyliby i zapomnieli – jeśli tylko zaniecha tych głupich prób głoszenia nowej religii, która może tylko przynieść kłopoty jemu i hańbę rodzinie. Rut na to wszystko powiedziała tylko: „Ja powiem mojemu bratu, że myślę, iż jest człowiekiem Boga i mam nadzieję, że raczej umrze niż pozwoli tym złośliwym faryzeuszom przerwać mu nauczanie". Józef obiecał uciszyć Rut, kiedy inni będą pracowali nad Jezusem.

Kiedy dotarli do domu Zebedeusza, Jezus był właśnie w połowie swojego pożegnalnego przemówienia, wygłaszanego do uczniów. Próbowali dostać się do domu, ale był on zatłoczony do granic możliwości. W końcu znaleźli miejsce na tylnej werandzie i przekazali wiadomość Jezusowi, od człowieka do człowieka, tak, że w końcu została mu wyszeptana na ucho przez Szymona Piotra, który z tej przyczyny przerwał mu mowę i powiedział: „Zobacz, twoja matka i twoi bracia są na zewnątrz i bardzo chcą z tobą mówić". Otóż, matce nie przyszło nawet na myśl jak ważne jest przekazanie tego pożegnalnego orędzia zwolennikom Jezusa, nie wiedziała również, że jego przemówienie może być w każdej chwili przerwane przybyciem tych, którzy mieli go aresztować. Naprawdę myślała, że po tak długim i widocznym oziębieniu stosunków, w świetle tego, że ona i jego bracia okazali łaskę i faktycznie przyszli do niego, Jezus przerwie przemówienie i przyjdzie do nich w tym momencie, kiedy otrzyma wiadomość, że czekają.

Był to tylko jeden z wielu tych przypadków, kiedy ziemska rodzina Jezusa nie potrafiła zrozumieć, że musi się on zajmować sprawami Ojca. Tak więc Maria i bracia Jezusa zostali do głębi urażeni, kiedy pomimo tego, że dostał wiadomość i przerwał przemawianie, zamiast pośpieszyć do nich i ich powitać, usłyszeli jego śpiewny głos o nasilonym tonie: „Powiedz mojej matce i moim braciom, żeby nie obawiali się o mnie. Ojciec, który mnie posłał na świat, nie opuści mnie; tak samo żadna krzywda nie stanie się mojej rodzinie. Powiedzcie im, aby zdobyli się na odwagę i zaufali Ojcu królestwa. Ale, w końcu, któż jest moją matką i kim są moi bracia?" I wyciągnąwszy ręce ku wszystkim swoim uczniom, zgromadzonym w pokoju, powiedział: „Ja nie mam matki, ja nie mam braci. Oto moja matka i moi bracia. Zobaczcie moją matkę i zobaczcie moich braci! Albowiem ktokolwiek czyni wolę mojego Ojca, który jest w niebie, tak samo jest moją matką, moim bratem i moją siostrą".

Kiedy Maria usłyszała te słowa, omdlała w ramionach Judy. Wynieśli ją do ogrodu, aby ją cucić, podczas gdy Jezus wygłaszał ostatnie słowa swojego pożegnalnego przemówienia. Potem chciał wyjść, żeby pomówić z matką i braćmi, ale z Tyberiady przybył w pośpiechu posłaniec, przynosząc wiadomość, że urzędnicy Sanhedrynu są w drodze z nakazem aresztowania Jezusa i doprowadzenia go do Jerozolimy. Andrzej otrzymał tę wiadomość i przerywając Jezusowi, powiedział mu o tym.

Andrzej zapomniał, że Dawid postawił wokół domu Zebedeusza około dwudziestu pięciu strażników i że nikt nie mógł ich zaskoczyć; więc zapytał Jezusa, co robić. Mistrz stał tam w ciszy, podczas gdy jego matce po usłyszeniu słów: „ja nie mam matki", wracały siły w ogrodzie. W tym samym czasie, w pokoju wstała kobieta i zawołała: „Niech będzie błogosławione łono, które cię zrodziło i niech będą błogosławione piersi, które cię karmiły". Jezus przerwał na chwilę rozmowę z Andrzejem i odwrócił się do kobiety mówiąc: „Nie, raczej niech będzie błogosławiony ten, który słyszy słowa Boga i nie boi się być mu posłuszny".

Maria i bracia Jezusa uważali, że Jezus ich nie rozumie, że przestał się nimi interesować, nie przypuszczając wcale, że to im właśnie nie udało się zrozumieć Jezusa. Jezus dobrze wiedział, jak trudno jest ludziom zerwać ze swoją przeszłością. Wiedział, w jaki sposób, przez elokwencję kaznodziei, ukierunkowywane są istoty ludzkie i jak sumienie odpowiada na uczuciowe wezwanie, podobnie jak umysł reaguje na logikę i rozumowanie, ale wiedział równie dobrze, że znacznie trudniej jest przekonać ludzi, aby *wyrzekli się przeszłości.*

Na zawsze niech pozostanie prawdą, że wszyscy ci, którzy myślą, że są źle rozumiani albo niedoceniani, mają w Jezusie współczującego przyjaciela i wyrozumiałego doradcę. Ostrzegał on swoich apostołów, że nieprzyjaciółmi człowieka mogą być członkowie jego własnej rodziny, ale raczej nie zdawał sobie sprawy, jak bardzo taka antycypacja odnosić się będzie do jego własnych doświadczeń. Jezus nie opuścił swojej ziemskiej rodziny, żeby wykonać pracę Ojca – to oni go opuścili. Później, po śmierci i zmartwychwstaniu Mistrza, kiedy Jakub dołączył do wczesnego ruchu chrześcijańskiego, cierpiał on bezgranicznie z tego powodu, że wcześniej nie skorzystał z kontaktów z Jezusem i jego uczniami.

Podczas tych wydarzeń, Jezus postanowił kierować się ograniczoną wiedzą swojego ludzkiego umysłu. Pragnął przechodzić te doświadczenia ze swymi bliźnimi jako zwykły człowiek. I to właśnie ludzki umysł Jezusa sprawił, że chciał on zobaczyć swoją rodzinę przed odejściem. Nie chciał przerwać swojej rozprawy w połowie i po tak długim niewidzeniu spotkać się z nimi po raz pierwszy publicznie. Chciał skończyć swoje przemówienie i wtedy spotkać się z nimi przed odejściem, ale ten plan został udaremniony zbiegiem okoliczności, które potem nastąpiły.

Przybycie grupy posłańców Dawida do domu Zebedeusza, tylnym wejściem, znacznie przyśpieszyło ucieczkę wszystkich. Apostołowie, przestraszeni zgiełkiem wywołanym przez tych ludzi, zaczęli myśleć, że następni przybysze mogą ich aresztować i w obawie przed bezzwłocznym aresztowaniem pospieszyli frontowym wejściem do oczekującej ich łodzi. I wszystko to wyjaśnia, dlaczego Jezus nie zobaczył się ze swoją rodziną, czekającą na werandzie z tyłu domu.

Jednak, gdy Jezus wchodził do łodzi, podczas tej gwałtownej ucieczki, powiedział Dawidowi Zebedeuszowi: „Powiedz mojej matce i moim braciom, że doceniam ich przybycie i chciałem się z nimi spotkać. Wytłumacz im, aby się na mnie nie obrażali, ale raczej chcieli poznać wolę Boga i zdobyć łaskę i odwagę czynienia tej woli".

7. POŚPIESZNA UCIECZKA

I tak, w ten niedzielny poranek, dwudziestego drugiego maja, roku 29 n.e., Jezus ze swymi dwunastoma apostołami i dwunastoma ewangelistami pospiesznie uciekał przed urzędnikami Sanhedrynu, którzy byli w drodze do Betsaidy z upoważnieniem Heroda Antypasa, żeby go aresztować i doprowadzić do Jerozolimy na rozprawę sądową, pod zarzutem bluźnierstwa i innych naruszeń świętych praw żydowskich. Było prawie wpół do dziewiątej, kiedy grupa dwudziestu pięciu ludzi pochwyciła wiosła i odbiła w kierunku wschodniego wybrzeża Morza Galilejskiego.

W ślad za nią popłynęła jeszcze jedna, mniejsza łódka, w której było sześciu posłańców Dawida, z instrukcjami utrzymywania kontaktu z Jezusem i jego współpracownikami i dopilnowania, aby informacje o miejscu ich pobytu i bezpieczeństwie były regularnie przekazywane do domu Zebedeusza w Betsaidzie, który przez jakiś czas *służył jako baza całej działalności* na rzecz królestwa. Ale Jezus nigdy już nie mieszkał w domu Zebedeusza. Od tego czasu, przez resztę swego życia na Ziemi, Mistrz naprawdę „nie miał gdzie złożyć głowy". Nigdy nie dawał nawet do zrozumienia, że posiada stałe miejsce zamieszkania.

Powiosłowali do pobliskiej wioski, Gergezy, zostawili tam łódź pod opieką przyjaciół i rozpoczęli wędrówkę w tym ostatnim i pełnym wydarzeń roku życia Mistrza na Ziemi. Jakiś czas pozostawali w domenach Filipa, idąc z Gergezy w górę, do Cezarei Filipowej a stamtąd przedostali się na wybrzeże Fenicji.

Tłum pozostał w domu Zebedeusza i patrzył, jak dwie łodzie płyną przez jezioro w kierunku wschodniego wybrzeża i odpłynęły daleko, zanim przybyli w pośpiechu urzędnicy z Jerozolimy i rozpoczęli poszukiwanie Jezusa. Nie chcieli uwierzyć, że im uciekł i kiedy Jezus i jego grupa podróżowali na północ, przez Bataneę, faryzeusze i ich pomocnicy spędzili niemal cały tydzień na daremnych poszukiwaniach Jezusa w okolicy Kafarnaum.

Rodzina Jezusa wróciła do domu w Kafarnaum i spędziła prawie tydzień na rozmowach, dyskusjach i modlitwie. Przepełniała ich dezorientacja i konsternacja. Nie zaznali spokoju, aż do czwartkowego popołudnia, kiedy to Rut wróciła z domu Zebedeusza, gdzie dowiedziała się od Dawida, że ojciec-brat jest bezpieczny i w dobrym zdrowiu i że idzie w kierunku wybrzeża Fenicji.

PRZEKAZ 155

UCIECZKA PRZEZ PÓŁNOCNĄ GALILEĘ

TEJ pamiętnej niedzieli, wkrótce po zejściu na ląd w pobliżu Gergezy, Jezus i dwudziestu czterech przeszli niewielki kawałek w kierunku północnym, gdzie spędzili noc w pięknym parku na południe od Betsaidy Juliusza. Znali to obozowisko, gdyż kiedyś się tam zatrzymali. Zanim udali się na spoczynek, Mistrz zawołał do siebie swoich wyznawców i omówił z nimi plany zamierzonej tury, poprzez Batanee i północną Galileę do wybrzeży Fenicji.

1. DLACZEGO BURZĄ SIĘ POGANIE?

Jezus powiedział: „Wszyscy powinniście pamiętać, co mówił psalmista o tych czasach: «Dlaczego burzą się poganie a ludy myślą o rzeczach próżnych? Ziemscy królowie powstają, władcy narodów spiskują razem przeciw Panu i przeciw jego pomazańcowi, mówiąc: zerwijmy z siebie kajdany miłosierdzia i odrzućmy powrozy miłości».

Dzisiaj wypełnia się to na waszych oczach. Jednak nie powinniście oczekiwać wypełnienia reszty proroctwa psalmisty, ponieważ żywił on błędne idee o Synu Człowieczym i jego misji na Ziemi. Moje królestwo zbudowane jest na miłości, głoszone jest w miłosierdziu i oparte na bezinteresownej służbie. Mój Ojciec nie siedzi w niebie i nie śmieje się drwiąco z pogan. Nie jest gniewny, gdy jest niezadowolony. Prawdą jest obietnica, że Syn otrzyma tych tak zwanych pogan (w rzeczywistości swoich ciemnych i niewykształconych braci) w dziedzictwo. I ja przyjmę tych nie-Żydów z otwartymi ramionami miłosierdzia i uczucia. Cała, miłości pełna dobroć okazywana będzie tym, tak zwanym poganom, pomimo tego nieszczęsnego oświadczenia w zapisie, które oznajmia, że tryumfujący Syn «okiełzna ich żelazną rózgą i roztrzaska ich na kawałki jak naczynie garncarza». Psalmista napominał was: «Służcie Panu z bojaźnią» – ja każę wam dochodzić do wysokich przywilejów Boskiego synostwa przez wiarę; on nakazuje wam radować się z drżeniem; ja każę wam radować się z pewnością. On mówi: «Całujcie Syna, ażeby się nie gniewał i poginiecie, kiedy jego gniew zapłonie». Ale wy, którzy żyliście ze mną, dobrze wiecie, że złość i gniew nie mają udziału w zaprowadzaniu królestwa nieba w sercach ludzkich. Jednak psalmista zobaczył w przelocie prawdziwe światło, kiedy kończąc napomnienie, powiedział: «Błogosławieni ci, którzy zaufali temu Synowi»".

Jezus dalej nauczał dwudziestu czterech: „Poganie nie bez powodu oburzają się na nas. Ich punkt widzenia jest zawężony i ograniczony i dlatego potrafią zapalczywie wytężać swoje siły. Ich cel jest bliski i bardziej czy mniej widoczny; z tego powodu dążą do niego dzielnie i skutecznie go egzekwują. Wy, którzy wyznaliście wejście do królestwa nieba, generalnie biorąc jesteście zbyt chwiejni i niezdecydowani w prowadzeniu waszego nauczania. Poganie kierują się wprost do swych celów; waszą winą jest zbyt wielka, chroniczna tęsknota. Jeśli chcecie wejść do królestwa, dlaczego nie przystąpicie do duchowego ataku, tak, jak poganie zdobywają miasto, które oblegli? Jesteście prawie niewarci królestwa, jeśli wasza służba w znacznej mierze przybiera postawę ubolewania nad przeszłością, marudzenia nad teraźniejszością i daremnej nadziei na przyszłość. Dlaczego poganie się burzą? Ponieważ nie znają prawdy. Dlaczego wy usychacie z daremnej tęsknoty? Ponieważ nie *przestrzegacie* prawdy. Skończcie ze swoją bezcelową tęsknotą i idźcie naprzód dzielnie, pracując nad tym, co dotyczy ustanowienia królestwa.

Nie bądźcie jednostronni i nadmiernie wyspecjalizowani we wszystkim, co robicie. Faryzeusze, którzy chcą naszej zguby, zaprawdę myślą, że pełnią służbę Bożą. Zostali tak ograniczeni przez tradycję, że zaślepieni są uprzedzeniem i utwardzeni strachem. Weźcie pod uwagę Greków, którzy mają naukę bez religii, podczas gdy Żydzi mają religię bez nauki. I kiedy ludzi tak zbałamucono do akceptacji zawężonej, pogmatwanej dezintegracji prawdy, jedyną nadzieją ich zbawienia jest stać się tymi, których koordynuje prawda – nawróconymi.

Pozwólcie mi dobitnie wyrazić wieczną prawdę: jeśli wy, dzięki współdziałaniu z prawdą, nauczycie się w waszym życiu być przykładem pięknej pełni prawości, wtedy wasi ludzcy współbracia będą was poszukiwać, żeby móc zyskać to, co wy zdobyliście. To, w jakiej mierze przyciągacie prawdziwych poszukiwaczy prawdy, reprezentuje stopień waszego obdarzenia prawdą, stopień waszej prawości. To, w jakim stopniu musicie iść z waszym posłaniem do ludzi, jest w pewnym sensie miarą braku przeżywania przez was pełnego lub prawego życia, prawdą koordynowanego życia".

I jeszcze wielu innych rzeczy nauczał Mistrz apostołów i ewangelistów, zanim powiedzieli mu dobranoc i złożyli głowy na swych poduszkach.

2. EWANGELIŚCI W KORAZIN

W poniedziałek rano, 23 maja, Jezus polecił Piotrowi, aby poszedł wraz z dwunastoma ewangelistami do Korazin, podczas gdy on z jedenastoma apostołami wyruszył do Cezarei Filipowej, idąc wzdłuż Jordanu do drogi Damaszek-Kafarnaum, stamtąd na północny wschód, do skrzyżowania z drogą do Cezarei Filipowej a potem do samego miasta, gdzie pozostali przez dwa tygodnie i nauczali. Przybyli tam we wtorek 24 maja, po południu.

Piotr i ewangeliści pozostali dwa tygodnie w Korazin, głosząc kazania ewangelii królestwa małej, ale gorliwej grupie wiernych. Nie udało im się jednak pozyskać wielu świeżych neofitów. Żadne miasto w całej Galilei nie dało tak mało dusz królestwu, jak Korazin. Zgodnie z instrukcjami Piotra, dwunastu ewangelistów niewiele mówiło na temat uzdrawiania – spraw materialnych – podczas gdy głosili kazania i z rosnącym wigorem nauczali prawd duchowych królestwa niebiańskiego. Te dwa tygodnie w Korazin stanowiły dla dwunastu ewangelistów prawdziwy chrzest przeciwności losu, ponieważ był to jak dotąd najtrudniejszy i bezproduktywny okres ich działalności. Będąc w ten sposób pozbawieni satysfakcji z pozyskania dusz dla królestwa, każdy z nich poważniej i uczciwiej oceniał wartość własnej duszy i jej rozwój na duchowych drogach nowego życia.

Kiedy się okazało, że nie ma już chętnych do wejścia do królestwa, we wtorek, 7 czerwca, Piotr zwołał swoich współpracowników i wyruszyli do Cezarei Filipowej, aby dołączyć do Jezusa i apostołów. Przybyli w środę około południa i cały wieczór spędzili na szczegółowym opowiadaniu swych przeżyć wśród niewierzących w Korazin. Tego wieczora, podczas dyskusji, Jezus raz jeszcze nawiązał do przypowieści o siewcy i wiele nauczał o znaczeniu pozornych niepowodzeń w przedsięwzięciach życiowych.

3. W CEZAREI FILIPOWEJ

Aczkolwiek podczas tych dwóch tygodni pobytu w pobliżu Cezarei Filipowej Jezus nie prowadził działalności publicznej, apostołowie mieli znaczną ilość prywatnych spotkań w mieście i wielu wierzących przychodziło do obozu porozmawiać z Mistrzem. W wyniku tych odwiedzin niewielka liczba osób dołączyła do grupy wierzących. Każdego dnia Jezus rozmawiał z apostołami a oni coraz wyraźniej dostrzegali, że dla królestwa nieba zaczęło się nowe stadium pracy w głoszeniu kazań. Zaczynali rozumieć, że „królestwo nieba nie jest jedzeniem i piciem, ale realizacją duchowej radości z przyjęcia Boskiego synostwa".

Pobyt w Cezarei Filipowej był prawdziwą próbą dla jedenastu apostołów; trudno im było przeżyć te dwa tygodnie. Popadli nieomal w depresję i odczuwali brak okresowej stymulacji, jaką dawała im entuzjastyczna osobowość Piotra. W tych czasach była to naprawdę wielka i trudna próba, aby wierzyć w Jezusa i podążać za nim. Choć podczas tych dwóch tygodni pozyskali zaledwie kilku nawróconych, nauczyli się wiele bardzo korzystnych dla siebie rzeczy podczas codziennych spotkań z Mistrzem.

Apostołowie zrozumieli, że Żydzi znaleźli się w duchowej stagnacji i obumieraniu, ponieważ skrystalizowali prawdę w doktryny; że kiedy prawda, zamiast służyć jako drogowskaz duchowego przewodnictwa i postępu, zostanie sformułowana jako linia graniczna obłudnej elitarności, takie nauczanie traci swoją twórczą, życiodajną moc i ostatecznie staje się tylko zachowawcze i skamieniałe.

Apostołowie coraz lepiej uczyli się od Jezusa patrzeć na ludzkie osobowości w kategoriach ich możliwości, w czasie i wieczności. Nauczyli się, że wiele dusz najlepiej nakłonić do kochania niewidzialnego Boga, ucząc je najpierw miłości do swoich braci, których mogą widzieć. I w związku z tym nowego sensu nabrało dla nich oświadczenie Mistrza, dotyczące bezinteresownej służby dla brata człowieka: „Cokolwiek uczyniliście jednemu z najmniejszych moich braci, mnie uczyniliście".

Jedna z wielkich nauk, jaką apostołowie otrzymali podczas pobytu w Cezarei, mówiła o początkach tradycji religijnej, o śmiertelnym niebezpieczeństwie przywiązywania wartości świętości do rzeczy nie świętych, powszechnych idei czy codziennych zdarzeń. Z jednej dyskusji wyszli z nauką, że prawdziwa religia jest z głębi serca płynącą lojalnością człowieka wobec jego najwyższych i najprawdziwszych przekonań.

Jezus ostrzegł swoich wiernych, że jeśli ich religijne tęsknoty byłyby tylko materialne, gromadząca się wiedza o świecie materialnym, przez progresywne przemieszczanie domniemanych nadprzyrodzonych początków rzeczy, ostatecznie pozbawi ich wiary w Boga. Jednak, jeśli ich religia byłaby duchowa, nigdy postęp nauk fizycznych nie może zakłócić ich wiary w wieczne rzeczywistości i boskie wartości.

Nauczyli się, że chociaż motyw religii jest wyłącznie duchowy, przydaje ona wartości całemu życiu, wypełniając je wysokimi celami, uszlachetniając transcendentalnymi wartościami, inspirując wspaniałymi motywami, tym samym pociesza duszę ludzką wzniosłą i podtrzymującą ją nadzieją. Prawdziwa religia ma na celu zmniejszenie napięcia istnienia; wyzwala wiarę i odwagę, aby mogły być stosowane w codziennym *życiu i w bezinteresownej służbie*. Wiara pobudza duchową witalność i pomaga rodzić owoce prawości.

Jezus wielokrotnie nauczał apostołów, że żadna cywilizacja nie może długo przetrwać utraty tego, co najlepsze w jej religii. I niestrudzenie, wciąż na nowo zwracał uwagę Dwunastu na wielkie niebezpieczeństwo zastępowania przeżyć religijnych symbolami i obrzędami. Całe jego ziemskie życie było konsekwentnie poświęcone misji roztapiania zamrożonych form religijnych w płynne wolności oświeconego synostwa.

4. W DRODZE DO FENICJI

W czwartek rano, 9 czerwca, po otrzymaniu wieści przyniesionych przez posłańców Dawida z Betsaidy o szerzeniu się królestwa, grupa dwudziestu pięciu nauczycieli prawdy opuściła Cezareę Filipową i zaczęła iść w kierunku wybrzeży Fenicji. Obchodzili bagniste tereny, drogą przez Luz, do miejsca, gdzie droga z Magdali łączyła się ze szlakiem Gór Libańskich, stamtąd do skrzyżowania z drogą prowadzącą do Sydonu, do którego dotarli w piątek po południu.

Podczas przerwy na obiad, w cieniu sterczącego nawisu skalnego, w pobliżu Luz, Jezus wygłosił jedno ze swoich najbardziej pamiętnych przemówień, jakie jego apostołowie słyszeli we wszystkich latach współpracy z nim. Zaledwie usiedli, żeby połamać się chlebem, gdy Piotr zapytał Jezusa: „Mistrzu, skoro Ojciec w niebie wie wszystkie rzeczy i skoro jego duch jest naszym wsparciem w ustanowieniu królestwa nieba na Ziemi, dlaczego uciekamy przed groźbami naszych wrogów? Dlaczego unikamy konfrontacji z wrogami prawdy"? Ale zanim Jezus zaczął odpowiadać na pytanie Piotra, wtrącił się Tomasz i zapytał: „Mistrzu, chciałbym naprawdę się dowiedzieć, co jest złego z religią naszych wrogów z Jerozolimy. Jaka jest naprawdę różnica pomiędzy ich religią a naszą? Jak to się dzieje, że mamy tak różnorodną wiarę, podczas gdy wszyscy twierdzimy, że służymy temu samemu Bogu"? I kiedy Tomasz skończył, Jezus powiedział: „Chociaż nie lekceważę pytania Piotra, zdając sobie w pełni sprawę z tego, jak łatwo właśnie teraz źle zrozumieć moje powody unikania otwartego starcia z władcami Żydów, to jednak okaże się bardziej pomocne dla was wszystkich, jeśli raczej wybiorę odpowiedź na pytanie Tomasza. I będę kontynuował, kiedy skończycie obiad".

5. ROZPRAWA O PRAWDZIWEJ RELIGII

Ta wiekopomna rozprawa o religii, zreasumowana i ponownie przedstawiona w nowoczesnej frazeologii, wyraża następujące prawdy:

Podczas gdy religie świata mają dwojakie pochodzenie – naturalne i objawione – w każdym czasie i u jakichkolwiek ludzi można wyróżnić trzy odmienne formy pobożności religijnej. Te trzy przejawy skłonności religijnych są następujące:

1. *Religia prymitywna.* Na wpół naturalny i instynktowny impuls strachu przed tajemniczymi mocami, czczenie sił wyższych; zasadniczo jest to religia materialna w swej naturze, religia strachu.
2. *Religia cywilizacji.* Zaawansowane koncepcje religijne i praktyki narodów cywilizowanych – religia umysłu – intelektualna teologia autorytetu ustalonych tradycji religijnych.
3. *Prawdziwa religia – religia objawiona.* Objawienie nadprzyrodzonych wartości, częściowa wnikliwość w wieczne rzeczywistości, ujrzane w przelocie dobroć i piękno nieskończonego charakteru Ojca w niebie – religia ducha, jak uwidacznia się ona w ludzkim doświadczeniu.

Mistrz nie chciał umniejszać znaczenia religii opartej na zmysłach fizycznych i zabobonnym strachu człowieka pierwotnego, choć ubolewał nad tym, że tak wiele tych prymitywnych form czczenia pozostało w religijnych formach bardziej inteligentnych narodów. Jezus wyjaśnił, że wielka różnica pomiędzy religią umysłu a religią ducha polega na tym, że chociaż pierwsza podtrzymywana jest przez władze duchowne, druga opiera się całkowicie na ludzkim doświadczeniu.

A potem Mistrz, w swojej godzinie nauczania, przeszedł do wyjaśnienia następujących prawd:

Zanim narody nie staną się w wysokim stopniu inteligentne i znacznie bardziej cywilizowane, trwać będzie wiele tych dziecinnych i zabobonnych obrzędów, tak charakterystycznych dla ewolucyjnych praktyk religii prymitywnych i ludzi zacofanych. Do czasu, kiedy gatunek ludzki nie rozwinie się do wyższego poziomu, powszechniejszego uznawania rzeczywistości duchowego doświadczenia, znaczna liczba mężczyzn i kobiet dalej będzie wykazywać osobiste preferencje dla tych religii, opartych na autorytecie, które wymagają tylko intelektualnej akceptacji, w przeciwieństwie do religii ducha, która pociąga za sobą czynny udział umysłu i duszy w przygodzie wiary, w zmaganiu się z rygorystycznymi realiami progresywnego doświadczenia ludzkiego.

Akceptacja tradycyjnych religii autorytatywnych daje łatwą drogę skłonnościom człowieka, zaspokajając tęsknoty jego duchowej natury. Zakorzenione, skrystalizowane i ugruntowane religie autorytatywne dają gotowe schronienie, do którego zdezorientowana i zakłopotana dusza ludzka może uciec, kiedy niepokojona jest strachem i dręczona niepewnością. Taka religia wymaga od swoich wyznawców tylko biernej i czysto intelektualnej zgody, jako ceny, którą należy zapłacić za zadowolenie i pewność.

Długo jeszcze żyć będą na Ziemi takie bojaźliwe, zalęknione i niezdecydowane jednostki, które będą wolały zapewnić sobie religijne pocieszenie tym sposobem, nawet, jeśli związując swój los tak mocno z religiami autorytatywnymi, narażałyby na szwank niezależność osobowości, poniżały poczucie własnej godności i całkowicie rezygnowały z prawa wzięcia udziału w najbardziej pasjonującym i inspirującym ze wszystkich możliwych ludzkich przeżyć, w osobistym poszukiwaniu prawdy, ekscytacji w obliczu niebezpieczeństw intelektualnego odkrywania, determinacji, żeby badać rzeczywistości osobistego doświadczenia religijnego, najwyższej satysfakcji z przeżywania osobistego triumfu podczas rzeczywistego uświadamiania sobie zwycięstwa duchowej wiary nad intelektualnym zwątpieniem, satysfakcji zdobywanej w najwyższej przygodzie całej ludzkiej egzystencji – kiedy człowiek sam dla siebie i sam w sobie poszukuje Boga i go znajduje.

Religia ducha oznacza wysiłek, zmaganie się, konflikt, wiarę, determinację, miłość, lojalność i postęp. Religia umysłu – teologia autorytetów – wymaga od formalnie w nią wierzących niewiele tych wysiłków albo wcale ich nie wymaga. Tradycja jest bezpiecznym schronieniem i łatwą ścieżką dla tych zalęknionych i niezdecydowanych dusz, które instynktownie unikają zmagań duchowych i wątpliwości umysłowych, jakie towarzyszą takim podróżom wiary, odważnej przygodzie na wysokich falach mórz niezbadanej prawdy, w poszukiwaniu dalszych brzegów duchowych rzeczywistości, jakie mogą zostać odkryte przez progresywny ludzki umysł i przeżyte przez rozwijającą się duszę ludzką.

Jezus kontynuował: „W Jerozolimie przywódcy religijni sformułowali różne doktryny, na podstawie ich tradycyjnych nauczycieli i proroków z innych czasów, w ustalony system intelektualnych wierzeń religii autorytatywnej. Wszystkie takie religie przeważnie odwołują się do umysłu. Wkrótce zaczniemy morderczą walkę z tą religią, ponieważ niebawem rozpoczniemy śmiałe głoszenie nowej religii – religii, która nie jest religią w dzisiejszym znaczeniu tego słowa, religii, która odwołuje się głównie do Boskiego ducha mojego Ojca, zamieszkującego w umyśle człowieka; religii, wywodzącej swoją władzę z owoców jej akceptacji, które z pewnością pojawią się w osobistym doświadczeniu wszystkich tych, którzy rzeczywiście i prawdziwie zostaną wierzącymi w prawdy tej wyższej, duchowej wspólnoty".

Jezus, wskazując na każdego z dwudziestu czterech i wywołując ich po imieniu, powiedział: „I teraz, który z was chciałby wybrać raczej łatwą ścieżkę dopasowania się do ugruntowanej i skamieniałej religii, tak bronionej przez faryzeuszy w Jerozolimie, niż znosić trudności i prześladowania, związane z misją głoszenia ludziom lepszej drogi zbawienia, kiedy zdajecie sobie sprawę z satysfakcji odkrywania dla siebie rzeczywistego, żywego piękna, w osobistym doświadczaniu wiecznych prawd i najwyższych wspaniałości królestwa nieba? Czy jesteście zalęknieni, słabi i szukacie wygody? Czy lękacie się oddać waszą przyszłość w ręce Boga prawdy, którego synami jesteście? Czyż nie ufacie Ojcu, którego dziećmi jesteście? Czy wrócicie na łatwe ścieżki pewności i intelektualnej zależności w religii tradycyjnych autorytetów, czy przepaszecie się, aby pójść ze mną w niepewną i niespokojną przyszłość głoszenia nowych prawd religii ducha, królestwa nieba w sercach ludzkich"?

Dwudziestu czterech słuchaczy wstało jak jeden, chcąc w ten sposób wyrazić swoją zespołową i lojalną odpowiedź na jeden z niewielu uczuciowych apeli, z jakimi Jezus się do nich zwracał, ale on podniósł rękę i powstrzymał ich, mówiąc: „Rozejdźcie się, pojedynczo, każdy z was tylko z Ojcem i znajdźcie bez emocji odpowiedź na moje pytanie a znalazłszy prawdziwą i uczciwą postawę duszy, przekażcie tę odpowiedź swobodnie i śmiało mojemu Ojcu i waszemu Ojcu, którego nieskończone życie miłości jest prawdziwym duchem tej religii, którą głosimy".

Ewangeliści i apostołowie rozeszli się na krótko, każdy oddzielnie. Zostali podbudowani na duchu, ich umysły były ożywione i silnie, byli poruszeni tym, co powiedział Jezus. Ale kiedy Andrzej ich zwołał, Mistrz powiedział tylko: „Chodźmy znowu w drogę. Idziemy do Fenicji, gdzie zostaniemy jakiś czas i każdy z was powinien modlić się do Ojca o przekształcenie waszych uczuć umysłu i ciała w wyższe lojalności umysłu i bardziej zadowalające przeżycia ducha".

Kiedy tak szli drogą, dwudziestu czterech milczało, ale niebawem zaczęli rozmawiać ze sobą i około piętnastej nie mogli już iść dalej; zatrzymali się a Piotr, podchodząc do Jezusa, powiedział: „Mistrzu, mówiłeś nam wiele słów życia i prawdy. Chcielibyśmy usłyszeć więcej, błagamy cię, abyś powiedział nam jeszcze o tych sprawach".

6. DRUGA ROZPRAWA O RELIGII

I kiedy odpoczywali w cieniu góry, Jezus kontynuował swe nauczanie o religii ducha, co w kwintesencji przedstawia się następująco:

Wywodzicie się spośród waszych współbraci, którzy postanowili trwać w zadowoleniu religii umysłu, którzy pragną bezpieczeństwa i przedkładają nad wszystko konformizm. Wy postanowiliście zamienić wasze uczucia, oparte na autorytatywnej pewności, na duchowe gwarancje ryzykownej i postępowej wiary. Ośmieliliście się sprzeciwić srogiej niewoli instytucjonalnej religii i odrzucić autorytet pisanych tradycji, które teraz są uważane za słowo Boże. Nasz Ojciec naprawdę mówił poprzez Mojżesza, Eliasza, Izajasza, Amosa i Ozeasza, ale nie przestał dawać słów prawdy światu, kiedy zamilkł głos tych dawnych proroków. Mój Ojciec nie ma względu na narody czy pokolenia, nie daje słów prawdy jednej epoce, odmawiając następnej. Nie czyńcie głupstwa i nie nazywajcie Boskim tego, co jest zupełnie ludzkie i nie zaniedbujcie dostrzegać tych słów prawdy, które przychodzą inaczej niż przez tradycyjne wyrocznie czy rzekome natchnienia.

Wzywałem was, abyście na nowo narodzili się, narodzili się z ducha. Powołałem was z ciemności autorytetów i letargu tradycji do transcendentalnego światła, abyście uświadomili sobie możliwość zrobienia dla siebie największego odkrycia, jakie dusza ludzka może uczynić – nieziemskiego doświadczenia znalezienia Boga dla siebie, w sobie i z siebie i dokonania tego wszystkiego jako waszego, osobistego doświadczenia. I tak możecie przejść od śmierci do życia, od autorytetu tradycji do doświadczenia poznania Boga; tym samym przejść z ciemności do światła, z odziedziczonej narodowej wiary do wiary osobistej zdobytej dzięki faktycznemu doświadczeniu; i dlatego też będziecie się rozwijać od teologii umysłu, danej wam przez waszych przodków, do prawdziwej religii ducha, która kształtować się będzie w waszych duszach jako dar wieczny.

Wasza religia musi się przekształcić, od zwykłej, intelektualnej wiary w tradycyjne autorytety, do faktycznego doświadczania tej żywej wiary, która będzie zdolna pojąć rzeczywistość Boga i wszystkiego tego, co ma związek z Boskim duchem Ojca. Religia umysłu wiąże was beznadziejnie z przeszłością; religia ducha polega na stopniowym objawianiu i zawsze was wzywa do wyższych i bardziej świętych osiągnięć duchowych ideałów i wiecznych rzeczywistości.

Chociaż religia autorytatywna może przynieść chwilowe poczucie trwałego bezpieczeństwa, za takie krótkie zadowolenie płacicie cenę utraty duchowej swobody i wolności religijnej. Mój Ojciec nie wymaga od was jako ceny wejścia do królestwa nieba, żebyście zmuszali się do wierzenia w rzeczy, które są duchowo odrażające, bezbożne i fałszywe. Nie wymaga się od was, żeby wasze własne poczucie miłosierdzia, sprawiedliwości i prawdy, zostało pogwałcone przez podporządkowanie się przestarzałemu systemowi religijnych form i obrzędów. Religia ducha pozostawia wam zawsze swobodę pójścia za prawdą, dokądkolwiek przewodnictwo ducha może was zaprowadzić. I któż to może osądzić – czy duch ma coś do przekazania temu pokoleniu, coś, czego inne pokolenia nie chciały słyszeć?

Hańba tym fałszywym nauczycielom religijnym, którzy chcą ciągnąć głodne dusze wstecz, w ciemną i odległą przeszłość i tam je zostawić! I tym sposobem ci nieszczęśni ludzie zostają skazani na strach przed każdym nowym odkryciem, żeby zbijało ich z tropu każde nowe objawienie prawdy. Prorok, który powiedział: „Ten będzie trwał w doskonałym pokoju, którego umysł pozostanie z Bogiem", nie był zwyczajnym, intelektualnym zwolennikiem autorytatywnej teologii. Ten rozpoznający prawdę człowiek nie tylko mówił o Bogu, on odkrył Boga.

Napominam was, abyście zarzucili zwyczaj ciągłego cytowania dawnych proroków i wychwalania bohaterów Izraela; zamiast tego próbujcie stać się żywymi prorokami Najwyższego Ojca i duchowymi bohaterami nadchodzącego królestwa. Szacunek dla rozpoznających Boga dawnych przywódców może być rzeczywiście pożyteczny, ale dlaczego czyniąc to mielibyście wyrzec się najwyższego doświadczenia w całej ludzkiej egzystencji: znalezienia Boga dla was samych i poznania go w waszych własnych duszach?

Każdy naród gatunku ludzkiego ma swoje własne, intelektualne poglądy na ludzką egzystencję; dlatego też religia umysłu zawsze musi być wierna rozmaitym punktom widzenia tych narodów. Religie autorytatywne nigdy się nie zjednoczą. Jedność ludzkości i braterstwo śmiertelników osiągnąć można tylko dzięki superobdarzeniu religią ducha. Poglądy narodów mogą się różnić, ale w całej ludzkości zamieszkuje ten sam Boski, wieczny duch. Nadzieję ludzkiego braterstwa realizować można tylko w miarę tego, jak rozbieżne poglądy autorytatywnych religii zostaną nasycone i usunięte w cień jednoczącą, nobilitującą religią ducha – religią osobistego doświadczenia duchowego.

Religie autorytatywne mogą tylko dzielić ludzi i prowadzić jednych przeciw drugim w zwartym szyku; religia ducha coraz bardziej będzie przyciągała ludzi do siebie i spowoduje, że staną się wobec siebie wyrozumiali i życzliwi. Religie autorytatywne wymagają od ludzi jednorodności w wierze, ale tego się nie da zrealizować w obecnym stanie świata. Religia ducha wymaga tylko jedności przeżywania – jednorodności przeznaczenia – pozostawiając pełną tolerancję dla zróżnicowanych wierzeń. Religia ducha wymaga tylko jednorodności wnikliwości a nie jednorodności punktu widzenia i jednakowych poglądów. Religia ducha nie wymaga jednorodności intelektualnych zapatrywań tylko jedności odczuwania duchowego. Religie autorytatywne krystalizują się w kreda bez życia; religia ducha rozwija się ku coraz większej radości i wolności, w nobilitujących dziełach miłości pełnej służby i miłosiernej posługi.

Uważajcie jednak, żeby ktorykolwiek z was nie traktował z pogardą dzieci Abrahama, tylko dlatego, że przyszło im żyć w złych czasach wyjałowienia spowodowanego tradycją. Nasi przodkowie uporczywie i żarliwie poszukiwali Boga i go znaleźli, tak jak żaden inny cały naród go nie poznał od czasów Adama, który wiele o tym wiedział, ponieważ sam był Synem Bożym. Mój Ojciec docenia długie i nieustające trudy Izraela, trwające od czasów Mojżesza, zmierzające do znalezienia Boga i poznania Boga. Zmęczone pokolenia Żydów nie zaprzestały trudzić się, tyrać, jęczeć, harować i znosić cierpienia oraz doznawać przykrości od nie rozumiejących ich i gardzących nimi ludzi, wszystko po to, żeby mogły choć trochę zbliżyć się do odkrycia prawdy o Bogu. I pomimo wszystkich niepowodzeń i potknięć Izraela, nasi ojcowie, stopniowo od Mojżesza do czasów Amosa i Ozeasza, coraz lepiej objawiali całemu światu coraz klarowniejszy i prawdziwszy obraz wiecznego Boga. I tym sposobem przygotowana została droga do jeszcze większego objawienia Ojca a wy zostaliście powołani, aby w nim uczestniczyć.

Nigdy nie zapomnijcie, że tylko jedna przygoda jest bardziej jeszcze zadowalająca i pasjonująca od próby odkrycia woli żywego Boga, a jest nią najwyższe doświadczanie uczciwej próby czynienia Boskiej woli. I postarajcie się nie zapominać o tym, że wolę Boga można czynić w dowolnej ziemskiej pracy. Niektóre powołania nie są święte a inne są świeckie. Wszystkie rzeczy są uświęcone w życiu tych, którzy są prowadzeni przez ducha; oznacza to podporządkowanie prawdzie, uszlachetnienie przez miłość, zdominowanie przez miłosierdzie i trzymanie się w ryzach bezstronności – sprawiedliwości.

Duch, którego mój Ojciec i ja poślemy na ten świat, jest nie tylko Duchem Prawdy, ale jest także duchem idealistycznego piękna.

Musicie zaprzestać szukania słów Boga tylko na stronach starych zapisów teologicznych autorytetów. Ci, którzy zrodzeni są w duchu Bożym, powinni odtąd dostrzegać słowo Boże niezależnie od tego, skąd wydaje się ono pochodzić. Boska prawda nie może być odrzucana tylko dlatego, że kanał, którym przychodzi, jest najwyraźniej ludzki. Wielu waszych braci ma takie umysły, które akceptują teorię Boga, ale duchowo nie potrafią uświadomić sobie obecności Boga. To właśnie dlatego tak często was uczyłem, że królestwo nieba najlepiej zrozumieć można, gdy się przybiera duchową postawę szczerego dziecka. Nie zalecam wam umysłowej niedojrzałości dziecka, ale raczej *duchową prostotę* tak łatwo wierzącego i w pełni ufającego malucha. Nie tak ważne jest to, że powinniście wiedzieć o Bogu, jak to, że wasze możliwości *odczuwania obecności* Boga powinny być coraz doskonalsze.

Gdy raz znajdziecie Boga w swojej duszy, niebawem zaczniecie odkrywać go w duszach innych ludzi a w końcu we wszystkich istotach i dziełach stwórczych wspaniałego wszechświata. Ale jaką szansę ma Ojciec, żeby ukazać się jako Bóg najwyższych lojalności i niebiańskich ideałów w duszach tych ludzi, którzy niewiele czasu poświęcają, albo i wcale, na uważną kontemplację takich wiecznych rzeczywistości? Podczas gdy umysł nie jest siedzibą duchowej natury, z pewnością jest bramą do niej.

Ale nie róbcie tego błędu, żeby próbować udowodnić innym ludziom, że znaleźliście Boga; świadomie nie możecie na to przedstawić niezbitego dowodu, chociaż istnieją dwa bezwzględne i przekonywające dowody, że rozpoznajecie Boga, a są nimi:

1. Owoce ducha Bożego, przejawiające się w waszym codziennym, życiowym postępowaniu.
2. To, że cały wasz życiowy plan dostarcza niezbitego dowodu, iż bez zastrzeżeń zaryzykowaliście wszystko, czym jesteście i co macie, dla przygody przetrwania śmierci, podążając za nadzieją znalezienia Boga wieczności, którego obecność mieliście już możność zasmakować w czasie.

I zapamiętajcie sobie, mój Ojciec zawsze odpowie na najsłabsze migotanie wiary. On rozpatruje materialne i przesądne uczucia prymitywnego człowieka. A w tych uczciwych, ale pełnych strachu duszach, których wiara jest tak słaba, że tylko nieznacznie przekracza intelektualne dopasowanie się do biernej postawy uznawania religii autorytatywnej, Ojciec zawsze gotów jest honorować i podsycać wszystkie, nawet słabe próby dotarcia do niego. Ale od was, którzy zostaliście powołani z ciemności do światła, oczekuje się wierzenia całym sercem; wasza wiara powinna zdominować wspólną postawę ciała, umysłu i ducha.

Jesteście moimi apostołami i dla was religia nie powinna być teologicznym schronieniem, do którego możecie uciec ze strachem, w obliczu surowych rzeczywistości duchowego postępu i idealistycznej przygody; wasza religia powinna raczej stać się faktem rzeczywistego doświadczenia, które poświadcza, że Bóg was znalazł, wyidealizował, uszlachetnił i uduchowił i że zaczęliście wieczną przygodę znajdowania Boga, który was znalazł i usynowił.

Kiedy Jezus skończył, skinął na Andrzeja i wskazując na zachód, w kierunku Fenicji, powiedział: „Chodźmy w drogę".

PRZEKAZ 156

POBYT W TYRZE I SYDONIE

W PIĄTEK po południu, 10 czerwca, Jezus i jego towarzysze przyszli w okolice Sydonu, gdzie zatrzymali się w domu dobrze sytuowanej kobiety, która była pacjentem szpitala w Betsaidzie w punkcie kulminacyjnym powszechnej popularności Jezusa. Ewangeliści i apostołowie zostali zakwaterowani u jej przyjaciół, w najbliższym sąsiedztwie i przez dzień szabatu odpoczywali w przyjemnym otoczeniu. W Sydonie i jego najbliższej okolicy spędzili prawie dwa i pół tygodnia, zanim wyszli odwiedzić nadbrzeżne miasta na północy.

Jeden wielki spokój przepełniał ten czerwcowy dzień szabatu. Ewangeliści i apostołowie całkowicie pogrążyli się w medytacjach nad rozprawą Mistrza na temat religii, którą słyszeli po drodze do Sydonu. Wszyscy byli w stanie zrozumieć co nieco z tego, co im powiedział, ale żaden z nich nie pojął w pełni doniosłości jego nauki.

1. SYRYJSKA KOBIETA

W pobliżu domu Karuski, gdzie zakwaterowany był Mistrz, mieszkała syryjska kobieta, która wiele słyszała o Jezusie, jako o wielkim uzdrowicielu i nauczycielu i w ten szabat po południu przyprowadziła swoją małą córkę. Dziecko miało około dwunastu lat i cierpiało na poważną chorobę nerwową, charakteryzującą się konwulsjami i innymi dotkliwymi dolegliwościami.

Jezus zakazał mówić swym towarzyszom, że mieszka w domu Karuski, tłumacząc, iż chce odpocząć. Podczas gdy oni byli posłuszni poleceniom Mistrza, służąca Karuski poszła do domu syryjskiej kobiety, Norany i powiedziała, że w domu jej pani zamieszkał Jezus i ponaglała zatroskaną matkę, aby przyprowadziła cierpiącą córkę do uzdrowienia. Matka oczywiście wierzyła, że jej dziecko jest opętane przez demona, nieczystego ducha.

Kiedy Norana przybyła ze swą córką, bliźniacy Alfeusza wyjaśnili jej przez tłumacza, że Mistrz odpoczywa i nie można go niepokoić; na co Norana odparła, że ona i dziecko pozostaną w tym miejscu tak długo, aż Mistrz odpocznie. Piotr także usiłował ją przekonać i namówić, żeby wróciła do domu. Tłumaczył, że Jezus zmęczony jest znaczną ilością nauczania i uzdrawiania i że przyszedł do Fenicji, żeby mieć chwilę spokoju i odpoczynku. Ale na nic się to nie zdało, Norana nie chciała odejść. Na wszystkie argumenty Piotra odpowiedziała tylko: „Nie odejdę stąd, dopóki nie zobaczę waszego Mistrza. Wiem, że może wypędzić demona z mojego dziecka i nie odejdę, dopóki uzdrowiciel nie spojrzy na moją córkę".

Potem Tomasz próbował odesłać kobietę, ale również bez skutku. Odpowiedziała mu: „Wierzę, że wasz Mistrz może wypędzić demona, który dręczy moje dziecko.

Słyszałam o jego wspaniałych czynach w Galilei i wierzę w niego. Co wam się stało, jego uczniom, że odsyłacie tych, którzy szukają pomocy Mistrza"? I kiedy to powiedziała, Tomasz odszedł.

Wtedy wyszedł Szymon Zelota, aby upomnieć Noranę. Powiedział jej: „Kobieto, nie jesteś Żydówką, mówisz po grecku. Nie powinnaś oczekiwać tego, że Mistrz weźmie chleb, przeznaczony dla dzieci cieszącej się jego względami rodziny i rzuci go psom". Ale Norana nie chciała się obrazić po napastliwej uwadze Szymona. Odpowiedziała tylko: „Tak nauczycielu, rozumiem, co mówisz. W oczach Żydów jestem tylko psem, ale co się tyczy twojego Mistrza, jestem wierzącym psem. Jestem zdecydowana na wszystko, żeby zobaczył moją córkę, ponieważ uważam, że jeśli tylko spojrzy na nią, uleczy ją. I nawet ty, dobry człowieku, nie powinieneś się ośmielać pozbawiać psów przywileju okruchów, które przypadkiem spadną z dziecinnego stołu".

W tej właśnie chwili, na oczach wszystkich, dziewczynkę schwyciły gwałtowne konwulsje i matka zakrzyczała: „Tu, możecie zobaczyć, że moje dziecko jest opętane przez złego ducha. Jeśli nasza niedola nie robi na was wrażenia, zrobi je na waszym Mistrzu, o którym mówiono mi, że kocha wszystkich ludzi i ośmiela się uzdrawiać tych innowierców, którzy w niego wierzą. Nie warci jesteście być jego uczniami. Nie odejdę stąd, dopóki moje dziecko nie będzie uzdrowione".

Jezus, który przez otwarte okno słyszał całą tę rozmowę, wyszedł teraz na zewnątrz ku ich wielkiemu zdziwieniu i powiedział: „Och kobieto, wielka jest twoja wiara, tak wielka, że nie mogę ci odmówić tego, czego pragniesz; idź w pokoju. Twoja córka jest uzdrowiona". I od tej chwili mała dziewczynka była zdrowa. Kiedy Norana odchodziła z dzieckiem, Jezus prosił wszystkich, żeby nic nikomu nie mówili o tym zdarzeniu; i podczas gdy jego towarzysze zastosowali się do tego życzenia, matka i dziecko nie zaprzestały rozgłaszać o uzdrowieniu małej dziewczynki, tak usilnie po całej okolicy jak długa i szeroka, jak również w Sydonie, że Jezus uznał za stosowne zmienić zakwaterowanie w ciągu kilku dni.

Następnego dnia, kiedy Jezus nauczał swoich apostołów, skomentował uzdrowienie córki syryjskiej kobiety: „I tak jest zawsze; sami widzieliście, jak innowiercy potrafią przejawiać zbawienną wiarę w nauki ewangelii królestwa nieba. Zaprawdę, zaprawdę powiadam wam, że królestwo Ojca będzie przejęte przez nie-Żydów, jeśli dzieci Abrahama nie zechcą okazać dosyć wiary, aby do niego wejść".

2. NAUCZANIE W SYDONIE

Gdy wchodzili do Sydonu, Jezus i jego towarzysze przeszli przez most, dla wielu z nich był to pierwszy most, jaki w życiu wiedzieli. Kiedy szli przez most, Jezus powiedział między innymi: „Ten świat jest tylko mostem; możecie przejść przez niego, ale nie powinniście myśleć o budowaniu na nim domu do mieszkania".

Gdy dwudziestu czterech zaczęło swą działalność w Sydonie, Jezus zamieszkał na północ od miasta, w domu Justy i jej matki, Bereniki. Każdego ranka Jezus nauczał dwudziestu czterech w domu Justy a po południu i wieczorem wszyscy rozchodzili się po Sydonie, żeby nauczać i głosić kazania.

Apostołowie i ewangeliści bardzo cieszyli się z tego, jak nie-Żydzi z Sydonu przyjmowali ich orędzie; podczas ich krótkiego pobytu w mieście wielu dołączyło do królestwa.

Ten czas, około sześciu tygodni spędzonych w Fenicji, był bardzo płodnym okresem pracy dla pozyskiwania dusz, ale późniejsi, żydowscy autorzy Ewangelii, niedbale pominęli zapis tak ciepłego przyjęcia nauk Jezusa przez nie-Żydów, właśnie w tym czasie, kiedy tak wielu z ich własnego narodu odnosiło się do niego z wrogością.

Ci wierzący nie-Żydzi pod wieloma względami znacznie bardziej doceniali wartość nauk Jezusa, niż Żydzi. Wielu tych, mówiących po grecku Syrofenicjan, zrozumiało nie tylko to, że Jezus jest podobny do Boga, ale również to, że Bóg jest podobny do Jezusa. Ci, tak zwani poganie, dobrze zrozumieli nauki Mistrza dotyczące jednorodności praw tego świata i całego wszechświata. Pojęli to nauczanie, że Bóg nie ma względu na osoby, rasy czy narody; że u Ojca Wszechświatowego nie ma żadnego faworyzowania; że wszechświat w pełni i zawsze stosuje się do praw i że jest całkowicie niezawodny. Ci nie-Żydzi nie bali się Jezusa; ośmielili się przyjąć jego posłanie. Przez wszystkie późniejsze wieki ludzie nie potrafili zrozumieć Jezusa, za bardzo się tego bali.

Jezus wyjaśnił dwudziestu czterem, że nie uciekł z Galilei dlatego, że bał się konfrontacji ze swymi wrogami. Zrozumieli, że jeszcze nie jest gotów do otwartego starcia z ugruntowaną religią i że nie chciał zostać męczennikiem. To właśnie w czasie jednej z dyskusji, w domu Justy, Mistrz po raz pierwszy powiedział swoim uczniom, że „nawet gdyby niebo i ziemia miały przeminąć, moje słowa prawdy nie przeminą".

Podczas pobytu w Sydonie, tematem nauki Jezusa był rozwój duchowy. Powiedział swym uczniom, że nie mogą stać w miejscu, że muszą iść naprzód w prawości, albo się cofnąć do zła i grzechu. Upomniał ich, aby „nie myśleli o tym, co się zdarzyło w przeszłości, gdy idą naprzód, aby ogarnąć większe rzeczywistości królestwa". Zaklinał ich, aby w ewangelii nie zadowalali się swym dziecińwstwem, ale dążyli do osiągnięcia pełnej postawy Boskiego synostwa, we wspólnocie z duchem i w braterstwie z wierzącymi.

Jezus powiedział: „Moi uczniowie nie tylko muszą zaprzestać czynić źle, ale muszą nauczyć się, jak czynić dobrze; nie tylko musicie oczyścić się ze wszystkich świadomych grzechów, ale musicie nawet nie zachowywać poczucia winy. Jeśli przyznacie się do swych grzechów, zostają odpuszczone; dlatego też musicie zachować sumienie wolne od grzechu".

Jezus bardzo lubił żywe poczucie humoru, jakim odznaczali się ci nie-Żydzi. To właśnie poczucie humoru, jakie wykazała Norana, syryjska kobieta, tak samo jak jej wielka i wytrwała wiara, tak bardzo przemówiły do serca Mistrza i odwołały się do jego miłosierdzia. Jezus bardzo ubolewał nad tym, że jego narodowi – Żydom – tak bardzo brakuje humoru. Kiedyś powiedział do Tomasza: „Mój naród traktuje siebie zbyt poważnie; prawie zupełnie nie ma poczucia humoru. Uciążliwa religia faryzeuszy nigdy nie mogłaby powstać pośród ludzi ze zmysłem humoru. Brakuje im także konsekwencji; przecedzają komary a połykają wielbłądy.

3. WYBRZEŻEM NA PÓŁNOC

We wtorek, 28 czerwca, Mistrz i jego towarzysze wyruszyli z Sydonu i poszli wybrzeżem na północ, do Porfyreonu i Heldui. Zostali dobrze przyjęci przez nie-Żydów i wielu tych ludzi dołączyło do królestwa, podczas tygodnia nauczania i głoszenia kazań. Apostołowie głosili kazania w Porfyreonie a ewangeliści nauczali w Heldui. Kiedy dwudziestu czterech zajmowało się swą pracą, Jezus opuścił ich na trzy czy cztery dni i poszedł do nadbrzeżnego miasta Bejrut, gdzie odwiedził Syryjczyka o imieniu Malach, który był wierzącym i który rok wcześniej przebywał w Betsaidzie.

W środę, 6 lipca, wszyscy wrócili do Sydonu i zatrzymali się w domu Justy aż do niedzieli rano, kiedy to wyruszyli do Tyru, idąc wybrzeżem na południe, drogą przez Sareptę, przybywając do Tyru w poniedziałek, 11 lipca. W tym czasie apostołowie i ewangeliści przyzwyczaili się już do pracy pośród tak zwanych nie-Żydów, którzy w rzeczywistości wywodzili się głównie z wczesnych plemion kanaanejskich, posiadających jeszcze wcześniejsze semickie pochodzenie. Wszyscy ci ludzie mówili po grecku. Apostołowie i ewangeliści byli bardzo zaskoczeni, kiedy widzieli, z jaką gorliwością nie-Żydzi słuchają ewangelii i spostrzegali skwapliwość, z jaką wielu z nich wierzyło.

4. W TYRZE

Od 11 do 24 lipca nauczali w Tyrze. Każdemu apostołowi towarzyszył jeden ewangelista i tak parami nauczali i głosili kazania we wszystkich częściach Tyru i jego okolicy. Wielojęzyczna ludność tego ruchliwego portu morskiego słuchała ich z przyjemnością i wielu zostało ochrzczonych na znak przystąpienia do wspólnoty królestwa. Jezus miał swoją główną kwaterę w domu Żyda, wierzącego o imieniu Józef, który mieszkał pięć czy sześć kilometrów na południe od Tyru, niedaleko grobu Hirama, króla miasta-państwa Tyr w czasach Dawida i Salomona.

Podczas tych dwóch tygodni apostołowie i ewangeliści codziennie szli do Tyru, przez molo Aleksandra, aby prowadzić krótkie spotkania a każdego wieczora większość z nich wracała do obozowiska w domu Józefa, na południe od miasta. Każdego dnia przychodzili z miasta wierni, żeby rozmawiać z Jezusem w miejscu jego postoju. Tylko raz Mistrz przemawiał w Tyrze, po południu, 20 lipca, kiedy nauczał wiernych o miłości Ojca do całej ludzkości i o misji Syna, o objawieniu Ojca wszystkim narodom ludzkości. Zainteresowanie ewangelią pośród nie-Żydów było tak duże, że na tę okoliczność zostały otwarte dla Jezusa drzwi świątyni Melkarta i trzeba odnotować jako ciekawostkę, że w latach późniejszych dokładnie na miejscu tej starożytnej świątyni zbudowany został chrześcijański Kościół.

W królestwo uwierzyło wielu szefów manufaktur tyrskiego szkarłatu, barwnika, który rozsławił Tyr i Sydon na cały świat i który sprzedawany na skalę światową, przyczynił się do ich wzbogacenia. Kiedy niedługo potem uległa zmniejszeniu ilość zwierzątek morskich, które były źródłem tego barwnika, wytwórcy barwnika ruszyli na poszukiwanie nowych siedlisk tego mięczaka. I tak wędrując na krańce świata, nieśli ze sobą nowinę o ojcostwie Boga i braterstwie człowieka – ewangelię królestwa.

5. NAUKI JEZUSA W TYRZE

Tego, środowego popołudnia, w trakcie swojej mowy, Jezus po raz pierwszy opowiedział swoim wyznawcom historię o białej lilii, która podnosi swoją czystą i śnieżną głowę ku światłu słonecznemu, podczas gdy jej korzenie tkwią poniżej w szlamie i błocie czarnej ziemi. „Tak samo", powiedział, „śmiertelny człowiek, chociaż korzenie swego pochodzenia i istnienia wywodzi ze zwierzęcej ziemi natury ludzkiej, przez wiarę może *się rozwinąć w swej* duchowej naturze, w kierunku słonecznego światła niebiańskiej prawdy i rzeczywiście rodzić szlachetne owoce ducha".

W trakcie tego samego kazania, Jezus po raz pierwszy i jedyny użył przypowieści, związanej z jego własnym zawodem cieśli. Kiedy nauczał, aby „dobrze budować fundamenty rozwoju duchowych podstaw szlachetnego charakteru", powiedział: „Ażeby rodzić owoce ducha, musicie narodzić się z ducha. Musicie być nauczani przez ducha i prowadzeni przez ducha, jeśli chcecie przeżyć wypełnione duchem życie między waszymi współbraćmi. Ale nie popełnijcie błędu nierozsądnego cieśli, który marnuje cenny czas na obciosanie, mierzenie i wygładzenie drewna toczonego przez robaki, gnijącego od wewnątrz; i kiedy poświęcił całą swą pracę wadliwej belce, musi ją odrzucić, gdyż nie można jej wstawić w fundamenty budynku, który buduje, aby wytrzymał atak czasu i burzy. Niech każdy się o tym upewni, że intelektualne i moralne fundamenty jego charakteru są takie, że będą odpowiednio wspierały nadbudowę poszerzającej się i uszlachetniającej duchowej natury, która przekształci śmiertelny umysł, i wtedy, w połączeniu ze sformowanym na nowo umysłem, można rozwinąć duszę o nieśmiertelnym przeznaczeniu. Wasza duchowa natura – wspólnie stworzona dusza – jest żywym rozwojem, ale umysł i moralność jednostki są tą właśnie glebą, na której muszą wyrastać wyższe przejawy ludzkiego rozwoju i boskiego przeznaczenia. Gleba rozwijającej się duszy jest ludzka i materialna, ale przeznaczenie tej zespolonej istoty, umysłowej i duchowej, jest duchowe i boskie".

Tego samego dnia, wieczorem, Nataniel zapytał Jezusa: „Mistrzu, dlaczego się modlimy, żeby Bóg nie wodził nas na pokuszenie, kiedy z twojego objawienia dobrze wiemy, że Ojciec nigdy takich rzeczy nie robi?". Jezus opowiedział Natanielowi:

„Nic dziwnego, że zadałeś takie pytanie, zważywszy, że zaczynasz poznawać Ojca tak, jak ja go znam a nie tak, jak go mgliście dostrzegali wcześniejsi hebrajscy prorocy. Dobrze wiecie, jak nasi przodkowie skłonni byli dostrzegać Boga niemalże we wszystkim, co się zdarzyło. Doszukiwali się Bożej ręki we wszystkich naturalnych zdarzeniach i w każdym niezwykłym przypadku ludzkiego doświadczenia. Łączyli Boga zarówno z dobrem jak i złem. Myśleli, że zmiękczył serce Mojżesza a utwardził serce faraona. Kiedy człowiek miał silny pociąg do zrobienia czegoś, dobrego czy złego, miał zwyczaj tłumaczyć takie niezwykłe uczucia: «Pan przemówił do mnie, mówiąc, zrób to czy tamto, idź tu i tam». Dlatego też, skoro człowiek tak często i tak gwałtownie ulegał pokusom, stało się zwyczajem naszych przodków wierzyć, że to Bóg wiedzie człowieka do tego, dla próby, karząc albo umacniając. Ale wy naprawdę wiecie teraz lepiej. Wiecie, że ludzie zbyt często ulegają pokusom przez własne samolubstwo i przez impulsy swojej zwierzęcej natury. Kiedy jesteście tak właśnie kuszeni, przestrzegam was, rozpoznajcie to kuszenie uczciwie i szczerze, czym ono naprawdę jest a potem inteligentnie skierujcie te siły ducha umysłu i ciała, które szukają ekspresji, na wyższe kanały i ku bardziej idealistycznym celom. W ten sposób możecie przekształcić wasze kuszenie w najwyższy rodzaj podniosłej, ludzkiej służby, podczas gdy prawie zupełnie unikacie marnotrawnych i osłabiających was konfliktów pomiędzy naturą zwierzęcą a duchową.

Ale pozwólcie mi przestrzec was przed głupotą przezwyciężania pokusy przez próbę wyrugowania jednego pragnienia innym i rzekomo wyższym pragnieniem, przy zastosowaniu zwykłej siły ludzkiej woli. Jeśli prawdziwie chcielibyście zatryumfować nad pokusami waszej mniejszej i niższej natury, musicie dojść do tego miejsca duchowej przewagi, w którym rzeczywiście i prawdziwie rozwijacie aktualne zainteresowania i miłość do tych wyższych i bardziej idealistycznych form postępowania, którymi wasz umysł pragnie zastąpić niższe i mniej idealistyczne zwyczaje zachowania, te, które uważacie za kuszenie. W ten sposób zostaniecie wyzwoleni raczej przez duchową transformację niż przez coraz większe przeładowanie zwodniczym tłumieniem ludzkich pragnień. To, co stare i gorsze zostanie zapomniane w miłości do tego, co nowe i wyższe. Piękno zawsze tryumfuje nad brzydotą w sercach tych wszystkich, których oświeca miłość do prawdy. Jest potężna moc wypierającej energii w nowym i szczerym, duchowym uczuciu. I jeszcze raz wam mówię, nie dajcie się pokonać złu, ale raczej zło pokonujcie dobrem".

Długo w noc apostołowie i ewangeliści zadawali pytania a z wielu odpowiedzi chcielibyśmy zaprezentować następujące myśli, przedstawione na nowo we współczesnej frazeologii:

Silna ambicja, inteligentny osąd i wytrawna mądrość są podstawą materialnego sukcesu. Cechy przywódcze zależą od naturalnych predyspozycji, rozwagi, siły woli i determinacji. Duchowe przeznaczenie zależne jest od wiary, miłości i poświęcenia się prawdzie – od głodu i pragnienia prawości – niekłamanej chęci znalezienia Boga i bycia jemu podobnym.

Niech was nie zniechęca odkrycie tego, że jesteście ludźmi. Ludzka natura może dążyć do zła, ale nie jest dziedzicznie grzeszna. Niech was nie gnębi to, jeśli nie uda się wam zupełnie zapomnieć niektórych waszych, godnych pożałowania doświadczeń. Błędy, których nie uda się wam zapomnieć w czasie, będą zapomniane w wieczności. Ulżyjcie brzemieniu waszej duszy i jak najszybciej dostrzeżcie perspektywę waszego przeznaczenia, wszechświatową ekspansję waszego istnienia.

Nie czyńcie tego błędu, aby szacować wartość duszy niedoskonałością umysłu albo żądzami ciała. Nie osądzajcie duszy ani nie oceniajcie jej przeznaczenia miarą pojedynczego, nieszczęśliwego, ludzkiego przypadku. Wasze duchowe przeznaczenie uzależnione jest tylko od duchowych pragnień i celów.

Religia jest czysto duchowym doświadczeniem rozwijającej się, nieśmiertelnej duszy człowieka rozpoznającego Boga, ale siła moralna i energia duchowa są tymi potężnymi siłami, których można użyć przy rozwiązywaniu trudnych sytuacji społecznych i zawiłych problemów ekonomicznych. Te moralne i duchowe dary wzbogacają i uwydatniają wszystkie poziomy ludzkiego życia.

Jeżeli uczycie się kochać tylko tych, którzy was kochają, waszym przeznaczeniem jest żyć życiem ubogim i ograniczonym. Ludzka miłość może być wprawdzie odwzajemniona, ale Boska miłość znacznie ją przewyższa we wszystkim, co dotyczy pragnienia jej zaspokojenia. Im mniej jest miłości w naturze jakiejkolwiek istoty, tym większa jest potrzeba miłości i tym większe starania czyni Boska miłość, aby zaspokoić takie potrzeby. Miłość nigdy nie jest samolubna i nie można nią obdarzyć samego siebie. Boska miłość nie może być samowystarczalna, musi być bezinteresownie dawana.

Wierzący w królestwo powinni mieć wiarę bez zastrzeżeń, powinni wierzyć całą duszą w niechybny tryumf prawości. Twórcy królestwa nie mogą wątpić w prawdę ewangelii wiecznego zbawienia. Wierzący muszą się coraz lepiej uczyć, jak się odsunąć od biegu życia – jak uciec od szykan materialnej egzystencji – jednocześnie odświeżać duszę, inspirować umysł i odnawiać ducha przez pełną czci komunię.

Rozpoznających Boga jednostek nie zniechęca nieszczęście ani nie gnębi rozczarowanie. Wierzący odporni są na depresję wynikającą z czysto materialnych wstrząsów; żyjących w duchu nie trwożą zdarzenia świata materialnego. Kandydaci do wiecznego życia stosują ożywiającą i konstruktywną metodę wychodzenia naprzeciw wszystkim zmiennościom i szykanom śmiertelnego życia. Prawdziwy wierzący odkrywa w każdym dniu swojego życia, że *łatwiej* jest czynić prawe rzeczy.

Życie duchowe znacznie zwiększa poczucie własnej godności. Ale poczucie własnej godności nie jest samouwielbieniem. Poczucie godności zawsze jest skoordynowane z miłością i służbą dla współbraci. Nie można mieć więcej własnej godności niż kochać swego bliźniego; jedno jest miarą możliwości drugiego.

Z czasem, każdy prawdziwie wierzący nabiera większej biegłości w przyciąganiu współbraci do miłości wiecznej prawdy. Czy dzisiaj jesteście bardziej pomysłowi w objawianiu ludzkości dobroci niż byliście wczoraj? Czy lepiej zalecacie prawość w tym roku niż w poprzednim? Czy stajecie się coraz bardziej artystyczni w metodzie prowadzenia głodnych dusz do królestwa duchowego?

Czy wasze ideały są dostatecznie wysokie, aby zapewnić wam wieczne zbawienie, wtedy, gdy wasze idee są tak praktyczne, abyście byli pożytecznymi obywatelami, działającymi na Ziemi i współpracującymi z waszymi śmiertelnymi braćmi? W duchu wasze obywatelstwo jest w niebie; w ciele, wciąż jesteście obywatelami królestw ziemskich. Oddajcie cesarzom rzeczy materialne a Bogu te, które są duchowe.

Miarą duchowych możliwości rozwijającej się duszy jest wasza wiara w prawdę i wasza miłość do człowieka, ale miarą ludzkiej siły waszego charakteru jest umiejętność nie zachowywania urazy i wasza zdolność nie pogrążania się w smutku, w obliczu głębokiego żalu. Porażka jest tym prawdziwym zwierciadłem, w którym uczciwie możecie zobaczyć waszą rzeczywistą jaźń.

Jak przybywa wam lat i doświadczenia w sprawach królestwa, czy bardziej stajecie się taktowni w traktowaniu kłopotliwych śmiertelników i bardziej tolerancyjni w życiu z upartymi współpracownikami? Taktowność jest punktem podparcia dźwigni społecznej a tolerancja oznaką wielkości duszy. Jeżeli macie te rzadkie i urocze dary, z upływem czasu będziecie bardziej czujni i staniecie się ekspertami w waszych szlachetnych wysiłkach unikania wszelkich niepotrzebnych społecznych nieporozumień. Takie mądre dusze potrafią uniknąć wielu kłopotów, które z pewnością będą udziałem wszystkich tych, którzy cierpią, gdyż nie potrafią dostosować się emocjonalnie, tych, którzy nie chcą dorastać i tych, którzy nie chcą się starzeć z wdziękiem.

We wszystkich waszych wysiłkach głoszenia prawdy i obwieszczania ewangelii, unikajcie nieuczciwości i niesprawiedliwości. Nie ubiegajcie się o niezasłużone uznanie i nie pożądajcie nienależnej wam sympatii. Niezależnie od waszych zasług, przyjmujcie obficie miłość zarówno z boskich jak i ludzkich źródeł i odpłacajcie ją obficie. Ale we wszystkich innych rzeczach, związanych z poważaniem i pochlebstwem, starajcie się tylko o te, które uczciwie się wam należą.

Świadomy Boga śmiertelnik jest pewny zbawienia; nie boi się życia; jest uczciwy i konsekwentny. Wie, jak dzielnie znosić nieuniknione cierpienie; nie narzeka w obliczu nieuchronnych trudności.

Prawdziwie wierzący nie uprzykrzy sobie prawości tylko dlatego, że ktoś popsuł mu szyki. U miłującego prawdę trudności pobudzają żarliwość, podczas gdy dla nieustraszonego budowniczego królestwa przeszkody są wyzwaniem do spotęgowania wysiłków.

I wiele innych rzeczy nauczał ich Jezus, zanim byli gotowi do opuszczenia Tyru.

Na dzień przed wyruszeniem z Tyru w okolice Morza Galilejskiego, Jezus zwołał swoich współpracowników i kazał dwunastu ewangelistom iść z powrotem inną drogą niż ta, którą mieli iść on i dwunastu apostołów. I kiedy ewangeliści rozstali się z Jezusem, nigdy już z nim nie współdziałali tak blisko.

6. POWRÓT Z FENICJI

Około południa, w niedzielę, 24 lipca, Jezus z Dwunastoma wyszli z domu Józefa, położonego na południe od Tyru i poszli wybrzeżem do Ptolemaidy. Tutaj wszyscy pozostali przez dzień i mówili słowa pociechy zebranym wierzącym, którzy tam mieszkali. Wieczorem, 25 lipca, Piotr wygłosił dla nich kazanie.

We wtorek wyszli z Ptolemaidy, idąc na wschód w głąb kraju, drogą tyberiadzką do pobliskiej Jotapaty. W środę zatrzymali się w Jotapacie i znowu nauczali wierzących o sprawach królestwa. W czwartek wyszli z Jotapaty, idąc na północ szlakiem Nazaret-Góry Libańskie do wsi Zabulon, drogą przez Haramę. W Haramie, w piątek mieli kilka spotkań z ludźmi i tam też zostali na szabat. Do Zabulonu dotarli 31 lipca, w niedzielę a wieczorem mieli spotkanie i odeszli następnego ranka.

Gdy wyszli z Zabulonu, doszli w pobliżu Giskali do połączenia dróg Magdala-Sydon a stamtąd poszli w kierunku Genezaret, na zachodnim wybrzeżu Jeziora Galilejskiego, na południe od Kafarnaum, gdzie byli umówieni na spotkanie z Dawidem Zebedeuszem i gdzie zamierzali się naradzić, jakie będzie ich następne posunięcie w pracy głoszenia ewangelii królestwa.

Podczas krótkiej narady z Dawidem dowiedzieli się, że wielu przywódców zbiera się po przeciwnej stronie jeziora, w pobliżu Gergezy i dlatego też tego samego wieczora przepłynęli łodzią na drugą stronę. Przez dzień odpoczywali spokojnie na wzgórzach a następnego dnia poszli do pobliskiego parku, gdzie Mistrz nakarmił kiedyś pięć tysięcy ludzi. Tutaj odpoczywali trzy dni i prowadzili codzienne dyskusje, w których uczestniczyło około pięćdziesięciu mężczyzn i kobiet, pozostałość tak licznej niegdyś grupy wierzących mieszkańców Kafarnaum i jego okolic.

Kiedy Jezusa nie było w Kafarnaum i Galilei, kiedy przebywał w Fenicji, jego wrogowie przypuszczali, że cały ten ruch został stłumiony i doszli do wniosku, że pośpieszne odejście Jezusa oznaczało, iż tak bardzo się przestraszył, że prawdopodobnie nigdy już nie wróci, żeby ich niepokoić. Cała czynna opozycja wobec jego nauczania niemalże wygasła. Wierzący od nowa zaczynali publiczne spotkania i nastąpiła stopniowa, ale efektywna konsolidacja wypróbowanych i oddanych ludzi, ocalałych z wielkiego przesiewania, przez które właśnie przeszli wierzący w ewangelię.

Filip, brat Heroda, połowicznie uwierzył w Jezusa i przysłał wiadomość, że Mistrz może swobodnie żyć i pracować w jego domenach.

Polecenie, aby zamknąć synagogi całego żydostwa dla nauk Jezusa i jego wszystkich zwolenników, odwróciło się przeciw uczonym w Piśmie i faryzeuszom. Zaraz potem, jak Jezus zniknął jako obiekt kontrowersji, zaszła reakcja w całym narodzie żydowskim; w Jerozolimie panowała ogólna niechęć do faryzeuszy i przywódców Sanhedrynu. Wielu zarządców synagog zaczęło ukradkiem otwierać swe synagogi dla Abnera i jego towarzyszy, twierdząc, że ci nauczyciele są zwolennikami Jana a nie uczniami Jezusa.

Również Herod Antypas odmienił swe serce a dowiedziawszy się, że Jezus przebywa po przeciwległej stronie jeziora, na terytorium jego brata Filipa, posłał mu wiadomość, że kiedy podpisywał nakaz jego aresztowania w Galilei, nie upoważnił do aresztowania go w Perei, sygnalizując tym samym, że Jezus nie będzie prześladowany, jeżeli pozostanie poza granicami Galilei; i to samo zarządzanie zakomunikował Żydom w Jerozolimie.

Tak wyglądała sytuacja około 1 sierpnia, roku 29 n.e., kiedy to Mistrz wrócił z misji fenickiej i zaczął reorganizację rozproszonych, wypróbowanych i uszczuplonych sił na ten ostatni i pełen wydarzeń rok jego misji na Ziemi.

Problemy walki zarysowywały się teraz wyraźnie, kiedy Mistrz i jego towarzysze przygotowywali się do rozpoczęcia głoszenia nowej religii o żywym Bogu, który mieszka w umysłach ludzi.

PRZEKAZ 157

W CEZAREI FILIPOWEJ

ZANIM Jezus zabrał Dwunastu na krótki pobyt w pobliżu Cezarei Filipowej, zaaranżował przez posłańców Dawida, że przyjdzie do Kafarnaum w niedzielę, 7 sierpnia, aby się spotkać ze swoją rodziną. Zgodnie z wcześniejszymi ustaleniami spotkanie miało się odbyć w warsztacie szkutniczym Zebedeusza. Dawid Zebedeusz ustalił z Judą, bratem Jezusa, że przybędzie cała rodzina z Nazaretu – Maria, wszyscy bracia i siostry Jezusa – i Jezus poszedł na to spotkanie z Andrzejem i Piotrem, aby dotrzymać umówionego terminu. Maria i dzieci z pewnością chcieli dotrzymać tej umowy, ale tak się zdarzyło, że grupa faryzeuszy, wiedząc, że Jezus przebywa po przeciwległej stronie jeziora w domenach Filipa, postanowiła odwiedzić Marię, aby dowiedzieć się co tylko można o miejscu jego pobytu. Przybycie tych wysłanników z Jerozolimy mocno zatrwożyło Marię, a kiedy zauważyli oni napięcie i nerwowość całej rodziny, wywnioskowali, że oczekiwano odwiedzin Jezusa. Dlatego też faryzeusze rozsiedli się w domu Marii i wezwawszy posiłki, cierpliwie czekali na przybycie Jezusa. I to oczywiście skutecznie uniemożliwiło wszystkim członkom rodziny dotrzymanie umówionego terminu spotkania z Jezusem. Kilka razy w ciągu tego dnia, zarówno Juda jak i Rut próbowali uśpić czujność faryzeuszy i przesłać Jezusowi wiadomość, jednak okazało się to niemożliwe.

Tuż po południu posłańcy Dawida przynieśli Jezusowi wiadomość, że faryzeusze obozują przed domem jego matki i dlatego też nie próbował on odwiedzić swojej rodziny. I tak jeszcze raz, bez winy żadnej ze stron, Jezusowi i jego ziemskiej rodzinie nie udało się nawiązać kontaktów.

1. POBORCA PODATKÓW ŚWIĄTYNNYCH

Gdy Jezus z Andrzejem i Piotrem czekali nad jeziorem, w pobliżu warsztatu szkutniczego, podszedł do nich poborca podatków świątynnych a rozpoznając Jezusa, odwołał na bok Piotra i powiedział: „Czy twój Mistrz płaci podatki świątynne?". Piotr już chciał dać wyraz swojemu oburzeniu na taką sugestię, jak można się spodziewać, żeby Jezus przyczyniał się do wspierania religijnej działalności swoich zaprzysięgłych wrogów, ale dostrzegłszy swoisty wyraz twarzy poborcy podatkowego, słusznie się domyślił, że chciał on usidlić ich w akcie odmowy zapłacenia zwyczajowego pół szekla na wsparcie świątynnej służby w Jerozolimie. Dlatego też Piotr odrzekł: „Ależ oczywiście, Mistrz *płaci podatek świątynny.* Poczekaj przy bramie a niebawem wrócę z podatkiem".

Otóż Piotr odrzekł pochopnie. Judasz nosił ich fundusze a był po drugiej stronie jeziora. Ani on, ani jego brat, ani też Jezus nie mieli ze sobą żadnych pieniędzy. Wiedząc również, że faryzeusze ich szukają, nie mogli pójść do Betsaidy po pieniądze. Kiedy

Piotr powiedział Jezusowi o poborcy i o tym, że obiecał mu pieniądze, Jezus odrzekł: „Jeśli obiecałeś, powinieneś zapłacić. Ale czym spełnisz obietnicę? Czy znowu zostaniesz rybakiem, żebyś mógł dotrzymać swojego słowa? Mimo to, Piotrze, dobrze będzie w tej sytuacji, żebyśmy zapłacili podatek. Nie dajmy tym ludziom powodu do urazy z powodu naszego zachowania. Poczekamy tutaj a ty popłyniesz łodzią i zarzucisz sieci, a kiedy sprzedasz ryby na targu, zapłać poborcy za nas wszystkich trzech".

Wszystko to podsłuchał tajny posłaniec Dawida, który stał w pobliżu i który dał sygnał swojemu pomocnikowi, łowiącemu ryby blisko brzegu, aby przypłynął szybko. Kiedy Piotr już miał wypłynąć łodzią na połów, posłaniec ten i jego przyjaciele rybacy podarowali mu kilka wielkich koszy ryb i pomogli mu dostarczyć je do pobliskiego kupca ryb, który kupił ten połów, płacąc wystarczająco, z tym co dodał posłaniec Dawida, aby zapłacić podatek świątynny za trzech. Poborca przyjął podatek, rezygnując z kary za zwłokę w zapłacie, ponieważ jakiś czas nie było ich w Galilei.

Nie powinniście się zatem dziwić, że macie zapis o tym, jak Piotr łowi rybę z szeklem w pysku. W tamtych czasach krążyło wiele opowieści o znajdowaniu skarbów w pyskach ryb; na porządku dziennym były takie opowieści o domniemanych cudach. Więc gdy Piotr odchodził w kierunku łodzi, Jezus powiedział na wpół humorystycznie: „Dziwne jest, że synowie króla muszą płacić daninę; zwykle to obcy jest opodatkowany na utrzymanie dworu, ale nie wypada nam dawać powodu do zaczepki władzom. Idź zatem! Może złapiesz rybę z szeklem w pyszczku". Jezus to powiedział a Piotr tak szybko się zjawił z podatkiem świątynnym, że nie można się dziwić, iż później zdarzenie to podniesiono do rangi cudu i tak zostało ono zapisane przez autora Ewangelii Mateusza.

Jezus, z Andrzejem i Piotrem, czekali nad brzegiem prawie do zachodu słońca. Posłańcy przynieśli im wiadomość, że dom Marii nadal jest obserwowany; przeto gdy się ściemniało, ci trzej oczekujący cały dzień mężczyźni wsiedli do swojej łodzi i powoli odpłynęli w kierunku wschodniego brzegu Morza Galilejskiego.

2. W BETSAIDZIE JULIUSZA

W poniedziałek, 8 sierpnia, kiedy Jezus i dwunastu apostołów obozowali w ogrodzie Magedan, w pobliżu Betsaidy Juliusza, ponad stu wierzących, ewangeliści, grupa kobieca i inni zainteresowani zaprowadzaniem królestwa, przyszli z Kafarnaum na naradę. I przyszło też wielu faryzeuszy, kiedy się dowiedzieli, że Jezus tutaj przebywa. W tym czasie niektórzy saduceusze zjednoczyli się już z faryzeuszami w swych usiłowaniach usidlenia Jezusa. Zanim Jezus poszedł na zamknięte dla publiczności spotkanie z wierzącymi, wziął udział w zgromadzeniu publicznym, na którym byli faryzeusze i kłopotliwymi pytaniami nękali Mistrza oraz w każdy możliwy sposób próbowali przeszkadzać w tym zgromadzeniu. Przywódca burzycieli powiedział: „Nauczycielu, chcielibyśmy, abyś dał nam znak twojego upoważnienia do nauczania i kiedy on się wypełni, wszyscy ludzie będą wiedzieć, że jesteś przysłany przez Boga". A Jezus odpowiedział im: „Kiedy jest wieczór, mówicie, że będzie piękna pogoda, bo niebo się czerwieni; rano zaś, że będzie brzydka pogoda, bo niebo jest czerwone i chmury są nisko. Kiedy widzicie, jak chmury podnoszą się na zachodzie, mówicie, że będą deszcze, kiedy wiatr powieje z południa, mówicie, że będzie skwar. Jak to się dzieje, że tak dobrze znacie oblicze nieba, ale zupełnie nie potraficie dostrzec znaków czasu? Tym, którzy chcą poznać prawdę, znak już jest dany, ale złośliwemu i obłudnemu pokoleniu żaden znak nie będzie dany".

Kiedy Jezus to powiedział, odszedł na wieczorne spotkanie ze swymi zwolennikami. W czasie tego spotkania postanowiono rozpocząć wspólną misję we wszystkich miastach i wsiach Dekapolu, jak tylko Jezus z Dwunastoma wróci z planowanej wizyty do Cezarei Filipowej. Mistrz wziął udział w planowaniu misji do Dekapolu a odprawiając towarzystwo, powiedział: „Mówię wam, strzeżcie się fermentu faryzeuszy i saduceuszy. Nie dajcie się zwieść tym, że pokazują jak wiele umieją i jak głęboko są lojalni konwenansom religii. Zajmujcie się tylko duchem żywej prawdy i siłą prawdziwej religii. To nie strach przed martwą religią was zbawi, ale raczej wasza wiara w żywe doświadczanie duchowych rzeczywistości królestwa. Nie dajcie się zaślepić uprzedzeniem i sparaliżować strachem. Nie pozwólcie także na to, aby szacunek dla tradycji tak wypaczył wasze myślenie, żeby wasze oczy nie widziały a wasze uszy nie słyszały. Celem prawdziwej religii jest nie tylko nieść pokój, ale raczej zapewnić rozwój. I nie będzie pokoju w sercu czy rozwoju umysłu, jeżeli całym sercem nie pokochacie prawdy, ideałów wiecznych rzeczywistości. Postawiono przed wami kwestie życia i śmierci – grzeszne przyjemności czasu przeciw prawym rzeczywistościom wieczności. Nawet teraz powinniście zacząć szukać wyzwolenia z niewoli strachu i wątpliwości, skoro zaczynacie żyć nowym życiem wiary i nadziei. A kiedy chęć służby dla waszych współbraci rozwinie się w waszej duszy, nie powstrzymujcie tego; kiedy uczucia miłości do waszego bliźniego wypełnią wasze serca, dajcie wyraz takim uczuciowym skłonnościom w inteligentnym służeniu rzeczywistym potrzebom waszych współbraci".

3. WYZNANIE PIOTRA

Wcześnie rano, we wtorek, Jezus z dwunastoma apostołami wyruszył z ogrodu Magedan do Cezarei Filipowej, stolicy domeny tetrarchy Filipa. Cezarea Filipowa położona była w przepięknej okolicy. Wtulała się w uroczą dolinę, pośród malowniczych wzgórz, gdzie z podziemnej jaskini wypływał Jordan. Na północy widać było w całej okazałości szczyty góry Hermon, podczas gdy ze wzgórz położonych tuż na południe rozpościerał się wspaniały widok na górny Jordan i Morze Galilejskie.

Jezus wszedł na górę Hermon w początkowym okresie swych doświadczeń w królestwie a teraz, ponieważ wchodził w końcowy etap swej pracy, znów zapragnął wrócić do tej góry prób i tryumfu, gdzie jak sądził, apostołowie mogą nabrać nowego wyobrażenia o swych obowiązkach i nabrać nowych sił na nadchodzące trudne czasy. Po drodze, mniej więcej w czasie przejścia na południe od wód Meromu, apostołowie odczuli potrzebę porozmawiania o swych ostatnich przeżyciach, w Fenicji i gdzie indziej, i opowiadali, jak zostało przyjęte ich posłanie oraz jak różni ludzie traktowali Mistrza.

Gdy zatrzymali się na obiad, Jezus nagle zadał Dwunastu pierwsze ze wszystkich pytanie dotyczące jego samego. Zadał to zadziwiające pytanie: „Za kogo ludzie mnie uważają?".

Długie miesiące spędził Jezus na nauczaniu apostołów tego, co dotyczy natury i charakteru królestwa nieba i dobrze wiedział, że nadchodzi czas, kiedy musi zacząć nauczać ich więcej o swojej własnej naturze i swoim osobistym związku z królestwem. I teraz, kiedy siedzieli pod drzewem morwy, Mistrz miał przeprowadzić jedną z najbardziej doniosłych rozpraw w całej swojej długiej współpracy z wybranymi apostołami.

Ponad połowa apostołów odpowiedziała na pytanie Jezusa. Mówili Jezusowi, że wszyscy, którzy go znali, uważali go za proroka lub niezwykłego człowieka; nawet wrogowie bardzo się go bali, tłumacząc jego moce oskarżeniem, że sprzymierzony jest z księciem diabłów. Powiedzieli mu, że niektórzy ludzie w Judei i Samarii, którzy go nigdy osobiście nie spotkali, wierzyli, że jest zmartwychwstałym Janem Chrzcicielem. Piotr wyjaśnił, że w różnym czasie i przez różnych ludzi był porównywany z Mojżeszem, Eliaszem, Izajaszem i Jeremiaszem. Kiedy Jezus wysłuchał tych relacji, wstał i patrząc na siedzących przed nim w półkolu Dwunastu, wskazując ich szerokim ruchem ręki, z zaskakującą dobitnością zapytał: „Ale, za kogo wy mnie uważacie?" W tym momencie zapadła pełna napięcia cisza. Dwunastu ani na chwilę nie spuszczało oczu z Mistrza i wtedy Szymon Piotr, skoczywszy na równe nogi, zawołał: „Jesteś Wybawicielem, Synem Boga żywego". I jedenastu siedzących apostołów wstało spontanicznie, potwierdzając w ten sposób, że Piotr mówi za nich wszystkich.

Kiedy Jezus skinął na nich, aby znowu usiedli i gdy tak stał przed nimi, powiedział: „To zostało wam objawione przez mojego Ojca. Nadejdzie godzina, kiedy dowiecie się o mnie prawdy. Ale do tego czasu zakazuję wam o tym mówić ludziom. Chodźmy stąd".

I znowu ruszyli w drogę do Cezarei Filipowej, doszli tam późnym wieczorem i zatrzymali się w domu Celsusa, który ich oczekiwał. Apostołowie niewiele spali tej nocy; wydawało im się, że czują, iż w ich życiu i w pracy dla królestwa wydarzyło się coś wielkiego.

4. ROZMOWA O KRÓLESTWIE

Od czasu, gdy Jan ochrzcił Jezusa i gdy Jezus zamienił wodę w wino w Kanie, apostołowie, w różnych okresach, w zasadzie uznawali go za Mesjasza. Czasami niektórzy z nich naprawdę wierzyli, że jest oczekiwanym Wybawicielem. Ale zaledwie takie nadzieje zakiełkowały w ich sercach, Mistrz rozbijał je w kawałki kilkoma druzgocącymi słowami lub rozczarowującym ich czynem. Długo trwali w stanie zawieszenia z powodu konfliktu pomiędzy koncepcjami oczekiwanego Mesjasza, które zachowywali w swoich umysłach, a doświadczeniem ich niezwykłej współpracy z tym niezwykłym człowiekiem, które zachowywali w swoich sercach.

Było późne środowe przedpołudnie, kiedy apostołowie zgromadzili się w ogrodzie Celsusa na obiad. Przez większą część nocy i od tego momentu, kiedy wstali rano, Szymon Piotr i Szymon Zelota usilnie pracowali ze swoimi braćmi, aby doprowadzić ich wszystkich do punktu szczerej akceptacji Mistrza, nie tylko jako Mesjasza, ale także jako Boskiego Syna żywego Boga. Dwóch Szymonów prawie zgodziło się ze sobą w ocenie Jezusa i teraz pracowali pilnie, aby ich bracia w pełni zaakceptowali te poglądy. Podczas gdy Andrzej kontynuował swoją pracę jako generalny szef zespołu apostolskiego, jego brat, Szymon Piotr, stawał się coraz bardziej i za powszechną aprobatą rzecznikiem Dwunastu.

Mistrz zjawił się około południa, gdy wszyscy siedzieli w ogrodzie. Powstali wszyscy i przybrali wyraz dostojnej powagi, gdy zbliżał się do nich. Jezus rozluźnił napięcie przyjacielskim i braterskim uśmiechem, tak charakterystycznym dla niego, gdy jego zwolennicy zbyt poważnie traktowali siebie lub niektóre zdarzenia z nimi związane. Stanowczym ruchem ręki nakazał im usiąść. Nigdy więcej Dwunastu nie powitało Mistrza wstając, kiedy się zjawił pośród nich. Zauważyli, że nie aprobował tak ostentacyjnego wyrazu szacunku.

Kiedy podzielili się posiłkiem i zaczęli omawiać plany przyszłej podróży do Dekapolu, Jezus, patrząc im w oczy, nagle powiedział: „Teraz, kiedy cały dzień upłynął od czasu, gdy potwierdziliście oświadczenie Szymona Piotra w sprawie tożsamości Syna Człowieczego, chciałbym was zapytać, czy ciągle podtrzymujecie swoją decyzję?". Słysząc to, Dwunastu wstało a Szymon Piotr, zrobiwszy kilka kroków w kierunku Jezusa, powiedział: „Tak Mistrzu, podtrzymujemy. Wierzymy, że jesteś Synem Boga żywego". I Piotr usiadł razem ze swymi braćmi.

Wtedy Jezus, nadal stojąc, przemówił do Dwunastu: „Jesteście moimi wybranymi ambasadorami, ale wiem, że w tych okolicznościach nie mogliście żywić takiego przekonania w rezultacie zwykłej, ludzkiej wiedzy. To jest objawienie ducha mojego Ojca dla największych głębi waszych dusz. Kiedy zatem czynicie to wyznanie, przez wnikliwość ducha mojego Ojca, który w was zamieszkuje, chciałbym wam oświadczyć, że ja na tych fundamentach zbuduję braterstwo królestwa nieba. Na tej skale duchowej rzeczywistości zbuduję żywą świątynię duchowego braterstwa w wiecznych rzeczywistościach królestwa mojego Ojca. Wszystkie siły zła i zastępy grzechu nie przezwyciężą ludzkiego braterstwa w Boskim duchu. I podczas gdy duch mojego Ojca zawsze będzie boskim przewodnikiem i mentorem wszystkich tych, którzy wejdą do tej wspólnoty duchowego braterstwa, wam i waszym następcom wręczam teraz klucze do widzialnego królestwa – władzy nad rzeczami doczesnymi – społecznymi i ekonomicznymi aspektami zrzeszenia mężczyzn i kobiet, jako braci w królestwie". I znowu nakazał im, żeby chwilowo nie mówili nikomu o tym, że jest Synem Boga.

Jezus zaczynał wierzyć w lojalność i integralność swoich apostołów. Mistrz rozumiał, że wiara, która wytrzymała to, co jego wybrani przedstawiciele niedawno przeszli, niewątpliwie zniesie ogniowe próby jakie były tuż przed nimi i wynurzy się z pozornej ruiny wszystkich ich nadziei, jako nowe światło nowego systemu sprawiedliwości i tym samym będą oni mogli iść i oświecać świat trwający w ciemnościach. Tego dnia Mistrz zaczął wierzyć w wiarę swoich apostołów, za wyjątkiem jednego.

I od tego dnia ten właśnie Jezus buduje ową żywą świątynię na tych samych wiecznych fundamentach swego Boskiego synostwa a ci, którzy w ten sposób stali się świadomymi synami Boga, są ludzkimi kamieniami, z których składa się żywa świątynia synostwa, wznoszona dla chwały i czci, mądrości i miłości wiecznego Ojca duchów.

I kiedy Jezus to powiedział, polecił Dwunastu, aby się rozeszli oddzielnie na wzgórza, aby szukali mądrości, siły i duchowego przewodnictwa, aż do czasu kolacji. I oni tak zrobili, jak im Mistrz nakazał.

5. NOWA KONCEPCJA

Nową i istotną cechą wyznania Piotra było to wyraźne rozpoznanie, że Jezus jest Synem Bożym, rozpoznanie jego niekwestionowanej boskości. Już od czasu chrztu i wesela w Kanie, apostołowie z różnych powodów traktowali go jako Mesjasza, ale to, że ma *on* być *boski,* nie stanowiło elementu żydowskiej koncepcji narodowego wybawiciela. Żydzi nie nauczali, że Mesjasz ma pochodzić od boskości; miał być „pomazańcem", lecz raczej nie uważali go za „Syna Bożego". W drugim wyznaniu więcej nacisku położono na *połączoną naturę* tego, nieziemskiego faktu, że jest on Synem Człowieczym *i* Synem

Bożym i Jezus obwieścił, że na tej właśnie wielkiej prawdzie, o zjednoczeniu natury ludzkiej z naturą boską, będzie tworzył królestwo nieba.

Jezus chciał przeżyć swe życie na Ziemi i ukończyć swoją misję obdarzającą jako Syn Człowieczy. Jego wyznawcy skłonni byli uważać go za wyczekiwanego Mesjasza. Wiedząc, że nigdy nie spełni ich mesjanistycznych oczekiwań, Jezus usiłował dokonać takiej modyfikacji ich koncepcji Mesjasza, aby częściowo wyszła naprzeciw ich oczekiwaniom. Teraz jednak uznał, że realizacja tego planu raczej nie może przynieść sukcesu. Dlatego też śmiało wybrał trzeci plan – otwarte ogłoszenie swojej boskości, uznanie prawdziwości wyznania Piotra i bezpośrednie ogłoszenie Dwunastu, że jest Synem Bożym.

Przez trzy lata Jezus głosił, że jest „Synem Człowieczym", podczas gdy przez te same trzy lata apostołowie coraz bardziej obstawali przy tym, że jest oczekiwanym, żydowskim Mesjaszem. Teraz ujawnił, że jest Synem Bożym i na koncepcji *połączonej natury* Syna Człowieczego i Syna Bożego postanowił zbudować królestwo nieba. Postanowił zaniechać dalszych prób przekonywania ich, że nie jest Mesjaszem. Teraz śmiało postanowił ujawnić im, kim *jest* a potem ignorować ich determinację w uporze uznawania go za Mesjasza.

6. NASTĘPNEGO POPOŁUDNIA

Przez następny dzień Jezus i apostołowie pozostali w domu Celsusa, czekając przybycia posłańców od Dawida Zebedeusza z pieniędzmi. W wyniku spadku popularności Jezusa pośród mas, nastąpił poważny spadek ich dochodów. Kiedy doszli do Cezarei Filipowej, skarbiec był pusty. Mateusz nie chciał opuszczać braci w takim czasie a nie miał gotowych swoich pieniędzy, aby je dać Judaszowi jak to dawniej wielokrotnie robił. Jednak Dawid Zebedeusz przewidział ewentualne zmniejszenie wpływów i odpowiednio poinstruował posłańców, że kiedy będą przechodzić przez Judeę, Samarię i Galileę, powinni pełnić rolę inkasentów pieniędzy, które później będą przesłane apostołom-uchodźcom i ich Mistrzowi. Tak więc tego dnia, przed wieczorem, przybyli posłańcy z Betsaidy przynosząc pieniądze wystarczające na utrzymanie apostołów aż do ich powrotu i rozpoczęcia tury po Dekapolu. Do tego czasu Mateusz spodziewał się pieniędzy ze sprzedaży ostatniego kawałka swej posiadłości w Kafarnaum, załatwiwszy uprzednio, żeby te fundusze zostały anonimowo przekazane Judaszowi.

Ani Piotr ani inni apostołowie nie mieli należytej koncepcji boskości Jezusa. Nie bardzo uświadamiali sobie, że jest to początek nowej epoki w ziemskiej misji Mistrza, czas, kiedy nauczyciel-uzdrowiciel stawał się Mesjaszem na nowo wyobrażonym – Synem Bożym. Od tego momentu nowa nuta pojawiła się w orędziu Mistrza. Odtąd jedynym ideałem jego życia było objawienie Ojca, podczas kiedy jedyną ideą jego nauki było przedstawienie jego wszechświatowi uosobienia tej najwyższej mądrości, która może być zrozumiana tylko poprzez życie nią. On przyszedł tutaj, żebyśmy my wszyscy mogli mieć życie i mieli to życie bogatsze.

Jezus wkroczył teraz w czwarty i ostatni etap swego ludzkiego życia w ciele. Pierwszym etapem było jego dzieciństwo, te lata, kiedy tylko mgliście uświadamiał sobie swoje pochodzenie, naturę i przeznaczanie, jako istoty ludzkiej. Drugim etapem były coraz bardziej samoświadome lata młodości i dojrzałego wieku męskiego, kiedy to zaczynał wyraźniej rozumieć swoją boską naturę i ludzką misję. Ten drugi etap zakończył się zdarzeniami i objawieniami związanymi z jego chrztem. Trzeci etap ziemskiego doświadczenia Mistrza rozciągał się od chrztu, przez lata jego służby jako nauczyciela i uzdrowiciela, aż do pamiętnej godziny wyznania Piotra w Cezarei Filipowej. Trzeci okres jego ziemskiego życia obejmował te czasy, kiedy apostołowie i jego najbliżsi uczniowie uznali go za Syna Człowieczego i uważali go za Mesjasza. Czwarty i ostatni okres jego ziemskiego życia rozpoczął się tutaj, w Cezarei Filipowej i trwał do ukrzyżowania. Ten etap jego służby znamionowało przyznawanie się do boskości a obejmował on działalność prowadzoną w ostatnim roku życia w ciele. W czasie tego, czwartego okresu, kiedy większość jego wyznawców wciąż uznawała go za Mesjasza, apostołom znany był jako Syn Boży. Wyznanie Piotra znamionowało początek nowego okresu, pełniejszego urzeczywistnienia prawdy o najwyższej służbie Jezusa jako Syna obdarzającego na Urantii i dla całego wszechświata, oraz uznanie tego faktu, przynajmniej mgliście, przez jego wybranych ambasadorów.

Tym samym Jezus demonstrował w swoim życiu to, czego nauczał w swojej religii: wzrost natury duchowej, przy użyciu metod rozwoju życiowego. Nie kładł nacisku, jak to czynili jego późniejsi wyznawcy, na nieustanną walkę pomiędzy duszą a ciałem. Nauczał raczej tego, że duch łatwo zostaje zwycięzcą nad obydwoma i odnosi sukces w korzystnym ich pojednaniu podczas większości tej intelektualnej i instynktownej wojny.

Od tej chwili nowe znaczenie przydawane jest całej nauce Jezusa. Przed Cezareą Filipową Jezus prezentował ewangelię królestwa jako jej mistrz-nauczyciel. Po Cezarei Filipowej ukazał się nie tylko jako nauczyciel, ale jako Boski przedstawiciel wiecznego Ojca, który jest centrum i obwodem tego duchowego królestwa i trzeba było, żeby to wszystko uczynił jako istota ludzka, jako Syn Człowieczy.

Jezus szczerze próbował prowadzić swoich wyznawców do duchowego królestwa jako nauczyciel, później jako nauczyciel-uzdrowiciel, ale oni tak nie chcieli. Jezus dobrze wiedział, że jego ziemska misja nie jest w stanie spełnić mesjanistycznych oczekiwań narodu żydowskiego; dawni prorocy obrazowali Mesjasza takim, jakim on nigdy nie mógł zostać. Starał się ustanowić królestwo Ojca jako Syn Człowieczy, ale jego zwolennicy nie chcieli podążać tą drogą. Widząc to, Jezus postanowił spotkać swych wyznawców w połowie drogi a czyniąc to, przygotował się otwarcie do objęcia roli obdarzającego Syna Bożego.

Dlatego też apostołowie usłyszeli wiele nowych rzeczy, które im Jezus mówił tego dnia w ogrodzie. I niektóre z tych wypowiedzi brzmiały dziwnie nawet dla nich. Między innymi, zaskakującymi oświadczeniami, słuchali takich jak te:

„Odtąd, jeśli ktokolwiek chciałby wejść do wspólnoty z nami, pozwólcie mu przyjąć powinności synostwa i niech podąża za mną. A kiedy mnie już z wami nie będzie, nie myślcie, że świat będzie traktował was lepiej niż waszego Mistrza. Jeśli mnie kochacie, przygotujcie się do udowodnienia waszego uczucia, poprzez waszą gotowość złożenia najwyższej ofiary".

„Dobrze zapamiętajcie sobie moje słowa: nie przyszedłem powołać sprawiedliwych, ale grzeszników. Syn Człowieczy nie przyszedł, aby mu służono, ale żeby służył i obdarzył swym życiem, jako darem dla wszystkich. Oświadczam wam, że przyszedłem szukać i ocalić tych, którzy są zagubieni".

„Nikt na świecie nie widzi Ojca za wyjątkiem Syna, który przyszedł od Ojca. Ale kiedy Syn zostanie wyniesiony wysoko, pociągnie wszystkich ludzi ku sobie i ktokolwiek wierzy w prawdę połączonej natury Syna, będzie obdarzony życiem, które trwa więcej niż epokę".

„Nie możemy jeszcze głosić otwarcie, że Syn Człowieczy jest Synem Bożym, ale wam to zostało objawione; dlatego śmiało mogę wam opowiadać o tych tajemnicach. Chociaż stoję przed wami w tej fizycznej postaci, przyszedłem od Boga Ojca. Przed Abrahamem, ja jestem. I przyszedłem od Ojca na ten świat, tak jak wy mnie poznaliście i oświadczam wam, że wkrótce muszę opuścić ten świat i wrócić do pracy dla mojego Ojca".

„I teraz, czy wasza wiara zrozumie prawdę tych oświadczeń, w obliczu mojej przestrogi, że Syn Człowieczy nie spełni oczekiwań waszych ojców, tak jak oni pojmowali Mesjasza? Moje królestwo nie jest z tego świata. Czy możecie uwierzyć w prawdę o mnie, w obliczu tego, że nawet lisy mają nory a ptaki z nieba mają gniazda a ja nie mam gdzie złożyć głowy?".

„Mimo to mówię wam, że Ojciec i ja jesteśmy jednością. Ten, który mnie widział, widział również Ojca. Mój Ojciec czyni wraz ze mną wszystkie te rzeczy i nigdy nie zostawi mnie samego na mojej misji, tak samo jak ja nigdy was nie opuszczę, kiedy wkrótce pójdziecie głosić ewangelię na całym świecie.

I otóż przyprowadziłem was tutaj na chwilę, abyście mogli ze mną i sami z sobą zrozumieć chwałę i pojąć wielkość duchową życia, do którego was powołałem: przygodę wiary podczas zaprowadzania królestwa Ojca w sercach ludzkości, tworzenie mojej wspólnoty żywych związków z duszami wszystkich tych, którzy wierzą w tę ewangelię".

W milczeniu wysłuchali apostołowie tych śmiałych i zaskakujących oświadczeń; byli oszołomieni. I rozeszli się w małych grupach, aby omówić i rozważyć słowa Mistrza. Wyznali, że jest Synem Bożym, ale nie mogli w pełni pojąć znaczenia tego, do czego ich to prowadzi.

7. ROZMOWY ANDRZEJA

Tego wieczora Andrzej zaczął przeprowadzać osobiste i gruntowne dyskusje z każdym ze swoich braci i miał owocne oraz podnoszące na duchu rozmowy ze wszystkimi swoimi współpracownikami, za wyjątkiem Judasza Iskarioty. Andrzej nigdy nie nawiązał bliskiego, osobistego kontaktu z Judaszem, takiego jak z innymi apostołami i dlatego też nie pomyślał o tym, aby poważnie traktować to, że Judasz nigdy z własnej woli i z zaufaniem nie zwrócił się do głowy grupy apostolskiej. Teraz jednak postawa Judasza tak zaniepokoiła Andrzeja, że późno tej nocy, gdy wszyscy apostołowie głęboko spali, odszukał Jezusa i przedstawił Mistrzowi powód swojego niepokoju. Jezus powiedział: „To nie jest źle, Andrzeju, że przyszedłeś do mnie z tą sprawą, ale my nic więcej nie możemy zrobić; możemy tylko obdarzyć tego apostoła najwyższym zaufaniem. I nic nie mów swoim braciom o tej rozmowie ze mną".

I to było wszystko, co Andrzej zdołał wydobyć od Jezusa. Zawsze istniała jakaś obcość pomiędzy tym Judejczykiem a jego galilejskimi braćmi. Judasz był wstrząśnięty śmiercią Jana Chrzciciela, w kilku sytuacjach bardzo zraniony upomnieniami Mistrza, rozczarowany tym, że Jezus nie chciał zostać królem, upokorzony, kiedy musiał uciekać przed faryzeuszami, rozgoryczony, kiedy Jezus nie chciał podjąć wyzwania faryzeuszy, aby dać znak, oszołomiony tym, że jego Mistrz nie chciał się uciec do pokazu siły a obecnie, zupełnie niedawno, przygnębiony a czasem zdeprymowany pustą skarbnicą. I Judaszowi brakowało tej stymulacji, jaką dawała obecność tłumów.

Na każdego z pozostałych apostołów, w pewnej i zróżnicowanej mierze, podobnie oddziaływały te same próby i zmartwienia, ale oni kochali Jezusa. Przynajmniej mocniej musieli kochać Mistrza niż kochał go Judasz, ponieważ szli z nim aż do gorzkiego końca.

Judasz, pochodzący z Judei, potraktował ostatnie ostrzeżenie Jezusa, powiedziane do apostołów „strzeżcie się zakwasu faryzeuszy", jako osobistą obrazę; skłonny był traktować to oświadczenie jako zawoalowaną uwagę do siebie. Jednak wielki błąd Judasza polegał na tym, że bardzo często, kiedy Jezus odsyłał swoich apostołów, aby się modlili, Judasz zamiast zająć się szczerą wspólnotą z duchowymi siłami wszechświata, oddawał się myślom powstałym z ludzkiego strachu i jednocześnie wciąż żywił subtelne wątpliwości odnośnie misji Jezusa; ulegał również swojej niefortunnej skłonności do zemsty.

I teraz Jezus chciał zabrać swoich apostołów ze sobą, na górę Hermon, gdzie postanowił zacząć czwarty okres swojej ziemskiej służby, jako Syn Boży. Niektórzy z apostołów byli z nim w czasie jego chrztu w Jordanie i byli też świadkami początków jego działalności, jako Syna Człowieczego; teraz Jezus chciał, żeby niektórzy z nich także mogli usłyszeć upoważnienie do przyjęcia przez niego nowej i publicznej roli Syna Bożego. Dlatego też, w piątkowy poranek, 12 sierpnia, Jezus powiedział do Dwunastu: „Zgromadźcie zapasy żywności i przygotujcie się na drogę do tamtej góry, gdzie duch każe mi iść, żebym został obdarzony na koniec mojej pracy na Ziemi. I chciałbym wziąć moich braci ze sobą, żeby oni też mogli umocnić się przed tymi trudnymi czasami, kiedy będą iść ze mną przez te doświadczenia".

PRZEKAZ 158

GÓRA PRZEMIENIENIA

BYŁO to w piątek po południu, 12 sierpnia, roku 29 n.e., tuż przed zachodem słońca, kiedy Jezus i jego towarzysze dotarli do podnóża góry Hermon, blisko tego miejsca, gdzie kiedyś chłopiec Tiglat czekał na Mistrza, który wspiął się samotnie na górę, aby rozstrzygnąć duchowe przeznaczenie Urantii i formalnie zakończyć bunt Lucyfera. I pozostali tutaj dwa dni, przygotowując się duchowo do tych wydarzeń, które wkrótce miały nastąpić.

Generalnie Jezus wiedział wcześniej, co się wydarzy na górze i bardzo pragnął, aby wszyscy jego apostołowie mogli uczestniczyć w tym przeżyciu. Właśnie po to, aby ich przygotować do objawienia im siebie, zatrzymał się z nimi u podnóża góry. Oni jednak nie mogli dotrzeć do tych duchowych poziomów, które mogłyby uzasadniać pełne przeżycie przez nich wizyty niebiańskich istot, które wkrótce miały się zjawić na Ziemi. I ponieważ Jezus nie mógł wziąć ze sobą wszystkich swoich współpracowników, postanowił, że pójdzie tylko z trzema, tymi, którzy zazwyczaj towarzyszyli mu w tak specjalnych czuwaniach. Dlatego też tylko Piotr, Jakub i Jan uczestniczyli wraz z Mistrzem w tym unikalnym doświadczeniu.

1. PRZEMIENIENIE

Wczesnym rankiem, w poniedziałek, 15 sierpnia, Jezus i trzej apostołowie zaczęli się wspinać na górę Hermon a było to w sześć dni po pamiętnym wyznaniu Piotra, w południe, przy drodze pod drzewami morwy.

Proszono Jezusa, aby wszedł na górę sam, żeby załatwić ważne sprawy związane z przebiegiem jego obdarzenia w ciele, ponieważ doświadczenie to było związane z wszechświatem przez niego stworzonym. Znamiennym dla tego niezwykłego zdarzenia był wybór odpowiedniego czasu, aby nastąpiło wtedy, kiedy Jezus i apostołowie znajdowali się na ziemiach nie-Żydów i rzeczywiście miało ono miejsce na nieżydowskiej górze.

Tuż przed południem dotarli do celu, położonego mniej więcej w połowie drogi na szczyt i kiedy jedli obiad, Jezus opowiedział trzem apostołom co nieco o swoich przeżyciach na wzgórzach, na wschód od Jordanu, które miały miejsce wkrótce po jego chrzcie, jak również niektóre przeżycia związane z tym odludnym zaciszem, z czasu jego poprzedniej wizyty na górze Hermon.

Kiedy Jezus był chłopcem, często wspinał się na wzgórze w pobliżu swego domu i myślał o bitwach, które toczyły armie imperiów na równinie Ezdrelon; teraz wspiął się na górę Hermon, aby dostać ten dar, który miał go przygotować do zejścia na równiny Jordanu, żeby odegrać końcowe odsłony spektaklu swego obdarzenia Urantii. Mistrz mógł zrezygnować ze swych trudów tego dnia, na górze Hermon i wrócić do swej władzy we wszechświatowych domenach, ale on nie tylko chciał spełnić wymagania, stawiane jego klasie Boskiego synostwa, zawarte w powiernictwie Wiecznego Syna z Raju, ale również postanowił dostosować się w pełni do ostatniej i aktualnej woli swego Rajskiego Ojca. Tego, sierpniowego dnia, trzej jego apostołowie widzieli, jak nie chciał przyjąć nadawanej mu pełnej, wszechświatowej władzy. Ze zdumieniem przyglądali się temu, jak niebiańscy posłańcy odchodzili, zostawiając go samotnie, aby zakończył swoje ziemskie życie jako Syn Człowieczy i Syn Boży.

Wiara apostołów sięgała zenitu podczas nakarmienia pięciu tysięcy a potem gwałtownie spadła nieomal do zera. Teraz, na skutek wyznania Mistrza o jego boskości, opieszała wiara Dwunastu osiągnęła w ciągu kilku tygodni swój najwyższy szczyt, tylko po to, żeby stopniowo maleć. Trzecie odrodzenie ich wiary nastąpiło nie wcześniej, aż dopiero po zmartwychwstaniu Mistrza.

Tego, pięknego popołudnia, około godziny piętnastej, Jezus rozstając się z trzema apostołami, powiedział: „Oddalam się sam, na jakiś czas na komunię z Ojcem i jego posłańcami; proszę, abyście zostali tutaj i kiedy będziecie oczekiwać mojego powrotu, módlcie się, żeby spełniła się wola Ojca we wszystkich waszych doświadczeniach, związanych z dalszą, obdarzającą misją Syna Człowieczego". Gdy Jezus to powiedział, oddalił się na długą rozmowę z Gabrielem i Ojcem Melchizedekiem i nie wrócił aż do osiemnastej. Kiedy Jezus spostrzegł niepokój apostołów z powodu jego długiej nieobecności, powiedział: „Dlaczego się niepokoicie? Przecież dobrze wiecie, że musiałem zająć się sprawami mojego Ojca; dlaczego wątpicie, kiedy nie jestem z wami? Teraz oświadczam wam, że Syn Człowieczy postanowił przeżyć całe swoje życie pośród was i jako jeden z was. Bądźcie dobrej myśli, nie opuszczę was, dopóki moja praca nie będzie skończona".

Kiedy zjedli skromną kolację, Piotr spytał Mistrza: „Jak długo zostaniemy w górach, z dala od naszych braci?" I Jezus odpowiedział mu: „Aż zobaczycie chwałę Syna Człowieczego i będziecie wiedzieć, że cokolwiek wam mówię, jest prawdą". I gdy tak siedzieli wokół żarzących się węgli ogniska, omawiali sprawy buntu Lucyfera, aż zapadła ciemność a powieki apostołów zrobiły się ciężkie, ponieważ tego ranka wyruszyli w drogę bardzo wcześnie.

Kiedy cała trójka głęboko spała prawie pół godziny, zostali raptownie przebudzeni trzaskiem w pobliżu a rozglądając się, ku swemu wielkiemu zdumieniu i przerażeniu ujrzeli Jezusa, serdecznie rozmawiającego z dwoma jaśniejącymi istotami, ubranymi w świetliste szaty niebiańskiego świata. Twarz i postać Jezusa świeciła blaskiem niebiańskiego światła. Ta trójka rozmawiała dziwnym językiem, ale z pewnych omawianych spraw Piotr omyłkowo wywnioskował, że ci, co byli z Jezusem to Mojżesz i Eliasz; w rzeczywistości był to Gabriel i Ojciec Melchizedek. Na prośbę Jezusa kontrolerzy fizyczni tak to zaaranżowali, żeby apostołowie mogli być świadkami całego zdarzenia.

Cała trójka apostołów mocno się przestraszyła i kiedy powoli odzyskiwali zmysły, oślepiający obraz zacierał się przed nimi i zauważyli, że Jezus stoi sam, ale Piotr, który się pierwszy pozbierał, powiedział: „Jezus, Mistrzu, jak dobrze, że tutaj jesteśmy. Radujemy się widząc tę chwałę. Niechętnie wrócimy na dół do niechwalebnego świata. Jeśli chcesz, pozwól nam zostać tutaj, postawimy trzy namioty, jeden dla ciebie, jeden dla Mojżesza i jeden dla Eliasza". Piotr powiedział to dlatego, że był zmieszany i nic innego w tym momencie nie przyszło mu do głowy.

Kiedy Piotr jeszcze mówił, srebrzysta chmura nadciągnęła blisko i ogarnęła ich czterech. Teraz apostołowie bardzo się przerazili i kiedy padli na twarz, aby się modlić, usłyszeli ten sam głos, który przemówił z okazji chrztu Jezusa: „To jest mój Syn umiłowany; jego słuchajcie". I kiedy chmura znikła, Jezus znowu był tylko z nimi trzema, wyciągnął ręce, dotknął ich i powiedział: „Wstańcie i nie bójcie się; będziecie widzieć większe rzeczy niż te". Ale apostołowie naprawdę byli przestraszeni; byli milczącą i zadumaną trójką, gdy szykowali się do zejścia z góry tuż przed północą.

2. ZEJŚCIE Z GÓRY

Przez niemal połowę drogi z góry nie padło ani jedno słowo. Jezus zaczął rozmowę taką uwagą: „Uważajcie, żebyście nie mówili nikomu, nawet waszym braciom, o tym, co zobaczyliście i usłyszeliście na górze, do czasu, kiedy Syn Człowieczy nie zmartwychwstanie". Trzej apostołowie byli zaszokowani i oszołomieni słowami Mistrza – „do czasu, kiedy Syn Człowieczy nie zmartwychwstanie". Tak niedawno potwierdzili swoją wiarę w niego jako Wybawiciela, Syna Bożego i zaledwie przed chwilą widzieli go, na własne oczy, przemienionego w chwale, a teraz on zaczyna mówić o „powstaniu z martwych"!

Piotr wzdrygnął się na myśl o umierającym Mistrzu – taka idea była zbyt przykra, żeby ją rozważać – a obawiając się, że Jan albo Jakub mogliby zadać jakieś pytanie dotyczące tej wypowiedzi, pomyślał, że najlepiej byłoby zmienić kierunek rozmowy, a nie wiedząc, o czym mówić, wyraził pierwszą myśl jaka mu przyszła do głowy: „Mistrzu, dlaczego uczeni w Piśmie twierdzą, że przed Mesjaszem pierwszy musi przyjść Eliasz?". A Jezus, wiedząc o tym, że Piotr stara się uniknąć wzmianki o jego śmierci i zmartwychwstaniu, odpowiedział: „Eliasz rzeczywiście przychodzi pierwszy, aby przygotować drogę Synowi Człowieczemu, który wiele musi wycierpieć i w końcu zostanie odrzucony. Ale powiadam wam, że Eliasz już przyszedł, a oni go nie przyjęli i postąpili z nim tak jak chcieli". I wtedy trzej apostołowie zrozumieli, że mówi o Janie Chrzcicielu, jako o Eliaszu. Jezus wiedział, że skoro upierali się traktować go jako Mesjasza, wtedy Jan musi być Eliaszem z proroctwa.

Jezus nakazał im, aby nic nie mówili o tym, co widzieli, o przedsmaku jego chwały po zmartwychwstaniu, gdyż nie chciał podsycać ich mniemania, że będąc teraz odbierany jako Mesjasz, w jakimkolwiek stopniu wypełni ich błędne idee o czyniącym cuda wybawicielu. Chociaż Piotr, Jakub i Jan rozmyślali o tym wszystkim, nie mówili o tym nikomu aż do zmartwychwstania Mistrza.

Gdy dalej schodzili z góry, Jezus rzekł do nich: „Nie chcieliście mnie przyjąć jako Syna Człowieczego; dlatego też zgodziłem się być przyjęty zgodnie z waszą, zakorzenioną determinacją, ale nie zrozumcie mnie źle, wola mojego Ojca musi zatryumfować. Jeśli zatem chcecie podążać za skłonnościami waszej własnej woli, musicie być przygotowani na wiele rozczarowań i przejść wiele prób, ale to nauczanie, które wam dałem, powinno wystarczyć na tryumfalne przeprowadzenie was nawet przez te cierpienia, które sami sobie wybraliście".

Jezus zabrał ze sobą Piotra, Jakuba i Jana na górę przemienienia nie dlatego, że byli w jakikolwiek sposób lepiej od innych apostołów przygotowani zobaczyć to, co się tam zdarzyło, czy dlatego, że duchowo bardziej pasowali do skorzystania z tak rzadkiego przywileju. Wcale nie. Jezus dobrze wiedział, że żaden z Dwunastu nie kwalifikował się duchowo do takiego przeżycia; dlatego też wziął ze sobą tylko tych trzech apostołów, którzy byli wyznaczeni, aby mu towarzyszyć wtedy, kiedy pragnął być sam, aby mieć komunię w odosobnieniu.

3. ZNACZENIE PRZEMIENIENIA

To, czego świadkami byli Piotr, Jakub i Jan na górze przemienienia, było krótką wizją niebiańskiego korowodu, który przewinął się tego, pamiętnego dnia przez górę Hermon. Przemienienie było okazją do:

1. Akceptacji pełni obdarzenia wcielonym życiem Michała na Urantii przez Wieczną Matkę-Syna z Raju. Tak dalece, jak to dotyczyło wymagań Wiecznego Syna, Jezus otrzymał teraz zapewnienie, że są one wypełnione. I Gabriel przyniósł Jezusowi to zapewnienie.

2. Dostarczenia świadectwa o zadowoleniu Nieskończonego Ducha odnośnie dopełnienia obdarzenia Urantii w formie cielesnej. Wszechświatowa przedstawicielka Nieskończonego Ducha, najbliższa towarzyszka Michała na Salvingtonie i jego zawsze obecna współpracownica, przemówiła przy tej sposobności przez Ojca Melchizedeka.

Jezus z wdzięcznością przyjął to świadectwo, mówiące o sukcesie jego ziemskiej misji, przedstawione przez posłańców Wiecznego Syna i Nieskończonego Ducha, zauważył jednak, że jego Ojciec nie dał do zrozumienia, iż obdarzenie Urantii jest skończone; tylko niewidoczna obecność Ojca świadczyła przez Uosobionego Dostrajacza Jezusa: „To jest mój Syn umiłowany; jego słuchajcie". I było to wypowiedziane słowami, aby również trzej apostołowie mogli je słyszeć.

Po tej niebiańskiej wizycie Jezus chciał poznać wolę swego Ojca i postanowił iść drogą śmiertelnego obdarzenia do jego naturalnego końca. Takie było znaczenie przemienienia dla Jezusa. Dla trzech apostołów zdarzenie to oznaczało wejście Mistrza w końcowy okres jego ziemskiego życia jako Syna Bożego i Syna Człowieczego.

Po oficjalnej wizycie Gabriela i Ojca Melchizedeka, Jezus prowadził nieoficjalne rozmowy i kontaktował się z tymi, pełniącymi służbę Synami, na temat spraw wszechświatowych

4. CHŁOPIEC EPILEPTYK

Jezus i jego towarzysze przybyli do apostolskiego obozu we wtorek rano, tuż przed śniadaniem. Gdy dochodzili, dostrzegli spory tłum, zgromadzony wokół apostołów i wkrótce doszły ich uszu głośne słowa sporu i dyskusji, dochodzące od grupy około pięćdziesięciu osób, obejmującej dziewięciu apostołów i zgromadzenie, podzielone po równo na uczonych w Piśmie z Jerozolimy i wierzących uczniów, którzy wyśledzili Jezusa i jego towarzyszy w drodze z Magedanu.

Aczkolwiek tłum polemizował w wielu kwestiach, zasadniczy spór dotyczył pewnego obywatela Tyberiady, który przybył poprzedniego dnia, szukając Jezusa. Człowiek ten, Jakub z Safedu, miał czternastoletniego syna, jedyne dziecko, ciężko chore na epi*lepsję*. W dodatku do tej dolegliwości nerwowej, chłopiec był opętany przez jednego z owych wędrujących, psotnych i zbuntowanych pośrednich, którzy w tamtych czasach bez kontroli przebywali na Ziemi, więc młodzieniec był zarówno epileptykiem jak i opętanym przez demona.

Prawie dwa tygodnie ten stroskany ojciec, pomniejszy urzędnik Heroda Antypasa, wędrował po wszystkich zachodnich kresach domen Filipa, szukając Jezusa, żeby go mógł ubłagać o uzdrowienie cierpiącego syna. I nie udało mu się odszukać grupy apostolskiej, aż dopiero około południa tego dnia, kiedy Jezus z trzema apostołami był na górze.

Dziewiątka apostołów była bardzo zaskoczona i mocno zaniepokojona, kiedy ten człowiek naszedł ich nagle, w towarzystwie niemalże czterdziestu osób, szukających Jezusa. W momencie przybycia tej grupy, dziewięciu apostołów, a co najmniej większość spośród nich, uległa swej starej pokusie – roztrząsali, kto powinien być największy w nadchodzącym królestwie; zawzięcie spierali się w sprawie przypuszczalnych pozycji, jakie mogły być przydzielone poszczególnym apostołom. Po prostu nie potrafili pozbyć się całkowicie długo żywionych idei o materialnej misji Mesjasza. I teraz, kiedy Jezus sam zaakceptował ich wyznanie, że naprawdę jest Wybawicielem – przynajmniej przyznał się do faktu swojej boskości – cóż mogło być bardziej naturalne niż to, że w czasie rozłąki z Mistrzem zajmowali się rozmowami o tych nadziejach i ambicjach, które panowały w ich sercach. To właśnie w czasie tych dyskusji naszedł ich Jakub z Safedu i jego towarzysze poszukujący Jezusa.

Andrzej wyszedł powitać ojca i syna i spytał: „Kogo szukacie?". Jakub mu odrzekł: „Mój dobry człowieku, szukam twojego Mistrza. Szukam uzdrowienia dla mojego, dotkniętego chorobą syna. Chciałbym, aby Jezus wypędził diabła, który opętał moje dziecko". I wtedy ojciec zaczął opowiadać apostołom, jak bardzo cierpi jego syn, że wiele razy był bliski śmierci na skutek tych złośliwych ataków.

Kiedy apostołowie słuchali, Szymon Zelota i Judasz Iskariota zjawili się przed obliczem ojca i powiedzieli: „My go możemy uzdrowić; nie potrzebujesz czekać na powrót Mistrza. Jesteśmy ambasadorami królestwa; już nie musimy trzymać tego w tajemnicy. Jezus jest Wybawicielem a klucze do królestwa zostały nam dane". W tym czasie Andrzej rozmawiał na uboczu z Tomaszem a Nataniel i inni przyglądali się im w zdumieniu; wszyscy przerażeni nagłą śmiałością, jeśli nie zarozumialstwem Szymona i Judasza. Wtedy odezwał się ojciec: „Jeśli dane jest wam wykonywać te dzieła, modlę się, abyście wypowiedzieli te słowa, które uwolnią moje dziecko z tej niewoli". Wtedy Szymon postąpił naprzód i kładąc rękę na głowie dziecka, spojrzał mu prosto w oczy i rozkazał: „Wyjdź z niego, duchu nieczysty; w imię Jezusa bądź mi posłuszny". Ale chłopiec dostał jeszcze gwałtowniejszego paroksyzmu, podczas gdy uczeni w Piśmie drwili i wykpiwali apostołów, a rozczarowani wierzący znosili drwiny tych nieżyczliwych krytyków.

Andrzej był do głębi zmartwiony tą nierozważną próbą i jej żałosnym niepowodzeniem. Wezwał na bok apostołów na naradę i modlitwę. Po tym okresie medytacji, dotkliwie czując ból porażki i przeczuwając upokorzenie dla nich wszystkich, Andrzej próbował wypędzić demona podczas drugiej próby, ale tylko niepowodzenie ukoronowało jego wysiłek. Andrzej szczerze przyznał się do porażki i prosił ojca, aby pozostał z nimi na noc lub do powrotu Jezusa, mówiąc: „Być może ten gatunek wychodzi tylko na osobisty rozkaz Mistrza".

I tak, gdy Jezus schodził z góry, z podnieconymi i pełnymi ekstazy Piotrem, Jakubem i Janem, dziewięciu ich braci także nie spało; byli zdezorientowani i przybici poniżeniem. Stanowili zdeprymowaną i upokorzoną grupę. Ale Jakub z Safedu nie rezygnował.

Aczkolwiek nie potrafili mu powiedzieć, kiedy Jezus może wrócić, postanowił pozostać do czasu powrotu Mistrza.

5. JEZUS UZDRAWIA CHŁOPCA

Kiedy Jezus się zbliżał, dziewięciu apostołów odetchnęło z wielką ulgą, że mogą go powitać; widoczna otucha i niezwykły entuzjazm, jaki malował się na twarzach Piotra Jakuba i Jana, znacznie ich podbudowały. Wszyscy pobiegli powitać Jezusa i swoich trzech braci. Gdy wymienili pozdrowienia, nadszedł tłum a Jezus zapytał: „O co się tak spieraliście, kiedy nadchodziliśmy?". Ale zanim zakłopotani i upokorzeni apostołowie zdążyli odpowiedzieć na pytanie Mistrza, wystąpił zatroskany ojciec cierpiącego młodzieńca i klękając u stóp Jezusa, powiedział: „Mistrzu, mam syna jedynaka, który jest opętany przez złego ducha. Nie tylko rozpaczliwie płacze w panicznym strachu z pianą na ustach, a w czasie ataku pada jak martwy, ale częstokroć zły duch, który go opętał, napada go konwulsjami a czasem rzuca go w wodę a nawet w ogień. Z wielkim zgrzytaniem zębów i wskutek wielu siniaków moje dziecko marnieje. Jego życie jest gorsze od śmierci; jego matka i ja jesteśmy zasmuceni w sercu i załamani na duchu. Wczoraj koło południa, poszukując ciebie, dogoniłem twoich uczniów, a kiedy czekaliśmy, twoi apostołowie próbowali wypędzić demona, ale im się nie udało. I otóż, Mistrzu, czy mógłbyś to zrobić dla nas, czy uzdrowisz mojego syna"?

Kiedy Jezus wysłuchał tego opowiadania, dotknął klęczącego ojca i kazał mu wstać, podczas gdy zaczął wnikliwie przyglądać się stojącym w pobliżu apostołom. Potem Jezus odezwał się do wszystkich przed nim stojących: „O niewierne i przewrotne pokolenie, jak długo jeszcze będę was znosił? Jak długo jeszcze będę z wami? Kiedy wreszcie się nauczycie, że dzieła wiary nie przychodzą na rozkaz wątpiącej niewiary"? Potem, wskazując na zdumionego ojca, Jezus rzekł: „Przyprowadź tutaj swojego syna". A kiedy Jakub przyprowadził młodzieńca przed Jezusa, on zapytał: „Jak długo chłopiec w ten sposób cierpi?" Ojciec odpowiedział: „Od małego dziecka". Kiedy tak rozmawiali, młodzieńca pochwycił gwałtowny atak i upadł pośród nich, zgrzytając zębami, z pianą na ustach. Po serii gwałtownych konwulsji, młodzieniec leżał przed nimi jak martwy. Teraz ojciec ponownie ukląkł u stóp Jezusa i błagał Mistrza, mówiąc: „Jeśli możesz go uzdrowić, zaklinam cię okaż współczucie i wybaw nas od tego cierpienia". I kiedy Jezus usłyszał te słowa, popatrzył na zatroskaną twarz ojca i powiedział: „Nie poddawaj w wątpliwość siły miłości mojego Ojca, tylko szczerość i zakres twojej wiary. Dla tego, kto naprawdę wierzy, wszystko jest możliwe". I wtedy Jakub z Safedu wypowiedział wiekopomne słowa, mieszanej wiary i zwątpienia: „Panie, wierzę. Modlę się, żebyś zaradził mojemu niedowiarstwu".

Kiedy Jezus usłyszał te słowa, podszedł do młodzieńca i biorąc go za rękę, powiedział: „Czynię to zgodnie z wolą mojego Ojca i z czci dla żywej wiary. Mój synu, wstań! Wyjdź z niego nieposłuszny duchu i nie wchodź ponownie w niego". I kładąc dłoń chłopca w dłoni ojca, Jezus rzekł: „Idźcie swoją drogą, Ojciec spełnił pragnienie twej duszy". I wszyscy, którzy tam byli, nawet wrogowie Jezusa, zdumieli się tym, co widzieli.

Dla trzech apostołów, którzy tak niedawno byli w stanie duchowej ekstazy po wizjach i przeżyciach przemienienia, to było doprawdy rozczarowanie, tak prędko wrócić na scenę porażki i klęski swych braci apostołów. Ale tak zawsze bywało z dwunastoma ambasadorami królestwa. W ich życiowych doświadczeniach zawsze występowały na przemian egzaltacja i upokorzenie.

To było prawdziwe uzdrowienie z podwójnego cierpienia, choroby cielesnej i dolegliwości duchowej. Od tej godziny młodzieniec był trwale uzdrowiony. Kiedy Jakub odszedł ze swym wyleczonym synem, Jezus rzekł: „Idziemy teraz do Cezarei Filipowej; zaraz się przygotujcie". I grupa apostołów w milczeniu szła na południe a tłum szedł za nimi.

6. W OGRODZIE CELSUSA

Pozostali na noc u Celsusa i tego wieczora, w ogrodzie, po posiłku i odpoczynku, Dwunastu zgromadziło się wokół Jezusa a Tomasz powiedział: „Mistrzu, podczas gdy my, którzy pozostaliśmy, wciąż nie wiemy, co wydarzyło się na górze i co tak bardzo ożywiło naszych braci, którzy byli z tobą, usilnie błagamy abyś pomówił z nami w sprawie naszej porażki i pouczył nas o tych sprawach, skoro rzeczy, które wydarzyły się na górze, nie mogą być nam teraz ujawnione".

I Jezus odpowiedział Tomaszowi: „Wszystko, co wasi bracia słyszeli na górze, będzie wam wyjawione we właściwym czasie. A teraz wyjawię wam przyczynę waszego niepowodzenia, w tym, co tak niemądrze próbowaliście. Podczas gdy wasz Mistrz i jego towarzysze, wasi bracia, wspinali się wczoraj na górę szukając obfitszej wiedzy o woli Ojca i prosząc o bogatsze obdarzenie mądrością, żeby skutecznie wypełnić tę Boską wolę, wy, którzy zostaliście tutaj i czekaliście, z zaleceniami, aby dążyć do osiągnięcia stanu umysłu o duchowej wnikliwości i aby modlić się z nami o pełniejsze objawienie woli Ojca, nie wykazaliście się wiarą, ale zamiast tego ulegliście pokusie i poddaliście się waszym złym tendencjom szukania dla was samych lepszych stanowisk w królestwie nieba – w materialnym i doczesnym królestwie, które tak uporczywie rozważacie. I lgniecie do tych błędnych koncepcji, pomimo powtarzanego wielokrotnie oświadczenia, że moje królestwo nie jest z tego świata.

Wasza wiara nie zrozumie tożsamości Syna Człowieczego tak długo, jak długo wasze samolubne pragnienie światowego awansu będzie pełzać za wami a wy będziecie dyskutować między sobą o tym, który ma być największy w królestwie nieba, królestwie, które tak jak wy uporczywie sobie je wyobrażacie, nie istnieje i istnieć nie będzie. Czyż nie mówiłem wam, że ten, który chce być największy w królestwie duchowego braterstwa mojego Ojca, musi stać się mały w swoich własnych oczach i tym samym stać się sługą swoich braci? Duchowa wielkość polega na pełnej zrozumienia miłości, podobnej do Boskiej, a nie na przyjemności używania materialnej mocy dla egzaltacji jaźni. W tym, co chcieliście zrobić i co tak zupełnie wam nie wyszło, wasz cel nie był czysty. Wasze pobudki nie były boskie. Wasz ideał nie był duchowy. Wasze ambicje nie były altruistyczne. Wasze postępowanie nie było oparte na miłości a cel waszego dążenia nie był wolą Ojca w niebie.

Jak długo jeszcze będziecie się uczyć, że nie możecie skrócić czasu trwania ustanowionych zjawisk przyrody, poza tym, kiedy takie rzeczy są zgodne z wolą Ojca? Nie możecie też czynić dzieła duchowego pod nieobecność mocy duchowej. I nie możecie zrobić żadnej z tych rzeczy, nawet, kiedy jest taka możliwość, bez zaistnienia trzeciego i zasadniczego, ludzkiego czynnika, osobistego doświadczenia w posiadaniu żywej wiary. Czyż zawsze musicie mieć materialne pokazy w charakterze czynnika przyciągającego do duchowych rzeczywistości królestwa? Czy nie możecie zrozumieć duchowego znaczenia mojej misji bez widzialnych pokazów niezwykłych czynów? Kiedy będziecie polegać na przynależności do wyższych, duchowych rzeczywistości królestwa, niezależnie od wszelkich jego widzialnych przejawów materialnych"?

Powiedziawszy to Dwunastu, Jezus dodał jeszcze: „Idźcie teraz na spoczynek, następnego dnia wracamy do Magedanu i tam się naradzimy w sprawie naszej misji do miast i wsi Dekapolu. Podsumowując te dni doświadczeń, pozwólcie, że oznajmię każdemu z was to, co mówiłem waszym braciom na górze i niech te słowa głęboko zapadną w wasze serca: Syn Człowieczy wkroczył w ostatni okres obdarzenia. Niedługo zaczniemy te dzieła, które wkrótce doprowadzą do wielkiej i ostatniej próby waszej wiary i poświęcenia, kiedy zostanę wydany w ręce ludzi pragnących mojej zguby. I pamiętajcie, co wam mówię: Syn Człowieczy będzie zabity, ale zmartwychwstanie".

Stroskani udali się na nocny odpoczynek. Byli zdezorientowani, nie mogli pojąć tych słów. I chociaż bali się spytać o cokolwiek z tego, co Jezus powiedział, przypomnieli sobie to wszystko po jego zmartwychwstaniu.

7. PROTEST PIOTRA

Wczesnym, środowym rankiem, Jezus z Dwunastoma wyruszył z Cezarei Filipowej i poszedł do Magedanu, w pobliżu Betsaidy Juliusza. Tej nocy apostołowie mało spali, więc rano wstali wcześnie i byli gotowi do drogi. Nawet flegmatyczni bliźniacy Alfeusza byli zaszokowani tym, co Jezus mówił o swojej śmierci. Kiedy szli na południe, tuż za wodami Meromu, dotarli do drogi na Damaszek i Jezus, chcąc uniknąć uczonych w Piśmie i innych, którzy niebawem nadeszliby za nimi, zarządził, że pójdą do Kafarnaum drogą damasceńską, która przechodzi przez Galileę. I tak zrobił, gdyż wiedział, że ci, którzy idą za nim, pójdą drogą na wschód od Jordanu, skoro uważali, że Jezus i apostołowie będą się bali przejść przez terytorium Heroda Antypasa. Jezus chciał uniknąć swoich krytyków i tłumu, który szedł za nimi, żeby tego dnia mógł pozostać sam tylko ze swymi apostołami.

Szli przez Galileę i dawno już minął czas obiadu, kiedy zatrzymali się w cieniu, żeby odpocząć. A kiedy już podzielili się posiłkiem, Andrzej, zwracając się do Jezusa, powiedział: „Mistrzu, moi bracia nie rozumieją twoich mądrych słów. W pełni wierzymy, że jesteś Synem Bożym a przecież słyszeliśmy te dziwne słowa o opuszczeniu nas, o umieraniu. Nie rozumiemy twojego nauczania. Czy mówisz do nas przypowieściami? Błagamy cię, abyś mówił do nas wprost, bez ogródek".

Jezus odpowiedział Andrzejowi: „Moi bracia, ponieważ wyznaliście, że jestem Synem Bożym, zmuszony jestem zacząć wyjawiać wam prawdę o zakończeniu obdarzenia Ziemi przez Syna Człowieczego. Wy obstajecie kurczowo przy wierzeniu, że jestem Mesjaszem i nie chcecie porzucić tej idei, że Mesjasz ma zasiąść na tronie w Jerozolimie; dlatego wciąż wam mówię, że Syn Człowieczy musi wkrótce iść do Jerozolimy, wycierpieć wiele rzeczy, być odrzucony przez uczonych w Piśmie, starszyznę i wyższych kapłanów, a po tym wszystkim będzie zabity i zmartwychwstanie. Nie mówię do was w przypowieściach; mówię wam prawdę, żebyście mogli się przygotować do tych wydarzeń, kiedy niespodziewanie dla nas nastąpią". I kiedy jeszcze mówił, Szymon Piotr zerwał się, podszedł ku niemu, położył swoją rękę na ramieniu Mistrza i powiedział:

„Mistrzu bynajmniej nie chcemy się spierać z tobą, ale ja oświadczam, że takie rzeczy nigdy się tobie nie zdarzą."

Piotr to powiedział, ponieważ kochał Jezusa; ale ludzka natura Mistrza rozpoznała w tych słowach, wypowiedzianych w najlepszych intencjach, subtelną sugestię pokusy do zmiany linii postępowania, nakazującej podążać teraz do końca jego ziemskiego obdarzenia zgodnie z wolą Rajskiego Ojca. I ponieważ odkrył niebezpieczeństwo rozważania propozycji, dawanych mu nawet przez kochających i lojalnych przyjaciół, zwrócił się do Piotra i innych apostołów, mówiąc: „Odejdź ode mnie. Przypominasz ducha przeciwnika i kusiciela. Kiedy mówicie w ten sposób, nie jesteście po mojej stronie, ale raczej po stronie naszych wrogów. Tym sposobem czynicie waszą miłość do mnie przeszkodą w pełnieniu przeze mnie woli Ojca. Nie myślcie o sprawach ludzkich, ale raczej o woli Ojca".

Później, gdy otrząsnęli się z pierwszego szoku po ostrej naganie Jezusa i zanim zaczęli podróż na nowo, Mistrz mówił jeszcze: „Jeśli ktokolwiek chce iść ze mną, niech zaprze się siebie, co dzień bierze na siebie swoje obowiązki i pójdzie ze mną. Bo ktokolwiek chce samolubnie zachować swoje życie, ten je straci, ale ktokolwiek straci swoje życie z mojego powodu i dla ewangelii, ten je zachowa. Cóż bowiem za korzyść ma człowiek, jeśli cały świat zyska a straci swoją duszę? Cóż może dać człowiek w zamian za życie wieczne? Nie wstydźcie się mnie i moich słów przed tym grzesznym i obłudnym pokoleniem, tak samo jak ja nie będę się wstydził uznać was, kiedy w chwale zjawię się przed moim Ojcem, w obecności wszystkich niebiańskich zastępów. Wszelako wielu z was, stojących teraz przede mną, nie zazna śmierci, dopóki nie ujrzy królestwa Bożego przychodzącego w potędze".

I w ten sposób Jezus wyjaśnił Dwunastu tę bolesną i konfliktową ścieżkę, którą muszą iść, jeśli chcą pójść za nim. Jak wielkim szokiem były te słowa dla galilejskich rybaków, którzy trwali w marzeniach o ziemskim królestwie z pozycjami i zaszczytami dla siebie! Ale ich lojalne serca poruszone były tym odważnym wezwaniem i teraz żaden z nich nie myślał, żeby go opuścić. Jezus nie posyłał ich do walki samotnie; on ich prowadził. Prosił tylko, żeby odważnie szli za nim.

Powoli Dwunastu zaczynało rozumieć tę ideę, że Jezus coś im mówił o możliwości swej śmierci. Zaledwie mgliście rozumieli, co im mówił o śmierci, podczas gdy oświadczenie o zmartwychwstaniu w ogóle do nich nie dotarło. W miarę upływu dni Piotr, Jakub i Jan, gdy przypominali sobie przeżycia na górze przemienienia, coraz lepiej zaczynali rozumieć niektóre z tych spraw.

Podczas całej współpracy z Mistrzem, Dwunastu tylko kilka razy widziało takie błyszczące oczy i słyszało takie piorunujące słowa nagany, jaka tym razem dostała się Piotrowi i reszcie z nich. Jezus zawsze był cierpliwy wobec ludzkich słabości, ale nie wtedy, kiedy stawał w obliczu bezpośredniego zagrożenia swego planu – wykonywania bez zastrzeżeń woli swego Ojca, dotyczącej reszty jego ziemskiej misji. Apostołowie dosłownie byli oszołomieni; byli zdumieni i przerażeni. Nie potrafili znaleźć słów na wyrażenie swego smutku. Powoli zaczynali sobie uświadamiać, co Mistrz musi wycierpieć i że oni muszą przejść wraz z nim te doświadczenia, ale ich oczy nie otwarły się na rzeczywistość tych nadchodzących wydarzeń wcześniej, niż dopiero po pierwszych zwiastunach nadciągającej tragedii, w ostatnich dniach Mistrza.

W milczeniu zaczął Jezus iść z Dwunastoma do ich obozu w ogrodzie Magedan, drogą przez Kafarnaum. Chociaż apostołowie nie rozmawiali z Jezusem całe popołudnie, rozmawiali między sobą, podczas gdy Andrzej rozmawiał z Mistrzem.

8. W DOMU PIOTRA

Weszli o zmroku do Kafarnaum i przeszli nieuczęszczanymi przejściami prosto do domu Szymona Piotra na kolację. Podczas gdy Dawid Zebedeusz przygotowywał wszystko, żeby ich przewieźć przez jezioro, oni nadal pozostawali w domu Szymona i Jezus, patrząc na Piotra i innych apostołów, zapytał: „Gdy po południu szliście razem, o czym tak gorliwie rozmawialiście?". Apostołowie milczeli, ponieważ wielu z nich wciąż kontynuowało dyskusję, rozpoczętą pod górą Hermon, dotyczącą pozycji, jakie mają zająć w nadchodzącym królestwie; kto powinien być największy i tak dalej. Jezus, wiedząc, co zaprzątało ich myśli tego dnia, skinął na jednego z malców Piotra, posadził dziecko między nimi i powiedział: „Zaprawdę, zaprawdę, powiadam wam, jeśli się nie odmienicie i nie staniecie podobni do tego dziecka, niewielki zrobicie postęp w królestwie nieba. Kto się upokorzy i stanie się podobny do tego malca, ten będzie największy w królestwie nieba. A ktokolwiek przyjmie tego małego, przyjmie także mnie. A ci, którzy mnie przyjmą, przyjmą także Tego, który mnie posłał. Jeśli chcecie być pierwsi w królestwie, starajcie się służyć tymi dobrymi prawdami swoim braciom w ciele. Ale ktokolwiek sprawi, że ci mali pobłądzą, byłoby lepiej dla niego, gdyby kamień młyński zawieszono mu u szyi i wrzucono w morze. Jeśli te rzeczy, które robicie waszymi rękami, czy te rzeczy, który widzicie waszymi oczami, uwłaczają postępowi królestwa, poświęćcie te ukochane idole, gdyż lepiej wejść do królestwa bez wielu ukochanych rzeczy z życia, niż raczej przylgnąć do tych idoli i zostać wykluczonym z królestwa. Ale ponad wszystko uważajcie, żeby nie gardzić tymi małymi, ponieważ ich anioły zawsze patrzą w twarze niebiańskich zastępów".

Kiedy Jezus skończył, weszli do łodzi i przepłynęli na drugi brzeg, do Magedanu.

PRZEKAZ 159

TURA PO DEKAPOLU

KIEDY Jezus i Dwunastu dotarli do ogrodu Magedan, zastali tam oczekującą na nich grupę około stu ewangelistów i uczniów, razem z grupą kobiecą, gotowych do natychmiastowego rozpoczęcia tury po miastach Dekapolu, aby nauczać i głosić kazania.

Tego, czwartkowego ranka, 18 sierpnia, Mistrz zebrał wszystkich swoich zwolenników i polecił im, żeby każdy z apostołów wziął sobie za towarzysza jednego z dwunastu ewangelistów i żeby razem z innymi ewangelistami wyruszyli do pracy, w dwunastu grupach, po miastach i wioskach Dekapolu. Zgodnie z jego poleceniem, grupa kobieca i inni uczniowie mieli zostać z nim. Jezus przeznaczył cztery tygodnie na tę turę, polecając swym uczniom, żeby wrócili do Magedanu nie później niż w czwartek, 16 września. Przyrzekł im, że będzie ich często odwiedzał. W tym miesiącu, dwanaście grup nauczających pracowało w Gerasie, Gamali, Hippos, Safonie, Gadarze, Abili, Edrei, Filadelfii, Cheszbonie, Dium, Scytopolis i w wielu innych miastach. Podczas tej tury nie wydarzyły się cuda uzdrowienia, czy inne niezwykłe wydarzenia.

1. ROZPRAWA O PRZEBACZANIU

Jednego wieczora, w Hippos, Jezus nauczał o przebaczaniu, odpowiadając na pytanie ucznia. Mistrz powiedział:

„Jeśli dobrotliwy człowiek ma sto owiec i jedna z nich się zabłąka, czyż natychmiast nie zostawi dziewięćdziesięciu dziewięciu i nie pójdzie szukać tej jednej, która się zabłąkała? I jeśli jest dobrym pasterzem, czyż nie będzie wytrwale poszukiwał zagubionej owcy, aż ją odnajdzie? I kiedy pasterz znajdzie zagubioną owcę, kładzie ją sobie na ramionach i idzie do domu uradowany, sprasza swoich przyjaciół i sąsiadów i mówi: «Cieszcie się ze mną, bo znalazłem owcę, która mi zginęła». Powiadam wam, że w niebie większa jest radość z jednego nawróconego grzesznika, niż z dziewięćdziesięciu dziewięciu sprawiedliwych, którzy nie potrzebują nawrócenia. Mimo to, nie jest wolą mojego Ojca w niebie, żeby choć jeden z tych maluczkich pobłądził, jeszcze mniej, żeby zginął. W waszej religii Bóg może przyjąć żałujących grzeszników; w ewangelii królestwa Ojciec wychodzi ich szukać, jeszcze zanim poważnie pomyślą o skrusze.

Ojciec w niebie miłuje swe dzieci i dlatego wy również powinniście nauczyć się kochać jeden drugiego; Ojciec w niebie wybacza wam wasze grzechy; dlatego wy powinniście nauczyć się wybaczać jeden drugiemu. Jeśli brat twój zgrzeszy przeciw tobie, idź do niego i taktownie oraz cierpliwie pokaż mu jego błąd. I tak zrób, żeby to było tylko pomiędzy wami. Jeśli on ciebie usłucha, wtedy pozyskałeś swojego brata. Ale jeśli twój brat nie chce cię słuchać, jeśli upiera się przy swojej błędnej drodze, weź ze sobą jednego albo dwóch wspólnych przyjaciół, żeby w ten sposób mieć dwóch czy nawet trzech świadków na potwierdzenie twojego świadectwa i na to, że działałeś sprawiedliwie i miłosiernie z twoim grzesznym bratem. Otóż, jeśli nie zechce on posłuchać twoich braci, możesz przedstawić całą sprawę kongregacji a potem, jeśli odmówi usłuchania wspólnoty, pozwól im działać tak, jak oni uznają za stosowne; pozwól takiemu niesfornemu człowiekowi stać się wygnańcem królestwa. Podczas gdy nie możecie rościć sobie prawa sądzenia dusz waszych współbraci i nie możecie odpuszczać grzechów, albo w inny sposób ośmielić się uzurpować przywilejów władców niebiańskich zastępów, w wasze ręce oddane zostało organizowanie doczesnego porządku w królestwie na Ziemi. Podczas gdy nie możecie się wtrącać do boskich dekretów, dotyczących wiecznego życia, powinniście ustalić zasady postępowania, dotyczące doczesnego dobra wspólnoty na Ziemi. I tak, we wszystkich tych sprawach, które związane są z dyscypliną wspólnoty, cokolwiek wy zarządzicie na Ziemi, będzie uznane w niebie. Chociaż nie możecie decydować o wiecznym losie jednostki, możecie wprowadzać ustawodawstwo dotyczące postępowania grupy, dlatego, że gdzie dwóch czy trzech zgodzą się w tych sprawach i mnie zapytają, będzie to dla nich zrobione, jeśli ich prośba nie będzie sprzeczna z wolą Ojca w niebie. I to na zawsze pozostanie prawdą, gdyż, jeśli dwaj czy trzej wierzący są razem, ja jestem pośród nich".

Szymon Piotr był tym apostołem, który kierował pracującymi w Hippos i kiedy usłyszał, jak Jezus to mówi, zapytał: „Panie, ile razy mam przebaczyć, jeśli mój brat zgrzeszy przeciw mnie? Czy aż siedem razy"? A Jezus odpowiedział Piotrowi: „Nie tylko siedem razy, ale nawet siedemdziesiąt siedem razy. Dlatego królestwo nieba podobne jest do króla, który chciał się rozliczyć finansowo ze swymi sługami. I kiedy zaczęli rozliczać zestawienia rachunkowe, jeden z szefów czeladzi został przyprowadzony przed króla, wyznając, że jest mu winien tysiąc talentów. Otóż, ten urzędnik bronił się w sądzie królewskim, że ciężkie czasy przyszły na niego i nie ma czym zapłacić długu. Król rozkazał skonfiskować jego majątek a jego dzieci sprzedać, żeby zapłacić dług. Kiedy szef służby usłyszał ten surowy wyrok, padł na twarz przed królem i błagał go o miłosierdzie i więcej czasu, mówiąc: «Panie, miej trochę więcej cierpliwości nade mną a wszystko ci oddam». A król, spojrzawszy na tego niedbałego służącego i jego rodzinę, poruszył się współczuciem. I rozkazał, że sługa ma być uwolniony a dług całkowicie zapomniany.

I tak szef służby uzyskał miłosierdzie i przebaczenie z rąk króla i poszedł załatwiać swoje sprawy; znalazł jednego ze swych podwładnych służących, który był mu winien zaledwie sto denarów i pochwycił go a trzymając za gardło, powiedział: «Oddaj mi wszystko, coś winien». A wtedy jego bliźni, sługa, upadł przed szefem służby i błagał: «Tylko miej cierpliwość nade mną a wkrótce będę mógł ci oddać». Jednak szef służby nie okazał miłosierdzia swemu bratu służącemu i chciał go raczej wtrącić do więzienia, do czasu, aż odda dług. Kiedy jego współbracia służący zobaczyli, co się stało, tak bardzo się zmartwili, że poszli powiedzieć o tym ich panu i zwierzchnikowi, królowi. Kiedy król usłyszał o czynach swojego szefa służby, wezwał przed swoje oblicze tego niewdzięcznego i nie wybaczającego człowieka i powiedział: «Jesteś nikczemnym i niegodziwym służącym. Kiedy prosiłeś o litość, szczodrze darowałem ci cały dług. Dlaczego nie okazałeś litości swojemu bratu służącemu, tak jak ja ulitowałem się nad tobą»? I król tak się uniósł gniewem, że oddał niewdzięcznego szefa służby strażnikom więziennym, do czasu, aż nie zapłaci mu całego długu. Tak samo mój Ojciec niebiański więcej litości okaże tym, którzy szczodrze okazują litość swoim współbraciom. Jak możecie przyjść do Boga, prosząc o rozważenie waszych niedociągnięć, kiedy macie w zwyczaju karać swych braci za to, że są winni tych samych ludzkich słabości? Powiadam wam wszystkim: darmo wzięliście dobro od królestwa, dlatego też darmo rozdajcie je swoim współbraciom na Ziemi".

W ten sposób Jezus nauczał o niebezpieczeństwie i przedstawiał niesprawiedliwość osobistego osądzania swoich współbraci. Dyscyplina musi być zachowana, sprawiedliwość musi być wymierzana, ale we wszystkich takich sprawach dominować powinna mądrość wspólnoty. Jezus nadał władzę prawodawczą i sędziowską *grupie* a nie *jednostce*. Ale nawet ta władza, nadana grupie, nie powinna być sprawowana jako władza osobista. Zawsze istnieje niebezpieczeństwo, że orzeczenie jednostki może być wypaczone uprzedzeniem, czy zniekształcone przez pasję. Grupowy osąd z większym prawdopodobieństwem uniknie tego niebezpieczeństwa i wyeliminuje niesprawiedliwość osobistych uprzedzeń. Jezus zawsze starał się minimalizować czynniki niesprawiedliwości, odwetu i zemsty.

[Użycie wyrażenia siedemdziesiąt siedem jako ilustracji miłosierdzia i cierpliwości, zostało zaczerpnięte z Pisma Świętego, w nawiązaniu do zachwytu Lamecha na widok broni z metalu w rękach jego syna Tubalkaina, kiedy porównując tę lepszą broń z taką, jaką posiadali wrogowie, wykrzyknął: „Jeśli bezbronny Kain pomszczony był siedem razy, ja teraz będę pomszczony siedemdziesiąt siedem razy"].

2. OBCY KAZNODZIEJA

Jezus poszedł do Gamali, żeby odwiedzić Jana i tych, którzy razem z nim tam pracowali. Tego wieczora, po sesji pytań i odpowiedzi, Jan rzekł do Jezusa: „Mistrzu, wczoraj poszliśmy do Asztarot, żeby zobaczyć człowieka, który naucza w twoim imieniu a nawet twierdzi, że może wypędzać diabły. Otóż, ten człowiek nigdy nie był z nami, ani też nigdy nie chodził z nami; dlatego też zabroniliśmy mu robić te rzeczy". Wtedy Jezus powiedział: „Nie zabraniajcie mu. Czyż nie widzicie, że wkrótce ewangelia królestwa będzie głoszona na całym świecie? Jak możecie liczyć na to, że wszyscy, którzy uwierzą w ewangelię, będą podlegali waszemu kierownictwu? Radujcie się tym, że nasze nauczanie samo zaczęło przekraczać granice naszych osobistych wpływów. Janie, czyż nie widzisz tego, że ci, którzy wykonują wielkie dzieła w moim imieniu, muszą w końcu popierać naszą sprawę? Z pewnością nieprędko będą źle mówić o mnie. Mój synu, w takich sprawach lepiej dla ciebie będzie uznać, że ci, którzy nie są przeciwko nam, są z nami. W pokoleniach, które nadejdą, wielu ludzi nie całkiem tego godnych będzie czynić wiele dziwnych rzeczy w moim imieniu, ale ja im nie zabronię. Powiadam ci, nawet, jeśli kubek zimnej wody zostanie podany spragnionej duszy, posłańcy Ojca zawsze zapiszą tę posługę miłości".

Nauka ta bardzo zdumiała Jana. Czyż nie słyszał Mistrza, który mówił: „Ten, który nie jest ze mną, jest przeciwko mnie?". I nie zauważył, że w pierwszym przypadku Jezus nawiązywał do osobistych związków człowieka z duchowym nauczaniem królestwa, podczas gdy w drugim przypadku uwagi zostały zrobione w stosunku do widzialnych i rozległych, społecznych związków wierzących, odnośnie kwestii kontroli administracyjnej i jurysdykcji jednej grupy wierzących nad pracą innych grup, które mogłoby kiedyś utworzyć nadchodzące światowe braterstwo.

Jan często opowiadał to zdarzenie, w związku ze swoją późniejszą pracą na rzecz królestwa. Mimo to apostołowie wiele razy występowali przeciw tym, którzy ośmielili się nauczać w imieniu Mistrza. Zawsze wydawało im się niestosowne, żeby ci, którzy nigdy nie siedzieli u stóp Jezusa, ośmielali się nauczać w jego imieniu.

Człowiek, któremu Jan zabronił nauczać w imieniu Jezusa, nie posłuchał zakazu apostoła. Kontynuował swoje wysiłki i zebrał sporą grupę wierzących w Kanacie, zanim poszedł do Mezopotamii. Ten człowiek, imieniem Aden, uwierzył w Jezusa na podstawie świadectwa obłąkanego, którego Jezus uzdrowił w pobliżu Gergezy i który z niezbitą pewnością wierzył, że domniemane złe duchy, które Mistrz z niego wyrzucił, weszły w stado świń i popędziły je z krawędzi urwiska na śmierć.

3. INSTRUKCJA DLA NAUCZYCIELI I WIERZĄCYCH

W Edrei, gdzie działał Tomasz ze swoimi towarzyszami, Jezus spędził dzień i noc, a podczas dyskusji wieczornych wyjaśnił te zasady, które powinny przewodzić ludziom głoszącym prawdę i które powinny ożywiać wszystkich nauczających ewangelii królestwa. Podsumowując i odtwarzając we współczesnej frazeologii, Jezus tak nauczał:

Zawsze szanuj osobowość człowieka. Nigdy słuszna sprawa nie może być wspierana siłą; duchowe zwycięstwa można osiągnąć jedynie siłą ducha. Ten zakaz używania wpływów materialnych odnosi się zarówno do nacisków psychicznych jak i fizycznych. Nie można stosować przytłaczających argumentów i wyższości umysłowej dla zniewalania mężczyzn i kobiet do królestwa. Umysłu ludzkiego nie można przytłaczać samą tylko wagą logiki i onieśmielać trafną elokwencją. Chociaż nie można zupełnie wyeliminować emocji jako czynnika w podejmowaniu ludzkich decyzji, nie należy się do nich odwoływać bezpośrednio, gdy naucza się tych, którzy mogą wesprzeć sprawę królestwa. Zwracajcie się bezpośrednio do Boskiego ducha, który mieszka w umysłach ludzkich. Nie odwołujcie się do strachu, litości czy zwykłego sentymentu. Zwracając się do ludzi, bądźcie bezstronni, ćwiczcie samokontrolę i okazujcie należyte opanowanie; wykażcie odpowiedni szacunek dla osobowości waszych uczniów. Pamiętajcie, że powiedziałem: „Oto stoję u drzwi i pukam, a jeśli ktoś otworzy, wejdę".

Prowadząc ludzi do królestwa, nie zaniżajcie ani nie niszczcie poczucia ich własnej godności. Podczas gdy zbytni szacunek dla siebie może zniweczyć właściwą pokorę i skończyć się pychą, próżnością i arogancją, utrata godności kończy się często sparaliżowaniem woli. Celem tej ewangelii jest przywrócenie poczucia własnej godności tym, którzy ją utracili i zachowanie jej u tych, którzy ją posiadają. Nie zróbcie tego błędu, żeby potępiać tylko zło w życiu waszych uczniów; pamiętajcie także, aby szczerze docenić najbardziej chwalebne rzeczy w ich życiu. Pamiętajcie, że nie zawaham się przed niczym, aby przywrócić poczucie godności tym, którzy ją utracili i którzy naprawdę chcą ją odzyskać.

Uważajcie, żeby nie ranić poczucia własnej godności dusz nieśmiałych i lękliwych. Nie popadajcie w sarkazm, kosztem moich braci o prostych umysłach. Nie bądźcie cyniczni wobec moich, przejętych strachem dzieci. Bezczynność niszczy poczucie własnej godności; zatem napominajcie waszych braci, żeby zawsze zajmowali się wybranymi przez siebie zajęciami i zróbcie każdy możliwy wysiłek, aby zapewnić pracę tym, którzy znaleźli się bez zatrudnienia.

Nigdy nie stosujcie takich bezwartościowych taktyk, które usiłują strachem skierować mężczyzn i kobiety do królestwa. Kochający ojciec nie straszy swych dzieci, żeby dały posłuch jego wymaganiom.

Kiedyś dzieci królestwa zrozumieją, że odczuwanie silnych emocji nie jest równoznaczne z prowadzeniem przez Boskiego ducha. Kiedy się jest pod silnym i dziwnym naciskiem do zrobienia czegoś, czy udania się do określonego miejsca, nie musi to koniecznie oznaczać, że takie impulsy są przewodnictwem ducha, zamieszkującego człowieka.

Ostrzeżcie wszystkich wierzących w sprawie konfliktu granicznego, jaki muszą przebyć wszyscy, przechodzący z tego życia, jakim żyją w ciele, do wyższego życia, jakie jest przeżywane w formie duchowej. Dla tych, którzy żyją pełnią życia w każdej dziedzinie, konflikt czy dezorientacja są niewielkie, jednak wszyscy muszą przeżyć większą czy mniejszą niepewność, przy przechodzeniu pomiędzy tymi dwoma poziomami życia. Wchodząc do królestwa, nie możecie uniknąć jego odpowiedzialności czy uchylić się od jego zobowiązań, ale pamiętajcie: jarzmo ewangelii jest łatwe a brzemieniem prawdy jest światłość.

Świat przepełniony jest głodnymi duszami, głodującymi w obecności chleba życia; ludzie umierają szukając tego Boga, który żyje w nich. Ludzie szukają skarbów królestwa ze stęsknionymi sercami i zmęczonymi nogami, gdy wszyscy mają żywą wiarę w zasięgu ręki. Wiara jest dla religii tym, czym są żagle dla okrętu; jest dodaniem mocy a nie ciężarem dodanym do życia. Dla tych, którzy wejdą do królestwa, jest tylko jedno zmaganie a to jest walka dobra, walka wiary. Wierzący prowadzi tylko jedną batalię a jest ona przeciw zwątpieniu – niewierze.

Kiedy głosicie ewangelię królestwa, nauczacie po prostu przyjaźni z Bogiem. To braterskie uczucie będzie oddziaływało tak samo na mężczyzn jak i na kobiety, gdyż w nim zarówno jedni jak i drudzy znajdą to, co najlepiej zaspokaja właściwe im tęsknoty i ideały. Powiedzcie moim dzieciom, że jestem nie tylko wrażliwy na ich uczucia i cierpliwy wobec ich słabości, ale także jestem bezwzględny wobec grzechu i nie toleruję nikczemności. Jestem faktycznie potulny i skromny przed obliczem mego Ojca, ale jestem tak samo nieustępliwy i bezwzględny, gdy występuje rozmyślne czynienie zła i grzeszny bunt przeciwko woli mojego Ojca w niebie.

Nie powinniście obrazować waszego nauczyciela jako człowieka smutku. Przyszłe pokolenia powinny znać także promieniowanie naszej radości, pogodę naszej dobrej woli oraz inspirację naszego dobrego humoru. Głosimy posłanie dobrej nowiny, której przekształcająca moc jest zaraźliwa. Nasza religia tętni nowym życiem i nowymi treściami. Ci, którzy przyjmą to nauczanie, będą mieć serca przepełnione radością i będą radować się zawsze. Coraz więcej szczęścia jest zawsze udziałem wszystkich tych, którzy są pewni Boga.

Uczcie wszystkich wiernych, aby wystrzegali się polegania na niepewnych podporach fałszywego współczucia. Nie możecie rozwijać silnego charakteru, gdy współczujecie samym sobie; szczerze starajcie się wystrzegać zwodniczego wpływu zwyczajnego braterstwa w niedoli. Wyjdźcie z waszym współczuciem do odważnych i dzielnych, podczas gdy powstrzymajcie się od nadmiaru współczucia dla tych strachliwych dusz, które tylko połowicznie stawiają czoła próbom życia. Nie oferujcie pocieszenia tym, którzy poddają się swym problemom bez walki. Nie sympatyzujcie z waszymi bliźnimi tylko dlatego, że mogą sympatyzować z wami nawzajem.

Gdy moje dzieci upewnią się kiedyś świadomie o Boskiej obecności, taka wiara poszerzy umysł, uszlachetni duszę, wzmocni osobowość, przysporzy szczęścia, pogłębi postrzeganie duchowe, spotęguje siłę kochania i zdolność bycia kochanym.

Nauczajcie wszystkich wiernych, że ci, którzy wejdą do królestwa, nie są tym samym odporni na wypadki czasu czy zwykłe katastrofy natury. Wiara w ewangelię nie zabezpiecza przed popadnięciem w tarapaty, ale niesie tę gwarancję, że będziecie *nieustraszeni*, kiedy kłopoty wami zawładną. Jeśli ośmielicie się wierzyć we mnie i szczerze iść za mną, to najpewniej wkroczycie na drogę nieuniknionych kłopotów. Ja nie obiecuję wyciągnąć was z wód niedoli, ale obiecuję przejść z wami przez nie wszystkie.

I jeszcze więcej nauczał Jezus tę grupę wiernych, zanim zaczęli udawać się na nocny spoczynek. A ci, co słyszeli te słowa, głęboko zachowali je w swych sercach i często je przytaczali, dla podbudowania apostołów i uczniów, których nie było w czasie ich wygłaszania.

4. ROZMOWA Z NATANIELEM

Potem Jezus poszedł do Abili, gdzie pracował Nataniel ze swymi towarzyszami. Natanielowi nie dawały spokoju niektóre wypowiedzi Jezusa, te, które wydawały się umniejszać autorytet uznanego hebrajskiego Pisma Świętego. Dlatego też, tego wieczora, po zwyczajowym czasie pytań i odpowiedzi, Nataniel wziął Jezusa na stronę i zapytał: „Mistrzu, czy mógłbyś mi zaufać i powiedzieć prawdę o Piśmie Świętym? Zauważyłem, że nauczasz nas tylko części Pisma – najlepszej jak myślę – i doszedłem do wniosku, że odrzucasz nauki rabinów w tej materii, że słowa Prawa są prawdziwymi słowami Boga, tymi, które były z Bogiem w niebie nawet przez czasami Abrahama i Mojżesza. Jaka jest prawda o Piśmie Świętym”? Kiedy Jezus usłyszał to pytanie swego zdezorientowanego apostoła, odpowiedział:

„Natanielu, słusznie osądziłeś; ja nie odwołuję się do Pisma Świętego tak, jak to robią rabini. Porozmawiam z tobą na ten temat, pod tym warunkiem, że nie opowiesz tego swoim braciom, którzy nie wszyscy są przygotowani na przyjęcie tej nauki. Słowa Prawa Mojżeszowego i nauki Pisma Świętego nie istniały przed Abrahamem. Dopiero niedawno Pismo Święte zostało zebrane, takie, jakie mamy teraz. Podczas kiedy zawiera ono najlepsze i najwyższego lotu myśli i tęsknoty narodu żydowskiego, zawiera także wiele tego, co jest dalekie od obrazowania charakteru i nauki Ojca w niebie; dlatego też muszę wybierać spośród lepszego nauczania te prawdy, które mają zbierać pokłosie dla ewangelii królestwa.

Zapisy te są dziełem ludzi; niektórzy z nich byli święci, inni nie byli tak święci. Nauki tych ksiąg obrazują poglądy i poziom oświecenia z tych czasów, kiedy te księgi powstały. Jako objawienie prawdy, ostatnie są bardziej godne zaufania niż pierwsze. Pismo Święte jest niedoskonałe i ogólnie biorąc pochodzi od ludzi, ale nie zrozum mnie źle, stanowi ono najlepszy zbiór mądrości religijnej i prawdy duchowej, jaki można znaleźć dzisiaj na całym świecie.

Wiele tych ksiąg nie zostało napisane przez te osoby, których imiona noszą, ale to w żadnej mierze nie umniejsza wartości prawd, które zawierają. Nawet gdyby historia o Jonaszu nie była prawdziwa, nawet gdyby Jonasz w ogóle nie istniał, mimo to głęboka prawda tej opowieści, o miłości Boga do Niniwy i tak zwanych pogan, nie straci swej wartości w oczach tych wszystkich, którzy kochają swoich bliźnich. Pismo jest święte, ponieważ przedstawia myśli i czyny ludzi poszukujących Boga, którzy zostawili w tych pismach zapisy swych najwyższych koncepcji prawości, prawdy i świętości. Pismo Święte zawiera wiele prawdy, bardzo wiele, ale w świetle twego obecnego nauczania wiesz także, że pisma te zawierają również bardzo fałszywie przedstawiany obraz Ojca w niebie, tego kochającego Boga, którego ja przyszedłem objawić wszystkim światom.

Natanielu, nigdy nie wierz, nawet przez moment, w ten zapis z Pisma Świętego, który mówi, że to Bóg miłości nakazał twoim przodkom wyruszyć na bitwę, aby zabić wszystkich swoich wrogów – mężczyzn, kobiety i dzieci. Takie zapisy są słowami ludzi, nie bardzo świętych ludzi i nie są to słowa Boże. Pismo Święte zawsze odzwierciedlało i zawsze będzie odzwierciedlało intelektualny, moralny i duchowy status tych, którzy je tworzą. Czy nie zauważyłeś, że idee Jahwe w zapisach proroków, od Samuela do Izajasza, rozwijają się w swym pięknie i chwale? I powinieneś pamiętać, że Pismo Święte przeznaczone jest do religijnego nauczania i duchowego przewodnictwa. To nie są dzieła ani historyków ani też filozofów.

Rzeczą najbardziej godną ubolewania nie jest błędna idea o absolutnej doskonałości zapisów Pisma Świętego i nieomylności jego nauczania, ale raczej bałamutna, mylna interpretacja tych świętych zapisów, dokonywana przez zniewolonych tradycjami uczonych w Piśmie i faryzeuszy w Jerozolimie. I teraz posłużą się oni zarówno doktryną natchnionego Pisma Świętego, jak też swoją mylną jego interpretacją, w pełnym determinacji wysiłku przeciwstawienia się temu, nowemu nauczaniu ewangelii królestwa. Natanielu, nigdy nie zapominaj, że Ojciec nie ogranicza objawienia prawdy do jakiegokolwiek pojedynczego pokolenia, ani też do jakiegokolwiek pojedynczego narodu. Zawsze było i zawsze będzie wielu gorliwych poszukiwaczy prawdy, zdezorientowanych i zniechęconych doktrynami o doskonałości Pisma Świętego.

Autorytetem prawdy jest ten właśnie duch, który zamieszkuje jej żywe przejawy a nie martwe słowa mniej oświeconych i rzekomo natchnionych ludzi z innego pokolenia. A gdyby nawet ci święci ludzie z dawnych czasów żyli życiem natchnionym i przepełnionym duchem, to nie oznacza, że ich *słowa* są tak samo duchowo natchnione. Dziś nie robimy żadnych zapisów nauczania ewangelii królestwa, abyście wy, kiedy ja odejdę, w rezultacie różnorodności waszej interpretacji mojej nauki, nie podzielili się pospiesznie na rozmaite grupy zwalczających się prawd. Dla tego pokolenia najlepsze jest to, że *żyjemy* tymi prawdami, podczas gdy unikamy robienia zapisów.

Natanielu, zapamiętaj sobie dobrze moje słowa, nic, czego dotknęła natura ludzka, nie można uważać za nieomylne. Boska prawda rzeczywiście może świecić przez umysł człowieka, ale jej czystość zawsze jest względna a boskość częściowa. Istota stworzona może usilnie pragnąć nieomylności, ale tylko Stwórcy ją mają.

Największym jednak błędem nauczania o Piśmie Świętym jest doktryna o opieczętowaniu ksiąg tajemnicą i mądrością, której interpretacji mogą się ośmielać tylko mądre umysły narodu. Objawienie boskich prawd nie jest opieczętowane, chyba, że przez ludzką ignorancję, zajadłość i nietolerancję zawężonego myślenia. Światło Pisma Świętego przyćmione jest tylko uprzedzeniami i przygaszone przesądami. Fałszywy strach przed świętością uniemożliwił ochronę religii przez zdrowy rozsądek. Strach przed autorytetem świętych zapisów z przeszłości skutecznie powstrzymuje uczciwe dusze naszych czasów przed przyjęciem nowego światła ewangelii, tego światła, które ludzie z innych pokoleń, dobrze znający Boga, tak bardzo pragnęli ujrzeć.

Jednak najsmutniejsze jest właśnie to, że niektórzy nauczyciele świętości tradycjonalizmu znają tę właśnie prawdę. Lepiej czy gorzej rozumieją ograniczenia Pisma Świętego, ale są moralnymi tchórzami, nieuczciwymi intelektualnie. Znają prawdę dotyczącą świętych zapisów, ale wolą ukrywać przed ludźmi takie fakty, zakłócające porządek. Dlatego też wypaczają i przekręcają Pismo Święte, czyniąc je przewodnikiem dla niewolniczych szczegółów codziennego życia i autorytetem rzeczy nieduchowych, zamiast odwołać się do świętych zapisów, jako do skarbnicy mądrości moralnej i religijnego natchnienia, jak również nauk duchowych rozpoznających Boga ludzi z innych pokoleń".

Nataniel był oświecony i zaszokowany wypowiedzią Mistrza. W głębi duszy długo rozważał tę rozmowę, ale nic nikomu nie mówił o tej dyskusji, aż dopiero po wniebowstąpieniu Jezusa; i nawet wtedy bał się przedstawiać wszystkich szczegółów nauki Jezusa.

5. KONSTRUKTYWNY CHARAKTER RELIGII JEZUSA

W Filadelfii, gdzie pracował Jakub, Jezus nauczał swych zwolenników o konstruktywnej naturze ewangelii królestwa. Kiedy w toku swoich spostrzeżeń oznajmił, że niektóre części Pisma Świętego zwierają więcej prawdy od innych i napomniał swoich słuchaczy, aby karmili swoje dusze najlepszym pożywieniem duchowym, Jakub przerwał Mistrzowi pytaniem: „Czy byłbyś na tyle dobry, żeby nam podpowiedzieć, jak mamy wybierać lepsze ustępy z Pisma Świętego, tak, aby wywarły na nas samych pozytywny wpływ?". I Jezus odpowiedział: „Tak, Jakubie, kiedy czytasz Pismo, zwracaj uwagę na wiecznie prawdziwe i bosko piękne nauki, takie jak:

Stwórz, o Panie, we mnie serce czyste.

Pan jest moim pasterzem; nie brak mi niczego.

Kochaj bliźniego swego jak siebie samego.

Ja, Pan twój Bóg, trzymam twoją prawą rękę, mówiąc, nie bój się, ja ci pomogę.

Żaden naród nie powinien więcej uczyć się wojny".

I to ilustruje sposób postępowania Jezusa, jak dzień po dniu stosował śmietankę hebrajskiego Pisma Świętego w celu nauczania swoich uczniów i załączenia jej do nowej ewangelii królestwa. Inne religie poddawały myśl o zbliżeniu Boga do człowieka, ale Jezus głosił opiekę Boga nad człowiekiem, tak jak kochający ojciec troszczy się o dobro zależnych od niego dzieci, a potem uczynił to nauczanie kamieniem węgielnym swojej religii. I tym samym doktryna o ojcostwie Boga uczyniła nakazem praktykowanie braterstwa człowieka. Czczenie Boga i służenie człowiekowi stały się sumą i istotą jego religii. Jezus wziął to, co najlepsze z religii żydowskiej i przełożył na wartościowe zasady nowego nauczania ewangelii królestwa.

Jezus dodał ducha konstruktywnego działania do biernych doktryn żydowskiej religii. W miejsce zapobiegawczego przestrzegania ceremonialnych obowiązków, Jezus zalecał konstruktywne czynienie tego, czego jego nowa religia wymaga od ludzi, którzy ją akceptują. Religia Jezusa polega nie tylko na zwyczajnym *wierzeniu*, ale na rzeczywistym *czynieniu* tych rzeczy, których wymaga ewangelia. Jezus nie nauczał tego, że istota jego religii polega na służbie społecznej, ale raczej tego, że służba społeczna jest jednym z przejawów posiadania ducha prawdziwej religii.

Jezus nie wahał się uznać za właściwe lepszej połowy Pisma Świętego, podczas gdy odrzucił mniejszą część. Swoje wielkie napomnienie: „Kochaj bliźniego swego jak siebie samego" wziął z Pisma Świętego, w którym czytamy: „Nie będziesz szukał pomsty, nie będziesz żywił urazy do synów twego ludu, ale będziesz miłował bliźniego jak siebie samego". Jezus przejął nakazującą część tych Pism, podczas gdy odrzucił zakazującą. Tak samo przeciwstawiał się wynikającemu z zakazów i czysto biernemu nie sprzeciwianiu się złu. Mówił: „Jeśli twój nieprzyjaciel uderzy cię w jeden policzek, nie stój niemy i bierny, ale z pozytywnym nastawieniem nadstaw mu i drugi; znaczy to, uczyń możliwie najlepszą rzecz, aby czynnie sprowadzić twojego błądzącego brata z dala od złych ścieżek na lepsze drogi prawego życia". Jezus wymagał od swoich zwolenników, aby w każdej życiowej sytuacji reagowali konstruktywnie i ofensywnie. Nadstawienie drugiego policzka, czy jakiekolwiek inne podobne działanie, wymaga inicjatywy, skłania do silnego, aktywnego i odważnego wyrażenia osobowości wierzącego.

Jezus nie popierał zwyczaju biernego poddawania się zniewagom tych, którzy mogliby celowo starać się nimi obrzucać ludzi praktykujących nie stawianie oporu złu, ale chciał raczej, żeby jego zwolennicy byli mądrzy i czujni, szybko i konstruktywne reagowali dobrem na zło, co tego stopnia, żeby mogli skutecznie pokonywać zło dobrem. Nie zapominajcie, że prawdziwe dobro jest zawsze potężniejsze od najbardziej zjadliwego zła. Mistrz nauczał o pozytywnych standardach prawości: „Ktokolwiek chce być moim uczniem, niech zaprze się samego siebie i weźmie pełną miarę swoich codziennych obowiązków, żeby iść ze mną". I on sam żył w ten sposób, jako że „chodził wszędzie czyniąc dobro". Ten aspekt ewangelii zilustrowany jest dobrze w wielu przypowieściach, jakie później opowiadał swoim wyznawcom. Nigdy nie napominał swych wyznawców, żeby cierpliwie wykonywali swe powinności, ale żeby raczej z energią i entuzjazmem żyli w królestwie Bożym całą pełnią swoich ludzkich obowiązków i boskich przywilejów.

Kiedy Jezus nauczał swoich apostołów, że gdy ktoś niesprawiedliwy zabierze im płaszcz, powinni dać mu następną szatę, nie odnosiło się to dosłownie do drugiego płaszcza, ale do idei czynienia czegoś *konstruktywnego*, żeby ratować grzesznika, w miejsce dawnej rady odwetu – „oko za oko" i tak dalej. Jezus czuł odrazę zarówno do idei odwetu jak i pozostawania biernym, poszkodowanym albo ofiarą niesprawiedliwości. W związku z tym nauczał apostołów o trzech sposobach walki ze złem i przeciwstawiania się jemu:

1. Odpłacać złem za zło – właściwa, ale niecna metoda.
2. Znosić zło bez skargi i bez oporu – czysto bierna metoda.
3. Odpłacać dobrem za zło, dowieść swojej woli tak, żeby stać a się panem sytuacji, pokonywać zło dobrem – właściwa i prawa metoda.

Jeden z apostołów zapytał kiedyś: „Mistrzu, co mam zrobić, jeśli nieznajomy zmusi mnie, abym przez milę niósł jego pakunek?". Jezus odpowiedział: „Nie siadaj i nie wzdychaj o pomoc, gdy jednocześnie rugasz w duchu nieznajomego. Prawość nie wywodzi się z takich biernych postaw. Jeśli nie możesz wymyślić niczego innego, bardziej konstruktywnego, możesz przynajmniej nieść pakunek drugą milę. Będzie to z pewnością wyzwanie dla niecnego i bezbożnego, obcego człowieka".

Żydzi słyszeli o Bogu, który może wybaczyć żałującym grzesznikom i stara się zapomnieć ich wykroczenia, ale póki nie przyszedł Jezus, ludzie nie słyszeli o Bogu, który wychodzi na poszukiwanie zagubionej owcy, który z własnej woli poszukuje grzeszników i który raduje się, kiedy ich znajduje, skłonnych do powrotu do domu Ojca. Ta konstruktywna nuta w religii Jezusa rozciągała się również na jego modlitwy. I zamienił on bierną, złotą zasadę, w konstruktywne napomnienie o ludzkiej sprawiedliwości.

W całym swoim nauczaniu Jezus zawsze unikał rozpraszających uwagę szczegółów. Unikał kwiecistego języka, stronił od zwykłych poetyckich przenośni, od gry słów. Zazwyczaj kładł wiele treści w krótkie wypowiedzi. W celu ilustracji, Jezus zmieniał aktualne znaczenie wielu określeń, takich jak sól, zakwas, rybołówstwo i małe dzieci. Bardzo skutecznie używał antytezy, porównując minutę z wiecznością i tak dalej. Jego zobrazowania były frapujące, takie jak: „ślepy prowadzi ślepego". Jednak największą siłą jego obrazowego nauczania była naturalność. Jezus sprowadził filozofię religii z nieba na ziemię. Przedstawiał podstawowe potrzeby duszy z nową wnikliwością i nowym darem uczucia.

6. POWRÓT DO MAGEDANU

Czterotygodniowa misja po Dekapolu odniosła umiarkowany sukces. Setki dusz przyjęto do królestwa a apostołowie i ewangeliści, prowadząc swą działalność, zdobyli wartościowe doświadczenie bez inspiracji płynącej z bezpośredniej, osobistej obecności Jezusa.

W piątek, 16 września, zgodnie z wcześniejszą umową, w Ogrodzie Magedan zebrał się cały zespół pracowników. W dzień szabatu odbyła się narada, z udziałem ponad stu wierzących, podczas której szczegółowo rozważano przyszłe plany rozszerzenia królestwa. Obecni na niej byli posłańcy Dawida i przedłożyli swe raporty w sprawie warunków życia ludzi wierzących w całej Judei, Samarii, Galilei i sąsiadujących regionach.

W tym czasie niewielu zwolenników Jezusa w pełni doceniało wielką wartość usług, świadczonych przez zespół posłańców. Posłańcy nie tylko utrzymywali łączność pomiędzy wszystkimi wierzącymi w całej Palestynie oraz między wierzącymi a Jezusem i apostołami, ale podczas tych ciężkich dni również zbierali fundusze, nie tylko dla Jezusa i jego współpracowników, ale także na potrzeby rodzin dwunastu apostołów i dwunastu ewangelistów.

Mniej więcej w tym czasie Abner przeniósł swoją bazę operacyjną z Hebronu do Betlejem i to miejsce stało się później główną siedzibą posłańców Dawida w Judei. Dawid zorganizował całonocną sztafetę posłańców pomiędzy Jerozolimą a Betsaidą. Ci gońcy wybiegali z Jerozolimy każdego wieczora, zmieniając się w Sychar i Scytopolis i przybywali do Betsaidy następnego ranka przed śniadaniem.

Jezus i jego towarzysze planowali teraz tydzień odpoczynku, po czym mieli zacząć ostatni etap swej pracy na rzecz królestwa. Był to ich ostatni wypoczynek, ponieważ misja pereańska przekształciła się w kampanię głoszenia kazań i nauczania, która przeciągnęła się aż do ich przybycia do Jerozolimy, gdzie rozegrały się końcowe wypadki ziemskiego życia Jezusa.

PRZEKAZ 160

RODAN Z ALEKSANDRII

W NIEDZIELĘ rano, 19 września, Andrzej ogłosił, że nie planuje żadnej pracy na nadchodzący tydzień. Wszyscy apostołowie, za wyjątkiem Nataniela i Tomasza, poszli do domów odwiedzić rodziny lub spotkać się z przyjaciółmi. W tym tygodniu Jezus miał okres prawie zupełnego odpoczynku, jednak Nataniel i Tomasz zaangażowali się w dyskusję z pewnym greckim filozofem z Aleksandrii, imieniem Rodan. Grek ten niedawno został uczniem Jezusa, w wyniku nauczania jednego ze współpracowników Abnera, który prowadził swą misję w Aleksandrii. Teraz Rodan zajął się gorliwie koordynacją swojej filozofii życiowej z nowymi, religijnymi naukami Jezusa i przybył do Magedanu w nadziei, że Mistrz mógłby omówić z nim te problemy. Chciał też dostać autorytatywną wersję ewangelii z pierwszej ręki albo od Jezusa, albo od jednego z jego apostołów. Chociaż Mistrz nie chciał dyskutować z Rodanem, przyjął go łaskawie i natychmiast zarządził, że Nataniel i Tomasz powinni wysłuchać wszystkiego, co ma on do powiedzenia i w zamian opowiedzieć mu o ewangelii.

1. GRECKA FILOZOFIA RODANA

Wcześnie rano, w poniedziałek, Rodan zaczął serię dziesięciu przemówień, adresowanych do Nataniela i Tomasza oraz do grupy blisko dwu tuzinów wierzących, którzy przypadkiem przebywali w Magedanie. Rozmowy te, skondensowane, połączone i ponownie przedstawione w nowoczesnej frazeologii, poddają pod rozwagę następujące myśli:

Życie ludzkie oparte jest na trzech wielkich czynnikach napędzających – bodźcach, pragnieniach i pokusach. Silny charakter, majestatyczną osobowość, zdobyć można tylko przez zamianę naturalnych bodźców życia na sztukę życia społecznego, przekształcając doczesne pragnienia w te wyższe tęsknoty, które potrafią wytworzyć trwałe osiągnięcia, podczas gdy pospolite dążenia ludzkiej egzystencji muszą być przeniesione z czyichś konwencjonalnych i ustalonych idei w wyższe sfery niezbadanych idei i nie odkrytych ideałów.

Im bardziej kompleksowa staje się cywilizacja, tym trudniejsza staje się sztuka życia. Im gwałtowniejsze przemiany zachodzą w zwyczajach społecznych, tym bardziej skomplikowane staje się kształtowanie charakteru. Każde dziesiąte z kolei pokolenie ludzkości musi się nauczyć od nowa sztuki życia, jeśli postęp ma być kontynuowany. I jeśli człowiek stanie się tak pomysłowy, że szybciej przyczyni się do kompleksowości społeczeństwa, sztuka życia musi być opanowana na nowo w krótszym czasie, być może nawet w każdym pokoleniu. Jeśli ewolucja sztuki życia nie potrafi dotrzymać kroku sposobom egzystencji, ludzkość szybko powróci do prymitywnych bodźców życia – do osiągania satysfakcji z zaspokojenia bieżących pragnień. W ten sposób ludzkość pozostanie niedojrzała; społeczeństwo nie osiągnie pełnej dojrzałości.

Społeczna dojrzałość równa się temu, jak dalece człowiek skłonny jest zrezygnować z radości zaspokajania zwykłych, krótkotrwałych i chwilowych pragnień, aby żywić takie wyższe tęsknoty, że dążenie do ich realizacji dostarcza większej satysfakcji w progresywnym rozwoju, zmierzającym do osiągnięcia trwałych celów. Jednak prawdziwą oznaką społecznej dojrzałości jest gotowość do rezygnacji z prawa do życia w spokoju i zadowoleniu, czyli zgodnie ze standardami dążenia do wygody, opartymi na powabie ustalonych wierzeń i konwencjonalnych idei, na rzecz niepokoju i wymagającego wysiłku dążenia do niezbadanych możliwości, do osiągania nie odkrytych celów oraz idealistycznych, duchowych rzeczywistości.

Zwierzęta reagują szlachetnie na impulsy życiowe, ale tylko człowiek może nauczyć się sztuki życia, chociaż większość ludzkości przeżywa tylko zwierzęce popędy życiowe. Zwierzęta odczuwają tylko ślepe i instynktowne popędy; człowiek potrafi przekształcić te popędy w naturalną działalność. Człowiek może zechcieć żyć na wysokim poziomie inteligentnej sztuki, nawet niebiańskiej radości i duchowej ekstazy. Zwierzęta nie pytają o cel życia; dlatego też nigdy nie przeżywają niepokoju, jak również nie popełniają samobójstwa. Samobójstwo u ludzi świadczy o tym, że istoty ludzkie wynurzyły się z czysto zwierzęcego stanu egzystencji, jak również o tym, że badawcze wysiłki pewnej istoty ludzkiej nie doprowadziły do osiągnięcia poziomów artyzmu w doświadczeniu śmiertelnika. Zwierzęta nie rozumieją sensu życia; człowiek nie tylko ma możliwość rozpoznania wartości i zrozumienia sensów, ale także jest świadomy znaczenia sensów – jest samoświadomy własnej wnikliwości.

Kiedy ludzie odważą się poniechać życia zgodnego z naturalnymi instynktami, na rzecz życia pełnego śmiałej sztuki i niepewnej logiki, muszą się liczyć z cierpieniami, powstałymi na skutek wypadków emocjonalnych – konfliktów, nieszczęść i niepewności – co najmniej do czasu osiągnięcia przez nich jakiegoś stopnia intelektualnej i emocjonalnej dojrzałości. Zniechęcenie, niepokój i lenistwo, są oczywistymi dowodami moralnej niedojrzałości. Społeczeństwo ludzkie stanęło w obliczu dwóch problemów: osiągnięcia dojrzałości jednostki i osiągnięcia dojrzałości rodzaju ludzkiego. Dojrzała istota ludzka natychmiast zacznie traktować wszystkich innych śmiertelników z wrażliwością i poczuciem tolerancji. Dojrzali ludzie traktują ludzi niedojrzałych z taką miłością i rozwagą, z jaką rodzice odnoszą się do swoich dzieci.

Szczęśliwe życie nie jest niczym więcej ani mniej jak sztuką, polegającą na opanowaniu niezawodnych metod rozwiązywania zwykłych problemów. Pierwszym stopniem do rozwiązania problemu jest znalezienie trudności, wyodrębnienie problemu i szczere zapoznanie się z jego naturą oraz ważnością. Wielki błąd polega na tym, że kiedy problemy życiowe wywołują u nas głęboki strach, wzbraniamy się przed ich rozpoznaniem. Tak samo, kiedy rozpoznanie naszych trudności pociąga za sobą umniejszenie naszej długo pieszczonej zarozumiałości, przyznanie się do zawiści czy zaniechanie długotrwałej niesprawiedliwości, przeciętna osoba woli lgnąć do starych iluzji bezpieczeństwa i do długo wypieszczonego, fałszywego poczucia pewności. Tylko odważna osoba skłonna jest uczciwie przyznać się i stanąć nieustraszenie w obliczu tego, co odkryje jej szczery i logiczny umysł.

Mądre i właściwe rozwiązanie jakiegokolwiek problemu wymaga umysłu wolnego od stronniczości, pasji i wszystkich innych, czysto subiektywnych uprzedzeń, które mogłyby kolidować z bezstronnym przebadaniem prawdziwych czynników, wywołujących problem wymagający rozwiązania. Rozwiązywanie problemów życiowych wymaga odwagi i szczerości. Tylko uczciwe i odważne jednostki potrafią iść dzielnie przez wprawiający w zakłopotanie i dezorientujący labirynt życia, do którego może je doprowadzić logika nieustraszonego umysłu. Taka emancypacja umysłu i duszy nigdy nie może funkcjonować bez napędzającej mocy inteligentnego entuzjazmu, który graniczy z pobożną gorliwością. Potrzeba powabu wielkich ideałów, aby doprowadzić człowieka do realizacji celu, który otoczony jest trudnymi, materialnymi problemami i wielorakimi, intelektualnymi niebezpieczeństwami.

Nawet gdybyście byli dobrze uzbrojeni na spotkanie z trudnymi sytuacjami życia, raczej nie możecie się spodziewać sukcesu, chyba, że jesteście wyposażeni w mądrość umysłu i urok osobowości, które pomogą wam zyskać serdeczne wsparcie i współpracę waszych towarzyszy. Nie możecie się spodziewać większego sukcesu, czy to w działalności świeckiej czy religijnej, jeśli nie nauczycie się przekonywać swoich braci, wpływać na ludzi. Po prostu musicie mieć takt i tolerancję.

Jednak najwspanialszej ze wszystkich metody rozwiązywania problemów nauczyłem się od Jezusa, waszego Mistrza. Nawiązuję do tego, co on tak konsekwentnie praktykuje i czego tak dokładnie was naucza, odosobnienia na pełnych czci medytacjach. W zwyczaju Jezusa, który tak często odchodzi samotnie na czas komunii z Ojcem w niebie, znaleźć można nie tylko metodę gromadzenia siły i mocy potrzebnej do zwykłych konfliktów życiowych, ale także metodę nabierania energii do rozwiązywania wyższych problemów natury moralnej i duchowej. Ale nawet prawidłowe metody rozwiązywania problemów nie są w stanie kompensować wrodzonych wad osobowości, czy zadośćuczynić za nieobecność głodu i pragnienia prawdziwej prawości.

Głębokie wrażenie wywarł na mnie ten zwyczaj Jezusa, kiedy oddala się on w pojedynkę na czas samotnego przeglądu problemów życiowych; aby szukać nowych zapasów mądrości i energii do stawiania czoła wielorakim wymogom służby społecznej; aby ożywiać i zgłębiać najwyższy cel życia, przez faktyczne podporządkowanie całej osobowości świadomemu kontaktowi z boskością; aby posiąść nowe i lepsze metody dostosowywania się do zawsze zmiennych warunków bytu; aby dokonać istotnych przeobrażeń i ponownych adaptacji osobistej postawy człowieka, co jest tak ważne dla osiągnięcia lepszej wnikliwości we wszystko to, co wartościowe i rzeczywiste; i aby robić to wszystko szczerze, tylko na chwałę Bożą – oddychając szczerością ulubionej modlitwy Mistrza: „Nie moja, lecz twoja wola niech się stanie".

Ten pełen czci zwyczaj waszego Mistrza daje to odprężenie, które odświeża umysł; tę iluminację, która inspiruje duszę; tę odwagę, która umożliwia człowiekowi dzielnie stawać w obliczu jego problemów; to zrozumienie samego siebie, które usuwa osłabiający siły strach; a świadomość zjednoczenia z boskością daje człowiekowi taką pewność, że ośmiela się być podobny Bogu. Odprężenie, które przynosi czczenie lub duchowa komunia, jak to praktykuje Mistrz, redukuje napięcie, usuwa konflikty i ogromnie poszerza ogólne zasoby osobowości. I tak, jak ja to rozumiem, cała ta filozofia, z dodatkiem ewangelii królestwa, ustanawia nową religię.

Uprzedzenie oślepia duszę podczas poznawania prawdy a uprzedzenia można się pozbyć tylko przez szczere poświęcenie się duszy umiłowaniu tej sprawy, która bezgranicznie i w pełni obejmuje współbraci ludzi. Uprzedzenie nierozdzielnie związane jest z egoizmem. Uprzedzenia można uniknąć tylko przez odwrócenie się od samolubstwa i zastąpienie go poszukiwaniem zadowolenia w służbie dla tej sprawy, która jest nie tylko większa niż własne „ja", ale która jest nawet większa od całej ludzkości – a jest to poszukiwanie Boga, osiąganie boskości. Dowód dojrzałości osobowości polega na takim przekształceniu pragnień człowieka, że zawsze dąży on do realizacji tych wartości, które są najwyższe i najbardziej bosko rzeczywiste.

We wciąż zmiennym świecie, pośród rozwijającego się porządku społecznego, niemożliwe jest zachowanie trwałych i ustalonych celów do osiągania. Stabilność osobowości doświadczana może być tylko przez tych, którzy odkryli i przyjęli żywego Boga za wieczny cel nieskończonego dążenia. I tak, przesunięcie ludzkiego celu z czasu do wieczności, z Ziemi do Raju, od tego, co ludzkie do tego, co Boskie, wymaga, żeby człowiek został odnowiony, nawrócony i ponownie narodzony; żeby stał się na nowo stworzonym dzieckiem Boskiego ducha; żeby zyskał dostęp do braterstwa królestwa nieba. Wszystkie te filozofie i religie, które nie zawierają podobnych idei, są niedojrzałe. Filozofia, której nauczam, połączona z ewangelią, którą wy głosicie, stanowi nową religię dojrzałości, ideał wszystkich przyszłych pokoleń. I to jest prawdą, ponieważ nasze ideały są ostateczne, nieomylne, wieczne, uniwersalne, absolutne i nieskończone.

Moja filozofia zachęciła mnie do szukania rzeczywistości prawdziwych sukcesów, celu dojrzałości. Ale moje dążenie nie miało mocy, mojemu dociekaniu brakowało siły napędowej, moje poszukiwanie cierpiało z powodu braku pewności, co do właściwego ukierunkowania. I te braki zostały obficie wypełnione nową ewangelią Jezusa, z jej bogactwem wnikliwości, wywyższaniem ideałów i niezmiennością celów. Bez wątpliwości i obaw mogę teraz szczerze rozpocząć wieczną przygodę.

2. SZTUKA ŻYCIA

Są tylko dwa sposoby, dzięki którym śmiertelnicy mogą żyć we wspólnocie: sposób materialny albo zwierzęcy i duchowy albo ludzki sposób. Używając sygnałów i dźwięków, zwierzęta potrafią porozumiewać się ze sobą w ograniczony sposób. Jednak takie formy porozumiewania się nie przekazują znaczeń, wartości czy idei. Jedyna różnica pomiędzy człowiekiem a zwierzęciem jest taka, że człowiek może porozumieć się z bliźnimi za pośrednictwem *symboli,* które wyraźnie określają i potwierdzają znaczenia, wartości, idee a nawet ideały.

Skoro zwierzęta nie mogą przekazywać sobie nawzajem idei, nie mogą rozwinąć osobowości. Człowiek rozwija osobowość, ponieważ może się porozumiewać ze swymi bliźnimi zarówno w sprawie idei jak i ideałów.

To właśnie zdolność porozumiewania się i dzielenia się znaczeniami stanowi ludzką kulturę i pozwala człowiekowi, poprzez społeczne związki, tworzyć cywilizację. Zaczyna się gromadzić wiedza i mądrość, ponieważ człowiek może przekazywać te wartości kolejnym pokoleniom. I w ten sposób powstają kulturowe działania gatunku ludzkiego: sztuka, nauka, religia i filozofia.

Porozumiewanie się między istotami ludzkimi, za pomocą symboli, stanowi o powstawaniu grup społecznych. Najbardziej wartościową ze wszystkich grup społecznych jest rodzina, dokładniej *dwoje rodziców*. Osobiste uczucia są duchowymi więzami, które utrzymują te materialne związki. Tak efektywny związek jest również możliwy pomiędzy dwoma osobami tej samej płci, jak to dobrze obrazują przywiązania wynikające z prawdziwych przyjaźni.

Takie związki, oparte na przyjaźni i wzajemnym uczuciu, uspołeczniają i uszlachetniają, ponieważ popierają i ułatwiają działanie następujących, podstawowych elementów wyższych poziomów sztuki życia:

1. *Wzajemne wyrażanie siebie i samozrozumienie*. Wiele szlachetnych, ludzkich impulsów zamiera, ponieważ nie ma nikogo, kto mógłby słyszeć ich ekspresję. Naprawdę nie jest dobrze dla człowieka być samotnym. Jakiś stopień uznania i pewien rodzaj oceny są konieczne do rozwoju ludzkiego charakteru. Bez prawdziwej miłości w domu, żadne dziecko nie może osiągnąć pełnego rozwoju normalnego charakteru. Charakter to coś więcej niż zwykła mentalność i moralność. Spośród wszystkich społecznych związków, które mają swój udział w rozwoju charakteru, najbardziej efektywnym i idealnym jest uczuciowa i pełna zrozumienia przyjaźń mężczyzny i kobiety, w obopólnej akceptacji inteligentnego związku małżeńskiego. Małżeństwo, z jego wielorakimi relacjami, najlepiej się nadaje do wydobycia na światło dzienne tych drogocennych impulsów i tych wyższych motywów, które są niezbędne do rozwoju silnego charakteru. Dlatego nie waham się gloryfikować życia rodzinnego, skoro wasz Mistrz mądrze obrał związek ojciec-dziecko za prawdziwy kamień węgielny nowej ewangelii królestwa. I taka niezrównana wspólnota mężczyzny i kobiety, w czułej akceptacji najwyższych ideałów czasu, jest tak wartościowym i zadowalającym doświadczeniem, że warta jest jakiejkolwiek ceny, jakiekolwiek koniecznej ofiary, aby ją posiąść.

2. *Zjednoczenie dusz – uaktywnienie mądrości*. Każda ludzka istota, wcześniej czy później, osiąga pewne zrozumienie tego świata i pewną wizję świata następnego. Otóż jest możliwe, dzięki związkom osobowości, połączyć takie poglądy na temat doczesnej egzystencji i wiecznych perspektyw. Tym samym jeden umysł poszerza swoje duchowe wartości, sporo zyskując z wnikliwości innego. W ten sposób ludzie wzbogacają duszę, gdy łączą swe indywidualne dobra duchowe. Ponadto, tym samym sposobem człowiek może uniknąć nieodstępnej mu skłonności stawania się ofiarą zniekształconej wyobraźni, uprzedzeń wynikłych z punktu widzenia i zawężonego osądu. Lękowi, zawiści i zarozumiałości zapobiec można tylko przez intymne kontakty z innymi umysłami. Zwróćcie uwagę na to, że Mistrz nigdy nie wysyła was samotnie do pracy nad poszerzaniem królestwa; zawsze wysyła was po dwóch. A skoro mądrość jest superwiedzą, wynika z tego, że grupy społeczne, mniejsze czy większe, we wspólnocie mądrości podzielają całą wiedzę.

3. *Zapał do życia.* Izolacja dąży do wyczerpywania ładunku energii duszy. Współpraca z bliźnim jest konieczna dla odnowy werwy życia i jest niezbędna do zachowania odwagi do walki w tych bitwach, które się pojawiają po dotarciu do wyższych poziomów ludzkiego życia. Przyjaźń przysparza radości i gloryfikuje triumfy życia. Miłości pełne, bliskie związki ludzkie, potrafią okraść cierpienie z jego smutku a ubóstwo z większości jego goryczy. Obecność przyjaciela wzbogaca wszelkie piękno i wywyższa każdą dobroć. Dzięki inteligentnym symbolom, człowiek potrafi ożywić i poszerzyć zdolność zrozumienia u swoich przyjaciół. Jedną z koronnych zalet ludzkiej przyjaźni jest ta siła i możliwość wzajemnej stymulacji wyobraźni. Wielka moc duchowa tkwi nieodmiennie w uświadomieniu sobie z głębi serca płynącego oddania wspólnym sprawom, wzajemnej lojalności wobec kosmicznego Bóstwa.

4. *Lepsza ochrona przed wszelkim złem.* Związek osobowości i wzajemne uczucie są skutecznym zabezpieczeniem przed złem. Trudności, smutek, rozczarowania i porażki są bardziej bolesne i przygnębiające, kiedy dźwigane są samotnie. Partnerstwo nie przekształca zła w sprawiedliwość, ale przyczynia się znacznie do zmniejszenia jego ostrości. Wasz Mistrz powiedział: „Błogosławieni ci, którzy się smucą" – jeśli w pobliżu jest przyjaciel, który pocieszy. Jest autentyczna siła w tej świadomości, że żyjecie dla dobra innych i że tak samo inni żyją dla waszego dobra i rozwoju. Człowiek marnieje w samotności. Istoty ludzkie niezawodnie zniechęcają się, kiedy widzą tylko przemijanie czasu. Teraźniejszość, gdy oddzielona od przeszłości i przyszłości, staje się irytująco błaha. Tylko przelotne spojrzenie na okręg wieczności może pobudzić człowieka by robił wszystko, co w jego mocy i rzucił wyzwanie temu, co w nim najlepsze, do wypracowania tego, co w nim najwyższe. I kiedy dzięki temu człowiek staje się najlepszy, żyje najbardziej bezinteresownie dla dobra innych, dla swoich braci w czasie i wieczności.

I powtarzam, że tak inspirująca i uszlachetniająca współpraca znajduje idealne możliwości swej realizacji w ludzkim związku małżeńskim. Naprawdę wiele można skorzystać z małżeństwa, jednak bardzo wielu małżeństwom nie udaje się wydać tych moralnych i duchowych owoców. Zbyt często małżeństwo zawierane jest przez tych, którzy szukają innych wartości, niższych niż te zaawansowane, jakie towarzyszą ludzkiej dojrzałości. Idealne małżeństwo musi się opierać na czymś bardziej trwałym niż na zmiennych uczuciach i niestałości zwykłego pociągu seksualnego; musi być oparte na prawdziwym i obopólnym, osobistym oddaniu. I tak, jeśli będziecie mogli budować takie godne zaufania i efektywne, drobne elementy ludzkich związków, kiedy połączą się one w całość, świat ujrzy wielką i chwalebną, społeczną strukturę, cywilizację dojrzałej ludzkości. Taki gatunek ludzki mógłby zacząć uświadamiać sobie co nieco z ideałów waszego Mistrza – „pokoju na Ziemi i dobrej woli pomiędzy ludźmi". Podczas gdy takie społeczeństwo nie będzie doskonałe albo zupełnie wolne od zła, mogłoby przynajmniej przybliżyć stabilizację, charakterystyczną dla dojrzałości.

3. POKUSY DOJRZAŁOŚCI

Dążenie do dojrzałości wymaga pracy a praca potrzebuje energii. Skąd brać siłę do osiągnięcia tego wszystkiego? Sprawy materialne można by traktować jako rzecz naturalną, ale Mistrz dobrze powiedział: „Nie samym chlebem żyje człowiek". Mając normalne ciało i przeciętnie dobre zdrowie, musimy z kolei szukać tych dążeń, które działają jako bodźce ożywiające siły duchowe drzemiące w człowieku. Jezus nas nauczał, że Bóg mieszka w człowieku; jak zatem mamy nakłonić człowieka do wyzwolenia związanych w jego duszy sił boskości i nieskończoności? Jak mamy nakłonić ludzi, by pozwolili ukazać się Bogu, aby mógł się pojawić i odświeżyć ich własne dusze, kiedy się zjawia a potem działać dla oświecenia, podniesienia i błogosławieństwa niezliczonych innych dusz? Jak najlepiej mogę rozbudzić utajone moce dobra, które tkwią uśpione w naszych duszach? Jednego jestem pewien: uczuciowe ożywienie nie jest idealnym bodźcem duchowym. Ekscytacja nie przysparza energii; raczej wyczerpuje siły, tak umysłu jak i ciała. Więc skąd przychodzi energia do robienia tak wielkich rzeczy? Przyjrzyjcie się waszemu Mistrzowi. Nawet teraz jest na wzgórzach i nabiera mocy, kiedy my tutaj oddajemy energię. Tajemnica wszystkich tych problemów związana jest ściśle z duchową wspólnotą, z czczeniem. Z ludzkiego punktu widzenia jest to kwestia tak medytacji jak i odpoczynku. Medytacja kontaktuje umysł z duchem; odpoczynek decyduje o możliwościach chłonności duchowej. I to wymienia słabość na siłę, strach na odwagę, „ja" umysłu na wolę Bożą – ustanawia czczenie. Przynajmniej tak to widzi filozof.

Kiedy takie przeżycia powtarzają się często, krystalizują się w nawyki, które przynoszą siłę i pełne są czci i takie zwyczaje przekształcają się ostatecznie w duchowy charakter a ten z kolei charakter jest w końcu rozpoznawany przez bliźnich jako *dojrzała osobowość*. Z początku takie praktyki są trudne i czasochłonne, ale kiedy stają się zwyczajem, od razu niosą wytchnienie i oszczędzają czas. Im bardziej złożone staje się społeczeństwo i im bardziej się mnożą pokusy cywilizacji, tym bardziej pilną staje się potrzeba dla rozpoznających Boga osobników, zaprowadzenia takich zapobiegawczych, zwyczajowych praktyk, zmierzających do zachowania i pomnożenia własnych sił duchowych.

Innym wymogiem, koniecznym do osiągnięcia dojrzałości, jest dostosowywanie się we wzajemnej współpracy grup społecznych do wciąż zmieniającego się otoczenia. Niedojrzała jednostka wywołuje antagonizmy wśród swoich bliźnich; dojrzały człowiek zjednuje serdeczną współpracę swoich towarzyszy, pomnażając tym samym wielokrotnie owoce swoich życiowych wysiłków.

Moja filozofia mi mówi, że czasami muszę walczyć, kiedy zachodzi potrzeba bronienia moich koncepcji prawości, ale nie wątpię, że Mistrz, z bardziej dojrzałym typem osobowości, mógłby z łatwością i wdzięcznie uzyskać równe zwycięstwo, stosując swoją wyższą i ujmującą metodę taktu i tolerancji. Kiedy walczymy o dobro, zbyt często się okazuje, że zarówno zwycięzca jak i zwyciężony ponieśli porażkę. Właśnie wczoraj słyszałem, jak Mistrz mówił, że „mądry człowiek, kiedy chce wejść przez zamknięte drzwi, nie niszczy drzwi, ale raczej szuka klucza, którym mógłby je otworzyć". Zbyt często podejmujemy się walki tylko po to, aby przekonać siebie samych, że się nie boimy.

Nowa ewangelia królestwa oddaje wielkie usługi sztuce życia, dlatego, że dostarcza nowych i bogatszych impulsów do wyższego życia. Obrazuje nowy i podniosły cel, najwyższe przeznaczenie życia. I te nowe koncepcje wiecznego, boskiego celu bytu, są same w sobie transcendentalnymi bodźcami aktywizującymi to, co najlepsze w wyższej naturze człowieka. Na każdym szczycie intelektualnego myślenia można znaleźć wypoczynek dla umysłu, siłę dla duszy i wspólnotę dla ducha. Z punktu widzenia wyższego życia człowiek może panować nad materialnymi niepokojami niższego poziomu myślenia – nad zmartwieniem, zazdrością, zawiścią, zemstą i dumą niedojrzałej osobowości. Takie, pnące się na wyżyny dusze, uwalniają się od mnóstwa powiązanych wzajemnie drobnych konfliktów życiowych, tym samym wyzwalają się do uświadamiania sobie wyższych prądów koncepcji duchowych i niebiańskiej komunikacji. Cel życia musi być jednak zazdrośnie strzeżony przed pokusami znajdowania łatwego i krótkotrwałego sukcesu; musi być również tak pielęgnowany, aby stał się odporny na niebezpieczeństwo fanatyzmu, prowadzącego do katastrofy.

4. RÓWNOWAGA DOJRZAŁOŚCI

Kiedy sięgacie wzrokiem wiecznych rzeczywistości, musicie sobie równocześnie zabezpieczyć potrzeby życia doczesnego. Podczas gdy duch jest naszym celem, ciało jest faktem. Środki do życia czasami mogą się dostać w nasze ręce przypadkiem, ale na ogół musimy inteligentnie na nie zapracować. Dwa główne problemy życia to: zarabianie na życie doczesne i zdobywanie życia wiecznego. Nawet problem zarabiania na życie potrzebuje religii dla znalezienia idealnego rozwiązania. To są dwa bardzo osobiste problemy. Faktycznie, prawdziwa religia nie działa w oderwaniu od człowieka.

Jak ja to widzę, podstawowymi czynnikami życia doczesnego są:

1. Dobre zdrowie fizyczne.
2. Jasne i czyste myślenie.
3. Zdolności i umiejętności.
4. Bogactwo – dobra tego życia.
5. Umiejętność znoszenia porażek.
6. Kultura – edukacja i mądrość.

Nawet fizyczne problemy zdrowia i sprawności cielesnej najlepiej się rozwiązuje, kiedy się do nich podchodzi z punktu widzenia religijnych nauk waszego Mistrza: ciało i umysł człowieka są miejscem zamieszkiwania daru Bogów, duch Boga staje się duchem człowieka. Zatem umysł człowieka staje się pośrednikiem pomiędzy rzeczami materialnymi a rzeczywistościami duchowymi.

Potrzeba inteligencji, aby brać udział w pożądanych rzeczach życia. Założenie, że dokładność w wykonywaniu codziennej pracy przyniesie wynagrodzenie w postaci bogactwa, jest całkowicie błędne. Za wyjątkiem sporadycznego i przypadkowego zdobycia majątku, materialne wynagrodzenia w doczesnym życiu napływają, z założenia, ustalonymi i dobrze zorganizowanymi kanałami i tylko ci, którzy mają dostęp do tych kanałów, mogą oczekiwać, że będą dobrze wynagrodzeni za swoje doczesne wysiłki. Ubóstwo zawsze będzie udziałem wszystkich tych, którzy szukają bogactwa samotnie i indywidualnymi kanałami. Dlatego też mądre planowanie staje się jedną z ważniejszych rzeczy, koniecznych do osiągnięcia doczesnego sukcesu. Sukces wymaga nie tylko poświęcenia się swojej pracy, ale również tego, że ktoś musi działać jako część jednego z tych kanałów, jakimi płynie materialne bogactwo. Jeśli nie jesteście mądrzy, możecie poświęcić waszemu pokoleniu swoje życie, bez materialnego wynagrodzenia; jeśli przypadkowo jesteście obdarowani strumieniem bogactwa, możecie tarzać się w luksusie, nawet, jeśli nie zrobiliście nic wartościowego dla waszych bliźnich.

Zdolności są tym, co dziedziczycie, podczas kiedy umiejętności są tym, co nabywacie. Życie nie jest rzeczywiste dla tego, kto nie potrafi wykonać pewnej, pojedynczej rzeczy dobrze, po mistrzowsku. Umiejętności są jednym z prawdziwych źródeł zadowolenia w życiu. Zdolności implikują dar przewidywania, dalekowzrocznej wizji. Nie dajcie się zwieść kuszącym wynagrodzeniom, płynącym z nieuczciwych osiągnięć; bądźcie gotowi ponieść trud, aby potem mieć dochody, odpowiednie do uczciwych wysiłków. Mądry człowiek potrafi dostrzec różnicę pomiędzy środkami a celami; w przeciwnym razie czasem za wysoko mierzy na przyszłość i nie dociera potem do własnego, wzniosłego celu. Szukając przyjemności powinniście zawsze starać się o to, aby tak samo być ich producentem jak i konsumentem.

Ćwiczcie waszą pamięć, aby zachowała w świętym powiernictwie podbudowujące i wartościowe zdarzenia życiowe, które możecie sobie przypomnieć, kiedy chcecie dla przyjemności i budującego wpływu. W ten sposób twórzcie dla siebie i w sobie zapasy, w galeriach piękna, dobroci i artystycznej wielkości duchowej. Jednak najszlachetniejsze ze wszystkich wspomnień to zachowanie w pamięci wielkich chwil wspaniałej przyjaźni. I wszystkie te skarby pamięci promieniują swymi najcenniejszymi i najwznioślejszymi wpływami, pod wyzwalającym dotykiem duchowego czczenia.

Życie stanie się jednak ciężarem egzystencji, jeśli nie nauczycie się z wdziękiem przegrywać. Istnieje sztuka przeżywania porażki, którą szlachetne dusze zawsze sobie przyswajają; musicie umieć przegrywać radośnie, nie możecie się bać rozczarowania. Nigdy się nie wahajcie przyznać do niepowodzenia. Nie próbujcie ukrywać niepowodzenia zwodniczym śmiechem i promieniującym optymizmem. Dobrze to brzmi, kiedy zawsze rościmy sobie prawo do sukcesu, ale końcowe tego wyniki są przerażające. Taka praktyka prowadzi wprost do stworzenia świata nierzeczywistości i do nieuniknionej katastrofy – ostatecznego rozczarowania.

Sukces może przynosić odwagę i ożywiać wiarę w siebie, ale mądrość przychodzi tylko z doświadczeń przystosowania się do skutków swoich niepowodzeń. Ludzie, którzy wybierają optymistyczne iluzje zamiast rzeczywistości, nigdy nie będą mądrzy. Tylko ci, który stają w obliczu faktów i dostosowują je do swoich ideałów, mogą osiągnąć mądrość. Mądrość obejmuje zarówno fakt jak również ideał i dlatego ratuje swoich entuzjastów od dwu jałowych skrajności filozofii – człowieka, którego idealizm wyklucza fakty i materialisty, pozbawionego duchowych perspektyw. Takie lękliwe dusze, które mogą prowadzić życiową walkę tylko przy pomocy zawsze fałszywych iluzji sukcesu, skazane są na niepowodzenie i klęskę, kiedy się ostatecznie przebudzą ze świata marzeń, zrodzonych w ich własnej wyobraźni.

I w tych właśnie sprawach stawiania czoła niepowodzeniu i przystosowywaniu się do porażki, dalekosiężna wizja religijna wywiera największy wpływ. Niepowodzenie jest po prostu edukacyjnym epizodem – kulturowym eksperymentem w przyswajaniu mądrości – w doświadczeniu człowieka poszukującego Boga, który zaczął wieczną przygodę eksploracji wszechświata. Dla takiego człowieka porażka jest tylko nowym mechanizmem wkraczania na wyższe poziomy wszechświatowej rzeczywistości.

Życiowa droga człowieka, który poszukuje Boga, może okazać się wielkim sukcesem w świetle wieczności, nawet gdyby wszystkie przedsięwzięcia doczesnego życia mogły wydawać się przygniatającymi porażkami, pod tym warunkiem, że każde życiowe niepowodzenie wyda kulturę mądrości i duchowego sukcesu. Nie róbcie błędu i nie mylcie ze sobą wiedzy, kultury i mądrości. Są one związane z życiem, ale reprezentują znacznie zróżnicowane wartości duchowe; mądrość zawsze panuje nad wiedzą i zawsze gloryfikuje kulturę.

5. RELIGIA IDEAŁU

Mówiliście mi, że wasz Mistrz uważa za prawdziwą, ludzką religię, doświadczanie jednostki z rzeczywistościami duchowymi. Ja uważałem religię za doświadczanie ludzkie w reagowaniu na coś, co człowiek uważa, że jest warte hołdu i oddania całego gatunku ludzkiego. W tym sensie, religia symbolizuje nasze najwyższe poświęcenie się temu, co reprezentuje naszą najwyższą koncepcję ideałów rzeczywistości i najwyższy zasięg naszych umysłów, sięgających w kierunku wiecznych możliwości duchowych osiągnięć.

Kiedy ludzie reagują na religię w jej rozumieniu plemiennym, narodowym czy rasowym, dzieje się tak dlatego, że traktują ludzi spoza swej grupy tak, jak gdyby nie byli prawdziwymi ludźmi. Zawsze uważamy, że obiekt naszej religijnej lojalności jest godny uszanowania przez wszystkich ludzi. Religia nigdy nie może być sprawą zwykłego, intelektualnego wierzenia czy filozoficznego rozumowania; religia jest zawsze i na zawsze sposobem reagowania na sytuacje życiowe, jest rodzajem postępowania. Religia obejmuje myślenie, odczuwanie i odnoszenie się z szacunkiem do pewnej rzeczywistości, którą uważamy za godną powszechnej adoracji.

Jeśli w waszym doświadczeniu życiowym coś stało się religią, jest oczywiste, że staliście się czynnymi ewangelistami tej religii, skoro najwyższą koncepcję waszej religii uważacie za godną czci całej ludzkości, wszystkich wszechświatowych istot inteligentnych. Jeśli nie jesteście autentycznymi i misyjnymi ewangelistami waszej religii, oszukujecie się sami, dlatego, że to, co nazywacie religią, jest tylko tradycyjnym wierzeniem, czy zwykłym systemem intelektualnej filozofii. Jeśli wasza religia jest doświadczeniem duchowym, obiekt waszej czci musi być wszechświatową rzeczywistością duchową i ideałem wszystkich waszych uduchowionych koncepcji. Wszystkie religie oparte na strachu, uczuciu, tradycji i filozofii, nazywam religiami intelektualnymi, podczas gdy te, oparte na prawdziwym duchowym doświadczeniu, nazywam prawdziwymi religiami. Obiekt czci religijnej może być materialny albo duchowy, prawdziwy albo fałszywy, rzeczywisty albo nierzeczywisty, ludzki albo boski. Dlatego też religie mogą być zarówno dobre jak i złe.

Moralność i religia niekoniecznie muszą być tym samym. System moralności, przy pojawieniu się obiektu czczenia, może stać się religią. Religia, tracąc swoje uniwersalne odwoływanie się do lojalności i najwyższego oddania, może ewoluować w system filozofii lub kodeks moralny. Ten przedmiot, istota, stan czy porządek egzystencji albo możliwość do osiągnięcia, który stanowi najwyższy ideał religijnej lojalności i który odbiera religijne oddanie tych, którzy go wielbią, jest Bogiem. Niezależnie od imienia, stosowanego na określenie tego idealnego ducha rzeczywistości, to jest Bóg.

Społeczna cecha prawdziwej religii polega na tym, że nieodmiennie stara się ona nawrócić jednostkę i przekształcić świat. Religia implikuje istnienie nieodkrytych ideałów, które dalece przewyższają znane standardy etyki i moralności, zawarte nawet w najwyższych społecznych zwyczajach najbardziej dojrzałych instytucji cywilizacyjnych. Religia sięga po nieodkryte ideały, niezbadane rzeczywistości, nadludzkie wartości, po boską mądrość i prawdziwe osiągnięcia duchowe. To wszystko robi prawdziwa religia; wszystkie inne wierzenia nie są warte tej nazwy. Nie możecie mieć prawdziwej, duchowej religii, bez najwyższego i boskiego ideału, bez wiecznego Boga. Bez takiego Boga religia jest wymysłem człowieka, ludzką instytucją martwych, intelektualnych wierzeń i emocjonalnych obrzędów bez znaczenia. Religia może traktować wielki ideał jako obiekt swej nabożności. Ale takie, nierzeczywiste ideały, są nieosiągalne; taka koncepcja jest iluzoryczna. Jedynymi ideałami, które ludzie mogą osiągnąć, są boskie rzeczywistości o nieskończonych wartościach, zawarte w duchowym fakcie istnienia wiecznego Boga.

Słowo Bóg, *idea* Boga, w przeciwieństwie do *ideału* Boga, może stać się częścią każdej religii i nie ma znaczenia, jak dziecinną czy fałszywą może ewentualnie być ta religia. I taka idea Boga może stać się czymkolwiek, co ci, którzy ją żywią, zechcą z niej zrobić. Niższe religie kształtują swoje idee Boga tak, aby odpowiadały naturalnemu stanowi ludzkiego serca; wyższe religie żądają, aby ludzkie serce się zmieniało, wychodząc naprzeciw wymaganiom ideałów prawdziwej religii.

Religia Jezusa przewyższa wszelkie nasze poprzednie rozumienie idei czczenia w tym, że Jezus nie tylko obrazuje swojego Ojca, jako ideał nieskończonej rzeczywistości, ale także stanowczo oświadcza, że to boskie źródło wartości i wieczne centrum wszechświata jest prawdziwie i osobiście osiągalne przez każdą śmiertelną istotę, która zechce wejść do królestwa nieba na Ziemi i w ten sposób potwierdzić swą akceptację synostwa z Bogiem i braterstwa z człowiekiem. Uważam, że jest to najwyższa koncepcja religii, jaką świat kiedykolwiek poznał i oświadczam, że nigdy nie może być wyższej, skoro ta ewangelia obejmuje nieskończoność rzeczywistości, boskość wartości i wieczność wszechświatowych osiągnięć. Taka koncepcja stanowi osiąganie idealizmu najwyższego i ostatecznego.

Ciekawią mnie nie tylko doskonałe ideały religii waszego Mistrza, ale skłonny jestem również wyznać moją wiarę w jego oświadczenie, że te ideały duchowej rzeczywistości są osiągalne, że wy i ja możemy zacząć długą i wieczną przygodę, z jego gwarancją naszego ostatecznego przybycia do bram Raju. Moi bracia, jestem człowiekiem wierzącym, przyłączyłem się; jestem z wami na drodze wiecznej przygody. Mistrz powiedział, że przyszedł od Ojca i że pokaże nam drogę. Jestem całkowicie przekonany, że mówi prawdę. Jestem definitywnie przekonany, że nie istnieją osiągalne ideały rzeczywistości czy walory doskonałości poza wiecznym i Wszechświatowym Ojcem.

Doszedłem do tego, że oddaję cześć nie tylko Bogu bytów istniejących, ale też Bogu możliwości zaistnienia wszystkich przyszłych bytów. Dlatego też wasze poświęcenie się najwyższemu ideałowi, jeśli ten ideał jest rzeczywisty, musi być poświęceniem się Bogu przeszłych, teraźniejszych i przyszłych wszechświatów rzeczy i istot. I nie ma tu innego Boga, ponieważ jest niemożliwe, aby mógł być jakikolwiek inny Bóg. Wszyscy inni bogowie są tworami wyobraźni, iluzjami śmiertelnych umysłów, zniekształceniami fałszywej logiki i złudnymi idolami tych, którzy ich stworzyli. Tak, możecie mieć religię bez tego Boga, ale ona nic nie znaczy. I jeśli pragniecie zastąpić słowem Bóg rzeczywistość ideału żywego Boga, sami się tylko oszukujecie, kładąc ideę w miejscu idealnej i Boskiej rzeczywistości. Takie wierzenia są tylko religiami pobożnych życzeń wyobraźni.

W naukach Jezusa widzę religię najlepszą z możliwych. Ta ewangelia umożliwia nam szukanie prawdziwego Boga i jego znalezienie. Ale czy chcemy zapłacić cenę za wejście do królestwa nieba? Czy chcemy ponownie się narodzić, być przetworzeni? Czy chcemy być podmiotem tej strasznej próby zniszczenia własnego „ja" i rekonstrukcji duszy? Czyż Mistrz nie powiedział: „Kto chce zachować swoje życie, musi je stracić. Nie myślcie, że przyszedłem dać wam pokój, ale raczej zmagania duszy"? Prawda, że gdy zapłacimy cenę poświęcenia się woli Ojca, będziemy przeżywać wielki spokój, pod tym warunkiem, że będziemy dalej iść duchowymi ścieżkami uświęconego życia.

Teraz naprawdę porzucamy pokusy znanego nam porządku egzystencji i bez zastrzeżeń poświęcamy się poszukiwaniom pokus nieznanego i niezbadanego porządku egzystencji, w przyszłym życiu, przygody w duchowych światach wyższego idealizmu boskiej rzeczywistości. I szukamy tych symboli znaczeniowych, którymi chcemy przekazać naszym bliźnim koncepcje rzeczywistości idealizmu religii Jezusa i nie przestaniemy się modlić o ten dzień, kiedy cała ludzkość będzie ożywiona powszechną wizją tej najwyższej prawdy. W tej chwili nasze zogniskowane pojęcie Ojca, które przechowujemy w naszych sercach, mówi, że Bóg jest duchem; a kiedy przekazywane jest naszym braciom, określa ono, że Bóg jest miłością.

Religia Jezusa wymaga żywego, duchowego doświadczenia. Inne religie mogą polegać na tradycyjnych wierzeniach, odczuciach emocjonalnych, filozoficznej świadomości i tym podobnych, ale nauka Mistrza wymaga osiągnięcia istotnych poziomów rzeczywistego rozwoju duchowego.

Uświadomienie sobie impulsu nakazującego, żeby stać się podobnym Bogu, nie jest prawdziwą religią. Odczuwanie nastroju czczenia Boga nie jest prawdziwą religią. Poznanie przeświadczenia, żeby się zaprzeć siebie i służyć Bogu, nie jest prawdziwą religią. Mądrość, mówiąca o tym, że ta religia jest najlepsza ze wszystkich innych, nie jest taką religią, podobnie jak osobiste i duchowe doświadczenie. Prawdziwa religia odwołuje się do przeznaczenia i rzeczywistości osiągnięć, jak również do rzeczywistości i idealizmu tego, co jest całym sercem akceptowane przez wiarę. I wszystko to musi być dla nas osobiście objawione przez Ducha Prawdy.

I tak zakończył swoją rozprawę grecki filozof, jeden z największych ze swego narodu, który uwierzył w ewangelię Jezusa.

PRZEKAZ 161

DALSZE ROZMOWY Z RODANEM

W NIEDZIELĘ, 25 września, roku 29 n.e., apostołowie i ewangeliści zebrali się w Magedanie. Tego wieczora Jezus zaskoczył ich wszystkich, kiedy po długiej dyskusji ze swymi współpracownikami, ogłosił, że następnego dnia wcześnie rano, wyruszy z dwunastoma apostołami do Jerozolimy, żeby wziąć udział w Święcie Namiotów. Zalecił, żeby ewangeliści odwiedzali wierzących w Galilei i żeby grupa kobieca chwilowo wróciła do Betsaidy.

Gdy przyszedł czas wyruszenia do Jerozolimy, Nataniel i Tomasz wciąż dyskutowali z Rodanem z Aleksandrii i dostali od Mistrza zgodę na pozostanie kilka dni w Magedanie. I tak, gdy Jezus z dziesięcioma apostołami był w drodze do Jerozolimy, Nataniel i Tomasz prowadzili poważną dyskusję z Rodanem. W poprzednim tygodniu, kiedy Rodan objaśniał swą filozofię, Tomasz i Nataniel na zmianę przedstawiali greckiemu filozofowi ewangelię królestwa. Rodan zauważył, że został prawidłowo poinformowany o nauce Jezusa przez jednego z byłych apostołów Jana Chrzciciela, który był jego nauczycielem w Aleksandrii.

1. OSOBOWOŚĆ BOGA

Jedyną sprawą, w której Rodan i apostołowie różnili się w opiniach, była osobowość Boga. Rodan chętnie akceptował wszystko, co mu zostało przedstawione w sprawie atrybutów Boga, twierdził jednak, że Ojciec w niebie nie jest, nie może być, osobą w ludzkim rozumieniu osobowości. Podczas gdy apostołowie mieli pewne trudności, kiedy próbowali udowodnić, że Bóg jest osobą, Rodanowi sprawiało jeszcze większe trudności udowodnienie, że Bóg osobą nie jest.

Rodan twierdził, że fakt osobowości opiera się na współistniejącym z nim fakcie pełnego i obopólnego porozumiewania się pomiędzy równymi sobie istotami, które są zdolne do wzajemnego zrozumienia. Rodan powiedział: „Ażeby być osobą, Bóg musi mieć symbole dla duchowego porozumiewania się, dające mu możliwość bycia w pełni zrozumiałym przez tych, którzy się z nim kontaktują. Skoro jednak Bóg jest nieskończony i wieczny, jest Stwórcą wszystkich innych istot, wynika z tego, co się tyczy istot równych sobie, że Bóg jest samotny we wszechświecie. Nie ma nikogo jemu równego, nie ma nikogo, z kim mógłby porozumiewać się jak z równym. Bóg może być co prawda źródłem wszystkich osobowości, ale jako taki przewyższa osobowość, dokładnie tak, jak stworzyciel jest ponad i poza istotą stworzoną".

Twierdzenie to bardzo zaniepokoiło Tomasza i Nataniela i prosili Jezusa, żeby im pomógł, jednak Mistrz nie chciał brać udziału w ich dyskusji. Odpowiedział Tomaszowi: „Nie ma większego znaczenia, jaką *ideę* Ojca żywicie, tak długo, jak długo będziecie duchowo znać *ideał* jego nieskończonej i wiecznej natury".

Tomasz twierdził, że Bóg porozumiewa się z człowiekiem, więc Ojciec jest osobą, nawet w zakresie definicji Rodana. To Grek odrzucił z tej racji, że Bóg nie objawia się osobiście; że wciąż jest tajemnicą. Wtedy Nataniel odwołał się do swoich własnych, osobistych doświadczeń z Bogiem i na to Rodan się zgodził, twierdząc, że on sam niedawno miał podobne doświadczenia, ale te doświadczenia, jak twierdził, udowodniły tylko *rzeczywistość* Boga a nie jego *osobowość*.

W poniedziałek przed wieczorem Tomasz zrezygnował. Jednak we wtorek wieczorem Nataniel przekonał Rodana, aby uwierzył w osobowość Ojca i zmienił poglądy Greka dzięki następującym stopniom rozumowania:

1. Ojciec w Raju porozumiewa się na równi co najmniej z dwoma istotami, które są w pełni jemu równe i zupełnie jemu podobne – z Wiecznym Synem i z Nieskończonym Duchem. Biorąc pod uwagę doktrynę Trójcy, Grek zmuszony był przyznać możliwość istnienia osobowości Ojca Wszechświatowego. (Późniejsze rozważania tych dyskusji doprowadziły do poszerzenia koncepcji Trójcy w rozumieniu dwunastu apostołów. Panowało oczywiście powszechnym przekonanie, że to Jezus jest Wiecznym Synem).

2. Skoro Jezus jest równy Ojcu i skoro Syn ukazał osobowość swoim ziemskim dzieciom, takie zjawisko stanowiło dowód faktu osobowości i ukazuje możliwość posiadania osobowości przez wszystkie trzy Bóstwa oraz na zawsze rozstrzyga kwestie dotyczące możliwości porozumiewania się Boga z człowiekiem i możliwości porozumiewania się człowieka z Bogiem.

3. Jezus współpracuje z człowiekiem i doskonale się z nim porozumiewa; Jezus jest Synem Bożym. Pokrewieństwo Syna i Ojca implikuje równość porozumiewania się i wzajemne życzliwe zrozumienie; Jezus i Ojciec to jedno. Jezus kontaktuje się równocześnie, z pełnym zrozumieniem, zarówno z Bogiem jak i człowiekiem i skoro tak Bóg jak i człowiek rozumieją treść symboli, którymi porozumiewa się Jezus, zarówno Bóg jak i człowiek posiadają atrybuty osobowości w takim stopniu, w jakim to dotyczy możliwości wzajemnego zrozumienia. Osobowość Jezusa ukazuje osobowość Boga, podczas gdy równocześnie definitywnie udowadnia obecność Boga w człowieku. Dwie rzeczy, które są w relacji do tej samej rzeczy, są w relacji do siebie nawzajem.

4. Ta osobowość wyraża najwyższą koncepcję ludzkiej rzeczywistości i Boskich wartości; Bóg także reprezentuje dla człowieka najwyższą koncepcję Boskiej rzeczywistości i nieskończonych wartości; dlatego też Bóg musi mieć Boską i nieskończoną osobowość, rzeczywistą osobowość, chociaż nieskończenie i wiecznie przewyższającą ludzkie koncepcje i definicje osobowości, mimo wszystko, generalnie, jest to osobowość.

5. Skoro Bóg jest Stwórcą wszystkich osobowości i przeznaczeniem wszystkich osobowości, on też musi być osobowością. Na Rodana ogromny wpływ wywarła nauka Jezusa: „Przeto bądźcie doskonali, nawet tak, jak wasz Ojciec w niebie jest doskonały".

Kiedy Rodan wysłuchał tych argumentów, powiedział: „Jestem przekonany. Wyznam wiarę w Boga jako w osobę, jeśli pozwolicie mi uwarunkować moje wyznanie *dodaniem do znaczenia* osobowości grupy dodatkowych cech, takich jak nadludzki, transcendentalny, najwyższy, nieskończony, wieczny, ostateczny i wszechświatowy. I teraz jestem przekonany, że chociaż Bóg musi być czymś nieskończenie większym niż osobowość, nie może być też niczym mniejszym. Cieszę się z zakończenia dyskusji i przyjmuję Jezusa jako osobiste objawienie Ojca i zadowolenie wszystkich niezadowalających dotąd czynników w logice, rozumowaniu i filozofii".

2. BOSKA NATURA JEZUSA

Ponieważ Nataniel i Tomasz w pełni zgadzali się z poglądem Rodana na ewangelię królestwa, do rozważenia pozostał jeszcze tylko jeden punkt – nauczanie nawiązujące do Boskiej natury Jezusa, doktryna, którą dopiero niedawno ogłoszono publicznie. Nataniel i Tomasz wspólnie przedstawili swoje poglądy na Boską naturę Mistrza i poniższe opowiadanie jest ich nauką, skondensowaną, uporządkowaną i ponownie przedstawioną:

1. Jezus przyznał się do swojej boskości a my mu wierzymy. W związku z jego działalnością wydarzyło się wiele nadzwyczajnych rzeczy, które możemy zrozumieć tylko wtedy, gdy uwierzymy, że jest Synem Bożym, a także Synem Człowieczym.

2. Jego życie razem z nami jest przykładem ideału ludzkiej przyjaźni; tylko boska istota może być takim przyjacielem człowieka. Jest naprawdę najbardziej bezinteresowną osobą, jaką kiedykolwiek poznaliśmy. Jest nawet przyjacielem grzeszników; ośmiela się kochać swoich wrogów. W stosunku do nas jest bardzo lojalny. Podczas gdy nie waha się nas ganić, jest dla wszystkich oczywiste, że naprawdę nas kocha. Im lepiej go poznajesz tym bardziej będziesz go kochać. Będziesz urzeczony jego nieograniczonym poświęceniem. Był naszym wiernym przyjacielem przez wszystkie te lata, gdy nie mogliśmy zrozumieć jego misji. Podczas gdy nie używa pochlebstw, traktuje nas wszystkich z równą życzliwością; jest niezmiennie delikatny i współczujący. Dzieli swoje życie i wszystko inne z nami. Jesteśmy szczęśliwą wspólnotą, wszystkie rzeczy mamy wspólnie. Nie wierzymy, że zwykły człowiek mógłby żyć takim życiem bez skazy w tak trudnych warunkach.

3. Myślimy, że Jezus jest Boski, ponieważ nigdy nie czyni źle; nie robi żadnych błędów. Jego mądrość jest niezwykła; jego pobożność wspaniała. Dzień za dniem żyje w doskonałej zgodzie z wolą Ojca. Nigdy nie żałuje za złe uczynki, ponieważ nigdy nie narusza żadnego prawa Ojca. Modli się za nas i z nami, ale nigdy nie prosi, abyśmy się modlili za niego. Wierzymy, że jest zupełnie bez grzechu. Uważamy, że nie jest możliwe, aby ktokolwiek będąc tylko człowiekiem, mógł żyć takim życiem. Jezus twierdzi, że żyje doskonałym życiem, a my to potwierdzamy. Nasza pobożność wynika z żalu za grzechy, ale jego pobożność wynika z prawości. Jezus twierdzi nawet, że wybacza grzechy i uzdrawia choroby. Żaden zwykły i rozsądnie myślący człowiek nie mógłby oświadczyć, że wybacza grzechy; to jest Boski przywilej. Jezus wydaje się być tak doskonały w swej prawości od czasu, kiedy go po raz pierwszy spotkaliśmy. Rozwijamy się w łasce i poznajemy prawdę, ale nasz Mistrz od samego początku wykazuje dojrzałą prawość. Wszyscy ludzie, dobrzy i źli, rozpoznają te cechy dobroci w Jezusie. A przecież jego pobożność nie jest ani natrętna, ani ostentacyjna. Jest tak samo łagodny jak i nieustraszony. Wygląda na to, że zgadza się z naszą wiarą w jego boskość. Jest albo tym, kim mówi, że jest, albo jest największym hipokrytą i oszustem, jakiego świat kiedykolwiek widział. Jesteśmy przekonani, że jest tym właśnie, za kogo się podaje.

4. Unikalność charakteru Jezusa i doskonałość jego kontroli emocjonalnej przekonują nas o tym, że jest on kombinacją człowieczeństwa i boskości. Reaguje niezawodnie,

gdy widzi ludzkie potrzeby; cierpienie nigdy się nie zawiedzie, odwołując się do niego. Zarówno cierpienie fizyczne jak i udręka umysłowa czy duchowy smutek, wywołują jego współczucie. Szybko rozpoznaje i wspaniałomyślnie uznaje istnienie wiary, czy jakiejkolwiek innej łaski u swoich bliźnich. Jest tak sprawiedliwy i bezstronny a jednocześnie tak miłosierny i troskliwy. Smuci się duchowym uporem ludzi i się raduje, gdy godzą się dostrzec światło prawdy.

5. Wydaje się, że Jezus zna ludzkie myśli i rozumie pragnienia serc ludzkich. Zawsze jest wyrozumiały dla naszych udręczonych duchów. Wydaje się, że jest obdarzony wszystkimi naszymi ludzkimi uczuciami, ale są one wspaniale gloryfikowane. Bardzo kocha dobroć i równie nienawidzi grzechu. Posiada nadludzką świadomość obecności Bóstwa. Modli się jak człowiek, ale działa jak Bóg. Wydaje się, że zna przyszłość; nawet teraz ośmiela się mówić o swojej śmierci, jakimś mistycznym nawiązaniu do swojej przyszłej gloryfikacji. Podczas gdy jest życzliwy, jest także dzielny i odważny. Gdy wykonuje swoje obowiązki, nigdy się nie waha.

6. Wciąż pozostajemy pod wrażeniem fenomenu jego nadludzkiej wiedzy. Rzadko kiedy dzień upłynie, żeby się coś nie zdarzyło, co ujawnia, że Mistrz wie, co dzieje się poza jego bezpośrednią obecnością. Wydaje się także, że zna myśli swoich towarzyszy. Niewątpliwie jest on w duchowej komunii z osobowościami niebiańskimi; nie ulega wątpliwości, że żyje na duchowym poziomie znacznie przewyższającym nas wszystkich. Wydaje się, że wszystko stoi otworem przed jego unikalnym rozumem. Zadaje nam pytania, żeby nas rozruszać, a nie w celu zdobycia informacji.

7. Ostatnio Mistrz nie zawahał się potwierdzić swojego nadczłowieczeństwa. Od dnia naszego wyświęcenia na apostołów, nigdy nie zaprzeczył temu, że przyszedł od Ojca na wysokości. Mówi z autorytetem Boskiego nauczyciela. Mistrz nie waha się zaprzeczać współczesnemu nauczaniu religijnemu i głosi nową ewangelię z absolutnym autorytetem. Jest stanowczy, autentyczny i autorytatywny. Nawet Jan Chrzciciel, kiedy usłyszał, jak Jezus mówi, oświadczył, że jest on Synem Bożym. Wydaje się, że sam sobie wystarcza. Nie chce poparcia tłumów; jest obojętny na ludzkie opinie. Jest odważny a jednocześnie tak daleki od dumy.

8. Stale mówi o Bogu jako nieodstępnym partnerze wszystkiego tego, co czyni. Chodzi czyniąc dobro a Bóg wydaje się być w nim. Wypowiada niesłychanie zaskakujące twierdzenia o sobie i swojej misji na Ziemi, te wypowiedzi, które byłyby absurdalne, gdyby nie był Boski. Raz oświadczył: „Zanim był Abraham, ja jestem". Stanowczo potwierdza swą boskość, wyznaje, że współpracuje z Bogiem. Wyczerpuje niemalże możliwości językowe, kiedy powtarza swoje twierdzenia o bliskiej współpracy z niebiańskim Ojcem. Ośmiela się nawet twierdzić, że on i Ojciec to jedno. Mówi, że ktokolwiek ujrzał jego, ujrzał również Ojca. Mówi i robi wszystkie te wielkie rzeczy z dziecinną naturalnością. Napomyka o swojej współpracy z Ojcem w taki sam sposób, jak mówi o swojej współpracy z nami. Wydaje się, że jest pewny Boga i mówi o tych związkach jako o fakcie oczywistym.

9. W swym życiu modlitewnym wydaje się komunikować bezpośrednio ze swym Ojcem. Słyszeliśmy kilka jego modlitw i dzięki temu wiemy, że rozmawia z Bogiem niejako twarzą w twarz. Wydaje się, że tak samo zna przyszłość jak i przeszłość. Po prostu nie mógłby być tym wszystkim i czynić tych wszystkich nadzwyczajnych rzeczy, gdyby

nie był kimś więcej niż człowiekiem. Wiemy, że jest człowiekiem, jesteśmy tego pewni, ale prawie tak samo jesteśmy pewni tego, że jest również Boski. Wierzymy, że jest Boski. Jesteśmy przekonani, że jest Synem Człowieczym i Synem Bożym.

Kiedy Nataniel i Tomasz zakończyli swoje dyskusje z Rodanem, pośpieszyli do Jerozolimy, aby dołączyć do swych braci apostołów, przybywając na miejsce w piątek tego tygodnia. Dyskusje te były wielkim wydarzeniem w życiu wszystkich trzech wiernych a inni apostołowie nauczyli się sporo o tych przeżyciach z opowiadania Nataniela i Tomasza.

Rodan poszedł z powrotem do Aleksandrii, gdzie długo nauczał swojej filozofii w szkole Meganty. Później stał się wielkim człowiekiem, prowadząc sprawy królestwa nieba; do końca swoich ziemskich dni był wiernym wyznawcą; oddał swe życie wraz z innymi, w Grecji, podczas największych prześladowań.

3. LUDZKI I BOSKI UMYSŁ JEZUSA

Świadomość boskości kształtowała się stopniowo w umyśle Jezusa, aż do czasu jego chrztu. Później, kiedy w pełni uświadomił sobie swą Boską naturę, swój przedludzki byt i wszechświatowe prerogatywy, wydawało się, że potrafi ograniczać w różny sposób ludzką świadomość swojej boskości. Wydaje się nam, że w czasie, jaki upłynął między chrztem a ukrzyżowaniem, zależało wyłącznie od Jezusa, czy polegać będzie tylko na ludzkim umyśle, czy też skorzysta z wiedzy umysłu zarówno ludzkiego jak i Boskiego. Czasami wydawało się, iż pozwala sobie korzystać tylko z tych informacji, jakie istniały w ludzkim intelekcie. W innych sytuacjach wyglądało, że działał z taką pełnią wiedzy i mądrości, jaką mogłoby dać tylko wykorzystanie nadludzkiej zawartości jego Boskiej świadomości.

Jego unikalne postępowanie potrafimy zrozumieć tylko wtedy, gdy zaakceptujemy teorię, że mógł on dowolnie ograniczać swoją Boską świadomość. W pełni jesteśmy świadomi tego, że często ukrywał przed swymi towarzyszami wcześniejszą znajomość zdarzeń i że uświadamiał sobie naturę ich myślenia oraz zamiarów. Rozumiemy, że nie życzył sobie, aby jego wyznawcy w pełni zdawali sobie sprawę z tego, że mógł znać ich myśli i przeniknąć ich plany. Nie chciał wyjść zbyt daleko poza tę ideę człowieka jaką pojmowali jego apostołowie i uczniowie.

W żaden sposób nie możemy dostrzec różnicy pomiędzy praktykowanym przez Jezusa ograniczaniem swojej Boskiej świadomości a metodą ukrywania wcześniejszej znajomości faktów i zdolności postrzegania myśli swoich ludzkich współpracowników. Jesteśmy przekonani, że używał tych dwóch metod, ale w konkretnym przypadku nie zawsze możemy sprecyzować, jaką metodę mógł zastosować. Obserwowaliśmy go często, jak działa wyłącznie z ludzką zawartością świadomości; potem widzieliśmy go w czasie narady z szefami niebiańskich zastępów wszechświata i zauważyliśmy niewątpliwe działanie Boskiego umysłu. A potem, w niezliczonych niemalże okolicznościach, byliśmy świadkami współpracy połączonej osobowości człowieka i Boga, tak jak była ona uaktywniana przez doskonałą jedność ludzkiego i Boskiego umysłu. I tu się kończy nasza znajomość tego fenomenu; naprawdę nie możemy w pełni zgłębić tej tajemnicy.

PRZEKAZ 162

ŚWIĘTO NAMIOTÓW

KIEDY Jezus wyruszył do Jerozolimy z dziesięcioma apostołami, planował iść przez Samarię, aby w ten sposób skrócić marszrutę. Zatem obeszli wschodni brzeg jeziora i drogą przez Scytopolis weszli w granice Samarii. Przed zapadnięciem zmroku Jezus wysłał Filipa i Mateusza do wsi, położonej na wschodnich zboczach góry Gilboa, aby załatwili zakwaterowanie dla grupy. Tak się złożyło, że tamtejsi wieśniacy byli bardzo uprzedzeni w stosunku do Żydów, o wiele bardziej niż przeciętni Samarytanie i takie uczucia nasilały się w tym, szczególnym okresie, kiedy tak wielu Żydów szło na Święto Namiotów. Ci ludzie niewiele słyszeli o Jezusie i odmówili jemu oraz jego towarzyszom zakwaterowania jako Żydom. Kiedy Mateusz i Filip wyrazili swoje oburzenie i poinformowali Samarytan, że odmówili gościny Najświętszemu z Izraela, rozwścieczeni wieśniacy kijami i kamieniami wygnali ich z osady.

Kiedy Filip i Mateusz wrócili do swoich braci i powiedzieli im, jak zostali wypędzeni z wioski, Jakub i Jan przystąpili do Jezusa i powiedzieli: „Mistrzu, błagamy cię, abyś nam pozwolił wezwać ogień, żeby spadł z nieba i pochłonął tych bezczelnych i zatwardziałych Samarytan". Kiedy Jezus usłyszał te mściwe słowa, odwrócił się do synów Zebedeusza i surowo ich upomniał: „Nie wiecie nawet, jaką postawę wyrażacie. Smak zemsty jest niezgodny z poglądami królestwa nieba. Zamiast dyskutować, pójdźmy do małej wioski przy brodzie na Jordanie". W ten sposób, z powodu sekciarskich uprzedzeń, ci Samarytanie pozbawili się honoru goszczenia Syna Stwórcy wszechświata.

Jezus i dziesięciu apostołów zatrzymali się na noc w wiosce w pobliżu brodu na Jordanie. Następnego dnia wcześnie rano przeszli rzekę, idąc dalej do Jerozolimy wschodnim traktem Jordanu, przybywając do Betanii późnym wieczorem, w środę. Tomasz i Nataniel dołączyli do nich w piątek, opóźnieni z powodu dyskusji z Rodanem.

Jezus z Dwunastoma pozostał w rejonie Jerozolimy przez blisko cztery i pół tygodnia, do końca następnego miesiąca (października). Sam Jezus wszedł do miasta tylko kilka razy i te krótkie wizyty miały miejsce podczas Święta Namiotów. Znaczną część października Jezus spędził w Betlejem z Abnerem i jego towarzyszami.

1. NIEBEZPIECZEŃSTWA WIZYTY W JEROZOLIMIE

Wyznawcy Jezusa błagali go, na długo przedtem nim uciekli z Galilei, aby poszedł do *Jerozolimy i tam ogłosił* ewangelię królestwa, aby jego posłanie mogło zyskać prestiż, gdy będzie głoszone w centrum żydowskiej kultury i nauki; ale teraz, kiedy rzeczywiście poszedł do Jerozolimy, żeby nauczać, obawiali się o jego życie. Wiedząc o tym, że Sanhedryn usiłował sprowadzić Jezusa do Jerozolimy na proces i przypominając sobie tak niedawno powtarzane oświadczenia Mistrza, że musi być wydany na śmierć, apostołowie dosłownie byli oszołomieni tą nagłą decyzją o wzięciu udziału w Święcie Namiotów. Na wszystkie ich poprzednie prośby, żeby poszedł do Jerozolimy, odpowiadał: „Godzina jeszcze nie nadeszła". Teraz, gdy protestowali pod wpływem strachu, odpowiedział tylko: „Ale godzina nadeszła".

Podczas Święta Namiotów Jezus kilka razy wszedł śmiało do Jerozolimy i publicznie nauczał w Świątyni. Zrobił to wbrew wysiłkom swoich apostołów, którzy starali się mu to wyperswadować. Choć tak długo go namawiali, aby ogłosił swoją nowinę w Jerozolimie, teraz się bali, widząc jak wchodzi do miasta, wiedząc bardzo dobrze, że uczeni w Piśmie i faryzeusze chcą go zabić.

Śmiałe pojawienie się Jezusa w Jerozolimie bardziej niż kiedykolwiek zdezorientowało jego zwolenników. Wielu jego uczniów, a nawet apostoł Judasz Iskariota, ośmielało się myśleć, że Jezus uciekł w pośpiechu do Fenicji, ponieważ bał się przywódców żydowskich i Heroda Antypasa. Nie mogli zrozumieć znaczenia posunięć Jezusa. Jego obecność w Jerozolimie, podczas Święta Namiotów, sprzeczna nawet z radami jego zwolenników, wystarczyła, aby raz na zawsze położyć kres wszelkim poszeptom o strachu i tchórzostwie.

Tysiące wiernych, ze wszystkich części Cesarstwa Rzymskiego, widziało Jezusa w czasie Święta Namiotów, słyszało go jak naucza i wielu z nich nawet poszło do Betanii, aby z nim rozmawiać o postępach królestwa w swych ojczystych stronach.

Wiele przyczyn złożyło się na to, że Jezus mógł publicznie głosić kazania na dziedzińcach Świątyni w dniach świąt, a głównym z nich był strach, który ogarnął urzędników Sanhedrynu, w wyniku tajemnego podziału opinii jego członków. Rzeczywiście, wielu członków Sanhedrynu albo potajemnie wierzyło w Jezusa, albo zdecydowanie sprzeciwiało się aresztowaniu go w czasie świąt, kiedy mnóstwo ludzi przebywało w Jerozolimie, z których wielu albo wierzyło w niego, albo przynajmniej byli przyjaźnie nastawieni do duchowego ruchu, któremu patronował.

Działalność Abnera i jego współpracowników w całej Judei zrobiła wiele dla konsolidacji życzliwych uczuć wobec królestwa, w takim stopniu, że wrogowie Jezusa nie ośmielili się otwarcie mu przeciwstawić. Była to jedna z przyczyn, dlaczego Jezus mógł publicznie odwiedzać Jerozolimę i odejść żywy. Miesiąc albo dwa wcześniej z pewnością byłby skazany na śmierć.

Poza tym zuchwała śmiałość Jezusa, publicznie zjawiającego się w Jerozolimie, zatrwożyła jego wrogów; nie byli gotowi na tak śmiało rzucone wyzwanie. W czasie tego miesiąca Sanhedryn kilka razy poczynił nieśmiałe próby aresztowania Mistrza, ale nic z tego nie wyszło. Wrogowie Jezusa tak byli zaskoczeni jego niespodziewanym, publicznym pojawieniem się, iż domniemali, że władze rzymskie musiały mu zapewnić bezpieczeństwo. Wiedząc, że Filip (brat Heroda Antypasa) był nieomal wyznawcą Jezusa, członkowie Sanhedrynu przypuszczali, że obiecał on Jezusowi ochronę przed jego wrogami. Jezus odszedł z obszaru podległego ich jurysdykcji zanim się ocknęli i zdali sobie sprawę z tego, że byli w błędzie, wierząc, iż takie nagłe i śmiałe pojawienie się jego w Jerozolimie było spowodowane tajnym porozumieniem z władzami rzymskimi.

Kiedy wyruszyli z Magedanu, tylko dwunastu apostołów wiedziało, że Jezus chce wziąć udział w Święcie Namiotów. Inni stronnicy Mistrza byli bardzo zadziwieni, kiedy ukazał się na dziedzińcach Świątyni i zaczął publicznie nauczać, a żydowskie władze były niewymownie zaskoczone, kiedy im zameldowano, że naucza w Świątyni.

Aczkolwiek uczniowie się nie spodziewali, żeby Jezus uczestniczył w świętach, znaczna większość przychodzących z daleka pielgrzymów, którzy o nim słyszeli, żywiła nadzieję, że może go zobaczą w Jerozolimie. I się nie zawiedli, gdyż kilkakrotnie nauczał w Portyku Salomona i na dziedzińcach Świątyni. Nauczanie to było w rzeczywistości oficjalnym czy formalnym ogłoszeniem boskości Jezusa dla Żydów i ludzi z całego świata.

Opinie tłumów, które przysłuchiwały się naukom Mistrza, były podzielone. Niektórzy mówili, że jest dobrym człowiekiem; inni, że prorokiem; niektórzy, że jest prawdziwym Mesjaszem; inni z kolei, że jest szkodliwym mącicielem a swymi dziwnymi doktrynami sprowadza ludzi na manowce. Jego wrogowie obawiali się go otwarcie potępić, ze strachu przed jego wierzącymi przyjaciółmi, podczas gdy jego przyjaciele obawiali się uznać go otwarcie, ze strachu przed przywódcami żydowskimi, wiedząc, że Sanhedryn postanowił go zgładzić. Ale nawet jego nieprzyjaciele byli zdziwieni jego nauczaniem, wiedząc o tym, że nie uczył się w szkołach dla rabinów.

Za każdym razem, kiedy Jezus wchodził do Jerozolimy, jego apostołów ogarniało przerażenie. I z dnia na dzień coraz bardziej się bali, słuchając jego coraz śmielszych wypowiedzi w sprawie istoty jego misji na Ziemi. Nie byli przyzwyczajeni słuchać Jezusa, jak głosi tak stanowcze oświadczenia i tak zdumiewające twierdzenia, nawet wtedy, kiedy nauczał w gronie przyjaciół.

2. PIERWSZA MOWA W ŚWIĄTYNI

Pierwszego popołudnia, kiedy Jezus nauczał w Świątyni, spora grupa ludzi siedziała i słuchała jego słów, gdy mówił o wolności nowej ewangelii i radości tych, którzy uwierzyli w dobrą nowinę, kiedy to dociekliwy słuchacz przerwał mu i zapytał: „Nauczycielu, jak możesz przytaczać Pismo Święte i nauczać ludzi tak płynnie, kiedy powiedziano mi, że nie jesteś wykształcony w naukach rabinów?". Jezus odpowiedział: „Nikt nie uczył mnie tej prawdy, którą wam głoszę. To nie jest moja nauka, ale Tego, który mnie posłał. Jeśli ktokolwiek zechce czynić wolę mojego Ojca, na pewno pozna po mojej nauce, czy jest ona Boża czy też mówię od samego siebie. Kto mówi we własnym imieniu, ten szuka własnej chwały, ale kiedy ja głoszę słowa Ojca, tym samym pragnę chwały tego, który mnie posłał. Ale nim spróbujecie wejść w nowe światło, czyż nie powinniście pójść za tym światłem, które już macie? Mojżesz dał wam prawo, ale ilu z was pragnie szczerze wypełnić to, czego prawo wymaga? Mojżesz zaleca wam w swoim Prawie: «Nie zabijaj»; jednak nie zważając na to przykazanie, niektórzy z was chcą zabić Syna Człowieczego".

Gdy ludzie z tłumu słyszeli te słowa, zaczęli sprzeczać się między sobą. Niektórzy mówili, że jest obłąkany; niektórzy, że ma diabła. Inni mówili, że naprawdę jest tym prorokiem z Galilei, którego uczeni w Piśmie i faryzeusze od dawna chcą zabić. Niektórzy mówili, że władze religijne boją mu się naprzykrzać; inni myśleli, że nie położyli na nim rąk, ponieważ zostali jego wyznawcami. Po dłuższej debacie, wystąpił jeden z tłumu i zapytał Jezusa: „Dlaczego władcy chcą ciebie zabić?". A on odpowiedział: „Władcy chcą mnie zabić, ponieważ oburza ich moja nauka dobrej nowiny królestwa, tej ewangelii, która uwalnia człowieka od uciążliwych tradycji oficjalnej, obrzędowej religii, którą ci nauczyciele postanowili zachować za wszelką cenę. Zgodnie z Prawem dokonują obrzezania w dzień szabatu, ale mnie chcą zabić, ponieważ raz w dzień szabatu uwolniłem człowieka z niewoli cierpienia. Chodzą za mną w szabat i mnie szpiegują, a chcą mnie zabić, ponieważ przy innej sposobności postanowiłem w dzień szabatu uzdrowić ciężko chorego człowieka. Chcą mnie zabić, ponieważ dobrze wiedzą, że jeśli wy szczerze uwierzycie i ośmielicie się przyjąć moją naukę, ich system tradycyjnej religii zostanie obalony – zniszczony na zawsze. W ten sposób zostaną pozbawieni władzy nad tym, czemu poświęcili całe swoje życie, skoro tak niezłomnie odmawiają przyjęcia nowej i wspanialszej ewangelii królestwa Bożego. A teraz zwracam się do każdego z was: nie osądzajcie ze względu na pozory, ale raczej osądźcie przez prawdziwego ducha tej nauki; osądźcie sprawiedliwie".

Wtedy zapytał ktoś inny: „Tak, Nauczycielu, oczekujemy Mesjasza, wiemy, że jego pojawienie się będzie spowite tajemnicą. Wiemy skąd ty jesteś. Od początku byłeś pośród swoich braci. Wybawiciel przyjdzie w mocy, aby odzyskać tron królestwa Dawidowego. Czy naprawdę twierdzisz, że jesteś Mesjaszem"? I Jezus odpowiedział: „Wy twierdzicie, że mnie znacie i wiecie skąd jestem. Chciałbym, aby wasze twierdzenia były prawdą, gdyż wtedy z tej wiedzy wywiedlibyście bogatsze życie. Ale oświadczam wam, że nie przyszedłem do was sam od siebie; byłem wysłany przez mojego Ojca i ten, który mnie posłał, jest prawdziwy i wierny. Przez to, że nie chcecie mnie słuchać, nie chcecie przyjąć tego, który mnie posłał. Jeśli przyjmiecie ewangelię, powinniście poznać tego, który mnie posłał. Znam Ojca, gdyż przyszedłem od Ojca, aby wam go głosić i objawiać".

Agenci uczonych w Piśmie chcieli go pojmać, ale bali się tłumu, gdyż wielu wierzyło w niego. Działalność Jezusa od czasu jego chrztu stała się dobrze znana wszystkim Żydom i kiedy wielu spośród ludzi przypominało sobie te sprawy, mówili między sobą: „Nawet, jeśli ten nauczyciel jest z Galilei i nawet, jeśli nie spełnia wszystkich naszych oczekiwań związanych z Mesjaszem, zastanówmy się, czy wybawiciel, kiedy przyjdzie, uczyni coś bardziej cudownego od tego, co już uczynił Jezus z Nazaretu".

Kiedy faryzeusze i ich agenci słyszeli, że ludzie mówią w ten sposób, naradzili się ze swoimi przywódcami i postanowili, że należy niezwłocznie coś zrobić, żeby położyć kres tym publicznym wystąpieniem Jezusa na dziedzińcach Świątyni. Generalnie, przywódcy Żydów starali się uniknąć konfliktu z Jezusem, wierząc, że władze rzymskie przyrzekły mu nietykalność. Nie potrafili wytłumaczyć sobie w inny sposób jego odwagi, jego zjawienia się w tym czasie w Jerozolimie; ale urzędnicy Sanhedrynu niezupełnie wierzyli tej pogłosce. Rozumowali, że władcy rzymscy nie zrobiliby takiej rzeczy w tajemnicy i bez powiadomienia najwyższego ciała zarządzającego żydowskim narodem.

Dlatego też Eber, odpowiedni urzędnik Sanhedrynu, został wysłany wraz z dwoma pomocnikami, żeby aresztować Jezusa. Kiedy Eber torował sobie drogę w kierunku Jezusa, Mistrz powiedział: „Nie bój się podejść do mnie. Zbliż się, kiedy słuchasz mojej nauki. Wiem, że zostałeś wysłany, aby mnie aresztować, ale musisz zrozumieć, że nic nie zdarzy się Synowi Człowieczemu do tego czasu, aż nadejdzie jego godzina. Nie jesteś moim wrogiem; przyszedłeś tylko wykonać rozkaz twoich panów i nawet ci władcy Żydów naprawdę myślą, że robią Bogu przysługę, gdy potajemnie pragną mej zguby.

Nie żywię urazy do nikogo. Ojciec was kocha i dlatego ja pragnę waszego wyzwolenia z niewoli uprzedzeń i ciemności tradycji. Ofiarowuję wam wolność życia i radość zbawienia. Głoszę nową i żywą drogę, wyzwolenia od zła i wyrwania się z niewoli grzechu. Przyszedłem do was, żebyście mogli mieć życie i mieli je wiecznie. Chcecie uwolnić się ode mnie i mojej niepokojącej nauki. Gdybyście tylko mogli zrozumieć, że będę z wami tylko przez krótką chwilę! Wkrótce pójdę to tego, który mnie posłał na ten świat. I wtedy wielu z was gorliwie będzie mnie szukać, ale nie dostrzeżecie mojej obecności, gdyż pójdę tam, gdzie wy iść nie możecie. Ale wszyscy ci, którzy prawdziwie pragną mnie znaleźć, kiedyś osiągną to życie, które prowadzi przed oblicze Ojca".

Niektórzy z szyderców mówili między sobą: „Gdzie pójdzie ten człowiek, żebyśmy nie mogli go znaleźć? Czy pójdzie żyć wśród Greków? Czy sam siebie zabije? Co ma na myśli, kiedy mówi, że wkrótce od nas odejdzie i że my nie możemy pójść tam, gdzie on idzie"?

Eber i jego pomocnicy zrezygnowali z aresztowania Jezusa; bez niego wrócili do miejsca zgromadzenia. Dlatego też, kiedy wyżsi kapłani i faryzeusze zwymyślali Ebera i jego pomocników za to, że nie przyprowadzili im Jezusa, Eber odpowiedział tylko: „Baliśmy się go aresztować wśród tłumu, ponieważ wielu wierzy w niego. Poza tym, nigdy nie słyszeliśmy człowieka, który mówi tak jak ten. W tym nauczycielu jest coś niezwykłego. Wszyscy dobrze zrobilibyście, gdybyście poszli go posłuchać". I kiedy wyżsi zarządcy usłyszeli te słowa, byli zdumieni i szyderczo powiedzieli do Ebera: „Czy ty przypadkiem nie zszedłeś na manowce? Czy chcesz uwierzyć temu oszustowi? Czy słyszałeś, żeby którykolwiek z naszych uczonych mężów czy jakikolwiek zarządca uwierzył w niego? Czy który uczony w Piśmie lub faryzeusz dał się zwieść przez jego sprytne nauki? Jak to się dzieje, że ulegasz wpływom tego ciemnego tłumu, który nie zna Prawa ani Proroków? Czy nie wiesz, że tacy niewykształceni ludzie są przeklęci"? I wtedy Eber odrzekł: „Nawet gdyby tak było, moi panowie, jednak ten człowiek mówi tłumom słowa miłosierdzia i nadziei. Pociesza przygnębionych a jego słowa są pociechą nawet dla naszych dusz. Cóż może być złego w tym nauczaniu, nawet gdyby nie był Mesjaszem z Pisma Świętego? A poza tym, czyż nasze Prawo nie nakazuje sprawiedliwości? Czy potępiamy człowieka zanim go wysłuchamy"? Szef Sanhedrynu rozgniewał się na Ebera i zwracając się do niego, powiedział: „Czyś ty oszalał? Czy przypadkiem także nie jesteś z Galilei? Poszukaj w Piśmie Świętym i zobaczysz, że z Galilei nie wyszedł żaden prorok, tym bardziej Mesjasz".

Sanhedryn rozszedł się w konsternacji a Jezus poszedł na noc do Betanii.

3. KOBIETA PRZYŁAPANA NA CUDZOŁÓSTWIE

Podczas tego pobytu w Jerozolimie Jezus miał do czynienia z pewną kobietą o złej reputacji, którą mu przyprowadzili jej oskarżyciele a jego nieprzyjaciele. Zniekształcony zapis tego zdarzenia sugeruje, że kobieta ta została przyprowadzona do Jezusa przez uczonych w Piśmie i faryzeuszy a Jezus postąpił z nimi tak, żeby pokazać, jakoby ci religijni przywódcy Żydów sami mogli być winni niemoralności. Jezus dobrze wiedział, że chociaż uczeni w Piśmie i faryzeusze byli ślepi duchowo i intelektualnie stronniczy z powodu swej lojalności dla tradycji, zaliczali się w tamtym czasie i pokoleniu do ludzi najskrupulatniej przestrzegających moralności.

W rzeczywistości było to tak: wcześnie rano, trzeciego dnia świąt, kiedy Jezus zbliżał się do Świątyni, napotkał grupę wynajętych agentów Sanhedrynu, którzy ciągnęli ze sobą kobietę. Kiedy podeszli bliżej, ich przedstawiciel powiedział: „Mistrzu, ta kobieta została przyłapana na cudzołóstwie – w samym akcie. Otóż, Prawo Mojżesza nakazuje nam ukamienować taką kobietę. A jakie jest twoje zdanie, jak powinniśmy z nią postąpić?".

Plan nieprzyjaciół Jezusa był taki, że jeśli podtrzyma on w mocy Prawo Mojżesza, nakazujące ukamienować przestępcę, który sam się przyzna, będzie miał problemy z władcami rzymskimi, którzy nie dali Żydom prawa karania śmiercią bez aprobaty rzymskiego trybunału. Jeśli zabroni ukamienować kobietę, oskarżą go przed Sanhedrynem o wywyższanie się ponad prawo Mojżeszowe i żydowskie. Jeśli zachowa milczenie, oskarżą go o tchórzostwo. Ale Mistrz tak pokierował sytuacją, że cała intryga rozpadła się pod swoim własnym, plugawym ciężarem.

Ta kobieta, kiedyś urodziwa, była żoną pośledniego obywatela Nazaretu, człowieka, który w latach młodzieńczych Jezusa przysparzał mu sporo kłopotów. Mężczyzna ten, kiedy poślubił ową kobietę, w sposób najbardziej haniebny zmusił ją do zarabiania na ich wspólne utrzymanie sprzedawaniem swego ciała. Przyszedł do Jerozolimy na święto po to, aby jego żona prostytuowała swoje fizyczne wdzięki dla finansowego zysku. Zawarł umowę z najemnikami władców żydowskich, zdradzając w ten sposób swoją własną żonę w jej popłatnym występku. I tak przyszli oni z kobietą i jej towarzyszem, aby usidlić Jezusa w jakimkolwiek oświadczeniu z jego strony, które można by użyć przeciw niemu w przypadku aresztowania.

Jezus, patrząc przez tłum, dostrzegł męża kobiety, stojącego z tyłu za innymi. Wiedział, jaki to jest człowiek i uświadomił sobie, że wziął on udział w tej nikczemnej intrydze. Najpierw Jezus podszedł do miejsca, gdzie stał zdegenerowany mąż i napisał na piasku kilka słów, które sprawiły, że ów odszedł w pośpiechu. Potem wrócił, stanął przed kobietą i znowu pisał na ziemi dla jej niedoszłych oskarżycieli; a kiedy oni przeczytali jego słowa, również odeszli, jeden po drugim. A kiedy Mistrz napisał na piasku po raz trzeci, odszedł partner w grzechu tej kobiety, więc gdy Mistrz podniósł się od pisania, ujrzał stojącą przed nim samotną kobietę. Jezus powiedział: „Kobieto, gdzie są twoi oskarżyciele? Czy nikt nie został, żeby cię ukamienować"? Podnosząc oczy, kobieta odpowiedziała: „Nie ma nikogo, Panie". I wtedy Jezus rzekł: „Wiem o tobie, ja też cię nie potępiam. Idź w pokoju". I ta kobieta, Hildana, opuściła nikczemnego męża i przyłączyła się do uczniów królestwa.

4. ŚWIĘTO NAMIOTÓW

Obecność ludzi ze wszystkich stron świata, od Hiszpanii do Indii, czyniła ze Święta Namiotów idealną sposobność dla Jezusa, żeby po raz pierwszy publicznie głosić pełną ewangelię w Jerozolimie. W czasie tego święta ludzie przeważnie mieszkali na świeżym powietrzu, w liściastych szałasach. Było to święto zbioru plonów i wypadało na zimne, jesienne miesiące a dla uczestniczących w nim Żydów z całego świata było bardziej popularne niż Pascha pod koniec zimy czy Święto Tygodni na początku lata. Wreszcie apostołowie ujrzeli Mistrza, jak robi śmiałe obwieszczenie o swojej misji na Ziemi, niejako przed całym światem.

Było to święto świąt, ponieważ wszystkie ofiary nie złożone podczas innych uroczystości mogły być złożone teraz. To była okazja do składania ofiar w Świątyni; było to połączenie wakacyjnych radości z uroczystymi obrzędami religijnymi. Był to czas powszechnego, narodowego świętowania, połączonego ze składaniem ofiar, śpiewami lewitów i uroczystym dźwiękiem srebrnych trąb kapłanów. Wieczorem, wspaniałe uroczystości w Świątyni i ciżba pielgrzymów były jasno oświetlone wielkimi kandelabrami, które jarzyły się na Dziedzińcu Kobiet, jak również blaskiem dziesiątków pochodni, ustawionych wokół dziedzińców Świątyni. Całe miasto było wesoło udekorowane, za wyjątkiem rzymskiej fortecy Antonia, która wyglądała ponuro naprzeciw tej uroczystej i pełnej czci scenerii. Jak bardzo Żydzi nienawidzili to nieodstępne memento rzymskiego jarzma!

W czasie tego święta złożono w ofierze siedemdziesiąt byczków, symbol siedemdziesięciu narodów pogańskich. Obrzęd wylewania wody symbolizował wylewanie się Boskiego ducha. Obrzęd wody następował po procesji kapłanów i lewitów o wschodzie słońca. Wierni schodzili po schodach, wiodących z Dziedzińca Izraela do Dziedzińca Kobiet, kiedy kolejno rozlegały się dźwięki srebrzystych trąbek. Potem wierni maszerowali ku pięknej bramie, która się otwierała na Dziedziniec Pogan. Tutaj zwracali się twarzą na zachód i powtarzali swe śpiewy a potem szli dalej do symbolicznej wody.

Ostatniego dnia świąt pełniło swe obowiązki niemalże czterystu pięćdziesięciu kapłanów, wraz z odpowiadającą im liczbą lewitów. O świcie zbierali się pielgrzymi ze wszystkich części miasta, każdy z nich w prawej ręce niósł wiązkę mirtu, wierzby i gałęzie palmy, podczas gdy w lewej ręce każdy niósł gałąź rajskiego jabłka – cytronu czy „zakazanego owocu". W czasie tej ceremonii, wcześnie rano, pielgrzymi dzielili się na trzy grupy. Jedna grupa pozostawała w Świątyni, aby wziąć udział w porannym składaniu ofiar; druga grupa szła w dół pod Jerozolimę, do pobliskiej Mazy, aby ścinać gałęzie wierzby dla ozdobienia ołtarza ofiarnego, podczas gdy trzecia grupa formowała procesję, wychodzącą ze Świątyni za kapłanem wody, który przy dźwięku srebrzystych trąbek niósł złoty dzban, zawierający symboliczną wodę, a szedł przez Ofel do pobliskiej Syloe, gdzie znajdowała się brama źródła. Po tym jak złoty dzban napełniony został w sadzawce Syloe, procesja szła z powrotem do Świątyni, wchodząc przez bramę wody i kierując się bezpośrednio do Dziedzińca Kapłanów, gdzie do kapłana niosącego dzban z wodą przyłączał się kapłan niosący wino na napój ofiarny. Ci dwaj kapłani szli potem do srebrnych lejów, prowadzących do podstawy ołtarza i tam wylewali zawartość dzbanów. Dopełnienie tego obrzędu, wylania wina i wody, było sygnałem dla zgromadzonych pielgrzymów, żeby zaintonować Psalmy od 113 do 118 włącznie, na przemian z lewitami. Gdy powtórzyli wersety, machali wiązankami przed ołtarzem. Potem następowało składanie ofiar na ten dzień, połączone z powtarzaniem Psalmu na ten dzień; Psalmem ostatniego dnia świąt był osiemdziesiąty drugi, zaczynany się od wersetu piątego.

5. KAZANIE O ŚWIATŁOŚCI ŚWIATA

Wieczorem, przedostatniego dnia świąt, kiedy wszystko było jasno oświetlone światłem kandelabrów i pochodni, Jezus stanął pośród zgromadzonego tłumu i powiedział:

„Jestem światłością świata. Ten, kto pójdzie ze mną, nie będzie szedł w ciemności, ale będzie miał światłość życia. Przypuszczam, że zrobicie mi proces i zakładam, że będziecie moimi sędziami i oświadczycie, że jeśli przedstawię moich świadków, moi świadkowie nie mogą być prawdziwi. Ale stworzony nigdy nie może sądzić Stwórcy. Nawet, jeśli przedstawię swojego świadka, moim świadkiem będzie wieczna prawda, ponieważ wiem skąd przyszedłem, kim jestem i dokąd idę. Wy, którzy chcecie zabić Syna Człowieczego, nie wiecie skąd przyszedłem, kim jestem i dokąd idę. Osądzacie tylko po wyglądzie ciała; nie dostrzegacie rzeczywistości duchowych. Ja nie osądzam nikogo, nawet mojego największego wroga. Ale jeśli zechciałbym sądzić, mój sąd byłby prawdziwy i sprawiedliwy, ponieważ nie sądziłbym samotnie, ale razem z moim Ojcem, który mnie posłał na ten świat i który jest źródłem całego rzetelnego osądu. Wy również zgadzacie się uznawać świadectwa dwóch godnych zaufania osób – dobrze, zatem ja niosę świadectwo tych prawd; czyni to również mój Ojciec w niebie. Kiedy wam wczoraj to mówiłem, wy w swojej ignorancji zapytaliście mnie: «Gdzie jest twój Ojciec?». Zaprawdę, nie znacie ani mnie ani mojego Ojca, ponieważ gdybyście mnie znali, znalibyście też Ojca.

Mówiłem wam już, że odchodzę i że będziecie mnie szukać, ale mnie nie znajdziecie, gdyż tam, gdzie ja idę, wy iść nie możecie. Wy, którzy możecie odrzucić tę światłość, jesteście z dołu; ja jestem z góry. Wy, którzy chcecie przebywać w ciemnościach, jesteście z tego świata; ja nie jestem z tego świata, przebywam w wiecznym świetle Ojca światłości. Wy wszyscy mieliście aż nadto możliwości poznać, kim jestem, ale wciąż jeszcze będziecie mieć inne dowody, potwierdzające tożsamość Syna Człowieczego. Jestem światłością życia i każdy, kto celowo i rozmyślnie odrzuca to zbawcze światło, umrze w swych grzechach. Wiele mógłbym wam powiedzieć, ale wy nie potraficie przyjąć moich słów. Wszelako ten, który mnie posłał, jest prawdziwy i wierny; mój Ojciec kocha nawet swoje błądzące dzieci. I wszystko, co powiedział mój Ojciec, ja także ogłaszam światu.

Kiedy Syn Człowieczy zostanie wyniesiony, wtedy wszyscy będziecie wiedzieć, że ja nim jestem i że nic nie robiłem sam z siebie, ale tylko tak, jak mój Ojciec mnie uczył. Mówię te słowa do was i do waszych dzieci. A ten, który mnie posłał, nawet teraz jest ze mną; nie zostawił mnie samego, ponieważ zawsze czynię to, co jest miłe w jego oczach".

Gdy Jezus tak nauczał pielgrzymów na dziedzińcach Świątyni, wielu uwierzyło. I nikt nie ośmielił się położyć na nim rąk.

6. ROZPRAWA O WODZIE ŻYCIA

Ostatniego dnia, tego wielkiego dnia świąt, kiedy procesja szła od sadzawki Syloe przez dziedzińce Świątyni i tuż po tym, jak woda i wino zostały wylane przez kapłanów na ołtarz, Jezus, stojący pośród pielgrzymów, powiedział: „Jeśli ktoś jest spragniony, niech przyjdzie do mnie i pije. Od Ojca na wysokości przynoszę na ten świat wodę życia. Ten, który mi wierzy, będzie napełniony duchem, którego wyobraża ta woda, bo nawet Pismo Święte mówi: «Z niego będą płynąć rzeki wód żywych». Kiedy Syn Człowieczy zakończy swe dzieło na Ziemi, na wszystkich w ciele wylany będzie żywy Duch Prawdy. Ci, którzy przyjmą tego ducha, nigdy nie zaznają duchowego pragnienia".

Jezus nie przerwał nabożeństwa, aby powiedzieć te słowa. Przemówił do wiernych zaraz po Halel, śpiewnej recytacji Psalmów, któremu towarzyszyło machanie gałązkami przed ołtarzem. Teraz właśnie następowała przerwa, kiedy to przygotowywane były ofiary i właśnie w tym czasie pielgrzymi usłyszeli fascynujący głos Mistrza, oświadczający, że on jest dawcą żywej wody dla każdej duszy pragnącej ducha.

Na zakończenie tego nabożeństwa, wcześnie rano, Jezus dalej nauczał tłumy: „Czyż nie czytaliście w Piśmie Świętym: «Zobaczcie, tak jak się wody leją na spieczoną ziemię i strumienie na suchy ląd, tak wyleję mojego ducha świętości na twoje dzieci i moje błogosławieństwo nawet na dzieci waszych dzieci»? Dlaczego pragniecie służby ducha, szukając nawodnienia waszych dusz tradycjami ludzkimi, wylewanymi z pękniętych dzbanów obrzędowego nabożeństwa? To, co widzicie w tej Świątyni, jest zwyczajem, którym wasi przodkowie starali się symbolizować obdarzenie Boskim duchem dzieci wiary i dobrze zrobiliście, utrwalając te symbole nawet po dziś dzień. Ale teraz, do tego pokolenia przyszło objawienie Ojca duchów w formie daru jego Syna, a po tym wszystkim z pewnością nastąpi obdarzenie wszystkich dzieci ludzkich duchem Ojca i Syna. Dla każdego, kto ma wiarę, dar tego ducha stanie się prawdziwym nauczycielem tej drogi, która prowadzi do życia wiecznego, do prawdziwych wód życia w królestwie nieba na Ziemi i tam, w Raju, u Ojca na wysokości".

Potem Jezus odpowiadał na pytania, zarówno tłumowi jak i faryzeuszom. Niektórzy myśleli, że jest prorokiem, niektórzy wierzyli, że jest Mesjaszem, jeszcze inni mówili, że nie może być Chrystusem, ponieważ pochodzi z Galilei i że Mesjasz musi przywrócić tron Dawidowy. Mimo to nie ośmielili się go aresztować.

7. ROZPRAWA O WOLNOŚCI DUCHOWEJ

W ostatnim dniu świąt, po południu i po tym, jak apostołom nie udało się nakłonić Mistrza do ucieczki z Jerozolimy, Jezus znowu poszedł do Świątyni, aby nauczać. Napotkawszy dużą grupę wiernych, zgromadzonych w portyku Salomona, przemówił do nich tymi słowami:

„Jeżeli moje słowa pozostaną w was i będziecie chcieli wykonywać wolę Ojca, wtedy naprawdę jesteście moimi uczniami. Powinniście poznać prawdę i prawda was wyzwoli. Wiem, jak mi odpowiecie: jesteśmy potomstwem Abrahama i nie byliśmy poddani w niczyją niewolę, jak więc możemy być wyzwoleni? Jednak ja nie mówię o widzialnym podporządkowaniu się jakiejkolwiek władzy; nawiązuję do wolności duszy. Zaprawdę, zaprawdę, powiadam wam, każdy, kto popełni grzech, jest zniewolonym służącym grzechu. A wiecie, że niewolnik nie na zawsze musi zostać w domu pana. Wiecie także, że syn pozostaje w domu ojca. Jeśli zatem Syn was wyzwoli, uczyni was synami, naprawdę będziecie wolni.

Wiem, że jesteście potomstwem Abrahama, jednak wasi przywódcy chcą mnie zabić, ponieważ moim słowom nie dane było wywrzeć przekształcającego wpływu na ich serca. Ich dusze opieczętowane są uprzedzeniem i oślepione dumą zemsty. Głoszę wam tę prawdę, którą ukazał mi mój wieczny Ojciec, podczas gdy ci błądzący nauczyciele pragną czynić te rzeczy, których nauczyli się tylko od swoich doczesnych ojców. I kiedy mi odpowiecie, że Abraham jest waszym ojcem, wtedy odpowiem wam, że jeśli bylibyście dziećmi Abrahama, wykonywalibyście dzieła Abrahama. Niektórzy z was wierzą w to, czego nauczam, ale inni chcą mnie zabić, ponieważ powiedziałem wam prawdę, którą dostałem od Boga. Ale Abraham nie traktował w ten sposób prawdy Bożej. Widzę, że niektórzy spośród was postanowili czynić dzieło złego. Gdyby Bóg był waszym Ojcem, poznalibyście mnie i pokochali prawdę, którą wam objawiam. Czyż nie widzicie, że przyszedłem od Ojca, że jestem wysłany przez Boga, że nie czynię tego dzieła sam z siebie? Dlaczego nie rozumiecie moich słów? Czy dlatego, że postanowiliście zostać dziećmi złego? Jeśli jesteście dziećmi ciemności, raczej nie możecie iść w światłości prawdy, którą wam objawiam. Dzieci złego chodzą tylko drogami ich ojca, który był oszustem i nie opierał się na prawdzie, ponieważ się okazało, że żadnej prawdy w nim nie było. Ale teraz przyszedł Syn Człowieczy, mówiący prawdę i żyjący prawdą, a wielu z was nie chce uwierzyć.

Który z was może mi udowodnić grzech? Jeśli zatem głoszę i żyję prawdą, ukazaną mi przez Ojca, dlaczego mi nie wierzycie? Ten, kto jest od Boga, słów Boga słucha ochoczo; dla tej przyczyny wielu z was nie słyszy moich słów, ponieważ nie jesteście od Boga. Wasi nauczyciele ośmielili się nawet mówić, że czynię me dzieła potęgą księcia diabłów. Przed chwilą człowiek stojący w pobliżu, powiedział, że mam diabła, że jestem dzieckiem diabła. Ale wy wszyscy, którzy jesteście szczerzy w waszych duszach, dobrze wiecie, że nie jestem diabłem. Wiecie, że czczę Ojca nawet wtedy, kiedy mnie znieważacie. Nie szukam chwały dla siebie, tylko chwały dla mojego Rajskiego Ojca. I nie osądzam was, gdyż jest ktoś, kto osądza za mnie.

Zaprawdę, zaprawdę, powiadam wam, tym, którzy wierzycie w ewangelię, że jeśli człowiek w swym sercu zachowa te żywe słowa prawdy, nigdy nie zazna śmierci I teraz, tuż obok mnie, uczony w Piśmie mówi, że to oświadczenie dowodzi, że mam diabła, skoro Abraham jak również prorocy umarli. I zapytał: «Czy jesteś większy od ojca naszego Abrahama i proroków, aby ośmielić się stać tutaj i mówić, że ten, kto zachowa twoje słowa nie zazna śmierci? Kim ty twierdzisz, że jesteś, aby ośmielić się wygłaszać takie bluźnierstwa»? I ja odpowiem wszystkim takim, że jeżeli sam siebie otaczam chwałą, chwała moja jest niczym. Ale jest Ojciec mój, który mnie chwałą otoczy, ten sam Ojciec, którego nazywacie Bogiem. Ale wy nie znacie waszego Boga i mojego Ojca a ja przyszedłem tu po to, aby was zebrać; aby wam pokazać, jak zostać prawdziwymi synami Bożymi. Chociaż nie znacie Ojca, ja prawdziwie go znam. Nawet Abraham radował się z tego, że ujrzał mój dzień – poprzez wiarę go ujrzał i uradował się".

Gdy niewierzący Żydzi i agenci Sanhedrynu, którzy się do tego czasu zebrali, usłyszeli te słowa, podnieśli wrzawę i krzyczeli: „Nie masz nawet pięćdziesięciu lat a jednak mówisz, że widziałeś Abrahama; jesteś dzieckiem diabła!". Jezus nie był w stanie prowadzić dalej dyskusji. Odchodząc, powiedział tylko: „Zaprawdę, zaprawdę, powiadam wam, zanim Abraham był, ja jestem". Wielu niewierzących w pośpiechu pobiegło po kamienie, aby w niego rzucać a agenci Sanhedrynu chcieli go aresztować, ale Mistrz szybko wyszedł korytarzami Świątyni i umknął do tajnego miejsca spotkania w pobliżu Betanii, gdzie go oczekiwali Marta, Maria i Łazarz.

8. SPOTKANIE Z MARTĄ I MARIĄ

Było tak uzgodnione, że Jezus miał zamieszkać z Łazarzem i jego siostrami w domu przyjaciela, podczas gdy apostołowie rozrzuceni byli małymi grupkami, tu i ówdzie. Podjęto takie środki ostrożności, ponieważ władze żydowskie jeszcze raz najwyraźniej chciały dokonać planowanego aresztowania Jezusa.

Poprzez wszystkie te lata, ilekroć Jezus ich odwiedzał, zwyczajem tej trójki było porzucić wszystko i słuchać jego nauki. Po stracie rodziców Marta przejęła prowadzenie gospodarstwa domowego i tym razem, podczas gdy Łazarz i Maria usiedli u stóp Jezusa, pojąc się jego pokrzepiającą nauką, Marta przygotowywała kolację. Trzeba wyjaśnić, że Marta niepotrzebnie rozpraszała swą uwagę znaczną ilością zbytecznych czynności i troszczyła się niepotrzebnie o wiele drobnostek; takie było jej usposobienie.

Gdy Marta zajmowała się tymi wszystkimi, domniemanymi obowiązkami, denerwowała się, ponieważ Maria w niczym jej nie pomagała. Dlatego też poszła do Jezusa i powiedziała: „Mistrzu, czy jest ci to obojętne, że moja siostra zostawiła mnie samą z całym tym posługiwaniem? Czy jej nie powiesz, żeby przyszła i mi pomogła"? Jezus odpowiedział: „Marto, Marto, dlaczego zawsze troszczysz się o wiele rzeczy i niepokoisz wieloma drobnostkami? Tylko jedna sprawa naprawdę jest warta zachodu i skoro Maria wybrała tę dobrą i potrzebną część, ja nie mogę jej tego zabrać. Kiedy obydwie nauczycie się żyć tak, jak was uczyłem: obydwie razem pełnić obowiązki i obydwie zgodnie pokrzepiać swoje dusze? Czy nie możesz nauczyć się tego, że jest czas na wszystko, że w życiu są sprawy o mniejszym znaczeniu, które powinny ustąpić wielkim sprawom królestwa nieba"?

9. Z ABNEREM W BETLEJEM

Przez cały tydzień, który nastąpił po Święcie Namiotów, dziesiątki wierzących zbierało się w Betanii a dwunastu apostołów ich nauczało. Sanhedryn nie przeszkadzał zbierającym się ludziom, skoro Jezusa tam nie było, ponieważ pracował wtedy z Abnerem i jego towarzyszami w Betlejem. W dzień po zakończeniu świąt, Jezus odszedł z Betanii i nie nauczał już w Świątyni podczas tego pobytu w Jerozolimie.

W tym czasie Abner założył swą główną bazę w Betlejem i z tego centrum zostało wysłanych wielu pracowników do miast Judei i południowej Samarii a nawet do Aleksandrii. W kilka dni po swoim przybyciu, Jezus razem z Abnerem zakończyli przygotowania do konsolidacji pracy dwóch grup apostołów.

Gdy Jezus brał udział w Święcie Namiotów, dzielił niemal po równo swój czas pomiędzy Betanią a Betlejem. W Betanii spędził sporo czasu ze swoimi apostołami; w Betlejem udzielił wiele instrukcji Abnerowi i innym byłym apostołom Jana. I ten bliski kontakt doprowadził w końcu do tego, że ci apostołowie w niego uwierzyli. Na byłych apostołów Jana Chrzciciela wrażenie wywarła odwaga Jezusa, którą wykazał podczas publicznego nauczania w Jerozolimie, jak również jego życzliwe zrozumienie, jakiego zaznali w czasie osobistego nauczania w Betlejem. Te właśnie czynniki sprawiły, że każdy ze współpracowników Abnera, ostatecznie i w całej pełni, szczerze zaakceptował królestwo i wszystko, co taki krok za sobą pociągał.

Zanim odszedł z Betlejem po raz ostatni, Mistrz zarządził, aby wszyscy przyłączyli się do niego we wspólnym wysiłku, który miał poprzedzać zakończenie jego ziemskiej działalności w ciele. Uzgodniono, że wkrótce Abner i jego współpracownicy dołączą do Jezusa i Dwunastu w ogrodzie Magedan.

Zgodnie z tym porozumieniem, w początkach listopada Abner i jego dwunastu współpracowników związało swe losy z Jezusem i Dwunastoma i pracowało z nimi jako jedna organizacja aż do ukrzyżowania.

W drugiej połowie października, Jezus i Dwunastu opuścili okolice Jerozolimy. W niedzielę, 30 października, wyszli z miasta Efraim, gdzie Jezus odpoczywał w odosobnieniu przez kilka dni, a idąc drogą na zachód od Jordanu, wprost na ogród Magedan, dotarli tam późnym popołudniem, w środę, 2 listopada.

Apostołowie odczuli ogromną ulgę, kiedy Mistrz wrócił na przyjazną ziemię; już nigdy więcej nie przekonywali go, aby poszedł do Jerozolimy i głosił ewangelię królestwa.

PRZEKAZ 163

WYŚWIĘCENIE SIEDEMDZIESIĘCIU W MAGEDANIE

KILKA dni po powrocie Jezusa i Dwunastu z Jerozolimy, przybył z Betlejem do Magedanu Abner i jego grupa około pięćdziesięciu uczniów. W tym samym czasie, w obozie Magedan zgromadził się także zespół ewangelistów, grupa kobieca i około stu pięćdziesięciu innych, prawdziwych i wypróbowanych uczniów z różnych części Palestyny. Po kilku dniach spędzonych na osobistych kontaktach i reorganizacji obozu, Jezus i Dwunastu zaczęli intensywne nauczanie tych specjalnych grup wierzących i spośród tego, dobrze wyszkolonego i doświadczonego grona uczniów, Jezus wybrał później siedemdziesięciu nauczycieli i wysłał ich, aby głosili ewangelię królestwa. To regularne szkolenie zaczęło się 4 listopada i trwało do szabatu, 19 listopada.

Jezus przemawiał do tej grupy każdego rana. Piotr nauczał metod publicznego kaznodziejstwa; Nataniel szkolił ich w sztuce nauczania; Tomasz wyjaśniał, jak odpowiadać na pytania; podczas kiedy Mateusz kierował organizacją finansów grupy. Inni apostołowie również brali udział w tym szkoleniu, zgodnie ze swym specyficznym doświadczeniem i naturalnymi uzdolnieniami.

1. WYŚWIĘCENIE SIEDEMDZIESIĘCIU

Siedemdziesięciu zostało wyświęconych przez Jezusa w szabatowe popołudnie, 19 listopada, w obozie Magedan; Abner został postawiony na czele tej grupy kaznodziei i nauczycieli. Ta siedemdziesięcioosobowa grupa składała się z Abnera i dziesięciu byłych apostołów Jana, z pięćdziesięciu jeden wcześniejszych ewangelistów i ośmiu innych uczniów, którzy wyróżnili się w służbie dla królestwa.

W szabatowe popołudnie, około czternastej, pomiędzy przelotnym deszczami, na brzegu Jeziora Galilejskiego zgromadziła się grupa wierzących, licząca ponad czterysta osób, powiększona przez Dawida i większość jego kurierów, którzy przybyli zobaczyć wyświęcenie Siedemdziesięciu.

Zanim Jezus położył swoje dłonie na głowach Siedemdziesięciu, aby wyróżnić ich jako posłańców ewangelii, zwrócił się do nich: „Żniwo wprawdzie wielkie, ale robotników mało; dlatego też napominam was wszystkich abyście się modlili, żeby Pan żniwa wyprawił jeszcze innych robotników na swoje żniwo. Za chwilę wyróżnię was jako posłańców królestwa; za chwilę wyślę was do Żydów i nie-Żydów, jak owce pomiędzy wilki. Gdy się tak rozejdziecie swoimi drogami, po dwóch, zalecam wam, nie bierzcie ani torby ani dodatkowego odzienia, gdyż wyruszacie na swoją pierwszą misję tylko na krótki czas. Nie pozdrawiajcie ludzi po drodze, zajmujcie się tylko swoją pracą. Ilekroć wejdziecie do domu, aby się w nim zatrzymać, najpierw powiedzcie: pokój temu domowi. Jeśli ci, co kochają pokój, mieszkają w tym domu, wy powinniście tam zamieszkać. I wybrawszy ten dom, pozostańcie w nim na cały czas waszego pobytu w mieście, jedząc i pijąc cokolwiek przed wami postawią. I róbcie tak, ponieważ wart jest robotnik jego utrzymania. Nie przenoście się od domu do domu, gdy zaoferują wam lepsze zakwaterowanie. Pamiętajcie, gdy idziecie i głosicie pokój na Ziemi i dobrą wolę pomiędzy ludźmi, musicie walczyć z zajadłymi i oszukującymi samych siebie wrogami; dlatego też bądźcie roztropni jak węże, ale łagodni jak gołębie.

I gdziekolwiek nie pójdziecie, głoście: «Królestwo nieba jest bliskie» i pielęgnujcie wszystkich tych, którzy są chorzy, tak na umyśle jak i na ciele. Darmo dostaliście dobra królestwa, darmo dawajcie. Gdy ludzie w jakimś mieście was przyjmą, powinni mieć szeroko otwarte drzwi do Ojcowskiego królestwa; ale jeśli ludzie w jakimkolwiek mieście nie zechcą ewangelii, mimo to macie głosić waszą nowinę, a gdy będziecie odchodzić z tej niewierzącej społeczności, nawet gdy odchodzicie, mówcie do tych, którzy odrzucają wasze nauczanie: «Pomimo, że odrzucacie prawdę, królestwo Boże przybliżyło się do was». Kto was słyszy, mnie słyszy. Kto mnie słyszy, słyszy Tego, który mnie posłał. Kto odrzuca waszą nowinę ewangelii, odrzuca mnie. Kto odrzuca mnie, odrzuca Tego, który mnie posłał".

Kiedy Jezus to powiedział do Siedemdziesięciu, kładł swe dłonie na głowie każdego z nich, gdy klęczeli przed nim w kole, zaczynając od Abnera.

Następnego dnia, wcześnie rano, Abner rozesłał siedemdziesięciu posłańców do wszystkich miast Galilei, Samarii i Judei. I przez sześć tygodni tych trzydzieści pięć par chodziło, głosząc kazania i nauczając; wszyscy wrócili do nowego obozowiska koło Pelli, w Perei, 30 grudnia, w piątek.

2. BOGATY MŁODZIENIEC I INNI

Spośród wszystkich tych, którzy chcieli być wyświęceni i powołani do członkostwa Siedemdziesięciu, ponad pięćdziesięciu uczniów zostało odrzuconych przez komisję, wyznaczoną przez Jezusa do selekcji kandydatów. Komisja składała się z Andrzeja, Abnera i tymczasowego szefa zespołu ewangelistów. We wszystkich tych przypadkach, kiedy trzyosobowa komisja nie zgadzała się jednomyślnie, przyprowadzała kandydata do Jezusa i podczas gdy Mistrz nigdy nie odrzucił nawet jednej osoby, która pragnęła wyświęcenia na posłańca ewangelii, po rozmowie z Jezusem ponad dwa ich tuziny nie chciały zostać posłańcami ewangelii.

Jeden z gorliwych uczniów przyszedł do Jezusa i powiedział: „Mistrzu, chciałbym zostać jednym z twoich apostołów, ale mój ojciec jest bardzo stary i bliski śmierci – czy otrzymam pozwolenie na powrót do domu, aby go pochować?". Jezus odpowiedział mu: „Mój synu, lisy mają nory, ptaki z nieba mają gniazda, ale Syn Człowieczy nie ma gdzie złożyć głowy. Jesteś wiernym uczniem i takim zostaniesz, gdy wrócisz do domu opiekować się tymi, których kochasz, ale nie tak jest z moimi posłańcami ewangelii. Oni porzucili wszystko, aby pójść za mną i głosić królestwo. Jeśli chcesz zostać wyświęconym nauczycielem, musisz innym zostawić grzebanie umarłych, podczas gdy ty pójdziesz głosić dobrą nowinę". I człowiek ten odszedł bardzo rozczarowany.

Inny uczeń przyszedł do Mistrza i powiedział: „Chciałbym zostać wyświęconym posłańcem, ale chciałbym iść na chwilę do domu, aby dodać otuchy mojej rodzinie". Jezus mu odpowiedział: „Jeśli chcesz być wyświęcony, musisz być gotów zostawić wszystko. Posłańcy ewangelii nie mogą dzielić swoich uczuć. Nikt nie jest wart zostać posłańcem królestwa, jeśli przykłada ręce do pługa i ogląda się do tyłu".

Potem Andrzej przyprowadził do Jezusa pewnego bogatego człowieka, który gorliwie wierzył i chciał być wyświęcony. Ten młody człowiek, Matadormus, były członek jerozolimskiego Sanhedrynu, słyszał nauki Jezusa a później był nauczany ewangelii królestwa przez Piotra i innych apostołów. Jezus rozmawiał z Matadormusem o warunkach wstępnych wyświęcenia i prosił, aby ten odłożył swą decyzję do czasu, kiedy dokładniej przemyśli sprawę. Następnego dnia, wczesnym rankiem, gdy Jezus spacerował, ten młody człowiek podszedł do niego i powiedział: „Mistrzu, chciałbym się od ciebie dowiedzieć, czy mogę być pewny życia wiecznego. Od młodości przestrzegałem wszystkich przykazań, chciałbym wiedzieć, co jeszcze muszę zrobić, aby mieć życie wieczne?". Odpowiadając na to pytanie Jezus rzekł: „Jeśli przestrzegasz wszystkich przykazań – nie cudzołóż, nie zabijaj, nie kradnij, nie zeznawaj fałszywie, nie oszukuj, szanuj swoich rodziców – dobrze czynisz, ale zbawienie jest nagrodą za wiarę a nie tylko za uczynki. Czy wierzysz w ewangelię królestwa"? Matadormus odpowiedział: „Tak Mistrzu, wierzę we wszystko, czego nauczyłeś mnie ty i twoi apostołowie". I Jezus odpowiedział: „A więc jesteś naprawdę moim uczniem i dzieckiem królestwa".

Wtedy młody człowiek powiedział: „Ale Mistrzu, nie chcę być tylko twoim uczniem, chciałbym zostać jednym z twoich posłańców". Kiedy Jezus usłyszał te słowa, spojrzał na niego z wielką miłością i powiedział: „Chciałbym, abyś został jednym z moich posłańców, jeżeli zechcesz zapłacić cenę, jeżeli dasz tę jedną rzecz, której ci brakuje". Matadormus odpowiedział: „Mistrzu, uczynię wszystko, jeżeli pozwolisz mi pójść z tobą". Jezus, całując w czoło klęczącego człowieka, powiedział: „Jeżeli chcesz zostać moim posłańcem, idź i sprzedaj wszystko, co masz, a kiedy rozdasz cały majątek biednym albo twoim braciom, przyjdź i idź ze mną a będziesz miał skarby w królestwie nieba".

Kiedy Matadormus to usłyszał, posmutniał na twarzy. Wstał i odszedł zasmucony, ponieważ miał wielkie posiadłości. Ten bogaty, młody faryzeusz, był wychowany w przekonaniu, że bogactwo jest oznaką łaski Bożej. Jezus wiedział, że nie uwolnił się on od miłości do siebie i swego bogactwa. Mistrz chciał go wyzwolić z *miłości* do bogactwa, niekoniecznie z bogactwa. Podczas gdy uczniowie Jezusa nie dzielili się ze wszystkimi swymi doczesnymi dobrami, czynili tak apostołowie i Siedemdziesięciu. Matadormus chciał zostać jednym z siedemdziesięciu nowych posłańców i dlatego Jezus zażądał od niego rozdzielenia wszystkich jego doczesnych dóbr.

Niemal każdy ma jakąś rzecz, którą uważa za swoją słabostkę i która wymagana jest od niego jako część zapłaty za wejście do królestwa nieba. Jeżeli Matadormus rozstałby się ze swoim majątkiem, prawdopodobnie majątek ten zostałby ponownie oddany w jego ręce do zarządzania jako skarbnikowi Siedemdziesięciu. Później, po założeniu Kościoła w Jerozolimie, Matadormus posłuchał nakazu Mistrza, aczkolwiek wtedy było już za późno, aby zyskać prawo członkostwa w grupie Siedemdziesięciu i został on skarbnikiem Kościoła w Jerozolimie, którego głową był Jakub, brat Pański w ciele

Tak zawsze było i zawsze będzie. Ludzie muszą sami podejmować decyzje. Jest pewien zakres wolności wyboru, z którego mogą korzystać śmiertelnicy. Siły świata duchowego nie zniewalają człowieka, pozwalają mu iść tą drogą, którą sam wybierze.

Jezus przewidywał, że Matadormus, ze swym bogactwem, nie mógłby zostać wyświęconym towarzyszem tych ludzi, którzy wyrzekli się wszystkiego dla ewangelii; jednocześnie zauważył, że bez swego bogactwa, zostałby on najwyższym przywódcą ich wszystkich. Ale podobnie jak rodzeni bracia Jezusa, Matadormus nigdy nie został wielkim w królestwie, ponieważ sam pozbawił się tego, bliskiego i osobistego kontaktu z Mistrzem, który mógłby stać się jego udziałem, gdyby był gotów zrobić w tym czasie to, o co prosił Jezus i co kilka lat później rzeczywiście zrobił.

Bezpośrednio, bogactwo nie ma nic wspólnego z wejściem do królestwa, ale *ma* miłość do bogactwa. Duchowa lojalność wobec królestwa jest nie do pogodzenia ze służalczością wobec materialistycznej mamony. Człowiek nie może dzielić swej najwyższej lojalności dla duchowych ideałów z poświęcaniem się rzeczom materialnym.

Jezus nigdy nie nauczał, że posiadanie bogactwa jest złe. Tylko od Dwunastu i Siedemdziesięciu wymagał, aby przeznaczyli cały swój doczesny majątek na wspólny cel. Nawet wtedy dawał możliwość korzystnej likwidacji ich majątków, jak w przypadku Apostoła Mateusza. Wielokrotnie Jezus doradzał swoim dobrze sytuowanym uczniom tak, jak nauczał bogatego Rzymianina. Mistrz traktował mądre zainwestowanie nadwyżki zarobków za słuszną formę zabezpieczenia na wypadek przyszłych i nieuchronnych niepowodzeń. Kiedy apostolski skarbiec był przepełniony, Judasz oddawał fundusze do depozytu, aby można ich było użyć w późniejszym czasie, kiedy to ich dochody mogły znacznie się zmniejszyć. Judasz robił to po naradzie z Andrzejem. Osobiście Jezus nigdy nie miał nic do czynienia z apostolskimi funduszami, za wyjątkiem wypłat jałmużny. Jednak wielokrotnie potępiał jedno ekonomiczne nadużycie a była nim niesprawiedliwa eksploatacja ludzi słabych, niewykształconych i tych, którzy mieli mniej szczęścia, przez ich silnych, bystrych i bardziej inteligentnych współbraci. Jezus oświadczył, że takie nieludzkie traktowanie mężczyzn, kobiet i dzieci niezgodne jest z ideałami braterstwa królestwa nieba.

3. ROZMOWA O BOGACTWIE

Po tym, jak Jezus skończył rozmowę z Matadormusem, Piotr i kilku apostołów zgromadziło się wokół niego i gdy bogaty człowiek odchodził, Jezus zwrócił się ku apostołom i powiedział: „Widzicie, jak trudno jest tym, którzy posiadają bogactwa, wejść w pełni do królestwa Bożego! Duchowego czczenia nie można dzielić z poświęcaniem się sprawom materialnym; nikt nie może służyć dwóm panom. Macie powiedziane, że «łatwiej jest wielbłądowi przejść przez ucho igielne niż poganinowi zyskać życie wieczne». A ja wam oświadczam, że łatwiej wielbłądowi przejść przez ucho igielne, niż tym, zadowolonym z siebie bogaczom, wejść do królestwa nieba".

Kiedy Piotr i apostołowie usłyszeli te słowa, bardzo się zadziwili, tak bardzo, że Piotr powiedział: „Któż więc, Panie, może być zbawiony? Czy wszystkim tym, którzy posiadają bogactwa, nie będzie dane wejść do królestwa"? A Jezus odpowiedział: „Nie Piotrze, ale wszyscy ci, którzy ufają bogactwu, z trudnością wkroczą w życie duchowe, które prowadzi do wiecznego rozwoju. Poza tym, wiele tego, co dla człowieka jest niemożliwe, nie jest poza zasięgiem Ojca w niebie; powinniśmy raczej uznać, że u Boga wszystko jest możliwe".

Kiedy apostołowie się rozeszli, Jezus się zasmucił, że Matadormus nie został z nimi, gdyż bardzo go miłował. Potem, kiedy zeszli do jeziora, usiedli nad wodą a Piotr zaczął mówić za Dwunastu (którzy wszyscy wtedy tam byli): „Mamy problem z tym, co powiedziałeś bogatemu młodzieńcowi. Czy od tych, którzy chcą iść z tobą, mamy wymagać, aby zrezygnowali ze wszystkich swoich ziemskich dóbr"? Jezus odpowiedział: „Nie Piotrze, to dotyczy tylko tych, którzy chcą zostać apostołami i którzy chcą żyć ze mną, tak jak ty i jako jedna rodzina. Jednak Ojciec chce, żeby uczucia jego dzieci były czyste i niepodzielne. Cokolwiek, czy to rzecz czy osoba, stanie między tobą a miłością do prawdy królestwa, musisz z niej zrezygnować. Jeśli czyjeś bogactwo nie wkracza w granice duszy, to nie ma ono żadnego znaczenia w duchowym życiu tych, którzy chcą wejść do królestwa".

Wówczas Piotr powiedział: „Ale Mistrzu, my zostawiliśmy wszystko, aby pójść z tobą, cóż więc powinniśmy otrzymać?". I Jezus odpowiedział, zwracając się do wszystkich Dwunastu: „Zaprawdę, zaprawdę, powiadam wam, nie ma takiego, który zostawiwszy bogactwo, dom, żonę, braci, rodziców czy dzieci, w imię moje i w imię królestwa nieba, nie otrzymałby wielokrotnie więcej na tym świecie, być może razem z jakimiś prześladowaniami, oraz w przyszłym świecie życia wiecznego. Jednak wielu z tych, którzy są pierwsi, będzie ostatnimi, podczas gdy ostatni często będą pierwsi. Ojciec postępuje ze stworzonymi przez siebie istotami zgodnie z ich potrzebami i przestrzega swoich sprawiedliwych praw, miłosiernych i pełnych miłości świadczeń dla dobra wszechświata.

Królestwo nieba jest jak gospodarz, zatrudniający wielu ludzi, który wyszedł wcześnie rano nająć robotników do pracy w winnicy. Kiedy się zgodził z robotnikami, że im zapłaci denara za dzień, posłał ich do winnicy. Potem wyszedł o dziewiątej a widząc innych, jak stoją bezczynnie na rynku, powiedział im: «Idźcie także pracować w mojej winnicy i cokolwiek będzie słuszne, zapłacę wam». I poszli od razu do pracy. Znowu zrobił tak samo około godziny dwunastej i piętnastej. Idąc na rynek około siedemnastej, wciąż znajdował innych, stojących bezczynnie i dopytywał się: «Dlaczego bezczynnie stoicie tu cały dzień?». I ludzie odpowiedzieli: «Ponieważ nikt nas nie najął». Powiedział gospodarz: «Wy także idźcie do pracy w mojej winnicy, a co będzie słuszne, zapłacę wam».

A gdy nadszedł wieczór, właściciel winnicy rzekł do swego rządcy: «Zwołaj robotników i wypłać im należność, począwszy od ostatnich aż do pierwszych». Kiedy przyszli ci, których najął o siedemnastej, otrzymali każdy po denarze i tak samo było z każdym innym robotnikiem. Kiedy ludzie, którzy byli najęci od początku dnia, zobaczyli, jaką zapłatę dostali ci, którzy przyszli później, spodziewali się, że otrzymają więcej niż się wcześniej zgodzili. Ale tak samo jak każdy inny, otrzymali po denarze. I kiedy każdy z nich otrzymał swoją zapłatę, zaczęli skarżyć się gospodarzowi, mówiąc: «Ci ludzie, których nająłeś ostatnich, pracowali tylko godzinę a ty jednak zapłaciłeś im tyle samo, co nam, którzy cały dzień pracowaliśmy w palącym słońcu».

Wtedy odrzekł im gospodarz: «Przyjaciele moi, nie zrobiłem wam żadnej krzywdy. Czyż każdy z was nie zgodził się pracować za denara na dzień? Weźcie co wasze i idźcie swoją drogą, gdyż życzę sobie dać tym, co przyszli ostatni tyle samo, co dałem wam. Czyż nie jest słuszne, abym mógł robić to, co chcę z moją własnością? Czy przypadkiem nie zazdrościcie mi mojej hojności, ponieważ chcę być dobry i okazać miłosierdzie»"?

4. POŻEGNANIE SIEDEMDZIESIĘCIU

Obóz Magedan przeżywał wzruszające chwile, kiedy Siedemdziesięciu wyruszało na swoją pierwszą misję. Wczesnym rankiem, w swej ostatniej mowie do Siedemdziesięciu, Jezus położył nacisk na następujące punkty:

1. Ewangelia królestwa musi być głoszona całemu światu, tak samo nie-Żydom jak i Żydom.
2. Kiedy pielęgnujecie chorych, nie nauczajcie ich, żeby oczekiwali cudów.

3. Głoście duchowe braterstwo synów Bożych a nie widzialne królestwo doczesnej potęgi i materialnej chwały.
4. Nie traćcie czasu na zbyt wiele wizyt towarzyskich i innych trywialności, które mogą odciągnąć od szczerego poświęcenia się głoszeniu ewangelii.
5. Jeśli pierwszy dom, który wybierzecie na swoją siedzibę, okaże się być godnym domem, zostańcie w nim na cały czas pobytu w mieście.
6. Wyjaśnijcie wszystkim prawdziwie wierzącym, że nadszedł czas jawnego zerwania z przywódcami Żydów w Jerozolimie.
7. Nauczajcie ludzi, że cała ich powinność zawarta jest w tym jednym przykazaniu: kochaj Pana Boga swego całym swoim umysłem i duszą a bliźniego swego jak siebie samego. (Tego mieli nauczać, jako całego obowiązku człowieka, w miejsce 613 reguł życia, szczegółowo objaśnianych przez faryzeuszy).

Po tym, jak Jezus przemówił do Siedemdziesięciu, w obecności wszystkich apostołów i uczniów, zabrał ich Szymon Piotr i wygłosił do nich wyświęcające kazanie, które było omówieniem powiernictwa Mistrza wygłoszonego do nich w tym czasie, kiedy kładł na nich swe ręce i ich mianował posłańcami królestwa. Piotr napomniał Siedemdziesięciu, aby z radością praktykowali następujące cnoty:

1. *Uświęcone oddanie*. Aby zawsze się modlili o wysłanie więcej robotników na żniwo ewangelii. Wytłumaczył, że przy takiej modlitwie jest bardzo prawdopodobne, iż ktoś powie: „Tutaj jestem; poślij mnie". Upomniał ich, aby nie zaniedbywali swej codziennej modlitwy.

2. *Prawdziwa odwaga*. Ostrzegł ich, że mogą się spotkać z wrogim nastawieniem i mogą być pewni, że spotkają ich prześladowania. Piotr im powiedział, że ich misja nie jest zadaniem dla tchórzy i radził, żeby ci, co się boją, wycofali się zanim zaczną. Ale nikt nie odszedł.

3. *Wiara i ufność*. Muszą iść na tę krótką misję zupełnie bez zaopatrzenia; jeśli idzie o żywność, schronienie i wszystkie inne potrzebne rzeczy, muszą zaufać Ojcu.

4. *Gorliwość i inicjatywa*. Musi panować wśród nich gorliwość i inteligentny entuzjazm; muszą się zająć wyłącznie sprawami Mistrza. Orientalne powitanie było długą i drobiazgową ceremonią, dlatego też pouczeni zostali, aby „nie witać się z ludźmi po drodze", co było nagminną metodą napominania każdego, aby załatwiał swoje sprawy bez marnowania czasu. Nie miało to nic wspólnego z przyjacielskim pozdrowieniem.

5. *Dobroć i kurtuazja*. Mistrz uczył ich, aby nie tracili czasu na niepotrzebne spotkania towarzyskie, ale zalecał kurtuazję w stosunku do tych, z którymi mają nawiązać kontakt. Mieli okazywać życzliwość w stosunku do tych ludzi, w których domach mogli jakiś czas się gościć. Byli dokładnie ostrzeżeni, aby nie opuszczać skromnego domu na rzecz jakiegoś bardziej komfortowego czy bardziej wpływowego.

6. *Opieka nad chorymi*. Piotr zalecił Siedemdziesięciu, aby znajdowali chorych na umyśle i ciele i żeby robili wszystko, co w ich mocy, aby przynieść złagodzenie czy wyleczenie ich dolegliwości.

I kiedy tak zostali pouczeni i poinstruowani, wyruszyli kolejno, po dwóch, na misje do Galilei, Samarii i Judei.

Aczkolwiek Żydzi mają szczególny sentyment do liczby siedemdziesiąt – czasami uważali, że liczba narodów pogańskich wynosi siedemdziesiąt – i aczkolwiek tych siedemdziesięciu posłańców miało iść z ewangelią do wszystkich narodów, to fakt, że grupa ta liczyła właśnie siedemdziesiąt osób, tak dalece jak my to widzimy, był zupełnie przypadkowy. Jezus na pewno przyjąłby nie mniej niż pół tuzina innych, ale nie chcieli oni zapłacić ceny i porzucić bogactw i rodzin.

5. PRZENIESIENIE OBOZU DO PELLI

Jezus i Dwunastu przygotowywali się do założenia ich ostatniej siedziby głównej w Perei, niedaleko Pelli, tam, gdzie Mistrz został ochrzczony w Jordanie. Ostatnie dziesięć dni listopada spędzili na naradach w Magedanie a we wtorek, 6 grudnia, cała grupa, złożona niemalże z trzystu osób, wybrała się o świcie z całym swym dobytkiem, aby rozłożyć się na noc w pobliżu Pelli nad rzeką. To było to samo miejsce, gdzie wiosną przed kilku laty przebywał Jan Chrzciciel.

Po zwinięciu obozu Magedan, Dawid Zebedeusz wrócił do Betsaidy i natychmiast zaczął redukować swe służby posłańców. Królestwo wchodziło w nowe stadium. Codziennie napływali pielgrzymi ze wszystkich stron Palestyny jak również z odległych regionów Cesarstwa Rzymskiego. Sporadycznie przychodzili wierzący z Mezopotamii oraz z ziem na wschód od Tygrysu. Dlatego też w niedzielę, 18 grudnia, Dawid z pomocą grupy posłańców załadował na juczne zwierzęta sprzęt obozu, zmagazynowany wtedy w domu jego ojca, z którego dawniej prowadził obóz w Betsaidzie nad jeziorem. Żegnając się na jakiś czas z Betsaidą, poszedł w dół brzegiem jeziora i dalej wzdłuż Jordanu, do miejsca oddalonego około osiemset metrów na północ od obozu apostolskiego; w niecały tydzień gotów był zaoferować gościnę dla prawie półtora tysiąca pielgrzymów. Obóz apostolski mógł zakwaterować około pięciuset osób. W Palestynie była właśnie pora deszczowa i zakwaterowanie takie było potrzebne, aby zapewnić opiekę coraz większej liczbie ludzi zasięgających wiadomości, najczęściej tym gorliwym, którzy przybyli do Perei, żeby zobaczyć Jezusa i posłuchać jego nauki.

Dawid robił to wszystko z własnej inicjatywy, chociaż w Magedanie radził się Filipa i Mateusza. Jako pomocników do prowadzenia tego obozu zatrudnił znaczną część swojej byłej grupy posłańców; w charakterze regularnych posłańców zatrudniał teraz mniej niż dwudziestu ludzi. Przed końcem grudnia i przed powrotem Siedemdziesięciu prawie ośmiuset odwiedzających zgromadziło się wokół Mistrza i znaleźli zakwaterowanie w obozie Dawida.

6. POWRÓT SIEDEMDZIESIĘCIU

W piątek, 30 grudnia, kiedy Jezus oddalił się na pobliskie wzgórza z Piotrem, Jakubem i Janem, do ich głównej siedziby w Pelli wracało parami siedemdziesięciu posłańców, którym towarzyszyła znaczna liczba wierzących. Kiedy około siedemnastej Jezus wrócił do obozu, wszystkich Siedemdziesięciu zgromadziło się w miejscu nauczania. Wieczerza opóźniła się o ponad godzinę, kiedy ci entuzjaści ewangelii królestwa opowiadali swoje przeżycia. W minionych tygodniach posłańcy Dawida przynosili sporo tych wiadomości apostołom, ale było naprawdę inspirujące usłyszeć nowo wyświęconych nauczycieli ewangelii, jak osobiście opowiadają, w jaki sposób ich nowina została przyjęta przez spragnionych jej Żydów i nie-Żydów. Wreszcie Jezus mógł zobaczyć ludzi, którzy rozeszli się szerzyć dobrą nowinę bez niego. Mistrz wiedział teraz, że może opuścić ten świat a królestwo będzie się szerzyć bez poważniejszych przeszkód.

Kiedy Siedemdziesięciu opowiadało, że „nawet diabły im się podporządkowały", mówili o cudownych uzdrowieniach, których dokonali na ofiarach rozstrojów nerwowych. Tym niemniej było kilka przypadków, że ci posłańcy uwolnili ludzi z prawdziwego opętania przez duchy i powołując się na nie, Jezus powiedział: „Nic dziwnego, że te nieposłuszne, pomniejsze duchy podporządkowały się wam, skoro ja widziałem Szatana spadającego jak błyskawica z nieba. Ale nie cieszcie się tym tak bardzo, gdyż oświadczam wam, że jak tylko wrócę do mojego Ojca, poślemy nasze duchy wprost do umysłów ludzkich, aby już nigdy więcej tych kilka straconych duchów nie mogło wejść w umysły nieszczęsnych śmiertelników. Razem z wami się cieszę, że wywieracie wpływ na ludzi, ale nie wywyższajcie się z powodu tych doświadczeń, tylko raczej cieszcie się, że wasze imiona zostały zapisane na zwojach w niebie i że jesteście tymi, którzy pójdą naprzód niekończącą się drogą duchowych podbojów".

W tym właśnie czasie, tuż przed wieczerzą, zdarzyło się, że Jezus przeżył jedną z tych rzadkich chwil emocjonalnej ekstazy, jakie jego wyznawcy czasami mogli oglądać. Powiedział: „Dziękuję ci, mój Ojcze, Panie nieba i Ziemi, że kiedy ta cudowna ewangelia została ukryta przed mądrymi i fałszywymi, duch objawił tym dzieciom królestwa duchowe wspaniałości. Tak, mój Ojcze, tak zechciałeś uczynić a ja raduję się, widząc, że ta dobra nowina będzie się szerzyć na całym świecie, nawet wtedy, gdy wrócę do ciebie i do pracy, którą mi dałeś do wykonania. Jestem niezmiernie wzruszony, gdyż zdaję sobie sprawę, że chcesz całą władzę oddać w moje ręce, że tylko ty naprawdę wiesz, kim jestem i że ja tylko naprawdę ciebie znam oraz ci, którym ciebie objawiłem. I kiedy zakończę to objawianie moim braciom w ciele, wciąż będę ciebie objawiał istotom na wysokościach".

Kiedy Jezus tak odezwał się do Ojca, odwrócił się, żeby przemówić do swoich apostołów i posłańców: „Niech będą błogosławione oczy, które widzą i uszy, które słyszą te rzeczy. Pozwólcie, że wam powiem, iż wielu proroków i wielu wielkich ludzi w przeszłych wiekach chciałoby widzieć to, co wy teraz widzicie, ale nie było im to dane. I wiele pokoleń dzieci światła, które nadejdą, kiedy będą słyszeć te rzeczy, będą zazdrościć wam, którzy słyszeliście je i widzieliście".

Potem powiedział do wszystkich uczniów: „Słyszeliście, ile miast i wiosek otrzymało dobrą nowinę królestwa i jak moi posłańcy i nauczyciele zostali przyjęci, zarówno przez Żydów jak i nie-Żydów. I naprawdę błogosławione niech będą te społeczności, które zechciały uwierzyć w ewangelię królestwa. Ale biada tym, co odrzucają światłość, mieszkańcom Korazinu, Betsaidy Juliusza i Kafarnaum, tych miast, które niedobrze przyjęły posłańców. Oświadczam, że jeśli tak wielka praca, która została zrobiona w tych miejscach, byłaby zrobiona w Tyrze i Sydonie, ludzie tych tak zwanych pogańskich miast dawno by już wyrażali skruchę w worku pokutnym i popiele. Zaprawdę, lżej będzie Tyrowi i Sydonowi w dzień sądu".

Następnego dnia, w szabat, Jezus oddalił się z Siedemdziesięcioma i przemawiał do nich: „Naprawdę cieszyłem się z wami, kiedy wróciliście, niosąc dobre wieści o przyjęciu ewangelii królestwa przez wielu ludzi, rozrzuconych po całej Galilei, Samarii i Judei. Ale dlaczego byliście tak zaskakująco podnieceni? Czyż nie spodziewaliście się, że nowina objawi swą potęgę przy jej przekazywaniu? Czy poszliście z tak małą wiarą w ewangelię, że wróciliście zaskoczeni jej skutecznością? I teraz, chociaż nie gaszę waszego ducha radości, surowo was ostrzegam przed subtelnościami pychy, duchowej pychy. Jeśli moglibyście zrozumieć upadek Lucyfera – nikczemnego – solennie unikalibyście wszystkich form duchowej pychy.

Zaczęliście wielkie dzieło nauczania śmiertelnego człowieka, że jest synem Bożym. Pokazałem wam drogę; idźcie więc, pełniąc swe obowiązki i się nie zmęczcie czynieniem dobra. Pozwólcie, że powiem wam i wszystkim, którzy pójdą waszymi śladami przez wieki: ja zawsze stoję blisko a moje zaproszenie-wezwanie jest i zawsze będzie – przyjdźcie do mnie wszyscy ci, którzy pracujecie i obciążeni jesteście a dam wam wytchnienie. Weźcie moje jarzmo na siebie i uczcie się ode mnie, ponieważ jestem szczery i lojalny, a znajdziecie spokój duchowy dla waszych dusz".

I okazało się, że słowa Mistrza są prawdziwe, gdy jego obietnice poddano próbie. I od tamtego dnia nieprzebrane tysiące ludzi też próbowały i dały dowód niezawodności tych właśnie obietnic.

7. PRZYGOTOWANIA DO OSTATNIEJ MISJI

Następne kilka dni wypełnione były pracą w obozie w Pelli; przygotowania do misji w Perei zostały zakończone. Jezus i jego towarzysze mieli teraz zacząć swą ostatnią misję, trzymiesięczną turę po całej Perei, która skończyła się dopiero wyruszeniem Mistrza do Jerozolimy, aby mógł tam dokończyć swego dzieła na Ziemi. Na cały ten czas główna kwatera Jezusa i dwunastu apostołów utrzymywana była tutaj, w obozie w Pelli.

Jezus nie potrzebował już iść między ludzi, żeby ich nauczać. Ze wszystkich stron przychodzili oni teraz do niego, coraz więcej z każdym tygodniem, nie tylko z Palestyny, ale z całego świata rzymskiego oraz Bliskiego Wschodu. Aczkolwiek Mistrz wziął udział w turze po Perei, razem z Siedemdziesięcioma, większość swego czasu spędzał w obozie w Pelli, nauczając tłumy i dając instrukcje Dwunastu. Przez całe te trzy miesiące co najmniej dziesięciu apostołów pozostawało z Jezusem.

Grupa kobieca także szykowała się do wyjścia, po dwie, wraz z Siedemdziesięcioma, aby pracować w większych miastach Perei. Ta grupa, z początku w składzie dwunastu kobiet, wyszkoliła teraz większy zespół, złożony z pięćdziesięciu kobiet, do działalności polegającej na odwiedzaniu domów i opiekowaniu się chorymi i cierpiącymi. Perpetua, żona Szymona Piotra, została członkinią tej nowej sekcji grupy kobiecej i powierzono jej kierowanie poszerzoną działalnością kobiet, prowadzoną pod kierunkiem Abnera. Po Zesłaniu Ducha, Perpetua pozostała ze swym znakomitym mężem i towarzyszyła mu we wszystkich jego podróżach misyjnych; a w dniu ukrzyżowania Piotra w Rzymie została rzucona na pożarcie dzikim zwierzętom na arenie. Członkiniami tej nowej grupy kobiecej były także żony Filipa i Mateusza oraz matka Jakuba i Jana.

Dzieło królestwa miało teraz wkroczyć w swoje ostatnie stadium, prowadzone pod osobistym kierownictwem Jezusa. I ten ostatni etap był etapem duchowej głębi, w przeciwieństwie do tych czasów, gdy tłumy żądne cudów i pragnące dziwów szły za Mistrzem w minionych dniach popularności w Galilei. Tym niemniej pozostała jeszcze pewna grupa materialnie nastawionych zwolenników, którym nie udało się pojąć tej prawdy, że królestwo nieba jest duchowym braterstwem ludzi, zbudowanym na wiecznym fakcie wszechświatowego ojcostwa Boga.

PRZEKAZ 164

ŚWIĘTO POŚWIĘCENIA

KIEDY zakładano obóz w Pelli, Jezus wziął ze sobą Nataniela i Tomasza i potajemnie poszedł do Jerozolimy, aby wziąć udział w Święcie Poświęcenia. Aż do przeprawy przez bród Jordanu, w Betanii, dwóch apostołów nie zdawało sobie sprawy, że ich Mistrz idzie do Jerozolimy. Kiedy uświadomili sobie, że rzeczywiście zamierza wziąć udział w Święcie Poświęcenia, zaczęli gorliwie protestować i używając wszelkich argumentów, starali się mu to wyperswadować. Ale ich wysiłki na nic się zdały; Jezus postanowił odwiedzić Jerozolimę. Na wszystkie ich błagania i ostrzeżenia, podkreślające nierozwagę tego zamiaru i niebezpieczeństwo wpadnięcia w ręce Sanhedrynu, odpowiedział tylko: „Chciałbym dać tym nauczycielom Izraela jeszcze jedną sposobność ujrzenia światłości, zanim nadejdzie moja godzina".

W drodze do Jerozolimy obydwaj apostołowie wciąż jeszcze wyrażali swe obawy i wypowiadali swe wątpliwości, gdy idzie o roztropność takiego, najwyraźniej zbyt zuchwałego przedsięwzięcia. Dotarli do Jerycha mniej więcej o szesnastej trzydzieści i przygotowali się tam na nocleg.

1. OPOWIEŚĆ O DOBRYM SAMARYTANINIE

Tego wieczora spora grupa ludzi zgromadziła się wokół Jezusa i dwóch apostołów, żeby zadawać pytania; na wiele z nich odpowiedzieli apostołowie, ale niektóre omawiano z Jezusem. W trakcie tego wieczora pewien prawnik, chcąc uwikłać Jezusa w kompromitującą debatę, powiedział: „Nauczycielu, chciałbym cię zapytać, co powinienem czynić, aby zyskać życie wieczne?". Jezus odpowiedział: „Co jest napisane w Prawie i u Proroków, jak odczytujesz Pismo Święte"? Prawnik, znając zarówno nauki Jezusa jak i faryzeuszy, odpowiedział: „Kochać Pana Boga całym swoim sercem, duszą, umysłem i mocą, a swego bliźniego jak siebie samego". Jezus powiedział: „Dobrze odpowiedziałeś; jeśli rzeczywiście będziesz tak czynił, doprowadzi cię to do życia wiecznego".

Ale prawnik nie całkiem był szczery, ponieważ zadając to pytanie i pragnąc usprawiedliwić siebie, miał też nadzieję wprawić w zakłopotanie Jezusa i zaryzykował zadać jeszcze jedno pytanie. Podchodząc nieco bliżej do Mistrza, powiedział: „Ale, Nauczycielu, chciałbym żebyś mi powiedział, kto jest moim bliźnim?". Prawnik zadał to pytanie w nadziei, że usidli Jezusa, aby ten powiedział jakieś oświadczenie, które byłoby *sprzeczne* z Prawem żydowskim, definiującym bliźnich jako „dzieci jednego narodu". Żydzi uważali wszystkich innych za „psy pogańskie". Prawnik ten znał co nieco nauki Jezusa i dobrze wiedział, że Mistrz myśli inaczej; dlatego też zamyślał sprowokować go do powiedzenia czegoś, co można by interpretować jako atak na święte prawo.

Ale Jezus spostrzegł motyw prawnika i zamiast wpaść w sidła, zaczął opowiadać swoim słuchaczom historię, taką historię, którą mogli w pełni docenić wszyscy słuchacze w Jerychu. Jezus powiedział: „Pewien człowiek wybrał się z Jerozolimy do Jerycha i wpadł w ręce okrutnych bandytów, którzy obrabowali go, obdarli, pobili i zostawiwszy na wpół martwego, uciekli. Wkrótce tą drogą przypadkiem przechodził pewien kapłan i kiedy natknął się na rannego, zobaczywszy w jak żałosnej jest sytuacji, przeszedł na drugą stronę drogi. Podobnie postąpił również lewita; kiedy nadszedł i zobaczył tego człowieka, przeszedł na drugą stronę. Otóż, mniej więcej w tym samym czasie pewien Samarytanin, kiedy szedł do Jerycha, natknął się na tego rannego; a kiedy zobaczył, jak został on obrabowany i poraniony, podszedł do niego poruszony litością, opatrzył mu rany polewając je olejem i winem, posadził go na własne zwierzę, przyprowadził tutaj do zajazdu i opiekował się nim. A następnego dnia wyjął trochę pieniędzy, dał je gospodarzowi i powiedział: «Zaopiekuj się dobrze moim przyjacielem, a jeśli wydatki będą większe, wynagrodzę ci, kiedy będę wracał». Otóż, pozwól, że cię zapytam: który z tych trzech okazał się być bliźnim człowieka, na którego napadli bandyci?". I kiedy prawnik spostrzegł, że sam wpadł we własne sidła, odpowiedział: „Ten, który okazał mu miłosierdzie". A Jezus powiedział: „Idź i czyń tak samo".

Prawnik odpowiedział, „ten, który okazał miłosierdzie", dlatego, żeby uniknąć nawet wypowiadania ohydnego słowa – Samarytanin. Prawnik został zmuszony do odpowiedzi na swoje pytanie, „kto jest moim bliźnim?", do tej odpowiedzi, którą chciał, aby dał Jezus; gdyby Jezus tak się wyraził, zaraz mógłby zostać oskarżony o herezję. Jezus nie tylko popsuł szyki nieuczciwemu prawnikowi, ale powiedział swoim słuchaczom przypowieść, która jednocześnie była pięknym pouczeniem dla wszystkich jego zwolenników i ostrą naganą dla wszystkich Żydów, gdy idzie o ich postawę wobec Samarytan. I ta przypowieść nadal propaguje braterską miłość między wszystkimi, którzy później uwierzyli w ewangelię Jezusa.

2. W JEROZOLIMIE

Jezus wziął udział w Święcie Namiotów, aby mógł głosić ewangelię dla pielgrzymów ze wszystkich części imperium; teraz się wybrał na Święto Poświęcenia tylko w jednym celu: aby dać Sanhedrynowi i żydowskim przywódcom jeszcze jedną szansę ujrzenia światła. Najważniejsze zdarzenie tych kilku dni, spędzonych w Jerozolimie, miało miejsce w piątek wieczorem, w domu Nikodema. Zebrało się tam około dwudziestu pięciu przywódców żydowskich, którzy uwierzyli w naukę Jezusa. W tej grupie znajdowało się czternastu ludzi, którzy aktualnie byli, albo byli do niedawna, członkami Sanhedrynu. W spotkaniu wzięli też udział Eber, Matadormus i Józef z Arymatei.

Tym razem wszyscy słuchacze Jezusa byli uczonymi mężami i zarówno oni, jak i dwaj apostołowie byli zdumieni zakresem i głębią spostrzeżeń, którymi Mistrz podzielił się z tą wybitną grupą. Od czasu, kiedy uczył w Aleksandrii, w Rzymie i na wyspach śródziemnomorskich, nie okazał takiej erudycji i nie zademonstrował takiej znajomości spraw ludzkich, zarówno świeckich jak i religijnych.

Kiedy to małe spotkanie się skończyło, wszyscy odchodzili zdumieni osobowością Mistrza, byli urzeczeni jego łaskawym sposobem bycia i zakochani w tym człowieku. Chcieli doradzać Jezusowi, jak zrealizować jego pragnienie zjednania pozostałych członków Sanhedrynu. Mistrz przysłuchiwał się uważnie, ale milcząco wszystkim ich propozycjom. Dobrze wiedział, że nic im z tych planów nie wyjdzie. Przypuszczał, że większość przywódców żydowskich nigdy nie zaakceptuje ewangelii królestwa; tym niemniej dał im wszystkim jeszcze tę jedną szansę wyboru. Kiedy jednak tej nocy poszedł na nocleg z Natanielem i Tomaszem na kwaterę na Górze Oliwnej, nie zdecydował jeszcze, jakiej metody użyje, ażeby znowu zwrócić uwagę Sanhedrynu na swoją działalność.

Tej nocy Nataniel i Tomasz niewiele spali; byli zbyt zdumieni tym, co słyszeli w domu Nikodema. Dużo myśleli o końcowych uwagach Jezusa na propozycje byłych i aktualnych członków Sanhedrynu, żeby się stawić z Jezusem przed siedemdziesięciu jego członkami. Mistrz powiedział: „Moi bracia, to byłoby bezcelowe. Pomnożylibyście tylko gniew zbierający się nad waszymi głowami, ale w najmniejszym stopniu nie zmniejszylibyście nienawiści, jaką oni żywią do mnie. Prowadźcie, każdy z was, sprawy Ojca tak jak duch was wiedzie, podczas gdy ja raz jeszcze zwrócę ich uwagę, w taki sposób, jak mój Ojciec zarządzi".

3. UZDROWIENIE ŚLEPEGO ŻEBRAKA

Następnego ranka cała trójka poszła do domu Marty w Betanii na śniadanie, a zaraz potem do Jerozolimy. W ten szabatowy poranek, gdy Jezus i dwóch jego apostołów przechodzili obok Świątyni, spotkali dobrze znanego żebraka, siedzącego na swoim zwykłym miejscu, człowieka, niewidomego od urodzenia. Chociaż żebracy nie prosili ani nie dostawali jałmużny w dzień szabatu, zezwalano im siedzieć na ich zwykłych miejscach. Jezus zatrzymał się i spojrzał na żebraka. Gdy tak patrzył na człowieka, który był ślepcem od urodzenia, przyszedł mu do głowy pomysł, jak raz jeszcze zwrócić uwagę Sanhedrynu i innych żydowskich przywódców i nauczycieli religijnych na swoją ziemską misję.

Kiedy Jezus tak stał przed ślepcem, głęboko zadumany, Nataniel, rozważając przypuszczalną przyczynę ślepoty tego człowieka, zapytał: „Mistrzu, kto zgrzeszył, ten człowiek czy jego rodzice, że urodził się niewidomy?".

Rabinowie nauczali, że wszystkie przypadki ślepoty od urodzenia spowodowane są grzechem. Nie tylko dzieci poczynane były i rodzone w grzechu, ale dziecko mogło urodzić się ślepe jako kara za pewne określone grzechy popełnione przez jego ojca. Nauczali nawet, że dziecko samo mogło grzeszyć, zanim przyszło na ten świat. Nauczali również, że takie upośledzenia mogły spowodować niektóre grzechy czy słabostki matki, kiedy nosiła dziecko.

We wszystkich tych regionach nadal pokutowała wiara w reinkarnację. Starsi nauczyciele żydowscy, tak samo jak Platon, Filon i wielu esseńczyków, dopuszczali teorię, że ludzie mogą zbierać w pewnym wcieleniu to, co zasiali w poprzedniej egzystencji; zatem wierzono, że w tym życiu odpokutowują za grzechy popełnione w poprzednich życiach. Mistrz miał duże trudności z przekonywaniem ludzi, że ich dusze nie mają poprzednich egzystencji.

Przy założeniu, że taka ślepota miałaby być wynikiem grzechu, Żydzi jednak utrzymywali, jakkolwiek nielogiczne to się wydaje, że jest wielką zasługą dawanie jałmużny ślepym żebrakom. Zwyczajem tych ślepców było śpiewać nieprzerwanie przechodniom: „O miłosierny, zyskaj zasługę pomagając ślepemu".

Jezus zaczął rozmawiać z Natanielem i Tomaszem na temat tego przypadku, nie tylko dlatego, że już postanowił, aby w tym dniu użyć ślepca jako środka zwrócenia raz jeszcze uwagi na swoją misję żydowskim przywódcom, ale także dlatego, że zawsze zachęcał swoich apostołów, aby szukali prawdziwej przyczyny wszystkich zjawisk, czy to naturalnych czy to duchowych. Często przestrzegał ich, aby unikali powszechnie panującej tendencji przypisywania duchowych przyczyn zwykłym zdarzeniom materialnym.

Jezus postanowił uwzględnić tego żebraka w swej pracy, zaplanowanej na ten dzień, ale zanim cokolwiek zrobił dla ślepca, o imieniu Jozjasz, odpowiedział na pytanie Nataniela. Mistrz rzekł: „Ani ten człowiek nie zgrzeszył ani rodzice jego, aby dzieła Boże mogły się w nim objawić. Ślepota dotknęła go w wyniku naturalnego biegu wypadków, ale my musimy teraz wykonać dzieło Tego, który mnie posłał, kiedy jest jeszcze dzień, gdyż noc z pewnością nadejdzie i wtedy nie będzie można tego zrobić. Kiedy jestem na tym świecie, jestem światłością świata, ale za krótką chwilę nie będzie mnie z wami".

To powiedziawszy, Jezus zwrócił się do Nataniela i Tomasza: „Uczyńmy wzrok temu człowiekowi w dzień szabatu, żeby uczeni w Piśmie i faryzeusze mieli tę właśnie sposobność, której szukają, żeby oskarżyć Syna Człowieczego". Potem pochylił się, splunął na ziemię, zrobił błoto ze śliny i mówiąc to wszystko tak, aby ślepiec mógł słyszeć, podszedł do Jozjasza, nałożył mu glinę na niewidzące oczy i powiedział: „Idź mój synu, zmyj glinę w sadzawce Syloe a natychmiast będziesz widział". I kiedy Jozjasz obmył się w sadzawce Syloe, wrócił do swych przyjaciół i rodziny – widząc.

Będąc zawsze żebrakiem, Jozjasz nic innego nie umiał robić; więc kiedy przeszło pierwsze podniecenie na skutek stworzenia wzroku, wrócił na swoje zwykłe miejsce, gdzie czekał na jałmużnę. Jego przyjaciele, sąsiedzi i ludzie, którzy go znali od dawna, kiedy zauważyli, że Jozjasz widzi, mówili: „Czy to nie jest Jozjasz, niewidomy żebrak?". Niektórzy mówili, że to on, podczas gdy inni twierdzili: „Nie, ten jest podobny do niego, ale ten człowiek widzi". Ale kiedy spytali jego samego, on odpowiedział: „Tak to ja".

Kiedy zaczęli go wypytywać, co się stało, że widzi, on im odrzekł: „Człowiek o imieniu Jezus przechodził tu drogą i kiedy rozmawiał o mnie ze swymi przyjaciółmi, wymieszał glinę ze śliną, posmarował mi oczy i kazał mi iść i obmyć oczy w sadzawce Syloe. Zrobiłem to, co powiedział ten człowiek i natychmiast otrzymałem wzrok. A stało się to zaledwie kilka godzin temu. Jeszcze nie pojmuję znaczenia większości tego, co widzę". I kiedy ludzie, którzy zaczęli się gromadzić wokół niego, pytali, gdzie mogliby znaleźć tego niezwykłego człowieka, który go uzdrowił, Jozjasz mógł tylko odpowiedzieć, że nie wie.

Był to najdziwniejszy ze wszystkich cudów Mistrza. Jozjasz nie prosił o uzdrowienie. Nie wiedział, że Jezus, który kazał mu się obmyć w Syloe i który przyrzekł mu wzrok, jest tym prorokiem z Galilei, który wygłaszał kazania podczas Święta Namiotów. Ten człowiek nie bardzo w to wierzył, że otrzyma wzrok, ale w tamtych czasach ludzie głęboko wierzyli w skuteczność działania śliny wielkiego albo świętego człowieka a z rozmowy Jezusa z Natanielem i Tomaszem Jozjasz wywnioskował, że ten jego przyszły dobrodziej jest wielkim człowiekiem, uczonym nauczycielem lub świętym prorokiem; i dlatego też zrobił to, co mu Jezus kazał.

Jezus użył gliny i śliny, jak również kazał się obmyć w symbolicznej sadzawce Syloe z trzech powodów:

1. Nie był to cud w odpowiedzi na wiarę człowieka. Był to cud, który Jezus postanowił zrobić dla swoich własnych celów, ale został on tak zaplanowany, żeby uzdrowiony mógł czerpać z niego trwałe korzyści.

2. Ślepiec nie prosił o uzdrowienie a skoro jego wiara była mała, działania materialne były tym ukierunkowaniem, które miało go zachęcić. Wierzył on w przesąd o skuteczności śliny i wiedział, że sadzawka Syloe jest nieomal świętym miejscem. Jednak pewnie by tam nie poszedł, gdyby nie trzeba było zmyć gliny po tym namaszczeniu. Było wystarczająco dużo ceremonii w tej sprawie, aby go skłonić do działania.

3. Jezus miał jeszcze trzeci powód, aby się uciec do środków materialnych, w połączeniu z tak unikalną działalnością: był to cud wykonany wyłącznie na skutek własnej decyzji i chciał on w ten sposób nauczyć swoich zwolenników, w tym czasie i we wszystkich późniejszych wiekach, aby nie pogardzali materialnymi środkami przy leczeniu chorych i ich nie lekceważyli. Chciał ich nauczyć, że powinni przestać traktować cuda za jedyną metodę leczenia ludzkich chorób.

Tego właśnie, szabatowego ranka w Jerozolimie, w pobliżu Świątyni, Jezus dał temu człowiekowi wzrok cudownym sposobem, ponieważ głównym celem tego, co zrobił, było rzucenie otwartego wyzwania Sanhedrynowi i wszystkim żydowskim nauczycielom i przywódcom religijnym. To był jego sposób ogłoszenia otwartego zerwania z faryzeuszami. Jezus był zawsze stanowczy we wszystkim, co robił. To właśnie dlatego, aby postawić te sprawy przed Sanhedrynem, tego szabatowego dnia zaraz po południu Jezus przyprowadził swoich dwóch apostołów do tego człowieka i umyślnie sprowokował te rozmowy, które zmusiły faryzeuszy do zwrócenia uwagi na cud.

4. JOZJASZ PRZED SANHEDRYNEM

W kilka godzin po południu, uzdrowienie Jozjasza wywołało tak ożywioną dyskusję wokół Świątyni, że przywódcy Sanhedrynu postanowili zwołać radę w swoim zwykłym miejscu spotkań. I zrobili to naruszając obowiązującą regułę, która zabraniała zebrań Sanhedrynu w dzień szabatu. Jezus wiedział, że kiedy nadejdzie końcowa próba, złamanie szabatu będzie jednym z głównych oskarżeń wysuniętych przeciw niemu i chciał być doprowadzony przed Sanhedryn na sąd z oskarżenia, że uzdrowił ślepego w dzień szabatu, wtedy, kiedy na tej właśnie sesji wysoki sąd żydowski, sądzący go za ten czyn miłosierdzia, będzie rozważał te sprawy w dzień szabatu, wyraźnie naruszając ustalone przez siebie prawa.

Oni jednak nie wezwali Jezusa; bali się go. Natomiast posłali zaraz po Jozjasza. Po pewnym, wstępnym przesłuchaniu, rzecznik Sanhedrynu (około pięćdziesięciu członków było obecnych) polecił Jozjaszowi, aby opowiedział, co mu się przydarzyło. Po uzdrowieniu tego ranka, Jozjasz dowiedział się od Tomasza, Nataniela i innych, że faryzeusze byli źli z powodu jego uzdrowienia w szabat i że prawdopodobnie będą rozbić kłopoty wszystkim tym, których to dotyczyło; ale Jozjasz nie uświadomił sobie jeszcze, że Jezus jest tym, którego nazywano Wybawicielem. Więc, kiedy faryzeusze przesłuchiwali go, powiedział: „*Ten człowiek nadszedł, położył glinę na moje oczy i powiedział, żebym poszedł i obmył się w Syloe i teraz widzę*".

Jeden ze starszych faryzeuszy, po wygłoszeniu długiej mowy, powiedział: „Ten człowiek nie może być od Boga, ponieważ jak widzicie, nie przestrzega szabatu. Narusza prawo, po pierwsze, urabianiem gliny a następnie wysłaniem żebraka, aby się obmył w Syloe, w dzień szabatu. Taki człowiek nie może być nauczycielem wysłanym od Boga".

Wtedy jeden z młodszych, który potajemnie wierzył w Jezusa, powiedział: „Jeśli ten człowiek nie jest wysłany przez Boga, jak może czynić te rzeczy? Wiemy, że ten, który jest zwykłym grzesznikiem, nie może robić takich cudów. Wszyscy znamy tego żebraka jak i to, że urodził się niewidomy a teraz widzi. Czy wciąż będziecie mówić, że ten prorok czyni wszystkie takie rzeczy potęgą księcia diabłów"? I przeciw każdemu faryzeuszowi, który ośmielił się oskarżać i denuncjować Jezusa, powstawał inny, aby mu zadać skomplikowane i kłopotliwe pytania, w ten sposób pojawił się między nimi poważny rozłam. Urzędnik przewodniczący, widząc, do czego zmierzają i żeby uspokoić dyskusję, sam zaczął zadawać kolejne pytania. Zwracając się do Jozjasza, powiedział: „Co masz do powiedzenia o tym człowieku, o tym Jezusie, który jak twierdzisz, otworzył ci oczy?". I Jozjasz odpowiedział: „Myślę, że jest prorokiem".

Przywódcy byli w trudnej sytuacji a nie wiedząc, co jeszcze mogą zrobić, postanowili posłać po rodziców Jozjasza, aby się dowiedzieć, czy faktycznie urodził się ślepy. Nie mogli uwierzyć, że żebrak został uzdrowiony.

W całej Jerozolimie dobrze wiedziano, że nie tylko Jezusowi zabroniono wchodzić do wszystkich synagog, ale że ci wszyscy, którzy wierzyli w jego naukę, byli tak samo wyrzuceni z synagogi i wyklęci ze zgromadzenia Izraela; a to oznaczało odebranie wszystkich praw i przywilejów każdego rodzaju, w całym żydostwie, za wyjątkiem prawa zakupu środków niezbędnych do życia.

Dlatego też, kiedy rodzice Jozjasza, biedne i strachem przepełnione dusze, zjawili się przed majestatycznym Sanhedrynem, obawiali się mówić otwarcie. Rzecznik sądu powiedział: „Czy to jest wasz syn? i czy dobrze rozumiemy, że on urodził się ślepy? Jeśli jest to prawdą, jak on teraz może widzieć?" I wtedy ojciec Jozjasza, popierany przez jego matkę, odpowiedział: „Tak, my rozpoznajemy, że to jest nasz syn i że urodził się ślepy, ale jak to się stało, że on widzi, czy kto otworzył mu oczy, nie wiemy. Pytajcie jego, on ma swoje lata, niech mówi sam za siebie."

Teraz znowu wezwali Jozjasza. Plan przeprowadzenia formalnego procesu nie wychodził im dobrze i niektórzy z nich zaczęli się czuć nieswojo, robiąc to w szabat; zatem, kiedy ponownie zawołali Jozjasza, próbowali go usidlić, atakując innym sposobem. Urzędnik sądowy przemówił do byłego ślepca: „Dlaczego nie chwalisz Boga za to? Dlaczego nie chcesz powiedzieć nam całej prawdy, co się zdarzyło? Wszyscy wiemy, że ten człowiek jest grzesznikiem. Dlaczego nie chcesz dostrzec prawdy? Wiesz, że wam obu, tobie i temu człowiekowi, udowodniono naruszenie szabatu. Czy nie chcesz odpokutować swojego grzechu i uznać Boga za swojego uzdrowiciela, jeśli wciąż jeszcze się upierasz, że dzisiaj otwarły się twoje oczy"?

Jednak Jozjasz nie był ani tępy, ani też pozbawiony humoru, więc odpowiedział urzędnikowi sądowemu: „Czy ten człowiek jest grzesznikiem, nie wiem; ale wiem jedną rzecz – że byłem ślepy a teraz widzę". A skoro nie mogli usidlić Jozjasza, chcieli potem podważyć to, co powiedział, pytając: „Właściwie, jak on otwarł twoje oczy? Co on tobie faktycznie zrobił? Co on ci powiedział? Czy prosił, żebyś w niego uwierzył"?

Jozjasz odpowiedział, nieco poirytowany: „Powiedziałem wam dokładnie wszystko to, co się zdarzyło, a jeśli nie wierzycie mojemu zeznaniu, dlaczego chcecie raz jeszcze mnie słuchać? Czy wy przypadkiem także nie zostaliście jego uczniami"? Kiedy Jozjasz to powiedział, w Sanhedrynie zawrzało, omal nie użyto siły, ponieważ przywódcy podbiegli do Jozjasza, gniewnie wołając: „Ty możesz mówić, że jesteś uczniem tego człowieka, ale my jesteśmy uczniami Mojżesza i nauczycielami praw Boskich. Wiemy, że Bóg mówił przez Mojżesza, ale co do tego człowieka, Jezusa, nie wiemy skąd on jest".

Wtedy Jozjasz, stając na taborecie, krzyczał na wszystkie strony, do wszystkich, którzy mogli go słyszeć: „Słuchajcie, wy, co nazywacie się nauczycielami Izraela, kiedy oświadczam wam, że najbardziej zdumiewające jest to, że przyznajecie się, iż nie wiecie skąd jest ten człowiek a jednak wiecie na pewno, ze świadectwa, które słyszeliście, że otworzył moje oczy. Wszyscy wiemy, że Bóg nie zrobiłby czegoś takiego dla bezbożnego; że Bóg czyni takie rzeczy tylko na prośbę prawdziwie wiernego – tego, który jest święty i prawy. Wiecie, że od początku świata nie słyszano, aby otwarto oczy temu, który urodził się ślepy. Patrzcie więc, wy wszyscy na mnie i uświadomcie sobie, co się dzisiaj stało w Jerozolimie! Mówię wam, gdyby ten człowiek nie był od Boga, nie mógłby tego zrobić". I gdy członkowie Sanhedrynu rozchodzili się, gniewni i zakłopotani, krzyczeli na niego: „Ty w ogóle narodziłeś się w grzechu a teraz ośmielasz się nas pouczać? Może naprawdę nie urodziłeś się ślepy, a nawet, jeśli twoje oczy zostały otwarte w dzień szabatu, zostało to zrobione potęgą księcia diabłów". I zaraz poszli do synagogi, żeby wykląć Jozjasza.

Kiedy Jozjasz poszedł na ten proces, niewielkie miał pojęcie o Jezusie i o naturze swego uzdrowienia. Większość jego, brawurowego świadectwa, które tak inteligentnie i odważnie podtrzymywał przed najwyższym trybunałem całego Izraela, zrodziła się u niego wtedy, gdy proces szedł tak nieuczciwymi i niesprawiedliwymi drogami.

5. NAUCZANIE W PORTYKU SALOMONA

Cała ta sesja Sanhedrynu, naruszająca szabat, odbywała się w jednej z sal Świątyni; Jezus przechadzał się w pobliżu i nauczał ludzi w Portyku Salomona i miał nadzieję, że zostanie wezwany przed Sanhedryn, gdzie będzie mógł powiedzieć dobrą nowinę o wolności i radości Boskiego synostwa w królestwie Bożym. Ale członkowie Sanhedrynu bali się posłać po niego. Zawsze ich niepokoiło nagłe i publiczne pojawienie się Jezusa w Jerozolimie. Tę sposobność, o którą tak gorliwie zabiegali, dał im teraz Jezus, ale oni bali się doprowadzić go przed Sanhedryn, nawet jako świadka, a jeszcze bardziej bali się go aresztować.

Było to w środku zimy w Jerozolimie i ludzie szukali nieco schronienia w Portyku Salomona, a kiedy Jezus tam pozostawał, tłumy zadawały mu wiele pytań a on ich nauczał ponad dwie godziny. Niektórzy żydowscy nauczyciele próbowali go usidlić, pytając publicznie: „Jak długo będziesz nas trzymał w niepewności? Jeśli jesteś Mesjaszem, dlaczego po prostu nie powiesz nam tego"? Jezus odrzekł: „Mówiłem wam wiele razy o sobie i o moim Ojcu, ale wy mi nie wierzycie. Czyż nie widzicie, że to dzieło, które wykonuję w imieniu mojego Ojca, niesie moje świadectwo? Ale wielu z was nie wierzy mi, dlatego, że nie należą do mojej owczarni. Nauczyciel prawdy przyciąga do siebie tylko tych, którzy są głodni prawdy i spragnieni prawości. Moje owce słyszą mój głos *i ja je znam a one idą za mną*. A wszystkim tym, którzy postępują zgodnie z moją nauką, dam życie wieczne; nigdy nie zginą i nikt ich nie wyrwie z mojej ręki. Mój Ojciec, który dał mi te dzieci, jest większy niż wszystko, więc nikt nie może wyrwać ich z ręki mojego Ojca. Ojciec i ja jesteśmy jednym". Niektórzy z niewierzących w niego

Żydów popędzili tam, gdzie wciąż trwała budowa Świątyni, żeby zbierać kamienie i rzucać nimi w Jezusa, ale wierzący ich powstrzymali.

Jezus kontynuował swoją naukę: „Wiele miłości pełnych czynów ukazałem wam za sprawą mojego Ojca, więc teraz chciałbym się dowiedzieć, za który z tych dobrych czynów myślicie mnie kamienować?". I wtedy odpowiedział jeden z faryzeuszy: „Nie za dobre czyny chcemy cię kamienować, ale za bluźnierstwo, skoro ty, będąc człowiekiem, ośmielasz się równać z Bogiem". I Jezus odpowiedział: „Oskarżacie Syna Człowieczego o bluźnierstwo, ponieważ nie chcieliście mi wierzyć, gdy oświadczyłem wam, że jestem posłany przez Boga. Jeśli nie wykonuję dzieł Bożych, nie wierzcie mi, ale jeśli wykonuję dzieła Boże, nawet, jeśli we mnie nie wierzycie, myślę, że powinniście uwierzyć w te dzieła. Ale żebyście mogli być pewni tego, co głoszę, pozwólcie mi raz jeszcze zapewnić, że Ojciec jest we mnie a ja w Ojcu i to, że tak jak Ojciec mieszka we mnie, tak samo ja będę mieszkał w każdym, który uwierzy w tę ewangelię". I gdy ludzie usłyszeli te słowa, wielu z nich pobiegło zbierać kamienie i w niego rzucać, ale on wyszedł poza obręb Świątyni i spotkał się z Natanielem i Tomaszem, którzy byli na posiedzeniu Sanhedrynu; czekał z nimi w pobliżu Świątyni, aż z sali obrad wyjdzie Jozjasz.

Jezus, wraz z dwoma apostołami, poszedł szukać Jozjasza w jego domu dopiero wtedy, kiedy usłyszał, że został on wyklęty z synagogi. Kiedy przyszli do jego domu, Tomasz zawołał go na dziedziniec a Jezus zwrócił się do niego: „Jozjaszu, czy wierzysz w Syna Bożego?" A Jozjasz odpowiedział: „Powiedz, kto nim jest, a może uwierzę w niego". I Jezus powiedział: „Ty widziałeś go tak samo jak i słyszałeś, a jest nim ten, który teraz mówi do ciebie". I Jozjasz powiedział: „Panie, wierzę" i upadłszy oddał mu cześć.

Kiedy Jozjasz się dowiedział, że został wyklęty z synagogi, z początku był bardzo przybity, ale nabrał sporo odwagi, kiedy Jezus mu polecił, żeby natychmiast przygotował się do pójścia z nimi do obozu w Pelli. Ten prostoduszny człowiek z Jerozolimy rzeczywiście został wyklęty z żydowskiej synagogi, ale teraz Stwórca wszechświata zabierał go, aby go połączyć z duchową arystokracją tamtego czasu i pokolenia.

I teraz Jezus odszedł z Jerozolimy i nie wrócił już do niej, aż nadszedł ten czas, kiedy szykował się opuścić ten świat. Mistrz wrócił do Pelli z dwoma apostołami i Jozjaszem. Jozjasz udowodnił, że jest jednym z tych obdarowanych cudowną posługą Mistrza, który wydaje owoce, gdyż na całe życie został kaznodzieją ewangelii królestwa.

PRZEKAZ 165

POCZĄTEK MISJI PEREAŃSKIEJ

ABNER, były szef dwunastu apostołów Jana Chrzciciela, nazirejczyk i dawny przywódca szkoły nazirejczyków w Engaddi, obecnie szef siedemdziesięciu posłańców królestwa, zebrał swoich współpracowników we wtorek, 3 stycznia, roku 30 n.e. i udzielił im końcowych instrukcji, przed wysłaniem ich na misję do wszystkich miast i wiosek Perei. Misja pereańska trwała prawie trzy miesiące i była ostatnią tego rodzaju służbą Mistrza. Po zakończeniu tej pracy Jezus poszedł wprost do Jerozolimy, żeby przejść swoje ostatnie doświadczenia w ciele. Siedemdziesięciu, którym okresowo pomagał Jezus oraz dwunastu apostołów, pracowało w pięćdziesięciu wioskach jak również w następujących miastach i miasteczkach: Safonie, Gadarze, Makadzie, Arbeli, Ramat, Edrei, Bosorrze, Kaspinie, Mispe, Gerasie, Ragabie, Sukkot, Amatusie, Adamie, Penuelu, Kapitoliasie, Dionie, Chaticie, Gaddzie, Filadelfii, Jogbeha, Gileadzie, Bet-Nimrze, Tyrze, Elealah, Liwias, Cheszbonie, Kalliroe, Bet-Peorze, Szittimie, Sibmie, Medebie, Bet-Meonie, Areopolisie i Aroerze.

W czasie tej tury po Perei, grupa kobieca, licząca teraz sześćdziesiąt dwie osoby, przejęła większą część pracy polegającej na posługiwaniu chorym. Był to ostatni okres kształtowania się wyższych, duchowych aspektów ewangelii królestwa, dlatego też nie zdarzyły się w tym czasie żadne cuda. W żadnej innej części Palestyny apostołowie i uczniowie Jezusa nie pracowali z taką gorliwością i nie było innej prowincji, w której wyższe klasy społeczeństwa tak gremialnie przyjęłyby naukę Mistrza.

W tym czasie Perea była podzielona niemalże po równo pomiędzy nie-Żydów a Żydów, Żydzi zostali generalnie usunięci z tych regionów za czasów Judasza Machabeusza. Perea była najpiękniejszą i najbardziej malowniczą prowincją całej Palestyny. Żydzi nazywali ją zazwyczaj „ziemią za Jordanem".

W całym tym okresie Jezus dzielił swój czas pomiędzy obozem w Pelli a wypadami z Dwunastoma, aby pomagać Siedemdziesięciu w różnych miastach, w których nauczali i głosili kazania. Zgodnie z instrukcjami Abnera, Siedemdziesięciu chrzciło wszystkich wierzących, chociaż Jezus tego od nich nie wymagał.

1. W OBOZIE W PELLI

W połowie stycznia ponad tysiąc dwieście osób zebrało się w Pelli i Jezus, kiedy przebywał w obozie, nauczał ten tłum przynajmniej raz dziennie, przemawiając zwykle o *dziewiątej rano, jeśli* deszcz nie przeszkodził. Piotr i inni apostołowie nauczali każdego popołudnia. Wieczory zarezerwował Jezus na zwyczajowe sesje pytań i odpowiedzi z Dwunastoma oraz innymi, bardziej zaawansowanymi uczniami. Grupa wieczorna składała się zazwyczaj z około pięćdziesięciu osób.

Do połowy marca, czyli do tego czasu, gdy Jezus zaczął iść w kierunku Jerozolimy, ponad cztery tysiące osób tworzyło wielką audiencję, która każdego ranka słuchała kazania, głoszonego przez Jezusa albo przez Piotra. Mistrz postanowił skończyć swe dzieło na Ziemi wtedy, kiedy zainteresowanie jego posłaniem osiągnie wysoki punkt, najwyższy punkt uzyskany w czasie drugiego czy pozbawionego cudów stadium rozwoju królestwa. Podczas gdy trzy czwarte tłumu stanowili poszukiwacze prawdy, była tam też spora grupa faryzeuszy z Jerozolimy i z innych stron, razem z wieloma wątpiącymi i malkontentami.

Jezus i dwunastu apostołów sporo czasu poświęcali tłumom zgromadzonym w obozie w Pelli. Dwunastu nie zwracało specjalnej uwagi na pracę terenową, wychodząc tylko od czasu do czasu z Jezusem, aby odwiedzić pracowników Abnera. Abner był dobrze zaznajomiony z rejonem pereańskim, ponieważ był to ten sam teren, na którym jego poprzedni mistrz, Jan Chrzciciel, prowadził większość swej działalności. Po rozpoczęciu misji w Perei, Abner i Siedemdziesięciu nigdy już nie wrócili do obozu w Pelli

2. KAZANIE O DOBRYM PASTERZU

Grupa ponad trzystu mieszkańców Jerozolimy, faryzeuszy i innych, poszła za Jezusem na północ, do Pelli, kiedy po zakończeniu Święta Poświęcenia pośpiesznie oddalał się spod jurysdykcji żydowskich władców; i to właśnie w obecności tych żydowskich nauczycieli i przywódców, jak również przysłuchujących się dwunastu apostołów, Jezus wygłosił kazanie o „Dobrym Pasterzu". Po półgodzinnej, nieoficjalnej rozmowie, Jezus zwrócił się do grupy około stu osób:

„Tego wieczora mam wam wiele do powiedzenia, a skoro wielu z was to moi uczniowie a niektórzy z was są moimi zawziętymi wrogami, dlatego przedstawię wam moje nauczanie w formie przypowieści, aby w ten sposób każdy z was mógł wziąć dla siebie to, co przyjmie jego serce.

Dzisiejszego wieczora są tutaj przede mną ludzie, którzy są gotowi umrzeć za mnie i za ewangelię królestwa i niektórzy z nich złożą taką ofiarę w nadchodzących latach; i jest tutaj także trochę was, niewolników tradycji, którzy szliście za mną z Jerozolimy i którzy pospołu ze swymi ciemnymi i oszukańczymi przywódcami chcecie zabić Syna Człowieczego. To życie, jakim ja żyję teraz w ciele, będzie osądzać was, zarówno prawdziwych pasterzy jak i fałszywych pasterzy. Jeśli fałszywy pasterz jest ślepy, nie będzie miał grzechu, ale wy twierdzicie, że widzicie; twierdzicie, że jesteście nauczycielami Izraela, dlatego wasz grzech pozostanie na was.

W niebezpiecznych czasach, prawdziwy pasterz zbiera swoją owczarnię na noc do zagrody. Kiedy nadejdzie ranek, wchodzi drzwiami do zagrody, a kiedy zawoła, owce poznają jego głos. Każdy pasterz, który wdziera się do owczarni jakimkolwiek innym sposobem, niż drzwiami, jest złodziejem i rozbójnikiem. Prawdziwy pasterz wchodzi do owczarni po tym, jak odźwierny otworzy mu drzwi a jego owce, znając jego głos, wychodzą na jego słowo; i kiedy te, które są jego, zostają wyprowadzone, prawdziwy pasterz idzie przodem; prowadzi je drogą a owce idą za nim. Jego owce idą za nim, ponieważ znają jego głos; nie pójdą za obcym. Uciekną od obcego, ponieważ nie znają jego głosu. Te tłumy, które się tutaj wokół nas zgromadziły, są jak owce bez pasterza, ale kiedy my do nich mówimy, znają głos pasterza i pójdą za nami; przynajmniej ci, którzy są głodni prawdy i spragnieni prawości. Niektórzy z was nie jesteście z mojej owczarni;

nie znacie mojego głosu i nie pójdziecie za mną. I ponieważ jesteście fałszywymi pasterzami, owce nie znają waszego głosu i nie pójdą za wami".

Kiedy Jezus skończył przypowieść, nikt mu nie zadał pytania. Po jakimś czasie znowu zaczął mówić i zaczął omawiać przypowieść:

„Wy, którzy będziecie pasterzami, pomocnikami w owczarni mojego Ojca, musicie nie tylko stać się wartościowymi przywódcami, ale musicie także *karmić* stado dobrym pokarmem; nie jesteście dobrymi pasterzami, jeśli nie poprowadzicie swoich owczarni na zielone pastwiska, w pobliżu cichych wód.

A teraz, ażeby niektórzy z was zbyt lekko nie pojmowali tej przypowieści, oświadczam wam, że jestem zarówno drzwiami do owczarni Ojca, jak również prawdziwym pasterzem stad mojego Ojca. Każdemu pasterzowi, który beze mnie zechce wejść do owczarni, nie uda się to i owce nie będą słuchały jego głosu. Ja jestem drzwiami, razem z tymi, którzy ze mną służą. Każda dusza, która wkroczy na wieczną drogę tym sposobem, który ja stworzyłem i zarządziłem, będzie zbawiona i będzie mogła iść dalej, aż dotrze do wiecznych pastwisk Raju.

Jestem również tym prawdziwym pasterzem, który za owce jest gotów oddać nawet życie. Złodziej przychodzi tylko po to, aby ukraść i zabić i zniszczyć, ale ja przyszedłem do was, żebyście wszyscy mieli życie i żebyście je mieli w obfitości. Najemnik ucieka, kiedy nadchodzi niebezpieczeństwo i pozwala na to, żeby się owce rozproszyły i zostały zabite; prawdziwy pasterz nie ucieknie, kiedy przyjdzie wilk; będzie ochraniał swoje stado i jeśli to będzie konieczne, odda swe życie za swoje owce. Zaprawdę, zaprawdę, powiadam wam, moi przyjaciele oraz wrogowie, jestem prawdziwym pasterzem, znam swoje owce a one mnie znają. Ja nie ucieknę w obliczu niebezpieczeństwa. Zakończę moją służbę pełniąc wolę mojego Ojca i nie porzucę stada, które Ojciec powierzył mojej opiece.

Ale mam również wiele innych owiec nie z tego stada i słowa te są prawdą nie tylko dla tego świata. Te inne owce także słyszą i znają mój głos i przyrzekłem mojemu Ojcu, że one wszystkie zostaną zebrane w jedno stado, w jedno braterstwo synów Bożych. I wtedy wszyscy będziecie znać głos jednego pasterza, prawdziwego pasterza i wszyscy uznacie ojcostwo Boga.

I powinniście wiedzieć, dlaczego Ojciec mnie kocha i wszystkie swoje stada w tej domenie oddaje w moje ręce pod opiekę; dzieje się tak dlatego, ponieważ Ojciec wie, że nie zawaham się ochraniać owczarni, że nie opuszczę moich owiec i jeśli to będzie konieczne, nie zawaham się oddać mojego życia w służbie różnych jego stad. Ale pamiętajcie, że jeśli oddam moje życie, znowu je odzyskam. Ani człowiek, ani żadna inna istota, nie może zabrać mi życia. Mam prawo i władzę oddania mojego życia i mam takie same prawo ponownie je odzyskać. Wy nie potraficie tego zrozumieć, ale ja dostałem taką władzę od mojego Ojca zanim jeszcze powstał ten świat".

Apostołowie Jezusa byli zdezorientowani, kiedy słyszeli te słowa, jego uczniowie zdumieni, podczas gdy faryzeusze z Jerozolimy i okolic odchodzili na noc i mówili: „On albo jest obłąkany, albo ma diabła". Ale nawet niektórzy z jerozolimskich nauczycieli stwierdzili: „Przemawia jak ten, który ma władzę; poza tym, kto kiedykolwiek widział kogoś, kto ma diabła, żeby otworzył oczy człowiekowi, który urodził się niewidomy i czynił wszystkie te cudowne rzeczy, jakie ten człowiek uczynił?".

Następnego dnia blisko połowa żydowskich nauczycieli wyznała wiarę w Jezusa a druga połowa w przerażeniu wróciła do swoich domów w Jerozolimie.

3. SZABATOWE KAZANIE W PELLI

Pod koniec stycznia, w szabatowe popołudnie, tłum dochodził niemal do trzech tysięcy osób. W sobotę, 28 stycznia, Jezus wygłosił pamiętne kazanie na temat: „Ufność i gotowość duchowa". Po wstępnych uwagach Szymona Piotra, Mistrz powiedział:

„To, co wiele razy mówiłem moim apostołom i moim uczniom, teraz oświadczam tutaj zgromadzonym: strzeżcie się zakwasu faryzeuszy, którym jest obłuda zrodzona z uprzedzeń i pielęgnowana w niewoli tradycji, chociaż wielu z tych faryzeuszy ma uczciwe serca a niektórzy z nich są tutaj, jako moi uczniowie. Niebawem wszyscy zrozumiecie moją naukę, nie ma bowiem nic ukrytego, co nie mogłoby zostać ujawnione. To, co teraz jest przed wami zakryte, wszystko będzie jawne, kiedy Syn Człowieczy zakończy swoją misję na Ziemi i w ciele.

Prędko, bardzo prędko, te rzeczy, które nasi nieprzyjaciele planują w tajemnicy i ciemności wyjdą na światło i rozgłaszane będą na wszystkie strony. Ale mówię wam, moi przyjaciele, nie bójcie się ich, kiedy chcą zabić Syna Człowieczego. Nie bójcie się tych, którzy mogą zabić ciało a potem już nie mają władzy nad wami. Napominam was, nie bójcie się nikogo w niebie ani na Ziemi, ale radujcie się poznaniem Tego, który ma moc, aby was wyzwolić z całej nieprawości i stawić was niewinnych przed sądem wszechświata.

Czyż nie sprzedają pięciu wróbli za dwa grosze? A przecież, kiedy te ptaki latają i szukają pożywienia, żaden z nich nie istnieje bez wiedzy Ojca, źródła wszelkiego życia. Dla seraficznych opiekunów nawet włosy na waszej głowie są policzone. I jeśli to wszystko jest prawdą, dlaczego macie trwożyć się wieloma drobiazgami, które zdarzają się wam w waszym codziennym życiu? Mówię wam: nie bójcie się, jesteście więcej warci niż wiele wróbli.

Wszystkich was, którzy mieli odwagę wyznać przed ludźmi wiarę w moją ewangelię, wkrótce poświadczę przed aniołami z nieba; ale tego, który świadomie przed ludźmi zaprzecza mojej prawdzie i mojej nauce, wyprze się jego opiekun przeznaczenia właśnie przed aniołami z nieba.

Mów co chcesz o Synu Człowieczym a będzie ci wybaczone, ale ten, kto ośmiela się bluźnić przeciw Bogu, nie znajdzie przebaczenia. Kiedy ludzie posuwają się tak dalece, że świadomie przypisują czyny Boże siłom złego, tacy rozmyślni buntownicy raczej nie znajdą przebaczenia swych grzechów.

Kiedy nasi wrogowie zaprowadzą was przed rządców synagog i przed inne wysokie władze, nie trwóżcie się o to, co macie mówić i nie troszczcie się jak odpowiecie na ich pytania, gdyż duch, który mieszka w was, z pewnością nauczy was w tej właśnie godzinie, co macie mówić dla uświetnienia ewangelii królestwa.

Jak długo pozostawać będziecie w dolinie decyzji? Dlaczego zatrzymaliście się między dwoma przekonaniami? Dlaczego Żyd czy nie-Żyd waha się przyjąć dobrą nowinę, że jest synem wiecznego Boga? Jak długo mamy was przekonywać, abyście radośnie wkroczyli w wasze duchowe dziedzictwo? Przyszedłem na ten świat, aby objawić wam Ojca i przyprowadzić was do Ojca. Pierwsze zrobiłem, ale tego ostatniego nie mogę zrobić bez waszej zgody; Ojciec nigdy nikogo nie zmusza do wejścia do królestwa.

Zaproszenie zawsze było i zawsze będzie takie: ktokolwiek zechce, pozwólcie mu przyjść i obficie uczestniczyć w wodzie życia".

Kiedy Jezus skończył, wielu wystąpiło, aby zostali ochrzczeni przez apostołów w Jordanie, podczas kiedy on odpowiadał na pytania tych, którzy pozostali.

4. PODZIAŁ SPADKU

Gdy apostołowie chrzcili wierzących, Mistrz rozmawiał z tymi, którzy wciąż zwlekali. I pewien młody człowiek odezwał się: „Mistrzu, mój ojciec umarł, zostawiając duży majątek mnie i mojemu bratu, ale mój brat nie chce mi dać tego, co jest moją własnością. Czy zatem nie mógłbyś powiedzieć mojemu bratu, żeby podzielił się majątkiem ze mną"? Jezus obruszył się lekko, że ten materialnie zorientowany młodzieniec poddał do dyskusji takie pytanie o interesach; ale korzystając okazji, zaczął udzielać dodatkowej nauki. Jezus spytał: „Człowieku, kto mnie uczynił twoim rozjemcą? Skąd ci to przyszło do głowy, że ja zwracam uwagę na materialne sprawy tego świata"? I potem, zwracając się do wszystkich zgromadzonych, powiedział: „Uważajcie i uwolnijcie się od chciwości; życie ludzkie nie polega na obfitości rzeczy, jakie można posiadać. Szczęście nie przychodzi z potęgi majątku a radość nie rodzi się z bogactwa. Majątek sam w sobie nie jest przekleństwem, ale miłość do bogactwa częstokroć prowadzi do takiego poświęcenia się rzeczom tego świata, że dusza ślepnie na piękno duchowych uroków rzeczywistości królestwa Bożego na Ziemi i na radości wiecznego życia w niebie.

Pozwólcie, że opowiem wam historię o pewnym bogaczu, którego pole rodziło obficie i kiedy stał się bardzo bogaty, zaczął rozważać: «Co mam zrobić z całym moim bogactwem? Mam go teraz tak dużo, że nie mam gdzie przechowywać majątku». I kiedy tak rozmyślał nad swoim problemem, powiedział sobie: «Tak zrobię; zburzę moje spichlerze i zbuduję większe i w ten sposób będę miał dosyć miejsca na magazynowanie moich plonów i moich dóbr. Wtedy będę mógł powiedzieć mojej duszy, duszo, masz wiele majątku złożonego na wiele lat; teraz masz prawo do spokoju; jedz, pij i bądź wesoła, ponieważ jesteś bogata i obfita dobrami».

Ten majętny człowiek był również nierozsądny. Zabezpieczając materialne potrzeby umysłu i ciała, zaniedbał złożenia skarbów w niebie, dla zadowolenia ducha i dla zbawienia duszy. I nawet nie nacieszył się używaniem swego, zgromadzonego majątku, gdyż tej właśnie nocy zażądano jego duszy. Nocą przyszli bandyci, włamali się do jego domu, zabili go a później, gdy splądrowali jego spichrze, spalili to, co zostało. A o to mienie, którego nie zabrali zbóje, spadkobiercy zaczęli walczyć ze sobą. Człowiek ten zgromadził sobie skarby na Ziemi, ale nie miał bogactw u Boga".

W ten sposób Jezus załatwił sprawę spadku tego młodego człowieka, ponieważ wiedział, że jego problem wynika z chciwości. Nawet, gdyby nie o to chodziło, Mistrz by nie ingerował, dlatego, że nigdy nie wtrącał się w doczesne sprawy nawet swoich apostołów a tym bardziej swoich uczniów.

Kiedy Jezus skończył swoją opowieść, podniósł się inny człowiek i spytał: „Mistrzu, wiem, że twoi apostołowie sprzedali cały swój ziemski majątek, aby pójść z tobą i mają *wszystkie rzeczy wspólne*, tak jak esseńczycy, ale czy ty chciałbyś, abyśmy my wszyscy, którzy jesteśmy twoimi uczniami, postąpili podobnie? Czy grzechem jest posiadanie uczciwie zdobytego bogactwa"? Jezus odpowiedział: „Mój przyjacielu, nie jest grzechem posiadanie uczciwie zdobytego bogactwa, ale jest grzechem zamienianie materialnego bogactwa na *skarby*, które mogą skupiać wasze zainteresowanie i odwracać wasze uczucia od poświęcania się duchowym celom królestwa. Nie jest grzechem posiadanie uczciwie zdobytego mienia na Ziemi, pod warunkiem, że wasz *skarb* znajduje się w niebie, albowiem tam gdzie jest wasz skarb, tam też będzie wasze serce. Jest wielka różnica pomiędzy tym majątkiem, który prowadzi do chciwości i samolubstwa a tym, który przechowywany jest i rozdzielamy w duchu zarządzania przez ludzi, którzy mają pod dostatkiem dóbr świata i hojnie przyczyniają się do wsparcia tych, co poświęcają wszystkie swoje siły na pracę dla królestwa. Wielu z was, którzy znaleźli się tutaj bez pieniędzy, w tym mieście namiotów, jest żywionych i zakwaterowanych bezpłatnie, ponieważ szczodrzy mężczyźni i kobiety przekazali na ten cel pieniądze waszemu gospodarzowi, Dawidowi Zebedeuszowi.

Jednak nigdy nie zapomnijcie, że majątek jest mimo wszystko nietrwały. Miłość do bogactwa zbyt często przyćmiewa a nawet niweczy wizję duchową. Zawsze pamiętajcie o niebezpieczeństwach bogactwa, kiedy staje się ono nie waszym sługą, ale waszym panem".

Jezus nie uczył ani nie popierał rozrzutności, bezczynności, obojętności na zapewnienie podstawowych potrzeb materialnych rodziny czy uzależniania się od jałmużny. Uczył jednak, że to, co materialne i doczesne, musi być podporządkowane dobru duszy i rozwojowi duchowej natury w królestwie nieba.

Później, kiedy ludzie poszli do rzeki przypatrywać się chrzczeniu, człowiek, który pytał Jezusa w sprawie swego spadku, podszedł prywatnie do niego, gdyż myślał, że Jezus potraktował go zbyt szorstko. I kiedy Mistrz ponownie go wysłuchał, odpowiedział mu: „Mój synu, dlaczego w dniu takim jak ten tracisz sposobność pożywienia się chlebem życia a ulegasz swoim skłonnościom do chciwości? Czy nie wiesz, że żydowskie prawo dziedziczenia będzie sprawiedliwie rozsądzone, jeśli udasz się ze swoją skargą do sądu synagogi? Czy nie widzisz, że moja praca polega na tym, aby dać ci wiedzę o niebiańskim dziedzictwie? Czyż nie czytałeś w Piśmie Świętym: «Temu, kto się wzbogacił przez swoją ostrożność i skąpstwo, taka będzie jego część nagrody: podczas gdy powie, znalazłem odpoczynek i teraz będę mógł jeść nieprzerwanie z moich dóbr, nie wie jeszcze, co czas mu przyniesie i także tego, że kiedy umrze, musi innym zostawić wszystkie te rzeczy». Czy nie czytałeś przykazania: «Nie pożądaj». I jeszcze: «Jedli do syta, utyli i potem zwrócili się do obcych bogów». Czy nie czytałeś w Psalmach, że «Pan czuje odrazę do chciwych» i że «lepsza jest odrobina, którą ma sprawiedliwy, niż bogactwa występnych». «Do bogactw, choćby rosły, serc nie przywiązujcie». Czyż nie czytałeś, jak Jeremiasz powiedział: «Niech nie przechwala się bogaty swymi bogactwami»; a Ezechiel prawdę mówił, że «Ustami swymi miłość chwalą, ale serce ich lgnie do nieuczciwych zysków»".

Jezus pożegnał młodego człowieka, mówiąc mu: „Mój synu, cóż będziesz miał za korzyść z tego, jeśli cały świat zyskasz a stracisz swoją własną duszę?".

Jeszcze inny, który stał w pobliżu i spytał Jezusa, jaki będzie status bogatych w dniu sądu, dostał taką odpowiedź: „Nie przyszedłem sądzić ani bogatego, ani biednego, ale te życia, którymi ludzie żyją, będą wszystkich osądzały. Co jeszcze mogłoby się tyczyć bogatych, gdy idzie o ich osądzanie, to wszyscy, którzy zdobyli wielkie bogactwo, muszą odpowiedzieć co najmniej na trzy pytania, a są one następujące:

1. Ile bogactw zgromadziłeś?
2. W jaki sposób zdobyłeś bogactwo?
3. W jaki sposób spożytkowałeś swoje bogactwo"?

Po czym Jezus odszedł do swego namiotu, aby chwilę odpocząć przed kolacją. Kiedy apostołowie skończyli chrzcić, przyszli i też chcieli rozmawiać z nim o bogactwie na Ziemi i o skarbach w niebie, ale Jezus spał.

5. POGADANKA DLA APOSTOŁÓW O BOGACTWIE

Tego wieczoru po kolacji, kiedy Jezus i Dwunastu zebrali się na swą codzienną naradę, Andrzej spytał: „Mistrzu, kiedy chrzciliśmy wiernych, dużo mówiłeś do stojących tam tłumów a my tego nie słyszeliśmy. Czy zechciałbyś, dla naszego dobra, powtórzyć nam swoje słowa"? I Jezus odpowiedział na prośbę Andrzeja:

„Tak Andrzeju, opowiem wam o bogactwie i środkach do życia, ale to, co powiem wam, apostołom, musi być w pewnym sensie odmienne od tego, co mówiłem uczniom i tłumom, skoro wy porzuciliście wszystko nie tylko po to, aby pójść ze mną, ale także po to, żeby zostać wyświęceni na ambasadorów królestwa. Macie już kilka lat doświadczenia i wiecie, że Ojciec, którego królestwo głosicie, nie opuści was. Poświęciliście swoje życie służbie dla królestwa, dlatego też nie niepokójcie się ani się nie martwcie o sprawy życia doczesnego, co będziecie jeść, ani również o swoje ciała, w co będziecie się przyodziewać. Dobro duszy znaczy więcej niż jedzenie i picie; postęp w duchu przewyższa znacznie potrzeby ubioru. Kiedy kusicie się wątpić w gwarancję dostania waszego chleba, pomyślcie o krukach; ani nie sieją, ani nie rżną, nie mają składów ani spichrzów, a jednak Ojciec żywi każdego z nich, który szuka. O ile więcej warci jesteście od wielu ptaków! Ponadto, cały wasz lęk, czy niepokojące wątpliwości, nie pomogą wam w zaspokojeniu waszych materialnych potrzeb. Który z was, poprzez lęk, może dodać do waszego wzrostu na szerokość ręki, czy dzień do waszego życia? Więc skoro te sprawy nie są w waszych rękach, dlaczego rozważacie z niepokojem jakikolwiek z tych problemów?

Weźcie pod uwagę lilie, jak rosną; nie trudzą się, ani nie przędą; a powiadam wam, nawet Salomon w całej swojej chwale nie był tak strojny, jak jedna z nich. Jeśli Bóg tak ubiera trawę na polu, która dziś pełna jest życia a jutro będzie ścięta i wrzucona w ogień, o ile bardziej przyodzieje was, ambasadorów niebiańskiego królestwa. Och wy, małej wiary! Kiedy całym sercem poświęcicie się głoszeniu ewangelii królestwa, niech nie dręczą was wątpliwości w sprawie waszego utrzymania czy utrzymania waszych rodzin, które porzuciliście. Jeśli prawdziwie poświęcicie wasze życie ewangelii, powinniście żyć według ewangelii. Jeśli jesteście tylko wierzącymi uczniami, musicie nauczyć się zarabiać na wasz własny chleb i przyczyniać się do utrzymania wszystkich tych, którzy nauczają, głoszą kazania i leczą. Jeśli niepokoicie się o wasz chleb i wodę, czym się różnicie od innych narodów świata, którzy tak pilnie dążą do zaspokojenia tych podstawowych potrzeb? Poświęćcie się waszej pracy i wierzcie, że zarówno Ojciec jak i ja wiemy, że potrzebujecie wszystkich tych rzeczy. Pozwólcie mi zapewnić was, raz i na zawsze, że *jeśli* poświęcicie wasze życie pracy dla królestwa, to wszystko, co będzie wam rzeczywiście potrzebne, będzie wam dane. Szukajcie większej rzeczy a mniejsze znajdziecie w niej; proście o to, co niebiańskie a ziemskie będzie uwzględnione. Cień na pewno pójdzie za ciałem.

Jesteście tylko małą grupą, ale jeśli macie wiarę, jeśli nie pobłądzicie w strachu, oświadczam wam, że Ojciec z wielką radością da wam królestwo. Złożyliście swoje skarby tam, gdzie sakiewka się nie starzeje, gdzie złodziej nie może rabować i gdzie mól jej nie zniszczy. I tak, jak powiedziałem ludziom, gdzie jest wasz skarb, tam też będzie wasze serce.

Ale w tej pracy, która jest tuż przed nami i która zostanie dla was, po tym, jak odejdę do Ojca, będziecie boleśnie wypróbowani. Wszyscy musicie wystrzegać się strachu i wątpliwości. Niech każdy z was zbierze się w sobie i pozwoli się palić swojej lampie. Bądźcie podobni do ludzi, czekających na powrót swego pana z uczty weselnej, abyście mogli mu szybko otworzyć, kiedy przyjdzie i zapuka. Tacy, czuwający słudzy błogosławieni są przez swego pana, który dostrzeże ich wierność w tak ważnej chwili. Wtedy pan każe swoim sługom usiąść, podczas gdy sam będzie im usługiwał. Zaprawdę, zaprawdę, powiadam wam, że kryzys w waszym życiu jest tuż przed wami i wypada wam czekać i być w gotowości.

Dobrze wiecie, że nikt nie poniósłby szkody na skutek włamania do jego domu, gdyby wiedział godzinę, o której ma przyjść złodziej. Wy także się pilnujcie, bo o tej godzinie, kiedy się najmniej spodziewacie i sposobem, o jakim nie myślicie, odejdzie Syn Człowieczy".

Przez kilka minut Dwunastu siedziało w ciszy. Niektóre z tych ostrzeżeń słyszeli już wcześniej, ale nie w takim kontekście jak tym razem.

6. ODPOWIEDŹ NA PYTANIE PIOTRA

Gdy tak siedzieli i rozmyślali, Szymon Piotr zapytał: „Czy powiedziałeś tę przypowieść dla nas, swoich apostołów, czy dla wszystkich swoich uczniów?". I Jezus odpowiedział:

„W czasie próby objawia się dusza ludzka; próba ujawnia to, co naprawdę jest w sercu. Kiedy służący zostanie poddany próbie i sprawdzony, wtedy pan domu postawi go nad swoim domostwem i z ufnością powierzy wiernemu zarządcy dopilnowanie karmienia i wychowania swoich dzieci. Tak samo ja wkrótce będę wiedział, komu mogę zaufać w sprawie dobra moich dzieci, kiedy wrócę do Ojca. Tak jak pan domostwa stawia prawdziwego i wypróbowanego sługę nad sprawami swojej rodziny, tak samo ja wyniosę tych, którzy zniosą próby tej godziny w sprawach mojego królestwa.

Ale jeśli służący jest leniwy i zaczyna mówić w swoim sercu: «Pan mój się spóźnia» i zacznie się znęcać nad swoimi braćmi służącymi i jeść i pić z pijakami, wówczas pan tego służącego nadejdzie w pewnej chwili, kiedy on nie będzie się go spodziewał i uzna go za niewiernego i wyrzuci w hańbie. Dlatego też dobrze robicie, szykując się na ten dzień, gdyż tego właśnie dnia zostaniecie odwiedzeni nagle i niespodziewanie. Pamiętajcie, wiele zostało wam dane, dlatego też wiele będzie od was wymagane. Nadchodzą dla was ogniowe próby. Mam chrzest, którym będę ochrzczony i czekam, kiedy się on dopełni. Głosicie pokój na Ziemi, ale moja misja nie przyniesie pokoju w materialnych sprawach ludzkich – przynajmniej nie teraz. Kiedy dwaj z rodziny wierzą we mnie a trzech z rodziny odrzuca ewangelię, wynikiem tego może być tylko rozłam. Przyjaciele, krewni i ci, którzy się kochają, będą stawali przeciw sobie z powodu ewangelii, którą głosicie. Prawda, że każdy z tych wierzących będzie miał w swoim sercu wielki i trwały pokój, ale pokój nie przyjdzie na Ziemię do tego czasu, kiedy wszyscy będą gotowi uwierzyć i wkroczyć w chwalebne dziedzictwo synostwa z Bogiem. Idźcie jednak na wszystkie strony świata i głoście tę ewangelię wszystkim narodom, każdemu mężczyźnie, kobiecie i dziecku".

I taki był koniec długiego i pracowitego dnia szabatu. Następnego dnia Jezus z Dwunastoma poszedł do miast północnej Perei, aby odwiedzić Siedemdziesięciu, którzy pracowali w tych rejonach pod kierunkiem Abnera.

PRZEKAZ 166

OSTATNIA WIZYTA W PÓŁNOCNEJ PEREI

OD 11 do 20 lutego, Jezus z dwunastoma apostołami poszedł na ostatnią turę po wszystkich miastach i wsiach północnej Perei, tam, gdzie pracowali towarzysze Abnera i grupa kobieca. Zauważono, że ci posłańcy ewangelii odnoszą sukcesy a Jezus wielokrotnie zwracał uwagę swoich apostołów na fakt, że ewangelia królestwa może się szerzyć bez towarzyszących jej cudów i dziwów.

Cała trzymiesięczna misja w Perei zakończyła się pomyślnie, z niewielką tylko pomocą ze strony dwunastu apostołów a w tamtym czasie ewangelia odzwierciedlała nie tyle osobowość Jezusa, co jego *naukę*. Jednak wyznawcy Jezusa nie działali zbyt długo zgodnie z jego instrukcjami, gdyż wkrótce po jego śmierci i zmartwychwstaniu odeszli od jego nauki i zaczęli tworzyć wczesny Kościół w oparciu o cudowne koncepcje i gloryfikowane wspomnienia o jego Bosko-ludzkiej osobowości.

1. FARYZEUSZE W RAGABIE

W szabat, 18 lutego, Jezus przebywał w Ragabie, gdzie mieszkał bogaty faryzeusz o imieniu Nataniel; a skoro całkiem pokaźna liczba jego kolegów, faryzeuszy, szła za Jezusem i Dwunastoma po kraju, przygotował on w ten szabatowy poranek śniadanie dla nich wszystkich, w liczbie około dwudziestu osób i zaprosił Jezusa jako honorowego gościa.

Zanim Jezus przyszedł na śniadanie, przy stole siedziała już większość faryzeuszy oraz dwóch czy trzech prawników. Mistrz od razu zajął miejsce po lewej stronie Nataniela, nie podszedł do miski z wodą, aby umyć ręce. Wielu faryzeuszy, szczególnie ci życzliwi jego nauce, wiedziało, że mył ręce tylko dla zachowania czystości i że czuł odrazę do czysto obrzędowych praktyk; więc nie byli zaskoczeni, że zaraz po wejściu poszedł do stołu, bez dwukrotnego umycia rąk. Ale Nataniel był wstrząśnięty tym, że Mistrz nie przestrzega ścisłych wymagań obyczajów faryzeuszów. Jezus nie mył również rąk po każdej potrawie ani też po skończonym posiłku, jak to robili faryzeusze.

Po chwili szeptów pomiędzy Natanielem a nieprzyjaznymi faryzeuszami z prawej strony Jezusa i po wielu podnoszeniach brwi oraz szyderczo wykrzywionych ustach u tych, którzy siedzieli naprzeciw Mistrza, powiedział on w końcu: „Myślałem, że zaprosiłeś mnie do tego domu, abym połamał się z tobą chlebem i być może, aby spytać mnie o to, co dotyczy głoszenia nowej ewangelii królestwa Bożego; ale widzę, że sprowadziłeś mnie tutaj, abym był świadkiem twojego obrzędowego poświęcania się własnej obłudzie. Tę przysługę już mi zrobiłeś; czym następnym uhonorujesz mnie jako swojego gościa przy tej sposobności?".

Gdy Mistrz tak się odezwał, oni spuścili oczy na stół i milczeli. A ponieważ nikt nic nie mówił, Jezus kontynuował: „Wielu z was, faryzeuszy, jest tutaj jako moi przyjaciele, niektórzy nawet jako moi uczniowie, ale większość faryzeuszy uporczywie nie chce dostrzec światła i uznać prawdy, nawet, kiedy dzieło ewangelii dokonało się przed nimi z wielką mocą. Jak dokładnie czyścicie zewnętrzne strony kielichów i mis, podczas gdy naczynia waszego duchowego pożywienia są brudne i skalane! Dbacie o to, aby ludziom ukazywać pobożny i święty wygląd, ale wasze dusze są wewnątrz wypełnione obłudą, chciwością, zdzierstwem i wszelkimi rodzajami duchowej nikczemności. Wasi przywódcy ośmielają się nawet spiskować i planują zamordować Syna Człowieczego. Czyż wy, niemądrzy ludzie, nie rozumiecie, że Bóg z nieba przygląda się wewnętrznym motywom duszy, tak jak i zewnętrznym pozorom waszego, pobożnego zawodu? Nie myślcie, że rozdając jałmużnę i płacąc dziesięcinę oczyścicie się z nieprawości i staniecie się czyści w obliczu Sędziego wszystkich ludzi. Biada wam, faryzeusze, którzy uparcie odrzucacie światłość życia! Jesteście skrupulatni w dziesięcinie i ostentacyjni w rozdawaniu jałmużny, ale świadomie odtrącacie łaskę Boga i odrzucacie objawienie jego miłości. Aczkolwiek dobre jest to, że przykładacie uwagę do pomniejszych obowiązków, nie powinniście zostawiać odłogiem nakazów ważniejszych. Biada wszystkim tym, którzy omijają sprawiedliwość, odtrącają miłosierdzie i odrzucają prawdę! Biada wszystkim tym, którzy gardzą objawieniem Ojca, kiedy starają się o główne miejsca w synagodze i oczekują schlebiających pozdrowień na jarmarkach!

Kiedy Jezus się podniósł, żeby wyjść, jeden z prawników siedzących przy stole, zwrócił się do niego: „Ale Mistrzu, w kilku swoich oświadczeniach zganiłeś także nas. Czyż nie ma nic dobrego w uczonych w Piśmie, faryzeuszach czy prawnikach?". I Jezus, stojąc, odpowiedział prawnikowi: „Wy, podobnie jak faryzeusze, lubicie pierwsze miejsca podczas świąt i nosicie długie szaty, podczas gdy na ludzkie barki nakładacie ciężkie brzemiona, trudne do uniesienia. I kiedy ludzkie dusze uginają się pod tym ciężkim brzemieniem, sami nie dźwigniecie go nawet jednym palcem. Biada wam, co radośnie budujecie grobowce prorokom, których wasi ojcowie zabili! A że przystajecie na to, co zrobili wasi ojcowie, wychodzi na jaw wtedy, kiedy planujcie zabić tych, którzy przyszli teraz i czynią to, co prorocy robili w swoich czasach – głoszą sprawiedliwość Bożą i objawiają miłosierdzie niebiańskiego Ojca. Ale za wszystkie przeszłe pokolenia, krew proroków i apostołów będzie żądana od tego, perwersyjnego i obłudnego pokolenia. Biada wszystkim prawnikom, którzy odebrali klucz wiedzy zwykłym ludziom! Sami z siebie nie chcecie wejść na drogę prawdy a równocześnie przeszkadzacie wszystkim innym, którzy chcą nią kroczyć. Ale nie możecie zamknąć drzwi królestwa nieba; otwarliśmy je dla wszystkich, którzy mają wiarę wejść i tych portali miłosierdzia nie zamkną uprzedzenia i arogancja fałszywych nauczycieli i nieprawdziwych pasterzy, podobnych pobielanym grobom, które chociaż z wierzchu wyglądają pięknie, wewnątrz pełne są kości zmarłych i wszelkiego rodzaju duchowych nieczystości".

Gdy Jezus skończył swą mowę przy stole Nataniela, wyszedł z domu i nie uczestniczył w posiłku. Kilku faryzeuszy, którzy słyszeli te słowa, uwierzyło w jego naukę i weszli do królestwa, ale większa ich liczba szła drogą ciemności; byli coraz bardziej zdeterminowani, żeby przyłapać go na jakiejś wypowiedzi, której można by użyć dla doprowadzenia go na proces i osądzenie przez Sanhedryn w Jerozolimie.

Faryzeusze przywiązywali szczególną uwagę do trzech rzeczy:

1. Praktyki ścisłego płacenia dziesięciny.
2. Skrupulatnego przestrzeganie praw czystości.
3. Unikania kontaktu ze wszystkimi, którzy nie byli faryzeuszami.

Tym razem Jezus chciał obnażyć duchową jałowość pierwszych dwóch praktyk, podczas gdy uwagi, którymi miał zganić faryzeuszy za nieangażowanie się w społeczne związki z tymi, którzy nie byli faryzeuszami, zachował na inną, późniejszą sposobność, kiedy ponownie miał spożywać posiłek z wieloma takimi samymi ludźmi.

2. DZIESIĘCIU TRĘDOWATYCH

Następnego dnia, Jezus wraz z Dwunastoma poszedł do Amatus, leżącego przy granicy z Samarią. Kiedy zbliżali się do miasta, napotkali grupę dziesięciu trędowatych, którzy mieszkali w pobliżu. W tej grupie było dziewięciu Żydów i jeden Samarytanin. Zazwyczaj Żydzi unikali jakiegokolwiek obcowania czy kontaktowania się z Samarytanami, ale wspólnego nieszczęścia było aż nadto, aby przezwyciężyć wszystkie religijne uprzedzenia. Wiele słyszeli o wcześniejszych cudach i uzdrowieniach dokonanych przez Jezusa a ponieważ Siedemdziesięciu zazwyczaj zawiadamiało, kiedy się można spodziewać przybycia Mistrza, gdy z Dwunastoma wychodził na obchód, dziesięciu trędowatych wiedziało, że spodziewano się go w tej okolicy mniej więcej w tym czasie; dlatego też stali na straży, na peryferiach miasta, gdzie mieli nadzieję zwrócić uwagę Jezusa i prosić o uzdrowienie. Gdy trędowaci spostrzegli zbliżającego się do nich Jezusa, nie śmieli się zbliżyć się do niego, tylko stali w pewnej odległości i krzyczeli: „Mistrzu, miej litość nad nami, oczyść nas z naszej choroby. Uzdrów nas tak, jak uzdrowiłeś innych".

Jezus właśnie wyjaśniał Dwunastu, dlaczego nie-Żydzi z Perei, razem z mniej ortodoksyjnymi Żydami, bardziej byli skłonni uwierzyć w ewangelię głoszoną przez Siedemdziesięciu, niż ograniczeni tradycją Żydzi z Judei. Zwrócił uwagę na to, że ich orędzie zostało lepiej przyjęte przez Galilejczyków a nawet przez Samarytan. Jednak dwunastu apostołom trudno było, jak dotąd, żywić przyjazne uczucia dla tak długo pogardzanych Samarytan.

Dlatego też, kiedy Szymon Zelota dostrzegł Samarytanina między trędowatymi, starał się nakłonić Mistrza, aby weszli do miasta, nie próbując nawet wymieniać z nimi pozdrowień. Jezus rzekł do Szymona: „A jeśli Samarytanin kocha Boga tak samo jak Żydzi? Czy powinniśmy osądzać naszych współbraci ludzi? Któż to wie? Jeżeli uzdrowimy dziesięciu, być może Samarytanin okaże się nawet bardziej wdzięczny niż Żydzi. Czy jesteś pewny swoich poglądów Szymonie"? I Szymon szybko odrzekł: „Jeżeli ich oczyścisz, wkrótce się przekonasz". Jezus odpowiedział: „Tak więc się stanie, Szymonie i wkrótce będziesz znał prawdę o wdzięczności ludzkiej i przepełnionym miłością miłosierdziu Bożym".

Jezus, zbliżając się do trędowatych, powiedział: „Jeżeli chcecie być zdrowi, idźcie i pokażcie się kapłanom, jak tego wymaga Prawo Mojżesza". I kiedy szli, zostali uzdrowieni. Ale kiedy Samarytanin zobaczył, że został uzdrowiony, zawrócił z drogi i szukając

Jezusa, donośnym głosem zaczął wychwalać Boga. A kiedy znalazł Mistrza upadł na kolana przy jego stopach i dziękował za uzdrowienie. Dziewięciu innych Żydów także zauważyło, że są uzdrowieni i chociaż również byli wdzięczni za oczyszczenie, szli dalej swoją drogą, żeby się pokazać kapłanom.

Kiedy Samarytanin wciąż jeszcze klęczał u stóp Jezusa, Mistrz, spoglądając na Dwunastu a zwłaszcza na Szymona Zelotę, powiedział: „Czyż nie dziesięciu zostało oczyszczonych? Więc gdzie jest pozostałych dziewięciu, Żydów? Tylko jeden, ten cudzoziemiec, wrócił, aby chwalić Boga". I wtedy rzekł do Samarytanina: „Wstań i idź swoją drogą, twoja wiara cię uzdrowiła".

Gdy obcy odszedł, Jezus znowu popatrzył na swoich apostołów. I wszyscy apostołowie, za wyjątkiem Szymona Zeloty, który spuścił oczy, patrzyli na Jezusa. Żaden z Dwunastu nie odezwał się słowem. Tak samo Jezus nic nie mówił, słowa tu były niepotrzebne.

Choć każdy z tamtych dziesięciu rzeczywiście wierzył, że ma trąd, tylko czterech było dotkniętych tą chorobą. Pozostałych sześciu zostało uleczonych z chorób skóry, które mylono z trądem. Ale Samarytanin rzeczywiście miał trąd.

Jezus nakazał Dwunastu, aby nic nie mówili o oczyszczeniu trędowatych, a kiedy wchodzili do Amatus, odezwał się: „Widzicie, jak to jest, że dzieci tego domu, nawet, kiedy są nieposłuszne woli Ojca, przyjmują błogosławieństwa za rzecz oczywistą. Myślą, że to niewiele znaczy, jeśli zapomną podziękować, gdy Ojciec obdarzy ich zdrowiem, ale obcy, kiedy dostaną dar od głowy domu, są przepełnieni zdumieniem i zmuszeni dziękować za te dobre rzeczy, którymi ich obdarzono". I apostołowie nadal nie odpowiadali na słowa Jezusa.

3. KAZANIE W GERASIE

Gdy Jezus, z Dwunastoma, odwiedził posłańców królestwa w Gerasie, jeden z faryzeuszy, który w niego wierzył, zadał mu pytanie: „Panie, niewielu czy też wielu ludzi naprawdę będzie zbawionych?". I Jezus mu odpowiedział:

„Byliście nauczani, że tylko dzieci Abrahama zostaną zbawione; że tylko adoptowani nie-Żydzi mogą się spodziewać zbawienia. Niektórzy z was rozumują tak, że skoro napisano w Piśmie, iż spośród wszystkich zastępów, jakie wyszły z Egiptu, tylko Kaleb i Jozue żyli i weszli do ziemi obiecanej, stosunkowo niewielu z tych, którzy się starają o królestwo nieba, wejdzie do niego.

Macie także inne powiedzenie i zawiera ono sporo prawdy: że droga, która prowadzi do życia wiecznego, jest prosta i wąska, że drzwi, które prowadzą do niego tak samo są wąskie, tak więc spośród tych, którzy pragną zbawienia, tylko niewielu wejdzie przez te drzwi. Macie także nauczanie, że droga, która prowadzi do zguby, jest szeroka, że wejście na nią szerokie i że jest wielu takich, którzy zechcą iść tą drogą. I to przysłowie nie jest bez sensu. Ale ja oświadczam, że zbawienie jest przede wszystkim sprawą waszego, osobistego wyboru. Nawet, jeśli drzwi drogi życia są wąskie, na tyle są szerokie, żeby wpuścić wszystkich tych, którzy szczerze chcą wejść, gdyż ja jestem tymi drzwiami. I Syn nigdy nie odmówi wejścia żadnemu dziecku wszechświata, które przez wiarę szuka Ojca poprzez Syna.

Ale tu jest niebezpieczeństwo dla wszystkich tych, którzy chcą odwlec swe wejście do królestwa, kiedy wciąż gonią za przyjemnościami swej niedojrzałości i zaspokajają swoje samolubstwo. Odmówiwszy wejścia do królestwa jako doświadczenia duchowego, mogą potem próbować wejść do niego, kiedy chwała lepszej drogi zostanie objawiona w czasach, które nadejdą. I kiedy ci, którzy gardzili królestwem, kiedy ja przyszedłem w formie człowieczej, będą szukali wejścia, kiedy królestwo zostanie objawione w formie boskiej, wtedy wszystkim takim, samolubnym, będą mówił: nie wiem skąd jesteście. Mieliście możność przygotować się do niebiańskiego obywatelstwa, ale oddaliliście wszelkie takie propozycje miłosierdzia; odrzuciliście wszystkie zaproszenia do wejścia, kiedy drzwi były otwarte. Teraz dla was, którzy nie chcieliście zbawienia, drzwi są zamknięte. Te drzwi zamknięte są dla tych, którzy chcą wejść do królestwa dla samolubnej chwały. Zbawienie nie jest dla tych, którzy nie chcą płacić ceny szczerego poświęcenia się czynieniu woli mojego Ojca. Kiedy w duchu i w duszy odwróciliście się od królestwa Ojca, nie ma sensu stać w umyśle i w ciele przed tymi drzwiami i kołatać, mówiąc: «Panie, otwórz nam, my także chcemy być wielcy w królestwie». Wtedy oświadczę wam, że nie jesteście z mojej owczarni. Nie przyjmę was pomiędzy tych, którzy stoczyli prawdziwą walkę o wiarę i zdobyli nagrodę za bezinteresowną służbę dla królestwa na Ziemi. A kiedy powiecie: «Czyż nie jedliśmy i nie piliśmy z tobą i czy nie nauczaliśmy na naszych ulicach?», wtedy ponownie oświadczę wam, że jesteście duchowo obcy; że nie byliśmy braćmi służącymi w Ojcowskiej służbie miłosierdzia na Ziemi; że was nie znam; i wtedy Sędzia całej Ziemi wam powie: «Odejdźcie od nas wszyscy, wy, którzy radowaliście się z dzieł nikczemności».

Ale nie bójcie się; każdy z was, który szczerze pragnie znaleźć życie wieczne, wchodząc do królestwa Bożego, z pewnością znajdzie takie wieczne zbawienie. Ale wy, którzy odrzucicie to zbawienie, ujrzycie pewnego dnia proroków z nasienia Abrahama, siedzących z wierzącymi narodami nieżydowskimi w tym, pełnym chwały królestwie, dzielących się chlebem życia i pokrzepiających się wodą życia. A ci, którzy przyjmą królestwo w duchowej mocy i przez wytrwały szturm żywej wiary, będą pochodzić z północy i południa i ze wschodu i zachodu. I ujrzycie, że wielu pierwszych będzie ostatnimi a wielu ostatnich często będzie pierwszymi".

Była to naprawdę nowa i dziwna wersja starej i znanej przypowieści o prostej i wąskiej drodze.

Powoli apostołowie i wielu uczniów poznawali sens wcześniejszego oświadczenia Jezusa: „Jeżeli nie narodzicie się ponownie, nie narodzicie się w duchu, nie możecie wejść do królestwa Bożego". Tym niemniej dla wszystkich tych, którzy mają uczciwe serca i szczerą wiarę, pozostanie wieczną prawdą: „Oto stoję u drzwi serc ludzkich i pukam i jeśli ktokolwiek mi otworzy, wejdę i będę jadł z nim i karmił go chlebem życia; powinniśmy być jednością w duchu i celu i tak będziemy zawsze braćmi w długiej i owocnej służbie poszukiwania Rajskiego Ojca". I tak, czy tylko kilku czy też wielu będzie zbawionych, zależy od tego, czy kilku, czy wielu zwróci uwagę na zaproszenie: „Jestem drzwiami, jestem nową i żywą drogą życia i ktokolwiek pragnie, może wejść do niekończącego się poszukiwania prawdy wiecznego życia".

Nawet apostołowie nie mogli w pełni zrozumieć nauki Jezusa, dotyczącej konieczności użycia siły duchowej w celu przełamania wszelkiego materialnego oporu i pokonania każdej ziemskiej przeszkody, która może przypadkiem stać na drodze do zrozumienia najważniejszych, duchowych wartości nowego życia w duchu, życia wolnych synów Bożych.

4. NAUKA O WYPADKACH

Podczas gdy większość Palestyńczyków jadła tylko dwa posiłki dziennie, zwyczajem Jezusa i apostołów, kiedy byli w drodze, była południowa przerwa na odpoczynek i pokrzepienie się. Podczas takiej południowej przerwy, w drodze do Filadelfii, Tomasz zapytał Jezusa: „Mistrzu, słysząc twoje uwagi, gdy szliśmy dzisiaj rano, chciałbym się dowiedzieć, czy istoty duchowe wywołują dziwne i niezwykłe zdarzenia w materialnym świecie i jeszcze chciałbym zapytać, czy aniołowie i inne duchowe istoty mogą zapobiec wypadkom?".

Jezus odpowiedział na pytanie Tomasza: „Jestem z wami już tak długo, a wciąż jeszcze zadajecie mi takie pytania? Czy nie zauważyliście, jak żyje Syn Człowieczy jako jeden z was i konsekwentnie nie chce używać sił nieba dla osobistego wsparcia? Czyż nie żyjemy w taki sposób, jak żyją wszyscy ludzie? Czy widzieliście moc duchowego świata, objawiającą się w materialnym życiu tego świata, wyjąwszy objawienie Ojca a czasami uzdrowienie jego dotkniętych chorobą dzieci?

Zbyt długo wasi przodkowie wierzyli, że pomyślność jest znakiem Boskiej aprobaty a brak pomyślności dowodem Boskiego niezadowolenia. Oświadczam wam, że takie wierzenia są przesądami. Czyż nie dostrzegacie, że daleko więcej biednych niż bogatych radośnie przyjmuje ewangelię i natychmiast wchodzi do królestwa? Jeśli bogactwo byłoby dowodem Boskich względów, dlaczego bogaci tak często nie chcą uwierzyć w tę dobrą nowinę z nieba?

Ojciec sprawia, że jego deszcz pada na sprawiedliwych i niesprawiedliwych; słońce także świeci prawemu i nieprawemu. Wiecie o tych Galilejczykach, których krew Piłat zmieszał z ofiarami, a ja wam mówię, że ci Galilejczycy nie byli w żaden sposób większymi grzesznikami niż wszyscy ich współbracia, tylko dlatego, że im się to przytrafiło. Wiecie także o osiemnastu ludziach, na których zawaliła się wieża Syloe i ich zabiła. Nie myślcie, że ci ludzie, którzy wtedy zostali zabici, byli większymi złoczyńcami niż ich bracia w Jerozolimie. Ci ludzie byli po prostu niewinnymi ofiarami jednego z wypadków czasu.

W waszym życiu pojawić się mogą trzy grupy wydarzeń:

1. Możecie uczestniczyć w normalnych wydarzeniach, które są częścią tego życia, jakim wy i wasi współbracia żyjecie na powierzchni Ziemi.
2. Możecie przypadkiem stać się ofiarą jednego z wielu wypadków przyrody, jednego z ludzkich nieszczęść, w pełni zdając sobie sprawę z tego, że te zjawiska nie są w żaden sposób uprzednio przygotowane przez siły duchowe tej domeny.
3. Możecie zbierać żniwo waszych bezpośrednich wysiłków, zmierzających do dostosowania się do praw przyrody rządzących tym światem.

Był pewien człowiek, który w swoim ogrodzie zasadził drzewo figowe i kiedy wiele razy szukał na nim owocu a nie znalazł żadnego, zawołał winogrodników i powiedział: «Przychodzę tutaj trzy sezony, szukając owocu na tym drzewie figowym a nie znalazłem żadnego. Zetnij to jałowe drzewo, po co ma ciążyć ziemi?». Ale główny ogrodnik odpowiedział swemu panu: «Pozwól mi zostawić je jeszcze na rok, abym mógł je okopać dookoła i podłożyć nawozu i wtedy, w przyszłym roku, jeśli nie obrodzi owocem, będzie ścięte». I kiedy w ten sposób przestrzegali praw płodności, ponieważ drzewo żyło i było dobre, zostali nagrodzeni obfitym plonem.

Odnośnie chorób i zdrowia, powinniście wiedzieć, że te stany ciała są wynikiem przyczyn materialnych; zdrowie nie jest uśmiechem nieba, tak samo jak choroba nie jest wyrazem dezaprobaty Bożej.

Ludzkie dzieci Ojca mają jednakowe możliwości przyjmowania błogosławieństw materialnych; dlatego też Ojciec obdarza rzeczami materialnymi dzieci ludzkie bez uprzywilejowania. Jeśli chodzi o obdarzanie darami duchowymi, Ojciec ograniczony jest ludzką zdolnością przyjmowania takich Boskich darów. Chociaż Ojciec nie ma względu na osoby, w obdarzaniu darami duchowymi jest ograniczony wiarą człowieka i jego gotowością przestrzegania zawsze woli Ojca".

Kiedy szli w kierunku Filadelfii, Jezus wciąż ich uczył i odpowiadał na pytania dotyczące wypadków, chorób i cudów, ale oni nie potrafili w pełni zrozumieć jego nauki. Godzina nauczania nie zmieni zupełnie wierzeń całego życia, więc Jezus stwierdził, że konieczne jest powtarzanie jego orędzia, mówienie raz za razem tego, co chciał, żeby zrozumieli; ale nawet wtedy nie udało im się pojąć sensu jego ziemskiej misji, aż dopiero po jego śmierci i zmartwychwstaniu.

5. KONGREGACJA W FILADELFII

Jezus z Dwunastoma szedł odwiedzić Abnera i jego współpracowników, którzy głosili kazania i nauczali w Filadelfii. To właśnie w Filadelfii, największa spośród wszystkich miast Perei grupa Żydów i nie-Żydów, bogatych i biednych, wykształconych i niewykształconych, przyjęła nauki Siedemdziesięciu, wchodząc tym samym do królestwa nieba. Synagoga w Filadelfii nigdy nie była pod nadzorem Sanhedrynu z Jerozolimy i dlatego też nigdy nie została zamknięta przed naukami Jezusa i jego towarzyszy. W tym właśnie czasie Abner nauczał trzy razy dziennie w synagodze w Filadelfii.

Ta właśnie synagoga została później Kościołem chrześcijańskim i główną siedzibą misji, szerzącej ewangelię na regiony wschodnie. Długo pozostawała ona bastionem nauczania Mistrza i przez stulecia stała samotnie w tym regionie, jako centrum nauki chrześcijańskiej.

Żydzi z Jerozolimy zawsze mieli problemy z Żydami z Filadelfii. Po śmierci i zmartwychwstaniu Jezusa, Kościół w Jerozolimie, którego głową został Jakub, brat Pański, zaczął mieć poważne trudności z kongregacją wierzących w Filadelfii. Abner został głową Kościoła w Filadelfii i pełnił tę funkcję aż do śmierci. I to oziębienie stosunków z Jerozolimą wyjaśnia, dlaczego nic nie słychać o Abnerze i jego pracy w zapisach Ewangelii Nowego Testamentu. Ta niezgoda pomiędzy Jerozolimą a Filadelfią trwała przez całe życie Jakuba i Abnera i ciągnęła się jeszcze jakiś czas po zniszczeniu Jerozolimy. W rzeczywistości Filadelfia była centrum wczesnego Kościoła na południu i wschodzie, tak samo jak Antiochia pełniła tę rolę na północy i zachodzie.

Było to oczywiście niefortunne dla Abnera, że nie zgadzał się ze wszystkimi przywódcami wczesnego Kościoła chrześcijańskiego. Poróżnił się z Piotrem i Jakubem (bratem Jezusa), kwestionując administrację i jurysdykcję Kościoła z Jerozolimy; zerwał z Pawłem na skutek różnic filozoficznych i teologicznych. W swojej filozofii Abner był bardziej Babilończykiem niż hellenistą i uparcie przeciwstawiał się wszystkim próbom przeróbek nauk Jezusa, dokonywanych przez Pawła, żeby potem można je było przedstawić tak, aby budziły mniejsze opory, po pierwsze u Żydów a potem u Greko-Rzymian, wierzących w misteria.

W ten sposób Abner zmuszony był żyć w izolacji. Był głową Kościoła nie uznawanego w Jerozolimie. Ośmielił się przeciwstawić Jakubowi, bratu Pańskiemu, którego z kolei popierał Piotr. Takie postępowanie nieuchronnie oddzielało go od wszystkich jego dawnych współpracowników. Potem ośmielił się sprzeciwić Pawłowi. Aczkolwiek był bardzo życzliwy Pawłowi i jego misji prowadzonej dla nie-Żydów i chociaż popierał go w jego sporach z Kościołem w Jerozolimie, ostro przeciwstawiał się tej wersji nauk Jezusa, jaką Paweł postanowił głosić. U schyłku swego życia Abner potępiał Pawła jako „inteligentnego fałszerza życiowej nauki Jezusa z Nazaretu, Syna żywego Boga".

W końcowych latach życia Abnera i jakiś czas później, wierzący z Filadelfii trzymali się bardziej rygorystycznie religii Jezusa, tak jak nią Jezus żył i jak jej nauczał, niż jakakolwiek inna grupa ludzi na Ziemi.

Abner żył 89 lat, zmarł 21 listopada, roku 74 n.e. w Filadelfii. I do samego końca był wiernym wyznawcą i nauczycielem ewangelii królestwa niebiańskiego.

PRZEKAZ 167

WIZYTA W FILADELFII

KIEDY mówimy o Jezusie i apostołach, odwiedzających różne miejscowości w okresie ich działalności w Perei, gdzie pracowało Siedemdziesięciu, należy przypomnieć, że stało się regułą, iż tylko dziesięciu apostołów było z Jezusem, ponieważ zostawiano zazwyczaj co najmniej dwu apostołów w Pelli, aby nauczali tłumy. Kiedy Jezus miał iść do Filadelfii, Szymon Piotr i jego brat Andrzej wrócili do obozowiska w Pelli, aby nauczać zgromadzone tam tłumy. Kiedy Mistrz wychodził z obozu w Pelli, żeby odwiedzić Pereę, często się zdarzało, że trzystu do pięciuset obozowiczów szło za nim. Kiedy doszedł do Filadelfii, towarzyszyło mu ponad sześciuset zwolenników.

Żadne cuda nie towarzyszyły ostatniej turze głoszenia kazań w Dekapolu i poza oczyszczeniem dziesięciu trędowatych, jak dotąd nie było cudów na tej misji perejańskiej. Był to ten okres, kiedy ewangelia była głoszona z mocą, bez cudów i przez większość czasu bez osobistego udziału Jezusa, czy nawet jego apostołów.

Jezus dotarł do Filadelfii w środę, 22 lutego, wraz z dziesięcioma apostołami i spędził czwartek i piątek na wypoczynku po niedawnych podróżach i działalności. Tego, piątkowego wieczora, Jakub przemawiał w synagodze a następnego wieczora zwołana została generalna narada. Wszyscy bardzo się cieszyli z postępów ewangelii w Filadelfii i w pobliskich wioskach. Posłańcy Dawida przynieśli także wiadomości o dalszych postępach królestwa w całej Palestynie, jak również dobre wieści z Aleksandrii i Damaszku.

1. ŚNIADANIE Z FARYZEUSZAMI

W Filadelfii mieszkał bardzo bogaty i wpływowy faryzeusz, który przyjął nauki Abnera i który zaprosił Jezusa do swego domu w szabatowy ranek na śniadanie. Spodziewano się wtedy Jezusa w Filadelfii, więc wielka liczba gości przyszła z Jerozolimy i z innych okolic, pośród nich wielu faryzeuszy. Dlatego około czterdziestu tych prominentów i kilku prawników zostało zaproszonych na śniadanie, które zorganizowano na cześć Mistrza.

Kiedy Jezus stał przy drzwiach, rozmawiając z Abnerem i kiedy gospodarz już usiadł, do pokoju wszedł jeden z czołowych faryzeuszy z Jerozolimy, członek Sanhedrynu i jak to było w jego zwyczaju, skierował się wprost na honorowe miejsce, po lewej stronie gospodarza. Ponieważ było to miejsce zarezerwowane dla Mistrza a po prawej stronie dla Abnera, gospodarz kazał faryzeuszowi z Jerozolimy usiąść na czwartym miejscu po lewej i dygnitarz bardzo się obraził, ponieważ nie dostał honorowego miejsca.

Wkrótce wszyscy zostali usadzeni a ponieważ większość zgromadzonych była uczniami Jezusa albo przyjacielsko nastawiona do ewangelii, przyjemnie gawędzili. Tylko wrogowie Jezusa zauważyli, że nie przestrzegał on ceremoniału mycia rąk, zanim zasiadł do posiłku. Abner umył ręce na początku posiłku, ale nie w trakcie jego serwowania.

Pod koniec posiłku przyszedł z ulicy człowiek, od dawna dotknięty przewlekłą chorobą a teraz był opuchnięty. Człowiek ten był wierzącym, niedawno ochrzczonym przez towarzyszy Abnera. Nie prosił Jezusa o uzdrowienie, ale Mistrz dobrze wiedział, że ten chory przyszedł na śniadanie, żeby uniknąć tłumów, które go odpychały, a tym samym miał nadzieją zwrócić na siebie jego uwagę. Człowiek ten wiedział, że niewiele wtedy robiono cudów, wszelako rozważał w swoim sercu, że jego ciężkie położenie być może przemówi do współczucia Mistrza. I nie pomylił się, ponieważ gdy wszedł do pomieszczenia, zauważył go zarówno Jezus jak i obłudny faryzeusz z Jerozolimy. Faryzeusz prędko wyraził swoje oburzenie, że takiemu pozwolono wejść do pokoju. Jednak Jezus spojrzał na chorego człowieka i uśmiechnął się tak życzliwie, że ten podszedł bliżej i usiadł na podłodze. Kiedy posiłek się kończył, Mistrz powiódł wzrokiem po towarzyszących mu gościach a potem, patrząc znacząco na człowieka z obrzękiem, powiedział: „Moi przyjaciele, nauczyciele Izraela i prawnicy, chciałbym wam zadać pytanie: czy jest zgodne z prawem uzdrawiać chorych i cierpiących w dzień szabatu, czy nie?". Jednak ci, którzy tam byli, znali Jezusa zbyt dobrze, więc milczeli; nie odpowiedzieli na pytanie.

Wtedy Jezus podszedł do chorego i biorąc go za rękę, powiedział: „Wstań i idź swoją drogą. Nie prosiłeś o uzdrowienie, ale ja znam pragnienie twojego serca i wiarę twojej duszy". Zanim ten człowiek opuścił pokój, Jezus wrócił na swoje miejsce a zwracając się do siedzących przy stole, powiedział: „Takie czyny robi mój Ojciec, nie żeby nakłonić was do królestwa, ale żeby objawić siebie tym, którzy już są w królestwie. Możecie zauważyć, że jest podobne Ojcu czynić takie rzeczy, ponieważ który z was, mając ulubione zwierzę, gdy wpadnie mu ono do studni w szabat, od razu go nie wyciągnie?". A ponieważ nikt mu nie odpowiedział i skoro gospodarz najwyraźniej aprobował to, co się działo, Jezus wstał i przemówił do wszystkich obecnych: „Bracia moi, gdy zapraszają was na ucztę weselną, nie siadajcie na najwyższym miejscu, bo być może bardziej honorowy od was gość został zaproszony i gospodarz podejdzie do was i zażąda, abyście oddali swoje miejsce temu innemu, honorowemu gościowi. I wtedy, ze wstydem, będziecie musieli zająć niższe miejsce przy stole. Kiedy jesteście zaproszeni na ucztę, o wiele mądrzej byłoby podejść do biesiadnego stołu i szukać najniższego miejsca i tam zasiąść, a kiedy gospodarz spojrzy na gości, może wam powie: «Mój przyjacielu, dlaczego usiadłeś na ostatnim miejscu? Przesiądź się wyżej». I w ten sposób spotka was zaszczyt w obecności współbiesiadników. Nie zapominajcie bowiem, że każdy, kto się wywyższa, będzie poniżony, a kto się prawdziwie poniża, będzie wywyższony. Dlatego też, kiedy urządzacie obiad albo wydajecie kolację, nie zapraszajcie zawsze tylko swoich przyjaciół, braci, krewnych czy bogatych sąsiadów, aby oni was także zaprosili na ucztę i tym samym odwdzięczyli się wam. Jeśli wydajecie bankiet, czasami zaproście ubogich, kalekich i ślepych. W ten sposób będziecie błogosławieni w waszym sercu, gdyż dobrze wiecie, że ułomny i chromy nie może odwdzięczyć się wam za waszą miłosierną przysługę".

2. PRZYPOWIEŚĆ O WSPANIAŁEJ WIECZERZY

Kiedy Jezus skończył przemowę przy śniadaniowym stole, jeden z przebywających tam prawników, chcąc przerwać ciszę, bezmyślnie powiedział: „Błogosławiony ten, który spożywał będzie chleb w królestwie Bożym" – co w tamtych czasach było popularnym porzekadłem. I wtedy Jezus opowiedział przypowieść, którą nawet przyjaźnie nastawiony gospodarz musiał wziąć sobie do serca.

„Pewien władca wydał wspaniałą wieczerzę a zaprosiwszy wielu gości, wysłał swoich służących, aby mówili tym, którzy zostali zaproszeni: «Przyjdźcie, bo już wszystko gotowe». I wszyscy jednocześnie zaczęli się wymawiać. Pierwszy powiedział: «Kupiłem właśnie gospodarstwo rolne i muszę je obejrzeć; proszę cię, uważaj mnie za usprawiedliwionego». Inny powiedział: «Kupiłem pięć par wołów i muszę iść je odebrać; wybacz mi, proszę cię». Jeszcze inny rzekł: «Właśnie poślubiłem żonę i dlatego nie mogę przyjść». Tak więc służący wrócili i opowiedzieli to swemu panu. Kiedy pan domu to usłyszał, bardzo się rozgniewał i zwracając się do swoich sług, powiedział: «Przygotowałem tę weselną ucztę, tuczne zwierzęta są zabite i wszystko jest przygotowane dla moich gości, ale oni odrzucili moje zaproszenie; wszyscy poszli doglądać ziemi lub towarów i zlekceważyli nawet moich służących, którzy ich zapraszali na ucztę. Wyjdźcie co prędzej na ulice i drogi miasta, na drogi główne i boczne i przyprowadźcie tutaj ubogich i wygnańców, niewidomych i ułomnych, żeby na uczcie weselnej byli goście». I służący zrobili tak, jak im przykazał pan, ale nawet wtedy zostało miejsca dla wielu gości. Wtedy pan powiedział do służących: «Rozejdźcie się po drogach i okolicy i nakłaniajcie tych, których tam spotkacie, aby tutaj przyszli i napełnili dom. Oświadczam wam, że żaden z tych, którzy wcześniej byli zaproszeni, nie będzie kosztował mojej wieczerzy». I służący tak zrobili, jak im pan nakazał i dom się zapełnił".

Kiedy obecni usłyszeli te słowa, rozeszli się; każdy poszedł do swego domu. Przynajmniej jeden z szydzących faryzeuszy, obecnych tego rana, zrozumiał treść przypowieści, ponieważ tego dnia został ochrzczony i publicznie wyznał wiarę w ewangelię królestwa. Abner wygłosił tę przypowieść tego wieczora, podczas ogólnego zgromadzenia wiernych.

Następnego dnia wszyscy apostołowie zaczęli ćwiczenia filozoficzne, próbując interpretować znaczenie przypowieści o wspaniałej wieczerzy. Chociaż Jezus przysłuchiwał się z zainteresowaniem wszystkim tym, zróżnicowanym interpretacjom, stanowczo nie chciał dodatkowo pomagać apostołom w zrozumieniu przypowieści. Powiedział tylko: „Niech każdy znajdzie znaczenie dla siebie samego i dla swej własnej duszy".

3. KOBIETA DOTKNIĘTA DUCHEM NIEMOCY

Abner zaaranżował, aby Mistrz nauczał w synagodze w dzień szabatu. Jezus pojawił się w synagodze po raz pierwszy od tego czasu, kiedy wszystkie synagogi zostały zamknięte dla jego nauki nakazem Sanhedrynu. Kończąc nabożeństwo, Jezus spojrzał na starszą kobietę, której twarz była przygnębiona a sylwetka pochylona. Kobieta ta długo już zdjęta była strachem i cała radość zniknęła z jej życia. Kiedy Jezus schodził z podwyższenia, podszedł do niej i dotykając ramienia tej pochylonej postaci powiedział: „Kobieto, jeśli tylko chciałabyś uwierzyć, mogłabyś zostać zupełnie uzdrowiona z ducha niemocy". I ta kobieta, która ponad osiemnaście lat była przygięta i opanowana depresyjnym strachem, uwierzyła słowom Mistrza i wiara natychmiast ją wyprostowała. Kiedy kobieta spostrzegła, że się wyprostowała, wielkim głosem wychwalała Boga.

Pomimo, że schorzenie tej kobiety było tylko umysłowe a jej przygięcie powstało na skutek depresji, ludzie myśleli, że Jezus uzdrowił ją z jej rzeczywistych, fizycznych dolegliwości. Aczkolwiek kongregacja synagogi w Filadelfii była przychylnie nastawiona do nauk Jezusa, główny zarządca tej świątyni był nieprzyjaznym faryzeuszem. I chociaż podzielał opinię kongregacji, że Jezus uzdrowił dolegliwości fizyczne, był oburzony tym, że Jezus ośmielił się zrobić taką rzecz w szabat i dlatego też stanął przed kongregacją i powiedział: „Czyż nie ma sześciu dni, kiedy to ludzie mają wykonać całą swą pracę? Bądźcie zatem leczeni podczas tych, nadchodzących dni pracy, ale nie w dzień szabatu".

Kiedy nieprzyjazny zarządca to powiedział, Jezus wrócił na mównicę i rzekł: „Dlaczego gracie rolę hipokrytów? Czyż każdy z was nie odwiązuje swego wołu od żłobu w szabat i nie prowadzi go napoić? Jeśli taka posługa jest dozwolona w dzień szabatu, czyż ta kobieta, córka Abrahama, przygięta nieszczęściem przez lat osiemnaście, nie powinna być uwolniona z tej niedoli i doprowadzona do udziału w wodach wolności i życia, nawet w ten dzień szabatu?". I kiedy kobieta nieprzerwanie chwaliła Boga, krytyk Jezusa okrył się wstydem a kongregacja radowała się wraz z kobietą jej uzdrowieniem.

Z powodu publicznej krytyki Jezusa w ten szabat, główny zarządca synagogi został usunięty ze stanowiska a jego miejsce zajął zwolennik Jezusa.

Jezus częstokroć uwalniał takie ofiary strachu z ducha niemocy, z mentalnej depresji i zniewolenia strachem. Ludzie jednak myśleli, że wszystkie takie nieszczęścia były dolegliwościami fizycznymi lub opętaniem przez złe duchy.

Jezus raz jeszcze nauczał w synagodze w niedzielę i w południe tego dnia wielu zostało ochrzczonych przez Abnera w rzece, która płynęła na południe od miasta. Następnego ranka Jezus i dziesięciu apostołów już mieli wracać do obozowiska w Pelli, ale jeden z posłańców Dawida przyniósł Jezusowi pilną wiadomość od jego przyjaciół z Betanii, blisko Jerozolimy.

4. WIEŚCI Z BETANII

Bardzo późną nocą, w niedzielę, 26 lutego, przybył z Betanii posłaniec, przynosząc od Marty i Marii wiadomość następującej treści: „Panie, ten, którego kochasz, jest bardzo chory". Wieść ta dotarła do Jezusa pod koniec wieczornego spotkania, kiedy się właśnie żegnał z apostołami na noc. W pierwszej chwili Jezus nic nie powiedział. Nastąpiła tutaj jedna z tych dziwnych przerw, okres, kiedy miało się wrażenie, że Jezus jest w trakcie łączności z czymś na zewnątrz i poza nim samym. I wtedy, podniósłszy oczy, odezwał się do posłańca tak, żeby go słyszeli apostołowie: „Choroba ta naprawdę nie zmierza ku śmierci. Nie wątpcie, że może być użyta ku chwale Bożej i wyniesieniu Syna".

Jezus bardzo lubił Martę, Marię i ich brata Łazarza; kochał ich gorącym uczuciem. Jego pierwszą, ludzką myślą, było iść do nich zaraz z pomocą, ale jego połączony umysł znalazł inny pomysł. Niemalże już tracił nadzieję, że żydowscy przywódcy z Jerozolimy kiedykolwiek zaakceptują królestwo, ale nadal kochał swój naród i w tej chwili przyszedł mu na myśl plan, dzięki któremu uczeni w Piśmie i faryzeusze z Jerozolimy mogli mieć daną jeszcze jedną szansę przyjęcia jego nauki; i uznał, że taka jest wola Ojca, aby po raz ostatni zwrócić się do Jerozolimy z najbardziej przemożnym i wyjątkowo rzucającym się w oczy dziełem całego jego ziemskiego życia. Żydzi kurczowo trzymali się idei wybawiciela czyniącego cuda. I chociaż Jezus nie chciał się nagiąć do wykonywania materialnych cudów, albo do prowadzenia doczesnych pokazów siły politycznej, zapytał teraz Ojca o zgodę na ujawnienie swojej, jak dotąd nieujawnionej władzy nad życiem i śmiercią.

Żydzi mieli zwyczaj grzebania swych zmarłych w dniu ich zgonu; w tak ciepłym klimacie było to praktyką konieczną. Zdarzało się bardzo często, że umieszczali w grobowcu tych, którzy byli w letargu i że na drugi a nawet na trzeci dzień taki człowiek wychodził z grobowca. Ale Żydzi wierzyli, że chociaż duch czy dusza mogła pozostawać w pobliżu ciała przez dwa albo trzy dni, nigdy nie pozostawała po trzecim dniu; w czwartym dniu rozkład ciała był już zaawansowany i nikt nigdy nie wrócił z grobowca po upływie tego czasu. I właśnie z tych powodów Jezus zwlekał pełne dwa dni w Filadelfii, zanim wyruszył do Betanii.

Dlatego też wcześnie rano, w środę, Jezus powiedział apostołom: „Przygotujmy się, aby niezwłocznie znowu iść do Judei". I kiedy apostołowie usłyszeli, co Mistrz powiedział, odeszli na chwilę, aby się naradzić między sobą. Jakub przejął kierownictwo nad naradą i wszyscy się zgodzili, że byłoby zwyczajnym szaleństwem pozwolić Jezusowi na ponowny powrót do Judei i wrócili jak jeden mąż i go o tym poinformowali. Jakub rzekł: „Mistrzu, byłeś w Jerozolimie kilka tygodni temu i przywódcy chcieli cię zabić, ludzie natomiast chcieli cię ukamienować. Dałeś wtedy tym ludziom szansę przyjęcia prawdy i nie pozwolimy ci znowu iść do Judei".

Wtedy Jezus powiedział: „Ale czy nie rozumiecie, że dzień ma dwanaście godzin, kiedy to można bezpiecznie wykonać pracę? Jeśli człowiek idzie w czasie dnia, nie potyka się, ponieważ ma światło. Jeśli człowiek idzie nocą, może się potknąć, ponieważ jest bez światła. Jak długo trwają moje dni, nie boję się wchodzić do Judei. Chciałbym zrobić jeszcze jedno, bardzo wielkie dzieło dla tych Żydów; chciałbym dać im jeszcze jedną szansę, aby uwierzyli, nawet na ich własnych warunkach – w okolicznościach widzialnej chwały i wyraźnej manifestacji potęgi Ojca i miłości Syna. Poza tym, czyż nie rozumiecie, że nasz przyjaciel Łazarz śpi a ja chcę iść obudzić go z tego snu"!

Wtedy jeden z apostołów rzekł: „Mistrzu, jeśli Łazarz zasnął, to tym pewniej wyzdrowieje". W tamtym czasie było u Żydów zwyczajem mówić o śmierci jako o formie snu, ponieważ jednak apostołowie nie rozumieli, że Jezus miał na myśli to, iż Łazarz odszedł z tego świata, powiedział on teraz wyraźnie: „Łazarz nie żyje. I ja raduję się ze względu na was, nawet, jeśli innych to dotknęło, że mnie tam nie było, w końcu będziecie mieć nowy powód, żeby we mnie wierzyć; i przez to, czego będziecie świadkami, powinniście wszyscy się umocnić i przygotować do tego dnia, kiedy was zostawię i pójdę do Ojca".

Kiedy apostołowie nie mogli przekonać Jezusa, żeby nie szedł do Judei i kiedy niektórzy nie bardzo chcieli z nim iść, Tomasz zwrócił się do swych towarzyszy: „Powiedzieliśmy naszemu Mistrzowi o naszych obawach, ale on postanowił iść do Betanii. Jestem przekonany, że to oznacza koniec; z pewnością go zabiją, ale jeżeli taki jest wybór Mistrza, postąpmy jak ludzie odważni – chodźmy także i my razem z nim umrzeć". I tak było zawsze; w sprawach wymagających przemyślanej i pokrzepiającej odwagi, Tomasz zawsze był ostoją dwunastu apostołów.

5. W DRODZE DO BETANII

W drodze do Judei towarzyszyło Jezusowi prawie pięćdziesięciu jego przyjaciół i wrogów. W środę, w porze obiadowej, Jezus prowadził rozmowę z apostołami i grupą uczniów na temat „Warunki zbawienia", a na koniec tej nauki opowiedział przypowieść o faryzeuszu i celniku (poborcy podatków). Jezus mówił: „Jak widzicie, Ojciec daje zbawienie dzieciom ludzkim a zbawienie to jest bezinteresownym darem dla wszystkich tych, którzy mają wiarę, żeby uzyskać synostwo w Bożej rodzinie. Człowiek nie może nic zrobić, żeby zarobić na to zbawienie. Dzieła obłudy nie mogą kupić łaski Bożej a wiele publicznych modlitw nie zadośćuczyni za brak żywej wiary w sercu. Ludzie mogą dać się oszukać waszymi ostentacyjnymi obrzędami, ale Bóg patrzy w wasze dusze. To, co wam mówię, dobrze obrazuje przykład dwóch ludzi, którzy poszli się modlić do świątyni, jeden z nich był faryzeuszem a drugi celnikiem. Faryzeusz stał i tak się modlił: «O Boże, dziękuję ci, że nie jestem jak inni ludzie, zdziercy, niewykształceni, niesprawiedliwi, cudzołożnicy, czy nawet jak ten celnik. Poszczę dwa razy w tygodniu, oddaję dziesięcinę ze wszystkich dochodów». Natomiast celnik, stojąc daleko, nie śmiał nawet oczu podnieść ku niebu, lecz bił się w piersi i mówił: «Boże, miej litość dla mnie, grzesznika». Powiadam wam, że to raczej celnik niż faryzeusz poszedł do domu z Bożą aprobatą, każdy bowiem, kto się wywyższa, będzie poniżony, a kto jest pokorny, będzie wywyższony".

Tego wieczora, w Jerychu, nieprzyjaźni faryzeusze chcieli usidlić Mistrza, próbując wciągnąć go w dyskusję na temat małżeństwa i rozwodu, jak to już raz robili ich koledzy w Galilei, ale Jezus zręcznie uniknął próby uwikłania go w konflikt z ich prawami, dotyczącymi rozwodów. Tak jak celnik i faryzeusz byli ilustracją dobrej i złej religii, tak rozwodowe obyczaje lepszego prawa małżeńskiego kodeksu żydowskiego posłużyły za przeciwieństwo dla haniebnego rozluźnienia, wynikłego z faryzeuszowskiej interpretacji tych mojżeszowych praw rozwodowych. Faryzeusz osądzał sam siebie, porównując się do najniższych standardów; celnik rozliczał się według najwyższych ideałów. Dla faryzeusza modlitwa była środkiem dającym fałszywe, duchowe bezpieczeństwo; dla celnika modlitwa była środkiem poruszającym jego duszę do uświadomienia sobie potrzeby skruchy, przyznania się i przyjęcia przez wiarę miłosiernego przebaczenia. Faryzeusz szukał sprawiedliwości, celnik szukał miłosierdzia. Prawem wszechświata jest: proście a będzie wam dane, szukajcie a znajdziecie.

Chociaż Jezus nie dał się wciągnąć w kontrowersyjną dyskusję z faryzeuszami na temat rozwodu, głosił jednoznaczne nauki o najwyższych ideałach małżeństwa. Gloryfikował małżeństwo jako najbardziej idealny i najwyższy ze wszystkich ludzkich związków. Jednocześnie nie aprobował luźnych i niesprawiedliwych obyczajów rozwodowych jerozolimskich Żydów, które w tamtych czasach pozwalały mężczyźnie, aby rozwiódł się ze swą żoną z najbardziej trywialnych powodów, takich, że była kiepską kucharką, niedoskonałą gospodynią, albo i dlatego, że zakochał się w ładniejszej kobiecie.

Faryzeusze posunęli się nawet tak daleko, że nauczali, iż tak dogodny rodzaj rozwodu jest specjalną dyspensą, przyznaną narodowi żydowskiemu a w szczególności faryzeuszom. I tak, chociaż Jezus nie chciał nic powiedzieć na temat małżeństwa i rozwodu, najostrzej potępiał tak haniebne lekceważenie związku małżeńskiego i uwydatniał niesprawiedliwość tych praktyk w stosunku do kobiet i dzieci. Mistrz nigdy nie aprobował żadnej praktyki rozwodowej, która dawałaby mężczyźnie jakąkolwiek przewagę nad kobietą; Mistrz aprobował tylko te nauki, które przyznawały kobietom równość z mężczyznami.

Aczkolwiek Jezus nie proponował nowych zasad w sprawach małżeństwa i rozwodu, nakłaniał Żydów, aby żyli zgodnie ze swymi własnymi prawami i najwyższymi naukami. W swoich próbach doskonalenia stosowanych w praktyce społecznych zasad postępowania, Jezus ustawicznie powoływał się na Pismo Święte. Podczas gdy w ten sposób popierał wysokie i idealne koncepcje małżeństwa, zręcznie uniknął zatargu z ludźmi zadającymi pytania na temat społecznych praktyk, reprezentowanych zarówno przez pisane prawa jak i przez tak bardzo cenione przywileje rozwodowe.

Apostołom bardzo trudno było zrozumieć, dlaczego Mistrz konsekwentnie nie chciał wyrażać swojej opinii na temat problemów naukowych, społecznych, ekonomicznych i politycznych. Niezupełnie rozumieli, że ziemska misja Mistrza związana jest wyłącznie z objawieniem prawd duchowych i religijnych.

W dalszej części tego wieczoru, po tym, jak Jezus mówił o małżeństwie i rozwodzie, apostołowie zadali mu wiele dodatkowych pytań, a odpowiedzi Mistrza na te pytania uwolniły ich od wielu błędnych przekonań. Podsumowując tę dyskusję, Jezus powiedział: „Małżeństwo jest zaszczytne i powinno być pragnieniem wszystkich ludzi. To, że Syn Człowieczy prowadzi swoją ziemską misję samotnie, w żaden sposób nie powinno rzutować na wartość małżeństwa. To, że ja pracuję w ten sposób, jest wolą Ojca, ale ten sam Ojciec zarządził stworzenie mężczyzny i kobiety i jest jego, Boską wolą, żeby mężczyźni i kobiety znajdowali najwyższą służbę, a w konsekwencji radość, w zakładaniu rodziny na przyjście dzieci a potem w ich wychowaniu; w prokreacji dzieci rodzice stają się partnerami Stwórców nieba i Ziemi. I dlatego mężczyzna opuści swojego ojca i matkę i złączy się ze swoją żoną i będą oboje jednym ciałem".

I w ten sposób Jezus uwolnił swych apostołów od niepokojów, dotyczących małżeństwa i wyjaśnił wiele nieporozumień odnośnie rozwodu; jednocześnie zrobił wiele, aby wywyższyć ich ideały związku społecznego i umocnić ich szacunek dla kobiet, dzieci i rodziny.

6. BŁOGOSŁAWIENIE MAŁYCH DZIECI

Tego wieczora, posłanie Jezusa o małżeństwie i błogosławieństwie posiadania dzieci rozeszło się po całym Jerychu, tak, że następnego ranka, na długo nim Jezus i apostołowie byli gotowi do wyruszenia w drogę, jeszcze przed śniadaniem, dziesiątki matek przyszło do miejsca zakwaterowania Jezusa, przynosząc swe dzieci na rękach i prowadząc je i chciały, aby Jezus pobłogosławił maleństwa. Kiedy apostołowie wyszli zobaczyć to zgromadzenie matek i ich dzieci, próbowali je odesłać, ale kobiety nie chciały odejść, zanim Mistrz nie położy rąk na dzieciach i nie pobłogosławi ich. Kiedy apostołowie głośno upominali matki, Jezus, słysząc ten zgiełk, wyszedł i z oburzeniem ich zganił i powiedział: „Pozwólcie małym dzieciom przychodzić do mnie; nie zabraniajcie im, dla nich bowiem jest królestwo nieba. Zaprawdę, zaprawdę, powiadam wam, kto nie przyjmie królestwa Bożego jak małe dziecko, ten nie wejdzie do niego, aby dorastać do pełnej dojrzałości duchowej".

Po tym, jak Mistrz powiedział to swoim apostołom, przyjmował wszystkie dzieci i kładł na nich ręce a ich matkom mówił słowa otuchy i nadziei.

Jezus często mówił swoim apostołom o niebiańskich mieszkaniach i nauczał ich, że posuwające się naprzód dzieci Boże muszą się tam rozwijać duchowo, tak jak dzieci rozwijają się fizycznie na tym świecie. I tak to, co najświętsze, często wydaje się być pospolite, dlatego też tego dnia dzieci i ich matki nie zdawały sobie sprawy, że istoty inteligentne z Nebadonu przyglądały się dzieciom z Jerycha, bawiącym się ze Stwórcą wszechświata.

Status kobiety w Palestynie znacznie się poprawił w wyniku nauk Jezusa i tak mogłoby być na całym świecie, gdyby jego zwolennicy nie odeszli daleko od tego, czego ich tak starannie nauczał.

Było to również w Jerychu, gdy w związku z dyskusją o wczesnym, religijnym nauczaniu dzieci zwyczaju czczenia Boga, Jezus wpajał swoim apostołom, jak wielką wartość ma piękno jako czynnik zachęcający do czczenia, zwłaszcza dla dzieci. Przez zalecenia i przykłady, Mistrz nauczał wartości czczenia Stwórcy pośród naturalnego otoczenia przezeń stworzonego. Mistrz preferował komunię z niebiańskim Ojcem pośród drzew i wśród skromnych stworzeń świata przyrody. Radował się kontemplacją Ojca dzięki inspirującemu widokowi gwieździstych domen Synów Stwórców.

Gdy niemożliwe jest czczenie Boga w tabernakulum przyrody, człowiek powinien zrobić co tylko możliwe, aby zapewnić w tym celu piękne pomieszczenia, sanktuaria pełne wzruszającej prostoty i artystycznych ozdób, żeby w ten sposób mogły się uaktywnić najwyższe ludzkie uczucia, w połączeniu z intelektualnym podejściem do duchowej wspólnoty z Bogiem. Prawda, piękno i świętość są potężnymi i skutecznymi czynnikami pomagającymi w prawdziwym czczeniu. Komunii duchowej nie ożywiają tylko zwykłe, masywne ornamenty i przesadne ozdoby ludzkiej, starannej i ostentacyjnej sztuki. Piękno jest najbardziej religijne, kiedy jest najprostsze i podobne do natury. Jakim nieszczęściem jest to, że małe dzieci zaznajamiają się z pierwszymi ideami publicznego czczenia w zimnych i jałowych pomieszczeniach, tak pozbawionych wymownego piękna i tak opróżnionych z wszelkich sugestii otuchy i inspirującej świętości! Dziecko powinno być wprowadzone w praktyki religijne w otoczeniu przyrody, na świeżym powietrzu, a później powinno towarzyszyć swym rodzicom do domów religijnych, publicznych zgromadzeń, które w formie powinny być co najmniej tak atrakcyjne i artystycznie piękne jak dom, w których dziecko mieszka na co dzień.

7. ROZMOWA O ANIOŁACH

Gdy szli pod górę, z Jerycha do Betanii, większą część drogi Nataniel szedł obok Jezusa a ich rozmowa o dzieciach, w odniesieniu do królestwa nieba, doprowadziła pośrednio do rozważań o służbie aniołów. Na koniec Nataniel zadał Mistrzowi takie pytanie: „Skoro arcykapłanem jest saduceusz a saduceusze nie wierzą w anioły, czego powinniśmy nauczać ludzi odnośnie niebiańskich opiekunów?". Wtedy Jezus powiedział między innymi:

„Anielskie zastępy są oddzielną klasą istot stworzonych; są zupełnie odmienne od materialnych klas istot śmiertelnych i działają jako odrębna grupa wszechświatowych istot inteligentnych. Aniołowie nie są tą grupą istot, którą Pismo Święte nazywa «Synami Bożymi»; nie są też gloryfikowanymi duchami śmiertelnych ludzi, którzy poszli się rozwijać w mieszkaniach na wysokości. Aniołowie są stwarzani bezpośrednio i sami się nie rozmnażają. Zastępy anielskie są tylko duchowo spokrewnione z gatunkiem ludzkim. Człowiek, jak się rozwija na swojej drodze do Rajskiego Ojca, przechodzi w pewnym okresie stan bytu analogiczny do stanu aniołów, ale śmiertelny człowiek nigdy nie staje się aniołem.

Aniołowie nigdy nie umierają, tak jak człowiek. Aniołowie są nieśmiertelni, jeżeli przypadkiem nie uwikłają się w grzech, jak to miało miejsce z niektórymi z nich, zwiedzionymi podstępem Lucyfera. Aniołowie są duchami służącymi w niebie i nie są ani wszechmądrzy, ani wszechpotężni. Ale wszystkie lojalne anioły są prawdziwie czyste i święte.

Może pamiętasz, że ci już raz mówiłem, jeżeli miałbyś namaszczone swoje oczy duchowe, widziałbyś niebiosa otwarte i zobaczyłbyś aniołów Bożych wstępujących i zstępujących? To dzięki służbie aniołów jeden świat może być w kontakcie z innymi światami, bo czyż nie mówiłem ci wiele razy, że mam również inne owce, nie z tej owczarni? I ci aniołowie nie są szpiegami świata duchowego, którzy was obserwują a potem idą opowiadać Ojcu myśli waszego serca i informować go o uczynkach ciała. Ojciec nie potrzebuje takiej służby, ponieważ jego własny duch mieszka w was. Jednak te anielskie duchy działają po to, aby informować jedną część niebiańskiej kreacji o funkcjonowaniu innych, odległych części wszechświata. I wielu tych aniołów, gdy pełnią funkcje w rządzie Ojca i we wszechświatach Synów, zostaje przydzielonych do służby rodzajowi ludzkiemu. Gdy was nauczałem, że wielu z tych serafinów jest duchami posługującymi, nie mówiłem ani językiem symbolicznym ani też poetyckim. I wszystko to jest prawdą, niezależnie od tego, że trudno jest wam zrozumieć te sprawy.

Wielu tych aniołów zajmuje się pracą związaną ze zbawieniem ludzi; czyż nie mówiłem wam, jak wielka jest radość serafinów, gdy jedna dusza zechce porzucić grzech i zaczyna szukać Boga? Mówiłem wam nawet o radości w *obecności aniołów* z nieba, z powodu grzesznika, który żałuje, informując tym samym o istnieniu innych, wyższych zastępów niebiańskich istot, które tak samo troszczą się o duchowe dobro i boski rozwój śmiertelnego człowieka.

Aniołowie ci mają dużo do czynienia z tymi metodami, jakimi duch człowieka jest wypuszczany z tabernakulum ciała a jego dusza odprowadzana do mieszkań w niebie. Aniołowie są godnymi zaufania, niebiańskimi przewodnikami duszy ludzkiej, w czasie tego, niezbadanego i nieokreślonego okresu, jaki następuje pomiędzy śmiercią a nowym życiem w siedzibach duchowych".

I Jezus rozmawiałby jeszcze z Natanielem o służbie aniołów, ale przerwało mu zbliżanie się Marty, która została zawiadomiona przez przyjaciół, co widzieli, jak Mistrz wchodzi na wzgórza na wschodzie, że jest on już blisko Betanii. I teraz spieszyła go powitać.

PRZEKAZ 168
WSKRZESZENIE ŁAZARZA

WŁAŚNIE minęło południe, kiedy Jezus schodził grzbietem wzgórza niedaleko Betanii a Marta wyszła mu naprzeciw. Jej brat, Łazarz, nie żył od czterech dni i został pochowany w niedzielę po południu, w prywatnym grobowcu rodziny na krańcu ogrodu. Kamień zamykający wejście do grobowca zatoczony został na miejsce rano tego dnia, w czwartek.

Kiedy Marta i Maria posłały Jezusowi wiadomość o chorobie Łazarza, były pewne, że Mistrz coś na to zaradzi. Wiedziały, że ich brat jest w stanie beznadziejnym i choć raczej nie spodziewały się tego, że Jezus zostawi swoją pracę nauczania i głoszenia kazań, aby przyjść im z pomocą, były tak pewne jego uzdrawiającej mocy, że myślały, iż mógłby wypowiedzieć tylko lecznicze słowa i Łazarz natychmiast zostałby uzdrowiony. I kiedy Łazarz umarł, w kilka godzin po tym jak posłaniec wyruszył z Betanii do Filadelfii, były przekonane, że stało się tak dlatego, ponieważ Mistrz nie dowiedział się wcześniej o chorobie ich brata a dopiero wtedy, kiedy było za późno, kiedy Łazarz nie żył od kilku godzin.

Jednak Marta i Maria, tak samo jak i wszyscy wierzący przyjaciele, były bardzo zaintrygowane wiadomością, którą posłaniec przyniósł im przed południem, we wtorek, kiedy dotarł do Betanii. Posłaniec się upierał, że słyszał jak Jezus mówił: „...ta choroba nie jest naprawdę śmiertelna". Nie mogły też zrozumieć, dlaczego nie przysłał im żadnej wiadomości, ani też w żaden inny sposób nie zaofiarował pomocy.

Wielu przyjaciół przybyło z położonych w pobliżu osiedli, jak również z Jerozolimy, aby pocieszać pogrążone w żalu siostry. Łazarz i jego siostry to były dzieci dobrze sytuowanego i poważanego Żyda, jednego z czołowych mieszkańców małej wioski Betanii. I pomimo tego, że cała trójka od dłuższego czasu zaliczała się do żarliwych zwolenników Jezusa, byli oni bardzo szanowani przez wszystkich, którzy ich znali. Odziedziczyli rozległe winnice i sady oliwkowe w okolicy a o tym, że byli bogaci, może dodatkowo świadczyć fakt, iż mogli sobie pozwolić na prywatny grobowiec na własnej posiadłości. Oboje ich rodzice byli już złożeni w tym grobowcu.

Maria straciła nadzieję, że Jezus przyjdzie i pogrążyła się w smutku, ale Marta, aż do tego ranka, kiedy zatoczono kamień z przodu grobowca i uszczelniono wejście, wciąż miała nadzieję, że Jezus przyjdzie. Ale nawet później poleciła chłopcu sąsiada, żeby ze szczytu wzgórza, na wschód od Betanii, obserwował drogę idącą z Jerycha; i ten właśnie chłopiec przyniósł Marcie nowinę, że zbliża się Jezus i jego przyjaciele.

Kiedy Marta spotkała się z Jezusem, upadła mu do nóg i zawołała: „Mistrzu, gdybyś był tutaj, mój brat by nie umarł!". Wiele obaw przebiegało Marcie przez głowę, ale nie okazała wątpliwości, ani też nie odważyła się krytykować czy kwestionować zachowania Mistrza w związku ze śmiercią Łazarza. Kiedy skończyła, Jezus schylił się i podnosząc ją, powiedział: „Miej tylko wiarę, Marto, a twój brat będzie wskrzeszony". Wtedy Marta odrzekła: „Ja wiem, że zostanie wskrzeszony w zmartwychwstaniu dnia ostatecznego a nawet teraz wierzę, że o cokolwiek poprosiłbyś Boga, nasz Ojciec da tobie".

Wtedy Jezus, patrząc Marcie prosto w oczy, powiedział: „Ja jestem zmartwychwstaniem i życiem; kto we mnie wierzy, choćby i umarł, żyć będzie. Zaprawdę, ktokolwiek żyje i wierzy we mnie, nigdy naprawdę nie umrze. Marto, czy w to wierzysz"? I Marta odpowiedziała Mistrzowi: „Tak, od dawna już wierzę, że jesteś Wybawicielem, który miał przyjść na ten świat, Synem Boga żywego".

Ponieważ Jezus pytał o Marię, Marta niezwłocznie weszła do domu i szeptem rzekła swojej siostrze: „Mistrz jest tutaj i pytał o ciebie". I kiedy Maria to usłyszała, podniosła się szybko i pośpieszyła na spotkanie Jezusa, który wciąż pozostawał w tym samym miejscu, w którym poprzednio spotkał się z Martą, w pewnej odległości od domu. Przyjaciele, którzy byli z Marią i próbowali ją pocieszać, a widząc, jak szybko wstała i wyszła z domu, poszli za nią, przypuszczając, że idzie do grobowca płakać.

Pośród ludzi tam obecnych znajdowało się wielu zajadłych wrogów Jezusa. Dlatego Marta wyszła, żeby się spotkać sama z Jezusem i dlatego również podeszła po cichu do Marii i powiedziała jej, że Jezus o nią pytał. Marta, podczas gdy chciała zobaczyć Jezusa, pragnęła również uniknąć jakiejkolwiek możliwej nieprzyjemności, jaką mogłoby spowodować jego niespodziewane pojawienie się pośród dużej grupy jego jerozolimskich wrogów. Marta chciała zostać w domu z przyjaciółmi a Maria miała wyjść i przywitać się sama z Jezusem, ale to jej nie wyszło, gdyż wszyscy poszli za Marią i znaleźli się niespodziewanie przed obliczem Mistrza.

Marta zaprowadziła Marię do Jezusa, a kiedy ta go zobaczyła, upadła mu do nóg i zawołała: „Gdybyś był tutaj, mój brat by nie umarł!". I kiedy Jezus zobaczył, jak bardzo się wszyscy smucą z powodu śmierci Łazarza, jego duszę poruszyło współczucie.

Kiedy żałobnicy zobaczyli, że Maria wyszła powitać Jezusa, oddalili się nieco, podczas gdy Marta i Maria rozmawiały z Mistrzem i usłyszały dalsze słowa pociechy i napomnienia, aby zachować silną wiarę w Ojca i całkowicie podporządkować się Boskiej woli.

Ludzki umysł Jezusa był silnie poruszony sprzecznymi uczuciami, miłością do Łazarza i osieroconych sióstr oraz pogardą i lekceważeniem dla ostentacyjnych uczuć, jakie okazywali niektórzy z tych niedowierzających i morderczo nastawionych Żydów. Jezus był oburzony, czuł odrazę dla tego pokazu wymuszonego i ostentacyjnego opłakiwania Łazarza przez niektórych z rzekomych przyjaciół, zważywszy, że podobnemu, fałszywemu smutkowi towarzyszyła w ich sercach tak wielka zajadła wrogość w stosunku do niego. Tym niemniej niektórzy z tych Żydów opłakiwali szczerze, ponieważ byli prawdziwymi przyjaciółmi rodziny.

1. PRZY GROBOWCU ŁAZARZA

Po tym, jak Jezus spędził kilka chwil pocieszając Martę i Marię, z dala od żałobników, zapytał je: „Gdzieście go położyły?" I Marta powiedziała: „Chodź i zobacz". I kiedy Mistrz szedł w ciszy, z dwiema zasmuconymi siostrami, zapłakał. Kiedy przyjacielsko nastawieni Żydzi, którzy szli za nimi, zobaczyli jego łzy, jeden z nich powiedział: „Zobaczcie, jak go miłował. Czy ten, który otworzył oczy niewidomemu, nie mógł sprawić, żeby nie umarł"? Wkrótce stanęli przed rodzinnym grobowcem, małą naturalną jaskinią czy wgłębieniem w występie skały, wznoszącej się na blisko dziesięć metrów na końcu działki ogrodowej.

Trudno jest wytłumaczyć umysłom ludzkim, dlaczego Jezus płakał. Podczas gdy mamy dostęp do rejestrów połączonych, ludzkich emocji i Boskich myśli, jak są zapisane w umyśle Uosobionego Dostrajacza, nie jesteśmy do końca pewni prawdziwej przyczyny tych przejawów emocjonalnych. Skłonni jesteśmy sądzić, że Jezus płakał dlatego, iż w tym czasie różne myśli i uczucia przebiegały mu przez głowę, takie jak:

1. Żywił prawdziwe i pełne smutku współczucie dla Marty i Marii, prawdziwe i głębokie uczucie dla sióstr, które straciły brata.

2. Był zbulwersowany obecnością tłumu żałobników, niektórych szczerych a niektórych po prostu udających. Zawsze oburzały go te ostentacyjne pokazy opłakiwania. Wiedział, że siostry kochały brata i miały wiarę, że ci, co wierzą, przeżyją śmierć. Te kolidujące ze sobą uczucia prawdopodobnie mogły być przyczyną tego, że jęknął, kiedy zbliżali się do grobowca.

3. Naprawdę się wahał, czy ma przywrócić Łazarza z powrotem do śmiertelnego życia. Jego siostry naprawdę go potrzebowały, ale Jezusowi żal było wzywać z powrotem swego przyjaciela, żeby ten doznał zajadłych prześladowań, które jak dobrze wiedział, Łazarz musi wycierpieć, będąc obiektem największego ze wszystkich pokazu Boskiej potęgi Syna Człowieczego.

Teraz możemy opowiedzieć coś ciekawego i pouczającego. Aczkolwiek narracja ta ukazuje najwyraźniej naturalny i normalny bieg spraw ludzkich, ma ona bardzo interesujące aspekty uboczne. Kiedy w niedzielę posłaniec przybył do Jezusa, mówiąc mu o chorobie Łazarza i kiedy Jezus przesłał słowa, że „nie zmierza ona ku śmierci", jednocześnie udał się osobiście do Betanii a nawet zapytał sióstr: „Gdzieście go położyły?". Nawet, jeśli to wszystko zdaje się wskazywać, że Mistrz postępował zgodnie z zasadami tego życia i zgodnie z ograniczoną wiedzą swego ludzkiego umysłu, jednak zapisy wszechświata ujawniają, że Uosobiony Dostrajacz Jezusa wydał rozkazy, aby po śmierci Łazarza zatrzymać na planecie Dostrajacza Myśli Łazarza na czas nieokreślony i rozkaz ten został odnotowany dokładnie piętnaście minut przed tym, jak Łazarz wydał ostatnie tchnienie.

Czy Boski umysł Jezusa wiedział, jeszcze przed śmiercią Łazarza, że zostanie on wskrzeszony? Nie wiemy. Wiemy tylko to, co umieszczamy w tym zapisie.

Wielu wrogów Jezusa miało ochotę szydzić z okazanego przezeń uczucia i mówili między sobą: „Jeżeli tak dużo myślał o tym człowieku, dlaczego tak długo zwlekał z przybyciem do Betanii? Jeśli jest tym, za kogo go uważają, dlaczego nie uratował swojego kochanego przyjaciela? Cóż dobrego z uzdrowienia obcych w Galilei, jeśli nie może uratować tych, których kocha"? I na wiele innych sposobów wykpiwali i lekceważyli nauki i działalność Jezusa.

I tak, w to czwartkowe popołudnie, około czternastej trzydzieści, w małej wiosce Betanii wszystko było przygotowane do wykonania największego ze wszystkich dzieła związanego z ziemską działalnością Michała z Nebadonu, największego objawienia Boskiej potęgi podczas wcielenia Michała, skoro jego własne zmartwychwstanie nastąpiło po tym jak został wyzwolony z więzów śmiertelnego mieszkania.

Mała grupa ludzi, zebranych przed grobem Łazarza, nie domyślała się nawet istnienia, tuż obok nich, ogromnego zgromadzenia wszelkiego rodzaju istot niebiańskich, zebranych pod dowództwem Gabriela, z niecierpliwością oczekujących nakazów

Uosobionego Dostrajacza Jezusa, jak również gotowych do wykonania poleceń swego ukochanego Władcy.

Kiedy Jezus wypowiedział polecenie: „Usuńcie kamień", zebrane niebiańskie zastępy gotowe były do inscenizacji widowiska zmartwychwstania Łazarza w formie jego ciała śmiertelnego. Przeprowadzenie takiej formy zmartwychwstania pociąga za sobą pewne trudności, znacznie wykraczające poza zwykłą technikę zmartwychwstania śmiertelnych istot w formie morontialnej i wymaga obecności znacznie większej liczby niebiańskich osobowości, jak również znacznie doskonalszej organizacji wszechświatowych środków.

Kiedy Marta i Maria usłyszały polecenie Jezusa, aby odsunąć kamień z przodu grobowca, wypełniły je mieszane uczucia. Maria miała nadzieję, że Łazarz zostanie wskrzeszony, ale Marta, podczas gdy w jakimś stopniu dzieliła wiarę siostry, bardziej niepokoiła się tym, że Łazarz, ze względu na swój wygląd nie nadaje się do pokazania Jezusowi, apostołom i ich przyjaciołom. Powiedziała więc: „Czy musimy odtoczyć kamień? Brat mój nie żyje już od czterech dni i przez ten czas ciało zaczęło się rozkładać". Marta tak mówiła, ponieważ nie wiedziała, dlaczego Mistrz prosi, aby odsunąć kamień; myślała, że może Jezus chce po raz ostatni popatrzeć na Łazarza. Nie była pewna, co ma zrobić. Kiedy tak wahali się, czy odtoczyć kamień, Jezus rzekł: „Czyż nie powiedziałem wam od razu, że ta choroba nie jest śmiertelna? Czyż nie przyszedłem dopełnić mojej obietnicy? I kiedy przyszedłem do was, czy nie powiedziałem, że jeśli tylko wierzycie, ujrzycie chwałę Bożą? Dlaczego wątpicie? Ile czasu jeszcze upłynie, zanim zaczniecie wierzyć i będziecie posłuszni?".

Kiedy Jezus umilkł, jego apostołowie, z pomocą uczynnych sąsiadów, chwycili kamień i odtoczyli go z wejścia do grobowca.

Pośród Żydów panowało powszechne wierzenie, że kropla żółci na końcu miecza anioła śmierci zaczyna działać pod koniec trzeciego dnia, że tym samym osiąga pełny efekt czwartego dnia. Uważali, że dusza człowieka może pozostawać przy grobie aż do końca trzeciego dnia, próbując ożywić martwe ciało, ale głęboko wierzyli, że taka dusza odchodzi do miejsca pobytu zmarłych duchów zanim zaświta czwarty dzień.

Takie wierzenia i przekonania, dotyczące śmierci i odchodzenia duchów zmarłych, dawały tę pewność, że w opinii wszystkich, którzy byli w tym momencie przy grobowcu Łazarza, a następnie wszystkich, którzy mogli słyszeć o tym, co właśnie miało się zdarzyć, był to rzeczywisty i prawdziwy przypadek wskrzeszenia, dokonany osobiście przez tego, który oświadczył, że jest „zmartwychwstaniem i życiem".

2. ZMARTWYCHWSTANIE ŁAZARZA

Grupa około czterdziestu pięciu śmiertelników, stojąca przed grobowcem, niewyraźnie widziała postać Łazarza zawiniętego w lniane bandaże, spoczywającego w prawej, dolnej niszy groty grobowej. Podczas gdy ziemskie istoty stały tutaj w ciszy, wstrzymując oddech, niezmierzone zastępy niebiańskich istot zajęły swe miejsca, gotowe co odpowiedzi na znak do działania, gdy będzie im dany przez ich dowódcę, Gabriela.

Jezus wzniósł oczy w górę i rzekł: „Ojcze, dziękuję ci, żeś mnie wysłuchał i spełnił moją prośbę. Wiem, że zawsze mnie słyszysz, ale ze względu na tych, którzy stoją tutaj ze mną, zwracam się w ten sposób do ciebie, żeby mogli uwierzyć, że ty mnie posłałeś na ten świat i żeby wiedzieli, że ty działasz ze mną w tym, czego właśnie mamy dokonać". I kiedy skończył się modlić, zawołał donośnym głosem: „Łazarzu, wyjdź na zewnątrz!".

Chociaż ludzcy obserwatorzy pozostawali bez ruchu, niezmierzone zastępy niebiańskie ożywiły się, w skoordynowanym działaniu, posłuszne słowu Stwórcy. W ciągu zaledwie dwunastu sekund ziemskiego czasu postać Łazarza, dotychczas bez oznak życia, zaczęła się ruszać i niebawem siadł on na krawędzi kamiennej półki, na której dotąd spoczywał. Jego ciało owinięte było w szaty pogrzebowe a jego twarz przykryta chustą. I kiedy stanął przed nimi – żywy – Jezus rzekł: „Rozwiążcie go, żeby mógł chodzić".

Wszyscy, za wyjątkiem apostołów, Marty i Marii, uciekli do domu. Byli bladzi z przerażenia i oszołomieni. Podczas gdy niektórzy zostali, wielu pobiegło do swoich domów.

Łazarz przywitał się z Jezusem i apostołami i zapytał, co oznacza to pogrzebowe ubranie i dlaczego obudził się ogrodzie. Jezus z apostołami odszedł na bok, podczas gdy Marta opowiedziała Łazarzowi o jego śmierci, pogrzebie i zmartwychwstaniu. Wytłumaczyła mu, że umarł w niedzielę i że został przywrócony do życia w czwartek, ponieważ nie miał świadomości czasu, odkąd zasnął snem śmierci.

Kiedy Łazarz wyszedł z grobowca, Uosobiony Dostrajacz Jezusa, teraz szef swojej klasy w tym wszechświecie lokalnym, wydał polecenie oczekującemu, byłemu Dostrajaczowi Łazarza, żeby na nowo zamieszkał w umyśle i duszy zmartwychwstałego człowieka.

Potem Łazarz podszedł do Jezusa i wraz z siostrami ukląkł u stóp Mistrza, dziękując i głosząc chwałę Bożą. Jezus wziął Łazarza za ręce, podniósł go i powiedział: „Mój synu, to, co zdarzyło się tobie, będzie udziałem wszystkich, którzy wierzą w tę ewangelię, z tym wyjątkiem, że będą wskrzeszeni w bardziej chwalebnej postaci. Powinieneś być żywym świadkiem tej prawdy, którą wypowiedziałem – że jestem zmartwychwstaniem i życiem. Ale teraz wszyscy chodźmy do domu i pokrzepmy nasze ciała materialne".

Kiedy szli w kierunku domu, Gabriel odprawił grupy specjalne zgromadzonych zastępów niebiańskich, zapisując jednocześnie pierwszy i ostatni przypadek tego typu na Urantii, kiedy to śmiertelna istota została wskrzeszona w formie swojego materialnego, śmiertelnego ciała.

Łazarzowi trudno było zrozumieć, co się stało. Wiedział, że był ciężko chory, ale pamiętał tylko jak zasnął i się obudził. Nigdy nie był w stanie nic powiedzieć na temat tych czterech dni w grobowcu, ponieważ był zupełnie nieprzytomny. Czas nie istnieje dla tych, którzy śpią snem śmierci.

Chociaż w wyniku tego wspaniałego dzieła Jezusa wielu uwierzyło w niego, inni tylko utwardzili swe serca, aby tym bardziej go odrzucić. Do południa dnia następnego wieść o zmartwychwstaniu rozeszła się po całej Jerozolimie. Dziesiątki mężczyzn i kobiet szło do Betanii, aby zobaczyć Łazarza i z nim rozmawiać a zaniepokojeni i zakłopotani faryzeusze pośpiesznie zwołali zebranie Sanhedrynu, żeby postanowić, co robić w związku z tymi nowymi zdarzeniami.

3. ZEBRANIE SANHEDRYNU

Chociaż świadectwo wskrzeszenia człowieka zrobiło wiele dla skonsolidowania wiary mas wierzących w ewangelię królestwa, wpłynęło ono w niewielkim stopniu, albo i wcale, na nastawienie religijnych przywódców i władców w Jerozolimie, za wyjątkiem tego, że przyśpieszyło ich decyzję o zgładzeniu Jezusa i przerwaniu jego działalności.

Sanhedryn zebrał się następnego dnia, w piątek, o trzynastej, aby dalej rozważać kwestię: „Co zrobić z Jezusem z Nazaretu?". Po ponad dwu godzinach dyskusji i zajadłej debacie, pewien faryzeusz przedstawił rezolucję, domagającą się natychmiastowej śmierci Jezusa i oświadczył, że jest on zagrożeniem dla całego Izraela i formalnie zobowiązał Sanhedryn do podjęcia decyzji o jego śmierci, bez procesu i wbrew wszystkim precedensom.

Wielokrotnie to dostojne gremium żydowskich przywódców nakazywało aresztowanie Jezusa i doprowadzenie go na proces, pod zarzutem bluźnierstwa i licznych innych oskarżeń szydzenia ze świętych praw żydowskich. Kiedyś nawet pozwolono sobie oświadczyć, że należy go zabić, ale teraz po raz pierwszy Sanhedryn posunął się tak daleko, że postanowił wydać wyrok śmierci przed procesem. Jednak ta decyzja nie została poddana głosowaniu, ponieważ czternastu członków Sanhedrynu zrezygnowało gremialnie, gdy zaproponowano tak niesłychany czyn. Chociaż te rezygnacje nie zostały zatwierdzone formalnie przez prawie dwa tygodnie, tego właśnie dnia czternastoosobowa grupa zrezygnowała z członkostwa Sanhedrynu i nigdy więcej nie zasiadła w jego radzie. Kiedy później nadano moc prawną tym rezygnacjom, wyrzucono z Sanhedrynu pięciu innych jego członków, ponieważ ich koledzy wierzyli, że żywią oni przyjazne uczucia wobec Jezusa. Po wydaleniu tych dziewiętnastu ludzi Sanhedryn znalazł się we właściwej sytuacji, żeby osądzić i potępić Jezusa z solidarnością zbliżoną do jednomyślności.

W następnym tygodniu Sanhedryn wezwał Łazarza i jego siostry. Kiedy wysłuchano ich świadectwa, nie można było żywić wątpliwości, że Łazarz został wskrzeszony. Pomimo, że w wyniku tego postępowania Sanhedryn praktycznie uznał zmartwychwstanie Łazarza, protokół zawierał uchwałę, przypisującą ten i inne cuda czynione przez Jezusa potędze księcia diabłów, z którym jak ogłoszono, Jezus jest sprzymierzony

Nie miało znaczenia, jakie jest źródło mocy Jezusa, pozwalającej mu czynić cuda; ci przywódcy żydowscy byli przekonani, że jeśli natychmiast się go nie powstrzyma, niedługo wszyscy zwykli ludzie zaczną w niego wierzyć; a następnie, że mogłyby wyniknąć poważne komplikacje w stosunkach z władzami rzymskimi, skoro tak wielu w niego wierzących uznawało go za Mesjasza, wybawiciela Izraela.

Na tym samym spotkaniu Sanhedrynu, arcykapłan Kajfasz pierwszy wypowiedział to stare żydowskie przysłowie, które tak często później powtarzał: „Lepiej, żeby jeden człowiek umarł, niż żeby miał zginąć cały naród".

Aczkolwiek Jezus otrzymał ostrzeżenie o poczynaniach Sanhedrynu, w to posępne, piątkowe popołudnie, nie zaniepokoił się tym wcale i dalej odpoczywał przez szabat z przyjaciółmi w Betfage, małej wiosce w pobliżu Betanii. Wcześnie rano, w niedzielę, jak to wcześniej uzgodniono, Jezus i apostołowie zebrali się w domu Łazarza i żegnając się z rodziną z Betanii, wyruszyli w drogę powrotną do obozowiska w Pelli.

4. ODPOWIEDŹ NA MODLITWĘ

W drodze z Betanii do Pelli apostołowie zadawali Jezusowi wiele pytań; na wszystkie z nich Mistrz odpowiedział wyczerpująco, za wyjątkiem tych, które dotyczyły szczegółów zmartwychwstania umarłych. Takich problemów apostołowie nie mogli zrozumieć, dlatego też Mistrz nie chciał omawiać z nimi tych kwestii. Byli sami, ponieważ wyszli z Betanii w tajemnicy. Zatem Jezus skwapliwie skorzystał z tej sposobności, aby powiedzieć dziesięciu apostołom wiele tych rzeczy, jakie mogły ich przygotować do dni prób, które wkrótce miały nadejść.

Apostołowie bardzo byli poruszeni i dużo czasu spędzili na omawianiu ostatnich przeżyć, związanych z modlitwą i z odpowiedzią na nią. Wszyscy przypomnieli sobie oświadczenie Jezusa, z którym zwrócił się w Filadelfii do posłańca z Betanii, kiedy to wyraźnie powiedział: „Ta choroba naprawdę nie zmierza ku śmierci". A jednak, pomimo tej obietnicy, Łazarz faktycznie umarł. Przez cały ten dzień raz po raz wracali do dyskusji na temat odpowiedzi na modlitwę.

Odpowiedzi Jezusa, na wiele ich pytań, można podsumować następująco:

1. Modlitwa jest ekspresją skończonego umysłu w jego wysiłkach zbliżenia się do Nieskończonego. Odmawianie modlitwy musi być zatem ograniczone przez wiedzę, mądrość i atrybuty istoty skończonej; podobnie odpowiedź na nią musi być uwarunkowana przez wizję, dążenia, ideały i prerogatywy Nieskończonego. Nigdy nie można dostrzec nieprzerwanej ciągłości zjawisk materialnych pomiędzy odmawianiem modlitwy a otrzymaniem na nią pełnej, duchowej odpowiedzi.

2. Kiedy modlitwa pozostaje najwyraźniej bez odpowiedzi, opóźnienie takie zapowiada często lepszą odpowiedź, chociaż ta jest z jakiś ważnych powodów mocno opóźniona. Kiedy Jezus powiedział, że choroba Łazarza nie zmierza ku śmierci, Łazarz nie żył już od jedenastu godzin. Każda szczera modlitwa otrzyma swą odpowiedź, za wyjątkiem tej sytuacji, kiedy z wyższego punktu widzenia świata duchowego zaplanowano odpowiedź lepszą, odpowiedź, która wychodzi naprzeciw prośbom ducha człowieka, w przeciwieństwie do modlitwy samego tylko umysłu człowieka.

3. Modlitwy czasu, kiedy są ułożone przez ducha i wyrażane w wierze, często są tak niezmierzone i wszechogarniające, że odpowiedź mogą otrzymać tylko w wieczności; skończona prośba czasami jest tak obfitująca zrozumieniem Nieskończonego, że odpowiedź musi być opóźniona, musi czekać stworzenia zdolności umysłowej adekwatnej dla jej przyjęcia; modlitwa wiary może być tak wszechstronna, że odpowiedź można otrzymać dopiero w Raju.

4. Odpowiedzi na modlitwę śmiertelnego umysłu często są tego rodzaju, że mogą być otrzymane i rozpoznane tylko wtedy, kiedy ten sam modlący się umysł osiągnie stan nieśmiertelności. Odpowiedź na modlitwę istoty materialnej częstokroć może przyjść tylko wtedy, kiedy taka osoba osiągnie poziom duchowy.

5. Modlitwa rozpoznającej Boga osoby może być tak zniekształcona ignorancją i tak zdeformowana przesądami, że odpowiedź na nią byłaby wysoce niepożądana. Wtedy pośredniczące istoty duchowe muszą tak przetłumaczyć taką modlitwę, że kiedy przyjdzie odpowiedź, autor prośby zupełnie nie może jej rozpoznać jako odpowiedzi na swoją modlitwę.

6. Wszystkie prawdziwe modlitwy kierowane są do istot duchowych i wszelkie takie petycje muszą otrzymać odpowiedź w kategoriach duchowych i wszystkie takie odpowiedzi muszą się opierać na rzeczywistościach duchowych. Duchowe istoty nie mogą udzielać materialnych odpowiedzi na duchowe prośby tych właśnie, materialnych istot. Materialne istoty mogą się modlić skutecznie tylko wtedy, kiedy „modlą się w duchu".

7. Nie można się spodziewać odpowiedzi na modlitwę, która nie jest zrodzona z ducha i nie jest karmiona wiarą. Wasza szczera wiara zakłada, że faktycznie z góry przyznaliście słuchaczom waszej modlitwy pełne prawo udzielenia odpowiedzi na waszą prośbę, zgodnie z tą najwyższą wiedzą i tą Boską miłością, która według waszej wiary ożywia istoty, do których się modlicie.

8. Dziecko zawsze postępuje zgodnie ze swymi prawami, kiedy prosi o coś rodziców; i rodzic zawsze ma rodzicielskie obowiązki w stosunku do niedojrzałego dziecka, kiedy wyższa wiedza dyktuje mu, żeby odpowiedź na pytanie dziecka była opóźniona, zmodyfikowana, posegregowana, wyższa czy odłożona na inny okres duchowego rozwoju dziecka.

9. Nie wahajcie się modlić modlitwami tęsknot duchowych; nie wątpcie, że otrzymacie odpowiedź na wasze prośby. Te odpowiedzi złożone będą w depozycie, oczekując waszego dotarcia do tych przyszłych, duchowych poziomów faktycznych kosmicznych osiągnięć, na tym świecie albo na innych, na których będzie dla was możliwe poznanie i odpowiednie zastosowanie długo czekających odpowiedzi na wasze wcześniejsze, ale nie w porę zrobione prośby.

10. Wszystkie prawdziwe, z ducha zrodzone prośby, mogą być pewne odpowiedzi. Proście a będzie wam dane. Powinniście jednak pamiętać, że jesteście rozwijającymi się istotami czasu i przestrzeni; dlatego też, kiedy osobiście odbieracie pełne odpowiedzi na wasze różnorakie modlitwy i prośby, wciąż musicie się liczyć z czynnikiem czasoprzestrzennym.

5. DALSZE LOSY ŁAZARZA

Łazarz pozostał w domu, w Betanii, będąc ośrodkiem wielkiego zainteresowania wielu szczerze wierzących i licznej grupy ciekawskich, aż do tego tygodnia, w którym ukrzyżowano Jezusa, kiedy to otrzymał wiadomość, że Sanhedryn skazał go na śmierć. Władcy żydowscy postanowili położyć kres dalszemu rozprzestrzenianiu się nauk Jezusa i właściwie oceniali, że zgładzenie Jezusa nie miałoby sensu, gdyby pozwolili Łazarzowi, który reprezentował absolutny szczyt cudownej działalnosci Jezusa, żyć i nieść świadectwo, że Jezus go wskrzesił. Już wcześniej Łazarz cierpiał z powodu ich zajadłych prześladowań.

I tak Łazarz, pozostawiwszy swoje siostry w Betanii, uciekał w pośpiechu przez Jerycho na drugą stronę Jordanu, nigdy nie pozwalając sobie na dłuższy odpoczynek, aż dotarł do Filadelfii. Łazarz dobrze znał Abnera i tutaj poczuł się bezpieczny przed morderczymi intrygami nikczemnego Sanhedrynu.

Niedługo potem Marta i Maria sprzedały swą ziemię w Betanii i dołączyły do brata w Perei. W międzyczasie Łazarz został skarbnikiem Kościoła w Filadelfii. Był silną podporą Abnera w jego polemice z Pawłem i Kościołem w Jerozolimie i w końcu umarł, kiedy miał lat 67, na tę samą chorobę, która go zabrała w czasach jego młodości w Betanii.

PRZEKAZ 169

OSTATNIE NAUKI W PELLI

PÓŹNYM wieczorem, w poniedziałek, 6 marca, Jezus i apostołowie przybyli do obozowiska w Pelli. To był ostatni tydzień, kiedy Jezus tam przebywał i bardzo aktywnie nauczał tłumy i szkolił apostołów. Każdego popołudnia wygłaszał kazania rzeszom ludzkim a każdego wieczora odpowiadał na pytania apostołów i niektórych bardziej zaawansowanych uczniów, którzy mieszkali w obozie.

Wieść o zmartwychwstaniu Łazarza dotarła do obozowiska na dwa dni przed przybyciem Mistrza i całe zgromadzenie było podekscytowane. Od czasu nakarmienia pięciu tysięcy ludzi nie wydarzyło się nic, co mogłoby tak bardzo pobudzić ludzką wyobraźnię. I nastąpiło to w samym apogeum drugiego stadium publicznej służby dla królestwa, kiedy to Jezus planował nauczać krótko, przez tydzień w Pelli a później rozpocząć turę po południowej Perei, po czym przyszły końcowe, tragiczne wydarzenia ostatniego tygodnia w Jerozolimie.

Faryzeusze i wyżsi kapłani zaczęli formułować zarzuty i krystalizować swoje oskarżenia. Sprzeciwiali się nauczaniu Jezusa z następujących powodów:

1. Jest przyjacielem celników i grzeszników, przyjmuje bezbożników a nawet jada z nimi.
2. Jest bluźniercą; mówi o Bogu jako o swoim Ojcu i myśli, że jest równy Bogu.
3. Łamie prawo. Uzdrawia choroby w szabat i na wiele innych sposobów szydzi ze Świętych Praw Izraela.
4. Jest w zmowie z diabłami. Dokonuje niezwykłości i czyni pozorne cuda mocą Belzebuba, księcia diabłów.

1. PRZYPOWIEŚĆ O UTRACONYM SYNU

W czwartek po południu Jezus przemawiał do tłumów na temat: „Łaska zbawienia". W trakcie tego kazania znowu opowiedział historię o zagubionej owcy i zgubionej monecie, a potem dodał swoją ulubioną przypowieść o synu marnotrawnym. Jezus powiedział:

„Prorocy, od Samuela aż do Jana upominali was, że powinniście pragnąć Boga – szukać prawdy. Zawsze *mówili*: «Szukaj Pana tam, gdzie można go znaleźć». I całe to nauczanie powinniście wziąć sobie do serca. Ja jednak przyszedłem po to, aby pokazać wam, że kiedy wy szukacie Boga, Bóg tak samo pragnie was odnaleźć. Wielokrotnie opowiadałem wam historię o dobrym pasterzu, który pozostawił dziewięćdziesiąt i dziewięć owiec w owczarni, podczas gdy wyszedł na poszukiwanie tej jednej, która się zagubiła i kiedy znalazł zabłąkaną owcę, położył ją na ramionach i delikatnie zaniósł z powrotem do owczarni. I kiedy zagubiona owca została przyniesiona do owczarni, pamiętacie, że dobry pasterz zwołał swoich przyjaciół i ich zaprosił, aby się z nim wspólnie radowali z odnalezienia owcy, która zaginęła. Ponownie wam mówię, że więcej jest w niebie radości z jednego grzesznika, który żałuje, niż z dziewięćdziesięciu i dziewięciu sprawiedliwych, którzy nie potrzebują żałować za grzechy. To, że dusze się *gubią*, zwiększa tylko zainteresowanie niebiańskiego Ojca. Przyszedłem na ten świat na polecenie Ojca i dobrze jest powiedziane, że Syn Człowieczy jest przyjacielem celników i grzeszników.

Uczono was, że Boska akceptacja przychodzi po waszym żalu za grzechy i jest wynikiem wszelkich waszych ofiarowań i skruchy, ale ja was zapewniam, że Ojciec was akceptuje zanim jeszcze wyraziliście skruchę i wysyła Syna i jego towarzyszy, aby was odnaleźli i z powrotem przyprowadzili z radością do owczarni, do królestwa synostwa i duchowego rozwoju. Wszyscy jesteście podobni do zabłąkanych owiec a ja przyszedłem odszukać i uratować te, które się zgubiły.

I powinniście także pamiętać historię kobiety, która mając dziesięć sztuk srebra wplecionych w ozdobny naszyjnik, zgubiła jedną sztukę i jak zapaliła lampę i pracowicie zamiotła dom i szukała, aż znalazła zgubioną sztukę srebra. I zaraz jak tylko znalazła zgubioną monetę, zwołała swoich przyjaciół i sąsiadów i mówiła: «Radujcie się ze mną, gdyż znalazłam tę sztukę, która zginęła». Tak więc znowu wam powiem, że zawsze panuje radość w obecności aniołów w niebie z powodu jednego grzesznika, który żałuje za grzechy i wraca do owczarni Ojca. I mówię wam tę historię, aby wam wpoić, że Ojciec i jego Syn wychodzą *szukać* tych, którzy się zgubili; i w tych poszukiwaniach używamy wszelkich środków, mogących nam pomóc w naszych starannych wysiłkach odnalezienia tych, którzy się zagubili, tych, którzy potrzebują zbawienia. I tak, kiedy Syn Człowieczy wychodzi na pustkowie szukając owcy, która się zabłąkała, poszukuje on także monety, która zgubiła się w domu. Owca zabłąka się mimowolnie; moneta pokryta jest kurzem czasu i niewidoczna pod nagromadzonymi rzeczami ludzkimi.

A teraz chciałbym wam opowiedzieć historię o bezmyślnym synu zamożnego rolnika, który *celowo* opuścił dom swego ojca i wyruszył w obce ziemie, gdzie popadł w wielkie tarapaty. Przypomnijcie sobie, że owca zbłądziła mimowolnie, ale ten młodzieniec opuścił swój dom rozmyślnie. A było to tak:

Pewien człowiek miał dwóch synów; jeden z nich, młodszy, był niefrasobliwy i beztroski, zawsze gonił za rozrywką i unikał obowiązków, podczas gdy jego starszy brat był poważny, zrównoważony, ciężko pracował i nie unikał obowiązków. Tych dwóch braci nie zgadzało się zbytnio ze sobą; zawsze się kłócili i sprzeczali. Młodszy chłopiec był radosny i pełen życia, ale leniwy i nierzetelny; starszy syn był poważny i pracowity a jednocześnie egocentryczny, gburowaty i zarozumiały. Młodszy syn lubił się bawić, ale unikał pracy; starszy poświęcił się pracy, ale rzadko się bawił. Ich współżycie stało się tak nieznośne, że młodszy syn przyszedł do swego ojca i powiedział: «Ojcze, daj mi trzecią część twojego majątku, która na mnie przypada i pozwól mi odejść w świat, w poszukiwaniu mojego własnego szczęścia». I kiedy ojciec usłyszał jego prośbę a wiedział jak nieszczęśliwy jest ten młody człowiek w domu ze swym starszym bratem, podzielił swój majątek i dał młodszemu jego część.

W ciągu kilku tygodni ten młodzieniec zebrał wszystkie swoje fundusze i wyruszył w podróż do odległej krainy, a nie znajdując nic, co przynosi korzyść a może też być przyjemne, stracił wkrótce całe swoje dziedzictwo na rozpustnym życiu. I kiedy wydał wszystko, w kraju tym zapanował długotrwały głód a on znalazł się w biedzie. I tak, kiedy był głodny i jego niedola była wielka, znalazł pracę u pewnego obywatela tego kraju, który go wysłał na pola paść świnie. I ten młody człowiek chętnie syciłby się plewami, które jadły świnie, ale nikt nie chciał mu nic dać.

Pewnego dnia, kiedy był bardzo głodny, zastanowił się i powiedział: «Jak wielu wynajętych sług mego ojca ma pod dostatkiem chleba i sobie radzą, a ja tu z głodu ginę, pasąc świnie daleko w obcym kraju! Zbiorę się i pójdę do mego ojca i powiem mu: Ojcze, zgrzeszyłem przeciw niebiosom i przeciw tobie. Nie jestem już godzien nazywać się twoim synem; chciałbym tylko, abyś zrobił mnie jednym z twoich wynajętych sług». I kiedy młody człowiek podjął tę decyzję, zebrał się i wyruszył do domu swego ojca.

Otóż, ojciec bardzo się martwił o swojego syna; tęsknił za tym radosnym, chociaż bezmyślnym młodzieńcem. Ojciec kochał tego syna i zawsze wyglądał jego powrotu, tak, że w tym dniu, kiedy syn zbliżał się do domu, nawet, kiedy był jeszcze daleko, ojciec go ujrzał i poruszony miłosiernym współczuciem, wybiegł mu na spotkanie i w czułym powitaniu objął go i pocałował. I kiedy tak się spotkali, syn, patrząc na zapłakaną twarz ojca, powiedział: «Ojcze, zgrzeszyłem przeciw niebiosom i w twoich oczach; nie jestem już godzien nazywać się twoim synem» – ale młodzieniec nie zdążył zakończyć swojego wyznania, ponieważ rozradowany ojciec powiedział służącym, którzy w tym czasie nadbiegli: «Przynieście szybko jego najlepszą szatę, tę, którą zachowałem i załóżcie na niego i włóżcie mu na rękę pierścień syna i przynieście mu sandały na nogi».

I potem, kiedy szczęśliwy ojciec zaprowadził syna do domu, z obolałymi nogami i zmęczonego, zawołał swoich służących: «Weźcie tuczone cielę i zabijcie, będziemy ucztować i weselić się, ponieważ ten mój syn umarł i znowu żyje, zaginął a odnalazł się». I wszyscy się zebrali wokół ojca, aby razem z nim się radować z powrotu jego syna.

Mniej więcej w tym czasie, gdy świętowali, wrócił starszy syn ze swojej codziennej pracy w polu i kiedy zbliżał się do domu, usłyszał muzykę i tańce. I kiedy podszedł do tylnych drzwi domu, wywołał na zewnątrz jednego służącego i spytał o powód całej tej uroczystości. I wówczas służący powiedział: «Twój dawno zaginiony brat wrócił do domu a twój ojciec kazał zabić tuczone cielę, aby się radować, że jego syn wrócił do domu bezpiecznie. Wejdź, abyś ty także mógł powitać swego brata i przyjąć go z powrotem do domu swego ojca».

Jednak, gdy starszy brat to usłyszał, tak był dotknięty i zły, że nie chciał wejść do domu. Kiedy ojciec usłyszał o jego oburzeniu, z powodu przywitania młodszego brata, wyszedł na zewnątrz i zaczął go usilnie prosić. Ale starszy syn nie ulegał perswazjom ojca. Odpowiedział mu: «Oto tyle lat ci służyłem i nigdy nie przekroczyłem najmniejszego twojego nakazu; ale przecież nie dałeś mi nigdy nawet koźlęcia, żebym się zabawił z przyjaciółmi. Pozostałem tutaj, żeby przez wszystkie te lata opiekować się tobą, a ty nigdy nie radowałeś się z mojej wiernej służby, ale kiedy ten twój syn wrócił, roztrwoniwszy twój majątek z nierządnicami, w pośpiechu każesz zabić tuczone cielę i radujesz się z jego powodu».

Ponieważ ojciec prawdziwie kochał obydwu synów, starał się przekonać starszego: «Ale, synu mój, przez ten czas, kiedy jesteś ze mną, masz wszystko i wszystko to, co należy do mnie jest twoje. Mogłeś mieć koźlę, kiedykolwiek chciałbyś zaprosić przyjaciół i się zabawić. Jednak teraz należałoby, żebyś razem ze mną cieszył się i radował z powrotu twojego brata. Pomyśl o tym, mój syn, twój brat, zgubił się i odnalazł; wrócił do nas żywy!»".

Była to jedna z najbardziej wzruszających i wartościowych przypowieści, jakie Jezus kiedykolwiek opowiedział, żeby uzmysłowić swoim słuchaczom gotowość Ojca na przyjęcie wszystkich tych, którzy pragną wejść do królestwa nieba.

Jezus bardzo lubił opowiadać te trzy historie równocześnie. Przedstawił historię zagubionej owcy, żeby ukazać, że kiedy ludzie nieumyślnie zabłąkają się na ścieżkach życia, Ojciec troszczy się o takich *zagubionych* i wychodzi z Synami, prawdziwymi pasterzami stada, aby szukać zagubionych owiec. Potem przytoczył historię o monecie zgubionej w domu, żeby zobrazować, jak skrupulatne jest Boskie *poszukiwanie* wszystkich tych, którzy są zdezorientowani, skonfundowani czy w inny sposób duchowo oślepieni materialnymi troskami i gromadzeniem dóbr życiowych. I potem opowiadał przypowieść o utraconym synu, o przyjęciu wracającego marnotrawcy, aby ukazać, jak pełne jest *przywrócenie* utraconego syna do domu i do serca Ojca.

Bardzo wiele razy, w tych latach, kiedy Jezus nauczał, wracał on do tej historii o marnotrawnym synu. Ta przypowieść, podobnie jak przypowieść o dobrym Samarytaninie, były jego ulubionymi pomocami w nauczaniu o miłości Ojcowskiej i braterstwie ludzkim.

2. PRZYPOWIEŚĆ O SPRYTNYM RZĄDCY

Pewnego wieczora Szymon Zelota, komentując jedną z wypowiedzi Jezusa, powiedział: „Mistrzu, co miałeś na myśli, kiedy dziś mówiłeś, że wiele dzieci świata jest roztropniejszych w ich pokoleniu od dzieci królestwa, ponieważ zręcznie przysparzają sobie przyjaciół mamoną nieprawości?". Jezus odpowiedział:

„Niektórzy z was byli bardzo sprytni w postępowaniu ze swymi partnerami w interesach, zanim weszli do królestwa. Nawet, jeśli byliście niesprawiedliwi a często nierzetelni, tym niemniej byliście rozważni i dalekowzroczni w tym, jak prowadzić wasze interesy, dążąc do jednego celu – waszego doczesnego zysku i bezpiecznej przyszłości. Tak samo powinniście teraz uporządkować wasze życie w królestwie, aby dostarczyć sobie doczesnej radości, podczas gdy zapewniacie sobie wasze przyszłe korzyści ze skarbów złożonych w niebie. Jeśli tak starannie zdobywaliście zyski dla siebie, służąc sobie samym, dlaczego mielibyście wykazać mniej staranności w pozyskiwaniu dusz dla królestwa, skoro teraz jesteście sługami w braterstwie człowieka i rządcami Boga?

Może wszyscy wyciągnięcie naukę z historii o pewnym bogaczu, który miał sprytnego, ale niesprawiedliwego zarządcę. Zarządca ten nie tylko uciskał klientów swego pana dla własnego zysku, ale wręcz marnował i roztrwaniał zasoby pana. I kiedy to wszystko doszło do pańskich uszu, zawołał on zarządcę i zapytał, co znaczą te plotki i zażądał, aby natychmiast dał mu rozliczenie ze swego zarządzania oraz przygotował się do przekazania spraw komuś innemu.

Otóż, ten niewierny zarządca zaczął mówić sobie: «Co ja pocznę, skoro tracę swe stanowisko zarządcy? Nie mam siły kopać; żebrać się wstydzę. Wiem, co zrobię, abym był przyjmowany we wszystkich domach, z którymi prowadzi interesy mój pan, gdy stracę stanowisko zarządcy». I wtedy zwołał wszystkich dłużników swego pana i zapytał pierwszego: «Ile jesteś winny mojemu panu?». A on odpowiedział: «Sto miar oliwy». Wtedy zarządca powiedział: «Siadaj szybko, weź swoją woskową tabliczkę zadłużeń i zmień na pięćdziesiąt». Potem zapytał następnego dłużnika: «Ile jesteś winny?». A ten odpowiedział: «Sto miar zboża». Wtedy zarządca powiedział: «Weź swój skrypt dłużny i napisz osiemdziesiąt». I tak postąpił z wieloma innymi dłużnikami. I tak nieuczciwy zarządca starał się zjednać sobie przyjaciół po tym, jak będzie zwolniony ze stanowiska zarządcy. Nawet jego pan i zwierzchnik, kiedy się później o tym dowiedział, zmuszony był przyznać, że jego niewierny zarządca wykazał co najmniej roztropność w sposobie, którym starał się zapewnić sobie utrzymanie na nadchodzące dni niedostatku i niedoli.

I tak samo synowie tego świata wykazują czasami więcej roztropności, przygotowując się na przyszłość, niż dzieci światłości. Mówię to do was, którzy twierdzicie, że zdobywacie skarby w niebie: niech będą dla was nauką ci, którzy czynią sobie przyjaciół mamoną nieprawości i wy postępujcie podobnie w waszym życiu, zawiązujcie wieczną przyjaźń z siłami prawości w tym celu, że gdy wszystkie ziemskie rzeczy zawiodą, będziecie radośnie przyjęci w miejscach wiecznego pobytu.

Zapewniam was, że kto jest wierny w małej sprawie, będzie wierny i w dużej, podczas gdy ten, kto jest niewierny w małej, będzie także niewierny w dużej. Jeżeli nie wykazaliście przezorności i integralności w sprawach tego świata, jak się możecie spodziewać, że będziecie wierni i rozważni, kiedy zostanie wam powierzone stanowisko rządcy w prawdziwych bogactwach niebiańskiego królestwa? Jeżeli nie jesteście dobrymi rządcami i uczciwymi bankierami, jeżeli nie byliście sumienni w tym, co należy do innych, kto byłby na tyle głupi, żeby powierzyć wam wielki skarb?

I jeszcze raz zapewniam was, że nikt nie może służyć dwóm panom; albo będzie nienawidził jednego a kochał drugiego, albo jednego będzie szanował, podczas gdy drugim będzie gardził. Nie możecie służyć Bogu i mamonie".

Kiedy słyszeli to faryzeusze, którzy wtedy tam byli, zaczęli szydzić i wyśmiewać się, ponieważ zajmowali się przeważnie gromadzeniem bogactw. Ci nieprzyjaźnie nastawieni słuchacze starali się wciągnąć Jezusa w bezowocną argumentację, ale on nie chciał dyskutować z wrogami. Kiedy faryzeusze zaczęli się między sobą kłócić, ich podniesione głosy zwróciły uwagę znacznej liczby ludzi, którzy obozowali w pobliżu; i kiedy zaczęli się spierać ze sobą, Jezus odszedł na noc do swojego namiotu.

3. BOGACZ I ŻEBRAK

Kiedy zgromadzenie stało się zbyt hałaśliwe, Szymon Piotr wziął sprawę w swoje ręce, wstał i powiedział: „Ludzie i bracia, nie jest stosowne abyście spierali się ze sobą w ten sposób. Mistrz się wypowiedział i dobrze czynicie, rozważając jego słowa. To, co wam ogłosił, nie jest nową doktryną. Czyż nie słyszeliście również alegorii nazirejczyków o bogaczu i żebraku? Niektórzy z nas słyszeli Jana Chrzciciela, grzmiącego tą przypowieścią, ostrzegającego tych, którzy kochają majętność i pożądają nieuczciwego bogactwa. I chociaż ta starsza przypowieść nie jest według ewangelii, którą głosimy, wszyscy dobrze zrobicie, jeśli zwrócicie uwagę na jej nauki, do tego czasu, aż zrozumiecie nową światłość królestwa nieba. Historia, którą Jan opowiadał, była taka:

„Był pewien bogacz o imieniu Dives, który ubrany w kolory purpury i świetne płótna, żył codziennie w wesołości i wspaniałości. Był także pewien żebrak o imieniu Łazarz, który kładł się w bramie tego bogacza, pokryty wrzodami i pragnął, żeby go nakarmiono kruszynami, co spadły ze stołu bogacza; tak, nawet psy przychodziły i lizały jego wrzody. I nadszedł czas odejścia i żebrak umarł i aniołowie zanieśli go, aby odpoczywał na łonie Abrahama. I niedługo później umarł także bogacz i został pochowany z wielkim przepychem i po królewsku. Kiedy bogacz odszedł z tego świata, obudził się w Hadesie, udręczony, otworzył oczy i w oddali dostrzegł Abrahama i Łazarza na jego łonie. I wtedy Dives zapłakał głośno: «Ojcze Abrahamie, miej litość nade mną i przyślij tutaj Łazarza, żeby mógł koniuszek swego palca umoczyć w wodzie, aby ochłodzić mój język, bo jestem bardzo udręczony z powodu mej kary». I wtedy Abraham odpowiedział: «Mój synu, powinieneś pamiętać, że przez całe swoje życie miałeś dobre rzeczy, podczas gdy Łazarz w tym samym czasie cierpiał zło. Jednak teraz wszystko się zmieniło, ponieważ Łazarz jest pocieszany, kiedy ty jesteś dręczony. A poza tym, pomiędzy nami a tobą jest wielka przepaść i nie możemy przyjść do ciebie, ani ty nie możesz przyjść do nas». Wtedy Dives rzekł do Abrahama: «Błagam cię, abyś posłał Łazarza z powrotem do domu mego ojca, aby mógł dać świadectwo, ponieważ mam pięciu braci i boję się, żeby moi bracia nie trafili do tego miejsca męczarni». Ale Abraham odpowiedział: «Mój synu, oni mają Mojżesza i proroków; niech ich słuchają». Wtedy Dives odpowiedział: «Nie, Nie, Ojcze Abrahamie! Kiedy przyjdzie do nich ktoś, kto umarł, będą żałować za grzechy». I wtedy odrzekł Abraham: «Jeżeli nie usłyszeli Mojżesza i proroków, nie będą przekonani również wtedy, gdy ktoś zostanie wskrzeszony»".

Po tym, jak Piotr opowiedział tę pradawną przypowieść bractwa nazirejczyków i kiedy tłum się uciszył, podniósł się Andrzej i odprawił ludzi na noc. Chociaż zarówno apostołowie jak i uczniowie często zadawali Jezusowi pytania na temat przypowieści o Divesie i Łazarzu, on nigdy nie chciał jej skomentować.

4. OJCIEC I JEGO KRÓLESTWO

Jezus próbował tłumaczyć apostołom, że chociaż głosili zaprowadzenie królestwa Bożego, Ojciec w niebie *nie jest królem,* jednak zawsze miał z tym problem. W czasach, kiedy Jezus żył na Ziemi i nauczał w ciele, ludzie na Urantii znali przeważnie królów i cesarzy rządzących narodami a Żydzi od dawna rozważali nadejście królestwa Bożego. Z tych oraz innych powodów, Mistrz uważał, że najlepiej będzie nazwać duchowe braterstwo człowieka królestwem nieba a duchową głowę tego braterstwa *Ojcem w niebie.* Jezus nigdy nie nawiązywał do swego Ojca jako do króla. Podczas osobistych rozmów z apostołami, Jezus zawsze mówił o sobie jako o Synu Człowieczym i starszym bracie apostołów. Określał wszystkich swoich wyznawców sługami rodzaju ludzkiego i głosicielami ewangelii królestwa.

Jezus nigdy nie nauczał systematycznie swoich apostołów o osobowości i atrybutach Ojca w niebie. Nigdy nie prosił ludzi, aby wierzyli w jego Ojca; zakładał, że wierzą. Jezus nigdy się nie zniżył do argumentowania, aby przedstawić dowód rzeczywistości Ojca. Jego nauka dotycząca Ojca w całości koncentrowała się na oświadczeniu, że on i Ojciec są jednym; że ten, kto ujrzał Syna, ujrzał też Ojca; że Ojciec, podobnie jak Syn, we wszystkie rzeczy; że tylko Syn naprawdę zna Ojca i ten, komu Syn go objawi; że ten, kto zna Syna, zna również Ojca; i że Ojciec posłał go na ten świat, aby objawił ich zespolone natury i ukazał ich wspólne dzieło. Nigdy nie wypowiadał się inaczej o swoim Ojcu, za wyjątkiem tego, co powiedział kobiecie w Samarii, przy studni Jakubowej, że: „Bóg jest duchem".

Uczycie się o Bogu od Jezusa, obserwując boskość jego życia, a nie polegając na jego naukach. Z życia Mistrza każdy z was może przyswoić sobie tę koncepcję Boga, która reprezentuje miarę waszych zdolności spostrzegania rzeczywistości duchowych i boskich, prawd rzeczywistych i wiecznych. Skończony nigdy nie może oczekiwać zrozumienia Nieskończonego, poza tym wyjątkiem, gdy Nieskończony zostaje zogniskowany w czasoprzestrzennej osobowości, w skończonym doświadczeniu ludzkiego życia Jezusa z Nazaretu.

Jezus dobrze wiedział, że Boga można poznać tylko w rzeczywistości doświadczenia; nigdy nie może być on zrozumiany przez samo rozumowe nauczanie. Jezus nauczał swoich apostołów, że chociaż nigdy nie będą w pełni rozumieć Boga, z pewnością mogą go *poznać*, nawet tak, jak poznali Syna Człowieczego. Możecie poznać Boga nie przez zrozumienie tego, co Jezus powiedział, ale przez poznanie tego, kim Jezus był. Jezus *był* objawieniem Boga.

Za wyjątkiem tego, kiedy cytował hebrajskie Pismo Święte, Jezus nawiązywał do Bóstwa używając tylko dwóch imion: Bóg i Ojciec. I kiedy Mistrz nawiązywał do swego Ojca, jako do Boga, zazwyczaj używał hebrajskiego słowa oznaczającego liczbę mnogą Boga (Trójcę), a nie słowa Jahwe, które oznaczało zaawansowaną koncepcję plemiennego Boga Żydów.

Jezus nigdy nie nazywał Ojca królem i bardzo ubolewał z tego powodu, że nadzieje Żydów na przywrócenie królestwa i oświadczenia Jana o nadchodzącym królestwie, zmusiły go do nazwania proponowanego przez niego duchowego braterstwa królestwem nieba. Poza jednym wyjątkiem – oświadczeniem, że „Bóg jest duchem" – Jezus nigdy nie nawiązywał do Bóstwa w żaden inny sposób niż w terminach opisujących jego osobisty związek z Pierwszym Źródłem i Centrum w Raju.

Jezus używał słowa Bóg na określenie *idei* Bóstwa a słowa Ojciec na określenie *doświadczenia* poznania Boga. Kiedy słowa Ojciec używa się na oznaczenie Boga, należy je rozumieć w jego najszerszym możliwym znaczeniu. Słowa Bóg nie można zdefiniować i dlatego może ono oznaczać nieskończoną ideę Ojca, podczas kiedy nazwy Ojciec, możliwej do częściowego zdefiniowania, można używać do wyrażania ludzkiej koncepcji Boskiego Ojca, która towarzyszy człowiekowi podczas jego ludzkiej egzystencji.

Dla Żydów Elohim był Bogiem bogów, podczas gdy Jahwe był Bogiem Izraela. Jezus akceptował ideę Elohima i nazywał tę, najwyższą grupę istot, Bogiem. W miejsce koncepcji Jahwe, bóstwa narodowego, Jezus wprowadził ideę ojcostwa Boga i ogólnoświatowego braterstwa człowieka. Wywyższył koncepcję Jahwe, deifikowanego narodowego Ojca, do poziomu idei Ojca wszystkich dzieci ludzkich, Boskiego Ojca każdego wierzącego. I dalej nauczał, że Bóg wszechświatów i Ojciec wszystkich ludzi to jedno i to samo Rajskie Bóstwo.

Jezus nigdy nie twierdził, że jest cielesnym przejawem Elohima (Boga). Nigdy nie oświadczał, że jest objawieniem Elohima (Boga) dla światów. Nigdy nie nauczał, że kto jego ujrzał, ujrzał Elohima (Boga). Obwieszczał jednak siebie jako objawienie Ojca w ciele i mówił, że ktokolwiek jego ujrzał, ujrzał też Ojca. Jako Boski Syn twierdził, że reprezentuje tylko Ojca.

Co prawda był on Synem, nawet Boga Elohima; ale w formie cielesnej i dla śmiertelnych synów Bożych chciał ograniczyć swoje życiowe objawienie do zobrazowania charakteru swego Ojca, tak dalece, aby to objawienie mogło być zrozumiałe dla śmiertelnego człowieka. Odnośnie charakteru innych osób Rajskiej Trójcy powinniśmy zadowolić się nauczaniem, że są one, ogólnie biorąc, podobne temu Ojcu, który został objawiony w osobowym zobrazowaniu, w życiu jego wcielonego Syna, Jezusa z Nazaretu.

Chociaż w swoim ziemskim życiu Jezus objawił prawdziwą naturę niebiańskiego Ojca, niewiele o nim nauczał. Faktycznie nauczał tylko dwóch rzeczy: że Bóg, sam w sobie, jest duchem i że we wszystkich sprawach, dotyczących związków z istotami przez niego stworzonymi, jest Ojcem. Tego wieczora Jezus zrobił ostateczne oświadczenie o swoim związku z Bogiem, kiedy powiedział: „Wyszedłem od Ojca i przyszedłem na świat; znowu opuszczę świat i pójdę do Ojca".

Ale zapamiętajcie sobie! Jezus nigdy nie mówił: „Ktokolwiek słyszał mnie, słyszał Boga". Powiedział tylko: „Kto *ujrzał* mnie, ujrzał Ojca". Słuchanie nauk Jezusa nie jest równoznaczne z poznaniem Boga, ale *ujrzenie* Jezusa jest tym doświadczeniem, które samo w sobie jest objawieniem Ojca dla duszy. Bóg wszechświatów rządzi rozległą kreacją, ale to właśnie Ojciec w niebie wysłał swojego ducha, aby zamieszkał w waszych umysłach.

Jezus jest duchową soczewką w ludzkiej formie, która materialnym istotom uwidacznia Tego, który jest niewidoczny. Jezus jest waszym starszym bratem, który w ciele umożliwia wam *poznanie* Istoty o nieskończonych atrybutach, tej, o której nawet niebiańskie zastępy nie mogą ośmielić się twierdzić, że ją w pełni rozumieją. Ale wszystko to musi polegać na osobistym przeżyciu *indywidualnego wierzącego*. Boga, który jest duchem, można poznać tylko przez doświadczenie duchowe. Bóg może zostać objawiony skończonym synom ze światów materialnych przez Boskiego Syna z domen duchowych tylko jako *Ojciec*. Możecie poznać Wiecznego jako Ojca; czcić go możecie jako Boga wszechświatów, nieskończonego Stwórcę wszystkich istnień.

PRZEKAZ 170

KRÓLESTWO NIEBA

W SOBOTĘ po południu, 11 marca, Jezus wygłaszał swoje ostatnie kazanie w Pelli. Było to jedno z najznakomitszych przemówień w całej jego służbie publicznej, zawierające pełne i kompletne omówienie królestwa nieba. Jezus świadomy był zamętu, panującego w głowach apostołów i uczniów, w sprawie znaczenia i doniosłości takich terminów jak „królestwo nieba" i „królestwo Boże", których używał jako określeń zamiennych podczas swojej misji obdarzającej. Aczkolwiek samo określenie królestwo *nieba* powinno wystarczyć dla oddzielenia tego, co ono oznaczało, od wszystkich związków z *ziemskimi* królestwami i doczesnymi rządami, ale tak się nie stało. Idea doczesnego króla była zbyt głęboko zakorzeniona w żydowskich umysłach, aby można ją było usunąć w jednym pokoleniu. Dlatego też Jezus z początku nie sprzeciwiał się otwarcie tej długo żywionej koncepcji królestwa.

Tego szabatowego popołudnia Mistrz próbował wyjaśniać naukę o królestwie nieba; omawiał ten temat z wielu punktów widzenia i usiłował ukazać wiele różnych znaczeń, w jakich określenie to było używane. W tym opowiadaniu rozszerzymy tę przemowę, dodając liczne stwierdzenia wypowiedziane przez Jezusa przy wcześniejszych sposobnościach i załączymy niektóre uwagi, skierowane tylko do apostołów podczas wieczornej dyskusji tego samego dnia. Skomentujemy również to, co dotyczy późniejszego wypracowania idei królestwa, tak jak wiąże się ona z powstałym później Kościołem chrześcijańskim.

1. KONCEPCJE KRÓLESTWA NIEBA

W związku z przytoczonym kazaniem należy uwzględnić, że poprzez hebrajskie Pismo Święte przewijała się podwójna koncepcja królestwa nieba. Prorocy przedstawiali królestwo Boże jako:

1. Obecną rzeczywistość.
2. Nadzieję na przyszłość – kiedy królestwo będzie zrealizowane w całej pełni po przyjściu Mesjasza. Takiej koncepcji królestwa nauczał Jan Chrzciciel.

Jezus i jego apostołowie od samego początku nauczali obydwu koncepcji. Istniały jeszcze dwie inne idee królestwa, o których należy pamiętać:

3. Późniejsza, żydowska koncepcja światowego, transcendentalnego królestwa nadprzyrodzonego pochodzenia, cudownie zapoczątkowanego.
4. Nauki perskie, obrazujące zaprowadzenie niebiańskiego królestwa jako tryumfu dobra nad złem przy końcu świata.

Tuż przed przybyciem Jezusa na Ziemię, Żydzi połączyli i zmieszali wszystkie te idee królestwa w swej apokaliptycznej koncepcji Mesjasza, który przychodzi, aby zapoczątkować czas żydowskiego tryumfu, wieczny czas Boskiej, najwyższej władzy na Ziemi, nowy świat, tę epokę, kiedy cała ludzkość będzie czcić Jahwe. Jezus postanowił posłużyć się najbardziej żywotnym i najlepszym dziedzictwem, zarówno żydowskiej jak i perskiej religii, kiedy zdecydował się wykorzystać tę koncepcję królestwa nieba.

Królestwo nieba, tak jak było rozumiane i niezrozumiane przez wszystkie wieki ery chrystusowej, obejmowało cztery odmienne grupy idei:

1. Koncepcję Żydów.
2. Koncepcję Persów.
3. Jezusową koncepcję osobistego przeżycia – „królestwo nieba jest w was".
4. Złożone i pogmatwane koncepcje, które założyciele i głosiciele chrześcijaństwa pragnęli zaszczepić światu.

Wydaje się, że w różnych okresach i w zmieniających się okolicznościach, Jezus przedstawiał w swoim publicznym nauczaniu liczne koncepcje „królestwa", ale swoich apostołów zawsze nauczał o królestwie obejmującym osobiste przeżycia człowieka w stosunku do jego bliźnich na Ziemi i do Ojca w niebie. Co się tyczy królestwa, jego ostatnie słowa zawsze brzmiały: „Królestwo jest w was".

Trwająca całe wieki dezorientacja, dotycząca znaczenia terminu „królestwo nieba", spowodowana była trzema czynnikami:

1. Dezorientacja, wynikająca z obserwacji idei „królestwa", jak przechodziła ona wiele rozmaitych, progresywnych stadiów przeróbki, dokonywanych przez Jezusa i jego apostołów.
2. Dezorientacja, która nieuchronnie wiązała się z transplantacją wczesnego chrześcijaństwa z gleby żydowskiej na glebę nieżydowską.
3. Dezorientacja związana z tym, że chrześcijaństwo stało się religią zorganizowaną wokół centralnej idei osoby Jezusa; ewangelia królestwa stawała się coraz bardziej religią *o nim*.

2. JEZUSOWA KONCEPCJA KRÓLESTWA

Mistrz wyjaśnił, że królestwo nieba musi się zacząć i zostać wypośrodkowane w podwójnej koncepcji prawdy, o ojcostwie Boga i współzależnym z nim braterstwie ludzkim. Jezus oświadczył, że przyjęcie takiej nauki uwolniłoby człowieka od długich wieków zniewolenia zwierzęcym strachem a jednocześnie wzbogaciłoby ludzkie życie następującymi darami nowego życia w duchowej wolności:

1. Zdobycie nowej odwagi i zwiększonej energii duchowej. Ewangelia królestwa miała wyzwolić człowieka i zasiać w nim odwagę posiadania nadziei na życie wieczne.
2. Ewangelia niosła posłanie o nowej ufności i prawdziwym pocieszeniu dla wszystkich ludzi, nawet dla biednych.
3. Było to, samo w sobie, nowym standardem wartości moralnych, nową etyczną miarą oceny ludzkiego postępowania. Obrazowało to ideał, wynikający z nowego porządku społeczeństwa ludzkiego.

4. Uczyło o wyższości tego, co duchowe, w odniesieniu do tego, co materialne; gloryfikowało duchowe rzeczywistości i wynosiło nadludzkie ideały.
5. Ta nowa ewangelia uważała duchowe osiągnięcia za prawdziwy cel życia. Życie ludzkie otrzymało nowy dar moralnych wartości i boskiej godności.
6. Jezus nauczał, że wieczne rzeczywistości są wynikiem (nagrodą) sprawiedliwych wysiłków ziemskich. W wyniku uznania szlachetnego przeznaczenia człowieka, ludzki pobyt na Ziemi nabierał nowego znaczenia.
7. Nowa ewangelia potwierdzała, że ludzkie zbawienie jest objawieniem dalekosiężnego, Boskiego celu, który miał być wypełniony i zrealizowany w przyszłym przeznaczeniu, w niekończącej się służbie żyjących wiecznie synów Bożych.

Nauki te obejmują poszerzoną ideę królestwa, jakiej nauczał Jezus. Ta wspaniała koncepcja prawie nie istniała w elementarnej i pogmatwanej nauce Jana Chrzciciela, odnoszącej się do królestwa.

Apostołowie nie mogli zrozumieć rzeczywistego znaczenia wypowiedzi Mistrza, odnoszących się do królestwa. Późniejsze wypaczenie nauk Jezusa, tak jak zostały zapisane w Nowym Testamencie, nastąpiło dlatego, ponieważ koncepcja pisarzy ewangelii została ubarwiona wierzeniem, że Jezusa nie będzie na tym świecie tylko przez krótki czas, że wkrótce wróci, aby ustanowić królestwo w potędze i chwale – taką właśnie ideę żywili, kiedy był z nimi w ciele. Ale Jezus nie łączył ustanowienia królestwa z ideą swego powrotu na ten świat. Wieki upłynęły bez oznak nastania „Nowej Ery", co nie jest w żaden sposób niezgodne z naukami Jezusa.

W kazaniu tym położony został wielki nacisk na przekształcenie idei królestwa nieba w ideał koncepcji czynienia woli Boga. Mistrz od dawna już nauczał swoich zwolenników, aby się modlili: „Przyjdź królestwo twoje; bądź wola twoja"; i tym razem usilnie starał się ich nakłonić do nie stosowania nazwy *królestwo Boże* na rzecz bardziej praktycznego ekwiwalentu – *woli Bożej*. Ale to mu się nie udało.

Jezus chciał zastąpić ideę królestwa, króla i poddanych, koncepcją niebiańskiej rodziny, niebiańskiego Ojca i wyzwolonych synów Bożych, zajmujących się radosną i dobrowolną służbą na rzecz swoich bliźnich, ludzi, oraz wzniosłym i inteligentnym czczeniem Boga Ojca.

Jak dotąd apostołowie przyswoili sobie podwójny punkt widzenia spraw królestwa; traktowali je jako:

1. Sprawę osobistego przeżycia, a zatem jego obecność w sercach prawdziwie wierzących oraz
2. Kwestię zjawisk narodowych i światowych, że królestwo jest sprawą przyszłości, czymś, na co trzeba czekać.

Apostołowie uważali, że królestwo, rodzące się w sercach ludzkich, rozwija się stopniowo, jak zakwas w cieście, albo jak rozrastanie się ziarnka gorczycy. Wierzyli, że przyjście królestwa, w znaczeniu narodowym czy światowym, będzie zarówno nagłe jak i spektakularne. Jezus nieustannie im powtarzał, że królestwo nieba jest ich osobistym przeżyciem w trakcie realizacji wyższych wartości życia duchowego; że te przeżywane duchowo rzeczywistości są stopniowo przenoszone na nowe, wyższe poziomy boskiej pewności i wiecznej szlachetności.

Tego popołudnia Mistrz nauczał dokładnie nowej koncepcji, o podwójnej naturze królestwa, przy czym zobrazował dwa następujące jego stadia:

„Pierwsze to królestwo Boże na tym świecie, najwyższe pragnienie wykonywania woli Boga, bezinteresowna miłość do człowieka, która wydaje dobre owoce doskonalszego, etycznego i moralnego postępowania.

Drugie to królestwo Boże w niebie, cel wierzących śmiertelników, domena, w której miłość do Boga jest doskonalona i w której wola Boża wykonywana jest bardziej niebiańsko".

Jezus nauczał, że poprzez wiarę wierzący wchodzi do królestwa *teraz*. W rozmaitych rozprawach nauczał, że dwie rzeczy są konieczne, aby przez wiarę wejść do królestwa:

1. *Wiara, szczerość*. Żeby przyjść jak małe dziecko, żeby otrzymać synostwo jako dar; podporządkować się wykonywaniu woli Ojca bez zastrzeżeń, w pełnym przeświadczeniu i w prawdziwej ufności w Ojcowską mądrość; żeby wejść do królestwa bez uprzedzeń i z góry wyrobionych sądów; mieć umysł otwarty i być tak pojętnym, jak nie rozpieszczone dziecko.

2. *Głód prawdy*. Pragnienie prawości, zmiany umysłu, zdobycie motywu do stania się podobnym Bogu i do znalezienia Boga.

Jezus nauczał, że grzech nie jest dzieckiem złej natury, ale raczej potomstwem rozumnego umysłu, zdominowanego przez niekontrolowaną wolę. W sprawie grzechu nauczał, że Bóg *już* wybaczył, że my osobiście umożliwiamy takie wybaczenie dzięki aktowi wybaczania naszym współbraciom. Kiedy wybaczacie waszym braciom w ciele, tym samym tworzycie w waszej duszy zdolność przyjęcia rzeczywistości Bożego przebaczenia za własne złe uczynki.

Kiedy Apostoł Jan zaczął pisać historię życia i nauk Jezusa, wcześni chrześcijanie mieli wiele kłopotów z ideą królestwa Bożego, która przyczyniała się do prześladowań, tak, że zasadniczo przestali używać tego pojęcia. Jan wiele mówił o „wiecznym życiu". Jezus często mówił o „królestwie życia". Nierzadko wspominał również o „królestwie Bożym w was". Raz mówił o takim doświadczeniu jako o „rodzinnej wspólnocie z Bogiem Ojcem". Jezus starał się zastąpić termin królestwo wieloma innymi określeniami, ale zawsze bez powodzenia. Używał między innymi określeń takich jak rodzina Boża, wola Ojcowska, przyjaciele Boga, wspólnota wierzących, braterstwo ludzkie, owczarnia Ojca, dzieci Boże, wspólnota wiernych, Ojcowska służba i wyzwoleni synowie Boży.

Jednak Jezus nie mógł uniknąć używania idei królestwa. Dopiero ponad pięćdziesiąt lat później, dopiero po zniszczeniu Jerozolimy przez armię rzymską, ta koncepcja królestwa zaczęła się zmieniać w kult wiecznego życia, kiedy jej społeczne i instytucjonalne aspekty zostały przejęte przez gwałtownie rozwijający się i krystalizujący Kościół chrześcijański.

3. O PRAWOŚCI

Jezus zawsze starał się wpoić apostołom i uczniom, że muszą, przez wiarę zdobywać taką prawość, która przewyższałaby prawość niewolniczego funkcjonowania niektórych uczonych w Piśmie i faryzeuszy, czym ci afiszowali się tak chełpliwie przed całym światem.

Chociaż Jezus nauczał, że wiara, prosta dziecinna wiara, jest kluczem do drzwi królestwa, nauczał także, że wchodząc tymi drzwiami napotykamy potem coraz wyższe stopnie prawości, po których musi wchodzić każde wierzące dziecko, aby dorosnąć do pełnej pozycji silnych synów Bożych.

To właśnie podczas rozważania metody *otrzymywania* Boskiego przebaczenia, objawia się zdobywanie prawości królestwa. Wiara jest tą ceną, jaką płacicie za wejście do Bożej rodziny, ale przebaczanie jest aktem Boga, który akceptuje waszą wiarę jako cenę wstępu. Przyjęcie przebaczenia Bożego, przez wierzącego członka królestwa, pociąga za sobą określone, autentyczne przeżycia oraz polega na czterech następujących stopniach wewnętrznej prawości królestwa:

1. Boże przebaczenie jest aktualnie osiągalne i jest ono osobiście przeżywane przez człowieka tak dalece, jak przebacza on swoim bliźnim.
2. Człowiek nie może prawdziwie przebaczyć swoim bliźnim, jeżeli nie kocha ich tak, jak siebie samego.
3. Tak kochać bliźniego swego, jak siebie samego, *jest* najwyższą etyką.
4. Moralne postępowanie, prawdziwa prawość, staje się zatem naturalnym wynikiem takiej miłości.

Zatem jest oczywiste, że prawdziwa, wewnętrzna religia królestwa zmierza niezawodnie i coraz intensywniej do ujawnienia siebie na praktycznych drogach społecznej służby. Jezus uczył żywej religii, nakłaniającej wiernych do zajmowania się miłości pełną służbą. Ale Jezus nie zamieniał religii na etykę. Nauczał, że religia jest przyczyną a etyka skutkiem.

Prawość jakiegokolwiek działania musi być mierzona jego motywami; dlatego też najwyższe formy dobroci są nieświadome. Jezus nigdy nie interesował się moralnością czy etyką jako taką. Interesował się wyłącznie wewnętrzną, duchową wspólnotą z Bogiem Ojcem, która tak niezawodnie i bezpośrednio objawia się sama, jako wyraźna i miłości pełna służba dla człowieka. Nauczał, że religia królestwa jest autentycznym, osobistym doświadczeniem, którego nikt nie może zachować tylko dla siebie; że świadomość bycia członkiem rodziny wierzących prowadzi nieuchronnie do stosowania w praktyce zasad rodzinnego postępowania, pomagania swoim braciom i siostrom w ich wysiłkach zmierzających do umocnienia i poszerzania braterstwa.

Religia królestwa jest osobista i indywidualna; jej owoce, rezultaty, są rodzinne, społeczne. Jezus nigdy nie zaniedbywał wywyższania świętości jednostki, w przeciwieństwie do społeczeństwa. Ale uważał także, że człowiek kształtuje swój charakter przez bezinteresowną służbę, że rozwija swoją moralną naturę w miłości pełnych związkach ze swymi współbraćmi.

Poprzez tę naukę, że królestwo jest w nas, przez wywyższenie jednostki, Jezus zadał śmiertelny cios staremu społeczeństwu, dlatego, że zaprowadził nowy porządek prawdziwej, społecznej prawości. Tego, nowego porządku społecznego świat prawie nie poznał, ponieważ nie chciał stosować pryncypiów ewangelii królestwa nieba. I kiedy to królestwo prymatu duchowego przyjdzie na Ziemię, nie będzie się ono przejawiało w poprawie zwykłych, społecznych i materialnych warunków, ale raczej w chwale tych pomnożonych i wzbogaconych, duchowych wartości, które są tak charakterystyczne dla nadchodzących epok doskonalszych ludzkich związków i zaawansowanych osiągnięć duchowych.

4. JEZUSOWE NAUKI O KRÓLESTWIE

Jezus nigdy nie dał precyzyjnej definicji królestwa. Raz mógł rozmawiać o jednym stadium królestwa, następnym razem mógł omawiać odmienne aspekty tego braterstwa, gdzie Bóg panuje w sercach ludzkich. W trakcie tego, popołudniowego kazania w szabat, Jezus zwrócił uwagę na nie mniej niż pięć stadiów czy epok królestwa a są one następujące:

1. Osobiste i wewnętrzne doświadczanie życia duchowego, we wspólnocie indywidualnego wierzącego z Bogiem Ojcem.
2. Poszerzające się braterstwo ludzi wierzących w ewangelię, społeczne aspekty doskonalszej moralności i ożywionej etyki, wynikające z panowania ducha Bożego w sercach indywidualnych wierzących.
3. Nadśmiertelne braterstwo niewidzialnych istot duchowych, panujące na Ziemi i w niebie, nadludzkie królestwo Boże.
4. Perspektywa doskonalszego wypełniania woli Bożej, krok naprzód w kierunku świtu nowego porządku społecznego, związanego z doskonalszym życiem duchowym – następna epoka człowieka.
5. Królestwo w całej jego okazałości, przyszłe duchowe wieki światłości i życia na Ziemi.

Z tej przyczyny zawsze musimy dokładnie badać naukę Mistrza, aby się upewnić, do którego z tych pięciu stadiów się odwołuje, kiedy używa określenia królestwo nieba. Poprzez ten proces, stopniowo zmieniającej się woli człowieczej i tym samym oddziaływającej na ludzkie decyzje, Michał i jego towarzysze tak samo stopniowo, ale pewnie, zmieniają cały proces ludzkiej ewolucji w jej społecznych i innych aspektach.

Przy tej sposobności Mistrz położył nacisk na następujące pięć punktów, reprezentujących główne cechy ewangelii królestwa:

1. Prymat jednostki.
2. Wola jako czynnik determinujący w doświadczeniu człowieka.
3. Duchowa wspólnota z Bogiem Ojcem.
4. Najwyższe zadowolenie z miłości pełnej służby dla człowieka.
5. Przewyższanie w osobowości ludzkiej tego, co materialne przez to, co duchowe.

Ten świat nigdy poważnie, ani też szczerze czy uczciwie, nie wypróbował dynamicznych idei i boskich ideałów Jezusowej doktryny królestwa nieba. Ale nie powinniście się zniechęcać tym najwyraźniej słabym postępem idei królestwa na Urantii. Pamiętajcie, że porządek progresywnej ewolucji podlega nagłym i niespodziewanym, okresowym zmianom, zarówno na światach materialnych jak i duchowych. Obdarzenie dokonane przez Jezusa, w charakterze wcielonego Syna, było takim właśnie dziwnym i niespodziewanym wydarzeniem w duchowym życiu świata. Nigdy nie popełniajcie tej fatalnej pomyłki, że kiedy czekacie czasów objawienia się królestwa, zaniedbujecie wysiłków zaprowadzenia go w waszych własnych duszach.

Aczkolwiek Jezus odnosił jedno ze stadiów królestwa do przyszłości i w wielu wypadkach oznajmiał, że takie zdarzenie mogłoby wyglądać na część światowego kryzysu i chociaż tak samo z całkowitą pewnością, kilkakrotnie, zdecydowanie obiecał kiedyś wrócić na Urantię, należy odnotować, że nigdy wyraźnie nie łączył ze sobą tych dwóch idei. Przyrzekł nowe objawienie królestwa na Ziemi, w pewnym czasie w przyszłości; przyrzekł także, że kiedyś osobiście wróci na Ziemię; ale nie powiedział, że te dwa wydarzenia będą równoznaczne. Z tego, co my wiemy, przyrzeczenia te mogą, ale nie muszą, odnosić się do tego samego wydarzenia.

Jego apostołowie i uczniowie z głębokim przekonaniem połączyli te dwie nauki. Kiedy królestwo się nie urzeczywistniło, tak jak tego oczekiwali, przypominali sobie naukę Mistrza odnoszącą się do przyszłego królestwa i pamiętając przyrzeczenie, że przyjdzie ponownie, pochopnie wywnioskowali, że te przyrzeczenia odnoszą się do tego samego zdarzenia; i dlatego żyli nadzieją jego drugiego, bezzwłocznego przyjścia, mającego ustanowić królestwo w całej jego pełni, potędze i chwale. I tak kolejne pokolenia wierzących żyły na Ziemi, żywiąc tę samą inspirującą, ale niosącą rozczarowanie nadzieję.

5. PÓŹNIEJSZE IDEE KRÓLESTWA

Podsumowawszy naukę Jezusa o królestwie nieba, mamy zezwolenie na przekazanie pewnych późniejszych idei, które zostały dołączone do koncepcji królestwa oraz na dokonanie proroczych przepowiedni odnośnie królestwa, jak może się ono rozwinąć w wiekach, które nadejdą.

Przez pierwsze wieki propagandy chrześcijańskiej, idea królestwa nieba była pod znacznym wpływem gwałtownie szerzących się wtedy poglądów greckiego idealizmu, idei natury jako cienia tego, co duchowe – doczesności jako czasowego cienia wieczności.

Jednak wielki krok naprzód, który oznaczał przeszczepienie nauk Jezusa z gleby żydowskiej na glebę nieżydowską, został zrobiony wtedy, kiedy Mesjasz królestwa stał się Zbawicielem według Kościoła a organizacja religijna i społeczna, która powstała w wyniku działalności Pawła i jego następców, oparła się na naukach Jezusa, uzupełnionych ideami Filona i perskimi doktrynami dobra i zła.

Dużo nie brakło, żeby idee i ideały Jezusa się nie urzeczywistniły, tak, jak były wcielone w nauki ewangelii królestwa, kiedy jego zwolennicy coraz bardziej wypaczali jego wypowiedzi. Koncepcja Mistrza dotycząca królestwa została znacznie przekształcona przez dwie wielkie tendencje:

1. Żydowscy wierzący upierali się traktować go jako *Mesjasza*. Wierzyli, że Jezus niedługo wróci, aby naprawdę ustanowić ogólnoświatowe i bardziej czy mniej materialne królestwo.
2. Chrześcijanie nieżydowskiego pochodzenia bardzo wcześnie zaczęli akceptować doktryny Pawła, które coraz bardziej prowadziły ich do powszechnego uznawania Jezusa jako *Zbawiciela* dzieci Kościoła, nowego i instytucjonalnego następcy wcześniejszej koncepcji czysto duchowego braterstwa królestwa.

Kościół, jako społeczne następstwo królestwa, mógł stać się rzeczą całkiem naturalną a nawet pożądaną. Zło Kościoła nie leży w jego istnieniu, ale raczej w tym, że niemal doszczętnie wyrugował Jezusową koncepcję królestwa. Instytucjonalny Kościół Pawła stał się w gruncie rzeczy namiastką tego królestwa nieba, które głosił Jezus.

Ale nie miejcie wątpliwości, że to właśnie królestwo nieba, którego nauczał Mistrz, istnieje w sercach wierzących i będzie jeszcze głoszone chrześcijańskiemu Kościołowi, jak również wszystkim innym religiom, rasom i narodom na Ziemi a nawet każdemu człowiekowi.

Królestwo, według nauk Jezusa, duchowy ideał indywidualnej prawości i koncepcja Boskiej wspólnoty człowieka z Bogiem, zostało stopniowo zatopione w mistycznej koncepcji osoby Jezusa jako Zbawiciela-Stworzyciela i duchowej głowy uspołecznionej wspólnoty religijnej. W ten sposób formalny i instytucjonalny Kościół stał się substytutem braterstwa tego królestwa, w którym każdy jest indywidualnie prowadzony przez ducha.

Kościół był nieuniknionym i pożytecznym, *społecznym* rezultatem życia i nauk Jezusa; tragedia polega na tym, że ta społeczna reperkusja nauczania o królestwie całkowicie wyparła duchową koncepcję prawdziwego królestwa, o którym Jezus nauczał i którym żył.

Dla Żydów, królestwo było *wspólnotą* Izraelitów; dla nie-Żydów stało się *Kościołem* chrześcijańskim. Dla Jezusa, królestwo było sumą tych *jednostek*, które wyznały swą wiarę w ojcostwo Boga, tym samym poświadczyły szczere poświęcenie się wykonywaniu woli Boga i dlatego zostały członkami duchowego braterstwa człowieka.

Mistrz dobrze zdawał sobie sprawę z tego, że w wyniku szerzenia się ewangelii królestwa pojawią się na świecie pewne społeczne konsekwencje tego procesu; planował jednak, aby wszystkie takie pożądane, społeczne przejawy królestwa, pojawiły się jako nieświadome i nieuniknione skutki, albo naturalne owoce wewnętrznego, osobistego przeżycia poszczególnych wierzących, tego czysto duchowego współudziału i wspólnoty z Boskim duchem, zamieszkującym i ożywiającym wszystkich takich wierzących.

Jezus przewidywał, że organizacja społeczna, czy Kościół, będzie wynikiem rozwoju prawdziwego, duchowego królestwa i dlatego też nigdy nie był przeciwny praktykowaniu przez apostołów Janowego obrzędu chrztu. Uczył, że dusza kochająca prawdę, ta, która jest głodna i spragniona prawości, spragniona Boga, zostaje przyjęta do duchowego królestwa przez wiarę; w tym samym czasie apostołowie nauczali, że taki wierzący zostaje przyjęty do społecznej organizacji uczniów przez widzialny obrzęd chrztu.

Kiedy najbliżsi zwolennicy Jezusa zauważyli, że nie udało im się w pełni zrealizować jego ideałów – ustanowienia królestwa w sercach ludzi przez dominację i przewodnictwo ducha w indywidualnym wierzącym – zabrali się do ratowania jego nauki przed całkowitą zgubą, zastępując ideały królestwa swego Mistrza stopniowym tworzeniem widocznej, społecznej organizacji Kościoła chrześcijańskiego. I kiedy zrealizowali ten zastępczy program, przystąpili do osadzania królestwa w przyszłości, aby zachować integralność nauki Mistrza dotyczącej królestwa i umożliwić jej akceptację. Kościół, jak tylko dobrze się ugruntował, zaczął nauczać, że królestwo w rzeczywistości pojawi się podczas kulminacji epoki chrześcijańskiej, podczas drugiego przyjścia Chrystusa.

W ten sposób królestwo stało się koncepcją epokową, ideą przyszłego nawiedzenia oraz ideałem końcowego odkupienia świętych Najwyższego. Wcześni chrześcijanie (i zbyt wielu późniejszych) generalnie utracili wizję idei Ojca-i-syna, ucieleśnionej w nauce Jezusa o królestwie, a zastąpili ją dobrze zorganizowaną w tym celu społecznością wspólnoty Kościoła. W ten sposób Kościół stał się zasadniczo *społecznym* braterstwem, które skutecznie wyparło Jezusową koncepcję i ideał *duchowego* braterstwa.

Idealna koncepcja Jezusowa doznała w znacznej mierze porażki, ale na fundamentach osobistego życia i nauk Mistrza, uzupełnionych greckimi i perskimi koncepcjami wiecznego życia i poszerzonych przez doktryny Filona o doczesności kontrastującej z duchowością, oparł się Paweł, tworząc jedno z najbardziej postępowych ludzkich społeczeństw, jakie kiedykolwiek istniało na Urantii.

Idee Jezusa nadal żyją w zaawansowanych religiach świata. Chrześcijański Kościół Pawła jest uspołecznionym i zhumanizowanym cieniem tego, co według zamierzeń Jezusa miało stać się królestwem nieba – i czym na pewno jeszcze kiedyś się stanie. Paweł i jego następcy przenieśli częściowo zagadnienia wiecznego życia z jednostki na Kościół. Chrystus stał się tym samym raczej głową Kościoła niż starszym bratem każdego indywidualnego człowieka, wierzącego w Ojcowską rodzinę królestwa. Paweł i jemu współcześni odnieśli wszystkie duchowe implikacje Jezusa, dotyczące jego samego i indywidualnego wierzącego, do *Kościoła*, jako do grupy wierzących; a czyniąc to zadali śmiertelny cios idei Jezusa o boskim królestwie w sercu indywidualnego wierzącego.

I tak, przez wieki, Kościół chrześcijański działał w wielkim skrępowaniu, ponieważ ośmielił się wysnuwać roszczenia wobec tajemniczych mocy i przywilejów królestwa, tych mocy i tych przywilejów, które mogą być doznawane i przeżywane tylko pomiędzy Jezusem a jego duchowymi, wierzącymi braćmi. I tym samym stało się oczywiste, że członkostwo w Kościele niekoniecznie musi oznaczać wspólnotę w królestwie; jedna wspólnota jest duchowa, druga głównie społeczna.

Wcześniej czy później pojawi się nowy i większy Jan Chrzciciel i będzie głosił „królestwo Boże jest na wyciągnięcie ręki" – mając na myśli powrót do wyższej, duchowej idei Jezusa, który głosił, że królestwo jest wolą niebiańskiego Ojca dominującą i panującą w sercu człowieka wierzącego – i będzie to wszystko robił bez powoływania się w jakikolwiek sposób tak samo na Kościół istniejący na Ziemi, jak i na oczekiwane drugie przyjście Chrystusa. Musi odrodzić się *rzeczywista* nauka Jezusa, takie przewartościowanie, które będzie anulować dzieło wcześniejszych zwolenników, którzy się zabrali do stworzenia społeczno-filozoficznego systemu wierzeń dotyczących *faktu* pobytu Michała na Ziemi. Bardzo szybko nauczanie tej właśnie historii *o* Jezusie wyrugowało niemalże głoszenie Jezusowej ewangelii królestwa. W ten sposób historyczna religia wyparła tę naukę, w której Jezus złączył najwyższe człowiecze idee moralne i ideały duchowe z najbardziej wysublimowaną nadzieją człowieka na przyszłość – na wieczne życie. I to była ewangelia królestwa.

Z tego właśnie powodu, że ewangelia Jezusa była tak wszechstronna, w ciągu kilku wieków badacze zapisów jego nauki podzielili się na tak wiele kultów i sekt. Ten żałosny podział wierzących chrześcijan spowodowany został brakiem umiejętności dostrzeżenia, w wielostronnym nauczaniu Mistrza, Boskiej jedności jego niezrównanego życia. Ale pewnego dnia ludzie prawdziwie wierzący w Jezusa nie będą tak duchowo podzieleni w swojej postawie wobec niewierzących. Zawsze możemy mieć różnorodność intelektualnego rozumowania i interpretacji, nawet różne stopnie uspołecznienia, ale brak duchowego braterstwa jest zarówno niewybaczalny jak i karygodny.

Jednak nie popełnijcie błędu! W naukach Jezusa istnieje wieczna natura, która nie pozwoli im pozostawać na zawsze bezpłodnymi w sercach myślących ludzi. Królestwo, tak jak je Jezus pojmował, chybiło w znacznym stopniu na Ziemi, na razie widzialny Kościół zajął jego miejsce; ale powinniście zrozumieć, że ten Kościół jest tylko larwalnym stadium udaremnionego królestwa duchowego, które będzie niósł on przez epokę materialną i dalej, w bardziej duchowy system sprawiedliwości, kiedy nauka Mistrza będzie miała lepsze możliwości rozwoju. W ten sposób tak zwany Kościół chrześcijański staje się kokonem, w którym spoczywa uśpiona teraz koncepcja Jezusowego królestwa. Królestwo Bożego braterstwa jest wciąż żywe i w końcu na pewno wynurzy się z długiego pogrążenia, tak jak wyłania się motyl w metamorficznym procesie rozwoju, jako piękne rozwinięcie mniej atrakcyjnego stworzenia.

PRZEKAZ 171

W DRODZE DO JEROZOLIMY

W DZIEŃ po wygłoszeniu pamiętnego kazania „O królestwie nieba", Jezus oznajmił, że nazajutrz wraz z apostołami wyruszy na Paschę do Jerozolimy, odwiedzając po drodze liczne miasta południowej Perei.

Przemówienie o królestwie i to obwieszczenie, że Jezus idzie na Paschę, nasunęło wszystkim jego zwolennikom myśl, że udaje się on do Jerozolimy, aby zapoczątkować doczesne królestwo żydowskiej supremacji. Nie miało znaczenia, co Jezus mówił o niematerialnym charakterze królestwa, nie mógł on całkowicie wyrugować z umysłów żydowskich słuchaczy idei, że Mesjasz ma zaprowadzić jakiś rodzaj nacjonalistycznego rządu ze stolicą w Jerozolimie.

To, co Jezus mówił w swym szabatowym kazaniu, większość jego zwolenników wprawiło tylko w zakłopotanie; bardzo niewielu zostało oświeconych rozprawą Mistrza. Przywódcy rozumieli co nieco z jego nauki o wewnętrznym królestwie, „królestwie nieba, które jest w was", ale wiedzieli, że mówił także o innym, przyszłym królestwie i wierzyli, że szedł teraz do Jerozolimy, aby to właśnie królestwo zaprowadzić. Kiedy rozczarowali się w swoich nadziejach, gdy Żydzi odrzucili Jezusa i później, kiedy Jerozolima została praktycznie zniszczona, wciąż trzymali się tej nadziei, szczerze wierząc, że Mistrz wkrótce wróci na świat w wielkiej potędze i majestatycznej chwale, żeby zaprowadzić przyrzeczone królestwo.

To właśnie tego, niedzielnego popołudnia, Salome, matka Jakuba i Jana Zebedeuszów, przyszła do Jezusa ze swymi dwoma synami apostołami i przystępując do niego jak do orientalnego władcy, poprosiła Jezusa o wcześniejsze przyrzeczenie, że spełni wszelkie jej prośby. Ale Mistrz nic nie chciał obiecać; zamiast tego zapytał ją: „Co mam dla was zrobić?". Wtedy Salome odpowiedziała: „Mistrzu, teraz, gdy idziesz do Jerozolimy zaprowadzić królestwo, chciałam cię zawczasu prosić, abyś mi obiecał, że moi synowie będą dzielić z tobą zaszczyty, że jeden będzie siedział z tobą w królestwie po twojej prawej ręce a drugi po lewej".

Kiedy Jezus usłyszał prośbę Salome, powiedział: „Kobieto, nie wiesz, o co mnie prosisz". Potem, patrząc dwóm żądnym zaszczytów apostołom prosto w oczy, powiedział: „Ponieważ długo was znam i kocham was, ponieważ mieszkałem nawet w domu waszej matki, ponieważ Andrzej przydzielił mi was, abyście cały czas byli ze mną, dlatego też pozwalacie swojej matce, aby przychodziła do mnie potajemnie i robiła tak niestosowną prośbę. Ale pozwólcie, że was zapytam: czy możecie wypić ten kielich, który ja wkrótce wypiję?". I bez chwili zastanowienia Jakub i Jan odpowiedzieli: „Tak Mistrzu, możemy". Wtedy Jezus rzekł: „Jestem zasmucony, że nie wiecie, po co idziemy do Jerozolimy; boleję nad tym, że nie rozumiecie natury mego królestwa; jestem rozczarowany, że przyprowadziliście swoją matkę, aby prosiła mnie o to, ale wiem, że w swoich sercach mnie kochacie, dlatego też oświadczam wam, że z pewnością będziecie pili mój kielich goryczy i dzielili moje upokorzenie, ale nie jest moją rzeczą rozdawać miejsca po mojej prawej i lewej stronie. Te zaszczyty zarezerwowane są dla tych, którzy zostaną wyznaczeni przez mojego Ojca.

W międzyczasie ktoś przekazał wiadomość o tym spotkaniu Piotrowi i innym apostołom i wszyscy bardzo się oburzyli, że Jakub i Jan chcieli zostać wyróżnieni przed nimi i że potajemnie poszli ze swą matką o to prosić. Kiedy zaczęli się sprzeczać ze sobą, Jezus zwołał ich wszystkich i powiedział: „Dobrze wiecie, jak władcy nie-Żydów narzucają swoją wolę przez siebie podbitym i jak ci, którzy są wielcy, sprawują władzę. Ale tak nie będzie w królestwie nieba. Ktokolwiek z was chciałby być wielki, niech najpierw będzie sługą. Ten, kto chciałby być pierwszy w królestwie, niech będzie podwładnym. Oświadczam wam, że Syn Człowieczy nie przyszedł po to, aby mu służono, ale żeby służyć; i teraz idę do Jerozolimy, aby oddać moje życie, spełniając Ojcowską wolę i służąc moim braciom". Kiedy apostołowie usłyszeli te słowa, odeszli pojedynczo się modlić. Tamtego wieczora, w odpowiedzi na nalegania Piotra, Jakub i Jan odpowiednio przeprosili dziesięciu i zostali przywróceni do łask u swoich braci.

Kiedy synowie Zebedeusza prosili o miejsce po prawej i lewej ręce Jezusa w Jerozolimie, nie zdawali sobie sprawy, że w niecały miesiąc ich ukochany nauczyciel będzie wisiał na rzymskim krzyżu, ze złodziejem umierającym po jednej jego stronie i z innym przestępcą po drugiej. A ich matka, która była przy ukrzyżowaniu, dobrze pamiętała swą nierozsądną prośbę, jaką przedłożyła Jezusowi w Pelli w sprawie zaszczytów, o które tak niemądrze prosiła dla swoich synów apostołów.

1. WYRUSZENIE Z PELLI

W poniedziałek, 13 marca przed południem, Jezus z dwunastoma apostołami opuścił ostatecznie obozowisko w Pelli i poszedł na południe, na swą turę po miastach południowej Perei, gdzie pracowali towarzysze Abnera. Spędzili tam ponad dwa tygodnie, odwiedzając Siedemdziesięciu a potem poszli wprost do Jerozolimy na Paschę.

Kiedy Mistrz wychodził z Pelli, obozujący z apostołami uczniowie poszli za nim, w liczbie około tysiąca ludzi. Mniej więcej połowa tej grupy opuściła go przy brodzie nad Jordanem, w drodze do Jerycha, kiedy się dowiedzieli, że idzie do Cheszbonu i po tym, jak wygłosił kazanie „Obliczanie kosztu". Poszli oni do Jerozolimy, podczas gdy druga ich połowa chodziła z Jezusem przez dwa tygodnie, odwiedzając miasta w południowej Perei.

Ogólnie biorąc, większość najbliższych zwolenników Jezusa rozumiała, że obóz w Pelli został opuszczony, ale naprawdę myśleli, iż to oznacza, że ich Mistrz w końcu ma zamiar iść do Jerozolimy, aby zgłosić roszczenia do tronu Dawidowego. Znaczna większość jego zwolenników nigdy nie potrafiła zrozumieć jakiejkolwiek innej koncepcji królestwa nieba; nie miało znaczenia, czego ich nauczał, nie chcieli się wyzbyć żydowskiej idei królestwa.

Zgodnie z zaleceniem Apostoła Andrzeja, w środę, 15 marca, Dawid Zebedeusz zamknął gościnny obóz w Pelli. W tym czasie przebywało tam około czterech tysięcy gości, nie wliczając w to ponad tysiąca osób, które podróżowały z apostołami w obozie, zwanym nauczycielskim, a którzy poszli na południe z Jezusem i Dwunastoma. Dawid, chociaż to robił bez entuzjazmu, sprzedał cały sprzęt licznym kupcom i poszedł z funduszami do Jerozolimy, przekazując następnie pieniądze Judaszowi Iskariocie.

Dawid przebywał w Jerozolimie w ostatnim, tragicznym tygodniu, a wracając do Betsaidy po ukrzyżowaniu Jezusa, zabrał ze sobą swą matkę. Dawid zatrzymał się u Łazarza w Betsaidzie, a gdy oczekiwał Jezusa i apostołów, był bardzo poruszony tym, w jaki sposób faryzeusze zaczęli prześladować i nękać Łazarza po jego wskrzeszeniu. Andrzej polecił Dawidowi, aby zakończył prowadzenie służby posłańców, a było to interpretowane przez wszystkich jako oznaka rychłego ustanowienia królestwa w Jerozolimie. Dawid znalazł się bez zajęcia i już miał zostać samozwańczym obrońcą Łazarza, kiedy niebawem obiekt jego poruszenia i troski uciekł w pośpiechu do Filadelfii. Zatem jakiś czas po Zmartwychwstaniu, a także po śmierci swej matki, Dawid poszedł do Filadelfii, pomagając najpierw Marcie i Marii w rozporządzeniu ich nieruchomościami; i tam spędził resztę swego życia, współpracując z Abnerem i Łazarzem, prowadząc finanse wszystkich tych rozległych interesów królestwa, których centrum za życia Abnera była Filadelfia.

Krótko po zniszczeniu Jerozolimy, Antiochia stała się główną siedzibą *chrześcijaństwa Pawła*, podczas gdy Filadelfia pozostała centrum *królestwa nieba Abnera*. Z Antiochii rozprzestrzeniła się na cały świat zachodni wersja nauczania Jezusa i o Jezusie, głoszona przez Pawła; misjonarze z Filadelfii rozeszli się po całej Mezopotamii i Arabii, z wersją królestwa nieba według Abnera, pozostając tam aż do tych późnych czasów, kiedy ci bezkompromisowi emisariusze nauk Jezusa zostali usunięci w cień nagłym pojawieniem się islamu.

2. O OBLICZANIU KOSZTU

Kiedy Jezus i jego grupa, licząca prawie tysiąc zwolenników, doszli w Betanii do brodu Jordanu, czasami zwanego Betabara, uczniowie Jezusa zaczęli rozumieć, że nie idzie on wprost do Jerozolimy. Kiedy się ociągali i dyskutowali między sobą, Jezus wspiął się na wielki kamień i wygłosił rozprawę, która stała się potem znana jako „Obliczanie kosztu". Mistrz powiedział:

„Wy, którzy chcecie iść ze mną, od tej chwili musicie być gotowi zapłacić cenę poświęcenia się z całego serca wykonywaniu woli mojego Ojca. Jeśli chcecie być moimi uczniami, musicie być gotowi opuścić ojca, matkę, żonę, dzieci, braci i siostry. Jeśli teraz chcecie być moimi uczniami, musicie być gotowi poświęcić nawet własne życie, tak jak Syn Człowieczy wkrótce złoży swoje życie, aby zakończyć misję wypełniania Ojcowskiej woli na Ziemi i w ciele.

Jeśli nie jesteście gotowi zapłacić pełnej ceny, praktycznie nie możecie być moimi uczniami. Zanim pójdziecie dalej, każdy z was powinien usiąść i obliczyć koszt bycia moim uczniem. Który z was podjąłby się budowania strażnicy na swoich ziemiach, nie usiadłszy najpierw i nie obliczywszy kosztu, żeby być pewny, czy mu starczy pieniędzy na jej ukończenie? Tak więc, jeśli nie obliczycie kosztu, możecie odkryć, po tym jak położyliście fundamenty, że nie będziecie mogli ukończyć tego, co zaczęliście i wszyscy wasi sąsiedzi wykpiwać was będą i mówić: «Zobaczcie, ten człowiek zaczął budowę, ale nie może skończyć swojej pracy». Jaki król, przygotowując się do prowadzenia wojny z innym królem, nie usiądzie wpierw i nie naradzi się, czy będzie mógł z dziesięcioma tysiącami wyjść przeciw temu z dwudziestoma tysiącami? Jeśli król nie może sobie pozwolić na spotkanie z nieprzyjacielem, ponieważ nie jest przygotowany, wysyła ambasadorów do innego króla, kiedy ten jest jeszcze daleko w drodze, pytając o warunki pokoju.

Otóż, teraz każdy z was musi usiąść i przeliczyć, ile kosztuje go pozostawanie moim uczniem. Od tej chwili nie będziecie mogli iść z nami, żeby słuchać nauczania i patrzeć na nasze dzieła; wymagane będzie od was stanąć w obliczu gorzkich prześladowań i nieść świadectwo tej ewangelii w obliczu przytłaczającego rozczarowania. Jeżeli nie chcecie wyrzec się tego wszystkiego, czym jesteście i poświęcić wszystkiego tego, co macie, nie jesteście godni być moimi uczniami. Jeżeli zwyciężyliście już samych siebie w waszych własnych sercach, nie musicie się bać o to widzialne zwycięstwo, które niebawem będzie waszym udziałem, kiedy Syn Człowieczy będzie odrzucony przez wyższych kapłanów i saduceuszy i wydany w ręce drwiących niewiernych.

Teraz sami powinniście się sprawdzić i odkryć wasz motyw pozostania moimi uczniami. Jeżeli pragniecie zaszczytów i sławy, jeśli nastawieni jesteście na doczesność, jesteście jak sól, która straciła swój smak. I kiedy to, co jest cenne ze względu na swoją słoność, straciło swój smak, czym będzie zaprawione? Taka przyprawa jest bezużyteczna, można ją tylko wyrzucić na śmieci. Teraz napominam was, wróćcie do swoich domów w pokoju, jeśli nie jesteście gotowi wypić ze mną tego kielicha, który mi został przygotowany. Wielokrotnie mówiłem wam, że moje królestwo nie jest z tego świata, ale nie chcecie mi wierzyć. Kto ma uszy do słuchania, niechaj słucha, co mówię".

Jak tylko skończył przemowę, Jezus ruszył drogą do Cheszbonu, prowadząc ze sobą Dwunastu, a za nim poszło około pięciuset ludzi. Wkrótce potem druga połowa tłumu poszła do Jerozolimy. Apostołowie Jezusa, razem z przodującymi uczniami, długo rozważali te słowa, ale wciąż kurczowo trzymali się wiary, że po krótkim czasie niedoli i prób, królestwo z pewnością zostanie zaprowadzone, w pewnym stopniu zgodne z długo żywionymi przez nich nadziejami.

3. TURA PEREAŃSKA

Ponad dwa tygodnie Jezus i Dwunastu chodzili po południowej Perei, wraz z idącym za nimi tłumem kilkuset uczniów i odwiedzali wszystkie te miasta, gdzie pracowało Siedemdziesięciu. Wielu nie-Żydów mieszkało w tym regionie a ponieważ niewielu szło na święto Paschy do Jerozolimy, posłańcy królestwa przystąpili od razu do swej pracy nauczania i głoszenia kazań.

W Cheszbonie Jezus spotkał się z Abnerem, Andrzej natomiast zarządził, że nie należy przerywać pracy Siedemdziesięciu z powodu święta Paschy. Jezus radził, żeby posłańcy nadal prowadzili swą pracę, nie zważając zupełnie na to, co się wkrótce zdarzy w Jerozolimie. Poradził także Abnerowi, aby pozwolił grupie kobiecej, przynajmniej tym, które chciały, iść do Jerozolimy na Paschę. I to był ostatni raz, kiedy Abner widział Jezusa w ciele. Pożegnanie Jezusa z Abnerem było takie: „Mój synu, wiem, że będziesz wierny królestwu i modlę się do Ojca, aby ci przydał mądrości, żebyś mógł kochać i rozumieć swoich braci".

Gdy tak szli, od miasta do miasta, opuściła ich spora liczba zwolenników i poszła do Jerozolimy, więc do tego czasu, kiedy Jezus poszedł na Paschę, liczba tych, którzy mu towarzyszyli dzień po dniu, zmniejszyła się do poniżej dwustu osób.

Apostołowie rozumieli, że Jezus idzie do Jerozolimy na Paschę. Wiedzieli o tym, że Sanhedryn rozgłaszał po całym Izraelu, że Jezus został skazany na śmierć i zarządził, że ktokolwiek wiedziałby o miejscu jego pobytu, ma zawiadomić Sanhedryn; a jednak wbrew temu wszystkiemu nie byli tak zatrwożeni, jak wtedy, kiedy ich powiadomił w Filadelfii, że idą do Betanii odwiedzić Łazarza. Ta zmiana postawy, od wielkiego strachu do cichego oczekiwania, w znacznej mierze spowodowana była wskrzeszeniem Łazarza. Doszli do wniosku, że w nagłym wypadku Jezus może potwierdzić swoją Boską moc i okryć hańbą swoich wrogów. Ta właśnie nadzieja, w połączeniu z głębszą i dojrzalszą wiarą w duchową supremację Mistrza, motywowała tę widoczną odwagę, jaką wykazywali jego bliscy zwolennicy, którzy teraz byli gotowi iść z nim do Jerozolimy, właśnie w obliczu wyraźnej deklaracji Sanhedrynu, że Jezusa należy zabić.

Większość apostołów Jezusa i wielu uczniów z bliskiego mu grona nie wierzyła, że Jezus może umrzeć; wierzyli, że Jezus jest „zmartwychwstaniem i życiem", traktowali go jako nieśmiertelnego i już tryumfującego nad śmiercią.

4. NAUCZANIE W LIWIAS

W środę wieczorem, 29 marca, Jezus i jego zwolennicy obozowali w Liwias, w drodze do Jerozolimy, po zakończeniu tury po miastach południowej Perei. To właśnie tej nocy, w Liwias, Szymon Zelota i Szymon Piotr spiskowali, aby dostać tutaj ponad sto mieczy, a kiedy je dostali, rozdzielili broń między wszystkich tych, którzy ją przyjęli a potem nosili ukrytą pod płaszczami. Szymon Piotr wciąż jeszcze nosił swój miecz tej nocy, kiedy Mistrz został zdradzony w ogrodzie.

W czwartek, wcześnie rano, zanim pozostali się obudzili, Jezus zawołał Andrzeja i powiedział: „Obudź swoich braci! Mam im coś do powiedzenia". Jezus wiedział o mieczach i o tym, którzy z apostołów je dostali i nosili, ale nigdy im nie wyjawił, że wie o takich rzeczach. Kiedy Andrzej obudził swoich towarzyszy a oni się zebrali, Jezus powiedział: „Moje dzieci, jesteście już ze mną długo i uczyłem was sporo tego, co jest potrzebne na ten czas, ale teraz chciałbym was ostrzec, abyście nie pokładali swojego zaufania w kruchości ciała ani też w słabości obrony ludzkiej przeciw doświadczeniom i próbom, które są przed nami. Zebrałem was tutaj samych, żebym mógł wam powiedzieć jasno, raz jeszcze, że idziemy do Jerozolimy, gdzie jak wiecie, Syn Człowieczy został już skazany na śmierć. Ponownie wam mówię, że Syn Człowieczy będzie wydany w ręce wyższych kapłanów i władców religijnych; że go potępią a potem przekażą w ręce nie-Żydów. Tak więc będą wykpiwać Syna Człowieczego, nawet pluć na niego i biczować go i wydadzą go na śmierć. I kiedy zabiją Syna Człowieczego, nie przerażajcie się, gdyż oświadczam wam, że trzeciego dnia wstanie. Zważajcie na to, co wam powiedziałem i pamiętajcie, że was uprzedzałem".

Znowu apostołowie byli zdumieni, oszołomieni, ale nie dopuszczali do siebie myśli, żeby traktować jego słowa literalnie; nie rozumieli, że Mistrz mówił to dosłownie. Tak bardzo byli zaślepieni swym upartym wierzeniem w doczesne królestwo na Ziemi, ze stolicą w Jerozolimie, że po prostu nie mogli – nie chcieli – pozwolić sobie na dosłowne przyjęcie słów Jezusa. Cały dzień rozważali, co Mistrz miał na myśli, gdy mówił tak dziwnie. Jednak żaden z nich nie śmiał zadać Jezusowi pytania w sprawie tych oświadczeń. Dopiero po jego śmierci, oszołomieni apostołowie ocknęli się i uświadomili sobie, że Mistrz mówił do nich wyraźnie i wprost, przewidując swoje ukrzyżowanie.

To właśnie w Liwias, tuż po śniadaniu, przyszli do Jezusa pewni zaprzyjaźnieni faryzeusze i powiedzieli: „Uciekaj jak najszybciej z tych stron, ponieważ Herod chce cię zabić, tak jak Jana. Boi się powstania ludności i postanowił cię zabić. Przynosimy ci to ostrzeżenie, abyś mógł uciec".

I było to po części prawdą. Wskrzeszenie Łazarza przestraszyło i zaniepokoiło Heroda, a wiedząc o tym, że Sanhedryn ośmielił się skazać Jezusa na śmierć jeszcze przed procesem, Herod również postanowił, albo zabić Jezusa, albo go wypędzić ze swoich domen. Naprawdę chciał zrobić to ostatnie, ponieważ tak bardzo się go bał, że żywił nadzieję, iż nie będzie zmuszony go zabić.

Kiedy Jezus wysłuchał tego, co faryzeusz miał do powiedzenia, odrzekł: „Dobrze znam Heroda i jego strach przed ewangelią królestwa. Ale niechybnie bardziej będzie on wolał, żeby Syn Człowieczy poszedł do Jerozolimy, aby cierpiał i umarł z rąk wyższych kapłanów. Herod nie chce być odpowiedzialny za śmierć Syna Człowieczego, po tym, jak splamił ręce krwią Jana. Idźcie i powiedzcie temu lisowi, że Syn Człowieczy dziś głosi kazania w Perei, jutro idzie do Judei, a po kilku dniach zakończy swą misję na Ziemi i będzie gotowy do wniebowstąpienia do Ojca".

Potem Jezus zwrócił się do apostołów: „Od dawna prorocy ginęli w Jerozolimie i właśnie dlatego jest stosowne, aby Syn Człowieczy poszedł do miasta, gdzie jest dom Ojca i został ofiarowany jako cena ludzkiego fanatyzmu, rezultat religijnych uprzedzeń i duchowej ślepoty. O Jerozolimo, Jerozolimo, która zabijasz proroków i kamienujesz nauczycieli prawdy! Ile razy chciałem zgromadzić twoje dzieci, tak jak kura zbiera pod skrzydła swe pisklęta, ale mi na to nie pozwoliłaś! Oto ujrzycie wasz dom wkrótce opuszczony! Wiele razy będziecie chcieli mnie zobaczyć, ale mnie nie ujrzycie. Potem będziecie mnie szukać, ale mnie nie znajdziecie". I kiedy skończył, zwrócił się do tych, którzy stali wokół niego i powiedział: „Mimo to chodźmy do Jerozolimy, żeby wziąć udział w Passze i zrobić to, co będzie wypełnieniem woli Ojca w niebie".

Grupa wierzących, która tego dnia szła z Jezusem do Jerycha, była zdezorientowana i oszołomiona. Apostołowie potrafili dostrzec tylko pewne oznaki ostatecznego tryumfu w oświadczeniu Jezusa w sprawie królestwa; nie potrafili jednak dojść do tego punktu, w którym mogliby zrozumieć ostrzeżenie o grożącym nieszczęściu. Kiedy Jezus mówił o „wstaniu na trzeci dzień", oni rozumieli to oświadczenie jako oznakę oczywistego tryumfu królestwa, zaraz po nieprzyjemnej, wstępnej potyczce z żydowskimi przywódcami religijnymi. „Trzeci dzień" był potocznym wyrażeniem, oznaczającym „niebawem" czy „zaraz potem". Kiedy Jezus mówił o „wstaniu", myśleli, że nawiązywał do „powstania królestwa".

Jezus został przyjęty przez tych wierzących jako Mesjasz a Żydzi wiedzieli niewiele, albo wręcz nic, o cierpiącym Mesjaszu. Nie rozumieli tego, że Jezus, poprzez swoją śmierć ma osiągnąć wiele tych rzeczy, które nigdy nie byłyby możliwe do osiągnięcia poprzez jego życie. Podczas gdy wskrzeszenie Łazarza dodawało apostołom odwagi do wejścia do Jerozolimy, Mistrza w tym trudnym okresie jego obdarzenia podtrzymywała pamięć przemienienia.

5. ŚLEPIEC W JERYCHU

Późnym popołudniem, w czwartek, 30 marca, Jezus i jego apostołowie, na czele grupy około dwustu zwolenników zbliżali się do murów Jerycha. Gdy podchodzili do bram miasta, spotkali tłum żebraków a w nim znajdował się Bartymeusz, starszy człowiek, który był ślepy od młodości. Niewidomy żebrak wiele słyszał o Jezusie i wiedział wszystko o uzdrowieniu niewidomego Jozjasza w Jerozolimie. O poprzedniej wizycie Jezusa w Jerychu dowiedział się dopiero wtedy, jak Jezus odszedł do Betanii. Bartymeusz postanowił sobie, że nigdy więcej nie dopuści do tego, aby stracić okazję błagania Jezusa o przywrócenie wzroku, kiedy ów odwiedzi Jerycho.

Wiadomość o zbliżaniu się Jezusa głoszona była w całym Jerychu i setki mieszkańców gromadnie wyszło mu na spotkanie. Kiedy ta wielka rzesza wracała do miasta razem z Mistrzem, Bartymeusz, słysząc kroki dużego tłumu, wiedział, że dzieje się coś niezwykłego i spytał tych, co stali w pobliżu, co się stało. Jeden z żebraków odpowiedział: „Jezus z Nazaretu przechodzi obok". Kiedy Bartymeusz usłyszał, że Jezus jest w pobliżu, zaczął krzyczeć donośnym głosem: „Jezu, Jezu, ulituj się nade mną!". I kiedy wciąż krzyczał, coraz głośniej i głośniej, niektórzy z tych, którzy byli bliżej Jezusa, podeszli i upomnieli go, żeby się uspokoił; ale to nie pomogło, krzyczał jeszcze więcej i głośniej.

Kiedy Jezus usłyszał wołanie niewidomego, stanął bez słowa. I kiedy go zobaczył, powiedział swoim przyjaciołom: „Przyprowadźcie mi tego człowieka". I wtedy poszli po Bartymeusza, mówiąc: „Bądź dobrej myśli, chodź z nami, albowiem Mistrz cię woła". Kiedy Bartymeusz usłyszał te słowa, odrzucił na bok swój płaszcz i wyskoczył w kierunku środka drogi, podczas kiedy ci, co byli w pobliżu, pokierowali go do Jezusa. Jezus zwrócił się do Bartymeusza: „Co chcesz abym dla ciebie uczynił?". Wtedy niewidomy odpowiedział: „Chciałbym mieć przywrócony wzrok". I kiedy Jezus usłyszał tę prośbę i dostrzegł jego wiarę, powiedział: „Otrzymasz wzrok, idź swoją drogą, twoja wiara cię uzdrowiła". Bartymeusz natychmiast przejrzał i pozostał przy Jezusie, chwaląc Boga aż do następnego dnia, kiedy to Mistrz szedł do Jerozolimy i wtedy wystąpił przed tłum i oświadczył wszystkim, jak to wzrok został mu przywrócony w Jerychu.

6. W GOŚCINIE U ZACHEUSZA

Słońce chyliło się ku zachodowi, kiedy orszak Mistrza wchodził do Jerycha i Jezus chciał się zatrzymać tutaj na noc. Gdy przechodził obok izby celnej, zdarzyło się, że był w niej Zacheusz, główny celnik czy poborca podatków, który bardzo chciał zobaczyć Jezusa. Ten główny celnik był bardzo bogaty i wiele słyszał na temat proroka z Galilei. Postanowił, że zobaczy, jakim człowiekiem jest Jezus, kiedy następnym razem przyjdzie on do Jerycha; dlatego też Zacheusz chciał się przecisnąć przez tłum, ale tłum był zbyt wielki a celnik niskiego wzrostu i nic nie mógł zobaczyć ponad głowami. I tak główny celnik szedł za tłumem, aż zbliżyli się do centrum miasta, niedaleko tego miejsca, gdzie mieszkał. Kiedy zobaczył, że nie zdoła się przedrzeć przez tłum, a myślał, że Jezus może tylko przejść przez miasto nie zatrzymując się, pobiegł naprzód i wspiął się na drzewo sykomory, którego gałęzie wystawały nad drogą. Wiedział, że stamtąd będzie mógł dobrze przyjrzeć się Mistrzowi, kiedy ten będzie przechodził. I nie rozczarował się, ponieważ, gdy Jezus przechodził, zatrzymał się i patrząc w górę na Zacheusza, powiedział: „Pośpiesz się Zacheuszu i zejdź na dół, ponieważ dziś wieczorem muszę zatrzymać się w twoim domu". Kiedy Zacheusz usłyszał te zadziwiające słowa, omalże nie spadł z drzewa, schodząc w pośpiechu na dół, a kiedy podszedł do Jezusa, wyraził swą wielką radość, że Mistrz ma ochotę zatrzymać się w jego domu.

Natychmiast udali się do domu Zacheusza, a ci, którzy mieszkali w Jerychu, bardzo się dziwili, że zechciał się on zatrzymać u głównego celnika. Nawet wtedy, kiedy Mistrz i apostołowie stali z Zacheuszem przed drzwiami jego domu, jeden z jerychońskich faryzeuszy, stojący w pobliżu, powiedział: „Widzicie, jak ten człowiek poszedł mieszkać z grzesznikiem, odstępnym synem Abrahama, który jest zdziercą i rozbójnikiem dla własnego narodu". I kiedy Jezus to usłyszał, spojrzał na Zacheusza i się uśmiechnął. Wtedy Zacheusz wszedł na taboret i powiedział: „Ludzie Jerycha, słuchajcie mnie! Może jestem celnikiem i grzesznikiem, ale wielki Nauczyciel przyszedł zamieszkać w moim domu; a nim on odejdzie, mówię wam, że oddam połowę swego majątku dla biednych, zaczynając od jutra; jeśli krzywdząco wymusiłem coś od kogokolwiek, zwrócę poczwórnie. Całym moim sercem będę szukał zbawienia i uczył się czynienia prawości w oczach Boga".

Kiedy Zacheusz skończył, odezwał się Jezus: „Dziś zbawienie przyszło do tego domu a ty naprawdę stałeś się synem Abrahama". I Jezus zwrócił się do zgromadzonego wokół nich tłumu: „Nie dziwcie się temu, co mówię, ani też nie obrażajcie się na to, co robię, ponieważ cały czas oświadczam, że Syn Człowieczy przyszedł szukać i zbawić zagubionych".

Na tę noc zamieszkali u Zacheusza. Następnego ranka wstali i ruszyli „drogą zbójców" w kierunku Betanii, na Paschę do Jerozolimy.

7. „GDY JEZUS PRZECHODZIŁ OBOK"

Jezus siał otuchę wszędzie, gdzie poszedł. Był pełen łaski i prawdy. Jego towarzysze nigdy nie przestawali się dziwić łaskawym słowom, które płynęły z jego ust. Możecie kultywować łaskawość, ale miłosierdzie jest aromatem życzliwości, który emanuje z nasyconej miłością duszy.

Dobroć zawsze wzbudza szacunek, ale kiedy pozbawiona jest łaski, często odpycha uczucie. Dobroć przyciąga powszechnie jedynie wtedy, kiedy jest łaskawa. Dobroć odnosi skutek tylko wtedy, kiedy przyciąga.

Jezus naprawdę rozumiał ludzi; dlatego też mógł przejawiać prawdziwą życzliwość i okazywać szczere współczucie. Rzadko jednak ulegał litości. Podczas gdy jego współczucie było bezgraniczne, jego życzliwość była praktyczna, osobista i konstruktywna. Jego obycie z cierpieniem nigdy nie zrodziło obojętności i potrafił służyć udręczonym duszom bez pomnażania ich użalania się nad samymi sobą.

Jezus tak bardzo mógł pomagać ludziom, dlatego, że kochał ich tak szczerze. Naprawdę kochał każdego mężczyznę, każdą kobietę i każde dziecko. Mógł być tak oddanym *przyjacielem*, ponieważ posiadał niezwykłą wnikliwość – wiedział dokładnie, co znajduje się w sercu i umyśle człowieka. Był dociekliwym i przenikliwym obserwatorem. Był mistrzem w rozumieniu ludzkich potrzeb, inteligentnie dostrzegał ludzkie pragnienia.

Jezus nigdy się nie spieszył. Zawsze miał czas pocieszać swych bliźnich, „gdy przechodził obok". Jego przyjaciele nigdy nie czuli się skrępowani. Był ujmującym słuchaczem. Nigdy nie zajmował się wścibskim zgłębianiem dusz swoich towarzyszy. Kiedy pocieszał głodne umysły i służył spragnionym duszom, odbiorcy jego miłosierdzia nie czuli, że spowiadają się *przed* nim, ale jak gdyby naradzali się *z* nim. Ludzie mieli do niego bezgraniczne zaufanie, ponieważ widzieli, że pokładał w nich tak wiele wiary.

Jezus nigdy nie sprawiał wrażenia, że jest ciekawy ludzi i nigdy nie przejawiał chęci kierowania nimi, rządzenia czy korygowania ich. Rozbudzał głęboką wiarę we własne siły i bezprzykładną odwagę u wszystkich tych, którzy mieli możliwość z nim przebywać. Kiedy uśmiechał się do człowieka, śmiertelnik taki czuł, że ma większe możliwości rozwiązywania swoich złożonych problemów.

Jezus kochał ludzi tak bardzo i tak mądrze, że nigdy nie wahał się być dla nich surowy, kiedy okoliczność wymagała takiej dyscypliny. Aby pomóc człowiekowi, często zaczynał od proszenia o pomoc. W ten sposób ożywiał jego zainteresowanie i apelował do tego, co lepsze w ludzkiej naturze.

Mistrz potrafił dostrzec zbawczą wiarę w pospolitym przesądzie kobiety, która szukała uzdrowienia przez dotknięcie rąbka jego szaty. Zawsze był gotów i skłonny przerwać kazania, czy przetrzymać tłumy, kiedy służył potrzebom jednostki, nawet małemu dziecku. Wielkie rzeczy zdarzały się nie tylko dlatego, że ludzie mieli wiarę w Jezusa, ale również dlatego, że Jezus tak bardzo w nich wierzył.

Większość naprawdę ważnych rzeczy, które Jezus powiedział czy zrobił, wyglądała na zdarzenie przypadkowe, następujące, „gdy przechodził obok". Tak mało było profesjonalizmu, starannego planowania czy przemyśleń w ziemskiej służbie Mistrza. Rozdawał zdrowie i szerzył radość naturalnie i wdzięcznie, tak jak szedł przez życie. Było dosłowną prawdą, że „chodził, czyniąc dobrze".

I dobrze by było, gdyby wyznawcy Mistrza, we wszystkich epokach, uczyli się służyć, gdy „przechodzą obok" – czynić bezinteresownie dobro, tak, jakby właśnie zajmowali się swoimi codziennymi sprawami.

8. PRZYPOWIEŚĆ O MINACH

Wyszli z Jerycha dopiero koło południa, ponieważ poprzedniej nocy siedzieli długo a Jezus nauczał ewangelii królestwa Zacheusza i jego rodzinę. Grupa, w której szedł Jezus, zatrzymała się na obiad w połowie drogi idącej pod górę do Betanii, podczas gdy tłum poszedł dalej do Jerozolimy, nie wiedząc, że tej nocy Jezus i apostołowie pozostaną na Górze Oliwnej.

Przypowieść o minach, w przeciwieństwie do przypowieści o talentach, przeznaczonej dla wszystkich uczniów, była opowiadana raczej wyłącznie apostołom i opierała się w dużej mierze na doświadczeniach Archelausa i jego bezskutecznej próbie zdobycia panowania nad królestwem Judei. Jest to jedna z niewielu przypowieści Mistrza, opierająca się na prawdziwej postaci historycznej. Nic w tym dziwnego, że myśleli o Archelausie, zważywszy, że dom Zacheusza w Jerychu znajdował się bardzo blisko zdobnego pałacu Archelausa. Akwedukt Archelausa biegł wzdłuż tej drogi, którą wychodzili z Jerycha.

Jezus mówił: „Myślicie, że Syn Człowieczy idzie do Jerozolimy po królestwo, ale oświadczam wam, że spotka was zawód. Czy nie pamiętacie pewnego księcia, który poszedł w dalekie krainy, aby dostać dla siebie królestwo, ale jeszcze zanim wrócił, obywatele z jego prowincji, którzy w swych sercach już go odrzucili, posłali za nim posłów, aby powiedzieli: «Nie chcemy, aby ten człowiek panował nad nami»? Tak jak ten król został odrzucony w doczesnym panowaniu, tak samo Syn Człowieczy będzie odrzucony w panowaniu duchowym. Ponownie oświadczam wam, że moje królestwo nie jest z tego świata; ale jeśli Synowi Człowieczemu zostałoby przyznane duchowe panowanie nad jego ludźmi, zaakceptowałby on takie królestwo ludzkich dusz i panowałby nad takim dominium ludzkich serc. Pomimo tego, że oni odrzucają moje duchowe panowanie nad nimi, wrócę ponownie, aby otrzymać od innych to królestwo ducha, którego teraz mi odmówiono. Teraz zobaczycie Syna Człowieczego odrzuconego, ale w innej epoce to, co dzieci Abrahama teraz odrzucają, będzie przyjęte i wywyższone.

A teraz, tak jak pan wielkiego rodu odrzucony w tej przypowieści, chciałbym zawołać przed siebie moich dwunastu sług, specjalnych rządców i dając każdemu do ręki jedną minę, napominam każdego z was, abyście dobrze zważali na moje instrukcje, żebyście w czasie, kiedy będę daleko, dokładnie prowadzili transakcje powierzonym wam funduszem, abyście mogli uzasadnić wasze zarządzanie, kiedy wrócę, gdy wymagane będzie od was rozliczenie.

A gdyby nawet ten odrzucony Syn Człowieczy miał nie wrócić, będzie wysłany inny Syn, aby otrzymać królestwo i ten Syn będzie wysłany do was wszystkich, aby odebrać sprawozdanie z zarządzania i radować się waszymi zyskami.

I potem, kiedy ci rządcy zostali wezwani do rozliczenia się, wystąpił pierwszy i powiedział: «Panie, twoja mina przysporzyła dziesięć min więcej». A jego pan odpowiedział mu: «Brawo, jesteś dobrym sługą, a ponieważ dowiodłeś swej sumienności w tej sprawie, dam ci władzę nad dziesięcioma miastami». I przyszedł drugi i powiedział: «Twoja mina, którą mi zostawiłeś Panie, przysporzyła pięć min». I pan powiedział: «Zgodnie z tym uczynię cię władcą nad pięcioma miastami». I tak dalej, aż do ostatniego spośród służących, który wezwany do rozliczenia, zameldował: «Panie, widzisz, tu jest twoja mina, którą przechowywałem bezpiecznie w tej serwetce. A tak uczyniłem, ponieważ bałem się ciebie; sądziłem, że jesteś nierozsądny, skoro widziałem, że brałeś tam, gdzie nie włożyłeś i chciałeś żąć tam, gdzie nie siałeś». Wtedy powiedział jego pan: «Jesteś niedbałym i niegodziwym sługą, osądzę cię na podstawie twoich własnych słów. Wiedziałeś, że żnę, gdzie ponoć nie posiałem; zatem wiedziałeś, jakiego rachunku wymagać się będzie od ciebie. Wiedząc o tym, powinieneś przynajmniej oddać moje pieniądze bankierowi, abym po moim powrocie mógł je odebrać z przyzwoitym procentem».

I wtedy władca powiedział do tych, którzy stali obok: «Zabierzcie pieniądze temu leniwemu słudze i dajcie temu, który ma dziesięć min». A kiedy przypomnieli panu, że tamten ma już dziesięć min, on odpowiedział: «Każdemu, kto ma, będzie dodane, ale temu, kto nie ma, nawet to, co ma, będzie mu zabrane»".

I wtedy apostołowie chcieli poznać różnicę pomiędzy znaczeniem tej przypowieści a przypowieści poprzedniej, ale Jezus, jako odpowiedź na wiele ich pytań, rzekł tylko: „Rozważcie dobrze te słowa w swoich sercach a każdy z was znajdzie ich prawdziwe znaczenie".

To właśnie Nataniel, po latach tak dobrze nauczał sensu tych dwóch przypowieści i podsumował swoją naukę w takich oto wnioskach:

1. Zdolność jest praktyczną miarą życiowych możliwości. Nigdy nie zostaniecie pociągnięci do odpowiedzialności za to, co przekracza wasze możliwości.

2. Wierność jest nieomylną miarą ludzkiego zaufania. Ten, kto jest sumienny w małych rzeczach, prawdopodobnie okaże swoją wierność we wszystkim tym, co jest zgodne z jego zdolnościami.
3. Kiedy możliwości działania są takie same, Mistrz przyznaje mniejszą nagrodę za mniejszą wierność.
4. Mistrz przyznaje takie same nagrody za taką samą wierność, kiedy możliwości działania są mniejsze.

Kiedy skończyli obiad i potem, jak tłumy wiernych poszły w kierunku Jerozolimy, Jezus stanął przed apostołami w cieniu wystającej skały przy drodze i wskazując palcem ku zachodowi, z radosną godnością i łaskawym majestatem powiedział: „Chodźcie, moi bracia, pójdźmy do Jerozolimy, aby tam przyjąć to, co na nas czeka; aby w ten sposób wypełnić wolę niebiańskiego Ojca we wszystkich sprawach".

I tak oto Jezus i jego apostołowie poszli dalej, w ostatnią podróż Mistrza do Jerozolimy odbytą w cielesnej formie śmiertelnego człowieka.

PRZEKAZ 172

WJAZD DO JEROZOLIMY

JEZUS i apostołowie przybyli do Betanii tuż po szesnastej, w piątek po południu, 31 marca, roku 30 n.e. Oczekiwał ich Łazarz, jego siostry i ich przyjaciele, a ponieważ wielu przychodziło każdego dnia, żeby rozmawiać z Łazarzem o jego wskrzeszeniu, powiedziano Jezusowi, że według wcześniejszych uzgodnień zatrzyma się on u wierzącego sąsiada, niejakiego Szymona, po śmierci ojca Łazarza czołowego obywatela tej małej wioski.

Tego wieczora Jezus miał wielu gości a prości ludzie z Betanii i Betfage robili wszystko, co tylko możliwe, aby serdecznie go przyjąć. Aczkolwiek wielu myślało, że Jezus idzie teraz do Jerozolimy ogłosić się królem Żydów, zupełnie na przekór wyrokowi śmierci wydanemu przez Sanhedryn, rodzina z Betanii – Łazarz, Marta i Maria – lepiej uświadamiali sobie, że Mistrz nie będzie takim królem; niejasno przeczuwali, że może to być jego ostatnia wizyta w Jerozolimie i w Betanii.

Wyżsi kapłani zostali poinformowani, że Jezus nocuje w Betanii, ale pomyśleli, że próba pochwycenia go pośród przyjaciół nie będzie najlepszym posunięciem; postanowili poczekać, aż przyjdzie do Jerozolimy. Jezus wiedział o tym wszystkim, ale był majestatycznie spokojny; jego przyjaciele nigdy nie widzieli go bardziej opanowanego i sympatycznego, nawet apostołowie się dziwili, jak może być tak beztroski, kiedy Sanhedryn apelował do wszystkich Izraelitów, aby przekazali Jezusa w jego ręce. Tej nocy, kiedy Mistrz spał, apostołowie czuwali przy nim po dwóch a wielu z nich było przepasanych mieczami. Wcześnie rano zbudziły ich setki pielgrzymów, którzy przyszli z Jerozolimy pomimo dnia szabatu, żeby zobaczyć Jezusa i Łazarza, którego on wskrzesił.

1. SZABAT W BETANII

Pielgrzymi spoza Judei, jak również władcy żydowscy, zadawali sobie pytanie: „Jak myślicie? Czy Jezus przyjdzie na święto?". Dlatego ludzie cieszyli się, kiedy usłyszeli, że Jezus jest w Betanii, ale wyżsi kapłani i faryzeusze byli poniekąd w rozterce. Byli zadowoleni, że mają go pod swoją jurysdykcją, ale niepokoiła ich trochę jego śmiałość; pamiętali, że w czasie poprzedniej wizyty w Betanii został wskrzeszony Łazarz, a Łazarz stawał się wielkim problemem dla wrogów Jezusa.

Sześć dni przed Paschą, wieczorem po szabacie, cała Betania i Betfage wspólnie świętowały przybycie Jezusa na bankiecie publicznym w domu Szymona. Kolacja ta została wydana zarówno na cześć Jezusa jak i Łazarza, na przekór Sanhedrynowi. Marta zarządzała serwowaniem potraw, jej siostra, Maria, znajdowała się pośród przyglądających się kobiet, jako że było niezgodne z żydowskim zwyczajem, aby kobiety zasiadały do publicznych bankietów. Obecni byli agenci Sanhedrynu, ale bali się aresztować Jezusa pośród jego przyjaciół.

Jezus rozmawiał z Szymonem o dawnym Jozue, który był jego imiennikiem i opowiadał, jak Jozue i Izraelici przyszli do Jerozolimy przez Jerycho. Komentując legendę o walących się murach Jerycha, Jezus powiedział: „Nie interesują mnie mury z cegły czy kamienia; ale będę przyczyną kruszenia murów uprzedzenia, obłudy i nienawiści, przez głoszenie Ojcowskiej miłości dla wszystkich ludzi".

Bankiet przebiegał zwyczajnie i bardzo radośnie, za wyjątkiem tego, że wszyscy apostołowie byli niezwykle poważni. Jezus był bardzo wesoły a zanim przyszedł do stołu bawił się z dziećmi.

Nie zdarzyło się nic nadzwyczajnego, aż do tego czasu, kiedy przy końcu uczty Maria, siostra Łazarza, wyszła z grupy przyglądających się kobiet i idąc do tego miejsca, gdzie jako honorowy gość spoczywał Jezus, zaczęła otwierać wielki alabastrowy flakon bardzo rzadkiego i drogiego olejku, a po namaszczeniu głowy Mistrza, zaczęła wylewać go na jego stopy, po czym rozpuściła włosy i otarła nimi jego nogi. Cały dom wypełnił się zapachem olejku a wszyscy obecni byli zdumieni tym, co Maria zrobiła. Łazarz nic nie powiedział, ale kiedy niektórzy ludzie zaczęli szemrać, wyrażając swoje oburzenie, że tak kosztowny olejek zużyto w ten sposób, Judasz Iskariota podszedł tam, gdzie spoczywał Andrzej i powiedział: „Dlaczego nie sprzedano tego olejku i nie przeznaczono pieniędzy na nakarmienie ubogich? Powinieneś porozmawiać z Mistrzem, który gani takie marnotrawstwo".

Jezus wiedział, co myśleli i słyszał, co mówili, więc położył dłoń na głowie Marii, która klęczała u jego boku i z łagodnym wyrazem twarzy powiedział: „Dajcie jej wszyscy spokój. Dlaczego robicie jej przykrość z tego powodu, skoro widzicie, że w swoim sercu zrobiła dobrą rzecz? Wam, którzy szemrzecie i mówicie, że ten olejek powinien być sprzedany a pieniądze rozdane ubogim, pozwólcie, że powiem, iż biednych zawsze mieć będziecie, więc będziecie mogli im służyć, kiedy tylko będziecie chcieli, ale ja nie zawsze będę z wami; wkrótce idę do mojego Ojca. Ta kobieta długo przechowywała olejek, aby namaścić moje ciało w dzień pogrzebu i teraz wydało się jej właściwym, aby dokonać namaszczenia, przewidując moją śmierć i nie należy jej zabraniać tej pociechy. Czyniąc to, Maria zganiła was wszystkich, okazując tym uczynkiem wiarę w to, co wam mówiłem o mojej śmierci i wniebowstąpieniu do mojego Ojca w niebie. Nie należy ganić tej kobiety za to, co uczyniła tego wieczora; raczej powiem wam, że w przyszłych wiekach, gdziekolwiek po całym świecie będą głosić tę ewangelię, będą również opowiadać na jej pamiątkę o tym, co zrobiła".

To właśnie napomnienie Judasz Iskariota wziął sobie za osobistą przyganę, co ostatecznie spowodowało, że postanowił poprzez zemstę ukoić swoje zranione uczucia. Wiele razy podświadomie rozważał takie idee, ale teraz ośmielił się rozważać tak nikczemne myśli jawnie i świadomie. I wielu innych podbudowywało go w takiej postawie, skoro koszt tego olejku równał się sumie rocznych zarobków mężczyzny – wystarczało to na chleb dla pięciu tysięcy ludzi. Ale Maria kochała Jezusa; szykowała ten drogocenny olejek na namaszczenie jego ciała po śmierci, ponieważ wierzyła jego słowom, kiedy ich przestrzegał, że musi umrzeć i nie można brać jej za złe, jeśli zmieniła swój zamiar i postanowiła ofiarować ten dar, kiedy Mistrz jeszcze żył.

Zarówno Łazarz jak i Marta wiedzieli, że Maria długo oszczędzała pieniądze, aby kupić flakon nardu i serdecznie popierali jej zamiar, dlatego, że bardzo pragnęła tego w swym sercu i że byli dobrze sytuowani i łatwo mogli sobie pozwolić na taką ofiarę.

Kiedy wyżsi kapłani usłyszeli o tej kolacji dla Jezusa i Łazarza w Betanii, zaczęli się naradzać, co zrobić z Łazarzem. I wkrótce postanowili, że Łazarz też musi umrzeć. Prawidłowo wnioskowali, że bezcelowe będzie zabicie Jezusa, jeśli pozwolą żyć Łazarzowi, którego on wskrzesił z martwych.

2. NIEDZIELNY RANEK Z APOSTOŁAMI

Tego, niedzielnego ranka, w pięknym ogrodzie Szymona, Mistrz zgromadził wokół siebie dwunastu apostołów i wydał im ostatnie polecenia przed wejściem do Jerozolimy. Powiedział im, że być może, zanim wróci do Ojca, wygłosi jeszcze wiele przemówień i będzie wiele nauczał, ale poradził apostołom, aby podczas paschalnego pobytu w Jerozolimie nie prowadzili żadnej działalności publicznej. Zalecił im, żeby byli blisko niego i żeby „patrzyli i modlili się". Jezus wiedział, że nawet wtedy wielu apostołów i bliskich jemu uczniów nosiło ukryte przy sobie miecze, ale nie wspomniał o tym.

Instrukcje dane apostołom tego ranka obejmowały krótki przegląd ich służby, od dnia ich ordynacji koło Kafarnaum aż do tego dnia, kiedy mieli wejść do Jerozolimy. Apostołowie słuchali w ciszy, nie padło ani jedno pytanie.

Wcześnie rano tego dnia Dawid Zebedeusz przekazał Judaszowi pieniądze, uzyskane ze sprzedaży sprzętu z obozowiska w Pelli, a Judasz z kolei oddał większą część tych pieniędzy na przechowanie w ręce Szymona, ich gospodarza, przewidując kłopoty po wejściu do Jerozolimy.

Po spotkaniu z apostołami Jezus rozmawiał z Łazarzem i polecił mu, aby nie narażał swego życia w obliczu mściwości Sanhedrynu. W kilka dni później, Łazarz posłuszny tej przestrodze, uciekł do Filadelfii, kiedy urzędnicy Sanhedrynu wysłali ludzi, aby go aresztować.

Wszyscy zwolennicy Jezusa w pewnym sensie przeczuwali nadchodzący kryzys, ale nie mogli w pełni zrozumieć powagi sytuacji; przeszkadzała im w tym niezwykła wesołość i wyjątkowo dobry humor Mistrza.

3. DROGA DO JEROZOLIMY

Betania położona była nieco ponad trzy kilometry od Świątyni i gdy w niedzielę Jezus był gotów iść do Jerozolimy, dochodziła trzynasta trzydzieści. Do Betanii i jej prostych ludzi Jezus żywił głębokie uczucie. Nazaret, Kafarnaum i Jerozolima odrzuciły go, ale w Betanii zaakceptowano go i wierzono w niego. I to, że w tej małej wiosce wierzył niemalże każdy mężczyzna, każda kobieta i dziecko, zadecydowało, że tu dokonał największego dzieła swego ziemskiego obdarzenia, wskrzeszenia Łazarza. Nie wskrzesił Łazarza dlatego, żeby mieszkańcy wioski mogli uwierzyć, ale raczej dlatego, że już wierzyli.

Przez cały ten ranek Jezus rozmyślał o swoim wejściu do Jerozolimy. Dotychczas zawsze zakazywał wszelkiego, publicznego obwoływania go Mesjaszem, teraz jednak było inaczej; zbliżał się do końca swego pobytu w ciele, jego śmierć była obwieszczona przez Sanhedryn i żadna szkoda nie mogła wyniknąć z tego, że pozwoli swym uczniom na swobodne wyrażanie uczuć, jak się to mogło zdarzyć, kiedy zechce uroczyście i publicznie wejść do miasta.

Publiczne wejście do Jerozolimy nie było pomyślane jako ostatnia próba pozyskania powszechnej życzliwości przez Jezusa, ani też jako ostateczne przejęcie władzy. Jezus nigdy nie zaspokoił w pełni ludzkich pragnień uczniów i apostołów. Jezus nie żywił żadnych iluzji fantazjującego marzyciela, dobrze wiedział, jaki będzie wynik tej wizyty.

Decydując się na publiczne wejście do Jerozolimy, Mistrz stanął w obliczu konieczności wybrania właściwej metody realizacji tego przedsięwzięcia. Jezus rozważył wszystkie, z wielu bardziej czy mniej sprzecznych ze sobą tak zwanych mesjanistycznych proroctw, ale było wśród nich tylko jedno właściwe dlań do naśladowania. Większość tych proroczych głosów obrazowała króla, syna i następcę Dawida, jako śmiałego i agresywnego, doczesnego wybawiciela całego Izraela spod obcego panowania. Ale było jedno Pismo, które czasem kojarzyli z Mesjaszem ci, którzy mieli bardziej duchową koncepcję jego misji i które, jak Jezus sądził, mogło być wzięte za wskazówkę dla jego planowanego wejścia do Jerozolimy. Było to w Piśmie, u Zachariasza i brzmiało: „Raduj się wielce córo Syjonu, wołaj radośnie córo Jerozolimy. Oto król twój idzie do ciebie. Jest sprawiedliwy i niesie zbawienie. Przychodzi jako pokorny – jedzie na osiołku, na oślątku, źrebięciu oślicy".

Wojowniczy król zawsze wkraczał do miasta na koniu, król z misją pokoju i przyjaźni zawsze wchodził na ośle. Jezus nie chciał wkroczyć do Jerozolimy jako jeździec na koniu, ale chciał wejść w pokoju i z dobrą wolą, jako Syn Człowieczy na ośle.

Jezus długo próbował wpoić swoim apostołom i uczniom, przez bezpośrednie nauczanie, że jego królestwo nie jest z tego świata, że to jest sprawa czysto duchowa, ale jego wysiłki nie odnosiły skutku. Teraz to, czego nie udało mu się dokonać zwykłym i indywidualnym nauczaniem, chciał uzyskać symbolicznym apelem. Dlatego też, zaraz po obiedzie, Jezus zawołał Piotra i Jana a potem polecił im iść do Betfage, sąsiedniej wioski, leżącej niedaleko od głównej drogi, w niewielkiej odległości na północny zachód od Betanii i powiedział im: „Idźcie do Betfage, a kiedy dojdziecie do rozwidlenia dróg, znajdziecie tam uwiązane źrebię oślicy. Odwiążcie źrebię i przyprowadźcie je do mnie. Jeżeli ktokolwiek was zapyta, dlaczego to robicie, powiecie po prostu: «Mistrz je potrzebuje»". I kiedy dwóch apostołów poszło do Betfage, tak jak im kazał Mistrz, znaleźli źrebię uwiązane obok jego matki, zwyczajnie na ulicy, w pobliżu narożnego domu. Kiedy Piotr zaczął odwiązywać źrebię, podszedł do nich właściciel i zapytał, dlaczego to robią i kiedy Piotr odpowiedział mu tak, jak Jezus polecił, człowiek powiedział: „Jeżeli twój Mistrz jest Jezusem z Galilei, niech ma źrebię". I tak wrócili, prowadząc osiołka ze sobą.

W tym czasie kilkuset pielgrzymów zgromadziło się wokół Jezusa i jego apostołów. Od przedpołudnia zatrzymywali się przybysze idący na Paschę. W międzyczasie, Dawid Zebedeusz i kilku jego byłych towarzyszy posłańców, poszli z własnej inicjatywy w pośpiechu do Jerozolimy, gdzie z dobrym skutkiem rozpowszechniali wieść, wokół Świątyni pośród tłumów odwiedzających pielgrzymów, że Jezus z Nazaretu triumfalnie wjeżdża do miasta. Zatem kilka tysięcy gości stłoczyło się, aby powitać tego, o którym tak wiele mówiono, proroka i cudotwórcę, w którego niektórzy wierzyli, że jest

Mesjaszem. Te wychodzące z Jerozolimy rzesze spotkały Jezusa i tłumy idące do miasta i zaraz jak tylko przeszły szczyt Góry Oliwnej, zaczęły schodzić ku miastu.

Kiedy orszak wychodził z Betanii, wielki entuzjazm panował wśród świątecznego tłumu uczniów, wierzących i odwiedzających pielgrzymów, z których wielu przybyło z Galilei i Perei. Zanim wyszli, dwanaście kobiet z początkowej grupy kobiecej, w towarzystwie niektórych ich współpracownic, przybyło na to miejsce i przyłączyło się do tej unikalnej procesji, gdy tak radośnie szła w kierunku miasta.

Nim wyruszyli, bliźniacy Alfeusza okryli swoimi płaszczami osiołka i trzymali go, kiedy Mistrz siadał na niego. Kiedy orszak szedł w kierunku szczytu Góry Oliwnej, świąteczny tłum rzucał szaty na ziemię i przynosił gałęzie z pobliskich drzew, aby ułożyć honorowy dywan dla osła, niosącego królewskiego Syna, obiecanego Mesjasza. Gdy ta wesoła rzesza szła w kierunku Jerozolimy, zaczęto śpiewać, lub raczej zgodnym brzmieniem wykrzykiwać Psalm: „Hosanna dla syna Dawidowego; Błogosławiony, który przychodzi w imię Pańskie. Hosanna na wysokościach. Błogosławione królestwo, które przychodzi z nieba".

Kiedy tak szli, Jezus był wesoły i radosny, dopóki nie doszedł do szczytu Góry Oliwnej, z której rozpościerał się rozległy widok na miasto i wieże Świątyni; tam Mistrz zatrzymał procesję i wielka cisza zapanowała, gdy ludzie spostrzegli, że płacze. Patrząc w dół, na niezmierzone tłumy wychodzące z miasta, aby go powitać, Mistrz z wielkim wzruszeniem i głosem przez łzy, powiedział: „O Jerozolimo, gdybyś poznała, właśnie ty, przynajmniej w tym twoim dniu, sprawy, które służą twemu pokojowi i które tak obficie mogłaś mieć! Lecz teraz bliski jest czas, kiedy ta chwała zniknie z twoich oczu. Wkrótce odrzucisz Syna Pokoju i się odwrócisz od ewangelii zbawienia. Niedługo nadejdą na ciebie te czasy, w których twoi nieprzyjaciele roztoczą wokół ciebie umocnienia i przystąpią do oblężenia z każdej strony; doszczętnie cię zniszczą, tak bardzo, że nie zostawią kamienia na kamieniu. A wszystko to zdarzy się dlatego, że nie poznałaś czasu twojego Boskiego nawiedzenia. Bliski jest czas, kiedy odrzucisz dar Boga a wszyscy odrzucą ciebie".

Kiedy umilkł, zaczęli schodzić z Góry Oliwnej i wkrótce połączyli się z tłumem gości, którzy nadchodzili z Jerozolimy i machali gałęziami palmowymi, wykrzykując hosanna oraz wszelkimi sposobami wyrażali radość i poczucie wspólnoty. Mistrz nie planował, aby te rzesze wyszły z Jerozolimy na ich spotkanie; to była robota innych. Nigdy nie planował niczego widowiskowego.

Razem z tłumami, które wylały się na powitanie Mistrza, wyszło także wielu faryzeuszy i innych jego wrogów. Byli oni tak bardzo zatrwożeni nagłym i niespodziewanym porywem powszechnego entuzjazmu, że bali się go aresztować, ażeby nie wywołać w ten sposób otwartego buntu pospólstwa. Bardzo się też obawiali postawy znacznej liczby gości, którzy wiele słyszeli o Jezusie i z których wielu w niego wierzyło.

Kiedy zbliżali się do Jerozolimy, tłum zaczynał coraz intensywniej manifestować swoje uczucia, tak bardzo, że kilku faryzeuszy podeszło do Jezusa i powiedziało mu: „Nauczycielu, powinieneś skarcić swoich uczniów i napomnieć ich, aby zachowywali się bardziej przyzwoicie." Jezus odpowiedział: „Jest całkiem właściwe, aby te dzieci witały Syna Pokoju, którego wyżsi kapłani odrzucili. Bezcelowe byłoby zabraniać im tego, gdyż zamiast nich krzyczałyby przydrożne kamienie".

Faryzeusze pośpieszyli naprzód, wysuwając się przed procesję, aby dołączyć do Sanhedrynu, który wtedy miał posiedzenie w Świątyni i poinformowali swych towarzyszy: „Patrzcie, wszystko, co robimy, nie odnosi skutku, jesteśmy zwodzeni przez tego Galilejczyka. Ludzie oszaleli na jego punkcie, jeśli nie powstrzymamy tych prostaków, cały świat za nim pójdzie".

Faktycznie, ten powierzchowny i spontaniczny wybuch powszechnego entuzjazmu nie miał żadnego głębszego znaczenia. Powitanie to, aczkolwiek było radosne i szczere, nie świadczyło o jakimkolwiek prawdziwym, czy głęboko w sercach tkwiącym przekonaniu tej wesołej rzeszy. Pod koniec tygodnia te same tłumy tak samo skłonne były odrzucić Jezusa, kiedy Sanhedryn raz przyjął twardą i zdecydowaną postawę przeciwko niemu i kiedy zostały otrzeźwione – kiedy ludzie zrozumieli, że Jezus nie będzie ustanawiał królestwa zgodnie z ich długo żywionymi oczekiwaniami.

Jednak całe miasto było mocno poruszone, na tyle, że każdy pytał: „Kim jest ten człowiek?". A rzesze odpowiadały: „To jest prorok z Galilei, Jezus z Nazaretu".

4. POBYT W ŚWIĄTYNI

Kiedy bliźniacy Alfeusza odprowadzali osiołka właścicielowi, Jezus z dziesięcioma apostołami odłączył się od towarzyszących im osób i przechadzał się wokół Świątyni, przyglądając się przygotowaniom do Paschy. Nie próbowano naprzykrzać się Jezusowi, ponieważ Sanhedryn bardzo bał się ludzi, a był to mimo wszystko jeden z powodów, że Jezus pozwolił rzeszom, ażeby go w ten sposób przyjęły. Apostołowie nie bardzo rozumieli, że tylko takie ludzkie postępowanie skutecznie mogło zapobiec natychmiastowemu aresztowaniu Jezusa przy wejściu do miasta. Mistrz chciał dać mieszkańcom Jerozolimy, znacznym i prostym, jak również dziesiątkom tysięcy ludzi, którzy przybyli na Paschę, jeszcze jedną i ostatnią szansę usłyszenia ewangelii i przyjęcia, gdyby zechcieli, Syna Pokoju.

I teraz, gdy nadszedł wieczór, tłumy poszły zaopatrzyć się w żywność; Jezus i jego najbliżsi zwolennicy pozostali sami. Jakże dziwny to był dzień! Apostołowie byli zamyśleni, ale milczeli. Nigdy, w czasie lat współpracy z Jezusem, nie widzieli takiego dnia jak ten. Przez chwilę siedzieli obok skarbnicy, patrząc, jak ludzie wrzucają datki: bogaci dużo wkładali do skarbonki i wszyscy coś dawali, stosownie do wielkości swego majątku. W końcu samotnie przyszła biedna wdowa, ubogo odziana i widzieli, jak wrzuciła dwa grosze (małe miedziaki) do otworu. I wtedy odezwał się Jezus, zwracając uwagę apostołów na wdowę: „Zważcie na to, co przed chwilą widzieliście. Ta biedna wdowa wrzuciła więcej niż wszyscy inni, gdyż wszyscy inni wrzucili jako dar nieco z tego, co im zbywało, ale ta biedna kobieta, mimo że sama jest w potrzebie, dała wszystko, co miała, nawet swoje utrzymanie".

Jak zapadał wieczór, chodzili w milczeniu po dziedzińcach Świątyni i kiedy Jezus popatrzył raz jeszcze na dobrze mu znane otoczenie, przypominając swoje przeżycia związane z poprzednimi odwiedzinami, nie wyłączając najwcześniejszych, powiedział: „Chodźmy do Betanii na spoczynek". Jezus, razem z Piotrem i Janem, poszedł do domu Szymona, podczas gdy inni apostołowie nocowali u swoich przyjaciół w Betanii i Betfage.

5. POSTAWA APOSTOŁÓW

Tej niedzieli, gdy wracali do Betanii, Jezus szedł przed apostołami. Nie padło ani jedno słowo, dopóki nie rozdzielili się po przybyciu do domu Szymona. Żadne dwanaście istot ludzkich nie przeżywało nigdy tak rozmaitych i niewytłumaczalnych emocji, jakie teraz wzbierały w umysłach i duszach tych ambasadorów królestwa. Ci krzepcy Galilejczycy byli zdezorientowani i zakłopotani; nie wiedzieli, czego się spodziewać, byli zbyt zaskoczeni, aby się mogli nazbyt obawiać. Nic nie wiedzieli o planach Mistrza na następny dzień i nie zadawali żadnych pytań. Udali się do swych miejsc zakwaterowania, ale nie spali wiele, za wyjątkiem bliźniaków. Jednak nie trzymali uzbrojonych straży do ochrony Jezusa w domu Szymona.

Andrzej był zupełnie oszołomiony, nieomal zdezorientowany. Był jedynym apostołem, który nie traktował zbyt serio powszechnego wybuchu entuzjazmu. Był zbyt zaabsorbowany rozmyślaniem o swojej odpowiedzialności jako szefa zespołu apostolskiego, aby traktować poważnie znaczenie czy doniosłość głośnych hosann tłumów. Andrzej uważnie obserwował niektórych swoich towarzyszy, o których się obawiał, że podczas ogólnego podniecenia mogą dać się ponieść emocjom, zwłaszcza Piotra, Jakuba, Jana i Szymona Zelotę. Przez cały ten dzień i dni następne, Andrzeja niepokoiły poważne wątpliwości, ale nigdy się nie podzielił swoimi obawami ze swymi towarzyszami apostołami. Niepokoiła go postawa niektórych spośród Dwunastu, o których wiedział, że są uzbrojeni w miecze; nie wiedział jednak, że jego własny brat, Piotr, nosi właśnie taką broń. I tak orszak wchodzący do Jerozolimy wywarł stosunkowo niewielkie wrażenie na Andrzeju, był zbyt zaabsorbowany odpowiedzialnością, wynikającą z jego stanowiska, aby mogło to na niego oddziaływać w jakikolwiek inny sposób.

Szymon Piotr był pierwszym, którym nieomal zawładnęła ta powszechna manifestacja entuzjazmu, ale znacznie otrzeźwiał do tego czasu, kiedy wrócili na noc do Betanii. Piotr po prostu nie mógł zrozumieć, o co chodziło Mistrzowi. Był bardzo rozczarowany, że Jezus nie wykorzystał fali powszechnej życzliwości, aby wygłosić jakieś oświadczenie. Piotr nie potrafił zrozumieć, dlaczego Jezus nie przemawiał do tłumów, kiedy przybyli do Świątyni albo dlaczego nie pozwolił przynajmniej przemówić do rzeszy jednemu z apostołów. Piotr był wielkim kaznodzieją i nie lubił patrzeć, jak się marnuje taka wielka, chłonna i entuzjastyczna audiencja. Tak bardzo chciał głosić ewangelię królestwa tłumom, tam w Świątyni, ale Mistrz wyraźnie pouczył apostołów, że nie wolno im nauczać ani głosić kazań podczas tego tygodnia Paschy w Jerozolimie. Skutek tej widowiskowej procesji w mieście był dla Szymona Piotra tragiczny; przed wieczorem doszedł do siebie, ale był niezmiernie zasmucony.

Dla Jakuba Zebedeusza ta niedziela była dniem rozterki i wielkiej dezorientacji; nie mógł zrozumieć sensu tego, co się stało; nie mógł zrozumieć zamiarów Mistrza, który zezwolił na to burzliwe przyjęcie a potem, kiedy przybyli do Świątyni, nie powiedział ani słowa do ludzi. Kiedy orszak posuwał się w dół, z Góry Oliwnej w kierunku Jerozolimy, a zwłaszcza, kiedy spotkali tysiące pielgrzymów, którzy wylali się z miasta, aby powitać Mistrza, Jakub był okrutnie rozdarty sprzecznymi uczuciami dumy i zadowolenia z tego, co widział i dogłębnym poczuciem strachu przed tym, co może się zdarzyć, kiedy dotrą do Świątyni. A potem był przybity i ogarnęło go rozczarowanie, kiedy Jezus zszedł z osiołka i poszedł dalej, bez pośpiechu przez dziedzińce Świątyni. Jakub nie potrafił zrozumieć powodu rezygnacji z tak wspaniałej okazji ogłoszenia królestwa. Wieczorem głęboko wpadł w szpony rozpaczliwej i okropnej niepewności.

Jan Zebedeusz w pewien sposób nieomal zrozumiał, dlaczego Jezus tak postąpił; pojął przynajmniej częściowo duchowe znaczenie tego, tak zwanego triumfalnego wejścia do Jerozolimy. Gdy tłumy posuwały się w kierunku Świątyni i kiedy Jan zobaczył, jak Mistrz siedzi okrakiem na osiołku, przypomniał sobie, że kiedyś słyszał Jezusa cytującego ustęp z Pisma Świętego, wypowiedź Zachariasza, która opisywała Mesjasza przychodzącego jako człowiek pokoju, wjeżdżającego do Jerozolimy na ośle. Kiedy Jan rozważał Pismo Święte, zaczynał rozumieć symboliczne znaczenie tego widowiska, jakie się odbyło w niedzielne popołudnie. Przynajmniej odpowiednio zrozumiał znaczenie tego fragmentu Pisma Świętego, aby mógł niejako radować się tym zdarzeniem i nie popaść w zbytnie przygnębienie, na skutek pozornie bezcelowego zakończenia triumfalnej procesji. Jan posiadał ten rodzaj umysłu, który naturalnie skłonny był do myślenia i odczuwania w symbolach.

Filipa bardzo niepokoiła nagłość i spontaniczność tego porywu radości. Podczas schodzenia z Góry Oliwnej nie był w stanie zebrać myśli na tyle, by dojść do jakiegokolwiek przekonania, o co chodziło w całej demonstracji. W pewnym sensie cieszyło go to widowisko, ponieważ oddawano cześć Mistrzowi. Kiedy dotarli do Świątyni, trwożyła go myśl, że Jezus mógłby ewentualnie poprosić go o nakarmienie tłumów; tak więc postępowanie Jezusa, oddalającego się powoli od tłumów, które tak srodze rozczarowało większość apostołów, stanowiło wielką ulgę dla Filipa. Tłumy były niekiedy wielkim utrapieniem dla gospodarza Dwunastu. Po tym, jak rozwiały się jego osobiste obawy odnośnie materialnych potrzeb tłumów, Filip razem z Piotrem wyrażał swe rozczarowanie, że nic nie zostało zrobione w celu nauczania tłumów. Tej nocy Filip zaczął rozmyślać nad tymi zdarzeniami i pokusił się wątpić w całą ideę królestwa; uczciwie zastanawiał się nad tym, co miało to wszystko znaczyć, ale z nikim nie podzielił się swoimi wątpliwościami; zbyt mocno kochał Jezusa. Pokładał wielką osobistą wiarę w Mistrzu.

Nataniel najbliższy był zrozumienia przyczyn, dlaczego Mistrz zjednał sobie powszechne poparcie pielgrzymów, którzy przyszli na Paschę, niezależnie od symbolicznych i proroczych aspektów tego zdarzenia. Zanim dotarli do Świątyni, doszedł do wniosku, że bez tak demonstracyjnego wejścia do Jerozolimy, Jezus zostałby aresztowany przez urzędników Sanhedrynu i wtrącony do więzienia w tym momencie, kiedy ośmieliłby się wejść do miasta. Dlatego też nie był wcale zaskoczony, że Mistrz nie wykorzystał rozradowanych tłumów, kiedy w końcu wszedł w obręb murów miasta i wywarł tak przekonywające wrażenie na żydowskich przywódcach, że zrezygnowali z jego natychmiastowego aresztowania. Rozumiejąc prawdziwą przyczynę, dlaczego Mistrz w taki sposób wszedł do miasta, Nataniel był naturalnie bardziej zrównoważony i mniej zbulwersowany i rozczarowany dalszym postępowaniem Jezusa, niż pozostali apostołowie. Nataniel był pewien, że Jezus rozumie ludzi; ufał również jego przenikliwości i inteligencji podczas działania w trudnych sytuacjach.

Mateusz z początku był zażenowany tą widowiskową imprezą. Nie pojął znaczenia tego, co widziały jego oczy, aż do momentu, kiedy także przypomniał sobie księgę Zachariasza, gdzie prorok napomknął o radości Jerozolimy, ponieważ jej król przybył przynosząc zbawienie, a jechał na źrebięciu osła. Kiedy procesja posuwała się do miasta a potem poszła w kierunku Świątyni, Mateusz popadał w zachwyt; był pewien, że nastąpi coś niezwykłego, kiedy Mistrz przybędzie do Świątyni na czele tego krzyczącego tłumu. Kiedy faryzeusz kpił z Jezusa, mówiąc: „Patrzcie, wszyscy, widzicie kto tutaj przybywa, król Żydów jedzie na ośle!", Mateusz tylko na skutek swej wielkiej powściągliwości powstrzymał się od rękoczynów. Kiedy wracali do Betanii, żaden z Dwunastu nie był tego wieczora bardziej przygnębiony niż Mateusz. Oprócz Szymona Piotra i Szymona Zeloty, przeżył on najwyższe napięcie nerwowe i przed wieczorem był wyczerpany. Ale rankiem Mateusz znacznie poweselał; mimo wszystko umiał radośnie przegrywać.

Ze wszystkich apostołów, Tomasz był najbardziej zdezorientowanym i zagubionym człowiekiem. Przez większość czasu po prostu szedł z innymi, przyglądał się widowisku i szczerze się zastanawiał, co mogło być motywem tego, że Mistrz wziął udział w tak osobliwej demonstracji. Na samym dnie swojego serca uważał całą tę imprezę za bardzo dziecinną, jeśli nie kompletnie głupią. Nigdy nie widział, żeby Jezus robił coś podobnego i nie mógł sobie wytłumaczyć jego dziwnego zachowania w to niedzielne popołudnie. Kiedy dotarli do Świątyni, Tomasz wydedukował, że celem tej powszechnej demonstracji było zastraszenie Sanhedrynu, żeby nie ośmielili się bezzwłocznie aresztować Mistrza. W drodze powrotnej do Betanii, Tomasz wiele rozmyślał, ale nic nie mówił. Zanim poszedł spać, mądrość Mistrza, który zainscenizował tego typu zgiełkliwe wejście do Jerozolimy zaczęła się w jakiś sposób wydawać jemu humorystyczna i bardzo się cieszył z tego powodu.

Ta niedziela zaczęła się dla Szymona Zeloty jako wielki dzień. Oczyma wyobraźni widział cudowne zdarzenia w Jerozolimie w ciągu następnych kilku dni i w tym miał rację, ale Szymon marzył o ustanowieniu nowego, narodowego władcy Żydów, z Jezusem na tronie Dawida. Szymon widział wkraczających do akcji nacjonalistów, jak tylko zostanie ogłoszone królestwo, a siebie naczelnym dowódcą gromadzących się sił zbrojnych nowego królestwa. Po drodze z Góry Oliwnej w dół, wyobrażał sobie nawet Sanhedryn i wszystkich jego sympatyków martwych przed zachodem słońca. Naprawdę wierzył, że coś wielkiego się stanie. W całym tłumie był najbardziej hałaśliwym człowiekiem. Przed siedemnastą, tego popołudnia, był cichym, zdruzgotanym i rozczarowanym apostołem. Nigdy w pełni nie przyszedł do siebie po tej depresji, jaka zakorzeniła się w nim na skutek tych szokujących dni; przynajmniej nie wcześniej niż długo po zmartwychwstaniu Mistrza.

Dla bliźniaków Alfeusza był to wspaniały dzień. Naprawdę cały czas się cieszyli, a ponieważ nie było ich podczas cichej wędrówki wokół Świątyni, uniknęli dużego przeskoku nastroju po powszechnej radości. Nie byli w stanie zrozumieć przygnębienia apostołów, kiedy tego wieczora wrócili do Betanii. W pamięci bliźniaków był to zawsze ten dzień, kiedy byli blisko nieba na Ziemi. Był to dzień najwyższej radości w całej ich działalności jako apostołów. I pamięć dumy tego, niedzielnego popołudnia, wiodła ich przez całą tragedię tak bogatego w wydarzenia tygodnia, aż do godziny ukrzyżowania. Było to najbardziej właściwe wejście króla, jakie bliźniacy mogli sobie wyobrazić; radowali się każdą chwilą całego pochodu. W pełni aprobowali wszystko to, co zobaczyli i długo cieszyły ich te wspomnienia.

Spośród wszystkich apostołów, na Judasza Iskariotę najbardziej niekorzystnie wpłynęło to procesyjne wejście do Jerozolimy. Jego umysł nurtowały sprzeczności, ponieważ poprzedniego dnia Mistrz zganił go w związku z namaszczeniem przez Marię na uczcie w domu Szymona. Judasz brzydził się całym tym widowiskiem. Wydawało mu się dziecinne, jeśli nie naprawdę absurdalne. I kiedy ów mściwy apostoł rozważał wydarzenia tego niedzielnego popołudnia, Jezus wydawał mu się bardziej podobny do klowna niż do króla. Całym sercem czuł odrazę do całego tego przedstawienia. Podzielał poglądy Greków i Rzymian, którzy patrzyli z góry na każdego, kto zgodziłby się jechać na ośle czy na źrebięciu osła. Zanim triumfalna procesja weszła do miasta, Judasz prawie już postanowił porzucić całą ideę takiego królestwa; nieomal zadecydował odwrócić się od wszystkich tych groteskowych prób ustanowienia królestwa nieba. I wtedy pomyślał o wskrzeszeniu Łazarza i wielu innych rzeczach i postanowił zostać z apostołami, przynajmniej jeszcze jeden dzień. Ponadto niósł torbę a nie chciał zdezerterować z apostolskimi pieniędzmi, które były w jego posiadaniu. W drodze powrotnej do Betanii tego wieczora jego zachowanie nie wydawało się dziwne, ponieważ wszyscy apostołowie byli w równym stopniu przybici i milczący.

Ogromny wpływ na Judasza wywarło ośmieszanie go przez jego przyjaciół, saduceuszy. Żaden inny, pojedynczy czynnik, nie wywarł na niego tak wielkiego wpływu, przy podjęciu ostatecznej decyzji, aby porzucić Jezusa i jego towarzyszy apostołów, jak pewien epizod, który wydarzył się właśnie wtedy, kiedy Jezus dotarł do bramy miasta. Poczesny saduceusz (przyjaciel rodziny Judasza) podbiegł do niego i w duchu radosnego wyszydzania, klepiąc go po plecach, powiedział: „Dlaczego masz taką zmartwioną minę, mój dobry przyjacielu, głowa do góry i przyłącz się do nas wszystkich, kiedy okrzykujemy Jezusa z Nazaretu królem Żydów, jak wjeżdża w bramy Jerozolimy, siedząc na ośle". Judasz nigdy nie ugiął się przed prześladowaniem, ale nie mógł znieść takiego ośmieszania. Z długo żywionymi pragnieniami zemsty zmieszał się teraz ów zgubny strach przed ośmieszeniem, to straszne i przerażające uczucie wstydu za swojego Mistrza i współbraci apostołów. W swym sercu, ten wyświęcony ambasador królestwa już był dezerterem; teraz pozostawało mu tylko znaleźć jakieś wiarygodne usprawiedliwienie otwartego zerwania z Mistrzem.

PRZEKAZ 173

PONIEDZIAŁEK W JEROZOLIMIE

WCZESNYM rankiem, w poniedziałek, zgodnie z wcześniejszą umową, Jezus i apostołowie zebrali się w domu Szymona, w Betanii i po krótkiej rozmowie wyruszyli do Jerozolimy. Kiedy tak szli w kierunku Świątyni, Dwunastu dziwnie milczało; nie pozbierali się jeszcze z przeżyć dnia poprzedniego. Oczekiwali czegoś, byli wystraszeni i głęboko przejęci jakimś poczuciem odłączenia, wynikającym z nagłej zmiany taktyki Mistrza, połączonej z jego poleceniem, aby nie angażować się w żadne publiczne nauczanie przez cały tydzień paschalny.

Gdy grupa apostolska schodziła w dół, z Góry Oliwnej, Jezus prowadził, apostołowie szli za nim w pełnej medytacji ciszy. Tylko jedna myśl zajmowała wszystkich, za wyjątkiem Judasza Iskarioty, a mianowicie: Co Mistrz dzisiaj zrobi? Jedyną myślą, zajmującą Judasza, było: Co mam zrobić? Czy mam zostać z Jezusem i moimi współbraćmi, czy powinienem się wycofać? A jeśli odejdę, w jaki sposób mam zerwać?

Około dziewiątej, tego pięknego ranka, dotarli do Świątyni. Weszli od razu na wielki dziedziniec, gdzie Jezus tak często nauczał i po pozdrowieniu wiernych, którzy na niego czekali, Jezus wszedł na jedną z platform dla nauczających i zaczął przemawiać do gromadzącego się tłumu. Apostołowie oddalili się nieco i oczekiwali rozwoju wypadków.

1. OCZYSZCZENIE ŚWIĄTYNI

W związku z nabożeństwami i obrzędami religijnymi w Świątyni rozwinął się wielki handel. Interesy te polegały na dostarczaniu odpowiednich zwierząt na różne ofiary. Aczkolwiek pozwalano na to, żeby wierny dostarczył swoją własną ofiarę, faktem pozostawało, że zwierzęta te musiały być zupełnie bez „skazy" według prawa lewickiego, tak, jak je interpretowali oficjalni inspektorzy Świątyni. Niejeden wierny przeżył upokorzenie, kiedy jego domniemanie doskonałe zwierzę zostało odrzucone przez inspektorów świątynnych. Dlatego też stało się powszechną praktyką kupowanie zwierząt ofiarnych w Świątyni i chociaż było kilka punktów w pobliżu Góry Oliwnej, gdzie można je było kupić, modne stało się kupowanie zwierząt wprost z zagród świątynnych. Stopniowo przyjął się zwyczaj sprzedawania wszelkiego rodzaju zwierząt ofiarnych na dziedzińcach Świątyni. W ten sposób rozwinęła się szeroka działalność handlowa, przynosząca ogromne zyski. Część tych dochodów zarezerwowana była dla skarbu Świątyni, ale znaczna ich większość dostawała się pośrednio w ręce rządzących rodzin wyższych kapłanów.

Sprzedaż tych zwierząt w Świątyni rozwijała się dobrze, dlatego, że kiedy wierny kupował zwierzę, choć cena mogła być wysoka, nie musiał już nic więcej płacić i mógł być pewny, że planowana ofiara nie zostanie odrzucona z powodu posiadania rzeczywistych czy proceduralnych skaz. W takim czy innym czasie, system zawyżonych cen narzucano prostym ludziom, szczególnie w czasie świąt narodowych. W pewnym okresie chciwi kapłani posunęli się tak daleko, że domagali się równowartości tygodnia pracy za parę gołębi, którą powinno sprzedawać się biednym za parę groszy. „Synowie Annasza" zaczęli już zakładać bazary w okolicach Świątyni; te czysto handlowe targowiska przetrwały do czasu ich ostatecznego zburzenia przez pospólstwo, na trzy lata przed zniszczeniem samej Świątyni.

Jednak handel zwierzętami ofiarnymi i sprzedaż różnorodnych towarów nie były jedynym rodzajem profanacji dziedzińców Świątyni. Rozwijano równocześnie szeroki system bankowy i komercyjną wymianę, które były prowadzone właśnie na dziedzińcach Świątyni. A doszło do tego wszystkiego w następujący sposób. Za czasów dynastii asmonejskiej Żydzi bili własne, srebrne monety i weszło w zwyczaj płacenie świątynnych opłat pół szekla i wszelkich innych świadczeń na rzecz Świątyni w żydowskiej monecie. Zgodnie z tym, właściciele kantorów mieli licencje na wymianę różnego rodzaju waluty, będącej w obiegu w całej Palestynie i innych prowincjach Cesarstwa Rzymskiego, na ortodoksyjnego szekla, bitego przez Żydów. Główny podatek świątynny, płacony przez wszystkich oprócz kobiet, niewolników i nieletnich, wynosił pół szekla; była to moneta wielkości dziesięciu centów, ale dwa razy grubsza. W czasach Jezusa kapłani nie musieli płacić opłat świątynnych. Zgodnie z tym, od 15 do 25 dnia miesiąca poprzedzającego Paschę, upoważnieni do tej wymiany ustawiali swoje kantory w głównych miastach Palestyny, żeby dostarczyć ludziom odpowiednich pieniędzy na wywiązanie się z opłat świątynnych po przyjściu do Jerozolimy. Po tym, dziesięciodniowym okresie, wymieniający przenosili się do Jerozolimy i ustawiali swoje stoły wymiany na dziedzińcach Świątyni. Mieli zezwolenie pobierania równowartości trzech do czterech centów prowizji od monety wartości około dziesięciu centów; w przypadku wymiany monet o większej wartości mieli zezwolenie inkasować podwójnie. Świątynni bankierzy czerpali również korzyści z wymiany wszystkich pieniędzy przeznaczonych na zakup zwierząt ofiarnych, na opłaty składane przy ślubowaniach, jak i na ofiary pieniężne.

Właściciele kantorów w Świątyni nie tylko prowadzili normalne interesy bankowe dla profitu, pochodzącego z wymiany ponad dwudziestu różnych rodzajów walut, które odwiedzający pielgrzymi okresowo przynosili do Jerozolimy, ale zajmowali się również wszelkimi innymi transakcjami, typowymi dla działalności bankowej. Zarówno skarb Świątyni, jak i zarządcy Świątyni czerpali ogromne zyski z działalności handlowej. Zdarzało się, że w świątynnej skarbnicy przetrzymywano równowartość ponad dziesięciu milionów dolarów, podczas gdy prości ludzie marnieli w ubóstwie i wciąż płacili niesprawiedliwe podatki.

W poniedziałkowy ranek, pośród tego hałaśliwego skupiska właścicieli kantorów, kupców i sprzedawców bydła, Jezus próbował nauczać ewangelii królestwa niebiańskiego. Nie był osamotniony w swym oburzeniu na taką profanację Świątyni; zwykli ludzie, zwłaszcza Żydzi przybywający z zagranicy, również szczerze się oburzali na paskarską profanację ich narodowego domu modlitwy. W tym czasie sam Sanhedryn odbywał regularne narady w pomieszczeniu otoczonym przez całą tę paplaninę i zamieszanie, czynione przez kupców i właścicieli kantorów.

Kiedy Jezus miał zaczynać swoje przemówienie, wydarzyły się dwie rzeczy, które przykuły jego uwagę. Przy pobliskim kantorze wybuchnął gwałtowny i ożywiony spór o domniemane oszukanie Żyda z Aleksandrii, podczas gdy w tej samej chwili powietrze rozdarł ryk stada blisko stu wołów, pędzonych z jednych zagród zwierzęcych do innych. Gdy Jezus przerwał, milcząco, ale uważnie przypatrując się tej scenie handlu i chaosu, spostrzegł w pobliżu prostego Galilejczyka, człowieka, z którym raz rozmawiał w Jireon, wyśmiewanego i poszturchiwanego przez butnych i uważających się za lepszych Judejczyków; i to, wszystko razem, spowodowało jeden z tych dziwnych i okresowych wybuchów oburzenia w duszy Jezusa.

Ku zdumieniu apostołów, stojących tuż obok, którzy nie brali udziału w tym, co wkrótce nastąpiło, Jezus zszedł z platformy do nauczania i podchodząc do chłopca, który pędził stado przez dziedziniec, zabrał mu pleciony bicz i szybko wygnał zwierzęta ze Świątyni. Ale to nie wszystko; krocząc majestatycznie przed zdziwionym wzrokiem tysięcy ludzi zgromadzonych na dziedzińcach Świątyni, podszedł do najdalszej zagrody dla bydła, zaczął otwierać bramy każdej kolejnej przegrody i wypuszczać uwięzione zwierzęta. W tym czasie zgromadzeni tam pielgrzymi, podekscytowani, z wielkim wrzaskiem ruszyli w stronę bazaru i zaczęli przewracać stoły właścicieli kantorów. Nie minęło pięć minut, jak cały handel został wymieciony ze Świątyni. Kiedy na scenę wkroczyła pobliska gwardia rzymska, wszędzie był spokój, tłum stał w porządku. Jezus, wracając na mównicę, przemówił do tłumów: „Dzisiaj byliście świadkami tego, co jest napisane w Piśmie Świętym: «Mój dom ma być domem modlitwy dla wszystkich narodów, a wy uczyniliście z niego jaskinię zbójców»".

Ale zanim zdołał wyrzec następne słowa, wielkie zgromadzenie wybuchło hosannami chwały i niebawem tłum młodzieńców wyszedł z ciżby i zaśpiewał hymn dziękczynny, wyrażając uznanie, że profani i spekulujący kupcy zostali wyrzuceni z poświęconej Świątyni. W tym czasie zjawili się jacyś kapłani i jeden z nich rzekł do Jezusa: „Czy ty nie słyszysz, co mówią dzieci lewitów?". A Mistrz odpowiedział: „Czy nigdy nie czytaliście «Z ust niemowląt i ssących zgotowałeś sobie chwałę»?". I przez całą resztę dnia Jezus nauczał; straże, postawione przez ludzi, pilnowały każdej bramy i nie pozwoliły nikomu przenieść nawet pustego naczynia przez dziedzińce Świątyni.

Kiedy wyżsi kapłani i uczeni w Piśmie usłyszeli, co się zdarzyło, odebrało im mowę. Jeszcze bardziej bali się Mistrza i jeszcze bardziej byli zdeterminowani, żeby go zgładzić. Ale znaleźli się w impasie. Nie wiedzieli, jak go uśmiercić, gdyż bardzo bali się tłumów, które teraz tak otwarcie aprobowały wyrzucenie przez niego bluźnierczych spekulantów. I przez cały ten dzień, dzień ciszy i spokoju na dziedzińcach Świątyni, ludzie słuchali Jezusowej nauki i dosłownie pochłaniali jego słowa.

Apostołowie nie potrafili zrozumieć tego zaskakującego czynu Jezusa. Byli tak bardzo zaszokowani nagłym i niespodziewanym posunięciem Mistrza, że w trakcie tych wszystkich wypadków stłoczyli się razem, blisko mównicy; nie ruszyli nawet palcem, aby pomóc w oczyszczeniu Świątyni. Gdyby tak spektakularne zdarzenie nastąpiło dzień wcześniej, w trakcie triumfalnego przybycia Jezusa do Świątyni, na zakończenie jego zgiełkliwej procesji wchodzącej przez bramy miasta, przy głośnej owacji tłumów, byliby gotowi na to, jednak przychodząc tak jak przyszli, zupełnie nie byli przygotowani, aby w tym uczestniczyć.

Oczyszczenie Świątyni było wyrazem stanowiska Mistrza wobec komercjalizacji praktyk religijnych, jak również jego wstrętu wobec wszelkich form nieuczciwości i spekulacji, dokonywanych kosztem biednych i niewykształconych. Wypadki te ukazały również, że Jezus nie aprobował odmowy stosowania siły dla ochrony większości jakiejkolwiek danej grupy ludzkiej, przeciw niesprawiedliwym i zniewalającym ją praktykom niesprawiedliwej mniejszości, która może się obwarować władzą polityczną, finansową czy eklezjastyczną. Sprytnym, złośliwym i podstępnym ludziom nie można pozwolić na zrzeszanie się w celu eksploatacji i ucisku tych, którzy z powodu swego idealizmu nie chcą używać siły dla swojej obrony, czy też dla wspierania swych chwalebnych planów życiowych.

2. KWESTIONOWANIE AUTORYTETU MISTRZA

Triumfalne wejście do Jerozolimy, w niedzielę, tak zatrwożyło żydowskich przywódców, że nie aresztowali Jezusa. Dzisiaj, to widowiskowe oczyszczenie Świątyni również opóźniło aresztowanie Mistrza. Dzień po dniu żydowscy przywódcy stawali się coraz bardziej zdeterminowani, aby zgładzić Jezusa, ale obawiali się dwóch rzeczy, co przyczyniło się do opóźnienia godziny ich działania. Wyżsi kapłani i uczeni w Piśmie nie chcieli aresztować Jezusa w miejscu publicznym, ze strachu, żeby tłumy się nie obróciły przeciw nim w furii oburzenia; przerażała ich także możliwość wezwania gwardii rzymskiej do stłumienia powstania ludowego.

W czasie południowej sesji Sanhedrynu, kiedy żaden przyjaciel Mistrza nie wziął udziału w zebraniu, jednomyślnie postanowiono, że Jezusa należy bezzwłocznie zgładzić. Ale nie mogli dojść do porozumienia, kiedy i jak go pojmać. W końcu zgodzili się wyznaczyć pięć grup, aby poszły między ludzi i próbowały uwikłać go w jego nauczaniu, lub w inny sposób zdyskredytowały go w oczach tych, którzy słuchali jego nauk. Dlatego też, około czternastej, kiedy Jezus zaczął swoją rozprawę na temat „Wolność synostwa", grupa starszych Izraela podeszła do niego i przerywając mu w zwyczajny sposób, zadała pytanie: „Jakim prawem czynisz te rzeczy? Kto ci dał upoważnienie"?

Było zupełnie normalne, że zarządcy Świątyni i urzędnicy żydowskiego Sanhedrynu powinni zadawać takie pytania każdemu, kto ośmielał się nauczać i zachowywać w tak niezwykły sposób, jaki cechował Jezusa, zwłaszcza w świetle jego niedawnego postępowania i likwidacji całego handlu w Świątyni. Wszyscy kupcy i właściciele kantorów działali na podstawie wyraźnego zezwolenia najwyższych zarządców a procent od ich zysków powinien trafiać bezpośrednio do skarbnicy Świątyni. Nie zapominajcie, że *autorytet* był hasłem przewodnim wszystkich Żydów. Prorocy zawsze wywoływali niepokój, ponieważ tak otwarcie ośmielali się nauczać bez autorytetu, bez odpowiedniej edukacji rabinicznych akademii i późniejszego, przepisowego wyświęcenia przez Sanhedryn. Brak tego rodzaju autorytetu, w powiązaniu z jawnym, publicznym nauczaniem, uważany był za oznakę ignoranckiego zarozumialstwa albo za otwarty bunt. W tamtym czasie tylko Sanhedryn mógł wyświęcić starszego albo nauczyciela i taka ceremonia odbywała się w obecności co najmniej trzech osób, które poprzednio również były w taki sposób wyświęcone. To wyświęcenie nadawało nauczycielowi tytuł „rabina" i *upoważniało go również* do pełnienia funkcji sędziego, „wiążącego i rozwiązującego sprawy, jakie mogły być mu przedstawione do rozstrzygnięcia".

Zarządcy Świątyni przyszli tego popołudnia do Jezusa i kwestionowali nie tylko jego naukę, ale także jego czyny. Jezus dobrze wiedział, że ci właśnie ludzie od dawna nauczali publicznie, że jego autorytet nauczyciela jest szatański i że wszystkie jego wielkie czyny zostały dokonane dzięki potędze księcia diabłów. Dlatego też Mistrz zaczął odpowiadać na ich pytanie, zadając im kontra pytanie. Jezus powiedział: „Chciałbym wam także zadać pytanie, na które, jeśli mi odpowiecie, ja tak samo powiem wam, z jakiego upoważnienia wykonuję te dzieła. Skąd pochodził chrzest Janowy? Czy Jan miał upoważnienie z nieba czy od ludzi"?

Kiedy pytający to usłyszeli, odeszli na stronę, aby się naradzić między sobą, jaką mają dać odpowiedź. Chcieli zawstydzić Jezusa przed tłumem, ale teraz sami stanęli mocno zażenowani przed wszystkimi zgromadzonymi w tym czasie na dziedzińcu Świątyni. I cała ich konsternacja wyszła na jaw, kiedy wrócili do Jezusa i powiedzieli: „Co do chrztu Janowego, nie możemy odpowiedzieć, nie wiemy". I tak odpowiedzieli Mistrzowi, ponieważ rozważyli między sobą: jeśli powiemy, że z nieba, wtedy on powie – dlaczego nie wierzyliście mu i być może doda, że dostał upoważnienie od Jana; a jeśli powiemy, że od ludzi, wtedy tłum może wywrzeć na nas swój gniew, gdyż większość ludzi utrzymuje, że Jan był prorokiem; i tak zmuszeni byli przyjść do Jezusa i ludzi i wyznać, że oni, religijni nauczyciele i władcy Izraela, nie mogą (albo nie chcą) wyrazić swojej opinii o misji Jana. I kiedy to powiedzieli, Jezus patrząc na nich, rzekł: „Tak samo ja nie powiem, z czyjego upoważnienia dokonuję tych rzeczy".

Jezus nigdy nie zamierzał powoływać się na Jana w sprawie swojego autorytetu; Jan nigdy nie był wyświęcony przez Sanhedryn. Autorytet Jezusa był w nim samym i w wiecznej supremacji jego Ojca.

Stosując taką metodę postępowania z przeciwnikami, Jezus nie zamierzał uchylać się od odpowiedzi. Na pierwszy rzut oka wydawać by się mogło, że zrobił mistrzowski unik, ale nie w tym rzecz. Jezus nigdy nie chciał zdobyć niesprawiedliwej przewagi, nawet nad swoimi nieprzyjaciółmi. W tym pozornym uniku dał wszystkim swoim słuchaczom prawdziwą odpowiedź na pytanie faryzeuszy, odnośnie autorytetu, na którym opierała się jego misja. Oni dowodzili, że działał mocą księcia diabłów. Jezus wielokrotnie dowodził, że cała jego nauka i wszystkie dzieła są na mocy i z upoważnienia jego Ojca w niebie. Żydowscy przywódcy nie chcieli tego uznać i starali się przyprzeć go do muru, aby się przyznał, że jest nielegalnym nauczycielem, skoro nigdy nie został zatwierdzony przez Sanhedryn. Odpowiadając im tak, jak to zrobił, podczas kiedy nie twierdził, że ma władzę od Jana, zadowolił ludzi konkluzją, że próba usidlenia go przez wrogów skutecznie obróciła się przeciw nim samym i przyczyniła się znacznie do zdyskredytowania ich w oczach wszystkich obecnych.

Ten właśnie geniusz Mistrza, objawiający się w postępowaniu z jego przeciwnikami, powodował, że tak bardzo się go bali. Tego dnia nie próbowali zadawać mu więcej pytań; odeszli, aby się jeszcze naradzić między sobą. Ludzie jednak nie byli tak niepojętni, żeby nie zauważyć nieuczciwości i nieszczerości w pytaniach zadawanych przez przywódców żydowskich. Nawet prosty lud nie mógł nie zauważyć różnicy pomiędzy moralnym majestatem Mistrza a podstępną hipokryzją jego wrogów. Oczyszczenie Świątyni spowodowało jednak to, że saduceusze przyłączyli się teraz do faryzeuszów, aby zrealizować plan zgładzenia Jezusa. A w tamtym czasie saduceusze stanowili większość w Sanhedrynie.

3. PRZYPOWIEŚĆ O DWÓCH SYNACH

Gdy zaczepliwi faryzeusze stali w milczeniu przed Jezusem, on popatrzył na nich a potem powiedział: „Skoro macie wątpliwości co do misji Jana i nastawiliście się wrogo wobec nauki i dzieł Syna Człowieczego, nadstawcie ucha a opowiem wam przypowieść. Pewien wielki i poważany gospodarz miał dwóch synów i chciał, żeby synowie pomogli mu zarządzać jego wielką posiadłością, przyszedł więc do jednego z nich i powiedział: «Synu, idź dzisiaj do pracy w mojej winnicy». A ten bezmyślny syn odpowiedział swojemu ojcu: «Nie pójdę»; ale po chwili pożałował i poszedł. Kiedy gospodarz znalazł swego starszego syna, tak samo mu powiedział: «Synu, idź do pracy w mojej winnicy». A ten obłudny i niewierny syn odpowiedział: «Tak, mój ojcze, idę». Ale kiedy ojciec odszedł, nie poszedł. Pozwólcie, że was zapytam, który z tych synów naprawdę spełnił wolę ojca"?

I ludzie jednogłośnie powiedzieli: „Pierwszy syn". I wtedy Jezus rzekł: „Właśnie tak; teraz oświadczam wam, że celnicy i nierządnice, gdyby nawet wyglądało, że są nieczuli na wezwanie do żalu za grzechy, zobaczą błąd na swej drodze i wejdą do królestwa Bożego przed wami, którzy macie wielkie aspiracje do służenia Ojcu w niebie podczas gdy odmawiacie czynienia dzieł Ojca. To nie wy, faryzeusze i uczeni w Piśmie, byliście tymi, którzy wierzyli Janowi, ale raczej celnicy i grzesznicy; tak samo nie wierzycie mojej nauce, ale prości ludzie ochoczo słuchają moich słów".

Jezus osobiście nie gardził faryzeuszami i saduceuszami. Usiłował zdyskredytować ich system nauczania i postępowania. Nie był wrogo ustosunkowany do nikogo, ale nastąpiło tutaj nieuniknione zderzenie pomiędzy nową i żywą religią ducha a starszą religią obrzędów, tradycji i władzy.

Przez cały ten czas obok Mistrza stało dwunastu apostołów, ale w żaden sposób nie brali udziału w tych wydarzeniach. Każdy z apostołów reagował w swój specyficzny sposób na zdarzenia tych dni, zamykających służbę Jezusa w ciele i każdy z nich tak samo pozostał posłuszny nakazowi Mistrza, aby nie nauczać publicznie i nie głosić kazań w czasie tego tygodnia Paschy.

4. PRZYPOWIEŚĆ O NIEOBECNYM ZIEMIANINIE

Kiedy przywódcy faryzeuszy i uczeni w Piśmie, którzy próbowali uwikłać Jezusa swymi pytaniami, skończyli słuchać historii o dwóch synach i odeszli, wzięli udział w jeszcze jednej naradzie a Mistrz, zwracając się do słuchającego go tłumu, opowiedział kolejną przypowieść:

„Był dobry człowiek, który był właścicielem nieruchomości i założył winnicę. Ogrodził ją, wykopał w niej dół na tłocznię wina i zbudował wieżę dla strażników. Potem wydzierżawił winnicę dzierżawcom i wyjechał w długą podróż do innego kraju. A gdy nadeszła pora zbiorów, wysłał swoich służących do dzierżawców, aby pobrali czynsz. Ale oni naradzili się między sobą i nie chcieli wydać sługom plonów, należnych ich panu; zamiast tego napadli na nich, bijąc jednych, kamienując innych a jeszcze innych odesłali w pustymi rękoma. I kiedy właściciel usłyszał o tym wszystkim, wysłał innych i bardziej zaufanych służących, aby zajęli się tymi niegodziwymi dzierżawcami, ale ci też zostali poranieni i haniebnie potraktowani. I wtedy właściciel wysłał swego ulubionego sługę, swojego zarządcę, a oni go zabili. I mimo to, z cierpliwością i wyrozumiałością, wysyłał wielu innych służących, ale żadnego nie chcieli przyjąć. Niektórych pobili, innych zabili i kiedy właściciel był tak traktowany, postanowił posłać swego syna, żeby uporał się z tymi niewdzięcznymi dzierżawcami, mówiąc sobie: «Może oni źle potraktowali moich służących, ale z pewnością okażą szacunek mojemu ukochanemu synowi». Jednak, kiedy ci nie skruszeni i niegodziwi dzierżawcy ujrzeli syna, mówili między sobą: «To jest spadkobierca, chodźmy, zabijmy go i wtedy dziedzictwo będzie nasze». Więc pochwycili go, wyrzucili z winnicy i zabili. Kiedy pan winnicy usłyszy, jak odrzucili i zabili jego syna, co zrobi z tymi niewdzięcznymi i nikczemnymi dzierżawcami?".

A kiedy ludzie usłyszeli tę przypowieść i pytanie Jezusa, odpowiedzieli: „On zabije tych nędznych ludzi i wydzierżawi swą winnicę innym, uczciwym rolnikom, którzy oddadzą mu jego plony o właściwej porze". I kiedy niektórzy z nich, którzy to słyszeli, spostrzegli, że ta przypowieść odnosi się do narodu żydowskiego i traktowania przez niego proroków, oraz do zbliżającego się odrzucenia Jezusa i ewangelii królestwa, z żałością mówili: „Niech Bóg broni, żebyśmy dalej robili takie rzeczy".

Jezus spostrzegł grupę saduceuszów i faryzeuszów, jak torowali sobie drogę przez tłum i przerwał na chwilę, do czasu, kiedy podeszli do niego i wtedy powiedział: „Wiecie, jak wasi przodkowie odrzucali proroków i dobrze wiecie, że w swoich sercach postanowiliście odrzucić Syna Człowieczego". I wtedy, patrząc badawczym wzrokiem na tych kapłanów i starszych, którzy stali obok niego, Jezus powiedział: „Czyż nigdy nie czytaliście w Piśmie Świętym o kamieniu, który budowniczowie odrzucili i który, gdy ludzie go znaleźli, stał się kamieniem węgielnym? I tak, jeszcze raz was ostrzegam, jeśli nadal będziecie odrzucać ewangelię, niebawem królestwo Boże będzie wam zabrane i dane ludziom skłonnym do przyjęcia dobrej nowiny i wydania owoców ducha. I tajemnica jest związana z tym kamieniem, ponieważ ktokolwiek upadnie na niego, podczas gdy się potłucze, będzie zbawiony; ale kogokolwiek ten kamień przywali, zostanie starty w proch a jego popioły zostaną rozrzucone na cztery strony świata".

Kiedy faryzeusze usłyszeli te słowa, zrozumieli, że Jezus nawiązuje do nich i do innych przywódców żydowskich. Bardzo chcieli go wtedy i tam pojmać, ale bali się tłumów. Tym niemniej, tak bardzo rozgniewani byli słowami Mistrza, że odeszli i odbyli kolejną naradę między sobą, jak mogliby go zabić. I tego wieczora zarówno saduceusze jak i faryzeusze podali sobie ręce, planując następnego dnia usidlić Jezusa.

5. PRZYPOWIEŚĆ O UCZCIE WESELNEJ

Po tym, jak uczeni w Piśmie i zarządcy odeszli, Jezus raz jeszcze przemawiał do zgromadzonego tłumu i powiedział przypowieść o uczcie weselnej:

„Królestwo nieba można przyrównać do pewnego króla, który wyprawiał ucztę weselną dla swego syna i rozesłał posłańców, aby zawołali tych, których uprzednio zaprosił na ucztę i powiedzieli: «Wszystko gotowe do kolacji weselnej w pałacu króla». Otóż, wielu z tych, którzy przyrzekli, że przyjdą, teraz nie chciało przyjść. Kiedy król usłyszał, jak odrzucają jego zaproszenie, wysłał następnych służących i posłańców, mówiąc im: «Powiedzcie wszystkim tym, którzy byli zaproszeni, aby przyszli, bowiem, widzicie, kolacja jest gotowa. Moje woły i tuczniki są zabite i wszystko jest przygotowane, aby celebrować małżeństwo mojego syna». Ale znowu ci bezmyślni ludzie zlekceważyli wezwanie swego króla i zajęli się swoimi sprawami, jeden poszedł do gospodarstwa, drugi do garncarstwa a inni do swego handlu. Jeszcze inni nie poprzestali na zlekceważeniu królewskiego zaproszenia, ale w akcie otwartego buntu pochwycili królewskich posłańców i haniebnie znęcali się nad nimi, niektórych nawet zabili. I kiedy król spostrzegł, że wybrani przez niego goście, nawet ci, którzy wstępnie przyjęli zaproszenie i przyrzekli swe uczestnictwo w weselnej uczcie, odrzucili w końcu jego wezwanie i zbuntowali się, napadli i zabili jego wybranych posłańców, bardzo się rozgniewał. I wtedy obrażony król wyprowadził swoje wojska i wojska swoich sprzymierzeńców i kazał zabić zbuntowanych morderców i spalić ich miasta.

I kiedy ukarał tych, którzy odrzucili jego zaproszenie, wyznaczył inny dzień na ucztę weselną i powiedział swoim posłańcom: «Ci, którzy pierwsi byli zaproszeni na ślub, nie byli tego godni; więc idźcie teraz na rozstaje dróg, na ulice a nawet poza granice miasta i zaproście tak wielu, ilu znajdziecie a nawet zaproście obcych, aby przyszli i wzięli udział w weselnej uczcie». I poszli słudzy na ulice i w mało znane miejsca i zebrali tak wielu, jak tylko mogli znaleźć, dobrych i złych, bogatych i biednych, tak, że w końcu izba weselna napełniła się gośćmi, chętnymi do przybycia. Kiedy wszystko było gotowe, wszedł król, żeby się przypatrzyć biesiadnikom i zauważył tam, ku swemu zdziwieniu, człowieka nie ubranego w strój weselny. Ponieważ król bezpłatnie zaopatrzył w odzież weselną wszystkich gości, zwracając się do tego człowieka, powiedział: «Przyjacielu, jak to się stało, że na tę uroczystość wszedłeś do gościnnej sali bez stroju weselnego?». Jednak ten, nieprzygotowany człowiek, zaniemówił. Wtedy powiedział król swoim sługom: «Wyrzućcie tego bezmyślnego gościa z mojego domu, aby podzielił los wszystkich innych, którzy odrzucili moją gościnność i odmówili mojemu zaproszeniu. Nie chcę mieć tutaj nikogo, za wyjątkiem tych, którzy z radością przyjęli moje zaproszenie i którzy czynią mi honor, nosząc stroje weselne, które tak szczodrze ofiarowałem wszystkim»".

Gdy Jezus opowiedział tę przypowieść, miał właśnie odprawić tłumy, kiedy przyjaźnie nastawiony wierny, torując sobie drogę poprzez tłumy w jego kierunku, zapytał: „Ale, Mistrzu, skąd my mamy wiedzieć o tych sprawach? Jak mamy być gotowi na królewskie zaproszenie? Jaki znak nam dasz, żebyśmy wiedzieli, że jesteś Synem Bożym"? I kiedy Mistrz wysłuchał tego wszystkiego, powiedział: „Tylko jeden znak będzie wam dany". I wtedy, wskazując na swoje własne ciało, kontynuował: „Zniszczcie tę świątynię a ja w trzy dni wzniosę ją na nowo". Ale oni nie zrozumieli go i mówili między sobą: „Prawie pięćdziesiąt lat budowana była ta Świątynia a on jednak mówi, że ją zburzy i wzniesie na nowo w trzy dni". Nawet jego apostołowie nie zrozumieli doniosłości tego oświadczenia, ale później, po zmartwychwstaniu, przypomnieli sobie, co wtedy powiedział.

Około szesnastej tego popołudnia Jezus skinął na swoich apostołów i dał im do zrozumienia, że chce opuścić Świątynię i iść do Betanii na kolację i nocny odpoczynek. Gdy szli pod Górę Oliwną, Jezus powiedział Andrzejowi, Filipowi i Tomaszowi, aby jutro założyli obóz bliżej miasta, w którym będą mogli pozostać przez resztę tygodnia paschalnego. Zgodnie z tym poleceniem, następnego dnia ustawili swoje namioty w wąwozie, na stoku górującym nad publicznym obozowiskiem, ogrodem Getsemane, na parceli ziemi należącej do Szymona z Betanii.

I znowu była to cicha grupa Żydów, idących w poniedziałkowy wieczór zachodnim stokiem Góry Oliwnej. Tych dwunastu ludzi zaczynało przeczuwać, jak nigdy dotąd, że zdarzy się coś tragicznego. Wczesnym rankiem, podczas spektakularnego oczyszczenia Świątyni, obudziły się ich nadzieje, że zobaczą Mistrza, jak domaga się należnego mu szacunku i jak objawia swoje potężne moce; wydarzenia całego popołudnia przyniosły tylko zawód, dlatego, że wszystkie wskazywały na nieuniknione odrzucenie nauki Jezusa przez władze żydowskie. Wśród apostołów zapanowało napięcie, znaleźli się pod wielkim naciskiem straszliwej niepewności. Uświadomili sobie, że tylko kilka krótkich dni może upłynąć pomiędzy wydarzeniami dnia minionego a katastrofą zbliżającej się zagłady. Wszyscy czuli, że stanie się coś straszliwego, ale nie wiedzieli, czego się mają spodziewać. Rozeszli się na różne miejsca na spoczynek, ale niewiele spali. Nawet bliźniacy Alfeusza w końcu uświadomili sobie, że wydarzenia życia Mistrza posuwa ą się szybko w kierunku kulminacyjnego punktu końcowego.

PRZEKAZ 174

WTORKOWY RANEK W ŚWIĄTYNI

WE wtorek rano, około siódmej, Jezus spotkał się w domu Szymona z apostołami, grupą kobiecą i blisko dwoma tuzinami innych, czołowych uczniów. Podczas tego spotkania pożegnał się z Łazarzem, udzielając mu instrukcji, według których Łazarz szybko uciekł do Filadelfii w Perei, gdzie później związał się z ruchem misyjnym, mającym swą główną siedzibę w tym mieście. Jezus pożegnał się także z będącym w podeszłym wieku Szymonem i na pożegnanie dał rady grupie kobiecej, ponieważ nigdy już więcej z nimi formalnie nie rozmawiał.

Tego rana każdemu z apostołów Jezus przekazał osobiste pozdrowienia. Andrzejowi powiedział: „Nie przerażaj się wydarzeniami, które wkrótce nastąpią. Niewzruszenie podtrzymuj swoich braci i uważaj, aby cię nie widzieli przygnębionego". Piotrowi powiedział: „Nie pokładaj zaufania w sile ramion ani w broni ze stali. Oprzyj się na duchowych fundamentach wiecznych skał". Jakubowi powiedział: „Nie wahaj się z powodu pozorów. Pozostań niezłomny w swojej wierze a wkrótce poznasz rzeczywistość tego, w co wierzysz". Janowi powiedział: „Bądź łagodny, miłuj nawet swoich nieprzyjaciół, bądź tolerancyjny. I pamiętaj, że ufałem ci w wielu sprawach". Natanielowi powiedział: „Nie oceniaj po pozorach, pozostań silny w swojej wierze, kiedy wszystko będzie zdawało się przepadać; bądź wierny swojemu powołaniu na ambasadora królestwa". Filipowi powiedział: „Bądź niewzruszony wydarzeniami, które się zbliżają. Pozostań niezachwiany, nawet wtedy, kiedy nie będziesz mógł dostrzec drogi. Bądź lojalny twojej przysiędze wyświęcenia". Mateuszowi powiedział: „Nie zapomnij tego miłosierdzia, które przyjęło cię do królestwa. Nikomu nie pozwól, aby pozbawił cię wiecznych nagród. Tak jak oparłeś się skłonnościom swej ziemskiej natury, pozostań nieugięty". Tomaszowi powiedział: „Nie zważając na trudności, w tej chwili musisz podążać za wiarą a nie za spostrzeganiem. Nie wątp w to, że potrafię skończyć dzieło, które zacząłem i że w końcu zobaczę wszystkich moich wiernych ambasadorów w królestwie, które jest po życiu". Do bliźniaków Alfeusza powiedział: „Nie pozwólcie na to, aby sprawy, których nie rozumiecie, was zdruzgotały. Bądźcie wierni uczuciom serc waszych i nie ufajcie ani wielkim ludziom, ani zmiennym nastrojom ludu. Pozostańcie ze swoimi braćmi". Szymonowi Zelocie powiedział: „Szymonie, być może będziesz zdruzgotany rozczarowaniem, ale twój duch wzniesie się ponad to wszystko, co może przyjść na ciebie. Tego, czego nie zdołałeś się nauczyć ode mnie, mój duch cię nauczy. Pożądaj prawdziwych rzeczywistości ducha i przestań zwracać uwagę na nierzeczywiste, materialne cienie". Judaszowi Iskariocie powiedział: „Judaszu, kochałem cię i modliłem się, abyś mógł pokochać swoich braci. Czyń dobro niestrudzenie; i chciałbym cię ostrzec przed śliskimi ścieżkami pochlebstwa i zatrutymi strzałami kpiny".

Kiedy Jezus skończył te pozdrowienia, odszedł z Andrzejem, Piotrem, Jakubem i Janem do Jerozolimy, podczas gdy inni apostołowie zabrali się do zakładania obozu w Getsemane, do którego mieli iść na tę noc i gdzie mieli mieć swą główną siedzibę na resztę życia Mistrza w ciele. Mniej więcej w połowie drogi w dół, na stoku Góry Oliwnej, Jezus zatrzymał się na ponad pół godziny z czterema apostołami.

1. BOSKIE PRZEBACZENIE

Przez kilka dni Piotr i Jakub dyskutowali, różniąc się w opiniach odnośnie nauki Mistrza, dotyczącej przebaczania grzechu. Obydwaj się zgodzili przedstawić tę sprawę Jezusowi i Piotr skwapliwie wykorzystał tę okazję, jako sposobność uzyskania porady od Mistrza. Dlatego też Szymon Piotr przerwał rozmowę, dotyczącą różnicy pomiędzy chwaleniem a czczeniem, zadając pytanie: „Mistrzu, Jakub i ja nie możemy się zgodzić w sprawie twojej nauki odnośnie przebaczania grzechu. Jakub twierdzi, że Ojciec nam przebacza nawet zanim go o to poprosimy a ja utrzymuję, że żal i wyznanie grzechów musi poprzedzać przebaczenie. Który z nas ma rację? Jakie jest twoje zdanie"?

Po krótkiej chwili ciszy, Jezus znacząco spojrzał na czterech apostołów i odpowiedział: „Moi bracia, wasze poglądy są błędne, ponieważ nie rozumiecie natury tych intymnych i miłości pełnych związków pomiędzy stworzonym a Stwórcą, pomiędzy człowiekiem a Bogiem. Nie możecie zrozumieć życzliwości, jaką żywi mądry rodzic dla swego niedojrzałego i czasami błądzącego dziecka. Naprawdę wątpliwe jest, czy inteligentni i uczuciowi rodzice kiedykolwiek muszą być nakłaniani do wybaczania przeciętnemu i normalnemu dziecku. Pełen zrozumienia związek, wraz z przepełnioną miłością postawą, skutecznie zapobiega wszelkim oziębłym stosunkom, które później wymagają dostosowania żalu dziecka do przebaczenia rodzica.

Część każdego ojca żyje w dziecku. Ojciec cieszy się priorytetem i wyższością zrozumienia we wszystkich sprawach związanych z relacją dziecko-rodzic. Rodzic potrafi oceniać niedojrzałość dziecka w świetle bardziej zaawansowanej, rodzicielskiej dojrzałości, dojrzałego doświadczenia starszego partnera. W przypadku ziemskiego dziecka i niebiańskiego Ojca, Boży rodzic posiada nieskończoność i boskość życzliwości oraz zdolność pełnego miłości zrozumienia. Boskie przebaczenie jest pewne; jest nieodłączne i właściwe Boskiemu, nieskończonemu zrozumieniu, nieodłączne Boskiej, doskonałej znajomości wszystkiego, co dotyczy mylnego osądu i błędnego wyboru dziecka. Boża sprawiedliwość jest tak wiecznie rzetelna, że niezawodnie zawiera wyrozumiałe miłosierdzie.

Gdy mądry człowiek zrozumie wewnętrzne pobudki swoich współbraci, będzie ich kochał. A kiedy kochasz swojego brata, już mu wybaczyłeś. Ta zdolność zrozumienia natury człowieka i zdolność wybaczenia mu widocznych, złych uczynków, podobna jest Boskiej. Jeśli jesteście mądrymi rodzicami, w ten właśnie sposób będziecie kochać i rozumieć swoje dzieci, również wybaczać im, kiedy krótkotrwałe nieporozumienie pozornie was rozdzieli. Dziecko, będąc niedojrzałe i nie rozumiejąc w pełni głębi związku dziecko-ojciec, musi często mieć poczucie winy, oddzielenia od pełnej aprobaty ojca, ale prawdziwy ojciec nigdy nie uświadamia sobie żadnego takiego oddzielenia. Grzech przeżywany jest w świadomości stworzonego i nie jest częścią Bożej świadomości.

Wasza niezdolność czy brak chęci wybaczenia waszym bliźnim, jest miarą waszej niedojrzałości, niepowodzeniem w zdobywaniu dojrzałej życzliwości, zrozumienia oraz miłości. Zachowujecie żale i pielęgnujecie mściwość wprost proporcjonalnie do waszej nieznajomości wewnętrznej natury i prawdziwych pragnień waszych dzieci i waszych współbraci. Miłość jest skutkiem boskiego i wewnętrznego impulsu życia. Jest oparta na zrozumieniu, pielęgnowana przez bezinteresowną służbę i doskonalona w mądrości.

2. INDAGOWANIE PRZEZ WŁADCÓW ŻYDOWSKICH

W poniedziałek wieczorem odbyła się narada, z udziałem Sanhedrynu i mniej więcej pięćdziesięciu dodatkowych przywódców, zebranych spośród uczonych w Piśmie, faryzeuszy i saduceuszy. Na tym spotkaniu ustalono, że publiczne aresztowanie Jezusa byłoby niebezpieczne, z powodu sympatii, jaką darzyli go prości ludzie. Według opinii większości zebranych należało zrobić zdecydowany wysiłek, aby zdyskredytować Jezusa w oczach tłumów, zanim zostanie aresztowany i doprowadzony na proces. Zgodnie z tym, mianowano kilka grup mądrych ludzi, aby następnego ranka byli w Świątyni i próbowali uwikłać Jezusa kłopotliwymi pytaniami, czy w jakikolwiek inny sposób wprawić go w zakłopotanie na oczach ludzi. Na koniec wszyscy – faryzeusze, saduceusze a nawet herodianie, połączyli się w swoich wysiłkach zdyskredytowania Jezusa w oczach tłumów paschalnych.

We wtorek rano, kiedy Jezus przybył na dziedziniec Świątyni i zaczął nauczać, powiedział zaledwie kilka słów, kiedy wystąpiła grupa młodszych studentów akademii, którzy zostali do tego dokładnie przygotowani a ich rzecznik zapytał Jezusa: „Mistrzu, wiemy, że jesteś prawym nauczycielem i wiemy, że głosisz drogi prawdy i że służysz tylko Bogu i nie boisz się nikogo i nie masz względu na osoby. Jesteśmy tylko studentami i chcielibyśmy się dowiedzieć prawdy w tej sprawie, która nas nurtuje a naszym problemem jest to: czy jest zgodne z prawem, abyśmy oddawali daninę cesarzowi? Powinniśmy ją dawać, czy nie dawać"? Jezus, widząc ich hipokryzję i przebiegłość, rzekł do nich: „Dlaczego przychodzicie do mnie w ten sposób, aby wystawić mnie na próbę? Pokażcie mi pieniądz na daninę a wam odpowiem". I kiedy podali mu denara, spojrzał na niego i powiedział: „Czyj wizerunek i napis jest na monecie?". A kiedy mu odrzekli, „cesarza", Jezus rzekł do nich: „Oddajcie więc cesarzowi to, co jest cesarskie a Bogu to, co jest Boskie".

Gdy Jezus w ten sposób odpowiedział młodym uczonym w Piśmie oraz ich herodiańskim wspólnikom, ci odeszli od niego a ludzie, nawet saduceusze, cieszyli się ich porażką. Nawet ci młodzieńcy, którzy próbowali go usidlić, bardzo podziwiali niespodziewaną przenikliwość odpowiedzi Mistrza.

Poprzedniego dnia władcy starali się usidlić Jezusa przed tłumem w sprawach autorytetu eklezjastycznego, a kiedy im się to nie udało, starali się go uwikłać w dyskusję na temat władzy państwowej, aby w ten sposób mu zaszkodzić. Zarówno Piłat jak i Herod przebywali wtedy w Jerozolimie i wrogowie Jezusa sądzili, że jeśli Jezus ośmieli się im poradzić, aby nie płacili daniny cesarzowi, niezwłocznie mogliby się udać do władz rzymskich i oskarżyć go o nawoływanie do buntu. Z drugiej zaś strony, jeśli w dłuższej wypowiedzi doradzałby płacenie daniny, słusznie wnioskowali, że wypowiedź taka mogłaby bardzo zranić dumę narodową żydowskich słuchaczy i tym samym odmienić przychylne nastawienie i sympatię tłumów.

We wszystkim tym wrogowie Jezusa zostali pokonani, ponieważ dobrze znane było rozporządzenie Sanhedrynu, wydane jako poradnictwo dla Żydów rozproszonych po narodach nieżydowskich, że „prawo bicia pieniędzy niesie ze sobą prawo do pobierania podatków". Tym sposobem Jezus uniknął pułapki. Odpowiedź „nie", na ich pytanie, byłaby równoznaczna z nawoływaniem do buntu; odpowiedź „tak", byłaby szokiem dla głęboko zakorzenionych w tamtych czasach sentymentów nacjonalistycznych. Mistrz nie uniknął pytania; po prostu użył swej mądrości, udzielając podwójnej odpowiedzi. Jezus nigdy nie unikał odpowiedzi, ale zawsze wykazywał mądrość w swoim postępowaniu z tymi, którzy chcieli go prześladować i zabić.

3. SADUCEUSZE I ZMARTWYCHWSTANIE

Zanim Jezus zdołał rozpocząć nauczanie, przyszła do niego następna grupa z pytaniem; teraz była to grupa uczonych i przebiegłych saduceuszy. Ich rzecznik, zbliżywszy się do Jezusa, powiedział: „Mistrzu, Mojżesz mówił, że jeśli żonaty mężczyzna umrze a nie zostawi dziecka, niech jego brat weźmie żonę i wzbudzi potomstwo swemu zmarłemu bratu. Zdarzył się przypadek, że pewien człowiek, który miał sześciu braci, umarł bezdzietnie; jego brat wziął jego żonę, ale wkrótce umarł nie zostawiając dzieci. Podobnie drugi brat wziął tę żonę, ale on także umarł nie zostawiając potomstwa. I tak dalej, aż wszystkich sześciu braci ją miało i wszystkich sześciu umarło bezdzietnie. I w końcu, po nich wszystkich, umarła ta kobieta. Otóż, chcielibyśmy cię spytać: którego z nich żoną będzie po zmartwychwstaniu, skoro należała do wszystkich siedmiu braci?".

Jezus wiedział i ludzie tak samo wiedzieli, że saduceusze nie byli uczciwi zadając to pytanie, ponieważ było nieprawdopodobne, aby taki przypadek rzeczywiście mógł się zdarzyć; ponadto ten zwyczaj, że bracia zmarłego mężczyzny starali się spłodzić dzieci za niego, w tamtym czasie był u Żydów praktycznie martwą literą. Tym niemniej Jezus raczył odpowiedzieć na ich złośliwe pytanie. Rzekł: „Wszyscy błądzicie zadając takie pytania, dlatego, że nie znacie ani Pisma Świętego ani żywej mocy Boga. Wiecie, że dzieci tego świata mogą się żenić i wychodzić za mąż, ale zdaje się, że nie rozumiecie, iż ci, którzy będą uważani za godnych przybyć do przyszłych światów, przez zmartwychwstanie prawych, ani nie będą się żenić ani wychodzić za mąż. Ci, którzy zmartwychwstaną, bardziej podobni są aniołom w niebie i nigdy nie umierają. Zmartwychwstali są wiecznie synami Bożymi; są dziećmi światłości, zmartwychwstałymi do rozwoju w wiecznym życiu. I nawet Ojciec Mojżesz to rozumiał, ponieważ w związku z doświadczeniem przy płonącym krzaku, usłyszał Ojca mówiącego, «*Ja jestem* Bóg Abrahama, Bóg Izaaka i Bóg Jakuba». I tak razem z Mojżeszem oświadczam wam, że mój Ojciec nie jest Bogiem umarłych, ale żywych. W nim wszyscy żyjecie, rozmnażacie się i posiadacie swój śmiertelny byt".

Kiedy Jezus odpowiedział na te pytania, saduceusze odeszli a niektórzy z faryzeuszów tak bardzo się zapomnieli, że wykrzykiwali: „Prawda, prawda, Mistrzu, dobrze odpowiedziałeś tym niewierzącym saduceuszom". Saduceusze już nie ośmielili się zadać Jezusowi żadnego pytania a prości ludzie podziwiali mądrość jego nauczania.

Podczas spotkania z saduceuszami Jezus powołał się tylko na Mojżesza, ponieważ ta religijno-polityczna sekta uznawała tylko prawomocność tak zwanego Pięcioksięgu Mojżesza; saduceusze nie pozwalali na to, aby nauki proroków były traktowane jako podstawa dogmatów doktrynalnych. Chociaż w swej wypowiedzi Mistrz stanowczo potwierdził fakt wiecznego życia istot śmiertelnych, osiąganego przez zmartwychwstanie, w żadnym sensie nie aprobował wierzeń faryzeuszy o zmartwychwstaniu literalnie w ludzkim ciele. Punktem, który Jezus chciał podkreślić, było to, że Ojciec powiedział: „Ja *jestem* Bogiem Abrahama, Izaaka i Jakuba" a nie ja *byłem* ich Bogiem.

Saduceusze myśleli, że poddadzą Jezusa miażdżącemu działaniu *ośmieszenia*, dobrze zdając sobie sprawę z tego, że publiczne prześladowanie z pewnością przysporzy mu więcej sympatii wśród tłumów.

4. NAJWIĘKSZE PRZYKAZANIE

Następna grupa saduceuszy miała polecone zadać Jezusowi podchwytliwe pytania na temat aniołów, ale kiedy spostrzegli, jaki los spotkał ich towarzyszy, którzy go chcieli usidlić pytaniami dotyczącymi zmartwychwstania, bardzo mądrze postanowili zachować milczenie; odeszli bez zadawania pytań. Ułożony poprzednio plan zjednoczonych faryzeuszy, uczonych w Piśmie, saduceuszy i herodian polegał na wypełnieniu całego dnia takimi podchwytliwymi pytaniami, w nadziei na zdyskredytowanie Jezusa w oczach ludzi i aby jednocześnie z powodzeniem zająć mu czas, tak, aby go nie miał na głoszenie swoich niepokojących nauk.

Wtedy wystąpiła jedna z grup faryzeuszy, aby zadawać Jezusowi nękające pytania i jej rzecznik zwrócił się do Mistrza: „Mistrzu, jestem prawnikiem i chciałbym cię zapytać, jakie jest, w twojej opinii, największe przykazanie?". Jezus odpowiedział: „Jest tylko jedno przykazanie i ono jest największe ze wszystkich a tym przykazaniem jest: «Słuchaj, Izraelu, Pan nasz Bóg, Pan jest jeden; będziesz miłował Pana Boga swego całym swoim sercem, całą swoją duszą, całym swoim umysłem i całą swoją mocą». To jest pierwsze i największe przykazanie. A drugie przykazanie podobne jest pierwszemu; zaprawdę, pochodzi prosto od niego a jest to: «Kochaj bliźniego swego jak siebie samego». Nie ma większych przykazań niż te; na tych dwóch przykazaniach opiera się całe Prawo i Prorocy".

Kiedy prawnik spostrzegł, że Jezus odpowiedział nie tylko zgodnie z najwyższymi koncepcjami religii żydowskiej, ale odpowiedział także mądrze w oczach zgromadzonych tłumów, pomyślał, że najdostojniej będzie otwarcie pochwalić odpowiedź Mistrza. Zatem powiedział: „Prawda, Mistrzu, dobrze powiedziałeś, że Bóg jest jeden i nie ma innego oprócz niego; i to, żeby kochać go całym sercem, umysłem, i mocą, i także, aby kochać bliźniego swego jak siebie samego, jest pierwszym wielkim przykazaniem; i my zgadzamy się, że to wielkie przykazanie o wiele więcej znaczy, niż wszystkie ofiary całopalne". Kiedy prawnik odpowiedział tak roztropnie, Jezus przyglądając się mu rzekł: „Mój przyjacielu, widzę, że nie jesteś daleko od królestwa Bożego".

Jezus mówił prawdę, gdy nawiązywał do prawnika jako będącego „niedaleko królestwa", ponieważ tej samej nocy poszedł on do obozu Mistrza, w pobliżu Getsemane, wyznał wiarę w ewangelię królestwa i został ochrzczony przez Jozjasza, jednego z uczniów Abnera.

Były tam jeszcze dwie albo trzy inne grupy uczonych w Piśmie i faryzeuszy i oni także chcieli zadawać pytania, ale albo zostali rozbrojeni odpowiedzią Jezusa, udzieloną prawnikowi, albo wystraszyli się klęską wszystkich tych, którzy chcieli go usidlić. Po tym nikt *nie* ośmielił się publicznie zadać Jezusowi następnego pytania.

Kiedy nie było więcej pytań i skoro zbliżała się godzina południowa, Jezus nie zaczął nauczać a zadowolił się tylko zadaniem pytania faryzeuszom i ich towarzyszom. Jezus powiedział: „Ponieważ nie zadajecie więcej pytań, ja chciałbym wam zadać jedno. Co myślicie o Wybawicielu? To znaczy, czyim jest synem"? Po krótkiej przerwie, jeden z uczonych w Piśmie odpowiedział: „Mesjasz jest synem Dawida". A ponieważ Jezus wiedział, że było wiele dyskusji, nawet pośród jego własnych uczniów, czy jest on czy też nie jest synem Dawida, zadał więc dodatkowe pytanie: „Jeśli Wybawiciel jest naprawdę synem Dawida, jak to jest, że w Psalmie, który przypisujecie Dawidowi, on sam, przemawiając w duchu, mówi, «Pan powiedział do mojego pana, siedź po mojej prawicy, aż twoich wrogów położę pod twoje stopy». Jeśli Dawid nazywa go Panem, jak on może być jego synem"? Aczkolwiek władcy, uczeni w Piśmie i wyżsi kapłani nie odpowiedzieli na to pytanie, powstrzymali się również od zadawania Jezusowi dalszych pytań, aby go usidlić. Nigdy nie odpowiedzieli na to pytanie, które im Jezus zadał, ale po śmierci Mistrza chcieli uniknąć kłopotu, zmieniając interpretację tego Psalmu tak, żeby odnosił się do Abrahama zamiast do Mesjasza. Inni usiłowali uniknąć tego dylematu, nie uznając Dawida za autora tych, tak zwanych mesjanistycznych Psalmów.

Jakiś czas temu faryzeusze cieszyli się, w jaki sposób saduceusze zostali uciszeni przez Mistrza, teraz saduceusze cieszyli się niepowodzeniem faryzeuszy; ale taka rywalizacja była tylko chwilowa; szybko zapomnieli o swoich uświęconych tradycją rozbieżnościach, jednocząc się w wysiłku powstrzymania nauk i czynów Jezusa. Ale w czasie wszystkich tych zdarzeń, prości ludzie chętnie słuchali Jezusa.

5. DOCIEKLIWI GRECY

Około południa, kiedy Filip kupował ekwipunek do nowego obozu, który został tego samego dnia założony w pobliżu Getsemane, zaczepiła go delegacja obcych, grupa wierzących Greków z Aleksandrii, Aten i Rzymu, których rzecznik powiedział apostołowi: „Wskazali nam ciebie ci, którzy cię znają, więc przyszliśmy do ciebie, panie, z prośbą, abyśmy mogli zobaczyć się z Jezusem, twoim Mistrzem". Filip był zaskoczony takim spotkaniem na targowisku z wybitnymi i dociekliwymi Grekami-innowiercami, a ponieważ Jezus bardzo wyraźnie nakazał Dwunastu, aby podczas tygodnia paschalnego nie zajmowali się żadnym publicznym nauczaniem, był nieco w kłopocie, jak właściwie załatwić tę sprawę. Był także zakłopotany, ponieważ ci ludzie byli obcy, nie byli Żydami. Gdyby byli Żydami, czy znanymi mu nie-Żydami z pobliskich okolic, nie wahałby się tak bardzo. Tak więc postąpił: poprosił Greków, żeby pozostali dokładnie tam, gdzie byli. Kiedy odszedł pośpiesznie, oni przypuszczali, że poszedł szukać Jezusa, ale naprawdę poszedł szybko do domu Józefa, gdzie jak wiedział jest Andrzej i inni apostołowie na obiedzie; a wywoławszy na zewnątrz Andrzeja, wytłumaczył mu cel swojego przyjścia, po czym w towarzystwie Andrzeja wrócił do czekających go Greków.

Ponieważ Filip prawie skończył zakupy zaopatrzenia, zarówno on jak i Andrzej wrócili z Grekami do domu Józefa, gdzie przyjął ich Jezus; i usiedli wszyscy w pobliżu, kiedy Jezus mówił do swoich apostołów i do pewnej liczby przodujących uczniów, zgromadzonych na tym obiedzie. Jezus powiedział:

„Mój Ojciec posłał mnie na ten świat, aby objawić swą miłosierną życzliwość dzieciom ludzkim, ale ci, do których najpierw przyszedłem, nie chcieli mnie przyjąć. Co prawda wielu z was uwierzyło w moją ewangelię, ale dzieci Abrahama i ich przywódcy chcą mnie odrzucić a czyniąc to, odrzucą Tego, który mnie posłał. Bez ograniczeń głosiłem tym ludziom ewangelię zbawienia, mówiłem im o radosnym synostwie, o wolności i życiu przepełnionym duchem. Mój Ojciec dokonał wielu cudownych czynów pośród tych, dręczonych strachem synów ludzkich. Ale prawdziwie prorok Izajasz nawiązywał do tych ludzi, kiedy pisał: «Panie, kto uwierzył naszemu nauczaniu? I komu będzie Pan objawiony»? Rzeczywiście, przywódcy mojego narodu umyślnie oślepili swe oczy, żeby nie mogli zobaczyć i utwardzili swe serca, ażeby nie uwierzyli i nie zostali zbawieni. Przez wszystkie te lata próbowałem ich leczyć z niedowiarstwa, żeby mogli być obdarowani wiecznym, Ojcowskim zbawieniem. Wiem, że nie wszyscy sprawili mi zawód; niektórzy z was naprawdę uwierzyli mojemu orędziu. W tym pokoju jest teraz dwudziestu ludzi, którzy kiedyś byli członkami Sanhedrynu, lub zajmowali wysokie pozycje w radzie narodu, chociaż niektórzy z was wciąż jeszcze wzbraniają się otwarcie wyznać prawdę, ażeby nie wyrzucono was z synagogi. Niektórzy z was kuszą się bardziej kochać sławę u ludzi niż sławę u Boga. Ale muszę okazać cierpliwość, ponieważ obawiam się o bezpieczeństwo i lojalność nawet niektórych z tych, którzy tak długo byli przy mnie i którzy żyli ze mną tak blisko.

W tej gościnnej sali dostrzegam mniej więcej równą liczbę Żydów i nie-Żydów i chciałbym przemówić do was, jako do pierwszej i ostatniej takiej grupy, aby pouczyć was o sprawach królestwa, zanim odejdę do mego Ojca".

Ci Grecy sumiennie uczęszczali na Jezusowe nauki w Świątyni. W poniedziałek wieczorem odbyli naradę w domu Nikodema, która trwała do świtu i trzydziestu z nich postanowiło przystąpić do królestwa.

Gdy Jezus tak stał przed nimi, dostrzegł koniec jednego systemu sprawiedliwości i początek następnego. Zwracając się do Greków, Mistrz powiedział:

„Ten, kto wierzy w tę ewangelię, wierzy nie tylko we mnie, ale wierzy w Tego, który mnie posłał. Kiedy patrzycie na mnie, widzicie nie tylko Syna Człowieczego, ale również Tego, który mnie posłał. Jestem światłością świata i ktokolwiek uwierzy w moją naukę, nie będzie pozostawał w ciemności. Jeśli wy, nie-Żydzi, mnie słyszycie, otrzymacie słowa życia i zaraz wejdziecie w radosną wolność prawdy o synostwie z Bogiem. Jeżeli moi rodacy, Żydzi, zdecydują się odrzucić mnie i odrzucić moje nauki, nie będę ich sądził, nie przyszedłem bowiem po to, żeby świat sądzić, ale po to, żeby dać mu zbawienie. Jednak ci, co mnie odrzucili i nie chcieli przyjąć mojej nauki, we właściwym czasie będą doprowadzeni na sąd przed mojego Ojca i tych, których on mianował, żeby sądzili takie odrzucenie daru miłosierdzia i prawd zbawienia. Pamiętajcie wszyscy, że nie mówię sam od siebie, ale wiernie oznajmiam wam to, co mój Ojciec kazał mi objawić dzieciom ludzkim. I te słowa, które mój Ojciec kazał mi mówić światu, są słowami Bożej prawdy, wiecznego miłosierdzia i wiecznego życia.

Ale oświadczam, zarówno Żydom jak i nie-Żydom, że nadchodzi godzina, w której Syn Człowieczy będzie gloryfikowany. Dobrze wiecie, że kiedy ziarno pszenicy spadnie na ziemię i umrze, pozostanie samo; ale jeśli umrze w dobrej glebie, odrodzi się do życia i przyniesie plon obfity. Ten, kto samolubnie kocha swe życie, może je utracić; ale ten, który gotów jest oddać swoje życie w imię moje i ewangelii, będzie radował się o wiele bogatszym bytem na Ziemi a w niebie życiem wiecznym. Jeśli naprawdę pójdziecie za mną, nawet wtedy, kiedy odejdę do mojego Ojca, staniecie się moimi uczniami i oddanymi sługami waszych braci śmiertelników.

Wiem, że zbliża się moja godzina i się niepokoję. Widzę, że naród mój postanowił wzgardzić królestwem, ale cieszę się przyjmując tych, szukających prawdy innowierców, którzy dzisiaj tutaj przyszli, pytając o drogę do światłości. Mimo to serce moje boleje nad moim narodem i moja dusza strapiona jest tym, co jest tuż przede mną. Cóż mam rzec, gdy patrzę przed siebie i widzę to, co mnie czeka? Czy mam powiedzieć, Ojcze, wybaw mnie od tej strasznej godziny? Nie! Dla tego właśnie celu przyszedłem na ten świat, a nawet dla tej godziny. Raczej powiem i będę się modlić, a wy się do mnie przyłączcie: Ojcze, wsław twoje imię; niech będzie wola twoja".

Kiedy Jezus to rzekł, pojawił się przed nim Uosobiony Dostrajacz, który mieszkał w nim przed chrztem, a kiedy Jezus zauważalnie przerwał, ten wielki teraz duch, reprezentujący Ojca, odezwał się do Jezusa z Nazaretu tymi słowami: „Wsławiłem moje imię w twoich obdarzeniach wiele razy i wsławię raz jeszcze".

Chociaż tam zgromadzeni, Żydzi i nie-Żydzi nie słyszeli tego głosu, nie uszło ich uwadze, że w tym czasie Mistrz przerwał swoją mowę i z jakichś nadludzkich źródeł przyszła do niego wiadomość. Wszyscy, którzy z nim byli, co do jednego mówili: „Anioł przemówił do niego."

Potem Jezus kontynuował: „To wszystko nie zdarzyło się ze względu na mnie, ale ze względu na was. Wiem z całą pewnością, że Ojciec mnie przyjmie i zaakceptuje moją misję w waszym imieniu, ale trzeba, abyście wy posiedli odwagę i byli przygotowani na ogniową próbę, która jest tuż przed nami. Pozwólcie mi was zapewnić, że na koniec zwycięstwo ukoronuje nasze wspólne wysiłki oświecenia świata i wyzwolenia rodzaju ludzkiego. Stary porządek postawił się przed sądem; zrzuciłem już Księcia tego świata i wszyscy ludzie staną się wolni przez światłość ducha, którego ja wyleję na wszystkich w ciele, po tym, jak wstąpię do mego Ojca w niebie.

A teraz oświadczam wam, że jeśli zostanę wyniesiony na Ziemi i w waszym życiu, przyciągnę wszystkich ludzi do siebie i do wspólnoty z moim Ojcem. Wierzyliście w to, że Wybawiciel zamieszka na Ziemi na zawsze, ale ja wam oświadczam, że Syn Człowieczy zostanie odrzucony przez ludzi, że odejdzie z powrotem do Ojca. Tylko krótko jeszcze będę z wami; tylko przez krótki czas żywe światło będzie pośród tego, pogrążonego w ciemności pokolenia. Idźcie, kiedy macie to światło, żeby zbliżająca się ciemność i zamęt nie mogły was ogarnąć. Ten, kto chodzi w ciemności, nie wie, dokąd idzie, ale jeśli zechcecie chodzić w świetle, z pewnością staniecie się wyzwolonymi synami Bożymi. A teraz chodźcie wszyscy ze mną, z powrotem do Świątyni, gdzie powiem słowa pożegnania wyższym kapłanom, uczonym w Piśmie, faryzeuszom i saduceuszom, herodianom i pogrążonym w mroku władcom Izraela".

Gdy Jezus skończył, poprowadził wszystkich z powrotem, wąskimi uliczkami Jerozolimy do Świątyni. Przed chwilą słyszeli, jak Mistrz mówił, że będzie to jego pożegnalna mowa w Świątyni i szli za nim w milczeniu i głębokiej zadumie.

PRZEKAZ 175

OSTATNIA MOWA W ŚWIĄTYNI

We wtorkowe popołudnie, zaraz po czternastej, Jezus, w towarzystwie jedenastu apostołów, Józefa z Arymatei, trzydziestu Greków i niektórych innych uczniów, przybył do Świątyni i rozpoczął swoje ostatnie przemówienie na dziedzińcu tego świętego przybytku. Mowa ta zaplanowana była jako jego ostatni apel do narodu żydowskiego i jako końcowe oskarżenie zawziętych wrogów i przyszłych zabójców Jezusa – uczonych w Piśmie, faryzeuszy, saduceuszy i wyższych władców Izraela. Przez całe przedpołudnie różne grupy ludzi miały możność zadawania pytań Jezusowi, tego popołudnia nikt mu nie zadał pytania.

Kiedy Mistrz zaczął przemawiać, na dziedzińcu Świątyni był spokój i porządek. Właściciele kantorów i kupcy nie ośmielili się znowu wejść do Świątyni, po tym, jak Jezus i rozgniewane rzesze wypędziły ich poprzedniego dnia. Jezus, zanim rozpoczął mowę, z miłością powiódł wzrokiem po słuchaczach, którzy wkrótce mieli usłyszeć jego publiczne, pożegnalne przemówienie o miłosierdziu dla ludzkości, połączone z ostatnim potępieniem fałszywych nauczycieli i fanatycznych władców Żydów.

1. MOWA

„Długo już jestem z wami, przemierzałem Ziemię wzdłuż i wszerz, głosząc Ojcowską miłość dla dzieci ludzkich i wielu ujrzało światłość, wchodząc przez wiarę do królestwa nieba. Razem z tym nauczaniem i głoszeniem kazań, Ojciec dokonał wielu cudownych dzieł, wskrzesił nawet zmarłego. Uzdrowiono wielu chorych i cierpiących, ponieważ wierzyli; ale całe to głoszenie prawdy i uzdrawianie nie otworzyło oczu tym, którzy nie chcieli zobaczyć światłości, którzy postanowili odrzucić ewangelię królestwa.

Ja i moi apostołowie robiliśmy, co tylko możliwe, aby zawsze postępując zgodnie z wolą mojego Ojca, żyć w pokoju z naszymi braćmi, aby stosować się do rozsądnych wymagań Mojżeszowego prawa i tradycji Izraela. Wytrwale dążyliśmy do pokoju, ale przywódcy Izraela go nie chcą. Odrzucając prawdę Bożą i światłość niebios, stają po stronie błędu i ciemności. Nie może być pokoju pomiędzy światłością a ciemnością, pomiędzy życiem a śmiercią, pomiędzy prawdą a błędem.

Wielu z was odważyło się uwierzyć mojemu nauczaniu i już weszło do radości i wolności świadomego synostwa z Bogiem. I będziecie moimi świadkami, że takie samo synostwo z Bogiem proponowałem całemu narodowi żydowskiemu, nawet tym, którzy teraz chcą mojej śmierci. I nawet teraz mój Ojciec przyjmie tych ślepych nauczycieli i tych obłudnych przywódców, jeśli tylko zwróciliby się do niego i przyjęli jego miłosierdzie. Nawet teraz nie jest za późno, aby ci ludzie przyjęli słowo z nieba i aby powitali Syna Człowieczego.

Mój Ojciec długo postępował miłosiernie z tym narodem. Pokolenie za pokoleniem wysyłaliśmy naszych proroków, aby uczyli i ostrzegali, i pokolenie za pokoleniem zabijało tych, wysłanych przez niebiosa nauczycieli. I teraz wasi uparci arcykapłani i nieustępliwi władcy czynią dokładnie to samo. Tak jak Herod zabił Jana, tak samo wy szykujecie się zabić Syna Człowieczego.

Tak długo jak istnieje szansa, że Żydzi zwrócą się do mojego Ojca i będą szukać zbawienia, Bóg Abrahama, Izaaka i Jakuba będzie wyciągał do was swe miłosierne ręce; ale kiedy raz przepełnicie wasz kielich zatwardziałości i kiedy ostatecznie odrzucicie miłosierdzie Ojca, naród ten zostawiony będzie swoim własnym radom i szybko dojdzie do haniebnego końca. Naród ten powołany został do tego, aby stać się światłością świata, aby ukazać duchową chwałę ludu, który widzi Boga, ale wy odeszliście tak daleko od wypełniania waszych boskich przywilejów, że wkrótce wasi przywódcy popełnią największe szaleństwo wszystkich wieków, gdyż stoją na progu ostatecznego odrzucenia daru Bożego dla wszystkich ludzi i na wszystkie wieki – objawienia miłości Ojca w niebie wszystkim jego istotom na Ziemi.

I kiedy raz odrzucicie to objawienie Boga człowiekowi, królestwo nieba dane będzie innym narodom, tym, które przyjmą je z radością i ochotą. W imieniu mojego Ojca, który mnie posłał, poważnie was ostrzegam, że wkrótce stracicie waszą pozycję w świecie – nosicieli sztandaru wiecznej prawdy i opiekunów Bożego prawa. Teraz daje wam ostatnią szansę, abyście wystąpili i żałowali za grzechy, abyście wyrazili waszą intencję poszukiwania Boga całym waszym sercem i abyście weszli, jak małe dzieci i poprzez szczerą wiarę do bezpieczeństwa i zbawienia królestwa nieba.

Ojciec mój długo pracował nad waszym zbawieniem a ja przyszedłem tutaj, aby żyć pośród was i osobiście pokazać wam drogę. Wielu, zarówno Żydów jak i Samarytan, a nawet innowierców, uwierzyło w ewangelię królestwa, ale ci, którzy pierwsi powinni przyjąć światłość z niebios, niezłomnie nie chcą uwierzyć w objawienie prawdy Bożej – w Boga objawionego w człowieku i w człowieka wyniesionego ku Bogu.

Tego popołudnia moi apostołowie stoją tutaj przed wami w milczeniu, ale wkrótce będziecie słuchać ich głosów, rozbrzmiewających wezwaniem do zbawienia i ponaglających do jednoczenia się z niebiańskim królestwem, jako synowie żywego Boga. A teraz powołuję na świadków moich uczniów i tych, którzy wierzą w ewangelię królestwa, jak również niewidzialnych posłańców stojących u ich boku, że raz jeszcze proponowałem władcom Izraela ocalenie i zbawienie. Ale wszyscy widzicie, jak lekceważone jest Ojcowskie miłosierdzie i jak posłańcy prawdy są odrzucani. Mimo to przypominam wam, że ci uczeni w Piśmie i faryzeusze wciąż siedzą na miejscu Mojżesza i dlatego też do czasu, gdy Najwyżsi Ojcowie, którzy panują w królestwach ludzi, ostatecznie obalą ten naród i zburzą miejsce tych władców, nakazuję wam, abyście współpracowali ze starszymi Izraela. Nie wymaga się od was, żebyście przyłączyli się do nich w ich planie zabicia Syna Człowieczego, ale we wszystkim, co się wiąże z pokojem Izraela, jesteście im podporządkowani. We wszystkich tych sprawach czyńcie to, co wam każą i przestrzegajcie zasadniczych elementów Prawa, ale nie naśladujcie ich złych uczynków. Pamiętajcie, grzechem tych władców jest to, że mówią, co jest dobre, ale tego nie czynią. Dobrze wiecie, jak wielkie ciężary nakładają na wasze ramiona, ciężary zbyt ciężkie do uniesienia, a sami nie ruszą nawet małym palcem, aby wam pomóc nieść to ciężkie brzemię. Gnębią was obrzędami i zniewolili tradycją.

Ponadto, ci egocentryczni władcy lubują się w robieniu dobrych uczynków tak, aby widzieli ich ludzie. Poszerzają swoje filakterie i wydłużają oblamowanie swoich oficjalnych płaszczów. Pragną zaszczytnych miejsc na ucztach i żądają pierwszych miejsc w synagogach. Pożądają pochwalnych pozdrowień na rynkach i pragną, żeby wszyscy mówili do nich rabbi. I kiedy zabiegają u ludzi o wszystkie te zaszczyty, potajemnie przywłaszczają sobie domy wdów i czerpią zyski z obsługi uświęconej Świątyni. Publicznie, dla pozoru, ci hipokryci odprawiają długie modlitwy i dają jałmużnę, aby tym zwrócić na siebie uwagę swoich współbraci.

Podczas gdy powinniście szanować swoich władców i poważać swoich nauczycieli, nikogo nie nazywajcie Ojcem w znaczeniu duchowym, gdyż tylko jeden jest wasz Ojciec a jest nim Bóg. Tak samo nie powinniście próbować panować nad waszymi braćmi w królestwie. Pamiętajcie, jak was uczyłem, że ten, kto chce być największy wśród was, powinien stać się sługą wszystkich. Jeżeli ośmielicie się wychwalać siebie przed Bogiem, z pewnością będziecie poniżeni; ale ktokolwiek prawdziwie się poniży, z pewnością będzie wywyższony. W waszym codziennym życiu nie szukajcie chwały dla siebie, ale chwały dla Boga. Inteligentnie podporządkujcie swoją wolę woli Ojca w niebie.

Zrozumcie mnie dobrze. Nie żywię urazy do wyższych kapłanów i władców, którzy nawet teraz chcą mnie zabić; nie mam żadnych uprzedzeń w stosunku do uczonych w Piśmie i faryzeuszy, którzy odrzucają moją naukę. Wiem, że wielu z was wierzy potajemnie i wiem, że otwarcie wyznacie waszą wierność królestwu, kiedy nadejdzie moja godzina. Ale jak się wasi rabini usprawiedliwią, skoro twierdzą, że rozmawiają z Bogiem a potem ośmielają się odrzucić i zgładzić tego, którzy przyszedł objawić Ojca światom?

Biada wam, uczeni w Piśmie i faryzeusze, hipokryci! Chcecie zamknąć drzwi królestwa nieba przed ludźmi uczciwymi, tylko dlatego, że są przypadkiem niewykształceni w metodach waszego nauczania. Sami nie chcecie wejść do królestwa, a jednocześnie czynicie wszystko, co w waszej mocy, aby wszyscy inni też nie weszli. Odwracacie się tyłem do drzwi zbawienia i walczycie ze wszystkimi, którzy przez nie przejdą.

Biada wam, uczeni w Piśmie i faryzeusze, jesteście hipokrytami! Wprawdzie przemierzacie ziemię i morze, aby pozyskać jednego prozelitę, a kiedy wam się to uda, nie jesteście zadowoleni tak długo, aż nie zrobicie go dwukrotnie gorszym niż wtedy, kiedy był pogańskim dzieckiem.

Biada wam, wyżsi kapłani i władcy, którzy przywłaszczacie sobie majątek biednych i domagacie się wysokich opłat od tych, którzy chcieliby służyć Bogu tak, jak uważają, że Mojżesz nakazał! Wy, którzy nie okazujecie litości, czy możecie się spodziewać litości w przyszłych światach?

Biada wam, fałszywi nauczyciele, ślepi przewodnicy! Czego się można spodziewać od narodu, w którym ślepy prowadzi ślepego? Obydwaj wpadną w dół zagłady.

Biada wam, którzy udajecie, gdy przysięgacie! Jesteście oszustami, ponieważ uczycie, że człowiek może przysięgać na Świątynię i łamać swoją przysięgę, ale ci, którzy przysięgają na złoto w Świątyni, muszą pozostać związani. Wszyscy jesteście głupi i ślepi. Nawet w swojej nieuczciwości jesteście niekonsekwentni, cóż bowiem jest ważniejsze, złoto czy Świątynia, która rzekomo uświęca złoto? Nauczacie także, że jeśli człowiek przysięga na ołtarz, to nic nie znaczy, ale jeśli ktoś przysięga na dar, który jest na ołtarzu, wtedy traktowany będzie jako dłużnik. Znowu jesteście ślepi na prawdę, cóż bowiem jest ważniejsze, ofiara czy ołtarz, który uświęca ofiarę? Jak więc możecie usprawiedliwić taką hipokryzję i nieuczciwość w oczach Boga w niebie?

Biada wam, uczeni w Piśmie, faryzeusze i wszyscy inni hipokryci, którzy sprawdzacie, czy nałożyli dziesięcinę na miętę, anyż i kminek, a w tym samym czasie lekceważycie ważniejsze sprawy prawa – wiarę, miłosierdzie i sprawiedliwość! Jedno powinniście robić w rozsądnych proporcjach, ale drugiego nie zostawiajcie odłogiem. Jesteście prawdziwie ślepymi przewodnikami i głupimi nauczycielami; przecedzacie komara a połykacie wielbłąda.

Biada wam, uczeni w Piśmie, faryzeusze i hipokryci! Skrupulatnie czyścicie zewnętrzną stronę kubka i misy, zostawiając w środku brud, zdzierstwo, zbytki i oszustwo. Jesteście ślepi duchowo. Czy nie sądzicie, że znacznie lepiej byłoby najpierw wyczyścić wnętrze kubka, po czym to, co się przelewa, samo z siebie oczyściłoby go z zewnątrz? Niegodziwi potępieńcy! Odprawiacie ostentacyjnie obrzędy swojej religii, aby ją dostosować do litery waszej interpretacji Mojżeszowego Prawa, podczas gdy wasze dusze pogrążone są w nikczemności i przepełnione morderstwem.

Biada wam wszystkim, którzy odrzucacie prawdę i odtrącacie miłosierdzie! Wielu z was jest jak groby pobielane, które z zewnątrz wyglądają pięknie, ale środku pełne są kości zmarłych i wszelakiego plugastwa. Nawet, jeśli wy, którzy świadomie odrzucacie radę Boga, dla ludzi wyglądacie na świętych i prawych, to jednak serca wasze wypełnione są wewnątrz hipokryzją i nikczemnością.

Biada wam, fałszywi przywódcy narodu! Tamże wybudowaliście pomniki zamęczonym prorokom z dawnych czasów, podczas gdy spiskujecie, aby zgładzić tego, o którym mówili prorocy. Zdobicie groby sprawiedliwych i pochlebiacie sobie samym, że jeśli wy żylibyście w czasach waszych przodków, nie zabilibyście tych proroków; a potem, w obliczu tak obłudnego myślenia, szykujecie się zabić tego, o którym mówili prorocy, Syna Człowieczego. Skoro czynicie te rzeczy, sami dla siebie jesteście świadkami, że jesteście nikczemnymi synami tych, którzy zabili proroków. Idźcie zatem dalej i napełnijcie do pełna puchar waszego potępienia!

Biada wam, dzieci złego! Jan prawdziwie nazywał was potomstwem żmijowym a ja was pytam, jak uciekniecie przed osądem, który Jan o was wydał?

Jednakże, nawet teraz niosę wam w imieniu mojego Ojca miłosierdzie i przebaczenie; nawet teraz oferuję miłościwą dłoń wiecznej wspólnoty. Mój Ojciec wysyłał do was mędrców i proroków; niektórych prześladowaliście, innych zabiliście. Potem pojawił się Jan, głosząc przyjście Syna Człowieczego i jego zabiliście po tym, jak wielu uwierzyło jego nauce. Teraz jesteście gotowi do przelania więcej niewinnej krwi. Czyż nie rozumiecie, że przyjdzie straszny dzień rozrachunku, kiedy Sędzia całej Ziemi zażąda od tego ludu rozliczenia za sposób, w jaki odrzucił, prześladował i zabił posłańców nieba? Czyż nie rozumiecie, że musicie się rozliczyć z całej sprawiedliwej krwi, od pierwszego zabitego proroka aż do czasów Zachariasza, który został zabity między sanktuarium a ołtarzem? I jeśli dalej pójdziecie waszymi złymi drogami, rozliczenie może być wymagane od tego właśnie pokolenia.

O Jerozolimo i dzieci Abrahama, wy, którzy kamienowaliście proroków i zabijaliście nauczycieli do was posłanych, nawet teraz zgromadziłbym twoje dzieci, tak jak kura gromadzi kurczęta pod swoimi skrzydłami, ale ty nie chcesz!

A teraz zostawiam was. Słyszeliście moje posłanie i podjęliście wasze decyzje. Ci, którzy uwierzyli mojej ewangelii, nawet teraz są bezpieczni w królestwie Bożym. Tym, którzy postanowili odrzucić dar Boży, mówię – więcej mnie nie zobaczycie, jak nauczam w Świątyni. Moja praca dla was jest skończona. Popatrzcie, odchodzę teraz z moimi dziećmi a dom wasz zostaje dla was opuszczony!".

Potem Mistrz skinął na swoich wyznawców, aby wyszli ze Świątyni.

2. STATUS ŻYDÓW JAKO JEDNOSTEK

To, że duchowi przywódcy i religijni nauczyciele narodu żydowskiego kiedyś odrzucili naukę Jezusa i spiskowali, aby mu zadać okrutną śmierć, w żaden sposób nie wpływa na status jakiegokolwiek indywidualnego Żyda i na jego pozycję przed Bogiem. I nie powinno to wywoływać u tych, którzy twierdzą, że są wyznawcami Chrystusa, uprzedzeń w stosunku do Żyda, jako brata śmiertelnika. Żydzi jako naród, jako grupa socjopolityczna, w pełni zapłacili straszliwą ceną odrzucenia Księcia Pokoju. Już dawno przestali oświecać duchowo Bożą prawdą rodzaj ludzki, ale to w żadnym wypadku nie jest powodem, dla którego poszczególni potomkowie tych dawnych Żydów mieliby cierpieć prześladowania z rąk nietolerancyjnych, niegodnych i sfanatyzowanych, rzekomych wyznawców Jezusa z Nazaretu, który sam z urodzenia był Żydem.

Wielokrotnie ta nierozumna i niegodna chrześcijan nienawiść i prześladowania współczesnych Żydów przynosiły cierpienia i śmierć wielu niewinnym i nieszkodliwym, indywidualnym Żydom, których przodkowie za czasów Jezusa ochoczo przyjęli ewangelię i potem niezachwianie umarli za tę prawdę, w którą tak szczerze wierzyli. Dreszcz przerażenia przechodzi przez przypatrujące się temu niebiańskie istoty, gdy widzą, jak rzekomi wyznawcy Jezusa pozwalają sobie na prześladowanie, dokuczanie a nawet mordowanie współczesnych potomków Piotra, Filipa, Mateusza i innych palestyńskich Żydów, którzy tak chwalebnie oddali swe życie jako pierwsi męczennicy ewangelii niebiańskiego królestwa!

Jak okrutne i bezrozumne jest zmuszanie niewinnych dzieci, aby cierpiały za grzechy swych przodków, za te złe uczynki, których są całkowicie nieświadome i za które w żaden sposób nie mogą być odpowiedzialne! I dokonywać tak niegodziwych czynów w imię tego, który nauczał swoich uczniów, aby kochali nawet wrogów! W toku opowiadania o życiu Jezusa zaistniała konieczność zobrazowania tego, w jaki sposób niektórzy jego współbracia, Żydzi, odrzucili go i spiskowali, aby mu zadać haniebną śmierć; ale ostrzegamy was wszystkich, którzy czytacie te słowa, że przedstawienie tych historycznych faktów w żaden sposób nie usprawiedliwia nieuzasadnionej nienawiści, ani też nie uzasadnia niesprawiedliwej postawy, jaką przez wiele wieków tak wielu rzekomych chrześcijan przejawia w stosunku do poszczególnych Żydów. Wierzący w królestwo, którzy są wyznawcami nauki Jezusa, muszą przestać znęcać się nad indywidualnym Żydem, jako tym, który jest winien odrzucenia i ukrzyżowania Jezusa. Ojciec i jego Syn Stwórca nigdy nie przestali kochać Żydów. Bóg nie ma względu na osoby i zbawienie tak samo jest dla Żyda jak i dla nie-Żyda.

3. PAMIĘTNE SPOTKANIE SANHEDRYNU

We wtorek wieczorem, o dwudziestej, zwołane zostało decydujące spotkanie Sanhedrynu. Przy wielu poprzednich sposobnościach, najwyższy sąd narodu żydowskiego nieformalnie wyrokował o śmierci Jezusa. Już wielokrotnie to dostojne, rządzące grono stanowiło o powstrzymaniu działalności Jezusa, ale nigdy przedtem nie uchwalili, żeby go aresztować i uśmiercić za wszelką cenę. Było to tuż przed północą, we wtorek, 4 kwietnia, 30 roku n.e., kiedy Sanhedryn, tak jak się wtedy zebrał, oficjalnie i *jednomyślnie* przegłosował wyrok śmierci, tak na Jezusa jak i na Łazarza. Taka była odpowiedź na ostatni apel Mistrza do władców żydowskich, z którym wystąpił w Świątyni zaledwie kilka godzin wcześniej i wyrażała ich zaciekłą reakcję oburzenia na Jezusowe ostatnie i mocne oskarżenie tych właśnie, wyższych kapłanów oraz nie skruszonych saduceuszy i faryzeuszy. Wydanie wyroku śmierci (nawet przed procesem) na Syna Bożego było odpowiedzią Sanhedrynu na ostatnią ofertę niebiańskiego miłosierdzia, jaka się rozciągnęła na naród żydowski jako taki.

Poczynając od tego momentu Żydzi zostali opuszczeni, aby skończyła się ich treściwa i krótka prolongata narodowego bytu, w pełni odpowiadającego ich czysto ludzkiemu statusowi pośród narodów Urantii. Izrael wyrzekł się Syna tego Boga, który zawarł przymierze z Abrahamem i nie udał się plan zrobienia z dzieci Abrahama nosicieli światła prawdy dla świata. Boże przymierze zostało unieważnione a koniec narodu hebrajskiego nadchodził szybko.

Urzędnicy Sanhedrynu otrzymali rozkaz aresztowania Jezusa wczesnym rankiem, dnia następnego, jednak razem z poleceniem, aby nie zatrzymywać go publicznie. Powiedziano im, żeby ukartowali pojmanie go w tajemnicy, najlepiej niespodziewanie nocą. Zakładając, że tego dnia (w środę) Jezus może nie wrócić do Świątyni, nakazali urzędnikom Sanhedrynu, aby „go doprowadzili przed żydowski sąd w czwartek przed północą".

4. SYTUACJA W JEROZOLIMIE

Po zakończeniu ostatniej mowy Jezusa w Świątyni, apostołowie raz jeszcze byli zdezorientowani i skonsternowani. Tuż zanim Mistrz zaczął straszne potępienie władców żydowskich, Judasz wrócił do Świątyni, więc wszyscy apostołowie słyszeli drugą połowę ostatniej mowy Jezusa w Świątyni. Na nieszczęście, Judasz Iskariota nie słyszał propozycji miłosierdzia w pierwszej połowie tego przemówienia pożegnalnego. Nie słyszał także ostatniej propozycji miłosierdzia dla żydowskich władców, gdyż cały czas rozmawiał z grupą krewnych saduceuszy i przyjaciół, z którymi jadł obiad i z którymi się naradzał nad najwłaściwszym sposobem zerwania związków z Jezusem i współbraćmi apostołami. Judasz, ostatecznie i w pełni, podjął decyzję porzucenia ruchu ewangelicznego i umycia rąk od całego przedsięwzięcia w tym czasie, gdy się przysłuchiwał, jak Mistrz wygłasza ostatnie oskarżenia żydowskich władców. Mimo to opuścił Świątynię w towarzystwie Dwunastu, poszedł wraz z nimi na Górę Oliwną, gdzie razem z apostołami wysłuchał proroczej mowy o zniszczeniu Jerozolimy i o końcu narodu żydowskiego i pozostał z nimi przez wtorkową noc w nowym obozie, w pobliżu Getsemane.

Tłumy, które słyszały Jezusa, jak zmienia swe miłosierne wezwanie do żydowskich przywódców w nagłą i ciętą naganę, graniczącą ze srogim potępieniem, były zaszokowane i zdezorientowane. Tej nocy, w czasie, kiedy Sanhedryn obradował nad wyrokiem śmierci na Jezusa i kiedy Mistrz siedział ze swymi apostołami i kilkoma uczniami na Górze Oliwnej, przepowiadając zgubę narodu żydowskiego, cała Jerozolima poważnie i cicho rozważała jedno tylko zagadnienie: „Co oni zrobią z Jezusem?".

W domu Nikodema spotkało się i debatowało ponad trzydziestu wybitnych Żydów, potajemnie wierzących w królestwo, jaki powinni przyjąć kierunek postępowania w przypadku, gdy dojdzie do otwartego zerwania z Sanhedrynem. Wszyscy obecni się zgodzili, że otwarcie wyznają swą wierność Mistrzowi w tej samej godzinie, kiedy usłyszą o jego aresztowaniu. I tak właśnie zrobili.

Saduceusze, którzy teraz kontrolowali Sanhedryn i stanowili w nim większość, chcieli usunąć Jezusa z następujących powodów:

1. Obawiali się, że wzrost popularności Jezusa wśród tłumów zagrozi egzystencji narodu żydowskiego, z powodu możliwości uwikłania się w konflikt z władzami rzymskimi.
2. Gorliwość Jezusa w reformowaniu Świątyni uderzała bezpośrednio w ich dochody; oczyszczenie Świątyni naruszyło ich portfele.
3. Czuli się odpowiedzialni za zachowanie porządku publicznego i bali się konsekwencji dalszego rozprzestrzeniania się dziwnej doktryny Jezusa o braterstwie człowieka.

Faryzeusze z innych powodów chcieli śmierci Jezusa. Bali się go, ponieważ:

1. Wyraźnie przeciwstawił się ich tradycyjnemu traktowaniu ludzi. Faryzeusze byli ultrakonserwatywni i ostro ich raziły te, rzekomo radykalne, ataki na ich usankcjonowany prestiż jako nauczycieli religijnych.
2. Utrzymywali, że Jezus łamie prawo; że wykazał krańcowe lekceważenie dla szabatu i licznych innych wymogów prawnych i obrzędowych.
3. Oskarżyli go o bluźnierstwo, ponieważ robił aluzje do Boga, jako do swego Ojca.
4. A teraz byli bardzo źli na niego z powodu ostatniej przemowy, gorzkiego potępienia, jakie wygłosił tego dnia w Świątyni, w końcowej części swego pożegnalnego przemówienia.

Sanhedryn, gdy oficjalnie zarządził o śmierci Jezusa i wydał rozkazy, aby go aresztować, zawiesił swe obrady we wtorek przed północą, ustalając, aby następnego ranka spotkać się o dziesiątej w domu arcykapłana Kajfasza w celu sformułowania oskarżeń, na podstawie których można by Jezusa postawić przed sądem.

Mała grupa saduceuszy zaproponowała teraz, aby się pozbyć Jezusa przez skrytobójstwo, ale faryzeusze absolutnie nie zgodzili się na taką akcję.

I taka sytuacja panowała w Jerozolimie i pośród ludu tego, pamiętnego dnia, podczas gdy niezliczone zgromadzenie istot niebiańskich unosiło się nad tą monumentalną scenerią na Ziemi, pragnąc cokolwiek zrobić, aby pomóc ich ukochanemu Władcy, ale nie mogły działać, skutecznie powstrzymywane przez dowodzących nimi zwierzchników.

PRZEKAZ 176

WTORKOWY WIECZÓR NA GÓRZE OLIWNEJ

TEGO, wtorkowego popołudnia, kiedy Jezus i apostołowie przechodzili obok Świątyni w drodze do obozu Getsemane, Mateusz, zwracając uwagę na budowle Świątyni, powiedział: „Mistrzu, popatrz jak piękne są te budynki. Czy widzisz te masywne kamienie i piękne ozdoby, czy może to być, żeby te budynki zostały zniszczone"? Kiedy szli dalej, w kierunku Góry Oliwnej, Jezus powiedział: „Popatrzcie na te kamienie i masywną Świątynię; zaprawdę, zaprawdę, powiadam wam, w czasach, które wkrótce nadejdą, nie zostanie tutaj kamień na kamieniu. Wszystko będzie zburzone". Uwagi o zniszczeniu świętego przybytku rozbudziły ciekawość apostołów, kiedy dalej szli za Mistrzem. Nie mogli sobie wyobrazić innego zdarzenia, poza końcem świata, które mogłoby spowodować zniszczenie Świątyni.

Ażeby uniknąć tłumów idących doliną Kidronu do Getsemane, Jezus i jego towarzysze planowali wspiąć się krótkim odcinkiem, po zachodnim stoku Góry Oliwnej a potem iść ścieżką do ich prywatnego obozu, w pobliżu Getsemane, w niewielkiej odległości ponad obozowiskiem publicznym. Kiedy skręcili z drogi wiodącej do Betanii, zobaczyli Świątynię w chwale promieni zachodzącego słońca, a kiedy się zatrzymali na szczycie, widzieli zapalające się światła miasta i piękno oświetlonej Świątyni; i tam, w łagodnym świetle księżyca w pełni, Jezus usiadł z Dwunastoma. Mistrz rozmawiał z nimi i niebawem Nataniel zadał takie pytanie: „Powiedz nam, Mistrzu, jak mamy rozpoznać, że te zdarzenia są blisko?"

1. ZNISZCZENIE JEROZOLIMY

Odpowiadając na pytanie Nataniela, Jezus rzekł: „Tak, powiem wam o czasach, kiedy ludzie dopełnią pucharu swojej nikczemności, kiedy sprawiedliwość szybko spadnie na miasto naszych ojców. Ja opuszczę was niedługo; idę do Ojca. Kiedy was opuszczę, strzeżcie się, aby nikt was nie zwiódł, gdyż wielu przyjdzie jako wybawiciele i wielu ludzi sprowadzą na manowce. Gdy usłyszycie o wojnach i pogłoski o wojnach, nie kłopoczcie się i chociaż wszystkie te rzeczy się staną, koniec Jerozolimy nie jest jeszcze bliski. Nie powinniście się trwożyć głodem ani trzęsieniami ziemi; ani też nie musicie się niepokoić, kiedy oddadzą was w ręce władz i prześladować będą w imię ewangelii. Przeze mnie zostaniecie wyrzuceni z synagogi i wsadzeni do więzienia a niektórzy z was będą zabici. Kiedy doprowadzą was przed namiestników i władców, będzie to dla świadectwa waszej wiary i aby pokazać waszą wierność ewangelii królestwa. I kiedy staniecie przed sędziami, nie troszczcie się z góry, co macie mówić, bo w tej godzinie duch was nauczy, co macie odpowiadać waszym przeciwnikom. W tych dniach niedoli nawet wasi krewni, pod przewodnictwem tych, co odrzucili Syna Człowieczego, doprowadzą was do więzienia i na śmierć. Przeze mnie możecie być znienawidzeni przez wszystkich ludzi na jakiś czas, ale nawet w czasie tych prześladowań was nie opuszczę; duch mój was nie zostawi. Bądźcie cierpliwi! Nie wątpcie, że ta ewangelia królestwa zatryumfuje nad wszystkim wrogami i w końcu będzie głoszona wszystkim narodom".

Jezus przerwał na chwilę i popatrzył na miasto. Mistrz rozumiał, że odrzucenie duchowej koncepcji Mesjasza, determinacja, aby się trzymać uporczywie i ślepo materialnej misji oczekiwanego wybawiciela, wkrótce doprowadzi Żydów do bezpośredniego konfliktu z potężnymi wojskami rzymskimi i że taka walka może skończyć się tylko ostatecznym i całkowitym upadkiem narodu żydowskiego. Gdy jego naród odrzucił jego dar duchowy i odmówił przyjęcia światła niebios, które tak miłosiernie przyświecało temu narodowi, przypieczętował tym samym swoją zgubę, jako niezależnego narodu ze specjalną, duchową misją na Ziemi. Nawet żydowscy przywódcy uznali później, że ta świecka idea Mesjasza bezpośrednio doprowadziła do tego niepokoju, który spowodował ich zgubę.

Ponieważ Jerozolima miała stać się kolebką wczesnego ruchu ewangelii, Jezus nie chciał, aby jej nauczyciele i kaznodzieje zginęli w straszliwym upadku narodu żydowskiego, połączonym ze zniszczeniem Jerozolimy; dlatego też dał takie instrukcje swoim wyznawcom. Jezus bardzo troszczył się o to, żeby jacyś jego uczniowie nie uwikłali się w te nadchodzące powstania i nie zginęli w czasie upadku Jerozolimy.

Potem Andrzej spytał: „Ale Mistrzu, jeśli Święte Miasto i Świątynia mają być zniszczone i jeśli ciebie tutaj nie będzie, żeby nami pokierować, kiedy mamy opuścić Jerozolimę?". Jezus odpowiedział: „Możecie pozostać w mieście po tym, jak odejdę, nawet w czasach udręki i zajadłych prześladowań, ale kiedy w końcu, po buncie fałszywych proroków, ujrzycie Jerozolimę otoczoną przez wojska rzymskie, wtedy będziecie wiedzieć, że jej spustoszenie jest blisko; wtedy musicie uciekać w góry. Nie pozwólcie na to, żeby ktokolwiek z miasta czy jego okolic zwlekał, aby cokolwiek ratować, nie pozwólcie również tym z zewnątrz, aby weszli do miasta. Będą tam wielkie prześladowania, ponieważ będą to dni zemsty nie-Żydów. A potem, gdy opuścicie miasto, ci nieposłuszni ludzie albo padną od miecza albo popędzą ich jako jeńców do wszystkich narodów; i tak Jerozolima zostanie zdeptana przez nie-Żydów. W międzyczasie, ostrzegam was, nie dajcie się oszukać. Jeśli ktokolwiek przyjdzie do was i powie: «Zobaczcie, tutaj jest Wybawiciel» albo «Zobaczcie, on jest tam», nie wierzcie temu, gdyż pokaże się wielu fałszywych nauczycieli i wielu ludzi sprowadzą na manowce; ale wy nie powinniście dać się oszukać, ponieważ ja zawczasu powiedziałem wam to wszystko".

Jakiś czas apostołowie siedzieli w ciszy, w świetle księżyca, gdy te zadziwiające przepowiednie Mistrza zapadały w ich zdumione głowy. I stosownie do tego właśnie ostrzeżenia, praktycznie cała grupa wierzących i uczniów uciekła z Jerozolimy na pierwszy widok wojsk rzymskich, znajdując bezpieczne schronienie w Pelli, na północy.

Nawet po tak wyraźnym ostrzeżeniu, wielu zwolenników Jezusa interpretowało te przepowiednie jako odnoszące się do przemian, które z pewnością nastąpią w Jerozolimie, kiedy ponowne pojawienie się Mesjasza przyniesie założenie Nowej Jerozolimy i powiększenie miasta, żeby się stało światową stolicą. W swoim rozumowaniu, ci Żydzi uporczywie łączyli zniszczenie Świątyni z „końcem świata". Wierzyli, że Nowa

Jerozolima rozciągnie się na całą Palestynę, że po końcu świata natychmiast nastanie „nowe niebo i nowa ziemia". I nic dziwnego, że Piotr powiedział: „Mistrzu, my wiemy, że wszystkie rzeczy przeminą, kiedy pojawi się nowe niebo i nowa ziemia, ale skąd mamy wiedzieć, kiedy wrócisz, aby dokonać tego wszystkiego?".

Kiedy Jezus to usłyszał, zamyślił się chwilę a potem powiedział: „Zawsze błądzicie, ponieważ zawsze staracie się łączyć nowe nauczanie ze starym; upieracie się przy błędnym pojmowaniu całego mojego nauczania; obstajecie przy interpretacji ewangelii zgodnie z waszymi ustalonymi wierzeniami. Tym niemniej będę próbował was oświecić".

2. DRUGIE PRZYJŚCIE MISTRZA

Kilka razy Jezus robił oświadczenia, które doprowadziły jego słuchaczy do wniosku, że chociaż niebawem zamierza opuścić ten świat, z pewnością wróci, żeby dopełnić dzieła niebiańskiego królestwa. U jego wyznawców narastało przeświadczenie, że Jezus ich opuści, więc kiedy później odszedł z tego świata, było naturalne dla wszystkich wierzących, że mocno trzymali się tych obietnic powrotu. Doktryna o drugim przyjściu Chrystusa została tym samym wcześnie włączona do nauki chrześcijan i każde niemalże późniejsze pokolenie uczniów pobożnie wierzyło w tę prawdę i ufnie oczekiwało, że kiedyś przyjdzie.

Pierwsi uczniowie i apostołowie, skoro się mieli rozstać ze swym Mistrzem i Nauczycielem, tym bardziej trzymali się obietnicy jego powrotu i natychmiast łączyli przepowiedziane zniszczenie Jerozolimy z obiecanym, drugim przyjściem. I nadal tak rozumieli jego słowa, pomimo, że przez cały ten wieczór pouczeń na Górze Oliwnej Mistrz dołożył wszelkich starań, aby zapobiec takiej właśnie pomyłce.

Kontynuując odpowiedź na pytanie Piotra, Jezus rzekł: „Dlaczego ciągle oczekujecie, że Syn Człowieczy zasiądzie na tronie Dawidowym i spodziewacie się spełnienia materialnych marzeń Żydów? Czyż przez wszystkie te lata nie mówiłem wam, że moje królestwo nie z tego jest świata? Te rzeczy, które teraz widzicie, zbliżają się do końca, ale to będzie nowy początek, z którego ewangelia królestwa wyjdzie na cały świat a zbawienie rozciągnie się na wszystkich ludzi. I kiedy królestwo dojdzie do pełnego urzeczywistnienia, bądźcie pewni, że Ojciec w niebie nie zawiedzie, aby was nawiedzić z powiększonym objawieniem prawdy i poszerzoną wizją prawości, tak jak poprzednio obdarzył ten świat tym, który stał się księciem ciemności a potem Adamem, po którym przyszedł Melchizedek a teraz Synem Człowieczym. I tak mój Ojciec nadal będzie objawiał swoje miłosierdzie i będzie ukazywał swoją miłość, nawet temu, ciemnemu i złemu światu. Tak samo i ja, po tym jak Ojciec mój nada mi całą moc i władzę, wciąż będę śledził wasze losy i prowadził sprawy królestwa poprzez obecność mego ducha, który wkrótce będzie wylany na wszystkich w ciele. Chociaż przez to obecny będę z wami w duchu, również wam przyrzekam, że kiedyś wrócę na ten świat, gdzie przeżyłem to życie w ciele i nabrałem doświadczenia w jednoczesnym objawianiu Boga człowiekowi i w prowadzeniu człowieka ku Bogu. Wkrótce muszę was opuścić i podjąć na nowo tę pracę, którą Ojciec powierzył w moje ręce, ale bądźcie odważni, ponieważ kiedyś wrócę. W międzyczasie mój wszechświatowy Duch Prawdy będzie was pocieszał i prowadził.

Widzicie mnie teraz w słabości i w ciele, ale kiedy wrócę, będę w mocy i w duchu. Oczy cielesne widzą Syna Człowieczego w ciele, ale tylko oczy ducha ujrzą Syna Człowieczego wywyższonego przez Ojca, kiedy się zjawi na Ziemi pod swoim własnym imieniem.

Jednak czas ponownego pojawienia się Syna Człowieczego znany jest tylko w rajskich radach; nawet aniołowie niebiańscy nie wiedzą, kiedy to nastąpi. Wszelako powinniście się orientować, że kiedy ewangelia królestwa będzie głoszona całemu światu, dla zbawienia wszystkich narodów i kiedy nastąpi pełnia epoki, Ojciec pośle wam dar w postaci następnego systemu sprawiedliwości, albo wróci Syn Człowieczy, aby osądzić epokę.

A teraz w sprawie cierpień w Jerozolimie, o których wam mówiłem, nie przeminie nawet to pokolenie, kiedy moje słowa się spełnią; jednak w sprawie czasu ponownego przyjścia Syna Człowieczego, nikt w niebie ani na Ziemi nie powinien się ośmielać zabierać głosu. Ale wy powinniście być mądrzy w sprawie dojrzewania epoki; powinniście być czujni w dostrzeganiu znaków czasu. Kiedy gałęzie drzewa figowego stają się soczyste i wypuszczają liście, wiecie, że lato jest blisko. Tak samo, kiedy świat przejdzie długą zimę nastawienia materialnego i zobaczycie, jak nadchodzi duchowa wiosna nowego systemu sprawiedliwości, powinniście wiedzieć, że zbliża się czas lata – nowego nawiedzenia.

Ale jakie jest znaczenie tej nauki o przychodzeniu Synów Bożych? Czyż nie widzicie, że kiedy każdy z was zostanie wezwany do złożenia swego życia i przejścia przez portale śmierci, staje zaraz przed obliczem sądu i twarzą w twarz z warunkami nowego systemu sprawiedliwości, służąc w wiecznym planie nieskończonego Ojca? To, przed czym cały świat musi stanąć na koniec epoki jako przed literalnym faktem, temu wy wszyscy, jako jednostki, na pewno będziecie musieli stawić czoła w osobistym doświadczeniu, kiedy dojdziecie do końca waszego naturalnego życia i tym samym pójdziecie dalej, aby stanąć wobec warunków i okoliczności nieodłącznych następnemu objawieniu wiecznego rozwoju królestwa Ojca".

Spośród wszystkich rozpraw, które Jezus wygłosił swoim apostołom, żadna nigdy nie została bardziej zniekształcona w ich umysłach niż ta, wygłoszona we wtorkowy wieczór na Górze Oliwnej, dotycząca podwójnego tematu – zniszczenia Jerozolimy i jego drugiego przyjścia. Dlatego też niewiele jest zgodności w późniejszych zapisach, opartych na wspomnieniach tego, co Mistrz powiedział w tych niezwykłych okolicznościach. Zatem, kiedy w zapisach pojawiła się luka, dotycząca większości tego, co zostało powiedziane wtorkowego wieczora, powstało wiele podań; i bardzo wcześnie, w drugim wieku, żydowska apokalipsa o Mesjaszu napisana została przez Seltę, który był przydzielony do dworu cesarza Kaliguli i gremialnie przekopiowana do Ewangelii Mateusza a później (częściowo) dodana do zapisów Marka i Łukasza. To właśnie w pismach Selty pojawia się przypowieść o dziesięciu dziewicach. Żadna część zapisów Ewangelii nie miała tak pogmatwanej, błędnej interpretacji, jak nauka głoszona tego wieczora. Jednak Apostoł Jan nigdy w ten sposób nie pobłądził.

Kiedy tych trzynastu ludzi znowu zaczęło iść do obozu, nic nie mówili i ogarnęło ich wielkie napięcie emocjonalne. Judasz utwierdził się ostatecznie w swojej decyzji, żeby opuścić swych towarzyszy. Było dość późno, kiedy Dawid Zebedeusz, Jan Marek i grupa przodujących uczniów powitali Jezusa i Dwunastu w nowym obozie, ale apostołowie nie chcieli spać; chcieli dowiedzieć się czegoś więcej o zniszczeniu Jerozolimy, odejściu Mistrza i końcu świata.

3. DALSZA DYSKUSJA W OBOZIE

Kiedy około dwudziestu osób zgromadziło się przy obozowym ognisku, Tomasz zapytał Jezusa: „Skoro masz wrócić, aby dokończyć dzieła królestwa, jak my mamy się zachować, kiedy ty będziesz daleko, w sprawach Ojca?". Jezus, patrząc na nich przez blask ognia, odpowiedział:

„I nawet ty, Tomaszu, nie zrozumiałeś tego, co powiedziałem. Czyż przez cały ten czas nie uczyłem was, że wasz związek z królestwem jest duchowy oraz indywidualny i jest zupełnie kwestią osobistego przeżywania w duchu, uświadomienia sobie przez wiarę, że jesteście synami Bożymi? Cóż mogę więcej powiedzieć? Upadki narodów, katastrofy imperiów, śmierć niewierzących Żydów i koniec epoki a nawet koniec świata, cóż to wszystko ma wspólnego z tym, który wierzy w ewangelię i który schronił swoje życie w pewności wiecznego królestwa? Wy, którzy znacie Boga i wierzycie w ewangelię, zdobyliście już pewność wiecznego życia. Skoro wasze życie przeżyjecie w duchu i dla Ojca, nic nie może mieć dla was większego znaczenia. Budowniczowie królestwa, uznani obywatele niebiańskich światów, nie powinni się niepokoić doczesnymi przewrotami czy trwożyć ziemskimi kataklizmami. Cóż za znaczenie może mieć dla was, którzy wierzycie w tę ewangelię królestwa, jeśli upadną narody, skończą się epoki, czy wszystkie widzialne rzeczy ulegną zagładzie, skoro wiecie, że wasze życie jest darem Syna i że jest wiecznie bezpieczne w Ojcu? Przeżywszy swoje doczesne życie w wierze i wydawszy owoce ducha jako prawość, w miłości pełnej służbie dla waszych bliźnich, z ufnością możecie patrzeć na następny krok na wiecznej drodze, z tą samą trwałą wiarą, która was prowadziła przez waszą pierwszą, ziemską przygodę synostwa z Bogiem.

Każde pokolenie wierzących powinno prowadzić swą działalność z perspektywy ewentualnego powrotu Syna Człowieczego, dokładnie tak, jak każdy indywidualny wierzący prowadzi swoją życiową działalność z perspektywy nieuniknionej i zawsze mu grożącej, naturalnej śmierci. Kiedy przez wiarę raz uznacie siebie synami Boga, nic więcej nie ma znaczenia, gdy idzie o pewność wiecznego życia. Ale nie popełniajcie błędu! Wiara w przeżycie śmierci jest żywą wiarą i coraz bardziej przejawia owoce tego Boskiego ducha, który ją pierwszy rozbudził w ludzkim sercu. To, że raz uznaliście synostwo w niebiańskim królestwie nie zabezpieczy was w przypadku świadomego, uporczywego odrzucania prawd, mających do czynienia z postępowym, duchowym wydawaniem owoców przez synów Bożych w ciele. Wy, którzy ze mną prowadziliście sprawy Ojca na Ziemi, nawet teraz możecie opuścić królestwo, jeżeli uznacie, że nie lubicie Ojcowskiej drogi służenia ludzkości.

Słuchajcie mnie jako jednostki i jako pokolenie wierzących, kiedy wam powiem przypowieść. Był sobie pewien wielki człowiek, który zanim wyruszył w długą podróż do innego kraju, wezwał wszystkich zaufanych służących i złożył w ich ręce całe swoje dobra. Jednemu dał pięć talentów, innemu dwa a jeszcze innemu jeden. I tak po kolei, w całej grupie poważanych zarządców, każdemu z nich powierzył swoje dobra, zgodnie z ich różnorakimi zdolnościami; i potem wyruszył w swoją podróż. Kiedy ich pan odjechał, służący postanowili pracować, żeby z powierzonego im bogactwa czerpać zyski. Ten, który dostał pięć talentów, zaraz zaczął handlować i wkrótce zarobił następne pięć talentów. Podobnie ten, który dostał dwa talenty, wkrótce zarobił następne dwa. I tak robili wszyscy służący, przysparzając zysków swemu panu, za wyjątkiem tego, który dostał tylko jeden talent. Poszedł on, wykopał w ziemi dół i schował pieniądze pana. Niebawem, niespodziewanie wrócił pan tych sług i wezwał rządców na rozliczenie. I kiedy wszyscy zostali wezwani przed pana, ten, który dostał pięć talentów, wystąpił z pieniędzmi, które zostały mu powierzone i przyniósł dodatkowe pięć talentów, mówiąc: «Panie, dałeś mi pięć talentów, abym zainwestował i cieszę się, że mogę okazać ci następne pięć talentów, jako mój zysk». I wtedy pan powiedział mu: «Dobrze, sługo dobry i wierny, byłeś wierny w rzeczach niewielu, teraz postawię cię zarządcą nad wieloma; wejdź do radości twego pana». I wtedy wystąpił ten, który dostał dwa talenty, mówiąc: «Panie, oddałeś w moje ręce dwa talenty, zobacz, zarobiłem następne dwa talenty». I pan mu powiedział: «Dobrze, sługo dobry i wierny, ty także byłeś wierny w rzeczach niewielu, teraz postawię cię zarządcą nad wieloma; wejdź do radości twego pana». I wtedy przyszedł na rozliczenie ten, który dostał jeden talent. Służący ten wystąpił, mówiąc: «Panie, znam ciebie i wiem, że jesteś sprytnym człowiekiem, który oczekuje zysków, na które osobiście nie zapracował; dlatego też bałem się zaryzykować cokolwiek z tego, co mi zostało powierzone. Bezpiecznie schowałem twój talent w ziemi; oto jest, masz teraz to, co należy do ciebie». Ale jego pan odpowiedział: «Jesteś gnuśnym i leniwym rządcą. Swoimi własnymi słowami wyznałeś, że wiedziałeś, iż zażądam od ciebie rozliczenia z godziwym zyskiem, jaki twoi pracowici bliźni, słudzy, dzisiaj mi oddali. Wiedząc o tym, powinieneś przynajmniej oddać moje pieniądze w ręce bankierów, abym, gdy wrócę, mógł dostać moją własność z procentem». I wtedy pan powiedział do wyższego rządcy: «Zabierz ten talent od tego bezużytecznego sługi i daj go temu, który ma dziesięć talentów».

Każdemu, który ma, będzie dodane i będzie miał obfitość; ale temu, który nie ma, nawet to, co miał, będzie zabrane. Nie możecie stać w miejscu w sprawach wiecznego królestwa. Mój Ojciec wymaga od wszystkich swych dzieci, aby wzrastały w łasce i poznawaniu prawdy. Wy, którzy znacie te prawdy, musicie pomnażać plony owoców ducha i wykazywać coraz większe poświęcenie w bezinteresownej służbie dla swoich bliźnich sług. I pamiętajcie, że tak jak służycie najmniejszemu z moich braci, tak wykonaliście tę posługę dla mnie.

Tak więc powinniście zacząć pracować w sprawach Ojca, teraz i odtąd i na zawsze. Nie przestawajcie, dopóki nie przyjdę. Wiernie wywiązujcie się z tego, co zostało wam powierzone a tym samym będziecie gotowi na rozrachunek, gdy śmierć was wezwie. I żyjąc w ten sposób, dla chwały Ojca i ku zadowoleniu Syna, wejdziecie z radością i największą przyjemnością do wiecznej służby w wiecznotrwałym królestwie".

Prawda jest żywa; Duch Prawdy zawsze prowadzi dzieci światłości ku nowym domenom duchowej rzeczywistości i boskiej służby. Nie dostaliście prawdy po to, aby ją skrystalizować w stałe, bezpieczne i poważane formy. Wasze objawienie prawdy musi być tak umocnione, dzięki osobistym doświadczeniom, że nowe piękno i prawdziwy rozwój duchowy objawi się wszystkim, którzy dostrzegą wasze duchowe owoce, co w konsekwencji doprowadzi ich do chwały Ojca, który jest w niebie. Tylko ci, wierni słudzy, którzy tak wzrastają w poznawaniu prawdy i którzy tak rozwijają zdolności boskiego uznania rzeczywistości duchowych, mogą mieć nadzieję, że „w pełni będą dzielić radość ich Pana". Cóż za żałosny widok przedstawiają kolejne pokolenia rzekomych wyznawców Jezusa, kiedy mówią ze stanowiska zarządcy boskiej prawdy: „Tutaj, Mistrzu, jest ta prawda, którą nam powierzyłeś, sto czy tysiąc lat temu. Niczego nie utraciliśmy; wiernie chroniliśmy wszystko, co nam dałeś; nie pozwoliliśmy zrobić żadnych zmian w tym, czego nas nauczałeś; tutaj jest prawda, którą nam dałeś". Jednak taka wymówka z duchowego lenistwa nie usprawiedliwi bezużytecznego zarządcy prawdy przed Mistrzem. Zgodnie z prawdą, powierzoną w wasze ręce, Mistrz prawdy będzie wymagał rozliczenia.

W następnym świecie będziecie poproszeni o rozliczenie się z waszych zdolności i zarządzania na tym świecie. Czy wrodzonych talentów jest mało czy też dużo, staniecie w obliczu sprawiedliwego i miłosiernego rozliczenia. Jeśli talenty zostały spożytkowane tylko na egoistyczne dążenia i żadnej myśli nie poświęciło się wyższym obowiązkom, aby pomnożyć plony owoców ducha, które przejawiają się w coraz szerszej służbie dla ludzi i w czczeniu Boga, tacy egoistyczni zarządcy muszą zaakceptować konsekwencje swego rozmyślnego wyboru.

Jak bardzo był podobny do wszystkich egoistycznych śmiertelników niewierny sługa z jednym talentem w tym, że za swoją gnuśność obwinił wprost swego pana. Jak chętnie człowiek zrzuca swą winę na innych, często na tych, którzy na to najmniej zasługują, gdy staje w obliczu swoich własnych niepowodzeń!

Tej nocy, kiedy szli na spoczynek, Jezus powiedział: „Darmo dostaliście, przeto darmo powinniście dawać prawdę nieba a dzięki jej dawaniu, będzie się ta prawda mnożyła i ukazywała we wzrastającej światłości zbawczej łaski, tak jak jej służycie".

4. POWRÓT MICHAŁA

Żadne stadium całej nauki Mistrza nie zostało tak źle zrozumiane, jak jego obietnica powrotu kiedyś na ten świat, we własnej osobie. Nie powinno nikogo dziwić, że Michał może być kiedyś zainteresowany powrotem na tę planetę, na której doświadczył swojego siódmego i ostatniego obdarzenia, jako śmiertelnik tej domeny. Jest całkiem naturalne wierzyć, że Jezus z Nazaretu, teraz nieograniczony władca rozległego wszechświata, będzie znowu kiedyś chciał przyjść, nie tylko raz, ale wiele razy na ten świat, na którym przeżył tak unikalne życie i na koniec zyskał dla siebie Ojcowskie, nieograniczone obdarzenie wszechświatową mocą i władzą. Urantia będzie wiecznie jedną z siedmiu rodzimych dla Michała sfer, które przeszedł w swoim zdobywaniu wszechświatowej władzy.

Wiele razy i wielu ludziom Jezus oznajmiał swój zamiar powrotu na ten świat. Kiedy jego uczniom otwarły się oczy i zrozumieli, że ich Mistrz nie będzie doczesnym wybawicielem i jak słuchali jego przepowiedni o zburzeniu Jerozolimy i upadku narodu żydowskiego, najzupełniej naturalnie zaczęli łączyć jego obietnicę powrotu z tymi, katastrofalnymi wydarzeniami. Jednak, kiedy wojska rzymskie zrównały z ziemią mury Jerozolimy, zniszczyły Świątynię i rozproszyły judejskich Żydów, a Mistrz wciąż nie objawił się w mocy i chwale, wyznawcy jego zaczęli formułować wierzenie, które ostatecznie połączyło drugie przyjście Chrystusa z końcem wieku, a nawet z końcem świata.

Jezus obiecał zrobić dwie rzeczy po wniebowstąpieniu do Ojca i po tym, jak cała moc w niebie i na Ziemi zostanie oddana w jego ręce. Po pierwsze, obiecał przysłać na ten świat i na swoje miejsce innego nauczyciela, Ducha Prawdy i to zrobił w dniu Zesłania

Ducha. Po drugie, przyrzekł swoim wyznawcom, że z całą pewnością kiedyś osobiście wróci na ten świat. Ale nie powiedział jak, gdzie i kiedy znowu odwiedzi tę planetę, którą obdarzył w ciele. Pewnego razu oznajmił, że zważywszy na to, iż oczy cielesne widziały go tutaj, jak żył w ciele, w czasie powrotu (co najmniej podczas jednych z możliwych odwiedzin) będzie widziany tylko oczami wiary duchowej.

Wielu z nas przypuszcza, że w nadchodzących epokach Jezus wróci na Urantię wiele razy. Nie mamy jego wyraźnej obietnicy, dotyczącej tych wielokrotnych odwiedzin, ale wydaje się najbardziej prawdopodobne, że ten, który wśród swoich wszechświatowych tytułów nosi tytuł Planetarnego Księcia Urantii, wiele razy odwiedzi ten świat, którego zdobycie przyniosło mu tak znakomity tytuł.

Stanowczo wierzymy, że Michał znowu osobiście przyjdzie na Urantię, ale nie mamy najmniejszego pojęcia, kiedy, czy w jaki sposób, zechce przyjść. Czy jego drugie przyjście na Ziemię zsynchronizowane będzie z końcowym osądem obecnej epoki, czy będzie związane, czy też nie związane, z pojawieniem się Syna-Arbitra? Czy przyjdzie w związku z zakończeniem jakiejś następnej epoki na Urantii? Czy przyjdzie nie zapowiedziany i czy będzie to odosobnione wydarzenie? Nie wiemy. Jedną rzecz wiemy na pewno, że kiedy wróci, prawdopodobnie cały świat będzie wiedział o tym, gdyż musi przyjść jako najwyższy władca wszechświata a nie jako nieznane dziecko z Betlejem. Ale jeśli każde oko ma go zobaczyć i jeśli tylko duchowe oczy mają widzieć jego osobę, przyjście to musi nastąpić w odległej przyszłości.

Dobrze zrobilibyście zatem, gdybyście nie łączyli osobistego powrotu Mistrza na Ziemię z jakimikolwiek konkretnymi zdarzeniami, czy określonymi epokami. Pewni jesteśmy tylko jednej rzeczy – obiecał wrócić. Nie mamy pojęcia, kiedy, czy w związku z czym, wypełni swoją obietnicę. O ile się orientujemy, może się ukazać na Ziemi każdego dnia a może przybyć dopiero wtedy, gdy przeminie wiele epok, należycie osądzonych przez współpracujących z nim Synów z Rajskiego korpusu.

Drugie przyjście Michała na Ziemię jest wydarzeniem o ogromnym znaczeniu emocjonalnym, zarówno dla pośrednich jak i dla ludzi; ale skądinąd nie ma ono nadzwyczajnej wartości dla pośrednich jak i nie ma większego praktycznego znaczenia dla istot ludzkich niż zwykły wypadek naturalnej śmierci, która tak nagle rzuca śmiertelnego człowieka prosto w objęcia tego szeregu wszechświatowych zdarzeń, które prowadzą wprost przed oblicze tego samego Jezusa, suwerennego władcy naszego wszechświata. Wszystkie dzieci światłości na pewno go zobaczą i nie ma większego znaczenia, czy my pójdziemy do niego, czy może on pierwszy przyjdzie do nas. Dlatego też bądźcie zawsze gotowi powitać go na Ziemi, tak jak on jest gotowy powitać was w niebie. Ufnie wypatrujemy jego wspaniałego ukazania się, nawet wielokrotnych przyjść, ale zupełnie nie wiemy jak, kiedy, czy w związku z czym może się on ukazać.

PRZEKAZ 177

ŚRODA, DZIEŃ ODPOCZYNKU

BYŁO zwyczajem Jezusa i jego apostołów, żeby w każdą środę odpoczywać po pracy, kiedy nie byli zbytnio zajęci nauczaniem ludzi. W tę właśnie środę zjedli śniadanie nieco później niż zwykle i w obozie zapadła złowieszcza cisza; niewiele rozmawiano w pierwszej połowie śniadania. W końcu Jezus powiedział: „Chciałbym, abyście dziś odpoczęli. Poświęćcie czas na przemyślenie wszystkiego tego, co wydarzyło się od naszego przyjścia do Jerozolimy i pomyślcie o tym, co jest tuż przed nami, o czym wyraźnie wam mówiłem. Upewnijcie się, że prawda jest w waszym życiu i że codziennie wzrastacie w łasce".

Po śniadaniu Mistrz powiedział Andrzejowi, że chce samotnie oddalić się na ten dzień i zaproponował, aby pozwolić apostołom spędzić czas według własnego wyboru, z tym wyjątkiem, aby pod żadnym pozorem nie przekraczali bram Jerozolimy.

Kiedy Jezus gotów był samotnie iść na wzgórza, zaczepił go Dawid Zebedeusz i powiedział: „Dobrze wiesz, Mistrzu, że faryzeusze i władcy chcą cię zabić a teraz szykujesz się iść w góry samotnie. To nie jest mądre; dlatego też wyślę trzech ludzi z tobą, dobrze przygotowanych, aby dopilnowali, żeby nie stała ci się żadna krzywda". Jezus popatrzył na trzech dobrze uzbrojonych, dzielnych Galilejczyków i powiedział Dawidowi: „Masz dobre intencje, ale robisz błąd, bo nie rozumiesz tego, że Syn Człowieczy nie potrzebuje nikogo, aby go bronił. Nikt nie położy na mnie ręki do tej godziny, w której gotów będę oddać moje życie, zgodnie z wolą mojego Ojca. Ci ludzie nie mogą iść ze mną. Chcę iść sam, żeby być we wspólnocie z moim Ojcem".

Kiedy Dawid i jego uzbrojona gwardia usłyszeli te słowa, odeszli, ale kiedy Jezus wyruszał samotnie, Jan Marek podszedł do niego z małym koszykiem, zawierającym żywność i wodę i podsunął myśl, że jeśli Jezus zamierza odejść na cały dzień, może się poczuć głodny. Mistrz uśmiechnął się do Jana i sięgnął po koszyk.

1. DZIEŃ SAM NA SAM Z BOGIEM

Już Jezus miał wziąć koszyk z jedzeniem z rąk Jana, kiedy młody człowiek odważył się powiedzieć: „Ale, Mistrzu, możesz zostawić kosz i iść bez niego, skoro idziesz się modlić samotnie. Poza tym, jeśli ja mógłbym iść z tobą i nieść posiłek, ty mógłbyś lepiej poświęcić się modlitwie a ja na pewno będę cicho. Nie będę o nic pytał i będę stał przy koszyku, kiedy ty będziesz się modlił na osobności".

Kiedy Jan mówił a jego zuchwałość zdumiała niektórych bliżej stojących słuchaczy, śmiało trzymał koszyk. Po czym Jan i Jezus stali, obydwaj trzymając koszyk. Niebawem Mistrz puścił i patrząc na młodzieńca, powiedział: „Skoro z całego serca chcesz iść ze mną, nie mogę ci odmówić. Pójdziemy sami i przyjemnie spędzimy czas. Możesz mi zadać dowolne pytanie, które zrodzi się w twoim sercu i będziemy nawzajem dodawać sobie otuchy i się pocieszać. Możesz iść i nieść jedzenie, a jak się zmęczysz, pomogę ci. Chodź ze mną".

Jezus wrócił do obozu tego wieczoru dopiero po zachodzie słońca. Mistrz spędził swój ostatni dzień spokoju na Ziemi razem z głodnym prawdy młodzieńcem i na rozmowie ze swoim Rajskim Ojcem. Wydarzenie to stało się znane na wysokościach jako „dzień, który młody człowiek spędził z Bogiem na wzgórzach". Przypadek ten obrazuje na zawsze gotowość Stworzyciela do bratania się ze stworzonym. Nawet młody człowiek, jeżeli pragnienie jego serca naprawdę jest doskonałe, może zwrócić uwagę Boga wszechświata i radować się jego miłości pełnym towarzystwem, faktycznie przeżyć niezapomnianą ekstazę przebywania samotnie z Bogiem na wzgórzach i to przez cały dzień. I takie było unikalne przeżycie Jana Marka, w tę środę, na wzgórzach Judei.

Jezus sporo rozmawiał z Janem, mówił otwarcie o sprawach tego i tamtego świata. Jan powiedział Jezusowi, jak bardzo żałuje, że nie jest na tyle dorosły, aby być jednym z apostołów i wyraził swoją wielką wdzięczność za to, że pozwolono mu chodzić z nimi od czasu pierwszego kazania przy jordańskim brodzie w pobliżu Jerycha, z wyjątkiem podróży do Fenicji. Jezus ostrzegł młodzieńca, żeby nie zniechęcał się wydarzeniami, które nadejdą i zapewnił go, że będzie żył, aby stać się wielkim zwiastunem królestwa.

Jan Marek był pod wielkim wrażeniem tego dnia, spędzonego z Jezusem na wzgórzach, ale nigdy nie zapomniał końcowej przestrogi Mistrza, wypowiedzianej, gdy mieli wracać do obozu w Getsemane, kiedy ów powiedział: „A więc Janie, mieliśmy przyjemną rozmowę, prawdziwy dzień odpoczynku, ale uważaj, abyś nikomu nie mówił o tych rzeczach, które ci powiedziałem". I Jan Marek nigdy nie ujawnił niczego, co się zdarzyło tego dnia, który spędził z Jezusem na wzgórzach.

W czasie ostatnich godzin ziemskiego życia Jezusa, Jan Marek nigdy nie dopuścił do tego, aby Mistrz zniknął mu z oczu na dłużej. Młodzieniec zawsze był w pobliżu Mistrza, spał tylko wtedy, kiedy spał Jezus.

2. WCZESNE ŻYCIE RODZINNE

Gdy Jezus rozmawiał tego dnia z Janem Markiem, sporo czasu poświęcił na porównanie swojego i Marka wczesnego dzieciństwa i późniejszych przeżyć chłopięcych. Aczkolwiek rodzice Jana mieli więcej dóbr światowych niż rodzice Jezusa, ich lata chłopięce obfitowały w wiele podobnych przeżyć. Jezus powiedział wiele tych rzeczy, które Janowi pomogły lepiej zrozumieć swoich rodziców i innych członków rodziny. Kiedy chłopiec zapytał, skąd Mistrz może wiedzieć, że on zostanie „wielkim zwiastunem królestwa", Jezus odpowiedział:

„Wiem, że okażesz się lojalny ewangelii królestwa, ponieważ mogę polegać na twojej obecnej wierze i miłości a te wartości opierają się na wczesnej nauce, jaką wyniosłeś z domu. Zostałeś wychowany w domu, gdzie rodzice darzą się szczerym uczuciem i dlatego też nie zostałeś przeładowany miłością w tak szkodliwy sposób, aby obudzić w tobie ideę zarozumiałości. Tak samo twoja osobowość nie została wypaczona w rezultacie posunięć wynikłych z braku miłości rodziców, zmierzających do zdobycia twojego zaufania i lojalności, jedno przeciw drugiemu. Miałeś tę rodzicielską miłość, która daje chwalebną wiarę w siebie i która sprzyja normalnemu poczuciu bezpieczeństwa. Ale miałeś również szczęście w tym, że twoi rodzice mieli zarówno mądrość jak i miłość;

i ta mądrość kierowała nimi, kiedy zrezygnowali z większości form pobłażania oraz z wielu luksusów, jakie można było kupić za ich pieniądze i posłali cię do szkoły synagogi z twoimi towarzyszami zabaw z sąsiedztwa, a także zachęcali cię, abyś się uczył, jak żyć na tym świecie i pozwalali ci również na to, abyś miał autentyczne doświadczenia. Przyszedłeś nad Jordan z twoim młodym przyjacielem, Amosem, gdzie głosiliśmy kazania a uczniowie Jana chrzcili. Obydwaj chcieliście pójść z nami. Kiedy wróciłeś do Jerozolimy, twoi rodzice się zgodzili; rodzice Amosa nie pozwolili; kochali tak bardzo swego syna, że nie dali mu tego błogosławionego przeżycia, jakie ty miałeś i również tego, jakim cieszysz się dzisiaj. Uciekając z domu, Amos mógłby się do nas przyłączyć, ale gdyby to zrobił, zraniłby miłość i poświęciłby lojalność. Nawet, jeśli taki bieg wypadków byłby mądry, byłaby to straszna cena za doświadczenie, niezależność i wolność. Mądrzy rodzice, tacy jak twoi, dbają o to, aby ich dzieci nie musiały ranić miłości czy tłumić lojalności, aby mogły rozwijać niezależność i cieszyć się ożywczą wolnością, kiedy dorosną do twojego wieku.

Miłość, Janie, kiedy nią obdarzają wszechmądre istoty, jest doskonałą rzeczywistością wszechświata, ale jest cechą niebezpieczną a czasami też częściowo samolubną, kiedy w praktyce okazywana jest przez śmiertelnych rodziców. Kiedy się ożenisz i będziesz wychowywał swoje dzieci, upewnij się, żeby twoją miłość monitowała mądrość i kierowała inteligencja.

Twój młody przyjaciel, Amos, wierzy w ewangelię królestwa tak samo jak ty, ale nie mogę na nim w pełni polegać; nie jestem pewien, co zrobi w przyszłości. Jego wczesne życie rodzinne nie było tym życiem, które mogłoby ukształtować całkowicie godną zaufania osobę. Amos podobny jest bardzo do jednego z apostołów, który nie skorzystał z normalnego, przepełnionego miłością, mądrego nauczania w rodzinie. Całe twoje życie będzie szczęśliwsze i rzetelniejsze, ponieważ pierwsze osiem swych lat spędziłeś w normalnym i zdyscyplinowanym domu. Posiadasz silny i dobrze ukształtowany charakter, ponieważ rozwijałeś się w takim domu, gdzie dominowała miłość i panowała mądrość. Takie kształcenie w dzieciństwie tworzy ten rodzaj lojalności, która daje mi pewność, że pójdziesz w tym kierunku, w którym zacząłeś iść".

Ponad godzinę Jezus i Jan rozmawiali na temat życia rodzinnego. Mistrz tłumaczył Janowi, że dziecko jest całkowicie zależne od rodziców i związane z życiem rodzinnym we wszystkich swoich wczesnych koncepcjach tego, co intelektualne, społeczne, moralne a nawet duchowe, gdyż rodzina stanowi dla małego dziecka wszystko to, co może ono po raz pierwszy poznać, tak z ludzkich jak i z boskich związków. Swoje pierwsze wrażenia dotyczące wszechświata dziecko musi czerpać z matczynej opieki; jego pierwsza idea niebiańskiego Ojca jest całkowicie zależna od ziemskiego ojca. Jego późniejsze życie jest szczęśliwe lub nieszczęśliwe, łatwe lub trudne, w zależności od jego wczesnego życia umysłowego i uczuciowego, uwarunkowanego przez społeczne i duchowe związki w domu. Całe późniejsze życie człowieka jest pod ogromnym wpływem tego, co się zdarzyło podczas pierwszych lat jego egzystencji.

Szczerze wierzymy, że ewangelia, której nauczał Jezus, tak jak jest oparta na związku ojciec-dziecko, raczej nie będzie przyjęta na całym świecie do tego czasu, aż więcej miłości i więcej mądrości przenikać będzie życie rodzinne współczesnych ludzi cywilizowanych. Pomimo tego, że w dwudziestym wieku rodzice posiadają sporą wiedzę i więcej prawdy o tym, jak ulepszyć rodzinę i uszlachetnić życie rodzinne, faktem pozostaje, że bardzo mało współczesnych rodzin jest tak dobrymi miejscami dla wychowywania chłopców i dziewczynek, jakimi był dom Jezusa w Galilei i dom Jana Marka w Judei; aczkolwiek przyjęcie ewangelii Jezusa natychmiast doprowadzi do poprawy życia rodzinnego. Życie pełne miłości w mądrym domu oraz lojalne poświęcenie się prawdziwej religii wywierają nawzajem na siebie głęboki, obustronny wpływ. Takie życie rodzinne wzbogaca religię a prawdziwa religia zawsze wywyższa rodzinę.

Prawdą jest, że wiele niewłaściwych, hamujących rozwój wpływów i innych poskramiających cech, charakterystycznych dla tych starych, żydowskich rodzin, zostało praktycznie wyeliminowane z wielu lepiej prowadzonych, nowoczesnych domów. Co prawda, jest teraz więcej spontanicznej swobody i znacznie więcej osobistej wolności, ale ta wolność nie jest ograniczana miłością, motywowana lojalnością, czy kierowana przez inteligentną dyscyplinę mądrości. Jak długo uczymy dziecko modlitwy: „Ojcze nasz, któryś jest w niebie", wielka odpowiedzialność spoczywa na ziemskich ojcach, żeby żyć i prowadzić domy tak, aby słowo *ojciec* stało się godnym uświęcenia w umysłach i sercach dorastających dzieci.

3. DZIEŃ W OBOZIE

Większość tego dnia apostołowie chodzili po okolicach Góry Oliwnej i odwiedzali uczniów, którzy z nimi obozowali, ale wczesnym popołudniem coraz bardziej pragnęli zobaczyć wracającego Jezusa. Jak dzień się miał ku końcowi, coraz bardziej się niepokoili o jego bezpieczeństwo; bez Jezusa czuli się niewypowiedzianie samotni. Cały dzień debatowano czy powinno się na to pozwolić, aby Mistrz, tylko w towarzystwie chłopca na posyłki, sam poszedł na wzgórza. Chociaż nikt otwarcie nie wyraził tego, co myśli, nie było wśród nich żadnego, oprócz Judasza Iskarioty, który nie chciałby się znaleźć na miejscu Jana Marka.

Po południu Nataniel wygłosił mowę o „Najwyższym pragnieniu" do blisko pół tuzina apostołów i wielu uczniów, a na koniec powiedział: „To, co jest złe u większości z nas to fakt, że jesteśmy niezdecydowani. Nie kochamy Mistrza tak bardzo, jak on nas kocha. Gdybyśmy wszyscy chcieli pójść z nim, tak bardzo, jak tego chciał Jan Marek, z pewnością wziąłby nas wszystkich ze sobą. Staliśmy tam, kiedy chłopiec podszedł do Mistrza i podał mu koszyk, ale kiedy Mistrz chciał go wziąć, chłopiec mu nie pozwolił. I tak Mistrz zostawił nas tutaj a na wzgórza odszedł z koszykiem, chłopcem i ze wszystkim".

Około szesnastej przyszli posłańcy do Dawida Zebedeusza z wiadomością od jego matki z Betsaidy i od matki Jezusa. Kilka dni wcześniej Dawid zrozumiał, że wyżsi kapłani i władcy będą chcieli zabić Jezusa. Dawid wiedział o tym, że są zdecydowani zgładzić Mistrza i był niemalże pewien, że Jezus ani nie użyje swojej Boskiej potęgi, żeby się ocalić, ani też nie pozwoli swoim wyznawcom użyć siły w swojej obronie. Kiedy doszedł do takich konkluzji, nie tracił czasu i wysłał posłańców do swojej matki, usilnie nalegając, aby natychmiast przyszła do Jerozolimy i przyprowadziła Marię, matkę Jezusa oraz wszystkich członków jego rodziny.

Matka Dawida zrobiła tak, jak ją syn prosił i teraz posłańcy przyszli z powrotem do Dawida, przynosząc wiadomość, że jego matka i cała rodzina Jezusa są w drodze do Jerozolimy i powinni przybyć późno jutro, albo wczesnym rankiem pojutrze.

Ponieważ Dawid zrobił to wszystko z własnej inicjatywy, pomyślał, że byłoby mądrze zachować tę sprawę tylko dla siebie. Dlatego też nie mówił nikomu, że rodzina Jezusa jest w drodze do Jerozolimy.

Zaraz po południu przyszło do obozu ponad dwudziestu Greków, którzy spotkali się z Jezusem i Dwunastoma w domu Józefa z Arymatei; Piotr i Jan rozmawiali z nimi kilka godzin. Ci Grecy, co najmniej kilku z nich, byli bardzo zaawansowanymi w wiedzy na temat królestwa, gdyż nauczał ich Rodan w Aleksandrii.

Tego wieczora, po powrocie do obozu, Jezus odwiedził Greków i gdyby nie to, że takie postępowanie zaniepokoiłby bardzo jego apostołów i wielu przodujących uczniów, wyświęciłby tych dwudziestu Greków, tak samo jak Siedemdziesięciu.

Kiedy to wszystko działo się w obozie, w Jerozolimie wyżsi kapłani i starsi byli zdziwieni, że Jezus nie wrócił przemawiać do tłumów. Prawda, że dzień wcześniej, kiedy opuszczał Świątynię, powiedział: „Zostawiam wam dom wasz opuszczony". Jednak oni nigdy nie potrafili zrozumieć, dlaczego Jezus gotów był zrezygnować z tej wielkiej przewagi, jaką opierał na przyjacielskim nastawieniu tłumów. Chociaż się obawiali, że Mistrz mógłby wywołać niepokój wśród ludności, ostatnimi jego słowami do tłumów było napomnienie, aby dostosować się w każdy rozsądny sposób do zaleceń tych, „którzy zasiadają na Mojżeszowym miejscu". Był to pracowity dzień w mieście, gdyż przygotowywali się do Paschy a równocześnie dopracowywali plany zgładzenia Jezusa.

Niewiele ludzi przyszło do obozu, gdyż założony był w tajemnicy, dobrze strzeżonej przez wszystkich tych, którzy wiedzieli, że Jezus przypuszczalnie pozostanie na tym miejscu, zamiast chodzić na noc do Betanii.

4. JUDASZ I WYŻSI KAPŁANI

Wkrótce po tym, jak Jezus i Jan Marek wyszli z obozu, Judasz Iskariota zawieruszył się swoim braciom i nie wrócił wcześniej, aż dopiero późnym popołudniem. Ten zdezorientowany i niezadowolony apostoł, nie zważając na wyraźną prośbę Mistrza, aby nie wchodzić do Jerozolimy, poszedł tam w pośpiechu, aby dotrzymać umówionego terminu spotkania z wrogami Jezusa, w domu Kajfasza, arcykapłana. Było to nieoficjalne spotkanie Sanhedrynu i miało się odbyć krótko po dziesiątej tego ranka. Spotkanie to zostało zwołane, aby omówić rodzaj oskarżeń, jakie trzeba wnieść przeciw Jezusowi i żeby zadecydować o postępowaniu, jakie należy zastosować, aby go postawić przed władzami rzymskimi dla uzyskania wymaganego, urzędowego zatwierdzenia wyroku śmierci, który już został na niego wydany.

Poprzedniego dnia Judasz wyjawił niektórym swoim krewnym, jak również pewnym saduceuszom z rodziny ojca, iż doszedł do wniosku, że chociaż Jezus jest marzycielem o dobrych intencjach i idealistą, nie jest oczekiwanym wybawicielem Izraela. Judasz oświadczył, że bardzo chciałby znaleźć jakiś sposób taktownego wycofania się z całego ruchu. Jego przyjaciele pochlebnie zapewniali go, że jego wycofanie się będzie powitane przez żydowskich władców jako wielkie wydarzenie i otrzyma wszystko to, co najlepsze. Pozwolili mu wierzyć, że natychmiast otrzyma wielkie godności od Sanhedrynu i że w końcu będzie miał okazję zmazania piętna swojej, prowadzonej w najlepszych intencjach, ale „godnej pożałowania współpracy z niewykształconymi Galilejczykami".

Judasz niezupełnie wierzył, że wielkie dzieła Mistrza dokonane były mocą księcia diabłów, ale był całkowicie przekonany, że Jezus nie zechce użyć swej mocy dla swojej chwały; był wreszcie pewny, że Jezus pozwoli, aby żydowscy władcy go zabili a on nie mógł znieść tej upokarzającej myśli, że byłby utożsamiany z ruchem, który poniósł porażkę. Nie chciał myśleć o oczywistym niepowodzeniu. Dobrze rozumiał silny charakter swego Mistrza i przenikliwość tego majestatycznego i miłosiernego umysłu a jednak przyjemność mu sprawiało nawet częściowe rozważanie sugestii jednego z krewnych, że chociaż Jezus jest fanatykiem o dobrych intencjach, prawdopodobnie naprawdę nie jest przy zdrowych zmysłach; że zawsze wydawał się być człowiekiem dziwnym i niezrozumiałym.

I teraz, jak nigdy dotąd, Judasz poczuł się dziwnie dotknięty, że Jezus nigdy nie wyznaczył mu bardziej godnego stanowiska. Przez cały czas doceniał ten zaszczyt, że jest apostolskim skarbnikiem, ale teraz zaczynał czuć, że jest niedoceniony, że jego zdolności nie zostały właściwie oszacowane. Nagle opanowało go oburzenie, że Piotr, Jakub i Jan zostali zaszczyceni bliską współpracą z Jezusem i wtedy, kiedy szedł do domu arcykapłana, bardziej myślał o wyrównaniu rachunków z Piotrem, Jakubem i Janem, niż w jakikolwiek sposób o zdradzie Jezusa. Ale nade wszystko, właśnie wtedy, w jego świadomości zaczęła się wysuwać na czoło nowa i dominująca myśl: postanowił sam dla siebie zyskać zaszczyt, a jeśli można by to osiągnąć razem z wyrównaniem rachunków z tymi, którzy przyczynili się do największego rozczarowania w jego życiu, tym lepiej. Opanowała go straszna kombinacja dezorientacji, dumy, desperacji i determinacji. Dlatego też należy wyjaśnić, że nie dla pieniędzy szedł wtedy Judasz do domu Kajfasza, aby się umówić w sprawie zdrady Jezusa.

Kiedy Judasz zbliżał się do domu Kajfasza, podjął ostateczną decyzję, aby opuścić Jezusa i swoich towarzyszy apostołów; i kiedy tak zdecydował się porzucić sprawę królestwa nieba, postanowił zapewnić sobie najwięcej jak tylko można tych zaszczytów i sławy, które jak myślał, miały być kiedyś jego udziałem, gdy po raz pierwszy utożsamił się z Jezusem i nową ewangelią królestwa. Wszyscy apostołowie podzielali kiedyś tę ambicję z Judaszem, ale z upływem czasu nauczyli się podziwiać prawdę i kochać Jezusa, przynajmniej bardziej niż Judasz.

Zdrajca przedstawiony został Kajfaszowi i żydowskim przywódcom przez jego kuzyna, który tłumaczył, że Judasz odkrył swoją pomyłkę, że dał się zwieść przez subtelne nauki Jezusa, że przybył tutaj i chce publicznie oraz formalnie wyrzec się związków z Galilejczykiem a jednocześnie prosi, aby mu zaufano i przywrócono do wspólnoty z judejskimi braćmi. Rzecznik Judasza zaczął teraz wyjaśniać, że Judasz uznał, iż byłoby najlepiej dla pokoju Izraela, żeby Jezus został aresztowany a na znak swojego żalu z powodu uczestnictwa w takim błędnym ruchu i na dowód swojej szczerości, wraca teraz do nauki mojżeszowej i przyszedł zaproponować Sanhedrynowi, że mógłby tak zaaranżować rzecz z kapitanem, mającym rozkaz aresztowania Jezusa, żeby można go było zatrzymać po cichu, unikając tym samym wszelkiego niebezpieczeństwa podburzenia tłumów, czy też konieczności odłożenia aresztowania na czas po Passze.

Kiedy kuzyn skończył, przedstawił Judasza, który podchodząc do arcykapłana, powiedział: „Uczynię to wszystko, co mówił mój kuzyn, ale co możesz mi dać w zamian za moją przysługę?". Judasz zdawał się nie zauważać wyrazu pogardy a nawet wstrętu, który przebiegł przez twarz nieczułego i zarozumiałego Kajfasza; jego serce było się skoncentrowało na własnej sławie i pogoni za zadowoleniem w wywyższeniu się.

Potem Kajfasz, patrząc na zdrajcę, powiedział: „Judaszu, idź do kapitana gwardii i uzgodnij z tym oficerem, jak doprowadzić twojego Mistrza do nas, czy to dzisiejszej, czy jutrzejszej nocy, a kiedy zostanie oddany w nasze ręce, otrzymasz nagrodę za tę przysługę". Kiedy Judasz to usłyszał, wyszedł od wyższych kapłanów i władców i naradzał się z kapitanem gwardii świątynnej, co do sposobu aresztowania Jezusa. Judasz wiedział, że Jezusa nie ma w obozie i nie miał pojęcia, czy wróci tego wieczora i tak uzgodnili ze sobą, żeby aresztować Jezusa następnego wieczora (czwartek) po tym, jak ludzie z Jerozolimy i wszyscy przybyli pielgrzymi pójdą na nocny spoczynek.

Judasz wrócił do swoich towarzyszy w obozie, odurzony myślami o swojej wielkości i sławie, jakich nie miał już od dłuższego czasu. Przyłączył się do Jezusa w nadziei, że pewnego dnia stanie się wielkim człowiekiem w nowym królestwie. W końcu zrozumiał, że nie będzie królestwa takiego, jakiego się spodziewał. Ale cieszył się tym, że jest na tyle bystry, iż zamienił swoje rozczarowanie z niepowodzenia w zdobyciu sławy w oczekiwanym, nowym królestwie, na zaszczyty i nagrodę w starym porządku, który jak teraz wierzył, będzie trwał i który, jak tego był pewien, zniszczy Jezusa i wszystko to, do czego on dążył. Ostatnim, świadomym powodem Judaszowej zdrady Jezusa był tchórzliwy czyn samolubnego dezertera, który myślał tylko o swoim własnym bezpieczeństwie i wywyższeniu, bez znaczenia, jakie konsekwencje mogło mieć jego postępowanie dla Mistrza oraz dla jego byłych towarzyszy.

Ale tak jest zawsze. Judasza długo nurtowały takie wyważone, uporczywe, samolubne i mściwe myśli, coraz bardziej narastające w jego umyśle i goszczące w jego sercu, nienawistne, złe pragnienia zemsty i zdrady. Jezus kochał Judasza i ufał mu, tak samo jak kochał innych apostołów i im ufał, ale Judaszowi nie udało się ukształtować lojalnego zaufania i w zamian doznać szczerej miłości. I jak bardzo niebezpieczna może być ambicja, kiedy raz w pełni zwiąże się z samolubstwem i jest doskonale motywowana przez ponurą i długo tłumioną zemstę! Jak miażdżącą rzeczą jest rozczarowanie w życiu tych niemądrych osób, które przykuwają swój wzrok do cienistych i przelotnych powabów czasu, ślepnąc na wyższe i bardziej rzeczywiste dzieła wiecznotrwałych osiągnięć, wiecznego świata boskich wartości i prawdziwych duchowych rzeczywistości. Judasz pożądał doczesnych zaszczytów i kochał coraz bardziej to pożądanie całym swoim sercem; inni apostołowie tak samo pragnęli doczesnych zaszczytów, ale w swoich sercach kochali Jezusa i się starali, najlepiej jak umieli, nauczyć się kochać prawdy, których ich nauczał.

W tamtym czasie Judasz nie zdawał sobie z tego sprawy, ale podświadomie był krytykiem Jezusa od tego czasu, kiedy Herod ściął Jana Chrzciciela. Głęboko w sercu, Judasza zawsze gniewało to, że Jezus nie uratował Jana. Nie zapominajcie o tym, że Judasz był uczniem Jana, zanim został wyznawcą Jezusa. I całe to, skumulowane ludzkie oburzenie i gorzkie rozczarowanie, które Judasz ubrał w swej duszy w szaty nienawiści, ułożyło się teraz dobrze w jego podświadomości, gotowe wypłynąć, żeby go pochłonąć, kiedy raz się odważył oddzielić od wspierającego wpływu swoich braci, podczas gdy jednocześnie ulegał inteligentnym insynuacjom i subtelnemu ośmieszaniu ze strony wrogów Jezusa. Za każdym razem, kiedy Judasz pozwolił wznieść się swoim nadziejom wysoko a Jezus zrobił czy powiedział coś, co rozbiło je w kawałki, w sercu Judasza pozostawała blizna zawziętej urazy; i jak te blizny się mnożyły, wkrótce to serce, tak często ranione, straciło całe prawdziwe uczucie ku temu, który sprowadzał te przykre przeżycia na osobowość Judasza, o dobrych intencjach, ale tchórzliwą i egocentryczną. Judasz nie uświadamiał sobie tego, ale był tchórzem. W związku z tym zawsze skłonny był przypisać tchórzostwo Jezusowi jako ten motyw, który często bywał powodem nie przejęcia władzy czy rezygnacji z chwały, kiedy na pozór znajdowały się w zasięgu ręki. I każdy śmiertelny człowiek dobrze wie, że miłość, nawet, jeśli kiedyś była prawdziwa, może przez rozczarowanie, zazdrość i długo chowaną urazę przekształcić się w końcu w prawdziwą nienawiść.

W końcu wyżsi kapłani i starsi mogli na te kilka godzin odetchnąć. Nie musieli aresztować Jezusa publicznie a pozyskując Judasza jako zdradzieckiego sprzymierzeńca, mieli tę pewność, że Jezus nie umknie ich jurysdykcji, jak to robił wiele razy w przeszłości.

5. OSTATNIE SPOTKANIE TOWARZYSKIE

Ponieważ to była środa, w obozie tego wieczora odbyło się spotkanie towarzyskie. Mistrz usiłował rozweselić swoich przybitych apostołów, ale było to prawie niemożliwe. Wszyscy zaczynali sobie uświadamiać, że niepokojące i przytłaczające wydarzenia są blisko. Nie potrafili się cieszyć, nawet, kiedy Mistrz przypominał im obfitujące w wydarzenia i pełne miłości lata współpracy. Jezus ostrożnie wypytywał o rodziny wszystkich apostołów a patrząc w kierunku Dawida Zebedeusza, zapytał, czy ktokolwiek słyszał coś ostatnio od jego matki, młodszej siostry, czy innych członków jego rodziny. Dawid spuścił głowę i patrzył na swoje stopy; bał się odpowiedzieć.

Podczas tego spotkania Jezus ostrzegł swoich zwolenników, aby byli ostrożni, gdy idzie o aprobatę tłumów. Przypomniał ich przeżycia w Galilei, kiedy to wiele razy wielkie rzesze ludzi entuzjastycznie szły za nimi, po czym zaraz, tak samo gorliwie, zwracały się przeciw nim i wracały do swoich poprzednich wierzeń i metod życia. Potem powiedział: „Tak więc nie możecie pozwolić sobie na to, żeby dać się oszukać wielkim tłumom, które słuchały nas w Świątyni i którym się wydawało, że wierzą naszej nauce. Tłumy te słuchały prawdy i wierzyły w nią powierzchownie, ale tylko niewielu pozwoliło słowom prawdy głęboko zapuścić żywe korzenie w ich sercach. Kiedy nadejdą prawdziwe kłopoty, nie możecie liczyć na poparcie tych, którzy tylko umysłem znają ewangelię i którzy nie przeżyli jej w sercu. Kiedy władcy żydowscy dojdą do porozumienia, aby zabić Syna Człowieczego i kiedy uderzą w jedną nutę, zobaczycie te tłumy, albo uciekające w przerażeniu, albo stojące w cichym zdumieniu, podczas gdy wściekli i zaślepieni władcy prowadzić będą nauczycieli ewangelii prawdy na śmierć. I kiedy dopadnie was niedola i prześladowania, wtedy jeszcze inni, o których myślicie, że miłują prawdę, rozproszą się a niektórzy wyrzekną się ewangelii i was opuszczą. Niektórzy, bardzo nam bliscy, już postanowili zdezerterować. Odpoczywaliście dzisiaj, przygotowując się do tego czasu, który dla nas nadchodzi. Czuwajcie zatem i módlcie się, abyście jutro umocnili się na te dni, które są tuż przed nami".

Atmosfera obozu przepełniona była niewytłumaczalnym napięciem. Cisi posłańcy przychodzili i odchodzili, rozmawiając tylko z Dawidem Zebedeuszem. Zanim minął wieczór, niektórzy wiedzieli, że Łazarz w pośpiechu uciekł z Betanii. Po powrocie do obozu Jan Marek był złowieszczo milczący, pomimo tego, że cały dzień spędził w towarzystwie Mistrza. Każda próba przekonania go, żeby coś powiedział, wskazywała wyraźnie na to, że Jezus zabronił mu mówić.

Nawet dobre usposobienie Mistrza i jego niezwykła towarzyskość trwożyły apostołów. Wszyscy czuli nieuchronne zbliżanie się straszliwego osamotnienia, które jak sobie uświadomili, wkrótce miało do nich przyjść z niesamowitą nagłością i nieuchronną grozą. Mgliście przeczuwali to, co nadchodzi i żaden nie czuł się przygotowany, aby stanąć w obliczu tej próby. Przez cały dzień Mistrz był daleko a oni tęsknili za nim straszliwie.

Tego, środowego wieczora, duch apostołów bardzo podupadł i pozostawał na tak niskim poziomie aż do godziny śmierci Mistrza. Aczkolwiek następny dzień był o jeden dzień bliżej tragicznego piątku, Mistrz wciąż jeszcze był z nimi i przeżyli te niespokojne godziny z większą godnością.

Było tuż przed północą, kiedy Jezus, wiedząc, że to będzie jego ostatnia noc, którą prześpi pośród swojej wybranej, ziemskiej rodziny, rozesłał ich na noc i powiedział: „Idźcie spać, moi bracia, niech pokój będzie z wami do czasu, aż jutro wstaniemy na jeszcze jeden dzień, aby pełnić wolę Ojca i cieszyć się tym, że jesteśmy jego synami".

PRZEKAZ 178

OSTATNI DZIEŃ W OBOZIE

JEZUS planował spędzić ten czwartek, swój ostatni wolny dzień na Ziemi, gdzie przebywał jako Boski Syn w postaci cielesnej, z apostołami i kilkoma lojalnymi, oddanymi uczniami. Tego, pięknego ranka, zaraz po śniadaniu, Mistrz zaprowadził ich w zaciszne miejsce, niedaleko ponad ich obozem i tam ich uczył wielu nowych prawd. Aczkolwiek tego dnia, we wczesnych godzinach wieczornych, Jezus wygłosił inne mowy dla apostołów, jego mowa z czwartkowego przedpołudnia była przemówieniem pożegnalnym dla mieszanej, obozowej grupy apostołów i wybranych uczniów, tak Żydów jak i nie-Żydów. Wszyscy apostołowie tam byli, za wyjątkiem Judasza. Piotr, jak również kilku innych apostołów, zauważyli jego brak i niektórzy z nich myśleli, że Jezus posłał go do miasta w jakiejś sprawie, prawdopodobnie w celu ustalenia szczegółów nadchodzących obchodów Paschy. Judasz wrócił do obozu dopiero po południu, tuż przed tym, gdy Jezus poprowadził Dwunastu do Jerozolimy, aby wzięli udział w Ostatniej Wieczerzy.

1. ROZPRAWA O SYNOSTWIE I OBYWATELSTWIE

Przez prawie dwie godziny Jezus mówił do około pięćdziesięciu zaufanych wyznawców i odpowiedział na dziesiątki pytań, odnoszących się do związków królestwa nieba z królestwami tego świata, jak i dotyczących relacji synostwa z Bogiem do obywatelstwa państw ziemskich. Rozprawa ta, razem z odpowiedziami na pytania, może być podsumowana i ponownie przedstawiona we współczesnej frazeologii następująco:

Królestwa tego świata, będąc materialne, często mogą uznać za konieczne używanie siły fizycznej w celu wyegzekwowania swoich praw i dla utrzymania porządku. W królestwie nieba, prawdziwie wierzący nie będą się uciekać do używania siły fizycznej. Królestwo nieba, będąc duchowym braterstwem narodzonych w duchu synów Bożych, może być szerzone tylko mocą ducha. Ta różnica w postępowaniu odnosi się do związków królestwa wierzących z królestwami rządów świeckich i nie anuluje prawa społecznych grup wierzących do przestrzegania porządku w swoich szeregach i wymierzania kary niesfornym i niegodnym członkom.

Nie ma żadnej sprzeczności pomiędzy synostwem w duchowym królestwie a świeckim czy państwowym obywatelstwem. Jest obowiązkiem wierzącego, aby oddał cesarzowi to, co cesarskie a Bogu to, co Boskie. Nie może istnieć żadna sprzeczność pomiędzy tymi dwoma obowiązkami, jeden jest materialny, drugi duchowy, chyba, że się okaże, iż cesarz pozwoli sobie uzurpować prerogatywy Boga i będzie wymagał, żeby oddawano mu duchowy hołd i najwyższą cześć. W takim przypadku macie czcić tylko Boga, gdy jednocześnie będziecie się starać oświecać takich błądzących, ziemskich władców i w ten sposób doprowadzicie ich także do uznania Ojca w niebie. Nie powinniście duchowo czcić ziemskich władców, ani też nie powinniście używać fizycznych sił tych ziemskich rządów, których władcy kiedyś mogą zostać wierzącymi, dla popierania misji królestwa duchowego.

Z punktu widzenia zaawansowanej cywilizacji, synostwo w królestwie powinno wam pomóc stać się idealnymi obywatelami królestw tego świata, ponieważ braterstwo i służba są kamieniami węgielnymi ewangelii królestwa. Zew miłości królestwa duchowego powinien się okazać skutecznym destruktorem bodźca nienawiści u tych niewierzących obywateli ziemskich królestw, którzy są wojowniczo nastawieni. Jednak ci, materialnie nastawieni synowie ciemności nigdy się nie dowiedzą o waszym duchowym świetle prawdy, jeżeli nie zbliżycie się do nich z altruistyczną służbą społeczną, która jest naturalnym skutkiem wydawania owoców ducha w doświadczeniu życiowym każdej wierzącej jednostki.

Jako ludzie śmiertelni i materialni, naprawdę jesteście obywatelami ziemskich królestw i powinniście być dobrymi obywatelami, tym lepszymi, że staliście się powtórnie narodzonymi synami duchowymi niebiańskiego królestwa. Jako synowie królestwa nieba, oświeceni wiarą i wyzwoleni duchem, stajecie w obliczu podwójnej odpowiedzialności, obowiązku wobec człowieka i obowiązku wobec Boga, podczas gdy dobrowolnie przyjmujecie trzecią i świętą powinność: służbę dla braterstwa tych wiernych, którzy znają Boga.

Nie wolno wam czcić waszych ziemskich władców i nie możecie stosować ziemskiej siły dla wspierania królestwa duchowego; powinniście jednak wykazać się prawą posługą i miłującą służbą wobec wierzących i także wobec niewierzących. Ewangelia królestwa zawiera potężnego Ducha Prawdy a ja niebawem wyleję tego samego ducha na wszystkich w ciele. Owoce ducha, wasza szczera i miłości pełna służba, są potężnymi dźwigniami społecznymi, służącymi do podźwigania narodów z ciemności i ten Duch Prawdy stanie się punktem podparcia, pomnażającym waszą moc.

Przejawiajcie mądrość i okazujcie bystrość w waszym postępowaniu z niewierzącymi władcami państwowymi. Dzięki waszej rozwadze bądźcie ekspertami w wygładzaniu pomniejszych niezgodności i w regulowaniu drobnych nieporozumień. Wszelkimi możliwymi sposobami, we wszystkim, za wyjątkiem duchowej lojalności dla władców wszechświata, starajcie się żyć w pokoju ze wszystkimi ludźmi. Zawsze bądźcie tak mądrzy jak węże, ale łagodni jak gołębie.

Wszyscy powinniście stać się lepszymi obywatelami świeckiego państwa, dlatego, że staliście się oświeconymi synami królestwa; tak samo władcy ziemskich rządów staną się znacznie lepszymi władcami w sprawach państwowych, kiedy uwierzą w tę ewangelię niebiańskiego królestwa. Postawa bezinteresownego służenia człowiekowi i inteligentnego czczenia Boga powinna zrobić ze wszystkich wierzących w królestwo lepszych obywateli świata, podczas gdy postawa uczciwego obywatela i szczere poświęcenie się swoim doczesnym obowiązkom powinno pomóc takiemu obywatelowi stać się bardziej podatnym na duchowe nawoływanie do synostwa w niebiańskim królestwie.

Tak długo, jak władcy ziemskich rządów będą chcieli działać w charakterze religijnych dyktatorów, wy, którzy wierzycie w ewangelię, możecie spodziewać się tylko kłopotów, prześladowań a nawet śmierci. Ale to światło, które niesiecie światu a nawet ten właśnie sposób, w jaki niektórzy z was będą cierpieć i umierać za ewangelię królestwa, samo w sobie ostatecznie oświeci cały świat i doprowadzi do stopniowego rozdzielenia polityki i religii. Wytrwałe głoszenie tej ewangelii królestwa przyniesie pewnego dnia wszystkim narodom nowe i niewiarygodne wyzwolenie, intelektualną wolność i religijną swobodę.

Podczas prześladowań, które wkrótce nastąpią z rąk tych, którzy nienawidzą tej ewangelii radości i wolności, będziecie się rozwijać a królestwo będzie prosperować. Ale później staniecie przed poważnym niebezpieczeństwem, kiedy większość ludzi będzie dobrze mówiła o królestwie wierzących a wielu z nich, na wysokich pozycjach, formalnie zaakceptuje ewangelię niebiańskiego królestwa. Uczcie się być wierni królestwu, nawet w czasach pokoju i pomyślności. Nie kuście nadzorujących was aniołów, aby prowadzili was niespokojnymi drogami, żeby z miłością was skarcić dla ratowania waszych próżnujących dusz.

Pamiętajcie, że jesteście wyznaczeni do głoszenia ewangelii królestwa – najwyższego pragnienia, żeby pełnić wolę Ojca, połączonego z najwyższą radością uświadomienia sobie przez wiarę synostwa z Bogiem – i nie możecie pozwolić na to, aby cokolwiek odwiodło was od poświęcenia się temu obowiązkowi. Pozwólcie całej ludzkości korzystać z zalewu waszej, pełnej miłości duchowej posługi, oświecającej duchowej wspólnoty i dodającej otuchy społecznej służby; jednak żadna z tych humanitarnych działalności, ani też wszystkie razem, nie mogą zastąpić głoszenia ewangelii. Te wspaniałe posługi są społecznymi produktami ubocznymi jeszcze potężniejszych i bardziej wzniosłych posług oraz przekształceń, dokonywanych w sercach wierzących w królestwo przez żywego Ducha Prawdy i przez osobiste uświadomienie sobie, że wiara człowieka, narodzonego w duchu, daje pewność żywej wspólnoty z wiecznym Bogiem.

Nie wolno wam szerzyć prawdy, ani też ustanawiać prawości używając siły rządów państwowych czy poprzez nakazy świeckiego prawa. Zawsze możecie działać, aby przekonywać ludzi, ale nigdy nie ważcie się ich zmuszać. Nie możecie zapomnieć wielkiego prawa ludzkiej uczciwości, którego uczyłem was w konstruktywnej formie: cokolwiek byście chcieli, żeby ludzie wam czynili, im czyńcie tak samo.

Kiedy wierzący w królestwo powołany zostanie, aby służyć w rządzie państwowym, niech sprawuje taką służbę jako doczesny obywatel w tym rządzie, aczkolwiek taki wierzący powinien wykazać w swojej służbie państwowej wszystkie zwykłe cechy obywatelstwa, wzbogacone przez duchowe oświecenie, powstałe z uszlachetniającego połączenia umysłu śmiertelnego człowieka z zamieszkującym go duchem wiecznego Boga. Jeżeli niewierzący okaże się doskonałym urzędnikiem państwowym, powinniście poważnie rozważyć, czy korzenie prawdy w waszym sercu nie umarły, z powodu braku żywych wód połączonej wspólnoty duchowej i służby społecznej. Świadomość synostwa z Bogiem powinna ożywiać całą służbę życiową każdego mężczyzny, kobiety i dziecka, tych, którzy stali się posiadaczami tak potężnego stymulatora całej mocy tkwiącej w ludzkiej osobowości.

Nie możecie być biernymi mistykami czy bezbarwnymi ascetami; nie powinniście stać się *marzycielami i włóczęgami*, bezwolnie ufającymi fikcyjnej Opatrzności, aby zaspokoiła nawet podstawowe potrzeby życiowe. Doprawdy musicie być łagodni w postępowaniu z błądzącymi śmiertelnikami, cierpliwi w waszych stosunkach z ludźmi nieoświeconymi i powściągliwi w obliczu prowokacji; ale macie też być odważni w obronie prawości, potężni w szerzeniu prawdy i agresywni w głoszeniu tej ewangelii królestwa aż po krańce ziemi.

Ta ewangelia królestwa jest żywą prawdą. Mówiłem wam, że podobna jest do zaczynu w cieście, podobna do ziarna gorczycy; a teraz oświadczam, że jest podobna do nasienia żywej istoty, które, podczas gdy pozostaje tym samym żywym nasieniem, z pokolenia na pokolenie nieustannie rozwija się w nowych uzewnętrznieniach i rośnie zadowalająco na drogach nowego dostosowania do swoistych potrzeb i warunków każdego kolejnego pokolenia. Objawienie, które dla was zrobiłem, jest *żywym* objawieniem i pragnę, aby rodziło właściwe owoce w każdej jednostce i w każdym pokoleniu, zgodnie w prawami duchowego wzrostu, rozwoju i kształtowania przystosowawczego. Z pokolenia na pokolenie ta ewangelia musi przejawiać rozwojową żywotność i wykazywać coraz większą głębię mocy duchowej. Nie można na to pozwolić, aby stała się jedynie świętą pamiątką, zwykłą tradycją o mnie i o czasach, w których teraz żyjemy.

Pamiętajcie, że nie atakujemy bezpośrednio osób czy władzy tych, którzy zasiadają na miejscu Mojżeszowym; proponowaliśmy im tylko nowe światło, które tak stanowczo odrzucili. Zaatakowaliśmy ich tylko wtedy, gdy potępialiśmy ich duchową nielojalność wobec tych właśnie prawd, których jak twierdzą, nauczają i chronią. Starliśmy się z tymi ugruntowanymi przywódcami i uznanymi władcami tylko wtedy, kiedy stanęli na drodze głoszenia ewangelii królestwa synom ludzkim. I nawet teraz, to nie my ich napastujemy, ale to oni pragną naszej zagłady. Nie zapominajcie, że jesteście wyznaczeni do tego, aby iść i głosić tylko dobrą nowinę. Nie macie atakować starych dróg; macie zręcznie włożyć zakwas nowej prawdy pomiędzy stare wierzenia. Pozwólcie Duchowi Prawdy czynić jego dzieło. Do sporu niech dochodzi tylko wtedy, kiedy ci, którzy gardzą prawdą, zmuszą was do tego. Jednak, kiedy niewierzący rozmyślnie was atakuje, nie wahajcie się stanąć energicznie w obronie tej prawdy, która was zbawiła i uświęciła.

Zawsze pamiętajcie, we wszystkich zmiennych kolejach waszego życia, abyście się wzajemnie miłowali. Nie walczcie z ludźmi, również z niewierzącymi. Okazujcie miłosierdzie także tym, którzy złośliwie was obrażają. Okażcie się lojalnymi obywatelami, rzetelnymi rzemieślnikami, chwalebnymi bliźnimi, oddanymi krewnymi, wyrozumiałymi rodzicami i szczerze wierzącymi w braterstwo Ojcowskiego królestwa. A mój duch będzie z wami, teraz i aż do końca świata.

Kiedy Jezus skończył nauczać, była prawie trzynasta i zaraz wrócili do obozu, gdzie Dawid i jego pomocnicy przygotowali im obiad.

2. PO OBIEDZIE

Niewielu słuchaczy Mistrza potrafiło choćby częściowo zrozumieć jego przedpołudniowe przemówienie. Ze wszystkich, którzy je słyszeli, najwięcej zrozumieli Grecy. Nawet jedenastu apostołów zaskoczyły jego aluzje do przyszłych politycznych królestw i kolejnych pokoleń wiernych królestwu. Najbardziej oddani zwolennicy Jezusa nie potrafili pogodzić idei bliskiego końca jego ziemskiej służby z tymi aluzjami do szerzącej się w przyszłości ewangelii. Niektórzy z tych żydowskich wierzących zaczynali przeczuwać, że wkrótce wydarzy się największa tragedia na Ziemi, ale nie potrafili pogodzić tego, zbliżającego się nieszczęścia, zarówno z radośnie obojętną osobistą postawą Mistrza jak i z jego przedpołudniową rozprawą, w której raz po raz napomykał o przyszłych sprawach niebiańskiego królestwa, trwającego przez bardzo długi czas i związanego z wieloma kolejnymi, doczesnymi królestwami na Ziemi.

Tego dnia, przed południem, wszyscy apostołowie i uczniowie dowiedzieli się o nagłej ucieczce Łazarza z Betanii. Zaczynali przeczuwać zawziętą determinację żydowskich władców, aby zlikwidować Jezusa i jego nauki.

Dawid Zebedeusz, dzięki pracy swoich tajnych agentów w Jerozolimie, poinformowany był dokładnie o tym, jak postępuje plan aresztowania i zabicia Jezusa. Wiedział wszystko o udziale Judasza w tym spisku, ale nigdy nie wyjawił tej tajemnicy innym apostołom, ani też nikomu z uczniów. Zaraz po obiedzie wziął Jezusa na bok i ośmielił się go spytać, czy wie – ale nigdy nie dokończył tego pytania. Mistrz, ujmując go za rękę, przerwał mu: „Tak, Dawidzie, wiem wszystko o tym i wiem, że ty wiesz, ale uważaj i nie mów o tym nikomu. Tylko nie zwątp w swoim własnym sercu, że wola Boża w końcu zwycięży".

Rozmowę z Dawidem przerwało przybycie posłańca z Filadelfii z wiadomością, że Abner słyszał o spisku na życie Jezusa i pyta, czy nie powinien przyjść do Jerozolimy. Posłaniec ten pośpieszył z powrotem do Filadelfii, z wiadomością dla Abnera: „Czyń swoją pracę. Jeśli odejdę od ciebie w ciele, to tylko dlatego, abym mógł wrócić w duchu. Nie opuszczę cię. Będę z tobą do końca".

Mniej więcej w tym czasie przyszedł do Mistrza Filip i zapytał: „Mistrzu, ponieważ zbliża się czas Paschy, gdzie życzyłbyś sobie, abyśmy się przygotowali do jej spożycia?". Gdy Jezus usłyszał pytanie Filipa, odpowiedział mu: „Idź i przyprowadź tu Piotra i Jana a dam im wskazówki w sprawie kolacji, którą zjemy razem tego wieczora. Co do Paschy, będziecie musieli pomyśleć o tym później, jak to skończymy".

Gdy Judasz usłyszał, o czym Mistrz rozmawia z Filipem, zbliżył się, żeby podsłuchać rozmowę. Ale Dawid Zebedeusz, który stał w pobliżu, podszedł i zajął go rozmową, podczas gdy Filip, Piotr i Jan poszli na bok, aby porozmawiać z Mistrzem.

Jezus powiedział trzem apostołom: „Idźcie zaraz do Jerozolimy, a kiedy przejdziecie bramę, spotkacie człowieka niosącego dzban wody. On zacznie z wami rozmawiać a wy idźcie z nim. Kiedy was zaprowadzi do pewnego domu, wejdźcie z nim do środka i spytajcie tam dobrego człowieka, właściciela domu: «Gdzie jest gościnna izba, w której Mistrz ma zjeść kolację ze swymi apostołami?». I kiedy go tak zapytacie, właściciel domu pokaże wam duży pokój na górze, umeblowany i gotowy dla nas".

Kiedy apostołowie dotarli do miasta, spotkali przy bramie człowieka ze dzbanem wody i poszli za nim do domu Jana Marka, gdzie spotkał ich ojciec chłopca i pokazał im pokój na górze, przygotowany do wieczerzy.

Wszystko to było wynikiem porozumienia pomiędzy Mistrzem a Janem Markiem, po południu poprzedniego dnia, kiedy sami byli na wzgórzach. Jezus chciał mieć pewność, że ten jego ostatni posiłek z apostołami nie zostanie zakłócony, przypuszczając, że jeśli Judasz wcześniej będzie wiedział o tym miejscu spotkania, może uzgodnić z jego wrogami, aby go tam pojmali i dlatego umówił się w tajemnicy z Janem Markiem. W ten sposób Judasz dowiedział się o miejscu ich spotkania dopiero wtedy, kiedy tam przybył razem z Jezusem i pozostałymi apostołami.

Dawid Zebedeusz miał wiele spraw do omówienia z Judaszem, tak, że bez trudu przeszkodził mu w śledzeniu Piotra, Jana i Filipa, czego ten tak bardzo chciał. Kiedy

Judasz dał Dawidowi pewną sumę pieniędzy na żywność, Dawid rzekł do niego: „Judaszu, może w tych warunkach byłoby wskazane, abyś dał mi trochę więcej pieniędzy jako zadatek na moje bieżące potrzeby?". I kiedy Judasz pomyślał przez chwilę, odpowiedział: „Tak, Dawidzie, myślę, że to byłoby rozsądne. Faktycznie, biorąc pod uwagę niepokojącą sytuację w Jerozolimie, myślę, że byłoby najlepiej dla mnie, abym ci oddał wszystkie pieniądze. Oni spiskują przeciw Mistrzowi i gdyby cokolwiek mi się przydarzyło, ty miałbyś swobodę działania".

I w ten oto sposób Dawid otrzymał całe apostolskie fundusze w gotówce i pokwitowania na wszystkie pieniądze w depozycie. Apostołowie dowiedzieli się o tym dopiero następnego dnia wieczorem.

Była szesnasta trzydzieści, kiedy wróciło trzech apostołów, powiadamiając Jezusa, że wszystko gotowe do wieczerzy. Mistrz wkrótce był gotów i poprowadził dwunastu apostołów ścieżką do drogi na Betanię a potem do Jerozolimy. Była to jego ostatnia droga, jaką kiedykolwiek przeszedł ze wszystkimi dwunastoma apostołami.

3. W DRODZE NA WIECZERZĘ

Jezus, z Dwunastoma, przeszedł zachodnim grzbietem Góry Oliwnej i doszedł do drogi prowadzącej z Betanii w dół do miasta, znowu starając się uniknąć tłumów idących w obu kierunkach doliną Kidronu pomiędzy ogrodem Getsemane a Jerozolimą. Gdy dochodzili do tego miejsca, gdzie Jezus zatrzymał się poprzedniego wieczora i rozmawiał o zniszczeniu Jerozolimy, odruchowo się zatrzymali – stali i patrzyli w dół, w milczeniu na miasto. Ponieważ było jeszcze nieco za wcześnie a Jezus nie chciał przechodzić przez miasto przed zachodem słońca, zwrócił się do swoich towarzyszy:

„Usiądźcie i odpocznijcie sobie a ja w międzyczasie porozmawiam z wami o tym, co się niebawem stanie. Przez wszystkie te lata żyłem z wami jak z braćmi i uczyłem was prawdy o królestwie nieba i objawiłem wam jego tajemnice. I mój Ojciec naprawdę zrobił wiele cudownych rzeczy w związku z moją misją na Ziemi. Byliście świadkami tego wszystkiego i doświadczaliście współpracy z Bogiem. I będziecie nieść świadectwo, że od pewnego czasu was ostrzegałem, iż wkrótce muszę wrócić do tej pracy, którą powierzył mi Ojciec; wyraźnie wam mówiłem, że muszę was opuścić na tym świecie abyście kontynuowali dzieło królestwa. Dlatego też wyróżniłem was na wzgórzach Kafarnaum. Tym, co przeżyliście ze mną, teraz bądźcie gotowi dzielić się z innymi. Tak jak Ojciec posłał mnie na ten świat, tak samo ja chcę was posłać, abyście mnie reprezentowali i dokończyli tę pracę, którą zacząłem.

Ze smutkiem patrzycie w dół na to miasto, gdyż słyszeliście moje słowa o końcu Jerozolimy. Uprzedziłem was o tym, żebyście nie zginęli podczas jej zniszczenia i tym samym nie opóźnili głoszenia ewangelii królestwa. Tak samo ostrzegam was, żebyście uważali i nie narażali się niepotrzebnie na niebezpieczeństwo, gdy przyjdą zabrać Syna Człowieczego. Ja muszę iść, ale wy macie zostać, ażeby świadczyć tej ewangelii, kiedy odejdę; tak samo jak nakazałem Łazarzowi, aby uciekł przed gniewem ludzkim, żeby mógł żyć i rozgłaszać chwałę Bożą. Jeśli jest wolą Ojca, abym odszedł, nic nie możecie zrobić, aby udaremnić ten Boski plan. Uważajcie na siebie, ażeby was też nie zabili. Niech wasze dusze będą dzielne w obronie ewangelii, dzięki potędze ducha, ale nie dajcie się zwieść i w jakikolwiek sposób próbować głupio bronić Syna Człowieczego. Nie potrzebuję obrony z rąk ludzkich; wojska niebiańskie nawet teraz są blisko, pod ręką;

ale ja postanowiłem wypełnić wolę mojego Ojca w niebie i dlatego też musimy podporządkować się temu, co wkrótce ma na nas przyjść.

Kiedy ujrzycie to miasto zniszczone, nie zapomnijcie o tym, że już weszliście do wiecznego życia w niekończącej się służbie zawsze podążającego naprzód królestwa nieba, a nawet nieba niebios. Powinniście wiedzieć, że we wszechświecie mojego Ojca i moim jest dużo mieszkań i że tam dzieci światłości oczekuje objawienie miast, których budowniczym jest Bóg i światy, których zwyczajem życia jest prawość i radość w prawdzie. Tutaj, na Ziemię, przyniosłem wam królestwo nieba, ale oświadczam wam, że wszyscy z was, którzy przez wiarę wejdą do niego i pozostaną w nim przez żywą służbę prawdzie, z pewnością wzniosą się do światów na wysokościach i zasiądą ze mną w duchowym królestwie mojego Ojca. Ale najpierw musicie zebrać się w sobie i dokończyć tę pracę, którą ze mną zaczęliście. Najpierw musicie przejść wiele zgryzot i wycierpieć wiele smutków – i te próby dotykają nas nawet teraz – a kiedy skończycie swą pracę na Ziemi, przyjdziecie do mojej radości, tak jak ja skończyłem pracę mojego Ojca na Ziemi i wkrótce wrócę w jego objęcia".

Kiedy Mistrz skończył, wstał i wszyscy poszli za nim w dół, z Góry Oliwnej do miasta. Apostołowie, za wyjątkiem trzech, nie wiedzieli, dokąd idą, kiedy szli wąskimi uliczkami w zapadającej ciemności. Tłumy ich potrącały, ale nikt ich nie rozpoznał, ani też nikt nie wiedział, że Syn Boży przechodzi obok w drodze na swoje ostatnie ludzkie spotkanie z wybranymi ambasadorami królestwa. I tak samo apostołowie nie wiedzieli, że jeden z nich przystąpił do spisku, aby wydać Mistrza w ręce jego wrogów.

Gdy szli do miasta, Jan Marek szedł za nimi, a kiedy przeszli bramę, pośpieszył inną ulicą i oczekiwał ich w domu swego ojca, aby ich powitać, kiedy przybyli.

PRZEKAZ 179

OSTATNIA WIECZERZA

KIEDY tego, czwartkowego popołudnia, Filip przypomniał Mistrzowi o nadchodzącej Passze i wypytywał o plany dotyczące jej obchodów, miał na myśli kolację paschalną, którą należało zjeść wieczorem następnego dnia, w piątek. Zazwyczaj zaczynano przygotowania do obchodów nie później niż w południe dnia poprzedzającego. A skoro Żydzi uważali, że dzień zaczyna się o zachodzie słońca, oznaczało to, że sobotnia wieczerza powinna być spożywana w piątek wieczorem, jakiś czas przed północą.

Dlatego też apostołowie zupełnie nie mogli zrozumieć oświadczenia Mistrza, że będą obchodzić Paschę o dzień wcześniej. Myśleli, przynajmniej niektórzy z nich, że Mistrz, wiedząc o swoim aresztowaniu przed czasem wieczerzy paschalnej, przed piątkowym wieczorem, zaprosił ich na specjalną wieczerzę w czwartek wieczorem. Inni myśleli, że będzie to tylko wyjątkowa uroczystość, która miała poprzedzić zwykłe obchody Paschy.

Apostołowie wiedzieli, że Jezus obchodził inne Paschy bez jagnięcia; wiedzieli, że osobiście nie brał udziału w jakimkolwiek składaniu ofiar w systemie żydowskim. Wiele razy dzielił się jagnięciem paschalnym jako gość, ale kiedy był gospodarzem, jagnięcia nigdy nie podawano. Nie byłoby wielką niespodzianką dla apostołów, gdyby nawet podczas paschalnego wieczora nie zobaczyli jagnięcia, a skoro ta wieczerza wydana została dzień wcześniej, nic nie myśleli o jego braku.

Po gościnnym powitaniu, przedłużonym przez ojca i matkę Jana Marka, apostołowie poszli zaraz do pokoju na piętrze, podczas gdy Jezus pozostał, żeby porozmawiać z rodziną Marka.

Uzgodniono wcześniej, że Mistrz będzie obchodził tę uroczystość sam ze swoimi dwunastoma apostołami; dlatego też nie dano im żadnych służących, aby im usługiwali.

1. PRAGNIENIE PIERWSZEŃSTWA

Kiedy apostołowie zostali wprowadzeni na piętro przez Jana Marka, zobaczyli wielki i przestronny pokój, który był całkowicie przygotowany do wieczerzy, dostrzegli chleb, wino, wodę i zioła, wszystko przygotowane na jednym końcu stołu. Za wyjątkiem tego końca, na którym był chleb i wino, ten długi stół otoczony był trzynastoma sofami do leżenia, takimi właśnie, jakie byłyby przygotowane do obchodów Paschy w dobrze sytuowanej rodzinie żydowskiej.

Gdy Dwunastu weszło do tego górnego pokoju, spostrzegli tuż obok drzwi dzbany wody, miski i ręczniki do obmycia ich zakurzonych stóp; a skoro nie przysłano żadnego służącego, aby wykonał tę posługę, apostołowie poczęli patrzeć jeden na drugiego, jak tylko Jan Marek ich zostawił i każdy począł się zastanawiać: kto nam umyje nogi? I każdy z nich myślał to samo, że to nie on będzie tym, który będzie pełnił rolę służącego dla innych.

Gdy tak tam stali, rozważając to wszystko w swoich sercach, oglądali rozmieszczenie miejsc przy stole i spostrzegli wyższą otomanę gospodarza z jedną sofą po prawej i jedenastoma ustawionymi wokół stołu, aż do drugiego honorowego miejsca naprzeciw tego po prawej stronie gospodarza.

Oczekiwali, że Mistrz nadejdzie w każdej chwili, ale mieli dylemat, czy sami mają usiąść, czy też czekać jego przyjścia i polegać na nim w sprawie przydziału miejsc. Kiedy tak się wahali, Judasz podszedł w kierunku honorowego miejsca, po lewej ręce gospodarza i dał do zrozumienia, że zamierza się tam położyć jako wyróżniony gość. To, co zrobił Judasz, natychmiast rozniecił gorącą dyskusję między innymi apostołami. Gdy tylko Judasz zajął honorowe miejsce, Jan Zebedeusz zgłosił swe roszczenia do następnego, wyróżnionego miejsca, po prawej stronie gospodarza. Szymona Piotra tak rozwścieczyło zajęcie wybranych miejsc przez Judasza i Jana, że kiedy inni rozgniewani apostołowie przyglądali się temu, przemaszerował wokół stołu i zajął miejsce na najniższej sofie, na końcu porządku miejsc i dokładnie naprzeciw tego, które zostało wybrane przez Jana Zebedeusza. Skoro inni zajęli wyższe miejsca, Piotr pomyślał zająć najniższe i tak zrobił, nie w zwykłym proteście przeciw niestosownej dumie swoich braci, ale z tą nadzieją, że kiedy Jezus przyjdzie i zobaczy go na najmniej honorowym miejscu, zawoła go na wyższe, usuwając tym samym jednego z tych, którzy ośmielili się sami uhonorować.

Gdy zajęto w ten sposób najwyższe i najniższe pozycje, reszta apostołów wybrała swoje miejsca, niektórzy blisko Judasza inni bliżej Piotra, aż wszyscy się usadowili. Zajęli miejsca wokół stołu w kształcie litery U, na otomanach do leżenia, w następującej kolejności: z prawej strony Mistrza Jan, z lewej Judasz, Szymon Zelota, Mateusz, Jakub Zebedeusz, Andrzej i bliźniacy Alfeusza, Filip, Nataniel, Tomasz i Szymon Piotr.

Zebrali się razem, aby obchodzić, przynajmniej w duchu, zwyczaj, który antydatował nawet Mojżesza i nawiązywał do tych czasów, kiedy ich ojcowie byli niewolnikami w Egipcie. Ta wieczerza była ich ostatnim spotkaniem z Jezusem i nawet w tak uroczystym otoczeniu apostołowie, pod przewodnictwem Judasza, raz jeszcze dali upust swojej starej predylekcji do zaszczytów, wyróżnień i osobistego wywyższania się.

Ciągle jeszcze głośno i gniewnie wzajemnie się obwiniali, kiedy we drzwiach stanął Mistrz, tam zawahał się na chwilę a wyraz rozczarowania powoli pełzał po jego twarzy. Bez komentarza poszedł na swoje miejsce, nie naruszając porządku ich rozmieszczenia.

Teraz gotowi byli zacząć wieczerzę, za wyjątkiem tego, że ich stopy nadal pozostawały nie umyte a ich nastrój daleki był od przyjemnego. Gdy wszedł Mistrz, ciągle robili sobie nawzajem niepochlebne uwagi, nie mówiąc o myślach tych, którzy potrafili opanować swoje emocje i powstrzymali się od otwartego wyrażenia swoich uczuć.

2. POCZĄTEK WIECZERZY

Kilka chwil po tym, jak Mistrz usiadł na swym miejscu, zapadła cisza. Jezus popatrzył na wszystkich i łagodząc napięcie uśmiechem, powiedział: „Bardzo pragnąłem spożyć z wami tę Paschę. Chciałem zjeść z wami raz jeszcze, zanim będę cierpiał a wiedząc, że moja godzina nadeszła, uzgodniłem, aby dzisiejszego wieczora spożyć z wami tę wieczerzę, gdyż co do jutra, wszyscy jesteśmy z rękach Ojca, którego wolę przyszedłem wypełnić. Nie będę więcej jadł z wami tak długo, aż zasiądziecie ze mną w królestwie, które da mi mój Ojciec, kiedy skończę to, po co mnie posłał na ten świat".

Po tym jak woda i wino zostały zmieszane, przynieśli Jezusowi kielich, który wziął z ręki Tadeusza i trzymał, gdy składał dziękczynienie. I kiedy skończył dziękczynienie, powiedział: „Weźcie ten kielich i podzielcie się nim, a kiedy się nim raczycie, pomyślcie sobie, że ja już nie będę pił z wami owocu winorośli, gdyż to jest nasza ostatnia wieczerza. Kiedy następnym razem znowu tak zasiądziemy, będzie to w przyszłym królestwie".

Jezus tak się odezwał do swoich apostołów, gdyż wiedział, że jego godzina nadeszła. Rozumiał, że nadszedł czas powrotu do Ojca i że jego działalność na Ziemi jest prawie skończona. Mistrz wiedział, że objawił miłość Ojca na Ziemi i ukazał ludzkości jego miłosierdzie i że skończył to, po co przyszedł na ten świat, żeby otrzymać pełną moc i władzę w niebiosach i na Ziemi. Wiedział tak samo, że Judasz Iskariota ostatecznie postanowił, aby tej nocy wydać go w ręce jego wrogów. W pełni uświadamiał sobie, że ten zdradziecki podstęp jest dziełem Judasza, ale że zadowoli również Lucyfera, Szatana i Caligastię, księcia ciemności. Jednak nie bał się nikogo z tych, którzy chcieli go doprowadzić do duchowego upadku, ani też tych, którzy chcieli spowodować jego fizyczną śmierć. Mistrz niepokoił się tylko o jedno, o bezpieczeństwo i zbawienie swoich wybranych wyznawców. I tak z pełną świadomością, że Ojciec powierzył wszystkie sprawy jego kompetencji, Mistrz teraz mógł zacząć inscenizację przypowieści o braterskiej miłości.

3. MYCIE NÓG APOSTOŁOM

Było żydowskim zwyczajem, że podczas Paschy, po wypiciu pierwszego kielicha, gospodarz wstawał od stołu i mył ręce. Później, w trakcie posiłku, po drugim kielichu, wszyscy goście również wstawali i myli ręce. Ponieważ apostołowie wiedzieli, że ich Mistrz nigdy nie przestrzegał tych rytuałów ceremonialnego mycia rąk, bardzo byli ciekawi, co też zamierza uczynić, kiedy po podzieleniu się pierwszym kielichem, wstał od stołu i w milczeniu podszedł do drzwi, gdzie znajdowały się dzbany, misy i ręczniki. Ich ciekawość przeszła w zdziwienie, kiedy spostrzegli, że Mistrz zdejmuje wierzchnie szaty, przepasuje się ręcznikiem i zaczyna wlewać wodę do jednej z mis do mycia nóg. Wyobraźcie sobie osłupienie tych dwunastu mężczyzn, którzy tak niedawno nie chcieli umyć stóp jeden drugiemu i którzy tak niestosownie spierali się o honorowe miejsce przy stole, kiedy spostrzegli, że Mistrz idzie wokół niezajętego końca stołu, do najniższego miejsca na uczcie, gdzie spoczywał Szymon Piotr i klękając w postawie służącego, zabiera się do mycia nóg Szymona. Gdy Mistrz klęczał, cała Dwunastka zerwała się jak jeden mąż na nogi; nawet zdradziecki Judasz do tego stopnia zapomniał na chwilę swej nikczemności, że wstał razem ze braćmi apostołami, w tym wyrazie zaskoczenia, szacunku i krańcowego zdziwienia.

Szymon Piotr stał, patrząc na zwróconą ku górze twarz Mistrza. Jezus nic nie mówił, słowa były niepotrzebne. Jego postawa wyraźnie wskazywała na to, że chce umyć stopy Szymonowi Piotrowi. Pomimo wszystkich swych ludzkich słabości, Piotr kochał Mistrza. Ten galilejski rybak był pierwszą ludzką istotą, która całym sercem uwierzyła w boskość Jezusa *i* publicznie, wyraźnie wyznała tę wiarę. I od tego czasu Piotr nigdy naprawdę nie wątpił w Boską naturę Mistrza. Ponieważ Piotr w swoim sercu tak bardzo czcił i szanował Jezusa, więc nic dziwnego, że w duszy obruszył się na myśl o Jezusie, który klęczy przed nim w służebnej postawie i proponuje mu umycie nóg, tak jak niewolnik. Kiedy Piotr pozbierał wreszcie myśli, aby się mógł odezwać do Mistrza, wyraził z głębi serca płynące uczucia wszystkich jego współbraci apostołów.

Po kilku chwilach wielkiego zakłopotania, Piotr się odezwał: „Mistrzu, czy naprawdę chcesz mi umyć stopy?". I wtedy, patrząc w górę, prosto w oczy Piotrowi, Jezus powiedział: „Może nie rozumiesz w pełni tego, co zamierzam uczynić, ale w przyszłości zrozumiesz znaczenie wszystkich tych rzeczy". Wtedy Szynom Piotr, wciągając głęboki oddech, oświadczył: „Mistrzu, nigdy nie będziesz myć moich nóg!". I każdy z apostołów przytaknął z aprobatą na to stanowcze oświadczenie Piotra, aby nie pozwolić Jezusowi tak się przed nimi upokorzyć.

Szokująca wymowa tej niezwykłej sceny w pierwszej chwili poruszyła serce nawet Judasza Iskarioty; ale kiedy w swej zarozumiałości osądził to widowisko, doszedł do wniosku, że ten gest pokory jest tylko jeszcze jednym zdarzeniem, które zdecydowanie dowodziło, że Jezus nigdy nie będzie się nadawał na wybawiciela Izraela i że nie popełnił błędu, kiedy postanowił odwrócić się od sprawy Mistrza.

Kiedy tak wszyscy stali zdumieni, z zapartym tchem, Jezus powiedział: „Piotrze, oświadczam ci, że jeżeli nie umyję twoich nóg, nie będziesz miał ze mną udziału w tym, co właśnie zamierzam zrobić". Kiedy Piotr usłyszał to oświadczenie, w połączeniu z tym, że Jezus wciąż klęczał u jego stóp, podjął jedną z tych decyzji, wyrażających ślepą zgodę i dostosowanie się do życzenia tego, którego szanował i kochał. Ponieważ Szymonowi Piotrowi zaczynało świtać, że z tą propozycją spełnienia posługi wiązało się coś ważnego, coś, co decydowało o przyszłym związku człowieka z działalnością Mistrza, nie tylko pogodził się z myślą, aby pozwolić Jezusowi umyć stopy, ale w swój charakterystyczny i porywczy sposób oznajmił: „Zatem, Mistrzu, umyj nie tylko moje nogi, ale także moje ręce i moją głowę".

Zanim Mistrz zaczął myć nogi Piotrowi, powiedział: „Ten, kto jest już czysty, potrzebuje umyć tylko swoje stopy. Wy, którzy dzisiejszego wieczora siedzicie ze mną, jesteście czyści – ale nie wszyscy. Trzeba jednak obmyć kurz z waszych stóp, zanim usiądziecie i będziecie jeść ze mną. A poza tym, wykonam tę posługę dla was jako przypowieść, ilustrującą znaczenie nowego przykazania, które teraz wam daję".

Mistrz obszedł stół w milczeniu i tak samo umył nogi dwunastu apostołom, nie omijając nawet Judasza. Kiedy Jezus skończył myć nogi całej Dwunastce, włożył swój płaszcz, wrócił na miejsce gospodarza i przyjrzawszy się swoim oszołomionym apostołom, powiedział:

„Czy naprawdę rozumiecie, co wam zrobiłem? Nazywacie mnie Mistrzem i dobrze mówicie, bo nim jestem. Jeżeli więc Mistrz umył wam nogi, dlaczego tak się stało, że nie chcieliście nawzajem umyć sobie nóg? Jaką naukę powinniście wyciągnąć z tej przypowieści, kiedy Mistrz tak chętnie wykonuje tę posługę, której jego bracia nie chcieli zrobić sobie nawzajem? Zaprawdę, zaprawdę, powiadam wam, sługa nie jest większy od swego pana ani wysłannik od tego, który go posłał. Widzieliście, jak służyłem moim życiem pośród was i błogosławieni jesteście wy, którzy będziecie mieli łaskawą odwagę tak służyć. Ale dlaczego tak powoli się uczycie, że tajemnica wielkości w królestwie duchowym nie przypomina metod siły w świecie materialnym?

Gdy dzisiaj wieczorem przyszedłem do tego pokoju, nie dosyć wam było, że dumnie wzbranialiście się umyć stopy jeden drugiemu, ale musieliście się jeszcze zacząć spierać o to, kto powinien zająć honorowe miejsce przy moim stole. Takich honorów pragną faryzeusze i dzieci tego świata, ale tak nie powinno być pośród ambasadorów niebiańskiego królestwa. Czy nie wiecie, że nie może być wyróżnionego miejsca przy moim stole? Czy nie rozumiecie, że kocham każdego z was tak samo? Czy nie wiecie, że miejsce najbliżej mnie, które ludzie uważają za taki zaszczyt, może nic nie znaczyć odnośnie waszej pozycji w królestwie nieba? Wiecie, że królowie innowierców mają władzę nad swymi poddanymi a ci, którzy ją sprawują, czasem nazywani są dobrodziejami. Ale tak nie będzie w królestwie nieba. Ten, kto chciałby stać się wielkim pośród was, niech stanie się jak ten najmłodszy; podczas kiedy ten, kto chciałby być pierwszym między wami, niech będzie tym, który służy. Kto jest większy, ten, który siedzi przy posiłku, czy ten, który usługuje? Czyż nie uważa się powszechnie, że ten, który siedzi przy posiłku, jest większy? Ale wy zauważycie, że pośród was jestem tym, który służy. Jeżeli chcecie stać się ze mną współbraćmi, sługami w czynieniu woli Ojca, będziecie zasiadać ze mną w potędze, w królestwie, które przyjdzie, wciąż wykonując wolę Ojca w przyszłej chwale".

Kiedy Jezus skończył, bliźniacy Alfeusza przynieśli chleb i wino, wraz z gorzkimi ziołami i pastę z suchych owoców, jako następny zestaw potraw Ostatniej Wieczerzy.

4. OSTATNIE SŁOWA DO ZDRAJCY

Przez kilka minut apostołowie jedli w ciszy, ale pod wpływem pogodnego nastroju Mistrza wkrótce wciągnęli się do rozmowy i niebawem posiłek przebiegał tak, jak gdyby nic niezwykłego się nie stało, co mogłoby zakłócić dobry nastrój i towarzyską atmosferę tej niezwykłej uroczystości. Po jakimś czasie, w połowie drugiego zestawu potraw, Jezus popatrzył na nich i powiedział: „Mówiłem wam, jak bardzo chciałem spożyć tę wieczerzę z wami a wiedząc o tym, że złe siły ciemności spiskują, aby zabić Syna Człowieczego, postanowiłem zjeść z wami wieczerzę w tym tajemnym pokoju i na dzień przed Paschą, ponieważ jutro wieczorem, o tym czasie, nie będzie mnie pośród was. Wiele razy wam mówiłem, że muszę wrócić do Ojca. Teraz moja godzina nadeszła, ale to nie było potrzebne, aby jeden z was wydał mnie w ręce moich wrogów".

Kiedy Dwunastu to usłyszało, straciwszy już uprzednio sporo pewności i wiary w siebie w wyniku przypowieści o myciu stóp i późniejszej przemowy Mistrza, zaczęli spoglądać jeden na drugiego i zmieszanym tonem, niezdecydowanie pytali: „Czy to ja?". I kiedy wszyscy tak pytali, Jezus powiedział: „Podczas kiedy konieczne jest, żebym odszedł do mego Ojca, nie trzeba było, dla spełnienia woli Ojca, żeby jeden z was został zdrajcą. Taki jest owoc zła skrywanego w sercu tego, kto nie pokochał prawdy całą duszą. Jak zwodnicza jest duma intelektualna, poprzedzająca duchowy upadek. Mój przyjaciel od wielu lat, który nawet teraz je mój chleb, pragnie mnie zdradzić, nawet wtedy, gdy teraz zanurza ze mną dłoń w naczyniu".

I kiedy Jezus skończył, wszyscy zaczęli znowu pytać: „Czy to ja?". I gdy Judasz, siedzący po lewej stronie Mistrza, ponownie zapytał: „Czy to ja"? Jezus, zanurzywszy chleb w naczyniu z ziołami, podał go Judaszowi i rzekł: „Ty powiedziałeś". Ale inni nie słyszeli, co Jezus powiedział Judaszowi. Jan, który spoczywał po prawej ręce Jezusa, pochylił się i spytał Mistrza: „Kto to jest? Powinniśmy wiedzieć, kto okazał się niegodny pokładanego w nim zaufania". Jezus odpowiedział: „Już wam mówiłem, akurat ten, któremu dałem maczany chleb". Ale to było normalne, że gospodarz dawał maczany chleb temu, który siedział po lewej ręce, tak, że nikt na to nie zwrócił uwagi, nawet, gdy Mistrz powiedział to tak wyraźnie. Ale Judasz boleśnie uświadomił sobie znaczenie słów Mistrza, nawiązujących do jego czynu i bał się, żeby jego bracia tak samo się nie dowiedzieli, że to on jest zdrajcą.

Piotr bardzo był poruszony tym, co zostało powiedziane i pochylając się przez stół, zwrócił się do Jana: „Zapytaj go, kto to jest, albo, jeśli ci powiedział, powiedz mi kto jest zdrajcą".

Jezus zakończył ich poszeptywanie, odezwawszy się: „Smucę się, że to zło się zdarzyło i miałem nadzieję, nawet do tej godziny, że moc prawdy być może zatryumfuje nad podstępem zła, ale takie zwycięstwa nie mogą być odnoszone bez wiary, wynikającej ze szczerej miłości prawdy. Nie mówiłbym wam tych rzeczy przy naszej ostatniej wieczerzy, ale chcę was ostrzec przed smutkiem i przygotować was na to, co nas czeka. Powiedziałem wam to, ponieważ chciałbym abyście sobie to przypomnieli po tym, kiedy odejdę, że wiedziałem o wszystkich tych złych spiskach i że uprzedzałem was przed zdradą. I wszystko to czynię tylko po to, żebyście umocnili się przed tymi pokusami i próbami, które są tak blisko".

Kiedy Jezus skończył, pochylił się do Judasza i rzekł: „Co postanowiłeś zrobić, zrób szybko". I kiedy Judasz usłyszał te słowa, wstał od stołu i pośpiesznie opuścił pokój, wychodząc w noc, aby zrobić to, co postanowił. Kiedy apostołowie zobaczyli, że Judasz pośpiesznie wychodzi, po tym jak Jezus odezwał się do niego, myśleli, że poszedł, aby przynieść coś jeszcze na wieczerzę, albo żeby wykonać jakieś inne polecenie Mistrza, ponieważ myśleli, że wciąż nosi torbę.

Teraz Jezus wiedział, że nic nie można zrobić, żeby powstrzymać Judasza przed zdradą. Zaczynał z dwunastoma apostołami – teraz był z jedenastoma. Wybrał sześciu apostołów i chociaż Judasz należał do tych, których mianowali jego pierwsi wybrani apostołowie, jednak Mistrz akceptował go i aż do tej godziny robił wszystko, co możliwe, aby go oczyścić i ocalić, tak samo, jak działał dla pokoju i zbawienia innych.

Ta wieczerza, z jej drobnymi epizodami i łagodnymi aluzjami, była ostatnim apelem Jezusa do dezerterującego Judasza, ale to było daremne. Ostrzeżenie, nawet kiedy udzielone w najbardziej taktowny sposób i przekazane w najbardziej łaskawym duchu, z reguły wzmacnia tylko nienawiść i rozpala złą determinację do przeprowadzenia w całej pełni własnych, samolubnych planów, kiedy miłość raz naprawdę umarła.

5. USTANOWIENIE WIECZERZY UPAMIĘTNIAJĄCEJ

Kiedy przynieśli Jezusowi trzeci kielich wina, „kielich błogosławieństwa", wstał on z sofy i biorąc kielich w swoje ręce, pobłogosławił go i powiedział: „Bierzcie ten kielich i pijcie z niego wszyscy. To będzie kielich na moją pamiątkę. To jest kielich błogosławieństwa nowego porządku łaski i prawdy. On będzie dla was symbolem obdarzenia i służby Boskiego Ducha Prawdy. I nie będę pił z tego kielicha z wami do tego czasu, kiedy pod nową postacią pić będę z wami w wiecznym królestwie Ojca".

Wszyscy apostołowie czuli, że stało się coś niezwykłego, kiedy pili z tego pobłogosławionego kielicha z głęboką czcią i w zupełnej ciszy. Dawna Pascha upamiętniała wyjście ich ojców z narodowej niewoli ku wolności i niezależności; teraz Mistrz ustanawiał nową, pamiątkową wieczerzę, jako symbol nowego porządku, w którym zniewolona jednostka wyjdzie z niewoli obrzędów i samolubstwa do duchowej radości, braterstwa i wspólnoty wyzwolonych przez wiarę synów żywego Boga.

Kiedy wypili ten nowy kielich upamiętniający, Mistrz wziął chleb i odmówiwszy dziękczynienie, połamał go na części i polecił, aby go podali wokół a potem powiedział: „Weźcie ten chleb upamiętniający i jedzcie. Mówiłem wam, że jestem chlebem życia. I ten chleb życia jest łącznym życiem Ojca i Syna w jednym darze. Słowo Ojca, tak jak jest objawione w Synu, jest prawdziwie chlebem życia". Kiedy podzielili się chlebem upamiętniającym, symbolem żywego słowa prawdy, inkarnowanego w formie cielesnej, wszyscy usiedli.

Ustanawiając tę pamiątkową wieczerzę, Mistrz odwołał się do przypowieści i symboli, jak to zawsze było w jego zwyczaju. Używał symboli, ponieważ chciał nauczyć pewnych wielkich duchowych prawd w taki sposób, aby utrudnić jego następcom nadanie precyzyjnej interpretacji i kategorycznego znaczenia jego słowom. W ten sposób próbował zapobiec temu, żeby w kolejnych pokoleniach nie krystalizowano jego nauki i nie wiązano jego duchowych znaczeń martwymi łańcuchami tradycji i dogmatu. Ustanawiając ten jedyny obrzęd, czy sakrament, związany z całą jego misją życiową, Jezus dołożył wszelkich starań, aby raczej *zasugerować* jego znaczenie, niż zajmować się *precyzyjnymi definicjami*. Nie chciał niszczyć idei indywidualnego człowieka, dotyczącej boskiej wspólnoty, poprzez ustanowienie precyzyjnych form; nie chciał również ograniczać duchowej wyobraźni wierzącego, poprzez krępowanie jej formalnościami. Chciał raczej przydać nowo narodzonej, wolnej duszy, radosnych skrzydeł nowej i żywej, duchowej wolności.

Pomimo wysiłków Mistrza, żeby tym sposobem wprowadzić nowy sakrament na jego pamiątkę, w następnych wiekach jego wyznawcy zadbali o to, aby życzenie, które wyraził, nie spełniło się w praktyce, dlatego, że jego prosty symbolizm duchowy z ostatniej nocy w ciele został zredukowany do precyzyjnych interpretacji i podporządkowany ustalonym formułom, z matematyczną niemalże precyzją. Żadna ze wszystkich nauk Jezusa nie stała się bardziej sformalizowaną tradycją.

Ta wieczerza upamiętniająca, kiedy biorą w niej udział ci, którzy wierzą w Syna i rozpoznają Boga, nie potrzebuje być łączona z żadnym symbolizmem, z żadną ludzką, naiwną, mylną interpretacją znaczenia Boskiej obecności, gdyż na wszystkich takich uroczystościach Mistrz jest *rzeczywiście obecny*. Pamiątkowa wieczerza jest symbolicznym spotkaniem wierzącego człowieka z Michałem. Kiedy więc staniecie się duchowo świadomi, Syn aktualnie jest obecny a jego duch brata się z zamieszkującą człowieka częścią Ojca.

Potem, gdy zamyślili się na kilka chwil, Jezus kontynuował: „Kiedy to robicie, przypomnijcie sobie życie, którym żyłem na Ziemi wśród was i radujcie się, że wciąż będę żył z wami na Ziemi i przez was służył. Nie rywalizujcie między sobą jako jednostki, który z was ma być największy. Wszyscy bądźcie braćmi. I kiedy królestwo będzie się rozwijać i będzie obejmować większe grupy wierzących, tak samo nie powinniście rywalizować o wielkość, czy próbować wywyższać jakiekolwiek takie grupy".

I to wielkie zdarzenie miało miejsce w pokoju na piętrze, u przyjaciela. Niczego z uświęconej formy, czy obrzędowej konsekracji nie było ani w wieczerzy, ani w budynku. Ta pamiątkowa wieczerza została wprowadzona bez eklezjastycznej aprobaty.

Kiedy Jezus ustanowił w ten sposób pamiątkową wieczerzę, powiedział jedenastu apostołom: „Tak często, jak będziecie to czynić, róbcie to na moją pamiątkę. I kiedy będziecie mnie wspominać, najpierw popatrzcie wstecz, na moje życie w ciele i przypomnijcie sobie, że kiedyś byłem z wami i wtedy dostrzeżecie, poprzez wiarę, że wszyscy za jakiś czas będziecie jeść ze mną wieczerzę w wiecznym królestwie mego Ojca. To jest nowa Pascha, którą wam zostawiam, ta właśnie pamiątka mojego obdarzającego życia, słowo wiecznej prawdy i moja miłość do was, wylewająca mojego Ducha Prawdy na wszystkich w ciele".

I tak skończyli obchody starej, ale bezkrwawej Paschy, połączone z początkiem nowej, pamiątkowej wieczerzy, śpiewając wszyscy razem Psalm sto osiemnasty.

PRZEKAZ 180

MOWA POŻEGNALNA

PO odśpiewaniu Psalmu na zakończenie Ostatniej Wieczerzy apostołowie myśleli, że Jezus zamierza zaraz wrócić do obozu, ale on dał do zrozumienia, że powinni usiąść. Mistrz powiedział:

„Pamiętacie dobrze, jak posłałem was bez trzosa czy torby a nawet radziłem wam, żebyście nie brali ze sobą dodatkowego odzienia. I przypomnijcie sobie, że nie brakowało wam niczego. Ale teraz idą dla was czasy niespokojne. Nie możecie już być zależni od dobrej woli tłumów. Dlatego też ten, kto ma trzos, niech go weźmie ze sobą. Kiedy pójdziecie w świat głosić ewangelię, przygotujcie takie zapasy żywności, jakie uznacie za najlepsze. Przyszedłem, aby przynieść pokój, ale nie przyjdzie on prędko.

Nadszedł czas, żeby Syn Człowieczy był gloryfikowany i żeby Ojciec był gloryfikowany we mnie. Moi przyjaciele, będę z wami tylko przez krótką chwilę. Wkrótce będziecie mnie szukać, ale mnie nie znajdziecie, gdyż idę do miejsca, do którego wy teraz iść nie możecie. Ale kiedy skończycie swoją pracę na Ziemi, tak jak ja skończyłem moją, wtedy przyjdziecie do mnie, tak jak ja teraz szykuję się iść do mego Ojca. Wkrótce was zostawię, nie ujrzycie mnie już na Ziemi, ale wszyscy powinniście mnie zobaczyć w przyszłej epoce, kiedy wzniesiecie się do królestwa, które dał mi mój Ojciec".

1. NOWE PRZYKAZANIE

Po kilku chwilach luźnej rozmowy, Jezus wstał i powiedział: „Gdy przedstawiłem wam przypowieść, ukazując, jak ochoczo powinniście służyć jeden drugiemu, powiedziałem, że chcę wam dać nowe przykazanie; i chciałbym teraz to zrobić, zanim was wkrótce opuszczę. Znacie dobrze to przykazanie, które każe wam miłować się wzajemnie; kochaj bliźniego jak siebie samego. Ale nie jestem zupełnie zadowolony nawet tak szczerym oddaniem ze strony moich dzieci. Chciałbym, abyście spełniali jeszcze większe akty miłości w królestwie braterstwa wierzących. I dlatego daję wam to nowe przykazanie: abyście miłowali się wzajemnie tak, jak ja was umiłowałem. I po tym wszyscy ludzie będą poznawać, że jesteście moimi uczniami, jeśli tak właśnie będziecie się nawzajem miłowali.

Kiedy wam daję to nowe przykazanie, nie nakładam żadnego nowego ciężaru na wasze dusze; raczej niosę wam nową radość i daję wam sposobność przeżywania w waszych sercach nowej przyjemności, zrozumienia tego szczęścia, jakie niesie obdarzanie uczuciem waszych współbraci ludzi. Niedługo doznam najwyższej radości, nawet, gdy będę znosił widoczne cierpienie, kiedy będę obdarzał moim uczuciem was i waszych braci śmiertelników.

Kiedy zachęcam was, abyście miłowali się nawzajem tak, jak ja was miłowałem, stawiam przed wami najwyższą miarę prawdziwego uczucia, gdyż większej miłości nie może mieć człowiek niż ta, jeśli odda życie swoje za przyjaciół swoich. Jesteście moimi przyjaciółmi; zawsze będziecie moimi przyjaciółmi, jeżeli będziecie chcieli robić to, czego was uczyłem. Nazywaliście mnie Mistrzem, ale ja nie nazywałem was sługami. Jeżeli tylko będziecie miłować siebie nawzajem, tak jak ja was miłuję, będziecie moimi przyjaciółmi i zawsze będę mówił wam to, co mi objawia Ojciec.

Nie tylko wy mnie wybraliście, ale ja również was wybrałem i wyświęciłem was, abyście szli w świat i dawali waszym bliźnim owoce, zrodzone z miłości pełnej służby, tak samo jak ja, żyjąc pośród was, objawiałem wam Ojca. Obydwaj, Ojciec i ja, będziemy pracować z wami a wy będziecie przeżywać boską pełnię radości, jeżeli tylko będziecie posłuszni mojemu przykazaniu, aby miłować się nawzajem, tak jak ja was umiłowałem".

Jeżeli chcielibyście mieć udział w radości Mistrza, musicie mieć udział w jego miłości. Jeśli macie udział w jego miłości, oznacza to, że macie też udział w jego służbie. Takie przeżywanie miłości nie wyzwoli was od trudności tego świata; nie stworzy nowego świata, ale na pewno odnowi stary świat.

Pamiętajcie, że to właśnie lojalności a nie poświęcenia wymagał Jezus. Świadomość poświęcenia implikuje brak tego uczucia, które płynie z głębi serca, a które może przekształcić taką miłości pełną posługę w najwyższą radość. Idea *obowiązku* oznacza, że macie służalczą postawę i skutkiem tego brakuje wam tej potężnej pasji w pełnieniu waszej służby, jaką ma przyjaciel wobec przyjaciela. Impuls przyjaźni przewyższa wszelkie poczucie obowiązku a służby przyjaciela dla przyjaciela nigdy nie można nazwać poświęceniem. Mistrz uczył apostołów, że są synami Bożymi. Nazywał ich braćmi i teraz, zanim ich opuścił, nazwał ich swymi przyjaciółmi.

2. KRZEW WINNY I LATOROŚLE

Potem Jezus znowu wstał i dalej nauczał apostołów: „Jestem prawdziwym krzewem winnym a mój Ojciec jest winogrodnikiem. Jestem krzewem a wy jesteście latoroślami. Ojciec wymaga ode mnie tylko tego, żebyście zrodzili wiele owoców. Krzew winny przycina się tylko po to, aby zwiększyć owocowanie jego latorośli. Mój Ojciec odcina każdą latorośl, wychodzącą ze mnie, która nie rodzi owocu. Każdą latorośl, która rodzi owoce, mój Ojciec oczyszcza, aby rodziła owoc obfitszy. Wy już jesteście oczyszczeni dzięki moim słowom, które wam mówiłem, ale musicie pozostać czyści. Musicie wytrwać we mnie a ja w was; latorośl umrze, kiedy zostanie oddzielona od krzewu winnego. Tak jak latorośl nie może zrodzić owoców, kiedy nie wytrwa w krzewie winnym, tak żaden z was nie może wydać plonów kochającej służby, jeśli nie wytrwa we mnie. Pamiętajcie: ja jestem prawdziwym krzewem winnym, a wy jego żywymi latoroślami. Ten, kto żyje we mnie, a ja w nim, zrodzi wiele owoców ducha i przeżyje najwyższą radość, zbierając to duchowe żniwo. Jeśli zachowacie tę żywą duchową łączność ze mną, wydacie obfity owoc. Jeżeli wytrwacie we mnie a moje słowa będą żyły w was, będziecie mogli swobodnie obcować ze mną i wtedy mój żywy duch tak was natchnie, że będziecie mogli prosić, o co tylko mój duch zechce i robić to wszystko z tą rękojmią, że Ojciec spełni naszą prośbę. W tym jest Ojciec gloryfikowany, że krzew winny ma wiele żywych latorośli i każda latorośl rodzi wiele owoców. I kiedy świat ujrzy te latorośle, rodzące owoce – moich przyjaciół, którzy miłują się nawzajem nawet tak, jak ja ich umiłowałem – wszyscy ludzie będą wiedzieć, że naprawdę jesteście moimi uczniami.

Tak jak Ojciec mnie umiłował, tak ja was umiłowałem. Żyjcie w mojej miłości, tak jak ja żyję w miłości Ojca. Jeżeli będziecie robić to, czego was uczyłem, będziecie trwać w mojej miłości, tak jak ja podporządkowuję się słowu Ojca i na zawsze trwam w jego miłości".

Żydzi dawno już nauczali, że Mesjasz będzie jak „odrośl wyrastająca z krzewu wina" Dawidowych przodków i dla upamiętnienia tego, dawnego nauczania, wielki symbol winogrona, wychodzący z krzewu winnego ozdabia wejście Świątyni Heroda. Wszyscy apostołowie przypomnieli sobie to, kiedy Mistrz mówił do nich tego wieczora w pokoju na piętrze.

Jednak wielkim nieszczęściem jest późniejsza, błędna interpretacja sugestii Mistrza, odnoszących się do modlitwy. To nauczanie nie sprawiałoby większych trudności, gdyby dokładnie zapamiętano jego słowa i później wiernie je zapisano. Jednak, kiedy dokonywano zapisu, wierzący traktowali modlitwę w imię Jezusa jako rodzaj najwyższej magii, myśląc, że dostaną od Ojca wszystko, o co poproszą. Przez wiele stuleci uczciwe dusze wciąż rozbijały swą wiarę na tej przeszkodzie. Ile czasu jeszcze musi upłynąć, zanim wierzący świat zrozumie, że modlitwa nie jest metodą osiągania swoich celów, ale raczej programem pójścia drogą Bożą, praktyką uczenia się, jak rozpoznać i pełnić wolę Ojca? Jest zupełną prawdą, że kiedy wasza wola prawdziwie zgodzi się z jego wolą, możecie prosić o cokolwiek, co jest poczęte poprzez ten związek woli i to będzie wam dane. I taki związek woli odbywa się dzięki Jezusowi i poprzez Jezusa, tak jak życie winorośli wpływa w żywe gałęzie i poprzez nie płynie.

Podczas trwania żywego połączenia pomiędzy boskością a człowieczeństwem, jeżeli człowieczeństwo bezmyślnie i prostacko modli się o samolubną wygodę i chełpliwe sukcesy, jedna tylko będzie Boska odpowiedź: większe i pomnożone rodzenie owoców ducha na latoroślach żywych gałęzi. Kiedy gałęzie krzewu winnego są żywe, jedna tylko może być odpowiedź na wszystkie jego prośby: zwiększenie zbioru winogron. Faktycznie latorośl istnieje tylko po to i nie może robić niczego innego, za wyjątkiem rodzenia owoców, winogron. Tak samo prawdziwie wierzący istnieje tylko po to, aby rodzić owoce ducha – kochać człowieka, tak jak sam jest kochany przez Boga – więc powinniśmy miłować się nawzajem tak, jak Jezus nas umiłował.

I kiedy ręka Ojcowskiej dyscypliny dotknie krzewu winnego, czyni to z miłości, w tym celu, aby latorośle mogły rodzić więcej owoców. I mądry hodowca odcina tylko martwe i nieowocujące latorośle.

Jezus miał wiele trudności, aby uświadomić ludziom, nawet swoim apostołom, że modlitwa jest postępowaniem wiernych narodzonych w duchu, w królestwie zdominowanym przez ducha.

3. WROGOŚĆ ŚWIATA

Jeszcze jedenastu apostołów nie skończyło dyskutować na temat mowy o krzewie winnym i latoroślach, kiedy Mistrz, dając do zrozumienia, że chce coś jeszcze powiedzieć a wiedząc, iż jego czas jest krótki, kontynuował: „Kiedy was opuszczę, nie zniechęcajcie się wrogością świata. Niech was nie zraża nawet to, gdy bojaźliwi wierzący zwrócą się przeciw wam, idąc ręka w rękę z wrogami królestwa. Jeżeli świat będzie was nienawidził, przypomnijcie sobie, że przed wami najpierw mnie znienawidził. Gdybyście byli z tego świata, świat by was kochał jako swoją własność, ale ponieważ nie jesteście, świat nie chce was kochać. Jesteście na tym świecie, ale wasze życie nie będzie podobne temu światu. Wybrałem was z tego świata, abyście również temu światu, z którego zostaliście wybrani, reprezentowali ducha innego świata. Zawsze jednak pamiętajcie te słowa, które wam mówiłem: sługa nie jest większy od swego pana. Jeśli ośmielają się mnie prześladować, was także będą prześladować. Jeśli moje słowa drażnią niewierzących, tak samo wasze słowa będą drażnić bezbożnych. I wszystko to będą wam czynić, ponieważ nie wierzą ani we mnie, ani w Tego, który mnie posłał; tak więc będziecie cierpieć wiele w imię mojej ewangelii. Jednak, kiedy będziecie znosić te udręki, musicie pamiętać, że ja także cierpiałem przed wami w imię ewangelii niebiańskiego królestwa.

Wielu z tych, którzy będą was atakować, nie będzie świadomych światłości nieba, ale to nie dotyczy niektórych z tych, którzy prześladują nas teraz. Gdybyśmy nie uczyli ich prawdy, mogliby robić wiele dziwnych rzeczy bez potępienia, ale teraz, ponieważ wiedzą o światłości i ośmielili się ją odrzucić, ich postawa nie ma usprawiedliwienia. Kto mnie nienawidzi, nienawidzi mojego Ojca. Bowiem inaczej być nie może; ta sama światłość, która może was zbawić, jeżeli zostaje zaakceptowana, może was tylko potępić, jeżeli świadomie zostanie odrzucona. I cóż zrobiłem tym ludziom, że mnie nienawidzą tak straszną nienawiścią? Nic, za wyjątkiem propozycji braterstwa na Ziemi i zbawienia w niebie. Ale czyż nie czytaliście w Piśmie Świętym słów: «Nienawidzili mnie bez powodu?».

Jednak nie zostawiam was samych na tym świecie. Zaraz po tym, jak odejdę, przyślę wam duchowego pomocnika. Będziecie mieć ze sobą tego, który zajmie moje miejsce wśród was, tego, który wciąż będzie nauczać was drogi prawdy i który nawet będzie was pocieszać.

Nie zadręczajcie się w waszych sercach. Wierzycie w Boga, wytrwajcie także w wierze we mnie. Mimo to, że muszę was opuścić, nie będę od was daleko. Już wam mówiłem, że we wszechświecie mojego Ojca jest wiele miejsc do życia. Gdyby nie było to prawdą, nie mówiłbym wam o tym tak wiele razy. Wracam do tych światów światłości, stacji w niebie Ojca, do których wy kiedyś będziecie się wznosić. Z tych miejsc przyszedłem na ten świat i nadchodzi godzina, gdy będę musiał wrócić do pracy mojego Ojca w sferach na wysokości.

Jeżeli zatem pójdę przed wami do niebiańskiego królestwa Ojca, to z całą pewnością poślę po was, abyście mogli być ze mną w tych miejscach, które zostały przygotowane dla śmiertelnych synów Bożych zanim powstał ten świat. Choć muszę was opuścić, będę z wami w duchu a w końcu wy będziecie ze mną osobiście, kiedy wzniesiecie się do mnie w moim wszechświecie, tak jak ja wzniosę się ku mojemu Ojcu w jego większym wszechświecie. To, co wam powiedziałem, jest prawdziwe i wieczne, nawet, jeśli nie możecie tego w pełni zrozumieć. Idę do mego Ojca i chociaż teraz nie możecie iść ze mną, z pewnością pójdziecie za mną w przyszłości".

Kiedy Jezus usiadł, podniósł się Tomasz i rzekł: „Mistrzu, nie wiemy, dokąd idziesz, więc nie znamy drogi. Ale tej właśnie nocy pójdziemy z tobą, jeżeli wskażesz nam drogę".

Kiedy Jezus usłyszał Tomasza, odpowiedział mu: „Tomaszu, ja jestem drogą, prawdą i życiem. Nikt nie idzie do Ojca inaczej, jak przeze mnie. Wszyscy, którzy znajdują Ojca, najpierw mnie znajdują. Jeżeli mnie znacie, znacie drogę do Ojca; a wy mnie znacie, gdyż żyliście ze mną i teraz mnie widzicie".

Jednak ta nauka była zbyt głęboka dla wielu apostołów, zwłaszcza dla Filipa, który wymieniwszy kilka słów z Natanielem, wstał i powiedział: „Mistrzu, pokaż nam Ojca a wszystko, co nam powiedziałeś, stanie się jasne".

I kiedy Filip skończył, Jezus mu rzekł: „Filipie, tak długo byłem z wami a wciąż jeszcze mnie nie znacie? Ponownie wam oświadczam: kto mnie widział, widział także Ojca. Jak możesz zatem mówić – pokaż nam Ojca? Czyż mi nie wierzycie, że ja jestem w Ojcu a Ojciec jest we mnie? Czyż nie nauczałem was, że te słowa, które mówię, nie są moimi słowami, ale słowami Ojca? Mówię za Ojca a nie za siebie. Jestem na tym świecie, aby wypełnić wolę Ojca i to już zrobiłem. Mój Ojciec mieszka we mnie, działa przeze mnie. Wierzcie mi, kiedy mówię, że Ojciec jest we mnie i że ja jestem w Ojcu, albo inaczej, wierzcie mi przez wzgląd na to życie, jakie przeżyłem – przez wzgląd na moją pracę".

Kiedy Mistrz poszedł napić się wody, jedenastu apostołów z ożywieniem zaczęło dyskutować na temat tego nauczania i już Piotr zaczynał długą przemowę, kiedy Jezus wrócił i skinął na nich, żeby usiedli.

4. OBIECANY POMOCNIK

Jezus dalej nauczał: „Kiedy odejdę do Ojca i kiedy on w pełni zaaprobuje moją pracę, którą zrobiłem na Ziemi i kiedy otrzymam ostateczną władzę nad moimi domenami, powiem mojemu Ojcu: zostawiłem na Ziemi moje dzieci samotne, zgodnie z moją obietnicą trzeba im wysłać innego nauczyciela. I kiedy Ojciec to poświadczy, wyleję Ducha Prawdy na wszystkich w ciele. Już teraz duch mego Ojca jest w waszych sercach i kiedy nadejdzie ten dzień, będziecie mnie mieli tak samo jak teraz macie Ojca. Ten nowy dar jest duchem żywej prawdy. Z początku niewierzący nie będą słuchać nauki tego ducha, ale wszyscy synowie światłości przyjmą ją skwapliwie i całym sercem. I wy poznacie tego ducha, kiedy przyjdzie, tak jak mnie teraz znacie i przyjmiecie ten dar do waszych serc a on zamieszka w was. Tak oto zobaczycie, że nie zostawiłem was bez pomocy i przewodnictwa. Nie zostawię was samych. Dziś mogę być z wami tylko jako osoba. W przyszłości będę z wami i ze wszystkimi innymi, pragnącymi mojej obecności, gdziekolwiek nie będziecie i w każdym z was jednocześnie. Czyż nie widzicie, że lepiej jest dla mnie, abym odszedł; że opuszczam was w ciele, abym mógł lepiej i pełniej być z wami w duchu?

Za kilka godzin świat mnie już nie zobaczy; ale wy wciąż będziecie mnie widzieć w waszych sercach, aż ześlę wam nowego nauczyciela, Ducha Prawdy. Tak jak żyłem z wami w osobie, żyć potem będę w was; będę się utożsamiał z waszymi osobistymi przeżyciami w duchowym królestwie. I kiedy to nastąpi, będziecie na pewno wiedzieli, że ja jestem w Ojcu i to, że kiedy wasze życie z Ojcem jest ukryte we mnie, ja także jestem w was. Kocham mojego Ojca i dotrzymuję danego mu słowa; wy mnie kochacie i dotrzymacie danego mi słowa. Tak jak mój Ojciec dał mi swojego ducha, tak ja wam dam mojego ducha. I ten Duch Prawdy, którym was obdarzę, będzie was prowadził i pocieszał i w końcu doprowadzi was do pełni prawdy.

Mówię wam o tym wszystkim, kiedy wciąż jeszcze jestem z wami, żebyście się mogli lepiej przygotować na te próby, które nawet teraz przeżywamy. I kiedy przyjdzie ten nowy dzień, będziecie zamieszkani tak przez Syna jak i przez Ojca. Te dary niebios zawsze będą pracowały jeden z drugim, tak samo jak Ojciec i ja pracowaliśmy na Ziemi i na waszych oczach jako jedna osoba – Syn Człowieczy. I ten duchowy przyjaciel odświeży w waszej pamięci wszystko to, czego was nauczałem".

Kiedy Mistrz przerwał na chwilę, Judasz Alfeusz ośmielił się zadać jedno z tych niewielu pytań, z którymi on albo jego brat kiedykolwiek publicznie zwrócili się do Jezusa. Judasz powiedział: „Mistrzu, zawsze żyłeś pośród nas jak przyjaciel; jak cię poznamy, kiedy już nie objawisz się nam, za wyjątkiem tego ducha? Jeśli świat nie będzie cię widział, jak możemy być pewni, że to ty? Jak się nam ukażesz?".

Jezus, patrząc na wszystkich, uśmiechnął się i powiedział: „Moje małe dzieci, ja odchodzę, wracam do Ojca. Za krótką chwilę nie ujrzycie mnie takim, jakim teraz jestem, z krwi i kości. Bardzo szybko ześlę wam mojego ducha, takiego jak ja, za wyjątkiem tego materialnego ciała. Ten nowy nauczyciel jest Duchem Prawdy, który będzie żył w każdym z was, w waszych sercach i tak wszystkie dzieci światłości będą jednością i będą przyciągały siebie nawzajem. I w ten właśnie sposób mój Ojciec i ja będziemy mogli żyć w duszach każdego z was a także w sercach wszystkich innych ludzi, którzy nas kochają i to czynią, że miłość ta staje się prawdą w ich życiu, że kochają się nawzajem, nawet tak, jak ja was teraz kocham".

Judasz Alfeusz nie zrozumiał tego, co powiedział Mistrz, ale pojął obietnicę nowego nauczyciela i odczuł, po wyrazie twarzy Andrzeja, że na jego pytanie została udzielona zadowalająca odpowiedź.

5. DUCH PRAWDY

Nowym pomocnikiem, którego Jezus obiecał zesłać w serca wierzących, wylać na wszystkich w ciele, jest *Duch Prawdy*. Ten Boski dar nie jest ani literą prawa ani też prawdą, nie jest też po to, żeby działać jako forma czy ekspresja prawdy. Nowy nauczyciel jest *przeświadczeniem* prawdy, świadomością i pewnością prawdziwych znaczeń na rzeczywistych poziomach duchowych. Ten nowy nauczyciel jest duchem żywej i rozwijającej się prawdy, poszerzającej się, odsłaniającej się i dostosowującej się prawdy.

Boska prawda jest żywą rzeczywistością, dostrzeganą duchem. Prawda istnieje tylko na wysokich, duchowych poziomach uświadamiania sobie boskości i świadomości wspólnoty z Bogiem. Możecie znać prawdę i możecie żyć prawdą; możecie przeżywać rozwój prawdy w duszy i cieszyć się wolnością oświecenia umysłu, ale nie możecie uwięzić prawdy w formułach, kodeksach, credach czy intelektualnych wzorach ludzkiego postępowania. Kiedy usiłujecie po ludzku sformułować boską prawdę, ona szybko obumiera. Pośmiertne odtwarzanie uwięzionej prawdy, nawet najlepsze, może zakończyć się tylko uświadomieniem sobie jej specyficznej formy, intelektualizowanej, gloryfikowanej mądrości. Statyczna prawda jest martwą prawdą a tylko martwa prawda może być wyrażana jako teoria. Żywa prawda jest dynamiczna a w ludzkim umyśle może mieć tylko byt empiryczny.

Inteligencja wyrasta z materialnej egzystencji, która jest oświecona obecnością *kosmicznego umysłu*. Mądrość obejmuje uświadamianie sobie wiedzy, podniesione do nowych poziomów znaczeń i uaktywnione obecnością wszechświatowego obdarzenia przybocznym mądrości. Prawda jest tą wartością rzeczywistości duchowej, jaką przeżywają tylko istoty obdarzone duchem, które działają na nadmaterialnych poziomach wszechświatowej świadomości i które, po uświadomieniu sobie prawdy, zezwolą ożywiającemu ją duchowi żyć i panować w ich duszach.

Prawdziwe dziecko wszechświata wnikliwe poszukuje żywego Ducha Prawdy w każdej mądrej wypowiedzi. Rozpoznający Boga człowiek nieustannie wywyższa mądrość do poziomów żywej prawdy boskich osiągnięć; jednocześnie ta dusza, która się duchowo nie rozwija, ściąga żywą prawdę w dół do martwych poziomów mądrości i domen zwykłej, egzaltowanej wiedzy.

Złota zasada, gdy pozbawiona nadludzkiej wnikliwości Ducha Prawdy, staje się tylko zasadą wysoce etycznego postępowania. Złota zasada, kiedy interpretowana jest dosłownie, może stać się narzędziem wielkich krzywd wyrządzonych bliźnim. Bez duchowego dostrzegania złotej zasady mądrości, możecie dowodzić, że skoro pragniecie, aby wszyscy ludzie mówili całą i szczerą prawdę, to, co myślą, wy też możecie w pełni i szczerze mówić bratnim wam istotom to, o czym myślicie. Tak bezduszna interpretacja złotej zasady może przynieść niewypowiedziane nieszczęście i niekończący się smutek.

Niektórzy traktują i interpretują złotą zasadę jako czysto intelektualną afirmację ludzkiego braterstwa. Inni uznają tę ekspresję ludzkich związków za emocjonalne zaspokojenie wrażliwych uczuć ludzkiej osobowości. Jeszcze inni śmiertelnicy traktują tę samą złotą zasadę za miarę, którą można mierzyć wszystkie społeczne związki, za standard społecznego postępowania. Jeszcze inni widzą w niej wyraźny nakaz wielkiego moralnego nauczyciela, który ucieleśnił w tym stwierdzeniu najwyższy ideał moralnej powinności, odnoszący się do wszystkich braterskich związków. W życiu takich moralnych istot złota zasada staje się mądrym punktem centralnym, jak również obwodem całej ich filozofii.

W królestwie wierzącego braterstwa rozpoznających Boga miłośników prawdy złota zasada nabiera żywych wartości duchowego ziszczenia na tych wyższych poziomach interpretacji, które sprawiają, że śmiertelni synowie Boga uznają ten nakaz Mistrza za wymaganie, aby tak odnosili się do swoich współbraci, ażeby ci otrzymali najwyższe możliwe dobro w wyniku kontaktu wierzącego z nimi. To właśnie jest treścią prawdziwej religii: żeby kochać bliźniego swego jak siebie samego.

Ale najwyższa realizacja i najprawdziwsza interpretacja złotej zasady polegają na uświadomieniu sobie ducha prawdy, tej trwałej i żywej rzeczywistości, jaka zawiera się w owym boskim oświadczeniu. Prawdziwe, kosmiczne znaczenie tej reguły wszechświatowych zależności ukazuje się tylko w jej duchowym uświadomieniu, w interpretacji prawa postępowania przez ducha Syna dla ducha Ojca, który zamieszkuje w duszy śmiertelnego człowieka. I kiedy tacy, prowadzeni przez ducha śmiertelnicy, zrozumieją prawdziwe znaczenie złotej zasady, zostaną w pełni nasyceni tą pewnością, że są obywatelami przyjaznego wszechświata a ich ideały duchowej rzeczywistości zostają zaspokojone dopiero wtedy, kiedy kochają swoich współbraci tak, jak Jezus kochał nas wszystkich i to jest rzeczywistość spełnienia miłości Boga.

Należy zauważyć tę właśnie filozofię żywej elastyczności i kosmicznej możliwości adaptacji boskiej prawdy do indywidualnych wymagań i możliwości pojmowania każdego syna Bożego, zanim możecie mieć nadzieję właściwego zrozumienia nauki Mistrza i jego zwyczaju nie opierania się złu. Nauka Mistrza jest zasadniczo oświadczeniem duchowym. Nawet materialne implikacje jego filozofii nie mogą być właściwie rozważane w oderwaniu od ich duchowych współzależności. Duch przykazań Mistrza opiera się na nie stawianiu oporu wszystkim samolubnym reakcjom na wszechświat, w połączeniu z bojowym i rozwojowym osiąganiem prawych poziomów prawdziwych, duchowych wartości: boskiego piękna, nieskończonej dobroci, wiecznej prawdy – aby znać Boga i coraz bardziej stawać się jemu podobnym.

Miłość, bezinteresowność, musi doznawać stałej i żywej, dostosowawczej interpretacji jej związków zgodnie z przewodnictwem Ducha Prawdy. Miłość tym samym musi ogarniać wciąż zmienne i poszerzające się koncepcje najwyższego, kosmicznego dobra tej jednostki, która jest kochana. I wtedy miłość idzie dalej, aby ogarnąć tą samą postawą wszystkie inne jednostki, które ewentualnie mogą pozostawać pod wpływem narastających i żywych związków miłości jednego, prowadzonego przez ducha śmiertelnika, do innych obywateli wszechświata. I cała ta, żywa adaptacja miłości, musi funkcjonować zarówno w obliczu środowiska istniejącego zła, jak i boskiego przeznaczenia, wiecznego celu doskonałości.

Dlatego też musimy jasno sobie uświadomić, że ani złota zasada, ani też nauka o nie stawianiu oporu nigdy nie mogą być właściwie zrozumiane jako dogmaty lub nakazy. Mogą być zrozumiane tylko przez życie nimi, poprzez realizację ich znaczeń w żywej interpretacji Ducha Prawdy, który kieruje pełnym miłości kontaktem jednej istoty ludzkiej z drugą.

I wszystko to wyraźnie ukazuje różnicę pomiędzy starą a nową religią. Stara religia naucza poświęcenia siebie; nowa religia naucza tylko bezinteresowności, poszerza samorealizację w połączeniu ze służbą społeczną i wszechświatowym rozumowaniem. Stara religia motywowana była świadomością strachu; nowa ewangelia królestwa zdominowana jest przeświadczeniem prawdy, duchem wiecznej i wszechświatowej prawdy. I żadna ilość pobożności, czy też lojalności dla doktryn nie może zrekompensować braku żywego doświadczenia wierzących w królestwo, tej spontanicznej, hojnej i szczerej życzliwości, która charakteryzuje narodzonych z ducha synów żywego Boga. Ani tradycja, ani obrzędowy system formalnego czczenia nie mogą zadośćuczynić za brak prawdziwego uczucia dla bliźnich.

6. KONIECZNOŚĆ ODEJŚCIA

Po tym jak Piotr, Jan i Mateusz zadali Mistrzowi wiele pytań, kontynuował on swoją mowę pożegnalną: „I o tym wszystkim mówię wam, zanim od was odejdę, abyście byli przygotowani na to, co dla was nadchodzi, abyście nie popełnili poważniejszego błędu. Władze nie zadowolą się tylko wyrzuceniem was z synagog; ostrzegam was, że zbliża się godzina, kiedy ci, co będą was zabijać, będą myśleć, że czynią to służąc Bogu. I wszystkie te rzeczy będą robić wam i tym, których poprowadzicie do królestwa nieba, ponieważ nie znają Ojca. Dlatego, że nie chcieli mnie przyjąć, nie chcieli poznać Ojca; i odmówią przyjęcia mnie, kiedy was odrzucą, pod tym warunkiem, że będziecie przestrzegać mojego nowego przykazania, abyście miłowali się nawzajem nawet tak, jak ja was umiłowałem. Mówię wam o tych rzeczach zawczasu, abyście, gdy wasza godzina nadejdzie, tak jak teraz moja nadeszła, mogli być podbudowani tą wiedzą, że wszystko *to było mi wiadome i że mój* duch będzie z wami podczas całego waszego cierpienia w imię moje i ewangelii. Dlatego od samego początku mówiłem do was otwarcie. Ostrzegałem was nawet, że wrogami człowieka mogą być ci z jego własnego domostwa. Aczkolwiek ta ewangelia królestwa nigdy nie zawiedzie w niesieniu wielkiego pokoju duszy indywidualnego wierzącego, nie przyniesie ona pokoju na Ziemi tak długo, aż ludzie będą gotowi całym sercem uwierzyć mojej nauce i wprowadzić zwyczaj wykonywania woli Ojca jako główny cel życia śmiertelnym życiem.

Teraz, kiedy was opuszczam, skoro godzina nadeszła, że mam iść do Ojca, jestem zaskoczony, że żaden z was mnie nie zapytał: dlaczego nas zostawiasz? Mimo to wiem, że w waszych sercach zadaliście takie pytanie. Powiem wam jasno, jak przyjaciel przyjacielowi. Moje odejście jest dla was pożyteczne. Bo jeśli nie odejdę, nowy nauczyciel nie będzie mógł przyjść do waszych serc. Muszę się najpierw pozbyć tego, śmiertelnego ciała i zostać przywrócony na moje miejsce na wysokościach, zanim będę mógł posłać duchowego nauczyciela, aby żył w waszych duszach i prowadził wasze duchy do prawdy. I kiedy mój duch przyjdzie, żeby w was zamieszkać, będzie wyjaśniał różnicę pomiędzy grzechem a prawością i pomoże wam to wszystko właściwie, mądrze rozważyć w waszych sercach.

Mam wam jeszcze wiele do powiedzenia, ale teraz nie mogę zostać dłużej. Aczkolwiek, kiedy przyjdzie Duch Prawdy, w końcu poprowadzi on was do całej prawdy, kiedy będziecie przechodzić przez wiele mieszkań we wszechświecie mego Ojca.

Ten duch nie będzie mówił od siebie, ale będzie wam oznajmiał to, co Ojciec objawił Synowi a nawet pokaże wam te rzeczy, które mają przyjść; będzie mnie gloryfikował tak jak ja gloryfikowałem mojego Ojca. Ten duch przyjdzie ode mnie i odkryje wam moją prawdę. Wszystko to, co mój Ojciec ma w tej domenie, jest teraz moje; dlatego powiedziałem, że ten nowy nauczyciel weźmie to, co moje i wam objawi.

Za małą chwilę opuszczę was na krótko. Później, kiedy mnie znowu ujrzycie, będę już w drodze do Ojca, więc nawet wtedy nie będziecie oglądać mnie długo".

Kiedy przerwał na chwilę, apostołowie zaczęli rozmawiać ze sobą: „O czym on nam mówi? «Za małą chwilę opuszczę was» i «kiedy ponownie mnie ujrzycie, to nie na długo, gdyż będę w drodze do Ojca». Co ma na myśli, gdy mówi «mała chwila» i «nie na długo»? Nie możemy zrozumieć, co do nas mówi".

Ponieważ Jezus wiedział, że zadawali te pytania, rzekł: „Dopytujecie się między sobą, co mam na myśli, kiedy mówię, że za małą chwilę nie będę z wami, oraz to, że kiedy zobaczycie mnie znowu, będę w drodze do mojego Ojca? Wyraźnie wam mówiłem, że Syn Człowieczy musi umrzeć, ale że zmartwychwstanie. Czyż nie dostrzegacie znaczenia moich słów? Z początku pogrążycie się w smutku, ale później radować się będziecie z wieloma innymi, którzy zrozumieją te rzeczy, po tym jak się wydarzą. Kobieta doprawdy pogrążona jest w smutku w godzinie jej bólów porodowych, ale kiedy w końcu urodzi dziecko, natychmiast zapomina swoją mękę w radości, gdyż wie, że światu narodził się człowiek. I wy także niedługo będziecie zrozpaczeni z powodu mego odejścia, ale wkrótce znowu was odwiedzę i wtedy wasz żal przemieni się w radość i przyjdzie do was nowe objawienie o zbawieniu Bożym, którego nikt nie zdoła wam nigdy odebrać. I wszystkie światy błogosławione będą tym samym objawieniem życia, które niweczy śmierć. Dotychczas prosiliście o wszystko w imię mojego Ojca. Po tym, jak mnie znowu ujrzycie, możecie także prosić w moim imieniu a ja was wysłucham.

Tu na dole uczyłem was za pomocą przysłów i mówiłem przypowieściami. Czyniłem tak, ponieważ w duchu byliście tylko dziećmi; ale nadchodzi czas, kiedy będę wam mówił otwarcie o sprawach dotyczących Ojca i królestwa. I będę to robił, ponieważ Ojciec sam was kocha i pragnie wam być pełniej objawiony. Śmiertelny człowiek nie może zobaczyć ducha Ojca; dlatego też ja przyszedłem na ten świat, aby waszym oczom istot stworzonych ukazać Ojca. Ale kiedy staniecie się doskonali w rozwoju duchowym, wtedy sami zobaczycie Ojca."

Gdy jedenastu apostołów usłyszało, co mówi, rozmawiali ze sobą: „Widzicie jak jasno do nas mówi. Z pewnością Mistrz przyszedł wprost od Boga. Ale dlaczego mówi, że musi wrócić do Ojca?" I Jezus spostrzegł, że nawet teraz jeszcze go nie zrozumieli. Tych jedenastu ludzi nie mogło się wyzbyć ich długo żywionych idei żydowskiego Mesjasza. Im bardziej wierzyli w Jezusa jako w Mesjasza, tym więcej kłopotów sprawiały im ich głęboko zakorzenione poglądy dotyczące wspaniałego, materialnego tryumfu królestwa na Ziemi.

PRZEKAZ 181

OSTATNIE UPOMNIENIA I PRZESTROGI

Po zakończeniu mowy pożegnalnej, wygłoszonej do jedenastu apostołów, Jezus rozmawiał z nimi nieformalnie, przypominając wiele ich przeżyć jako grupy i jako jednostek. W końcu tym Galilejczykom zaczynało świtać, że ich przyjaciel i nauczyciel ma ich opuścić a ich nadzieja uchwyciła się tej obietnicy, że po krótkiej chwili znowu będzie z nimi, jednak skłonni byli zapomnieć o tym, że jego powtórne odwiedziny również będą tylko na chwilę. Wielu apostołów i przodujących uczniów naprawdę myślało, że obietnica powrotu na krótko (krótki czas między zmartwychwstaniem a wniebowstąpieniem) oznacza, że Jezus odchodzi tylko na krótkotrwałe spotkanie ze swoim Ojcem, po czym wróci ustanowić królestwo. I taka interpretacja jego nauczania była zgodna zarówno z ich z góry przyjętymi przekonaniami, jak i z ich żarliwymi nadziejami. Skoro ich życiowe wierzenia i nadzieje na spełnienie pragnień zgrały się ze sobą, nie trudno im było znaleźć taką interpretację słów Mistrza, która uzasadniałaby ich dogłębne pragnienia.

Kiedy omówiono przemówienie pożegnalne i zaczynało się ono stawać jasne dla apostołów, Jezus znowu przywołał ich do porządku i zaczął udzielać końcowych upomnień i ostrzeżeń.

1. OSTATNIE SŁOWA POCIESZENIA

Kiedy jedenastu apostołów zajęło swoje miejsca, Jezus wstał i zwrócił się do nich: „Dopóki jestem z wami w ciele, mogę być tylko jedną osobą pośród was czy gdzie indziej na świecie. Ale kiedy zostanę wyzwolony z nadania śmiertelnej natury, będę mógł wrócić jako duch zamieszkujący każdego z was oraz innych wierzących w ewangelię królestwa. W ten sposób Syn Człowieczy stanie się duchowym wcieleniem w duszach wszystkich prawdziwie wierzących.

Kiedy wrócę, żeby żyć w was i działać przez was, będę mógł lepiej was prowadzić przez życie i wami kierować w wielu miejscach waszego pobytu w życiu przyszłym, w niebiosach niebios. Życie w Ojcowskiej, wiecznej kreacji, nie jest nieskończonym odpoczynkiem w bezczynności i samolubnej wygodzie, ale raczej nieustannym rozwojem w łasce, prawdzie i chwale. Każda z wielu stacji w domu mojego Ojca jest miejscem postoju, życiem mającym przygotować was do następnego życia, które jest przed wami. I tak dzieci światłości idą od chwały do chwały, do czasu, kiedy osiągną tę boską domenę, w której będą duchowo tak doskonali, jak we wszystkich sprawach doskonały jest Ojciec.

Jeżeli chcecie iść za mną, kiedy was opuszczę, dołóżcie waszych gorliwych starań, aby żyć zgodnie z duchem mojego nauczania i z ideałem mojego życia – z czynieniem woli mojego Ojca. To czyńcie, zamiast próbować naśladować moje ziemskie życie w ciele, jakie mi z konieczności przyszło przeżyć na tym świecie.

Ojciec posłał mnie na ten świat, ale tylko niewielu z was zdecydowało się w pełni mnie przyjąć. Wyleję mojego ducha na wszystkich w ciele, ale nie wszyscy zechcą przyjąć tego, nowego nauczyciela za przewodnika i doradcę duszy. Ale tylu, ilu go przyjmie, zostanie oświeconych, oczyszczonych i pocieszonych. I ten Duch Prawdy stanie się w nich studnią żywej wody tryskającej ku wiecznemu życiu.

I teraz, kiedy mam was opuścić, powiem wam słowa pociechy. Pokój zostawiam wam; mój pokój wam daję. Daję wam te dary nie tak jak daje świat – odmierzając – daję każdemu z was, wszyscy je dostaniecie. Niech nie trwoży się wasze serce ani też nie lęka. Ja zwyciężyłem świat i we mnie wszyscy zatriumfujecie przez wiarę. Ostrzegałem was, że Syn Człowieczy będzie zabity, ale zapewniam was, że wrócę, choćby tylko na krótką chwilę, zanim odejdę do mego Ojca. A potem, kiedy wstąpię do Ojca, na pewno przyślę nowego nauczyciela, aby był z wami i zamieszkał w waszych sercach. I kiedy zobaczycie, jak się to wszystko wypełni, nie przerażajcie się, ale raczej wierzcie, skoro wiedzieliście o tym wszystkim wcześniej. Kocham was wielkim uczuciem i nie opuściłbym was, ale taka jest wola Ojca. Moja godzina nadeszła.

Nie zwątpcie w żadną z tych prawd, nawet wtedy, gdy prześladowani i przybici licznymi smutkami rozproszycie się na wszystkie strony. Kiedy będziecie się czuć samotni na tym świecie, będę wiedział o waszym osamotnieniu, tak jak wy będziecie wiedzieć o moim, kiedy rozproszycie się, każdy w swoją stronę, zostawiając Syna Człowieczego w rękach wrogów. Ale ja nigdy nie jestem sam, Ojciec zawsze jest ze mną. Nawet w takim czasie będę się modlił za was. I wszystko to wam powiedziałem abyście mogli mieć pokój i mieli go pod dostatkiem. Na tym świecie będziecie cierpieć, ale bądźcie dobrej myśli; ja zatriumfowałem na tym świecie i pokazałem wam drogę do wiekuistej radości i wiecznej służby".

Jezus daje pokój swoim współbraciom, wykonującym wolę Bożą, ale nie taki, który ma związek z radością i zadowoleniem tego, materialnego świata. Niewierzący, materialiści i fataliści mogą spodziewać się tylko dwu rodzajów pokoju i komfortu duszy. Albo muszą być stoikami, z niezłomnym postanowieniem napotkania nieuniknionego i przetrwania najgorszego, albo muszą być optymistami, zawsze żywiącymi tę nadzieję, która bezustannie powstaje w ludzkiej piersi i daremnie pragnie tego pokoju, który naprawdę nigdy nie nadejdzie.

Pewna doza zarówno stoicyzmu jak i optymizmu jest użyteczna w przeżywaniu życia na Ziemi, lecz ani jedna, ani druga postawa nie ma nic wspólnego z tym wspaniałym pokojem, którym Syn Boży obdarzył swych braci w ciele. Pokój, który Michał daje swym dzieciom na Ziemi, jest tym właśnie pokojem, który wypełniał jego własną duszę, kiedy on sam żył śmiertelnym życiem w ciele na tym świecie. Pokój Jezusa jest radością i zadowoleniem tej rozpoznającej Boga jednostki, która zatryumfowała ucząc się dokładnie jak czynić wolę Bożą, gdy się żyje życiem śmiertelnym w ciele. Pokój umysłu Jezusa oparty był na absolutnej, ludzkiej wierze w rzeczywistość mądrej i życzliwej opieki Boskiego Ojca. Jezus miał kłopoty na Ziemi, był nawet błędnie nazywany „frasobliwym", ale we wszystkich takich przeżyciach i poprzez nie znajdował pociechę *w tej pewności, która* zawsze umożliwiała mu dążenie do jego życiowego celu, w tej całkowitej pewności, że wypełnia wolę Ojca.

Jezus był zdecydowany, wytrwały i całkowicie poświęcał się wypełnianiu swojej misji, ale nie był nieczułym i bezdusznym stoikiem; zawsze szukał radosnych aspektów swych doświadczeń życiowych, nie był też ślepym i zwodzącym się optymistą. Mistrz wiedział o wszystkim, co ma się mu przydarzyć i był nieustraszony. Po tym, jak obdarzył pokojem każdego ze swych wyznawców, mógł konsekwentnie powiedzieć: „Niech się nie trwoży wasze serce ani się nie lęka".

Pokój Jezusa jest zatem pokojem i pewnością syna, który w pełni wierzy, że jego droga przez czas i wieczność jest bezpieczna i całkowicie pod nadzorem i opieką wszechmądrego, wszechmiłującego i wszechmocnego ducha Ojca. I jest to doprawdy ten pokój, który przekracza zrozumienie śmiertelnego umysłu, ale którym może się cieszyć w pełni wierzące serce ludzkie.

2. POŻEGNALNE NAPOMNIENIA OSOBISTE

Mistrz zakończył nauki pożegnalne i przekazywanie końcowych napomnień apostołom, jako grupie. Po czym zwrócił się do nich indywidualnie, aby się pożegnać i powiedzieć każdemu kilka słów osobistej porady, wraz ze swoim pożegnalnym błogosławieństwem. Apostołowie nadal siedzieli wokół stołu, tak jak po raz pierwszy usiedli, żeby wziąć udział w Ostatniej Wieczerzy, a gdy Mistrz obchodził stół i rozmawiał z nimi, każdy wstawał, gdy Jezus zwracał się do niego.

Janowi Jezus rzekł: „Janie, jesteś najmłodszy z moich braci. Byłeś bardzo blisko mnie i podczas gdy kocham was wszystkich taką samą miłością, jaką ojciec obdarza swoich synów, zostałeś wyznaczony przez Andrzeja jako jeden z trzech, którzy zawsze powinni być blisko mnie. Oprócz tego działałeś w moim imieniu i musisz nadal tak działać w wielu sprawach, dotyczących mojej ziemskiej rodziny. Janie, idę do Ojca i jestem zupełnie przekonany, że nadal będziesz się opiekował tymi, którzy są moimi w ciele. Zwróć uwagę na to, aby ich obecna dezorientacja w sprawie mojej misji na Ziemi w żadnej mierze nie przeszkodziła ci w okazywaniu im całej sympatii, rady i pomocy, którą jak wiesz, ja okazałbym im, gdybym pozostał w ciele. A kiedy wszyscy przyjdą, aby ujrzeć światło i wejść w pełni do królestwa i kiedy wszyscy będziecie ich witać radośnie, polegam na tobie Janie, abyś powitał ich za mnie.

I teraz, kiedy wkraczam w ostatnie godziny mojej ziemskiej egzystencji, pozostań blisko mnie, żebym mógł ci zostawić jakąkolwiek wiadomość dotyczącą mojej rodziny. Co się tyczy tej pracy, którą Ojciec oddał w moje ręce, jest teraz skończona, za wyjątkiem mojej śmierci cielesnej i gotów jestem wypić ten ostatni puchar. Ale co się tyczy obowiązków, pozostawionych mi przez mojego ziemskiego ojca, Józefa, to chociaż spełniałem je w ciągu mego życia, teraz muszę polegać na tobie, abyś działał zamiast mnie we wszystkich tych sprawach. I wybrałem ciebie, Janie, abyś to dla mnie zrobił, ponieważ jesteś najmłodszy i dlatego najprawdopodobniej przeżyjesz innych apostołów

Kiedyś nazwaliśmy ciebie i twego brata synami gromu. Zaczynałeś z nami zdecydowany i nietolerancyjny, ale wiele się zmieniłeś od tego czasu, kiedy chciałeś, bym spuścił ogień z nieba na głowy ciemnych i bezmyślnych niewiernych. I musisz zmienić się jeszcze bardziej. Powinieneś stać się apostołem nowego przykazania, które tego wieczora wam dałem. Poświęć swoje życie nauczaniu swoich braci, jak się mają miłować nawzajem, nawet tak, jak ja was umiłowałem.

Kiedy Jan Zebedeusz stał w górnej sali ze łzami płynącymi mu po policzkach, spojrzał w oczy Mistrzowi i powiedział: „I tak uczynię, mój Mistrzu, ale jak mam nauczyć się kochać mocniej moich braci?". I Jezus wtedy odrzekł: „Swoich braci nauczysz się kochać mocniej, kiedy najpierw nauczysz się kochać mocniej ich Ojca w niebie oraz po tym, kiedy naprawdę zaczniesz się szczerze interesować ich dobrem w czasie i wieczności. I całe takie zainteresowanie człowiekiem jest ożywiane wyrozumiałą życzliwością, bezinteresowną służbą i nieograniczonym przebaczaniem. Nikt nie powinien lekceważyć twojej młodości, ale również ci przypominam, abyś zawsze brał to pod uwagę, że lata bardzo często reprezentują doświadczenie i że nic w sprawach ludzkich nie może zastąpić autentycznego doświadczenia. Staraj się żyć w pokoju ze wszystkimi ludźmi, zwłaszcza ze swymi przyjaciółmi w braterstwie niebiańskiego królestwa. I, Janie, zawsze pamiętaj, abyś nie walczył z duszami, które możesz pozyskać dla królestwa".

Potem Mistrz, przechodząc obok własnego miejsca, zatrzymał się chwilę przy miejscu Judasza Iskarioty. Apostołowie byli nieco zaskoczeni, że Judasz dotąd nie wrócił i bardzo byli ciekawi poznać przyczynę smutnego oblicza Jezusa, gdy stał za pustym miejscem zdrajcy. Jednak żaden z nich, może z wyjątkiem Andrzeja, nie żywił nawet najmniejszego podejrzenia, że ich skarbnik poszedł zdradzić Mistrza, jak im to Jezus oznajmił wcześniej tego wieczora, podczas kolacji. Tak wiele się zdarzyło od tego czasu, że zupełnie zapomnieli o oświadczeniu Mistrza, iż jeden z nich go zdradzi.

Jezus podszedł teraz do Szymona Zeloty, który wstał i słuchał jego pouczeń: „Jesteś prawdziwym synem Abrahama, ale co ja z tobą miałem, kiedy starałem się zrobić z ciebie syna niebiańskiego królestwa. Kocham ciebie, jak i wszyscy twoi bracia cię kochają. Wiem, że mnie miłujesz Szymonie i tak samo miłujesz królestwo, ale wciąż jeszcze chciałbyś kształtować to nadchodzące królestwo zgodnie z twoimi upodobaniami. Wiem doskonale, że w końcu zrozumiesz duchowe znaczenie mojej ewangelii i że będziesz dzielnie pracował nad jej głoszeniem, ale martwię się tym, co ci się może przydarzyć, kiedy odejdę. Cieszyłbym się, gdybym wiedział, że się nie załamiesz; byłbym szczęśliwy, gdybym mógł wiedzieć, że kiedy ja pójdę do mego Ojca, ty nie przestaniesz być moim apostołem i że będziesz tak postępował jak ambasador niebiańskiego królestwa".

Jeszcze Jezus nie skończył mówić do Szymona Zeloty, kiedy ten ognisty patriota, osuszając swoje oczy, odpowiedział: „Mistrzu, nie obawiaj się o moją lojalność. Porzuciłem wszystko, żeby poświęcić moje życie zaprowadzeniu twojego królestwa na Ziemi i nie zachwieję się. Jak dotąd zniosłem każde rozczarowanie i nie opuszczę cię".

I wtedy Jezus, kładąc rękę na ramieniu Szymona, powiedział: „Zaprawdę, pokrzepiające jest słyszeć, kiedy tak mówisz, zwłaszcza w takim czasie, ale mój dobry przyjacielu, ty wciąż jeszcze nie wiesz, o czym mówisz. Ani przez chwilę nie wątpiłem w twoją lojalność, w twoje poświęcenie; wiem, że nie zawahałbyś się iść do boju i zginąć za mnie, tak jak wszyscy oni by to zrobili" (i wszyscy przytaknęli z żywą aprobatą), „ale tego nie będzie się od was wymagać. Wiele razy wam mówiłem, że moje królestwo nie jest z tego świata i moi uczniowie nie będą walczyć o jego ustanowienie. Wiele razy ci to mówiłem Szymonie, ale ty nie chcesz spojrzeć prawdzie w oczy. Nie niepokoję się o twoją lojalność wobec mnie i królestwa, ale co zrobisz, kiedy ja odejdę a ty się w końcu obudzisz i uprzytomnisz sobie, że nie potrafiłeś zrozumieć znaczenia mojej nauki i musisz dostosować swoje błędne pojmowanie do rzeczywistości innego, duchowego porządku spraw królestwa?".

Szymon chciał jeszcze coś powiedzieć, ale Jezus podniósł rękę, powstrzymał go i kontynuował: „Żaden z moich apostołów nie jest szczerszy i uczciwszy w sercu od ciebie, ale po moim odejściu żaden z nich nie będzie tak wytrącony z równowagi i zniechęcony, jak ty. Podczas całego twojego zniechęcenia mój duch będzie mieszkał w tobie a oni, twoi bracia, cię nie opuszczą. Nie zapomnij o tym, czego cię uczyłem w sprawie relacji obywatelstwa na Ziemi do synostwa w Ojcowskim, duchowym królestwie. Rozważ dobrze wszystko to, co ci mówiłem, żeby oddać cesarzowi to, co cesarza a Bogu to, co Boskie. Poświęć swe życie Szymonie temu, aby pokazać, jak dobrze potrafi śmiertelny człowiek wypełniać moje nakazy, dotyczące równoczesnej akceptacji doczesnych obowiązków wobec władz państwowych i duchowej służby w braterstwie królestwa. Jeśli będziesz nauczany przez Ducha Prawdy, nigdy nie będziesz rozdarty pomiędzy wymaganiami ziemskiego obywatelstwa i niebiańskiego synostwa, chyba, że świeccy władcy ośmielą się żądać od ciebie hołdu i czci przynależnej Bogu.

I otóż, Szymonie, kiedy w końcu zrozumiesz to wszystko i potem, gdy się otrząśniesz z depresji i pójdziesz głosić tę ewangelię z wielką mocą, nie zapomnij nigdy, że ja byłem z tobą, nawet we wszystkich okresach twego zniechęcenia i że pójdę z tobą aż do samego końca. Zawsze będziesz moim apostołem i kiedy zechcesz patrzeć okiem ducha i pełniej poddasz swoją wolę woli Ojca w niebie, wrócisz do pracy jako mój ambasador i nikt nie odbierze ci tych uprawnień, które ci nadałem, tylko dlatego, że opieszale pojmowałeś te prawdy, których ciebie uczyłem. I tak Szymonie, raz jeszcze cię ostrzegam, że kto mieczem wojuje od miecza ginie, podczas gdy ci, którzy pracują w duchu, zyskują wieczne życie w królestwie przychodzącym w radości i pokoju, w królestwie, które jest teraz. A kiedy praca złożona w twoje ręce, Szymonie, zakończy się na Ziemi, zasiądziesz ze mną w tamtym królestwie. Naprawdę ujrzysz to królestwo, za którym tak tęskniłeś, ale nie w tym życiu. Trwaj w wierze we mnie i w to, co tobie objawiłem a otrzymasz dar życia wiecznego".

Kiedy Jezus skończył rozmowę z Szymonem Zelotą, podszedł do Mateusza Lewiego i powiedział: „Zaopatrywanie skarbnicy grupy apostolskiej nie będzie już więcej ciążyło na tobie. Wkrótce, bardzo szybko, wszyscy się rozproszycie; nie będzie wam dane, abyście znaleźli pociechę i oparcie w towarzystwie choćby jednego z waszych braci. Kiedy będziecie dalej głosić tę ewangelię królestwa, musicie znaleźć dla siebie nowych towarzyszy. Gdy was szkoliłem, wysyłałem was po dwóch, ale teraz opuszczam was; po tym jak się pozbieracie z szoku, pójdziecie samotnie i aż na krańce Ziemi, głosząc tę dobrą nowinę, że wiarą ożywieni śmiertelnicy są synami Bożymi".

Wtedy Mateusz powiedział: „Ale, Mistrzu, kto nas pośle i skąd będziemy wiedzieć, dokąd iść? Czy Andrzej wskaże nam drogę"? A Jezus odrzekł: „Nie Lewi, Andrzej nie będzie już wami kierował przy głoszeniu ewangelii. Z pewnością zostanie twoim przyjacielem i doradcą aż do tego dnia, w którym przyjdzie nowy nauczyciel i wtedy Duch Prawdy poprowadzi was na wszystkie strony, abyście pracowali nad szerzeniem królestwa. Dużo się zmieniłeś od tego czasu, gdy w domu izby skarbowej po raz pierwszy postanowiłeś pójść ze mną; ale jeszcze bardziej musisz się zmienić, abyś mógł ujrzeć tę wizję braterstwa, w którym innowierca zasiądzie obok Żyda w braterskim związku. Ale idź za swym impulsem pozyskiwania twoich żydowskich braci, aż będziesz w pełni zadowolony i wtedy zwróć się z energią do innowierców. Jednej rzeczy możesz być pewien, Lewi, pozyskałeś zaufanie i uczucie swoich braci; oni cię wszyscy miłują". (I wtedy cała dziesiątka zgodziła się ze słowami Mistrza).

Wiele wiem, Lewi, o twoich niepokojach, poświęceniach i pracy dla uzupełniania skarbca, o czym nie wiedzą twoi bracia i raduję się tym i chociaż nie ma tego, który nosił torbę, ambasador celników jest tutaj, na moim pożegnalnym spotkaniu z posłańcami królestwa. Modlę się o to, abyś znaczenie mojej nauki dostrzegł oczami ducha. I kiedy do twego serca przyjdzie nowy nauczyciel, pójdź za nim, tak jak będzie cię prowadził i pozwól ujrzeć swoim braciom – nawet całemu światu – co potrafi zrobić Ojciec nawet dla znienawidzonego poborcy podatkowego, który ośmielił się pójść za Synem Człowieczym i uwierzyć w ewangelię królestwa. Od samego początku, Lewi, pokochałem ciebie tak jak i pozostałych Galilejczyków. Zatem wiedząc dobrze o tym, że ani Ojciec ani Syn nie mają względu na osoby, uważaj na to, abyś nie robił takich różnic pomiędzy tymi, którzy uwierzą w ewangelię w wyniku twojej posługi. I tak, Mateuszu, poświęć całe swoje przyszłe życie służbie, aby pokazać wszystkim ludziom, że Bóg nie ma względu na osoby; że w oczach Boga i we wspólnocie królestwa wszyscy ludzie są równi, wszyscy wierzący są synami Bożymi".

Potem Jezus podszedł do Jakuba Zebedeusza, który stał w milczeniu, kiedy Mistrz zwrócił się do niego: „Jakubie, gdy ty i twój młodszy brat przyszliście kiedyś do mnie, starając się o wyróżnienie w zaszczytach królestwa a ja wam powiedziałem, że takie zaszczyty nadaje Ojciec, zapytałem, czy możecie wypić ze mną mój kielich i obydwaj odpowiedzieliście, że tak. Nawet, jeśli wtedy nie mogłeś i jeśli teraz nie możesz, niedługo będziesz gotów do takiej posługi, dzięki doświadczeniu, które wkrótce przeżyjesz. Wtedy wasze zachowanie rozgniewało waszych braci. Jeżeli niezupełnie ci wybaczyli, zrobią to, kiedy zobaczą, jak pijesz mój kielich. Czy twoja służba będzie długa czy krótka, uzbrój swą duszę w cierpliwość. Gdy przyjdzie nowy nauczyciel, pozwól mu uczyć cię postawy współczucia i życzliwej tolerancji, która rodzi się ze wzniosłego zaufania do mnie i z doskonałego poddania się woli Ojca. Poświęć swoje życie ukazaniu tych, wspólnych uczuć ludzkich i godności boskiej, które cechują ucznia rozpoznającego Boga i wierzącego w Syna. I wszyscy ci, którzy tak żyją, objawią ewangelię nawet w tym, jak będą umierać. Ty i twój brat Jan pójdziecie różnymi drogami i jeden z was może zasiąść ze mną w wiecznym królestwie na długo przed drugim. Bardzo pomoże ci to, jeżeli zechcesz się nauczyć, że prawdziwa mądrość zawiera zarówno rozsądek jak i odwagę. Powinieneś nauczyć się tego, aby roztropność szła w parze z twoją agresywnością. Nadejdą takie wielkie chwile, że moi uczniowie nie zawahają się oddać życia za tę ewangelię, ale we wszelkich normalnych okolicznościach byłoby znacznie lepiej ułagodzić gniew niewierzących, tak, abyś mógł żyć i wciąż głosić dobrą nowinę. Tak dalece, jak jest to w twojej mocy, żyj długo na Ziemi, żeby twoje długie życie mogło zrodzić plony w duszach pozyskanych dla niebiańskiego królestwa".

Kiedy Mistrz skończył rozmawiać z Jakubem Zebedeuszem, przeszedł do końca stołu, tam, gdzie siedział Andrzej i patrząc w oczy swemu wiernemu pomocnikowi, powiedział: „Andrzeju, wiernie mnie reprezentowałeś, pełniąc obowiązki szefa ambasadorów niebiańskiego królestwa. Aczkolwiek czasami wątpiłeś, a kiedy indziej wykazywałeś niebezpieczną bojaźliwość, mimo to zawsze byłeś szczerze sprawiedliwy i wyjątkowo rzetelny w postępowaniu ze swymi towarzyszami. Od czasu wyświęcenia ciebie i twoich braci na posłańców królestwa, zawsze byliście samorządni we wszystkich sprawach organizacyjnych grupy, oprócz tego, że mianowałem ciebie szefem tych wybranych. Nie działałem w żadnej innej doczesnej sprawie, aby cię ukierunkować czy wywierać wpływ na twoje decyzje. I zrobiłem to, dlatego, ażeby zapewnić przewodnictwo w prowadzeniu wszystkich późniejszych narad grupowych. W moim wszechświecie i we wszechświecie wszechświatów mojego Ojca, nasi bracia-synowie, w swych relacjach duchowych traktowani są jako jednostki, ale we wszystkich związkach grupowych zawsze zapewniamy konkretne przewodnictwo. Nasze królestwo jest domeną porządku i tam, gdzie współpracuje ze sobą dwie lub więcej istot obdarzonych wolą, zawsze istnieje władza, która przewodzi.

A teraz, Andrzeju, skoro jesteś szefem twoich braci z mojego mianowania i skoro służyłeś w ten sposób jako mój osobisty przedstawiciel i skoro mam was opuścić aby iść do mego Ojca, zwalniam cię z twoich obowiązków dotyczących spraw doczesnych i organizacyjnych. Odtąd nie możesz sprawować żadnej jurysdykcji nad swymi braćmi, oprócz tej, na którą zapracowałeś jako duchowy przywódca i którą twoi bracia dobrowolnie uznają. Od tej godziny nie możesz kierować swoimi braćmi, chyba, że potem jak ja odejdę do Ojca, oni przywrócą ci taką jurysdykcję, wyraźnie nadając ci takie prawo. Ale to zwolnienie z obowiązków szefa rządzącego grupą w żaden sposób nie zmniejsza twojej moralnej odpowiedzialności, abyś robił wszystko, co w twojej mocy, żeby trzymać swych braci razem, silną i miłości pełną ręką podczas tej próby, która jest tuż tuż, w tych dniach, które muszą nastąpić pomiędzy moim odejściem w ciele a zesłaniem nowego nauczyciela, który żyć będzie w waszych sercach i który ostatecznie doprowadzi was do całej prawdy. Gdy przygotowuję się was opuścić, chciałbym cię zwolnić z wszelkich administracyjnych obowiązków, które mają swój początek i autorytet w mojej obecności jako jednego z was. Odtąd będę sprawował tylko władzę duchową nad wami i pośród was.

Jeżeli twoi bracia zechcą, abyś pozostał ich doradcą, nakazuję ci wyraźnie, że we wszystkich sprawach doczesnych i duchowych powinieneś robić co tylko możliwe, aby popierać pokój i harmonię pośród różnych grup osób szczerze wierzących w ewangelię. Całą resztę swego życia poświęć popieraniu praktycznych aspektów braterskiej miłości pośród twoich braci. Bądź życzliwy dla moich braci w ciele, kiedy w pełni uwierzą w tę ewangelię; okaż miłości pełne i bezstronne poświęcenie Grekom na Zachodzie i Abnerowi na Wschodzie. Choć wkrótce moi apostołowie zostaną rozproszeni na cztery strony świata, aby tam głosić dobrą nowinę zbawienia w synostwie z Bogiem, ty trzymaj ich razem podczas tej próby, w czasie tych dotkliwych sprawdzianów, które są tuż tuż, kiedy musicie nauczyć się wierzyć w ewangelię, gdy mnie osobiście nie będzie, w tym czasie, gdy cierpliwie będziecie czekać na przyjście nowego nauczyciela, Ducha Prawdy. I tak, Andrzeju, choć może ci się wydawać, że nie robisz wielkich rzeczy jak to widzą ludzie, bądź zadowolony, że jesteś nauczycielem i doradcą tych, którzy czynią takie rzeczy. Pracuj na Ziemi do końca a potem będziesz kontynuował swoją służbę w wiecznym królestwie, bo czyż wam nie mówiłem wiele razy, że mam jeszcze inne owce, które nie są z tej owczarni?".

Potem Jezus podszedł do bliźniaków Alfeusza i stojąc między nimi, powiedział: „Moje małe dzieci, jesteście jedną z trzech par braci, którzy postanowili pójść za mną. Cała szóstka dobrze pracowała, w pokoju z własną rodziną, ale nikt nie robił tego lepiej od was. Ciężkie czasy przed wami. Może nie w pełni zrozumiecie wszystko, co przydarzy się wam i waszym braciom, ale nigdy nie wątpcie, że zostaliście kiedyś powołani do pracy dla królestwa. Przez jakiś czas nie będzie tłumów, żeby nimi kierować, ale nie zniechęcajcie się; kiedy skończy się dzieło waszego życia, przyjmę was na wysokościach, gdzie w chwale opowiecie o waszym zbawieniu zastępom seraficznym i rzeszom wysokich Synów Bożych. Poświęćcie swe życie uwydatnianiu codziennego trudu. Pokażcie wszystkim ludziom na Ziemi i aniołom w niebie, jak śmiertelny człowiek, po tym, jak został na pewien czas powołany do pracy w specjalnej służbie Bożej, może radośnie i odważnie wrócić do pracy z jego dawnych dni. Jeżeli chwilowo wasza praca w sprawach królestwa zostanie skończona, powinniście wrócić do waszej poprzedniej pracy, z nowym oświeceniem, wynikającym z doświadczenia synostwa z Bogiem i z podniosłą świadomością, że dla tego, który zna Boga, nie ma takich rzeczy jak zwykła praca czy świecki trud. Dla was, którzy pracowaliście ze mną, wszystkie rzeczy stały się święte i cała ziemska praca również stała się służbą dla Boga Ojca. A kiedy usłyszycie wieści o dokonaniach waszych byłych apostolskich towarzyszy, radujcie się nimi i czyńcie swoją codzienną pracę jak ci, którzy czekają na Boga i służą, kiedy czekają. Byliście moimi apostołami i zawsze nimi będziecie i będę pamiętał o was w przyszłym królestwie".

Potem Jezus podszedł do Filipa, który wstał i usłyszał od swego Mistrza takie posłanie: „Filipie, zadawałeś mi wiele nierozsądnych pytań, ale robiłem wszystko, co w mojej mocy, aby odpowiedzieć na każde z nich, a teraz chciałbym odpowiedzieć na ostatnie z postawionych pytań, które zrodziło się w twoim najszczerszym, ale nie uduchowionym umyśle. Przez cały czas, kiedy obchodząc stół zbliżałem się do ciebie, czyż nie mówiłeś sobie: «Co powinienem zrobić, jeżeli Mistrz kiedykolwiek odejdzie i pozostawi nas samych na tym świecie?». Och, ty małej wiary! A jednak masz jej prawie tyle samo, co wielu twoich braci. Byłeś dobrym gospodarzem, Filipie. Tylko kilka razy ci nie wyszło i skorzystaliśmy z jednego z tych niepowodzeń, aby objawić chwałę Ojca. Twoje obowiązki zarządcy niedługo się skończą. Wkrótce będziesz musiał dokładniej wykonywać swą pracę, do której zostałeś powołany – głoszenie ewangelii królestwa. Filipie, zawsze chciałeś, aby ci coś pokazać i wkrótce zobaczysz wielkie rzeczy. Byłoby lepiej, gdybyś mógł widzieć to wszystko przez wiarę, ale skoro byłeś uczciwy również w swoim postrzeganiu materialnym, będziesz żył, aby zobaczyć, jak spełniają się moje słowa. Potem, kiedy zostaniesz błogosławiony postrzeganiem duchowym, zacznij swoją pracę, poświęć swoje życie sprawie przekonania ludzkości, aby poszukiwała Boga i aby szukała wiecznych rzeczywistości okiem duchowej wiary, a nie oczami materialnego umysłu. Pamiętaj Filipie, że masz na Ziemi wielką misję do spełnienia, ponieważ świat pełen jest takich, którzy patrzą na życie tak, jak ty patrzyłeś. Masz wielkie dzieło do wykonania i kiedy zakończysz je w wierze, przyjdziesz do mego królestwa i z wielką radością pokażę ci to, czego oko nie widziało, ucho nie słyszało, ani śmiertelny umysł sobie nie wyobrażał. W międzyczasie stań się jak małe dziecko w królestwie ducha i pozwól mi, jako duchowi nowego nauczyciela, poprowadzić cię do królestwa duchowego. I w ten sposób będę mógł zrobić dla ciebie o wiele więcej, niż mogłem osiągnąć, gdy byłem z tobą jako śmiertelnik tej Ziemi. I zawsze pamiętaj Filipie, że ten, który mnie widział, widział też Ojca".

Potem Mistrz przeszedł do Nataniela. Kiedy Nataniel wstał, Jezus kazał mu usiąść a siadając obok niego, powiedział: „Natanielu, od czasu, kiedy zostałeś moim apostołem, nauczyłeś się żyć ponad uprzedzeniami i wykazywałeś coraz większą tolerancję. Ale musisz nauczyć się znacznie więcej. Dla swoich współbraci byłeś błogosławieństwem, dlatego, że zawsze ich napominałeś z właściwą tobie konsekwentną szczerością. Kiedy odejdę, być może twoja otwartość będzie przeszkodą w dobrym współżyciu z twoimi braćmi, tak ze starymi jak i nowymi. Powinieneś nauczyć się tego, że wyrażanie nawet właściwych myśli musi być dostosowywane do intelektualnego poziomu i duchowego rozwoju słuchacza. W pracy dla królestwa szczerość najbardziej jest użyteczna, kiedy weźmie ślub z rozwagą.

Gdybyś zechciał nauczyć się pracować ze swoimi braćmi, mógłbyś osiągnąć trwalsze sukcesy, ale jeśli tak się zdarzy, że wyruszysz na poszukiwanie tych, którzy myślą podobnie jak ty, wtedy poświęć swoje życie udowodnieniu, że rozpoznający Boga uczeń może zostać budowniczym królestwa nawet wtedy, kiedy jest samotny na świecie i całkowicie oddzielony od swoich wierzących współbraci. Wiem, że będziesz wierny do końca, a któregoś dnia zaproszę cię do mojej rozszerzonej służby w moim królestwie na wysokościach".

Wtedy odezwał się Nataniel, zadając Jezusowi takie pytanie: „Słuchałem twojej nauki od czasu, gdy po raz pierwszy powołałeś mnie do służby tego królestwa, ale prawdę mówiąc, nie mogę zrozumieć pełnego znaczenia wszystkiego tego, co nam mówiłeś. Nie wiem, czego się dalej spodziewać i myślę, że większość moich braci tak samo jest zakłopotana, ale nie chcą się przyznać do swej dezorientacji. Czy mógłbyś mi pomóc"? Jezus, kładąc dłoń na ramieniu Nataniela, powiedział: „Mój przyjacielu, nic w tym dziwnego, że napotykasz dylemat, kiedy próbujesz zrozumieć moje duchowe nauczanie, skoro tak bardzo ograniczają cię uprzedzenia żydowskiej tradycji i tak zdezorientowany jesteś na skutek twojej stałej tendencji interpretowania mojej ewangelii zgodnie z nauczaniem uczonych w Piśmie i faryzeuszy.

Wiele was nauczałem słowem i przeżyłem swe życie pośród was. Zrobiłem co możliwe, aby oświecić wasze umysły i uwolnić wasze dusze, a tego, czego nie udało się wam przyswoić z mojej nauki i mojego życia, musicie teraz zdobyć z ręki mistrza wszystkich nauczycieli – prawdziwego doświadczenia. I w całym tym nowym doświadczeniu, które na was czeka, ja pójdę przed wami a Duch Prawdy będzie z wami. Nie bójcie się; czego teraz nie możecie zrozumieć, nowy nauczyciel, kiedy przyjdzie, objawiać wam będzie przez resztę waszego życia na Ziemi i podczas waszego nauczania w epokach wieczności".

Potem Mistrz, zwracając się do wszystkich apostołów, powiedział: „Nie trwóżcie się, jeśli nie uda się wam zrozumieć pełnego znaczenia ewangelii. Jesteście tylko skończonymi, śmiertelnymi ludźmi a to, czego was nauczałem, jest nieskończone, boskie i wieczne. Bądźcie cierpliwi i odważni, skoro macie epoki wieczności przed sobą, w których możecie kontynuować stopniowe osiąganie doświadczenia stawania się doskonałym, tak jak wasz Ojciec w Raju jest doskonały".

Potem Jezus poszedł do Tomasza, który wstał i słuchał jego słów: „Tomaszu, tak często brakowało ci wiary, a jednak, kiedy przeżywałeś okresy zwątpienia, nigdy nie zabrakło ci odwagi. Dobrze wiem, że fałszywi prorocy i nieprawdziwi nauczyciele cię nie zwiodą. Kiedy odejdę, twoi bracia będą bardziej doceniali twój krytyczny sposób dostrzegania nowych nauk. I kiedy w przyszłości zostaniecie wszyscy rozrzuceni na cztery strony świata, pamiętaj, że wciąż jesteś moim ambasadorem. Poświęć swe życie tej wielkiej sprawie, żeby ukazać jak krytyczny, materialny umysł człowieka, może zatryumfować nad bezwładem intelektualnych wątpliwości, w obliczu przejawów żywej prawdy, tak jak ona działa w doświadczeniu narodzonych z ducha mężczyzn i kobiet, rodzących owoce ducha w swym życiu i kochających się nawzajem, nawet tak, jak ja ciebie ukochałem. Tomaszu, rad jestem, że się do nas przyłączyłeś i wiem, że po krótkim okresie rozterki nadal będziesz służył królestwu. Twoje wątpliwości zdumiewały twoich braci, ale mnie nigdy nie sprawiały kłopotu. Pokładam w tobie zaufanie i pójdę przed tobą, nawet na najdalsze krańce Ziemi".

Potem Mistrz podszedł do Szymona Piotra, który wstał, kiedy Jezus do niego mówił: „Piotrze, wiem, że mnie kochasz i że poświęcisz swe życie dla publicznego głoszenia tej ewangelii królestwa, Żydom i nie-Żydom, ale się martwię, że lata tak bliskiej współpracy ze mną nie pomogły ci nauczyć się myśleć, nim zaczniesz mówić. Co jeszcze musisz przeżyć, zanim nauczysz się trzymać język za zębami? Ile kłopotów nam przysporzyłeś swoim bezmyślnym gadaniem i swoją zarozumiałą pewnością siebie! I jeśli nie opanujesz tej słabości, przysporzysz sobie więcej kłopotów. Wiesz, że twoi bracia cię kochają, pomimo tej słabości i ty także powinieneś zrozumieć, że ta wada w żaden sposób nie umniejsza mojego uczucia do ciebie, jednak zmniejsza ona twoją użyteczność i nigdy nie przestanie przysparzać ci kłopotów. Niewątpliwie bardzo przydadzą ci się te doświadczenia, które przeżyjesz tej właśnie nocy. I to, co mówię teraz do ciebie, Szymonie Piotrze, mówię także do twoich braci tutaj zgromadzonych: tej nocy wszyscy będziecie w wielkim niebezpieczeństwie popełnienia błędu z mojego powodu. Wiecie, że jest napisane: «Uderzony będzie pasterz a owce się rozproszą». Istnieje wielkie niebezpieczeństwo, że kiedy mnie nie będzie, kilku z was podda się zwątpieniom i popełni błędy z powodu tego, co mi się przydarzy. Ale teraz wam przyrzekam, że wrócę do was na krótko a potem pójdę przed wami do Galilei".

Wtedy Piotr się odezwał, kładąc Jezusowi rękę na ramieniu: „Nie ma znaczenia, czy wszyscy moi bracia zwątpią z twojego powodu, przyrzekam, że nie popełnię błędu przez to, co mógłbyś zrobić. Pójdę z tobą, a jeśli trzeba, umrę za ciebie".

Kiedy Piotr tak stał przed swoim Mistrzem, wszyscy zadrżeli, przepełnieni głębokim uczuciem i prawdziwą miłością do Jezusa, który patrząc Piotrowi prosto w załzawione oczy, powiedział: „Piotrze, zaprawdę, zaprawdę powiadam ci, że tej nocy, zanim kogut zapieje, trzy albo cztery razy zaprzesz się mnie. I w ten sposób tego, czego nie nauczyłeś się ze spokojnej współpracy ze mną, nauczysz się przez wiele kłopotów i wiele smutków. A potem, kiedy naprawdę nauczysz się tej potrzebnej ci lekcji, powinieneś umacniać swoich braci i żyć życiem poświęconym głoszeniu tej ewangelii, aczkolwiek możesz znaleźć się w więzieniu i być może zapłacisz tak jak ja najwyższą cenę miłości pełnej służby, kiedy tworzyć będziesz królestwo Ojca.

Ale pamiętaj moją obietnicę: „Kiedy zmartwychwstanę, zostanę z wami jakiś czas, zanim pójdę do Ojca. I również tej nocy będę błagał mojego Ojca, żeby umocnił każdego z was na to, przez co niebawem musicie przejść. Miłuję was wszystkich miłością, którą umiłował mnie Ojciec i dlatego też odtąd powinniście miłować się nawzajem, nawet tak, jak ja was umiłowałem".

A potem, kiedy zaśpiewali hymn, wyruszyli do obozu na Górze Oliwnej.

PRZEKAZ 182

W GETSEMANE

TEJ czwartkowej nocy, około dwudziestej drugiej, Jezus prowadził jedenastu apostołów z domu Eliasza i Marii Marków z powrotem do obozu w Getsemane. Od dnia spędzonego na wzgórzach, Jan Marek wziął na siebie obowiązek strzeżenia czujnym okiem Jezusa. Ponieważ Janowi chciało się spać, skorzystał z kilku godzin odpoczynku, kiedy Mistrz był ze swymi apostołami w górnym pokoju, ale usłyszawszy jak schodzą ze schodów, wstał i zarzuciwszy szybko na siebie lniany płaszcz poszedł za nimi przez miasto, nad strumykiem Kidron, do ich prywatnego obozowiska graniczącego z ogrodem Getsemane. I Jan Marek pozostawał w pobliżu Mistrza przez tę noc i dzień następny, więc był świadkiem wszystkiego i słyszał wiele z tego, co Mistrz powiedział od tego momentu aż do godziny ukrzyżowania.

Kiedy Jezus z całą jedenastką wracał z powrotem do obozowiska, apostołów zaczęła zastanawiać coraz dłuższa nieobecność Judasza i zaczęli rozmawiać ze sobą o przepowiedni Mistrza, że jeden z nich go zdradzi i po raz pierwszy zaczęli podejrzewać, że nie wszystko jest w porządku z Judaszem Iskariotą. Ale nie robili otwarcie uwag na temat Judasza, aż dotarli do obozowiska i zauważyli, że go tam nie ma, że nie czeka na nich. Kiedy wszyscy otoczyli Andrzeja, żeby się dowiedzieć, co się stało z Judaszem, szef skomentował tylko: „Nie wiem, gdzie jest Judasz, ale obawiam się, że nas opuścił".

1. OSTATNIA WSPÓLNA MODLITWA

W kilka chwil po przyjściu do obozu, Jezus powiedział: „Moi przyjaciele i bracia, mój czas z wami jest już bardzo krótki i chciałbym, abyśmy samotnie poszli się modlić do naszego Ojca w niebie o siłę dla podtrzymania nas w tej godzinie i w każdej pracy, którą odtąd musimy wykonać w jego imieniu".

Gdy Jezus to powiedział, poprowadził ich kawałek w kierunku Góry Oliwnej i na tle rozległego widoku Jerozolimy poprosił ich, aby uklękli na wielkiej płaskiej skale, wokół niego w okręgu, tak jak to robili w dniu ich wyświęcenia; i wtedy stanął pośród nich, w glorii łagodnego światła księżyca i podniósłszy swoje oczy ku niebu modlił się:

„Ojcze, nadeszła moja godzina; teraz otocz swego Syna chwałą, aby Syn ciebie nią otoczył. I wiem, że dałeś mi pełną władzę nad wszystkimi żywymi istotami w moim królestwie a ja dam życie wieczne wszystkim tym, którzy staną się synami Bożymi w wierze. A po to jest życie wieczne, żeby przeze mnie stworzeni poznali ciebie, jako jedynego prawdziwego Boga i Ojca wszystkich i żeby wierzyli w tego, którego posłałeś na ten świat. Ojcze, wychwalałem ciebie na Ziemi i wypełniłem to dzieło, które mi dałeś do wykonania. Prawie skończyłem już moje obdarzanie dzieci przez nas stworzonych; pozostaje mi tylko złożyć moje życie cielesne. I teraz, O mój Ojcze, otocz mnie chwałą, którą miałem u ciebie zanim powstał ten świat i przyjmij mnie raz jeszcze do twojej prawicy.

Objawiłem ciebie tym, których mi wybrałeś ze świata i dałeś. Oni są twoi – tak jak wszelkie życie jest w twoich rękach – mnie ich dałeś a ja żyłem pośród nich nauczając ich drogi życia, a oni uwierzyli. Ci ludzie zrozumieli, że wszystko, co mi dałeś, pochodzi od ciebie i że to życie, które przeżyłem w ciele, jest po to, żeby światy poznały mojego Ojca. Objawiłem im prawdę, którą mi dałeś. Są oni moimi przyjaciółmi i ambasadorami, szczerze chcieli przyjąć twoje słowo. Powiedziałem im, że przyszedłem od ciebie, że ty posłałeś mnie na ten świat i że ja niezadługo mam wrócić do ciebie. Ojcze, modlę się do ciebie za tych wybranych. I modlę się za nich nie tak jak modlę się za świat, ale jak za tych, których wybrałem z tego świata, aby mnie reprezentowali światu, kiedy wrócę do twojej pracy po tym, jak ciebie obrazowałem temu światu podczas mojego pobytu w ciele. Ci ludzie są moi, ty mi ich dałeś; ale wszystkie rzeczy, które są moje, są zawsze twoje i wszystko to, co kiedyś było twoje, ty nakazałeś, aby było moje. Ty zostałeś wywyższony we mnie i teraz modlę się o to, abym został otoczony chwałą w tych ludziach. Nie mogę dłużej zostać na tym świecie; niebawem wracam do pracy, którą mi dałeś. Muszę zostawić tych ludzi, aby pośród ludzkości reprezentowali nas i nasze królestwo. Ojcze, podtrzymuj ich wiarę, gdy ja szykuję się oddać moje życie w ciele. Pomóż tym moim przyjaciołom, aby w duchu stanowili jedność, tak jak my jesteśmy jednością. Tak długo, jak mogłem być z nimi, mogłem nad nimi czuwać i ich prowadzić, ale teraz odchodzę. Bądź blisko nich, Ojcze, do czasu, kiedy będziemy mogli posłać im nowego nauczyciela, aby ich pocieszał i umacniał.

Dałeś mi dwunastu ludzi i za wyjątkiem jednego syna zemsty, który nie będzie już z nami we wspólnocie, wszystkich ich zachowałem. Ci ludzie są słabi i chwiejni, ale wiem, że możemy im ufać; wypróbowałem ich; oni mnie miłują, tak jak czczą ciebie. Podczas gdy muszą cierpieć z mojego powodu, chciałbym, aby zostali przepełnieni radością z pewności synostwa w niebiańskim królestwie. Dałem tym ludziom twoje słowo i uczyłem ich prawdy. Świat może ich znienawidzić, tak jak mnie znienawidził, ale nie proszę, abyś ich zabrał z tego świata, tylko o to, byś ich ustrzegł od zła tego świata. Uświęć ich w prawdzie; twoje słowo jest prawdą. I tak jak mnie posłałeś na ten świat, tak samo ja ich na świat posyłam. Przez wzgląd na nich żyłem pośród ludzi i poświęciłem moje życie służeniu tobie, abym mógł ich natchnąć, aby zostali oczyszczeni przez prawdę, której ich uczyłem i przez miłość, którą im objawiłem. Dobrze wiem, mój Ojcze, że nie trzeba abym cię prosił, byś czuwał nad tymi braćmi, kiedy odejdę; wiem, że ich miłujesz tak jak ja, ale czynię to dlatego, aby oni mogli lepiej zrozumieć, że Ojciec miłuje śmiertelnych ludzi tak samo jak Syn.

A teraz, mój Ojcze, chciałbym się pomodlić nie tylko za tych jedenastu ludzi, ale także za wszystkich innych, którzy teraz wierzą, albo za tych, którzy w przyszłości uwierzą w ewangelię królestwa dzięki słowom przyszłej działalności tych jedenastu. Chciałbym, aby wszyscy się stali jednością, nawet tak jak ty i ja jesteśmy jednością. Ty jesteś we mnie a ja jestem w tobie i chciałbym, żeby ci wierni byli tak samo w nas, aby oba nasze duchy w nich zamieszkały. Jeśli moje dzieci będą stanowić jedność, tak jak my jesteśmy jednością i jeśli się nawzajem będą miłować, tak jak ja ich umiłowałem, wtedy wszyscy ludzie uwierzą, że przyszedłem od ciebie i chętnie będą przyjmować objawienie prawdy i chwały, które im przekazałem. Chwałę, którą mi dałeś, objawiłem tym wierzącym.

Tak jak ty żyłeś we mnie w duchu, tak ja żyłem między nimi w ciele. Tak jak my stanowiliśmy jedność, tak ja będę stanowił jedność z nimi i tak nowy nauczyciel zawsze będzie jednością z nimi i w nich. I wszystko to uczyniłem, żeby moi bracia w ciele mogli poznać, że Ojciec miłuje ich tak samo jak Syn, że miłujesz ich nawet tak, jak mnie miłujesz. Ojcze, działaj razem ze mną, żeby zachować tych wiernych, aby wkrótce mogli przyjść i być ze mną w chwale a potem poszli dalej, aby złączyć się z tobą w objęciach Raju. Tych, którzy służą mi w poniżeniu, będę miał u siebie w chwale, tak, aby mogli widzieć wszystko to, co oddałeś w moje ręce, jako wieczne żniwo ziarna posianego w czasie, w formie cielesnej. Chcę pokazać moim ziemskim braciom chwałę, którą miałem u ciebie, zanim powstał ten świat. Świat ten niewiele wie o tobie, Ojcze prawy, ale ja ciebie znam i dałem ciebie poznać tym wierzącym a oni z twoim imieniem zapoznają inne pokolenia. A teraz przyrzekam im, że ty będziesz z nimi na świecie, nawet tak, jak byłeś ze mną – właśnie tak".

Jedenastu apostołów klęczało kilka minut w okręgu wokół Jezusa, zanim wstali i w milczeniu wrócili do pobliskiego obozu.

Jezus modlił się o *jedność* wśród swoich wyznawców, ale nie chciał jednolitości. Grzech tworzy martwy poziom bezwładności zła, ale prawość żywi twórczego ducha indywidualnego doświadczania w żywych rzeczywistościach wiecznej prawdy i w rozwijającej się wspólnocie z Boskimi duchami Ojca i Syna. W duchowym braterstwie wierzącego-syna z Boskim Ojcem nigdy nie będzie doktrynalnej ostateczności i świadomości grupowej, sekciarskiej wyższości.

Podczas swojej końcowej modlitwy z apostołami Mistrz wspominał o tym, że ujawniał światu *imię* Ojca. I naprawdę to zrobił, objawiając Boga przez swoje doskonałe życie w ciele. Ojciec w niebie usiłował objawić siebie Mojżeszowi, ale nie mógł posunąć się poza oświadczenie „JESTEM". A gdy był proszony o dalsze objawienie siebie, zostało tylko ujawnione, „JESTEM, który JESTEM". Kiedy Jezus zakończył swoje ziemskie życie, imię Ojca zostało objawione w ten sposób, że Mistrz, który był wcieleniem Ojca, mógł naprawdę powiedzieć:

Jestem chlebem życia.
Jestem żywą wodą.
Jestem światłością świata.
Jestem pożądaniem wszystkich wieków.
Jestem otwartą bramą wiecznego zbawienia.
Jestem rzeczywistością niekończącego się życia.
Jestem dobrym pasterzem.
Jestem drogą nieskończonej doskonałości.
Jestem zmartwychwstaniem i życiem.
Jestem tajemnicą wiecznego życia.
Jestem drogą, prawdą i życiem.
Jestem nieskończonym Ojcem moich skończonych dzieci.
Jestem prawdziwą winoroślą; wy jesteście gałęziami.
Jestem nadzieją wszystkich, którzy znają żywą prawdę.
Jestem żywym mostem pomiędzy jednym światem a drugim.
Jestem żywym ogniwem pomiędzy czasem a wiecznością.

W ten sposób Jezus rozszerzył żywe objawienie imienia Boga wszystkim pokoleniom. Tak jak Boska miłość objawia naturę Boga, wieczna prawda objawia jego imię w coraz większych proporcjach.

2. OSTATNIA GODZINA PRZED ZDRADĄ

Apostołowie byli bardzo zaszokowani, kiedy po powrocie do obozu okazało się, że Judasza nie ma. Kiedy jedenastu zaczęło z ożywieniem dyskutować na temat zdradzieckiego towarzysza apostoła, Dawid Zebedeusz i Jan Marek odeszli z Jezusem na stronę i wyjawili mu, że od kilku dni obserwowali Judasza i wiedzą, iż zamierza on wydać go w ręce wrogów. Jezus wysłuchał ich, ale powiedział tylko: „Moi przyjaciele, nic nie przydarzy się Synowi Człowieczemu, chyba, że Ojciec w niebie tak zechce. Niech wasze serca się nie trwożą; wszystkie rzeczy będą działać wspólnie dla chwały Bożej i dla zbawienia ludzi".

Pogodny nastrój Jezusa zanikał. Upłynęła godzina, a on stawał się coraz bardziej poważny, nawet zasmucony. Apostołowie byli mocno poruszeni i nie bardzo chcieli wracać do namiotów, nawet wtedy, gdy sam Mistrz ich o to prosił. Wracając z rozmowy z Dawidem i Janem, Mistrz powiedział swoje ostatnie słowa do całej jedenastki: „Moi przyjaciele, idźcie odpocząć. Przygotujcie się do jutrzejszej pracy. Pamiętajcie, wszyscy powinniśmy podporządkować się woli Ojca w niebie. Pokój mój zostawiam wam". I kiedy to rzekł, dał im znak, aby się rozeszli do swoich namiotów, ale gdy odchodzili, zawołał Piotra, Jakuba i Jana i powiedział: „Chciałbym, abyście zostali ze mną na chwilę".

Apostołowie usnęli tylko dlatego, że byli dosłownie wyczerpani; nie spali zbyt wiele od przybycia do Jerozolimy. Zanim rozeszli się do swoich poszczególnych kwater sypialnych, Szymon Zelota zaprowadził ich do swego namiotu, gdzie zmagazynowane były miecze i inna broń i uzbroił wszystkich. Wszyscy dostali broń i przypasali ją sobie, za wyjątkiem Nataniela. Nataniel nie chciał się uzbroić i powiedział: „Moi bracia, Mistrz wielokrotnie nam mówił, że jego królestwo nie z tego jest świata a jego uczniowie nie powinni walczyć mieczem, aby je zaprowadzić. Ja w to wierzę; myślę, że Mistrz nie potrzebuje używać miecza w swojej obronie. Wszyscy widzieliśmy jego wielką moc i wiemy, że on sam, jeśli tylko zapragnie, może się obronić przed swymi wrogami. Jeśli nie będzie chciał się opierać swoim wrogom, to musi być, że taki bieg spraw będzie wyrażał jego chęć wypełnienia woli Ojca. Będę się modlił, ale nie będę władał mieczem". Kiedy Andrzej usłyszał mowę Nataniela, oddał swój miecz Szymonowi Zelocie. I tak dziewięciu z nich było uzbrojonych, gdy się rozeszli na noc.

Oburzenie na Judasza, że okazał się zdrajcą, zaćmiło na chwilę wszystko w umysłach apostołów. Uwaga Mistrza na temat Judasza, wypowiedziana w trakcie ostatniej modlitwy, otwarła im oczy na to, że ich opuścił.

Gdy ośmiu apostołów rozeszło się w końcu do swoich namiotów i kiedy Piotr, Jakub i Jan oczekiwali poleceń Mistrza, Jezus zawołał Dawida Zebedeusza: „Przyślij mi swego najszybszego i najbardziej godnego zaufania posłańca". Kiedy Dawid przyprowadził do Mistrza niejakiego Jakuba, swego czasu gońca na nocnej trasie pomiędzy Jerozolimą a Betsaidą, Jezus powiedział mu: „Idź jak najszybciej do Abnera w Filadelfii i powiedz: «Mistrz przesyła pozdrowienia pokoju dla ciebie i mówi, że nadeszła godzina, kiedy będzie wydany w ręce wrogów, którzy go zabiją, ale on zmartwychwstanie i na krótko ukaże się tobie, zanim odejdzie do Ojca i wtedy da ci wskazówki na czas, zanim przyjdzie nowy nauczyciel aby zamieszkać w waszych sercach»". I kiedy Jakub powtórzył tę wiadomość Mistrzowi poprawnie, Jezus wysłał go w drogę, mówiąc: „Nie bój się Jakubie, nikt ci nic nie zrobi, gdyż tej nocy niewidzialny posłaniec będzie biegł u twego boku".

Potem Jezus zwrócił się do szefa goszczących u nich Greków, którzy obozowali wraz z nimi i powiedział: „Mój bracie, nie przejmuj się tym, co ma się wydarzyć, ponieważ już cię uprzedziłem. Syn Człowieczy będzie zabity z poduszczenia jego wrogów, wyższych kapłanów i żydowskich władców, ale ja zmartwychwstanę, aby na krótką chwilę być z wami zanim odejdę do Ojca. A kiedy ujrzycie, że wszystko to się spełnia, chwalcie Boga i umacniajcie swoich braci".

W zwykłych okolicznościach apostołowie powiedzieliby osobiście Mistrzowi dobranoc, ale tej nocy byli tak pochłonięci tym, że nagle uprzytomnili sobie dezercję Judasza i tak przejęci niezwykłym charakterem pożegnalnej modlitwy Mistrza, że wysłuchali jego pożegnalnego pozdrowienia i odeszli w milczeniu.

Gdy Andrzej odchodził tej nocy, Jezus rzekł do niego: „Andrzeju, czyń co tylko możliwe, aby trzymać swych braci razem tak długo, aż po wypiciu tego kielicha ponownie do was wrócę. Umacniaj swoich braci, zważywszy, że już wam wszystko powiedziałem. Pokój z tobą".

Ponieważ było już bardzo późno, nikt z apostołów się nie spodziewał, że tej nocy zdarzy się coś niezwykłego. Starali się usnąć, aby móc wcześnie wstać następnego ranka i przygotować się na najgorsze. Myśleli, że wyżsi kapłani będą próbowali aresztować ich Mistrza wcześnie rano, jako że w dniu przygotowań do Paschy nigdy nie robiono po południu żadnej świeckiej pracy. Tylko Dawid Zebedeusz i Jan Marek domyślali się, że wrogowie Jezusa przyjdą z Judaszem tej właśnie nocy.

Dawid postawił tej nocy straże na górnym szlaku, prowadzącym do drogi Betania-Jerozolima, podczas gdy Jan Marek czuwał przy drodze idącej do Getsemane nad Kidronem. Zanim Dawid odszedł do podjętych z własnej woli obowiązków wartowniczych, pożegnał się z Jezusem tymi słowami: „Mistrzu, z wielką radością służyłem tobie. Moi bracia są twoimi apostołami, ale ja miałem przyjemność w robieniu mniejszych rzeczy, tych, które trzeba było robić i kiedy odejdziesz, będę tęsknił za tobą całym sercem". I wtedy Jezus rzekł do Dawida: „Dawidzie, mój synu, inni robili to, co mieli nakazane, ale ty pełniłeś swoją służbę z potrzeby serca a ja widziałem twoje poświęcenie. Ty także pewnego dnia będziesz służył ze mną w wiecznym królestwie".

I wtedy Dawid, gdy miał już odchodzić na czuwanie przy górnym szlaku, rzekł do Jezusa: „Mistrzu, wiesz, że posłałem po twoją rodzinę i miałem wiadomość od posłańca, że dziś wieczorem są w Jerychu. Będą tutaj jutro, wczesnym przedpołudniem, ponieważ byłoby dla nich niebezpieczne, aby szli nocą tą krwawą drogą". Jezus, patrząc na Dawida, powiedział tylko: „Niech tak będzie, Dawidzie".

Kiedy Dawid odszedł na Górę Oliwną, Jan Marek zaczął czuwać obok drogi, która szła wzdłuż strumienia do Jerozolimy. I Jan zostałby na tym posterunku, gdyby nie jego wielka chęć znalezienia się obok Jezusa, aby zobaczyć, co się dzieje. Wkrótce po tym, jak Dawid odszedł i kiedy Jan Marek zobaczył, jak Jezus odchodzi z Piotrem, Jakubem i Janem do pobliskiego jaru, tak zawładnęło nim zarówno oddanie jak i ciekawość, że opuścił swój posterunek wartowniczy i poszedł za nimi, chowając się w krzakach, skąd widział i słyszał wszystko co się zdarzyło w czasie tych ostatnich chwil w ogrodzie, zanim zjawił się Judasz i uzbrojeni strażnicy, aby aresztować Jezusa.

Kiedy tak się sprawy miały w obozie Mistrza, Judasz Iskariota naradzał się z kapitanem strażników świątynnych, który zebrał swych ludzi i szykował się, aby pod przewodnictwem zdrajcy iść i aresztować Jezusa.

3. SAMOTNIE W GETSEMANE

W końcu cisza i spokój zapanowały w obozie, Jezus, zabrawszy Piotra, Jakuba i Jana odszedł niedaleko w górę, do pobliskiego jaru, gdzie przedtem tak często chodził na modlitwę i komunię. Trzej apostołowie nie mogli nie zauważyć, że był boleśnie przygnębiony; nigdy przedtem nie widzieli swojego Mistrza tak bardzo pogrążonego w smutku i tak przepełnionego żalem. Kiedy doszli na miejsce jego modlitwy, Mistrz nakazał trzem, aby usiedli i czuwali z nim, on natomiast oddalił się na odległość rzutu kamieniem, aby się modlić. I kiedy upadł na twarz, modlił się: „Mój Ojcze, przyszedłem na ten świat, aby wykonać twoją wolę i to zrobiłem. Wiem, że nadeszła godzina, aby złożyć to życie w ciele i nie wzbraniam się przed tym, ale chciałbym wiedzieć, czy jest twoją wolą, abym wypił ten kielich. Poślij mi zapewnienie, że dla ciebie będzie miłą moja śmierć tak samo jak było moje życie".

Mistrz pozostawał przez kilka chwil w modlitewnej pozie, po czym podszedł do trzech apostołów i zastał ich pogrążonych w głębokim śnie, gdyż powieki im ciążyły i nie mogli czuwać. Jezus ich obudził i powiedział: „Jak to! Czyż nie możecie czuwać ze mną, choć przez godzinę? Czyż nie widzicie, że moja dusza jest dogłębnie zasmucona, nawet śmiertelnie i że pragnę waszego towarzystwa"? Po tym, gdy ci trzej się obudzili, Mistrz ponownie odszedł samotnie i upadłszy na ziemię, znowu się modlił: „Ojcze, wiem, że można uniknąć tego kielicha – dla ciebie wszystko jest możliwe – ale przyszedłem wykonać twoją wolę i chociaż jest to kielich goryczy, wypiję go, jeśli jest to twoją wolą". I kiedy tak się modlił, zstąpił obok niego potężny anioł i mówiąc do niego, dotknął go i umocnił.

Kiedy Jezus wrócił, aby porozmawiać z trzema apostołami, znowu zastał ich pogrążonych w głębokim śnie. Obudził ich i powiedział: „W takiej godzinie chcę, abyście czuwali i modlili się ze mną – nade wszystko musicie się modlić, abyście nie ulegli pokusie – dlaczego zasypiacie, kiedy od was odchodzę?".

I potem, po raz trzeci, Mistrz się oddalił i się modlił: „Ojcze widzisz moich śpiących apostołów; zmiłuj się nad nimi. Duch naprawdę jest ochoczy, ale ciało słabe. A teraz, O Ojcze, jeśli ten kielich mnie nie ominie, mogę go wypić. Nie moja, ale twoja wola niech się stanie". I kiedy skończył się modlić, położył się wyczerpany na ziemi. Kiedy wstał i wrócił do apostołów, raz jeszcze zastał ich we śnie. Przyjrzał im się z uczuciem litości i czule powiedział: „Śpijcie teraz i odpoczywajcie; czas decyzji minął. Nadeszła dla nas godzina, w której Syn Człowieczy zostanie wydany w ręce jego wrogów". Kiedy się nad nimi pochylił, aby nimi potrząsnąć i obudzić, rzekł: „Obudźcie się, wracamy do obozu, gdyż zobaczycie, że ten, który mnie zdradził jest blisko i nadeszła godzina, kiedy moje stado zostanie rozproszone. Ale już wam o tym mówiłem".

Przez wszystkie te lata, które Jezus przeżył pośród swoich wyznawców, mieli oni aż nadto dowodów jego Boskiej natury, ale właśnie teraz mieli ujrzeć nowe dowody jego człowieczeństwa. Tuż przed największym ze wszystkich objawień jego boskości, przed zmartwychwstaniem, miały się pojawić największe dowody jego śmiertelnej natury, jego upokorzenie i ukrzyżowanie.

Za każdym razem, kiedy się modlił w ogrodzie, jego człowieczeństwo pokładało coraz większą wiarę-oparcie w jego boskości; jego ludzka wola stawała się coraz bardziej jednością z Boską wolą jego Ojca. Potężny anioł powiedział mu między innymi, że Ojciec pragnie, aby jego Syn skończył swoje ziemskie obdarzenie doznając śmierci, tak jak wszyscy stworzeni muszą doświadczyć materialnego rozkładu, przechodząc od egzystencji w czasie do rozwoju w wieczności.

Wcześniej tego wieczora nie wydawało się, że tak trudno będzie wypić ten kielich, ale kiedy człowiek Jezus pożegnał się ze swymi apostołami i odesłał ich na spoczynek, próba stała się bardziej przerażająca. Jezus przeżywał te naturalne odpływy i przypływy uczuć, które są tak zwyczajne w ludzkim doświadczeniu i teraz był bardzo znużony, wyczerpany długimi godzinami wytężonej pracy i dręczącym go niepokojem o bezpieczeństwo swoich apostołów. Podczas gdy żaden śmiertelnik nie może zakładać, że rozumie myśli wcielonego Syna Bożego w takim czasie, jak ten, my wiemy, że znosił on wielką udrękę i cierpiał niewypowiedziany smutek, ponieważ po jego twarzy toczyły się wielkie krople potu. Był w końcu przekonany, że Ojciec zamierza pozwolić na to, aby wypadki przybrały swój naturalny bieg; był w pełni zdecydowany, że nie będzie używał swej nieograniczonej mocy najwyższego władcy wszechświata dla swego ocalenia.

Zastępy istot, zebrane z całej rozległej kreacji, unosiły się teraz nad tą sceną pod wspólnym, przejściowym kierownictwem Gabriela i Uosobionego Dostrajacza Jezusa. Dowódcy dywizji tych niebiańskich wojsk wielokrotnie byli ostrzegani, aby nie mieszać się do tych spraw na Ziemi, chyba, że Jezus sam im rozkaże interweniować.

Rozstanie z apostołami mocno zaciążyło na ludzkim sercu Jezusa; zatroskanie powstałe z miłości zawładnęło nim i bardzo utrudniało stanięcie w obliczu takiej śmierci, która jak dobrze wiedział, czekała na niego. Wiedział jak słabi i nieświadomi są jego apostołowie i bał się ich zostawić. Dobrze wiedział, że nadszedł czas odejścia, ale jego ludzkie serce pałało żądzą dowiedzenia się, czy jest możliwa jakaś usankcjonowana droga ucieczki od tej strasznej sytuacji cierpienia i smutku. I kiedy tak bez powodzenia szukało ucieczki, skłonne było wypić ten kielich. Boski umysł Michała wiedział, że zrobił dla dwunastu apostołów to, co było w jego mocy; ale ludzkie serce Jezusa pragnęło zrobić dla nich coś więcej, zanim zostaną sami na świecie. Serce Jezusa było zdruzgotane; szczerze kochał swoich braci. Był z dala od swej rodziny w ciele; jeden z jego wybranych towarzyszy go zdradził. Naród jego ojca, Józefa, odrzucił go, przypieczętowując w ten sposób swą zgubę jako narodu ze specjalną misją na Ziemi. Jego duszę torturowała zawiedziona miłość i odrzucone miłosierdzie. Była to jedna z tych okropnych, ludzkich chwil, gdy się zdawało, że wszystko się wali z druzgocącym okrucieństwem i w straszliwej agonii.

Człowieczeństwo Jezusa nie pozostało niewrażliwe w sytuacji osobistego osamotnienia, publicznego wstydu i pozornej porażki jego sprawy. Wszystkie takie nastroje przygniatały go nieopisanym brzemieniem. W tym wielkim żalu wrócił myślami do czasów swego dzieciństwa w Nazarecie i do wczesnej działalności w Galilei. W czasie tej wielkiej próby przypomniał sobie wiele takich przyjemnych obrazów ze swojej ziemskiej służby. I te dawne wspomnienia z Nazaretu, Kafarnaum i Góry Hermon, świty i zachody słońca nad połyskującym Morzem Galilejskim, uspokoiły go i umocniły jego serce, przygotowując go na spotkanie ze zdrajcą, który miał go wkrótce wydać.

Zanim przybył Judasz z żołnierzami, Mistrz odzyskał zupełnie swoje zwyczajne opanowanie; duch zatryumfował nad ciałem; wiara zapanowała nad wszystkimi ludzkimi tendencjami strachu czy żywionymi wątpliwościami. Nastąpiła najwyższa próba pełnego przeżycia ludzkiej natury i została zakończona zadowalająco. Raz jeszcze Syn Człowieczy gotów był stanąć spokojnie w obliczu swych wrogów, z całą pewnością swej niezwyciężoności, gdy jako śmiertelny człowiek poświęcił się bez zastrzeżeń wykonaniu woli swego Ojca.

PRZEKAZ 183

ZDRADA I ARESZTOWANIE

KIEDY Jezus w końcu obudził Piotra, Jakuba i Jana, dał im do zrozumienia aby poszli do swoich namiotów i próbowali się przespać, aby się przygotować do obowiązków dnia jutrzejszego. Ale tym razem trzej apostołowie rozbudzili się na dobre; byli pokrzepieni krótkimi drzemkami a oprócz tego bardzo podnieceni i ożywieni pojawieniem się dwóch podekscytowanych posłańców, którzy dopytywali się o Dawida Zebedeusza i gdy Piotr im powiedział, gdzie ten czuwa, szybko poszli go odszukać.

Aczkolwiek ośmiu apostołów twardo spało, Grecy, którzy obozowali obok nich, bardzo się bali popaść w tarapaty, tak bardzo, że wystawili wartownika, aby ich zaalarmował, gdyby zbliżało się niebezpieczeństwo. Gdy dwóch posłańców w pośpiechu przeszło przez obóz, grecki wartownik zaczął budzić wszystkich swoich rodaków, którzy wylegli z namiotów w pełni ubrani i uzbrojeni. Teraz obudził się cały obóz, za wyjątkiem ośmiu apostołów. Piotr chciał zawołać swoich towarzyszy, ale Jezus stanowczo mu zabronił. Mistrz łagodnie upomniał ich wszystkich, aby wrócili do swoich namiotów, ale oni nie chcieli podporządkować się jego namowom.

Gdy nie udało mu się rozesłać swych uczniów, Mistrz ich zostawił i poszedł w dół, w kierunku tłoczni oliwy, przy wejściu do ogrodu Getsemane. Aczkolwiek trzech apostołów, Grecy i inni mieszkańcy obozu nie mogli się zdecydować, aby iść tuż za nim, Jan Marek pośpieszył wokół drzew oliwnych i ukrył się w małej szopce w pobliżu tłoczni oliwy. Jezus odszedł z obozu i od swych przyjaciół z tym zamiarem, że kiedy przyjdą go aresztować, będą mogli to zrobić bez przeszkód ze strony apostołów. Mistrz obawiał się mieć przy sobie czuwających apostołów podczas swego aresztowania, jeszcze bardziej podczas zdrady Judaszowej, żeby nie rozbudzili swoich animozji a stawiając opór strażnikom, nie zostali aresztowani razem z nim. Obawiał się, że jeśli razem z nim zostaną aresztowani, mogą również razem z nim zginąć.

Chociaż Jezus wiedział, że plan jego śmierci zrodził się w czasie narad władców żydowskich, uświadamiał sobie także, że wszystkie takie nikczemne intrygi mają pełną aprobatę Lucyfera, Szatana i Caligastii. I dobrze wiedział, że buntownicy z tej czeredy byliby także zadowoleni, gdyby zobaczyli wszystkich jego apostołów zabitych razem z nim.

Jezus usiadł sam przy tłoczni oliwy, gdzie oczekiwał nadejścia zdrajcy a wtedy widział go tylko Jan Marek i niezliczone zastępy obserwatorów niebiańskich.

1. WOLA OJCA

Istnieje wielkie niebezpieczeństwo niezrozumienia znaczenia licznych wypowiedzi i wielu wydarzeń, związanych z zakończeniem działalności Mistrza w ciele. Okrutne potraktowanie Jezusa przez prostackich służących i gruboskórnych żołnierzy, niesprawiedliwy przebieg procesu i nieczuła postawa domniemanych przywódców religijnych, nie mogą być mylone z tym, że Jezus w cierpliwym podporządkowaniu się całemu temu cierpieniu i upokorzeniu wykonywał wiernie wolę Ojca w Raju. Było rzeczywistą i prawdziwą wolą Ojca, żeby jego Syn wypił pełen kielich doświadczenia śmiertelnika, od urodzin aż do śmierci, ale Ojciec w niebie nie miał zupełnie nic wspólnego z inspirowaniem do tak barbarzyńskiego postępowania owych domniemanie cywilizowanych ludzkich istot, które tak brutalnie torturowały Mistrza i tak straszliwie obsypywały wciąż nowymi obelgami człowieka, który nie stawiał oporu. To nieludzkie i szokujące doświadczenie, jakie miał przejść Jezus w końcowych godzinach swego śmiertelnego życia, w żadnym sensie nie było częścią Boskiej woli Ojca, którą ludzka natura Jezusa tak triumfalnie zobowiązała się wykonać podczas ostatecznego poddania się człowieka Bogu, jak to zostało wyrażone w trojakiej modlitwie, którą ułożył w ogrodzie, kiedy jego zmęczeni apostołowie spali, wyczerpani fizycznie.

Ojciec w niebie chciał, aby obdarzający Syn zakończył swój ziemski byt *naturalnie*, tak jak wszyscy śmiertelnicy muszą zakończyć swoje życie, kiedy są na Ziemi i w ciele. Zwykli mężczyźni i kobiety nie mogą oczekiwać, żeby ich ostatnie godziny na Ziemi i następująca po tym śmierć przebiegły łatwo, dzięki specjalnej dyspensie. Dlatego też Jezus postanowił, że złoży swoje życie w ciele w taki sposób, jaki będzie zgodny z naturalnym biegiem wypadków i niezachwianie nie chciał wywikłać się z okrutnych szponów nikczemnego spisku, tych nieludzkich wydarzeń, które rozwijały się na jego oczach, wiodąc ze straszliwą pewnością do jego niewiarygodnego upokorzenia i haniebnej śmierci. I każdy szczegół całej tej zdumiewającej manifestacji nienawiści i cały ten przejaw okrucieństwa bez precedensu były dziełem złych ludzi, nikczemnych śmiertelników. Bóg w niebie tego nie chciał, ani też najwięksi wrogowie Jezusa tego nie narzucali, chociaż zrobili wiele, aby mieć pewność, że ci bezmyślni i źli śmiertelnicy w taki sposób odrzucą obdarzającego Syna. Nawet ojciec grzechu odwrócił swoją twarz od straszliwego horroru sceny ukrzyżowania.

2. JUDASZ W MIEŚCIE

Kiedy w czasie Ostatniej Wieczerzy Judasz tak nagle odszedł od stołu, poszedł prosto do domu swego kuzyna a następnie obaj poszli wprost do kapitana strażników świątynnych. Judasz poprosił kapitana, żeby zebrał strażników i powiedział mu, że jest gotów zaprowadzić ich do Jezusa. Judasz przyszedł na umówione miejsce trochę wcześniej niż się go spodziewano i dlatego nastąpiło pewne opóźnienie w przygotowaniach do wyjścia do domu Marka, gdzie Judasz spodziewał się o tej porze zastać Jezusa, wciąż goszczącego tam z apostołami. Mistrz wyszedł z domu Eliasza Marka, wraz z jedenastoma apostołami, piętnaście minut przed przyjściem zdrajcy i strażników. Kiedy aresztujący dotarli do domu Marka, Jezus i cała jedenastka byli już daleko poza murami miasta, w drodze do obozu na Górze Oliwnej.

Judasz bardzo się denerwował, że nie udało mu się znaleźć Jezusa w towarzystwie tylko jedenastu mężczyzn, z których zaledwie dwóch było uzbrojonych i mogło stawić opór. Przypadkiem się dowiedział, że tego popołudnia, kiedy wychodzili z obozu, tylko Szymon Piotr i Szymon Zelota byli przepasani mieczami; Judasz miał nadzieję na pojmanie Jezusa wtedy, gdy w mieście panuje cisza i kiedy niewielka była szansa stawiania oporu. Zdrajca bał się, że jeśli poczekają na powrót wszystkich do obozu, mogą tam spotkać ponad sześćdziesięciu oddanych uczniów, wiedział także, że Szymon Zelota jest w posiadaniu znacznego zapasu broni. Judasz zaczynał się coraz bardziej denerwować, kiedy rozważał, jak nienawidzić go będzie jedenastu lojalnych apostołów i bał się, że wszyscy będą chcieli go zabić. Był nie tylko nielojalny ale w swym sercu był prawdziwym tchórzem.

Gdy nie udało się znaleźć Jezusa w górnej izbie, Judasz poprosił kapitana straży, aby wrócili do Świątyni. W tym czasie władcy zaczęli się gromadzić w domu arcykapłana, gotowi na doprowadzenie Jezusa, ponieważ ich układ ze zdrajcą stanowił, że Jezus zostanie aresztowany tego dnia przed północą. Judasz wyjaśnił swoim wspólnikom, że rozminęli się z Jezusem w domu Marka i że trzeba będzie iść do Getsemane, aby tam go aresztować. Zdrajca powiedział wtedy, że ponad sześćdziesięciu oddanych zwolenników obozuje z Jezusem i że wszyscy są dobrze uzbrojeni. Władcy żydowscy przypomnieli Judaszowi, że Jezus zawsze głosił nie stawianie oporu, ale Judasz odrzekł, że nie można na to liczyć, że wszyscy zwolennicy Jezusa będą posłuszni takiemu nauczaniu. Naprawdę bał się o siebie i dlatego też ośmielił się prosić o oddział czterdziestu uzbrojonych żołnierzy. Ponieważ władcy żydowscy nie mieli do swojej dyspozycji tak wielkiej liczby uzbrojonych ludzi, bezzwłocznie poszli do fortecy Antonia i poprosili rzymskiego dowódcę, aby dał im obstawę; ale gdy ten się dowiedział, że mają zamiar aresztować Jezusa, z miejsca odmówił ich prośbie i odesłał ich do swego oficera przełożonego. W ten sposób minęła ponad godzina, na chodzeniu od jednej władzy do drugiej, aż w końcu, aby uzyskać zgodę na użycie uzbrojonych rzymskich strażników, byli zmuszeni pójść do samego Piłata. Było późno, kiedy przybyli do domu Piłata a on odpoczywał w prywatnych pokojach ze swoją żoną. Nie chciał mieć nic wspólnego z tą sprawą, zwłaszcza, że żona go prosiła, aby odmówił ich żądaniu. Zważywszy jednak na to, że przyszedł przewodniczący żydowskiego Sanhedrynu i zwrócił się z osobistą prośbą o pomoc, gubernator pomyślał, że będzie mądrze przychylić się do tej prośby, myśląc, że później będzie mógł naprawić każde zło, które tamci ewentualnie wyrządzą.

Kiedy zatem Judasz Iskariota wyszedł ze Świątyni, mniej więcej pół godziny przed północą, towarzyszyło mu ponad sześćdziesięciu ludzi – strażników świątynnych, rzymskich żołnierzy i ciekawskich służących wyższych kapłanów i władców.

3. ARESZTOWANIE MISTRZA

Kiedy grupa uzbrojonych żołnierzy i strażników, niosąc pochodnie i latarnie, zbliżała się do ogrodu, Judasz przyśpieszył kroku i wysunął się daleko na przód całej tej zgrai, aby mógł szybko rozpoznać Jezusa, tak żeby aresztujący mogli łatwo położyć na nim ręce, zanim towarzysze Jezusa zorganizują jakąś obronę. Był jeszcze jeden powód, dlaczego Judasz chciał wyprzedzić wrogów Mistrza. Myślał, że będzie to tak wyglądało, iż on zjawił się przed żołnierzami i w ten sposób apostołowie i inni zebrani wokół Jezusa być może nie skojarzą go bezpośrednio z uzbrojoną gwardią, która deptała mu tuż po piętach. Judasz myślał nawet o tym, aby udać, że pośpieszył ich ostrzec przed tymi, którzy chcą aresztować Mistrza, ale jego plan został udaremniony zwodniczym powitaniem zdrajcy przez Jezusa. Chociaż Mistrz odezwał się do Judasza uprzejmie, powitał go jako zdrajcę.

Gdy tylko Piotr, Jakub, Jan i około trzydziestu obozujących z nimi towarzyszy, ujrzeli uzbrojoną grupę z pochodniami przekraczającą szczyt wzniesienia, wiedzieli, że ci żołnierze idą aresztować Jezusa i wszyscy popędzili w dół, w pobliże tłoczni oliwy, gdzie samotnie w świetle księżyca siedział Mistrz. Kiedy grupa żołnierzy nadeszła z jednej strony, trójka apostołów i ich towarzysze nadeszli z drugiej. Gdy Judasz wystąpił, aby zagadnąć Mistrza, obie grupy stały tam bez ruchu, z Mistrzem pomiędzy nimi i Judaszem, szykującym się do złożenia zdradzieckiego pocałunku na czole Jezusa.

Zdrajca miał tę nadzieję, że po doprowadzeniu gwardii do Getsemane, uda mu się po prostu wskazać Jezusa żołnierzom, lub co najwyżej wywiązać się z przyrzeczenia, witając go pocałunkiem a potem szybko stamtąd odejść. Judasz bardzo się bał, że będą przy tym wszyscy apostołowie i że na nim skoncentrują swój atak, w odwecie za to, że ośmielił się zdradzić ich ukochanego nauczyciela. Ale kiedy Mistrz powitał go jako zdrajcę, był tak zmieszany, że nie próbował uciekać.

Jezus zrobił ostatnią próbą uratowania Judasza od oczywistej zdrady w ten sposób, że zanim zdrajca podszedł do niego, odsunął się na bok i zwracając się do pierwszego żołnierza po lewej stronie, kapitana Rzymian, powiedział: „Kogo szukacie?". Kapitan odrzekł: „Jezusa z Nazaretu". Wtedy Jezus podszedł i stanął przed oficerem a stojąc tak w spokojnym majestacie Boga całej kreacji, powiedział: „Ja nim jestem". Wielu z tej uzbrojonej grupy słyszało Jezusa nauczającego w Świątyni, inni słyszeli o jego wspaniałych czynach i kiedy usłyszeli go, tak odważnie obwieszczającego swoją tożsamość, ci, którzy byli w pierwszych szeregach, cofnęli się nagle w tył. Zaskoczeni byli jego niespodziewanym spokojem i majestatycznością, z jaką ogłosił swą tożsamość. Dlatego też nie było potrzeby, żeby Judasz trzymał się swego planu zdrady. Mistrz śmiało ujawnił się swoim wrogom a oni mogli go pojmać bez pomocy Judasza. Jednak zdrajca musiał coś zrobić, aby wytłumaczyć swoją obecność w tej uzbrojonej bandzie, poza tym chciał dowieść władcom żydowskim, że wykonał swoją część zdradzieckiej umowy, aby zyskać większą pochwałę i zaszczyty, którymi jak wierzył, obsypany będzie w nagrodę za dostarczenie Jezusa w ich ręce.

Kiedy gwardia pozbierała się ze swej początkowej chwiejności na widok Jezusa i dźwięk jego niezwykłego głosu i kiedy apostołowie i uczniowie podchodzili coraz bliżej, Judasz zbliżył się do Jezusa i składając pocałunek na jego czole, powiedział: „Witaj, Mistrzu i Nauczycielu". I kiedy Judasz tak obejmował swego Mistrza, Jezus powiedział: „Przyjacielu, czy nie dosyć tego, co zrobiłeś! Czy musisz jeszcze zdradzić Syna Człowieczego pocałunkiem"?

Apostołowie i uczniowie byli dosłownie oszołomieni tym, co widzieli. Przez chwilę nikt się nie ruszył. Wtedy Jezus, uwalniając się z objęć zdrajcy, przystąpił do strażników i żołnierzy i znowu zapytał: „Kogo szukacie?". I znowu kapitan powiedział: „Jezusa z Nazaretu". I ponownie Jezus odpowiedział: „Powiedziałem wam, że ja nim jestem. Jeśli zatem mnie szukacie, pozwólcie innym odejść. Ja jestem gotów pójść z wami".

Jezus był gotów wrócić do Jerozolimy ze strażą a dowodzący żołnierzami kapitan generalnie nie miał nic przeciwko temu, aby pozwolić odejść w spokoju trzem apostołom i ich towarzyszom. Ale zanim zdążyli wyruszyć, kiedy Jezus stał i czekał na rozkazy kapitana, pewien Malchos, syryjski strażnik arcykapłana, podszedł i chciał związać

Jezusowi ręce z tyłu, za plecami, chociaż rzymski kapitan nie nakazał tak wiązać Jezusa. Kiedy Piotr i jego towarzysze zobaczyli, że ich Mistrz jest przedmiotem takiej zniewagi, nie byli już w stanie się powstrzymać. Piotr wyciągnął swój miecz i razem z innymi pobiegł zadać cios Malchosowi. Ale zanim żołnierze zdążyli stanąć w obronie sługi wysokiego kapłana, Jezus podniósł zakazująco rękę na Piotra i powiedział surowo: „Piotrze, schowaj swój miecz. Ci, którzy za miecz chwytają, od miecza giną. Czyż nie rozumiesz, że jest wolą Ojca, abym wypił ten kielich? A poza tym, czy nie wiesz, że nawet teraz mógłbym wydać rozkaz ponad dwunastu legionom aniołów i ich towarzyszy, którzy mogliby mnie oswobodzić z rąk tych kilku ludzi?".

Chociaż Jezus tak skutecznie powstrzymał ten przejaw fizycznego oporu swoich wyznawców, wystarczyło to jednak, aby obudzić obawy kapitana straży, który teraz, z pomocą swoich żołnierzy, położył ciężkie ręce na Jezusie i szybko go związał. I kiedy wiązali mu ręce mocnymi sznurami, Jezus powiedział: „Dlaczego występujecie przeciw mnie z mieczami i kijami, jakbyście chwytali zbója? Codziennie byłem z wami w Świątyni, publicznie nauczałem ludzi a nie próbowaliście mnie pojmać".

Kiedy Jezus został związany, kapitan, obawiając się, że zwolennicy Mistrza mogą próbować go odbić, wydał rozkazy, aby ich pojmać; jednak żołnierze nie byli dostatecznie szybcy, ponieważ uczniowie Jezusa w pośpiechu uciekli z powrotem do jaru, usłyszawszy rozkaz kapitana, żeby ich aresztować. Przez cały ten czas Jan Marek pozostawał ukryty w pobliskiej szopie. Kiedy strażnicy mieli wyruszyć z Jezusem do Jerozolimy, Jan Marek próbował wyśliznąć się ukradkiem z szopy, żeby dołączyć do uciekających apostołów i uczniów, ale kiedy się wydostał, przechodził obok jeden z ostatnich żołnierzy, wracających z pościgu za uciekającymi uczniami a widząc młodego człowieka w jego lnianym płaszczu, popędził za nim i niemalże go schwytał. Faktycznie żołnierz dobiegł na tyle do Jana, że chwycił go za płaszcz, ale młody człowiek uwolnił się z odzienia i uciekł nagi, podczas gdy żołnierzowi pozostał pusty płaszcz. Jan Marek uciekał szybko górnym szlakiem do Dawida Zebedeusza. Kiedy powiedział Dawidowi, co się stało, obydwaj w pośpiechu wrócili do namiotów, do śpiących apostołów i powiedzieli wszystkim ośmiu o zdradzie i aresztowaniu Mistrza.

W tym czasie, kiedy budzono ośmiu apostołów, wrócili ci, którzy uciekli do jaru i wszyscy razem zgromadzili się przy tłoczni oliwy, aby się naradzić, co teraz robić. W międzyczasie Szymon Piotr i Jan Zebedeusz, którzy się skryli pośród drzew oliwnych, poszli za hałastrą żołnierzy, strażników i służby, którzy prowadzili teraz Jezusa z powrotem do Jerozolimy, jak najgorszego kryminalistę. Jan szedł tuż za motłochem, ale Piotr trzymał się z dala. Jan Marek, po tym jak wyswobodził się z rąk żołnierza, postarał się o płaszcz, który znalazł w namiocie Szymona Piotra i Jana Zebedeusza. Domyślał się, że strażnicy prowadzą Jezusa do domu Annasza, emerytowanego arcykapłana; więc okrążając przez sady oliwne znalazł się na przedzie tłumu i ukrył się tuż przy bramie pałacu wysokiego kapłana.

4. DYSKUSJA PRZY TŁOCZNI OLIWY

Jakub Zebedeusz zauważył teraz, że nie ma przy nim Szymona Piotra i brata Jana i przyłączył się do innych apostołów i ich towarzyszy z obozu, zgromadzonych przy tłoczni oliwy, żeby omówić, co zrobić w związku aresztowaniem Mistrza.

Andrzej zwolniony był z wszelkich obowiązków kierowania grupą swych towarzyszy, apostołów, dlatego też milczał podczas tego, największego ze wszystkich kryzysów w ich życiu. Po krótkiej, nieformalnej dyskusji, Szymon Zelota stanął na kamiennej ścianie tłoczni oliwy i wygłaszając namiętną argumentację na rzecz lojalności dla Mistrza i sprawy królestwa, nawoływał swoich współtowarzyszy apostołów i innych uczniów, aby pośpieszyli za tłumem i odbili Jezusa. Większość zebranych skłonna była iść za jego agresywnym przywództwem, gdyby nie rada Nataniela, który wstał w tym momencie, gdy Szymon umilkł i zwrócił ich uwagę na często powtarzaną przez Jezusa naukę o nie stawianiu oporu. Dalej przypomniał im, że tej właśnie nocy Jezus zalecił, żeby zachowali swoje życie na ten czas, kiedy mają wyruszyć w świat i głosić dobrą nowinę ewangelii niebiańskiego królestwa. Stanowisko Nataniela poparł Jakub Zebedeusz, który teraz opowiedział jak Piotr i inni wyciągnęli swoje miecze, aby bronić Jezusa przed aresztowaniem i że Jezus kazał Szymonowi Piotrowi i jego szermującym towarzyszom schować ich ostrza. Mateusz i Filip także wygłosili mowy, ale nic konkretnego nie wynikło z dyskusji, do czasu, kiedy Tomasz zwrócił ich uwagę na to, że Jezus kazał Łazarzowi nie narażać życia i wyraźnie zaznaczył, że nic nie mogą zrobić dla uratowania Mistrza, zważywszy, że zabronił swoim przyjaciołom bronić siebie i skoro wytrwał w nie używaniu swej Boskiej mocy dla pokrzyżowania planów jego ludzkich wrogów. Tomasz przekonywał ich, aby się rozeszli, każdy oddzielnie, z tym założeniem, że Dawid Zebedeusz pozostałby w obozie, aby prowadzić centrum informacyjne i główną siedzibę posłańców grupy. Do wpół do trzeciej rano obóz był pusty, pozostał tylko Dawid z garstką trzech czy czterech posłańców, inni zostali wysłani po informacje o tym, gdzie zabrano Jezusa i co zamierzają z nim zrobić.

Pięciu apostołów, Nataniel, Mateusz, Filip i bliźniacy poszli się ukryć w Betfage i w Betanii. Tomasz, Andrzej, Jakub i Szymon Zelota ukrywali się w mieście. Szymon Piotr i Jan Zebedeusz poszli za Jezusem do domu Annasza.

Zaraz po świcie Szymon Piotr przywlókł się do obozu w Getsemane; stanowił on przygnębiający obraz głębokiej rozpaczy. Dawid wysłał go pod opieką posłańca, aby dołączył do swego brata, Andrzeja, który był w domu Nikodema w Jerozolimie.

Jan Zebedeusz pozostawał zawsze w pobliżu Jezusa, do końca ukrzyżowania, tak jak mu Jezus polecił i z godziny na godzinę przekazywał posłańcom Dawida informacje, które ci z kolei nieśli Dawidowi do obozu w ogrodzie i które następnie przekazywano ukrywającym się apostołom oraz rodzinie Jezusa.

Doprawdy, uderzony jest pasterz a owce rozproszone! Podczas gdy wszyscy mgliście rozumieli, że Jezus uprzedzał ich o takiej właśnie sytuacji, zbyt mocno byli zaszokowani nagłym zniknięciem Mistrza, aby mogli normalnie myśleć.

Zaraz po świcie i tuż po tym, jak Piotr został wysłany do swego brata, Juda, brat Jezusa w ciele, przybył prawie bez tchu do obozu przed resztą rodziny Jezusa, tylko po to, żeby się dowiedzieć, że Mistrz został już aresztowany; w pośpiechu wrócił drogą w kierunku Jerycha, niosąc tę wiadomość swojej matce oraz braciom i siostrom. Dawid Zebedeusz posłał rodzinie Jezusa wiadomość, przez Judę, aby wszyscy przyszli do domu Marty i Marii w Betanii i tam czekali na wieści, które posłańcy będą im regularnie przynosić.

W takich okolicznościach znaleźli się apostołowie, najbliżsi uczniowie i ziemska rodzina Jezusa po północy i we wczesnych godzinach rannych, w piątek. I wszystkie te grupy i osoby pozostawały ze sobą w stałym kontakcie, dzięki służbie posłańców, którą Dawid Zebedeusz prowadził nieprzerwanie ze swojej siedziby w obozie w Getsemane.

5. W DRODZE DO PAŁACU ARCYKAPŁANA

Zanim jeszcze wyruszono z ogrodu z Jezusem, pomiędzy żydowskim kapitanem strażników świątynnych a rzymskim kapitanem oddziału żołnierzy powstał spór, co do tego, gdzie mają zaprowadzić Jezusa. Kapitan strażników świątynnych wydał rozkazy, że należy zaprowadzić Jezusa do Kajfasza, sprawującego urząd arcykapłana. Kapitan rzymskich żołnierzy zarządził, że Jezus zostanie doprowadzony do pałacu Annasza, poprzedniego arcykapłana i teścia Kajfasza. A zrobił tak dlatego, ponieważ Rzymianie mieli zwyczaj załatwiania wszystkich spraw, dotyczących przestrzegania żydowskiego prawa eklezjastycznego, bezpośrednio z Annaszem. I wykonano rozkaz kapitana rzymskiego; na wstępne przesłuchanie doprowadzono Jezusa do domu Annasza.

Judasz szedł obok kapitanów, słuchając wszystkiego, co mówiono, ale nie brał udziału w dyskusji, gdyż ani żydowski kapitan ani rzymski oficer nie mieli chęci odzywać się do zdrajcy – tak bardzo nim pogardzali.

W tym czasie Jan Zebedeusz, pamiętając instrukcje swojego Mistrza, żeby być zawsze pod ręką, pośpieszył, aby być blisko Jezusa, kiedy ten szedł pomiędzy dwoma kapitanami. Dowódca strażników świątynnych, widząc Jana podchodzącego z boku, powiedział swojemu pomocnikowi: „Złap tego człowieka i zwiąż go. On jest jednym z jego zwolenników". Ale rzymski kapitan, kiedy to usłyszał i rozglądając się zobaczył Jana, wydał rozkazy, żeby apostoł podszedł do niego i żeby nikt mu się nie naprzykrzał. Potem rzymski kapitan zwrócił się do żydowskiego kapitana: „Ten człowiek nie jest ani zdrajcą, ani tchórzem. Widziałem go w ogrodzie i on nie wyciągnął miecza przeciw nam. Miał odwagę pokazać się, aby być ze swoim Mistrzem i nikt nie położy na nim ręki. Rzymskie prawo zezwala na to, żeby każdy więzień mógł mieć co najmniej jednego przyjaciela, który pozostaje z nim na ławie oskarżonych i temu człowiekowi nie można zabraniać pozostania przy boku jego Mistrza, więźnia". I kiedy Judasz to usłyszał, tak był zawstydzony i upokorzony, że pozostał w tyle za maszerującymi i samotnie doszedł do pałacu Annasza.

To właśnie dlatego pozwolono Janowi Zebedeuszowi pozostać blisko Jezusa, przez wszystkie przykre doświadczenia Mistrza, tej nocy i dnia następnego. Żydzi bali się cokolwiek powiedzieć Janowi, czy w jakikolwiek sposób mu się naprzykrzać, ponieważ miał co nieco ze statusu rzymskiego radcy, wyznaczonego na obserwatora rozprawy żydowskiego sądu eklezjastycznego. Uprzywilejowane stanowisko Jana zostało znacznie lepiej ugruntowane, kiedy Rzymianin, przekazując Jezusa kapitanowi straży świątynnej w bramie pałacu Annasza, zwrócił się do swego pomocnika i powiedział: „Idź z tym więźniem i uważaj, żeby ci Żydzi go nie zabili bez zezwolenia Piłata. Pilnuj, żeby go nie zamordowali i dopilnuj też tego, aby jego przyjaciel, Galilejczyk, mógł z nim pozostać i obserwować wszystko, co się dzieje". I dlatego Jan mógł pozostawać blisko Jezusa aż do jego śmierci na krzyżu, podczas gdy dziesięciu apostołów było zmuszonych ukrywać się. Jan działał pod ochroną rzymską i Żydzi nie ośmielili się mu naprzykrzać, aż do czasu śmierci Mistrza.

Przez całą drogę do pałacu Annasza Jezus nie otworzył ust. Od czasu aresztowania, aż do stawienia się przed Annaszem, Syn Człowieczy nie wyrzekł słowa.

PRZEKAZ 184

PRZED SĄDEM SANHEDRYNU

PRZEDSTAWICIEL Annasza polecił w tajemnicy kapitanowi żołnierzy rzymskich, aby doprowadził Jezusa natychmiast po aresztowaniu do pałacu Annasza. Były arcykapłan chciał zachować swój prestiż szefa eklezjastycznej władzy żydowskiej. Miał także jeszcze jeden powód przetrzymywania Jezusa w swoim domu przez kilka godzin, a mianowicie, żeby zyskać czas na legalne zwołanie sądu Sanhedrynu. Nie było zgodne z prawem zwoływanie sądu Sanhedrynu przed złożeniem porannej ofiary w Świątyni a ofiarę tę składano około trzeciej rano.

Annasz wiedział, że w pałacu jego zięcia, Kajfasza, czekał sąd Sanhedrynu. Około trzydziestu członków Sanhedrynu zebrało się przed północą w domu arcykapłana, gotowi sądzić Jezusa, kiedy zostanie przed nich doprowadzony. Zgromadzeni byli tylko ci członkowie Sanhedrynu, którzy ostro i otwarcie występowali przeciw Jezusowi i jego nauce, ponieważ potrzeba było tylko dwudziestu trzech, żeby przeprowadzić proces sądowy.

Jezus spędził prawie trzy godziny w pałacu Annasza na Górze Oliwnej, niedaleko ogrodu Getsemane, gdzie go aresztowano. Jan Zebedeusz był wolny i bezpieczny w pałacu Annasza, nie tylko dzięki słowu rzymskiego kapitana, ale także dlatego, że on i jego brat Jakub dobrze byli znani starszym ze służby, jako że gościli wiele razy w pałacu, ponieważ były arcykapłan był dalekim krewnym ich matki, Salome.

1. PRZESŁUCHANIE PRZEZ ANNASZA

Annasz wzbogacił się na opłatach świątynnych, jego zięć pełnił funkcję arcykapłana a przy swych stosunkach z władzami rzymskimi, Annasz był z pewnością najbardziej wpływowym człowiekiem ze wszystkich Żydów. Był uprzejmym i zręcznym planistą oraz intrygantem. Chciał pokierować sprawą pozbycia się Jezusa; bał się powierzyć tak poważne zadanie całkowicie swemu obcesowemu i agresywnemu zięciowi. Annasz chciał mieć pewność, że proces Mistrza zostanie w rękach saduceuszów; obawiał się ewentualnej sympatii ze strony niektórych faryzeuszów, zauważywszy, że praktycznie wszyscy członkowie Sanhedrynu, którzy popierali Jezusa, byli faryzeuszami.

Annasz nie widział Jezusa od kilku lat, od tego czasu, kiedy Mistrz przyszedłszy do jego domu zauważył jego oziębłość i rezerwę i natychmiast wyszedł. Annasz chciał się oprzeć na tej wcześniejszej znajomości i próbować przekonać Jezusa, aby odstąpił od swych twierdzeń i opuścił Palestynę. Nie chciał brać udziału w morderstwie dobrego człowieka i rozumował, że Jezus może raczej zechce opuścić kraj, niż umrzeć. Ale kiedy

Annasz stanął przed tym mężnym i zdecydowanym Galilejczykiem, z miejsca wiedział, że zrobienie takiej propozycji będzie bezcelowe. Jezus był jeszcze bardziej majestatyczny i zrównoważony niż ten, jakim go Annasz pamiętał.

Kiedy Jezus był młody, Annasz bardzo się nim interesował, ale teraz na skutek jego postępowania, tak niedawnego wypędzenia właścicieli kantorów i innych handlujących kupców ze Świątyni, zagrożone były dochody Annasza. Ten czyn znacznie bardziej rozbudził wrogość byłego arcykapłana niż nauki Jezusa.

Annasz wszedł do swojej przestronnej komnaty audiencyjnej, usiadł na wielkim krześle i rozkazał, żeby mu przyprowadzono Jezusa. Annasz przyglądał się kilka chwil w milczeniu Mistrzowi a potem powiedział: „Ty zdajesz sobie sprawę, że coś trzeba zrobić w sprawie twojej nauki, skoro zakłócasz spokój i porządek naszego kraju". Kiedy Annasz przyglądał się Jezusowi badawczo, Mistrz, patrząc mu prosto w oczy, nic nie odpowiedział. Annasz znowu się odezwał: „Jak się nazywają twoi uczniowie, oprócz Szymona Zeloty, agitatora?". Znowu Jezus popatrzył na niego, ale nie odpowiedział.

Annasza bardzo poruszyło to, że Jezus nie odpowiada na jego pytania, tak bardzo, że powiedział: „Czy nie dbasz o to, czy jestem ci życzliwy, czy też nie? Czy nie interesuje cię wpływ, jaki mogę wywrzeć na decyzje w twojej bliskiej rozprawie"? Kiedy Jezus to usłyszał, odpowiedział: „Annaszu, wiesz, że nie masz nade mną władzy, chyba, że będzie to dozwolone przez mego Ojca. Niektórzy chcą zgładzić Syna Człowieczego, ponieważ są ciemni, nie wiedzą co czynią, ale ty, przyjacielu, wiesz co robisz. Jak zatem możesz odrzucić światłość Bożą"?

Łagodny ton głosu Jezusa wprawił niemalże w zakłopotanie Annasza. Ale on już postanowił, że Jezus albo musi opuścić Palestynę albo zginąć; więc zebrał się w sobie i zapytał: „Właściwie, czego ty chcesz nauczać ludzi? Kim twierdzisz, że jesteś?" Jezus odpowiedział: „Dobrze wiesz, co otwarcie mówiłem światu. Nauczałem w synagogach i wiele razy w Świątyni, gdzie wszyscy Żydzi i wielu nie-Żydów mnie słyszało. Niczego nie mówiłem w tajemnicy; dlaczego więc pytasz mnie o moją naukę? Dlaczego nie wezwiesz tych, którzy mnie słyszeli i nie zapytasz ich? Oto cała Jerozolima słyszała, co mówiłem, nawet, jeśli sam nie słyszałeś tego nauczania". Ale zanim Annasz zdążył odpowiedzieć, główny rządca pałacu, który stał blisko, uderzył Jezusa ręką w twarz i powiedział: „Jak śmiesz odzywać się w ten sposób do arcykapłana?". Annasz nawet jednym słowem nie upomniał rządcy, ale Jezus zwrócił się do niego: „Mój przyjacielu, jeśli źle powiedziałem, zaświadcz przeciw złu, ale jeśli powiedziałem prawdę, dlaczego mnie uderzasz?".

Chociaż Annasz żałował, że jego rządca uderzył Jezusa, był zbyt dumny, aby to zauważyć. Zdezorientowany wyszedł do drugiego pokoju, zostawiając Jezusa prawie na godzinę ze służbą domową i strażnikami świątynnymi.

Kiedy wrócił, podszedł do Mistrza i powiedział: „Czy ty twierdzisz, że jesteś Mesjaszem, wybawicielem Izraela?". Jezus rzekł: „Znasz mnie od czasów mojej młodości, Annaszu. Wiesz, że twierdzę, iż nie jestem nikim innym ponad to, do czego powołał mnie mój Ojciec i że zostałem posłany do wszystkich ludzi, tak samo nie-Żydów jak i Żydów". Wtedy Annasz powiedział: „Mówiono mi, że twierdzisz, iż jesteś Mesjaszem; czy to prawda?" Jezus popatrzył na Annasza, ale rzekł tylko: „To ty powiedziałeś".

Mniej więcej w tym czasie przybyli posłańcy z pałacu Kajfasza, aby się dowiedzieć, o której godzinie Jezus będzie doprowadzony przed sąd Sanhedrynu a skoro zbliżał się świt, Annasz pomyślał, że najlepiej będzie posłać związanego Jezusa do Kajfasza, pod nadzorem strażników świątynnych. Sam wkrótce poszedł za nimi.

2. PIOTR NA DZIEDZIŃCU

Kiedy oddział strażników i żołnierzy zbliżał się do wejścia do pałacu Annasza, Jan Zebedeusz szedł u boku kapitana żołnierzy rzymskich. Judasz pozostawał w pewnej odległości a Szymon Piotr szedł w oddali. Kiedy Jan wszedł na dziedziniec pałacu z Jezusem i strażnikami, Judasz podszedł do bramy, ale widząc Jezusa i Jana, poszedł do domu Kajfasza, gdzie jak wiedział, miał się później odbyć właściwy proces Mistrza. Wkrótce po tym jak Judasz odszedł, przyszedł Szymon Piotr i kiedy tak stał przed bramą, spostrzegł go Jan w tej chwili, gdy mieli wprowadzać Jezusa do pałacu. Odźwierna, która pilnowała bramy, znała Jana i kiedy ten zwrócił się do niej z prośbą, aby wpuściła Piotra do środka, zgodziła się chętnie.

Po wejściu na dziedziniec Piotr podszedł do ogniska i chciał się ogrzać, ponieważ noc była chłodna. Czuł, że znalazł się tam, gdzie być nie powinien, pośród wrogów Jezusa i rzeczywiście nie było to dlań właściwe miejsce. Mistrz nie kazał mu być blisko, pod ręką, tak jak pouczył Jana. Piotr powinien zostać z innymi apostołami, którzy wyraźnie byli ostrzeżeni, aby nie narażali swego życia na niebezpieczeństwo podczas procesu i ukrzyżowania ich Mistrza.

Piotr wyrzucił swój miecz zanim doszedł do bramy pałacu i na dziedziniec Annasza wszedł nieuzbrojony. Jego myśli wirowały jak oszalałe; zaledwie zdać mógł sobie sprawę z tego, że Jezusa aresztowano. Nie pojmował realiów sytuacji – że był tutaj, na dziedzińcu Annasza, grzejąc się obok sług arcykapłana. Zastanawiał się co robią inni apostołowie i myślał, dlaczego Jana wpuszczono do pałacu, doszedł do wniosku, że stało się tak dlatego, iż Jan znał służbę, skoro powiedział odźwiernej u bramy, żeby wpuściła Piotra.

Chwilę po tym jak odźwierna wpuściła Piotra, który grzał się teraz przy ogniu, podeszła do niego i złośliwie zapytała: „Czy nie jesteś jednym z uczniów tego człowieka?". Otóż, Piotr nie powinien być tym zaskoczony, skoro to właśnie Jan prosił dziewczynę, aby pozwoliła mu przejść bramę pałacu, jednak był on w takim napięciu nerwowym, że go to rozpoznanie, jako ucznia, wytrąciło z równowagi i z tą jedną myślą, która go opanowała – myślą ratowania swojego życia – natychmiast odpowiedział dziewczynie: „Nie jestem".

Wkrótce podszedł do Piotra inny służący i zapytał: „Czy ja cię nie widziałem w ogrodzie, kiedy aresztowali tego człowieka? Czy ty także nie jesteś jednym z jego wyznawców"? Teraz Piotr był dogłębnie zatrwożony, nie wiedział jak się bezpiecznie uwolnić od oskarżycieli, zaczął więc namiętnie zaprzeczać jakimkolwiek powiązaniom z Jezusem, mówiąc: „Nie znam tego człowieka, ani też nie jestem jego wyznawcą".

Mniej więcej w tym czasie odźwierna wzięła Piotra na stronę i powiedziała: „Jestem pewna, że jesteś uczniem tego Jezusa, nie tylko dlatego, że jeden z jego zwolenników mnie prosił, żebym ciebie wpuściła na dziedziniec, ale również dlatego, że moja siostra widziała cię w Świątyni z tym człowiekiem. Dlaczego temu zaprzeczasz"? Kiedy Piotr usłyszał, że dziewczyna go oskarża, wyparł się wszelkiej znajomości z Jezusem i wielokrotnie zaklinając się i przysięgając, ponownie powiedział: „Nie jestem wyznawcą tego człowieka, nawet go nie znam, nigdy przedtem o nim nie słyszałem".

Piotr odszedł od ogniska i jakiś czas chodził po dziedzińcu. Chciałby uciec, ale bał się zwrócić na siebie uwagę. Ponieważ zrobiło mu się zimno, wrócił do ogniska i pewien człowiek, stojący obok niego, powiedział: „Z pewnością jesteś jednym z uczniów tego człowieka. Ten Jezus jest Galilejczykiem a twoja mowa cię zdradza, ty także mówisz jak Galilejczyk". I znowu Piotr zaprzeczył jakimkolwiek powiązaniom ze swoim Mistrzem.

Piotr był tak zatrwożony, że chciał uciec od swoich oskarżycieli, odszedł od ognia i stał samotnie w portyku. Po ponad godzinie samotności, odźwierna bramy i jej siostra przypadkiem go napotkały i znowu obydwie dokuczliwie mu zarzucały, że jest wyznawcą Jezusa. I znowu Piotr zaprzeczył oskarżeniom. I wtedy, kiedy raz jeszcze zaprzeczał jakimkolwiek powiązaniom z Jezusem, zapiał kogut i Piotr przypomniał sobie słowa ostrzeżenia, które Mistrz mówił mu wcześniej tej samej nocy. Kiedy tak stał, z ciężkim sercem i zdruzgotany poczuciem winy, otwarły się drzwi pałacu i strażnicy wyprowadzili Jezusa, idąc z nim do Kajfasza. Kiedy Mistrz przechodził obok Piotra, zobaczył w świetle pochodni wyraz rozpaczy na twarzy swego, dawniej pewnego siebie i powierzchownie odważnego apostoła i odwrócił się i spojrzał na Piotra. Piotr, tak długo jak żył, nigdy nie zapomniał tego spojrzenia. Było to spojrzenie pełne mieszanej litości i miłości, jakiego żaden śmiertelny człowiek nigdy nie widział na twarzy Mistrza.

Po tym jak Jezus ze strażnikami przeszedł bramę pałacu, Piotr poszedł za nimi, ale tylko kawałek. Nie mógł iść dalej. Usiadł przy drodze i gorzko zapłakał. I kiedy wylał te łzy udręki, skierował swoje kroki w stronę obozu, mając nadzieję, że znajdzie tam swego brata, Andrzeja. Gdy przyszedł do obozu, zastał tam tylko Dawida Zebedeusza, który dał mu posłańca, aby ten doprowadził go do miejsca, gdzie w Jerozolimie ukrył się jego brat.

Wszystkie te przeżycia Piotra miały miejsce na dziedzińcu pałacu Annasza, na Górze Oliwnej. Piotr nie poszedł za Jezusem do pałacu arcykapłana Kajfasza. To, że Piotr uprzytomnił sobie, iż raz za razem wyparł się swojego Mistrza zanim zapiał kogut, świadczy o tym, że wszystko to działo się poza Jerozolimą, ponieważ trzymanie drobiu w samym mieście było niezgodne z prawem.

Zanim pianie koguta przywróciło Piotrowi przytomność umysłu, chodząc w tę i z powrotem po portyku myślał tylko o tym, żeby się rozgrzać i jak to sprytnie uniknął oskarżeń służących i jak pomieszał im szyki, uniemożliwiając utożsamienie go z Jezusem. Na razie rozważał tylko to, że służący nie mają moralnego ani legalnego prawa zadawać mu takich pytań i naprawdę gratulował sobie, w jaki sposób, jak sądził, uniknął identyfikacji i możliwości aresztowania i uwięzienia. Zanim zapiał kogut, Piotrowi nie przyszło na myśl, że wyparł się swojego Mistrza. Nie rozumiał, aż do tego czasu, kiedy Jezus spojrzał na niego, że nie potrafił żyć zgodnie ze swoją godnością ambasadora królestwa.

Stawiając pierwszy krok na drodze kompromisu i najmniejszego oporu, Piotr nie widział nic innego, jak podążać tym torem postępowania, na który się zdecydował. Trzeba wielkiego i szlachetnego charakteru, żeby źle zacząwszy, zawrócić i pójść prawidłowo. Zbyt często człowiek ma tendencje do usprawiedliwiania swojego kroczenia drogą błędu, kiedy raz na nią wszedł.

Piotr nigdy w pełni nie wierzył, że zostanie mu wybaczone, zanim nie spotkał swego Mistrza po zmartwychwstaniu i nie zobaczył, że został potraktowany tak samo, jak przed wypadkami tej tragicznej nocy, kiedy się go zaparł.

3. PRZED SĄDEM CZŁONKÓW SANHEDRYNU

Było prawie wpół do czwartej rano, w piątek, kiedy arcykapłan Kajfasz zwołał komisję śledczą Sanhedrynu i nakazał doprowadzenie Jezusa na formalny proces. W trzech poprzednich wypadkach Sanhedryn, znaczną większością głosów, skazał Jezusa na śmierć; uznano, że zasługuje on na śmierć na podstawie nieformalnych zarzutów łamania prawa, bluźnierstwa i lekceważenia tradycji ojców Izraela.

Nie było to zwyczajne posiedzenie Sanhedrynu i nie odbywało się w zwykłym miejscu, w komnacie z ciosanego kamienia w Świątyni. Była to specjalna rozprawa sądowa, w której uczestniczyło około trzydziestu członków Sanhedrynu i została zwołana w pałacu arcykapłana. Jan Zebedeusz pozostał z Jezusem podczas całej tej, tak zwanej rozprawy sądowej.

Jak sobie schlebiali ci wyżsi kapłani, uczeni w Piśmie, saduceusze i niektórzy z faryzeuszy, że Jezus, podważający ich pozycję i kwestionujący ich władzę, znajdował się teraz bezpiecznie w ich rękach! I postanowili, że nie może wyjść żywy z ich mściwych uścisków.

Normalnie, kiedy Żydzi sądzili człowieka, który mógł dostać najwyższy wymiar kary, postępowali bardzo ostrożnie i starali się zachować wszelką bezstronność w doborze świadków i w całym przebiegu rozprawy sądowej. W tym jednak wypadku Kajfasz był bardziej prokuratorem niż bezstronnym sędzią.

Jezus zjawił się przed sądem ubrany w swą zwykłą odzież, z rękoma związanymi za plecami. Cały sąd był przestraszony i w pewien sposób speszony jego majestatyczną postawą. Nigdy nie widzieli takiego więźnia, ani też nie byli świadkami takiego opanowania u człowieka podczas rozprawy o jego życie.

Prawo żydowskie wymagało, ażeby co najmniej dwóch świadków zgodziło się w jakimkolwiek punkcie, zanim uzna się więźnia winnym. Judasz nie mógł być świadkiem przeciw Jezusowi, ponieważ żydowskie Prawo wyraźnie nie dopuszczało świadectwa zdrajcy. Pod ręką było ponad dwudziestu fałszywych świadków, żeby świadczyć przeciw Jezusowi, jednak ich świadectwa były tak sprzeczne ze sobą i tak wyraźnie zmyślone, że samych członków Sanhedrynu bardzo zawstydziło to przedstawienie. Jezus tam stał, patrząc łagodnie na krzywoprzysięzców i samo jego oblicze wprawiało w zakłopotanie kłamiących świadków. Podczas składania tych wszystkich fałszywych oświadczeń, Mistrz nie odezwał się ani słowem; nie odpowiedział na liczne fałszywe oskarżenia.

Po raz pierwszy udało się jakimkolwiek dwóm świadkom osiągnąć pozór zgodności, kiedy dwóch ludzi oświadczyło, że słyszeli, jak Jezus mówił, w trakcie jednego ze swych świątynnych przemówień, iż może „zniszczyć Świątynię zrobioną rękami i w trzy dni zrobić inną Świątynię, bez użycia rąk". To nie było dokładnie to, co Jezus powiedział, poza tym wskazał na swoje własne ciało, kiedy robił komentarz, na który się powoływano.

Jezus nie otworzył nawet ust, chociaż arcykapłan krzyczał na niego: „Czy nie odpowiesz na żadne z tych oskarżeń?". Stał w milczeniu, kiedy wszyscy fałszywi świadkowie składali swoje zeznania. Nienawiść, fanatyzm i pozbawiona skrupułów przesada charakteryzowały słowa tych krzywoprzysięzców, tak, że ich zeznania wpadły we własne sidła. Najlepszym zaprzeczeniem ich fałszywych zarzutów był spokój Mistrza i jego majestatyczne milczenie.

Zaraz po tym, jak fałszywi świadkowie zaczęli składać zeznania, przyszedł Annasz i zajął miejsce obok Kajfasza. Annasz wstał teraz i przekonywał, że owa groźba Jezusa, dotycząca zniszczenia Świątyni, wystarcza, aby wnieść przeciw niemu trzy oskarżenia:

1. Jest niebezpiecznym zwodzicielem ludu. Naucza nieprawdopodobnych rzeczy i skądinąd oszukuje ludzi.
2. Jest fanatycznym rewolucjonistą, ponieważ zalecał zburzenie najświętszej Świątyni gwałtem; jakże inaczej mógłby ją zniszczyć?
3. Naucza magii, zważywszy, że obiecał zbudować nową Świątynię i to bez użycia rąk.

Sanhedryn w pełnym składzie już zadecydował, że Jezus zasługuje na karę śmierci za naruszanie prawa żydowskiego; teraz zajmowano się raczej sformułowaniem zarzutów dotyczących jego postępowania i nauki, na podstawie których Piłat mógłby skazać więźnia na śmierć. Wiedzieli, że muszą uzyskać zgodę rzymskiego gubernatora, zanim Jezus mógłby zostać prawnie skazany na śmierć. I Annasz skłaniał się do przyjęcia tej linii, że Jezus jest zbyt niebezpiecznym nauczycielem, aby mógł pozostać wśród narodu.

Jednak Kajfasz nie mógł już znieść widoku Mistrza, stojącego przed nimi, doskonale opanowanego i wciąż milczącego. Sądził, że zna przynajmniej jeden sposób, aby skłonić więźnia do mówienia. Dlatego też podbiegł do Jezusa i wygrażając Mistrzowi przed twarzą swoim oskarżającym palcem, powiedział: „Zaklinam cię, w imię Boga żywego, abyś nam powiedział, czy jesteś Wybawicielem, Synem Bożym". Jezus odrzekł Kajfaszowi: „Jestem. Niebawem pójdę do mojego Ojca i wkrótce Syn Człowieczy zostanie okryty mocą i jeszcze raz będzie panował nad zastępami niebiańskimi".

Kiedy arcykapłan usłyszał te słowa, wypowiedziane przez Jezusa, wpadł w wielki gniew i drąc swą wierzchnią odzież, wykrzyknął: „Czy potrzebujemy dalszych świadków? Zauważcie, że teraz wszyscy słyszeliście bluźnierstwo tego człowieka. Jak myślicie, co należy zrobić z tym gwałcicielem prawa i bluźniercą"? I wszyscy zgodnie odparli: „Zasługuje na karę śmierci, ukrzyżować go".

Jezus nie wykazywał zainteresowania żadnym pytaniem, zadawanym mu przez Annasza czy członków Sanhedrynu, za wyjątkiem pytania dotyczącego jego misji obdarzającej. Kiedy został zapytany, czy jest Synem Bożym, natychmiast odparł twierdząco.

Annasz chciał dalej kontynuować rozprawę, ażeby oskarżenia konkretnej natury, dotyczące stosunku Jezusa do rzymskiego prawa i rzymskich instytucji, zostały sformułowane dla ich późniejszego przedstawienia Piłatowi. Członkowie rady chcieli doprowadzić te sprawy do szybkiego końca nie tylko dlatego, że był to dzień przygotowań do Paschy i żadnej świeckiej pracy nie można było robić po południu, ale także dlatego, że się obawiali, iż Piłat w każdej chwili może wrócić do rzymskiej stolicy Judei, Cezarei, skoro przebywał w Jerozolimie tylko na czas obchodów Paschy.

Jednak Annaszowi nie udało się utrzymać kontroli nad sądem. Po tym, jak Jezus tak niespodziewanie odpowiedział Kajfaszowi, ten arcykapłan podszedł bliżej i uderzył go ręką w twarz. Annasz naprawdę był zaszokowany tym, jak inni członkowie sądu, wychodząc z pomieszczenia, pluli Jezusowi w twarz i wielu z nich urągało mu i policzkowało go. I w takim nieładzie i niesłychanym zamieszaniu członkowie Sanhedrynu zakończyli o wpół do piątej pierwszą sesję rozprawy sądowej Jezusa.

Trzydziestu stronniczych i zaślepionych tradycją fałszywych sędziów, z fałszywymi świadkami, ośmiela się sądzić prawego Stwórcę wszechświata. I ci roznamiętnieni oskarżyciele zirytowani są majestatycznym milczeniem i znakomitą postawą tego Boga-człowieka. Jego milczenie jest nie do zniesienia; jego mowa jest nieustraszona i wyzywająca. Jest niewzruszony ich groźbami i nie lęka się ich ataków. Ludzie zasiedli, aby sądzić Boga, ale nawet wtedy on ich kocha i zbawiłby ich, gdyby tylko mógł.

4. GODZINA UPOKORZENIA

Żydowskie Prawo wymagało, że kiedy wyrokowano o karze śmierci, powinny się odbyć dwa posiedzenia sądu. Drugie posiedzenie odbywało się następnego dnia a czas pomiędzy posiedzeniami członkowie sądu powinni spędzić na postach i żałobie. Ale ci ludzie nie mogli doczekać następnego dnia, na zatwierdzenie swych decyzji, że Jezus musi umrzeć. Odczekali tylko godzinę. W międzyczasie Jezus pozostał w sali audiencyjnej pod opieką strażników świątynnych, którzy wraz ze służbą arcykapłana zabawiali się, zasypując Syna Człowieczego wszelkiego rodzaju obelgami. Kpili z niego, pluli na niego i okrutnie go poszturchiwali. Bili go po twarzy rózgą a potem mówili: „Prorokuj nam, ty Wybawicielu, kto ciebie uderzył". I robili to przez całą godzinę, ubliżając mu i znęcając się nad tym, nie stawiającym oporu człowiekiem z Galilei.

Podczas tej tragicznej godziny cierpień i wyszydzania przez ciemnych, nieczułych strażników i służących, Jan Zebedeusz czekał w samotnym przerażeniu w sąsiednim pokoju. Kiedy zaczęły się obelgi, Jezus skinieniem głowy pokazał Janowi, że ma odejść. Mistrz dobrze wiedział, że jeżeli pozwoli apostołowi zostać w pomieszczeniu i być świadkiem tego poniżenia, gniew Jana może dojść do tego punktu, że w proteście spowoduje taki wybuch oburzenia, który prawdopodobnie zakończy się jego śmiercią.

Przez całą tę straszną godzinę Jezus nie wyrzekł słowa. Dla tej delikatnej i wrażliwej duszy człowieczej, połączonej w związku osobowości z Bogiem całego tego wszechświata, nie było bardziej gorzkiej porcji kielicha upokorzenia, niż ta okropna godzina na łasce ciemnych, okrutnych strażników i służących, których zachęcił do obrażania Mistrza przykład członków tak zwanego sądu Sanhedrynu.

Ludzkie serce nie może sobie wyobrazić tego dreszczu oburzenia, jaki przebiegał przez rozległy wszechświat, kiedy niebiańskie istoty inteligentne oglądały ten widok, ich ukochanego Władcy poddającego się woli tych ciemnych i błądzących istot, na pogrążonej w ciemnościach sferze grzechu – nieszczęsnej Urantii.

Cóż to za cecha zwierzęca w człowieku, która mu każe znieważać i atakować fizycznie to, czego nie może osiągnąć duchowo czy dokonać intelektualnie? W połowicznie cywilizowanym człowieku nadal się czai ta zła brutalność, która pragnie się wyładować na tych, którzy są wyżsi w mądrości i w osiągnięciach duchowych. Przypatrzcie się tej złośliwej ordynarności i brutalnemu okrucieństwu owych rzekomo cywilizowanych ludzi, jak czerpią pewną formę zwierzęcej przyjemności z fizycznej napaści na nie stawiającego oporu Syna Człowieczego. Kiedy zniewagi, szyderstwa i razy spadały na Jezusa, on się nie bronił, ale nie był bezbronny. Jezus nie był pokonany, on tylko nie walczył w sensie materialnym.

To są właśnie chwile największego ze wszystkich zwycięstw Mistrza na jego długiej i pełnej wydarzeń drodze, jako stwórcy, podtrzymywacza i zbawiciela niezmiernego i rozległego wszechświata. Przeżywszy pełnię swego życia podczas objawiania człowiekowi Boga, Jezus podejmuje się teraz nowego i bezprzykładnego objawienia człowieka Bogu. Jezus objawia teraz światom ostateczny triumf nad wszystkimi lękami, wynikającymi z odosobnienia osobowości istoty. Syn Człowieczy osiągnął w końcu realizację swej tożsamości Syna Bożego. Jezus nie waha się stwierdzić, że on i Ojciec są jednym; i na podstawie faktu i prawdy tego, najwyższego i boskiego doświadczenia, napomina każdego wierzącego, aby stał się z nim jednością, tak samo jak on i Ojciec są jednością. W religii Jezusa żywe doświadczenie staje się tym samym pewną i niezawodną metodą, dzięki której duchowo odosobnieni i kosmicznie osamotnieni śmiertelnicy ziemscy mogą uciec przed izolacją osobowości, ze wszystkimi jej konsekwencjami, strachem i towarzyszącym mu poczuciem bezradności. W braterskich rzeczywistościach królestwa nieba wierni synowie Boga znajdą w końcu wyzwolenie z izolacji jaźni, zarówno osobistej jak i planetarnej. Rozpoznający Boga wierzący coraz intensywniej przeżywa ekstazę i majestat duchowej socjalizacji na wszechświatową skalę – obywatelstwo na wysokościach, połączone z wiecznym urzeczywistnianiem boskiego przeznaczenia – z osiąganiem doskonałości.

5. DRUGIE POSIEDZENIE SĄDU

O piątej trzydzieści sąd zebrał się znowu a Jezus został zaprowadzony do przyległej sali, gdzie oczekiwał Jan. Tam rzymski żołnierz i strażnicy świątynni pilnowali Jezusa, podczas gdy sąd zaczął formułować oskarżenia, które miały być przedstawione Piłatowi. Annasz wyjaśnił swoim towarzyszom, że oskarżenie o bluźnierstwo będzie bez znaczenia w oczach Piłata. Judasz był na drugim posiedzeniu sądu, ale nie składał żadnych zeznań.

Ta sesja sądu trwała tylko pół godziny i kiedy ją zamknięto, żeby iść do Piłata, sformułowano trzy akty oskarżenia Jezusa, które podlegały trzem paragrafom, na podstawie których zasługiwał na śmierć.

1. Że jest demoralizatorem narodu żydowskiego, oszukuje ludzi i namawia do buntu.
2. Że naucza ludzi, aby nie płacili daniny cesarzowi.
3. Że poprzez twierdzenie, iż jest królem i założycielem nowego rodzaju królestwa, namawia do zdrady cesarza.

Całe to postępowanie było nieprawidłowe i zupełnie sprzeczne z prawem żydowskim. Nie było dwóch świadków, którzy zgodziliby się w jakiejkolwiek sprawie, za wyjątkiem tych, którzy składali zeznania o zniszczeniu Świątyni i jej odbudowaniu w trzy dni. Nawet w tym punkcie żaden ze świadków nie przemawiał w obronie, jak również Jezus nie został zapytany o wytłumaczenie, co miał na myśli.

Jedynym punktem, na podstawie którego sąd mógł go konsekwentnie sądzić, było bluźnierstwo i to opierałoby się całkowicie na jego własnym świadectwie. Nawet w sprawie bluźnierstwa nie przeprowadzili formalnego głosowania za wyrokiem śmierci.

Teraz jednak ośmielili się sformułować trzy oskarżenia, z którymi poszli do Piłata, na które nie słyszeli zeznań świadków i na które się zgodzili w czasie nieobecności oskarżonego więźnia. Kiedy o tym postanowiono, trzej faryzeusze wyszli; chcieli oni śmierci Jezusa, ale nie chcieli formułować oskarżeń przeciw niemu bez świadków i pod jego nieobecność.

Jezus nie został ponownie wezwany przed sąd Sanhedrynu. Nie chcieli znowu patrzeć mu w oczy, skoro wydali wyrok na jego niewinne życie. Jezus nie wiedział (jako człowiek) o ich formalnych oskarżeniach, do czasu, aż zostały mu przedstawione przez Piłata.

W tym czasie, gdy Jezus był z Janem i strażnikami w pokoju i kiedy sąd miał drugie posiedzenie, kilka kobiet z pałacu arcykapłana, razem ze swoimi przyjaciółkami, przyszło przyjrzeć się dziwnemu więźniowi i jedna z nich go spytała: „Czy jesteś Mesjaszem, Synem Bożym?". Jezus odpowiedział: „Jeśli wam powiem, nie uwierzycie mi, a jeśli was spytam, nie odpowiecie".

O szóstej tego ranka Jezus został wyprowadzony z domu Kajfasza, aby stanąć przed Piłatem dla zatwierdzenia wyroku śmierci, który sąd Sanhedrynu tak niesprawiedliwie i tak bezprawnie wydał.

PRZEKAZ 185

ROZPRAWA PRZED PIŁATEM

ZARAZ po szóstej, w ten piątkowy ranek, 7 kwietnia, roku 30 n.e., Jezus został doprowadzony przed Piłata, rzymskiego prefekta, który rządził Judeą, Samarią i Idumeą pod bezpośrednim nadzorem legata Syrii. Związanego Mistrza straże świątynne doprowadziły przed oblicze rzymskiego gubernatora a towarzyszył mu Apostoł Jan oraz około pięćdziesięciu oskarżycieli, razem z członkami sądu Sanhedrynu (głównie saduceuszami), Judaszem Iskariotą i arcykapłanem Kajfaszem. Annasz nie zjawił się przed Piłatem.

Piłat już wstał i gotów był przyjąć grupę porannych gości, powiadomiony przez tych, którzy poprzedniego wieczora uzyskali jego zgodę na użycie rzymskich żołnierzy do aresztowania Syna Człowieczego, że Jezus zostanie rano doprowadzony przed niego. Ustalono, że proces odbędzie się przed pretorium, dobudowanym do twierdzy Antonia, gdzie Piłat i jego żona mieli swoją siedzibę, gdy przebywali w Jerozolimie.

Chociaż Piłat zasadniczo przesłuchiwał Jezusa w salach pretorium, publiczna rozprawa odbyła się na zewnątrz, na schodach prowadzących do głównego wejścia. Było to ustępstwo na rzecz Żydów, którzy nie chcieli wchodzić do żadnego nieżydowskiego budynku, w którym, w dzień przygotowań do Paschy mógł być używany zakwas. Takie wejście nie tylko mogło być przyczyną obrzędowej nieczystości i tym samym uniemożliwiało uczestnictwo w popołudniowej ofierze dziękczynnej, ale wymagało także poddania się obrzędom oczyszczania po zachodzie słońca, aby można było wziąć udział w kolacji paschalnej.

Aczkolwiek sumienia tych Żydów były spokojne, kiedy intrygowali dla dokonania sądowego morderstwa Jezusa, tym niemniej byli oni bardzo skrupulatni we wszystkich sprawach dotyczących czystości ceremonialnej i tradycyjnego porządku. I ci Żydzi nie byli jedynymi, którzy nie rozpoznali wyższych i świętych obowiązków boskiej natury, kiedy przywiązywali drobiazgową uwagę do rzeczy o niewielkim znaczeniu dla ludzkiego dobra, zarówno w czasie jak i wieczności.

1. PONCJUSZ PIŁAT

Gdyby Poncjusz Piłat nie był w miarę dobrym namiestnikiem pomniejszych prowincji, Tyberiusz raczej nie zostawiłby go przez dziesięć lat na stanowisku prefekta Judei. Aczkolwiek Piłat był całkiem dobrym administratorem, był moralnym tchórzem. Nie był odpowiednio wielkim człowiekiem, żeby zrozumieć naturę swojego zadania, jako gubernatora Żydów. Nie potrafił zrozumieć, że ci Hebrajczycy mieli *prawdziwą* religię, wiarę, za którą gotowi byli umrzeć i że wiele ich milionów, rozrzuconych tu i tam po całym cesarstwie, traktowało Jerozolimę jako święty przybytek swej wiary i z szacunkiem odnosiło się do Sanhedrynu, jako najwyższego na Ziemi trybunału.

Piłat nie lubił Żydów i ta głęboko zakorzeniona nienawiść zaczęła się przejawiać dość wcześnie. Spośród wszystkich rzymskich prowincji, żadna nie była trudniejszą do zarządzania niż Judea. Piłat naprawdę nigdy nie rozumiał problemów związanych z rządzeniem Żydami i dlatego też bardzo wcześnie, w swojej praktyce namiestnika, popełnił serię prawie fatalnych, nieomal samobójczych błędów. I to właśnie te błędy dały Żydom taką władzę nad nim. Kiedy Żydzi chcieli wpłynąć na jego decyzje, musieli go tylko postraszyć powstaniem i Piłat szybko kapitulował. I to widoczne niezdecydowanie czy brak moralnej odwagi prefekta, spowodowane było głównie pamięcią licznych utarczek, jakie miał z Żydami, ponieważ w każdym przypadku go pokonywali. Żydzi wiedzieli o tym, że Piłat się ich bał, że obawiał się o swoją pozycję w oczach Tyberiusza i wielokrotnie wykorzystywali tę wiedzę z wielką szkodą dla gubernatora.

To, że Piłat nie lubił Żydów było wynikiem licznych, niefortunnych doświadczeń. Po pierwsze, nie traktował poważnie ich głęboko zakorzenionego uprzedzenia wobec wszystkich wizerunków jako symboli czczenia bożków. Dlatego też pozwolił swoim żołnierzom wejść do Jerozolimy bez usuwania wizerunków cesarza ze sztandarów, jak to robili rzymscy żołnierze za jego poprzedników. Duża delegacja Żydów czekała na Piłata pięć dni, błagając go, aby usunął wizerunki z wojskowych sztandarów. On kategorycznie odmówił ich prośbie i zagroził im niechybną śmiercią. Piłat, sam będąc sceptykiem, nie rozumiał, że ludzie o silnych uczuciach religijnych nie zawahają się zginąć za swoje religijne przekonania i dlatego się przeraził, kiedy Żydzi sami przyszli wyzywająco pod jego pałac, skłonili się aż do ziemi i posłali mu wiadomość, że są gotowi umrzeć. Piłat zrozumiał wtedy, że groził im tym, czego nie zamierzał zrobić. Poddał się i rozkazał usunąć wizerunki z wojskowych sztandarów w Jerozolimie i od tego dnia podporządkował się w znacznym stopniu kaprysom przywódców żydowskich, którzy odkryli jego słabość – rzucanie gróźb, których bał się spełnić.

Później Piłat chciał odzyskać swój utracony prestiż i dlatego umieścił tarcze imperatora, których tak powszechnie używano do czczenia cesarza, na ścianach pałacu Heroda w Jerozolimie. Kiedy Żydzi zaprotestowali, pozostawał niewzruszony. Kiedy nie chciał słuchać ich protestów, oni natychmiast odwołali się do Rzymu a cesarz bezzwłocznie rozkazał usunąć obrażające ich tarcze. Po czym Piłata szanowano jeszcze mniej niż poprzednio.

Następną sprawą, na skutek której popadł w niełaskę u Żydów, było to, że ośmielił się wziąć pieniądze ze skarbnicy świątynnej na pokrycie kosztów budowy nowego akweduktu, który miał zaspokoić wzrastające zapotrzebowanie na wodę dla milionów odwiedzających Jerozolimę podczas wielkich świąt religijnych. Żydzi twierdzili, że tylko Sanhedryn może rozdzielać fundusze Świątyni i nigdy nie zaprzestali pomstować przeciw Piłatowi z powodu jego aroganckiej decyzji. Rezultatem tej decyzji było ponad dwadzieścia buntów i wiele rozlewów krwi. Ostatnim z tej serii wydarzeń była masakra dużej grupy Galilejczyków, kiedy modlili się przed ołtarzem.

Znamienne jest to, że chociaż ten niezdecydowany rzymski rządca poświęcił Jezusa, z powodu swoich obaw przed Żydami i aby zabezpieczyć swoją osobistą pozycję, został w końcu usunięty na skutek niepotrzebnej masakry Samarytan, w związku z roszczeniami fałszywego Mesjasza, który poprowadził wojska na Górę Garizim, gdzie jak twierdził, zostały zakopane naczynia świątynne; a kiedy nie udało mu się znaleźć miejsca ukrycia najświętszych naczyń, tak jak przyrzekł, wybuchły gwałtowne rozruchy. W rezultacie tego zdarzenia legat Syrii zalecił powrót Piłata do Rzymu. Tyberiusz zmarł, gdy Piłat był w drodze do Rzymu i Piłat nie został na nowo wyznaczony prefektem Judei. Piłat nie uwolnił się nigdy zupełnie od wyrzutów sumienia z powodu wydania zgody na ukrzyżowanie Jezusa. Nie znalazłszy łaski w oczach nowego cesarza, odszedł do prowincji Lozanny, gdzie później popełnił samobójstwo.

Klaudia Procula, żona Piłata, sporo słyszała o Jezusie od swojej pokojówki, która była Fenicjanką wierzącą w ewangelię królestwa. Po śmierci Piłata Klaudia zajęła się intensywnie rozpowszechnianiem dobrej nowiny.

Wszystko to wyjaśnia wiele wypadków, które miały miejsce tego tragicznego, piątkowego przedpołudnia. Nietrudno jest zrozumieć, dlaczego Żydzi ośmielali się rozkazywać Piłatowi – wyciągnąć go z łóżka o szóstej rano, aby osądził Jezusa – i dlaczego też nie wahali się zagrozić mu obwinieniem o zdradę przed cesarzem, gdyby ośmielił się odmówić ich żądaniom śmierci dla Jezusa.

Szanujący się namiestnik rzymski, który nie miałby tak niekorzystnych dla siebie powiązań z przywódcami żydowskimi, nigdy nie pozwoliłby tym krwiożerczym, religijnym fanatykom na uśmiercenie człowieka, którego on sam ogłosił niewinnym fałszywych oskarżeń i który nie popełnił żadnego wykroczenia. Rzym popełnił wielką niezręczność, rozległy w skutkach błąd w prowadzeniu spraw ziemskich, posławszy tak niewiele wartego Piłata do zarządzania Palestyną. Tyberiusz powinien wysłać Żydom najlepszego w całym cesarstwie rządcę prowincji.

2. JEZUS STAJE PRZED PIŁATEM

Kiedy Jezus i jego oskarzyciele zebrali się przed salą sądową Piłata, rzymski namiestnik wyszedł i zwróciwszy się do zebranych, zapytał: „Jakie oskarżenie wnosicie przeciwko temu człowiekowi?". Saduceusze i ci radcy, którzy chcieli za wszelką cenę usunąć Jezusa ze swej drogi, postanowili iść do Piłata i prosić o zatwierdzenie wydanego wyroku śmierci, bez przedstawienia jakichkolwiek konkretnych zarzutów. Dlatego też rzecznik sądu Sanhedrynu powiedział Piłatowi: „Gdyby ten człowiek nie był złoczyńcą, nie wydalibyśmy go tobie".

Kiedy Piłat spostrzegł, że ociągają się z przedstawieniem zarzutów przeciw Jezusowi, choć wiedział, że całą noc zajmowali się rozważaniem jego winy, odpowiedział im: „Skoro nie ustaliliście żadnych konkretnych zarzutów, dlaczego nie zabierzecie tego człowieka i nie osądzicie go według swojego prawa?".

Wtedy urzędnik sądu Sanhedrynu odezwał się do Piłata: „Dla nas jest nielegalne zgładzenie kogokolwiek a ten mąciciel naszego narodu zasługuje na śmierć za rzeczy, które powiedział i zrobił. Dlatego też przyszliśmy do ciebie, abyś zatwierdził ten wyrok".

Zjawienie się przed namiestnikiem rzymskim z taką próbą wykręcania się od odpowiedzi ukazuje zarówno złą wolę jak i wrogość członków Sanhedrynu wobec Jezusa a poza tym brak poszanowania dla sprawiedliwości, honoru i godności Piłata. Jaką bezczelnością ze strony podbitych obywateli jest stawienie się przed gubernatorem ich prowincji z prośbą o orzeczenie egzekucji człowieka, przed zagwarantowaniem mu sprawiedliwego procesu a nawet bez przedłożenia konkretnych zarzutów przeciw niemu!

Piłat wiedział co nieco o działalności Jezusa pośród Żydów i przypuszczał, że oskarżenia, które miały być wniesione przeciw niemu, związane są z pogwałceniem żydowskiego prawa eklezjastycznego; dlatego też chciał odesłać sprawę z powrotem do ich własnego trybunału. Znowu Piłat delektował się tym, że wymógł na nich publiczne oświadczenie, że są bezsilni w sprawie ogłoszenia i wykonania wyroku śmierci, nawet na jednym z ich własnego narodu, na człowieku, którego darzyli pogardą pospołu z zaciekłą i zawistną nienawiścią.

Kilka godzin wcześniej, na krótko przed północą i po tym, jak Piłat wydał zezwolenie na użycie rzymskich żołnierzy dla potajemnego aresztowania Jezusa, usłyszał on dodatkowe informacje dotyczące Jezusa i jego nauk od swojej żony, Klaudii, która nawróciła się częściowo na judaizm i która później w pełni uwierzyła w ewangelię Jezusa.

Piłat chciał odłożyć rozprawę, ale spostrzegł, że przywódcy żydowscy są zdeterminowani kontynuować postępowanie. Wiedział, że jest to nie tylko przedpołudnie przygotowań do Paschy, ale że ten dzień, piątek, jest także dniem przygotowań do żydowskiego szabatowego odpoczynku i nabożeństwa.

Piłat, będąc wyjątkowo uczulony na lekceważący sposób traktowania go przez tych Żydów, nie chciał przychylić się do ich żądań, nie chciał wydać wyroku śmierci na Jezusa bez procesu. Dlatego też, kiedy odczekał kilka chwil na przedstawienie oskarżeń przeciw więźniowi, zwrócił się do nich i powiedział: „Nie wydam wyroku śmierci na tego człowieka bez procesu; nie zgodzę się również przesłuchiwać go tak długo, aż nie przedstawicie przeciw niemu swych oskarżeń na piśmie".

Kiedy arcykapłan i inni usłyszeli, co Piłat powiedział, dali znak urzędnikowi sądu, który wręczył Piłatowi spisane oskarżenia przeciwko Jezusowi. Były one następujące:

„Stwierdziliśmy w trybunale Sanhedrynu, że ten człowiek jest złoczyńcą i naruszycielem porządku w naszym narodzie i że jest winny:

1. Depprawacji naszego narodu i podburzania naszych ludzi do buntu.
2. Zakazywania ludziom płacenia podatków cesarzowi.
3. Nazywania się królem Żydów i nauczania o ustanowieniu nowego królestwa".

Jezus nie był ani przepisowo sądzony ani też legalnie skazany na podstawie jakiegokolwiek z tych oskarżeń. Nie słyszał nawet tych oskarżeń, kiedy po raz pierwszy zostały sprecyzowane, ale Piłat kazał go przyprowadzić z pretorium, gdzie go trzymano pod strażą i się upierał, aby te oskarżenia zostały powtórzone tak, aby je Jezus słyszał.

Kiedy Jezus usłyszał te obwinienia, dobrze wiedział, że nie był przesłuchiwany w tej sprawie przed sądem żydowskim i tak samo o tym wiedział Jan Zebedeusz, jak również oskarżyciele; jednak Jezus nie odpowiedział na ich fałszywe oskarżenia. Nawet, kiedy Piłat kazał mu odpowiedzieć oskarżycielom, nie otworzył ust. Piłat tak był zdumiony niesprawiedliwością całego tego postępowania i tak zafrapowany milczeniem Jezusa i jego władczą postawą, że postanowił wziąć więźnia do środka i tam go osobiście przesłuchać.

Piłat był zdezorientowany, w swoim sercu bał się Żydów a w duchu był mocno poruszony widokiem Jezusa, stojącego w majestacie przed krwiożerczymi oskarżycielami, spoglądającego na nich z cichą pogardą i z wyrazem szczerej litości i smutku.

3. PRYWATNE PRZESŁUCHANIE U PIŁATA

Piłat zaprowadził Jezusa i Jana Zebedeusza na prywatne pokoje, pozostawiwszy straże na zewnątrz w holu i poprosił więźnia, aby usiadł, sam usiadł obok więźnia i zadał mu kilka pytań. Piłat zaczął rozmowę z Jezusem od zapewnienia, że nie wierzy w pierwsze oskarżenie przeciwko niemu, że miałby być deprawatorem swojego narodu i podżegaczem do buntu. Potem zapytał: „Czy kiedykolwiek nauczałeś, żeby nie płacić daniny cesarzowi?". Jezus, wskazując na Jana, powiedział: „Zapytaj jego lub kogokolwiek innego, kto słyszał moją naukę". Wtedy Piłat zapytał Jana w sprawie daniny a Jan złożył zeznania dotyczące nauk Mistrza i wytłumaczył, że Jezus i jego apostołowie płacili podatki zarówno cesarzowi jak i Świątyni. Kiedy Piłat skończył przesłuchiwać Jana, powiedział: „Pamiętaj, abyś nikomu nie mówił, że z tobą rozmawiałem". I Jan nigdy tego nie wyjawił.

Potem Piłat wrócił do przesłuchiwania Jezusa: „A teraz trzecie oskarżenie przeciw tobie, czy jesteś królem Żydów?". Ponieważ w głosie Piłata było słychać ton ewentualnie szczerego zapytania, Jezus uśmiechnął się do prefekta i powiedział: „Piłacie, czy pytasz sam dla siebie, czy zadajesz to pytanie od innych, moich oskarżycieli?". Na co namiestnik odpowiedział, nieco oburzonym tonem: „Czy jestem Żydem? Twoi rodacy i wyżsi kapłani przyprowadzili cię tutaj i prosili, abym cię skazał na śmierć. Ja badam słuszność ich oskarżeń i sam staram się tylko dowiedzieć dla siebie, co zrobiłeś. Powiedz mi, czy mówiłeś, że jesteś królem Żydów i czy chciałeś założyć nowe królestwo?".

Wtedy Jezus powiedział Piłatowi: „Czy nie zauważyłeś, że moje królestwo nie jest z tego świata? Gdyby moje królestwo było z tego świata, moi uczniowie z pewnością walczyliby, abym nie został wydany w ręce Żydów. Moja obecność tutaj, przed tobą w tych więzach, wystarcza, aby wykazać wszystkim ludziom, że moje królestwo jest panowaniem duchowym, nawet braterstwem wszystkich ludzi, którzy przez wiarę i przez miłość stali się synami Bożymi. I to zbawienie tak samo jest dla nie-Żydów jak i dla Żydów".

„A więc jednak jesteś królem?", powiedział Piłat. Jezus odpowiedział: „Tak, jestem takim królem a moje królestwo jest rodziną wiernych synów mojego Ojca, który jest w niebie. Dlatego właśnie urodziłem się na tym świecie, żeby ukazać mojego Ojca wszystkim ludziom i nieść świadectwo prawdy o Bogu. I nawet teraz oświadczam tobie, że każdy, kto kocha prawdę, słyszy mój głos".

Wtedy Piłat, wpół ironizując, wpół szczerze, powiedział: „Prawda, co to jest prawda – kto to wie?".

Piłat nie potrafił pojąć słów Jezusa, ani też nie był w stanie zrozumieć natury jego duchowego królestwa, był jednak teraz przekonany, że więzień nie zrobił niczego takiego, że zasługiwałby na śmierć. Jedno spojrzenie na Jezusa, prosto w oczy, wystarczało, aby przekonać nawet Piłata, że ten łagodny i zmęczony, ale majestatyczny i zacny człowiek nie jest dzikim i niebezpiecznym rewolucjonistą, z aspiracjami osadzenia się na doczesnym tronie Izraela. Piłat sądził, że rozumiał co nieco z tego, co miał na myśli Jezus, kiedy nazywał siebie królem, gdyż orientował się w naukach stoików, którzy twierdzili, że „mądry człowiek jest królem". Piłat był dogłębnie przekonany, że Jezus nie jest niebezpiecznym wywrotowcem, ale zwykłym nieszkodliwym wizjonerem, niewinnym fanatykiem.

Po przesłuchaniu Mistrza, Piłat wrócił do wyższych kapłanów i oskarżycieli Jezusa i powiedział: „Przesłuchałem tego człowieka i nie znajduję w nim winy. Myślę, że nie jest winny oskarżeń przeciw niemu postawionych; myślę, że należy go uwolnić". Kiedy Żydzi to usłyszeli, obruszyli się w wielkim gniewie, tak bardzo, że dziko krzyczeli, iż Jezus powinien zginąć; a jeden z członków Sanhedrynu śmiało przystąpił do Piłata i powiedział: „Ten człowiek podburza ludzi, poczynając od Galilei poprzez całą Judeę. Jest intrygantem i złoczyńcą. Długo będziesz żałował, jeżeli pozwolisz temu nikczemnikowi odejść wolno".

Piłat był mocno naciskany, żeby podjął decyzję w sprawie Jezusa, dlatego też, kiedy usłyszał, jak mówią, że Jezus zaczął swoją działalność w Galilei, chcąc uniknąć odpowiedzialności za decyzję w tej sprawie, albo co najmniej zyskać trochę czasu na przemyślenie, posłał Jezusa, aby stanął przed Herodem; Herod był wtedy w mieście i uczestniczył w Passze. Piłat myślał również, że taki gest pomoże mu nieco załagodzić antagonizmy, jakie istniały od jakiegoś czasu pomiędzy nim a Herodem z powodu licznych nieporozumień w sprawach jurysdykcji.

Piłat, przywołując straże, powiedział: „Ten człowiek jest Galilejczykiem. Zaprowadźcie go zaraz do Heroda i kiedy on go przesłucha, przekażcie mi jego orzeczenie". I zaprowadzili Jezusa do Heroda.

4. JEZUS PRZED HERODEM

Kiedy Herod Antypas przebywał w Jerozolimie, mieszkał w starym, machabejskim pałacu Heroda Wielkiego i do tego właśnie domu, byłego króla, straże świątynne prowadziły teraz Jezusa a za nim szli jego oskarżyciele i coraz większy tłum. Herod od dawna już słyszał o Jezusie i ciekaw był go zobaczyć. Kiedy Syn Człowieczy stanął przed nim w ten piątkowy ranek, niegodziwy Idumejczyk nawet przez chwilę nie przypomniał sobie tego młodzieńca z dawnych lat, który zjawiwszy się przed nim w Seforis, błagał o sprawiedliwą decyzję w sprawie pieniędzy należnych jego ojcu, który zginął w wypadku przy pracy na jednej z budów publicznych. Herod, jak mniemał, nigdy nie widział Jezusa, aczkolwiek bardzo się niepokoił, kiedy jego działalność koncentrowała się w Galilei. Teraz, kiedy Jezus był w areszcie Piłata i Judejczyków, Herod chciał go zobaczyć, czując się bezpieczny od jakichkolwiek związanych z nim problemów na przyszłość. Herod słyszał wiele o cudach dokonanych przez Jezusa i naprawdę się spodziewał, że zobaczy, jak robi on jakiś cud.

Kiedy Jezusa doprowadzono do Heroda, tetrarcha był zaskoczony jego dostojną postawą i opanowaniem na twarzy. Jakieś piętnaście minut Herod zadawał Jezusowi pytania, ale Mistrz nie chciał odpowiadać. Herod wyśmiewał się i prowokował go do wykonania cudu, ale Jezus nie odpowiadał na jego liczne pytania i nie reagował na jego drwiny.

Potem Herod zwrócił się do wyższych kapłanów i saduceuszy a słuchając ich oskarżeń usłyszał wszystko a nawet więcej niż Piłat w sprawie rzekomych złych uczynków Syna Człowieczego. W końcu, gdy Herod się przekonał, że Jezus ani nie będzie mówił ani nie zrobi dla niego żadnego cudu, naśmiewał się z niego jeszcze jakiś czas, po czym ustroił go w stary, purpurowy płaszcz królewski i odesłał z powrotem do Piłata. Herod wiedział, że nie ma jurysdykcji nad Jezusem w Judei. Chociaż się cieszył, ponieważ wierzył, że w końcu pozbędzie się Jezusa z Galilei, dziękował losowi za to, że to Piłat będzie odpowiedzialny za skazanie go na śmierć. Herod nigdy w pełni nie wyzbył się strachu, który go prześladował z powodu zabicia Jana Chrzciciela. Czasami Herod obawiał się nawet, że Jezus jest zmartwychwstałym Janem. Teraz ten strach go opuścił, kiedy zauważył, że Jezus jest zupełnie innym człowiekiem niż weredyczny i ognisty prorok, który ośmielił się demaskować i potępiać jego prywatne życie.

5. POWRÓT JEZUSA DO PIŁATA

Kiedy strażnicy znowu przyprowadzili Jezusa do Piłata, namiestnik wyszedł na frontowe schody pretorium, gdzie znajdowało się jego krzesło sędziowskie i zwracając się jednocześnie do wyższych kapłanów oraz członków Sanhedrynu, powiedział: „Przyprowadziliście do mnie tego człowieka pod zarzutem, że podburza lud, zakazuje płacić daniny i twierdzi, że jest królem Żydów. Przesłuchałem go i nie stwierdziłem, aby był winny postawionych mu zarzutów. Faktycznie nie znajduję w nim żadnej winy. Posłałem go zatem do Heroda i tetrarcha musiał dojść do tego samego wniosku, skoro przysłał go do nas z powrotem. Na pewno ten człowiek nie zrobił niczego, czym zasługiwałby na śmierć. Jeśli wciąż uważacie, że musi zostać ukarany, mogę go wychłostać zanim go wypuszczę".

Kiedy Żydzi mieli właśnie głośno protestować przeciw uwolnieniu Jezusa, wielki tłum zbliżył się do pretorium, aby prosić Piłata o uwolnienie więźnia z okazji święta Paschy. Przez jakiś czas było w zwyczaju namiestników rzymskich, aby w okresie Paschy pozwolić pospólstwu na wyznaczenie jakiegoś więźnia lub skazanego do ułaskawienia. I teraz ten tłum zjawił się przed Piłatem, aby go prosić o uwolnienie więźnia a ponieważ Jezus tak niedawno miał wielkie poważanie u ludzi, przyszło namiestnikowi na myśl, że skoro Jezus jest więźniem stojącym teraz przed jego krzesłem sędziowskim, ewentualnie mógłby wyplątać się z tego kłopotliwego położenia, proponując tej grupie uwolnienie im człowieka z Galilei, na znak dobrej woli z okazji Paschy.

Kiedy tłum wdarł się na schody budynku, Piłat usłyszał, jak wołają imię Barabasza. Barabasz był znanym politycznym wichrzycielem i morderczym rozbójnikiem, synem kapłana i niedawno został aresztowany podczas rozboju i morderstwa na drodze do Jerycha. Tego człowieka skazano na śmierć i miał umrzeć wkrótce po uroczystościach Paschy.

Piłat wstał i tłumaczył tłumowi, że Jezus został doprowadzony do niego przez wyższych kapłanów, którzy na podstawie pewnych zarzutów żądają kary śmierci dla niego, a on myśli, że człowiek ten nie zasługuje na śmierć. Piłat powiedział: „Którego zatem chcecie, abym wam uwolnił, Barabasza – mordercę – czy Jezusa z Galilei?". Kiedy Piłat to powiedział, wyżsi kapłani i członkowie Sanhedrynu zaczęli krzyczeć, najgłośniej jak potrafili: „Barabasza, Barabasza!". I kiedy ludzie zobaczyli, że wyżsi kapłani postanowili zgładzić Jezusa, szybko przyłączyli się do nich, nastając na jego życie i głośno wołali o uwolnienie Barabasza.

Kilka dni wcześniej ten sam tłum stał pełen podziwu przed Jezusem, ale motłoch nie zważał na tego, który twierdził, że jest Synem Człowieczym a teraz znalazł się w areszcie wyższych kapłanów i władców, na rozprawie sądowej o swoje życie przed Piłatem. Jezus mógł być bohaterem w oczach pospólstwa, kiedy wyrzucał właścicieli kantorów i kupców ze Świątyni, ale nie był nim jako nie stawiający oporu więzień, pozostający w rękach swych wrogów, na rozprawie sądowej o swoje życie.

Piłat rozgniewał się widząc wyższych kapłanów domagających się amnestii dla notorycznego mordercy, wołających krwi Jezusa. Zobaczył ich złośliwość i nienawiść oraz spostrzegł ich stronniczość i zawiść. Dlatego też rzekł do nich: „Jak możecie wybierać życie mordercy ponad życie tego człowieka, którego najgorszym przestępstwem jest to, że symbolicznie zwie się królem Żydów?". Jednak to, co Piłat powiedział, nie było mądre. Żydzi byli dumnym narodem, obecnie poddanym rzymskiemu jarzmu politycznemu, ale mieli nadzieję, że przyjście Mesjasza wyzwoli ich z niewoli innowierców w wielkim spektaklu potęgi i chwały. Byli oburzeni tym oświadczeniem, bardziej niż Piłat mógł to zrozumieć, że ten łagodny nauczyciel dziwnych doktryn, obecnie będący w areszcie i oskarżany o przestępstwa zasługujące na karę śmierci, może być zwany „królem Żydów". Uznali jego słowa za znieważenie wszystkiego tego, co uważali za najświętsze i godne szacunku w swym istnieniu narodowym i dlatego też wszyscy głośno zaczęli wołać o uwolnienie Barabasza i o śmierć Jezusa.

Piłat wiedział, że Jezus jest niewinny stawianych mu zarzutów i gdyby był odważnym sędzią, uniewinniłby go i puścił wolno. Ale bał się przeciwstawić rozgniewanym Żydom, a kiedy wahał się spełnić swój obowiązek, przybył posłaniec i doręczył mu zapieczętowaną wiadomość od jego żony, Klaudii.

Piłat dał do zrozumienia zebranym, że pragnie przeczytać wiadomość, którą właśnie otrzymał zanim będzie kontynuował sprawę. Kiedy Piłat otworzył list od swojej żony, przeczytał: „Błagam cię, abyś nie miał nic do czynienia z tym niewinnym i sprawiedliwym człowiekiem, którego zwą Jezusem. Tej nocy, we śnie, wiele wycierpiałam z jego powodu". Ten list od Klaudii nie tylko bardzo zaniepokoił Piłata i tym samym opóźnił wydanie wyroku w sprawie, ale również, niestety, dał sporo czasu władcom żydowskim, kiedy to swobodnie krążyli pośród tłumu i namawiali ludzi, aby wołali o uwolnienie Barabasza a domagali się ukrzyżowania Jezusa.

W końcu Piłat raz jeszcze próbował rozwiązać problem, przed którym stanął, pytając mieszane zgromadzenie żydowskich władców i domagającego się amnestii tłumu: „Co mam uczynić z tym, który zwany jest królem Żydów?". I wszyscy krzyknęli jednym głosem: „Ukrzyżuj go! Ukrzyżuj go!". Jednomyślność tego żądania, pochodzącego od zróżnicowanego tłumu, zaskoczyła i zatrwożyła Piłata, sędziego niesprawiedliwego i przepełnionego strachem.

Wtedy raz jeszcze Piłat powiedział: „Dlaczego chcecie ukrzyżować tego człowieka? Co on zrobił złego? Kto wyjdzie świadczyć przeciwko niemu?". Gdy usłyszeli, że Piłat przemawia w obronie Jezusa, wszyscy krzyczeli jeszcze głośniej: „Ukrzyżuj go! Ukrzyżuj go!".

Wtedy Piłat znowu zwrócił się do tłumu w sprawie uwolnienia więźnia z okazji Paschy, mówiąc: „Raz jeszcze was pytam, którego więźnia mam wam uwolnić, podczas tej waszej Paschy?" I znowu tłum krzyczał: „Daj nam Barabasza!".

Wtedy rzekł Piłat: „Jeśli uwolnię mordercę Barabasza, co mam zrobić z Jezusem?". I raz jeszcze tłum zawołał jednym głosem: „Ukrzyżuj go! Ukrzyżuj go!".

Piłat był sterroryzowany natarczywym wołaniem pospólstwa, działającego pod bezpośrednim przywództwem wyższych kapłanów i radców Sanhedrynu; tym niemniej postanowił raz jeszcze spróbować ułagodzić tłum i uratować Jezusa.

6. OSTATNI APEL PIŁATA

We wszystkim tym, co się zdarzyło przed Piłatem wczesnym rankiem, w ten piątek, wzięli udział tylko wrogowie Jezusa. Jego liczni przyjaciele albo jeszcze nie wiedzieli o jego aresztowaniu w nocy i procesie o wczesnej, rannej godzinie, albo się ukrywali, żeby sami nie byli aresztowani i skazani na śmierć za wiarę w nauki Jezusa. W tłumie, który teraz domagał się śmierci Mistrza, znajdowali się tylko jego zaprzysięgli wrogowie i łatwe do kierowania, bezmyślne pospólstwo.

Piłat raz jeszcze chciał się odwołać do ich litości. Bojąc się przeciwstawić wrzaskom wprowadzonego w błąd pospólstwa, wołającego o krew Jezusa, rozkazał żydowskim strażnikom i rzymskim żołnierzom zabrać Jezusa i ubiczować. Już to, samo w sobie, było niesprawiedliwe i nielegalne, ponieważ rzymskie prawo stanowiło, że tylko ci, którzy są skazani na śmierć na krzyżu, mogą być w ten sposób biczowani. Strażnicy zabrali Jezusa na otwarty dziedziniec pretorium, aby wykonać rozkaz. Chociaż wrogowie Jezusa nie widzieli biczowania, widział je Piłat i zanim skończyli to nikczemne znęcanie się, kazał biczującym zaprzestać i polecił im przyprowadzić Jezusa do siebie. Zanim biczujący zaczęli smagać związanymi w węzły biczami Jezusa, przywiązanego do pręgierza, założyli mu znowu purpurowy płaszcz i upletli z cierni koronę i włożyli mu na skronie. A kiedy włożyli mu w rękę trzcinę, imitującą berło, klękali przed nim i kpili z niego, mówiąc: „Witamy króla Żydów!". Potem pluli na niego i bili go rękami po twarzy. A zanim odprowadzili go do Piłata, jeden z nich wziął z jego rąk trzcinę i uderzył go nią po głowie.

Potem Piłat wyprowadził krwawiącego i pokaleczonego więźnia i pokazując go mieszanemu tłumowi, powiedział: „Oto człowiek! Ponownie wam oświadczam, że nie znajduję w nim żadnej winy i po biczowaniu wypuściłbym go".

Oto Jezus z Nazaretu stał tam, ubrany w stary purpurowy płaszcz z koroną z cierni wbijającą się w jego łagodne czoło. Twarz miał pokrwawioną a jego postać pochylona była w cierpieniu i smutku. Ale nic nie mogło przemówić do bezdusznych serc tych, którzy padli ofiarą głęboko zakorzenionej nienawiści i byli niewolnikami religijnych uprzedzeń. Widok ten przeszył na wskroś potężnym dreszczem domeny rozległego wszechświata, ale nie poruszył serc tych, którzy postanowili, że Jezus ma być zabity.

Kiedy ludzi pozbierali się z pierwszego szoku na widok położenia Mistrza, zaczęli jeszcze głośniej i dłużej krzyczeć: „Ukrzyżuj go! Ukrzyżuj go! Ukrzyżuj go!".

Teraz Piłat zrozumiał, że daremne jest odwoływanie się do ich domniemanych uczuć litości. Wystąpił i powiedział: „Widzę, że postanowiliście, iż ten człowiek musi umrzeć, ale co on zrobił, żeby go karać śmiercią? Kto obwieści jego zbrodnię"?

Wtedy wystąpił sam arcykapłan i podchodząc do Piłata ze złością oświadczył: „My mamy święte Prawo i na podstawie tego Prawa człowiek ten musi umrzeć, ponieważ mianował się Synem Bożym". Kiedy Piłat to usłyszał, jeszcze bardziej się przestraszył, nie tylko Żydów, ale przypomniawszy sobie list żony i grecką mitologię o bogach schodzących na ziemię, drżał teraz na myśl, że Jezus może być boską osobą. Skinął na tłum, aby się uspokoił, a sam wziął Jezusa za ramię i znowu zaprowadził do wnętrza budynku, aby go jeszcze raz przesłuchać. Teraz Piłat był zdjęty strachem, zdezorientowany przesądami i zaniepokojony uporem tłumu.

7. OSTATNIE PRZESŁUCHANIE U PIŁATA

Kiedy Piłat, drżąc z przerażenia, usiadł obok Jezusa, zaczął dociekać: „Skąd przyszedłeś? Kim ty właściwie jesteś? Dlaczego mówią o tobie, że jesteś Synem Bożym"?

Ale Jezus nie mógł odpowiedzieć na takie pytania, kiedy zadawał je człowiek bojaźliwy, słaby i chwiejny sędzia, który był tak niesprawiedliwy, że poddał go chłoście, kiedy sam oświadczył, że nie jest winien żadnego przestępstwa i zanim został skazany na śmierć. Jezus patrzył prosto w oczy Piłatowi, ale nic nie odpowiedział. Wtedy Piłat odezwał się: „Czy nie chcesz mówić ze mną? Czy nie rozumiesz, że wciąż mam władzę, aby ciebie uwolnić lub ukrzyżować"? Wtedy Jezus rzekł: „Nie masz władzy nade mną, za wyjątkiem tego, co jest dozwolone z góry. Nie możesz sprawować żadnej władzy nad Synem Człowieczym, chyba, że Ojciec w niebie zezwoli ci na to. Jednak twoja wina nie jest tak wielka, ponieważ nie znasz ewangelii. Ten, który mnie zdradził i ten, który doprowadził mnie do ciebie, większy mają grzech".

Ostatnia rozmowa z Jezusem przestraszyła Piłata do głębi. Ten moralny tchórz i słabego charakteru sędzia działał teraz pod podwójnym ciężarem – zabobonnej trwogi przed Jezusem i śmiertelnego strachu przed władcami żydowskimi.

Znowu Piłat zjawił się przed tłumem i powiedział: „Jestem pewien, że ten człowiek jest tylko religijnym grzesznikiem. Powinniście go wziąć i osądzić według własnego prawa. Dlaczego uważacie, że się zgodzę na wyrok śmierci, ponieważ on wszedł w konflikt z waszymi tradycjami"?

Już miał Piłat wypuścić Jezusa, kiedy Kajfasz, arcykapłan, podszedł do tchórzliwego rzymskiego sędziego i potrząsając mściwie palcem przed twarzą Piłata, wypowiedział gniewne słowa, które cały tłum mógł słyszeć: „Jeśli wypuścisz tego człowieka, nie jesteś przyjacielem cesarza i zobaczysz, że imperator dowie się o wszystkim". Ta publiczna groźba, to było za wiele dla Piłata. Strach o własny los przesłonił teraz wszystkie inne okoliczności i ten tchórzliwy namiestnik rozkazał, aby Jezus został doprowadzony przed sąd. Kiedy Mistrz stanął przed nimi, Piłat, wskazując na niego, szyderczo powiedział: „Oto wasz król". I Żydzi odpowiedzieli: „Precz z nim. Ukrzyżuj go! I wtedy Piłat rzekł z wielką ironią i sarkazmem: „Czy mam ukrzyżować waszego króla?" I Żydzi odpowiedzieli: „Tak, ukrzyżuj go! My nie mamy króla, ale cesarza". I wtedy Piłat zrozumiał, że nie ma nadziei na uratowanie Jezusa, ponieważ nie chciał przeciwstawić się Żydom.

8. TRAGICZNA KAPITULACJA PIŁATA

Oto stał tam Syn Boży, wcielony jako Syn Człowieczy. Aresztowany bez oskarżenia; oskarżony bez dowodów; osądzony bez świadków; ukarany bez wyroku; i teraz ma zostać skazany na śmierć przez niesprawiedliwego sędziego, który oświadczył, że nie znalazł w nim winy. Jeśli Piłat chciał apelować do patriotyzmu żydowskiego, nazywając Jezusa „królem Żydów", poniósł zupełną klęskę. Nie takiego króla oczekiwali Żydzi. Oświadczenie wyższych kapłanów i saduceuszy: „My nie mamy króla, ale cesarza", było szokiem nawet dla bezmyślnego pospólstwa, ale było już za późno, aby uratować Jezusa, nawet, gdyby tłum odważył się poprzeć sprawę Mistrza.

Piłat bał się rozruchów i buntu. Nie mógł sobie pozwolić na takie zamieszki w Jerozolimie w czasie Paschy. Niedawno otrzymał od cesarza reprymendę i nie chciał ryzykować następnej. Pospólstwo się cieszyło, kiedy kazał uwolnić Barabasza. Polecił zatem, aby mu przyniesiono miskę i trochę wody i tam, przed całym tłumem, umył ręce i powiedział: „Jestem niewinny krwi tego człowieka. Wy postanowiliście, że musi umrzeć, ale ja nie znalazłem w nim w żadnej winy. Zajmujcie się tym sami. Żołnierze wyprowadzą go wam". Wtedy pospólstwo wiwatowało i odpowiedziało: „Krew jego na nas i na dzieci nasze".

PRZEKAZ 186

TUŻ PRZED UKRZYŻOWANIEM

GDY JEZUS i jego oskarżyciele szli do Heroda, Mistrz zwrócił się do Apostoła Jana i powiedział: „Janie, nic już nie możesz dla mnie zrobić. Idź do mojej matki i przyprowadź ją, aby mnie ujrzała zanim umrę". Kiedy Jan usłyszał prośbę Mistrza, chociaż nie bardzo chciał go zostawić samego między wrogami, pośpieszył do Betanii, gdzie się zebrała cała rodzina Jezusa w domu Marty i Marii, sióstr Łazarza, którego Jezus wskrzesił.

Tego ranka posłańcy wielokrotnie przynosili Marii i Marcie wieści, dotyczące przebiegu procesu Jezusa. Rodzina Jezusa dotarła jednak do Betanii dopiero na kilka minut przed przybyciem Jana, który przyniósł prośbę Jezusa, aby mógł się zobaczyć z matką zanim go zabiją. Po tym, jak Jan Zebedeusz opowiedział im wszystko, co się zdarzyło od czasu aresztowania Jezusa o północy, Maria, matka Jezusa, bezzwłocznie poszła wraz z Janem zobaczyć się ze swoim najstarszym synem. W tym czasie, kiedy Maria i Jan dotarli do miasta, Jezus był już na Golgocie, prowadzony przez rzymskich żołnierzy, którzy go mieli ukrzyżować.

Kiedy Maria, matka Jezusa, poszła z Janem do swego syna, jego siostra, Rut, nie chciała zostać z resztą rodziny. Ponieważ była zdeterminowana towarzyszyć matce, jej brat, Juda, poszedł wraz z nią. Reszta rodziny Mistrza pozostała w Betanii, pod przywództwem Jakuba i niemalże co godzinę posłańcy Dawida Zebedeusza przynosili im sprawozdania z przebiegu tego okropnego procesu zabijania ich najstarszego brata, Jezusa z Nazaretu.

1. KONIEC JUDASZA ISKARIOTY

Tego, piątkowego ranka, około wpół do dziewiątej, zakończyło się przesłuchanie Jezusa przed Piłatem i Mistrza oddano pod straż żołnierzom rzymskim, którzy go mieli ukrzyżować. Jak tylko rzymscy żołnierze przejęli Jezusa, kapitan strażników żydowskich odszedł ze swoimi ludźmi do swej świątynnej kwatery. Wyżsi kapłani i towarzyszący im członkowie Sanhedrynu szli tuż za strażnikami, wprost do swego zwyczajowego miejsca spotkań – sali z ociosanego kamienia w Świątyni. Tam zastali wielu innych członków Sanhedrynu, którzy oczekiwali wieści, co zrobiono z Jezusem. Kiedy Kajfasz zdawał Sanhedrynowi sprawozdanie z procesu i skazania Jezusa, zjawił się Judasz i zażądał nagrody za swoją rolę, jaką odegrał w aresztowaniu Mistrza i skazaniu go na śmierć.

Wszyscy obecni tam Żydzi czuli wstręt do Judasza; patrzyli na zdrajcę z uczuciem głębokiej pogardy. Podczas całego procesu Jezusa przed Kajfaszem i potem, kiedy Jezus stanął przed Piłatem, Judasz miał wyrzuty sumienia z powodu swego zdradzieckiego uczynku. Zaczynał też być w jakiś sposób rozczarowany co do swojej nagrody, którą miał dostać, jako zapłatę za zdradę Jezusa. Nie podobał mu się chłód i powściągliwość władz żydowskich; niemniej jednak oczekiwał, że będzie hojnie wynagrodzony za swoje tchórzliwie postępowanie. Spodziewał się, że zostanie wezwany na pełne posiedzenie Sanhedrynu i tam wysłucha pochwał na swój temat i wtedy nadadzą mu odpowiednie zaszczyty w uznaniu wielkiej zasługi, którą jak sobie schlebiał, oddał swojemu narodowi. Zatem wyobraźcie sobie wielkie zaskoczenie tego egotycznego zdrajcy, kiedy służący arcykapłana, klepiąc go po ramieniu, wywołał go z sali i powiedział: „Judaszu, kazano mi, żebym ci zapłacił za zdradę Jezusa. Tutaj jest twoja nagroda". To mówiąc, służący Kajfasza podał Judaszowi sakiewkę, w której było trzydzieści srebrników – aktualna cena dobrego, zdrowego niewolnika.

Judasz był oszołomiony i osłupiały. Pognał z powrotem ku wejściu do sali, ale odźwierny go odprawił. Chciał apelować do Sanhedrynu, ale nie chcieli go wpuścić. Judasz nie mógł w to uwierzyć, że władcy Żydów mogliby pozwolić mu zdradzić przyjaciół i Mistrza a potem w nagrodę zaoferować trzydzieści srebrników. Był upokorzony, rozczarowany i zupełnie zdruzgotany. Wyszedł jak w transie ze Świątyni. Machinalnie włożył sakiewkę do swej głębokiej kieszeni, tej samej kieszeni, w której tak niedawno nosił torbę z funduszami apostolskimi. I włóczył się po mieście pośród tłumu, który szedł przyglądać się ukrzyżowaniom.

Judasz dostrzegł z oddali, jak podnoszą część krzyża z przybitym do niego Jezusem i na ten widok pognał z powrotem do Świątyni i odepchnąwszy odźwiernego, znalazł się przed Sanhedrynem, który wciąż jeszcze obradował. Zdrajca był prawie bez tchu i oszalały z rozpaczy, jednak udało mu się wyjąkać te słowa: „Zgrzeszyłem tym, że zdradziłem krew niewinną. Obraziliście mnie. Zaofiarowaliście mi jako nagrodę za moją usługę pieniądze – cenę niewolnika. Żałuję, że to zrobiłem; tutaj są wasze pieniądze. Nie chcę być winny tego czynu".

Kiedy władcy żydowscy wysłuchali Judasza, szydzili z niego. Jeden z nich, siedzący niedaleko miejsca, gdzie stał Judasz, dał znak, że Judasz ma opuścić salę i powiedział: „Twój Mistrz został już zabity przez Rzymian, a jeśli idzie o twoją winę, co to nas obchodzi? To twoja sprawa – i odejdź!".

Gdy Judasz wychodził z sali Sanhedrynu, wyjął trzydzieści srebrników z sakiewki i rozrzucił je po podłodze Świątyni. Kiedy zdrajca opuszczał Świątynię, tracił niemalże zmysły. Teraz Judasz zaczął uprzytamniać sobie prawdziwą naturę swojego grzechu. Znikł cały czar, fascynacja i odurzenie złym uczynkiem. Teraz złoczyńca był samotny, twarzą w twarz z osądzającym wyrokiem swojej otrzeźwionej i rozczarowanej duszy. Grzech był czarujący i pachniał przygodą, gdy się go dokonywało, ale teraz trzeba stanąć w obliczu żniwa nagich, prozaicznych faktów.

Ten były ambasador królestwa nieba na Ziemi szedł teraz ulicami Jerozolimy, opuszczony i samotny. Jego rozpacz była desperacka i prawie absolutna. Wędrował przez miasto i wyszedł za mury, idąc w dół do okropnej samotni doliny Hinnom, gdzie wspiął się na strome skały i wziął pas od swojego płaszcza, przymocował jeden koniec do małego drzewa, drugi zawiązał wokół szyi i rzucił się w przepaść. Zanim umarł, węzeł zrobiony nerwowymi rękami puścił i ciało zdrajcy rozdarło się na kawałki, spadłszy na wyszczerbione kamienie na dole.

2. POSTAWA MISTRZA

Kiedy Jezus został aresztowany, wiedział, że jego praca na Ziemi w formie cielesnej jest skończona. Wiedział dobrze, jaką śmiercią umrze i niewiele troszczył się szczegółami tak zwanych procesów.

Przed sądem Sanhedrynu Jezus nie chciał odpowiadać na zeznania wiarołomnych świadków. Jedno tylko było pytanie, na które zawsze odpowiadał, czy to zadane przez przyjaciela czy też wroga a dotyczyło ono natury i boskości jego misji na Ziemi. Kiedy pytano, czy jest Synem Bożym, zawsze udzielał odpowiedzi. Milczał nieustraszenie, znalazłszy się przed dociekliwym i nikczemnym Herodem. Gdy był przed Piłatem, odpowiadał tylko wtedy, kiedy uważał, że to, co mówi do Piłata lub jakiejkolwiek innej szczerej osoby może pomóc w lepszym poznaniu prawdy, o której mówił. Jezus nauczał swoich apostołów, że rzucanie pereł przed wieprze jest bezużyteczne i teraz nie wahał się zastosować w praktyce tego, czego nauczał. Jego zachowanie w tym właśnie czasie jest przykładem cierpliwej uległości ludzkiej natury, połączonej z majestatycznym milczeniem i dostojną godnością Boskiej natury. Generalnie, Jezus gotów był omówić z Piłatem jakąkolwiek kwestię związaną z oskarżeniami politycznymi, jakie zostały przeciw niemu wniesione – jakikolwiek problem, który uważał, że leży w jurysdykcji namiestnika.

Jezus był przekonany, że taka jest wola Ojca, aby podporządkować się naturalnemu i zwykłemu biegowi ludzkich wypadków, tak jak to musi uczynić każda śmiertelna istota i dlatego też nie chciał używać nawet czysto ludzkiej mocy swej przekonywającej elokwencji, aby wpłynąć na wynik machinacji współbraci śmiertelników, społecznie krótkowzrocznych i duchowo ślepych. Chociaż Jezus żył i umarł na Urantii, całe jego ludzkie życie, od początku do końca, było pokazem, mającym na celu wywieranie wpływu i nauczanie całego wszechświata przezeń stworzonego i wciąż podtrzymywanego.

Ci krótkowzroczni Żydzi w gorszący sposób domagali się śmierci Mistrza, podczas kiedy on stał w przejmującej ciszy i patrzył na scenę śmierci narodu – narodu jego ziemskiego ojca.

Jezus posiadł taki rodzaj ludzkiego charakteru, że mógł zachować opanowanie i dowieść swej godności w obliczu ciągłych i nieuzasadnionych zniewag. Nie można go było zastraszyć. Gdy po raz pierwszy został zaatakowany przez służącego Annasza, zasugerował tylko stosowność wezwania świadka, który mógłby zaświadczyć przeciw niemu.

Od początku do końca tej, tak zwanej rozprawy przed Piłatem, przypatrujące się temu niebiańskie zastępy nie mogły się powstrzymać od transmitowania wszechświatowi określenia tej sceny jako „Piłat na rozprawie przed Jezusem".

Kiedy Jezus stał przed Kajfaszem i kiedy wszystkie wiarołomne zeznania zawiodły, Jezus nie wahał się odpowiedzieć na pytanie arcykapłana, tym samym dając własnym zeznaniem to, czego tak bardzo pragnęli, powód do skazania go za bluźnierstwo.

Mistrz nigdy nie wykazał najmniejszego zainteresowania najlepszymi w intencjach, ale niezdecydowanymi wysiłkami Piłata, aby go uwolnić. Mistrz naprawdę współczuł Piłatowi i szczerze usiłował oświecić jego pogrążony w ciemnościach umysł. Pozostawał zupełnie bierny wobec wszystkich apeli rzymskiego namiestnika, skierowanych do

Żydów, aby wycofali swe kryminalne oskarżenia przeciw niemu. W trakcie całego tego smutnego przejścia, zachowywał się z prostą godnością i skromnym majestatem. Ani cienia nieszczerości nie było w jego odpowiedzi, danej przyszłym mordercom, kiedy go zapytali, czy jest „królem Żydów". Z niewielkimi zastrzeżeniami wyjaśniającymi zaakceptował nominację, wiedząc, że choć postanowili go odrzucić, byłby ostatnim, który zapewniłby im prawdziwe narodowe przywództwo, chociaż w sensie duchowym.

Jezus niewiele mówił podczas tych procesów, ale powiedział wystarczająco dużo, aby pokazać wszystkim śmiertelnikom ten rodzaj ludzkiego charakteru, jaki człowiek może wypracować w partnerstwie z Bogiem i odkrył całemu wszechświatu sposób, w jaki Bóg może zostać objawiony w życiu stworzonego, kiedy taki stworzony naprawdę zechce czynić wolę Ojca, stając się w ten sposób aktywnym synem żywego Boga.

Miłość Jezusa do nieświadomych śmiertelników objawia się w pełni poprzez jego cierpliwość w obliczu drwin, ciosów i poszturchiwań ordynarnych żołnierzy i bezmyślnych służących. On nawet nie był zły, gdy zasłonili mu oczy i szyderczo bili go po twarzy i wołali: „Prorokuj, który z nas cię uderzył".

Oświadczenie Piłata było prawdziwsze niż się tego spodziewał, kiedy po biczowaniu Jezusa przedstawiał go tłumowi i zawołał: „Oto człowiek!". Zaprawdę, strachem przejęty rzymski namiestnik nawet nie przypuszczał, że w tej chwili wszechświat przypatrywał się temu, patrząc na unikalne widowisko ich ukochanego Władcy, poddanego tak upokarzającemu szyderstwu i ciosom swoich ciemnych i zwyrodniałych poddanych-śmiertelników. I kiedy się Piłat odezwał, w całym Nebadonie odbiło się echem: „Oto Bóg i człowiek!". Od tego dnia, w całym wszechświecie niezliczone miliony istot wciąż dostrzegają owego człowieka, podczas gdy Bóg Havony, najwyższy władca wszechświata wszechświatów, zaakceptował człowieka z Nazaretu jako ziszczenie ideału śmiertelnych istot z tego lokalnego wszechświata czasu i przestrzeni. W swoim niezrównanym życiu Jezus nigdy nie zaniedbał objawiać Boga człowiekowi. Teraz, na ostatnim etapie swojej ziemskiej drogi i następującej po niej śmierci, zrobił nowe i wzruszające objawienie człowieka Bogu.

3. NIEZAWODNY DAWID ZEBEDEUSZ

Wkrótce po tym, gdy na koniec rozprawy przed Piłatem Jezus został oddany rzymskim żołnierzom, oddział strażników świątynnych pośpieszył do Getsemane, aby rozpędzić lub aresztować zwolenników Mistrza. Jednak na długo przed ich przybyciem zwolennicy Mistrza się rozproszyli. Apostołowie odeszli do wyznaczonych kryjówek; Grecy się rozdzielili i poszli do różnych domów w Jerozolimie; inni uczniowie znikli w podobny sposób. Dawid Zebedeusz przypuszczał, że wrogowie Jezusa wrócą; więc wcześniej przeniósł pięć czy sześć namiotów w górę, w pobliże tego jaru, gdzie Mistrz tak często się oddalał na modlitwę i czczenie. Tam planował ukryć i jednocześnie prowadzić centrum, czy też punkt koordynacyjny swej służby posłańców. Ledwie Dawid opuścił obóz, kiedy przybyły straże świątynne. Nie znalazłszy nikogo, strażnicy zadowolili się spaleniem obozu i pośpieszyli z powrotem do Świątyni. Członkowie Sanhedrynu byli zadowoleni, słysząc ich raport, że zwolennicy Jezusa tak bardzo są wystraszeni i pokonani, że już nie będzie niebezpieczeństwa powstania czy jakiejkolwiek próby wyswobodzenia Jezusa z rąk katów. Wreszcie mogli lżej odetchnąć, więc odroczyli posiedzenie, każdy odszedł w swoją stronę, aby przygotowywać się do Paschy.

Jak tylko Jezus został wydany przez Piłata w ręce żołnierzy rzymskich, aby go ukrzyżowali, posłaniec pośpieszył do Getsemane, aby powiadomić o tym Dawida i za pięć minut gońcy byli w drodze do Betsaidy, Pelli, Filadelfii, Sydonu, Sychemu, Hebronu, Damaszku i Aleksandrii. I ci posłańcy roznieśli wieść, że Jezus zaraz zostanie ukrzyżowany przez żołnierzy rzymskich na uporczywe żądanie władców żydowskich.

Przez cały ten, tragiczny dzień, aż do ostatniej wiadomości, że Mistrz został złożony do grobu, Dawid mniej więcej co pół godziny wysyłał posłańców do apostołów, Greków i ziemskiej rodziny Jezusa, zgromadzonej w domu Łazarza w Betanii. Kiedy posłańcy odeszli z wieścią, że Jezus został pochowany, Dawid odprawił swój lokalny zespół posłańców na obchody Paschy i nadchodzący szabatowy odpoczynek, mówiąc im aby się zgłosili do niego po cichu w niedzielę rano, w domu Nikodema, gdzie zamierzał się ukryć na kilka dni wraz Andrzejem i Szymonem Piotrem.

Ten tak swoiście działający Dawid Zebedeusz był jedynym z przodujących uczniów Jezusa, który był gotów traktować dosłownie i praktycznie oświadczenie Mistrza o tym, że umrze i „trzeciego dnia zmartwychwstanie". Dawid słyszał kiedyś, jak Jezus mówił tę przepowiednię a biorąc wszystko dosłownie, zaproponował teraz zbiórkę swoich posłańców wcześnie rano, w niedzielę, w domu Nikodema, żeby byli pod ręką do roznoszenia wieści, na wypadek, gdyby Jezus zmartwychwstał. Dawid od razu zauważył, iż żaden z wyznawców Jezusa nie spodziewa się, że Mistrz tak prędko wróci z grobu; dlatego też niewiele mówił o swoim przekonaniu a już zupełnie nic o mobilizacji całego swojego oddziału posłańców na wczesny, niedzielny poranek, oprócz tych gońców, których wyprawił w piątek przed południem do odległych miast i skupisk wiernych.

I tak wyznawcy Jezusa, rozrzuceni po całej Jerozolimie i jej okolicach, uczestniczyli w Passze tego wieczora a następnego dnia pozostawali w ukryciu.

4. PRZYGOTOWANIA DO UKRZYŻOWANIA

Po tym, jak Piłat umył ręce przed tłumem, chcąc w ten sposób uniknąć winy za wydanie niewinnego człowieka na ukrzyżowanie, tylko dlatego, że bał się przeciwstawić naciskom władców żydowskich, rozkazał, że Mistrz ma zostać wydany rzymskim żołnierzom i dał polecenie ich kapitanowi, żeby go zaraz ukrzyżowano. Kiedy żołnierze zajęli się Jezusem, zaprowadzili go z powrotem na dziedziniec pretorium i po tym, jak zdjęli z niego płaszcz, który mu Herod nałożył, ubrali go w jego własną odzież. Żołnierze drwili i wyśmiewali się z niego, ale nie zadali mu dodatkowej kary fizycznej. Teraz Jezus został sam z żołnierzami rzymskimi. Jego przyjaciele byli w ukryciu; jego wrogowie odeszli; nie było również przy nim Jana Zebedeusza.

Piłat wydał Jezusa żołnierzom zaraz po ósmej a tuż przed dziewiątą wyszli na miejsce ukrzyżowania. W tym czasie, przez ponad pół godziny, Jezus nie wyrzekł ani słowa. Działalność administracyjna wielkiego wszechświata została praktycznie zawieszona. Gabriel i wyżsi władcy Nebadonu albo się zgromadzili na Urantii, albo też byli całkowicie pochłonięci przeglądaniem przestrzennych raportów archaniołów, starając się tym sposobem zdobyć wieści, co się dzieje z Synem Człowieczym na Urantii.

Zanim żołnierze byli gotowi wyruszyć z Jezusem na Golgotę, zaczęli być pod wrażeniem jego niezwykłego opanowania i niezwykłej godności, jego milczenia bez narzekań.

Wyjście z Jezusem na miejsce ukrzyżowania trochę się opóźniło z powodu decyzji kapitana, podjętej w ostatniej chwili, aby wziąć także dwóch złodziei, którzy byli skazani na śmierć; skoro Jezus miał być ukrzyżowany tego ranka, rzymski kapitan uznał, że tych dwóch także mogłoby z nim umrzeć, nie czekając na koniec uroczystości Paschy.

Jak tylko złodzieje byli gotowi, zostali doprowadzeni na dziedziniec, gdzie przypatrywali się Jezusowi, jeden z nich widział go po raz pierwszy, ale drugi często go słyszał jak przemawiał, zarówno w Świątyni jak i wiele miesięcy wcześniej w obozie w Pelli.

5. ŚMIERĆ JEZUSA A PASCHA

Nie ma żadnego bezpośredniego związku pomiędzy śmiercią Jezusa a żydowską Paschą. Prawda, że Mistrz oddał swe życie cielesne w tym dniu, w dniu przygotowań do żydowskiej Paschy i mniej więcej w czasie ofiarowania jagniąt w Świątyni. Jednak ten przypadkowy zbieg okoliczności w żadnej mierze nie oznacza, że śmierć Syna Człowieczego na Ziemi ma jakikolwiek związek z żydowskim zwyczajem składania ofiar. Jezus był Żydem, ale jako Syn Człowieczy był śmiertelnikiem tej domeny. Opowiedziane uprzednio wypadki, które doprowadziły do tej godziny tuż przed ukrzyżowaniem, wystarczają, aby wykazać, że śmierć w tym czasie była sprawą czysto naturalną i zorganizowaną przez ludzi.

To człowiek a nie Bóg zaplanował i zadał Jezusowi śmierć na krzyżu. Prawda, że Ojciec nie chciał ingerować w bieg ludzkich wypadków na Urantii, ale Ojciec w Raju nie zarządził, ani nie zażądał, ani też nie wymagał śmierci swego Syna tak jak to zostało przeprowadzone na Ziemi. Faktycznie, wcześniej czy później Jezus miał w jakiś sposób pozbyć się swego śmiertelnego ciała, swojej inkarnacji cielesnej, ale mógł to zrobić na nieprzebraną ilość sposobów bez umierania na krzyżu między dwoma złodziejami. Wszystko to było dziełem ludzkim, nie Boskim.

Do czasu swego chrztu Mistrz skończył zdobywać doświadczenie na Ziemi i w ciele konieczne do ukończenia swego siódmego i ostatniego, wszechświatowego obdarzenia. W tym właśnie czasie obowiązki Jezusa na Ziemi się skończyły. Całe życie, jakie później przeżył a nawet sposób, w jaki umarł, były z jego strony czysto osobistą służbą dla dobra i dla podniesienia na duchu jego śmiertelnych istot na tym świecie i na innych światach.

Ewangelia dobrej nowiny, że śmiertelny człowiek może stać się przez wiarę świadomy duchowo tego, że jest synem Boga, nie jest zależna od śmierci Jezusa. Co prawda, cała ta ewangelia królestwa została ogromnie wyeksponowana dzięki śmierci Mistrza, ale jeszcze bardziej dzięki jego życiu.

Wszystko to, co Syn Człowieczy powiedział albo zrobił na Ziemi przydaje ozdoby doktrynom synostwa z Bogiem i braterstwu człowieka, ale te podstawowe związki z Bogiem i z człowiekiem są charakterystyczne dla wszechświatowego faktu Bożej miłości do istot stworzonych i dla miłosierdzia właściwego Synom Bożym. Te wzruszające i bosko piękne związki pomiędzy człowiekiem a jego Stwórcą, na tym świecie i na innych światach w całym wszechświecie wszechświatów, istniały od wieczności i nie są one w żadnym stopniu zależne od tych okresowych funkcji obdarzających Stwórców Synów Boga, którzy przyjmują naturę i wygląd stworzonych przez siebie istot inteligentnych, jako część ceny, którą muszą płacić za ostateczne zdobycie nieograniczonej władzy nad ich poszczególnymi wszechświatami lokalnymi.

Ojciec w niebie kochał śmiertelnego człowieka na Ziemi tak samo przed życiem i śmiercią Jezusa na Urantii jak i po tym transcendentalnym pokazie wspólnoty człowieka z Bogiem. Ta wielka akcja wcielenia Boga z Nebadonu w człowieka na Urantii nie mogła pomnożyć atrybutów wiecznego, nieskończonego i wszechświatowego Ojca, wzbogaciła jednak i oświeciła wszystkich innych administratorów oraz istoty stworzone wszechświata Nebadonu. Podczas gdy Ojciec w niebie nie kocha nas bardziej z powodu obdarzenia dokonanego przez Michała, czynią to wszystkie inne niebiańskie istoty inteligentne. I dzieje się tak dlatego, że Jezus nie tylko objawił Boga człowiekowi, ale również uczynił podobne, nowe objawienie człowieka Bogom oraz niebiańskim istotom inteligentnym z wszechświata wszechświatów.

Jezus nie ma teraz umrzeć jako ofiara za grzechy. Nie jest on zadośćuczynieniem za wrodzoną, moralną winę gatunku ludzkiego. Ludzkość nie ma takiej winy przed Bogiem. Wina jest sprawą czysto osobistego grzechu i rozmyślnego, celowego buntu przeciw woli Ojca i rządom jego Synów.

Grzech i bunt nie mają nic wspólnego z zasadniczym planem obdarzania istot stworzonych Rajskimi Synami Boga, chociaż wydaje się nam, że plan ocalenia buntowników jest dodatkową cechą planu obdarzenia.

Zbawienie Boże dla śmiertelników Urantii byłoby tak samo skuteczne i niezawodnie pewne, gdyby Jezus nie został zabity okrutnymi rękoma bezmyślnych śmiertelników. Jeśli Mistrz zostałby życzliwie przyjęty przez śmiertelników tej Ziemi i odszedł z Urantii dobrowolnie oddając swe życie w ciele, nie miałoby to żadnego wpływu na miłość Bożą i miłosierdzie Syna, na fakt synostwa z Bogiem. Wy, śmiertelnicy, jesteście synami Bożymi i tylko jedna rzecz jest potrzebna, aby ta prawda stała się faktem w waszym osobistym doświadczeniu a jest nią wasza wiara zrodzona w duchu.

PRZEKAZ 187

UKRZYŻOWANIE

KIEDY dwaj rozbójnicy byli gotowi, żołnierze pod dowództwem setnika poszli na miejsce ukrzyżowania. Setnikiem, dowodzącym tą dwunastką żołnierzy, był ten sam kapitan, który poprzedniej nocy prowadził rzymskich żołnierzy, aby aresztowali Jezusa w Getsemane. Było rzymskim zwyczajem, żeby do każdej krzyżowanej osoby wyznaczyć czterech żołnierzy. Dwóch zbójów zostało należycie wysmaganych zanim zostali doprowadzeni na ukrzyżowanie, ale Jezusowi nie zadano dodatkowej kary fizycznej; kapitan uważał zapewne, że był on już wystarczająco biczowany, nawet zanim jeszcze został skazany.

Dwóch złodziei, krzyżowanych razem z Jezusem, było wspólnikami Barabasza i mieli zostać ukrzyżowani później razem ze swym przywódcą, gdyby nie został on uwolniony przez Piłata z okazji amnestii paschalnej. W ten sposób Jezus został ukrzyżowany zamiast Barabasza.

To, co Jezus będzie teraz czynić, poddając się śmierci na krzyżu, czyni z własnej wolnej woli. Przepowiadając to doświadczenie, Jezus powiedział: „Ojciec mój mnie miłuje i wspiera, ponieważ jestem gotów oddać moje życie. Ale ja je potem odzyskam. Nikt nie zabiera mi mego życia – sam je oddaję. Mam władzę sam je oddać i mam władzę je odzyskać. Takie przykazanie otrzymałem od mojego Ojca".

Tego ranka, tuż przed dziewiątą, żołnierze prowadzili Jezusa z pretorium na Golgotę. Za nimi szło wiele osób, którzy potajemnie byli życzliwi Jezusowi, ale większość tej grupy, liczącej dwieście czy więcej osób, stanowili w mniejszym czy większym stopniu wrogowie Jezusa lub ciekawscy próżniacy, którzy po prostu szukali wrażeń przyglądając się ukrzyżowaniu. Tylko kilku żydowskich przywódców poszło się przyglądać, jak Jezus umiera na krzyżu. Wiedząc o tym, że został on wydany przez Piłata żołnierzom rzymskim i że został skazany na śmierć, zaczęli naradę w Świątyni, podczas której dyskutowali, co należy zrobić ze zwolennikami Jezusa.

1. W DRODZE NA GOLGOTĘ

Przed wyjściem z dziedzińca pretorium, żołnierze włożyli Jezusowi na ramiona poprzeczną belkę. Było w zwyczaju zmuszać skazanego, żeby niósł poprzeczną belkę na miejsce krzyżowania. Skazaniec nie niósł całego krzyża, tylko krótsze drewno. Dłuższe, pionowe drewna na trzy krzyże były już dostarczone na Golgotę i do czasu przyjścia żołnierzy oraz ich więźniów mocno osadzone w ziemi.

Zgodnie ze zwyczajem kapitan prowadził cały orszak, niosąc małe białe tablice, na których węglem były wypisane imiona złoczyńców oraz rodzaj przestępstwa, za które zostali skazani. Dla dwóch złodziei setnik miał napisane na tablicach ich imiona a poniżej napisane było jedno słowo, „bandyta". Było zwyczajem przybić ten napis na szczycie krzyża, tuż nad głową przestępcy, kiedy ofiara została przybita do poprzecznej belki i podniesiona na swoje miejsce na pionowym drewnie, tak, aby wszyscy świadkowie wiedzieli, za jakie przestępstwo potępiony człowiek został ukrzyżowany. Informacja, którą niósł centurion, żeby ją przybić na krzyżu Jezusa, została napisana przez samego Piłata po łacinie, grecku i aramejsku, a brzmiała ona: „Jezus z Nazaretu – król Żydów".

Niektórzy przywódcy żydowscy, którzy byli przy tym jak Piłat to pisał, energicznie protestowali przeciw nazywaniu Jezusa „królem Żydów". Ale Piłat im przypomniał, że ten zarzut był częścią oskarżenia, które doprowadziło do jego skazania. Kiedy Żydzi spostrzegli, że nie są w stanie nakłonić Piłata, aby zmienił zdanie, prosili, żeby chociaż przekształcił napis na „On powiedział, «Ja jestem królem Żydów»". Ale Piłat był niewzruszony, nie chciał zmienić napisu. Na wszelkie dalsze nalegania odpowiadał tylko: „Co napisałem, to napisałem".

Było zwyczajem iść na Golgotę najdłuższą drogą, tak, aby jak największa ilość ludzi mogła widzieć potępionego kryminalistę, jednak tego dnia obrano najprostszą drogę do Bramy Damasceńskiej, którą wychodziło się z miasta na północ; idąc tą drogą szybko dotarli na Golgotę, oficjalne miejsce krzyżowania w Jerozolimie. Za Golgotą znajdowały się wille bogaczy a po drugiej stronie drogi były grobowce wielu zamożnych Żydów.

Ukrzyżowanie nie było żydowskim sposobem karania. Zarówno Grecy jak i Rzymianie nauczyli się tej metody egzekucji od Fenicjan. Nawet Herod, przy całym swym okrucieństwie, nie uciekał się do krzyżowania. Rzymianie nigdy nie krzyżowali rzymskich obywateli; tylko niewolników i narody podbite poddawano tej haniebnej śmierci. Podczas oblężenia Jerozolimy, zaledwie czterdzieści lat po ukrzyżowaniu Jezusa, cała Golgota pokryła się tysiącami krzyży, na których dzień po dniu ginął kwiat narodu żydowskiego. Zaprawdę, straszne żniwo nasienia posianego w tym dniu.

Kiedy procesja śmierci szła wąskimi ulicami Jerozolimy, wiele kobiet żydowskich o czułym sercu, które słyszały słowa otuchy i współczucia od Jezusa i które wiedziały o jego działalności przepełnionej miłością, nie mogło się powstrzymać od płaczu, widząc, jak go prowadzą na tak haniebną śmierć. Kiedy przechodził obok nich, wiele kobiet płakało i lamentowało. I kiedy niektóre odważyły się nawet iść obok niego, Mistrz zwracając ku nim głowę, powiedział: „Córki Jerozolimy, nie płaczcie nade mną, płaczcie raczej nad sobą i nad waszymi dziećmi. Moje dzieło jest prawie skończone – wkrótce idę do mojego Ojca – ale dla Jerozolimy zaczną się teraz czasy okropnej udręki. Oto bowiem nadchodzą dni, kiedy będziecie mówić: szczęśliwe niepłodne łona i te, których piersi nigdy nie karmiły. W tych dniach prosić będziecie kamienie z gór, aby na was spadły i tym samym uwolniły was od grozy waszej udręki".

Te kobiety jerozolimskie naprawdę były odważne, gdy okazywały swoją sympatię Jezusowi, gdyż przejawianie przyjacielskich uczuć w stosunku do tego, który był prowadzony na ukrzyżowanie, było surowo zakazane prawem. Dozwolone było szydzenie, drwienie, kpiny i wyśmiewanie się ze skazanego, ale nie można mu było okazywać żadnej sympatii. Choć podczas tej czarnej godziny, gdy przyjaciele przebywali w ukryciu, Jezus doceniał te wyrazy sympatii, nie chciał, żeby te dobrotliwe kobiety narażały się na gniew władz za śmiałość okazywania mu współczucia. Nawet w takiej chwili jak ta Jezus niewiele myślał o sobie, myślał o strasznych dniach tragedii, które czekały Jerozolimę i cały naród żydowski.

Kiedy Mistrz szedł mozolnie na ukrzyżowanie, był bardzo zmęczony, bliski wyczerpania. Od czasu Ostatniej Wieczerzy w domu Eliasza Marka nie dostał ani jedzenia, ani wody; nie dano mu także skorzystać z chwili snu. Poza tym, jedno przesłuchanie następowało zaraz po drugim, aż do godziny skazania, nie wspominając już o okrutnym biczowaniu i związanym z nim fizycznym cierpieniu, połączonym z utratą krwi. Na to wszystko nałożyła się skrajna udręka umysłowa, wyjątkowe napięcie duchowe i straszne uczucie ludzkiego osamotnienia.

Zaraz po przejściu bramy miasta, gdy Jezus słaniał się pod ciężarem poprzecznej belki, siły fizyczne chwilowo go opuściły i upadł pod ciężarem brzemienia. Żołnierze krzyczeli na niego i go kopali, ale on nie mógł wstać. Kiedy kapitan to zobaczył, a wiedział co Jezus już przeszedł, rozkazał żołnierzom, aby zaprzestali. Potem kazał przechodzącemu obok Szymonowi z Cyreny wziąć poprzeczną belkę z ramion Jezusa i zmusił go do niesienia jej przez resztę drogi na Golgotę.

Szymon przeszedł całą drogę z Cyreny, w Afryce północnej, aby uczestniczyć w Passze. Zatrzymał się wraz z innymi Cyreńczykami zaraz za murami miasta i teraz szedł na nabożeństwo do Świątyni w mieście, kiedy rzymski kapitan rozkazał mu nieść poprzeczną belkę Jezusa. Szymon pozostał na Golgocie aż do śmierci Mistrza na krzyżu, rozmawiając z wieloma jego przyjaciółmi jak również wrogami. Po zmartwychwstaniu i zanim odszedł z Jerozolimy, został dzielnym wyznawcą ewangelii królestwa, a kiedy wrócił do domu, poprowadził swą rodzinę do królestwa niebiańskiego. Dwaj jego synowie, Aleksander i Rufus, zostali w Afryce bardzo wartościowymi nauczycielami nowej ewangelii. Ale Szymon nigdy się nie dowiedział, że ten Jezus, którego brzemię niósł i żydowski guwerner, który kiedyś zaprzyjaźnił się z jego rannym synem, to była ta sama osoba.

Było tuż po dziewiątej, kiedy cały ten orszak śmierci dotarł na Golgotę a rzymscy żołnierze szykowali się przybić gwoździami dwóch bandytów i Syna Człowieczego do odpowiednich krzyży.

2. UKRZYŻOWANIE

Najpierw żołnierze przywiązali powrozami ramiona Mistrza do poprzecznej belki a potem przybili mu dłonie gwoździami do drewna. Kiedy podnieśli poprzeczną belkę na słup i po tym, jak ją mocno przybili gwoździami do pionowego drewna krzyża, związali i przybili do drewna jego stopy, używając jednego długiego gwoździa, przechodzącego przez obie stopy. Pionowe drewno miało duży kołek, przytwierdzony na odpowiedniej wysokości, służący za rodzaj siodełka do podtrzymywania ciężaru ciała. Krzyż nie był wysoki, stopy Mistrza znajdowały się około metra nad ziemią. Dlatego też mógł on słyszeć wszystko, co z drwiną do niego mówiono i mógł wyraźnie widzieć wyraz twarzy wszystkich tych, którzy bezmyślnie z niego kpili. Ci, którzy tam byli, mogli również z łatwością słyszeć wszystko, co Jezus mówił w czasie tych długich godzin nieustannych tortur i powolnej śmierci.

Było w zwyczaju zdejmować całą odzież z tych, którzy mieli być krzyżowani, ale ponieważ Żydzi bardzo protestowali przeciw publicznemu pokazywaniu nagiego ludzkiego ciała, Rzymianie zawsze dostarczali stosownych przepasek dla wszystkich krzyżowanych w Jerozolimie. Dlatego też po tym, jak zdjęto z Jezusa całą odzież, został on tak ubrany zanim go położono na krzyżu.

Uciekano się do ukrzyżowania, aby zadać okrutną i długotrwałą karę, ofiary nieraz nie umierały przez kilka dni. W Jerozolimie panowały silne nastroje przeciw krzyżowaniu i istniało tam stowarzyszenie żydowskich kobiet, które zawsze wysyłały swe przedstawicielki na krzyżowanie, aby podały narkotyzowane wino ofiarom w celu zmniejszenia ich cierpień. Ale kiedy Jezus spróbował narkotyzowanego wina, choć bardzo był spragniony, nie chciał go wypić. Mistrz chciał zachować ludzką świadomość do samego końca. Pragnął poznać śmierć, nawet w tej okrutnej i nieludzkiej formie i odnieść nad nią zwycięstwo, przez dobrowolne podporządkowanie się pełni ludzkiego doświadczenia.

Zanim Jezus znalazł się na krzyżu, dwóch bandytów było już na swoich krzyżach, cały czas przeklinając i plując na swoich katów. Jedyne słowa, jakie Jezus wyrzekł, gdy przybijali go do poprzecznej belki, były: „Ojcze wybacz im, bo nie wiedzą, co czynią". Nie mógł bardziej miłosiernie i z większą miłością wstawić się za swoimi katami, ponieważ takie myśli kochającego poświęcenia były zasadniczym motywem bezinteresownej służby całego jego życia. Idee, motywy i pragnienia całego życia ujawnia ą się wyraźnie w chwili kryzysu.

Kiedy Mistrz został podniesiony na krzyżu, kapitan przybił nad jego głową napis w trzech językach: „Jezus z Nazaretu – król Żydów". Żydzi byli rozwścieczeni tą domniemaną zniewagą. Jednak Piłat był rozdrażniony ich lekceważącym zachowaniem; czuł, że został zastraszony i upokorzony i w ten małostkowy sposób chciał się im zrewanżować. Mógł napisać: „Jezus buntownik". Dobrze jednak wiedział, jak bardzo Żydzi z Jerozolimy nie cierpieli nawet samej nazwy Nazaret i postanowił w ten sposób ich upokorzyć. Wiedział też, że będą dotknięci do żywego, gdy zobaczą skazanego Galilejczyka nazywanego „królem Żydów".

Wielu żydowskich przywódców, kiedy się dowiedzieli, że Piłat chciał z nich zadrwić umieszczając taki napis na krzyżu Jezusa, pośpieszyło na Golgotę, ale nie odważyli się usunąć napisu, ponieważ rzymscy żołnierze stali na straży. Nie mogąc usunąć tego tytułu, przywódcy ci zmieszali się z tłumem i robili co tylko mogli, aby sprowokować drwiny i wyśmiewanie się, tak, żeby nikt nie traktował tego napisu poważnie.

Apostoł Jan wraz z Marią, matką Jezusa, Rut i Juda zjawili się wkrótce po tym, jak Jezus został podniesiony na jego miejsce na krzyżu, dokładnie wtedy, kiedy kapitan przybijał napis nad głową Mistrza. Jan był jedynym z jedenastu apostołów, który był świadkiem ukrzyżowania, ale nawet jego nie było cały czas, gdyż wkrótce po tym, jak przyprowadził matkę Jezusa, pobiegł z powrotem do Jerozolimy, żeby przyprowadzić swoją matkę i jej przyjaciół.

Gdy Jezus zobaczył swoją matkę z Janem i swego brata i siostrę, uśmiechnął się, ale nic nie powiedział. W międzyczasie czterech żołnierzy przydzielonych do ukrzyżowania Mistrza, tak jak to było w zwyczaju, podzieliło między sobą jego odzież, jeden wziął sandały, inny turban, jeszcze inny pas a czwarty wziął płaszcz. Pozostała tunika szata bez szwu, sięgająca prawie kolan i miała być pocięta na cztery części, ale kiedy żołnierze spostrzegli, jak nietuzinkowa była ta część garderoby, postanowili rzucić o nią losy. Jezus patrzył na nich z góry, kiedy dzielili jego odzież a bezmyślny tłum drwił z niego.

Dobrze się stało, że żołnierze rzymscy wzięli odzież Mistrza. W innym wypadku, gdyby jego wyznawcy weszli w posiadanie tego odzienia, mogliby się uciec do zabobonnego kultu relikwii. Mistrz życzył sobie, żeby jego wyznawcy nie posiadali niczego materialnego, co miałoby związek z jego życiem na Ziemi. Chciał ludzkości pozostawić tylko pamięć swego ludzkiego życia, oddanego wysokiemu, duchowemu ideałowi poświęcenia się wykonywaniu woli Ojca.

3. ŚWIADKOWIE UKRZYŻOWANIA

Jezus zawisł na krzyżu tego piątkowego ranka, około wpół do dziesiątej. Przed jedenastą zebrało się ponad tysiąc ludzi, aby oglądać widowisko ukrzyżowania Syna Człowieczego. Przez wszystkie te straszne godziny, niewidzialne zastępy wszechświata stały w ciszy, przyglądając się niezwykłemu fenomenowi Stwórcy umierającego śmiercią stworzonego i to najbardziej haniebną śmiercią potępionego kryminalisty.

Podczas ukrzyżowania, w takim czy innym czasie, w pobliżu krzyża stali: Maria, Rut, Juda, Jan, Salome (matka Jana) i grupa gorliwie wierzących kobiet, wliczając w to Marię, żonę Klopasa, siostrę matki Jezusa oraz Marię Magdalenę i Rebekę z Seforis. Ci oraz inni przyjaciele Jezusa zachowywali spokój, będąc świadkami jego wielkiej cierpliwości i hartu i przyglądali się jego wielkiemu cierpieniu.

Wielu ludzi, którzy tam przechodzili, kiwało głowami i szydziło z Jezusa, mówiąc: „Ty, który chciałeś zniszczyć Świątynię i zbudować ją znowu w trzy dni, uratuj siebie. Jeśli jesteś Synem Bożym, dlaczego nie zejdziesz z krzyża"? W podobny sposób niektórzy żydowscy władcy kpili z niego i mówili: „Innych ratował a sam siebie nie może uratować". Inni mówili: „Jeśli jesteś królem Żydów, zejdź z krzyża a uwierzymy w ciebie". Później jeszcze bardziej z niego kpili, mówiąc: „Zaufał Bogu, że go wybawi. Twierdził nawet, że jest Synem Bożym – popatrzcie na niego teraz – ukrzyżowany pomiędzy dwoma złodziejami". Nawet dwóch złodziei złorzeczyło mu i robiło mu wymówki.

Zważywszy na to, że Jezus nie odpowiadał na ich złośliwości i że zbliżało się południe tego specjalnego dnia przygotowań do święta, o wpół do dwunastej większość kpiącego i drwiącego tłumu poszła w swoją stronę; zostało niecałe pięćdziesiąt osób. Żołnierze szykowali się teraz do zjedzenia obiadu i wypicia swojego taniego, kwaśnego wina, gdy zaczynali długie czuwanie przy skazańcach. Kiedy dzielili się swoim winem, szyderczo zaproponowali toast Jezusowi, mówiąc: „Pozdrawiamy cię i życzymy szczęścia. Za króla Żydów!". I byli zdziwieni, że Mistrz pobłażliwie traktuje ich wyśmiewanie się i kpiny.

Kiedy Jezus zobaczył, jak jedzą i piją, patrząc na nich z góry, powiedział: „Jestem spragniony". Kiedy kapitan straży usłyszał, że Jezus mówi, „jestem spragniony", wziął trochę wina ze swej butelki i przytwierdzając do końca oszczepu nasyconą zatyczkę z gąbki podniósł ją do Jezusa, aby ten mógł zwilżyć swoje spieczone usta.

Jezus chciał żyć bez używania swojej nadludzkiej mocy i tak samo postanowił umrzeć, jak zwykły śmiertelnik, na krzyżu. Żył jako człowiek i chciał umrzeć jako człowiek – wykonując wolę Ojca.

4. ZŁODZIEJ NA KRZYŻU

Jeden z bandytów szydził z Jezusa i mówił: „Jeśli jesteś Synem Bożym, dlaczego nie uratujesz siebie i nas?". Ale kiedy robił wyrzuty Jezusowi, drugi złodziej, który wiele razy słyszał nauki Mistrza, powiedział: „Czy ty nawet Boga się nie boisz? Czy nie widzisz, że my sprawiedliwie cierpimy za nasze czyny, ale ten człowiek cierpi niesprawiedliwie?

Lepiej byśmy prosili o przebaczenie za nasze grzechy i zbawienie naszych dusz". Kiedy Jezus usłyszał, co mówi złodziej, odwrócił ku niemu swą twarz i uśmiechnął się z aprobatą. Kiedy złoczyńca ujrzał zwróconą ku sobie twarz Jezusa, zebrał odwagę, rozniecił migoczący płomyk swej wiary i powiedział: „Panie, pamiętaj mnie, kiedy przyjdziesz do swego królestwa". I wtedy Jezus rzekł: „Zaprawdę, zaprawdę, mówię ci dzisiaj, kiedyś będziesz ze mną w Raju".

Pośród męczarni ludzkiej śmierci, Mistrz miał czas wysłuchać wyznania wiary wierzącego bandyty. Kiedy złodziej szukał zbawienia, znalazł wybawienie. Przedtem, wiele razy opanowywała go chęć uwierzenia w Jezusa, ale w tych ostatnich godzinach swej świadomości zwrócił się całym sercem w kierunku nauki Mistrza. Kiedy złodziej ujrzał, w jaki sposób Jezus przyjmuje śmierć na krzyżu, nie mógł dłużej się oprzeć przekonaniu, że ten Syn Człowieczy naprawdę jest Synem Bożym.

Apostoła Jana nie było w czasie tego nawrócenia i przyjęcia przez Jezusa złodzieja do królestwa; był w drodze do miasta, żeby przyprowadzić swoją matkę i jej przyjaciół na miejsce ukrzyżowania. Później Łukasz usłyszał tę historię od nawróconego rzymskiego kapitana straży.

Apostoł Jan opowiedział o ukrzyżowaniu, tak jak pamiętał to zdarzenie dwie trzecie wieku później. Inne zapisy opierały się na opowieści rzymskiego setnika, który był wtedy na służbie i który, w wyniku tego co zobaczył i usłyszał, uwierzył później w Jezusa i stał się pełnym członkiem braterstwa królestwa nieba na Ziemi.

Ten młody człowiek, skruszony bandyta, został sprowadzony na drogę przemocy i złych uczynków przez tych, którzy sławili karierę rozboju jako skuteczny, patriotyczny protest przeciw politycznemu uciskowi i społecznej niesprawiedliwości. I takie nauczanie, wraz z zamiłowaniem do przygód, doprowadziło wielu młodzieńców, o dobrych skądinąd intencjach, do brawurowych napadów rozbójniczych. Ten młody człowiek uważał Barabasza za bohatera. Teraz zobaczył, że się mylił. Tutaj, na krzyżu, zobaczył obok siebie rzeczywiście wielkiego człowieka, prawdziwego bohatera. Tutaj znajdował się ten bohater, który rozpalił jego gorliwość i inspirował jego najwyższe idee moralnego poczucia własnej godności oraz ożywiał wszystkie jego ideały odwagi, męstwa i waleczności. Kiedy ten młody człowiek spostrzegł Jezusa, w jego sercu zrodziło się przejmujące uczucie miłości, lojalności i prawdziwej wielkości.

Gdyby ktoś z tego drwiącego tłumu przeżył w swej duszy narodziny wiary i zwrócił się do miłosierdzia Jezusa, zostałby przyjęty z takim samym, miłości pełnym poważaniem, jakie zostało okazane wierzącemu bandycie.

Zaraz po tym, jak skruszony złodziej usłyszał obietnicę Mistrza, że kiedyś spotkają się w Raju, Jan wrócił z miasta, prowadząc swoją matkę w towarzystwie niemalże tuzina wierzących kobiet. Jan zajął miejsce przy matce Jezusa i podtrzymywał ją. Z drugiej strony stał jej syn, Juda. Było prawie południe, gdy Jezus spojrzał w dół na to wszystko i powiedział swojej matce: „Niewiasto, oto twój syn!". I zwracając się do Jana, powiedział: „Mój synu, oto twoja matka!". Potem zwrócił się do nich dwojga: „Chciałbym, żebyście odeszli z tego miejsca". I Jan i Juda zabrali Marię z Golgoty. Jan zaprowadził matkę Jezusa tam, gdzie się zatrzymał w Jerozolimie i pośpiesznie wrócił na miejsce ukrzyżowania. Po Passze Maria wróciła do Betsaidy, gdzie zamieszkała w domu Jana na resztę swego ziemskiego życia. Po śmierci Jezusa Maria nie przeżyła nawet roku.

Gdy Maria odeszła, inne kobiety oddaliły się nieco i pozostały przy Jezusie do czasu, gdy zgasł na krzyżu i stały tam nadal, gdy zdejmowano ciało Mistrza, aby je pochować.

5. OSTATNIA GODZINA NA KRZYŻU

Chociaż było za wcześnie na takie zjawisko, zaraz po dwunastej pociemniało niebo, gdyż w powietrzu pojawił się delikatny piasek. Ludzie z Jerozolimy wiedzieli, że nadchodzi burza piaskowa z gorącym wiatrem z pustyni arabskiej. Przed trzynastą niebo tak pociemniało, że słońce się skryło a reszta tłumu pośpieszyła z powrotem do miasta. Gdy Mistrz oddał swe życie, niedługo po tej godzinie, zostało przy nim niecałe trzydzieści osób, trzynastu żołnierzy rzymskich i grupa około piętnastu wierzących. Większość tej grupy wierzących stanowiły kobiety, oprócz Judy, brata Jezusa i Jana Zebedeusza, który wrócił tuż przed śmiercią Mistrza.

Wkrótce po trzynastej, pośród narastających ciemności gwałtownej burzy piaskowej, Jezus zaczął tracić ludzką świadomość. Wypowiedziane zostały ostatnie słowa miłosierdzia, przebaczenia i przestrogi. Wyrażone zostało ostatnie życzenie, dotyczące opieki nad matką. W tej właśnie godzinie nadchodzącej śmierci, ludzki umysł Jezusa zwrócił się ku powtarzaniu wielu wersetów z hebrajskiego Pisma Świętego, zwłaszcza Psalmów. Ostatnia świadoma myśl Jezusa skoncentrowała się na powtarzaniu części Księgi Psalmów, znanych dziś jako Psalm dwudziesty, dwudziesty pierwszy i dwudziesty drugi. Wielokrotnie Jezus poruszał wargami, był jednak zbyt słaby, aby wymówić słowa wersetów, kiedy te fragmenty, które tak dobrze znał na pamięć, przebiegały przez jego umysł. Zaledwie kilka razy ci, którzy tam stali, zdołali zrozumieć niektóre wyrażenia, takie jak: „wiem, że Pan wybawi swego pomazańca", „twoja ręka spadnie na wszystkich moich wrogów" i „Boże mój, Boże, czemuś mnie opuścił?". Jezus nawet przed jedną chwilę nie żywił najmniejszych wątpliwości, że żył zgodnie z wolą Ojca i nigdy w to nie zwątpił, że teraz oddaje swe życie w ciele zgodnie z wolą Ojca. Nie czuł, że Ojciec go opuścił; po prostu w swojej zanikającej świadomości recytował wiele Pism, pośród nich Psalm dwudziesty drugi, który zaczyna się od słów, „Boże mój, Boże, czemuś mnie opuścił?". I tak się zdarzyło, że był to jeden z trzech wersetów, które wypowiedział dostatecznie wyraźnie, aby ci, którzy stali blisko, mogli je słyszeć.

Ostatnia prośba, z którą śmiertelnik Jezus zwrócił się do swoich współbraci, nastąpiła o trzynastej trzydzieści, kiedy to drugi raz powiedział: „Jestem spragniony". I ten sam kapitan straży znowu zwilżył mu usta tą samą gąbką, nasączoną kwaśnym winem, w tamtych czasach nazywanym zazwyczaj octem.

Burza piaskowa przybierała na sile i niebo coraz bardziej ciemniało. Mimo to żołnierze i mała grupa wiernych stali tam nadal. Żołnierze przykucnęli przy krzyżu, skuleni razem, aby chronić się przed tnącym piaskiem. Matka Jana wraz z innymi patrzyli z pewnej odległości, gdzie byli nieco osłonięci przez nawis skalny. Kiedy Mistrz wydał swój ostatni oddech, u stóp krzyża stał Jan Zebedeusz, brat Jezusa Juda, jego siostra Rut, Maria Magdalena i Rebeka, niegdyś z Seforis.

Dochodziła piętnasta, kiedy Jezus donośnym głosem krzyknął: „Wypełniło się! Ojcze, w twoje ręce powierzam mego ducha". I kiedy to powiedział, schylił głowę i oddał swe życie. Kiedy rzymski setnik zobaczył, jak Jezus umarł, uderzył się w piersi i powiedział: „Naprawdę, to był sprawiedliwy człowiek; prawdziwie musiał być Synem Bożym". I od tej godziny zaczął wierzyć w Jezusa.

Jezus umarł po królewsku – tak jak żył. Chętnie przyznał się do swojej królewskości i podczas tego, tragicznego dnia, pozostał panem sytuacji. Dobrowolnie poszedł na swoją haniebną śmierć, po tym, jak zapewnił bezpieczeństwo wybranym przez siebie apostołom. Mądrze powstrzymał Piotra, aby ów nie popadł w tarapaty z powodu stosowania przemocy i zapewnił sobie, że Jan był przy nim blisko, aż do końca jego śmiertelnego bytu. Morderczemu Sanhedrynowi objawił swoją prawdziwą naturę a Piłatowi przypomniał źródło swojej najwyższej władzy Syna Bożego. Wyszedł na Golgotę niosąc swoją poprzeczną belkę a zakończył swoje miłości pełne obdarzenie oddając Rajskiemu Ojcu swego ludzkiego ducha. Po takim życiu – i po takiej śmierci – Mistrz prawdziwie mógł powiedzieć: „Wypełniło się".

Ponieważ był to dzień przygotowań zarówno do Paschy jak i szabatu, Żydzi nie chcieli, żeby ciała skazańców pozostawały na Golgocie. Dlatego też poszli do Piłata z prośbą, żeby złamano nogi tym trzem ludziom, aby ich dobić, ażeby przed zachodem słońca mogli być zdjęci ze swych krzyży i wrzuceni do dołów na cmentarzu dla przestępców. Kiedy Piłat usłyszał tę prośbę, natychmiast posłał trzech żołnierzy, żeby złamali nogi i dobili Jezusa i dwóch bandytów.

Gdy ci żołnierze przyszli na Golgotę, zrobili dwóm złodziejom tak jak im polecono, ale ku swemu wielkiemu zdziwieniu zastali Jezusa już martwego. Jednak, żeby się upewnić o jego śmierci, jeden z żołnierzy przebił swoją włócznią lewy bok Jezusa. Choć często tak się zdarzało, że ofiary ukrzyżowania pozostawały na krzyżu żywe przez dwa lub trzy dni, przytłaczająca emocjonalna agonia i niesamowita duchowa udręka sprawiły, że Jezus zakończył swoje śmiertelne życie w ciele w niecałe pięć i pół godziny.

6. PO UKRZYŻOWANIU

Pośród ciemności burzy piaskowej, około piętnastej trzydzieści, Dawid Zebedeusz wysłał ostatnich posłańców, aby nieśli wiadomość o śmierci Mistrza. Ostatnich gońców wysłał do domu Marty i Marii w Betanii, gdzie jak przypuszczał, zatrzymała się matka Jezusa z resztą rodziny.

Po śmierci Mistrza, Jan odesłał kobiety, pod opieką Judy, do domu Eliasza Marka, gdzie się zatrzymały na dzień szabatu. Sam Jan, którego do tego czasu dobrze już poznał rzymski setnik, pozostał na Golgocie aż do przybycia Józefa i Nikodema z rozkazem Piłata, który pozwalał im zabrać ciało Jezusa.

I tak się skończył dzień tragedii i żalu dla całego rozległego wszechświata, którego miriady inteligentnych istot wzdrygały się podczas szokującego widowiska ukrzyżowania ludzkiego wcielenia ich ukochanego Władcy; wszyscy byli oszołomieni tym przejawem bezduszności śmiertelników i ludzkiej przewrotności.

PRZEKAZ 188

CZAS GROBU

PÓŁTORA dnia śmiertelne ciało Jezusa leżało w grobie Józefa; okres jaki upłynął pomiędzy śmiercią na krzyżu a zmartwychwstaniem jest dla nas mało znanym rozdziałem ziemskiej misji Michała. Możemy opowiedzieć o pogrzebie Syna Człowieczego i umieścić w tym zapisie wydarzenia towarzyszące jego zmartwychwstaniu, ale nie potrafimy podać wielu informacji o prawdziwej naturze tego, co naprawdę miało miejsce podczas trzydziestu sześciu godzin, od piętnastej w piątek po południu do trzeciej rano w niedzielę. Ten okres w misji Mistrza rozpoczął się na krótko przed zdjęciem go z krzyża przez rzymskich żołnierzy. Kiedy umarł, jeszcze ponad godzinę wisiał na krzyżu. Byłby zdjęty wcześniej, ale pewne opóźnienie nastąpiło z powodu egzekucji dwóch bandytów.

Władcy żydowscy chcieli wrzucić ciało Jezusa do otwartych dołów grzebalnych Gehenny, na południe od miasta; było zwyczajem pozbywać się w ten sposób ofiar ukrzyżowania. Gdyby zrealizowano ten plan, ciało Mistrza byłoby rzucone dzikim zwierzętom.

W międzyczasie Józef z Arymatei oraz Nikodem poszli do Piłata i poprosili o wydanie ciała Jezusa, aby go odpowiednio pochować. Nierzadko się zdarzało, że przyjaciele ukrzyżowanych oferowali władzom rzymskim łapówkę za przywilej wejścia w posiadanie ciała. Józef poszedł do Piłata z dużą sumę pieniędzy, na wypadek, gdyby przyszło zapłacić za pozwolenie zabrania ciała Jezusa, aby je pogrzebać w prywatnym grobowcu. Ale Piłat nie chciał wziąć pieniędzy. Kiedy usłyszał prośbę, szybko podpisał rozkaz upoważniający Józefa, aby poszedł na Golgotę i natychmiast dostał ciało Mistrza. W międzyczasie burza piaskowa znacznie przycichła i grupa Żydów, reprezentująca Sanhedryn, poszła na Golgotę, aby się upewnić, że ciało Jezusa zostanie wrzucone do otwartych, publicznych dołów grzebalnych, razem z ciałami dwóch bandytów.

1. POGRZEB JEZUSA

Kiedy Józef i Nikodem przybyli na Golgotę, zastali żołnierzy zdejmujących Jezusa z krzyża i stojących obok przedstawicieli Sanhedrynu, pilnujących, żeby żaden ze zwolenników Jezusa nie przeszkodził we wrzuceniu jego ciała do dołów grzebalnych dla przestępców. Kiedy Józef pokazał setnikowi rozkaz Piłata dotyczący ciała Mistrza, Żydzi podnieśli wielki wrzask i domagali się ciała. W tym szaleństwie chcieli odebrać ciało gwałtem i kiedy przystąpili do działania, setnik wezwał czterech żołnierzy do siebie a oni, z dobytymi mieczami, stanęli okrakiem nad ciałem Mistrza, które leżało na ziemi. Pozostałym żołnierzom setnik rozkazał, aby zostawili dwóch złodziei i odpędzili tę gniewną hałastrę rozwścieczonych Żydów. Kiedy przywrócono porządek, setnik przeczytał Żydom zezwolenie Piłata a odchodząc na bok, powiedział Józefowi: „To ciało należy do ciebie i czyń z nim, co uważasz za stosowne. Ja i moi żołnierze będziemy stać w pogotowiu i dopilnujemy, żeby nikt ci nie przeszkodził".

Człowiek ukrzyżowany nie mógł być pochowany na cmentarzu żydowskim. Prawo surowo tego zabraniało. Józef i Nikodem znali Prawo a wracając z Golgoty postanowili, że pogrzebią Jezusa w nowym, rodzinnym grobowcu Józefa, wyciosanym w litej skale, znajdującym się nieco na północ od Golgoty, po drugiej stronie drogi prowadzącej do Samarii. Nikt dotąd nie leżał w tym grobowcu i pomyśleli, że jest to odpowiednie miejsce dla złożenia Mistrza. Józef naprawdę wierzył, że Jezus może zmartwychwstać, ale Nikodem miał poważne wątpliwości w tej sprawie. Ci byli członkowie Sanhedrynu zachowywali swoją wiarę w Jezusa w większej czy mniejszej tajemnicy, chociaż koledzy z Sanhedrynu podejrzewali ich o to, nawet przed ich odejściem z rady. Odtąd byli najbardziej oddanymi uczniami Jezusa w całej Jerozolimie.

Około szesnastej trzydzieści kondukt pogrzebowy Jezusa z Nazaretu wyruszył z Golgoty do grobowca Józefa, znajdującego się po drugiej stronie drogi. Ciało zawinięto w lniane płótno a nieśli je czterej mężczyźni, za którymi szły wierne kobiety z Galilei, które przyglądały się śmierci Jezusa. Śmiertelnikami, którzy dźwigali materialne ciało Jezusa do grobowca byli: Józef, Nikodem, Jan i rzymski setnik.

Wnieśli ciało do grobowca, komory mniej więcej trzy na trzy metry, gdzie w pośpiechu przygotowali je do pogrzebu. Faktycznie Żydzi nie grzebali swoich zmarłych, ale ich balsamowali. Józef i Nikodem przynieśli ze sobą dużo mirry i aloesu i teraz owinęli ciało bandażami, nasyconymi w tym roztworze. Kiedy balsamowanie było skończone, obwiązali twarz kawałkiem materiału, owinęli ciało lnianym płótnem i z szacunkiem złożyli na półce w grobowcu.

Po złożeniu ciała do grobowca, setnik dał znak swoim żołnierzom, aby pomogli zatoczyć olbrzymi kamień przed wejście grobowca. Potem żołnierze poszli do Gehenny z ciałami złodziei, podczas gdy pozostali wrócili w żalu do Jerozolimy, aby obchodzić święto Paschy zgodnie z prawem mojżeszowym.

Prędko i w pośpiechu pochowano Jezusa, gdyż był to dzień przygotowań i szybko zbliżał się szabat. Mężczyźni pospiesznie wrócili do miasta, ale kobiety zostały w pobliżu grobowca aż się zupełnie ściemniło.

Podczas gdy to wszystko się działo, kobiety ukryły się w pobliżu, obserwowały wszystko dokładnie i widziały, gdzie pochowano Mistrza. Ukryły się tak, ponieważ w tamtych czasach nie wolno było kobietom towarzyszyć mężczyznom. Kobiety uważały, że Jezus nie został właściwie przygotowany do pogrzebu i uzgodniły między sobą żeby wrócić do domu Józefa, odpocząć podczas szabatu, przygotować wonności i olejki a potem w niedzielę rano iść i prawidłowo namaścić ciało Mistrza na śmiertelny spoczynek. Tymi kobietami, które pozostały przy grobie tego, piątkowego wieczora, były: Maria Magdalena, Maria, żona Klopasa, Marta, druga siostra matki Jezusa i Rebeka z Seforis.

Za wyjątkiem Dawida Zebedeusza i Józefa z Arymatei niewielu uczniów Jezusa naprawdę wierzyło, czy też rozumiało, że trzeciego dnia ma on powstać z grobu.

2. ZABEZPIECZENIE GROBU

O ile wyznawcy Jezusa byli niepomni jego obietnicy, że wstanie z grobu na trzeci dzień, pamiętali o tym jego wrogowie. Wyżsi kapłani, faryzeusze i saduceusze przypomnieli sobie raporty, jakie dostawali, mówiące o tym, że Jezus zmartwychwstanie.

W ten piątek, około północy, po paschalnej wieczerzy zebrała się w domu Kajfasza grupa żydowskich przywódców i dyskutowała o swych obawach, dotyczących oświadczenia Mistrza, że trzeciego dnia zmartwychwstanie. Spotkanie to zakończyło się powołaniem komitetu członków Sanhedrynu, którzy następnego dnia rano złożyli wizytę Piłatowi, przedstawiając mu oficjalną prośbę Sanhedrynu, żeby postawić rzymską straż przed grobem Jezusa, aby zapobiec machinacjom jego przyjaciół. Przedstawiciel komitetu powiedział Piłatowi: „Panie, pamiętamy, że ten oszust, Jezus z Nazaretu, kiedy był jeszcze żywy, mówił, «Po trzech dniach, zmartwychwstanę». Dlatego też przyszliśmy do ciebie z prośbą, żebyś co najmniej aż do trzeciego dnia wydał takie rozkazy, jakie potrzebne są do zabezpieczenia grobu przed jego wyznawcami. Bardzo się obawiamy, że przyjdą jego uczniowie i ukradną go w nocy a potem będą głosić ludziom, że zmartwychwstał. Jeśli pozwolimy na takie coś, błąd ten może okazać się znacznie gorszy niż pozostawienie go przy życiu".

Kiedy Piłat wysłuchał prośby członków Sanhedrynu, powiedział: „Dam wam straż, dziesięciu żołnierzy. Wy zabezpieczcie grób swoim sposobem". Kiedy wrócili do Świątyni, wzięli dziesięciu swoich strażników i poszli do grobowca Józefa z tymi dziesięcioma strażnikami żydowskimi i dziesięcioma żołnierzami rzymskimi, akurat w szabatowy ranek, żeby postawić tę straż przed grobem. Ludzie ci zatoczyli jeszcze jeden kamień przed wejście i położyli pieczęcie Piłata na kamieniach i wokół nich, żeby nie zostały ruszone bez ich wiedzy. I tych dwudziestu ludzi pozostawało na straży aż do godziny zmartwychwstania; Żydzi donosili im jedzenie i picie.

3. W DZIEŃ SZABATU

Podczas tego, szabatowego dnia, kiedy cała Jerozolima mówiła o śmierci Jezusa na krzyżu, uczniowie i apostołowie pozostawali w ukryciu. W tym czasie było w Jerozolimie prawie półtora miliona Żydów przybyłych ze wszystkich części Cesarstwa Rzymskiego i z Mezopotamii. Zaczynał się tydzień Paschy i wszyscy ci pielgrzymi mieli być w mieście, aby dowiedzieć się o zmartwychwstaniu Jezusa i zanieść tę relację z powrotem do swoich domów.

Późnym wieczorem, w sobotę, Jan Marek w tajemnicy zwołał jedenastu apostołów, żeby przyszli do domu jego ojca, gdzie tuż przed północą zebrali się wszyscy na górze w tej samej sali, w której dwie noce wcześniej wzięli udział w Ostatniej Wieczerzy ze swym Mistrzem.

Maria, matka Jezusa, wróciła do Betanii razem z Rut i Judą, dołączając do swej rodziny w sobotę wieczorem tuż przed zachodem słońca. Dawid Zebedeusz pozostawał w domu Nikodema i zarządził, aby posłańcy zebrali się tam w niedzielę wcześnie rano. Kobiety z Galilei, które przygotowały wonności na dodatkowe balsamowanie ciała Jezusa, zatrzymały się w domu Józefa z Arymatei.

Nie potrafimy w pełni wyjaśnić, co działo się z Jezusem z Nazaretu podczas tego półtora dnia, kiedy miał spoczywać w nowym grobowcu Józefa. Prawdopodobnie umarł taką samą naturalną śmiercią na krzyżu, jaką w podobnych okolicznościach umarłby każdy inny śmiertelnik. Słyszeliśmy, jak mówił: „Ojcze, w twoje ręce powierzam mego ducha". Nie rozumiemy w pełni znaczenia tej wypowiedzi, ponieważ jego Dostrajacz Myśli już dawno był uosobiony i miał swój byt niezależny od śmiertelnego bytu Jezusa. Na Uosobionego Dostrajacza Mistrza w żaden sposób nie mogła wpłynąć fizyczna śmierć Jezusa na krzyżu. To, co na jakiś czas Jezus oddał w ręce Ojca musiało być duchowym duplikatem wcześniejszej działalności Dostrajacza, pracującego nad uduchowieniem śmiertelnego umysłu, co umożliwiło przekazanie zapisu ludzkiego doświadczenia do światów-mieszkań. W doświadczeniu Jezusa musiała istnieć jakaś duchowa rzeczywistość analogiczna do duchowej natury, czy też duszy, rozwijających się w wierze śmiertelników na ich światach. Ale to tylko nasza opinia – naprawdę nie wiemy, co Jezus powierzył opiece swojego Ojca.

Wiemy, że fizyczna forma Mistrza spoczywała w grobowcu Józefa do trzeciej rano w niedzielę, ale nie jesteśmy zupełnie pewni statusu osobowości Jezusa w czasie tych trzydziestu sześciu godzin. Czasami ośmielamy się tłumaczyć sobie te sprawy mniej więcej tak:

1. Świadomość Stwórcy Michała musiała być niezależna i całkowicie oddzielona od związanego z nią umysłu z fizycznego wcielenia.

2. Wiemy, że Dostrajacz Myśli, który był poprzednio z Jezusem, przebywał na Ziemi cały ten czas i osobiście dowodził zgromadzonymi tam zastępami niebiańskimi.

3. Nabyta, duchowa tożsamość człowieka z Nazaretu, która ukształtowała się podczas całego jego życia w ciele, najpierw na skutek bezpośrednich starań jego Dostrajacza Myśli a później poprzez jego własne, doskonałe dostosowanie między fizycznymi potrzebami a duchowymi wymaganiami idealnej śmiertelnej egzystencji co było konsekwencją nieustannego wyboru woli Ojca, musiała być oddana pod opiekę Rajskiego Ojca. Nie wiemy, czy ta duchowa rzeczywistość wróciła, żeby stać się częścią zmartwychwstałej osobowości, ale wierzymy, że wróciła. Jednak są tacy we wszechświecie, którzy utrzymują, że ta dusza-tożsamość Jezusa spoczywa obecnie na „łonie Ojca" i będzie kiedyś uwolniona, aby dowodzić Korpusami Finalizmu z Nebadonu, w związku z ich nie ujawnionym przeznaczeniem, związanym z nie stworzonymi jeszcze wszechświatami w nie zorganizowanych jeszcze domenach przestrzeni zewnętrznej.

4. Uważamy, że ludzka czy śmiertelna świadomość Jezusa spała podczas tych trzydziestu sześciu godzin. Mamy powody sądzić, że człowiek Jezus nic nie wiedział o tym, co się działo we wszechświecie w tym okresie. Śmiertelna świadomość nie odczuwa wtedy upływu czasu; zmartwychwstanie do życia następuje po śnie śmierci, jak gdyby czas nie upływał.

I to prawie wszystko, co możemy umieścić w zapisie odnośnie statusu Jezusa w czasie grobu. Jest pewna ilość wzajemnie zależnych faktów, do których możemy nawiązywać, aczkolwiek nie jesteśmy kompetentni podjąć się ich interpretacji.

Na ogromnych dziedzińcach hal zmartwychwstania, na pierwszym świecie-mieszkaniu w Satanii, można zobaczyć wspaniały, materialno-morontialny obiekt zwany „Pomnikiem Michała", noszący teraz pieczęć Gabriela. Pomnik ten stanął wkrótce po odejściu Michała z tego świata i nosi następującą inskrypcję: „Na pamiątkę śmiertelnego przejścia Jezusa z Nazaretu na Urantii".

Wciąż istnieją zapisy, które mówią, że w tym właśnie czasie najwyższa rada Salvingtonu, w składzie stu istot, odbyła posiedzenie robocze na Urantii pod przewodnictwem Gabriela. Istnieją także zapisy świadczące o tym, że w tym czasie Pradawni Czasu z Uversy kontaktowali się z Michałem odnośnie statusu wszechświata Nebadonu.

Wiemy, że co najmniej jedna wiadomość została przesłana pomiędzy Michałem a Emanuelem na Salvingtonie, kiedy ciało Mistrza spoczywało w grobie.

Mamy poważne powody sądzić, że jakaś osobowość zajęła miejsce Caligastii w radzie Planetarnych Książąt systemu na Jerusem, która zebrała się wtedy, kiedy ciało Jezusa spoczywało w grobie.

Zapisy Edentii mówią, że Ojciec Konstelacji Norlatiadek przebywał na Urantii i dostał instrukcje od Michała w tym czasie grobu.

I jest wiele innych dowodów wskazujących na to, że nie cała osobowość Jezusa spała i była nieświadoma podczas tego okresu dostrzegalnej, fizycznej śmierci.

4. ZNACZENIE ŚMIERCI NA KRZYŻU

Aczkolwiek Jezus nie umarł śmiercią krzyżową, aby odkupić winę śmiertelnego gatunku ludzkiego, ani też po to, żeby umożliwić jakieś skuteczne dotarcie do skądinąd obrażonego i nie wybaczającego Boga; chociaż Syn Człowieczy nie złożył siebie w ofierze, żeby uśmierzyć gniew Boga i otworzyć grzesznemu człowiekowi drogę do zbawienia; mimo to, że takie idee pokuty i przebłagania są błędne, niemniej jednak ze śmiercią Jezusa na krzyżu związane jest pewne znaczenie, którego nie można przeoczyć. Faktem jest, że Urantia stała się znana jako „Świat Krzyża" pośród innych, sąsiadujących, zamieszkałych planet.

Jezus chciał przeżyć w całej pełni życie człowieka w ciele na Urantii. Śmierć jest zazwyczaj częścią życia. Śmierć jest ostatnim aktem ludzkiego spektaklu. W waszych najlepszych intencjach, zmierzających do uniknięcia zabobonnych błędów fałszywej interpretacji śmierci na krzyżu, powinniście uważać, aby nie popełnić wielkiego błędu i nie przeoczyć prawdziwej doniosłości i autentycznego znaczenia śmierci Mistrza.

Śmiertelny człowiek nigdy nie był własnością arcyoszustów. Jezus nie umarł po to, żeby wykupić człowieka ze szponów władców renegatów oraz upadłych książąt z różnych sfer. Ojciec w niebie nigdy nie wymyślił tak beznadziejnie głupiej niesprawiedliwości jak przeklęcie śmiertelnej duszy z powodu złych uczynków jej przodków. Tak samo śmierć Mistrza na krzyżu nie była ofiarą czy próbą spłacenia Bogu tego długu, jaki gatunek ludzki był mu winien.

Zanim Jezus żył na Ziemi, wasze wierzenia w takiego Boga mogły ewentualnie być uzasadnione, ale nie po życiu i śmierci Mistrza pośród jego współbraci śmiertelników. Mojżesz nauczał o dostojeństwie i sprawiedliwości Stwórcy Boga, ale Jezus przedstawił miłość i miłosierdzie niebiańskiego Ojca.

Zwierzęca natura – tendencja do czynienia zła – może być dziedziczna, ale grzech nie jest przenoszony z rodzica na dziecko. Grzech jest aktem świadomego i rozmyślnego buntu woli indywidualnej istoty przeciwko woli Ojca i prawom Synów.

Jezus żył i umarł dla całego wszechświata, nie tylko dla narodów tego, jednego świata. Chociaż śmiertelnicy z różnych światów dostępowali zbawienia nawet zanim Jezus żył i umarł na Urantii, jest jednak faktem, że jego obdarzenie tego świata w dużym stopniu naświetliło drogę zbawienia; jego śmierć przyczyniła się w dużym stopniu do umocnienia na zawsze pewności wiecznego życia śmiertelnika po śmierci cielesnej.

Aczkolwiek niewłaściwe jest mówić o Jezusie jako ofierze, odkupicielu czy wybawcy, jest zupełnie prawidłowe nawiązywać do niego jako do *zbawiciela*. Na zawsze uczynił on drogę zbawienia (wiecznego życia) jaśniejszą i pewniejszą; ukazał on wszystkim śmiertelnikom, ze wszystkich światów wszechświata Nebadonu, bardziej oczywistą i lepszą drogę zbawienia.

Kiedy raz zrozumiecie ideę Boga jako Ojca, prawdziwego i kochającego – tylko takiej koncepcji Jezus zawsze nauczał – musicie natychmiast, z pełną konsekwencją, bezwzględnie porzucić wszystkie prymitywne wyobrażenia o Bogu, jako obrażonym monarsze, srogim i wszechpotężnym władcy, którego główną radością jest złapanie swoich podwładnych na złym uczynku i dopilnowanie, aby zostali właściwie ukarani, chyba, że jakaś istota niemalże jemu równa zaofiaruje się za nich cierpieć, umrzeć za nich i zamiast nich. Cała idea odkupienia i pokuty niezgodna jest z tą ideą Boga, jakiej nauczał i jakiej był przykładem Jezus z Nazaretu. Nieskończona miłość Boga nie jest drugorzędną wobec czegokolwiek w Boskiej naturze.

Cała ta koncepcja odkupienia i ofiarnego zbawienia jest zakorzeniona i ugruntowana w samolubstwie. Jezus nauczał, że *służenie* współbraciom jest najwyższą ideą braterstwa wierzących w duchu. Zbawienie powinno być brane za pewnik przez tych, którzy wierzą w ojcostwo Boga. Główną troską wierzącego nie powinno być samolubne dążenie do osobistego zbawienia, ale raczej bezinteresowne dążenie do miłości i tym samym do służenia współbraciom, nawet tak, jak Jezus kochał śmiertelnych ludzi i im służył.

Toteż prawdziwie wierzący nie powinni się zbytnio kłopotać przyszłą karą za grzech. Prawdziwie wierzącego obchodzić powinno tylko obecne oddzielenie od Boga. Prawdziwi, mądrzy ojcowie, mogą karać swoich synów, ale czynią to wszystko w miłości i w celu ich poprawy. Nie karzą w złości, jak również nie chłostają w odwecie.

Gdyby nawet Bóg był surowym i prawowitym monarchą takiego wszechświata, w którym sprawiedliwość rządzi ponad wszystkim, na pewno nie zadowalałby się dziecinnym systemem zastąpienia winnego grzesznika niewinnie cierpiącym.

Ważną rzeczą dotyczącą śmierci Jezusa, a mającą związek ze wzbogaceniem ludzkiego doświadczenia i z poszerzeniem drogi zbawienia, jest nie tyle *fakt* jego śmierci, ile raczej wspaniała postawa i niezrównany duch z jakim szedł na spotkanie śmierci.

Cała ta idea okupienia przez pokutę stawia zbawienie w nierzeczywistej płaszczyźnie; jest to koncepcja czysto filozoficzna. Ludzkie zbawienie jest *rzeczywiste*; opiera się ono na dwóch rzeczywistościach, które mogą być zrozumiane dzięki wierze istot stworzonych i dlatego też zostają włączone do indywidualnego doświadczenia człowieka: na fakcie ojcostwa Boga i związanej z tym prawdzie o braterstwie człowieka. Mimo wszystko jest prawdą, że będą wam „wybaczone wasze winy, tak jak i wy wybaczacie waszym winowajcom".

5. NAUKI WYNIKAJĄCE Z KRZYŻA

Krzyż Jezusa obrazuje pełną miarę najwyższego poświęcenia prawdziwego pasterza nawet dla niegodnych członków jego stada. Na zawsze ustanawia wszystkie stosunki pomiędzy Bogiem a człowiekiem na gruncie rodzinnym. Bóg jest Ojcem, człowiek jest jego synem. Miłość, miłość ojca do swego syna staje się centralną prawdą wszechświatowych związków Stwórcy i stworzonego – miłość, a nie sprawiedliwość króla, który szuka zadowolenia w cierpieniach i karaniu zło czyniącego poddanego.

Krzyż ukazuje na zawsze, że postawa Jezusa w stosunku do grzeszników nie była ani potępieniem ani akceptacją, ale raczej wiecznym i miłości pełnym zbawieniem. Jezus prawdziwie jest zbawicielem w tym sensie, że jego życie i śmierć skłania człowieka do dobroci i prawego dążenia do wiecznego życia. Jezus kocha ludzi tak bardzo, że jego miłość wywołuje odzew miłości w ludzkim sercu. Miłość naprawdę jest zaraźliwa i wiecznie twórcza. Śmierć Jezusa na krzyżu jest przykładem miłości, odpowiednio silnej i boskiej, aby darować grzechy i wchłonąć wszystkie złe uczynki. Jezus objawił temu światu, że prawość ma wyższą jakość niż sprawiedliwość – zaledwie formalne dobro i zło. Boska miłość nie tylko wybacza zło; ona je absorbuje i praktycznie niszczy. Przebaczanie z miłości absolutnie góruje nad przebaczaniem z miłosierdzia. Miłosierdzie odstawia na bok winę z powodu czynienia zła, ale miłość na zawsze niszczy grzech i całą wynikającą z niego słabość. Jezus przyniósł na Urantię nowy sposób życia. Uczył nas, żeby nie opierać się złu, ale poprzez niego znaleźć tę dobroć, która skutecznie zniszczy zło. Przebaczenie Jezusa nie jest akceptacją; jest zbawieniem od potępienia. Zbawienie nie lekceważy złych uczynków; ono *czyni je dobrem*. Prawdziwa miłość nie idzie na kompromis z nienawiścią ani jej nie przebacza; ona ją niszczy. Miłość Jezusa nigdy nie zadowala się zwykłym przebaczaniem. Miłość Mistrza zakłada rehabilitację, wieczne życie. Jest zupełnie poprawne mówić o zbawieniu jako o odkupieniu, jeśli macie na myśli tę wieczną rehabilitację.

Dzięki sile swej osobistej miłości do ludzi, Jezus mógł przełamać władzę grzechu i zła. Wyzwalał tym samym ludzi do wybierania lepszej drogi życia. Jezus był przykładem wyzwolenia od przeszłości, które samo w sobie obiecuje tryumf przyszłości. Tym samym przebaczenie daje zbawienie. Piękno Boskiej miłości, raz w pełni przyjęte do ludzkiego serca, na zawsze niszczy urok grzechu i siłę zła.

Cierpienia Jezusa nie ograniczały się do ukrzyżowania. W rzeczywistości Jezus z Nazaretu spędził ponad dwadzieścia pięć lat na krzyżu prawdziwego i intensywnego, śmiertelnego istnienia. Prawdziwa wartość krzyża polega na tym, że był to najwyższy i końcowy przejaw miłości Jezusa, pełne objawienie jego miłosierdzia.

Na milionach zamieszkałych światów, dziesiątki bilionów rozwijających się istot, które mogły się skusić, aby zaniechać moralnych zmagań i porzucić słuszną walkę wiary, raz jeszcze spojrzały na Jezusa na krzyżu a potem poszły naprzód, zainspirowane widokiem Boga oddającego swoje wcielone życie, poświęcającego się bezinteresownej służbie dla człowieka.

Tryumf śmierci na krzyżu podsumowany został w duchu postawy Jezusa wobec tych, którzy go dręczyli. Jezus uczynił z krzyża wieczny symbol tryumfu miłości nad nienawiścią i zwycięstwa prawdy nad złem, kiedy się modlił: „Ojcze, przebacz im, bo nie wiedzą, co czynią". To poświęcenie dla miłości stało się zaraźliwe w całym rozległym wszechświecie; uczniowie przejęli je od swego Mistrza. Pierwszy nauczyciel jego ewangelii, który został wezwany do złożenia swojego życia w tej służbie, kiedy go kamienowali na śmierć, powiedział: „Nie policz im tego grzechu".

Krzyż przemawia najmocniej do tego wszystkiego, co w człowieku najlepsze, gdyż objawia tego, który gotów był złożyć swoje życie w służbie dla bliźnich. Nikt nie może mieć większej miłości niż ta, żeby był gotów złożyć swe życie za swoich przyjaciół – a Jezus miał taką miłość, że gotów był złożyć swoje życie za swoich wrogów, miłość większą niż jakakolwiek znana dotąd na Ziemi.

Na innych światach, tak samo jak na Urantii, to majestatyczne widowisko ludzkiej śmierci Jezusa na krzyżu, na Golgocie, poruszyło uczucia śmiertelników, podczas gdy aniołów zaktywizowało do najwyższego poświęcenia.

Krzyż jest najwyższym symbolem świętej służby, poświęcenia życia dla dobra i zbawienia bliźnich. Krzyż nie jest symbolem poświęcenia niewinnego Syna Bożego zamiast winnych grzeszników, aby przebłagać gniew obrażonego Boga; pozostanie on jednak na zawsze, na Ziemi i w całym rozległym wszechświecie, najświętszym symbolem dobra, które obdarza sobą złych i tym samym ocala ich, dzięki takiemu właśnie poświęceniu z miłości. Krzyż stał się symbolem bezinteresownej służby najwyższego rodzaju, ostatecznego poświęcenia objawiającego się w pełnym obdarzeniu prawym życiem, w służbie z głębi serca płynącej działalności a nawet w śmierci, śmierci na krzyżu. To właśnie widok tego, największego symbolu obdarzającego życia Jezusa, prawdziwie inspiruje nas wszystkich, żeby iść i czynić podobnie.

Kiedy myślący mężczyźni i kobiety patrzą na Jezusa jak oddaje swoje życie na krzyżu, raczej nie pozwolą sobie znowu narzekać, nawet podczas najbardziej bolesnych przeciwności życia, jeszcze mniej podczas drobnych szykan i wielu czysto zmyślonych krzywd. Jego życie było tak wspaniałe a jego śmierć tak pełna tryumfu, że wszystkich nas pociąga chęć wzięcia udziału w jednym i drugim. Istnieje naprawdę pociągająca moc w całym obdarzeniu dokonanym przez Michała, od jego dni młodzieńczych aż do tego, przytłaczającego widowiska jego śmierci na krzyżu.

Upewnijcie się zatem, że kiedy patrzycie na krzyż jako na objawienie Boga, nie patrzycie oczami człowieka prymitywnego ani też z punktu widzenia późniejszego barbarzyńcy, ponieważ jeden i drugi traktował Boga jako bezwzględnego Władcę, surowo karzącego i nieugięcie egzekwującego prawo. Upewnijcie się raczej, że widzicie w krzyżu ostateczny przejaw miłości i poświęcenia się Jezusa jego misji życiowej – obdarzenia śmiertelników jego rozległego wszechświata. Zauważcie w śmierci Syna Człowieczego szczyt odsłaniającej się, Boskiej, Ojcowskiej miłości do jego synów śmiertelników. Tym samym krzyż jest obrazem poświęcenia, wynikającego z gorliwego uczucia i obdarzenia spontanicznym zbawieniem tych, którzy są gotowi przyjąć takie dary i takie poświęcenie. W krzyżu nie było niczego, czego wymagałby Ojciec a tylko to, co Jezus tak chętnie dał i czego nie chciał uniknąć.

Jeżeli człowiek nie może inaczej docenić Jezusa i zrozumieć znaczenia jego obdarzenia tej Ziemi, może przynajmniej zrozumie jego uczestnictwo w ludzkich cierpieniach. Nikt nigdy nie będzie obawiał się tego, że Stwórca nie zna natury czy też zakresu jego doczesnych cierpień.

Wiemy, że celem śmierci na krzyżu nie było pojednanie człowieka z Bogiem, ale rozbudzenie w człowieku *świadomości* wiecznej, Ojcowskiej miłości i nieskończonego miłosierdzia jego Syna oraz rozpowszechnienie tych uniwersalnych prawd na cały wszechświat.

PRZEKAZ 189

ZMARTWYCHWSTANIE

W PIĄTEK po południu, zaraz po pogrzebie Jezusa, szef archaniołów Nebadonu, przebywający wtedy na Urantii, zwołał swoje kolegium do spraw zmartwychwstania śpiących, obdarzonych wolą istot i zaczął rozważać ewentualną metodę odtworzenia Jezusa. Stworzeni przez Michała synowie wszechświata lokalnego zgromadzili się tutaj z poczucia swojego obowiązku; Gabriel ich nie zwoływał. Przed północą doszli do wniosku, że stworzony nie może nic zrobić, żeby pomóc Stwórcy w zmartwychwstaniu. Skłonni byli zaakceptować radę Gabriela, który ich pouczył, że skoro Michał „oddał swoje życie według własnej, wolnej woli, posiada także moc ponownie je podjąć, zgodnie z własnym postanowieniem". Wkrótce po tym, gdy przerwana została rada archaniołów, Nosicieli Życia i różnorodnych ich współpracowników w sprawie odnowy istoty stworzonej i tworzenia istoty morontialnej, Uosobiony Dostrajacz Jezusa, dowodzący wtedy osobiście niebiańskimi zastępami zgromadzonymi na Urantii, wygłosił do niespokojnie oczekujących obserwatorów te słowa:

„Nikt z was nic nie może zrobić, aby pomóc Stwórcy-ojcu wrócić do życia. Spotkała go ludzka śmierć jako śmiertelnika tej domeny; jako Władca wszechświata nadal żyje. To, co dostrzegacie, jest przejściem śmiertelnika, Jezusa z Nazaretu, z życia w ciele do życia morontialnego. Duchowe przejście Jezusa skończyło się wtedy, gdy oddzieliłem się od jego osobowości i stałem się waszym, tymczasowym przywódcą. Wasz Stwórca-ojciec postanowił przejść całe doświadczenie swoich śmiertelnych istot, od narodzin na światach materialnych, przez naturalną śmierć i zmartwychwstanie w morontii, do stanu prawdziwej, duchowej egzystencji. Pewne stadium tego doświadczenia będziecie mogli wkrótce obserwować, ale nie możecie brać w nim udziału. Tych rzeczy, które zazwyczaj robicie dla stworzonego, nie będziecie mogli robić dla Stwórcy. Syn Stwórca posiada w sobie moc obdarzenia sobą innych w formie jakichkolwiek stworzonych przez siebie synów; posiada w sobie moc, pozwalającą mu złożyć swe dostrzegalne życie i ponownie je podjąć; i posiada tę moc z bezpośredniego nadania Rajskiego Ojca a ja wiem, o czym mówię".

Kiedy wysłuchano słów Uosobionego Dostrajacza, wszyscy przyjęli postawę pełnego napięcia oczekiwania, od Gabriela aż do najskromniejszych cherubinów. Widzieli śmiertelne ciało Jezusa w grobie, dostrzegali dowody wszechświatowej aktywności ich ukochanego Władcy; a nie rozumiejąc tego fenomenu, czekali cierpliwie rozwoju wypadków.

1. PRZEJŚCIE MORONTIALNE

W niedzielę rano, o drugiej czterdzieści pięć, Rajska komisja do spraw wcielenia, składająca się z siedmiu niezidentyfikowanych Rajskich osobowości, przybyła na miejsce i natychmiast rozlokowała się wokół grobu. Za dziesięć trzecia, intensywne wibracje łącznych operacji materialnych i morontialnych zaczęły się wydobywać z nowego grobu Józefa a w dwie minuty po trzeciej, w ten niedzielny ranek, 9 kwietnia, roku 30 n.e., wyszła z grobu zmartwychwstała forma morontialna i osobowość Jezusa z Nazaretu.

Po tym, jak zmartwychwstały Jezus wyłonił się ze swego grobu, ciało śmiertelne, w którym żył i działał na Ziemi przez prawie trzydzieści sześć lat wciąż leżało złożone w niszy grobu, nienaruszone, owinięte w lniane płótno, tak jak zostało złożone na spoczynek w piątek po południu przez Józefa i jego towarzyszy. Kamień, znajdujący się przed wejściem do grobowca też nie został w żaden sposób poruszony; pieczęć Piłata była nieuszkodzona a żołnierze wciąż stali na straży. Strażnicy świątynni stali na straży nieprzerwanie, straże rzymskie zmieniły się o północy. Żaden z tych stróżujących nie przypuszczał, że obiekt ich czuwania zmartwychwstał w nowej i wyższej formie bytu i że to ciało, którego pilnowali, było teraz zbytecznym, zewnętrznym okryciem, które nie miało nic wspólnego z dostarczoną i zmartwychwstałą, morontialną osobowością Jezusa.

Ludzkość jest powolna w dostrzeganiu tego, że we wszystkim co osobowe, materia jest szkieletem morontii i że obie są cieniem rzucanym przez trwałą rzeczywistość duchową. Ile czasu jeszcze upłynie, zanim zaczniecie traktować czas jako ruchome odbicie wieczności a przestrzeń jako przelotny cień rajskich rzeczywistości?

Tak dalece, jak się orientujemy ani nikt z tego wszechświata, ani żadna osobowość z innego wszechświata nie miała nic wspólnego z morontialnym zmartwychwstaniem Jezusa z Nazaretu. W piątek oddał swoje życie jako śmiertelnik tej domeny; w niedzielę rano podjął je na nowo jako morontialna istota systemu Satanii w Norlatiadeku. Jest dużo spraw związanych ze zmartwychwstaniem Jezusa, których nie rozumiemy. Wiemy jednak, że wszystko zdarzyło się tak, jak to przedstawiamy i mniej więcej w oznaczonym czasie. Możemy także zaświadczyć, że wszystkie znane fenomeny towarzyszące śmiertelnemu przejściu czy morontialnemu zmartwychwstaniu, miały miejsce dokładnie w nowym grobowcu Józefa, gdzie spoczywały materialne szczątki śmiertelnika Jezusa owinięte w pogrzebowe płótna.

Wiemy, że żadna istota z wszechświata lokalnego nie brała udziału w tym morontialnym przebudzeniu. Widzieliśmy, jak siedem Rajskich osobowości otoczyło grób, ale nie zauważyliśmy, żeby miały cokolwiek wspólnego z przebudzeniem Mistrza. Jak tylko Jezus ukazał się obok Gabriela, tuż ponad grobem, siedem osobowości z Raju dało do zrozumienia, że chcą natychmiast odlecieć do Uversy.

Pozwólcie nam raz na zawsze wyjaśnić ideę zmartwychwstania Jezusa, oświadczając, co następuje:

1. Jego materialne czy fizyczne ciało nie było częścią jego wskrzeszonej osobowości. Kiedy Jezus wyszedł z grobu, jego materialne ciało pozostawało nienaruszone w grobowcu. Wyłonił się z grobowca nie przesuwając kamieni znajdujących się przed wejściem ani nie naruszając pieczęci Piłata.

2. Nie wyłonił się z grobu ani jako duch ani też jako Michał z Nebadonu; nie ukazał się również pod postacią Stwórcy Władcy, tak jak wyglądał przed inkarnacją w formę cielesną na Urantii.

3. Wyszedł z grobu Józefa bardzo podobny do tych osobowości morontialnych, które jako wskrzeszone, wznoszące się morontialne istoty wyłaniają się z hal zmartwychwstania pierwszego świata-mieszkania tego lokalnego systemu, Satanii. Istnienie

pomnika Michała w samym centrum rozległych dziedzińców hal zmartwychwstania, w pierwszym mieszkaniu, nasuwa nam przypuszczenie, że w zmartwychwstaniu Mistrza na Urantii w jakiś sposób brał udział ten pierwszy system światów-mieszkań.

Po wstaniu z grobu, pierwszą czynnością Jezusa było powitanie Gabriela i polecenie mu, aby dalej kierował administracją spraw wszechświatowych, podległy Emanuelowi, a potem kazał szefowi Melchizedeków, aby przekazał jego braterskie pozdrowienia Emanuelowi. Po czym prosił Najwyższego Ojca z Edentii, aby uzyskał od Pradawnych Czasu poświadczenie w sprawie jego śmiertelnego przejścia, a zwracając się do grup morontialnych z siedmiu światów-mieszkań, zgromadzonych tutaj, aby go powitać i przyjąć swego Stwórcę jako istotę ich porządku, Jezus wyrzekł pierwsze słowa w swojej pośmiertnej działalności. Morontialny Jezus powiedział: „Zakończywszy moje życie w ciele, pozostanę tutaj przez chwilę, w przejściowej formie, abym dokładniej poznał życie moich wznoszących się istot stworzonych i dalej będę objawiał wolę mojego Ojca w Raju".

Kiedy Jezus to powiedział, dał sygnał Uosobionemu Dostrajaczowi i wszystkim inteligentnym istotom wszechświatowym, zgromadzonym na Urantii, aby oglądać zmartwychwstanie, żeby natychmiast zostały rozesłane do swoich poszczególnych, wszechświatowych zadań.

Teraz Jezus zaczął się kontaktować z poziomem morontialnym, zapoznając się jako istota stworzona, z wymogami życia jakim zechciał żyć krótko na Urantii. Ta inicjacja do świata morontialnego trwała ponad godzinę czasu ziemskiego i dwukrotnie była przerywana na życzenie Jezusa, który chciał się skontaktować ze swymi byłymi towarzyszami w ciele, gdy przyszli z Jerozolimy z niedowierzaniem zaglądając do pustego grobu i znajdując to, co uznali za dowód jego zmartwychwstania.

Teraz śmiertelne przejście Jezusa – morontialne zmartwychwstanie Syna Człowieczego – zostało zakończone. Rozpoczęło się przejściowe doświadczenie Mistrza jako osobowości będącej w połowie drogi pomiędzy tym, co materialne a tym, co duchowe. Wszystko to uczynił mocą tkwiącą w nim samym; żadna osobowość mu w tym nie pomagała. Oto żyje jako Jezus morontialny, a kiedy zaczynał swoje życie morontialne, jego materialne ciało leżało nienaruszone w grobie. Żołnierze wciąż stali na straży a pieczęć namiestnika na kamieniach nie została jeszcze złamana.

2. MATERIALNE CIAŁO JEZUSA

Dziesięć po trzeciej, kiedy wskrzeszony Jezus bratał się z osobowościami morontialnymi zgromadzonymi z siedmiu światów-mieszkań Satanii, szef archaniołów – aniołów zmartwychwstania – zbliżył się do Gabriela i poprosił o śmiertelne ciało Jezusa. Szef archaniołów powiedział: „Nie możemy wziąć udziału w morontialnym zmartwychwstaniu, w tej części obdarzającego doświadczenia Michała naszego władcy, ale chcielibyśmy, aby jego śmiertelne szczątki zostały oddane pod naszą opiekę w celu natychmiastowego rozkładu. Nie chcemy stosować naszej techniki dematerializacji; po prostu *chcemy użyć procesu przyśpieszonego czasu.* Wystarczy, że widzieliśmy Władcę żyjącego i umierającego na Urantii; moglibyśmy oszczędzić zastępom niebiańskim nieznośnych wspomnień oglądania powolnego rozkładu ludzkiej postaci Stwórcy i Podtrzymywacza wszechświata. W imieniu niebiańskich istot inteligentnych całego Nebadonu, proszę o powierzenie w moje ręce śmiertelnego ciała Jezusa z Nazaretu i upoważnienie nas do rozpoczęcia jego natychmiastowego rozkładu".

Po tym jak Gabriel naradził się ze starszym, Najwyższym Ojcem z Edentii, archanioł, rzecznik niebiańskich zastępów, otrzymał zgodę na rozporządzanie fizycznymi szczątkami Jezusa tak jak uzna za stosowne.

Po tym, jak przychylono się do prośby szefa archaniołów, wezwał on na pomoc wielu swoich towarzyszy oraz znaczną liczbę zastępów, reprezentujących wszystkie klasy osobowości niebiańskich i wtedy, z pomocą pośrednich z Urantii, przystąpił do przejęcia materialnego ciała Jezusa. To martwe teraz ciało było tworem czysto materialnym; to było fizyczne i ludzkie ciało; nie mogło zostać usunięte z grobu tak, jak morontialna forma zmartwychwstania mogła opuścić zapieczętowany grób. Dzięki pomocy pewnych pomocniczych osobowości morontialnych, morontialna forma może być raz ukształtowana jako duch i może być obojętna na zwykłą materię, a kiedy indziej może być dostrzegalna i dotykalna przez istoty materialne, takie, jakimi są śmiertelnicy tej domeny.

Kiedy szykowano się do usunięcia ciała Jezusa z grobu, aby je poddać dostojnej i czci pełnej likwidacji przez prawie natychmiastowy rozkład, kazano pośrednim wtórnym z Urantii odtoczyć kamienie z wejścia do grobu. Większy z tych dwu kamieni miał kształt wielkiego koła, podobny był do kamienia młyńskiego i poruszał się w wyżłobieniu wykutym w skale, aby mógł być toczony tam i z powrotem dla otwierania czy zamykania grobu. Kiedy stojący na straży żydowscy strażnicy i rzymscy żołnierze ujrzeli w bladym świetle poranka, jak olbrzymi kamień zaczyna się toczyć od wejścia do grobu, najwyraźniej o własnych siłach – bez jakichkolwiek widzialnych środków wywołujących taki ruch – zdjął ich strach i wpadli w panikę i pośpiesznie stamtąd uciekli. Żydzi uciekli do swych domów, po czym wrócili do Świątyni, aby zrelacjonować sprawę swemu kapitanowi. Rzymianie uciekli do fortecy Antonia i złożyli raport setnikowi o tym, co widzieli, jak tylko zjawił się na służbie.

Żydowscy przywódcy zaczęli plugawy interes, żeby się pozbyć Jezusa, oferując łapówkę zdradzieckiemu Judaszowi i teraz, kiedy stanęli w obliczu tak żenującej sytuacji, zamiast pomyśleć o ukaraniu strażników, którzy opuścili posterunek, uciekli się do przekupienia tych strażników i żołnierzy rzymskich. Każdemu z tych dwudziestu ludzi wypłacili pewną sumę pieniędzy i polecili, aby mówili wszystkim: „Kiedy spaliśmy w nocy, jego uczniowie przyszli i zabrali ciało". I żydowscy przywódcy solennie obiecali żołnierzom, że będą ich bronić przed Piłatem, gdyby kiedykolwiek doszło do uszu namiestnika, że wzięli łapówkę.

Chrześcijańska wiara w zmartwychwstanie opiera się na fakcie „pustego grobu". Istotnie *faktem* jest, że grób był pusty, ale to nie jest *prawda* o zmartwychwstaniu. Kiedy przybyli pierwsi wierzący grób rzeczywiście był pusty i ten fakt, w połączeniu z niewątpliwym zmartwychwstaniem Mistrza, doprowadził do sformułowania wierzenia, które nie jest prawdą – nauczania, że materialne ciało Jezusa zmartwychwstało z grobu. Prawda, mająca do czynienia z rzeczywistościami duchowymi i wiecznymi wartościami, nie zawsze może być tworzona przez łączenie dostrzegalnych faktów. Chociaż poszczególne fakty mogą być materialnie prawdziwe, nie musi z tego wynikać, że połączenie grupy faktów musi koniecznie prowadzić do poprawnych, duchowych wniosków.

Grób Józefa był pusty nie dlatego, że ciało Jezusa zostało odtworzone czy wskrzeszone, ale dlatego, że zastępy niebiańskie uzyskały zgodę na dokonanie specjalnego i jedynego w swoim rodzaju rozkładu, powrotu „prochu do prochu", bez opóźnień czasowych i bez udziału zwykłego, widzialnego procesu śmiertelnego rozkładu oraz materialnego psucia.

Śmiertelne szczątki Jezusa przeszły taki sam naturalny proces rozpadu na pierwiastki składowe, jaki jest charakterystyczny dla wszystkich ciał ludzkich na Ziemi, oprócz tego, że w pewnym momencie ten naturalny proces rozkładu został ogromnie przyśpieszony, doprowadzony do tego punktu, w którym stał się prawie natychmiastowy.

Prawdziwe dowody zmartwychwstania Michała są natury duchowej, chociaż nauczanie o zmartwychwstaniu potwierdzone jest świadectwami wielu śmiertelników tej domeny, którzy spotkali zmartwychwstałego, morontialnego Mistrza, rozpoznali go i z nim rozmawiali. Stał się on częścią osobistych przeżyć prawie tysiąca istot ludzkich, zanim w końcu opuścił Urantię.

3. ZMARTWYCHWSTANIE NA KONIEC SYSTEMU SPRAWIEDLIWOŚCI

Niedługo po wpół do piątej, tego niedzielnego ranka, Gabriel wezwał do siebie archaniołów i był gotów zacząć generalne zmartwychwstanie na koniec adamicznego systemu sprawiedliwości na Urantii. Kiedy rozległe zastępy serafinów i cherubinów, biorących udział w tym wielkim wydarzeniu, zostały uporządkowane we właściwej formacji, zjawił się przed Gabrielem morontialny Michał i powiedział: „Tak jak mój Ojciec ma życie w sobie, tak dał je Synowi, aby miał życie w sobie. Choć jeszcze nie zacząłem w pełni sprawować na nowo wszechświatowej jurysdykcji, to ograniczenie, które sam sobie narzuciłem w żaden sposób nie ogranicza obdarzania życiem moich śpiących synów; niech rozpocznie się apel planetarnego zmartwychwstania".

Wtedy to obwód archaniołów po raz pierwszy zaczął działać z Urantii. Gabriel i zastępy archaniołów udały się do miejsca duchowej biegunowości planety, a kiedy Gabriel dał sygnał, do pierwszego systemu światów-mieszkań nadano głos Gabriela, mówiący: „Na polecenie Michała, niech wstaną zmarli z systemu sprawiedliwości Urantii!". Wtedy wszyscy przetrwali śmiertelnicy z gatunku ludzkiego, którzy zasnęli od czasów Adama, a którzy nie poszli wcześniej na sąd, zjawili się w halach zmartwychwstania mieszkań gotowi na morontialną inwestyturę. I w mgnieniu oka serafini oraz ich towarzysze byli gotowi do odlotu do światów-mieszkań. Zazwyczaj ci seraficzni opiekunowie, którzy kiedyś przydzieleni byli do grupowej opieki nad przetrwałymi śmiertelnikami, powinni być w halach zmartwychwstania mieszkań podczas przebudzenia tych śmiertelników, jednak tym razem byli na tym świecie, gdyż Gabriel musiał być tutaj w związku z morontialnym zmartwychwstaniem Jezusa.

Pomimo tego, że niezliczone jednostki posiadające osobistych opiekunów seraficznych i te, które osiągnęły wymagane wyniki w rozwoju osobowości duchowej poszły do mieszkań w tych epokach, które nastały po czasach Adama i Ewy i chociaż było wiele specjalnych oraz milenijnych zmartwychwstań dla synów z Urantii, to był trzeci apel, albo kompletne zmartwychwstanie na koniec systemu sprawiedliwości. Pierwsze nastąpiło w czasie przybycia Księcia Planetarnego, drugie w czasach Adama a to trzecie uświetniło morontialne zmartwychwstanie, śmiertelne przejście Jezusa z Nazaretu.

Kiedy szef archaniołów odebrał sygnał planetarnego zmartwychwstania, Uosobiony Dostrajacz Syna Człowieczego zrzekł się swej władzy nad zastępami niebiańskimi zgromadzonymi na Urantii i przekazał znowu wszystkich tych synów wszechświata lokalnego pod jurysdykcję ich poszczególnych dowódców. I kiedy to zrobił, odleciał do Salvingtonu, żeby zarejestrować wraz z Emanuelem zakończenie tranzytu śmiertelnika Michała. Zaraz za nim podążyły wszystkie niebiańskie zastępy, nie mające już obowiązków do pełnienia na Urantii. Gabriel jednak pozostał na Urantii z morontialnym Jezusem.

Jest to opowieść o zdarzeniach towarzyszących zmartwychwstaniu Jezusa, jak obserwowane były przez naocznych świadków, nie ograniczonych częściową i zawężoną, ludzką zdolnością widzenia.

4. ODKRYCIE PUSTEGO GROBU

Gdy dochodzimy do momentu zmartwychwstania Jezusa w ten wczesny niedzielny poranek, należy przypomnieć, że dziesięciu apostołów zatrzymało się w domu Eliasza i Marii Marków, gdzie spali w górnej izbie, odpoczywając na tych samych leżankach, na których leżeli w podczas ostatniej wieczerzy ze swym Mistrzem. Tego, niedzielnego ranka zebrali się tutaj wszyscy za wyjątkiem Tomasza. Tomasz był z nimi tylko kilka minut, późnym wieczorem w sobotę, kiedy to po raz pierwszy zebrali się razem, jednak widok apostołów, razem z myślą o tym co przydarzyło się Jezusowi był dla niego nie do zniesienia. Popatrzył na swoich towarzyszy i zaraz wyszedł z pokoju i poszedł do domu Szymona w Betfage, gdzie w samotności chciał przeboleć swoje udręki. Wszyscy apostołowie cierpieli, nie tyle z powodu zwątpienia i rozpaczy, ile ze strachu, smutku i wstydu.

W domu Nikodema zebrali się: Dawid Zebedeusz, Józef z Arymatei oraz około dwunastu czy piętnastu wybitniejszych uczniów Jezusa, którzy mieszkali w Jerozolimie. W domu Józefa z Arymatei przebywało około piętnaście czy dwadzieścia wyróżniających się, wierzących kobiet. Kobiety te przebywały same w domu Józefa, gdzie się zamknęły na dzień szabatu i wieczór po szabacie, tak, że nic nie wiedziały o uzbrojonej straży stojącej przy grobie ani też o tym, że drugi kamień został zatoczony przed wejście grobowca i że oba kamienie zostały opieczętowane pieczęciami Piłata.

W niedzielę rano, tuż przed trzecią, gdy pierwsze zwiastuny dnia zaczęły pojawiać się na wschodzie, pięć kobiet poszło do grobu Jezusa. Przygotowały znaczną ilość specjalnych płynów balsamujących i niosły ze sobą dużo lnianych bandaży. Chciały dokładniej dokonać śmiertelnego namaszczenia ciała Jezusa oraz staranniej owinąć go w nowe bandaże.

Tymi kobietami, które szły namaścić ciało Jezusa, były: Maria Magdalena, Maria, matka bliźniaków Alfeusza, Salome, matka braci Zebedeuszów, Joanna żona Chuzy i Zuzanna córka Ezry z Aleksandrii.

Około wpół do czwartej pięć kobiet, niosących olejki namaszczające, dotarło do pustego grobu. Gdy przechodziły bramę damasceńską, natknęły się na kilku żołnierzy mniej czy bardziej zdjętych panicznym strachem, uciekających do miasta i to sprawiło, że zatrzymały się na chwilę; ale skoro nic więcej się nie działo, poszły dalej swoją drogą.

Były bardzo zdziwione, gdy zobaczyły kamień odtoczony od wejścia do grobu, zważywszy, że idąc mówiły między sobą: „Kto nam pomoże odtoczyć kamień?" Położyły swoje pakunki i patrzyły jedna na drugą, w strachu i wielkim zdumieniu. Kiedy tak stały, drżąc ze strachu, Maria Magdalena obeszła mniejszy kamień i odważyła się wejść do otwartego grobu. Grobowiec Józefa był w jego ogrodzie, na stoku wzgórza, po wschodniej stronie drogi i zwrócony był również ku wschodowi. O tej godzinie było na tyle brzasku nowego dnia, że Maria mogła zobaczyć miejsce, gdzie złożono ciało Mistrza i zauważyć jego brak. W kamiennej niszy, gdzie złożono Jezusa, Maria spostrzegła tylko złożony kawałek materiału tam, gdzie spoczywała głowa oraz bandaże, którymi był owinięty, leżące nienaruszone i tak jak je zostawiono na kamieniu zanim niebiańskie zastępy zabrały ciało. Okrywające prześcieradło leżało na ziemi w niszy grobowej.

Gdy przez kilka chwil Maria stała w wejściu do grobowca (gdy pierwszy raz weszła do grobowca nie widziała wyraźnie) widząc, że ciało Jezusa znikło a na jego miejscu leżą tylko całuny, wydała okrzyk trwogi i boleści. Wszystkie kobiety były bardzo niespokojne; od czasu, gdy spotkały w bramie miasta wystraszonych żołnierzy, ich nerwy były na granicy wytrzymałości i kiedy Maria wydała ten krzyk boleści, ogarnęło ich przerażenie i szybko uciekły. Nie zatrzymały się, aż przebiegły całą drogę do bramy damasceńskiej. W tym czasie Joannę opanowały wyrzuty sumienia, że zostawiły Marię; zebrała swoje koleżanki i ruszyły z powrotem do grobu.

Gdy się zbliżały do grobowca, przestraszona Magdalena, która się jeszcze bardziej przeraziła, gdy po wyjściu z grobowca nie znalazła czekających ją sióstr, popędziła teraz do nich, krzycząc w podnieceniu: „Nie ma go tam – zabrali go!". I poprowadziła ich z powrotem do grobu, a kiedy wszystkie tam weszły, zobaczyły, że jest on pusty.

Pięć kobiet usiadło na kamieniu przy wejściu i omawiało sytuację. Jeszcze nie przyszło im na myśl, że Jezus zmartwychwstał. Cały szabat pozostawały same i przypuszczały, że ciało przeniesiono do jakiegoś innego miejsca spoczynku. Ale kiedy rozważały takie rozwiązanie dylematu, nie potrafiły wytłumaczyć porządku ułożenia całunów; jak można zabrać ciało, skoro te właśnie bandaże, w które było owinięte, pozostały na swoim miejscu i najwyraźniej nietknięte na półce grobowej?

Gdy o świtaniu nowego dnia kobiety siedziały tam, spojrzały w bok i spostrzegły obcego człowieka, milczącego i stojącego bez ruchu. Na chwilę znowu się wystraszyły, ale Maria Magdalena podbiegła w jego kierunku i zwracając się do niego, jak gdyby myślała, że to stróż ogrodu, powiedziała: „Gdzie zabraliście Mistrza? Gdzie oni go złożyli? Powiedz nam, abyśmy mogły go znaleźć". Kiedy nieznajomy nie odpowiadał, Maria zaczęła płakać. Wtedy Jezus odezwał się do wszystkich kobiet: „Kogo szukacie?". Maria odpowiedziała: „Szukamy Jezusa, który został złożony na spoczynek w grobowcu Józefa, ale tam go nie ma. Czy nie wiesz, gdzie go zabrali"? Wtedy Jezus rzekł: „Czy ten Jezus nie mówił wam, jeszcze w Galilei, że umrze, ale zmartwychwstanie?". Te słowa wstrząsnęły kobietami, ale Mistrz tak był zmieniony, że przy nikłym świetle za jego plecami jeszcze go nie poznały. Kiedy rozważały jego słowa, on zwrócił się do Magdaleny znajomym głosem: „Mario". I kiedy Maria usłyszała to słowo dobrze jej znanej życzliwości i serdecznego pozdrowienia, wiedziała, że to głos Mistrza i pobiegła i klękając u jego stóp, zawołała: „Mój Pan i mój Mistrz!". Kiedy wszystkie pozostałe kobiety rozpoznały, że to Mistrz stoi przed nimi w gloryfikowanej formie, one też szybko przed nim uklękły.

Oczy ludzkie mogły zobaczyć morontialną postać Jezusa, ponieważ służby specjalne istot przekształcających i pośrednich, razem z pewnymi osobowościami morontialnymi, towarzyszyły wtedy Jezusowi.

Maria chciała objąć stopy Jezusa, ale on powiedział: „Nie dotykaj mnie, Mario, gdyż nie jestem takim jakiego znałaś mnie w ciele. Pod tą postacią zostanę z wami jakiś czas, zanim wstąpię do Ojca. Ale idźcie wszystkie i powiedzcie moim apostołom – i Piotrowi – że zmartwychwstałem i że rozmawiałyście ze mną".

Gdy kobiety pozbierały się z szoku i zdziwienia, pośpieszyły z powrotem do miasta i do domu Eliasza Marka, gdzie opowiedziały dziesięciu apostołom wszystko to, co im się przydarzyło; ale apostołowie nie chcieli im wierzyć. Najpierw myśleli, że kobiety widziały zjawę, ale kiedy Maria Magdalena powtórzyła słowa, które im Jezus rzekł i kiedy Piotr usłyszał swoje imię, wybiegł z górnej komnaty a tuż za nim Jan i w wielkim pośpiechu pognali do grobu, aby sami mogli to wszystko zobaczyć.

Kobiety powtórzyły całą historię o rozmowie z Jezusem innym apostołom, ale oni nie chcieli im wierzyć i nie poszli sami tego sprawdzić, tak jak to zrobił Piotr i Jan.

5. PIOTR I JAN PRZY GROBIE

Gdy dwóch apostołów biegło w kierunku Golgoty i grobu Józefa, myśli Piotra wahały się między obawą a nadzieją; bał się spotkać Mistrza, ale jego nadzieja została rozbudzona tym, że Jezus przesłał mu specjalną wiadomość. Częściowo był przekonany, że Jezus naprawdę żyje; przypomniał sobie obietnicę zmartwychwstania na trzeci dzień. Rzecz osobliwa, że ta obietnica nie przyszła mu na myśl od czasu ukrzyżowania aż do tego momentu, gdy śpiesznie podążał przez Jerozolimę na północ. Gdy Jan wybiegł z miasta, dziwna ekstaza radości i nadziei tryskała mu w duszy. Po części był przekonany, że kobiety naprawdę widziały zmartwychwstałego Mistrza.

Jan, będąc młodszy od Piotra, wyprzedził go i pierwszy przybiegł do grobu. Jan ociągał się przy wejściu, oglądając grób, który wyglądał dokładnie tak jak go opisywała Maria. Wkrótce nadbiegł Szymon Piotr a wchodząc do środka, zobaczył ten sam pusty grób z całunami tak dziwnie ułożonymi. I kiedy Piotr wyszedł na zewnątrz, Jan wszedł do środka i sam wszystko zobaczył a potem usiedli na kamieniu, żeby rozważać sens tego co widzieli i słyszeli. I kiedy tak siedzieli, rozważali wszystko co im mówiono Jezusie, ale nie mogli jasno zrozumieć tego co się stało.

Najpierw Piotr poddał myśl, że grób został ograbiony, że wrogowie wykradli ciało, być może przekupili strażników. Jan jednak dowodził, że raczej nie zostawiono by grobu w takim porządku, gdyby ciało zostało skradzione a także zadał pytanie, jak to się stało, że bandaże pozostawiono i to najwyraźniej nietknięte. I znowu obydwaj weszli do grobu, żeby się lepiej przyjrzeć całunom. Gdy po raz drugi wyszli z grobu, spotkali Marię Magdalenę, która wróciła i płakała przed wejściem. Maria poszła do apostołów, wierząc, że Jezus zmartwychwstał z grobu, ale kiedy nikt nie chciał wierzyć jej opowieści, była przygnębiona i zrozpaczona. Pragnęła wrócić w pobliże grobu, gdzie jak sądziła słyszała znajomy głos Jezusa.

Gdy po odejściu Piotra i Jana Maria pozostała sama, Mistrz znowu jej się ukazał i powiedział: „Nie wątp; miej odwagę uwierzyć w to co widziałaś i słyszałaś. Wróć do apostołów i jeszcze raz im powiedz, że zmartwychwstałem, że się im ukażę i że wkrótce pójdę przed nimi do Galilei tak jak obiecałem".

Maria pobiegła do domu Marka i powiedziała apostołom, że znowu rozmawiała z Jezusem, ale nie chcieli jej wierzyć. Kiedy jednak Piotr i Jan wrócili, przestali sie wyśmiewać a przepełniły ich obawy i trwoga.

PRZEKAZ 190

MORONTIALNE UKAZANIA SIĘ JEZUSA

ZMARTWYCHWSTAŁY Jezus szykuje się teraz spędzić trochę czasu na Urantii, aby doświadczyć morontialnej drogi wznoszenia się śmiertelnika z tej domeny. Chociaż ten czas życia morontialnego spędzi on na świecie swego śmiertelnego wcielenia, będzie to jednak pod każdym względem odpowiednik doświadczenia tych śmiertelników, którzy przeszli progresywne, morontialne życie siedmiu światów-mieszkań Jerusem.

Cała ta moc, która tkwi w Jezusie – ten dar życia – który umożliwił mu zmartwychwstanie, jest właśnie darem wiecznego życia, którym obdarza on wierzących królestwa i który nawet teraz daje im gwarancję zmartwychwstania z więzów naturalnej śmierci.

Śmiertelnicy z różnych światów wstaną rankiem zmartwychwstania z tym samym typem przejściowego czy morontialnego ciała, jakie miał Jezus, kiedy tego niedzielnego ranka wstał z grobu. Takie ciała nie mają krwiobiegu i te istoty nie przyjmują zwykłego, materialnego pożywienia; tym niemniej te formy morontialne są *rzeczywiste*. Kiedy różni wierni widzieli Jezusa po jego zmartwychwstaniu, widzieli go naprawdę; nie byli ofiarami wizji czy halucynacji.

Niewzruszona wiara w zmartwychwstanie Jezusa była kardynalnym elementem wierzeń wszystkich odłamów wczesnego nauczania ewangelii. W Jerozolimie, Aleksandrii, Antiochii i Filadelfii wszyscy nauczyciele ewangelii mieli takie same poglądy w sprawie tej, niekwestionowanej wiary w zmartwychwstanie Mistrza.

Rozpatrując czołową rolę jaką Maria Magdalena odegrała w głoszeniu zmartwychwstania Mistrza, należy wziąć pod uwagę, że Maria była głównym rzecznikiem grupy kobiecej, tak jak Piotr apostołów. Maria nie była szefem kobiet pracujących dla królestwa, ale była ich głównym nauczycielem i publicznym rzecznikiem. Maria stała się kobietą bardzo powściągliwą, więc jej śmiałość w odezwaniu się do mężczyzny, którego uważała za dozorcę ogrodu Józefa, ukazuje tylko jak była zaszokowana, kiedy znalazła pusty grób. To głębia i udręka jej miłości, pełnia jej poświęcenia, sprawiły, że na chwilę zapomniała o stosownej powściągliwości żydowskich kobiet wykazywanej podczas spotkania z obcym mężczyzną.

1. HEROLDOWIE ZMARTWYCHWSTANIA

Apostołowie nie chcieli, żeby ich Jezus opuścił, dlatego też lekceważyli wszystkie jego oświadczenia o umieraniu, razem z obietnicami, że znowu zmartwychwstanie. Nie spodziewali się tego zmartwychwstania i nie chcieli w nie uwierzyć, do czasu, kiedy zmuszeni byli stanąć w obliczu niepodważalnego świadectwa i niezbitego dowodu, wynikającego z ich własnego doświadczenia.

Kiedy apostołowie nie chcieli uwierzyć relacji pięciu kobiet, które twierdziły, że widziały Jezusa i z nim rozmawiały, Maria Magdalena wróciła do grobu a inne poszły z powrotem do domu Józefa, gdzie opowiedziały swe przeżycia jego córce i innym kobietom. I kobiety uwierzyły ich opowieści. Zaraz po szóstej, córka Józefa z Arymatei i cztery kobiety, który widziały Jezusa, poszły do domu Nikodema, gdzie opowiedziały Józefowi, Nikodemowi, Dawidowi Zebedeuszowi i innym tam zgromadzonym wszystko to, co się zdarzyło. Nikodem i inni mieli wątpliwości co do ich relacji, wątpili w zmartwychwstanie Jezusa; przypuszczali, że to Żydzi usunęli ciało. Józef i Dawid skłonni byli wierzyć tej opowieści, tak bardzo, że pośpieszyli obejrzeć grób i zastali wszystko tak jak to opisywały kobiety. I byli ostatnimi, którzy oglądali grób, gdyż o wpół do ósmej arcykapłan wysłał kapitana straży świątynnych do grobu, aby usunął całuny. Kapitan zawinął je wszystkie w lniane prześcieradło i zrzucił z pobliskiego urwiska.

Od grobu Dawid i Józef poszli natychmiast do domu Eliasza Marka, gdzie w sali na piętrze rozmawiali z dziesięcioma apostołami. Tylko Jan Zebedeusz skłonny był uwierzyć, choć bez przekonania, że Jezus zmartwychwstał. Z początku wierzył również Piotr, ale kiedy nie udało mu się znaleźć Mistrza, ogarnęły go poważne wątpliwości. Wszyscy przychylali się do opinii, że to Żydzi usunęli ciało. Dawid nie chciał się z nimi spierać, ale kiedy odchodził, powiedział: „Jesteście apostołami i powinniście rozumieć te sprawy. Nie będę się z wami spierał; tym niemniej teraz idę do domu Nikodema, gdzie uzgodniłem, żeby posłańcy zebrali się tego ranka, a kiedy się zbiorą, roześlę ich na ostatnią misję, jako heroldów zmartwychwstania Mistrza. Słyszałem, jak Mistrz mówił, że po tym jak umrze, zmartwychwstanie na trzeci dzień i ja mu wierzę". I to powiedziawszy do przygnębionych i opuszczonych ambasadorów królestwa, samozwańczy szef łączności i wywiadu wyszedł od apostołów. Wychodząc z górnej sali zostawił na kolanach Mateusza Lewity torbę Judasza, w której znajdowały się wszystkie pieniądze apostolskie.

Było prawie wpół do dziesiątej, kiedy ostatni z dwudziestu sześciu posłańców Dawida przybył do domu Nikodema. Dawid natychmiast zebrał ich na obszernym dziedzińcu i przemówił do nich:

„Ludzie i bracia, cały czas służyliście mi zgodnie z waszą przysięgą, złożoną mnie i sobie nawzajem i powołuję was na świadków, że nigdy was nie posłałem z fałszywą wiadomością. Za chwilę wyślę was na waszą ostatnią misję jako ochotników królestwa, a czyniąc to, zwalniam was z przysięgi i tym samym rozwiązuję zespół posłańców. Ludzie, oświadczam wam, że skończyliśmy nasze dzieło. Mistrz już nie potrzebuje posłańców śmiertelników; on zmartwychwstał. Zanim go aresztowali powiedział nam, że umrze i trzeciego dnia zmartwychwstanie. Widziałem grób – jest pusty. Rozmawiałem z Marią Magdaleną i czterema innymi kobietami, które rozmawiały z Jezusem. I teraz, rozwiązując waszą grupę, żegnam was i posyłam do waszych zadań z wiadomością, którą nieść będziecie wiernym, a brzmi ona: «Jezus zmartwychwstał, grób jest pusty»".

Większość ludzi tam zebranych usiłowała wyperswadować Dawidowi, aby tego nie robił. Ale nie mogli go przekonać. Wtedy usiłowali odradzać posłańcom, ale ci nie zważali na słowa zwątpienia. I tak, tuż przed dziesiątą tego niedzielnego ranka, wyszło dwudziestu sześciu gońców, jako pierwsi heroldowie wielkiej prawdy-faktu – zmartwychwstania Jezusa. I zaczęli swoją misję tak jak wiele innych, wypełniając swą przysięgę wobec Dawida Zebedeusza i siebie nawzajem. Ci ludzie wyjątkowo ufali Dawidowi. Odeszli na swą misję nawet nie czekając na rozmowę z tymi, którzy widzieli Jezusa; uwierzyli Dawidowi na słowo. Większość z nich uwierzyła w to, co im Dawid powiedział a nawet ci, którzy co nieco powątpiewali, nieśli tę wiadomość tak samo pewnie i tak samo szybko.

Apostołowie, duchowe ciało królestwa, zbierają się tego dnia w górnej sali, gdzie zdjęci strachem dają wyraz swym wątpliwościom, podczas gdy ci świeccy ludzie, reprezentujący pierwszą próbę uspołecznienia ewangelii Mistrza o braterstwie człowieka, działając zgodnie z rozkazami swego nieustraszonego i operatywnego przywódcy, idą głosić zmartwychwstałego Zbawiciela świata i wszechświata. I zajęli się tą doniosłą służbą jeszcze zanim wybrani przedstawiciele Mistrza zechcieli uwierzyć jego słowu, czy zaakceptować zeznania naocznych świadków.

Tych dwudziestu sześciu ludzi zostało wysłanych zarówno do domu Łazarza w Betanii jak i do wszystkich ośrodków wierzących, od Beer-Szeba na południu do Damaszku i Sydonu na północy; i od Filadelfii na wschodzie do Aleksandrii na zachodzie.

Kiedy Dawid pożegnał się ze swymi braćmi, poszedł do domu Józefa po swoją matkę a potem razem poszli do Betanii, aby dołączyć do oczekującej tam rodziny Jezusa. Dawid mieszkał w Betanii z Martą i Marią, do czasu, aż nie rozporządziły swym ziemskim majątkiem i towarzyszył im potem w ich podróży do brata Łazarza w Filadelfii.

Mniej więcej w tydzień od tego dnia, Jan Zebedeusz zabrał Marię, matkę Jezusa, do swego domu w Betsaidzie. Jakub, najstarszy brat Jezusa, został ze swą rodziną w Jerozolimie. Rut pozostała w Betanii z siostrami Łazarza. Reszta rodziny Jezusa wróciła do Galilei. Dawid Zebedeusz na początku czerwca opuścił Betanię i wraz z Martą i Marią poszedł do Filadelfii, na drugi dzień po swoim ślubie z Rut, najmłodszą siostrą Jezusa.

2. UKAZANIE SIĘ JEZUSA W BETANII

Jezus ukazał się swoim wiernym na Ziemi w widzialnej postaci dziewiętnaście razy, od czasu swego morontialnego zmartwychwstania do godziny wniebowstąpienia jego ducha. Nie ukazał się swoim wrogom ani też tym, którzy nie mogli duchowo skorzystać z jego zjawienia się w widzialnej postaci. Jego pierwsze ukazanie się pięciu kobietom nastąpiło przy grobie; drugie, dla Marii Magdaleny, również przy grobie.

Trzecie ukazanie się Jezusa miało miejsce około południa, tej niedzieli, w Betanii. Zaraz po południu, najstarszy brat Jezusa, Jakub, stał w ogrodzie Łazarza przed pustym grobem wskrzeszonego brata Marty i Marii, rozważając wiadomość, którą mniej więcej godzinę wcześniej przyniósł im posłaniec Dawida. Jakub zawsze skłonny był wierzyć w misję swego najstarszego brata na Ziemi, ale dawno już stracił kontakt z działalnością Jezusa i żywił poważne wątpliwości w sprawie późniejszych twierdzeń apostołów, że Jezus jest Mesjaszem. Cała rodzina była zaskoczona i niemalże skonfundowana wieścią przyniesioną przez posłańca. W tej właśnie chwili, gdy Jakub stał przed pustym grobem Łazarza, zjawiła się Maria Magdalena i podniecona opowiadała rodzinie o swoich przeżyciach z wczesnych godzin rannych, przy grobie Józefa. Zanim skończyła, przybył Dawid Zebedeusz ze swą matką. Rut oczywiście uwierzyła opowiadaniu, jak również Juda, po tym jak porozmawiał z Dawidem i Salome.

W międzyczasie, gdy szukali Jakuba i zanim go znaleźli, stojącego w ogrodzie w pobliżu grobu, zdał on sobie sprawę z czyjejś bliskiej obecności, jak gdyby ktoś dotykał jego ramienia; i kiedy się odwrócił, żeby zobaczyć kto to, zauważył stopniowe pojawianie się przy nim dziwnej postaci. Był zbyt osłupiały, żeby mówić i zbyt przestraszony, żeby uciec. I wtedy dziwna postać przemówiła: „Jakubie, przyszedłem powołać cię do służby królestwa. Idź ręka w rękę z twoimi braćmi i podążaj ze mną". Kiedy Jakub usłyszał swoje imię, wiedział, że mówi do niego jego najstarszy brat, Jezus. Wszyscy mieli większe czy mniejsze trudności z rozpoznaniem morontialnej postaci Mistrza, ale niewielu miało jakikolwiek problem z rozpoznaniem jego głosu, czy też z dostrzeżeniem w inny sposób jego czarującej osobowości, kiedy zaczął się z nimi porozumiewać.

Kiedy Jakub uświadomił sobie, że to Jezus do niego mówi, zaczął klękać i wołać: „Mój ojcze i mój bracie", ale Jezus kazał mu wstać, kiedy z nim rozmawiał. I spacerowali po ogrodzie, rozmawiając niemal trzy minuty, omawiając przeżycia byłych dni i przewidując zdarzenia najbliższej przyszłości. Gdy zbliżali się do domu, Jezus powiedział: „Żegnaj Jakubie, do czasu, kiedy pozdrowię was wszystkich razem".

Jakub popędził do domu, kiedy go właśnie szukano w Betfage i wołał: „Właśnie widziałem Jezusa i rozmawiałem z nim, spotkałem się z nim. Nie jest martwy, zmartwychwstał! Zniknął mi z oczu ze słowami: «Żegnaj, do czasu, kiedy pozdrowię was wszystkich razem»". Zaledwie skończył, kiedy wrócił Juda i znowu Judzie opowiedział o spotkaniu z Jezusem w ogrodzie. I wszyscy zaczęli wierzyć w zmartwychwstanie Jezusa. Jakub oznajmił teraz, że nie chce wracać do Galilei a Dawid zawołał: „Widzą go nie tylko podekscytowane kobiety; również zrównoważeni mężczyźni zaczęli go widzieć. Sam spodziewam się go wkrótce ujrzeć".

I Dawid nie czekał długo, gdyż czwarte ukazanie się Jezusa widzialne dla oczu ludzkich nastąpiło niebawem, tuż przed czternastą, w tym samym domu Marty i Marii, kiedy to Mistrz się pojawił dostrzegalny dla swojej ziemskiej rodziny i ich przyjaciół, razem dla blisko dwudziestu osób. Mistrz ukazał się w otwartych, tylnych drzwiach i powiedział: „Pokój wam. Pozdrawiam wszystkich tych, którzy kiedyś byli mi bliscy w ciele i we wspólnocie, moich braci i siostry w królestwie nieba. Jak mogliście wątpić? Dlaczego ociągaliście się tak długo zanim postanowiliście całym sercem iść za światłem prawdy? Przyjdźcie zatem wszyscy do wspólnoty z Duchem Prawdy w królestwie Ojca". Kiedy ochłonęli z pierwszego szoku i zdumienia, ruszyli w jego kierunku jakby chcieli go objąć, ale on znikł im z oczu.

Wszyscy chcieli pobiec do miasta, aby opowiedzieć wątpiącym apostołom o tym, co się stało, ale Jakub ich powstrzymał. Tylko Marii Magdalenie pozwolono wrócić do domu Józefa. Jakub zabronił rozgłaszać szeroko o tej morontialnej wizycie, ponieważ podczas rozmowy w ogrodzie Jezus powiedział mu pewne rzeczy. Ale Jakub nigdy nie ujawnił niczego więcej o spotkaniu ze zmartwychwstałym Mistrzem w tym dniu, w Betanii, w domu Łazarza.

3. W DOMU JÓZEFA

Piąte morontialne pojawienie się Jezusa, widzialne dla oczu śmiertelnych, nastąpiło około szesnastej piętnaście w to samo niedzielne popołudnie, w obecności mniej więcej dwudziestu pięciu wierzących kobiet, zebranych w domu Józefa z Arymatei. Maria

Magdalena wróciła do domu Józefa na kilka minut przed tym ukazaniem się. Jakub, brat Jezusa, prosił, aby nic nie mówiła apostołom o ukazaniu się Mistrza w Betanii. Jednak nie prosił Marii, żeby nie mówiła o tym zdarzeniu swoim wierzącym siostrom. Dlatego też po tym, jak Maria zobowiązała wszystkie kobiety do dyskrecji, zaczęła opowiadać co tak niedawno się wydarzyło, kiedy była u rodziny Jezusa w Betanii. I była w trakcie tego pasjonującego opowiadania, kiedy wśród kobiet zapadła nagła i uroczysta cisza; spostrzegły pośrodku, pomiędzy nimi, dobrze widoczną postać zmartwychwstałego Jezusa. On pozdrowił je słowami: „Pokój wam. We wspólnocie królestwa nie będzie ani Żyda ani nie-Żyda, bogatego ani biednego, wolnego ani niewolnika, kobiety ani mężczyzny. Wy także jesteście powołane, żeby głosić dobrą nowinę wolności dla ludzkości przez ewangelię synostwa z Bogiem w królestwie nieba. Idźcie na cały świat i głoście tę ewangelię i umacniajcie wiarę tych, którzy w nią wierzą. I kiedy będziecie to robić, nie zapomnijcie służyć chorym i umacniać tych, którzy są bojaźliwi i zdjęci strachem. Ja zawsze będę z wami, nawet na krańcach Ziemi". I kiedy to powiedział, zniknął im z oczu, podczas gdy kobiety padły na twarz i modliły się w milczeniu.

Z pięciu morontialnych ukazań się Jezusa, które jak dotąd miały miejsce, Maria Magdalena była świadkiem czterech.

Na skutek wysłania posłańców przed południem oraz z przecieków mimowolnych napomknień o ukazaniu się Jezusa w domu Józefa, wczesnym wieczorem zaczęła docierać do żydowskich przywódców wiadomość, że po całym mieście się opowiada, iż Jezus zmartwychwstał i wiele osób twierdzi, że go widziało. Wieść ta poruszyła do głębi członków Sanhedrynu. Po pośpiesznej naradzie z Annaszem, Kajfasz zwołał zebranie Sanhedrynu naznaczone na dwudziestą tego wieczora. Na tym zebraniu postanowiono, że każdy, kto wspomni o zmartwychwstaniu Jezusa, zostanie wyrzucony z synagogi. Proponowano nawet zabić każdego, kto będzie twierdził, że go widział; jednak ta propozycja nigdy nie została poddana pod głosowanie, ponieważ zebranie przerwano w chaosie graniczącym z autentyczną paniką. Pozwolili sobie przypuszczać, że skończyli z Jezusem. Teraz właśnie mieli odkryć, że ich prawdziwe kłopoty z człowiekiem z Nazaretu dopiero się zaczęły.

4. UKAZANIE SIĘ GREKOM

Około szesnastej trzydzieści, w domu pewnego Flawiusza, Mistrz dokonał swego szóstego, morontialnego ukazania się zgromadzonym tam wierzącym mniej więcej czterdziestu Grekom. Kiedy omawiano wieści o zmartwychwstaniu Mistrza, on sam pojawił się pośród nich, pomimo, że drzwi były dobrze zaryglowane i odezwał się do nich: „Pokój wam. Chociaż Syn Człowieczy pojawił się na Ziemi wśród Żydów, przyszedł on służyć wszystkim ludziom. W królestwie mojego Ojca nie będzie ani Żydów ani nie-Żydów; wszyscy będziecie braćmi – synami Bożymi. Dlatego też idźcie na cały świat i głoście tę ewangelię zbawienia, tak jak ją dostaliście od ambasadorów królestwa, a ja będę wam towarzyszył w braterstwie synów Ojca w wierze i prawdzie". I kiedy tak ich pouczył, opuścił ich i więcej go nie widzieli. Przez cały wieczór pozostali w domu; byli zbyt przepełnieni obawą i strachem, aby odważyć się wyjść. Żaden z Greków nie spał tej nocy; wciąż czuwali i omawiali te kwestie, mając nadzieję, że może Mistrz znowu ich odwiedzi. W tej grupie znajdowało się wielu tych Greków, którzy byli w Getsemane, kiedy Judasz zdradził Jezusa pocałunkiem a żołnierze go aresztowali.

Pogłoski o zmartwychwstaniu Jezusa i opowiadania o jego wielokrotnym pojawieniu się przed wyznawcami gwałtownie się rozprzestrzeniały i całe miasto było w stanie najwyższego poruszenia. Mistrz ukazał się już swej rodzinie, kobietom i Grekom a niebawem pojawi się wśród apostołów. Wkrótce członkowie Sanhedrynu zaczną rozważać te nowe problemy, które tak nagle spadły na władców żydowskich. Jezus wiele myślał o swoich apostołach, ale zanim ich odwiedził chciał ich zostawić samych jeszcze na kilka godzin poważnych refleksji i głębokich rozważań.

5. SPACER Z DWOMA BRAĆMI

W Emaus, mniej więcej jedenaście kilometrów na wschód od Jerozolimy, mieszkało dwóch braci, pasterzy, którzy spędzili w Jerozolimie tydzień Paschy i uczestniczyli w składaniu ofiar, obrzędach i świętowaniu. Starszy z nich, Kleofas, częściowo wierzył w Jezusa; przynajmniej wyrzucono go z synagogi. Jego brat, Jakub, nie był wierzący aczkolwiek bardzo intrygowało go to, co słyszał o działalności i naukach Mistrza.

Tego niedzielnego popołudnia, mniej więcej pięć kilometrów za Jerozolimą i na kilka minut przed siedemnastą, tych dwóch braci mozolnie szło drogą do Emaus, bardzo żarliwie dyskutując o Jezusie, jego naukach, działalności a zwłaszcza o pogłoskach, że grób jest pusty i że jakieś kobiety z nim rozmawiały. Kleofas częściowo skłonny był wierzyć w te opowieści, ale Jakub uporczywie twierdził, że cała ta sprawa jest najprawdopodobniej oszustwem. Kiedy tak się przekonywali i debatowali idąc do domu, morontialny kształt Jezusa, jego siódme ukazanie się, szedł obok nich drogą. Kleofas często słyszał jak Jezus nauczał i kilka razy jadał z nim w domach jerozolimskich wiernych. Nie rozpoznał jednak Mistrza nawet gdy ten zwyczajnie z nimi rozmawiał.

Po przejściu kawałka drogi, Jezus odezwał się: „O czym to rozmawialiście tak żarliwie, kiedy was spotkałem?". I kiedy Jezus to powiedział, oni stanęli i przyglądali mu się z pełnym politowania zaskoczeniem. Kleofas rzekł: „Czy może to być, abyś bawił w Jerozolimie i nie wiedział o tych rzeczach, które się tam tak niedawno wydarzyły?". Wtedy Mistrz spytał: „Jakich rzeczach?". Kleofas odpowiedział: „Jeśli nie wiesz o tych sprawach, jesteś jedynym w Jerozolimie, który nie słyszał wieści o Jezusie z Nazaretu, który był potężnym prorokiem w słowie i w dziele przed Bogiem i wszystkimi ludźmi. Wyżsi kapłani i nasi władcy wydali go Rzymianom i zażądali, aby go ukrzyżowano. Z kolei wielu z nas miało nadzieję, że to jest ten, który mógłby wyzwolić Izrael od jarzma innowierców. Ale to nie wszystko. Teraz jest trzeci dzień od jego ukrzyżowania i dzisiaj pewne kobiety wprawiły nas w zdumienie, oświadczając, że bardzo wcześnie rano, kiedy poszły do jego grobu, zastały grób pusty. I te same kobiety uporczywie twierdzą, że rozmawiały z tym człowiekiem; utrzymują, że zmartwychwstał. I kiedy kobiety opowiedziały o tym ludziom, dwóch jego apostołów pobiegło do grobu i również zastało go pustym" – i tutaj Jakub przerwał swojemu bratu – „ale oni nie widzieli Jezusa".

Kiedy tak szli razem, Jezus rzekł do nich: „Jak opieszali jesteście w pojmowaniu prawdy! Skoro mi powiedzieliście, że rozmawialiście o naukach i pracy tego człowieka, mógłbym was oświecić, ponieważ jestem bardziej niż obeznany z tym nauczaniem. Czyż nie pamiętacie, że ten Jezus zawsze nauczał, iż jego królestwo nie jest z tego świata i że wszyscy ludzie, będąc synami Bożymi, powinni znajdować wolność i swobodę w duchowej radości braterskiej wspólnoty, w miłości pełnej służbie w tym nowym królestwie prawdy o niebiańskiej miłości Ojca? Czyż nie przypominacie sobie, że ten Syn Człowieczy głosił zbawienie Boże dla wszystkich ludzi, służenie chorym i cierpiącym i wyzwolenie tych, którzy są spętani strachem i zniewoleni złem? Czyż nie wiecie o tym, że ten człowiek z Nazaretu powiedział swoim uczniom, że musi iść do Jerozolimy, gdzie zostanie wydany swoim wrogom, którzy go zabiją i że trzeciego dnia zmartwychwstanie? Czyż nie powiedziano wam o tym wszystkim? I czyż nigdy nie czytaliście w Piśmie Świętym o sprawach dotyczących tego dnia zbawienia dla wszystkich, Żydów i nie-Żydów, gdzie jest powiedziane, że w nim błogosławione będą wszystkie rodziny ziemskie; że będzie słyszał płacz potrzebujących i zbawi dusze biednych, którzy go szukają; że wszystkie narody będą zwać go błogosławionym? Że taki Wybawiciel będzie jak cień wielkiej skały dla spieczonej ziemi. Że będzie karmił stada jak prawdziwy pasterz, biorąc owce w swoje ramiona i delikatnie nosząc je na swej piersi. Że otworzy oczy ślepych duchowo i wywiedzie więźniów rozpaczy na pełną wolność i światłość; że wszyscy, którzy żyją w ciemnościach zobaczą wielką światłość wiecznego zbawienia. Że opatrzy rany serc złamanych i otworzy więzienia tym, którzy są zniewoleni strachem i związani złem. Że będzie pocieszał tych, którzy się smucą i obdarzy ich radością zbawienia w miejsce smutku i żałości. Że będzie pragnieniem wszystkich narodów i wieczną radością dla tych, którzy szukają sprawiedliwości. Że ten Syn prawdy i sprawiedliwości wzniesie się ponad światem z uzdrawiającą światłością i zbawienną mocą; że będzie nawet wybawiał ludzi od ich grzechów; że naprawdę będzie szukać i wybawiać tych, którzy się zgubili. Że nie będzie niszczył słabych, ale służył zbawieniem wszystkim, którzy są głodni i spragnieni sprawiedliwości. Że ci, którzy wierzą w niego, będą mieć życie wieczne. I że wyleje swojego ducha na wszystkich w ciele i że ten Duch Prawdy będzie w każdym wierzącym źródłem wody, tryskającej ku wiecznemu życiu. Czyż nie rozumiecie, jak wielka jest ewangelia królestwa, którą ten człowiek wam dał? Czyż nie zauważyliście, jak wielkie zbawienie do was przyszło?".

Właśnie dochodzili do wioski, w której tych dwóch braci mieszkało. Żaden z nich nie odezwał się słowem, odkąd Jezus zaczął ich nauczać, kiedy szli drogą. Wkrótce zbliżyli się do swej ubogiej chaty i już Jezus miał od nich odejść i pójść dalej drogą, ale oni go zmusili, żeby wszedł i został z nimi. Nalegali, że zmierzch się zbliża i żeby został z nimi. W końcu Jezus się zgodził i jak tylko weszli do domu, zasiedli do posiłku. Dali mu chleb do pobłogosławienia i kiedy zaczął go łamać i im podawać, otworzyły się im oczy i Kleofas rozpoznał, że ich gościem jest sam Mistrz. I kiedy powiedział: „To jest Mistrz –" morontialny Jezus zniknął im z oczu.

I potem mówili do siebie nawzajem: „Nic dziwnego, że nasze serca płonęły w nas, kiedy do nas mówił, kiedy szliśmy drogą! I kiedy objaśniał nam nauki Pisma Świętego!"

Nie zostali na posiłek. Widzieli morontialnego Mistrza i wybiegli z domu, śpiesząc z powrotem do Jerozolimy, aby głosić dobrą nowinę o zmartwychwstałym Zbawicielu.

Tego wieczora, około dwudziestej pierwszej i tuż zanim Mistrz ukazał się dziesięciu apostołom, tych dwu podekscytowanych braci wpadło do górnej sali, oświadczając apostołom, że widzieli Jezusa i że z nim rozmawiali. I opowiedzieli, co im Jezus mówił i jak nie rozpoznali kim jest, aż do czasu łamania się chlebem.

PRZEKAZ 191

UKAZANIE SIĘ APOSTOŁOM I INNYM PRZYWÓDCOM

NIEDZIELA zmartwychwstania była strasznym dniem w życiu apostołów; większość tego dnia dziesięciu z nich spędziło w górnej sali za zaryglowanymi drzwiami. Mogli uciec z Jerozolimy, ale się bali, że jeśli opuszczą kryjówkę zostaną aresztowani przez przedstawicieli Sanhedrynu. Tomasz rozważał swoje problemy sam w Betfage. Czułby się znacznie lepiej, gdyby pozostał ze swymi towarzyszami apostołami i im pomagał, kierując ich dyskusje na bardziej użyteczne drogi.

Przez cały ten dzień Jan utrzymywał, że Jezus zmartwychwstał. Przypomniał nie mniej niż pięć różnych okoliczności, kiedy to Jezus zapewniał, że zmartwychwstanie i co najmniej trzykrotnie napomykał, że to będzie na trzeci dzień. Postawa Jana wywarła znaczny wpływ na apostołów, przede wszystkim na jego brata Jakuba i na Natanaela. Jan wywarłby większy wpływ na nich, gdyby nie był najmłodszy w grupie.

Odosobnienie apostołów w dużej mierze przysporzyło im problemów. Jan Marek informował ich o nowych wydarzeniach w Świątyni i powiadamiał o wielu pogłoskach krążących po mieście, ale nie przyszło mu na myśl zebrać wieści od różnych grup wierzących, którym Jezus już się ukazał. Ten rodzaj służby dotychczas pełnili posłańcy Dawida, ale teraz ich nie było, gdyż wykonywali swe ostatnie zadanie jako heroldowie zmartwychwstania dla tych grup wiernych, które mieszkały z dala od Jerozolimy. Po raz pierwszy od wielu lat apostołowie zrozumieli, jak bardzo byli zależni od posłańców Dawida, gdy idzie o dostarczanie codziennych informacji dotyczących królestwa.

Przez cały ten dzień Piotr wahał się w swych uczuciach odnośnie zmartwychwstania Mistrza w sposób dlań charakterystyczny, pomiędzy wiarą a zwątpieniem. Piotr nie mógł zapomnieć widoku całunów leżących w grobie tak, jak gdyby ciało Jezusa z nich wyparowało. „Ale" rozważał Piotr, „jeśli on zmartwychwstał i pokazał się kobietom, dlaczego nie pokazał się nam, swoim apostołom?". Żałość Piotra stawała się jeszcze większa, kiedy pomyślał, że Jezus być może nie przyszedł do nich ze względu na jego obecność między apostołami, dlatego, że Piotr zaparł się go tamtej nocy na dziedzińcu Annasza. I wtedy pocieszał się wiadomością, którą przyniosły kobiety: „Idźcie i powiedzcie moim apostołom – i Piotrowi". Rozumiało się jednak samo przez się, że aby móc czerpać otuchę z tej wiadomości, Piotr musiał wierzyć, że kobiety naprawdę widziały i słyszały Mistrza. I tak przez cały ten dzień Piotr się wahał pomiędzy wiarą a zwątpieniem, aż do czasu, kiedy tuż po dwudziestej odważył się wyjść na dziedziniec. Piotr postanowił oddalić się od apostołów, aby jego zaparcie się nie przeszkadzało Jezusowi przyjść do nich.

Z początku Jakub Zebedeusz radził, aby wszyscy poszli do grobu; usilnie namawiał do zrobienia czegokolwiek, aby dotrzeć do sedna tajemnicy. To właśnie Nataniel zapobiegł ich jawnemu wyjściu na zewnątrz w odpowiedzi na nalegania Jakuba, przypominając im ostrzeżenie Jezusa, aby w tym czasie niepotrzebnie nie narażali swojego życia. Około południa Jakub się uspokoił i czujnie oczekiwał wraz z innymi. Nie mówił zbyt wiele; był bardzo rozczarowany, że Jezus im się nie ukazał a nie wiedział o wielu ukazaniach się Mistrza innym grupom i osobom.

Andrzej słuchał wiele tego dnia. Był niezwykle skonfundowany całą tą sytuacją i miał podobnie jak inni wątpliwości, ale w końcu cieszył się pewnym poczuciem wolności od odpowiedzialności za kierowanie swoimi towarzyszami apostołami. Naprawdę był wdzięczny za to, że Mistrz go uwolnił od ciężarów kierowania grupą, zanim weszli w tak trudny do zniesienia czas.

Wielokrotnie, podczas długich i męczących godzin tego tragicznego dnia, jedynym czynnikiem podtrzymującym grupę apostolską była charakterystyczna, filozoficzna rada Nataniela. Przez cały ten dzień był on pośród dziesięciu apostołów czynnikiem kontrolującym. Sam nawet raz się nie wypowiedział czy to w sprawie wiary czy niewiary w zmartwychwstanie Mistrza. Ale w miarę upływu dnia, coraz bardziej był skłonny wierzyć, że Jezus spełnił swoją obietnicę zmartwychwstania.

Szymon Zelota był zbyt zdruzgotany, aby brać udział w dyskusjach. Przez większość czasu spoczywał na leżance, w kącie pokoju, z twarzą zwróconą do ściany; przez cały dzień nie odezwał się nawet ze sześć razy. Jego idea królestwa się zawaliła i nie potrafił dostrzec tego, że zmartwychwstanie Mistrza mogłoby w sposób istotny odmienić sytuację. Jego rozczarowanie było bardzo osobiste i naprawdę zbyt głębokie, aby mógł pozbierać się szybko, nawet w obliczu tak zdumiewającego faktu jak zmartwychwstanie.

Należy odnotować i to jest niezwykłe, że Filip, który zazwyczaj nie wyrażał swych poglądów, tego popołudnia mówił wiele. Przed południem niewiele miał do powiedzenia, ale całe popołudnie zadawał pytania innym apostołom. Piotra często irytowały pytania Filipa, ale inni przychylnie odnosili się do jego dociekań. Filip, zakładając, że Jezus naprawdę wstał z grobu, chciał się zwłaszcza dowiedzieć, czy jego ciało będzie nosiło fizyczne znamiona ukrzyżowania.

Mateusz miał mętlik w głowie; przysłuchiwał się dyskusji swoich towarzyszy, jednak większość czasu spędzał na rozważaniu problemu ich przyszłych finansów. Bez względu na to, czy Jezus zmartwychwstał, Judasz odszedł; Dawid bezceremonialnie zwrócił jemu pieniądze i byli bez autorytatywnego przywódcy. Mateusz jeszcze nie zaczął na serio rozważać argumentów w sprawie zmartwychwstania, kiedy zobaczył Mistrza twarzą w twarz.

Bliźniacy Alfeusza nie brali specjalnie udziału w tych poważnych dyskusjach; zajmowali się swymi zwyczajnymi posługami. Jeden z nich wyraził postawę obydwu, kiedy odpowiedział na pytanie Filipa: „My nie rozumiemy wszystkiego o zmartwychwstaniu, ale nasza matka mówi, że rozmawiała z Mistrzem a my jej wierzymy".

Tomasz przechodził jeden ze swoich typowych okresów głębokiej depresji. Część dnia przespał a resztę czasu chodził po górach. Odczuwał wielką ochotę, żeby znowu dołączyć do swoich towarzyszy apostołów, ale pragnienie samotności było silniejsze.

Z wielu powodów Mistrz odkładał swoje pierwsze, morontialne ukazanie się apostołom. Po pierwsze, chciał im dać nieco czasu, po tym jak usłyszeli o zmartwychwstaniu, aby dobrze sobie przemyśleli to, co im mówił o śmierci i zmartwychwstaniu, kiedy był z nimi w ciele. Mistrz pragnął również, aby Piotr przemógł niektóre swoje specyficzne problemy, zanim ukaże się wszystkim. Po drugie, chciał, żeby Tomasz mógł być razem z nimi w trakcie jego pierwszego ukazania się. W niedzielę wcześnie rano, Jan Marek odnalazł Tomasza w domu Szymona w Betfage i około jedenastej powiadomił o tym apostołów. Tomasz wróciłby o każdej porze tego dnia, gdyby Nataniel albo dwaj inni apostołowie przyszli po niego. Naprawdę chciał wrócić, ale opuściwszy ich tak jak to zrobił poprzedniego wieczora, był zbyt dumny, aby tak szybko wrócić z własnej woli. Następnego dnia był tak przygnębiony, że potrzebował prawie tygodnia, aby podjąć decyzję o powrocie. Apostołowie czekali na niego a on oczekiwał swoich braci, żeby go odszukali i poprosili o powrót do nich. Dlatego też Tomasz pozostał z dala od swoich towarzyszy aż do następnej soboty, kiedy to wieczorem, gdy zrobiło się ciemno, Piotr i Jan poszli do Betfage i przyprowadzili go z powrotem. I z tej także przyczyny nie poszli od razu do Galilei, kiedy Jezus po raz pierwszy im się ukazał; nie chcieli iść bez Tomasza.

1. UKAZANIE SIĘ PIOTROWI

Dochodziła dwudziesta trzydzieści tego niedzielnego wieczora, kiedy w ogrodzie domu Marka Jezus ukazał się Szymonowi Piotrowi. Było to ósme, morontialne pojawienie się Jezusa. Piotr, od czasu, gdy zaparł się Mistrza, żył mocno gnębiony wątpliwościami i winą. Przez całą sobotę i niedzielę walczył z obawą, że być może nie jest już apostołem. Dreszczem zgrozy przeszywała go myśl o losie Judasza, a nawet to, że on także zdradził Mistrza. Przez całe popołudnie myślał, że to być może jego obecność pośród apostołów przeszkadza Jezusowi w ukazaniu się im, oczywiście pod tym warunkiem, że naprawdę zmartwychwstał. I to właśnie Piotrowi, kiedy był w takim nastroju i w takim stanie duszy, ukazał się Jezus, gdy przygnębiony apostoł przechadzał się pośród kwiatów i krzewów.

Kiedy Piotr myślał o przepełnionym miłością spojrzeniu Mistrza, który przechodził bramę u Annasza i gdy rozmyślał nad wspaniałą wiadomością, przyniesioną mu wczesnym rankiem przez kobiety, które przyszły od pustego grobu, „Idźcie, powiedzcie moim apostołom – i Piotrowi" – gdy rozważał te oznaki miłosierdzia, jego wiara zaczynała zwyciężać wątpliwości i stał nieruchomo, zaciskając pięści i powiedział głośno: „Wierzę, że on zmartwychwstał; pójdę i powiem moim braciom". I kiedy to wyrzekł, nagle ukazał się przed nim człowiek, który odezwał się znajomym głosem: „Piotrze, wróg chce ciebie posiąść, ale ja cię nie oddam. Wiem, że nie ze swego serca wyparłeś się mnie; dlatego też wybaczyłem ci, zanim mnie o to poprosiłeś; teraz jednak musisz przestać myśleć o sobie samym i kłopotach tej godziny a szykować się do niesienia dobrej nowiny ewangelii tym, którzy żyją w ciemnościach. Już nie myśl o tym, co możesz otrzymać od królestwa, ale raczej zajmij się tym, co możesz dać ludziom, którzy żyją w strasznym duchowym ubóstwie. Przygotuj się, Szymonie, do bitwy nowego dnia, do walki z duchową ciemnością i złem zwątpienia w surowych jeszcze umysłach ludzkich".

Piotr i morontialny Jezus spacerowali po ogrodzie i rozmawiali prawie pięć minut o sprawach przeszłości, teraźniejszości i przyszłości. Po czym Mistrz zniknął mu z oczu ze słowami: „Żegnaj Piotrze, do czasu, kiedy zobaczę cię razem z twoimi braćmi".

Przez moment Piotr był przejęty tą świadomością, że rozmawiał ze zmartwychwstałym Mistrzem i że może być pewny, iż nadal jest ambasadorem królestwa. Dopiero co słyszał gloryfikowanego Mistrza, napominającego, aby szedł głosić ewangelię. I ze wszystkim tym, co wzbierało w jego sercu popędził do górnej sali i w obecności swoich towarzyszy, apostołów, zawołał w podnieceniu jednym tchem: „Widziałem Mistrza, był w ogrodzie. Rozmawiałem z nim a on mi wybaczył".

Oświadczenie Piotra, że widział Jezusa w ogrodzie wywarło wielkie wrażenie na jego towarzyszach apostołach i już niemal wyzbyli się swoich wątpliwości, kiedy Andrzej ich ostrzegł, aby nie ulegali zbytnio wpływom tego, co mówi jego brat. Andrzej dał do zrozumienia, że Piotr już widział takie rzeczy, które nie były rzeczywiste. Aczkolwiek Andrzej nie nawiązywał bezpośrednio do nocnego widzenia na Morzu Galilejskim, kiedy to Piotr twierdził, że widział, jak Mistrz idzie do nich po wodzie, powiedział jednak wystarczająco dużo, aby dać do zrozumienia wszystkim obecnym, że ma na myśli ten przypadek. Szymona Piotra mocno dotknęły insynuacje jego brata i natychmiast zamilkł, zbity z tropu. Bliźniacy współczuli Piotrowi, obydwaj podeszli do niego, aby mu wyrazić swoją sympatię i powiedzieć, że mu wierzą i potwierdzili z naciskiem, że ich własna matka także widziała Mistrza.

2. PIERWSZE UKAZANIE SIĘ APOSTOŁOM

Tego wieczora zaraz po dwudziestej pierwszej, kiedy dziesięciu apostołów wciąż przebywało w górnej komnacie, której wszystkie drzwi były zaryglowane ze strachu przed aresztowaniem, gdy Jakub i Kleofas wyszli, w chwili, gdy bliźniacy pocieszali Piotra i kiedy Nataniel robił wymówki Andrzejowi, Mistrz w formie morontialnej ukazał się nagle pośród nich i powiedział: „Pokój wam. Dlaczego tak się wystraszyliście, kiedy się ukazałem, jak byście ujrzeli ducha? Czyż wam nie mówiłem o tych sprawach, kiedy byłem z wami w ciele? Czyż wam nie powiedziałem, że wyżsi kapłani i władcy wydadzą mnie na śmierć i że jeden z was mnie zdradzi i że trzeciego dnia zmartwychwstanę? Skąd całe to zwątpienie i cała ta dyskusja o relacjach kobiet, Kleofasa i Jakuba, a nawet Piotra? Jak długo będziecie wątpić w moje słowa i nie wierzyć moim przyrzeczeniom? I teraz, kiedy faktycznie mnie ujrzeliście, czy uwierzycie? Nawet teraz niema jednego z was. Kiedy się znowu zbierzecie wszyscy i kiedy będziecie wiedzieć na pewno, że Syn Człowieczy zmartwychwstał z grobu, idźcie stąd do Galilei. Miejcie wiarę w Boga, miejcie wiarę w siebie nawzajem; powinniście zacząć nową służbę dla królestwa nieba. Zostanę z wami w Jerozolimie do tego czasu, kiedy będziecie gotowi iść do Galilei. Pokój mój zostawiam wam".

Kiedy morontialny Jezus tak się do nich odezwał, zniknął nagle im z oczu. Wszyscy upadli na twarz, chwaląc Boga i czcząc swego, niewidocznego już Mistrza. Było to dziewiąte, morontialne ukazanie się Mistrza.

3. Z ISTOTAMI MORONTIALNYMI

Cały następny dzień, poniedziałek, Mistrz spędził z istotami morontialnymi przebywającymi wówczas na Urantii. Zjawiło się na Urantii ponad milion kierowników morontialnych i ich towarzyszy, biorących udział w morontialnym przejściu Mistrza, razem z tranzytowymi śmiertelnikami różnych porządków z siedmiu światów-mieszkań *Satanii. Morontialny* Jezus przebywał z tymi wspaniałymi istotami inteligentnymi przez czterdzieści dni. Nauczał ich i uczył się od ich szefów życia, jakim się żyje podczas przejścia morontialnego, które przemierzają śmiertelnicy z zamieszkałych światów Satanii, kiedy przechodzą system sfer morontialnych.

W ten poniedziałek, około północy, morontialna postać Mistrza została dostosowana do przejścia na drugi etap rozwoju morontialnego. Kiedy Mistrz po raz kolejny ukazał się swoim śmiertelnym dzieciom na Ziemi, był istotą morontialną drugiego stadium. W miarę postępowania Mistrza w bycie morontialnym, technicznie zobrazowanie Mistrza oczom materialnym było coraz trudniejsze dla morontialnych istot inteligentnych i ich przekształcających współpracowników.

Przejście Jezusa do trzeciego stadium morontialnego nastąpiło w piątek, 14 kwietnia; do czwartego stadium w poniedziałek, 17 kwietnia; do piątego stadium w sobotę, 22 kwietnia; do szóstego stadium w czwartek, 27 kwietnia; do siódmego stadium we wtorek, 2 maja; do obywatelstwa Jerusem w niedzielę, 7 maja; a w objęcia Najwyższych Ojców z Edentii wszedł Mistrz w niedzielę, 14 maja.

W ten sposób Michał z Nebadonu zakończył swą służbę, polegającą na zdobywaniu wszechświatowego doświadczenia, jako że już uprzednio, w związku ze swymi poprzednimi obdarzeniami, doświadczył w tej służbie całej pełni życia wznoszących się śmiertelników czasu i przestrzeni, od pobytu w zarządzie konstelacji aż do zarządu superwszechświata. I to właśnie dzięki tym, morontialnym doświadczeniom Syn Stwórca z Nebadonu prawdziwie doprowadził do kresu i zadowalająco zakończył swe siódme oraz ostatnie obdarzenie wszechświata.

4. DZIESIĄTE UKAZANIE SIĘ (W FILADELFII)

Dziesiąte morontialne pojawienie się Jezusa, widzialne dla śmiertelników, nastąpiło krótko po ósmej w czwartek, 11 kwietnia, w Filadelfii, gdzie ukazał się Abnerowi i Łazarzowi oraz około stu pięćdziesięciu ich towarzyszom, w tym ponad pięćdziesięciu osobom z ewangelicznego zespołu Siedemdziesięciu. Ukazał się tuż po otwarciu specjalnego spotkania w synagodze, zwołanego przez Abnera, aby omówić ukrzyżowanie Jezusa i ostatnie doniesienie o jego zmartwychwstaniu, przyniesione przez posłańca Dawida. Zważywszy, że Łazarz był teraz członkiem tej grupy wiernych, nietrudno im było uwierzyć w doniesienia, że Jezus zmartwychwstał.

Abner i Łazarz otwierali właśnie spotkanie w synagodze, stojąc razem na ambonie, kiedy całe zgromadzenie wiernych ujrzało nagle postać Mistrza. Mistrz zrobił krok do przodu, z miejsca, gdzie się pojawił pomiędzy Abnerem a Łazarzem, z których żaden go nie spostrzegł i pozdrowił zebranych:

„Pokój wam. Wszyscy wiecie, że mamy jednego Ojca w niebie i że jest tylko jedna ewangelia królestwa – dobra nowina o darze wiecznego życia, które ludzie dostają przez wiarę. Kiedy cieszycie się waszą lojalnością dla ewangelii, módlcie się do Ojca prawdy, aby roztoczył w waszych sercach nową i wspanialszą miłość do waszych braci. Miłujcie wszystkich ludzi, tak jak ja was umiłowałem; służcie innym ludziom, tak jak ja wam służyłem. Z rozumną sympatią i braterskim uczuciem współpracujcie ze wszystkimi waszymi braćmi, którzy się poświęcają głoszeniu dobrej nowiny, czy są Żydami czy nie-Żydami, Grekami czy Rzymianami, Persami czy Etiopczykami. Jan już dawniej głosił królestwo; wy głosiliście ewangelię z mocą; Grecy już nauczają dobrej nowiny a ja wkrótce ześlę Ducha Prawdy w dusze wszystkich tych moich braci, którzy tak bezinteresownie poświęcili swoje życie dla oświecenia swoich towarzyszy, żyjących w duchowych ciemnościach. Wszyscy jesteście dziećmi światłości, dlatego też nie pobłądźcie w nieporozumieniach i plątaninie ludzkich podejrzeń i człowieczej nietolerancji. Jeśli mobilituje was łaska i wiara, aby miłować niewierzących, czyż nie powinniście miłować tych, którzy są waszymi wierzącymi braćmi w rozległej rodzinie wiernych? Pamiętajcie, jeśli nawzajem będziecie się miłować, wszyscy ludzie będą wiedzieli, że jesteście moimi uczniami.

Zatem idźcie na cały świat i głoście ewangelię ojcostwa Boga i braterstwa ludzi wszystkim narodom i rasom i zawsze bądźcie mądrzy, gdy obieracie metody przedstawiania dobrej nowiny różnym rasom i plemionom ludzkim. Darmo dostaliście tę ewangelię królestwa i darmo będziecie dawać dobrą nowinę wszystkim narodom. Nie bójcie się oporu złego, gdyż ja zawsze jestem z wami aż do końca epok. I pokój mój zostawiam wam".

Kiedy powiedział, „pokój mój zostawiam wam", zniknął im z oczu. Za wyjątkiem jednego ukazania się w Galilei, gdzie ponad pięciuset wierzących widziało go równocześnie, ta grupa w Filadelfii obejmowała największą liczbę śmiertelników, którzy jednocześnie ujrzeli Jezusa.

Następnego dnia wcześnie rano, kiedy apostołowie przebywali jeszcze w Jerozolimie czekając aż Tomasz dojdzie do siebie emocjonalnie, ci wierzący z Filadelfii wyruszyli głosić, że Jezus z Nazaretu zmartwychwstał.

Następnego dnia, w środę, Jezus cały czas przebywał w towarzystwie swych morontialnych towarzyszy a po południu przyjął odwiedzających go delegatów morontialnych ze światów-mieszkań, z każdego lokalnego systemu sfer zamieszkałych całej konstelacji Norlatiadek. I wszyscy oni cieszyli się, że ich Stwórca należy do ich własnej klasy wszechświatowych istot inteligentnych.

5. DRUGIE UKAZANIE SIĘ APOSTOŁOM

Tomasz spędził tydzień w osamotnieniu, na wzgórzach w okolicach Góry Oliwnej. W tym czasie widywał tylko Jana Marka i ludzi z domu Szymona. W sobotę, 15 kwietnia, około dziewiątej, dwóch apostołów znalazło go i przyprowadziło z powrotem na miejsce pobytu wszystkich apostołów, do domu Jana Marka. Następnego dnia Tomasz wysłuchał opowiadań o różnych ukazaniach się Mistrza, ale uparcie nie chciał w nie wierzyć. Utrzymywał, że to entuzjazm Piotra doprowadził ich do przekonania, że widzieli Mistrza. Nataniel przekonywał go, ale bez skutku. U Tomasza był to upór emocjonalny połączony z jego zwykłymi wątpliwościami i taki stan umysłu, razem ze zmartwieniem z powodu ucieczki od apostołów, przyczynił się do stworzenia sytuacji osamotnienia, której nawet sam Tomasz w pełni nie rozumiał. Odsunął się od swoich współbraci, poszedł swoją drogą a teraz, nawet gdy znowu był z nimi, nieświadomie chciał się im przeciwstawiać. Nie chciał rezygnować; nie lubił się poddawać. Naprawdę cieszył się tą uwagą, jaką mu poświęcano, choć nie robił tego celowo; czerpał nieświadomą satysfakcję z wysiłków wszystkich swych towarzyszy, którzy starali się go przekonać i zmienić jego zdanie. Cały tydzień tęsknił za nimi a ich nieustająca troska sprawiała mu znaczną przyjemność.

Było po osiemnastej i jedli kolację, Piotr siedział po jednej a Nataniel po drugiej stronie Tomasza, kiedy wątpiący apostoł powiedział: „Nie uwierzę, chyba, że zobaczę Mistrza na własne oczy i włożę palec w miejsce po gwoździach". Gdy tak siedzieli przy kolacji i kiedy drzwi były dobrze zamknięte i zaryglowane, morontialny Mistrz ukazał się nagle w środku krzywizny stołu i stając przed Tomaszem, powiedział:

„Pokój wam. Cały tydzień czekałem, żeby się znowu ukazać, kiedy wszyscy będziecie razem, abyście raz jeszcze mogli usłyszeć polecenie, aby iść na cały świat i głosić tę ewangelię królestwa. Ponownie wam mówię: tak jak mnie Ojciec posłał na ten świat, tak ja was posyłam. Tak jak ja objawiałem Ojca, tak wy macie objawiać Boską miłość, nie tylko słowami, ale codziennym życiem. Posyłam was nie po to, abyście kochali dusze ludzi, ale byście *kochali ludzi*. Nie tylko macie głosić radości nieba, ale powinniście także ukazywać w waszym codziennym życiu te duchowe rzeczywistości niebiańskiego życia, ponieważ wy macie już życie wieczne, jako dar Boży przez wiarę. Skoro posiadacie wiarę, kiedy moc z wysokości, Duch Prawdy, zstąpi na was, nie będziecie ukrywać waszego światła tutaj za zamkniętymi drzwiami; całej ludzkości dacie poznać miłość i miłosierdzie Boga. Przez strach uciekacie teraz od okoliczności nieprzyjemnych przeżyć, ale kiedy zostaniecie ochrzczeni Duchem Prawdy, będziecie odważnie i z radością iść naprzód, na spotkanie nowych doświadczeń podczas głoszenia dobrej nowiny wiecznego życia w królestwie Bożym. Możecie krótko zostać tutaj, jak również w Galilei, aby wydobrzeć po szoku przejścia od fałszywego bezpieczeństwa autorytetu tradycjonalizmu do nowego porządku autorytetu faktów, prawdy i wiary w najwyższe rzeczywistości żywego doświadczenia. Wasza misja dla tego świata opiera się na tym, że żyłem wśród was życiem objawiającym Boga, opiera się na tej prawdzie, że wy i wszyscy inni ludzie jesteście synami Bożymi; i to powinno się zawierać w tym życiu, jakim żyć będziecie pośród ludzi – z prawdziwym i żywym doświadczeniem miłowania ludzi i służenia im, tak jak ja was umiłowałem i wam służyłem. Niech wiara odkryje wasze światło światu; niech objawienie prawdy otworzy oczy zaślepionym tradycją; niech wasza pełna miłości służba skutecznie zniszczy uprzedzenia powstałe z ignorancji. I tak, podchodząc do waszych braci ludzi z wyrozumiałą sympatią i bezinteresownym poświęceniem, poprowadzicie ich ku zbawczej wiedzy o miłości Ojca. Żydzi wychwalali dobroć, Grecy wywyższali piękno, Hindusi głoszą poświęcenie, dalecy asceci uczą szacunku, Rzymianie żądają lojalności; ale ja wymagam od moich uczniów życia, właśnie życia w miłości pełnej służbie dla waszych braci w ciele".

Kiedy Mistrz skończył, spojrzał w oczy Tomaszowi i rzekł: „A ty, Tomaszu, który powiedziałeś, że nie uwierzysz, dopóki nie zobaczysz mnie i nie włożysz palca w miejsca po gwoździach w moich rękach, czy mnie widzisz i słyszysz moje słowa; i chociaż nie widzisz miejsc po gwoździach w moich rękach, ponieważ zmartwychwstałem pod taką postacią, którą ty także będziesz miał, kiedy odejdziesz z tego świata, co powiesz swoim braciom? Czy przyjmiesz do wiadomości prawdę, ponieważ w swoim sercu już zacząłeś wierzyć, nawet kiedy tak dzielnie zapewniałeś o swoim braku wiary. Twoje wątpliwości, Tomaszu, zawsze trzymają się ciebie uporczywie wtedy, kiedy właśnie mają zniknąć. Tomaszu, mówię ci abyś nie był niewiernym, ale wierzącym – i wiem, że będziesz wierzył i to nawet z całym sercem".

Kiedy Tomasz usłyszał te słowa, upadł na kolana przed morontialnym Mistrzem i zawołał: „Wierzę! Mój Panie i mój Mistrzu!". Wtedy Jezus rzekł Tomaszowi: „Tomaszu, uwierzyłeś we mnie, ponieważ naprawdę mnie widziałeś i słyszałeś. Błogosławieni ci, we wszystkich nadchodzących wiekach, którzy będą wierzyć choć nie zobaczą mnie cielesnym okiem i nie usłyszą śmiertelnym uchem".

Potem, gdy postać Mistrza przesunęła się ku końcowi stołu, zwrócił się on do wszystkich: „A teraz idźcie do Galilei, gdzie niebawem ukażę się wam". Gdy to powiedział, zniknął im z oczu.

Jedenastu apostołów przekonało się teraz w całej pełni, że Jezus zmartwychwstał i następnego dnia, wczesnym rankiem tuż przed świtem, wyruszyli do Galilei.

6. UKAZANIE SIĘ W ALEKSANDRII

Gdy jedenastu apostołów było w drodze do Galilei, blisko celu swej podróży, we wtorek wieczorem, 18 kwietnia, około dwudziestej trzydzieści, Jezus ukazał się Rodanowi i mniej więcej osiemdziesięciu wiernym w Aleksandrii. Było to dwunaste ukazanie się Mistrza pod morontialną postacią. Jezus zjawił się przed tymi Grekami i Żydami, gdy posłaniec Dawida kończył zdawać relację o ukrzyżowaniu. Posłaniec ten, który był piątym gońcem sztafety na trasie Jerozolima-Aleksandria, dotarł do Aleksandrii późnym popołudniem i kiedy powiedział tę wiadomość Rodanowi, postanowiono zwołać wszystkich wiernych, aby posłaniec sam przekazał im tragiczne słowa. Posłaniec ten, Natan z Busiris, około godziny dwudziestej stanął przed grupą i opowiedział w szczegółach wszystko to, co zostało mu powiedziane przez poprzednich gońców. Natan zakończył swoje wzruszające opowiadanie tymi słowami: „Ale Dawid, który przesłał nam tę wiadomość, informuje, że Mistrz przepowiadając swoją śmierć, oświadczył, że zmartwychwstanie". Natan jeszcze to mówił, kiedy morontialny Mistrz ukazał się wszystkim w całej okazałości. I kiedy Natan usiadł, Jezus powiedział:

„Pokój wam. To, z czym posłał mnie Ojciec żebym zaprowadził na świecie, nie należy do rasy, narodu czy specjalnej grupy nauczycieli i kaznodziejów. Ta ewangelia królestwa należy tak do Żydów jak i nie-Żydów, do biednych i bogatych, do wolnych i w niewoli, do mężczyzn i kobiet a nawet do małych dzieci. I wy wszyscy będziecie głosić tę ewangelię miłości i prawdy poprzez to życie, jakim żyjecie w ciele. Miłujcie się nawzajem nowym i zadziwiającym uczuciem, takim, jakim ja was umiłowałem. Będziecie służyć ludzkości z nowym i zdumiewającym poświęceniem, tak jak ja wam służyłem. I kiedy ludzie zobaczą, jak ich miłujecie i kiedy ujrzą, jak im żarliwie służycie, dostrzegą, że staliście się wyznawcami królestwa nieba i pójdą za Duchem Prawdy, którego widzieć będą w waszym życiu, ażeby znaleźć wieczne zbawienie.

Tak jak Ojciec mnie posłał na świat, tak ja teraz was posyłam. Wszyscy jesteście powołani do niesienia dobrej nowiny tym, którzy żyją w ciemności. Ta ewangelia królestwa należy do wszystkich, którzy w nią wierzą; nie należy powierzać jej tylko pieczy kapłanów. Wkrótce zstąpi na was Duch Prawdy i poprowadzi was do całej prawdy. Zatem idźcie na cały świat, głosząc tę ewangelię i oto ja jestem zawsze z wami, nawet do końca epok".

Kiedy Mistrz skończył, zniknął im z oczu. Przez całą noc ci wierzący pozostali razem, opowiadając swoje przeżycia jako ludzi wierzących w królestwo i słuchali wielu opowiadań Rodana i jego towarzyszy. I wszyscy uwierzyli, że Jezus zmartwychwstał. Wyobraźcie sobie zdziwienie Dawidowego herolda zmartwychwstania, który przybył dwa dni później, gdy w odpowiedzi na jego obwieszczenie, powiedzieli: „Tak, wiemy, ponieważ widzieliśmy go. Ukazał się nam przedwczoraj".

PRZEKAZ 192

UKAZANIA SIĘ JEZUSA W GALILEI

ZANIM apostołowie wyruszyli z Jerozolimy do Galilei, żydowscy przywódcy uspokoili się w znacznym stopniu. Ponieważ Jezus ukazał się tylko swej rodzinie ludzi wierzących w królestwo i skoro apostołowie się ukrywali i nie głosili publicznie kazań, władcy Żydów doszli do wniosku, że ruch ewangelii mimo wszystko został skutecznie rozgromiony. Niepokoiły ich oczywiście coraz bardziej szerzące się pogłoski, że Jezus zmartwychwstał, ale polegali na przekupionych strażnikach, którzy skutecznie przeciwdziałali wszystkim takim doniesieniom powtarzając swą historię, że grupa jego wyznawców usunęła ciało.

Od tego czasu, aż do rozproszenia apostołów wskutek narastającej fali prześladowań, Piotr powszechnie uznawany był za głowę grupy apostolskiej. Jezus nigdy mu nie dał żadnej tego rodzaju władzy a jego bracia apostołowie nigdy formalnie nie wybrali go na tak odpowiedzialne stanowisko; naturalnie wziął to na siebie i trzymał za powszechnym przyzwoleniem również dlatego, że był pierwszorzędnym kaznodzieją. Od tego czasu publiczne głoszenie kazań stało się głównym zajęciem apostołów. Po ich powrocie z Galilei skarbnikiem apostołów został Maciej, którego wybrano na miejsce Judasza.

W czasie tego tygodnia, kiedy apostołowie pozostawali w Jerozolimie, Maria, matka Jezusa większość czasu spędziła z wierzącymi kobietami, które się zatrzymały w domu Józefa z Arymatei.

Wcześnie rano, w poniedziałek, kiedy apostołowie wyruszyli do Galilei, Jan Marek poszedł z nimi. Wyszedł za nimi z miasta i kiedy już byli daleko za Betanią, śmiało szedł między nimi, przeświadczony, że nie odeślą go z powrotem.

W drodze do Galilei apostołowie zatrzymali się kilka razy, aby opowiadać historię o ich zmartwychwstałym Mistrzu i dlatego też do Betsaidy dotarli w środę późnym wieczorem. Dochodziło czwartkowe południe, zanim się wszyscy obudzili i gotowi byli zasiąść do śniadania.

1. UKAZANIE SIĘ NAD JEZIOREM

Około szóstej rano, w piątek, 21 kwietnia, morontialny Mistrz ukazał się po raz trzynasty, pierwszy raz w Galilei, dziesięciu apostołom, kiedy ich łódź przybijała do zwykłego miejsca postoju w Betsaidzie.

Po tym, jak apostołowie spędzili w oczekiwaniu popołudnie i wczesny czwartkowy wieczór w domu Zebedeusza, Szymon Piotr podsunął myśl, aby wypłynąć na ryby. Kiedy Piotr zaproponował wyjazd na ryby, wszyscy apostołowie także chcieli jechać. Całą noc mozolili się przy sieciach, ale nie złapali ani jednej ryby. Nie przejmowali się zbytnio tym niepowodzeniem w połowach, gdyż mieli wiele interesujących przeżyć do omówienia, tych spraw, które tak niedawno im się przydarzyły w Jerozolimie. Gdy przyszedł świt, postanowili wrócić do Betsaidy. Kiedy zbliżali się do brzegu, spostrzegli, że na plaży ktoś stoi przy ogniu, niedaleko pomostu. Z początku myśleli, że to Jan Marek, który przyszedł ich powitać z połowem, ale w miarę jak się zbliżali do brzegu dostrzegli swoją pomyłkę – ten człowiek był za wysoki na Jana. Nikomu nie przyszło na myśl, że tym człowiekiem na brzegu może być Mistrz. Zupełnie nie rozumieli, dlaczego Jezus chciał się z nimi zobaczyć w miejscu ich dawnych spotkań, na świeżym powietrzu w otoczeniu przyrody, z dala od zamkniętego środowiska Jerozolimy z jej tragicznymi skojarzeniami strachu, zdrady i śmierci. Powiedział im, że jeśli pójdą do Galilei, tam się z nimi spotka i właśnie miał spełnić tę obietnicę.

Kiedy rzucili kotwicę i mieli dobić małą łodzią do brzegu, człowiek na plaży zawołał do nich: „Chłopcy, czy coś złapaliście?". I kiedy odpowiedzieli: „Nic", on znowu się odezwał: „Zarzućcie sieć po prawej stronie łodzi a złowicie ryby". Chociaż nie wiedzieli, że to Jezus kazał im tak zrobić, zarzucili sieć jak im polecono i natychmiast tak się napełniła, że z trudem ją wyciągnęli. Jan Zebedeusz szybko się orientował i gdy zobaczył bardzo obciążoną sieć, uświadomił sobie, że to Mistrz jest tym człowiekiem, który do nich mówi. Kiedy ta myśl przeszła mu przez głowę, nachylił się do Piotra i szepnął: „To jest Mistrz". Piotr zawsze był skłonny do bezmyślnego działania i impulsywnego poświęcania się; więc kiedy Jan szepnął mu to do ucha, szybko się podniósł i wskoczył do wody, aby czym prędzej znaleźć się obok Mistrza. Jego bracia podążali tuż za nim, płynąc do brzegu w małej łodzi, ciągnąc za sobą sieć z rybami.

W tym czasie Jan Marek się zbudził, a gdy zobaczył apostołów, dopływających do brzegu z ciężko załadowaną siecią, pobiegł na plażę, aby ich powitać; i kiedy dostrzegł jedenastu ludzi zamiast dziesięciu, domyślił się, że ten nieznany jest zmartwychwstałym Jezusem i gdy zdumiona dziesiątka stała w ciszy, młodzieniec podbiegł do Mistrza i klękając u jego stóp, powiedział: „Mój Pan i mój Mistrz". I wtedy Jezus się odezwał, nie tak jak w Jerozolimie, kiedy witał apostołów słowami: „Pokój wam", ale rzekł do Jana Marka zwykłym tonem: „Bądź zdrów, Janie, cieszę się, że znowu cię widzę w beztroskiej Galilei, gdzie możemy spędzić przyjemnie czas. Zostań z nami na śniadanie".

Gdy Jezus rozmawiał z młodym człowiekiem, dziesięciu apostołów było tak zdumionych i zaskoczonych, że zapomnieli wyciągnąć sieć z rybami na plażę. I znowu się Jezus odezwał: „Wyciągnijcie swoje ryby i przygotujcie jakieś na śniadanie. Mamy już ogień i sporo chleba".

W tym czasie, gdy Jan Marek składał hołd Mistrzowi, Piotr przez chwilę był oszołomiony widokiem żaru ognia, który płonął na plaży; scena ta żywo przypominała mu jaskrawe żagwie palące się o północy na dziedzińcu Annasza, gdzie zaparł się Mistrza, ale otrząsnął się z tego i klękając u stóp Mistrza, zawołał: „Mój Pan i mój Mistrz!".

Potem Piotr dołączył do swoich towarzyszy, którzy wyciągali sieć. Gdy wyładowali swój połów, naliczyli 153 duże ryby. I znowu byłoby błędem nazywanie tego kolejnym cudownym połowem ryb. Żaden cud nie wiązał się z tym zdarzeniem. Mistrz po prostu użył swej wiedzy apriorycznej. Wiedział, gdzie są ryby i zgodnie z tym powiedział apostołom, gdzie zarzucić sieć.

Jezus odezwał się do apostołów tymi słowy: „Chodźcie teraz wszyscy na śniadanie. Nawet bliźniaki powinny usiąść, kiedy was odwiedzam; Jan Marek przygotuje ryby". Jan Marek przyniósł siedem dużych ryb, które Mistrz położył na ogniu, a kiedy się upiekły, młodzieniec podał je dziesięciu apostołom. Potem Jezus połamał chleb i dał go Janowi, który z kolei podał go głodnym apostołom. Kiedy wszystkim podano jedzenie, Jezus kazał usiąść Janowi Markowi i sam podał chłopcu rybę i chleb. I kiedy jedli, Jezus rozmawiał z nimi i przypomniał im wiele zdarzeń z Galilei i tych, które przeżyli nad tym właśnie jeziorem.

To już trzeci raz Jezus objawił się apostołom jako grupie. Kiedy Jezus odezwał się do nich po raz pierwszy, pytając czy mają jakieś ryby, nie domyślali się kim jest, ponieważ dla tych rybaków łowiących w Morzu Galilejskim było normalną rzeczą, że kiedy dobijali do brzegu, zaczepiali ich kupcy ryb z Tarichei, którzy zawsze byli w pobliżu aby kupić świeży połów do suszarni.

Ponad godzinę Jezus przebywał z dziesięcioma apostołami i Janem Markiem, po czym spacerował z nimi, po dwóch w tę i z powrotem po plaży i rozmawiał – ale nie w tych samych parach jakie po raz pierwszy wysłał na nauczanie. Cała jedenastka apostołów wróciła razem z Jerozolimy, ale kiedy dochodzili do Galilei, Szymon Zelota stawał się coraz bardziej przygnębiony, tak bardzo, że kiedy dotarli do Betsaidy, odszedł od braci i wrócił do swego domu.

Zanim Jezus pożegnał się z nimi tego ranka, polecił, żeby dwaj apostołowie, na ochotnika, poszli do Szymona Zeloty i tego samego dnia przyprowadzili go z powrotem. I Piotr z Andrzejem poszli po niego.

2. ROZMOWY Z DWÓJKAMI APOSTOŁÓW

Kiedy skończyli śniadanie i gdy inni siedzieli przy ogniu, Jezus skinął na Piotra i Jana, aby się przeszli z nim na spacer po plaży. Kiedy szli obok siebie, Jezus spytał Jana: „Janie, czy mnie miłujesz?". I kiedy Jan odpowiedział: „Tak, Mistrzu, z całego serca", Mistrz rzekł: „Zatem, Janie, porzuć swą nietolerancję i naucz się miłować ludzi tak, jak ja ciebie umiłowałem. Poświęć swoje życie, aby udowodnić, że miłość jest największą rzeczą na świecie. To Boża miłość skłania ludzi do szukania zbawienia. Z miłości wywodzi się cała duchowa dobroć, esencja prawdy i piękna".

Potem Jezus zwrócił się do Piotra i zapytał: „Piotrze, czy mnie miłujesz?". Piotr odpowiedział: „Panie, ty wiesz, że miłuję cię z całej mojej duszy". Wtedy Jezus powiedział: „Jeśli mnie miłujesz, Piotrze, paś moje owce. Nie zapomnij służyć słabym, biednym i młodym. Głoś ewangelię bez strachu czy stronniczości, zawsze pamiętaj, że Bóg nie ma względu na osoby. Służ swoim braciom ludziom tak, jak ja służyłem tobie; przebaczaj swoim braciom śmiertelnikom tak, jak ja przebaczyłem tobie. Niech doświadczenie cię uczy o wartości medytacji i o potędze rozumnej refleksji".

Kiedy odeszli nieco dalej, Mistrz zwrócił się do Piotra i zapytał: „Piotrze, czy naprawdę mnie miłujesz?" I wtedy Szymon rzekł: „Tak, Panie, ty wiesz, że ciebie miłuję". I znowu Jezus powiedział: „Zatem opiekuj się dobrze moimi owcami. Bądź dobrym i prawdziwym pasterzem mojego stada. Nie zawiedź zaufania jakie w tobie pokładają. Nie wpadnij niespodziewanie w ręce wrogów. Przez cały czas miej się na baczności – czuwaj i módl się".

Kiedy uszli jeszcze kilka kroków, Jezus zwrócił się do Piotra i po raz trzeci zapytał: „Piotrze, czy prawdziwie mnie miłujesz?". I wtedy Piotr, trochę zasmucony domniemanym niedowierzaniem Mistrza, powiedział z głębokim uczuciem: „Panie, ty wiesz wszystkie rzeczy i dlatego także wiesz, że prawdziwie ciebie miłuję". Wtedy Jezus powiedział: „Paś moje owce. Nie opuszczaj stada. Bądź przykładem i inspiracją dla swoich braci pasterzy. Kochaj stado tak, jak ja kochałem ciebie i poświęć się dla jego dobra tak, jak ja poświęciłem moje życie dla twego dobra. I idź za mną, nawet do końca".

Piotr zrozumiał jego ostatnią wypowiedź dosłownie – że on powinien nadal iść z nim – i zwracając się do Jezusa, wskazał na Jana i zapytał: „Jeśli ja pójdę z tobą, co ma zrobić ten człowiek?" I wtedy Jezus, zauważywszy, że Piotr źle zrozumiał jego słowa, powiedział: „Piotrze nie troszcz się o to, co mają robić twoi bracia. Jeżeli zechcę, aby Jan pozostał, kiedy ty odejdziesz, nawet aż wrócę, co tobie do tego? Tylko bądź pewien, że ty idziesz ze mną".

Ta uwaga rozeszła się pośród całego bractwa i została przyjęta za oświadczenie Jezusa, że Jan nie umrze zanim Mistrz nie wróci, żeby zaprowadzić królestwo w potędze i chwale, jak wielu o tym myślało i miało tę nadzieję. To właśnie taka interpretacja słów Jezusa miała duży wpływ na powrót Szymona Zeloty do służby i na jego wytrwanie w pracy.

Kiedy wrócili do reszty apostołów, Jezus poszedł na spacer z Andrzejem i Jakubem. Kiedy uszli kawałek, Jezus odezwał się do Andrzeja: „Andrzeju, czy mi ufasz?" I kiedy były szef apostołów usłyszał Jezusa zadającego mu takie pytanie, stanął nieruchomo i odpowiedział: „Tak, Mistrzu, oczywiście ufam tobie i ty o tym wiesz". Wtedy Jezus powiedział: „Andrzeju, jeżeli mi ufasz, ufaj bardziej swoim braciom – nawet Piotrowi. Kiedyś powierzyłem ci kierownictwo nad twymi braćmi. Teraz musisz zaufać innym, kiedy ja ciebie opuszczę i pójdę do mojego Ojca. Kiedy wskutek zajadłych prześladowań twoi bracia zaczną się rozpraszać bądź troskliwym i mądrym doradcą Jakuba, mojego brata w ciele, kiedy obarczą go wielkimi ciężarami, do których dźwigania nie ma doświadczenia. I idź dalej z ufnością, gdyż ja ciebie nie zawiodę. Kiedy zakończysz na Ziemi, przyjdziesz do mnie".

Potem zwrócił się do Jakuba: „Jakubie, czy mi ufasz?". I oczywiście Jakub odpowiedział: „Tak, Mistrzu, ufam tobie całym moim sercem". Wtedy Jezus powiedział: „Jakubie, jeżeli bardziej mi zaufasz, będziesz mniej niecierpliwy wobec swoich braci. Jeżeli mi zaufasz, pomoże ci to stać się życzliwym dla braterstwa ludzi wierzących. Naucz się zważać na konsekwencje twoich wypowiedzi i twoich czynów. Pamiętaj, że to się zbiera, co się zasieje. Módl się o spokój ducha i umacniaj swoją cierpliwość. Te zalety, razem z żywą wiarą, będą cię wspierać, kiedy przyjdzie godzina wypicia kielicha poświęcenia. Ale nigdy się nie bój; kiedy zakończysz na Ziemi, ty także przyjdziesz, żeby być ze mną".

Potem Jezus rozmawiał z Tomaszem i Natanielem. Tomasza spytał: „Tomaszu, czy mi służysz?". Tomasz odpowiedział: „Tak, Panie, służę ci teraz i na zawsze". Wtedy Jezus powiedział: „Jeżeli pragniesz mi służyć, służ moim braciom w ciele nawet tak jak ja służyłem tobie. I niech cię nie nuży taka prawość, ale wytrwaj w niej jako ten, który wyświęcony został przez Boga do służby miłości. Kiedy zakończysz swoją służbę ze mną na Ziemi, będziesz ze mną służył w chwale. Tomaszu, musisz przestać wątpić; musisz wzrastać w wierze i znajomości prawdy. Wierz w Boga jak dziecko, ale przestań działać dziecinnie. Miej odwagę; miej silną wiarę i bądź wielki w królestwie Bożym".

Potem Mistrz rzekł do Nataniela: „Natanielu, czy mi służysz?". I apostoł odpowiedział: „Tak, Mistrzu i z niepodzielnym uczuciem". Wtedy Jezus powiedział: „Zatem, jeżeli mi służysz całym sercem, na pewno poświęcisz się dobru moich braci na Ziemi z niezmiennym uczuciem. Domieszaj przyjaźń do twojej rady i dodaj miłość do twojej filozofii. Służ swoim braciom nawet tak, jak ja tobie służyłem. Bądź oddany ludziom, tak jak ja czuwałem nad tobą. Bądź mniej krytyczny; mniej się spodziewaj po niektórych ludziach i tak zmniejszysz stopień swojego rozczarowania. I kiedy praca tutaj będzie skończona, będziesz służył ze mną na wysokościach".

Potem Mistrz rozmawiał z Mateuszem i Filipem. Filipa spytał: „Filipie, czy jesteś mi posłuszny?". Filip odpowiedział: „Tak, Panie, będę ci posłuszny nawet za cenę życia". Wtedy Jezus powiedział: „Jeżeli chcesz być mi posłuszny, idź na ziemie innowierców i głoś ewangelię. Prorocy mówili tobie, że posłuszeństwo jest lepsze od poświęcenia. Poprzez wiarę zostałeś synem królestwa, który zna Boga. Jest tylko jedno prawo, którego należy przestrzegać – to jest przykazanie, aby iść i głosić ewangelię królestwa. Przestań się bać ludzi; bądź nieustraszony w głoszeniu dobrej nowiny wiecznego życia twoim bliźnim, którzy marnieją w ciemności i głodni są światła prawdy. Nie będziesz się więcej Filipie zajmować pieniędzmi i innymi dobrami. Możesz swobodnie głosić dobrą nowinę tak jak twoi bracia. I ja będę szedł przed tobą nawet do samego końca".

Potem, zwracając się do Mateusza, Mistrz zapytał: „Mateuszu, czy w swoim sercu będziesz mi posłuszny?" Mateusz odpowiedział: „Tak, Panie, w pełni jestem gotów wypełnić twoją wolę". Wtedy Mistrz rzekł: „Mateuszu, jeżeli masz być mi posłuszny, idź i nauczaj wszystkie narody tej ewangelii królestwa. Już nie będziesz służył swoim braciom w materialnych sprawach życia; odtąd masz także głosić dobrą nowinę duchowego zbawienia. Od tej chwili skoncentruj się tylko na posłuszeństwie wobec twojego powołania, na głoszeniu ewangelii Ojcowskiego królestwa. Tak jak ja wykonywałem wolę Ojca na Ziemi, tak i ty wykonuj boskie powołanie. Pamiętaj, że twoimi braćmi są zarówno Żydzi jak i nie-Żydzi. Nikogo się nie bój, kiedy głosisz zbawienne prawdy ewangelii królestwa nieba. I tam, gdzie ja idę, ty przyjdziesz niebawem".

Potem spacerował i rozmawiał z bliźniakami Alfeusza, Jakubem i Judaszem a w trakcie rozmowy zapytał: „Jakubie i Judaszu, czy wierzycie we mnie?". I kiedy obydwaj odpowiedzieli: „Tak, Mistrzu, wierzymy", on rzekł: „Wkrótce was opuszczę. Widzicie, że już opuściłem was w ciele. Tylko na krótko pozostanę pod tą postacią zanim pójdę do mego Ojca. Wy wierzycie we mnie – jesteście moimi apostołami i zawsze nimi będziecie. Kiedy odejdę, wciąż wierzcie i pamiętajcie, że współpracowaliście ze mną a potem być może wrócicie do tej pracy, którą wykonywaliście zanim przyszliście żyć ze mną. Nigdy nie pozwólcie, aby zmiana waszej pracy mogła wpłynąć na waszą wierność. Do końca waszych ziemskich dni miejcie wiarę w Boga. Nigdy nie zapomnijcie o tym, że kiedy jesteście wiernymi synami Bożymi, cała rzetelna praca na tym świecie jest święta. Nic, co robi syn Boży, nie może być pospolite. Dlatego też odtąd wykonujcie swoją pracę tak, jak dla Boga. I kiedy zakończycie na tym świecie, mam inne i lepsze światy, gdzie tak samo będziecie dla mnie pracowali. I w całej tej pracy, na tym świecie i na innych światach, będę pracował z wami a mój duch będzie w was mieszkał".

Była prawie dziesiąta, kiedy Jezus skończył rozmawiać z bliźniakami Alfeusza, a kiedy opuszczał apostołów, powiedział: „Żegnajcie, do czasu, gdy spotkam się z wami wszystkimi, jutro w południe, na górze waszego wyświęcenia". Kiedy to powiedział, zniknął im z oczu.

3. NA GÓRZE WYŚWIĘCENIA

W sobotnie południe, 22 kwietnia, jedenastu apostołów zebrało się na miejscu naznaczonego spotkania, na górze w pobliżu Kafarnaum i Jezus zjawił się między nimi. Spotkanie to odbywało się na tej samej górze, na której Mistrz wyznaczył ich na swoich apostołów i ambasadorów królestwa Ojca na Ziemi. Było to czternaste, morontialne pojawienie się Mistrza.

Teraz jedenastu apostołów klęczało w okręgu wokół Mistrza i słuchało go, jak powtarza powiernictwa. Apostołowie widzieli, jak odtwarza na nowo akt wyświęcenia, tak samo jak wtedy, gdy po raz pierwszy zostali wyznaczeni do specjalnej pracy dla królestwa. I wszystko to było dla nich jakby przypomnieniem poprzedniej konsekracji dla służby Ojcu, za wyjątkiem modlitwy Mistrza. Kiedy Mistrz – morontialny Jezus – modlił się teraz, miał tak majestatyczny ton głosu i używał takich słów mocy, jakich apostołowie nigdy przedtem nie słyszeli. Ich Mistrz rozmawiał teraz z władcami wszechświata jako ten, który w swoim wszechświecie ma całą moc i władzę oddaną w jego ręce. I tych jedenastu ludzi nigdy nie zapomniało owych przeżyć, morontialnego odnowienia ich poprzedniego ślubowania jako ambasadorów. Mistrz spędził na górze tylko godzinę ze swymi ambasadorami i kiedy bardzo czule pożegnał się z nimi, zniknął im z oczu.

Przez cały tydzień nikt nie widział Jezusa. Apostołowie naprawdę nie wiedzieli co robić, nie wiedzieli, czy Mistrz nie odszedł już do Ojca. W tym stanie niepewności pozostawali w Betsaidzie. Bali się iść na ryby, żeby kiedy przyjdzie ich odwiedzić, nie zaprzepaścić sposobności jego zobaczenia. Przez cały ten tydzień Jezus zajmował się istotami morontialnymi na Ziemi i sprawami przejścia morontialnego, którego doznawał na tym świecie.

4. ZGROMADZENIE NAD JEZIOREM

Wieść o tym, że Jezus się pojawia, rozchodziła się po całej Galilei i każdego dnia do domu Zebedeusza przybywała coraz większa liczba wiernych, aby zasięgnąć wiadomości o zmartwychwstaniu Mistrza i poznać prawdę o rzekomych jego ukazaniach się. Na początku tego tygodnia Piotr rozesłał wiadomość, że na brzegu jeziora odbędzie się publiczne spotkanie, w najbliższy szabat o piętnastej.

W związku z tym w sobotę, 29 kwietnia, o piętnastej, zebrało się w Betsaidzie ponad pięciuset wiernych z okolic Kafarnaum, aby słuchać Piotra wygłaszającego swoje pierwsze publiczne kazanie od czasu zmartwychwstania Mistrza. Apostoł był w doskonałej formie, a kiedy skończył swoją wzruszającą opowieść, zaledwie kilku słuchaczy wątpiło w zmartwychwstanie Mistrza.

Piotr zakończył swoje kazanie słowami: „Zaręczamy, że Jezus z Nazaretu nie jest martwy; oświadczamy, że powstał z grobu; ogłaszamy, że go widzieliśmy i rozmawialiśmy z nim". W chwili, gdy kończył wygłaszać tę deklarację wiary, obok niego ukazał się Mistrz pod morontialną postacią, dobrze widoczny dla wszystkich i powiedział znajomym głosem: „Pokój wam i pokój mój zostawiam wam". Kiedy tak się ukazał i tak do nich przemówił, zniknął im z oczu. To było piętnaste, morontialne pojawienie się zmartwychwstałego Jezusa.

Ponieważ w czasie spotkania na górze wyświęcenia Mistrz powiedział pewne rzeczy całej jedenastce, apostołowie byli przeświadczeni, że ich Mistrz dokona teraz publicznego ukazania się grupie wierzących w Galilei i że potem, gdy to zrobi, mają wrócić do Jerozolimy. Zgodnie z tym, wcześnie rano następnego dnia, w niedzielę, 30 kwietnia, jedenastu apostołów wyszło z Betsaidy i poszło do Jerozolimy. Gdy szli w dół Jordanu, wiele nauczali i głosili kazania i tak dotarli do domu Marków w Jerozolimie późno w środę, 3 maja.

Dla Jana Marka był to smutny powrót do domu. Na kilka godzin przed jego przybyciem, na skutek wylewu krwi do mózgu zmarł nagle jego ojciec, Eliasz Marek. Aczkolwiek pewność zmartwychwstania po śmierci znacznie pocieszała apostołów w ich smutku, naprawdę opłakiwali utratę dobrego przyjaciela, który był dla nich wierną podporą, zwłaszcza w okresie wielkich kłopotów i rozczarowań. Jan Marek zrobił wszystko co mógł, aby pocieszyć swą matkę i w jej imieniu zaprosił apostołów, aby traktowali jej dom jako swój dom. I jedenastu apostołów zrobiło z górnej izby swą główną kwaterę, aż do dnia Zesłania Ducha.

Apostołowie specjalnie weszli do Jerozolimy po zmroku, aby władze żydowskie ich nie widziały. Nie pojawili się też publicznie w związku z pogrzebem Eliasza Marka. Przez cały następny dzień pozostawali w cichym osamotnieniu, w tej pamiętnej, górnej izbie.

W czwartkowy wieczór apostołowie mieli uroczyste zebranie w tej samej górnej izbie i wszyscy, za wyjątkiem Tomasza, Szymona Zeloty i bliźniaków Alfeusza, zobowiązali się publicznie głosić nową ewangelię zmartwychwstałego Pana. Już poczyniono pierwsze kroki w sprawie zmiany ewangelii królestwa – synostwa z Bogiem i braterstwa z człowiekiem – na głoszenie zmartwychwstania Jezusa. Nataniel sprzeciwiał się tej odmianie sedna ich publicznego orędzia, ale nie mógł się oprzeć elokwencji Piotra, ani też nie mógł przezwyciężyć entuzjazmu uczniów, zwłaszcza wierzących kobiet.

I tak, pod silnym przywództwem Piotra i zanim Mistrz wstąpił do Ojca, jego reprezentanci, kierując się najlepszymi intencjami, zaczęli subtelny proces stopniowej i trwałej przemiany religii *Jezusa* w nową i zmodyfikowaną formę religii *o* Jezusie.

PRZEKAZ 193

KOŃCOWE UKAZANIA SIĘ I WNIEBOWSTĄPIENIE

SZESNASTE morontialne pojawienie się Jezusa nastąpiło w piątek, 5 maja, na dziedzińcu domu Nikodema, wieczorem około dwudziestej pierwszej. Tego wieczora zdecydowali się zebrać jerozolimscy wierni, po raz pierwszy od czasu zmartwychwstania. Tym razem zebrało się jedenastu apostołów, grupa kobiet i ich współpracownice oraz około pięćdziesięciu przodujących uczniów Mistrza, razem z pewną liczbą Greków. Ta grupa wiernych rozmawiała nieformalnie ponad pół godziny, kiedy to niespodzianie ukazał im się morontialny Mistrz, dobrze widoczny i natychmiast zaczął ich nauczać. Jezus powiedział:

„Pokój wam. Jest to najbardziej reprezentatywna grupa wiernych – apostołów i uczniów, zarówno mężczyzn jak i kobiet – jakiej się ukazałem od czasu mojego wyzwolenia z ciała. Powołuję was teraz na świadków, że powiedziałem wam już uprzednio, iż mój pobyt pośród was musi dobiec końca; powiedziałem wam, że wkrótce muszę wrócić do Ojca. Potem mówiłem wam wyraźnie, że wyżsi kapłani i żydowscy władcy wydadzą mnie na śmierć i że wstanę z grobu. Dlaczego więc tak niepokoiliście się tym wszystkim, kiedy się zdarzyło? Dlaczego byliście tak zaskoczeni, kiedy trzeciego dnia wstałem z grobu? Nie uwierzyliście mi, ponieważ słyszeliście moje słowa, ale nie rozumieliście ich znaczenia.

Powinniście teraz wysłuchać moich słów, żeby znowu nie popełnić tego błędu, że kiedy słyszycie moją naukę umysłem, wasze serca nie potrafią zrozumieć jej znaczenia. Od początku mojego pobytu tutaj jako jeden z was, nauczałem, że moim jedynym celem jest objawienie mego Ojca w niebie jego dzieciom na Ziemi. Przeżyłem to obdarzenie objawiając Boga, abyście wy mogli przeżyć wasze życie rozpoznając Boga. Objawiłem Boga jako waszego Ojca w niebie; objawiłem was jako synów Bożych na Ziemi. Faktem jest, że Bóg was kocha, swoich synów. Kiedy wierzycie w moje słowo, fakt ten w waszych sercach staje się wieczną i żywą prawdą. Kiedy, poprzez żywą wiarę, niebiańsko uświadomicie sobie Boga, narodzicie się w duchu jako dzieci światłości i życia, nawet wiecznego życia, w którym będziecie się wznosić we wszechświecie wszechświatów i zdołacie doświadczyć odnalezienia Boga Ojca w Raju.

Napominam was abyście zawsze pamiętali, że waszą misją pośród ludzi jest głoszenie ewangelii królestwa – rzeczywistości ojcostwa Boga i prawdy o synostwie człowieka. Głoście całą prawdę dobrej nowiny, nie tylko część zbawczej ewangelii. To, że zmartwychwstałem, nie zmienia waszego posłania. Synostwo z Bogiem, poprzez wiarę, nadal jest zbawczą prawdą ewangelii królestwa. Macie iść i głosić miłość do Boga i służbę dla człowieka. To, czego świat najbardziej potrzebuje wiedzieć: ludzie są synami Bożymi i przez wiarę mogą sobie naprawdę uświadomić i codziennie przeżywać tę uszlachetniającą prawdę. Moje obdarzenie powinno pomóc zrozumieć wszystkim ludziom, że są dziećmi Boga, ale ta wiedza nie wystarcza, jeśli przez wiarę zbawczej prawdy osobiście nie uda się im pojąć, że są żywymi, duchowymi synami wiecznego Ojca. Ewangelia królestwa zajmuje się miłością Ojca i służbą dla jego dzieci na Ziemi.

Między wami, tutaj, dzielicie się wiedzą, że zmartwychwstałem, ale to nic dziwnego. Posiadam moc, aby złożyć moje życie i na nowo je podjąć; Ojciec daje taką moc swoim Rajskim Synom. Serca wasze powinna raczej poruszyć świadomość, że umarli z tej epoki zaczęli wieczne wznoszenie się wkrótce po tym, jak opuściłem nowy grób Józefa. Przeżyłem moje życie w ciele, aby wam pokazać jak wy, poprzez miłości pełną służbę, możecie objawiać Boga swoim współbraciom ludziom, nawet tak, jak ja poprzez miłość do was i służenie wam objawiałem wam Boga. Żyłem pośród was jako Syn Człowieczy, abyście wy i inni mogli poznać, że wszyscy naprawdę jesteście synami Bożymi. Dlatego też idźcie teraz na cały świat, głosząc tę ewangelię królestwa nieba wszystkim ludziom. Miłujcie wszystkich ludzi tak, jak ja was umiłowałem; służcie waszym śmiertelnym braciom tak, jak ja wam służyłem. Darmo otrzymaliście, darmo dawajcie. Pozostańcie w Jerozolimie tylko tak długo, aż odejdę do Ojca i do tego czasu, gdy ześlę wam Ducha Prawdy. On was poprowadzi do poszerzonej prawdy a ja pójdę z wami na cały świat. Zawsze jestem z wami i pokój mój zostawiam wam".

Kiedy Mistrz to powiedział, zniknął im z oczu. Świtało prawie kiedy ci wierzący się rozeszli; całą noc spędzili razem, żarliwie omawiając upomnienia Mistrza i rozważając wszystko to, co im się przydarzyło. Jakub Zebedeusz i inni apostołowie poinformowali także o swych przeżyciach z morontialnym Mistrzem w Galilei i opowiadali jak trzykrotnie im się ukazał.

1. UKAZANIE SIĘ W SYCHAR

W szabatowe popołudnie około szesnastej, 13 maja, w pobliżu studni Jakubowej w Sychar, Mistrz ukazał się Naldzie i około siedemdziesięciu pięciu wierzącym Samarytanom. Wierzący ci mieli zwyczaj spotykać się w tym miejscu, tam, gdzie Jezus rozmawiał z Naldą o wodzie życia. Tego dnia, kiedy właśnie skończyli omawiać otrzymaną wieść o zmartwychwstaniu, Jezus nagle ukazał się im i powiedział:

„Pokój wam. Radujcie się tą świadomością, że ja jestem zmartwychwstaniem i życiem, ale to wam nic nie da, jeżeli najpierw nie narodzicie się z wiecznego ducha i tym samym, przez wiarę, nie wejdziecie w posiadanie daru życia wiecznego. Jeżeli jesteście synami mego Ojca w wierze, nigdy nie umrzecie; nie zginiecie. Ewangelia królestwa nauczyła was, że wszyscy ludzie są synami Bożymi. I tę dobrą nowinę o miłości niebiańskiego Ojca do jego dzieci na Ziemi należy nieść całemu światu. Nadszedł czas, kiedy nie będziecie czcić Boga w Garizim ani w Jerozolimie, ale tam, gdzie jesteście, takimi jakimi jesteście, w duchu i w prawdzie. To wasza wiara zbawia wasze dusze. Zbawienie jest darem Boga dla tych wszystkich, którzy wierzą, że są jego synami. Ale nie dajcie się zwieść; chociaż zbawienie jest darmowym darem Boga i dawane jest wszystkim, którzy je przyjmują przez wiarę, potem przychodzi praktyka rodzenia owoców tego życia duchowego przeżywanego w ciele. Akceptacja doktryny ojcostwa Boga zakłada, że bez zastrzeżeń uznaliście także towarzyszącą jej prawdę o braterstwie człowieka. I jeśli człowiek jest twoim bratem, jest on czymś więcej niż twoim bliźnim, którego

Ojciec nakazuje ci miłować jak siebie samego. Twojego brata, z twojej własnej rodziny, będziesz miłował nie tylko rodzinnym uczuciem, ale także służyć mu będziesz, jak służyłbyś sobie samemu. I tak będziecie kochali swych braci i im służyli, ponieważ ja kochałem was i służyłem wam jako moim braciom. Idźcie więc na cały świat i głoście tę dobrą nowinę wszystkim stworzonym z każdej rasy, plemienia i narodu. Mój duch pójdzie przed wami a ja zawsze będę z wami".

Samarytanie byli bardzo zaskoczeni ukazaniem się Mistrza i pobiegli do pobliskich miast i wsi, gdzie na wszystkie strony rozgłaszali wiadomość, że widzieli Jezusa i że on do nich mówił. I to było siedemnaste, morontialne pojawienie się Mistrza.

2. UKAZANIE SIĘ W FENICJI

Osiemnaste, morontialne ukazanie się Mistrza nastąpiło w Tyrze, we wtorek, 16 maja, na krótko przed dwudziestą pierwszą. Znowu ukazał się pod koniec spotkania wierzących, kiedy mieli się rozejść i powiedział:

„Pokój wam. Radujecie się wieścią, że Syn Człowieczy zmartwychwstał, ponieważ tym samym wiecie, że wy i wasi bracia także przeżyjecie ludzką śmierć. Ale takie przeżycie śmierci zależy od tego, czy najpierw narodziliście się w duchu poszukiwania prawdy i znajdowania Boga. Chleb życia i woda życia dawane są tylko tym, którzy łakną prawdy i pragną prawości – pragną Boga. To, że umarły zmartwychwstaje, nie jest ewangelią królestwa. Te wielkie prawdy i te wszechświatowe fakty związane są z ewangelią dlatego, że po części wynikają z wiary w dobrą nowinę i zawarte są w dalszych doświadczeniach tych, którzy przez wiarę stali się, w czynie i prawdzie, wiecznymi synami wiecznego Boga. Mój Ojciec posłał mnie na ten świat, abym wszystkim głosił zbawienie synostwa. Tak samo ja posyłam was, abyście wszędzie głosili to zbawienie synostwa. Zbawienie jest darmowym darem Bożym, ale ci, którzy narodzą się w duchu zaczną natychmiast przejawiać owoce ducha w miłości pełnym służeniu swoim bliźnim istotom. Owocami Boskiego ducha, które wydaje życie narodzonych w duchu i rozpoznających Boga śmiertelników są: miłości pełna służba, bezinteresowne poświęcenie, odważna lojalność, szczera rzetelność, oświecająca uczciwość, niegasnąca nadzieja, ufna wiara, miłosierna posługa, niezawodna dobroć, wyrozumiała tolerancja i trwały pokój. Jeżeli wyznający wiarę nie rodzą w swoim życiu tych owoców Boskiego ducha, są martwi; Duch Prawdy nie jest z nimi; są zbędnymi gałęziami żywej winorośli i wkrótce zostaną usunięci. Mój Ojciec wymaga od dzieci wiary, aby rodziły jak najwięcej owoców ducha. Jeżeli więc nie wydajecie owoców, okopie on wasze korzenie i odetnie wasze nieurodzajne gałęzie. Kiedy w królestwie Bożym idziecie naprzód, ku niebu, musicie rodzić coraz więcej owoców ducha. Możecie wchodzić do królestwa jak dzieci, ale Ojciec wymaga od was, abyście przez łaskę dorastali do stanu pełnej duchowej dojrzałości. I kiedy pójdziecie na wszystkie strony głosić wszystkim narodom dobrą nowinę tej ewangelii, ja pójdę przed wami a mój Duch Prawdy zamieszka w waszych sercach. Pokój mój zostawiam wam".

I Mistrz zniknął im z oczu. Następnego dnia wyruszyli z Tyru ci, którzy nieśli tę wieść do Sydonu a nawet do Antiochii i Damaszku. Jezus przebywał z tymi wierzącymi, kiedy był w ciele, a oni szybko go rozpoznali, kiedy ich zaczął nauczać. Choć przyjaciołom

Jezusa niełatwo było rozpoznać jego morontialną postać, gdy się ukazywał, nigdy nie sprawiała im trudności identyfikacja jego osobowości, kiedy zaczynał do nich mówić.

3. OSTATNIE UKAZANIE SIĘ W JEROZOLIMIE

Wcześnie rano w czwartek, 18 maja, Jezus ostatni raz ukazał się na Ziemi jako osobowość morontialna. Gdy jedenastu apostołów miało zasiąść do śniadania w górnej izbie domu Marii Markowej, Jezus ukazał się im i powiedział:

„Pokój wam. Poprosiłem was abyście zostali tutaj w Jerozolimie do czasu mojego wstąpienia do Ojca, a nawet do tego czasu, kiedy wam ześlę Ducha Prawdy, który wkrótce będzie wylany na wszystkich w ciele i który obdarzy was mocą z wysokości". Szymon Zelota przerwał Jezusowi pytaniem: „Czy wówczas, Mistrzu, odbudujesz królestwo i zobaczymy chwałę Boga objawioną na Ziemi?". Kiedy Jezus wysłuchał pytania Szymona, odpowiedział: „Szymonie, wciąż trzymasz się swoich starych idei żydowskiego Mesjasza i materialnego królestwa. Ale otrzymacie moc duchową, po tym, jak duch zstąpi na was i niebawem pójdziecie na cały świat głosić tę ewangelię królestwa. Tak jak Ojciec posłał mnie na świat, tak ja was posyłam. I chciałbym, abyście miłowali się i ufali sobie wzajemnie. Judasz nie jest już z wami, ponieważ jego miłość ochłodła i nie chciał zaufać wam, swoim lojalnym braciom. Czyż nie czytaliście w Piśmie Świętym, gdzie jest napisane: «Nie jest dobrze, żeby człowiek był sam. Nikt nie żyje dla siebie»? I także jest napisane: «Ten, który chce mieć przyjaciół, musi sam okazać swą przyjaźń?». Czyż nie wysyłałem was właśnie po dwóch, żebyście nie byli samotni i nie popadli w biedę i niedolę odosobnienia? Wy również dobrze wiecie, że kiedy byłem z wami w ciele, nie pozwalałem sobie na dłuższą samotność. Od samego początku naszej współpracy zawsze dwóch albo trzech z was było ze mną, czy w inny sposób było pod ręką, nawet, kiedy rozmawiałem z Ojcem. Dlatego też ufajcie sobie i zwierzajcie się sobie nawzajem. A wszystko to jest jeszcze bardziej potrzebne, ponieważ tego dnia opuszczam was i zostawiam was samych na świecie. Godzina nadeszła, wkrótce idę do Ojca".

Gdy to powiedział, skinął na nich, aby poszli z nim i poprowadził ich na Górę Oliwną, gdzie się z nimi pożegnał zanim opuścił Urantię. W drodze na Górę Oliwną wszyscy byli pełni powagi. Od czasu, gdy opuścili górną izbę nikt nie wyrzekł słowa, aż Jezus zatrzymał się z nimi na Górze Oliwnej.

4. PRZYCZYNY UPADKU JUDASZA

W pierwszej części przemowy pożegnalnej do apostołów Mistrz nawiązał do utraty Judasza i dał przykład tragicznego losu ich zdradzieckiego współpracownika, jako poważne ostrzeżenie o niebezpieczeństwach izolowania się od społeczeństwa i swoich towarzyszy. Dla wierzących, w tych czasach jak również w przyszłości, pożyteczne być może krótkie przeanalizowanie przyczyn upadku Judasza, w świetle uwag Mistrza i z punktu widzenia wiedzy nagromadzonej w kolejnych stuleciach.

Kiedy patrzymy wstecz na tę tragedię, uważamy, że Judasz zbłądził głównie dlatego, ponieważ był osobowością bardzo wyobcowaną; osobowością zamkniętą i stroniącą od zwykłych kontaktów społecznych. Uparcie nie chciał się zbliżyć do swoich towarzyszy apostołów ani też im zaufać. Ale istnienie wyobcowanego typu osobowości nie mogło, samo w sobie i samo z siebie, zrobić takiej szkody, gdyby Judasz nie zaprzestał również rozwijania się w miłości i wzrastania w łasce duchowej. I potem, jak gdyby chciał pogorszyć sprawę, wytrwale gromadził urazy i hodował takich psychologicznych wrogów jak zemsta i generalne pragnienie „wyrównania rachunków" z kimkolwiek za wszystkie swoje rozczarowania.

Tak niefortunne połączenie cech indywidualnych i skłonności umysłowych przyczyniło się do upadku tego człowieka o dobrych intencjach, któremu nie udało się pokonać zła miłością, wiarą i zaufaniem. Jednak można udowodnić, tak na przykładzie Tomasza jak i Nataniela, że Judasz nie musiał zbłądzić, ponieważ obydwaj ci apostołowie byli obarczeni takim samym rodzajem podejrzliwości i przerostem tendencji indywidualistycznych. Nawet Andrzej i Mateusz mieli inklinacje w tym kierunku, jednak wszyscy ci mężczyźni z czasem rozwijali się, coraz silniej a nie słabiej, w miłości do Jezusa i braci apostołów. Wzrastali w łasce i w poznawaniu prawdy. Coraz bardziej ufali swoim braciom i powoli kształtowali umiejętność zwierzania się swym towarzyszom. Judasz uporczywie nie chciał zawierzyć swoim braciom. Kiedy był przynaglany do szukania ulgi w ekspresji samego siebie na skutek nagromadzenia konfliktów emocjonalnych, nieodmiennie szukał porady i otrzymywał niemądre pocieszenie od swoich nie uduchowionych krewnych albo od przypadkowych znajomych, którzy byli albo obojętni, albo wrogo nastawieni do duchowych rzeczywistości, dobra i rozwoju niebiańskiego królestwa, którego Judasz był wyświęconym ambasadorem, jednym z dwunastu na Ziemi.

Judasz poniósł klęskę w swoich zmaganiach z ziemskimi trudnościami z powodu następujących czynników, wynikających z osobistych skłonności oraz ze słabości charakteru:

1. Był wyobcowanym typem istoty ludzkiej. Był wielkim indywidualistą i postanowił rozwijać się w niewzruszonym „zamknięciu" i jako osoba nietowarzyska.
2. Kiedy był dzieckiem zbytnio ułatwiano mu życie. Gorzko bywał dotknięty niepowodzeniami. Zawsze spodziewał się wygranej; nie umiał przegrywać.
3. Nigdy nie przyswoił sobie tej zasady, aby filozoficznie podchodzić do rozczarowań. Zamiast przyjmować rozczarowania jako normalną i zwyczajną cechę ludzkiej egzystencji, nieodmiennie uciekał się do obarczania winą za wszystkie swoje trudności i rozczarowania kogoś w szczególności, lub swoich towarzyszy jako grupę.
4. Lubił zachowywać urazy, zawsze żywił ideę zemsty.
5. Nie lubił szczerze stawać w obliczu faktów, był nieuczciwy w swojej postawie wobec sytuacji życiowych.
6. Nie lubił omawiać swoich osobistych problemów z najbliższymi towarzyszami; nie chciał rozmawiać na temat swoich trudności z prawdziwymi przyjaciółmi i z tymi, którzy naprawdę go kochali. Podczas wszystkich tych lat współpracy nawet raz nie zwrócił się do Mistrza z problemem czysto osobistym.
7. Nigdy nie nauczył się tego, że prawdziwą zapłatą za szlachetne życie są mimo wszystko nagrody duchowe, które nie zawsze są rozdzielane w czasie tego, krótkiego życia w ciele.

Na skutek trwałego wyobcowania osobowości jego żale się mnożyły, smutki narastały, zwiększał się niepokój a jego rozpacz się pogłębiała, stawała się niemal nie do zniesienia.

Chociaż ten egocentryczny i skrajnie indywidualistyczny apostoł miał wiele problemów psychologicznych, emocjonalnych i duchowych, jego główne trudności były następujące: W swej osobowości był wyobcowany. W umyśle był podejrzliwy i zawzięty. W temperamencie był gburowaty i mściwy. Uczuciowo, nie kochał i nie przebaczał. Społecznie, nie zwierzał się i był nieomal zupełnie zamknięty w sobie. W duchu stał się arogancki i samolubnie ambitny. W życiu, ignorował tych, którzy go kochali, a w śmierci pozostał bez przyjaciół.

Takie są zatem czynniki umysłowe i wpływy zła, które razem wzięte tłumaczą, dlaczego ten człowiek, skądinąd o dobrych intencjach i kiedyś szczerze wierzący w Jezusa, nawet po kilku latach bliskiej współpracy z tak bardzo przekształcającą ludzi osobowością, porzucił swoich współbraci, wyrzekł się świętej sprawy, zrzekł się swego najświętszego powołania i zdradził swego niebiańskiego Mistrza.

5. WNIEBOWSTĄPIENIE MISTRZA

Było prawie wpół do ósmej, tego czwartkowego ranka, 18 maja, kiedy Jezus przybył na zachodni stok Góry Oliwnej z jedenastoma milczącymi i nieco zdezorientowanymi apostołami. Z tego miejsca, mniej więcej dwie trzecie drogi do szczytu góry, mogli widzieć Jerozolimę a poniżej Getsemane. Jezus przygotowywał się teraz do ostatniego pożegnania z apostołami, zanim opuści Urantię. Kiedy tak stał przed nimi, bez polecenia uklękli wokół niego w okręgu a Mistrz powiedział:

„Proszę was abyście zostali w Jerozolimie do czasu, aż zostaniecie obdarzeni mocą z wysokości. Za chwilę was opuszczę, za chwilę wstąpię do mojego Ojca i wkrótce, bardzo szybko, poślę na ten świat, na którym przebywałem, Ducha Prawdy; i kiedy on przyjdzie, powinniście zacząć na nowo głosić ewangelię królestwa, najpierw w Jerozolimie a potem aż po najdalsze krańce świata. Miłujcie ludzi tą miłością, którą ja was miłowałem i służcie waszym bliźnim śmiertelnikom tak samo, jak ja wam służyłem. Dzięki owocom ducha wasze życie pobudzi dusze do wierzenia w tę prawdę, że człowiek jest synem Bożym i że wszyscy ludzie są braćmi. Pamiętajcie wszystko, czego was uczyłem i to życie, które przeżyłem pośród was. Moja miłość was osłoni, mój duch będzie w was mieszkał a mój pokój zostawiam wam. Żegnajcie".

Kiedy morontialny Mistrz skończył mówić, zniknął im z oczu. To, tak zwane wniebowstąpienie Jezusa, nie różniło się pod żadnym względem od innych zniknięć z zasięgu śmiertelnego wzroku podczas czterdziestu dni jego morontialnego pobytu na Urantii.

Mistrz, poprzez Jerusem udał się na Edentię, gdzie Najwyżsi Ojcowie, pod nadzorem Rajskiego Syna, wyzwolili Jezusa z Nazaretu ze stanu morontialnego i duchowymi kanałami wznoszenia się przywrócili go do statusu Rajskiego synostwa i najwyższej władzy na Salvingtonie.

Tego ranka, około siódmej czterdzieści pięć, morontialny Jezus zniknął z zasięgu wzroku jedenastu apostołów i zaczął się wznosić do prawicy swego Ojca, aby tam dostać formalne zatwierdzenie swojej pełnej władzy nad wszechświatem Nebadon.

6. PIOTR ZWOŁUJE ZEBRANIE

Działając z polecenia Piotra, Jan Marek i inni poszli zebrać przodujących uczniów w domu Marii Markowej. Przed wpół do jedenastej zebrało się stu dwudziestu czołowych uczniów Jezusa, zamieszkujących w Jerozolimie, aby wysłuchać sprawozdania z pożegnalnego przemówienia Mistrza i dowiedzieć się o jego wniebowstąpieniu. W grupie tej była Maria, matka Jezusa. Wróciła do Jerozolimy z Janem Zebedeuszem, kiedy apostołowie wracali z ich niedawnego pobytu w Galilei. Zaraz po Zesłaniu Ducha wróciła ona do domu Salome, w Betsaidzie. Jakub, brat Jezusa, również był na tym spotkaniu, na pierwszej naradzie uczniów Mistrza zwołanej po zakończeniu jego planetarnej misji.

Szymon Piotr zaczął przemawiać w imieniu swoich braci apostołów i w pasjonujący sposób opowiedział o ostatnim spotkaniu jedenastu apostołów z Mistrzem, a szczególnie wzruszająco zobrazował ostatnie pożegnanie Mistrza i jego zniknięcie w czasie wniebowstąpienia. Spotkania tego nie można było porównać z żadnym innym, jakie miało miejsce na tym świecie. Ta część spotkania nie trwała nawet godziny. Potem Piotr poinformował, że postanowili wybrać następcę Judasza Iskarioty i że teraz nastąpi przerwa, w której apostołowie podejmą decyzję odnośnie wyboru pomiędzy dwoma mężczyznami proponowanymi na tę pozycję, Maciejem i Justusem.

Jedenastu apostołów zeszło na dół, gdzie postanowili rzucić losy, aby rozstrzygnąć, który z tych mężczyzn zostanie apostołem, aby służyć zamiast Judasza. Los padł na Macieja i został on ogłoszony nowym apostołem. Został należycie wprowadzony w sprawy swego urzędu a potem mianowany skarbnikiem. Jednak Maciej niezbyt aktywnie uczestniczył w późniejszej działalności apostołów.

Wkrótce po Zesłaniu Ducha bliźniacy wrócili do swoich domów w Galilei. Szymon Zelota pozostawał jakiś czas w osamotnieniu, zanim wyruszył głosić ewangelię. Tomasz przeżywał krótki okres niepokoju, po czym wznowił nauczanie. Nataniel coraz bardziej nie zgadzał się z Piotrem w sprawie głoszenia kazań o Jezusie, zamiast głoszenia, jak poprzednio, ewangelii królestwa. Spór ten stał się tak ostry, że w połowie następnego miesiąca Nataniel odszedł i udał się do Filadelfii, aby odwiedzić Abnera i Łazarza; i po ponad rocznym tam pobycie poszedł dalej, na ziemie za Mezopotamią, gdzie głosił ewangelię tak jak ją rozumiał.

I tak z dwunastu apostołów pozostało sześciu, a mianowicie Piotr, Andrzej, Jakub, Jan, Filip i Mateusz i działało na arenie wczesnego głoszenia ewangelii w Jerozolimie.

Około południa apostołowie wrócili do swoich braci w górnej izbie i ogłosili, że Maciej został wybrany jako nowy apostoł. I wtedy Piotr wezwał wszystkich wierzących na modlitwę, na tę modlitwę, która miała ich przygotować do otrzymania daru ducha, jakiego Mistrz obiecał zesłać.

PRZEKAZ 194

OBDARZENIE DUCHEM PRAWDY

OKOŁO trzynastej, gdy stu dwudziestu wierzących się modliło, wszyscy zdali sobie sprawę z niezwykłej obecności w pokoju. Wszyscy ci uczniowie uświadomili sobie jednocześnie nowy i głęboki sens duchowej radości, bezpieczeństwa i ufności. Po tym nowym uświadomieniu sobie siły duchowej, natychmiast pojawiło się silne pragnienie wyjścia i publicznego głoszenia ewangelii królestwa oraz dobrej nowiny, że Jezus zmartwychwstał.

Piotr wstał i oświadczył, że to musi być przyjście Ducha Prawdy, którego Mistrz im obiecał i zaproponował, aby poszli do Świątyni i zaczęli głosić dobrą nowinę powierzoną w ich ręce. I tak zrobili, jak Piotr zasugerował.

Ci ludzie byli szkoleni i pouczani, że ewangelia, którą mają głosić, jest ojcostwem Boga i synostwem człowieka, ale w tej chwili duchowej ekstazy i osobistego tryumfu, najlepszą nowiną, najważniejszą wiadomością, o której potrafili myśleć był *fakt* zmartwychwstania Mistrza. I poszli, obdarzeni mocą z wysokości, głosząc dobrą nowinę ludziom – również zbawienie przez Jezusa – ale mimowolnie zrobili błąd, zastępując niektórymi faktami związanymi z ewangelią przesłanie samej ewangelii. Piotr nieświadomie zapoczątkował ten błąd a inni poszli za nim, aż do samego Pawła, który z nowej wersji dobrej nowiny stworzył nową religię.

Ewangelia królestwa jest faktem ojcostwa Boga, połączonym z wynikającą z niego prawdą o synostwie-braterstwie ludzi. Chrześcijaństwo, tak jak się ukształtowało od tamtego czasu, jest faktem Boga jako Ojca Pana Jezusa Chrystusa, połączonym z doświadczaniem wierzącego-wspólnoty ze zmartwychwstałym i gloryfikowanym Chrystusem.

Nic w tym dziwnego, że ci duchem natchnieni ludzie skorzystali ze sposobności, aby wyrazić swoje uczucia tryumfu nad siłami, które dążyły do zabicia ich Mistrza i zakończenia wpływów jego nauk. W takim czasie jak ten łatwiej było pamiętać osobistą współpracę z Jezusem i być podekscytowanym pewnością, że Mistrz wciąż żyje, że ich przyjaźń się nie skończyła i że tak jak im obiecał, duch rzeczywiście na nich zstąpił.

Ci wierzący poczuli się nagle przeniesieni w inny świat, w nowy byt radości, mocy i chwały. Mistrz powiedział im, że królestwo przyjdzie z mocą i niektórzy z nich myśleli, że zaczynają dostrzegać co miał na myśli.

I kiedy to wszystko weźmiemy pod uwagę, nietrudno jest zrozumieć jak doszło do tego, że ci ludzie zaczęli głosić *nową ewangelię o Jezusie,* zamiast ich poprzedniego posłania o ojcostwie Boga i braterstwie ludzi.

1. KAZANIE W DZIEŃ ZESŁANIA DUCHA

Apostołowie ukrywali się przez czterdzieści dni. Tak się złożyło, że tego dnia było żydowskie Święto Tygodni i w Jerozolimie przebywało tysiące gości ze wszystkich stron świata. Wielu z nich przybyło na to święto, ale większość przebywała w mieście od czasu Paschy. Teraz ci wystraszeni apostołowie ukazali się znowu, po tygodniach odosobnienia i pojawili się śmiało w Świątyni, gdzie zaczęli głosić nowe posłanie o zmartwychwstałym Mesjaszu. I wszyscy uczniowie również byli świadomi tego, że otrzymali nowe, duchowe obdarzenie wnikliwością i mocą.

Było około czternastej, kiedy Piotr stanął na tym samym miejscu, gdzie jego Mistrz po raz ostatni nauczał w Świątyni i wygłosił tę namiętną przemowę, która doprowadziła do pozyskania ponad dwu tysięcy dusz. Mistrz odszedł, lecz oni nagle odkryli, że opowiadanie o nim wywiera wielki wpływ na ludzi. Zatem nic dziwnego, że skłonni byli nadal głosić to, co potwierdzało ich minione przywiązanie do Jezusa i jednocześnie tak zniewalało ludzi, aby w niego wierzyli. Sześciu apostołów wzięło udział w tym zgromadzeniu: Piotr, Andrzej, Jakub, Jan, Filip i Mateusz. Mówili ponad półtorej godziny i wygłaszali swoje posłanie po grecku, hebrajsku i aramejsku, a także po kilka słów w innych językach, którymi potrafili się wysłowić.

Przywódców żydowskich zdumiała śmiałość apostołów, ale bali się im naprzykrzać z powodu dużej liczby ludzi, która wierzyła ich opowiadaniu.

O szesnastej trzydzieści ponad dwa tysiące nowych wiernych poszło z apostołami do sadzawki Syloe gdzie Piotr, Andrzej, Jakub i Jan ochrzcili ich w imię Mistrza. Kiedy skończyli chrzczenie tłumu, było już ciemno.

Święto Tygodni było wielkim świętem chrztu, okresem przyjmowania do wspólnoty prozelitów, tych nie-Żydów, którzy chcieli służyć Jahwe. Dlatego też znacznie łatwiej było większej liczbie ludzi, zarówno Żydów jak i wierzących nie-Żydów, poddać się tego dnia obrzędowi chrztu. Czyniąc to, w żaden sposób nie odłączali się od wiary żydowskiej. Nawet jakiś czas później wierzący w Jezusa byli sektą w obrębie judaizmu. Wszyscy oni, z apostołami włącznie, byli nadal lojalni zasadniczym wymaganiom żydowskiego systemu obrzędowego.

2. DONIOSŁOŚĆ ZESŁANIA DUCHA

Jezus żył na Ziemi i nauczał ewangelii, która wyzwalała człowieka z przesądu, że jest on dzieckiem diabła i podnosiła go do godności syna Bożego w wierze. Posłanie Jezusa, takie jakie głosił i jak nim żył w tamtych dniach, było odpowiednim rozwiązaniem trudności duchowych człowieka w czasach jego głoszenia. I teraz, kiedy Jezus opuścił świat jako osoba, zesłał na swe miejsce swojego Ducha Prawdy, który ma żyć w człowieku w każdym kolejnym pokoleniu, aby ponownie przedstawiać posłanie Jezusa, tak, żeby każda nowa grupa śmiertelników pojawiająca się na tej Ziemi miała nową i nowoczesną wersję ewangelii, takie właśnie osobiste oświecenie i grupowe przewodnictwo, jakie okaże się najlepsze przy rozwiązywaniu wciąż nowych i różnorodnych trudności duchowych człowieka.

Zasadniczą misją tego ducha jest oczywiście popieranie i uosabianie prawdy, ponieważ zrozumienie prawdy stanowi najwyższą formę ludzkiej wolności. Następnym celem tego ducha jest likwidacja uczucia osierocenia u człowieka wierzącego. Jezus przebywał pośród ludzi, dlatego też wszyscy wierzący poczuliby się osamotnieni, gdyby Duch Prawdy nie przybył zamieszkać w sercach ludzkich.

To obdarzenie duchem Syna odpowiednio przygotowało wszystkie normalne umysły ludzkie do późniejszego, powszechnego obdarzenia całej ludzkości duchem Ojca (Dostrajaczem). Duch Prawdy jest w pewnym sensie zarówno duchem Ojca Wszechświatowego jak i Syna Stwórcy.

Nie popełnijcie jednak błędu i nie oczekujcie, że będziecie sobie wyraźnie uświadamiać intelektualnie wylanego Ducha Prawdy. Duch nigdy nie tworzy świadomości samego siebie, tylko świadomość Michała, Syna. Jezus od początku nauczał, że duch nie będzie mówił za siebie. Dlatego też dowodu waszej wspólnoty z Duchem Prawdy nie znajdziecie w waszym uświadamianiu sobie tego ducha, ale raczej w waszym doświadczaniu silniejszej wspólnoty z Michałem.

Duch przybywa także po to, aby pomóc ludziom przypomnieć sobie i zrozumieć słowa Mistrza, jak również po to, żeby objaśnić i ponownie zinterpretować jego życie na Ziemi.

Następnie, Duch Prawdy przyszedł, aby pomóc wierzącemu dostrzec rzeczywistości nauki Jezusa i jego życia, jakim żył w ciele i jak żyje znowu, od niedawna, w indywidualnym wierzącym, w każdym kolejnym pokoleniu napełnionych duchem synów Bożych.

Wydaje się zatem, że Duch Prawdy naprawdę przychodzi prowadzić wszystkich wierzących do całej prawdy, do poszerzającej się wiedzy powstałej z doświadczania żywej i rozwijającej się duchowej świadomości rzeczywistości wiecznego, wznoszącego się synostwa z Bogiem.

Jezus przeżył życie, które jest objawieniem człowieka podporządkowanego woli Ojca, a nie przykładem do dosłownego naśladowania przez kogokolwiek. To życie w ciele, wraz z jego śmiercią na krzyżu i późniejszym zmartwychwstaniem, stało się teraz nową ewangelią okupu, który został zapłacony, ażeby wykupić człowieka ze szponów diabła – od potępienia przez obrażonego Boga. Mimo to, choć ewangelia została tak bardzo wypaczona, faktem pozostaje, że to nowe posłanie o Jezusie niesie w sobie wiele fundamentalnych prawd i nauk jego wcześniejszej ewangelii królestwa. I prędzej czy później, te ukryte prawdy o ojcostwie Boga i braterstwie ludzi wynurzą się, żeby całkowicie przekształcić cywilizację całej ludzkości.

Jednak te błędy w rozumowaniu w żadnej mierze nie przeszkadzają wierzącemu dokonywać wielkich postępów w rozwoju duchowym. W niespełna miesiąc po obdarzeniu Duchem Prawdy apostołowie dokonali znacznie większego, indywidualnego postępu duchowego niż w czasie nieomal czterech lat osobistej, przepełnionej miłością współpracy z Mistrzem. Takie zastąpienie zbawczej ewangelii *prawdy* o synostwie z Bogiem *faktem* zmartwychwstania Jezusa w żaden sposób nie przeszkodziło w szybkim rozprzestrzenianiu się apostolskiej nauki; wręcz przeciwnie, to przyćmienie posłania Jezusa nowym nauczaniem, o jego osobie i zmartwychwstaniu, wydawało się bardzo ułatwiać głoszenie dobrej nowiny.

Określenie „chrzest duchem", które mniej więcej w tamtym czasie weszło w powszechny użytek, oznacza po prostu świadome przyjęcie daru Ducha Prawdy i osobiste uznanie tej nowej, duchowej mocy, jako czynnika poszerzającego wszelkie duchowe wpływy poprzednio doświadczane przez rozpoznające Boga dusze.

Od czasu obdarzenia Duchem Prawdy człowiek nauczany jest i ukierunkowywany jest przez trojakie duchowe obdarowania: przez ducha Ojca, Dostrajacza Myśli; przez ducha Syna, Ducha Prawdy; przez ducha Ducha, Ducha Świętego.

Ludzkość podlega, w pewnym sensie, dwojakiemu wpływowi siedmiorakiego oddziaływania wszechświatowych wpływów duchowych. Wczesne, ewolucyjne rasy śmiertelników progresywnie kontaktują się z siedmioma przybocznymi umysłami-duchami pochodzącymi od Matki Ducha wszechświata lokalnego. Jak człowiek się rozwija, w poziomie inteligencji i postrzeganiu duchowym, na koniec unosi się nad nim i mieszka w nim siedem wyższych, duchowym wpływów. I tymi siedmioma duchami zaawansowanych światów są:

1. Obdarzający duch Ojca Wszechświatowego – Dostrajacz Myśli.
2. Duchowa obecność Wiecznego Syna – grawitacja duchowa wszechświata wszechświatów, niezawodny kanał całej łączności duchowej.
3. Duchowa obecność Nieskończonego Ducha – wszechświatowego ducha-umysłu całego stworzenia, duchowego źródła i intelektualnego pokrewieństwa wszystkich rozwijających się istot inteligentnych.
4. Duch Ojca Wszechświatowego i Syna Stwórcy – Duch Prawdy, generalnie uznawany za ducha Wszechświatowego Syna.
5. Duch Nieskończonego Ducha i Wszechświatowej Matki Ducha – Duch Święty, generalnie uznawany za ducha Wszechświatowego Ducha.
6. Umysł-duch Wszechświatowej Matki Ducha – siedem przybocznych umysłów-duchów wszechświata lokalnego.
7. Duch Ojca, Synów i Duchów – duch wznoszących się śmiertelników ze światów, duch o nowym imieniu, poznawany po zespoleniu się narodzonego w duchu śmiertelnika z Rajskim Dostrajaczem Myśli i po późniejszym osiągnięciu boskości oraz gloryfikowanego statusu w Rajskim Korpusie Finalizmu.

I tak obdarzenie Duchem Prawdy przyniosło światu i jego ludziom ostatni dar duchowy, aby im pomagał w coraz intensywniejszym poszukiwaniu Boga.

3. CO SIĘ STAŁO PODCZAS ZESŁANIA DUCHA

Wiele dziwnych i niezwykłych nauk wiązano z dawnymi opowiadaniami o dniu Zesłania Ducha. Później, wydarzenia tego dnia, w którym przyszedł Duch Prawdy, nowy nauczyciel, aby zamieszkał z ludzkością, zostały pomylone z niemądrymi wybuchami gwałtownego emocjonalizmu. Głównym celem wylania ducha Ojca i Syna jest nauczanie ludzi o prawdach miłości Ojca i miłosierdzia Syna. To są te prawdy boskości, które ludzie lepiej potrafią zrozumieć niż wszelkie inne cechy Boskiego charakteru. Duch Prawdy koncentruje się głównie na objawianiu duchowej natury Ojca i moralnego charakteru Syna. Syn Stwórca, w ciele, objawił Boga ludziom; Duch Prawdy, w sercu, objawia Syna Stwórcę ludziom. Kiedy człowiek rodzi w swym życiu „owoce ducha", wykazuje on po prostu te cechy, które Mistrz przejawiał w swoim własnym, ziemskim życiu. Kiedy Jezus był na Ziemi, przeżył na niej swoje życie jako jedna osobowość – Jezus z Nazaretu. Od czasu Zesłania Ducha, Mistrz jako zamieszkujący człowieka duch „nowego nauczyciela", może żyć swoim życiem od nowa w doznaniach każdego wierzącego, nauczanego prawdy.

Trudno zrozumieć jest wiele rzeczy, które zdarzają się podczas ludzkiego życia, trudno pogodzić je z ideą, że to jest wszechświat, w którym prawda zwycięża i prawość tryumfuje. Tak często się wydaje, że oszczerstwo, kłamstwo, nieuczciwość i nieprawość – grzech – tryumfują. Czy wiara mimo wszystko zatryumfuje nad złem, grzechem i nikczemnością? Tak. Zarówno życie jak i śmierć Jezusa są wiecznym na to dowodem, że prawda dobroci oraz wiara duchem prowadzonej istoty zawsze będą obronione. Wyśmiewali się z Jezusa na krzyżu i wołali: „Zobaczmy, czy Bóg przyjdzie i go uratuje". Posępne wrażenie sprawiał ten dzień ukrzyżowania, ale w ranek zmartwychwstania było cudownie jasno; a jeszcze jaśniej i radośniej w dzień Zesłania Ducha. Religie pełne pesymistycznej rozpaczy pragną uwolnić się od ciężarów życia; pragną zaniku w niekończącym się śnie i odpoczynku. Są to religie prymitywnego strachu i przerażenia. Religia Jezusa jest nową ewangelią wiary, która będzie głoszona zmagającej się z życiem ludzkości. Ta nowa religia oparta jest na wierze, nadziei i miłości.

Śmiertelne życie zadawało Jezusowi najcięższe, najokrutniejsze i najbardziej gorzkie ciosy; i człowiek ten stawił czoła temu co skłaniało do rozpaczy, z wiarą, odwagą i niezachwianą determinacją wypełnienia woli Ojca. Jezus stawił czoła życiu w całej jego okrutnej rzeczywistości i panował nad nim – także w chwili śmierci. Nie traktował religii jako uwolnienia się od życia, aby radować się czekającą błogością innej egzystencji. Religia Jezusa daje radość i pokój innej, duchowej egzystencji, aby uwydatnić i uszlachetnić to życie, jakim w ciele żyje teraz człowiek.

Jeśli religia jest opium dla ludu, to nie jest to religia Jezusa. Na krzyżu Jezus nie chciał wypić znieczulającego narkotyku, a jego duch wylany na wszystkich w ciele ma potężne ogólnoświatowe oddziaływanie, które prowadzi człowieka wzwyż i ponagla naprzód. Duchowy impuls pchający naprzód jest najpotężniejszą siłą napędową jaka istnieje na tym świecie; wierzący, który uczy się prawdy jest najbardziej postępową i dynamiczną duszą na tej Ziemi.

W dniu Zesłania Ducha religia Jezusa przełamała wszystkie narodowe ograniczenia i rasowe kajdany. Na zawsze jest prawdą, że „gdzie jest duch Pana, tam jest wolność". Tego dnia Duch Prawdy stał się osobistym darem Mistrza dla każdego śmiertelnika. Duch ten dany był po to, aby przysposobić wierzących do skuteczniejszego głoszenia ewangelii królestwa, ale oni pomylili doświadczenie otrzymania wylanego ducha z częścią nowej ewangelii którą nieświadomie sformułowali.

Nie przeoczcie tego, że Duch Prawdy został nadany wszystkim szczerze wierzącym; ten dar duchowy nie przyszedł tylko do apostołów. Stu dwudziestu mężczyzn i kobiet, zgromadzonych w górnej izbie, otrzymało nowego nauczyciela tak jak go otrzymały wszystkie uczciwe serca na całym świecie. Ten nowy nauczyciel został nadany ludzkości i każda dusza go dostała, zgodnie z jej miłością prawdy oraz możliwością pojmowania i zrozumienia rzeczywistości duchowych. W końcu prawdziwa religia została wyzwolona spod opieki kapłanów i wszystkich świętych klas i znajduje swój prawdziwy wyraz w indywidualnych duszach ludzkich.

Religia Jezusa popiera najwyższy rodzaj cywilizacji ludzkiej w tym, że tworzy najwyższy rodzaj duchowej osobowości i głosi świętość tej osoby.

Przybycie Ducha Prawdy w Święto Tygodni umożliwiło powstanie takiej religii, która nie jest ani radykalna ani też konserwatywna; nie jest ani nowa ani stara; religii, która nie będzie zdominowana ani przez starych ani przez młodych. Fakt ziemskiego życia Jezusa dostarcza stałego punktu oparcia dla kotwicy czasu, podczas gdy obdarzenie Duchem Prawdy przynosi wieczne szerzenie się i nieskończony rozwój tej religii, którą żył i tej ewangelii, którą głosił. Duch prowadzi do *całej* prawdy, jest nauczycielem religii poszerzającej się i wciąż rozwijającej się, religii nie kończącego się postępu i boskiego rozwoju. Ten nowy nauczyciel zawsze będzie roztaczał przed szukającym prawdy wierzącym to, co było bosko spowite w osobie i naturze Syna Człowieczego.

Zjawiska towarzyszące obdarzeniu „nowym nauczycielem", jak również przyjęcie kazań apostolskich przez ludzi różnych ras i narodów zgromadzonych w Jerozolimie, wszystko to ukazuje uniwersalność religii Jezusa. Ewangelia królestwa nie utożsamiała się specyficznie z żadną rasą, kulturą czy językiem. Dzień Zesłania Ducha oznaczał wielki wysiłek ducha, aby wyzwolić religię Jezusa z żydowskich więzów, jakie niosła w swym dziedzictwie. Nawet po tym pokazie wylania ducha na wszystkich w ciele, apostołowie z początku próbowali narzucić nawróconym wymagania judaizmu. Nawet Paweł miał problemy ze swymi jerozolimskimi braćmi, ponieważ nie chciał podporządkować nie-Żydów żydowskim zwyczajom. Żadna religia objawiona nie może się szerzyć na całym świecie, jeżeli robi poważne błędy przesiąkając jakąś kulturą narodową, czy związując się z ustalonymi zwyczajami narodowymi, społecznymi czy ekonomicznymi.

Obdarzenie Duchem Prawdy było niezależne od wszelkich formalności, obrzędów, świętych miejsc i specjalnego postępowania tych, którzy otrzymali pełnię jego przejawu. Kiedy duch zstąpił na zgromadzonych w górnej izbie, oni po prostu tam siedzieli, pogrążeni w cichej modlitwie. Duch został nadany tak samo wsi jak i miastu. Nie trzeba było, aby apostołowie rozeszli się w odosobnione miejsca na lata samotnej medytacji, żeby mogli otrzymać ducha. Zesłanie Ducha na zawsze oddziela ideę duchowego przeżycia od jego związku ze szczególnie sprzyjającym otoczeniem.

Zesłanie Ducha, z jego duchową mocą, tak było planowane, żeby na zawsze uwolnić religię Mistrza od wszystkich zależności od sił materialnych; nauczyciele tej nowej religii są teraz wyposażeni w duchową broń. Mają wyruszyć na podbój świata z niewyczerpanym przebaczaniem, niezrównaną życzliwością i obfitą miłością. Są tak wyposażeni, aby pokonywać zło dobrem, zwyciężać nienawiść miłością, niweczyć strach odważną i żywą wiarą w prawdę. Wcześniej Jezus nauczał swoich wyznawców, że jego religia nigdy nie jest bierna; jego uczniowie zawsze mieli być aktywni i stanowczy w swej służbie miłosierdzia i w swych przejawach miłości. Ci wierzący nie uznawali już Jahwe za „Pana Zastępów". Uważali teraz wieczne Bóstwo za „Boga i Ojca Pana Jezusa Chrystusa". W końcu zrobili taki krok naprzód, nawet, jeśli w pewnej mierze nie udało się im pojąć tej prawdy, że Bóg jest również duchowym Ojcem każdej jednostki.

Zesłanie Ducha dało śmiertelnemu człowiekowi siłę wybaczania krzywd osobistych, możliwość zachowania pogody ducha w obliczu największej niesprawiedliwości, możliwość pozostawania niewzruszonym w obliczu wielkiego niebezpieczeństwa, jak również możliwość rzucenia wyzwania złu, nienawiści i gniewowi poprzez nieustraszone akty miłości i wyrozumiałości. W swojej historii Urantia przeszła dewastacje wielkich i niszczących wojen. Wszyscy uczestnicy tych strasznych zmagań doznali porażki. Jeden był tylko zwycięzca; był tylko jeden, który wyszedł z tych przepełnionych goryczą zmagań z wiekopomną sławą – to był Jezus z Nazaretu i jego ewangelia, pokonująca zło dobrem. Tajemnica lepszej cywilizacji związana jest z nauką Mistrza o braterstwie człowieka, o dobrej woli, o miłości i wzajemnym zaufaniu.

Do czasu Zesłania Ducha, religia ukazywała tylko człowieka szukającego Boga; od czasu Zesłania Ducha człowiek nadal poszukuje Boga, ale nad światem promienieje także widok Boga szukającego człowieka i zsyłającego swego ducha, aby zamieszkał w człowieku, kiedy ten go znajdzie.

Przed naukami Jezusa, które osiągnęły swój punkt kulminacyjny w Zesłaniu Ducha, kobiety zajmowały niską lub wręcz żadną pozycję w doktrynach starej religii. Po Zesłaniu Ducha, kobieta stanęła przed Bogiem na równi z mężczyzną w braterstwie królestwa. Pośród stu dwudziestu osób, które otrzymały tę specjalną łaskę ducha, znajdowało się wiele kobiet uczennic i dzieliły one to błogosławieństwo na równi z wierzącymi mężczyznami. Mężczyzna już nie może uważać, że ma monopol na działalność w służbie religijnej. Faryzeusz nadal mógł dziękować Bogu, że „nie narodził się kobietą, trędowatym, czy innowiercą", ale pośród wyznawców Jezusa kobieta została na zawsze uwolniona od wszelkich dyskryminacji religijnych, opartych na płci. Zesłanie Ducha znosi wszelkie religijne dyskryminacje oparte na różnicach rasowych i kulturowych, klasach społecznych czy uprzedzeniach wobec płci. Nic dziwnego, że wierzący w nową religię mogli wołać: „Gdzie jest duch Pana, tam jest wolność".

Zarówno matka jak i brat Jezusa byli pośród stu dwudziestu wierzących i jako członkowie tej grupy uczniów oni także otrzymali wylanego ducha. Nie dostali więcej tego dobrego daru niż inni wyznawcy. Członkowie ziemskiej rodziny Jezusa nie zostali obdarzeni żadnym specjalnym darem. Zesłanie Ducha oznaczało koniec specjalnego kapłaństwa i wszystkich wierzeń w święte rodziny.

Przed Zesłaniem Ducha apostołowie poświęcili wiele dla Jezusa. Poświęcili swoje domy, rodziny, przyjaciół, dobra doczesne i pozycje. Podczas Zesłania Ducha oddali siebie Bogu a Ojciec i Syn odpowiedzieli na to, dając siebie człowiekowi – zsyłając swe duchy, aby żyły w ludziach. To przeżycie utraty własnego „ja" i znalezienie ducha nie powstało na skutek emocji; było aktem inteligentnej rezygnacji z własnego „ja" i bezwarunkowego poświęcenia.

Zesłanie Ducha było wezwaniem do duchowej jedności pośród wierzących w ewangelię. Kiedy duch zstąpił na uczniów w Jerozolimie, to samo się zdarzyło w Filadelfii, Aleksandrii i wszystkich innych miejscach, gdzie mieszkali prawdziwie wierzący. Było dosłowną prawdą, że „jedno było serce i dusza pośród tłumów wierzących". Religia Jezusa jest najpotężniejszym czynnikiem jednoczącym, jaki świat kiedykolwiek widział.

Zesłanie Ducha było tak zaplanowane, aby zmniejszyć asertywność u jednostek, grup, narodów i ras. Kiedy natężenie ducha asertywności się zwiększa, wyłamuje się on okresowo w niszczycielskich wojnach. Ludzkość może się zjednoczyć tylko poprzez zbliżenie duchowe a Duch Prawdy jest tym światowym czynnikiem, który jest uniwersalny.

Przybycie Ducha Prawdy oczyszcza serca ludzkie i skłania tych, którzy go dostają, do formułowania celu, aby żyć tylko zgodnie z wolą Boga i dla pomyślności ludzi Materialny duch samolubstwa zatonął w tym nowym, duchowym obdarzeniu altruizmem. Zesłanie Ducha oznacza, tak wtedy jak i teraz, że historyczny Jezus stał się Boskim Synem żywego doświadczenia. Radość z tego, wylanego ducha, kiedy jest świadomie przeżywana w ludzkim życiu, jest środkiem tonizującym dla zdrowia, bodźcem dla umysłu i niezawodną energią dla duszy.

W dniu Zesłania Ducha modlitwa nie przyniosła ducha, ale miała wiele do czynienia z określeniem możliwości jego przyjęcia przez indywidualnych wiernych. Modlitwa nie porusza Boskiego serca, aby było szczodre w obdarzaniu, ale często kopie większe i głębsze kanały, którymi Boskie dary mogą spływać w serca tych, co poprzez szczerą modlitwę i prawdziwe czczenie pamiętają o utrzymaniu nieprzerwanej wspólnoty ze swym Stwórcą.

4. POCZĄTKI KOŚCIOŁA CHRZEŚCIJAŃSKIEGO

Kiedy Jezus został tak nagle pojmany przez wrogów i tak szybko ukrzyżowany pomiędzy dwoma złodziejami, jego apostołowie i uczniowie zupełnie podupadli na duchu. Myśl o Mistrzu, aresztowanym, związanym, biczowanym i ukrzyżowanym, była nieznośna nawet dla apostołów. Zapomnieli o jego naukach i ostrzeżeniach. Mógł on być prawdziwie „potężnym prorokiem w czynach i słowach przed Bogiem i wszystkimi ludźmi", ale raczej nie mógł być tym Mesjaszem, który jak mieli nadzieję, przywróci królestwo Izraela.

Potem przyszło zmartwychwstanie, z jego wybawieniem od rozpaczy i powrotem wiary w boskość Mistrza. Raz za razem apostołowie widzą go i rozmawiają z nim, on bierze ich ze sobą na Górę Oliwną, gdzie żegna się z nimi i mówi im, że wraca do swego Ojca. Powiedział im, żeby zostali w Jerozolimie do tego czasu, kiedy zostaną obdarzeni mocą – do czasu przyjścia Ducha Prawdy. W dniu Święta Tygodni przybywa nowy nauczyciel a oni od razu idą głosić swą ewangelię z nową mocą. Są śmiałymi i odważnymi wyznawcami żywego Pana a nie zmarłego i pokonanego przywódcy. Mistrz żyje w sercach tych ewangelistów; Bóg nie jest doktryną w ich umysłach, stał się żywą obecnością w ich duszach.

„Codziennie też jednomyślnie uczęszczali do Świątyni, a łamiąc chleb po domach, przyjmowali pokarm z radością i w prostocie serca, chwaląc Boga i ciesząc się przychylnością całego ludu. Napełnieni zostali wszyscy Duchem i z odwagą głosili słowo Boże. A u tych wszystkich wierzących było jedno serce i jedna dusza i nikt z nich nie nazwał swoim tego, co posiadał, ale wszystko mieli wspólne".

Co się stało tym ludziom, których Jezus wyświęcił, aby szli głosić ewangelię królestwa, ojcostwo Boga i braterstwo człowieka? Oto mają nową ewangelię, płoną nowymi przeżyciami, są przepełnieni nową energią duchową. Ich posłanie nagle zmieniło kierunek na głoszenie zmartwychwstałego Chrystusa: „Jezus z Nazaretu, mąż, którego Bóg wśród was uwierzytelnił, przez czyny niezwykłe, cuda i znaki; gdy według powziętego z góry Bożego postanowienia, wyście ukrzyżowali go i zabili. Bóg zaś w ten sposób wypełnił to, co zapowiedział przez usta wszystkich proroków. Tego Jezusa wskrzesił Bóg. Panem i Chrystusem uczynił go Bóg. Wywyższony tedy prawicą Bożą i otrzymawszy od Ojca obietnicę ducha, wylał to, co wy teraz widzicie i słyszycie. Przeto opamiętajcie się i nawróćcie się, aby były zgładzone grzechy wasze; aby Ojciec posłał przeznaczonego dla was Chrystusa, Jezusa, którego musi przyjąć niebo aż do czasu odnowienia wszechrzeczy".

Ewangelia królestwa, posłanie Jezusa, została nagle zmieniona na ewangelię o Panu Jezusie Chrystusie. Głoszono teraz fakty o jego życiu, śmierci i zmartwychwstaniu i głoszono nadzieję jego szybkiego powrotu na ten świat, aby skończył dzieło, które zaczął. A zatem posłanie pierwszych wierzących nawiązywało do okoliczności pierwszego przyjścia Jezusa i nadziei na jego drugie przyjście, na to wydarzenie, które jak uważali bardzo szybko nastąpi.

Chrystus miał stać się doktryną szybko powstającego Kościoła. Jezus żyje; umarł za ludzi; dał swego ducha; ponownie przyjdzie. Jezus wypełniał wszystkie ich myśli oraz określał ich nową koncepcję Boga i w ogóle wszystkiego. Byli zbyt wielkimi entuzjastami doktryny, że „Bóg jest Ojcem Pana Jezusa", żeby zajmować się starym posłaniem, że „Bóg jest kochającym Ojcem wszystkich ludzi", nawet każdego pojedynczego człowieka. Prawda, że zdumiewające przejawy braterskiej miłości i życzliwość bez precedensu pojawiły się w tych wczesnych wspólnotach wierzących. Ale to była wspólnota wierzących w Jezusa, a nie wspólnota braci w rodzinie królestwa Ojca niebiańskiego. Ich dobra wola wyrosła z miłości zrodzonej z koncepcji Jezusowego obdarzenia, a nie z uznania braterstwa śmiertelnych ludzi. Tym niemniej przepełnieni byli radością i żyli tak nowym i niezrównanym życiem, że wszystkich ludzi przyciągała ich nauka o Jezusie. Popełnili wielki błąd używając żywego i obrazowego komentarza do ewangelii królestwa, zamiast samej ewangelii, ale nawet to stanowiło najwspanialszą religię jaką ludzkość kiedykolwiek znała.

Bez wątpienia nowa wspólnota powstała na świecie. „Ci, którzy wierzyli, trwali niezłomnie w nauce apostolskiej i we wspólnocie, w łamaniu chleba i w modlitwach". Nazywali się nawzajem bratem i siostrą, witali się ze sobą świętym pocałunkiem, służyli biednym. Była to wspólnota życia, jak również praktyk religijnych. Nie była to wspólnota zarządzona, ale powstała w wyniku chęci dzielenia swoich dóbr z wierzącymi współbraćmi. Ufnie oczekiwano, że Jezus wróci, aby dokończyć zaprowadzenia Ojcowskiego królestwa za ich pokolenia. To spontaniczne dzielenie się dobrami ziemskimi nie było cechą Jezusowej nauki; doszło do tego dlatego, że ci mężczyźni i kobiety tak szczerze i z taką ufnością wierzyli, że Jezus wróci któregoś dnia, aby dokończyć swej pracy i dopełnić królestwa. Jednak ten eksperyment bezmyślnej, braterskiej miłości, choć najlepszy w intencjach, w swoim końcowym rezultacie przyniósł nieszczęście i smutek. Tysiące żarliwie wierzących sprzedało swoje posiadłości i pozbyło się wszelkich środków pieniężnych oraz innych zasobów wytwórczych. Z czasem, *skończyły* się zmniejszające się zasoby chrześcijańskiego „równego podziału"– ale świat się nie skończył. Wkrótce wierzący w Antiochii zrobili zbiórkę, aby ratować swoich wierzących towarzyszy w Jerozolimie przed głodem.

W tamtych czasach obchodzili Wieczerzę Pańską tak jak została ustanowiona; to znaczy zbierali się na towarzyskim posiłku, w prawdziwej wspólnocie, a na koniec posiłku uczestniczyli w sakramencie.

Najpierw chrzcili w imię Jezusa, zanim po prawie dwudziestu latach zaczęli chrzcić w „imię Ojca, Syna i Ducha Świętego". Chrzest był wszystkim, co było potrzebne, aby wstąpić do bractwa wiernych. Nie mieli jak dotąd organizacji, to było po prostu braterstwo Jezusa.

Sekta Jezusa rozwijała się gwałtownie i raz jeszcze dostrzegli ją saduceusze. Faryzeusze nie przejmowali się zaistniałą sytuacją, ponieważ żadna z tych nauk w żaden sposób nie kolidowała z przestrzeganiem praw żydowskich. Jednak saduceusze zaczęli zamykać do więzienia przywódców sekty Jezusa, aż do tego czasu, kiedy ulegli wpływowi i zaakceptowali radę jednego z wybitnych rabinów, Gamaliela, który im poradził: „Powstrzymajcie się i zostawcie tych ludzi w spokoju, gdyż jeśli ta rada czy dzieło jest od człowieka, będzie obalone, ale jeśli jest od Boga, nie będziecie mogli ich pokonać; ażeby się nie okazało, że walczycie akurat przeciwko Bogu". Postanowili posłuchać rady Gamaliela i w Jerozolimie zapanował czas pokoju, kiedy to nowa ewangelia o Jezusie rozprzestrzeniała się gwałtownie.

I tak wszystko szło dobrze w Jerozolimie do czasu przyjścia znacznej liczby Greków z Aleksandrii. Do Jerozolimy przybyło dwóch uczniów Rodana i nawróciło wielu spośród hellenistów. Wśród tych wcześnie nawróconych był Szczepan i Barnaba. Ci inteligentni Grecy nie mieli specjalnie żydowskiego punktu widzenia i nie bardzo przestrzegali żydowskiego sposobu czczenia i innych praktyk obrzędowych. Właśnie działalność tych wierzących Greków przyczyniła się do zerwania pokojowych stosunków pomiędzy wspólnotą Jezusa a faryzeuszami i saduceuszami. Szczepan i jego greccy towarzysze zaczęli głosić kazania bardziej zbliżone do nauki Jezusa i to ich doprowadziło do bezpośredniego konfliktu z władzami żydowskimi. Kiedy Szczepan, w jednym ze swych publicznych kazań doszedł do gorszącej Żydów części kazania, zarzucili wszystkie formalności procesu i ukamienowali go na miejscu.

I tak Szczepan, przywódca greckiej kolonii uczniów Jezusa w Jerozolimie, stał się pierwszym męczennikiem nowej wiary i swoistą przyczyną formalnego zorganizowania wczesnego Kościoła chrześcijańskiego. Ten nowy kryzys przyczynił się do zrozumienia tego, że wierzący nie mogą dłużej pozostawać jako sekta w obrębie wiary żydowskiej. Wszyscy się zgodzili, że muszą się oddzielić od niewierzących; w miesiąc od śmierci Szczepana zorganizowany został Kościół w Jerozolimie, pod przywództwem Piotra a Jakub, brat Jezusa, został tytularnie mianowany głową tego Kościoła.

I wtedy wybuchły nowe i niesłabnące prześladowania ze strony Żydów, tak, że aktywni nauczyciele nowej religii o Jezusie, która później w Antiochii została nazwana chrześcijaństwem, poszli na krańce cesarstwa głosząc Jezusa. Do czasów Pawła, w rozpowszechnianiu tego posłania przewodzili Grecy; i ci pierwsi misjonarze, jak również późniejsi, szli drogami dawnego przemarszu Aleksandra, przez Gazę i Tyr do Antiochii a potem przez Azję Mniejszą do Macedonii, następnie do Rzymu i do najodleglejszych części cesarstwa.

PRZEKAZ 195

PO ZESŁANIU DUCHA

DZIĘKI kazaniu Piotra, wygłoszonym w dzień Zesłania Ducha, nakreślona została przyszła linia postępowania oraz plany większości apostołów, gdy idzie o głoszenie przez nich ewangelii królestwa. Piotr był prawdziwym założycielem Kościoła chrześcijańskiego; Paweł niósł chrześcijańskie orędzie innowiercom a wierzący Grecy nieśli je całemu Cesarstwu Rzymskiemu.

Chociaż związani tradycją i tyranizowani przez kapłanów Hebrajczycy nie chcieli, jako naród, przyjąć zarówno ewangelii Jezusa o ojcostwie Boga i braterstwie człowieka jak i orędzia Piotra i Pawła o zmartwychwstaniu i wniebowstąpieniu Chrystusa (późniejsze chrześcijaństwo), reszta Cesarstwa Rzymskiego okazała się bardziej podatna na rozwijające się nauki chrześcijańskie. Cywilizacja Zachodu była w tamtych czasach intelektualna, znużona wojną i głęboko sceptyczna w sprawie wszystkich istniejących religii i filozofii świata. Narody Zachodu, spadkobiercy kultury greckiej, czciły tradycje wielkiej przeszłości. Mogły rozważać dziedzictwo wielkich dokonań w filozofii, sztuce, literaturze i rozwoju politycznym. Jednak przy wszystkich swoich osiągnięciach, narody te nie posiadały zadowalającej duszę religii. Ich duchowe tęsknoty pozostawały niezaspokojone.

Na taką scenę społeczności ludzkiej wkroczyły nagle nauki Jezusa, zawarte w orędziu chrześcijańskim. Tym samym nowy porządek życia przedstawiony został głodnym sercom tych ludzi Zachodu. Sytuacja taka oznaczała natychmiastowy konflikt pomiędzy starszymi praktykami religijnymi a dawaną światu nową, schrystianizowaną wersją orędzia Jezusa. Taki konflikt musiał przynieść zdecydowane zwycięstwo temu, co nowe, albo temu, co stare, albo pewien stopień *kompromisu*. Jak widać z historii, walka ta zakończyła się kompromisem. Chrześcijaństwo zawierało zbyt wiele do przyswojenia przez jakikolwiek naród w jednym czy dwu pokoleniach. Nie była to prosta odezwa duchowa, taka, jaką Jezus przekazywał duszom ludzkim; chrześcijaństwo od początku przyjmowało zdecydowaną postawę wobec obrzędów religijnych, edukacji, magii, medycyny, sztuki, literatury, prawa, rządu, moralności, zasad seksualnych, poligamii a nawet w pewnym stopniu niewolnictwa. Chrześcijaństwo przyszło nie tylko jako nowa religia – coś, na co całe Cesarstwo Rzymskie i cały Wschód czekały – ale jako *nowy porządek społeczeństwa ludzkiego.* Przy takich aspiracjach znacznie przyspieszyło ono społeczno-moralne starcie epok. Ideały Jezusa, tak jak były interpretowane na nowo przez filozofię grecką i uspołecznione chrześcijaństwo, śmiało rzuciły teraz wyzwanie tradycjom ludzkim, ucieleśnionym w etyce, moralności i religiach cywilizacji zachodniej.

Z początku chrześcijaństwo pozyskiwało nawróconych tylko w niższej warstwie społecznej i ekonomicznej. Jednak na początku drugiego wieku to, co najlepsze w kulturze grecko-rzymskiej coraz bardziej skłaniało się ku nowemu porządkowi wierzeń chrześcijańskich, ku nowej idei sensu życia i celu egzystencji.

W jaki sposób to nowe orędzie żydowskiego pochodzenia, które nieomal upadło w kraju swych narodzin, tak szybko i skutecznie zawładnęło najlepszymi umysłami Cesarstwa Rzymskiego? Swój tryumf nad filozoficznymi religiami i kultami misteryjnymi chrześcijaństwo zawdzięczało:

1. Organizacji. Paweł był wspaniałym organizatorem a jego następcy dotrzymywali mu kroku.
2. Chrześcijaństwo było dogłębnie zhellenizowane. Zawierało to co najlepsze z filozofii greckiej, jak również śmietankę teologii hebrajskiej.
3. Jednak przede wszystkim zawierało ono nowy i wielki *ideał*, echo obdarzającego życia Jezusa i odbicie jego posłania o zbawieniu dla całej ludzkości.
4. Przywódcy chrześcijańscy byli skłonni poczynić takie ustępstwa na rzecz mitraizmu, że lepsza połowa jego wyznawców została zjednana dla kultu z Antiochii.
5. Tak samo kolejne i późniejsze pokolenia przywódców chrześcijańskich poszły na dalsze kompromisy z pogaństwem, że nawet rzymski cesarz Konstantyn pozyskany został dla nowej religii.

Chrześcijanie poszli jednak na przebiegły układ z poganami w tym, że adoptowali obrzędową widowiskowość pogan a zmuszali ich do przyjęcia zhellenizowanej wersji chrześcijaństwa Pawła. Lepszy interes zrobili z poganami niż z kultem mitraickim, ale nawet z tamtego, wcześniejszego kompromisu wyszli lepiej niż zwycięsko, dlatego, że udało im się wyeliminować z misteriów perskich rażące niemoralności jak również liczne inne naganne praktyki.

Mądrze czy niemądrze, wcześni przywódcy chrześcijańscy celowo szli na kompromis w sprawie *ideałów* Jezusa, usiłując ocalić i ożywić wiele jego *idei*. I bardzo dobrze im się to udało. Ale nie popełnijcie błędu! Te ideały Mistrza, w sprawie których osiągnięto kompromis, nadal istnieją utajone w jego ewangelii i w końcu całkowicie zapanują nad światem.

Dzięki spoganizowaniu chrześcijaństwa stary porządek wygrał wiele pomniejszych bitew natury obrzędowej, ale chrześcijanie zyskali przewagę w tym, że:

1. Zostały osiągnięte nowe i niezwykle wysokie kryteria moralności ludzkiej.
2. Dano światu nową i znacznie poszerzoną koncepcję Boga.
3. Nadzieja osiągnięcia nieśmiertelności stała się częścią tej rękojmi, jaką niosła uznana religia.
4. Jezus z Nazaretu został dany głodnej duszy ludzkiej.

Podczas tych wczesnych kompromisów stracono nieomal zupełnie wiele wielkich prawd, których nauczał Jezus, ale drzemią one nadal w tej religii spoganizowanego chrześcijaństwa, które z kolei było Pawłową wersją życia i nauk Syna Człowieczego. Zanim jeszcze chrześcijaństwo zostało spoganizowane, było dogłębnie zhellenizowane. Chrześcijaństwo zawdzięcza wiele, bardzo wiele, Grekom. To Grek z Egiptu tak dzielnie obstawał w Nicei i tak nieustraszenie rzucił wyzwanie tamtemu zgromadzeniu, że nie ośmieliło się ono przesłonić idei natury Jezusa w takim stopniu, aby świat utracił prawdę o jego obdarzeniu. Ten Grek nazywał się Atanazy i gdyby nie elokwencja i logika tego wierzącego, przekonania Ariusza zatryumfowałyby.

1. WPŁYW GREKÓW

Hellenizacja chrześcijaństwa zaczęła się na serio tego pamiętnego dnia, kiedy Apostoł Paweł stał przed radą Areopagu w Atenach i opowiadał Ateńczykom o „nieznanym Bogu". Tutaj, w cieniu Akropolu, ten rzymski obywatel głosił Grekom swoją wersję nowej religii, która wywodziła się z żydowskiej prowincji Galilei. Grecką filozofię i wiele nauk Jezusa cechowało dziwne podobieństwo. Miały one wspólny cel – obie dążyły do *wyłonienia się jednostki*. Grecy, do wyłonienia się społecznego i politycznego, Jezus, do moralnego i duchowego. Grecy nauczali liberalizmu intelektualnego, prowadzącego do wolności politycznej, Jezus nauczał liberalizmu duchowego, prowadzącego do wolności religijnej. Te dwie idee, razem złożone, stanowiły nowe wielkie przywileje ludzkiej wolności; zapowiadały społeczną, polityczną i duchową wolność człowieka.

Chrześcijaństwo powstało i odniosło zwycięstwo nad konkurencyjnymi religiami zasadniczo z dwu powodów:

1. Umysłowość grecka chętnie zapożyczała nowe i dobre idee nawet od Żydów.
2. Paweł i jego następcy byli skwapliwymi, przebiegłymi i bystrymi ugodowcami, jak również dobrymi kupcami teologicznymi.

W tym czasie, gdy Paweł stanął w Atenach, nauczając o „Chrystusie i jego ukrzyżowaniu", Grecy byli wygłodzeni duchowo; byli dociekliwi, ciekawi i naprawdę szukali nowej prawdy duchowej. Nie zapominajcie nigdy o tym, że Rzymianie z początku zwalczali chrześcijaństwo, podczas gdy Grecy je wchłonęli i że później właśnie Grecy zmusili dosłownie Rzymian do akceptacji nowej religii, tak jak była wtedy przekształcona, stanowiąc część kultury greckiej.

Grecy czcili piękno, Żydzi świętość, lecz oba narody kochały prawdę. Przez całe wieki Grecy poważnie rozważali i żarliwie omawiali wszystkie ludzkie problemy – społeczne, ekonomiczne, polityczne i filozoficzne – za wyjątkiem religii. Niewielu Greków przywiązywało większą wagę do religii, nie traktowali oni zbyt serio nawet swej własnej religii. Żydzi przez wieki zaniedbywali wszelkie inne dziedziny myśli ludzkiej, ale poświęcili swe mózgi religii. Swoją religię traktowali bardzo poważnie, zbyt poważnie. Łączny produkt wieków myślenia obu tych narodów, oświecony treścią orędzia Jezusa, stał się teraz motorem napędowym nowego porządku społeczeństwa ludzkiego a do pewnego stopnia nowego rodzaju ludzkich wierzeń i praktyk religijnych.

Kiedy Aleksander szerzył hellenistyczną cywilizację w świecie bliskowschodnim, wpływy kultury greckiej przenikały już ziemie zachodniego rejonu basenu śródziemnomorskiego. Grekom było bardzo dobrze z ich religią i polityką, dopóki żyli w małych miastach-państwach, ale kiedy król macedoński poważył się rozszerzyć Grecję do poziomu imperium, rozciągającego się od Adriatyku do Indusu, zaczęły się problemy. Sztuka i filozofia grecka dorównywały w pełni zadaniom ekspansji imperialnej, ale nie grecka administracja polityczna i religia. Po tym jak miasta-państwa Grecji powiększyły się do poziomu imperium, ich nieco parafialne bóstwa wydawały się trochę dziwaczne.

Grecy naprawdę szukali *jednego Boga*, większego i lepszego Boga, kiedy przyszła do nich chrześcijańska wersja starszej religii żydowskiej.

Imperium hellenistyczne jako takie, nie mogło przetrwać. Było ono w trakcie schyłku kulturowego i przetrwało tylko po tym, jak z Zachodu przejęło rzymski geniusz polityczny do administrowania imperium a ze Wschodu dostało taką religię, której jeden Bóg miał cesarskie dostojeństwo.

W pierwszym wieku ery Chrystusowej hellenistyczna kultura osiągnęła już swoje najwyższe poziomy i zaczęła się jej regresja; jej nauki były zaawansowane, ale jej duch zanikał. To właśnie w tym czasie idee i ideały Jezusa, które częściowo zostały ucieleśnione w chrześcijaństwie, stały się częścią ocalałej kultury greckiej i jej nauk.

Aleksander maszerował na Wschód z kulturowym darem cywilizacji greckiej; Paweł atakował Zachód z chrześcijańską wersją ewangelii Jezusa. I gdziekolwiek na Zachodzie panowała kultura grecka, tam zhellenizowane chrześcijaństwo zapuszczało swoje korzenie.

Wschodnia wersja orędzia Jezusa, pomimo, że pozostawała wierniejszą jego naukom, wciąż podążała torem bezkompromisowej postawy Abnera. Nigdy nie zrobiła postępów, tak jak wersja zhellenizowana i w końcu została stracona w nurcie islamskim.

2. WPŁYWY RZYMSKIE

Rzymianie gremialnie przejęli kulturę grecką, zamieniając rządy większości rządem przedstawicielskim. I taka zamiana sprzyjała niebawem chrześcijaństwu, dlatego, że Rzym niósł całemu światu zachodniemu nową tolerancję dla dziwnych języków, ludów a nawet religii.

Znaczną większość wczesnych prześladowań chrześcijan w Rzymie spowodowało wyłącznie niefortunne używanie terminu „królestwo" w kazaniach. Rzymianie byli tolerancyjni dla wszystkich religii, jednak bardzo uczuleni na wszystko, co pachniało rywalizacją polityczną. I tak, kiedy wygasły wczesne prześladowania, które przeważnie były wynikiem nieporozumienia, pole działania dla propagandy religijnej pozostawało szeroko otwarte. Rzymianin interesował się administracją polityczną, nie dbał ani o sztukę, ani o religię, pozostając niezwykle tolerancyjny dla obu.

Prawo Wschodu było surowe i arbitralne; prawo greckie płynne i artystyczne; prawo rzymskie dostojne i wzbudzające szacunek. Edukacja rzymska rodziła bezprzykładną i niewzruszoną lojalność. Wcześni Rzymianie byli wiernymi politycznie i wyjątkowo gotowymi do poświęceń jednostkami. Byli uczciwi, gorliwi i oddani swym ideałom, ale nie mieli religii zasługującej na tę nazwę. Zatem nic dziwnego, że ich greccy nauczyciele mogli ich przekonać do akceptacji chrześcijaństwa Pawła.

Rzymianie byli wielkim narodem. Mogli rządzić Zachodem, ponieważ potrafili rządzić się sami. Tak niezrównana uczciwość, poświęcenie i silna samokontrola stanowiły idealną glebę dla przyjęcia i rozwoju chrześcijaństwa.

Łatwo było tym Greko-Rzymianom poświęcić się duchowo instytucjonalnemu Kościołowi, tak jak politycznie oddani byli państwu. Rzymianie zwalczali Kościół jedy*nie wtedy, kiedy się obawiali* jego konkurencji wobec państwa. Rzym, mając niewiele filozofii narodowej czy rodzimej kultury, przejął kulturę grecką jako swoją i śmiało zaadoptował Chrystusa jako swą filozofię moralną. Chrześcijaństwo stało się kulturą moralną Rzymu, ale raczej nie jego religią w sensie indywidualnego doświadczania rozwoju duchowego tych, którzy przyjmowali tę nową religię sposobem masowym. Co prawda wiele jednostek wnikało pod powierzchnię całej tej państwowej religii i znajdowało pokarm dla swoich dusz – prawdziwe wartości ukrytych znaczeń, zachowanych w utajonych prawdach zhellenizowanego i spoganizowanego chrześcijaństwa.

Stoik, ze swoim usilnym odwoływaniem się do „natury i sumienia", tylko lepiej przygotowywał cały Rzym na przyjęcie Chrystusa, przynajmniej w sensie intelektualnym. Rzymianin z natury i wykształcenia był prawnikiem, szanował nawet prawa przyrody. I teraz, w chrześcijaństwie, odkrywał on w prawach natury prawa Boże. Naród, który wydał Cycerona i Wergiliusza, dojrzał do przyjęcia zhellenizowanego chrześcijaństwa Pawła.

I tak oto zromanizowani Grecy zmuszają zarówno żydów jak i chrześcijan do nadania ich religii filozoficznej treści, do koordynacji jej idei i systematyzacji jej ideałów, do adaptacji jej praktyk religijnych do istniejących nurtów życia. Dobrze się temu wszystkiemu przysłużyło przetłumaczenie hebrajskiego Pisma Świętego na grecki i późniejsze zapisanie Nowego Testamentu po grecku.

Grecy, w przeciwieństwie do Żydów i wielu innych narodów, od dawna okresowo wierzyli w jakąś formę życia po śmierci, a skoro to właśnie było sednem nauki Jezusa, było oczywiste, że chrześcijaństwo potrafiło głęboko do nich przemówić.

Dziedzictwo kulturowych zwycięstw Greków i politycznych zwycięstw Rzymian połączyło się na obszarach śródziemnomorskich w jedno cesarstwo, z jednym językiem i jedną kulturą i przygotowało świat Zachodu na jednego Boga. Judaizm dawał tego Boga, ale judaizm był niemożliwy do przyjęcia dla zromanizowanych Greków. Filon w pewnym stopniu pomógł im złagodzić ich obiekcje, jednak chrześcijaństwo objawiło im jeszcze lepszą koncepcję jednego Boga i chętnie ją przyjęli.

3. W CESARSTWIE RZYMSKIM

Po konsolidacji rzymskiej władzy politycznej i po rozprzestrzenieniu się chrześcijaństwa, chrześcijanie pozostali z jednym Bogiem, wielką koncepcją religijną, ale bez cesarstwa. Greko-Rzymianie pozostawali w wielkim cesarstwie, ale bez Boga, który mógł być właściwą koncepcją religijną dla czczenia i duchowego zjednoczenia cesarstwa. Chrześcijanie zaakceptowali cesarstwo, cesarstwo zaadoptowało chrześcijaństwo. Rzymianie dali jedność władzy politycznej; Grecy jedność kultury i nauki; chrześcijaństwo jedność myśli i praktyk religijnych.

Rzym pokonał tradycję nacjonalizmu dzięki imperialnemu uniwersalizmowi i po raz pierwszy w historii dał różnym rasom i narodom możliwość, przynajmniej formalnie, zaakceptowania nowej religii.

Chrześcijaństwo wkradło się w łaski Rzymian wtedy, kiedy powstał wielki spór pomiędzy ożywionym nauczaniem stoików a obietnicami zbawienia, które dawały kulty misteryjne. Chrześcijaństwo przyniosło ożywiającą pociechę i wyzwalającą moc wygłodzonemu duchowo narodowi, w którego języku nie było słowa „bezinteresowność".

Największą moc dał chrześcijaństwu sposób życia, jakim żyli wierzący, służąc innym a nawet ich sposób umierania za wiarę we wcześniejszym okresie drastycznych prześladowań.

Nauka o miłości Chrystusa do dzieci zakończyła niebawem powszechne praktyki uśmiercania dzieci przez porzucanie, gdy były niechciane, zwłaszcza małych dziewczynek.

Wczesny plan nabożeństw chrześcijańskich został wzięty w dużej mierze z żydowskiej synagogi i zmodyfikowany przez obrządek mitraicki; później przydano nabożeństwom sporo pogańskiej widowiskowości. Podstawę wczesnego Kościoła chrześcijańskiego stanowili schrystianizowani greccy prozelici judaizmu.

Drugi wiek ery chrześcijańskiej był w całej światowej historii najlepszym okresem rozwoju prawdziwej religii w świecie Zachodu. W pierwszym wieku chrześcijaństwo przygotowało się, poprzez zmagania i kompromis, do zakorzenienia się i gwałtownego rozprzestrzeniania się. Chrześcijaństwo przyjęło cesarza, później on przyjął chrześcijaństwo. To była wspaniała epoka dla szerzenia się nowej religii. Istniała wolność religijna, dużo podróżowano a myśl nie była ograniczana.

Duchowy impet formalnie przyjętego, zhellenizowanego chrześcijaństwa dotarł do Rzymu za późno, aby zapobiec dawno już zaczętemu upadkowi moralnemu albo żeby skompensować dobrze już zaawansowaną degenerację rasową. Ta nowa religia była dla cesarskiego Rzymu kulturową koniecznością i bardzo źle się stało, że nie została środkiem duchowego zbawienia w szerszym sensie.

Nawet dobra religia nie może uratować wielkiego cesarstwa od nieuniknionych następstw braku udziału jednostki w rządzeniu, od zbytniego paternalizmu, od nadmiernych podatków i karygodnych nadużyć przy ich ściąganiu, od niezrównoważonego handlu z Bliskim Wschodem, który odprowadzał złoto, od obłędu rozrywek, od rzymskiej standaryzacji, od degradacji kobiety, od niewolnictwa i dekadencji rasowej, od chorób fizycznych i od państwowego Kościoła, który stał się zinstytucjonalizowany nieomal do punktu wyjałowienia duchowego.

Jednak w Aleksandrii sytuacja nie wyglądała aż tak źle. Jej wczesne szkoły wciąż zachowywały sporo wolnych od kompromisu nauk Jezusa. Pantajnos nauczał Klemensa a potem poszedł w ślady Nataniela i głosił Chrystusa w Indiach. Chociaż w czasie tworzenia chrześcijaństwa poświęcono pewne ideały Jezusa, należy rzetelnie odnotować, że pod koniec drugiego wieku ery chrześcijańskiej praktycznie wszystkie wielkie umysły świata grecko-rzymskiego stały się chrześcijańskie. Zwycięstwo było prawie zupełne.

Cesarstwo Rzymskie trwało wystarczająco długo, aby zapewnić przetrwanie chrześcijaństwa, nawet po tym jak cesarstwo upadło. Zastanawiamy się często nad tym, co mogłoby powstać w Rzymie i na świecie, gdyby zamiast greckiego chrześcijaństwa zaakceptowana została ewangelia królestwa.

4. EUROPEJSKIE ŚREDNIOWIECZE

Kościół, stanowiąc dodatek do społeczeństwa i będąc sprzymierzeńcem polityki, został skazany na uczestnictwo w intelektualnym i duchowym schyłku, w tak zwanym europejskim średniowieczu. W tym okresie religia nabierała coraz bardziej zakonnego, ascetycznego i prawnego charakteru. W sensie duchowym chrześcijaństwo popadło w hibernację. Istniał w tamtym czasie, obok uśpionej i zsekularyzowanej religii, ciągły strumień mistycyzmu, fantastycznego doświadczenia duchowego graniczącego z nierzeczywistością a filozoficznie pokrewnego panteizmowi.

W tych wiekach ciemnoty i rozpaczy religia znowu była w zasadzie podawana z drugiej ręki. Jednostka prawie zanikła, wobec przesłaniającego ją autorytetu, tradycji i dyktatury Kościoła. Powstało nowe, duchowe zagrożenie w postaci tworzenia pocztu „świętych", którzy domniemanie mieli specjalne wpływy na Boskim dworze i którzy zatem, jeśli właściwie poproszeni, mogli się wstawić w sprawie człowieka przed Bogami.

Chrześcijaństwo było jednak dostatecznie uspołecznione i spoganizowane, więc choć nie miało siły powstrzymać nadchodzącego średniowiecza, było lepiej przygotowane do przetrwania tego długiego okresu moralnej ciemności i stagnacji duchowej. I przetrwało długą noc cywilizacji zachodniej, a gdy zaświtało odrodzenie, nadal funkcjonowało jako wpływ moralny w świecie. Gdy średniowiecze się skończyło, odbudowa chrześcijaństwa spowodowała powstanie licznych sekt nauczania chrześcijańskiego, wierzeń odpowiadających specyficznym, intelektualnym, emocjonalnym i duchowym typom osobowości. I wiele tych osobliwych grup chrześcijańskich, czy rodzin religijnych, nadal istnieje w czasie tworzenia tych przekazów.

Chrześcijaństwo obrazuje historię niezamierzonego przekształcenia religii Jezusa – jej początków – w religię o Jezusie. Dalej przedstawia historię poddania tej religii hellenizacji, poganizacji, sekularyzacji, instytucjonalizacji, historię intelektualnego upadku, duchowej dekadencji, moralnej hibernacji, zagrożenia wymarciem a później odmłodzenia, rozdrobnienia i zupełnie niedawno względnej odbudowy. Taki rodowód jest oznaką nieodłącznej chrześcijaństwu żywotności, jak również świadczy o posiadaniu ogromnych sił regenerujących. I to samo chrześcijaństwo jest teraz obecne w cywilizowanym świecie narodów Zachodu i stoi w obliczu walki o byt, która jest jeszcze bardziej złowieszcza niż te pamiętne kryzysy, które charakteryzowały jego dawne boje o dominację.

Religia staje teraz w obliczu wyzwania nowej epoki naukowych umysłów i materialistycznych tendencji. W gigantycznych walkach pomiędzy tym, co świeckie a tym, co duchowe religia Jezusa w końcu zatryumfuje.

5. PROBLEM WSPÓŁCZESNY

Wiek dwudziesty przyniósł chrześcijaństwu i wszystkim innym religiom nowe problemy do rozwiązania. Im wyżej się wspina cywilizacja, tym ważniejszy się staje obowiązek „szukania naprzód rzeczywistości nieba", we wszystkich ludzkich wysiłkach zmierzających do stabilizacji społeczeństwa i rozwiązywania jego materialnych problemów.

Prawda często powoduje dezorientację a nawet wprowadza w błąd, kiedy jest rozczłonkowana, podzielona, wyodrębniona i zbytnio analizowana. Żywa prawda uczy poprawnie poszukiwacza prawdy tylko wtedy, kiedy ujmowana jest całościowo jako żywa duchowa rzeczywistość, nie jako fakt nauki materialnej czy inspiracja leżącej pośrodku sztuki.

Religia jest objawianiem człowiekowi jego boskiego, wiecznego przeznaczenia. Religia jest doświadczeniem czysto osobistym i duchowym i zawsze należy ją odróżniać od innych, wzniosłych ludzkich form myślenia, takich jak:

1. Logiczna postawa człowieka wobec rzeczy materialnej rzeczywistości.
2. Ludzka, estetyczna ocena piękna, w odróżnieniu do brzydoty.
3. Ludzka, etyczna świadomość społecznych powinności i obowiązku politycznego.

4. Nawet ludzkie poczucie moralności, które samo w sobie i od siebie nie jest religijne.

Religia ma za zadanie znajdować we wszechświecie te wartości, które wywołują u człowieka wiarę, zaufanie i pewność; religia osiąga kulminację w czczeniu. Religia odkrywa przed duszą te najwyższe wartości, które są przeciwieństwem wartości relatywnych, odkrywanych umysłem. Taką nadludzką wnikliwość można zdobyć tylko przez prawdziwe doświadczenie religijne.

Trwały system społeczny bez moralności opartej na rzeczywistościach duchowych nie może być utrzymany bardziej niż Układ Słoneczny bez grawitacji.

Nie próbujcie zaspokajać ciekawości, czy zadowalać wszystkich narastających w duszy pragnień przygody w czasie jednego krótkiego życia w ciele. Bądźcie cierpliwi! Niech was nie kusi rozwiązłe pogrążanie się w taniej i nikczemnej przygodzie. Powściągajcie waszą energię i okiełznajcie wasze pasje; w spokoju oczekujecie majestatycznego rozpostarcia się przed wami nieskończonej drogi progresywnych przygód i emocjonujących odkryć.

W obliczu dezorientacji w sprawie pochodzenia człowieka, nie traćcie z oczu jego wiecznego przeznaczenia. Nie zapominajcie o tym, że Jezus kochał nawet małe dzieci i na zawsze wyeksponował wielką wartość ludzkiej osobowości.

Jak przypatrujecie się światu, pamiętajcie o tym, że czarne plamy zła, które dostrzegacie, ukazują się na białym tle ostatecznego dobra. Nie dostrzegacie tylko białych plam dobra, które marnie wyglądają na czarnym tle zła.

Podczas gdy jest tak wiele dobrej prawdy do publikacji i głoszenia, dlaczego człowiek miałby tak bardzo rozwodzić się nad złem tego świata, tylko dlatego, że wydaje się być faktem? Piękno duchowych wartości prawdy jest przyjemniejsze i bardziej podbudowujące niż zjawisko zła.

W religii Jezus zalecał i stosował metodę doświadczenia, tak jak współczesna nauka stosuje metodę eksperymentu. Znajdujemy Boga dzięki przewodnictwu naszej wnikliwości duchowej, ale dochodzimy do tej wnikliwości duszy przez miłość do piękna, pogoń za prawdą, lojalność dla obowiązku i czczenie Boskiej dobroci. Jednak ze wszystkich tych wartości, miłość jest najlepszym przewodnikiem prowadzącym do rzeczywistej wnikliwości.

6. MATERIALIZM

Naukowcy nieumyślnie wtrącili ludzkość w materialistyczną panikę; zaczęli oni bezmyślny bieg w oparciu o moralny bank wieków, ale ten bank ludzkiego doświadczenia ma rozległe zasoby duchowe; może sprostać stawianym mu wymaganiom. Tylko ludzie bezmyślni zaczynają panikować w sprawie duchowych zasobów gatunku ludzkiego. Kiedy się skończy materialistyczno-sekularna panika, religia Jezusa nie będzie zbankrutowana. Duchowy bank królestwa nieba będzie wypłacał wiarę, nadzieję i zabezpieczenie moralne wszystkim tym, którzy z niego zaczerpną „w Jego imieniu".

Nie ma znaczenia, jaki pozorny konflikt może wyniknąć pomiędzy materializmem a naukami Jezusa, możecie być jednak pewni, że w nadchodzących wiekach nauki Mistrza w pełni zatryumfują. W rzeczywistości, prawdziwa religia nie może się uwikłać w spór z nauką; w żaden sposób nie dotyczy rzeczy materialnych. Religia jest wobec nauki po prostu obojętna, chociaż z nią sympatyzuje, podczas gdy najbardziej interesuje się *naukowcem*.

Pogoń za samą tylko wiedzą, bez towarzyszącej jej interpretacji mądrości i wnikliwości duchowej, wynikającej z doświadczenia religijnego, prowadzi w końcu do pesymizmu i rozpaczy. Niewiele wiedzy naprawdę wywołuje niepokój.

To, co najgorsze w epoce materialistycznej już minęło w momencie sporządzania tego zapisu; już zaczął świtać dzień lepszego zrozumienia. Co lepsze umysły świata nauki nie są już w swojej filozofii zupełnie materialistyczne, ale ogół ludzkości nadal ciąży w tym kierunku w wyniku dawniejszego nauczania. Tym niemniej era fizykalnego realizmu jest tylko przejściowym epizodem ludzkiego życia na Ziemi. Współczesna nauka pozostawiła prawdziwą religię – naukę Jezusa przetłumaczoną na życie jego wyznawców – nietkniętą. Wszystko, czego dokonała nauka, to zniszczenie dziecinnych iluzji dotyczących nieprawidłowej interpretacji życia.

Nauka jest doświadczeniem ilościowym, religia doświadczeniem jakościowym, jak się odnosi do życia człowieka na Ziemi. Nauka ma do czynienia ze zjawiskami, religia z początkami, wartościami i celami. Określenie *przyczyny* w celu wyjaśnienia zjawiska fizycznego oznacza przyznanie się do nieznajomości ostateczności, co w końcu prowadzi naukowca wstecz, prosto do pierwszej wielkiej przyczyny – Ojca Wszechświatowego z Raju.

Gwałtowny zwrot od epoki cudów do epoki maszyn okazał się generalnie biorąc niepokojący dla człowieka. Pomysłowość i inteligencja fałszywych filozofii mechanistycznych zadaje kłam właśnie ich mechanistycznym treściom. Fatalistyczna sprawność umysłu materialisty na zawsze obala jego twierdzenia, że wszechświat jest ślepym i bezcelowym fenomenem energii.

Zarówno mechanistyczny naturalizm pewnych, domniemanie wykształconych ludzi jak i bezmyślny sekularyzm zwykłego człowieka z ulicy interesują się wyłącznie *rzeczami*, są wyzute z wszelkich rzeczywistych wartości, z aprobaty i zadowolenia rodzaju duchowego, jak również są pozbawione wiary, nadziei i gwarancji wieczności. Jeden z wielkich problemów życia współczesnego polega na tym, że człowiek uważa, iż nie ma czasu na medytacje duchowe i religijną pobożność.

Materializm sprowadza człowieka do bezdusznego automatu i tworzy z niego jedynie znak arytmetyczny, znajdujący swoje bezradne miejsce w matematycznym wzorze nieromantycznego i mechanistycznego wszechświata. Ale skąd się wziął cały ten rozległy wszechświat matematyki bez Mistrza Matematyka? Nauka może się rozwodzić nad zachowaniem materii, ale religia potwierdza zachowanie dusz ludzkich – zajmuje się doświadczaniem przez dusze rzeczywistości duchowych i wiecznych wartości.

Materialistyczny socjolog współczesny obserwuje społeczeństwo, opisuje je i pozostawia ludzi takimi, jakimi ich zastał. Tysiąc dziewięćset lat temu niewykształceni Galilejczycy obserwowali Jezusa, oddającego swe życie jako duchowy wkład w wewnętrzne doświadczenie człowieka, a potem poszli i wywrócili do góry nogami całe Cesarstwo Rzymskie.

Jednak przywódcy religijni robią wielki błąd, kiedy próbują wzywać współczesnego człowieka do duchowej walki przy dźwięku trąb średniowiecza. Religia musi się zaopatrzyć w nowe, aktualne slogany. Ani demokracja ani żadne inne polityczne panacea nie mogą zastąpić rozwoju duchowego. Fałszywa religia może stanowić ucieczkę od rzeczywistości, ale w swojej ewangelii Jezus pokazał śmiertelnemu człowiekowi dokładnie jak wkroczyć na drogę wiecznej rzeczywistości duchowego rozwoju.

Powiedzenie, że umysł „wyłonił się" z materii nic nie wyjaśnia. Gdyby wszechświat był tylko mechanizmem a umysł nie byłby oddzielony od materii, nigdy nie mielibyśmy dwu odmiennych interpretacji jakiegokolwiek obserwowanego zjawiska. Koncepcje prawdy, piękna i dobroci nie są właściwe ani fizyce, ani chemii. Maszyna nie może *znać*, tym bardziej rozumieć prawdy, pożądać prawości i kochać dobroci.

Nauka może być materialna, ale umysł naukowca, dostrzegającego prawdę, od razu jest nadmaterialny. Materia nie zna prawdy, ani też nie może kochać miłosierdzia czy lubować się w rzeczywistościach duchowych. Przekonania moralne, oparte na duchowym oświeceniu i zakorzenione w ludzkim doświadczeniu są tak samo rzeczywiste i pewne jak matematyczne wnioski oparte na fizycznych obserwacjach, ale na innym i wyższym poziomie.

Gdyby ludzie byli tylko maszynami, reagowaliby bardziej czy mniej jednolicie na materialny wszechświat. Nie istniałyby indywidualność, tym bardziej osobowość.

Fakt istnienia absolutnego mechanizmu Raju w centrum wszechświata wszechświatów, w obecności nieuwarunkowanej woli Drugiego Źródła i Centrum, czyni na zawsze oczywistym, że determinanty nie są wyłącznym prawem kosmosu. Materializm istnieje, ale nie tylko on; mechanizm istnieje, ale nie jest nieuwarunkowany; determinizm istnieje, ale nie jest sam.

Skończony wszechświat materialny mógłby w końcu stać się jednolity i deterministyczny, gdyby nie połączona obecność umysłu i ducha. Wpływ kosmicznego umysłu wciąż wstrzykuje spontaniczność nawet w światy materialne.

Wolność czy inicjatywa, w jakiejkolwiek domenie egzystencji, jest wprost proporcjonalna do stopnia wpływów duchowych i kontroli kosmicznego umysłu; co w ludzkim doświadczeniu oznacza stopień aktualności czynienia „woli Ojca". I tak, kiedy raz zaczęliście znajdować Boga, jest to ostateczny dowód na to, że Bóg już wcześniej was znalazł.

Szczere dążenie do dobroci, piękna i prawdy prowadzi do Boga. I każde odkrycie naukowe wykazuje istnienie zarówno wolności jak i jednolitości we wszechświecie. Odkrywca miał wolność dokonania odkrycia. Odkryta rzecz jest rzeczywista i najwidoczniej jednolita, inaczej nie może być pojmowana jako *rzecz*.

7. SŁABOŚĆ MATERIALIZMU

Jak bardzo niemądre jest dla materialnie zorientowanego człowieka dopuszczanie do tego, aby tak słabe teorie jak ta o mechanistycznym wszechświecie, pozbawiały go tych rozległych zasobów duchowych jakie daje osobiste przeżywanie prawdziwej religii. Fakty nigdy się nie kłócą z prawdziwą wiarą duchową; teorie mogą. Lepiej by było, gdyby nauka poświęciła się raczej likwidacji przesądów niż próbowała obalać wiarę religijną – ludzkie wierzenie w rzeczywistości duchowe i boskie wartości.

Nauka powinna materialnie zrobić dla człowieka to, co religia czyni dla niego duchowo: rozszerzać mu horyzonty życiowe i rozwijać jego osobowość. Prawdziwa nauka *nie może* pozostawać w trwałej sprzeczności z prawdziwą religią. „Metoda naukowa" jest tylko tym intelektualnym miernikiem, którym się mierzy materialne przygody i fizyczne osiągnięcia. Ale będąc materialną i całkowicie intelektualną, jest ona zupełnie bezużyteczna w ocenie rzeczywistości duchowych i doświadczeń religijnych.

Sprzeczność w myśleniu współczesnego mechanisty polega na tym: gdyby to był wyłącznie materialny wszechświat a człowiek był tylko maszyną, człowiek taki zupełnie nie potrafiłby rozpoznać siebie jako takiej maszyny i tak samo człowiek-maszyna byłby zupełnie nieświadomy faktu istnienia tego, materialnego wszechświata. Materialistyczna konsternacja i desperacja nauki mechanistycznej nie zdołała zdać sobie sprawy z faktu istnienia umysłu naukowca, zamieszkałego przez ducha, którego ta właśnie nadmaterialna wnikliwość formułuje tak błędne i sprzeczne z sobą *koncepcje* materialistycznego wszechświata.

Rajskie wartości wieczności i nieskończoności, prawdy, piękna i dobroci, ukryte są w faktach zjawisk wszechświatów czasu i przestrzeni. Potrzeba jednak oka wiary, u zrodzonego z ducha śmiertelnika, aby odkryć i rozpoznać te wartości duchowe.

Rzeczywistości i wartości rozwoju duchowego nie są „rzutowaniem psychologicznym" – zwykłymi, wzniosłymi marzeniami na jawie materialnego umysłu. Te sprawy są duchowymi prognostykami Dostrajacza, zamieszkującego człowieka ducha Bożego żyjącego w ludzkim umyśle. I nie pozwólcie, aby wasze igraszki z powierzchownie zaledwie dostrzeżonymi odkryciami „względności" zakłócały wasze koncepcje nieskończoności i Boga. I nie popełnijcie błędu, we wszystkich waszych zabiegach dotyczących konieczności *samoekspresji* nie zabraniajcie *ekspresji Dostrajaczowi*, przejawowi waszej rzeczywistej i lepszej jaźni.

Gdyby ten wszechświat był tylko materialny, wtedy materialny człowiek nigdy nie zdołałby dojść do mechanistycznej idei natury tej wyłącznie materialnej egzystencji. Ta właśnie *mechanistyczna koncepcja* wszechświata jest sama w sobie niematerialnym zjawiskiem umysłu, a wszelki umysł jest pochodzenia niematerialnego, niezależnie od tego jak bardzo może się wydawać materialnie uwarunkowany i mechanicznie kontrolowany.

Częściowo ukształtowany, psychiczny mechanizm człowieka śmiertelnego nie posiada w nadmiarze konsekwencji i mądrości. Zarozumiałość człowieka często przekracza jego rozumowanie i wymyka się jego logice.

To właśnie pesymizm najbardziej pesymistycznego materialisty jest, sam w sobie i od siebie, wystarczającym dowodem, że wszechświat pesymisty nie jest zupełnie materialny. Zarówno optymizm jak i pesymizm są reakcjami pojęciowymi zachodzącymi w umyśle świadomym zarówno *wartości* jak i *faktów*. Gdyby wszechświat naprawdę był tym, za co go uważa materialista, człowiek, jako ludzka maszyna pozbawiony byłby wszelkiego świadomego rozpoznania tego właśnie *faktu*. Bez uświadomienia sobie koncepcji *wartości*, w zrodzonym z ducha umyśle, fakt materializmu wszechświata i mechanistycznego fenomenu działania wszechświata byłby w ogóle nierozpoznany przez człowieka. Jedna maszyna nie może uświadamiać sobie natury i wartości innej maszyny.

Mechanistyczna filozofia życia i wszechświata nie może być naukowa, ponieważ nauka rozpoznaje tylko materiały i fakty i działa pośród nich. Filozofia jest nieodmiennie nadnaukowa. Człowiek jest materialnym faktem przyrody, ale jego *życie* jest tym zjawiskiem, które przekracza materialne poziomy przyrody, dlatego, że wykazuje kontrolne atrybuty umysłu i stwórcze wartości ducha.

Szczery wysiłek człowieka, który chce zostać mechanistą, obrazuje tragiczne zjawisko daremnego wysiłku takiego człowieka zmierzającego do popełnienia intelektualnego i moralnego samobójstwa. Ale tego nie może on zrobić.

Gdyby wszechświat był tylko materialny a człowiek tylko maszyną, nie byłoby nauki, która ośmielałaby naukowca do postulowania takiej mechanizacji wszechświata. Maszyny nie mogą się mierzyć, klasyfikować czy oceniać. Taka naukowa część pracy może być tylko przeprowadzona przez jakiś byt o statusie nadmaszynowym.

Jeśli rzeczywistość wszechświata jest tylko jedną, rozległą maszyną, wtedy człowiek musi być na zewnątrz wszechświata i poza nim aby rozpoznać taki *fakt* i stać się świadomy *wnikliwości* takiej *oceny*.

Jeśli człowiek jest tylko maszyną, dzięki jakiej procedurze dochodzi ten człowiek do *wiary* czy do stwierdzenia, że *wie*, iż jest tylko maszyną? Doświadczanie samoświadomej oceny swojej jaźni nigdy nie jest atrybutem zwykłej maszyny. Samoświadomość zaprzysięgłego mechanisty jest najlepszą możliwą odpowiedzią na mechanicyzm. Jeśli materializm byłby faktem, nie byłoby samoświadomego mechanisty. Jest także prawdą, że aby dokonać czynów niemoralnych trzeba być najpierw osobą moralną.

To właśnie twierdzenie o materializmie implikuje nadmaterialną świadomość w tym umyśle, który ośmiela się dowodzić takich dogmatów. Mechanizm może niszczeć, ale się nigdy nie rozwija. Maszyny nie myślą, nie tworzą, nie marzą, nie mają aspiracji, nie idealizują, nie są głodne prawdy czy spragnione prawości. Nie uzasadniają swego życia pasją służenia innym maszynom i wyborem, jako celu wiecznego rozwoju, wzniosłego zadania znalezienia Boga i dążenia do bycia takim jak on. Maszyny nigdy nie są intelektualne, emocjonalne, estetyczne, etyczne, moralne czy duchowe.

Istnienie sztuki dowodzi, że człowiek nie jest mechanistyczny, ale nie dowodzi tego, że jest duchowo nieśmiertelny. Sztuka jest morontią śmiertelnika, dziedziną ingerującą pomiędzy człowiekiem materialnym a człowiekiem duchowym. Poezja jest próbą ucieczki od rzeczywistości materialnych ku wartościom duchowym.

W zaawansowanej cywilizacji sztuka humanizuje naukę, podczas gdy ona sama jest z kolei uduchowiana przez prawdziwą religię – wnikliwość w duchowe i wieczne wartości. Sztuka reprezentuje ludzką i czasowo-przestrzenną ocenę rzeczywistości. Religia *jest* boskim ujęciem wartości kosmicznych i oznacza wieczny postęp w duchowym wznoszeniu się i ekspansji. Sztuka czasu niebezpieczna jest tylko wtedy, kiedy staje się ślepa na duchowe standardy boskich wzorów, które wieczność odzwierciedla jako cienie rzeczywistości czasu. Prawdziwa sztuka jest skutecznym operowaniem materialnymi rzeczami życia; religia jest nobilitującym przekształcaniem materialnych faktów życia i nigdy nie zaprzestaje duchowej oceny sztuki.

Jak niemądre jest założenie, że automat może wymyślić filozofię automatyzmu i jak śmieszne jest to, że może założyć kształtowanie się takiej koncepcji u innych kolegów automatów!

Jakikolwiek naukowy sposób zrozumienia materialnego wszechświata jest bezwartościowy, dopóki nie zakłada odpowiedniego uznania *naukowca*. Żadna ocena sztuki nie jest autentyczna, jeśli nie zgadza się na uznanie *artysty*. Każda ewaluacja moralności jest bezwartościowa, dopóki nie obejmuje też *moralisty*. Żadne uznanie dla filozofii nie jest pouczające, jeśli ignoruje *filozofa*, a religia również nie może istnieć bez rzeczywistego doświadczenia *człowieka religijnego*, który w tym doświadczeniu i poprzez to doświadczenie usiłuje znaleźć Boga i go poznać. Tak samo wszechświat wszechświatów jest bez znaczenia w oderwaniu od JESTEM, nieskończonego Boga, który go stworzył i nieustannie nim kieruje.

Mechaniści – humaniści – mają tendencję dryfowania z prądami materialnymi. Idealiści i uduchowieni *pozwalają sobie* używać wioseł, inteligentnie i z wigorem, w celu modyfikacji pozornie czysto materialnego kierunku strumieni energii.

Nauka żyje dzięki matematyce umysłu; muzyka wyraża tempo uczuć. Religia jest duchowym rytmem duszy w czasowo-przestrzennej harmonii z wyższymi, wiecznymi wymiarami melodii Nieskończoności. Doświadczenie religijne jest w życiu ludzkim tym, co jest naprawdę supermatematyczne.

W języku, alfabet reprezentuje mechanizm materializmu, podczas gdy słowa wyrażają znaczenie tysięcy myśli, wielkich idei i szlachetnych ideałów – miłości i nienawiści, tchórzostwa i odwagi – reprezentuje działanie umysłu w zakresie definiowanym zarówno przez prawa materialne jak i duchowe, kierowane twierdzeniami woli osobowości i ograniczone przez nieodłączne warunki sytuacyjne.

Wszechświat nie jest podobny do praw, mechanizmów i jednolitości, które odkrywa naukowiec i które uznaje za naukę, ale podobny jest raczej do ciekawego, myślącego, wybierającego, kreatywnego, kombinującego i rozróżniającego *naukowca*, który w ten sposób obserwuje fenomeny wszechświatowe i klasyfikuje fakty matematyczne nieodłączne mechanistycznym stadiom materialnej strony kreacji. Wszechświat nie jest również podobny do sztuki artysty, ale raczej do starającego się, marzącego, zdążającego naprzód *artysty*, który usiłuje przewyższyć świat rzeczy materialnych kiedy próbuje osiągnąć duchowy cel.

To naukowiec, a nie nauka, dostrzega rzeczywistość rozwijającego się i idącego naprzód wszechświata energii i materii. To artysta, a nie sztuka, demonstruje istnienie przejściowego świata morontialnego, wkraczającego pomiędzy byt materialny a wolność duchową. To człowiek religijny, a nie religia, dowodzi istnienia rzeczywistości duchowych i boskich wartości, które się napotyka w rozwoju wieczności.

8. SEKULARNY TOTALITARYZM

Jednak nawet po tym, jak materializm i mechanicyzm bardziej czy mniej zanikną, niszczycielski wpływ dwudziestowiecznego sekularyzmu nadal będzie rzucał cień na duchowe doświadczenie milionów niczego nie podejrzewających dusz.

Do powstania współczesnego sekularyzmu przyczyniły się dwa światowe wpływy. Ojcem sekularyzmu było ograniczone i pozbawione Boga nastawienie dziewiętnastowiecznej i dwudziestowiecznej tak zwanej nauki – ateistycznej nauki. Matką współczesnego sekularyzmu był totalitarny średniowieczny Kościół chrześcijański. Sekularyzm miał swój początek jako narastający protest przeciwko całkowitym zdominowaniu cywilizacji Zachodu przez zinstytucjonalizowany Kościół chrześcijański.

W czasie tego objawienia, klimat intelektualny i filozoficzny dominujący zarówno w życiu europejskim jak i amerykańskim jest zdecydowanie sekularny – humanistyczny. Przez trzysta lat myśl Zachodu ulegała coraz większej sekularyzacji. Religia stawała się coraz bardziej czynnikiem formalnym, głównie działalnością rytualną. W cywilizacji Zachodu większość wyznawców chrześcijaństwa jest bezwiednie prawdziwymi sekularystami.

Potrzeba było wielkiej mocy, potężnego wpływu, aby wyzwolić życie i myślenie narodów Zachodu z więdnącego uchwytu totalitarnej, kościelnej dominacji. Sekularyzm złamał okowy kontroli Kościoła a teraz z kolei grozi zaprowadzeniem nowej, pozbawionej Boga władzy nad sercami i umysłami ludzi współczesnych. Despotyczne i dyktatorskie państwo polityczne jest bezpośrednim wynikiem naukowego materializmu i filozoficznego sekularyzmu. Ledwo sekularyzm uwolnił człowieka od dominacji zinstytucjonalizowanego Kościoła, kiedy go sprzedaje w niewolnicze dyby państwa totalitarnego. Sekularyzm wyzwala człowieka z kościelnej niewoli tylko po to, aby go zdradzić i oddać w niewolę tyranii politycznej i ekonomicznej.

Materializm zaprzecza Bogu, sekularyzm po prostu go ignoruje; takie było przynajmniej jego wcześniejsze nastawienie. Całkiem niedawno sekularyzm przyjął bardziej agresywną postawę, zajmując miejsce religii, której totalitarnej niewoli kiedyś się przeciwstawiał. Dwudziestowieczny sekularyzm pragnie udowodnić, że człowiek nie potrzebuje Boga. Ale strzeżcie się! Taka pozbawiona Boga filozofia społeczeństwa ludzkiego prowadzić będzie tylko do niepokojów, animozji, nieszczęść, wojen i katastrof na skalę światową.

Sekularyzm nigdy nie przyniesie ludzkości pokoju. Nic nie może zająć miejsca Boga w społeczności ludzkiej. Ale dobrze sobie zapamiętajcie! Nie spieszcie się rezygnować z dobroczynnych zdobyczy rewolty sekularnej przeciw kościelnemu totalitaryzmowi. Dzisiejsza cywilizacja zachodnia cieszy się wieloma wolnościami i przyjemnościami w wyniku sekularnej rewolty. Wielkim błędem sekularyzmu było to, że buntując się przeciw prawu władz religijnych do totalnej kontroli życia, jak również po wyzwoleniu z tej tyranii kościelnej, sekularyści zapoczątkowali bunt przeciwko samemu Bogu, czasami po cichu a czasami otwarcie.

Sekularnej rewolcie zawdzięczacie zadziwiającą twórczość amerykańskiego industrializmu i bezprzykładny postęp materialny cywilizacji Zachodu. Ponieważ rewolta sekularna poszła za daleko, przestała dostrzegać Boga i *prawdziwą* religię, pojawiło się również niespodziewane żniwo wojen światowych i brak stabilizacji międzynarodowej.

Nie trzeba tracić wiary w Boga, aby korzystać z błogosławieństw współczesnej rewolty sekularnej: tolerancji, służby społecznej, demokratycznego rządu i wolności obywatelskich. Nie było potrzebne, aby sekularyści występowali przeciw prawdziwej religii w celu popierania nauki i zaawansowania edukacji.

Sekularyzm nie jest jednak jedynym rodzicem wszelkich tych niedawnych zdobyczy, które wzbogacają życie. Za zdobyczami dwudziestego wieku stoi nie tylko nauka i sekularyzm, ale również nie rozpoznane i nie przyjmowane do wiadomości duchowe rezultaty życia i nauk Jezusa z Nazaretu.

Bez Boga, bez religii, naukowy sekularyzm nigdy nie będzie mógł koordynować swych sił, harmonizować swych rozbieżnych i rywalizujących ze sobą interesów, narodów i nacjonalizmów. Sekularne społeczeństwo ludzkie, pomimo bezprzykładnych osiągnięć materialnych, powoli się rozpada. Główną jego siłą spajającą, przeciwdziałającą tej antagonistycznej dezintegracji, jest nacjonalizm. Nacjonalizm natomiast jest zasadniczą barierą dla pokoju światowego.

Nieodłączna słabość sekularyzmu polega na tym, że odwraca się on od etyki i religii w kierunku polityki i władzy. Po prostu nie możecie zaprowadzić braterstwa człowieka ignorując czy zaprzeczając ojcostwu Boga.

Sekularny optymizm społeczny i polityczny jest iluzją. Bez Boga ani wolność i swobody obywatelskie, ani własność i bogactwo nie prowadzą do pokoju.

Całkowita sekularyzacja nauki, edukacji, przemysłu i społeczeństwa może prowadzić tylko do katastrofy. W pierwszej jednej trzeciej dwudziestego wieku Urantianie zabili więcej istot ludzkich niż zabitych zostało dotychczas podczas całego chrześcijańskiego systemu sprawiedliwości. A to jest dopiero początek okropnego żniwa materializmu i sekularyzmu; przyjdzie jeszcze straszliwsze zniszczenie.

9. PROBLEM CHRZEŚCIJAŃSTWA

Nie odwracajcie się od wartości waszego duchowego dziedzictwa, od rzeki prawdy, która płynie przez wieki, nawet do jałowych czasów epoki materialistycznej i sekularnej. We wszystkich waszych szlachetnych dążeniach, aby się pozbyć przesądnych doktryn wieków minionych, bądźcie pewni, że trzymacie się mocno wiecznej prawdy. Bądźcie jednak cierpliwi! Kiedy obecna rewolta przesądów się skończy, prawdy ewangelii Jezusa przetrwają wspaniale, aby oświetlać nową i lepszą drogę.

Spoganizowane i uspołecznione chrześcijaństwo potrzebuje jednak nowego kontaktu z pozbawionymi kompromisów naukami Jezusa; obumiera ono, gdyż brakuje mu nowej wizji życia Mistrza na Ziemi. Nowe i pełniejsze objawienie religii Jezusa ma na celu podbicie imperium materialistycznego sekularyzmu i obalenie światowego panowania mechanistycznego naturalizmu. Urantia stoi teraz u progu jednej z najbardziej zdumiewających i fascynujących epok społecznych przemian, moralnego ożywienia i duchowego oświecenia.

Nauki Jezusa, nawet mocno przekształcone, przeżyły kulty misteryjne z czasów, gdy powstawały, ignorancję i przesądy średniowiecza i nawet teraz powoli zaczynają tryumfować nad materializmem, mechanicyzmem oraz sekularyzmem wieku dwudziestego. I takie czasy wielkiej próby i zagrażającego upadku są zawsze czasami wielkiego objawienia.

Religia potrzebuje wielkich przywódców, uduchowionych mężczyzn i kobiet, którzy nie będą się bali oprzeć wyłącznie na Jezusie i jego niezrównanej nauce. Jeżeli chrześcijaństwo wciąż lekceważy swą misję duchową, kiedy zajmuje się problemami społecznymi i materialnymi, duchowe odrodzenie musi poczekać na przyjście nowych nauczycieli religii Jezusa, którzy poświęcać się będą wyłącznie duchowej odnowie ludzi. Potem, te z ducha zrodzone dusze szybko dadzą społeczeństwu przywództwo i inspirację konieczną dla społecznej, moralnej, ekonomicznej i politycznej reorganizacji świata.

Epoka współczesna nie będzie chciała zaakceptować religii niezgodnej z faktami i pozostającej w dysharmonii z najwyższymi koncepcjami prawdy, piękna i dobroci. Bije godzina ponownego odkrycia prawdziwych i oryginalnych fundamentów współczesnego, wypaczonego i poddanego kompromisom chrześcijaństwa – odkrycia prawdziwego życia i nauk Jezusa.

Człowiek prymitywny żył życiem przesądnej niewoli religijnego strachu. Współczesnego, cywilizowanego człowieka przeraża myśl o poddaniu się wpływom silnych przekonań religijnych. Człowiek myślący zawsze się bał *opanowania* przez religię. Kiedy silna i ożywiająca religia zagraża mu dominacją, nieodmiennie próbuje ją racjonalizować, tradycjonalizować i instytucjonalizować, tym samym ma nadzieję przejąć nad nią kontrolę. Na skutek takiego postępowania nawet religia objawiona staje się wytworem ludzkim i zdominowanym przez człowieka. Dzisiejsi inteligentni mężczyźni i kobiety unikają religii Jezusa ponieważ się boją, co ona *im* zrobi i co zrobi *z nimi*. Wszelkie takie obawy są bardzo dobrze uzasadnione. Religia Jezusa naprawdę opanowuje wiernych i ich przekształca, żądając, aby ludzie poświęcili swe życie poszukiwaniu wiedzy o woli Ojca w niebie oraz wymaga, aby energię życiową poświęcić bezinteresownej służbie dla braterstwa ludzkości.

Samolubni mężczyźni i kobiety po prostu nie zapłacą takiej ceny za największe nawet duchowe skarby dawane śmiertelnemu człowiekowi. Tylko wtedy, kiedy człowiek będzie wystarczająco rozczarowany bolesnymi złudzeniami związanymi z głupimi i zwodniczymi dążeniami samolubstwa, a potem odkryciem jałowości sformalizowanej religii, skłonny będzie zwrócić się szczerze ku ewangelii królestwa – ku religii Jezusa z Nazaretu.

Świat potrzebuje więcej religii z pierwszej ręki. Nawet chrześcijaństwo – najlepsza z religii dwudziestego wieku – jest nie tylko religią *o Jezusie*, ale jest również zasadniczo tą religią, którą ludzie przeżywają z drugiej ręki. Odbierają swoją religię wyłącznie tak, jak jest ona przekazywana przez uznanych nauczycieli religijnych. Jakiego przebudzenia mógłby doznać świat, gdyby tylko mógł zobaczyć Jezusa, tak jak naprawdę żył na Ziemi i jeśli poznałby, z pierwszej ręki, jego życiodajne nauki! Słowa opisujące piękne rzeczy nie mogą tak poruszać, jak widok tych rzeczy, również słowa doktryny nie mogą inspirować dusz ludzkich tak, jak doświadczenie obecności Boga. Jednak przepełniona oczekiwaniem wiara zawsze będzie trzymać otwarte drzwi nadziei w duszy ludzkiej, aby przez nie mogły wejść wieczne, duchowe rzeczywistości boskich wartości z zaświatów.

Chrześcijaństwo pozwoliło sobie zaniżyć swoje ideały pod naciskiem ludzkiej chciwości, szaleństw wojny i żądzy władzy, ale religia Jezusa trwa jako nieskalane i niedoścignione duchowe wezwanie, przemawiające do tego co w człowieku najlepsze, aby się wzniosło ponad całe to dziedzictwo zwierzęcej ewolucji i poprzez łaskę osiągnęło moralne wyżyny prawdziwego, ludzkiego przeznaczenia.

Chrześcijaństwu grozi powolna śmierć na skutek formalizmu, nadmiernej organizacji, intelektualizmu i innych nieduchowych trendów. Współczesny Kościół chrześcijański nie jest takim braterstwem prężnych wierzących jakie Jezus nieustannie zalecał, ażeby mogło dokonać duchowego przekształcenia kolejnych pokoleń ludzkości.

Tak zwane chrześcijaństwo stało się ruchem społecznym i kulturalnym, jak również wierzeniem i praktykami religijnymi. W strumieniu współczesnego chrześcijaństwa sączy się wiele wody ze starych pogańskich bagien a także sporo z barbarzyńskich moczarów; wiele starszych zlewisk kultury ma swój udział w tym współczesnym potoku kulturowym; płynie on również z wysokich galilejskich płaskowyżów, które z założenia miały być jego wyłącznym źródłem.

10. PRZYSZŁOŚĆ

Chrześcijaństwo naprawdę dobrze się przysłużyło temu światu, ale to, co jest teraz najbardziej potrzebne, to Jezus. Świat musi zobaczyć żywego Jezusa, znowu na

Ziemi, w doświadczeniu zrodzonych z ducha śmiertelników, którzy skutecznie objawiają Mistrza wszystkim ludziom. Nie ma sensu rozwodzić się nad odrodzeniem prymitywnego chrześcijaństwa, naprzód musicie iść stąd, gdzie teraz jesteście. Współczesna kultura musi zostać duchowo ochrzczona nowym objawieniem życia Jezusa oraz iluminowana nowym zrozumieniem jego ewangelii wiecznego zbawienia. I kiedy Jezus zostanie w ten sposób wywyższony, przyciągnie do siebie wszystkich ludzi. Wyznawcy Jezusa powinni stać się czymś więcej niż zdobywcami, powinni być tętniącym źródłem inspiracji i bogatszego życia dla wszystkich ludzi. Religia pozostaje tylko wywyższonym humanizmem zanim nabierze boskości, dzięki odkryciu rzeczywistości Boga w osobistym doświadczeniu.

Piękno i dostojeństwo, ludzkość i Boskość, prostota i unikalność życia Jezusa na Ziemi dają tak uderzający i przemawiający obraz zbawienia człowieka i objawienia Boga, że należałoby skutecznie pohamować teologów i filozofów wszystkich czasów, aby nie ośmielali się formułować doktryn, czy tworzyć zniewalających duchowo systemów teologicznych z tak transcendentalnego obdarzenia Bogiem w formie ludzkiej. W Jezusie wszechświat przedstawił tego śmiertelnego człowieka, w którym duch miłości zatryumfował nad materialnymi ograniczeniami czasu i przezwyciężył fakt materialnego pochodzenia.

Zapamiętajcie na zawsze – Bóg i człowiek potrzebują siebie nawzajem. Są sobie wzajemnie potrzebni dla ostatecznego i pełnego osiągnięcia wiecznego doświadczania osobowości w boskim przeznaczeniu wszechświatowego finalizmu.

„Królestwo Boże jest w was" – to było prawdopodobnie najważniejsze oświadczenie jakie Jezus kiedykolwiek zrobił, poza tym stwierdzeniem, że Ojciec jest żywym i kochającym duchem.

Podczas pozyskiwania dusz dla Mistrza, człowieka i świata nie przekształci pierwszy kilometr przymusu, obowiązku czy przekonania, ale raczej *drugi* kilometr wolnej służby i miłującego wolność poświęcenia, oznaczający Jezusowca wyciągającego z miłością ręce do swego brata i prowadzącego go według duchowego przewodnictwa do wyższego i boskiego celu śmiertelnej egzystencji. Chrześcijaństwo nawet teraz ochoczo przemierza *pierwszy* kilometr, ale ludzkość obumiera i błądzi w moralnej ciemności gdyż tak niewielu jest prawdziwych ludzi drugiego kilometra – tak mało otwartych zwolenników Jezusa, którzy naprawdę żyją i kochają tak, jak on nauczał swoich uczniów aby żyli, kochali i służyli.

Wezwanie do przygody tworzenia nowego i przekształconego społeczeństwa ludzkiego przez duchowe odrodzenie Jezusowego braterstwa w królestwie powinno poruszyć wszystkich tych, którzy wierzą w Jezusa, poruszyć tak bardzo jak ludzie nie byli poruszeni od tych czasów, kiedy chodzili z nim po Ziemi jako jego towarzysze w ciele.

Żaden system społeczny czy porządek polityczny, który zaprzecza rzeczywistości Boga, nie może się przyczynić do posunięcia naprzód cywilizacji ludzkiej w konstruktywny i trwały sposób. Z kolei chrześcijaństwo, tak jak jest dziś podzielone i zsekularyzowane, stanowi największą przeszkodę w dalszym swoim rozwoju; odnosi się to zwłaszcza do Wschodu.

Eklezjastyzmu nigdy nie da się pogodzić z tą żywą wiarą, rozwijającym się duchem i doświadczeniem towarzyszy Jezusa w wierze branym z pierwszej ręki, w braterstwie człowieka, w duchowym związku królestwa nieba. Chwalebne dążenie do zachowania tradycji dawnych sukcesów częstokroć prowadzi do obrony rozrośniętego systemu praktyk religijnych. Próba promowania starożytnego systemu myślenia, choć zrobiona w najlepszych intencjach, skutecznie zapobiega ożywianiu nowych, właściwych środków i metod, których celem jest zaspokajanie duchowych tęsknot w poszerzających się i rozwijających się umysłach ludzi współczesnych. Tak samo Kościoły chrześcijańskie są w wieku dwudziestym wielkimi, ale zupełnie nieświadomymi przeszkodami na drodze do bezzwłocznego posunięcia naprzód prawdziwej ewangelii – nauk Jezusa z Nazaretu.

Wielu żarliwym ludziom, którzy zapałaliby ochoczo lojalnością dla Chrystusa z ewangelii bardzo trudno jest popierać z entuzjazmem Kościół, który wykazuje tak niewiele jego ducha w swym życiu i naukach, a który, jak są błędnie nauczeni, właśnie Jezus założył. Jezus nie założył tak zwanego Kościoła chrześcijańskiego, ale, w każdy sposób zgodny ze swą naturą, *popierał* go jako najlepszego istniejącego wyraziciela jego życiowej działalności na Ziemi.

Gdyby tylko Kościół chrześcijański odważył się związać z programem Mistrza tysiące pozornie obojętnych, młodych ludzi pospieszyłoby przyłączyć się do takiego duchowego przedsięwzięcia i nie wahałoby się iść do końca poprzez tę wielką przygodę.

Chrześcijaństwo staje teraz na serio w obliczu nieuchronności, zawartej w jednym z jego własnych sloganów: „dom wewnętrznie skłócony się nie ostoi". Niechrześcijański świat raczej nie skapituluje przed podzielonym na sekty chrześcijaństwem. Żywy Jezus jest jedyną nadzieją na ewentualne zjednoczenie chrześcijaństwa. Prawdziwy Kościół – braterstwo Jezusa – jest niewidzialny, duchowy i charakteryzuje się *jednością*, niekoniecznie *jednolitością*. Jednolitość jest cechą świata fizycznego o mechanicznej naturze. Duchowa jedność jest owocem zjednoczenia z żywym Jezusem w wierze. Widzialny Kościół nie powinien dłużej ograniczać rozwoju niewidzialnego i duchowego braterstwa królestwa Bożego. Przeznaczeniem tego braterstwa jest stać się *żywym organizmem,* w przeciwieństwie do zinstytucjonalizowanych organizacji społecznych. Może ono z powodzeniem wykorzystywać takie organizacje społeczne, ale nie może być przez nie zastąpione.

Jednak chrześcijaństwem nie należy pogardzać, nawet tym dwudziestowiecznym. Jest ono produktem wspólnego geniuszu moralnego rozpoznających Boga ludzi z wielu narodów, działających przez wiele wieków i naprawdę jest jedną z największych sił dobra na Ziemi i dlatego nikt nie powinien go lekceważyć, pomimo jego wrodzonych i nabytych wad. Chrześcijaństwo wciąż potrafi ożywiać umysły myślących ludzi potężnymi uczuciami moralnymi.

Jednak nie ma żadnego usprawiedliwienia dla angażowania się Kościoła w działalność ekonomiczną i politykę; takie nieświęte przymierza są ohydną zdradą Mistrza. A prawdziwi miłośnicy prawdy nie prędko zapomną, że ten silny, zinstytucjonalizowany Kościół często ośmielał się dławić nowo zrodzoną wiarę i prześladować zwiastunów prawdy, którzy przypadkiem zjawili się w nieortodoksyjnych szatach.

Jest jednak również prawdą, że taki Kościół nie mógłby przetrwać, gdyby nie było na świecie ludzi, którzy pragną takiego stylu czczenia. Wiele duchowo leniwych dusz pragnie antycznej i autorytatywnej religii, z obrzędami i uświęconymi tradycjami. Ewolucja człowieka i postęp duchowy to raczej za mało, aby wszyscy mogli się obejść bez władzy religijnej. Niewidzialne braterstwo królestwa może objąć również te grupy ludzkie, różnych klas społecznych i różnych usposobień, jeśli tylko ich członkowie będą mogli stać się synami Bożymi naprawdę prowadzonymi przez ducha. Jednak w tym braterstwie Jezusa nie ma miejsca na sekciarską rywalizację, grupowe spory ani na twierdzenia o moralnej wyższości i duchowej nieomylności.

Takie różnorodne grupy chrześcijan mogą pomieścić w sobie liczne, zróżnicowane odmiany domniemanie wierzących należących do różnych narodów cywilizacji Zachodu, jednak taki podział chrześcijaństwa stanowi wielką słabość, kiedy próbuje nieść ewangelię Jezusa ludom Wschodu. Tamte narody jeszcze nie rozumieją, że istnieje *religia Jezusa,* oddzielona i niejako odrębna od tego chrześcijaństwa, które coraz bardziej staje się *religią o Jezusie.*

Wielka nadzieja Urantii leży w możliwości nowego objawienia Jezusa, z nowym i poszerzonym przedstawieniem jego zbawczego orędzia, które mogłoby zjednoczyć duchowo, w miłości pełnej służbie liczne odgałęzienia jego współczesnych, rzekomych wyznawców.

Nawet świecka edukacja mogłaby pomóc w tym wielkim, duchowym odrodzeniu, gdyby przykładała więcej uwagi do nauczania młodzieży jak się zabrać do planowania życia i kształtowania charakteru. Celem wszelkiej edukacji powinno być ożywianie i popieranie najwyższego celu życia – ukształtowania wspaniałej i zrównoważonej osobowości. Istnieje wielka potrzeba nauczania dyscypliny moralnej, w miejsce osiągania nadmiernego samozadowolenia. Na takim fundamencie religia może przydać swojej duchowej inicjatywy, poszerzyć i rozwinąć życie moralne a nawet zabezpieczyć i wzbogacić życie wieczne.

Chrześcijaństwo jest religią improwizowaną i dlatego musi pracować na pierwszym biegu. Duchowe dokonania wyższych biegów muszą poczekać na nowe objawienie i powszechniejszą akceptację rzeczywistej religii Jezusa. Chrześcijaństwo jest jednak potężną religią, jeśli weźmie się pod uwagę, że prości wyznawcy ukrzyżowanego cieśli wprawili w ruch te nauki, które w trzysta lat zdobyły świat rzymski a potem poszły tryumfować nad tymi barbarzyńcami, którzy doprowadzili do upadku Rzymu. To samo chrześcijaństwo zdobyło – wchłonęło i wywyższyło – cały nurt teologii hebrajskiej i filozofii greckiej. I potem, kiedy religia chrześcijańska została uśpiona na ponad tysiąc lat na skutek nadmiernej dawki misteriów i pogaństwa, sama zmartwychwstała i faktycznie zdobyła na nowo cały świat Zachodu. Chrześcijaństwo zawiera wystarczająco dużo nauk Jezusa, aby było nieśmiertelne.

Gdyby tylko chrześcijaństwo mogło zawierać więcej nauk Jezusa, mogłoby znacznie lepiej pomóc współczesnemu człowiekowi w rozwiązywaniu jego nowych i coraz bardziej złożonych problemów.

Chrześcijaństwo cierpi na skutek trudnej sytuacji, ponieważ w umysłach całego świata stało się częścią systemu społecznego, życia gospodarczego i standardów moralnych cywilizacji Zachodu, i tym samym chrześcijaństwo zdaje się mimowolnie popierać społeczeństwo obciążone winą tolerowania nauki bez idealizmu, polityki bez zasad, bogactwa bez pracy, przyjemności bez umiaru, wiedzy bez charakteru, władzy bez sumienia i przemysłu bez moralności.

Nadzieja współczesnego chrześcijaństwa leży w tym, że powinno ono zaprzestać popierania systemów społecznych oraz industrialnych zasad funkcjonowania cywilizacji Zachodu i znowu w pokorze pochylić się przed krzyżem, który tak dzielnie wychwala, aby na nowo nauczyć się od Jezusa z Nazaretu największych prawd, jakie śmiertelny człowiek kiedykolwiek słyszał – żywej ewangelii ojcostwa Boga i braterstwa człowieka.

PRZEKAZ 196

WIARA JEZUSA

JEZUS posiadał wysublimowaną i szczerą wiarę w Boga. Przeżywał on zwykłe wzloty i upadki śmiertelnego bytu, ale religijnie nigdy nie zwątpił w oczywistość Boskiej opieki i przewodnictwa. Jego wiara powstała z wnikliwości, zrodzonej z funkcjonowania Boskiej obecności, Dostrajacza, który w nim mieszkał. Wiara Jezusa nie była ani tradycyjna ani zwyczajnie intelektualna; była całkowicie osobista i czysto duchowa.

Ludzki Jezus uważał Boga za świętego, sprawiedliwego i wielkiego, jak również za szczerego, wspaniałego i dobrego. Wszystkie te atrybuty Boskości Jezus zogniskował w swoim rozumowaniu jako „wola Ojca w niebie". Bóg Jezusa był jednocześnie „świętym Izraela" oraz „żywym i kochającym Ojcem w niebie". Jezus nie był pierwszym, który przedstawił koncepcję Boga jako Ojca, ale wywyższył on i wyniósł tę ideę do poziomu wzniosłego przeżycia, kiedy dokonał nowego objawienia Boga i głosił, że każda śmiertelna istota jest dzieckiem tego Ojca miłości, synem Bożym.

Jezus nie trzymał się kurczowo wiary w Boga jak dusza, która walczy z wszechświatem i śmiertelnie się zmaga ze światem wrogim i grzesznym; nie uciekał się do wiary tylko po to, aby znaleźć pocieszenie pośród trudności czy dla dodania otuchy, kiedy groziła rozpacz; wiara Jezusa nie była iluzorycznym wynagrodzeniem za nieprzyjemną rzeczywistość i cierpienia życia. Doznawał on spokoju właśnie w obliczu wszystkich tych naturalnych trudności i doczesnych przeciwności śmiertelnej egzystencji, dzięki najwyższemu i niezaprzeczalnemu zaufaniu jakie pokładał w Bogu i odczuwał wielką radość życia, dzięki wierze w prawdziwą obecność niebiańskiego Ojca. I ta triumfująca wiara była żywym przeżywaniem prawdziwego, duchowego sukcesu. Wielkim wkładem Jezusa w wartości ludzkiego doświadczenia nie było to, że objawił tak wiele idei dotyczących Ojca w niebie, ale raczej to, że tak świetnie i po ludzku zademonstrował nowy, wyższy typ *żywej wiary w Boga*. Nigdy, na żadnym świecie tego wszechświata, w życiu żadnego śmiertelnika, Bóg nie stał się tak *żywą rzeczywistością* jak w ludzkim życiu Jezusa w Nazaretu.

W życiu Mistrza na Urantii, zarówno ten świat jak i wszystkie inne światy kreacji lokalnej odkryły nowy i wyższy rodzaj religii, religii opartej na osobistych związkach z Ojcem Wszechświatowym i w pełni potwierdzonej przez najwyższy autorytet prawdziwego, osobistego doświadczenia. Ta żywa wiara Jezusa była czymś więcej niż intelektualną refleksją a jednak nie była to mistyczna medytacja.

Teologia może utrwalać, formułować, definiować i dogmatyzować wiarę, ale w ludzkim życiu Jezusa wiara była osobista, żywa, oryginalna, spontaniczna i czysto duchowa. Ta wiara nie była uszanowaniem tradycji ani też zwykłym, intelektualnym wierzeniem utrzymywanym jako święta doktryna, ale raczej była wzniosłym doświadczaniem i głębokim przekonaniem, które *pewnie go podtrzymywało.* Jego wiara była tak rzeczywista i tak wszechobejmująca, że zupełnie wymiotła wszelkie duchowe wątpliwości i skutecznie zniszczyła wszystkie sprzeczne pragnienia. Nic nie było w stanie oderwać Jezusa od duchowego zakotwiczenia tej żarliwej, wzniosłej i nieustraszonej wiary. Nawet w obliczu pozornej porażki, czy w głębokim bólu rozczarowania i grożącej rozpaczy, spokojnie trwał w Boskiej obecności, wolny od strachu i w pełni świadomy duchowego zwycięstwa. Jezus miał ożywczą pewność, wynikającą z posiadania niezachwianej wiary i w każdej trudnej sytuacji życiowej niezawodnie wykazywał bezwarunkową lojalność wobec woli Ojca. I ta wspaniała wiara była niezachwiana, nawet w obliczu okrutnego i przytłaczającego zagrożenia haniebną śmiercią.

U religijnego geniusza, silna wiara duchowa częstokroć prowadzi wprost do zgubnego fanatyzmu, do wyolbrzymiania religijnego ego, ale nie u Jezusa. Jego nadzwyczajna wiara i osiągnięcia duchowe nie wywierały niekorzystnego wpływu na jego praktyczne życie, ponieważ to duchowe wywyższenie było zupełnie nieświadomą, spontaniczną ekspresją duszy w osobistym przeżywaniu z Bogiem.

Cała ta wszechogarniająca i nieugięta duchowa wiara Jezusa nigdy nie stała się fanatyczna, gdyż nigdy nie próbowała odbiegać od jego dobrze wyważonego, intelektualnego osądu dotyczącego proporcjonalnych wartości praktycznych i zwykłych, społecznych, ekonomicznych i moralnych sytuacji życiowych. Syn Człowieczy miał wspaniale skonsolidowaną, ludzką osobowość; był wyjątkowo utalentowaną, Boską istotą; był również świetnie skoordynowany jako połączona istota ludzka i Boska, działająca na Ziemi jako jedna osobowość. Mistrz zawsze koordynował wiarę duszy z mądrością--oceną wytrawnego doświadczenia. Osobista wiara, duchowa nadzieja i moralne poświęcenie zawsze były wzajemnie skorelowane w niedościgłej, religijnej jedności harmonijnego związku z dogłębnym uprzytomnieniem sobie rzeczywistości i świętości wszystkich ludzkich lojalności - osobistego honoru, miłości rodzinnej, religijnych powinności, obowiązków społecznych i potrzeb ekonomicznych.

Wiara Jezusa wyobrażała wszystkie duchowe wartości jakie istota stworzona może znaleźć w królestwie Bożym. dlatego też Jezus mówił: „Najpierw szukajcie królestwa nieba". W zaawansowanym i idealnym braterstwie królestwa Jezus dostrzegał osiągnięcie i spełnienie „woli Bożej". Sednem modlitwy, której nauczał swoich uczniów, było: „Przyjdź królestwo twoje, bądź wola twoja". W ten sposób rozumiejąc królestwo jako zawierające wolę Bożą, poświęcił się sprawie jego urzeczywistniania z zadziwiającą bezinteresownością i bezgranicznym entuzjazmem. Jednak w całej tej wielkiej misji Jezusa i w trakcie całego jego nadzwyczajnego życia, nigdy nie pojawiła się fanatyczna furia ani czcza powierzchowność pobożnego egotysty.

Całe życie Mistrza było konsekwentnie warunkowane przez tę żywą wiarę, przez wzniosłe doświadczenie religijne. To duchowe nastawienie całkowicie opanowało jego myśli i uczucia, jego wiarę i modlitwę, jego nauki i kazania. Ta osobista wiara syna w pewność i niezawodność przewodnictwa i opieki niebiańskiego Ojca wniosła w unikalne życie Jezusa głęboki dar rzeczywistości duchowej. A przecież, wbrew tej bardzo głębokiej świadomości bliskiego kontaktu z boskością, ten Galilejczyk, Boski Galilejczyk, kiedy zwracano się do niego Dobry Nauczycielu, zaraz odpowiedział: „Dlaczego nazywasz mnie dobrym?". Kiedy stajemy w obliczu tak wielkiej bezinteresowności, zaczynamy rozumieć, jak Ojciec Wszechświatowy miał możność tak w pełni objawić się Jezusowi, a poprzez niego objawić siebie śmiertelnikom ze światów zamieszkałych.

Jezus przyniósł Bogu jako człowiek tej domeny, największy ze wszystkich dar – konsekrację i dedykację swojej własnej woli dla pełnienia majestatycznej służby, polegającej na wykonywaniu Boskiej woli. Jezus, zawsze i konsekwentnie, traktował religię wyłącznie w kategoriach woli Ojca. Kiedy badacie działalność Mistrza, jak się ona odnosi do modlitwy czy jakiejkolwiek innej cechy życia religijnego, nie zważajcie tak bardzo na to, czego nauczał, ale na to, co robił. Jezus nigdy się nie modlił z poczucia obowiązku religijnego. Dla niego modlitwa była szczerym wyrażaniem duchowej postawy, oświadczeniem lojalności duszy, przedstawieniem osobistego poświęcenia, wyrażaniem dziękczynienia, unikaniem napięć emocjonalnych, zapobieganiem konfliktowi, wywyższaniem rozumowania, nobilitacją pragnienia, usprawiedliwianiem decyzji moralnej, wzbogacaniem myśli, ożywianiem wyższych skłonności, konsekracją odruchu, wyjaśnianiem punktu widzenia, oświadczeniem wiary, transcendentalnym poddaniem swej woli, wzniosłym potwierdzaniem zaufania, objawianiem odwagi, ogłaszaniem odkrycia, wyznaniem najwyższego poświęcenia, potwierdzaniem konsekracji, metodą rozwiązywania trudności i potężnym uaktywnianiem zespolonych mocy duszy aby opierały się wszelkim ludzkimi tendencjom do samolubstwa, zła i grzechu. Jezus żył takim właśnie życiem, modlitewnego poświęcenia się wykonaniu woli Ojca i triumfalnie zakończył swoje życie taką właśnie modlitwą. Tajemnicą jego niezrównanego, religijnego życia, była świadomość obecności Boga; i taką świadomość zdobył przez inteligentną modlitwę i szczere czczenie – nieprzerwaną wspólnotę z Bogiem – a nie przez wskazówki, głosy, wizje czy nadzwyczajne praktyki religijne.

W ziemskim życiu Jezusa religia była żywym doświadczeniem, bezpośrednim i osobistym przejściem od duchowego szacunku do praktycznej prawości. Wiara Jezusa rodziła transcendentalne owoce Boskiego ducha. Jego wiara nie była taka jak dziecka, niedojrzała i naiwna, ale w wielu aspektach podobna była do niczego nie podejrzewającej ufności umysłu dziecka. Jezus ufał Bogu tak jak dziecko ufa rodzicowi. Miał głębokie zaufanie do wszechświata – podobne ufności, jaką żywi dziecko wobec rodzicielskiego środowiska. Szczera wiara Jezusa w fundamentalną dobroć wszechświata bardzo przypominała dziecięcą ufność w bezpieczeństwo ziemskiego otoczenia. Polegał on na niebiańskim Ojcu tak jak dziecko polega na ziemskich rodzicach a jego płomienna wiara nawet przez chwilę nie żywiła wątpliwości w opiekę niebiańskiego Ojca. Nie niepokoiły go poważnie lęki, wątpliwości i sceptycyzm. Wolnej i oryginalnej ekspresji jego życia nie hamowało niedowiarstwo. Łączył niezachwianą i inteligentną odwagę dorosłego człowieka ze szczerym i ufnym optymizmem wierzącego dziecka. Jego wiara dorosła do takich wyżyn zaufania, że była pozbawiona strachu.

Wiara Jezusa osiągnęła czystość dziecięcej ufności. Jego wiara była tak absolutna i tak pozbawiona wątpliwości, że reagowała na urok kontaktu z bratnimi istotami i na wspaniałości wszechświata. Jego poczucie zależności od boskości było tak całkowite i tak pewne, że dawało radość i pewność absolutnego bezpieczeństwa osobistego. W religijnym doświadczeniu Jezusa nie było niezdecydowanej pretensjonalności. W tym gigantycznym intelekcie dorosłego człowieka, dziecięca wiara panowała ostatecznie nad wszystkimi sprawami świadomości religijnej. Zatem nic dziwnego, że kiedyś powiedział: „Jeżeli nie staniecie się jak małe dzieci, nie wejdziecie do królestwa". Pomimo tego, że wiara Jezusa była *podobna do dziecięcej*, wcale nie była *dziecinna*.

Jezus nie wymagał od swoich uczniów aby wierzyli w niego, ale raczej aby wierzyli *razem z nim*, wierzyli w rzeczywistość Boskiej miłości i z pełnym zaufaniem akceptowali rękojmię synostwa z niebiańskim Ojcem. Mistrz pragnął, aby wszyscy jego zwolennicy w pełni podzielali jego transcedentalną wiarę. Jezus najbardziej wzruszająco rzucił swoim zwolennikom wyzwanie, aby nie tylko wierzyli w to, *w co* on wierzył, ale żeby także wierzyli tak, *jak* on wierzył. Pełna doniosłość tego zawarta jest w najwyższym nakazie: „Pójdź ze mną".

Ziemskie życie Jezusa poświęcone było jednemu wielkiemu celowi – czynieniu woli Ojca, przeżyciu ziemskiego życia religijnie i z wiarą. Wiara Jezusa była ufna, tak jak dziecka, ale była zupełnie wolna od zarozumialstwa. Podejmował stanowcze i męskie decyzje, odważnie stawał w obliczu różnorodnych rozczarowań, zdecydowanie przezwyciężał niezwykłe trudności i niezachwianie wychodził naprzeciw surowym wymaganiom obowiązku. Potrzeba było silnej woli i niezachwianej pewności, aby wierzyć w to, w co wierzył Jezus i tak *jak* on wierzył.

1. JEZUS – CZŁOWIEK

Poświęcenie się Jezusa wykonywaniu woli Ojca i służeniu człowiekowi było czymś więcej niż decyzją człowieka i ludzkim postanowieniem; było szczerą konsekracją dla tak nieograniczonego obdarzenia miłością. Nie ma znaczenia, jak wielkim jest fakt najwyższej władzy Michała, nie możecie zabierać ludziom ludzkiego Jezusa. Mistrz wstąpił na wysokości jako człowiek i również jako Bóg; należał do ludzi, ludzie należeli do niego. Jak niefortunne jest to, że sama religia może być tak źle przedstawiana, iż zabiera ludzkiego Jezusa zmagającym się z życiem śmiertelnikom! Nie pozwólcie na to, aby dyskusja o człowieczeństwie czy Boskości Chrystusa zaćmiła tę zbawczą prawdę, że Jezus z Nazaretu był religijnym człowiekiem, który przez wiarę doszedł do poznania i czynienia woli Boga; był najbardziej religijnym człowiekiem jaki kiedykolwiek żył na Urantii.

Nadszedł już czas, aby zobaczyć symboliczne zmartwychwstanie ludzkiego Jezusa z tego grobu, gdzie został złożony pośród teologicznych tradycji i religijnych dogmatów dziewiętnastu wieków. Nie można już dłużej poświęcać Jezusa z Nazaretu nawet na rzecz wspaniałej idei gloryfikowanego Chrystusa. Byłoby transcendentalną przysługą, gdyby dzięki temu objawieniu Syn Człowieczy został odzyskany z grobu tradycyjnej teologii i przedstawiony jako żywy Jezus temu Kościołowi, który nosi jego imię, jak również wszystkim innym religiom! Na pewno chrześcijańska wspólnota wiernych nie będzie się wahać przed dokonaniem takich adaptacji swej wiary i zwyczajów życiowych, jakie dadzą jej możność „pójścia za" Mistrzem, dzięki ukazaniu jego prawdziwego życia, religijnej konsekracji dla czynieniu woli jego Ojca i poświęcenia się bezinteresownej służbie dla człowieka. Czy zadeklarowani chrześcijanie boją się zdemaskowania autokratycznego, nie konsekrowanego braterstwa, społecznie poważanego i egoistycznie niedostosowanego ekonomicznie? Czy instytucjonalne chrześcijaństwo obawia się wystawienia na ryzyko, czy nawet obalenia, tradycyjnej eklezjastycznej władzy, jeśli Jezus z Galilei zostanie przywrócony umysłom i duszom śmiertelnych ludzi, jako ideał osobistego religijnego życia? Zaprawdę, drastyczne i rewolucyjne byłyby społeczne przekształcenia, ekonomiczne przemiany, moralne odmłodzenie i religijna korekta chrześcijańskiej cywilizacji, gdyby żywa religia Jezusa nagle wyrugowała teologiczną religię o Jezusie.

„Pójść za Jezusem" oznacza podzielać osobiście jego religijną wiarę, jak również wejść w ducha życia Mistrza, ducha bezinteresownej służby dla człowieka. Jedną z najważniejszych rzeczy w życiu ludzkim jest poznanie tego, w co wierzył Jezus, odkrycie jego ideałów i dążenie do osiągnięcia wzniosłego celu jego życia. Spośród całej ludzkiej wiedzy, najwyższą wartość posiada poznanie religijnego życia Jezusa i tego, jak je przeżył.

Zwykli ludzie chętnie słuchali Jezusa i znowu przyjmą przedstawienie jego szczerego, ludzkiego życia uświęconego motywacją religijną, gdyby takie prawdy znowu były głoszone światu. Ludzie chętnie go słuchali, ponieważ Jezus był jednym z nich, był bezpretensjonalnym, świeckim człowiekiem; największym religijnym nauczycielem tego świata był w istocie człowiek świecki.

Dokładne naśladowanie życia Jezusa, takiego jakim żył w ciele, nie powinno być celem wierzących królestwa, ale raczej uczestniczenie w jego wierze; aby tak ufać Bogu, jak on ufał Bogu i wierzyć w ludzi tak, jak on wierzył w ludzi. Jezus nigdy nie udowadniał ani ojcostwa Boga ani braterstwa ludzi; był żywą ilustracją jednego i gruntowną prezentacją drugiego.

Tak jak ludzie muszą się rozwijać od ludzkiej świadomości do uświadomienia sobie boskości, tak samo Jezus wzniósł się od ludzkiej natury do świadomości natury Boga. I Mistrz dokonał tego wielkiego wzniesienia się, od człowieczeństwa do boskości, zarówno dzięki zdobyczom wiary swego śmiertelnego intelektu jak i dzięki dokonaniom zamieszkującego go Dostrajacza. Do faktu-osiągnięcia pełni boskości (przez cały czas w pełni świadomej rzeczywistości człowieczeństwa) Mistrz dochodził przez siedem stadiów świadomości, wiary i stopniowego zbliżania się do boskości. Te stadia stopniowej samorealizacji związane były z następującymi, nadzwyczajnymi wydarzeniami w obdarzającym życiu Mistrza:

1. Przybycie Dostrajacza Myśli.
2. Pojawienie się posłańca Emanuela w Jerozolimie, kiedy Jezus miał około dwunastu lat.
3. Zjawiska związane z chrztem Jezusa.
4. Doświadczenia na Górze Przemienienia.
5. Morontialne zmartwychwstanie.
6. Wniebowstąpienie ducha.
7. Ostateczne objęcie przez Rajskiego Ojca, nadające Jezusowi nieograniczoną władzę nad jego wszechświatem.

2. RELIGIA JEZUSA

Któregoś dnia reformacja Kościoła chrześcijańskiego być może sięgnie tak głęboko, że przywróci nieskażone religijne nauki Jezusa – twórcy i zwieńczenia naszej wiary. Możecie *głosić* religię *o Jezusie*, ale z konieczności musicie *żyć* religią *Jezusa*. Piotr, opanowany entuzjazmem Zesłania Ducha, mimowolnie zapoczątkował nową religię, religię zmartwychwstałego i gloryfikowanego Chrystusa. Apostoł Paweł przekształcił później tę nową ewangelię w chrześcijaństwo, w religię zawierającą jego poglądy teologiczne i obrazującą jego własne, *osobiste doświadczenia* z Jezusem na drodze damasceńskiej. Ewangelia królestwa oparta jest na osobistym, religijnym doświadczeniu Jezusa z Galilei, chrześcijaństwo oparte jest niemalże wyłącznie na osobistym, religijnym doświadczeniu Apostoła Pawła. Prawie cały Nowy Testament poświęcony jest nie tak przedstawianiu doniosłego i inspirującego, religijnego życia Jezusa, jak omawianiu religijnego doświadczenia Pawła i zobrazowaniu jego osobistych przekonań religijnych. Jedynymi godnymi uwagi wyjątkami od tego zobrazowania, oprócz niektórych części Mateusza, Marka i Łukasza, są List do Hebrajczyków i Epistoła Jakuba. Nawet Piotr, w swoich pismach, tylko raz nawiązał do osobistego, religijnego życia swego Mistrza. Nowy Testament jest wspaniałym dokumentem chrześcijańskim, ale zaledwie marginalnie Jezusowym.

Życie Jezusa w ciele obrazuje jego transcendentalny rozwój religijny, od wczesnych idei pierwotnego respektu i ludzkiej czci, poprzez lata osobistej duchowej wspólnoty, aż do tego okresu, gdy ostatecznie doszedł do zaawansowanego i podniosłego stanu świadomości swojej jedności z Ojcem. I tak, w jednym krótkim życiu, Jezus przeszedł to doświadczenie religijnego, duchowego rozwoju jakie człowiek zaczyna na Ziemi a kończy zazwyczaj dopiero po swojej długiej podróży w duchowych szkołach przygotowawczych na kolejnych poziomach przed-Rajskiej egzystencji. Jezus rozwijał się od czysto ludzkiej, świadomej pewności wiary w osobistym doświadczeniu religijnym, do wzniosłych, duchowych wyżyn autentycznego ziszczenia się jego Boskiej natury i świadomości jego bliskiej wspólnoty z Ojcem Wszechświatowym w zarządzaniu wszechświatem. Rozwinął się od pokornego statusu skromnego śmiertelnika, który spontanicznie powiedział temu, który nazwał go Dobrym Nauczycielem: „Dlaczego nazywasz mnie dobrym? Nikt nie jest dobry za wyjątkiem Boga", aż do wzniosłej świadomości nabytej boskości, która kazała mu zawołać: „Kto z was udowodni mi grzech?". I to stopniowe wznoszenie się, od człowieczeństwa do boskości, było wyłącznie ludzkim osiągnięciem. I kiedy Jezus osiągnął boskość, nadal był tym samym ludzkim Jezusem, zarówno Synem Człowieczym jak i Synem Bożym.

Marek, Mateusz i Łukasz zachowali co nieco z obrazu ludzkiego Jezusa, który bardzo się starał upewnić o Boskiej woli i tę wolę wykonać. Jan przedstawił obraz tryumfującego Jezusa jak chodził po Ziemi z pełną świadomością boskości. Wielki błąd popełniony przez badaczy życia Mistrza polega na tym, że niektórzy pojmowali go wyłącznie jako człowieka, podczas gdy inni myśleli o nim tylko jako o istocie Boskiej. Podczas wszystkich swoich doświadczeń był on zarówno ludzki jak i Boski i takim jest nadal.

Jednak największy błąd popełniono w tym, że chociaż uznawano, iż ludzki Jezus *posiada* religię, Boski Jezus (Chrystus) niemalże z dnia na dzień stał się religią. Chrześcijaństwo Pawła zapewniało adorację Boskiego Chrystusa, ale prawie zupełnie straciło z oczu obraz borykającego się z życiem, odważnego, ludzkiego Jezusa z Galilei, który przez dzielność swej osobistej wiary religijnej i dzięki heroizmowi zamieszkującego go Dostrajacza wzniósł się od niskich poziomów człowieczeństwa, ażeby stać się jednością z boskością, tym samym stał się nową żywą drogą, po której wszyscy śmiertelnicy mogą się tak samo wznosić od człowieczeństwa do boskości. Śmiertelnicy na wszystkich etapach duchowości i na wszystkich światach mogą znaleźć w osobistym życiu Jezusa to, co ich wzmocni i zainspiruje, gdy idą naprzód, od niższych poziomów ducha do najwyższych boskich wartości, od początku do końca przez całe swoje osobiste doświadczenie religijne.

Kiedy pisano Nowy Testament, jego autorzy nie tylko głęboko wierzyli w Boskość zmartwychwstałego Chrystusa, ale także nabożnie i szczerze wierzyli w jego niezwłoczny powrót na Ziemię, aby mógł dokończyć dzieła niebiańskiego królestwa. Ta silna wiara w szybki powrót Pana jest odpowiedzialna za tendencję pomijania w zapisach tych elementów, które obrazowały czysto ludzkie przeżycia i atrybuty Mistrza. Cały ruch chrześcijański usiłował odejść od ludzkiego obrazu Jezusa z Nazaretu w kierunku egzaltacji zmartwychwstałego Chrystusa, gloryfikowanego i mającego wkrótce wrócić Pana Jezusa Chrystusa.

Jezus założył religię osobistego doświadczenia w czynieniu woli Boga i służeniu ludzkiemu braterstwu; Paweł utworzył religię, w której gloryfikowany Jezus stał się obiektem czci oraz braterstwo złożone z bliźnich wierzących w Boskiego Chrystusa. W obdarzeniu dokonanym przez Jezusa, te dwie koncepcje były potencjalne w jego Bosko-ludzkim życiu i na pewno żałować należy, że jego zwolennikom nie udało się stworzyć skonsolidowanej religii, która umożliwiałaby odpowiednie poznanie zarówno ludzkiej jak i Boskiej natury Mistrza, tak jak były one nierozdzielnie złączone w jego ziemskim życiu i tak znakomicie przedstawione w oryginalnej ewangelii królestwa.

Nie powinny was ani szokować ani też niepokoić niektóre mocne wypowiedzi Jezusa, jeśli tylko będziecie pamiętać, że był on najbardziej szczerym i oddanym człowiekiem religijnym. Był w pełni konsekrowanym śmiertelnikiem, bez zastrzeżeń poświęcającym się wykonywaniu woli jego Ojca. Wiele pozornie twardych wypowiedzi Jezusa było raczej osobistym wyznaniem wiary i ślubowaniem poświęcenia, niż poleceniami dla jego zwolenników. I ta właśnie jedność celu i bezinteresowne poświęcenie dały mu możność dokonania takich zadziwiających postępów w zawojowaniu ludzkich umysłów podczas jednego krótkiego życia. Wiele jego oświadczeń należy traktować raczej jako wyznanie tego, czego wymagał od siebie, niż tego, czego wymagał od wszystkich swoich zwolenników. W swoim poświęceniu dla sprawy królestwa, Jezus spalił za sobą wszystkie mosty, poświęcił wszystko, co przeszkadzało w wykonywaniu woli Ojca.

Jezus błogosławił biednych, ponieważ zazwyczaj byli szczerzy i pobożni; potępiał bogatych, ponieważ zazwyczaj byli rozpustni i niereligijni. W równym stopniu mógł potępiać niereligijnego biedaka a chwalić oddanego i czcigodnego bogacza.

Jezus tak przewodził ludziom, aby mogli się czuć na tym świecie jak w domu; wyzwolił ich z niewoli zakazów i uczył, że świat nie jest z gruntu zły. Nie tęsknił za ucieczką od swego ziemskiego życia; w ciele opanował metodę zadowalającego wykonywania woli Ojca. Osiągnął idealistyczne życie religijne właśnie pośrodku realistycznego świata. Jezus nie podzielał tego pesymistycznego poglądu na ludzkość, jaki znajdujemy u Pawła. Mistrz traktował ludzi jako synów Bożych i przewidywał wspaniałą, wieczną przyszłość dla tych, którzy wybiorą zbawienie. Nie był moralnym sceptykiem, postrzegał człowieka pozytywnie a nie negatywnie. Większość ludzi uważał raczej za słabych niż nikczemnych, bardziej zrozpaczonych niż zdeprawowanych. Ale niezależnie od tego, *jaki* był *ich* status, wszyscy oni byli dziećmi Bożymi i jego braćmi.

Uczył ludzi, aby cenili siebie wysoko, tak w czasie jak i wieczności. Ponieważ Jezus tak wysoko cenił ludzi, gotów był poświęcić się niestrudzonej służbie dla ludzkości. I ta właśnie nieskończona wartość skończonego sprawiła, że zrobił ze złotej zasady istotny element swojej religii. Który śmiertelnik mógł nie być podbudowany tą nadzwyczajną wiarą, jaką Jezus w nim pokładał?

Jezus nie proponował żadnych zasad społecznego rozwoju; jego misja była religijna a religia jest wyłącznie indywidualnym doświadczeniem. Ostateczny cel najbardziej zaawansowanych, społecznych osiągnięć nigdy nie może przewyższyć Jezusowego braterstwa ludzi, opartego na ojcostwie Boga. Ideał wszystkich osiągnięć społecznych zrealizować można w samym tylko przyjściu niebiańskiego królestwa.

3. SUPREMACJA RELIGII

Osobiste, duchowe doświadczenie religijne przynosi skuteczne rozwiązanie większości ludzkich trudności; odpowiednio klasyfikuje, ewaluuje i reguluje wszystkie ludzkie problemy. Religia nie usuwa ani też nie likwiduje ludzkich kłopotów, ale je rozwiązuje, absorbuje, naświetla i przewyższa. Prawdziwa religia jednoczy osobowość, aby była właściwie dostosowana do wszelkich ludzkich wymagań. Religijna wiara – pozytywne przewodnictwo zamieszkującej człowieka Boskiej obecności – niezawodnie umożliwia rozpoznającemu Boga człowiekowi przerzucić most nad przepaścią, jaka istnieje pomiędzy intelektualną logiką, która rozpoznaje Wszechświatową Pierwszą Przyczynę jako *To,* a tymi autentycznymi twierdzeniami duszy, które zaręczają, że tą Pierwszą Przyczyną jest *On*, niebiański Ojciec z ewangelii Jezusa, osobowy Bóg ludzkiego zbawienia.

Istnieją tylko trzy elementy wszechświatowej rzeczywistości: fakt, idea i relacja. Religijna świadomość rozpoznaje te rzeczywistości jako naukę, filozofię i prawdę. Filozofia skłonna jest rozpatrywać te zakresy działania jako rozumowanie, mądrość i wiarę – fizyczną rzeczywistość, intelektualną rzeczywistość i duchową rzeczywistość. My zazwyczaj nazywamy te rzeczywistości rzeczą, znaczeniem i wartością.

Progresywne pojmowanie rzeczywistości równoznaczne jest ze zbliżaniem się do Boga. Znalezienie Boga, świadomość utożsamiania się z rzeczywistością, jest równoznaczna z doświadczaniem pełni siebie – kompletności siebie, całości siebie. Doświadczanie całej rzeczywistości jest pełnym uświadomieniem sobie Boga, ostatecznością doświadczenia rozpoznawania Boga.

Pełnym podsumowaniem ludzkiego życia jest ta wiedza, że człowiek jest nauczony przez fakt, uszlachetniony poprzez mądrość i zbawiony – usprawiedliwiony – przez wiarę religijną.

Fizyczna pewność polega na logice nauki, moralna pewność na mądrości filozofii, duchowa pewność na prawdzie autentycznego doświadczenia religijnego.

Umysł ludzki wznieść się może na wysokie poziomy wnikliwości duchowej i odpowiadające temu domeny boskich wartości, ponieważ nie jest zupełnie materialny. W umyśle człowieka znajduje się duchowe jądro – Dostrajacz Boskiej obecności. Istnieją trzy niezależne od siebie dowody istnienia tego ducha, zamieszkującego w ludzkim umyśle:

1. Humanitarna wspólnota – miłość. Czysto zwierzęcy umysł może być towarzyski, gdy idzie o samoobronę, ale tylko zamieszkały przez ducha intelekt może być bezinteresownie altruistyczny i może kochać bezwarunkowo.

2. Sposób zrozumienia wszechświata – mądrość. Tylko zamieszkały przez ducha umysł może zrozumieć, że wszechświat jest przyjazny dla jednostki.

3. Duchowa ewaluacja życia – czczenie. Tylko zamieszkały przez ducha człowiek może uświadomić sobie Boską obecność i pragnąć pełniejszego przeżywania w tym, oraz z tym, przedsmakiem boskości.

Umysł ludzki nie tworzy rzeczywistych wartości, ludzkie doświadczenie nie rodzi wszechświatowej wnikliwości. Co się tyczy wnikliwości, rozpoznawania wartości moralnych i dostrzegania znaczeń duchowych, wszystko co może zrobić ludzki umysł to odkryć, rozpoznać, zinterpretować i *wybrać*.

Moralne wartości wszechświata stają się zdobyczami intelektualnymi dzięki zastosowaniu trzech podstawowych osądów czy wyborów, śmiertelnego umysłu:

1. Osąd o sobie – wybór moralny.
2. Osąd o społeczeństwie – wybór etyczny.
3. Osąd o Bogu – wybór religijny.

Wydaje się więc, że metoda łącznej *ewolucji objawieniowej* ma wpływ na cały ludzki postęp.

Gdyby Boski kochanek nie mieszkał w człowieku, człowiek nie mógłby bezinteresownie i duchowo kochać. Gdyby interpretator nie mieszkał w umyśle, człowiek nie mógłby prawdziwie zrozumieć jedności wszechświata. Gdyby oceniający nie mieszkał w człowieku, człowiek nie byłby w stanie ocenić wartości moralnych i rozpoznać znaczeń duchowych. I ten kochanek przybywa z samego źródła niekończącej się miłości; ten interpretator jest częścią Jedności Wszechświata; ten oceniający jest dzieckiem Centrum i Źródła wszystkich absolutnych wartości Boskiej i wiecznej rzeczywistości.

Moralna ocena ze znaczeniem religijnym – duchowa wnikliwość – oznacza wybór jednostki pomiędzy dobrem a złem, prawdą a błędem, tym, co materialne a tym, co duchowe, tym, co ludzkie a tym, co Boskie, pomiędzy czasem a wiecznością. Życie wieczne człowieka jest w dużym stopniu zależne od poświęcenia ludzkiej woli wyborowi wartości wytypowanych przez ducha-wartość – przez klasyfikatora – zamieszkującego człowieka interpretatora i unifikatora. Osobiste doświadczenie religijne składa się z dwóch stadiów: z odkrywania w umyśle ludzkim i z objawienia, dokonanego przez zamieszkującego człowieka ducha. Przez przemądrzałość, czy też w wyniku niereligijnego postępowania ludzi religijnych, człowiek, czy nawet pokolenie ludzi, może zechcieć zawiesić swoje wysiłki zmierzające do odkrywania Boga zamieszkującego w człowieku; mogą się oni nie rozwijać i nie dostąpić Boskiego objawienia. Jednak taka postawa duchowego zastoju nie może trwać długo dzięki obecności i działaniu zamieszkujących ludzi Dostrajaczy Myśli.

To głębokie doświadczanie rzeczywistości zamieszkującej człowieka Boskości na zawsze przewyższa prymitywną, materialistyczną metodę nauk fizycznych. Nie możecie włożyć pod mikroskop duchowej radości, nie możecie ważyć na wadze miłości, nie możecie mierzyć moralnych wartości; tak samo nie możecie oszacować jakości czczenia duchowego.

Hebrajczycy mieli religię moralnego majestatu; Grecy stworzyli religię piękna; Paweł i jego spadkobiercy zaprowadzili religię wiary, nadziei i miłosierdzia. Jezus objawił i dał przykład religii miłości: bezpieczeństwa w miłości Ojca, razem z radością i zadowoleniem wynikającym z dzielenia się tą miłością w służbie ludzkiego braterstwa.

Za każdym razem, gdy człowiek świadomie dokonuje moralnego wyboru, natychmiast doświadcza nowego, Boskiego wtargnięcia do swojej duszy. Moralny wybór ustanawia religię motywem wewnętrznej odpowiedzi na zewnętrzne warunki. Jednak taka prawdziwa religia nie jest doświadczeniem czysto subiektywnym. Oznacza całą subiektywność jednostki zaangażowaną w sensownej i inteligentnej odpowiedzi na całą obiektywność – na wszechświat i jego Stwórcę.

Wspaniałe i transcendentalne doświadczenie kochania i bycia kochanym jest nie tylko psychiczną iluzją z tego powodu, że jest tak całkowicie subiektywne. Jedyna prawdziwie Boska i obiektywna rzeczywistość związana z istotami śmiertelnymi, Dostrajacz Myśli, funkcjonuje dla ludzkiego spostrzegania najwyraźniej jako zjawisko wyłącznie subiektywne. Kontakt człowieka z najwyższą obiektywną rzeczywistością, z Bogiem, odbywa się tylko poprzez czysto subiektywne doświadczenie poznawania go, czczenia go i uświadamiania sobie synostwa z nim.

Prawdziwie religijne czczenie nie jest daremnym, złudnym monologiem. Czczenie jest osobistą komunią z tym, co jest bosko rzeczywiste, z tym, co jest samym źródłem rzeczywistości. Człowiek ma aspiracje, aby przez czczenie stać się lepszym i dzięki temu w końcu osiągnąć to, co *najlepsze*.

Idealizacja i próba służenia prawdzie, pięknu i dobroci nie jest środkiem zastępczym prawdziwego doświadczenia religijnego – rzeczywistości duchowej. Psychologia i idealizm nie są ekwiwalentami rzeczywistości religijnej. Wyobrażenia ludzkiego rozumu mogą co prawda dać początek fałszywym bogom – bogom podobnym do człowieka – ale prawdziwa świadomość istnienia Boga nie ma takiego źródła. Świadomość istnienia Boga trwa w zamieszkującym człowieka duchu. Wiele systemów religijnych człowieka wywodzi się ze sformułowań ludzkiego intelektu, ale świadomość istnienia Boga niekoniecznie musi być częścią tych groteskowych systemów religijnego niewolnictwa.

Bóg nie jest zwyczajnym wymysłem ludzkiego idealizmu; on właśnie jest źródłem wszystkich tych nadzwierzęcych wizji i wartości. Bóg nie jest hipotezą, sformułowaną po to, żeby zjednoczyć ludzkie koncepcje prawdy, piękna i dobroci; on jest pełną miłości osobą, od której pochodzą wszystkie te wszechświatowe uzewnętrznienia. Prawda, piękno i dobroć ludzkiego świata jednoczą się dzięki coraz większej duchowości śmiertelników, wznoszących się ku rajskim rzeczywistościom. Jedność prawdy, piękna i dobroci może urzeczywistnić się tylko w duchowym doświadczeniu tej osobowości, która zna Boga.

Moralność jest tą niezbędną glebą, która musi być gotowa, zanim osobiście można sobie uświadomić Boga, osobiście uświadomić sobie wewnętrzną obecność Dostrajacza, jednak taka moralność nie jest źródłem przeżycia religijnego i jego skutku, wnikliwości duchowej. Moralna natura jest nadzwierzęca, ale podduchowa. Moralność jest równoznaczna z uświadomieniem sobie obowiązku, uświadomieniem sobie istnienia zła i dobra. Strefa moralności ingeruje pomiędzy zwierzęcym a ludzkim typem umysłu, podobnie jak morontia funkcjonuje pomiędzy materialnymi a duchowymi sferami osobistych osiągnięć.

Umysł ewolucyjny potrafi odkryć prawo, moralność i etykę, ale nadany duch, zamieszkujący człowieka Dostrajacz, objawia rozwijającemu się umysłowi ludzkiemu prawodawcę, Ojca-źródło wszystkiego tego co prawdziwe, piękne i dobre; i tak oświecony człowiek posiada religię i jest odpowiednio wyposażony duchowo, żeby zacząć długie i śmiałe poszukiwanie Boga.

Moralność niekoniecznie musi być duchowa; może być całkowicie i wyłącznie ludzka, aczkolwiek prawdziwa religia umacnia wszystkie moralne wartości, nadaje im więcej znaczenia. Moralności, która jest pozbawiona religii nie uda się odkryć ostatecznej dobroci, jak również nie uda się jej zapewnić przetrwania nawet jej własnych wartości moralnych. Religia daje umocnienie, gloryfikację i gwarancję trwania tego wszystkiego, co moralność rozpoznaje i aprobuje.

Religia stoi ponad nauką, sztuką, filozofią, etyką i moralnością, ale nie jest od nich niezależna. Są one wszystkie trwale połączone w ludzkim doświadczeniu, osobistym i społecznym. Religia jest najwyższym doświadczeniem śmiertelnej natury ludzkiej, ale ograniczony język sprawia, że nigdy nie będzie możliwe adekwatne opisanie przez teologię prawdziwego doświadczenia religijnego.

Religijna wnikliwość posiada moc przekształcania porażki w wyższe pragnienia i nowe determinacje. Miłość jest najsilniejszą motywacją dla ludzkiego wznoszenia się we wszechświecie. Jednak miłość, gdy pozbawiona prawdy, piękna i dobroci, jest tylko nastrojem, filozoficznym zniekształceniem, psychiczną iluzją, duchową ułudą. Miłość zawsze musi być redefiniowana na kolejnych poziomach rozwoju morontialnego i duchowego.

Sztuka powstaje z próby ucieczki człowieka od braku piękna w jego materialnym środowisku; jest gestem w kierunku poziomów morontialnych. Nauka jest wysiłkiem ludzkim, zmierzającym do rozwiązania dostrzegalnych zagadek wszechświata materialnego. Filozofia jest człowieczą próbą zjednoczenia ludzkiego doświadczenia. Religia jest najwyższym gestem człowieka, jego wspaniałym sięganiem w kierunku rzeczywistości ostatecznej, jego determinacją znalezienia Boga i bycia jemu podobnym.

W domenach doświadczenia religijnego, duchowa możliwość jest rzeczywistością potencjalną. Duchowy bodziec, pchający człowieka do przodu, nie jest psychiczną iluzją. Może nie wszystkie wszechświatowe fantazje człowieka są faktem, ale wiele z nich, bardzo wiele, jest prawdą.

Życie niektórych ludzi jest zbyt wielkie i szlachetne, aby zniżali się do poziomu zwykłego sukcesu. Zwierzęta muszą dostosować się do otoczenia, ale człowiek religijny przekształca swoje otoczenie a dzięki wnikliwości boskiej miłości ucieka od ograniczeń istniejącego świata materialnego. Ta koncepcja miłości rodzi w duszy ludzkiej ów nadzwierzęcy wysiłek, zmierzający do znalezienia prawdy, piękna i dobroci; a kiedy człowiek je znajdzie, zostaje wywyższony w ich objęciach, trawiony pragnieniem, aby nimi żyć, aby czynić prawość.

Nie zniechęcajcie się; ewolucja ludzkości trwa nadal a objawienie Boga światu, w Jezusie i poprzez Jezusa, nie zawiedzie.

Wielkim wyzwaniem dla współczesnego człowieka jest nawiązanie lepszej łączności z Boskim Monitorem, zamieszkującym w ludzkim umyśle. Najwyższa, ludzka przygoda w ciele polega na zrównoważonym i rozsądnym wysiłku zmierzającym do poszerzenia granic samoświadomości poza niewyraźne domeny embrionalnej świadomości duszy, aby można było w pełni dotrzeć do kresów świadomości ducha – do kontaktu z Boską obecnością. Takie doświadczenie stanowi uświadomienie sobie Boga i silnie umacnia istniejącą uprzednio prawdę religijnego doświadczenia rozpoznawania Boga. Taka duchowa świadomość jest odpowiednikiem wiedzy o aktualności synostwa z Bogiem. W przeciwnym razie, pewność synostwa jest doświadczeniem wiary.

Uświadomienie sobie Boga jest równoznaczne integracji jaźni z wszechświatem i to na najwyższych poziomach rzeczywistości duchowej. Tylko duchowa zawartość jakiejkolwiek wartości jest niezniszczalna. Nawet to, co jest prawdą, pięknem i dobrem, może nie zginąć w ludzkim doświadczeniu. Jeśli człowiek nie zechce żyć wiecznie, wtedy Dostrajacz, który trwa wiecznie, sprawuje opiekę nad tymi rzeczywistościami zrodzonymi z miłości i ukształtowanymi w służbie. I wszystkie te rzeczy są częścią Ojca Wszechświatowego. Ojciec jest żywą miłością a życie Ojca jest w jego Synach. I duch Ojca jest w synach jego Synów – w śmiertelnych ludziach. Kiedy wszystko zostało powiedziane i zrobione, idea Ojca jest nadal najwyższą ludzką koncepcją Boga.